W9-BJC-471

ABC
汉英大词典
ABC Chinese-English Comprehensive Dictionary

主　编

德范克（John DeFrancis）

副主编

Tom Bishop

沈德思（Robert M.Sanders）

梅维恒（Victor H.Mair）

张立青

张燕华

汉语大词典出版社

谨以本书
献　　给

中国文字改革最坚定的倡导者

卢戆章

(1854—1928)

文字改革的先驱。他在1892年制定的拼写几种汉语方言的拼音方案标志着中国人关注文字体系改革的开端。

鲁　迅

(1881—1936)

二十世纪中国最伟大的作家。他热情支持三十年代的拉丁化新文字运动。

茅盾(沈雁冰)

(1896—1981)

中国最重要的小说家,曾任文化部部长。他在1962年首次呼吁实行“两条腿走路”的方针,即使用两种文字系统,既用传统的汉字,也用新的汉语拼音字母。

王　力　　　和　　　吕叔湘

(1900—1986)　　　(1904—1998)

中国两位最卓越的语言学家。他们都强有力地主张文字改革:前者批评了知识界对这种改革的责难,后者因词典学家未能编写出完全按拼音字母顺序排列条目的词典而感到痛惜。

周有光

(1905—　　)

最有成果和最敏锐的文字改革的倡导者。他强调要实行“双文制”(digraphia),这将成为实现现代化的必不可少的组成部分,并将形成进入计算机时代的有效通道。

主编简介

德范克(John DeFrancis)生于1911年8月31日。1933年获耶鲁大学学士,1941年获哥伦比亚大学硕士,1948年获哥伦比亚大学博士(中、日文)。1933—1936年曾来远东留学和从事研究,并在中国、朝鲜、日本各地旅行。1947—1954年任约翰·霍普金斯大学助教授,1956—1961年任昆宁皮阿斯学院副教授,1962—1966年任西东大学中文研究教授,1966—1976年任夏威夷大学中文教授。现为该校荣誉中文教授。

德范克教授是美国著名汉语专家,多年来在各地名校担任教职,培养了许多汉语人才,主持编写了大量汉语教材。1964—1966年曾任美国中国语言教师协会会长。他与中国学术界有着深厚友谊,1982年曾再次访华。著作宏富,主要有《民族主义和中国的语言改革》、《在越南的殖民主义和语言政策》、《汉语:事实和幻想》、《可视言语:文字系统多样性的同一》、《沿着成吉思汗的足迹》等。

目　录

编者的呼吁

为了推动汉语词典学的发展以及有计划地逐步提高本书的质量,我们呼吁 ABC 词典的使用者和中国及海外的广大学者为此而作出广泛的努力。

在某种程度上讲,目前的成果尚未成熟。我们本来应该优先考虑已被广泛采用的拼音正词法(例如,大写法和音节的分与合)和汉字序列编排法。但是,在这两种方法中,实际上存在着某些混乱,最为突出的问题是,近来中国词典编纂者对汉字的排列有按 186、188、189 个部首的,也有按 225、226、242 和 250 个部首的。

电脑的出现更需要结束这种混乱的局面。西方词典编纂者在词条编排方面能按照统一的原则,作者和出版者能共同遵守文体格式的通用守则,汉语词典的编纂或多或少地也要达到某种程度的一致。

当然,西方的做法也不完全是一致的,但这毕竟还是花了几百年的时间才得以形成的。用拼音记写汉语远比英语的记写复杂得多,而且不可能马上而又容易地得到解决。尽管如此,我们有必要而且肯定必须付出更大的努力,去达到用拼音正词法的标准编辑汉语词典的最终目的。

我们这部词典仅仅是这种努力中的一个结果。作为一项开创性的工作,必须面对急待解决的各种问题。例如,对于通常是四音节的那些成语,是按它们的语音结构(多为 2+2)处理,还是按语法结构处理?因为大多数成语都有典故,因此按语法结构处理尤为复杂。几本工具书对以下这个成语是这样处理的:

暗渡陈仓

àn dù chén cāng(五本书)

àn dù chéncāng(吴景荣《汉英词典》)

àn - dù - chéncāng(林语堂《汉英词典》,但国语罗马字注音已转换成汉语拼音)

àndù - chéncāng(《汉语拼音词汇》)

àndùchéncāng(《应用汉语词典》)

我们选择了最后一种处理方法,部分原因是,这样做似乎最适于电脑的处理。但是,我们希望能看到对这一问题的讨论以及最终所达成的共识。对于其他问题也一样,而且这些问题是我们必定要碰到的,以下便是几个例子:

数词和量词是应该分,还是应该连?

sānběn shū,sān běn shū,

(三本 书) (三 本 书)

声调的变化是否应该标明?

bǐjiǎo , bíjiǎo

(比较) (比较)

应该选择口语体,还是书面体?

bǐjiǎo/bíjiǎo, bǐjiào

(比较/比较) (比较)

结果动词的组成成分是应该连,还是应该分?

kànbujiàn, kàn bu jiàn,

(看不见) (看 不 见)

当然,有关拼音正词法的这些问题最终应当由中国人自己来决定。然而,我仍然希望西方人也作出努力,提出问题,并且参与这些问题的学术讨论,帮助寻找合理的解决办法,这些办法旨在提高拼音作为正词法以及作为电脑处理汉字最有效方法的使用效率。

在作出这些努力的同时,尤其需要给具有改革思路的中国人以支持。他们虽然会旗帜鲜明地拒绝任何放弃汉字的观点,但是却会坚持认为,要使汉语书写现代化,必需采用"双文制"(digraphia)政策,即既写汉字又写拼音。

对于这些问题的考虑,也有助于将来对 ABC 词典的修订。除了考虑诸如上述正词法规则以外,还需要帮助指出具体的错误,提出需要增加的词条(最好是提供可以查证出处的引文),同时还希望提出改进意见。

我们欢迎来信提出批评和建议,来信请寄:

ABC Dictionary Project

Center for Chinese Studies, University of Hawai'i

1890 East-West Road, Moore 417

Honolulu, HI 968221

您也可以通过电子邮件(china @ uhunix.uhcc.hawaii.edu)直接与 ABC Dictionary Project 联系。

德范克

志　谢

本词典为 *ABC Chinese-English Dictionary*(檀香山:夏威夷大学出版社,1996 年)的增订版。此书的出版是由于许多单位和团体的自愿赞助才成为可能的。这些单位和团体有弗里曼基金会、黄春谷——许秀杨基金以及技术转让和经济发展办公室(OTTED)等。美国教育署的 CIBER 也给夏威夷大学以资助,夏威夷大学的中国研究中心先后通过它的两位主任(安乐哲教授和罗纳德·布朗教授)给了我们以慷慨的帮助。该中心副主任任友梅教授在后勤方面鼎力相助,协调人寇树文在本项目中曾给以多方面的协助。

夏威夷大学语言学系的许问博士在退休之前编制了在电脑上编 *ABC Chinese-English Dictionary* 的程序,这些程序与制作清样的要求是相配套的。许博士还为本词典设计了全方位的检索系统。

Tom Bishop(用于学习汉语的文林软件的发明者)在把许博士设计的程序应用于本项目时,在每一阶段的工作中,他都给予了协助。在本词典的编制中,有许多琐细的工作,Tom Bishop 都给予了高难度的技术上的支持,而且这种帮助一直持续到清样的制作。

宾夕法尼亚大学的梅维恒教授承担了学术上的主要工作,例如全部材料的鉴定、查核以及修改等,尤其是在最后阶段。

日本东北大学的沈德思教授负责本词典中的条目词类及其他标记的标注,此项工作颇为繁重。

Swarthmore 学院的退休教授张立青十分仔细地校对了条目,她还将《汉语拼音正词法基本规则》(见附录一)中主要的规则应用于词目和例证,此项工作繁重而艰难。在此项繁重的工作中,她常向中国国家语言文字工作委员会的权威学者尹斌庸请教,然后他们将问题提交给本主编,由我对他们之间的不同观点进行仲裁,此外对其他碰到的问题也进行定夺。

杜尔文在密执安大学长期从事汉语和语言学教学,并且还领导过几个汉语研究计划,这次他担任的工作是确定字的黏着性。

梅维恒领导一个小组,该组担负了十分艰巨的校对工作。他本人校读词典全文也至少有两遍。张立青和尹斌庸对定稿前的稿本进行了仔细的检查。梅维恒和汉语大词典出版社的责任编辑徐文堪对最后的稿本进行了审查。先后参加过本词典校对工作的还有段晓平、孙任以都、梅丹理、Timothy Connor、李伟平、李晔、陈静、古秀蓉、毋芬芬、卢晓怡等。

还有许多人参与了繁杂的条目处理工作,如释义、输入、检查、校对等等。我自己的任务是本项目的总体设计和全面的领导工作，与此同时，在项目的具体实施中，我也全身心地投入了进去。在所有这些工作中，我有一个非常称职的合作者——张燕华博士，现任 Clemson 大学的助理中文教授，从 1996 年这个项目开始一直到 2000 年暑期，张博士一直参与此项工作。

在张燕华博士离开本项目之际，鲁彩霞参与了暂时的工作，此项工作持续到张燕吟博士来到为止。作为我的主要合作者，张燕吟参与了本词典的全部工作，即从开始时以语言学习者为读者对象的 *ABC Chinese-English English-Chinese Dictionary* 到现在这本词典的最后阶段。

在本项目中，还有许多人参与了各种各样的工作，他们是陈阿晶、陈小华、顾秀玲、Paul Hacker、韩孝荣、贺刚强、胡乐平、黄必红、黄莹、李延风、李婉静、刘家财、聂江、苏淑惠、田辰山、万佳宁、王彩祥、汪蕙菁、王庆泓、王韶林、杨懿德和张垚等。

谨此向上面提到的对《ABC 汉英大词典》作出贡献的所有人员表示衷心的感谢。同时，我们应该清楚地看到，书中的缺点（对此我十分清醒）的最终责任应该由我承担。作为最后的定稿人，我不敢说：在词目的各种释义中我作出了明智的选择；或者，在许多有待解决的编排细节上我作出了正确的处理。而且，在本书即将付印之际，我还作了不少补充和修改。

德范克

前　言

一、本词典的特色

与《ABC 汉英词典》相比，现在这部词典具有了更多的特色：

1. 本词典以单一字母顺序排列词条，显示出了很大的优越性，因为从熟悉的拼音去查找词语是最简单、最快捷的一种方法。在所有检索方法中，只有本词典的检索方法能使使用者去查知音不知形的词。由于一般查词典的读者都是查知道读音的词（不仅中国人是这样，即便是刚学汉语的外国人也是这样），因此，长期用这种方法查词典能节省许多时间（如果不知道词目的读音，即可查本词典的汉字部首和笔画索引）。

2. 本词典的编辑工作由电脑辅助，这样有利于本词典电子版和印刷版的进一步发展提高。

3. 关于词目的筛选、分词的规则，使用了中华人民共和国在词典编纂上的最新成果。

4. 本词典使用了来自中国大陆和台湾的频率数据，这些数据表示了同音同调和同音不同调的词目的相对频率。给词目标上频率数据有助于学生的学习和电脑的输入。

5. 本词典给拼音和汉字之间提供了一种一对一的对应，而且这种对应具有惟一性。因此，要在电脑里寻找任何词目里的汉字，只需连续打出相应的拼音即可。

6. 本词典采用了新的印刷版式，这种版式能把条目压缩到比常规词典更小的空间中，而且又不失其字迹的清晰性。

本词典还有一些如下所述的特色：

1. 现在这本词典扩大了收词范围，它要比其他相同规模的词典收词更多。本词典收词 196,373 条（其中单音节词 7,839 条，多音节词 188,534 条）。如果将各种词性和各条义项也当成不同的条目，那么本词典分别有 206,000 多条和 233,000 多条。

2. 每个词目在简体字后面附有相应的繁体字。

3. 提供了有关单字的各种信息，如同一个字的不同意义和不同的用法。

4. 指出有些度量词将作为特殊的名词使用。

5. 在部首总表中，提供了一种新颖的查找方式，对于繁体字、简体字、异体字等查找均十分方便。

二、词条的选择与释义

在词条的选择上，我们是按需要来定，因此选择的范围很大，涉及到人文科学和社会科学诸领域。因此，我们重新查阅了编纂《ABC 汉英词典》时所用过的一些资料。此外，我们还广泛地查阅了其他大量资料，如普通词典及专业著作，这些著作涉及文字、语言学、考古学、俚语等。在“参考文献”下面，我们所列的文献，有编纂《ABC 汉英词典》时使用过的，也有在编纂本词典时使用的。

与前一本词典相比，在现在这本综合词典中，我们试图将词典中出现过的所有汉字都列为条目(这些汉字不管是作为自由词组形式出现的，还是作为多音节组合中的一部分出现的)。这样可以对那些能独立使用的多义字进行深入的分析。此外还有几千个这样的条目，条目中的字只在某些组合中出现，有时这些字本身具有意义，但也有的本身没有意义，它们只是单音节或多音节语素词中的一部分。

在词目的释义中，考虑到词的意义有时是很复杂的，我们查阅了大量的书籍。我们查过的这些书已列在后面。在这些书中也有反映台湾和大陆用词习惯的书。我们在词的释义中所标示的使用语域，不只是指刚才提到的地方区域，还指其他一些语言环境(如语言学、法律，等等)，以及诸如俚语、口语之类的使用域。我们还特别注意分辨主要出现在书面语而不是出现在口语中的那些词。为了对西方学生更有帮助，我们在词目的释义前标注了词性。

凡 例

一、词目的排列

1. 本词典严格按单一字母顺序排列,这与按字母顺序双层排列的词典是有所区别的。后者按词目首字的字母顺序排列。按照这类常规性的排列方法,词目 línbié(临别)和 línzhōng(临终)是排在 lìngwài(另外)前头的,因为 lín 在 líng 之前。但在本词典中,如同按照拉丁字母表排列的西方语言词典和拉丁化日语词典一样,它的词目顺序是严格按照字母次序排列的。因此,上述三个词按下列顺序排列:

línbié 临别

lìngwài 另外

línzhōng 临终

2. 每个词条的开头是拼音,用大号黑体字排印,接着是相应的简化字。对于单字条目,如果繁体字与简体字字形不一,则在方括号中标出繁体字的字形(但要注意这种对应有的只是在某些情况下的对应,有一定的局限性)。词类用大写字母的小黑体标注,使用语域用斜体,释义用正体,用作举例的短语和句子用半黑斜体,随后所附的英译文用正体字。汉字只在词目中排印,但很可能在其他的拼音中再次出现,因为我们努力保证所有附设的拼音都给予相应的汉字。

3. 字母顺序相同的词目拼音,首先不管声调,严格按字母顺序,然后按第一个音节的 0、1、2、3、4 声调顺序排列。对于第一个音节的声调相同的词目,就按第二个音节的声调排列,然后再按 0、1、2、3、4 的次序。例如:

shīshi shīshī shīshí shīshǐ shīshì shíshī shíshì shǐshī shìshī

4. 不论声调如何,带韵母 u 的词目排于带 ü 的词目之前,例如:

lú lǔ lù lǘ lǚ lǜ

nù nǚ

5. 没有隔音符号的词目排在有隔音符号的词目之前,例如:

biàn 辩[辯]v. argue

bǐ'àn 彼岸 N.〈*Budd*〉 the other shore

6. 大写词目排在小写词目之后,例如:

hòu jìn 后劲 N. aftereffect

Hòu Jìn 后晋 N. Later Jin dynasty

7. 对于拼音相同、声调也相同的词目,则按频率顺序排列。拼音左上角的数字即频率顺序数。这是采用了西方在词典上分辨同音异义词的那种做法。对于单音节词目,本词典的频率顺序主要是依据《现代汉语频率词典》。对于多音节词目,我们还使用了《中文书面语频率词典》。对于在这两本词典中找不到的词目,我们则按主观判断给出相应的频率。

对于语音、声调相同的词目,频率的顺序由拼音左上角的数字表示。对于那些同音不同调的词目,最高频率用星号“*”标在拼音之后。例如:

ba* [1]bā [2]bā [3]bā……[6]bā [1]bá [2]bá [1]bà [2]bà…… [6]bà(与这些拼音相应的汉字,参看本词典正文。)

频率信息对学生是很有用的。提供这些信息也主要是为了帮助确定使用电脑时所缺少的词目。字母、声调和左上角数字的这种组合是惟一性的,它给拼音和汉字之间提供了一种简单而又特殊的一一对应,这样做是为了促进词条的电脑处理。

二、正 词 法

关于字母的大写、连字符的使用以及音节的分合等方面的问题,虽然有 1988 年颁布、1996 年被作为国家标准的《汉语拼音正词法基本规则》,但是中华人民共和国的有些学者对这一规则尚持否定态度,他们仔细研究了有关正词法中出现的所有问题,觉得这一规则还不够充分。因此,他们提出了自己的主张,或者一些特殊的解决方法。(例如,许多中国人用 d、di、de 分别来表示“的、地、得”,并且在所有情况下都这样做,但官方规定只有“为了技术上的需要”才能这样做。)很显然,整个标准化要达到西方正词法的那种水平目前尚为时过早,但我们必须在一定的时间内研究出行之有效的方案,其实在西方也是这样。

在本词典中,我们采用了下面这些规则,这些规则大家基本上是认可的,但是还有许多例子没有明确的标准。在与中华人民共和国一些著名学者就这一领域的问题进行的讨论中,我们提出了一些解决的办法,我们希望至少在内部是一致的。然而,需要强调的是,我们的《ABC 汉英大词典》对十分复杂的拼音正词法问题不需要给出明确的或者是权威的解决办法。这本词典可以看成是一个最大的按字母顺序排列的数据库。这个数据库提供了一个工作的起点,在这个基础上,希望最终能编出一部大词典,这部大词典几乎收尽了所有的词,而这些词又符合官方的拼音正词法。

三、注解和例证

1. 当以 a、e 或 o 开头的音节出现在一个多音节词里,但又不是第一个音节时,就在该音节前加上一个隔音符号“'”,例如:

dǎngǎn 胆敢 = dǎn + gǎn v. dare to; be reckless to the extent of

dàng'àn 档案 = dàng + àn N. file; record; dossier; archives

2. 声调变读不作标注。所有的音节按它们的原声调标注。因此,对于“宝塔”这个词,我们只标 bǎotǎ,而不标 báotǎ;对于“不要”这个词,我们只标 bùyào,而不标 búyào,对于“一点儿”这个词,我们只标 yīdiǎn(r),而不标 yìdiǎn(r)。

3．由于儿化韵只限于北京方言，对它们的某些习惯用法要进一步地加以限制，所以，除非 r 是以独立的形式出现在词语里，一般情况下我们把 r 置于括号内。例如：

gēpiān(r)歌片(儿) N.song sheet

kuài(r)tóu 块(儿)头 N.〈topo.〉size; stature; build

pán(r)cài 盘儿菜 N.ready-cooked dish

需要注意的是，在实际发音中，在有些词里 r 前面的 i 和 n 是不发音的。因此，"歌片(儿)"、"块(儿)头"、"盘儿菜"就读 gēpiār、kuàrtóu、párcài。还需要注意的是，括号里的 r 不在词目的字母序列之内。

4．在 V.的总类下，我们分出了子类 VO.(动宾式动词)和 RV.(结果动词)，同时我们还作了说明：在这两类动词中，两个词素之间可以插入其他成分。例如：

diǎncài 点菜 vo.choose dishes from a menu; order dishes (This permits diǎnle cài... 'having ordered the dishes...')

kànjiàn 看见 RV.see (This permits Kànbujiàn'can't see')

5．我们在 CONS.类之下，在有些条目中设立了一种特殊的结构。例如，在词条 bùxíng(不行)下，我们加进了 CONS.*S. V. de bùxíng* awfully s.v. *Wǒ máng de bùxíng*. I'm awfully busy.

6．ID.是"idiom"的缩写，它表示在汉语的说和写中很受欢迎的一类短语，特别是那些四字格的成语。需要注意的是，许多成语是故事的提炼，要讲述这些故事需要留出一定的篇幅。我们没有留出篇幅来讲解成语的背景，而只给出了实际意义。在英语中也有类似的情况，例如"put your John Hancock here"常被简单地解释为"sign here"(在此签名)。成语与惯用语是不同的，一个能讲流利的现代汉语的人马上就能分辨出来。这类惯用语有词类功能，它们被标上了其有区别性的标志，如 V.P.(动词短语)、N.(名词)、V.P./S.V.(具有状态动词功能的动词短语)。例如：

ānyú 安于 VP.feel contented in/with

7．为了节省篇幅，对于有两种词性的词，我们常常只给出一种释义，读者可以根据自己的需要在表达时作出一些必要的调整。例如：

báhé 拔河 N./VO.< *sport* > tug-of-war

表示"拔河"既是名词又是动宾结构。

8．词目的各种细微的语意差别，均用分号";"隔开。例如：

dàocǎi 倒采 N.booing; hooting; catcalls

词目中的不同义项用数字加圈的方法加以区别。例如：

báichī 白痴 N.①idiot ②idiocy; fatuity

9．三角括号中的缩略语表示词目的语体和使用语域。例如：

bènmìng 奔命 vo.< *coll*. > be in a desperate hurry

dàijūnzhě 带菌者 N.< *med*. > carrier

10．释义后是例证。例如：

bìngliè 并列 v.be juxtaposed; stand side by side ~ *dì* - *yī* tie for first place

11．斜线"/"一般表示"和、或"。例如：

bǎilún 摆轮 N. balance (of watch/clock); balance wheel

bà 耙 N./V. harrow

斜线还把汉字的某些异体字隔开,而第一个字更为常用。例如:

bānbái 班/斑白 S.V. grizzled; graying

词中不只一字有变体,我们就在变体之间标上两条斜线。例如:

bèihuì 悖晦/背悔 S.V. < *topo*. > muddled

12. 词性的变化用符号◆表示。例如:

[6] qiān 仟 NUM.1000 (on checks/etc.)◆N. leader of 1000 men

13. 既作普通名词又作专有名词的词目,作如下处理:

bā 巴 v. hope for...N. ① < *loan*./*phy*. > bar ② Surname ③ ancient name for eastern Sichuan

sīmǎ 司马 N. ①minister of war in the Zhou dynasty ②Double Surname

14. 为了节省篇幅,我们用代字号"~"代替词目。例如,在词目和释义"ānyú 安于 V.P. feel content in/with"之下,我们有这样的例证:

~ *xiànzhuàng* be content with things as they are.

15. 方括号内的字为前面那个(些)字的繁体形式。有关这方面的详细情况,请看下面"六、简体字和繁体字对照"。

16. 用于具体名词的量词表示如下:

dàdàishǔ 大袋鼠 N. kangaroo M: [2] zhī/ge

但有些名词不标注量词,如在习惯上名词前边不能有量词的,或者可用普通量词"个",集合量词"种"、"堆"等做量词的。需要注意的是,量词的使用各地是有些不同的;又如各个群体中有的说话人用"个",有的则不用。也请参看附录 VI。

17. 在本词典中,两种黏着词素(参看"四、词类及其他条目标记")作了如下处理:

有意义的黏着词素:[5] āi 埃 B.F. dust *chén'āi*

无意义的黏着词素:[19] hú 蝴 in *húdié*

18. 为了印刷上的方便,我们省去了梵语词中的所有区别音符。

19. "方言"这词直译是"regional speech",但一般译作"dialect"。其实这是一种误导,因为许多方言(北方官话、广州话、上海话等)相互之间是不能通话的。为了强调方言间的各种差异,我们给几大非官话方言标上了 topo.。topo 为 topolects 之缩略(topolects 源自希腊语,其词根意义是"place"和"speak")。此词采自第 4 版 *The American Heritage Dictionary of the English Language*。

20. 为了方便词典查阅,在每页页边空白上印有黑色标记,标记中的字母与条目的起首字母一致。在书口上印有字母,书脊右侧的是 A–M,左侧的是 N–Z,这样便于查检。

四、词类及其他条目标记

1. AB. (Abbreviation, 缩写词):多音节名词性短语通常缩短为两个或三个音节。如 Běijīng Dàxué(北京大学)缩写为 Běi Dà(北大)。

2. ADV. (Adverb, 副词):副词修饰动词的状态。动词的修饰有几类:(i)强化,如

hěn hǎo(很好)中的 hěn(很);(ⅱ)否定,如 bù shuō(不说)中的 bù(不);(ⅲ)量化,如 dōu shuō(都说)中的 dōu(都);(ⅳ)重复,如 zài shuō(再说)中的 zài,等等。大多数的状态动词(s.v.)也具有副词的功能,如 mànmàn chī(慢慢吃)和 piányi de mǎi(便宜地买)。但是,这只是状态动词的次要功能。所以,在本词典中状态动词不加副词标记。

3. A.M.(Aspect Marker,体标记):"体"是指动作完成的程度。汉语一般用动词后缀来表示这种信息。汉语的体可举出以下这些例子:(ⅰ)持续体(过程中的动作,很像英语中的"-ing"),如 kànzhe(看着)中的 kàn(看);(ⅱ)完成体(已完成的动作),如 kànle wǔ ge(看了五个)中的 le(了);(ⅲ)过去体(很像是问句"Have you ever...?"中的"ever"),如 kànguo tā(看过他)中的 guo(过)。需要注意的是,体不同于时态。时态是表示所描述的动作或状态发生的时间。因此一般语言只能有三种时态:过去时、现在时、将来时。而体在任何一种时态中都可以出现,过去体还可以在三种时态中使用:(a)过去时,如 Tā zuótiān dàole Běijīng(他昨天到了北京);(b)现在时,如 Tā xiànzài dàole Běijīng(他现在到了北京);(c)将来时,如,Tā míngtiān zhèige shíhou yǐjing dàole Běijīng(他明天这个时候已经到了北京)。(有关这方面的内容也可参看 le[了]当句末助词用的 M.P.。)

4. A.T.(Abstruse Term,深奥词):一种罕用词,或者在句法上不清晰,词性很难确定,如 géqiǎn(搁浅)。

5. ATTR.(Attributive,定语):定语可以是词、短语或句子,它在名词或名词性短语之前,作用是修饰名词。几乎可以这样说,汉语中的词、短语或句子很容易具有修饰功能。由于这个原因,本词典中的标记 ATTR.只限于标注这样一些条目,即除了作修饰语外,这个词没有别的功能。例如,gōnggòng qìchē(公共汽车)中的 gōnggòng,qiánbàn(前半)中的 qían(前),Zhōng-Měi guānxi(中美关系)中的 Zhōng-Měi(中美),等等。

6. AUX.(Auxiliary Verb,助动词):汉语中的助动词总是位于主动词之前,例如 néng shuō Yīngwén(能说英文)中的 néng(能)。当助动词和介词(cov.)共同出现时,助动词总是在介词之前,例如,néng gēn wàiguórén shuō Yīngwén(能跟外国人说英文)。在有助动词的句子中,否定词总是紧靠助动词之前,例如 bùnéng gēn wàiguórén shuō Yīngwén(不能跟外国人说英文)。

7. B.F.(Bound Form,黏着词素):这种词素不能独立使用,它不像句子中的词能自由组合,而且它又不能当成是前缀、后缀、量词、助词来对待。如果有这样一个字,作为词使用时,它具有一种意义或多种意义,但是,当它作为黏着词素使用时,又是另外一种意义了。例如,qiǎngshōu(抢收)中的 qiǎng(抢)是黏着词素,它的意思是"赶紧;突击",但是当它作为动词形式使用时,其意义是"抢夺;争夺"。除了我们列举的这些具有意义的黏着词素之外,还有许多字本身没有意义,它们只是简单地表示音节的读音。例如 pútao(葡萄)中的 pú(葡)和 tao(萄)。对于这些条目,我们既不标注条目标记,也不释义,只是简单地注明出现这些字的词。关于这方面的内容,也可参看上面"三、注解和例证"中的 17 和下面的"五、自由字和黏着字"。

8. CMP.(Complement,补语):补语可以是一个后动词音节,一个词,一个短语,或者一个句子,它表示主动词所表示的动作的结果。这种结果可以是(ⅰ)状态,如 chīwán(吃完)中的 wán(完),zhuāzhù(抓住)中的 zhù(住);(ⅱ)有形的移置,如 ná guòlái

(拿过来)中的 guòlái (过来),ná shàngqù (拿上去)中的 shàngqù (上去);(ⅲ)心理上的移置,如 mǎi xiàlai (买下来)中的 xiàlai (下来,已把东西纳入自己的范围了)等等。对于所有补语,如果更深入一点分析,可以这样说,补语都是表示一种可能性,即主动词所实施的结果的可能性。可能性是有,还是没有,是通过在主动词和补语之间插入"得"(表示可能)或"不"(表示不可能)来表示的。如 chīde wán(吃得完),意思是说:"如果想要吃完是能吃完的。"又如 chību wán (吃不完),意思是说:"不管怎样努力,是不可能吃完了。"有关这方面的内容,可参阅结果动词结构(R.V.)。

9. CONJ.(Conjunction,连词):连词是这样一种词,它连接短语或句子,使之构成更长的句子或者一大段话语。连词的例子如 érqiě (而且)、suīrán (虽然)、suǒyǐ (所以)、jiù (就)以及 yàoburán (要不然)。

10. CONS.(Construction,句型):固定句子的模式。例如 yǔqí V.1 bùrú V.2(与其V.1 不如 V.2);cóng A qǐ (从 A 起)。

11. COV.(Coverb,介词):这类条目常译成英语的前置词。它们位于名词之前,名词后面有主动词,如 gēn wàiguórén shuò Yīngwén (跟外国人说英文)中的 gēn (跟),gěi péngyou mǎi lǐwù (给朋友买礼物)中的 gěi (给)。

12. F.E.(Fixed Expression,固定词组):固定词组中的词一般不能用别的词来代替。这类词组有:(ⅰ)词组的意义正好是其组成部分意义的总和,例如 hǎojiǔbujiàn (好久不见),báirìzuòmèng (白日做梦),zhàn de gāo,kàn de yuǎn (站得高,看得远);(ⅱ)具有对称性的名词性、动词性或者短语式的表达结构,例如 méiwánméiliǎo (没完没了),pīhóngguàlǜ (披红挂绿);(ⅲ)还有这样一种词组,它的语意虽然从严格意义上讲是比喻式的,但是在一定的上下文中碰到这类词组时仍然可以很快而且准确地理解,例如 zǒumǎkànhuā (走马看花);qùwúcúnjīng (去芜存菁)。一些经常要用到的例句对于学习者来讲是很需要的,学习者可以通过这些例句去掌握如何灵活地使用这类词组。

13. ID.(Idiom,习语):这类词组是固定词组中的一部分,其意义不能简单通过上下文理解,如果要理解这类词组,听者或读者需要具有文字、历史以及文化习俗方面的专门知识。大部分习语需要有例句,这样才能使得学习者知道如何灵活使用这类词组。例如 hōngyúntuōyuè (烘云托月)、dōngshīxiàopín (东施效颦)、bóléxiàngmǎ(伯乐相马)。

14. INF.(Infix,中缀):这是两个黏着词素,它们在结果动词(参阅下面的 R.V.)和指向动词的结构中表示可能性。这两个词素就是 – de – (得)和 – bu – (不),例如 chīdewán (吃得完,意思是:"如果想要吃完,是可以吃完的。") nábuxiàlai (拿不下来,意思是:"不管怎样努力,是不可能拿下来了。")

15. INTJ.(Interjection,感叹词):这是一种非黏着的词,如 ài (唉,表示伤感或惋惜);āiyō(哎哟,表示惊讶、痛苦等)。

16. M.(Nominal Measure Word,名量词):在汉语中,对某些事物不可能只用数词加名词的方式来加以计量。汉语中的这些名词有的像英语中的名词"paper"、"water"以及"dynamite"。在英语中,我们要计量这三个名词,必须在数词之后、名词之前加上一个附加词,诸如"sheet"、"cup"或者"stick"等。这个附加词告诉我们这样一些事,即有关那个名词的形状、大小以及计量单位等。汉语中的这些例子如 yī zhāng zhuōzi(一张桌子)中的 zhāng (张),liǎng bǎ yǐzi (两把椅子)中的 bǎ (把),sān zhī qiānbǐ (三支铅笔)中的 zhī

(支)。

17. M.P.(Modal Particle,语气词):这是一种句末助词,它表示说话者的一种看法、观点以及感觉等。在北方话中,常用语气助词来表示一些看法,例如,(ⅰ)推测,如 Nǐ shì Měiguórén ba?(你是美国人吧?)中的 ba(吧);(ⅱ)告诫,如 Nǐ bié shàng tā de dàng a!(你别上他的当啊!)中的 a(啊);(ⅲ)叫喊,如 Chī fàn lou!(吃饭喽!)中的 lou(喽);(ⅳ)新的(或者与现在有关的)情形,如 Hǎo le(好了)中的 le(了)。

18. N.(Noun,名词):我们所用的这个标记,所指范围很大——从人和物那种单一的名称一直到名词词组。说得更为严谨一点,我们所指的 N.,在其前面是可以加指示代词和量词的,例如 nà běn shū(那本书)中的 shū(书)。汉语名词不同于英语中的名词,一般不具有处所的意义。也就是说,我们用英语可以很轻松地说:"He is eating by the picnic table",但是这个句子不可能不加改变而直译成中文。这是因为吃的动作出现在 picnic table 附近的某个地方,但是汉语中 zhuōzi(桌子)本身只是一种实物对象,缺少处所的意义。所以为了明确动作在实物空间中所处的位置,需要在 zhuōzi(桌子)后面添加一种有关处所的信息,如 nèibiānr(那边儿)、xiàmian(下面)或者 - lǐ(里)等。有关这方面的情况,可以参看 P.W.(Place Word,处所词)。这是汉语名词中一种特殊的类型,当它们表示处所时,不需要添加处所信息。标记 N.既可用于名词也可用于名词短语。关于名词短语有:(ⅰ)"XX 的 + 名词"或者"XX 之 + 名词"这种结构,其中名词的修饰语为从属词(S.P.,即 Subordinating Particle),例如 ài de jiéjīng(爱的结晶),bàijūnzhījiàng(败军之将);(ⅱ)名词前面有两个或两上以上修饰语的短语,这类短语就是"XXYY + 名词"结构,或者既不是专业术语又不是行业用词的那种复杂的条目,例如,àiguó wèishēng yùndòng(爱国卫生运动)。

19. NUM.(Number,数词):例如 yī(一)、èr(二)、sān(三)等。

20. ON.(Onomatopoeia,象声词):这些是摹拟事物声音的词,例如 dīdā(滴答,滴水声)、wūwū(呜呜,汽笛声)。

21. PR.(Pronoun,代词):代词可分为:(ⅰ)人称代词,如 wǒ(我);(ⅱ)疑问代词,如 shuí(谁?);(ⅲ)指示代词,如 zhè(这)。

22. PREF.(Prefix,前缀):前缀可分为名词前面的前缀、数词前面的前缀和动词前面的前缀这样三种:(ⅰ)名词,例如 Lǎo Wáng(老王)中的 lǎo(老),fēijīnshǔ(非金属)中的 fēi(非);(ⅱ)数词,例如 dìsān(第三)中的 dì(第);(ⅲ)动词,例如 kěxíng(可行)中的 kě(可)、hǎochī(好吃)中的 hǎo(好)、nánchī(难吃)中的 nán(难)。

23. P.W.(Place Word,处所词):由于汉语中的大部分名词不具有处所的意义,所以当汉语名词用来表示另一个对象的处所或者做某种动作所在的位置时,一般需要在名词后面添加一种处所信息,例如,nèibiānr(那边儿)、xiàmian(下面)、- lǐ(里),等等。(可参看上述 N 中的论述)。然而,汉语中有一类名词,实际上它们本身已具有一种很明显的处所意义,因此这类名词一般不需再添加处所信息了。这类特殊的名词就叫处所词,它可包括(ⅰ)国名,如 Zhōnggǔo(中国),(ⅱ)机构,如 Běijīng Dàxué(北京大学),(ⅲ)组织,如 Liánhéguó(联合国),(ⅳ)建筑物,如 túshūguǎn(图书馆)。

24. R.F.(Reduplicated Form,重叠词):这类词是一个或两个音节的重叠。例如,(ⅰ)XXYY 式重叠,如 mǎmahūhū(马马虎虎),(ⅱ)XYY 式重叠,如 lěngbīngbīng(冷冰

冰)。

25. R.V.(Resultative Verb,结果补语词):汉语所注重的常常不只是动作的本身,也注重动作的结果或目的,例如 chīwán(吃完)、ná guòlai(拿过来)。“完”是吃的结果,“过来”是将东西拿起并移到某一个地方的结果。这些动补成分(参看上述 CMP.)在此作结果补语成分的标注(虽然有些人对 ná guòlai 这种结构有不同的叫法)。有两种结构可以表示某一动作希望达到的目的的可能性,这种可能性存在与否可用插入两个中缀来表示,即在动词和补语之间插入中缀(参看上述 INF.)- de -(得,表示肯定的可能性)或 - bu -(不,表示完全否定的可能性),例如 chīdewán(吃得完,想吃完是能吃完的),nábuguòlai(拿不过来,无论怎样努力也不可能把东西拿过来)。

26. S.P.(Subordinating Particle,从属词):从属词用于连接,主要有:(ⅰ)名词前面的修饰语加从属词[1] de(的)、zhi(之),如 tāmen kàn de shū(他们看的书);(ⅱ)动词前面的状语加从属词[2] de(地),如 gāoxìng de shuō(高兴地说);(ⅲ)动词和表示状态的词语之间加从属词[3] de(得),例如,shuō de kuài(说得快)。

27. SUF.(Suffix,后缀):这类词缀总是黏着的,而大多与名词组合,例如 huà(化)、r(儿)、biān(边)、lǐ(里)、wài(外)、zhòng(中)等,当然,动词后缀也有,如 bùdié(不迭)、chūlai(出来)。体标记(A.M.)也是一种动词后缀,但在这里不当作一个独立的类别来看待。但要注意的是,像 - lǐ(里)和 - wài(外)这样的单音节词素是后缀,而语意相同的双音节词 lǐtou(里头)、wàibiān(外边)、zhōngjiān(中间)等是处所词(P.W.)。

28. S.V.(Stative Verb,形容词):虽然这类词在汉语中实际上有点像动词,但它们常译作英语的 adjective。也就是说,“to be”的意义已经包含于这些形容词之中,例如,Zhège hěn hǎo(这个很好)。实际上,将动词 shì(是:to be)置于形容词之前,完全是违反语法规则的,因为形容词实际上是动词,它们直接可用 bù(不)来否定,例如 bù hǎo(不好),并且还可以用程度副词来修饰,这些程度副词如 hěn(很)、fēicháng(非常)、shífēn(十分)。形容词有一个常用的功能,就是它可以作为动词的副词来使用,例如,mànmàn chī(慢慢吃)中的 mànmàn(慢慢),hěn piányi de mǎi(很便宜地买)中的 piányi(便宜)。

29. V.(Verb,动词):这类词表示动作或存在,例如 chī(吃)、zài(在)。说得更为严谨一点就是:动词是前面可以加否定词 bù(不)、méi(没)的词,例如 bù qù(不去)、méi qù(没去)。有关这方面的内容,也可参看形容词(S.V.)和动宾结构(V.O.)。

30. V.M.(Verbal Measure Word,动量词):动量词是有数量的黏着音节和后缀,它用来表示动作出现的次数,例如 cì(次)、tàng(趟):qù yī tàng(去一趟);biàn(遍):zài shuō yī biàn(再说一遍)。

31. V.O.(Verb - Object Construction,动宾结构):许多英语动词可以很自然地译成汉语中的动词加宾语的结构,例如“eat”译作 chīfàn(吃饭)、“speak”译作 shuōhuà(说话),等等。为什么汉语中的这类词看上去只是一个动词而实际上是一种动宾结构?这里有两个重要的原因:首先,动宾结构中没有第二个宾语,也就是说,chīfàn 除了吃“饭”外,没有吃别的东西。其次,动词和它的宾语可以相互分离,例如,(ⅰ)在动词后可以加入表示体的分词,如 chīle fàn(吃了饭);(ⅱ)宾语前面可以添加修饰语,如 chī Zhōngguófàn(吃中国饭);(ⅲ)在名词前面可以加数量词,如 chīle sān wǎn fàn(吃了三碗饭)。有关这方面的内容,还可参看形容词(S.V.)。

32. V.P.(Verb Phrase,动词词组):这类词包括(i)描述性谓语(与形容词不同),如 āichóu(哀愁);(ii)短语和含有动词的一长串词组,这些短语和词组并不是固定的表达形式,如 bǎiláibǎiqù(摆来摆去)、áidào tiānhēi(挨到天黑)。

五、自由字和黏着字

在上面标记词类时,我们对自由字和黏着字作了区分,现在我们再来分辨黏着程度不同的两种黏着字。首先,有这样一些字,单个地来讲这些字本身是无意义的(至少在现代汉语中是如此),它们需要与别的字组合才能构成有意义的词。例如 xī(蟋)和 shuài(蟀)这两个字分开来要比英语中将 cricket 分成 cric 和 ket 更没有意义,它需要连在一起才能成为一个词:xīshuài(蟋蟀),意思是 cricket。在本词典的单字条中,这类字既不作标记,也没有释义,只是简单地给出含有这个字的那个词(有时不只一个词)。

现在再来说说黏着程度稍低一点的黏着字。这些字本身具有意义,而且常常将这种意义融入于许多复合词中,但在规范的现代汉语中,它们不能像自由词那样独立地使用(当然,在古汉语或在十分正式的书面语中,这些字是可以作为自由词使用的)。例如 nǚ rén(女人)、nǚ hái zi(女孩子)和 fū nǚ(妇女)中的 nǚ(女);xué sheng(学生)、nán shēng(男生)、nǚ shēng(女生)以及 zhāo shēng(招生)中的 shēng(生)。许多字在某些意义中是黏着字,但当用作别的意义时却为自由字。例如,shēng(生),除了学生这个意义为黏着外,还有当用作生存意义时也为黏着,如 shēng huó(生活)和 shēng sǐ(生死)中的 shēng(生)。但是,"生"用作出生意义时,则为自由词,是一个动词。当这些字只能在复合词中出现时,我们将它们标作 B.F.(bound form,黏着成分);如果是表示有些意义时为黏着,而在表示别的意义时为自由词的字,我们按条目中的不同义项加以标注。

这种分类对词典使用者很有价值,至少表现在两个方面。像其他词条标记 N.、V.、S.V.等一样,这种分类可以深化词目的释义,因为提供语法信息有利于词典使用者了解这些词的用法。此外,这种具有提醒作用的记号是很有实际作用的,它告诉人们在处理汉—英对应的释义时不能想当然,特别是不宜用一个成问题的汉语单字来表示英语中的概念。例如,我们不能把 nǚ(女,woman)和 shēng(生,student)当作汉语的词来使用,因为它们不是"词",只是黏着词素或词的"组成部分"。

六、简化字和繁体字对照

在现实生活中所碰到的人们,大多数人在寻找汉语书写系统时,他们必定需要简体字和繁体字的对照表。不少简体字的创造来源不明,而一直在许多国家里非正式地流行,特别是在私人手写的材料中。1955 年开始,中华人民共和国颁布了有简化字的汉字表。但在台湾、香港(一直到 1997 年为止)以及海外华语地区仍然使用繁体字,在这些地区人们一般认识简化字,也在非正式的场合使用,但是在出版物及其他公共展示中不使用简化字。由于需要处理不同时间不同地区的各种材料,我们提供了有助于学习的简化字和繁体字。下面将说明本词典正文中是怎样处理繁简关系的。

对于单字条目,所有汉字的繁体字列于方括号内。例如

mǎ 马[馬]horse

mā 妈[媽]mother

qí 骑[騎]ride astride

jiù 旧[舊]old; bygone

wèi 为[為/爲]for

fā 发[發]send out

fà 发[髮]hair

zhe 着[著]durative aspect marker

需要注意的是,"着"和"著"在台湾都用,因此方括号中的繁体字不一定是指这种字体的标准形式。同样的例子如 yú 于[於]、jī 迹[跡]、tái 台[臺]。至于像 cái 才[-/纔]这样的标记法,其意思是说,虽然方括号中的是繁体字,但"才"要比"纔"更为常用。(在 wèi 为[為/爲]、lǐ 里[裡/裏]、xiàn 线[線/綫]中,这些异体字之所以要这样排列,那是有原因的,因为我们考虑到台湾电子文本中所用的"大五码"字符集。在这个字集的基本异体字中,设有着、迹、爲、裏、綫。)

在双音节或多音节词条中,繁体字用下列方法给出:

jiùrì 旧日[舊-]former days

réngjiù 仍旧[-舊]still; as before

shǒujiùpài 守旧派[-舊-]conservatives

luànqībāzāo 乱七八糟[亂-]at sixes and sevens

àndùchéncāng 暗渡陈仓[-倉]rendezvous secretly

这种表示法突出了与简化字相对应的那个繁体字,并且避免了重复,节省了空间。短横"-"代表了两种字:(1)没有简化的字(如 jiùrì 中的"日 rì"),所以没有给出繁体字的对应形式;(2)像 àndùchéncāng(暗渡陈仓)中的"陈"字,这些字的简化属于常规性的,可看下面的替换表(字和部首共 30 个)。替换表中的 30 个部首或字是很常用的,我们将它们选出来供读者熟记,这样就不需在方括号中将这些繁体部首或字一一标记出来了。

在本词典正文中,除了单音节词条以外,凡含下表中的部首或字的繁体字,不在方括号中一一标出。下表中每一条的右边为出现这些部首或字的条目例子。

儿 兒 r (suffix); ér child**	帽儿 帽兒 màor	儿童 兒童 értóng
几 幾 jǐ several	机 機 jī	虮 蟣 jǐ
讠 言 yán speech*	语 語 yǔ	词 詞 cí
饣 食 shí eat*	饮 飲 yǐn	饱 飽 bǎo
门 門 mén door; gate	间 間 jiān	问 問 wèn
纟 糸 sī silk*	纺 紡 fǎng	纱 紗 shā
马 馬 mǎ horse	驾 駕 jià	妈 媽 mā
无 無 wú not	芜 蕪 wú	怃 憮 fǔ
车 車 chē vehicle	软 軟 ruǎn	军 軍 jūn

贝 貝 bèi cowrie	负 負 fù	责 責 zé
见 見 jiàn see	现 現 xiàn	苋 莧 xiàn
长 長 cháng long; zhǎng grow	伥 倀 chāng	张 張 zhāng
仑 侖 lún (used chiefly for sound)	伦 倫 lún	沦 淪 lún
风 風 fēng wind	飘 飄 piāo	枫 楓 fēng
为 為爲 wéi be; wèi for	伪 偽 僞 wěi	沩 溈 潙 wéi
龙 龍 lóng dragon	袭 襲 xí	聋 聾 lóng
东 東 dōng east	栋 棟 dòng	陈 陳 chén
钅 金 jīn gold *	针 針 zhēn	钉 釘 dīng
尔 爾 ěr (used chiefly in foreign words) * *	尔格 爾格 ěrgé	马尔他 馬爾他 Mǎ'ěrtā
鸟 鳥 niǎo bird	鸣 鳴 míng	鸪 鴣 gū
头 頭 tóu head * *	石头 石頭 shítou	头人 頭人 tóurén
过 過 guò pass * *	过年 過年 guònián	难过 難過 nánguò
页 頁 yè head; leaf	项 項 xiàng	顺 順 shùn
会 會 huì meeting	绘 繪 huì	侩 儈 kuài
来 來 lái come	莱 萊 lái	徕 徠 lái
两 兩 liǎng two	俩 倆 liǎng	魉 魎 liǎng
佥 僉 qiān unanimous	检 檢 jiǎn	脸 臉 liǎn
鱼 魚 yú fish	鳖 鱉 biē	渔 漁 yú
单 單 dān only	蝉 蟬 chán	禅 禪 chán
学 學 xué study * *	科学 科學 kēxué	学校 學校 xuéxiào

注释：

＊标有单星号的"讠、饣、纟、钅"只能作为偏旁，不能作为一个字来使用。

＊＊标有双星号的"儿、尔、头、过、学"只用来简化整个字，它们不能用作简化偏旁。例如，虽然"兄"字包含了"儿"，但它并非简化字。（因为"兄"字下面的"儿"没有繁体形式"兒"。同样，"你"字中的"尔"现在没有繁体形式"爾"；"儞"是个古体字。）

有关这方面的情况，也可参看附录Ⅶ标准字和异体字。

七、略　语　表

AB.	abbreviation	缩写	log.	logic	逻辑
acct.	accounting	会计	M.	measure	量词
ADV.	adverb	副词	mach.	machinery	机械
agr.	agriculture	农业	math.	mathematics	数学
A.M.	aspect marker	体标记	med.	medicine	医学
archeo.	archeology	考古学	met.	meteorology	气象
archi.	architecture	建筑学	metal.	metallurgy	冶金
astr.	astronomy	天文学	mil.	military	军事

A.T.	abstruse term	深奥词
ATTR.	attributive	定语
AUX.	auxiliary verb	助动词
B.F.	bound form	黏着词素
bio.	biology	生物学
Budd.	Buddhism, Buddhist	佛教
ca.	about; approximately	大约
CCP	Chinese Communist Party	中国共产党
cent.	century	世纪
Ch.	China, Chinese	中国
Ch. med.	Chinese medicine	中医
chem.	chemistry	化学
CMP.	complement	补语
comp.	computer	计算机;电脑
coll.	Beijing colloquial	口语
com.	commerce	商业
CONJ.	conjunction	连词
CONS.	construction	句型
court.	courteous	敬词
cov.	coverb	介词
Cult. Rev.	Cultural Revolution	文革
d.	died	逝世
Dao.	Daoism, Daoist	道教
derog.	derogatory	贬义词
econ.	economics	经济
edu.	education	教育
elec.	electrical engineering	电工
esp.	especially	特指
F.E.	fixed expression	固定词组
fig.	figurative(ly)	隐喻
forest.	forestry	森林
geog.	geography	地理
geol.	geology	地质
hist.	history	历史
humb.	humble	谦词
ID.	idiomatic saying	习语
INF.	infix	中缀
INTJ.	interjection	感叹
Jp.	Japan, Japanese	日本
min.	mining	矿业
M.P.	modal particle	语气词
mus.	music	音乐
N.	noun	名词
NUM.	number	数词
ON.	onomatopoeia	象声词
orig.	original(ly)	原意
paleo.	paleontology	古生物学
phil.	philosophy	哲学
photo.	photography	摄影
phy.	physics	物理
phys.	physiology	生理学
pol.	politics	政治
PR.	pronoun	代词
PRC	People's Republic of China	中华人民共和国
PREF.	prefix	前缀
print.	printing	印刷
prov.	province	省
psy.	psychology	心理学
rel.	religion	宗教
R.F.	reduplicated form	重叠词
R.V.	resultative verb	结果补语词
sb.	somebody	某人
sig.	signifying, signalizing	表示
soc.	sociology	社会学
S.P.	subordinating particle	从属词
sth.	something	某事
SUF.	suffix	后缀
sur.	surveying	测绘
thea.	theater	戏剧
topo.	topolect, non - Mandarin	方言
trad.	traditional	传统
traf.	traffic, communication	交通
TW	Taiwan	台湾省
txtl.	textile	纺织
usu.	usually	通常
v.	verb	动词
V.M.	verbal measure word	动量词
V.P.	verb phrase	动词词组

KMT	Kuomintang/Guomindang	国民党	V.O.	verb-object	动宾离合词
lg.	language, linguistics	语言	vs.	versus	对应
lit.	literal(ly)	字面义	vulg.	vulgar	俗语
liv.	livestock husbandry	畜牧	wr.	writing, wenyan	文言
loan	loan word	外来词	zoo.	zoology	动物学

八、参 考 书 目

下面是主要参考书的目录,对于其中一些重要作品我们作了简短的评注。

Chan Sin-wei. *A Glossary of Translation Terms*. Hong Kong: The Chinese University Press, 1993.

赵元任和杨联升,*Concise Dictionary of Spoken Chinese*. Cambridge: Harvard University Press, 1947.这本词典在有关字的黏着性方面特别有用。

Chao, Yuen Ren. *Grammar of Spoken Chinese*.(中国话的文法)Berkeley and Los Angeles: University of California Press, 1968. 本书很富权威性,而且对词语用法上一些细节的论述也很有价值。

陈欣望主编《汉英语林》,上海:交通大学出版社,1991 年。

Chen Zhujuan 主编《汉英成语手册》,香港:三联书店,1981 年。

Chinese-English Glossary of Linguistic Terms. Compiled by the Chinese-English Translation Assistance Group. Kensington, MD: Dunwoody Press, 1986.

Ching, Eugene and Nora. 201 *Chinese Verbs*. Woodbury, NY: Barron's Educational Series, 1977.

Collier, David. *Chinese-English Dictionary of Colloquial Terms used in Modern Chinese Literature*. New Haven: Far Eastern Publications, 1979.

戴鸣钟等编《汉英综合词典》,上海:上海外语教育出版社,1991 年。

丁光训编《新汉—英词典》,Seattle: University of Washington Press, 1985.

中国社会科学院编《倒序现代汉语词典》,北京:商务印书馆,1987 年。此书在词的逆序排列方面很有用。

Dictionnaire Francais de la Langue Chinoise. Compiled by L'Institut Ricci. Taibei: Institut Ricci and Kuangchi Press, 1976.此书很具学术水准,在中国传统文化方面尤为见长。

《汉英百科词汇手册》编写组编《汉英百科词汇手册》,北京:航空工业出版社,1991 年。

《汉语拼音词汇》编委会编《汉语拼音词汇》(修订版),北京:语文出版社,1989 年。此书由几位国家语委的成员编写,是一本收词 60,400 条的半官方词汇集。

黄元凯编《中华成语辞典》,香港:Eton Press, 1964.

Kuraishi Takeshirō. *Iwanami Chūgokugo Jiten* [*Iwanami's Dictionary of Chinese*]. Tokyo: Iwanami Shoten, 1990.

黎明和林太乙编《最新林语堂汉英词典》,Hong Kong: Panorama Press, 1987.此书对于一些非中国大陆使用的术语和港台的词类划分法特别有用。

Li, Charles and Sandra A. Thompson. *Mandarin Chinese. A Functional Reference Grammar*. Berkeley and Los Angeles: University of California Press, 1989.

李淑娟和颜力钢, *Chinese-English Dictionary of Modern Slang of China*. Hong Kong: Haifeng Chubanshe, 1995.

李行健等主编《新词新语词典》,北京:语文出版社,1989 年。

李振杰和徐凌志韫, *A Dictionary of New Terms and Phrases of Contemporary China*. 北京:新世界出版社,2000 年。

刘润清等译《朗曼语言学词典》,太原:山西教育出版社,1993 年。(此书为 Longman Dictionary of Applied Linguistics 的汉译本。)

刘希彦编《汉英新词新义字典》,长春:吉林大学出版社,1996 年。

罗竹风主编《汉语大词典》,上海:汉语大词典出版社,共 12 卷,《附录·索引》1 卷,1986—1994 年。

Mathews' Chinese-English Dictionary. Revised American edition. Cambridge: Harvard University Press, 1945.

McCawley, James D. *The Eater's Guide to Chinese Characters*. Chicago: University of Chicago Press, 1984.

Modern Chinese-English Technical and General Dictionary. 3 vols. Anon. New York: McGraw-Hill, 1963.本词典的优点在于收词多(有 212,000 条)并且严格按照字母顺序排列,但由于拼音和汉字分别在不同的卷册里,使用颇为不便。

施正信、王春菁、张健锺编《汉英分类成语词典》,香港:联合出版公司,1991 年。

施正信等编《汉英分类成语词典》,香港:三联书店,1991 年。

苏永昌《语言学常用词汇——英汉对照表》,香港理工大学,1998 年。

汤廷池《汉语词法句法论集》,台北,1998 年。

曹逢甫. *Sentence and Clause Structure in Chinese. A Functional Perspective*. Taibei: Student Book Co., 1990.

王同亿主编《新现代汉语词典》,海南:海南出版社,1992 年。参看下面这部书。

王同亿主编《语言大典》,共 2 卷,海南:三环出版社,1990 年。本词典的用处在于收词多,但是,与王同亿编的许多别的词典一样,此书的编写可谓粗制滥造,使用时要小心,而英文释义尤不可靠。

危东亚主编《汉英词典》(修订本),北京:外语教学与研究出版社,1995 年。

Weingarner, Fredric and Paul Fu-mien Yang(杨福绵). *Chinese Linguistic Usage 1925 – 1975 A Contrastive Glossary English and Chinese* (in Chinese). Taibei: Student Book Co., 1985.

Wu, C.K. & K.S. *Compact English-Chinese Dictionary* (Yale Romanization). Third Edition. Hong Kong: Chinese Language Research Association, 1976.

吴光华主编《汉英大辞典》,共 2 卷,上海:上海交通大学出版社,1993 年。此书收词广(220,000 多条),特别是在科学词语方面。

吴景荣主编《拼音汉英词典》,香港:商务印书馆,1979 年。

吴景荣、程镇球主编《新时代汉英词典》,北京:商务印书馆,2000 年。

中国社会科学院语言研究所编《现代汉语词典》,北京:商务印书馆,1990 年。此书具有第一流的学术水准,半官方性。

北京大学语言研究所编《现代汉语频率词典》,北京:北京语言学院出版社,1989 年。依据 1,800,000 字的汉语语料所作出的频率统计,很有价值。

尹斌庸、Mary Felley. *Chinese Romanization: Pronunciation and Orthography*. Beijing: Sinolingua, 1990.此书对正词法规则的运用十分有用。

商务印书馆词典编纂研究中心编《应用汉语词典》,北京:商务印书馆,2000 年。本词典值得注意的有两点:词类的标注和用汉语拼音字母注音时大量使用连写。

余云霞等编《汉英逆引词典》,北京:商务印书馆,1985 年。本词典在标注词类和词语逆向排列上十分有用。

张芳杰主编《远东汉英大辞典》,台北:远东图书公司,1992 年。此书编写严谨,收词多,尤其是收了不少关于中国传统文化的词语。

张星联、赵书汉编,*A Glossary of Chinese Archaeology*(中国考古词汇),北京:外文出版社,1983 年。

《中国大百科全书·语言文字》,北京:中国大百科全书出版社,1982 年。

中文词知识库(CKIP)小组编《中文书面语频率词典》,台北:中央研究院资讯科学研究所,1994 年。本词典在 14,457,534 字的汉语语料库基础上作出了词频统计,是很有用的资料。

钟嘉陵等编《现代汉语缩略语词典》,济南:齐鲁书社,1986 年。

(黄河清译,徐文堪校)

A

a* 啊 M.P. *used as phrase suffix* ① *in enumeration* ***Qián ~, shū ~, biǎo ~, wǒ dōu diū le.*** Money, books, watch, I lost everything. ② *in direct address and exclamation* ***Lǎo Wáng ~, zhè kě bùxíng ~!*** Wang, this won't do! ③ *indicating obviousness/impatience* ***Lái ~!*** Come on! ④ *for confirmation* ***Nǐ bù lái ~?*** So you're not coming? ***See also*** [1]ā, á, ǎ, à

[1]**ā** 啊 INTJ. *indicating elation* ***See also*** a, á, ǎ, à

[2]**ā** 阿 PREF. *used familiarly before* ① *childhood name* ② *a monosyllabic personal name or surname* ③ *name of a relative* ④ *birth-order number* ***See also*** [3]ē

[3]**ā** 锕[錒] N. <chem.> actinium

[4]**ā** 腌 in ***āza*** ***See also*** [3]yān

[5]**ā** 屙 in ***āshǐ*** ***See also*** [1]ē

á 啊 INTJ. *indicating doubt or questioning* ***See also*** a, [1]ā, ǎ, à

ǎ 啊 INTJ. *indicating puzzled surprise* ***See also*** a, [1]ā, á, à

à 啊 INTJ. *indicating agreement/approval* ***See also*** a, [1]ā, á, ǎ

ābà 阿爸 N. <topo.> father; dad; daddy

A-bǎn A版 N. <TW> A-print (a record printed off locally produced master copy)

Ābí Dìyù 阿鼻地狱 N. <Budd.> the Avici Hell, the last and deepest of the eight hot hells

ābīnggē 阿兵哥 N. <TW> soldier

ābó 阿伯 N. <topo.> brother-in-law (husband's elder brother)

Ābōluó 阿波罗[-羅] N. <loan> Apollo

Āchāngzú 阿昌族 N. Achang ethnic minority (in Yunnan)

ādì 阿弟 N. <topo.> younger brother

ādiē 阿爹 N. <topo.> father; dad; pa

Ādǒu 阿斗 N. ① infant name of the last emperor of Shu Han ② doltish weakling

ādǔwù 阿堵物 N. <trad.> money

Ā'ěrbāníyà 阿尔巴尼亚[-亞] P.W. Albania

Ā'ěrbēisī Shān 阿尔卑斯山 P.W. Alps

ā'ěrcíhǎimòbìng 阿尔茨海默病 N. <loan> Alzheimer's disease

ā'ěrfǎ lìzǐ 阿尔法粒子 N. <phy.> alpha particle

ā'ěrfǎ shèxiàn 阿尔法射线 N. <phy.> alpha ray

Ā'ěrjílìyà 阿尔及利亚[-亞] P.W. Algeria

āfēi 阿飞[-飛] N. <coll.> hooligan; hoodlum; young rowdy

āfù 阿父 N. <topo.> ① father ② paternal uncle; my/his uncle

Āfùhàn 阿富汗 P.W. Afghanistan

āgē 阿哥 N. <topo.> elder brother

Āgēntíng 阿根廷 P.W. Argentina

āgōng 阿公 N. <topo.> ① father of one's husband ② grandfather ③ respectful address for an elderly man

āgǒu 阿狗 N. dog

A-gǔ* A股 N. stocks bought/sold in RMB

āgū 阿姑 N. <topo.> mother-in-law (husband's mother)

āgū-āwēng 阿姑阿翁 N. <topo.> ① husband's parents ② the head of a house

āhā 啊哈 INTJ. *indicating surprise/praise* Well!

āhái 阿孩儿 N. <topo.> child

āhōng 阿訇 N. <loan/rel.> ahung; imam

āhùn 阿混 N. <coll.> ① unoccupied person ② peddler ③ irresponsible person

[1]**āi** 哎 INTJ. *of surprise/warning/dissatisfaction* ***See also*** ēi

[2]**āi** 挨 V. get close to; be next to; follow in sequence or along designated route/direction ***Yījīng ~dào wǒ le ma?*** Is it already my turn? ♦ADV. in sequence ***See also*** [1]ái

[3]**āi** 唉/欸/诶[-/-/誒] INTJ. *mild exclamation/sigh* Gosh!; My! ***See also*** [2]ài

[4]**āi** 哀 B.F. ① sorrow ***āishāng*** ② lament [2]***āidào*** ③ doleful; tragic ***bēi'āi***

[5]**āi** 埃 B.F. dust ***chén'āi*** ♦M. angstrom ♦AB. ***Āijí***

[6]**āi** 锿[鎄] N. <chem.> einsteinium

[1]**ái** 挨/捱 V. ① suffer; endure ***Tā liǎn shang ~le yī bāzhang.*** He was slapped in the face. ② drag out; delay; stall ***Bié ~ shíjiān le.*** Quit stalling. ***See also*** [2]āi

[2]**ái** 癌 N. <med.> cancer; carcinoma

[3]**ái** 骇/呆[騃/獃] B.F. dull; obtuse; foolish; doltish ***áibǎn, chī'ái, yú'ái*** ***See also*** [1]dāi

[4]**ái** 皑[皚] in ***ái'ái***

[1]**ǎi** 矮 S.V. ① short (of stature) ② low

[2]**ǎi** 嗳[噯] INTJ. *of disagreement/denial* No!

[3]**ǎi** 霭[靄] N. <wr.> mist; haze

[4]**ǎi** 蔼[藹] B.F. amiable [2]***ǎi'ǎi, hé'ǎi***

[1]**ài*** 爱[愛] V. ① love ② like; be fond of; be keen on ③ cherish ④ be apt to ♦N. love M: [1]***zhǒng***/[2]***chǎng*** ♦CONS. ① *~ v.1 bù v.1* v.1 or not as you please ***Nǐ ~láibùlái.*** I don't care if you come or not. ② *~ A* [3]*shèng B* hold A dearer than B ***~ rén shèngjǐ*** love others more than oneself

[2]**ài** 唉 INTJ. *of sentiment/sympathy/disappointment* ***See also*** [3]āi

[3]**ài** 碍[礙] V. hinder; obstruct; be in the way of ***Nǐ ~bùzháo wǒ.*** You're not in my way.

[4]**ài** 艾 N. ① Ch. mugwort ② Surname ♦V. <wr.> end; stop ***See also*** [16]***yì***

[5]**ài** 隘 B.F. ① narrow ***xiá'ài*** ② a pass ***yào'ài***

[6]**ài** 砹 N. <chem.> astatium

[7]**ài** 暧[曖] B.F. ① unclear; ambiguous ***àimèi*** ② <wr.> dim (of daylight)

[8]**ài** 嫒[嬡] in ***lìng'ài***

āi'āi 哀哀 R.F. sorrowful

ái'ái* 皑皑[皚皚] R.F. pure white

[1]**ǎi'ǎi** 矮矮 R.F. short; low

[2]**ǎi'ǎi** 蔼蔼 R.F. ① lush; abundant ② dim; dusky

[3]**ǎi'ǎi** 霭霭 R.F. ① luxuriant (growth) ② numerous ③ cloudy; misty ④ snowing heavily

[1]**ài'ài** 暧暧[曖曖] R.F. <wr.> dark; obscured

[2]**ài'ài** 艾艾 R.F. stuttering; stammering

ái'áibáixuě 皑皑白雪[皚皚-] F.E. pure white snow

āi'āicèngcèng 挨挨蹭蹭 F.E. ① very crowded ② be delayed

ài'àinányán 艾艾难言[--難-] F.E. speak with reluctance/difficulty

āi'āiyùjué 哀哀欲绝[-絕] F.E. desperately grieved

ǎibǎi 矮柏 N. a dwarf tree resembling a cedar or a cypress M: [2]***kē***/[2]***zhū***

áibǎn 骇/呆板 S.V. <coll.> stiff; rigid; inflexible ***See also*** ***dāibǎn***

áibàng 癌棒 N. <slang> cigarette

ǎibāng(r)* 矮帮(儿)[-幫-] ATTR. low-cut (of shoes/boots)

ǎi bànjié(r) 矮半截(儿) V.O. ① be much shorter than others ② be inferior to others

āibānr 挨班儿 ADV. <coll.> one by one; in turn/shifts

ái bǎnzi 挨板子 V.O. suffer criticism/punishment; "get the shaft"

ài bàoyuan 爱抱怨[愛-] S.V. be querulous

áibèn 骇/呆笨 S.V. stupid; dull-witted; dull ***See also*** ***dāibèn***

āibiānr 挨边儿[-邊-] V.O. <coll.> ① keep close to the edge ② be near; be close to ***Wǒ dōu liùshí ~ le.*** I'm approaching sixty. ③ be relevant ***Nǐ de wèntí hé wǒmen de tǎolùn yīdiǎnr bù ~.*** Your question is completely irrelevant to our discussion.

àibìng 爱病[愛-] V. <coll.> be apt to fall ill ♦S.V. sickly

āibīngbìshèng 哀兵必胜[-勝] F.E. Victory comes when pushed to the wall.

àibīngrúmìng 爱兵如命[愛-] F.E. cherish one's soldiers as one's own life

ái bítou 挨鼻头 V.O. <topo.> be criticized by superiors

ǎibó 矮柏 ***See*** ***ǎibǎi***

āibude 挨不得 R.V. ① should not be touched (e.g., fresh paint) ② be touchy

àibùrěnshì 爱不忍释[愛-釋] F.E. love sth. too much to part with it

āibushàng 挨不上 R.V. ① be far behind ② have no relation; be irrelevant/extraneous

àibùshìshǒu 爱不释手[愛-釋-] F.E. love sth. too much to part with

àibuzháo 碍不着[礙-著] R.V. not be in the way ***Nǐ ~ wǒ de shìr.*** You are not in my way.

áibuzhù 挨/捱不住 R.V. cannot bear any more

ǎicǎi 蔼彩 N. a fresh look

[1]**àicái*** 爱财[愛-] S.V. be greedy for money

[2]**àicái** 爱才[愛-] S.V./V.O. value high talent

àicáirúmìng 爱财如命[愛-] F.E. love money as much as one's life

àicáiruòkě 爱才若渴[愛-] F.E. have a passion for talented people

[1]**àicáiruòmìng** 爱财若命[愛-] F.E. love wealth as much as life; be very stingy/miserly

[2]**àicáiruòmìng** 爱才若命[愛-] F.E. be very fond of talented people

àicǎo 艾草 N. <bot.> Chinese mugwort

āicè 哀册[-冊] N. <archeo.> funeral eulogy

āicèngr 挨噌儿 V.O. <coll.> get a scolding

àichǎngrújiā 爱厂如家[愛廠-] F.E. treat one's factory as if it were home

àichēng 爱称[愛稱] N. term of endearment; pet name; diminutive

āichìr 挨斥儿 V.O. <coll.> be criticized/scolded/etc.

ài chī tiánshí 爱吃甜食[愛-] S.V. have a sweet tooth

àichǒng 爱宠[愛-] V. ① bestow favor on ② indulge; spoil

āichóu 哀愁 V.P. sad; sorrowful ♦N. sorrow, sadness

áichuáng 挨床 V.O. be reluctant to get up (from sleep)

ài chuánhuà 爱传话[愛傳-] V.P. blab ♦S.V. blabby

ài chū fēngtou 爱出风头[愛-] V.P./S.V. seek the limelight ***Zhèige rén hěn ~.*** This person really likes to be in the limelight.

āicī(r)* 挨呲(儿) V.O. <coll.> be scolded/criticized

āicí 哀辞/词[-辭] N. lament

āicì 挨次 ADV. one after another; in turn; one by one

āi cīde 挨呲嘚 V.O. <coll.> be scolded

āicīr de huò 挨呲儿的货 N. <coll.> one who is scolded

àicuò 爱错[爱-] R.V. love mistakenly ♦S.V. tend to make frequent mistakes
ǎicuócuó 矮矬矬 R.F. short and stocky
ǎicuózi 矮矬子 N. <coll.> a short person
áidǎ 挨打 V.O. take a beating; come under attack; be spanked
àidābùlǐ(r) 爱搭不理(儿)[爱-] F.E. <coll.> turn/give a cold shoulder to sb.
Àidáhé 爱达荷[爱達-] P.W. Idaho
àidài 爱戴[爱-] V. love and respect
ái dāngtóupào 挨当头炮[-當--] V.O. face sudden direct criticism
¹**àidào*** 挨到 R.V. come to (sb.'s turn) *See also áidào*
²**āidào** 哀悼 V. lament/mourn sb.'s death ♦N. condolences
áidào 挨到 R.V. drag out until *See also* ¹*āidào*
áidào tiānhēi 挨到天黑 V.P. <coll.> bear up until nightfall
áidǎshòu'è 挨打受饿 F.E. suffer beatings and hunger
áidǎshòumà 挨打受骂[-罵] F.E. suffer beatings and endure scoldings
áidǎshòuqì 挨打受气[-氣] F.E. suffer beatings and insults
ài dǎting 爱打听[爱-聽] V.P./S.V. be inquisitive/snoopy/nosy
ài de jiéjīng 爱的结晶[爱-] N. the child of a couple in love
ǎidèng(zi) 矮凳(子) N. low stool
àidezháo 碍得着[礙-著] R.V. be in one's way
ǎidī 霭滴 N. <wr.> mist droplet
āidiào 哀吊 V. grieve/mourn over sb.'s death; lament sb.'s death
āidìměidūnshū 哀的美敦书[-書] N. <loan> ultimatum
áidǐng 挨顶 V.O. be refused/rejected
áidòng 挨冻 V. be frostbitten/frozen
áidòngshòulěng 挨冻受冷 F.E. suffer from exposure (cold)
áidòu 挨斗[-鬥] V.O. be struggled against
ài dú 爱读[爱讀] V.P./S.V. like to read
ǎiduǎn 矮短 S.V. short; short in stature
ǎidūndūn 矮墩墩 R.F. pudgy; dumpy
ái'è 挨饿 V.O. suffer from hunger
āi'érbùshāng 哀而不伤[-傷] F.E. restrained grief
ái ěrguāzi 挨耳刮子 V.O. <coll.> get boxed on the ears
Ài'ěrlán 爱尔兰[爱-蘭] P.W. Ireland
ái'èshòudòng 挨饿受冻 F.E. suffer from hunger and cold
áifá 挨罚 V.O. be fined
àifú 爱服[爱-] V. concede/submit willingly
àifǔ* 爱抚[爱-] V. ① caress ② show tender care for
ǎigān 蔼甘 S.V. polite and amiable in speech
ǎigǎndào 矮杆稻[-桿-] N. <agr.> short-stalk rice
āigào 哀告 V. ① beg piteously; supplicate ② announce (death/etc.) ♦N. obituary
āigē 哀歌 N. mournful song; dirge; elegy M: ²*shǒu*
āigè(r)* 挨个(儿)[-個-] ADV. <coll.> one by one; in turn
ǎigè(r/zi) 矮个(儿/子)[-個-] N. short person
àigù 爱顾[爱顧] V. take loving care of ♦N. (customers') kind patronage of a store
ǎiguàncóng 矮灌丛[-叢] N. brushland M: ²*cù*
āiguāng 挨光 V.O. <topo.> flirt with the opposite sex
áiguànle 挨惯了 V.P. get used to (criticism/scolding/beating/etc.) *Tā áimà* ~. He is used to being scolded.
ài guǎn xiánshì 爱管闲事[爱-] S.V./V.P. be officious/nibby
áiguò 挨/捱过 R.V. weather/survive (a crisis/ordeal/etc.)
àiguó* 爱国[爱國] V.O. love one's country ♦S.V. patriotic
àiguó gōngyuē 爱国公约[爱國-] N. <PRC> patriotic pledge (early 1950s)
àiguó gōngzhài 爱国公债[爱國-] N. government bonds
àiguókuáng 爱国狂[爱國-] N. chauvinism
àiguó rénshì 爱国人士[爱國-] N. patriotic personage
àiguórújiā 爱国如家[爱國-] F.E. love one's country as if it were home/family
àiguó wèishēng yùndòng 爱国卫生运动[爱國衛-運動] N. <PRC> patriotic health campaign
àiguóxīn 爱国心[爱國-] N. patriotic feeling M: ¹*kē*/¹*piàn*
àiguóyījiā 爱国一家[爱國-] F.E. All patriots are of one family.
àiguó yùndòng 爱国运动[爱國運動] N. patriotic movement
àiguózhě 爱国者[爱國-] N. ① patriot M: *ge*/²*wèi*/¹*míng* ② name for a kind of missile
àiguó zhìshì 爱国志士[爱國-] N. patriot
àiguózhǔyì 爱国主义[爱國-義] N. patriotism
āihǎ 挨哈 V. <topo.> bear rebuke
àihài 隘害 N. a strategic pass/point
āiháo 哀号[-號] V. wail
àihāo 艾蒿 N. <bot.> Chinese mugwort; artemisia M: ²*kē*
àihǎo(r) 爱好(儿)[爱-] V.O. desirous of doing better/well; particular about sth./sb. being good *See also* ¹*àihào*, ²*àihào*
¹**àihào*** 爱好[爱-] V. love (non-personal); like; be fond of; be keen on *See also àihǎo*, ²*àihào*
²**àihào(r)** 爱好(儿)[爱-] N. interest; hobby M: ¹*zhǒng*/*ge See also àihǎo*, ¹*àihào*
àihào qīngxiàng 爱好倾向[爱-] N. disposition; predisposition
àihàozhě 爱好者[爱-] N. lover (of art/sports/etc.); fan; fancier M: ²*wèi*/¹*míng*
āiháozhèntiān 哀号震天[-號--] F.E. Cries of agony shake the heavens.
Ài Hé 爱河[爱-] N. <Budd.> the river of love M: ¹*tiáo*
āihēir 挨黑儿 N. <coll.> at sunset
ài-hèn 爱恨[爱-] N. love and hate
àihènjiāojiā 爱恨交加[爱-] F.E. love and hate are mingled
àihéyǒngyù 爱河永浴[爱-] F.E. bathe forever in the river of love (congratulatory messages given on a wedding)
āihóng 哀鸿 ID. <wr.> refugees
āihóngbiànyě 哀鸿遍野 ID. land swarming with refugees
āihù(r) 挨户(儿) ADV. from door to door
àihù* 爱护[爱護] V. cherish; treasure; take good care of
ǎihuà 矮化 V. stunted; dwarfed
āihuàn 哀唤[-喚] V. wail; cry piteously
àihùbèizhì 爱护备至[爱護備-] F.E. give painstaking care to
āihuǐgǔlì 哀毁骨立[-毀--] ID. emaciated with grief
¹**àihuǒ** 爱火[爱-] N. ① <Budd.> passion; sexual drive ② passion of love
²**àihuǒ** 艾火 N. the fire of burning artemisia for cauterizing
àihù yīcǎoyīmù 爱护一草一木[爱護-] V.O. cherish even the most trifling things
Āijí 埃及 P.W. Egypt
āijì 哀祭 N. mourning rite
áijǐ* 挨挤[-擠] V.O. be squeezed in a crowd
àijì 爱继[爱繼] N. the choice of an heir from one's clan by preference
āijiā 哀家 N. widowed empresses or imperial concubines
āijiā'āihù 挨家挨户 F.E. (go) from door to door
āijiāchuànmén 挨家串门 F.E. make door to door calls
āijiān(r) 挨肩(儿) ADV. ① shoulder to shoulder ② in close succession ♦V.P. be roughly equal in age/height (of siblings)
āijiāncābǎng 挨肩擦膀 F.E. ① be crowded together ② rub shoulders; be near and intimate
áijiāncābèi 捱肩擦背 F.E. crowded together
āijiāndābèi 挨肩搭背 F.E. ① arms around each other's shoulders ② intimate
āijiāndiébèi 挨肩叠背[--疊-] F.E. be very crowded
āijiān'érguò 挨肩而过 F.E. brush past
ài jiǎngjiu 爱讲究[爱講-] V.P./S.V. be fastidious
āijiānr 挨肩儿 V.P. <coll.> close in age (of siblings)
āijiào* 哀叫 V. howl in pain
áijiāo 挨浇[-澆] V.O. be caught in the rain
ǎijiǎo 矮脚[-腳] ATTR. short; low
āijiār 挨家儿 ADV. <coll.> from house to house
àijǐjíwù 爱己及物[爱-] F.E. extend love of self to others
āijīn 哀矜/衿 V. <wr.> feel compassion for
āijìn* 挨近 V. get close to; be near to
āijīnwúgū 哀矜无辜 F.E. <wr.> feel compassion for the innocent
àijiǒng 隘窘 V.P. poor
áijīshòudòng 挨饥受冻 F.E. suffer from cold and hunger
¹**àijiǔ** 艾灸 N. moxibustion
²**àijiǔ** 艾酒 N. moxa wine
āijiǔzìmiè 哀久自灭[-滅] F.E. Time diminishes sorrow.
àijǐzhǔyì 爱己主义[爱-義] N. egoism; egocentrism
àijú 艾菊 N. <bot.> tansy
āikào 挨靠 V. ① lean on; depend on ② be near to
āikàor 挨靠儿 N. sth. to fall back on; support; backing
áikēi 挨尅/克 V.O. <coll.> ① get told off ② get licked
āikěn 哀恳[-懇] V. sorrowfully request
àikèsīguāng 爱克斯光[爱-] N. <loan> X-ray
¹**àikǒu** 碍口[礙-] S.V. too embarrassing to mention
²**àikǒu** 隘口 N. (mountain) pass M: *dào*
àikǒuxiǎnyào 隘口险要 F.E. a strategic pass
āikū* 哀哭 V. weep in sorrow; wail; be grieved and miserable
āikǔ 哀苦 S.V. sorrowful
áikǔ 挨/捱苦 V.O. endure hardships
áikuòsàn 癌扩散[-擴-] N. metastasis of cancer
àilǎo 艾老 N. <wr.> elderly man
āi-lè 哀乐[-樂] N. grief and joy *See also āiyuè*
áilěngshòudòng 挨冷受冻 F.E. suffer from cold
āilèxiāngshēng 哀乐相生[-樂--] F.E. Grief and joy evoke each other.
āilì 哀厉[-厲] N. <wr.> a heart-breaking wail
ǎilí* 矮篱[-籬] N. low fence M: ¹*duàn*
āilián 哀怜[-憐] V. feel compassion for; pity
àilián 爱怜[爱憐] V. show tender affection for
àiliàn* 爱恋[爱戀] V. be in love with; feel deeply attached to
àilǐbùlǐ 爱理不理[爱-] F.E. look cold and indifferent; be standoffish
ǎilín 矮林 N. coppice; low forest; brushwood M: ¹*piàn*
àilǐng 隘岭[-嶺] N. narrow mountain pass
Àilìshě Gōng 爱丽舍宫[爱麗捨宮] P.W. Elysée Palace
áiliú 癌瘤 N. cancerous tumor M: ¹*zhǒng*/*ge*
àilù 隘路 N. defile; narrow passage M: ¹*tiáo*
àilǚ 爱侣[爱侶] N. lovers; sweethearts M: ¹*duì*
áimà 挨骂[-罵] V.O. get a scolding
áimàshòuqì 挨骂受气[-罵-氣] F.E. be scolded and insulted
ài měi 爱美[爱-] V.O. ① love beauty ② be fond of making up or looking smart
àimèi* 暧昧[曖-] S.V. ① ambiguous; equivocal ② shady; dubious
àimèixìng 暧昧性[曖-] N. <lg.> fuzziness
àimèi xíngwéi 暧昧行为[曖-]N. shady/dubious activities
āimén(r) 挨门(儿) ADV. from door to door
āimén'āihù 挨门挨户 F.E. go from door to door
āiménchuànhù 挨门串户 F.E. go from door to door

āiménzhúhù 挨门逐户 F.E. go from door to door

[1]**ài miànzi** 爱面子[愛-] V.O. be concerned about saving face/reputation; be self-conscious

[2]**ài miànzi** 碍面子[礙-] V.O. avoid hurting sb.'s feelings

āimiè 埃灭[-滅] V.P. <*wr.*> ① reduce to powder ② annihilate

āimǐn 哀愍 V. pity; commiserate

àimín* 爱民[愛-] V.O. take care of people (of a ruler/official/army/etc.)

āimíng* 哀鸣 N./V. wail M: [1]*zhǒng*/[1]*zhèn*

àimíng 爱名[愛-] S.V./V.O. ① be heedful of one's reputation ② love fame/glory/etc.

àimín gōngyuē 爱民公约[愛-] N. <*PRC.*> PLA pledge to love the people

àimínrúzǐ 爱民如子[愛-] F.E. <*trad.*> love one's subjects as if they were one's own children (of a ruler/official)

àimínyuè 爱民月[愛-] N. love-the-people month

àimínyuè huódòng 爱民月活动[愛-動] N. <*PRC.*> Love-the-People Month activity M: [2]*chǎng*/*ge*/[1]*zhǒng*

áimó 挨磨 V. <*coll.*> tarry; linger; idle; delay

āi mò dàyú xīnsǐ 哀莫大于心死[---於--] F.E. Despair is the greatest sorrow.

àimònéngzhù 爱莫能助[愛-] F.E. willing but unable to help

[1]**àimù** 爱慕[愛-] V. adore; admire ♦N. admiration

[2]**àimù** 碍目[礙-] S.V./V.O. be unpleasant to look at; offend the eye; be an eyesore

àimùxūróng 爱慕虚荣[愛-虛榮] F.E. be vain

àinán 碍难[礙難] V. find it inconvenient to carry out or comply

àinánzhàozhǔn 碍难照准[礙難-] F.E. <*trad.*> cannot approve; find it difficult to approve

āinào 挨闹[-鬧] V.P. packed and noisy (of a crowd)

àinì 爱昵[愛-] S.V. doting

ái niántou 挨年头 V.O. drag out a miserable life

àiniǎozhōu 爱鸟周[愛-] N. Bird Preservation Week

ǎinú 矮奴 N. ① <*derog.*> the Japs ② Ainus ③ <*topo.*> person below average height

àinǚ 爱女[愛-] N. beloved daughter

ǎipàng 矮胖 S.V. roly-poly

ǎipàngzi 矮胖子 N. short and fat person

ǎipāpā 矮趴趴//爬爬 R.F. <*coll.*> squat; short

áipī 挨批 V.O. be criticized

ài piàoliang 爱漂亮[愛-] V.O./S.V. like to look attractive

āiqī 哀戚 <*wr.*> S.V. sorrowful; sad ♦N. sorrow; grief; sadness

āiqǐ 哀启[-啟] N. a brief biographical sketch of the deceased

āiqì* 哀泣 V. moan; keen

ǎiqì 嗳气[噯氣] N. belch; eructation

àiqī 爱妻[愛-] N. beloved wife

àiqì 艾气[-氣] N. stuttering

ǎiqiáng 矮墙[-牆] N. low wall M: [1]*dǔ*/[1]*duàn*

āiqiángkàobì(r) 挨墙靠壁(儿)[-牆---] F.E. place things in a safe place so that they won't get knocked over; next to a wall

ǎiqiángqiǎnwū 矮墙浅屋[-牆淺-] F.E. a low and crowded house; home of a poor family

àiqiè 爱妾[愛-] N. <*trad.*> a beloved concubine M: *ge*/[2]*wèi*

āiqīn(r) 挨亲(儿)[-親-] V.P. ① be related by kinship ② rub its face against its mother's body to show its affection (of a child)

àiqīng 爱卿[愛-] N. <*trad.*> ① my darling; my beloved wife ② my close/dear subject (of an emperor)

àiqíng* 爱情[愛-] N. romantic love M: [2]*chǎng*/[1]*zhǒng*

àiqíngbùzhuān 爱情不专[愛-專] F.E. be unfaithful/fickle

àiqíngpiàn 爱情片[愛-] N. love film

àiqíngzhuānyī 爱情专一[愛-專] F.E. steadfast in love

àiqióng 隘穷[-窮] V.P. poor

āiqiú 哀求 V./N. entreat; implore

àiquǎn 爱犬[愛-] N. a beloved dog M: [1]*tiáo*/[2]*zhī*/*ge*

àiqún 爱群[愛-] V.O. ① love company; be gregarious ② love the masses ♦N. altruism

ǎirán* 蔼然 V.P. amicable; amiable

àirǎn 爱染[愛-] N. <*Budd.*> the entanglements of love and desire

ǎiránkěguān 蔼然可观[-觀] F.E. pleasant to the view

ǎiránkěqīn 蔼然可亲[-親] F.E. amiable; affable

ǎirén 矮人 N. short person; dwarf

àiren* 爱人[愛-] N. ① <*PRC*> husband; wife ② sweetheart ③ lover (non-PRC) *See also àirén*

àirén 爱人[愛-] S.V. <*coll.*> delightful; pleasureful *See also àiren*

ǎirénguānchǎng 矮人观场[-觀場] F.E. follow suit without knowing why

āirénr 挨人儿 V.O. <*topo.*> cohabit (of an unmarried couple)

àirénr* 爱人儿[愛-] S.V. <*topo.*> lovable; adorable

àirénrújǐ 爱人如己[愛-] F.E. love others as one loves oneself

ǎirényījié 矮人一截 F.E. sense of inferiority

àirì 爱日[愛-] V.O. ① value the precious days for serving one's parents ② value time highly ♦N. lovable sunshine

áirì'áiyè 挨日挨夜 F.E. suffer day and night

ái rìzi 挨日子 V.O. go through days without hope; drag out a miserable life

āiróng* 哀荣[-榮] N. <*wr.*> posthumous honor

àiróng 艾绒/茸 N. <*Ch. med.*> wormwood; moxa

àirújǐchū 爱如己出[愛-] F.E. love a child as one's own

àirúzhēnbǎo 爱如珍宝[愛-寶] F.E. love sth. as if it were a precious gem

Āisài'ébǐyà 埃塞俄比亚[-亞] P.W. Abyssinia; Ethiopia

āisāndǐngsì 挨三顶四 F.E. surge (as a crowd)

ǎi sānfēn 矮三分 V.P. be inferior *jiàn rén* ~ consider oneself to be inferior ***kàn rén*** ~ look down on others

āishang 挨上 R.V. comes to one's turn ♦A.T. <*coll.*> live as man and wife though unmarried

āishāng 哀伤[-傷] S.V. grieved; sad; distressed

àishang* 爱上[愛-] R.V. fall in love with

āi shàngqu 挨上去 R.V. get close to; be near to

Àishāníyà 爱沙尼亚[愛-亞] P.W. Estonia

áishāo 挨烧[-燒] V.P. <*coll.*> get burned by fire

àishén 爱神[愛-] N. god of love; Cupid M: [2]*wèi*/*ge*

āishēn'érrù 挨身而入 F.E. force one's way in

āishēngbiàndì 哀声遍地[-聲--] F.E. The sound of mourning is heard everywhere.

āishēngtànqì 唉声叹气[-聲嘆氣] F.E. ① sigh with distress ② moan and groan

àishèrújiā 爱社如家[愛-] V.P. <*PRC.*> love the commune as one's family

àishì(r) 碍事(儿)[礙-] V.O./S.V. ① be in the way; be a hindrance ② be of consequence; matter *Bù* ~. That doesn't matter.

ái shíjiān 挨时间[-時-] V.O. dawdle; stall

àishì jiāochākǒu 碍视交叉口[礙-] N. blind crossing

àishìtāncái 爱势贪财[愛勢-] F.E. covet power and wealth

àishǒu 碍手[礙-] V.O./S.V. be in the way

àishǒuàijiǎo 碍手碍脚[礙-礙腳] F.E. be a hindrance

ǎishù 矮树[-樹] N. a low tree; bushes; shrub M: [2]*zhū*/[2]*kē*

ǎishùcóng 矮树丛[-樹叢] N. bush M: [1]*piàn*/[2]*cù*

áishuō 挨说 V.O. be criticized/scolded/etc.

āisī 哀思 N. sad memories (of deceased); grief M: [1]*piàn*/[1]*zhǒng*/[3]*lǚ*

àisǐbìng 爱死病[愛-] N. <*loan*/*TW*> AIDS

Àisījīmó 爱斯基摩[愛-] ATTR. <*loan*> Eskimo; Inuit

Àisījīmórén 爱斯基摩人[愛-] N. an Eskimo

āisù 哀诉 V. whine; whimper

ài táigàng 爱抬杠[愛-] V.O. <*coll.*> love to pick arguments

āitàn 哀叹[-嘆] V. lament; bewail

àitāzhǔyì 爱他主义[愛-義] N. altruism

ài tīng 爱听[愛聽] V. like to listen to or hear *Tā* ~ *hǎohuà*. He likes to hear compliments.

āitòng 哀痛/恸[-慟] S.V. profoundly grieved

āitòngyùjué 哀痛欲绝[-絕] F.E. be broken-hearted

āitòngzhě 哀痛者 N. mourner

áituī 挨推 V. delay; procrastinate and shirk (one's responsibility/etc.)

[1]**āiwǎn** 哀婉 S.V. <*wr.*> sad and moving (of music/poetry/etc.)

[2]**āiwǎn** 哀挽 N. funeral elegy

àiwán(r)* 爱玩(儿)[愛-] V.P./S.V. love to play

áiwàng 騃/呆望 V. look blankly

àiwǎng* 爱网[愛網] N. <*Budd.*> net of love

Àiwèihuì 爱卫会[愛衛-] AB. *Àiguó Wèishēng Yùndòng Wěiyuánhuì* Patriotic Health Campaign Committee

àiwōwo 艾/爱窝窝[愛窩窩] N. steamed cake made of glutinous rice with sweet filling

ǎiwū* 矮屋 N. a low house; a house with a low ceiling M: [4]*dòng*/[4]*zuò*

àiwù 爱物[愛-] N. a cherished object ♦V.O. love all creatures

àiwūjíwū 爱屋及乌[愛-烏] ID. love me, love my dog; fondness that carries over to a loved one's surroundings

àixī 爱惜[愛-] V. cherish; treasure ♦S.V. stingy; miserly

àixiǎn 隘险 N. strategic pass/position

àixiàng 隘巷 N. narrow alley M: [1]*tiáo*

ǎixiǎo* 矮小 S.V. short/low and small; undersized

àixiǎo 爱小[愛-] V.O./S.V. <*coll.*> go after petty profits/gains

àixiàorújiā 爱校如家[愛-] F.E. love one's school as if it were home

ǎixiǎoxìng 矮小性 N. dwarfism

áixìbāo 癌细胞 N. cancer cell

àixīn 爱心[愛-] N. ① compassion; kindness ② consideration; considerateness M: [1]*piàn*/[1]*zhǒng*

ǎixīng 矮星 N. <*astr.*> dwarf star

àixīyǔmáo 爱惜羽毛[愛-] F.E. ① be meticulous about one's appearance ② be protective of one's public image

ài xūróng 爱虚荣[愛虛榮] V.O./S.V. (be) vainglorious

āiyā 哎呀 INTJ. *of wonder/admiration/shock*

āiyàn 哀艳[-艷] S.V. <*wr.*> mournful but flowery (of writing); sadly touching

àiyǎn* 碍眼[礙-] V.O./S.V. offend the eye; be an eyesore

àiyàn 爱焰[愛-] N. <*Budd.*> flames of love

ǎiyāoxié 矮腰鞋 N. low shoe M: [1]*shuāng*/[2]*zhī*

āiyè 哀咽 N. sob

ái yīhuì(r) 挨/捱一会(儿) V.P. delay/endure a moment

ǎi yījí 矮一级 V.P. be a grade lower

Àiyīnsītǎn 爱因斯坦[愛-] N. Albert Einstein

āiyō 哎哟/唷 INTJ. *of surprise/pain*

ài yòng 爱用[愛-] V. prefer to use

àiyú 碍于[礙於] V.P. owing to the handicap of

āiyuàn 哀怨 S.V./N. sad; plaintive; tragic

āiyuè* 哀乐[-樂] N. funeral music; dirge M: [1]*piàn*/[2]*shǒu*/[3]*qǔ* *See also āi-lè*

[1]**àiyuè** 爱乐[愛樂] ATTR. music-loving

[2]**àiyuè** 爱悦[愛-] V./AUX. be fond of; love

àiyúqíngmiàn 碍于情面[礙於-] F.E. spare sb.'s feelings

āizāi 哀哉 INTJ. Alas!

ài-zēng 爱憎[愛-] N. love and hate

àizēngfēnmíng 爱憎分明[愛-] F.E. be clear about what to love and what to hate

ài zhàn xiǎo piányi 爱占小便宜[愛-] V.P./S.V. like to get petty advantages/profits

āizhào 哀诏 N. <trad.> edict issued by a new emperor to announce the late emperor's death

āizhe 挨着[-著] V. be next to; get close to ♦ADV. one by one *yī gè ~ yī gè guòqu* pass one by one

āizhe dàshù yǒu chái shāo 挨着大树有柴烧[-著-樹--燒] ID. One's livelihood/career is assured if one has powerful friends

áizhěng 挨整 V.O. <PRC> ① be victimized politically ② be put in a difficult position

áizhèng* 癌症 N. cancer

àizhì 碍滞[礙滯] V. hinder; obstruct; be in the way of

áizhǒng* 癌肿[-腫] N. cancerous swelling

àizhòng 爱重[愛-] V./N. love and respect *Tā hěn shòu dàjiā de ~.* He has everyone's love and respect

àizhù 艾炷 N. a moxa cone used for cauterizing

àizhuàng 艾壮[-壯] N. <wr.> elderly but robust man (aged 50 or more)

āizhuō 挨桌 ADV. ① from table to table; table-hopping ② at the next table *Tā gēn wǒ ~ zuò.* He sits at the table next to me.

āizǐ 哀子 N. a son bereaved of his mother (used in obituary)

ǎizi* 矮子 N. short person; dwarf

àizi 艾子 N. <topo.> Ch. mugwort

àizǐ 爱子[愛-] N. a beloved/favorite son

[1]**àizībìng** 艾兹//爱滋病[-茲//愛--] N. <loan> AIDS

[2]**ài "zī" bìng** 爱资病[愛-] N. <PRC/pol.> love-capitalism "disease"

ǎizikànxì 矮子看戏[-戲] ID. follow others without an opinion of one's own

ǎizi li bá jiāngjūn 矮子里拔将军[--裡-將-] F.E. pick the best person available

áizòu 挨揍 V.O. take a beating

ājiā'āwēng 阿家阿翁 N. one's husband's parents

ājiān 阿监[-監] N. <trad.> a eunuch officer

ājiāo 阿娇[-嬌] N. <topo.> little darling

ājiě 阿姐 N. ① elder sister ② a polite form of address for a woman about one's own age

Ājīmǐdé yuánlǐ 阿基米德原理 N. <phy.> Archimedes' principle

ājiù 阿舅 N. <topo.> maternal uncle

A-kǎo A拷 N. <TW> A-copy (videotape copied from a master tape)

Ākěnsè Zhōu 阿肯色州 P.W. Arkansas

ālā* 阿拉 PR. <topo.> ① I; me ② we; us *See also* *Ālā*

Ālā 阿拉 N. <Islam> Allah *See also* *ālā*

Ālābó 阿拉伯 N./ATTR. Arab; Arabian; Arabic

Ālābó Bàndǎo 阿拉伯半岛[-島] P.W. Arabian Peninsula

Ālābó Guójiā Liánméng 阿拉伯国家联盟[---國-聯-] N. Arab League

Ālābóhuà 阿拉伯话 N. Arabic

Ālābórén 阿拉伯人 N. Arabian; Arabian people; Arab

Ālābó shùzì 阿拉伯数字[---數-] N. Arabic numbers

Ālābówén 阿拉伯文 N. Arabic (language/writing)

Ālābóyǔ 阿拉伯语 N. Arabic language

Ālābó zìmǔ 阿拉伯字母 N. Arabic letters

Ālāsījiā 阿拉斯加 P.W. Alaska

Ālā Zhēnzhǔ 阿拉真主 N. <Islam> Allah

Ālìsāngnà 阿丽桑那[-麗--] P.W. Arizona

Ālǐ Shān 阿里山 P.W. <TW> Ali Mountain

āluóhàn 阿罗汉[-羅漢] N. <Budd.> disciple of Buddha; arhat (saint)

āmā 阿妈 N. <topo.> ① woman servant; amah ② mom; mum; mummy

Āmàn 阿曼 P.W. Oman

āmāo 阿猫[-貓] N. people of little importance

āmāo'āgǒu 阿猫阿狗[-貓--] F.E. <topo.> people of little importance; Tom, Dick, and Harry

āmèi 阿妹 N. <topo.> ①younger sister ②address for young girl

āmén 阿门 N. <loan> amen

Āméng 阿盟 AB. *Ālābó Guójiā Liánméng*

āmǐbā 阿米巴 N. <loan> amoeba

Āmítuófó 阿弥陀佛[-彌--] N. <Budd.> Amida; Amitabha Buddha *See also* *Ēmítuófó*

āmóníyà 阿摩尼亚[-亞] N. <loan> ammonia

āmǔ 阿母 N. <topo.> ① mother ② wet nurse

āmùlín 阿木林 N. <topo.> stupid fellow; dullard; country bumpkin

Āmǔsītèdān 阿姆斯特丹 P.W. Amsterdam

[1]**ān** 安 V. ①set (sb.'s mind) at ease ②rest content ③ place in suitable position ④ install; fix; fit [1]*zài ménshang ~ suǒ* fit lock to door ⑤ bring (charge against sb.) ⑥ harbor (intention) *Tāmen ~ de shì shénme xīn?* What are they up to? ♦S.V. ①peaceful; tranquil ②safe; secure; in good health ♦ADV. <wr.> ① where ② how ♦N. ① <elec.> ampere ② Surname

[2]**ān** 庵/菴 N. ① <wr.> hut ② nunnery; Buddhist convent *See also* [17]*yǎn*

[3]**ān** 氨 N. ammonia

[4]**ān** 鞍 B.F. saddle *mǎ'ān*

[5]**ān** 谙[諳] V. <wr.> know well

[6]**ān** 桉 N. <bot.> eucalyptus

[7]**ān** 鹌[鵪] in *ānchun*

[1]**ǎn** 俺 PR. <topo.> I; we

[2]**ǎn** 埯[垵] N. hole to sow seeds in ♦V. dibble ♦M. for dibbling crops

[3]**ǎn** 揞 V. apply (medicinal powder to a wound)

[4]**ǎn** 铵[銨] N. ammonium

[1]**àn*** 岸 N. bank; shore; coast

[2]**àn** 按 V. ① press; push down ② leave aside; shelve *~xia cǐ shì bù shuō.* Put this matter aside. ③ restrain ④ keep one's hand on ⑤ <wr.> check; refer to ♦N. note; notation *biānzhě'~* editor's note ♦COV. according to; in accordance with ♦CONS. ① ~ . . . *jiǎng* according to what . . . says; as far as . . . is concerned ② ~ . . . *(lái) suàn* calculate according to . . .

[3]**àn** 暗[-/闇] S.V. dark; dim; dull ♦B.F. ① hidden; secret; unclear *ànhào* ②secretly [1]*àn'àn, ànshā*

[4]**àn** 案 N. <archeo.> rectangular stand for supporting wine vessels ♦B.F. ① table; desk *shū'àn* ② case (of law/etc.) [1]*ànjiàn* ③ record; file *dàng'àn* ④ proposal *fāng'àn*

[5]**àn** 黯 B.F. dim; gloomy [1]*ànrán*

[6]**àn** 胺 N. <chem.> amine

[7]**àn** 犴 in [2]*ànyù, bì'àn*

àn'ǎi 暗/黯蔼 V.P. <wr.> ①luxuriant; prosperous ② dim; gloomy

ānān 阿囡 N. <topo.> honey (endearment in addressing a child)

ān'ān 安安 ADV. ① without effort and naturally ② sedately; calmly ♦R.F. be content with one's lot; be comfortable

[1]**àn'àn*** 暗暗 R.F. secretly; inwardly; to oneself *Ta ~ xiàle juéxīn.* He reached an unspoken decision.

[2]**àn'àn** 黯黯 R.F. gloomy; somber; sad

àn'ànchǎoxiào 暗暗嘲笑 F.E. ridicule sb. behind their back

ān'āndùndùn 安安顿顿 R.F. peacefully; free of care *~ de xiūxile yī tiān* had a peaceful rest for the whole day

ān'ānjìngjìng 安安静静[-靜靜] R.F. quiet and peaceful

àn'ànjìyǎng 暗暗技痒[-癢] F.E. itch for a chance to show off

ān'ānwěnwěn 安安稳稳[-穩穩] R.F. ①peaceful and stable ② rock steady

ànbà 暗坝[-壩] N. underwater dam (built to restrict waterflow) M: [4]*zuò*/[1]*duàn*

ànbái 暗白 S.V. dirty white

ànbǎn 案板 N. kneading/chopping board M: [2]*kuài/ge*

ānbāng 安邦 V.O. bring peace to a country

ānbāngdìngguó 安邦定国[-國] F.E. bring peace and stability to the country

ànbǎo 暗堡 N. <mil.> bunker

àn běnzhì 按本质[-質] ADV. by nature

ānbí* 鞍鼻 N. <med.> saddlenose

ànbǐ 暗比 N. metaphor

ānbiān 安边[-邊] V.P. pacify the border area

ànbiān* 岸边[-邊] N. bank/beach of a river/sea/etc.

ànbiāo 岸标[-標] N. shore beacon

àn bǐlì 按比例 V.O. proportionally; in proportion

àn bǐlì huíkòu 按比例回扣 N. prorated rebate

àn bǐlì zhìtú 按比例制图[-製圖] V.P. draw to scale

ànbīngbùdòng 按兵不动[-動] F.E. hold back; take no action

ànbōli 暗玻璃 N. dark/tinted glass M: [2]*kuài*

[1]**ānbù** 安步 V. go slowly

[2]**ānbù** 鞍部 N. the saddle (of a hill/mountain)

[3]**ānbù** 安瓿 M. <loan> ampoule

ànbù* 按步 ADV. step by step

ānbùdàngchē 安步当车[--當-] ID. ① walk rather than ride ② be content with a simple life

ànbùjiùbān 按部就班 F.E. follow conventional procedures

ānbùwàngwēi 安不忘危 F.E. In peacetime don't forget the possibility of danger.

ānbùwàngzhàn 安不忘战[-戰] F.E. In peacetime don't forget the possibility of war

ānbuxià 安不下 R.V. be unable to settle down

ànbuzhù 按不住 R.V. can't control; be unable to hold in

àncǎn 黯惨[-慘] V.P. <wr.> gloomy; dismal

àncáng 暗藏 V. hide; conceal

àncángchūnsè 暗藏春色 F.E. have hideaways for amorous purposes

àncángguǐtāi 暗藏鬼胎 F.E. harbor sinister designs

àncāojiànyè 暗操贱业[-賤業] F.E. engage in prostitution illegally

àncè 案册[-冊] N. files; archives

ānchā* 安插 V. place in certain position; assign to a job ♦N. <hist.> resettlement

ànchá 按察 V. investigate; examine

ānchā cèyàn 安插测验 N. placement test

ānchán 安禅 <Budd.> V. reach peace and calm through meditation ♦N. contemplative state (of the School of Dhyana, Zen)

ānchǎn 安产[-產] N. <med.> smooth delivery of a baby

ānchàn 鞍韂 N. saddle with a saddle cloth

ànchǎn* 暗产[-產] N. <med.> early abortion (within the first month of pregnancy)

ànchāng* 暗娼 N. unlicensed prostitute

ànchǎng 暗场[-場] N. <thea.> reference by actor to offstage action

ānchángchǔshùn 安常处顺[--處-] F.E. ①stick to the status quo ② take things as they come ③ have a secure and easy life

[1]**àncháo** 暗潮 N. undercurrent

[2]**àncháo** 暗嘲 V. laugh in one's sleeve ♦N. indirect criticism

àncháoxiōngyǒng 暗潮汹涌[--洶-] F.E. uncertain/dangerous situation

ānchā qīnxìn 安插亲信[--親-] V.O. put one's trusted fellows in key positions

ànchášhǐ 按察使 N. <trad.> a provincial official equivalent to today's chief prosecutor of a high court

ānchē 安车 N. a vehicle with passenger seats in it

ànchénchén 暗沉沉 V.P. very dark; pitch-dark

ànchéng(r) 按成(儿) ADV. according to percentage; proportionately

ànchèng* 案秤 N. counter scale M: [1]*tái*

àn chéngběn 按成本 V.O. at cost

ānchǔ 安处[-處] V. ① be in one's (proper) place ② live peacefully

ànchù* 暗处[-處] N. ① dark/hidden place ② secret place

ānchun* 鹌鹑 N. <zoo.> quail M: [2]*zhī*

ànchūn 暗春 N. <thea.> comic dialogue behind a curtain

àncǐ 按此 V.O. according to this

ànci* 按次 ADV. in due order; in sequence
àn cìxù 按次序 ADV. in turn
āncún 安存 V. find a place to settle down in
āncuò 安厝 V. place a coffin in a temporary place before burial
āndǎ 安打 N. <sport> safe hit; a safety
àndài 暗袋 N. camera bag for changing film M: ²zhī/ge
àndàn 黯/暗淡/澹 S.V. dim; faint; dismal; gloomy
àndànwúguāng 暗淡无光 F.E. dim and dark
àndàn xiàlai 黯淡下来 V.P. become dim/faint/gloomy
àndǎo 按倒 R.V. push/press down
àndào(r)* 暗道(儿) N. secret passageway; postern M: tiáo/ge
Āndào'ěr 安道尔 P.W. Andorra
āndé 安得 V.P. How can/could it be?
ān de shénme xīnsi 安的什么心思[---麼--] V.P. <coll.> What is sb. up to?
àndí 暗敌[-敵] N. an enemy in disguise
àndì* 暗地 ADV. secretly; inwardly; on the sly
ān diànhuà 安电话[-電-] V.O. install a telephone
àndìdǎoguǐ 暗地捣鬼[--搗-] F.E. make trouble secretly
àndìli 暗地里[-裡] ADV. secretly; inwardly; on the sly
āndìng 安定 S.V. stable; quiet; settled *gōngzuò ~* have a secure job ♦V. stabilize ♦N. <coll./med.> tranquilizer; mild sedative
āndìnglì 安定力 N. stabilizing force
āndìngtuánjié 安定团结[--團-] F.E. <pol.> stability and unity (a slogan proposed by Mao Zedong in 1974)
āndìngwù 安定物 N. stabilizer
āndìng xiàlai 安定下来 R.V. become stable/settled/quiet
āndìngxìng 安定性 N. stability
ān dīngzi 安钉子 V.O. plant trusted followers in organizations to harm opponents
Āndìsī Shān 安第/地斯山 P.W. Andes
àndǐxia 暗底下 ADV. ① secretly; clandestinely; on the sly ② inwardly
àndòu 暗斗[-鬥] N. secret struggle ♦V. engage in veiled strife
āndǔ 安堵 V. <wr.> live a peaceful and contented life
āndù* 安度 V. spend (one's remaining years) peacefully
àndú 案牍[-牘] N. office correspondence
àndǔ 按堵 V. <wr.> settle down
àndùchéncāng 暗渡/度陈仓[-倉] F.E. ① do sth. under cover of doing sth. else ②rendezvous secretly
āndùn 安顿 V. find place for; help settle down ♦S.V. undisturbed; peaceful; comfortable
āndùwǎnnián 安度晚年 F.E. spend one's remaining years in peace and comfort
ànfā 案发[-發] V.P. a crime/conspiracy coming out into the open
ànfàn 案犯 N. ① convicted criminal ② culprits in a criminal case M: ¹míng/ge
ānfàng* 安放 V. lay; place; put in a certain place *Bǎ ¹yíqì ~ hǎo.* Put the equipment in its proper place.
¹ànfáng 暗房 N. ① <photo.> dark-room ② birthing room M: ¹jiān
²ànfáng 案房 N. <trad.> record office M: ¹jiān
ànfǎng 暗访 V. make a secret visit/investigation
ànfǎyánchéng 按法严惩[-嚴懲] F.E. severely punish according to law
ānfēitāmìng 安非他命 N. <med./loan> amphetamine
ānfèn 安分/份 S.V. not going beyond one's bounds/position/status; law-abiding
ànfēn bǐlì 按分比例 N. <math.> proportionate distribution
ānfèndùrì 安分度日 F.E. live a sober life
ànfěng* 暗讽 V. insinuate
ànfèng 案奉 F.E. <trad.> on the strength of instructions from a higher government office (used to begin a reply/circular/etc.)
ānfènshǒujǐ 安分/份守己 F.E. abide by the law or by one's station in life; be law-abiding
ānfú 安伏 V. calm (a person) down; comfort; console
ānfǔ* 安抚 V. <wr.> placate; pacify
ānfǔrénxīn 安抚人心 F.E. appease public feelings
ānfǔ xíngwéi 安抚行为 N. appeasing behavior; appeasement
ānfǔzāilí 安抚灾黎[--災-] F.E. pacify the calamity-stricken masses
ānfǔzhù 安抚住 R.V. <wr.> pacify; appease; placate
ānfùzūnróng 安富尊荣[-榮] F.E. enjoy wealth and honor
āng 肮[骯] in *āngzang*
¹áng* 昂 V. hold (one's head) high ♦B.F. high; soaring *gāo'áng*
²áng 卬 PR. <wr.> I ♦N. Surname ♦in *²áng'áng*
àng 盎 N. <trad.> an ancient vessel with a big belly and a small mouth ♦in *àngsī*
Ān-Gāng 鞍钢[-鋼] AB. *Ānshān Gāngtiě Gōngsī*
¹áng'áng* 昂昂 R.F. high-spirited; brave-looking
²áng'áng 卬卬 R.F. <wr.> of majestic/solemn/noble mien
àng'àng 盎盎 R.F. <wr.> plentiful; full
Ān-Gāng Xiànfǎ 鞍钢宪法[-鋼憲-] N. <PRC> principles expounded by Mao Zedong in 1960 for managing socialist enterprises
ángcáng 昂藏 V.P. <wr.> imposing (of people)
ángcáng liùchǐzhīqū 昂藏六尺之躯[-軀] N. an imposing man
āngé 鞍革 N. saddle
Āngēlā 安哥拉 P.W. Angola
ān gēnzi 安根子 V.O. <topo.> bribe secretly so as to lay a foundation (for one's future)
ángfèn 昂奋[-奮] V.P. high-spirited(ly)
ángguì 昂贵 S.V. expensive; costly
ángjiàng 昂强[-強] V.P. stubbornly resistant
àngōngjìchóu 按工记酬 F.E. pay according to one's work
àngōu 暗沟[-溝] N. underground drain tunnel M: ¹tiáo
ángrán 昂然 V.P. upright and unafraid
àngrán* 盎然 V.P. abundant; full; overflowing; exuberant
ángshǒu 昂首 V.O. hold up one's head
ángshǒukuòbù 昂首阔步 F.E. stride proudly forward with head high
ángshǒuwàngtiān 昂首望天 F.E. disdain to investigate conditions at the lower levels
àngsī 盎司/斯 M. <loan> ounce
ángtóu 昂头 V.O. hold up one's head
āngǔ 安谷[-穀] V.P. can take food without vomiting (of a patient)
āngù* 安固 V./S.V. secure
ànguǎn 暗管 N. underground pipes M: ¹tiáo/ge
àngǔfēnhóng 按股分红 F.E. distribute profits according to shares
àn guīdìng 按规定 ADV. <lg.> by rule
ānguójìngbāng 安国经邦[-國經-] F.E. put a country's affairs in order
ángyáng 昂扬[-揚] V.P. high-spirited
āngzang 肮脏[骯髒] S.V. dirty; filthy
āngzanghuò 肮脏货[骯髒-] N. ① filthy person ② lousy/vicious fellow
āngzāngqì 肮脏气[骯髒氣] N. <topo.> abuse; bad treatment
ànhài 暗害 V. ① plot murder ② stab sb. in the back
ànhàirénmìng 暗害人命 F.E. kill/injure clandestinely
ànhán 暗含 V. imply
ānhǎo 安好 V.P. safe and sound; well ♦R.V. install well
ànhào* 暗号[-號] N. secret signal/sign; countersign; cipher
ānhǎorúcháng 安好如常 F.E. well as usual
ān hǎoxīn 安好心 V.O. <coll.> have good intentions
ān hǎoxīnyǎnr 安好心眼儿 V.O. <coll.> be well intended
ānhé 安和 S.V. quiet and peaceful
¹ànhé(r)* 暗盒(儿) N. <photo.> magazine; cassette M: ²zhī/ge
²ànhé 暗合 V. agree without prior consultation; (happen to) coincide
³ànhé 暗河 N. underground river M: ¹tiáo
ànhè 暗褐 ATTR. dark-brown
ànhēi 暗黑 V.P. deep black
ànhèn 暗恨 V. harbor unexpressed hatred
ànhèsè 暗褐色 N. dark-brown color
ànhóng 暗红 V.P. dark red
ànhóngsè 暗红色 N. dark red color
ànhū 岸忽 V.P. <wr.> proud; haughty; arrogant
ànhuā(r) 暗花(儿) N. <art> veiled design incised in porcelain or woven in fabric
Ānhuī 安徽 P.W. Anhui (province)
ānhúnqǔ 安魂曲 N. requiem M: ³shǒu/⁴zhī
ànhuǒ 暗火 N. ① dying fire ② hidden gunfire
ànhùzǒufǎng 按户走访 F.E. make house-to-house visits
āniáng 阿娘 N. <TW> mother
ānjī 氨基 N. <chem.> amino; amino group
ānjí 安辑/集 V. let people settle down in peace
ānjī 胺基 N. <chem.> amine
ànjí 暗疾 N. unmentionable disease; disease one is ashamed of
¹ànjì(r)* 暗记(儿) V. memorize; bear in mind ♦N. secret mark
²ànjì 暗计 V. calculate/count in one's heart ♦N. secret plan; conspiracy
ānjiā* 安家 V.O. ① settle down; set up a home ② insure the welfare of one's family
ānjià 鞍架 N. a saddle
ǎnjiā 俺家 <topo.> N. my family; my home ♦PR. I
ànjiā'ànhù 按家按户 F.E. from door to door
ǎnjiā de 俺家的 N. <topo.> my husband
ānjiāfèi 安家费 N. ① settling-in allowance ② family resettlement allowance M: ²bǐ/¹xiē
ānjiālìyè 安家立业[-業] F.E. set up a home and establish oneself in business
ānjiāluòhù 安家落户 F.E. make one's home in a place; settle
ānjiān 鞍鞯[-韉] N. a saddle with saddle cloth
ānjiǎn 安检 AB. *ānquán jiǎnchá* security check
ànjiān(r) 暗间(儿) N. inner room
¹ànjiàn* 案件 N. case (of law/etc.)
²ànjiàn 按键 V.O. press a key ***Àn huíchē jiàn.*** Press the return key. ♦N. keystroke
³ànjiàn 暗箭 N. underhanded attack/intrigue M: ⁴zhī
⁴ànjiàn 按剑 V. grasp one's sword
ànjiàncháchǔ 案件查处[-處] N./V.P. criminal investigation
ānjiàng 鞍匠 N. saddler
ànjiànjìchóu 按件记酬 F.E. pay on piecework basis
ànjiànjìgōng 按件记工 F.E. reckon by the piece
ànjiànshāngrén 暗箭伤人[--傷-] F.E. stab sb. in back
ànjiāo 暗礁 N. ① submerged reef ② unseen obstacle
ànjiāoxiǎntān 暗礁险滩[-灘] F.E. hidden reefs and dangerous shallows
ànjiāsōusuǒ 按家搜索 F.E. search house to house
ànjiāzǒufǎng 按家走访 F.E. make house to house visits
ànjīguān 暗机关[-關] N. gimmick M: ¹tiáo/ge
ànjīn 岸巾 A.T. <topo.> wear a head covering in a neglectful manner so as to expose the forehead
¹ānjìng* 安静[-靜] S.V. quiet; peaceful ♦V. be quiet
²ānjìng 安靖 S.V. quiet; peaceful; tranquil ♦V. <wr.> make tranquil; pacify

ànjǐng 暗井 N. ① utility hole ② camouflaged pit ③ <*min.*> blind shaft; winze M: *kǒu*
ānjìng xiàlai 安静下来[-靜--] R.V. ① calm down ② become quiet
ānjìng xiàqu 安静下去[-靜--] R.V. ① calm down ② become quiet
ānjīsuān 氨基酸 N. <*chem.*> amino acid
1**ànjiǔ** 案/按酒 N. <*trad.*> snacks to go with drinks
2**ànjiǔ** 暗九 N. multiple of nine between 18 and 81
ānjū* 安居 V. ① live a peaceful life; have quiet days ② <*Budd.*> long retreat (of three months in summer) for monks
ànjù 案据[-據] ADV. according to information furnished by a subordinate government office (phrase used to begin a report/etc.)
ànjuàn 案卷 N. records; files; archives; dossier M: 1*zōng*
ānjūlèyè 安居乐业[-樂業] F.E. live and work in peace and contentment; be without fear
ānkāng 安康 S.V. in good health
1**ànkòu(r)** 按扣(儿) N. snap fastener
2**ànkòu(r)** 暗扣(儿) N. a veiled/covered button (on clothing)
ànkuī 暗亏[-虧] N. concealed/non-admitted loss
1**ānlán** 安澜 V.P. <*wr.*> ① calm; unruffled (of a stream/etc.) ② peaceful
2**ānlán** 庵婪 V.P. <*wr.*> greedy; avaricious
ànlán* 暗蓝[-藍] ATTR. dark blue
ànláofēnpèi 按劳分配[-勞--] F.E. distribute according to work done
ànláoqǔchóu 按劳取酬[-勞--] F.E. be paid according to work done
ānlǎoyuàn 安老院 P.W. a home for old people
ānlè 安乐[-樂] N. peace and happiness ♦S.V. happy
ānlèguó 安乐国[-樂國] N. ① a Utopia ② Paradise
ānlèsǐ 安乐死[-樂-] N. painless death; euthanasia
ānlètǎn 安乐毯[-樂-] N. baby blanket M: 1*tiáo*
ānlèwō 安乐窝[-樂窩] N. ① cozy nest; happy retreat ② an easy, comfortable life
ānlèyǐ 安乐椅[-樂-] N. easy chair M: 1*bǎ*
ānlèyuán 安乐园[-樂園] N. paradise
1**ànlǐ*** 按理 ADV. ① according to reason; in ordinary course of events; normally; theoretically; in principle ② by rights
2**ànlǐ** 暗里[-裡] ADV. secretly
1**ànlì** 案例 N. <*law*> ① precedent ② documentation for a certain conclusion ③ example of a case
2**ànlì** 按例 ADV. according to custom/precedents
ǎnliǎ 俺俩 PR. <*coll.*> we two
ānliàn 谙练[-練] V.P. <*wr.*> be skilled at; proficient in
ānliáng 安良 V.O. <*wr.*> pacify the honest/good people
ānliángchúbào 安良除暴 F.E. pacify the good and get rid of bullies
ànliè 暗劣 V.P. be stupid and incompetent
Ānlǐhuì 安理会 AB. *Ānquán Lǐshìhuì* (The United Nations) Security Council
ànlíng(r) 按铃(儿) N. bell ♦V.O. ring a bell
ànlǐ shuō 按理说 V.P. ① according to reason; in the ordinary course of events; normally; theoretically; in principle ② by rights
ànliú 暗流 N. undercurrent
ànlóuzi 暗楼子[-樓-] N. hidden attic
ānlú 庵庐[-廬] N. a hut
ànlǜ 暗绿 ATTR. dark green
ānmǎ 鞍马 N. ① <*sport*> pommeled/side horse ② saddle and horse
ànmǎ* 暗码 N. code; cipher
ànmài 按脉[-脈] V.O. feel/take pulse
ānmǎláodùn 鞍马劳顿[--勞-] F.E. travel-worn
ānmǎ shēnghuó 鞍马生活 N. life on horseback
ànmǎsuǒ 暗码琐 N. a combination lock M: 1*bǎ*
ànmèi 暗昧 V.P. ① clandestine ② obscure ③ doltish ④ uncertain; dubious ⑤ equivocal; ambiguous ⑥ ignorant
ǎnmen 俺们 PR. <*topo.*> we
ànménzi 暗门子 N. <*coll.*> prostitute working secretly
ānmì 安谧 S.V. <*wr.*> peaceful; tranquil
ānmián 安眠 V. sleep peacefully
ānmiánjì 安眠剂[-劑] N. sleeping pill; soporific
ànmiàn miáoxiě 暗面描写[-寫] V. a realistic description of the seamy side of life
ānmiányào 安眠药[-藥] N. sleeping pill; soporific
ānmín 安民 V.O. reassure the public/people
ānmìng* 安命 V.P. accept one's lot
ànmíng 暗暝 V.P. <*wr.*> getting dark
ānmín gàoshì 安民告示 N. ①notice to reassure the public ② advance notice of a public nature M: 1*tiáo*/1*zhāng*
àn míngcì 按名次 ADV. sequenced according to names
ānmínxùzhòng 安民恤众[-眾] F.E. bring relief to the people and maintain order
ànmó 按摩 V./N. massage
ànmónǚ 按摩女 N. a masseuse
ànmórén 按摩人 N. massager
ànmóshī 按摩师[-師] N. masseur M: 2*wèi*/*ge*
ànmóyuàn 按摩院 P.W. massage parlor
ànmó zhuānjiā 按摩专家[--專-] N. massage specialist
ànmù 案目 N. <*trad.*> theater usher
ànnà 按捺/纳 V. restrain; control
ànnàbuzhù 按捺不住 R.V. be unable to hold back
ānnǎijìn 安乃近 N. <*med./loan*> analgin
ānnàn 安难[-難] V.P. not recoiling from hardship
Ānnán yìyīn 安南译音[--譯-] N. <*lg.*> Sino-Annamese; Sino-Vietnamese
ānnèirǎngwài 安内攘外 F.E. maintain peace at home and resist foreign invasion
ànní 按泥 V.O. mold or throw clay on a pottery wheel
ànnián 按年 ADV. yearly; annually
ānníng 安宁[-寧] S.V./N. ① peaceful; tranquil ② calm; composed; free from worry
ànniǔ 按钮 N. push-button ♦V.O. push a button
ànniǔ kòngzhì 按钮控制 N. push-button control; dash control
ànnuò 暗懦 V.P. <*wr.*> stupid and weak in character; ignorant and timid
ānpái 安排 V./N. ① arrange; plan; fix up ② provide (meals/etc.)
ànpán 暗盘[-盤] N. <*trad.*> secretly negotiated price
ānpéi* 安培 M. <*loan*> ampere
ānpèi 鞍辔 V.O. saddle and bridle
ànpèi 按辔 V. rein in a horse (to keep it from galloping)
ānpéijì 安培计 N. <*elec.*> ammeter; amperemeter
ānpéishù 安培数[-數] N. <*elec.*> number of amperes
ānpín 安贫 V. happy to lead a simple life
ānpínlèdào 安贫乐道[--樂-] F.E. be happy to lead a simple virtuous life
ànqī* 按期 ADV. on schedule/time
1**ànqì** 暗泣 V. weep silently
2**ànqì** 暗器 N. hidden weapons
ànqiǎn 暗浅[-淺] V.P. <*wr.*> shallow, ignorant, and stupid
ànqiāo 按跻/跷[-蹻/蹺] V. massage
ānqí'ér 安琪儿 N. <*loan*> angel
ānqǐn 安寝[-寢] V. sleep (peacefully)
ànqíng 案情 N. <*law*> details of a case
ànqíngdàbái 案情大白 F.E. The details of a case have come out.
ànqīqīnghuán 按期清还[-還] F.E. repay according to schedule
ànqú 暗渠 N. underground canal/ditch M: 1*tiáo*
ānquán 安全 S.V. safe; secure ♦N. security; safety
ānquánbàn 安全办[-辦] N. security agency
ānquán bǎozhèng 安全保证[-證] N. ① safe/guaranteed conduct; guarantee of security ② safety
ānquán biānjì 安全边际[-邊際] N. margin of safety
ānquán biézhēn 安全别针 N. safety pin
ānquán bōli 安全玻璃 N. safety glass
ānquán cúnliàng 安全存量 N. safety stock
ānquándài 安全带[-帶] N. safety belt M: 1*tiáo*
ānquándǎo 安全岛[-島] N. safety/pedestrian island
ānquándēng 安全灯[-燈] N. ① <*min.*> safety lamp ② <*photo.*> safelight M: 1*zhǎn*
ānquánfá 安全阀 N. safety valve
ānquángǎn 安全感 N. sense of security M: 1*zhǒng*
ānquán huǒchái 安全火柴 N. a safety match
ānquán jiǎnchá 安全检查 N. security check
ānquánjiè 安全界 N. safety limit
Ānquán Lǐshìhuì 安全理事会 N. (U.N.) Security Council *See also Liánhéguó*
ānquánmào 安全帽 N. safety helmet; hard hat M: 1*dǐng*/*ge*
ānquánmén 安全门 N. ①exit; fire door ②theft-proof door M: 1*shàn*
ānquánqī* 安全期 N. period between menstruation and ovulation; "safe" days
ānquánqì 安全器 N. security device
ānquánshào 安全哨 N. safety sentry/personnel
ānquán shēngchǎn 安全生产[-產] N./V.P. safety in production
ānquántī 安全梯 N. emergency staircase
ānquán tìdāo 安全剃刀 N. safety razor
ānquán tōngxíngzhèng 安全通行证[-證] N. safe-conduct pass
ānquánwǎng 安全网[-網] N. safety net/netting
ānquánxìng 安全性 N. safety; safeness
ānquán xìshù 安全系数[-係數] N. safety coefficient
ānquán xìtǒng 安全系统 N. safety system
ānquányuè 安全月 N. <*PRC*> Safety Month (May, with emphasis on industrial safety)
ānr 庵儿 N. ① hut ② nunnery
ānrán* 安然 ADV. ① safely ② peacefully; calmly ♦V.P. ① safe; calm; at rest ② well (physically)
1**ànrán** 黯然 V.P. <*wr.*> ① dim; faint ② dejected; sad
2**ànrán** 岸然 V.P. <*wr.*> impressive; solemn
ànrándàomào 岸然道貌 F.E. have a dignified/grave appearance (like a Daoist priest)
ànránrìzhāng 暗然日章 F.E. Though sth. may be unclear for a time, it will gradually become obvious.
ànránshénshāng 黯然神伤[-傷] F.E. feel dejected
ànránshīsè 黯然失色 F.E. be outshone
ānrántuōxiǎn 安然脱险 F.E. be out of danger
ànránwúguāng 黯然无光 F.E. pale into insignificance; be eclipsed; be overshadowed
ānránwúshì 安然无事 F.E. free from trouble
ānránwúyàng 安然无恙 F.E. safe and sound; (escape) unscathed
ànránxiāohún 黯然销魂 F.E. be deeply grieved (as at parting)
ànrányùjué 黯然欲绝[-絕] F.E. be downcast; feel dejected/depressed
ānránzìyú 安然自愉 F.E. take the rough with the smooth
ānrén 安人 N. <*trad.*> wife of a ranking official ♦V.O. pacify the people
ānrěn* 安忍 V. ① endure patiently ② <*wr.*> How can one have the heart to do sth.?
ànrì 按日 ADV. daily; every day
ànruò 暗弱 V.P. <*wr.*> ignorant, stupid and cowardly; irresolute
ānrúpánshí 安如磐石 F.E. as solid as a rock
ānrútàishān 安如泰山 F.E. as solid as Mt. Tai
ànsè 暗色 N. dark/deep/cold colors
ànshā 暗杀[-殺] V. assassinate
ànshāduì 暗杀队[-殺隊] N. a hit squad M: 4*zhī*
ānshàng 安上 R.V. install; fix; fit
ànshang* 岸上 P.W. riverside; bank

ànshāng 暗伤[-傷] N. internal/invisible injury/damage
ānshè* 安设 V. install; set up
ànshè 暗射 V. insinuate
ànshè dìtú 暗射地图[-圖] N. outline map
ānshēn* 安身 V.O. ① make one's home; take shelter/refuge ② settle down ③ take a rest ♦N. residence
ānshén 安神 V.O. ① calm/soothe the nerves ② <*Ch. med.*> relieve tension and calm the mind
ānshéndìngpò 安神定魄 F.E. calm the mind and soothe the nerves
[1]**ānshēng** 安生 S.V. ① peaceful; restful ② quiet; still
[2]**ānshēng** 安声[-聲] S.V. still; silent; quiet ***Zhèxiē háizi zhěngtiān méi yīhuìr ~***. The children are never still for a moment.
ānshēngle liǎng tiān 安生了两天 V.P. <*coll.*> relaxed for a couple of days
ànshēngqì 暗生气[-氣] V.P. be sulky
ānshénjì 安神剂[-劑] N. <*med.*> sedative; tranquilizer M: [14]*fù*/[1]*fù*/[1]*piàn*
ānshēnlìmìng 安身立命 F.E. settle down and get on with one's lifework
ān shénme xīn 安什么心[--麼-] V.P. <*coll.*> what are his/her intentions?
ānshēnwéilè 安身为乐[-樂] F.E. be glad to have a place to settle down
ānshényào 安神药[-藥] N. <*med.*> sedative; tranquilizer M: [1]*zhǒng*/[14]*fù*/[1]*fù*/[1]*piàn*
ānshí 谙识[-識] V. <*wr.*> know well
ānshì 安适[-適] S.V. ① quiet and comfortable ② snug
ànshí* 按时[-時] ADV. ① on time/schedule ② regularly
[1]**ànshì** 暗示 V. (drop a) hint; suggest ♦N. ① hint ② <*psy.*> suggestion
[2]**ànshì** 暗室 N. ① <*photo.*> darkroom ② dark/secret room ③ M: [1]*jiān*
[3]**ànshì** 暗事 N. clandestine action
[4]**ànshì** 案事 V.O. <*trad.*> examine the facts/matter
ànshì de 暗示的 ATTR. <*lg.*> suggestive
ànshìfǎ 暗示法 N. <*lg.*> suggestopedia
àn shíhou 按时候[-時-] ADV. ① on time/schedule ② regularly
ānshíliu 安石榴 N. pomegranate
Ān-Shǐ zhī Luàn 安史之乱[-亂] N. rebellion of An Lushan (d.757) and Shi Siming (d.761) in 755
ànshì zuòyòng 暗示作用 N. <*lg.*> suggestion
[1]**ànshǒu** 案首 N. <*trad.*> the first on the the list of graduates in a district
[2]**ànshǒu** 按手 V.O. <*Christianity*> place the hand on the head of the ordained in an ordination ceremony
àn shǒuyìn(r) 按手印(儿) V.O. put one's thumb print (on a document)
ānshū 安舒 ADV./V.P. leisurely and comfortably
ānshú* 谙熟 V. be proficient in; be conversant with
ānshù 桉树[-樹] N. eucalyptus
ànshù 按数[-數] ADV. according to the number; proportionately
ānshuǐ 氨水 N. ammonia water
ānshuì* 安睡 V. sleep well
ànshuō 按说 V.P. in the ordinary course of events; ordinarily
ān-sì 庵寺 P.W. nunnery or temple
ānsòng 谙诵 V. recite from memory
ànsòng* 暗诵 V. <*wr.*> commit to memory; recite in silence
ànsòngqiūbō 暗送秋波 ID. ① flirt ② make secret overtures to sb.
ānsuàn 谙算 V. calculate mentally
ànsuàn* 暗算 V. plot against
ànsǔn 暗笋[-筍] N. bamboo shoots which are still underground
ànsuǒ 暗锁 N. built-in lock M: [1]*bǎ*
āntāi 安胎 V.O. prevent miscarriage
āntài* 安泰 V.P. healthy; in good health
āntāiyào 安胎药[-藥] N. medicine given to prevent miscarriage
àntān* 暗滩[-灘] N. hidden shoal
àntàn 暗探 N. secret agent; detective ♦V. spy M: [1]*míng*/[2]*wèi*/*ge*
āntáng 庵堂 P.W. <*Budd.*> nunnery; Buddhist convent
àntǎo 按讨 V. investigate a rebellion and put it down; quell an uprising
āntiē 安贴 A.T. become subdued; calm down ♦S.V. properly (arranged)
āntóng 安童 N. <*trad.*> a boy servant
àntou 岸头 N. bank (of river/lake/etc.)
àntóu* 案头 N. desktop; tabletop
àntóu cídiǎn 案头词典 N. desk dictionary M: [2]*bù*/[1]*běn*/*tào*
àntóu gōngzuò 案头工作 N. work still at the research/planning/writing/etc. stage
àntóujù 案头剧[-劇] N. closet drama; playscript for reading only M: [2]*bù*/[1]*běn*
àntóu rìlì 案头日历[-曆] N. desk calendar M: [1]*běn*
āntǔ 安土 V.P. feel at home wherever one is
āntuǒ 安妥 S.V. well placed; secure ♦N. ANTU brand of rat poison
àntúsuǒjì 按图索骥[-圖--] F.E. follow clues to locate sth.
àntúwéizhèng 按图为证[-圖-證] F.E. prove according to a chart/picture/etc.
āntǔzhòngqiān 安土重迁[-遷] F.E. be attached to one's native land and unwilling to leave it
ān-wēi 安危 N. safety and danger
ānwèi* 安慰 V./S.V. comfort; console ~ [2]***tā jǐ jù***. Say a few words to comfort her.
ānwèifèi 安慰费 N. consolation fee M: [2]*bǐ*
ānwēihuòfú 安危祸福[--禍-] F.E. safety and danger, misfortune and happiness
ānwèijì 安慰剂[-劑] N. placebo
ānwèijiǎng 安慰奖[-獎] N. consolation prize
ānwèisài 安慰赛 N. consolation event/match M: [2]*chǎng*
ānwēiwèidìng 安危未定 F.E. hang in the balance
ānwēiyǔgòng 安危与共[--與-] F.E. stick together in security as well as in danger
ānwěn* 安稳[-穩] S.V./ADV. ① smooth and steady ② peaceful ③ <*coll.*> reserved in manner; poised; composed
[1]**ànwén** 案文 N. text
[2]**ànwén** 按蚊 N. malarial mosquito; anopheles
ànwèn 按/案问 V. examine; investigate; question
ānwò 安卧[-臥] V. rest; go to sleep
ànwútiānrì 暗无天日 F.E. ① very dark (of a room/place/etc.) ② total absence of justice
ānxī 安息 V. ① rest; go to sleep ② rest in peace; R.I.P. ♦N. <*hist.*> Parthia (transcription of Arsacid)
ānxí 谙习[-習] V. skilled in; familiar with; versed in
ànxǐ* 暗喜 V. feel secretly happy/delighted
ānxià 安下 V. retire for rest
ànxia* 按下 R.V. press down
ànxiàbùbiǎo 按下不表 F.E. Let's now turn to . . . (in old novels)
ànxia húlu fúqǐ piáo 按下葫芦浮起瓢[---蘆---] F.E. solve one problem only to find another cropping up
ānxián* 安闲 S.V. peaceful and carefree; enjoying leisure
ànxiàn 暗线 N. secret/hidden clue (in literary works) M: [1]*tiáo*
ānxiáng* 安详 S.V. serene; composed
ānxiǎng 安享 V. enjoy (happy life); live in ease and comfort
[1]**ànxiāng** 暗箱 N. <*photo.*> camera bellows/obscura M: [2]*zhī*/*ge*
[2]**ànxiāng** 暗香 N. aroma/fragrance which is not strong but very persistent
ànxiǎng 暗想 V. muse; ponder
ānxiǎngfùguì 安享富贵 F.E. enjoy wealth and social status
ānxiǎngqīngfú 安享清福 F.E. enjoy a life of leisure
ànxiāngshūyǐng 暗香疏影 ID. <*wr.*> (a descriptive phrase for) Chinese plum flowers
ānxiánwúshì 安闲无事 F.E. have no work or duties
ānxiǎo 谙晓[-曉] V. <*wr.*> know well
ànxiào* 暗笑 V. laugh behind sb.'s back; snigger
àn xiàqu 按下去 R.V. press down
ānxià xīn lai 安下心来 V.P. set one's mind at ease; settle down
ānxiē 安歇 V. retire for the night
ānxīn 安心 V.O. ① feel at ease; be relieved ***Wǒ ānbuxià xīn lái.*** I can't feel at ease. ②keep one's mind on sth. ~ ***xuéxí*** be able to concentrate fully on one's studies ♦CONS. *ān. . .xīn* harbor an intention ***Tā ān de shì huài xīn.*** He has evil intentions.
ānxīndǎoluàn 安心捣乱[-搗亂] F.E. <*coll.*> intend to make trouble
ānxíng 鞍形 ATTR. saddle-shaped
ān xīnshén 安心神 V.O. <*Ch. med.*> tranquilize the mind
ān xīnsi 安心思 V.O. <*coll.*> intend to; be bent upon
ānxīnwán(r) 安心丸(儿) N. <*coll.*> sedative M: [3]*lì*/[1]*kē*
ānxīnwéinán 安心为难[-難] F.E. <*coll.*> intend to cause difficulties
ān xīnyǎnr 安心眼儿 V.O. <*coll.*> prepare a plan; have an intention
ānxīrì 安息日 N. Sabbath
ānxīxiāng 安息香 N. <*med.*> benzoin
ànxù 按序 ADV. according to sequence
ànxūchǔlǐ 按需处理[--處-] F.E. process according to demand
ànxūfēnpèi 按需分配 F.E. distribute according to need
ànyā 按压[-壓] V. ① press ② shelve official business without justification
ànyǎn 案衍 V.P. ① <*wr.*> low ② <*mus.*> uneven (of sound)
ànyàn* 案验 V. <*wr.*> investigate a case
ānyǎng 安养[-養] V. provide a comfortable and secure life for sb. (esp. the family elders)
ānyì 安逸 S.V. easy (and comfortable)
ānyìdùrì 安逸度日 F.E. lead an easy life
ānyíng* 安营[-營] V.O. (pitch) camp
ànyǐng 暗影 N. ① shadow ② umbra M: [1]*tiáo*/*ge*
ānyíngzhāzhài 安营扎寨[-營--] F.E. (pitch) camp
ànyīnsùjì 按音速记 V.P. stenotype
ànyóu* 案由 N. <*law*> ① main points of a case; brief; summary ② motivation of an action; cause of an affair
ànyǒu 暗黝 V.P. dim; dark
ānyú* 安于[-於] V.P. feel contented in/with
[1]**ànyǔ** 按/案语 N. ① editor's comment/remarks ② instructions given according to (surveys/references/data/etc.) M: [1]*tiáo*
[2]**ànyǔ** 暗语 N. ① code word ② argot
[1]**ànyù** 暗喻 N. <*lg.*> metaphor; a concealed analogy
[2]**ànyù** 犴狱 N. <*wr.*> a prison
ànyuè 按月 ADV. monthly; by the month
ànyuèfùkuǎn 按月付款 F.E. pay by the month
àn yǔjù de 按语句的 ATTR. <*lg.*> phrasal
àn yǔjù jiā zhòngdú 按语句加重读[-讀] N. <*lg.*> phrasal stress
ānyúxiànzhuàng 安于现状[-於-狀] F.E. be content with things as they are
ānyúzhíshǒu 安于职守[-於職-] F.E. be faithful to one's duties
ānzài 安在 V.P. where? at what place?
ǎnzan 俺咱 PR. we
ānzāng 安赃[-贜] V.O. plant stolen goods on sb.
ānzàng* 安葬 V. bury (the dead)
ānzhā 安扎 V. find a proper place for something; make proper arrangement for someone

ānzhái 安宅 V.P. <wr.> live a peaceful life

ànzhàng 暗帐 N. secret accounts to hide illegal activity or avoid taxes M: [1]*běn*/[2]*bù*

ànzhāngbànshì 按章办事[--辦-] F.E. play the game; process sth. according to the rules

[1]**ànzhào** 按照 CONJ. according to; in the light of; on the basis of

[2]**ànzhào** 案照 CONJ. It is on record (that. . .)

ànzhào bǐlì 按照比例 V.P. prorate

ànzhe 按着[-著] V. hold down ♦COV. according to

ānzhěn 安枕 V.P. rest/sleep in peace

ànzhèng 案证[-證] N. evidence in a case

ānzhěnwúyōu 安枕无忧[--憂] F.E. sleep peacefully (without anxiety)

ānzhī 安知 V.P. how can one know . . .?

ānzhì* 安置 V. ①find place for; help settle down; arrange for ② get into bed ♦N. placement

[1]**ànzhǐ** 暗指 V. insinuate

[2]**ànzhǐ** 按址 ADV. according to the address

ànzhìdìngjià 按质定价[-質-價] F.E. base price on quality

ānzhìfèi 安置费 N. settlement allowance M: [2]*bǐ*

ānzhīfēifú 安知非福 F.E. Who knows it isn't a blessing in disguise?

ànzhì fēnlèi 按质分类[-質-類] V.P. categorize according to quality

ànzhìlùnjià 按质论价[-質-價] F.E. base price on quality

ānzhīruòsù 安之若素 F.E. bear/regard (hardship/wrongdoing/etc.) with equanimity

ànzhǐxìng 暗指性 ATTR. allusive

ànzhǐxìng biāotí 暗指性标题[---標-] N. <lg.> allusive title

ànzhōng 暗中 ADV. ① in the dark ② in secret; surreptitiously

ànzhōngcāozòng 暗中操纵[-縱] F.E. pull strings; maneuver behind the scene

ànzhōngchuàntōng 暗中串通 F.E. collude with; conspire

ànzhōngmōsuǒ 暗中摸索 F.E. grope in the dark

ānzhóu 安轴 V.O. <art> attach the knobs to the roller (of scrolls)

ànzhōu* 按周 ADV. weekly

ānzhǔ 庵主 N. the superior (of a convent/nunnery)

ànzhù* 按住 R.V. ① repress; restrain ② press down and not let go

ànzhuǎn 暗转[-轉] V. ①get a transfer/promotion in secret ② <thea.> blackout

ānzhuāng* 安装[-裝] V. install; erect; fix; mount

ànzhuāng 暗桩[-樁] N. hidden piles in a stream for blocking or ruining boats

ànzhǔn 案准[-準] F.E. <trad.> a beginning term in documentary usage for correspondence/memo/etc. between government offices of the same/equal standing

ānzhuó 安着[-著] V. ①place ②lodge; provide board and lodging

ànzhuō* 案桌 N. big rectangular desk/table M: [1]*zhāng*

ānzi 鞍子 N. saddle

ànzi* 案子 N. ① long table; counter ② <coll.> case (of law/etc.) M: [2]*jiàn*/[3]*zhuāng*/[1]*qǐ*

ànzì 暗自 ADV. inwardly; to oneself; secretly

ànzīpáibèi(r) 按资排辈(儿) F.E. promote according to seniority

ànzìqìngxìng 暗自庆幸[--慶-] F.E. congratulate oneself; consider oneself lucky

ànzōng 案宗 N. record M: [1]*juàn*

[1]**ānzuò** 安坐 V. sit idly

[2]**ānzuò** 鞍座 N. seat (of a bicycle/etc.)

ānzuòjìngguān 安坐静观[-靜觀] F.E. sit quietly watching

[1]**āo** 凹 V. concave; sunken; dented *See also* [4]*wā*

[2]**āo** 熬 V. cook in water; boil *See also* [1]*áo*

[1]**áo** 熬 V. ①boil; stew ②decoct ③endure; hold out *Kǔ rìzi zǒngsuàn ~ dàotóur le.* I finally made it through the hard days. ④ stay up late or the whole night *See also* [2]*āo*

[2]**áo** 螯 N. chela; pincers

[3]**áo** 遨 V. <wr.> roam

[4]**áo** 翱 V. <wr.> take wing; soar

[5]**áo** 鳌[鰲] N. a huge legendary turtle

[6]**áo** 敖 B.F. roam [1]*áoyóu, zàng'áo* ♦N. Surname

[7]**áo** 聱 B.F. unpleasant to hear *áoyá*

[8]**áo** 鏖 B.F. bitterly fought *áozhàn*, [1]*áozāo*

[9]**áo** 廒 <wr.> B.F. granary *cāng'áo*

[10]**áo** 獒 B.F. breed of dog; mastiff *Xīzàng áoquǎn*

[11]**áo** 嗷 in [1]*áo'áo, cì'áo*

[12]**áo** 謷 in [3]*áo'áo, áochǒu*

[1]**ǎo*** 袄[襖] N. short Chinese-style coat/jacket M: [1]*jiàn*

[2]**ǎo** 拗 V. <topo.> bend so as to break *See also* [6]*ào, niù*

[3]**ǎo** 媪[媼] N. <wr.> old woman

[1]**ào** 傲 S.V. proud; haughty ♦B.F. refusing to yield to; brave *àogǔ*

[2]**ào** 澳 B.F. sea inlet; bay (often used in place names) ♦AB. ① *Àodàlìyà* ② *Àomén*

[3]**ào** 奥[奧] B.F. profound; abstruse; difficult to understand *àomiào* ♦N. ① <wr.> remotest corner of a house ② Surname ♦AB. *Àodìlì*

[4]**ào** 懊 B.F. vexed and regretful *àonǎo*

[5]**ào** 坳 N. col

[6]**ào** 拗 B.F. contrary; recalcitrant [1]*àokǒu See also* [2]*ǎo, niù*

[7]**ào** 岙[嶴] N. mountain valley

[8]**ào** 骜[驁] N. <wr.> good horse; steed

[9]**ào** 奡 B.F. self-assured *pái'ào*

[10]**ào** 鏊 B.F. convex baking griddle *àozi*

āo'àn 凹岸 N. a concave bank

ào'àn* 傲岸 V.P. <wr.> be proud; haughty

ào'ànbùqún 傲岸不群 F.E. proud and aloof

[1]**áo'áo** 嗷嗷 ON. *animal/human cry*

[2]**áo'áo** 敖敖 R.F. <wr.> tall; long

[3]**áo'áo** 謷謷 R.F. slanderous; abusive ♦N. sound of a mourning crowd

áo'áodàibǔ 嗷嗷待哺 F.E. cry piteously for food

āobǎn 凹版 N. intaglio; gravure

āobǎn yìnshuā 凹版印刷 N. <print.> intaglio; gravure

áobāo 敖包 N. <Mongolian loan> obo; cairn

āobèi 凹背 N. swayback

áobèifùshān 鳌背负山 ID. feel very much indebted to sb.

áobiàn 鳌抃 V. <wr.> clap and dance with joy

áobīng 鏖兵 V.O. <wr.> fight hard; engage in fierce battle

àobó 奥博[奧-] V.P. <wr.> ①profound ②erudite

àobù 傲步 N. strut

áobuguò 熬不过 R.V. be unable to endure/sustain/etc.

áobuzhù 熬不住 R.V. unable to endure; unable to hold out

āocài 熬菜 V.O. <coll.> cook slowly (vegetables)

āocáo* 凹槽 N. ① canal ② trough ③ recess; notch; impression ♦ATTR. recessed

áocáo 嗷嘈 V.P. make a hubbub

áochǒu 謷丑[-醜] V. <wr.> slander; abuse

āochù* 凹处[-處] N. pocket; pothole; recession

áochū 熬出 R.V. hold out to the end

áo chūlai 熬出来 R.V. have gone through all sorts of ordeals

áochū tóu(r) 熬出头(儿) V.P. have been through all sorts of sufferings and difficulties

áochū tóu lai 熬出头来 V.P. <coll.> suffer and survive

áochūwù 熬出物 N. decoction

áodài 鳌戴 V. <wr.> feel indebted

Àodàlìyà 澳大利亚[-亞] P.W. Australia

áodàng 敖荡[-蕩] V. loaf/play about; idle away one's time

āodāo 凹刀 N. <archeo.> stone tool with concave blade M: [1]*bǎ*

áodào* 熬到 R.V. hold out to a certain point

áo de huāng 熬得慌 R.V. <topo.> be very bored

áo dēngyóu 熬灯油[-燈-] V.O. <coll.> stay up late

āodì 凹地 N. hollow ground

Àodí* 澳迪 N. <loan> Audi

Àodìlì 奥/澳地利[奧-] P.W. Austria

āodù 凹度 N. concavity

ǎoduàn 拗断[-斷] R.V. break off

áo'èxīnfán 熬恶心烦[-惡--] F.E. <topo.> be in a very bad mood

àofàng 骜放 V.P. <wr.> very haughty and unrestrained

àofàngbùjī 骜放不羁 ID. be unrestrained

áofēng 鳌峰 N. <wr.> highly revered center for men of letters

áogāo 熬膏 V.O. ① simmer (raw opium) to paste, readying it for smoking ② prepare (herbal medicine) in paste form (mostly for external use)

áogēngshǒuyè 熬更守夜 F.E. keep vigil all night

ǎogōngjǐng 拗弓颈[-頸] N. <med.> stiff neck

àogǔ 傲骨 N. lofty and unyielding character M: [1]*bǎ*/[1]*fù*

áo guānggùn 熬光棍 V.O. remain a bachelor

àogǔlínxún 傲骨嶙峋 F.E. proud and lonely

áoguò 熬过 R.V. endure

áoguòlai 熬过来 R.V. <coll.> triumph over adversity

āohén 凹痕 N. intaglio marks/traces/etc.

àohèn* 懊恨 V. regret bitterly

àohuǐ 懊悔 V. feel remorse; repent; regret *Tā ~ bùgāi líkāi.* She regretted having left.

àohuǐmòjí 懊悔莫及 F.E. be too late to repent

àojì 奥迹[奧跡] N. miracle; mystery

[1]**áojiān** 熬煎 N. suffering; hardship; torture ♦V. suffer through unhappy days

[2]**áojiān** 廒间 P.W. granary

àojiàng 拗强[-強] V.P. recalcitrant *See also àoqiáng, niùjiàng*

āojiǎo 凹角 N. entrant/reentering angle

áojiào* 嗷叫 V. scream

āojìn 凹进[-進] ATTR. concave; hollow ♦R.V. become concave/hollow

āojìng 凹镜 N. concave mirror M: [1]*miàn*

àokàng 澳抗 N. <med.> type B hepatitis antigen

Àokèlán 奥克兰[奧-蘭] P.W. ① Oakland ② Auckland

[1]**àokǒu** 拗口 S.V. hard to pronounce; awkward-sounding

[2]**àokǒu** 坳口 N. gap (in the mountains)

àokǒulìng 拗口令 N. tongue twister M: [1]*chuàn*/*ge See also niùkǒulìng*

ǎokù 袄裤[襖-] N. <topo.> quilted trousers M: [1]*tiáo*

áokūshòudàn 熬枯受淡 F.E. drag through a dull life

áolàn 熬烂[-爛] R.V. cook until soft

áoliàn 熬炼[-煉] V. strict discipline

Àolínpǐkè 奥林匹克[奧-] N. <loan> Olympics

Àolínpǐkè Yùndònghuì 奥林匹克运动会[奧---運動-] N. <sport> Olympic Games

Àomǎhā 奥马哈[奧-] P.W. Omaha

àomàn 傲慢 S.V. arrogant; haughty

àomànlěngmò 傲慢冷漠 F.E. be arrogant and indifferent

àomànwúlǐ 傲慢无礼[-禮] F.E. be arrogant and rude

àomànzìdà 傲慢自大 F.E. be arrogant and disdainful

Àomén* 澳门 P.W. Aomen (Macao)

àomèn 懊闷 S.V. eat one's heart out; pine away

àomì 奥秘[奧-] N. profound mystery

āomiàn 凹面 N. hollow side; concavity

āomiànjìng 凹面镜 N. concave mirror M: [1]*miàn*/*ge*

àomiào 奥妙[奧-] S.V. profound; subtle ♦N. secret

àomiàowúqióng 奥妙无穷[奧-窮] F.E. extremely subtle

àomiàozhīzhì 奥妙之至 F.E. profound and subtle to the utmost degree

àomìmòcè 奥秘莫测[奧-] F.E. be wrapped in mystery

áomín 敖民 N. <wr.> ①loafers; idlers ②roving/wandering population

áomó 熬磨 V. <topo.> suffer; endure; hold out

àonǎo 懊恼[-惱] S.V. annoyed; vexed; upset

àonì 傲睨 V. <*wr.*> look down on
ǎoniáng 媪娘 N. <*trad.*> an old maid
áo niántóu 熬年头 V.O. suffer and endure through the years
àonìyīshì 傲睨一世 F.E. be insolent
àonìzìruò 傲睨自若 F.E. have a haughty and imperturbable look
áonòng 敖弄 V. <*wr.*> make fun of; poke fun at
àonóng* 懊侬[-儂] V.P. displeased
ǎopó 媪婆 N. <*trad.*> female examiner of corpses
àoqì 傲气[-氣] N. arrogance; haughtiness M: ²*gǔ*
àoqiáng 拗强[-強] V.P. obstinate *See also* *àojiàng, niùjiàng*
àoqìlíngrén 傲气凌人[-氣--] F.E. put down others with one's arrogant attitude
àoqìshízú 傲气十足[-氣--] F.E. be full of arrogance
àoqū 奥区[奧區] P.W. inland; hinterland
áoquǎn 獒犬 N. fierce dog; mastiff
ǎor 袄儿[襖-] N. short Chinese-style coat/jacket M: ¹*jiàn*
àorán 傲然 V.P. lofty; proud; unyielding
àorántǐnglì 傲然挺立 F.E. stand proudly
àoránуìlì 傲然屹立 F.E. tower proudly above the rest
àoránzìdé 傲然自得 F.E. ① act in a lofty manner ② proudly take one's ease
àorén 傲人 V.O. ① refuse to yield to sb.; defy sb. ② show disdain for sb.
áo rìzi 熬日子 V.O. suffer and endure endless days
āorù de 凹入的 ATTR. concave
àosàng 懊丧[-喪] S.V. dejected; despondent; depressed
àosàng qǐlai 懊丧起来[-喪--] R.V. become dejected/despondent/depressed
àoshàngxùxià 傲上恤下 F.E. stand firm before superiors and be kind to inferiors
ǎoshén 媪神 N. the goddess of earth
āoshì 凹室 N. alcove
¹àoshì* 傲视 V. show disdain for
²àoshì 傲世 V.O. look down on the whole world
Àoshǔ 澳属[-屬] N. Macao Chinese
Àosīmàn Dìguó 奥斯曼帝国[奧-國] N. Ottoman Empire (1290–1922)
áotāng* 熬汤[-湯] V.O. stew/simmer (meat) for broth
¹àotáng 坳塘 N. a small pond
²àotáng 坳堂 N. <*wr.*> a hollow in the ground
Àotáojì 奥陶纪[奧-] N. <*geol.*> Ordovician period
àotián 奥甜[奧-] V.P. sweet and luscious (of fruit)
àotǐshī 拗体诗[-體-] N. poem that does not conform to conventional rules M: ²*shǒu*
áotou 熬头 N. reward for long hardship/patience ♦V.P. <*topo.*> irritable; cranky; edgy; upset
áotóu* 鳌头 N. <*hist.*> the top successful candidate in a civil service examination
áotóudúzhàn 鳌头独占/佔[--獨-] ID. come out on the top
āotòujìng 凹透镜 N. concave lens M: ¹*miàn*
áotour 熬头儿 N. <*coll.*> ① deliverance from adversity ② reward for long hardship/patience ♦V.P. <*topo.*> irritable; cranky; edgy; upset
ǎotóuzi 袄头子[襖--] N. <*topo.*> upper garments
āotū 凹凸 V.P. concave-convex
āotūbǎn 凹凸版 N. intaglio and relief printing plate M: ²*kuài*
āotūbùpíng 凹凸不平 F.E. full of bumps and holes; uneven
āotūyàhuā 凹凸轧花 N. embossing
āotūyìn 凹凸印 N. <*print.*> embossing
āotū yìnshuājī 凹凸印刷机 N. a die stamping press
āowā 凹洼[-窪] V.P. hollow; sunken; depressed
Àowěihuì 奥委会[奧-] AB. *Àolínpìkè Yùndòng Wěiyuánhuì* Olympic Committee
āowén 凹纹 N. intaglio design; concave
àowù 傲物 V.P. overbearing; insolent; rude; haughty
áoxī* 遨嬉 V. ① ramble; travel for pleasure ② make merry
áoxì 敖戏[-戲] V. <*wr.*> play; frolic
āoxià 凹下 V. become hollow/concave/sunken/dented
āoxiàn* 凹陷 V.P. hollow; sunken; depressed
àoxiàn 拗陷 ATTR. <*geol.*> depression
áoxiáng 翱翔 V. hover; soar
àoxiánmànshì 傲贤慢士[-賢--] F.E. treat talented persons without proper respect
āo xiàqu 凹下去 R.V. hollow out; engrave
āoxīn 熬心 S.V. <*topo.*> ① irritated; vexed ② annoying
āoxíng* 凹形 ATTR. hollow; sunken; dented; concave
áoxíng 熬刑 V.O. insist on one's innocence under torture
àoxìng 傲性 N. proud temperament
áoyá 聱牙 ID. <*wr.*> ① difficult to read ② winding; curling (of snakes/smoke/etc.)
àoyǎn 奥衍[奧-] V.P. <*wr.*> deep; profound
áoyào 熬药[-藥] V.O. <*Ch. med.*> decoct herbs
áoyè 熬夜 V.O. stay up late or all night
àoyì 奥义[奧義] N. ① profound meaning ② subtle/hidden meaning
āoyìnjī 凹印机 N. embossing machine
¹áoyóu 遨/敖/翱游 V. roam; saunter
²áoyóu 熬油 V.O. ① waste lamp oil by staying up late ② extract oil by heating
áoyóusìhǎi 翱游四海 F.E. roam/travel around the world
áoyú 鳌鱼 N. huge legendary turtle
àoyuán 奥援[奧-] N. <*wr.*> moral and material support during crises
Ào Yùn 奥运[奧運] N. the Olympics
Àoyùnhuì 奥运会[奧運-] AB. *Àolínpìkè Yùndònghuì* Olympic Games
àozàng 奥藏[奧-] N. secluded and secret place
¹áozāo 鏖糟 V. ① fight fiercely ② be stubborn and unpleasant ♦V.P. filthy; dirty
²áozāo 熬糟 V.P. <*topo.*> revolting; nauseating
àozé 奥赜[奧-] N. <*wr.*> profound meaning
áozhàn 鏖战[-戰] V./N. <*wr.*> engage in fierce battle
ǎozhé 拗折 V. <*wr.*> break by twisting
àozhǐ 奥旨[奧-] N. <*wr.*> the main theme (of writing/etc.)
áozhōu 熬粥 V.O. cook congee/gruel by simmering
Àozhōu* 澳洲 P.W. Australia
āozi 鏊子 N. a griddle
āpiàn 阿片 N. <*loan*> opium *See also yāpiàn*
āpó 阿婆 N. <*topo.*> ① mother of one's husband ② grandmother ③ respectful way of addressing an elderly woman
Ā Q 阿Q N. Ah Q, main character in a story by Lu Xun (lacking in self awareness)
Ā Q jīngshen 阿Q精神 N. Ah Q-ism; attitude that treats defeats as personal moral victories
Āsàibàijiāng Gònghéguó 阿塞拜疆共和国[-國] P.W. Republic of Azerbaijan
āshěn 阿婶[-嬸] N. aunt
āshǐ 屙屎 V.O. <*topo.*> defecate *See also ēshǐ*
āshū 阿叔 N. uncle (father's younger brother)
āsīpǐlín 阿司/斯匹林 N. <*loan*> aspirin M: *piàn*
ātài 阿太 PR. <*court.*> your mother
Ātèlā yuánrén 阿特拉猿人 N. <*archeo.*> Atlanthropus (of Ternifine, Algeria)
ātì 阿嚏 ON. atchoo!
āwēng 阿翁 N. <*topo.*> ① grandfather ② father (wife's address for her father-in-law)
āxiāng 阿乡[-鄉] N. <*coll.*> country bumpkin; yokel
A-xíng gānyán A型肝炎 N. hepatitis A
āxiōng 阿兄 N. <*topo.*> big/elder brother
Āxiūluó 阿修罗[-羅] *See Ēxiūluó*
āyā 啊呀 INTJ. *indicating pained surprise* Oh gosh!; Oh my!
āyé 阿耶/爷[-爺] N. <*trad./topo.*> father
āyí 阿姨 N. ① one's mother's sister; auntie ② child's address to woman of similar age as parents ③ elderly unattached woman ④ family nurse; babysitter; nursery/crèche attendant ⑤ father's concubine
Ā-Yǐ zhànzhēng 阿以战争[-戰爭] N. Arab-Israeli wars
āyo 啊唷/哟 INTJ. *indicating pain* Ouch!
āza 腌臜 <*topo.*> S.V. ① dirty ② upset ♦V. embarrass
Āzānīyà 阿扎尼亚[-亞] P.W. Azaniya (South Africa)

B

ba 吧/叭 M.P. ① *making mild imperative* ② *acknowledgment* ③ *uncertainty* ④ *pause* **See also** *[4]bā*

[1]bā 八 NUM. eight

[2]bā 扒 V. ① cling to ② climb ③ dig up ④ rake ⑤ pull down ⑥ push aside **See also** *[3]pá*

[3]bā 巴 V. ① hope for ② cling to ③ be near ♦N. ① <loan./phy.> bar ② Surname ③ ancient name for eastern Sichuan **See also** *[7]bà*

[4]bā 吧/叭 ON. snap! ♦V. <coll.> draw on a pipe/etc. **See also** *ba*

[5]bā 疤 N. scar

[6]bā 捌 NUM. eight (on checks/etc.)

[7]bā 笆 B.F. woven bamboo, reed or switch material used to make baskets, fences, etc. ***bādǒu***, ***[1]lība***

[8]bā 粑 B.F. <coll.> certain cake-like foods ***[2]bābā***

[9]bā 犯 B.F. ① sow ② breed of dog ***xièbāgǒu***

[10]bā 芭 in ***bājiāo, bālěi***

[1]bá 拔 V. ① uproot ② pull/draw out ③ capture ④ <topo.> cool in water ♦N. <mach.> drawing ♦B.F. ① choose (for advancement) ***xuǎnbá*** ② lift ***bágāo*** ③ surpass; exceed ***hǎibá***

[2]bá 跋 N. ① <art> annotation on a painting ② postface; epilogue; postscript ♦B.F. to stride, esp. through the mountains ***báshānshèshuǐ***

[3]bá 茇 <wr.> B.F. grass roots ♦in ***bìbá***

[4]bá 菝 in ***báqiā, yángbáqiā***

[5]bá 魃 in ***hànbá***

[6]bá 鼥 in ***tuóbá***

[1]bǎ* 把 V. ① grasp ② hold ***~zhù chēbà.*** Hold tight to the handlebar. ③ dominate; monopolize ④ guard ⑤ tie up ♦B.F. ① handle ***chēbǎ*** ② bundle; bunch ***[2]bǎzi*** ③ <coll.> close to; about ***qiān~ rén*** about 1,000 people ♦M. ① *for things with handles* ② *for handfuls* ③ *for certain abstract concepts* ***Tā yǒu yī ~ niánji le.*** She's getting on in years. ***Tā hái yǒu ~ lìqi.*** He's still quite strong. ♦V.M. *for movements of the hand* ***Lā wǒ yī ~.*** Give me a hand. ♦COV. *indicating preverbal object as thing dealt with by the action* ***Tā ~ wǒ xiàsi le.*** He scared me to death. **See also** *[3]bà*

[2]bǎ 靶 B.F. target ***[1]bǎzi, bǎchǎng***

[3]bǎ 钯[鈀] N. <chem.> palladium

[4]bǎ 屉 in ***bǎba***

[1]bà 爸 N. papa; dad; father

[2]bà 罢[罷] V. ① stop; cease ② quit ③ dismiss ④ finish ***[1]Chī ~ wǎnfàn, xuéshēng jiù dōu huíjiā le.*** The students all went home after finishing the dinner. ⑤ refuse to attend **See also** *[3]pí*

[3]bà(r) 把(儿)[-(兒)] N. ① grip; handle ② stem (of plants) **See also** *[1]bǎ*

[4]bà 霸 N. ① hegemon; overlord ② tyrant; bully ③ hegemonic power ④ Surname ♦V. dominate; lord over ***gè ~ yīfāng*** Each lords over his own sphere of influence

[5]bà 坝[壩] N. ① dam ② dike; embankment ③ <topo.> sandbar

[6]bà 耙 N./V. harrow **See also** *[2]pá*

[7]bà 巴 B.F. ***zuǐbàzi*** **See also** *[3]bā*

[8]bà 鲅[鮁] B.F. Spanish mackerel ***bàyú***

Bà 灞 B.F. name of a river in Shaanxi

[1]bābā 叭叭 ON. ① crack! crack! ② snap

[2]bābā 粑粑 N. <topo.> cake

[3]bābā 吧吧 R.F. <topo.> loquacious

[4]bābā 巴巴 SUF. *of limited occurrence* very; intensely ***gān~*** very dry ♦N./V. poop; doodoo; poopoo ♦ATTR. coagulated; forming a crust

bǎba 屉屉 N. <coll.> excrement (of a baby)

bàba* 爸爸 N. papa; dad; father

Bābāduōsī 巴巴多斯 P.W. Barbados

bābǎi* 八百 NUM. eight hundred

bábái 拔白 N. <topo.> daybreak

bābǎi Luóhàn 八百罗汉[-羅漢] N. <Budd.> the eight hundred Buddhist saints

bābàizhījiāo 八拜之交 N. sworn brotherhood

bābajiejie 巴巴结结 R.F. <coll.> haltingly; falteringly; barely succeed in handling sth.

bābajiji 巴巴咭咭 R.F. barely succeed in handling sth.

bābalàilài 疤疤癞癞 V.P. rugged; uneven

bābalālā 疤疤瘌瘌 V.P. rugged; uneven

bá bàngzi 拔棒子 V.O. <coll.> pick ears of corn

bābànhuāshì 八瓣花式 N. <art> eight-petal flower pattern

bābǎo 八宝[-寶] N. eight treasures (ingredients of certain dishes)

bābǎocài 八宝菜[-寶-] N. assorted soy sauce pickles

bābǎofàn 八宝饭[-寶-] N. eight treasures steamed rice pudding

bā bāomǐ 扒苞米 V. <coll.> husk corn

bābǎo quányā 八宝全鸭[-寶--] N. whole duck with eight-treasure stuffing

bābǎoyā 八宝鸭[-寶-] N. whole roast duck, boned and stuffed with sticky rice and diced meat

bābǎozhōu 八宝粥[-寶-] N. flavored porridge made of rice/peas/nuts/etc.

bābar* 吧吧儿 ON. chattering sound

bābār 八八儿 N. <zoo.> a myna

bābār de 巴巴儿地 ADV. <topo.> ① anxiously ② enviously ③ especially

bābèitǐ 八倍体[-體] N. <bio.> an octoploid

bābèizi 八辈子 N. many generations

báběnsāiyuán 拔本塞源/原 **See** *báběnsèyuán*

báběnsèyuán 拔本塞源/原 F.E. dig out the root, block up the source

bǎbí 把鼻 N. <wr.> cue; clue; tip

bǎbì 把臂 V.O. ① hold arms (when friends meet) ② arm in arm

bàbǐ* 罢笔[罷筆] V.O. put down the pen; stop writing

bābiānxíng 八边形[-邊-] N. <math.> octagon

bǎbiāo 靶标[-標] N. target

Bābǐlún 巴比伦 P.W. Babylon

bābìng 八病 N. <trad.> the eight taboos of poetry listed by Shěn Yuē of the Liang dynasty

bǎbǐng* 把柄 N. handle ***gěi rén ~*** give sb. a handle (against oneself)

bàbīng 罢兵[罷-] V.O. cease hostilities

bábù 拔步 V.O. ① stride ② get away

bábuchū 拔不出 R.V. be unable to pull out

bábuchū tuǐ 拔不出腿 V.P. be tied up/busy

bābudào 巴不到 R.V. eagerly wish; can't wait

bābude 巴不得 R.V. <coll.> earnestly wish

bābulèder 巴不乐得儿[--樂--] V.P. <coll.> be eager/impatient

bābunénggòur 巴不能够儿[---夠-] V.P. <coll.> be eager/impatient

Bābùyà Xīnjǐnèiyà 巴布亚新几内亚[--亞---亞] P.W. Papua New Guinea

bácǎo 拔草 V.O. pull up weeds

bācā yǎnr 扒擦眼儿 V.O. blink the eyes

bǎchǎng 靶场[-場] N. shooting range

bàcháo 罢朝[罷-] V.O. withdraw from court

bāchē 扒车 V.O. <coll.> jump aboard a moving vehicle

bāchéng(r)* 八成(儿) N. eighty percent ***Zhèjiàn shì yǒule ~ le.*** This matter is almost as good as settled. ♦ADV. most probably/likely

báchéng 拔城 V.O. take/capture a city

bǎ chéngmén 把城门 V.O. <coll.> guard the city gate

bāchéng xīn 八成新 V.P. 80 percent new

bāchi 吧叱 V. <coll.> smack the lips

bǎchí* 把持 V. ① monopolize; dominate ② control (one's feelings, etc.)

bàchì 罢斥[罷-] V. ① relieve ② remove an official from his position

bǎchíbāobàn 把持包办[-辦] F.E. keep everything in one's own hands

bǎchíbùdìng 把持不定 F.E. irresolute

bāchóng 八重 ATTR. eightfold

bāchóngzòu 八重奏 N. <mus.> an octet

báchū 拔出 R.V. extract; pull/draw out ***Tā ~ le píngsāi.*** He extracted the cork from the bottle.

báchú* 拔除 R.V. pull out; remove

bàchù 罢黜[罷-] V. <wr.> ① dismiss from office ② ban; reject

bǎchuán 靶船 N. target ship M: ***[2]zhī/[1]sōu***

báchuǎng 拔闯 V. <topo.> defend sb. against an injustice

bàchùbǎijiā 罢黜百家[罷-] F.E. expel/exclude all other factions

bácì 跋刺 A.T. make splashing noise (of flapping wings/fins)

bácuì 拔萃 N. <trad.> high level examination for official candidacy ♦V. stand out from one's fellows

bácuìchūqún 拔萃出群 F.E. stand out among one's fellows

bāda* 吧/巴/叭嗒/哒[-噠] V. ① smack one's lips (in surprise/alarm/etc.) ***Tā ~ le yīxià zuǐ.*** He smacked his lips. ② <topo.> pull on (pipe)

bādā 吧嗒/哒[-噠] ON. click!

bādagùn 吧哒棍[-噠-] N. a six-foot stick used in fighting

bādàiyú 八带鱼[-帶-] N. octopus

Bā Dài zhī Shuāi 八代之衰 N. <hist.> the supposed dark ages (from Eastern Han to Sui dynasty)

bādǎjiǔ 八打九 ID. <coll.> almost right; just about correct

Bādá Lǐng 八达岭[-達嶺] P.W. favorite tourist spot for viewing the Great Wall

bādànxìng 巴旦/担杏[-擔-] N. <bot.> a kind of apricot

bādào 巴到 R.V. <topo.> have waited patiently/anxiously until

bàdao* 霸道 S.V. ① overbearing; high-handed ② strong; potent (of liquor/medicine) **See also** *bàdào*

bàdào 霸道 S.V. overbearing; high-handed ♦N. rule by force **See also** *bàdao*

bádāoxiāngxiàng 拔刀相向 F.E. pull a knife on sb.

bádāoxiāngzhù 拔刀相助 F.E. help the weak against injustice

Bādà Shānrén 八大山人 N. <hist.> pseudonym of Chū Dā, a famous painter of late Ming

bā dà xíngxīng 八大行星 N. <astr.> the eight major planets of the solar system - Mercury, Venus, Earth, Mars, Jupiter, Saturn, Uranus, and Neptune

bādāyīshēng 巴答一声[-聲] F.E. <coll.> slapping/flopping sound

bādàyuán 八大员 N. cooks, child-care workers, barbers, stockmen, postmen, health workers, conductors, and shop assistants

bāda zuǐ(r) 吧嗒嘴(儿) V.O. <coll.> smack one's lips over food/drink/etc. ♦S.V. <topo.> greedy; envious of others

bāde 巴得 R.V. <early vernacular> wish/hope that; be eager to *Tāmen zǒu de rénkùnmǎfá, ~ dào shān xià ānyíngzhāzhài.* They were exhausted and eager to camp at the foot of the mountain.

bā de gāo, diē de zhòng 扒得高,跌得重 F.E. The higher one climbs, the harder one falls.

bādeng yǎnr 巴瞪眼儿 V.O. blink the eyes (when angry/confused/etc.)

bádétóuchóu 拔得头筹[-籌] F.E. <topo.> become the first to do sth.

bádì 拔地 V.O. rise steeply from level ground; tower

bàdì* 耙地 V.O. harrow *See also pádì*

bádiào 拔掉 R.V. pull off/out

bádì'érqǐ 拔地而起 F.E. rise suddenly from the ground

bādīng* 扒钉 N. clasp nail; cramp

bádǐng 拔顶 V.O. become bald ♦N. <min.> topping

bádīngchuí 拔钉锤 N. claw hammer

bá dīngzi 拔钉子 V.O. ① pull out a nail ② eliminate obstacles to progress of work

bádìqíngtiān 拔地擎天 F.E. remarkable and outstanding; heroic

bādǒu 笆/巴斗 N. round-bottomed shallow basket M: [2]*zhī/ge*

bādòu* 巴豆 N. <bot.> croton

bādǒucái 八斗才 N. a man of great talent

bādǒuzhīcái 八斗之才 N. a man of great talent

bādù* 八度 N. <mus.> octave

bádū 拔都 N. <Mongolian loan> ① bator: bravery; courage ② name of a general in the Yuan dynasty

bádú 拔毒 V.O. <Ch. med.> draw out poison

bāduànjǐn 八段锦 N. <sport> a kind of martial arts

bǎduò 把舵 V.O. hold the rudder

Bā'ěrdìmó 巴尔的摩 P.W. Baltimore

Bā'ěrgàn 巴尔干[-幹] P.W. Balkan(s)

bāfǎ 八法 N. ① <Ch. med.> eight therapeutic methods ② the eight basic strokes of Chinese characters

bāfàn 扒饭 V.O. eat rice with chopsticks

bāfāng 八方 N. eight points of the compass; all directions

bāfānghūyìng 八方呼应[-應] F.E. echo from all directions

bāfāngshòukùn 八方受困 F.E. be in a difficult situation; be hard pressed

bāfēn* 八分 N. eight tenths ♦ADV. probably ♦N. Eastern Han script style

báfèn(r) 拔份(儿) V.O. <coll.> ① push oneself forward; show off one's strength ② dominate; act violently

báfèng 拔缝 V.O. crack

bǎfēng* 把风 V.O. keep lookout

bāfèngr 扒缝儿 V.O. peep; look

bāfēnshū 八分书[-書] N. style of calligraphy originated in the Qin dynasty

bāfēnyí 八分仪[-儀] N. <math./astr.> an octant

bāfēn yīnfú 八分音符 N. <mus.> quaver; eighth note

bāgāng 八纲[-綱] N. <Ch. med.> eight principal syndromes; the eight rubrics

bāgāngbiànzhèng 八纲辨证[-綱-證] F.E. <Ch. med.> differentiation of syndromes according to the eight rubrics

bā gǎnzi dǎbudào de 八杆子打不到的 F.E. <coll.> distant (of relatives)

bā gānzi dǎbuzháo 八竿子打不着[-著] ID. remote or lack of relationship between two things *Zhè ~ de shì, wǒ cái bùguǎn ne.* It's none of my business, I'm not going to bother about it.

bágāo 拔高 R.V. raise high

bágāo sǎngmén(r) 拔高嗓门(儿) F.E. raise one's voice

bāgāowàngshàng 巴高望上 F.E. seek higher social status

bā gāozhīr 巴高枝儿 F.E. ① curry favor with influential people ② marry above

bāgē(r) 八哥(儿) N. myna bird

Bāgédá 巴格达[-達] P.W. Baghdad

bágēn 拔根 V.O. uproot

bágēnsèyuán 拔根塞源 F.E. uproot; dig out the root, block up the source

bágòng 拔贡 N. <hist.> outstanding young scholars selected for Qing civil service examination in the capital

[1]bàgōng* 罢工[罷-] V.O./N. go on strike; a strike

[2]bàgōng 坝工[壩-] N. dam construction works

bàgōng jiūcháduì 罢工纠察队[罷-隊] N. picket (line)

bāgǔ(r) 八股(儿) N. ① eight-part essay, esp. as fixed imperial service exams ② sth. too rigid in style

bāguà 八卦 N. Eight Trigrams (of *The Book of Changes*)

Bāguàjiào 八卦教 N. Eight Trigram secret society (a branch of the White Lotus society of the Qing dynasty)

bǎguān* 把关[-關] V.O. ① guard a pass ② make a final check on sb./sth. *bǎ zhìliàng guān* guarantee the quality (of products/etc.)

bàguān 罢官[罷-] V.O. dismiss from office

bāguāng 扒光 R.V. <coll.> strip bare

bàguānguītián 罢官归田[罷-歸-] F.E. <trad.> remove sb. from office and send him back to his native place

bǎguānshǒu'ài 把关守隘[-關--] F.E. guard the passes

bá guànzi 拔罐子 V.O. <Ch. med.> practice cupping

bāguàzhèn 八卦阵 N. military formation in Eight Trigrams form

báguō 拔锅[-鍋] V.O. <coll.> ① seize sb's cooking pot ② push sb. to extremes

Bāguó Liánjūn 八国联军[-國聯-] N. <hist.> Eight-Power Allied Forces of 1900

bāgǔqiāng 八股腔 N. stereotyped twaddle

bāgǔwén 八股文 N. ① <trad.> eight-part essay ② stereotyped writing M: [1]*piān*

báhǎi 拔海 N. elevation (above sea level)

Bāhāmǎ 巴哈马 P.W. Bahamas

bāháng 八行 N. <trad.> brief letter (orig. on eight-line paper)

bāhángshū 八行书[-書] N. <trad.> brief letter (orig. on eight-line paper)

báhé* 拔河 N./V.O. <sport> tug-of-war

bǎhe 把合 V. monopolize or dominate (by abuse of one's power)

bāhén 疤痕 N. scar M: [2]*dào*

bāhóngyīyǔ 八纮一宇 F.E. <wr.> unite the whole world under one sovereign by force of arms

bāhù 八互 N. <PRC> eight principles that married couples should adhere to

báhù* 跋扈 S.V. bossy; domineering

báhuán 拔还[-還] V. repay a debt in installments

bāhuìxué 八会穴 N. <Ch. med.> the Eight Strategic Nerve Points

[1]bá huǒguànr 拔火罐儿 V.O. <Ch. med.> apply cupping jar/glass *See also* [2]*báhuǒguànr*

[2]báhuǒguànr 拔火罐儿 N. ① detachable stove chimney ② cupping jar/glass *See also* [1]*bá huǒguànr*

bá huǒguànzi 拔火罐子 V.O. <coll./Ch. med.> do cupping

bā huōzi 扒豁子 V.O. ① make an opening ② expose (a secret/etc.); spoil sb.'s plan by revealing a secret

bá hǔxū 拔虎须[-鬚] ID. too rash/ignorant to realize the danger of offending a powerful personage

bāi 掰 V. ① nip off with fingers and thumb ② work the fingers *~zhe shǒuzhǐ suàn* count on one's fingers ③ force apart with the hands ④ <coll.> sever (the relationship with); break up (with) *Gēn tā ~!* Break up with him!

[1]bái 白 S.V. ① white ② clear ♦B.F. ① pure; plain *báifàn* ② free of charge *báisòng* ③ wrongly written/mispronounced *báizì* ④ colloquial; vernacular [1]*báihuà* ⑤ state *biǎobái* ⑥ "white" (anti-communist) *báiqū* ♦ADV. in vain; for nothing ♦N. ① spoken part in opera ② Surname ♦V. ① turn white prematurely *Tā tóufa quán ~ le.* His hair turned completely white. ② <coll.> look askance at

[2]bái 拜 in [1]*báibái See also* [2]*bài*

[1]bǎi* 百 NUM. ① hundred ② numerous; all kinds of

[2]bǎi 摆[擺] V. ① place; put; arrange *~ zhànchǎng* put in battlefield order ② state clearly ③ assume; put on ④ sway; swing; wave ♦N. ① pendulum ② bottom part (of Chinese gown)

[3]bǎi 柏 N. ① cypress ② Surname *See also* [6]*bó*, [4]*bò*

[4]bǎi 佰 NUM. hundred (used on checks/etc.)

[5]bǎi 伯 B.F. *used in terms for certain senior male relatives dàbǎizi See also* [7]*bó*

[6]bǎi 捭 B.F. separate *zònghéngbǎihé*

[1]bài 败[敗] V. ① lose; be defeated ② beat; defeat ③ spoil *Zhè shìr hěn kěnéng ~ zài tā shǒu li.* He may spoil the whole show. ④ counteract ⑤ decay

[2]bài 拜 V. ① do obeisance; salute ② acknowledge sb. as one's master/etc. ♦B.F. make a courtesy call *bàifǎng See also* [2]*bái*

[3]bài 稗 B.F. ① <bot.> barnyard grass/millet *bàizi* ② <wr.> petty; insignificant

[4]bài 呗[唄] in *fànbài See also* [1]*bei*

bái'ái'ái 白皑皑[-皚皚] V.P. pure white

bái'ǎixīng 白矮星 N. <astr.> white dwarf M: [1]*kē*

bái'àn 白案 N. ① restaurant preparation of rice/flatcakes/*mantou*/etc. ② cooking that deals with staple food, both rice and flour

bǎiba 百把 NUM. about one hundred

bàibǎ* 拜把 V. become sworn brothers

bǎi bāguàzhèn 摆八卦阵[擺-] V.O. set a trap for the enemy

[1]báibái* 拜拜 R.F. <slang/loan> ① bye-bye ② break up (with) *See also bàibai*

[2]báibái 白白 ADV. ① in vain; for nothing ② white

bàibai 拜拜 R.F. <trad.> bring hands together and bow ♦N. a worshipping festival in Taiwan *See also* [1]*báibái*

báibǎihéhuā 白百合花 N. <bot.> Madonna lily M: [2]*duǒ*/[5]*zhī*/[4]*zhī*

báibáijìngjìng 白白净净[-淨淨] V.P. white (of face)

bǎibǎiké 百百咳 N. whooping cough

báibáipàngpàng 白白胖胖 V.P. white and fat

bǎibāmóuní 百八牟尼 N. <Budd.> the 108 beads of a rosary

[1]báibān(r) 白班(儿) N. <coll.> day shift

[2]báibān 白斑 N. ① white spot/patch M: [2]*kuài* ② <med.> leukoplakia

báibǎn 白板 N. mahjongg tiles bearing the design of a square

bǎibān* 百般 ADV. in 100 ways; by every means

bǎibānbājié 百般巴结 F.E. ply sb. with flattery

bǎibāndiāonàn 百般刁难[-難] F.E. put up innumerable obstacles; create all kinds of difficulties

bǎibāntiāotī 百般挑剔 F.E. nitpick

bǎibānwēnróu 百般温柔 F.E. infinitely affectionate

bǎibānwúlài 百般无赖 F.E. use all underhanded means

bǎibānyīnqín 百般殷勤 F.E. courtesy expressed in numerous ways

báibānzhèng 白斑症 N. <*med.*> vitiligo; leukoderma

bǎibǎoxiāng 百宝箱[-寶-] N. treasure chest M: [2]*zhī*/[1]*ge*

báibàozhǐ 白报纸[-報-] N. newsprint M: [1]*zhāng*

bǎibāshí* 百八十 F.E. <*coll.*> around one hundred

bǎi bǎshi 摆把式[擺-] V.O. <*coll.*> perform gymnastic arts in pantomime

bàibǎ xiōngdì 拜把兄弟 N. sworn brothers

bǎibāzhōng 百八钟[-鐘] N. <*Budd.*> the hundred bell tolls (sounded morning and evenings)

bài bǎzi 拜把子 V.O. swear brotherhood

bǎibèi* 百倍 ATTR. hundredfold; a hundred times

bàiběi 败北 ID. <*wr.*> suffer defeat

bǎi bèishuǐzhèn 摆背水阵[擺-] V.O. prepare for a back-to-the-wall struggle

báibǐ 白疕 N. <*med.*> psoriasis

[1]**bǎibì** 百弊 N. ① all kinds of maladies or evils ② many drawbacks or disadvantages

[2]**bǎibì** 百辟 N. <*wr.*> princes and dukes

bàibǐ* 败笔[-筆] N. ①faulty stroke in calligraphy/painting ②faulty expression in writing ③worn inkbrush ④ failed hack writer

bàibiǎo 拜表 V. <*trad.*> present a report/petition/etc. to the emperor; memorialize the emperor

bǎibìcóngshēng 百弊丛生[--叢-] F.E. All the ill effects appear.

bàibié 拜别 V. take leave of; say farewell

bǎibìng* 百病 N. all kinds of diseases and ailments

bàibīng 败兵 N. defeated soldiers/army

bàibīngcánzú 败兵残卒[--殘-] F.E. a crushed and broken army

báibìwēixiá 白璧微瑕 ID. a slight blemish

báibìwúxiá 白璧无瑕 ID. ① faultless; without blemish ② impeccable moral integrity

báibízi 白鼻子 N. <*topo.*> a sly person

bǎibō 摆拨[擺撥] V. <*topo.*> dismiss from attention; put aside

báibōjú 白波菊 N. <*bot.*> white botonia M: [2]*duǒ*/[5]*zhī*/[4]*zhī*

báibú 白醭 N. mold (on surface of vinegar/etc.)

báibù* 白布 N. plain white cloth M: [2]*kuài*

bǎibu 摆布[擺-] V. ① decorate; arrange ***Zhè jiān wūzi ~ de hěn yǎzhì.*** The room is tastefully furnished. ② order about; manipulate ***See also*** [2]*bǎibù*

[1]**bǎibù** 百部 N. <*Ch. med.*> the tuber of stemona; *radix stemonae*

[2]**bǎibù** 摆布[擺-] V. ① spread out; display; arrange ② make a fool of sb. ***See also bǎibu***

bàibùchéngjūn 败不成军 F.E. The army is completely routed.

bǎibùchuānyáng 百步穿杨[-楊] F.E. shoot with great precision

báibucīliē 白不呲咧 F.E. <*coll.*> ①dingy white; faded ② insipid; flat tasting

bǎibùdéyī 百不得一 F.E. Not one out of a hundred is acceptable.

bǎibùkāi 摆不开[擺-開] R.V. ① There is no room to place it. ②The business in hand cannot be shaken off.

bāibukāi nièzi 掰不开镊子[--開鑷-] F.E. <*coll.*> unable to solve a problem or think through a situation

báibuliǎo 白不了 R.V. be unwhitenable

bǎibuliǎo* 摆不了[擺-] R.V. can't place (because of inadequate space)

bǎibùshīyī 百不失一 F.E. There is not a single miss in a hundred tries.

bǎibuxià 摆不下[擺-] R.V. cannot place (because of inadequate space)

bǎibùzha 百不咋/杂[-雜] F.E. <*topo.*> of no consequence; never mind

báicài* 白菜 N. ① Ch. cabbage ② white rape M: [2]*kē*

bàicái 败财 S.V. destined to lose money (predicted by fortune-teller)

báicàibāng(r/zi) 白菜帮/梆(儿/子)[--幫-] N. <*coll.*> stalk of Chinese cabbage

báicàijiào 白菜窖 N. vegetable cellar

bǎicǎo* 百草 N. Chinese herbs

[1]**bàicǎo** 稗草 N. <*bot.*> barnyard grass/millet M: [2]*kē*

[2]**bàicǎo** 败草 N. withered grass M: [2]*kē*/[1]*piàn*

báichá* 白茬 N. farmland not yet tilled after harvest

bàichá 拜茶 V.O. <*court.*> ask a guest to come in and have tea

bàichàn 拜忏[-懺] V. <*Budd.*> say mass for relieving people/spirits

báichǎng 白氅 N. <*trad.*> guards' uniform M: [2]*jiàn*

báichāngpú 白菖蒲 N. <*bot.*> *Acorus calamus* M: [2]*kē*

bái chědàn 白扯淡/蛋 F.E. <*coll.*> talk rubbish

bāichekāi 掰扯开[-開] R.V. <*coll.*> ① force apart with the hands ② separate antagonists

bǎichéng 摆成[擺-] R.V. put; place; arrange

bǎichéngzuòyōng 百城坐拥[-擁] F.E. possess numerous books

[1]**báichī*** 白吃 V. ① scrounge for food ② sponge (on)

[2]**báichī** 白痴 N. ① idiot ② idiocy; fatuity

báichì 白炽[-熾] N. white heat; incandescence

báichībáihē 白吃白喝 F.E. eat and drink gratis

báichìdēng 白炽灯[-熾燈] N. incandescent lamp

báichì diàndēng 白炽电灯[-熾電燈] N. incandescent lamp

bǎichǐgāntóu 百尺竿头 ID. always strive to do better

bǎichǐgāntóu, gèng jìn yī bù 百尺竿头,更进一步[----,-進--] F.E. make further progress

bái chǐ gāolóu píngdì qǐ 百尺高楼平地起[---樓---] F.E. Everything starts from scratch.

báichīr 白吃儿 N. sponger; freeloader

Bái Chóngxǐ 白崇禧 (1893–1966) N. <*hist.*> KMT general based in South China

[1]**bǎichū*** 摆出[擺-] R.V. ① take out for display ② assume; put on ***Tā ~ yī fù wúgū de yàngzi*** He assumed a look of innocence.

[2]**bǎichū** 百出 V. appear in droves

bàichú 拜除 V. <*trad.*> appoint to a post

bǎichuān 百川 N. waterways

bǎichuānguīhǎi 百川归海[--歸-] ID. ① all things tend to go in one direction ② everyone turns to sb. for guidance

bǎichuānhuìzōng 百川汇宗[--匯-] ID. Divergence ends in uniformity/agreement.

bǎichuí 摆锤[擺-] N. pendulum M: [2]*zhī*/[1]*ge*

báicí 白瓷 N. white porcelain; blanc de chine

bàicí* 拜辞[-辭] V. <*court*> take leave of; say good-bye

bàicì 拜赐 V. <*court.*> accept with thanks

báicù 白醋 N. plain vinegar

bǎi cūn diàochá 百村调查 N. <*PRC*> social survey conducted in 1982

bàicuò 败挫 V. defeat; frustrate; thwart

báidā* 白搭 V.P. <*coll.*> useless; no good

báidǎ 白打 N. game of shuttlecock ♦ V. ① fight/beat in vain ② fight without arms

bái dàguà(r) 白大褂(儿) N. ① white gown ② doctor's coat/gown

báidài 白带[-帶] N. ① white flow ② white-colored vaginal discharge ③ <*Ch. med.*> abnormal leukorrhea

bǎidàiguòkè 百代过客 F.E. people of the past generations

báidàiyú 白带鱼[-帶-] N. a bandfish M: [1]*tiáo*

bái dǎlào 白打涝 V. <*coll.*> window-shop

báidànbái 白蛋白 N. <*chem.*> albumin

Báidǎng* 白党[-黨] N. the White (anti-communist) Party

bǎidàng 摆荡[擺蕩] V. swing; sway

bǎidàng qǐlai 摆荡起来[擺蕩--] R.V. start to swing/sway

báidào(r) 白道(儿) N. ① moon's path ② righteous outlaws

[1]**bàidǎo*** 拜倒 V. fall on one's knees; grovel; lie prostate

[2]**bàidǎo** 拜祷[-禱] V. pray

bàidǎo shíliuqún xià 拜倒石榴裙下 F.E. fall head over heels for a woman

bàidǎozúxià 拜倒足下 F.E. throw oneself at sb.'s feet

bàidé 败德 N. evil conduct; licentious behavior

báidèngyǎn 白瞪眼 V.P. be anxious but unable to do anything

báidèng yīyǎn 白瞪一眼 V.P. look superciliously (at sb.) ***báidèng mǒurén yīyǎn*** give sb. a supercilious look

báidì(r)* 白地(儿) N. ① fallow field ② barren land ③ white base color (of paper/cloth/etc. with added color material)

bàidí 败敌[-敵] V.O. crush/defeat the enemy

bàidiàn 拜垫[-墊] N. cushion for the kneeling rite

báidiànfēng 白癜风 N. <*med.*> vitiligo

Báidìchéng 白帝城 P.W. <*hist.*> White God City (a strategic point in Sichuan during the Three Kingdoms period)

báidìhēihuā 白地黑花 N. <*art*> a kind of glaze using minerals like iron and manganese as ingredients in painted designs

báidīng 白丁 N. ① a person of no academic or official titles ② an illiterate person ③ <*wr.*> ordinary person; commoner

báidīngxiāng 白丁香 N. ① white lilac M: [5]*zhī*/[4]*zhī*/[2]*kē* ② sparrow droppings used for treating wounds

bǎi dìtān 摆地摊[擺-攤] V.O. set up a stall on the ground

bǎidòng 摆动[擺動] V. swing; sway

báidòu 白豆 N. white peas/beans M: [1]*kē*/[3]*lì*

báidòukòu 白豆蔻 N. <*bot.*> *Amomum cardamomum*; cardamom M: [5]*zhī*/[4]*zhī*/[2]*kē*

bǎidù 摆渡[擺-] V. operate a ferry ♦ N. ferryboat; ferry

bàidú* 拜读[-讀] V. <*court.*> read with respect

bǎiduān 百端 N. ① in many ways ② all things/feelings

bǎiduāndàijǔ 百端待举[-舉] F.E. much remains to be done

bǎiduāndàijué 百端待决[-決] F.E. Numerous problems are crying for solution.

bǎiduànqiānliàn 百锻千炼[-煉] F.E. thoroughly tempered

bǎidùbiǎo 百度表 N. centigrade/Celsius thermometer M: [2]*zhī*/[2]*kuài*

bǎidúbùyàn 百读不厌[-讀-厭] F.E. worth a hundred readings

bàidúdàzuò 拜读大作[-讀--] F.E. <*court.*> have the pleasure of perusing your work

bǎiduì 摆队[擺隊] V.O. stand in a certain formation

bǎidùkǒur 摆渡口儿[擺-] N. ferry harbor

bái dūnzi 白墩子 N. <*pottery*> "white briquette"; petuntse

báidùyàn 白肚燕 N. <*zoo.*> white-bellied swallow M: [2]*zhī*

bái'é* 白鹅 N. white goose M: [2]*zhī*

Bái'é 白俄 N. White Russian

[1]**bái'è** 白垩[-堊] N. chalk

[2]**bái'è** 白萼 N. <*bot.*> fragrant plantain lily M: [5]*zhī*/[4]*zhī*

Bái'èjì 白垩纪[-堊-] N. <*geol.*> Cretaceous period

Bái'éluósī Gònghéguó 白俄罗斯共和国[--羅---國] P.W. Republic of Belarus

bài'érbùněi 败而不馁 F.E. not be discouraged by failure

bái'èzhì 白垩质[-堊質] ATTR. of the Cretaceous period

báifà* 白发[-髮] N. white/gray hair M: [2]*gēn*

bǎifǎ 摆法[擺-] N. method of arrangement; way of putting/placing sth.

bǎifābǎizhòng 百发百中[-發--] F.E. shoot with unfailing accuracy
báifàcāngcāng 白发苍苍[-髮蒼蒼] F.E. white-/gray-haired
báifàcāngrán 白发苍髯[-髮蒼-] F.E. having white hair and a hoary beard
báifàhóngyán 白发红颜[-髮--] F.E. a spry elder
báifān 白帆 N. the white sail (of a sailing boat) M: [1]*piàn*
báifán 白矾[-礬] N. alum
báifàn* 白饭 N. plain cooked rice M: *kǒu/wǎn*
bǎifàn 摆饭[擺-] V.O. lay out a meal; lay the table
bàifàn 稗贩 <wr.> N. small retailer; peddler ♦V. copy/apply indiscriminately
bǎifāng 百方 N. ① all sides ② diverse methods
bǎifàng 摆放[擺-] V. put; place; lay
bàifǎng* 拜访 V. pay a visit; call on
bái fángzi 白房子 N. <trad.> brothel
báifàxiélǎo 白发偕老[-髮--] F.E. live to old age in conjugal bliss
báifěi 白匪 N. White (anti-communist) bandits
báifèi* 白费 V. waste
báifèichúnshé 白费唇舌 F.E. waste one's breath
bǎifèidàijǔ 百废待举[-廢-舉] F.E. The many neglected matters are still pending.
bǎifèidàixīng 百废待兴[-廢-興] F.E. All neglected matters are yet to be dealt with.
báifèijìn 白费劲[-勁] V.P. waste energy doing sth.
bǎifèijùjǔ 百废俱举[-廢-舉] F.E. All neglected matters have been taken care of.
bǎifèijùxīng 百废俱/具兴[-廢-興] F.E. All neglected tasks are being undertaken.
báifèi là 白费蜡[-蠟] F.E. <coll.> (try sth.) in vain
báifèixīnjī 白费心机 F.E. scheme/plan to no avail
báifěn 白粉 N. ① face powder/paint ② a white cosmetic ③ <slang> drugs (specifically heroin)
[1]**bǎifēn*** 百分 N. one hundred points (of score) *See also* [2]*bǎi fēn*
[2]**bǎi fēn** 百分 CONS. *bǎi fēnzhī X* X percent ***bǎi fēnzhī wǔ*** five percent ***See also*** [1]*bǎifēn*
bàifén 拜坟[-墳] V.O. visit a grave; make sacrifices before a grave
bǎifēnbǐ 百分比 N. percent(age)
báifěnbìng 白粉病 N. <agr.> powdery mildew
bǎifēndiǎn 百分点[-點] N. percentage (point)
bǎifēnfǎ 百分法 N. statement/expression in percentage
bǎifēnhào 百分号[-號] N. percent symbol (%)
bǎifēnlǜ 百分率 N. percent(age)
bǎifēnlǜ bǐjiào 百分率比较 N. <acct.> percentage comparison
bǎifēnr 百分儿 N. a poker game
bǎifēnshù 百分数[-數] N. percent(age)
bǎifēnwèi shùzhí 百分位数值[---數-] N. <lg.> percentile
bǎifēnzhì 百分制 N. hundred-mark system
bǎi fēnzhī bǎi 百分之百 NUM. a hundred percent ♦ADV. out and out; absolutely
bài fó 拜佛 V.O. worship Buddha; prostrate oneself before the image of Buddha
bǎifù* 摆富[擺-] V.O. parade one's wealth; be ostentatious and extravagant
[1]**bàifú** 拜服 V. admire (another's erudition/courage/etc.)
[2]**bàifú** 拜伏 V. prostrate oneself; fall on one's knees; grovel
bàifù 拜覆 N. <court.> term of respect in a letter of reply
bǎifúpiánzhēn 百福骈臻 F.E. May all blessings join together!
bǎifūzhǎng 百夫长 N. <hist.> ① centurion (in the Roman Empire) ② low-ranking military officer (in China)
báifùzǐ 白附子 N. <bot.> monkshood (a medical herb)
báigān(r) 白干(儿)[-乾-] N. spirits distilled from sorghum
bǎigǎnjiāojí 百感交集 F.E. all sorts of feelings well up in one's heart
báigāoní 白膏泥 N. <archeo.> white clay
báigē* 白鸽 N. a pigeon M: [2]*zhī*
bǎigé 摆格[擺-] V.O. <topo.> put on airs
báigěi 白给 V.P. <coll.> give free of charge
báigeshēngshēng 白格生生 F.E. <topo.> snow white
Báigōng 白宫[-宮] N. White House
[1]**bǎigōng*** 摆功[擺-] V.O. exaggerate one's success
[2]**bǎigōng** 百工 N. <trad.> ① all sorts of officers ② all sorts of handicraftsmen
bǎigòng 摆供[擺-] N. sacrifice ♦V.O. present ritual offerings
bǎigòngshèjì 摆供设祭[擺-] F.E. set up sacrifices at an altar
báigǒuxuǎn 白狗癣 N. <med.> phlebotomy (on the head)
báigǔ* 白骨 N. bones of the dead M: [2]*gēn*/[1]*bǎ*
bǎigǔ 百谷[-穀] N. all kinds of grain
báiguā 白瓜 N. white cucumber M: [2]*zhī*/[2]*gēn*/[1]*tiáo*
bǎiguān* 百官 N. officials of all ranks and descriptions
[1]**bàiguān** 拜官 V.O. <trad.> make sb. an official
[2]**bàiguān** 稗官 N. ① <trad.> official charged with checking on public opinion ② story-teller
bàiguānjiā 稗官家 N. novelists
bǎi guānjiàzi 摆官架子[擺-] V.O. put on the airs of an official; put on bureaucratic airs
bàiguān-yěshǐ 稗官野史 N. books of anecdotes/tales
báigǔhóngyán 白骨红颜 F.E. Beauty is only skin deep.
bàiguì 拜跪 V. kneel and kowtow
báiguìyóu 白桂油 N. canella oil
báiguīzhīdiàn 白圭之玷 N. ① a flaw in a piece of jade ② damage suffered through careless speech
báigǔjīng 白骨精 N. ① White Bone Demon ② devious cunning female
báiguǒ(r)* 白果(儿) N. ① <bot.> ginkgo nut M: [1]*kē*/[3]*lì*/[1]*ge* ② <topo.> ⓐ hen's egg ⓑ poached egg
bǎiguǒ 百果 N. all kinds of fruits
báiguǒshù 白果树[-樹] N. gingko/ginkgo tree M: [2]*kē*
báiguǒsōng 白果松 N. white pine M: [2]*kē*
báigūyú 白姑鱼 N. <zoo.> white Chinese croaker; white mouth croaker M: [1]*tiáo*
bǎihái 百骸 N. <wr.> the whole body
báihào 白耗 V. use/spend for nothing; waste
bǎihǎo* 摆好[擺-] R.V. place/set properly
báihè 白鹤 N. <zoo.> white crane M: [2]*zhī*
bǎihé* 百合 N. <bot.> lily (buds) M: [5]*zhī*/[4]*zhī*/[1]*kē*
bàihè 拜贺 V. congratulate
bǎihéhuā 百合花 N. ① <bot.> lily M: [2]*duǒ*/[2]*kē* ② pure maiden
báihēifēnmíng 白黑分明 F.E. clearly distinguish right from wrong
bàihòu 拜候 V. <court.> call to pay one's respects; call on; pay one's respect
báihóubìng 白喉病 N. diphtheria
báihóujūn 白喉菌 N. <bio.> diphtherial bacillus
[1]**báihú** 白狐 N. arctic fox M: [2]*zhī*
[2]**báihú** 白鹄 N. swan M: [2]*zhī*
báihǔ* 白虎 N. ① white tiger M: [2]*zhī* ② constellation of seven stars in the western sky ③ symbol of West/autumn ④ <slang> hairless female genitalia
báihua 白话 N. <lg.> colloquial speech ♦V. <coll.> use colloquial speech *See also* [1]*báihuà, báihuo*
báihuā(r) 白花(儿) N. ① white flower M: [2]*duǒ* ② <txtl.> lap waste ♦V. spend (time/money) without results
[1]**báihuà** 白话 N. ① vernacular ② empty talk *See also báihua, báihuo*
[2]**báihuà** 白桦[-樺] N. white birch M: [2]*kē*
bǎihua 摆划[擺劃] V. <coll.> handle; do; manage
bǎihuā* 百花 N. ① many flowers ② <art> millefleur pattern
báihuàbìng 白化病 N. albinism
báihuàbìngrén 白化病人 N. albino
báihuàcéng 白话层[-層] N. <lg.> colloquial layer
báihuàcí 白话词 N. <lit.> verses of irregular lines in vernacular Chinese
bǎihuādiāolíng 百花凋零 F.E. The flowers have faded.
báihuāgǒu 白花狗 N. <zoo.> Dalmatian (dog) M: [2]*zhī*
báihuāhuā 白花花 V.P. shining white
bàihuài 败坏[-壞] V. ruin; corrupt; undermine
bàihuài ménméi 败坏门楣[-壞--] V.O. shame one's family
bàihuài míngshēng 败坏名声[-壞-聲] V.O. discredit; defame; damage the reputation of
Bǎihuājiǎng 百花奖[-獎] N. Hundred Flowers Award (a film award)
bǎihuàng 摆晃[擺-] V. swing; sway
báihuānghuāng 白晃晃 V.P. dazzlingly white
bǎihuāqífàng 百花齐放[--齊-] F.E. ① Let a hundred flowers bloom. ② Let different views be expressed.
bǎihuāqífàng bǎijiāzhēngmíng 百花齐放百家争鸣[--齊---爭-] F.E. Let different views be expressed. *See also bǎijiāzhēngmíng*
báihuāshé 白花蛇 N. long-noded pit viper M: [1]*tiáo*
bǎihuā shēngrì 百花生日 N. birthday of all flowers (12th day of the second lunar month)
báihuashér 白话舌儿 N. <topo.> ① a good talker; an articulate person ② accomplished flatterer
báihuàshī 白话诗 N. vernacular free verse M: [2]*shǒu*
báihuátāi 白滑苔 N. <Ch. med.> white tongue coating/fur
bǎihuāwáng 百花王 N. The Queen of Flowers (peony)
báihuàwén 白话文 N. vernacular prose
báihuà wénxué 白话文学 N. vernacular literature
báihuà wénxuéshǐ 白话文学史 N. history of vernacular literature
Báihuàwén Yùndòng 白话文运动[-運動] N. the Vernacular Movement (1917–1919)
báihuà xiǎoshuō 白话小说 N. fiction in vernacular Chinese
báihuàyīn 白话音 N. colloquial/vernacular pronunciation
bǎihuāzhēngyán 百花争妍[--爭-] F.E. flowers bloom in a riot of color
báihǔfēng 白虎风 N. <Ch. med.> severe and migratory arthralgia
báihuī 白灰 N. lime
bàihuì* 拜会 V. pay an official call; call on
bǎihuìmòbiàn 百喙莫辩 F.E. No one can argue it away.
báihuo 白话 V. <coll.> blah-blah ***Tā zǒng ài xiā~.*** He always talks nonsense. *See also báihua,* [1]*báihuà*
báihuó 白活 V. spend one's life in vain
bǎihuò* 百货 N. general merchandise
bàihuǒ 败火 V.O. <Ch. med.> relieve inflammation or internal heat
bǎihuò dàlóu 百货大楼[-樓] P.W. department-store (building)
bǎihuòdiàn 百货店 P.W. general store; department store
bǎihuò gōngsī 百货公司 P.W. department store
Bàihuǒjiào 拜火教 N. Zoroastrianism; Mazdaism
bǎihuò shāngchǎng 百货商场[-場] P.W. department store; mall M: [1]*ge*/[1]*jiā*
bǎihuò shāngdiàn 百货商店 P.W. small department store M: [1]*ge*/[1]*jiā*/[1]*jiān*
bǎihuòyè 百货业[-業] N. department store business

B

B

báihǔxīng 白虎星 N. a jinx (said of a woman) M: [1]kē
báijī 白芨 N. <Ch. med.> the tuber of hyacinth bletilla
[1]**bàijì*** 败绩 V. <wr.> be utterly defeated
[2]**bàijì** 拜祭 V. do obeisance and offer a sacrifice to; worship
bǎijiā* 百家 N. ① various families ② various schools of thinking
[1]**bàijiā** 败家 V.O. dissipate a family fortune
[2]**bàijiā** 拜嘉 F.E. <court.> receive with pleasure your favor/gifts/advice/etc.
bàijiāguǐ(r) 败家鬼(儿) N. wastrel of family fortune
báijiǎn 白简 N. memorial of impeachment
bǎijiàn 摆件[擺-] N. ① things only for display ② ornaments; furnishings
bàijiàn* 拜见 V. ① pay a formal visit; call to pay respects ② meet one's senior/superior ③ exchange greetings/civilities
báijiāng 白浆[-漿] N. milky fluid
[1]**bàijiàng*** 败将[-將] N. ① defeated general ② one who is defeated in a contest
[2]**bàijiàng** 拜将[-將] V.O. <trad.> confer the title of general on sb.
báijiāngcán 白僵蚕[-蠶] N. <Ch. med.> silkworms which died from muscardine, used as medicine
Báijiào* 白教 N. White Sect of Lamaism
bǎijiǎo 百脚[-腳] N. <topo.> centipede
bàijiào 拜教 V.O. receive instructions
bāi jiāoqing 掰交情 V.O. break a friendship; sever relations
Bǎijiāxìng 百家姓 N. *The Book of Family Names*
bǎijiāzhēngmíng 百家争鸣[--爭-] F.E. ① contention of a hundred schools of thought (during 770–221 B.C.) ② Let a hundred schools of thought contend.
bǎi jiàzi* 摆架子[擺-] V.O. put on airs
bàijiāzǐ(r) 败家子(儿) N. spendthrift; prodigal
bàijiāzǐdì 败家子弟 F.E. children who ruin the family
báijié* 白洁[-潔] S.V. pure/spotless white
bǎijié 百结 ATTR. <wr.> ragged
bàijié 拜节[-節] V.O. offer greetings on a festival day; pay respects during a festival
bǎijiébù 百洁布[-潔-] N. scouring pad
bǎijiéchúnyī 百结鹑衣 F.E. ragged clothing
bǎijiésōngcāo 柏节松操[-節--] F.E. chaste widowhood
bǎijiéyī 百结衣 N. ragged clothing
báijīn* 白金 N. ① platinum ② ancient name for silver
bàijīn 拜金 N. money worship ♦V.O. worship money
báijìng 白净[-淨] S.V. fair and clear (of skin)
Báijīnhàn Gōng 白金汉宫[-漢宮] P.W. Buckingham Palace
báijìnr 白劲儿[-勁-] N. <coll.> whiteness
bàijīnzhǔyì 拜金主义[--義] N. Mammonism
bǎijìqiānfāng 百计千方 F.E. all sorts of tricks/stratagems
báijiǔ* 白酒 N. spirits distilled from sorghum
[1]**bǎijiǔ** 摆酒[擺-] V.O. spread/give a feast
[2]**bǎijiǔ** 柏酒 N. wine flavored with juniper leaves
bǎi jiǔxí 摆酒席[擺-] V.O. give a banquet
bàijú 败局 N. lost game; losing battle
báijuàn(r) 白卷(儿) N. blank examination paper M: [1]zhāng/[1]fèn *jiāo ~ i.* hand in a blank examination paper *ii.* totally fail in accomplishing a task
bàijué 拜爵 V.O. be knighted
báijūguòxì 白驹过隙 ID. How time flies!
báijúhuā 白菊花 N. <bot.> feverfew M: [5]zhī/[4]zhī/[2]duǒ
báijūn 白军 N. White (anti-communist) army M: [4]zhī
bàijūn* 败军 N. defeated troops M: [4]zhī
bàijūncánmǎ 败军残马[--殘-] F.E. defeated troops with decimated steeds
bàijūnzhéjiàng 败军折将[-將] F.E. The army is defeated and the generals are slain.
bàijūnzhījiàng 败军之将[-將] N. general of a defeated army
Bái Jūyì 白居易 (772–846) N. celebrated Tang poet/official
bāikāi 掰开[-開] R.V. nip off with fingers and thumb; force apart with the hands
bǎikāi* 摆开[擺開] R.V. deploy
bāikāiróusuì 掰开揉碎[-開--] <coll.> V.P. ① break open and knead to bits ② rehash in infinite detail ♦ADV. ① minutely; meticulously ② earnestly; sincerely *~ de* [1]*quàn* offer earnest advice
bāikāi shǒu 掰开手[-開-] V.O. <coll.> force open sb.'s clenched hand
báikāishuǐ 白开水[-開-] N. plain boiled water M: bēi
bǎikāizhènshi 摆开阵式[擺開-] F.E. ① <trad.> deploy troops in battle formation ② take positions and be ready to start (e.g., sports)
bāikāi zhǐtou 掰开指头[-開--] V.O. <coll.> force open the fingers
bǎikànbùyàn 百看不厌[-厭] F.E. never tire of watching/reading
bǎikē* 百科 N. encyclopedia ♦ATTR. encyclopedic
bàikè 拜客 V.O. visit; call on
bǎikēcídiǎn 百科词/辞典[--辭-] N. encyclopedia M: [2]bù/tào/[1]běn
bǎikē cíyǔ 百科词语 N. scientific and technical terms
bái ké dàn 白壳蛋[-殼-] N. eggs with white shells M: [2]zhī/[1]ge
bàikěn 拜恳[-懇] V. <court.> humbly request
bǎikēquánshū 百科全书[-書] N. encyclopedia M: [2]bù/tào/[1]běn
bǎikēquánshūpài 百科全书派[---書-] N. <hist.> encyclopedist
bǎi kōngjiàzi 摆空架子[擺-] V.O. make an empty show
bǎikǒngqiānchuāng 百孔千疮[-瘡] F.E. riddled with gaping wounds
báikǒu(r) 白口(儿) N. ① a grade of steel ② recitative in opera
bǎikǒumòbiàn 百口莫辩 F.E. unable to prove innocence
bǎikǒunánbiàn 百口难辩[--難-] F.E. incontestable; indisputable
báikǒutiě 白口铁[-鐵] N. white iron
bǎikuǎnr 摆款儿[擺-] V.O. put on airs
bǎikuí 百揆 N. <wr.> chief minister of a state
bàikuì* 败溃 V. be routed; be defeated
bǎikuò 摆阔[擺-] V.O. parade one's wealth
[1]**báilà** 白蜡[-蠟] N. white/insect wax
[2]**báilà** 白镴 N. solder
báilàchóng 白蜡虫[-蠟蟲] N. lanternfly (*Flata limbata*)
bǎiláibǎiqù 摆来摆去[擺-擺-] V.P. sway; waver
báilándì 白兰地[-蘭-] N. <loan> brandy M: píng/bēi
báilándìjiǔ 白兰地酒[-蘭--] N. <loan> brandy M: píng/bēi
báilàng 白浪 N. whitecaps; white waves
báilàngtāotiān 白浪滔天 F.E. White waves surge to the sky.
báilánhuā 白兰花[-蘭-] N. gardenia
báilào 白落 V. <coll.> get sth. free
Bǎilǎohuì 百老汇[-匯] P.W. <loan> Broadway
bǎi lǎopǔr 摆老谱儿[擺-] V.O. <coll.> present oneself as an old hand
bài lǎoshī 拜老师[-師] V.O. ① <trad.> prostrate oneself before a new teacher ② take sb. as a teacher; become sb's student
bǎi lǎozīgé 摆老资格[擺-] V.O. flaunt one's experience
báilàshù 白蜡树[-蠟樹] N. ashplant M: [2]kē
bǎilèbǎifú 百乐百福[-樂--] F.E. great happiness and felicity
bàilèi 败类[-類] N. scum; degenerate
bǎi lèitái 摆擂台[擺-臺] V.O. give an open challenge
báileng 白愣 V. <coll.> look askance
báilí* 白梨 N. white pear M: [2]zhī/ge
báilì 白痢 N. ① <Ch. med.> dysentery with white mucous stool ② <liv.> white diarrhea
bǎilǐ 百礼[-禮] N. <wr.> all ceremonies
bàilǐ 拜礼[-禮] N. ① gifts given to those one pays respect to ② gifts that one gives to those who pay respects to oneself
báilián* 白鲢 N. <zoo.> silver carp M: [1]tiáo
báiliǎn 白脸 N. <opera> white face painting for villains
báiliàn 白练[-練] N. ① white silk ② waterfall; cascade
bǎiliànchénggāng 百炼成钢[-煉-鋼] F.E. be tempered into steel
báiliàng 白亮 S.V. <topo.> dazzlingly bright
bǎiliàngāng 百炼钢[-煉鋼] N. well-tempered steel
báiliàngliàng 白亮亮 V.P. <coll.> white and bright
Báiliánjiào 白莲教 N. White Lotus Society
Báiliánjiào qǐyì 白莲教起义[-義] N. White Lotus Rebellion of 1796–1805
báiliǎnláng 白脸狼 N. <slang.> reprobate; ingrate
Báiliánshè 白莲社 N. <hist.> White Lotus Society (fourth cent. A.D.)
bǎiliáo 百僚 N. all the officials
bǎilǐcái 百里才 N. small talent
bǎiliè 摆列[擺-] V. put; place; lay
bǎilǐhóu 百里侯 N. <trad.> county magistracy
báilín 白磷 N. <chem.> white phosphorus
bàilíncánjiǎ 败鳞残甲[--殘-] F.E. disastrous defeat in battle
báilíng(zi) 白蛉(子) N. sand fly M: [2]zhī
báilǐng 白领 N. white collar M: [1]míng/[2]wèi
bǎilíng* 百灵[-靈] N. <zoo.> lark M: [2]zhī
bàilǐng 拜聆 V. <court.> have the privilege of hearing (sb.speak)
bàilǐng 拜领 V. accept with thanks
bǎilíngbǎilì 百伶百俐 F.E. very clever
báilǐng fànzuì 白领犯罪 N. white-collar crime
báilǐng gōngrén 白领工人 N. white-collar worker
Báilìng Hǎi 白令海 N. Bering Sea
báilǐng jiēcéng 白领阶层[-階層] N. white-collar class
báilǐng jiējí 白领阶级[--階-] N. white-collar class
bǎilíngniǎo 百灵鸟[-靈-] N. <zoo.> lark M: [2]zhī
bǎilíngzi 百灵子[-靈-] N. <coll.> the lark M: [2]zhī
bǎilǐr 摆理儿[擺-] V.O. <coll.> discuss; talk over; reason with
bǎilǐtiāoyī 百里挑一[-裡--] F.E. one in a hundred; cream of the crop
bǎiliù 百六 N. a festival 106 days after the winter solstice
bàiliǔcánhuā 败柳残花[--殘-] ID. ① <wr.> women no longer "pure" ② prostitutes no longer young
báiliúshí 白榴石 N. leucite (a kind of marble)
báiliùtuǐ(r) 白溜腿(儿) F.E. <coll.> go in vain; go on a fool's errand
bǎilǐxiāng 百里香 N. <bot.> thyme M: [2]kē
Bǎilìzī 伯利兹[-茲] P.W. Belize
bǎi lóngménzhèn 摆龙门阵[擺-] V.O. <coll.> gab; gossip
báilóngyúfú 白龙鱼服 ID. a high government official treated offhandedly while traveling incognito
báilù 白鹭 N. <zoo.> egret M: [2]zhī
Báilù 白露 N. <trad.> White Dew (15th solar term)
bǎilù 百鹿 N. <art> hundred-deer image
bàilù* 败露 V. fall through and stand exposed (of a plot/etc.)
Báilùdòng 白鹿洞 N. <hist.> locale of Zhu Xi's school

bǎilún 摆轮[擺-] N. balance (of watch/clock); balance wheel
bàiluò 败落 V. decline (in wealth and position)
báiluóbo 白萝卜[-蘿-] N. turnip M: [1]*kē*/[1]*ge*
bǎimábùdǒng 百吗不懂 F.E. <*coll.*> understand nothing
bǎimábùjiàn 百吗不见 F.E. <*coll.*> everything was obscured from view
báimǎfēimǎ 白马非马 ID. a sophistry paradox
bǎimài 摆卖[擺賣] N. street trading; peddling
bǎimǎn 摆满[擺-] R.V. spread (sth.) all over (an area)
báimǎnǎo 白玛瑙 N. <*geol.*> agate M: [1]*kē*
báimáng 白忙 V.P. <*coll.*> labor in vain
bǎimáng* 百忙 N. busy state ***Tā cóng ~ zhōng chōuchū shíjiān lái kàn wǒ.*** He found time to come and see me despite his busy schedule
báimángmáng 白茫茫 V.P. vast/boundless white (of snow/etc.)
bǎimáng zhōng 百忙中 ADV. while fully engaged/occupied
[1]**báimáo** 白毛 N. white hair (of animals) M: [2]*gēn*
[2]**báimáo** 白茅 N. <*bot.*> an edible wild grass, whose root is used in Chinese herbal medicine M: [2]*kē*
báimáofēng 白毛风 N. <*topo.*> snowstorm; blizzard
báimāo-hēimāo lùn 白猫黑猫论[-貓-貓-] N. the theory (first put forward by Deng Xiaoping) that it doesn't matter if a cat is black or white as long as it catches mice.
Báimáonǚ 白毛女 N. title of a famous *yàngbǎnxì* and the main character in it ("The White-Haired Girl")
báimáoqiānlǐ 白茅千里 N. a monotonous stretch
Báimǎ Sì 白马寺 P.W. <*hist.*> China's oldest Buddhist temple, built in first century A.D.
bài mǎtou 拜码头 V.O. give protection money (to local extortionists)
bái mǎ wángzi 白马王子 N. a knight in shining armor
báimǎyǐ 白蚂蚁[-蟻] N. <*zoo.*> termite M: [2]*zhī*
[1]**báiméi** 白煤 N. ① <*topo.*> anthracite; hard coal ② white coal; waterpower
[2]**báiméi** 白霉 N. mold; mildew
bǎiměitú 百美图[-圖] N. a picture showing many beautiful women M: [10]*fú*/[1]*zhāng*
báimén* 白门 N. another name for Nanking
bàimén 拜门 V.O. ① pay thank-you visit ② acknowledge as one's teacher
bài ménfēng 败门风 V.O. disgrace one's family
[1]**bàiméng** 拜盟 V.O. become sworn brothers
[2]**bàiméng** 败盟 V.O. <*trad.*> break an alliance; violate a pact
báiměngměng 白蒙蒙 V.P. misty; white; hazy
bǎi ménmian 摆门面[擺-] V.O. keep up appearances
bàiménshēng 拜门生 N. <*trad.*> a graduate who on passing the civil-service examination declares himself a pupil of the chief examiner.
báimǐ* 白米 N. (polished) rice M: [3]*lì*
báimì 白蜜 N. ① whitish honey ② a fine-quality honey
bǎimǐ 百米 M. hectometer
báimiàn 白面[-麵] N. (white) flour
báimiànr 白面儿[-麵-] N. heroin
báimiànshūshēng 白面书生[--書-] N. pale-faced scholar
báimiánzhǐ 白棉纸 N. stencil tissue paper M: [1]*zhāng*
báimiáo* 白描 N. ① sketch in traditional ink and brush style or descriptive writing ② simple straightforward style of writing
bàimiào 拜庙[-廟] V.O. worship at a temple
báimǐfàn 白米饭 N. (cooked) white rice M: *wǎn*
bǎi míhúnzhèn 摆迷魂阵[擺-] V.O. scheme to bewitch sb.
báimín 白民 N. the common people
bǎimíng* 摆明[擺-] V. lay bare; state clearly
bàimíng 败名 V.O. tarnish one's reputation
bàimìng 拜命 V.O. ① receive an order ② thank for an assignment
bǎimìyīshū 百密一疏 F.E. even the most careful can still make mistakes
báimó 白膜 N. opacity of the cornea
[1]**báimò(r)*** 白沫(儿) N. saliva; froth
[2]**báimò** 白墨 N. chalk
báimòzi 白沫子 N. froth (from mouth)
bǎimù* 柏木 N. cedar
bàimù 拜墓 V.O. worship at a tomb
Bǎimùdà 百慕大 P.W. Bermuda
báimǔdān 白牡丹 N. <*bot.*> white peony M: [2]*duǒ*/[2]*kē*/[5]*zhī*/[4]*zhī*
báimù'ěr 白木耳 N. white "wood ear" (edible fungus) M: [2]*zhī*/[1]*kē*
báiná* 白拿 V. take without paying
bǎinà 百衲 ATTR. full of patches (said of a Buddhist monk's garments)
bǎinàběn 百衲本 N. a collection of various editions
bǎinábùyàn 百拿不厌[-厭] F.E. be ever ready to serve (of a shop assistant)
bǎinàyī 百衲衣 N. ① monk's patched robe ② ragged clothing M: [2]*jiàn*
báinèizhàng 白内障 N. <*med.*> cataract
báinèn 白嫩 S.V. white and delicate (of skin)
bǎinián 百年 N. ① hundred years; century ② lifetime
bàinián* 拜年 V.O. pay New Year's call; wish sb. Happy New Year
bǎiniánbùyù 百年不遇 F.E. occur once in a blue moon
bǎiniándàjì 百年大计 N. project of vital and lasting importance
bǎiniánhǎohé 百年好合 F.E. conjugal felicity; long-lasting harmonious union
bǎiniánhòu 百年后[-後] N. after death
bǎinián jìniàn 百年纪念 N. centenary; centennial
bǎiniánshùrén 百年树人[--樹-] F.E. it takes a century to rear talented people
bǎiniánxiélǎo 百年偕老 F.E. have a long happy marriage
báiniānzéi 白拈贼 N. <*topo.*> shoplifter
Bǎinián Zhànzhēng 百年战争[-戰爭] N. <*hist.*> the Hundred Years' War
bǎiniánzhīhòu 百年之后[-後] N. ① after a century ② when sb. has passed away
bǎiniǎo 百鸟 N. all species of birds
bǎiniǎocháofèng 百鸟朝凤[-鳳] ID. peace under a wise ruler
bǎinong* 摆弄[擺-] V. <*topo.*> feel nauseated *See also bǎinòng*
bǎinòng 摆弄[擺-] V. ① move back and forth; fiddle with ② order about; manipulate ***See also*** *bǎinong*
bǎinong qiāng 摆弄枪[擺-槍] V.O. <*coll.*> fiddle with a rifle
bǎinong rén 摆弄人[擺-] V.O. <*coll.*> manipulate a person
bàinǜ 败衄 V. <*wr.*> be defeated in battle
bái nǔlì 白努力 V. waste one's energy/breath; try in vain
bài ǒuxiàng 拜偶像 V.O. worship idols
báipái 白牌 N. ① blank label ② label for people not members the Communist Party
báipàngr 白胖儿 S.V. white and fat
báipǎo 白跑 V. make a futile run/trip
bái pǎo yī tàng 白跑一趟 V.P. <*coll.*> make a futile trip
bǎipéngzhīxī 百朋之锡 N. a very expensive gift
báipī 白砒 N. arsenic
bǎipíng 摆平[擺-] R.V. <*topo.*> ① treat fairly ② knock flat; send sprawling ③ punish
bǎi pí rú shéng cūn 柏皮如绳皴[---繩-] F.E. <*art*> rope-like cypress bark wrinkle (in painting)
báipíshū 白皮书[-書] N. white paper/book M: [1]*běn*/[2]*bù*
báipísōng 白皮松 N. lacebark pine M: [2]*kē*
bǎipǔr 摆谱儿[擺-] V.O. ① put on airs ② do sth. in a way to impress
báipútaojiǔ 白葡萄酒 N. white grape wine; sherry M: *píng*/*bēi*
báiqí* 白旗 N. ① white flag M: [1]*miàn* ② <*PRC*> backward element/unit
báiqì 白契 N. unregistered deed/contract M: [1]*zhāng*/[1]*fèn*
bǎiqí 摆齐[擺齊] R.V. put; place; arrange
bàiqǐ 拜启[-啟] F.E. <*court.*> respectfully presented (after signature in letter)
báiqiān* 白铅 N. zinc
báiqián 白钱[-錢] N. ① paper money for the dead ② <*topo.*> pickpocket
báiqiǎng 白镪 N. ancient silver currency
báiqiējī 白切鸡[-雞] N. chicken poached in fragrant soup stock, served cold
bàiqǐng 拜请 V. <*court.*> humbly request
báiqìr 白气儿[-氣-] N. vapor; steam
báiqū 白区[-區] P.W. White area controlled by KMT
báiqūcài 白屈菜 N. <*bot.*> celandine
báiqūdǎng 白区党[-區黨] N. CCP organization in White area
bàiquē 败缺 V.P. deficient
bàiqún 败群 V.O. endanger the whole group
bàiqúnzhīmǎ 败群之马 N. a bad apple
báiráo 白饶[-饒] V. ① give more than paid for ② <*topo.*> be of no use; be no good
bǎir-bāshí 百儿八十 NUM. <*coll.*> about a hundred
báirè 白热[-熱] N. white heat; incandescence
báirèhuà 白热化[-熱-] V. turn white hot
báirén* 白人 N. White; Caucasian
báirèn 白刃 N. naked sword
bǎirěn 百忍 N. great endurance
bǎi rén chī bǎi wèi 百人吃百味 F.E. Each has his/her own preference.
báirēng 白扔 V. waste
báirén tǒngzhì 白人统制 N. White rule/domination
bàirénwéishī 拜人为师[-師] F.E. acknowledge sb. as one's teacher
báirènzhàn 白刃战[-戰] N. <*mil.*> bayonet charge; hand-to-hand combat
báirénzhìshàng 白人至上 F.E. white supremacy
báirénzhìshàngzhǔyìzhě 白人至上主义者[-----義-] N. white supremacist
báirì 白日 N. ① daytime; broad daylight ② the sun
bǎirì* 百日 N. ritual held on the hundredth day after a birth/death
báirìguǐ 白日鬼 N. <*topo.*> ① swindler; cheater; trickster ② burglar
bǎirìhóng 百日红 N. <*bot.*> crape myrtle
báirìjiànguǐ 白日见鬼 F.E. hallucinate
bǎirìké 百日咳 N. <*Ch. med.*> whooping cough
báirìmèng 白日梦[-夢] N. daydream; reverie
báirìshēngtiān 白日升天 F.E. ① become an immortal ② rise abruptly in the world
Bǎirì Wéixīn 百日维新 N. <*hist.*> Hundred Days of Reform (1898)
báirìzhuàng 白日撞 N. <*topo.*> petty daytime burglar
báirìzuòmèng 白日做梦[-夢] F.E. daydream; indulge in wishful thinking
báiróng 白绒 N. white flannel
báiròu* 白肉 N. ① fatty meat (usu. pork) ② plain boiled pork
bàiròu 败肉 N. putrid meat
bàirǔménméi 败辱门楣 F.E. disgrace one's family
báirùn 白润 S.V. fair and delicate (of skin)
bàisǎo 拜扫[-掃] V. pay respects at the tomb of one's ancestors, etc.
báisè* 白色 N. ① white (color) ② White (as symbol of anti-communism)
bàisè 败色 V.O. lose color; fade
báisè kǒngbù 白色恐怖 N. <*hist.*> White (anti-communist) Terror

bǎisèqíquán 百色齐全[--齊-] F.E. ① complete range of commodities ② commodities that satisfy the varied needs of customers
báisè rénzhǒng 白色人种[-種] N. white (Caucasian) race
báisètǐ 白色体[-體] N. <*bot.*> a leucoplast
[1]**báishā** 白纱 N. white yarn/gauze
[2]**báishā** 白砂 N. silica; silex
bàishāmén 稗沙门 N. <*Budd.*> a wicked monk
[1]**báishàn** 白鳝 N. <*zoo.*> white eel M: [1]*tiáo*
[2]**báishàn** 白墡 N. chalk
bǎishang* 摆上[擺-] R.V. spread out; arrange; display ***See also** bǎishàng*
bǎishàng 摆上[擺-] R.V./N. <*sport*> setup ***See also** bǎishang*
bàishàng 拜上 F.E. <*court.*> with my respectful bows (used in ending a letter, after the name of the writer)
bǎishang yìshì rìchéng 摆上议事日程[擺-議---] V.P. put on the agenda
bǎi shàn xiào wéi xiān 百善孝为先 F.E. Filial Piety is the most important of all virtues.
báisháo 白芍 N. <*Ch. med.*> peeled root of herbaceous peony (*Paeonia Lactiflora*)
báishātáng 白砂糖 N. refined cane sugar
bǎishe* 摆设[擺-] <*coll.*> N. ornaments; decor ♦V. arrange; display ***See also** bǎishè*
bǎishé 百舌 N. <*zoo.*> shrike
bǎishè 摆设[擺-] V. ① furnish and decorate (a room) ② arrange; spread out; display ***See also** bǎishe*
báishēn 白身 N. non-official person
bàishén* 拜神 V.O. worship the gods
báishēngshēng 白生生 V.P. <*coll.*> snow white
bǎishèngzhījiā 百乘之家 N. <*hist.*> family of an official during Zhou dynasty
bǎishēnhéshú 百身何赎[-贖] F.E. Death a hundred times over can not atone.
bǎishēnmòshú 百身莫赎[-贖] F.E. The dead cannot possibly be revived.
Báishé Zhuàn 白蛇传[-傳] N. the legend of a white-snake fairy who fell in love with and married a mortal
báishí 白食 N. scrounged food
[1]**báishì** 白事 N. funeral ***See also** [4]bóshi*
[2]**báishì** 白士 N. a needy but morally upright scholar
bǎishí 百十 NUM. hundred or so
bǎishì 百世 N. all generations
bài shī 拜师[-師] V.O. formally become pupil/apprentice to a master
bàishí* 拜识[-識] V. <*court.*> make the acquaintance of ♦N. <*topo.*> sworn brothers
bàishǐ 稗史 N. ① unofficial history ② popular anecdotes collected to check on public opinion
bàishì 败事 V.O. spoil/bungle a matter
bǎishìbùguǎn 百事不管 F.E. keep completely out of everything
bǎishìdàjí 百事大吉 F.E. Everything is fine.
báishígāo 白石膏 N. white plaster
bǎishìjùfèi 百事俱废[-廢] F.E. Everything is going to ruin.
bǎishí lái gè 百十来个[-個] N. around a hundred; a hundred or so
bàishīqiúxué 拜师求学[-師--] F.E. seek knowledge from a master
bǎishìshī 百世师[-師] N. teacher for a hundred generations; sage
bǎishìshùnjí 百事顺吉 F.E. Everything is going smoothly.
bǎishìtōng 百事通 N. ① knowledgeable person ② know-it-all
bǎishìtóunán 百事头难[-難] F.E. The beginning is always hard.
bàishīxuéyì 拜师学艺[-師-藝] F.E. acknowledge sb. as one's master to learn from
bàishìyǒuyú 败事有余 F.E. spoil everything rather than help
[1]**báishǒu** 白手 ADV. empty-handedly
[2]**báishǒu** 白首 N. ① hoary head ② old age
báishòu 白受 V. receive sth. free
bǎishǒu 摆手[擺-] V.O. ① shake one's hand in admonition or disapproval ② wave the hand; beckon ③ swing one's arms (while walking)
[1]**bǎishòu** 百寿[-壽] N. a hundred different forms for the character *shòu*
[2]**bǎishòu** 百兽[-獸] N. all kinds of animals
bàishǒu 拜手 N. <*trad.*> obeisance with hands palms down on the ground and head on the hands
bàishòu* 拜寿[-壽] V.O. congratulate a person on his/her birthday
báishǒuchéngjiā 白手成家 F.E. ① rise in life by one's own efforts ② start from scratch
báishǒuqǐjiā 白手起家 F.E. start from scratch
báishǒuqióngjīng 白首穷经[-窮經] F.E. continue to study even in old age
bǎishòutú 百寿图[-壽圖] N. scroll consisting of a hundred variations of the character [6]*shòu* M: [14]*fú*/[1]*zhāng*
báishǒuxīngjiā 白手兴家[--興-] F.E. raise one's fortunes starting from zero
báishǒuzhīméng 白首之盟 N. nuptial vow to be loyal to each other until death
bǎishòuzhīwáng 百兽之王[-獸--] N. the king of all animals; lion
[1]**báishǔ*** 白薯 N. sweet potato M: [2]*kuài*/*ge*
[2]**báishǔ** 白鼠 N. <*zoo.*> a white mouse; an albino rat M: [2]*zhī*
bǎishù 柏树[-樹] N. cypress M: [2]*kē*
bàishū 拜疏 V. <*trad.*> present reports/petitions/etc. to the emperor; memorialize the emperor
báishuāng 白霜 N. hoarfrost
báishǔgān(r) 白薯干(儿)[--乾-] N. dried sweet potato M: [2]*kuài*/[2]*gēn*
báishuǐ 白水 N. ① plain boiled water M: *bēi*/*píng* ② <*wr.*> clear water
báishuǐní 白水泥 N. white cement
báishǔkuí 白蜀葵 N. <*bot.*> candytuft M: [2]*kē*
báishuō* 白说 V. waste one's words; speak in vain
bàishuō 稗说 N. <*wr.*> novels; stories
báisǐ* 白死 V. die in vain
bǎisī 百司 N. the various directors/managers/etc.
bǎisī-bùdéqíjiě 百思不得其解 F.E. remain puzzled after much pondering
bǎisībùjiě 百思不解 F.E. remain puzzled after much pondering
bǎisīmòjiě 百思莫解 F.E. remain perplexed despite much thought
báisìxǐr 白四喜儿 N. <*opera*> buffoon with nose area painted white
báisōng 白松 N. <*bot.*> white pine M: [2]*kē*
báisòng* 白送 V. give free of charge
báisōngxiāng 白松香 N. galbanum
báisū 白苏[-蘇] N. <*bot.*> common perilla
bàisù* 败诉 V.O. <*law*> lose a lawsuit
bǎisuì* 百岁[-歲] N. ①hundred years ②lifetime
bàisuì 败岁[-歲] N. a year of bad crops
bǎisuìhòu 百岁后[-歲後] N. after death
bǎisuì lǎorén 百岁老人[-歲--] N. centenarian
bǎisuìzhīhǎo 百岁之好[-歲--] N. marriage
bǎisuìzhīhòu 百岁之后[-歲-後] N. after death
bǎisuǒ 百索 N. braid of colored thread worn by a child on its first anniversary
bàisù yī fāng 败诉一方 N. losing/unsuccessful party
báitǎ 白塔 N. white Buddhist dagoba/stupa
bǎitài* 百态[-態] N. all kinds of forms/appearances/conditions
bàitái 拜台[-臺] N. stone altar at a tomb
bǎitàihéngshēng 百态横生[-態--] F.E. of all kinds of appearances/positions
báitán 白檀 N. white sandal wood
bàitǎn* 拜毯 N. prayer rug
báitāng 白汤[-湯] N. broth; clear soup
báitáng* 白糖 N. (refined) white sugar
bàitáng 拜堂 V.O. <*trad.*> perform ritual kneeling in a wedding
báitángkuài(r) 白糖块(儿)[--塊-] N. white sugar lumps/cubes
bǎitānr 摆摊儿[擺攤-] V.O. spread out goods for sale; set up a stall along the street or in a market
bǎi tānzi 摆摊子[擺攤-] V.O. ① set up a stall ② maintain a large staff/organization
báitáo 白陶 N. white pottery
báiténg 白藤 N. <*bot.*> rattan; cane plant M: [1]*tiáo*
báitǐ 白体[-體] N. <*print.*> thin typeface
báitiān 白天 N. daytime; day
bài tiāndì 拜天地 V.O. <*trad.*> wedding ceremony in which the bride and groom kowtow to Heaven and Earth
báitiáo(r) 白条(儿)[-條-] N. ① voucher ② an unofficial memo; a promissory note with little binding force ♦ATTR. scalded and gutted
báitiáozhū 白条猪[-條豬] N. scalded (dehaired) and gutted pig M: [2]*zhī*
báitiě* 白铁[-鐵] N. galvanized iron
bàitiě 拜帖 N. visiting card
Báitīng 白厅[-廳] P.W. Whitehall
bǎitīngbùyàn 百听不厌[-聽-厭] F.E. worth hearing a hundred times
báitóng 白铜 N. copper-nickel alloy
báitóu 白头 N. ① hoary head ② old age
báitóudàolǎo 白头到老 F.E. live together for an entire lifetime (of husband and wife)
báitóurúxīn 白头如新 F.E. remain aloof from each other though associated for a long time
báitóuwēng 白头翁 N. ① white-haired old man ② <*Ch. med.*> root of Chinese pulsatilla ③ <*zoo.*> Chinese bulbul; grackle; gray starling
báitóuxiélǎo 白头偕老 F.E. live to ripe old age in conjugal bliss
báitǔ 白土 N. white/china clay
báitù* 白兔 N. ① white rabbit M: [2]*zhī* ② the moon
bàituì 败退 V. retreat in defeat
báituō 白脱 N. <*loan*> butter
bǎituō* 摆脱[擺-] R.V. cast/shake off
bàituō 拜托/讬 V. <*court.*> request sb. to do sth. ♦F.E. <*TW*> ① Please! ② Give me a break!
bǎituōbùkāi 摆脱不开[擺-開] R.V. be unable to free oneself from
bàituōdàiláo 拜托代劳[-勞] F.E. request to do sth. for sb. else
bǎiwàn 百万[-萬] NUM. million
bǎiwàndūnjí 百万吨级[-萬噸-] M. megaton
bǎiwàn fùwēng 百万富翁[-萬--] N. millionaire
bǎiwàng 白望 N. overrated reputation
bàiwáng* 败亡 V. be defeated and overthrown
bàiwàng 拜望 V. <*court.*> call to pay one's respects; call on
báiwánr 白玩儿 V.P. <*coll.*> (sth.) easy to do; a cinch
bǎiwànxióngshī 百万雄师[-萬-師] F.E. powerful army
bāi wànzi 掰腕子 V.O. <*coll.*> arm/Indian wrestle
báiwēi 白薇 N. <*bot.*> *Cynanchum atratum* M: [5]*zhī*/[4]*zhī*/[2]*duǒ*/[2]*kē*
bǎiwěi* 摆尾[擺-] V.O. wag the tail
bàiwéi 拜违[-違] V. say good-bye
bàiwèi 败胃 V.O. spoil one's appetite
bǎi wēifēng 摆威风[擺-] V.O. display power/prestige
Báiwèijūn 白卫军[-衛-] N. <*hist.*> White Army (in Russia 1918–1920)
báiwěiyīng 白尾鹰 N. <*zoo.*> sea eagle M: [2]*zhī*
báiwén 白文 N. ① text of an annotated book ② unannotated edition of an annotated book ③ intagliated character (on a seal) ④ <*art*> white legend ⑤ Bai language
bǎiwènbùfán 百问不烦 F.E. answer many questions without irritation
bǎi wén bùrú yī jiàn 百闻不如一见 F.E. one seeing is better than a hundred hearings
bǎiwènbùyàn 百问不厌[-厭] F.E. patiently answer any questions
bāiwénr 掰文儿 V. <*coll.*> find fault; nitpick
bǎiwù 百物 N. all things
bàiwùjiào 拜物教 N. fetishism

bǎiwújìnjì 百无禁忌 F.E. all is permitted
bǎiwúliáolài 百无聊赖 F.E. bored stiff
bǎiwúsuǒchéng 百无所成 F.E. accomplish nothing
bǎiwúyīcháng 百无一长 F.E. good for nothing
bǎiwúyījīng 百无一精 F.E. not particularly skilled in any one trade
bǎiwúyīnéng 百无一能 F.E. have no skill in anything
bǎiwúyīshī* 百无一失 F.E. no danger of anything going wrong
bǎiwúyīshì 百无一是 F.E. nothing is right
bàiwùzhǔyì 拜物主义[-義] N. fetishism
[1]báixī* 白晰 S.V. <wr.> ① light complexioned ② blond
[2]báixī 白锡 N. pewter
bǎixì 百戏[-戲] N. <trad.> miscellaneous acrobatics
bāixià 掰下 R.V. <coll.> break/split open
Báixià 白下 N. <hist.> ancient name of Nanjing
bǎixia 摆下[擺-] R.V. <coll.> leave aside; put down *See also bǎixià*
bǎixià 摆下[擺-] R.V. arrange; display *See also bǎixia*
bàixiá 拜匣 N. <trad.> receptacle for calling cards, etc.
bàixià* 败下 V. <trad.> be defeated and retreat
báixián 白鹇[-鷴] N. <zoo.> silver pheasant M: [2]zhī
báixiàn(r)* 白线(儿) N. ①white thread ②white line
bǎixiàn 摆线[擺-] N. cycloid
bāixia nǎodai 掰下脑袋[--腦-] V.O. <coll.> take sb.'s head off
báixiàng 白相 A.T. <topo.> ① play; have fun ② dally with; make fun of sb. ③ go on an outing
báixiǎng 白鲞 N. a kind of preserved fish
bàixiàng* 拜相 V.O. <trad.> make or be made prime minister
báixiàngrén 白相人 N. <topo.> hoodlum; hooligan; gangster
bǎi xiánpánr 摆闲盘儿[擺-盤-] V.O. <topo.> prattle; chatter pointlessly
bǎi xiánpiān(r) 摆闲篇(儿)[擺-] V.O. <coll.> prattle
bàixià zhèn lai 败下阵来 V.P. lose a battle
báixìbāo 白细胞 N. <bio.> white blood cell; leucocytes
bǎixié 摆斜[擺-] V.O. arrange sth. on a slant
[1]bàixiè* 拜谢 V. <court.> thank formally
[2]bàixiè 败谢 V. fade; wither and fall
bàixiězhèng 败血症 *See bàixuèzhèng*
bǎixìng* 百姓 N. ① common people ② all existing family names
bàixìng 败兴[-興] S.V. ①disappointed ②baleful; harmful; disgraceful ♦V.O. ruin one's mood; dash cold water on
bǎi xīng bù rú yī yuè 百星不如一月 F.E. Quality is more important than quantity.
bàixìng de huà 败兴的话[-興--] N. <coll.> baleful language
bàixìng'érguī 败兴而归[-興-歸] F.E. come back disappointed
bǎixìngfùlǎo 百姓父老 F.E. the elders of the people
báixìnshí 白信石 N. white arsenic
báixióng 白熊 N. polar/white bear
bài xiōngdì 拜兄弟 V.O. become sworn brothers
báixiūyú 白修鱼 N. dace (fish) M: [1]tiáo
báixù 白絮 N. ①white cotton fiber ②snowflake
bàixù* 败絮 N. ① waste cotton ② dry and useless thing
báixuǎn 白癣 N. ringworm
báixuě 白雪 N. ① white snow ② Snow White
báixuèbìng 白血病 N. <med.> leukemia
bàixuèbìng* 败血病 N. <med.> septicemia
báixuèqiú 白血球 N. <med.> leucocyte; white blood cell
bàixuèxìng xiūkè 败血性休克 N. septic shock
bàixuèzhèng 败血症 N. <med.> septicemia
báixún 白鲟[-鱘] N. <zoo.> Chinese paddlefish M: [1]tiáo
bàixùqízhōng 败絮其中 F.E. fair without, foul within
báiyān(r) 白烟(儿)[-煙-] N. white smoke M: [2]dào/[3]lǚ
báiyǎn(r)* 白眼(儿) N. ① supercilious look ② disdain; contempt
báiyàn 白雁 N. <zoo.> white wild goose M: [2]zhī
[1]báiyáng 白杨[-楊] N. white poplar M: [2]kē
[2]báiyáng 白洋 N. <trad.> silver dollar
báiyáng jīngshen 白杨精神[-楊--] N. <PRC> willingness to take up roots in the Northwest
báiyángmù 白杨木[-楊-] N. <bot.> white poplar M: [2]kē
báiyángshù 白杨树[-楊樹] N. poplar M: [2]kē
bǎi yàngzi 摆样子[擺樣-] V.O. do sth. for show
báiyǎn(r)láng 白眼(儿)狼 N. ungrateful and vicious person
báiyǎnqiú 白眼球 N. the whites of the eyes
báiyǎnquān 白眼圈 N. the white-eye (a bird)
báiyǎnrxiā 白眼儿瞎 N. <topo.> illiteracy
báiyǎnxiāngjiā 白眼相加 F.E. view with contempt
báiyǎnzhū(r) 白眼珠(儿) N. <coll.> white of eyes
báiyào 白药[-藥] N. <Ch. med.> a white medicinal powder for treating hemorrhage/wounds/bruises/etc.
báiyè 白夜 N. <astr.> white night
[1]bǎiyè 百叶[-葉] N. louver (window)
[2]bǎiyè(r) 百页(儿) N. <coll.> ① a sheet of dry bean curd ② the stomach of cows/sheep/etc. when used as food
[1]bàiyè* 拜谒 V. ① pay a formal visit ② pay homage (at a monument/mausoleum/etc.)
[2]bàiyè 败叶[-葉] N. shriveled/fallen leaves
bǎiyèchuāng 百叶/页窗[-葉-] N. Venetian blinds; shutters; jalousies M: [1]shàn
bǎiyèchuānglián 百叶窗帘[-葉-簾] N. Venetian blind
bǎiyèdiǎn 柏叶点[-葉點] N. <art> cypress leaf dot (in painting)
bǎiyèdiāobì 百业凋敝[-業--] F.E. general business decline
bǎiyèxiāng 百叶箱[-葉-] N. <met.> thermometer screen; instrument shelter M: [2]zhī
bǎiyèxiāotiáo 百业萧条[-業蕭條] F.E. All business is in a slump.
bǎiyèzhènxīng 百业振兴[-業-興] F.E. all trades and professions develop vigorously
báiyī 白衣 N. <trad.> white clothing (of commoners) ♦ATTR. of medical profession
báiyǐ* 白蚁[-蟻] N. termite; white ant M: [2]zhī
báiyì 白翳 N. slight corneal opacity
bàiyī 拜揖 V. bow with hands folded in front
bàiyì 败意 V.O. <wr.> have one's spirits dampened; feel disappointed
bǎiyībǎishùn 百依百顺 F.E. docile and obedient
Báiyī Dàshì 白衣大士 N. <Budd.> Goddess of Mercy
báiyín* 白银 N. silver
bàiyìn 拜印 V.O. <wr.> be appointed to a public office
báiyīng 白鹦 N. cockatoo M: [2]zhī
bǎiyīnhé 百音盒 N. music box M: [2]zhī
báiyī tiānshǐ 白衣天使 N. hospital nurses M: [1]ge/[1]míng/[2]wèi
báiyī zhànshì 白衣战士[--戰-] N. medical worker M: [1]ge/[1]míng/[2]wèi
báiyòngxīnjī 白用心机 F.E. scheme in vain; fail in one's designs
bǎiyōu 百忧[-憂] N. <wr.> all worries or sorrows
bǎiyóu* 柏油 N. pitch; tar; asphalt
bǎiyóu hùnníngtǔ 柏油混凝土 N. tar concrete
bǎiyóulù 柏油路 N. tarred/asphalt road M: [1]tiáo
[1]báiyú 白鱼 N. ① whitefish M: [1]tiáo ② insect which eats clothing/paper M: [2]zhī
[2]báiyú 白榆 N. <bot.> elm with whitish bark M: [2]kē
[1]báiyù* 白玉 N. white jade M: [2]kuài
[2]báiyù 白芋 N. taro M: [2]kuài/ge
bàiyú 败于[-於] V.P. be defeated by or because of sb./sth.
bàiyúchuíchéng 败于垂成[-於--] F.E. fail within reach of success
Bǎiyuè 百越 P.W. <hist.> name for present-day Zhejiang, Fujian, and Guangdong
Bǎiyùjīng 百喻经[-經] N. <Budd.> Sutra of the 100 Parables
báiyún 白云[-雲] N. white cloud M: [2]duǒ
báiyúncānggǒu 白云苍狗[-雲蒼-] ID. take freakish forms
Báiyún Guàn 白云观[-雲觀] P.W. a Daoist temple in Beijing
báiyúnmǔ 白云母[-雲-] N. white mica; muscovite M: [1]piàn
báiyúnqīnshè 白云亲舍[-雲親-] ID. think of one's parents with affection
báiyúnshēnshè 白云深舍[-雲--] F.E. a house hidden among deep mountains and surrounded by white clouds
báiyúnshí 白云石[-雲-] N. dolomite M: [2]kuài
báiyùwēixiá 白玉微瑕 ID. a small defect
báiyùwúxiá 白玉无瑕 ID. pure and without blemish
bàizàiménxià 拜在门下 F.E. become sb.'s pupil/apprentice
báizhāi 白斋[-齋] N. a diet of unflavored food
bǎizhànbǎishèng 百战百胜[-戰-勝] F.E. be ever victorious
bǎizhànbùdài 百战不殆[-戰--] F.E. win battle after battle
bǎizhǎng 摆长[擺-] V.O. flaunt one's seniority
bàizhāng 拜章 V.O. <trad.> submit a written report to the emperor
bàizhàng* 败仗 N. defeat; lost battle
báizhǎnjī 白斩鸡[-雞] N. chicken poached in fragrant soup stock, served cold
Bàizhàntíng Dìguó 拜占庭帝国[-國] N. Byzantine Empire (395–1453)
bǎizhébùhuí 百折不回 F.E. unbending; not turning back for anything
bǎizhébùnáo 百折不挠[-撓] F.E. keep fighting in spite of all setbacks
bǎizhēn 摆针[擺-] N. pointer/needle/hand (on a meter/etc.) M: [2]gēn/[4]zhī
bǎizhèn 摆阵[擺-] V.O. spread out in battle formation
bàizhèn* 败阵 V.O. be beaten in a battle/contest
bàizhèn'érguī 败阵而归[-歸] F.E. return defeated
bàizhèn'érqù 败阵而去 F.E. be defeated and retreat
bǎizhèng 摆正[擺-] R.V. correctly lay out or present
bǎizhěqún 百褶裙 N. (accordion) pleated skirt M: [1]tiáo
bái zhēteng 白折腾 V. <coll.> be all in vain
bàizhěwéikòu 败者为寇 F.E. losers can never get fair evaluations
báizhézi 白摺子 N. pad of plain white paper to practice calligraphy
báizhī 白汁 N. white sauce (for cooking)
[1]báizhǐ* 白纸 N. white paper M: [1]zhāng
[2]báizhǐ 白芷 N. <Ch. med.> root of Dahurian angelica M: [2]kuài
báizhǐhēizì 白纸黑字 F.E. (written) in black and white
báizhǒng* 白种[-種] N. white race
bǎizhōng 摆钟[擺鐘] N. pendulum clock M: [4]zuò/[2]zhī
báizhǒngrén 白种人[-種-] N. white person; Caucasian
bǎizhōngwúyī 百中无一 F.E. not one in a hundred; rare
báizhòu 白昼[-晝] N. daytime
báizhòudiǎndēng 白昼点灯[-晝點燈] F.E. do useless work
báizhòujiànguǐ 白昼见鬼[-晝--] F.E. have a fantasy

B

bǎi zhōunián jìniàn 百周年纪念 N. centenary; centennial

báizhú* 白术[-術] N. <*Ch. med.*> rhizome of lagehead atractylodes

báizhǔ 白煮 V. boil in plain water

báizhù 白纻[-紵] N. fine white linen

báizhuān* 白专[-專] N. <*PRC*> leftist ideology (late 1950s)

báizhuàn 白赚 V. earn with little or no effort

báizhuān dàolù 白专道路[-專--] N. <*pol.*> concentration on non-political academic matters M: [1]*tiáo*

báizhuó 白浊[-濁] N. gonorrhea

báizhùtiě 白铸铁[-鑄鐵] N. white cast iron

báizǐ 白子 N. <*sport*> white chess piece

báizì(r)* 白字(儿) N. ① wrongly written/pronounced character ***niàn*** ~ mispronounce a character ② unregistered title to property

bǎizi 摆子[擺-] N. <*topo.*> malaria

bǎizǐ 百子 N. <*trad.*> philosophers of ancient China

bàizi 稗子 N. <*bot.*> barnyard grass/millet M: [2]*kē*/[1]*kē*/[3]*lì*

bàizǐ 败子 N. prodigal son

bàizǐhuǐgǎi 败子悔改 F.E. a prodigal son's repentance

bàizǐhuítóu 败子回头 F.E. return of a prodigal son

báizìliánpiān 白字连篇 F.E. ① full of mispronounced/wrong words ② full of typos

Bǎizǐ Quánshū 百子全书[-書] N. a complete collection of all schools of thought from ancient times, compiled during the Qing dynasty

báizǐr 白子儿 N. the white pieces of *wéiqí*

bǎizǐtú 百子图[-圖] N. a drawn/embroidered picture of many children M: [1]*zhāng*/[10]*fú*

bǎizòngqiānsuí 百纵千随[-縱-隨] F.E. give in to sb.'s every wish

bàizǒu 败走 V. flee after defeat

Báizú* 白族 N. Bai (Pai) minority (in Yunnan)

bǎizú 百足 N. <*zoo.*> centipede

bàizǔ 拜祖 V.O. worship ancestors

báizuǐ(r)* 白嘴(儿) ADV. (eat) either only rice/etc. or meat/vegetable/etc. ***Tā ài ~ chī fàn.*** She likes eating plain rice.

bǎizuì 百晬 N. party given on the hundredth day after the birth of a child

báizuǐyā 白嘴鸦 N. <*zoo.*> the rook M: [2]*zhī*

báizuò 白做 V. waste one's energy/breath; try in vain

bǎizú zhī chóng sǐ'érbùjiāng 百足之虫死而不僵[---蟲----] ID. The influence of a powerful man lingers on after his downfall.

[1]**bāji** 吧/巴唧 V. ① smack one's lips ② <*topo.*> pull at (a pipe, etc.)

[2]**bāji** 巴咭 V. play up to; fawn on

bājī* 吧唧 ON. squishing sound

bājí 八极[-極] N. world's end; remotest place

bǎjī 靶机 N. drone; pilotless plane for target practice M: [1]*jià*

bàjī 坝基[壩-] N. base of a dam

bǎjiā 把家 V.O. ① be protective of one's family ② be good at house-keeping

bájiān(r)* 拔尖(儿) S.V. <*coll.*> top-notch ♦V.O. push oneself to the front

bájiàn 拔剑 V.O. draw a sword

bájiān réncái 拔尖人才 N. tip-top/top-notch talent

bájiànzìwěn 拔剑自刎 F.E. use a sword to commit suicide

bājiāo* 芭蕉 N. plantain; banana M: [2]*kē*

bājiǎo 八角 N. ① (star) anise ② aniseed ♦ATTR. octagonal

bájiǎo 拔脚[-腳] V.O. ① make a step ② get away

bǎjiǎo(r) 把角(儿) N. (exterior) corner

bàjiào 罢教[罷-] V.O. strike (by teachers)

bājiāobù 芭蕉布 N. cloth woven from plantain fiber

bājiǎofēng 八角枫 N. <*bot.*> alangium, a kind of maple M: [2]*kē*

bājiǎogǔ 八角鼓 N. ① a small octagonal drum M: [2]*zhī* ② <*thea.*> a form of folk entertainment

bājiǎohuíxiāng 八角茴香 N. <*bot.*> anise; star anise M: [1]*kē*

bājiāoshàn 芭蕉扇 N. palm-leaf fan M: [1]*bǎ*

bājiāoshù 芭蕉树[-樹] N. palm tree M: [2]*kē*

bājiǎoxíng 八角形 N. octagon

bājiāoyè 芭蕉叶[-葉] N. palm tree leaf M: [1]*piàn*/[1]*zhāng*

bājie* 巴结 V. ① play up to; fawn on ② strive to get ahead; take pains

bājié 八节[-節] N. the eight important dates of the lunar calendar

Bā-Jiě 巴解 AB. *Bālèsītǎn Jiěfàng Zǔzhī*

bājiè 八戒 N. <*Budd.*> the first eight of the Ten Prohibitions

bájié(r) 拔节(儿)[-節-] N. <*agr.*> jointing

bájiéqī 拔节期[-節-] N. <*agr.*> jointing/elongation stage

bājiezhe hǎohao gàn 巴结着好好干[--著--幹] V.P. <*coll.*> striving to do good work

bājífēng 八级风 N. <*met.*> force 8 wind; fresh gale

bājígōng 八级工 N. <*PRC*> top worker on the eight-grade scale

bājí gōngzīzhì 八级工资制 N. eight-grade wage scale

Bā Jīn 巴金 N. pen name of Li Feigan; modern famous writer

bājìnfǎ 八进法[-進-] N. octonary scale

bājǐng 八景 N. eight scenic spots

bājìnwèi 八进位[-進-] N. the octonary scale; the octal system

bājìnzhì 八进制[-進-] N. octal system

Bājīsītǎn 巴基斯坦 P.W. Pakistan

bǎjiǔ 把酒 V.O. ① hold a wine cup; drink ② fill a wine cup for sb.

bā-jiǔ bù lí shí 八九不离十[---離-] F.E. <*coll.*> quite close; about right ***Wǒ néng cāi ge ~.*** I can make a very close guess.

bǎjiǔjiēfēng 把酒接风 F.E. offer liquor in welcome

bǎjiǔxiāochóu 把酒消愁 F.E. drink to forget one's sorrows

bǎjiǔyánhuān 把酒言欢[-歡] F.E. drink and chat merrily

bāji zuǐ 巴唧嘴 V.O. <*coll.*> smack the lips

bájǔ 拔举[-舉] V. propose sb. for an office; recommend

bàjù* 霸据[-據] V. take over by force

bǎjuàn 把卷 V.O. <*wr.*> read (a book)

[1]**bākāi** 扒开[-開] R.V. ① push aside ② force open ***See also*** ***pákāi***

[2]**bākāi** 八开[-開] N. <*print.*> octavo; 8vo

bākāiběn 八开本[-開-] N. <*print.*> octavo; 8vo

bākāi shǒu 扒开手[-開-] V.O. <*coll.*> force open a hand

bākāi yǎnjing 扒开眼睛[-開--] V.O. <*derog.*> open the eyes

bàkǎo 罢考[罷-] V.O. boycott exams

bàkè 罢课[罷-] V.O. strike (by students)

bǎkǒu(r) 把口(儿) N. alley entrance

[1]**bāla*** 扒拉 V. <*coll.*> ① push lightly; flick ② rummage in a dish of food with chopsticks ③ nudge/brush aside ④ get rid of ⑤ strum; thrum

[2]**bāla** 疤瘌/拉 N. scar

bālà 跋刺 N. the sound of fish jumping or birds flying up

bālabìn 疤瘌鬓[-鬢] N. <*topo.*> birthmark at the temple (considered undesirable for a woman)

bāla fàn 扒拉饭 V.O. <*coll.*> shove food into one's mouth

Bālāguī 巴拉圭 P.W. Paraguay

báláibàowǎng 拔来报往[--報-] F.E. exchange visits frequently

bāla kāi 扒拉开[-開] R.V. <*coll.*> move/brush aside ***Wǒ bāla bu kāi zhè duī shítou.*** I can't move this pile of stones.

bǎlǎn 把揽[-攬] V. monopolize; control

bālanggǔ 巴郎/浪鼓 N. <*coll.*> ① toy drum with a handle and attached clackers ② a child's rattle

bǎláo 把牢 R.V. hold tightly ♦S.V. <*topo.*> safe; dependable

bāla rén 扒啦/拉人 V.O. <*coll.*> nudge a person aside; disperse people

bāla suànpan 扒拉算盘[-盤] V.O. <*coll.*> ① finger/flick the beads of an abacus ② manage an account

bālayǎn(r) 疤瘌眼(儿) N. <*coll.*> ① scarred eyelid ② a person with a scarred eyelid

bāla zài zuǐlǐ 拔啦/拉在嘴里[-裡] V.P. <*coll.*> scoop into the mouth

bālè 巴/芭乐[-樂] N. <*bot.*> guava

bǎle 把了 V.P. <*coll.*> urinated or defecated (said of a child being held by an adult and urged to act)

bàle* 罢了[罷-] V.P. *indicating limitation* ***Zhè shuāng xié bùguò shíkuài qián ~.*** This pair of shoes is $10, that's all. <*coll.*> never mind; forget it ***See also*** ***bàliǎo***

bālěi 芭蕾 N. <*loan*> ballet

bālěiwǔ 芭蕾舞 N. <*loan*> ballet

bālěiwǔmí 芭蕾舞迷 N. a balletomane

bālěiwǔqún 芭蕾舞裙 N. a tutu

bālěiwǔtuán 芭蕾舞团[-團] N. ballet troupe

bāléng 八棱 N. ① an octagon ② sth. of irregular shape

Bālèsītǎn 巴勒斯坦 P.W. Palestine

Bālèsītǎn Jiěfàng Zǔzhī 巴勒斯坦解放组织[-織] P.W. Palestine Liberation Organization (PLO)

bālí(zi) 笆篱(子)[-籬-] N. <*topo.*> bamboo or twig fence

Bālí* 巴黎 P.W. Paris

bǎlǐ 把理 V.P. <*topo.*> reasonable; sensible; right ***Tā shuōhuà ~.*** He gave a sensible statement.

bāliǎn 疤脸 N. scarred face

bǎ liǎn bǎn qǐlai 把脸板起来 V.P. put on a stern face

bàliǎo 罢了[罷-] V.P. forget it ***See also*** ***bàle***

Bālí Gōngshè 巴黎公社 P.W. <*hist.*> Paris Commune (1871)

Bālín 巴林 P.W. Bahrain

bālízi 笆篱子[-籬-] N. bamboo prisoner's cage

bālou 扒搂[-摟] V. gently remove (sth. sticky/etc.)

bālǒu* 笆篓[-簍] N. round-bottomed deep basket

bālǒu gānjìng 扒搂干净[-摟乾淨] R.V. <*coll.*> eat all there is

Bālù 八路 N. CCP-led Eighth Route Army

bàlüè 霸略 N. hegemonic policy

Bālùjūn 八路军 N. CCP-led Eighth Route Army

bàlùn 罢论[罷-] N. abandoned idea

bāluókè 巴罗克[-羅-] N. <*loan*> baroque

bāluókèshì 巴罗克式[-羅--] N. <*loan*> baroque

bálǚshānchuān 跋履山川 F.E. travel across hills and rivers

bǎmài 把脉[-脈] V.O. <*Ch. med.*> take the pulse

bāmàn 巴谩 N. <*trad.*> heads or tails

bāmáng 芭芒 N. <*bot.*> *Miscanthus sinensis* used in hedges

[1]**bámáo** 拔毛 V.O. pluck out hairs/feathers ♦N. feather/hair plucking

[2]**bámáo** 拔锚 V.O. weigh anchor

bámáoliánrú 拔茅连茹 ID. Promoting persons who bring along their associates

bǎmèi 把袂 V.O. <*wr.*> have an intimate friendship

bǎmèizhījiāo 把袂之交 N. an intimate friend

bǎmén(r) 把门(儿) V.O. <*coll.*> ① guard a gate/door ② be a goalkeeper (in football, etc.)

bǎmén de 把门的 N. doorkeeper

bàmiǎn 罢免[罷-] V. recall officials/etc.

bāmiànfēng 八面锋 V.P. ① <*derog.*> smooth-speaking ② <*wr.*> very sharp/smart

bāmiànguāng 八面光 V.P. mix easily in social settings

bāmiànjiànguāng 八面见光 F.E. suave and worldly-wise

bāmiànlínglóng 八面玲珑 F.E. ① at home in various social settings ② good at juggling many involvements

bàmiǎnquán 罢免权[罷-權] N. <gov.> right of recall

bāmiàntǐ 八面体[-體] N. octahedron

bāmiànwēifēng 八面威风 F.E. awe-inspiring in all areas

bāmiànzhōuquán 八面周全 F.E. please all parties

bámiáozhùzhǎng 拔苗助长 ID. spoil things by excessive zeal

bāmùbǎn 八木板 N. gypsum

bāmùmán 八目鳗 N. <zoo.> type of eel

[1]**bān** 班 N. ① class; team ② shift; duty ③ <mil.> squad ④ Surname ♦M. *for crowds and scheduled transport vehicles* ♦B.F. scheduled; regular *bānchē*

[2]**bān** 搬 V. ① take away; remove ② move (house) ③ apply indiscriminately ④ <slang> rake in money

[3]**bān** 般 SUF. sort; kind; way *bàofēngyǔ ~ de zhǎngshēng* thunderous applause *See also* [9]*bō*, [9]*pán*

[4]**bān** 扳 V. pull; turn *~zhe zhítou suàn* count on one's fingers *See also pān*

[5]**bān** 斑 N. spot; speck; speckle; stripe ♦B.F. spotted; striped *bānmǎ*

[6]**bān** 颁[頒] B.F. ① proclaim *bānbù* ② issue *bānfā* ③ share *bānshǎng*

[7]**bān** 癍 N. blotch; macula

[8]**bān** 瘢 B.F. scar [2]*bānhén*

[9]**bān** 斒 in *bānlán*

[1]**bǎn** 板 N. ① board; plank; plate ② shutter ③ (Ping-Pong) paddle ④ <mus.> clappers ⑤ accented beat; time; measure ⑥ type ♦S.V. ① hard ② stiff; unnatural ♦V. stop smiling; look serious *~zhe liǎn* keep a straight face

[2]**bǎn** 版 N. ① printing plate (block) ② edition ③ page (of newspaper)

[3]**bǎn** 坂[阪] N. <wr.> slope

[4]**bǎn** 舨 in *shānbǎn*

[5]**bǎn** 蝂 in *fùbǎn*

[6]**bǎn** 反 in *bǎnbǎn See also* [1]*fǎn*

[1]**bàn*** 半 NUM. ① half; semi ② very little; the least bit ♦ADV. partly; about half; halfway *bǎ tā dǎle ge ~sǐ* beat him within an inch of his life ♦CONS. ① *~ A bù B* neither A nor B *~sǐbùhuó* half dead ② *~ A ~ B* half A half B *~ kāi wánxiào ~ zhǐzé* half joking, half censuring ♦B.F. partial; incomplete

[2]**bàn** 办[辦] V. ① do; handle; manage ② set up; run ③ buy a fair amount of ④ punish (by law); beat up

[3]**bàn(r)** 瓣(儿)[-(兒)] N. ① petal ② segment/section (of tangerine/etc.); clove (of garlic) ③ valve; lamella ④ fragment; piece ♦M. *for flower petals, leaves, and sections of fruit*

[4]**bàn** 拌 V. mix

[5]**bàn** 扮 V. ① be dressed up as; play the part of; disguise oneself as ② put on (an expression)

[6]**bàn** 伴 V. accompany ♦N. companion; partner

[7]**bàn** 绊[絆] V. ① stumble ② trip ③ entangle *Tā ràng yīxiē xiǎoshì ~ zhu le.* He got himself bogged down in small things. ♦N. <coll.> impediment; obstruction

[8]**bàn** 柈 B.F. wood split into large pieces [2]*bànzi See also* [8]*pàn*

Bānámǎ 巴拿马 P.W. Panama

bàn'àn 办案[辦-] V.O. ① handle a case ② apprehend (a criminal)

bānbái 斑/班/颁白 V.P. grizzled; graying; gray; white

bànbǎi* 半百 NUM. fifty (years of age)

[1]**bānbān** 斑斑 R.F. full of stains/spots

[2]**bānbān** 班班 R.F. clear and apparent ♦N. noise of moving wagons

[3]**bānbān** 般般 R.F. all sorts/kinds

bǎnbǎn 反反 R.F. <wr.> proper; seemly; fitting

bànbān* 办班[辦-] V.O. run a training class

bànbànjiér 半半截儿 ADV. <coll.> halfway; in mid course

bānbānkěkǎo 班班可考 F.E. manifest and well-established; worthy of credence

bànbankēkē 绊绊磕磕 V.P./ADV. bumpy ♦N. stumbling gait

bànbanlālā 半半拉拉 V.P. <coll.> incomplete; unfinished

bànbanlālā de shēnghuó 半半拉拉的生活 N. <coll.> hand to mouth existence

bǎnbǎn liùshísì 板板六十四 F.E. unaccommodating; rigid; inflexible

bànbanlùlù 半半路路 V.P. <coll.> halfway; midway

bǎnbào 板报[-報] N. blackboard newspaper

bànbǎo 半饱 ATTR. underfed; half full

bànbào* 办报[辦報] V.O. run a newspaper

bànbāor 半包儿 N. <topo.> dirty trick

bānbèir 班辈儿 N. seniority

bànbèizi 半辈子 N. half a lifetime

bānběn(r) 扳本(儿) V.O. <topo.> win back money lost in gambling ♦N. recouped gambling loss

[1]**bǎnběn*** 版本 N. edition; version

[2]**bǎnběn** 板本 N. <print.> books printed from wooden blocks

bǎnběn jìlù 版本记录[-錄] N. colophon

bǎnběnxué 版本学 N. ① textual study ② study to determine the date of printed books

bǎnbì* 板壁 N. wooden partition

bànbí 半鼻 ATTR. <lg.> nasalized

[1]**bànbì** 半壁 N. <wr.> half the country (usu. referring to the occupied part of an invaded country)

[2]**bànbì** 半闭 ATTR. <lg.> half closed

bànbiān(r) 半边(儿)[-邊-] N. half or one side of sth.

bànbiānhù 半边户[-邊-] N. household with only one member formally holding a job

bànbiānlián 半边莲[-邊-] N. <bot.> Ch. lobelia

bànbiānrén 半边人[-邊-] N. widow; widower

bànbiāntiān 半边天[-邊-] N. ① half the sky ② <PRC> women(folk)

bànbiǎobànlǐ 半表半里[-裡] F.E. half outside, half inside

bànbiǎoshēng 半表声[-聲] ATTR. <lg.> half-phonetic

bànbiǎoyì 半表意 ATTR. <lg.> half-ideographic; partially semantic

bànbiǎoyīn 半表音 ATTR. <lg.> half-phonetic

bànbiāozi 半彪/膘子 N. <topo.> ① half-learned person; dabbler; dilettante ② a brash (esp. middle-aged) man

bānbié 班别 N. class; section

bànbìjiāngshān 半壁江山 F.E. half the country (usu. referring to unoccupied part of invaded country)

bànbì mǔyīn 半闭母音 N. <lg.> half-closed vowel

bānbìn 斑鬓[-鬢] N. graying temples

bānbīng 搬兵 V.O. call in reinforcements; ask for help

bànbìngzi 半病子 N. <topo.> semi-ablebodied person

bànbíyīn 半鼻音 N. <lg.> nasalized sound; naso-oral

bànbí yuányīn 半鼻元音 N. <lg.> nasalized vowel; naso-oral vowel

bànbì yuányīn* 半闭元音 N. <lg.> half-closed vowel

bānbó 斑/班驳 V.P. <wr.> mottled; motley

bānbólùlí 斑/班驳陆离[-陸離] F.E. variegated

bànbō zhěngliúqì 半波整流器 N. half-wave rectifier

bānbù 颁布 V. promulgate; issue; publish

bànbuchéng 办不成[辦-] R.V. (be) unable to be accomplished

bànbuchū 办不出[辦-] R.V. cannot achieve (an expected result)

bānbudǎo 搬不倒 R.V. cannot pull (sth.) down

bànbudào* 办不到[辦-] R.V. ① be unable to get sth. done ② Impossible! No way!

bānbudǎor 扳/搬不倒儿 N. <coll.> ① roly-poly doll; tumbler ② person who is good at adapting himself to changing conditions and therefore never loses his position

bànbudòng 办不动[辦-動] R.V. cannot deal with (due to the lack of ability)

bànbuguò 拌不过 R.V. can't win in a debate/quarrel

bànbulái 办不来[辦-] R.V. too much for one to handle

bànbuliǎo 办不了[辦-] R.V. be unable to get sth. done *Yī ge* [1]*rén ~ zhè shì.* One person won't be able to get this work done.

bànbuqīng 办不清[辦-] R.V. be unable to handle sth. clearly

bànbuwán 办不完[辦-] R.V. (be) too much for one to finish

bànbuxià 办不下[辦-] R.V. be unable to continue

bǎncā(r) 板擦(儿) N. blackboard eraser

bǎncái 板材 N. planking

bàncánfèi 半残废[-殘廢] N. <coll.> shorty; runt

bànchācháng 半扠长 V.P. <coll.> half the distance between outstretched thumb and middle finger

bànchāi 办差[辦-] N. <trad.> bailiff

Bānchán 班禅 N. <loan> Panchen (Lama)

bānchǎng 搬场[-場] V.O./N. <thea.> move a performance to another theater

bànchǎng 半场[-場] N. ① half of a game/contest ② half-court

bànchàng* 伴唱 V. accompany (a singer) ♦N. vocal accompaniment

bànchàngzhě 伴唱者 N. vocal accompanist

bànchànyīn 半颤音 N. <lg.> semi-rolled sound

Bān Chāo 班超 (A.D. 32–102) N. <hist.> a younger brother of Ban Gu, known for his exploits in the Western Regions

bānchē* 班车 N. ① regular bus (service) ② work unit bus

bǎnchē 板车 N. heavy-duty hand-pulled cart

bànchēnbànxǐ 半嗔半喜 F.E. half annoyed, half pleased

bānchéng 扳成 R.V. ① manipulate into ② <sport> turn (score) into

[1]**bànchéng*** 办成 R.V. succeed in doing; complete *Zhè jiàn shì(r) hái méi ~.* This job hasn't been completed yet.

[2]**bànchéng** 扮成 R.V. be dressed up as; play the part of; disguise oneself as

bànchéngpǐn 半成品 N. semi-finished products

bānchìshānchún 斑翅山鹑 N. partridge M: [2]*zhī*

bànchǐyīn 半齿音[-齒-] N. <lg.> ① palatal nasal ② palato-nasal initial ③ semi-dental sound

bānchū* 搬出 R.V. ① move out ② bring out; come up with

bànchū 拌出 R.V. <coll.> spread out; lay out

bǎnchuáng 板床 N. plank bed M: [1]*zhāng*

bànchuānggāo 绊创膏[-創-] N. adhesive tape

bānchúndìshé 搬唇递舌[--遞-] F.E. gossip; tell tales

bān chūqu 搬出去 R.V. move (sth.) out

[1]**bāncì*** 班次 N. ① order of school classes/grades ② number of runs or flights

[2]**bāncì** 颁赐 V. ① award ② issue; promulgate

bǎncì 版次 N. order in which editions are printed

bàncíqì 半瓷器 ATTR. semi-porcelain

bǎncuò 板锉 N. flat file

bàncuò* 办错[辦-] R.V. do sth. in a wrong way; do the wrong thing

bàndá* 半打 N. half a dozen; six

bàndà 半大 ATTR. medium (sized)

bāndàibiǎo 班代表 N. representative of a class M: [1]*ge*/[1]*míng*/[2]*wèi*

bǎndàng 板荡[-蕩] N. a time of turmoil/chaos

bàndāng* 伴当[-當] N. companion; servant

bǎndàng shí zhōngchén 板荡识忠臣[-蕩識--] F.E. The faithful can easily be spotted in time of trouble.
bāndǎo 扳倒 R.V. topple; overwhelm
[1]**bāndào** 搬到 R.V. move to
[2]**bāndào** 扳道 V.O. pull railway switches
bǎndāo 板刀 N. broadsword
[1]**bàndǎo** 绊倒 V. trip over; trip; stumble
[2]**bàndǎo** 半岛[-島] N. peninsula M: [1]ge/[4]zuò
bàndào* 办到[辦-] R.V. get sth. done; accomplish
bāndàogōng 扳道工 N. <traf.> pointsman; switchman M: [1]ge/[1]míng
bàndàor 半道儿 N. midway; halfway; part way
bàndǎotǐ 半导体[-導體] N. <phy.> semiconductor
bàndǎotǐ shōuyīnjī 半导体收音机[-導體---] N. transistor radio/receiver
bàndà xiǎozi 半大小子 N. male teenager
bān dàzhá 扳大闸 V. <slang> pry open a lock (to steal sth.); burglarize
bàn de bù hǎo 办得不好[辦-] V.P. badly managed; poorly handled
bàndedào 办得到[辦-] R.V. be able to get sth. done
bàndehǎo 办得好[辦-] R.V. (be) well-handled/managed/done
bàndeliǎo 办得了[辦-] R.V. be able to accomplish
bǎndèng(r) 板凳(儿) N. wooden bench/stool M: [1]tiáo
bàndetōng 办得通[辦-] R.V. get something done
bāndǐ(r)* 班底(儿) N. ① core members of theatrical troupe ② core members of an organization; loyal supporter; hard-core followers
bàndī 半低 ATTR. <lg.> half-low
[1]**bāndiǎn** 斑点[-點] N. spot; stain; speckle
[2]**bāndiǎn** 瘢点[-點] N. ① black spot on the skin ② scar
bàndiǎn(r)* 半点(儿)[-點-] N. the least bit
bàndiàozi 半吊子 N. <coll.> ①dabbler ②tactless and impulsive person
bàndī hòuyuányīn 半低后元音[--後--] N. <lg.> half-low back vowel
bāndìng 颁订 V. publish in standardized form
bàndī qiányuányīn 半低前元音 N. <lg.> half-low front vowel
bàndī yuányīn 半低元音 N. <lg.> half-low vowel; mid-low vowel
[1]**bāndòng** 搬动[-動] R.V. move; shift
[2]**bāndòng** 扳动[-動] R.V. pull (a trigger)
bàndǒngbùdǒng 半懂不懂 F.E. half understand
bān dōngxi 搬东西 V.O. move things
bàn dòufu 拌豆腐 V.O. make a beancurd dish by adding seasonings, green onion, etc.
bàndǒuyīn 半抖音 N. <lg.> trill
bàndú 伴读[-讀] N. student's spouse (abroad) ♦V. accompany a student
bānfā 颁发[-發] V. ①issue; promulgate ②award
bànfǎ* 办法[辦-] N. way; means; measure
bànfā dòngzuò 伴发动作[-發動-] N. <lg.> concomitant action
bānfā jiǎngjīn 颁发奖金[-發獎-] V.O. award a prize
bānfáng(r) 班房(儿) N. ① <coll.> jail; prison ②errand men in a government office ③quarters for errand men on duty
bànfèi 半费 N. half the fee
bànfēn 半分 ATTR. half; semi-
bānfēng 瘢风 N. a kind of skin disease
bànfēngjiàn 半封建 ATTR. semi-feudal
bànfēnhàor 半分号儿[--號-] N. semicolon
bànfenr 半分儿 N. a score of zero (in tests/sports/etc.)
bǎnfǔ 板斧 N. broadax
bànfùhécí 半复合词[-複--] N. <lg.> semi-compound
bànfùsài 半复赛[-複-] N. <sport> eighth-finals
bànfǔyīn 半辅音 N. <lg.> semi-consonant

[1]**bāng*** 帮[幫] V. help; assist ♦B.F. ① gang; clique; group ***fěibāng*** ② side (of boat/truck/etc.) ③upper (of shoe) ***xiébāng*** ④outside layers of certain vegetables ***càibāng*** ♦M. *for groups of people/etc.*
[2]**bāng** 邦 B.F. <wr.> nation; state; country [1]***yǒubāng***
[3]**bāng** 梆 ON. rat-a-tat
[4]**bāng** 浜 B.F. creek; small stream ***hébāng*** ♦in ***yángjīngbāngyǔ***
[5]**bāng** 磅 ON./B.F. ***pēngbāng See also*** [2]***bàng***, [4]***páng***
[1]**bǎng** 绑[綁] V. ① bind; tie ② bind sb.'s hands behind him; truss up
[2]**bǎng** 榜/牓 N. ① a published list announcing successful candidates ②notice; announcement ***See also*** [8]***bàng***
[3]**bǎng** 膀/髈 B.F. ① upper arm; arm [1]***bǎngzi*** ② shoulder ③ wing (of a bird) ***chìbǎng See also*** [1]***pāng***, [3]***páng***, [3]***pǎng***
[1]**bàng** 棒 N. stick; club; cudgel ♦S.V. <coll.> good; fine; strong ***Tā gàn de zhēn ~.*** She's done an excellent job.
[2]**bàng** 磅 M. ① <loan> pound ② <print.> point (type) ♦N. scales ♦V. weigh ***See also*** [5]***bāng***, [4]***páng***
[3]**bàng** 傍 B.F. near/close to (a time of the day) ***bàngwǎn*** ♦V. ① depend on ***~ rén ménhù*** depend on sb. else's family ② <slang> date; go out with; have an intimate relationship with sb.
[4]**bàng** 蚌 N. freshwater mussel; clam
[5]**bàng** 镑[鎊] M. <loan> pound (currency)
[6]**bàng** 谤[謗] B.F. <wr.> slander; defame; vilify ***fěibàng***
[7]**bàng** 旁 B.F. ***bàngwǔ See also*** [1]***páng***
[8]**bàng** 搒/榜 B.F. ① oar ***bànggē*** ② whip, rod ***bàngchī See also*** [2]***bǎng***
[9]**bàng** 蒡 in ***niúbàng***
bāngànbu 班干部[-幹-] N. class leader
bàngānbùgà 半间不界 F.E. ① neither this nor that ② not thorough/profound ③ inexplicit; equivocal ④ mediocre ⑤ nondescript
bàngāo 半高 ATTR. <lg.> half-high
bàngǎo 办稿[辦-] V.O. draft a document
bàngāo hòuyuányīn 半高后元音[--後--] N. <lg.> half-high back vowel
bàngāo qiányuányīn 半高前元音 N. <lg.> half-high front vowel
bàngāo yuányīn 半高元音 N. <lg.> half-high vowel; mid-high vowel
bāngbàn 帮办[幫辦] V. help manage ♦N. ① deputy; assistant ② <trad.> the deputy director of a department under a cabinet ministry
bàngbangjī 棒棒鸡[-雞] N. ① cold shredded chicken with spicy sesame sauce (Sichuan) ② boneless chicken with heavy seasoning
bāngbāngr 邦邦儿 ON. sound of impact of two hard objects
bàngbangtáng 棒棒糖 N. lollipop
bāngbàn jūnwù 帮办军务[幫辦-務] N. military attaché
bāngběn 邦本 N. the people
bǎngbì 膀臂 N. ① <topo.> upper arm; arm ② reliable helper; right-hand person
bàngbiān(r) 傍边(儿)[-邊-] ADV./V.O. <topo.> near
bàngbìlírén 傍壁篱人[--籬-] F.E. depend on others
bàngbīng 棒冰 N. <topo.> popsicle M: [2]gēn
bāngbǔ 帮补[幫補] V. help out with money
bāngbushàng 帮不上[幫-] R.V. be unable to help
bāngchǎng(r) 帮场(儿)[幫場-] V.O. form an audience
bāngchèn 帮衬[幫襯] V. <topo.> patronize; assist
bàngchèng 磅秤 N. platform scale M: [1]tái
bàngchī 榜笞 V. <wr.> beat; flog; whip
bāngchú* 帮厨[幫廚] V.O. help in the kitchen ♦N. cook's helper
[1]**bàngchǔ** 棒杵 N. club used to pound clothes

[2]**bàngchǔ** 榜楚 A.T. <wr.> beat; flog; whip
bāng chuǎn 帮喘[幫-] V. <coll.> echo another's words; speak for sb. else
bàngchuāng 棒疮[-瘡] N. wounds from a clubbing
bàngchui* 棒槌/棰 N. ① wooden stick to beat laundry in washing ② <topo.> ginseng ③ <slang> layman; amateur
bàngchuí 榜棰 N. cane for torturing criminals
bāngcòu 帮凑[幫湊] V. pool/contribute money/etc. to help sb. out
bàngdǎ 棒打 V. beat with a stick/club/cudgel
bàngdǎ bóqínglāng 棒打薄情郎 V.O. club a fickle male lover
bàngdǎ bù huítóu 棒打不回头 V.P. <coll.> stubborn; strong-willed
bǎngdài 绑带[-帶] N. ① bandage ② puttee
bàng dàkuǎn 傍大款 V.O. <slang> date a rich guy
bāng dàmáng 帮大忙[幫-] V.O. be a great help
bàngdāo 蚌刀 N. <archeo.> knife made of shell
bāng dàománg 帮倒忙[幫-] V.P. be more hindrance than help
bǎngdàyāoyuán 膀大腰圆 F.E. tall and husky
bàng de xiéhuo 棒得邪火/活 V.P. <coll.> extremely/unusually strong
bāngdōng 帮冬[幫-] V.O. <topo.> provide winter help
bàn ge 半个[-個] ATTR. half of sth.
bǎng'é 榜额 N. horizontal inscribed board
bāngěi 颁给 V. ① award ② issue; promulgate
bàngēngbàndú 半耕半读[-讀] F.E. part farm work, part study
bàn gēntou 绊跟头 V.O. trip and fall
bàngfǎ 棒法 N. <sport> method of batting
bǎngfěi 绑匪 N. kidnapper
bāngfú 帮扶[幫-] V. help
[1]**bǎngfù*** 绑缚 V. tie up
[2]**bǎngfù** 绑赴 V. tie sb.'s hands behind the back and take him somewhere
bǎngfùshìcáo 绑赴市曹 F.E. <trad.> tie a prisoner's hands behind his back and parade him to the execution ground
bànggǎn tiáozhíjī 棒杆调直机 N. bar straightener; bar straightening machine
bànggē 搒/榜歌 N. boatman's song
bānggōng 帮工[幫-] V.O. help with farm work ♦N. helper
bānggōngdātào 帮工搭套[幫-] F.E. <coll.> pool labor
bānggǒuchīshí 帮狗吃食[幫-] ID. help bad people do evil things
bāngguó 邦国[-國] N. <wr.> nation; state; country
bànghè 棒喝 V. ① roundly rebuke a student ② rouse a person from his evil ways
bànghēi(r) 傍黑(儿) N. <topo.> toward evening; at dusk
bànghètuán 棒喝团[-團] N. fascists
bànghèzhǔyì 棒喝主义[-義] N. Fascism
bànghòusheng 棒后生 N. <topo.> strapping young man
bànghuāsuíliǔ 傍花随柳[--隨-] F.E. enjoy flowers on a spring outing
bānghǔchīshí 帮虎吃食[幫-] ID. act as an accomplice; be a hatchetman
bànghù'érlì 傍户而立 F.E. stand close to the door
bānghuì 帮会[幫-] N. secret society; underworld gang
bānghuǒ 帮伙[幫-] N. band; gang
bānghuǒ tǐxì 帮伙体系[幫-體-] N. gang network
bāngjī 邦畿 N. <wr.> the territory of a nation
[1]**bāngjiā** 邦家 N. <wr.> nation; state; country
[2]**bāngjiā** 帮家 N. <PRC> mistresses of Taiwan and Hong Kong tycoons
bǎngjià* 绑架 V. kidnap ♦N. <agr.> staking
bāngjiāo* 邦交 N. diplomatic relations
bāngjiào 帮教[幫-] V. help and educate

bǎngjiǎo 绑脚[-腳] V.O. ① tie feet (together) ② bind (women's) feet
bàngjiār 傍家儿 N. <coll.> ① lover; mistress ② friend; partner; assistant ③ couple; husband and wife
bāngjiāzhīguāng 邦家之光 N. the glory of one's country/fatherland
bǎng jiàzi 绑架子 V.O. stake; plant stakes for growing plants
bāngjìn 邦禁 N. prohibitions of a nation
bǎngjǐn* 绑紧[-緊] R.V. bind/fasten tight
bàngjìn 傍近 V. be close or near to
bàngké(r) 蚌壳(儿)[-殼-] N. clam shell
bāngkǒu 帮口[幫-] N. clans; cliques
bāngkùnzhùgēng 帮困助耕[幫-] F.E. <PRC> help those with hardship to farm
bǎngkuòyāoyuán 膀阔腰圆 F.E. tall and husky
bǎngláo 绑牢 R.V. bind fast
bānglián 邦联[-聯] N. confederation
bàngliàng(r) 傍亮(儿) N. <topo.> dawn; daybreak
bàngliǔsuíhuā 傍柳随花[--隨-] ID. prostitute
bànglüè 榜掠 V. whip; flog
bāngmáng(r) 帮忙(儿)[幫-] V.O. help; do a favor; give a hand ***Bāng ge máng hǎo ma?*** Would you do me a favor?
bāngmáng de 帮忙的[幫-] N. helper
bàngmíng 傍明 N. <topo.> dawn; daybreak
bàngmù 谤木 N. <trad.> roadside boards set up for the people to record grievances against officials
bàngnǚ 榜女 N. boatwoman
[1]**bàngōng** 办公[辦-] V.O. handle official business; work (usu. in an office)
[2]**bàngōng** 半工 N. <coll.> hired hands who work a half day only
bàngōngbàndú 半工半读[-讀] F.E. part work, part study; work-study program
bàngōngchù 办公处[辦-處] P.W. office; office area; bureau
bàngōng dàlóu 办公大楼[辦-樓] N. (multi-floored) office building
bàngōngfèi 办公费[辦-] N. administrative expenses
bàngōngkāi 半公开[-開] ATTR. semi-overt; more or less open
bàngōng shèbèi 办公设备[辦-備] N. office equipment
bàngōngshì 办公室[辦-] N. office
bàngōng shíjiān 办公时间[辦-時-] N. office/business hours
bàngōngtái 办公台[辦-檯] N. desk
bàngōngtīng 办公厅[辦-廳] P.W. ① general office; office building ② secretariat of an official agency
bàngōng yòngpǐn 办公用品[辦-] N. office equipment
bàngōngzhuō 办公桌[辦-] N. desk; bureau M: [1]zhāng
bāngpài* 帮派[幫-] N. gang; faction
bǎngpái 榜牌 N. bulletin board
bāngpài tǐxì 帮派体系[幫-體-] N. factionalist organization
bǎngpiào 绑票 V.O. kidnap (for ransom)
bàngpíng 磅坪 N. platform scale
bāngpǔ 帮浦[幫-] N. <loan> pump
bāngqián 帮钱[幫錢] V.O. help with money
bāngqiāng 帮腔[幫-] V.O. ① speak in support of sb./sth. during a discussion ② accompany vocally ♦N. the doctrinaire style of the Gang of Four
bǎng qǐlai 绑起来 R.V. tie up
bāngqīngsòngnuǎn 帮青送暖[幫-] F.E. <PRC> aid and befriend laggard youths
bàngqiú(r) 棒球(儿) N. baseball M: [1]ge/[2]zhī
bàngqiúchǎng 棒球场[-場] P.W. (baseball) diamond/field; ballpark
bàngqiúduì 棒球队[-隊] N. baseball team M: [4]zhī
bàngqiúmí 棒球迷 N. baseball fan M: [1]ge/[1]míng/[2]wèi
bàngqiúsài 棒球赛 N. baseball game M: [2]chǎng
bàngqiúyuán 棒球员 N. baseball player M: [1]ge/[1]míng/[2]wèi
bāngquán 帮拳[幫-] V. subtly coach/support a boxer
bāngr 帮儿[幫-] N. gang
bǎngr 膀儿 N. <coll.> the wings of a bird
bàngr* 棒儿 N. small stick ♦M. piece
bāngrén 邦人 N. <wr.> fellow countryman; compatriot
bàngrén* 榜人 N. boatman; ferryman
bàngrénlíbì 傍人篱壁[--籬-] F.E. depend on others
bàngrénménhù 傍人门户 F.E. be dependent upon sb.
bàngr piàoliang 棒儿漂亮 V.P. <coll.> exceptionally pretty
bāngrtóu 梆儿头 N. <coll.> ① insect with a protruding head ② person with protruding forehead
bàngrxiāng 棒儿香 N. <topo.> incense stick
bàngsēnghuǐdào 谤僧毁道[--毀-] F.E. respect neither Buddhist monks nor Daoist priests
bàngsēngmàdào 谤僧骂道[--罵-] F.E. attack Buddhist and Daoist priests
bǎngshàng 绑上 R.V. ① bind; tie ② truss up; bind sb.'s hands behind him
bǎngshàngwúmíng 榜上无名 F.E. fail to get listed on the roll of successful candidates
bǎngshàngyǒumíng 榜上有名 F.E. listed for acceptance to sth.
bǎngshì 榜示 V. proclaim; publish; post
bāngshou(r) 帮手(儿)[幫-] N. assistant; accomplice
bǎngshǒu* 榜首 N. first place in a contest/etc.
bǎngshū* 榜/膀书[-書] N. large character
bàngshū 谤书[-書] N. <wr.> slanderous letter
bàngtāi 蚌胎 N. pearl
bàngtán 棒坛[-壇] N. baseball circles
bàngtáng 棒糖 N. sucker; lollipop M: [2]gēn/[4]zhī
bāngtào 帮套[幫-] N. extra draft animals added to pull a cart
bāngtiānxià 帮天下[幫-] N. ① gang rule ② <PRC> the rule of the Gang of Four
bǎngtiě 榜帖 N. ① list of successful examinees ② public notice
bāngtóng 帮同[幫-] V. help; assist; work together with sb.
bàngtou 棒头 N. <topo.> ①maize; corn ②stick; club
bàngtou shang chū xiàozǐ 棒头上出孝子 F.E. Spare the rod and spoil the child.
bāngtǔ 邦土 N. territory/land of a country
bǎngtuǐ 绑腿 N. leg wrappings; puttees
Bān Gù 班固 (A.D. 32–92) N. famous historian who completed the *History of the Han dynasty* begun by his father
bǎngǔ* 板鼓 N. small drum for marking time
bànguānfāng 半官方 ATTR. semi-official
bànguī 半规 N. semicircle
bàn guǐliǎn 扮鬼脸 V.O. grimace; make faces
bàngǔlùzi 绊骨碌子 V.O. <topo.> stumble and fall
bān guòlai 搬过来 R.V. move (sth.) across
bàngwǎn(r) 傍晚(儿) N. nightfall
bǎngwén* 榜文 N. text of a public notice
bàngwén 谤闻 N. malicious gossip
bàngwǔ 傍/旁午 N. toward noon ***See also*** *pángwǔ*
bāngxián* 帮闲[幫-] V.O. ① consort with troublemakers ② curry favor by joining in the idle pursuits of the rich ♦N. ① hanger-on ② literary hack
bàngxiàn 蚌线 N. <math.> conchoid; conchoidal curve
bāngxiāng 帮箱[幫-] N. gifts to a bride
bāngxiánwénrén 帮闲文人[幫-] F.E. literary hack
bāngxiōng 帮凶[幫-] N. accomplice; accessory to a crime
bāngyàn 邦彦 N. <wr.> a country's capable/virtuous persons
bǎngyǎn* 榜眼 N. second best in the imperial examination
bàngyán 谤言 N. libel; slander; defamatory remark
bǎngyàng 榜样[-樣] N. example; model
bàngyì 谤议[-議] N./V. <wr.> slander; calumny; libel
bàngyìng 棒硬 V.P. ① hard ② stubborn
bāngyōng 帮佣[幫傭] V. serve (in sb. else's home) ♦N. hired man; servant
bāngyù 邦域 N. <wr.> national territory
bāngyuán 邦媛 N. <wr.> girls of a nation
bǎngyuán* 榜/膀元 N. top candidate in an examination
bǎngzā 绑扎 V. ① wrap/bind up ~ ***shāngkǒu*** bind up (or dress) a wound ② tie up; bundle up; pack
bàngzhēn 棒针 N. knitting needle
bàngzhēnshān 棒针衫 N. loosely knit sweater M: [2]jiàn
bāngzhù* 帮助[幫-] V./N. help; assist
bǎngzhù 绑住 R.V. ① bind; tie ② truss up; bind sb.'s hands behind him
bàngzhū 蚌珠 N. pearl M: [1]kē
bāngzhùfàn 帮助犯[幫-] N. <law> abettor
[1]**bāngzi** 帮子[幫-] N. ① outer leaf (of cabbage/etc.) ② upper (of shoes)
[2]**bāngzi** 梆子 N. ① <trad.> watchman's clapper ② <mus.> wooden clappers of unequal length ③ <thea.> a kind of Chinese opera originated in Shaanxi ④ <coll.> ⓐ rascal; villain ⓑ shoe upper ⓒ upper deck of a ship ⓓ stalk of a plant
[1]**bǎngzi** 膀子 N. ① upper arm; arm ② shoulder ③ wing
[2]**bǎngzi** 榜/膀子 N. <trad.> paper with resumé or reason for calling on a superior/ruler
bàngzi* 棒子 N. ① stick; club ② <topo.> maize; corn
bàngzichá 棒子茬/楂 N. cornstalk
bàngzidì 棒子地 N. <coll.> corn field
bàngzihé 棒子核 N. <topo.> corncob
bàngzimiàn(r) 棒子面(儿)[--麵-] N. <coll.> corn flour/meal
bāngziqiāng 梆子腔 N. ①North China (Shaanxi) opera performed to the accompaniment of [2]bāngzi ② music of such operas
[1]**bàngzir** 镑子儿 N. <topo.> a copper cash
[2]**bàngzir** 磅子儿 N. <topo.> ① a tiny amount ② a cent; a penny
bàngzi rángzi 棒子穰子 N. <topo.> corncob
bàngzi wōwo 棒子窝窝[-窩窩] N. <coll.> cone-shaped cornbread
bāngzuǐr 帮嘴儿[幫-] V.O. <coll.> speak in support of sb.; chime in with sb.
bànhān 半酣 ATTR. half drunk
bānháng 班行 F.E. in the same rank
bànhānzi 半憨子 N. ① a half-crazy person ② half-wit; fool
bànhé 拌和 ***See*** *bànhuo*
bànhé de 半合的 ATTR. <lg.> half-closed
bànhēishì 半黑市 N. gray or semi-black market
[1]**bānhén** 斑痕 N. ① speck; spot; stain ② vestige
[2]**bānhén** 瘢痕 N. scar M: [2]dào/[2]kuài
bànhé yuányīn 半合元音 N. <lg.> half-closed vowel
bàn hòushì 办后事[辦後-] V.O. make funeral arrangements
bànhóuyīn 半喉音 N. <lg.> semi-laryngeal sound
bǎnhú 板胡 N. <mus.> bowed string instrument with thin wooden soundboard M: [1]bǎ
[1]**bǎnhuà** 版画[-畫] N. <art.> etching; engraving; block print M: [10]fú
[2]**bǎnhuà** 板话 N. rhythmic comic talk
bānhuáng 搬簧 N. <coll.> switch (of lights/etc.)
bānhuì 班会 N. classwide meeting (of students)
bànhuìr 半会儿 N. a short while
bànhuo 拌和 V. mix and stir; blend

bànhuò* 办货[辦-] V.O. handle purchase of goods

bànhuochē 拌和车 N. truck mixer; cement mixer

bànhuò dàilǐrén 办货代理人[辦-] N. buying agent

bàniáng 吧娘 N. bar girl

bǎniào 把尿 V.O. hold baby while it urinates

[1]**bānjī*** 班机 N. ① airliner ② regular air service; scheduled flight

[2]**bānjī** 扳机 N. trigger M: [1]*tái*

bānjí 班级 N. classes and grades in school

bǎnjí 版籍 N. ① register of place of origin ② books

bānjiā* 搬家 V.O. ① move from one home to another ② remove; move

bānjià 扳价[-價] V.O. demand a high price

bànjià 半价[-價] N. half price

bānjiǎng 颁奖[-獎] V.O. present reward/honor

bànjiāo 绊交 V.O. <*coll.*> trip and fall

[1]**bànjiǎo*** 绊脚[-腳] V.O. trip up; be in the way

[2]**bànjiǎo** 半角 N. <*comp.*> single-byte input mode

bàn jiāoshè 办交涉[辦-] V.O. negotiate

bànjiǎoshí 绊脚石[-腳-] N. stumbling block; obstacle

bànjībànbǎo 半饥半饱 F.E. underfed

bǎnjié* 板结 V.P. hardpan (soil)

[1]**bànjié(r)** 半截(儿) NUM. half (a section) ♦ATTR. half-finished

[2]**bànjié** 办结[辦-] V. handle and wind up a legal case

bànjiéhuà 半截话 N. half-finished speech

bànjiéjiàn 半截剑 N. a short but smart person

bànjiérùtǔ 半截入土 F.E. have one foot in the grave

bànjiéyāo 半截腰 V.P. <*coll.*> at midpoint; in midcourse; at the halfway mark

bànjiézi 半截子 N. half

bànjiézi gémìng 半截子革命 N. half-way revolutionary

bānjīhào 班机号[-號] N. flight number

bànjīnbāliǎng 半斤八两 F.E. six of one, half a dozen of the other; Tweedledum and Tweedledee

bānjīnbōliǎng 搬斤播两 F.E. haggle over every ounce

bànjìng 半径[-徑] N. radius

bānjīngdàogù 班荆道故[-莉--] F.E. sit by a tree and reminisce

bǎnjīngōng 板金工 N. metal worker

bānjīngxiāngduì 班荆相对[-莉-對] F.E. <*wr.*> treat with courtesy

bànjīnshǔ 半金属[-屬] ATTR. semimetal

bànjìshù gōngrén 半技术工人[-術--] N. a semi-skilled worker

bānjiū 斑鸠 N. <*zoo.*> turtledove M: [2]*zhī*

bān jiùbīng 搬救兵 V.O. call in reinforcements; ask for help

bàn jiǔxí 办酒席[辦-] V.O. prepare a feast/banquet

bànjīxièhuà 半机械化 N. semi-mechanization

bànjù 半句 N. ① half a sentence ② a few words

bànjuésài 半决赛[-決-] N. <*sport*> semifinals

bàn jūn rú bàn hǔ 伴君如伴虎 F.E. Being in the king's company is like living with a tiger.

[1]**bānkāi** 搬开[-開] R.V. remove

[2]**bānkāi** 扳开[-開] R.V. pull out; pull to open

bànkāi 半开[-開] ATTR. <*lg.*> half-open

bànkāihuà 半开化[-開-] ATTR. semi-civilized

bànkāimén(r) 半开门(儿)[-開--] N. ① half-open door ② unlicensed prostitute

bànkāi mǔyīn 半开母音[-開--] N. <*lg.*> half-open vowel

bànkāiyǎnr 半开眼儿[-開--] ATTR. <*topo.*> pseudo-professional

bànkāi yuányīn 半开元音[-開--] N. <*lg.*> half-open vowel

bānkàojiūròu 颁犒酒肉 F.E. give a feast for victorious soldiers

bǎnkè* 版刻 N. carving; engraving

bànkē 拌磕 V. <*coll.*> collide; clash

bànkōng 半空 N. (in) mid air ♦ATTR. half-empty

bànkōngr 半空儿 N. <*coll.*> sth. that is half empty

bànkōngzhōng 半空中 ADV. <*coll.*> in mid air; in the air

bānkǒu 搬口 V.O. <*wr.*> sow discord

bǎnkǒu* 版口 N. <*print.*> type page

bānkǒunòngshé 搬口弄舌 F.E. tell tales

bānkuài 斑块[-塊] N. splotch

bǎnkuài* 板块[-塊] N. <*geol.*> tectonic plate

bǎnkuài gòuzao 板块构造[-塊構-] N. <*geol.*> plate tectonics

bànkuān 半宽[-寬] ATTR. <*lg.*> half-wide

bànlǎ 半拉 N. <*coll.*> half

bānláibānqù 搬来搬去 V.P. shift from one place to another

bānlán 斑/斓斓 V.P. <*wr.*> gorgeous; resplendent; multicolored

bànláng 伴郎 N. best man (at a wedding) M: [1]*ge*/[1]*míng*/[2]*wèi*

bǎnlángēn 板蓝根[-藍-] N. <*Ch. med.*> isatis root M: [2]*kuài*

bànláodònglì 半劳动力[-勞動-] N. semi-able-bodied or part-time worker

bànlǎoxúniáng 半老徐娘 F.E. a still-attractive woman past her prime

bànlǎ yuè 半拉月 N. <*coll.*> half a month

bànlāzi* 半拉子 N. <*coll.*> ① half; one part of two ② child laborer ③ laborer paid only half the going rate ***See also*** *bànlǎzi*

bànlǎzi 半拉子 N. <*coll.*> ① half of sth. ② one not qualified enough to be professional in a field ***See also*** *bànlāzi*

bǎnlì 板栗 N. <*bot.*> Chinese chestnut

bànlǐ* 办理[辦-] V. handle; conduct; transact

bǎnliǎn* 板脸 V.O. show a poker/straight/stern face; put on a blank expression

bànlián 半连 N. <*lg.*> semi-ligation (i.e., hyphen-joining of pinyin syllables) ***chūn-xià-qiū-dōng*** spring, summer, autumn, winter

bǎnliángqiáo 板梁桥[-橋] N. plate girder bridge

bànliánxiě 半连写[-寫] ***See*** *bànlián*

bànlǐbùshàn 办理不善[辦-] F.E. mismanage

bānliè 班列 N. relative ranks; order; sequence

bànlǐ gōngshǐ 办理公使[辦-] N. minister resident

bānlíng 斑羚 N. <*zoo.*> goral M: [2]*zhī*

bànliútǐ 半流体[-體] N. semifluid

bànlù(r) 半路(儿) N. halfway; midway; on the way

bānlǜ 斑绿 N. green dotted with black spots

bànlǚ* 伴侣[-侶] N. companion; mate; partner

bànlùchūjiā 半路出家 F.E. ① become a monk/nun late in life ② switch to a new profession one was not trained for

bànlǚ dòngwù 伴侣动物[-侶動-] N. pet

bànlùfūqī 半路夫妻 F.E. husband and wife previously married to different persons

bānlún 班轮 N. regular passenger/cargo ship; regular steamship service

bànluǒ 半裸 ATTR. half naked

bānmǎ 斑马 N. <*zoo.*> zebra M: [1]*pǐ*

bànmàibànsòng 半卖半送[-賣--] V.P. sell goods at rock-bottom prices (a sales gimmick)

bānmáo 斑蝥 N. Cicindela chinensis; Chinese blister beetle (a poisonous striped fly, genus Cantharides) M: [2]*zhī*

bànmǎsuǒ 绊马索 N. ① rope for tripping enemy's horse ② picket line M: [2]*gēn*

bānmǎxiàn 斑马线 N. pedestrian/zebra-stripe crossing M: [2]*dào*

bǎnmén 板门 N. wooden door M: [1]*shàn*

Bǎnméndiàn 板门店 P.W. Panmunjom (Korea)

bānménnòngfǔ 班门弄斧 ID. show off one's slight talent/skill before an expert ***Zhēn bùhǎoyìsi, zài nǐ miànqián ~.*** I'm making a fool of myself trying to show off before an expert like you.

bǎnmiàn* 版面 N. <*print.*> ① space of a whole page ② layout/makeup of printed sheet

bànmiàn 拌面[-麵] N. noodles served with soy sauce, sesame paste, etc.

bǎnmiàn shèjì 版面设计 N. <*print.*> layout

bànmiànxiàng 半面像 N. profile M: [10]*fú*/[4]*zuò*

bànmiànzhījiāo 半面之交 N. a once-met acquaintance

bànmíngbàn'àn 半明半暗 F.E. half-bright and half-shadowy; not very bright

bànmíngbù'àn 半明不暗 ***See*** *bànmíngbàn'àn*

bànmíngbùmiè 半明不灭[-滅] F.E. not very bright (of lamps/candlelight/etc)

bǎnmó 版模 N. wooden mold

bànmó* 瓣膜 N. <*phys.*> valve

bànmǔ 半亩[-畝] N. half an acre (6.[6]mu=1 Western acre)

bànmǔyīn 半母音 N. <*lg.*> semivowel

bànnián 半年 N. half a year

bànniáng 伴娘 N. bridesmaid

bàn niánhuò 办年货[辦-] V.O. do New Year shopping

bānniú 斑牛 N. a brindled bull/cow M: [1]*tóu*

bānnòng 搬弄 V. ① move sth. about; fiddle with ② show off; display ③ incite; sow discord

bānnòng shìfēi 搬弄是非 V.O. sow discord; tell tales; make mischief

bānnuó 搬挪 V. move (home/grave/etc.)

bānpèi* 般/班配 S.V. <*coll.*> be well matched (as in marriage); match each other

bànpéi 伴陪 V. accompany; keep sb. company

bǎnpí 板皮 N. slab; rough outside piece cut from a log (as when sawing into boards)

bànpiàntiān 半片天 N. ① half the sky ② <*PRC*> women (folk) ***See also*** *bànbiāntiān*

bànpiào 半票 N. half-price ticket; half fare M: [1]*zhāng*

bānpíng 扳平 R.V. make level

bànpíngcù 半瓶醋 ID. <*coll.*> one who makes a great display of little knowledge; dabbler

bànpíngzicù 半瓶子醋 ID. <*coll.*> one who makes a great display of little knowledge; dabbler

bànpō* 半坡 N. halfway up the hill ***See also*** *Bànpō*

Bànpō 半坡 P.W. Banpo (neolithic archeological site) ***See also*** *bànpō*

Bànpō Wénhuà 半坡文化 N. <*archeo.*> Banpo culture

bānqī* 班期 N. schedule (for flights/voyages/etc.); timetable

bǎnqǐ 板起 R.V. straighten up (body/face/etc.)

bànqí 半旗 N. half-mast

bànqǐ 扮起 R.V. be dressed up as; play the part of; disguise oneself as

bānqiān* 搬迁[-遷] V. move; transfer; relocate

bānqián 搬钳 N. wrench (tool)

bǎnqiáng 板墙[-牆] N. wooden wall

bānqiānhù 搬迁户[-遷-] N. relocated household; household to be relocated

bànqiánshǎng 半前晌 N. <*coll.*> forenoon; morning

bǎnqiáo 板桥[-橋] N. wooden bridge M: [4]*zuò* ♦P.W. a city in Taiwan

bānqībiǎo 班期表 N. timetable M: [1]*zhāng*

bǎnqǐ liǎn lai 板起脸来 V.P. <*coll.*> ① put on a poker face ② look stern/displeased

bǎnqǐ miànkǒng 板起面孔 V.O. put on a stern face

bànqīng 半清 N. <*lg.*> half-voiceless

bànqīngbànhuáng 半青半黄 F.E. ① not quite mature ② know subject/lesson half well

bànqīngbànzhuó 半清半浊[-濁] F.E. <*lg.*> ① half-voiced ② half-voiceless

bǎnqiú 板球 N. <*sport*> ① cricket ② cricket ball

bànqiú* 半球 N. hemisphere

bànqiúxíng 半球形 ATTR. hemispheric

bǎnquán 版权[-權] N. <*print.*> copyright

bǎnquánfǎ 版权法[-權-] N. copyright law

bǎnquánsuǒyǒu 版权所有[-權--] F.E. all rights reserved (book copyright statement)
bǎnquán sùsòng 版权诉讼[-權--] N. action taken under the copyright law
bǎnquányè 版权页[-權-] N. copyright page; colophon
bǎnquán yōngyǒuzhě 版权拥有者[-權擁--] N. copyright owner
bànqún 半群 N. <math.> semigroup; hemigroup
[1]bānr 班儿 N. <coll.> ① time; occasion ② work shift
[2]bānr 瘢儿 N. scar
bǎnr 板儿 N. board; plank; plate
[1]bànr* 伴儿 N. companion; partner
[2]bànr 瓣儿 N. petal
[3]bànr 绊儿 N. <coll.> impediment; obstruction
bǎnrcùn 板儿寸 N. <coll.> closely cropped hair; bush-top
bànrénbànguǐ 半人半鬼 F.E. ① half human, half ghost ② living in inhuman conditions
Bànrénmǎzuò 半人马座 N. <astr.> Centaurus
bànrì 半日 N. half a day ♦ATTR. semidiurnal
bànrìzhì xuéxiào 半日制学校 N. half-day (or double-shift) school
bǎnrjí 板儿脊 A.T. <coll.> bare-chested (of a man)
bānrpíng 扳儿平 V.P. <coll.> extremely flat; perfectly smooth
bǎnrpíng* 板儿平 V.P. level
bānruò 般若 *See bōrě*
bǎnryá 板儿牙 N. <topo.> ①front tooth; incisor ② molar ③ <mach.> screw die
bǎnryé 板儿爷[-爺] N. <slang.> pedicab man; tricycle operator
bànsāiyīn 半塞音 N. <lg.> semi-occlusive
bàn sāngshì 办丧事[辦喪-] V.O. arrange/handle funeral matters
bànshān 半山 N. halfway up the mountain
bānshǎng 颁赏 V.O. reward with bounties
bānshang 搬上 R.V. ① move sth. to somewhere ② stage (a play/film)
bànshāng 半商 ATTR. <lg.> palatal-nasal
[1]bànshǎng* 半晌 N. <topo.> ① half a day ② quite a while
[2]bànshǎng 半上 N. <lg.> half-third tone
bànshǎngdiào 半上调 N. <lg.> half-third tone
bǎnshàngdìngdīng 板上钉钉 ID. that clinches it; that's final
bànshǎngshēng 半上声[-聲] N. <lg.> half-third tone
bànshǎngwu 半晌午 N. <topo.> a little before noon; about noon
bǎnshàngzǒuwán 阪上走丸 F.E. easy and quick as rolling a ball down a slope
bànshānyāo 半山腰 N. halfway up a mountain
bànsháo 拌勺 N. mixing spoon M: [1]*bǎ*
bànshēn 半身 N. half of a body (vertically/horizontally)
bànshēnbùsuí 半身不遂 N. <med.> hemiplegia (paralysis in half the body)
[1]bànshēng 半生 N. half a life-time ♦ATTR. half-cooked
[2]bànshēng 半升 ATTR. <lg.> low/half rising tone
[3]bànshēng 伴生 V. ①plant protective vegetation ② <min.> extract second ore
bànshēngbùshú 半生不熟 F.E. ① half-cooked ② half familiar with (a lesson/etc.) ③ casual acquaintance
bàn shēngrì 办生日[辦-] V.O. carry out a birthday celebration
bànshēngwù 伴生物 N. associated matter/thing/etc.
bànshēngyǔ 伴生语 N. <lg.> cognate
bànshēnxiàng 半身像 N. ① half-length photo/portrait M: [10]*fú* ② bust M: [4]*zuò*
bān shétou 搬舌头 V.O. <topo.> stir up trouble
bànshéyīn 半舌音 N. <lg.> ① lateral sound ② ancient lateral initial ③ semi-palatal sound
bānshī 班师[-師] V. <wr.> withdraw troops from the front; return after victory
bānshì 颁示 V. make public

bǎnshi 板实[-實] S.V. <topo.> ① hard; firm ② well-pressed
[1]bǎnshì 版式 N. <print.> page format
[2]bǎnshì 板式 N. type of meter for Chinese operatic music
bànshí 伴食 ID. hold a sinecure
[1]bànshì* 办事[辦-] V.O. handle affairs; work
[2]bànshì 半世 N. half a lifetime
bǎn shì bǎn, yǎn shì yǎn 板是板,眼是眼 F.E. very well organized/presented
bànshì bù láo 办事不牢[辦-] V. be untrustworthy in handling affairs
bànshìchù 办事处[辦-處] P.W. office; agency
bànshì de 办事的[辦-] N. a clerk
bànshìfáng 办事房[辦-] P.W. office
bān shìfēi 搬是非 V.O. gossip to cause conflict
bànshìgōngdao 办事公道[辦-] F.E. ① act fairly ② be fair and just in handling matters
bànshìgōngzhèng 办事公正[辦-] F.E. be fair and just in handling matters
bānshīhuícháo 班师回朝[-師--] F.E. <wr.> ① withdraw troops from the front ② return after victory
bànshì jīgòu 办事机构[辦-構] N. administrative/working body
bànshì rènzhēn 办事认真[辦-認-] V.P. be conscientious in one's work
bàn shíshì 办实事[辦實-] V.O. solve real problems
bànshīyè 半失业[-業] ATTR. semi-employed; partly employed; underemployed
bànshīyèzhě 半失业者[--業-] N. semi-unemployed person
bànshìyuán 办事员[辦-] N. office worker; officer
bànshìzǔ 办事组[辦-] N. administrative group
bānshou* 扳手 N. ① wrench; spanner ② lever (on machine) ③ trigger of a gun *See also bānshǒu*
bānshǒu 扳手 <coll.> V.O. hold back sb.'s hands ♦A.T. in need of money; hard up for cash *See also bānshou*
bānshòu 颁授 V. ① award ② issue; promulgate
bànshóu 半熟 V.P. ①half-familiar ②half-cooked
bànshòu 办寿[辦壽] V.O. prepare a birthday celebration
bànshǒubànjiǎo 绊手绊脚[-腳] F.E. be in the way
bān shǒujìn(r) 扳/搬手劲(儿)[--勁-] V.O. <coll.> arm/Indian wrestle
bàn shòushì 办寿事[辦壽-] V.O. prepare a birthday celebration
bān shǒuwàn(r) 扳/搬手腕(儿) V.O. <coll.> arm/Indian wrestle
bǎnshū 板书[-書] N./V. blackboard writing
bànshù* 半数[-數] N. half (the number)
bǎnshuā 板刷 N. scrubbing brush M: [2]*zhī/ge*
bànshuāiqī 半衰期 N. <phy.> half-life
bǎnshuì 版税 N. royalty (on books) M: [2]*bǐ*
bànshuìmián zhuàngtài 半睡眠状态[-狀態] N. half-sleep
bànshúliàn 半熟练[-練] ATTR. semi-skilled
bànsǐ(r) 半死(儿) CMP. half-dead *qì de* ~ madly angered
bànsǐbànhuó 半死半活 V.P. ① be half-dead ② be listless
bànsǐbùhuó 半死不活 F.E. ① be half-dead ② be listless
bànsīyíng 半私营[-營] N. semi-privately owned/operated
bànsīyǒuzhì 半私有制 N. system of semiprivate ownership
bànsòng 伴送 V. escort
bànsōngbànjǐn 半松半紧[-鬆-緊] F.E. <lg.> medium tension
bànsù 伴宿 V. <topo.> attend an overnight wake
bànsuàn 拌/绊蒜 V.O. <topo.> ① stumble; trip over one's own feet; totter ② walk knock-kneed ③ do in an awkward/slipshod way ④ meet constant frustrations

bànsuí 伴随[-隨] V. accompany, follow ♦ATTR. accompanying; adjunct
bànsuí jiècí 伴随介词[-隨--] N. <lg.> preposition of accompaniment
bànsuíwù 伴随物[-隨-] N. accompaniment
bànsuíyǔ 伴随语[-隨-] N. <lg.> paralanguage
bànsuí yǔyán 伴随语言[-隨--] N. <lg.> paralanguage
bànsuí yǔyánxué 伴随语言学[-隨---] N. <lg.> paralinguistics
bānsuō 搬唆 V. <wr.> stir up trouble; incite
bǎntián 阪田 N. ① hillside farm field ② rugged and stony field
bàntiān* 半天 N. ① half a day ② long time; quite a while ③ midair
bàntiānkōng 半天空 N. half of the sky; (in) midair
bǎntiáo 板条[-條] N. ① lath M: [2]*gēn* ② <print.> leading
bǎntiáoxiāng 板条箱[-條-] N. crate M: [2]*zhī*
bàntóng 伴同 V. accompany
bàntōngbùtōng 半通不通 F.E. ① half-understandable ② having half-mastery (of subject)
bàntōnghuòpéngzhàng 半通货膨胀 N. <econ.> semi-inflation
bàntǒngxuē 半筒靴 N. half-boot M: [1]*shuāng*
bàntóu 半头 N. half length of head (vertically) ♦ATTR. ① half ② <coll.> half-grown
bàntòumíng 半透明 ATTR. translucent; semi-transparent
bàntòumíngtǐ 半透明体[-體] N. translucent body
bàntòumíngzhǐ 半透明纸 N. onionskin (paper) M: [1]*zhāng*
bāntóur 班头儿 N. group leader
bāntū 斑秃[-禿] N. patchy hair loss
Bāntú 班图[-圖] N. Bantu
bǎntú 版图[-圖] N. ① domain; territory; lay of the land ② household registers and maps; population and territory
bàntú* 半途 N. halfway; midway
bàntǔbànyàn 半吐半咽 F.E. mumble sth.; speak hesitantly
bàntú'érfèi 半途而废[-廢] F.E. give up halfway; leave sth. unfinished
bàntúhuànmǎ 半途换马[--換-] F.E. change leaders in difficult times
bàntuǐ 绊腿 V.O. <coll.> trip; impede leg movement
bàntuì* 半退 ATTR. semi-retired
bàntuībànjiù 半推半就 F.E. yield with a show of reluctance
bàntūnbàntǔ 半吞半吐 F.E. hem and haw
bàntuō 半托 N. day care (for children)
bàntuǒ* 办妥[辦-] V. ①finish handling ②settle a matter
bàntuōchǎn 半脱产[-產] ATTR. partly released from productive labor or one's regular work
bānǚ 吧女 N. <loan> barmaid (English *bar* and *nǚ*) M: [2]*ge*/[1]*míng*
bǎnwǎ 板瓦 N. slightly concave tile M: [2]*kuài*
bànwǎng 绊网[-網] N. trip wire
bān wànzi 扳/搬腕子 V.O. arm/Indian wrestling
bǎnwèi 版位 N. ① ancestral/memorial tablet ② sacred tablet used as the symbol of a deity
bānwěihuì 班委会 N. class committee
bānwén 斑纹 N. ① stripe; streak ② maculation M: [2]*dào*/[1]*tiáo*
bànwénbànbái 半文半白 F.E. semi-literary, semi-vernacular
bànwénbànsú 半文半俗 F.E. half classical, half colloquial
bànwénbùbái 半文不白 F.E. confused linguistic style
bànwénhuàcí 半文化词 N. <lg.> semi-cultural word
bànwénmáng 半文盲 N. semi-literate
bānwū 斑污 N. stain; blotch
bǎnwū 板屋 N. house constructed of boards; plank house M: [4]*zuò*/[1]*jiān*

B

B

bànwǔ* 伴舞 V. ①accompany in dancing ②taxi dance ♦N. taxi dancer
bànwúchǎn jiējí 半无产阶级[--產階-] N. semi-proletariat
bànwúchǎnzhě 半无产者[--產-] N. a semi-proletarian
bānwùhuì 班务会[-務-] N. a routine meeting of a squad/team/class
bànxì 扮戏[-戲] V.O. <thea.> ①make up ②play the part of ③<trad.> put on a play
bànxià 半夏 N. <Ch. med.> *Pinellia ternata*
bànxiàdào 半夏稻 N. rice crop harvested in September or October
bànxiān 半仙 N. a semi-immortal; sb. who claims ability to communicate with spirits
bǎnxiāng 板箱 N. wooden suitcase M: ²*zhī*
bànxiāng 瓣香 N. ① petal-like incense used in the worship of Buddha ② the worship/admiration of someone
bànxiǎng 半响[-響] ATTR. <lg.> half-voiced
bànxiàng(r)* 扮相(儿) N. actor's appearance after putting on costume and makeup
bàn xiánshuǐhú 半咸水湖[-鹹--] N. brackish-water lake
bànxiē 半歇 N. <topo.> a long time
bànxiéyīn 半谐音 N. <lg.> assonance
bǎnxīn 版心 N. <print.> type page
bànxīn* 半薪 N. half (one's) salary
bànxīnbànyì 半心半意 F.E. be half-hearted
bànxìnbànyí* 半信半疑 F.E. half-believe, half-doubt
bànxīnbùjiù 半新不旧[-舊] F.E. ① no longer new; showing signs of wear ② neither modern nor obsolete
bānxíng* 颁行 V. ① issue for enforcement ② publish and circulate
bànxīng 伴星 N. <astr.> companion (star)
bànxíng 半形 ATTR. <comp.> half-width (of characters)
bànxǐngbànshuì 半醒半睡 F.E. half awake and half asleep
bànxīngr 半星儿 N. tiny bit; very small amount ***Tā zhè huà méiyǒu ~ máiyuàn de yìsi.*** There wasn't the slightest suggestion of complaint in his words.
bànxìng yíchuán 伴性遗传[-傳] N. <bio.> sex-linked inheritance
bǎnxíng yìnshuājī 板形印刷机 N. matrix printer M: ¹*jià*
bàn xǐshì 办喜事[辦-] V.O. ① organize/hold a wedding ② organize/hold festive event
bànxiū* 半休 V. work half day and rest half
bànxiǔ 半宿 N. <coll.> half the night
bànxué 办学[辦-] V.O. run a school
bànxuéxīngcái 办学兴才[辦-興-] F.E. build schools and foster talents
bǎnyā* 板鸭 N. pressed (dried) salted duck M: ²*zhī*
bǎnyá 板牙 N. <coll.> front teeth
bānyán 斑岩 N. <geol.> porphyry
bānyǎn 搬演 V. reenact
bǎnyān 板烟[-煙] N. plug (of tobacco)
bǎnyán 板岩 N. <geol.> slate
bǎnyǎn 板眼 N. ① <mus.> measure ② orderliness; prim and proper
bànyǎn* 扮演 V. play the part of; act
bànyǎnménr 半掩门儿 N. ① half-closed door ② unlicensed prostitute
bànyàn rényuán 伴宴人员 N. escort
bànyǎnzhě 扮演者 N. performer
bànyāo 半腰 N. middle; halfway
bànyè 半夜 N. ① midnight; (in) the middle of the night ② half a night
bànyè de shíguāng 半夜的时光[---時-] N. <coll.> in the middle of the night
bànyè-sāngēng 半夜三更 N. in depths of the night; late at night
bànyè tàiyáng 半夜太阳[-陽] N. <astr.> midnight sun
bānyī 斑衣 N. colorful dress/clothing (esp. children's) M: ²*jiàn*
bānyí* 搬移 V. move; transport; shift
¹**bànyīn** 伴音 N. ① overtone; harmonic ② accompanying sound
²**bànyīn** 半音 N. <mus.> semitone
bǎn(r)yìng* 板(儿)硬 V.P. <topo.> tough; harsh
bànyǐng 半影 N. <astr.> penumbra
bànyīnjiē 半音阶[-階] N. <mus.> chromatic scale
bànyīnyáng 半阴阳[-陰陽] N. ambisexuality; hermaphrodism
bànyīnyǐngqū 半阴影区[-陰-區] N. twilight zone
bànyìshi 半意识[-識] N. semiconsciousness
bānyīxìcǎi 斑衣戏彩[--戲-] F.E. <trad.> dress like a clown to amuse one's parents ♦N. theatrical costumes
bānyòng 搬用 V. ① copy mechanically ② apply indiscriminately
bǎnyóu 板油 N. leaf fat/lard
bànyóu* 伴游 V. accompany on tour
bànyǒu 伴有 V. be accompanied by
bǎnyú 板鱼 N. <zoo.> the flounder M: ¹*tiáo*
¹**bànyuán** 半圆 N. semicircle
²**bànyuán** 半元 N. half ²*yuán*
bànyuánguī 半圆规 N. protractor M: ²*zhī*
bànyuánxíng 半圆形 N. semicircular shape
bànyuányí 半圆仪[-儀] N. protractor M: ²*zhī*
bànyuányīn 半元音 N. <lg.> glide; semivowel
¹**bànyuè** 半月 N. ① half-moon ② half month ③ <med.> meniscus
²**bànyuè** 伴乐[-樂] N. <thea.> musical accompaniment
bànyuè de shíguāng 半月的时光[---時-] N. <coll.> a period of half a month
bànyuèkān 半月刊 N. semimonthly; fortnightly (journal)
bànyuèxíng 半月形 ATTR. like a half moon
bānyùn* 搬运[-運] V. move; transport
bànyún 拌匀[-勻] V. mix evenly
bānyùnfǎ 搬运法[-運-] N. method of transportation/carrying
bānyùnfèi 搬运费[-運-] N. carriage/freight expense
bānyùngōng 搬运工[-運-] N. porter; docker
bānyùn gōngrén 搬运工人[-運--] N. porter; docker
bānyùn gōngsī 搬运公司[-運--] N. moving/transportation company
bǎnyǔqiú 板羽球 N. ① <sport> battledore and shuttlecock; badminton ② shuttlecock
bànyǔyán 半语言 ATTR. <lg.> semilingual
bànyǔyán xiànxiàng 半语言现象 N. <lg.> semilingualism
bànyǔzi 半语子 N. dysphasic
bànzǎi* 半载 N. six months; half a year ***See also*** *bànzài*
bànzài 半载 ATTR. half-loaded ***See also*** *bànzǎi*
bànzále 办砸了[辦-] V.P. <coll.> botch
bànzéi 办贼[辦-] V.O. <coll.> try and punish thieves/rebels
bānzèng 颁赠 V. confer honors/degrees
bānzhá 扳闸 V.O. <coll.> ① operate a switch; switch on or off ② shift gear
bànzhǎi 半窄 ATTR. <lg.> half-narrow
bānzhǎng* 班长 N. ① class monitor ② <mil.> squad leader ③ (work) team leader
bǎnzhàng 板障 N. <mil.> wooden structures used in obstacle practice
bànzhǎngcháo 半涨潮 N. half flood
bǎnzhe liǎn 板着脸[-著-] V.O. ①keep a straight face ② look cross
bǎnzhe miànkǒng 板着面孔[-著--] V.O. keep a straight face
bānzhěn 斑疹 N. <med.> macula
bànzhēnbànjiǎ 半真半假 F.E. ① partly true, partly false ② half in jest, half in earnest
bānzhèng* 颁证[-證] V.O. present documents which can certify, identify, or testify to sth.
bǎnzhèng 板正 S.V. upright; regular; proper
bànzhèngfǔ 半政府 ATTR. semi-official; semi-governmental
bànzhèngshì yǔyán 半正式语言 N. <lg.> semi-formal language
bānzhěn shānghán 斑疹伤寒[--傷-] N. <med.> typhus
bǎnzhí* 板直 V.P. unbending; stern
bǎnzhǐ 板纸 N. paperboard
bǎnzhì 板滞[-滯] V.P. stiff; dull
bànzhǐ 半徵 N. <lg.> lateral sound
bànzhì 办置[辦-] V. buy/purchase (durables)
bǎnzhíbùtōng 板执不通[-執--] F.E. adhere stubbornly to one's own opinions
bànzhìchéngpǐn 半制成品[-製--] N. semimanufactured goods; semiprocessed products
bànzhìjiāng 半制浆[-製漿] N. half stuff; semi-pulp (of paper-making)
bànzhīlián 半枝莲 N. <bot./Ch. Med.> Panchihlien (*Scutellaria barbata*)
bànzhímíndì 半殖民地 N. semi-colony
bànzhìpǐn 半制品[-製-] N. <econ.> semi-manufactured goods
bānzhir 扳/班/搬指儿 N. jade ring (originally to protect an archer's thumb)
bànzhíyì 半直译[-譯] N. <lg.> semi-literal translation
bànzhǒng 拌种[-種] V.O. <agr.> dress seeds
bànzhǒngjī 拌种机[-種-] N. seed mixing machine M: ¹*jià*
bànzhōngjiān 半中间 N. middle; halfway
bànzhōngyāo 半中腰 N. <coll.> middle; halfway
bànzhōu 半周 N. ① semi-cycle ② half a week
bànzhōukān 半周/週刊 N. semiweekly (journal)
bānzhú* 斑竹 N. <bot.> mottled bamboo M: ⁵*zhī*/⁴*zhī*/²*gēn*
bānzhǔ 班主 N. <trad.> head of a theatrical troupe
bǎnzhǔ 版主 N. website manager
bǎnzhù 版筑[-築] V.O. ① build (walls with the aid of supporting boards) ② build; construct
bànzhu 绊住 R.V. entangle
bānzhuǎn 扳转[-轉] V. turn
bànzhuāng 扮装[-裝] V. ① make up ② put on makeup
bānzhuānzájiǎo 搬砖砸脚[-磚-腳] F.E. hurt oneself by one's own doing; boomerang
bànzhuó 半浊[-濁] ATTR. <lg.> half-voiced
bànzhǔquánguó 半主权国[-權國] N. a half-sovereign state
bānzhǔrèn 班主任 N. teacher in charge of a class M: ¹*ge*/¹*míng*/²*wèi*
¹**bānzi** 班子 N. ① <thea.> operatic company ② organized group; team ③ brothel
²**bānzi** 扳/搬子 N. spanner; wrench; spanner wrench M: ²*zhī*/*ge*
bānzì 斑渍 N. stain; dirt; blotch M: ²*kuài*/¹*diǎn*
bǎnzi* 板子 N. ① board; plank ② bamboo/birch for corporal punishment
¹**bànzi** 绊子 N. ① tripping up ② hobble
²**bànzi** 柈子 N. firewood
bànzǐ 半子 N. son-in-law; daughter's husband
bànzìdòng 半自动[-動] ATTR. semiautomatic
bànzìdòng bùqiāng 半自动步枪[--動-槍] N. semiautomatic rifle
bànzìdònghuà 半自动化[--動-] N. semiautomation
bànzìgēngnóng 半自耕农[-農] N. semi-tenant/semi-owner peasant
bānzǒu 搬走 R.V. take/move away; vacate
bànzòu* 伴奏 V. accompany (with musical instruments)
bànzòuzhě 伴奏者 N. musical accompanist
bānzǔ 班组 N. teams/groups (in factories/etc.)
bànzuǐ* 拌嘴 V.O. bicker; squabble ***Tāmen liǎngkǒuzi jīngcháng ~.*** The husband and wife are constantly bickering.
¹**bànzuì** 半醉 ATTR. half drunk
²**bànzuì** 办罪[辦-] V.O. punish
bànzuǐdòushé 拌嘴斗舌[--鬥-] F.E. <coll.> quarrel
bānzuǐráoshé 搬嘴饶舌[--饒-] F.E. say evil things behind sb.'s back

bànzuò 扮作/做 V. be dressed up as; play the part of; disguise oneself as

bànzuǒle 办左了[辦-] V.P. <coll.> handled incorrectly

bānzǔzhǎng 班组长 N. group leader/monitor

[1]**bāo*** 包 V. ① wrap ② surround; encircle; envelop ③undertake the whole thing ④assure; guarantee ♦N. ① bundle; package ② bag; sack ③ protuberance; swelling ④ Surname ♦B.F. include; contain *bāokuò* ♦M. *for objects in bundles/packages/etc.*

[2]**bāo** 剥[剝] V. shell; peel; skin *See also* [4]*bō*

[3]**bāo** 胞 B.F. ① womb; placenta [1]*bāoyī* ② sibling *bāoxiōng* ③ compatriot *tóngbāo*

[4]**bāo** 苞 N. ① bud ② <wr.> luxuriant growth

[5]**bāo** 炮 V. ① quick-fry; sauté ② dry by heat *See also* [3]*páo*, [1]*pào*

[6]**bāo** 褒 B.F. praise; encourage *bāobiǎn*

[7]**bāo** 煲 B.F. <topo.> small tabletop crockery cooking pot *diànfànbāo* ♦V. cook/boil with a *bāo* *See also* *tànhuǒ bāoshuǐ*

[8]**bāo** 孢 B.F. spore *bāozǐ*, *yábāo*

[9]**bāo** 龅[齙] B.F. protuberant tooth/teeth [1]*bāoyá*, *bāozuǐr*

[1]**báo** 薄 S.V. ①thin; flimsy ②weak; light ③lacking in warmth; cold ④ infertile *See also* [3]*bó*, [3]*bò*

[2]**báo** 雹 B.F. hail *báozi*

[1]**bǎo** 饱[飽] S.V. ①full; plump ②satiated/full ♦V. satisfy ♦ADV. fully ♦CMP. to satiation/satisfaction *chībǎo*

[2]**bǎo** 保 V. ① guarantee ② stand guarantor for sb. ♦B.F. ① protect [1]*bǎohù* ② keep *bǎoliú* ③ guarantor *bǎoren*

[3]**bǎo** 宝[寶] N. treasure ♦B.F. precious; treasured *bǎobèi*

[4]**bǎo** 堡 B.F. fort; fortress *bǎolěi* *See also* [5]*bǔ*, [4]*pù*

[5]**bǎo** 褓 B.F. swaddling clothes *qiǎngbǎo*

[6]**bǎo** 鸨[鴇] B.F. ①bustard ②procuress [1]*lǎobǎo*, [2]*bǎomǔ*

[7]**bǎo** 葆 V. <wr.> ①grow luxuriantly ②preserve; nurture

[1]**bào** 抱/菢 V. ① hold/carry in arms ② have first child ③ adopt ④ <topo.> handle together ⑤ cherish ⑥ hatch; brood ♦M. *for armfuls*

[2]**bào** 报[報] V. ① report ~ *xiàozhǎng pīzhǔn* report/submit sth. to the school principal for approval ②reply ③recompense ♦N. ①newspaper ② periodical ③ bulletin ④ telegram

[3]**bào** 暴 S.V. ① sudden and violent ② cruel; savage ③ short-tempered ♦V. stick out; bulge ♦N. Surname *See also* [3]*pù*

[4]**bào** 爆 V. ① explode; burst ② quick-fry; quick-boil ♦B.F. erupt; burst out [1]*bàofā*

[5]**bào** 刨/铇[-/鉋/鑤] V. plane (sth. down) ♦B.F. carpenter's plane [2]*bàozi* *See also* [2]*páo*

[6]**bào** 豹 N. ① leopard ② panther

[7]**bào** 鲍[鮑] B.F. abalone *bàoyú* ♦N. Surname

[8]**bào** 曝 B.F. expose *bàoguāng* *See also* [3]*pù*

bǎo'ài* 宝爱[寶愛] V. love dearly; treasure; be very fond of

bào'āi 抱哀 V. complain

bǎo'ān 保安 V.O./N. ① ensure public security ② ensure safety (for workers)

bǎo'àn 保案 V.O. proposal for merit citation

bào'àn* 报案[報-] V.O. report case to security authorities

bǎo'ān dàduì 保安大队[-隊] N. peace preservation corps

bǎo'ānduì 保安队[-隊] N. <hist.> peace preservation corps (under KMT and warlord rule)

bǎo'ān jǐngchá 保安警察 N. security police

bǎo'ānlín 保安林 N. shelter forest

bǎo'ān rényuán 保安人员 N. security personnel

bǎo'ān zhuāngzhì 保安装置[--裝-] N. protective device

Bǎo'ānzú 保安族 N. Bonan (Paoan) minority (in Gansu)

bāobàn* 包办[-辦] V. ① take care of the entire job ② run the whole show

báobǎn 薄板 N. sheet metal; sheet

bāobàndàitì 包办代替[-辦--] F.E. run things all by oneself without consultation

bāobàn hūnyīn 包办婚姻[-辦--] V.O./N. arranged marriage

bāobao 包包 N. <coll.> ① wrapped package ② every package

báobào 雹暴 N. hailstorm

[1]**bǎobǎo*** 宝宝//保保[寶寶//-] N. precious/ darling baby

[2]**bǎobǎo** 葆葆 N. <topo.> lush and luxuriant growth

bǎobǎo de 饱饱的 ATTR. <coll.> stuffed with food; surfeited

bǎobei 宝贝[寶-] N. <coll.> treasured thing; darling

bǎobèi(r)* 宝贝(儿)[寶-] N. ① treasured object; treasure ② darling; baby ③ cowry ④ good-for-nothing; odd character ♦V. treasure ♦S.V. treasured

bàobèi 报备[報備] V. <TW> inform authorities of intended action for which authorization is not clear

bǎobèigēda 宝贝疙瘩[寶-] N. pet child

bào bēiguān 报悲观[報-觀] V.O. feel/be pessimistic

bāobèizhuāng 包背装[-裝] N. <print.> wrapped-ridge binding

bǎoběn(r) 保本(儿) V.O. break even

bàoběnzhuīyuǎn 报本追远[報-遠] ID. requite and follow one's ancestors

bāobì* 包庇 V. harbor; cover up; shield

bàobì 暴毙[-斃] V. meet sudden death

bāobian 褒贬 V. <coll.> speak ill of; decry *See also* *bāobiǎn*

bāobiān(r) 包边(儿)[-邊-] N./V.O. edge

bāobiǎn* 褒贬 V. ① pass judgment on; appraise ②praise and disparage ♦N. criticisms; comments *See also* *bùzhìbāobiǎn* *See also* *bāobian*

bàobiàn 豹变[-變] V. go from rags to riches

bāobiǎn shì mǎizhǔr 褒贬是买主儿[---買--] V.P. <topo.> sb. able to give and take criticism

bǎobiāo* 保镖/镳 N. bodyguard; guard for persons/goods in transit

bàobiǎo 报表[報-] N. forms for reporting statistics/etc. M: [1]*zhāng*

bàobiǎo chǎnshēngqì 报表产生器[報-產--] N. <comp.> report generator M: [1]*tái*

báobǐng 薄饼 N. thin pancake M: [1]*zhāng*/[2]*kuài*

[1]**bàobīng** 刨冰 N. ①powdered/shaved ice ②ice water

[2]**bàobīng** 抱冰 V.O. train oneself to endure hardships

[1]**bàobìng*** 抱病 V.O. be ill (yet continue to do sth.); be in bad health

[2]**bàobìng** 暴病 N. sudden attack of serious illness

báobǐnggān 薄饼干[-乾] N. wafer M: [2]*kuài*/[1]*piàn*

bàobìng gōngzuò 抱病工作 V.P. go on working despite ill health

bāobō 胞波 N. <Burmese loan> Ch. compatriot

bǎobudìng 保不定 ADV. most likely; probably

bāobuliǎo 包不了 R.V. ① be unable to pack/ wrap up ② be unable to undertake

bàobùpíng 抱不平 V.P. be outraged by an injustice (done to sb. else)

bǎobuqí 保不齐[-齊] ADV. <coll.> most likely; probably

bǎobuqí de shì 保不齐的事[--齊--] N. <coll.> sudden happening

bàobuxià 报不下[報-] R.V. unable to report

bǎobuzhù 保不住 ADV. most likely; probably ♦R.V. can't guarantee

bǎocān 饱餐 V. stuff oneself; eat to the full

bāocáng* 包藏 V. contain; harbor; conceal

bǎocáng 保藏 V. keep in store; preserve ♦N. preservation

bāocáng huòxīn 包藏祸心[--禍-] V.O. harbor evil intentions

bǎocángpǐn 保藏品 N. stored goods

bàocánhánxiū 抱惭含羞 F.E. be overcome with shame

bàocánshǒuquē 抱残守缺[-殘--] F.E. ① stick to outdated things/ways ② be conservative

bǎocānxiùsè 饱餐秀色 F.E. fully enjoy the beauty

bǎocānyīdùn 饱餐一顿 F.E. eat one's fill; be full

bàocā yīnqún 爆擦音群 N. <lg.> affricate

bǎochà 宝刹[寶刹] N. ① Buddhist temple/ monastery ② the pagoda of a temple

bàochāi 报差[報-] N. newspaper delivery boy

bāochǎn 包产[-產] V.O. make a production contract; take full responsibility for output quotas

bāochǎndàohù 包产到户[-產--] F.E. <PRC> ① fixing of farm output quotas for each household ②production contracted to the household

bāochǎndàozǔ 包产到组[-產--] F.E. <PRC> production contracted to the team

bāochāng 包娼 V.O. harbor/protect brothel; book a specific call-girl long-term

bāochǎng 包场[-場] V.O. book a whole theater; make block booking

bǎocháng 饱尝[-嘗] V. have fully tasted/experienced

bǎocháng* 报偿[報償] V. repay; recompense ♦N. compensation

bǎochángxīnsuān 饱尝辛酸[-嘗--] F.E. have been through all kinds of hardships

bāochǎn hétóng 包产合同[-產--] N. contract for fixed output

bāochǎntián 包产田[-產-] N. <PRC> contracted fields

bāochāo* 包抄 V. outflank; envelop

bǎochāo 宝钞[寶-] N. paper currency

bàochǎo 爆炒 V./N. <coll.> launch a whirlwind mass media advertising campaign

bāochē 包车 N. chartered vehicle ♦V.O. hire/ charter a vehicle

bàochèn 报称[報稱] V. <trad.> compensate a favor/kindness at its just value *See also* *bàochēng*

bāochéng 包乘 V. ① charter (a plane, etc.) ② <trad.> adopt the responsible crew system

bàochēng* 报称[報稱] V.P. the newspaper/ journal states (that). . . *See also* *bàochèn*

bàochéngshǒuzhēn 抱诚守真 F.E. honest and truthful

bàochéngyītuán 抱成一团[-團] F.E. stick together; be close

bāochéngzhì 包乘制 N. <traf.> responsible crew system

bāochéngzǔ 包乘组 N. <traf.> (responsible) crew

bǎochī 饱吃 V. eat one's fill

bǎochí* 保持 V. keep; maintain; preserve

bàochí 抱持 V. maintain (opinion/etc.)

bǎochí bù biàn 保持不变[-變] V.P. remain unchanged

bǎochí chénmò 保持沉默 V.P. remain silent

bǎochí dīzītài 保持低姿态[-態] V.P. keep a low profile

bǎochílì 保持力 N. retention

bǎochí wǎnjié 保持晚节[-節] V.O. keep one's integrity in old age

bǎochí xiànchǎng 保持现场[-場] V.O. preserve the scene of a crime

bǎochí xiāoxi língtōng 保持消息灵通[----靈-] V.P. be kept thoroughly advised

bǎochízhě 保持者 N. record holder

bǎochí zhōnglì 保持中立 V.O. remain neutral

bāochóng 苞虫[-蟲] N. insect parasite harmful to rice plants M: [2]*zhī*

bàochóngr 报虫儿[報蟲-] N. <slang> avid newspaper reader

bàochou* 报酬[報-] N. reward; remuneration; pay *bùjì* ~ not care about pay

bàochóu 报仇[報-] V.O. revenge; avenge *bào sī chóu* take personal vengeance

bàochóuxuěchǐ 报仇雪耻[-恥] F.E. take revenge for an insult

bàochóuxuěhèn 报仇雪恨[報-] F.E. take revenge

B

[1]**bàochū** 报出[報-] R.V. ① report; announce; declare ② reply; respond
[2]**bàochū** 爆出 R.V. break/burst out; explode
bāochuán 包船 V.O./N. charter boat M: [1]*tiao*/[2]*zhī*
bàochuáng 刨床 N. <*mach.*> planer; planing machine M: [1]*jià*/[4]*zuò*/[1]*tái*
bàochū lěngmén 爆出冷门 V.O. produce an unexpected winner
bàochūn 报春[報-] V.O. give early sign of spring ♦N. primrose
bàochūn de yànzi 报春的燕子[報-] N. the first swallow; the first sign of spring
bàochūnhuā 报春花[報-] N. <*bot.*> primrose M: [2]*duǒ*/[5]*zhī*/[4]*zhī*
bāo chūqu 包出去 R.V. put out to contract
bāocì 褒赐 V./N. reward (for a praiseworthy deed, etc.)
báocuì 薄脆 N. crisp fritter
bǎocún 保存 V./N. preserve; conserve; keep
bǎocún qīxiàn 保存期限 N. ① shelf life of a commodity ② period for keeping official papers, etc. on file
bào cūtuǐ 抱粗腿 V.O. latch on to rich and powerful
bàodá 报答[報-] V. repay; requite
bàodǎbùpíng 抱打不平 F.E. defend sb. against an injustice
bāo dàduàn 包大段 V.O. <*topo.*> rent a large piece of land to till by oneself
báodài 薄待 V. treat sb. stingily ***See also*** [1]*bódài*
bāodān 包单 N. wrapping cloth
bǎodān* 保单 N. ① warranty ② insurance policy
bàodān 报单[報-] N. ① taxation/declaration form ② <*trad.*> ⓐ announcement to friends and relatives of one's success in the civil service examination ⓑ report of success, happy event, etc.
bàodàn 抱蛋 V.O. <*topo.*> sit (on eggs); brood; hatch
bǎodāo 宝刀[寶-] N. treasured sword M: [1]*bǎ*
bǎodǎo 宝岛[寶島] N. ① treasured island M: [4]*zuò* ② Taiwan
bàodāo 刨刀 N. <*mach.*> planer tool M: [1]*bǎ*
bàodǎo* 报导[報導] V. report ♦N. information
[1]**bàodào** 报道[報-] V. report (news) ♦N. news report; story
[2]**bàodào** 报到[報-] V. report for duty; check in; register
bǎodāobùlǎo 宝刀不老[寶-] F.E. old but still vigorous in mind and body
bàodǎo chūlai 报导出来[報導-] R.V. report; publish
bàodǎojù 报导句[報導-] N. <*lg.*> reporting sentence
bàodǎo nèiróng 报导内容[報導-] N. <*lg.*> information content
bǎodāowèilǎo 宝刀未老[寶-] F.E. true skill is never lost
bàodǎo wénxué 报导文学[報導-] N. reportage
bāodǎtiānxià 包打天下 F.E. run the whole show
bāodǎtīng 包打听[-聽] N. <*topo.*> ① private eye ② rubberneck; snooper ③ detective; investigator
bàodǎ yī dùn 暴打一顿 V.P. give sb. a sound beating
bǎodé 饱德 F.E. <*court.*> bountifully receive (your) favors
bàodé* 报德[報-] V.O. repay kindness
bāo de jīngguāng 剥得精光 V.P. be stripped to the skin
bàodéyánghé 抱德炀和[--煬-] F.E. stick to virtue and kindness
bǎodezhù 保得住 R.V. ① be able to guarantee ② be able to save (sb.s life)
bāodì* 胞弟 N. younger brother born to the same parents
báodì 薄地 N. poor land ***See also*** *bódì*
bǎodǐ 保底 V.O. ① have a lower limit (for wages/etc.); limit ② reinforce
bǎodì 宝地[寶-] N. treasure site M: [2]*kuài*
bǎodiǎn 宝典[寶-] N. valuable book; treasured book M: [1]*běn*/[4]*cè*/[2]*bù*
bǎodiàn* 宝殿[寶-] N. <*Budd.*> temple hall M: [4]*zuò*
bǎodiāo 堡碉 N. fort; fortress M: [4]*zuò*
bàodiē 暴跌 V. fall steeply (in price); slump
bǎodīng 保丁 N. <*hist.*> footman of village head
bǎodìng* 抱定 R.V. hold fast
bàodìng juéxīn 报定决心[報-決-] V.O. determined; hold to one's determination
bàodòng 暴动[-動] N. insurrection; rebellion
bàodòngzhě 暴动者[-動-] N. rioter M: [1]*ge*/[1]*míng*
bāodǔ 包赌 V. protect illegal gambling casinos
bǎodú 饱读[-讀] V. ① read omnivorously ② be well-read
bàodú 报牍[報牘] V.O. <*wr.*> take charge of documents
bàodǔ(r)* 爆肚(儿) N. quick-fried tripe
bàoduān 报端[報-] N. space in a newspaper
bǎoduì 保兑 V. confirm ♦N. confirmation
bàodūn 抱蹲 V. be unemployed; be a tramp/vagrant
bào dúshēnzhǔyì 抱独身主义[-獨--義] N. decision to live alone/unmarried
bǎo'é 保额 N. insured amount; quota
bào'ēn 报恩[報-] V.O. pay a debt of gratitude
bǎo'ér 鸨儿 N. ① procurer ② prostitute
bǎofá 宝筏[寶-] N. <*Budd.*> ① dharma (law) ② aid (for crossing the ocean of existence) toward understanding and clarity
[1]**bàofā*** 爆发[-發] V. erupt; burst/break out ♦N. explosion
[2]**bàofā** 暴发[-發] V. ① break out; burst ② suddenly become rich/important
bàofā chūlai 爆/暴发出来[-發--] R.V. break out
bàofā de shēngyīn 爆发的声音[-發-聲-] N. <*lg.*> explosion
bàofāhù(r) 暴发户(儿)[-發--] N. upstart; nouveau riche
bāofàn* 包饭 N. board ♦V.O. get/supply meals at fixed rate
bǎofàn 饱饭 N. a filling meal
bàofàn 报贩[報-] N. newspaper hawker
bāofáng* 包房 N. a rented room
bǎofáng 保防 N. security
bǎofáng gōngzuò 保防工作 N. security measures
bàofāxìng 爆发性[-發-] N. tempestuousness; explosiveness
bàofāyīn 爆发音[-發-] N. <*lg.*> plosive sound; ejective
bàofā zhuóyīn 爆发浊音[-發濁-] N. <*lg.*> voiced plosive
bǎofèi 保费 N. ① bail money ② insurance premium
[1]**bàofèi*** 报废[報廢] V. ①report sth. as worthless ② discard as useless
[2]**bàofèi** 报费[報-] N. newspaper/journal subscription fee
bàofēn 报分[報-] V.O. call the score
bāofēng 包封 V. seal a package
bàofēng* 暴风 N. ①storm wind; gale ②storminess
bàofēng bànjìng 暴风半径[-徑] N. radius of a typhoon/hurricane
bàofēngquān 暴风圈 N. area within the storm
bàofēngxuě 暴风雪 N. snowstorm; blizzard (lit./fig.)
bàofēngyǔ 暴风雨 N. rainstorm; tempest
bàofēngzhòuyǔ 暴风骤雨 F.E. violent storm; hurricane
bāo fēnpèi 包分配 V.O. guarantee a job assignment
bào Fójiǎo 抱佛脚[-腳] V.O. make a hasty last-minute effort (e.g., late preparation for exam)
bāofu 包袱 N. ① cloth wrapper ② bundle wrapped in cloth ③ burden; millstone round one's neck ***bǎ chéngjiù dāng ~*** rest on one's laurels; be burdened by one's accomplishments ④ punch line (in cross-talk)
bǎofù 饱腹 N. a full stomach
bàofu* 报复[報復] V./N. retaliate ***See also*** [3]*bàofù*
[1]**bàofù** 抱负 N. aspiration; ambition
[2]**bàofù** 暴富 V. suddenly become rich; get rich quick
[3]**bàofù** 报复[報復] V. report back (after investigation) ***See also*** *bàofu*
bàofubùfán 抱负不凡 F.E. have extraordinary aspirations
bāofudǐr 包袱底儿 N. <*coll.*> ① family valuables accumulated over a long time; resources ② one's secrets; private matters one wants to hide ③ unique skill; best act in a performance
bàofu guānshuì 报复关税[報復關-] N. retaliatory tariff
bāofupír 包袱皮儿 N. cloth wrapper
bàofuxìng 报复性[報復-] N. revenge; vengeance
bàofu xíngwéi 报复行为[報復-] N. vindictive act
bǎofù zhīpiào 保付支票 N. certified check
bàofuzhǔyì 报复主义[報復-義] N. revanchism
bǎogài(r) 宝盖(儿)[寶蓋-] N. ① traditional Radical 40 ② <*Budd.*> canopy
bāogān(r) 包干(儿)[-乾-] V. be responsible for task until completion
bāogāndàohù 包干到户[-乾--] F.E. <*PRC*> work contracted to the household
bāogāndàoláo 包干到劳[-乾-勞] F.E. <*PRC*> work contracted to the laborer
bāogāndàozǔ 包干到组[-乾--] F.E. <*PRC*> labor contracted to the group
Bāo Gāng* 包钢[-鋼] AB. *Bāotóu Gāngtiě Gōngsī*
Bǎo Gāng 宝钢[寶鋼] AB. *Bǎoshān Gāngtiě Zǒngchǎng*
bāogānzhì 包干制[-乾-] N. ①system of payment partly in kind and partly in cash ② system of responsibility for production
bàogào 报告[報-] V. report; make known ♦N. ① report; speech ② (student) term paper
bàogào chūlai 报告出来[報-] R.V. ① report; make known ② give a talk/lecture
bàogàodān 报告单[報-] N. report
bàogào gěi 报告给[報-] V.P. report to; make known to
bàogàohuì 报告会[報-] N. ① public lecture ② meeting for public report
bàogàoshū 报告书[報-書] N. written report
bàogào wénxué 报告文学[報-] N. reportage
bàogào xiǎoshuō 报告小说[報-] N. documentary novel
bàogàoyuán 报告员[報-] N. announcer
bǎogé(r) 饱嗝(儿) N. belch; burp
bāogěi 包给 V.P. hire/charter out
[1]**bāogōng*** 包工 V.O. contract for a job ♦N. ① contract worker ② job/project awarded to a contractor
[2]**bāogōng** 胞宫[-宮] N. <*Ch. med.*> uterus
Bāogōng 包公 N. ***See*** *Bāo Zhěng*
[1]**bàogōng** 报功[報-] V.O. report an achievement (victory/etc.); claim credit
[2]**bàogōng** 刨工 N. ①planing ②planing machine operator
bāogōngbāoliào 包工包料 F.E. contract for labor and materials
bāogōngduì 包工队[-隊] N. contract (work) team
bāogōngtóu 包工头 N. labor contractor
bāogōng yìyuán 包工译员[--譯-] N. <*lg.*> contracted translator
bāogōngzhì 包工制 N. contract work system
bāogòu-bāoxiāo 包购包销[-購--] N. <*PRC*> exclusive right to purchase and sell
bāogǔ* 包/苞谷[-穀] N. <*topo.*> maize; corn

bǎogù 保固 V. ① guarantee delivery in good shape within a time limit ② reinforce ③ defend and guard firmly
bǎoguǎn 包管 V. assure; guarantee
bǎoguǎn* 保管 V. take care of ♦ADV. certainly; surely ♦N. warehouseman
[1]**bàoguān** 报关[報關] V.O. declare sth. at customs; apply to customs
[2]**bàoguān** 报官[報-] V.O. notify the local officials
[1]**bàoguǎn** 报馆[報-] N. newspaper office (press)
[2]**bàoguǎn** 爆管 N. cartridge igniter
bàoguānbiǎo 报关表[報關-] N. declaration form; customs declaration
bàoguāndān 报关单[報關-] N. bill of entry; customs declaration/entry
bǎoguǎnfèi 保管费 N. storage charges/fee
bǎoguāng 葆光 N. ① shaded light ② one's wisdom or profound knowledge
bàoguāng* 曝/暴光 V.O. ① <photo.> expose ② reveal a secret ♦N. exposure
bàoguāngbiǎo 曝光表 N. <photo.> exposure meter M: [2]zhī
bàoguāngjì 曝光计 N. exposure meter M: [2]zhī
bàoguānháng 报关行[報關-] N. customs broker
bàoguānjītuò 报关击柝[報關擊-] F.E. <wr.> humblest government employees
bǎoguǎnkù 保管库 N. bank/etc. vault
bǎoguǎnrén 保管人 N. trustee M: [1]ge/[2]wèi/[1]míng
bǎoguǎnshì 保管室 N. storeroom M: [1]jiān
bǎoguǎnxiāng 保管箱 N. storage box M: [2]zhī
bǎoguǎnyuán 保管员 N. custodian; storeroom clerk M: [1]ge/[2]wèi/[1]míng
bǎoguì* 宝贵[寶-] S.V. valuable; precious ♦V. value; set store by
bàoguì 暴贵 V. ① rise fast in social status ② rise fast (of prices)
bāoguǒ* 包裹 V. wrap/bind up ♦N. bundle; parcel; package
bàoguó 报国[報國] V.O. dedicate self to serving country
bǎoguó'ānmín 保国安民[-國--] F.E. guard the country so that the people can live in peace
bāoguǒdān 包裹单 N. parcel form M: [1]zhāng
bǎoguówèimín 保国卫民[-國衛-] F.E. guard the country and protect its people
báohài 雹害 N. damage caused by hail
bāohan 包涵 V. ① <court.> excuse; forgive ② contain
bāohán* 包含 V. ① contain; embody; include ② tolerate; excuse; indulge ♦N. inclusion
bóhán 薄寒 ATTR. poverty stricken; destitute
[1]**bǎohán** 饱含 V. contain a great amount of
[2]**bǎohán** 保函 N. letter of guarantee
[1]**bàohàn** 抱憾 V. have regrets
[2]**bàohàn** 暴汉[-漢] N. bully
bāohán sān gè zìmǔ de 包含三个字母的[---個---] ATTR. triliteral; containing three letters
bàohànzhōngshēn 报憾终身[報-] F.E. regret all one's life
bǎohào 宝号[寶號] N. <court.> your shop/firm/store/etc.
[1]**bǎohé** 饱和 V. satiate; saturate
[2]**bǎohé** 宝盒[寶-] N. treasure box M: [2]zhī
bǎohédiǎn 饱和点[-點] N. saturation point
bǎohédù 饱和度 N. degree of saturation
bǎohé hōngzhà 饱和轰炸[--轟-] N. saturation bombing
bǎohéliàng 饱和量 N. saturation
bàohèn 抱恨 V. have gnawing regrets
bàohèng 报横[報-] S.V. cruel; brutal; violent
bàohènzhōngshēn 报恨终身[報-] F.E. regret sth. to the end of one's days
bàohènzhōngtiān 抱恨终天 F.E. regret sth. to the end of one's life
bǎohé róngyè 饱和溶液 N. saturated solution
bǎohé shìchǎng 饱和市场[-場] N. saturated market
bǎohé zhuàngtài 饱和状态[-狀態] N. state of saturation
bàohóng 暴洪 N. flash flood
báohòu 薄厚 N. thickness *See also bó-hòu*
[1]**bǎohù** 保护[-護] V. protect; safeguard
[2]**bǎohù** 保户 N. the insured; policy holder
[1]**bàohuā(r)** 刨花(儿) N. wood shavings
[2]**bàohuā** 爆花 N. ① snuff (of a wick) ② puffed rice ③ popcorn
bàohuābǎn 刨花板 N. <archi.> shaving board M: [2]kuài
bàohuàjī 报话机[報-] N. ① two-way radio communication ② transceiver ③ walkie-talkie M: [1]jià/[1]tái
bǎohuàn 包换[-換] V. guarantee replacement of unsatisfactory goods
bāohuāng 包荒 A.T. <topo.> be generous
bǎohuáng* 保皇 ATTR. royalist ♦V.O. be loyal to emperor/authorities
bǎohuángdǎng 保皇党[-黨] N. royalists
bǎohuángpài 保皇派 N. royalists
bāo huāshēng 剥花生 V.O. shell peanuts
bǎohùdài 保护带[-護帶] N. safety belt in a vehicle M: [1]tiáo
bǎohùdì 保护地[-護-] N. protectorate; dependent territory M: [2]kuài/[1]piàn
bǎohùfèi 保护费[-護-] N. protection money M: [2]bǐ
bāohùfúpín 包户扶贫 F.E. <PRC> responsibility to households and aid to the poor
bǎohù guānshuì 保护关税[-護關-] N. protective tariff
bǎohùguó 保护国[-護國] N. protectorate
bào hùkǒu 报户口[報-] V.O. ① apply for residence permit ② register
bǎohúlu 宝葫芦[寶-蘆] N. ① treasured/magic bottle gourd ② a small bottle-gourd-shaped hammer
bǎohù màoyì 保护贸易[-護--] N. <econ.> protectionism
bǎohù niǎo 保护鸟[-護-] V.O. protect birds
bāohuó 包活 N. job paid by amount of work done
bāohuǒ* 包伙 V.O. board; get/supply meals at fixed rate
bǎohuò 宝货[寶-] N. ① money ② valuable articles; precious things ③ <slang> fool; idiot
bāohuór 包活儿 V.O. get a (temporary) job
bǎo huǒxiǎn 保火险 V.O. take out fire insurance
bàohǔpínghé 暴虎冯河 ID. foolhardiness
bǎohùqū 保护区[-護區] P.W. protected area M: [1]ge/[1]piàn/[2]kuài
bǎohùrén 保护人[-護-] N. guardian; guarantor M: [1]ge/[2]wèi/[1]míng
bǎohùsǎn 保护伞[-護傘] N. umbrella (fig.) M: [1]bǎ
bǎohùsè 保护色[-護-] N. protective coloration; camouflage
bǎohùshén 保护神[-護-] N. guardian angel
bǎohùtújì 保护涂剂[-護塗劑] N. protective coating
bǎohù xiāofèizhě 保护消费者[-護---] N. consumer protection
bāohù xiǎozǔ 包户小组 N. <PRC> small teams with responsibility to hardship households
bǎohùxìng 保护性[-護-] ATTR./N. protective nature
bǎohùxìng jūliú 保护性拘留[-護---] ATTR. protective custody/detention
bǎohùzhě 保护者[-護-] N. protector M: [1]ge/[2]wèi/[1]míng
bǎohù zhèngcè 保护政策[-護--] N. protectionist/protective policy
bāohùzhì 包户制 F.E. <PRC> system of responsibility to households
bǎohù zhīshi chǎnquán 保护知识产权[-護-識產權] N. protection of intellectual property
bǎohùzhǔyì 保护主义[-護-義] N. protectionism
bāojī* 包机 V.O. charter a plane ♦N. chartered plane M: [1]jià
bāojì 包妓 N. prostitute reserved for one customer ♦V.O. keep a prostitute (for a period of time)
bāojiá 包夹[-夾] V. wrap; place in between
bāojià 包价[-價] N. <econ.> contracted price
bǎojiǎ 保甲 N. ① tithing security system ② headman of village security system
bǎojià 保驾 V.O. protect/escort an important person (also used jocularly)
bàojiā 报夹[報夾] N. newspaper holder/clip
[1]**bàojià*** 报价[報價] V. quote (prices) ♦N. quoted price
[2]**bàojià** 报架[報-] N. newspaper shelf
bǎojià bāoguǒ 保价包裹[-價--] N. insured parcel
bǎojiǎfǎ 保甲法 N. *bǎojiǎ* administrative system
Bǎojiālìyà 保加利亚[-亞] P.W. Bulgaria
bāojiān 包间 N. compartment M: [1]jiān
bāojiàn 包建 V. build under contract
[1]**bǎojiàn*** 保健 N. health protection/care
[2]**bǎojiàn** 宝剑[寶-] N. precious sword M: [1]bǎ
[3]**bǎojiàn** 保荐[-薦] V. recommend (by sb. in responsible position)
bǎojiàn ànmó 保健按摩 N. therapeutic massage
báojiānbǐng 薄煎饼 N. pancake M: [2]kuài/[1]zhāng
bǎojiàncāo 保健操 N. ① calisthenics ② setting-up exercises
bǎojiànfèi 保健费 N. health subsidies M: [2]bǐ
bāojiǎng 褒奖[-獎] V. praise and award
bǎojiànqiú 保健球 N. small balls manipulated to keep hands supple M: [2]zhī
bǎojiànshì 保健室 P.W. health center M: [1]jiān
bǎojiànsuǒ 保健所 P.W. clinic M: [1]jiā
bǎojiànwǎng 保键网[-網] N. health care network
bǎojiànxiāng 保健箱 N. medical kit M: [2]zhī
bǎojiànyuán 保健员 N. health worker M: [1]ge/[1]míng/[2]wèi
bǎojiànzhàn 保健站 P.W. health station/center M: [1]jiā/[4]zuò
bǎojiàn zǔzhī 保健组织[-織] N. health organizations
[1]**bāojiǎo*** 包脚[-腳] V.O. bind the feet ♦N. footbinding
[2]**bāojiǎo** 包剿 V. encircle and suppress
bǎojiāo 堡礁 N. barrier reef; encircling reef
bǎojiào 保教 N. child care and education
bàojiǎor 抱脚儿[-腳-] V.O. press the feet (of shoes that are too small)
bāojiāotílíú 包交提留 F.E. responsibility for submitting products and paying assessments
bāo jiǎozi 包饺子 V.O. ① wrap meat dumplings ② <coll.> surround and annihilate
bǎojiāwèiguó 保家卫国[-衛國] F.E. protect home and defend the country
bǎojiàxìn 保价信[-價-] N. insured letter M: [2]fēng
bào jiāyīn 报佳音[報-] V.O. carol
bǎojiǎ zhìdù 保甲制度 N. security system based on households
bāojiě 胞姐 N. biological elder sister(s) born of the same mother M: [1]ge/[2]wèi
[1]**bǎojié** 保洁[-潔] V.O. keep a public place clean; do sanitation work
[2]**bǎojié** 保结 V./N. guarantee; warrant
bàojié 报捷[報-] V.O. report success
bàojiè* 报界[報-] N. the press; journalistic circles; journalists
bàojiéjūn 报节君[報節-] N. <wr.> bamboo
bāojiě-mèi 胞姐妹 N. sisters born of same parents
bǎojiéxiāng 保洁箱[-潔-] N. litter-bin M: [2]zhī
bāojīn* 包金 V.O. ① cover with gold leaf; gild ② <thea.> actor's monthly wages
bàojǐn 抱紧[-緊] R.V. hold tightly in one's arms
bàojìn 报禁[報-] N. ① journalistic taboos ② publication moratorium
bǎojǐng 保警 N. security police
bàojǐng* 报警[報-] V.O. ① report (an incident) to the police ② give alarm
bǎojīngcāngsāng 饱经沧桑[-經滄-] F.E. have experienced many vicissitudes of life

B

bǎojīngfēngshuāng 饱经风霜[-經--] F.E. weather-beaten; having experienced hardships of life
bǎojīngfēngyǔ 饱经风雨[-經--] F.E. furrowed by wind and rain
bàojǐngniǔ 报警纽[報-] N. panic button
bǎojīngshìgù 饱经世故[-經--] F.E. well-experienced in the ways of the world
bǎojīngyōuhuàn 饱经忧患[-經憂-] F.E. have gone through a great deal of misery
báojiǔ* 薄酒 N. light wine; diluted wine M: *bēi* ***See also** bójiǔ*
bàojiù 抱疚 V.O. <*wr.*> have a guilty conscience
bāojiùbiǎnxīn 褒旧贬新[-舊--] F.E. glorify the old and belittle the new
báojiǔcūshí 薄酒粗食 F.E. light wine and simple food
bāojū 苞苴 N. ① bribe ② gift ③ parcel
bāojǔ 包举[-舉] V. ① sum up ② recommend (as guarantor) ③ <*wr.*> include; embrace
bǎojú 宝局[寶-] N. pawnshop for jewelry
bǎojǔ* 保举[-舉] V. <*wr.*> recommend sb. for a post with a personal guarantee ♦N. recommendation
bàojǔ 暴举[-舉] N. savage/violent act
[1]**bǎojuàn** 宝卷[寶-] N. "Precious Scrolls" (popular religious literature of late imperial period)
[2]**bǎojuàn** 宝眷[寶-] N. <*court.*> your family
bāojūgōngxíng 苞苴公行 F.E. bribe openly
bàojūn 暴君 N. tyrant; despot
bāokāi 剥开[-開] R.V. strip the covering off
bǎokàn 饱看 V. feast one's eyes on
bàokān* 报刊[報-] N. periodical publications
bàokǎn 暴侃 F.E. <*slang*> brag wildly; talk big
bàokān-zázhì 报刊杂志[報-雜-] N. newspapers and periodicals/journals
bàokǎo 报考[報-] V. enter oneself for an examination
bàokè 暴客 N. <*wr.*> brigand; bandit
bào kōngwō 抱空窝[報-窩] V.O. <*topo.*> ① cherish no ambitions ② be fruitless
bǎokù 宝库[寶-] N. treasure-house M: [4]*zuò*
báokuài 雹块[-塊] N. hailstone M: [2]*kuài*
bàokuì 抱愧 V. feel ashamed
bāokuò 包括 V. include; consist of; comprise; incorporate
bāokuò xiànzài 包括现在 N. <*lg.*> inclusive present
bào kǔqióngr 报苦穷儿[報-窮-] V.O. <*topo.*> pretend poverty
bāolài 褒赉 V. <*wr.*> commend and reward
bāolǎn* 包揽[-攬] V. undertake the whole thing; take on everything
bǎolán 宝蓝[寶藍] N. sapphire blue
bǎolǎn 饱览[-覽] V. fully enjoy (varieties of literature or impressive scenery)
bāolǎn císòng 包揽词讼[-攬--] V.O. ① monopolize lawsuits as an attorney ② chase after lawsuits
bāolǎn sòngshì 包揽讼事[-攬--] V.O. chase after lawsuits
bào lèguān 报乐观[報樂觀] V.O. feel/be optimistic
bǎolěi* 堡垒[-壘] N. fort; fortress M: [4]*zuò*
bàoléi 暴雷 N. violent thunderclap
bǎolěizhàn 堡垒战[-壘戰] N. blockhouse warfare M: [3]*cháng*
[1]**bào lěngmén(r)** 爆冷门(儿) V.O. produce an unexpected winner; upset
[2]**bào lěngmén(r)** 报冷门(儿)[報-] V.O. choose a profession/trade/etc. which receives little attention
báolǐ 薄礼[-禮] N. <*humb.*> a small gift M: [2]*bǐ*/[1]*fèn* ***See also** bólǐ*
[1]**bàolì*** 暴力 N. violence; force
[2]**bàolì** 暴利 N. sudden huge profits
[3]**bàolì** 暴戾 S.V. <*wr.*> ruthless and tyrannical
bàoliǎn 暴敛 V. overtax; squeeze
bàoliǎnhéngzhēng 暴敛横征[-徵] F.E. extort/levy illegal taxes
bāoliǎor 包了儿 V.P. buy out (a seller)

[1]**bàoliè** 爆裂 V. burst; crack
[2]**bàoliè** 暴烈 S.V. violent; fierce
bàolièshēng 爆裂声[-聲] N. crack; snap
bàolì gémìng 暴力革命 N. violent revolution
bàolì gōngjù 暴力工具 N. violent means (for gaining/maintaining political power)
bàolì jīqì 暴力机器 N. violent means (for gaining/maintaining political power)
bǎolíngqiú 保龄球[-齡-] N. <*loan*> bowling (balls)
bǎolíngqiúsài 保龄球赛[-齡--] N. bowling game/match
bǎoliú 保留 V. ①continue to have; retain ②hold back; reserve ***Wǒ ~ yìjiàn.*** I have reservations. ③ defer discussion for the future
bǎoliú bīnyǔ 保留宾语[-賓-] N. <*lg.*> retained object
bǎoliúdì 保留地 P.W. reservation (e.g., Indian reservation in the U.S)
bǎoliú-jùmù 保留剧目[--劇-] N. repertory; repertoire
bǎoliúlán 保留栏[--欄] N. <*comp.*> protected field
bǎoliú shíjiān 保留时间[--時-] N. <*comp.*> holding time
bǎoliúxìng shuāngyǔ jiàoyù 保留性双语教育[---雙---] N. <*lg.*> maintenance bilingual education
bǎoliúzhǐlìng 保留指令 N. <*comp.*> hold instructions
bǎoliú zhuàngyǔ cóngjù 保留状语从句[--狀-從-] N. <*lg.*> adverbial clause of reservation
bǎoliúzì 保留字 N. <*comp.*> reserved words
bàolìzìsuī 暴戾恣睢 F.E. <*wr.*> extremely cruel and despotic
bāolǒng 包拢 V. <*topo.*> bundle; package
bàolù 暴/曝露 V. ① reveal; lay bare ② be exposed to open air/sun
bàoluàn 暴乱[-亂] N. riot; rebellion; revolt
bàolù dǐyùn 暴露底蕴 V.O. reveal the true story
[1]**bàolüè** 豹略 N. <*mil.*> ① commander ② generalship ③ strategy and tactics
[2]**bàolüè** 暴掠 V. pillage; take by force
bàolùkuáng 暴/曝露狂 N. ① exhibitionism ② exhibitionist
bāoluó* 包罗[-羅] V. cover; include; embrace
bāoluò 包络 N. <*math.*> envelope
bāoluówànxiàng 包罗万象[-羅萬-] F.E. all-inclusive
bàolù sīxiǎng 暴露思想 V.O. expose one's thoughts
bàolù wénxué 暴露文学 N. literature of exposure
bàolùwúyí 暴露无遗 F.E. be thoroughly exposed
bàolù zhēn miànmù 暴露真面目 F.E. reveal one's true nature
Bǎomǎ* 宝马[寶-] N. BMW car
bàomǎ 报马[報-] N. <*trad.*> courier; messenger
bǎomǎn 饱满 S.V. ① full; plump ② vigorous; abundant ③ suffused/filled with
bàomǎn* 爆满 V.P. be fully occupied (of seats in a theater/stadium/etc.)
bàomāo 豹猫[-貓] N. leopard cat
bāoměi 褒美 V. pay tribute to
bāomèi* 胞妹 N. younger sisters born of the same parents M: [1]*ge*/[2]*wèi*
bǎoméi 保媒 V.O. be a matchmaker
bāomǐ 苞/包米 N. <*topo.*> maize; corn
bǎomì* 保密 V.O. keep sth. secret
bàomì 报密[報-] V.O. inform against sb.
báomiánzhǐ 薄棉纸 N. tissue paper M: [1]*zhāng*
bǎomiáo 保苗 V.O. <*agr.*> keep a full stand of seedlings
bāomǐ bàngzi 苞米棒子 N. <*topo.*> a cob of corn
bǎomì děngjí 保密等级 N. security classification
bǎomìfángdié 保密防谍 F.E. keep secrets and prevent espionage
bàomǐhuā(r) 爆米花(儿) N. ① puffed rice ② popcorn

bāomǐ jiàzi 苞米架子 N. <*topo.*> corn rack
bǎomì jíbié 保密级别 N. security classification
bāomǐ kēzi 苞米棵子 N. <*topo.*> cornstalk
bāomǐ lóuzi 苞米楼子[--樓-] N. <*topo.*> corn shed/silo
bàomín 暴民 N. mob
bǎomìng 保命 V.O. save one's life; survive
[1]**bàomíng*** 报名[報-] V.O. enter one's name; sign up
[2]**bàomíng** 报明[報-] V. state clearly to higher authorities
[1]**bàomìng** 报命[報-] V.O. respond to an order/command
[2]**bàomìng** 抱命 V. <*wr.*> report accomplishment of a mission or assignment
bàomíngbiǎo 报名表[報-] N. application/registration form M: [1]*zhāng*
bàomíngfèi 报名费[報-] N. registration fee M: [2]*bǐ*
bāomǐ rángzi 苞米穰子 N. <*topo.*> corncob
bǎomì wénjiàn 保密文件 N. classified document M: [1]*fèn*
bǎomò 宝墨[寶-] F.E. <*court.*> your most valuable handwriting
bāomù 苞木 N. <*bot.*> bamboo
[1]**bǎomǔ*** 保/褓姆/母 N. ①nursemaid ②housekeeper M: [1]*ge*/[2]*wèi*
[2]**bǎomǔ** 鸨母 N. procuress; brothel madame
bàomù 报幕[報-] V.O. <*thea.*> announce items on a program
bǎomǔ huàyǔ 保姆话语 N. <*lg.*> caretaker speech
bàomùrén 报幕人[報-] N. announcer M: [1]*ge*/[1]*míng*/[2]*wèi*
bàomùyuán 报幕员[報-] N. announcer M: [1]*ge*/[1]*míng*/[2]*wèi*
bāonáng 孢囊 N. <*bio.*> a sporangium
bàoniàn 抱念 V. remember; think of (a person)
bàonù 暴怒 N. violent rage; fury
[1]**bǎonuǎn** 保暖 V.O. keep warm
[2]**bǎonuǎn** 饱暖 V.P. amply fed and clothed
bǎonuǎnfángfēng 保暖防风 F.E. be warm and windproof
bǎonuǎn hù'ěr 保暖护耳[--護-] N. earflaps
bǎonuǎn sī yínyù 饱暖思淫欲 F.E. Debauchery is a common vice among the wealthy.
bàonüè 暴虐 S.V. brutal; tyrannical
bàopán 报盘[報盤] V.O. make an offer; offer
bāopéi 包赔 V. guarantee to pay compensation
[1]**bāopí*** 包皮 N. ① wrapping; wrapper ② prepuce; foreskin
[2]**bāopí** 剥皮 V.O. skin; peel off the skin ***See also** bōpí*
bàopī 报批[報-] V. report for approval
bàopí 豹皮 N. leopard/panther skin M: [1]*zhāng*
báopiàn 薄片 N. ① chip ② slice; thin piece M: [1]*piàn* ***See also** bópiàn*
bāopiào* 包票 N. certificate of guarantee
bǎopiào 保票 N. certificate of guarantee
bàopìgu 报屁股[報-] N. <*slang*> newspaper fillers/supplements (a corner in the newspaper which draws less attention)
bāopí huánqiēshù 包皮环切术[--環-術] N. <*med.*> circumcision
bàopímào 豹皮帽 N. hat made of leopard/panther skin M: [1]*dǐng*
bàopìn 报聘[報-] V. <*wr.*> pay a return visit to a friendly country
bǎopíng 宝瓶[寶-] N. <*Budd.*> ① Skt. amrtakalasa; nectar vessel carried by certain Bodhisattvas ② water-bottle prescribed for the use of monks M: [2]*zhī*/*ge*
bàopíqi(r) 暴脾气(儿)[--氣-] N. bad temper
báopír 薄皮儿 N. thin skin (of steamed bun, etc.)
bāopízhǐ 包皮纸 N. wrapping/package paper M: [1]*zhāng*
bàopò 爆破 V. blow up; demolish; blast
bàopòshǒu 爆破手 N. dynamiter M: [1]*ge*/[1]*míng*/[2]*wèi*

bàopòshù 爆破术[-術] N. method of demolishing/blasting
bàopòtǒng 爆破筒 N. bangalore torpedo M: [2]zhī/ge
bàopòyīn 爆破音 N. <lg.> plosive
bàopòzǔ 爆破组 N. demolition team
bàopú* 报璞[報-] V.O. <wr.> possess unrecognized talent
bàopǔ 抱朴[-樸] V.O. ① keep one's innate simplicity ② harbor no ambitions and be content with what one's lot ③ be free from passions and desires
bāoqǐ* 包起 R.V. ① wrap ② pack
[1]**bǎoqì** 宝气[寶氣] N. the glamor of jewelry
[2]**bǎoqì** 宝器[寶-] N. treasure; treasured object M: [2]zhī/ge
bàoqì 暴弃[-棄] V.P. <wr.> ① lackadaisical ② have no urge to make progress
bàoqiàn 抱歉 S.V. be sorry/apologetic
báoqiào 薄壳[-殼] N. <archi.> shell
bàoqǐng 报请[報-] V. petition a higher body
bàoqū 抱屈 V.O. feel wronged; bear a grudge
bǎoquán* 保全 V. ① keep safe; preserve ② maintain
bàoquán 抱拳 V.O. greet with one fist in palm of other hand
bǎoquángōng 保全工 N. maintenance workers M: [1]ge/[1]míng/[2]wèi
bǎoquán miànzi 保全面子 V.O. save one's face
bàoqūhányuān 报屈含冤[報-] F.E. ① be wronged and aggrieved ② bear a deep grudge
bǎor 保儿 N. guarantor of hired help
bǎoren* 保人 N. <law> ① guarantor; sponsor ② bail M: [1]ge/[1]míng/[2]wèi
bàorén 报人[報-] N. journalist M: [1]ge/[1]míng/[2]wèi
bǎo rén bù zhī è rén jī 饱人不知饿人饥 F.E. The well-off can't empathize with the badly-off.
bāoróng 包容 V. ① forgive; pardon ② contain; hold
bāoròu 炮肉 V.O. roast/barbecue meat ♦N. roasted meat
bǎosài* 葆塞 N. frontier military station
bàosài 报赛[報-] N. harvest festival celebrating good crops
bāosāng 苞桑 N. <bot.> roots of a mulberry tree ♦ID. stable and firm (of foundation of sth.)
bàosāng* 报丧[報喪] V.O. report a death (to relatives)
bàoshà 抱厦[-廈] N. ① a veranda in front of a house ② a lean-to at the back of a house
bào shāguō 抱沙锅[-鍋] V.O. beg for food; be a beggar
bàoshài 暴晒[-曬] V.P. sunburned
Bǎoshān 宝山[寶-] N. Golconda; source of great wealth M: [4]zuò
bāoshànbiǎn'è 褒善贬恶[-惡] F.E. glorify virtue and censure evil
bāoshāng 包商 N. concessionaire (in a business)
bāoshǎng 褒赏 V. commend and award
bǎoshāng* 保墒 V.O. <agr.> preserve soil moisture
bǎoshǎng 饱赏 V. ① satiate ② enjoy to the full
bàoshāng 报商[報-] N. news dealer
bàoshàng 报上[報-] R.V. report/submit to
bǎoshānkōnghuí 宝山空回[寶-] F.E. waste an opportunity
bāo shànsù 包膳宿 N. full board
báoshā zhīwù 薄纱织物[--織-] N. muslin
bàoshè 报社[報-] N. newspaper office/press M: [1]jiā
bāoshēn* 包身 N. indenture
bǎoshēn 保身 V.O. care about one's own safety
bàoshēn 报身[報-] N. <Budd.> sambhogakaya (one of the three manifestations of Buddha)
bàoshěn 报审[報審] V. send up a report for higher investigation
bàoshēnfó 报身佛[報-] N. <Budd.> sambhogakaya Buddha
bàoshēng 爆声[-聲] N. <lg.> explosion
bāoshēngōng 包身工 N. indentured laborer
báoshēngshēng 薄生生 V.P. thin and crispy
bàoshēnr 抱身儿 V.O. fit on the body (of clothes)
[1]**bǎoshí*** 宝石[寶-] N. precious stone; gem; jewel M: [1]kē/[3]lì
[2]**bǎoshí** 饱食 V.P. well-fed
bǎoshì 保释[-釋] V. release on bail; bail ♦N. bail
[1]**bàoshī** 报失[報-] V.O. report loss of sth. to the authorities concerned
[2]**bàoshī** 报施[報-] V. repay a kindness/favor
[1]**bàoshí** 报时[報時] V.O. announce correct time
[2]**bàoshí** 暴食 V. overeat
bǎoshíhóng 宝石红[寶-] N. sang-de-boeuf; ruby red
bǎoshíjiàng 宝石匠[寶-] N. a lapidary M: [1]ge/[1]míng
bǎoshìjīn 保释金[-釋-] N. bail M: [2]bǐ
bàoshí nàobiǎo 报时闹表[報時鬧錶] N. alarm watch M: [2]zhī/[2]kuài
bǎoshínuǎnyī 饱食暖衣 F.E. have ample food and warm clothing
bǎoshìrén 保释人[-釋-] N. bailor M: [1]ge/[1]míng/[2]wèi
bǎoshìshū 保释书[-釋書] N. bail bond M: [1]fèn
bàoshítái 报时台[報時臺] N. (telephone) time inquiry service
bàoshīyúshì 暴尸于市[-屍於-] F.E. <trad.> exhibit a corpse in the market
bǎoshízhōngrì 饱食终日 F.E. stuff oneself (in idleness)
bǎoshǒu* 保守 V. guard; keep ♦S.V. conservative
bǎoshòu 饱受 V. endure one's fill of (hardship)
bǎoshǒudǎng 保守党[-黨] N. Conservative Party (as in Britain)
bǎoshǒu de fāngyán 保守的方言 N. <lg.> conservative dialect/topolect
bàoshǒu'érdùn 抱首而遁 F.E. hide one's face and retreat
bǎoshǒu liáofǎ 保守疗法[--療-] N. <med.> conservative treatment
bǎoshǒupài 保守派 N. conservatives
bǎoshǒuxíng 保守形 N. <lg.> conservatism
bǎoshòuzhémo 饱受折磨 F.E. be knocked about thoroughly
bǎoshǒu zhèngfǔ 保守政府 N. conservative government
bǎoshǒuzhǔyì 保守主义[--義] N. conservatism
[1]**bāoshū** 包书[-書] V.O. wrap/pack up a book
[2]**bāoshū** 胞叔 N. blood uncle; younger blood brother of one's father
bǎoshū 宝书[寶書] N. treasured book M: [1]běn
bàoshù* 报数[報數] V.O. number/count off
bǎoshuì* 保税 N. protective tariff/trade
bàoshuì 报税[報-] V.O. declare dutiable goods; report taxes
bǎoshuì cāngkù 保税仓库[--倉-] N. bonded godown/warehouse
bàoshuìdān 报税单[報-] N. ① taxation form ② duty declaration form M: [1]fèn/[1]zhāng
bǎoshuì huòwù 保税货物 N. bonded goods
bàosǐ 暴死 N. sudden death
báosīduàn 薄丝缎[-絲-] N. mousseline satin M: [2]kuài/[1]pǐ
bàosǐliúpí 豹死留皮 ID. leave a good name after death
bǎo sīnáng 饱私囊 V.O. embezzle; line one's pockets
bǎosòng* 保送 V. recommend sb. for admission to school/etc.
bàosòng 报送[報-] V. send up recommendation
báosōngsōng 薄松松[-鬆鬆] V.P. thin and crispy
bàosuì 报岁[報歲] N. harvest festival celebrating good crops
[1]**bāosǔn** 苞笋[-筍] N. tender winter bamboo shoots
[2]**bāosǔn** 褒损 V. speak ill of; decry
bào sùyuàn 报宿怨[報-] V.O. settle old scores
bǎotǎ 宝塔[寶-] N. pagoda M: [4]zuò
bǎotāi 保胎 V.O. prevent a miscarriage
báotāitáo 薄胎陶 N. eggshell pottery
bāotàn 包探 N. detective
bàotān(r/zi)* 报摊(儿/子)[報攤-] N. newsstand
bàoténg 爆腾 V. <coll.> raise or kick up dust
báotián 薄田 N. low-yielding farming land M: [2]kuài/[1]piàn *See also* bótián
bàotiǎntiānwù 暴殄天物 F.E. reckless waste of grain/etc.
bàotiáo 报条[報條] N. report of success; good news
bàotiào* 暴跳 V. stamp the feet with fury
bàotiàorúléi 暴跳如雷 F.E. ① stamp in fury ② go on a rampage
bàotiě 报帖[報-] V.O. present an invitation/card/note/etc.
bàotíng 报亭[報-] N. covered newsstand
bàotóng 报童[報-] N. newsboy M: [1]ge/[1]míng
bàotòngxīhé 抱痛西河 ID. mourn over the death of one's son
bāotóu 包头 N. ① turban ② protective covering on the front tip of shoes ③ women's white headdress worn at funerals ④ head of contracted laborers *See also* Bāotóu
Bāotóu 包头 P.W. large city in Inner Mongolia *See also* bāotóu
[1]**bàotóu*** 报头[報-] N. masthead (of newspaper/etc.); nameplate
[2]**bàotóu** 抱头 V.O. cover the head with ones' arms
[3]**bàotóu** 暴投 N. <sport> a wild pitch
bàotóudàkū 抱头大哭 F.E. cry in each other's arms
bàotóushǔcuàn 抱头鼠窜[-竄] F.E. scamper off like a frightened rat
bàotóutòngkū 抱头痛哭 F.E. weep in each other's arms
bàotú 暴徒 N. ① ruffian; thug ② mob M: [1]ge/[1]míng
bàotuán(r) 抱团(儿)[-團-] V.O. ① unite ② <coll.> gang up; hang together
bàotuántǐ 抱团体[-團體] V.O. organize a group
bāotuì* 包退 V. guarantee a refund for returned goods
bǎotuì 保退 V. with money-back guarantee
bāotuìbāohuàn 包退包换[-換] F.E. guarantee change of items or refund
bāotuìhuányáng 包退还洋[--還-] F.E. The goods can be returned and the money will be refunded if not satisfactory.
bāotuǒ 包妥 V. guarantee sth. to be perfect/fine
bào wǎguàn 抱瓦罐 V.O. beg for food; be a beggar
bǎowàijiùyī 保外就医[-醫] F.E. <law> be released on bail for medical treatment
bǎowàizhíxíng 保外执行[--執-] F.E. <law> serve a sentence on bail
bào wáwa 抱娃娃 V.O. give birth to a child
bāowéi* 包围[-圍] V. surround; encircle ♦N. encirclement
[1]**bǎowèi** 保卫[-衛] V. defend; safeguard ♦N. guard
[2]**bǎowèi** 宝位[寶-] N. ① imperial dignity ② throne
bǎowèi bùmén 保卫部门[-衛--] N. public security bodies/departments
bǎowèikē 保卫科[-衛-] N. security section (of an organization)
bǎowèi lǐnghǎiquán 保卫领海权[-衛--權] F.E. defend sea sovereignty
bāowéi qǐlai 包围起来[-圍--] R.V. surround; encircle
[1]**bào wěiqu** 抱委屈 V.O. feel wronged
[2]**bào wěiqu** 报委屈[報-] V.O. <coll.> complain; gripe
bāowéiquān 包围圈[-圍-] N. ring of encirclement
bǎowèituán 保卫团[-衛團] N. local militia
bǎowèizǔ 保卫组[-衛-] N. public security group
bǎowēn* 保温 N. heat preservation ♦V.O. keep warm
bàowén 豹纹 N. leopard spots
bǎowēnbēi 保温杯 N. thermos cup M: [2]zhī/ge

B

B

bǎowēn cáiliào 保温材料 N. thermal insulating material
bǎowēnchē 保温车 N. truck for perishables that can be refrigerated and heated M: ³liàng
bàowèngguànpǔ 抱瓮灌圃 ID. <wr.> expend much effort with little results
bǎowēnpíng 保温瓶 N. vacuum flask/bottle; thermos M: ²zhī/ge
bǎowēnxiāng 保温箱 N. incubator M: ²zhī/ge
bàowō 抱窝[-窩] V.O. <coll.> sit (on eggs); brood; hatch
bǎowǒyǐdé 饱我以德 F.E. <wr.> imbue me with virtue
bǎowù* 宝物[寶-] N. treasure
bàowù 报务[報務] N. ① traffic/radio operator's work ② newspaperman's duties
bàowùyuán 报务员[報務-] N. telegraph/radio operator M: ¹ge/¹míng/²wèi
bǎoxī 保息 V.O. <econ.> guarantee interest
bǎoxǐ 宝玺[寶璽] N. imperial seal M: ¹kē/¹ge/²kuài
bàoxǐ* 报喜[報-] V.O. announce good news; report success
bàoxì 报系[報-] N. news group
bǎoxiá 宝匣[寶-] N. jewelry case/casket M: ²zhī
báoxiàn 雹霰 N. hail and sleet
bǎoxiān 保鲜 V.O. keep (food) fresh
bǎoxiǎn* 保险 N. insurance ♦S.V. safe ♦V. ① ensure that ② insure; be insured
bǎoxiǎndài 保险带[-帶] N. safety belt M: ¹tiáo
bǎoxiǎndān 保险单 N. insurance policy M: ¹zhāng/¹fèn
bǎoxiǎndāo(r) 保险刀(儿) N. safety razor M: ¹bǎ/¹piàn
bǎoxiǎndēng 保险灯[-燈] N. safety light M: ¹zhǎn/²zhī
bǎoxiǎnfǎ 保险法 N. insurance laws
bǎoxiǎnfèi 保险费 N. insurance premium M: ²bǐ
bāoxiāng* 包厢[-廂] N. box (in a theater) M: ge/²zhī
bǎoxiàng 宝相[寶-] N. Buddha's image
bǎoxiǎngǎn 保险杆 N. (car) bumper M: ²gēn
bǎoxiǎngàng 保险杠 N. car bumper M: ²gēn
bǎoxiǎn gōngsī 保险公司 N. insurance company M: ¹jiā
bǎoxiǎnguì 保险柜[-櫃] N. safe; strongbox M: ²zhī
bǎoxiàngwén 宝相纹[寶-] N. <art> rosette design
bǎoxiǎngyǎnfú 饱享眼福 F.E. enjoy the sight/scene to one's great satisfaction
bāoxiāngzuò 包厢座[-廂-] N. box (in a theater)
bǎoxiǎnhé 保险盒 N. fuse box/device M: ²zhī/ge
bǎoxiǎn huómén 保险活门 N. safety valve M: ²dào
bǎoxiǎnjīn 保险金 N. amount insured M: ²bǐ
bǎoxiǎn jīn'é 保险金额 N. amount insured
bǎoxiǎn jīngjì 保险经纪[--經-] N. insurance broker M: ¹ge/¹míng/²wèi
bǎoxiǎnmén 保险门 N. safety exit M: ²dào/¹shàn
bǎoxiǎnrén 保险人 N. the insurer; assurer M: ¹ge/¹míng/²wèi
bǎoxiǎnsǎn 保险伞[-傘] N. parachute M: ¹bǎ
bǎoxiǎn shìyè 保险事业[-業] N. insurance business
bǎoxiǎnsī 保险丝[-絲] N. <elec.> fuse; fuse-wire M: ²gēn
bǎoxiǎntào 保险套 N. ① condom M: ²zhī ② sheath
bǎoxiǎn tìdāo 保险剃刀 N. safety razor M: ¹bǎ
bǎoxiǎnxiàn 保险线 N. fuse M: ²gēn/¹tiáo
bǎoxiǎnxiāng 保险箱 N. strongbox; safe M: ²zhī
bǎoxiǎn xìnfēng 保险信封 N. envelope for insured mail M: ²zhī/ge
bǎoxiǎnzhēn 保险针 N. safety pin M: ²gēn
bǎoxiānzhǐ 保鲜纸 N. Handi-wrap; plastic wrap M: ¹zhāng
bāoxiāo 包销 V. ① have exclusive selling rights ② be sole agent for a production unit or farm
bàoxiāo* 报销[報-] V. ① submit expense account for refund ② hand in list of expended articles ③ write off ④ die
bàoxiǎo 报晓[報曉] V.O. herald the break of day
¹bàoxiào 报效[報-] V.O. give service/money to repay one's country/sb.'s kindness
²bàoxiào 爆笑 N. loud laughter
bào xiǎojī 抱小鸡[-雞] V.O. hatch eggs (of a hen)
bāo xiǎojiǎo 包小脚[-腳] V.O. have bound feet
bàoxiào qǐlai 爆笑起来 R.V. burst into loud laughter
bāoxiāoquán 包销权[-權] N. exclusive selling rights
bāoxiāo xiéyì 包销协议[-協議] N. exclusive sales agreement
bàoxǐ bù bàoyōu 报喜不报忧[報-報憂] F.E. report only the good and hold back the bad
bàoxiè 报谢[報-] V. express appreciation (for sb.'s kindness); show gratitude; acknowledge
bàoxī'érzuò 抱膝而坐 F.E. sit with one's arms around one's knees
bàoxìn 报信[報-] V.O. notify; inform
bāoxīncài 包心菜 N. cabbage
báoxìng 薄幸 V.P. <wr.> insensitive; cold *See also* bóxìng
bàoxíng* 暴行 N. savage act; outrage; atrocity
bàoxìng 爆性 ATTR. quick-tempered; hot-tempered
bàoxìngzi 暴性子 N. irascible temper
bàoxīnjiùhuǒ 抱薪救火 F.E. inadvertently add fuel to a fire
bāoxiōng 胞兄 N. elder brother born to the same parents M: ¹ge/²wèi
bāoxiōng-dì 胞兄弟 N. brothers born to the same parents
bāoxiū 包修 V. guarantee the repair of sth.
bǎoxiū* 保修 V. guarantee to keep sth. in good repair
bǎoxiūzhèng 保修证[-證] N. warranty
bāoxù 褒恤 V. <wr.> commend and compensate
bǎoxué* 饱学 ATTR. learned; erudite
bàoxuē 刨削 V. plane sth. down; plane
bào xuèchóu 报血仇[報-] V.O. take blood vengeance
bàoxuěxiànghuǒ 抱雪向火 ID. undertake a useless task
bǎoxuézhīshì 饱学之士 N. an erudite scholar M: ¹ge/¹míng/²wèi
bàoxùn 报汛[報-] N. flood information
bàoxùnrén 报讯人[報-] N. messenger M: ¹ge/¹míng/²wèi
¹bāoyá 龅牙[齙-] N. buckteeth
²bāoyá 包牙 V.O. cover a tooth (with metal)
bǎoyāfèi 保押费 N. pledge money
bǎo yǎnfú 饱眼福 V.O. feast one's eyes on sth.
bāoyáng 褒扬[-揚] V. praise; commend
bǎoyǎng* 保养[-養] V. ① take good care of one's health ② maintain; keep in good repair ♦N. maintenance
bàoyǎng 抱养[-養] V. adopt (a child)
bàoyàng 抱恙 V. <wr.> be ill; be in bad health
bǎoyàngāoliáng 饱餍膏粱[-饜--] ID. have a pampered taste
bǎoyǎngbù 保养部[-養-] N. maintenance department
bǎoyǎngfèi 保养费[-養-] N. maintenance cost; upkeep M: ²bǐ
bǎoyǎnggōng 保养工[-養-] N. maintenance worker M: ¹ge/¹míng/²wèi
bǎoyǎngpǐn 保养品[-養-] N. things under maintenance
bàoyángròu 炮羊肉 N. quick-fried mutton
bǎoyǎngzhàn 保养站[-養-] N. maintenance station; repair shop M: ¹jiā
bǎoyào* 宝药[寶藥] N. ① precious medicine ② <art> jade-polishing substance
bàoyāo 抱腰 V.O. ① practice midwifery ② support; back up
bàoyào 爆药[-藥] N. explosive
bāoyé 包爷[-爺] N. <slang> ① sb. who undertakes a lawsuit ② go-between in business who receives a cut of the profit
bàoyè* 报业[報業] N. newspaper/press business
bàoyè gōnghuì 报业工会[報業-] N. newspaper association; press union
báoyèzhǐ 薄页纸 N. tissue paper M: ¹zhāng
¹bāoyī 胞衣 N. <Ch. med.> afterbirth
²bāoyī 包衣 N. coating (on pills)
³bāoyī 褒衣 N. <trad.> give garments to officials or their wives as a token of imperial favor
bāoyì* 褒义[-義] N. commendation; praise
bàoyī 抱一 V.O. <wr.> stick to one principle
bàoyǐ 报以[報-] V.P. give in return
bàoyǐbáiyǎn 报以白眼[報-] F.E. look at sb. with contempt
bāoyībódài 褒衣博带[-帶] F.E. <wr.> dress of an ancient scholar
bāoyìcí 褒义词[-義-] N. commendatory term; meliorative word
bāoyì de 褒意的 ATTR. meliorative
bǎoyǐlǎoquán 饱以老拳 F.E. give sb. a sound beating
bàoyǐlěngxiào 报以冷笑[報-] F.E. respond with a sneer
bāoyín 包银 N. <thea.> actor's monthly wages
bàoyīn 爆音 N. ① sonic boom; shock-wave noise ② <lg.> plosive sound
¹bàoyǐn* 暴饮 V. drink too much
²bàoyǐn 豹隐[-隱] V. <wr.> live in retirement; live as a hermit
bàoyǐnbàoshí 暴饮暴食 F.E. eat and drink too much at one meal
bāoyíng 包赢 V. guarantee winning in gambling/sports
bàoyìng* 报应[報應] N. <rel.> retribution; judgment ♦V. recoil
bàoyìngfēnmíng 报应分明[報應-] F.E. The divine retribution is clear and unerring.
bàoyīn yìyīn 爆音抑音 N. <lg.> plosive sound
bàoyǐwēixiào 报以微笑[報-] F.E. ① smile in return ② respond with a smile
bàoyǐxūshēng 报以嘘声[報-嘘聲] F.E. greet with hisses
bàoyǐyīxiào 报以一笑[報-] F.E. ① send back a smile ② not take sth. seriously
bāoyòng 包用 V. ① guarantee quality/serviceability (of an article) ② be used for a specified purpose
bāoyóu 包游 N. all-inclusive tour; package tour
bǎoyǒu* 保有 V. hold
bǎoyòu 保佑/祐 V. bless and protect ♦N. blessing
bàoyōu 报忧[報憂] V.O. report bad news
bàoyǒu 抱有 V. have; possess
bàoyǒuchéngjiàn 抱有成见 F.E. harbor prejudice
bǎoyòu rényuán 保幼人员 N. daycare workers
bǎoyǔ 饱雨 N. heavy rain
¹bǎoyù* 保育 N./V. child care
²bǎoyù 宝玉[寶-] N. precious jade M: ²kuài *See also* Bǎoyù
Bǎoyù 宝玉[寶-] N. the main male character in *Dream of the Red Chamber* *See also* ²bǎoyù
bàoyú 鲍鱼 N. ① abalone ② <wr.> salted fish
bàoyǔ 暴雨 N. torrential rain; cloudburst M: ³cháng
bàoyuan* 抱怨 *See* ¹bàoyuàn
bàoyuān 抱冤 V. feel wronged; nurse a grievance
¹bàoyuàn 抱怨 V. complain; grumble; bear a grudge
²bàoyuàn 报怨[報-] V. avenge a grievance
bāoyuánr 包圆儿 V.O. <coll.> ① buy the whole lot ② finish up/off
bàoyuānxuěhèn 报冤雪恨[報-] F.E. take revenge; avenge oneself
bàoyǔchéngzāi 暴雨成灾[-災] F.E. Heavy rains bring floods.
bāoyuè(r) 包月(儿) V.O./N. ① make monthly payments ② hire by the month

bǎoyùgānzhǐ 饱饫甘旨 F.E. <wr.> be sated with good things
bào yùmǐhuā 爆玉米花 N. popcorn ♦V.O. pop corn
[1]**bāoyùn** 包蕴 V. <wr.> contain; comprise
[2]**bāoyùn** 包运[-運] V. transport ♦N. transportation
[3]**bāoyùn** 包孕 V. contain; comprise ♦ATTR. <lg.> embedding; embedded
bāoyùn biànhuànlǜ 包孕变换律[--變换-] N. <lg.> embedding transformation
bāoyùnjù 包孕句 N. <lg.> embedded sentence; sentence with a clause M: [1]jù
bāoyùn zǐjù 包孕子句 N. <lg.> embedded clause
bàoyǔqīngpén 暴雨倾盆 F.E. a heavy rainfall
bāoyúr 包余儿 V.O. <coll.> buy surplus; buy all that remains
bāoyǔwéihuái 胞与为怀[-與-懷] F.E. <wr.> ① fraternity ② treat all creatures like one's brothers
bǎoyùxiāng 保育箱 N. <med.> incubator M: [2]zhī
bǎoyùyuán* 保育员 N. child-care worker M: [1]gè/[1]míng/[2]wèi
bǎoyùyuàn 保育院 P.W. ① nursery school ② orphanage M: [1]jiā
bǎoyùyuán yǔyán 保育员语言 N. <lg.> caretaker speech; motherese
bàoyúzhīsì 鲍鱼之肆 ID. objectionable environment
bāozā 包扎 V. wrap/bind up; pack ♦N. packing; (cloth) bandage *See also bāozhā*
báozāi 雹灾[-災] N. disaster caused by hail M: [3]cháng
bàozāi 报灾[報災] V.O. report a disaster to the authorities
bàozǎi* 报载[報-] V. according to newspaper reports
bào zài yīqǐ 抱在一起 V.P. <coll.> band together
bāozàn 褒赞 V. praise; commend; extol; acclaim
bǎozàng 宝藏[寶-] N. ① precious (mineral) deposits ② <Budd.> the treasure of Buddha's law
bàozào 暴躁 S.V. ① irascible; irritable ② violent; brutal
bāozèng 褒赠 V. confer (gifts/honor/etc.)
bāozhā 包扎 V. ① pack; bundle; wrap ② dress a wound ③ tie/bind up *See also bāozā*
bàozhà* 爆炸 V. explode; blow up
bāozhāfǎ 包扎法 N. method of wrapping/binding up (a wound)
bǎozhài 堡寨 N. fort; fortress M: [4]zuò
bàozhà jíxiàn 爆炸极限[--極-] N. explosive limit
bàozhàlì 爆炸力 N. explosive force
bǎozhàn 饱绽 V. swell to bursting
bǎozhǎng 保长 N. <trad.> local constable M: [1]gè/[2]wèi/[1]míng
[1]**bǎozhàng*** 保障 V./N. ensure; guarantee; safeguard
[2]**bǎozhàng** 饱胀 V. glut; surfeit to the bursting point
[3]**bǎozhàng** 宝杖[寶-] N. ① a cane decorated with precious stones ② magic cane M: [2]gēn
bàozhāng 报章[報-] N. ① newspapers ② reply letters; return mail
bàozhǎng 暴涨 V. rise suddenly and sharply (of floods/prices/etc.)
[1]**bàozhàng** 报帐[報-] V.O. submit an expense account
[2]**bàozhàng** 爆仗 N. firecrackers
bàozhǎngbàodiē 暴涨暴跌 F.E. rise and fall sharply (of prices/etc.)
bàozhāng-zázhì 报章杂志[報-雜-] N. newspapers and magazines
bàozhār 刨渣儿 N. wood shavings
bàozhàwù 爆炸物 N. explosive
bàozhàxìng 爆炸性 N. explosiveness; volatility
bàozhàxìng xiāoxi 爆炸性消息 N. explosive/shocking news
bàozhà xīnwén 爆炸新闻 N. unexpected/shocking news
bàozhe 抱着[-著] V. hold in one's arms; embrace
bàozhe mǎnqiāng rèchéng 抱着满腔热诚[-著--熱-] V.P. be filled with enthusiasm
bǎozhēn 葆/保真 V.O. <wr.> safeguard one's true nature; be untarnished by any desires
bǎozhēndù 保真度 N. <elec.> fidelity
Bāo Zhěng 包拯 (d. 1062) N. statesman and judge celebrated for his integrity
[1]**bǎozhèng*** 保证[-證] V./N. pledge; guarantee
[2]**bǎozhèng** 保正 N. <trad.> headman of a ward
bàozhèng 暴政 N. tyranny; despotic rule
bǎozhèngjīn 保证金[-證-] N. ①earnest money; cash deposit; down payment ②<law> bail M: [2]bǐ
bǎozhèngrén 保证人[-證-] N. ① guarantor ② bailor M: [1]gè/[1]míng/[2]wèi
bǎozhèngshū 保证书[-證書] N. written pledge; letter of guarantee M: [1]fèn
bāozhǐ 包纸 N. wrapping/package paper M: [1]zhāng
bāozhì 包治 V. guarantee a cure
báozhǐ 薄纸 N. thin paper; tissue paper M: [1]zhāng
bǎozhí 保值 N. interest added to compensate against inflation ♦V.O. maintain the value of sth.; insure
bàozhí 报值[報-] V.O. report the value
bàozhǐ* 报纸[報-] N. ①newspaper ②newsprint M: [1]zhāng/[1]fèn
bāozhìbǎibìng 包治百病 F.E. cure-all
bǎozhìbǎoliàng 保质保量[-質--] F.E. guarantee both quality and quantity
bàozhí guàhào 报值挂号[報-掛號] N. registered mail with value specified
bàozhǐ shèlùn 报纸社论[報-] N. newspaper editorial
bǎozhítíngxīn 保职停薪[-職--] F.E. retain the job but suspend the salary
bàozhīyǐxiào 报之以笑[報-] F.E. laugh in return
bāozhōng 褒忠 V. commend for loyalty
[1]**bǎozhòng*** 保重 V. take care of oneself
[2]**bǎozhòng** 宝重[寶-] S.V. value greatly; treasure
bǎozhōngzhībǎo 宝中之宝[寶-寶] N. the treasure of treasures
bǎozhū 宝珠[寶-] N. precious pearl M: [1]kē/[3]lì
bǎozhǔ 堡主 N. owner of a castle fort/fortress M: [2]wèi
bǎozhù 保住 R.V. keep; retain; hold on to *Tā kǒngpà bǎobuzhù tā de fángzi le.* He probably won't be able to keep his house.
bàozhú* 爆竹 N. firecracker
[1]**bàozhù** 抱住 R.V. hold on to
[2]**bàozhù** 抱柱 V.O. <wr.> keep one's promise faithfully ♦N. a massive pillar
[3]**bàozhù** 暴注 N. <med.> diarrhea
bāozhuàn 包赚 V. guarantee profits ♦N. assured profits
bāozhuāng* 包装[-裝] V. ① pack ② dress up ♦N. package; packing; packaging
bāozhuàng 褒状[-狀] N. citation (of good deed, great achievement, etc.)
bǎozhuàng 保状[-狀] N. guarantee certificate
bāozhuāngbù 包装部[-裝-] P.W. packing department
bāozhuāngbùliáng 包装不良[-裝--] F.E. faulty/poor packing
bāozhuāng chéngběn 包装成本[-裝--] N. packing cost
bāozhuānggōng 包装工[-裝-] N. wrapper; packer M: [1]gè/[1]míng/[2]wèi
bāozhuāng jīngměi 包装精美[-裝--] V.P. beautifully packed
bāozhuāng pòsǔn 包装破损[-裝--] V.P. packages are in damaged condition
bāozhuāng qīngdān 包装清单[-裝--] N. packing list
bāozhuāng wùliào 包装物料[-裝--] N. packing materials
bāozhuāngxiāng 包装箱[-裝-] N. package box/case M: [2]zhī
bāozhuāng yāoqiú 包装要求[-裝--] N. packing instructions
bāozhuāngzhǐ 包装纸[-裝-] N. wrapping paper M: [1]zhāng
bàozhù bù fàng 抱住不放 V.P. stick to; not let go
bàozhùduìr 抱柱对儿[--對-] N. couplet inscribed on curved panels fitting round posts
bàozhúhuā 爆竹花 N. firecracker
bāozhǔn 包准[-準] V. guarantee; vouch for
bǎozhǔn(r)* 保准(儿)[-準-] S.V. reliable; dependable; trustworthy ♦V. guarantee; assure; ensure *Wǒ ~ bùhuì chūwèntí.* I assure you everything will be all right.
bǎozhù nǎodai 保住脑袋[-腦-] V.O. save one's neck
bāozi* 包子 N. steamed stuffed bun
bāozǐ 孢/胞子 N. spore
báozi 雹子 N. hail; hailstone M: [3]cháng/[1]zhèn/[1]kē/[3]lì
bǎozi 堡子 N. <topo.> ① town/village enclosed by earth wall ② village M: [4]zuò *See also bǔzi*
[1]**bàozi** 豹子 N. leopard; panther M: [2]zhī
[2]**bàozi** 刨子 N. carpenter's plane M: [1]bǎ
[3]**bàozi** 报子[報-] N. <trad.> messenger; courier
bàozigānlán 抱子甘蓝[-藍] N. baby cabbages
bāozǐ huāfěn fēnxi 孢子花粉分析 N. <archeo.> pollen analysis
bàozinòngsūn 抱子弄孙[-孫] F.E. enjoy being with one's offspring
bāozǐtǐ 孢子体[-體] N. <bot.> sporophyte
bāozìtóu 包字头 N. name of Kangxi radical 20
bàoziyǎn(r) 暴子眼(儿) N. a kind of eye infection
bǎozòu 保奏 V. <trad.> recommend a person to the throne for a reward
bāozū* 包租 V. ① rent for subletting ② hire; charter ♦N. fixed rent for land
bǎozú 饱足 V.P. be full/satiated
bàozú 暴卒 V. die of sudden illness
bāozū hétong 包租合同 N. rental contract
bàozuì 抱罪 V. feel guilty
bàozuǐr 鲍嘴儿[鮑-] N. a tooth protruding beyond lips
bǎozuò 宝座[寶-] N. throne
bāpéng 芭棚 N. <topo.> wind screen of straw/etc.
bāpí 扒皮 V.O. peel off the skin
bāpíguǐ(r) 扒皮鬼(儿) N. <coll.> ① cruel extortionist ② skinny person
bá púr 拔脯儿 V.O. <coll.> stick out the chest; stand straight and look forward
bá púzi 拔脯子 V.O. <topo.> stick one's chest out in a challenging attitude
Bāqí* 八旗 N. (Manchu) Eight Banners
báqǐ 拔起 R.V. pull out/up; remove
bàqì 霸气[-氣] N. aggressiveness; hegemony
báqiā 菝葜 N. chinaroot greenbrier (medicinal plant) *See also yángbáqiā*
bāqiān 八千 NUM. eight thousand; 8,000
báqiánzhìhòu 跋前踬后[-躓後] F.E. be in a dilemma
bàqiáozhéliǔ 灞桥折柳[-橋--] ID. <wr.> part from friends; bid farewell
bá qǐlai 拔起来 R.V. pull out/up
báqīn 拔亲[-親] V.O. update wedding on account of an impending funeral
Bāqí zhì 八旗制 N. (Manchu) Eight Banner System
bāqízhǔyì 八旗主义[-義] N. hegemonism
báqǔ 拔取 V. choose; select
báqù* 拔去 R.V. pull out; remove
bàquán 霸权[-權] N. hegemony; supremacy
bàquánzhǔyì 霸权主义[-權-義] N. hegemonism
báqún 拔群 V.O. stand head and shoulders above others
báqù yǎnzhōngdīng 拔去眼中钉 F.E. remove a most-hated person
bàr 把儿 N. <coll.> a handle
bárǎn 拔染 V. <txtl.> discharge

B

bárǎnjì 拔染剂[-劑] N. <txtl.> discharging agents; discharge
bārbār 吧儿吧儿 A.T. <coll.> clear, flowing-voiced
bārén 扒人 V.O. speak ill of sb.
bārgǒu 巴儿狗 N. ①Pekinese (dog) ②sycophant; toady
bārjìngzi 把儿镜子 N. <coll.> mirror with a handle
básà 拔挲[-搬] V. separate
bá sǎngzi 拔嗓子 V.O. practice singing high pitch; stretch one's vocal range
bàsào 坝埽[壩-] N. <hist.> dam built out of bundles of tree branches (on the Yellow River)
báshān 拔山 N. herculean force
báshānjǔdǐng 拔山举鼎[--舉-] F.E. great in strength
báshānshèshuǐ 跋山涉水 F.E. have an arduous trip
báshānshèyě 跋山涉野 F.E. roam over hill and dale
Bāshān Shǔshuǐ 巴山蜀水 N. *Sìchuān*
bāshānyèyǔ 巴山夜雨 ID. hope for reunion of friends
bāshé 巴蛇 N. <zoo.> python
báshè* 跋涉 V. trudge; trek ♦N. arduous journey/trip
báshé dìyù 拔舌地狱 N. <Budd.> the hell where the tongue is pulled out as the punishment for sins committed through speech
báshēn* 拔身 V.O. get away (from a pressing task)
bàshēn 坝身[壩-] N. main part of a dam
bāshēng 八声[-聲] N. <lg.> the eight tones of ancient Chinese, split in some dialects into two categories depending on the initial
báshèshānchuān 跋涉山川 F.E. travel over hills and across rivers
bāshétūnxiàng 巴蛇吞象 ID. extremely greedy
báshèxiāngyě 跋涉乡野[--鄉-] F.E. trudge through the countryside
báshèzhīláo 跋涉之劳[-勞] N. the effort of climbing mountains and wading rivers
[1]**bāshí** 八十 NUM. eighty; 80
[2]**bāshí** 八识[-識] N. <Budd.> the eight perceptions and consciousnesses
bāshì* 巴士 N. <loan> bus
bǎshi 把式/势[-勢] N. <coll.> ① martial arts ② skilled artisan ③ skill
bǎshǐ 把屎 V.O. <coll.> hold a baby while it defecates
bǎshì 把势[-勢] N. <coll.> ①Chinese martial arts ② skilled person; craftsman ③ skill; technique
[1]**bàshì** 罢市[罷-] V.O. strike (by shopkeepers)
[2]**bàshì** 霸市 V.O. corner the market
báshídéwǔ 拔十得五 F.E. get fifty percent
bǎshìjiàng 把式匠 N. crafts/arts master
bāshí suì xué chuīdǎ 八十岁学吹打[--歲---] F.E. never too old to learn
bǎshou* 把手 N. ① handle; grip ② <coll.> ⓐ an assistant; helper ⓑ old hand; master ♦V.O. shake hands
bǎshǒu 把守 V. guard
bàshǒu 罢手[罷-] V.O. give up
Bā-Shǔ* 巴蜀 N. <hist.> two ancient states in modern Sichuan
bàshù 霸术[-術] N. despotic conduct
bǎ shuǐ jiǎohún 把水搅浑[--攪-] V.P. ①muddle things up; create confusion ②muddy the water
Bā-Shǔ Wénhuà 巴蜀文化 N. <archeo.> Ba-Shu/Pa-Shu culture
báshùxúngēn 拔树寻根[-樹尋-] F.E. trace to the very root of sth.
básī(r) 拔丝(儿)[-絲-] N. ① <mach.> drawing wire ② candied food
básījī 拔丝机[-絲-] N. wire-drawing machine
básī píngguo 拔丝苹果[-絲蘋-] N. candied apple
básī shānyao 拔丝山药[-絲-藥] N. candied Chinese yam
bāsōngguǎn 巴松管 N. <mus./loan> bassoon M: *ge*/[1]*guǎn*
bású 拔俗 V.O. rise far above the common lot; be outstanding and unique
básúchāoqún 拔俗超群 F.E. stand above the ordinary
bǎsuǒ 把索 V.O. keep to a vegetarian diet
bǎtái 靶台[-臺] N. platform for target practice
bātáidàjiào 八抬大轿[-轎] N. <trad.> eight-carrier sedan chair M: [4]*zuò*
bātǐ 八体[-體] N. <lg.> the eight scripts
bǎtóu* 把头 N. labor contractor
bàtóu 霸头 N. ① gang head ② overlord; hegemon
bātóutànnǎo 扒/巴头探脑[-腦] F.E. poke in one's head and pry
bàtǔ 耙土 V.O. harrow a field
bátuǐ* 拔腿 V.O. ① take a step ② get away ~ ***jiù pǎo*** start running away at once ③ free oneself
bàtuì 罢退[罷-] V. fire; dismiss
bátuǐjiùpǎo 拔腿就跑 F.E. start running away at once; immediately take to one's heels
bátuǐjiùzhuī 拔腿就追 F.E. give instant chase
Bātúlǔ 巴图鲁[-圖-] N. <trad.> Manchu title conferred on performer of great deeds (Manchu *baturu* > Mongolian *baghatur* 'hero, knight' > 8th c. Turkic *bagatur* 'hero, warrior'; it has been suggested that the Turkic word may ultimately be derived from a Western Han period Sinitic transcription of the name of the Xiongnu/Hun ruler which is usually rendered in Modern Standard Mandarin transcription as *Màodùn* but which, according to an early commentary on the *Hànshū*, should actually be *Mòdú*; cf. Persian *bahādur* 'brave, bold; hero' and Bactrian 702 A.D. *Magatur*, which is possibly a transliteration of the Turkic version of this apparently old Xiongnu name)
bātuō* 扒脱 V. strip/take/tear off
bátuō 拔脱 V. pull out of (mud, rope bind, etc.)
bāwàn 八万[-萬] NUM. eighty thousand; 80,000
bǎwán* 把玩 V. <wr.> fondle (an object) ♦N. <art> "fondling pieces"
bāwàng 巴望 <topo.> V. look forward to ♦N. good prospects
bàwáng* 霸王 N. ① <hist.> Xiang Yu the Conqueror (232–202 B.C.) ② overlord; despot
bàwángbiān 霸王鞭 N. ① rattle stick used in folk dancing ② rattle stick dance ③ a whiplike toy
Bā Wáng zhī Luàn 八王之乱[-亂] N. <hist.> the Upheaval of the Eight Princes (A.D. 265–313)
báwén 跋文 N. postscript; afterword M: [1]*piān*
bǎwěn* 把稳[-穩] S.V. <topo.> trustworthy; dependable; reliable
bǎwo 把握 ***See méi bǎwo See also*** *bǎwò*
bǎwò 把握 V. grasp firmly ♦N. assurance; certainty ***See also*** *bǎwo*
bǎwò zhù 把握住 R.V. hold; grasp
bǎwù 把晤 V. meet and talk (of friends)
Bāxī* 巴西 P.W. Brazil
bǎxì 把戏[-戲] N. ①acrobatics; jugglery ②cheap trick; game ***Tā zài wánr shénme ~?*** What dirty trick is he up to? ③ impish person
Bāxiá 巴峡[-峽] N. one of the Three Gorges of the upper Yangtze River
báxià* 拔下 R.V. pull out; remove
bāxiàli 八下里[-裡] F.E. <coll.> to the four winds; in all directions
Bāxiān 八仙 N. <Dao.> the Eight Immortals
bāxiǎng 巴想 V. <topo.> anxiously hope for or await
bāxiàng* 八相 N. the eight states of Buddha's existence
Bāxiān guòhǎi 八仙过海 F.E. The Eight Immortals cross the sea. ♦ID. Each one shows his/her special prowess.
bāxiānhuā 八仙花 N. <bot.> hortensia; hydrangia
bāxiānzhuō(r) 八仙桌(儿) N. square table seating eight
bā xiǎoshí gōngzuòzhì 八小时工作制[--時---] N. the eight-hour workday
báxiè 拔薤 V.O. eliminate bullies
bǎxīn 靶心 N. bull's-eye
bǎxiōng 把兄 N. elder (sworn) brother M: [1]*ge*/[2]*wèi*
bǎxiōng-dì 把兄弟 N. sworn brothers M: [1]*ge*/[2]*wèi*
bǎxìr 把戏儿[-戲-] N. ① acrobatics; jugglery ② cheap trick; game
bàxiū 罢休[罷-] V. give up; let a matter go
bāya 吧呀 <topo.> A.T. big-mouthed (of children) ♦V. quarrel (of children)
báyá* 拔牙 V.O. pull out a tooth
báyāng 拔秧 V.O. <agr.> pull up seedlings (for transplanting)
bāyánshī 八言诗 N. a poem of eight-character lines M: [2]*shǒu*
[1]**bàyè** 罢业[罷業] V.O. go on strike
[2]**bàyè** 霸业[-業] N. achievements of a hegemon
bǎ yè dàng rì 把夜当日[--當-] V.P. turn night into day
Bā-Yī* 八一 N. August 1 (Army Day)
bāyì 八亿[-億] NUM. eight hundred million; 800,000,000
Bā-Yī-Chǎng 八一厂[-廠] AB. *Bā-Yī Diànyǐng Zhìpiànchǎng*
Bā-Yī Diànyǐng Zhìpiànchǎng 八一电影制片厂[--電---廠] P.W. Ba-Yi Film Studio
Bā-Yī Jiànjūnjié 八一建军节[-節] N. <PRC> Army Day
bāyīn 八音 N. <mus.> eight kinds of traditional orchestral instruments
Bā-Yī Nánchāng Qǐyì 八一南昌起义[-義] N. the August 1 Nanchang Uprising (1927)
báyíng 拔营[-營] V.O. <mil.> strike camp
bāyīnhé 八音盒 N. music box M: [2]*zhī*/*ge*
bāyīnjié 八音节[-節] N. 8-syllable (line)
bāyīnqín 八音琴 N. music box M: [1]*bǎ*
bāyīn xiázi 八音匣子 N. <coll.> music box M: [2]*zhī*/*ge*
bā yīshang 扒衣裳 V.O. <coll.> peel off clothing
bāyìwǔ 八佾舞 N. <trad.> formation of eight rows of eight dancers in a dance before the emperor
bā yīzìtuǐ 扒一字腿 V.P. <sport> do a split; do the splits
báyòng 拔用 V. select
báyóu 拔尤 V. promote men of outstanding ability
bàyú 鲅鱼 N. <zoo.> Spanish mackerel
Bāyuè 八月 N. August
Bāyuèjié 八月节[-節] N. the Mid-Autumn Festival (15th day of the 8th lunar month)
bāza 吧咂 V. <coll.> smack the lips
bāza zuǐ 吧咂嘴 V.O. <coll.> smack lips
[1]**bāzha*** 巴眨 V. <coll.> blink
[2]**bāzha** 吧扎 V. <coll.> smack the lips
bàzha 跁眨 ON. splashing sound of walking in shallow water ♦V. walk on a floor with muddy feet
bázhài 拔寨 V.O. break up a camp
bǎzhāi* 把斋[-齋] V.O. <rel.> fast
bǎzhǎn 把盏[-盞] V.O. <wr.> hold/raise a wine cup (in a toast to a guest)
bàzhàn* 霸占 V. forcibly occupy; seize
bāzhang(r) 巴掌(儿) N. palm of the hand ***Yī ge ~ pāibuxiǎng.*** It takes two to make a quarrel. (lit. One palm can't make a clapping sound.)
bā zhàng duō yuǎn 八丈多远[-遠] V.P. <coll.> some distance away
bázhāo 拔招 V. retract a false move in a chess game
bázhǎoduǎnchóu 拔着短筹[-著-籌] F.E. be short-lived
bāzha yǎnjing 巴眨眼睛 V.O. <coll.> blink the eyes
bàzhě 霸者 N. tyrant; oppressor
bāzhēn 八珍 N. the eight most delicious foods

bāzhèntú 八阵图[-圖] N. <*hist.*> military tactics worked out by Zhūgě Liàng
[1]**bázhì** 拔帜[-幟] V. pull up (the enemy's) flag; win a victory (in a battle)
[2]**bázhì** 跋踬[-躓] N. <*wr.*> a setback; defeat; failure
bǎzhǐ 靶纸 N. target sheet
bàzhí* 罢职[罷職] V.O. remove from office
bàzhǐ 坝址[壩-] N. dam site
bázhìyìzhì 拔帜易帜[-幟-幟] F.E. take sb's place; replace sb.
bāzhù 扒住 R.V. hold on to; cling to
bǎzhù 把住 R.V. guard; defend
bàzhǔ* 霸主 N. ① a powerful leader of feudal lords (of the Spring and Autumn Period, 770–476 B.C.) ② overlord
bǎzhuā 把抓 V. scratch/grab with hand(s)
bázhuàng 拔撞 V. <*coll./slang*> back up; bolster; increase the prestige of; win honor for; boost one's morale ***Tā zǒng wèi wǒ ~.*** He always backs me up.
bāzhuāngshì(r) 八桩事(儿)[-樁--] N. various things
bāzhuǎyú 八爪鱼 N. <*zoo.*> octopus
bázhuó* 拔擢 V. <*wr.*> select and promote the best
bǎzhuō 把捉 V. grasp (sth. abstract)
bāzi 巴子 N. <*coll.*> ① vagina ② mouth
bāzì* 八字 N. ① the character for eight ② birthdate characters used in fortune-telling
[1]**bǎzi** 靶子 N. target
[2]**bǎzi** 把子 N. ① bundle ② theatrical weapon ③ movement involving theatrical weapons ④ gang brother ♦M. *for certain abstract ideas* ***jiā ~ jìnr*** make an extra effort ***See also*** [2]*bàzi*
[1]**bàzi** 坝子[壩-] N. embankment; dam
[2]**bàzi** 把子 N. handle ***See also*** [2]*bǎzi*
"bǎ" zì bīnyǔ míngcízǔ 把字宾语名词组[--賓----] N. <*lg.*> *bǎ* construction; preposed object
bāzìbù 八字步 N. splayfooted gait; measured gait
bāzì fāngzhēn 八字方针 N. <*PRC*> the Eight-Character policies adopted in the early 1960's and late 1970's
bāzìhú 八字胡[-鬍] N. mustache shaped like the character bā "eight"
bāzìjiǎo 八字脚[-腳] N. splayfoot
"bǎ" zì jù 把字句 N. <*lg.*> disposal sentence; *bǎ* construction
"bǎ" zì jù chǔzhì lùn 把字句处置论[---處--] N. <*lg.*> disposal theory
bāzìméi 八字眉 N. eyebrows formed like character for "eight"
bāzì méi yī piě 八字没一撇 ID. There's not the slightest sign of anything happening yet.
bāzìtiěr 八字帖儿 N. a card with the horoscope of a boy or girl sent with a proposal for betrothal
bāzìxiànfǎ 八字宪法[--憲-] N. <*PRC*> Eight-Point Charter of 1958 for agriculture
bāzìxíng 八字形 N. shape/form resembling the character for "eight"
bā zōng shì(r) 八宗事(儿) N. that sort of/thing(s)
B-bǎn B版 N. <*TW*> B-print (a record printed off a copy of a master of foreign origin)
BB-jī BB机 N. pager; beeper
B-chāo B超 N. <*med.*> ultra-sound radiography
B-chāo jiǎnchá B超检查 N. <*med.*> ultrasound diagnosis
[1]**bei** 呗[唄] M.P. *indicating obviousness or grudging agreement* ***See also*** [4]*bài*
[2]**bei** 臂 B.F. arm [1]*gēbei* ***See also*** [6]*bì*
[1]**bēi** 杯 M. glass/cupful ♦B.F. ① cup; glass [1]***bēizi*** ② (prize) cup; trophy ***jiǎngbēi***
[2]**bēi** 背 V. ① carry on the back ② bear; shoulder ***See also*** [3]*bèi*
[3]**bēi** 碑 N. stone stele
[4]**bēi** 悲 S.V. sad; melancholy ♦B.F. compassion ***bēimǐn***
[5]**bēi** 卑 B.F. ① low ***bēibǐ*** ② inferior ***bēiliè*** ③ <*wr.*> modest; humble
[6]**bēi** 陂 B.F. ① pond ***bēichí, bēitáng*** ② water's edge ③ mountain slope ***See also*** [7]*pō*
běi 北 N. north ♦V. <*wr.*> be defeated
[1]**bèi*** 被 B.F. ① quilt ***miánbèi*** ② cover ***máojīnbèi*** ♦COV. by ♦AUX. *passive signifier* ***~ xuǎnwéi mófàn gōngrén*** be elected model worker ***See also*** [8]*pī*
[2]**bèi** 倍 M. times; -fold ♦B.F. twice as much; double [1]***jiābèi***
[3]**bèi** 背 N. back of a body/object ♦V. ① turn one's back; turn away ② hide sth. from ***Wǒ méiyǒu ~ rén de shì.*** I have nothing to hide from anyone. ③ learn by heart; recite from memory ④ faint ⑤ <*wr.*> die ♦S.V. <*slang*> unlucky, esp. in gambling ***See also*** [2]*bēi*
[4]**bèi** 备[備] V. prepare; get ready ♦B.F. ① be equipped with ***bèiyǒu*** ② provide against ***bèihuāng*** ♦ADV. fully
[5]**bèi** 辈[輩] B.F. ① lifetime ***yī bèizi*** ② generation ***zhǎngbèi*** ③ people of a certain kind ***wúnéngzhībèi***
[6]**bèi** 悖 B.F. ① be contrary to; go against [1]***bèinì*** ② perverse; erroneous ***bèimiù***
[7]**bèi** 贝[貝] B.F. ① shellfish ***gānbèi*** ② cowrie ***bèiké*** ♦N. Surname
[8]**bèi** 焙 V. bake over slow fire
[9]**bèi** 惫[憊] B.F. exhausted; fatigued ***píbèi***
[10]**bèi** 钡[鋇] N. <*chem.*> barium
[11]**bèi** 蓓 B.F. flower bud ***bèilěi***
[12]**bèi** 孛 B.F. comet ***bèixīng, bèibèi***
[13]**bèi** 褙 B.F. paste pieces of cloth in layers (as in mounting a painting or making soles for shoes) ***biǎobèi***
[14]**bèi** 鞴 B.F. harness; harness and saddle [2]***bèimǎ*** ♦in ***gōubèi***
[15]**bèi** 狈[狽] in ***lángbèi***
bēi'āi 悲哀 S.V. grieved; sorrowful ♦N. sorrow
běi'àn 北岸 N. northern bank/shore (of a river/etc.)
bèi'ān 备鞍[備-] V.O. saddle
bèi'àn* 备案[備-] V.O. put on record; file
bēibǎn 碑版 N. stone tablets; steles
bèibàn* 备办[備辦] V. prepare; get sth. ready
bèibǎng 背榜 V.O. be last on list of successful candidates
Běibànqiú 北半球 P.W. Northern Hemisphere
běibānyīng 北斑鹰 N. northern spotted owl
bēibāo* 背包 N. ① knapsack; rucksack; field pack; shoulder bag ② <*mil.*> blanket roll ***See also*** *bèibāo*
bèibāo 背包 N. knapsack ***See also*** *bēibāo*
bēi bāofu 背包袱 V.O. ① have a lot on one's mind ② carry a burden ③ carry a bundle on one's back
bèi bāowéi 被包围[-圍] V.P. be enclosed; be surrounded
bèibǎoxiǎnrén 被保险人 N. the insured; insurant M: [1]*ge*/[1]*míng*/[2]*wèi*
bèibèi 孛孛 R.F. <*wr.*> radiant
bēibēi bùzúdào 卑卑不足道 F.E. not worth mentioning
bēibēiqièqiè 悲悲切切 V.P. sad and touching
bèibèir 辈辈儿 R.F. generation after generation
bèiběn 背本 F.E. bite the hand that feeds one
bēibǐ* 卑鄙 S.V. base; mean; contemptible; despicable
běibǐ 北鄙 N. northern frontier regions
bèibī 被逼 V. be forced/compelled
bèibì 贝币[-幣] N. <*hist.*> shells used as money
běibiān(r)* 北边(儿)[-邊-] P.W. north side; northern part
bèibiān 贝编 N. <*Budd.*> sutras
bēibǐbùkān 卑鄙不堪 F.E. be mean and contemptible
Běibīng Yáng 北冰洋 P.W. Arctic Ocean
bēibǐ shǒuduàn 卑鄙手段 N. dirty tricks
bēibǐwòchuò 卑鄙龌龊[-齷齪] F.E. mean and sordid
bēibǐwúchǐ 卑鄙无耻[-恥] F.E. contemptible and shameless
bēibó 卑薄 S.V. poor and barren (of land)
bèibōxuē jiējí 被剥削阶级[---階-] N. <*PRC*> exploited class
bèibōxuēzhě 被剥削者 N. exploited people
běibù* 北部 P.W. northern part
[1]**bèibǔ** 被捕 V. be arrested
[2]**bèibǔ** 备补[備補] N. ① qualified candidate waiting for appointment ② replacement; stand-in; understudy
bèibù 背部 N. rear; back
bēibùdòng 背不动[-動] R.V. unable to carry sth. on the back
bèibuzhù 备/背不住[備-] ADV. <*coll.*> ① perhaps; maybe ② uncertain; unpredictable
bēibùzìshèng 悲不自胜[-勝] F.E. unbearably sad
bēibùzúdào 卑不足道 F.E. not worth mentioning
bēicǎn 悲惨[-慘] S.V. miserable; tragic
bēicè 悲恻 V.P. <*wr.*> sad; sorrowful
[1]**bèichá** 备查[備-] V. serve for future reference
[2]**bèichá** 焙茶 V.O. bake tea leaves
bèichánggānkǔ 倍尝甘苦[-嘗--] F.E. have tasted the sweet and the bitter
bèichángjiānxīn 倍尝艰辛[-嘗艱-] F.E. undergo all kinds of hardships
bèichǎngr 背场儿[-場-] N. <*coll.*> a quiet place
bèichángxīnkǔ 备尝辛苦[備嘗--] F.E. suffer untold hardships
bèichángxīnsuān 倍尝辛酸[-嘗--] F.E. have been through a hard time
bèichángyōuhuàn 倍尝忧患[-嘗憂-] F.E. have been through much worry and hardship
bèichánjiànshū 被谗见疏[-讒--] ID. ostracized by slander
Běicháo 北朝 N. Northern Dynasties (386–581)
Běi Cháoxiǎn 北朝鲜 P.W. North Korea
bèichē 备车[備-] V.O. provide with cars; get the car ready
Běichén 北辰 N. <*astr.*> Pole Star
bèichéngjièyī 背城借一 F.E. fight to the last ditch
bèichéngshù 被乘数[-數] N. <*math.*> multiplicand
bèichéngyīzhàn 背城一战[-戰] F.E. fight to the last ditch
bēichí 陂池 N. pond; small lake; reservoir
bèichí* 背驰 V. proceed in opposite directions
bēichóu 悲愁 S.V. melancholy
bēichǔ 悲楚 N. <*wr.*> grief; sorrow
bèichū* 辈出 R.V. come forth in large numbers
bēichuàng 悲怆[-愴] V.P. <*wr.*> mournful
bèi chūlai 背出来 R.V. recite from memory
bèichúshù 被除数[-數] N. <*math.*> dividend
bēicí 卑辞/词[-辭] N. humble words
bèicì* 被刺 V. ① be stabbed ② be irritated ③ be assassinated
bēicíhòubì 卑辞厚币[-辭-幣] F.E. with humble words and lavish gifts
bēicíhòulǐ 卑辞厚礼[-辭-禮] F.E. humble words and generous gifts
bēicízhòngbì 卑辞重币[-辭-幣] F.E. with humble words and lavish gifts
bēicízhònglǐ 卑辞重礼[-辭-禮] F.E. with humble words and lavish gifts
bēicóngzhōnglái 悲从中来[-從-來] F.E. overcome by grief
bèicuò(r) 背错(儿) V.O. bear the blame of someone else's mistake
Běi Dà* 北大 AB. *Běijīng Dàxué* Beijing University
bèidā 背褡 N. <*topo.*> a sleeveless garment
Běidàhuāng 北大荒 P.W. Great Northern Wilderness (in NE China)
bèidài* 背带[-帶] N. ① braces; suspenders ② sling (for a rifle); straps (for a knapsack)
bèidài 被袋 N. bedding bag
Běi Dákētā 北达科他[-達--] P.W. North Dakota
bèidān(r) 被单(儿) N. ①(bed) sheet ②envelope for a padded coverlet

bēidào 悲悼 V. mourn sb.'s death
bèidào* 被盗[-盜] F.E. ① be burglarized ② be stolen
bèidào'érchí 背道而驰 F.E. run counter to
bèidàojiānxíng 背道兼行 F.E. go with double speed
bèidàor 背道儿 N. <*coll.*> a quiet place
bèidàoyǎn 背道眼 N. out-of-the-way/secluded place
Běi Dàxī Yáng 北大西洋 P.W. the North Atlantic Ocean
bèidāzi 背搭子 N. <*topo.*> backpack
bèidé 悖德 V.P. be immoral
bèidé xíngwéi 悖德行为 N. immoral behavior
bèidì 背地 ADV. behind sb.'s back; privately ♦N. backlands
bēidiào 悲调 N. mournful tune
bèidiāo* 贝雕 N. scrimshaw
bèidiàochárén 被调查人 N. informant
bèidiāohuà 贝雕画[-畫] N. shell mosaics
bèidǐhàojiǎn 备抵耗减[備-減] N. <*acct.*> depletion allowance
bèidìli 背地里[-裡] ADV. behind sb.'s back; privately; on the sly
bèidǐyuānyang 被底鸳鸯 ID. lovers
bèidòng 被动[-動] S.V. ① passive ② disadvantageous
bèidòng cíyǔ 被动词语[-動--] N. <*lg.*> passive phrase
bèidòng fēncí jiégòu 被动分词结构[-動---構] N. <*lg.*> passive participial construction
bèidònghuà 被动化[-動-] N. <*lg.*> passivization
bèidòngjù 被动句[-動-] N. <*lg.*> passive sentence
bèidòngshì 被动式[-動-] N. <*lg.*> passive form/voice
bèidòngtài 被动态[-動態] N. <*lg.*> passive form/voice
bèidòngtài zhuǎnhuàn 被动态转换[-動態轉換] N. <*lg.*> passive transformation
bèidòng wánchéngshì 被动完成式[-動---] N. <*lg.*> perfect passive
bèidòngxìng 被动性[-動-] N. <*lg.*> passivity; passiveness; passivization
bèidòng xīyān 被动吸烟[-動-煙] V.P. be subjected to secondhand smoke ♦N. passive smoke
bèidòng yǔtài 被动语态[-動-態] N. <*lg.*> passive voice
bèidòng yǔtài xiànzhì 被动语态限制[-動-態--] N. <*lg.*> passive constraint
bèidòng zhùdòngcí 被动助动词[-動-動-] N. <*lg.*> passive auxiliary
Běidǒu* 北斗 N. the Big Dipper; the Plow
bèidōu 背篼 N. basket carried on the back
Běidǒu qī xīng 北斗七星 N. the Big Dipper; the Plow
Běidǒuxīng 北斗星 N. the Big Dipper; the Plow
bèiduìbèi 背对背[-對-] V.P./ADV. back to back
bèidú kǎpiàn 备读卡片[備讀-] N. ① index card ② prompt card
bēi'é 碑额 N. top part of a stele
bèi'érbùyòng 备而不用[備-] F.E. have sth. ready just in case
Běifá* 北伐 N. <*hist.*> Northern Expedition (started June 1926, against the northern warlords)
bèifá 惫乏[憊-] S.V. <*wr.*> tired; weary
Běifájūn 北伐军 N. <*hist.*> Northern Expeditionary Army
bèifàn 备饭[備-] V.O. prepare a meal
běifāng* 北方 P.W. ① north ② northern part of a country
běifáng 北房 N. south-facing room on the northern side of a courtyard
Běifāng Guānhuà 北方官话 N. <*lg.*> Northern Mandarin
běifānghuà 北方话 N. northern speech; Mandarin
běifāngrén 北方人 N. northerners
běifāng yǔxì 北方语系 N. <*lg.*> Northern language family
Běifá Zhànzhēng 北伐战争[-戰爭] N. Northern Expedition (1926–27)
Běifēi 北非 P.W. North Africa
bēifèn* 悲愤 N. grief and indignation
bèifen 辈分/份 N. seniority/position in family/clan
bèifěn 焙粉 N. baking powder
bèifèn 备份[備-] N. <*comp.*> back-up ♦ATTR. spare; extra; supernumerary
bēifēng 悲风 N. the moaning sound of wind
běifēng* 北风 N. north wind
bèifēng 背风 V.O. be on the lee side; have one's back to the wind
bēifènjiāojí 悲愤交集 F.E. have mixed feelings of grief and anger
bēifèntiányīng 悲愤填膺 F.E. be filled with grief and indignation
bēifènyùjué 悲愤欲绝[-絕] F.E. be torn by grief
bēifū 悲夫 INTJ. Alas!; What a pity!
bēifù* 背负 V. ①bear; carry on back ②shoulder
[1]**bèifú** 被俘 V. be taken prisoner
[2]**bèifú** 被服 N. ① bedding and clothing ② sth. one hangs on to *See also* [1]*pīfú*
bèifù 被覆 V. cover ♦N. covering
bèifúchǎng 被服厂[-廠] P.W. clothing factory M: [1]*jiā*
bèifúrúxíng 被服儒行 F.E. <*wr.*> minutely observe Confucian precepts
bèifùxiàn 被覆线 N. insulated wire
bèigài 被盖[-蓋] N. bedspread M: [1]*tiáo*
bèigālá(r/zi) 背旮旯(儿/子) P.W. <*coll.*> quiet, secluded place
bēigǎn 悲感 N. sadness; grief ♦V. recall with grief
bèigān* 焙干[-乾] R.V. ①dry over fire ②temper
bèigào 被告 N. <*law*> defendant; the accused M: [1]*ge*/[1]*míng*/[2]*wèi* ♦V. be sued
bèigàorén 被告人 N. <*law*> defendant M: [1]*ge*/[1]*míng*
bèigàoxí 被告席 N. <*law*> defendant's seat; dock
bēigē* 悲歌 N. ① sad melody ② elegy; dirge; threnody ♦V. sing with solemn fervor
bēigé 杯葛 N./V. <*loan*> boycott
bēigēdàngkū 悲歌当哭[--當-] F.E. express one's sorrow by singing a lament
bèi gēnchú 被根除 V.P. be uprooted
bēigěng 悲哽 V. choke with grief
bèigēng* 备耕[備-] V. make preparations for plowing and sowing
bēigōng* 卑恭 S.V. servile; obsequious; cringing
bèigōng 背躬 N. <*thea./trad.*> aside
Běi Gōng Dà 北工大 AB. *Běijīng Gōngyè Dàxué*
bēigōngqūjié 卑躬屈节[-節] F.E. bow and scrape
bēigōngqūxī 卑躬屈膝 F.E. bow and scrape
bēigōngshéyǐng 杯弓蛇影 ID. be jittery
běigū 北菇 N. large round black mushrooms M: [2]*zhī*
běigua 北瓜 N. <*topo.*> pumpkin M: [2]*zhī*/*ge*
bèigǔ'áichuí 背鼓挨捶 F.E. ask for a drubbing
bēiguān* 悲观[-觀] S.V. pessimistic ♦N. <*Budd.*> compassionate look
běiguān 北关[-關] P.W. northern passage
bèiguàn 背罐 N. knapsack
bèiguāng 背光 V.O. be in poor light; face away from light
bēiguān qíngxù 悲观情绪[-觀--] N. pessimistic feelings
bēiguān shīwàng 悲观失望[-觀--] V.P. be disheartened
bēiguānyànshì 悲观厌世[-觀厭-] F.E. be pessimistic and tired of life
bēiguānzhě 悲观者[-觀-] N. pessimist
bèiguǎnzhì fènzi 被管制分子 N. persons under surveillance/control
bèiguǎnzhìrén 被管制人 N. a person under surveillance
bēiguānzhǔyì 悲观主义[-觀-義] N. pessimism
běiguó* 北国[-國] P.W. <*wr.*> northern country; the north
bèiguò 背过 V./V.P. choke; stop breathing (from anger/sadness/etc.); have memorized
bèiguo liǎn qù 背过脸去 V.P. turn one's face away
bèiguoqì 背过气[-氣] V.P. <*coll.*> be out of breath; gasp for breath
Běihǎi 北海 P.W. ① North Sea ② North Lake Park (in Beijing)
bèihài* 被害 V. be murdered
běihǎi'àn 北海岸 P.W. the north shore
Běihǎidào 北海道 P.W. Hokkaido (Jp.)
bèihàirén 被害人 N. <*law*> injured party; victim M: [1]*ge*/[2]*wèi*
bèihàizhě 被害者 N. the injured/wronged party; victim M: [1]*ge*/[2]*wèi*
BěiHán 北韩[-韓] P.W. North Korea
běihándài 北寒带[-帶] P.W. north frigid zone
bēiháng 卑行 N. the lower generation (nephews/etc.)
Běi Háng* 北航 AB. *Běijīng Hángkōng Xuéyuàn*
bèiháng 辈行 N. order of seniority (among relatives/etc.)
bēiháo 悲号[-號] V. cry piteously; wail
bēi hēiguō 背黑锅[-鍋] V.O. <*coll.*> ① be made a scapegoat ② bear the stigma of one's background
bēihèn 悲恨 N. grief and hatred
bèihòu 背后[-後] P.W. behind; in the rear; behind/at the back
bèihòudǎoguǐ 背后捣鬼[-後搗-] F.E. create trouble behind sb.'s back
bèihòu xià dúshǒu 背后下毒手[-後---] F.E. stab in the back
bèihòu yǒu kàoshān 背后有靠山[-後---] F.E. have connections with powerful people
bèihòuyǒurén 背后有人[-後--] F.E. have a backer
bèihuā 背花 N. marks of lashing on the back
bēihuái 悲怀[-懷] N. sad feelings; sorrowful mood
bèihuāng 备荒[備-] V.O. prepare against natural disasters
bēihuānlíhé 悲欢离合[-歡離-] F.E. vicissitudes of life
bèihui 悖晦//背悔 S.V. <*topo.*> muddled; confused
bèihuì* 背会 R.V. be able to recite from memory
Běihuíguīxiàn 北回归线[--歸-] N. Tropic of Cancer
běihuò 北货 N. delicacies from north China (such as dried persimmons/etc.)
[1]**bèihuò*** 备货[備-] N. extra items
[2]**bèihuò** 背货 N. unfashionable/unsalable goods
[3]**bèihuò** 贝货 N. <*hist.*> cowries used as currency
bēijì 碑记 N. record of events inscribed on tablets
Běijí* 北极[-極] P.W. ① North/Arctic Pole ② north magnetic pole
bèijǐ 背脊 N. back of the human body
bēijiā 悲笳 N. mournful tune from a military flageolet
bèijiā* 倍加 ADV. extra; extraordinarily ♦V. increase by one fold
bèijiǎ 背甲 N. <*archeo.*> carapace
Bèijiā'ěr Hú 贝加尔湖 P.W. Lake Baikal
bēijiàn 卑贱[-賤] S.V. ① lowly ② mean and low
bèijiǎn 背剪 V. with hands clasped behind one's back
bèijiàn(r)* 备件(儿)[備-] N. spare parts
Běijiāng 北疆 P.W. northern frontier
bèijiàngchǎng 备降场[備-場] P.W. alternative/backup airport
bèi jiānjìn 被监禁[-監-] V.P. in irons; in custody
bèijiǎnshù 被减数[-減數] N. <*math.*> minuend
bèijiào 背教 V.O. go against what one is taught; renege; apostatize
bèijiāshù 被加数[-數] N. <*math.*> summand
bēijié 碑碣 N. <*wr.*> stele

bèijié* 被劫 F.E. ① be robbed ② be kidnapped

bèi jiéchí 被劫持 V.P. be held as a hostage

bèi jiěgù 被解雇 V.P. be fired

bèijiēxiǎoxiàng 背街小巷 F.E. out-of-the-way lane; byways

bèijǐgǔ 背脊骨 N. backbone; spine; spinal column

běijíguāng 北极光[-極-] N. aurora borealis

Běijíhǎi 北极海[-極-] P.W. the Arctic Sea

běijíhú 北极狐[-極-] N. arctic fox

bēi jīhuāng 背饥荒 V.O. run into debt; owe a debt

bēijìn 卑近 P.W. nearby location

[1]**bèijīn*** 被巾 N. blanket

[2]**bèijīn** 背筋 N. <*phys.*> back muscles

bèijǐn 背锦 N. silks with shell-like patterns

Běijīng 北京 P.W. Beijing (Peking)

bèijìng 背静[-靜] S.V. quiet and secluded

bèijǐng* 背景 N. background; backdrop

Běijīng Chéng 北京城 P.W. Beijing City

Běijīng Dàxué 北京大学 P.W. Beijing University

Běijīng Gōngyè Dàxué 北京工业大学[---業--] P.W. Beijing University of Industry

Běijīnggǒu 北京狗 N. Pekinese (dog)

Běijīng Hángkōng Xuéyuàn 北京航空学院 P.W. Beijing College of Aeronautics

Běijīnghuà 北京话 N. <*lg.*> Pekinese speech

Běijīng kǎoyā 北京烤鸭 N. roast Beijing duck

bèijǐnglíxiāng 背井离乡[-離鄉] F.E. leave one's native place

Běijīngrén 北京人 N. ① a person of Beijing ② <*archeo.*> Peking Man

Běijīng Shīfàn Dàxué 北京师范大学[--師---] P.W. Beijing Normal University

Běijīng shíjiān 北京时间[--時-] N. Beijing Time (the standard time in China)

Běijīng tiányā 北京填鸭 N. Peking duck

bèijǐng xìnxī 背景信息 N. background information

Běijīngyā 北京鸭 N. Beijing/Peking duck

Běijīngyīn 北京音 N. <*lg.*> Peking pronunciation

bèijǐng yīnyuè 背景音乐[-樂] N. background music

Běijīng Yuánrén 北京猿人 N. <*archeo.*> Peking Man

bèi jìnzhǐ 被禁止 V.P. forbidden

Běijíquān 北极圈[-極-] P.W. Arctic Circle

bèijǐ shénjīng 背脊神经[-經] N. dorsal nerves

bèijíshù 倍级数[-數] N. <*math.*> geometric progression

bèijiǔ 被酒 A.T. drunk

bēi jiǔ shì bīngquán 杯酒释兵权[--釋-權] N. <*hist.*> transfer of power from provincial militarists to the Song founder at a banquet in 961

bēijiǔyánhuān 杯酒言欢[-歡] F.E. enjoy a cup of wine with sb.

bēijiǔzhīgē 杯酒之歌 N. the pleasure of a banquet

bēijiǔzhīyuē 杯酒之约 N. an invitation to drink and dine

Běijiǔzhōu 北九州 P.W. Kitakyushu (Jp.)

Běijíxīng 北极星[-極-] N. <*astr.*> Polaris; North Star; polestar

Běijíxīng fēidàn 北极星飞弹[-極-飛-] N. Polaris missiles

běijíxióng 北极熊[-極-] N. polar bear

bēijù 悲剧[-劇] N. tragedy

bèijuàn 惫倦[憊-] S.V. <*wr.*> tired; exhausted; fatigued

bēijùxìng 悲剧性[-劇-] N. tragedy; tragic nature

bèikāifāngshù 被开方数[-開-數] N. <*math.*> radicand

Běi Kǎluóláinà 北卡罗来纳[--羅--] P.W. North Carolina

[1]**bèikǎo** 备考[備-] N. (appendix/etc.) for reference

[2]**bèikǎo** 焙烤 V. grill

bèikàobèi 背靠背 V.P./ADV. ① back-to-back ② separately; without each other's knowledge

bèikǎo shípǐn 焙烤食品 N. bakery products

bēikè 碑刻 N. stele inscription

bèiké(r)* 贝壳(儿)[-殼-] N. clamshell

bèikè 备课[備-] V.O. <*PRC*> prepare lessons (by teachers)

bèikélèi 贝壳类[-殼類] N. shellfish; mollusks

bèikélèi dòngwù 贝壳类动物[-殼類動-] N. <*bio.*> crustacean

bèikéxué 贝壳学[-殼-] N. conchology

bèikòng 被控 V. controlled; manipulated

bèikǒuzhīyán 背口之言 N. talk behind one's back

bēikǔ 悲苦 N. bitterness; grief ♦S.V. sad and painful

běikuǎn 北款 N. <*slang*> a rich northerner

Běi Lā 北拉 N. Northern Latinization (Romanization movement)

bèila* 背拉 ADV. on average

bèilǎn 惫懒[憊-] S.V. tired and indolent

bèilè 贝勒 N. ① a rank of Manchu nobility (from Manchu *beile*) ② shell decorations on a bridle

bèilěi 蓓蕾 N. bud

[1]**bèilèi*** 贝类[-類] N. shellfish; mollusks

[2]**bèilèi** 背累 N. burden

[3]**bèilèi** 被累 V. be implicated

[4]**bèilèi** 惫累[憊-] S.V. exhausted; weary; tired

bèi léijī 被雷击[-擊] V.P. be struck by lightning

bèilěimào 背蕾帽 N. <*loan*> beret

běilǐ 北里 N. ① a northern village ② redlight district

bèilí* 背离[-離] V. deviate/depart from ♦N. ① deviation ② extravagance

[1]**bèilǐ** 悖理 V.O. be contrary to reason; be unreasonable

[2]**bèilǐ(r/zi)** 被里(儿/子)[-裡-] N. underside of a quilt

[3]**bèilǐ** 背理 S.V. ①unethical ②contrary to reason

[4]**bèilǐ** 悖礼[-禮] S.V. impolite; inappropriate

bèilì 悖戾 S.V. deviate from accepted rules and standards

bēilián 悲怜[-憐] V. take pity on sb.

bēiliáng 悲凉[-涼] S.V. desolate; forlorn ♦N. desolation

bèiliàngr 背亮儿 V.O. be in the shadow

bèiliào 备料[備-] V.O. ① get material ready ② prepare feed (for livestock)

bēiliè 卑劣 S.V. base; mean; despicable

bēiliè shǒuduàn 卑劣手段 N. mean trick; depraved tactics

bēilín 碑林 N. collection of steles

bèilíng 备聆[備-] F.E. <*court.*> (I) have listened well (to your counsel)

bèilǐshījiǎn 悖礼失检[-禮--] F.E. contrary to decorum and lacking in care

bèiliú 辈流 N. people of one's generation

bèilǒu* 背篓[-簍] N. basket carried on the back

bēilòu 卑陋 S.V. humble; modest; lowly

bèilǒu shāngdiàn 背篓商店[-簍--] P.W. mobile shop with goods carried in baskets; pack-basket shop M: [1]*jiā*

bèilú 焙炉[-爐] N. oven; toaster M: [2]*zhī*/[1]*ge*

bèilǜ 倍率 N. <*math.*> ① multiplying power ② percentage

bèiluǎn 焙卵 V.O. hatch eggs artificially

bèiluàn* 悖乱[-亂] N. revolt; rebellion; sedition

bèilùn 悖论 N. <*log.*> paradox

[1]**bèimǎ** 备马[備-] V.O. saddle a horse for riding

[2]**bèimǎ** 鞴马 V.O. <*wr.*> ride a horse

bèimàn 悖慢/嫚 V. show irreverence

Běi Měi 北美 P.W. North America

Běi Měizhōu 北美洲 P.W. North America

běimén 北门 N. ① northern gate ② Double Surname

bèiméng 背盟 V.O. break a promise/agreement/contract/etc. ♦N. a breach of contract

běimiàn* 北面 P.W. northern side/part ♦A.T. be a subject/vassal; pay homage to

[1]**bèimiàn(r)** 背面(儿) N. back; reverse side

[2]**bèimiàn(r/zi)** 被面(儿/子) N. quilt cover M: [1]*tiáo*

bēimǐn 悲悯 V. pity

[1]**bēimíng** 悲鸣 V. groan; lament (of birds)

[2]**bēimíng** 碑铭 N. stele inscription

bēimíngxué 碑铭学 N. epigraphy

bèimiù 悖/背谬 S.V. <*wr.*> absurd; preposterous

bēimò 卑末 F.E. <*trad./humb.*> your servant

bèimǔ 贝母 N. <*Ch. med.*> *Fritillaria cirrhosa* (herb name)

bèinàn 被难[-難] V. be killed in a disturbance/disaster/etc.

bèináng 背囊 N. knapsack M: [2]*zhī*/[1]*ge*

[1]**bèinì** 悖逆 V. ①be contrary to ②revolt ♦ATTR. contrary; perverse

[2]**bèinì** 背逆 V. go against; violate; run counter to

bèiniàn 背念 V. recite by heart

bèinìbùdào 悖逆不道 F.E. offensive to all established values

Bèiníng 贝宁[-寧] P.W. Benin

bèinüèdàikuáng 被虐待狂 N. masochism

Běi Ōu 北欧[-歐] P.W. Northern Europe

bèipàn 背/悖叛 V. betray; rebel against ♦N. treason

bēipánlángjí 杯盘狼藉[-盤--] F.E. cluttered remains of a feast

bèi pāoqì 被抛弃[-拋棄] V.P. abandoned

bèipiàn 被骗 V. be cheated/deceived

bèipǐn 备品[備-] N. spare parts

Běipíng 北平 P.W. name of Beijing (1927–1949)

Běipíng Guānhuà 北平官话 N. <*lg.*> Mandarin; Pekinese

Běipínghuà 北平话 N. <*lg.*> Beiping dialect

Běipíng pǔtōng kǒuyǔ 北平普通口语 N. <*lg.*> Pekingese colloquial

bèipò 被迫 V. be compelled/forced

bèipò jiàngluò 被迫降落 V.P. forced landing ♦V. be forced to land

bèipò xièhuò 被迫卸货 N. forced discharge

[1]**bēiqī** 悲戚 N. <*wr.*> sorrow; sadness ♦S.V. mournful

[2]**bēiqī** 悲凄 S.V. plaintive; mournful

bēiqǐ 背起 R.V. carry on one's back

bēiqì 悲泣 V. weep with grief

Běi Qí 北齐[-齊] N. Northern Qi dynasty (550–577)

bèiqī 被欺 V. be humiliated/cheated

bèiqí 背鳍 N. dorsal fin

[1]**bèiqì*** 背弃[-棄] V. abandon; renounce

[2]**bèiqì** 背气[-氣] V.O. <*coll.*> choke

bèiqiǎng 被抢[-搶] V. be robbed

bèiqiào 贝壳[-殼] N. clamshell

[1]**bēiqiè*** 悲切 S.V. <*wr.*> mournful

[2]**bēiqiè** 卑/悲怯 S.V. mean and cowardly; abject

bèiqiè 被窃[-竊] V. be a victim of burglary

bēi qǐlai 背起来 R.V. carry on one's back

[1]**bèiqín** 备勤[備-] V. get ready or prepare to go on duty

[2]**bèiqín** 被擒 V. be captured alive; be taken prisoner

bèiqǐng 被请 V. be invited

bèiqīnlüèzhě 被侵略者 N. victim of aggression

bēiqīnshǔ 卑亲属[-親屬] F.E. <*humb.*> my relatives

bēiqiū* 悲秋 N. autumn-induced melancholy

bèiqiū 贝丘 N. <*archeo.*> shell mound

bēiqū 卑屈 S.V. obsequiously submissive; cringing

běiqǔ 北曲 N. ① sung verse popular in North China in the Yuan dynasty ② aria

bèiqū 被屈 V. be wronged

bèiqǔ* 备取[備-] V. be on a waiting list (for admission to a school)

běiquè 北阙 N. <*trad.*> ① north palace gate ② imperial court

[1]**bèir** 倍儿 ADV. <*coll.*> perfectly; completely; extremely

[2]**bèir** 辈儿 N. generation

bēiràng 卑让[-讓] V. defer; yield with courtesy/respect

bèir bàng 倍儿棒 V.P. <*coll.*> outstanding; terrific

bèir cí 倍儿磁 V.P. <*topo./vulg.*> extremely intimate

B

bēirén* 卑人 N. ①a lowly/mean person ②your humble servant
bèirén 背人 A.T. ①obscure ②behind sb's back
bèirénfēiyì 背人非议[-議] F.E. speak ill of people behind their backs
bèir huǒ 倍儿火 V.P. <topo./vulg.> prosperous
bèirìxìng 背日性 N. <bot.> negative heliotropism
bèir liàng 倍儿亮 V.P. <coll.> extremely bright
bèir piàoliang 倍儿漂亮 V.P. <coll.> very pretty
bèir píng 倍儿平 V.P. <coll.> perfectly smooth
bèir tiě 倍儿铁[-鐵] V.P. <topo.> extremely intimate
bèirǔ 被辱 F.E. be insulted/humiliated
bèirù* 被褥 N. bedding; bedclothes
bèirùbèichū 悖入悖出 F.E. ill-gotten, ill-spent
bēiruò 卑弱 S.V. <wr.> ①decline; wane ②weak; delicate
bèir xīn 倍儿新 V.P. <coll.> brand new
bèir zhí 倍儿直 V.P. <coll.> perfectly straight
bèisè 惫色[憊-] N. tired look; appearance of fatigue
bèishā 被杀[-殺] V. be killed
bèi shāhài 被杀害[-殺-] V.P. be killed/murdered
bèishāndàihé 被山带河[--帶-] F.E. be strategically located
bēishāng* 悲伤[-傷] S.V. sad; sorrowful
běishàng 北上 V.P. proceed/go northward
bèishang 背上 P.W. on the back
bèishàngsùrén 被上诉人 N. <law> an appellee
bèishānmiànhǎi 背山面海 F.E. facing the ocean with mountains at the back
bèishānmiànshuǐ 背山面水 F.E. facing the water with mountains at the back
bèishāo 焙烧[-燒] V. roast; bake
bēishēng 悲声[-聲] N. plaintive cries; sad voice
bēishéshìhǔ 杯蛇市虎 ID. be extremely suspicious
bēishī 卑湿[-濕] N. dampness of low-lying land
bēishì* 卑视 V. despise
bèishí 背时[-時] S.V. <coll.> ①unlucky ②out of date
Běi Shī Dà 北师大[-師-] AB. *Běijīng Shīfàn Dàxué*
bēishìfènsú 悲世愤俗 F.E. lament the times and resent the vulgar world
Bèishì jīlǜ 贝式机率 N. <lg.> Bayesian statistics
bèishìlísú 背世离俗[--離-] F.E. turn one's back on the vulgar world
Bèishì xuéxí 贝式学习[-習] N. <lg.> Bayesian learning
bèishìzhě 被试者 N. examinee M: [1]*ge*/[2]*wèi*
bèishǒu 背手 V.O. put one's hands behind one's back
bèishòu* 备受[備-] V. fully experience (good or bad) ~ *yāyì* suffer greatly from oppression
bèishòuhuānyíng 倍受欢迎[--歡-] F.E. enjoy great popularity
bèishòulíngrǔ 备受凌辱[備-] F.E. suffer wrongs and insult
bèishòu nüèdài 备受虐待[備-] V.O. suffer every kind of maltreatment
bèishū* 背书[-書] V.O. ①recite a lesson from memory ②endorse a check ♦N. endorsement (on a check)
bèishú 背熟 R.V. learn by heart
[1]bèishù 倍数[-數] N. <math.> multiple number
[2]bèishù 备述[備-] V. <wr.> narrate/report completely
bēishuǐchēxīn 杯水车薪 ID. utterly inadequate measure/amount
bèishuǐwéizhèn 背水为阵 F.E. fight with one's back to the river
bèishuǐyīzhàn 背水一战[-戰] F.E. fight to the death
bèishuǐzhèn 背水阵 N. a battle to the death
bēishuǐzhīchóu 杯水之酬 N. <humb.> present a cup of poor liquor in return for a favor
bèishùr 辈数儿[-數-] N. seniority (among relatives)
bèishūrén 背书人[-書-] N. endorser
bèishū zérèn 背书责任[-書--] N. liability for endorsement
bēisī 悲思 V. sadly ponder ♦N. sad thoughts
Běi Sòng 北宋 N. Northern Song dynasty (960–1127)
bèisòng* 背诵 V. recite; repeat from memory
bēisú 卑俗 S.V. base and vulgar
bēisuān 悲酸 S.V. miserable; wretched
bēisuǒ 卑琐 S.V. base and indecent
[1]bèitāi 备胎[備-] N. spare tire
[2]bèitāi 被胎 N. inside of a quilt
bèi táicí 背台词[-臺-] V.O. prepare/remember one's lines
bèitǎ lìzǐ 倍塔粒子 N. <phy./loan> beta particle
bēitàn 悲叹[-嘆] V. sigh mournfully; lament
bēitànbùyǐ 悲叹不已[-嘆--] F.E. sigh with sadness
bēitáng* 陂塘 N. pond; small lake
běitáng 北堂 F.E. my mother
bèitào 被套 N. ①bedding bag ②quilt cover
bèitǎ shèxiàn 倍塔射线 N. <phy./loan> beta ray
bēití 悲啼 V. ①sob with grief; cry mournfully ②utter sad cries (of certain birds and animals)
bēitiānmǐnrén 悲天悯人 F.E. bemoan the state of things
bēitiányuàn 卑/悲田院 P.W. <Budd.> institution for the poor
bēitiè 碑帖 N. rubbing from a stone inscription M: [1]*zhāng*/*běn*
bēitíng 碑亭 N. pavilion housing stone tablets M: [4]*zuò*
[1]bēitòng* 悲痛 S.V. grieved; sorrowful
[2]bēitòng 悲恸[-慟] V. grieve with loud sobbing
bèitòng 背痛 N./V.P. back pain
bēitòngwànfēn 悲痛万分[--萬-] F.E. be deeply grieved
bēitòngyùjué 悲痛欲绝[-絕] F.E. ①be extremely grieved ②be inconsolable
bèitǒngzhìzhě 被统治者 N. those who are ruled M: [1]*ge*/[1]*míng*
bèitóu* 背头 N. swept-back hair
běitou 北头 P.W. <coll.> the north
bèitóu 被头 N. ①<topo.> quilt M: [1]*tiáo* ②upper edge of quilt
běitóur 北头儿 P.W. northern end (of a street)
Běi Tú 北图[-圖] AB. *Běijīng Túshūguǎn*
bēituò 碑拓 N. rubbing from a stone inscription
bèiwā 背洼[-窪] N. <topo.> sinkhole; sunken place
bèiwàng 备忘[備-] V. note down lest one forget
bèiwànglù 备忘录[備-錄] N. memorandum (book)
bèiwàng lùyīnjī 备忘录音机[備-錄--] N. memo recorder; dictaphone
bēiwēi 卑微 S.V. petty; picayunish
běiwěi* 北纬[-緯] N. north; northern latitude
Běi Wèi 北魏 N. Northern Wei dynasty (386–534)
bèiwèi 备位[備-] V.O. fill in (for sb.)
bèiwèichōngshù 备位充数[備-數] F.E. <humb.> just to fill a post
bēiwén* 碑文 N. inscription on a stone tablet; epigraphy M: [1]*piān*
bèiwén 备文[備-] V.O. prepare a document
běiwēndài 北温带[-帶] P.W. north temperate zone
bèiwo 被卧[-臥] N. cover(s); quilt M: [1]*tiáo*
bèiwō(r)* 被窝(儿)[-窩-] N. quilt folded to form a sleeping bag
bèiwō li fàngpì 被窝里放屁[-窩裡--] ID. <coll.> keep sth. for oneself
bèiwōr 被窝儿[-窩-] N. quilt folded to form a sleeping bag
bēiwū 卑污 S.V. ①despicable and filthy; foul ②nasty (of one's personality)
běiwū* 北屋 P.W. ①room with a southern exposure in a traditional courtyard house ②room with northern exposure (in non-courtyard housing)
bèiwū 被诬 V. be falsely accused
bèiwū wéi 被诬为 V.P. be accused of .
bèixī* 备悉[備-] V.P. <wr.> learn completely; know the whole story
bèixǐ 倍蓰 N. <wr.> several times
bèixì 备细[備-] ADV. <wr.> in detail ♦N. details; particulars; detailed information
bēixià 卑下 S.V. base; menial
bèixià* 备下[備-] V. prepare; get ready
bèixiāo 背销 S.V. slow-selling (of goods)
bèixié 背斜 N. <geol.> anticline
bēixǐjiāojí 悲喜交集 F.E. grief and joy mixed together
bēixǐjiāojiā 悲喜交加 F.E. mixed feelings of grief and joy
bēi-xǐjù 悲喜剧[-劇] N. tragicomedy M: [2]*mù*/[2]*chǎng*
bēixīn 悲辛 S.V. sad and bitter ♦N. sufferings
bèixīn(r) 背心(儿) N. sleeveless garment; vest M: [2]*jiàn*
bèixìn* 背信 V.O. break faith
bēixíng 杯形 ATTR. cupped
bèixīng 孛星 N. <astr.> comet
bèixìng* 背兴[-興] S.V. <coll.> disappointing
bèixìnqìyì 背信弃义[-棄義] F.E. break faith with sb.; be perfidious
bèixiūshì 被修饰 ATTR. modified
bèixiūshìyǔ 被修饰语 N. <lg.> head-word
bèixù 被絮 N. cotton wadding of a quilt
bèixuǎn 被选[-選] V. be elected
bèixuǎnjǔquán 被选举权[-選舉權] N. the right to be elected
bèixuǎnjǔrén 被选举人[-選舉-] N. election candidate
bèixuǎnquán 被选权[-選權] N. the right to be elected
bèixuǎnrén 被选人[-選-] N. people to be elected M: [1]*ge*/[1]*míng*/[2]*wèi*
bēixué 碑学 N. stele studies
bèixúnrén 被询人 N. informant M: [1]*ge*/[1]*míng*/[2]*wèi*
bèiyǎn(r) 背眼(儿) A.T. not readily accessible; obscure
bēiyáng 碑阳[-陽] N. front of a stone tablet
Běiyáng* 北洋 P.W. Qing name for the coastal provinces of Liaoning, Hebei, and Shandong
Běiyángjūn 北洋军 N. the army of the Northern Warlords
Běiyáng Jūnfá 北洋军阀 N. Northern Warlords (1912–1927)
bēiyàngr 悲样儿[-樣-] N. sad/distressed appearance
bèiyāpò mínzú 被压迫民族[-壓---] N. an oppressed nation/people
bèiyāpòzhě 被压迫者[-壓--] N. oppressed people
bēiyè* 悲咽 V. weep in grief
bèiyè 贝叶[-葉] N. ①palm leaves from the *Borassus flabelliformis* ②<Budd.> sutras written on such leaves
Běi Yī* 北医[-醫] AB. *Běijīng Yīxuéyuàn*
bèiyǐ 背椅 N. chair with a back M: [1]*bǎ*
bēiyīn 碑阴[-陰] N. back of a stone tablet
běiyīn 北音 N. <lg.> Northern pronunciation
bèiyīn(r)* 背阴(儿)[-陰-] S.V. shady
Běiyǐng 北影 AB. *Běijīng Diànyǐng Zhìpiànchǎng*
bèiyǐng(r)* 背影(儿) N. view of sb.'s back
bèiyìng 焙硬 R.V. bake
bèiyìqiúquán 背义求全[-義--] F.E. forget morality in order to survive
bèiyǒng 背泳 N. backstroke (in swimming)
bèiyòng* 备用[備-] V. keep in reserve ♦ATTR. spare; backup; standby
bèiyòng hángkōngzhàn 备用航空站[備-] P.W. alternative airport
bèiyòng jījīn 备用基金[備-] N. <acct.> expendable/reserve fund M: [2]*bǐ*
bèiyòngjīn 备用金[備-] N. <account.> reserve funds M: [2]*bǐ*
bèiyòng jīqì 备用机器[備-] N. standby machine M: [1]*jià*/[1]*tái*

bèiyòng lúntāi 备用轮胎[備-] N. spare tire M: [2]*zhī/ge*

bèiyòng rányóuxiāng 备用燃油箱[備-] N. reserve fuel tank M: [2]*zhī/ge*

bèiyǒu 备有[備-] V. stock; carry

bèiyǒu xiànhuò 备有现货[備-] N. in stock

bēiyù* 悲郁[-鬱] S.V. sad and depressed

bèiyú 倍于[-於] V.P. be . . . times larger than sth.

bēiyuàn* 悲怨 N. grief and resentment

bèiyuán 备员[備-] N. <*humb.*> self-referral as a supernumerary.

bèiyùbùyú 备预不虞[備-] F.E. adopt precautionary measures

Běiyuē* 北约 N. NATO

Běiyuè 北岳 P.W. another name of Heng Mountain (in Hebei)

Běi Yuè 北越 P.W. North Vietnam

bèiyuē 背约 V.O. break an agreement

bèiyùn 背运[-運] N. <*coll.*> unluckiness

bèiyúwànyī 备于万一[備於萬-] F.E. keep one's power

bēizāi 悲哉 INTJ. Alas!; How sad it is!

bèizāiménghuò 被灾蒙祸[-災-禍] F.E. ① suffer disaster ② suffer personal misfortunes

bèizé jiǎshè 备择假设[備擇-] N. alternative hypothesis

bèizēng 倍增 V. redouble (courage/etc.)

bèizēngshānggǎn 倍增伤感[--傷-] F.E. be doubly grieved

bēizhài 背债 V.O. be in debt

bēizhǎn 杯盏[-盞] N. cup

Běi Zhǎn 北展 AB. *Běijīng Zhǎnlǎnguǎn*

bèizhàn* 备战[備戰] V.O. prepare for/against war

bèizhànbèihuāng 备战备荒[備戰備-] F.E. be prepared against war and natural disasters

bèizhào 背罩 N. quilt cover M: [1]*tiáo*/[1]*chuáng*

bēizhe* 背着[-著] V. carry on the back *See also bèizhe*

bèizhe 背着[-著] V.P. with the back toward; putting behind; in secret ~ *rén* behind sb.'s back; in secret ~ *shǒu* with one's hands clasped behind one's back ♦V. avoid others *See also bēizhe*

bèizhe rén 背着人[-著-] ADV. behind sb.'s back; in secret

bèizhe shǒu 背着手[-著-] V.P. clasp one's hands behind one's back

bēizhí 卑职[-職] F.E. ① <*trad.*> your humble servant (self-address of minor officials) ② minor official

bēizhì* 碑志 N. tablet-inscribed records M: [1]*piān*

běizhì 北至 N. summer solstice

[1]**bèizhì** 备置[備-] V. get (things) ready

[2]**bèizhì** 焙制[-製] V. cure sth. by drying over a fire

bèizhǒng 贝冢 N. <*wr.*> kitchen midden

bēizhōngwù 杯中物 N. wine

Běizhōu 北周 N. Northern Zhou Dynasty (557–581)

bèizhǔ 背主 V.O. disloyal to one's master

bèizhù* 备注[備註] N. annotations; remarks

bèizhuā 被抓 V. be arrested; be caught

bēizhuàng 悲壮[-壯] S.V. solemn and stirring

bèizhùlán 备注栏[備註欄] N. space for remarks in a form

[1]**bēizi*** 杯子 N. cup; glass M: [2]*zhī/ge*

[2]**bēizi** 背子 N. <*topo.*> backpack peddler

[1]**bèizi** 辈子 N. all one's life; lifetime

[2]**bèizi** 被子 N. quilt M: [1]*tiáo*/[1]*chuáng*

[3]**bèizi** 褙子 N. <*topo.*> paper/cloth stuck together

[4]**bèizi** 贝子 N. Manchu *beise*, plural of *beile* (see **bèilè**), but signifying prince of the fourth rank

bèizì(r) 背字(儿) N. bad luck

"bèi" zì jù 被字句 N. <*lg.*> *bèi* construction; passive sentence

bèizīxúnrén 被咨询人 N. informant; interrogee

bèizǐzhíwù 被子植物 N. <*bot.*> angiosperm

Běizōng 北宗 N. <*Budd.*> the Northern School (of Zen)

bèizú 备足[備-] V. fully prepare

[1]**bēn** 奔 V. ① head for ② hurry; rush; hasten ③ flee ④ approach *See also* [1]*bèn*

[2]**bēn** 锛[錛] N. adz ♦V. cut with an adz

[3]**bēn** 贲[賁] B.F. ① rush; hasten *hǔbēn* ② <*med.*> diaphragm *bēnmén See also* [24]*bì*, [4]*fén*

[4]**bēn** 嗙 in *chībēnr, dǎ kēbenr*

[1]**běn*** 本 N. ① root/stem of plant ② foundation ③ capital ④ book ⑤ edition ♦ATTR./B.F. ① this *běnxiào* ② original *běnlái* ③ (one's) native place ④ current ♦COV. according to ♦M. *for books/periodicals/files/etc.*

[2]**běn** 畚 V. <*topo.*> scoop up with a dustpan ♦B.F. basket (for soil/etc.) *běnjī*

[3]**běn** 苯 N. benzene; benzol

[1]**bèn** 奔 V. ① go straight towards; head for ② approach; get close to *Tā ~ liùshí le.* He's getting on toward sixty. ♦COV. (move) toward *See also* [1]*bēn*

[2]**bèn** 笨 S.V. ① stupid; dull ② clumsy; awkward ③ cumbersome

[3]**bèn** 夯 B.F. stupid [2]*bènhuò, xīnzhuōkǒubèn See also hāng*

[4]**bèn** 坌 B.F. ① dust ② coarse *Dàbènkēng Wénhuà*

běn'àn 本案 N. present case; case under consideration

běnbān 本班 N. this/our class/squad/team/section/etc.

běnbào 本报[-報] N. this newspaper

bēnběi 奔北 V.O. <*wr.*> flee; take flight

běnběn 本本 N. ① every book ② a mere book

běnběnfēnfēn 本本分分 F.E. not go beyond moral bounds

bènbènkēkē 笨笨磕磕 F.E. speak slowly and indistinctly; be inarticulate

bēnbenr qù 奔奔儿去 V. <*topo.*> scramble for a living

běnběnzhǔyì 本本主义[-義] N. book worship; pedantry

běnbì 本币[-幣] N. standard currency

bēnbō* 奔波 V. ① rush about; be busy running about ② work very hard; toil

bènbó 笨伯 N. <*wr.*> fool; idiot

[1]**běnbù** 本部 N. ① this/our ministry/headquarters/etc. ② proper; the core part of a nation

[2]**běnbù** 本埠 N. this locality

běncǎo 本草 N. <*Ch. med.*> pharmacopoeia

Běncǎo Cóngxīn 本草从新[--從-] F.E. new compilation of materia medica

Běncǎo Gāngmù 本草纲目[--綱-] N. *Materia Medica* pharmacological compendium by Li Shizhen (1518–1593)

běnchā 畚插 N. <*topo.*> dustpan

běncháo 本朝 N. <*trad.*> the present dynasty; our dynasty

bènchē 笨车 N. heavy wagon

běnchèn 本衬[-襯] N. <*art*> basic manner of mounting (of scrolls)

bēnchí* 奔驰 V. run quickly; speed *See also Bēnchí*

Bēnchí 奔驰 N. <*loan*> Benz; Mercedes Benz (vehicle) *See also bēnchí*

bēnchírúfēi 奔驰如飞[-飛] F.E. speed along; run quickly

běnchū zǐwǔxiàn 本初子午线 N. <*geog.*> first meridian

běncí 本词 N. <*lg.*> root-word

bēncuàn 奔窜[-竄] V. flee; run helter-skelter

běndàlìkuān 本大利宽[-寬] F.E. big capital brings big profits

bèndàn 笨蛋 N. fool; idiot

běndāng* 本当[-當] ADV. basically/originally should

běndǎng 本党[-黨] N. our/this party

běndǎo 本岛[-島] N. ① main island ② the island proper

bèn de yàomìng 笨得要命 V.P. be extremely stupid/clumsy

běndǐ 本底 N. <*phy.*> background

běndì* 本地 N. ① this locality ② <*Budd.*> the essence (as against the manifestation) of a Buddha/Bodhisattva ♦ATTR. local

běndìcí 本地词 N. <*lg.*> local word

běndì fēngguāng 本地风光 N. local scenery

[1]**běndìhuà** 本地话 N. <*lg.*> vernacular

[2]**běndìhuà** 本地化 N. indigenization

běndìhuò 本地货 N. local goods

běndì jiāng bù là 本地姜不辣 ID. Familiarity diminishes appreciation.

běndìrén 本地人 N. native; a local M: [1]*ge*/[2]*wèi*

běndìyǔ 本地语 *See* [1]*běndìhuà*

běndǐ zàoshēng 本底噪声[-聲] N. background noise

běndǒu 畚斗 N. <*topo.*> trashcan M: [2]*zhī/ge*

běnduì 本队[-隊] N. this/our detachment/unit/group/etc.

bēnfàng 奔放 S.V. ① bold and unrestrained; untrammeled ② galloping (of a horse)

běnfēn 苯酚 N. <*chem.*> phenol; phynol

běnfèn* 本分/份 N. one's duty/lot ♦S.V. ① content with one's lot ② honest; decent

běnfèng 本俸 N. basic salary

bēnfù* 奔赴 V. hurry to

běnfū 本夫 N. one's legitimate husband

[1]**bēng** 绷[繃] V. ① stretch tight ② spring; bounce ③ <*coll.*> hold back; deliberately withhold information *See also běng*, [4]*bèng*

[2]**bēng** 崩 V. ① collapse ② burst ③ be hit by sth. bursting ④ <*coll.*> execute by shooting ⑤ die (of an emperor)

[3]**bēng** 嘣 ON. sound of thumping/banging/etc.

béng* 甭 AUX. <*topo.*> don't; needn't (contraction of **bùyòng**)

běng 绷[繃] V. <*coll.*> ① pull a long face *~zhe liǎn* be displeased; pull a long face ② strain oneself *~ zhù jìn(r)* strain one's muscles *See also* [1]*bēng*, [4]*bèng*

[1]**bèng** 蹦 V. leap; jump; spring; skip

[2]**bèng** 迸 V. burst forth; spout

[3]**bèng** 泵 N. <*English loan*> pump

[4]**bèng** 绷[繃] V. split open; crack ♦ADV. <*coll.*> very; extremely *See also* [1]*bēng, běng*

[5]**bèng** 镚/鏰[鏰/-] B.F. coin of small denomination [2]*bèngr, bèngzi*

běngāi 本该 ADV. basically/originally should

běngāirúcǐ 本该如此 F.E. That's just as it should be.

bengbeng 嘣嘣 ON. sound of heart-beat

bēngbēngchǎngmiàn 绷绷场面[繃繃場-] F.E. <*coll.*> manage somehow to keep up appearances

bēngbēngchē 嘣嘣车 N. three-wheel delivery vehicle

bēngbēngr 绷绷儿[繃繃-] V. <*topo.*> wait a while

bèngbengrxì 蹦蹦儿戏[-戲] *See* [2]*píngjù*

bèngbengtiàotiào 蹦蹦跳跳 R.F. bouncing and vivacious

bēngbuzhù 绷不住[繃-] R.V. unable to restrain/control/endure

běngbuzhù jìn(r) 绷不住劲(儿)[繃--勁-] V.P. <*coll.*> unable to hold up/in (e.g., sth. heavy/secret)

běngbuzhù liǎn 绷不住脸[繃-] V.P. <*coll.*> unable to keep a straight face

bēng chǎngmian 绷场面[繃場-] V.O. <*topo.*> keep up appearances

bèngchū 迸出 R.V. sprout; spurt; burst forth

bēngchuáng 绷床[繃-] N. <*acrobatics*> trampoline

[1]**bèng chūlai** 蹦出来 R.V. crop up; jump out

[2]**bèng chūlai** 迸出来 R.V. squeeze out; spit out

bēng chūqu 绷出去[繃-] R.V. <*topo.*> politely show the door to sb.

bèngcí(r) 绷瓷(儿)[繃-] N. cracked porcelain

bēngcú 崩殂 V. die; collapse

bēngcuì 迸/绷脆[繃-] S.V. ① crisp (of biscuits/etc.) ② clear and sharp (of voice)

bèngda 蹦达[-達] V. jump about (in a desperate struggle)

B

bēngdài 绷带[繃帶] N. <*loan*> bandage M: [1]*tiáo*

bēngduàn 绷断[繃斷] R.V. snap

bēngduànle 崩断了[-斷-] V.P. <*coll.*> broken in two

běngēn 本根 N. origin; source

bèngfā 迸发[-發] V. burst forth/out

bèngfā chū 迸发出[-發-] R.V. burst forth; burst out

bèngfáng 泵房 N. pump house M: [2]*jiān*/[4]*zuò*

bèngfēi 迸飞[-飛] V. fly in all directions

bēnggōng 绷弓[繃-] N. device to keep a door from slamming shut

bēnggōngzi 绷弓子[繃-] N. ① door spring ② slingshot

béngguǎn 甭管 V.P. <*coll.*> needn't mind; pay no heed

bēnghuài 崩坏[-壞] R.V. molder; decay

bēnghuáng 绷簧[繃-] N. <*topo.*> spring that automatically closes a door

bèngjí 蹦极 N. <*loan*> bungee jumping

bēngjià 绷价[繃價] V.O. haggle

bèngjiàn 迸溅[-濺] V.O. burst out; spout and splash

bēngjiě 崩解 V. disintegrate

bēngjǐn 绷紧[繃緊] R.V. stretch tight

bēngjué 崩决[-決] V. burst (of a dike/etc.)

bēngkāi* 绷开[繃開] R.V. stretch tight; stretch out

bèngkāi 迸开[-開] R.V. split open

bēngkǒu 崩口 N. opening made by cracking

bēngkuì 崩溃 V. collapse; fall apart

bènglèi 迸泪[-淚] V.O. tears pouring out

bēngle rén 崩了人 V.P. <*coll.*> shot a person to death

běngliǎn(r) 绷脸(儿)[繃-] V.O. <*coll.*> scowl; pull a poker face; be taut-faced

bèng liàng 绷亮[繃-] V.P. <*topo.*> extremely bright

bēngliè* 崩裂 V. burst apart; crack

bèngliè 迸裂 V. split; burst (open)

bèngliú 迸流 V. gush; pour; spurt

Bēnglóngzú 崩龙族 N. Benglong (Penglung) minority (in Yunnan)

bēnglòu 崩漏 N. <*Ch. med.*> uterine bleeding

bēngluò 崩落 V. collapse

bèngōng 笨工 N. unskilled workman M: [1]*ge*/[1]*míng*

běngōngr 本工儿 N. one's duty

bèngǒu 笨狗 N. big mastiff M: [2]*zhī*

bèngpáiliàng 泵排量 N. amount of liquid a pump can discharge in a fixed period of time

bēngpán 崩盘[-盤] V. <*econ.*> crumble; collapse

bēngpiàn 绷骗[繃-] V. cheat

bèngquán 迸泉 N. geyser

bèngr* 崩儿 ADV. <*coll.*> extraordinarily

[1]**bèngr** 蹦儿 <*topo.*> N. a parting; a breaking away; a breaking free ♦V. split; tear apart ♦ADV. extraordinary; magnificent; wonderful

[2]**bèngr** 镚儿 N. <*coll.*> coins

bēngrènr 崩刃儿 V.O. <*coll.*> dull a blade

bèngsàn 迸散 V. flee in all directions

bèngshè 迸射 V. ① spout; spurt ② strafe

bēngtā* 崩塌 V. collapse; crumble

bèngta 蹦跶 V. <*coll.*> spring; leap; hop

bēngtān 崩坍 V. collapse; fall down *Shānyá ~le.* The cliff collapsed.

béngtí 甭提 V.P. <*topo.*> ① don't mention ② say nothing more ③ needless to say

[1]**bèngtiào** 蹦跳 V. jump; prance; cavort

[2]**bèngtiào** 迸跳 V. jump about

béngtíle 甭提了 V.P. <*coll.*> don't mention it; don't raise the topic

bēngtǔ 崩土 N. landslide

bēngtuǐ 绷腿[繃-] N. leggings

bènguā 笨瓜 N. <*coll.*> a fool

běnguó 本国[-國] N. one's own country

běnguó cíhuì 本国词汇[-國-彙] N. <*lg.*> vernacular word/vocabulary

běnguóhuà 本国话[-國-] N. mother tongue

běnguórén 本国人[-國-] N. natives of a country

běnguóyǔ 本国语[-國-] N. native language; mother tongue

běnguó yǔyán 本国语言[-國--] N. <*lg.*> mother tongue; vernacular

běngùzhīróng 本固枝荣[-榮] F.E. when the root is firm, branches flourish

[1]**bēngxiàn** 崩陷 V. fall/cave in

[2]**bēngxiàn(r)** 绷线(儿)[繃-] N. basting; loose stitching

bèngyìng 绷硬[繃-] V.P. <*coll.*> hard as a rock; stiff as a board

bēngzhà 崩炸 V. explode

bēngzhe liǎn(r) 绷着脸(儿)[繃著-] V.O. <*coll.*> pull a long face; show displeasure

bēngzhēn 绷针[繃-] N. pin M: [2]*gēn*

bēngzhèng 崩症 N. <*Ch. med.*> uterine bleeding

bēngzhí 绷直[繃-] R.V. straighten

bèngzhú 迸逐 V. drive away

bēngzi* 绷子[繃-] N. embroidery frame; hoop

bèngzi 镚子 N. <*coll.*> any small coin; a mite

bēngzichuáng 绷子床[繃-] N. bed of framed matting

bèngzǐr 蹦子儿 N. penny; coins

bènhàn(zi) 笨汉(子)[-漢-] N. a clumsy man

běnháng 本行 N. one's own profession/firm/specialty

běn hángcì 本航次 N. this voyage; this flight

běnhào 本号[-號] N. <*trad.*> this shop; our shop

bèn hébiān 奔河边[-邊] ADV. <*coll.*> toward the river

běnhuái 本怀[-懷] N. original idea; real intention

[1]**bènhuò** 笨货 N. idiot

[2]**bènhuò** 夯货 N. husky but foolish person

bènhuór 笨活儿 N. heavy manual labor

běnjī 畚箕 N. <*topo.*> ① bamboo/wicker scoop ② dustpan

běnjí* 本籍 N. ancestral native place

běnjì 本纪 N. ① our unit/headquarters/etc. ② this century ③ <*hist.*> basic annals in the Ch. dynastic histories

běnjiā(r) 本家(儿) N. ① a member of the same clan ② natal family; original home ③ <*topo.*> the person/party concerned

bènjiāhuo 笨家伙 N. fool; simpleton; clumsy fellow

běnjiè 本届[-屆] N. current; this term's/year's

běnjīn 本金 N. capital; principal

bēnjìng 奔竞[-競] V. struggle for wealth and fame

běnjīng* 本经[-經] N. herbal classic (book)

běnjué 本觉[-覺] N. <*Budd.*> inner awakening

běnjūn 本军 N. this/our army

běnkē 本科 N. undergraduate course in one's major field

běnkēshēng 本科生 N. undergraduate student M: [1]*ge*/[1]*míng*/[2]*wèi*

běnkē xuésheng 本科学生 N. undergraduate student M: [1]*ge*/[1]*míng*/[2]*wèi*

bènkǒuzhuōshé 笨口拙舌 F.E. awkward in speech

běnkūn 苯醌 N. <*chem.*> quinone; benzoquinone

běnlái 本来 ADV. ① originally; at first ② of course ♦ATTR. original

běnlái huànyù 本来换喻[--換-] N. <*lg.*> original metonymy

běnlái miànmù 本来面目 N. true colors/features

běnlái xùnxī 本来讯息 N. <*lg.*> original message

běnlái yǐnyù 本来隐喻[--隱-] N. <*lg.*> original metaphor

bēnláo 奔劳[-勞] V. bustle about

bēnléi 奔雷 N. a sudden peal of thunder; thunderbolt

běnlěi* 本垒[-壘] N. <*sport*> home base

běn-lì 本利 N. capital/deposit and interest

běn lǐbài 本礼拜[-禮-] N. this week

běnlǐng 本领 N. skill; ability; capability

bènlìqi 笨力气[-氣] N. unwisely used strength/energy

bēnliú 奔流 V. flow at great speed; pour ♦N. racing current; swift flow (of water)

běnlù 本路 N. original road

běnlùn 本论 N. ① the main contention ② the main body of an expository writing

bēnluor 奔落儿 V. <*topo.*> scramble for a living

bēnmǎ 奔马 N. galloping horse M: [1]*pǐ*

bēnmáng 奔忙 V. bustle about

bēnmén 贲门 N. <*phys.*> cardia

bēnmìng 奔命 V.O. <*wr.*> rush about; be kept busy ***See also*** *bènmìng*

běnmíng* 本名 N. original/given name

běnmìng 本命 N. one's year of birth considered in relation to the 12 Terrestrial Branches

bènmìng 奔命 V.O. <*coll.*> be in a desperate hurry ***See also*** *bēnmìng*

běnmìngnián 本命年 N. birth year marked by animal cycle or Earthly Branches

běnmò 本末 N. ①ins and outs ②the fundamental and the incidental ③ the whole story ④ the beginning and the end

běnmòdàozhì 本末倒置 F.E. take the incidental for the fundamental

běnnéng 本能 N. ① instinct ② faculty; native ability ♦ATTR. instinctive; intuitive

běnnéng dòngzuò 本能动作[--動-] N. instinctive action

běnnénglùn 本能论 N. <*lg.*> innateness hypothesis

běnnéngxuéjiā 本能学家 N. instinctivist

běnnéng zhīshí 本能知识[-識] N. intuitive knowledge

běnnián 本年 N. this year

běn niándù 本年度 N. current year

bènniǎoxiānfēi 笨鸟先飞[-飛] ID. The slow need to start early.

bènniú 笨牛 N. a dull/unintelligent guy M: [1]*tóu*

bēnpǎo 奔跑 V. run

běnpiào 本票 N. bank/cashier's check

běnpù 本铺 N. this/my shop

běnqī 本期 N. ① this term; the current season/issue ② the present class (of students/etc.)

běnqian 本钱[-錢] N. ① capital ② reliable condition/ability

běnqīnglìzhòng 本轻利重[-輕--] F.E. The costs are low but the profit is great.

bēnquán 奔泉 N. gushing spring

běnr 本儿 N. <*slang*> thousand yuan (RMB)

běnrán 本然 ADV. of course; it goes without saying

běnrén(r)* 本人(儿) N. ① I; me; myself ② oneself; in person

bènrén 笨人 N. a dull/stupid person

běnrì 本日 N. today

bènrúdāilǘ 笨如呆驴[-驢] F.E. be as stupid as an ass

bēnsāng* 奔丧[-喪] V.O. hasten home for funeral

běnsǎng(r) 本嗓(儿) N. natural voice

běnsè 本色 N. ① true/inherent qualities ② the original color ③ natural trait; knack

běnshǎi(r) 本色(儿) N. <*coll.*> natural color

běnshǎibù 本色布 N. undyed cloth M: [2]*kuài*

běnshè 本社 N. <*humb.*> my agency/unit

běnshēn 本身 N. itself; oneself; per se

běnshēng 本生 N. <*Budd.*> Jataka story (about Buddha's earlier incarnations)

běnshěng* 本省 N. this/our province

běnshēngdēng 本生灯[-燈] N. <*chem./loan*> Bunsen burner M: [1]*zhǎn*

běnshēng fùmǔ 本生父母 N. an adopted child's biological parents

bēnshǐ 奔驶 V. run quickly; speed

bēnshì 奔逝 V. fly (of time/etc.)

běnshi 本事 N. skill; ability; capacity ***See also*** [2]*běnshì*

běnshī 本师[-師] N. ① one's teacher ② <*mil.*> this/our division ③ <*Budd.*> Sakyamuni

[1]**běnshì*** 本市 N. this/our city

[2]bĕnshì 本事 N. this matter ♦N. literary source material *See also* **bĕnshi**
bènshŏubènjiăo 笨手笨脚[-腳] F.E. clumsy
bènsĭ 笨死 V.P. ① be stupid/dull/foolish ② be clumsy/awkward
[1]bĕnsù 本诉 N. lawsuit filed by the original plaintiff
[2]bĕnsù 本素 N. the original element
bĕntái 本台[-臺] N. ① one's own station ② our own
bēntăng 奔淌 V. flow swiftly (of water)
bēntáo 奔逃 V. flee; run away
bēnténg 奔腾 V. ① gallop ② surge forward; roll on in waves ♦N. <comp.> Pentium
bēnténgbùxī 奔腾不息 F.E. surge ahead ceaselessly
bĕntí* 本题 N. subject under discussion ♦N. this topic
bĕntĭ 本体[-體] N. <phil.> noumenon; thing-in-itself; being
Bĕntián 本田 N. Honda (car)
bĕntĭ de 本体的[-體-] ATTR. ontological
bĕntĭ gănshòu fănkuì 本体感受反馈[-體----] N. <lg.> proprioceptive feedback
bĕntĭlùn 本体论[-體-] N. <phil.> ontology
bèntŏng 笨桶 N. fool; idiot M: [2]zhī
bĕntóngyīyuán 本同一源 F.E. <lg.> affinity
bèntóubènnăo 笨头笨脑[-腦] F.E. stupid; slow-witted
bèntour 奔头儿 N. sth. to strive for; prospect *Méiyŏu shénme ~.* There's not much to strive for.
bēntū 奔突 V. ①jostle; rush forward *~ xiàngqián* rush forward ② run amok; run wild
[1]bĕntŭ* 本土 N. ① one's native country ② metropolitan territory
[2]bĕntŭ 畚土 V.O. scoop earth
bēntuān 奔湍 N. swift current ♦V. flow swiftly (of water); rush by
bĕntŭhuà 本土化 N. indigenization
bĕntŭ wénhuà 本土文化 N. indigenous culture
bēnwáng 奔亡 V. escape; run away; abscond
bĕnwèi 本位 N. monetary standard ♦N. ① one's own department/unit ② one's own position (seen as central)
bĕnwèi huòbì 本位货币[-幣] N. the basic monetary unit of a country's currency (e.g., *yuán* of China, dollar of the U.S.)
bĕnwèiyŭ 本位语 N. <lg.> appositive
bĕnwèizhŭyì 本位主义[-義] N. ① selfish departmentalism ② chauvinism
bĕnwén* 本文 N. this text/article/etc. ♦N. ①main body of a book ② the original text; the original
bĕnwèn 本问 N. interrogate; question
bĕnwŏ 本我 N. <psy.> id.
bĕnwù 本务[-務] N. one's basic duty
bēnxí 奔袭 V. <mil.> make a long-range raid
bĕn-xī* 本息 N. capital and interest
bĕnxì 本戏[-戲] <thea.> N. full/unabridged performance ♦N. this performance
bĕnxiàn 本县[-縣] N. this/our county/prefecture/etc.
bēnxiàng 奔向 V. run/rush towards
bĕnxiāng* 本乡[-鄉] N. this/our village
bĕnxiàng 本相 N. ① normal/original state/appearance ② true color
bĕnxiāngbĕntŭ 本乡本土[-鄉--] F.E. native village/place
bĕnxiāo 本销 V. sell within the country
bĕnxiào* 本校 N. this/our school
bĕnxiăolìwēi 本小利微 F.E. small capital and little gain
bēnxiè 奔泻[-瀉] V. rush down; pour down (of torrents)
[1]bĕnxīn 本心 N. ①original/true intent ②personal desire
[2]bĕnxīn 本薪 N. base/basic salary
bēnxīng 奔星 N. meteor
bēnxíng 奔行 V. run
bĕnxíng 本刑 N. standard penalty for a specific offense
bĕnxìng* 本性 N. natural instincts; nature; inherent quality
bĕnxìngnányí 本性难移[--難-] F.E. It's difficult to alter one's character.
bĕn xīngqī 本星期 N. this week
bĕnyè 本业[-業] N. ① original profession ② agriculture
[1]bĕnyì 本意 N. <lg.> original idea; real intention; signification
[2]bĕnyì 本义[-義] N. <lg.> ① original meaning; literal sense ② basic/central meaning; connotation
bĕnyìbĭ 本益比 N. <econ.> ratio of capital to profits
bēnyìjuéchén 奔逸绝尘[-絕塵] F.E. run so fast that no one can catch up
bĕnyín 本银 N. capital (in business)
bĕnyīng* 本应[-應] AUX. should have; ought to have
bĕnyĭng 本影 N. <phy.> umbra
bēnyŏng 奔涌 V. flow swiftly; pour; surge
bĕnyŏu 本有 ATTR. primary
[1]bĕnyuán* 本源 N. origin; source
[2]bĕnyuán 本原 N. <phil.> ① principle ② soul; life
bĕnyuàn 本愿[-願] N. <Budd.> primordial/original vow
bēnyuè 奔越 V. rush/run over
bĕnyuè* 本月 N. this month
bènzéi 笨贼 N. ①fool; dullard ②stupid burglar
bĕnzhái 本宅 N. this/one's own residence
bĕnzhe 本着[-著] COV. in line/conformity with
bĕnzhēngzhí 本征值[-徵-] N. <math.> eigenvalue
bĕnzhe zhĭshì 本着指示[-著--] according to; in accordance with instruction
bĕnzhī 本支 N. near relatives (of the same surname)
bĕnzhí 本职[-職] N. one's job/duty
bĕnzhĭ 本旨 N. real/main intention; original meaning
bĕnzhì* 本质[-質] N. essence; nature; intrinsic quality; substance
bènzhòng 笨重 S.V. heavy; cumbersome; unwieldy
bĕnzhōu* 本周/週 N. this week
Bĕnzhōu 本州 P.W. Honshu (Jp.)
bēnzhú* 奔逐 V. ① chase; run after ② contest/jockey for position (in politics/etc.)
bēnzhù 奔注 V. rush into (of water)
bĕnzhuàn 本传[-傳] N. biography
bènzhuō 笨拙 S.V. clumsy; awkward
bĕnzhŭr 本主儿 N. ① oneself ② owner of lost property ③ the person concerned
bĕnzi 锛子 N. adz
bĕnzi* 本子 N. ①book ②notebook ③homework; student papers; (play) script; etc. *găi ~ i.* correct papers *ii.* revise scripts/etc. ④ edition ⑤ <coll.> driver's license
bĕnzì 本字 N. <lg.> original character
bĕnzōng 本宗 N. members of the same clan
bēnzŏu 奔走 V. ①run ②rush about ③solicit help (in trying to land a job, get an appointment/etc.) ④ throw oneself into a task/matter
bēnzŏuhūháo 奔走呼号[-號] F.E. go around campaigning for a cause
bēnzŏuxiānggào 奔走相告 F.E. run around spreading news
bēnzŏuzhīyŏu 奔走之友 N. a friend at one's beck and call
bĕnzú 本族 N. members of the same clan
bĕnzú de 本族的 N./ATTR. native
bènzuĭbènshé 笨嘴笨舌 F.E. tongue-tied
bĕnzuò 本作 V.P. <wr.> originally written as. . .
bĕnzúyŭ 本族语 N. ① language of one's own ethnic group ②native language; mother tongue
bĕnzú yŭyán 本族语言 N. <lg.> mother tongue; native language
B-gŭ B股 N. <PRC> stocks bought/sold in foreign currency
[1]bī 逼 V. ①force ②press for ③ press on towards
[2]bī 屄 N. <coll.> vagina
[1]bí 鼻 B.F. nose **bízi**
[2]bí 荸 in **bíqi**
[1]bĭ* 比 COV. compared to *Dìqiú ~ yuèqiú dà.* The earth is larger than the moon. ♦V. ① compare; contrast *"Jĭ ~ jĭ?" . . . "Jiŭ ~ qī."* "What's the score?" . . . "Nine to seven." ②emulate ③draw analogy ④ copy ⑤ gesture ♦B.F. ratio **bĭlǜ** *See also* [45]bì, [19]pí
[2]bĭ 笔[筆] N. pen ♦B.F. ① technique of writing/calligraphy/drawing **[1]gōngbĭ** ② write **dàibĭ** ♦M. ① stroke (in writing Ch. characters) ② *for money/painting/etc.*
[3]bĭ 彼 PR. <wr.> ①that; those; the other; another ② the other party ♦B.F. there **bĭdì**
[4]bĭ 鄙 B.F. ①low; mean; vulgar **bĭlòu** ② <humb.> my **[1]bĭjiàn** ③ <wr.> despise; scorn **[2]bĭshì** ④ out-of-the-way place **biānbĭ**
[5]bĭ 俾 AUX. <wr.> in order to; so that
[6]bĭ 匕 N. an ancient type of spoon ♦B.F. dagger **bĭshŏu**
[7]bĭ 秕 B.F. not plump; blighted (of grain) **bĭgŭ**
[8]bĭ 妣 B.F. <trad.> (deceased) mother **xiānbĭ**
[9]bĭ 疕 B.F. **báibĭ**
[10]bĭ 吡 in **bĭluò**
[1]bì 币[幣] B.F. money; currency **[1]yìngbì**
[2]bì 闭[閉] V. shut; close ♦B.F. ① stop up **[1]bìsè** ② obstruct
[3]bì 必 ADV. ① certainly; surely ② must; have to
[4]bì 避 V. avoid; evade ♦B.F. prevent; keep away **bìyùn**
[5]bì 壁 B.F. ①wall **qiángbì** ②cliff **qiàobì** ③rampart; breastwork **bìlĕi** ♦N. Surname
[6]bì 臂 B.F. arm; upper arm **shŏubì** *See also* **[2]bei**
[7]bì 碧 B.F. bluish/emerald green; blue **bìlǜ** ♦N. <wr.> green jade; jasper
[8]bì 毕[畢] B.F. ① finish **[1]wánbì** ② accomplish; conclude **[1]bìyè** ♦ADV. <wr.> fully; altogether ♦N. Surname
[9]bì 弊 B.F. ① fraud; abuse; malpractice **zuòbì** ② disadvantage; harm **bìduān**
[10]bì 蔽 B.F. ① cover ② shelter ③ hide from **yănbì** ♦ATTR. shabby
[11]bì 敝 ATTR. ①<wr.> shabby; ragged ②<humb.> my; our *~ gōngsī* my/our company
[12]bì 毙[斃] V. ①die; get killed ②<coll.> shoot (to death) ③ <slang> be rejected *Tā de shū ràng chūbănshè gĕi ~ le.* His book was rejected for publication.
[13]bì 辟 <wr.> V. ward off; keep away ♦N. monarch; sovereign *See also* [2]pì, [3]pì
[14]bì 篦 B.F. double-edged fine-tooth comb **[1]bìzi**
[15]bì 庇 B.F. shelter; protect; shield **[1]bìhù**
[16]bì 痹 B.F. <wr.> ① pain/numbness caused by cold/damp/etc. **mábì** ② rheumatism
[17]bì 弼/拂 B.F. <wr.> assist **[2]fŭbì** *See also* [8]fú
[18]bì 愎 B.F. <wr.> stubborn; inflexible **gāngbì**
[19]bì 陛 N. <wr.> a flight of steps leading to a palace hall
[20]bì 婢 B.F. <trad.> ① female slave/servant **núbì** ② concubine
[21]bì 璧 N. <trad.> round flat piece of jade with a hole in the center
[22]bì 毖 N. <wr.> caution
[23]bì 髀 N. <wr.> ① thigh ② thighbone
[24]bì 贲[賁] ATTR. <wr.> beautifully adorned *See also* [3]bēn, [4]fén
[25]bì 滗[潷] V. decant; strain; drain
[26]bì 铋[鉍] N. bismuth
[27]bì 畀 V. <wr./topo.> give ♦B.F. ① turn over to; abandon to **tóubìcháihŭ** ② depend on **yībì**
[28]bì 裨 B.F. beneficial **[1]bìyì**, **wúbì** *See also* [9]pí
[29]bì 襞 B.F. wrinkle; pleat **[2]bìjì**, **zhĕbì**
[30]bì 跛 B.F. stumble **[3]bìzhĭ** *See also* [2]bŏ
[31]bì 嬖 B.F. <wr.> cherish **bìqiè**, **piánbì**
[32]bì 箅 B.F. grate; grating **[2]bìzi**, **lúbìzi**
[33]bì 筚/荜[篳/蓽] B.F. ①bamboo/wicker material **[4]bìlù** ② wicker door (implying a humble/poor household) **péngbì**, **péngménbìhù** *See also* [34]bì
[34]bì 荜[蓽] B.F. (Indian) long pepper (*Piper longum*) **[2]bìbō**, **bìbá** *See also* [33]bì

35bì 苾 B.F. fragrance **3bìbì**, **3bìbó**

36bì 跸[蹕] B.F. having to do with travel by the emperor **5bìlù**, **3hùbì**

37bì 躄 B.F. <*wr.*> ① fall down ② limp **bìyǒng**, **3wěibì**

38bì 诐[詖] B.F. unfair; biased **2bìcí**, **xiǎnbì**

39bì 觱/滭 B.F. whistle; sound of wind/water **5bìlì**, **bìfā**, **1bìfèi**

40bì 萞/萆 in **bìmá**, **bìwén**

41bì 薜 in **4bìlì**, **bìluó**

42bì 哔[嗶] in **1bìjī**, **máobìjī**

43bì 愊 in **6bìyì**, **kǔnbì**

44bì 狴 in **bì'àn**, **bìláo**

45bì 比 in **1bìbì** ***See also*** **1bǐ**, **19pí**

46bì 芘 <*chem.*> N. pyrene ***See also*** **16pí**

Bì 秘 N. Surname ♦*used in transcriptions in* **Bìlǔ** ***See also*** **4mì**

bí'ái 鼻癌 N. <*TW*> nasal cancer

1biān(r)* 边(儿)[邊(兒)] N./SUF. ① side ② margin; edge; rim ③ limit ***Tā de huà tài měi ~ le.*** What he said is inflated. ④ Surname ♦B.F. ① border; boundary **biānjiè** ② by the side of **pángbiān** ♦CONS. ~ *v.1* ~ *v.2* v.1 and v.2 simultaneously ***Tā ~ gàn ~ xué.*** He's learning on the job.

2biān 编[編] V. ① weave; plait ② organize; group ③ edit; compile ④ write; compose ⑤ fabricate ♦M./B.F. (part of) book; volume

3biān 鞭 N. ① whip ② <*trad.*> iron staff used as weapon ③ <*slang*> penis ♦B.F. ① flog; lash **biāndǎ** ② string of firecrackers **biānpào**

4biān 煸 V. stir-fry before stewing

5biān 鳊[鯿] N. freshwater bream

6biān 笾[籩] N. <*archeo.*> ceremonial bamboo bowl for food

7biān 蝙 in **1biānfú**

8biān 萹 in **biānxù**, **biānzhú** ***See also*** **6biǎn**

1biǎn 扁 S.V. ①flat ②crushed ③underestimated ***bǎ biéren kàn~ le*** underestimate others ***See also*** **5piān**

2biǎn 匾 N. ①horizontal inscribed board; plaque ② silk banner embroidered with eulogy ③ big round shallow basket

3biǎn 贬[貶] V. censure; deprecate ♦B.F. ① demote **biǎnguān** ② reduce; devalue **1biǎnzhí**

4biǎn 褊 B.F. <*wr.*> narrow; cramped **biǎnxiá**

5biǎn 窆 B.F. <*wr.*> bury **biǎnshí**, **gàobiǎn**

6biǎn 萹/稨/藊 in **biǎndòu** ***See also*** **8biān**

1biàn 便 ADV. ① then; in that case ② as early/little as ***Tā qùnián ~ jìnle dàxué.*** He actually entered the university last year. ♦CONJ. ① even if ② and then ♦B.F. ① convenient **fāngbiàn** ② informal; plain **biànfàn** ③ convenience ***"Wǒ kěyǐ zǒu le ma?"... "Suí nǐ de ~."*** "May I leave now?"... "Suit yourself." ④ relieve oneself **1xiǎobiàn** ⑤ urine; excrement **1xiǎobiàn** ***See also*** **2pián**

2biàn 变[變] V. ① change ② become; change into ③ transform ④ perform (magic/etc.) ♦B.F. ① changeable; adaptable **3jībiàn** ② incident; disturbance **shìbiàn**

3biàn 遍 B.F. all over; everywhere **biàndì** ♦V.M. *for repetitive times/occurrences*

4biàn 辫[辮] B.F. plait; braid; pigtail **biànzi**

5biàn 辨 V. differentiate; distinguish; discriminate

6biàn 辩[辯] V. argue; dispute; debate

7biàn 汴 N. another name for Kaifeng

8biàn 卞 B.F. <*wr.*> impetuous **2biànjí** ♦N. Surname

9biàn 弁 N. <*trad.*> ①man's cap ②low-ranking military officer

10biàn 忭 B.F. happy **biànhè**, **xīnbiàn**

11biàn 抃 B.F. applaud **2biànyuè**, **xǐyuèbiànwǔ**, **áobiàn**

12biàn 緶[緶] B.F. braided/plaited straw **cǎomàobiàn**

13biàn 苄 B.F. **biànjī**

bǐ'àn* 彼岸 N. ① the other shore ② <*Budd.*> Paramita

bì'àn 狴犴 N. <*wr.*> prison (originally a legendary beast the image of which was painted on prison doors)

biān'ài* 边隘[邊-] P.W. frontier pass

biǎn'ài 褊隘 V.P. <*wr.*> narrow-minded and impatient

biàn'àn 变暗[變-] V.P. darken; wane

biānbái 边白[邊-] N. margin (of a page)

biǎnbǎi* 扁柏 N. Japanese cypress

biànbái 辩/辨白 V. <*law*> ① plead innocence ② account for ③ elucidate

biānbān 编班 V.O. group into classes

biānbān kǎoshì 编班考试 N. placement test

biàn bǎxì 变把戏[變-戲] V.O. perform magic

1biānbèi 编贝 N. <*wr.*> beautiful and sparkling (teeth)

2biānbèi 鞭背 V.O. <*trad.*> flog the back as punishment

biànběnjiālì 变本加厉[變-厲] F.E. be further intensified

biānbǐ 边鄙[邊-] N. <*wr.*> borderland

biānbì 边币[邊幣] N. Border Region currency (issued by Communists 1937–1949)

biànbì* 便闭 V.P./N. be constipated

biànbié 辨别 V. differentiate; discriminate ♦N. discrimination

biànbié chūlai 辨别出来 R.V. differentiate; distinguish; discriminate

biànbiézhēnwěi 辨别真伪 F.E. distinguish the genuine from the false

biānbìrùlǐ 鞭辟入理 F.E. penetrating; trenchant; incisive

biànbó 辩驳 V. dispute; refute

1biànbù 遍布 V. be found everywhere; be spread all over

2biànbù 便步 V. <*mil.*> walk at ease

biànbù zǒu 便步走 F.E. <*mil.*> march at an easy pace

biàncái 辩才 N. <*wr.*> eloquence

biàncài* 便菜 N. ordinary/everyday dish

biàncáiwú'ài 辩才无碍[-礙] F.E. very eloquent

biàncān 便餐 N. simple/ordinary meal

biāncāyīn 边擦音[邊-] N. <*lg.*> lateral fricative

1biāncè 鞭策 V. spur/urge on; encourage ♦N. horsewhip

2biāncè 边侧[邊-] P.W. aside

biāncè luòhòu 鞭策落后[-後] V.O. spur those that are backward

biānchá 边茶[邊-] N. border region tea

biànchǎn 变产[變產] V.O. sell off one's property

1biàncháng 变长[變-] R.V. elongate

2biàncháng 辨尝[-嘗/嚐] V. taste; sample; savor

biānchángmòjí 鞭长莫及 F.E. be too far away for authority to reach

biānchāyǔ 编插语 N. <*lg.*> agglomerating language

biànchē 便车 N. sb.'s car in which one may have a ride ***Wǒ yào zhǎo ge ~ jìnchéng.*** I'm looking for ride to town.

1biānchéng 编成 R.V. ① have compiled; finish compiling ② <*mil.*> form (a unit)

2biānchéng 边城[邊-] P.W. border/frontier town

biànchēng 辩称[-稱] V.P. argue that

biànchéng* 变成[變-] R.V. change into

biān chéngxù 编程序 V.O. <*comp.*> write a program

biānchī* 鞭笞 V. <*wr.*> ① lash; flog ② urge/goad along

biǎnchì 贬斥 V. ① <*wr.*> demote ② denounce

biànchí 便池 N. urinal

biānchītiānxià 鞭笞天下 F.E. have the whole world at one's beck and call

biānchóng 鞭虫[-蟲] N. whipworm

biànchǒu 变丑[變醜] R.V. uglify

biānchǔ 鞭楚 A.T. <*wr.*> whip; flog; flagellate

biǎnchù* 贬黜 V. <*wr.*> demote

1biànchū 变出[變-] R.V. change into; become

2biànchū 辨出 R.V. distinguish

biānchuàng 编创[-創] V. edit and write; edit and create

biǎnchùguānzhí 贬黜官职[-職] F.E. dismiss an official from office

1biānchuí 边陲[邊-] P.W. <*wr.*> border area; frontier

2biānchuí 鞭棰/捶 V. flog with a whip

biāncì* 编次 N. order of arrangement

biǎncí 贬词 N. derogatory term; expression of censure

biàncí 辩辞/词[-辭] N. ①explanation; argument ② excuse

biāncòu 编凑[-湊] V. contrive; devise

biāncuàn 编篡 V. fabricate (sth.)

biāncūn 编村 N. administrative unit comprising several villages

biǎncuò 扁锉 N. flat file

biāndǎ* 鞭打 V. whip; lash; flog ♦N. flogging

biàndà 变大[變-] R.V. magnify

biāndǎkuàiniú 鞭打快牛 ID. punish unfairly

biǎndan* 扁担[-擔] N. carrying/shoulder pole

biàndàn 变蛋[變-] N. <*topo.*> preserved egg

biāndàng 编档[-檔] V.O. organize/arrange archives/files

biàndang* 便当[-當] S.V. convenient; handy ♦N. <*Jp. loan/TW*> boxed meal

biàndānghé 便当盒[-當-] N. lunch box M: **2zhī/ge**

biǎndan jīngshen 扁担精神[-擔--] N. special effort to meet deadlines

biāndǎo 编导[-導] V. write and direct ♦N. playwright; choreographer; director M: **1ge/1míng/2wèi**

biàndǎo 辩倒 R.V. defeat by arguing

biàndào(r)* 便道(儿) N. ① shortcut; snap course ② pavement; sidewalk ③ makeshift road ♦ADV. do sth. on the way

biàndàoguòfǎng 便道过访 F.E. drop in; pay an informal visit

biàn de 变得[變-] V.P. become; turn (into)

biāndì 边地[邊-] P.W. border district; borderland

biǎndī* 贬低 V. belittle; play down

biàndì 遍地 ADV. everywhere; throughout the land

1biàndiàn 变电[變電] V.O. transform voltage

2biàndiàn 便殿 P.W. <*trad.*> the emperor's rest room

biàndiànchǎng 变电厂[變電廠] P.W. electric power transforming station M: **1jiā**

biàndiànsuǒ 变电所[變電-] P.W. power substation M: **1jiā**

biàndiànzhàn 变电站[變電-] P.W. (transformer) substation M: **1jiā**

biàndiào 变调[變-] N./V.O. ① <*lg.*> modified tone/key; tone sandhi ② <*mus.*> tonal modification; transposition of key ③modulation

biàndié 弁绖 N. patch of coarse linen worn on the mourning cap during a funeral service

biàndìhuǒguāng 遍地火光 F.E. Flames scorched the earth far and wide.

biàndìjiēshì 遍地皆是 F.E. be everywhere

biàndìkāihuā 遍地开花[--開-] F.E. blossom everywhere

biāndìng 编订 V. compile and revise

biàndìzāilí 遍地灾黎[--災-] F.E. Famine-stricken people are everywhere.

biàndìzhànhuǒ 遍地战火[--戰-] F.E. The flames of war engulf the land.

biàndòng 变动[變動] V. ①change ②fluctuate ♦N. ① change ② fluctuation ③ vicissitudes

biàndòng chéngběn 变动成本[變動-] N. variable costs

biāndòu 笾豆[籩-] N. <*trad.*> two ancient food containers used at sacrifices

biǎndòu* 扁/萹/稨/藊豆 N. <*bot.*> ① hyacinth bean; lentil ② string bean M: **3lì/1kē**

1biàndú* 变读[變讀] N. <*lg.*> tone sandhi

2biàndú 便毒 N. <*med.*> inguinal bubo

biàndù 变度[變-] N. degree of change

biànduān 变端[變-] N. change

biànduǎn* 变短[變-] V.O. shorten

biānduì 编队[-隊] V.O. ①form columns ②make assignments to a team/unit ♦N. formation (of ships/aircraft)
biānduìfēixíng 编队飞行[-隊飛-] F.E. flight in formation
biǎn'é 匾额 N. ① horizontal inscribed board ② votive tablet M: [2]kuài
biānfā 编发[-發] V. edit and release *See also* *biānfà*
biānfà 编发[-髮] V.O. braid the hair *See also* *biānfā*
biànfǎ* 变法[變-] N. ①political reform ②change the method/means
biànfà 辫发[-髮] N. plaited hair ♦V.O. ① braid/plait the hair ② wear a queue
biànfàn 便饭 N. simple meal; potluck
biānfáng 边防[邊-] N. frontier defense
biānfángjūn 边防军[邊-] N. frontier force M: [4]zhī
biānfángshào 边防哨[邊-] N. border sentry M: [1]ge/[4]zuò
biānfángzhàn 边防站[邊-] P.W. frontier station M: [1]ge/[4]zuò
biānfángzhèng 边防证[邊-證] N. frontier pass M: [1]zhāng
biànfànzhāodài 便饭招待 F.E. treat sb. with an ordinary meal
biànfǎr 变法儿[變-] V.O. try different ways
Biànfǎ Wéixīn 变法维新[變-] N. Constitutional Reform and Modernization (1898)
biànfǎ yùndòng 变法运动[變-運動] N. reform movement M: [3]cháng
biànfǎzìqiáng 变法自强[變-強] F.E. initiate political reform in the quest for national strength
biànfèiwéibǎo 变废为宝[變廢-寶] F.E. turn waste into sth. of value
biànfēn 变分[變-] N. <math.> variation ~*fǎ* calculus of variations
biānfēng 边锋[邊-] N. <sport> wingfish; wing forward
biānfēnghuà 编锋话 N. <topo.> evasive language; devious words
[1]**biānfú** 蝙蝠 N. <zoo.> bat M: [2]zhī
[2]**biānfú** 边幅[邊-] N. ① margin (of a piece of cloth/etc.) ② appearance of a person; attire ③ width
biànfú* 便服 N. ① everyday clothes ② civilian clothes M: [2]jiàn/tào
biāngàn-biānxué 边干边学[邊幹邊-] V.P. learning sth. while doing it
biāngǎo* 编稿 V.O. prepare a manuscript
biàngào 遍告 V. inform everyone; pass the word around
[1]**biàngé** 变革[變-] V. transform; change
[2]**biàngé** 变格[變-] V.O./N. <lg.> decline; declension
biàngēng 变更[變-] V. change; modify ♦N. modification
biàngēng suǒyǒuquán 变更所有权[變-權] V.O. change ownership
biàngēng wéi 变更为[變-] V.P. change into; become
biāngōng 编工 N. plaiting
biàngōng* 变工[變-] V.O. <topo.> swap/pool/exchange labor (among peasants)
biàngōngduì 变工队[變-隊] N. work-exchange team M: [4]zhī
biāngōu 边沟[邊溝] N. roadside ditch
biāngǔ 砭骨 V.P. be extremely painful/cold
biǎngǔ 扁骨 N. <phys.> flat bone M: [2]gēn
biàngù* 变故[變-] N. unforeseen event; accident
biànguà 变卦[變-] V.O. ① go back on one's word ② change drastically (of a situation)
biānguān* 边关[邊關] P.W. strategic border positions
biǎnguān 贬官 V.O. demote an official
biànguān 遍观[-觀] V. see them all; observe everything
biànhàiwéilì 变害为利[變-] F.E. turn harm into benefit
biànhán 便函 N. memo; informal letter M: [2]fēng
biānhào(r)* 编号(儿)[-號] V.O. number ♦N. serial number
biànhǎo 变好[變-] R.V. ① become fine (of weather) ② reform (of people)
biànhé* 辨核 V. distinguish and evaluate
biànhè 忭贺 V. <wr.> joyfully congratulate; celebrate
biānhén 鞭痕 N. welt M: [2]dào
biānhòu 编后[-後] N. editorial afterword
biānhù 编户 V.O. register households/residents (for police records) ♦N. registered households; common people
biǎnhú 扁壶[-壺] N. <pottery> flask M: [1]bǎ/ge
biànhú 便壶[-壺] N. (bed) urinal; chamber pot M: [1]bǎ/ge
biànhù* 辩护[-護] V. ① speak in defense of ② <law> plead; defend ♦N. <law.> brief
biānhuà 编话 V.O. make up sth. to say
biànhuà* 变化[變-] V. change; vary ♦N. change; transformation
biànhuà chéng 变化成[變-] V.P. change into; become
biànhuàduōduān 变化多端[變-] F.E. changeable
biànhuài 变坏[變壞] R.V. degenerate
biànhuài zuòyòng 变坏作用[變壞-] N. degeneration
biànhuàlì 变化例[變-] N. paradigm
biànhuàmòcè 变化莫测[變-測] F.E. changeable; unpredictable
biānhuàn 边患[邊-] N. frontier troubles
biànhuān 忭欢[-歡] V.P. <wr.> pleased and delighted
[1]**biànhuàn*** 变换[變換] V. ① vary; alternate ② convert (foreign money/etc.) ♦N. conversion
[2]**biànhuàn** 变幻[變-] V. change irregularly; fluctuate ♦ATTR. whimsical; chimerical
biànhuànbùdìng 变幻不定[變-] F.E. keep shifting like the clouds
biànhuáng 变黄[變-] V.P. become yellow
biànhuàn guòchéng 变换过程[變換-] N. <lg.> transformational history
biànhuànlǜ 变换律[變換-] N. <lg.> transformation
biànhuànlǜ fànwéi 变换律范围[變換-範圍] N. <lg.> domain of a transformation
biànhuànlǜ yǔfǎ 变换律语法[變換-] N. <lg.> transformational grammar
biànhuànmòcè 变幻莫测[變-] F.E. change unpredictably
biànhuànqì 变换器[變換-] N. <elec.> converter M: [2]zhī/ge
biànhuànwúcháng 变换无常[變換-] F.E. change irregularly; fluctuate
biànhuàn xúnhuán 变换循环[變換-環] N. transformational cycle
biànhuàn zhèndì 变换阵地[變換-] V.O. displace
biànhuàshì 变化式[變-] N. changed form
biànhuàwànduān 变化万端[變-萬-] F.E. always changing
biànhuàwúcháng 变化无常[變-] F.E. constantly changing
biànhuàyǔ 变化语[變-] N. <lg.> inflective language
biànhuà zuòyòng 变化作用[變-] N. inflection
biànhùcí 辩护词[-護-] N. <law> plea M: [1]piān
biānhuì 编绘 N. compilation
biǎnhuǐ* 贬毁[-毀] V. disparage and defame
biànhuò 辨惑 V. straighten out confusing points
biànhùquán 辩护权[-護權] N. <law> right to defense
biànhùrén 辩护人[-護-] N. <law> defender; counsel M: [1]ge/[1]míng/[2]wèi
biànhùshì 辩护士[-護-] N. apologist M: [1]ge/[1]míng/[2]wèi
biànhùxué 辩护学[-護-] N. apologetics
biānjí* 编辑 V. edit; compile ♦N. editor; compiler M: [1]ge/[1]míng/[2]wèi
[1]**biānjì** 边际[邊際] N. ① limit; boundary; margin ② the substance of one's speech/writing ③ <Budd.> the extremity of things
[2]**biānjì** 边寄[邊-] N. responsibility for frontier defense
biǎnjī 褊激 S.V. hysterical
biǎnjí 褊急 S.V. <wr.> narrow-minded and short-tempered
biànjī 苄基 N. <chem.> benzyl
[1]**biànjí** 遍及 V.P. extend/spread all over; pervade
[2]**biànjí** 卞急 S.V. testy; irascible
biǎnjià 贬价[-價] V.O. reduce price; depreciate
biànjià* 变价[變價] N. appraisal at the current rate
biànjiàchūshòu 变价出售[變價-] F.E. sell when the current price changes
biānjiǎn 边检[邊-] AB. *biānjìng jiǎnchá* border inspection
biǎnjiān 扁尖 N. dried bamboo shoot tips M: [2]gēn/[1]tiáo
biànjiān* 便笺[-箋] N. notepaper; memo pad M: [1]zhāng/[1]běn
biānjiāng 边疆[邊-] P.W. border area
biānjiāng dìdài 边疆地带[邊-帶] N. border area; borderland; frontier; frontier region
biānjiāng mínzú 边疆民族[邊-] N. borderland ethnic minorities
biānjiào 编校 V. edit
biānjiāo 扁鲛 N. <zoo.> monkfish; angelfish M: [1]tiáo
biànjiāo* 变焦[變-] N. zoom
biànjiāojù 变焦距[變-] N. zoom
biànjiāojù jìngtóu 变焦距镜头[變-] N. <photo.> zoom lens
biānjiǎoliào 边角料[邊-] N. remnants (of industrial material) M: [2]kuài
biānjíbù 编辑部 P.W. editorial department
biānjì chǎnpǐn 边际产品[邊際產-] N. marginal products M: [1]zhǒng/[2]jiàn
biānjì de 边际的[邊際-] ATTR. marginal
biānjì de yìyì 边际的意义[邊際-義] N. marginal meaning
biānjié 编结 V. tie up
biānjiè* 边界[邊-] P.W. boundary; border
[1]**biànjié** 便捷 S.V. ①convenient ②facile; nimble
[2]**biànjié** 变节[變節] V.O. ① recant politically; be a turncoat; defect ② reform; abandon evil ways and return to the right path
biànjiě 辩解 V. provide an explanation; try to defend oneself ♦N. plea
biànjié fènzǐ 变节分子[變節-] N. turncoat
biànjiéshìchóu 变节事仇[變節-] F.E. turn traitor and serve the enemy
biànjiétóudí 变节投敌[變節-敵] F.E. turn traitor and go over to the enemy
biānjièxiàn 边界线[邊-] N. boundary line M: [1]tiáo/[2]dào
biānjiézhēn 编结针 N. knitting needle M: [2]gēn
biānjì fēnxi 边际分析[邊際-] N. <econ.> marginal analysis
biànjígèdì 遍及各地 F.E. throughout
biānjì gòumǎi 边际购买[邊際購買] N. <econ.> margin buying
biānjíjī 编辑机 N. editor; collector M: [1]tái
biànjìmáimíng 变迹埋名[變跡-] F.E. change one's tracks and cover one's name
biànjìn 变尽[變盡] R.V. totally change
biānjǐng 边警[邊-] N. frontier alarm
biānjìng* 边境[邊-] N. border; frontier
biànjìng 便径[-徑] N. quick route; short cut
biānjìng chōngtū 边境冲突[邊-衝-] N. border clash/conflict
biānjìng jiǎnchá 边境检查[邊-] N. border inspection/check
biānjìng màoyì 边境贸易[邊-] N. frontier trade
biānjírén* 编辑人 N. editor M: [1]ge/[1]míng/[2]wèi
biānjìrén 边际人[邊際-] N. <sociology> marginal person M: [1]ge/[2]wèi
biānjí rényuán 编辑人员 N. editorial staff
biānjí shèjì 编辑设计 N. editorial design

B

B

biānjíshì 编辑室 N. editorial office/department M: [1]jiān
biānjiǔ 砭灸 V./N. <Ch. med.> acupuncture and moxibustion
biānjiǔshù 砭灸术[-術] N. <Ch. med.> acupuncture and moxibustion
biānjì xiàoyòng 边际效用[邊際-] N. (theory of) marginal utility
biānjí xìtǒng 编辑系统 N. editing system
biānjízhě 编辑者 N. editor M: [1]ge/[1]míng/[2]wèi
biānjì zhuānyè 边际专业[邊際專業] N. marginal profession
biānjù* 编剧[-劇] V.O. write a play/scenario/etc. ♦N. playwright; screenwriter
biànjú 变局[變-] N. ① critical situation: crisis ② changing situation
biànjù liànxífǎ 变句练习法[變-練習-] N. <lg.> variation drill
biānjùn 边郡[邊-] P.W. frontier prefectures/areas
biànkě 便可 F.E. Then it's OK. In that case it's possible.
biànkǒu 辩口 N. skill as a debater; eloquence
biànkù 便裤 N. casual slacks M: [1]tiáo
biānkuàng(r) 边框(儿)[邊-] N. frame; rim
biànkuānle de yìyì 变宽了的意义[變寬-義] N. widened meaning
biànlái 变来[變-] V.P. change to; become
biànláibiànqù 变来变去[變-變-] V.P. be in a state of flux; change back and forth
[1]**biànlǎn** 便览[-覽] N. brief guide; manual
[2]**biànlǎn** 遍览[-覽] V. read extensively
biànlǎnqúnjí 遍览群籍[-覽--] F.E. well-read
biànlǎo 变老[變-] R.V. ①become old ②become tough in texture (from overcooking or hard work)
biànle 变了[變-] V.P. have changed
biānlèi 编类[-類] N. categories; classification ♦V.O. arrange into categories; classify
[1]**biànlì** 便利 S.V. convenient; easy ♦V. facilitate
[2]**biànlì** 遍历[-歷] V. ①travel throughout ②have experienced (every hardship/danger/etc.)
biānliàn 编练[-練] V. <mil.> organize and train
biànliǎn* 变脸[變-] V.O. suddenly turn hostile
biànliàng 变量[變-] N. <math.> variable; variance
biànliǎo 便了 V.P. don't worry; that's all *Rú [1]yǒu chāchí, [1]yóu wǒ dāndai ~.* If anything goes wrong, don't worry. I'll take responsibility.
biānliè 编列 V. ①arrange systematically; compile ② list (the expenses for a project in the budget)
biānliúyīn 边流音[邊-] N. <lg.> lateral sound
biǎnlòu 褊陋 S.V. ① cramped and crude ② narrow-minded and ignorant
biānlú 边炉[邊爐] N. <topo.> chafing dish
biānlù* 编录[-錄] V. excerpt and edit
biànlú 便炉[-爐] N. chafing pot
biànlù 便路 N. short cut; convenient route
[1]**biànlǜ** 变率[變-] N. change rate; gradient
[2]**biànlǜ** 辨率 N. (screen/monitor/etc.) resolution
biànluàn 变乱[變亂] N. turmoil; social upheaval
biànluànbùcè 变乱不测[變亂-] F.E. Sudden disaster rises out of nowhere.
biànlùn 辩论 V. argue; debate ♦N. argument; debate
biànlùnhuì 辩论会 N. debate
biānmǎ 编码 N. encoding; code
biānmǎ chéngxù 编码程序 N. <comp.> code program
biànmài 变卖[變賣] V. sell off (one's property)
biānmǎ jìcúnqì 编码寄存器 N. <comp.> code register M: [1]tái/ge
biānmáo 鞭毛 N. flagellum
biānmào 边贸[邊-] N. border/ frontier trade
biànmáo 弁髦 N. useless things ♦A.T. slight; underestimate; despise
biànmào(r)* 便帽(儿) N. cap
biānmǎqì 编码器 N. coding equipment M: [1]tái/ge
biānmén* 边门[邊-] N. side door; wicket gate M: [2]dào/[1]shàn/ge
biànmén(r) 便门(儿) N. ① side/wicket door ② service door M: [2]dào/[1]shàn/ge
biānméng 编氓 V.O. <trad.> take a census of the population
biànmì 便秘 N. constipation
biànmiǎn 弁冕 N. <trad.> cap worn on ceremonious occasions
biànmiǎnqúnyīng 弁冕群英 F.E. exceed everyone in talent
biànmiè 变灭[變滅] V.P. perish
biānmín 边民[邊-] N. frontier inhabitants
biànmín* 便民 V.O. be convenient to the people
biànmín cuòshī 便民措施 N. measures aimed at making things convenient for the masses
biànmíng 辨明 R.V. ① distinguish; make a clear distinction ② account for
biān míngcè 编名册[-冊] V.O. make a roster
biànmíng shì-fēi 辨明是非 V.O. distinguish right from wrong
biàn míngxiǎn 变明显[變-顯] V.P. become obvious
biànmíngyìxìng 变名易姓[變-] F.E. change one's name
biānmù* 编目 V.O./N. catalogue; classify
biànmù 弁目 N. <hist.> squad leader
biànnàn 辩难[-難] V. <wr.> retort with challenging questions; debate
biānnèi 编内 ATTR. within the regular quota, seating capacity, etc.
biānnèi rényuán 编内人员 N. "in-staff" personnel
biǎnnéng 褊能 A.T. <humb.> of little ability
biànnì 便溺 V. urinate *See also biànniào*
biānnián 编年 V.O. prepare a chronological record; compile annals
biānniánshǐ 编年史 N. annals; chronicle M: [1]běn/[2]bù
biānniántǐ 编年体[-體] N. annalistic style
biànniào 便溺 V. excrete ♦N. human excretion *See also biànnì*
biānniú 鞭牛 N. <trad.> spring ceremony of beating an earthen ox
biànnòng 变弄[變-] V. <coll.> get (money/articles/etc.) in some uncommon way
biānpai 编派/排 V. <topo.> libel; vilify; speak ill of a person
biānpái* 编排 V. ① arrange; lay out ② write and present (a play/etc.)
biānpai yī tào xiāhuà 编派一套瞎话 V.P. <coll.> make up a pack of lies
biānpáng 边旁[邊-] P.W. nearby; close by; adjacent to ♦N. the components on either side of a Chinese character
biānpào 鞭炮 N. ① firecrackers ② string of small firecrackers
biànpén 便盆 N. bedpan M: [2]zhī/ge
biānpì 鞭辟 V. <wr.> urge and encourage
biǎnpì* 扁屁 N. <derog.> words; remarks
biànpín 变频[變-] N. <elec.> frequency conversion
biǎnpíng 扁平 S.V. thin and flat
biǎnpíngzú 扁平足 N. flat foot
biànpínqì 变频器[變-] N. <elec.> frequency transformer; converter M: [1]tái/ge
biānpìrùlǐ 鞭辟入里[-裡] F.E. <wr.> penetrating; trenchant; incisive
biānpū 鞭扑[-撲] V. whip; lash; chastise
biànqì 便器 N. urinal
biānqiǎ 边卡[邊-] N. border checkpoint M: [2]dào
biānqiǎn 编遣 V. reorganize (troops/etc.) and discharge surplus personnel
biǎnqiǎn 褊浅[-淺] S.V. <wr.> narrow-minded and shallow
[1]**biànqiān*** 变迁[變遷] N./V. vicissitudes; changes
[2]**biànqiān** 便签 N. note; memo M: [1]zhāng/ge
biànqiān dòngtài 变迁动态[變遷動態] N. <lg.> state of becoming
biànqiáo 便桥[-橋] N. temporary/makeshift bridge M: [1]jià/[4]zuò
biānqìng 编磬 N. chime of sonorous stones M: tào
biānqū 边区[邊區] P.W. border area/region
biānqǔ* 编曲 V.O. compose (music)
Biǎn Què 扁鹊 N. nickname of Qin Yueren, a famous physician (5th cent. B.C.)
biānr* 边儿[邊-] N. ① hem of a dress ② edge; brim ③ proximity ④ thread of ideas/plot/etc.
biànr 辫儿 N. plait; braid; pigtail M: [1]tiáo
biànrè 变热[變熱] V.P. get hot
biànrén 便人 N. ① sb. who happens to be on hand for an errand ② a person familiar with worldly affairs ♦V.O. accommodate/serve sb.
biànrèn* 辨认[-認] V. identify; recognize
biànrèn chūlai 辨认出来[-認--] R.V. identify; recognize
biānrénjīgǔ 砭人肌骨 F.E. bone-piercing (of cold/pain/ etc)
biānrù 编入 V.P. ①include (in a budget) ②enlist; recruit ③ enter in
biānsài 边塞[邊-] N. frontier fortress
[1]**biànsè** 变色[變-] V.O. ①change color; discolor; fade ② change countenance
[2]**biànsè** 辨色 V.O. ① read another's facial expressions ② distinguish colors ♦N. twilight
biànsèbǐ 变色笔[變-筆] N. color-changing pen
biànsè'érxīng 辨色而兴[-興] F.E. rise with the early dawn
biànsèjìng 变色镜[變-] N. photo/light-sensitive eyeglasses M: [1]fù
biànsèlóng 变色龙[變-]N. ①<zoo.> chameleon ② a changeable/fickle person (esp. in politics); opportunist M: [1]tiáo
biànsè xīyì 变色蜥蜴[變-] N. chameleon
biānshàng 边上[邊-] P.W. ① side ② margin; edge; brim; rim
biānshāo 鞭梢 N. whiplash
biànshāor 辫梢儿 N. end of a pigtail
biānshēn 鞭身 V.O. flagellate
biānshěn* 编审[-審] V. edit and screen (textbooks, etc.) ♦N. member of the editing and screening committee M: [1]ge/[1]míng/[2]wèi
biànshēn 遍身 P.W. all over one's body; the whole body
biānshēng 边声[邊聲] N. <lg.> lateral sound
biānshéng(r) 鞭绳(儿)[-繩] N. lash
biànshēng* 变声[變聲] N. ① change of voice (at puberty) ② derived sound ③ sandhi
biànshéng 辫绳[-繩] N. braid for a queue; long braid
biànshēngbùcè 变生不测[變-] F.E. change suddenly and unexpectedly
biànshēngqī 变声期[變聲-] N. the period of voice changing
biànshēngzhǒuyè 变生肘腋[變-] ID. Problems may start from close friends.
biānshi 边式[邊-] V.P. <coll.> ① smart; handsome; charming ② fine
biānshī 鞭尸[-屍] V.O. vent one's hatred by whipping the body of a dead enemy/tyrant
[1]**biānshì** 边事[邊-] N. border affair
[2]**biānshì** 边饰[邊-] N. fringe
biǎnshi 扁食 N. <topo.> Chinese dumpling; *jiǎozi*
biǎnshī 扁虱 N. lice M: [2]zhī
biǎnshí 窆石 N. <trad.> stones used in gliding a coffin down a tunnel M: [2]kuài
biànshī 变湿[變濕] V.P. dampen
biànshí 辨识[-識] V. identify
[1]**biànshì*** 便是 V.P. ① (exactly) is ② That's it. ♦CONJ. even if
[2]**biànshì** 便士 N. <loan> pence; penny
[3]**biànshì** 辩士 N. ① able speaker; gifted debater ② sophist
biànshí xìnguǎn 变时信管[變時-] N. variable-time fuse
biànshì xuézhě 辩士学者 N. sophist
biānshū* 编书[-書] V.O. edit/compile books
biānshù 编述 V. arrange and narrate

B

biànshù 变数[變數] N. <math.> variable
biànshuō 辩说 V. argue; debate
biànshùr 遍数儿[-數-] N. (number of) times
biànsòng 忭颂 V. be pleased to offer one's best wishes
biànsōu 遍搜 V. search everywhere
biànsù 变速[變-] V.O. <mach.> change speed/gears
biànsùchē 变速车[變-] N. gearshift bike M: [3]liàng
biànsuì 边燧[邊-] N. <hist.> fire/smoke signals made by frontier guards to warn of invaders
biǎnsǔn 贬损 V. ① criticize; speak of sth. unfavorably ② derogate
biànsuǒ 便所 P.W. toilet; lavatory; privy M: [1]jiān/ge
biànsuǒbùdé 遍索不得 F.E. search high and low for sth. in vain
biànsùqì 变速器[變-] N. gearbox; transmission M: [1]tái
biànsùxiāng 变速箱[變-] N. gearbox; transmission M: [2]zhī/ge
biànsù yùndòng 变速运动[變-運動] N. <phy.> variable motion
biāntà 鞭挞[-撻] V. <wr.> lash; castigate
biāntàgùndǎ 鞭挞棍打[-撻--] F.E. beat with sticks and whips
biàntài 变态[變態] N. ① <phys.> metamorphosis ② <psy.> abnormality ♦ATTR. abnormal; anomalous
biàntài fǎnyìng 变态反应[變態-應] N. <med.> allergy
biàntài xīnlǐ 变态心理[變態-] N. abnormal psychology
biàntài xīnlǐxué 变态心理学[變態-] N. abnormal psychology
biàntàizhě 变态者[變態-] N. psychopath
biǎntáo 扁桃 N. ① almond tree M: [2]kē ② almond M: [1]kē ③ <topo.> flat peach
biǎntáotǐ 扁桃体[-體] N. <med.> tonsil
biǎntáoxiàn 扁桃腺 N. <med.> tonsil
biǎntáoxiànyán 扁桃腺炎 N. <med.> tonsillitis
biāntà tiānxià 鞭挞天下[-撻--] V.O. rule the whole world
[1]biàntǐ 变体[變體] N. ① <lg.> variant; allo-; variable; variety ② deviant style
[2]biàntǐ 遍体[-體] P.W. all over the body
biàntiān 变天[變-] V.O. ① undergo change in the weather ② restore previous regime
biàntiānfùbì 变天复辟[變-復-] F.E. overthrown classes returning to power
biàntiānzhàng 变天帐[變-] N. secret accounts kept by overthrown classes in hope of a comeback M: [1]běn
biàntiáo(r) 便条(儿)[-條-] N. (informal) note M: [1]zhāng
biàntiáoběn 便条本[-條-] N. (note)pad; tablet
biàntiáozhǐ 便条纸[-條-] N. notepaper; memo pad M: [1]zhāng
biàntǐlínshāng 遍体鳞伤[-體-傷] F.E. beaten black and blue
biāntíng 边庭[邊-] P.W. <wr.> ① government frontier offices ② border
biàntǐ yóupiào 变体邮票[變體郵-] N. <philately> an error M: [1]zhāng
biàntong* 变通[變-] V.P. be flexible
biàntǒng 便桶 N. chamber pot M: [2]zhī/ge
biàntong bànfǎ 变通办法[變-辦-] N. accommodation; adaptation
biāntóufēng 边头风[邊-] N. <Chin. med.> migraine
biǎntuì 贬退 V. fire (sb.)
[1]biānwài 编外 N. ① over-enrollment ② off-staff
[2]biānwài 边外[邊-] P.W. beyond the frontiers
biānwài de 边外的[邊-] ATTR. <lg.> grave
biānwài rényuán 编外人员 N. unofficial personnel
biānwéi 编为 V.P. compile/edit into
biānwěi 编委 N. (member of) editorial board
biànwéi* 变为[變-] V.P. change to; become
[1]biànwèi 变位[變-] V.O. ① displace; deflect ② <lg.> conjugate ♦N. conjugation
[2]biànwèi 变味[變-] V.O. taste unpleasant; spoiled
biānwěihuì 编委会 N. editorial board
biànwèir 变味儿[變-] V.O. go bad (of food); taste unpleasant
biànwēiwéi'ān 变危为安[變-] F.E. change from danger to safety
biànwén 变文[變-] N. transformation text (popular Tang literary form) M: [1]piān
biànwēn dòngwù 变温动物[變-動-] N. cold-blooded animal
biānwǔ* 编舞 V.O. choreograph ♦N. ① choreographer ② choreography
biānwù 编物 N. woven/knitted stuff
biànwū 辩诬 V. defend oneself/sb. when falsely accused
biānwǔzhě 编舞者 N. choreographer M: [1]ge/[1]míng/[2]wèi
biānxì 编戏[-戲] V.O. compose/draft a traditional play
biànxī* 辨析 V. differentiate and analyze; discriminate
biànxí 便席 N. informal dinner
biǎnxiá 褊狭[-狹] S.V. <wr.> ①narrow; cramped ② small-minded
biànxiále de yìyì 变狭了的意义[變狹-義] N. narrowed meaning
biānxiàn* 边线[邊-] N. ① sideline (tennis/ etc.) ② foul line (baseball) ③ edge of text on a page
biànxiàn 变现[變-] V.O. convert to cash ♦V. appear by magic
biānxiāng 边厢[邊廂] N. side
[1]biànxiàng* 变相[變-] ADV. covert; in disguised form ♦N. transformation tableau (Tang Buddhist painting style)
[2]biànxiàng 变项[變-] N. <lg.> variable
biànxiàng guīlǜ 变项规律[變-] N. <lg.> transformation(al) rule
biànxiàng guīzé 变项规则[變-] N. <lg.> variable rule
biànxiàngr 变向儿[變-] V.O. change direction
biànxiàng shīyè 变相失业[變-業] N. disguised unemployment
biànxiàng tǐfá 变相体罚[變-體-] N. corporal punishment in disguised form
biànxiàng zhǎngjià 变相涨价[變-價] N. disguised inflation
biānxiàn xiàoyong 边限效用[邊-] N. marginal utility
biǎnxiǎo 褊小 S.V. ①small ②narrow and small-minded
biànxiǎo* 变小[變-] R.V. make/become smaller; minify
biānxiāochá 边销茶[邊-] N. tea earmarked for border regions
biānxiě* 编写[-寫] V. ① compile ② write; compose
biànxié 便鞋 N. cloth shoes; slippers M: [1]shuāng/[2]zhī
biànxiě 便血 N./V.O. <med.> passing blood in one's stool
biànxiéshì 便携式[-攜-] ATTR./N. portable (style)
biàn xìfǎ(r) 变戏法(儿)[變戲-] V.O./N. perform conjuring tricks; juggle
biǎnxīn 褊心 S.V. <wr.> narrow-minded and impatient
biànxīn* 变心[變-] V.O. cease to be faithful
biānxíng 鞭刑 N. flogging
biànxīng 变星[變-] N. <astr.> variable (star)
biànxíng* 变形[變-] V.O. ① be out of shape; become deformed ② transform to ♦N. transformation; modification
biànxìng 变性[變-] N. ①denaturation ②transsexual ♦V.O. have a sex change
biànxíngchóng 变形虫[變-蟲] N. amoeba M: [2]zhī
biànxíng de 变形的[變-] ATTR. <lg.> inflective
biànxíng guīlǜ 变形规律[變-] N. <lg.> transformational rule
biànxìngrén 变性人[變-] N. a person who has undergone a sex change
biànxìng shǒushù 变性手术[變-術] N. transsexual operation
biànxíngtǐ 变形体[變-體] N. <bio.> plasmodium
biànxíng yǎnshēng yǔfǎ 变形衍生语法[變-] N. <lg.> transformational generative grammar
biànxíngyǔ 变形语[變-] N. <lg.> inflective
biànxíng yǔfǎ 变形语法[變-] N. <lg.> transformational grammar
biànxíng yǔfǎ lǐlùn 变形语法理论[變-] N. <lg.> transformationalism
biānxiū 编修 V. compile
biānxù 萹蓄 N. <bot.> flowering plant used as an herb; *Polygoman aviculare* M: [2]zhū
biānxuǎn 编选[-選] V. select and edit; compile
biānxù jiàoxuéfǎ 编序教学法 N. programmed instruction
biànxúnwúzhāo 遍寻无着[-尋-著] F.E. search everywhere without success
biànyā 变压[變壓] V.O. <elec.> transform voltage
biānyán(r)* 边沿(儿)[邊-] N. ① edge; fringe ② <print.> margin
biānyǎn 编演 V. compose and perform (music/etc.)
biànyán 弁言 N. <wr.> foreword; preface
biànyàn 便宴 N. informal dinner
biànyàng(r) 变样(儿)[變樣-] V.O. change the style/appearance/etc.
biànyāqì 变压器[變壓-] N. <elec.> transformer
biànyě 遍野 P.W. spread throughout the countryside
biānyì 编译[-譯] V. translate and edit ♦N. translator-editor; interpreter
[1]biǎnyì 贬抑 V. belittle; depreciate
[2]biǎnyì 贬义[-義] N. derogatory sense
biànyī 便衣 N. ① civilian/plain clothes M: tào/[2]jiàn ② plainclothesman M: [1]ge/[1]míng
biànyí* 便宜 S.V. ① convenient ② acting on one's initiative (in emergency/etc.) ***See also*** *piányi*
[1]biànyì 变异[變異] N. ① <phys.> variation ② deviation; deviance; modification; variation
[2]biànyì 变易[變-] V. alter; change
[3]biànyì 辨异[-異] V. discriminate
biǎnyìcí 贬义词[-義-] N. <lg.> derogatory term; pejorative
biànyícóngshì 便宜从事[--從-] F.E. act as one sees fit
biànyīduì 便衣队[-隊] N. plainclothes team M: [4]zhī
biànyì fēnxī 变异分析[變異-] N. <lg.> variation analysis
biānyìguǎn 编译馆[-譯-] N. <trad.> institute for compilation and translation M: [1]jiā
biànyī jǐngchá 便衣警察 N. plainclothes policeman M: [1]ge/[1]míng/[2]wèi
biānyìjú* 编译局[-譯-] N. compiling/translation administrative department M: [1]jiā
biànyìjù 变异句[變異-] N. <lg.> deviant sentence M: [1]jù
biānyīn 边音[邊-] N. <lg.> lateral (sound)
biānyìn* 编印 V. compile and print; publish
[1]biànyīn 变音[變-] N./V.O. change of voice; variant; mutation
[2]biànyīn 辨音 V.O. identify voices
biànyīn chéngfèn 辨音成分 N. <lg.> distinctive feature
biànyīnfú 变音符[變-] N. <lg.> diacritic; diacritical mark; accent
biànyīnfúhào 变音符号[變-] ***See*** *biànyīnfú*
biànyìng 变硬[變-] V.P. harden
biānyīnhuà 边音化[邊-] N. <lg.> lateralization
biànyīn shǔxìng 辨音属性[--屬-] N. <lg.> distinctive feature
biānyìqì 编译器[-譯-] N. <comp.> compiler
biànyī rényuán 便衣人员 N. plainclothesman
biànyí shīxíng 便宜施行 V.P. act at one's discretion

B

biànyìxìng 变异性[變異-] N. variability
biànyí xíngshì* 便宜行事 V.P. act at one's discretion
biànyì xíngshì 变异形式[變異-] N. <lg.> variant
biànyì xíngtài 变义形态[變義-態] N. distinctive feature
biànyī zhēntàn 便衣侦探 N. plainclothes detective M: [1]ge/[1]míng/[2]wèi
biànyì zuòyòng 变异作用[變異-] N. differentiation
biànyǒu 便有 V.P. and then there is/are . . .
biànyóulièguó 遍游列国[-國] F.E. travel throughout the world
[1]**biānyú** 编余 N. ① over-enrollment ② excess personnel ③ <print.> filler
[2]**biānyú** 鳊鱼 N. bream M: [1]*tiáo*
[3]**biānyú** 编舆 N. bamboo sedan chair
biǎnyú 扁鱼 N. bream M: [1]*tiáo*
[1]**biànyú*** 便于[-於] V.P. easy to; convenient for
[2]**biànyú** 遍于[-於] V.P. spread throughout
biānyuán* 边缘[邊-] N. ① edge; fringe; brink ② margin; borderline
biānyuǎn 边远[邊遠] ATTR. far from the center; remote; outlying
biǎnyuán 扁圆 ATTR. oblate
biānyuán kēxué 边缘科学[邊-] N. bidisciplinary science (e.g., biochemistry)
biānyuǎn shěngfèn 边远省份[邊遠-] N. remote border provinces
biānyuánxìng* 边缘性[邊-] N. marginal
biǎnyuánxíng 扁圆形 N. oblate shape/form
biānyuán xuékē 边缘学科[邊-] N. dual discipline
biānyuán yǔyánxué 边缘语言学[邊-] N. <lg.> metalinguistics
biànyǔ duìyìng cèshìfǎ 变语对应测试法[變-對應---] N. <lg.> matched guise technique
[1]**biànyuè** 忭跃[-躍] <wr.> N. great joy; tremendous pleasure ♦V. leap with joy
[2]**biànyuè** 抃悦 V. <wr.> clap hands for joy; cheer
biān yùsuàn 编预算 V. prepare/compile a budget proposal
biānzā 编扎 V. weave
biānzào* 编造 V. ①compile; draw up ②fabricate ③ create out of imagination
biànzào 变造[變-] V. ① create ② transform
biǎnzé* 贬责 V. reproach; reprimand ♦N. ① condemnation ② demotion
biànzé 变则[變-] N. <lg.> anomaly
biàn zé tōng 变则通[變-] F.E. One has to change according to circumstances.
biànzhà 变诈[變-] V. <derog.> play tricks
biānzhài* 边寨[邊-] N. frontier fortified settlement
biǎnzhǎi 褊窄 S.V. ①narrow; cramped ②small-minded
biànzhāng* 便章 N. <wr.> ordinary dress/clothing
biànzhǎng 抃掌 V.O. <wr.> clap hands; applaud
biànzhào 遍照 V. shine upon all (as the sun)
biānzhě* 编者 N. editor; compiler M: [1]ge/[1]míng/[2]wèi
biǎnzhé 贬谪 V. <trad.> banish from court
biānzhě'àn 编者按/案 N. editorial note
biǎnzhéjiàngjí 贬谪降级 F.E. degrade and reduce rank
biānzhèn 边镇[邊-] N. border town
biānzhèng 边政[邊-] N. frontier administration
[1]**biànzhèng*** 辩证[-證] V. discriminate and verify ♦ATTR. <phil.> dialectical
[2]**biànzhèng** 辨/辩正 V. identify and correct
[3]**biànzhèng** 辨证 V.O. <Ch. med.> differentiate syndromes
biànzhèngfǎ 辩证法[-證-] N. <phil.> dialectics
biànzhènglùnzhì 辨证论治[-證--] N. <Ch. med.> diagnosis based on overall analysis of patient's condition
biànzhèng luóji 辩证逻辑[-證邏-] N. <phil.> dialectic logic
biànzhèng wéiwùlùn 辩证唯物论[-證---] N. dialectical materialism
biànzhèng wéiwùlùnzhě 辩证唯物论者[-證----] N. dialectical materialist; dialectician
biànzhèng wéiwùzhǔyì 辩证唯物主义[-證---義] N. <phil.> dialectical materialism
biānzhī 编织[-織] V. weave; knit; plait; braid
biānzhì* 编制 V. ① weave; plait ② work out; organize ♦N. ①authorized staff/force ②organic structure; organization ③ <mil.> formation
[1]**biǎnzhí** 贬值 V.O. <econ.> ①devalue; devaluate ② depreciate
[2]**biǎnzhí** 贬职[-職] V.O. degrade; demote
biànzhǐ 便纸 N. toilet tissue; toilet paper
[1]**biànzhì** 变质[變質] V.O. ①go bad; deteriorate ② become morally degenerate ♦N. <geol.> metamorphism
[2]**biànzhì** 辨志 V.O. analyze and identify one's intentions
biānzhījī 编织机[-織-] N. knitting machine M: [1]tái/[1]jià
biānzhīpǐn 编织品[-織-] N. basketry; woven ware M: [2]jiàn/ge
biānzhì rényuán 编制人员 N. authorized staff of a government agency
biànzhìshí 变质石[變質-] N. <geol.> metamorphic rock M: [2]kuài
biānzhīwù 编织物[-織-] N. knitting M: [2]jiàn
biānzhì xiàodù 编制效度 N. <lg.> construct validity
biānzhǐ xìtǒng 编址系统 N. <comp.> addressing system
biànzhìyán 变质岩[變質-] N. <geol.> metamorphic rock M: [2]kuài
biānzhōng 编钟[-鐘] N. ancient musical instrument with 16 bells M: tào
biànzhōng 便中 ADV. at one's convenience; when convenient
biànzhǒng* 变种[變種] N. <phys.> mutation; variety; variant
biǎnzhú 萹竹 *See biǎnxù*
[1]**biānzhù*** 编著 V. compile; write
[2]**biānzhù** 边注[邊註] N. marginal notes
biǎnzhú 贬逐 V. banish from the court; relegate
biānzhuàn 编撰 V. compile and write
biànzhuāng 便装[-裝] N. everyday dress
biānzhuì 编缀 V. weave
biànzhuó 便酌 N. informal dinner
biānzi 鞭子 N. whip M: [2]gēn
biànzi* 辫子 N. ① plait; braid ② sth. that may be exploited by an opponent; handle M: [1]tiáo
biānzi dǎ 鞭子打 V.P. flog
biān zìdiǎn 编字典 V.O. compile a dictionary
biānzìqì 编字器 N. <comp.> character generator M: [1]tái
biànzòu 变奏[變-] N. <mus.> variation
biànzòuqǔ 变奏曲[變-] N. <mus.> variation
biānzǔ 编组 V.O. organize into groups ♦N. (railway) marshalling yard
biānzuǎn 编纂 V. compile
biānzuǎn gōngzuò 编纂工作 N. compilation
biānzuǎnjiā 编纂家 N. compiler; editor M: [1]ge/[1]míng/[2]wèi
biānzuǎnwù 编纂物 N. compilation
biǎnzuǐ* 扁嘴 N. <topo.> duck
biànzuǐ 辩嘴 V.O. quarrel; squabble
biànzuò 变做[變-] V. change into; become
biànzǔqì 变阻器[變-] N. <elec.> rheostat M: [1]tái/ge
[1]**biāo** 标[標] V. label; mark ♦N. ① prize; award ② outward sign ③ superficiality ④ tender; bid ⑤ symbol
[2]**biāo** 膘 N. fat (of animals)
[3]**biāo** 镖[鏢] N. dart-like weapon
[4]**biāo** 彪 N. <wr.> young tiger
[5]**biāo** 飙/飚[飆/飈] B.F. violent wind; whirlwind *[2]biāofēng, kuángbiāo*
[6]**biāo** 镳[鑣] B.F. bridle bit *liánbiāobìngzhěn, yángbiāo*
[7]**biāo** 杓 N. <trad.> the three stars at the end of the handle of the Big Dipper *See also* [1]*sháo*
[8]**biāo** 摽 B.F. fling away *biāomò*, [2]*biāopāi See also* [1]*biào*
[9]**biāo** 飑[颮] B.F. sudden change in wind direction or velocity [2]*yǔbiāo*
[10]**biāo** 骠[驃] B.F. brindled *huángbiāomǎ See also* [3]*piào*
[1]**biǎo*** 表 N. ①table; form; list ②meter ③watch ♦B.F. ① surface; exterior *wàibiǎo* ② model; example *biǎoshuài* ③ indicate *biǎomíng*
[2]**biǎo** 婊 B.F. prostitute *biǎozi, biǎosūnzi*
[3]**biǎo** 裱 V. mount (pictures/etc.)
[1]**biào** 摽 V. <coll.> ① lock arms ② tie close together *Nǐ gànmá lǎo ~zhe wǒ?* Why are you always getting in my hair? *See also* [8]*biāo*
[2]**biào** 鳔[鰾] N. ① swim/air bladder ② fish glue
biǎobái 表白 V. vindicate/explain oneself
biǎobái qīngchu 表白清楚 R.V. make one's motives clear
biǎobǎn 裱版 N. adhesive backing
biāobǎng 标榜[標-] V.O. ① flaunt; advertise; parade ② boast; excessively praise ③ profess; declare ④ publicize laureates
biǎobào 表报[-報] N. reports in form of tables/charts
biǎobèi 裱褙 V. <art.> mount (pictures/etc.)
biāoběn 标本[標-] N. ① specimen; sample ② <Ch. med.> root cause and symptoms of a disease ③ appearance and reality
biāoběnchóng 标本虫[標-蟲] N. spider beetle M: [2]zhī
biāoběnjiānzhì 标本兼治[標-] F.E. treat both root cause and symptoms of a disease
biāoběnshì 标本室[標-] N. specimen room M: [1]jiān
biāoběntóngzhì 标本同治[標-] F.E. treat both root cause and symptoms of a disease
biǎobǐ 表笔[-筆] N. ① clock pen ② test pencil M: [5]zhī/[4]zhī
biāobīng 标兵[標-] N. ① parade guard ② example; model; pacesetter M: [1]ge/[1]míng/[2]wèi
biāobǐng* 彪炳 V. <wr.> make shining/splendid
biāobǐngqiāngǔ 彪炳千古 F.E. shining through the ages
biāobǐngshìyè 彪炳事业[-業] F.E. glorious achievement in history
biāobù 标步[標-] N. standard ballroom dancing
biǎocè 表册[-冊] N. book of tables/forms/charts M: [1]běn
biǎocéng 表层[-層] N. surface/top layer
biǎocéng jiégòu 表层结构[-層-構] N. <lg.> surface structure; S-structure
biǎocéng jiégòu lǜchú 表层结构滤除[-層-構濾-] N. <lg.> S-structure filter
biǎocéng wèntí 表层问题[-層--] N. superficial problems
biǎocéng yìyì 表层意义[-層-義] N. <lg.> surface meaning
biǎocéng yǔyán 表层语言[-層--] N. <lg.> adstratum
biǎochā 表差 N. difference
biǎochǎng 表厂[錶廠] P.W. watch factory M: [1]jiā
biāochē 飙车 V.O. ① race (cars/motorcycles) ② participate in a drag race
biāochēng 标称[標稱] N./V. label
biāochǐ* 标尺[標-] N. ① <sur.> surveyor's rod; staff M: [1]bǎ ② <mil.> rear sight
biǎochǐ 表尺 N. <mil.> rear sight
biāochū 标出[標-] R.V. mark; sign
biǎochū* 表出 R.V. express; convey
biǎo chūlai 表出来 R.V. express; convey
biǎocí wénzì 表词文字 N. <lg.> logograph; logographic writing
biǎocízì 表词字 N. <lg.> logograph
biǎocuò qíng 表错情 V.P. show friendliness to sb. who does not appreciate it
biǎodá 表达[-達] V. express; convey; voice; act ♦N. expression
biǎodá chū 表达出[-達-] R.V. express; convey
biǎodá chūlai 表达出来[-達--] R.V. express; convey

biǎodá de shēnshì 表达的身势[-達--勢] N. expressive gesture
biǎodá de yìyì 表达的意义[-達--義] N. expressive meaning
biǎodáfǎ 表达法[-達-] N. means of representation
biǎodá fāngshì 表达方式[-達--] N. representation; system of representation
biǎodá fānyìfǎ 表达翻译法[-達-譯-] N. <lg.> expressive translation
biǎodá gōngnéng 表达功能[-達--] N. expressive function
biǎodá guīzé 表达规则[-達--] N. <lg.> expression rules
[1]**biǎodài(r)** 表带(儿)[-帶-] N. watchband; watch strap M: [2]gēn/[1]tiáo
[2]**biǎodài(r)** 表袋(儿)[錶-] N. watch-pocket; fob M: [2]zhī/ge
biǎodá jiàoxuéguān 表达教学观[-達--觀] N. <lg.> communicative approach
biǎodá míngquèhuà 表达明确化[-達-確-] N. specific expression
biǎodáshì 表达式[-達-] N. representation; style of expression
biǎodáxìng yányǔ xíngwéi 表达性言语行为[-達-----] N. <lg.> expressive speech act
biǎodá zhàng'ài 表达障碍[-達-礙] N. <lg.> presentation obstruction
biǎodá zhínéng 表达职能[-達職-] N. <lg.> expressive function
biāodēng 标灯[標燈] N. ① beacon ② sign lamp at night ③ indicator light
biāodǐ 标底[標-] N. minimum bid set by the caller
biāodì 标的[標-] N. ① target ② object ③ materials, labor, and other items in a business contract
biǎodì* 表弟 N. younger male cousin of a different surname
biāodiǎn* 标点[標點] N./V. punctuation
biǎodiàn 裱店 P.W. shop specialized in mounting paintings/calligraphy/etc. M: [1]jiā
biāodiǎn fúhào 标点符号[標點-號] N. punctuation mark
biāodiào 标调[標-] V.O. mark the four tones of Mandarin
biāodìng 标定[標-] V. demarcate ♦N. specification
biāodù 标度[標-] N. scale; dial
biǎoduānyǐngzhí 表端影直 F.E. bolt upright (of a person)
biāodùpán 标度盘[標-盤] N. meter; indicator M: [2]zhī/ge
biǎofǎ 裱法 N. methods of mounting
biāoféitǐzhuàng 膘肥体壮[-體壯] F.E. plump and strong (of livestock)
biāoféituǐzhuàng 膘肥腿壮[-壯] F.E. a powerfully built animal
[1]**biāofēng** 标封[標-] ATTR. sealed with labels
[2]**biāofēng** 飙风 N. storm; hurricane
biāogān 标杆[標-] N. ① surveyor's pole M: [2]gēn ② model; example
biǎogǎnshì 表感式 N. <lg.> expressive
biāogāo 标高[標-] N. elevation; level
biāogé 标格[標-] N. exterior appearance; demeanor; manner
biǎogē 表哥 N. older male cousin of different surname M: [1]ge/[2]wèi
biǎogé* 表格 N. form; table M: [1]zhāng/[1]fèn
biāo gèzi 彪个子[-個-] N. <coll.> tall and strong physique
[1]**biǎogōng** 表功 V.O. ① brag about one's deeds ② <wr.> praise; commend
[2]**biǎogōng** 裱工 N. ① the work of mounting (paintings/calligraphy) ② expenses for mounting ③ one who mounts paintings/calligraphy M: [1]ge/[1]míng/[2]wèi
biāogòu 标购[標購] V. buy at public bidding
biǎogū 表姑 N. second aunt on father's side M: [1]ge/[2]wèi
biǎoguān 表观[-觀] ATTR. <phy.> apparent

biǎoguān diànkàng 表观电抗[-觀電-] N. <elec.> apparent impedance
biāohàn* 彪悍 S.V. intrepid; doughty; valiant
biǎohàn 表汗 V.O. induce perspiration
biāohào* 标号[標號] N. grade; grade mark
biǎohào 表号[-號] N. secondary personal name
biāohào shùmǎ 标号数码[標號數-] N. code number
biāohū 飙忽 N. gale
biǎohú* 裱糊 V. paper (wall/etc.)
biǎohuà 裱画[-畫] V.O. mount a painting
biāohuàn 彪焕[-煥] S.V. brilliant and shining; outstanding and elegant
biǎohuàpù 裱画铺[-畫-] P.W. shop for mounting Chinese paintings M: [1]jiā
biǎohuàshī 裱画师[-畫師] N. <art> mounter (of scrolls) M: [1]ge/[1]míng/[2]wèi
biāohuì 标会[標-] V.O. draw lots to determine who should get the loan from a private loan association
biǎohújiàng(r) 裱糊匠(儿) N. ① mounting craftsman ② paper hanger M: [1]ge/[2]wèi
biāojì* 标记[標-] N. ① sign; mark; symbol; token ② notation
biǎojì 表记 N. <wr.> ① token; souvenir ② mark; sign
biāojià 标价[標價] N. marked price ♦V.O. ① mark a price ② make an offer; bid
biǎojiàng 表匠[錶-] N. watchmaker M: [1]ge/[1]míng/[2]wèi
biàojiāo 鳔胶[-膠] N. ① isinglass ② fish glue
biāojìcí 标记词[標-] N. <lg.> token-word
biāojì de 标记的[標-] ATTR. symbolic
biāojì de shēnshì 标记的身势[標-勢] N. symbolic gesture
biāojiè 标界[標-] V.O. delimit
biǎojiě* 表姐 N. older female cousin of a different surname M: [1]ge/[2]wèi
biǎojiě-mèi 表姐妹 N. female cousins of a different surname
biāojì lǐlùn 标记理论[標-] N. <lg.> markedness theory
biāojīn 标金[標-] N. ① bond for a bid ② gold bars
biàojìnr 摽劲儿[-勁-] V.O. <coll.> compete
biǎojiù 表舅 N. mother's maternal cousin M: [1]ge/[2]wèi
biāojū 瘭疽 N. pyogenic infection of finger pad
biāojú* 镖局 N. <trad.> business of providing escorts/bodyguards M: [1]jiā
biāojùcí* 标句词[標-] N. <lg.> complementizer
biǎojùcí 表句词 N. <lg.> holophrase
biǎojué 表决[-決] V. (decide by) vote
biǎojué chéngxù 表决程序[-決--] N. voting procedure
biǎojué jīqì 表决机器[-決--] N. voting machine M: [1]tái
biǎojuéquán 表决权[-決權] N. right to vote; the vote
biāokè 镖客 N. armed escort (of travelers' or merchants' caravans) M: [1]ge/[1]míng/[2]wèi
biǎoké(r)* 表壳(儿)[錶殼] N. the cover of a watch M: [2]zhī/ge
biāolèicí 标类词[標類-] N. <lg.> classifier
biāolèi císù 标类词素[標類-] N. <lg.> classifier
biāolèizì 标类字[標類-] N. <lg.> a character standing for a class
biǎo-lǐ 表里[-裡] N. ① exterior and interior ② outward show and inner thoughts ③ <Ch. med.> therapy for repletion heteropathy in both outer and inner aspects
biǎolián(r) 表链(儿) N. watch chain M: [2]gēn/[1]tiáo
biāoliàng 标量[標-] N. scalar quantity
biǎolǐbùyī 表里不一[-裡--] F.E. think and act differently
biǎoliè 表列 V. catalogue; list
biǎolièfǎ 表列法 N. tabulating method
biǎolǐrúyī 表里如一[-裡--] F.E. think and act alike

biǎolǐshānhé 表里山河[-裡--] F.E. be strategically located
biǎolǐshòudí 表里受敌[-裡-敵] F.E. be attacked by the enemy from within and without
biǎolǐwéijiān 表里为奸[-裡--] F.E. conspiracy with people working inside
biǎolǐxiāngjì 表里相济[-裡-濟] F.E. The outside and the inside supplement each other.
biǎolǐxiāngyìng 表里相应[-裡-應] F.E. act coordinately from within and without
biǎolǐyīzhì 表里一致[-裡--] F.E. think and act alike
biǎolù 表露 V. show; reveal
biǎolù chū 表露出 R.V. show; reveal
biāomǎi 标买[標買] V. buy at a marked price or at a public bidding
biāomài* 标卖[標賣] V. ① sell by tender ② <trad.> sell at a public bidding ③ sell at the marked price
biǎomèi 表妹 N. younger female cousin of a different surname M: [1]ge/[2]wèi
biāoméng 彪蒙 A.T. <trad.> develop the mind
biǎoméngzi 表蒙子 N. watch glass/crystal
biǎomiàn 表面 N. ① surface; face; outside; appearance ② <topo.> dial plate; dial
biǎomiànbō 表面波 N. surface waves
biǎomiàn gōngfu 表面工夫 N. superficial work
biǎomiànguāng 表面光 V.P. superficially good-looking
biǎomiànhuà 表面化 S.V. come to the surface; become apparent
biǎomiànjī 表面积[-積] N. surface area
biǎomiàn jiàzhí 表面价值[--價-] N. face value
biǎomiàn jiégòu 表面结构[-構] N. <lg.> surface structure
biǎomiàn kuòsàn 表面扩散[--擴-] N. surface diffusion
biǎomiàn lǜchú 表面滤除[--濾-] N. <lg.> surface filter
biǎomiàn shang 表面上 P.W. superficially; ostensibly; in appearance
biǎomiàn wénzhāng 表面文章 N. ① mere show; superficial work ② lip service; tokenism; emphasis on form
biǎomiàn xiànxiàng 表面现象 N. superficial phenomenon
biǎomiàn xiàodù 表面效度 N. <sociology> face validity
biǎomiànxìng 表面性 N. superficiality
biǎomiàn zhānglì 表面张力 N. <phy.> surface tension
[1]**biāomíng** 标明[標-] V. ① mark; indicate ② show by title or mark
[2]**biāomíng** 标名[標-] V.O. entitle
biǎomíng* 表明 V. make known; indicate
biǎomíngxīnjì 表明心迹[-跡] F.E. reveal one's mind/feelings
biāomò 摽末 N. <trad.> edge of a sword
biāomù 标目[標-] N. <lg.> rhyme-indicating character
[1]**biāopái** 标牌[標-] N. marked price
[2]**biāopái** 摽牌 N. <trad.> rattan war shield
biǎopán 表盘[-盤] N. watch/meter dial
biǎopí 表皮 N. ① epidermis; cuticle; integument ② the cuticle (of plants)
biāoqí 标旗[標-] N. signal flag M: [1]miàn
biāoqiān 标签[標-] N. ① label; tag ② <art> the narrow strip labels gummed to the outside of rolled pictures M: [1]zhāng/ge
biāoqiān fānyì 标签翻译[標-譯] N. <lg.> label translation
biāoqiāng 标/镖枪[標槍] N. javelin; harpoon M: [4]gǎn
biǎoqīn 表亲[-親] N. ① cousins (from parent's sisters or mother's brothers) M: [1]ge/[2]wèi ② cousinship
biāoqíng 膘情 N. condition of an animal's flesh
biǎoqíng* 表情 N. expression; countenance; gesture ♦V.O. express one's feeling
biǎoqíngdáyì 表情达意[--達-] F.E. communicate views/ideas/feelings

biǎoqíng de jiāojì 表情的交际[-際] N. <lg.> expressive communication
biǎoqíng gōngnéng 表情功能 N. <lg.> expressive function
biǎoqíng wénxiàn 表情文献[-獻] N. <lg.> expressive text
biǎoqíng xíngwéi 表情行为 N. <lg.> expressive behavior
biǎoqíng xíngwéijù 表情行为句 N. <lg.> expressive sentence
biǎoqíng yìyì 表情意义[-義] N. <lg.> emotive meaning
biǎorángr 表瓤儿[錶-] N. working parts of a watch
biǎosǎo 表嫂 N. older cousin's wife (on mother's side) M: [1]ge/[2]wèi
biàoshang 摽上 V. <coll.> lock horns
biǎoshěn 表婶[-嬸] N. wife of father's younger cousin M: [1]ge/[2]wèi
biāoshēng 飙升 V. sharply rise
biāoshī 镖师[-師] N. *See biāokè*
biāoshí 标石[標-] N. stone marker M: [2]kuài
biāoshì 标示[標-] V. designate; highlight ♦N. mark; label; sign
biǎoshì* 表示 V. show; express; indicate
biǎoshìchū 表示出 R.V. show; express; indicate
biǎoshì chūlai 表示出来 R.V. show; express; indicate
biǎoshìfǎ 表示法 N. notation; representation; identification
biǎoshì fǎnduì 表示反对[-對] V.P. express/indicate one's opposition
biǎoshì pōuxī 表式剖析 N. <lg.> chart parsing
biǎoshì qìnghè 表示庆贺[--慶-] V.P. show/express one's congratulations
biǎoshì xièyì 表示谢意 V.P. show one's thanks/appreciation
biǎoshízhèng 表实证[-實證] N. <Ch. med.> pathocondition of outside repletion
biāoshòu 标售[標-] V. sell by tender
biǎoshū 表叔 N. ①son of maternal grandfather's brother/sister ② <derog.> Hong Kong term for mainland government official come to work in Hong Kong
biǎoshù* 表述 N. ① expression; formulation; predication ② <lg.> utterance ♦V. describe; formulate; predicate
biǎoshuài 表率 N. example; model
biǎoshù xíngwéi 表述行为 N. <lg.> representative behavior
biǎoshù xíngwéijù 表述行为句 N. <lg.> representative sentence
biǎoshùxìng yányǔ xíngwéi 表述性言语行为 N. <lg.> locutionary act
biǎoshù yìyì 表述意义[-義] N. <lg.> locutionary meaning
biǎosūnzi 婊孙子[-孫-] F.E. <slang> You bastard!
biǎotài 表态[-態] V.O. declare where one stands
biāotí 标题[標-] N. title; heading; headline; caption
biāotící 标题词[標-] N. headword
biāotí xīnwén 标题新闻[標-] N. banner headline
biāotíyè 标题页[標-] N. front page
biāotí yīnyuè 标题音乐[標-樂] N. program music
biāotí yǔjù 标题语句[標-] N. headline
biāotízì 标题字[標-] N. banner word
biāotǒng 标统[標-] N. <hist.> regimental commander
biǎo tóngqíng 表同情 V.O. express one's sympathy; commiserate
biǎotǔ 表土 N. surface soil; topsoil
biāoxiàn 标线[標-] N. <geog.> stake line M: [1]tiáo/[2]dào
biǎoxiǎn 表显[-顯] V. express; display
biǎoxiàn* 表现 V. ① show; display *Tā ~ de hěn hǎo.* She's doing very well. ② show off ♦N. manifestation; expression
biǎoxiànchū 表现出 R.V. show
biǎoxiàn de xíngwéi 表现的行为 N. <lg.> locutionary act
biǎoxiàndù 表现度 N. expressivity
[1]**biǎoxiàng** 表象 N. ① appearance ② <psy.> idea; presentation; image ③ <phy./math.> representation
[2]**biǎoxiàng** 表相 N. appearance of a person
biǎoxiànlì 表现力 N. power of expression
biǎoxiànpài 表现派 N. impressionist school of painting
biǎoxiàn shǒufǎ 表现手法 N. technique of expression
biǎoxiànxíng 表现型 N. <genetics> phenotype
biǎoxiànzhǔyì 表现主义[-義] N. expressionism
biāoxiě* 标写[標寫] N. <lg.> notation
biǎoxié 表邪 N. <Ch. med.> outside pathogenic factors
biǎoxiě 表写[-寫] <lg.> V. notate ♦N. notation
biāoxīn 标新[標-] V.O. start sth. new
biāoxíng* 彪形 ATTR. husky; burly
biǎoxíng 表形 ATTR. pictorial
biāoxíng dàhàn 彪形大汉[-漢] N. burly/husky fellow
biǎoxíng wénzì 表形文字 N. pictographic writing
biǎoxíngzì 表形字 N. hieroglyph
biāoxīnlìyì 标新立异[標-異] F.E. ① do sth. unconventional/unorthodox; make a display of novelty ② start sth. new just to be different
biǎoxiōng 表兄 N. older male cousin with a different surname M: [1]ge/[2]wèi
biǎoxiōng-dì 表兄弟 N. male cousins with a different surname
biāoxiū 彪休 A.T. <wr.> angry; wrathful
biǎoyǎn 表演 V. ①perform; act; play ②demonstrate ♦N. performance; exhibition
biǎoyǎnchàng 表演唱 N. singing with action
biāoyàng 标样[標樣] N. a trade sample
biǎoyáng* 表扬[-揚] V./N. praise; commend; citation
biǎoyǎn guòhuǒ 表演过火 V.P. overdo one's part
biǎoyángxìn 表扬信[-揚-] N. commendatory letter M: [2]fēng
biāoyāng yuányīn 标央元音[標-] N. <lg.> cardinal neutral vowel
biǎoyǎnhuì 表演会 N. theatrical performance M: [2]chǎng
biǎoyǎnsài 表演赛 N. exhibition match M: [2]chǎng
biǎoyǎnzhě 表演者 N. performer; actor M: [1]ge/[1]míng/[2]wèi
biāoyì 标意[標-] ATTR. ideographic
[1]**biǎoyí** 表仪[-儀] N. majestic appearance
[2]**biǎoyí** 表姨 N. mother's female cousin M: [1]ge/[2]wèi
[1]**biǎoyì*** 表意 V.O. express meaning ♦ATTR. semantic function; ideographic
[2]**biǎoyì** 表义[-義] ATTR. indicating/suggesting meaning; signific
[3]**biǎoyì** 表忆[-憶] ATTR. mnemonic
biǎoyìcí 表意词 N. <lg.> notional word
biǎoyì dòngcí 表意动词[--動-] N. <lg.> notional verb
[1]**biǎoyì gōngnéng** 表意功能 N. <lg.> illocutionary force
[2]**biǎoyì gōngnéng** 表义功能[-義--] N. <lg.> ideational function
biāoyīn* 标音[標-] N. ①phonetic transcription ②notation
biǎoyīn 表音 V.O. express sounds; transcribe ♦ATTR. phonetic; phonological ♦N. transcription
biāoyīn de 标音的[標-] ATTR. <lg.> phonetic
biāoyīnfǎ 标音法[標-] N. <lg.> transcription
biǎoyīn fāngfǎ 表音方法 N. <lg.> phonetic writing
biǎoyīn fúhào 表音符号[-號] N. <lg.> phonetic symbol
biǎoyīnjié (de) wénzì 表音节(的)文字[--節---] N. <lg.> syllabic writing
biāoyīn shíqī 标音时期[標-時-] N. <lg.> phonetic stage
biǎoyīn wénzì 表音文字 N. <lg.> phonetic writing/script; alphabetic writing
biāoyì shíqī 标意时期[標-時-] N. <lg.> ideographic stage
biǎoyì wénzì 表意/义文字[-義--] N. <lg.> ① ideogram ② ideographic writing; ideograph
Biǎoyì Wénzì Xiǎozǔ 表意文字小组 P.W. Ideographic Rapporteur Group (IRG)
biǎoyì xíngwéi 表意行为 N. <lg.> illocutionary act
biǎoyì zhǔyǔ 表意主语 N. <lg.> notional subject
biǎoyìzì 表意字 N. <lg.> ideogram
biāoyǔ* 标语[標-] N. slogan; poster M: [1]jù
biǎoyǔ 表语 N. <lg.> predicate
biāoyǔpái 标语牌[標-] N. placard with slogan M: [2]kuài
biāoyǔtǎ 标语塔[標-] N. slogan pylon M: [4]zuò
biào zài yīqǐ 摽在一起 V.P. <coll.> band together
biāozhāng 标章[標-] N. sign; mark; emblem
biǎozhāng* 表章/彰 N. <trad.> report to the emperor ♦V. honor; cite; commend
biǎozhēn 表针 N. ①clock/watch hand ②pointer M: [2]gēn
biāozhèng 标证[標證] N. <Ch. med.> tip pathocondition
biǎozhēng 表征[-徵] N. ① indicator; symbol ② surface feature; superficial characteristics
biǎozhèng* 表证[-證] N. <Ch. med.> exterior syndrome
biāozhi 标致[標-] S.V. beautiful; pretty ♦N. <loan> Peugeot (car)
[1]**biāozhì*** 标志/识[標識] N. ① sign; mark; symbol ② characteristic ♦V. indicate; mark; symbolize
[2]**biāozhì** 标帜[標幟] N. distinguishing mark/sign
biǎozhí(r) 表侄(儿) N. grandsons of paternal aunts
biǎozhì 表识[-識] N. sign; mark; emblem
biǎozhínǚ(r) 表侄女(儿) N. granddaughters of paternal aunts
biāozhìwù 标志物[標-] N. sign; mark; symbol
biāozhìxìng 标志性[標-] ATTR. symbolic
biāozhu 标住[標-] V. <coll.> keep an eye on
biāozhù* 标注[標註] V. mark; annotate
biāozhuāng 标桩[標樁] N. (marking) stake
[1]**biāozhuàng*** 膘壮[-壯] S.V. plump and sturdy
[2]**biāozhuàng** 彪壮[-壯] S.V. tall and husky; hefty
biǎozhuàng fùcí 表状副词[-狀--] N. <lg.> adverbial of manner
biāozhǔn 标准[標準] N. standard; criterion; norm ♦S.V. standard; criterion
biāozhǔn biàntǐ* 标准变体[標準變體] N. <lg.> standard variety
biāozhǔnchā 标准差[標準-] N. standard deviation
biāozhǔn chāwù 标准差误[標準-] N. standard deviation
biāozhǔn chǐbiāo 标准尺标[標準-標] N. <lg.> criterion measure
biāozhǔn dāpèi 标准搭配[標準-] N. <lg.> stock collocation
biāozhǔn dàqìyā 标准大气压[標準-氣壓] N. <met.> *unit of pressure equal to 14.69 pounds per square inch* standard atmosphere
biāozhǔn de 标准的[標準-] ATTR. canonical; cardinal
biāozhǔn duìděngcí 标准对等词[標準對-] N. <lg.> standard/stock equivalent
biāozhǔnfǎ 标准法[標準-] N. normalizing method
biāozhǔn fāngyán 标准方言[標準-] N. <lg.> acrolect; standard dialect
biāozhǔn fāyīn 标准发音[標準發-] N. received/standard pronunciation (RP)
biāozhǔn fēnshù 标准分数[標準-數] N. <lg.> standard score
biāozhǔngǎn 标准杆[標準-] N. <golf> par M: [2]gēn

biāozhǔn gōngzuò 标准工作[標準-] N. standard operation
biāozhǔn guóyǔ 标准国语[標準國-] N. <TW> Mandarin Chinese; Standard Mandarin
biāozhǔnhuà 标准化[標準-] N. standardization
biāozhǔnhuà cèshì 标准化测试[標準-] N. <lg.> standardized test
biāozhǔnjiàn 标准件[標準-] N. standardized item
biāozhǔnjiǔ 标准九[標準-] N. <lg.> stanine; standard nine (for test scores)
biāozhǔnjú 标准局[標準-] P.W. bureau of standards
biāozhǔn kǒuyǔ 标准口语[標準-] N. standard spoken language
biāozhǔn lǐlùn 标准理论[標準-] N. <lg.> Standard Theory
Biāozhǔn Měiguó Yīngyǔ 标准美国英语[標準-國--] N. <lg.> Standard American English
biāozhǔn piānchā 标准偏差[標準-] N. <lg.> standard deviation (SD)
Biāozhǔn Pǔ'ěr 标准普尔[標-] N. <loan> Standard & Poor's
biāozhǔn qìyā 标准气压[標準氣壓] N. standard atmosphere
biāozhǔnshí 标准时[標準時] N. standard time
biāozhǔn shíqū 标准时区[標準時區] N. standard time zone
biāozhǔn wùchā 标准误差[標準-] N. standard error (SE)
biāozhǔnxiàng 标准像[標準-] N. official portrait M: [1]*zhāng*/[10]*fú*
biāozhǔn xìnfēng 标准信封[標準-] N. standard-size envelope
biāozhǔn xíngshì 标准形式[標準-] N. canonical form
biāozhǔnxué 标准学[標準-] N. science of standardization
biāozhǔn yányǔ 标准言语[標準-] N. <lg.> standard speech
biāozhǔnyīn 标准音[標準-] N. standard pronunciation
biāozhǔn Yīngguó Yīngyǔ 标准英国英语[標準-國--] N. <lg.> Standard British English
Biāozhǔn Yīngguó yǔyīn 标准英国语音[標準-國--] N. <lg.> received/standard British pronunciation (RP)
Biāozhǔn Yīngyǔ 标准英语[標準-] N. <lg.> King's/Queen's/Standard English
biāozhǔn yǐnyù 标准隐喻[標準隱-] N. <lg.> stock/standard metaphor
biāozhǔn yǐxià de 标准以下的[標準-] ATTR. substandard
biāozhǔn yìyì 标准意义[標準-義] N. normal meaning
biāozhǔnyǔ 标准语[標準-] N. ① standard speech/language ② literary language
biāozhǔn yuányīn 标准元音[標準-] N. <lg.> cardinal vowel
biāozhǔn yǔtǐ 标准语体[標準-體] N. <lg.> standard variety
biāozhǔn yǔyán 标准语言[標準-] N. <lg.> standard language
biāozhǔnzhí 标准值[標準-] N. <lg.> norm
biāozhǔnzhì* 标准制[標準-] N. metric system
biāozhǔnzhōng 标准钟[標準鐘] N. standard clock
biāozhǔn zhuàngkuàng 标准状况[標準狀況] N. standard condition
biāozhǔn zhuǎnyù 标准转喻[標準轉-] N. <lg.> stock metonymy
biāozhǔn zìtǐ 标准字体[標準-體] N. standard script
biāozhù yèmǎ 标注页码[標註-] N. pagination
biāozi 彪子 N. a frolicsome creature
biǎozi* 婊/表子 N. <derog.> whore
biǎozì 表字 N. courtesy/second name; alias
biǎozi de érzi 婊子的儿子 F.E. <slang> You s.o.b.!
biǎozǐ-mèi 表姊妹 N. daughters of one's mother's siblings, or of one's father's sisters
biǎozì wénzì 表字文字 N. logographic writing
biǎoziyǎngde 婊子养的[--養-] F.E. <slang> You s.o.b.!
biǎozòu 表奏 V. <trad.> memorial to the throne
bìbá 荜茇[蓽-] N. <bot.> (Indian) long pepper M: [2]*gēn*
bìbài 必败 V.P. will certainly be defeated
bìbāng 敝邦 F.E. <humb.> my country
bìbǎng* 臂膀 N. arm
bìbào 壁报[-報] N. wall newspaper
bíbèi 鼻背 N. bridge of the nose
[1]**bǐbèi** 彼辈 N. those people; that gang
[2]**bǐbèi** 鄙倍 V.P. <wr.> despicably unreasonable
bìbèi* 必备[-備] ATTR. essential
bìbèi tiáojiàn 必备条件[-備條-] N. <lg.> felicity conditions
bǐbǐ* 比比 ADV. ① frequently; many times ② everywhere ***See also*** [1]*bìbì*
[1]**bìbì** 比比 F.E. ① all; each one ② incessantly; always ***See also*** *bǐbǐ*
[2]**bìbì** 陛陛 R.F. <wr.> ① numerous descendants ② everywhere
[3]**bìbì** 苾苾 R.F. <wr.> fragrant; aromatic
bībiàn 逼变[-變] V.P. drive to revolt
bìbìbōbō 必必剥剥 ON. crackling sound of sth. burning
bǐbǐhuàhuà 比比划划[-畫畫] V.P. gesticulate
bǐbǐjiēshì 比比皆是 F.E. ubiquitous
bǐbìng 比并[-併] V. compare; liken
bìbìng* 弊病 N. ① malady; evil; malpractice ②drawback; disadvantage ③weakness allowing abuse
bǐbó 鄙薄 A.T. despise; scorn
[1]**bìbō*** 碧波 N. viridescent wave
[2]**bìbō** 荜拨[蓽撥] N. <bot.> (Indian) long pepper
[1]**bìbó** 臂膊 N. arms (of humans)
[2]**bìbó** 币帛[幣-] N. <wr.> money; wealth
[3]**bìbó** 苾勃 V.P. <wr.> fragrant
bìbōdàngyàng 碧波荡漾[--蕩-] F.E. ripples on the surface of clear water
bíbù* 鼻部 N. nose
bìbǔ 裨补[-補] <wr.> V. make up; remedy ♦N. benefit; advantage; profit
bǐbude 比不得 R.V. cannot match
bībùdéyǐ* 逼不得已 F.E. have no choice but
bìbudéyǐ 必不得已 F.E. have no choice but
bìbujiànmiàn 避不见面 V.P. avoid meeting someone
bìbukěmiǎn 必不可免 F.E. unavoidable
bìbukěshǎo 必不可少 F.E. indispensable; essential
bìbùlǒng 闭不拢 R.V. <topo.> unable to close
bìbùlǒng zuǐ 闭不拢嘴 V.P. <topo.> unable to shut one's mouth
bìbulùmiàn 避不露面 V.P. hide oneself out of the way
bǐbushàng 比不上 R.V. cannot match
bìbuzuòdá 避不作答 V.P. evade an answer
bǐcāng 彼苍[-蒼] N. the heavens
bìcángchù 避藏处[-處] N. hiding-place
bìcǎo 碧草 N. verdant/green grass
bìcǎorúyīn 碧草如茵 F.E. a carpet of verdant grass
bìcāoshèngquàn 必操胜券[--勝-] F.E. control a situation
bǐchàngbùjīng 匕鬯不惊[-驚] ID. strict military discipline
bìchēléimǎ 弊车羸马 ID. <wr.> an incorruptible official
bìchén 嬖臣 N. <trad.> (emperor's) favorite minister
bìchéng 碧澄 V.P. clear blue (sky/etc.)
bìchéngchéng 碧澄澄 R.F. clear blue
bìchēnúmǎ 弊车驽马 ID. live thriftily
bíchì(r) 鼻翅(儿) N. flange of nostril
bìchǐr 篦齿儿[-齒-] N. teeth of a comb
bīchū 逼出 R.V. be forced to
bǐchù* 笔触[筆觸] N. brush stroke in Chinese painting and calligraphy; brushwork; style of drawing/writing
[1]**bìchú** 壁橱[-櫥] N. wardrobe; cupboard; closet
[2]**bìchú** 苾刍[-芻] N. Buddhist monk
bìchù 敝处[-處] F.E. <humb.> my place/hometown
bǐchuáng 笔床[筆-] N. pen rack; pen holder
bìchuánzhīzuò 必传之作[-傳--] N. a masterpiece destined to pass down in history
bìchúní 苾刍尼[-芻-] N. <Budd.> biksuni (nun)
bǐcǐ* 彼此 ADV. each other; one another; I/me too
[1]**bìcí** 陛辞[-辭] V. <trad./wr.> leave the capital after bidding farewell to the emperor in audience
[2]**bìcí** 诐辞[-辭] N. <wr.> biased remarks
bǐcǐ bǐcǐ 彼此彼此 V.P. the feeling is mutual ***"Wǒ xiě de bù hǎo, bié jiànxiào."... "~."*** "I write poorly, don't laugh at me."... "So do I."
bǐcǐbùhé 彼此不和 F.E. not get along well
bǐcǐxiāngguān 彼此相关[-關] F.E. be relevant to each other
bǐcǐyīyàng 彼此一样[-樣] F.E. It makes no difference.
bǐcǐzhījiān 彼此之间 N. between two persons/parties
bīcù 逼促 V. urge ♦S.V. narrow
bǐdá 笔答[筆-] V. answer by writing (in an examination)
bǐdǎn 笔胆[筆膽] N. barrel (of a fountain pen)
bìdāng 璧珰[-璫] N. cornice
bìdànkēng 避弹坑 N. <mil.> foxhole
bìdàn yǎnháo 避弹掩壕 N. bomb shelter
bìdànyī 避弹衣 N. bulletproof garment M: [2]*jiàn*
bǐdāo 笔刀[筆-] N. graver (for engraving characters on a seal/etc.); burin
bǐdàor 笔道儿[筆-] N. strokes of a Chinese character
bì de 闭的 ATTR. closed
bìděi 必得 AUX. must; have to
bǐděng* 彼等 PR. <wr.> those people; they
bìdēng 壁灯[-燈] N. wall lamp M: [1]*zhǎn*
bǐdeshàng 比得上 R.V. can compare with; compare favorably with
bídí 鼻笛 N. nose flute M: [1]*guǎn*
bǐdì* 彼地 N. (at) that place
bìdí 毙敌[斃敵] V.O. kill enemy troops
[1]**bìdiàn** 闭店 V.O. close up the shop
[2]**bìdiàn** 敝店 F.E. <humb.> my store
bìdiànzhēn 避电针[-電-] N. lightning rod M: [2]*gēn*
bǐdiào* 笔调[筆-] N. tone; style (of writing) *tōngsú de* ~ popular style
bìdiào 毙掉[斃-] R.V. shoot; kill/execute by shooting
bídīng 鼻丁 N. nasal mucus
bǐdìng 吡啶 N. <chem.> pyridine
bìdìng* 必定 ADV. certainly; surely
bídinggābar 鼻丁嘎巴儿 N. <coll.> nasal mucus
bídinggēdar 鼻丁疙瘩儿 N. <coll.> nasal mucus
bǐdǐshēnghuā 笔底生花[筆-] F.E. write beautifully
bǐdǐxia 笔底下[筆-] N. ability to write ***Tā ~ láide kuài.*** She writes with facility.
bídòu* 鼻窦[-竇] N. <phys.> sinuses
bìdòu 弊窦[-竇] N. ① defect; default ② vice; abuse
bídòuyán 鼻窦炎[-竇-] N. (naso)sinusitis
bìdú 必读[-讀] N. a must for reading
bǐduān 笔端[筆-] N. <wr.> flow of thought in writing/drawing/etc.
bìduān* 弊端 N. malpractice; abuse; corrupt practice
bìduǎn 庇短 V.O. cover a defect, overlook shortcomings
bìduāncóngshēng 弊端丛生[--叢-] F.E. Malpractice and corruptions are pervasive.
bǐduì 比对[-對] N. comparison ♦V. verify by comparing texts
bìduōlìshǎo 弊多利少 F.E. more disadvantages than advantages

B

B

bìduōyúlì 弊多于利[--於-] F.E. Disadvantages outweigh advantages.
[1]**biē** 憋 V. ① suppress; hold back ② suffocate; stifle
[2]**biē** 鳖[鱉] N. <zoo.> soft-shelled turtle
[3]**biē** 瘪[癟] in ***biēsān***, [2]***shòubiē See also biě***
[1]**bié*** 别[別] B.F. other; another ***bié de*** ♦AUX. don't ***~máng!*** Wait a minute! ♦V. ① leave ② differentiate ③ fasten ④ stick in (one's belt/etc.) ♦N. Surname ***See also biè***
[2]**bié** 蹩 V. sprain (an ankle/wrist)
biě 瘪[癟] S.V. shriveled; shrunken ♦V. ① shrivel ② become dejected ***See also*** [3]***biē***
biè 别[別/彆] B.F. persuade sb. to change their opinion ***bièniu, niùbiè See also*** [1]***bié***
[1]**bì'è** 避恶[-惡] V.O. avoid evil
[2]**bì'è** 闭厄 F.E. <wr.> in a fix/spot; in a difficult position
biéběn 别本 N. ① separate copy (of a manuscript); replica ② different version
bièbuguo 别不过[彆-] R.V. <coll.> be unable to resist sb./sth.
biēbuzhù 憋不住 R.V. <coll.> unable to repress
biēbuzhù qì 憋不住气[-氣] V.P. ① cannot hold one's breath any longer ② cannot repress one's anger any more
[1]**biécái** 别裁 ATTR. ① selected (poems/etc.) ② special style/conception
[2]**biécái** 别才/材 N. unusual ability/talent
biéchēng 别称[-稱] N. another name
biéchū 别出 N. offshoots ♦R.V. come up with (unconventional thoughts/etc.)
biéchù(r)* 别处(儿)[-處-] N. other place; elsewhere
biéchūjīzhù 别出机杼 F.E. ① distinctive ② find some other way ③ be original in conception
biéchūxīncái 别出心裁 F.E. originate an idea/approach; break new ground
biéchu zhǔyi lái 别出主意来 V.P. <topo.> come up with an idea after concentration
biēdàn 鳖蛋 N. ① turtle's egg ② <slang> bastard
bié de 别的 PR. other
biē de huang 憋得慌 R.V. <coll.> ① be utterly exasperated ② be hard pressed to contain oneself
biédì 别第 N. secondary residence
biédòng 别动[-動] V.P. ① leave sth. alone ② don't move
biédòngduì 别动队[-動隊] N. ① special detachment; commando ② armed secret agent squad M: [4]***zhī***
biége 别个[-個] PR. the other
biégōng 别宫[-宮] N. <trad.> secondary vacation palace
biěgǔ 瘪谷[-穀] N. rice grain not fully grown
[1]**bié guǎn** 别管 CONJ. no matter (who/what/where/etc.) ♦V.P. ① don't bother ② don't pay attention to
[2]**biéguǎn** 别馆 N. villa
biéguò 别过 V. ① turn (one's face) aside ② have said goodbye to sb.
bié guòjiǎng 别过奖[-獎] V.P. Don't overdo the praise.
biéhào(r) 别号(儿)[-號-] N. alias
bièhuài 别坏[-壞] V.O. <coll.> harbor evil intentions
bièhuǒ 别火 V.O. <coll.> seethe with rage
biējí* 憋急 V.P. unable to bear (due to anger/etc.)
biéjí 别集 N. ① separate collection ② anthology M: [2]***bù/tào***
biējiǎ* 鳖甲 N. <Ch. med.> turtle shell
biéjia 别家/价[-價] V.P. <topo.> stop; don't
biéjiǎo(r)* 蹩脚(儿)[-腳-] S.V. <coll.> ① inferior; shoddy; lousy ② lame
bièjiǎo 别脚[-腳] S.V. <coll.> second rate; inferior; lousy
biéjiǎohuò 蹩脚货[-腳-] N. <coll.> inferior goods
biéjiǎo Yīngyǔ 蹩脚英语[-腳--] N. <lg.> broken English
biéjie* 别价/家[-價] V.P. <topo.> stop; don't
biéjiě 别解 N. ① new interpretation ② opinion from a different standpoint
biējìn 憋劲[-勁] V.O. <coll.> repress desires
bièjìn* 别劲[-勁] S.V. <coll.> eager to do; spoiling for
biéjìng 别径[-徑] N. another road/procedure
biē jìngtóu 憋镜头 V.O. <coll.> ① shoot a bad camera shot ② be an unphotogenic person
biéjiǔqíngshū 别久情疏 F.E. Out of sight, out of mind.
biéjùfèicháng 别具肺肠[-腸] ID. have evil intentions
biéjùhuìxīn 别具慧心 F.E. have a special understanding/insight
biéjùhuìyǎn 别具慧眼 F.E. have distinctive insight
biéjùjiàngxīn 别具匠心 F.E. show ingenuity; have great originality
biéjùsīxīn 别具私心 F.E. have an ax to grind
biéjùyīgé 别具一格 F.E. have a unique style
biéjùzhīyǎn 别具只眼[--隻-] F.E. able to see what others can't see
biékāishēngmiàn 别开生面[-開--] F.E. break new path or fresh ground
biékāixījìng 别开蹊径[-開-徑] F.E. develop one's own style/method
biékàn 别看 V.P. <coll.> in spite of; despite; for all that . . .
biěké(r) 瘪壳(儿)[-殼-] N. shriveled shell/casing
biélái 别来 V.P. do not. . . ♦ADV. since parting
biéláiwúyàng 别来无恙 F.E. <wr.> How have you been since we parted?
biéle 蹩了 V.P. <topo.> came to naught; failed
bièle* 别了 V.P. <topo.> ruptured from inner pressure
biélí 别离[-離] V. leave; take leave of
biélùn 别论 N. a different or another matter
biěluóshā 瘪螺痧 N. <topo.> cholera
bié máng 别忙 V.P. don't hurry; take it easy
biēmen 憋闷 V.O. feel oppressed/dejected ♦S.V. <topo.> sad; mournful; stifled
bié miáotou 别苗头 V.O. <topo.> match wits; rival in competition
biémíng 别名 N. another name (for. . .)
bièniu 别扭[彆-] S.V. ① awkward; difficult; not to one's liking ② exasperated; vexed; frustrated ③ hard to please; difficult to deal with; perverse; quarrelsome ④ can't see eye to eye ***Tāmen cháng nào ~.*** They're often at odds.
bièniu píqi 别扭脾气[-氣] N. <coll.> perverse disposition
biépài 别派 N. other sect/school
biēqì* 憋气[-氣] V.O. ① feel suffocated/oppressed ② choke with resentment
bièqì 别气[-氣] S.V. silently resentful
biéqiáo 别瞧 CONJ. although
biéqíng 别情 N. the sorrow of separation
biēqu* 憋屈 S.V. <coll.> frustrated; vexed
biéqù 别趣 N. special interest and charm
biēqún 鳖裙 N. calipash (choice turtle meat used in soups)
biéráoqíngwèi 别饶情味[-饒--] F.E. have distinctive flavor/impact
bì'érbùdá 避而不答 F.E. avoid replying
bì'érbùjiàn 避而不见 F.E. avoid meeting sb.
bì'érbùtán 避而不谈 F.E. evade the subject/question
biéren 别人 N. others; other people; another person
biēsān(r) 瘪三(儿) N. <topo.> bum; moocher
biéshang 别上 R.V. <coll.> poke into; stick into; pin on
biēshàng jìnr 憋上劲儿[--勁-] V.P. get ready to use one's strength
biéshēngzhījié 别生枝节[-節] ID. have other complications
biéshǐ* 别史 N. privately compiled history
[1]**biéshì** 别是 V.P. <coll.> ① It may be that. . . ② Can it be that. . .?
[2]**biéshì** 别室 N. ① another room M: [1]***jiān*** ② concubine
biéshù 别墅 N. villa M: [4]***zuò***
biéshuō 别说 V.P. needn't mention; not to say
biéshùyīzhì 别树一帜[-樹-幟] F.E. found a new school of thought; have a style of one's own
biēsǐ* 憋死 R.V. choke to death
biěsǐ 别死 V. <coll.> utterly exasperate; vex
biēsuōtóu 鳖缩头 V.P. hide from danger; behave cowardly
biétí* 别提 V.P. ① don't mention ② no need to mention ***Xué Hànzì ~ duō huā gōngfu la.*** Learning characters is indescribably time-consuming.
biétǐ 别体[-體] N. ① different style ② variant form of a Chinese character ③ <lg.> variant
biē wěiqū 憋委屈 V.O. suffer a wrong accusation
biéwú 别无 V.P. have none other
biéwúchángwù 别无长物 F.E. have nothing more than daily necessities
biéwúchūlù 别无出路 F.E. have no alternative
biéwú'èrzhì 别无二致 F.E. without any difference; identical
biéwúsuǒyǒu 别无所有 F.E. have no other possessions
biéwútāfǎ 别无它法 F.E. no other way
biéwútārén 别无他人 F.E. nobody else
biéwútāyòng 别无他用 F.E. no other use for
biéwúxuǎnzé 别无选择[-選擇] V.P. have no other choice
biéxù 别绪 N. the sorrow of parting
biéyán 别筵 N. farewell dinner party
biéyàng(r) 别样(儿)[-樣-] ATTR. another; other ♦N. other style
biéyāo 别腰 V.O. <coll.> poke/tuck into the belt
biéyè 别业[-業] N. <wr.> villa
biē yī kǒu qì 憋一口气[-氣] V.P. <coll.> hold the breath
bié yòng 别用 V.P. don't use
biéyǒudòngtiān 别有洞天 F.E. Here is an altogether different world.
biéyǒufèicháng 别有肺肠[-腸] ID. have other aims/motives
biéyǒufēngwèi 别有风味 F.E. have a distinctive flavor
biéyǒumùdì 别有目的 V.P. have ulterior motives
biéyǒuqǐtú 别有企图[-圖] F.E. have other plans in mind
biéyǒuqùwèi 别有趣味 V.P. have a special interest/pleasure
biéyǒusuǒběn 别有所本 F.E. be based on another source
biéyǒusuǒzhǐ 别有所指 F.E. imply sth. else
biéyǒutiāndì 别有天地 F.E. ① scenery/surroundings of exceptional charm ② quite another world
biéyǒuyòngxīn 别有用心 F.E. have an ulterior motive
biēyú 鳖鱼 N. soft-shelled turtle M: [2]***zhī***
biē zài xīnli 憋在心里[-裡] V.P. <coll.> repress feelings
bié zài xiōngqián 别在胸前 V.P. <coll.> poke into the shirt front; pin on the shirt
biézé 别择[-擇] V. distinguish and select
biězhe dùzi 瘪着肚子[-著--] V.P. have an empty stomach
biézhe hézi 别着盒子[-著--] V.P. <coll.> stick a Mauser into the belt
biēzhehuài 憋着坏[-著壞] V.O. have bad/evil intentions
biēzhejìnr 憋着劲儿[-著勁-] V.P. bear/endure (anger/etc.)
biézhēn(r) 别针(儿) N. ① safety pin; pin ② brooch
biězhezuǐ 瘪着嘴[-著-] V.P. have a sunken mouth (due to lost teeth)
biézhì 别致 S.V. unique; unconventional; elegant
biézhuàn 别传[-傳] N. supplementary biography
biézhuāng 别庄[-莊] N. villa

B

biēzhùqì 憋住气[-氣] V.P. ① hold one's breath ② smolder with resentment
biēzhù yǎnlèi 憋住眼泪[-淚] V.P. fight back tears
biēzi 憋子 *See zuò biēzi*
biézi 别子 N. ① bone part of clasps for old-style book wrappers ② pendent for tobacco pouch *See also biézǐ*
biézǐ 别子 N. <*wr.*> son other than a wife's eldest son *See also biézi*
biézì* 别字 N. ① mispronounced or wrongly written character ② typo ③ alias
biězi 瘪子 N. <*coll.*> ① loafer; idler; lowlife ② grain not fully grown ③ maltreatment; bullying
biézìyǎnr 别字眼儿 N. wrong word/character
biēzú 憋足 V. fill with pent-up emotion/energy/etc.
biězuǐr 瘪嘴儿 N. <*coll.*> toothless person
biězuǐzi 瘪嘴子 N. <*coll.*> sb. with sunken cheeks (from losing teeth)
bǐfá 笔伐[筆-] V. attack/condemn in writing
bǐfǎ* 笔法[筆-] N. technique of writing/calligraphy/drawing
bìfā 觱发[-發] N. <*wr.*> chilly wind
bìfá 必罚 V.P. must punish
bǐfǎhúnqiú 笔法浑遒[筆-] F.E. The strokes are bold and fluid.
bǐfang* 比方 N. analogy; instance ♦V. describe by analogy ***yòng shǒu*** ~ describe with the hands
bǐfāng 彼方 N. the other party/side
bǐfangshuō 比方说 V.P. for example
bìfánjiùjiǎn 避繁就简 F.E. prefer simplicity over complexity
bǐfěi 比匪 V.O. associate with bad characters
bìfēi* 必非 V.P. certainly not
[1]**bìfèi** 觱沸[滭-] N. <*wr.*> spring water bubbling
[2]**bìfèi** 蔽芾 S.V. <*wr.*> small and dense (of leaves/branches)
bǐfēimòwǔ 笔飞墨舞[筆飛-] F.E. write quickly
bǐfēn* 比分 N. <*sport*> score
bìfēn 苾芬 V.P. fragrant
bífēng 鼻峰 N. bridge of the (human) nose
bǐfēng 笔锋[筆-] N. ① tip of writing brush ② vigor of style in writing
bìfēng* 避风 V.O. ① take shelter from wind ② lie low; stay away from trouble
bìfèng 碧凤[-鳳] N. <*wr.*> ① bamboo ② black hair
bìfēngbìyǔ 蔽风避雨 F.E. seek shelter from wind and rain
bìfēnggǎng 避风港 N. haven; harbor (lit./fig.) M: [1]*ge/chù*
bì fēngtou 避风头 V.O. lie low
bǐfēngyǒulì 笔锋有力[筆-] F.E. vigorous brush-stroke in painting/writing
bì fēng-yǔ 避风雨 V.O. seek shelter from wind and rain
bǐfū 鄙夫 N. a mean and despicable fellow
bǐfù* 比附 V.P. <*wr.*> force a comparison
bǐfúcǐqǐ 彼伏此起 F.E. As one falls, another rises.
bǐgǎn(r)* 笔杆(儿)[筆-] N. ① pen/brush shaft ② pen M: [4]*zhī*
bìgān 滗干[潷乾] R.V. <*coll.*> drain dry
bǐgǎnzi 笔杆子[筆-] N. ① shaft of a pen ② pen ③ effective writer M: *ge/*[4]*zhī*
bǐgāo 比高 N. relative height
bǐ gāo-dī 比高低 V.O. compare so as to see who is better
bìgē 臂搁 N. <*art*> arm support in writing
bǐ ge gāo-dī 比个高低[-個--] V.P. compare so as to see who is better
bǐgēng 笔耕[筆-] V. make a living by writing
bīgōng 逼宫[-宮] V.O. force a king/emperor to abdicate
bīgòng* 逼供 V.O. extort a confession
bǐgòng 笔供[筆-] N. written confession
bìgòng 币贡[幣-] N. <*hist.*> tributes offered by princes
bìgōngbìjìng 毕恭毕敬//必恭必敬[畢-畢-//----] F.E. extremely deferential
bīgòngxìn 逼供信 N. extorted confession then given credence
bǐgǔ* 秕谷[-穀] N. rice grain not fully grown
bìgǔ 髀骨 N. thighbone
bìguà 壁挂[-掛] N. <*art*> wall hanging
bíguān 鼻观[-觀] N. <*wr.*> nostril
bǐguǎn(r) 笔管(儿)[筆-] N. shaft of a writing brush
bìguān* 闭关[-關] V.O. ① close the border ② close one's door to visitors ③ <*Budd.*> isolate oneself in contemplation
bìguānquèsǎo 闭关却扫[-關卻掃] F.E. live in complete seclusion
bìguān shídài 闭关时代[-關時-] N. the period of isolationism
bìguānsuǒguó 闭关锁国[-關-國] F.E. adopt a closed-door policy
bǐguǎntiáozhí 笔管条直[筆-條-] F.E. <*coll.*> stand erect/upright
bìguān zhèngcè 闭关政策[-關--] N. closed-door policy
bìguānzhǔyì 闭关主义[-關-義] N. isolationism
bìguānzìshǒu 闭关自守[-關--] F.E. adopt a closed-door policy
bǐguī 笔规[筆-] N. compass (for drawing circles)
bìguì* 壁柜[-櫃] N. closet
Bǐguó 比国[-國] P.W. Belgium
bìguó* 敝国[-國] F.E. <*humb.*> my country
bìhǎi 碧海 N. emerald sea
[1]**bìhài*** 弊害 N. malady; harm
[2]**bìhài** 避害 V.O. avoid harm
bìhǎiqīngtiān 碧海青天 F.E. <*wr.*> the emerald sea under the blue sky
bìhán* 避寒 V.O. take shelter from cold
bìhàn 碧汉[-漢] N. <*wr.*> blue sky; azure sky
bǐhānmòbǎo 笔酣墨饱[筆-] F.E. be in the middle of a creative writing mood
bǐhào 比号[-號] N. <*math.*> sign of ratio
bīhé 逼和 V. force a draw (in chess/etc.)
[1]**bìhé*** 闭合 V. close
[2]**bìhé** 璧合 N. perfect match
bìhé diànlù 闭合电路[--電-] N. <*elec.*> closed circuit
bìhédù 闭合度 N. closure
bìhéqī 闭合期 N. <*lg.*> implosion
bìhé shēngtài 闭合生态[-態] N. <*space*> closed ecology
bìhéyīn 闭合音 N. <*lg.*> implosive sound
bìhǔ 壁虎 N. gecko; house lizard M: [2]*zhī*
[1]**bìhù*** 庇护[-護] V. shelter; shield; put under one's protection ♦N. ① asylum; refuge ② Chinese transcription for Pius
[2]**bìhù** 蔽护[-護] V. shelter; take cover; protect
bíhuà 鼻化 <*lg.*> N. nasalization; twang
bǐhua* 比画/划[-畫/劃] V. ① gesticulate ② come to blows
[1]**bǐhuà** 比划/画[-劃/畫] V. ① gesticulate; motion ② imitate
[2]**bǐhuà(r)** 笔画/划(儿)[筆畫/劃-] N. strokes of Chinese characters
bìhuà 壁画[-畫] N. mural (wall-painting); fresco M: [10]*fú*
bíhuà bìsāiyīn 鼻化闭塞音 N. <*lg.*> nasal stop/occlusive
bíhuà de chànyīn 鼻化的颤音 N. <*lg.*> nasalized trill
bìhuài 弊坏[-壞] S.V. worn and damaged
bìhuàjiā 壁画家[-畫-] N. muralist M: [1]*ge/*[1]*míng/*[2]*wèi*
bǐhuà jiǎnzìfǎ 笔画检字法[筆畫-] N. <*lg.*> stroke index system for characters
[1]**bìhuán** 璧还[-還] V. <*wr.*> ① return (sth. borrowed) with thanks ② decline (a gift) with thanks
[2]**bìhuán** 臂环[-環] N. bracelet
bíhuà xiāoshī 鼻化消失 N. denasalization
bíhuàyīn 鼻化音 N. <*lg.*> nasal twang
bíhuà yuányīn 鼻化元音 N. <*lg.*> nasalized vowel
bíhuà zuòyòng 鼻化作用 N. nasalization
bìhǔgōng 壁虎功 N. ability to climb walls without equipment
Bǐhuì 笔会[筆-] N. Association of Poets, Playwrights, Editors, Essayists and Novelists (P.E.N.)
[1]**bìhuì*** 避讳[-諱] V.O./N. ① taboo on using personal names of emperors, one's elders, etc. ② evade; dodge ~ ***zhège wèntí*** evade the issue
[2]**bìhuì** 闭会 V.O. close/adjourn meeting
bǐ húlu huà piáo 比葫芦画瓢[--蘆畫-] F.E. copy mechanically
bīhūn 逼婚 V. force sb. to marry an unwanted person
bìhuò 避祸[-禍] V.O. flee disaster; seek refuge
bìhuǒtī 避火梯 N. fire escape
bìhùquán 庇护权[-護權] N. <*law*> right of asylum
bìhùsuǒ 庇护所[-護-] P.W. sanctuary; asylum; haven M: [1]*jiā*
bījí 逼急 V. corner; press/force to extreme
[1]**bǐjí** 比及 V.P. <*wr.*> when; within; in ~ ***sān nián*** in three years
[2]**bǐjí** 比辑 V. collate
[1]**bǐjì*** 笔记[筆-] N. ① notes ② short sketches ♦V. take down (in writing)
[2]**bǐjì** 笔迹[筆跡] N. person's handwriting; hand
[1]**bìjī** 哔叽[嗶-] N. serge
[2]**bìjī** 襞襀 N. <*wr.*> pleats (in a skirt)
bìjí 毕集[畢-] V. gather/assemble completely
bìjǐ 陛戟 N. <*trad.*> imperial guards armed with spears
bìjì 避忌 N./V. taboo
bījià 逼嫁 V. force a woman to marry
bíjiǎ 鼻甲 N. <*phys.*> turbinal; nasal shell
[1]**bǐjià*** 比价[-價] N. price relations; rate of exchange
[2]**bǐjià** 笔架[筆-] N. pen rack; penholder
bìjià 壁架 N. ledge
bíjiādár 鼻加答儿 N. <*med./loan*> nasal catarrh
bījiān 逼奸 V. rape
bíjiān(r) 鼻尖(儿) N. tip of the nose
[1]**bǐjiān*** 比肩 ADV. shoulder to shoulder
[2]**bǐjiān** 笔尖[筆-] N. ① nib; tip; pen point ② tip of a writing brush or pencil
[1]**bǐjiàn** 鄙见 F.E. <*humb.*> my opinion
[2]**bǐjiàn** 鄙贱[-賤] <*wr.*> S.V. lowly; humble ♦V. despise; disdain
[1]**bìjiàn** 陛见 V. <*wr.*> have an audience with the emperor
[2]**bìjiàn** 愎谏 V.P. <*wr.*> deaf to remonstrances
bǐjiānbìngjìn 比肩并进[-並進] F.E. advance shoulder to shoulder
bǐjiànchúnqiāng 笔剑唇枪[筆-槍] F.E. attack sharply in speech and writing
bǐjiān'érlì 比肩而立 F.E. stand shoulder to shoulder
bǐjiān'érshì 比肩而事 F.E. work closely together
bījiāng 逼将[-將] V. mate (chess); checkmate
[1]**bìjiāng*** 必将[-將] ADV. inevitably
[2]**bìjiāng** 碧江 N. a river with jade-like clear water
bǐjiānjìzhǒng 比肩继踵[--繼-] F.E. in a tightly packed crowd; in close array
bǐjiānshēnghuā 笔尖生花[筆-] F.E. write as if possessed by the Muses
bìjiàntiānxià 陛见天下 F.E. <*trad.*> be received in audience by the emperor
bǐjiānzuòzhàn 比肩作战[-戰] F.E. fight shoulder to shoulder
bǐjiǎo 比较 <*coll.*> *See bǐjiào*
bǐjiào* 比较 V. ① compare; contrast ② confer ♦ADV. relatively; fairly ***Zhège fāng'àn*** ~ ***hélǐ.*** This plan is more reasonable. ♦N. comparison *See also bǐjiǎo*
bìjiǎo 壁脚[-腳] N. <*topo.*> the foot of a wall *See also chāi bìjiǎo*
bìjiào 弼教 V. assist in education
bǐjiào chéngdu 比较程度 N. <*lg.*> degree of comparison
bǐjiàocí 比较词 N. <*lg.*> comparative of a word/morpheme

B

bǐjiàocí shānchú 比较词删除[---刪-] N. <lg.> deletion of compared constituents
bǐjiào cíyuánxué 比较词源学 N. comparative etymology
bǐjiào cóngjù 比较从句[--從-] N. <lg.> comparative clause
bǐjiào de 比较的 ATTR. comparative
bǐjiào de fāngfǎ 比较的方法 N. comparative method
bǐjiào děngjí 比较等级 N. degrees of comparison
bǐjiào de yánjiūfǎ 比较的研究法 N. comparative method
bǐjiào duǎnyǔ 比较短语 N. <lg.> comparative phrase
bǐjiào'éryán 比较而言 F.E. comparatively speaking
bǐjiàofǎ 比较法 N. <lg.> comparative method
bǐjiào fāngyánxué 比较方言学 N. comparative topolectology/dialectology
bǐjiào fēnggéxué 比较风格学 N. <lg.> comparative stylistics
bǐjiàogé 比较格 N. <lg.> comparative case
bǐjiàojí 比较级 N. <lg.> comparative degree; degrees of comparison
bǐjiào jiàgé 比较价格[--價-] N. fixed/constant price
bǐjiào jiégòu 比较结构[-構] N. <lg.> comparative construction
bǐjiàojù 比较句 N. <lg.> comparative sentence
bǐjiào lìshǐ yǔyánxué 比较历史语言学[--歷----] N. <lg.> comparative historical linguistics
bǐjiào lìyì 比较利益 N. comparative advantage
bǐjiào qián 比较前 ATTR. <lg.> fronted
bǐjiào qǐlai 比较起来 R.V. comparatively; relatively
bǐjiàoshì 比较式 N. <lg.> the comparative
bǐjiào wénxué 比较文学 N. comparative literature
bǐjiàoxiàng 比较项 N. <lg.> compared constituent
bǐjiào xíngróngcí 比较形容词 N. comparative adjective
bǐjiào yánjiū 比较研究 N. comparative study
bǐjiào yǔfǎ 比较语法 N. <lg.> comparative grammar
bǐjiào yǔwénxué 比较语文学 N. <lg.> comparative philology
bǐjiào yǔyánxué 比较语言学 N. comparative linguistics/philology
bǐjiào yǔyīnxué 比较语音学 N. <lg.> comparative phonetics
bǐjiàozhí 比较值 N. comparative value
bǐjiào zhǐlìng 比较指令 N. <comp.> comparative instructions
bǐjiào zhǒnglèi 比较种类[-種類] N. <lg.> dimension of comparison
bǐjiào zhuàngyǔ cóngjù 比较状语从句[--狀-從-] N. <lg.> adverbial clause of comparison
bǐjiào zǐjù 比较子句 N. <lg.> comparative clause
bìjiàshì 闭架式 N. closed shelves
bǐjìběn(r) 笔记本(儿)[筆-] N. notebook M: [1]běn
bǐjìběn diànnǎo 笔记本电脑[筆-電腦] N. notebook computer
bǐjìbù(r) 笔记簿(儿)[筆-] N. notebook M: [1]běn
[1]**bìjié** 闭结 N. <med.> constipation
[2]**bìjié** 臂节[-節] N. elbow (of a piece of machinery)
bījǐn 逼紧[-緊] R.V. follow/chase closely
bījìn* 逼近 V. press on towards; approach
bìjǐn 闭紧[-緊] R.V. close (a door/etc.) tightly
bíjìng 鼻镜 N. <med.> rhinoscope
bǐjìng 笔精[筆-] N. the cachet of a calligraphy or writing style
bìjīng 闭经[-經] N. <med.> amenorrhea
[1]**bìjìng*** 毕竟[畢-] ADV. after all; when all is said and done
[2]**bìjìng** 避静[-靜] F.E. make way for an official ♦S.V. quiet/isolated (of a locality)
bìjīngzhīdì 必经之地[-經--] P.W. a place that one has to pass through
bìjīngzhīlù 必经之路[-經--] N. the only way to go
bǐjīní 比基尼 N. <loan> bikini
bǐ jìnr 比劲儿[-勁-] V.O. <coll.> compete
[1]**bìjiù** 敝旧[-舊] S.V. ragged; worn-out; shabby
[2]**bìjiù** 避就 V. <wr.> avoid sth. (bad/difficult) and take sth. (good/easy)
bǐjì xiǎoshuō 笔记小说[筆-] N. literary sketches; sketchbook M: [1]běn/[2]bù
bǐjù 笔据[筆據] N. written pledge; written note useful as legal evidence
bìjuàn 闭卷 N. closed examination
bìjuéfēngqīng 弊绝风清[-絕--] F.E. corruption-free political atmosphere
bìjūqíyī 必居其一 F.E. must be one or the other
bìjùxìng zhuàngyǔ 必具性状语[---狀-] N. <lg.> obligatory adverbial
bìkāi 避开[-開] R.V. ① avoid ② parry
bìkān 壁龛 N. niche
bǐkāng* 秕糠 N. ① chaff ② worthless stuff
bǐkàng 比抗 V. match; equal
bǐkǎo 妣考 N. <wr.> parents
bíkē 鼻科 N. <med.> nasology; rhinology; nasal department
bìkēngluòjǐng 避坑落井 ID. out of the frying pan and into the fire
bíkǒng* 鼻孔 N. nostril
[1]**bìkōng** 碧空 N. clear blue sky; azure sky
[2]**bìkōng** 蔽空 V.O. cover the sky
bìkōngrúxǐ 碧空如洗 F.E. a cloudless blue sky
bìkǒu 闭口 V.O. shut up
bìkǒubùtán 闭口不谈 F.E. avoid mentioning
bìkǒubùyán 闭口不言 F.E. shut one's mouth and say nothing
bìkǒuwúyán 闭口无言 F.E. remain silent; be tongue-tied
bǐ kuài 比快 V.O. compete in speed
bíkūlong 鼻窟窿 N. <coll.> nostril
bǐlái 比来 N. <wr.> recently
bìlán 碧蓝[-藍] S.V. azure; dark blue
bìláo 狴牢 N. <wr.> prison; jail
bīlè 逼勒 V. ① blackmail ② force; coerce
bìlěi 壁垒[-壘] N. ① rampart; barrier ② rival camps
bìlěifēnmíng 壁垒分明[-壘--] F.E. be sharply divided
bìléiqì 避雷器 N. ① <elec.> lightning arrester ② surge suppressor M: [1]tái/ge
bìlěisēnyán 壁垒森严[-壘-嚴] F.E. ① closely guarded; strongly fortified ② sharply divided
bìlěiyīxīn 壁垒一新[-壘--] F.E. <mil.> The front has been reorganized.
bìléizhēn 避雷针 N. lightning rod; conductor M: [2]gēn
bìlěnglěng 碧冷冷 V.P. damply cold
bìle yǎn 闭了眼 V.P. ① with closed eyes ② <topo.> unswerving; determined; bent upon
bǐlǐ 鄙俚 V.P. <wr.> vulgar; philistine
[1]**bǐlì*** 比例 N. ① proportion ② scale
[2]**bǐlì** 笔力[筆-] N. ① vigor of strokes in calligraphy/drawing ② vigor of style
[3]**bǐlì** 秕粒 N. rice grain not fully grown
[4]**bǐlì** 笔立[筆-] V. stand erect/upright
[1]**bìlì** 臂力 N. arm strength
[2]**bìlì** 壁立 V.P. ① standing like a wall; rising steeply; sheer ② poverty stricken
[3]**bìlì** 毕力[畢-] ADV. with all one's strength
[4]**bìlì** 薜荔 N. <bot.> climbing fig
[5]**bìlì** 觱/筚篥/栗[篳-] N. <trad.> Tatar pipe/horn/whistle blown to frighten the enemy's horses
bǐlián* 比联[-聯] V. adjoin (e.g., land)
bìlián 蓖帘[-簾] N. <topo.> round flat steamer made from sorghum stalks
bíliáng(r)* 鼻梁(儿) N. bridge of the nose
bǐliang 比量 V. measure roughly (with hand/stick/etc.)
bīliángwéichāng 逼良为娼 F.E. force a female into prostitution
bǐlìchǐ 比例尺 N. ① <sur.> scale ② architect's scale M: [1]bǎ
bǐlì chǐdù 比例尺度 N. <lg.> ratio-scale
bǐlì cóngshǔ liáncí 比例从属连词[--從屬--] N. <lg.> subordinator of proportion
bǐlì dàibiǎozhì 比例代表制 N. proportional representation
bǐliè* 鄙劣 V.P. mean; inferior (of goods)
bìliè 闭裂 N. <lg.> implosive sound
bǐlìhào 比例号[-號] N. <math.> sign of proportion
bīlín 逼邻[-鄰] ATTR. neighboring
bǐlín* 比邻[-鄰] N. neighbor ♦V. near; be next to *gēn chēzhàn ~ de nàge gōngchǎng* the factory next to the train station
bǐlìn 鄙吝 S.V. <wr.> ① vulgar ② stingy; miserly; mean
[1]**bìlín** 贲临[-臨] F.E. <court.> honor my house/firm/etc. with your presence
[2]**bìlín** 跸临[蹕臨] V. <trad.> visit (by an emperor)
bǐlín'érjū 比邻而居[-鄰--] F.E. live next to each other
bìlìpālā 哔哩啪啦[嗶-] ON. crackle; splutter
bìlìqiānrèn 壁立千仞 F.E. <wr.> rise sheerly (of a precipice)
bǐlìqiújìn 笔力遒劲[筆-勁] F.E. write with solid and strong strokes
Bǐlìshí 比利时[-時] P.W. Belgium
bǐlì shītiáo 比例失调 V.P. be out of proportion
bǐlìshuì 比例税 N. <econ.> proportional tax
bìliúlí 璧琉璃 N. lapis lazuli
bǐlì zhuàngyǔ cóngjù 比例状语从句[--狀-從-] N. <lg.> adverbial clause of proportion
bǐlòu* 鄙陋 S.V. ① superficial; shallow ② mean; base
bìlòu 必露 V.P. entirely exposed
[1]**bǐlù*** 笔录[筆錄] V. put down (in writing) ♦N. notes; record
[2]**bǐlù** 笔路[筆-] N. ① technique/style of calligraphy ② train of thought in writing
bìlú 壁炉[-爐] N. fireplace M: [1]tái/[4]zuò
Bìlǔ 秘鲁 P.W. Peru
[1]**bìlù** 闭路 N. <elec.> closed circuit
[2]**bìlù** 毕露[畢-] V.P. be revealed completely
[3]**bìlù** 篦鹭 N. <zoo.> spoonbill
[4]**bìlù** 筚路[篳-] N. <trad.> firewood cart
[5]**bìlù** 跸路[蹕-] V.O. <trad.> clear the emperor's route of traffic
bǐlǜ* 比率 N. ratio; rate; proportion
bìlǚ 敝屦 N. <wr.> worn-out shoes
bìlǜ 碧绿 S.V. dark green
bìluàn 避乱[-亂] V.O. find shelter from anarchy ♦N. asylum
bìlù diànshì 闭路电视[--電-] N. closed-circuit TV
bìlújià 壁炉架[-爐-] N. mantelshelf M: [1]tái/ge
bìlùlánlǚ 筚路蓝缕[篳-藍縷] F.E. <wr.> endure great hardships in pioneer work
bìlùn 诐论 N. <wr.> statements with errors not apparent to the speaker
bǐluò 吡咯 N. <chem.> pyrrole
bìluó 薜萝[-蘿] N. <wr.> clothing of a hermit
bìluò* 碧落 N. <wr.> the sky
bìlǜsè 碧绿色 N. dark green color
bìmá 蓖麻 N. <bot.> castor-oil plant
bìmácán 蓖麻蚕[-蠶] N. <zoo.> castor silkworm
bǐmào(r) 笔帽(儿)[筆-] N. cap of a writing instrument
bìmāoshǔr 避猫鼠儿[-貓--] N. a cat-avoiding mouse
bìmáyóu 蓖麻油 N. castor oil
bìmázǐ 蓖麻子 N. castor bean
bìmázǐyóu 蓖麻子油 N. castor oil
bǐměi 比美 N./V.O. ① beauty contest/rivalry ② compare favorably with; rival
[1]**bìmén** 闭门 V.O. close the door
[2]**bìmén** 筚门[篳-] N. wicker gate
bìménbùchū 闭门不出 F.E. be confined to the house

bìménbùnà 闭门不纳 F.E. shut the door in sb.'s face
bìméndúshū 闭门读书[-讀書] F.E. devote oneself to books
bìméngēng 闭门羹 N. denial of entrance *Tā chīle ~.* He found that he wasn't welcome.
bìménguīdòu 筚/荜门圭窦[篳/蓽-竇] F.E. a poor family
bìménpénghù 筚/荜门蓬户[篳/蓽-] F.E. a humble house
bìménquèsǎo 闭门却扫[-卻掃] F.E. cut off communication with the outside world
bìménsèdòu 闭门塞窦[-竇] F.E. <wr.> strongly guarded
bìménsīguò 闭门思过 F.E. shut oneself up and ponder one's mistakes
bìméntiānzǐ 闭门天子 F.E. authority narrowly confined
bìménxièkè 闭门谢客 F.E. shut one's door and turn away visitors
bìménxiūyǎng 闭门修养[-養] F.E. practice "self-cultivation" in isolation
bìménzàochē 闭门造车 ID. ① work on a project while isolated from sources of information ② act blindly
bìmiǎn* 避免 V. avoid; refrain from; avert
[1]bìmiàn 蔽面 N. lee-side
[2]bìmiàn 避面 V. avoid meeting a person
bīmìng 逼命 V.O. ① threaten sb. by violence ② press/push hard ♦ATTR. urgent and difficult
bǐmíng 笔名[筆-] N. pen name; pseudonym
[1]bìmìng* 毙命[斃-] V.O. <wr.> meet violent death; get killed
[2]bìmìng 毕命[畢-] V.O. end one's life; die
bìmiù 秕谬 V.P. <wr.> mistaken; erroneous
bǐmò 笔墨[筆-] N. ① pen and ink ② words; writing
bǐmòguānsi 笔墨官司[筆-] F.E. battle of words; written polemics
bǐmònánqìng 笔墨难罄[筆-難-] F.E. beyond description
bǐmòshēngyá 笔墨生涯[筆-] F.E. writing career
bǐmòwéishēng 笔墨为生[筆-] F.E. make a living by writing
bǐmòzhījiāo 笔墨之交[筆-] N. be literary friends
bìmǔ 闭母 N. <lg.> stop sound
[1]bìmù* 闭幕 V.O. ① The curtain falls. ② close; conclude
[2]bìmù 闭目 V.O. ① close eyes ② die
[3]bìmù 蔽目 V.O. cover the eyes; blindfold
bìmùcí 闭幕词 N. closing address/speech
bìmù diǎnlǐ 闭幕典礼[-禮] N. closing ceremony
bìmùhéjīng 闭目合睛 F.E. shut one's eyes
bìmùkūzuò 闭目枯坐 F.E. block one's ears and shut one's eyes
bìmùsètīng 闭目塞听[-聽] F.E. be divorced from reality
bìmùshì 闭幕式 N. closing ceremony
bìmùyǎngshén 闭目养神[--養-] F.E. close one's eyes and rest the mind
bǐmùyú 比目鱼 N. flatfish; flounder M: [1]*tiáo*
[1]bīn 宾[賓] B.F. ① guest *láibīn* ② <lg.> object *bīnyǔ*
[2]bīn 滨[濱] B.F. ① bank; brink; shore *húbīn* ② be close to; border on (water) *bīnjiāng* ③ waterfront *hǎibīn*
[3]bīn 濒[瀕] B.F. ① be close to (the sea/river/etc.) ② be on the brink of [1]*bīnwēi*
[4]bīn 彬/斌/邠 B.F. of literary talent and simple style [1]*bīnbīn*, *wénzhìbīnbīn*, *bīnrú* *See also* *Bīn*
[5]bīn 傧[儐] B.F. bridesmaid or best man at wedding *bīnxiàng*, *nǚbīn*
[6]bīn 槟[檳] *used in transcriptions* in *bīnzi*, *xiāngbīnjiǔ* *See also* [3]*bīng*
[7]bīn 缤[繽] in *bīnfēn*
[8]bīn 镔[鑌] in *bīntiě*
Bīn 彬/邠/豳 B.F. name of a *xiàn* in Shaanxi; ancient home of the founder of the Zhou dynasty *See also* [4]*bīn*
[1]bìn* 鬓[鬢] B.F. ① temples (of the head) *shuāngbìn* ② hair on the temples *bìnfà*
[2]bìn 摈[擯] B.F. <wr.> discard; get rid of *bìnqì*
[3]bìn 殡[殯] B.F. ① place a coffin in memorial hall ② carry a coffin to the burial place *chūbìn* ③ bury
[4]bìn 髌/膑[髕/臏] B.F. kneecap *bìngǔ*, [2]*bìnjiǎo*
bìnàn 避难[-難] V.O. take refuge; seek asylum
bīn'àn 滨岸[濱-] N. seacoast
bìnànchù 避难处[-難處] N. refuge
bìnàngǎng 避难港[-難-] N. port of refuge
bǐnánjìnshù 笔难尽述[筆難盡-] F.E. too many to be put down in writing
bìnánjiùyì 避难就易[-難--] F.E. shirk the difficult and take the easy
bìnánqūyì 避难趋易[-難趨-] F.E. prefer what is easy to what is difficult
bìnànsuǒ 避难所[-難-] N. refuge; asylum M: [1]*jiā*
bìnànzhě 避难者[-難-] N. refugee
bīnbái 宾白[賓-] N. <thea.> opera dialogue
bìnbān 鬓斑[鬢-] N. hair turning gray at the temples
bìnbiān 鬓边[鬢邊] N. temples (behind the forehead)
[1]bīnbīn 彬彬 R.F. refined, gentle, and elegant
[2]bīnbīn 缤缤[繽繽] R.F. numerous; a great many
bīnbīn jūnzǐ 彬彬君子 N. a refined gentleman
bīnbīnqiūbō 濒濒秋波 F.E. throw amorous glances at sb.
bīnbīnyǒulǐ 彬彬有礼[-禮] F.E. urbane
bìnchē 殡车[殯-] N. hearse
bìnchì 摈斥[擯-] V. reject; dismiss
bìnchú* 摈除[擯-] V. discard; dispense with
bìnchù 摈黜[擯-] V. <wr.> banish; exile
bīncí 宾词[賓-] N. <lg.> predicate; object
bīncóng 宾从[賓從] N. <wr.> servants/retinue of a guest
bīndài 宾待[賓-] V. receive someone as a guest
bīndōng 宾东[賓-] N. <trad.> guest and host
bǐnéng* 俾能 V. <wr.> in order to be able to do sth.
bìnéng 裨能 V.P. in order to do
bìn'érbùyòng 摈而不用[擯-] F.E. reject
bìnfà 鬓发[鬢髮] N. hair on the temples
bìnfàhuībái 鬓发灰白[鬢髮-] F.E. graying at the temples
bīnfān 缤翻[繽繙] V.P. <wr.> fluttering (of flags)
bīnfēn 缤纷[繽-] V.P. <wr.> in riotous profusion
bīnfu 宾服[賓-] V. <topo.> admire *See also* *bīnfú*
bīnfú* 宾服[賓-] V. <wr.> obey *See also* *bīnfu*
[1]bīng 兵 N. ① soldier ② rank-and-file soldier ③ army; troops ④ pawn in Ch. chess ♦B.F. ① weapons; arms [1]*bīngqì* ② military *bīnglǐ*
[2]bīng 冰 N. ice ♦V. ① put on ice ② feel cold
[3]bīng 槟[檳] in *bīnglang*, *bīngzi* *See also* [6]*bīn*
[4]bīng 屏 in [2]*bīngyíng* *See also* [6]*bǐng*, [5]*píng*
Bīng 并 N. another name for Taiyuan in Shanxi ♦in *Bīngzhōujiǎn* *See also* [1]*bìng*, [2]*bìng*
[1]bǐng 丙 N. ① 3rd of the 10 Heavenly Stems ② 3rd in sequence
[2]bǐng 柄 N. ① handle ② stem (of flower/etc.) ③ <wr.> power; authority
[3]bǐng 饼[餅] N. round flat cake; tortilla-like cake; pancake
[4]bǐng 秉 V. <wr.> ① grasp; hold ② control; preside over ③ receive
[5]bǐng 禀[稟] B.F. ① report (to one's superior); petition *bǐngbào* ② receive [1]*bǐngchéng*
[6]bǐng 屏 V. hold (one's breath) ♦B.F. reject; get rid of; abandon [2]*bǐngqì* *See also* [4]*bīng*, [5]*píng*
[7]bǐng 炳 B.F. <wr.> bright; splendid; remarkable *bǐngwèi*
Bǐng 邴 N. Surname
[1]bìng* 并[並] ADV. ① equally; simultaneously ② actually; truly (intensifier before negative) *Zuótiān ~ méi xiàyǔ.* It didn't rain yesterday after all. ♦CONJ. and *See also* [2]*bìng*, *Bīng*
[2]bìng 并[併] V. combine; merge *See also* [1]*bìng*, *Bīng*
[3]bìng 病 N. disease ♦V. fall sick *Tā ~ le.* He's ill. ♦B.F. fault; defect *yǔ~* ill-chosen expression
[4]bìng 摒 B.F. get rid of; dismiss; brush aside *bìngchú*
[1]bìng'àn 病案 N. medical record
[2]bìng'àn 并案[併-] N. a joint/combined case
bǐngbái 禀白[稟-] V. <trad.> report to a superior
bīng bài rú shān dǎo 兵败如山倒 F.E. A rout is like a landslide.
bìngbān 病斑 N. <bot.> scab
bīngbàng 冰棒 N. popsicle
bīngbáo* 冰雹 N. hail(stone)
[1]bīngbào 冰暴 N. ice storm; ice cascade
[2]bīng-bào 兵暴 AB. *shìbīng bàodòng*
bǐngbào 禀报[稟報] V. report (to a superior)
bìngbāor 病包儿 N. <coll.> chronic invalid
bǐngbào shàngjí 秉报上级[-報--] V.P. report to a superior
bīngbèi 兵备[-備] N. war preparations
bīngbēng 冰崩 N. glacier avalanche
bǐngbǐ 秉笔[-筆] V. <wr.> write
bīngbiàn 兵变[-變] V./N. mutiny
bìngbiàn* 病变[-變] N. <med.> pathology
bìngbìng 并病[併-] N. <Ch. med.> joint illness; condition in which a disorder in one tract has not ceased by the time it has emerged in another tract
bǐngbǐnglínlín 炳炳麟麟 V.P. brilliant
bìngbingwāiwāi 病病歪歪 V.P. <coll.> sickly; feeble; wobbly
bìngbingyāngyāng* 病病殃殃 V.P. <coll.> sickly; feeble
bìngbingyàngyàng 病病恙恙 V.P. <coll.> sickly; feeble
bǐngbǐngzáozáo 炳炳凿凿[-鑿鑿] V.P. well grounded; attested
bǐngbǐzhíshū 秉笔直书[-筆-書] F.E. write down the truth
Bīngbù 兵部 N. <trad.> Ministry of War
bìngbù* 并不[並-] ADV. not at all; by no means
bǐngbùkěshòu 柄不可授 F.E. do not give sb. a basis to attack you
bīngbù shàngshū 兵部尚书[-書] N. <trad.> minister of military affairs
bīngbùxuèrèn 兵不血刃 F.E. win without firing a shot
bīngbùyànzhà 兵不厌诈[--厭-] F.E. all's fair in war
bīngbùyóujiàng 兵不由将[-將] F.E. disobedient soldiers
bìng-cán 病残[-殘] N. ① invalid ② illness and disability
bīngcáng 冰藏 ATTR. stored in ice
bìng-cán huànzhě 病残患者[-殘--] N. disabled/deformed/diseased person
bìngcánzhě 病残者[-殘-] N. invalid
bīngcāo 兵操 N. military drill
bīngcè 兵策 N. military strategy/tactics
bīngcéng 冰层[-層] N. icing
bīngchá(r) 冰碴(儿) N. ① thin ice coating on the surface of the water ② broken ice; bits of ice
bīngchāi 兵差 N. military conscript labor
bīngchǎng 冰场[-場] P.W. skating (ice) rink; ice stadium; ice arena
bīngchē* 兵车 N. ① military vehicle ② <trad.> (war) chariot M: [3]*liàng*
bìngchē 病车 N. ambulance M: [3]*liàng*
[1]bǐngchén 柄臣 N. <trad.> powerful minister
[2]bǐngchén 禀陈[稟-] V. <trad.> report to a superior
[3]bǐngchén 丙辰 N. 53rd year of the Sexagenary Cycle (1916, 1976, 2036 etc.)
bǐngchēng 饼铛[-鐺] N. baking pan
[1]bǐngchéng 秉/禀承[稟-] V. <wr.> ① receive (commands) ② continue a heritage
[2]bǐngchéng 禀呈[稟-] F.E. <court.> present/submit (to one's superior/senior)
bìngchéng* 病程 N. <med.> course of a disease
bǐngchí* 秉持 V. adhere to (principles/etc.); hold onto

B

B

bìngchì 屏斥 V. reproach; rebuke; accuse
bìngchì 摒斥 V. reject; repulse; eliminate
bìng-chóng 病虫[-蟲] N. insect pests
bìng-chónghài 病虫害[-蟲-] N. plant diseases and insect pests
bìngchú* 屏除 V. get rid of; dismiss
bìngchù 屏黜 V. <wr.> dismiss; banish
[1]**bìngchū** 并出[並-] V.P. appear side by side
[2]**bìngchū** 摒出 R.V. brush aside; get rid of; dismiss
bìngchú 摒除 R.V. get rid of; dismiss
bīngchuān* 冰川 N. glacier M: [2]dào/[1]tiáo
[1]**bīngchuán** 冰船 N. <coll.> ice sleigh M: [1]sōu/[1]tiáo
[2]**bīngchuán** 兵船 N. warship; naval vessel M: [1]sōu/[1]tiáo
bīngchuān duījīwù 冰川堆积物[---積-] N. <geol.> terminal moraines
bīngchuáng 冰床 N. sled; sleigh; sledge M: [1]jià
bìngchuáng* 病床 N. ① hospital bed ② sickbed M: [1]zhāng
bīngchuānqī 冰川期 N. glacial epoch; ice age
bīngchuānshé 冰川舌 N. <archeo.> glacier tongue
bǐngchún 丙醇 N. propyl alcohol; propranol
bīngchūwúmíng 兵出无名 F.E. act without justification
bìngcóngkǒurù 病从口入[-從--] V.P. illness enters orally
bīngcuān 冰镩[-鑹] N. ice pick M: [1]bǎ
bìngcún 并存[並-] V. coexist; concur
bīngdài 冰袋 N. ice bag/pack M: [2]zhī
bīngdàn 冰蛋 N. frozen eggs
bìngdàng 摒挡[-擋] V. <wr.> arrange; get ready
bīngdāo 冰刀 N. (ice) skates M: [1]fù
Bīng Dǎo 冰岛[-島] P.W. Iceland
bīngdào 冰道 P.W. ice tunnel
bìngdǎo* 病倒 V. be down with an illness
bìngdǎo chuáng shang 病倒床上 V.P. be confined to one's bed
bīngdàyé 兵大爷[-爺] N. <trad.> high-handed soldiers
bīngdēng 冰灯[-燈] N. ice lantern M: [2]zhī/[1]zhǎn
bǐngděng* 丙等 N. third rank; grade C
bīngdēngzhǎn 冰灯展[-燈-] N. ice lantern show
bìngdì 并蒂[並-] N. two blossoms on one stalk ♦ID. united in love
bīngdiǎn* 冰点[-點] N. freezing point
bīngdiàn 冰店 P.W. <TW> ice cream and cold drink store M: [1]jiā
bīngdiāo 冰雕 N. ice carving/sculpture M: [4]zuò
bìngdìlián 并蒂莲[並-] ID. a devoted married couple
bīngdīng 兵丁 N. <trad.> ordinary soldier; private
[1]**bīngdòng** 冰冻 V. freeze ♦N. <topo.> ice
[2]**bīngdòng** 冰洞 N. <hydrology> ice cave
bīngdòng shíwù 冰冻食物 N. frozen foods
bīngdǒu 冰斗 N. <geol.> cirque
bìngdú* 病毒 N. virus
bìngdǔ 病笃 V.P. <wr.> be seriously/terminally ill
bīngduì 兵队[-隊] N. troops
bìngdǔ luàn tóuyī 病笃乱投医[--亂-醫] ID. try anything or consult anybody when in a desperate plight
bǐngduó 秉铎[-鐸] N. <wr.> instructor
bīngduōjiàngguǎng 兵多将广[-將廣] F.E. <mil.> have numerical superiority
bìngdúxìng 病毒性 ATTR. viral
bìngdúxué 病毒学 N. <med.> virology
bīngé 宾格[賓-] N. <lg.> objective; accusative; objective/accusative case
bǐng'ěr 饼饵 N. cakes; pastry
bìng'ér* 病儿 N. sick child
bīngé tóngwèiyǔ 宾格同位语[賓-] N. <lg.> objective appositive
bīngfǎ 兵法 N. art of war; military tactics and strategy
bìngfā* 并发[併發] V.P. be complicated by ♦ATTR. concomitant
bīngfǎjiā 兵法家 N. <trad.> military strategist
bīngfān 冰帆 N. iceboating
bìngfáng* 病房 P.W. <med.> hospital ward; sickroom M: [1]jiān
bìngfàng 并放[並-] V. juxtapose
bìngfāzhèng 并发症[併發-] N. <med.> complication
bǐngféi 饼肥 N. cake fertilizer
bìngfēi* 并非[並-] ADV. <wr.> be really not
bìngfèi 病废[-廢] V.P. be disabled by disease
bìngfēi'érxì 并非儿戏[並-戲] F.E. no laughing matter
bìngfēirúcǐ 并非如此[並-] F.E. This was not the case.
[1]**bīngfēng** 冰封 V. ice/freeze over
[2]**bīngfēng** 冰峰 N. ice-clad peak
bīngfēnggǎng 冰封港 N. icebound harbor
bīngfú* 兵符 N. <trad.> ① tally issued as credentials by a ruler to military personnel M: [2]dào ② a book or the art of war
bīngfǔ 冰斧 N. ice ax used in mountain climbing M: [1]bǎ
[1]**bǐngfù** 禀/秉赋[稟-] N. natural endowment; gift ♦V. possess; be endowed with
[2]**bǐngfù** 禀复/覆[稟復] V. <trad.> reply to a superior
bìngfū 病夫 N. sick person; invalid
bǐngfùguòrén 禀赋过人[稟-] F.E. possessing original talents superior to others
bǐnggān 饼干[-乾] N. biscuit; cracker; cookie M: [2]kuài
bīnggāo* 冰糕 N. <topo.> ① ice-cream ② popsicle M: [2]kuài
bǐnggào 禀告[稟-] V. report (to superior)
bīnggē 兵戈 N. <wr.> ① weapons ② fighting; war
bìnggēn(r) 病根(儿) N. ① incompletely cured illness ② root cause of trouble
bìnggēnzi 病根子 N. <med.> ① constitutional disease ② chronic disease; old complaint
bīnggōng 兵工 N. war industry
bǐnggōng* 秉公 ADV. justly; impartially
bǐnggōng bànlǐ 秉公办理[--辦-] V.P. handle a matter according to law
bīnggōngchǎng 兵工厂[-廠] P.W. arsenal M: [1]jiā
bǐnggōng chǔlǐ 秉公处理[--處-] V.P. handle a matter according to law
bīnggōng qǐyè 兵工企业[-業] N. arms enterprise; arsenal
Bīnggōngshǔ 兵工署 N. <mil.> Ordnance Department
bǐnggōngwúsī 秉公无私 F.E. handle affairs impartially
[1]**bìnggǔ** 并骨[併-] V.O. bury husband and wife in the same tomb
[2]**bìnggǔ** 病骨 A.T. become skinny owing to illness
bìnggù* 病故 V. die of illness
bīngguān 兵官 N. military officer
bīngguàr 冰挂儿[-掛-] N. icicle
bīngguì 冰柜[-櫃] N. icebox; refrigerator M: [2]zhī/ge
bīngguìshénsù 兵贵神速 F.E. speed is precious in war
bīngguìyújīng 兵贵于精[--於-] F.E. It is quality that counts in an army.
bīnggùnr 冰棍儿 N. popsicle
[1]**bǐngguó** 柄国[-國] V.O. <wr.> govern arbitrarily
[2]**bǐngguó** 秉国[-國] V.O. <wr.> hold political power
bìngguóbìngmín 病国病民[-國--] F.E. injure both the state and the people
bīngguǒdiàn 冰果店 P.W. <topo.> cold drink shop M: [1]jiā
bǐngguózhījūn 秉国之钧[-國--] ID. <wr.> hold state power
bīnghǎi 冰海 N. ice-covered ocean/sea
bìnghái 病骸 N. ailing body
bìnghài* 病害 N. (plant) disease; blight
bìnghào(r) 病号(儿)[-號-] N. person on a sick list; patient
[1]**bīnghé*** 冰河 N. glacier M: [1]tiáo/[2]dào
[2]**bīnghé(r)** 冰核(儿) N. the clean part of natural ice (O.K. for eating/drinking)
bīnghè 冰壑 N. ice gully
bìnghé 并合[併-] V. combine; fuse; converge
bìnghécí 并合词[併-] N. <lg.> portmanteau word
bìnghéjù 并合句[併-] N. <lg.> composite sentence
bīnghéqī 冰河期 N. <geol.> glacial epoch; ice age
bīnghé shídài 冰河时代[--時-] N. <archeo.> glacial epoch
bīnghé shíqī 冰河时期[--時-] N. <geol.> glacial epoch; ice age
bìnghòu 病后[-後] N. after an illness; during convalescence
bīnghòuqī 冰后期[-後-] N. post-glacier stage
bìnghòu xiūyǎng 病后休养[-後-養] V.P. recuperate after illness
bīnghuā 冰花 N. ① ice crystal ② ice artwork M: [2]duǒ
bǐnghuàn 炳焕[-煥] V.P. <wr.> bright and brilliant
bìnghuàn* 病患 N. ① disease; illness; sickness ② patient M: ge/[2]wèi
bīnghuāngmǎluàn 兵荒马乱[-亂] F.E. turmoil and chaos of war
bīnghúnxuěpò 冰魂雪魄 ID. pure and noble
bīnghuǒ 兵火 N. ① warfare; war ② flames of war
bīnghuò 兵祸[-禍] N. disaster of war
bìnghuǒ* 并伙[併-] V.O. form a partnership
bīnghuòliánnián 兵祸连年[-禍--] F.E. successive years of disasters caused by wars
bīnghúqiūyuè 冰壶秋月[-壺--] ID. pure and chaste
bīnghúr 冰核儿 N. ice cube (for drinks)
bīngjī 兵机 N. military strategy/tactics/plans
bīngjí 冰脊 N. ① ice-covered mountain ridge ② <oceanography> pressure ridge M: [2]dào
bīngjì 兵纪 N. military discipline
bǐngjí* 丙级 ATTR. ① of the third level ② inferior in quality
bǐngjì 屏迹[-跡] V. <wr.> stay away from; avoid
[1]**bìngjí** 并集[併-] N. <math.> union; sum aggregate; join
[2]**bìngjí** 病疾 N. sickness; disease; illness
[3]**bìngjí** 病革 A.T. <wr.> about to die of illness
bīngjiā 兵家 N. ① commander; strategist ② <trad.> military (one of nine categories of professions)
bīngjiǎ 兵甲 N. <wr.> ① armor and weaponry; military equipment ② soldier in armor
bìngjiā 病家 N. patient and family
bìngjià* 病假 N. sick leave
bīngjiā bìzhēngzhīdì 兵家必争之地[---爭-] N. strategic points; a place contested by all strategists
bīngjiāchángshì 兵家常事 N. common things in military operations
bìngjià gōngzī 病假工资 N. sick benefits; sick pay
[1]**bīngjiàn** 兵舰[-艦] N. warship
[2]**bīngjiàn** 冰鉴[-鑒] V. examine shrewdly
[3]**bīngjiàn** 兵谏 N. forced remonstration
bǐngjiàn 禀见[稟-] F.E. <court.> call on (one's superior)
bìngjiān* 并肩[並-] ADV. ① shoulder to shoulder ② side by side ③ of the same rank
bìngjiān'érxíng 并肩而行[並-] F.E. walk side by side
bìngjiān'érzuò 并肩而坐[並-] F.E. sit side by side
bìngjiānzuòzhàn 并肩作战[並-戰] F.E. fight shoulder to shoulder
bīngjiào 冰窖 N. ① icehouse ② glacial vault
bìngjiàqíqū 并驾齐驱[並-齊驅] ID. keep pace with one another
bìngjiàtiáo 病假条[-條] N. certificate for sick leave
bīngjiě 冰解 V. melt (of ice)

bīngjiědòngshì 冰解冻释[-釋] ID. be cleared up

bīngjí hàomǎ 兵籍号码[--號-] N. conscription number

bīngjilíng 冰激凌 N. ice cream

bìngjí luàn tóuyī 病急乱投医[--亂-醫] F.E. try everything in desperation

bǐngjīn 饼金 N. ① silver dollar ② pieces of thin, flat gold

bìngjìn* 并进[並/併進] V. advance together

bīngjīng* 冰晶 N. <met.> ice crystal

[1]**bīngjìng** 冰镜 N. ① the cool moon ② irreproachable behavior

[2]**bīngjìng** 冰敬 N. <trad.> summer gifts for officials

bīngjīngliángzú 兵精粮足[--糧-] F.E. have excellent soldiers and ample supplies

bīngjìnliángjué 兵尽粮绝[-盡糧絕] F.E. The army is decimated and food is depleted.

bīngjīyùgǔ 冰肌玉骨 F.E. ① white and smooth ② noble and unsullied ③ beautiful woman

bǐngjū 屏居 V. <wr.> retire from public life; live in seclusion

bìngjǔ* 并举[並舉] V. ① develop/propose simultaneously ② carry on (two things) at the same time

[1]**bìngjù** 病句 N. ungrammatical sentence; solecism

[2]**bìngjù** 病剧[-劇] V.P. <wr.> be critically/terminally ill

bǐngjué 屏绝[-絕] V. dismiss; brush aside; abandon

bìngjué* 摒绝[-絕] V. get rid of; dismiss; brush aside

bǐngjué jiāojì 屏绝交际[-絕-際] V.O. isolate oneself from social activities

bǐngjué wǎnglái 屏绝往来[-絕--] V.O. break off interaction/communication

bǐngjūn 秉钧 V. <wr.> hold political power; be in power

bìngjūn* 病菌 N. <med.> pathogenic bacteria; germs

bīngkē 兵科 N. military science

bìngkē* 并科[併-] ATTR. across disciplines

bìngkǔ 病苦 N. suffering caused by illness

bīngkuài(r) 冰块(儿)[-塊-] N. ice cube/chunk

bìngkuàng 病况[-況] N. state of illness

bīngkūlong 冰窟窿 N. <coll.> hole in the ice

bīnglang 槟榔[檳-] N. <bot.> areca; betel palm *See also* bīnláng

bīnglanggāo 槟榔糕[檳-] N. sweets made of betel nut and sugar M: [2]kuài

bìnglǎoguīxī 病老归西[--歸-] F.E. die of old age

bīngléng 冰棱 N. icicle M: [2]dào

bīnglěng* 冰冷 S.V. ① ice-cold ② cold or frosty (of expressions/etc.)

bīnglì 兵力 N. military strength; armed forces; troops

bìnglǐ(xué) 病理(学) N. <med.> pathology

[1]**bìnglì*** 病例 N. <med.> case (of illness) M: [1]fèn/[1]běn

[2]**bìnglì** 病历[-歷] N. <med.> medical record; case history

[3]**bìnglì** 并立[並-] V. coexist

[4]**bìnglì** 并力[併-] V.O. join forces; pool efforts

[5]**bìnglì** 病粒 N. <agr.> virus seeds

bìnglián 并联[並聯] N. <elec.> parallel connection

bìnglián duǎnyǔ 并联短语[並聯-] N. <lg.> parallel phrase

bīngliáng 冰凉[-涼] S.V. ice-cold

bīngliánhuòjié 兵连祸结[--禍-] F.E. war-torn

bìnglìbiǎo 病历表[-歷-] N. medical records

bìngliè 并列[並-] V. be juxtaposed; stand side by side ~ dì-yī tie for first place ♦ATTR. <lg.> coordinate; coordinating; juxtaposed

bìngliè bìnghécí 并列并合词[並-併--] N. <lg.> coordinate composite word

bìngliè bìnghéjù 并列并合句[並-併--] N. <lg.> coordinate composite sentence; conjoining; juxtaposition

bìngliè cízǔ 并列词组[並-] N. <lg.> coordinate construction

bìngliè cóngjù 并列从句[並-從-] N. <lg.> coordinate clause

bìngliè fēnjù 并列分句[並-] N. <lg.> coordinate clause

bìngliè fùhéjù 并列复合句[並-複--] N. <lg.> ①compound/copulative sentence ②juxtaposed compound

bìngliè fùjù 并列复句[並-複-] N. <lg.> compound coordinate sentence

bìngliè guānxi 并列关系[並-關係] N. parataxis; coordination

bìngliè hécí 并列合词[並-] N. <lg.> coordinate compound

bìngliè jiégòu 并列结构[並-構] N. <lg.> ①coordinate construction/structure ②parataxis

bìnglièjù 并列句[並-] N. <lg.> compound/coordinate sentence

bìngliè liáncí 并列连词[並-] N. <lg.> coordinate/coordinating conjunction; coordinator

bìngliè liánjiē 并列连接[並-] N. <lg.> coordination

bìnglièshì 并列式[並-] N. parallel style

bìngliè shuāngyǔ nénglì 并列双语能力[並-雙---] N. <lg.> coordinate bilingualism

bìngliè shuāngyǔ xiànxiàng 并列双语现象[並-雙---] N. <lg.> coordinate bilingualism

bīnglièwén 冰裂纹 N. <art> broken-ice crackle

bìngliè zǐjù 并列子句[並-] N. <lg.> coordinate clause

bìnglǐ jiěpōuxué 病理解剖学 N. <med.> pathologic anatomy

bìnglìkǎ 病历卡[-歷-] N. health record M: [1]běn/[1]zhāng

bīnglínchéngxià 兵临城下[-臨--] F.E. city is under siege

bīnglíng 冰凌 N. icicle

bīnglíngchá 冰凌楂 N. <coll.> small chunks of ice; cracked ice

bīnglínghuā 冰凌花 N. ① frost pattern on window glass ② ice crystals; frozen water vapor M: [2]duǒ

Bǐnglíng Sì Shíkū 炳灵寺石窟[-靈---] P.W. Bingling Si Grottoes (in Linxia, Gansu)

bīnglíngzi 冰凌子 N. <coll.> ice crystals; blocks/chunks of ice

bìnglìshì 病历室[-歷-] P.W. office for medical records M: [1]jiān

bīngliūzi 冰溜子 N. <coll.> icicles

bìnglǐxìng yányǔ mófǎngzhèng 病理性言语模仿症 N. <lg.> echolalia

bìnglǐxué 病理学 N. <med.> pathology

bìnglǐxuéjiā 病理学家 N. pathologist

bìnglǐ yǔyánxué 病理语言学 N. <lg.> clinical linguistics

bìnglǒng 并拢[併-] V. bring together (juxtaposed things)

bīngluàn 兵乱[-亂] N. ① havoc caused by war ② military insurrection

bīnglüè 兵略 N. military strategy

bīnglún 冰轮 N. <wr.> moon

bǐnglún 丙纶 N. polypropylene fiber

bìnglùn* 并论[並-] V. treat different topics in the same way

bīngmǎ 兵马 N. troops and horses; military forces

bìngmǎ'érxíng 并马而行[並-] F.E. ride side by side

bìngmài 病脉[-脈] N. <Ch. med.> abnormal pulse

bīngmǎyǒng 兵马俑 N. figures of warriors and horses buried with the dead

bìngméi 病媒 N. <med.> pathogenic host

bìngmiǎn 病免 V. discharge owing to illness

bìngmiè 并灭[併滅] V. destroy

bǐngmíng 禀明[稟-] V. explain or clarify sth. (to superior)

bǐngmìng 禀命[稟-] ADV. <trad.> at the behest of; by order of

bìngmíng* 病名 N. name of a disease

bìngmó* 病魔 N. serious illness

bìngmò 病殁/没[-歿] V. die of illness; succumb to a disease

bìngmóchánshēn 病魔缠身[--纏-] F.E. suffer from constant chronic illness

bīngnáng 冰囊 N. ice bag

bīngòng 宾贡[賓-] V.P. ① <trad.> treat talented locals as guests and recommend them to the imperial court ② pledge allegiance and offer tribute to a strong country

bīngpái 冰排 N. ice floe

bìngpái(r)* 并排(儿)[並-] ADV. abreast; side by side

bīngpáizi 冰排子 N. bed-shaped sledge

bīngpán 冰盘[-盤] N. ice floe M: [2]zhī

bìngpèi 并辔[並-] V. ride abreast

bīngpǐ 兵痞 N. army riffraff; soldier of fortune

bīngpiàn 冰片 N. <chem.> borneol

bīngpíng 冰瓶 N. vacuum/thermos bottle for ice M: [2]zhī

bǐngpò 饼粕 N. <agr.> pressed dregs used as fertilizer

bīngpù 冰瀑 N. frozen waterfall M: [2]dào

bīngqī 冰期 N. <archeo.> ice age; glacial stage

[1]**bīngqì*** 兵器 N. weaponry; arms M: [2]jiàn

[2]**bīngqì** 兵碛 N. <geol.> moraine

[1]**bǐngqì** 屏气[-氣] V.O. hold one's breath

[2]**bǐngqì** 屏弃[-棄] V. discard; abandon

[1]**bìngqì** 摒弃[-棄] V. abandon; get rid of

[2]**bìngqì** 病气[-氣] N. <Ch. med.> odors emitted by an illness; the stench of sickness

bīngqiángmǎzhuàng 兵强马壮[-強-壯] F.E. well-trained and powerful army

bīngqiāo 冰橇 N. sled; sledge M: [1]fù/[1]jià

bìngqǐbìngzuò 并起并坐[並-並-] F.E. do everything together

bìngqiě 并且[並-] CONJ. and; besides; moreover

bīngqìkù 兵器库 N. arsenal M: [4]zuò

bīngqilín 冰淇淋 N. ice cream

bìngqíng 病情 N. patient's condition

bìngqíngwēidǔ 病情危笃 F.E. One's illness becomes critical.

bīngqīngyùjié 冰清玉洁[-潔] F.E. incorruptible; pristine

bǐngqìníngshén 屏气凝神[-氣--] F.E. hold one's breath and concentrate one's attention

bīngqiú 冰球 N. ① <sport> ice hockey ② puck

bīngqiúxì 冰球戏[-戲] N. ice hockey

bǐngqù 屏去 V. ① get rid of; eliminate; remove ② order retainers/servants/etc. to retire

bìngqū* 病躯[-軀] N. a sick body

bīngquán* 兵权[-權] N. military power/leadership

bǐngquán 秉/柄权[-權] V.O. <wr.> be in power

bǐngrán 炳然 V.P. manifest for everybody to see

bīngrén 冰人 N. ① <trad./wr.> match-maker ② <archeo.> ice-man (3500 B.C. individual discovered in Alps in 1991)

bīngrèn 兵刃 N. military weapons

bìngrén* 病人 N. patient; invalid M: [1]ge/[2]wèi

bīngrènxiāngjiē 兵刃相接 F.E. fight at close quarters; engage in hand-to-hand combat

bìngrì 并日[並-] ADV. <wr.> ① on the same day ② for days on end

bìngrì'érshí 并日而食[併-] F.E. be half-starved; be poverty-stricken

bīngróng 兵戎 N. ① arms; weapons ② warfare

bìngróng* 病容 N. sickly appearance M: [1]fù

bīngróngxiāngjiàn 兵戎相见 F.E. resort to arms

bìngrù 并入[併-] V. merge into

bìngrùgāohuāng 病入膏肓 F.E. beyond cure

bìngruò 病弱 S.V. sick and weak

bìngsè 病色 N. sickly complexion

bīngshān 冰山 N. ①iceberg M: [4]zuò ②individual/group not to be relied on for long

bīng shàng yùndòng 冰上运动[-運動] N. ice sports

bīngshè* 兵舍 P.W. barracks; military camp M: [4]*zuò*
bǐngshè 丙舍 P.W. building to hold coffins for shipment for hometown burial
bǐngshēn 丙申 N. 33rd year of the Sexagenary Cycle (1896, 1956, 2016 etc.)
bǐngshēng 屏声[-聲] V.O. hold one's breath and keep quiet
bǐng shēngshā 柄生杀[-殺] V.O. have the power of life or death
bìngshēngwù 并生物[並-] N. <*lg.*> cognate
bīngshí 冰蚀 N. <*geol.*> glacial erosion
[1]**bīngshì*** 兵士 N. ordinary soldier; private M: [1]*ge*/[1]*míng*/[2]*wèi*
[2]**bīngshì** 冰释[-釋] V. <*wr.*> disappear; vanish (of misgivings/misunderstandings/etc.)
[3]**bīngshì** 冰室 N. ice-cream parlor M: [1]*jiān*
[4]**bīngshì** 兵势[-勢] N. military strength; armed forces; troops
[5]**bīngshì** 兵事 N. military affairs
[1]**bìngshǐ** 病史 N. medical history
[2]**bìngshǐ** 并矢[並-] N. <*math.*> dyad
[1]**bìngshì** 病室 N. ward (of a hospital); sick room M: [1]*jiān*
[2]**bìngshì** 病逝 V. die of illness
[3]**bìngshì** 病势[-勢] N. patient's condition
[4]**bìngshì** 并世[並-] ATTR. of the time; of the day; contemporary
bīngshíhú 冰蚀湖 N. <*geol.*> lake caused by glacial erosion
bìngshìwúshuāng 并世无双[並-雙] F.E. peerless; foremost
bǐngshòu 禀受[稟-] V. possess; be endowed with
bīngshū 兵书[-書] N. war manual M: [1]*běn*/[2]*bù*
bīngshuāng 冰霜 N. ① ice and frost ② moral integrity ③ austerity
bīngshuǐ 冰水 N. ice water
bìngsǐ 病死 V. die of illness
bǐngsùyuānqū 禀诉冤屈[稟-] F.E. file a grievance
bīngtǎ 冰塔 N. <*geol.*> serac; sharp ice ridge M: [4]*zuò*
bìngtà* 病榻 N. sickbed M: [1]*zhāng*
bìngtài 病态[-態] N. morbid/abnormal/pathological state
bìngtài xīnlǐ 病态心理[-態--] N. <*psy.*> morbid psychology/mentality
bìngtài yōumò 病态幽默[-態--] N. sick/black/morbid humor
bīngtán* 冰坛[-壇] N. the ice-sports world
bīng-tàn 冰炭 F.E. as incompatible as ice and hot coal
bīngtànbùtóu 冰炭不投 F.E. be extremely irreconcilable
bīng-tàn bù xiāngróng 冰炭不相容 F.E. completely incompatible
bīngtáng 冰糖 N. crystal sugar; rock candy M: [2]*kuài*
bīngtáng húlu 冰糖葫芦[-蘆] N. candied haws on a stick M: [1]*chuàn*
bīngtángshuǐ 冰糖水 N. crystallized sugar water M: *bēi*
bīngtànzhījiāo 冰炭之交 N. an impossible friendship
bìngtǐ 病体[-體] N. a sick body
bīngtiānxuědì 冰天雪地 F.E. ice and snow as far as the eye can see
bǐngtiě 禀帖[稟-] N. <*wr.*> petition/report given to the authorities
bǐngtóng 丙酮 N. <*chem.*> acetone
bìngtòng* 病痛 N. pain (from illness)
bīngtuán 兵团[-團] N. ① large military unit; corps ② army
bīngtuán nóngchǎng 兵团农场[-團農場] P.W. farms run by the PLA and the Construction Corps
bǐngtuì 屏退 V. ① order retainers/servants/etc. to retire ② <*wr.*> retire form public life; go into retirement
bìngtuì* 病退 V. retire/withdraw due to illness
bìngtūn 并吞[併-] V. swallow up; annex
bīngtuózi 冰坨子 N. <*coll.*> chunks of ice
bìngǔ 髌/膑骨[髕/臏-] N. kneecap; patella
bīnguǎn 宾馆[賓-] N. guesthouse M: [4]*zuò*
bīnguǒ 宾果[賓-] N. <*loan*> bingo
bīnguǒ yóuxì 宾果游戏[賓-戲] N. bingo game
bǐngwán 丙烷 N. <*chem.*> propane
bìngwàng 病忘 N. <*med.*> amnesia
bìngwǎng fādiàn 并网发电[併網發電] V.P. combine facilities to generate electricity
bǐngwánqì 丙烷气[-氣] N. <*chem.*> propane gas
bǐngwèi 炳蔚 V.P. splendid (of literary style)
bìngwēi* 病危 V.P. be critically ill
bìngwéi 并为[併-] V.P. combine/converge into
bìngwèi 并未[並-] V.P. not yet
bīngwēijiàngguǎ 兵微将寡[--將-] F.E. lack soldiers and leaders
bìngwèiyǔwén 并未与闻[並-與-] F.E. not be apprised of sth.
bǐngwén 炳文 N. <*wr.*> luminous style
bīngwēng 冰翁 N. ①father-in-law ②matchmaker
bīngwǔ* 冰舞 N. <*coll.*> dancing on (ice) skates; ice show; ice skating
bǐngwǔ 丙午 N. 43rd year of the Sexagenary Cycle (1906, 1966, 2026 etc.)
bìngwú 并无[並-] V.P. not have; there is no such thing
bìngwúbùdàng 并无不当[並-當] F.E. There is nothing wrong/improper about it.
bīngwúdòuzhì 兵无斗志[--鬥-] F.E. lack of morale
bìngwú'èrzhì 并无二致[並-] F.E. similar
bìngwú'èyì 并无恶意[並-惡-] F.E. have no bad intention
bìngwúqíshì 并无其事[並-] F.E. This is not the case.
bīngxì 冰隙 N. <*geol.*> crevasse
bǐngxī* 屏息 V. ①hold one's breath ②<*Budd.*> reject exterior influence and suspend thoughts
bīngxiá* 冰峡[-峽] N. fjord
bīngxià 冰罅 N. crevasse
bīngxiǎn 兵燹 N. <*wr.*> fire/havoc/turmoil caused by war
bǐngxiàn(r)* 饼馅(儿) N. pie filling
bīngxiǎnfěihuàn 兵燹匪患 F.E. ravages caused by soldiers and brigands
bīngxiāng* 冰箱 N. refrigerator; freezer M: [1]*tái*/*ge*
bīngxiǎng 兵饷 N. <*trad.*> soldier's pay and provisions
bìngxiàng 病象 N. <*med.*> symptom (of disease); symptomatology
bīngxiǎnhuòlián 兵燹祸连[--禍-] F.E. continuous wars and turmoil
bīngxiǎnzhīhuò 兵燹之祸[-禍] N. the ravages caused by war
bīngxiāo 冰消 V. melt
bīngxiāowǎjiě 冰消瓦解 F.E. disintegrate; dissolve
bīngxié* 冰鞋 N. ① skating boots ② skates M: [1]*shuāng*
[1]**bīngxiè** 兵械 N. armaments; war materials M: [2]*jiàn*
[2]**bīngxiè** 冰屑 N. ice crumbs
[3]**bīngxiè** 冰械 N. ordnance; armament
bìngxié 病邪 N. <*Ch. med.*> pathogenic evil
bìngxié yuánlǐ 并协原理[並協-] N. the principle of complementarity
bīngxīn 冰心 N. ①moral purity ②unenthusiastic heart; somewhat indifferent heart *See also* ***Bīng Xīn***
Bīng Xīn* 冰心 N. pen name of Xie Wanying (a.k.a. Xie Bingxin); noted poet, essayist, short story writer *See also* ***bīngxīn***
[1]**bǐngxìng** 秉/禀性[稟-] N. temperament
[2]**bǐngxìng** 禀性[稟-] N. natural disposition
bìngxíng* 并行[並-] V. ① run parallel; walk abreast ② implement together
bǐngxìng'ànruò 禀性暗弱[稟-] F.E. <*wr.*> be naturally weak
bìngxíngbùbèi 并行不悖[並-] F.E. not mutually exclusive
bìngxíngcúnqǔ 并行存取[並-] F.E. <*comp.*> parallel access
bìngxíngxiàn 并行线[並-] N. parallel lines
bǐngxīníngshén 屏息凝神 F.E. hold one's breath in deep concentration
bīngxiōngzhànwēi 兵凶战危[--戰-] F.E. In war everybody loses.
bǐngxīquán 丙烯醛 N. <*chem.*> acrolein
bǐngxīsuān 丙烯酸 N. <*chem.*> acrylic acid
bǐngxīsuān huìhuà 丙稀酸绘画[-畫] N. acrylic painting
bìngxiū 病休 N. sick leave
bǐngxīxíqì 屏息习气[-習氣] F.E. be all attention
bǐngxīyǐdài 屏息以待 F.E. wait with bated breath
bǐngxū 丙戌 N. 23rd year of the Sexagenary Cycle (1886, 1946, 2006 etc.)
[1]**bīngxué** 冰穴 N. <*geol.*> ice cave
[2]**bīngxué** 兵学 N. military science
bīng-xuě* 冰雪 N. ice and snow
bīngxuěcōngming 冰雪聪明[--聰-] ID. extremely intelligent
bìngyá 病牙 N. <*med.*> diseased tooth M: [2]*kē*
bìngyāngzi 病秧子 N. <*coll.*> sickly person
bìngyānyān 病恹恹[-懨懨] V.P. sickly
bǐngyào 炳耀 V./V.P. <*wr.*> bright and luminous
bǐngyàozhíběn 秉要执本[--執-] F.E. grasp the essential
bǐngyè 丙夜 N. midnight
bīngyǐ 兵蚁[-蟻] N. soldier ant
bīngyì* 兵役 N. military service
bǐngyí 秉彝 N. <*wr.*> normal nature
bīngyìfǎ 兵役法 N. military service law
bīngyìjié 兵役节[-節] N. <*TW*> military service holiday
[1]**bǐngyín** 饼银 N. silver dollar
[2]**bǐngyín** 丙寅 N. 3rd year of the Sexagenary Cycle (1866, 1926, 1986 etc.)
bìngyīn* 病因 N. cause of disease; pathogenesis
[1]**bīngyíng** 兵营[-營] N. barracks; military camp M: [4]*zuò*
[2]**bǐngyíng** 屏营[-營] ADV. <*wr.*> with fear and trepidation
bǐngyíngdàimìng 屏营待命[-營--] F.E. await an order with fear and trepidation
Bīngyíng Jiāoyì Fúwùchù 兵营交易服务处[-營---務處] P.W. Post Exchange (PX)
bìngyìqífēi 并翼齐飞[並-齊飛] F.E. pair off wing to wing; fly side by side
bīngyǐqíshèng 兵以奇胜[-勝] F.E. A surprise move/tactic leads to victory.
bǐngyòng 柄用 V. esteemed by the ruler and given authority
bìngyòng* 并用[並-] V. implement both at the same time
bìngyǒu 病友 N. wardmate M: [1]*ge*/[2]*wèi*
bīngyóuzi 兵油子 N. <*coll.*> veteran soldier M: [1]*ge*/[1]*míng*
bìngyù 病愈 V. recover from illness
[1]**bīngyuán** 兵源 N. sources of troops
[2]**bīngyuán** 兵员 N. soldiers; troops
[3]**bīngyuán** 冰原 N. ice field
[1]**bìngyuán** 病原/源 N. <*med.*> pathogen
[2]**bìngyuán** 病员 N. patient M: [1]*ge*/[2]*wèi*
bìngyuàn* 病院 P.W. specialized hospital M: [4]*zuò*
bìngyuánchóng 病原虫[-蟲] N. <*med.*> pathogen
bìngyuánjūn 病原菌 N. <*med.*> pathogenic bacteria
bìngyuántǐ 病原体[-體] N. <*med.*> pathogen
bìngyuánxué 病原学 N. <*med.*> etiology
bǐngyuè 秉钺 V. <*wr.*> wield military power
bīngzāi 兵灾[-災] N. disaster of war M: [3]*cháng*
bìngzào 病灶 N. <*med.*> locus of infection M: [1]*ge*/*chù*
bīngzhā 冰渣 N. ice pieces
[1]**bīngzhǎn(r)** 冰盏(儿)[-盞-] N. bowl-shaped brass object sounded by *suānméitāng* seller to attract customers

[2]**bīngzhǎn** 冰展 N. ice show/festival
bīngzhàn* 兵站 P.W. army depot/base M: [1]jiā/ge
bīngzhèn 冰镇 ATTR. iced (drinks/etc.) *Tā yàole yī bēi ~ píjiǔ.* He ordered an iced beer.
[1]**bǐngzhèng** 秉正 S.V. fair-minded; upright
[2]**bǐngzhèng** 秉/柄政 V.O. <wr.> hold political power
bìngzhēng 病征[-徵] N. <med.> symptoms (of disease)
bìngzhèng* 病症 N. disease; illness
bīngzhēnyùjié 冰贞玉洁[-潔] ID. virgin chastity
bīngzhì 兵制 N. military system
bǐngzhí 秉直 N. <wr.> honest; upright
bìngzhì* 并置[並-] V. collocate
bīngzhǒng 兵种[-種] N. <mil.> branch of services
bǐngzhǒng 丙种[-種] ATTR. of the third kind
[1]**bìngzhòng*** 并重[並-] V. lay equal stress on
[2]**bìngzhòng** 病重 V.P. become serious (of illness)
bǐngzhóu 秉轴 V. <wr.> be in power
Bīngzhōujiǎn 并州剪 N. decisiveness; dispatch (sharp like scissors from Bingzhou)
bīngzhù(r)* 冰柱(儿) N. icicle
bǐngzhú 炳/秉烛[-燭] ADV. (take a night trip, stroll/etc.) by bright candlelight
bǐngzhù 炳著 V.P. <wr.> eminent; renowned
[1]**bìngzhū** 病猪[-豬] N. sick pig M: [2]zhī
[2]**bìngzhū** 病株 N. diseased/infected plant
bīngzhuān 冰砖[-磚] N. ① ice cream brick ② ice blocks M: [2]kuài
bìngzhuàng 病状[-狀] N. <med.> symptoms (of disease)
bǐngzhúdàidàn 秉烛待旦[-燭--] F.E. holding a candle and waiting for dawn
bīngzhuī 冰锥 N. icicle
bǐngzhúyèyóu 秉烛夜游[-燭--] ID. live life to the fullest
bīngzi 槟子[檳-] N. slightly sour apple-like fruit *See also* bīnzi
bǐngzi* 饼子 N. ① (maize/millet) pancake ② <topo.> ⓐ obstinate person ⓑ spendthrift
bǐngzǐ 丙子 N. 13th year of the Sexagenary Cycle (1876, 1936, 1996 etc.)
bīngzú 兵卒 N. ordinary soldier
bìngzuǐ 并嘴[併-] V.O. close one's mouth
[1]**bīnhǎi** 滨海[濱-] V.O. border on the sea
[2]**bīnhǎi** 濒海 V.O. be close to the sea; be along the coast
bīnhǎi dìqū 滨海地区[濱-區] P.W. coastal region; the coast
[1]**bīnhé** 滨河[濱-] V.O. be close to a river
[2]**bīnhé** 濒河 V.O. on the bank of a river; along the riverside
bīnhézhījùn 濒河之郡 N. a prefectural city located near a river
bīnhú 滨湖[濱-] V.O. be close to lake
bìní 俾倪 V. <wr.> glance sideways
bǐnǐ* 比拟[-擬] V. ① compare; match ② draw analogy ♦N. analogy; metaphor; extension
bìnì 避/蔽匿 V. hide; conceal; lie down
bǐnián 比年 N. <wr.> ① recent years; the past few years ② every year
bíniánmóyán 鼻粘膜炎 N. <med.> mucositis of nose
bìnìjiānguǐ 庇匿奸宄 F.E. shelter a criminal
bíniúr 鼻牛儿 N. <topo.> hardened mucus in nostrils
bīnjiāng 滨江[濱-] V.O. be close to a big river
bīnjiāng gōngyuán 滨江公园[濱-園] N. riverside park
[1]**bìnjiǎo** 鬓角/脚[鬢腳] N. ① temples ② hair on the temples ③ sideburns
[2]**bìnjiǎo** 髌脚[髕腳] N. <trad.> punishment of cutting off the kneecap
bìnjiè 摈介[擯-] N. intermediary between host and guest
[1]**bīnjìn** 濒近 V. close to; close on
[2]**bīnjìn** 滨近[濱-] V. close to; near to
bīnkè 宾客[賓-] N. guests; visitors
bīnkèyíngmén 宾客盈门[賓-] F.E. The house is full of guests.

bīnláng 槟榔[檳-] N. betelnut; betelnut palm tree *See also* bīnglang
bīnlángmù 槟榔木[檳-] N. betelnut
bīnlángzǐr 槟榔子儿[檳-] N. seed of betelnut
bīnlǐ 宾礼[賓禮] N. ① courtesy due to a guest ② international courtesy; protocol
bìnliàn 殡殓[殯-] V. encoffin a corpse and carry it to the grave
bīnlín 濒临[-臨] V. be close to; be on verge of
bīnlínchuíwēi 濒临垂危[-臨--] F.E. be in a dying condition
bīnlíndàhǎi 滨临大海[濱臨-] F.E. on the edge of the sea
bīnlínsǐwáng 濒临死亡[-臨--] F.E. be at death's door
bīnlǚ 宾旅[賓-] N. strangers and travelers
bīnluàn 缤乱[繽亂] V.P. disorderly
bìnluànchāihéng 鬓乱钗横[鬢亂-] F.E. unkempt appearance after sleep and before makeup
bìnluò 摈落[擯-] V. <wr.> suffer rejection and downfall
bìnmáo 鬓毛[鬢-] N. hair on the temples
bīnpéng 宾朋[賓-] N. guests
bīnpéngmǎnzuò 宾朋满座[賓-] F.E. The house is full of guests.
bìnqì 摈弃[擯棄] V. abandon; discard; cast away
bìnqìbùyòng 摈弃不用[擯棄-] F.E. dismiss sb./sth.
bīnrú 邠如 A.T. <wr.> flourishing/booming culturally
bīnshī 宾师[賓師] N. sb. not holding a public post yet highly respected
bīnshì* 宾士[賓-] N. <trad.> guests; visitors
bìnshuāng 鬓霜[鬢-] N. temples covered with white hair
bīnshuǐqū 滨水区[濱-區] P.W. waterfront
bīnsǐ 濒/滨死[濱-] V.O. be at death's door
bīntiān 宾天[賓-] N. death of an emperor
bīntiě 镔/宾铁[鑌/賓鐵] N. wrought iron
bínǜ 鼻衄 N. nosebleed
bìnǚ* 婢女 N. <trad.> ① female slave/servant ② concubine
bìnüè 避疟[-瘧] V.O. <trad.> avoid a malaria outbreak by sequestering in sb. else's home
bīnwài 滨外[濱-] ATTR. <geol.> offshore
[1]**bīnwēi*** 濒危 V.O. ① be in imminent danger ② be critically ill
[2]**bīnwēi** 滨危[濱-] V.O. be close to death
[1]**bīnwèi** 宾位[賓-] N. <lg.> objective case; accusative
[2]**bīnwèi** 彬蔚 V.P. <wr.> extremely erudite and refined
bīnxiàn 滨线[濱-] N. shoreline
bīnxiàng* 傧相[儐-] N. attendant of the bride/bridegroom
bìnxiàng 摈相[擯-] N. ① master of ceremonies ② attendant of the bride/bridegroom
Bīnxīfǎníyà 宾西法尼亚[賓-亞] P.W. Pennsylvania
bīnxíng 濒/滨行[濱-] V. be about to start on a journey
bìnxíng* 膑刑[臏-] N. <trad.> punishment of removing kneecaps
bìnyí 殡仪[殯儀] N. funeral; funeral rites
bìnyíguǎn 殡仪馆[殯儀-] N. funeral parlor/home M: [1]jiā
bìnyíyuán 殡仪员[殯儀-] N. funeral director M: [1]ge/[1]míng/[2]wèi
bīnyú* 濒于[-於] V.P. be on brink of
bīnyǔ 宾语[賓-] N. <lg.> object; complement
bīnyǔ bǔyǔ 宾语补语[賓-補-] N. <lg.> object clause; object complement
bīnyǔ bùzúyǔ 宾语补足语[賓-補--] N. <lg.> object/objective complement
bīnyǔ cóngjù 宾语从句[賓-從-] N. <lg.> object clause
bīnyú'èbì 濒于饿毙[-於-斃] F.E. be on the verge of starvation
bīnyǔgé 宾语格[賓-] N. <lg.> object case

bīnyúhuǐmiè 濒于毁灭[-於毀滅] F.E. on the brink of ruin
bīnyújī'è 濒于饥饿[-於--] F.E. on the brink of starvation
bīnyújuéjìng 濒于绝境[-於絕-] F.E. face an impasse
bīnyúpòchǎn 濒于破产[-於-產] F.E. on the verge of bankruptcy
bīnyǔ tíqiánjù 宾语提前句[賓-] N. <lg.> object fronting construction
bīnyǔ xiànzhì 宾语限制[賓-] N. <lg.> object constraint; objective case
bīnyúzāinàn 濒于灾难[-於災難] F.E. on the verge of disaster
bīnyúzhànzhēng 濒于战争[-於戰爭] F.E. on the brink of war
bīnyǔ zìjù 宾语子句[賓-] N. <lg.> objective clause
bìnzàng 殡葬[殯-] N. funeral and burial
bìnzàng chéngbànrén 殡葬承办人[殯--辦-] N. funeral director; mortician M: [1]ge/[1]míng/[2]wèi
bīnzhìrúguī 宾至如归[賓-歸] F.E. a home away from home; homelike
Bīn Zhōu 宾州[賓-] P.W. Pennsylvania
bīnzhǔ 宾主[賓-] N. ① guest and host ② secondary and principal
bìnzhúchūjìng 摈逐出境[擯-] F.E. be deported from the country
bīnzhǔjìnhuān 宾主尽欢[賓-盡歡] F.E. Both the guests and the hosts are thoroughly enjoying themselves.
bìnzhūménwài 摈诸门外[擯-] F.E. shut/lock sb. out
bīnzi 槟子[檳-] N. a species of apple which is slightly sour and astringent *See also* bīngzi
bǐpèi 比配 V. match each other ♦N. match
bǐpīn 比拼 V. match; competition
bīpò 逼迫 V. force; compel
bípòlièyīn 鼻破裂音 N. <lg.> nasal plosive
bìpú 婢仆[-僕] N. female servant
bíqi 荸荠[-薺] N. <bot.> water chestnut
bǐqí 比齐[-齊] V. line up
bǐqǐ* 比起 V.P. compare with ~ *A lái* compared to A
bǐqì 鄙弃[-棄] V. disdain; loathe
bìqǐ 闭起 R.V. shut; close
bìqì 闭气[-氣] V.O. ① feel suffocated; be unable to breathe ② stop breathing ③ die
[1]**bīqián*** 逼钱[-錢] V.O. dun; press for money
[2]**bīqián** 逼前 V. press forward
bǐqiān 笔铅[筆-] N. graphite; pencil lead
bìqián 壁钱[-錢] N. <zoo.> spider
bíqiāng 鼻腔 N. nasal cavity/passage
bìqiángdǎruò 避强打弱[-強--] F.E. evade the strong and attack the weak
bíqiāng yuányīn 鼻腔元音 N. <lg.> nasal vowel
bìqiè 嬖妾 N. <trad.> favorite concubine
bì qí gōng yú yī yì 毕其功于一役[畢--於--] F.E. accomplish the whole task at one stroke
bǐqīn* 比亲[-親] V.P. intimate; close
bì Qín 避秦 ID. <wr.> find shelter in time of unrest
bíqīngliǎnzhǒng 鼻青脸肿[-腫] F.E. badly battered face
bìqīngrúxǐ 碧青如洗 F.E. bright greenish blue
bíqípíng 荸荠瓶[-薺-] N. <pottery> vase in the shape of a water chestnut
bǐqiū 比丘 N. <loan> Buddhist monk
bìqiú* 壁球 N. <sport.> squash
bǐqiūní 比丘尼 N. <loan> Buddhist nun
bīqǔ 逼取 V. extort; blackmail; take/get by force
bír 鼻儿 N. ① <topo.> a small hole (for sth. to be inserted into) *zhēn~* the eye of a needle ② <coll.> whistle *Huǒchē lāzhe ~ shǐchū chēzhàn.* The train starts out from the station with a blast of the whistle.
[1]**bìrán** 必然 ATTR. inevitable; certain ♦ADV. certainly ♦N. <phil.> necessity
[2]**bìrán** 贲然 V.P. <wr.> richly adorned; brightly ornamental
bìràng 避让[-讓] V. ① dodge ② avoid

B

bìrán guīlǜ 必然规律 N. inexorable law
bìrán guīsù 必然归宿[--歸-] N. inevitable outcome
bìránlùn 必然论 N. necessitarianism; determinism
bìránshì 必然式 N. <lg.> necessitative form
bìrán wángguó 必然王国[-國] N. realm of necessity
bìránxìng 必然性 N. necessity; inevitability; certainty
bìránxìng de 必然性的 ATTR. <lg.> obligatory
[1]**bìránzhīshì** 必然之事 N. a matter of necessity
[2]**bìránzhīshì** 必然之势[-勢] N. a natural trend
bìrè 比热[-熱] N. <phy.> specific heat
bīrén* 逼人 V.O. force; press sb.
bǐrén 鄙人 F.E. ① <humb.> your humble servant; I ② hillbilly
[1]**bìrén** 敝人 F.E. <trad./humb.> I; me; myself
[2]**bìrén** 璧人 N. a beautiful woman
[3]**bìrén** 嬖人 N. <trad.> favorite of the ruler
bìrèn 避妊 V.O. avoid pregnancy ♦N. contraception
bìrén'ěrmù 避人耳目 F.E. avoid being noticed
bīréntàishèn 逼人太甚 F.E. press/push people too hard
bìrgù 毙儿故[斃-] V.P. die; pass away
bìrì 蔽日 V.O. <wr.> cover the sun
bìróng 比容 N. <phy.> specific volume
bìròufùshēng 髀肉复生[--復-] F.E. go flabby from inactivity
bǐrú* 比如 V.P. for example/instance
bìrú 贲如 V.P. richly adorned; brightly ornamental
bīrùkùnjìng 逼入困境 F.E. get cornered
bǐrúlìrèn 笔如利刃[筆-] F.E. One's writing is as keen and powerful as a sword.
bírúxuándǎn 鼻如悬胆[-懸膽] F.E. have a long, straight nose
bǐsài 比赛 N. match; competition
bǐsài chǎngdì 比赛场地[--場-] P.W. competition arena
bǐsài shìyí 比赛事宜 N. arrangements for a competition
bísāiyīn 鼻塞音 N. <lg.> nasal stop sound
bìsāiyīn* 闭塞音 N. <lg.> ①occlusive ②plosive/stop sound
Bǐsà Xiétǎ 比萨斜塔[-薩--] N. Leaning Tower of Pisa
bísè 鼻塞 N. stuffy nose
bǐsè 鄙啬[-嗇] S.V. ①narrow-minded ②miserly; stingy
[1]**bìsè*** 闭/蔽塞 V. ① stop up; close off ② shelter/hide from ♦S.V. ① ignorant; provincial ② inaccessible ③ occlusive
[2]**bìsè** 碧色 N. green/blue color
bìsè de 闭塞的 ATTR. <lg.> closing
bìsè mócāyīn 闭塞摩擦音 N. <lg.> affricate
bìsèqī 闭塞期 N. <lg.> occlusion
bìsè xìngzhì 闭塞性质[-質] N. <lg.> occlusive nature
bìshā* 臂纱 N. (black) armband
[1]**bìshà** 璧翣 N. frame for hanging bells and musical stones
[2]**bìshà** 避煞 V.P. avoid evil spirits
bìshāchú 碧纱厨[-廚] N. mosquito net that looks like a small cabinet
bǐshān 笔山[筆-] N. brush rest
bìshān* 碧山 N. green mountain
bìshànfá'è 庇善罚恶[-惡] F.E. protect the good and punish the evil
bìshang* 闭上 R.V. close/shut up
bìshāng 毙伤[斃傷] V. kill and wound; inflict casualties
bìshàngguān 壁上观[-觀] V.P. ① watch a fight from a distance ② detached view
bīshàngliángshān 逼上梁山 ID. ① be driven to revolt ② be forced to extremities
bìshàngméngxià 蔽上蒙下 F.E. deceive superiors and hoodwink subordinates
bìshàngyǎn 闭上眼 V.O. close one's eyes
bǐshé 笔舌[筆-] N. tip of a brush
bǐshè 比舍 P.W. the neighboring/next-door house
bìshè* 敝舍 F.E. <humb.> my house/home
bìshēn 蔽身 V.O. cover one's body
bìshēng* 毕生[畢-] N. all one's life; lifetime
bìshèng 必胜[-勝] V.P. cannot fail; be sure to win
bīshǐ 逼使 V. force
bīshì 逼视 V. look at from close up; watch intensely
bǐshī 比湿[-濕] N. <met.> relative humidity
bǐshí 彼时[-時] N. at that time
bǐshǐ 俾使 N. <wr.> in order to do sth.; so as to do sth.
[1]**bǐshì*** 笔试[筆-] N. written examination ♦V. take a written exam
[2]**bǐshì** 鄙视 V. despise; disdain
[3]**bǐshì** 比试 V. ① compete; have a competition ② measure with one's hand/arm
[4]**bǐshì** 笔势[筆勢] N. vigor (of calligraphy or writing style)
[5]**bǐshì** 鄙事 N. trifles; mean matters
bìshī 壁虱 N. <zoo.> ① tick ② <topo.> bedbug
bìshǐ 裨使 V. <wr.> in order to do
[1]**bìshì** 必是 V.P. inevitably; certainly
[2]**bìshì** 避世 V.O. live as a recluse
[3]**bìshì** 闭市 V.O. suspend business; close
[4]**bìshì** 弼/拂士 N. <trad.> wise counselor; straightforward adviser
bìshì hòu jiàgé 闭市后价格[--後價-] N. after-hours value
bìshíjiùxū 避实就虚[-實-虛] F.E. avoid the enemy's main force and strike at the weak points
bìshíjīxū 避实击虚[-實擊虛] F.E. avoid the enemy's main force and strike at his weak points
bìshìjuésú 避世绝俗[--絕-] F.E. withdraw from society and live in solitude
bìshìlísú 避世离俗[--離-] F.E. keep away from worldly reality
bǐshǒu* 匕首 N. dagger
bǐshòu 笔受[筆-] V. <wr.> take down dictation
bǐshǒuhuàjiǎo 比手画脚[-畫腳] F.E. gesticulate
bǐ shǒulì 比手力 V.O. arm/Indian wrestle
bǐ shǒushì 比手势[-勢] V.O. make hand gesture
[1]**bǐshù** 笔述[筆-] V. ① narrate/describe in writing ② write from dictation
[2]**bǐshù** 比数[-數] N. ratio
bìshū 辟书[-書] N. <trad.> imperial convocation
bìshǔ* 避暑 V.O. ① be away for the summer holidays ② prevent sunstroke
bìshǔ biéshù 避暑别墅 N. summer house M: [4]zuò
bìshǔdì 避暑地 P.W. summer resort M: [1]ge/chù
bíshuǐ 鼻水 N. <topo.> nasal mucus
bìshuǐ 碧水 N. clear blue water
bìshuì* 避税 V.O. evade taxes
bìshuǐcāngtiān 碧水苍天[--蒼-] F.E. The water is green and the sky is blue.
bìshuì chǎngsuǒ 避税场所[--場-] P.W. tax haven
bǐshùn 笔顺[筆-] N. <lg.> character stroke order
bìshǔ shèngdì 避暑胜地[--勝-] P.W. summer resort M: [1]ge/chù
bīsǐ* 逼死 V. hound to death
bìsǐ 必死 V.P. will certainly die; be certain to die
bísìfǎ 鼻饲法 N. <med.> nasal feeding
bìsǐzhīxīn 必死之心 N. willingness to die for sth.
bǐsú 鄙俗 S.V. vulgar; philistine
bísuān 鼻酸 N. tingling sensation in the nose (due to sadness)
bǐsuàn* 笔算[筆-] N. written calculation ♦V. do sum in writing
[1]**bǐsuì** 秕穗 N. <agr.> undeveloped spike/head of grain M: [2]kē/[5]zhī/[4]zhī
[2]**bǐsuì** 比岁[-歲] N. ① these past years ② after several years
bīsuǒ 逼索 V. force; obtain (money/repayment/etc.) by force
bǐsuǒ* 比索 N. <loan> peso
bìsuǒ 闭锁 S.V. closed; inaccessible
bǐtán 笔谈[筆-] N./V. ① conversation in writing ② comment in writing; give a written statement ③ pen conversations (often used in book titles)
bìtán 碧潭 N. green lake ***See also** Bì Tán*
Bì Tán 碧潭 P.W. the Green Lake (in suburban Taibei, Taiwan) ***See also** bìtán*
bìtǎn* 壁毯 N. wall tapestry M: [2]kuài
bǐtào* 笔套[筆-] N. ①cap of a writing instrument ② sheath of pen M: [2]zhī
bìtáo 碧桃 N. flowering peach tree M: [2]kē/[2]zhū
bítāzuǐwāi 鼻塌嘴歪 F.E. a very ugly face
bǐtè 比特 N. <loan/comp.> bit
bítì* 鼻涕 N. nasal mucus; snivel
bǐtǐ 笔体[筆體] N. style of handwriting
bìtǐ 蔽体[-體] V.O. ① cover the body ② take shelter
bìtiān* 蔽天 V.O. cover the sky
bìtián 璧田 N. <wr.> good farmland M: [2]kuài
bítìchóng 鼻涕虫[-蟲] N. a slug; a dew snail M: [2]zhī
bǐtiěbùgǎi 笔铁不改[筆鐵-] F.E. an unalterable written decision; a settled case
bítìkuài 鼻涕块[-塊] N. nasal mucus
bǐtǐng 笔挺[筆-] S.V. ① (standing) very straight ② well-ironed; trim
bǐtǒng 笔筒[筆-] N. pen container; brush pot M: [2]zhī/[1]guǎn
bì tóngyīn 避同音 N. <lg.> dissimilation
bítou* 鼻头 N. <topo.> nose
bǐtóu(r) 笔头(儿)[筆-] N. ① nib; pen point ② ability to write ♦ATTR. written
bìtóu 篦头 V.O. comb one's hair with a fine-toothed comb
bǐtuōyúwù 比托于物[--於-] F.E. <wr.> make a comparison with an object; objectify
bíwā(zi)* 鼻洼(子)[-窪-] N. shaded areas under the nostrils
bìwǎ 碧瓦 N. green glazed tile M: [2]kuài
bìwǎjīnzhuān 碧瓦金砖[-磚] F.E. with roofs of green tiles and walls of golden bricks
bìwàn 臂腕 N. arm and wrist
bǐ wànlì 比腕力 V.O. <TW> arm/Indian wrestle
bǐwéi* 比为 V.P. liken to; compare to
bìwèi 陛卫[-衛] N. <trad.> the imperial guard
bìwéibùqì 敝帷不弃[-棄] ID. <wr.> not waste anything
bì wěiqū 避委屈 V.O. endure (unfairness/etc.)
bīwèn* 逼问 V. ①force sb. to answer ②question closely
bǐwén 比闻 V.P. <wr.> recently heard
bìwén 篦纹 N. <art> comb pattern
bìwénjì 避蚊剂[-劑] N. mosquito repellent M: píng
bíwōr 鼻窝儿[-窩-] N. nose-side dimples
bǐwū 比屋 N. adjoining houses
bǐwǔ 比武 N./V.O. ①clash of arms ②tournament
bǐwù* 笔误[筆-] N./V. ① a slip of the pen ② make a slip in writing
bǐwùcǐzhì 比物此志 F.E. <wr.> express oneself metaphorically
bíxī* 鼻息 N. breath
bǐxǐ 笔洗[筆-] N. inkbrush washer M: [2]zhī/ge
bìxí 避席 V.O. <trad.> stand up from the floor mat to show respect
[1]**bìxǐ** 敝屣 N. <wr.> ①worn-out shoes ②worthless thing
[2]**bìxǐ** 碧玺[-璽] N. ①<geol.> tourmaline ②<wr.> bluish-green (jade) imperial/royal seal M: [2]kuài
bǐxià* 笔下[筆-] N. ①ability to write ②wording and purport of what one writes ~ ***yǒulì*** write powerfully
bìxià 陛下 PR. Your/His/Her Majesty
bǐxiàchāoshēng 笔下超生[筆-] F.E. spare sb.'s life when writing a verdict
bǐxiàliúqíng 笔下留情[筆-] F.E. be merciful when making critical remarks in writing
bìxiān 比先 ADV. <topo.> formerly
[1]**bìxián*** 避嫌 V.O. avoid activities that may arouse suspicion

[2]bìxián 蔽贤[-賢] V.O. keep the capable/virtuous from attaining eminence

[1]bìxiāng 壁厢[-廂] N. <*early vernacular*> side

[2]bìxiāng 敝乡[-鄉] F.E. <*humb.*> my/our hometown/village

bìxiánrànglù 避贤让路[-賢讓-] F.E. resign from a public post

bì xiántán 避闲谈 V.O. avoid gossip

bìxiányǐntuì 避嫌引退 F.E. withdraw from a post to avoid suspicion

bīxiào* 逼肖 V.P. <*wr.*> closely resembling

bǐxiào 鄙笑 V./N. jeer; scoff at

[1]bìxiào 毕肖[畢-] V.P. perfectly resembling

[2]bìxiào 敝校 F.E. <*humb.*> my/our school

bǐ xiàqu 比下去 R.V. defeat; win over

bíxiě 鼻血 N. blood from the nose *See also bíxuè*

bǐxiě 笔写[筆寫] V. write with a brush/pen

bìxiē 闭歇 V. close shop

bìxié* 辟/避邪 V.O. ward off evil spirits/influences ♦N. talisman; charm; amulet *See also pìxié*

bìxiě 碧血 N. blood shed in a just cause *See also bìxuè*

bìxiè 璧谢 V. <*wr.*> decline (a gift) with thanks

bìxiéguīzhèng 辟邪归正[--歸-] *See pìxiéguīzhèng*

bìxiěhuánghuā 碧血黄花 F.E. lose one's life in the battlefield for a good cause

bìxiéqù'è 辟邪去恶[-惡] F.E. ward off evil influence

bǐxièyǔ 鄙亵语[-褻-] N. vulgar expression

bǐxīn 笔心/芯[筆-] N. ① pencil lead ② refill (for a ball-point pen)

bǐxíng 笔形[筆-] N. the form of a stroke or a combination of strokes (in characters)

bìxíng 诐行 N. <*wr.*> evil and one-sided conduct/action

[1]bìxìng* 敝姓 F.E. <*humb.*> my surname is

[2]bìxìng 嬖幸 V. <*trad.*> be favored by the ruler (of concubines/sycophants)

bìxíngshù 蔽形术[-術] N. <*Dao.*> magic making a person invisible

bìxiōngqūjí 避凶趋吉[--趨-] F.E. avoid impending trouble and seek good luck

bíxīrúléi 鼻息如雷 F.E. snort/snore thunderously

bìxiū 必修 ATTR. required/obligatory (of school courses)

bìxiūkē 必修科 N. required course

bìxiūkè* 必修课 N. required course M: *mén*

bìxǐxūróng 敝屣虚荣[-虛榮] F.E. discard vanity like a pair of worn-out shoes

bǐxǐzi 笔洗子[筆-] N. <*trad.*> container for washing writing brushes

bìxǐzūnróng 敝屣尊荣[-榮] F.E. turn one's back on worldly honors

[1]bìxū 必须 AUX. must; have to ***Nǐ ~ yònggōng.*** You have to study hard.

[2]bìxū 必需 ATTR. essential; indispensable ***Zhèxiē dōngxi dōu shì ~ de.*** These things are all necessary. ♦AUX. need; require

bíxuè* 鼻血 N. nose-bleeding *See also bíxiě*

bǐxuē 笔削[筆-] V. correct/improve (composition)

bìxuè 碧血 N. blood shed in just cause *See also bìxiě*

bìxuèdānxīn 碧血丹心 ID. deep patriotism

bìxuéfūrén 婢学夫人 F.E. inferiors mimic superiors

bìxuèhuángshā 碧血黄沙 ID. shed blood for a just cause

bìxūpǐn 必需品 N. necessities; necessaries M: [2]*jiàn*

bīyā 逼压[-壓] V. oppress

bíyān(r) 鼻烟(儿)[-煙-] N. snuff

bíyán* 鼻炎 N. <*med.*> rhinitis

bǐyán 鄙言 N. <*wr.*> popular language

[1]bǐyàn 笔砚[筆-] N. writing brush and inkstone

[2]bǐyàn 鄙谚 N. common saying; proverb

bìyán 辟言 V.O. leave in order to avoid hearing offensive words

[1]bìyǎn 闭眼 V.O. close the eyes

[2]bìyǎn(r) 碧眼(儿) N. ①blue eyes ②Westerners

bíyān'ái 鼻咽癌 N. <*med.*> nasopharyngeal carcinoma

bíyānhé(r) 鼻烟盒(儿)[-煙--] N. snuffbox M: [2]*zhī*/*ge*

bíyānhú(r)* 鼻烟壶(儿)[-煙壺-] N. snuff bottle M: [1]*bǎ*

bìyǎnhú 碧眼胡 N. non-Chinese with blue or green eyes

bíyǎnr 鼻眼儿 N. nostril

bìyánzhūdòng 碧檐朱栋 ID. green eaves and vermilion pillars

bíyào 鼻药[-藥] N. <*med.*> nose drops

bìyào* 必要 S.V. necessary; indispensable ♦N. need

bìyào qiántí 必要前提 N. prerequisite; precondition

bìyào tiáojiàn 必要条件[--條-] N. essential condition; prerequisite

bìyàoxìng 必要性 N. necessity

bìyě 蔽野 V.O. cover the whole field (of banners/trees/etc.)

[1]bìyè* 毕业[畢業] V.O. graduate; finish school

[2]bìyè 闭业[-業] V.O. wind up one's business

bìyèbān 毕业班[畢業-] N. graduating class

bìyè diǎnlǐ 毕业典礼[畢業-禮] N. commencement exercises; commencement

bìyè fēnpèi 毕业分配[畢業-] N. job assignment on graduation

bìyè fēnpèi zhìdù 毕业分配制度[畢業-] N. system for assignment of graduates

bìyèkǎo 毕业考[畢業-] N. graduation examination

bìyè kǎoshì 毕业考试[畢業-] N. graduation examination

bìyè lùnwén 毕业论文[畢業-] N. graduation thesis; dissertation M: [1]*piān*

bìyè niánxiàn 毕业年限[畢業-] N. required number of years for graduation

bìyè shèjì 毕业设计[畢業-] N. design project for graduation

bìyèshēng 毕业生[畢業-] N. graduate M: [1]*ge*/[2]*wèi*

bìyèshì 毕业式[畢業-] N. commencement exercises; commencement

bìyè shíxí 毕业实习[畢業實習] N. graduation fieldwork

bìyè wǎnhuì 毕业晚会[畢業-] N. graduation party

bìyěwújì 碧野无际[-際] F.E. green grassland stretching to the horizon

bìyè xiàncí 毕业献辞[畢業獻辭] N. valedictory

bìyè zhàopiàn 毕业照片[畢業-] N. photograph of all the graduating students and their teachers M: [1]*zhāng*

bìyè zhèngshū 毕业证书[畢業證書] N. diploma M: [1]*zhāng*/[1]*fèn*

bíyì 鼻翼 N. nostrils

bǐyí 鄙夷 V. <*wr.*> look down upon ♦ATTR. despicable

[1]bǐyì 比翼 ADV. (fly) wing to wing

[2]bǐyì 笔意[筆-] N. ①calligraphic style ②meaning of a passage/sentence/etc.

[3]bǐyì 鄙意 F.E. my humble opinion

[4]bǐyì 笔译[筆譯] N. written translation ♦V. translate in writing

[5]bǐyì 比译[-譯] N. <*lg.*> transposition

[1]bìyī 壁衣 N. cloth wall covering

[2]bìyī 跛依 A.T. <*wr.*> slanting; unbalanced

bìyí 避疑 V.O. avoid giving grounds for suspicion

bìyǐ 跛倚 A.T. <*wr.*> partial; biased; prejudiced

[1]bìyì* 裨益 N. <*wr.*> benefit; advantage; profit

[2]bìyì 避疫 V.O. escape from epidemics

[3]bìyì 避役 V. avoid military service ♦N. <*zoo.*> chameleon

[4]bìyì 敝邑 F.E. <*humb.*> my kingdom

[5]bìyì 辟易 V. <*wr.*> retreat; recoil (in fright)

[6]bìyì 愊忆[-憶] S.V. <*wr.*> frustrated; depressed

bǐyibǐ 比一比 V.P. ① make a comparison ② engage in a contest

bǐyì'érxíng 比翼而行 F.E. fly side by side; pair off wing to wing

bìyī'èshí 敝衣恶食[--惡-] F.E. having a very low living standard

bíyīn 鼻音 N. <*lg.*> nasal (sound) ***Tā shuōhuà dài ~.*** He speaks with a twang.

bìyīn 闭音 N. <*lg.*> ① implosive ② stop (in phonetics)

bìyǐn 辟引 V. <*wr.*> summon to court; appoint to office

bìyìn(r)* 庇荫(儿)[-蔭] V.O./N. ① give shade ② shield

bíyīn de 鼻音的 ATTR. <*lg.*> nasal

bíyīn de mǔyīn 鼻音的母音 N. <*lg.*> nasal vowel

bìyīndù 闭音渡 N. <*lg.*> close juncture

bíyíng 鼻蝇[-蠅] N. flies that lodge in a mammal's nose/nostril M: [2]*zhī*

bíyīnhuà 鼻音化 N. nasalization

bǐyìniǎo 比翼鸟 N. lovebirds; devoted couple M: [2]*zhī*

bíyīn jiā mócā 鼻音加摩擦 N. <*lg.*> dorsonasal fricative

bìyīnjié 闭音节[-節] N. <*lg.*> blocked/checked/closed syllable

bìyīnjié yuányīn 闭音节元音[--節--] N. <*lg.*> checked vowel

bíyīn qiāngdiào 鼻音腔调 N. <*lg.*> (nasal) twang

bíyīn wěi yùnmǔ 鼻音尾韵母[---韻-] N. <*lg.*> nasal final

bíyīnxìng 鼻音性 N. <*lg.*> twang

bìyìqiānrén 辟易千人 ID. <*wr.*> too fierce to confront

bǐ yīshí cǐ yīshí 彼一时此一时[--時--時] F.E. The situation has changed.

bǐyìshuāngfēi 比翼双飞[-雙飛] F.E. go places together as a couple

Bìyōng 辟雍 N. <*wr.*> central one of the five Zhou dynasty royal academies

bìyǒng* 躄踊[-踴] V. stamp the feet with grief

bìyòng 必用 ATTR. <*lg.*> obligatory

bìyòng biànhuànlǜ 必用变换律[--變換-] N. <*lg.*> obligatory transformation

bìyòng guīlǜ 必用规律 N. <*lg.*> obligatory rule

bǐyǒu 笔友[筆-] N. pen pal M: [1]*ge*/[2]*wèi*

bìyǒu 敝友 F.E. <*humb.*> my friend

bìyòu* 庇佑 V. ① <*wr.*> bless ② protect

bìyǒu'ěr 壁有耳 F.E. Beware of eavesdroppers.

bìyōuyōu 碧油油 R.F. bluish green

bìyóuzhīlù 必由之路 N. the only way M: [1]*tiáo*

bǐyǔ 鄙语 N. <*wr.*> popular expression

bǐyù* 比喻 N. ① metaphor; analogy ② <*lg.*> figure of speech; simile ♦V. compare; draw a parallel

bìyú 壁鱼 N. silverfish M: [2]*zhī*/*ge*

bìyǔ 避雨 V.O. take shelter from rain

[1]bìyù 碧玉 N. jasper; emerald M: [2]*kuài*

[2]bìyù 璧玉 N. <*trad*> a round flat piece of jade with a hole in its center used for ceremonial purposes M: [2]*kuài*

bíyuān* 鼻渊[-淵] N. <*Ch. med.*> sinusitis

bìyuán 弊源 N. cause of a malady/evil/malpractice

bíyuányīn* 鼻元音 N. <*lg.*> nasal vowel

bìyuányīn 闭元音 N. <*lg.*> closed/blocked vowel

bǐyù de 比喻的 ATTR. figurative

bǐyù de yìyì 比喻的意义[-義] N. comparative/figurative meaning

bìyuè 璧月 N. full moon

bìyuèxiūhuā 闭/蔽月羞花 ID. outshines moon and shames flowers (of women's beauty)

bǐyùfǎ 比喻法 N. imagery

bìyùhūn 碧玉婚 N. jade wedding anniversary (the 35th wedding anniversary)

bìyùn 避孕 N./V.O. contraception

bìyùnhuán 避孕环[-環] N. intrauterine device (IUD) M: [2]*zhī*/*ge*

bíyùnmǔ 鼻韵母[-韻-] N. <*lg.*> nasalized final

bìyùnqì 避孕器 N. contraceptive devices

bìyùnshuān 避孕栓 N. contraceptive suppository

Bìyún Sì 碧云寺[-雲-] P.W. Buddhist temple in the Western Hills near Beijing

bìyùntào 避孕套 N. condom M: [1]*ge*/[2]*zhī*

bìyùnwán 避孕丸 N. contraceptive medicine/drug/pill M: [1]*kē*/[3]*lì*

bìyùnyào 避孕药[-藥] N. contraceptive medicine/drug; the pill

bìyùn yàogāo 避孕药膏[--藥-] N. contraceptive jelly

bìyùn yàojù 避孕药具[--藥-] N. contraceptive medicines and devices

bìyùn yòngpǐn 避孕用品 N. contraceptives

bǐyùxìng duìděngcí 比喻性对等词[---對--] N. <*lg.*> figurative equivalent

bǐyùyì 比喻义[-義] N. <*lg.*> analogical/metaphoric meaning

bǐyù yǐnshēn 比喻引伸 N. <*lg.*> metaphoric extension

bǐyù yìyì 比喻意义[-義] N. <*lg.*> figurative meaning/sense

bǐyùyǔ 比喻语 N. figurative speech

bǐyùzhīcí 比喻之辞[-辭] N. figure of speech

bìyǔzhòu 闭宇宙 N. closed universe

bīzè 逼仄 V.P. <*wr.*> narrowed; cramped

bǐzhá* 笔札[筆-] N. ① writing materials ② records; notes ③ handwritten letter

bǐzhà 鄙诈 S.V. despicably untruthful; deceitful

bīzhǎi 逼窄 V.P. narrow; cramped

bīzhài* 逼债 V.O. dun

bǐzhài 笔债[筆-] N. a commissioned contribution (to a magazine/etc.)

bìzhài 避债 V.O. dodge creditors

bīzhàilèsuǒ 逼债勒索 F.E. press for the payment of debts

bìzhàitái 避债台[-臺] N. refuge from one's creditors

bǐzhàn 笔战[筆戰] N. written polemics M: [3]*cháng*

bìzhāng* 臂章 N. ① armband; armlet ② <*mil.*> shoulder emblem/patch; chevron; sleeve insignia indicating rank M: [2]*dào*/*ge*

[1]bìzhàng 蔽障 V. keep in obscurity ♦N. mental bloc to understanding

[2]bìzhàng 壁障 N. obstacle M: [1]*ge*/[2]*dào*

bǐzhào* 比照 V. contrast ♦COV. ① according to ② compare to; in the light of ③ analogy

[1]bìzhào 璧赵[-趙] ID. <*wr.*> return something valuable to its original owner

[2]bìzhào 辟召 V. <*trad.*> appoint to a post

bìzhàoxiánnéng 辟召贤能[--賢-] F.E. <*wr.*> summon worthies and talents to court

bǐzhe 比着[-著] V.P. ① compare ② copy

bǐzhě* 笔者[筆-] N. (present) writer; I, the author

bìzhé 闭蛰[-蟄] N. hibernation of animals/insects

bìzhě 襞褶 N. <*wr.*> lines/pleats on clothes as a result of folding

bīzhēn* 逼真 S.V. ①lifelike; true to life ②distinct (image/recording) ♦ADV. distinctly; clearly

bǐzhèn 笔阵[筆-] N. The pen is mightier than the sword.

bìzhēn 毕真[畢-] S.V. lifelike

bǐzhèng 秕政 N. <*wr.*> poor administration/government

bìzhēng* 必争[-爭] ATTR. too important to relinquish (of a place/position/etc.)

[1]bìzhèng 痹证[-證] N. <*Ch. med.*> localized pain disorder; pain syndromes

[2]bìzhèng 弊政 N. <*wr.*> ① maladministration; misrule ② bad policies

bìzhēngzhīdì 必争之地[-爭--] N. a place of strategic importance M: [1]*ge*/*chù*/[2]*kuài*

bízhēn liáofǎ 鼻针疗法[--療-] N. <*Ch. med.*> nose acupuncture therapy

[1]bǐzhí 笔直[筆-] V.P. ramrod straight

[2]bǐzhí 比值 N. ① specific value ② ratio

bìzhī 辟支 N. <*Budd.*> seek enlightenment by oneself

[1]bìzhí* 币值[幣-] N. <*econ.*> currency value

[2]bìzhí 毕直[畢-] V.P. absolutely straight

bìzhǐ 壁纸 N. wallpaper M: [1]*zhāng*

[1]bìzhì 币制[幣-] N. <*econ.*> currency system

[2]bìzhì 篦栉[-櫛] N. fine-toothed comb (usu. made of bamboo)

[3]bìzhì 跛踬[-躓] V. <*wr.*> stumble and fall *See also bǒzhì*

bìzhí bōdòng 币值波动[幣-動] N. currency fluctuation

bìzhījiā 辟支迦 N. <*Budd.*> seek enlightenment by oneself (pratyeka)

Bìzhìjú 币制局[幣-] N. government agency for minting coins, issuing banknotes, etc. in early republic

bīzhìjuéjìng 逼至绝境[--絕-] F.E. drive sb. to the wall

bìzhīruòměi 避之若浼 F.E. keep a distance from sth/sb.

bǐzhīyúshū 笔之于书[筆-於書] F.E. <*wr.*> commit sth. to writing

bǐzhòng* 比重 N. ① proportion ② <*phy.*> specific gravity

bìzhōng 壁钟[-鐘] N. ① wall clock ② bracket clock M: [2]*zhī*/[1]*ge*

bízhòngbùtóng 比众不同[-眾--] F.E. unparalleled

bízhōnggé 鼻中隔 N. nasal septum

bǐzhòngjì 比重计 N. <*phy.*> hydrometer M: [2]*zhī*/*ge*

bìzhòngjiùqīng 避重就轻[-輕] F.E. ① sidestep major matters and dwell on trivia ② take the easier way out

bìzhōngshū 壁中书[-書] N. <*trad.*> classics found hidden in the wall of Confucius's home

bìzhòngzhōuzhī 俾众周知[-眾--] F.E. <*wr.*> for everyone's information

bǐzhōu 比周 A.T. be cordial to mean persons

bìzhǒu* 臂肘 N. elbow

bìzhǒuqiānjīn 敝帚千金 F.E. cherish a possession of little value

bìzhǒuzìzhēn 敝帚自珍 F.E. value one's own modest creations

bìzhòuzuòyè 俾昼作夜[-晝--] F.E. ① turn day into night ② sleep during the day

bīzhù* 逼住 V. force; compel; drive

bìzhù 臂助 V. <*wr.*> help ♦N. assistant

bízhǔn 鼻准[-準] N. tip of the nose

bìzhù qì 闭住气[-氣] V.O. hold one's breath

bízi* 鼻子 N. nose

bǐzi 秕子 N. blighted grain

bǐzī 笔资[筆-] N. fees for writing/calligraphy/etc.

bǐzǐ 秕滓 N. husks; chaff; refuse

[1]bìzi 篦子 N. double-edged fine-toothed comb

[2]bìzi 箅子 N. grate; grating; grid

bìzǐ 婢子 N. ① maidservant ② concubine M: [1]*ge*/[1]*míng* ③ <*humb.*> woman's self-address

bízi dǐxià de shì 鼻子底下的事 N. a trivial matter

bízijiānr 鼻子尖儿 N. tip of the nose

bízitóu 鼻子头 N. <*coll.*> ① the end of the nose ② soft/weak spot; a shortcoming

bíziyǎn(r) 鼻子眼(儿) N. nostril

bíziyīsuān 鼻子一酸 F.E. A lump forms in one's throat.

bìzīyìzhù 俾资挹注 F.E. <*wr.*> to help make both ends meet

bīzǒu 逼走 R.V. force to leave

bǐzǒulóngshé 笔走龙蛇[筆-] ID. <*wr.*> vigorous calligraphic style

bīzū 逼租 V.O. press for payment of land/rent

bízǔ* 鼻祖 N. earliest ancestor; originator (of a school of thought); nestor

bìzuǐ 闭嘴 V.O. <*slang*> shut up

bǐzuò 比做 V. use as a comparison for

bìzuòfūren 婢作夫人 F.E. ① inferiors ape superiors ② not competent enough to do sth.

B-kǎo B拷 <*TW*> N. B-copy (videotape copied from a copy of a master)

[1]bo 啵 M.P. <*wr./topo.*> *used in Middle Chinese and in dialects to denote request/command/etc.; similar to modern Mandarin* ba

[2]bo 卜[-/蔔] in **luóbo** *See also* [3]*bǔ*

[1]bō* 播 V. ① sow; seed ② broadcast

[2]bō 拨[撥] V. ①move with a hand/foot/stick/etc.; turn; stir; poke ~ **biǎo** set a clock ~ **diànhuà** dial a telephone **Xiān ~ líng, zài ~ hàomǎr.** First dial zero, then the number. ② allocate ~ **zījīn** allocate funds ♦M. *for groups of people* **Wǒmen fēn jǐ ~ zǒu.** Let's divide into several groups and go.

[3]bō 波 B.F. ①wave (water) **bōlàng** ②unexpected turn of events [1]**bōzhé**

[4]bō 剥[剝] V. peel; flay *See also* [2]*bāo*

[5]bō 钵[缽] N. ① earthen bowl ② Buddhist alms bowl

[6]bō 玻 in **bōli**

[7]bō 菠 in **bōcài, mùbōluó**

[8]bō 饽[餑] in **bōbo**

[9]bō 般 in **bōrě** *See also* [3]*bān*, [9]*pán*

[1]bó 脖 B.F. neck [1]**bózi**

[2]bó 驳[駁] V. refute; contradict ♦B.F. ① barge; lighter **tiěbó** ② transport by lighter **bóyùn** ③ <*wr.*> varicolored **bānbó**

[3]bó 薄 S.V. *See* [1]*báo See also* [3]*bò*

[4]bó 博/愽 B.F. abundant; plentiful **bódà** ♦V. win; gain

[5]bó 搏 B.F. ① wrestle; fight **bódòu** ② pounce on ③ beat; pulsate **màibó**

[6]bó 柏 N. cypress *See also* [3]*bǎi*, [4]*bò*

[7]bó 伯 B.F. ① father's elder brother; uncle **bóbo** ② eldest of brothers ③ earl; count **bójué** *See also* [5]*bǎi*

[8]bó 膊 B.F. arm **chìbó, gēbo**

[9]bó 泊 V. be at anchor; moor; park (borrowed into Mandarin from a Cantonese pronunciation of the English word) *See also* [5]*pō*

[10]bó 箔 B.F. ① screen (of reeds, sorghum stalks, etc.) **wěibó** ②bamboo tray for rearing silkworms **cánbó** ③ foil; tinsel **lǚbó** ④ paper tinsel burned as offering to the dead ⑤ door curtain

[11]bó 勃 B.F. <*wr.*> flourishing; thriving **shēngqì bóbó**

[12]bó 舶 B.F. ① a ship **chuánbó** ② imported item **bóláipǐn**

[13]bó 帛 N. <*wr.*> silks

[14]bó 钹[鈸] N. <*mus.*> cymbals

[15]bó 铂[鉑] N. <*chem.*> platinum

[16]bó 礴 B.F. **pángbó**, [2]**pánbó**

[17]bó 渤 B.F. Bohai **Bó Hǎi, pāngbó**

[18]bó 䴬 B.F. wallaby **yánbó**

[19]bó 榑 in **bólú**

[20]bó 鹁[鵓] in **bógē, bógū**

[21]bó 鲌[鮊] in **ōubó**

[1]bǒ 簸 V. winnow, using a woven bamboo scoop ♦B.F. bounce up and down (of a container or vehicle) **bǒdùn, diānbǒ, nàidiānbǒchē** *See also* [1]*bò*

[2]bǒ 跛 B.F. lame **bǒjiǎo** *See also* [30]*bì*

[1]bò 簸 B.F. winnowing scoop **bòji** *See also* [1]*bǒ*

[2]bò 擘 N. <*trad.*> thumb ♦B.F. <*wr.*> huge **jùbò**

[3]bò 薄 in **bòhe** *See also* [1]*báo*, [3]*bó*

[4]bò 柏 in **huángbò** *See also* [3]*bǎi*, [6]*bó*

[5]bò 檗 in **xiǎobò, huángbò**

bó'ài 博爱[-愛] N. universal love/fraternity

[1]bó'àn 驳岸 N. revetment

[2]bó'àn 泊岸 V.O. anchor alongside the bank of a river

bōbào 播报[-報] V. broadcast

bōbàoyuán 播报员[-報-] N. broadcaster; announcer M: [1]*ge*/[1]*míng*/[2]*wèi*

bóbì 搏髀 V. <*wr.*> keep the beat (of a tune/etc.) by slapping one's hip

bóbiàn 驳辩 V. argue; dispute; debate

bǒbiēqiānlǐ 跛鳖千里 ID. Persistence insures success.

bōbo 饽饽 N. <*topo.*> ① pastry ② (steamed) bun; cake

[1]bōbō 剥剥 ON. sound of pecking

[2]bōbō 波波 R.F. be on a constant run

bóbo* 伯伯 N. father's elder brother; uncle M: [1]ge/[2]wèi
[1]**bóbó** 勃勃 R.F. thriving; burgeoning
[2]**bóbó** 薄薄 R.F. ① thin, diluted (of wine) ② very broad (of land) ♦N. sound of a carriage driven rapidly
[3]**bóbó** 泊泊 N. ripples (of water)
bōbopù 饽饽铺 P.W. <topo.> confectionery/pastry shop
bōcài* 菠菜 N. spinach
bócǎi 博采[-採] V. collect widely
bócǎiguǎngmóu 博采广谋[-採廣-] F.E. seek advice from all sides
bōcàiyù 菠菜玉 N. <art> spinach jade
bócǎizhòngcháng 博采众长[--眾-] F.E. learn widely from others' strong points
bóchǎn 薄产[-產] N. small property
bōcháng 波长 N. wavelength
bóchē 泊车 V.O. <topo.> park a vehicle
bōchén 波臣 N. <wr.> ① denizens of water ② victims of drowning
bóchéng 薄惩[-懲] N. a light punishment
bōchénsìnüè 波臣肆虐 F.E. <wr.> flood disaster
bóchì 驳斥 V. ① refute; denounce ② reject
bōchōng 拨充[撥-] V. appropriate sth. for a specific use
bóchóu 薄酬 N. small reward/remuneration
[1]**bōchū*** 播出 R.V. broadcast; disseminate
[2]**bōchū** 拨出[撥-] R.V. pull out; pull up
bōchú 剥除 R.V. peel off
bōchuán 剥船 N. lighter; barge
[1]**bóchuán*** 驳船 N. barge; lighter M: [1]tiáo/[2]zhī/[1]sōu ♦V. moor a boat
[2]**bóchuán** 泊船 V.O. anchor/moor a ship
bóchuánfèi 驳船费 N. lighterage fee M: [2]bǐ
bóchúnqīngyán 薄唇轻言[--輕-] F.E. garrulous and sharp-tongued
bócí 驳辞[-辭] N. a quibble; a confused argument
Bōcítǎn Gōnggào 波茨坦公告 N. Potsdam Proclamation (1945)
Bócíwǎnà 博茨瓦纳 P.W. Botswana
bódá 博达[-達] V.P. having broad knowledge; erudite
bódà* 博大 V.P. ① broad; extensive ② (be) erudite
[1]**bódài** 薄待 V. treat ungenerously *See also báodài*
[2]**bódài** 帛带[-帶] N. <trad.> silk waist band worn by officials or wealthy men
bódàjīngshēn 博大精深 F.E. wide-ranging and profound
[1]**bōdàng*** 波荡[-蕩] V. heave; surge ♦ATTR. unstable; turmoil
[2]**bōdàng** 播荡[-蕩] V. ① jolt; bump; toss ② <wr.> become destitute and homeless; wander about homeless
bǒdàng 簸荡[-蕩] V. roll; rock; bump/toss and sway *Xiǎochuán ~de hěn lìhài.* The small boat rocked a great deal.
[1]**bódǎo** 驳倒 R.V. refute; outargue
[2]**bódǎo** 博导[-導] N. doctoral candidate advisor
bódé 博得 V. win; gain
bódì 薄地 N. unfertile land M: [2]kuài/[1]piàn *See also báodì*
bō diànhuà hàomǎ 拨电话号码[撥電-號-] V.O. dial a telephone number
bōdiào 剥掉 R.V. peel off
[1]**bōdòng*** 波动[-動] V. undulate; fluctuate ♦N. ① <phy.> wave motion ② fluctuation; rise and fall
[2]**bōdòng** 拨动[撥動] R.V. ① stir (up) ② prod ③ move (the minute hand/etc.) ④ turn (a switch)
bódòng 搏动[-動] V. throb; pulsate
bǒdòng 簸动[-動] V. ① jolt; bump; toss ② <trad.> strike (a gong)
bǒdòng jīnluó 簸动金锣[-動-鑼] V.P. <wr.> strike a gong
bódòu 搏斗[-鬥] V. wrestle; fight
bōduàn 波段 N. <radio> wave band
bǒdùn 簸顿 V. dally with
bōduó 剥夺[-奪] V. deprive; expropriate; strip (away/off)
bōduó gōngquán 剥夺公权[-奪-權] V.O. deprive of civic rights
Bōduōlígè 波多黎各 P.W. Puerto Rico
bó'érbùjīng 博而不精 F.E. know sth. about everything
bō'ěrkǎwǔ 波尔卡舞 N. <loan> polka
[1]**bōfā*** 拨发[撥發] V. transfer (funds)
[2]**bōfā** 播发[-發] V. broadcast; transmit
bófā 勃发[-發] V. ① thrive; prosper ② break out
bōfàng 播放 V. broadcast; transmit
bōfēng* 波峰 N. <phy.> wave crest
bófēng 搏风 N. cornice under the eaves
[1]**bōfú** 波幅 N. <phy.> amplitude
[2]**bōfú** 播幅 N. <agr.> the width of a row of planted seeds
bōfù* 拨付[撥-] V. appropriate (money)
bófū 薄夫 N. cold/unfeeling person
[1]**bófú** 薄福 N. (a life) with little joy
[2]**bófú** 博俘 V. capture; seize capture
bófù 伯父 N. father's older brother; uncle (address to a male of father's generation) M: [1]ge/[2]wèi
bófù-mǔ 伯父母 N. father's elder brother and his wife; uncle and aunt
bōfūzhītòng 剥肤之痛[-膚--] N. ① the pain of being skinned ② searing pain
bógē 鹁鸽 N. pigeon M: [2]zhī
bōgěi 拨给[撥-] V.P. authorize (expenditure of funds/etc.)
bógěngzi 脖颈/梗子[-頸-] N. nape
bōgōng 拨工[撥-] V.O. <topo.> exchange labor
bógōng* 伯公 N. <topo.> ① one's paternal grandfather's elder brother; great-uncle ② the elder brother of one's husband's father M: [2]wèi
bōgǔ* 波谷 N. <phy.> wave trough
bógū 鹁鸪 N. <zoo.> wood pigeon M: [2]zhī
bógǔ 博古 N. antiquities ♦ATTR. conversant with things of the past
bóguǎi 脖拐 N. <coll.> hand-chop to the neck
bóguàn 博贯 V.P. be very erudite
bōguāng 波光 N. shimmer of water
bōguāngdàngyàng 波光荡漾[--蕩-] F.E. there are ripples on the water
bōguī 拨归[撥歸] V. appropriate *~ Wáng jiàoshòu zhuānyòng* earmarked/reserved for Professor Wang's use
bōguǐyúnjué 波诡云谲[--雲-] F.E. <wr.> treacherous; strange and changeful
bǒgǔjī 簸谷机[-穀-] N. winnower; winnowing fan
bógǔtōngjīn 博古通今 F.E. knowledgeable about past and present
Bó Hǎi 渤海 P.W. Bohai (Sea)
bóhǎitónghuān 薄海同欢[-歡] F.E. The whole world/nation joins in the jubilation.
bōhào(r) 拨号(儿)[撥號-] V.O. dial
bōhàopán 拨号盘[撥號盤] N. (phone) dial
bòhe 薄荷 N. <bot.> peppermint
bòhejīng 薄荷精 N. menthol
bòhetáng 薄荷糖 N. peppermint candy M: [2]kuài
bòheyè 薄荷叶[-葉] N. leaves of field mint/peppermint M: [1]zhāng/[1]piàn
bòheyóu 薄荷油 N. peppermint oil M: píng
bó-hòu 薄厚 N. thickness *See also báohòu*
bóhǔ 搏虎 V.O. fight a tiger with one's bare hands
bóhuà* 帛画[-畫] N. painting on silk M: [10]fú
bòhuà 擘画/划[-畫/劃] V. <wr.> plan; arrange *Cǐ [2]shì [2]shàngdài ~.* The planning for this remains to be done.
bòhuàjīngxiáng 擘画精详[-畫--] F.E. plan very carefully
bóhuàn 薄宦 N. <wr.> low-ranking official position
bōhuàqì 拨话器[撥-] N. telephone dialer M: [1]tái/[1]jià/ge
bōhuí 拨回[撥-] V. turn (clock hands) back
bóhuí* 驳回 V. reject; overrule
bóhuí shàngsù 驳回上诉 V.P. reject an appeal
bōhuǒgùn(r) 拨火棍(儿)[撥-] N. poker (for fire) M: [2]gēn
bōjí* 波及 V.P. spread to; affect
bójī 搏击[-擊] V. strike; fight with
bójì 薄技 F.E. <humb.> my slight skill
bòji 簸箕 N. ① dustpan ② winnowing fan ③ loop (of a fingerprint)
bójià(r) 驳价(儿)[-價-] V.O. haggle over prices (of a buyer)
bōjiǎng 播讲[-講] V. talk over the radio
bōjiāo 拨交[撥-] V. issue (supplies) to; appropriate (funds) to
bōjiào 拨叫[撥-] V. dial
bǒjiǎo* 跛脚[-腳] N. lame person; cripple
bōjiāochōujiǎn 剥蕉抽茧[-繭] ID. investigate step by step
bōjíbìfù 剥极必复[-極-復] F.E. Fortune goes from one extreme to another.
bójié 驳诘 V. <wr.> refute; rebut
bòjīfēnlǐ 擘肌分理 ID. make a fine analysis
bōjímiàn 波及面 N. affected extent/area/range/etc.
bójīn 脖筋 N. veins/tendons in the neck
bójǐng(zi) 脖颈(子)[-頸-] N. back of the neck; nape
bójìnmiánlì 薄尽绵力[-盡--] F.E. <humb.> do my humble best
bójiǔ 薄酒 N. <humb.> light wine M: bēi *See also báojiǔ*
bòjixíng 簸箕形 N. dustpan shape
bójìzàishēn 薄技在身 F.E. <humb.> have slight skill
bójú* 博局 N. ① a gambling session ② gambling house
[1]**bójù** 薄具 F.E. <humb.> coarse food
[2]**bójù** 薄遽 ATTR. <wr.> pressing; urgent
bójué* 伯爵 N. <trad.> earl; count M: [2]wèi
bǒjué 跛蹶 V. <wr.> stumble and fall
bójué fūrén 伯爵夫人 N. <trad.> countess M: [2]wèi
bōjuéyúnguǐ 波谲云诡[--雲-] ID. sudden and unexpected changes
bōjùfǎ 剥句法 N. <lg.> sentence-peeling method
bōkāi* 拨开[撥開] R.V. push aside
bòkāi 擘开[-開] R.V. <wr.> open; break open/off
bōkāiwùmái 拨开雾霾[撥開霧-] ID. disperse the miasma (fig.)
bókān 驳堪 V.P. <wr.> reject a decision and rehear a case
bòkē 擘窠 N. <wr.> technique of writing huge characters
bōkéqiāng 剥壳枪[-殼槍] N. <coll.> a kind of pistol
bókéqiāng* 驳壳枪[-殼槍] N. Mauser pistol M: [1]bǎ
bòkēshū 擘窠书[-書] N. <wr.> big-character calligraphy
bòkōnghóu 擘箜篌 N. <trad.> name of an ancient musical instrument
bōkòng zhōngxīn 播控中心 P.W. broadcasting center
bōkuǎn 拨款[撥-] V.O. allocate funds ♦N. appropriation; allocation
bōla* 拨拉/啦[撥-] V. ① slide (beads on an abacus) ② nudge aside; brush aside ③ scoop into ④ disperse ⑤ strum; thrum ♦ON. splash
bōlà 拨剌[撥-] ON. splash ♦V.P. not in the proper position ♦V. draw a bow
bólágài(r) 脖拉盖(儿)[--蓋-] N. <coll.> kneecap
bóláihuò 舶来货 N. imported goods; foreign goods
bóláipǐn 舶来品 N. imported/foreign goods M: [2]jiàn
bōlakāi 拨啦/拉开[撥-開] R.V. <coll.> brush aside; get rid of

B

bōlán* 波澜 N. ① great waves; billows ② turns and twists of a piece of writing
Bōlán 波兰[-蘭] P.W. Poland
bólǎn 博览[-覽] V. read extensively
bōlàng 波浪 N. wave
bōlanggǔ(r) 拨/波浪鼓(儿)[撥-] N. <coll.> drum-shaped rattle (used by peddlers or as a toy); rattle-drum
bōlàng gǔngǔn 波浪滚滚[-滾滾] V.P. waves rolling along in succession
bōlàng lǐlùn 波浪理论 N. <lg.> wave theory
Bólángníng 勃郎宁[-寧] N. <loan> Browning (gun) M: [1]*bǎ*
bōlàngshì 波浪式 N. wave-like style
bōlàngshuō 波浪说 N. wave theory
bōlàngtāotiān 波浪滔天 F.E. waves surging to the sky
bólǎnhuì 博览会[-覽-] N. exhibition; trade fair
bōlánlǎochéng 波澜老成 F.E. magnificent; superb
bōlánqǐfú 波澜起伏 F.E. climax piled on climax (in writing)
bólǎnqúnjí 博览群籍/集[-覽--] F.E. well-read
bólǎnqúnshū 博览群书[-覽-書] F.E. well-read
bōlánzhuàngkuò 波澜壮阔[--壯-] F.E. surge like a tidal wave
bóláo 伯劳[-勞] N. <zoo.> shrike M: [2]*zhī*
bóláoniǎo 伯劳鸟[-勞-] N. <zoo.> shrike M: [2]*zhī*
Bólātú 柏拉图[-圖] N. Plato
Bólātúshì 柏拉图式[--圖-] ATTR. Platonic
Bólè 伯乐[-樂] N. ① Zhou figure famed for his ability to judge the quality of horses ② person good at discovering others' talents M: [2]*wèi*
bōlěi 波累 V. involve in trouble
bōléng 菠薐 N. <bot.> spinach
bōléngcài 菠薐菜 N. spinach
bōlenggài(r) 波棱盖(儿)[--蓋-] N. <topo.> knee
bólèxiàngmǎ 伯乐相马[-樂--] ID. good at discovering talent
bōli* 玻璃 N. ① glass ② <coll.> nylon; plastic M: [2]*kuài*
bōlí 剥离[-離] V. come/peel off
bólí 薄礼[-禮] F.E. a humble offer/gift *See also* *báolǐ*
bólì 薄利 N. small profits
Bólì 伯力 P.W. Khabarovsk
bóliàn 脖链 N. necklace
[1]**bōlibǎn** 玻璃板 N. glass plate/pane/platen M: [2]*kuài*
[2]**bōlibǎn** 玻璃版 N. collotype M: [2]*kuài*
bōlibàng 玻璃棒 N. glass stick M: [2]*gēn*
bōlibēi 玻璃杯 N. glass; tumbler M: [2]*zhī/ge*
bōlichá(r) 玻璃碴(儿) N. <coll.> bits of broken glass
bōlichǎng 玻璃厂[-廠] P.W. glassworks M: [1]*jiā*
bōlichuāng 玻璃窗 N. glass window M: [1]*shàn*
bōli dànzhū 玻璃弹珠 N. glass beads/balls M: [1]*kē*/[3]*lì*
bōlidāo 玻璃刀 N. glass cutter; glazier's diamond M: [1]*bǎ*
bōlidiàn 玻璃垫[-墊] N. glass tops of desks M: [2]*kuài*
bólìduōxiāo 薄利多销 F.E. small profits but high volume
bòliè 擘裂 V. <wr.> rend apart; split
bōlifáng 玻璃房 N. glass house M: [1]*jiān*
bōli fúdiāo 玻璃浮雕 N. glass cameos M: [4]*zuò*
[1]**bōligāng** 玻璃钢[-鋼] N. fiberglass reinforced plastic
[2]**bōligāng** 玻璃缸 N. glass jar; tumbler M: [2]*zhī/ge*
bōliguǎn 玻璃管 N. glass tube M: [2]*gēn*
bōlijiàng 玻璃匠 N. ① glassblower ② glazier; glass cutter M: [1]*ge*/[1]*míng*/[2]*wèi*
bōlikuàng 玻璃框 N. glass frame
bōlimén 玻璃门 N. glass door M: [2]*dào*/[1]*shàn*
Bólín 柏林 P.W. Berlin
bólǐngr 脖领儿 N. collar
Bōlìníxīyà 玻利尼西亚[-亞] P.W. Polynesia
Bólín Wéiqiáng 柏林围墙[-圍牆] N. Berlin Wall
bōlipiàn 玻璃片 N. window/sheet glass M: [2]*kuài*
bōlipíng(r) 玻璃瓶(儿) N. glass bottle M: *ge*/[2]*zhī*
bōliqiú 玻璃球 N. glass beads/balls M: [1]*ge*/[2]*zhī*
bōliquān 玻璃圈 N. <slang> gay circles; the world of male homosexuals
bōli shìguǎn 玻璃试管 N. glass test tube
bōlisī 玻璃丝[-絲] N. glass silk M: [1]*tiáo*
bōli sīwà 玻璃丝袜[-絲襪] N. nylon stockings M: [1]*shuāng*
bōlitǐ 玻璃体[-體] N. <phys.> vitreous body
bōlitǒng 玻璃筒 N. glass tube M: [2]*zhī*/[1]*ge*
bōliú 波流 N. tide; current
bōliwǎn 玻璃碗 N. glass bowl M: [2]*zhī/ge*
Bōlìwéiyà 玻利维亚[-亞] P.W. Bolivia
bōli xiānwéi 玻璃纤维[--纖-] N. glass fiber; fiberglass M: [2]*gēn*
bōlixiǎoxié 玻璃小鞋 ID. making things hard for sb. by abusing one's power
bōlizhào 玻璃罩 N. glass cover M: [2]*zhī/ge*
bōli zhāzi 玻璃渣子 N. <topo.> flecks of glass M: *duī*
bōlizhǐ 玻璃纸 N. cellophane; glassine M: [1]*zhāng*
bōlizhuān 玻璃砖[-磚] N. ① brick-shaped glass objects ② glass tile ③ plate glass M: [2]*kuài*
bólòu 薄陋 V.P. <wr.> without talent/ability
bǒlǒu* 簸篓[-簍] N. bamboo basket M: [2]*zhī/ge*
bólú 樽栌[-櫨] N. square wooden block at the top of a column
bōluànfǎnzhèng 拨乱反正[撥亂-] F.E. bring order out of chaos
bōluo 波罗[-羅] N. <topo.> willow basket
bōluó 菠萝[-蘿] N. pineapple M: [2]*zhī/ge*
bōluò* 剥落 V. ① peel off ② become exhausted
[1]**bóluò** 薄落 V.P. in poor circumstances (of a person)
[2]**bóluò** 驳荦[-犖] ATTR. motley ♦ATTR. motley cow
bǒluo 簸箩[-籮] N. shallow basket M: [2]*zhī/ge*
Bōluódì Hǎi 波罗的海[-羅--] P.W. Baltic Sea
bōluógài* 波罗盖[-羅蓋] N. <topo.> knee; kneecap
bóluogài 勃罗盖[-羅蓋] N. <coll.> kneecap
bōluójiā 波罗迦[-羅-] N. <Budd.> sb. who has attained nirvana
bōluómén 波罗门[-羅-] N. <Budd.> ① sb. pure of conduct ② Brahman
bōluómì 菠萝蜜[-蘿-] N. ①pineapple ②jackfruit M: [2]*zhī/ge* ③ <Budd.> crossing over from this shore of births and deaths to the other shore
Bōluómìduō 波罗蜜多[-羅--] V.P. <Budd.> paramita (reach perfection)
bómǎ 驳马 N. mythical saw-toothed animal
bōmǎ'értáo 拨马而逃[撥-] F.E. turn one's steed and flee
bómèi 薄媚 N. <wr.> very light make-up that adds more to a woman's charm
bómiàn 薄面[-麵] N. ① <coll.> flour sprinkled on dough to prevent sticking ② <humb.> for my sake
bó miànzi 驳面子 V.O. refuse sb.'s request
bómíng 薄明 N. dawn; daybreak
bómìng* 薄命 V.P. ① born under an unlucky star ② short-lived
bómìng nǚzǐ fùxīn hàn 薄命女子负心汉[-漢] F.E. an unfortunate girl and a heartless man
bómó 薄膜 N. ① membrane ② film M: [2]*kuài*/[1]*piàn*
bómózhuàng 薄膜状[-狀] ATTR. ①membrane-like ② film-like
bómǔ* 伯母 N. wife of father's elder brother; aunt M: [2]*wèi*
bómù 薄暮 N. <wr.> dusk; twilight
bómùzhīnián 薄暮之年 N. <wr.> old age; the sunset of life
bónàn 驳难[-難] V. <wr.> refute and blame; retort and blame
bóní 薄呢 N. light serge M: [2]*kuài*/[1]*pī*
[1]**bōnong*** 拨弄[撥-] V. ① move to and fro; fiddle with ② stir up ~ *shìfēi* stir things up ③ toy with
[2]**bōnong** 播弄 V. ① order sb. about ② stir up ③ make a mess
bǒnòng 簸弄 V. ① play jokes on sb. ② deceive ③ spread rumors; tell tales
bōnongshìfēi 播弄是非 F.E. stir up trouble; sow dissension
bónù 勃怒 V.O. fly into a rage
bōpí 剥皮 V.O. ① shell; skin ② <coll.> punish physically *See also* [2]*bāopí*
bōpiàn 玻片 N. sheet glass
bópiàn* 薄片 N. thin slice/section M: [2]*kuài* *See also báopiàn*
bōpínglàngjìng 波平浪静[-靜] F.E. calm reigns
bōpíngrújìng 波平如镜 F.E. The waves are as smooth as glass.
bópó 伯婆 N. <topo.> ①father's cousin's mother ② husband's aunt M: [1]*ge*/[2]*wèi*
bōpǔ 波谱 N. <phy.> (wave) spectrum
bōpǔ yìshù 波普艺术[-藝術] N. <loan> pop art
bōqì 播弃[-棄] V. throw away; abandon; discard
bóqǐ 勃起 R.V. have an erection ♦N. erection
bòqi* 簸萁 N. <coll.> ①winnowing fan ②loop-shaped finger prints
bóqiàduōwén 博洽多闻 F.E. broadly informed; very learned
bōqiān 播迁[-遷] V. <wr.> migrate
bǒqián* 簸钱[-錢] N. game of casting coins
bōqiào 波俏 V.P. handsome; pretty
bóqīn 薄亲[-親] V. treat one's own family members or relatives stingily
bóqíng 薄情 S.V. fickle
bóqíngguǎyì 薄情寡义[-義] F.E. heartless
bóqínglǎng 薄情郎 N. ① heartless lover ② unfaithful husband
bóqīngsè 薄青色 N. light blue/green color
bōqiū 波丘 N. crests of waves
bōqù 剥去 R.V. strip; peel
[1]**bóqǔ*** 博取 V. ① court ② gain by a ploy
[2]**bóqǔ** 薄曲 N. frame/tray made of bamboo/reeds for raising silkworms
bóqǔ huānxīn 博取欢心[--歡-] V.O. curry favor
bóqǔ wēilì 博取微利 V.O. seize petty gains
[1]**bórán** 勃然 ADV. ① agitatedly; excitedly ② vigorously ③ suddenly
[2]**bórán** 泊然 V.P. calm and at rest
bóránbiànsè 勃然变色[--變-] F.E. suddenly show displeasure/bewilderment
bórándànù 勃然大怒 F.E. fly into a rage; flare up
bóránsèbiàn 勃然色变[-變] F.E. change countenance suddenly
bōrě 般若 N. <Budd.> wisdom; *prajna*
bōrǒng 拨冗[撥-] F.E. <court.> find time to do sth.
bōrǒngguānglín 拨冗光临[撥-臨] F.E. <court.> Please spare a little time and come.
bórqiē 脖儿切 V.P. <slang> a chop to the neck
bóruò 薄弱 S.V. frail; weak
bóruò huánjié 薄弱环节[-環節] N. bottleneck
bōsàn 播散 V. ① send out; diffuse; emit ② distribute; issue; give out
bósè 驳色 ATTR. variegated
bōshà 波霎 N. <astr.> pulsars
[1]**bóshā*** 搏杀[-殺] V. fight and kill
[2]**bóshā** 薄纱 N. muslin M: [2]*kuài*/[1]*piàn*
bóshādì 薄砂地 N. barren sandy land M: [1]*piàn*/[2]*kuài*
bōshén 波神 N. water nymph; river deity
bóshēngshēng de 薄生生的 V.P. thin and easily breakable
bōshí 剥蚀 V. denude; corrode ♦N. denudation
bóshī 博施 ATTR. munificent
bóshí 博识[-識] V.P. learned; erudite
[1]**bóshì*** 博士 N. ① Ph.D. ② <trad.> court academician; an "Erudite" ③ <coll.> master of any trade/craft M: [1]*ge*/[1]*míng*/[2]*wèi*
[2]**bóshì** 搏噬 V. pounce on and bite (of an animal)
[3]**bóshì** 伯氏 N. elder brother
[4]**bóshì** 白事 V.O. explain things *See also* [1]*báishì*
bóshìbān 博士班 N. doctoral seminar

Bōshìdùn 波士顿 P.W. Boston
bóshìhòu 博士后[-後] N. post-doctorate M: [1]ge/[1]míng/[2]wèi
bóshījìzhòng 博施济众[-濟眾] F.E. ① provide liberal relief to the masses ② be interested in charities
bōshímiàn 剥蚀面 N. <geog.> erosion surface
bóshíqiàwén 博识洽闻[-識--] F.E. experienced and knowledgeable; erudite
bóshìshēng 博士生 N. doctoral candidate M: [1]ge/[1]míng/[2]wèi
bóshì xuéwèi 博士学位 N. doctor's degree; doctorate; Ph.D.
bōshí zuòyòng 剥蚀作用 N. denudation
bóshǒu 搏手 A.T. <wr.> powerless; at the end of one's wits
bōshù 波束 N. <phy.> beam (light/ray/etc.)
bóshū* 帛书[-書] N. book copied on silk; silk manuscript
bōshuǐ 拨水[撥-] V.O. sprinkle/splash water
Bōsī 波斯 P.W. Persia (old name for Iran)
Bōsī gāoyáng 波斯羔羊 N. Persian lamb
Bōsījú 波斯菊 N. <bot.> coreopsis M: [2]duǒ/[4]zhī/[5]zhī
Bōsī Wān 波斯湾[-灣] P.W. Persian Gulf
bōsòng 播送 V. broadcast; beam
bōsòng cìxù 播送次序 N. broadcast series
bōsù* 波速 N. wave velocity
bósú 薄俗 N. customs that reflect no sense of hospitality/love/etc.
bōtāi 剥苔 N. <Ch. med.> spotty coating (of tongue)
bótāi cíqì 薄胎瓷器 N. eggshell china M: [2]jiàn
bōtāo* 波涛[-濤] N. great waves; billows
bótào 脖套 N. <trad.> ring-shaped muffler/scarf
bōtāonùháo 波涛怒号[-濤-號] F.E. The billows are roaring.
bōtāopāi'àn 波涛拍岸[-濤--] F.E. waves beating on the bank
bōtāoqǐfú 波涛起伏[-濤--] F.E. The waves are billowing.
bōtāowànqǐng 波涛万顷[-濤萬-] F.E. a myriad surges
bōtāoxiōngyǒng 波涛汹涌[-濤洶-] F.E. tumultuous situations
bōtè 波特 M. <comp.> baud
Bōtèlán 波特兰[-蘭] P.W. Portland
bótián 薄田 N. barren/unfertile land M: [2]kuài/[1]piàn *See also báotián*
bótōng 博通 V.P. erudite
bótōngyānguàn 博通淹贯 F.E. have full and ready knowledge of
bōtóu 钵头[鉢-] N. <topo.> earthen bowl M: [2]zhī/ge
bōtǔ* 拨土[撥-] V.O. shovel aside earth
bótú 博徒 N. gambler
bótuǐ 跛腿 ATTR. lame
bōtuō 剥脱 V. ① strip off ② come off; peel off
bówèi 泊位 N. berth; anchorage M: [1]ge/chù
bōwén* 波纹 N. ① ripple ② corrugation M: [2]dào
bówén 博闻 N. ① erudition ② erudite scholar
bówénqiángjì 博闻强记[--強-] F.E. have encyclopedic knowledge
bōwéntiě 波纹铁[-鐵] N. corrugated iron
[1]**bówù** 薄雾[-霧] N. mist; haze; light fog
[2]**bówù** 博物 N. natural science ♦ATTR. broadly knowledgeable; erudite
bówùguǎn 博物馆 P.W. museum M: [1]jiā
bówùqiàwén 博物洽闻 F.E. have extensive knowledge and wide experience
bówùxìgù 薄物细故 F.E. trifles; trivialities; trivia
bówùxué 博物学 N. natural history
bówùxuéjiā 博物学家 N. naturalist M: [2]wèi
bówùyuàn 博物院 P.W. museum M: [1]jiā
bóxī 勃谿/磎 N. <wr.> family quarrel
[1]**bōxià** 播下 R.V. sow; seed
[2]**bōxià** 剥下 R.V. peel off
bōxia huòzhǒng 播下祸种[-禍種] V.O. sow seeds of future trouble
bóxiàng 薄相 A.T. <topo.> play ♦N. frivolous manner
bóxiāngnòngfěn 搏香弄粉 F.E. apply a lot of make-up
bōxián yuèqì 拨弦乐器[撥-樂-] N. plucked string/stringed instrument M: [2]jiàn
bóxiǎo 薄晓[-曉] N. shortly before daybreak; before dawn
bōxīn 波心 N. ① center of a water-ring ② center of trouble/instability/etc.
bōxíng* 波形 N. <phy.> waveform
bóxīng 勃兴[-興] V. <wr.> ① rise suddenly ② grow vigorously
bóxíng 薄行 N. frivolous conduct ♦V.P. be frivolous/dissipated
bóxìng 薄幸 S.V. <wr.> fickle (esp. of men) *See also báoxìng*
bǒxíng 跛行 V./N. limp; walk lame
bōxíngbǎn 波形板 N. corrugated cardboard M: [2]kuài
bōxínghào 波形号[-號] N. tilde
bōxíngtú 波形图[-圖] N. oscillogram; oscillograph M: [1]zhāng
bóxìngwúqíng 薄幸无情 F.E. be unfeeling
bǒxíngzhèng 跛行症 N. <med.> claudication
bóxiōng 伯兄 N. older brother M: [1]ge/[2]wèi
bōxuē* 剥削 V. exploit
bóxué 博学 N. learning; erudition
bóxuéduōcái 博学多才 F.E. erudite and versatile
bóxuéduōnéng 博学多能 F.E. having extensive learning and great abilities
bóxuéduōwén 博学多闻 F.E. learned and well-informed
bóxuéhóngcí 博学弘词 F.E. erudite and expressive ♦N. title of an exam course
bóxuéhóngrú 博学鸿儒 F.E. a profound scholar
bōxuē jiējí 剥削阶级[--階-] N. exploiting class
bōxuē xīntài 剥削心态[-態] N. exploitive mentality
bōxuēzhě 剥削者 N. an exploiter
bóxuézhuóshí 博学卓识[-識] F.E. have extensive knowledge and experience
bōxún 波旬 N. <Budd.> Mara, prince of demons
bóyǎ 博雅 V.P. learned ♦N. erudition
bōyáng* 播扬[-揚] V. disseminate; diffuse
bǒyáng 簸扬[-揚] N. winnow
bóyǎzhīshì 博雅之士 N. erudite scholar
bōyī 钵衣[鉢-] N. <Budd.> monk's mantle and alms bowl which he hands down to his favorite disciple
[1]**bóyī** 薄衣 N. thin clothes M: [2]jiàn
[2]**bóyī** 铂铱 N. platiniridium
bóyí 薄仪[-儀] N. small gift as token of congratulations M: [1]fèn
[1]**bóyì*** 驳议[-議] V.O. dispute; refute
[2]**bóyì** 博弈 V. <wr.> play a game of chess
Bó Yībō 薄一波 (1908–) N. Communist economic planner and leader
bóyìlùn 博弈论 N. game theory
bōyīn* 播音 V.O. transmit; broadcast
Bōyīn 波音 N. Boeing
bóyǐn 博引 V. quote copiously from many sources
bōyīnchē 播音车 N. broadcast car M: [3]liàng
bōyǐng 播影 V.O. broadcast on television
bōyìng* 播映 V.O. broadcast on TV
bóyǐng 搏影 V.O. fight shadows (i.e., guerrillas)
bōyīnjī 播音机 N. radio M: [1]tái
bōyīnjù 播音剧[-劇] N. radio play M: [1]chū/[2]mù
bōyīnqì 播音器 N. loudspeaker M: [1]tái/[1]ge
bōyīnshì 播音室 N. broadcasting studio M: [1]jiān
bōyīnyuán 播音员 N. announcer; broadcaster M: ge/[1]míng/[2]wèi
bōyǒng 波涌 N. billow
bōyòng* 拨用[撥-] V. set apart for specific use; appropriate
bóyóulù 柏油路 *See bǎiyóulù*
bóyóuzhǐ 柏油纸 N. asphalt/tar paper M: [1]zhāng
bōyú 钵盂[鉢-] N. alms bowl M: [2]zhī/[1]ge
bōyuè 播越 V. <wr.> wander homeless
bóyùn 驳运[-運] V. transport by lighter
bōyúnjiànrì 拨云见日[撥雲-] ID. restore justice
bózá 驳杂[-雜] V.P. heterogeneous
bózài 驳载 N. barge transport
bózhàn 搏战[-戰] V. battle savagely
bōzhàng 拨帐[撥-] V.O. make changes on an account
[1]**bōzhé** 波折 N. twists and turns
[2]**bōzhé** 波磔 N. <calligraphy> a long downward stroke to the left or right
bōzhèng* 拨正[撥-] V. correct; set right
bózhèng 驳正 V. criticize and correct
bōzhì* 剥制[-製] V. embalm; prepare by taxidermy
bózhì 踣踬[-躓] V. <wr.> stumble and fall *See also [3]bìzhì*
bòzhǐ 擘指 N. <wr.> thumb
bōzhìshù 剥制术[-製術] N. taxidermy
bōzhōng 拨钟[撥鐘] V.O. set a clock
bōzhǒng* 播种[-種] V.O. sow (seeds) *See also bōzhòng*
bōzhòng 播种[-種] V. sow; plant by sowing seeds ~ **yùmǐ** plant corn *See also bōzhǒng*
bózhòng 伯仲 N. elder and younger brothers ♦ID. much the same
bōzhǒngfǎ 播种法[-種-] N. method of sowing/seeding
bōzhǒngjī 播种机[-種-] N. seeder; grain drill M: [1]jià/[1]tái/[1]ge
bōzhòng miànji 播种面积[-種-積] N. sown; seeded area
bōzhǒngqī 播种期[-種-] N. sowing/seeding time
bó-zhòng-shū-jì 伯仲叔季 N. order of seniority among brothers
bózhòng zhījiān 伯仲之间 N. almost on a par
bōzhuàng 波状[-狀] ATTR. undulant
bōzhuàngrè 波状热[-狀熱] N. <med.> undulant fever; brucellosis
bō zhūluó 剥猪猡[-豬玀] V.O. <topo.> fleece a person
bōzhǔn 拨准[撥準] V. set (a clock) correctly
bōzhuó 剥啄 ON. toc toc (tap on door/window)
bōzhuóshēng 剥啄声[-聲] N. knocking sound; tap
[1]**bōzi** 拨子[撥-] N. ① <mus.> plectrum ② <coll.> group; band; gang
[2]**bōzi** 钵子[鉢-] N. <topo.> earthen bowl M: [2]zhī/ge
[1]**bózi*** 脖子 N. neck
[2]**bózi** 驳子 N. tow; barge M: [2]zhī/ge
bǒzi 跛子 N. lame person; cripple M: ge/[1]míng
bōzòu 拨奏[撥-] V. <mus.> pizzicato
bózǔ 伯祖 N. father's uncle M: [2]wèi
bǒzú* 跛足 V.O. be lame
bózǔmǔ 伯祖母 N. father's aunt M: [2]wèi
bōzuò* 拨作[撥-] V. set aside; assign; allocate
bózuò 薄祚 N. <wr.> bad fortune
BP-jī BP机 N. pager; beeper
BTV N. Beijing TV
bu 不 INF. *used in r.v.* **tīng~dǒng** don't understand (by listening) *See also [1]bù*
[1]**bū** 逋 <wr.> B.F. ① flee; abscond; fugitive **būtáo** ② owe; delay; evade **būzhài**
[2]**bū** 晡 N. <wr.> late afternoon; three to five in the afternoon
[3]**bū** 饣甫[餔] B.F. eat **būchuò, būchuòwúshí** *See also [11]bù*
[4]**bū** 鲬[鯆] N. <zoo.> ray
[5]**bū** 峬/庯 in **būqiào**
bú 醭 N. mold (on surface of vinegar/etc.)
[1]**bǔ** 捕 V. catch; seize; arrest
[2]**bǔ** 补[補] V. ① mend; patch ② fill; supply ③ nourish ④ <wr.> benefit ♦B.F. supplementary **bǔtiē**
[3]**bǔ** 卜 B.F. ① foretell; predict **bǔguà** ② select; choose [1]**bǔjū** ③ divination ④ oracle *See also [2]bo*
[4]**bǔ** 哺 B.F. ① feed (an infant/etc.) **bǔrǔ** ② <wr.> food that has been chewed

[5]**bǔ** 堡 B.F. *used mostly in place names* walled village **bǔzi** *See also* [4]*bǎo*, [4]*pù*
[6]**bǔ** 鸨[鴇] B.F. bustard [2]**dìbǔ**
[7]**bǔ** 卟 in **bǔfēn**, [2]**bǔlín**
[1]**bù*** 不 ADV. ① not ② no ♦CONS. ① ~ *A* ~ *B* (*where A B are paired synonyms*) not A B **~huāng~máng** unhurried ② ~ *A* ~ *B* (*where A B are antonymous s.v.*) neither A nor B **~dà~xiǎo** neither (too) big nor (too) small ③ ~ *A* ~ *B* (*where A B are antonymous verbs*) no B without A **~pò~ lì** no constructing without destroying ④ *~A ér B* (*do B without doing A*) **~zhàn'érshèng** win without fighting ⑤ *X* ~ *X* (*the matter/question of*) X or not X **bóshì ~ bóshì, wǒ wúsuǒwèi.** Whether or not I get a Ph.D. makes no difference to me. ⑥ *V1~V1V2* (*variant form of V1V2~V1V2, where V1V2 is a compound verb*) whether or not V1V2 **kě~kěnéng?** Is it possible that. . .? ♦PREF. non-; un-
[2]**bù** 部 B.F. ① part; section **bùfen** ② unit ③ headquarters; office; board; ministry **Wàijiāobù** ④ troops; the military [2]**bùduì** ⑤ <*wr.*> command ♦M. *for film, large books, machines, etc.*
[3]**bù** 步 M. step **Méiyǒu jǐ ~ lù.** It's a short distance. ♦B.F. condition; state **dìbù** ♦N. Surname ♦V. <*wr.*> ① tread **~ A de hòuchén** follow in A's footsteps ② pace off
[4]**bù** 布 N. ① cloth ② ancient copper coin *See also* [5]*bù*
[5]**bù** 布[-/佈] B.F. ① declare **gōngbù** ② spread [1]**chuánbù** ③ distribute [1]**fēnbù** ④ arrange [1]**bùzhì** *See also* [4]*bù*
[6]**bù** 簿 B.F. book **bǐjìbù**
[7]**bù** 埠/埔 B.F. ① wharf; pier [2]**chuánbù** ② port [1]**shāngbù** ③ city or town, especially one with a wharf [2]**wàibù** *See also* [7]*pǔ*
[8]**bù** 怖 B.F. fear; be afraid of; frightening **kǒngbù**
[9]**bù** 瓿 N. <*archeo.*> dumpy, bowl-shaped vessel with circular foot
[10]**bù** 钚[鈈] N. <*chem.*> plutonium
[11]**bù** 餔[餔] in [3]**bùzi** *See also* [3]*bū*
bù'ài 不碍[-礙] V.P. doesn't matter; doesn't get in the way
bù'àirénzhèng 不爱人症[-愛--] N. <*med.*> aphilanthropia; aphilanthropy
bù àishì 不碍事[-礙-] V.P. It doesn't matter.
bù'ān 不安 S.V. ① unsettled; troubled ② uneasy; restless
bù'ānběnfèn 不安本分 F.E. be dissatisfied with one's position
bù āndìng yīnsù 不安定因素 N. factors leading to social instability
bù ānfèn 不安分 S.V. discontented with one's life
bù ān hǎoxīn 不安好心 V.P. be malicious; have bad intentions
bù'ānqíshì 不安其室 F.E. be discontented with one's home
bù'ānshìgù 不谙世故 F.E. know little of interpersonal skills; be naive
bù'ānshìshì 不谙世事 F.E. ignorant of worldly affairs
bù'ānyúshì 不安于室[--於-] F.E. have extramarital affairs (of a woman)
bù'ānyúwèi 不安于位[--於-] F.E. be dissatisfied with one's position
bù'ānyúxīn 不安于心[--於-] F.E. uneasy in one's mind
bǔbái 补白[補-] N. filler (in newspapers/magazines)
bùbài* 不败 ATTR. invincible; unbeaten
bùbàizhīdì 不败之地 N. invincible position
bùbáizhīyuān 不白之冤 N. ① unrighted wrong/injustice ② falsely accused
bùbān 部颁 N. standard set by a government department
bǔbào 补报[補報] V. ① report on an event ② repay kindness ♦N. additional statement/report/account/etc. to supplement one submitted previously
bù bǎohé zhīfángsuān 不饱和脂肪酸 N. <*chem.*> unsaturated fatty acid
bùbèi 不备[-備] ATTR. unprepared; off guard ♦N. unpreparedness ♦F.E. <*wr.*> There is more than I can tell you in this letter (used at the end of a letter).
bùbēibùkàng 不卑不亢 F.E. neither obsequious nor supercilious
bùběn 簿本 N. notebook; book
bùbǐ 不比 V.P. be unlike
bùbì* 不必 AUX. need not; not have to
bǔbiān 补编[補-] N./V. supplement
[1]**bùbiàn*** 不便 S.V. ① inconvenient; inappropriate ② <*coll.*> short of cash **shǒutóu ~** be short of cash ♦N. inconvenience
[2]**bùbiàn** 不变[-變] ATTR. fixed; constant
bùbiàn jiàgé 不变价格[-變價-] N. fixed/constant price
bùbiànshìfēi 不辨是非 F.E. fail to make a distinction between right and wrong
bùbiànshūmài 不辨菽麦[-麥] F.E. be crassly ignorant
bùbiàn zīběn 不变资本[-變--] N. <*econ.*> constant/fixed capital
bùbiànzìmíng 不辩自明 F.E. be self-evident
bùbiāo 部标[-標] N. ministry-level standard
bù biāozhǔn de Yīngyǔ 不标准的英语[-標準---] N. <*lg.*> non-standard English
bùbié'érqù 不别而去 F.E. leave without saying good-bye; take French leave
bùbìfǔyuè 不避斧钺 F.E. not fear death
bùbìjiānxiǎn 不避艰险[--艱-] F.E. make light of difficulties and dangers
bùbīng(r) 步兵(儿) N. ① infantry ② infantryman; foot soldier
bùbīng xuéxiào 步兵学校 N. infantry academy
bù bìyào 不必要 S.V. unnecessary; dispensable; uncalled-for
bùbó 布帛 N. cloth and silk; textiles
bùbó-shūsù 布帛菽粟 N. <*wr.*> daily necessities
bùbù 步步 ADV. step by step; at every step
bùbùgāo 步步高 N. ① ladder ② many-tiered shelf
bùbùgāoshēng 步步高升 F.E. gain promotion/eminence step by step
bùbùliúshén 步步留神 F.E. watch one's step
bǔbǔnànà 补补纳纳[補補-] V.P. do needle/sewing work
bùbùwéiyíng 步步为营[-營] F.E. consolidate at every step
bùbùxiǎoxīn 步步小心 F.E. very cautious
bùcái 不才/材 F.E. ① <*humb.*> I ② incompetent
bù cǎi 不睬 V. ignore (sb.)
bùcài* 布菜 V.O. place food on the plate of a guest at the table
[1]**bùcè** 不测 N. accident; contingency ♦ATTR. unpredictable **Tiān yǒu ~ fēngyún.** Life is unpredictable.
[2]**bùcè** 步测 V. pace off
[3]**bùcè** 簿册[-冊] N. books for taking notes or keeping accounts M: [1]*běn*
bùcéng 不曾 ADV. <*wr.*> never (in the past); not yet
bùcèzhīhuò 不测之祸[-禍] N. unforeseen disaster
bǔchā 补差[補-] V.O. make up a deficiency
bù chā 不差 V. not lack *See also* *bùchà*
bùchà* 不差 V.P. not bad; OK *See also* *bù chā*
bùchábùfàn 不茶不饭 F.E. neither drink nor eat
bùchāháofà 不差毫发[-髮] F.E. without the slightest error
bùchālěishǔ 不差累黍 F.E. fit like a glove
bùchàma de 不差嘛的 ADV. <*coll.*> ① about/almost time to **~ gāi chīfàn le.** It's about time to eat. ② not too different
bùchàn 不颤 V.P. <*slang*> not afraid/scared
bǔcháng* 补偿[補償] V. compensate; make up; recompense
bùcháng 步长 M. step; step length
bǔcháng chā'é 补偿差额[補償-] V.O. make up a deficiency
bǔchángfèi 补偿费[補償-] N. compensatory payment; compensation M: [2]*bǐ*
bǔcháng jiàoyù 补偿教育[補償-] N. <*lg.*> compensatory education
bǔchángjīn 补偿金[補償-] N. compensation (money)
bǔcháng màoyì 补偿贸易[補償-] N. <*econ.*> compensatory trade
bǔcháng sǔnshī 补偿损失[補償-] V.O. compensate for damage/loss/etc.
bǔcháng zuòyòng 补偿作用[補償-] N. compensation
bùchāshénmá 不差甚麻 F.E. <*topo.*> ① almost all; lacking only a little ② in general; usual; ordinary
bù chā shenme 不差什么[-麼] V.P. nearly; quite close to
bùchéng* 不成 S.V. won't do ♦CONS. ① (*nándào/mòfēi*). . .~ can it be that? **Nándào jiù zhèyàng suànle ~?** You mean to just let it go at that? ② *V* ~ unable to V **Xiàyǔ le, tā lái ~ le.** It's raining. He won't be able to come.
bùchěng 不逞 V.P. thwarted
bù chéng bǐlì 不成比例 V.P. be disproportional
bù chéngcái 不成材 S.V. good-for-nothing; ne'er-do-well
bù chéng dàqì 不成大器 V.P. will never amount to much
bù chéng dàshì 不成大事 V.P. cannot achieve great things
bù chénggōng biàn chéngrén 不成功便成仁 F.E. conquer or die
bùchénghuà 不成话 S.V. unreasonable; absurd
bùchéngjì 步程计 N. pedometer M: [2]*zhī/ge*
bùchéngjìngyì 不成敬意 F.E. <*humb.*> just a little token to show my respect; not enough as a token of my regard
bù chéngqì 不成器 S.V. good-for-nothing; worthless
bùchéngqíwéi 不成其为 F.E. cannot be considered as
bùchéngrén 不成人 N. person of loose morals
bùchéngrènzhǔyì 不承认主义[--認-義] N. policy of nonrecognition
bù chéng tǐtǒng 不成体统[--體-] S.V. with no regard for proprieties; downright outrageous
bùchéngwén 不成文 V.P. ① unwritten ② consensual
[1]**bù chéng wénfǎ** 不成文法 V.P. ① does not hold together (of a narrative) ② <*lg.*> ungrammatical *See also* [2]*bùchéngwén fǎ*
[2]**bùchéngwén fǎ** 不成文法 N. unwritten law *See also* [1]*bù chéng wénfǎ*
bùchéngwén guīdìng 不成文规定 N. unwritten regulations
bù chéng wèntí 不成问题 V.P. be no problem at all
bùchéngxiǎng 不成想 V.P. <*coll.*> unexpected; unforeseen
bùchěngzhītú 不逞之徒 N. desperado M: *ge*/[1]*míng*
bù chènyì 不称意[-稱-] S.V. Things do not match one's hope.
bù chènzhí 不称职[-稱職] S.V. unqualified
bùchénzhīxīn 不臣之心 N. a disloyal heart
bùchǐ* 不齿[-齒] V. <*wr.*> despise
bùchì 不啻 ADV. <*wr.*> ① not less than **Zhè duì tāmen lái shuō ~ shì yī chǎng zāinàn.** For them, this was nothing less than a catastrophe. ② as; like; as good as **~** [1]**shì dāngtóu yī** [2]**bàng** like a blow on the head
bùchībùlóng 不痴不聋 F.E. be indifferent; pretend not to see and hear
bù chījǐn 不吃紧[-緊] V. <*coll.*> does not matter; never mind
bù chījìn* 不吃劲[-勁] V. <*coll.*> not exert oneself; not try
bùchìtiāndì 不啻天地 ID. extremely different

bùchǐxiàwèn 不耻下问[-恥--] F.E. not be ashamed to learn from subordinates
bù chī yānhuǒshí 不吃烟火食[--煙--] F.E. be divorced from the human world
bù chī zhè yī tào 不吃这一套[--這--] V.P. not allow oneself to be pushed around
bǔchōng* 补充[補-] V. replenish; supplement ♦ATTR. additional; supplementary
bǔchóng 捕虫[-蟲] V.O. catch insects
bǔchōng bàobiǎo 补充报表[補-報-] N. supplementary statement M: [1]zhāng/[1]fèn
bǔchōngbīng 补充兵[補-] N. <mil.> replacements M: ge/[1]míng
bǔchōng chéngběn 补充成本[補-] N. supplementary cost
bǔchōng cóngjù 补充从句[補-從-] N. <lg.> amplifying clause M: [1]jù
bǔchóngdēng 捕虫灯[-蟲燈] N. night lamp to catch insects M: [2]zhī/[1]zhǎn
bǔchōng dúwù 补充读物[補-讀-] N. supplementary reading material M: [1]běn
bǔchōng jiàocái 补充教材[補-] N. <edu.> supplementary texts M: [1]běn/[1]fèn
bǔchōngjù 补充句[補-] N. <lg.> response M: [1]jù/ge
bǔchōng shuōmíng 补充说明[補-] N. <lg.> afterthought M: ge/[1]fèn/[1]zhāng
bǔchóngwǎng 捕虫网[-蟲網] N. insect-catching net M: ge/[1]zhāng
bǔchōng xìnyòngzhèng 补充信用证[補-證] N. supplementary credit M: [1]zhāng/[1]fèn/ge
bǔchóngyè 捕虫叶[-蟲葉] N. insect-catching leaf M: [1]zhāng/[1]piàn
bù chóu 不愁 V. have nothing to worry about
bùchǒubùcǎi 不瞅不睬 F.E. completely ignore; pay no attention
bùchóuyīshí 不愁衣食 F.E. need not worry about clothing and food
bǔchǔ 捕处[-處] V. arrest and punish
bùchū* 步出 V. <wr.> walk out
bùchù 不怵 S.V. <slang> fearless; not scared
bùchuǎi 不揣 F.E. <humb.> not aware of one's limited ability
bùchuǎimàomèi 不揣冒昧 ID. <court.> venture to; presume
bù chūmén 不出门 V.P. not go out the door; nothing ♦ID. Zero! (in **huáquán**)
bùchún 不纯 S.V. impure ♦N. impurity
bǔchuò 哺啜 V. <wr.> eat and drink
bǔchuòwúshí 哺啜无时[-時] F.E. having no time to eat and drink
bùchūsuǒliào 不出所料 F.E. as expected
bù chūxiě 不出血 V.P. <coll.> miserly
bù chūyǎnr 不出眼儿 S.V. ordinary
bǔcí 卜辞[-辭] N. oracle-bone inscription
bùcì* 不次 V.P. not in normal order
bùcí'érbié 不辞而别[-辭--] F.E. leave without saying good-bye
bùcíláokǔ 不辞劳苦[-辭勞-] F.E. spare no effort
bùcíshuǐhuǒ 不辞水火[-辭--] F.E. be willing to go through thick and thin
bùcíxīnkǔ 不辞辛苦[-辭--] F.E. accept hardship; spare no effort
bùcíxīnláo 不辞辛劳[-辭-勞] F.E. not shrink from toil and hardship
bù cìyú 不次于[-於] V.P. be not inferior to
bùcìzhīwèi 不次之位 N. a promotion not according to precedence
[1]bùcóng 步从[-從] N. retinue
[2]bùcóng 部从[-從] N. subordinate
bù còuqiǎo 不凑巧[-湊-] S.V. unluckily; unfortunately
būcuàn 逋窜[-竄] V. <wr.> flee justice
bùcúnbùjì 不存不济[-濟] F.E. spiritless
bùcúnjièdì 不存芥蒂 F.E. do not harbor previous grievances (between good friends)
bù cúnxīn 不存心 ATTR. not intended; unintended
bù cúnzài 不存在 V.P. nonexistent

bùcuò 不错 S.V. ① correct; right *yīdiǎnr ~* perfectly correct ② yes ③ <coll.> not bad; pretty good
bù cuò yǎn 不错眼 V.P. <coll.> stare fixedly with no eye movement
bǔdǎ 捕打 V. catch and kill
bùdá 布达[-達] V. <wr.> notify
bùdà* 不大 ADV. ① not very/too ② not often
bù dǎ bù chéngqì 不打不成器 F.E. Spare the rod and spoil the child.
bù dǎ bù xiāngshí 不打不相识[-識] F.E. From an exchange of blows, friendship grows.
bùdàbùxiǎo 不大不小 F.E. just the right size
bùdǎder 不打得儿 ADV. <coll.> without pause; immediately afterward
bù dāgā 不搭界 V.P. <topo.> have no relation; have nothing to do with
bùdà gāomíng 不大高明 V.P. It doesn't amount to much.
bùdàhuìr 不大会儿 ADV. in a short while
[1]bùdài 布袋 N. cotton bag M: [2]zhī
[2]bùdài 不待 V. not wait for ♦AUX. not need to
bùdài héshang 布袋和尚 N. the Buddhist Messiah (a fat and friendly monk carrying a backpack to absorb children's suffering)
bù dàijian 不待见 V. <topo.> dislike or have it in for sb.
bù dàijìn(r) 不带劲(儿)[-帶勁-] S.V. <coll.> ① lack enthusiasm for; have no stomach for; not feel well ② not exciting; disappointing
bùdàishīguī 不待蓍龟[-龜] ID. <wr.> obvious; apparent
bùdàishuō 不待说 V.P. needless to say
bùdàixì 布袋戏[-戲] N. puppet show
bù dàiyīn de 不带音的[-帶--] ATTR. <lg.> voiceless (sound)
bù dàiyīn zhī cāshēng 不带音之擦声[-帶---聲] N. <lg.> voiceless fricative
bùdàizhuāng 布袋装[-裝] N. sack dress
bù dǎjià 不打价[-價] V.P. <topo.> no haggling/bargaining
bù dǎjǐn 不打紧[-緊] S.V. <topo.> doesn't matter; not important
Bùdālā Gōng 布达拉宫[-達-宮] P.W. Potala Palace
bùdà láokao 不大牢靠 V.P. <coll.> not very dependable
bù dāli 不答理 V. <coll.> pay no heed to
bùdàlír 不大离儿[--離-] V.P. <coll.> ① pretty close ② not bad
bùdān 不单 ADV. not only; not the only ♦CONJ. not merely; not simply
Bùdān 不丹 P.W. Bhutan
[1]bùdàn* 不但 CONJ. not only ♦CONS. ~ A *yě/érqiě/bìngqiě/hái* B not only A but also B
[2]bùdàn 不惮 V. not fear; not be afraid of
bùdàn fán 不惮烦 V.O. spare no effort; do not shrink from trouble
būdàng 逋荡[-蕩] V. <wr.> neglect one's duty and loaf
bùdàng* 不当[-當] V.P. unsuitable; inappropriate *Tā chángcháng cuòcí ~.* He often misspeaks.
bùdànglìdé 不当利得[-當--] F.E. illicit gains
bùdànqífán 不惮其烦 F.E. undeterred by its difficulties
bùdàn rúcǐ 不但如此 V.P. it is not only thus; moreover
[1]bùdào 不到 V. not reach; not get to; be insufficient; be less than ***Zhè tàng chē ~ dòngwùyuán.*** This bus does not go to the zoo. ♦CMP. *v*~ unable to v ***Wǒmen zài yě kàn~ tā le.*** We'll never be able to see him again.
[2]bùdào 布道 V.O. <rel.> preach; evangelize
[3]bùdào 不道 ADV. unexpectedly ♦V.P. unreasonable
[4]bùdào 步道 N. sidewalk
bù dào Chángchéng fēi hǎohàn 不到长城非好汉[-漢] F.E. one must reach one's goal
bùdào dàhuì 布道大会 N. <rel.> preaching meeting

bù dàodé 不道德 S.V. immoral
bù dào Huáng Hé xīn bù sǐ 不到黄河心不死 F.E. refuse to give up
bùdàoqiáo 步道桥[-橋] N. pedestrian overpass M: [4]zuò/[1]jià
bùdǎotǐ 不导体[-導體] N. <phy.> nonconductor
bùdǎowēng 不倒翁 N. ① roly-poly; daruma (round-bottomed) doll ② sb. who always recovers from temporary defeat M: [1]ge/[4]wèi
bùdáshì 布达式[-達-] N. <mil.> change-of-command ceremony
bùdà xiàng 不大像 V.P. not likely
bù dà yīhuìr 不大一会儿 ADV. in a short while
bùdǎzìzhāo 不打自招 F.E. make an unforced confession
bude* 不得 CMP. must/may not v. ***Zhèi jiàn shì kě zuò~.*** You definitely can't do this. ***See also*** *bùdé*
bùdé 不得 AUX. must not; may not; not be allowed ~ ***jiāng cānkǎoshū náchū yuèlǎnshì.*** Reference books may not be taken out of the reading room. ***See also*** *bude*
bùdébù 不得不 V.P. cannot but; have to
bùdébù'ěr 不得不尔 F.E. have to; have no alternative
bùdébùrán 不得不然 F.E. cannot possibly be otherwise
bùdébùwéi 不得不为 F.E. have no alternative
bùdé'érzhī 不得而知 F.E. ① be unable to find out ② be unknown
bùdégērmen 不得哥儿们 V.P. not good (in personal loyalty/brotherhood/etc.)
bùdéhǎosǐ 不得好死 F.E. be unable to die a natural death
bù déjìn(r) 不得劲(儿)[--勁-] S.V. <coll.> ① awkward ② be indisposed ③ <topo.> feel embarrassed
bùdéliǎo 不得了 S.V. ① terrible; awful ***Yǒu shénme ~ de?*** What's so serious? ② terrific ③no way out; no end of trouble ***Yàoshi zhèyàng zuò, nà kě ~.*** If you do it this way, there'll be no end of trouble. ♦CONS. *s.v. de* ~ extremely s.v. ***Zhè bǎ dāo kuài de ~.*** This knife is extremely sharp.
bùděng 不等 V.P. different; unequal
bùděngbiān sānjiǎoxíng 不等边三角形[--邊---] N. <math.> scalene triangle
bù dēng dàyǎzhītáng 不登大雅之堂 F.E. be unrefined/unpresentable
bùděnghào 不等号[-號] N. <math.> sign of inequality
bùděngjià 不等价[-價] N./V.P. unequal values
bùděngjià jiāohuàn 不等价交换[--價-換] N. <econ.> exchange of unequal values
bùděngliàng 不等量 N. unequal quantity
bùděngshì 不等式 N. <math.> inequality
bùdéqiào 不得窍[-竅] V.P. lack the knack/knowledge to do sth.
bùdéqífǎ 不得其法 F.E. do not know the right way
bùdéqíjiě 不得其解 F.E. fail to grasp the meaning
bùdé qí mén ér rù 不得其门而入 F.E. can't find one's way in
bùdéqísuǒ 不得其所 F.E. be out of one's element
bùdérénxīn 不得人心 S.V. not enjoy popular support
bùdéwéiwù 不得违误[--違-] F.E. must not disobey orders and cause any delay (used in official documents)
bùdéyānrchōu 不得烟儿抽[--煙--] F.E. <topo.> ① be penniless; be in dire straits ② to be treated with special favor
bù dé yàolǐng 不得要领 V.P. miss the main point
bùdéyǐ 不得已 F.E. have no alternative
bùdéyǒuwù 不得有误 F.E. act without fail
bùdí 不敌[-敵] V. <wr.> not equal to; not add up to
bùdǐ(r)* 布底(儿) N. cloth shoe sole

B

bùdì 不第 F.E. <*trad.*> fail in the civil service examination ♦CONJ. <*wr.*> not only
bùdiǎn 布点[-點] V.O. centrally map out layouts/locations
bùdiàn* 布店 P.W. cloth store; draper's M: [1]*jiā*
bùdiǎnr 不点儿[-點-] ADV. very few/small; tiny ♦N. small amount
budiao 不掉 CMP. *added to verbs to express inability* ***wàng~***. can't forget. ***See also*** [2]***bù diào***
[1]**bùdiào*** 步调 N. ① pace; step ② tempo
[2]**bù diào** 不掉 V.P. not drop/fall ***See also budiao***
bùdiàoyīzhì 步调一致 F.E. keep in step
bù dìdao 不地道 S.V. <*coll.*> ① not authentic/genuine ② of poor quality
bùdié 不迭 SUF. *after verbs* ① cannot keep up; be in a rush ***hòuhuǐ ~*** too late for regrets ***Tā máng ~*** [2]***de pǎo le.*** He left in a rush. ② incessantly
bùdǐkàngzhǔyì 不抵抗主义[-義] N. policy of nonresistance
bùdīng 补丁/靪/钉[補-] N. patch
bùdīng 布丁 N. <*loan*> pudding; custard
bùdìng* 不定 ADV. ① not sure ② indefinitely ♦ATTR. <*bio.*> adventitious
bùdìng biàngé 不定变格[--變-] N. <*lg.*> indefinite declension
bùdìngcí 不定词 N. <*lg.*> infinitive
bùdìngcí cízǔ 不定词词组 N. <*lg.*> infinitive phrase
bùdìng dàicí 不定代词 N. <*lg.*> indefinite pronoun
bùdìng dàimíngcí 不定代名词 N. <*lg.*> indefinite pronoun
bùdīngdiǎnr 不丁点儿[--點-] ATTR. very few/small; tiny
bùdìnggēn 不定根 N. <*bot.*> nonterrestrial roots
bùdìng guàncí 不定冠词 N. <*lg.*> indefinite article
bùdìng guòqùshì 不定过去式 N. <*lg.*> indefinite past
bùdìng liàngcí 不定量词 N. <*lg.*> indefinite quantitative
bùdìng nǎhui(r) 不定哪会(儿) V.P. <*coll.*> who knows when?
bùdìng píndù 不定频度 N. <*lg.*> indefinite frequency
bùdìngqī 不定期 ATTR. irregularly scheduled; non-scheduled
bù dǐngshì* 不顶事 S.V. <*coll.*> useless; ineffective
bùdìngshì 不定式 N. <*lg.*> infinitive
bùdìngshì dòngcí 不定式动词[---動-] N. <*lg.*> infinitive verb
bùdìngshì duǎnyǔ 不定式短语 N. <*lg.*> infinitive phrase
bùdìngshì héchéng jiégòu 不定式合成结构[-構] N. <*lg.*> infinitive complex
bùdìngshì xiǎopǐncí 不定式小品词 N. <*lg.*> infinitive particle
bùdìngshì yòngzuò biǎoyǔ 不定式用作表语 N. <*lg.*> infinitive as predicative
bùdìngshì yòngzuò wèiyǔ 不定式用作谓语 N. <*lg.*> infinitive as predicative
bùdìngshì yòngzuò xiūshìyǔ 不定式用作修饰语 N. <*lg.*> infinitive as modifier
bùdìngshì yòngzuò zhuàngyǔ 不定式用作状语[-----狀-] N. <*lg.*> infinitive as adverbial
bùdìngshì yòngzuò zhǔyǔ 不定式用作主语 N. <*lg.*> infinitive as subject
bùdìngxíng 不定形 N. <*math.*> indeterminate form
bùdìngxìng* 不定性 N. uncertainty; indeterminacy
bù dǐngyòng 不顶用 S.V. <*coll.*> of no use; useless; not helpful
bùdìng zhìliǎo zhìbuliǎo 不定治了治不了 V.P. <*coll.*> unable to say whether or not it can be cured
bù dǐqián 不抵钱[-錢] S.V. <*topo.*> not worth a cent; of no account
bù dǐshì 不抵事 S.V. <*coll.*> useless; unhelpful

budong 不动[-動] CMP. *added to verbs to express inability to do sth.* ***bān~*** unable to move/remove ***See also bù dòng***
bǔdòng 补洞[補-] V.O. ① stop a leak ② complement omissions; compensate for errors
bù dǒng* 不懂 CMP. *added to verbs to express inability to understand the action involved* ***Wǒ tīng ~***. I can't understand.
bù dòng 不动[-動] V.P. not move ♦ATTR. motionless ***See also budong***
bùdòngbīnggē 不动兵戈[-動--] F.E. not resort to force
bùdòngchǎn 不动产[-動產] N. real estate M: [1]*fèn*
bù dǒngde 不懂得 V.P. don't understand
bùdònggǎng 不冻港 N. ice-free port M: *chù/ge*
bù dòng nǎojīn 不动脑筋[-動腦-] V.P. not use one's brains; not take the trouble to think
Bùdòng Rúlái 不动如来[-動--] N. <*Budd.*> Skt. Aksobhya; Second Dhyani Buddha
bù dòng shēngsè 不动声色[-動聲-] V.P. not turn a hair
bù dǒngshì 不懂事 S.V. be immature; not understand matters
bùdǒngzhuāngdǒng 不懂装懂[--裝-] F.E. pretend to know what one does not know
Bùdòngzūn 不动尊[-動-] N. <*Budd.*> Aryacalanatha, messenger of the buddhas
bùdōu 不都 ADV. not all (of)
bùdú 不独[-獨] CONJ. not only
bǔduǎn 补短[補-] V.O. ① supplement a deficit ② make up for a shortcoming/flaw
bùduān 不端 V.P. improper; dishonorable
bù duǎn 不短 V.P. ① not lack; be just right ② not owe (sth. to sb.) ***Wo ~ tā de qián.*** I don't owe him any money.
bùduàn* 不断[-斷] ADV. unceasingly; continuously
bù duǎn chūqu 不短出去 V.P. <*topo.*> not fail to go out
bù duǎn tā yī ge rén 不短他一个人[----個-] V.P. <*topo.*> will not miss him
[1]**bùduì** 不对[-對] S.V. ① incorrect; wrong ② No! ③ amiss; abnormal ④ asymmetric
[2]**bùduì** 部队[-隊] N. ① army ② troops M: [4]*zhī*
[3]**bùduì** 步队[-隊] N. formation of foot soldiers; infantry M: [4]*zhī*
bù duìchár 不对碴儿[-對--] S.V. <*coll.*> not proper; inappropriate; unsuitable
bùduì dàihào 部队代号[-隊-號] N. <*mil.*> code designation (of a military unit)
bù duìjìn(r) 不对劲(儿)[-對勁-] S.V. <*coll.*> ① not to one's liking; not suit one ② not get along with ③ abnormal; not quite right; fishy ④ inappropriate
bù duìlù chǎnpǐn 不对路产品[-對-產-] N. goods which are inadaptable to actual needs; unmarketable goods M: [2]*jiàn*
bù duìtóu 不对头[-對-] S.V. ① incorrect; not quite right/proper; fishy ② amiss
bù duì wèikou 不对胃口[-對--] S.V. <*coll.*> not to one's liking; not set well
bù duìyǎn 不对眼[-對-] S.V. <*coll.*> displeasing; objectionable
bùduìzhǎng 部队长[-隊-] N. <*mil.*> commanding officer (C.O.) M: [1]*míng*/[2]*wèi*
bùdùn 不钝 ATTR. <*lg.*> impure
bùdùn xiàngfú 不钝象符 N. <*lg.*> impure icon
bǔduō 补裰[補-] V. sew and mend
bùduōbùshǎo 不多不少 F.E. just the right amount
bùduōhuìr 不多会儿 N. a little while
bùduōjiǔ 不多久 N. not long after
bùduōshí 不多时[-時] N. not long; in a short time
bùdúyǒu'ǒu 不独有偶[-獨--] F.E. it is not unique, but has its counterpart; not come singly but in pairs
bù'ěr 不尔 ADV. <*wr.*> not so
[1]**bù'èr*** 不二 ATTR. the one and only; only
[2]**bù'èr** 不贰 V.P. faithful

bù'èrfǎmén 不二法门 F.E. the only proper course to take
bù'èrguò 不贰过 F.E. <*wr.*> not repeat a previous mistake
bù'èrhu 不二乎 V.P. <*coll.*> without equivocation/reservation
bù'èrjià 不二价[-價] N. single/fixed price
bù'ěrqiáoyà 布尔乔亚[-喬亞] N. <*loan*> bourgeois; bourgeoisie
bù'èrsè 不二色 F.E. consistent in love; loyal to one woman only
Bù'ěrshíwéikè 布尔什维克 N. <*loan*> Bolshevik
bǔfā 补发[補發] V. supply again (sth. lost/etc.); reissue
bǔfǎ 补法[補-] N. <*Ch. med.*> ① use of tonics to restore health ② reinforcing method (acupuncture)
[1]**bùfá** 步伐 N. step; pace
[2]**bùfá** 不乏 V. <*wr.*> have no lack of
[1]**bùfǎ*** 不法 ATTR. lawless; illegal
[2]**bùfǎ** 步法 N. footwork (in dancing/sports/etc.)
bùfǎ fènzǐ 不法分子 N. lawless person M: *ge*/[1]*míng*
bǔfā gōngzī 补发工资[補發-] V.O. give the back pay due to M: [1]*fèn*/[2]*bǐ*
bùfáhépāi 步伐合拍 F.E. walk in step
Bùfǎluó 布法罗[-羅] P.W. Buffalo
bùfán 不凡 V.P. out of the ordinary
bǔfáng 捕房 P.W. <*hist.*> police station (in foreign concessions) M: [1]*jiā*
[1]**bùfáng*** 不妨 ADV. might as well; no harm in; nothing against
[2]**bùfáng** 布防 V.O. place troops on garrison duty
[3]**bùfáng** 不防 ADV. ① not ready/prepared to ② unawares
bù fángshì 不妨事 V.P. it doesn't matter
bùfáng shuō 不妨说 V.P. might as well say
bù fàngxīn 不放心 S.V. be uneasy/anxious/concerned about
bù fàngzai yǎnlǐ 不放在眼里[-裡] V.P. look down upon
bùfáqīngyíng 步伐轻盈[--輕-] F.E. be light of step
bùfáqírén 不乏其人 F.E. there is no lack of such people
bùfǎ xíngwéi 不法行为 N. unlawful practice; illegal act
bù fāyīn de 不发音的[-發--] ATTR. <*lg.*> silent
bùfáyīzhì 步伐一致 F.E. walk in step
bùfǎzhītú 不法之徒 N. lawless person; outlaw M: *ge*/[1]*míng*
bùfázhìzhòng 步伐滞重[--滯-] F.E. have leaden feet
bù fèi chuīhuīzhīlì 不费吹灰之力 F.E. not needing the slightest effort
bù fèishì 不费事 S.V. not troublesome
bù fèi yībīng-yīzú 不费一兵一卒 F.E. (win) without striking a blow
bǔfēn 卟吩 N. <*chem.*> porphine
bùfen* 部分 N. part; section
bù fēn 不分 V.P. not divide/distinguish/separate
bùfèn(r) 不忿(儿) V. <*coll.*> ① refuse to obey; not give in to ② take offense; resent ③ not admire; not look up to
bùfēnbǐcǐ 不分彼此 F.E. share everything
bùfēnbózhòng 不分伯仲 F.E. be on par with
bùfènbùqǐ 不愤不启[-啟] F.E. enlighten only those eager to learn
bùfēndíwǒ 不分敌我[--敵-] F.E. not distinguish between the enemy and ourselves
bùfen duìděng 部分对等[--對-] N. <*lg.*> partial equivalence
bùfen fānyì 部分翻译[-譯] N. <*lg.*> partial translation
bǔféng* 补缝[補-] V. sew up ***See also bǔfèng***
bǔfèng 补缝[補-] V.O. fill in chinks ***See also bǔféng***
bùfēngāodī 不分高低 F.E. be equally matched
bùfēngāoxià 不分高下 F.E. be equally matched

bùfēngbùshā 不丰不杀[-豐-殺] F.E. be neither extravagant nor thrifty
bùfèngr 布缝儿 N. seam M: [1]tiáo/[2]dào
bùfen guàncí 部分冠词 N. <lg.> partitive article
bǔfēngzhuōyǐng 捕风捉影 ID. make groundless accusations
bùfen jìnéng 部分技能 N. <lg.> part skills
bùfēnjīngwèi 不分泾渭[--涇-] F.E. make no distinction between good and evil
bù fēn qīnghóngzàobái 不分青红皂白 F.E. indiscriminately
bùfènr 不忿儿 N. <coll.> anger; ire
bùfēnshèngfù 不分胜负[--勝-] F.E. be a draw; come out even; end in a tie
bùfen shěnjì 部分审计[--審-] N. <acct.> partial audit
bùfēnshǒucóng 不分首从[-從] F.E. make no distinction between ring-leaders and accomplices in punishment
bùfen tónghuà 部分同化 N. <lg.> ① partial assimilation ② accommodation
bùfēnxuānzhì 不分轩轾 F.E. <wr.> well-matched; equally matched
bùfen xuéxífǎ 部分学习法[---習-] N. <lg.> part learning
bùfen yīnyì 部分音译[-譯] N. <lg.> partial transliteration/transcription
bùfēnzàobái 不分皂白 F.E. impetuously; indiscriminately
bùfēnzhěnyù 不分畛域 F.E. make no distinctions; regardless of national/regional difference
bùfen zhīfù 部分支付 N. <acct.> partial payment
bùfēnzhòuyè 不分昼夜[--晝-] F.E. (work) day and night
būfù 逋负 V. <wr.> neglect to pay debts
bǔfú 捕俘 V. <mil.> capture enemy personnel
bǔfù 补付[補-] V. make up a deficiency in payment
bùfū 不敷 V.P. <wr.> not sufficient/enough
[1]**bùfú*** 不符 V.P. be inconsistent (with) *Tā yǒushí yánxíng ~.* His deeds don't match his words sometimes.
[2]**bùfú** 不服 V.P. refuse to obey ♦S.V. <coll.> not accustomed/used to; not in the habit of
[3]**bùfú** 步幅 N. stride
[1]**bùfù** 不负 V. don't go against; don't betray
[2]**bùfù** 不复[-復] ADV. no longer/more
[3]**bùfù** 布覆 V. <wr.> reply (used in correspondence)
bùfúchái 不服柴 S.V. <topo.> not give in; persevere
bù fúhé 不符合 N. discrepancy
bù fúqì(r) 不服气(儿)[--氣-] S.V. recalcitrant; rebellious; disobedient
bùfùrónghuì 不复容喙[-復--] F.E. admit no further discussion
bù fúshū 不服输 V.P. refuse to concede defeat
bù fú shuǐtǔ 不服水土 V.P. not be acclimatized
bùfùsuǒtuō 不负所托 F.E. merit someone's trust
[1]**bùfùsuǒwàng** 不副所望 F.E. not come up to one's expectation
[2]**bùfùsuǒwàng** 不负所望 F.E. live up to expectations
bùfùzhòngtuō 不负重托 F.E. do not disgrace great trust
bùfúzhòngwàng 不孚众望[--眾-] F.E. not live up to expectation
bùfùzhòngwàng* 不负众望[--眾-] F.E. live up to expectations
bù gāi 不该 AUX. should not ♦V. owe sb. nothing
bùgān* 不甘 S.V. not be resigned to
bù gǎn 不敢 AUX. dare not; not dare ♦V.P. <humb.> I don't deserve it.
bù gàn 不干[-幹] V. <coll.> refuse to do sth.
bùgǎnbù 不敢不 V.P. not dare not do sth.; have to
bùgānbùgà 不尴不尬[-尷--] F.E. be in an awkward position
bùgānbùjìng 不干不净[-乾-淨] F.E. unclean; filthy
bùgāncífú 不甘雌伏 F.E. unwilling to lie low
bùgǎndāng 不敢当[-當] V.P. <humb.> I don't deserve it; You flatter me.
bùgǎng 布岗[-崗] V.O. post sentries; mount guards
bùgǎngàoláo 不敢告劳[-勞] F.E. not complain of hard work
bǔ gāng de 补缸的[補-] N. mender of earthenware
bùgǎngǒutóng 不敢苟同 F.E. ① beg to differ ② too bad to be accepted
bùgānhòurén* 不甘后人[--後-] F.E. be not content to lag behind; cannot bear playing second fiddle
bùgǎnhòurén 不敢后人[--後-] *See bùgānhòurén*
bùgānjìmò 不甘寂寞 F.E. unwilling to remain out of the limelight
bùgǎnlǐngjiào 不敢领教 F.E. be too bad to be accepted
bùgānluòhòu 不甘落后[-後] F.E. unwilling to lag behind
bùgǎnluòzuò 不敢落座 F.E. not dare to take a seat
bù gǎnmào 不感冒 V.P. <coll.> have no interest in sth.; pay little attention to; be unhappy (with sb.)
bùgānrénhòu 不甘人后[-後] F.E. be unwilling to yield to others; be unwilling to lag behind
bù gānshè 不干涉 N. noninterference; nonintervention
bù gānshè zhèngcè 不干涉政策 N. policy of noninterference/nonintervention
bùgānshìruò 不甘示弱 F.E. not to be outdone
bù gǎn shuō bàn ge "bù" zì 不敢说半个不字[----個--] V.P. dare not utter a mild dissent
bù gǎntàngr 不赶趟儿[-趕--] V.P. <coll.> not lucky
bù gānxīn 不甘心 S.V. not reconciled/resigned to
bùgānyú 不甘于[-於] V.P. not contend with
bù gǎn yuè Léichí yī bù 不敢越雷池一步 F.E. dare not overstep prescribed limit
bù gǎn zhèngshì xiànshí 不敢正视现实[-實] V.P. not dare to face reality
bùgǎnzìfá 不敢自伐 F.E. <humb.> dare not be proud of oneself
bùgào 布告 N. notice; bulletin M: [1]fèn/ge ♦V. make public announcement
bùgàobǎn 布告板 N. bulletin board M: [2]kuài
bùgào'érbié 不告而别 F.E. take French leave
bùgàolán 布告栏[-欄] N. bulletin board M: [2]kuài/ge
bùgàopái 布告牌 N. bulletin board M: [2]kuài
bùgàoshū 布告书[-書] N. circular; notice M: [1]fèn/[1]běn
bùgàotiānxià 布告天下 F.E. proclaim throughout the country
bùgěi 布给 V. spread/pass (to others)
bùgěi biéren 布给别人 V.P. <coll.> pass the responsibility to another
bù gēngshì 不更事 V.P. naive; inexperienced
bù gēnjìn 不跟劲[-勁] S.V. <coll.> unable to keep up with
bùgēnzhītán 不根之谈 N. mere talk; unfounded statements
bǔgōng 补工[補-] V.O. make up work supposed to have been done earlier
[1]**bùgōng*** 不公 S.V. unjust; unfair
[2]**bùgōng** 步弓 N. <trad.> device for marking length of steps M: [2]zhī/[1]bǎ
[3]**bùgōng** 不恭 V.P. disrespectful
bùgòngdàitiān 不共戴天 ID. absolutely irreconcilable
bù gōngzhèng dàiyù 不公正待遇 N. unfair treatment
bùgōngzìpò 不攻自破 F.E. collapse of itself
bùgǒu 不苟 V.P. not lax; conscientious
bùgòu* 不够[-夠] S.V. ①not enough; insufficient ② not good enough
bù gòuběn 不够本[-夠-] S.V. unable to cover the cost
bù gòukǒur 不够口儿[-夠--] S.V. <topo.> not tasty enough
bùgǒuyánxiào 不苟言笑 F.E. ① serious in speech and manner ② reticent; taciturn
bù gòu zhāngr 不够张儿[-夠--] S.V. <topo.> short of money
bù gòu zīgé 不够资格[-夠--] S.V. not qualified
bǔgǔ 卜骨 N. oracle bone
bùgū 不辜 N. innocent person
bùgǔ 布谷[-穀] N. <zoo.> cuckoo M: [2]zhī
bù gù* 不顾[-顧] V. ignore; pay no attention to ♦CONJ. in spite of; regardless of
bǔguà 卜卦 V.O. divine by Eight Trigrams or 64 hexagrams
bùguài 不怪 V. ① it's not the fault of. . . ② it's no wonder that
bǔguàjiā 卜卦家 N. diviner M: ge/[1]míng/[2]wèi
bù guān 不关[-關] V. have nothing to do with
[1]**bùguǎn*** 不管 CONJ. no matter; regardless of *See also* [2]bù guǎn
[2]**bù guǎn** 不管 V.P. pay no heed to *See also* [1]bùguǎn
bùguàn 不惯 AUX. not used to
bùguǎnbù 不管部 N. ministry without portfolio
bùguǎnbùgù 不管不顾[-顧] F.E. ①be heedless of ② be reckless
bùguǎn bùzhǎng 不管部长 N. minister without portfolio M: [2]wèi
bùguāng 不光 ADV./CONJ. <coll.> ① not only ② not the only one
bùguāng shì 不光是 V.P. not only
bùguǎnhǎolài 不管好赖 F.E. <coll.> no matter what; for better or for worse
bù guǎn qīnghóngzàobái 不管青红皂白 F.E. ① indiscriminately ② do not distinguish black from white
bù guǎn sānqī èrshíyī 不管三七二十一 F.E. recklessly; regardless of consequences
bù guǎnshì(r) 不管事(儿) V.O. not be in charge of; don't care
bùguāntòngyǎng 不关痛痒[-關-癢] F.E. ① of no concern/significance ② of no consequence; immaterial
bù guǎnyòng 不管用 S.V. useless
bùguǎnzěnyàng 不管怎样[-様] V.P. in any case; anyway; no matter what
bùgùdàjú 不顾大局[-顧--] V.P. disregard the overall situation
bùgùdìng 不固定 ATTR. unsteady
bùgùdìngyīn 不固定音 N. <lg.> unsteady sound
bùguǐ 不轨 V.P. against the law/norm; seditious
bù guījǔ 不规矩 S.V. not behaving well; loose
bù guīzé 不规则 S.V. irregular; incorrect
bù guīzé dòngcí 不规则动词[---動-] N. <lg.> irregular verb; strong verb
bù guīzé fēncí 不规则分词 N. <lg.> irregular participle
bù guīzé guòqùshì 不规则过去式 N. <lg.> irregular past tense
bù guīzé xiànxiàng 不规则现象 N. <lg.> irregularity
bùguīzéxìng 不规则性 N. <lg.> arbitrariness
bùgǔléimén 布鼓雷门 ID. make a fool of oneself by foolish display
bù gù mìng 不顾命[-顧-] V.O. be unheedful of one's life
bùgǔniǎo(r) 布谷/穀鸟(儿)[-穀--] N. <zoo.> cuckoo M: [2]zhī
bǔguō 补锅[補鍋] V.O. tinker/fix a pan
bǔguò 补过[補-] V.O. expiate
bùguǒ 不果 V. fail to attain an objective/goal

bùguò* 不过 CONJ. but; however; only ♦ADV. only; merely; no more than ***Tā cānjūn shí ~ shíqī suì.*** She was only seventeen when she joined the army. ♦CONS. ① *s.v.* ~ extremely s.v. ***Zài hǎo ~ le!*** It couldn't be better! ② *v.* ~ unable to out-v. ***Wǒ gàn~ tā.*** I can't outdo him.
bùguò'ěr'ěr 不过尔尔 F.E. just so-so; merely mediocre
bùguòhuà 不过话 V.P. not be speaking to (because of hating/disliking)
bùguòrúcǐ 不过如此 F.E. nothing more than this; merely thus; just so-so
bùguòshì 不过是 V.P. be no more than; be just/only
bù guòyì 不过意 S.V. be sorry; feel apologetic
bùgùsǐhuó 不顾死活[-顧--] F.E. be rash/foolhardy
bùgùyīqiè 不顾一切[-顧--] F.E. regardless of everything
bǔgǔzhī 补骨脂[補-] N. <med.> herb for strengthening bones
bùhài 怖骇 V.P. <wr.> frightened; scared; alarmed
bùhán'érlì 不寒而栗[-慄] ID. tremble with fear; shudder
bù hánhu 不含糊 S.V. <coll.> ① unambiguous; explicit ② not ordinary; really good
[1]bù hǎo 不好 S.V. ① not good ② be spoiled; become worse ***See also*** **[2]bùhǎo**
[2]bùhǎo 不好 N. fault ***Zhè shì wǒ de ~.*** This is my fault. ***See also*** **[1]bù hǎo**
bù hǎo bǎihua 不好摆划[-擺劃] S.V. <topo.> difficult to manage; difficult to do
bù hǎobàn 不好办[-辦] S.V. not easy to do
bùhǎobùhuài 不好不坏[-壞] F.E. neither better nor worse
bù hǎo chán 不好缠[-纏] S.V. <coll.> hard to cope with
bù hǎo duìfu de rén 不好对付的人[--對---] N. <coll.> a difficult person
bù hǎoguò 不好过 S.V. ① in difficulty/trouble ② having a hard life ③ unwell; indisposed; sad
bù hǎorě 不好惹 S.V. not to be pushed around; stand no nonsense
bù hǎoshuō 不好说 S.V. ① unpleasant to say or speak of ② causing difficulties ③ not sure/certain
bù hǎoyìsi 不好意思 S.V. ① feel embarrassed ② find it embarrassing (to do sth.)
[1]bùhé* 不和 V. not get along well ♦N. discord
[2]bùhé 不合 AUX. <wr.> should/ought not ♦V. not conform to; be incompatible with
bùhè 布褐 N. coarse cloth clothing M: *[2]jiàn*
bù héfǎ 不合法 S.V. illegal ~ ***hé bù réndào de dàiyù*** illegal and inhuman treatment
bù hégé 不合格 S.V. not qualified; below standard
bù hé huàfǎ 不合画法[--畫-] V.P. <art> not according to rules of painting
bù héhū yǔfǎ de 不合乎语法的 ATTR. <lg.> ungrammatical
bù hélǐ 不合理 S.V. irrational
bù hé luóji 不合逻辑[--邏-] V.O./S.V. illogical
bù héměi 不和美 A.T. <coll.> in disagreement; at odds
bù hé mìnglìng 不合命令 N. <comp.> improper command
bùhēngbùhā 不哼不哈 F.E. ① hem and haw ② quiet; silent
bù hēngshēng 不哼声[-聲] V.O. be speechless
bù héshēn 不合身 S.V. ill-fitting (of clothing)
bù héshí de 不合时的[--時-] ATTR. unseasonable
bùhéshíyí 不合时宜[--時-] F.E. untimely
bù hésuàn 不合算 S.V. not to one's advantage; not worthwhile
bù hé wénfǎ 不合文法 S.V. ungrammatical
bù héxié 不和谐 N./S.V. disharmony; discord; incompatibility
bù hé yuǎnjìn 不合远近[--遠-] V.O. <art> be out of perspective
bù hé yǔfǎ de 不合语法的 ATTR. <lg.> non-grammatical
bù hézuò 不合作 S.V./V. non-cooperative
bù hòuchén 步后尘[-後塵] V.O. follow in sb.'s wake
bǔhuā 补花[補-] N. <art> appliqué
bù huài 不坏[-壞] S.V. not bad
bùhuáihǎoyì 不怀好意[-懷--] F.E. ill-intentioned
bùhuàjī 步话机 N. walkie-talkie M: *[1]tái*
bǔhuán* 补还[補還] V. compensate; make up
bǔhuàn 补换[補換] V. replace
bùhuān'érsàn 不欢而散[-歡--] F.E. part on bad terms
bùhuáng 不遑 F.E. <wr.> There's not enough time to do sth.
bùhuāngbùmáng 不慌不忙 F.E. ① leisurely ② composedly
bùhuángníngchù 不遑宁处[-寧處] ID. have no leisure time
bù huàn guǎ ér huàn bù jūn 不患寡而患不均 F.E. Inequality rather than want is the cause of trouble.
bùhuángxiáshí 不遑暇食 F.E. too busy to eat
[1]bù huì 不会 AUX. ① be unlikely; will not (act/happen/etc.) ***Rén ~ duō de.*** There won't be too many people. ② have not learned to; be unable to ***Wǒ ~ yóuyǒng.*** I don't know how to swim. ③ *used to express reproach for nonperformance of an action* ~ ***zǎodiǎnr gàosu wǒ ma!*** You might have told me earlier!
[2]bùhuì 不讳[-諱] F.E. ① <wr.> without concealing anything ② <humb.> die
[3]bùhuì 部会 <TW> N. ministries and commissions under the Executive Yuan
bù huì ba 不会吧 V.P. not necessarily so; may not turn out that way
bùhuīmù 不灰木 N. <wr.> asbestos
bùhuì shǒuzhǎng 部会首长 <TW> N. heads of the ministries and commissions under the Executive Yuan M: *[2]wèi*
[1]bǔhuò* 捕获[-獲] V. catch; capture; seize
[2]bǔhuò 补货[補-] V.O. replenish the stock
[1]bùhuò 不惑 V.P. <wr.> without doubt; with full self-confidence ♦ID. forty years of age
[2]bùhuò 怖祸[-禍] N. <wr.> terrifying danger/calamity
bǔhuòliàng 捕获量[-獲-] N. catch (of fish/etc.)
bùhuòshànzhōng 不获善终[-獲--] F.E. not be able to die a natural death
bǔhuòwù 捕获物[-獲-] N. things captured M: *[2]jiàn/ge*
bùhuòzhīnián 不惑之年 N. forty years of age
bǔjǐ 补给[補-] V. <mil.> supply
[1]bǔjì 补记[補-] N. afterthought
[2]bǔjì 补剂[補劑] N. <med.> supplementing remedy; tonic
[1]bùjī 不羁 V.P. <wr.> unruly; uninhibited
[2]bùjī 不激 ON. the sound of spitting
[1]bùjí* 不及 V. not as good as; inferior to ♦CMP. too late to ***hòuhuǐ~*** too late for regrets ***See also*** *děngbují* ***See also*** *láibují*
[2]bùjí 簿籍 N. account books; registers; records; etc.
[3]bùjí 部级 ATTR. ministerial level
bùjǐ 不给 V. be insufficient
[1]bùjì 不计 F.E. disregard; not take into account ~ ***gèrén déshī*** disregard one's personal gain or loss
[2]bùjì 不济[-濟] S.V. <coll.> ① not good; of no use ***Wǒ yǎnshén ~ le.*** My eyesight is no good any more. ② displeased; ill at ease ③ bad (of deeds)
[3]bùjì 簿记 N. bookkeeping
bǔjiā 补加[補-] V. add; enrich
bǔjià* 补假[補-] V.O. ① take a deferred vacation ② provide reasons/excuses for absence afterwards
bùjia 不家 A.T. <coll.> otherwise; if not
[1]bùjiā 不佳 S.V. not good
[2]bùjiā 不家/加 A.T. <topo.> no; not any more
bùjiǎcísè 不假辞色[--辭-] F.E. speak bluntly/harshly
bùjiākěfǒu 不加可否 F.E. refuse to comment
bùjiǎn 不检 F.E. be indiscreet/careless (in one's speech and actions)
[1]bùjiàn* 不见 V. ① not see/meet ***Hǎo jiǔ ~!*** Haven't seen you for a long time! ② disappear; be lost; misplace ***Wǒ de biǎo ~ le.*** I lost my watch. ③ no evidence of being/becoming ***Ta ~ hǎo.*** There's no evidence that he is improving.
[2]bùjiàn 部件 N. parts; components; assembly
bùjiànbùsàn 不见不散 F.E. don't leave until others have arrived.
bùjiànbùzéi 不僭不贼 F.E. commit no excess nor do anything injurious
bù jiǎndān 不简单 S.V. ① not simple ② remarkable
bùjiǎndāngnián 不减当年[-減當-] F.E. no worse than in the past
bùjiànde 不见得 ADV./V.P. not necessarily/likely
bù jiānduàn de 不间断的[--斷-] ATTR. uninterrupted; continuous
bùjiàn fēnjiětú 部件分解图[-圖] N. <mach.> exploded view M: *[1]zhāng*
bùjiàng 部将[-將] N. military officers under one's command M: *ge/[1]míng*
bù jiǎng dàoli 不讲道理[-講--] V.O. be unreasonable
bù jiǎnglǐ 不讲理[-講-] V.O./S.V. unreasonable
bù jiǎng qíngmiàn 不讲情面[-講--] V.O. have no consideration for sb's face
bù jiànguài 不见怪 V.P. do not consider strange; not mind
bù jiàn guāncai bù luòlèi 不见棺材不落泪[-淚] ID. unconvinced until faced with grim reality
bùjiànjīngzhuàn 不见经传[-經傳] F.E. ① not authoritative (of wording) ② unknown (of people)
bù jiàn le 不见了 V.P. disappear; be lost/gone
bù jiànquán de 不健全的 ATTR. obsolete
bù jiànquán de fāyīn 不健全的发音[----發-] N. <lg.> obsolete pronunciation
bùjiànshìmian 不见世面 F.E. not know anything about the world
bùjiàntiānrì 不见天日 F.E. suffering oppression under dark rule
bùjiǎnzékuì 不俭则匮 ID. Waste makes want.
bǔjiǎo 补角[補-] N. <math.> supplementary angles
bùjiāobùzào 不骄不躁[-驕--] F.E. neither arrogant nor rash
bùjiào'érzhū 不教而诛 F.E. punish without prior warning
bǔjiāo shuìkuǎn 补交税款[補-] V.O. pay overdue taxes
bù jiā pínglùn 不加评论 V.P. no comment
bùjiǎsīsuǒ 不假思索 F.E. without thinking; offhand
bùjiǎwàichū 不假外出 F.E. leave without permission
bùjiāxíngshì biànhuà 不加形式变化[----變-] N. <lg.> uninflected
bù jiā xiūshì 不加修饰 V.O. without polishing; natural
bùjiáyúhuái 不恝于怀[-於懷] F.E. bear in mind
bùjíbùlí 不即不离[-離] F.E. keep sb. at arm's length; aloof
bùjíbùxú 不疾不徐 F.E. neither too fast nor too slow
bù jì chéngběn 不计成本 V.O. not take cost into consideration
bǔjǐdiǎn 补给点[補-點] N. <mil.> supply point
bùjie 不价[-價] V.P. <coll.> ① No, I disagree. ② otherwise; if not
bùjiě* 不解 V. not understand ♦ATTR. indissoluble
bùjiěchóu 不解仇 N. unresolved hatred

bù jiě fēngqíng 不解风情 V.O. be unaware of romantic/sexual implications of behavior
bù jiéméng 不结盟 ATTR. nonaligned; non-allied
bù jiéméng guójiā 不结盟国家[---國-] N. nonaligned nations
bù jiéméng yùndòng 不结盟运动[-運動] N. non-alignment movement
bù jiéméng zhèngcè 不结盟政策 N. non-alignment policy
bù jièrù 不介入 V.P. nonintervention; noninvolvement
bù jiěshì 不解事 V.O. have no understanding of matters/affairs
bù jièyì 不介意 V. not take offense; not mind
bù jiè yīnyuè 不介音乐[-樂] V.O. have no ear for music
bùjiěyuán 不解缘 N. indissoluble bond
bùjiězhīchóu 不解之仇 N. unresolved hatred
bùjiězhīmí 不解之谜 N. unsolved riddle; enigma; mystery
bùjiězhīyuán 不解之缘 N. an indissoluble bond
bù jígé 不及格 V. fail to pass (examinations) *kǎoshì* ~ fail a test ♦ATTR. disqualified
bù jìjià 不计价[-價] F.E. without charge; without cost
bù jìmíng tóupiào 不记名投票 N. secret ballots/votes
[1]**bùjìn** 不禁 ADV./CMP. can't help (doing sth.)
[2]**bùjīn** 布巾 N. a piece of cloth used for a towel/scarf/kerchief/etc.
bùjǐn* 不仅[-僅] ADV./CONJ. ① not only ② not the only one *Zhè ~ shì tā yī gè rén de kànfǎ.* He's not the only one who holds this view.
[1]**bùjìn** 不尽[-盡] ATTR. incomplete ♦ADV. endlessly ♦CMP. very (emphasizing certain verbs) *Gǎnjī ~.* Be very grateful.
[2]**bùjìn** 步进[-進] ATTR. step-by-step ~ *cāozuò* step-by-step operation
bùjīnbùfá 不矜不伐 F.E. neither show arrogance nor sing one's own praise
bùjīnbùgǔ 不今不古 F.E. neither modern nor ancient (sarcastic reference to a pedant)
bùjìnbùtuì 不进不退[-進--] F.E. neither advance nor retreat
bùjīnbùyóu 不禁不由 F.E. <topo.> unable to refrain from; cannot help; involuntarily
bùjīnbùzào 不矜不躁 F.E. be neither proud nor irascible
bùjīn'érán 不禁愕然 F.E. can't help being astonished
bǔjīng 捕鲸 V.O. whale
bǔjǐng 补景[補-] N. background details (of a painting)
bùjīng 不经[-經] V.P. without foundation
bùjǐng* 布景 N. ①<art> composition ②<drama> setting
[1]**bùjìng** 不敬 V. be disrespectful to
[2]**bùjìng** 不靖 V.P. be troubled; unsettled
bǔjīngchuán 捕鲸船 N. whale ship M: [1]*tiáo*/[1]*sōu*
bùjìng'érzǒu 不胫而走[-脛--] F.E. ①spread like wildfire (of rumors/etc.) ② disappear without trace (of objects)
bù jīngjì 不经济[-經濟] S.V. not economical
bù jǐngqì 不景气[-氣] S.V. ① in a slump/depression/recession ② in a depressed/slack state
bù jīngshen 不精神 S.V. <coll.> sickly; lacking energy
bù jīngshen de shēnzigǔ 不精神的身子骨 N. <coll.> lacking physical vitality
bù jìng shénmíng 不敬神明 V.O. be impious
bù jīngshì 不经事[-經-] V.P. inexperienced; greenhorn
bù jīng shìmiàn 不经世面[-經--] V.O. see nothing of life; without experience in life
bù jīngyì 不经意[-經-] S.V. inattentive; careless
bù jīng yī shì, bù zhǎng yī zhì 不经一事,不长一智[-經--,----] F.E. Wisdom comes from experience.
bù jīngyòng 不经用[-經-] S.V. won't last long
bùjīngzhītán 不经之谈[-經--] N. absurd statement; cock-and-bull story
bù jīngzòu 不经揍[-經-] S.V. can't endure a beating
bù jǐnjǐn 不仅仅[-僅僅] CONJ. not only
bùjìnlǚlǚ 不尽缕缕[-盡縷縷] ID. I need not write down in detail all that I feel. (letter closure)
bù jìn qínglǐ 不近情理 V.O. unreasonable
bù jìnrán 不尽然[-盡-] V.P./ADV. not quite so
bù jìnrénqíng 不近人情 V.O. ① disregarding other's feelings ② not amenable to reason ③ unsociable; inhuman
bùjìnrényì 不尽人意[-盡--] F.E. leave much to be desired
bùjǐnrúcǐ 不仅如此[-僅--] F.E. not only that; moreover
bùjǐn shì 不仅是[-僅-] CONJ. not only
bùjīnshīxiào 不禁失笑 F.E. cannot refrain from laughing
bùjīnxìxíng 不矜细行 F.E. pay no attention to small matters
bùjīnyòng 不禁用 S.V. can't be used for long (because not sufficient or strong enough)
bùjìnyùyán 不尽欲言[-盡--] F.E. cannot express all that one wishes to say
bùjìnzétuì 不进则退[-進--] F.E. Move forward, or you will fall behind.
bùjìnzhì 步进制[-進-] N. step-by-step system (postal service)
bǔjìpǐn 补给品[補-] N. <mil.> supplies M: [2]*jiàn*
bùjìqíshù 不计其数[-數] F.E. countless; innumerable
bù jìshì 不济事[-濟-] S.V. not good; useless
bùjì shìxiàng 簿记事项 N. <acct.> bookkeeping transactions
bùjǐtiān(r) 不几天(儿) V.P. <coll.> within a few days; shortly
bǔjiù 补救[補-] V./N. remedy
bùjiǔ* 不久 ADV. ① soon; before long ② soon after
bǔjiù bànfǎ 补救办法[補-辦-] N. corrective measures; remedy
bùjiǔ de 不久的 ATTR. early
bùjiùjìwǎng 不咎既往 F.E. let bygones be bygones
bùjiǔqián 不久前 ADV. not long ago
bùjiǔrénshì 不久人世 F.E. One's days are numbered.
bùjiǔ yǐhòu 不久以后[-後] V.P. soon after; shortly afterward
bǔjiù yǔfǎ 补救语法[補-] N. <lg.> remedial grammar
bùjíwù 不及物 ATTR. <lg.> intransitive
bùjíwù dòngcí 不及物动词[---動-] N. <lg.> intransitive verb
bǔjǐxiàn 补给线[補-] N. supply line M: [1]*tiáo*/[2]*dào*
bùjìxué 簿记学 N. bookkeeping
bùjì xuéxiào 簿记学校 N. bookkeeping school M: *ge*/[1]*jiā*/[1]*suǒ*
bù jíyú 不急于 V.P. not anxious about
bùjìyuán 簿记员 N. bookkeeper; ledger clerk M: *ge*/[1]*míng*/[2]*wèi*
bùjìyúshì 不济于事[-濟於-] F.E. to no avail; of no use; no good
bǔjǐzhàn 补给站[補-] P.W. supply depot; supply point M: [1]*jiā*
bùjīzhīcái 不羁之才 N. outstanding talents
bùjì zhìdù 簿记制度 N. <acct.> bookkeeping system
bùjízhīwù 不急之务[-務] N. a matter of no great urgency
bùjízhīzhào 不吉之兆 N. unlucky omen
bǔjǐ zhóuxiàn 补给轴线[補-] N. axis of supply
[1]**bǔjū** 卜居 V. <wr.> choose a place for one's home
[2]**bǔjū** 补苴[補-] V. <wr.> fill; supply; make up for
[1]**bùjū*** 不拘 V. not stick to; set no limit to *Wénzhāng zìshù ~.* No limit is set on the length of the article/paper. ♦COV. regardless of
[2]**bùjū** 部居 N. <lg.> classification of words/etc.
bùjú 布局 N. ①overall arrangement; distribution ② composition (of picture/etc.) ③ position (of chessboard pieces)
[1]**bùjù** 不惧[-懼] V. not be scared of
[2]**bùjù** 不具 V.P. <wr.> incomplete; insufficient ♦F.E. There is more than I can tell you in this letter. (letter closure)
[3]**bùjù** 怖惧[-懼] N. <wr.> fear; dread
bùjuàn 不倦 V.P. tireless; indefatigable
[1]**bùjué** 不绝[-絕] V.P. ceaseless
[2]**bùjué** 不觉[-覺] ADV. without one's knowing; unconsciously ~ *dà kū qǐlai* weep in spite of oneself
bùjuéhū 不觉乎[-覺-] V. be unaware of; not realize
bùjuéjìyǎng 不觉技痒[-覺-癢] V.P. cannot suppress the desire to show off one's ability/skill
bùjuérúlǚ 不绝如缕[-絕-縷] ID. ① very precarious ② linger on faintly (of sound)
bùjuéyú'ěr 不绝于耳[-絕於-] F.E. linger in one's ears
bù jūnshǒu 不龟手[-龜-] V.P. does not chap the skin (of a washing agent)
bùjù qūbiéxìng de chāyì 不具区别性的差异[--區----異] N. <lg.> etic difference
bù jūshù 不拘束 S.V. relax; loosen up
bǔjūxiàlòu 补苴罅漏[補-] F.E. make up for shortcomings and loopholes
bùjūxiǎojié 不拘小节[-節] F.E. ① not be punctilious ② not bother about trifles
bùjūxíngjì 不拘形迹[-跡] F.E. not stick to formalities
bùjūxíngshì 不拘形式 F.E. not particular about form; informal
bùjúxìng yǔyán 布局性语言 N. <lg.> configurational language
bùjūyīgé 不拘一格 F.E. not stick to one pattern
[1]**bùkān** 不堪 V. <wr.> can't bear/stand ♦CONS. *s.v.* ~ utterly s.v. *qióngkùn* ~ utterly destitute ♦S.V. extremely undesirable
[2]**bùkān** 不刊 ATTR. unalterable
bùkàngbùbēi 不亢不卑 F.E. neither haughty nor humble
bùkānhuíshǒu 不堪回首 F.E. can't bear to recall
bùkānrù'ěr 不堪入耳 F.E. intolerable/offensive to the ear
bùkānrùmù 不堪入目 F.E. not fit to be seen; disgusting
bùkānshèxiǎng 不堪设想 F.E. dreadful to contemplate
bùkānyījī 不堪一击[-擊] F.E. collapse at the first blow
bùkānzàojiù 不堪造就 F.E. untrainable; unpromising
bùkānzhīlùn 不刊之论 N. ① an unalterable statement ② axiom; unalterable truth
bùkānzhīshū 不刊之书[-書] N. unalterable writings
bǔkǎo 补考[補-] V./N. make up missed/failed exam
būkè 逋客 N. <wr.> ① recluse ② fugitive
[1]**bǔkè** 补课[補-] V.O. ① make up a missed class ② supplement a lesson ③ give students an extra/special class or tutorial session
[2]**bǔkè** 卜课 V.O. practice divination
bùkě* 不可 AUX. ① cannot; should/must not ② must (with negative) ♦CONS. *fēi v.p.* ~ must v.p. *fēi qù* ~ must go (there)
bùkè 不克 AUX. be unable to; cannot ♦V.P. unable to win (in a fight/etc.)
bùkě bàntú'érfèi 不可半途而废[-廢] F.E. Don't change horses in midstream.
bùkěbiàn suǒshǔ guānxi 不可变所属关系[--變-屬關係] N. <lg.> inalienable possession
bùkě bìmiǎn 不可避免 V.P. unavoidable
bùkěbù 不可不 V.P. must; have to

bùkěcèzhī 不可测知 V.P. be unable to fathom

bùkědéjiān 不可得兼 F.E. cannot have both at one and the same time

bùkěduōdé 不可多得 V.P. rare; hard to come by

bùkěfēn de 不可分的 ATTR. inseparable

bùkěfēngē 不可分割 V.P. inseparable

bùkěfēnlí 不可分离[-離] V.P. can't be separated

bùkěgàorén 不可告人 V.P. not to be divulged; hidden

bùkě gūliàng 不可估量 V.P. inestimable

bùkěhuìyán 不可讳言[--諱-] F.E. It can not be concealed/denied that . . .

bùkěhuòhuǎn 不可或缓 F.E. brook not a moment's delay

bùkěhuòquē 不可或缺 F.E. indispensable; absolutely necessary

bùkějìnxìn 不可尽信[--盡-] F.E. not to be believed literally

bùkějiūjié 不可究诘 F.E. cannot explain or find out why

bùkějiùyào 不可救药[-藥] F.E. irremediable; hopeless

bùkěkāijiāo 不可开交[--開-] V.P. awfully (busy/etc.) *Tāmen máng de ~ .* They're extremely busy.

bùkěkàng 不可抗 ATTR. <law> beyond human control

bùkěkàngjù 不可抗拒 V.P. irresistible

bùkěkànglì 不可抗力 V.P. <law> act of God

bùkělǐyù 不可理喻 V.P. be impervious to reason

bùkěmíngzhuàng 不可名状[-狀] F.E. indescribable

bùkěmómiè 不可磨灭[-滅] V.P. indelible

bù kěn 不肯 AUX. ① not willing/ready to ② disagree; disapprove

bù kěnéng 不可能 S.V. unreal; impossible

bùkěnéng guòqù 不可能过去 N. <lg.> past-unreal

bùkěnéng xiànzài 不可能现在 N. <lg.> present-unreal

bù kēngqì(r) 不吭气(儿)[--氣-] V.O. <coll.> keep silent

bù kēngshēng(r) 不吭声(儿)[--聲-] V.O. <coll.> not utter a sound

bùkěnìzhuǎn 不可逆转[-轉] F.E. be irreversible; not to be turned back

bù kěn láiwǎng de 不肯来往的 ATTR. unsociable

bù kěnqì 不啃气[-氣] V.O. <topo.> utter not a sound; say nothing

bùkěpángdài 不可旁贷 F.E. cannot shirk the responsibility; be duty-bound

bùkěpiānfèi 不可偏废[-廢] F.E. shouldn't one-sidedly dismiss sth.

bù kèqi 不客气[-氣] S.V. impolite; rude ♦F.E. ① You're welcome! ② Please don't bother; I'll help myself. ③ OK, then you go ahead.

bùkěqǐjí 不可企及 F.E. matchless; inimitable ♦V.P. cannot attain

bùkěqǔ 不可取 V.P. undesirable; not to be accepted

bùkěquánxìn 不可全信 F.E. not to be believed literally

bùkěqǔ de zhèngcè 不可取的政策 N. not an acceptable/helpful policy choice

bùkěráoshù de 不可饶恕的[--饒--] ATTR. implacable

bùkěrùxìng 不可入性 N. <phy.> impenetrability

bùkě shǎo 不可少 V.P. indispensable; necessary

bùkěshèngshǔ 不可胜数[-勝數] F.E. countless

bùkěshèngyán 不可胜言[--勝-] F.E. inexpressible; beyond description

bùkěshōushi 不可收拾 V.P. irremediable; uncontrollable

bùkěshǔ míngcí 不可数名词[-數--] N. <lg.> mass-noun; uncountable noun

bùkěsīyì 不可思议[-議] V.P. inconceivable; enigma; incredible; unbelievable

bùkětìdài 不可替代 V.P. irreplaceable

bùkě tóngrì'éryǔ 不可同日而语 F.E. can't be mentioned in the same breath

bùkě wàngqíxiàngbèi 不可望其项背 F.E. fall far behind

bùkěwéixùn 不可为训 F.E. not to be taken as an example

bùkěxiàng'ěr 不可向迩[-邇] F.E. keep at arm's length; hold off

bùkěxiǎngxiàng 不可想象 V.P. unimaginable

bùkěxiànliàng 不可限量 F.E. limitless

bù kēxué 不科学 S.V. unscientific

bùkěyánchuán 不可言传[-傳] F.E. can not be communicated in words

bùkěyánzhuàng 不可言状[-狀] F.E. beyond description

bù kěyǐ 不可以 AUX. can't/cannot

bùkě yǐ dàolǐ jì 不可以道里计 F.E. ① The difference is too great (for comparison). ② immeasurable (by existing standards); extreme

bùkěyìngyòng 不可应用[--應-] V.P. inapplicable

bùkě yī rì wú cǐjūn 不可一日无此君 F.E. cannot do without; indispensable

bùkěyīshì 不可一世 F.E. ① be insufferably arrogant ② be unequalled in his time

bùkěyìxìng 不可译性[--譯-] N. <lg.> untranslatability

bùkěyīzhì 不可医治[--醫-] V.P. incurable

bùkěyuē fēnshù 不可约分数[-數] N. irreducible fraction

bùkěyúyuè 不可逾越 V.P. impassable; insurmountable

bùkězhī 不可知 V.P. be unknowable ♦N. the unknowable

bùkězhīlùn 不可知论 N. agnosticism

bùkězhīlùnzhě 不可知论者 N. agnostic

bùkězhōngrì 不可终日 F.E. ① be in desperate situation ② be anxious throughout the day

bùkězhuōmō 不可捉摸 V.P. difficult to size up; uncanny; unpredictable; unfathomable

bùkèzìbá 不克自拔 F.E. <wr.> be unable to save/extricate oneself

bùkězǔdǎng 不可阻挡[-擋] V.P. irresistible

bùkězǔ'è 不可阻遏 V.P. unstoppable

bǔkòng 补空[補-] V.O. fill up an empty space

bǔ kòngwèi 补空位[補-] V.O. fill a vacant position; fill a vacancy

bǔ kòngzi 补空子[補-] V.O. fill in the bare spots

[1]bǔkuài 捕快 N. <trad.> constable for catching criminals M: ge/[1]míng/[2]wèi

[2]bǔkuài 补块[補塊] V.O. <comp.> paste block

[1]bùkuài* 不快 S.V. ① unhappy; displeased ② unwell; indisposed; feeling under the weather ③ slow *See also* [2]*bù kuài*

[2]bù kuài 不快 S.V. be dull; not sharp *See also* [1]*bùkuài*

[1]bùkuì 不愧 V.P. be worthy of

[2]bùkuì 不匮 ADV. <wr.> endlessly; without ceasing

bùkuìbùzuò 不愧不怍 F.E. neither feel ashamed nor blush

bùkuì wéi 不愧为 V.P. be worthy of; deserve to be called; prove oneself to be

bùkuìwūlòu 不愧屋漏 ID. be open and above-board

bùkuòsàn héwǔqì 不扩散核武器[-擴----] N. nuclear non-proliferation

bùla 布拉 V. <coll.> scoop; shovel

Bùlāgé 布拉格 P.W. Prague

Bùlāgé Xuépài 布拉格学派 N. <lg.> Prague School

bùlài 不赖 S.V. <topo.> not bad; good

bùlājí 布拉吉 N. <Russian loan> woman's dress

bùlángbùxiù 不郎不秀 ID. useless; good-for-nothing

bùlángbùyǒu 不稂不莠 ID. useless; good-for-nothing

Bùlǎngzú 布朗族 N. Blang minority (in Yunnan)

bùlànzhīshé 不烂之舌[-爛--] N. a glib tongue

bǔlāo* 捕捞[-撈] V. fish for (aquatic animals/plants); catch

bǔlǎo 卜老 V. choose a place for retirement

bùláo'érhuò 不劳而获[-勞-獲] F.E. profit by other people's toil

bù láojià 不劳驾[-勞-] V.P. <coll.> no trouble at all

bù làokōng 不落空 V.P. not fruitless; having some gain

bù lǎoshǎo 不老少 S.V. <coll.> a good many; quite a few

bù làoshí 不落实[-實] V.P. not calm (of mind) *See also bù luòshí*

bùláowúhuò 不劳无获[-勞-獲] F.E. No pain, no gain.

bùlārénshǐ 不拉人屎 F.E. <slang> do inhuman acts

bùlatiáor 布拉条儿[--條-] N. odds and ends

bùle 不了 V.P. no (more) *"Máng shénme? Zài zuò yīhuìr. . . ." "~, wǒ gāi huíqu le."* "What's your hurry? sit a while longer. . . ." "No, I have to go back." *See also bùliǎo*

bùléi* 布雷 V.O. lay mines; mine

[1]bùlèi 不类[-類] V.P. different; discrete

[2]bùlèi 部类[-類] N. category; division

bùléiduì 布雷队[-隊] N. minelaying team M: [4]zhī

bùléiqū 布雷区[-區] P.W. minefield M: chù/[1]ge/[2]kuài/[1]piàn

bùléitǐng 布雷艇 N. mine layer (ship) M: [2]zhī/[1]sōu

bùlěngbùrè 不冷不热[-熱] V.P. be neither hot nor cold

bùlèshìjìn 不乐仕进[-樂-進] F.E. unwilling to enter public life

bù lèyì 不乐意[-樂-] S.V. <coll.> not willing to; not pleased at

[1]bùlí(r) 不离(儿)[-離-] V.P. <topo.> not far off; not bad

[2]bùlí 步犁 N. walking plow M: [1]jià/ge

bù lǐ 不理 V. pay no attention

[1]bùlì* 不利 S.V. ① unfavorable; detrimental ② unsuccessful ③ not sharp; dull (of knives/etc.)

[2]bùlì 不力 V.P. do perfunctorily

[3]bùlì 簿历[-歷] N. a person's records/qualifications/etc. M: [1]fèn/[1]běn

[4]bùlì 怖栗 V.P. <wr.> trembling with fear

bùlián 布帘[-簾] N. door curtain made of cloth M: [2]kuài/[2]dào

bùliáng 不良 V.P. bad; harmful

bùliáng dǎotǐ 不良导体[-導體] N. <phy.> non-conductor

bùliáng fènzǐ 不良分子 N. undesirables; scum

bù liànglì 不量力 V.O. fail to consider one's capacity for doing a job

bùliáng shàonián 不良少年 N. juvenile delinquents M: ge/[1]míng

bùliáng shìyìng 不良适应[-適應] N. maladjustment

bùliáng xúnhuán 不良循环[-環] N. vicious circle

bùliáng yǐngxiǎng 不良影响[-響] N. harmful/adverse effects

bùliángyúxíng 不良于行[--於-] V.P. have difficulty in walking

bùliǎo 不了 CONS. ①*v./s.v. (ge)* ~ v./s.v. endlessly *Fēng guā ge ~.* The wind blows incessantly. *Tā zhěngtiān máng ge ~.* He's busy all day long. ② *cmp. v.*~ unable to v. *Méi gōngzuò tā huó~.* He can't survive without work. *See also bùle*

[1]bùliào* 不料 ADV. unexpectedly

[2]bùliào(r) 布料(儿) N. cloth M: [2]kuài

bù liǎojiě 不了解 V. ① do not understand ② be unfamiliar with

bù liǎoliǎo 不了了 V.P. <coll.> awesome; dreadful

bùliǎoliǎozhī 不了了之 F.E. leave sth. unresolved

bù liǎoshì 不了事 N. sth. unsettled

bù lí běntí(r) 不离本题(儿)[-離---] V.P. stick to one's point

bùlǐbùcǎi 不理不睬 F.E. completely ignore; give sb. the cold shoulder

bù lǐ chár 不理碴儿 V.P. don't care

bùlì de bèidòng 不利的被动[-動] N. <lg.> adverse passive

bǔliè* 捕猎[-獵] V./N. hunt

bùliè 部列 V. arrange ♦N. formation/arrangement (of books/troops/etc.)

Bùlièdiān 不列颠 P.W. Britain

bùlièfāngtóu 不劣方头 F.E. stubborn and unamiable

bù lǐhuì 不理会 ATTR. inattentive; unmindful ♦V. pay no attention to

bùlìjíróng 不利即戎 ID. time not auspicious for going to war

bùlímǎ 不离码[-離-] ADV. <topo.> almost; just about; just about enough

bùlímá de 不离嘛的[-離--] ADV. approximately

[1]bǔlín 卜邻[-鄰] V.O. choose one's neighbors

[2]bǔlín 卟啉 N. <chem.> porphyrin

bùlìn* 不吝 F.E. <court.> not stint (criticism/assistance/etc.) ♦V. <slang> not care; not give a damn (about)

bù líng 不灵[-靈] S.V. ① not work; be ineffective ② lose control ♦ADV. awkwardly; ineffectively

bùlìnzhǐjiào 不吝指教 F.E. don't stint your criticism

bùlìnzhūyù 不吝珠玉 ID. <court.> Please make frank comments (on my performance).

bùlír 不离儿[-離-] V.P. <topo.> ① not bad ② pretty close; almost

bùlì tiáojiàn 不利条件[--條-] N. unfavorable condition/factor

būliú 逋留 V. <wr.> stay; remain; linger

bù liú* 不留 V. ① do not keep ② do not leave behind ③ do not stay

bùliūdiū 不溜丢 <coll.> CONS. *s.v.* ~ utterly/very s.v. ***suān*** ~ very sour

bù liúlì 不流利 S.V. <lg.> not fluent

bù liúqíng 不留情 V.O. be unforgiving/unmerciful

bù liú qíngmiàn 不留情面 V.O. disregard other's face/feelings

bù liúxīn 不留心 V.O. not pay attention; be careless

bù liúyì 不留意 V.O. not pay attention

bù liú yúdì 不留余地 V.O. ① leave no room; make no allowance for ② pursue to the brutal end

Bùlóngdí 布隆迪 P.W. Burundi

bǔlòu 补漏[補-] V.O. fill a vacancy; supply sth. missing

bǔlòu cèyànfǎ 补漏测验法[補-] N. <lg.> cloze test

bǔ lòudòng 补漏洞[補-] V.O. ① stop a leak ② compensate for errors

bùlù 簿录[-錄] <wr.> V. make an inventory of a criminal's possessions and confiscate them ♦N. ① record of things/events ② catalogue of books M: [1]*běn*

bùlǚ 步履 N. walk; gait

bùlùguījiǎo 不露圭角 ID. not show off one's knowledge

bùlùkǒufēng 不露口风 F.E. not breathe a word about

bùlùn 不论 CONJ. no matter (how/who/what/etc.) ♦CONS. ~. . .*dōu/yě* regardless of. . . ~ ***xià bù xià yǔ, wǒmen dōu yào qù.*** No matter if it rains or not, we will go.

bùlúnbùlèi 不伦不类[-類] F.E. nondescript

bùlùnyāngzi 不论秧子 V.O. <coll.> not stand in awe of rank/position

bùluò 部落 N. ① tribe ② tribal settlement

bùluòhénjì 不落痕迹[-跡] V.O. leave no trace

Bùluókǎqū 布罗卡区[-羅-區] P.W. <lg.> Broca's area

Bùluókǎ shīyǔzhèng 布罗卡失语症[-羅----] N. <psy.> Broca's aphasia

bùluòkējiù 不落窠臼 ID. have an original style

bùluòrénhòu 不落人后[-後] F.E. yield to none; not lag behind

bùluò shèhuì 部落社会 N. tribal society

bù luòshí 不落实[-實] S.V. <coll.> upset; nervous; on edge *See also bù lǎoshí*

bùluòsútào 不落俗套 F.E. conform to no conventional pattern ***Nǐ de shèjì hěn xīnyǐng,*** ~. Your design is very innovative and does not conform to the conventional pattern.

bùluòyánquán 不落言筌 F.E. grasp a passage without clinging to a too-literal interpretation

bùluòyǔ 部落语 N. <lg.> tribal language

Bùlǔsài'ěr 布鲁塞尔 P.W. Brussels

bùlǚshēngfēng 步履生风 F.E. stride jubilantly

bù lù shēngsè 不露声色[--聲-] V.O. not show feelings/intentions/etc.

bùlǚwéijiān 步履维艰[-艱] F.E. <wr.> ① walk with difficulty ② meet with difficulties in one's work

bùlǚwěnluàn 步履紊乱[-亂] F.E. be in disorder

bùlùxíngjì 不露形迹[-跡] F.E. betray nothing in one's expression and movements

bùlùzhōngqū 不露衷曲 F.E. not reveal one's inner feelings

bù mǎizhàng 不买帐[-買-] V.O. not buy it; not go for it

būmàn 逋慢 V.P. <wr.> heedless of regulations/orders

bùmán 不瞒 V. be honest with sb.

[1]bùmǎn* 不满 S.V. ① resentful; dissatisfied ② not full

[2]bùmǎn 布满 V. suffuse; cover everywhere

bùmànbùzhī 不蔓不枝 F.E. concise; succinct (of writing)

bùmáng 不忙 V.P. there's no hurry; take one's time ♦S.V. not busy

bùmánnǐshuō 不瞒你说 V.P. to tell you the truth

bùmǎn qíngxù 不满情绪 N. feeling of dissatisfaction

būmànzhīzuì 逋慢之罪 N. be guilty of not observing laws and decrees

bùmáo 不毛 ATTR. barren (land)

bùmáozhīdì 不毛之地 N. ① barren land; desert ② uncivilized area

bùmén 部门 N. ① department; branch ② classification

bùmiǎn* 不免 ADV. unavoidably

bùmiàn 布面 N. cloth cover

bùmiánbùxiū 不眠不休 F.E. go without sleep and rest

bùmiàn jīngzhuāngběn 布面精装本[---裝-] N. clothbound deluxe edition

bùmiánzhèng 不眠症 N. insomnia

bùmiánzhīyè 不眠之夜 N. sleepless night

bǔmiáo 补苗[補-] V.O. <agr.> fill gaps with seedlings

bùmiào* 不妙 S.V. not too encouraging (of a turn of events)

bù miè dìnglǜ 不灭定律[-滅--] N. the law of conservation of matter

bùmǐn 不敏 V.P. <wr.> not intelligent; not sharp

bùmíng 不明 V. fail to understand ~ ***shìfēi*** can't distinguish right from wrong ♦V.P. not clear; unknown ***xiàluò*** ~ whereabouts unknown

bùmíngbùbái 不明不白 F.E. with no clear reason whatever; dubious

bùmíngdǐyùn 不明底蕴 F.E. ignorant of the true picture

bùmíng fēixíngwù 不明飞行物[--飛--] N. unidentified flying object (UFO)

bùmíngshìlǐ 不明事理 F.E. lack common sense

bùmíngshù 不名数[-數] N. <math.> abstract number

bùmíngyīqián 不名一钱[-錢] F.E. penniless

bùmíngyīwén 不名一文 F.E. penniless

bù míngyù 不名誉[-譽] S.V. disreputable; disgraceful ♦N. opprobrium

bùmíngzhě 不鸣者 N. <lg.> non-Sinitic sound (i.e., sound that is unpronounceable within the rules of Chinese phonology)

bùmíngzhēnxiàng 不明真相 F.E. be unaware of the truth

bù mōtóu 不摸头 V.P. <coll.> not up on things

bùmóu'érdé 不谋而得 F.E. gain sth. without seeking it

bùmóu'érhé 不谋而合 F.E. happen to hold the same views

bùmóuqízhèng 不谋其政 F.E. unwilling to comment on sth. (which is not one's own concern)

bùmóuqízhí 不谋其职[-職] F.E. be unwilling to comment on sth. (which is not one's own concern)

[1]bùmù 不睦 V.P. <wr.> not get along well; be at odds

[2]bùmù 布幕 N. curtain M: [2]*kuài*/[2]*dào*

bǔná 捕拿 V. arrest; capture

bùnài 不奈/耐 V. be unable to bear/endure

bù nàifán 不耐烦 S.V. impatient

bùnánbùnǚ 不男不女 F.E. look neither like a woman nor a man

bùnàzhōngyán 不纳忠言 F.E. be deaf to honest words

bùnéng 不能 AUX. cannot; be unable to

bùnéngbù 不能不 V.P. have to; cannot but

bùnéngchǎn 不能产[-產] ATTR. <lg.> nonproductive

bùnéng dēng dàyǎzhītáng 不能登大雅之堂 F.E. not in good taste

bù nénggòu 不能够[-夠] AUX. cannot; be unable to

bùnéng jiǎnyàn de 不能检验的 ATTR. untestable

bùnéngróngwù 不能容物 V.P. ① cannot contain things ② cannot tolerate people

bùnéngshǔ míngcí 不能数名词[--數--] N. <lg.> mass noun

bùnéngwàngqíng 不能忘情 V.P. still be emotionally attached

bùnéngyánchuán 不能言传[-傳] V.P. indescribable; beyond description

bùnéng yǐyúyán 不能已于言[---於-] F.E. be unable to desist from speaking

bùnéng zàn yī cí 不能赞一辞[-辭] F.E. unable to say a word (about an impeccable piece of writing)

bùnéngzìbá 不能自拔 F.E. can't extricate oneself

bùnéngzìyǐ 不能自已 F.E. can't control oneself; can't help ***Tā xīngfèn de*** ~. She was beside herself with excitement.

bùnéng zìyuánqíshuō 不能自圆其说 F.E. unable to sustain one's case

bùnéngzìzhì 不能自制 V.P. have no control over oneself

bùnéngzòuxiào 不能奏效 V.P. be ineffective; cannot work

bùniǎn(r) 步辇(儿) N. ① <trad.> royal sedan chair borne by attendants ② <coll.> foot; on foot; walk

bùniànjiù'è 不念旧恶[-舊惡] V.P. forgive and forget

bùniǎnr 步捻儿 V. <topo.> travel on foot

bùníng* 不宁[-寧] V.P. not peaceful ♦CONJ. not only; moreover; what is more

bùnìng 不佞 N. my humble self; I

bùnìngwéishì 不宁唯是[-寧--] F.E. not only so; moreover

Bùnóngzú 布农族[-農-] N. <TW> Bunong ethnic minority

bù pà 不怕 V. not fear ♦CONJ. <topo.> even if/though

bǔpái* 补牌[補-] V.O. get more cards (so that one has the required number in one's hand)

B

bǔpài 补派[補-] V. dispatch again; redispatch
bù pà màn jiù pà zhàn 不怕慢就怕站 F.E. Don't be afraid of slowness, just be afraid of standing still.
bùpèi 不配 S.V. ① lack qualifications for/to ② not be worthy of ③ not match/coincide
bùpéibùzhuàn 不赔不赚 F.E. break even
bùpéng 布篷 N. ① cloth covering ② cloth sail M: [2]*kuài*
bùpǐ 布匹 N. cloth; piece goods
bùpiānbùdǎng 不偏不党[-黨] F.E. without leaning to one side or the other; fair to all
bùpiānbùyǐ 不偏不倚 F.E. ① impartial ② exact; just
bǔpiānjiùbì 补偏救弊[補-] F.E. rectify errors/abuses
[1]**bǔpiào*** 补票[補-] V.O. buy or upgrade ticket after boarding a train/bus
[2]**bǔpiào** 捕票 N. <*trad.*> warrant for arrest M: [1]*zhāng*
bùpiào 布票 N. cloth/clothing coupon M: [1]*zhāng*
bǔpǐn* 补品[補-] N. tonic M: [2]*jiàn*/[1]*fèn*
bùpǐn 部品 N. parts
bùpíng 不平 V.P./S.V. ① uneven ② unfair ③ indignant ♦N. injustice
bù píngděng tiáoyuē 不平等条约[---條-] N. unequal treaty
bù pínghéng 不平衡 S.V. disequilibrium
bùpíngzémíng 不平则鸣 F.E. injustice provokes outcries
bùpíngzhīmíng 不平之鸣 N. cries of indignation/revolt
bù pīnyīn de 不拼音的 ATTR. <*lg.*> non-phonetic spelling
bǔpíyìfèi 补脾益肺[補-] F.E. <*Ch. med.*> replenish the splenetic system to augment the pulmonary system
bùpòbùlì 不破不立 F.E. no construction without destruction
[1]**bǔqì** 补气[補氣] V.O. <*Ch. med.*> supplement the *qì* (vital energy)
[2]**bǔqì** 补葺[補-] V. repair; renovate
bùqī 不期 ADV. by chance
bù qí* 不齐[-齊] S.V. not neat; untidy
bùqǐ 不起 V. ① be very ill ② die ♦CMP. can't afford to *mǎi* ~ can't afford to buy
bùqì 不弃[-棄] V. <*wr.*> not look down upon sb.
būqiàn 逋欠 V. be behind in payment; default
bǔqiáng 补强[補強] V. reinforce
bùqiāng* 步枪[-槍] N. rifle M: [4]*gǎn*
bùqiāngbīng 步枪兵[-槍-] N. rifleman M: *ge*/[1]*míng*
bùqiāngtuán 步枪团[-槍團] N. rifle regiment
bù qiānnù 不迁怒[-遷-] V. do not blame others for one's own failure
bùqī'ànshì 不欺暗室 ID. be scrupulously honest even when there is no one around
būqiào 峬/逋/庯峭 V.P. <*wr.*> beautiful
bùqiǎo* 不巧 S.V. unfortunately; as luck would have it
bùqiàyúqíng 不洽舆情 F.E. act against public opinion; not be popular with the public
bǔqíbùzú 补其不足[補-] F.E. make up a deficiency
bùqī'érrán 不期而然 F.E. happen unexpectedly
bùqī'éryù 不期而遇 F.E. meet by chance
bùqièshíjì 不切实际[-實際] S.V. unrealistic
bù qiètí 不切题 S.V. irrelevant to the subject; off the point
bùqìfēngfěi 不弃葑菲[-棄--] ID. <*wr.*> do not reject sb. for lack of ability
bù qǐjìn 不起劲[-勁] S.V. <*coll.*> be lacking in enthusiasm; be lackadaisical/dispirited.
bǔqíng(r) 补情(儿)[補-] V.O. repay favor/hospitality/kindness
bùqīng* 不清 V.P. not clear ♦CMP. V.~ =unable to V. clearly/satisfactorily
bù qīngbái 不清白 V.P. ① have extramarital sex (of women) ② impure (morally) ③ have a questionable history
bùqīngbùzhuó 不清不浊[-濁] F.E. <*lg.*> be half voiced
bùqǐng'érjìn 不请而进[-進] F.E. intrude
bùqíngzhīqǐng 不情之请 N. <*court.*> my presumptuous request
bùqǐngzìlái 不请自来 F.E. come without invitation; show up without being invited
bǔqíquēlòu 补其缺漏[補-] F.E. compensate for the shortage
bùqīrán 不期然 ADV. unexpectedly; contrary to one's expectations
bùqīrán'érrán 不期然而然 F.E. happen unexpectedly
bǔqísuǒduǎn 补其所短[補-] F.E. make up for one's shortcomings or defects
bùqiújìnqǔ 不求进取[--進-] F.E. not strive to make progress
bùqiúrén 不求人 V.O. not seek help from others ♦N. bamboo/wood back-scratcher
bùqiúshènjiě 不求甚解 F.E. be content with superficial understanding
bùqiúwéndá 不求闻达[-達] F.E. not seek honors
bù qǐyǎn(r) 不起眼(儿) S.V. <*coll.*> inconspicuous; not striking; unremarkable
bǔqìyīxīn 补葺一新[補-] F.E. take on a new look
bù qīzhà de 不欺诈的 ATTR. aboveboard
[1]**bùqū** 不屈 V.P. unyielding; unbending
[2]**bùqū** 步趋[-趨] V. follow/pattern after (an example/etc.)
[3]**bùqū** 部曲 N. <*trad.*> ① military unit ② troops
bùquán 不全 S.V. incomplete; partial
bùqūbùnáo 不屈不挠[-撓] F.E. unyielding; indomitable
bǔquē(r)* 补缺(儿)[補-] V.O. fill vacancy; supply deficiency
bùquè 不确[-確] V.P. untrue
bù quèdìng 不确定[-確-] ATTR. indeterminate
bùquèdìngxìng 不确定性[-確--] N. indeterminacy; uncertainty
bǔquēxuǎnjǔ 补缺选举[補-選舉] F.E. by-election
bùqún 不群 V.P. outstanding; foremost
búr 醭儿 N. mold growing in vinegar/soysauce
bùrán 不然 V.P. ① not so *Shìshíshàng* ~. As a matter of fact, it's not so. ② No. ♦CONJ. or else; otherwise; if not
bùràng 布让[-讓] V. dish/ladle out food
bù ràngfènr 不让分儿[-讓--] V.O. not yield (to others)
bùràngxūméi 不让须眉[-讓鬚-] ID. compare favorably with males (in terms of ability/etc.)
bù ràng yú 不让于[-讓於] V.P. be equal to; can match (sb.)
bù ráorénr 不饶人儿[-饒--] V.O. be unyielding/unforgiving
bùrén 不仁 V.P. ① not benevolent; heartless ② benumbed
bùrěn* 不忍 AUX. cannot bear to ♦V.P. disturbed (characterized by pity)
bùrénbùyì 不仁不义[-義] ATTR. perfidious ♦N. perfidy
bù réndào 不人道 S.V. inhuman
bùrénhòuchén 步人后尘[-後塵] F.E. trail along behind others
bùrěnshìjuàn 不忍释卷[--釋-] F.E. cannot bear to put down (the book)
bù rěnxīn 不忍心 V.P. ① cannot bear to ② disturbed (characterized by pity)
bù rènzhàng 不认账[-認-] V.O. <*topo.*> refuse to admit error
bùrènzhèng 不妊症 N. <*med.*> infecundity; sterility
bùrěnzhīxīn 不忍之心 N. heart of mercy
bùrěnzúdú 不忍卒读[-讀] ID. cannot bear to see
bùrěnzútīng 不忍卒听[-聽] F.E. be heartbreaking to hear
bùrì 不日 ADV. <*wr.*> within the next few days
bù róng 不容 AUX. not tolerate/brook ♦V. not welcome
bùróngbiàntōng 不容变通[--變-] F.E. be inflexible; allow no adaptation
bùróngfēnshuō 不容分说 F.E. allow no explanation
bùrónghuìyán 不容讳言[--諱-] F.E. It is no secret that . . .
bùrónghūshì 不容忽视 V.P. not to be ignored
bùróngmàofàn 不容冒犯 F.E. brook no offense
bùróngyìjǐ 不容异己[-異-] F.E. be intolerant
bùróngzhìbiàn 不容置辩 F.E. beyond dispute; indisputable; incontestable
bùróngzhìhuì 不容置喙 F.E. not allow others to put in a word
bùróngzhìyí 不容置疑 F.E. unquestionable
bǔrǔ 哺乳 V.P. breast feed; nurse; suckle
bùrú* 不如 V. be unequal/inferior to ♦CONJ. it would be better to
bùrù 步入 V.P. walk into ~ *zhōngnián* step into middle age
bǔrǔ dòngwù 哺乳动物[--動-] N. mammals
bǔrǔ dòngwùlèi 哺乳动物类[--動-類] N. mammal
bù rù'ěr 不入耳 S.V. unpleasant to the ear
bùrùgōngmén 不入公门 F.E. not get involved in official matters
bùrúguīqù 不如归去[--歸-] F.E. It's better to retire/quit (expression connoting frustration/disappointment/etc.).
bù rù hǔxué, yān dé hǔzǐ 不入虎穴,焉得虎子 ID. risk nothing, gain nothing
bǔrǔlèi 哺乳类[-類] N. mammals; Mammalia
bùruò 不若 V. not deserve/merit
bùruò yú 不弱于[-於] V.P. not inferior to
bùrùqítú 步入歧途 F.E. take the wrong turn
bǔrǔshì 哺乳室 P.W. nursing room M: [1]*jiān*
bùrǔshǐmìng 不辱使命 F.E. have succeeded in carrying out an assignment
bù rúyì 不如意 S.V. unsatisfactory
bùsǎn 布伞[-傘] N. cloth umbrella
bùsānbùsì 不三不四 V.P. ① dubious ② nondescript; neither fish nor fowl
bǔsè 补色[補-] N. complementary color
bùsēngbùdào 不僧不道 ID. nondescript
bùsēngbùsú 不僧不俗 ID. nondescript
bǔshā 捕杀[-殺] V. catch and kill; bag (animals/fish/etc.)
bùshābùrǔ 不杀不辱[-殺--] F.E. neither kill nor humiliate
bùshān(r) 布衫(儿) N. ① cloth shirt ② <*trad.*> men's long outer gown
bùshàn* 不善 V.P. bad; ill ♦AUX. not good at ~ *yáncí* not good at talking ♦S.V. <*topo.*> not to be pooh-poohed *Tā gànqì huór lái kě* ~. He's a really good worker.
bùshānbùlǚ 不衫不履 F.E. disregard one's appearance
bùshàncílìng 不擅辞令[--辭-] F.E. lack facility in polite/tactful speech
bǔshang* 补上[補-] R.V. fill in; supply *bǎ quēzì* ~ supply missing characters
bùshāng 布商 N. cloth merchant M: *ge*/[1]*míng*/[2]*wèi*
bùshàngbùxià 不上不下 F.E. ① in suspense ② so-so ③ inappropriate
bù shàngsuàn 不上算 S.V. not worth(while)
bùshǎo* 不少 S.V. not few; many
[1]**bùshào** 步哨 N. sentry; sentinel
[2]**bùshào** 布哨 V.O. deploy sentry posts
bùshāozhuān 不烧砖[-燒磚] N. adobe
bùshè 怖慑[-懾] V.P. scared and faint-hearted
bù shèfáng chéngshì 不设防城市 N. open city
bǔshēn 补身[補-] V.O. nourish (one's body)

[1]**bùshèn*** 不慎 V.P. incautious
[2]**bùshèn** 不甚 ADV. not very
bǔshēng 捕生 V. capture (animals) alive
bùshèng* 不胜[-勝] V. ① cannot bear *tǐlì* ~ be physically incapable of coping with (a job) ② be overwhelmed ③ cannot finish ♦ADV. very; extremely *~gǎnjī* be very much obliged ♦CONS. ① *v.* ~ *v.* hard to *v.* *fáng* ~ *fáng* hard to guard against ② *A~B (A such that B is impossible)* too A to B *kǔ* ~ *yán* suffer such bitterness that words are impossible
bùshēngbùmiè 不生不灭[-滅] F.E. <Budd.> without birth or death; the state of Nirvana
bùshēngbùsǐ 不生不死 F.E. ①No life, no death. ② half alive
bùshēngbùxiǎng 不声不响[-聲-響] F.E. ① quietly ② stealthily
bùshèngfùhè 不胜负荷[-勝--] F.E. cannot bear the burden
bùshènggǎnjī 不胜感激[-勝--] F.E. be infinitely grateful
bùshèngjīnxī 不胜今昔[-勝--] F.E. sigh at the vicissitudes of human life
bùshèngjiǔlì 不胜酒力[-勝--] F.E. drink more (alcohol) than one can handle
bùshèngméijǔ 不胜枚举[-勝-舉] F.E. too many to enumerate
bùshèngqífán 不胜其烦[-勝--] F.E. be pestered beyond endurance
bùshèngqírèn 不胜其任[-勝--] F.E. not capable enough to take on heavy responsibilities
bùshèngróngxìng 不胜荣幸[-勝榮-] F.E. be indebted for the honor of. . .
bùshèngxīxū 不胜唏嘘[-勝-噓] F.E. be very sad
bù shēngyù 不生育 ATTR. infertile
bùshènliǎoliǎo 不甚了了 F.E. not quite understand sth.
bùshězhòuyè 不舍昼夜[-捨晝-] F.E. regardless of day and night; work day and night
būshí 晡时[-時] N. <wr.> late afternoon (about 4 p.m.)
bǔshí 捕食 V.O. hunt for food ♦V. prey on
bǔshì 卜筮 N. <trad.> divination
bùshi 不是 N. fault; blame *péi* ~ apologize for one's fault ♦V. Isn't that so? *Tā zǒule, ~?* He has left, hasn't he? *See also* [1]*bù shì*
[1]**bùshī** 不失 ADV. certainly *Zhè yě ~ wéi yī jiàn hǎoshì.* This is certainly something good.
[2]**bùshī** 布施 V. <Budd.> give alms; make donation
[1]**bùshí** 不时[-時] ADV. <wr.> ①frequently ②at any time
[2]**bù shí** 不识[-識] V. fail to see; be ignorant of; not appreciate
[3]**bùshí** 不实[-實] S.V. not real/true; falsified
[1]**bù shì*** 不是 V. not be ♦F.E. No! ♦CONS. ① ~ *v.1 érshì v.2* to v.2, not v.1 *Wǒ ~ qù Shànghǎi, érshì qù Běijīng* I'm going to Beijing, not Shanghai. ② ~ *A jiùshi B* if not A, then B; either A or B ~ *nǐ cuò, jiùshi tā cuò.* Either you or he is wrong. *See also* bùshi
[2]**bùshì** 不适[-適] S.V. unwell; indisposed
bùshìchū 不世出 ATTR. <wr.> not to be found in every age (a person of unusual ability)
bù shí dàtǐ 不识大体[-識-體] V.O. ① ignore the general interest ② fail to see larger issue ③ be ignorant of the rules of priority
bùshìgèr 不是个儿[--個-] V.P. <coll.> be no good/match
bǔshìguān 卜筮官 N. diviner M: *ge*/[1]*míng*/[2]*wèi*
bù shì gǔtou 不是骨头 V.P. <topo.> scoundrel; rascal
bùshíhǎodǎi 不识好歹[-識--] F.E. not know what's best for one
bùshīháolí 不失毫厘[-釐] F.E. be perfectly accurate; just right
bùshìhuà 不是话 S.V. <coll.> unreasonable
bùshìjìn(r) 不是劲(儿)[--勁-] S.V. <coll.> ① displeased; diffident ② not quite right
bù shí Lú Shān zhēn miànmù 不识庐山真面目[-識廬----] ID. fail to see the truth about a person or a matter
bù shì ma 不是吗 V.P. isn't that so?
bù shí rénjiān yānhuǒ 不食人间烟火[----煙-] ID. be otherworldly
bùshīshíjī 不失时机[--時-] V.O. seize the moment
bùshìshìr 不是事儿 S.V. (situation/etc.) not right/good
bù shí shíwù* 不识时务[-識時務] V.O. ①show no understanding of the times ②lack judgment
bù shí shìwù 不识世务[-識-務] V.O. not know the affairs of the world; be inexperienced in society
bùshísuǒyán 不食所言 F.E. not go back on one's word; fulfil one's promise
bù shí táiju 不识抬举[-識-舉] V.O. fail to appreciate favors (from a superior)
bùshítàishān 不识泰山[-識--] ID. fail to recognize a famous personage when meeting him face to face
bùshìtóu 不是头 S.V. (situation) not good
bù shì wánr de 不是玩儿的 V.P. <coll.> it's no joke
bù shì wányìr 不是玩艺儿[---藝-] V.P. <coll.> ① It's no laughing matter. ② not a decent person
bùshī wéi 不失为 V.P. may after all be accepted/considered as
bùshìwèir 不是味儿 S.V. <coll.> ①not to one's liking; not set well ② not fitting/proper; out of place ③ ill-at-ease
bù shíxiàng 不识相[-識-] S.V. impervious to reality
bùshíxiánr 不识闲儿[-識--] V.P. <topo.> can't sit still; never at rest
bùshíyānhuǒ 不食烟火[--煙-] F.E. ① stop eating cooked food; live on fruits ② be an immortal
bùshíyīdīng 不识一丁[-識--] F.E. completely illiterate
bù shì yuānjia bù jùtóu 不是冤家不聚头 F.E. Opponents always meet.
bùshìzhīcái 不世之才 N. rare talent
bùshìzhīchù 不是之处[-處] N. faulty point; shortcoming
bùshìzhīgōng 不世之功 N. matchless merit; magnificent contributions
bùshízhīwú 不识之无[-識--] N. unable to read and write; illiterate
bùshízhīxū 不时之需[-時--] N. rainy day (fig.; i.e., be prepared for a time)
bùshīzhòngwàng 不失众望[--眾-] F.E. live up to expectations
bù shízì 不识字[-識-] V.O. be illiterate; cannot read
bù shì zīwèir 不是滋味儿 S.V. <coll.> ① not the right flavor ② fishy ③ be upset
bǔshōu 捕收 V. collect; harvest
bǔshǒu 捕手 N. (baseball) catcher M: *ge*/[1]*míng*
bùshǒu* 部首 N. <lg.> radicals by which characters are arranged in dictionaries
bùshǒuběnfèn 不守本分 F.E. fail to keep to one's own line; swerve from one's duty
bù shòu huānyíng de rén 不受欢迎的人[--歡---] N. <diplomacy> persona non grata M: *ge*/[2]*wèi*
bùshǒu jiǎnzìfǎ 部首检字法 N. radical indexing system for characters
bù shòulǐ 不受理 V. ①<law> reject a complaint ② <diplomacy> refuse to entertain (a proposal)
bù shòu táiju 不受抬举[-舉] V.O. not deserve to be honored
bù shòutīng 不受听[-聽] S.V. unpleasant to hear
bù shòu wénhuà xiànzhì de 不受文化限制的 ATTR. <lg.> culture-free
bù shǒu xìnyòng 不守信用 S.V. go back on one's word
bù shòuyòng 不受用 S.V. not good for use; can't be used for long
bù shòu yǔjìng xiànzhì cí(r) 不受语境限制词(儿) N. <lg.> context-free word
bǔshú 补赎[補贖] V. make up; compensate
[1]**bǔshù** 补述[補-] V. append; subjoin
[2]**bǔshù** 补数[補數] N. complement
[1]**bùshū** 不舒 V.P. <Ch. med.> tense
[2]**bùshū** 簿书[-書] N. ① official documents ② <trad.> account records
[3]**bùshū** 不淑 V.P. unreliable (as a possible marriage partner)
[4]**bùshū** 不殊 V.P. same as
bùshú 不熟 S.V. ① not yet done; still raw ② unfamiliar with *Wǒ duì zhège tímù ~.* I'm not familiar with the subject.
[1]**bùshǔ*** 部/布署 V. dispose; deploy
[2]**bùshǔ** 部属[-屬] N. <mil.> ① troops under one's command ②subordinate ♦ATTR. affiliated to a ministry
bùshuǎng 不爽 S.V. ① not well; indisposed ② without discrepancy; accurate ③ in a bad mood
bùshuǎnglěishǔ 不爽累黍 ID. not deviating a hair's breadth; without the slightest error
bǔshù de 补述的[補-] ATTR. <lg.> predicative
bǔshuì 补税[補-] V.O. ① pay a tax one has evaded ② pay an overdue tax
bù shùnba 不顺巴 S.V. <coll.> not going smoothly
bù shùntīng 不顺听[-聽] S.V. not worth listening to (of advice/etc.)
bù shùnxù 不顺序 ADV. not in good order
bù shùnyǎn 不顺眼 S.V. ①be an eyesore ②give a bad impression
bùshuōwéimiào 不说为妙 F.E. be better left unsaid
bùshuōzìmíng 不说自明 F.E. be self-evident
bǔshǔqì 捕鼠器 N. mousetrap M: [2]*zhī*
bùshur 步数儿[-數-] N. <coll.> method
bùshūshìgǎn 不舒适感[--適-] N. discomfort
bǔshùyǔ 补述语[補-] N. <lg.> complement
bùsǐbùhuó 不死不活 F.E. ① neither dead nor alive ② in an awkward position
bùsīhuǐgǎi 不思悔改 F.E. make no effort to reform oneself
bù sǐxīn 不死心 V.P. unwilling to give up
bǔsòng 补送[補-] V. ①send sth. one previously forgot to send ② send sth. as an addition/replacement
bù sòng* 不送 F.E. <court.> Please, do not bother to see me out/off.
bùsòngqì 不送气[--氣] ATTR. <lg.> unaspirated
bùsòngqìyīn 不送气音[--氣-] N. <lg.> unaspirated sound; feeble sound
bùsú 不俗 S.V. original; uncommon; not hackneyed
bǔsuàn 卜算 V. divine
bù suàn* 不算 V. ①not include ②be unworthy of ③ be null
bù suànhuà 不算话 V.O. break a promise
bù suànshù 不算数[-數] S.V. not count/stand; of no account
bùsuì 不遂 V.P. ①<wr.> unsuccessful ②paralyzed
bùsuì bōli 不碎玻璃 N. shatterproof/safety glass M: [2]*kuài*
bùsuíyì 不随意[-隨-] ATTR. nonvoluntary; involuntary
bùsuíyìjī 不随意肌[-隨--] N. <phys.> involuntary muscle M: [2]*kuài*/[1]*tiáo*
bùsùzhīkè 不速之客 N. uninvited/unexpected guest M: *ge*/[2]*wèi*
bǔtāi 补胎[補-] V.O. mend a tire
bǔtái 补台[補臺] V.O. help; give a hand
[1]**bùtài*** 不太 ADV. not very

B

B

[2]**bùtài** 步态[-態] N. tread; gait
bùtài jiāojīn 步态骄矜[-態驕-] V.P. have a proud walk
bùtài niǎonuó 步态袅娜[-態裊-] V.P. walk with a mincing step
bùtài pánshān 步态蹒跚[-態--] V.P. walk unsteadily
bùtài yōuyǎ 步态优雅[-態優-] V.P. walk gracefully
bùtánjī 步谈机 N. walkie-talkie M: [1]*tái*
bùtányěbà 不谈也罢[-罷] F.E. (of topic) leave aside; disregard
būtáo 逋逃 V. flee; abscond ♦N. fugitive
būtáosǒu 逋逃薮[-藪] N. <*wr.*> refuge for fugitives
būtáowúzōng 逋逃无踪[-蹤] F.E. flee without leaving a trace
būtáozhīchén 逋逃之臣 N. <*trad.*> fugitive guilty officials M: *ge*/[1]*míng*
bùtè 不特 CONJ. <*wr.*> not only
bùtèrúcǐ 不特如此 F.E. not only that
bǔtǐ 补体[補體] N. <*med.*> complement (in blood serum)
bù tí* 不提 V. don't mention
bùtiǎn 不腆 V.P. <*humb.*> be of little value (of one's gifts)
bǔtiānyùrì 补天浴日[補-] ID. have a peerless achievement
bùtiǎnzhījìng 不腆之敬 N. <*humb.*> a small gift
bùtiǎnzhīyí 不腆之仪[-儀] N. <*humb.*> (my) small/negligible gift
bùtiáo 布条[-條] N. pieces of cloth M: [2]*kuài*
bùtiāozhīzǔ 不祧之祖 N. revered earliest ancestor
bǔtiē 补贴[補-] V./N. subsidize M: [1]*fèn*
bù tiēbiānr 不贴边儿[--邊-] S.V. not even close; far from
bǔtiē gōngfēn 补贴工分[補-] V.O. <*PRC*> give work-point subsidies
bù tǐmiàn 不体面[-體-] S.V. not appearing decent/respected; not having a good reputation
bùtíng 不停 V. not stop ♦ADV. nonstop; incessantly
bùtíng de 不停地 ADV. unceasingly
bù tīnghuà 不听话[-聽-] S.V. not obedient; naughty
bù tí yěbà 不提也罢[-罷] V.P. Better not mention it!
bùtōng 不通 V. ① be obstructed ***Cǐ lù*** ~ Not a Through Road ② not make sense ***Zhè piān lùnwén xiě de*** ~. This paper is badly written. ♦CMP. unable to get through
bùtóng* 不同 S.V. not alike; different ♦N. difference
bùtòngbùyǎng 不痛不痒[-癢] ID. ① perfunctory; superficial ② not grasping the main points; playing with words ③ indecisive
bùtóng de jiànjiě 不同的见解 N. <*lg.*> different reading/opinion
bùtóngdiǎn 不同点[-點] N. a different point (lit./fig.)
bùtóngfánxiǎng 不同凡响[-響] F.E. outstanding
bùtóngliúsú 不同流俗 F.E. different from the prevalent custom; against the current fashion
bùtóng qíngjié 不同情节[-節] N. distinctive circumstances
bùtōngqínglǐ 不通情理 F.E. be unreasonable
bùtōngrénqíng 不通人情 F.E. be unreasonable in dealing with people
bùtōngrénxìng 不通人性 F.E. be unfeeling and unreasonable
bùtōngshuǐhuǒ 不通水火 ID. have no contact with others
bù tōngxíng 不通行 F.E. no thoroughfare
bùtóng xíngshì 不同形式 N. <*lg.*> alternative form
bùtōngxīnyǎn 不通心眼 S.V. <*topo.*> stupid; dense

bǔtóu* 捕头 N. <*trad.*> head constable M: *ge*/[1]*míng*
[1]**bùtóu** 部头 N. size (of a voluminous work)
[2]**bùtóu(r)** 布头(儿) N. leftover of bolt of cloth; remnant M: [2]*kuài*/[1]*tiáo*
[3]**bùtóu** 埠头 N. ① mart on a river bank or sea coast ② <*topo.*> wharf; pier
bù tòufēng 不透风 S.V. stuffy
bù tòumíng 不透明 S.V. opaque
bùtòumíngtǐ 不透明体[-體] N. opaque body
bù tòuqì 不透气[-氣] S.V. hermetic; airtight
bù tòushēng 不透声[-聲] V.P. soundproof
bù tòushuǐ 不透水 V.P. waterproof
bùtòushuǐcéng 不透水层[-層] N. impermeable stratum; impervious bed
bùtóusúhào 不投俗好 F.E. not cater to popular/vulgar tastes
bùtú 不图[-圖] V. do not expect; do not seek ***Tā*** ~ ***huíbào.*** She doesn't expect to be repaid. ♦ADV. <*wr.*> unexpectedly; contrary to expectation
bùtǔbùkuài 不吐不快 F.E. have to get it off one's chest
bùtuǒ 不妥 S.V. not proper; inappropriate
bùtǔqì 不吐气[-氣] ATTR. <*lg.*> unaspirated
bùtǔqìyīn 不吐气音[--氣-] N. <*lg.*> unaspirated sound
bùwàihū 不外乎 V. not be beyond (the scope of)
būwáng 逋亡 V. <*wr.*> flee; abscond
bùwǎng 不枉 V. not do sth. in vain
bùwàng* 不忘 V. forget not
bùwànggōuhè 不忘沟壑[--溝-] ID. be determined to die for one's country
bùwàngjiǔdé 不忘久德 F.E. not forget old kindness
bùwánquán jù 不完全句 N. <*lg.*> incomplete sentence M: [1]*jù*/*ge*
bùwánquán zhīshi 不完全知识[-識] N. <*lg.*> incomplete knowledge
bùwánquán zhōnglì 不完全中立 N. <*law*> imperfect neutrality
bùwáwa 布娃娃 N. doll M: [2]*zhī*/*ge*
bùwéi 不惟 CONJ. <*wr.*> not only
[1]**bùwěi** 部委 N. ministries and commissions
[2]**bùwěi** 不韪[-韙] N. <*wr.*> fault; error
[1]**bùwèi*** 部位 N. ① position; place ② aspect; part
[2]**bùwèi** 不畏 V. defy
[3]**bùwèi** 不谓 ADV. <*wr.*> unexpectedly; to one's surprise
[4]**bùwèi** 怖畏 V. dread; be scared; be afraid
bùwéiguò 不为过 V.P. be OK/right
bùwéiniúhòu 不为牛后[-後] ID. prefer to be a big fish in a small pond rather than a small fish in a big pond
bùwéinóngshí 不违农时[-違農時] F.E. do farm work in the right season
bùwèiqiángbào 不畏强暴[--強-] F.E. defy brute force
bùwéisuǒdòng 不为所动[-動] F.E. not be moved (by speech/beauty); remain unmoved
bùwéiwǎquán 不为瓦全 ID. better to die in glory than live in dishonor
bù wèi wǔ dǒu mǐ zhéyāo 不为五斗米折腰 F.E. won't bow to power for a pittance
bùwéiyǐshèn 不为已甚 F.E. ① not be too hard on sb. ② not overdo sth.
bùwéizuì 不为罪 V.P. <*law*> not be chargeable/imputable
bù wèi zuǒyòu tǎn 不为左右袒 F.E. remain neutral in a quarrel
bùwén(r) 布纹(儿) N. design/pattern on cloth
bùwèn* 不问 V. ① pay no attention to; not consider ~ ***shìshí zhēnxiàng*** disregard the facts ② let go unpunished; let off ***Xiécóng*** ~ Those who acted under duress shall go unpunished.
bùwénbùwèn 不闻不问 F.E. show no interest in sth.

bùwénbùwǔ 不文不武 F.E. incompetent; incapable
bùwénchūnqiū 不闻春秋 F.E. concentrate on one's own business without noticing the changes of seasons
bùwènhǎodǎi 不问好歹 F.E. without first asking about what happened
bù wěn pínghéng 不稳平衡[-穩--] N. <*phy.*> unstable equilibrium
bù wèn qīnghóngzàobái 不问青红皂白 ID. ① indiscriminately ② do not distinguish black from white ③ without forethought
bùwénzhǐ 布纹纸 N. <*photo.*> wove paper M: [1]*zhāng*
bùwú* 不无 V.P. not without
[1]**bùwǔ** 步武 N. <*wr.*> step ♦V. walk behind ~ ***hòuchén*** follow other's steps
[2]**bùwǔ** 部伍 N. troops; army
bùwú de 不唔的 PR. <*coll.*> such like; anything of that sort
bùwúkěyí 不无可疑 F.E. not above suspicion
bùwú kěyízhīchù 不无可疑之处[-處] F.E. not without suspicious points
bùwùkōngmíng 不务空名[-務--] F.E. not seek empty fame
bùwù shēngchǎn 不误生产[-產] V.P. not at the expense of production
bùwǔxiānxián 步武先贤[-賢] F.E. tread in the footsteps of ancient worthies
bùwúxiǎobǔ 不无小补[-補] F.E. be of some help
bùwùzhèngyè 不务正业[-務-業] F.E. ① not engage in honest work ② ignore one's proper occupation
bǔxí 补习[補習] V. take lessons after school/work ~***bān*** cram school
[1]**bùxī*** 不惜 V. ① not stint ② not hesitate (to do sth.)
[2]**bùxī** 不稀/希 V. <*topo.*> lack interest to do sth.
[3]**bùxī** 不息 ADV. incessantly
bùxia* 部下 N. <*mil.*> ① troops under one's command ② subordinate M: *ge*/[1]*míng*
bùxiá 不暇 V.P. be too busy (to do sth.)
[1]**bùxià** 不下 V.P. ① not less than ② unable to capture (a city/position)
[2]**bùxià** 布下 R.V. arrange; lay out
bùxiágùjí 不暇顾及[--顧-] F.E. have no time to worry about
bùxiānbùhòu 不先不后[-後] F.E. just at the right time
bùxiáncífèi 不嫌词费 F.E. dwell on; talk at length
[1]**bùxiáng*** 不详 V.P. <*wr.*> ① not in detail ② not quite clear; not well known ③ unknown ***Zuòzhě chūshēng nián-yuè*** ~. The author's birthdate is unknown.
[2]**bùxiáng** 不祥 ATTR. ominous; inauspicious
bù xiǎng 不想 V. unexpectedly ♦AUX. not want; not intend to
bù xiàng 不像 S.V. unlike
bù xiāngchèn 不相称[-稱] S.V. unbecoming; ill-matched
bù xiāngfú 不相符 N. discrepancy
bù xiānggān 不相干 S.V. irrelevant; immaterial
bù xiānghé de 不相合的 ATTR. inconsistent
bù xiànghuà 不像/象话 S.V. ① unreasonable ② shocking ③ ridiculous
bùxiāngjiē 不相接 ATTR. discontinuous
bùxiāngjiē cízǔ 不相接词组 N. <*lg.*> discontinuous constituent
bù xiāngróng 不相容 S.V. incompatible
bùxiāngróngxìng 不相容性 N. <*lg.*> incompatibility
bùxiāngshàngxià 不相上下 F.E. equally matched; almost the same
bù xiāngshí 不相识[-識] V.P. do not know each other
bùxiāngwǎnglái 不相往来 F.E. not be in contact with each other

bùxiāngwénwèn 不相闻问 F.E. not be on speaking terms
bùxiāngxià 不相下 V.P. equally matched; almost the same
bù xiàngyàng(zi) 不像样(子)[--様-] S.V. ① be in no shape to be seen ② be beyond recognition ③ extremely *shòu de* ~ emaciated
bùxiángzhīzhào 不祥之兆 N. bad omen; portent of bad things to come
bùxiánqífán 不嫌其烦 F.E. go out of one's way to help
bù xiǎnzhù de 不显著的[-顯--] ATTR. non-distinctive
bù xiǎnzhù de tèzhēng 不显著的特征[-顯---徵] N. <lg.> non-distinctive feature
bǔxiào 补校[補-] N. continuation/remedial school
bùxiāo 不消 AUX. need not
bù xiǎo 不小 S.V. not small/young
[1]**bùxiào*** 不孝 S.V. be unfilial ♦N. <trad.> self-reference in an obituary for a parent
[2]**bùxiào** 不肖 ATTR. <wr.> unworthy
[3]**bù-xiào** 步校 N. infantry academy M: [1]*jiā*/[1]*suǒ*/*ge*
bù xiǎodé 不晓得[-曉-] V. do not know; be ignorant of
bùxiāo shuō 不消说 V.P. needless to say; it goes without saying
bù xiǎoxīn 不小心 S.V. not be careful
bùxiāo yīhuìr gōngfu 不消一会儿工夫 V.P. <coll.> in no time
bùxiàoyǒusān 不孝有三 F.E. There are three major offenses against filial piety.
bùxiàozǐ 不孝子 N. unfilial son M: *ge*/[1]*míng*
bùxiào zǐsūn 不肖子孙[-孫] N. unworthy descendants
bùxiàyú 不下于[-於] V.P. ① as many as ② not inferior to
bǔxíbān 补习班[補習-] N. ① tutoring classes ② drills ③ cram school
bǔxié 补鞋[補-] V.O. repair shoes
bǔxiè 补泻[補瀉] N. <Ch. med.> reinforcing and reducing methods
bùxié 布鞋 N. cloth shoe M: [1]*shuāng*/[2]*zhī*
[1]**bùxiè*** 不懈 V. persevere; be untiring
[2]**bùxiè** 不屑 V. disdain (to do sth.)
[3]**bù xiè** 不谢 F.E. <court.> don't mention it; not at all; You're welcome
bùxiéhéyīn 不协和音[-協--] N. dissonance
bǔxiéjiàng 补鞋匠[補-] N. cobbler M: *ge*/[1]*míng*
bùxièjiàohuì 不屑教诲 F.E. be impervious to persuasion
bùxièyīgù 不屑一顾[-顧] F.E. disdain to consider
bùxièyú 不屑于[-於] V.P. disdain (to do sth.)
bǔxiězhēn 补血针[補-] N. injection of blood tonics
bùxīgōngběn 不惜工本 F.E. spare no expense
bǔxí jiàoyù 补习教育[補習-] N. supplementary education
bù xīng 不兴[-興] V. ① be out of fashion; no good ② be impermissible; won't work ~ *nàyàng zuò.* That's not allowed. ③ (in a rhetorical question) can't
[1]**bùxíng** 不行 S.V. ① won't do/work ② be no good ③ be not permitted ♦CONS. *s.v. de* ~ awfully s.v. *Wǒ máng de* ~. I'm awfully busy.
[2]**bùxíng** 步行 V. go on foot
bùxìng* 不幸 S.V. unfortunate(ly) ♦N. misfortune; adversity
bùxíngchóng 步行虫[-蟲] N. ground beetle M: [2]*zhī*
bùxìng ér yánzhòng 不幸而言中 F.E. The prediction has unfortunately come true.
bùxíngfàn 不行犯 N. <law> error/offense of omission
bùxíngjī 步行机 N. walkie-talkie M: [1]*tái*/[1]*jià*
bùxíngjiē 步行街 N. pedestrian way/street M: [1]*tiáo*
bùxíng le 不行了 V.P. on the point of death; dying *Bìngrén pà* ~. The patient won't pull through, I am afraid.
bùxǐngrénshì 不省人事 F.E. ① be in a coma ② unsophisticated
bùxīngshēngqì 不兴生气[-興-氣] F.E. <topo.> not permitted to get angry
bùxìngzhīxìng 不幸之幸 N. good fortune in the midst of bad
bùxìng zhōng zhī dàxìng 不幸中之大幸 N. lucky occurrence in the course of a disaster
bùxìnrèn'àn 不信任案 N. no-confidence motion M: [1]*jiàn*
bù xìnrèn tóupiào 不信任投票 N. vote of no-confidence
bù xìnxié 不信邪 V.O. not believe in heresy; refuse to be misled by fallacies
bùxī qù 不稀去 V.P. <coll.> not care to go
[1]**bǔxiū** 补休[補-] V. take a deferred vacation ♦N. make-up vacation
[2]**bǔxiū** 补修[補-] V. ① repeat a flunked course ② make up for deficiency by taking a course
bùxiū 不休 V.P. endlessly; ceaselessly *zhēnglùn* ~ argue endlessly
bùxiǔ* 不朽 V.P. immortal (of fame/etc.)
bùxiūbiānfú 不修边幅[--邊-] ID. be slovenly
bùxiùgāng 不锈钢[-鏽鋼] N. stainless steel
bǔxiū xuéfēn 补修学分[補-] V.O. catch up with the credit requirements
bǔxí xuéxiào 补习学校[補習-] N. school for extra coaching M: [1]*jiā*/[1]*suǒ*
bùxīyīzhàn 不惜一战[-戰] F.E. be prepared to go to war (unless demand is met)
[1]**bùxū** 不须 AUX. need not
[2]**bùxū** 不需 AUX. do not need
bùxǔ* 不许 AUX. ① not allow; must not ② can't
bùxù 不恤 V. disregard ~ *xuèběn, dà jiǎnjià!* Great sale! We don't care about losing our shirt.
būxuán 逋悬[-懸] N. <wr.> long overdue rent; arrears
bǔxuǎn* 补选[補選] N./V. by-election
bùxuān 不宣 F.E. I wont say more. (letter closure)
bùxuān'érzhàn 不宣而战[-戰] F.E. start undeclared war
bùxuánzhǒng 不旋踵 ADV. <wr.> in a very brief moment
bùxūcǐshēng 不虚此生[-虛--] F.E. not spend one's life in vain; not live in vain
bùxūcǐxíng 不虚此行[-虛--] F.E. it's been a worthwhile trip
bǔxuè 补血[補-] V.O. ① enrich the blood ② replenish the staff; bring in new staff
bùxué'érnéng 不学而能 F.E. do a thing easily and naturally
bǔxuèjì 补血剂[補-劑] N. <med.> blood tonic
bùxuéwúshù 不学无术[-術] F.E. be ignorant and incompetent
bǔxuèyào 补血药[補-藥] N. blood tonic
bùxuéyǒushù 不学有术[-術] F.E. <derog.> not learned but skilled in getting favors from superior
bǔxùliè 补序列[補-] N. supplementary/complementary series
bùxùn 不逊[-遜] V.P. <wr.> rude; impertinent *chūyán* ~ make impertinent remarks
bù xúncháng 不寻常[-尋-] S.V. unusual
bùxúnsīqíng 不徇私情 F.E. not be swayed by personal considerations
bǔyá* 补牙[補-] V.O. fill a tooth
bùyǎ 不雅 S.V. vulgar
bù yǎguān 不雅观[-觀] S.V. offensive to the eye
bùyàn 不厌[-厭] V. not object to; not tire of
bùyánbùyǔ 不言不语 F.E. utter not a single word
bùyán'éryù 不言而喻 F.E. it goes without saying
[1]**bǔyǎng*** 补养[補養] V. ① take tonic/food to build up health ② <Ch. med.> replenish and strengthen
[2]**bǔyǎng** 哺养[-養] V. <wr.> feed; rear
bùyáng 不扬[-揚] V.P. plain-looking
bùyànqífán 不厌其烦[-厭--] F.E. take great pains; be patient
bùyànqiúxiáng 不厌求详[-厭--] F.E. omit no details
bùyànqíxiáng 不厌其详[-厭--] F.E. dwell on at great length
bù yánshēngr 不言声儿[--聲-] V.O. <coll.> say nothing; keep mum
bùyánzìmíng 不言自明 F.E. be self-evident
bǔyào 补药[補藥] N. tonic
bùyáo 步摇 N. <trad.> dangling ornament worn by women
bùyào* 不要 V./AUX. ① don't want ② don't (do sth.) ~ *dàyi.* Don't be careless./Don't overlook it.
bùyào'éryù 不药而愈[-藥--] F.E. recover from illness without medical help
bùyàojiànwài 不要见外 F.E. <coll.> Don't act like a stranger; make yourself at home
bù yàojǐn 不要紧[-緊] S.V. ① unimportant ② never mind ③ it may not matter to you, but. . .
bùyàokèqi 不要客气[-氣] F.E. <court.> ① you're too polite ② don't stand on ceremony
bùyào le 不要了 V.P. abandon
bùyào liǎn 不要脸 S.V. shameless
bùyào liǎn-dìng 不要脸腚 S.V. <topo.> shameless
bùyào mìng 不要命 S.V. not caring about one's life; fearless
bù yàoqiáng 不要强[-強] S.V. not aggressive enough; lacking in motivation
bùyàyú 不亚于[-亞於] V.P. be not inferior to; second to none
bǔyè 补液[補-] N. <med.> fluid infusion; saline drip
bùyèchéng 不夜城 N. a big city with gay night life M: [4]*zuò*
bǔyī 补衣[補-] V.O. mend/patch clothes
bǔyí 补遗[補-] N. addendum M: *ge*/*chù*
[1]**bǔyì** 补益[補-] N. <wr.> ① benefit; help ② be of help
[2]**bǔyì** 捕役 N. <trad.> policemen M: *ge*/[1]*míng*
[1]**bùyī** 不一 V.P. different; not uniform
[2]**bùyī** 布衣 N. ① cotton clothes M: *jiàn* ② (pre-PRC) "cloth gown" scholars ③ commoners M: [1]*ge*/[1]*míng*
[3]**bùyī** 不依 V.P. ① not comply ② not let sb. get away with sth.
[1]**bùyí*** 不宜 V. ① be unsuitable ② should not
[2]**bùyí** 不移 ATTR. determined; steadfast
bùyǐ 不已 V.P. endlessly ♦CONS. *v.* ~ v. endlessly *hòuhuǐ* ~ regret endlessly
[1]**bùyì** 不意 <wr.> ADV. unexpectedly ♦N. unawareness
[2]**bùyì** 不义[-義] V.P. injustice
[3]**bùyì** 不易 S.V. ① not easy ② unchanging
bù yǐcíhàiyì 不以词害意 F.E. not let the words interfere with the sense
bùyīcūshí 布衣粗食 F.E. live a simple life
bùyīdìng 不一定 ADV. not sure; maybe
bùyì'érfēi 不翼而飞[-飛] F.E. ① vanish all of a sudden ② spread fast
bùyī'érzú 不一而足 F.E. numerous; not isolated instances
bǔ yīfu 补衣服[補-] V.O. patch/mend a garment/dress/etc.
bùyīhuìr 不一会儿 ADV. in a moment; in a little while
bùyījiāo 布衣交 N. friendship formed in poverty
bùyìlèhū 不亦乐乎[--樂-] F.E. ① extremely; awfully ② What a delight it would be if . . . ♦CONS. *v./s.v. de* ~ awfully v./s.v. *Wǒ máng de* ~. I'm terribly busy.
bǔyīn* 补阴[補陰] V.O. <Ch. med.> replenish [3]*yīn*
bǔyìn 补印[補-] V. reprint

bùyīnbùyáng 不阴不阳[-陰-陽] ID. equivocal
bùyīnbùyóu 不因不由 F.E. unwittingly; unconsciously
bùyīng 不应[-應] AUX. do not; should not
bǔyíngcǎo 捕蝇草[-蠅-] N. flycatcher; flytrap M: [2]*kē*
bù yīnggāi 不应该[-應-] AUX. should not; be not supposed to
bǔyíngqì 捕蝇器[-蠅-] N. flytrap M: [2]*zhī/ge*
bù yìngqì* 不硬气[-氣] S.V. not firm/daring/brave/etc.
bǔyíngzhǐ 捕蝇纸[-蠅-] N. flypaper M: [1]*zhāng*
bùyīnrénrè 不因人热[-熱] F.E. not rely on others for support
bùyīqǐjiā 布衣起家 F.E. rise from humble background
bùyīqīngxiàng 布衣卿相 N. commoners who become high ministers
bù yǐrénfèiyán 不以人废言[---廢-] F.E. not reject an opinion because of the person expressing it
bùyīshūshí 布衣蔬食 F.E. thrifty and simple life
bùyīsùshí 布衣素食 F.E. dress quietly and abstain from eating meat
bùyǐwéichǐ 不以为耻[-恥] F.E. not be ashamed of
bùyǐwéilì 不以为例 F.E. not take sth. as a precedent
bùyǐwéirán 不以为然 F.E. consider sth. not so/right/acceptable ***Tā*** ~. He did not think this was so.
[1]**bùyǐwéiwǔ** 不以为伍 F.E. refuse to associate with sb.
[2]**bùyǐwéiwǔ** 不以为忤 F.E. take . . . in good part
bùyǐwéiyì 不以为意 F.E. not take it seriously; be indifferent to
bùyīxià 不一下 ADV. shortly; instantly
bù yīyàng(r) 不一样(儿)[--樣-] S.V. different; distinctive
bù yīyī 不一一 F.E. I won't go into details (in letters)
bùyìyuèhū 不亦悦乎 F.E. Great pleasure is derived (from. . .)
bùyíyúlì 不遗余力 F.E. do one's utmost
bùyìyúwù 不役于物[--於-] F.E. not be a slave to material things
bùyīzhèn 不一阵 ADV. <*coll.*> ① in no time at all; very shortly ② without second thought; unhesitatingly
bù yīzhì 不一致 N./ATTR. atypism; nonconformity; disaccord
bùyìzhīcái 不义之财[-義--] N. ill-gotten wealth
bùyīzhījiāo 布衣之交 N. friends one made when one was a commoner
bùyìzhīlùn 不易之论 N. unalterable truth
bùyīzhìshí 不一致时[-時] F.E. if/when not in agreement
bùyīzhìxìng 不一致性 N. <*lg.*> inconsistency
Bùyīzú 布依族 N. Bouyei (Puyi) minority (in Guizhou)
bùyòng 不用 AUX. need not ♦V. do not need
bù yònggōng 不用功 S.V. not work or study diligently
bǔyòng jiǎgǔ 卜用甲骨 N. <*archeo.*> oracle bone M: [2]*kuài*
bùyòng shuō 不用说 V.P. needless to say; It goes without saying.
bùyōu 部优[-優] N. goods considered as products of quality according to a ministerial standard
bùyóu* 不由 ADV. can't help; cannot but
bùyóude 不由得 V.P. can't help ***Dàjiā dōu zhème shuō, ~ nǐ bù xìn.*** Everybody says so, you just have to believe it.
bùyóufēnshuō 不由分说 F.E. without explanation
bùyóurén 不由人 V.P. cannot but
bùyóuzìzhǔ 不由自主 F.E. can't help; involuntarily
bǔyú 捕鱼 V.O. fish; catch fish
bǔyǔ 补语[補-] N. <*lg.*> ① complement ② object; objective complement
bǔyù 哺育 V. ① feed ② nurture; foster
[1]**bùyú** 不虞 <*wr.*> ATTR. expected ♦N. eventuality; contingency ***yùbèi*** ~ provide against any contingency ♦V. not worry about ~ ***kuìfá*** not worry about shortage of supplies
[2]**bùyú** 不渝 V.P. unchanging; remaining faithful
[1]**bùyǔ*** 不予 V. not grant
[2]**bùyǔ** 不语 V. <*wr.*> be speechless
[1]**bùyù** 不育 V.P. sterile; infertile
[2]**bùyù** 不遇 V. ① not encounter/meet ② not have (a favorable) occasion
[3]**bùyù** 不豫 V.P. ①<*wr.*> displeased; discontented ② unwell; indisposed
bùyuán 部员 N. clerks or staff members in a department M: *ge/*[1]*míng/*[2]*wèi*
[1]**bù yuàn*** 不愿[-願] AUX. be reluctant; be unwilling
[2]**bùyuàn** 部院 N. the ministries and five branches of government
bùyuánchún 不圆唇 N. <*lg.*> unrounded labial
bùyuánchúnyīn 不圆唇音 N. <*lg.*> unrounded sound
bùyuánchún yuányīn 不圆唇元音 N. <*lg.*> non-rounded vowel
bùyuánchún yuányīnhuà 不圆唇元音化 N. <*lg.*> delabialization
bùyuán de 不圆的 ATTR. <*lg.*> non-rounded
bùyuǎnqiānlǐ 不远千里[-遠--] F.E. <*court.*> (you) don't mind traveling far
bù yuàntiān bù yóurén 不怨天不尤人 F.E. don't recriminate against heaven or others
bù yuán yuányīn 不圆元音 N. <*lg.*> nonrounded vowel
bǔyǔ cóngjù 补语从句[補-從-] N. <*lg.*> complementary clause M: [1]*jù/ge*
bǔyǔ de 补语的[補-] ATTR. <*lg.*> completive
[1]**bùyuè** 不悦 S.V. unhappy; displeased
[2]**bùyuè** 步月 V.O. <*wr.*> stroll under the moon
bù yuè'ěr de pèiyīn 不悦耳的配音 N. <*lg.*> cacophony
bùyuē'értóng 不约而同 F.E. happen to coincide; coincidentally do sth. ***Tāmen ~, dōu zài liùyuè jiéhūn le.*** It so happened that they all got married in June.
bùyuē'értóng de 不约而同地 F.E. coincidentally
bùyuē'éryù 不约而遇 F.E. meet sb. without previous arrangement
bùyuèyèguī 步月夜归[-歸] F.E. walk home under the moonlight
bǔyǔ liáncí 补语连词[補-] N. <*lg.*> complementizer (COMP)
bùyǔn* 不允 V. not consent to
[1]**bùyùn** 不孕 V.P. infertile
[2]**bùyùn** 步韵[-韻] V.O. use the rhyme sequence of a poem (when replying to it)
bùyù niánlíng 不育年龄[-齡] N. age of sterility
bùyùnzhèng 不孕症 N. <*med.*> infertility; barrenness
bǔyǔ xíngshì 补语形式[補-] N. <*lg.*> complement form
bùyùzéfèi 不预则废[-廢] F.E. without precautions there will be failure
bùyùzhèng 不育症 N. <*med.*> sterility; barrenness
bùyúzhīyù 不虞之誉[-譽] N. unexpected praise
bǔyǔ zǐjù 补语子句[補-] N. <*lg.*> complement clause M: [1]*jù/ge*
bǔyǔ zǐjù liáncí 补语子句连词[補-] N. <*lg.*> complementizer (COMP)
[1]**bùzài** 不再 ADV. no more/longer
[2]**bùzài** 不在 V.P. *written as a single word for this special meaning* passed away ***See also*** [1]*zài*
bùzàicǐlì 不在此例 F.E. not within the rule; be an exception
bùzàicǐxiàn 不在此限 F.E. not subject to the limits/restrictions; do not apply
bù zàiháng 不在行 V.P. be unfamiliar with a field/profession
bù zàihu 不在乎 S.V. not mind/care
bùzàihuàxià 不在话下 F.E. ① be a cinch ② be natural ③ it goes without saying
bùzài le 不在了 V.P. be dead
bùzàiqíwèi 不在其位 F.E. not at this post/position
bùzàishǎoshù 不在少数[-數] V.P. quite a few
bùzàiyǎnli 不在眼里[-裡] V.P. have no respect for
bù zàiyì 不在意 S.V. ① not mind ② slight; pass over ③ take no notice; pay no attention
bùzànyīcí 不赞一词 F.E. <*wr.*> keep silent; make no comment ***Wǒ duì zhèige wèntí bù qīngchu, zhǐhǎo ~.*** I'm not clear about this matter, so I'd better keep quiet.
bùzěnde 不怎的 V.P. <*coll.*> not so bad; pretty good; so so
bùzěnme 不怎么[-麼] ADV. not very/particularly ***Wǒ ~ xǐhuan tā.*** I don't particularly like him.
bùzěnme hǎo 不怎么好[--麼-] V.P. not too good
bù zěnmeyàng 不怎么样[-麼樣] V.P. <*coll.*> ① not up to much ② very indifferent ③ not so great
bù zéshēng 不则声[-聲] V.P. <*topo.*> keep silent
bùzéshǒuduàn 不择手段[-擇--] F.E. by hook or by crook
būzhài 逋债 V.O. owe a debt
bǔzhái* 卜宅 V.O. ① choose a residence by divination ② choose a tomb site
bùzhànbùhé 不战不和[-戰--] F.E. neither war nor peace
bùzhǎnbùzòu 不斩不奏 F.E. neither take care of sth. oneself nor report it to a superior
bùzhàn'érshèng 不战而胜[-戰-勝] F.E. conquer without a fight; win hands down
bùzhàn'értuì 不战而退[-戰--] F.E. retreat without fighting
bùzhàn'érxiáng 不战而降[-戰--] F.E. surrender without fighting
bùzhǎng* 部长 N. ① minister ② head of a section M: [2]*wèi*
bùzhàng 步障 N. <*trad.*> screen used to shelter traveling dignitaries from chilly wind and dust M: [2]*dào*
Bùzhǎng Huìyì 部长会议[-議] N. Council of Ministers M: *cì*
Bùzhǎng Huìyì zhǔxí 部长会议主席[---議--] N. chairperson of Council of Ministers M: [2]*wèi*
bùzhǎngjí huìyì 部长级会议[-議] N. conference at the ministerial level M: *cì*
bù zhǎngjìn 不长进[-進] S.V. ① without improvement ② good-for-nothing
bù zhǎngxīn 不长心 V.P. <*topo.*> ① fail to heed; pay no attention ② not learning from a bad experience (of children)
bùzhǎng zhùlǐ 部长助理 N. assistant minister M: *ge/*[1]*míng/*[2]*wèi*
bù zhānqīn bù dàigù 不沾亲不带故[--親-帶-] F.E. <*coll.*> neither a relative nor a friend of long standing
bùzhànzìkuì 不战自溃[-戰--] F.E. collapse without a battle
bǔzhāo 补招[補-] V. recruit additionally
bùzháobiānjì 不着边际[-著邊際] ***See*** *bùzhuóbiānjì*
bùzháodiào 不着调[-著-] S.V. <*topo.*> ill-mannered
bùzhàohé 不照合 ATTR. <*lg.*> discordant
bù zhàomiànr 不照面儿 V.O. <*coll.*> not show up
bùzhébùkòu 不折不扣 F.E. ① to the letter ② out-and-out ③ thoroughgoing; one hundred percent ④ unrelenting

bùzhēn* 不贞 V.P. unfaithful; unchaste
[1]**bùzhèn** 不振 V.P. in low spirits; depressed
[2]**bùzhèn** 部/布阵 N. troops in ranks and files
bǔzhèng 补正[補-] V. ① supplement and correct ② <*Ch. med.*> reinforce the orthopatic *qì*
bùzhèng* 不正 V.P. ①askew; crooked ②devious ③ dishonest; lacking in integrity
bù zhèngdàng 不正当[-當] S.V. improper; immoral;illegitimate
bù zhèngjīng 不正经[-經] S.V. immoral; loose (usu. of women)
bù zhēngqì 不争气[-爭氣] S.V. fail to meet expectations
bùzhèngzhīfēng 不正之风 N. unhealthy tendency
bùzhèngzìmíng 不证自明[-證--] ATTR. self-evident
bùzhèngzìmíng de qiántí 不证自明的前提[-證-----] N. self-evident premise
[1]**bùzhī** 不支 V. be unable to endure
[2]**bùzhī** 不知 V. ① not know; have no idea; be not aware ② wonder if ~ ***nǐ shìfǒu kěyǐ gàosu wǒ . . .*** I wonder if you can tell me . . .
bùzhí 不值 S.V. not be worth it
[1]**bùzhǐ** 不只 ADV. not only/merely
[2]**bùzhǐ** 不止 V. ① not be limited (to) ② more than . . .; over . . . ♦CONS. *v.* ~ v. endlessly ***liúxuè*** ~ bleed incessantly
[1]**bùzhì*** 布/部置 V. ① arrange; fix up; decorate ② assign ♦N. decor
[2]**bùzhì** 不致 ADV. without resulting in
[3]**bùzhì** 不治 V. <*wr.*> die of illness/injury despite medical help
[4]**bùzhì** 不置 V.P. <*wr.*> refuse to express an opinion
bùzhìbāobiǎn 不置褒贬 F.E. neither praise nor criticize
bùzhībùjué 不知不觉[-覺] F.E. unconsciously; unknowingly
bùzhìbùqiú 不忮不求 F.E. generous and undemanding
bùzhídàng 不值当[-當] S.V. be not worth the price
bùzhīdào 不知道 V.P. not know
bùzhīdǎodì 不支倒地 F.E. fall to the ground because of exhaustion/weakness
bù zhíde 不值得 S.V. not worth it; unworthy of
bùzhīfánjǐ 不知凡几 F.E. be numerous/incalculable
bùzhīfēncùn 不知分寸 ID. have no sense of propriety; be indiscreet
bùzhīfēnxiǎo 不知分晓[-曉] ID. ① not know the outcome ② not understand sth. at all
bùzhīgānkǔ 不知甘苦 F.E. not know how difficult it is to make a living
bùzhīhǎodǎi 不知好歹 ID. ① not know what's best for one ② be stubborn
bù zhī hǎorén xīn 不知好人心 V.P. mistake a good man for a bad one
bùzhìjìnshì 不栉进士[-櫛進-] ID. <*wr.*> learned woman
bùzhījìntuì 不知进退[--進-] F.E. ① be in a dilemma ② have no sense of propriety; not know where to stop
bùzhījiùlǐ 不知就里[-裡] F.E. <*wr.*> not know the inside story
bù zhījué 不知觉[-覺] V. be unconscious of
bùzhìkěfǒu 不置可否 ID. decline to comment; hedge
bùzhīliánchǐ 不知廉耻[-恥] F.E. shameless; lost to shame
bù zhīqíng 不知情 V.O. ① know nothing about; be ignorant of ② be ungrateful
bù zhī qīngzhòng 不知轻重[--輕-] V.O. unable to tell the significance of a situation
bù zhī qí suǒyǐrán 不知其所以然 F.E. not know why it is so
bùzhīqùxiang 不知去向 F.E. disappear without a trace; be nowhere to be found
bùzhīrénshì 不知人事 F.E. ① be unreasonable ② be ignorant
bù zhīshēngr 不吱声儿[--聲-] V.O. be speechless
bùzhīshēnqiǎn 不知深浅[-淺] ID. behave tactlessly
bù zhī sǐ 不知死 V.O. be reckless/extreme in doing sth.
bùzhīsǐhuó 不知死活 F.E. act recklessly
bùzhīsuǒcuò 不知所措 F.E. be at a loss
bùzhīsuǒdá 不知所答 F.E. be puzzled as how to answer
bùzhīsuǒyǐ 不知所以 F.E. not know why it is so
bùzhīsuǒyún 不知所云 F.E. not know what sb. is driving at
bùzhīsuǒzhōng 不知所终 F.E. not know the final result
bù zhī tiāngāodìhòu 不知天高地厚 ID. have an exaggerated opinion of one's abilities
bùzhī wéi bùzhī 不知为不知 F.E. Don't pretend to know sth. you don't know.
bùzhíyībó 不值一驳 F.E. not be worth refuting
bùzhìyīcí 不置一词 F.E. not speak a single word; keep silent
bùzhíyīgù 不值一顾[-顧] F.E. not worth any attention
bùzhíyīqián 不值一钱[-錢] F.E. worthless
bùzhíyītán 不值一谈 F.E. not be worth mentioning
bùzhíyītí 不值一提 F.E. not be worth mentioning
bùzhíyīwén 不值一文 F.E. worthless
bùzhíyīxiào 不值一笑 F.E. extremely ridiculous
bùzhǐyú 不止于[-於] V.P. not only
bùzhìyú* 不至于[-於] F.E. be unlikely to end up or result in; not necessarily
bùzhī zǎ de 不知咋的 V.P. <*topo.*> don't know how/why
bùzhìzhīzhèng 不治之症 N. incurable disease; terminal disease
bùzhīzì'ài 不知自爱[-愛] F.E. act without self-respect; behave in an uncouth manner
bùzhīzìliàng 不知自量 F.E. do sth. beyond one's ability
bù zhīzú 不知足 S.V. insatiable; greedy
bǔzhòng* 补种[補種] V. reseed; replant
[1]**bùzhōng** 不忠 V.P./N. disloyal; unfaithful
[2]**bùzhōng** 不中 S.V. <*topo.*> not OK
bù zhòng biàn wú shōu 不种便无收[-種---] F.E. Sow nothing, reap nothing.
bùzhōngbùxī 不中不西 F.E. neither Chinese nor Western
bùzhòngdú 不重读[-讀] ATTR. <*lg.*> unstressed
bùzhòngdú de zì 不重读的字[--讀-] N. <*lg.*> unstressed word
bùzhōngtiānnián 不终天年 F.E. die before one's time
bù zhōngtīng 不中听[-聽] S.V. ① not worth listening to ② not pleasant to listen to
bù zhōngyì 不中意 S.V. not to one's liking
bù zhōngyòng 不中用 S.V. unfit for anything; useless
bùzhōu 不周 V.P. ①not satisfactory ②thoughtless; inconsiderate
bùzhòu* 步骤 N. ①step; measure; move; phase ② series
bǔzhòubǔyè 卜昼卜夜[-晝--] F.E. day and night without stop
bùzhòu de 步骤地 ADV. gradually
bù zhōuyán 不周延 V.P. <*log.*> undistributed
[1]**bǔzhù*** 补助[補-] V./N. subsidize M: [1]*fèn*/[2]*bǐ*
[2]**bǔzhù** 补注[補註] N. supplementary notes; addenda; appendix ♦V. make supplementary notes
bùzhù 不住 CMP. *in r.v.* unable to v. ***Téngjí le! Wǒ rěn~ le!*** It's awfully painful! I can't stand it! ♦CONS. *v. ge* ~ v. endlessly ***Tā shuō ge ~.*** He talks on and on.
bùzhuābiànzi 不抓辫子 ID. do not seize on other's faults and blow them up
bǔzhù cáiliào 补助材料[補-] N. auxiliary material
bǔzhùcí 补助词[補-] N. <*lg.*> accessory word; cenematic word; complement
bǔzhùcí xíngtài 补助词形态[補-態] N. <*lg.*> complement form
bǔzhùdào 补助道[補-] N. auxiliary channels M: [1]*tiáo*
bǔzhùfèi 补助费[補-] N. subsidy; subsidiary payments M: [2]*bǐ*/[1]*fèn*
bùzhǔgùcháng 不主故常 F.E. not stick to convention
bǔzhù huòbì 补助货币[補-幣] N. <*econ.*> supplementary income
bǔzhuì 补缀[補-] V. mend (clothes); patch
bǔzhù jìlù 补助记录[補-錄] N. auxiliary/subsidiary record M: [1]*běn*/[1]*fèn*
bǔzhùjīn 补助金[補-] N. grant-in-aid; subsidy M: [2]*bǐ*/[1]*fèn*
bǔzhùkuǎn 补助款[補-] N. subsidy; grant-in-aid M: [2]*bǐ*/[1]*fèn*
bù zhǔn 不准 AUX. not allow; forbid ♦S.V. not accurate
bùzhǔnshàngsù 不准上诉 F.E. <*law*> unappealable
[1]**bǔzhuō** 捕捉 V. catch; seize
[2]**bǔzhuō** 补拙[補-] V. make up for one's lack of capacity
bùzhuóbiānjì 不着边际[-著邊際] F.E. wide of the mark; irrelevant; impractical
bùzhuóhénjì 不着痕迹[-著-跡] F.E. leave no trace
bù zhuólù fēixíng 不着陆飞行[-著陸飛-] N. nonstop flight
bǔzhù piàozhèng 补助票证[補-證] N. <*PRC*> subsidy coupons
bùzhùqì 不住气[-氣] ADV. <*topo.*> without letup; continuously
bǔzhùxiàn 补助线[補-] N. income level set for determining eligibility for financial aid M: [1]*tiáo*/[2]*dào*
bǔzi 堡子 N. <*topo.*> ①town/village surrounded by an earthen wall ② village M: [4]*zuò* ***See also*** *bǎozi*
[1]**bùzi*** 步子 N. step; pace
[2]**bùzi** 簿子 N. notebook; book M: [1]*běn*
[3]**bùzi** 铺子 N. baby food
bùzī 不赀 V.P. <*wr.*> immeasurable; incalculable
bù zì'ài 不自爱[-愛] S.V. lacking in self-respect
bǔzì fúhào 补字符号[補-號] N. caret
bùzìjǐ 不自己 A.T. unselfish
bùzìjīn 不自禁 ADV. cannot refrain from; cannot help
bù zì jīnrì shǐ 不自今日始 F.E. not starting from today
bù zìjué 不自觉[-覺] S.V./ADV. lacking in self-awareness; sub-consciously
bùzìliàng 不自量 S.V. overrate one's own abilities
bùzìliànglì 不自量力 F.E. overrate one's own abilities
bù zìrán 不自然 S.V. unnatural; awkward
bù zīshēng(r) 不吱声(儿)[-聲-] V.O. <*coll.*> say nothing; utter not a sound
bù zìyóu wúnìng sǐ 不自由毋宁死[----寧-] F.E. Give me liberty or give me death.
bù zìzai 不自在 S.V. feel uncomfortable; be ill at ease
bù zìzhǔ 不自主 ADV. unable to act on one's own; cannot decide for oneself
būzū 逋租 V.O. neglect payment of rent

B

bǔzú 补足[補-] R.V. ① bring up to full strength; make up deficiency ② replenish ♦ATTR. completive

[1]**bùzú*** 不足 S.V. ① not be enough ② not be worth (doing sth.) ③ be less than ~ ***800 zì*** be less than 800 characters ♦AUX. cannot; should not

[2]**bùzú** 部族 N. tribe; clan

[3]**bùzú** 步卒 N. foot soldier

[4]**bùzú** 步足 N. ambulatory (leg); pereiopoda

bùzúcǎixìn 不足采信 F.E. ① <*law*> be unacceptable as evidence ② can not be considered as reliable

bùzú cánshā 部族残杀[-殘殺] N. tribal violence

bùzúdào 不足道 V.P. inconsiderable; of no consequence; not worth mentioning

bǔzú fēnjù 补足分句[補-] N. <*lg.*> completive clause

bùzúguàchǐ 不足挂齿[-掛齒] F.E. nothing to speak of

bùzúguān 不足观[-觀] V.P. not worth watching

bǔzú guānxi 补足关系[補-關係] N. <*lg.*> complementation

bùzújièyì 不足介意 F.E. not worth a thought; Don't mention it.

bùzuòcǐxiǎng 不作此想 F.E. have no intention/desire to do sth.

bù zuò dì-èr rén xiǎng 不作第二人想 F.E. not content with playing second fiddle

bù zuòliǎn 不作脸 V.O. <*coll.*> fail in action; let down

bù zuòměi 不作美 V.O. not cooperate/help (e.g., rain on a wedding day)

bù zuò rúshì xiǎng 不做如是想 F.E. don't think in this way

bù zuòshēng 不做声[-聲] V.O. keep silent

bùzuòwéipíng 不作为凭[-憑] F.E. cannot be taken as proof/evidence/etc.

bùzúqīngzhòng 不足轻重[--輕-] F.E. count for little; be insignificant

bùzúqǔ 不足取 V.P. not worth taking (as an example/etc.)

būzūsùzhài 逋租宿债 F.E. <*wr.*> overdue rents and old loans

bùzúwèi 不足畏 V.P. not fearsome

bùzúwéibìng 不足为病 F.E. cannot count as a fault

bùzúwéilǜ 不足为虑[-慮] F.E. nothing to be feared

bùzúwéipíng 不足为凭[-憑] F.E. inadmissible as evidence

bùzúwéiqí 不足为奇 F.E. not at all surprising

bùzú wèi wàirén dào 不足为外人道 F.E. no need to let others know

bùzúwéixùn 不足为训 F.E. <*wr.*> not to be taken as authoritative

bùzúyīdào 不足一道 F.E. not worth mentioning

bǔzúyǔ* 补足语[補-] N. <*lg.*> complement; supplementary clause

bùzúyǔ 部族语 N. language of a tribe

bùzúzhīchù 不足之处[-處] N. deficiencies; shortcomings M: *chù*/[1]*ge*

C

C

[1]cā* 擦 V. ① rub; scrub; scrape ~ ***dìbǎn*** scrub the floor ② polish; wipe ~ ***bōli*** wipe glass ③ put/spread on; apply ~ ***diǎnjiǔ*** apply iodine ④ brush past; shave ***Yī kē zǐdàn ~guò wǒ de gāngkuī.*** A bullet glanced off my helmet.

[2]cā 嚓 ON. s-c-r-e-e-c-h! ***See also*** [5]*chā*

[3]cā 拆 V. <*coll.*> excrete ***See also*** [1]*chāi*

[4]cā 礤 in ***jiāngcā***

cǎ 礤 B.F. coarse stone ***cǎchuáng***

cābèi 擦背 V.O. scrub/rub/touch one's back

cābiānqiú 擦边球[-邊-] N. edge/touch ball (in Ping-Pong)

cā bōli 擦玻璃 V.O. wipe glass; wipe window panes

cābù 擦布 N. mop; rag M: [2]*kuài*

[1]cācā 嚓嚓 ON. screech

[2]cācā 擦擦 ON. the sound of footsteps

cācàibǎn 擦菜板 N. grater M: [2]*kuài*

cāchē 擦车 V.O. clean/wax a car/bicycle/etc.

cǎchuáng(r) 礤床(儿) N. ① grater ② shredder (for vegetables) M: [1]*tái*

cādiào 擦掉 R.V. erase; abrade; rub out/off

cā dìbǎn 擦地板 V.O. scrub/mop the floor

cāfěn 擦粉 V.O. ① powder one's face ② apply powder ♦N. crocus

cāgān 擦干[-乾] R.V. wipe dry; dry

cā gānjìng 擦干净[-乾淨] R.V. wipe clean

cāguā 擦刮 V. wipe and scrape

cāguāng 擦光 R.V. rub; polish

cāguò 擦过 V. graze ***Zǐdàn gānghǎo ~ tā de jiānbǎng.*** The bullet just grazed his shoulder.

cāhàn 擦汗 V.O. wipe off sweat/perspiration

cāhēi(r) 擦黑(儿) N. <*coll.*> dusk; twilight

cāhén 擦痕 N. striation; scoring M: [1]*tiáo*/[2]*dào*

cāi 猜 V. ① guess ***Wǒ ~chūle tā de suìshu.*** I guessed his age. ② suspect

[1]cái* 才[-/纔] ADV. ① then and only then ② just now ③ only (before a number) ④ actually, very/more ***Tā chàng de ~ hǎo ne.*** Actually, she sang better (than sb. else). ***See also*** [4]*cái*

[2]cái 裁 V. ① cut ***Zhè kuài*** [2]***bùliào néng ~ sān tào yīfu.*** This piece of cloth will cut up into three suits. ② reduce; dismiss ♦B.F. judge; decide ***cáipàn***

[3]cái 财[財] B.F. wealth; riches [1]***cáifù***

[4]cái 才/材 B.F. ① talent; ability [1]***cáinéng*** ② capable person ***réncái*** ***See also*** [1]*cái*, [5]*cái*

[5]cái 材 B.F. ① timber ***mùcái*** ② material ***jiàocái*** ***See also*** [4]*cái*

[1]cǎi 踩/跴 V. step on; trample

[2]cǎi 采[-/採] V. ① pick; gather ② mine ③ select ♦B.F. ① variegated color ② facial color and expression; spirit ***shéncǎi*** ***See also*** [2]*cài*

[3]cǎi 彩 B.F. ① color; colors in combination ***wǔcǎi*** ② brilliance; splendor ***jīngcǎi*** ③ prize ***tóucǎi*** ④ blood from a wound ***guàcǎi***

[4]cǎi 睬/倸 V. pay attention to; take a notice of ***Tā zěnme bù ~ wǒ?*** Why did she ignore me?

[1]cài 菜 N. ① vegetables; greens ② (non-staple) food ③ dish; course

[2]cài 采[埰/寀] B.F. fief; benefice ***càiyì***, [2]***càidì*** ***See also*** [2]*cǎi*

Cài 蔡 N. Surname

cǎi'àn 踩案 V.O. make police investigation of a crime

cài'àn* 菜案 N. ① restaurant preparation of meat/fish/etc. ② chopping board M: [2]*kuài*

cǎibàn 采办[採辦] V. purchase; stock up

càibǎn* 菜板 N. cutting board M: [2]*kuài*

cǎibàng 彩蚌 N. clam shell with painted interior

càibāng(r)* 菜帮(儿)[-幫-] N. outer leaves (of cabbage/etc.) M: [1]*piàn*

càibāngzi 菜帮子[-幫-] N. outer leaves (of cabbage/etc.) M: [1]*piàn*

cáibǎo 财宝[-寶] N. money and valuables M: [1]*pī*

càibāozi 菜包子 N. ① vegetable dumpling/bun ② <*derog.*> idiot

cǎibǐ 彩笔[-筆] N. ① colored pen; crayon ② pen that produces masterpieces M: [4]*zhī*

cǎibiǎn 踩扁 R.V. trample (sth.) flat

cáibīng 裁兵 V.O. ① reduce number of soldiers ② disarm

cáibìng* 裁并[-併] V. cut down and merge

cáibó 财帛 N. wealth; money

cǎibǔ 采补[採補] V. <*Dao.*> make oneself strong by using another's energy/blood

cáibùchūzhòng 才不出众[-眾] F.E. One's ability does not exceed the average.

cáibùlòubái 财不露白 F.E. not expose one's wealth

cáibùlòuyǎn 财不露眼 F.E. not expose one's wealth

cáibùshèngrèn 才不胜任[--勝-] F.E. be incompetent

cāibutòu 猜不透 R.V. be unable to make out (what's in someone's mind) ~ ***tā de xīnsi*** be unable to read his mind

cāibuzháo 猜不着[-著] R.V. can't guess; miss one's guess

cǎicǎi 采采 R.F. abundant; luxuriant

cáicaiféngféng 裁裁缝缝 V. <*topo.*> do a bit of sewing work

cāicè 猜测 V. guess; surmise

cǎichá 采茶[採-] V.O. pick tea leaves

cáichǎn 财产[-產] N. property M: [2]*bǐ*

cáichǎndàngjìn 财产荡尽[-產蕩盡] F.E. One's property is dissipated.

cǎichàng 彩唱 N. <*opera*> dress rehearsal (of amateur actors)

càichǎng* 菜场[-場] N. (fresh) food market

cáichángbǔduǎn 裁长补短[--補-] F.E. cut off the long and compensate the short

cáichǎn mùlù 财产目录[-產-錄] N. property inventory

cáichǎnquán 财产权[-產權] N. ownership of property; property right

cáichǎnshuì 财产税[-產-] N. property tax

cáichǎnsuǒdé 财产所得[-產--] N. property income

cáichǎnxíng 财产刑[-產-] N. financial penalty (e.g., fine/confiscation)

cǎicháxì 采茶戏[採-戲] N. local opera based on picking tea leaves M: [1]*tái*

cáichè 裁撤 V. dissolve (organization/etc.)

cǎichē* 彩车 N. ① float (in a parade) ② bridal car ③ decorated vehicle M: [2]*bù*/[3]*liàng*

cáichéng 裁成 V. regulate and bring to completion ♦N. accomplishment

cáichǐ 裁尺 N. tailor's measure M: [1]*bǎ*

cǎichóu 彩绸 N. colored silk M: [1]*pǐ*/[2]*kuài*

cāichū* 猜出 R.V. dope/figure out; guess correctly

cáichǔ 裁处[-處] V. judge and decide

cǎichuán 彩船 N. gaily decorated boat M: [1]*tiáo*/[1]*sōu*/[2]*zhī*

càichuángzi 菜床子 N. <*coll.*> fresh vegetables and fruit stand

cáichǔbādǒu 才储八斗 ID. exceedingly talented; brilliant

cǎicí 彩瓷 N. colored porcelain M: [2]*jiàn*

cāicuò 猜错 R.V. guess wrongly

cáidá 裁答 V. reply to a letter

cǎidài 彩带[-帶] N. colored ribbon/streamer M: [1]*tiáo*

[1]cǎidàn 彩蛋 N. painted eggshell M: [4]*méi*/*ge*

[2]cǎidàn 彩旦 N. <*thea.*> female comedian M: [2]*wèi*

càidān(r/zi)* 菜单(儿/子) N. menu; bill of fare M: [1]*zhāng*

càidǎn 菜胆[-膽] N. heart of Chinese mustard green M: [1]*kē*

cǎidànr 踩蛋儿 V.O. copulate (of birds)

cāidào 猜到 R.V. ① guess right; divine ② predict

cáidāo 裁刀 N. paper-cutter M: [1]*bǎ*

cái dào 才到 V.P. ① just arrived ② only reach (after so much time and effort)

cǎidào 踩道 V. <*coll.*> explore/find the way

càidāo* 菜刀 N. kitchen knife M: [1]*bǎ*

cáidàqìcū 财大气粗[--氣-] F.E. He who has wealth speaks louder.

cáidàxīnxì 才大心细 F.E. have great talent and an attentive mind

cáidé 才德 N. talent and virtue

cáidéjiānbèi 才德兼备[-備] F.E. have both talent and virtue

cāidēng 猜灯[-燈] V.O. solve riddles (on Lantern Festival)

cǎidēng* 彩灯[-燈] N. colored lights M: [4]*zuò*/[2]*zhī*/[1]*zhǎn*

cāidēngmí 猜灯谜[-燈-] V.O. guess riddles on hanging lanterns

cáidéquánbèi 才德全备[-備] F.E. talented and virtuous

cáidì 才地 N. talents and social position

[1]càidì* 菜地 N. vegetable plot M: [2]*kuài*

[2]càidì 采地[埰/寀-] N. fief; benefice M: [2]*kuài*

cǎidiàn 彩电[-電] AB. ***cǎisè diànshì*** color TV M: [1]*tái*

[1]cáidiào* 裁掉 R.V. cut down to

[2]cáidiào 才调 N. talent; skill

cǎidiào 彩调 N. Guangxi Zhuang opera

càidié 菜碟 N. dish

cáidìng 裁定 V. rule; adjudicate

cáidīngliǎngwàng 财丁两旺 F.E. prosperous both in family and purse

cáidōng 财东 N. ① shopowner ② moneybags M: [2]*wèi*

càidòu 菜豆 N. <*bot.*> ① kidney bean ② string bean M: [3]*lì*

cǎidù 彩度 N. brightness of color

cáiduàn 裁断[-斷] V. consider and decide

cāiduì 猜对[-對] R.V. hit it; guess it right

cǎi dúlúnchē 踩独轮车[-獨--] V.O. <*topo.*> pedal a monocycle

càidūnzi 菜墩子 N. chopping block M: [2]*kuài*

cāiduó 猜度 V. surmise; conjecture

[1]cáiduó* 裁夺[-奪] V. consider and decide

[2]cáiduó 裁度 V. <*wr.*> weigh and decide

cāiduózàisān 猜度再三 F.E. ponder a decision

cāi'èr 猜贰 V. suspect; doubt ♦N. suspicion

cáifá* 财阀 N. magnate; tycoon M: [2]*wèi*

cǎifá 采伐[採-] V. cut down; fell ♦N. timbering

càifàn 菜饭 N. food; meal

cāifáng 猜防 V. suspect and be on guard

cǎifāng 彩坊 N. decorated archway M: [4]*zuò*

[1]**cǎifǎng*** 采访[採-] V. ① hunt for and collect ② cover; interview; gather news
[2]**cǎifǎng** 踩访 V. search for and arrest (a criminal)
cǎifǎngbù 采访部[採-] N. city desk
cǎifǎng jìzhě 采访记者[採-] N. news reporter M: [2]wèi
cǎifǎng xīnwén 采访新闻[採-] V.O. cover a news item
cǎifǎngyuán 采访员[採-] N. interviewer M: [2]wèi
cǎifǎng zhǔrèn 采访主任[採-] N. city editor M: [2]wèi
cáifá zhèngzhì 财阀政治 N. plutocracy
cáifèn 才分 N. talent; brilliance
càifěndié 菜粉蝶 N. <zoo.> cabbage butterfly M: [2]zhī
cáifeng* 裁缝 N. tailor; dressmaker M: [2]wèi *See also cáiféng*
cáiféng 裁缝 V. cut cloth and sew (for making clothing) *See also cáifeng*
cǎifēng 采风[採-] V.O. collect folk songs or other manifestations of local culture
cáiféngdiàn 裁缝店 P.W. tailor shop M: [1]jiā
cáiféngjī 裁缝机 N. sewing machine M: [1]tái
cáiféngpù 裁缝铺 P.W. tailor shop M: [1]jiān/[1]jiā
cáiféngshī 裁缝师[-師] N. tailor M: [2]wèi/[1]míng
cǎifèngsuíyā 彩凤随鸦[-鳳隨-] F.E. a beautiful woman married to a worthless man
cǎifēngwènsú 采风问俗[採-] F.E. learn local practices/customs
cáiféngyè 裁缝业[-業] N. tailoring
cǎifěnhuà 彩粉画[-畫] N. <art> pastel M: [1]zhāng
[1]**cáifù** 财富 N. wealth; riches M: [2]bǐ
[2]**cáifù** 才赋 N. talent
[3]**cáifù** 财赋 N. ①finances and taxes; government income ② wealth; riches
cáifùfēnpèi 财富分配 F.E. distribution of wealth
cáifùwúcháng 财富无常 F.E. Riches have wings.
[1]**cáigàn** 才干[-幹] N. ability; competence
[2]**cáigàn** 材干[-幹] N. ①timber; lumber ②talent; ability; competence
cáigāobādǒu 才高八斗 ID. endowed with extraordinary talents
cǎi gāoqiāo 踩高跷[-蹺] V.O. walk on stilts
cáigāoxíngjié 才高行洁[-潔] F.E. One's ability and virtue excel the average.
cáigāoyìguǎng 才高意广[-廣] F.E. have a brilliant mind and a broad vision
cáigé 裁革 V. cut down; abolish
càigēn 菜根 N. inedible root of a vegetable; cabbage stalk
cǎigòu 采购[採購] V. choose and purchase
cǎigòutuán 采购团[採購團] N. purchasing mission
cǎigòuyuán 采购员[採購-] N. ① purchaser ② purchasing agent M: [2]wèi/[1]míng
cǎigòuzhàn 采购站[採購-] P.W. <PRC> government purchasing station
càiguā 菜瓜 N. <bot.> ① snake melon ② cucumber M: [1]tiáo ♦ID. <topo.> upbraid; berate; reprove
càiguǎn 菜馆 P.W. restaurant M: [1]jiā
[1]**cǎiguāng** 采光[採-] V.O. get light through a window ♦R.V. pick clean
[2]**cǎiguāng** 彩光 N. colored light M: [2]dào/[4]shù
càiguǒ 菜果 N. kohlrabi
cáihǎo* 才好 V.P. only become good/acceptable (after certain criteria have been met)
cǎihào 彩号[-號] N. <coll./mil.> casualty M: ge/[2]wèi
cǎihóng 彩虹 N. rainbow M: [2]dào/[1]tiáo
cǎihu 踩乎 V. <coll.> bully; tread upon
cáihuá 才华[-華] N. literary/artistic talent M: [1]diǎn/[1]fēn
cǎihuā 采花[採-] V.O. ①pluck flowers ②forcibly enter a house and commit rape
cǎihuà 彩画[-畫] N. color painting M: [1]zhāng
càihuā(r)* 菜花(儿) N. <bot.> ① cauliflower ② rape flower M: [1]kē
cáihuáchūzhòng 才华出众[-華-眾] F.E. of uncommon brilliance
cáihuágàishì 才华盖世[-華蓋-] F.E. very gifted
cáihuáhéngyì 才华横溢[-華--] F.E. be full of wit and talent
cǎihuài 踩坏[-壞] R.V. trample and break
cǎihuāwènliǔ 采花问柳[採-] F.E. visit prostitutes
cǎihuāzéi 采花贼[採-] N. rapist
cáihuì 财贿 N. <trad.> ① money and grain ② public funds
cǎihuì* 彩绘 N. colored drawing/pattern M: [2]jiàn ♦ATTR. painted
cǎihuì cíqì 彩绘磁器 N. porcelain decorated with colored drawings M: [2]jiàn
cáihuò* 财货 N. money and commodities M: [1]xiē/[1]pī
càihuò 菜货 N. a person of little use
càihǔzi 菜虎子 N. <topo.> a trencherman; a person who loves to eat
cāijì 猜忌 V. be suspicious and jealous
cáijī 材积[-積] N. volume (of timber)
cáijì 材技 N. professional skill
cǎijī 踩缉 V. pursue and seize a criminal
[1]**cǎijí*** 采集[採-] V. pick up and put together; gather; collect
[2]**cǎijí** 采辑[採-] V. compile
càijiǎ 菜甲 N. young vegetable leaves
[1]**cáijiǎn** 裁减[-減] V. reduce; trim; cut down
[2]**cáijiǎn** 裁剪 V. ① cut out (garments, by tailors) ② edit out unimportant/superfluous part (of manuscript/etc.)
cáijiǎn jūnbèi 裁减军备[-減-備] N. disarmament
cáijiānwénwǔ 才兼文武 F.E. have both military and literary talents
cǎijiào 彩轿[-轎] N. <trad.> bridal sedan-chair M: [1]dǐng
càijiào* 菜窖 N. vegetable cellar
cáijiè 财界 N. financial circles
cǎijié* 彩结 N. woman's hair decoration
[1]**cáijìn** 才尽[-盡] V.P. have exhausted one's talent/resources
[2]**cáijìn** 财尽[-盡] V.P. exhaust one's money; be broke
cǎijīn 彩巾 N. colorful silk used for decoration M: [1]tiáo
càijīn* 菜金 N. expense of non-staple food
cáijìncíqióng 才尽词穷[-盡-窮] F.E. reach the end of one's wits
cáijīng 财经[-經] N. finance and economics
cáijīng shǒuzhǎng 财经首长[-經--] N. senior officials in charge of finance and economics
cáijīng zhuānjiā 财经专家[-經專-] N. financial expert
cáijìnjiāngláng 才尽江郎[-盡--] ID. be at one's wits' end
cǎijí qǐlai 采集起来[採-] V.P. gather; collect
cáijìzhīshì 才伎之士 F.E. a person of outstanding ability in craftsmanship
cāijù 猜惧[-懼] V. suspect and fear
cáijù* 才具 N. <wr.> capability; ability; talent
cǎijuǎn* 彩卷 AB. *cǎisè jiāojuǎn*
càijuǎn 菜卷 N. stuffed cabbage rolls
cáijué* 裁决[-決] V. adjudicate; rule ♦N. ruling
cǎijué 采掘[採-] V. ① dig up; excavate; recover ② exploit
cǎijuéquán 采掘权[採-權] N. <min.> mineral concession
cáijūn* 裁军 V.O. disarm ♦N. disarmament
cáijùn 才俊 N. talented people
cáijūn huìtán 裁军会谈 N. disarmament talks
cáijūn tánpàn huìyì 裁军谈判会议[-議] P.W. conference on disarmament
cáikāi 裁开[-開] R.V. cut apart
cáikě 裁可 V. approve; sign a bill into law
cáikětōngshén 财可通神 F.E. Money is all-powerful.
càikū 菜枯 N. vegetable waste
cáikuài 财会 N. finance and accounting
cǎikuàng 采矿[採礦] N. mining
cǎikuàngyè 采矿业[採礦業] N. mining industry
cǎikuò 彩扩[-擴] V. enlarge a color photo
cái lái 才来 V.P. have just come/arrived
càilán(zi) 菜篮(子)[-籃-] N. ① vegetable/food basket ② food supply
cáiláng 才郎 N. my talented husband M: [2]wèi
càile 菜了 V.P. <coll.> fail; be unsuccessful; fall through
cáilǐ 财礼[-禮] N. betrothal gifts M: [2]bǐ/[2]jiàn
[1]**cáilì*** 财力 N. financial resources
[2]**cáilì** 才力 N. talent; ability
[3]**cáilì** 材吏 N. <trad.> capable/competent official M: [2]wèi
cǎilǐ 彩礼[-禮] N. betrothal gifts M: [2]bǐ
cǎiliàn 彩练[-練] N. colored ribbon M: [1]tiáo
cǎiliánchuán 采莲船[採-] N. a folk dance M: [1]tiáo/[2]zhī
[1]**cáiliáng** 财粮[-糧] N. money and grain
[2]**cáiliáng** 裁量 V. ① consider and decide ② measure
cáiliáng shēnduàn 裁量身段 V.O. measure the stature (of sb.)
cáiliào* 材料 N. ① material ② data ③ stuff; ingredients M: [1]xiē/[1]pī
[1]**cǎiliào** 采料[採-] V.O. select/collect materials
[2]**cǎiliào** 彩料 N. pigment; color; dyestuff
cáiliàoxué 材料学 N. materials science
cǎilóu 彩楼[-樓] N. gaily decorated tower/pavilion M: [4]zuò/[4]dòng
[1]**cáilù*** 财路 N. means to gain wealth M: [1]tiáo
[2]**cáilù** 才路 N. way to cultivate talent
cǎilù 采录[採錄] V. collect/interview and record
cáilüè 才/材略 N. talent for scheming
cǎilùmíngē 采录民歌[採錄-] V.O. collect and record folk songs
càimǎ(r) 菜码(儿) N. <coll.> shredded/sliced vegetables to go with noodles
cǎimǎi 采买[採買] V. choose and buy ♦N. purchasing
[1]**cáimào** 才貌 N. talent and appearance
[2]**cái-mào** 财贸 N. finance and trade
cáimàochūzhòng 才貌出众[-眾] F.E. have outstanding talent and appearance
cáimàoshuāngquán 才貌双全[--雙-] F.E. be both beautiful and talented
cāiméi 猜枚 N. guessing game ♦V.O. guess the number of objects in one's fist
cāimèi(r) 猜谜(儿) V.O. <topo.> ① guess a riddle ② guess *See also cāimí*
cǎiméi* 采煤[採-] V.O. mine coal ♦N. coal mining
cāiméixínglìng 猜枚行令 F.E. ①play the finger-guessing game (usually while drinking) ②guess how many objects in one's fist (in a feast game)
cǎimén 彩门 N. decorated gateway/highway M: [4]zuò
cāimènr 猜闷儿 V.O. guess a riddle
cāimí(r)* 猜谜(儿) V.O. ①guess a riddle ②guess the real meaning *See also cāimèi*
cáimí 财迷 N. moneygrubber; miser M: [2]wèi
cǎimiánjī 采棉机[採-] N. cotton picker (farming machine) M: [1]tái
cáimíng* 才名 N. reputation for talent
cáimìng 财命 N. luck in making money
cái míngbai 才明白 V.P. only (now/etc.) understand
cáimíngjíshèn 才名籍甚 F.E. One's reputation for talent is well-known.
cáimìngxiānglián 财命相连 F.E. Riches and life are closely associated
cáimíxīnqiào 财迷心窍[-竅] F.E. money-grubbing
cāimí yóuxì 猜谜游戏[-戲] N. quiz/guessing game
cáimù 材木 N. timber
cǎinà 采纳[採-] V. accept; adopt (suggestions/requests/etc.)
cáinán 才难[-難] F.E. Talents are hard to find.
[1]**cáinéng** 才/材能 N. ability; talent

[2]**cáinéng** 才能 CONS. ① *zhǐyǒu V1 ~ V2* only if V1 is it possible to V2 ***Zhǐyǒu nǔlì gōngzuò ~ qǔdé chénggōng.*** Only if one works hard can one achieve success. ② *zhǐyǒu N ~ V* only N can V ***Zhǐyǒu tā ~ jiějué zhège wèntí.*** Only he can solve the problem.
cáinéngtōngshén 财能通神 F.E. Money makes everything possible.
cáinéngzhuàngdǎn 财能壮胆[-壯膽] F.E. Wealth may strengthen one's courage.
càiniú 菜牛 N. beef cattle M: [1]*tóu*
càinóng 菜农[-農] N. vegetable grower; truck farmer M: [2]*wèi*
cáinǚ* 才女 N. gifted female scholar M: [2]*wèi*
cǎinǚ 采女 N. <*trad.*> ① palace maid ② fairy M: [2]*wèi*
cǎinuǎn 采暖[採-] N. heating
cáipái 裁排 V. arrange (matters)
[1]**cǎipái*** 彩排 N. <*thea.*> dress rehearsal
[2]**cǎipái** 彩牌 N. ① poker chips ② playing cards ③ mahjongg tiles M: [1]*zhāng*
cǎipáilóu 彩牌楼[-樓] N. varicolored celebration arch M: [4]*zuò*
cáipàn 裁判 N. ① judgment ② judge; referee; umpire M: [2]*wèi* ♦V. act as referee
cáipànquán 裁判权[-權] N. jurisdiction
cáipànshū 裁判书[-書] N. written court verdict M: [1]*zhāng*/[1]*fèn*
cáipànsuǒ 裁判所 N. tribunal M: [1]*jiā*/[1]*jiān*
cáipàn wěiyuán 裁判委员 N. member of a panel of judges
cáipànyuán 裁判员 N. referee; umpire; judge M: [2]*wèi*
cáipànzhǎng 裁判长 N. <*sport*> head referee/judge M: [2]*wèi*
cǎipéng 彩棚 N. ① decorated tent ② gaily decorated wooden framework ③ marquee M: [4]*zuò*
cǎipiào* 彩票 N. lottery ticket M: [1]*zhāng*
càipiào 菜票 N. meal ticket M: [1]*zhāng*
cǎipíng 彩屏 N. ornamental screens; multicolored screens M: [1]*miàn*
cāipò 猜破 R.V. guess right
cáipòzāixiāo 财破灾消[--災-] F.E. free oneself from troubles by giving money
[1]**càipǔ** 菜圃 N. vegetable garden/farm
[2]**càipǔ(r)** 菜谱(儿) N. ① menu M: [1]*zhāng*/[1]*fèn* ② cookbook M: [1]*běn* ③ recipe M: [1]*zhāng*
[1]**cáiqì*** 才气[-氣] N. literary talent
[2]**cáiqì** 财气[-氣] N. luck in making big money
[3]**cáiqì** 材/才器 N. ① ability; capability; caliber (of a person) ② timber good for building purposes
cǎiqī 彩漆 N. <*art*> painted lacquer
cǎiqí 彩旗 N. colored flag; bunting M: [1]*miàn*
càiqí 菜畦 N. vegetable bed
cǎiqián 彩钱[-錢] N. <*opera*> money given to an actor who feigns being wounded M: [4]*méi*
cáiqiǎnhuíxiāng 裁遣回乡[-鄉] F.E. dismiss and send home
cǎiqiāo 踩跷[-蹺] V.O. (of a vivacious female role in Peking opera) to walk on small, artificial wooden feet tied to the ankles so that the actress sways while walking
cáiqiējī 裁切机 N. <*print.*> guillotine M: [1]*tái*
cáiqìhéngyì 才气横溢[-氣--] F.E. have superb talent
cǎiqín 采芹[採-] V.O. <*trad.*> pass the civil service examination on the county level
cáiqíng* 才情 N. literary and artistic talent; imaginative power
càiqīng 菜青 V.P. grayish green
càiqīngchóng 菜青虫[-蟲] N. <*zoo.*> cabbage caterpillar M: [1]*tiáo*
cáiqióngzhìjié 才穷智竭[-窮--] F.E. talent inadequate for the job
cáiqìpángbó 才气磅礴[-氣--] F.E. tremendous talent
cáiqìpíngyōng 才气平庸[-氣--] F.E. of limited ability
cǎiqiú 彩球 N. ① <*astr.*> corona ② <*trad.*> balls of colored silk ③ decorative object M: [2]*zhī*
cáiqìyángyì 才气洋溢[-氣--] F.E. have superb talent
cǎiqū 采区[-區] P.W. <*PRC*> mining area M: [1]*piàn*
cǎiqǔ* 采取[採-] V. take; adopt
cǎiqù 采去[採-] R.V. pick; pluck
cāiquán 猜拳 V.O. play mora (a finger-guessing drinking game)
cáiquán* 财权[-權] N. ① ownership of property ② control over wealth or money matters; economic power
cǎiquàn 彩券 N. lottery ticket M: [1]*zhāng*
cāiquánxínglìng 猜拳行令 F.E. play the finger-guessing game at a party
cǎiqǔ kèzhì tàidu 采取克制态度[採---態-] V.P. exercise restraint
cǎiqǔ zhǔdòng 采取主动[採-動] V.P. take the initiative
cǎir 彩儿 N. <*coll.*> interest; delight; lively atmosphere
cāirěn 猜忍 V.P. suspicious and ruthless
cáirén* 才/材人 N. ① talented person ② <*trad.*> a rank of ladies-in-waiting M: [2]*wèi*
cǎirù 踩入 V. trample into; step into
cǎisāng 采桑[採-] V.O. gather mulberry leaves
cǎi sānlúnchē 踩三轮车 V.O. pedal a pedicab; work as a pedicab driver
cǎi sānlúnr 踩三轮儿 V.O. pedal a pedicab
cáisè 财色 N. money and women
cǎisè* 彩/采色 N. ① color ② variegation
càisè 菜色 N. famished look
cǎisèbǎn 彩色板 N. chromolithograph printing M: [1]*zhāng*
cǎisèbīnfēn 彩色缤纷[--繽-] F.E. a riot of color
cǎisè bōli 彩色玻璃 N. stained glass
cǎisè diànshì 彩色电视[--電-] N. color TV M: [1]*tái*
cǎisè diànshìjī 彩色电视机[--電--] N. color TV M: [1]*tái*
cǎisè diànyǐng 彩色电影[--電-] N. color movie M: [2]*bù*
cǎisè jiāojuǎn 彩色胶卷[--膠-] N. color film
cǎisèpiàn 彩色片 N. color movie M: [2]*bù*
cǎisèpiānr 彩色片儿 N. <*coll.*> color movie M: [2]*bù*
cǎisè yǐngpiàn 彩色影片 N. color film M: [2]*bù*
cǎisè yìnshuā 彩色印刷 N. color printing
cáishén 财神 N. ① god of wealth ② very wealthy man M: [2]*wèi*
cǎishēng* 采/彩声[-聲] N. acclamation; applause M: [1]*piàn*
cǎishèng 彩胜[-勝] N. woman's hair decoration
cǎishēngzhégē 采生折割 V.P. voodoo-like witchcraft
cáishényé 财神爷[-爺] N. ① god of wealth ② very wealthy man M: [2]*wèi*
cáishí* 才识[-識] N. ability and insight
[1]**cáishì** 才是 V.P. ① only then is. . . ② actually is
[2]**cáishì** 财势[-勢] N. wealth and power
[3]**cáishì** 才士 N. a man of ability or talent; a brilliant man M: [2]*wèi*
[4]**cáishì** 材士 N. men of ability M: [2]*wèi*
cǎishī 采诗[採-] V.O. collect popular songs (as was done by emperor's officials in ancient times)
[1]**cǎishí** 采石[採-] V.O. quarry
[2]**cǎishí** 采食[採-] V.O. forage (of animals)
[3]**cǎishí** 踩实[-實] V. trample down; mat
cǎishì 彩饰 V. adorn; ornament ♦N. ornaments; adornments
càishì 菜市 P.W. (fresh) food market
cáishíbìngmào 才识并茂[-識並-] F.E. abundant talent and experience
cǎishíchǎng 采石场/厂[採-場/廠] P.W. stone pit; quarry M: [4]*zuò*
càishìchǎng* 菜市场[-場] P.W. grocery/vegetable/food market
cáishíguòrén 才识过人[-識--] F.E. be gifted with extraordinary talent and insight
cáishù 材树[-樹] N. timber
càishū* 菜蔬 N. ① vegetables; greens ② dishes at a meal
cáishuì* 财税 N. <*econ.*> finance and taxation
cǎishuǐ 踩水 V.O. tread water; wade
cáishuìjiè 财税界 N. finance and taxation circles
cáishūxuéqiǎn 才疏学浅[-淺] F.E. have little talent and less learning
cáishūyìguǎng 才疏意广[-廣] F.E. untalented but with a broad vision
cáishūzhìdà 才疏志大 F.E. have great ambition but little talent
cáisī* 才思 N. imaginative power; creativeness
cǎisǐ 踩死 R.V. stamp sth./sb. to death
cáisīmǐnjié 才思敏捷 F.E. have an agile imagination
cǎisù 彩塑 N. <*art*> color modeling; painted sculpture M: [2]*jiàn*/*ge*
cǎisù nírén 彩塑泥人 N. painted clay figurine
cǎità 踩踏 V. trample; step on
cáitài 裁汰 V. <*wr.*> weed out the superfluous and unqualified
[1]**càitái*** 菜苔 N. broccoli M: [2]*kē*
[2]**càitái(r)** 菜薹(儿) N. bolt (of rape/mustard/etc.)
cáitàirǒngyuán 裁汰冗员 F.E. weed out superfluous personnel
càitān(r/zi) 菜摊(儿/子)[-攤-] N. vegetable stall
cǎitáo 彩陶 N. painted pottery M: [2]*jiàn*
Cǎitáo Wénhuà 彩陶文化 N. Painted-Pottery Culture
cǎitiáo 彩条[-條] N. colored ribbon/streamer M: [2]*gēn*
cáitóng 才童 N. talented child; whiz kid; child prodigy M: [2]*wèi*
cāitòu 猜透 R.V. guess correctly
cǎitóu* 彩头 N. omen of profit/victory
cáituán 财团[-團] N. ① financial group ② consortium M: [1]*jiā*/*ge*
cáituán fǎrén 财团法人[-團--] N. juridical person; corporate body M: [2]*wèi*
cáiwàng 才/材望 N. reputation for talent
cáiwānqǔzhí 裁弯取直[-彎--] F.E. weed out the unnecessary and take the most appropriate
càiwèng 菜瓮 N. pickle jar (for pickling vegetables)
cáiwǔ 材武 N. ① both ability and courage ② military ability
[1]**cáiwù*** 财务[-務] N. financial affairs
[2]**cáiwù** 财物 N. property; belongings M: [1]*pī*/[2]*jiàn*
[3]**cáiwù** 才悟 N. aptitude; intelligence
cáiwù'ānpái 财务安排[-務--] F.E. financial arrangement
cáiwù bàobiǎo 财务报表[-務報-] N. financial report
cáiwùchù 财务处[-務處] N. office of financial affairs
cáiwù fèiyòng 财务费用[-務--] N. financial expenses
cáiwù jiāoyì 财务交易[-務--] N. financial transaction
cáiwù jiégòu 财务结构[-務-構] N. financial structure
cáiwù niándù 财务年度[-務--] N. fiscal year
cáiwù qījiān 财务期间[-務--] N. fiscal period
cáiwù zìzhǔ 财务自主[-務--] N. financial autonomy
cǎixì 采戏[採戲] N. kind of game played with dice
cǎixiá* 彩霞 N. rosy/pink clouds M: [2]*duǒ*
cǎixià 采下[採-] R.V. pick; pluck
cāixián 猜嫌 V. be suspicious and jealous of
[1]**cǎixiàn*** 踩线 V.O. step on a line ♦N. <*sport*> foot fault
[2]**cǎixiàn** 彩线 N. ① colored line ② colored thread M: [1]*tiáo*/[2]*gēn*
cāixiǎng 猜想 V. suppose; suspect; guess
cāixiǎng dào 猜想到 V.P. guess at
cǎixié* 采撷[採-] V. ① pick; pluck; gather ② quote or take selections from
cǎixiě 采写[採寫] V. interview and write up
cǎixīn 采薪[採-] V.O. gather firewood
cǎixìn 采信[採-] V. believe; accept as true

C

càixīn(r)* 菜心(儿) N. heart (of cabbage/etc.)
cǎixíng 采行[採-] V. adopt; implement
cǎixīnzhīyōu 采薪之忧[採-憂] ID. <court.> a slight indisposition (referring to one's own illness)
cáixióngshìdà 财雄势大[--勢-] F.E. have great wealth and influence
cǎixuǎn 采选[採選] V. select; pick (for use or purchase)
cáixué 才学 N. erudition; scholarship
cáixuéjiānyōu 才学兼优[-優] F.E. have both talent and learning
càiyā* 菜鸭 N. duck raised for eating, not laying M: ²*zhī*
càiyá 菜蚜 N. vegetable aphid M: ¹*tiáo*/²*zhī*
cāi yǎmí 猜哑谜[-啞-] V.O. try to guess a riddle; guess at sth.
cǎiyàng 采样[採樣] V.O. sample ♦N. sampling
cái yàngbǎn 裁样板[-樣-] V.O. cut (paper/cloth/etc.) into patterns
cǎiyào 采药[採藥] V.O. ① collect Ch. medicinal herbs ② become a hermit
càiyáo* 菜肴 N. <wr.> ① cooked food ② food eaten with rice or alcoholic drinks M: ²*dào*/¹*pán*
cāiyí 猜疑 V. be suspicious; have misgivings
cāiyì 猜臆 V. conjecture
cáiyī 裁衣 V.O. cut cloth for making clothing
¹cáiyì* 才艺[-藝] N. talent and skill
²cáiyì 材艺[-藝] N. ability and art
³cáiyì 裁抑 V. <wr.> repress; restrain
cǎiyī 采/彩衣 N. colorful garments; bright garments M: ¹*jiàn*
càiyì 采邑[採/寀-] N. fief; benefice
cāiyì dòngcí 猜臆动词[--動-] N. <lg.> verb of conjecture
cǎiyìn 彩印 N. color printing M: ¹*zhāng*
cáiyǐng 才颖 N. intellectual brilliance; cleverness
cǎiyīyúqīn 彩衣娱亲[-親] ID. be a filial son
cáiyìzhuójué 才艺卓绝[藝-絕] F.E. stand out in talent and skill
cáiyìzhuóyuè 才艺卓越[-藝--] F.E. stand out in talent and skill
cáiyòng 财用 N. finances
cǎiyòng* 采用[採-] V. select for use; employ; adopt
cǎiyòngdào 采用到[採-] R.V. adopt; use; employ
cái yǒu 才有 V.P. there is/are only. . . ~ *liǎng běn shū* There are only two books.
cǎiyóu 采油[採-] V.O. extract oil
cǎiyòu 彩釉 N. colored ceramic glaze M: ¹*céng*
càiyóu* 菜油 N. rape(seed) vegetable oil
cǎiyóuqū 采油区[採-區] N. oil producing region
cǎiyòutáo 彩釉陶 N. glazed colored pottery M: ²*jiàn*
¹cáiyuán* 财源 N. financial resources; source of revenue
²cáiyuán 裁员 V.O. reduce staff
³cáiyuán 才媛 N. a talented woman M: ²*wèi*
càiyuán(zi) 菜园(子)[-園-] P.W. vegetable garden/farm
càiyuǎn 菜远[-遠] N. bok choi stems
cáiyuánfúcòu 财源辐辏 F.E. The sources of wealth flow into one place as the spokes of a wheel do at the hub
cáiyuángǔngǔn 财源滚滚[-滾滾] F.E. profits pouring in from all sides
cáiyuánkūjié 财源枯竭 F.E. The resources are exhausted.
cáiyuánmàoshèng 财源茂盛 F.E. The source of wealth is abundant/flourishing.
cáiyuánr 财缘儿 N. opportunity to make big money
cáiyuánwújìn 财源无尽[-盡] F.E. The source of wealth is inexhaustible.
càiyuánzi 菜园子 P.W. vegetable garden
cáiyùn* 财运[-運] N. money-making luck
cǎiyún 彩云[-雲] N. rosy clouds M: ²*duǒ*
cǎiyùn 彩晕 N. halos of many colors
cáiyùnhēngtōng 财运亨通[-運--] F.E. The road to wealth is wide open.
cáizǎo 才藻 N. ① brilliant thoughts ② literary talent
cáizǎochūzhòng 才藻出众[-眾] F.E. above average in literary talent
cǎizé 采择[採擇] V. select and choose
cǎizhāi 采摘[採-] V. ① pick (fruit/flowers/etc.); pluck ② quote/select/translate from (book/etc.)
cǎizhàng 彩杖 N. decorated weapons used by honor guards M: ²*gēn*
cāizháo 猜着[-著] R.V. guess correctly; make out; solve (a riddle)
cǎizhào* 彩照 N. color photo M: ¹*zhāng*
cǎizhe 踩着[-著] V. tread on; trample
¹cáizhèng 财政 N. ① finance ② financial administration
²cáizhèng 裁正 V. prune and correct
cáizhèngbāogān 财政包干[-乾] F.E. <PRC> a fiscal responsibility system adopted in 1971
Cáizhèngbù 财政部 P.W. Ministry of Finance
cáizhèng bùzhǎng 财政部长 N. minister of finance
cáizhèng chìzì 财政赤字 N. financial deficit
cáizhèng guǎtóu 财政寡头 N. financial oligarch
Cáizhèngjú 财政局 P.W. Bureau of Finance
cáizhèng kùnnan 财政困难[-難] N. financial straits/difficulties
cáizhèng niándù 财政年度 N. financial/fiscal year
Cáizhèngtīng 财政厅[-廳] P.W. Provincial Department of Finance
cáizhèng tīngzhǎng 财政厅长[--廳-] N. head of the Department of Finance
cáizhèng tuōlèi 财政拖累 N. fiscal drag
cáizhèngxué 财政学 N. finance
cáizhèng zhèngcè 财政政策 N. fiscal policy
cáizhǐ 裁纸 V.O. cut paper
¹cái-zhì* 才智 N. brilliance; ability and wisdom
²cáizhì 裁制 V. curtail; restrict
³cáizhì 才质[-質] N. natural gifts
⁴cáizhì 材质[-質] N. quality of the material
cǎizhī 采脂[採-] N. (resin) tapping
cǎizhí 采摭[採-] V. pick up; collect
cǎizhǐ 彩纸 N. colored paper M: ¹*zhāng*
cǎizhì 采制[採-] V. collect and process
cái zhīdào 才知道 V.P. understand for the first time; not have understood until then
cáizhìguòrén 才智过人 F.E. tower above the rest in intellect
cáizhǐjī 裁纸机 N. trimmer; paper cutter M: ¹*tái*
cāizhòng* 猜中 R.V. figure out answer; guess right
cǎizhǒng 采种[採種] V.O. <agr.> select and collect seeds
càizhǒng 菜种[-種] N. vegetable seeds M: ¹*kē*/³*lì*
cáizhu* 财主 N. rich man; moneybags M: ²*wèi*/*ge* See also *cáizhǔ*
cáizhǔ 财主 N. owner (of property/money/etc.) M: ²*wèi*/*ge* See also *cáizhu*
cǎizhū 采珠[採-] V.O. dive for pearls
cǎizhù 踩住 R.V. keep the feet upon
cáizhǔ-kuòlǎo 财主阔佬 N. rich man; moneybags
cáizhǔ yāngzi 财主秧子 N. <topo.> children of the wealthy
cáizī 才资 N. talent
cáizǐ* 才子 N. gifted scholar; genius M: ²*wèi*
càizǐ(r) 菜子/籽(儿) N. ① vegetable seeds ② rapeseed M: ¹*kē*/³*lì*
cáizǐjiārén 才子佳人 F.E. gifted scholars and beautiful ladies (in Chinese romances)
cāi zìmí 猜字谜 V.O. guess a riddle about a character/word
cáizǐ shū 才子书[-書] N. works of genius M: ¹*běn*
càizǐyóu 菜子/籽油 N. rapeseed oil
cājì 擦剂[-劑] N. <med.> embrocation; liniment
cājiān'érguò 擦肩而过 F.E. brush against a person; brush past sb.
cājìng 擦净[-淨] R.V. clean; wipe; wipe up; erase
cā lànwū 拆烂污[-爛-] V.O. <topo.> ① act carelessly/casually; botch up; do sloppy work ② fail to keep a promise/appointment
cāliǎn 擦脸 V.O. wipe one's face
cāliǎnbù 擦脸布 N. facecloth M: ²*kuài*
cāliàng 擦亮 R.V. polish
cāliàng yǎnjing 擦亮眼睛 V.P. remove the scales from one's eyes; sharpen one's vigilance
cāmǒ 擦抹 V. wipe
cāmǔ 擦母 N. <lg.> fricative
¹cān 餐 B.F. ① eat *jùcān* ② a meal *wǔcān* ♦M. for meals
²cān 参[參] B.F. ① join; enter; take part in *cānjiā* ② refer; consult *cānkǎo* ③ call to pay one's respects to ④ impeach an official before the emperor *See also cēn*, ⁵*shēn*
³cān 骖[驂] B.F. <trad.> outrider horse *cānshèng*
¹cán* 蚕[蠶] N. silkworm M: ¹*tiáo*
²cán 残[殘] B.F. ① incomplete; deficient *cánpǐn* ② savage; ferocious *cánrěn* ③ remaining; remnant *cándōng* ④ injure; damage *cánhài*
³cán 惭[慚] B.F. ashamed *cánkuì*
¹cǎn 惨[慘] S.V. ① pitiful; pathetic; tragic ② cruel; savage ♦ADV. to a serious degree; disastrously
²cǎn 黪[黲] B.F. light blue-black color ²*cǎnbái*, ²*cǎndàn*
¹càn 灿[燦] B.F. shining; brilliant ¹*cànlàn*, *qiàn*
²càn 孱 B.F. thin and weak; emaciated *càntou* *See also* ⁵*chán*
³càn 璨 B.F. a high-grade jade *cànyù*, *cuǐcàn*
⁴càn 粲 B.F. excellent; outstanding ²*càncàn*, *yībóyīcàn*
cǎn'àn 惨案[慘-] N. ① massacre ② murder case ③ tragedy M: ²*jiàn*
Cán'àohuì 残奥会[殘奧-] N. Special Olympics
cānbài* 参拜[參-] V. ① formally call on ② pay homage to sb. (before his tomb or image) ③ worship (gods)
cánbài 残败[殘-] V.P. ① incomplete ② waning ♦N. ① wrack ② wipeout
¹cǎnbái 惨白[慘-] S.V. deathly pale
²cǎnbái 黪白[黲-] V.P. gray
cǎnbài 惨败[慘-] V. suffer crushing defeat
cānbàn 参半[參-] V.P. half; half-and-half
cánbào 残暴[殘-] S.V. ruthless; brutal
cánbǎobāo 蚕宝宝[蠶寶寶] N. cute little silkworm M: ¹*tiáo*
cánbàozhě 残暴者[殘-] N. savage; cruel person
cánbēi-duànjié 残碑断碣[殘-斷-] N. broken stone tablets
cánbēi-lěngzhì 残杯冷炙[殘-] N. ① the leavings of meals ② leftovers from a rich man's table
cánběn 残本[殘-] N. fragmentary book M: ¹*běn*/²*bù*
cánbì 残壁[殘-] N. rubble M: ¹*miàn*/¹*duàn*
cǎnbiàn 惨变[慘變] N. ① horrible change; tragic turn of fortune ② tragedy M: ³*cháng*
cánbiān-duànjiǎn 残编断简[殘-斷-] N. stray fragments of text
cánbīng 残兵[殘-] N. ① disabled soldiers ② defeated/remnant troops M: ¹*pī*/²*huǒ*
cánbīngbàijiàng 残兵败将[殘-將] F.E. remnants of a routed army
cánbīngbàizú 残兵败卒[殘-] F.E. remnants of a routed army; routed troops
cánbó 蚕箔/薄[蠶-] N. bamboo tray for raising silkworms M: ¹*zhāng*
cánbù 残部[殘-] N. ① remaining part ② remnants of defeated troops
cǎnbùrěndǔ 惨不忍睹[慘-] F.E. be too horrible to look at
cǎnbùrěnwén 惨不忍闻[慘-] F.E. sad and shocking news
cǎnbùrěnyán 惨不忍言[慘-] F.E. be too deplorable to describe
cǎncǎn* 惨惨[慘慘] R.F. dull; melancholy; somber
¹càncàn 璨璨 R.F. very bright
²càncàn 粲粲 R.F. bright, splendid and eye-catching (of dresses/etc.)

cǎncè 惨恻[慘-] V.P. anguished; grieved
cānchán 参禅[參-] V.O. <*Budd.*> practice meditation
cánchášhèngfàn 残茶剩饭[殘-] F.E. remains of a meal; leftovers
cánchášhèngjiǔ 残茶剩酒[殘-] F.E. crumbs from the table; remains of a meal; leftovers
cānchē 餐车 N. dining car; diner M: [1]*jié*/[3]*liàng*
cánchuǎn 残喘[殘-] N. ① panting ② dying breath
cǎnchuàng 惨怆[慘愴] V.P. anguished; grieved
cánchūn 残春[殘-] N. last days of spring
cáncì 残次[殘-] V.P. imperfect; defective
cáncìpǐn 残次品[殘-] N. defective goods; seconds M: [2]*jiàn*
cáncù 蚕蔟[蠶-] N. straw bundle/etc. for silkworms to spin cocoons on
cáncún 残存[殘-] V. be left (over); survive
cāncuò 参错[參-] V. shuffle about ***See also** cēncuò*
cǎndá 惨怛[慘-] V.P. grieved; heartbroken; sad
[1]**cǎndàn** 惨淡/澹[慘-] S.V. ① gloomy; dismal; black ② putting oneself out for sb.; taking great pains
[2]**cǎndàn** 黪淡[黲-] V.P. gloomy; dull
cǎndànjīngyíng 惨淡/澹经营[慘-經營] F.E. keep going by painstaking effort
cǎndànwúguāng 惨淡无光[慘-] F.E. dark without light; gloomy
cāndào 参道[參-] V.O. think about truth
cándé 惭德 V.P. ashamed of being defective in morality
cándēng 残灯[殘燈] N. last remaining light (of a candle/lamp/etc.) M: [1]*zhǎn*
cándēngfùmíng 残灯复明[殘燈復-] F.E. last flicker of life in a dying man
cándí 残敌[殘敵] N. remaining enemy M: [2]*huǒ*
cāndiǎn 餐点[-點] N. dishes and dessert
cǎndiē 惨跌[慘-] V. collapse
cāndìng 参订[參-] V. revise a text
cándōng 残冬[殘-] N. latter part of winter
cándōnglàyuè 残冬腊月[殘-臘-] F.E. the closing days of the year; the end of the year
cándòu 蚕豆[蠶-] N. <*bot.*> broad/lima bean M: [1]*kē*/[3]*lì*
cándòuxiàng 蚕豆象[蠶-] N. <*zoo.*> broad bean weevil M: [2]*zhī*
cándú 残毒[殘-] S.V. cruel and vicious ♦S.V. poison (of chemical fertilizer) left in vegetables/fruits/grass/etc.
cǎndú* 惨毒[慘-] S.V. vicious
cánduān 残端[殘-] N. stub; stump; butt
cán'é 蚕蛾[蠶-] N. silk moth M: [2]*zhī*
cán'érbùfèi 残而不废[殘-廢] F.E. crippled but leading an active life
cānfèi 餐费 N. boarding expense; food bill
cánfěi 残匪[殘-] N. remaining bandits M: [2]*gǔ*
cánfèi* 残废[殘廢] S.V. ① maimed; crippled; handicapped ② handicapped; disabled ♦N. ① cripple; handicapped person ② handicapped person ③ <*PRC/slang*> a short man M: [2]*wèi*/*ge*
cánfèi jūnrén 残废军人[殘廢-] N. disabled soldier M: [2]*wèi*
cánfèizhèng 残废证[殘廢證] N. <*mil.*> certificate of disability M: [1]*zhāng*
cānfēngsùlù 餐风宿露 F.E. endure outdoor hardships
cānfēngsùshuǐ 餐风宿水 F.E. endure outdoor hardships
cānfēngyǐnlù 餐风饮露 F.E. make an extremely arduous journey
cánfúqǐhè 惭凫企鹤[-鳧--] ID. be ashamed of one's inadequacy while envying another's competence
[1]**cāng** 苍[蒼] B.F. ① dark green ***cāngsōng*** ② blue ***cāngtiān*** ③ gray; ashy ***cāngbái*** ♦N. Surname
[2]**cāng** 仓[倉] B.F. storehouse; warehouse ***cāngkù***
[3]**cāng** 舱[艙] B.F. ① cabin (on a ship or airplane) ***kècāng*** ② module ***dēngyuècāng*** M: [1]*jiān*
[4]**cāng** 伧[傖] B.F. <*wr.*> rough; coarse; rude ***cāngsú* See also** *chen*
[5]**cāng** 沧[滄] B.F. blue-green; azure ***cāngbō***, ***qīcāng***
cáng* 藏 V. ① hide; conceal ***Tā xīnli ~buzhù shìr.*** He can't keep anything to himself. ② store; lay by ***See also** Zàng*, [4]*zàng*
cángǎo 残稿[殘-] N. an incomplete manuscript M: [1]*piān*
cāng'áo 仓廒[倉-] N. <*wr.*> granary
cāngbái 苍白[蒼-] S.V. ① pale; pallid; wan ② lifeless; flat ③ gray; graying (of hair)
cāngbáirúzhǐ 苍白如纸[蒼-] F.E. white as a sheet
cāngbáisè 苍白色[蒼-] N. pallidness
cángbǎo 藏宝[-寶] V.O. hide treasure
cāngbì 舱壁[艙-] N. ship's bulkhead
cāngbìn 苍鬓[蒼鬢] N. gray beard
cāngbō 沧波[滄-] N. blue waves
cángbuzhù 藏不住 R.V. cannot be hidden
[1]**cāngcāng** 苍苍[蒼蒼] R.F. ① gray; graying (of hair) ② dark blue; deep green ③ vast and hazy ④ luxuriant ⑤ old and hoary
[2]**cāngcāng** 沧沧[滄滄] R.F. ①cold ②boundless
cángcángduǒduǒ 藏藏躲躲 F.E. unwilling to appear before others because of bashfulness/secretiveness
cāngcāngliángliáng 沧沧凉凉[滄滄涼涼] R.F. cold (of atmosphere)
cāngcāngmǎngmǎng 苍苍莽莽[蒼蒼-] R.F. vast and lush
cángcángyēyē 藏藏掖掖 R.F. conceal
cāngchǔ 仓储[倉-] V. keep (grain/goods/etc.) in storehouse
cāngcù 仓促/猝[倉-] ADV. hastily; all of a sudden
cāngcùfángyù 仓促防御[倉-禦] F.E. precipitate/hasty defense
cāngcuì 苍翠[蒼-] V.P. dark green; verdant
cāngcuìcōnglóng 苍翠葱茏[蒼-蔥-] F.E. verdant; luxuriantly green
cāngcùkuìtáo 仓促溃逃[倉-] F.E. rout
cāngcùxíngshì 仓促行事[倉-] F.E. act in haste
cāngcùyìngzhàn 仓促应战[倉-應戰] F.E. join battle without much forethought
cāngdān 舱单[艙-] N. (transportation) manifest M: [1]*zhāng*
cāngdǐ 舱底[艙-] P.W. bilge
cāngdǐng 舱顶[艙-] P.W. upper deck
cángduǒ 藏躲 V. hide; go into hiding
[1]**cángēng** 残羹[殘-] N. leavings of meals
[2]**cángēng** 残更[殘-] N. the last minutes of night
cángēnglěngfàn 残羹冷饭[殘-] F.E. leftovers; remnants of a meals
cángēnglěngzhì 残羹冷炙[殘-] F.E. dinner leftovers
cángēngshèngfàn 残羹剩饭[殘-] F.E. remains of a meal; leftovers
cāng'ěr 苍耳[蒼-] N. <*bot.*> Siberian cocklebur
[1]**cāngfáng** 舱房[艙-] N. cabin (on ship/boat) M: [1]*jiān*
[2]**cāngfáng** 仓房[倉-] N. warehouse; storehouse M: [4]*zuò*
cángfēng 藏锋 N. ① hidden talent or ability (which one doesn't want to reveal unless absolutely necessary) ② style of calligraphy
cángfēngyìruì 藏锋抑锐 F.E. refrain from outspoken attack
cāngfū 伧夫[傖-] N. a vulgar person
cāngfǔ 伧父[傖-] N. vulgar person
cángfú* 藏伏 V. hide; conceal; lie low
cāngfūsúzǐ 伧夫俗子[傖-] F.E. vulgar person
cānggài 舱盖[艙蓋] N. hatch cover; hatch
cānggēng 仓庚[倉-] N. <*zoo.*> oriole M: [2]*zhī*
cānggǒubáiyún 苍狗白云[蒼-雲] F.E. vicissitudes of fortune
cánggòunàwū 藏垢纳污 F.E. shelter evil people and countenance evil practices
cánggǔwū 藏骨屋 N. charnel house M: [4]*zuò*
cānghǎi 沧/苍海[滄/蒼-] N. the (blue) sea M: [1]*piàn*
cānghǎigūzhōu 沧海孤舟[滄-] F.E. a lonely boat on an ocean
cānghǎihéngliú 沧海横流[滄-] ID. political chaos and social turbulence
cānghǎisāngtián 沧/仓海桑田[滄/倉-] ID. Time brings great changes.
cānghǎiyīsù 沧海一粟[滄-] F.E. a drop in the ocean
cānghǎiyízhū 沧海遗珠[滄-] F.E. undiscovered talent
cānghóngsè 苍红色[蒼-] N. pale red
cānghuāng 伧荒[傖-] V.P. rustic; rude; boorish
[1]**cānghuáng*** 仓皇[倉-] ADV. ①in a flurry/panic ② hurriedly; hastily
[2]**cānghuáng** 苍黄[蒼-] V.P. ① greenish yellow ② <*wr.*> black or yellow ***See also*** [1]*cānghuáng*
cānghuángshīcuò 仓皇失措[倉-] F.E. be panic-stricken
cānghuángtáocuàn 仓皇逃窜[倉-竄] F.E. flee helter-skelter
cānghuángtáomìng 仓皇逃命[倉-] F.E. run for dear life
cānghuángtuìquè 仓皇退却[倉-卻] F.E. withdraw retreat in haste; hastily withdraw/retreat
cángjiān 藏奸 V.O. ① bear ill-will ② <*topo.*> be unwilling to help others ③ harbor treachery/guilt
cāngjiāng 沧江[滄-] N. blue river M: [1]*tiáo*
cángjiānshuǎhuá 藏奸耍滑 F.E. wily
cángjiāo 藏娇[-嬌] V.O. ① keep one's mistress at a secret residence ② marry a concubine
cángjiāojīnwū 藏娇金屋[-嬌--] F.E. take a concubine; keep a mistress
Cāng Jié 仓颉[倉-] N. ① mythical inventor of writing ② <*comp.*> name of a method to input characters by their components
CāngJié shūrùfǎ 仓颉输入法[倉-] N. <*comp.*> Cang Jie inputting method
cāngjìng* 苍劲[蒼勁] S.V. ① old and strong ② vigorous; bold (of calligraphy/painting)
cángjīng 藏经[-經] V.O. collect Buddhist sutras ***See also*** *Zàngjīng*
cāngjìngbùqū 苍劲不屈[蒼勁-] F.E. unbending
cángjīnggé 藏经阁[-經-] N. depository of Buddhist texts M: [4]*zuò*
cángjīnglóu 藏经楼[-經樓] P.W. <*Budd.*> "Tripitaka Pavilion"; library of Buddhist scriptures M: [4]*zuò*
cāngjìngyǒulì 苍劲有力[蒼勁-] F.E. vigorous and forceful
cángjiǔshì 藏酒室 P.W. liquor storeroom M: [1]*jiān*
cángjiǔyáo 藏酒窑[-窯] N. storeroom for liquor M: [1]*jiān*
cāngkōng 苍空[蒼-] N. blue sky
cāngkǒu 舱口[艙-] N. hatchway; hatch
cāngkǒugài 舱口盖[艙-蓋] N. hatch door/cover
cāngkù 仓库[倉-] P.W. warehouse; storehouse M: [4]*zuò*
cāngkùyè 仓库业[倉-業] N. warehouse business
cānglàng 沧浪[滄-] N. azure water
cānglángzhīkè 沧浪之客[滄-] F.E. one who wanders from place to place without visible means of support
cānglǎo 苍老[蒼-] S.V. ①old; aged ②vigorous; forceful (of calligraphy/painting)
cāngliáng 苍凉[蒼涼] S.V. desolate; bleak
cānglǐn 仓廪[倉廩] N. granary M: [4]*zuò*
cānglóng 苍龙[蒼-] N. ① eastern constellation ② fiend M: [1]*tiáo*
cánglóngwòhǔ 藏龙卧虎[--臥-] F.E. unnoticed talent
cānglù 苍鹭[蒼-] N. <*zoo.*> heron M: [2]*zhī*
cānglǜ 苍绿[蒼-] V.P. dark green
[1]**cāngmáng*** 苍/沧茫[蒼/滄-] S.V. ① vast; boundless ② indistinct
[2]**cāngmáng** 仓忙[倉-] V.P. hasty
cāngmǎng 苍莽[蒼-] V.P. ① blurred; misty ② vast; boundless ③ indistinct
cāngmángdàdì 苍茫大地[蒼-] F.E. boundless land

cángmāo(r) 藏猫(儿)[-貓-] V.O. <*coll.*> play hide-and-seek
cángmāomāo 藏猫猫[-貓貓] V.O. <*coll.*> play hide-and-seek
cāngmén 舱门[艙-] N. hatch/cabin door
cángmènr 藏闷儿 V.O. <*coll.*> play hide-and-seek
cāngmiàn 舱面[艙-] N. deck (of ship/boat)
[1]**cāngmín** 苍民[蒼-] N. masses; ordinary people
[2]**cāngmín** 苍旻[蒼-] N. the sky; the heavens
cāngmíng 沧/苍溟[滄/蒼-] N. blue sea
cāngnèihuò 舱内货[艙-] N. underdeck cargo
cángnì 藏匿 V. ① conceal; hide ② go into hiding
cángnù 藏怒 V.O. harbor wrath in one's mind; lay up anger
cángōng 蚕工[蠶-] N. silkworm culture; sericulture
cāngpéng 舱棚[艙-] N. doghouse (of a boat)
cángpǐn 藏品 N. preservation of objects M: [2]*jiàn*
cāngqiān 苍铅[蒼-] N. <*chem.*> bismuth (Bi)
cángqiǎoyúzhuō 藏巧于拙[--於-] F.E. hide one's ingenuity in clumsiness
cángqìdàishí 藏器待时[-時] ID. store up a utensil for the right time (fig.)
cáng qǐlai 藏起来 R.V. conceal; hide
cāngqióng 苍穹[蒼-] N. vault of heaven; firmament
cāngqiónghàomiǎo 苍穹浩渺[蒼-] F.E. Heaven is limitless.
cāngrán 苍然[蒼-] V.P. ① gray ② vast and hazy
cāngsāng 沧桑[滄-] AB. *cānghǎisāngtián*
cāngshè 仓舍[倉-] N. barn M: [4]*zuò*
cángshēn 藏身 V.O. hide oneself; go into hiding
cāngshēng 苍生[蒼-] N. the common people
cāngshēngtútàn 苍生涂炭[蒼-塗-] F.E. The people are plunged into an abyss of misery.
cángshēnzhīdì 藏身之地 F.E. hideout
cāngshì 舱室[艙-] N. cabin (of ship/boat) M: [1]*jiān*
cángshìshǐ 藏室史 N. <*hist.*> official librarian in ancient China
cángshǒunàwěi 藏首纳尾 F.E. play down one's massive image
cāngshǔ 仓鼠[倉-] N. <*zoo.*> hamster M: [2]*zhī*
cángshū* 藏书[-書] V.O. collect books ♦N. book collection; library M: [1]*běn*/[1]*pī*
cángshūjiā 藏书家[-書-] N. book collector; bibliophile M: [2]*wèi*
cángshūlóu 藏书楼[-書樓] P.W. library M: [4]*zuò*
cángshū mùlù 藏书目录[-書-錄] N. library catalogue
cángshūshì 藏书室[-書-] P.W. library M: [1]*jiān*
cángsī 藏私 V.O. hide part of a full account of sth.; hide sth. illegally
cāngsōng 苍松[蒼-] N. <*bot.*> green/verdant pine M: [2]*kē*
cāngsōngcuìbǎi 苍松翠柏[蒼-] F.E. verdant pine/cypress
cāngsú 伧俗[傖-] V.P. vulgar
cāngtái 苍苔[蒼-] N. deep green moss; dark moss M: [1]*piàn*
cāngtiān 苍天[蒼-] N. ① the blue sky ② heaven
cāngtiānbǎoyòu 苍天保佑[蒼-] F.E. May heaven preserve us!
cāngtiānbùróng 苍天不容[蒼-] F.E. Heaven forbid!
cāngtóu 苍头[蒼-] N. ① soldier ② servant M: [2]*wèi*
cángtóulùwěi 藏头露尾 F.E. divulge part but not all
cángtóushī 藏头诗 N. ① a verse in which the initial characters of the lines form a word/phrase ② acrostic M: [2]*shǒu*
cāngǔ* 参股[參-] V.O. purchase of shares in enterprises
cángū 蚕姑[蠶-] N. silkworm-raising woman M: [2]*wèi*
cānguān* 参观[參觀] V. visit; tour
cānguǎn 餐馆 P.W. restaurant M: [1]*jiā*
cānguāntuán 参观团[參觀團] N. visiting/tour group
cāngwèi 舱位[艙-] N. ① cabin seat/berth ② shipping space
cāngwū 仓屋[倉-] N. hovel M: [1]*jiān*
cángwūnàgòu 藏污纳垢 F.E. shelter evil people and countenance evil practices
cángxíngnìyǐng 藏形匿影 F.E. hide from public notice
cángxù 藏蓄 V. hold in store
cāngyǎ 苍哑[蒼啞] S.V. hoarse (of voice)
cāngyán 苍颜[蒼-] N. senile appearance
cángyē 藏掖 V. try to cover up ♦N. hiding place
cángyēduǒshǎn 藏掖躲闪 F.E. dodge and hide
cāngying* 苍蝇[蒼蠅] N. <*zoo.*> fly M: [2]*zhī*
cāngyīng 苍鹰[蒼-] N. <*zoo.*> goshawk M: [2]*zhī*
cāngyíng 沧瀛[滄-] N. blue sea
cāngying dīng pòdàn 苍蝇叮破蛋[蒼蠅-] F.E. Filth attracts maggots (fig.)
cāngyingjiànxuè 苍蝇见血[蒼蠅-] F.E. very greedy
cāngyingpāi(zi) 苍蝇拍(子)[蒼蠅-] N. flyswatter M: [1]*bǎ*
cāngyingpèngbì 苍蝇碰壁[蒼蠅-] F.E. an inevitable failure
cāngyingzhǐ 苍蝇纸[蒼蠅-] N. flypaper M: [1]*zhāng*
cāngyù 苍郁[蒼鬱] V.P. verdant and luxuriant
cángzéiyǐndào 藏贼引盗[-盜] F.E. entice thieves and vagabonds
cángzheyēzhe 藏着掖着[-著-著] F.E. <*coll.*> conceal the actual situation
cāngzhōu 沧洲[滄-] N. sylvan waterside (often in reference to the abode of a hermit)
cāngzhú 苍术[蒼術] N. <*Ch. med.*> atractylodes rhizome
cángzhuō 藏拙 V. hide one's inadequacy by keeping quiet
cángzhuōwéishàng 藏拙为上 F.E. One had better cloak one's incompetence.
cángzōng 藏踪[-蹤] V.O. conceal traces; conceal one's tracks
cāngzū 仓租[倉-] N. warehouse storage charges
cāngzú* 仓卒[倉-] ADV. in a hurry
cánhái 残骸[殘-] N. ① remains; wreckage ② bones (of a dead person/animal) M: [7]*jù*
cánhài* 残害[殘-] V. cruelly injure or kill; mutilate
cánhàizhōngliáng 残害忠良[殘-] F.E. persecute good and loyal men
[1]**cānhé** 参合[參-] V. <*wr.*> consult and synthesize (information/ideas/etc.)
[2]**cānhé** 参劾[參-] V. <*wr.*> file an accusation (against an official)
cánhén* 残痕[殘-] N. traces or marks left M: [2]*dào*
cánhèn 惭恨 V. ① be mortified/humiliated; feel hurt ② repent; regret
cánhóng 残红[殘-] N. fallen flowers
cānhù 参互[參-] V. ① (inter)mix; mingle; blend ② tangle; confuse
cánhuā* 残花[殘-] N. withered flowers M: [2]*duǒ*
cànhuā 粲花 ID. good at speech; skilled in talking
cánhuābàiliǔ 残花败柳[殘-] F.E. fallen angels (fig.)
cánhuāluòyè 残花落叶[殘-葉] F.E. withered flowers and fallen leaves
cànhuāmiàoshé 粲花妙舌 ID. the gift of gab
cánhuáng 惭惶 V.P. ashamed and bewildered; embarrassed
cānhuì* 餐会 N. dinner party
cánhuī 残晖[殘-] N. the last traces of light from the setting sun M: [3]*lǚ*
cánhuǐ 残毁[殘毀] V. mutilate
cánhuǒ 残火[殘-] N. ember M: [1]*diǎn*/*duī*
cánhuò 残货[殘-] N. damaged/substandard goods M: [1]*pī*/[1]*xiē*
cǎnhuò* 惨祸[慘禍] N. horrible disaster M: [3]*cháng*/[1]*qǐ*
cánjí* 残疾[殘-] N. ① deformity ② physical disability
[1]**cánjì** 残迹[殘跡] N. vestige; relic; a remaining trace/sign/etc.
[2]**cánjì** 蚕忌[蠶-] N. things to be avoided in raising silkworms
cǎnjí 惨急[慘-] V. enforce the law in a harsh manner ♦V.P. harsh; cruel
cānjiā 参加[參-] V. ① join; attend; take part in ② give (advice/etc.) ***Zhè*** [2]***shì, qǐng nǐ yě ~ diǎnr yìjian.*** Please give us your opinions about this matter?
cānjiàn* 参见[參-] V. ① see or refer also to ② pay one's respects to
cánjiǎn 蚕茧[蠶繭] N. silkworm cocoon M: [2]*zhī*/[3]*lì*
cánjiàn 残饯[殘餞] N. leftovers; remains of a meal
cānjiànhào 参见号[參-號] N. <*lg.*> symbol meaning "see (also)" (such as a pointing hand)
[1]**cānjiào** 参校[參-] V. ① proofread ② check one book/manuscript against another
[2]**cānjiào** 参较[參-] V. <*lg.*> confer
cǎnjiào* 惨叫[慘-] V. ① scream in pain ② shriek
cānjiārén 参加人[參-] N. <*law*> intervener M: [2]*wèi*/[1]*míng*
cānjiāzhě 参加者[參-] N. participant M: [2]*wèi*/[1]*míng*
cānjīn* 餐巾 N. table napkin M: [1]*tiáo*
cánjìn 残烬[殘燼] N. residue of a fire
cǎnjǐng 惨景[慘-] N. a tragic sight
cǎnjìng* 惨境[慘-] N. dire straits
cānjīnzhǐ 餐巾纸 N. paper napkin; serviette M: [1]*zhāng*
cánjírén 残疾人[殘-] N. <*PRC*> handicapped person M: [2]*wèi*
cánjiǔ 残酒[殘-] N. the remaining smell of liquor
cánjíyuàn 残疾院[殘-] P.W. sanitarium for invalids M: [4]*zuò*
cánjízi 残疾子[殘-] N. <*topo.*> an invalid M: [2]*wèi*/*ge*
cānjù 餐具 N. tableware; dinner service/set M: *tào*
cánjú 残局[殘-] N. ① final phase of a chess game ② situation after a failure ③ aftermath of war/revolution
cánjǔ 惭沮 N. ashamed and depressed
cǎnjǔ 惨沮[慘-] V.P. miserable in heart; low spirited
cǎnjù* 惨剧[慘劇] N. tragedy; calamity; disaster M: [2]*mù*/[2]*chǎng*
cánjuàn 残卷[殘-] N. incomplete/damaged text M: *juǎn*/[1]*juàn*
cǎnjuérénhuán 惨绝人寰[慘絕-] F.E. extremely tragic; catastrophic
cānjūn 参军[參-] V.O. join army; enlist
cānkàn 参看[參-] V. ① see (also) ② consult ③ read sth. for reference
cānkǎo 参考[參-] V. consult; refer to ♦N. reference
cānkǎo cídiǎn 参考词典[參-] N. reference dictionary M: [1]*běn*/[2]*bù*
cānkǎo duìxiàng 参考对象[參-對-] N. <*lg.*> referent
cānkǎofǎ 参考法[參-] N. reference method
cānkǎojià 参考价[參-價] N. proposed price; reference price
cānkǎoshū 参考书[參-書] N. reference book M: [1]*běn*/[2]*bù*
cānkǎo shūmù 参考书目[參-書-] N. list of reference books; bibliography
cānkǎo wénxiàn 参考文献[參-獻] N. reference literature
Cānkǎo Xiāoxi 参考消息[參-] N. <*PRC*> *Reference News* (limited-distribution daily newspaper)
cānkǎo yǔfǎ 参考语法[參-] N. reference grammar
cānkǎozhí 参考值[參-] N. referential value
cānkǎo zīliào 参考资料[參-] N. reference material
cánkù* 残酷[殘-] S.V. brutal; ruthless
cǎnkǔ 惨苦[慘-] S.V. miserable
cǎnkù 惨酷[慘-] N. cruelty ♦S.V. cruel

cǎnkuàng 惨况[慘況] N. miserable condition
cánkuì 惭愧 S.V. ashamed
cánkùrúláng 残酷如狼[殘-] F.E. cruel as a wolf
cánkùwúqíng 残酷无情[殘-] F.E. ruthless and merciless
[1]**cànlàn** 灿烂[燦爛] S.V. magnificent; splendid; resplendent
[2]**cànlàn** 粲烂[-爛] S.V. brilliant; sparkling; radiant; bright
cànlànduómù 灿烂夺目[燦爛奪-] F.E. dazzling; brilliant
cànlànhuīhuáng 灿烂辉煌[燦爛-] F.E. glorious and resplendent; magnificent; splendid; bright
cànlànqīngchūn 灿烂青春[燦爛-] F.E. brilliant youth
cánlǎogūdú 残老孤独[殘-獨] F.E. be physically handicapped, too old to work, or without support
cánlǎogūguǎ 残老孤寡[殘-] F.E. those who are disabled, old, orphaned, or widowed
[1]**cǎnlì** 惨厉[慘厲] S.V. miserable; desolate
[2]**cǎnlì** 惨栗[慘-] S.V. bitterly cold
cánlián 蚕连[蠶-] N. piece of paper on which a silkworm lays its eggs M: [1]*zhāng*
Cánlián* 残联[殘聯] N. Federation of the Handicapped
cānliàng 参量[參-] N. parameter
cánliào 残料[殘-] N. defective material M: [2]*kuài*
cǎnliè 惨烈[慘-] S.V. ① violent ② very severe (of weather/etc.)
cānlíng 参灵[參靈] N. ceremony of respect to the coffin before procession
cánliú 残留[殘-] V. remain; be left over
cánliúwù 残留物[殘-] N. leftover; remnant M: [1]*diǎnr*
cǎnlǜ 惨绿[慘-] N. dull green
cǎnlǜchóuhóng 惨绿愁红[慘-] F.E. weather-beaten leaves and flowers
cǎnlǜshàonián 惨绿少年[慘-] F.E. ① a handsome young man ② young people with refined manners
cànměi 璨美 S.V. resplendent
cánmèng 残梦[殘夢] N. unfinished dream
cánmián 蚕眠[蠶-] N. inactive state of silkworm before shedding skin
cánmínzìféi 残民自肥[殘-] F.E. fattened by exploiting the people
cānmou* 参谋[參-] N. staff officer M: [2]*wèi/ge* *See also cānmóu*
cānmóu 参谋[參-] V. ① give advice ② <*coll.*> talk over; deliberate; consult ***See also cānmou***
cānmóu běnbù 参谋本部[參-] P.W. general staff
cānmóubù 参谋部[參-] P.W. <*mil.*> general staff headquarters
cānmóu wèntí 参谋问题[參-] V.O. <*coll.*> deliberate a problem
cānmóuzhǎng 参谋长[參-] N. chief of staff M: [2]*wèi/ge*
cǎnmù 惨目[慘-] F.E. saddened by the sight
cánnǎn 惭赧 V.P. redden from shame
cánnián 残年[殘-] N. ① last day of the year ② evening of life; declining years
cánniánduǎnjǐng 残年短景[殘-] F.E. at the end of the year
cánniánduōbìng 残年多病[殘-] F.E. be prone to illness in failing years
cánnóng 蚕农[蠶農] N. silkworm raiser; sericulturist M: [2]*wèi/ge/*[1]*míng*
cánnǚ* 蚕女[蠶-] N. silkworm-raising woman M: [2]*wèi/*[1]*míng*
cánnù 惭恧 V.P. feel shame; ashamed
cánnüè* 残虐[殘-] S.V. cruel and tyrannical ♦V. maltreat
cǎnnüè 惨虐[慘-] N. extreme cruelty
cānpán 餐盘[-盤] N. ① meal tray ② dinner plate M: [2]*zhī/ge*
cánpiānduànjiǎn 残篇断简[殘-斷-] F.E. fragments of ancient texts
cánpǐn 残品[殘-] N. damaged article; defective goods M: [2]*jiàn*
cánpò 残破[殘-] S.V. ① broken; dilapidated ② not complete; deficient
cánqiángjiùbì 残墙旧壁[殘牆舊-] F.E. dilapidated wall
cǎnqiè 惨切[慘-] S.V. tragic; heartbreaking; sad; pathetic
[1]**cánqiū** 残秋[殘-] N. waning autumn days
[2]**cánqiū** 残丘[殘-] N. barren hills M: [4]*zuò*
cánqū 蚕蛆[蠶-] N. larva of *Crossocosmia sericariae* M: [1]*tiáo*
cānquàn 餐券 N. meal coupon; meal ticket M: [1]*zhāng*
cánquē 残缺/阙[殘-] V.P. incomplete; fragmentary
cánquēbùquán 残缺不全[殘-] F.E. incomplete and fragmentary
cǎnrán 惨然[慘-] V.P. saddened; grieved
[1]**cànrán*** 粲然 V.P. ① bright; beaming ② smiling broadly
[2]**cànrán** 灿然[燦-] V.P. bright
cànránkěguān 粲然可观[-觀] F.E. have achieved signal successes
cànrányīxiào 粲然一笑 F.E. smile/grin with delight
cànrányīxīn 灿然一新[燦-] F.E. look brand-new
cánrěn 残忍[殘-] S.V. cruel; ruthless
cánrěnhàoshā 残忍好杀[殘-殺] F.E. bloodthirsty
cánrù 蚕蓐[蠶-] N. straw mats for raising silkworms M: [1]*zhāng*
cánruò 残弱[殘-] S.V. weak
cànruòmíngxiá 灿若明霞[燦-] F.E. be shining with a subdued pinkish hue like light morning clouds
cānsài 参赛[參-] V.O. take part in a match; enter competition
cánsāng 蚕桑[蠶-] N. silkworm breeding and mulberry growing
cánsè 惭色 N. shamefaced look
[1]**cánshā*** 残杀[殘殺] V. murder; massacre
[2]**cánshā** 蚕沙[蠶-] N. silkworm excrement
cǎnshā 惨杀[慘殺] V. massacre; murder
cánshān 蚕山[蠶-] N. straw bundle for silkworms to spin cocoons on
cǎnshāng 惨伤[慘傷] S.V. deeply sad/sorrowful
cánshānshèngshuǐ 残山剩水[殘-] F.E. the ravaged territory of an invaded country
cānshèng 骖乘[驂-] N. <*trad.*> third occupant of a chariot (sitting to the right of the driver)
cánshēng* 残生[殘-] N. ① one's remaining years ② one's wretched life ③ survival
cánshēngwù 残生物[殘-] N. relic
[1]**cānshì*** 参事[參-] N. counselor; adviser M: [2]*wèi*
[2]**cānshì** 餐室 P.W. dining room M: [1]*jiān*
cánshī 蚕师[蠶師] N. sericulturist M: [2]*wèi/*[1]*míng*
cánshí 蚕食[蠶-] V. nibble
[1]**cánshì** 蚕事[蠶-] N. sericulture industry
[2]**cánshì** 蚕室[蠶-] N. ① silkworm nursery ② <*trad.*> prison where the punishment of castration was inflicted
cǎnshì 惨事[慘-] N. tragedy M: [2]*jiàn/*[3]*zhuāng*
cánshíjīngtūn 蚕食鲸吞[蠶-] F.E. gobble up
cānshì rényuán 参试人员[參-] N. test takers
cánshí zhèngcè 蚕食政策[蠶-] N. policy of occupying another country's territory step by step
cānshù* 参数[參數] N. <*math.*> parameter
cánshǔ 残暑[殘-] N. lingering heat of late summer
cánshù 残数[殘數] N. residue
cánsī 蚕丝[蠶絲] N. (natural) silk M: [2]*gēn/*[4]*shù*
cǎnsǐ* 惨死[慘-] V. die tragically
cánsǒng 惭悚 S.V. affected with shame and fear
cánsuì 残岁[殘歲] N. ① closing days of the year ② one's closing years; the evening of life
cánsǔn 残损[殘-] V. be damaged
cántāngshèngfàn 残汤剩饭[殘湯-] F.E. remains of a meal
cāntiān 参天[參-] V.O. reach to the sky; tower
cāntīng 餐厅[-廳] P.W. ① dining room/hall ② restaurant M: [1]*jiā/*[1]*jiān*
cǎntòng 惨痛[慘-] S.V. ① deeply grieved ② painful; bitter
cǎntòng jiàoxùn 惨痛教训[慘-] N. painful lesson
cāntòu* 参透[參-] R.V. ① see through ② thoroughly understand
càntou 孱头 N. <*topo.*> weakling; coward
cánwǎ 残瓦[殘-] N. broken tile M: [1]*piàn/*[2]*kuài*
cānwù 参悟[參-] V. understand (mysteries/profundities)
cǎnwúréndào 惨无人道[慘-] F.E. inhuman; brutal
cǎnwútiānrì 惨无天日[慘-] F.E. ① sad and gloomy; lamentable ② gloomy view of the future
cánxí 残席[殘-] N. table after a feast; leftovers after a feast
cánxià 残夏[殘-] N. <*wr.*> last days of summer
cānxiǎng 参想[參-] V. reflect; consider
cǎnxiàng* 惨相/象[慘-] N. miserable appearance M: [1]*fù*
cǎnxiào 惨笑[慘-] N./V. wan smile
cánxiáwǎnzhào 残霞晚照[殘-] F.E. low and rosy clouds at evening
cánxiè 残屑[殘-] N. bits; scraps; crumbs M: [1]*diǎnr*
cánxīrúsī 残息如丝[殘-絲] F.E. One's breathing has dwindled to a mere thread.
cǎnxīxī 惨兮兮[慘-] V.P. sad-looking
cānxuǎn 参选[參選] V. be a candidate (in an election)
cānxuǎnzhě 参选者[參選-] N. candidate
cánxuě 残雪[殘-] N. <*wr.*> remaining snow (not yet melted)
cānyàn 参验[參-] V. examine and verify
cányáng 残阳[殘陽] N. setting sun
cányángsìxuè 残阳似血[殘陽-] F.E. The dying sun is blood-red.
cányáo 残肴[殘-] N. leftovers; remains of a meal
cānyè* 参谒[參-] V. ① pay one's respects to ② pay homage to sth.
[1]**cányè** 蚕叶[蠶葉] N. mulberry leaves M: [1]*piàn*
[2]**cányè** 残夜[殘-] N. the last minutes of a night
cānyì* 参议[參議] V. <*wr.*> ① participate in policy-making discussion ② counsel; advise
cányī 蚕衣[蠶-] N. ① silkworm cocoon ② silk dress ③ dress of a woman who raises silkworms M: [2]*jiàn*
cányǐ 蚕蚁[蠶蟻] N. newly-hatched silkworm M: [2]*zhī*
cānyìhuì 参议会[參議-] N. representative body
cān-yǐn 餐饮 N. ① food and beverages ② restaurants, bars, coffee houses, and tea rooms M: [1]*jiān/*[1]*jiā*
cányīng 残英[殘-] N. fallen flowers
cányǐng* 残影[殘-] N. ghost
cān-yǐnyè 餐饮业[-業] N. restaurants, bars, coffee houses, and tearooms
cānyìyuán* 参议员[參議-] N. senator M: [2]*wèi*
cānyìyuàn 参议院[參議-] P.W. senate
cányǒng 蚕蛹[蠶-] N. silkworm chrysalis M: [2]*zhī*
cányǒngyóu 蚕蛹油[蠶-] N. oil of silkworm chrysalis
cānyù* 参与/预[參與] V. participate in
cányú 残余[殘-] N. remnants; remains; vestiges
cǎnyù 惨狱[慘-] N. case that involves mass execution
cànyù 璨玉 N. lustrous jade M: [2]*kuài*
cān-yuàn 参院[參-] AB. *cānyìyuàn*
cányuánbàibì 残垣败壁[殘-] F.E. (a desolate scene of) broken walls; debris
cányuánduànbì 残垣断壁[殘-斷-] F.E. (a desolate scene of) broken walls; debris
cānyuè* 参阅[參-] V. consult; vide
[1]**cányuè** 残月[殘-] N. waning/decrescent moon M: [1]*lún*
[2]**cányuè** 蚕月[蠶-] N. third lunar month

C

cányuèrúgōng 残月如弓[残-] F.E. The waning moon resembles a bow.
cānyùgǎn 参与感[参與-] N. a sense of participation
cānyúnwòyuè 餐云卧月[-雲臥-] ID. ① hardship of traveling ② poverty-stricken
cānyùqíshì 参与其事[参與-] F.E. have a hand in the matter
cānyùshì guānchá 参与式观察[参與-觀-] N. participant observation
cányú shìlì 残余势力[残-勢-] N. remaining/surviving forces
cányúwù 残余物[残-] N. leftover; remnant M: [1]*xiē*/[1]*diǎnr*
cānyùxìng guānchá 参与性观察[参與-觀-] N. participant observation
cānyùxìng guāncházhě 参与性观察者[参與-觀--] N. participant observer
cānyùzhě 参与者[参與-] N. participant M: [2]*wèi*/*ge*
cānzá 参杂[参雜] V. mix; mingle; add
cānzàn 参赞[参-] N. ① counselor; attaché ② counselor's assistant M: [2]*wèi*/[1]*míng*
cǎnzāo 惨遭[慘-] V. suffer (disaster/death/etc.)
cǎnzāobùxìng 惨遭不幸[慘-] F.E. die tragically
cǎnzāohènghuò 惨遭横祸[慘-禍] F.E. meet with unexpected misfortunes
cǎnzāohèngsǐ 惨遭横死[慘-] F.E. meet a violent death; die an unnatural death
cǎnzāoshāhài 惨遭杀害[慘-殺-] F.E. be killed in a cruel way
cǎnzāoshālù 惨遭杀戮[慘-殺-] F.E. be assassinated in cold blood
cánzéi 残贼[残-] V. ① injure; spoil ② destroy; cause severe damage to ♦N. ravening thief M: [2]*huǒ*
cánzhā 残渣[残-] N. dregs; residue M: *duī*
cānzhǎn* 参展[参-] V.O. participate in an exhibition
cānzhàn 参战[参戰] V.O. enter or take part in war
cánzhàng 残障[残-] N. handicap; disability
cánzhàng fúwù 残障服务[残-務] N. service for the handicapped
cánzhàngjǐfù 残障给付[残-] F.E. disability benefits
cānzhànguó 参战国[参戰國] N. nations entering the war
cānzhào* 参照[参-] V. consult and follow; refer to
cánzhào 残照[残-] N. ① setting sun ② sunset glow
cānzhàowù 参照物[参-] N. object of reference
cánzhāyúniè 残渣余孽[残-] ID. dregs of society
cànzhě 粲者 N. a beauty; a pretty girl
cānzhèng 参政[参-] V.O. participate in politics
cānzhèngquán 参政权[参-權] N. political rights
cánzhǐ 蚕纸[蠶-] N. paper lining trays for hatching silkworm eggs M: [1]*zhāng*
cánzhīluòyè 残枝落叶[残-葉] F.E. decaying branches and withered leaves
cánzhǒng 蚕种[蠶種] N. silkworm eggs M: [3]*lì*
cǎnzhòng* 惨重[慘-] S.V. grievous; disastrous
cánzhú 残烛[殘燭] N. expiring candle M: [5]*zhī*
[1]**cǎnzhuàng** 惨状[慘狀] N. miserable condition/sight
[2]**cǎnzhuàng** 惨壮[慘壯] S.V. tragic and heroic
cánzhuānpòwǎ 残砖破瓦[殘磚-] F.E. broken bricks and smashed tiles
cānzhuō 餐桌 N. dining table M: [1]*zhāng*
cānzhuó* 参酌[参-] V. consider (a matter); deliberate
cānzhuō zhuànpán 餐桌转盘[-轉盤] N. lazy Susan
cānzhǔtí 参主题[参-] N. <*lg.*> tertiary topic
cánzǐ 蚕子[蠶-] N. silkworm eggs M: [3]*lì*
cānzuǒ 参佐[参-] N. <*trad.*> official adviser M: [2]*wèi*
cánzuò* 惭怍 V.P. <*wr.*> feel shamed

[1]**cāo** 操 B.F. ① grasp; hold *cāodāo* ② act; do; operate *cāozuò* ③ drill; exercise *tǐcāo* ④ conduct; behavior *cāoxíng* ♦V. speak *Tā ~ yī kǒu liúlì de Zhōngguóhuà.* He speaks fluent Chinese. *See also* [1]*cào*
[2]**cāo** 糙 S.V. ① rough; coarse ② of poor workmanship ③ unskilled
[3]**cāo** 嘈 ON./B.F. noise; confusion *cāocao, luàncāocāo See also* [3]*cáo*
[1]**cáo** 曹 N. Surname ♦B.F. ① <*trad.*> plaintiff and defendant ② group (of about 50 people) ③ division; office ④ official ⑤ people of a certain kind
[2]**cáo** 槽 N./B.F. ① trough ② groove; slot
[3]**cáo** 嘈 B.F. noisy *cáozá See also* [3]*cāo*
[4]**cáo** 漕 B.F. provisions transported by water *cáomǐ, yùncáo*
[5]**cáo** 艚 B.F. kind of wooden boat [2]*cáozi*
[6]**cáo** 螬 in *qícáo*
[1]**cǎo*** 草 N. grass; straw ♦S.V. careless; hasty; rough ♦B.F. ① draft *cǎogǎo* ② <*coll.*> female (of animals)
[2]**cǎo** 慅 in [2]*cǎocǎo*
[1]**cào** 操 B.F. make trouble *càoxing, càodàn See also* [1]*cāo*, [2]*cào*
[2]**cào** 肏/操 V. <*vulg.*> fuck
cǎo'àn 草案 N. draft (of a plan/law/etc.) M: [1]*fèn*
cáobáiyú 曹白鱼 N. <*zoo.*> Ch. herring M: [1]*tiáo*
cāobàn 操办[-辦] V. ① conduct ② manage affairs; make preparations/arrangements for
cǎobāo 草包 N. ① straw bag/sack M: [2]*zhī*/*ge* ② <*coll.*> windbag; good-for-nothing; bungler
cǎobèi 草被 N. sod M: [1]*piàn*
cǎoběn 草本 N. manuscript; rough draft ♦ATTR. <*bot.*> herbaceous
cāo běndìyǔ rénshì 操本地语人士 N. <*lg.*> native (mother tongue) speaker
cǎoběn zhíwù 草本植物 N. herbaceous (plant) M: [2]*kē*
cǎobǐ 草鄙 S.V. unlearned; uncultured; crude
cǎobiān 草编 N. straw weaving; straw-woven ware M: [2]*jiàn*
cǎobiāo(r) 草标(儿)[-標-] N. straw "for sale" marker M: [2]*gēn*
cāo bìshèng zhī quàn 操必胜之券[--勝--] F.E. be certain of success
cǎobù 草簿 N. scratch pad M: [1]*běn*
cāocao 嘈嘈 ON. noise of talking
Cáo Cāo 曹操 (155–220) N. <*hist.*> one of the most celebrated figures in the Three Kingdoms period
[1]**cǎocǎo(r)*** 草草(儿) ADV. carelessly; hastily ♦R.F. ① in sorrow ② lush; luxuriant
[2]**cǎocǎo** 慅慅 R.F. uneasy; anxious; apprehensive
cǎocǎoliǎoshì 草草了事 F.E. muddle through sth.
cǎocǎoshōuchǎng 草草收场[-場] F.E. hastily wind up a matter
cǎocè 草测 V. make a preliminary survey
cǎochā 草叉 N. pitchfork M: [1]*bǎ*
cāochǎng* 操场[-場] P.W. playground; sportsground; drill ground
cǎochǎng 草场[-場] N. meadow; pasture; grassland
cǎochángmǎféi 草长马肥 F.E. prosperous; thriving; flourishing
cáochē 槽车 N. tank wagon M: [3]*liàng*
cāochi 操持 V. manage; handle
cāochi jiāwù 操持家务[-務] V.O. manage household chores
cǎochóng 草虫[-蟲] N. ① straw worm M: [1]*tiáo*/[2]*zhī* ② grass-and-insect painting M: [10]*fú*
cáochuán 漕船 N. ships for transporting tribute grain M: [1]*sōu*/[1]*tiáo*
cǎochuán* 草船 N. boats carrying straw M: [1]*sōu*/[1]*tiáo*
cáochuáng 槽床 N. sieve (e.g., in gold-panning)
cǎochuàng* 草创[-創] V. ① start to establish/found (an enterprise/etc.) ② make a rough copy

cǎochuàngshíqī 草创时期[-創時-] F.E. initial/pioneering stage
cāochuánshù 操船术[-術] N. method of operating a boat
[1]**cǎocì** 草次 ADV. hastily ♦V. overnight on the grass or in the open air
[2]**cǎocì(r)** 草刺(儿) N. ① grass thorn ② a very tiny thing ③ insignificant trifle M: [2]*gēn*
cǎocìrbùzhí 草刺儿不值 F.E. <*topo.*> worthless; of no value
cǎocóng 草丛[-叢] N. thick growth of grass M: [1]*piàn*
càodàn 操蛋 <*slang*> S.V. lousy; bad; no good ♦V.O. ① bullshit; talk nonsense ② <*vulg.*> fuck
cāo dāngdìyǔ rénshì 操当地语人士[-當----] N. <*lg.*> native (mother tongue) speaker
cāodāo 操刀 V.O. hold a knife
cāodāobìgē 操刀必割 F.E. be sure to take advantage of a chance when it comes
cāodāoshāngjǐn 操刀伤锦[--傷-] F.E. attempt sth beyond one's capability and end in failure
cǎodǐ(r) 草底(儿) N. <*coll.*> rough draft; preliminary draft
cǎodì* 草地 N. ① grassland; meadow ② lawn M: [1]*piàn*/[2]*kuài*
cāodiǎn 操典 N. <*mil.*> drill regulations/manual/book
[1]**cǎodiànzi** 草垫子[-墊-] N. straw mattress/pallet M: [1]*zhāng*/[2]*kuài*
[2]**cǎodiànzi** 草甸子 N. grassy marshland
cǎodìrén 草地人 N. (informal) rustic; country bumpkin
cāodù 糙度 N. ① asperity ② rugosity
cáoduì 槽碓 N. mortar for husking rice by waterpower
cǎoduī* 草堆 N. haystack
cǎodūnzi 草墩子 N. <*topo.*> round straw mat
cāoduò* 操舵 V. pilot (ship)
cǎoduò 草垛 N. haystack; hayrick
cāoduòshì 操舵室 N. wheelhouse; pilothouse M: [1]*jiān*
cāoduòshǒu 操舵手 N. steersman; helmsman M: [2]*wèi*
cāoduōyǔzhě 操多语者 N. <*lg.*> multilingual M: [2]*wèi*
cāofǎ 操法 N. drill/exercise manual
cáofang 槽坊 N. <*trad.*> brewery; distillery M: [4]*zuò*
cǎofáng* 草房 N. thatched cottage M: [1]*jiān*/[4]*zuò*
cǎogǎn 草秆[-稈] N. <*bot.*> culm M: [2]*gēn*
cáogāng 槽钢[-鋼] N. <*metal.*> channel beam/steel/bar; U-steel; girder M: [2]*gēn*
cáogāo 槽糕 N. <*topo.*> shaped cake
cǎogǎo* 草稿/藁 N. (rough) draft M: [1]*piān*
cāogē 操戈 V.O. <*coll.*> take up arms
cǎogēn 草根 N. grass root
cǎogēn dàshǐ 草根大使 N. grass-roots ambassador
cǎogēnshùpí 草根树皮[--樹-] F.E. roots of grass and bark of trees (which can be eaten when starving)
cǎogēnxìng 草根性 ATTR. grass-roots
cáogōu 漕沟[-溝] N. canal M: [1]*tiáo*
cāogū 操觚 V. <*wr.*> ① engage in writing ② practice a craft/art
cáogǔ 槽谷[-穀] N. <*geog.*> trough valley
cǎogū* 草菇/菰 N. <*bot.*> straw mushroom M: [2]*zhī*/*ge*
cǎogùnr 草棍儿 N. grass stalk M: [2]*gēn*
cǎoguǒ 草果 N. cardamom
Cáo Guójiù 曹国舅[-國-] N. <*Dao.*> the Imperial Brother-in-Law
cāogūwéishēng 操觚为生 F.E. live (make a living) by writing
cáohé 漕河 N. rivers/canals for transporting tribute grain M: [1]*tiáo*
cǎohú 草狐 N. <*zoo.*> a kind of yellowish fox M: [2]*zhī*
cǎohuā 草花 N. ① showy flowers of herbaceous plants M: [2]*duǒ* ② club (a playing card) M: [1]*zhāng*
cǎohuāng 草荒 V.P. overgrown with weeds

cǎohuángsè 草黄色 N. light yellow (of dry grass); khaki(color)

cǎohuī 草灰 N. plant ash ♦ATTR. ash gray

[1]cǎojī 草鸡[-雞] N. ①hen ②<slang> a chicken-hearted person; a coward M: [2]zhī

[2]cǎojī 草屐 N. straw sandals

cǎojiān 草菅 V. act with utter disregard for

cǎojiàn* 草荐[-薦] N. pallet; straw mattress

cāojiǎng 操桨[-槳] V.O. row (a boat)

cǎojiāng* 草浆[-漿] N. straw pulp (for making paper)

cǎojiānrénmìng 草菅人命 V.O. treat human life as if not worth a straw

cǎojiāzhútáo 草夹竹桃[-夾--] ID. phlox

cào jība dàn 操鸡巴蛋[-雞--] V.O. <slang> bullshit

cǎojiè 草芥 N. trifle; mere nothing M: [3]lì

cǎojīhuò 草鸡货[-雞-] N. <coll.> coward; weakling

cǎojù 草具 N. straw products M: [2]jiàn

cāokè 操课 V.O. <mil.> drill; lecture

[1]cǎokē* 草科 N. herbage

[2]cǎokē(zi) 草棵(子) N. thick growth of grass M: [2]kē

cǎokòu 草寇 N. ①greenwood robbers ②bandits M: [2]huǒ

cǎolái 草莱 N. ① wilderness ② fields

cǎolán 草兰[-蘭] N. <bot.> cymbidium; orchid M: [2]kē

cāoláo 操劳[-勞] V. ① work hard ② take care ③ look after

cāoláoguòdù 操劳过度[-勞--] F.E. be excessively loaded with cares; be overworked

cǎolèi 草类[-類] N. herb

cáolì 槽枥[-櫪] N. a stable

[1]cǎolì* 草笠 N. straw hat M: [1]dǐng

[2]cǎolì 草隶[-隸] N. cursive characters

cāoliàn* 操练[-練] V. drill; practice; train

cǎolián(zi) 草帘(子)[-簾-] N. straw curtain/screen/mat M: ge/[1]zhāng/[2]kuài

cāoliáng* 糙粮[-糧] N. <coll.> coarse non-wheat/rice grains

cáoliáng 漕粮[-糧] N. <trad.> tribute grain transported by water

cǎoliào 草料 N. forage; fodder

cǎoliàochǎng 草料场[-場] P.W. place for storing fodder

cǎolú 草庐[-廬] N. thatched hut; mat-shed M: [1]jiān/ge

cǎolǘ 草驴[-驢] N. female donkey M: [1]tóu/[1]pǐ

cǎolǜ* 草绿 ATTR. grass green

cǎolǚchóng 草履虫[-蟲] N. <zoo.> paramecium M: [2]zhī

cǎolǜsè 草绿色 N. grass green color

cǎomǎ 草码 N. <trad.> ancient numerical symbols

cǎomǎng 草莽 N. ① rank growth of grass ② wilderness

cǎomǎng liúkòu 草莽流寇 F.E. bandits of the wilderness; bandits

cǎomǎng yīngxióng 草莽英雄 N. greenwood hero M: [2]wèi/ge

cǎomào(r) 草帽(儿) N. straw hat M: [1]dǐng

cǎomàobiàn 草帽缏/辫 N. plaited straw M: [2]gēn/[1]tiáo

[1]cǎoméi* 草莓 N. <bot.> strawberry M: [1]kē

[2]cǎoméi 草煤 N. peat M: [2]kuài

cǎomèi 草昧 S.V. <wr.> uncivilized; primitive

cāomǐ* 糙米 N. brown/unpolished rice

cáomǐ 漕米 N. tribute rice

cǎomián 草棉 N. cotton

cāomǐfàn 糙米饭 N. (cooked) coarse rice

cǎomín 草民 N. common people

cǎomù 草木 N. vegetation

cǎomùhuī 草木灰 N. plant ash

cǎomùjiēbīng 草木皆兵 F.E. imaginary fears

cǎomùjīng 草木经[-經] N. <PRC> ① botany ② government botanical policies in the Northwest

cǎomùxi 草木犀 N. <bot.> sweet clover M: [2]kē

cáonào 嘈闹[-鬧] S.V. tumultuous; turbulent

cǎonǐ 草拟[-擬] V. draw up; draft

cǎonǐ qǐngyuànshū 草拟请愿书[-擬-願書] F.E. draft a petition

cǎopéng 草棚 N. thatched shack; straw shed M: [4]zuò

cǎopí 草皮 N. sod; turf M: [2]kuài

cǎopiàn 草片 N. blade of grass

cāopíbìng 糙皮病 N. pellagra

cǎopíng 草坪 N. lawn M: [1]piàn/[2]kuài

cǎoqì 草器 N. articles woven of straw M: [2]jiàn

cǎoqiān 草签 V. initial

cāoqiāng 操枪[-槍] N. rifle drill

cāoqiè 操切 S.V. rash; hasty

cāoqiècóngshì 操切从事[--從-] F.E. act with undue haste; go about impetuously

cāoqíjìyíng 操奇计赢 ID. corner goods; hoard and speculate

cāoqín 操琴 V.O. play the *húqin*/instruments as an accompanist

cǎoqīnglíng 草蜻蛉 N. grass insect *chrysoperla* M: [2]zhī

cáoqiūzhīdé 曹丘之德 ID. the kindness of a recommendation

cáoqú 槽渠 N. ① canal M: [1]tiáo ② <hist.> the Grand Canal

cāoquán 操权[-權] V.O. ① wield power ② be master of the situation

cāoquàn* 操券 V. ① be sure of success ② be in control of the situation

cāoquàn'érhuò 操券而获[-獲] F.E. get without any difficulty

cǎoqúnwǔ 草裙舞 N. hula; Hawaiian dance

cáor 槽儿 N. ①depression or groove in a surface ② <trad.> sommelier M: [2]dào

cáorǎng 嘈嚷 V. be noisy

cǎorén 草人 N. scarecrow

cǎoshān 草山 N. grassy mountain M: [4]zuò

cǎoshàngfēi 草上飞[-飛] N. (formerly) small fast boat on the river

cǎoshàngshuāng 草上霜 N. ① a kind of rare lambskin ② frost on grass in the early morning

cǎoshànzi 草苫子 N. straw mat M: [1]zhāng/[2]kuài

cāoshén 操神 V.O. ① tax one's mind ② take trouble ♦N. a taxing matter

cǎoshéng* 草绳[-繩] N. straw rope M: [2]gēn

cǎoshèng 草圣[-聖] N. prodigies of the cursive type of calligraphy

cāo shèngquàn 操胜券[-勝-] V.O. come out the victor

cǎoshí 草食 ATTR. herbivorous

cǎoshícán 草石蚕[-蠶] N. <bot.> Chinese artichoke

cǎoshí dòngwù 草食动物[--動-] N. <zoo.> herbivorous animal; herbivore M: [2]zhī

cǎoshíshòu 草食兽[-獸] N. herbivorous animal; herbivore M: [2]zhī/[1]tóu

[1]cāoshǒu 操守 N. personal integrity

[2]cāoshǒu 操手 V.O. spar (of boxers)

cāoshǒugāojié 操守高洁[-潔] F.E. be high-principled

cāoshǒukěxìn 操守可信 F.E. be resolute and trustworthy

cǎoshū 草书[-書] N. cursive/running hand

cǎoshuài 草率 S.V. ① rash ② sloppy

cǎoshuàicóngshì 草率从事[--從-] F.E. do a job carelessly/perfunctorily

cǎoshuàishōubīng 草率收兵 F.E. do perfunctory work

cāoshuāngfāngyán 操双方言[-雙--] ATTR. <lg.> bidialectal

cāoshuāngyǔzhě 操双语者[-雙--] N. <lg.> bilingual M: [2]wèi

cáosī 槽/曹司 N. Song official in charge of water transportation of rice to the capital M: [2]wèi

cǎosuān 草酸 N. oxalic acid

cǎosuānyán 草酸盐[-鹽] N. <chem.> oxalate

cǎotáibānzi 草台班子[-臺--] N. ① a small theatrical group ② a low-performance group

cǎotàn 草炭 N. peat M: [2]kuài

cǎotáng 草堂 P.W. hut; thatched cottage M: [4]zuò/[1]jiān

cāotāyǔzhě de Yīngyǔ 操他语者的英语 N. <lg.> English for Speakers of Other Languages; ESOL

cǎotǐ 草体[-體] N. cursive/running hand

cǎotián 草田 N. fallow field; wasteland M: [2]kuài

cáotiě 槽铁[-鐵] N. <metal.> channel beam/steel/bar; U-steel; girder

cáotóu* 槽头 N. <liv.> trough

cǎotóu 草头 N. ① bandit chief ② short for **cǎozìtóu** ③ <bot.> clover; trefoil

cǎotóulù 草头露 ID. ephemeral; fleeting

cǎotóuwáng 草头王 N. bandit chief

cǎotú* 草图[-圖] N. sketch; draft M: [1]zhāng

cǎotǔ 草土 N. turf M: [2]kuài/[1]piàn

cáowǎn 漕挽 V.O. transport by water and by land

Cáowèi 曹魏 P.W. <hist.> the Wei state of the Three-Kingdoms Period (220-280)

cǎowū 草屋 N. thatched hut M: [1]jiān/[4]zuò

cǎowūdǐng 草屋顶 N. thatch roof

[1]cǎoxí 草席 N. straw mat M: [1]zhāng

[2]cǎoxí 草檄 V. draft a call to arms

cǎoxiā 草虾[-蝦] N. prawn M: [2]zhī

cǎoxié* 草鞋 N. straw sandals M: [1]shuāng

cǎoxiě 草写[-寫] N. running/cursive hand

cǎoxiéqīn 草鞋亲[-親] N. straw-sandaled relative

cāoxīn 操心 V.O. ① worry/trouble about; take pains ***Wǒ érzi zhēn jiào rén ~!*** What a worry my son is! ② wrack one's brains ***See also*** *cāo yuānwang xīn*

cāoxíng* 操行 N. ① student conduct ② moral conduct

cǎoxíng 草行 N. in cursive style (in calligraphy)

càoxing 操行/性 <slang> N. ① behavior; conduct ② disgusting personality ③ bad moral conduct ♦S.V. shameful; disgusting

cāoxīnshāngshēn 操心伤身[--傷-] F.E. Anxiety injures one's health.

cāo xīnsi 操心思 V.O. ① worry about; trouble about; take pains ② rack one's brains

cáoyá 槽牙 N. <med.> molar M: [1]kē

cāoyǎn 操演 V. drill

cǎoyào 草药[-藥] N. herbal medicine; medicinal herbs M: [14]fù

cǎoyàoshāng 草药商[-藥-] N. herbalist M: [2]wèi/ge

cǎoyě 草野 N. ① (among) the common people ② people-to-people ③ fields ♦ATTR. ① lowly ② rustic ③ retired (from office)

cǎoyěxiǎomín 草野小民 F.E. common people (esp. in ancient China)

cǎoyìgǎo 草译稿[-譯-] N. <lg.> draft translation M: [1]piān

cáoyīn 嘈音 N. <lg.> consonant

cáoyín* 漕银 N. money paid to the government in place of tribute rice

Cáo Yú 曹禺 (1910-1996) N. pen name of Wan Jiabao (foremost playwright in modern China)

cǎoyú* 草鱼 N. grass carp M: [1]tiáo

cǎoyuán 草原 P.W. grasslands; prairie M: [1]piàn

cǎoyuánqiānlǐ 草原千里 F.E. a vast expanse of grassland

cāo yuānwang xīn 操冤枉心 V.O. worry in vain

cǎoyuē 草约 N. draft treaty/protocol M: [1]piān/[1]fèn

cáoyùn 漕运[-運] V.P. <trad.> transport sth. by water to the capital

cáozá 嘈杂[-雜] S.V. noisy

cǎozé 草泽[-澤] N. ① swamp; grassy marsh ② wilderness; thicket M: [1]piàn ③ common people (versus governing class)

cǎozéi 草贼 N. bandits; robbers M: [2]huǒ

cǎozéyīngxióng 草泽英雄[-澤--] F.E. heroes of the common people

cǎozhǎngyīngfēi 草长莺飞[-鶯飛] F.E. The grasses are tall and the nightingales are in the air.

cǎozhào 草诏 V. draft an imperial edict

cāozhǐ 糙纸 N. coarse paper M: [1]zhāng

C

cǎozhǐ* 草纸 N. ① rough straw paper ② rice paper (made from the cellular tissue of a plant) M: [1]*zhāng* ③ toilet paper M: *juǎn*
cǎozhì 草蛭 N. a kind of leech M: [2]*zhī/ge*
cāozhīguòjí 操之过急 F.E. ① act with undue haste ② be too eager for success
cǎozhǐhuā 草纸花 N. rice-paper flower
cǎozhīpǐn 草织品[-織-] N. grass basketry M: [2]*jiàn*
cǎozhīzhū 草蜘蛛 N. small spider *Agalena limbata* M: [2]*zhī/ge*
cāozhōu 操舟 V.O. <*wr.*> steer a boat
cáozhuǎn 漕转[-轉] N. transportation of rice to the capital by water and by land
[1]**cáozi*** 槽子 N. trough M: [2]*dào*
[2]**cáozi** 艚子 N. wood cargo ship M: [1]*tiáo*
cǎozǐ 草子 N. grass seed M: [3]*lì*/[1]*kē*
cǎozì 草字 N. ① cursive characters ② my humble style/name
cáozigāo 槽子糕 N. shaped cake M: [2]*kuài*
cǎozìtóu(r) 草字头(儿) N. <*lg.*> "grass" radical
cāozòng 操纵[-縱] V. ① operate; control ② rig; manipulate
cāozònggǎn 操纵杆[-縱-] N. <*comp.*> joystick M: [2]*gēn*
cāozòngsuǒ 操纵索[-縱-] N. operating/control rope M: [2]*gēn*/[1]*tiáo*
cāozòngtái 操纵台[-縱檯] N. control tower/panel
cāozòngzìrú 操纵自如[-縱--] F.E. operate with facility
cāozuò 操作 V. ① operate; manipulate ② work with the hands; do manual work
cāozuò chéngxùtú 操作程序图[-圖] N. flow diagram; flow chart M: [1]*zhāng*
cāozuòcí 操作词 N. <*lg.*> operator M: [1]*piān*
cāozuò dòngcí 操作动词[--動-] N. <*lg.*> operative verb
cāozuòfǎ 操作法 N. operating method; user's manual
cāozuògōng 操作工 N. operator M: [2]*wèi*/[1]*míng*/*ge*
cāozuò gōngnéng 操作功能 N. <*lg.*> operative function
cāozuò guīchéng 操作规程 N. operating rules
cāozuò shǒucè 操作手册[-冊] N. operating manual M: [1]*běn*
cāozuòxìng 操作性 N. operative nature
cāozuò xìngnéng 操作性能 N. serviceability
cāozuòxìng tiáojiàn fǎnshè 操作性条件反射 [---條---] N. <*lg.*> operant conditioning
cāozuò xìtǒng 操作系统 N. <*comp.*> operating system
cāozuòyuán 操作员 N. operator M: [2]*wèi*/*ge*/[1]*míng*
cāozuò yuánzé 操作原则 N. <*lg.*> operating principle
cāozuò zhǐlìng 操作指令 N. operational order
cā pìgu 擦屁股 V.O. ① wipe after defecating ② finish up other's work; clean up a messy situation
cā píxié 擦皮鞋 V.O. shine shoes
cāpò 擦破 V. destroy by abrading/scratching/etc.
cāqiāng 擦枪[-槍] V.O. swab rifles
cāqù 擦去 R.V. wipe off
cārè 擦热[-熱] R.V. chafe
cāshāng 擦伤[-傷] V. bruise; graze; scratch; abrade ♦N. abrasion; galling; scuffing
cāshēn 擦身 V.O. rubdown
cāshēn'érguò 擦身而过 F.E. brush past
cāshēng 擦声[-聲] N. <*lg.*> fricative
cāshì 擦拭 V. wipe away; wipe clean
cāsǔn 擦损 N. snag; damage by rubbing
cātóngyóur 擦铜油儿 N. polishing oil
cāxǐ 擦洗 V. wipe and wash
cāxié 擦鞋 N. shoeshine
cāxiéjī 擦鞋机 N. shoe-cleaning machine M: [1]*tái*
cāxiétóng 擦鞋童 N. shoeshine boy; shoeblack
cāxiéyóu 擦鞋油 N. shoe polish
cāyào 擦药[-藥] V.O. apply medicine
cāyīn 擦音 N. ① scratchy sound ② <*lg.*> fricative; spirant ③ continuant
cāyóu 擦油 V.O. oil; apply pomade
cāzǎo 擦澡 V.O. wash oneself with a towel/sponge
cāzhǎngmóquán 擦掌摩拳 F.E. get ready to fight
cāzhīmǒfěn 擦脂抹粉 F.E. apply rouge and powder
cāzi 擦子 N. eraser
CD N. <*loan*> compact disk M: [1]*zhāng*
C-diào C调 N. <*mus.*> key of C
[1]**cè** 侧[側] B.F. side **liǎngcè** ♦V. incline; lean ***Tā zǒng ài ~zhe shēnzi shuìjiào.*** He likes sleeping on his side. ***See also*** [4]*zhāi*
[2]**cè** 策 B.F. ① plan; scheme; strategy ② whip ③ <*hist.*> bamboo/wooden slips used for writing ④ ancient type of essay ⑤ Surname ♦B.F. ① plan [1]*cèhuà* ② whip; urge on [1]*biāncè*
[3]**cè** 测[測] V. survey; fathom; measure ♦B.F. conjecture; infer *cāicè*
[4]**cè** 册[冊] B.F. book; booklet [1]*huàcè* ♦M. ① volume ② copy ***měi xiǎoshí mài bābǎi ~*** sell 800 copies an hour
[5]**cè** 厕[廁] B.F. toilet/restroom ***cèsuǒ, nǚcè See also*** *si*
[6]**cè** 恻[惻] B.F. sad; forlorn *cècè, fěicè*
cèbǎi 侧柏 N. <*bot.*> oriental arborvitae M: [2]*kē*
cèbǐ 侧笔[-筆] N. (calligraphy) writing with a brush on paper at a slanting angle
cèbì* 侧壁 N. side wall M: [1]*miàn*
cèbiān* 侧边[-邊] N. side M: [1]*tiáo*
cèbiǎn 侧扁 N. flat object longer than it is wide
cèbù 侧部 N. side
cèbùléng 侧不棱 ADV. <*topo.*> without warning; all of a sudden; by surprise
cèbùqì 测步器 N. pedometer M: [1]*tái*
cèbùtòu 测不透 R.V. hard to understand; incomprehensible; unable to understand; unable to figure out
cèbùzhǔn 测不准[-準] R.V. be unable to measure/predict accurately
cècè 恻恻 R.F. <*wr.*> ① grieved; sorrowful ② earnest; sincere
cècháojì 测潮计 N. tide gauge M: [1]*tái*
cèchéngyí 测程仪[-儀] N. mileage meter; (navigation) log M: [1]*tái*
cèchǐ 测尺 N. measuring tape M: [1]*bǎ*
[1]**cèchū** 测出 R.V. measure; determine
[2]**cèchū** 侧出 R.V. ① launch/shoot/etc. out from the side ② be born of a concubine
cèchuàng 恻怆[-愴] S.V. sad; mournful; grieved
cèdá 恻怛 S.V. sad and worried
cèdāopáng 侧刀旁 N. name of variant of Kangxi radical 18 (as in **bié** "don't")
cè de 侧的 ATTR. unilateral
cèdiànbǐ 测电笔[-電筆] N. <*elec.*> test pencil M: [4]*zhī*
cèdìng 测定 V. determine; ascertain by measuring/surveying
cèdìngfǎ 测定法 N. mensuration
cèdìngjī 测定机 N. mensuration device M: [1]*tái*
cèdìxué 测地学 N. geodesy
cèdòng 策动[-動] V. instigate; engineer; stir up
cèdù 测度 V. <*math.*> measure
cèdùjì 测度计 N. <*math.*> measuring instrument M: [1]*tái*
cèdùlùn 测度论 N. <*math.*> measure theory
cèduó 侧度 V. infer; estimate
cèdùqì 测度器 N. measuring instrument M: [1]*tái*
cè'ěr 侧耳 V. ① incline the ear ② pay attention to
cè'ěrqīngtīng 侧耳倾听[-聽] F.E. listen attentively; be all ears
cè'ěrxìtīng 侧耳细听[-聽] F.E. listen to sb. very carefully
cèfǎn 策反 V. <*mil.*> incite defection/rebellion in the enemy camp
cèfēng 册封[冊-] V. <*trad.*> confer titles/land (to nobles)
cèfēng qìqiú 测风气球[--氣-] N. pilot balloon
cèfǔ 册府[冊-] N. emperor's library; library in the palace
cègān 测杆 N. measuring staff; surveying rod; leveling staff M: [2]*gēn*
cègāo 测高 V.O. measure the height of sth.
cègāofǎ 测高法 N. method of measuring height
cègēn 侧根 N. <*bot.*> lateral root M: [4]*zhī*
cèguāng 侧光 N. <*photo.*> sidelight
cèguāngxué 测光学 N. photometry
cèhǎi 测海 V.O. survey the ocean
[1]**cèhòu** 测候 V.O. <*astr./met.*> make astronomical/meteorological observations
[2]**cèhòu** 侧后[-後] N. <*mil.*> rear of flank
cèhòusuǒ 测候所 P.W. weather station
[1]**cèhuà** 策划/画[-劃/畫] V. plan; plot; engineer
[2]**cèhuà** 侧化 N. <*lg.*> lateralization
cèhuǎng 测谎 N. polygraph test
cèhuǎngjī 测谎机 N. lie detector
cèhuǎngqì 测谎器 N. polygraph; lie detector M: [1]*tái*
cèhuàrén 策划人[-劃-] N. plotter; schemer; planner M: [2]*wèi*
cèhuà yīnmóu 策划阴谋[-劃陰-] V.O. hatch a plot
cèhuàzhě 策划者[-劃-] N. plotter; schemer; planner M: [2]*wèi*
cèhuì 测绘 V. survey and map
cèhuìbǎn 测绘板 N. plotting board M: [2]*kuài*/[1]*zhāng*
cèhuì fēijī 测绘飞机[--飛-] N. area-mapping plane M: [1]*jià*
cèhuìxué 测绘学 N. science of topography; surveying and land-measuring
cèhuìyuán 测绘员 N. land surveyor; surveyor M: [2]*wèi*
cěi 䂙 S.V. <*slang*> ugly-looking
cèi* 䂙 V. <*coll.*> ① smash to pieces ② attack; beat the shit out of
cèjī 侧击[-擊] V. ① make a flank attack ② make oblique remarks
cèjì* 侧记 N. (news) sidelights M: [1]*piān*
cèjìn 侧近 P.W. nearby area
cèjìngqì 测径器[-徑-] N. calipers M: [2]*zhī*
cèjù 测距 V. measure distance ♦N. range finding
cèjùyí 测距仪[-儀] N. range finder; perambulator M: [1]*jià*
cèkēng 厕坑[廁-] N. latrine pit
cèkòng 测控 V./N. observe and control
cèláng 侧廊 N. ① side porch ② aisle M: [1]*tiáo*
cèléiqì 测雷器 N. mine detector
cèléngzi 侧棱子 N. <*coll.*> ① edge of sth. ② person not easy to deal with
[1]**cèlì** 册立[冊-] V. crown an empress
[2]**cèlì** 策励[-勵] V. encourage; spur on
[3]**cèlì** 侧力 N. side force; lateral force
cèliáng 测量 V. survey; measure ♦N. geodetic survey
cèliángbiǎo 测量表 N. gauge M: [2]*zhī*
cèliángchū 测量出 R.V. measure; determine
cèliángchuán 测量船 N. surveying ship; surveying vessel M: [1]*sōu*
cèliáng dìxíng 测量地形 V.O. survey the topography
cèliángduì 测量队[-隊] N. survey team M: [4]*zhī*
cèliánggǎn 测量杆 N. surveyor's pole M: [2]*gēn*
[1]**cèliángjì** 测量计 N. surveyor; measuring apparatus/meter
[2]**cèliángjì** 测量剂[-劑] N. diagnostic agent/pill/etc.
cèliángqì 测量器 N. surveyor; measuring apparatus/meter M: [1]*tái*
cèliángshù 测量术[-術] N. surveying method
cèliángxué 测量学 N. surveying
cèliángyí 测量仪[-儀] N. surveying instrument M: [1]*tái*/[1]*jià*
cèliángyuán 测量员 N. surveyor M: [2]*wèi*
cèlìng 策令 N. presidential appointment to an office (in the early years of the Republic of China) M: [2]*dào*
[1]**cèlòu** 测漏 V.O. track down a leak
[2]**cèlòu** 侧陋 V.P. poor and mean people

cèlù dào 测录到[-錄-] R.V. measure and record
cèlüè 策略 N. tactics; strategy ♦S.V. tactful
cèlüè yánjiū 策略研究 N. operational research
cèlùn 策论 N. <trad.> questions and themes (a type of civil service essay)
cèmǎ 策马 V.O. whip a horse
cèmèi 侧媚 V. <wr.> make eyes at (sb.); glance at sb.
cèmén 侧门 N. side door/entrance
cèmiàn 侧面 N. side; flank
cèmiànguān 侧面观[-觀] N. profile
cèmiànqì 测面器 N. planimeter M: [1]*tái*
cèmiàntú 侧面图[-圖] N. ①side view ②profile M: [1]*zhāng*
cèmiànxiàng 侧面像 N. profile M: [1]*zhāng*
cèmiàn xiāoxi 侧面消息 N. sidelights
cèmíng 策名 V.O. <trad.> write one's name on slips of bamboo on appointment to a post
[1]**cèmìng*** 册命[冊-] N. emperor's order to confer titles of nobility on his wives, princes, etc. M: [2]*dào*
[2]**cèmìng** 策命 N. orders of appointment to or removal from an office M: [2]*dào*
cèmù 侧目 V.O. ① glancing sidelong ② raising eyebrows
cèmù'érshì 侧目而视 F.E. look askance at sb. (with fear/indignation)
cēn* 参[參] in *cēncī* ***See also*** [2]*cān*, [5]*shēn*
[1]**cén** 涔 B.F. <wr.> rainy; watery [1]***céncén***
[2]**cén** 岑 N. <wr.> ①a small, high hill ② Surname
[1]**céncén** 涔涔 R.F. <wr.> ① dripping; streaming ② worried
[2]**céncén** 岑岑 R.F. <wr.> ①dull; gloomy ②surly; sullen; moody
céncénlèixià 涔涔泪下[--淚-] F.E. tears flowing down; in tears
céncénrán 涔涔然 V.P. <wr.> dripping; streaming
cēncī 参差[參-] S.V. uneven; irregular ♦N. disparity; difference
cēncībùqí 参差不齐[參-齊] F.E. uneven; irregular
cēncīcuòluò 参差错落[參-] F.E. ① uneven; irregular ② scattered here and there
cēncuò 参错[參-] V.P. <wr.> uneven; irregular; jagged; notched ***See also*** *cāncuò*
cén'é 岑峨 N. <wr.> uneven tops of big mountains
cēng 噌 V. <coll.> scold; bawl out ♦ON. Whoosh!
[1]**céng*** 层[層] M. layer; story; floor; stratum ***dì-yī ~*** in the first place ***Tāmen de huà háiyǒu yī ~ yìsi.*** What they said has further implications.
[2]**céng** 曾 ADV. once; ever (in the past); before ***See also*** [3]*zēng*
[3]**céng** 嶒 B.F. high (of mountains) ***céngróng, léngcéng***
cèng 蹭 V. ① rub ② smear ③ dawdle; shuffle ④ <topo.> free-load
céngbǎn 层板[層-] N. laminated board M: [1]*zhāng*
céngbào 层报[層報] V. report to successively higher levels
céngbōdiélàng 层波叠浪[層-疊-] F.E. waves upon waves
céngcéng 层层[層層] R.F. layer upon layer; multiple
céngcéngbǎguān 层层把关[層層-關] F.E. check up at all levels
céngcéngbāowéi 层层包围[層層-圍] F.E. besiege ring upon ring; surround ring upon ring
céngcéngdiédié 层层叠叠[層層疊疊] F.E. tier upon tier
céngcéngfādòng 层层发动[層層發動] F.E. mobilize level by level
céngcéngjiāmǎ 层层加码[層層-] F.E. add again and again; add to
céngcéngtītián 层层梯田[層層-] F.E. terraced field upon terraced field
cèngchē 蹭车 V.O. get a free ride
cèngchī 蹭吃 V.O. <topo.> free-load for food
céngchūbùqióng 层出不穷[層-窮] F.E. emerge one after another
céngchūdiéxiàn 层出叠见[層-疊-] F.E. emerge one after another
céngcì 层次[層-] N. ① rank order; standing ② administrative levels ③ arrangement of ideas ④ <lg.> ⓐ stratification ⓑ layer; level; segment
céngcìbùqīng 层次不清[層-] F.E. lack unity and coherence
céngcìchóngdié 层次重叠[層-疊] F.E. organizational overlapping
céngcìfēnmíng 层次分明[層-] F.E. clear levels/categories
céngcì jiégòu 层次结构[層-構] N. <lg.> hierarchical structure
céngcì jiégòu fēnxīfǎ 层次结构分析法[層--構---] N. <lg.> hierarchical analysis
céngcì yǔfǎ 层次语法[層-] N. <lg.> stratificational grammar
céngcì zhuǎnhuàn 层次转换[層-轉換] N. <lg.> level shift
cèngdèng 蹭蹬 V. <wr.> ① stumble ② run into mishaps ③ be down on one's luck
cèngdì 蹭地 V.O. scratch/abrade the floor (with one's shoes)
céngdié 层叠[層疊] V.P. one on top of another
cèngfàn 蹭饭 V.O. <topo.> free-load for a meal
céngfēng 层峰[層-] N. highest authority
cènggōng 蹭工 V.O. waste time in working
céngjí 层级[層-] N. stratum
céngjiàndiéchū 层见迭出[層-] ID. emerge repeatedly/frequently
céngjiàshi nóngchǎng 层架式农场[層-農場] N. battery farming
céngjǐhéshí 曾几何时[-時] ID. <wr.> ① not long ago ② before long
cèngjìn 蹭进[-進] R.V. drag oneself into
céngjīng 曾经[-經] ADV. once; ever ♦CONS. ~ *v. guo* have v.'d ***Nǐ ~ dàoguo Fǎguó ma?*** Have you ever been to France? ***Wǒ ~ jiànguo nǐ tàitai.*** I've met your wife.
céngjīngcānghǎi 曾经沧海[-經滄-] F.E. have wide experience
céng jīng cānghǎi nán wéi shuǐ 曾经沧海难为水[-經滄-難--] F.E. to a sophisticated person there is nothing new under the sun
céngjí qūfēn 层级区分[層-區-] N. stratification
céngjīyún 层积云[層積雲] N. stratocumulus
cénglán 层澜[層-] N. <wr.> incessant waves
cénglěi 层累[層-] V.P. multiple; successive
cènglèngzi 蹭棱子 V. <topo.> ① dilly-dally; mope; dawdle ② waste time; deliberately delay (work/etc.)
cénglǐ 层理[層-] N. <geol.> bedding; stratification; stratum
cèngliǎn 蹭脸 V.O. smash sb.'s face
cénglín 层林[層-] N. row upon row of trees
cénglóu 层楼[層樓] N. pagoda; tower; multi-storied building
cénglóugāosǒng 层楼高耸[層樓-聳] F.E. skyscrapers
céngluándiézhàng 层峦叠嶂[層巒疊-] F.E. peaks rising each higher than the last
céngluánsǒngcuì 层峦耸翠[層巒聳-] F.E. The ranges of hills are covered with verdure.
céngluányǐnxiàn 层峦隐现[層巒隱-] F.E. The ranges of hills can be glimpsed through the clouds.
céngmiàn 层面[層-] N. level; layer; surface
cèngpò 蹭破 V. rub/abrade and break
cèngr 蹭儿 N. <coll.> ① sth. one gets for free ② freeloader
céngróng 嶒嵘[-嶸] V.P. high; towering (of mountains)
cèngrxì 蹭儿戏[-戲] V.O. sneak into a theater without a ticket
cèngshāng 蹭伤[-傷] V. bruise
céngtái 层台[層臺] N. terraces
céngxiāo 层霄[層-] N. sky; space above
céngyā bōli 层压玻璃[層壓-] N. laminated glass
céngyún 层云[層雲] N. <met.> stratus (clouds)
céngzhuàngyán 层状岩[層狀-] N. <geol.> stratified or bedded rocks
cénhàn 涔旱 N. floods and droughts
cénjì 岑寂 S.V. <wr.> ① quiet ② lonesome
cénlèi 涔泪[-淚] N. tears streaming down
cénlóu 岑楼[-樓] N. ① mountain peak ② sharp and slender tower
céntí 涔蹄 N. <wr.> limited space
cénwèi 岑蔚 V.P. <wr.> mountains covered with dense forests
cēnwǔcuòzōng 参伍错综[參-] F.E. be completely intermingled
cényì 岑翳 N. <wr.> densely forested mountain region
cèpáng 侧旁 N. side
cèpíngqì 测平器 N. planometer
cèqiān 测铅 N. sounding lead
cèqiē 侧切 N. <med.> lateral incision
cèrán 恻然 V.P. grieved; sorrowful
[1]**cèshēn** 侧身 V.O. ① sidle; go sideways ② occupy a humble place ③ participate in ④ be apprehensive
[2]**cèshēn** 厕身[廁-] V. <wr.> occupy an unimportant place in; be an unqualified member of
[3]**cèshēn** 测深 V. fathom
cèshēnchuí 测深锤 N. plumb; sounding bob
cèshēnqíjiān 厕身其间[廁-] F.E. participate in
cèshēnshèhuì 厕身社会[廁-] F.E. be a member of society
cèshēnyí 测深仪[-儀] N. fathometer; depth-sounder M: [1]*tái*
[1]**cèshí** 测时[-時] N. measuring of time
[2]**cèshí** 侧石 N. curbstone
[1]**cèshì*** 测试 V. survey; measure and test ♦N. test; testing
[2]**cèshì** 侧视 V. look sideways
[3]**cèshì** 侧室 N. concubine M: [2]*wèi*
[4]**cèshì** 策士 N. <trad.> ① staff officer ② brain-truster ③ schemer ④ counselor M: [2]*wèi*
[5]**cèshì** 策试 V. <trad.> test (civil-service candidates)
cèshìdiǎn 测试点[-點] P.W. testing place
cèshìfǎ 测试法 N. surveying method M: [1]*zhǒng*
cèshìquān 侧视圈 N. lateral view area
cèshì tíxiàng 测试题项 N. <lg.> test item
cèshìtú 侧视图[-圖] N. side view M: [1]*zhāng*
cèshìyí 测试仪[-儀] N. testing device M: [1]*tái*
cèshì Yīngyǔ shuǐpíng 测试英语水平 V.O. give an English proficiency test
cèshǒu 侧首 V.O. tilt the head
cèshǒufān 侧手翻 N. cartwheel ♦V. turn a cartwheel
[1]**cèshū** 册书[冊書] N. imperial edict conferring honors, ranks, etc. M: [2]*fēng*
[2]**cèshū** 策书[-書] N. (Han Dynasty) a written command (on bamboo strips) of appointment or dismissal of officials by the emperor M: [2]*dào*
cèshuì 侧睡 V. sleep on one's side
cèsuàn 测算 V. survey and calculate ♦N. calculation
cèsuǒ 厕所[廁-] N. lavatory; toilet; W.C. M: [1]*jiān*
cèsùqì 测速器 N. speed indicator; speedometer
cètīng 侧听[-聽] V. eavesdrop
cèwèi 侧卫[-衛] V. <mil.> flank guard
cèwēijì 测微计 N. micrometer M: [1]*tái*
cèwèiqì 测位器 N. position finder; spotter M: [1]*tái*
cèwēn* 测温 V.O. measure the temperature
cèwén 侧闻 V. learn of sth from others
cèwèn 策问 N. <trad.> ① question-and-answer style of writing ② testing exam candidates in both classics and current political topics
cèwēnqì 测温器 N. thermoscope M: [1]*tái*
cèwò 侧卧[-臥] V. lie on one's side; recline
cèxí 侧席 V.O. (sit) alongside (e.g., the seat of honor)
cèxiàn 侧线 N. ① siding (railway) ② lateral line M: [1]*tiáo*
cèxiàng 侧向 N. side direction ♦ATTR. lateral
cèxiàngjì 测向计 N. direction finder; goniometer

cèxiánpào 侧舷炮 N. <mil.> cannon mounted on the side of the ship M: mén/[1]tái

cèxīn 测心 V.O. read minds

cèxīnshù 测心术[-術] N. mind reading

cèxūn 策勋 V.O. record meritorious services on bamboo strips

cèyá 侧芽 N. lateral bud

cèyālì 侧压力[-壓-] N. <phy.> lateral pressure

cèyàn 测验 V./N. test; quiz

cèyàn duìxiàng 测验对象[--對-] N. testee M: [2]wèi

cèyè 册页/叶[冊葉] N. <art> an album leaf of paintings/calligraphy M: [1]zhāng

cèyèjuàn 册页卷[冊-] N. <art> album leaf mounted as a hand scroll M: [1]juàn

cèyì 侧翼 N. <mil.> flank

cèyīn* 测音 V.O. locate/measure sound

cèyǐn 恻隐[-隱] V.P. <wr.> sympathetic; empathetic

cèyǐng* 侧影 N. silhouette; profile

cèyìng 策应[-應] V. <mil.> support by coordinated action

cèyīnqì 测音器 N. sound locator M: [1]tái

cèyǐnzhīxīn 恻隐之心[-隱--] N. compassion

cèyǒng 侧泳 N. <sport> sidestroke

cèyuándì 策源地 P.W. ① base (of a military/social movement) ② place of origin (of a war/etc.)

cèyuǎnjìng 测远镜[-遠-] N. range finder M: [2]zhī

cèyuǎnqì 测远器[-遠-] N. range finder; telemeter

cè yǔliàng 测雨量 V.O. measure/gauge rainfall

cèzhàng 策杖 V.O. use a walking stick

cèzhèng 册正[冊-] V. give a concubine the status of a legitimate wife

cèzhēnsuǒ 测侦所 P.W. intelligence-gathering station M: [1]jiā

[1]cèzhī 侧枝 N. branch M: [1]tiáo

[2]cèzhī 测知 V. know by survey

cèzhī xúnhuán 侧枝循环[-環] N. collateral circulation

cèzhòng 侧重 V. lay particular emphasis on

cèzhòngdiǎn 侧重点[-點] N. point (of emphasis/focus/etc.)

cèzi 册子[冊-] N. book; volume M: [1]běn

cèzì* 测字 V.O. <trad.> tell fortune by analyzing characters

cèzìtān 测字摊[-攤] N. a fortuneteller's curbside stand

cèzú 侧足 V.O. ① set foot in ② participate in

cèzúqíjiān 厕足其间[廁-] F.E. participate in; be directly concerned

[1]chā 插 V. insert; interpose

[2]chā 叉 N. ① fork; intersection ② cross; X *See also* [7]chá, [1]chǎ, [6]chà

[3]chā 差 N. <math> difference ♦V. *See* [1]chà *See also* [1]chà, [2]chāi, [3]cī, [4]cuō

[4]chā 杈 N. ① branches; twigs ② pitchfork *See also* [3]chà

[5]chā 嚓 ON./B.F. crack; snap *See also* [2]cā

[6]chā 馇[餷] V. cook (food for pigs)

[7]chā 锸[鍤] N. spade

[8]chā 碴 B.F. rough; jagged *qiǎngchār, húzilāchā* *See also* [6]chá

[9]chā 扱 B.F. *chārèn* *See also* [14]qì, [38]xī

[10]chā 喳 in *chācha, qīqichāchā* *See also* [4]zhā

[1]chá* 茶 N. tea

[2]chá 查 V. ① check; investigate *Wǒ yīdìng yào bǎ zhè shì ~ ge shuǐluòshíchū.* I'm going to dredge up everything about this matter. ② look up (e.g. in dictionary) *See also* Zhā

[3]chá 茬 M. ① batch ② crop ♦N./B.F. stubble

[4]chá 搽 V. apply/spread (powder/ointment/etc.) on skin

[5]chá 察 B.F. inspect; scrutinize *jǐngchá*

[6]chá 碴 V. <slang> come to blows; get in a fight *See also* [8]chā

[7]chá 叉 V. obstruct; jam up *See also* [2]chā, [1]chǎ, [6]chà

[8]chá 楂 N. stubble (of beard or hair) *See also* [9]zhā

[9]chá 槎 N. <wr.> raft

[10]chá 楂 B.F. coarsely ground corn *dàcházi, yùmìchá*

[1]chǎ 叉 N. <coll.> the distance between the thumb and the middle finger on an outstretched hand *See also* [2]chā, [7]chá, [6]chà

[2]chǎ 衩 B.F. crotch (of trousers) *kùchǎ* *See also* [5]chà

[3]chǎ 镲[鑔] N. small cymbals

[1]chà 差 S.V. ① inferior; poor ② wrong; false ♦V. differ (by); be short; lack *~ liǎng kuài qián* two *yuán* short *~ sān ge rén* Three more people are needed. *Zhè běn zìdiǎn ~le liǎng yè.* Two pages of this dictionary are missing. ♦CMP. V. wrong(ly) *Bié tīng~ le.* Don't get me wrong. *See also* [3]chā, [2]chāi, [3]cī, [4]cuō

[2]chà 岔 V. diverge; deviate ♦B.F. ① a branching out; branch [1]*chàlù* ② interrupt (sb.'s speech or work) [1]*dǎchà*

[3]chà 杈 N. tree branch *See also* [4]chā

[4]chà 汊 B.F. branch of river *héchàzi*

[5]chà 衩 N./B.F. slit in sides of a garment *See also* [2]chǎ

[6]chà 叉 B.F. fork; diverge [2]*chàlù, shuōchàle, pǐchà* *See also* [2]chā, [7]chá, [1]chǎ

[7]chà 诧[詫] B.F. surprised *chàyì, jīngchà*

[8]chà 姹[奼] B.F. beautiful (flower) *chàzǐyānhóng*

[9]chà 刹[剎] in *chànà, gǔchà* *See also* [5]shā

[10]chà 侘 in *chàchì*

chá'àn 查/察案 V.O. investigate a case

chābān 插班 V.O. ① enroll late in class ② be placed in an appropriate class ③ enter another school according to one's grade

chābǎn 插板 N. plank used as a bar to secure the city gate M: [2]kuài

chábān 查班 V.O. inspect a class

chábàn* 查/察办[-辦] V. investigate and handle

chābǎnr 插板儿 V.O. <coll.> board up shop; close shop; shut up shop

chābānshēng 插班生 N. ① late enrollee ② student who enters another school according to his grade M: [2]wèi

chábào 查报[-報] V. check and report

chábàobiǎo 查报表[-報-] V.O. check report forms

chá bǎonuǎnzhào 茶保暖罩 N. tea cozy

chábēi* 茶杯 N. teacup; tea-glass M: [2]zhī

chábèi 茶焙 N. bamboo tray used in baking tea leaves

chābiāo 插标[-標] V.O. put a (straw) tag on something to show availability

chábiǎo* 查表 V.O. check forms; check meter

chābiāozhāomǎi 插标招买[-標-買] F.E. make a mark on sth. for sale (in a market)

chābié 差别 N. <lg.> difference; contrast

chābié dàiyù 差别待遇 N. differential/discriminatory treatment

chābié guānshuì 差别关税[--關-] N. differential customs duties

chábǐng 茶饼 N. brick tea

chábìng* 查病 V. <med.> examine

chābō guǎnggào 插播广告[--廣-] N. spot announcement/advertisement

chábóshì 茶博士 N. <trad.> ① expert in tea production/tasting ② waiters in tea house; teahouse/tearoom keeper M: [2]wèi

chābō xīnwén 插播新闻 N. spot news

chá bu chūlai 查不出来 R.V. cannot find out (a fact); cannot check out (a figure)

chàbudiǎn(r) 差不点(儿)[--點-] ADV. almost; very nearly; practically

chàbuduō 差不多 S.V./ADV. ① almost; about ② almost equal/equally ♦F.E. good enough

chàbujiūjìng 差不究竟 V.P. <coll.> be not far from the mark

chàbulí(r) 差不离(儿)[--離-] V.P. <coll.> almost; about; not bad

chàbuliǎo 差不了 R.V. be of no big difference; be close enough

chà bu shàngxià 差不上下 V.P. <coll.> more or less the same

chābushàng zuǐ 插不上嘴 V.P. cannot get a word in edgeways

chàbuyuǎn 差不远[-遠] R.V. not differ by much; be quite close

chācǎobiāo 插草标[-標] F.E. <trad.> mark item for sale with a wisp of straw; a sale label

chācǎomàishēn 插草卖身[--賣-] F.E. mark oneself for sale with a wisp of straw

chācha* 喳喳 N./V. whisper *See also* zhāzhā

[1]cháchá 察察 R.F. ① discerning ② clean ③ meticulous ④ irreproachable; honest ♦V. examine meticulously

[2]cháchá 查察 V. make investigations on

chāchāi 插钗 V.O. formalize an engagement

cháchǎng 茶场[-場] P.W. tea plantation M: [4]zuò

cháchāo 查抄 V. inventory and confiscate criminal's possessions

cháchāo jiāchǎn 查抄家产[--產] V.O. search sb.'s house and enforce confiscation

cháchάwéimíng 察察为明 F.E. preen oneself on mastering of trivia

[1]chāchē 叉车 N. fork lift M: [3]liàng

[2]chāchē 插车 V.O. pull a cart cooperatively (with animals owned by different families)

chāchí 差池/迟[-遲] N. <topo.> ① error ② sth. unforeseen; accident

chāchì 插翅 V.O. put on wings; grow wings

cháchí* 茶匙 N. teaspoon M: [1]bǎ

chàchì 侘傺 V.P. disappointed; frustrated

chàchìbù'ān 侘傺不安 F.E. be uneasy

chāchì'érfēi 插翅而飞[-飛] F.E. grow wings and fly away

chāchìnánfēi 插翅难飞[-難飛] F.E. Escape is impossible.

chāchìnántáo 插翅难逃[--難-] F.E. Escape is impossible.

chāchìnányuè 插翅难越[--難-] F.E. no possible escape

[1]cháchū 查出 R.V. trace; ferret out

[2]cháchū 察出 R.V. find out

cháchǔ* 查处[-處] V. investigate and prosecute

cháchuán(r) 茶船(儿) N. saucer for tea cups

cháchuī 茶炊 N. ① boiling (not steeping) tea ② tea-urn ③ samovar

chá chūlai 查出来 R.V. find out

chācuò 差错 N. ① mistake; error ② mishap

[1]chādài 插戴 V. wear (flower/ornament) ♦N. women's head ornaments

[2]chādài 插袋 N. slash pocket

chádài* 茶袋 N. tea bag

chādān 插单 V.O. take up one's abode in a monastery (of a monk)

chádān* 查单 N. verification certificate M: [1]zhāng

chádàng 查档[-檔] V.O. consult the files

chādào 插到 R.V. insert

[1]chádào* 查到 R.V. find out

[2]chádào 茶道 N. tea ceremony

[1]chàdào(r) 岔道(儿) N. ① side road ② diverging road M: [1]tiáo

[2]chàdào 岔到 R.V. diverge to

chà de duō 差得多 F.E. ① far from; very different ② much inferior

chàděng 差等 ATTR. inferior; second-rate *See also* cīděng

chà de yuǎn 差得远[-遠] F.E. not by a long shot

chádǐ(r) 茶底(儿) N. tea dregs

[1]chádiǎn 茶点[-點] N. tea and cookies; refreshments

[2]chádiǎn 查点[-點] V. inventory the amount/number

chàdiǎn(r)* 差点(儿)[-點-] ADV. almost *Wǒ ~ (méi) xiào chūlai.* I almost burst out laughing. ♦V.P. slightly off; not quite good enough

chádié(r) 茶碟(儿) N. saucer

Chàdìlì 刹地利[剎-] N. Kshatriya, a member of the Hindu royal and warrior class

chādìng 插定 N. gifts to formalize the marriage engagement of a girl

chádǐng 茶鼎 N. special pan for boiling tea M: [2]zhī

chádìng* 查定 V. check/examine and evaluate

chādòng 差动[-動] ATTR. <*mach.*> differential
chādòng chǐlún 差动齿轮[-動齒-] N. differential gear
chādòng huálún 差动滑轮[-動--] N. differential pulley
chādù 差度 N. degree of deviation
chāduàn 插断[-斷] V. interrupt (sb. speaking)
chāduì* 插队[-隊] V.O. ① <*PRC*> join production brigade; go to countryside (during Cultural Revolution) ② jump a queue
cháduì 查对[-對] V. check and verify the amount/numbers/etc.
chāduìluòhù 插队落户[-隊--] F.E. go settle in the countryside
chāduìqiǎngxiān 插队抢先[-隊搶-] F.E. jump the queue
cháduìwúwù 查对无误[-對--] F.E. examined and found correct; verified
cháduó 察夺[-奪] F.E. Please use your discerning judgment.
chā'é 差额 N. difference/discrepancy (in a sum/quota)
chā'é xuǎnjǔ 差额选举[-選舉] N. multi-candidate election
chāfá 插阀 N. insert value
chá-fàn 茶饭 N. service of tea and food
cháfànbùjìn 茶饭不进[-進] F.E. nothing passes one's lips
cháfànbùsī 茶饭不思 F.E. lose all desire for food and drink
cháfànbùxiāng 茶饭不香 F.E. have a poor appetite; have no appetite; lose one's appetite
[1]**cháfang** 茶房 P.W. waiter M: [2]*wèi*
[2]**cháfang** 茶坊 P.W. teahouse restaurant M: [4]*zuò*
cháfáng 查房 V.O. do daily rounds (of doctors)
[1]**cháfǎng*** 查访 V. make inquiries
[2]**cháfǎng** 察访 V. check by making rounds; make an investigation trip
chá fángjiān 查房间 V.O. ① (of the police) check hotel guests at their rooms ② (of doctors) make the rounds of the wards
cháfànwúxīn 茶饭无心 F.E. have no appetite for food and drink
chāfēn 差分 N. difference ♦ATTR. differentiated
chāfèn 插粪[-糞] V.O. <*coll.*> collect dung with a shovel
cháfěn* 搽粉 V.O. apply make-up
cháfēng 查封 V. seal up (office/institution/etc.)
chāfēnqì 差分器 N. difference device
chágāng(zi) 茶缸(子) N. tea mug M: [2]*zhī*
chágǎng* 查岗[-崗] V.O. <*mil.*> check up on sentries
chàgǎng 汊港 P.W. port in the branch of a river M: [1]*tiáo*
chāgānr 杈杆儿 N. protector of prostitutes M: [2]*gēn*
chāgǎo 插稿 V.O. insert (news)
chágēnwèndǐ 查根问底 F.E. investigate thoroughly
cháguǎn(r)* 茶馆(儿) P.W. teahouse M: [1]*jiā*
cháguàn 茶罐 N. tea caddy
chāguānr 插关儿[-關-] <*topo.*> N. door latch ♦V. bolt of a door
cháguǒ 茶果 N. ① tea and fruits ② fruits and cakes taken with tea
chāgǔzihuà 叉股子话 F.E. <*coll.*> contradictory statements
chàhǎi 刹海[刹-] N. <*Budd.*> land and sea
chāhào 差号[-號] N. the "~" sign to show the difference between two figures
cháhàotái 查号台[-號臺] N. ① information operator (in telephone/telecommunications) ② directory information
[1]**cháhé*** 查核 V. check; examine (accounts/etc.)
[2]**cháhé** 察核 V. investigate a case and decide on an action
[3]**cháhé** 茶盒 N. tea caddy
cháhè 茶褐 ATTR. tea-brown
chàhé 汊河 N. distributary; distributary channel M: [1]*tiáo*
cháhèsè 茶褐色 N. dark greenish brown
chāhéshì fàngyìngjī 插盒式放映机 N. cartridge-loading film projector
cháhéwú'é 查核无讹 F.E. ① audited and found correct ② formula for okaying accounts
cháhú* 茶壶[-壺] N. teapot M: [1]*bǎ*
cháhù 茶户 N. ① tea merchant/dealer ② tea grower M: [2]*wèi*/[1]*jiā*
chàhu 岔忽/糊 V. <*coll.*> ① interject remark ② break train of thought
chāhuā* 插花 V.O. ① decorate with flowers; insert/arrange flowers ② intermix; mingle ③ <*topo.*> subdivide; divide into several units ♦N. (art of) flower arranging
[1]**chāhuà** 插话 V.O. interpose remarks ***Wǒ méi jīhuì ~.*** I couldn't cut in. ♦N. ① interruption ② digression
[2]**chāhuà** 插画[-畫] N./V.O. (inserted) illustration (in book)
cháhuā 茶花 N. <*bot.*> camellia; tea flower M: [2]*kē*/[2]*zhū*
chàhuà 岔话 V.O. interrupt a conversation with a new topic
chāhuādì 插花地 P.W. <*PRC*> land belonging to one production team unit but enclosed in that of another
cháhuàhuì 茶话会 N. ① tea party with discussion/talks ② forum
chàhuàn 岔换[-換] V. <*topo.*> alternate
chāhuà shēngyīn 插话声音[--聲-] N. off-screen voice
chāhuà yīndiào 插话音调 N. <*lg.*> interruptive intonation
chāhuā yìshù 插花艺术[-藝術] N. the art of flower arrangement; ikebana
cháhuì 茶会 N. tea party
cháhuìfú 茶会服 N. clothes worn for a tea party M: *tào*
chá hùkǒu 查户口 V.O. check residents; take a census
cháhuò* 查获[-獲] V. ① track down ② apprehend
chàhuo 岔和 V. <*coll.*> cheer up a person
cháhú zhuāng tāngyuán 茶壶装汤圆[-壺裝湯-] ID. have much talent but less eloquence
[1]**chāi** 拆 V. ① tear open; take apart ② pull down; dismantle ***See also*** [3]*cā*
[2]**chāi** 差 V. send; dispatch ***See also*** [3]*chā*, [1]*chà*, [3]*cī*, [4]*cuō*
[3]**chāi** 钗[釵] B.F. hairpin ***jīnchāi***
[1]**chái*** 柴 N. ① firewood ② Surname ♦S.V. <*coll.*> thin; lean; hard; tough
[2]**chái** 豺 N. <*zoo.*> jackal
[3]**chái** 侪[儕] B.F. peer ***cháibèi, wǒchái***
[1]**chǎi** 茝 B.F. ***qíchǎi***
[2]**chǎi** 踹 in ***dòuchǎir***
chài 虿[蠆] B.F. <*wr.*> scorpion ***chàiwěi, fēngchài***
cháibǎ 柴把 N. kindling; firewood
chāibái 拆白 V. <*topo.*> swindle
chāibáidǎng 拆白党[-黨] N. <*topo.*> a gang of swindlers M: [2]*huǒ*
cháibèi 侪辈[儕-] N. <*wr.*> people of the same generation
chāibiàn 拆辩 V. argue a law case
chāi bìjiǎo 拆壁脚[-腳] V.O. <*topo.*> cut the ground from under sb.'s feet; spoil sb.'s game
chāibō 差拨[-撥] V. ① send; assign; dispatch ② yamen runner
chāibù 拆布 V. ravel
cháicǎo 柴草 N. firewood M: *kǔn*
cháichē 柴车 N. crude carriage M: [3]*liàng*
chāichú 拆除 V. tear down; demolish; remove ***Bǎ zhèxiē lùzhàng ~.*** Remove these roadblocks.
chāichuān* 拆穿 R.V. expose; unmask
chāichuán 拆船 V.O. break up or scrap a ship ♦N. ship-breaking
chāichuān huǎngyán 拆穿谎言 V.O. expose a lie
chāichuān xīyángjìng 拆穿西洋镜 V.O. strip off the camouflage; expose sb's tricks
chāichuányè 拆船业[-業] N. ship demolition business
chāidiào 拆掉 R.V. take/tear down
chāidōngqiáng-bǔxīqiáng 拆东墙补西墙[--牆補-牆] F.E. tear down the east wall to repair the west wall; resort to a makeshift solution; rob Peter to pay Paul
chāiduàn 拆断[-斷] R.V. separate; take apart
chāiduì 拆兑 V. <*topo.*> ① make a short-term loan ② advance on account; lend
chāiduì liǎng qián 拆兑两钱[-錢] V.O. <*coll.*> borrow a couple cents
chāi fángwū 拆房屋 V.O. tear/pull down a house
cháifēi 柴扉 N. <*wr.*> ① gate made of tree branches M: [1]*shàn* ② poor family
chāifēng 拆封 V.O. open (sth. sealed)
cháigǒu 豺狗 N. <*zoo.*> jackal M: [1]*tiáo*
chāigǔ 拆股 V.O. withdraw one's share (of capital)
chāiguān 差官 N. <*trad.*> official M: [2]*wèi*
chāiguāngbìnyǐng 钗光鬓影[--鬢-] F.E. glistening hair decorations (of a woman or girl)
cháiháng 柴行 N. shop where firewood is sold M: [1]*jiā*
cháihe 柴禾 N. firewood M: *kǔn*
chāihéngbìnluàn 钗横鬓乱[-鬢亂] F.E. pins awry and hair in disorder
cháiheniūr 柴禾妞儿 N. <*derog.*> country girl
cháihú* 柴胡 N. <*bot.*> Bupleurum (kind of herb medicine)
cháihǔ 豺虎 N. ① cruel bandits ② jackals and tigers M: [2]*zhī*
chāihuán 钗环[-環] N. hairpin
chāihuǐ* 拆毁[-毀] V. demolish; pull down
chāihuì 差会 N. missionary society
chāihuǒ 拆伙 V.O. ① dissolve a partnership ② part company
cháihuo* 柴火 N. firewood
cháihuoniūr 柴火妞儿 N. <*slang*> a girl from the countryside
cháihǔsìnüè 豺虎肆虐 F.E. beastly
cháijī 柴鸡[-雞] N. scrawny poor-laying chicken M: [2]*zhī*
chāijiàn 拆建 V. tear down and build
chāijiàzhèng 差假证[-證] N. pass; permit M: [1]*zhāng*
chāijiě* 拆解 V. break up; disassemble
chāijiè 拆借 N. <*topo.*> short-term loan with daily interest
cháijīng 柴荆[-莉] V. live in the country; rusticate
chāijīngqúnbù 钗荆裙布[-莉--] F.E. a thorn for a hair-pin, and plain cloth for a skirt; very plainly dressed (of a girl)
chāijù fānyìfǎ 拆句翻译法[---譯-] N. <*lg.*> sentence-splitting translation
chāikāi 拆开[-開] R.V. take apart; open; separate
chāikuǎn 拆款 N. <*econ.*> call money
cháikǔn 柴捆 N. firewood bundle
chāiláichāiqù 差来差去 F.E. order sb. about
cháiláng 豺狼 N. cruel and evil people M: [2]*zhī*
cháilángchéngxìng 豺狼成性 F.E. wolfish; rapacious and ruthless
cháilángdāngdào 豺狼当道[--當-] F.E. the rapacious and ruthless are in control
cháilángyěxīn 豺狼野心 F.E. sinister intentions
cháilángzhīxīn 豺狼之心 N. the heart of a wild beast
chāilǚfèi 差旅费 N. allowances for a business trip M: [2]*bǐ*
chāimài 拆卖[-賣] V. break bulk and sell separately
cháimén 柴门 N. ① gate made of twigs and branches M: [1]*shàn* ② <*trad.*> a poor family ♦V. shut one's door to all visitors
chái-mǐ 柴米 N. fuel and rice
cháimǐfūqī 柴米夫妻 F.E. ① a couple living hand-to-mouth ② a couple married for financial reasons

C

C

chái-mǐ-yóu-yán 柴米油盐[-鹽] N. fuel, rice, cooking oil and salt; daily necessities
cháimù 柴木 N. lower-grade wood M: *duī*
chāipài 差派 V. dispatch/appoint (sb. to do sth.)
cháipán 柴爿 N. <*topo.*> kindling; firewood
chāipiào 拆票 V.O. <*acct.*> clearing transactions among local financial institutions
chāipíng 拆平 R.V. dismantle/remove a building and leave the ground flat
chāiqiān 拆迁[-遷] V. pull down (an old house) and move its occupants elsewhere
chāiqiǎn* 差遣 V. send; dispatch
chāiqiáng 拆墙[-牆] V.O. demolish walls
chāi qiángjiǎo 拆墙脚[-牆腳] V.O. cut the ground from under sb.'s feet
chāiqiānhù 拆迁户[-遷-] N. household that moves away from old domicile M: [1]*hù*
chāiqù 拆去 R.V. dismantle; pull down
chāirén* 差人 N. ① servants of an official ② official messenger M: [2]*wèi*
chāirèn 差任 V. assign; dispatch; send sb. on an errand or mission
chāisǎn 拆散 R.V. break (a set) *See also chāisàn*
chāisàn* 拆散 R.V. break up (marriage/family/etc.) ***Zhànshí xǔduō jiātíng bèi ~ le.*** Many families were broken up during the war. ***See also chāisǎn***
cháishēng 豺声[-聲] V.O. roar as fiercely as a wild beast
[1]**chāishi*** 差事 N. ① errand; assignment ② commission ③ job M: [2]*jiàn See also chàshì*
[2]**chāishi** 差使 N. official post; billet; commission M: [2]*jiàn* ***See also chāishǐ***
chāishǐ 差使 V. send; assign; appoint ♦N. ① servants of an official ② official messenger M: [2]*wèi* ***See also*** [2]*chāishi*
cháishuǐ 柴水 N. ① fuel and water ② basic household necessities
chāitái 拆台[-臺] V.O. undercut ***Tā lǎo chāi wǒ de tái.*** He's always undercutting me.
cháitàn 柴炭 N. ①faggot and charcoal; firewood ② charcoal
chāiwěi* 差委 V. appoint (sb. to do sth.)
chàiwěi 虿尾[蠆-] N. ① poisonous tail of a scorpion ② a harmful thing/person M: [1]*tiáo*
chāixī 拆息 N. daily interest rate on private loans/deposits
chāixǐ* 拆洗 V. ① remove and wash padding ② strip and clean
chāixià 拆下 R.V. detach; take away
chāixiàn 拆线 V.O. <*med.*> take out stitches
chāixībǔdōng 拆西补东[--補-] F.E. resort to a makeshift solution
chāixiè 拆卸 V. dismantle; dismount
chāixìn* 拆信 V.O. open a letter
cháixīn 柴薪 N. firewood; fuel M: *kǔn*
chāixiū 拆修 V. overhaul
chāiyā 差押 V. put in prison; sequester
Cháiyáo 柴窑[-窯] N. <*art.*> a Later Zhou ceramic kiln (in Zhengzhou, Henan)
chāiyì 差役 N. ① corvée ② runner; office boy M: *ge*/[1]*míng*
chāiyòng 拆用 V. ① dismantle and use; cannibalize ② borrow for use
cháiyóu 柴油 N. diesel oil
cháiyóujī 柴油机 N. diesel engine M: [1]*tái*
cháiyóu jīchē 柴油机车 N. diesel locomotive
cháiyú 柴鱼 N. dried cod M: [1]*tiáo*
chāiyuè 拆阅 V. open (a letter/document/etc.) and read
chāizhàng 拆帐 V.O. pay out ♦N. payment by a share of the takings
chāizì 拆字 V.O. <*trad.*> ① dissect a character ② tell fortunes by analyzing character components; glyphomancy
chāizìgé 拆字格 N. poem made by combining characters in a fixed pattern
[1]**chájī(r)*** 茶几(儿) N. ① tea table ② a side table M: [1]*zhāng*
[2]**chájī** 查缉 V. investigate and seize
chájì 茶剂[-劑] N. <*med.*> medicinal tea
[1]**chājià*** 差价[-價] N. price difference
[2]**chājià** 插架 V.O. shelve (books/etc.) ♦N. bamboo shelf suspended from the wall
[1]**chájià** 查价[-價] V.O. check the price
[2]**chájià** 碴架 N./V.O. <*coll.*> fight; engage in a gang fight
chājià guānshuì 差价关税[-價關-] N. variable import levy
chājiàn* 插件 N. plug-in components
chájiǎn 茶碱[-鹼] N. <*chem.*> theophylline
chājiǎo 插脚[-腳] V.O. ① put one's foot in ② butt in ③ gain a place
chájīdàn 茶鸡蛋[-雞-] N. eggs boiled with tea leaves
chājiē 插接 V. insert; stick in
chājìn 插进[-進] R.V. stick in; interject; thrust into; dip; let in; work in
chájīn 茶巾 N. tea towel; tea cloth M: [1]*tiáo*
chájìn* 查禁 V. ban; prohibit; suppress
chàjìn 差劲[-勁] S.V. ① no good; disappointing ② <*coll.*> lacking strength/vitality/character
[1]**chájīng** 茶精 N. tea essence
[2]**chájīng** 茶晶 N. tea crystal M: [2]*kuài*
[3]**chájīng** 查经[-經] V.O. study the Bible ♦N. Bible study
chájìng* 茶镜 N. sunglasses M: [1]*fù*
chájīngbān 查经班[-經-] N. Bible class
chájiū* 查/察究 V. investigate and ascertain (cause/responsibility/etc.) ***Tāmen zhèngzài ~ shìgù de zérèn.*** They are trying to find out who is responsible for the accident.
chájiǔ 茶酒 N. tea and alcohol
chájiǔdiàn 茶酒店 P.W. tea and alcohol shop M: [1]*jiān*
chájī zǒusī 查缉走私 V.O. prevent and counter smuggling
[1]**chājù*** 差距 N. difference
[2]**chājù** 插句 N. <*lg.*> parenthesis
[3]**chājù** 插犋 N. <*agr.*> pooling of animals, plow, and harrow
chájú 茶菊 N. *Chrysanthemum indicum*
chájù 茶具 N. tea things/service M: *tào*
chájuàn 查卷 V.O. ① check grading of examination papers ② look up sth. in official files
chájué 察/查觉[-覺] V. realize; be aware of; perceive
chájuédào 察/查觉到[-覺-] R.V. become aware of; perceive; be conscious of
chàkāi 岔开[-開] R.V. ①branch off ②turn aside; divert ③ diverge to (another topic) ④ space out; stagger ***Nǐ néngbunéng bǎ liǎng mén kè de shíjiān ~?*** Could you stagger the hours of the two courses?
chàkāi huàtou 岔开话头[-開--] V.O. <*coll.*> change the topic of conversation
chákān 察/查勘 V. survey; prospect; investigate; examine
[1]**chákàn*** 查看 V. check up; go over; ferret out
[2]**chákàn** 察看 V. ① look carefully at; inspect ② observe; watch
chákǎo 查考 V. investigate; try to ascertain
chākě 差可 V.P. barely passable
[1]**chákè*** 茶客 N. ① teahouse customers ② tea merchant M: [2]*wèi*/[1]*míng*/*ge*
[2]**chákè** 茶课 N. tea tax
chākēdǎhùn 插科打诨 F.E. clown and wisecrack
chākǒng 插孔 N. <*elec.*> socket; jack
chākǒu* 插口 V.O. break in; interrupt sb.; chip in ♦N. socket
chákǒu 茬口 N. ① soil planted with a certain crop ② crops for rotation ③ <*topo.*> chance; opportunity
chákòu 查扣 V. check and detain
[1]**chàkǒu(r)** 岔口(儿) N. road fork
[2]**chàkǒu** 汊口 N. mouth of a tributary
chākǒur* 插口儿 N. <*elec.*> socket; outlet
chákǒur 茬口儿 N. <*coll.*> ① tone of voice; manner of expression ② the crux/nub of the matter
chàkǒur bù duìtou 岔口儿不对头[----對-] F.E. <*coll.*> something strange about the tone of voice
chákū 茶枯 N. cake-shaped oil-tea camellia dregs (as fertilizer)
chákù* 查库 V.O. inspect the treasury ♦N. inspection of the treasury
chàkù 衩裤 N. ① long leggings ② open-seat pants for children M: [1]*tiáo*
chāliàng 差量 N. residual quantity
cháliáo 茶寮 P.W. tearoom; teahouse M: [1]*jiān*/[4]*zuò*
cháliáojiǔsì 茶寮酒肆 F.E. tearooms and taverns
Chálǐ dìnglǜ 查理定律 N. <*phy.*> Charles' law; Gay-Lussac law
chàliú 岔/汊流 N. branch stream
chāliǔchéngyìn 插柳成荫[-蔭] F.E. work for future rather than immediate benefit
chálóu 茶楼[-樓] P.W. teahouse with two or more stories M: [4]*zuò*
chálóujiǔsì 茶楼酒肆[-樓--] F.E. tearooms and taverns
chálǔ(r) 茶卤(儿)[-鹵-] N. strong tea to be diluted before drinking
[1]**chàlù*** 岔路 N. branch road M: [1]*tiáo*
[2]**chàlù** 叉路 N. carrefour; crossroad
cháméi 茶梅 N. plum tea
chāmén 插门 V.O. <*coll.*> bar/bolt a door
chámēnzi 茶闷子 N. tea bowl with a lid
chámiànzi 茶面子 N. pasty drink of millet flour with sugar and boiled water
chāmiáo 插苗 V.O. transplant seedlings
chámiáo* 查苗 V.O. examine seedlings
[1]**chámíng** 查明 R.V. prove through investigation; find out; ascertain
[2]**chámíng** 察明 R.V. ascertain clearly
chámíngshǔshí 查明属实[-屬實] F.E. prove to be true after investigation
chámò 茶末 N. ① tea dust ② waste tea
[1]**chān** 搀/掺[攙/摻] V. mix ***See also*** [2]*chān*
[2]**chān** 搀[攙] V. help by the arm; support sb. with one's hand ***See also*** [1]*chān*
[3]**chān** 觇[覘] B.F. observe ***chānguó, chānhòu***
[1]**chán** 馋[饞/嚵] S.V. greedy; gluttonous
[2]**chán** 缠[纏] V. ① twine; wind ② tangle; tie up ③ pester ***Bié ~ wǒ le.*** Stop bothering me. ④ <*topo.*> deal with; handle
[3]**chán** 禅[禪] B.F. <*Budd.*> ① Sanskrit *dhyana*; meditation; abstraction; trance ***zuòchán*** ② Zen (Buddhism) ***Chánzōng See also*** [7]*shàn*
[4]**chán** 蝉[蟬] N./B.F. cicada
[5]**chán** 孱 B.F. thin and weak ***chánfū, chánlèi See also*** [2]*càn*
[6]**chán** 巉 B.F. precipitous (of cliff/mountainside) ***chánjùn, qiànchán***
[7]**chán** 谗[讒] B.F. slander ***chánhài,*** [1]***chányán***
[8]**chán** 蟾 B.F. ① toad ***chándú*** ② the moon [1]***yùchán***
[9]**chán** 毚 B.F. ① crafty (rabbit) [2]***chántù*** ② greedy ***chányù***
[10]**chán** 婵[嬋] B.F. beautiful [2]***chányán, chánjuān***
[11]**chán** 廛 B.F. <*trad.*> household ***sìchán, shìchán***
[12]**chán** 躔 B.F. animal footprint ***háncì***
[13]**chán** 潺 in ***chánchán***
[14]**chán** 单[單] in ***chányú See also*** [1]*dān*, [1]*Shàn*
Chán 澶 B.F. ancient place name ***Chányuān zhī Méng See also*** [19]*dàn*
[1]**chǎn*** 产[產/産] V. ①give birth to; be delivered of ②produce ♦B.F. ①product; produce ***chǎnpǐn*** ② property; estate ***cáichǎn***
[2]**chǎn** 铲[鏟] N./V. shovel
[3]**chǎn** 阐[闡] B.F. explicate ***chǎnmíng, tuīchǎn***
[4]**chǎn** 蒇[蕆] B.F. <*wr.*> to complete [2]***chǎnshì***
[5]**chǎn** 谄[諂] B.F. flatter ***chǎnyú***
[1]**chàn** 忏[懺] B.F. confess sins/transgressions ***chànlǐ, bàichàn***
[2]**chàn** 颤[顫] V./B.F. quiver; tremble; vibrate ***See also*** [7]*zhàn*
[3]**chàn** 羼 B.F. mixed up ***chànrù, chànzá***
[4]**chàn** 韂 B.F. saddle blanket ***ānchàn***
[5]**chàn** 刬[剗] in ***yìchàn***

chànà 刹那[刹-] N. instant; split second
chànàjiān 刹那间[刹-] F.E. in the twinkling of an eye
chánbàng 谗谤[讒-] V. defame; slander; calumniate
chǎnbì 铲币[鏟幣] N. Zhou shovel-shaped coin M: [4]*méi*
chànbǐ* 颤笔[-筆] V.O. do calligraphy with pulsing hand to gain forcefulness in the strokes
chānbiāo 觇标[-標] N. surveyor's beacon
chánbìn 蝉鬓[-鬢] N. attractive hair on the temples (of women)
chǎnbuchū 产不出[產-] R.V. be unable to produce a desired outcome
chānbudào 搀不到[攙-] R.V. can't be mixed/combined together
chánbùguò 缠不过[纏-] R.V. <*coll.*> unable to outsmart/outdo
chánbuqīng 缠不清[纏-] R.V. be unable to put order into a mess
chānbushàng zuǐ 掺/搀不上嘴[摻/攙-] F.E. <*coll.*> at a loss how to answer
chánbùzhīxuě 蝉不知雪 ID. ignorant; inexperienced
cháncǎi 蟾彩 N. moonlight
chǎncǎochúgēn 铲草除根[鏟-] F.E. exterminate root and branch
chánchán 潺潺 ON. murmur; babble ♦V. run gently (of water)
chánchánbùxī 潺潺不息 F.E. murmur; babble
chánchán'érliú 潺潺而流 F.E. flow with a murmuring sound
chánchánliúshuǐ 潺潺流水 F.E. a murmuring stream
chánchǎnmiànyú 谗谄面谀[讒-] F.E. slander those absent and flatter those present; flatter to the face
chǎnchē 铲车[鏟-] N. forklift M: [3]*liàng*
chánchēng 欃枪[-槍] N. comet
chánchénzhuānquán 谗臣专权[讒-專權] F.E. Evil and covetous officials are everywhere.
chánchú 蟾蜍 N. ① toad M: [2]*zhī* ② fabled toad in the moon ③ moon
[1]**chǎnchū** 产出[產-] N. production ♦R.V. produce; yield
[2]**chǎnchū** 铲出[鏟-] R.V. lift/move with a shovel; shovel
chǎnchú* 铲除[鏟-] V. root out; uproot; eradicate
chánchuáng 禅床 N. bed for meditation M: [1]*zhāng*
chǎnchuáng* 产床[產-] N. obstetric table M: [1]*zhāng*
chǎnchūfǎ 产出法[產-] N. output method
cháncì 躔次 N. orbit
chándài 缠带[纏帶] N. girdle; waistband M: [1]*tiáo*
chǎndàn 产蛋[產-] V.O. lay eggs
chǎndànjī 产蛋鸡[產-雞] N. laying hen; layer M: [2]*zhī*
chǎndào 产道[產-] N. birth/obstetric/parturient canal
chándé 缠得[纏-] V. extort
chán de huāng 馋得慌[饞-] R.V. have a yen for sth. delicious
chándì 禅地 P.W. meditation place
[1]**chǎndì*** 产地[產-] P.W. place of production/origin; producing area
[2]**chǎndì** 铲地[鏟-] V.O. shovel the ground/field
chándìng 禅定 N. <*Budd.*> tranquillity and concentration of meditation
chǎndì zhèngmíng 产地证明[產-證-] N. certificate of origin
chǎndì zhèngmíngshū 产地证明书[產-證-書] N. certificate of origin
chàndòng 颤动[-動] V. ① vibrate; quiver ② shake; tremble ♦N. tremor; vibration *See also zhàndòng*
chàndòng cìshù 颤动次数[-動-數] N. <*lg.*> frequency
chàndòngshù 颤动数[-動數] N. <*lg.*> frequency

chándòu 缠斗[纏鬥] V. dogfight
chàndǒu* 颤抖 V. shake; quiver; shiver *See also zhàndǒu*
chándú 蟾毒 N. toad poison/venom
chǎndú* 产犊[產犢] N. <*liv.*> calving
chānduì 搀兑[攙-] V. mix different substances together
chǎn'é 产额[產-] N. ① production quota ② amount of production; output
chǎn'ér 产儿[產-] N. <*coll.*> ① newborn baby ② result; product
chǎnfā* 阐发[-發] V. elucidate; explicate
chànfǎ 忏法[懺-] N. <*Budd./Dao.*> repentance ritual
chānfàng 搀放[攙-] V. mix in other ingredients
chánfáng* 禅房 P.W. <*Budd.*> ① monastic room ② hermitage; monastery ③ meditation abode
chǎnfáng 产房[產-] P.W. delivery room M: [1]*jiān*
chānfú 搀扶[攙-] V. support sb. with one's hand
chánfū 孱夫 N. cowardly person; weakling M: [2]*wèi*
chánfù 缠缚[纏-] V. bind; wrap
chǎnfù* 产妇[產婦] N. lying-in woman M: [2]*wèi*/*ge*
[1]**chāng** 昌 B.F. flourishing ***chāngshèng, chāngcí, Wǔchāng***
[2]**chāng** 猖 S.V./B.F. <*slang*> ① furious; wild; savage; unbridled ② formidable
[3]**chāng** 娼 B.F. prostitute ***chāngjì***
[4]**chāng** 倡 B.F. <*wr.*> singer; actress ***chāngyōu*** *See also* [3]*chàng*
[5]**chāng** 鲳[鯧] B.F. pomfret ***chāngyú***
[6]**chāng** 伥[倀] B.F. tiger spirit ***chāngzi, hǔchāng***
[7]**chāng** 菖 in ***chāngpú, xiāngchāng***
[8]**chāng** 阊[閶] in ***chānghé***, [2]***chāngmén***
[1]**cháng*** 长[長] S.V. ① long ② lasting ♦ADV. steadily; regularly ♦B.F. ① length [1]***chángdù*** ② strong point ***chángchu*** ♦V. be strong/good (in/at) ***Tā ~ yú xiězuò.*** He is good at writing. *See also* [1]*zhǎng*
[2]**cháng** 常 B.F. ① ordinary; common; normal ***píngcháng*** ② constant; invariable [2]***chángnián*** ♦ADV. often; usually; frequently ***Wǒ ~ dǎ wǎngqiú.*** I often play tennis. ♦N. Surname
[3]**cháng** 场[場] M./V.M. *for happenings* ♦B.F. open area (for threshing grain, sunning crops, etc.) [1]***chángyuàn, gǔcháng*** *See also* [2]*chǎng*
[4]**cháng** 尝[嘗/嚐/甞] V. ① taste ② experience; come to know ***~dàole xuéxí de tiántou*** come to know the benefits of study ♦ADV. ever; once
[5]**cháng** 肠[腸] N. intestines
[6]**cháng** 偿[償] B.F. ① repay; compensate for ***bǔcháng*** ② fulfill ***rúyuànyicháng***
[7]**cháng** 裳 B.F. <*trad.*> skirt ***yīchángzhīhuì***, [2]***xiùcháng*** *See also* [2]*shang*
[8]**cháng** 徜 in ***chángyáng***
[1]**Cháng** 嫦 in ***Cháng'é***
[2]**Cháng** 苌[萇] N. Surname
[1]**chǎng** 厂[廠] N. ① factory; mill; plant; works ② yard; depot
[2]**chǎng** 场[場] N. ① gathering place; field ***Zuótiān kāihuì tā méi dào ~.*** He didn't show up at the meeting yesterday. ②level open space; threshing ground; yard; stage ③<*topo.*> country fair; market ♦M. *for games/performances/etc.* ***Xiàyī~ qīdiǎn kāishǐ.*** The next performance starts at 7:00. *See also* [3]*cháng*
[3]**chǎng** 敞 B.F. spacious ***kuānchang*** ♦V. open ♦ADV. openly; unreservedly
[4]**chǎng** 氅 B.F. coat; overcoat ***chǎngyī***, [2]***dàchǎng***
[5]**chǎng** 惝 B.F. <*wr.*> disappointed; confused ***chǎnghuǎng*** *See also* [6]*tǎng*
[1]**chàng** 唱 V. sing ♦B.F. ① call; cry ***chàngmíng*** ② operatic song or singing part ***dúchàng***
[2]**chàng** 畅[暢] B.F. smooth; unimpeded; free ***chàngtōng***
[3]**chàng** 倡 B.F. initiate; advocate ***tíchàng*** *See also* [4]*chāng*
[4]**chàng** 怅[悵] B.F. disappointed; sad ***chànghèn***, [1]***chóuchàng***

[5]**chàng** 鬯 B.F. <*trad.*> a kind of sacrificial wine ***chàngjiǔ, jùchàng*** *See also* [2]*chàng*
cháng'ái 肠癌[腸-] N. intestinal cancer
Cháng'ān 长安 P.W. capital of China in the Han/Tang dynasties
cháng'ándàoshàng 长安道上 F.E. on the road to fame and fortune
Cháng'ān jūdàbùyì 长安居大不易 F.E. place too expensive to live in
chǎngāo 产羔[產-] N. <*liv.*> lambing; kidding M: [2]*zhī*
chǎngāolǜ 产羔率[產-] N. sheep reproduction rate; lambing rate
chángbàchā 长把叉 N. pitchfork M: [1]*bǎ*
chàng báiliǎn 唱白脸 V.O. ① <*opera*> play the villain ② pretend to be harsh and severe
chǎngbàn 厂办[廠辦] P.W. factory administrative office ♦ATTR. factory
chángbǎndèng 长板凳 N. long bench M: [1]*tiáo*
chángbèi 常备[-備] V.P. always prepared
chángbèibīng 常备兵[-備-] N. regulars (versus reservists)
chángbèibùxiè 常备不懈[-備--] F.E. always on alert
chángbèijūn 常备军[-備-] N. standing army
chàngběn(r) 唱本(儿) N. libretto of a ballad-singer M: [1]*běn*
chángbì 长臂 N. long arm M: [1]*tiáo*
[1]**chángbiān** 长鞭 N. long whip/lash M: [1]*tiáo*
[2]**chángbiān** 长编 N. preliminary/uncut version (of a trad. history) ♦ATTR. long and important (esp. piece of work/etc.)
chángbílèi 长鼻类[-類] N. <*zoo.*> proboscidea
cháng bìméngēng 尝闭门羹[嘗-] V.O. be denied entrance
chángbǐng 长柄 N. long handle M: [1]*bǎ*
chángbìyuán 长臂猿 N. gibbon M: [2]*zhī*
chángbō 长波 N. <*radio*> long wave
chángbólǎo 长脖老 N. <*topo./zoo.*> the crane M: [2]*zhī*
chángbuliǎo 长不了 R.V. can't/won't last long *See also* [1]*zhǎngbuliǎo*
chángbùzǒu 常步走 V.P. march in measured steps
chǎngcāngbóchuán 敞舱驳船[-艙--] N. scow; open barge M: [1]*sōu*
chángcè 长策 N. an effectual/sound plan; a long-term plan
chángchǎn 常产[-產] N. immovable property; real estate
chāngchāng 伥伥 R.F. bewildered; aimlessly wandering
chángchang 尝尝[嘗嘗] R.F. taste; have a taste
chángcháng(r)* 常常(儿) ADV. frequently; often; usually
[1]**chàngchàng** 怅怅 R.F. <*wr.*> disappointed; sorry
[2]**chàngchàng** 畅畅[暢暢] R.F. joyful and peaceful
chàngchàngbùlè 怅怅不乐[-樂] F.E. be disconsolate/gloomy/heavy-hearted
chángchángduǎnduǎn 长长短短 R.F. be of uneven length
chǎngchǎnggūjià 厂场估价[廠場-價] N. <*acct.*> appraisal of a factory/plant
chǎngchǎngkèmǎn 场场客满[場場-] F.E. have full house for every show
chàngchangliēliē 唱唱咧咧 R.F. <*coll.*> sing merrily
chàngchǎngr 唱唱儿 V.O. sing in the street for a living; busk
chàngchǎngr de 唱唱儿的 N. <*trad.*> itinerant singers/musicians; street singers
chǎngchē 敞车 N. ① open wagon or freight car ② flatcar M: [2]*bù*
chángchéng 长程 N. ① long distance ② (in) the long run
Chángchéng* 长城 P.W. ① Great Wall ② impregnable bulwark ③ sb. who can be trusted
chángchéng fēidàn 长程飞弹[--飛-] N. long-range missile M: [4]*méi*

chángchong 长虫[-蟲] N. <coll.> snake M: [1]*tiáo*
chàngchóu 唱酬 V. ① One sings a song and the others join in the chorus. ② an exchange of poems (i.e. one person writing a poem and another writing one in reply, both using the same rhyme scheme)
chàngchóuliángshā 唱筹量沙[-籌--] ID. put up a false front
chángchu* 长处[-處] N. forté; strong/good points
chángchū 尝出[嘗-] R.V. taste; try the flavor of
chàngchū 唱出 R.V. ① sing ② call; cry
[1]chángchuān 长川 ADV. frequently; constantly; regularly ♦N. long river M: [1]*tiáo*
[2]chángchuān 常川 ADV. frequently; constantly; regularly
chángchuāncì 肠穿刺[腸-] N. <*med.*> enterocentesis
chángchuānkǒng 肠穿孔[腸-] N. intestinal perforation
[1]chángchūn 长春 P.W. <*bot.*> ① Indian rose ② periwinkle M: [2]*kē* ***See also*** *Chángchūn*
[2]chángchǔn 长蝽 N. chinch bug M: [2]*zhī*
Chángchūn* 长春 P.W. capital of Jilin province ***See also*** [1]*chángchūn*
chángchūnbáitóu 长春白头 F.E. live to a ripe old age
Chángchūn Diànyǐng Zhìpiànchǎng 长春电影制片厂[--電---廠] P.W. Changchun Film Studio
chángchūnténg 常春藤 N. <*bot.*> Ch. ivy M: [1]*tiáo*
chángchū tiántou(r) 尝出甜头(儿)[嘗-] V.O. get hooked on sth.
chángchūxuè 肠出血[腸-] N. <*med.*> intestinal bleeding
chāngcí 昌辞[-辭] N. ① beautiful expressions (in writing) ② brilliant style
chángcí 长辞[-辭] V. die; pass away
chǎngcì 场次[場-] N. <*thea.*> number of performances
chàngcí* 唱词 N. <*mus.*> libretto; words of a ballad
chǎngcítiě 场磁铁[場-鐵] N. <*elec.*> field magnet
chángcǐyǐwǎng 长此以往 F.E. ① if things go on like this; if things continue this way ② continuously for a long time hence
chángcún 长存 V. live/exist/last forever
chāngdà 昌大 V. increase in greatness; make prosperous
chángdá* 长达[-達] V. lengthen out to ~ ***qiānnián shǐyòng jiǎmíng de chuántǒng*** a long thousand-year tradition of using *kana*
chàngdá 畅达[暢達] V.P. fluent; smooth
chàng dàgǔr 唱大鼓儿 V.O. sing drum ballads
chángdájù 长答句 N. <*lg.*> long response
chángdǎn 尝胆[嘗膽] ID. remind oneself constantly not to forget revenge
chángdào* 尝到[嘗-] R.V. ① taste; try the flavor of ② become aware of; come to know
chàngdǎo 倡导[-導] V./N. initiate; propose ***zài tā de ~ xià*** on his initiative
chángdào tiántóu 尝到甜头[嘗-] V.O. come to know the good of sth.
chàngdǎozhě 倡导者[-導-] N. initiator; pioneer; advocate M: [2]*wèi*
chángdèng 长凳 N. backless bench M: [1]*tiáo*
chángděngduǎnděng 长等短等 F.E. wait for a long time
chángdī 长堤 N. long dike ♦P.W. Long Beach, U.S.A.
chángdí 长笛 N. flute M: [2]*zhī*
[1]chǎngdì* 场地[場-] N. ① space; place; site ② playground; site; place where a show or game is performed M: [2]*kuài*
[2]chǎngdì(r) 敞地(儿) N. open/spacious area/ground M: [2]*kuài*
chángdiǎn 常典 N. usual rites; regular ceremony
Chǎngdiàn* 厂甸[廠-] P.W. marketplace in Beijing especially during the Lunar New Year holidays
chángdiào 长调 N. ① poem of irregular lines with over 91 characters ② <*mus.*> major
chángdǐngyīluán 尝鼎一脔[嘗-臠] F.E. know the flavor of sth. by taking one sample
[1]chángdù 长度 N. ① length ② quantity
[2]chángdù 常度 N. ①normal manner ②ordinary rules
[3]chángdù 肠肚[腸-] N. ① intestines and the belly ② one's intentions (good/evil/etc.)
chángduǎn* 长短 N. ① length ② accident; mishap ③ rights and wrongs; merits and demerits; good and bad ④ strong and weak points ⑤ duration ♦ADV. <*topo.*> in any case; anyhow; anyway, whatsoever ♦V. criticize; scoff at; make fun of
chángduàn 肠断[腸斷] F.E. be heartbroken
chàngduàn 唱段 N. <*mus.*> aria
chángduǎn bù qí 长短不齐[-齊] V.P. uneven in length
chángduǎnduǎngé 长短短格 N. <*lg.*> dactyl
chángduǎngé 长短格 N. trochee
chángduǎnjù 长短句 N. ① another name for [1]*cí* (lyrics) ② heptasyllabic poetry with shorter and longer lines interspersed M: [2]*shǒu*
chángduǎnshī 长短诗 N. poem with uneven length of lines M: [2]*shǒu*
chángduì 长队[-隊] N. long line; queue
chàng duìtáixì 唱对台戏[-對臺戲] V.O. ①put on rival show ② enter into rivalry
chàng dújiǎoxì 唱独角戏[-獨-戲] V.O. ① play a monodrama; put on a one-man-show ② do sth. alone
chǎng dúlìxìng 场独立性[場獨-] N. <*lg.*> field independence
chángdūn 长吨[-噸] N. long ton
Cháng'é 嫦/常娥 N. Lady in the Moon
cháng'ébēnyuè 嫦娥奔月 ID. Chang'e flew to the moon after secretly drinking her husband's elixir of life
cháng'éxiàfán 嫦娥下凡 ID. The goddess of the moon has left paradise and come down to the world of men.
[1]chángfǎ 长法 N. long-range problem-solving
[2]chángfǎ 常法 N. ① lasting law/practice/principle ② common pattern
chángfà* 长发[-髮] N. long hair M: [1]*tóu*
chángfàn 常犯 N. habitual criminal
chàng fǎndiào 唱反调 V.O. ① sing different tune ② air an opposing view
chángfāng 长方 ATTR. rectangular
chǎngfāng 厂方[廠-] N. factory people/authorities
chǎngfáng* 厂房[廠-] P.W. ① factory building M: [4]*zuò* ② workshop M: [1]*jiān*
chǎngfāng dàibiǎo 厂方代表[廠-] N. manufacturer's representative
chǎngfáng jīnglǐ 厂房经理[廠-經-] N. plant manager
chángfāngtǐ 长方体[-體] N. cuboid
chángfāngxíng 长方形 N. rectangle
chǎngfāng zhèngmíngshū 厂方证明书[廠-證-書] N. certificate of manufacture M: [1]*zhāng*
chángfǎnyìngjù 长反应句[--應-] N. <*lg.*> long response
chángféinǎomǎn 肠肥脑满[腸-腦-] N. uncultured fatso
chángfěn 肠粉[腸-] N. rice-flour sheets with filling, rolled up and steamed
chāngfēng 阊风 N. autumn winds
chángfēng* 长风 N. <*wr.*> ① distant wind ② strong wind
chángfèng 常俸 N. <*trad.*> fixed salary of an official
chǎngfēng 厂风[廠-] N. <*PRC.*> factory atmosphere
chángfēngpòlàng 长风破浪 F.E. brave the wind and the waves
chāngfù 娼妇[-婦] N. bitch; whore
chángfú 常服 N. ① suit; informal dress ② everyday military uniform M: [2]*jiàn*/*tào*
chángfù* 偿付[償-] V. pay back
chàngfù 唱付 V. call out amount of change given to customer
chángfù nénglì 偿付能力[償-] N. solvency
chángfǔyīn 长辅音 N. <*lg.*> long consonant
chàng gāodiào(r) 唱高调(儿) V.O. use high-flown words; talk big; affect a high moral tone; chant bombastic words
chànggē(r) 唱歌(儿) V.O. sing (a song) ***Wèi wǒmen chàng [4]zhī gē ba.*** Will you sing a song for us?
chánggēdàngkū 长歌当哭[--當-] F.E. ① sing somber song instead of crying ② intone poems to express grief/anger
Chánggēng 长庚 N. <*astr.*> old name for Venus
chánggěngzǔ 肠梗阻[腸-] N. <*med.*> intestinal obstruction
chànggē tiàowǔ 唱歌跳舞 V.P. singing and dancing
chànggē xiāoqiǎn 唱歌消遣 V.P. divert oneself in singing
chánggōng* 长工 N. long-term hired hand M: [2]*wèi*
chànggōng 唱工/功 N. <*drama*> art of singing
chànggōngxì 唱工戏[-戲] N. opera featuring singing (rather than acrobatics/etc.) M: [2]*bù*/[1]*tái*
[1]chánggǔ 长鼓 N. long drum used by the Korean/Yao ethnic minorities M: [2]*zhī*
[2]chánggǔ 肠骨[腸-] N. <*phys.*> ilium
[3]chánggǔ 长骨 N. <*med.*> long bone
chángguǎn 肠管[腸-] N. intestine M: [1]*tiáo*
chāngguāng 昌光 N. <*wr.*> auspicious sign/omen
chǎngguǎnshāngyè 厂管商业[廠-業] N. factory-managed commerce
chāngguǐ 伥鬼 N. ghost of sb. eaten by a tiger who urges the beast to devour others
[1]chángguī* 常规 N. convention; rule; common practice; routine
[2]chǎngguī 场规[場-] N. regulations for using certain space/area/etc. M: [1]*tiáo*
chángguǐ 常轨 N. normal practice/course
chángguì 长跪 V./N. kneel with feet tucked beneath buttocks and body erect
chǎngguī 厂规[廠-] N. factory rules and regulations M: [1]*tiáo*
chángguīkěxún 常规可循 F.E. The common practice can be followed.
chángguī liáofǎ 常规疗法[--療-] N. <*med.*> routine treatment
chángguī néngyuán 常规能源 N. conventional energy sources
chángguī súlì 常规俗例 N. the usual customs and practices
chángguī wǔqì 常规武器 N. conventional weapons M: [2]*jiàn*
chángguī yányǔ 常规言语 N. <*lg.*> formulaic speech
chángguīzhàn 常规战[-戰] N. <*mil.*> conventional warfare M: [2]*chǎng*
chángguī zhànzhēng 常规战争[-戰爭] N. <*mil.*> conventional warfare M: [2]*chǎng*
chǎnggǔn* 场磙[場-] N. threshing roller
chǎnggǔn 场滚[場滾] N. <*coll.*> stone roller used for threshing
chàng gǔshū 唱鼓书[-書] V.O. <*coll.*> accompany oneself on a drum while singing or telling a story
Chánghàn 长汉[-漢] N. <*wr.*> Milky Way
[1]chánghào 常好 V. have the hobby of doing sth.
[2]chánghào 长号[-號] N. <*mus.*> trombone
[1]chànghǎo* 唱好 R.V. sing well ♦V. cheer; applaud
[2]chànghǎo 畅好[暢-] V.P. satisfying
chānghé 阊阖 N. <*wr.*> ① the gate of heaven ② the gate of a palace
chánghé 长河 N. ① long river ② endless flow ③ long process ④ Milky Way M: [1]*tiáo*

chǎnghé* 场合[場-] N. occasion; situation *zài zhèzhǒng ~ xià* on this occasion
chànghè 唱和 V. ① sing song with others joining in chorus ② write poem to which one or more others reply
chàng hēitóu 唱黑头 V.O. <*opera*> sing a painted-face role
chángheliǎnr 长合脸儿 N. <*coll.*> rectangular-shaped face
chánghèn* 长恨 N. eternal sorrow
chànghèn 怅恨 V.P. melancholy and resentful
chánghéng 常衡 N. avoirdupois
Chánghèn Gē 长恨歌 N. the "Song of Eternal Sorrow" by Bai Juyi
chánghóng 长虹 N. rainbow M: ²*dào*
chàng hóngliǎn 唱红脸 V.O. ① <*opera*> play the hero ② pretend to be generous and kind
chánghuà 长话 N. ① long-distance call ② long story
chánghuàduǎnshuō 长话短说 F.E. make a long story short
chǎnghuái* 敞怀[-懷] V.O. bare one's chest
chànghuái 畅怀[暢懷] S.V. to one's heart's content
chánghuán 偿还[償還] V. repay; pay back
chǎnghuǎng 惝恍 V.P. dispirited; dejected; disheartened; discouraged *See also tǎnghuǎng*
chánghuì 常会 N. regular meeting/session ♦V. meet/see sb. frequently
chánghuó 长活 N. long term job
chāngjì* 娼妓 N. prostitute; streetwalker
¹**chángjì** 长计 N. long-term plan
²**chángjì** 长技 N. special skill
chǎngjī 厂基[廠-] N. factory site/grounds
chǎngjí 厂籍[廠-] N. factory roster
¹**chǎngjì** 场记[場-] N. ① log ② log keeper
²**chǎngjì** 厂纪[廠-] N. factory discipline
chàngjī 唱机 N. record player M: ¹*tái*
chāngjiā 娼家 N. brothel keeper
¹**chángjià** 长假 N. long leave ♦V. <*coll.*> resign
²**chángjià** 常价[-價] N. constant price
chǎngjiā* 厂家[廠-] N. ① factory; mill ② factory authorities/owner
chǎngjià 厂价[廠價] N. ① price at factory ② factory/list price
chángjiādār 肠加答儿[腸-] N. <*med./loan*> intestinal catarrh
chángjiān 长笺[-箋] N. notes citing and appraising the opinions of preceding commentators M: ¹*zhāng*
¹**chángjiàn*** 常见 S.V. commonly seen; common
²**chángjiàn** 长剑 N. long sword M: ¹*bǎ*
chángjiànbìng 常见病 N. common disease/ailment M: ¹*zhǒng*
Cháng Jiāng 长江 P.W. Yangtze River
Cháng Jiāng hòulàng tuī qiánlàng 长江后浪推前浪[--後----] F.E. Each new generation excels the last one
Cháng Jiāng liúyù 长江流域 P.W. the drainage areas of the Yangtze River
Cháng Jiāng Sānjiǎozhōu 长江三角洲 P.W. The Yangtze River Delta
Cháng Jiāng Sānxiá 长江三峡[-峽] P.W. the Three Gorges of the Yangtze River
chángjiāngtiānqiàn 长江天堑 F.E. The Yangtze River is a natural barrier.
Cháng Jiāng tiānxiǎn 长江天险 N. The Yangtze is a natural barrier.
chángjiānmó 肠间膜[腸-] N. <*phys.*> interintestinal membrane
chàngjiào 唱叫 V. yell and scream
chángjiē 长街 N. <*wr.*> (long) street M: ¹*tiáo*
chǎngjièdēng 场界灯[場-燈] N. airfield boundary lights
chángjiéhé 肠结核[腸-] N. <*med.*> intestinal tuberculosis
chángjiēqǐtǎo 长街乞讨 F.E. go along the streets begging
chāngjìguǎn 娼妓馆 P.W. brothel
chángjīn 偿金[償-] N. indemnity M: ²*bǐ*
chángjīng 长鲸 N. ① big whale M: ¹*tiáo* ② heavy drinking (of a person) ③ greedy person
chángjǐng 常景 N. common situation
chángjìng 长径[-徑] N. <*math.*> major axis
chǎngjǐng* 场景[場-] N. ① scene ② setting
chàngjīng 唱经[-經] V.O. ① recite aloud the passages of classics ② sing prayers/hymns
chángjǐnglù 长颈鹿[-頸-] N. <*zoo.*> giraffe M: ¹*tóu*
chángjǐngniǎohuì 长颈鸟喙[-頸--] ID. look of a mean fellow
cháng jìnguǒ 尝禁果[嘗-] V.O. taste forbidden fruit
chàng jīngxì 唱京戏[-戲] V.O. stage a Peking opera show
chángjìnjiānnán 尝尽艰难[嘗盡艱難] F.E. be pushed to the extreme/limit; suffer great hardship
chángjìnxīnsuān 尝尽心酸[嘗盡-] F.E. taste all the bitterness of life
¹**chángjiǔ*** 长久 S.V. ① for a long time ② permanently
²**chángjiǔ** 常久 ADV. for a long time
chàngjiǔ 鬯酒 N. sacrificial wine
chángjiǔ jìyì 长久记忆[-憶] N. long-term memory
chángjiǔyǐlái 长久以来 F.E. since a long time ago; for a long time
chángjiǔzhàn 长久战[-戰] N. a long-drawn-out war M: ²*chǎng*
chángjiǔzhījì 长久之计 N. a long-term/permanent solution
chángjú 长局 N. permanent/long-term arrangement
chángjù* 长句 N. <*lg.*> seven-syllable (heptasyllabic) classical poetry
chāngjué 猖獗 S.V. rampant; rebellious; unruly ♦V. run wild/rampant
chāngjuéyīshí 猖獗一时[-時] F.E. run rampant for a while
chángjùlí 长距离[-離] F.E. long haul; long distance
chǎngkāi(r) 敞开(儿)[-開-] R.V. open wide ♦ADV. <*coll.*> unlimitedly; unrestrictedly
chǎngkāi dùzi 敞开肚子[-開--] V.O. eat without inhibition/restraint
chǎngkāigōngyìng 敞开供应[-開-應] F.E. have a sufficient/ample supply; make possible an unrationed supply
chǎngkāile shuō 敞开了说[-開--] V.P. <*coll.*> speak out openly
chǎngkāi liàngr hē 敞开量儿喝[-開---] V.P. <*coll.*> drink as much as one wants
chǎngkāi liàngr shuō 敞开量儿说[-開---] V.P. <*coll.*> speak out; say as much as one wants
chǎngkāirle 敞开儿了[-開--] ADV. <*coll.*> with gusto; to the full
chǎngkāirle hē 敞开儿了喝[-開---] V.P. <*coll.*> drink as much as you want
chǎngkāi sīxiǎng 敞开思想[-開--] V.O. open up one's thoughts; speak up; dare to speak what is really on one's mind
chángkàoyǐ 长靠椅 N. settee M: ¹*bǎ*
chángkè 常客 N. regular visitor; frequenter (of theater/restaurant/etc.) M: ²*wèi*
chángkōng* 长空 N. <*wr.*> sky
chángkǒng 常恐 CONJ. <*topo.*> (for fear) lest
chàng kōngchéngjì 唱空城计 V.O. ① present a bold front to conceal a weak defense ② have an absentee staff
chǎngkǒu(r) 敞口(儿) ATTR. uncovered
chángkù 长裤 N. trousers; pants; slacks M: ¹*tiáo*
chǎngkuài 敞快 S.V. straightforward and broad-minded
chàngkuài* 畅快[暢-] S.V. ① free from inhibitions; carefree ② cheerful and exuberant
chángkuǎn 长款 N. surplus
chāngkuáng* 猖/倡狂 S.V. ① savage; furious ② profligate
chǎngkuàng 厂矿[廠礦] N. factories and mines M: ⁴*zuò*
chǎngkuàngqǐyè 厂矿企业[廠礦-業] N. factory and mining enterprises
chángkuìyáng 肠溃疡[腸-瘍] N. intestinal ulcer
chángláichángwǎng 常来常往 F.E. frequently see each other
chānglán 菖兰[-蘭] N. gladiolus *Gladiolus gandavensis* M: ²*zhū*
chángláng 长廊 N. ① covered corridor/walk; gallery ② the Long Corridor (of the Summer Palace in Beijing) M: ¹*tiáo*
chángláo 肠痨[腸癆] N. <*med.*> intestinal tuberculosis
chàng lǎodiàozi 唱老调子 V.O. sing the same old song
chánglèwèiyāng 长乐未央[-樂--] F.E. boundless joy
chānglì 猖厉[-厲] S.V. wild and severe; mad and violent
¹**chánglǐ(r)*** 常理(儿) N. ① logical thinking ② conventions ③ general consent
²**chánglǐ** 常礼[-禮] N. regular etiquette; common courtesy
³**chánglǐ** 长里 N. <*coll.*> the future
¹**chánglì** 常例 N. common practice
²**chánglì** 长历[-曆] N. (lunar) calendar spanning centuries
³**chánglì** 长吏 N. ① officials of higher seniority ② superiors M: ²*wèi* *See also zhǎnglì*
chànglǐ 唱礼[-禮] N. <*Budd.*> prayers ending religious ceremony
chángliǎn 长脸 N. a long face M: ¹*zhāng*
chǎngliǎnfáng 敞脸房 N. structure open on one side (e.g., garage) M: ¹*jiān*
chángliàng 常量 N. <*math.*> constant
chǎngliàng* 敞亮 S.V. ① light and spacious ② clear
chāngliáo 娼寮 P.W. brothel; whorehouse
chǎnglǐbài 厂礼拜[廠禮-] N. factory workers' day off
chángliè 长列 N. long row/file/line
chánglǐfú 常礼服[-禮-] N. ordinary (not full) formal clothing M: *tào*/²*jiàn*
chánglínfēngcǎo 长林丰草[--豐-] F.E. ① field with luxuriant vegetation ② a secluded place for a hermit to live in
chǎnglíng 厂龄[廠齡] N. years of service at a factory
chǎnglǐngr 敞领儿 N. open-collared shirt M: ²*jiàn*
chángliú* 长流 V. go about sth. little by little without letup
chàngliú 畅流[暢-] V. flow freely/smoothly
chānglóng 昌隆 S.V. prosperous
chánglóng* 长龙 N. long queue/line of people M: ¹*tiáo*
chǎnglòu 敞露 V. open wide *See also chǎnglù*
chǎnglù 敞露 V. expose *See also chǎnglòu*
chánglǜ 常绿 V.P. evergreen
chāngluàn 猖乱[-亂] S.V. wild and disorderly
chàngluàn* 倡乱[-亂] V.P. lead a riot
chǎnglùn 场论[場-] N. theory
chánglǜshù 常绿树[-樹] N. evergreen tree/bush M: ²*kē*
chánglǜ zhíwù 常绿植物 N. evergreen plant
chángmài 常卖[-賣] V. <*topo.*> peddle (goods); be a peddler
¹**chángmáo*** 长矛 N. long spear; lance M: ²*gēn*
²**chángmáo** 长毛 N. <*derog.*> long-haired rebels (i.e., the Taipings) *See also zhǎngmáo*
chàngmào 畅茂[暢-] S.V. luxuriant; prosperous; flourishing
chángmáoróng 长毛绒 N. plush
chángmáoxiàng 长毛象 N. <*zoo.*> mammoth; wooly mammoth M: ²*zhī*
¹**chāngmén** 娼门 P.W. house of prostitution
²**chāngmén** 阊门 P.W. famous Suzhou city gate
chāngmén-yínkū 娼门淫窟 P.W. bawdy houses; whoredom
chángmián 长眠 V. be buried/entombed

chǎngmiàn* 场面[場-] N. ① scene; spectacle ② occasion ③ appearance; facade ④ scope ⑤ pageantry ⑥ <*opera*> accompanying musicians ⑦ theater decor
chángmiánbùxǐng 长眠不醒 F.E. sleep eternally never to wake up; die
chángmiándìxià 长眠地下 F.E. be dead and buried
chāngmíng 昌明 S.V. ① flourishing; well-developed ② glorious; bright ♦V. expound and elaborate ♦N. a kind of tea produced in Sichuan
[1]**chángmíng** 长鸣 V. yowl
[2]**chángmíng** 肠鸣[腸-] N. <*Ch. med.*> intestinal sounds
[1]**chángmìng*** 偿命[償-] V.O. pay with one's life; a life for a life
[2]**chángmìng** 长命 N. long life
chàngmíng 唱名 V.O. call the roll ♦N. sol-fa syllables
chángmìngbǎisuì 长命百岁[-歲] F.E. Many happy returns of the day!
chàngmíngbiǎojué 唱名表决[-決] F.E. ① vote by roll call ② roll-call vote
chángmíngdēng 长明灯[-燈] N. altar lamp burning day and night M: [1]*zhǎn*
chángmìngdīng 长命钉 N. nails used to fasten the cover of a coffin M: [2]*gēn*
chángmìngfùguì 长命富贵 F.E. a long life of abundance and respectability
chángmìngqián 偿命钱[償-錢] N. blood money
chángmìngsuǒ 长命锁 N. protective talisman for children M: [1]*bǎ*
chángmó 常模 N. <*lg.*> norm
chángmó cānzhào cèshì 常模参照测试[--參---] N. <*lg.*> norm-referenced test
chángmǔyīn 长母音 N. <*lg.*> long vowel
chǎngnèi 厂内[廠-] ATTR. in-plant; in-house
chǎngnèi dàiyè 厂内待业[廠-業] V.P. be temporarily unemployed, but still on factory payroll
[1]**chángnián** 长年 N. all year around ***See also*** *zhǎngnián*
[2]**chángnián** 常年 ADV. ①throughout year ②year in year out ♦N. ① average year ② <*wr.*> long life
chángnián dàhuì 常年大会 N. annual meeting/convention
chángniánfèi 常年费 N. regular annual fees
chángniánlǎoguī 常年老规 F.E. rules consecrated by time
chángniánlěiyuè 长年累月 F.E. year in year out; over the years
[1]**chángōng** 禅功 N. meditation
[2]**chángōng** 蟾宫[-宮] N. moon
chǎn-gōng-xiāo 产供销[產-] N. <*econ.*> production, supply, and marketing
chángōngzhéguì 蟾宫折桂[-宮--] ID. ① obtain a degree in civil examinations ② become a great man
chángpái* 长排 N. long row/line
chǎngpái 厂牌[廠-] N. brand (of the manufacturer)
chǎngpán 厂盘[廠盤] N. list price ♦V. make an inventory of stock on hand; take stock
chàngpán* 唱盘[-盤] N. turntable
chángpáo(r) 长袍(儿) N. long gown; robe M: [2]*jiàn*
chángpǎo* 长跑 N. long-distance run
chángpáor-duǎnguàr 长袍儿短褂儿 F.E. long gown and short jacket, ceremonial dress of a Chinese gentleman
[1]**chǎngpéng** 厂棚[廠-] N. makeshift factory building
[2]**chǎngpéng** 敞篷 N. open
[3]**chǎngpéng** 敞棚 N. open shed
chǎngpéngchē 敞篷/蓬车 N. open car
chāngpī 猖/昌披 V. act wildly as one pleases ♦S.V. wild; violent; tyrannical
chángpiān 长篇 N. a long piece of writing M: [2]*bù*
chángpiàn 长片 N. feature film M: [2]*bù*
chàngpiān(r)* 唱片(儿) N. <*coll.*> disc; record M: [1]*zhāng*
chàngpiàn(r) 唱片(儿) N. disc; record M: [1]*zhāng*
chángpiāndàlùn 长篇大论 F.E. ① lengthy speech/article ② tirade
chàngpiānhé 唱片盒 N. record album
chángpiān-lěidú 长篇累牍[-牘] N. lengthy article
chàngpiāntào 唱片套 N. (disk) jacket
chángpiān xiǎoshuō 长篇小说 N. long piece of fiction; novel M: [2]*bù*
chàngpiào 唱票 V.O. call out names of those voted for while counting ballot-slips
chángpíngcāng 常平仓[-倉] N. <*hist.*> ever-normal granary
chāngpú 菖蒲 N. <*bot.*> ① sweet sedge ② calamus ③ iris
chǎngpǔ* 场圃[場-] P.W. vegetable gardens
chāngpújiǔ 菖蒲酒 N. calamus wine (served at Dragon-Boat Festival)
chāngqī 昌期 N. ① era of peace and justice ② time of glory/prosperity
chángqī* 长期 N./ATTR. long period of time; long-term ***Zhè shì ~ cúnzài de wèntí.*** This is a long-standing problem.
Chángqí 长崎 P.W. Nagasaki (Jp.)
chàngqǐ 唱起 R.V. ① sing ② call; cry
chàngqià 畅洽[暢-] V.P. extensive and profound
chángqiāng 长枪[-槍] N. ① spear ② long-barreled gun M: [4]*zhī*
chàngqiāng* 唱腔 N. <*mus.*> operatic vocal music
chángqiǎo 尝巧[嘗-] V.P. test one's ability
chángqī bù jǐngqì 长期不景气[-氣] F.E. chronic depression
chángqídàyù 偿其大欲[償-] F.E. fulfil one's desires
chángqīfùzhài 长期负债 F.E. be in debt for a long time
chángqīgòngcún 长期共存 F.E. long term co-existence
chángqī hétóng 长期合同 N. long-term contract
chángqī jièkuǎn 长期借款 N. long-term loan
chángqī jìyì 长期记忆[-憶] N. <*lg.*> long-term memory
chángqī kàngzhàn 长期抗战[-戰] N. protracted war of resistance
chàng qǐlai 唱起来 R.V. ① sing ② call; cry
[1]**chángqīng** 常/长青 V.P. evergreen
[2]**chángqīng** 偿清[償-] R.V. clear/pay off (debts/etc.); satisfy
chángqíng* 常情 N. reason; (common) sense
chǎngqíng 厂情[廠-] N. <*PRC*> factory situation
chángqīngshù 长/常青树[-樹] N. evergreen tree M: [2]*kē*
chángqīngsōng 长青松 N. verdant pine M: [2]*kē*
chángqīngsùzhài 偿清夙/宿债[償-] F.E. get square with one's creditors; satisfy all demands
chángqī qūshì 长期趋势[-趨勢] N. long-term tendency
chángqī tóuzī 长期投资 N. long-term investment
[1]**chángqīxìng** 长期性 N. protracted nature
[2]**chángqīxìng** 常期性 N. regularity
chángqīyǐlái 长期以来 F.E. for a long time
chángqū 长驱[-驅] V. <*mil.*> make long drive; push deep
chángqù 常去 V. go often
chǎngqū 场区[場區] P.W. <*sport*> field; court
chàngqǔ(r)* 唱曲(儿) N. song ♦V.O. sing
cháng qūgùnqiú 长曲棍球 N. <*sport*> lacrosse
chángqūzhíjìn 长趋直进[-趨-進] F.E. drive straight ahead
chángqūzhírù 长驱直入[-驅--] F.E. <*mil.*> drive straight in
[1]**chángr*** 肠儿[腸-] N. sausage
[2]**chángr** 长儿 N. ① length ② long time
chàngr 唱儿 N. song; ditty
[1]**chàngrán** 怅然 S.V. disappointed; upset
[2]**chàngrán** 畅然[暢-] ADV. joyfully
chàngrán'érfǎn 怅然而返 F.E. come away disappointed
chàngrán'érguī 怅然而归[-歸] F.E. return sorrowfully home
chàngránjiētàn 怅然嗟叹[-嘆] F.E. sigh and be sorrowful for a while
chàngránruòshī 怅然若失 F.E. be in a despondent mood
chàngránwúsì 怅然无似 F.E. be incomparably depressed
chàngrányúhuái 怅然于怀[-於懷] F.E. feel dissatisfied at heart
chàngrě 唱喏 V. greet in trad. fashion
[1]**chángrén*** 常人 N. ordinary person
[2]**chángrén** 长人 N. extremely tall man
chángrèn 常任 ATTR. permanent; standing
chángrèn lǐshì 常任理事 N. permanent council member
chángrì 长日 N. ① Winter Solstice ② long days of summer
Chángróng 长荣[-榮] N. ① name of a TW airline company ② lasting prosperity
chǎngróng* 厂容[廠-] N. environmental features of a factory
Chángshā 长沙 P.W. Changsha (capital of Hunan)
cháng shāfāyǐ 长沙发椅[--發-] N. couch
chángshān* 长衫 N. (unlined) long gown (worn by men) M: [2]*jiàn*
chángshàn 尝膳[嘗-] V.O. <*trad.*> taste food (before giving it to one's parents)
chǎngshāng 厂商[廠-] N. ① firm; business M: [1]*jiā* ② manufacturer; factory owner M: [2]*wèi*
[1]**chángshé** 长舌 S.V. gossipy; catty
[2]**chángshé** 长蛇 N. ① <*zoo.*> serpent M: [1]*tiáo* ② greedy and cruel person
chángshè* 常设 ATTR. standing; permanent
chángshèchéng 长射程 N. long range (of artillery pieces)
chángshéfù 长舌妇[-婦] N. <*coll.*> gossip monger; garrulous woman M: [2]*wèi*
chǎngshèguàgōu 厂社挂钩[廠-掛鉤] F.E. <*PRC*> link factories and communes
chángshēnduǎnyín 长呻短吟 F.E. groaning heavily and sighing deeply
chāngshèng 昌盛 S.V. ① prosperous ② glory
chángshēng* 长生 N. ① long life; longevity ② <*Dao.*> eternal life
chángshèng 常胜[-勝] ATTR. ever victorious
chángshēngbùlǎo 长生不老 F.E. ① live forever and never die ② immortality
chángshēngbùlǎo yào 长生不老药[-藥] N. elixir of eternal life
Chángshēng Diàn 长生殿 N. <*trad.*> name of a Tang palace
chángshēngguǒ 长生果 N. <*topo.*> peanuts in shell; ground nuts M: [3]*lì*
chángshèng jiāngjūn 常胜将军[-勝將-] N. ever-victorious general M: [2]*wèi*
chángshéngjìrì 长绳系日[-繩繫-] ID. try to stop the passage of time
chángshēngjiǔshì 长生久视 F.E. live a long life with good eyes and ears
chángshèngjūn 常胜军[-勝-] N. ① ever-victorious army M: [4]*zhī* ② <*hist.*> Gordon's Ever-Victorious Army
chángshēnglùwèi 长生禄位 F.E. tablet and altar honoring a great benefactor
chángshēngyào 长生药[-藥] N. elixir to prolong life indefinitely; elixir of life
chángshè wěiyuánhuì 常设委员会 N. permanent/standing committee
chángshézhèn 长蛇阵 N. <*mil.*> single-line battle array
Chángshézuò 长蛇座 N. <*astr.*> Hydra
chāngshí 昌时[-時] N. era of peace and justice
chángshī 长诗 N. long poem M: [2]*shǒu*
[1]**chángshí** 常识[-識] N. ① general/common knowledge ② common sense M: [1]*diǎn*/[1]*xiē* ③ subject in primary school curricula which includes the ABCs of natural and social sciences

²chángshí 常时[-時] N. ① often; frequently; regularly ② <topo.> sometimes
³chángshí 长石 N. <min.> feldspar M: ²kuài
¹chángshì* 尝试[嘗-] V. attempt; try
²chángshì 常事 N. ① ordinary matters; a common happening; routine ② often repeated incident or event M: ²jiàn
³chángshì 长逝 V. pass away; be gone forever
⁴chángshì 常式 N. ① regular form/style ② common law
chǎngshǐ 厂史[廠-] N. history of a factory
chàngshī 唱诗 V.O. chant poems; sing hymns
chàngshǐ 倡始 V. ① initiate ② invent
chàngshì 畅适[暢適] S.V. relaxing; refreshing
chàngshībān 唱诗班 N. <rel.> church choir
chángshìfǎ 尝试法[嘗-] N. <math.> trial-and-error method
cháng shíjiān 长时间[-時-] N. long time
chángshí jìyì 长时记忆[-時-憶] N. <lg.> long-term memory
chángshíkè 常识课[-識-] N. general knowledge course M: ¹jié
chángshìmào 尝试貌[嘗-] N. <lg.> tentative aspect
chángshǐyòng shòumìng 长使用寿命[---壽-] N. longevity of service
chángshí yǔyánxué 常识语言学[-識---] N. <lg.> common-sense semantics
¹chángshòu* 长寿[-壽] N. long life; longevity *Zhù nín ~!* A long life to you!
²chángshòu 尝受[嘗-] V. experience (hardship/misery/etc.)
³chángshòu 长瘦 S.V. tall/long and thin
chàngshǒu 倡首 V. initiate
chàngshōuchàngfù 唱收唱付 F.E. singing out by cashiers of money received and change given
chángshòumiàn 长寿面[-壽麵] N. birthday noodles
chángshòuxiù 长寿绣[-壽繡] N. embroidery of the longevity pattern
chángshù* 常数[-數] N. <math.> constant
¹chàngshū 唱书[-書] V.O. sing stories (traditional entertainment)
²chàngshū 畅抒[暢-] V. freely express
chàng shuānghuáng 唱双簧[-雙-] V.O. ① give two-man comic show ② echo each other ③ collaborate with each other
chǎngshuì 厂税[廠-] N. factory tax
chàngshūjǐjiàn 畅抒己见[暢-] F.E. speak one's mind
chàngshùn 畅顺[暢-] S.V. smooth and easy; unhindered
chángsī* 长丝[-絲] N. <txtl.> filament M: ²gēn/²gǔ
chángsì 常祀 N. regular sacrifices
chǎngsī 厂丝[廠絲] N. <txtl.> filature silk M: ²gēn/²gǔ
chángsuí* 长随[-隨] N. <trad.> personal attendant (of an official); servant M: ²wèi
chángsuì 常岁[-歲] ADV. regularly
chàngsuí 倡随[-隨] N. harmonious marital relationship
chàngsuì 畅遂[暢-] V.P. luxuriant (growth of plants, etc.); flourishing
chàngsuízhīlè 唱随之乐[-隨-樂] N. marital bliss
chǎngsuǒ 场所[場-] N. place; arena
chǎngsuǒ fùcí 场所副词[場-] N. <lg.> adverbial of place
chàngsuǒyùwéi 畅所欲为[暢-] F.E. do whatever one likes
chàngsuǒyùyán 畅所欲言[暢-] F.E. speak out freely
¹chángtài 常态[-態] N. normality; normal behavior/conditions ♦ ATTR. normal
²chángtài 长泰 V.P. ever-peaceful
chángtài diāndǎo cìxù 常态颠倒次序[-態---] N. <lg.> normal inverted order
chángtài fēnbù 常态分布[-態--] N. <lg.> normal distribution
chángtàifēnpèi 常态分配[-態--] F.E. normal distribution
¹chángtán 长谈 N. long talk
²chángtán 常谈 N. platitude
chángtàn 长叹[-嘆] N./V. deep sigh
chàngtán* 畅谈[暢-] V. talk freely
chángtàngr 长趟儿 N. long distance
chángtànyīshēng 长叹一声[-嘆-聲] F.E. heave a deep sigh
chángtào 常套 N. convention; a usual pattern
chángtiān 长天 N. ① sky ② whole day
chángtiāndàrì 长天大日 F.E. endless daytime
chángtiānlǎorì 长天老日 F.E. endless daytime
cháng tiántou 尝甜头[嘗-] V.O. get sth. out of it; draw benefit from it
chángtiao 长挑 S.V. tall and slender
chángtiáo(r)* 长条(儿)[-條-] N. long and narrow strip
chǎngtiáo 厂条[廠條] N. silver ingots minted in early republican days
chángtiáo dìtǎn 长条地毯[-條--] N. (rug) runner
chángtiáo jiàoyàng 长条校样[-條-樣] N. <print.> galley proof
chángtíng* 长亭 P.W. road-side pavilion
chǎngtīng 敞厅[-廳] P.W. spacious/large hall M: ¹jiān
chángtíngsòngbié 长亭送别 F.E. go out a long way to bid sb. farewell
chángtǒng* 长筒 N. long and tube-shaped
chàngtōng 畅通[暢-] S.V. unimpeded; unblocked
chángtǒng píxuē 长统皮靴 N. high boots
chángtǒngwà 长统袜[-襪] N. stockings M: ¹shuāng
chángtǒng wàkù 长筒袜裤[--襪-] N. pantyhose M: ¹shuāng
chángtǒng wàzi 长筒袜子[--襪-] N. hose; long stockings M: ¹shuāng
chàngtōngwúzǔ 畅通无阻[暢-] F.E. proceed without hindrance; go unblocked/unimpeded
chángtǒngxuē 长筒/统靴 N. kneeboot; hipboot; jackboot M: ¹shuāng
chàngtóu 唱头 N. phonograph pickup
chángtú 长途 N. ① long distance ② long-distance call
chángtúbáshè 长途跋涉 F.E. trudge a long distance
chángtúbēnxí 长途奔袭 F.E. <mil.> make a long-distance raid
chángtú diànhuà 长途电话[--電-] N. long-distance call
chángtú diànxìnjú 长途电信局[--電--] N. long-distance telecommunications bureau
chángtúkùndùn 长途困顿 F.E. plod one's weary way
chángtú lǚxíng 长途旅行 N. long journey; long hours of travel
chángtú qìchē 长途汽车 N. long-distance bus/coach M: ³liàng
chángtú sàipǎo 长途赛跑 N. long-distance running race
chángtú tōngxùn 长途通讯 N. telecommunications
chángtúzhuǎnzhàn 长途转战[-轉戰] F.E. fight continuous battles over a long distance
¹chánguān 蝉冠 N. <trad.> beautifully adorned cap worn by nobles
²chánguān 禅关[-關] N. meditation abode; room
chánguāng 蟾光 N. moonlight
chǎnguānqīmín 谄官欺民 F.E. toady to officials and oppress the people
chánguǐ* 馋鬼[饞-] N. greedy; piggish
chánguì 蟾桂 N. shades/spots on the moon
chānguó 觇国[-國] V.O. survey conditions within a nation
chánguǒ* 缠裹[纏-] V. wrap up; cover tightly
chángwà 长袜[-襪] N. stockings M: ¹shuāng
chǎngwài jiāoyì shìchǎng 场外交易市场[場-場] N. over-the-counter market; off-board market
chǎngwài zhǐdǎo 场外指导[場-導] N. sideline coaching M: ²wèi
chàngwǎn 怅惋 V.P. regretful; disappointed; sorry
chàngwǎng* 怅惘 V.P. distracted; listless
¹chàngwàng 怅望 V. ① long wistfully ② be tormented by unsatisfied desire ③ regret
²chàngwàng 畅旺[暢-] S.V. flourishing; prosperous; booming
chàng wányì 唱玩艺[-藝] V.O. <coll.> sing a spoken song to drum accompaniment or sing in quick time
chàng wányìr 唱玩意儿 V.O. <topo.> singing performance
chángwàzi 长袜子[-襪-] N. stockings M: ¹shuāng
chángwéi 长围[-圍] N. encirclement ♦ V. block; besiege a place
¹cháng-wěi* 常委 N. member of standing committee M: ²wèi
²chángwěi 长尾 N. long tail M: ¹tiáo
¹chángwèi 肠胃[腸-] N. intestines and stomach; belly
²chángwèi 尝味[嘗-] V.O. try the flavor; taste; savor
chángwèibìng 肠胃病[腸-] N. intestinal and stomach trouble
chángwěihóu 长尾猴 N. long-tailed African monkey M: ²zhī
chángwěihuì 常委会 N. standing committee
chángwěijī 长尾鸡[-雞] N. ① phoenix cock ② paradise flycatcher M: ²zhī
chángwèikē 肠胃科[腸-] N. <med.> gastroenterology
chángwěishā 长尾鲨 N. thresher shark; thresher M: ¹tiáo
chángwèiyán 肠胃炎[腸-] N. <med.> enterogastritis
chángwěiyuán 长尾猿 N. long-tailed African monkey M: ²zhī
chángwēn 常温 N. ① normal atmospheric temperature ② homeothermy
chāngwō 娼窝[-窩] P.W. brothel
chángwū 场屋[場-] N. ① <trad.> examination hall ② theater M: ⁴zuò/¹jiā
¹chángwù* 常务[-務] N. day-to-day business; routine
²chángwù 长物 N. ① property; belongings ② surplus; things left over
chángwù dǒngshì 常务董事[-務--] N. standing member of the board of trustees
chǎngwù huìyì 厂务会议[廠務-議] N. factory-level meeting
chángwù jiānshì 常务监事[-務監-] N. standing supervisor/inspector
chángwù lǐshì 常务理事[-務--] N. executive manager M: ²wèi
chángwùwěiyuán 常务委员[-務--] F.E. members of a standing committee
chángwù wěiyuánhuì 常务委员会[-務---] N. standing committee
chàngxì 唱戏[-戲] V.O. <coll.> perform in a traditional opera
chángxià* 长夏 N. late summer
chàngxià 唱下 V. ① sing ② call; cry
chángxiān(r) 尝鲜(儿)[嘗-] V.O. ① try fresh things ② have a taste of a delicacy
¹chángxiàn* 长线 N. be in oversupply
²chángxiàn 肠线[腸-] N. catgut M: ²gēn/¹tiáo
³chángxiàn 肠腺[腸-] N. <phys.> intestinal glands
chángxiàn chǎnpǐn 长线产品[--產-] N. ① slow-selling/oversupplied products ② <PRC> long-line products
chángxiàng* 长项 N. what one is good at
chàngxiǎng 畅想[暢-] V. give free rein to one's thoughts
chángxiāngsīshǒu 长相厮守[--廝-] F.E. stay married forever

chángxiàn zhuānyè 长线专业[-專業] N. a specialization whose graduates exceed the social demand
[1]**chángxiào** 长效 ATTR. long-acting
[2]**chángxiào** 长啸[-嘯] V. ① utter a long and loud cry ② whistle
chàngxiāo* 畅销[暢-] V. sell well
chǎngxiàoguàgōu 厂校挂钩[廠-掛鈎] F.E. <PRC.> link up factories with schools
chàngxiāohuò 畅销货[暢-] N. best-selling/fast-selling goods M: [1]pī/[1]zhǒng
chàngxiāoshū 畅销书[暢-書] N. best seller (of books) M: [1]běn
chángxí de dòngzuò 常习的动作[-習-動-] N. <lg.> generic action
chángxīn* 尝新[嘗-] V.O. ① sample what is just in season ② taste a new delicacy
chàngxīn 畅心[暢-] S.V. carefree; free from inhibitions
[1]**chángxíng** 长形 N. long shape
[2]**chángxíng** 长行 V. be on a long journey
[3]**chángxíng(r)** 常行(儿) ADV. frequently; often
[1]**chángxìng** 长性 N. perseverance; constancy
[2]**chángxìng** 常性 N. persistence
chàngxíng* 畅行[暢-] V. pass unimpeded
chàngxíng jiāotōng 畅行交通[暢-] N. free-moving traffic
chàngxíngwúzǔ 畅行无阻[暢-] F.E. pass unimpeded; meet no obstacle wherever
chángxīnluó 长辛螺 N. long shellfish M: [2]zhī
chángxīnshìxiān 尝新试鲜[嘗-] F.E. taste sth. that is just in season
chǎngxiōng 敞胸 V.O. bare the breast
chǎngxiōnglùhuái 敞胸露怀[-懷] F.E. bare the breast
chángxiù* 长袖 N. long sleeve
chǎngxiū 厂休[廠-] N. individual factory week-day holiday
chǎngxiūrì 厂休日[廠-] N. workers' day off
chángxiùshànwǔ 长袖善舞 ID. be resourceful
chángxū 长吁 V. heave a deep sigh
chàngxù* 畅叙[暢敘] V. chat cheerfully
chángxūduǎntàn 长吁短叹[-嘆] F.E. deep groans; moaning and groaning
chángxuē 长靴 N. thigh boot M: [1]shuāng
chángxūjīng 长须鲸[-鬚-] N. <zoo.> finback whale M: [1]tiáo
chángxūtàixī 长吁太息 F.E. heave a profound sigh
chàngxùzhōngcháng 畅叙衷肠[暢敘-腸] F.E. pour out one's heart
chángyá 长牙 N. <archeo.> tusk M: [1]kē *See also* *zhǎngyá*
chāngyán 昌言 <wr.> N. ① words of wisdom; good advice ② open/frank comments
[1]**chángyán** 肠炎[腸-] N. <med.> enteritis
[2]**chángyán** 常言 N. common saying; proverb ~ ***shuō de hǎo...*** It's well said that...
chàngyán* 倡言 V. propose; initiate
chángyándào 常言道 F.E. as the saying goes
chángyáng* 徜徉 V. <wr.> ① wander about unhurriedly ② linger; loiter
chàngyáng 倡佯 V. <wr.> wander about unhurriedly
chàngyàng 怅怏 S.V. disappointed
Chángyángrén 长阳人[-陽-] N. <archeo.> Changyang Man
Chángyě 长野 P.W. Nagano (Jp.)
[1]**chángyè*** 长夜 N. <wr.> ① long/eternal night ② all night ③ grave; death
[2]**chángyè** 常业[-業] N. ① regular profession ② career occupation
[3]**chángyè** 肠液[腸-] N. <phys.> intestinal fluid
chángyèbùmèi 长夜不寐 F.E. pass a sleepless night
chángyèfàn 常业犯[-業-] N. habitual offender; hardened criminal
chángyèmànmàn 长夜漫漫 F.E. long, long night
chángyènánmíng 长夜难明[--難-] F.E. long years of oppression
chángyèyǐn 长夜饮 F.E. ① feast the whole night ② take to drink
[1]**chángyī** 长衣 N. long garments (coat/etc.) M: [2]jiàn
[2]**chángyī** 肠衣[腸-] N. casing (for sausages)
[3]**chángyī** 长揖 V. make a deep bow with hands clasped in front of one's chest
chángyǐ 长椅 N. bench M: [1]tiáo
chǎngyī 氅衣 N. ①outer garment; coat ②<Dao.> priestly costume M: [2]jiàn
chàngyì* 倡议[-議] V. ① propose ② make a motion; advocate
chángyībùbài 长揖不拜 F.E. make a deep bow but refuse to kneel down
chángyīcháng 尝一尝[嘗-嘗] V.P. taste; have a taste
chǎng yīlàixìng 场依赖性[場-] N. <psy.> field dependence
chángyīn* 长音 N. ①prolonged sound ②<lg.> long vowel/sound
chàngyǐn 畅饮[暢-] V. drink one's fill
chángyīnchéng 长音程 N. <mus.> major interval
chángyīng* 长缨 N. long tassel M: [4]shù
Cháng-yǐng 长影 AB. *Chángchūn Diànyǐng Zhìpiànchǎng*
chǎngyíng 厂营[廠營] N. temporary barracks for troops
chángyīnjiē 长音阶[-階] N. <mus.> major scale
chàngyìquán 倡议权[-議權] N. initiative (in diplomacy)
chàngyìshū 倡议书[-議書] N. initial written proposal M: [2]fēng
chàngyìzhě 倡议者[-議-] N. initiator (of a proposal) M: [2]wèi
chángyǐzi 长椅子 N. sofa; davenport M: [1]bǎ/[1]zhāng
chángyōng 肠痈[腸癰] N. appendicitis
chángyòng* 常用 S.V. in common use ♦V. use often
chángyòngcí 常用词 N. <lg.> frequently used-word; everyday expression
chángyòng cíhuì 常用词汇[-彙] N. <lg.> ① commonly used vocabulary ② active lexicon ③ minimum vocabulary
chángyòng cíyǔ 常用词语 N. everyday expressions
chángyòng duìshù 常用对数[-對數] N. <math.> commonly used logarithm
chángyòngpǐn 常用品 N. daily necessities
chángyòngzì 常用字 N. <lg.> frequently-used character
chāngyōu 倡优[-優] N. ① prostitute ② actor and actress ③ musician; entertainer
chángyōu 长忧[-憂] N. long-term sorrow
chángyǒu* 常有 ATTR. usually; often; more often than not ***Nà shì ~ de shì.*** That's a common occurrence. ♦ADV. frequently ***Zhè [1]yīdài lánlùqiǎngjié de shì ~ fāshēng.*** Muggings often happen in this area.
[1]**chàngyóu** 畅游[暢-] V. ① have a good swim ② enjoy a trip
[2]**chàngyóu** 唱游 N. primary school recreation period
chàngyōu-bóyì 倡优博弈[-優--] N. actors, singing girls, gambling, and playing chess; idle pastimes; dallying
chángyǒuzhīshì 常有之事 N. a commonplace matter
chāngyú* 鲳鱼 N. <zoo.> silvery pomfret; butterfish M: [1]tiáo
chángyú 长于[-於] V.P. be good at
chàngyù 畅郁[暢鬱] V.P. flourishing and prospering (of plants)
chángyuán 长圆 ATTR. oval
chángyuǎn* 长远[-遠] S.V. long-term; long-range
[1]**chángyuàn** 场院[場-] N. threshing ground
[2]**chángyuàn** 偿愿[償願] V.O. fulfil one's wish
chángyuánxíng 长圆形 N. oval shape
chángyuǎnxìng* 长远性[-遠-] N. long-term; long-range
chángyuányīn 长元音 N. <lg.> long vowel
chángyuányīn fú 长元音符 N. <lg.> apex
chángyuǎnzhījì 长远之计[-遠--] F.E. long-range plan
chàngyuè 畅月[暢-] N. eleventh moon of lunar year
chàngzá 唱砸 R.V. fail to sing well
chángzài wùchā 常在误差 N. constant error
chángzé 偿责[償-] V.O. fulfill one's obligations
chángzhāi 长斋[-齋] N. <Budd.> permanent abstention from meat/fish/etc.
chángzhài* 偿债[償-] V.O. pay a debt
chángzhài jījīn 偿债基金[償-] N. sinking/redemption fund
chángzhāiniànfó 长斋念佛[-齋--] F.E. become a believer in Buddhism
[1]**chǎngzhǎng** 厂长[廠-] N. factory director/manager M: [2]wèi
[2]**chǎngzhǎng** 场长[場-] N. farm director M: [2]wèi
chǎngzhe 敞着[-著] V. open
chǎngzhe huái 敞着怀[-著懷] V.O. leave one's coat/shirt unbuttoned
chǎngzhe kǒu(r) 敞着口(儿)[-著--] R.V. ① be uncovered/unsealed ② <coll.> be unrestrained
chǎngzhe mén 敞着门[-著-] V.O. leave a door open
chángzhēn* 长针 N. minute/long hand M: [2]gēn
chàngzhēn 唱针 N. phonograph needle; stylus
chángzhěndàbèi 长枕大被 ID. brotherly love; fraternity
chángzhēng 长征 N. ① expedition; long march ② (Communist) Long March (1934–1935)
Chángzhēng gànbù 长征干部[--幹-] N. <PRC> cadres who participated in the Long March M: [2]wèi
chángzhī 长支 N. <trad.> drawing money (from an employer) on credit, the accounts to be reckoned at year's end ♦V. overdraw; spend more than the budgeted fund
chángzhì 长至 N. ① Winter Solstice ② Summer Solstice
chǎngzhǐ* 厂址[廠-] N. site/location of a factory
chángzhī fèiyòng 常支费用 N. <acct.> recurrent expenditure
chángzhìjiǔ'ān 长治久安 F.E. a long period of peace and order
[1]**chángzhù*** 常驻 ATTR. ① resident; permanent ② standing (members/etc.) ③ durable (beauty/charm/youthfulness) ♦V. be stationed (at a school, etc.)
[2]**chángzhù** 常住 V. ① reside for long time ② <Budd.> ⓐ changeless; permanent ⓑ sedentary monk
[1]**chǎngzhǔ** 厂主[廠-] N. factory/mill owner M: [2]wèi
[2]**chǎngzhǔ** 场主[場-] N. owner of a farm
chàng zhǔjiǎo 唱主角 V.O. ① have a leading role in a play ② hold a key role
chángzhù jìzhě 常驻记者 N. resident correspondent
chángzhuō 长桌 N. long table M: [1]zhāng
chángzhù rénkǒu 常住人口 N. permanent residents
chángzhù rénkǒu pǔchá 常住人口普查 F.E. <soc.> de jure census
chángzhù rényuán 常驻人员 N. permanent personnel
chāngzi 伥子 N. exorcist M: [2]wèi
[1]**chángzi** 肠子[腸-] N. intestines M: [2]gēn/[1]jié
[2]**chángzi** 长子 N. <topo.> a very tall person M: [2]wèi *See also* [1]*zhǎngzǐ*
[1]**chǎngzi*** 场子[場-] N. gathering place
[2]**chǎngzi** 厂子[廠-] P.W. <coll.> ① factory; mill ② yard; depot
chángzi zhù zài ǎi yán xià 长子住在矮檐下 ID. be subjected to humiliation

chángzú 长足 ATTR. <*wr.*> considerable; rapid ***Wǒmen de gōngzuò yǒule ~ de jìnzhǎn.*** Our project has made substantial progress. ***See also*** *zhǎngzú*

chǎngzuǐ 敞嘴 V.O. unguarded in one's talk

chángzújìnbù 长足进步[--進-] F.E. make rapid progress

chàngzuòniàndǎ 唱做念打 F.E. <*thea.*> singing, acting, gesticulating, recitation, and acrobatics

chánhài 谗害[讒-] V. frame/slander sb.

chānhe* 掺合[摻-] V. <*coll.*> join; participate in; mix among; deal with

chānhé 搀/掺合[攙/摻-] V. mix

chánhézi 禅和子 N. sb. who practices meditation

chānhòu 觇候 V. spy on; look out for

chǎnhòu* 产后[產後] ATTR. postnatal; postpartum

chǎnhòurè 产后热[產後熱] N. <*med.*> postnatal/puerperal fever

chánhóuzhèng 缠喉症[纏-] N. <*Ch. med.*> pathocondition of "strangled throat"

chānhuà 搀话[攙-] V.O. <*coll.*> interrupt conversation

chānhuàjiēshé 搀话接舌[攙-] F.E. slander others

chánhuí 缠回[纏-] N. turbaned Muslims (in Gansu and Xinjiang)

chànhuǐ* 忏悔[懺-] V. ① repent ② <*rel.*> confess

chànhuǐlù 忏悔录[懺-錄] N. confessions M: [1]*piān*

chànhuǐshúzuì 忏悔赎罪[懺-贖-] F.E. show repentance and atone for one's crime

chànhuǐzìxīn 忏悔自新[懺-] F.E. repent and make a new start

chānhùn 搀混[攙-] V. mix up

chānhuo* 搀/掺和[攙/摻-] V. ① mix ② disturb; cause trouble

chānhuǒ 搀伙[攙-] V. mix up; jumble together

Chánjī* 禅机 N. Zen Buddhist symbolic word/gesture

chánjì 禅寂 <*Budd.*> N. meditative quietude ♦V.P. attain the ideal peace of mind

Chánjì 禅偈 N. versified utterances of a Zen master M: [2]*dào*

chānjiǎ 搀/掺假[攙/摻-] V.O. adulterate

chánjiā 缠夹[纏夾] V. <*topo.*> be tangled up

Chánjiā 禅家 N. <*Budd.*> Zen master

chǎnjià* 产假[產-] N. maternity leave

chànjiǎ 羼假 V. <*wr.*> adulterate

chánjiàn 谗间[讒-] V. slander; backbite

chánjiàntārén 谗间他人[讒-] F.E. Calumny causes separation from friends.

chánjiǎo 缠脚[纏腳] V.O. <*trad.*> bind the feet

chánjié 缠结[纏-] V. be tangled up ♦N. entanglement

chǎnjiè* 产界[產-] N. the industrial world

chánjīng 禅经[-經] N. <*Budd.*> ① sutras; scriptures ② recitation by monks of scriptures to release souls from purgatory

chǎnjiū 阐究 V. study and expound

chǎnjū 产驹[產-] V.O. <*liv.*> foaling

chǎnjù 产句[產-] ATTR. <*lg.*> generative

chánjuān 婵/蝉娟 N. <*wr.*> ① the moon ② a beauty

chánjuānkělián 婵娟可怜[-憐] F.E. graceful and pitiable

chánjùn 巉峻 S.V. <*wr.*> steep and precipitous

chánkè 禅客 N. monk who practices meditation M: [2]*wèi*

chǎnkē* 产科[產-] N. ① <*med.*> obstetrical department ② obstetrics

chǎnkēxué 产科学[產-] N. <*med.*> obstetrics

chǎnkē yīyuàn 产科医院[產-醫-] P.W. lying-in/maternity hospital M: [1]*jiā*

chánkǒu 谗口[讒-] N. slander; defamation

chánkǒujiāojiā 谗口交加[讒-] F.E. beset by slander

chánláichánqù 缠来缠去[纏-纏-] F.E. be a persistent bother

chánláo 馋痨[饞癆] N. sin of piggishness about good food

chánléi* 孱羸 S.V. <*wr.*> thin and frail; emaciated

chánlěi 缠累[纏-] V. involve; implicate; entangle

Chánlǐ 禅理 N. the principles of Chan Buddhism

chànlǐ 忏礼[懺禮] N. <*Budd.*> penance/penitential ritual

chànlì* 颤栗 V. <*wr.*> shiver; tremble

[1]**chánlián** 蝉联[-聯] V. ① continue to hold post/title ② keep on without interruption

[2]**chánlián** 婵连 V. belong to the same clan/family

chǎnliàng 产量[產-] N. output; yield

chǎnliángqū 产粮区[產糧區] N. <*agr.*> grain-producing area

chánliáoshēngxián 馋獠生涎[饞-] F.E. be greedy

chánlín 禅林 N. Zen Buddhist temple

chǎnlǜ 产率[產-] N. productivity

chǎnluǎn 产卵[產-] V.O. lay eggs; spawn

chǎnluǎnqī* 产卵期[產-] N. breeding/spawning period

chǎnluǎnqì 产卵器[產-] N. <*bio.*> ovipositor

chánlún 蟾轮 N. moon

chǎnmèi 谄媚 V. flatter; fawn on; toady; curry favor with

chǎnmèiféngyíng 谄媚逢迎 F.E. stoop to flattery

chǎnmèizhě 谄媚者 N. ①sycophant ②adulator

chǎnmén 产门[產-] N. woman's genitals

chánménchánhù 缠门缠户[纏-纏-] F.E. be a persistent bother at the door

chánménwǔzōng 禅门五宗 F.E. <*Budd.*> five branches of the school of dhyana (Chan/Zen)

chánmián* 缠绵[纏-] S.V. ① touching; moving ② tenderly attached to; inseparable ③ tangled (fig.); confused

chánmiǎn 蝉冕 N. <*trad.*> beautifully adorned cap worn by nobles

chánmiánbìngtà 缠绵病榻[纏-] F.E. be bedridden with a lingering illness

chánmiánfěicè 缠绵悱恻[纏-] F.E. exceedingly sentimental (of writing); full of pathos

chǎnmiánqū 产棉区[產-區] P.W. cotton-growing region

chánmiánxiāngsī 缠绵乡思[纏-鄉-] F.E. be tormented by homesickness

chánmíng 蝉鸣 N. the chirping of cicadas

chǎnmíng* 阐明 V. expound; clarify ***Qǐng ~ nǐ de lùndiǎn.*** Please clarify your argument.

chánmíngquèzào 蝉鸣雀躁 F.E. the chirping of cicadas and sparrows

chánmo 缠磨[纏-] V. <*coll.*> ① weaken; debilitate ② pester; nag ③ be tangled up with (a lover)

chǎnmǔ 产母[產-] N. woman in labor

chǎnnǎi 产奶[產-] V.O. give milk ♦N. milk production

chǎnnéng 产能[產-] N. capacity of production

chánnìng 谗佞[讒-] N. <*wr.*> calumniator; slanderer

chǎnnìng* 谄佞 V. flatter; toady

chánnuó 禅那 N. <*Budd.*> deep meditation; dhyana; Chan; Zen

chánóng 茶农[-農] N. tea grower M: [2]*wèi*

chǎnpǐn 产品[產-] N. product; produce M: [2]*jiàn*

chǎnpǐnbǎodān 产品保单[產-] F.E. product warranties

chǎnpǐn dàngcì 产品档次[產-檔-] N. grading of products

chǎnpǐn duìlù 产品对路[產-對-] V.P. goods suited to popular tastes

chǎnpǐn fǎnxiāo 产品返销[產-] V.P. product buy-back

chǎnpíng 铲平[鏟-] R.V. ①scrape even ②level to the ground; be razed to the ground

chǎnpǐn jiégòu 产品结构[產-構] N. ① composition of products in society and their interconnections ② product mix

chǎnpǐn jīngjìrén 产品经纪人[產-經--] N. produce broker M: [2]*wèi*

chǎnpǐn jīyā 产品积压[產-積壓] N. overstocked goods

chǎnpǐn shēngjí huàndài 产品升级换代[產---換-] V.P. develop a new generation of products ♦N. upgrading and updating of products

chǎnpǐn xíngxiàng 产品形象[產-] N. product lines; appearance of products

chǎnpǐn yǔ guòchéng 产品与过程[產-與--] N. <*lg.*> product-process distinction

chǎnpǐn zérènfǎ 产品责任法[產-] N. product liability law

chánpò 蟾魄 N. the moon

chǎnpó* 产婆[產-] N. midwife M: [2]*wèi*

chānqǐ 搀起[攙-] R.V. help sb. get up from the ground

chǎnqī* 产期[產-] N. period before/after giving birth

chànqī 忏七[懺-] V.O. <*Budd.*> have monks recite scriptures for the dead on the seventh day after their death

[1]**chǎnqián** 产钳[產-] N. obstetric forceps M: [1]*bǎ*

[2]**chǎnqián** 产前[產-] N. antenatal; prenatal

chǎnqiánchǎnhòu 产前产后[產-產後] F.E. pre-production preparation and post-production marketing of goods

chānqīn 搀亲[攙親] V.O. help the bride out of her sedan chair

chǎnqū 产区[產區] P.W. product area

chánquán 禅权[-權] N. <*Budd.*> Buddhist monk's staff

chǎnquán* 产权[產權] N. property rights

chǎnquán guǎnlǐ 产权管理[產權-] N. property rights administration

chánquè 蟾阙 N. moon

chánrǎo 缠扰[纏擾] V. pester; harass

chánrào* 缠绕[纏繞] V. ① twine; bind; wind ② worry; harass ♦N. entanglement

chánràojīng 缠绕茎[纏繞莖] N. twining stem M: [4]*zhī*/[2]*gēn*

chánrào zhíwù 缠绕植物[纏繞-] N. twiner; twining plant M: [2]*kē*

chánrě 缠惹[纏-] V. be annoyed; bother persistently

[1]**chánrén*** 缠人[纏-] V.O./S.V. <*coll.*> pester people

[2]**chánrén** 馋人[饞-] S.V. appetizing

[3]**chánrén** 谗人[讒-] N. slanderer

chǎnrèn 铲刃[鏟-] N. edge of shovel

chǎnrù* 产蓐/褥[產-] N. lying-in M: [2]*kuài*

chànrù 羼入 V. mix into

chánruò 孱弱 S.V. ① frail; delicate in health ② weak and incompetent ③ insubstantial; thin

chǎnrùqī 产褥期[產-] N. <*med.*> puerperium

chǎnrùrè 产褥热[產-熱] N. <*med.*> puerperal fever

Chánsēng 禅僧 N. Buddhist monk M: [2]*wèi*

chánshā 蝉纱 N. very thin silk

chǎnshàng'àoxià 谄上傲下 F.E. fawn on superiors and despise inferiors

chǎnshàngqīxià 谄上欺下 F.E. fawn on superiors and bully subordinates

chān shāzi 搀/掺沙子[攙/摻-] V.O. ① blend sand ② appoint sb. to a post in order to change the situation there

chánshēn 缠身[纏-] V.O. ①preoccupy; entangle ② delayed

chánshēng 缠声[纏聲] N. prolonged musical sound

chǎnshēng* 产生[產-] V. ①produce; engender ② emerge; come into being ③ generate

chànshēng 颤声[-聲] N. trill ***See also*** *zhànshēng*

chǎnshēngchū 产生出[產-] R.V. ① produce; engender ② emerge; come into being

chǎnshēngqì 产生器[產-] N. <*comp.*> generator

chǎnshēngxìng jīnéng 产生性机能[產-] N. productive skills

Chánshī 禅师[-師] N. ①Zen master ②honorific title for a Buddhist monk

chánshí 馋食[饞-] S.V. greedy and voracious

C

[1]**chǎnshì*** 阐释[-釋] V. explain; expound; interpret ♦N. elucidation
[2]**chǎnshì** 蒇事 ATTR. be finished/completed
[3]**chǎnshì** 阐士 N. learned monk; Budd. high priest
chànshì 忏事[懺-] N. ritual for penance/ penitence
chánshǒu 缠手[纏-] S.V. troublesome; hard to deal with ***Zhè shì(r) gòu ~ de.*** The matter is rather troublesome.
chánshù 缠束[纏-] V. ① restrict ② tie up (a girdle)
chǎnshù* 阐述 V. expound; elaborate; set forth
[1]**chānshuǐ*** 掺水[摻-] V.O. ① dilute ② fill with half truth
[2]**chānshuǐ** 搀水[攙-] V.O. water (e.g., wine)
chànshuǐ 孱水 V.O. <*wr.*> dilute
chānshuǐgǔ 搀水股[攙-] N. watered stock
chānshuǐ gǔpiào 搀水股票[攙-] N. <*econ.*> watered stock
chānshuǐ wénpíng 掺水文凭[摻-憑] N. diploma obtained by attaining a very low standard M: [1]*zhāng*
[1]**chánsī** 禅思 N. meditation ♦V. meditate
[2]**chánsī** 蝉嘶 N. shrill sound of a cicada
Chánsì* 禅寺 N. Buddhist temple M: [4]*zuò*
chánsòng 缠讼[纏-] V. be involved in a tangled lawsuit
chánsū 蟾酥 N. <*Ch. med.*> dried venom of toads; toad-cake
chánsuǒ* 孱琐 V.P. unworthy; mean
chànsuǒ 颤索 V. <*wr.*> shiver; tremble
chántáng 禅堂 P.W. <*Budd.*> meditation room M: [1]*jiān*
chántóu 缠头[纏-] N. ① turban ② gifts given to a prostitute/dancer/singer/etc.
chántóu Huí(zi) 缠头回(子)[纏-] N. turbaned Muslims (in Gansu and Xinjiang)
[1]**chántù** 蟾兔 N. hare supposed to live on the moon
[2]**chántù** 毚兔 N. ① crafty hare ② the moon
chántuì 蝉蜕 V. ① <*Ch. med.*> cicada slough <*wr.*> ② free/extricate oneself
chǎntǔjī 铲土机[鏟-] N. bulldozer M: [2]*bù*
chànǚ 诧女 N. young maiden
chánwā 蟾蛙 N. toad-frog
chánwáng 孱王 N. <*wr.*> weak and incompetent king
chánwēi 孱微 S.V. lowly; insignificant
chánwèi* 禅味 N. <*Budd.*> pleasant effect of meditation
chànwēi 颤巍 S.V. tottering; faltering
chànwēiwēi 颤巍巍 S.V. tottering; faltering
chánwén 蝉纹 N. engraved cicada patterns
chánwù 禅悟 N. awakening to truth
chǎnwù* 产物[產-] N. outcome; result; product
chǎnwù bǎoxiǎn 产物保险[產-] N. product insurance
[1]**chánxián** 馋涎[饞-] N. drool
[2]**chánxián** 潺涎 A.T. slaver; drool
chánxiàn* 谗陷[讒-] V. incriminate by false charges
chǎnxiǎn 产险[產-] N. product insurance
chánxiàng 馋相[饞-] N. greedy looks
chánxiányùdī 馋涎欲滴[饞-] F.E. mouth drooling with greed; mouth watering
chǎn-xiāo* 产销[產-] N. production and marketing
chǎnxiào 谄笑 V. smile ingratiatingly ♦N. fawning smile
chǎnxiāohéyī 产销合一[產-] F.E. integration of production and marketing
chǎnxiāojiànmiàn 产销见面[產-] F.E. link production with sales
chǎnxiāolǜ 产销率[產-] N. rate of sale of marketed goods
chǎnxiāopínghéng 产销平衡[產-] F.E. equilibrium between production and marketing
chǎnxiàoqiúmèi 谄笑求媚 F.E. seek favor with a forced smile
chǎnxiāotuōjié 产销脱节[產-節] F.E. dislocation between production and demand
chǎnxiàoxiéjiān 谄笑胁肩[--脅-] F.E. shrug the shoulders and offer an ingratiating smile
chǎn-xiāo yīyuánhuà 产销一元化[產-] F.E. unification of production and marketing
chánxīn 禅心 N. <*Budd.*> the meditative mind
chǎn-xū 产需[產-] N. production and demand
Chánxué 禅学 N. ① Budd. teachings of dhyana ② Zen (Buddhism)
chǎnxuěchē 铲雪车[鏟-] N. snow plow M: [2]*bù*
chǎnxūpínghéng 产需平衡[產-] F.E. balance between production and demand
chānyán 掺言[摻-] V.O. interrupt a conversation; offer one's views; put in one's two cents worth
chányān 蝉嫣 V.P. <*wr.*> continuous; tied together
[1]**chányán*** 谗言[讒-] N. slanderous talk; calumny
[2]**chányán** 婵妍 V.P. beautiful and graceful
[3]**chányán** 巉岩 N. rock; crag; overhanging rock
chǎnyáng 阐扬[-揚] V. expound and propagate
chányánkěwèi 谗言可畏[讒-] F.E. Calumny is dreadful.
chányǎnkǒng 馋眼孔[饞-] N. lecherous look at women
chányánrěhuò 谗言惹祸[讒-禍] F.E. slander/ calumny brings disaster/trouble
chányāobù 缠腰布[纏-] N. loincloth M: [1]*tiáo*
chǎnyè 产业[產業] N. ① estate; property ② industry
chǎnyè chōnggōng 产业充公[產業-] N. escheat; property confiscation
chǎnyè gémìng 产业革命[產業-] N. industrial revolution
chǎnyè gōnghuì 产业工会[產業-] N. industrial union
chǎnyè gōngrén 产业工人[產業-] N. industrial workers M: [2]*wèi*
chǎnyè guóyǒu 产业国有[產業國-] N. nationalization of industry
chǎnyèhuà 产业化[產業-] V. industrialize
chǎnyè jiégòu 产业结构[產業-構] N. industrial structure
chǎnyè jīqìrén 产业机器人[產業-] N. industrial robot
chǎnyèjūn 产业军[產業-] N. the army of industrial workers
chǎnyè shēngjí 产业升级[產業-] N. industrial upgrading
chǎnyè tiáozhěng 产业调整[產業-] N. industrial restructuring
chǎnyè xíngdòng 产业行动[產業-動] N. industrial action
chǎnyè yuánqū 产业园区[產業園區] P.W. industrial park
chǎnyè zhèngcè 产业政策[產業-] N. property policy
chǎnyè zīběn 产业资本[產業-] N. industrial capital
[1]**chányī** 蝉衣 N. exuviae of the cicada M: [2]*jiàn*
[2]**chányī** 禅衣 N. <*Budd.*> monastic robe/habit M: [2]*jiàn*
chányǐ 禅椅 N. <*Budd.*> seat for meditation M: [1]*bǎ*
chányì 蝉翼 N. ① cicada's wings ② a kind of very thin silk
Chányì 禅义[-義] N. the inner meaning of Chan Buddhism
chǎnyì* 阐绎[-繹] V. expound
chányín 蝉吟 N. shrill sound of the cicada
chànyīn* 颤音 N. ① <*lg.*> trill ② quavering voice
chányìshā 蝉翼纱 N. <*txtl.*> organdy
chǎnyōu 阐幽 V.O. expound hidden points or meanings
chànyou* 颤悠 V. shake; quiver; flicker
chǎnyóuguó 产油国[產-國] N. oil-producing country
chànyōuyōu 颤悠悠 S.V. trembling; shaky; flickering
chányú 单于 *See* [3]*shànyú*
chányù 毚欲 N. greed; avarice
chǎnyú 谄谀 V. flatter ♦N. servility
chǎnyù* 产育[產-] V. deliver and feed an infant
[1]**chányuán** 婵媛 N. ① a beauty ② <*wr.*> ⓐ the moon ⓑ (amorous) involvement ♦V. be joined; be related
[2]**chányuán** 潺湲 ADV. <*wr.*> flowing slowly
chányuàn 禅院 P.W. temple M: *zuò*
chǎnyuàn* 产院[產-] P.W. maternity hospital M: [1]*jiā*
Chányuān zhī Méng 澶渊之盟[-淵--] N. Chanyuan Treaty (peace treaty signed between Song and Liao at Chanyuan, Henan, in 1005)
chányuè 禅悦 N. <*Budd.*> joy of mystic trance
chǎnyùnchē 铲运车[鏟運-] *See chǎnyùnjī*
chǎnyùnjī 铲运机[鏟運-] N. scraper M: [1]*tái*
chǎnyúqǔróng 谄谀取容 F.E. flatter to win favors
chānzá* 搀/掺杂[攙/摻雜] V. ① mix; mingle ② adulterate; make impure
chànzá 孱杂[-雜] V. mix
chānzáshǐjiǎ 掺杂使假[摻雜-] F.E. mix in inferior/fake ingredients/components
chánzhàng 禅杖 N. <*Budd.*> ① staff held by Budd. abbot as symbol of authority ② stick used for awakening those who fall asleep during meditation M: [2]*gēn*
chànzhèn 颤震 V. chatter
chǎnzhí 产值[產-] N. value of output
chánzhīhuāshì 缠枝花式[纏-] N. <*art*> interlocking flowers
chānzhù 搀住[攙-] V. help by the arm; support sb. with one's hand
chánzhū 蟾诸 N. ① <*zoo.*> toad ② black spot on the moon ③ the moon
chánzhù* 缠住[纏-] R.V. ① tie up; wrap tightly ② entangle; entwine
chǎnzi* 铲子[鏟-] N. shovel; spade M: [1]*bǎ*
chǎnzǐ 产仔[產-] V.O. <*liv.*> farrow; bring forth young
Chánzōng 禅宗 N. <*Budd.*> Chan/Zen/Dhyana sect
chánzú 缠足[纏-] V.O. bind the feet
chānzuǐ 搀嘴[攙-] V.O. interrupt
chánzuǐ(bā)* 馋嘴(巴)[饞-] S.V. gluttonous; greedy ♦N. <*coll.*> glutton
[1]**chāo** 超 V./B.F. ① surpass; overtake ② transcend ♦PREF. ultra-; super-; extra-
[2]**chāo** 抄 V. ① copy; transcribe ***Qǐng bǎ zhè fèn wénjiàn ~ liǎng fèn.*** Would you please make two copies of this document? ② plagiarize; lift ***Bùyào ~ biérén de zuòyè.*** Don't crib other's written work. ③ search and confiscate ④ go off with ⑤ take a shortcut ⑥ fold (one's arms) ⑦ grab; take up ⑧ take for one's own use; filch
[3]**chāo** 钞[鈔] B.F. ① bank note; paper money ***chāopiào*** ② collected writings
[4]**chāo** 焯 V. scald
[5]**chāo** 吵 B.F. noisy ***chāochao, yěchāor See also*** [1]*chǎo*
[6]**chāo** 剿 B.F. sneak attack [2]***chāoxí, chāofěi See also*** [7]*jiǎo*
[1]**cháo*** 朝 B.F. ① court; government ***cháotíng*** ②dynasty [1]***cháodài***③an emperor's reign ④have audience with (the king) ⑤ make a pilgrimage to ♦COV. facing; toward ♦AB. *Cháoxiǎn* ***See also*** [4]*zhāo*
[2]**cháo** 潮 N./B.F. ①tide ②(social) upsurge; current ♦S.V. ① trendy; chic; fashionable ② damp; moist ③ inferior; low grade ④ unskillful
[3]**cháo** 巢 N. ① nest; lair ② Surname
[4]**cháo** 嘲 B.F. ridicule; deride ***cháoxiào See also*** [7]*zhāo*
Cháo 晁 N. Surname
[1]**chǎo** 吵 V. ① make a noise ② quarrel; wrangle ***Tā gēn wǒ ~le qǐlai.*** He raised a row with me. ♦S.V. noisy ***See also*** [5]*chāo*
[2]**chǎo** 炒 V. ①stir-fry; fry; sauté ② <*coll.*> ⓐ buy and sell at a profit ⓑ select ⓒ dismiss; fire; sack

chào 耖 N. harrow-like implement ♦V. level the soil
chāobá 超拔 V.P. outstanding ♦V. ① promote ② free oneself from ③ <Budd.> save from perdition ♦N. rapture; ecstasy
cháobái 潮白 N. a kind of sugar from Chao'an county in Guangdong
cháobài* 朝拜 V. pay respects to; worship
chǎobáicài 炒白菜 N. stir-fried Chinese cabbage
cháobān 朝班 N. assemblage of courtiers at the imperial court
chāobào 钞暴 V. <topo.> plunder; loot; take away by sheer force
cháobào* 朝报[-報] N. <trad.> government bulletin M: [1]zhāng/[1]fèn
chǎobāozi 吵包子 N. <topo.> quarrelsome person
chāo bǎzi 抄靶子 V.O. <topo.> search a person; frisk
[1]**chāoběn(r)** 抄本(儿) N. ① hand-copied book; transcript ② manuscript (of calligraphy/etc.) M: [2]bù/[1]běn/juǎn
[2]**chāoběn** 钞本 N. handwritten copy M: [2]bù/[1]běn/juǎn
chāoběncái 抄本裁 N. copy; draft
chāobiān 超编 V.O. exceed personnel quota
chāobiāo 超标[-標] V.O. exceed quota
cháobǐng 朝柄 N. power of a sovereign
chāobòzǒng 抄百总[-總] V.O. <topo.> express/cover everything
chāobuguò 超不过 R.V. will not exceed; be less than
cháocài 巢菜 N. vetch
chǎocài* 炒菜 N. ① fried dish ② dish cooked to order ♦V.O. ① stir-fry ② make dishes (as part of a meal)
chāochá 抄查 V. search and confiscate
chāochǎn 超产[-產] V.O. overfulfill a production target
chāocháng 超常 V.P. be above average; be supernormal; extraordinary
chāocháng értóng 超常儿童 N. child prodigy
chāochángqún 超长裙 N. maxiskirt M: [1]tiáo
chāochǎnliáng 超产粮[-產糧] N. surplus grain (i.e., beyond the quota)
chǎochao 吵吵 V. make a noise ***Bié ~!*** Don't make such a row!
chǎochǎonàonào 吵吵闹闹[-鬧鬧] F.E. kick up a row
chǎochǎorāngrāng 吵吵嚷嚷 F.E. raise a hue and cry; clamor
chāochē 超车 V.O. pass cars on the road ***Bùzhǔn ~!*** No passing!
chǎo chēgūlujià 吵车轱辘架 F.E. <coll.> cover the same ground over and over again in an argument
cháochén 朝臣 N. <trad.> courtier M: [2]wèi
chāochénbású 超尘拔俗[-塵--] F.E. ① be above average ② avoid earthly concerns and hold oneself aloof from the vulgar
chāochéng 超乘 V. ① be overloaded with passengers ② hop onto a car/train/etc. ③ <wr.> be outstanding/distinguished *See also chāoshèng*
chāochū* 超出 R.V. overstep; go beyond; exceed ***Nà wánquán ~le wǒ de xiǎngxiàng.*** That goes beyond my imagination.
chāochǔ 超储 N. <PRC> surplus stockpiles/inventory
chāocì 超次 V.O. <wr.> skip ranks in promotion
chāocuò 抄错 R.V. make mistake in copying
chāodàguīmó 超大规模 F.E. in super-large scale
cháodahū de 潮打糊的 ATTR. <topo.> moist; wet
[1]**cháodài** 朝代 N. dynasty
[2]**cháodài** 朝带[-帶] N. <trad.> court girdle with inset jade plaques M: [1]tiáo
chǎodàn 炒蛋 N. scrambled eggs
chāodǎo* 超导[-導] N. <phy.> superconduction
chāodào(r) 抄道(儿) V.O. take a shortcut ♦N. shortcut
chāodǎo jìshù 超导技术[-導-術] N. superconductor technology
chāodǎotǐ 超导体[-導體] N. <phy.> superconductor
chāodǎo xiànxiang 超导现象[-導--] N. <phy.> the phenomenon of superconduction
chāodàxíng 超大型 ATTR. supersized
chāodàxíng yóuchuán 超大型油船 N. supertanker M: [1]sōu
chǎo de huāng 吵得慌 R.V./S.V. be very noisy
chāoděng 超等 S.V. of superior grade; extra fine
chāoděngdìyī 超等第一 F.E. A-1
chāodiǎn 超点[-點] V.O. behind schedule
chāodīkōng 超低空 N. minimum altitude
chāodīkōng fēixíng 超低空飞行[---飛-] N. minimum-altitude flying; hedgehopping
cháodǐng 朝顶 V.O. make a pilgrimage to a mountain temple
chāodìng'é 超定额 V.O. over-quota
chǎodìpí 炒地皮 V.O. speculate in land for building
chāodǐr 抄底儿 V.O. <topo.> ① disclose one's secret ② hold from the bottom (when moving a large and heavy object)
chāodīwēn 超低温 N. ultralow temperature
cháodōng 嘲鸫 N. mockingbird; mocking thrush M: [2]zhī
chǎodòu(r) 炒豆(儿) V.O. roast peas in a dry hot wok
chāodǔ 抄赌 V.O. make a police raid on a gambling den
chāodù* 超度/渡 V. <rel.> ① release souls from purgatory/suffering ② transcend; rise above
chāoduǎnbō 超短波 N. ultrashort wave
chāoduǎnkù 超短裤 N. minipants; hot pants M: [1]tiáo
chāoduǎnqún 超短裙 N. miniskirt M: [1]tiáo
chāo'é* 超额 V.O. exceed quota
cháo'é 巢蛾 N. ermine moth M: [2]zhī
chāo'é lìrùn 超额利润 N. superprofit
chǎo'èrdōng 炒二冬 N. stir-fried bamboo shoots and dried mushrooms
chāofán 超凡 V.P. ① transcending the worldly ② out of the ordinary; extraordinary; uncommon
chǎofan 吵翻 V. <coll.> harp on matters long past *See also chǎofān*
chǎofān 吵翻 V. break up with sb. after a quarrel *See also chǎofan*
chǎofàn* 炒饭 V.O. fry rice ♦N. fried rice
cháofáng 朝房 P.W. <trad.> office for courtiers M: [1]jiān
chāofánjuésú 超凡绝俗[--絕-] F.E. be above the rest of mankind
chāofánrùshèng 超凡入圣[-聖] F.E. transcend worldliness and attain holiness
chǎofāntiān 吵翻天 V.O. raise hell ***Tāmen chǎofānle tiān.*** They kicked up a terrific ruckus.
chāoféi 抄肥 V.O. embezzle
chāofěi* 剿匪 V.O. catch bandits *See also jiǎofěi*
chǎofěn 炒粉 N. stir-fried rice-flour noodles
cháofěng* 嘲讽 V. sneer at; taunt; mock
cháofèng 朝奉 N. <trad./wr.> ① the rich ② pawnbroker M: [2]wèi
cháofēngnòngyuè 嘲风弄月 F.E. seek pleasure
cháofēngyǒngyuè 嘲风咏月[--詠-] F.E. <trad> to sport with the wind and sing of the moon (of poets)
cháofú 朝服 N. <trad.> court dress M: [1]shēn/[2]jiàn
chāofùhè 超负荷 N. overload
cháogāng 朝纲[-綱] N. <trad.> ① laws applying to the imperial court ② imperial court
chāogāngyào 超纲要[-綱-] V.O. <PRC> surpass the 1956–1967 "Program"
chāogǎnjué 超感觉[-覺] N. extrasensory perception (ESP)
chǎogānr 炒肝儿 V.O. stir-fried liver
chāogǎnzhījué 超感知觉[-覺] N. extrasensory perception (ESP)
chāogǎo 抄稿 V.O. make a clean copy (of a draft)
chāogāocéng jiànzhù 超高层建筑[--層-築] N. high-rise building M: [4]zuò
chāogāojí yǔyán 超高级语言 N. very-high-level language
chāogāopín 超高频 N. <elec.> ultrahigh frequency
chāogāosù 超高速 N. superspeed; ultra high-speed
chāogāowēn 超高温 N. ultrahigh temperature
chāogāoyā 超高压[-壓] N. ① <phy.> superhigh pressure ② <elec.> extrahigh voltage
chāogé 超格 V.O. surpass the average; surpass
chǎogēng 炒更 V.P. be engaged in a second occupation in one's spare time
chāogēnr 抄根儿 V.O. grasp the essential points (in doing sth.) ♦ADV. totally; completely
chāogé rènyòng 超格任用 V.P. promote a person specially and not by graduated rank
cháogòng 朝贡 V. pay tribute (to an imperial court)
chāogòu jiājià 超购加价[-購-價] V.P. <PRC> added price for purchases above quota
chāogòuliáng 超购粮[-購糧] N. <PRC> above-quota purchase of grain
chǎogǔ 炒股 V.O. <coll.> speculate in stocks
chāoguān 钞关[-關] P.W. <trad.> tax office
cháoguì 朝贵 N. powerful courtiers M: [2]wèi
chāoguīzéhuà 超规则化 N. <lg.> overgeneralization
chāoguò* 超过 R.V. outstrip; surpass; exceed
chǎoguō 炒锅[-鍋] N. pan for sautéing food M: [2]zhī/kǒu
chāoguójiā gōngsī 超国家公司[-國---] P.W. supranational corporation M: [1]jiā
chāoguójiāzhǔyì 超国家主义[-國--義] N. supranationalism
chǎo gǔpiào 炒股票 V.O. <coll.> ① speculate in stocks ② manipulate stock trading
chāohào 超耗 N. excess consumption
cháohóng 潮红 N. blush; flush
cháohòu 朝后[-後] V.O. face backward ♦ADV. aback
chāo hòulù 抄后路[-後-] V.O. outflank the enemy in the rear
chāohu* 超乎 V. be more than; be beyond
chāohū 超忽 V.P. far distant
cháohūhū 潮呼呼 S.V. damp; dank; clammy
cháohuī 嘲诙 V. joke; jest
chǎohuì* 炒汇[-匯] V.O. <slang> repeatedly buy foreign currency and resell it at a profit
cháohuǐluǎnpò 巢毁卵破[-毀--] F.E. Everything one has is destroyed; a disaster
[1]**chāohuò*** 抄获[-獲] V. search and seize; ferret out
[2]**chāohuò** 超豁 V. exempt; pardon (from duty/punishment)
chǎohuò 炒货 N. roasted seeds and nuts
chāohūxúncháng 超乎寻常[--尋-] F.E. rare; extraordinary
[1]**chāojí*** 超级 ATTR. super
[2]**chāojí** 抄集 V. copy and compile
chāojì 超技 N. superior skill
chāojiā 抄家 V.O. search homes and confiscate property
chāojià 超假 V.O. overstay one's leave
chǎojiā 吵家 V.O. <topo.> dispute over family matters; air a domestic squabble
chǎojià* 吵架 V.O. quarrel; have a row/spat
chāojiàn* 抄件 N. copy; duplicate M: [1]fèn/[1]běn
cháojiàn 朝见 V. have an audience with a king/etc.
chāojí dàguó 超级大国[-國] N. superpower
chǎo jīdàn 炒鸡蛋[-雞-] N. fried egg; omelet ♦V.O. fry eggs
cháojiě 潮解 V./N. <chem.> deliquesce; deliquescence
chāojiējí 超阶级[-階-] ATTR. supra-class
chāojièzīběn 超借资本 F.E. overborrowing of capital
chāojìhuà shēngyù 超计划生育[--劃--] V.P. have more children than the plan allows

C

chāojìn(r) 抄近(儿) V.O. take a shortcut
cháojìn* 朝觐 V. ① go on a pilgrimage ② have an audience with a king/etc.
chāo jìndào 抄近道 V.O. <coll.> take a short cut
chāo jìnlù 抄近路 V.O. take a shortcut
chǎojīnrè 炒金热[-熱] N. stock-market fever
chāojí qiángguó 超级强国[-強國] N. superpower; superstate
chāojí qǐyè 超级企业[-業] N. megacorporation
chāojí shìchǎng 超级市场[-場] N. <loan> supermarket M: [1]*jiā*
cháojiū 嘲啾 ON. ① indistinct murmuring of recitation/lecture ② twittering/chirping/warbling of birds ***See also** zhāojiū*
chāojí xíng'érshàng yǔyán 超级形而上语言 N. <lg.> metametalanguage
chǎojīzǐr 炒鸡子儿[-雞--] N. scrambled eggs ♦V.O. scramble/fry eggs
chāojù* 超距 ATTR. of long distance ♦V.O. leap over
cháojū 巢居 V. dwell in trees
Cháojù 潮剧[-劇] N. Chaozhou opera
chāojué 超绝[-絕] ATTR. ① unique ② superb; super
chāojuélùn 超绝论[-絕-] N. transcendentalism
cháokǎo 朝考 N. <trad.> final court examination
cháokū 巢窟 N. den; lair; haunt
chāokuàng 超旷[-曠] ATTR. <wr.> far-sighted and broad-minded
chǎo lěng fàn 炒冷饭 V.O. ① warm up leftover rice ② rehash
chāoliàng yùdìng 超量预定 V.P. overbook
cháoliè 朝列 N. assemblage of courtiers at the imperial court
chāolíng 超龄[-齡] ATTR. overage
chāolíng tuányuán 超龄团员[-齡團-] N. <PRC> overaged Communist Youth League members
cháoliú 潮流 N. ① tide; tidal current ② trend
chāoliúdòngxìng 超流动性[--動-] N. superfluidity
chǎolìzi 炒栗子 N./V.O. baked chestnut
chāolù 钞/抄录[-錄] V. make a copy of; copy
chāolüè 抄掠 V. <wr.> loot; plunder
cháolùlù 潮渌渌 R.F. damp; moist
chāolún 超伦 ATTR. surpassing; outstanding ♦V.O. be above the rank and file
chāoluó 钞逻[-邏] V. <topo.> seize booty/etc.
chāolù xiàlai 抄录下来[-錄--] R.V. copy; make a copy of
cháomà 嘲骂[-罵] V./N. curse sarcastically
chǎomǎi-chǎomài 炒买炒卖[-買-賣] V.P. ① speculate in the foreign exchange market ② buy and sell quickly
cháomào 朝帽 N. cap worn in an audience with the monarch M: [1]*dǐng*
chǎomǐ 炒米 N. ① parched rice ② millet stir-fried in butter
chǎomiàn 炒面[-麵] N. ① fried noodles ② parched flour ♦V.O. fry noodles
chǎomǐfěn 炒米粉 V.O. fry rice noodles ♦N. fried rice noodles
chǎomǐhuā 炒米花 N. puffed rice
chǎo míngxīng 炒明星 V.O. <coll.> make a person famous; create a star through publicity
cháonǎo 潮脑[-腦] N. <coll.> camphor
chǎonào* 吵闹[-鬧] V. wrangle; kick up a row ♦N. din; hubbub ***Jiàoshìli yīpiàn ~.*** The classroom was in an uproar.
chǎonàobùxiū 吵闹不休[-鬧--] F.E. kick up a big fuss
chǎonàozuì 吵闹罪[-鬧-] N. brawling
cháonòng 嘲弄 V. mock; deride
chāopiào 钞票 N. bank note; paper money; bill M: [1]*zhāng/kǔn*
chāopiàoguàshuài 钞票挂帅[-掛帥] F.E. money above all; money in command
cháopìn 朝聘 N. official intercourse among feudal princes during the epoch of Warring States
chāopǔtōnghuà 超普通化 N. <lg.> overgeneralization
cháoqì 潮气[-氣] N. humidity
chāoqiān 超迁[-遷] V. <wr.> be promoted more than one grade at a time
chāoqián* 超前 V.O. lead; outstrip; advance
cháoqián 朝前 ADV. facing toward the front
chāoqiáng 超强[-強] ATTR. extremely strong
chāoqián jīngshen 超前精神 N. the spirit of having foresight in business management
chāoqián xiāofèi 超前消费 N. ① spending on luxuries rather than necessities ② excessive consumption
chāoqiēfēn tèzhēng 超切分特征[-徵] N. <lg.> suprasegmental
chāoqiēfēn yīnwèi 超切分音位 N. <lg.> suprasegmental
chāoqīfúyì 超期服役 F.E. <mil.> ① extend active duty ② exhibit superb skill
chǎo qǐlai 吵起来 R.V. start to quarrel/squabble
chāoquàn 钞券 N. bill M: [1]*zhāng*
chāoqún 超群 ATTR. preeminent
chāoqúnchūzhòng 超群出众[-眾] F.E. make a conspicuous figure
chāoqúnjuélún 超群绝伦[--絕-] F.E. far above the ordinary
chāorán 超然 S.V. ① aloof; detached; independent ② transcendent
chǎorǎng 吵嚷 V. make a racket; shout in confusion; clamor
chāoránjuésú 超然绝俗[--絕-] F.E. stand aloof from the crowd
chāorán nèigé 超然内阁 N. cabinet independent of political parties
chāoránshìshì 超然世事 F.E. hold aloof from the affairs of human life
chāoránwùwài 超然物外 F.E. hold aloof from the world
chǎorǎo 吵扰[-擾] V. make a noisy disturbance
cháorè 潮热[-熱] N. <Ch. med.> daily fever
chǎorè* 炒热[-熱] V. ① jack up the price of stocks by manipulation ② make an ordinary news event a top story by sensational reporting
chāorén* 超人 S.V. exceptional ♦N. superman M: [2]*wèi*
chǎorén 吵人 V.O./S.V. disturb others (by noise)
chǎorén'ěr 吵人耳 V.O. make a din in somebody's ears
chāorényīděng 超人一等 F.E. be a cut above other people
chāorénzìjū 超人自居 F.E. regard oneself as a superman
chǎoròusī 炒肉丝[-絲] N. stir-fried shredded meat ♦V.O. stir-fry shredded meat
cháorùn 潮润 S.V. ① moist; damp ② teary-eyed
chǎosàn 吵散 V. break up (a relationship)
chǎosāndōng 炒三冬 N. stir-fried bamboo shoots, dried mushrooms, and preserved cabbage
cháoshān* 朝山 V.O. make a pilgrimage to a temple on a famous mountain
cháoshàn 嘲讪 V. deride; sneer at; mock; scoff
cháoshàng 朝上 ADV. (facing) upward
chāoshàngle 抄上了 V.P. <coll.> be in luck; have good luck
cháoshānjìnxiāng 朝山进香[-進-] F.E. <rel.> go on a pilgrimage
chǎosháo 炒勺 N. round-bottomed frying pan with a long handle; wok M: [1]*bǎ*
chāoshēn 抄身 V.O. search sb.; frisk
[1]**chāoshēng** 超生 V. ①spare sb.'s life; be merciful ② <Budd.> be reincarnated ③ have children outside the state plan ④ exceed the targeted birth rate
[2]**chāoshēng** 超升 V. ① promote specially ② <Budd.> ascend to the Western Paradise
[3]**chāoshēng** 超声[-聲] N. ultrasonic
chāoshèng 超乘 V. <wr.> ①jump onto a vehicle ② be brave and dashing ***See also** chāochéng*
cháoshēng 潮声[-聲] N. the sound of the tides
cháoshèng* 朝圣[-聖] V.O. <rel.> go on a pilgrimage/hajj
chāoshēngbō 超声波[-聲-] N. ultrasonic wave
cháoshèngtuán 朝圣团[-聖團] N. pilgrimage group; hajji
chāoshēng zǐnǚ 超生子女 N. children born outside the state plan
cháoshènshèn 潮渗渗[-滲滲] S.V. damp and cold
chāoshí 超时[-時] V.O. ① work/etc. overtime ② exceed a time limit
chāoshì 超市 AB. *chāojí shìchǎng* supermarket M: [1]*jiā*
cháoshī* 潮湿[-濕] S.V. moist; damp ***Zhèjiān wūzī hěn ~.*** This room is damp.
cháoshì 朝市 N. the field of struggle for power and wealth
chǎoshíjǐn 炒什锦 N. fried mixed vegetables with or without meat
chāoshí xiànzài 超时现在[-時--] N. timeless present
[1]**chāoshōu*** 超收 V. receive more (funds) than needed; collect more (tax revenues) than expected
[2]**chāoshōu** 抄收 V. transcribe (a telegram)
chāoshǒu(r) 抄手(儿) V.O. fold one's arms ♦N. ① copyist ② <topo.> dumpling soup; wonton
chāoshū* 抄书[-書] V.O. ① copy from a book ② copy a book (by hand)
cháoshǔ 巢鼠 N. <zoo.> harvest mouse M: [2]*zhī*
cháoshuǐ 潮水 N. tidal water
cháoshuǐbiāo 潮水标[-標] N. tidemark M: [2]*gēn*
cháoshuǐzhá 潮水闸 N. tide lock M: [4]*zuò*
chāoshuō 剿说 V. <wr.> plagiarize
chāosòng 抄送 V. make a copy for; send a duplicate to
chāosú 超俗 ATTR. above worldly considerations
chāosù* 超速 V.O. exceed the speed limit ♦N. <phy.> hypervelocity
cháotiān 朝天 V.O. ① be presented at court; go to court ② face upward
chāotián yùmǐ 超甜玉米 N. high-sugar corn bred in China
cháotíng 朝廷 N. royal/imperial court/government
chāotuō 超脱 V. ① stand aloof; be detached ② transcend worldliness ♦S.V. untrammeled; unconventional
chāotuōchénshì 超脱尘世[--塵-] F.E. be detached from this world
chāotuōchénsú 超脱尘俗[--塵-] F.E. be detached from this world
cháowài 朝外 ADV. toward the outside
cháowàng 朝望 V. respected courtiers
cháowèi 潮位 N. water level affected by the tide
cháowèir 潮味儿 N. damp smell
chāowénběn 超文本 N. <lg.> hypertext
chāowénjiàn 超文件 N. <lg.> hypertext
chāowǒ 超我 N. <psy.> superego
[1]**chāoxí*** 抄袭 V. ①plagiarize ②indiscriminately copy from others ③ launch surprise attack on the rear/flanks
[2]**chāoxí** 剿袭 V. plagiarize ***See also** jiǎoxí*
cháoxī 潮汐 N. (morning and evening) tides
cháoxì 嘲戏[-戲] V. make fun of; poke fun at
cháoxià 朝下 ADV. downward
Cháoxiǎn* 朝鲜 P.W. <PRC> ① Korea ② North Korea
cháoxiàn 朝献[-獻] V. offer a gift to the throne on the occasion of an audience
Cháoxiǎn Bàndǎo 朝鲜半岛[-島] P.W. the Korean Peninsula
cháoxiāng 朝香 V.O. go to a temple to burn incense
cháoxiàng* 朝向 N. orientation ♦COV. facing
Cháoxiǎnjì 朝鲜蓟 N. (globe) artichoke
chāoxiànshí 超现实[-實] ATTR. surrealistic
chāoxiànshízhǔyì 超现实主义[--實-義] N. <loan> surrealism
Cháoxiǎn yìyīn 朝鲜译音[--譯-] N. <lg.> Sino-Korean (transcription)

Cháoxiǎnyǔ 朝鲜语 N. <lg.> Korean

Cháoxiǎnzú 朝鲜族 N. <PRC> ①Korean ethnic minority ② the Koreans (of Korea)

cháoxiào 嘲笑 V. ridicule; deride; laugh at ♦N. raillery

chāo xiǎolù 抄小路 V.O. take a footpath

cháoxībiǎo 潮汐表 N. tide table M: [1]*zhāng*

cháoxī diànzhàn 潮汐电站[--電-] P.W. power station that uses tides to generate electricity M: [4]*zuò*

chāoxiě 钞/抄写[-寫] V. copy (by hand); transcribe

chāoxiěyuán 抄写员[-寫-] N. copyist M: [2]*wèi*

cháoxìn 潮信 N. ① tidewater; tide ② regular cycle of woman's menstruation

cháoxīnéng 潮汐能 N. tide energy

chǎoxǐng 吵醒 V. wake sb. up by noise

chāo-xīnlǐxué 超心理学 N. parapsychology

chāoxīnxīng 超新星 N. <astr.> supernova M: [1]*kē*

chāoxū 抄胥 N. scribe; copyist; pen-pusher M: [2]*wèi*

cháoxué* 巢穴 N. lair; den; nest

cháoxuè 嘲谑 V. make fun of; poke fun at

cháoxùn 潮汛 N. spring tide; highest tide occurring at fixed times

cháoyáng(r) 朝阳(儿)[-陽-] V.O. ① face sun ② have a sunny exposure ③ eastern slope of a mountain

cháoyáng chǎnyè 朝阳产业[-陽產業] P.W. sunrise industry

cháoyánghuā 朝阳花[-陽-] N. sunflower M: [2]*kē*/[2]*duǒ*

chǎo yāngzi 吵秧子 V.O. <topo.> quarrel; wrangle

chāoyànzhéxué 超验哲学 N. transcendental philosophy

chāoyáo 超摇 <wr.> V. become restless/troubled/anxious/etc.

cháoyě 朝野 N. ① court and commonality ② government and public ③ <TW> governing party and opposition

cháoyěqīngpíng 朝野清平 F.E. The whole land enjoyed peace and order.

cháoyěshàngxià 朝野上下 F.E. government officials and the people

cháoyěyīzhì 朝野一致 F.E. Both the ruling and opposition parties are of one mind.

cháoyězhījiān 朝野之间 F.E. between the court and the populace

chāoyì* 超逸/轶 V.P. ①free and natural ②above worldly desires; detached from worldly affairs

cháoyí 朝仪[-儀] N. court rite

cháoyì 朝议[-議] N. civil official post (Qing)

cháoyīcháoguān 朝衣朝冠 F.E. dressed up for an audience with the emperor

chāoyīliú 超一流 V.P. supreme

chāoyǐn 钞引 N. (Song) paper money

cháoyīn* 潮音 N. chanting of Buddhist scriptures by monks

cháoyǐn 朝隐[-隱] N. self-effacing courtier

chāoyīnbō 超音波 N. ultrasonic wave; supersonic

chāoyīnduàn 超音段 N. <lg.> suprasegmental

chāoyīnggǎnměi 超英赶美[--趕-] F.E. <PRC> surpass England and catch up with USA (1958 slogan)

chāoyīnsù 超音速 N. supersonic speed

chāoyīnsù fēijī 超音速飞机[---飛-] N. supersonic airplane

chāoyīnwèi 超音位 N. <lg.> archiphoneme; archphoneme

cháoyīn xuéshuō 潮因学说 N. tidal theory

chāoyīnzhì tèzhēng 超音质特征[--質-徵] N. prosodic features

chāoyòng* 抄用 V. ① copy indiscriminately (experience/methods/etc.) ② plagiarize

cháoyǒng 潮涌 V. surge like the tide

cháoyòu* 朝右 ADV. toward the right

chǎoyǒu 炒友 N. <coll.> speculator; profiteer

chǎo yóuyú 炒鱿鱼 V.O. ① fry squid ② <coll.> dismiss; fire

chāoyuán 超员 V.O. overload; overstuff

chāoyǔduàn yīnwèi 超语段音位 N. <lg.> suprasegmental phoneme

chāoyuè 超越 V. ①exceed; surmount; transcend; surpass ② fly across; jump over; pass

chāoyuè lìshǐ jiēduàn 超越历史阶段[--歷-階-] V.P. bypass a stage of history

chāoyuè quánxiàn 超越权限[--權-] V.O. overstep one's authority

chāoyuèzhǔyì 超越主义[-義] N. transcendentalism

chāoyǔyán 超语言 ATTR. <lg.> extralinguistic

chāoyǔyánxué 超语言学 N. metalinguistics

chǎozá 吵杂[-雜] S.V. noisy

chāozài 超载 V. overload

chāozài fānyì 超载翻译[-譯] N. <lg.> overloaded translation

chāozào 抄造 N. manufacture paper with pulp

chāozhāi 抄摘 V. <lg.> plagiarize

cháozhāng 朝章 N. rules of an imperial court

chǎozhàng* 吵仗 V.O. <coll.> quarrel; wrangle

cháozhǎngcháoluò 潮涨潮落 F.E. fluctuations

cháozhe 朝着[-著] COV. toward

cháozhèng 朝政 N. political situation of the imperial government; court administration

chāozhī* 超支 V.O. overspend

chāozhí 超值 V.O. surpass the value

chāozhǐ 抄纸 V.O. make paper (from pulp)

chāozhì 超智 V.P. exceptionally intelligent

cháozhīgāo 潮脂糕 N. <topo.> egg cake M: [2]*kuài*

chāozhīhù 超支户 N. excess expenditure household/enterprise

chāozhòng 超重 V.O. ① be overweight ② overload ♦ATTR. capable of carrying a specially great weight

chāozhòngqīng 超重氢[-氫] N. <chem.> tritium (T or H3)

chāozhòngxíngli 超重行李 F.E. excess luggage

chāozhóu 超轴 V. be over haulage

cháozhū 朝珠 N. court beads (derived from Budd. prayer beads) M: [1]*kē*

[1]**chāozhuó** 超卓 V.P. ①transcendent; surpassing; sublime ② eminent; preeminent

[2]**chāozhuó** 超擢 V. promote sb. more than one grade at a time

chāozi* 抄子 N. <trad.> a kind of very thin paper M: [1]*zhāng*

chāozǐ 超子 N. <phy.> hyperon

chǎozi 吵子 N. <topo.> bawling out; tongue lashing

chāozìrán 超自然 N. <loan> supernatural

chāozìrán lìliang 超自然力量 N. mana; supernatural power

chāozìrán shìjiàn 超自然事件 N. paranormal events/incidences

chāozìrán xiànxiàng 超自然现象 N. occult phenomenon

chāozìránzhǔyì 超自然主义[-義] N. supernaturalism

chāozǒngr 抄总儿[-總-] V.O. take/buy all of sth.

chǎozuǐ 吵嘴 V.O. quarrel; bicker

chǎozuò 炒作 V. ① speculate (in stocks/etc.) ②make a hubbub about sth. ③drive up (prices)

chápán(r/zi) 茶盘(儿/子)[-盤-] N. tea tray

chápéng 茶棚 N. tea booth M: [4]*zuò*

chāpī* 碴霹 N. <coll.> break dance

chápí 茶毗 N. <Budd.> cremation, from Sanskrit jhapita

chāpi 叉劈 V.P. divergent (of roads)

chápiào 查票 V.O. check tickets

chápiàoyuán 查票员 N. ticket checker M: [2]*wèi*

chāpíng 插屏 N. ① screen with inlaid design ② framed painting/calligraphy hanging on the wall M: [1]*miàn*

chāpínghuā 插屏花 F.E. cut flower

chàpīr 岔/差批儿 <topo./coll.> N. mistake; error ♦V.O. ① be off key ② pass in opposite directions without seeing one another ③ speak hesitantly/nervously

[1]**chápò** 查破 V. investigate and unearth

[2]**chápò** 察破 R.V. see through (a plot/trick/etc.)

chápù 查铺 V.O. make bed checks

cháqí 茶旗 N. tea leaves picked when they are still tender

[1]**cháqì** 茶器 N. tea set/service; tea utensils M: *tào*

[2]**cháqì** 查讫 V. check off

chàqì(r)* 岔气(儿)[-氣-] V.O. ①feel chest pains when breathing ② <coll.> develop pain in the side

cháqian 茶钱[-錢] N. ① payment for tea in a teahouse ② tip

chāqiāng* 叉枪[-槍] N. <mil.> stack arms/rifles M: [1]*bǎ*

cháqiāng 茶枪[-槍] N. <topo.> tea bud

chāqiángrényì 差强人意[-強--] F.E. just passable

cháqín 查勤 V. check presence

[1]**cháqīng** 查清 R.V. investigate thoroughly

[2]**cháqīng** 茶青 N. brownish green

cháqíyán-guānqíxíng 察其言观其行[---觀--] F.E. check what a person says against what he does

chāqǔ 插曲 N. ① theatrical interlude ② songs in films/plays ③ episode M: [2]*shǒu*

chāquānnòngtào 插圈弄套 F.E. trap/snare others with tricks

chàqǔr 岔曲儿 N. ① interruption; distraction ② an aside

chāqǔshì jìyì 插曲式记忆[-憶] N. <lg.> episodic memory

chár 碴儿 N. ① broken pieces; fragments/splinters (of glass/china/etc.); chips ② sharp edge of broken glass/china/etc. ③ grudge; the cause of a quarrel ④ sth. said/mentioned

chārèn 扱衽 V.O. tuck a garment into one's girdle

chārù 插入 V. ① insert ② <elec.> plug in ♦N. <lg.> insertion

chārù quēkǒu 插入缺口 N. <lg.> parasitic gap

chārùwù 插入物 N. insertion

chārùyīn 插入音 N. <lg.> intrusion

chārùyǔ 插入语 N. <lg.> ① interjectional remark; parenthesis ② interjected remark

chásānfǎngsì 察三访四 V.P. be generally nosy

chásānwènsì 查三问四 V.P. make a wide-ranging investigation

chásè 茶色 N. dark brown

cháshān 茶山 N. mountain where tea is grown M: [4]*zuò*

chāshang* 插上 R.V. insert; stick in

cháshāng 茶商 N. tea dealer; tea merchant M: [2]*wèi*

chāshang mén 插上门 V.O. <coll.> bar/bolt a door

chāshang yīshǒu 插上一手 V.P. get one's finger in the pie

chāshāo* 叉烧[-燒] N. roast pork tenderloin (roasted on a spit)

cháshào 查哨 V.O. ①check guardposts ②patrol

chāshāobāo 叉烧包[-燒-] N. favorite type of traditional Cantonese snack

chásháor 茶勺儿 N. teaspoon M: [1]*bǎ*

cháshè 茶社 P.W. tea club/house M: [1]*jiān*

chāshēn 插身 V.O. ① insert oneself; squeeze in ② take part in; get involved

cháshěn* 查审[-審] V. investigate; examine

chàshēng 差生 N. academically and morally poor student

cháshi 茶食 N. cookies served with tea

[1]**cháshí** 查实[-實] V. check and verify

[2]**cháshí** 茶时[-時] N. tea time

[1]**cháshì*** 茶室 P.W. ① teahouse ② brothel M: [1]*jiān*/[4]*zuò*

[2]**cháshì** 茶市 P.W. tea market

chàshí 刹时[剎時] ADV. in a flash/instant

chàshì 差事 S.V. <coll.> not up to standard; poor *See also* [1]*chāishi*

cháshídiàn 茶食店 P.W. tea shop M: [1]*jiā*

chá shì hòulái yàn 茶是后来酽[--後-釅] F.E. <topo.> improve with age/experience/etc.

C

[1]chāshǒu* 插手 V.O. ① get involved in **Wǒ xiǎng bāng tā de máng, kěshì chābushàng shǒu.** I'd like to help him but don't know how to. ② meddle in ***Tā ài ~ biérén de sīshì.*** He likes to poke his nose into other's private affairs.
[2]**chāshǒu** 叉手 V.O. raise one's joined hands to one's chin to salute sb.
[1]**cháshōu** 查收 V. ① find sth. enclosed ② check and accept (mail/goods)
[2]**cháshōu** 察收 V. examine and receive
chāshǒu'érlì 插手而立 F.E. stand with folded arms
chāshǒugānyù 插手干预 F.E. meddle/intervene/interfere in
chāshǒugǒnglì 插手拱立 F.E. stand with interlaced hands
chāshǒujiāozú 插手交足 F.E. with hands folded and legs crossed
chāshù 差数[-數] N. <math.> difference/remainder
cháshù* 茶树[-樹] N. tea plant/shrub/tree M: [2]zhū/[2]kē
cháshuǐ* 茶水 N. ①weak infusion of tea ②water ready for tea
[1]**cháshuì** 查税 V.O. check tax payment
[2]**cháshuì** 茶税 N. tea tax
cháshuǐqián 茶水钱[-錢] N. tips given to hotel attendants
cháshuǐzhàn 茶水站 N. tea-stall set up for an occasion
chāshuō 插说 N. <lg.> parenthesis
chásī* 查私 V.O. suppress smuggling
chásì 茶肆 P.W. <wr.> teahouse M: [1]jiā
chásù 茶素 N. theine (of tea)
chátān(r) 茶摊(儿)[-攤-] P.W. roadside tea-stall
chátāng 茶汤[-湯] N. gruel of millet flour
chátānghú 茶汤壶[-湯壺] N. pot for gruel of millet flour M: [1]bǎ
chātè 差忒 N. <wr.> error; mistake
chātiān 插天 V.O. soar into the sky (of high peaks)
chátiándìngchǎn 查田定产[-產] F.E. surveying land and fixing production quotas
chātiáo 插条[-條] V.O. transplant plant seedlings/branches
chátíng 茶亭 N. tea kiosk/stall M: [4]zuò
chátǒng 茶筒 N. tea caddy
chātóu 插头 N. <elec.> plug
chātú 插图[-圖] N. book illustrations/pictures M: [10]fú
chātúběn 插图本[-圖-] N. illustrated edition
chátuǐ 茶腿 N. first-grade ham
chàtuǐ* 叉腿 V.O. spread legs wide open
chátuīchē 茶推车 N. tea wagon
chātuǐ'érzuò 插腿而坐 F.E. be seated cross-legged
chātúnòngjì 插图弄计[-圖--] F.E. trap or snare others with tricks
chátuō(r/zi) 茶托(儿/子) N. ① saucer ② tea tray
chátuōpán 茶托盘[-盤] N. tea tray
chàwà 衩袜[-襪] N. stockings without bands M: [1]shuāng
cháwǎn 茶碗 N. teacup; tea bowl M: [2]zhī
cháwéi 茶围[-圍] N. tea party
cháwèi(r)* 茶味(儿) N. tea flavor
[1]**cháwèn** 查问 V. ① inquire about ② question; interrogate
[2]**cháwèn** 察问 V. inquire into
cháwénhuà 茶文化 N. tea culture
cháwèn kǒulìng 查问口令 V.O. challenge (for a password)
chāwǔ 插舞 N. dance divertissement/entertainment
chāwù* 差误 N. ① mistake; error; slip ② discrepancy
[1]**cháwǔ** 茶舞 N. tea dance
[2]**cháwǔ** 碴舞 N. <coll.> dance (break/disco dance)
cháwúkěkǎo 查无可考 F.E. no evidence available
cháwúshíjù 查无实据[-實據] F.E. investigation turned up no evidence
cháxiǎn 茶筅 N. bamboo scraper for cleaning tea vessels
cháxiāng 茶箱 N. tea chest
chāxiāo 插销 N. ① bolt ② socket plus plug
chàxiē 差些 F.E. be not good enough; not quite up to the mark
chā xiēzi 插楔子 V.O. intentionally foment estrangement between others
cháxiū* 查修 V. examine and repair
cháxiù 茶锈[-鏽] N. tea stain in cups M: [1]céng
chāxù 插叙[-敘] N. flashback narration
cháxuānshūzhāi 茶轩书斋[-書齋] F.E. salon; studio
[1]**cháxún*** 查询 V. inquire into/about ***Wǒ xiǎng ~ tā de dìzhǐ.*** I'd like to ask his address.
[2]**cháxún** 查寻[-尋] V. search/look for ***~ shísān duōnián de qīnrén*** search for long-lost relatives
cháxùn 查讯 V. inquire about
cháxúnbù 查询簿 N. directory M: [1]běn
cháxùntái 查讯台[-臺] N. information desk
chāyā* 杈丫 N. forked branch
cháyá 茶芽 N. young tea leaves
chāyán 插言 V.O. interpose a remark; chip in
cháyàn* 查验 V. examine and approve
chàyǎn 岔眼 V.O. be skittish (of horses/etc.)
chāyāng 插秧 V.O. transplant rice seedlings
chāyāngjī 插秧机 N. rice-seedling transplanting machine M: [1]tái
cháyánguānsè 察言观色[--觀-] F.E. closely observe sb.'s words and expression
[1]**chāyāo(r)** 叉腰(儿) V.O. put arms akimbo
[2]**chāyāo** 插腰 V.O. put one's hands in one's pockets
cháyào* 搽药[-藥] V.O. apply ointment/lotion/etc.
chāyè 插页 N. inserted page M: [4]yè ♦V.O. insert; inset
[1]**cháyè*** 茶叶[-葉] N. tea leaves; tea M: [1]bāo
[2]**cháyè** 查夜 V.O. patrol at night
[3]**cháyè** 茶业[-業] N. tea industry
cháyèdàn 茶叶蛋[-葉-] N. eggs stewed in tea
cháyèguàn 茶叶罐[-葉-] N. tea caddy; tea canister
cháyèhuā 茶叶花[-葉-] N. tea flower
cháyèmò(r) 茶叶末(儿)[-葉--] N. tea stems/dust
cháyèpù 茶叶铺[-葉-] P.W. tea shop M: [1]jiān/[1]jiā
cháyètǒngr 茶叶筒儿[-葉--] N. cylindrical tea container
chāyì* 差异[-異] N. difference; divergence; discrepancy; diversity
[1]**cháyì** 察议[-議] V. judge according to circumstances and determine sanctions accordingly
[2]**cháyì** 茶役 N. <trad.> waiter M: [2]wèi
chàyī 衩衣 N. woman's gown with slits on the sides M: [2]jiàn
chàyì 诧异[-異] S.V. astonished ***Zhè méi shénme kě ~ de.*** It's not surprising. ***Wǒ tīngdào nà xiāoxi gǎndào ~.*** I was surprised at that news. ♦V. surprise
chǎyīchǎ 叉一叉 V.P. <coll.> measure by *chǎ*
chāyì chéngdu 差异程度[-異--] N. <lg.> degree of deviation
chàyīdiǎn(r) 差一点(儿)[--點-] ADV. ① almost ② not quite to the point; close to ♦ATTR. slightly inferior; not good enough ♦CONS. ~ *méi V* barely escape V-ing or being V-ed ***Tā ~ méi sǐ.*** He narrowly escaped death.
chā yī gàngzi 插一杠子 V.O. butt in
chāyīháolí-miùyǐqiānlǐ 差以毫厘谬以千里[---釐----] F.E. A slight error in the beginning results in a big mistake in the end.
chā yī jiǎo 插一脚[-腳] V.O. have a hand in; meddle in
chāyì jiǎshè 差异假设[-異--] N. <lg.> difference hypothesis
chāyīn 插音 N. <lg.> phonological epenthesis
chā yī shǒu 插一手 V.O. have a hand in; meddle in
chāyìxìng 差异性[-異-] N. difference; differential
chāyì xīnlǐxué 差异心理学[-異---] F.E. differential psychology
cháyóu 茶油 N. tea/camellia oil
cháyuán 茶园[-園] P.W. ①tea plantation/garden ② teahouse ③ teashop ④ <trad.> an opera theater M: [4]zuò
cháyuàn 察院 P.W. <trad.> the imperial bureau of censors
chàyuǎn* 差远[-遠] V.P. fall far short; be quite wrong/mistaken
cháyuè 查阅 V. ① consult; look up (files) ② examine
cháyuèbiǎo 查阅表 N. look-up table M: [1]zhāng
cháyúfànbǎo 茶余饭饱 V.P. at one's leisure moments; in one's spare time
cháyúfànhòu 茶余饭后[-後] V.P. leisure time
cháyújiǔhòu 茶余酒后[-後] V.P. after a meal; leisure time
cházào 茶灶 N. stove for boiling water for tea M: [2]zhī
cházhàng 查帐 V.O. audit accounts ***Shuìwùjú pài rén lái wǒmen gōngsī ~.*** The tax bureau sent someone to our company to audit our accounts.
cházhàngyuán 查帐/账员 N. auditor M: [2]wèi
cházhǎo 查找 V. search for
[1]**cházhào*** 查照 V. <wr.> please note
[2]**cházhào** 察照 V. take notice and act accordingly
cházhèng 查证[-證] V. check and verify
cházhèngshǔshí 查证属实[-證屬實] F.E. be checked and found to be true; be verified
chāzhēnzhīdì 插针之地 N. a tiny bit of land
chāzhe shuāngshǒu 插着双手[-著雙-] V.P. with arms akimbo
chàzhe tuǐ 叉着腿[-著-] V.P. stand/sit with one's legs apart
[1]**chāzhī** 插枝 V.O. transplant/graft tree branches
[2]**chàzhī** 叉枝 N. forked branch
cházhī* 察知 V. perceive; be conscious of; become aware of
cházhì 茶质[-質] N. theine; caffeine
chāzhīháolí-miùyǐqiānlǐ 差之毫厘谬以千里[---釐----] F.E. miss by a hair, but be off by a mile
chāzhīháolí-shīzhīqiānlǐ 差之毫厘失之千里[---釐----] F.E. an error the breadth of a single hair can lead you a thousand *lǐ* astray
cházhīmǒfěn 搽脂抹粉 F.E. paint and powder oneself
chāzhīqiānlǐ 差之千里 F.E. be a thousand *lǐ* astray; make big mistake
cházhōng 茶盅 N. handle-less teacup; small teacup
chāzhōu 插粥 V.O. cook porridge
chāzhú 插烛[-燭] V.O. put a candle onto a candlestick
chāzhù* 插住 R.V. stick in; insert
cházhù 楂住 R.V. block; obstruct
cházhuān 茶砖[-磚] N. tea brick; tea leaves compressed to form a brick M: [2]kuài
cházhuāng 茶庄[-莊] P.W. a company in the tea business M: [1]jiā
cházhuōr 茶桌儿 N. tea table M: [1]zhāng
chāzi* 叉子 N. fork M: [1]bǎ
[1]**cházi** 茬子 N. stubble
[2]**cházi** 碴子 N. <coll.> ① tiny bits; small pieces; remnants; potsherd ② event; incident; episode ③ subject; topic; opportunity
[3]**cházi** 楂子 N. <topo.> coarsely ground maize/corn
cházī 茶资 N. ①payment for tea (in a teahouse) ② tip; gratuity ③ pocket money
cházǐ 茶子 N. tea seed
[1]**chàzi** 岔子 N. ① trouble; mishap ② branch road; byroad; side road
[2]**chàzi** 杈子 N. tree branch
[3]**chàzi** 汊子 N. a branch of a river
chá zìdiǎn 查字典 V.O. look up in a dictionary
cházìfǎ 查字法 N. dictionary lookup method

chàzǐyānhóng 姹紫嫣红[奼-] ID. beautiful flowers
chāzú 插足 V.O. ① put one's foot in ② get involved in ③ insert in between ④ gain a place
chāzuǐ 插嘴 V.O. interrupt; break in; chip in
chāzuò* 插座 N. <elec.> socket; outlet
cházuò(r) 茶座(儿) P.W. teahouse; saloon; tea-stall with seats ♦N. seat in a teahouse
chāzúqíjiān 插足其间 F.E. join; take a part in
chāzúzhě 插足者 N. interloper M: ²wèi
¹**chē*** 车[車] N. ① vehicle ② wheeled machine/instrument ③ Surname ♦V. ① turn on a lathe ② lift water with a water-wheel *See also* ³jū
²**chē** 砗[硨] in **chēqú**
¹**chě** 扯 V. ① pull *Bǎ ¹tā ~ guòlai.* Pull him over. ② tear ③ buy (cloth) ④ chat; gossip *¹Tā ~ de tài yuǎn le.* He's getting too far off the subject.
²**chě** 尺 B.F. musical note on traditional Ch. scale *gōngchě See also* ¹chǐ
¹**chè** 撤 V. ① remove; take away ② withdraw; evacuate
²**chè** 彻[徹] B.F. thorough; penetrating **chèdǐ**
³**chè** 掣 V. ① pull; tug ② draw
⁴**chè** 澈 B.F. ① clear ② penetrating; thorough **chèdǐ, dàchèdàwù, ²tòuchè**
⁵**chè** 坼 B.F. split open; crack **guīchè, tiānbēngdìchè**
chēbǎ 车把 N. ① handlebar ② shaft (of a cart/wagon)
chěbái* 扯白 V.O. <topo.> tell a lie
chèbái 澈白 ATTR. pure white
chèbàn 撤办[-辦] V. fire a delinquent official and subject him to disciplinary action
chèbàng 撤傍 V. <slang> break off a relationship
chèbǎo 撤保 V.O. withdraw a guaranty
chēbǎshi 车把式 N. <coll.> ① carter; cart-driver ② rickshaw boy M: ²wèi
chèbiān 撤编 V. <mil.> inactivate
chèbīng 撤兵 V.O. withdraw troops
chěbudòng 扯不动[-動] R.V. cannot tear or be torn
chèchá 彻/澈查[徹-] V. ① make a thorough investigation (of a case) ② probe
chèchāi 撤差 V.O. remove from office
¹**chēchǎng** 车场[-場] P.W. parking lot M: ¹jiān
²**chēchǎng** 车厂[-廠] P.W. shop where vehicles are repaired/serviced M: ¹jiā
chěchělālā 扯扯拉拉 R.F. ① pull and push ② ramble in talk
chēchén 车尘[-塵] N. dust raised by passing cars
¹**chēchéng*** 车程 N. mileage
²**chēchéng** 车城 N. place producing/selling vehicles
chěchéng 扯成 V.P. ① pull ② tear
chèchéng 撤惩[-懲] V. remove from office and subject to disciplinary action
chēchóng 车虫[-蟲] N. <coll.> bicycle fanatic
chèchū 撤出 R.V. withdraw or pull out (of troops)
chèchú* 撤除 R.V. remove; dismantle; withdraw
chēchuán 车船 N. vehicles and vessels
chēchuāng* 车窗 N. car/train window
chēchuáng 车床 N. lathe M: ¹tái
chèchū zhàndòu 撤出战斗[-戰鬥] V.P. disengagement
chēcì 车次 N. train/coach number (indicating order of departure)
chě dàbùzi 扯大步子 V.O. <topo.> walk with giant strides
chēdài 车带[-帶] N. <coll.> tire M: ¹tiáo
chēdàimǎfá 车殆马乏 F.E. be worn out from hard travel
chēdàimǎfán 车殆/怠马烦 F.E. the hardships of long travel
chědàn 扯淡 S.V. <topo.> talk nonsense
chēdàng 车档[-檔] N. car bumper
chēdāo 车刀 N. lathe/turning tool M: ¹bǎ
chēdào* 车道 N. (traffic) lane; motor route M: ¹tiáo
chědǎo 扯倒 R.V. give up a plan or pursuit
chědào 扯到 R.V. chat/gossip about
chēdàogōu 车道沟[-溝] N. ① rut; furrow; groove ② rutted path M: ¹tiáo
chēdǎor 车倒儿 N. <slang> second-hand car dealers
chē dào shānqián bì yǒu lù 车到山前必有路 F.E. Things will eventually sort themselves out.
chědàpào 车大炮 F.E. <topo.> boast; brag; shoot off the mouth
chě de fěnsuì 扯得粉碎 V.P. tear into shreds; tear sth. to pieces
chēdēng 车灯[-燈] N. ① vehicle headlight M: ¹zhǎn ② folk song-and-dance act of Sichuan origin
chēdí 车笛 N. vehicle horn
chēdǐ 车底 N. bottom of a vehicle
chèdǐ* 彻/澈底[徹-] ADV. thorough(going) ♦S.V. be able to see the bottom of; get to the bottom of
chēdiàn* 车垫[-墊] N. car cushion
¹**chèdiàn** 掣电[-電] V.P. in the twinkle of an eye; as fast as lightning
²**chèdiàn** 撤佃 V. take back the land rented to a tenant
chēdiànzi 车垫子[-墊-] N. cushioned seat on a vehicle
chědiào 扯掉 R.V. ① pull off ② tear off
chèdǐ chéngqīng 彻/澈底澄清[徹-] V.P. ① purify completely; purge radically ② go through sth. with a fine-toothed comb
chēdǐng 车顶 N. top of a vehicle
chēduì 车队[-隊] N. motorcade M: ⁴zhī
chēfáng 车房 P.W. garage M: ¹jiān
chèfáng* 撤防 V.O. withdraw garrison/security arrangements
chēfèi* 车费 N. carfare
chèfèi 撤废[-廢] V. abolish; rescind; revoke
chēfěi-lùbà 车匪路霸 N. <coll.> highwayman
chēfèn(r) 车份(儿) N. <coll.> vehicle rental fee paid by cab/rickshaw drivers
chēfèng 车缝 N. narrow space between vehicles
chēfū* 车夫 N. carter; chauffeur M: ²wèi
chēfú 车服 N. chariots and robes (commonly used in feudal times to reward vassals)
chēgài 车盖[-蓋] N. top/cover of a vehicle
chēgàng 车杠 N. bumper
chègǎng* 撤岗[-崗] V.O. withdraw the guard/sentry
¹**chēgōng** 车工 N. ① lathe work ② turner; lathe operator M: ²wèi
²**chēgōng** 车攻 V. attack with chariots
chēgōnglǐ 车公里 N. bus-kilometer
¹**chēgōu** 车钩[-鉤] N. (railway) coupling
²**chēgōu** 车沟[-溝] N. rut; furrow; groove
chègǔ 彻骨[徹-] ADV. to the bone
chègǔ hánlěng 彻骨寒冷[徹-] V.P. bitterly/piercingly cold
chēguǐ 车轨 N. rail; railway M: ¹tiáo
chēgūlu 车轱辘 N. <coll.> wheel (of a vehicle)
chēgūluhuà 车轱辘话 F.E. <coll.> rambling speech
chègǔpín 彻骨贫[徹-] V.P. extremely poor; stark poverty
chēháng 车行 N. ① place for buying and hiring carts ② garage ③ a taxi company M: ¹jiān
chēhào 车号[-號] N. license number (of a vehicle)
chēhòuchuǎn 车后喘[-後-] N. lackey
chě hòutuǐ* 扯后腿[-後-] V.O. hold sb. back (from action); be a hindrance to sb.
chè hòutuǐ 掣后腿[-後-] V.O. hinder
chě huàbàzi 扯话把子 V.O. <coll.> change the topic of conversation
chèhuàn 撤换[-換] V. dismiss and replace; recall; replace
chěhuǎng 扯谎 V.O. lie; tell a lie
chěhuǎngzhàcái 扯谎诈财 F.E. tell lies to swindle money
chèhuí 撤回 R.V. ① recall; withdraw ② revoke; retract
chēhuò* 车祸[-禍] N. traffic accident
chèhuǒ 撤火 V.O. <coll.> ① discourage; pour cold water on ② stop heating; extinguish a fire
chējì 车技 N. trick-cycling
¹**chējià** 车架 N. frame (of a car/bicycle/etc.)
²**chējià** 车驾 N. imperial carriage
chě jiācháng 扯家常 V.O. engage in small talk; chitchat
chējiān 车间 P.W. (work)shop
chējiàng 车匠 N. wheelwright
chējiān jīngfèi 车间经费[--經-] N. manufacturing expenses of a workshop
chējiān zhǔrèn 车间主任 N. workshop director
chējiǎoqián 车脚钱[-腳錢] N. charge paid for the delivery of goods
chě jīhuang 扯饥荒 V.O. <coll.> go deeply into debt
chējuān 车捐 N. vehicle license fee
chèjūn 撤军 V.O. withdraw troops
chěkāi 扯开[-開] R.V. ① pull off ② tear off
chěkāi sǎngzi 扯开嗓子[-開--] V.O. strain the vocal cords by shouting
chě kèguān 扯客观[-觀] V.O. <coll.> ① shirk responsibility ② blame uncontrollable circumstances
chèkōng 撤空 R.V. evacuate
chēkù 车库 N. garage M: ¹jiān
chěla 扯拉 V. <topo.> ① take hold of ② involve ③ chat ④ make baseless references to another person in a nonsensical talk ⑤ pull about
chēlántóuliàng 车拦头辆[-攔--] F.E. <topo.> make an example of the first offender
chěle 扯了 V.P. <coll.> plentiful
chělei 扯累 N. <coll.> burden; millstone
chěleiguǐ 扯累鬼 N. <coll.> burden; millstone
chèlí 撤离[-離] V. withdraw from; leave; evacuate
chēliàn* 车链 N. roller chain (of a bicycle); tire chain (of an automobile) M: ¹tiáo
chèlián 撤帘[-簾] V.O. (of an empress dowager) turn over government to the young monarch when he comes of age
chēliàng 车辆 N. vehicles; cars M: ³liàng
chèlǐchèwài 彻里彻外[徹裡徹-] F.E. out and out; through and through; downright; in every sense
chēliè 车裂 V. <trad.> tear a person asunder by carts
chěliè* 扯裂 R.V. rive; shatter
chēlíng* 车铃 N. bell on a vehicle
chělíng 扯铃 V.O. pull the bell
chēliú 车流 N. ① traffic ② the rate of traffic flow
chēlìzhīméng 车笠之盟 N. close friendship
chēlún(zi) 车轮(子) N. wheel (of a vehicle) M: ²zhī
chēlúnhuì 车轮会 N. a group of persons who invite one another to dinner by turns
chēlúnshì shěnxùn 车轮式审讯[---審-] N. grueling trial
chēlúnzhàn 车轮战[-戰] N. the tactic of several persons taking turns in fighting one opponent to wear him down
chēlúnzi 车轮子 N. wheel
chēmǎ 车马 N. vehicles and horses
chēmǎfèi 车马费 N. travel allowance
chēmǎkēng 车马坑 N. <archeo.> chariot pit
chēmàn 车幔 N. curtain in a carriage
chēmǎxuāntián 车马喧阗 N. hustle and bustle of a city
chēmǎyíngmén 车马盈门 F.E. The house is honored with a host of rich and distinguished guests.
chēmǎyīntián 车马殷阗 F.E. crowded with carriages and horses
chēmǎ yízhàng chǎngmiàn 车马仪仗场面[--儀-場-] N. <art> processions of people, carriages, and horses (in paintings)
chēmén 车门 N. vehicle door
chen 伧[傖] in **hánchen** *See also* ⁴cāng
¹**chēn** 抻/捵 V. <coll.> pull out; stretch

[2]chēn 嗔 B.F. angry; displeased *chēnhè*, *jiāochēn* *See also* [3]chēn
[3]chēn 嗔/瞋 B.F. stare angrily *chēnmù* *See also* [2]chēn
[4]chēn 沉 in *hēichēnchēn* *See also* [1]chén
Chēn 郴 N. county in Hunan province
[1]chén* 沉 V. ① sink ② keep down; lower *Tā ~xià liǎn lái shuō...* He pulled a long face and said...♦S.V. ① deep; profound ② heavy *See also* [4]chēn
[2]chén 晨 B.F. morning *zǎochen*
[3]chén 尘[塵] B.F. ① dust; dirt *huīchén* ② this world *hóngchén*
[4]chén 臣 N. ① subject (vs. ruler) ② <trad.> official ♦PR. <trad./humb.> I
[5]chén 陈[陳] S.V. ① old; stale ② old and mellow (of wine) ♦B.F. ① lay out; put on display *chénliè* ② state; explain [1]*chénshù* ♦N. ① Surname ② Chen dynasty (557–589)
[6]chén 辰 N. ① 5th of 12 Earthly Branches ② 7–9 A.M. ③ time; day; occasion ④ celestial bodies
[7]chén 忱 B.F. sincere [2]*chéncí*, *rèchén*
[8]chén 宸 B.F. mansion; imperial palace *chényóu*, [3]*fēngchén*
[9]chén 惟 B.F. [2]*zhēnchén*
chěn 碜[磣] B.F. food with sand in it *chěnsì*, *hánchen*
[1]chèn 趁 V. ① take advantage of; avail oneself of ② be possessed of; be rich in ♦COV. while
[2]chèn 衬[襯] V. ① line with; place sth. underneath ② set off; contrast with ♦B.F. lining; liner *chènyī*
[3]chèn 称[稱] B.F. appropriate *chènxīn*, *duìchèn* *See also* [1]chēng
[4]chèn 榇[櫬] <wr.> N. coffin
[5]chèn 谶[讖] B.F. angry *chènyǔ*, [2]*fúchèn*
[6]chèn 龀[齔] B.F. replace baby teeth with permanent ones *chènchǐ*, [2]*tiáochèn*
chén'āi 尘埃[塵-] N. dust
chén'āiluòdìng 尘埃落定[塵-] F.E. Everything is settled.
chén'àn 陈案 N. <law> pending case
[1]chénbào 晨报[-報] N. morning report M: [1]*zhāng*
[2]chénbào 尘暴[塵-] N. <met.> dust storm
chénbiān 陈编 N. ancient (literary) works
chènbiān 衬边[襯邊] V.O. <art> line the borders (of scrolls)
chènbiàn* 趁便 ADV. when convenient; at one's convenience
[1]chénbiǎo 陈表 N. formulation
[2]chénbiǎo 尘表[塵-] N. ① out-of-the-world; world beyond material things ② excellence; incomparable ③ sb. with high ideals
chénbīng 陈兵 V.O. mass/deploy troops
Chén Bódá 陈伯达[-達] (1904–1989) N. ideologue and "culprit of Lin Biao's Group
chénbójuélì 沉博绝丽[-絕麗] F.E. profound in substance and beautiful in style
chènbù 衬布[襯-] N. lining cloth M: [2]*kuài*
chénbuzhù qì 沉不住气[-氣] V.P. be unable to control one's impulse
chéncāi 沉猜 V. be very suspicious
chéncāo 晨操 N. morning exercises
chēncháng 抻长 R.V. lengthen
[1]chénchén 沉沉 R.F. ① heavy ② deep ③ <wr.> ⓐ dull; gloomy; dark; dreary ⓑ prosperous; flourishing ⓒ far and deadened (of sound)
[2]chénchén 臣臣 F.E. <trad.> The minister does ministerial duties. ♦ADV. humbly
chénchénrùshuì 沉沉入睡 F.E. sink into a deep sleep
chénchénxiāngyīn 陈陈相因 ID. follow a set routine
chēnchì* 嗔斥 V. rebuke; reproach; scold
chènchǐ 龀齿[齔齒] V.O. shed milk teeth for new teeth
chènchū 衬出[襯-] R.V. serve as a foil to; set off
chénchuán 沉船 N. shipwreck M: [1]*sōu*
chénchuánbó 沉船舶 N. shipwreck
chénchuī 晨炊 N. breakfast
[1]chéncí* 陈词 V.O. present one's views ♦N. stale hackneyed words; cliché
[2]chéncí 忱辞[-辭] N. words from the bottom of one's heart
chèncǐ 趁此 V.O. take advantage of the present
chéncílàndiào 陈词滥调[--濫-] F.E. clichés
chéncísútào 陈词俗套 F.E. conventional phrases
chéncù 陈醋 N. mature vinegar
chéndá 沉达[-達] V.P. quiet and understanding; silent but aboveboard
chéndǎo 晨祷[-禱] N. matins; morning prayer
chéndezhù qì 沉得住气[-氣] V.P. keep one's equanimity
chéndǐ 沉底 N. sediment; sedimentation
chéndiàn 沉淀[-澱] N. sediment ♦V. precipitate
chèndiàn* 衬垫[襯墊] N. ① pad ② liner
chéndiàn chūlai 沉淀出来[-澱--] V.P. settle; precipitate
chéndiàndiān 沉甸甸 R.F. heavy
chéndiànfǎ 沉淀法[-澱-] N. precipitating method
chéndiànjì 沉淀剂[-澱劑] N. <chem.> precipitating agent
chéndiànwù 沉淀物[-澱-] N. sediment
chèndiē 衬跌[襯-] V. portray as a contrast
chéndīng 沉疔 N. <med.> serious furuncle
chéndùn 沉顿 V.P. ①delayed ②tired ③dejected; low-spirited; depressed
Chén Dúxiù 陈独秀[-獨-] (1879–1942) N. May Fourth leader; a founder and first General Secretary of the CCP
chénfán 尘凡[塵-] N. the present world; the mortal world
chénfàng 陈放 V. lay out; set out; display
chénfàntúgēng 尘饭涂羹[塵-塗-] F.E. valueless things
chénfèi 尘肺[塵-] N. <med.> pneumoconiosis
chénfèi bǐyù 陈废比喻[-廢--] N. dead metaphor
chénfèi de 陈废的[-廢-] ATTR. dead; obsolete
[1]chénfēng 晨风 N. morning breezes
[2]chénfēng 尘封[塵-] ATTR. covered with dust; dust-laden ♦V. be laid idle for a long time
chénfēngjiùxí 陈风旧习[-舊習] F.E. old customs and backward habits
chènfēngyángfān 趁风扬帆[--揚-] F.E. set sail when the wind is fair
chènfēngyángtǔ 趁风扬土[--揚-] F.E. stir up trouble
[1]chénfú 臣服 V. ① submit to the rule of; acknowledge allegiance to ② serve a ruler as his subject
[2]chénfú 沉浮 V. ① drift along; sink and swim ② follow or change with prevailing customs/practices/etc. ♦N. vicissitudes of one's fortune; ups and downs in a person's life ♦V.P. <trad.> very many
[3]chénfú 沉伏 V.P. ① latent; hidden; not obvious ② dull and slow ♦N. low official rank that does not command attention ♦V. occupy an obscure position
chénfǔ* 陈腐 S.V. ① old and decayed ② stale; trite
chènfù 衬覆[襯-] N. lining (of clothes)
chénfǔ dāpèi 陈腐搭配 N. <lg.> stock collocation
chénfǔ yǐnyù 陈腐隐喻[--隱-] N. <lg.> clichéd metaphor
[1]chēng 称[稱] V. ① call; name ② say; state ③ commend; praise ④ weigh ♦B.F. name *míngchēng* ♦CONS. *~ X wéi Y* name X as Y; call X Y *See also* [3]chèn
[2]chēng 撑[撐] V. ① prop up; brace ② push/move with a pole ③ maintain; keep up ④ open; unfurl ⑤ fill to the bursting point ⑥ <slang> look for trouble; ask for it ⑦ <mach.> brace; stay
[3]chēng 铛[鐺] N. shallow pan; griddle *See also* [5]dāng
[4]chēng 瞠 B.F. stare *chēngmù*, *chēngrán*
[5]chēng 柽[檉] B.F. Ch. tamarisk *chēngliǔ*
[6]chēng 蛏[蟶] B.F. razor clam [2]*chēngzi*, *zhúchēng*
[7]chēng 赪[赬] B.F. red color *chēngwěi*, *chēngxiá*
[8]chēng 枪[槍] B.F. *chánchēng* *See also* [1]qiāng
[9]chēng 琤 in *chēngcōng*, *cōngchēng*
[1]chéng* 成 V. become; turn into ♦B.F. ① accomplish; succeed *chénggōng* ② achievement; result [1]*chéngjì* ③ fully developed/grown; mature *chéngshú* ④ established; ready-made [1]*xiànchéng* ⑤ capable; able ⑥ in considerable number/amount *chéngpái*, *chéngqiānchéngwàn* ⑦ whole *chéngtiān* ♦N. Surname ♦M. one tenth ♦V. be acceptable/all right *Wǒ bù qù bù ~.* It won't do for me not to go. ♦SUF. -ation
[2]chéng 城 N. ① wall ② city wall ③ city; town
[3]chéng 乘 V. ① ride ② take advantage of; avail oneself of ③ <math.> multiply; times *See also* [5]shèng
[4]chéng 盛 V. ① fill; ladle ② hold; contain *See also* [2]shèng
[5]chéng 呈 V. ① assume (a form/color/etc.) ② submit; present ♦B.F. petition; memorial [2]*chéngwén*
[6]chéng 程 B.F. ① rule; regulation *zhāngchéng* ②order; procedure *chéngxù* ③journey *lùchéng* ④ distance *duǎnchéng* ♦N. Surname
[7]chéng 承 B.F. ① bear; hold; carry [1]*chéngdān* ②undertake; contract *chéngbāo* ③be indebted (to sb. for a kindness); be granted a favor ④ continue; carry on
[8]chéng 诚[誠] B.F. ①honest [1]*chéngshí* ②sincere *chéngkěn* ♦ADV. really; actually; indeed
[9]chéng 惩[懲] B.F. punish; penalize [1]*chéngfá*
[10]chéng 澄 B.F. clear; transparent *chéngqīng* *See also* [6]dēng, [3]dèng
[11]chéng 橙 N. orange (tree/fruit) ♦B.F. orange (color) [1]*chéngsè* *See also* [7]dīng
[12]chéng 丞 B.F. official assistant [1]*chéngxiàng*, *zuǒchéngxiàng*, [2]*fúchéng*
[13]chéng 埕 B.F. field *chēngchéng*
[14]chéng 塍 B.F. raised border/path between fields [2]*tiánchéng*
[15]chéng 枨[棖] B.F. <wr.> touch; be moved *chéngchù*
[16]chéng 裎 B.F. naked *luǒchéng*
[17]chéng 酲 B.F. inebriated *jiěchéng*
[1]chěng 逞 B.F. ① show off; flaunt *chěngqiáng* ② carry out (an evil design); succeed (in a scheme) ③ indulge; give free rein to *chěngxìng*
[2]chěng 骋[騁] B.F. run; gallop *chěngbù*, *chíchěng*
[1]chèng 秤 N. balance; steelyard; scale
[2]chèng 牚 B.F. brace *yìchèng*
chéng'àn 成案 N. ① precedent ② legal judicial precedent
chéngào 辰告 N. timely warning; timely announcements
chēngbà 称霸[稱-] V. seek hegemony; dominate
chéngbǎi 成百 NUM. hundreds
chéng-bài* 成败 N. success or failure
chéngbàibùjì 成败不计 F.E. not take success or failure into consideration
chéngbàidéshī 成败得失 F.E. success and failure; gain and loss
chéngbàilìdùn 成败利钝 F.E. success or failure
chéngbàilùnrén 成败论人 F.E. evaluate people according to success or failure
chéngbǎishàngqiān 成百上千 F.E. hundreds and thousands of
chéngbàiwèibǔ 成败未卜 F.E. hard to predict the outcome
chéngbàiyóutiān 成败由天 F.E. Heaven disposes success or failure.
chéngbàiyǔgòng 成败与共[--與-] F.E. share sb.'s successes and failures
chéng-bài zàicǐyījǔ 成败在此一举[-舉] F.E. Success or failure hinges on this one action.
[1]chéngbàn 承办[-辦] V. undertake
[2]chéngbàn 惩办[懲辦] V. ① punish ② take disciplinary action against

chéngbāng 城邦 N. ① city-state ② polis
chéngbàn rényuán 承办人员[-辦--] N. officials concerned (in a task); officials in charge of a specific task
chéngbànzhǔyì 惩办主义[懲辦-義] F.E. emphasis on punishment (rather than on well-intentioned criticism)
chéngbāo* 承包 V. ① contract (to do sth.) ② undertake to do a job
[1]**chéngbǎo** 城堡 N. castle M: [4]*zuò*
[2]**chéngbǎo** 承保 V. insure
chéngbào 呈报[-報] V. submit a report
chéngbǎo fànwéi 承保范围[-範圍] N. insurance coverage
chéngbāorén* 承包人 N. contractor M: [2]*wèi*
chéngbǎorén 承保人 N. insurer M: [2]*wèi*
chéngbāoshān 承包山 N. <PRC.> hill contracted out to a production team or an individual M: [4]*zuò*
chéngbāoshāng 承包商 N. contractor M: [2]*wèi*
chéngbāotián 承包田 N. <PRC> contracted field M: [2]*kuài*
chéngbāo zérènzhì 承包责任制 N. system of contracted responsibility
chéngbāozhì 承包制 N. contracting out system
chēngbàshìjiè 称霸世界[稱-] F.E. dominate the world; world hegemony
chēngbàyīfāng 称霸一方[稱-] F.E. play the tyrant in a locality
chéngbèi 成倍 ADV. time and again; over and over
chéngběixúgōng 城北徐公 F.E. handsome young man
chéngbèi zēngzhǎng 成倍增长 V.P. be doubled and redoubled; increase several times over
chéngbèizi 成辈子 ADV. <coll.> all one's life; lifelong
chéngběn 成本 N. (net) cost
chéngběn kuàijì 成本会计 N. cost accounting
[1]**chéngbì** 澄碧 V.P. clear blue
[2]**chéngbì** 承敝/弊 N. in the wake of a declining period
chēngbiàn* 称便[稱-] V.P. find sth. a great convenience
chéngbiàn 乘便 ADV. when convenient
chéngbiāo 城标[-標] N. city symbol/emblem
chéngbìjiānshōu 城璧兼收 F.E. attain one without forfeiting another
chéngbǐlǜ de 成比率的 ATTR. proportionate
chēngbīng 称兵[稱-] V.O. start a war
chēngbìng* 称病[稱-] V.O. plead illness
chēngbìngxièkè 称病谢客[稱-] F.E. feign sickness and decline to receive guests
chéngbō 澄波 N. limpid waves
chěngbù 骋步 V. rush; speed
chéngbuliǎo 成不了 R.V. be fruitless; have no good outcome
chèngbùlíchuí 秤不离锤[--離-] ID. inseparable
chéngbùnéngmiǎn 诚不能免 F.E. Indeed it cannot be helped.
chéngbushàng 成不上 R.V. be inadequate/unqualified for doing sth.
chēngbuxiàqu 撑不下去[撐-] R.V. be unable to keep up or maintain
chēngbuzhù 撑不住[撐-] R.V. be unable to stand for or keep on
[1]**chéngcái*** 成材 V.O. ① grow into useful timber ② become a useful person
[2]**chéngcái** 成才 V.O. become a useful person
chéngcài 盛菜 V.O. dish out food
chěngcái 逞才 V.O. act in excessive confidence of one's own ability
chéngcáilín 成材林 N. standing/mature timber M: [1]*piàn*
chéngcéngyán 成层岩[-層-] N. <geol.> stratified rocks
chéngchá 乘槎 V.O. ride on a raft and reach the Milky Way
chéngchāi 承差 N. servant; errand man
chēng chǎngmiàn 撑场面[撐場-] V.O. keep up appearances
chēngchángzhǔdù 撑肠拄肚[撐腸-] F.E. eat to excess; fill the stomach
chēngchángzhǔfù 撑肠拄腹[撐腸-] F.E. fill the stomach
chéngchē* 乘车 V.O. take a bus/train
chéngchè 澄彻/澈[-徹] S.V. transparently clear; limpid
chéngchēdàilì 乘车戴笠 F.E. sincere friendship between rich and poor
chēngchén* 称臣[稱-] V.P. submit to; give allegiance to
chéngchén 承尘[-塵] N. ① <wr.> canopy ② <topo.> ceiling
chēngchēng* 琤琤 ON. ① sound of plucking a stringed musical instrument ② sound of flowing water
chēngchéng 蛏埕[蟶-] N. seashore fields where razor-clam shells are cultivated
chēngchēng chǎngmiàn 撑撑场面[撐撐場-] V.O. help make a good impression by showing up at occasions
chéngchéngshíshí 诚诚实实[-實實] R.F. honest
chēngchí 撑持[撐-] V. prop up; sustain
chéngchí* 城池 N. city wall and moat; city M: [4]*zuò*
chéngchǐ 成齿[-齒] N. adult teeth; second teething M: [1]*kē*
chěngchí 骋驰 V. go at full speed (of a person/animal)
chēngchí júmiàn 撑持局面[撐-] V.O. shore up a shaky situation
chéngchóng* 成虫[-蟲] N. <zoo.> imago; adult insect M: [2]*zhī*
chéngchǒng 承宠 F.E. Thank you for your kindness and favors.
chéngchóu 成仇 V.O. become enemies
chéng-chú 乘除 N. ① <math.> multiplication and division; calculation ② prosperity and decline; ups and downs
chéngchǔ* 惩处[懲處] V. penalize; punish
chéngchù 枨触[-觸] V. ① be sentimentally touched/moved ② touch with one's hand
chēngchuán 撑船[撐-] V.O. pole/punt a boat
chéngchuán* 乘船 V.O. take a ship
chéngchuàn 成串 N. clumping; clustering; batching ♦V. bunch up
chéngchuàng 惩创[懲創] V. discipline
chèngchuí 秤锤 N. the sliding weight of a steelyard
chéngcì* 承赐 V. receive (a gift)
chěngcí 骋词 V.O. show off one's big vocabulary
chēngcōng 琤琮[-瑽] ON. tinkling of jade pendants
chēngdài 称贷[稱-] V. borrow money
chēngdàicí 称代词[稱-] N. <lg.> pronoun
[1]**chéngdān** 承担[-擔] V. bear; undertake; assume
[2]**chéngdān** 成单 N. <com.> order form M: [1]*zhāng*
chéngdāng 承当[-當] V. ①take; bear ②<topo.> agree (to do sth)
chéng dānháng 成单行 V.O. form a single file
chéngdānshì 承担式[-擔-] ATTR. commissive
chēngdào 称道[稱-] V. commend
chēng de huang 撑得慌[撐-] R.V. bloated (from over-eating)
chēngdeqǐ 称得起[稱-] R.V. deserve to be called; be worthy of the name of
chēngdeshàng 称得上[稱-] R.V. deserve to be called
chēngdezhù 撑得住[撐-] R.V. strong enough to prop up or support
chēngdì 称帝[稱-] V.O. proclaim oneself emperor
chéngdì* 呈递[-遞] V. present; submit
chéngdiàn 承佃 V. rent land
chéngdiāo 城雕 N. city public sculpture M: [4]*zuò*
chéngdíbùbèi 乘敌不备[-敵-備] F.E. take the enemy unawares
chéngdié 城堞 N. battlements
chéngdīng 成丁 N. adult male ♦V. become a grown-up man
chéngdòng 城洞 N. archway in a city wall
chéngdu* 程度 N. level; degree; extent ***zài ~ shang bùtóng*** differ in degree
Chéngdū 成都 P.W. Chengdu (capital of Sichuan)
chéngdǔ 诚笃 V.P. sincere; earnest; cordial
chéngduàn 成段 ATTR. <lg.> segmental
chéngduàn chéngsù 成段成素 N. <lg.> segmental element
chéngduàn yīnwèi 成段音位 N. <lg.> segmental phoneme
chéngdu bǔyǔ 程度补语[--補-] N. <lg.> complement of degree
chéngdu fùcí 程度副词 N. <lg.> ① adverb of degree ② expressions of degree
chéngduī* 成堆 V.O. form a pile; be in heaps ***Bié děng wèntí chéngle duī cái qù jiějué.*** You should solve problems before they pile up.
[1]**chéngduì(r)** 成对(儿)[-對-] V.O. be a pair
[2]**chéngduì** 承兑 V. honor; accept (checks/etc.)
chéngduì huìpiào 承兑汇票[--匯-] V.O. accept a bill of exchange
chéngduì liánxiǎng xuéxífǎ 成对联想学习法[-對聯--習-] N. <lg.> paired-associated learning
chéngduì piàojù 承兑票据[--據] V.O. accept a note
chéngduǒ(zi) 城垛(子) N. battlements
chéngduǒkǒu 城垛口 N. crenel (of battlements)
chéngdu zhuàngyǔ 程度状语[--狀-] N. <lg.> adverbials of degree/extent
chéng'è* 惩恶[懲惡] V.O. punish criminals/evildoers
chěng'è 逞恶[-惡] V.O. presume on powerful connections or one's strength in doing evil
chéng'ēn 承恩 V.O. receive grace (from the emperor, etc.)
chéng'èquànshàn 惩恶劝善[懲惡勸-] F.E. punish the wicked in order to lead others to goodness
[1]**chéngfá*** 惩罚[懲-] V. punish; penalize ♦N. penalty
[2]**chéngfá** 承乏 F.E. <wr./humb.> be unworthy of a post
[1]**chéngfǎ** 成法 N. ① established law ② tried methods
[2]**chéngfǎ** 乘法 N. <math.> multiplication
chéngfá jiàgé 惩罚价格[懲-價-] N. penalty prices for shoddy work
chéngfàn 盛饭 V.O. take cooked rice out of a cooker into a bowl
chéng fǎnbǐ 成反比 N. <math.> be in reverse ratio/proportion
[1]**chéngfāng** 乘方 N. <math.> ① involution ② power ♦V. square a number
[2]**chéngfāng(r)** 成方(儿) N. <med.> set prescription
chéngfáng* 城防 N. city defenses
chéngfáng bùduì 城防部队[-隊] N. city garrison
chéngfáng gōngshì 城防工事 N. defense works of a city
chéngfǎqì 乘法器 N. <elec.> multiplier
chéngfēisuǒliào 诚非所料 F.E. It is really unexpected.
chéngfēiyìshì 诚非易事 F.E. It is by no means easy.
chéngfen* 成分 N. ①composition ②component part; ingredient ③ class/economic status; profession
chéngfèn 成分/份 N. components; elements
chéngfèncí 成分词 N. <lg.> constituent word
chéngfèn fēnxi 成分分析 N. <lg.> componential/constituent analysis
chéngfèn fēnxifǎ 成分分析法 N. <lg.> componential analysis
chéngfēng* 成风 V.O. become common practice
chéngfèng 承奉 F.E. <wr.> by order of; in compliance with an order

chéng fēngliáng 乘风凉[-涼] V.O. <*topo.*> relax in a cool place
chéngfēngpòlàng 乘风破浪 ID. ① have great ambitions ② brave the wind and the waves
chéngfēngshǐduò 乘风使舵 F.E. take one's cue from the changing conditions
chéngfēngyángtǔ 乘风扬土[--揚-] F.E. hit sb. when he's down
chéngfēngzhuǎnduò 乘风转舵[--轉-] F.E. take one's cue from the changing conditions
chéngfèn jiégòu 成分结构[-構] N. <*lg.*> constituent structure
chéngfèn jiégòu guīzé 成分结构规则[---構--] N. <*lg.*> constituent structure rules
chéngfèn jiégòu yǔfǎ 成分结构语法[---構--] N. <*lg.*> constituent structure grammar
chéngfènjù 成分句 N. <*lg.*> constituent sentence
chéngfèn shíbié 成分识别[--識-] N. <*lg.*> constituent identification
chéngfènzhìyù 惩忿窒欲[懲-] F.E. guard against losing one's temper and repress one's sexual passion; curb one's temper and desires
chéngFó 成佛 V.O. <*Budd.*> attain Buddhahood
[1]**chéngfú*** 诚服 V. ① be completely convinced ② submit willingly (to sb.) ③ obey willingly
[2]**chéngfú** 成服 V.O. <*wr.*> put on mourning clothes for the funeral service (of relative of the deceased) ♦N. ready-made clothing; ready-to-wear M: [2]*jiàn/tào*
[3]**chéngfú** 乘桴 ID. retire from worldly affairs
chéngfǔ 城府 N. ①shrewdness; subtlety ②mind; mental outlook
chéngfù 承付 V. undertake to pay
[1]**chēnggān** 撑杆/竿[撐-] V.O./N. vaulting pole
[2]**chēnggān** 蛏干[蟶乾] N. dried razor clam M: [2]*zhī*
chènggǎn(r)* 秤杆(儿) N. the arm/beam of a steelyard M: [2]*gēn*
chēnggāntiào 撑杆/竿跳[撐-] N. <*sport*> pole vault/jump
chénggè(r) 成个(儿)[-個-] V.O. ① be well formed; grow to good size ② be in proper form
chénggěi 呈给 V. submit; present
chénggēn(r) 城根(儿) P.W. parts of a city close to the city wall
chénggēngchuīkuài 惩羹吹脍[懲-] ID. Once bit, twice shy.
chénggōng 成功 V. succeed ♦N. success
chénggōnglìyè 成功立业[-業] F.E. succeed in life; make one's fortune
chénggōngzhě 成功者 N. successful one M: [2]*wèi*
chénggōngzhīdào 成功之道 N. the road to success
chénggòu 承购[-購] V. act as a purchasing agent
chènggōu(r/zi)* 秤钩(儿/子)[-鉤-] N. steelyard hook
chéngguān* 城关[-關] P.W. area just outside the city gate
[1]**chéngguǎn** 承管 V. be in charge of
[2]**chéngguǎn** 城管 N. city management
chēnggūdàoguǎ 称孤道寡[稱-] F.E. call/style oneself king
chéngguī 成规 N. established practice; set rules; rut M: [1]*tiáo*
chéngguō 城郭 P.W. (inner and outer) city walls
chéngguǒ* 成果 N. achievement; gain; positive result M: [3]*xiàng*
chéngguǒlěilěi 成果累累 F.E. accomplishments pile up
Chénghàn 成汉[-漢] P.W. <*hist.*> kingdom (302–347) situated in Sichuan, one of the sixteen kingdoms of Jin (265–420)
chéngháng 成行 V.O. form a line
chēnghǎo 称好[稱-] V.P. give approval
chēnghào* 称号[稱號] N. title; name; designation
chéngháo 城壕 N. moat M: [2]*dào*/[1]*tiáo*
chénghào 乘号[-號] N. <*math.*> multiplication sign
Chéng Hào 程灏 (1032–1085) N. celebrated scholar, tutor to Zhū Xī, older brother of Chéng Yí
chèngháo 秤毫 N. the lifting cord of a steelyard
chēnghè* 称贺[稱-] V. congratulate
[1]**chénghé** 城河 N. moat of a city; canal around the city wall M: [1]*tiáo*
[2]**chénghé** 呈核 V. submit (to higher authorities) for review
chēnghu 称呼[稱-] V. call; address ♦N. form of address ♦ATTR. <*lg.*> vocative; address
chěnghuái 骋怀[-懷] V.O. ① give free rein to one's thoughts and feelings ② feel elated
chénghuān 承欢[-歡] V. ① do everything to please (parents) ② cater to (superiors)
[1]**chénghuáng** 城隍 N. ① city god ② <*wr.*> moat
[2]**chénghuáng** 橙黄 ATTR. orange (color)
chénghuángchéngkǒng 诚惶诚恐 F.E. terrified
chénghuángjúlǜ 橙黄橘绿 F.E. autumn season
chénghuángmiào 城隍庙[-廟] P.W. town god's temple M: [4]*zuò*
chénghuángsè 橙黄色 N. orange (color)
chénghuángyé 城隍爷[-爺] N. town gods
chénghuànxiānggōng 乘患相攻 F.E. attack sb. when he is already in grave trouble
chénghuānxīxià 承欢膝下[-歡--] F.E. please one's parents by living with them
chēnghūhòuyǐ 瞠乎后矣[--後-] F.E. <*wr.*> fall far behind
chénghūn 成婚 V.O. get married
chénghuó 成活 V. survive
chénghuǒdǎjié 乘火打劫 F.E. take advantage of sb.'s misfortune to do him harm
chénghuólǜ 成活率 N. survival rate
chēnghūqíhòu 瞠乎其后[-後] F.E. fall far behind; despair of catching up
chénghúshèshǔ 城狐社鼠 F.E. corrupt officials and gentry who prey on the common people
chēnghu xíngshì 称呼形式[稱-] N. <*lg.*> address form; form of address
chēnghu xìtǒng 称呼系统[稱-] N. <*lg.*> address system
chēnghu yīndiào 称呼音调[稱-] N. <*lg.*> vocative intonation
chēnghuyǔ 称呼语[稱-] N. <*lg.*> address; address form
[1]**chéngjī** 乘机 V.O. seize an opportunity
[2]**chéngjī** 乘积[-積] N. <*math.*> product
chéngjí 成集 V. be collected into a volume
[1]**chéngjì*** 成绩 N. result; achievement; success M: [1]*xiē*
[2]**chéngjì** 承继[-繼] V. <*trad.*> ① be adopted as heir to one's uncle ② adopt a brother's son ③ inherit
[3]**chéngjì** 乘骑 N. ①saddle horse; mount ②rider *See also chéngqí*
chéngjiā 成家 V.O. get married (of a man) ♦V. become a specialist/expert
chéngjiālìshì 成家立室 F.E. take a wife; get married
chéngjiālìyè 成家立业[-業] F.E. get married and start one's career
chéngjiān 成奸 V.O. have illicit sexual relations
[1]**chéngjiàn*** 成见 N. preconceived idea; prejudice M: [1]*diǎnr*
[2]**chéngjiàn** 承建 V. construct under contract
[3]**chéngjiàn** 城建 N. city construction
[4]**chéngjiān** 乘间 V.O. seize a fleeting chance
chéngjiàn bùmén 城建部门 P.W. urban development department
chéngjiāncèféi 乘坚策肥[-堅--] F.E. lead a luxurious life
chéngjiànqièfā 乘间窃发[-竊發] F.E. seize an opportunity to start doing sth.
chéngjiàntóuxì 乘间投隙 F.E. seize an opportunity to start doing sth.
chéngjiàn xiàoyìng 成见效应[-應] N. halo effect
[1]**chéngjiāo*** 成交 V.O. close a deal
[2]**chéngjiāo** 呈交 V. render; submit
[3]**chéngjiāo** 城郊 P.W. outskirts; suburbs
chéngjiào 承教 F.E. <*court.*> thanks for your advice/instructions/etc.
chéngjiāo'é 成交额 N. volume of business
chéngjiāojià 成交价[-價] N. final price
chéngjiāoliàng 成交量 N. volume of business
chéngjiāo pīzhǔn 呈交批准[-準] V.P. be submitted for approval
chéngjiāo sùzhuàng 呈交诉状[-狀] V.O. file a petition
chéngjì cèshì 成绩测试 N. achievement test
chéngjìdān 成绩单 N. school report; report card M: [1]*zhāng*
chéngjiē* 承接 V. ① hold out a vessel to have liquid poured into it ② continue; carry on ③ undertake the task of; contract to accept
chéngjié 承睫 V.P. ① brim over one's lashes (of tears) ② look down at the ground
chéngjiè 惩戒[懲-] V. ① punish sb. to teach a lesson ② draw lessons from past mistakes
chéngjièchǔfèn 惩戒处分[懲-處-] F.E. disciplinary action (against government officials) ranging from reprimand to dismissal
chéngjiē shàngwén 承接上文 V.P. continued from the preceding paragraph
Chéngjiè Wěiyuánhuì 惩戒委员会[懲-] N. <*TW*> Committee on the Discipline of Public Functionaries
chéngjìfěirán 成绩斐然 F.E. The achievement is brilliant.
chéng jīhuì 乘机会 V.O. take advantage of an opportunity
chéngjìjīqiú 承继箕裘[-繼--] F.E. step into sb's. shoes and carry on from where he left off
chēngjīndiānliǎng 称斤掂两[稱-] F.E. small-minded; picayunish
chéngjīng 成精 V.O. become a spirit/immortal
[1]**chéngjǐng*** 乘警 N. ① railroad police ② vehicular police M: [2]*wèi*
[2]**chéngjǐng** 惩警[懲-] V. warn; give warning to sb.; reprimand
chéngjìng 诚敬 V.P. sincere and respectful
chēngjìnr 撑劲儿[撐勁-] V.O. <*derog.*> ① be unwilling to give up ② pretend to be calm ♦ADV. at most
chèngjīnzhùliǎng 秤斤注两[--註-] F.E. square accounts in every detail
chéngjìquán 承继权[-繼權] N. right of inheritance
chéngjìrén 承继人[-繼-] N. heir; heiress M: [2]*wèi*
chéngjì shìyìtú 成绩示意图[-圖] N. profile
Chéngjísīhán 成吉思汗 (1162–1227) N. Genghis/Qinggis Khan
chéngjiù 成就 N. achievement; accomplishment; success ♦V. achieve; accomplish
chéngjiùgǎn 成就感 N. sense of success/achievement
chéngjìxiāngyān 承继香烟[-繼-煙] F.E. carry on the family line
chéngjìzhāozhù 成绩昭著 F.E. achieve signal success
chéngjìzhuórán 成绩卓然 F.E. achieve outstanding results
chēngjù 撑拒[撐-] V. resist desperately
[1]**chéngjù*** 成句 V.O. form a complete sentence
[2]**chéngjù** 程距 N. range; scope
[3]**chéngjù** 乘具 N. vehicle M: [3]*liàng*
chēngkāi 撑开[撐開] R.V. prop open
chéngkè 乘客 N. passenger M: [2]*wèi*
chéngkěgétiān 诚可格天 F.E. One's sincerity moves Heaven.
chéngkěn 诚恳[-懇] S.V. ① sincere ② cordial
chéngkěn dàirén 诚恳待人[-懇--] V.P. treat others with earnestness
chéngkōng 澄空 N. clear, cloudless sky
[1]**chéngkòng*** 程控 ATTR. program-controlled
[2]**chéngkòng(r)** 乘空(儿) V.O. take advantage of a free moment or unguarded situation
chéngkòng diànhuà 程控电话[--電-] N. program-controlled telephone
chēngkuài 称快[稱-] V.O. express one's gratification

chēngkuàiyīshí 称快一时[稱-時] F.E. get satisfaction/pleasure for a time
¹chénglǎn 承揽[-攬] V. contract to do a job
²chénglǎn 呈览[-覽] V. submit sth. to a higher authority for perusal
chéngle 成了 V.P. <coll.> ① that's enough; that'll do ② be done; be ready
¹chénglǐ 城里[-裡] P.W. inside a city/town
²chénglǐ 成礼[-禮] V.O. ① The ceremony is finished. ② complete the rite of marriage; be married
¹chénglì* 成立 V. ① found; establish ② be tenable; hold water ③ succeed; achieve the result ④ be passed (of a resolution/etc. by an assembly)
²chénglì 成例 N. precedent; existing model
chénglián 成殓 V.O. encoffin
chēngliáng 称量[稱-] V. weigh
chéngliáng* 乘凉[-涼] V.O. relax in a cool place
chèngliánghuòbì 秤量货币[-幣] F.E. money by weight (before standardized coins)
chénglín 成林 V.O. grow up into a forest (of young trees)
chénglǐng* 承领 V. take; bear; accept
chénglìng 成令 N. finalized order/decision M: ²*dào*
chénglǐrén 城里人[-裡-] N. city dwellers; townspeople
chénglǐrén fēnggé 城里人风格[-裡---] N. urbanism
chēngliǔ* 柽柳[檉-] N. Chinese tamarisk M: ²*kē*
chéngliù 承溜 N. <wr.> eaves; gutter
chénglóng 乘龙 V.O. <trad.> find a distinguished husband for one's daughter
chénglóng kuàixù 乘龙快婿 N. a handsome/excellent/ideal son-in-law M: ²*wèi*
chénglóngpèitào 成龙配套 F.E. link up parts to form a whole
chénglóu 城楼[-樓] N. gate tower on a city wall M: ⁴*zuò*
chénglù 呈露 V. ①expose; reveal; show ②display
chénglùpán 承露盘[-盤] N. plate for collecting dewdrops used by emperors to pray to the gods
chéngmǎ 乘马 V.O. ride a horse *See also* *shèngmǎ*
chěngmán 逞蛮[-蠻] V. strut along
chēngměi 称美[稱-] V. praise
chéngmén 城门 N. city gate M: ⁴*zuò*
chéngméndòng 城门洞 N. archway in a city wall
chéngméng 承蒙 V. be indebted (to sb. for a kindness); be granted a favor
chéngméngbùqì 承蒙不弃[-棄] F.E. meet with your gracious consent
chéngméngcuò'ài 承蒙错爱[-愛] F.E. I have received your unmerited affection
chéngménlìxuě 程门立雪 ID. honor the teacher and respect his teachings
chéngménlóu 城门楼[-樓] N. towers over city gates M: ⁴*zuò*
chēng ménmian 撑门面[撐-] V.O. give prestige to
chéngménshīhuǒ 城门失火 ID. be the innocent victim of a disaster
chéngmì 乘幂[-冪] N. <math.> power
chéngmián 成眠 V.O. fall asleep
Chéng Miǎo 程邈 N. a jailer turned prisoner in the Jin dynasty who created the clerical style of Chinese calligraphy
¹chéngmíng* 成名 V.O. become famous; make a name for oneself
²chéngmíng 呈明 V. state (a case) clearly (to a superior)
³chéngmíng 澄明 S.V. clear and bright
¹chéngmìng 成命 N. order already issued M: ²*dào*
²chéngmìng 承命 V.O. receive instructions
chéngmíngchéngjiā 成名成家 F.E. establish one's reputation as an authority
chéngmò 程墨 N. <trad.> published standard test papers
chēngmù* 瞠目 V.O. stare (in alarm/confusion/etc.)
chéngmù 橙木 N. orangewood M: ²*gēn*
chěngmù 骋目 V.O. look into the distance
chēngmùchījīng 瞠目吃惊[-驚] F.E. stare at in horror
chēngmù'érshì 瞠目而视 F.E. stare at with wide eyes; gaping as with/in wonder
chēngmùjiéshé 瞠目结舌 F.E. be wide-eyed and tongue-tied; dumbfounded
chěngmùsìgù 骋目四顾[-顧] F.E. look/gaze around
chěngmùyuǎntiào 骋目远眺[--遠-] F.E. scan the distant horizon
chēngmùzhíshì 瞠目直视 F.E. wide-eyed with surprise
chéngnèi 城内 P.W. inside the city
chěngnéng 逞/骋能 V.O. parade one's ability
chéngnián 成年 N. adult; grown-up ♦ADV. <coll.> all year; year after year ♦V.O. grow up; come of age
chéngniánjia 成年价[-價] ADV. <coll.> all year long
chéngniánlěiyuè 成年累月 F.E. year in year out; for years on end
chéngniánliūbèi 成年溜辈 F.E. <topo.> year in year out and generation after generation
chéngniánrén 成年人 N. adult M: ²*wèi*
chèngniǔ 秤纽 N. the lifting cord of a steelyard
chéngnuò 承诺 V. promise to do sth.; commitment
chéngōng 臣工 N. ministers and officials M: ²*wèi*
chēngòu 嗔诟 V. curse in rage; berate
chéngōu 辰勾 P.W. planet Mercury
¹chéngòu* 尘垢[塵-] N. dust and dirt
²chéngòu 陈构[-構] V. formulate
chéngpái 成排 ADV. in rows ~ ~ *de xīn fángzi* row upon row of new buildings
chèngpán(zi) 秤盘(子)[-盤-] N. pan/dish of a steelyard/scale
chéngpī* 成批 ADV. group by group; in batches
chéngpí 橙皮 N. orange peel used in Chinese herbal medicine and cooking
chěng pǐfūzhīyǒng 逞匹夫之勇 F.E. demonstrate reckless courage/foolhardiness
chéngpíguǒjiàng 橙皮果酱[-醬] F.E. marmalade
chéngpǐn 成品 N. end/finished product M: ²*jiàn*
chéngpíng 承平 V.P. peaceful ♦N. successive peaceful reigns
chèngpíngdǒumǎn 秤平斗满 F.E. fair dealings; honest business transactions
chéngpíngqī 承平期 N. times of peace
chéngpíngshèngshì 承平盛世 F.E. the piping times of peace
chéngpǐnliáng 成品粮[-糧] N. processed grain
chēngpò 撑破[撐-] R.V. burst
chéngpǔ 诚朴[-樸] S.V. honest and simple
chēngqí 称奇[稱-] V.O. declare sth. to be wondrous/strange
chēngqǐ 撑起[撐-] R.V. prop up
chéngqí 乘骑 V. ride (a horse/donkey/etc.) *See also* ³*chéngjì*
¹chéngqì* 成器 S.V. of good quality; usable (of objects) ♦N. good utensil ♦V.O. grow up to be a useful person
²chéngqì 盛器 N. vessel; receptacle; containers
chéngqiān* 成千 NUM. more than a thousand; thousands (of)
chéngqián 承前 V. brought down
chéngqiánbìhòu 惩前毖后[懲-後] F.E. learn from past mistakes to avoid future ones
chéngqiānchéngbǎi 成千成百 F.E. hundreds and thousands
chéngqiānchéngwàn 成千成万[-萬] F.E. thousands upon thousands
chéngqiáng 城墙[-牆] N. city wall M: ¹*dǔ*
chěngqiáng* 逞强[-強] V.O. flaunt one's superiority
chěngqiánghàoshèng 逞强好胜[-強-勝] F.E. parade one's superiority and strive to outshine others
chéngqiānlěiwàn 成千累万[-萬] F.E. thousands upon thousands
chéngqiánqǐhòu 承前启后[-啟後] F.E. inherit the past and usher in the future; serve as link between past and future
chéngqiānshàngwàn 成千上万[-萬] F.E. thousands upon thousands
chéngqíbùbèi 乘其不备[-備] F.E. catch sb. unprepared
chéng qìhou 成气候[-氣-] V.O. make good *Tā chéngbuliǎo qìhou.* He can't get anywhere.
chěngqíkǒushé 逞其口舌 F.E. swear like a sailor
chēng qǐlai* 撑起来[撐-] R.V. prop up; support
chéng qǐlai 乘起来 R.V. multiply
chéngqīn* 成亲[-親] V.O. get married
chéngqín 成擒 V. be captured (of bandits/soldiers/etc.)
chēngqìng 称庆[稱慶] V.O. offer congratulations
chéngqīng* 澄清 S.V. clear; transparent ♦V. ① clear up; clarify ② purify water by letting the impurities settle down ③ quell disturbances in the world; put in order; set right ④ purge (the country) of troubling elements *See also* *dèngqīng*
chéngqíng 承情 V.O. be much obliged; owe a debt of gratitude
chéngqǐng 呈请 V. petition
chéngqīnglìzhì 澄清吏治 F.E. clean out political corruption
chéngqīngshìshí 澄清事实[-實] F.E. clarify some facts
chéngqīngtiānxià 澄清天下 F.E. rid the world of troubles and disturbances
chéngqísīlǜ 澄其思虑[-慮] F.E. purify one's thoughts
chéngqū 城区[-區] P.W. the city proper
chéngquán* 成全 V. help (sb. achieve his aim)
chéngquàn 惩劝[懲勸] V. reward and punishment
chéngqūbù 城区部[-區-] P.W. the city proper
chéngquè 城阙 N. <wr.> ①gate tower ②imperial palace
chéngqún 成群 ADV. in groups; in large numbers
chéngqúndǎhuǒ 成群打伙 F.E. move around in gangs/groups
chéngqún'érlái 成群而来 F.E. come trooping along; come in flocks
chéngqúnjiéduì 成群结队[-隊] F.E. in throngs
chēngrán 瞠然 V.P. staring blankly
chéngrán* 诚然 CONJ. indeed; to be sure; truly; really ♦CONS. ~ *X dànshì Y* It is true that X, nevertheless Y *Wèntí ~ hěn duō, dànshi wǒmen bùhuì fàngqì.* It's true that there are many problems, but we won't give up.
¹chéngrén 成人 N. ①adult; grown-up ②<trad.> accomplished/perfect person ♦V.O. grow up; become full-grown
²chéngrén 成仁 V.O. die for a righteous cause
chéngrèn* 承认[-認] V. ①admit; acknowledge; recognize ② give diplomatic recognition; recognize
chéngrénbùbèi 乘人不备[-備] F.E. take sb. by surprise
chéngrén de shū 惩人的书[懲-書] N. cautionary book
chéngrén de yǔfǎ 成人的语法 N. <lg.> adult grammar
chéngrén diànyǐng 成人电影[--電-] N. adult film
chéngrén gāoděng xuélì jiàoyù 成人高等学历教育[-----歷--] N. certificate-oriented adult education
chéngrén gāokǎo 成人高考 N. entrance examination to an institute of higher education for adults
chéngrén jiàoyù 成人教育 N. adult education

chéngrénqǔyì 成仁取义[-義] F.E. die for a just cause

chéngrénzhīměi 成人之美 F.E. ① help sb. fulfill his wish ② <*trad.*> help sb. to achieve perfection

chéngrénzhīwēi 乘人之危 F.E. take advantage of sb.'s difficulties

chéngrénzhīxì 乘人之隙 V.P. exploit openings

chéngrì 成日 ADV. <*coll.*> all day long

chéngrìchéngyè 成日成夜 F.E. day and night

chéngrú 诚如 COV. just like

chéngrúsuǒyán 诚如所言 F.E. It is exactly as you said.

chēngsǎn 撑伞[撐傘] V.O. prop open an umbrella

[1]**chéngsè** 橙色 N. orange color

[2]**chéngsè** 成色 N. ① percentage of gold or silver in coins/etc. ② quality ③ propriety; appearance

chēngshàn 称善[稱-] V.P. commend; speak approvingly of

chēngshǎng 称赏[稱-] V. extol

chéngshàng* 呈上 V. send up (a report/memorial/etc.)

chéngshàngqǐxià 承上启下[--啟-] F.E. form a connecting link (in a text/etc.)

chēngshāngzhùgǔ 称觞祝嘏[稱觴-] F.E. offer birthday congratulations to the aged

chéngshèng 乘胜[-勝] V.O. exploit a victory

chéngshèngqiánjìn 乘胜前进[-勝-進] F.E. advance on the crest of a victory

chéngshèngzhuījī 乘胜追击[-勝-擊] F.E. follow up a victory with hot pursuit

chéngshěnyuán 承审员[-審-] N. judicial officer M: [2]*wèi*

chēngshì 瞠视 V. <*wr.*> stare at with wide eyes

[1]**chéngshí** 诚实[-實] S.V. honest; true ♦N. honesty; truth

[2]**chéngshí** 乘时[-時] V.O. take the opportunity

[1]**chéngshì*** 城市 P.W. town; city M: [4]*zuò*

[2]**chéngshì** 程式 N. ① form; pattern; formula ② <*comp.*> program

[3]**chéngshì** 成事 V.O. accomplish sth.; succeed ♦N. an affair of the past; sth. already done

[4]**chéngshì** 乘势[-勢] V.O. ① take advantage of ② use power

[5]**chéngshì** 成式 N. an accepted way of doing sth.; a set rule

chéngshìbìng 城市病 N. urban disease

chéngshìbù 呈示部 N. exposition

chéngshìbùshuō 成事不说 F.E. let bygones be bygones

chéngshìbùzú 成事不足 F.E. unable to achieve (but able to ruin)

chéngshìbùzú bàishìyǒuyú 成事不足败事有余 F.E. unable to achieve, but able to ruin

chéngshíchéngshì 乘时乘势[-時-勢] F.E. seize the right moment

chéngshǐchéngzhōng 成始成终 F.E. well done from beginning to end

chéngshì gǎizào 城市改造 N. urban renewal

chéngshìguǎn 程式馆 P.W. <*comp.*> program exhibition hall M: [4]*zuò*

chéngshì guīhuà 城市规划[-劃] N. city planning

[1]**chéngshìhuà** 城市化 N. urbanization ♦V. urbanize

[2]**chéngshìhuà** 程式化 N. stylization

chéngshì jīchǔ jiànshè 城市基础建设[---礎-] N. urban infrastructure

chéngshì jīngjìxué 城市经济学[--經濟-] N. urban economics

chéngshí kěkào 诚实可靠[-實--] V.P. honest and dependable

chéngshìkù 程式库 P.W. <*TW/comp.*> program library

chéngshì kuòzhāng 城市扩张[--擴-] N. urban sprawl/expansion

chéngshìmǎ 程式码 N. <*TW/comp.*> program coding

chéngshì pínmín 城市贫民 N. urban poor; city poor

chéngshìxìng yányǔ xíngwéi 成事性言语行为 N. <*lg.*> perlocutionary act

chéngshì zàoyīn 城市噪音 N. city noise

Chéngshízōng 成实宗[-實-] N. <*Budd.*> school of "accomplishment of the truth" (Satyasiddhi) founded in China in the fifth century

chéngshóu* 成熟 V. become ripe/mature *See also chéngshú*

chéngshòu 承受 V. ① bear; support; endure ② inherit (a legacy/etc.) ③ accept

chéngshòulì 承受力 N. capability of adapting oneself

chéngshòu nénglì 承受能力 N. capability of adapting oneself

chēngshù 称述[稱-] V. recount; state; narrate

chéngshū 成书[-書] V.O. be published in book form ♦N. a book already in published M: [1]*běn*

chéngshú* 成熟 S.V. ripe; mature *See also chéngshóu*

chéngshǔ 诚属[-屬] V. It is certainly. . .; They are certainly . . .

[1]**chéngshù(r)** 成数(儿)[-數-] N. ① round number ② percentage

[2]**chéngshù** 乘数[-數] N. <*math.*> multiplier

[3]**chéngshù** 橙树[-樹] N. orange tree M: [2]*kē*

chéngshuāng 成双[-雙] V.O. ① form a pair ② match

chéngshuāngchéngduì 成双成对[-雙-對] V.P. form a pair

chéngshuāngjiéduì 成双结对[-雙-對] V.P. form a pair (female and male)

chéngshuāngpèiduì 成双配对[-雙-對] V.P. form a pair (female and male)

chéngshuāngzuòduì 成双作对[-雙-對] V.P. form a pair (female and male)

chéngshúlín 成熟林 N. mature forest M: [1]*piàn*

chēngshuō* 称说[稱-] V. ① refer to sth. in speaking; name ② recount/tell sth.

chéngshuō 成说 N. accepted theory/formulation

chéngshúqī 成熟期 N. <*agr.*> mature period; maturity

chéngshù xiàoyìng 乘数效应[-數-應] N. multiplier effect

chēngsǐ 撑死[撐-] R.V. <*coll.*> ① die from overeating ② take to the maximum

chēngsǐle 撑死了[撐-] V.P. <*coll.*> ① at the most; finally ② too full; stuffed

chēngsòng* 称颂[稱-] V. praise; extol; eulogize

[1]**chéngsòng** 呈送 V. forward or send (to a higher agency)

[2]**chéngsòng** 成诵 V. <*wr.*> be able to repeat from memory

chéngsú* 成俗 V.O. become a social custom

chéngsù 成素 N. component; element; segment

chéngsuàn 成算 N. preconceived idea/plan

chéngsùdài 成素带[-帶] N. <*lg.*> formant

chéngsú de* 成俗的 ATTR. conventional

chéngsù de 成素的 ATTR. <*lg.*> segmental

chéngsuǒjíjì 承索即寄 F.E. will be mailed free on request

chēngtàn 称叹[稱嘆] V. sigh in admiration; praise highly

chéngtào 成套 V.O. form a complete set

chéngtào shèbèi 成套设备[-備] N. complete set of equipment

chéngtào yǐnjìn 成套引进[-進] V.P. bring in a package deal

chéngtí 承题 N. second part of an eight-part essay

chēngtián 蛏田[蟶-] P.W. fields for raising razor clams M: [2]*kuài*

chéngtiān* 成天 ADV. <*coll.*> all day long; all the time

chéngtián 成田 P.W. Narita (Jp.)

chéngtiāndàowǎn 成天到晚 V.P. all day long; all the time

chéngtiānjì 成天际[-際] ADV. <*coll.*> all day long

chéngtiānjia 成天价[-價] ADV. <*coll.*> all day long

chēngtiānzhùdì 撑天柱地[撐-] F.E. assume an important responsibility in the nation

chéngtiāo 承祧/挑 V. adopt as an heir

chéngtǒng 承统 V.O. succeed to the throne

chéngtóu 城头 P.W. ① top of the city wall ② gate tower

chéngtú 程途 N. ① journey ② road; way

chèngtuó 秤砣/坨 N. ① sliding weight of a steelyard ② <*slang*> a heavy weight

chéngù 沉痼 N. ① serious and protracted illness ② deep-rooted bad habit

chēnguài 嗔怪 V. blame; rebuke ***Nǐ bù gāi ~ tārén.*** You should not blame others.

[1]**chénguāng** 晨光 N. ① dawn ② daylight; daybreak; the dimness before dawn

[2]**chénguāng** 辰光 N. <*topo.*> (a point in) time; moment; time of day

chénguāngxīwēi 晨光熹微 F.E. the first faint rays of dawn

chénguī 陈规 N. outmoded conventions M: [1]*tiáo*

chénguījiùxí 陈规旧习[-舊習] F.E. stereotyped/outmoded customs and habits

chénguī-lòuxí 陈规陋习[-習] N. outmoded customs and habits

chén gǔzi làn zhīma 陈谷子烂芝麻[-穀-爛-] N. old trivialities; stale topics of conversation

chéngwài 城外 P.W. outside of a town/city; suburb

chéngwàn 成万[-萬] NUM. ① more than ten thousand ② tens of thousands

chēngwáng* 称王[稱-] V.O. proclaim oneself king

chéngwàng 承望 V. expect

chěngwàng 骋望 V. look as far as one can see

chēngwángchēngbà 称王称霸[稱-稱-] F.E. domineer

chéngwǎngjìlái 承往继来[--繼-] F.E. continue the past into the future

chēngwéi 称为[稱-] V. ① call; name ② be called; be known as

chēngwěi 赪尾 N. toils of a gentleman

chēngwèi 称谓[稱-] N. title; appellation ♦V. ① address/call sb. by the name of ② be called

chéngwéi* 成为 V. become; turn into

chěngwēi 逞威 V.O. behave like a tyrant

chěng wēifēng 逞威风 V.O. lord over sb.

chéngwéi huàbǐng 成为话柄 V.P. become a subject of talk

chéngwéi huàtí 成为话题 V.P. become a topic for conversation

chēngwèijù 称谓句[稱-] N. <*lg.*> nominal sentence

chéngwéi pàoyǐng 成为泡影 V.P. end in naught; vanish like soap bubbles

chēngwèi tǐxì 称谓体系[稱-體-] N. address system

chéngwéi xiàobǐng 成为笑柄 V.P. become a laughing stock

chēngwèi xíngshì 称谓形式[稱-] N. form of address

chéngwěixíngzhà 乘伪行诈 F.E. defraud; swindle; cheat

chēngwèiyǔ 称谓语[稱-] N. <*lg.*> appellation; title

[1]**chéngwén*** 成文 N. existing writing ♦V.P. written

[2]**chéngwén** 呈文 N. document submitted to a superior; memorial; petition M: [3]*zhǐ*

[3]**chéngwén** 程文 N. <*trad.*> literary form fixed for compositions in the official examinations

chéngwèn 承问 F.E. Thank you for inquiring.

chéngwénfǎ 成文法 N. written/statute law

chéng wèntí 成问题 V.O. be a problem; be open to question

chéngwén xiànfǎ 成文宪法[--憲-] N. statute constitution

chéngwù 成物 N. ready-made things

chéngwùyuán 乘务员[-務-] N. vehicular attendant; steward M: [2]*wèi*

chéngwùzhì 乘务制[-務-] N. crew working system

chéngxí* 承袭 V. ① adopt; follow (a tradition/etc.) ② inherit (a rank/etc.)
chéngxì 乘隙 V.O. ① take advantage of a loophole ② exploit sb.'s mistake ③ seize a fleeting chance
chēngxiá 赪霞 N. rosy sunset
chēngxiàn 称羡[稱-] V. admire; envy
chéngxiān 成仙 V.O. become an immortal
[1]**chéngxiàn*** 呈现 V. present; appear; emerge
[2]**chéngxiàn** 呈献[-獻] V. respectfully present
[3]**chéngxiàn** 程限 N. <wr.> ① form; formula ② time/place limit ③ fixed rate of progress
[4]**chéngxiàn** 成宪[-憲] N. established laws
chēngxiànbùyǐ 称羡不已[稱-] F.E. express profuse admiration
chéngxiànchū 呈现出 R.V. appear; emerge; present
[1]**chéng-xiāng*** 城乡[-鄉] N. town and country
[2]**chéngxiāng** 城厢[-廂] N. city proper and immediate suburbs
chéngxiáng 呈祥 N. auspicious sign
[1]**chéngxiàng** 丞相 N. <trad.> prime minister M: [2]wèi
[2]**chéngxiàng** 成象 V.O. <phy.> form an image
chéng-xiāng chābié 城乡差别[-鄉--] N. urban-rural disparity
chéngxiāngfēngē 城乡分割[-鄉--] F.E. rural-urban economic disjuncture
chéngxiānqǐhòu 承先启后[-啟後] F.E. serve as a link between the past and the future
chéngxiàn yǎnqián 呈现眼前 V.P. come into view; rise into view
chéngxiāo 承销 V. act as a sales agent
chéngxiào* 成效 N. effect; result
chéngxiāopǐn 承销品 N. consigned goods M: [1]pī/[2]jiàn
chéngxiāorén 承销人 N. sales agent; salesman M: [2]wèi
chēngxiàqu 撑下去[撐-] R.V. maintain; keep up
chéngxiàzhīméng 城下之盟 N. forced agreement
chēngxiè 称谢[稱-] V. thank
chéngxì'érrù 乘隙而入 V.P. seize the opportunity and enter
[1]**chéngxīn*** 诚心 N. sincere desire; wholeheartedness; sincerity ♦S.V. sincere and earnest; devout ♦ADV. intentionally; on purpose
[2]**chéngxīn** 成心 ADV. <coll.> intentionally ♦N. preconceived idea; prejudice
[3]**chéngxīn** 澄心 V.O. calm one's mind/heart
chéngxìn 诚信 N. sincerity and honesty
chěngxīn 逞心 V.O. do as one pleases
chéngxīnchéngyì 诚心诚意 F.E. earnestly and sincerely
chēngxīn'ércuàn 称薪而爨[稱-] F.E. be extremely stingy
[1]**chéngxíng*** 成行 V. embark on a journey
[2]**chéngxíng** 成形 V.O. take shape ♦N. shaping; forming
[3]**chéngxíng** 成型 V.O. take shape; (of work pieces/products); be in finished form
[1]**chéngxìng** 乘兴[-興] ADV. ① while in high spirits ② on the spur of the moment
[2]**chéngxìng** 成性 V.O. become second nature; by nature
chěngxìng 逞性 V.O. act rashly
chèngxīng 秤星 N. gradations marked on the beam of a steelyard M: [1]kē
chéngxíng bōli 成型玻璃 N. formed glass processed according to specifications
chéngxìng'érguī 乘兴而归[-興-歸] F.E. return looking very pleased with oneself
chéngxìng'érlái 乘兴而来[-興--] F.E. ① come on impulse ② arrive in high spirits
chéngxìng'érwǎng, bàixìng'érguī 乘兴而往, 败兴而归[-興--,-興-歸] F.E. set out cheerfully and return disappointed
chěngxìngwàngwéi 逞性妄为 F.E. act on impulse

chěng xìngzi 逞性子 V.O. be wayward/impulsive/willful
chéngxīn jìngshén de 诚心敬神的 ATTR. pious
chéngxīnqīngyì 澄心清意 F.E. purify the heart and cleanse the mind
chéngxīnsuǒyuàn 诚心所愿[-願] F.E. Amen!
chēngxióng* 称雄[稱-] V.O. hold sway over a region; rule the roost
chěngxiōng 逞凶 V.O. act violently; act with murderous intent
chěngxióng 逞雄 V.O. act violently; use violence
chěngxiōngbàdào 逞凶霸道 F.E. throw one's weight about
chēngxiōngdàodì 称兄道弟[稱-] F.E. ① call each other brothers ② be on intimate terms
chēngxióngyīfāng 称雄一方[稱-] F.E. take forcible possession of a territory
chēngxióngyīshí 称雄一时[稱-時] F.E. rule the roost for a time
chéngxiū 承修 V. accept sth. for repair
chéngxiǔ* 成宿 ADV. <coll.> the whole night; all night long
chēngxǔ 称许[稱-] V. praise ♦N. commendation
chéngxū 乘虚[-虛] ADV. take advantage of an opponent's weak points
chéngxù* 程序 N. ① order; procedure; course; sequence ② <comp.> program
chéngxùbāo 程序包 N. software/routine/program package
chéngxù biānyì 程序编译[-譯] N. <comp.> program compilation
chéngxùbiǎo 程序表 N. schedule M: [1]zhāng
chéngxù bùzhòu 程序步骤 N. <comp.> a program step
chéngxù cānshù 程序参数[-參數] N. <comp.> program parameter
chéngxūdǎoxì 乘虚蹈隙[-虛--] F.E. take advantage of sb.'s undefended state to attack
chéngxū'érrù 乘虚而入[-虛--] F.E. advance when an opponent is off guard
chéngxùfǎ 程序法 N. <law> procedural law
chéngxù guīhuà xìtǒng 程序规划系统[---劃--] N. <comp.> programming system
chéngxù jiàoxué 程序教学 N. <comp.> programmed instruction/learning
chéngxù jiàoxuéfǎ 程序教学法 N. <comp.> programmed teaching method
chéngxù jiàoyù 程序教育 N. <comp.> programmed learning/instruction
chéngxùkù 程序库 N. <comp.> program library
chéngxù liúchéngtú 程序流程图[-圖] N. <comp.> program flowchart
chéngxù shèjì 程序设计 N./V. <comp.> programming
chéngxù shèjìshī 程序设计师[-師] N. <comp.> programmer M: [2]wèi
chéngxù shèjìyuán 程序设计员 N. programmer M: [2]wèi
chéngxù shèjì yǔyán 程序设计语言 N. <comp.> programming/program language
chéngxù wèntí 程序问题 N. point of order
chéngxùxìng huàyǔ 程序性话语 N. <lg.> procedural discourse
chéngxùxìng jiàoxué dàgāng 程序性教学大纲[-綱] N. procedural syllabus
chéngxù xuéxí 程序学习[-習] N. programmed learning
chéngxùyuán 程序员 N. <comp.> programmer M: [2]wèi
chéngxù yǔyán 程序语言 N. <comp.> programming language
chéngxù zhǐlìng 程序指令 N. <comp.> program instructions
chéngxùzǔ 程序组 N. <comp.> program package
chēngyán 赪颜 V. blushing face
[1]**chéngyán*** 承颜 V.P. ① be pleased to meet ② curry favor
[2]**chéngyán** 成言 N. resolution adopted (after discussion)
chēngyáng 称扬[稱揚] V. praise

chéngyàng(r)* 成样(儿)[-樣-] S.V. seemly; presentable
Chéng Yànqiū 程砚秋 (1904–1958) N. Beijing opera star second only to Mei Lanfang in popularity
chēngyāo(r)* 撑腰(儿)[撐-] V.O. support; back up; bolster
chéngyào 成药[-藥] N. ① patent medicine ② <Ch. med.> ready-made medicine
chēngyāodǎqì 撑腰打气[撐-氣] F.E. bolster and support
chēng yāoyǎnzi de 撑腰眼子的[撐-] N. <coll.> supporter; backer; patron
chéngyè 成夜 ADV. the whole night; all night long
chéngyètǒng 盛液筒 N. container for liquid M: [2]zhī
chēngyì 称意[稱-] V. be satisfied/content with *See also* chènyì
[1]**chéngyī** 成衣 N. ① tailoring ② ready-made clothes ③ <trad.> tailor
[2]**chéngyī** 诚壹 V.P. single-minded; single-hearted
chéngyí 程仪[-儀] N. <wr.> a gift of money for a friend going on a journey
Chéng Yí 程颐 (1033–1107) N. philosopher; younger brother of Cheng Hao and forerunner of Zhu Xi
[1]**chéngyì*** 诚意 N. good faith; sincerity
[2]**chéngyì** 成议[-議] V.O. come to an agreement
[3]**chéngyì** 城邑 N. <wr.> cities and towns M: [4]zuò
[4]**chéngyì** 惩役[懲-] N. hard labor as a form of punishment
[5]**chéngyì** 惩艾[懲-] V. <wr.> punish; mete out punishment to
chěngyì 逞意 V.O. act as one pleases
chéngyījiàng 成衣匠 N. <trad.> tailor; dressmaker M: [2]wèi
chéng yījiāzhīyán 成一家之言 V.P. create a philosophy of one's own
chéngyījǐngbǎi 惩一警百[懲-] F.E. make an example of sb.
chéngyījú 成衣局 P.W. tailor's shop; ready-made clothes shop
chēngyǐn 称引[稱-] V. <wr.> quote
chéngyīn* 成因 N. contributing factor
chéngyǐn 成瘾[-癮] V.O. addict to
[1]**chéngyìn** 成荫[-蔭] V.O. become shady and cool
[2]**chéngyìn** 承印 V.O. undertake the printing of sth.
chéngyíng 澄莹[-瑩] S.V. clear; transparent
chéngyìng* 承应[-應] V. promise; consent; agree (to do sth.)
chěng yīngxióng 逞英雄 V.O. show off one's bravery
chéngyīnjié 成音节[-節] <lg.> N. syllabification ♦ATTR. syllable forming
chéngyīnjié fǔyīn 成音节辅音[--節--] N. <lg.> syllable consonant
chéngyīpù 成衣铺 P.W. <trad.> tailor's shop; tailor; dressmaker's M: [1]jiā
chěng yīshízhīkuài 逞一时之快[--時--] F.E. to indulge in a moment of pleasure (implying that one is going to pay dearly for it)
chéngyìzhèngxīn 诚意正心 F.E. sincere thought and righteous heart
chěngyǒng 逞勇 V.O. display one's bravery
chéngyǒu 诚有 V.P. there really is. . .
chéngyǒucǐshì 诚有此事 F.E. there actually is/was such a thing
chēngyù 称誉[稱譽] V. praise; acclaim
chéngyú 成鱼 N. adult fish M: [1]tiáo
chéngyǔ(r)* 成语(儿) N. set phrase; idiom
chěngyù 逞欲 V. indulge one's desire
chēngyuàn 称愿[稱願] V.O. fulfill one's wish
chéngyuān 澄渊[-淵] N. clear, deep water
[1]**chéngyuán*** 成员 N. member (of a group/family) M: [2]wèi
[2]**chéngyuán** 城垣 N. city wall M: [1]duàn
chěngyuàn 逞愿[-願] V.O. fulfill one's wish

C

chéngyuánguó 成员国[-國] N. member country
chéngyǔ cídiǎn 成语词典 N. dictionaries of Chinese idioms or set phrases
chēngyuē 称曰[稱-] V. ① call ② name ③ say; state
chéngyuē 成约 N. a signed treaty/agreement; an existing agreement
chéngyuè* 呈阅 V. present sth. to sb. to look over
chéngyuèyègui 乘月夜归[-歸] F.E. take advantage of the bright moonlight to return home
chéngyǔhuà 成语化 ATTR. <lg.> idiomatized
chéngyǔn 承允 V. agree; promise
chéngyùn* 承运[-運] V. ① <wr.> be ordained by Heaven ② accept for transport
chéngyùnrén 承运人[-運-] N. carrier M: [2]wèi
chéngyǔ piànduàn 成语片段 N. <lg.> idiom chunk
chéngyǔxìng de 成语性的 ATTR. <lg.> idiomatic
chéngyǔxìng yǔcí 成语性语词 N. <lg.> idiomatic expression
chéngyǔxué 成语学 N. <lg.> idiomatics
chéngzāi 成灾[-災] V.O. cause/become a disaster
chéngzài* 承载 V. bear the weight of
chéngzàilì 承载力 N. bearing capacity
chēngzàn 称赞[稱-] V. praise; acclaim; commend
chéngzǎo* 乘早 ADV. before it's too late
chéngzào 承造 V. enter into a contract to build
chéngzhàn 澄湛 S.V. <wr.> clear and transparent
chéngzhāng 成章 V.O. ① come out as an article ② write well ③ compose sth. well-knit
chéngzhǎng* 成长 V. grow up; mature; increase
chéngzhǎnglǜ 成长率 N. rate of increase; growth rate
chéngzhǎngzhuàngdà 成长壮大[--壯-] F.E. grow in strength
chěngzhe 逞着[-著] V.P. ① never mind; don't bother ② make every effort to preserve appearances
chéngzhèn 城镇 N. cities and towns M: [4]zuò
chéngzhēng 诚征[-徵] V. sincerely solicit or ask for
[1]**chéngzhèng*** 承政 N. <hist.> president of a grand tribunal (at the beginning of Qing)
[2]**chéngzhèng** 呈正/政 V.O. <wr.> present for criticism/correction
chēngzhǐ 称旨[稱-] V.O. <trad.> true to the emperor's will *See also* [2]*chènzhǐ*
chéngzhǐ 城址 P.W. townsite M: [4]zuò
[1]**chéngzhì*** 惩治[懲-] V. ① punish; mete out punishment to ② remedy by punishment
[2]**chéngzhì** 诚挚[-摯] S.V. sincere; cordial
[3]**chéngzhì** 承制[-製] V. undertake to manufacture for others
[1]**chěngzhì** 逞志 V.O. satisfy oneself; indulge oneself
[2]**chěngzhì** 骋志 V.O. lend wings to one's ambition
chéngzhì de xièyì 诚挚的谢意[-摯---] N. heartfelt thanks
chéngzhì fǔbài 惩治腐败[懲-] V.O. combat corruption
chēngzhīwéi 称之为[稱-] V.P. call it...
chěngzhìzuòwēi 逞志作威 F.E. unscrupulously intimidate people as one pleases
chēngzhòng 称重[稱-] V.O. weigh
chéngzhōng* 城中 P.W. inside of a city
[1]**chéngzhòng** 承重 ATTR. bearing; load-bearing ♦V.P. take charge of funeral rites in place of sb. who should but is already deceased
[2]**chéngzhòng** 成众[-眾] V.O. be in a multitude
chéngzhòngqiáng 承重墙[-牆] N. load-bearing wall M: [1]miàn
chéngzhōngqū 城中区[-區] P.W. the inner city
chéngzhòngsūn 承重孙[-孫] N. eldest grandson replacing his dead father as chief mourner at his grandfather's funeral
chéngzhōu 乘舟 V.O. ride in a boat
chéngzhóu jiégòu 承轴结构[-構] N. <lg.> pivotal construction
chēngzhù* 撑住[撐-] R.V. support/stabilize sth. (with a pillar/etc.)
chéngzhǔ 城主 N. lord of a castle; castellan M: [2]wèi
chéngzhuǎn* 承转[-轉] V. forward (a document to the next higher/lower level)
chéngzhuàn 乘传[-傳] N. imperial courier
chéngzhǔn 呈准[-準] V. presented (to a higher agency) for review and approval
chéngzhúzàixiōng 成竹在胸 ID. have a well-thought-out plan
Chéng-Zhū zhī xué 程朱之学 N. neo-Confucianism
[1]**chēngzi** 撑子[撐-] N. sth. used to hold/support sth. else *yīfu* ~ clothes hanger
[2]**chēngzi** 蛏子[蟶-] N. razor clam M: [2]zhī
[1]**chéngzi*** 橙子 N. orange (the fruit) M: [2]zhī
[2]**chéngzi** 程子 N. <topo.> a period of time
[3]**chéngzi** 呈子 N. memorial; petition (usu. from the people) M: [1]zhāng
[4]**chéngzi** 城子 P.W. town and city M: [4]zuò
Chéngziyá 城子崖 P.W. <archeo.> Neolithic site in Zhangqiu, Shandong
chéngzǒngr 成总儿[-總-] ADV. <coll.> altogether; in quantity ♦N. batch; lot
[1]**chéngzū*** 承租 V. rent; lease
[2]**chéngzū** 程租 N. charter by voyage; voyage charter
chéngzǔ 成阻 N. <lg.> closure; onset
chěngzú 骋足 V.O. run at full speed
chéngzǔ de 成阻的 ATTR. <lg.> closing
chéngzǔ huáyīn 成阻滑音 N. <lg.> onset glide
chěngzújíchí 骋足疾驰 F.E. run quickly
chēngzuò 称作/做[稱-] V. ① call ② name
[1]**chéngzuò*** 乘坐 V. ride as a passenger
[2]**chéngzuò** 承做 V. make sth. under contract
chéngzǔqī 成阻期 N. <lg.> closing phase; onglide
chéngzūrén 承租人 N. lessee; tenant M: [2]wèi
chéngzǔ zuòyòng 成阻作用 N. <lg.> closing
chénhǎi 尘海[塵-] N. this world; this mortal life
chénhān 沉酣 V. ① be happily tipsy ② indulge oneself or be absorbed in (an amusement/pastime/hobby/etc.)
chénhānjīngshǐ 沉酣经史[--經-] F.E. deeply absorbed in the study of classics
chènhǎo 趁好 ADV. opportunely
chēnhè 嗔喝 V. yell at in rage
chènhōng 趁哄 V. seek out animated and lively places
[1]**chénhòu** 沉厚 V.P. ① rich (of colors/etc.) ② thoughtful ♦V. deliberate *See also* [2]*chénhòu*
[2]**chénhòu** 沉厚 V.P. calm and sincere ♦N. profundity *See also* [1]*chénhòu*
chénhuà 陈化 V. to age
chénhuán 尘寰[塵-] N. <rel.> this world; this mortal life
chénhuǎn* 沉缓 S.V. profound and deliberate
chén-hūn 晨昏 N. morning and evening
chénhūndiāndǎo 晨昏颠倒 F.E. be confused
chénhūndìngxǐng 晨昏定省 F.E. pay respects to one's elders
chénhuò 陈货 N. old stock; shopworn goods M: [1]pī
chèn huǒ bǔ lòuguō 趁火补漏锅[--補-鍋] F.E. <topo.> add more din to existing confusion
chènhuǒdǎjié 趁火打劫 F.E. take unfair advantage of sb. to serve one's own ends
chēniú 车牛 N. carts and oxen
[1]**chénjī** 沉积[-積] <geol.> V. deposit ♦N. sediment
[2]**chénjī** 晨鸡[-雞] N. crowing of cocks at daybreak M: [2]zhī
[1]**chénjì** 陈迹[-跡] N. relic
[2]**chénjì** 沉寂 V.P. ① quiet; still ② without news *yīnxìn* ~. no information at all ♦V. lie low
chènjī* 趁机 V.O. take advantage of an occasion; seize a chance
chènjí 趁集 V.O. attend the village fair
chénjià 辰驾 N. imperial carriage
Chén Jiāgēng 陈嘉庚 (1874-1961) N. Singapore rubber and shipping entrepreneur; founder of Amoy University
chénjiān 晨间 N. in the morning
chénjiàn* 陈见 N. old idea; old-fashioned idea; outmoded view
chénjiàng 沉降 V. subside; settle
chènjīdǎoluàn 趁机捣乱[-搗亂] F.E. seize an opportunity to make trouble
chénjié 臣节[-節] N. principles attached to being a minister or high-ranking official
[1]**chénjiè*** 尘界[塵-] N. mortal and realistic world
[2]**chénjiè** 尘芥[塵-] N. garbage; refuse
chénjīguānbiàn 沉机观变[-觀變] F.E. watch calmly the changes and turns of affairs
chèn jīhuì 趁机会 V.O. take advantage of an opportunity
chénjīn 尘襟[塵-] N. <humb.> my worldly mind
chénjìn* 沉浸 V. ① immerse; steep ② be very erudite in
chénjìnfǎ jiàochéng 沉浸法教程 N. <lg.> immersion program
chénjǐng 沉井 N. open caisson
[1]**chénjìng*** 沉静[-靜] S.V. quiet; calm; serene
[2]**chénjìng** 晨静[-靜] N. morning calm
chènjǐng 衬景[襯-] N. scene that serves as a foil
chénjìng xiàlai 沉静下来[-靜--] V.P. calm down
chénjīnjìndí 尘襟尽涤[塵-盡滌] F.E. feel purified; be relieved of unhealthy or bothersome thoughts
chénjīshí 沉积石[-積-] N. <geol.> sedimentary rock
chénjiǔ 陈酒 N. old/mellow liquor
chénjiù* 陈旧[-舊] S.V. outmoded; obsolete
chénjīwù 沉积物[-積-] N. sediment
chénjìwúwén 沉寂无闻 F.E. unknown to the public
chénjīyán 沉积岩[-積-] N. <geol.> sedimentary rock
chénjuǎn 尘卷[塵-] N. <met.> dust-devil effect
chénkāngjiùgǔ 陈糠旧谷[-舊穀] ID. stale gossip
chénkē 沉疴[-痾] N. <med./wr.> severe and lingering illness
chénkēgùjí 沉疴故疾[-痾--] F.E. serious and protracted illness; deep-rooted disease
chénkēnánqǐ 沉疴难起[-痾難-] F.E. serious chronic ailment
chènkòng(r) 趁空(儿) V.O. avail oneself of spare time
chènkǒuhúshuō 趁口胡说 F.E. speak thoughtlessly
chènkù 衬裤[襯-] N. underpants M: [1]tiáo
chēnkuáng 嗔狂 V.P. deranged
chénkǔn 忱悃 N. genuine feelings; sincere sentiments
chènlàngzhúbō 趁浪逐波 F.E. drift with the tide
chénláo 尘劳[塵勞] N. <Budd.> worldly worries and cares
chénlǎo* 陈老 N. age
chénlěi 尘累[塵-] N. duties and obligations of the mortal life
chénlǐ 晨礼[-禮] N. husband's gift to his wife on the second day of marriage
chénlì 尘粒[塵-] N. dust; dirt
chènlǐ(r)* 衬里(儿)[襯裡-] N. lining
chēnliàn 抻/抻练[-練] V. <coll.> ① take on a challenging task ② cross-question; grill ③ embarrass someone by making him solve a difficult problem or answer a tough question
chénliàn* 晨练[-練] N. morning exercise
chénliáng 陈粮[-糧] N. stale grain
chènliàng(r)* 趁亮(儿) ADV. <coll.> while it is still light
chénliáo 臣僚 N. <trad.> officials M: [2]wèi
chénliè 陈列 V. display; exhibit ♦N. <lg.> array
chénlièchuāng 陈列窗 N. display window

chénlièguǎn 陈列馆 P.W. museum; exhibition hall M: [4]zuò
chénlièguì 陈列柜[-櫃] N. showcase
chénlièpǐn 陈列品 N. exhibits; articles on display M: [2]jiàn
chénlièshì 陈列室 P.W. exhibition room, showroom M: [1]jiān
chénlièsuǒ 陈列所 P.W. museum; exhibition hall; permanent exhibition M: [4]zuò
chénlièxiāng 陈列箱 N. display window
chènlǐng 衬领[襯-] N. collar of lining M: [1]tiáo
chénliú 辰旒 N. <trad.> banner with the painting of the sun, the moon, and stars on it M: [1]miàn
chénlù 尘露[塵-] N. ① dust and dew ② insignificant (of things) ③ transient (of human life)
[1]**chénlǜ** 沉虑[-慮] V. think deeply and quietly; consider carefully
[2]**chénlǜ** 尘虑[塵慮] N. worldly worries/desires
chénlún 沉沦 V. sink into vice/degradation/etc.
chénluò 沉落 V. sink; fall
chénlùwèixī 晨露未晞 F.E. before the dew is dry
chénmài 沉脉[-脈] N. <Ch. med> sunken pulse (which can be felt only by pressing hard)
chénmèn 沉闷 S.V. ① oppressive; depressing ② depressed; in low spirits ③ not outgoing; withdrawn
chénménrúshì 臣门如市 F.E. a man with power and influence attracts visitors
chénmí* 沉迷 V. ①indulge; wallow in ***Tā chángcháng ~ zài huànxiǎng li.*** She often indulges in fantasy. ② be confused
chénmǐ 陈米 N. rice stocked for many years
chēnmiàn 抻面[-麵] V.O. make noodles by drawing out dough by hand ♦N. hand-pulled noodles
[1]**chénmián** 沉眠 V. sleep soundly; be fast asleep
[2]**chénmián** 沉绵 ATTR. chronic (of diseases); persistent and lasting
chénmiǎn* 沉湎 V. wallow in; be given to
chènmián 衬绵[襯-] N. quilting; cotton padding
chénmiǎnjiǔsè 沉湎酒色 F.E. be given to wine and women
chénmiǎnyújiǔ 沉湎于酒[--於-] F.E. be given to heavy drinking
chénmíbùwù 沉迷不悟 F.E. refuse to come to one's senses
chénmíbùxǐng 沉迷不醒 F.E. ① be in a coma ② be deeply addicted to ③ be infatuated with
chénmín 臣民 N. <trad.> subjects (of a ruler) M: [2]wèi
[1]**chénmíng** 陈明 V. state; explain
[2]**chénmíng** 沉冥 V. leave without a trace; traceless
[1]**chénmò** 沉默 S.V. ① reticent; taciturn ② silent
[2]**chénmò** 沉没 V. ① sink; founder ② remain obscure and insignificant
chénmò bàozhà 尘末爆炸[塵-] N. dust explosion
chénmòbùyán 沉默不言 F.E. keep silent
chénmòfǎ 沉默法 N. <lg.> silent way
chénmòguǎyán 沉默寡言 F.E. reticent
chénmòshìjīn 沉默是金 F.E. Silence is golden.
chénmòyǐduì 沉默以对[-對] F.E. remain silent, be indifferent
chēnmù 嗔/瞋目 N. glare; angry look ♦V.O. ① open one's eyes wide ② stare angrily; glare; glower
chēnmùchìzhī 嗔目叱之 F.E. stare angrily at and rebuke
chēnmù'érshì 嗔目而视 F.E. glare at sb.
chēnmùzhāngdǎn 嗔目张胆[-膽] F.E. brazenly; flagrantly
chēnnì 嗔睨 V. look askance at (sb.) with anger
[1]**chénnì*** 沉溺 V. ①wallow in (vices/etc.) ②sink and submerge in water
[2]**chénnì** 尘腻[塵-] N. dirt
chénnián* 陈年 ATTR. of many years' standing; aged (of liquor/etc.)
chénniàn 尘念[塵-] N. worldly thoughts
chénniánbǎibèi 陈年百辈 F.E. <coll.> antiquated; outmoded
chénniè 臣孽 N. <trad.> self-reference of a prince born by an imperial concubine in speaking to the monarch
chēnnù 嗔怒 V. get angry
chènpáo 衬袍[襯-] N. undergown M: [2]jiàn
chénpí 陈皮 N. <Ch. med.> dried tangerine/orange peel used in Chinese med. and cooking
chénpíjī 陈皮鸡[-雞] N. chicken pieces fried with dried tangerine peel and chili peppers (Sichuan)
chénpíméi 陈皮梅 N. preserved prune
chénpú 臣仆[-僕] N. officials (who serve the king or nation) and servants (who serve the household) M: [2]wèi
chènpùr 衬铺儿[襯-] N. padding for packing cases
chénqǐ 陈乞 V. <wr.> explain and plead
chénqián 沉潜[-潛] V. ① stay or hide under water ② concentrate one's energies (on work/study/etc.) ③ <wr.> reserved; self-possessed; impenetrable
[1]**chènqián*** 趁/称钱[稱錢] <topo.> V.O. have pots of money ♦S.V. rich; wealthy
[2]**chènqián** 衬钱[襯錢] N. <Budd.> gifts to the temple
chénqiānglàndiào 陈腔滥调[--濫-] F.E. hackneyed/stereotyped expressions
chénqiánhàoxué 沉潜好学[-潛--] F.E. quiet and studious
Chénqiáo Bīngbiàn 陈桥兵变[-橋-變] N. Military Coup at Chenqiao (in Henan); Zhao Kuangyin's 960 coup against Later Zhou establishing the Song dynasty
chénqiè 臣妾 N. <trad.> self-address to the emperor (by his wife and concubines)
chénqíng* 陈情 V.O. <wr.> ①give a full account ② pour out one's heart
chénqǐng 陈请 V. plead; petition
chènqún 衬裙[襯-] N. underskirt; petticoat M: [1]tiáo
chènr 衬儿[襯-] N. lining; liner
chénrǎng 尘壤[塵-] N. dust; soil
chènrè 趁热[-熱] ADV. ① (eat sth.) while it's warm ② before it's too late
chènrè chī 趁热吃[-熱-] V.P. eat while food is still warm
chènrèdǎtiě 趁热打铁[-熱-鐵] F.E. strike while the iron is hot
chénrén 陈人 N. <topo.> old servant; former employee M: [2]wèi
chènrénxīnruǎn 趁人心软 F.E. impose upon sb.'s kindness
chènrénzhīwēi 趁人之危 V.P. exploit another's plight
chénrù 沉入 V. sink into
chénrùchóusī 沉入筹思[--籌-] F.E. absorbed/buried/lost in thought
chēnsè 嗔色 N. angry/sullen look
[1]**chénshā** 尘沙[塵-] N. dust
[2]**chénshā** 辰砂 N. ① cinnabar ② vermilion
chènshān 衬衫[襯-] N. ①shirt ②blouse M: [2]jiàn
chènshāng 趁墒 V.O. sow while there is enough moisture in the soil
chénshào 陈绍 N. vintage Shaoxing wine
chénshe 陈设 N. objects on display; arrangement of decorative objects ***See also*** *chénshè*
chénshè* 陈设 V. display; set out ♦N. furnishings ***See also*** *chénshe*
chènshè 趁社 V.O. attend a religious festival (of villagers)
chénshècí 陈设瓷 N. ① ornamental porcelain ② porcelain for display M: [2]kuài
chènshēn 称身[稱-] V.O. fit (of a garment)
chēnshì 嗔视 V. look with angry eyes; look angrily at
chénshi 沉实[-實] S.V. ① heavy and forceful ② composed and simple
chénshī 陈尸[-屍] V.O. lay out the corpse
chénshí 辰时[-時] N. period from 7–9 A.M.
[1]**chénshì** 尘世[塵-] N. <rel.> this mortal life; the mundane world
[2]**chénshì** 尘事[塵-] N. worldly affairs
[3]**chénshì(r)** 陈事(儿) N. old happening/story M: [2]jiàn
[4]**chénshì** 陈式 N. formulation
[5]**chénshì** 臣事 V. serve a ruler as his minister
[6]**chénshì** 臣仕 N. <trad.> official serving a ruler
chènshí 趁食 V.O. search for a living; make a living
chènshì* 趁势[-勢] V.O. take advantage of a favorable situation
chèn shíhou 趁时候[-時-] V.O. take advantage of the chance; act before it is too late
chènshíjíshì 趁时及势[-時-勢] F.E. make use of the time and circumstances
chénshīlěilěi 陈尸累累[-屍--] F.E. Dead bodies lay in piles.
Chén Shìměi 陈士美 N. ①a character in Beijing opera ② a derisive title for sb. who changes spouse with a change in his position
chènshǒu(r) 趁手(儿) ADV. <coll.> ① opportunity permitting ② while one is at it
chénshǔ 臣属[-屬] N. officials in imperial times ♦V. acknowledge allegiance to
[1]**chénshù*** 陈述 V. state ♦N. formulation; statement ♦ATTR. <lg.> declarative; indicative
[2]**chénshù** 臣庶 N. subjects; commoners
chènshū 谶书[-書] N. <wr.> augury M: [2]dào
chénshùdiào 陈述调 N. <lg.> declarative mood
chénshù dòngcí 陈述动词[--動-] N. <lg.> indicative verb
chénshuǐ 沉水 N. <bot.> aloe tree
chénshuì* 沉睡 V. be sunk in sleep; be fast asleep
chènshuǐhuóní 趁水和泥 F.E. seize the opportunity
chénshuìmèngxiāng 沉睡梦乡[-夢鄉] F.E. be sound asleep
chénshùjù 陈述句 N. <lg.> ① declarative mood/sentence ② constative
chénshùn 臣顺 V. owe allegiance
chénshuō 陈说 V. state; explain
chénshuō lìhài 陈说利害 V.O. explain the pros and cons
chénshùshì 陈述式 N. <lg.> indicative mood
chénshù yǔjù 陈述语句 N. <lg.> declarative sentence
chénshù yǔqì 陈述语气[-氣] N. <lg.> declarative/indicative mood
chénsī* 沉思 V. ponder; meditate; be lost in thought
chěnsǐ 碜死[磣-] V. be too shameful
chénsībànshǎng 沉思半晌 F.E. be lost in thought
chénsīchūshén 沉思出神 F.E. be lost in contemplation
chénsīmíngxiǎng 沉思冥想 F.E. ponder and be lost in deep thought
chénsīmòxiǎng 沉思默想 F.E. meditate in silence
chénsīníngxiǎng 沉思凝想 F.E. think deep
chénsǐrén 陈死人 N. person long dead (but unburied)
chénsú 尘俗[塵-] ATTR. worldly ♦N. this mortal world
chénsù* 陈诉 V. ① state; recite (grievances/injustices) ② tell; narrate; give a report
chénsuì 沉邃 V.P. deep and profound; deep and obscure
chéntán 沉潭 V.O. <trad.> drown a person in a pond (a clan punishment)
chéntào 陈套 N. set pattern
chèntào* 衬套[襯-] N. <mach.> bush; bushing
chèntǐcáiyī 称体裁衣[稱體-] F.E. ① cut the dress according to the figure ② adapt oneself to circumstances
chéntòng 沉痛 S.V. ① deeply grieved ② deeply painful ③ bitter
chéntǔ* 尘土[塵-] N. dust
chéntù 晨吐 N. <med.> morning sickness

chèntuō 衬托[襯-] V. set off; serve as a foil to
chèntuōchū 衬托出[襯-] R.V. set off; serve as a foil to
chèntuōwù 衬托物[襯-] N. foil
chēnǔ 车弩 N. <*trad.*> chariot equipped with crossbows
chénwǎng* 尘网[塵網] N. worldly existence
chénwàng 尘妄[塵-] V.P. <*Budd.*> unclean and untrue (thoughts/beliefs)
chènwěi 谶纬[-緯] N. mystical Confucian prophetical works of Eastern Han
chénwěn 沉稳[-穩] S.V. ① steady; staid; sedate ② deep; profound
[1]**chénwù** 尘雾[塵霧] N. dust fog M: [1]*piàn*
[2]**chénwù** 尘务[塵務] N. worldly affairs; mundane affairs M: [2]*jiàn*
[1]**chénxī** 晨曦 N. first rays of the morning sun M: [2]*dào*
[2]**chénxī** 晨夕 N. morning and evening
[3]**chénxī** 沉西 V.O. <*wr.*> set (of the sun)
[1]**chénxià** 沉下 R.V. sink down
[2]**chénxià** 臣下 N. ① term for "I" used by an official when addressing a king or emperor ② ministers
chénxià liǎn lái 沉下脸来 V.P. turn on an angry look
chénxiàn* 沉陷 V. ① sink; cave in ② be immersed/submerged (in thought/difficulty/etc.) ♦N. <*archi.*> settling; sinking (of foundation/building)
chènxiàn 衬线[襯-] N. <*print.*> serif M: [2]*gēn*
[1]**chénxiāng** 沉香 N. <*bot.*> aloeswood; agalloch; eaglewood M: [2]*kuài*
[2]**chénxiāng** 沉箱 N. <*archi.*> caisson
chénxiāngguǎi 沉香拐 N. staff made of aloeswood M: [2]*gēn*
chénxiāngmù 沉香木 N. aloeswood; agalloch; eaglewood M: [2]*kuài*
chénxiāo 尘嚣[塵-] N. ① hubbub; uproar ② filthy and noisy place
chénxià xīn lái 沉下心来 V.P. concentrate on (study/etc.) *Nǐ yīnggāi ~ gōngzuò.* You should concentrate on your work.
chénxīgòngchǔ 晨夕共处[-處] F.E. be together morning and night
chénxīhuīyìng 晨曦晖映 F.E. The morning sunlight is dazzling.
[1]**chénxīn** 沉心 V.O. become depressed
[2]**chénxīn** 尘心[塵-] N. worldly desires
chènxīn* 称/趁心[稱-] V.O. find sth. satisfactory; be gratified
[1]**chénxīng** 晨星 N. ① morning stars M: [1]*kē* ② planet Mercury ♦ATTR. scattered; sparse; rare
[2]**chénxīng** 辰星 N. <*astr.*> ① constellation of [1]*fáng* (head of a scorpion) ② Mercury
chénxīnrúshuǐ 臣心如水 F.E. <*wr.*> My heart is as pure as water.
chènxīnrúyì 称/趁心如意[稱-] F.E. in accord with one's wishes; very gratifying and satisfactory
chènxiù 衬袖[襯-] N. cuffs M: [2]*zhī*
chénxù 沉酗 V.O. ① be addicted to liquor ② be dead drunk
[1]**chènxū*** 趁虚[-虛] V.O. take advantage of another's unwariness or absence
[2]**chènxū** 趁圩/墟 V.O. <*topo.*> go to market; attend a village fair
chénxuánfēng 尘旋风[塵-] N. <*met.*> dust-devil
chènxū'érrù 趁虚而入[-虛--] V.P. avail oneself of the opportunity to go in
chényā 沉压[-壓] N. buried and submerged (talents/etc.)
chényān* 尘烟[塵煙] N. ① cloud of dust ② smoke and dust M: [2]*gǔ*
chényán 陈言 V.O. speak out; air one's views ♦N. banalities; hackneyed phrases
chényángyāngǔn 尘扬烟滚[塵揚煙滾] F.E. Dust rolled and smoke whirled.
chényánwùqù 陈言务去[--務-] F.E. rid an article of hackneyed phrases
chènyè 衬页[襯-] N. ① endpaper ② waterleaf M: [1]*zhāng*
[1]**chényí** 沉疑 V.P. hesitant, suspicious and deep-thinking ♦V. take one's time for reflection
[2]**chényí** 尘仪[塵儀] N. humble present for one's parting friend
[1]**chényì** 沉毅 V.P. composed; calm
[2]**chényì** 沉抑 V.P. buried or submerged (of talents/etc.)
Chén Yì 陈毅 (1901–1972) N. former commander of New Fourth Army, Minister of Foreign Affairs, and member of CCP Politburo
chènyī* 衬衣[襯-] N. ① underclothes ② shirt M: [2]*jiàn*
chènyì 称意[稱-] V.O. be to one's liking/taste *See also chēngyì*
chényìguǒgǎn 沉毅果敢 F.E. very courageous and resolute
[1]**chényīn*** 沉阴[-陰] ATTR. cloudy; gray
[2]**chényīn** 沉音 N. <*lg.*> low pitch
chényín 沉吟 V. ① mutter to oneself in hesitation ② be perplexed and indecisive ③ ponder profoundly; be deep in thought
chényǐn 沉饮 V. drink heavily
chényínbànshǎng 沉吟半晌 F.E. meditate in silence for a long while
chényínbùjué 沉吟不决/绝[-決/絕] F.E. be irresolute/undecided
chényīndiào 沉音调 N. <*lg.*> low pitch
chényīnfú 沉音符 N. <*lg.*> grave accent
chènyìng 衬映[襯-] V. set off; serve as a foil
Chén Yínkè 陈寅恪 (1890–1969) N. internationally known sinologist
chényínliángjiǔ 沉吟良久 F.E. think for a long time
chényìshèngāo 陈义甚高[-義--] F.E. have lofty ideals
chényīzhǔ'èr 臣一主二 F.E. One has the right of choosing the ruler he serves.
chényǒng 沉勇 S.V. calm, steady, and courageous
chényōu* 沉忧[-憂] N. ① deep worries and anxiety ② melancholic
chényóu 宸游 N. emperor on tour
Chén Yǒuliàng 陈友谅 (?–1363) N. rival of Zhu Yuanzhang
chényǔ 尘雨[塵-] N. dust shower
chényù 沉郁[-鬱] V.P. depressed; gloomy
chènyǔ* 谶语 N. casual prophecy later fulfilled M: [1]*jù*
chényuān 沉冤 N. gross injustice
chényuán 尘缘[塵-] N. <*Budd.*> attachment to the world; the bonds of this world; carnal thoughts
chényuǎn 沉远[-遠] V.P. far and great (ambitions/objectives/etc.)
chènyuàn* 称/趁愿[稱願] V.O. ① be gratified (esp. at a rival's misfortune) ② see one's dream come true
chényuānmòbái 沉冤莫白 ID. deep grievance
chényúchóusī 沉于筹思[-於籌-] F.E. absorbed/lost in thought
chényùdùncuò 沉郁顿挫[-鬱--] F.E. profound and forceful (of literary works)
chényúluòyàn 沉鱼落雁 ID. extremely beautiful
chényúluòyàn zhī róng 沉鱼落雁之容 N. a beautiful countenance beyond match
Chén Yún 陈云[-雲] (1905–1995) N. early leader of Chinese Communist Party; economic expert
chényùn* 晨运[-運] N. morning exercise
chènzǎo(r) 趁早(儿) ADV. ① as early as possible; before too late ② you'd better . . .
chénzhā 沉渣 N. sediment; dregs (lit./fig.)
chénzhāfànqǐ 沉渣泛起 F.E. The dregs of society gain the upper hand.
chénzhāfúmò 沉渣浮沫 F.E. dregs and scum
chénzhàng 陈帐 N. old debts; long standing debts M: [1]*běn*
chēnzhe 嗔着[-著] V. <*coll.*> blame sb. for sth.
chènzhe* 趁着[-著] COV. taking advantage of ♦CONJ. while
chénzhì 沉滞[-滯] V.P. ① stagnant ② bored ♦V. remain in an inferior position for a long time
chènzhí* 称职[稱職] V.O. fill a post with credit; be competent ♦S.V. qualified
[1]**chènzhǐ** 衬纸[襯-] N. ① slip sheet; interleaving paper ② paper lining in clothing M: [1]*zhāng*
[2]**chènzhǐ** 称旨[稱-] V.O. be in full accordance with the ideas of the emperor *See also chēngzhǐ*
chénzhìxìng 沉滞性[-滯-] N. stagnation
chénzhòng 沉重 S.V. ① heavy ② serious ③ calm ④ dignified
chénzhònggǎn 沉重感 N. a feeling of heaviness
chénzhōngmùgǔ 晨钟暮鼓[-鐘--] ID. ① reminders ② exhortations to virtue and purity
chénzhòngr 沉重儿 N. <*topo.*> responsibility; obligation
chénzhōu 沉舟 N. shipwreck M: [1]*sōu*
chénzhōupòfǔ 沉舟破釜 ID. be resolved to win at any cost
[1]**chénzhuó** 沉着[-著] S.V. cool-headed; composed; calm; imperturbable ♦N. deposition
[2]**chénzhuó** 沉浊[-濁] V.P. ① gruff (of sound) ② <*wr.*> stagnant
chénzhuóyìngbiàn 沉着应变[-著應變] F.E. meet danger calmly
chénzhuóyìngzhàn 沉着应战[-著應戰] F.E. meet attack calmly
chénzhù qì 沉住气[-氣] V.P. keep calm
[1]**chénzǐ*** 臣子 N. <*trad.*> official M: [2]*wèi*
[2]**chénzǐ** 沉子 N. sinker
[3]**chénzǐ** 沉滓 N. ① sediment; dregs (lit./fig.) ② dregs of society
chènzì 衬字[襯-] V.O. fill out a metrical pattern, as of [1]*cí* ♦N. syllable that fills out a metrical pattern
chénzǐfànqǐ 沉滓泛起 F.E. the dregs of society gain the upper hand
chénzuì 沉醉 V. ① get drunk ② become disoriented by drink
chēpái 车牌 N. license plate
chēpái hàomǎ 车牌号码[--號-] N. license plate number
chēpán 车盘[-盤] N. steering-wheel
[1]**chēpéng(zi)*** 车篷(子) N. vehicle canopy
[2]**chēpéng** 车棚 P.W. shed/shack for bicycles/cars/etc.
chěpéng 扯篷 V.O. hoist the sails
chěpénglāqiàn 扯篷拉纤[-纖] F.E. ① dispute over trifles ② argue back and forth; wrangle ③ pass the buck
chēpí* 车皮 N. railway wagon/carriage
chěpí 扯皮 V.O. ① dispute over trifles ② argue back and forth ③ <*coll.*> pass the buck
chēpiào* 车票 N. ticket (for a train/bus) M: [1]*zhāng*
chěpiào 扯票 V.O. ① kill the hostage held for ransom ② destroy (a ballot, ticket, etc.)
chèpìn 撤聘 V. disinvite
chěpíng 扯平 R.V. <*coll.*> ① average out; make even ② give tit for tat
chěpò 扯破 R.V. tear open
chěpò liǎnpí 扯破脸皮 V.O. <*coll.*> destroy sb.'s "face"
chēpú 车仆[-僕] N. <*hist.*> official in charge of vehicles M: [2]*wèi*
chēqí* 车骑 N. groups of vehicles and horses
chěqí 扯旗 V.O. hoist the flag
[1]**chēqián*** 车钱[-錢] N. ① money paid to hire a vehicle ② <*coll.*> (passenger's) fare
[2]**chēqián** 车前 N. <*bot.*> plantain
chěqiān 掣签 V.O. draw lots
chēqiáncǎo 车前草 N. <*med.*> Asiatic plantain
chēqiándēng 车前灯[-燈] N. headlight M: [1]*zhǎn*
chēqiánzǐ 车前子 N. seed of Asiatic plantain
chěqífàngpào 扯旗放炮 F.E. <*coll.*> make a big to-do
chēqí jiāngjūn 车骑将军[-將-] N. <*hist.*> title of a commanding general
chě qǐlai 扯起来 R.V. hoist
chěqiúdàn 扯球蛋 F.E. <*coll.*> talk rubbish

chēqú 砗磲//车渠 N. <zoo.> ① giant clam; tridacna ② mother of pearl
chěqù* 扯去 R.V. pull down
chèqù 撤去 V. remove; withdraw; pull out
chèrèn 撤任 V.O. remove from office
chēróng 车容 N. appearance of a vehicle
chěrù 扯入 V. involve (sb. in sth.)
chě sǎngzi 扯嗓子 V.O. exercise one's voice
chěsānlāsì 扯三拉四 F.E. ramble on about trifles
chěsào 扯臊 V.O. <topo.> talk sheer nonsense; tell shameless lies
chěshàng 扯上 R.V. hoist
chèshàngchèxià 彻上彻下[徹-徹-] F.E. from top to bottom; thoroughly; up and down everywhere
chēshēn 车身 N. automobile body
chēshēng 车声[-聲] N. the sound of a vehicle
chěshou 扯手 N. <topo.> ① reins ② halter
chèshǒu* 撤守 V. withdraw or move back (of a garrison)
chè shōujù 掣收据[-據] V.O. make or take a receipt
chēshuǐ 车水 V.O. lift water by a waterwheel
chēshuǐmǎlóng 车水马龙 F.E. heavy traffic
chě shùnfēngqí 扯顺风旗 V.O. change one's attitude according to the situation
chēsù* 车速 N. vehicle speed
chèsù 撤诉 V. <law> nolle prosequi; withdraw charges
chěsuì 扯碎 R.V. tear into small pieces
chēsuǒ 车锁 N. bicycle lock M: 1bǎ
chētāi 车胎 N. tire M: 1tiáo
chětán 扯谈 V. engage in small talk; chitchat
chētǐ 车体[-體] N. car body
chětiānchědì 扯天扯地 F.E. <coll.> chitchat
chētiáo 车条[-條] N. <coll.> spokes (of a wheel) M: 2gēn
chētiē 车贴 N. commuter's allowance
chētóng 车童 N. boys serving passengers (on a train) M: 2wèi
chētóngguǐ 车同轨 ID. The country is unified.
chētóu 车头 N. ① the front of a vehicle ② engine (of a train); locomotive
chètóuchèwěi 彻/澈头彻/澈尾[徹-徹-] F.E. out and out; through and through; downright
chētóudēng 车头灯[-燈] N. headlight M: 1zhǎn
chētóugài 车头盖[-蓋] N. (car) hood
chētú 车徒 N. chariots and foot soldiers
chětuǐ 扯腿 V.O. <coll.> ① hinder; impede; hold sb. back ② immediately take to one's heels
chètuì* 撤退 V. withdraw; pull out
chètuō 撤脱 V. manage to run away (from appointments, etc.)
1chēwéi 车帷 N. curtain in a carriage M: 1zhāng
2chēwéi(zi) 车围(子)[-圍-] N. cloth shade of a vehicle
chēwěi* 车尾 N. the rear of a vehicle
chèwù 彻/澈悟[徹-] N. come to understand thoroughly/completely; realize
chèxí 撤席 V.O. clear off the dinner table
chě xiánbáir 扯闲白儿 V.O. <coll.> ① gabble; gossip; jaw ② talk pointlessly; talk nonsense.
chēxiāng 车厢[-廂] N. ① railway carriage/car ② compartments M: 1jié
chēxiāng guǎnggào 车厢广告[-廂廣-] N. bus advertising
chě xiánpiānr 扯闲篇儿 V.O. <coll.> ① gabble; gossip; jaw ② talk pointlessly; talk nonsense.
1chèxiāo 撤消/销 V. cancel; rescind; revoke
2chèxiāo 彻消[徹-] V. eliminate thoroughly
chèxiāo chǔfèn 撤销处分[--處-] V.O. annul a penalty
chèxiāo fǎlìng 撤销法令 V.O. repeal a decree or law
chèxiāo guǎnzhì 撤销管制 N. deregulation
chèxiāo nuòyán 撤销诺言 V.O. take back one's promise
chèxiāo zhíwù 撤销职务[-職務] V.O. dismiss someone from his office
chèxiàqu 撤下去 R.V. pull out; withdraw
chēxíngdào 车行道 N. roadway; road; carriageway M: 1tiáo
chēxiù 车绣[-繡] N. embroidery done on a sewing machine
chēyánr 车沿儿 N. the edges of a carriage M: 2gēn
1chèyè 彻夜[徹-] N. whole night; all through the night
2chèyè 掣曳 V. pull
chèyèbùmián 彻夜不眠[徹-] F.E. be sleepless all night
chèyèwèimián 彻夜未眠[徹-] F.E. have not slept all night
chèyíng 撤营[-營] V.O. withdraw troops
chēyíngsūnxuě 车萤孙雪[-螢孫-] ID. study very diligently
chēyòu 车右 N. armed escort posted to on the right of the escorted carriage
chēyuán(zi) 车辕(子) N. cart/carriage shafts M: 2gēn
chēyùn fèiyòng 车运费用[-運--] N. (account) trucking expenses
chēzàidǒuliáng 车载斗量 ID. a dime a dozen; common and numerous
chēzàimǎqián 车在马前 F.E. preposterous
chēzhá 车闸 N. brake
chēzhàn 车站 P.W. station; depot; stop
1chēzhǎng 车长 N. train master M: 2wèi
2chēzhǎng 车掌 N. bus conductor M: 2wèi
chēzhǎngshì 车长室 P.W. train master's compartment M: 1jiān
chēzhào 车照 N. driving license
1chēzhé 车辙 N. ① rut ② route suitable for motor vehicles M: 2dào/1tiáo
2chēzhé 车磔 N. <trad.> dismemberment of a person by carts pulled in different directions
chězhe bózi 扯着脖子[-著--] V.O. strain the neck in shouting
chězhí 扯直 R.V. pull to straighten
chèzhí* 撤职[-職] V.O. dismiss sb. from his post
chèzhíbàguān 撤职罢官[-職罷-] F.E. dismiss sb. from his post
chèzhíchábàn 撤职查办[-職-辦] F.E. dismiss sb. from his post and prosecute him
chēzhījià 车支架 N. kickstand
chēzhǒng 车种[-種] N. type of vehicle
chēzhóu 车轴 N. axle M: 2gēn
chèzhǒu* 掣肘 V.O. ① hold sb. back by the elbow ② impede ③ handicap
chēzhóucǎo 车轴草 N. clover M: 2gēn
chēzhóu guānjié 车轴关节[-關節] N. pivot joint
chēzhǔ* 车主 N. owner of a vehicle M: 2wèi
chězhù 扯住 R.V. grasp firmly
chězhù bù fàng 扯住不放 V.P. grab sb. and not let him go
chēzi* 车子 N. ① (small) vehicle ② <topo.> bicycle M: 3liàng
chēzī 车资 N. fare for a vehicle ride
chèzī 撤资 V.O. withdraw an investment; disinvestment
chèzǒu 撤走 R.V. withdraw; leave
chēzǒutóuliàng 车走头辆 F.E. <topo.> forge ahead; take the initiative
chēzǔ 车组 N. crew (of a vehicle)
chě zuǐbàzi 扯嘴巴子 V.O. <coll.> slap the face
chēzuò 车座 N. car seat
1chī* 吃 V. ① eat ② eat in/at ~ *fànguǎn* eat at a restaurant ③ have one's meals ④ live on *Zhè wǎn fàn kě bù róngyì* ~. This is a hard way to earn a living. ⑤ annihilate; wipe out ⑥ absorb; soak up ⑦ suffer; incur ⑧ exhaust; be a strain *See also* 15qī
2chī 痴 S.V. ① silly; idiotic ② crazy about ③ <topo.> insane; mad
3chī 哧 ON. sounds of tearing cloth and tittering
4chī 嗤 V. sneer
5chī 蚩 B.F. ① stupid *4chīchī* ② sneer *hūchī*
6chī 媸 B.F. ugly *yánchī*
7chī 笞 B.F. beat with whip/stick *chījī, bàngchī*
8chī 摛 B.F. spread *chīcí, 2chīhàn*
9chī 眵 B.F. eye matter *chīmuhū, yǎnchī*
10chī 絺[絺] B.F. a fine hemp cloth *zhòuchī*
11chī 螭 B.F. a hornless dragon (art motif) *chībì, pánchīwén*
12chī 鸱[鴟] B.F. sparrow hawk *chīgū, yóuchī*
13chī 魑 in *chīmèi*
1chí 迟[遲] S.V. tardy; late *Duìbuqǐ, wǒ lái ~ le.* Excuse me for being late. ♦B.F. slow *1chíhuǎn* ♦N. Surname *See also* 40zhì
2chí 池 B.F. ① pool; pond *1chítáng* ② enclosed space with raised sides *huāchízi* ③ stalls (in theater) *chízuò* ④ moat *chéngchí* ♦N. Surname
3chí 驰[馳] B.F. ① speed; gallop *bēnchí* ② spread *1chímíng* ③ turn eagerly toward; long for
4chí 弛 B.F. ① relax; slacken *2chíhuǎn* ② lax *sōngchí*
5chí 持 V. hold; grasp ♦B.F. ① support; maintain *bǎochí* ② manage; run *zhǔchí* ③ oppose
6chí 匙 B.F. spoon *1tāngchí See also* 1shi
7chí 墀 B.F. palace steps *chìchí, dānchí*
8chí 篪 B.F. a bamboo flute *xūn-chí*
9chí 踟 in *chíchú*
1chǐ 尺 N. ① rule; ruler ② ruler-like instrument ♦M. of length (equals 1/3 meter) *See also* 2chě
2chǐ 齿[齒] B.F. ① tooth *yáchǐ* ② sth. tooth-like *chǐlún* ③ <wr.> age *mùchǐ* ④ <wr.> mention *1chǐjí*
3chǐ 耻[恥] B.F. shame; disgrace; humiliation *chǐrǔ*
4chǐ 侈 B.F. wasteful *chǐmí, shēchǐ*
5chǐ 褫 B.F. take away; deprive *chǐgé, chǐpò*
6chǐ 豉 in *dòuchǐ*
1chì 翅 B.F. ① wing *chìbǎng* ② shark's fin *yúchì*
2chì 赤 B.F. ① red *chìsè* ② loyal; sincere; single-hearted *chìchéng* ③ bare; naked *chìluǒluǒ*
3chì 斥 B.F. ① scold; reprimand *1chìzé* ② repel; exclude; oust *chìtuì*
4chì 叱 V. loudly rebuke; shout at
5chì 啻 B.F. only *bùchì*
6chì 炽[熾] B.F. flaming; heated *1chìrè, chìliè*
7chì 敕 B.F. imperial edict *chìdié, gàochì*
8chì 眙 B.F. look at intently *èchì*
9chì 饬[飭] B.F. put in order *4chìlì, dūchì*
10chì 踅 in *chìduó*
11chì 彳 in *chìchù*
12chì 傺 in *chàchì*
13chì 鶒[鶒] in *xīchì*
14chì 瘛 in *chìzòng*
chī'ái 痴騃/呆 S.V. <wr.> silly; idiotic *See also* *chīdāi*
chī'ài* 痴爱[-愛] N. experience unrequited love
chí'áoduìjú 持螯对菊[--對-] ID. a leisurely life
chǐbā 尺八 N. ancient musical instrument like a flute
chìbà* 斥罢[-罷] V. dismiss (from office)
chī báifàn 吃白饭 V.O. ① eat nothing but plain cooked rice ② eat without paying ③ live off others
chībǎijiāfàn 吃百家饭 F.E. <coll.> beg for a living
chìbáilì 赤白痢 N. dysentery
chī báishí 吃白食 V.O. <coll.> ① eat without paying/working ② live off others
chī báixiàngfàn 吃白相饭 V.O. loaf; do no work
chǐbǎn 尺版 N. tablet held by a civil official during an audience with the monarch
chìbàn* 饬办[-辦] V. order a subordinate to do sth.
chìbǎng(r/zi) 翅膀(儿/子) N. wing M: 2zhī
chībǎo 吃饱 R.V. eat one's fill
chībǎochuānnuǎn 吃饱穿暖 F.E. eat one's fill and wear warm clothes
chībǎohēzú 吃饱喝足 F.E. eat and drink to one's heart's content
chībǎole chēng de 吃饱了撑的[---撐-] ID. do sth. silly/senseless
chìbāor 赤包儿 N. <bot./coll.> a kind of small melon
chībǎoshuìzú 吃饱睡足 F.E. stoke up on food and get plenty of sleep
chībèi 笞背 V.O. flog/whip the back

C

chìbèi* 赤背 ATTR. bare-backed

chīběn 吃本 V.O. fail to regain an investment

chíbèn* 迟笨[遲-] S.V. slow; stupid

chībēnr 吃嘚儿 V.O. <coll.> run into difficulties; suffer setbacks

chībǐ 嗤鄙 V. sneer at

chībì 螭陛 N. steps of the imperial palace

chíbǐ* 持笔[-筆] V.O. ① hold a pen ② write

chíbiàn 驰辩 V. use the gift of speech; exercise one's eloquence

chībiānr 吃边儿[-邊-] V.O. participate/share in; be involved in

chíbìdàigòu 持币待购[-幣-購] F.E. ① rush to buy with cash in hand ② compete to buy scarce goods

chībiě 吃瘪 V.O. <topo.> be beaten; acknowledge defeat

chī biězi 吃瘪子 V.O. <coll.> suffer defeat/loss

chǐbìfēibǎo 尺璧非宝[-寶] ID. Time is more precious than jade.

chī bìméngēng 吃闭门羹 V.O. be left out in the cold

chíbìqiǎnggòu 持币抢购[-幣搶購] F.E. <PRC> rush to buy scarce goods with cash in hand

chíbìxuǎngòu 持币选购[-幣選購] F.E. <PRC> buy abundant goods selectively with cash in hand

Chìbì zhī Zhàn 赤壁之战[-戰] N. <hist.> Battle of Red Cliff (208 A.D.), in which Liu Bei and Sun Quan joined in crushing Cao Cao

chìbó 赤膊 ATTR. bare to the waist

chìbóshàngzhèn 赤膊上阵 F.E. ① go into battle stripped to the waist ② act undisguisedly; come out into the open

chībubǎo 吃不饱 R.V. ① cannot have enough to eat ② cannot operate at full capacity (of factories)

chībudào 吃不到 R.V. can't eat (not available)

chībude 吃不得 R.V. ① inedible ② uneatable ③ cannot bear/suffer

chǐbùdǒusù 尺布斗粟 ID. brothers not getting along well

chībufú 吃不服 R.V. not be accustomed to eating sth.; not be used to certain food

chībuguàn 吃不惯 R.V. can't get used to certain food

chībukāi 吃不开[-開] R.V. ① be unpopular ② won't do (of behavior)

chībulái 吃不来 R.V. not be fond of certain food

chībuliǎo 吃不了 R.V. cannot finish (so much food)

chībuliǎo dōuzhe zǒu 吃不了兜着走[----著-] V.P. ① carry away leftovers from a meal ② eat crow ③ get into serious trouble

chībuqǐ 吃不起 R.V. can't afford to eat sth.

chībuqīng 吃不清 R.V. <coll.> be unable to figure out

chībushàng 吃不上 R.V. ① be unable to get something to eat ② miss a meal

chíbùtóngzhèngjiànzhě 持不同政见者 N. dissidents M: [2]wèi

chībutòu 吃不透 R.V. <coll.> be unable to figure out; be unable to fathom ~ *tā de xīnsī* can't make her out

chībuwán 吃不完 R.V. cannot finish (so much food)

chībuxià 吃不下 R.V. ① not feel like eating ② be unable to eat any more

chībuxiāo 吃不消 R.V. be unable to stand (fatigue/etc.)

chībuxiàqu 吃不下去 R.V. ① cannot eat due to loss of appetite ② be unable to eat any more; be full

chībuzháo 吃不着[-著] R.V. can't find a desired food

chībuzhù 吃不住 R.V. be unable to bear/support/control

chībuzhù jìnr 吃不住劲儿[---勁-] V.O. <coll.> be unable to endure

chícái'àowù 持才傲物 F.E. be proud of one's talent and regard things with contempt

chīcǎo* 吃草 V.O. browse; graze

chǐcáo 齿槽[齒-] N. <phys.> alveolus

chǐcáoyīn 齿槽音[齒-] N. <lg.> alveolar

chǐcāyīn 齿擦音[齒-] N. <lg.> dental fricative

chīchá* 吃茶 V.O. ① <trad.> drink tea ② <topo.> become engaged (of a young woman)

chìchá 饬查 V. order an investigation

chīcháng 吃常 R.V. eat sth. often

chìcháo 赤潮 N. red tide

chìchén 赤忱 N. absolute sincerity ♦ ATTR. sincere

chíchěng* 驰骋 V. ① gallop ② go hunting ③ play an active part in

chìchéng 赤诚 N. absolute sincerity

chìchéngdàirén 赤诚待人 F.E. treat people with absolute sincerity

chíchěngjiāngchǎng 驰骋疆场[-場] F.E. dash about in a battlefield

chíchěngwéntán 驰骋文坛[-壇] F.E. ① play an outstanding role in the literary world ② be active and aggressive

chíchěngzhōngyuán 驰骋中原 F.E. strive for power

chíchěngzìrú 驰骋自如 F.E. ride easy

[1]chīchī* 哧哧 ON. titter

[2]chīchī 吃吃 ON. sound of stifled laugh *See also* [3]*qīqī*

[3]chīchī 痴痴 R.F. ① foolishly; stupidly ② absorbedly

[4]chīchī 蚩蚩 R.F. ① plain and honest ② ignorant; uncouth

chíchí 迟迟[遲遲] R.F. tardily *Tā ~ bù lái.* She still hasn't shown up.

chǐchǐ 侈侈 R.F. grand; magnificent

chìchí 赤墀 N. the yard between main hall and steps (in a Chinese palace-style building)

chìchì 斥斥 R.F. broad; extensive

chíchíbùjìn 迟迟不进[遲遲-進] F.E. hesitate; be reluctant to advance; hesitate to push forward

chíchíbùjué 迟迟不决[遲遲-決] F.E. can't make up one's mind for a long time

chīchīhēhē 吃吃喝喝 R.F. wine and dine (with sb.)

chīchīshǎshǎ 痴痴傻傻 R.F. silly; idiotic

chīchīshēng 嗤嗤声[-聲] N. hissing sound

chīchīxiàoshēng 嗤嗤笑声[-聲] F.E. peals of laughter

chíchú* 踟蹰/踌[-躕] V.P. irresolute; uncertain

chìchù 彳亍 V. <wr.> walk slowly

chīchuān 吃穿 N. food and clothing

chīchuānbùchóu 吃穿不愁 F.E. not worried about making a living

chīchuān yòngdù 吃穿用度 N. ① everyday food and clothing ② expenditures for food and clothing

chíchúbùjìn 踟蹰不进[-躕-進] F.E. hesitate to move forward

chíchúbùqián 踟蹰不前[-躕--] F.E. hesitate to move forward

chīchuí 笞棰 V. beat with a bamboo whip

chíchún 弛唇 N. <lg.> lips relaxed

chǐchún* 齿唇[齒-] ATTR. <lg.> dentilabial

chǐchúnyīn 齿唇音[齒-] N. <lg.> dentilabial sound; labio-dental sound

chíchūzǎoguī 迟出早归[遲-歸] F.E. go out late and come back early

chīcí 摛词 V.O. write in a flowery style; use poetic diction

chǐcì* 齿次[齒-] N. order of seniority

chīcù 吃醋 V.O. be jealous (usu. of a rival in love)

chǐcun 尺寸 N. ① measurement; dimension ② moderation ③ small quantity ④ standard; norm; performance scale

chǐcùn 尺寸 N. size; dimension

chǐcùn guòdà 尺寸过大 V.P. oversize

chǐcùnzhīxiào 尺寸之效 N. modicum of (a desired) effect

chīcuò yào le 吃错药了[--藥-] V.P. <coll.> be out of ideas

chī dàguōfàn 吃大锅饭[--鍋-] V.O. ① eat from a big common pot ② pay or be paid at a fixed rate ③ <PRC> work under conditions lacking incentive to be productive

chī dàhù 吃大户 V.O. <coll.> ① plunder a landlord's home during famine ② make sb. who can afford it stand treat

chīdāi* 痴呆 S.V. dull-witted; stupid ♦ N. <med.> dementia *See also chī'ái*

chìdài 赤带[-帶] N. <med.> leukorrhea with blood

chīdāizhèng 痴呆症 N. dementia

chídàn 迟旦[遲-] N. dawn *See also zhìdàn*

chìdǎn* 赤胆[-膽] N. sincere loyalty

chìdǎnzhōngxīn 赤胆忠心[-膽--] F.E. utter devotion; loyalty

chīdāo 吃刀 N. <mach.> penetration of a cutting tool

chīdào 吃到 R.V. eat

chídāo 持刀 V.O. hold a knife

[1]chídào* 迟到[遲-] V. be/come/arrive late

[2]chídào 驰道 N. <trad.> highway for the emperor M: [1]tiáo

chìdào 赤道 N. ① equator ② <astr.> celestial equator

chìdào jīng-wěiyí 赤道经纬仪[-經緯儀] N. <astr.> equatorial armilla

chìdàomiàn 赤道面 N. equatorial plane

chìdàoqū 赤道区[-區] P.W. equatorial zone/region

chìdào wúfēngdài 赤道无风带[-帶] P.W. equatorial calm belt; doldrums

chídāoxíngxiōng 持刀行凶 F.E. attack sb. with a knife in hand

chídàozǎotuì 迟到早退[遲-] F.E. come to work late and leave early

chī dàxiàng 吃大项 V.O. embezzle funds from high-priority construction projects

[1]chī de* 吃的 N. <coll.> food

[2]chīde 吃得 R.V. ① edible; eatable ② <topo.> able to eat a lot

chí de 弛的 ATTR. relaxed; slack

chīdebǎo 吃得饱 R.V. be able to eat one's fill

chǐdéjùzūn 齿德俱尊[齒-] F.E. honorable both in age and virtue

chīdekāi 吃得开[-開] R.V. <coll.> ① be popular; be much sought after ② be powerful and influential ③ be effective/successful

chīdelái 吃得来 R.V. suit one's taste

chīdeqǐ 吃得起 R.V. be able to bear/support

chīdeshàng 吃得上 R.V. ① can afford to eat ② be in time for a meal; be able to get a meal

chīdexià 吃得下 R.V. be able to eat

chīdexiāo 吃得消 R.V. be able to stand/bear

chīdezhù 吃得住 R.V. be able to bear/support

chīdǐ 嗤诋 V. laugh at; mock

chǐdì 尺地 N. a very small piece of land

[1]chìdì* 赤地 N. barren land

[2]chìdì 斥地 V.O. <wr.> expand the territory

[3]chìdì 赤帝 N. god of the south

chīdiào 吃掉 R.V. ① eat up; take ② annihilate; wipe out ③ absorb; incorporate

chǐdìcùntǔ 尺地寸土 F.E. tiny pieces of land

chìdié 敕牒 N. imperial order M: [1]zhāng

chìdìqiānlǐ 赤地千里 F.E. scene of utter desolation

chǐdòngmài 尺动脉[-動脈] N. <med.> ulnar artery

chī dōngxi 吃东西 V.O. eat something

chìdòu 赤豆 N. azuki bean M: [3]lì

chī dòufu 吃豆腐 V.O. ① eat beancurd ② <coll.> ⓐ tease; flirt with ⓑ engage in minor sexual harassment

chǐdú 尺牍[-牘] N. ① a mode of epistolary art ② correspondence

[1]chǐdù* 尺度 N. measure; scale

[2]chǐdù 齿蠹[齒-] N. tooth decay

chǐduǎncùncháng 尺短寸长 F.E. everyone has his strong and weak points.

chīdūn 鸱蹲 V. squat like an owl

chīdùn 痴钝 S.V. dull; imbecile; stupid

chídùn* 迟钝[遲-] S.V. ① slow (thought/action) ② stupid
chídùn értóng 迟钝儿童[遲-] N. retarded children
chǐduó* 褫夺[-奪] V. strip; deprive
chìduó 踟蹰 V. walk/move back and forth
chǐduó gōngquán 褫夺公权[-奪-權] V.O. <law> deprive sb. of his civil rights
chī dúshí 吃独食[-獨-] V.O. ① eat alone ② <coll.> hog (profits/etc.)
Chì'é 赤俄 N. Soviet Russia
chī ěrguāzi 吃耳刮子 V.O. <coll.> be boxed on the ears
chífǎ* 持法 V.O. enforce the law
chǐfà 齿发[齒髮] N. one's age
chīfàn 吃饭 V.O. ① eat; have a meal ***Wǒ méi chīshàng fàn.*** I missed mealtime. ② keep alive; make a living ♦N. livelihood ***qúnzhòng de ~ wèntí*** the problem of the livelihood of the masses
chīfàn fángyē 吃饭防噎 V.P. Be careful not to choke when eating.
chīfàn nán 吃饭难[-難] V.P. It's difficult to make a living.
chífǎsēnyán 持法森严[-嚴] F.E. administer sharp justice
chīféi* 痴肥 V.P. obese ♦N. big lazybones
chífèi 弛废[-廢] V. neglect
chī fēicù 吃飞醋[-飛-] V.O. be jealous (of a spouse)
chīféidiūshòu 吃肥丢瘦 ID. lack judgment
chífèn 持分 V.O. <wr.> uphold one's duty
chǐfèng* 齿缝[齒-] N. embrasure (in dentistry)
chìfēng 敕封 V. <trad.> imperially confer (titles/territory/etc.)
chǐfèng zhōng de 齿缝中的[齒-] ATTR. <lg.> interdental
chīfú 痴福 N. the bliss of imbecility; idiotic happiness
chífú 持服 N. <trad.> three years of mourning for one's parents
chífù* 迟付[遲-] V. delay in payment
chǐfú 尺幅 N. ① dimensions ② small painting
chǐfúqiānlǐ 尺幅千里 ID. rich content within a small compass
chī gāncù 吃干醋[-乾-] V.O. be jealous; be green with envy
chī gānfàn 吃干饭[-乾-] V.O. <slang> lack ability; be useless
chǐgé 褫革 V. strip sb. of his office; dismiss
chìgé* 斥革 V. dismiss
chǐgēn 齿根[齒-] N. root of a tooth
chígēng 持更 V.O. <old> keep night watch by sounding a drum at intervals
chìgōng 饬躬 V. <wr.> watch one's behavior; keep a watch on oneself
chīgòu* 吃够[-夠] R.V. eat enough
chǐgòu 齿垢[齒-] N. tartar (on the teeth)
chīgù 鸱顾[-顧] V. look back without moving the body (like an owl)
chígǔ* 持股 V.O. hold shares/stock
[1]**chǐgǔ** 耻骨[恥-] N. <phys.> pubic bones; pubis
[2]**chǐgǔ** 尺骨 N. <phys.> ulna
chī guǎcù 吃寡醋 V.O. be groundlessly jealous
chī guǎjiǔ 吃寡酒 V.O. drink without any accompanying dishes
chī guàlàor 吃挂络儿[-掛--] V.O. <coll.> become involved; get mixed up in
chīguàn* 吃惯 R.V. get used to a certain kind of food
chǐguān 齿冠[齒-] N. crown of a tooth
chīguāng 吃光 R.V. eat up; finish (all the food); ingurgitate
chīguāngfēnguāng 吃光分光 F.E. eat and divide up everything
chìguāngguāng 赤光光 R.F. nude; naked
chīguānghēguāng 吃光喝光 F.E. eat and drink up everything
chī guānsi 吃官司 V.O. <coll.> be the object of a lawsuit
chī guǎnzi 吃馆子 V.O. eat at restaurant
chíguī 驰归[-歸] V. hasten home
chǐguī* 尺规 N. sector M: [1]*bǎ*
chìguǒ 翅果 N. <bot.> samara
[1]**chīhàn*** 痴汉[-漢] N. fool; simpleton; idiot M: [2]*wèi*
[2]**chīhàn** 摛翰 V.O. write a composition; brandish a pen
chǐhán 齿寒[齒-] ID. suffer due to failure of the other (of either of two interdependent beings)
chǐhàn 尺翰 N. letters; correspondence M: [2]*fēng*
chīhē(r)* 吃喝(儿) N. <coll.> food and drink; diet
chìhē 叱呵 V. shout/bawl at
[1]**chìhè** 叱喝 V. shout/bawl at
[2]**chìhè** 斥喝 V. scold
chīhē bù chóu 吃喝不愁 V.P. have enough to live on for life
chīhē bù fēn 吃喝不分 V.P. fare and share together
chīhēduì 吃喝队[-隊] N. a group of cadres who go from place to place eating and drinking in the name of official business
chīhēfēng 吃喝风 N. ① the common practice of wasteful feasting ② squandering public funds on large banquets and feasts ③ treating others to meals in seeking self-interest
chī hēizǎor 吃黑枣儿[--棗-] V.O. <slang> be shot with a bullet; get one's brains blown out
chíhéng 持衡 V. ① observe and measure the capability of a person ② weigh the advantages and disadvantages ③ hold the balance
chī-hē-piáo-dǔ 吃喝嫖赌 V.P. lead a dissipated/dissolute life
chìhèsè 赤褐色 N. russet
chīhē-wán(r)lè 吃喝玩(儿)乐[-樂] V.P. idle away one's time in pleasure-seeking
chī-hē-zhù-chuān 吃喝住穿 N. food, drink, shelter, and clothing
chìhóng 赤红 ATTR. crimson
chìhòu 斥候 N./V. <wr.> ① reconnoiter ② patrol
chī hòuhuǐyào 吃后悔药[-後-藥] V.O. have regrets
chǐhòuyīn 齿后音[齒後-] N. <lg.> alveolar sound
chīhǔ 螭虎 N. ① lizard ② intrepid person M: [2]*zhī*
chìhū* 叱呼 V. <coll.> shout; rally; summon
chìhú 赤狐 N. red fox M: [1]*tiáo*/[2]*zhī*
chī huājiǔ 吃花酒 F.E. <coll.> carouse with wine and women
[1]**chíhuǎn** 迟缓[遲-] S.V. slow; sluggish; tardy
[2]**chíhuǎn** 弛缓 V. relax
chíhuáng 池隍 N. moat M: [1]*tiáo*
chī huánglián 吃黄连 V.O. swallow a bitter pill
chī huángliáng 吃皇粮[-糧] V.O. live on the wages paid by the government
chíhuǎn tóngwèiyǔ 迟缓同位语[遲-] N. <lg.> loose appositive
chíhuǎnzhě 迟缓者[遲-] N. laggard M: [2]*wèi*
chīhuchihu 嗤呼嗤呼 ON. sound of panting/gasping
chī hǔdǎn 吃虎胆[-膽] V.O. be extremely audacious
chíhuí 迟回[遲-] V. loiter; tarry; hesitate
chī huíkòu 吃回扣 V.O. receive a rebate/kickback
chīhūn 吃荤 V.O. eat meat/flesh
chīhuò* 吃货 N. <coll.> good-for-nothing M: [2]*wèi*
chǐhuò 尺蠖 N. looper; inchworm M: [2]*zhī*
chǐhuò'é 尺蠖蛾 N. <zoo.> geometrid moth M: [2]*zhī*
chǐhuòzhīqū 尺蠖之屈 N. a temporary setback
chījī 笞击[-擊] V. cudgel
chíjí* 迟疾[遲-] V./N. speed
chíjǐ 持戟 N. ① soldier ② aide
chǐjī 齿击[齒擊] V. clatter the teeth in trembling
[1]**chǐjí** 齿及[齒-] V. mention (sth not worth mentioning)
[2]**chǐjí** 尺籍 N. military register
chījià 吃价[-價] S.V. <coll.> be very popular; be well-liked
chíjiā* 持家 V.O. ① run one's home ② conserve the family estate
chǐjiān 齿间[齒-] ATTR. <lg.> interdental
chǐjiǎn 尺简 N. ① slips of bamboo for writing ② letter; short note M: [1]*zhāng*
chìjiàn* 敕建 V. build by imperial order
chǐjiān mócāyīn 齿间摩擦音[齒-] N. <lg.> interdental fricative
chǐjiānyīn 齿间音[齒-] N. <lg.> interdental (sound)
chǐjiānyīn de 齿间音的[齒-] ATTR. <lg.> interdental
chījiào 吃教 V. <topo.> live off the church
chìjiāo 饬交 V. order someone to dispatch forward; deliver
chìjiǎo* 赤脚[-腳] ATTR./ADV. barefooted
chìjiǎo dàxiān 赤脚大仙[-腳--] N. <Dao.> barefoot genie/immortal
chìjiǎo yīshēng 赤脚医生[-腳醫-] N. <PRC> barefoot doctor M: [2]*wèi*
chī jiǎozi lǎohǔ 吃角子老虎 N. slot machine
chíjié* 持节[-節] V.O. serve as a diplomatic envoy
chíjiè 持戒 V.O. <Budd.> observe the commandments
chìjié 炽结[熾-] V. join/unite tightly
chījǐn* 吃紧[-緊] S.V. <coll.> ① serious; tense; critical ② important; consequential
chījìn 吃劲[-勁] S.V. ① entail much effort; be a strain ② get leverage
chíjìn 驰禁 V.O. lift a ban/restriction
chǐjǐn 尺锦 N. concise and refined writings
chìjīn 赤金 N. ① pure/solid gold ② deep-colored gold ③ copper
chījīng* 吃惊[-驚] V.O. be startled/shocked/amazed
chǐjǐng 齿颈[齒頸] N. <phys.> neck of a tooth
chǐjìngmài 尺静脉[-靜脈] N. <phys.> ulnar vein
chī jìnguǒ 吃禁果 V.O. ① eat forbidden fruit ② do things which are forbidden
chījìnkǔtou 吃尽苦头[-盡--] F.E. suffer many privations
chījiǔ 吃酒 V.O. <topo> drink wine/alcohol
chíjiǔ* 持久 S.V. lasting; protracted
chíjiǔ bù biàn 持久不变[-變] V.P. enduring; sustained; not constantly changing
chíjiǔ bù xiè 持久不懈 V.P. make unremitting efforts
chī jiùjì 吃救济[-濟] V.O. be on the dole
chíjiǔzhàn 持久战[-戰] N. protracted war M: [2]*chǎng*
chī jǐ wǎn gānfàn 吃几碗干饭[---乾-] V.P. <coll.> know one's limit
chǐjué 齿决[齒決] V. bite off with the teeth
chīkāi 吃开[-開] R.V. ① start eating ② be influential
chǐkē 齿科[齒-] N. dentistry
chī kòngquē 吃空缺 V.O. pad the payroll
chìkǒubáishé 赤口白舌 F.E. squabble over nothing
chìkǒudúshé 赤口毒舌 F.E. speak bitingly; slander venomously
chíkǒuwàngtán 驰口妄谈 F.E. rant
chīkǔ 吃苦 V.O. bear hardship
chīkuáng 痴狂 S.V. ① nonsensical; idiotic ② infatuated
chīkuī 吃亏[-虧] V.O. suffer loss; come to grief ***chī yǎba kuī*** can't voice one's grievances ♦ADV. unfortunately
chīkuī shàngdàng 吃亏上当[-虧-當] V.P. be deceived and taken advantage of
chīkǔ nàiláo 吃苦耐劳[-勞] V.P. endure hardships and be hardworking/untiring
chī kǔtou(r) 吃苦头(儿) V.O. suffer
chìlǎo 赤佬 N. <coll./derog.> ① devil (used as a swearword or jokingly) ② Communists (as called by KMT in Shanghai and elsewhere before 1949)
chī láobǎo 吃劳保[-勞-] V.O. depend on labor insurance for support

C

chī lǎoběn(r) 吃老本(儿) V.O. rest on one's laurels
chī láojīn 吃劳金[-勞-] V.O. <topo.> work for wages
chīlèi 吃累 V.O. be implicated
chǐlěng 齿冷[齒-] ID. scorn; ridicule; jeer
chīlì* 吃力 V./S.V. ① entail strenuous effort; be a strain ② tired; exhausted
chílí 驰离[-離] V. depart
[1]**chìlì** 赤痢 N. <med.> dysentery with blood in stools
[2]**chìlì** 斥力 N. <phy.> repulsion
[3]**chìlì** 赤立 V. ① be naked ② be deprived of everything
[4]**chìlì** 饬厉[-厲] V. exhort; instruct and encourage
chīliáng 吃粮[-糧] V.O. be a soldier; serve in army
chīliáng bù guǎnshì 吃粮不管事[-糧---] F.E. be paid but not work hard
chí liǎngduān 持两端 V.O. have one's feet in two camps; sit on the fence
chìliànshé 赤练蛇[-練-] N. <zoo.> non-poisonous brown snake M: [1]tiáo
chīlì bù tǎohǎo 吃力不讨好 F.E. do a hard but thankless job
chǐliè 齿列[齒-] V. ① enumerate ② regard as the same class
chìliè* 炽烈[熾-] S.V. flaming; blazing
chìlín 赤磷 N. red phosphorus
[1]**chìlìng** 饬令 V. put in order; readjust ♦N. order M: [2]dào
[2]**chìlìng** 敕令 N. rescript M: [2]dào
[3]**chìlìng** 叱令 V.O. shout an order
chī língshí 吃零食 V.O. eat snacks between meals
chī língzuǐ 吃零嘴 V.O. nibble between meals
chīlǐpáwài 吃里扒/爬外[-裡--] F.E. turn against supporters
chīliū* 哧溜 ON. sound of slithering
chíliú 迟留[遲-] V. linger on; stay
chílù 持禄 V.O. hold an office without achieving anything
chǐlù 齿录[齒錄] <trad.> V. register in a proper class ♦N. candidates accepted in the same year for the official examination
chìlǔ 斥卤[-鹵] N. land made barren by salt
chìlù* 赤露 V. bare
chīlüè 笞掠 V. flog
chílùn 持论 V. present an argument; express a view
chǐlún* 齿轮[齒-] N. gear (wheel)
chǐlùn 侈论 N. exaggerated talk ♦V. speak boastingly; talk glibly about; prate about
chǐlún chuándòng 齿轮传动[齒-傳動] N. gear drive
chílùngōngyǔn 持论公允 F.E. make impartial comments
chǐlúnxiāng 齿轮箱[齒-] N. gear box
chìluǒ 赤裸 V.P. be nude; bare (the body) ♦N. nudity; nakedness
chìluǒluǒ 赤裸裸 V.P. ① stark naked ② undisguised; naked
chīmà 笞骂[-罵] V. whip and revile
chímǎ 驰马 V.O. gallop a horse; go swiftly on horseback
chǐmǎ(r)* 尺码(儿) N. ① size ② dimensions (of an object)
[1]**chìmà** 斥骂[-罵] V. ① reproach; upbraid; scold ② condemn; denounce
[2]**chìmà** 叱骂[-罵] V. scold roundly; curse
chímài* 迟脉[遲脈] N. <med.> sluggish pulse
[1]**chìmài** 翅脉[-脈] N. <zoo.> vein (of insect wings)
[2]**chìmài** 斥卖[-賣] V. <wr.> sell out (property)
chī māma 吃妈妈 V. <coll.> nurse at a mother's breast
chímǎn 持满 V.P. over-confident; complacent ♦V. draw a bow fully and be ready to shoot
chímàn* 迟慢[遲-] S.V. slow; tardy
chímáo 持矛 V.O. hold a spear/lance/pike
chīmèi* 魑/螭魅 N. evil spirit
Chìméi 赤眉 N. rebels rampant toward the end of the Western Han Dynasty (206 B.C.-8 A.D.)
chìméisù 赤霉素 N. <med.> gibberellin
chīmèiwǎngliǎng 魑魅魍魉 F.E. demons; monsters
chīméng 鸱甍 N. a kind of ornament on a roof ridge
chīmí* 痴迷 S.V. infatuated; obsessed
chǐmí 侈糜/靡 V.P. wasteful; extravagant
Chìmián 赤棉 N. Khmer Rouge
chímiànr 池面儿 N. surface of a pool
chīmihūr 眵迷糊儿 N. eye wax/gum
[1]**chímíng*** 驰名 S.V. famous
[2]**chímíng** 迟明[遲-] N. dawn
chìmìng 敕命 N. imperial order; edict M: [2]dào
chìmìngfú 敕命符 N. charms containing a god's special orders M: [2]dào
chìmíngqǐng'ān 叱名请安 F.E. <trad.> Please give (your elders/parents/etc.) my compliments.
chímíngzhōngwài 驰名中外 F.E. renowned at home and abroad
chīmòzhǐ 吃墨纸 N. paper that absorbs ink well M: [1]zhāng
chīmù 鸱目 N. owl-like look
chímù* 迟暮[遲-] V.P. ① past one's prime ② slowly and unhurriedly
chīmuhū(r) 眵目糊(儿) N. <topo.> gum from the eyes
chīmùhǔwěn 鸱目虎吻 ID. very fierce-looking face
chìná 饬拿 V. issue an order to arrest
chīnǎi 吃奶 V.O. suck the breast
chīnǎi de lìqi 吃奶的力气[-氣] N. all one's strength *Tā shǐchūle* ~. He strained every muscle.
chīnǎi de qìlì 吃奶的气力[---氣-] N. utmost effort
chīnán 痴男 N. man blinded by love; an infatuated man M: [2]wèi
chīnányuànnǚ 痴男怨女 F.E. young men and women who are deeply in love but unable to fulfill their passion
chīnì 吃腻 R.V. get tired of eating sth.
chīniàn* 痴念 N. stupid notions; foolish ideas; idiotic thoughts
chínián 驰年 N. fleeting years
chíniàn 驰念 V. let one's thoughts run to (sb./sth. missed)
chī nǚzhāodài 吃女招待 V.O. <coll.> eat at a restaurant because of its pretty waitresses
chìpài 饬派 V. appoint or assign (for some duty)
chī piānfàn 吃偏饭 V.O. be treated in a favored way
chípiàorén 持票人 N. <econ.> holder; bearer (of a check) M: [2]wèi
chìpín 赤贫 V.P. utterly destitute
chípíng 持平 ATTR. unbiased; fair ♦V.O. ① hold the line ② maintain the same level
chípíngzhīlùn 持平之论 N. an unbiased view
chìpínrúxǐ 赤贫如洗 F.E. in extreme poverty
chìpín zhuàngtài 赤贫状态[-狀態] N. abject poverty
chǐpò 褫魄 V. be scared out of one's wits; be extremely frightened
chīqì* 吃气[-氣] V.O. <topo.> suffer abuse; be bullied
chìqí 斥骑 V. patrol on horse
chīqián 吃钱[-錢] V.O. ①take a bribe ②embezzle
chíqiāng* 持枪[-槍] V.O. ①hold a gun ②<mil.> port arms
chǐqiāng 齿腔[齒-] N. tooth cavity
chíqiāngsùlì 持枪肃立[-槍肅-] F.E. stand at attention with rifle in hand
[1]**chíqiāngwēihè** 持枪威喝[-槍--] V.P. train one's gun on sb. and shout
[2]**chíqiāngwēihè** 持枪威吓[-槍-嚇] V.P. train one's gun on sb. to intimidate them
chíqiāngxiāngchí 持枪相持[-槍--] F.E. face each other tensely with leveled guns
chī qiāngyào 吃枪药[-槍藥] V.P. <coll.> speak rudely
chíqiān rìqī 迟签日期[遲-] N. post-date (a document/etc.)
chìqiào 翅鞘 N. elytrum
chīqǐ fàn lai 吃起饭来 V.P. start to eat
chī qǐlai 吃起来 V.P. start to eat
chīqíng* 痴情 N. unreasoning passion; infatuation ♦S.V. infatuated
chīqǐng 吃请 V.O. ① accept an invitation to dinner (extended as a bribe) ② be invited to a dinner
chīqù 吃去 R.V. ① eat; take ② annihilate; wipe out
chíqū* 驰驱[-驅] V. ① gallop ② do one's utmost in sb.'s service
chǐqǔ 齿龋[齒齲] N. tooth decay
chíquànrén 持券人 N. bondholder M: [2]wèi
chīr 吃儿 N. food; things to eat
chǐr* 齿儿[齒-] N. teeth (of a comb/saw/etc.)
chìr 翅儿 N. wing; ala
chìrán 炽燃[熾-] V. be in flames; be ablaze
chǐràng 齿让[齒讓] V. <wr.> yield to seniors
[1]**chìrè** 炽热[熾熱] S.V. ① red-hot; blazing; scorching hot ② passionate
[2]**chìrè** 赤热[-熱] S.V. fervid; ardent ♦N. red heat
chī rèhu 吃热乎[-熱-] V.O. <coll.> eat sth. piping hot
[1]**chīrén*** 吃人 V.O. ① eat people (of animals) ② be usurious (of interest rate) ③ exploit people
[2]**chīrén** 痴人 N. idiot; fool; foolish man
chìrèn 敕任 N. imperial appointment to office M: [2]dào
chīrén bù tǔ gǔtou 吃人不吐骨头 F.E. <coll.> utterly destroy someone
chīrénchīfú 痴人痴福 F.E. A fool has his foolish blessings.
chīrénshuōmèng 痴人说梦[-夢] F.E. idiotic nonsense; lunatic ravings
chìrètǐ 炽热体[熾熱體] N. <elec.> glower
chìrì 赤日 N. burning sun; scorching sun
chìrìdāngkōng 赤日当空[--當-] F.E. The red sun is hanging in the sky.
chìrìyányán 赤日炎炎 F.E. broiling/scorching sun
chīròu 吃肉 V.O. eat meat
chīrǔ 笞辱 V. whip and insult
chǐrǔ* 耻辱[恥-] N. shame; disgrace; humiliation
chīruǎn 吃软 V.O. be amenable to persuasion (but not force)
chīruǎn bù chīyìng 吃软不吃硬 V.P. respond to persuasion but not to force
chī ruǎnfàn 吃软饭 V.O. live off a woman
chǐrúbiānbèi 齿如编贝[齒-] F.E. very beautiful teeth
chǐrúqíbèi 齿如齐贝[齒-齊-] F.E. very beautiful teeth
chìsè 赤色 N. red
chīshǎ 痴傻 S.V. silly and stupid
chīshang* 吃上 R.V. ① get sth. to eat ② be available (of food)
chíshàng 池上 P.W. above a pond/pool
chīshāngle 吃伤了[-傷-] V.P. <coll.> be sick/tired of eating a particular food
chǐshàngyīn 齿上音[齒-] N. <lg.> dental/supradental sound
chìsháo 赤芍 N. <Ch. med.> root of the herbaceous peony
chǐshé 齿舌[齒-] N. <zoo.> radula
chíshēn 持身 V.O. conduct oneself (properly)
[1]**chìshēn*** 赤身 V.O. bare ♦ATTR. naked
[2]**chìshēn** 敕身 V.O. discipline oneself; be prudent in conduct
chíshèng* 持胜[-勝] V.O. maintain one's superiority/advantage
chìshèng 炽盛[熾-] S.V. ① flaming; ablaze ② flourishing
chìshéngjìzú 赤绳系足[-繩繫-] F.E. be united in wedlock
chìshēnlùtǐ 赤身露体[-體] F.E. completely naked

chíshēnshèshì 持身涉世 F.E. go through life with self-control
chìshēn sōuchá 赤身搜查 N. strip-search
chíshēnyánzhèng 持身严正[--嚴-] F.E. be very exacting with regard to personal conduct
chìshéshāochéng 赤舌烧城[--燒-] F.E. A slanderous tongue can burn up a city.; the extreme harmfulness of slanderous talks
chīshi 吃食 N. <coll.> food; edibles ***See also** chīshí*
chīshí* 吃食 V.O. eat (of birds/chickens/etc.) ***See also** chīshi*
chīshì 鸱视 V. watch with greed/avarice
chī shítáng 吃食堂 V.O. have meals in a cafeteria
chīshǐwáwa 吃屎娃娃 N. <coll.> young child
chīshǒu 螭首 N. the top of various structures adorned with a representation of the hornless dragon
chíshǒu 持守 V. ① observe ② maintain; guard
chìshǒu* 赤手 N. bare hands ♦ ATTR. barehanded
chìshòu 敕授 N. imperial appointment or bestowal of titles of nobility
chìshǒuchéngjiā 赤手成家 F.E. establish a competency starting from scratch
chìshǒukōngquán 赤手空拳 F.E. bare-handed; unarmed
chǐshū* 尺书[-書] N. <wr.> ①correspondence; letters ② books ③ archives
chìshū 敕书[-書] N. imperial letter M: [2]*dào*
chìshǔ 饬属[-屬] V.O. order subordinates (to do sth)
chīshuǐ* 吃水 V.O. ①drink water ②draw water (as a ship) ♦ S.V. absorbent ♦ N. ① draft (of ships) ② drinkable water
chíshuǐ 池水 N. pond water
chíshuìchíqǐ 迟睡迟起[遲-遲-] F.E. keep late hours
chīshuǐxiàn 吃水线 N. waterline; water level; plimsoll mark M: [1]*tiáo*
chīsī* 吃私 V.O. ①take bribes; be corrupt ②make money by illegal means ③ take advantage of one's position to make money
chísī 驰思 V. let one's thoughts run to (sb. or sth. missed)
chìsōng 赤松 N. <bot.> Japanese red pine M: [2]*kē*
chīsù* 吃素 V.O. abstain from meat; be a vegetarian
chǐsù 尺素 N. ① small painting M: [10]*fú* ② letter M: [2]*fēng* ③ archives M: [1]*zhāng*
chīsù de 吃素的 V.P. <coll.> easy-going; easy to deal with (always with negative) ***Tā kě bùshì ~*** He's not easy to deal with.
chǐsuǐ 齿髓[齒-] N. dental pulp
chísuǒbǔfēng 持索捕风 ID. do sth. impossible
chìsùxīn 赤素馨 N. frangipani
chītà 笞挞[-撻] V. flog
chǐtán 侈谈 V. prate about
chī táng 吃糖 V.O. eat candy/sugar
chítāng 池汤[-湯] N. big bathhouse pool
[1]**chítáng*** 池塘 N. pond; pool
[2]**chítáng** 池堂 P.W. bathhouse pool
chìtáo 赤陶 N. terra cotta
chìtǐ 赤体[-體] N. naked body
chìtiáojīngguāng 赤条精光[-條--] F.E. completely/stark naked
chìtiáotiáo 赤条条[-條條] V.P. stark naked
chìtiěkuàng 赤铁矿[-鐵礦] N. hematite M: [4]*zuò*
chǐtòng 齿痛[齒-] N. toothache
chìtóng* 赤铜 N. alloy of copper and gold
chìtóngkuàng 赤铜矿[-礦] N. <min.> cuprite M: [4]*zuò*
Chìtóngqì Shídài 赤铜器时代[---時-] N. Bronze Age
chītou(r) 吃头(儿) N. <coll.> sth. worth eating
chītóu 螭头 N. top of various structures adorned with a representation of the hornless dragon
chītòu* 吃透 R.V. have a thorough grasp ***Wǒmen yào chèdǐ ~ wénjiàn jīngshén.*** We must get to the inner meaning of the document.
chǐtóu 齿头[齒-] ATTR. <lg.> apico-dental
chītòuliǎngtóu 吃透两头 F.E. <PRC> have a thorough grasp for both high-level directives and low-level application
chǐtóu mócāyīn 齿头摩擦音[齒-] N. <lg.> apico-dental fricative
chǐtóur 尺头儿 N. <topo.> ① size ② remnant (e.g., in a bolt of cloth)
chǐtóuyīn 齿头音[齒-] N. <lg.> ① dental affricates and fricatives ② dental sounds
chítū 驰突 V. <wr.> dash about
chǐtǔ 尺土 N. tiny territory
chìtǔ* 赤土 N. land made barren by severe drought; barren land
chìtuì 斥退 V. dismiss sb. from post/school
chītún 笞臀 V.O. whip/flog the buttocks
chítuózānbǐ 持橐簪笔[-筆] ID. serve as a counselor; be an adviser
chǐtǔzhīfēng 尺土之封 N. very small fief under the feudal system
chìwàixiàn 赤外线 N. infrared rays
chǐwàixíng 齿外形[齒-] N. tooth outline; outline of a tooth
chīwán 吃完 R.V. demolish; finish eating
chíwàng 持旺 V. be on an upward trend; be going well
chǐwángshécún 齿亡舌存[齒-] ID. The soft and flexible last longer than the hard.
chī wǎpiànr 吃瓦片儿 V.O. live on renting out houses
chīwěi 鸱尾 N. a kind of ornament on a roof ridge
chǐwēi 齿危[齒-] N. very old age (with teeth about to fall out)
chǐwèi* 齿位[齒-] N. position of a tooth
chìwěi 赤纬[-緯] N. <astr.> declination
Chìwèiduì 赤卫队[-衛隊] N. Red Guards (1927–1937)
chíwēifúqīng 持危扶倾 ID. act as a champion of justice
chīwěn 鸱吻 N. roof ridge animal ornament
chǐwěn* 齿吻[齒-] N. teeth and lips
chīwù 痴物 N. fool; idiot; simpleton
[1]**chíwù*** 迟误[遲-] V. ① procrastinate ② cause to miss a schedule
[2]**chíwù** 驰骛 V. move swiftly; speed; run after (empty fame, power, money, etc.)
Chǐwǔ Qúndǎo 齿舞群岛[齒-島] P.W. Habomai Archipelago (Jp.)
chíxí 驰檄 V.O. speed mobilization order
chīxià 吃下 R.V. ① eat; take ② annihilate; wipe out
chīxián 吃咸[-鹹] V.O. <coll.> ① eat salty things ② have experience
chī xiànchéng de 吃现成的 V.O. eat whatever is ready
chī xiànchéngfàn 吃现成饭 V.O. enjoy the fruit of sb. else's labor
chī xiánfàn 吃闲饭 V.O. lead an idle life; be a loafer/sponger
chīxiāng* 吃香 S.V. <coll.> popular; well-liked
chīxiǎng 痴想 N. ① illusion ② idiotic idea
chīxiàng 吃相 N. <coll.> table manners M: [1]*fù*
chīxiāng de huòbì 吃香的货币[-幣] N. much sought-after currencies
Chìxiàn-Shénzhōu 赤县神州[-縣--] P.W. <trad.> the Divine Land (i.e., China)
chī xiányán 吃咸盐[-鹹鹽] V.O. <coll.> ① eat salt ② have experience
[1]**chīxiāo** 鸱枭[-梟] N. owl M: [2]*zhī*
[2]**chīxiāo** 鸱鸮 N. ① owl ② canto in *The Book of Odes* M: [2]*zhī*
[1]**chīxiào** 痴笑 V. giggle (foolishly); titter
[2]**chīxiào** 嗤笑 V. laugh/sneer at
chíxiào 迟效[遲-] V.P. slow in effect
chǐxiào* 耻笑[恥-] V. ridicule; mock
chìxiǎodòu 赤小豆 N. red beans M: [3]*lì*
chī xiāoyè 吃宵夜 V.O. take a midnight snack
chī xiǎozào 吃小灶 V.O. be treated in a favored way
chī xiàqu 吃下去 R.V. ① eat; take ② wipe out; annihilate
chíxiè 池榭 N. bower/pavilion on a pond
chíxièqiǎngjié 持械抢劫[--搶-] F.E. armed robbery; commit robbery with firearms
[1]**chīxīn*** 痴心 N. ① infatuation ② silly wish M: [1]*piàn*
[2]**chīxīn** 吃心 V.O. <coll.> ① take personally; be oversensitive ② harbor doubts; be wary ③ exhaust one's mind (to do sth)
chíxīn 池心 N. middle/center of pond
chǐxīn 耻心[恥-] N. feeling of shame
chìxīn 赤心 N. loyalty; sincerity M: [1]*kē*
chīxíng* 笞刑 N. cane (punishment); whipping; flogging
chíxíng 持行 V. <Budd.> practice Buddhist rules
chīxīnhàn 痴心汉[-漢] N. an infatuated male M: [2]*wèi*
chīxīn nǚzǐ fùxīnhàn 痴心女子负心汉[-漢] F.E. familiar story of an infatuated girl deserted by a heartless man
chíxīnpángwù 驰心旁骛 ID. One's mind keeps wandering off (onto. . .)
chīxīnrén 痴心人 N. an infatuated person M: [2]*wèi*
chī xīnshui de 吃薪水的 N. salary man; employee
chīxīnwàngxiǎng 痴心妄想 F.E. wishful thinking; fond dream
chīxiū 鸱鸺 N. <zoo.> owl M: [2]*zhī*
chíxú 迟徐[遲-] V.P. slow; tardy
chíxù* 持续[-續] V. continue; persist ♦ N. <lg.> duration; preservation
chíxù cuòwù 持续错误[-續--] N. <lg.> perseveration error
chìxuèqiú 赤血球 N. red blood cells; red blood corpuscles; erythrocytes
chīxùle 吃絮了 V.P. <coll.> tired of eating sth.
chíxùmào 持续貌[-續-] N. <lg.> continuous/durative aspect
chíxùqī 持续期[-續-] N. <lg.> durative phase
chíxù shíjiān 持续时间[-續時-] N. duration; length of time
chíxùxìng 持续性[-續-] N. <lg.> duration
chíxù yányǔ 持续言语[-續--] N. <lg.> perseveration
chíxùyīn 持续音[-續-] N. <lg.> continuant sound
chíxù yuèjìn 持续跃进[-續躍進] N. continual growth by leaps and bounds
chíxù zhuàngyǔ 持续状语[-續狀-] N. <lg.> adverbial of duration
chíyā 弛压[-壓] N. depressurization
chī yǎbakuī 吃哑巴亏[-啞-虧] V.O. be unable to speak out about one's grievances
chī yādàn 吃鸭蛋 V.O. get zero on a test
chī ya hē ya wǔ de 吃呀喝呀伍的 V.P. <coll.> eating, drinking, and such
chǐyálínglì 齿牙伶俐[齒-] F.E. be eloquent; be good at talking
chīyān 吃烟[-煙] V.O. <topo.> smoke (a cigarette)
chīyàn 吃厌[-厭] R.V. get tired of eating sth.
[1]**chíyán*** 迟延[遲-] V. delay
[2]**chíyán** 池盐[-鹽] N. lake salt
chǐyán 侈言 N. exaggerated talk ♦ V. exaggerate
chìyàn 炽焰[熾-] N. flaring fire
chìyǎnfēng 赤眼蜂 N. trichogramma M: [2]*zhī*
chíyǎng* 持养[-養] V. ① preserve (one's energy/vitality/etc.) ② cultivate a spiritual regimen ③ comply with or respect (one's idea, view, etc.)
chìyáng 赤杨[-楊] N. <bot.> ① (Japanese) alder ② tamarisk M: [2]*kē*
chī yǎnqiánkuī 吃眼前亏[-虧] V.O. suffer an immediate loss
chīyào 吃药[-藥] V.O. take medicine
chǐyáyúlùn 齿牙余/馀论[齒-] ID. ① give commendation/praise ② praise
chīyí 鸱夷 N. leather bag M: [2]*zhī*
chíyí* 迟疑[遲-] V. hesitate
chíyì 驰驿[-驛] <trad.> V. travel speedily from post to post along a designated route ♦ N. fast mail service by relays

chìyī 赤衣 N. <*trad.*> ① red costume worn by criminals M: [1]*jiān* ② criminal
chíyíbùjué 迟疑不决[遲-決] F.E. be uncertain/irresolute/undecided
chǐyīn 齿音[齒-] N. <*lg.*> dental sounds; dentals
chǐyín* 齿龈[齒齦] N. ① <*phys.*> ⓐ gums ⓑ alveolae; alveolar ridge; teeth-ridge ② <*lg*> alveolar
chǐyìn 齿印[齒-] N. mark of a tooth
chīyìng 吃硬 V.O. yield to force
chíyíngbǎotài 持盈保泰 F.E. ① maintain one's good position by restraint ② remain modest in spite of one's fortune
chīyìng bù chīruǎn 吃硬不吃软 V.P. yield to force but reject a soft approach
chǐyín hòubù de yuányīn 齿龈后部的元音[齒齦後-] N. <*lg.*> apico-alveolar vowel
chǐyín hòuyīn 齿龈后音[齒齦後-] N. <*lg.*> postalveolar sound
chǐyīnhuà 齿音化[齒-] N. <*lg.*> dentalization
chǐyín lónggǔ 齿龈隆骨[齒齦-] N. alveolar ridge
chǐyínyán 齿龈炎[齒齦-] N. gingivitis
chǐyínyīn 齿龈音[齒齦-] N. <*lg.*> alveolar/apical/supradental sound
chīyīqiàn-zhǎngyīzhì 吃一堑长一智 F.E. learn from one's mistakes
chí yìyì 持异议[-異議] V.O. maintain a different/opposite view
chíyí yīndiào 迟疑音调[遲-] N. <*lg.*> suspensive intonation
chīyòng* 吃用 N. living expenses
chǐyòng 侈用 V. be prodigal/lavish of sth.
Chīyóu 蚩尤 N. <*myth.*> opponent and alter ego of Huángdì; god of weapons and metallurgy
chíyǒu* 持有 V. hold; possess
chǐyóu 豉油 N. soy sauce
chīyǒuchīfú 痴有痴福 F.E. Fortune favors fools.
chíyú* 迟于[遲於] V.P. later than
chíyù 驰誉[-譽] S.V. famous
chíyuán 驰援 V. rush to the rescue
chǐyǔwéiwǔ 耻与为伍[恥與-] F.E. feel ashamed to associate with sb.
chíyúzhīyāng 池鱼之殃 ID. disasters suffered by outsiders or innocent people; disasters brought on by others
chǐzāi 耻哉[恥-] V.P. <*wr.*> Shame on you!
chìzàng 敕葬 V. bury with a funeral organized by imperial order
chīzǎo 摛藻 V. write in a flowery style; use poetic diction
chízǎo* 迟早[遲-] ADV. sooner or later
chìzào 炽燥[熾-] V.P. scorching hot
chīzǎr 吃咂儿 V.O. suck milk (of babies)
chīzé 笞责 V. flog with a bamboo stick
chǐzé 尺泽[-澤] N. small pond
[1]**chìzé*** 斥责 V. reprimand; rebuke; denounce
[2]**chìzé** 叱责 V. scold; upbraid; rebuke
[3]**chìzé** 赤帻 N. <*trad.*> cloth for binding hair used by military officers in ancient times
chízèng* 持赠 V. hold and present a gift with both hands
chìzèng 敕赠 N. imperial appointment or bestowal of titles of nobility
chìzhà 叱咤[-吒] V. shout; yell
chìzhàfēngyún 叱咤风云[-吒-雲] ID. all-powerful
chīzhāi* 吃斋[-齋] V.O. be a vegetarian for religious reasons
chízhāi 持斋[-齋] V.O. ① eat vegetarian ② stick to a vegetarian diet
chīzhāng 鸱张 N. brutal oppressors
chīzhǎng* 痴长 V.O. <*humb.*> I'm older than you by. . .
chīzhàng 笞杖 N. cudgel M: [2]*gēn*
chízhāng 弛张 N. tension and relaxation
chízhāngrè 弛张热[-熱] N. <*med.*> remittent fever
chízhǎo 池沼 N. ① pond; pool ② ponds and swamps

chízhèng 持正 V.O. ① uphold justice and propriety ② keep a balance; be impartial ♦S.V. fair and just
chīzhì 鸱峙 V. form an abominable/brutal opposition
chízhì* 迟滞[遲滯] S.V. ①slow-moving; sluggish ② <*mil.*> delaying (an action)
chǐzhī 豉汁 N. black bean sauce
chǐzhí 褫职[-職] V.O. remove sb. from an office/post
chǐzhì 齿质[齒質] N. dentine
chìzhī 饬知 V. inform/notify a subordinate or lower agency
chìzhí 炽殖[熾-] V. multiply rapidly; swarm
chìzhǐ 敕旨 N. imperial order or decree M: [2]*dào*
chīzhīyǐbí 嗤之以鼻 ID. give a snort of contempt
chízhīyǐhéng 持之以恒[-恆] ID. persevere
chízhīyǒugù 持之有故 F.E. have grounds for one's views
chīzhòng* 吃重 S.V. arduous; strenuous ♦N. carrying capacity ♦V.O. shoulder a heavy responsibility
chízhòng 持重 S.V. ①prudent; cautious; discreet ② dignified ♦V.O. observe rules of justice and propriety
chízhòngdàijī 持重待机 F.E. carefully bide one's time
chízhōngwù 池中物 N. mediocre person
chízhòu 驰骤 V. <*wr.*> gallop
chīzhǔ(r)* 吃主(儿) N. ① diner ② a good-for-nothing ③ sb. who eats without working M: [2]*wèi*
chìzhú 斥逐 V. ① dismiss (from office); expel (from school) ② dismiss sb. from one's presence
chǐzhuàng 齿状[齒狀] N. dentation
chīzhǔn 吃准[-準] R.V. be certain (of sth.)
chīzhuō 蚩拙 V.P. stupid; ignorant
chìzhuó* 炽灼[熾-] S.V. flaming; ablaze
chīzhuóbùjìn 吃着不尽[-著-盡] F.E. have as much food and clothing as one wants
chīzi 痴子 N. <*topo.*> fool
[1]**chízi** 池子 N. ① <*coll.*> ⓐ pond ⓑ big bathhouse pool ② <*trad.*> dance floor ③ front rows in theater
[2]**chízi** 匙子 N. spoon M: [1]*bǎ*
chǐzi 尺子 N. rule; ruler M: [1]*bǎ*
chìzi 翅子 N. ①shark's fin ② <*coll.*> wing M: [2]*zhī*
chìzī 斥资 V. contribute money/funds
chìzǐ 赤子 N. ① a newborn baby ② ruler's subjects
chìzì* 赤字 N. deficit
chìzǐzhīxīn 赤子之心 N. ① utter innocence ② man's natural kindness
chìzòng 瘛疭[-瘲] N. <*Ch. med.*> convulsions
chīzū 吃租 V.O. receive rent
chízǔ 持阻 ATTR. <*lg.*> held
chǐzǔ 齿阻[齒-] N. dental closure
[1]**chìzú** 赤足 ATTR. barefoot
[2]**chìzú** 赤族 N. exterminate a whole clan
chīzuǐ 吃嘴 V.O. snack between meals
chīzuì* 吃罪 V.O. be saddled with a crime
chìzūn 饬遵 V. be obeyed (of orders)
chízuò(r) 池座(儿) N. (theater) stall
chí zuǒquàn 持左券 V.O. be confident of success
chízǔqī 持阻期 N. <*lg.*> holding/retention phase
[1]**chōng*** 冲[衝/沖] V. ① charge; rush; dash ②clash; collide *See also* [2]*chōng*, [5]*chōng*, [6]*chōng*, [1]*chòng*
[2]**chōng** 冲[沖] V. ① pour boiling water on ② rinse; flush ③ develop (film) *See also* [1]*chōng*, [5]*chōng*, [6]*chōng*, [1]*chòng*
[3]**chōng** 充 B.F. ① fill ***chōngmǎn*** ② charge ***chōngdiàn*** ③ serve/act as ***chōngdāng*** ④ sufficient; full ***chōngzú*** ♦V. pretend to be; pose as; pass sth. off as ♦N. Surname
[4]**chōng** 舂 V. pound grain; dehusk
[5]**chōng** 冲[衝] B.F. ① thoroughfare; important place [1]***chōngyào*** ② <*astr.*> opposition ***dàchōng*** *See also* [1]*chōng*, [2]*chōng*, [6]*chōng*, [1]*chòng*

[6]**chōng** 冲[沖] <*topo.*> N. *used in place names* flat stretch in hilly area *See also* [1]*chōng*, [2]*chōng*, [5]*chōng*, [1]*chòng*
[7]**chōng** 忡 B.F. undecided [1]***chōngchōng***, ***zhēngchōng***
[8]**chōng** 憧 in ***chōngjǐng***, ***rényǐngchōngchōng***
[9]**chōng** 艟 in ***méngchōng***
[10]**chōng** 茺 in ***chōngwèi***
[1]**chóng** 虫[蟲] N. insect; worm
[2]**chóng** 重 ADV. again; once more ♦B.F. repeat; duplicate ***Kèběn mǎi~ le.*** Two copies of the same textbook were bought by mistake. ♦M. layer ♦SUF. -fold *See also* [1]*zhòng*
[3]**chóng** 崇 B.F. respect; adulate ***chónggāo***, ***tuīchóng***
chǒng 宠[寵] V. ① dote on; bestow favor on ② spoil; pamper
[1]**chòng** 冲[衝] ADV. <*coll.*> ① vigorously ② bluntly; candidly ♦S.V. strong (of smell) ♦COV. facing; toward *See also* [1]*chōng*, [2]*chōng*, [5]*chōng*, [6]*chōng*
[2]**chòng** 铳[銃] B.F. blunderbuss ***chòngzi***
chǒng'ài 宠爱[-愛] V. dote on
chóngbài 崇拜 V. worship; adore
chóngbáilà 虫白蜡[蟲-蠟] N. white wax produced by certain insects that live on trees in west China
chóngbàizhě 崇拜者 N. worshipper M: [2]*wèi*
chóngbǎn 重版 N. republication
chóngběnwùshí 崇本务实[-務實] F.E. do things in a solid manner; be practical (of one's attitude)
chóngběnyìmò 崇本抑末 F.E. promote what is fundamental and suppress what is incidental
chǒngbì 宠嬖 N. court favorite M: [2]*wèi*
chóngbìshǔgān 虫臂鼠肝[蟲-] F.E. trifle; triviality
chóngbō 重播 V. ①rebroadcast ② <*agr.*> oversow
chōngbǔ 充补[-補] V. fill a vacancy
chōngbuliǎo 充不了 R.V. cannot be passed off as . . .
chōngcài* 冲菜[沖-] N. a kind of pickled turnip (Guangdong) M: *kǔn* *See also* *chòngcài*
chòngcài 冲菜[衝-] ATTR. strong (of food smell) *See also* *chōngcài*
chōngcāo 冲操[沖-] N. tranquil disposition
chóngcǎo* 虫草[蟲-] N. <*bot.*> cordyceps
chóngcāo jiùyè 重操旧业[-舊業] V.O. resume a former occupation
chōngchá* 冲茶[沖-] V.O. make tea
chóngchá 重茬 N. <*agr.*> continuous cropping
chōngchàng 充畅[-暢] V.P. richly expressive
chóngchàng* 重唱 N. <*mus.*> ensemble of two or more singers, each singing one part
chóngchāo 重抄 V. copy; duplicate
chōngchéng 冲程[衝-] N. <*mach.*> stroke (of an engine)
chōngchì 充斥 V. ① flood; congest ② be full of
[1]**chōngchōng*** 忡忡 R.F. careworn
[2]**chōngchōng** 冲冲[沖沖] R.F. in a state of excitement
[3]**chōngchōng** 憧憧 R.F. ① flickering; moving ② indecisive; irresolute
[1]**chóngchóng** 重重 R.F. layer upon layer; ring upon ring ♦CONS. ① ~ A many A ~ ***kùnnan*** many difficulties ② *A* ~ *A* is numerous. ***kùnnan*** ~ The difficulties are numerous. *See also* *zhòngzhòng*
[2]**chóngchóng** 虫虫[蟲蟲] R.F. <*topo.*> stifling; suffocating (of damp heat)
chóngchóng bāowéi 重重包围[-圍] V.P. tight encirclement
chóngchóngdiédié 重重叠叠[-疊疊] R.F. layer after layer; numerous; full of
chóngchóng kùnnan 重重困难[-難] V.P. numerous difficulties; one difficulty after another
chóngchóng nánguān 重重难关[-難關] V.P. numerous crises/difficulties; one crisis/difficulty after another

chōngchōng wǎnglái 憧憧往来 V.P. pass to and fro in hesitation

chóngchóng wéizhù 重重围住[--圍-] V.P. encircle ring upon ring

chóngchóngyǐyǐ 虫虫蚁蚁[蟲蟲蟻蟻] R.F. be infested with insects and worms

chōngchū* 冲出[衝-] R.V. rush out

chóngchū 重出 V. reappear

chòngchuáng 冲床[衝-] N. punch; punch-press M: [1]*tái*

chōngchūzhīqì 冲出之气[衝-氣] N. impulse of breath

chōngcí 充磁 V.O. magnetize

chōngcì* 冲刺[衝-] V. spurt; sprint

chǒngcì 宠赐 N. your great favor

chóngdā 重搭 N. <*lg.*> overlap

chōng dàgèr 充大个儿[--個-] V./V.O. <*coll.*> show off; be foolhardy; be a braggart

chóng dǎgǔ lìng kāizhāng 重打鼓另开张[---開-] F.E. <*coll.*> make a new start; begin anew

chóng dǎluó lìng kāixì 重打锣另开戏[--鑼-開戲] F.E. <*topo.*> make a new start; begin anew

chōngdàn 冲淡[沖-] R.V. ① dilute ② water/play down; weaken ③ make few demands on life

chōngdāng* 充当[-當] V. serve/act as

chōngdàng 冲荡[沖蕩] V. rinse out; wash away

chōngdāng qiáoliáng juésè 充当桥梁角色[-當橋---] V.P. act as a bridge

chōngdǎo 冲倒[衝/沖-] R.V. knock down (by flowing water)

chóngdǎofùzhé 重蹈覆辙 ID. follow the same old disastrous road

chōngdǎole 冲倒了[沖/衝-] V.P. be knocked down by a flood

chōngdiàn 充电[-電] V.O. charge (a battery)

chōngdiànqì 充电器[-電-] N. charger; battery charger

chōngdiào 冲掉[沖-] R.V. flush away; wash out

[1]**chóngdié** 重叠[-疊] V. overlap; superpose ♦ATTR. overlapped; piled one on top of another ♦N. <*lg.*> reduplication; duplication

[2]**chóngdié** 重迭 N. reduplication

chóngdiécí 重叠词[-疊-] N. <*lg.*> ① reduplicative ② reduplicated form

chóngdiéfǎ 重叠法[-疊-] N. duplication

chóngdié fǔyīn 重叠辅音[-疊--] N. <*lg.*> geminate

chóngdiéshì fùhécí 重迭式复合词[---複--] N. <*lg.*> compound iterative

chóngdiétǐ 重叠体[-疊體] N. <*lg.*> reduplicative

chóngdiézì 重叠字[-疊-] N. <*lg.*> reduplicative

chóngdié zìmǔ 重叠字母[-疊--] N. <*lg.*> geminate

chōngdòng 冲动[衝動] N. impulse ♦V. get excited; be impetuous

chōngdòngxìng gòumǎi 冲动性购买[衝動-購買] N. impulse buying

chōngduàncéng 冲断层[衝斷層] N. <*geol.*> thrust fault

chōngduì 舂碓 N. pestle (for husking grain)

chòngdǔn(r) 冲盹(儿)[衝-] V.O. <*coll.*> doze; nap

[1]**chōng'ěr** 充耳 N. <*trad.*> ① ear stuffer ② earplugs inserted in a corpse ♦V.O. refuse to listen

[2]**chōng'ěr** 冲耳[沖-] N. loop handles on the rim of a vessel

chǒng'ér* 宠儿 N. pet; favorite

chōng'ěrbùwén 充耳不闻 F.E. turn a deaf ear to

chōng'ěrwúwén 充耳无闻 F.E. stuff one's ears and refuse to listen; turn a deaf ear to

chōngfā 充发[-發] V. <*trad.*> banish; exile

chōngfàn 冲犯[沖-] V. offend; affront

chóngfǎn* 重返 V. return

chóngfàn 重犯 V. repeat (an error/offense) *See also zhòngfàn*

chōngfǎng 充仿 V. pretend to be (sb./sth. else); pass sb./sth. off as

chóngfǎng* 重访 V. revisit

chóngfàng 重放 V. ① reset ② replay

chóngfǎng zǔguó 重访祖国[-國] V.O. revisit the motherland

chōngfèn 充分/份 S.V. full; ample; abundant

chōngfēng* 冲锋[衝-] V.P. charge; assault

chóngféng 重逢 V. meet again; have a reunion

chóngfèng 崇奉 V. believe in (a religion); worship

chōngfēngduì 冲锋队[衝-隊] N. storm troops M: [4]*zhī*

chōngfēngqiāng 冲锋枪[衝-槍] N. submachine/tommy gun; assault rifle M: [4]*zhī*

chōngfēng xiànzhèn 冲锋陷阵[衝-] V.O. charge enemy lines

chōngfèn jiùyè 充分就业[-業] N. full employment

chōngfèn tiáojiàn 充分条件[--條-] N. <*log.*> sufficient condition

chōngfú 冲服[沖-] V. take (medicine) in a liquid

chōngfù 充腹 V.O. take one's fill

chóngfù* 重复[-複] V. repeat; duplicate ♦N. repetition; reduplication

chóngfù cuòwù 重复错误[-複--] N. <*lg.*> perseveration error

chóngfù de yǔcí 重复的语词[-複---] N. <*lg.*> verbosity

chóngfùdù 重复度[-複-] N. redundancy

chóngfùfǎ 重复法[-複-] N. repetition method

chóngfù guānlián 重复关联[-複關聯] N. <*lg.*> repetitive correlative

chóngfù jiēduàn 重复阶段[-複階-] N. repetition stage

chóngfù liànxí 重复练习[-複練習] N. repetition drill

chóngfùxìng wùchā 重复性误差[-複---] N. perseveration error

chónggāo 崇高 S.V. lofty; sublime

chōnggōng 充公 V.O. confiscate

chónggòu 重构[-構] N. <*lg.*> reconstruction

chónggòu gùzhǔ 重购顾主[-購顧-] N. repeat customer

chōnggǔ 舂谷[-穀] V.O. husk grain with mortar and pestle

chónggū* 重估 V. re-evaluate; re-estimate; recalculate

chōngguān* 冲冠[衝-] ID. be extremely angry

chóngguān 重关[-關] N. series of fortified passes

chónggǔfēijīn 崇古非今 F.E. prize the past and disparage the present

chóngguīdiéjǔ 重规叠矩[--疊-] F.E. carefully conform to the regulations and customs

chóngguīyúhǎo 重归于好[-歸於-] F.E. be reconciled (to)

chōngguò 冲过[衝/沖-] R.V. run/break through

chónghài 虫害[蟲-] N. insect pest M: [2]*chǎng*

chónghán 重寒 N. <*Ch. med.*> doubled cold

chōng hángjiā 充行家 V.O. pretend to be a professional/specialist

chōng hǎohàn 充好汉[-漢] V.O. play the hero

chōnghé 冲和[沖-] V. diffuse; dilute; mix liquids

chónghé* 重合 V. <*math.*> coincide

chónghóng 崇闳 V.P. lofty; great (of learning or ideals)

chónghuà 重划[-劃] V. redraw

chōnghuài 冲坏[沖壞] R.V. damage (by flood/river)

chǒnghuài* 宠坏[-壞] V. spoil (sb.)

chónghuánwén 重环纹[-環-] N. double ring pattern

chōnghuǐ 冲毁[沖毀] V. destroy by flood

chōnghūn 冲昏[沖-] R.V. be dazzled by

chónghūn* 重婚 N./V. bigamy

chōnghūntóunǎo 冲昏头脑[沖-腦] F.E. turn sb.'s head

chónghūnzuì 重婚罪 N. bigamy

[1]**chōngjī*** 冲击[衝/沖擊] V. ① lash; pound ② <*mil.*> charge; assault ③ seriously affect

[2]**chōngjī** 充饥 V.O. allay one's hunger

[3]**chōngjī** 冲积[沖積] N. alluviation

[4]**chōngjī** 冲激[衝-] N. fierce conflict; powerful collision ♦V. offend

[1]**chōngjì** 冲剂[沖劑] N. <*med.*> medicine to be taken after being mixed with a liquid

[2]**chōngjì** 冲寂[沖-] V.P. quiet and peaceful

chóngjī 虫积[蟲積] N. <*Ch. med.*> parasitic diseases (mainly in the stomach/intestines)

chǒngjī 宠姬 N. emperor's favorite concubine M: [2]*wèi*

chōngjiǎn 冲减[沖減] V. deduct

chóngjiǎn 重茧/趼[-繭] N. <*wr.*> ① thick silk padded coat ② callosity; thick callus

chóngjiàn* 重建 V. rebuild; reestablish; rehabilitate

chóngjiàntiānrì 重见天日 F.E. be delivered from oppression

chóngjiànwéi 重建为 V.P. rebuild/reconstruct/reestablish as

chóngjiāo 虫胶[蟲膠] N. shellac

chōng jiāojuǎn 冲胶卷[沖膠-] V.O. have film developed

chōngjībō 冲击波[衝擊-] N. ① <*phy.*> shock/blast wave ② affect; influence

chōngjīcéng 冲积层[沖積層] N. alluvium; alluvial stratum; alluvial deposits

chōngjī chéng 冲积成[沖積-] V.P. form alluvium

chōngjīdī 冲积堤[沖積-] N. alluvial dam M: [1]*tiáo*

chōngjīlì 冲击力[衝擊-] N. force of a thrust/impact

chōngjī lìliang 冲击力量[衝擊-] N. momentum

chōngjīn 冲襟[沖-] N. <*wr.*> ① be open-minded ② be at peace with oneself and the world

chōngjìn* 冲进[衝進] R.V. burst in; rush in

chòngjìn 冲劲[衝勁] N. ① drive; dash ② aggressiveness ③ pioneering spirit M: [2]*gǔ*

chōngjǐng* 憧憬 V. long for; look forward to

chóngjìng 崇敬 V. esteem; respect; revere

chōngjī píngyuán 冲积平原[沖積-] N. <*geol.*> alluvial plain

chōngjīshān 冲积扇[沖積-] N. alluvial delta

chōngjīshì 冲积世[沖積-] N. <*archeo.*> Alluvial epoch

chōngjītǔ 冲积土[沖積-] N. alluvial soil

Chóngjiǔ 重九 *See Chóngyáng*

Chóngjiǔ dēnggāo 重九登高 V.P. ascend a height on the Double Ninth Festival

chōngjīwù 冲积物[沖積-] N. sediment; deposit

chōngjīyùhán 充饥御寒[--禦-] F.E. stop hunger and resist cold

chōngjīzhǐkě 充饥止渴 F.E. satisfy hunger and thirst

chóngjù 虫聚[蟲-] V. swarm

chōngjué 冲决[衝決] V. burst; smash

chōngjuéluówǎng 冲决罗网[衝決羅網] F.E. break through all snares and traps

chóngjùjiāyuán 重聚家园[-園] F.E. a family reunion

chōngjūn 充军 V.O. transport for penal/military servitude; banish

chóngjùyītáng 重聚一堂 F.E. be reunited under the same roof

chōngkāi 冲开[沖開] R.V. ① flush and open ② break through

chōng kāishuǐ 冲开水[沖開-] V.O. ① pour boiled water on; infuse (tea, etc.); pour boiling water into a thermos bottle ② (Shanghai dialect) buy boiled water from a shop

chōngkè 冲克[衝/沖剋/尅] N. be conflicting (of forces of nature)

chòngkǒng 冲孔[衝-] N. <*mach.*> punched hole ♦V.O. punch a holes

chōngkǒu 冲口[沖/衝-] V.O. speak out without thinking

chōngkǒu'érchū 冲口而出[沖-] V.P. blurt out

chōngkuǎ 冲垮[衝-] V. burst; shatter

chǒngkuàng 宠贶 N. your great favor

chōngkuì 冲溃[沖-] V. burst open (an enemy siege, dike, etc.)

C

chōngkuò 冲扩[沖擴] V.P. develop (a film) and make an enlargement
chónglái 重来 V. do again; redo
chōnglàng 冲浪[衝-] <*sport*> V.O. surf ♦N. surfriding
chōnglàngbǎn 冲浪板[衝-] N. surfboard M: [2]*kuài*
chōnglàng yùndòng 冲浪运动[衝-運動] N. surfing; surfriding
chōnglàngzhě 冲浪者[衝-] N. surfer
chónglèi 虫类[蟲類] N. insects; worms
chōnglì 冲力[衝-] N. impulsive force; momentum
chǒnglián 宠怜[-憐] V.P. loving and compassionate
chōngliáng* 冲凉[沖涼] V.O. <*coll.*> take a cold shower
[1]**chōngliàng** 冲量[衝-] N. <*phy.*> impulse
[2]**chōngliàng** 充量 ADV. fully; entirely; completely
chōnglíng 冲龄[沖齡] N. childhood
chōngliú 冲流[沖-] N. swash of waves; streamer
chóngluǎn 虫卵[蟲-] N. eggs of worms/insects M: [3]*lì*
chóngluán-diézhàng 重峦叠嶂[-巒疊-] N. precipitous mountains
chónglùnhóngyì 崇论宏议[-議] F.E. an exalted discussion and extensive statement
chóngmǎ 重码 N. <*comp.*> multiple coding
chōngmài 冲脉[沖/衝脈] N. <*Ch. med.*> vital channel
chōngmǎn 充满 R.V. be brimming/permeated with
chōngmào 冲冒[衝-] V. offend
chóngméihuā 虫媒花[蟲-] N. <*bot.*> entomophilous flower M: [2]*duǒ*
chōngmǐ 舂米 V.O. husk rice with mortar and pestle
chōngmíng 充名 V.O. assume sb. else's name; pretend to be sb. else
[1]**chóngmíng(r)*** 重名(儿) N. same name
[2]**chóngmíng** 虫鸣[蟲-] N. the cry of insects
chǒngmìng 宠命 N. <*trad.*> imperial decree granting a favor
chōngmò 冲默[沖-] V.P. quiet; reticent; undisturbed
chòngmú 冲模[衝-] N. <*mach.*> die
chōng nèiháng 充内行 V.O. pretend to be an expert
chóngnǐ 重拟[-擬] N. <*lg.*> reconstruction
chóng-niǎoshū 虫鸟书[蟲-書] N. <*calli.*> bird and insect script
chóngniǔ 重纽 N. doublets
chōng niúnǎi 冲牛奶[沖-] V.O. make milk from powdered milk by adding boiling/boiled water
chóngpāi 重拍 V. rephotograph
chōng pàngzi 充胖子 V.O. <*coll.*> ① pretend to be fat ② put on airs; act big
chōngpèi 充沛 S.V. plentiful; abundant; full of
chōngpò 冲破[沖-] R.V. break through; breach
chōngqǐ 冲起[沖/衝-] R.V. ① surge (of waves) ② flare up (of fire/anger/etc.)
chōngqì* 充气[-氣] V.O. inflate
chóngqī 虫漆[蟲-] N. shellac varnish
chóngqiān 重迁[-遷] V. resettle *See also* [2]*zhòngqiān*
chōngqíliàng 充其量 ADV. at most/best
chóngqǐlúzào 重起炉灶[--爐-] F.E. make a fresh start
chóngqíng 虫情[蟲-] N. insect pest situation
Chóngqìng 重庆[-慶] P.W. city in Sichuan
chōngqū 充诎 V. be elated
chōngqú 冲衢[衝-] N. thoroughfare
chōngqù* 冲去[沖-] R.V. wash away; flush away
chóngr 虫儿[蟲-] N. bug M: [2]*zhī*
chóngrè 重热[-熱] N. <*Ch. med.*> doubled heat
chōngrén 冲人[沖-] N. <*trad.*> ① child ② our tender self (a self-reference by a young ruler who was crowned in childhood)
chōngrèn* 充任 V. hold position of
chóngrì 崇日 N. all day; a day
chǒng-rǔ 宠辱 N. favors and humiliations
chǒngrǔbùjīng 宠辱不惊[-驚] F.E. unmoved by honors/disgrace
chǒngrǔjiēwàng 宠辱皆忘 F.E. disregard all favors or humiliations
chōngruò 冲弱[沖-] V.P. <*wr.*> young and weak
chǒngrǔruòjīng 宠辱若惊[-驚] F.E. be terrified whether granted favors or subjected to humiliation
chōngrùyúnxiāo 冲入云霄[沖/衝-雲-] F.E. soar to the skies
chóngryǎn 虫儿眼[蟲-] N. worm-eaten cavity (in fruit)
chōngsàn 冲散[沖-] R.V. break up; scatter; disperse
chōngsè 充塞 V. fill (up); cram
chōngsè yú tú 充塞于途[--於-] V.P. fill/cram the roads
chōngshā* 冲杀[衝殺] V. ① charge and kill ② rush ahead
chōngshà 冲煞[沖-] V. provoke bad influences
chōngshài 冲晒[沖曬] V. <*photo.*> develop and print
chóngshān 崇山 N. high mountains M: [4]*zuò*
chóngshāng 虫伤[蟲傷] N. insect bite
chóngshàng* 崇尚 V. ① uphold; advocate ② respect; venerate ♦N. fashion; trend
chóngshānjùnlǐng 崇山峻岭[-嶺] F.E. precipitous mountains
chǒngshànzhuānfáng 宠擅专房[--專-] F.E. be unusually favored by a husband (said of a concubine)
chóngshè 重设 V. rebuild; reestablish
chóngshēn 重申 V. reaffirm; reiterate; restate
Chōngshéng 冲绳[沖繩] P.W. Okinawa (Jp.)
chōngshèng 充盛 V.P. replete
[1]**chóngshēng*** 重生 V. be reborn
[2]**chóngshēng** 虫声[蟲聲] N. cry of insects
chóngshēng fùmǔ 重生父母 N. savior
chóngshēn qiánlìng 重申前令 V.O. reiterate the previous order
[1]**chōngshí*** 充实[-實] V. ① substantiate; enrich; replenish ② fill out ③ strengthen/improve knowledge/facilities/etc. ♦S.V. substantial; rich
[2]**chōngshí** 冲蚀[沖-] V. erode
[1]**chóngshí** 重拾 V. recollect
[2]**chóngshí** 虫蚀[蟲-] ATTR. worm-eaten
chóngshīgùjì 重施故技 F.E. play the same old trick
chōngshù* 充数[-數] V.O. ① make up the number ② serve as a stopgap
chóngshū 虫书[蟲書] N. ① wriggly form of characters (found usually on ancient bronzes) ② marks on worm-eaten objects (which look like seal script)
chóngshù 重述 V. restate ♦N. restatement
chōngshuā 冲刷[沖-] V. erode; scour; wash away
chóngshuāngshuǐhàn 虫霜水旱[蟲-] F.E. insects, frost, flood, and drought (the four major scourges of farmers)
chōngshuǐ 冲水[沖-] V.O. flush a toilet
chōngshuǐ cèsuǒ 冲水厕所[沖-廁-] N. a flush toilet
chóngshuō 重说 V. repeat
chóngsù 重塑 V. remould
chǒngsuí 宠绥 V. <*wr.*> love sth. and find peace in it
chóngsūn 重孙[-孫] N. great-grandson M: [2]*wèi*
chóngsūnnǚ(r) 重孙女(儿)[-孫--] N. great-granddaughter M: [2]*wèi*
chóngsūnzi 重孙子[-孫-] N. great-grandson M: [2]*wèi*
chōngtā* 冲塌[沖-] R.V. cause to collapse; burst (of floodwater/etc.)
[1]**chóngtà** 重踏 V. retread; restamp
[2]**chóngtà** 重沓 ATTR. <*wr.*> repetitious; redundant
chóngtán 重弹 V. replay
chóngtánlǎodiào 重弹老调 F.E. play the same old tune
chóngtí* 重提 V. bring up again
chóngtǐ 虫体[蟲體] N. body of an insect
chōngtiān* 冲天[沖-] ATTR. towering; soaring
chōngtián 充填 V. fill
chōngtiāngànjìn 冲天干劲[沖-幹勁] F.E. boundless enthusiasm
chòngtóu 冲头[衝-] N. <*mach.*> ① punch ② hub
chōngtū 冲突[衝-] V./N. conflict; clash
chōngtuì 冲退[沖-] V. defer to; be submissive
chóngwài 崇外 V.O. worship foreign things
chōngwéi 充为 V. ① act/function/serve as ② assume the title of
chōngwèi 茺蔚 N. motherwort
chóngwéi* 重围[-圍] N. layers/rings of encirclement
chóngwēn* 重温 V. ① review ② revive
chóngwén 重文 N. <*wr.*> variant form of a character *See also zhòngwén*
chóngwēnjiùmèng 重温旧梦[-舊夢] F.E. relive an old experience/dream
chóngwēnjiùqíng 重温旧情[--舊-] F.E. renew/revive one's friendship/love
Chóngwǔ 重午/五 N. Dragon Boat Festival (fifth day of fifth lunar month)
chǒngwù* 宠物 N. pet; pet animal M: [2]*zhī*/[1]*tiáo*
chōngxī 冲稀[沖-] R.V. dilute sth. by pouring in water/etc.
[1]**chōngxǐ*** 冲洗[沖-] V. ① rinse; wash ② develop (film)
[2]**chōngxǐ** 冲喜[沖-] V.O. arrange "an event of great joy" such as a wedding for a very sick young man in hope it will hasten recovery
chǒngxī 宠锡 N. your great favor
[1]**chōngxiàn** 冲陷[衝-] V. charge and take (enemy positions)
[2]**chōngxiàn** 充羡 V.P. plenty of; sufficient
chóngxiàn* 重现 V. ① reappear ② reproduce
[1]**chōngxiāo** 冲霄[沖/衝-] ATTR. towering into the sky
[2]**chōngxiāo** 冲销[衝-] V. <*acct.*> eliminate
chóngxiāo* 重霄 N. the highest heavens
chōngxiāo huàizhàng 冲销坏帐[衝-壞-] V.O. write off an uncollectible account
chōngxiāo zhàngmù 冲销账目[衝-] N. revenues and expenditures offset each other
chóngxiě* 重写[-寫] V. rewrite
chòngxié 冲邪[衝-] V.O. <*coll.*> exorcise
chóngxiě guīzé 重写规则[-寫--] N. <*lg.*> rewrite rule
chóngxīn* 重新 ADV. again; anew; afresh
chóngxìn 崇信 V. worship
chǒngxìn 宠信 V. unduly trust (a subordinate)
chóngxīn chuàngzuò de fānyì 重新创作的翻译[--創--譯] N. <*lg.*> re-creative translation
chóngxíng 重行 V. restart
chóngxìng(r) 重姓(儿) V.O. be of the same surname
chǒngxìng* 宠幸 V. make a pet of sb.; favor sb.
chóngxīn lìyòng 重新利用 V.P. re-use
chóngxīn qǐdòng 重新启动[-啟動] V.P. <*comp.*> reboot; restart
chóngxīn shàngtái 重新上台[-臺] V.P. return to power; stage a comeback
chóngxīn shìyì 重新释义[-釋義] N. <*lg.*> reinterpretation
chóngxīn zhǎngquán 重新掌权[-權] V.P. return to power
chóngxīn zuòrén 重新做人 V.P. make a fresh start in life
chóngxiū 重修 V. ① rebuild ② repeat a course (of study)
chóngxiūjiùhǎo 重修旧好[--舊-] F.E. renew cordial relations; become reconciled
chōngxū 冲虚[沖虛] N. carefree; devoid of ambition ♦V. soar; rise high
chōngxuè 充血 V.O. become bloodshot ♦N. ① hyperaemia; congestion ② excess; overabundance
chōngxuèbìng 充血病 N. apoplexy
[1]**chóngyá*** 虫牙[蟲-] N. carious/decayed tooth M: [1]*kē*

[2]**chóngyá** 崇崖 N. abrupt precipice
chòngyā 冲压[衝壓] N. <*mach.*> ① impact extrusion ② ram pressure
chòngyājī 冲压机[衝壓-] N. <*mach.*> ① pressing machine ② ramjet engine M: [1]*tái*
[1]**chóngyán** 重言 N. <*lg.*> ① reduplicated word/morpheme ② reduplication
[2]**chóngyán** 重檐 N. double-eaved roof
[1]**chóngyǎn*** 重演 V. ① put on an old play, etc. ② recur; reenact; repeat
[2]**chóngyǎn** 虫眼[蟲-] N. small holes caused by worms
[1]**chóngyáng*** 崇洋 V.O. revere the West
[2]**chóngyáng** 重洋 N. seas and oceans
Chóngyáng 重阳[-陽] N. ① Double Ninth Festival ② overabundant [5]*yáng*
chóngyángfēizhōng 崇洋非中 F.E. worship things foreign and repudiate things Chinese
chóngyángfùgǔ 崇洋复古[--復-] F.E. worship the foreign and revive the ancient
Chóngyángjié 重阳节[-陽節] N. Double Ninth Festival
chóngyángkǒngyáng 崇洋恐洋 F.E. worship things foreign and stand in awe of foreigners
chóngyángmèiwài 崇洋媚外 F.E. worship foreign things and be obsequious to foreigners
chóngyángmíwài 崇洋迷外 F.E. blindly worship foreign things
chóngyǎng shénmíng 崇仰神明 V.O. respect and worship gods and spirits
chóngyáng zhéxué 崇洋哲学 N. the mentality of blindly worshipping foreign countries
[1]**chōngyào** 冲要[衝-] N. strategically important place
[2]**chōngyào** 舂药[-藥] V.O. pound medicinal herbs in a mortar
chóngyǎo* 虫咬[蟲-] N. insect bite
chōngyào tiáojiàn 充要条件[--條-] N. necessary and sufficient condition
[1]**chōngyì*** 充溢 V. overflow with
[2]**chōngyì** 冲挹[沖-] V. defer to; be submissive
chóngyì 重译[-譯] V. retranslate
chǒngyì 宠异[-異] V. <*wr.*> show special favor to sb.
chōngyìn 冲印[沖-] V. <*photo.*> develop
chóngyìn* 重印 V. reprint
chóngyìnběn 重印本 N. reprint M: [1]*běn*/[1]*juàn*
chōngyíng* 充盈 V.P. plentiful; full
chóngyìng 重映 V. replay a film
chóngyínniǎotí 虫吟鸟啼[蟲-] F.E. hum of insects and chirping of birds
chóngyòng 重用 V. reuse *See also zhòngyòng*
chóngyòu 重又 ADV. again
chōngyù* 充裕 S.V. abundant; ample; plentiful
chóng-yú 虫鱼[蟲-] N. insects and fishes, often mentioned as a field of Chinese painting
chǒngyù 宠遇 V. treat as a favorite
chóngyuán 重圆 N. reunion
chóngyùn 重韵[-韻] N. <*lg.*> reduplicative
chóngyúzhīxué 虫鱼之学[蟲-] N. textual research of little value
chóngzāi 虫灾[蟲災] N. insect plague M: [2]*chǎng*
chōngzǎo 冲澡[沖-] V.O. take a shower
chōngzhàng* 冲帐[沖-] V.O. <*acct.*> ① strike a balance ② reverse an entry ③ write off
chóngzhāng 重张 V. re-open (a shop)
chóngzhāo 崇朝 N. a short time
chóngzhē 虫蜇[蟲-] N. insect bite
chóngzhé 重折 V. bend/fold again
chòngzhe* 冲着[衝著] COV. <*coll.*> ① owing to; on account of; because of; for the sake of ② against; to ♦V. direct (one's attack, etc.) toward ♦ADV. precisely; indeed
chóngzhèn 重振 V. restore; regenerate
chóngzhèncháogāng 重振朝纲[-綱] F.E. regenerate the imperial regime
chōngzhēng 忡怔 V.P. anxious and unsettled
chóngzhěnghéshān 重整河山 F.E. reconstruct/rebuild the country
chóngzhěng jiǔxí 重整酒席 V.O. clear away the remains of a feast and spread out a new one.
chóngzhěngqígǔ 重整旗鼓 F.E. rally one's forces (after defeat); begin all over again
chóngzhènjūnwēi 重振军威 F.E. restore military prestige
[1]**chóng-zhì** 虫豸[蟲-] N. <*wr.*> ① insects; reptiles ② <*derog.*> (earth)worm M: [1]*tiáo*
[2]**chóngzhì** 虫蛭[蟲-] N. leech M: [1]*tiáo*
chóngzhì chéngběn 重置成本 N. <*acct.*> replacement cost
chóngzhì fèiyòng 重置费用 N. replacement expenditure
chóngzhù 虫蛀[蟲-] V. damage by worms/moths
chóngzhuàn 虫篆[蟲-] N. wriggly form of written characters (found on ancient bronzes, etc.)
chōngzhuàng 冲撞[衝-] V. ① collide; bump; ram ② give offense; offend
chóngzi* 虫子[蟲-] N. insect; worm; bug M: [1]*tiáo*/[2]*zhī*
chǒngzi 宠子 N. favorite; darling; dear
chòngzi 冲/铳子[衝-] N. blunderbuss M: [4]*zhī*
chòngzixìngr 冲子性儿[衝-] N. <*coll.*> gruff-natured personality
chōngzǒu 冲走[沖-] R.V. flush away
chóngzòu* 重奏 N. <*mus.*> ensemble of two or more instrumentalists, each playing one part M: [3]*qǔ*
chōngzú* 充足 S.V. adequate; sufficient; abundant; ample
chóngzǔ 重组 N./V. reorganization
chóngzú'érlì 重足而立 F.E. be immobilized by fear
chōngzúlǐyóulǜ 充足理由律 N. the law of sufficient reason
chōngzuò 充作 V. ① act as; pass for ② pretend
[1]**chóngzuò*** 重做 V. repeat (an action)
[2]**chóngzuò** 重作 V. refashion
chóngzuòféngfù 重做冯妇[-婦] ID. resume one's old job
[1]**chōu*** 抽 V. ① take out (from in between) ② take (a part from the whole) ③ put forth (of certain plants) ④ obtain by drawing, etc. ⑤ shrink ⑥ lash; whip; thrash
[2]**chōu** 紬[紬] V. <*wr.*> draw out *See also* [3]*chóu*
[3]**chōu** 搊[搊] V. <*wr.*> play (certain musical instruments)
[1]**chóu** 愁 V. ① worry; worry about ② be anxious/grieved
[2]**chóu** 仇/雠[-/讎] B.F. enemy; foe [1]*chóurén* ♦N. ① hatred; enmity ② Surname *See also* [9]*qiú*, [11]*chóu*
[3]**chóu** 绸[綢/紬] B.F. silk fabric; silk *chóuzi See also* [2]*chōu*
[4]**chóu** 稠 S.V. ① thick ② dense
[5]**chóu** 筹[籌] V. prepare; plan ♦N. chip; counter
[6]**chóu** 酬 B.F. ① reward; payment *bàochou* ② fulfill, realize *zhuàngzhìwèichóu* ③ friendly exchange *yìngchou* ④ propose a toast [2]*chóuzuò*
[7]**chóu** 惆 B.F. disappointed; sad [1]*chóurán*, *díchóu*
[8]**chóu** 畴[疇] B.F. <*wr.*> ① field ② former; past *chóurì* ③ category [1]*fànchóu*
[9]**chóu** 裯 B.F. bedsheet; bed curtain *qīnchóu*
[10]**chóu** 俦[儔] B.F. companion *chóulǚ*, *pǐchóu*
[11]**chóu** 雠[讎] B.F. proofread; collate *chóudìng*, *jiàochóu See also* [2]*chóu*
[12]**chóu** 踌[躊] in *chóuchú*, *chóuzhù*
[1]**chǒu** 瞅 V. <*coll.*> look at *See also qiu*
[2]**chǒu** 丑[醜] S.V. ugly; unsightly; hideous ♦B.F. disgraceful; shameful; scandalous *chǒushì See also* [3]*chǒu*
[3]**chǒu** 丑 N. ① 2nd of the 12 Earthly Branches ② <*opera*> clown role ③ Surname *See also* [2]*chǒu*
chòu 臭 S.V. ① foul; stinking ② disgusting; disgraceful ③ <*slang*> bad; disappointing; inferior ♦V. <*coll.*> defame; discredit *See also* [7]*xiù*
chǒubāguài 丑八怪[醜-] <*coll.*> N. a very ugly person; a freak of nature; sth. hideous
chóubàn 筹办[籌辦] V. make preparations/arrangements
chóubào 酬报[-報] V. requite; reward
[1]**chóubèi** 筹备[籌備] V. prepare; arrange; plan
[2]**chóubèi** 畴辈[疇-] N. people of the same generation/position/class M: [2]*wèi*
chóubèichù 筹备处[籌備處] N. preparatory office
chóubèifèi 筹备费[籌備-] N. preliminary expenditure M: [2]*bǐ*
chóubèihuì 筹备会[籌備-] N. preparatory meeting/committee/etc.; organizing committee
chóubèi wěiyuán 筹备委员[籌備-] N. members of a preparatory committee M: [2]*wèi*
chóubèi wěiyuánhuì 筹备委员会[籌備-] N. preparatory/arrangements committee
chóubèizǔ 筹备组[籌備-] N. preparatory committee
chóubǐ 仇/雠比 V. rival
chóubiān 筹边[籌邊] V.O. make plans for affairs pertaining to a nation's borders
chǒubiǎogōng 丑表功[醜-] V.O. brag shamelessly about one's deeds
chóubīn 酬宾[-賓] N. bargain sale
chōubír 抽鼻儿 V.O. snuffle
chōu bízi 抽鼻子 V.O. snuffle
chóubō 筹拨[籌撥] V. allocate
chóubù 绸布 N. silk fabric M: [2]*kuài*/[1]*pǐ*
chǒubude 瞅不得 R.V. ① should not be seen ② not worth seeing
chǒubujiàn 瞅不见 R.V. be unable to see; look but be unable to see
chōubukāi shēn 抽不开身[--開-] R.V. cannot leave to do sth.
chòubùkědāng 臭不可当[-當] F.E. give off an unbearable stink/stench; notorious
chòubùkěwén 臭不可闻 F.E. give off an unbearable stench
chǒubulěng 瞅不冷 ADV. <*coll.*> all of a sudden; without warning
chōubùlěng de 抽不冷的 ADV. <*topo.*> all of a sudden; without warning
chōucǎi* 抽彩 N. raffle; lottery
chǒucǎi 瞅睬 V. notice; look
chóucǎn 愁惨[-慘] V. be grieved
chōucè 抽测 V. make a spot survey/check
chóucè* 筹策[籌-] V. <*wr.*> plan; procedure; move
chōuchá 抽查 N. ① spot check/test ② selective examination
chóucháng 愁肠[-腸] N. a pent-up feeling of sadness
[1]**chóuchàng*** 惆怅 S.V. disconsolate
[2]**chóuchàng** 酬唱 V. respond (to a poem) with a poem
chóuchángbǎijié 愁肠百结[-腸--] F.E. weighed down with anxiety
chóuchángcùnduàn 愁肠寸断[-腸-斷] F.E. gut-wrenching sadness
chóuchángjiǔzhuǎn 愁肠九转[-腸-轉] F.E. weighed down with anxiety
chóuchàngruòshī 惆怅若失 F.E. be in a despondent mood
chōuchéng* 抽成 V.O. take a percentage
chóuchéng 愁城 N. the realm of sorrow
chòuchéng 臭橙 N. <*bot.*> citrus fruit M: [2]*kē*
chóuchéngjíbìng 愁成疾病 F.E. fall ill from worry
chóuchī-chóuchuān 愁吃愁穿 V.P. worry about one's food and clothing
chòuchī-chòuhē 臭吃臭喝 V.P. drink like a fish and eat like a pig
chòuchóng 臭虫[-蟲] N. bedbug M: [2]*zhī*
chōuchou(r) 抽抽(儿) R.F. shrink ♦R.F. wrinkled
[1]**chóuchóu** 愁愁 R.F. sorrow-laden; worried
[2]**chóuchóu** 仇雠 N. one's enemies
chǒuchou* 瞅瞅 V. <*coll.*> look; look at
chōuchoubaba 抽抽巴巴 R.F. wrinkled (of clothes/etc.)
chōuchoudādā 抽抽搭搭 R.F. sob and sniffle
chōuchouyēyē 抽抽噎噎 R.F. sob and sniffle

chōuchū 抽出 R.V. draw out; select from a lot; extract; abstract; withdraw

chōuchù* 抽搐 V. twitch ♦N. <*med.*> tic

chóuchú 踌躇[躊-] V. hesitate; dilly-dally

chóuchǔ 愁楚 <*wr.*> V.P. sad; sorrowful; grieved ♦V. lament; grieve

chóuchúbànshǎng 踌躇半晌[躊-] F.E. ponder for a while

chóuchúbù'ān 踌躇不安[躊-] F.E. flutter

chóuchúbùjué 踌躇不决[躊-決] F.E. uncertain how to decide/act

chóuchúbùqián 踌躇不前[躊-] F.E. hesitate to make a move

chōuchūkòng 抽出空 V.O. manage to find time

chóuchúmǎnzhì 踌躇满志[躊-] F.E. smug

chòuchūn 臭椿 N. <*bot.*> tree of heaven; *Ailanthus altissima* M: [2]*kē*

chóuchúpánghuáng 踌躇彷徨[躊-] F.E. dawdle and hesitate

chōuchù qǐlai 抽搐起来 V.P. ① start to twitch ② <*med.*> start to tic

chōuchū shíjiān 抽出时间[--時-] V.O. find time

chōucì 绌次 V. collect and arrange in order

chóucuò 筹措[籌-] V. ① raise money ② make arrangements; take measures

chōuda 抽搭 V. <*coll.*> sob

chōudǎ* 抽打 V. lash; whip

chóudá 酬答 V. ① thank sb. with a gift ② respond with a poem/speech

chòudǎ 臭打 N. sound thrashing/beating

chóudá ēndé 酬答恩德 V.O. requite gratitude

chòudàfèn 臭大粪[-糞] N. <*slang*> stinking shit; good-for-nothing

chóudài 绸带[-帶] N. silk ribbon M: [1]*tiáo*

chǒudàn* 丑旦 N. woman clown/comedian

chòudàn 臭弹 N. <*coll.*> dud M: [1]*kē*

chōudāo 抽刀 V.O. draw a knife/blade

chóudào* 筹到[籌-] R.V. manage to raise (money)

chóudí* 仇/雠敌[-敵] N. foe; enemy

chǒudǐ 丑诋[醜-] V. ① abuse; curse; swear ② smear; defame

chōudiǎn 抽点[-點] V.O. take/select a little

chōudiào 抽调 V. transfer (personnel/material/etc.)

chóudié 稠叠[-疊] N. overlapping

chōudīng* 抽丁 V.O. press-gang

chóudìng 雠定 V. correct/revise while proofreading

chōudīng chōushuì 抽丁抽税 V.P. levy taxes and conscript men for government service

chōudòng 抽动[-動] N. twitch; spasm; spasmodic jerk

chòudōngxi 臭东西 N. a stinker; a good-for-nothing

chōudǒu 抽斗 N. <*topo.*> (desk/cabinet) drawer M: [2]*zhī*

chòudòufu 臭豆腐 N. strong-smelling preserved beancurd M: [2]*kuài*

[1]**chóudù** 筹度[籌-] V. plan and estimate

[2]**chóudù** 稠度 N. body; consistency; denseness

chóuduàn 绸缎 N. silks and satins M: [1]*pǐ*

chóuduànpù 绸缎铺 N. silk store M: [1]*jiā*

chóuduànzhuāng 绸缎庄[-莊] N. mercery; store selling textiles M: [1]*jiā*

chóudūdū 稠嘟嘟 V.P. <*coll.*> soupy; viscous

chóuduì 酬对[-對] V. ① reply; answer ② deal with (guests)

chōuduōbǔquē 抽多补缺[--補-] F.E. take from the haves and give to the have-nots

chōuduōbǔshǎo 抽多补少[--補-] F.E. take from the haves and give to the have-nots

chǒu'è 丑恶[醜惡] S.V. repulsive; hideous

chǒu'è línghún 丑恶灵魂[醜惡靈-] N. an ugly soul

chǒu'è xíngwéi de 丑恶行为的[醜惡-] ATTR. scandalous

chóufán 愁烦 V.P. sorrowful

chóufāng 仇方 N. enemy; enemy country

chóufáng* 筹防[籌-] V. provide against an eventuality

chōuféi-bǔshòu 抽肥补瘦[--補-] V.P. take from the haves and give to the have-nots

chōufēn 抽分 V.O. draw a percentage of the receipts ♦N. <*trad.*> levy on commercial goods

[1]**chōufēng** 抽风/疯 V.O. ① <*med.*> have convulsions ② draw in air ③ behave abominably ♦N. spasms; cramps

[2]**chōufēng** 抽丰[-豐] V.O. take a cut on purchases/etc.

chōufēngjī 抽风机 N. exhaust fan M: [1]*tái*

chòufǔ 臭腐 V.P. stinking and rotten

chōu fùshuǐ 抽腹水 V.O. <*med.*> tap the gastric juices

chóugēda 仇圪塔//疙瘩 N. <*topo.*> a knot of hatred

chòugēnzi 臭根子 N. <*topo.*> bad family background

chōugèr 抽个儿[-個-] V.O. shrink (of cloth when washed)

chōu gōngfu 抽功夫 V.O. manage to find time

chòugōu 臭沟[-溝] N. stinking ditch; gutter

chòugǒushǐ 臭狗屎 N. <*vulg.*> bullshit

chóugūdū(r) 稠咕嘟(儿) N. <*coll.*> thick; viscous

chóuhǎi 愁海 N. sea of sorrows

chóuhè 酬和 V. respond (to a poem) with a poem

chóuhèn 仇恨 V. hate ♦N. hatred; enmity

chóuhènmǎnxiōng 仇恨满胸 F.E. filled with bitter hatred

chóuhènnánxiāo 仇恨难消[--難-] F.E. hatred and grief are undying

chóuhènzhōngshāo 仇恨中烧[-燒] F.E. Hatred blazes in one's heart.

chòuhōnghōng 臭烘烘 V.P. stinking

chóuhòu 稠厚 V.P. thick

chóuhu(r) 稠糊(儿) S.V. <*coll.*> sticky; gooey

chóuhuà* 筹划/画[籌劃/畫] V. plan and prepare

[1]**chǒuhuà** 丑化[醜-] V. ① defame ② uglify

[2]**chǒuhuà** 丑话[醜-] N. ① vulgar/abusive words ② blunt words M: [1]*jù*

chóuhuái 愁怀[-懷] N. sad feelings; sadness

chōuhuàn* 抽换[-換] V. ① change by rotation as of railroad ties or parts of machinery ② change the contents of a package without destroying the wrapping

chóuhuán 筹还[籌還] V. make plans for repayment

chóuhūhū 稠糊糊 R.F. thick; viscous

chòuhūhū* 臭乎乎 R.F. stinking

chòuhuì 臭秽[-穢] V.P. foul

chóuhuò 仇货 N. merchandise from an enemy country

chòuhuò* 臭货 N. ① rotten things ② bad-quality merchandise ③ bitch; son of a bitch

chōujì 绌绩 V. spin and weave (cloth)

chóují* 筹集[籌-] V. raise money

chóujiā 仇/雠家 N. ① foe; enemy; rival ② personal enemy

chóujiàn* 筹建[籌-] V. prepare to construct/establish sth. ***Wǒmen xuéxiào zhèngzài ~ yī ge xīn túshūguǎn.*** Our university is preparing to construct a new library.

chǒujiàn 瞅见 V. <*coll.*> see

chōujiǎng 抽奖[-獎] V.O. draw a lottery/raffle

chóujiào 雠校 V. collate; proofread

chǒujiǎo* 丑角 N. clown ***See also*** *chǒujué*

chòujiáo 臭嚼 V. <*coll.*> argue unreasonably that one is right ***See also*** *chòujué*

chòujiàzi 臭架子 N. nauseating airs

chòujiē 臭街 V.O. <*coll.*> be all the rage

chòujiē-lànxiàng 臭街烂巷[--爛-] V.P. plentiful and cheap (of goods/commodities)

chóujiè zījīn 筹借资金[籌-] V.O. obtain funds from; raise funds

chōujīn(r) 抽筋(儿) V.O. ① pull a tendon ② <*coll.*> cramp

chōujìn 抽尽[-盡] R.V. take all out

chóujīn* 酬金 N. monetary reward M: [2]*bǐ*

chōujīnbāgǔ 抽筋扒骨 F.E. <*coll.*> ① bust a gut ② very reluctantly; with great difficulty

chōujīng 抽茎[-莖] V.O. put forth (from the stem of certain plants)

chōujīnrè 抽筋热[-熱] N. <*slang*> break dance craze

chōujǐn yíngēn 抽紧银根[-緊--] V.O. tighten the money in circulation

chǒujù 丑剧[醜劇] N. farce M: [2]*mù*

chóujuàn 绸绢 N. woven silks; silk cloth M: [1]*pǐ*

chǒujué* 丑角 N. clown; buffoon ***See also*** *chǒujiǎo*

chòujué 臭嚼 V. chatter on and on meaninglessly ***See also*** *chòujiáo*

chōukǎo 抽考 V. ① make a sample examination ② give a surprise test

chōukōng 抽空 V.O. suction out

chōukòng(r)* 抽空(儿) V.O. manage to find time

chǒukòng(r) 瞅空(儿) V.O. watch/wait for an opportunity

chōukòngtōuxián 抽空偷闲 F.E. spare a few moments from work (to do sth. else)

chóukǔ 愁苦 N. anxiety; distress

chóukuǎn 筹款[籌-] V.O. raise money

chòulàn 臭烂[-爛] V.P. putrefy

chóuláo 酬劳[-勞] V./N. reward services

chòulǎojiǔ 臭老九 N. <*PRC*> stinking intellectual M: [2]*wèi*

chǒulǎopo 丑老婆[醜-] N. hag

chóulèi 畴/俦类[疇/儔類] N. <*wr.*> ① class ② (people) of the same class/category

chǒulèi* 丑类[醜類] N. evil person; vile creature; villain ♦V. compare similar things

chōu lěngzi 抽冷子 V.O. <*coll.*> do sth. without warning ***chōu ge lěngzi*** all of a sudden

chǒule yī yǎn 瞅了一眼 V.P. take a look at

chōulì 抽立 A.T. <*coll.*> ① lose money (in gambling) ② be beaten/defeated

chóuliǎn 愁脸 N. a worried face M: [1]*zhāng*

chǒuliǎn* 丑脸[醜-] N. an ugly face M: [1]*zhāng*

chōu liàn'ài shuì 抽恋爱税[-戀愛-] V.O. <*coll.*> extort money from young couples in a park, etc.

chóuliào 绸料 N. silk fabric; silk M: [1]*pǐ*

chòulǐguājī 臭里呱唧[-裡--] F.E. <*coll.*> poorly skilled in one's profession

chóulín 仇霖 N. <*wr.*> dreary/continuous rain M: [2]*chǎng*

chǒulòu 丑陋[醜-] S.V. ugly

chǒulòubùkān 丑陋不堪[醜-] F.E. be a perfect fright

chǒulǔ 丑虏[醜虜] N. <*derog.*> enemy

chóulǚ 俦侣[儔侶] N. <*wr.*> companion

chóulüè 筹略[籌-] N. strategy; plans; tactics

chóulǜjiāozhī 愁虑交织[-慮-織] F.E. intense sorrow and concern are mixed in one's heart.

chóumǎ(r)* 筹码(儿)[籌-] N. chip; counter

chòumà 臭骂[-罵] V. curse roundly; scold abusively

chóumào 愁帽 N. worry

chóuméi* 愁眉 N. knitted brows; worried look M: [2]*dào*

chòuměi 臭美 <*coll.*> S.V. ① presumptuous; smug ② tacky ③ vain; focused on one's appearance ♦V.P. make up; dress up; beautify

chóuméibùzhǎn 愁眉不展 F.E. with worried frown

chóuméicù'é 愁眉蹙额 F.E. frown

chóuméijiànzhǎn 愁眉渐展 F.E. become less worried

chóuméijǐnsuǒ 愁眉紧锁[--緊-] F.E. frown deeply

chóuméikǔliǎn 愁眉苦脸 F.E. have a worried look; pull a long face

chóuméikǔyǎn 愁眉苦眼 F.E. have a worried look

chòuměiniū 臭美妞 N. <*coll.*> a fashion plate (of girls)

chóuméisuǒyǎn 愁眉锁眼 F.E. have a worried look

chǒuméiwānyǎn 瞅眉剜眼 F.E. <topo.> be downcast/dejected
chóumèn 愁闷 V. be in low spirits
chóumì 稠密 S.V. crowded; dense
chǒumíng(r) 丑名(儿)[醜-] N. bad reputation
chòumíng(r)* 臭名(儿) N. infamy; notoriety
chòumíngyuǎnyáng 臭名远扬[-遠揚] F.E. be notorious
chòumíngzhāozhù 臭名昭著 F.E. of ill repute; notorious
[1]**chóumóu** 筹谋[籌-] V. plan and prepare
[2]**chóumóu** 绸缪 V.P. sentimentally attached ♦V. ① take precautions ② consolidate ♦N. luxuriant growth of flowers
chóumóuqiǎnquǎn 绸缪缱绻 ID. bind closely and attach to
chóumù 筹募[籌-] V. collect funds
chóunǎng 畴曩[疇-] N. (in) former days; bygone days
chóunián 稠粘 V.P. sticky
chōunuò 抽搦 N. <med.> tic ♦V. twitch
chòupàodàn 臭炮弹 N. <coll.> a dud M: [1]kē
chóupǐ 俦匹[儔-] N. companion
chòupì* 臭屁 N. <derog.> ① smelly fart ② nasty remarks
chòupínáng 臭皮囊 N. <rel.> the vile skin-bag; this mortal flesh
chǒupózi 丑婆子 N. <thea.> woman clown M: [2]wèi
[1]**chōuqì** 抽泣 V. sob (spasmodically)
[2]**chōuqì** 抽气[-氣] V.O. draw air (out of a room/ etc.)
chòuqí 臭棋 N. bad chess move/play
chòuqì* 臭气[-氣] N. stench; stink
chōuqiān(r)* 抽签(儿) V.O. draw/cast lots
chòuqián 臭钱[-錢] N. <derog.> ① dirty money ② unwanted money offer
chòuqìchōngtiān 臭气冲天[-氣沖-] F.E. stink to high heaven
chòuqìchùbí 臭气触鼻[-氣觸-] F.E. A stinking smell assaults one's nostrils.
chōuqìjī 抽气机[-氣-] N. air pump M: [1]tái
chóuqíkǔzhì 酬其苦志 F.E. reward sb/'s perseverance
chòuqílǒuzi 臭棋篓子[--簍-] N. <coll.> a poor chess player
chōuqìtǒng 抽气筒[-氣-] N. air pump (for drawing out air)
chòuqìxūntiān 臭气熏天[-氣--] F.E. stink to high heaven
chōuqǔ* 抽取 V. ① charge/collect a certain percentage of a sum ② take at random from a batch of samples/etc.
chōuqù 抽去 R.V. take out
chōuqǔ zhǐlìng 抽取指令 V.O. extraction instruction
[1]**chóurán** 惆然 V.P. regretful; wistful; disappointed; downcast; heavy-hearted
[2]**chóurán** 愁然 ADV. sorrowfully
chóurduànr 绸儿缎儿 N. <coll.> expensive clothing M: [1]pǐ
[1]**chóurén** 仇人 N. personal enemy
[2]**chóurén** 畴人[疇-] N. ① <trad.> astrologist responsible for establishing the calendar ② persons from whom a specialty has passed from generation to generation
chóurénguǎngzhòng 稠人广众[-廣眾] F.E. large gathering/assembly/crowd
chóurén-guǎngzuò 稠人广座[--廣-] See chóurénguǎngzhòng
chóurì 畴日[疇-] N. in the past; in former times
chóuróng 愁容 N. anxious expression
chóuróngmǎnmiàn 愁容满面 F.E. look extremely worried
chóusǎn 绸伞[-傘] N. silk parasol M: [1]bǎ
chóusè 愁色 N. sad/worried expression
[1]**chōushā*** 抽纱 N./V.O. <txtl.> drawnwork
[2]**chōushā** 抽杀[-殺] N. <sport> forceful drive
chóushā 仇/雠杀[-殺] V. kill in revenge; kill from hatred
chóushāng 筹商[籌-] V. discuss; consult
chōushāyè 抽纱业[-業] N. drawnwork (type of embroidery)
chóushè 筹设[籌-] V. plan to establish sth.
chōushēn* 抽身 V.O. leave (one's work); get away
chóushén 酬神 V.O. thank the gods with sacrifices
chōushēn'értuì 抽身而退 F.E. turn and leave
chōu shēngkǒu 抽牲口 V.O. <coll.> lash an animal
chǒushēngsìyì 丑声四溢[醜聲-] F.E. be notorious
chōushēn jiù zǒu 抽身就走 V.P. <coll.> turn and leave
chōushēnyǐntuì 抽身引退 F.E. retire from active public life; withdraw from one's post
chóushì* 仇/雠视 V. regard as an enemy; look upon with hatred
chǒushí 丑时[-時] N. the period 1–3 A.M.
chǒushì(r) 丑事(儿)[醜-] N. scandal M: [2]jiàn
chòushì 臭事 N. scandal M: [2]jiàn
chōu shíjiān 抽时间[-時-] V.O. manage to find time
chǒushìwàiyáng 丑事外扬[醜-揚] F.E. let the ugly story get abroad
chōushuǐ 抽水 V.O. draw/pump water
chōushuì* 抽税 V.O. levy a tax
chòushuǐ 臭水 N. ① sewage ② phenolated water
chōushuǐbèng 抽水泵 N. water pump M: [1]tái
chòushuǐgōu 臭水沟[-溝] N. sewer M: [1]tiáo
chōushuǐguǎnr 抽水管儿 N. drain pipe M: [2]gēn
chōushuǐjī 抽水机 N. water pump M: [1]tái
chōushuǐ mǎtǒng 抽水马桶 N. a flush toilet
chōushuǐzhàn 抽水站 P.W. pumping station M: [4]zuò
chōushùr 抽数儿[-數-] V.O. select a certain number of sth.
chōusī 抽丝[-絲] V.O. ① reel off raw silk from cocoons ② do things slowly
[1]**chóusī*** 愁思 N. deep longing; forlornness
[2]**chóusī** 愁丝[-絲] N. a skein of sorrow M: [3]lǚ
chòusǐ 臭死 V.P. perform very poorly (in sports/ etc.)
chōusībāojiǎn 抽丝剥茧[-絲-繭] ID. make a painstaking investigation/examination
chóusīcóngjí 愁思丛集[--叢-] N. be overwhelmed with sorrow
chǒu sǐle 丑死了[醜-] V.P. abominable; monstrous; extremely ugly
chōusōu 扚搜[搊-] V.P. stubborn; rude
chóusuàn 筹算[籌-] V. ① calculate ② count ♦N. plan
chōusuì 抽穗 <agr.> V.O. put forth spikes/heads/ ears ♦N. heading; earing
chòusǔn 臭损 V. <coll.> be mean and sarcastic
chōusuō 抽缩 V. shrink; contract
chóusuǒméishāo 愁锁眉梢 F.E. A brow furrowed with sorrow.
chōutái 抽薹 V.O. <agr.> bolt
chǒutài* 丑态[醜態] N. buffoonery M: [1]fù
chǒutàibǎichū 丑态百出[醜態-] F.E. act like a buffoon; behave in a revolting manner
chóutàn 愁叹[-嘆] V. give sighs of distress
chōutáncí 扚弹词[搊-] N. song sung in harmony with a plucked instrument
chōutáozījīn 抽逃资金 F.E. spirit one's money away
chōuti 抽屉[-屜] N. (cabinet/desk) drawer
chōutiáo 抽条[-條] V.O. ① throw out new branches (of willow trees) ② grow taller and skinnier (of adolescents) ③ reduce the amount of ingredients (chiefly of food)
chōuti wénxué 抽屉文学[-屜--] N. desk-drawer literature (dissident manuscripts left unsubmitted to publishers)
chòutízi 臭蹄子 N. stinking whore/slut
chòutóngwèi 臭铜味 N. the stink of money; profits-before-everything mentality
chōutóu(r) 抽头(儿) V.O. ① take a cut of gambling winnings ② <elec.> tap
chōutóujùdǔ 抽头聚赌 F.E. take a cut of gambling winnings
chóuwǎn 惆惋 V.P. unhappy, miserable about sth.
chóuwéi 筹维[籌-] V. consider a matter from every standpoint
chòuwèi* 臭味 N. foul smell; stink
chóuwěihuì 筹委会[籌-] N. preparatory/ arrangement committee
chòuwèixiāngtóu 臭味相投 F.E. <derog.> birds of a feather flock together; share the same rotten tastes/etc. *See also xiùwèixiāngtóu*
chóuwéizàisì 筹维再四[籌-] F.E. consider a matter from every standpoint
chóuwèn 雠问 V. ask difficult questions
chǒuwén* 丑闻[醜-] N. scandal M: [2]jiàn
chóuwénzhǐ 绸纹纸 N. crinkly paper M: [1]zhāng
chóuwù 愁雾[-霧] N. <fig.> depressing fog/mist
chóuwúnài 愁无奈 V.P. have no alleviation of grief
chòuwútóng 臭梧桐 N. Chinese parasol tree M: [2]kē
chōuxī* 抽息 V.O. demand interest
chóuxī 畴昔[疇-] N. in former times
chóuxì 仇隙 N. bitter quarrel; feud
chōuxiá 抽暇 V.O. manage to find time
chōuxián* 抽闲 V.O. manage to find time
chòuxiàn 臭腺 N. scent gland *See also* [2]*xiùxiàn*
chōuxiàng* 抽象 S.V. abstract
chóuxiǎng 筹饷[籌-] V.O. raise money/funds for a military payroll
chǒuxiàng 丑相[醜-] N. ugly appearance M: [1]fù
chōuxiàng biǎodá fāngshì 抽象表达方式[---達--] N. <lg.> abstract system (of)
chōuxiàng biǎoxiànzhǔyì 抽象表现主义[-義] N. abstract expressionism
chōuxiàng de yīn 抽象的音 N. <lg.> abstract sound
chōuxiàng gàiniàn 抽象概念 N. ① abstract concepts/ideas ② <lg.> abstraction
chōuxiànggé 抽象格 N. <lg.> abstract case
chōuxiàng géwèi 抽象格位 N. <lg.> abstract case
chōuxiàng géwèi lǐlùn 抽象格位理论 N. <lg.> abstract case theory
[1]**chōuxiànghuà** 抽象化 N. <lg.> abstraction
[2]**chōuxiànghuà** 抽象画[-畫] N. <art> abstract painting M: [10]fú
chōuxiànghuà de tīzi 抽象化的梯子 N. <lg.> abstraction ladder
chōuxiàng měishù 抽象美术[-術] N. nonfigurative art
chōuxiàng míngcí 抽象名词 N. <lg.> abstract nouns
chōuxiàngpài 抽象派 N. school of abstract art
chōuxiàng sīwéi 抽象思维 N. abstract thinking
chōuxiàngxìng 抽象性 N. <lg.> abstractness
chōuxiàngzhǔyì 抽象主义[-義] N. abstractionism; cerebralism
chǒuxiǎoyā 丑小鸭[醜-] N. ugly duckling
chòuxiǎozi 臭小子 N. bum; tramp
chōuxiě 抽血 V.O. draw blood (for tests/transfusions)
chóuxiè* 酬谢 V. thank sb. with a gift; give a gift in return
chǒuxíng 丑行[醜-] N. misconduct M: [2]jiàn
chōuxīnzhǐfèi 抽薪止沸 ID. take drastic measures to stop sth.; strike at the root of the trouble
chōuxiù 抽绣[-繡] N. drawnwork
chóuxù 愁绪 N. gloomy mood M: [3]lǚ
chōuxuǎn 抽选[-選] V. select from a lot
chōuxuǎnmǎ 抽选码[-選-] N. garbled code
chóuxùmǎnhuái 愁绪满怀[-懷] F.E. have the weight of the world on one's shoulders
chōuyá 抽芽 V.O. bud; sprout
chōuyān* 抽烟[-煙] V.O. smoke (a cigarette/ pipe)
chōuyǎn 抽演 V. deduce
chóuyán 愁颜 N. distressed/sad look
chǒuyǎn 瞅眼 N./V.O. <topo.> staring contest in which the first to blink or smile is the loser

C

chōuyàng* 抽样[-樣] V.O. sample ♦N. sampling
chǒuyàng 丑样[醜樣] N. ugly looks M: [1]fú
chòuyǎng 臭氧 N. <chem.> ozone
chòuyǎngcéng 臭氧层[-層] N. ozone layer
chōuyàng diàochá 抽样调查[-樣--] N. sampling
chōuyàng fànchóu 抽样范畴[-樣範疇] N. sampling frame
chōuyàngxué 抽样学[-樣-] N. (statistical) sampling
chǒuyàngzi 丑样子[醜樣-] N. grisly appearance M: [1]fú
chōu yāpiàn 抽鸦片 V.O. smoke opium
chǒuyātóu 丑丫头[醜-] N. an ugly girl
chòuyātou* 臭丫头 N. <coll.> a naughty girl
chōuyē* 抽噎 V. sob
chǒuyè 丑业[醜業] N. hard-labor occupation (farming/construction/etc.)
chōuyì 紬/抽绎[-繹] V. explain
[1]**chóuyì*** 筹议[籌議] V. plan and discuss (how to cope with a problem/etc.)
[2]**chóuyì** 愁意 N. ① an expression of sorrow ② a touch of sorrow
[3]**chóuyì** 愁悒 V.P. anxious; sad
chōuyì chū 紬/抽绎出[-繹-] R.V. <wr.> deduce
chóuyìkěshī 仇亦可师[-師] F.E. One can learn something even from one's enemy.
chōuyìn* 抽印 V. offprint
chóuyín 愁吟 V.P. grieving and worrying
chōuyìnběn 抽印本 N. offprint M: [1]běn/[1]fèn
chóuyìng 酬应[-應] V. ① socialize with ② deal with (guests/visitors) ③ respond; answer
chóuyìng gōngnéng 酬应功能[-應--] N. <lg.> phatic function
chóuyōng 酬庸 A.T. <trad.> reward services
chòuyòu 臭鼬 N. skunk M: [2]zhī
chōuyóuyānjī 抽油烟机[--煙-] N. kitchen ventilator M: [1]tái
chǒuyǔ 丑语[醜-] N. abusive words; vile language
chóuyuàn 仇怨 N. hatred; enmity
[1]**chóuyún** 愁云[-雲] N. depressing/heavy clouds (lit./fig) M: [1]piàn
[2]**chóuyún** 稠云[-雲] N. dense clouds
chóuyúncǎnwù 愁云惨雾[雲慘霧] ID. a distressing situation
chóuyúnmǎnbù 愁云满布[-雲--] F.E. clouded with worry/anxiety
chóuzài 酬载 N. payload
chōuzān 抽簪 V.O. renounce one's office
[1]**chóuzhí** 酬直/值 V.O. repay for services
[2]**chóuzhí** 绸直 V.P. careful, considerate, and honest (of dispositions)
chóuzhì* 酬志 V.O. fulfil one's ambition
chōuzhòng 抽中 R.V. win a lottery
chōuzhòu(r)* 抽皱/绉(儿)[-皺/縐-] V.O. have wrinkles; shrivel up
chóuzhōu 稠粥 N. thick porridge/gruel
chóuzhù 踌伫[躊佇] V. <wr.> hesitate to make a move
chōu zhuàngdīng 抽壮丁[-壯-] V.O. press-gang
chóuzhuó 稠浊[-濁] V.P. wordy and confused
chóuzi* 绸子 N. silk fabric M: [2]kuài/[1]pǐ
[1]**chóuzī** 筹资[籌-] V.O. raise funds for a project
[2]**chóuzī** 酬资 N. honorarium; gratuity
chòuzir 臭子儿 N. <coll.> ① faulty cartridge ② a bad move (in a game of chess)
chóuzīwèi 愁滋味 N. taste of sorrow
chòuzòu 臭揍 N. sound thrashing; good beating
chóuzǔ 筹组[籌-] V. plan to organize
chòuzuǐ* 臭嘴 N. loose tongue
chòuzuì 臭罪 N. <coll.> bad experience
chòuzuǐ bù chòuxīn 臭嘴不臭心 F.E. <topo.> Have mutual fondness despite exchanging harsh words.
[1]**chóuzuò** 愁坐 V. sit quietly in sorrow or distress
[2]**chóuzuò** 酬酢 V. ① exchange toasts ② reply; respond; answer ♦N. friendly intercourse
chóuzuòjímáng 酬酢极忙[--極-] F.E. busily engaged in entertainment

[1]**chū*** 出 V. ① go/come out; exit ② exceed; go beyond ③ issue; put out; post ④ produce; turn out ⑤ arise; happen ⑥ put forth; vent ⑦ rise well (in cooking) ⑧ pay out; expend *See also* [2]*chū*
[2]**chū** 出[-/齣] M. *for dramatic pieces See also* [1]*chū*
[3]**chū** 初 B.F. at the beginning of; in the early part of ♦PREF. first (in order)
[4]**chū** 樗 B.F. ①tree of heaven ***chūshù*** ②worthless timber/person ***lìchū, chūlìyōngcái*** *See also* [5]*chū*
[5]**chū** 摴/樗 in ***chūpú***
[1]**chú** 除 V. ① get rid of; eliminate; remove ②<math.> divide ♦ADV./COV. ①except ②besides ♦N. <wr.> doorsteps
[2]**chú** 锄[鋤] N. hoe ♦V. ① hoe ② uproot; eliminate; wipe out
[3]**chú** 橱[櫥] N./B.F. cabinet; closet ***chúchuāng***
[4]**chú** 厨[廚] B.F. ① kitchen ***chúfáng*** ② a cook [1]***chúshī***
[5]**chú(r)** 雏(儿)[雛(兒)] B.F. ① young bird ② young, inexperienced person; fledgling
[6]**chú** 刍[芻] B.F. grass/hay for animal feed ***chúmò***, [2]***bìchú***
[7]**chú** 蜍 in ***chánchú***
[8]**chú** 躇 in ***chóuchú***
[9]**chú** 篨 in [1]***qúchú***, [2]***qúchú***
[10]**chú** 蹰[躕] in ***chíchú***
Chú 滁 N. county in Anhui province
[1]**chǔ** 处[處] V. ① get along (with sb.) ② be situated in; be in a certain condition ③manage; handle; deal with ④ punish; sentence ⑤ dwell; live *See also* [1]*chù*
[2]**chǔ** 楚 B.F. ① clear ***qīngchu*** ② suffering ***kǔchǔ*** ♦N. ①Surname ②<hist.> Hubei-Hunan region ③ Chu Kingdom
[3]**chǔ** 储[儲] B.F. store up ***chǔcún*** ♦N. ① <slang.> remuneration for a performance ② Surname
[4]**chǔ** 杵 N. ① pestle ② stick used to pound clothes in washing ♦V. poke
[5]**chǔ** 楮 N. paper mulberry
[6]**chǔ** 础[礎] B.F. base [1]***jīchǔ***
Chǔ 褚 N. Surname *See also* [9]*zhǔ*
[1]**chù** 处[處] B.F. ① place ***gèchù*** ② part; point ***chángchu*** ③ department; office ***jiàowùchù*** ♦M. *for homesteads See also* [1]*chǔ*
[2]**chù** 触[觸] V./B.F. ① touch; contact ***jiēchù*** ② strike; hit ***chùjiāo*** ③ move sb.; stir up sb.'s feelings [1]***chùdòng***
[3]**chù** 畜 B.F. domestic animal; livestock ***jiāchù, chùsheng*** *See also* [7]*xù*
[4]**chù** 怵 B.F. frightened ***chùpò, fāchù***
[5]**chù** 憷 V. fear; shrink from
[6]**chù** 搐 B.F. pull ***chùnuò, chōuchù***
[7]**chù** 矗 B.F. upright [1]***chùlì***, [2]***gāochù***
[8]**chù** 黜 B.F. cashier from office ***chùchì, bàchù***
[9]**chù** 绌[絀] B.F. insufficient ***chùzhì, zhīchù***
[10]**chù** 亍 in ***chìchù***
chuā 欻 ON. sound of footsteps or fast motion *See also* [12]*xū*
[1]**chuāi*** 揣 V. hide/carry in one's clothes *See also* *chuǎi*, [3]*chuài*
[2]**chuāi** 搋 V. rub; knead
chuāi 膗 <coll.> S.V. plump; fat; chubby
chuǎi 揣 B.F. estimate; surmise ***chuǎimó, bùchuǎi*** *See also* [1]*chuāi*, [3]*chuài*
[1]**chuài** 踹 V. ①kick ②tread on; trample ③<loan> try
[2]**chuài** 膪 in ***chuàisāi, nāngchuài***
[3]**chuài** 揣 in ***nāngchuài*** *See also* [1]*chuāi, chuǎi*
chuǎicè 揣测 V. guess; conjecture
chuǎicèzhīcí 揣测之词 N. mere speculation/ conjecture
chuàidǎo 踹倒 R.V. kick sth. down to the ground
chuǎiduó 揣度 V.O. estimate; conjecture
chuǎigǔ 揣骨 N. a fortunetelling by feeling the bones of a person
chuǎihéféngyíng 揣合逢迎 F.E. try by tricks to find favor
chuàikāi 踹开[-開] R.V. kick sth. aside/away

chuàile 踹了 V.P. <topo.> ① died ② failed; came to nothing
chuǎiliàn 揣练[-練] V. study and imitate (a good author, etc.)
chuǎiliáng 揣量 V. estimate; appraise; conjecture
chuāimiàn 搋面[-麵] V.O. knead dough
chuǎimō 揣摸 V. think/mull over
chuǎimó* 揣摩 V. ①try to figure out ②ponder; speculate
chuǎimó huàyì 揣摩话意 V.O. look for the hidden meaning in sb.'s words
chuǎimō tòu 揣摸透 R.V. <coll.> see/think through
chuāi qǐlai 揣起来 R.V. <coll.> tuck into the bosom; put away
chuǎiqíng 揣情 V.O. <wr.> take the situation into consideration
chuǎiqíngduólǐ 揣情度理 F.E. make an intelligent appraisal; weigh the pros and cons
chuǎirén 揣人 A.T. <topo.> guess what sb. is doing
chuàisāi 膪腮 V.O. <coll.> become fat
chuāishǒu(r) 揣手(儿) V.O. <coll.> tuck hands in one's pockets/sleeves/etc.
chuàità 踹踏 V. tread; stamp
chuàitián 踹田 V.O. tread the field
chuàituǐle 踹腿了 V.P. <coll.> dead
chuǎixiǎng 揣想 V. ① think over ② guess
chuāi zài huáili 揣/搋在怀里[-懷裡] V.P. <coll.> tuck into the bosom
chuǎizhe míngbai shuō hútu 揣着明白说糊涂[-著----塗] F.E. <coll.> play dumb
[1]**chuān** 穿 V. ① penetrate; pierce through ② pass through; cross ③ wear; put on; be dressed in ***Zhè shuāng xié ~jiù le.*** These shoes are showing their age.
[2]**chuān** 川 B.F. ①river ***héchuān***②plain ***píngchuān*** ♦AB. *Sìchuān*
[3]**chuān** 氚 N. <chem./phy.> tritium
[1]**chuán*** 船/舡 N. boat; ship
[2]**chuán** 传[傳] V. ① pass (on); hand down ②impart; teach ③spread ④infect; be contagious ♦B.F. ①transmit; conduct ***chuándiàn***②summon ③ convey; express ***chuánqíng*** *See also* [3]*zhuàn*
[3]**chuán** 椽 N. rafter
[4]**chuán** 遄 <wr.> ADV. ① rapidly ② repeatedly
[1]**chuǎn** 喘 V. gasp for breath; pant ♦N. <med.> asthma
[2]**chuǎn** 舛 B.F. error ***chuǎnbó, chuǎncuò, échuǎn***
[3]**chuǎn** 踳 <wr.> B.F. error ***chuǎnchuǎn***
[1]**chuàn(r)** 串(儿)[-(兒)] V. ① string together ② conspire; gang up ③ get things mixed up ***Nǐ yòu shuō ~ le.*** You've mixed up things in your story again. ④ go from place to place; run about ⑤ play a part (in a play); act ♦M. string; bunch; cluster
[2]**chuàn** 钏[釧] B.F. bracelet ***yùchuàn***
chuán'àn 传案[傳-] V.O. summon to court
chuánbǎn(r) 船板(儿) N. deck of a boat M: [2]kuài
chuānbāng(r) 穿帮(儿)[-幫] V.O. ① <thea.> flub one's lines ② <coll.> let slip sth. which one has tried to conceal
chuánbāng(r/zi)* 船帮(儿/子)[-幫-] N. ① side of a ship ② merchant fleet
chuán-bāng-dài 传帮带[傳幫帶] V.P. teach, help, and lead
chuánbào 传报[傳報] V. convey a message
Chuānběi* 川北 P.W. northern part of Sichuan Province
chuānbèi 川贝 N. <Ch. med.> tendrileaf fritillary bulb
chuánbēihuànzhǎn 传杯换盏[傳-換盞] F.E. drink toast after toast to each other
chuánbēilúnyǐn 传杯轮饮[傳-] F.E. pass the bottle
chuānbèimǔ 川贝母 N. <Ch. med.> Sichuan bulb of fritillary
chuánbēinòngzhǎn 传杯弄盏[傳-盞] F.E. pass the cups around

C

chuānbí* 穿鼻 V.O. ① pierce the nose (of a cow, etc.) ② let oneself be led by the nose
chuánbǐ 椽笔[-筆] N. your masterly writing
chuánbiān(r) 船边(儿)[-邊-] N. side of a ship
chuánbiàn* 传遍[傳-] R.V. diffuse; spread widely
chuǎnbìngr 喘病儿 N. <*coll.*> breathing problem
chuānbìyǐnguāng 穿壁引光 ID. very studious and diligent despite poverty
chuàn bízi 串鼻子 V.O. <*topo.*> cotton up to
chuánbō* 传播[傳-] V. disseminate; propagate; spread ♦N. <*phy.*> propagation
chuánbó 船舶 N. shipping; boats and ships M: [1]*sōu*
chuǎnbó 舛驳 V.P. <*wr.*> incongruous; contradictory; disorderly
chuánbō fāngshì 传播方式[傳-] N. method of propagation
chuánbō gěi 传播给[傳-] V. spread/disseminate/propagate to
chuánbó jiǎnyìqí 船舶检疫旗 N. yellow warning flag M: [1]*miàn*
chuánbōjiè 传播界[傳-] N. media; journalistic circles
chuánbō lǐlùn 传播理论[傳-] N. communication theory
chuánbō méitǐ 传播媒体[傳-體] N. news medium; mass medium
chuánbōsìfāng 传播四方[傳-] F.E. be spread abroad
chuánbō sùdù 传播速度[傳-] N. speed of propagation
chuánbō wèixīng 传播卫星[傳-衛-] N. relay satellite M: [1]*kē*
chuánbōzhě 传播者[傳-] N. ① disseminator ② infector M: [2]*wèi*
[1]**chuánbù** 传布[傳-] V. disseminate; spread
[2]**chuánbù** 船埠 P.W. wharf; port M: [4]*zuò*
chuānbùchū 穿不出 R.V. can't wear (because unsuited/inappropriate)
chuānbude 穿不得 R.V. cannot or shouldn't be worn (because of unfitness/impropriety)
chuǎnbuguò 喘不过 R.V. be unable to breathe easily
chuānbuqǐ 穿不起 R.V. cannot afford to wear it
chuānbushàng* 穿不上 R.V. be too small to wear (of clothes/etc.)
chuǎnbushàng 喘不上 R.V. be unable to breathe easily
chuānbuzhù 穿不住 R.V. ① can't wear sth. (due to hot weather) ② cannot stand a lot of wear (because of poor quality)
Chuāncài 川菜 N. Sichuan dishes M: [2]*dào*
chuáncāng 船舱[-艙] N. ① ship's hold ② cabin
chuānchā 穿插 V. ① alternate; do in turn ② weave in; insert ③ intersperse ④ serve as a go-between ♦N. subplot; interlude; episode
chuánchǎng 船厂[-廠] P.W. shipyard M: [1]*jiā*
[1]**chuánchāo** 传抄[傳-] V. make private copies (of a manuscript/etc.)
[2]**chuánchāo** 船钞 N. shipment fee
chuánchéng* 传承[傳-] V. inherit
chuànchéng 串成 V. string together
chuǎnchí 舛弛 V. go in the opposite direction
Chuānchóu 川绸 N. silks from Sichuan M: [1]*pǐ*
chuānchóuzhuóduàn 穿绸着缎[--著-] F.E. be dressed in silks and satins
chuánchū* 传出[傳-] R.V. spread; disseminate (of news/etc.)
chuǎnchū 喘出 R.V. pant; breathe heavily
chuǎnchuǎn 踳踳 R.F. disappointed; frustrated; unhappy
chuǎnchuǎn qì 喘喘气[-氣] V.P. pause for breath; take a break
chuānchuànr 穿串儿 V.O. ① string/thread together ② weave a collection of stories together to make a novel
chuàn chūlai 串出来 R.V. string together
chuànchǔlǐ yǔyán 串处理语言[-處---] N. string processing language

chuāncì* 穿刺 V. <*med.*> puncture
chuǎncí 舛辞[-辭] N. irony
chuǎncuò 舛错 N. ① error; mishap ② untidy; disorderly; unsystematic
Chuān-Dà 川大 AB. *Sìchuān Dàxué*
chuándá* 传达[傳達] V. pass on; transmit; communicate ♦N. ① reception and registration of callers at a public establishment ② janitor ③ messenger ④ communication
chuándábīng 传达兵[傳達-] N. <*mil.*> messenger; dispatch-bearer M: [2]*wèi*
chuándáchù 传达处[傳達處] P.W. reception room/office
chuándá chūlai 传达出来[傳達-] R.V. pass on; transmit; relay; communicate
chuān-dài* 穿戴 V. be dressed ♦N. apparel; dress
chuándài 传代[傳-] V.O. hand down from generation to generation
chuándān 传单[傳-] N. leaflet; handbill M: [1]*zhāng*
chuándǎo* 传导[傳導] V. conduct; transmit ♦N. <*phy.*> conduction
[1]**chuándào** 传道[傳-] V.O. ① propagate the doctrines of the ancient sages ② <*rel.*> preach; deliver a sermon
[2]**chuándào** 传到[傳-] R.V. ① spread to ② transmit/convey to ③ pass on to
chuándàohuì 传道会[傳-] N. (religious) mission
chuán dào jiāngxīn bǔlòu chí 船到江心补漏迟[----補-遲] F.E. delay until too late to do sth.
chuán dào mǎtou chē dào zhàn 船到码头车到站 F.E. be content with things as they are and not want to make more progress
chuán dào qiáotóu zìrán zhí 船到桥头自然直[--橋----] F.E. ① Cross the bridge when you get to it. ② Everything will be all right when the time comes.
chuándàoshī 传道师[傳-師] N. preacher; missionary; evangelist
chuándǎotǐ 传导体[傳導體] N. conductor M: [2]*kuài*
chuándàozhě 传道者[傳-] N. evangelist M: [2]*wèi*
chuándáshì 传达室[傳達-] P.W. ① reception office ② information office M: [1]*jiān*
chuándáyuán 传达员[傳達-] N. ① receptionist ② messenger M: [2]*wèi*
chuándēng 传灯[傳燈] V.O. <*Budd.*> pass the doctrinal torch from master to disciple
chuándǐ(r/zi) 船底(儿/子) N. bottom of a vessel/ship
chuándì* 传递[傳遞] V. ① transmit; deliver; transfer; communicate ② cheat by passing slips of paper containing answers in an examination
chuándiàn 传电[傳電] V.O. transmit telegrams
chuàn diàn de 串店的 N. ① itinerant salesman ② singing girl M: [2]*wèi*
chuándì xiāoxī 传递消息[傳遞-] V.O. communicate
Chuāndōng 川东 P.W. eastern part of Sichuan Province
chuāndòng 穿洞 V.O. pierce a hole
chuándōng 船东 N. shipowner M: [2]*wèi*
chuándòng* 传动[傳動] N. <*mach.*> transmission; drive
chuándòngdài 传动带[傳動帶] N. transmission belt M: [1]*tiáo*
chuándònglún 传动轮[傳動-] N. transmission wheel
chuánduì 船队[-隊] N. fleet; flotilla M: [4]*zhī*
chuánduò 船舵 N. rudder; helm
chuán duō bù ài jiāng 船多不碍江[---礙-] ID. Competition among businessmen does no harm to business prosperity.
chuán'é 传讹[傳-] V.O. pass on wrong reports
chuān'ěr 穿耳 V.O. pierce the ears (for earrings)
chuān ěrdòng 穿耳洞 V.O. pierce the ears
chuánfā* 传发[傳發] V. order to start on a journey
chuánfǎ 传法[傳-] V.O. <*Budd.*> pass on doctrines from master to disciple

chuánfān* 船帆 N. sail M: [1]*zhāng*
chuánfǎn 遄返 V. hurry back
chuánfāng 船方 N. shipowner
chuānfángguòwū 穿房过屋 ID. intimate and close (friends)
chuānfángrùhù 穿房入户 F.E. know one's way around
chuānfǎnle 穿反了 V.P. wear sth. inside out
chuánfèi 船费 N. cost of a boat ticket
chuánfěn 传粉[傳-] V.O. <*bot.*> pollinate
chuánfū 船夫 N. crewman M: [2]*wèi*
[1]**chuāng** 窗 N. window
[2]**chuāng** 疮[瘡] N. sore; skin ulcer ♦B.F. wound [3]*chuāngkǒu*
[3]**chuāng** 创[創] B.F. wound *chuāngshāng*, *guǒchuāng* ***See also*** [1]*chuàng*
[1]**chuáng*** 床 N. bed ♦M. bedding
[2]**chuáng** 幢 B.F. ① ancient pennant/streamer *fānchuáng* ② Buddhist stone pillar *jīngchuáng* ***See also*** [4]*zhuàng*
chuǎng 闯[闖] V. ① rush; dash; charge ② temper oneself (by battling difficulties)
[1]**chuàng** 创[創] V. initiate (sth.) ***See also*** [3]*chuāng*
[2]**chuàng** 怆[愴] B.F. sorrow *chuàngcè*, *cèchuàng*
chuàngǎng 串岗[-崗] V.O. arbitrarily leave one's post and visit others during work hours
chuángǎn jìshù 传感技术[傳-術] N. sensing technology
chuángǎnqì 传感器[傳-] N. <*elec.*> sensor; transducer
chuángào 传告[傳-] V. convey (news/etc.)
chuāngbā 疮疤[瘡-] N. scar
chuāngbǎn(r) 窗板(儿) N. store/shop shutters M: [2]*kuài*/[1]*shàn*
chuángbǎn* 床板 N. bare board bed M: [2]*kuài*
chuàngbàn 创办[創辦] V. establish; set up
chuàngbànrén 创办人[創辦-] N. founder M: [2]*wèi*
chuàngbànzhě 创办者[創辦-] N. founder M: [2]*wèi*
chuāngbiān(r) 窗边(儿)[-邊-] N. window sill M: [1]*tiáo*
chuángbiān(r)* 床边(r)[-邊-] P.W. bedside
chuāngbōli 窗玻璃 N. windowpane M: [2]*kuài*
chuángbù 床布 N. bed sheet M: [1]*zhāng*
chuàngcè 怆恻[愴-] V.P. sad; grieved; sorrowful
chuāngchú 窗橱[-櫥] N. shop window
chuǎngchū 闯出 R.V. ① break out (of a siege) ② succeed in doing; bring off
chuàngchū* 创出[創-] V.O. create; establish
chuángchuáng* 幢幢 R.F. flickering; dancing
chuàngchuàng 怆怆[愴愴] R.F. brokenhearted; anguished
chuàngchuàngyùjué 怆怆欲绝[愴愴-絕] F.E. distressed to the utmost
chuángdān(r) 床单(儿) N. bedsheets M: [1]*zhāng*
chuǎngdàng 闯荡[-蕩] V. make an itinerant living
chuàngdǎo* 创导[創導] V. initiate; propose
chuàngdào 怆悼[愴-] V. <*wr.*> mourn; grieve
chuàngdǎozhě* 创导者[創導-] N. the founder/initiator of a certain cause M: [2]*wèi*
chuàngdàozhě 创造者[創-] N. prime mover; founder/initiator of a certain cause M: [2]*wèi*
chuǎng dàyùn 闯大运[-運] V.O. rush ahead for a try without much planning beforehand
chuángdiàn(r) 床垫(儿)[-墊-] N. bed mattress M: [1]*zhāng*
chuāngdǐbā 疮底疤[瘡-] N. <*topo.*> a scab on a sore
chuāngdòng 窗洞 N. opening in a wall (to let in light/air)
chuángē 船歌 N. chantey M: [2]*shǒu*
chuángei 传给[傳-] V. pass on to
chuángfān 幢幡 N. <*trad.*> pennant; streamer
chuāngfēi 窗扉 N. casement M: [1]*shàn*
chuāngfèng(r) 窗缝(儿) N. thin crack between window and frame M: [1]*tiáo*/[2]*dào*
chuánggài 床盖[-蓋] N. bedspread; counterpane

chuānggézhuàng 窗格状[-狀] ATTR. window-like
chuānggézi 窗格子 N. window lattice
chuánggōng-chuángpó 床公床婆 N. god and goddess of the bed
chuǎngguān 闯关[-關] V.O. storm a pass/barrier
chuǎng Guāndōng 闯关东[-關-] V.O. <trad.> ① seek a livelihood in the Northeast ② make a living with difficulty
chuānghén 创痕[創-] N. scar M: [1]tiáo
chuǎng hóngdēng 闯红灯[-燈] V.O. ① run through a red light ② break through a barrier ③ violate a system ④ be against law and discipline
chuānghu 窗户 N. window; casement M: [1]shàn
chuānghuā 窗花 N. paper cut-outs for window decoration M: [1]zhāng
chuànghuǎng 怆恍[愴-] V.P. disheartened; depressed; discouraged
chuānghudǎngr 窗户挡儿[--擋-] N. <coll.> window curtain/cover
chuānghudòngr 窗户洞儿 N. small opening in a window (for smoke/cats)
chuànghuì 创汇[創匯] V.O. earn foreign exchange
chuànghuì gōngyè 创汇工业[創匯-業] N. export-oriented industry
chuānghu jìngzi 窗户镜子 N. <topo.> window pane M: [2]kuài
chuānghulíng 窗户棂[-欞] N. window frame M: [1]tiáo
chuǎnghuò* 闯祸[-禍] V.O. ① get into trouble; suffer disaster/accident ***Qiáo nǐ chuǎng de shénme huò!*** Look what you've done! ② induce/cause a disaster/misfortune
chuànghuò 创获[創獲] N. achievement
chuānghuzhǐ 窗户纸 N. <coll.> ① window paper ② pale complexion ③ thin cover/veil ④ <slang> camouflage M: [1]zhāng
chuāngjiā 疮痂[瘡-] N. <med.> scab
chuángjià(zi)* 床架(子) N. bedstead M: [1]fù
[1]**chuāngjiàn** 窗键 N. window lock
[2]**chuāngjiàn** 窗槛[-檻] N. window; window trellis *See also chuāngkǎn*
[1]**chuàngjiàn*** 创建[創-] V. found; establish ***Tā ~le zhège gōngsī.*** He founded this company.
[2]**chuàngjiàn** 创见[創-] N. ①original idea ②sth. never seen before
chuǎngjiàng 闯将[-將] N. ① daring general; pathbreaker ② rogue M: [2]wèi
chuǎng jiānghú 闯江湖 V.O. <trad.> make an itinerant living
chuángjiǎo 床脚[-腳] P.W. foot of a bed M: [2]zhī
chuāngjiē 疮疖[瘡癤] N. sore; skin ulcer; boil; furuncle
chuàng jìlù 创记录[創-錄] V.O. set a record
[1]**chuǎngjìn** 闯进[-進] R.V. break/burst in
[2]**chuǎngjìn(r)** 闯劲(儿)[-勁] N. pioneering spirit M: [2]gǔ
chuǎngjìnchuǎngchū 闯进闯出[-進--] V.P. force one's way in and out; rush in and rush out
chuàngjǔ 创举[創舉] N. pioneering work/undertaking M: [2]fān
chuāngjùtòngshēn 创巨痛深[創-] F.E. ①badly injured and in great pain/distress ② heavy damage
chuǎngkāi 闯开[-開] R.V. force one's way out
chuāngkǎn 窗槛[-檻] N. window-sill *See also* [2]*chuāngjiàn*
chuàngkān* 创刊[創-] V.O. start publication
chuàngkānhào 创刊号[創-號] N. first issue (of a publication)
chuāngkè 窗课 N. <trad.> lessons such as poetry and classics offered by a small village school
chuāngkětiē 创可贴[創-] N. band-aid
chuǎng kōngmén 闯空门 V.O. break into a home/building when the occupants are absent
[1]**chuāngkǒu(r)** 窗口(儿) N. ①window ②wicket; ticket window
[2]**chuāngkǒu** 创口[創-] N. wound; cut
[3]**chuāngkǒu** 疮口[瘡-] N. the open part of a sore
chuāngkǒu hángyè 窗口行业[-業] N. ① window service ②service industry ③widely visible business/industry
chuāngkǒu kǎpiàn 窗口卡片 N. aperture/punch card
chuāngkuàng 窗框 N. window frame
chuāngláo 疮痨[瘡癆] N. chronic ulcer
[1]**chuànglì** 创立[創-] V. found; originate
[2]**chuànglì** 创利[創-] V.O. make a profit
chuānglián(r/zi)* 窗帘(儿/子)[-簾-] N. window curtain M: [1]zhāng
chuǎngliàn 闯练[-練] V. be tempered in the world
chuàngliàng 怆悢[愴-] V.P. sad; sorrowful
chuànglìchū 创立出[創-] R.V. create; establish; found
chuànglìhuì 创立会[創-] N. <law> constitutive assembly
chuānglíng(zi) 窗棂(子)[-欞-] N. window lattice/frame M: [2]gēn
chuǎng lóuzi 闯楼子[-樓-] V.O. <coll.> cause trouble
chuāngmàn 窗幔 N. window curtains M: [1]zhāng
chuāngméi 窗楣 N. window lintel M: [2]gēn
chuāngmiàn 创面[創-] N. surface of a wound
chuángmiàn* 床面 N. bed surface
chuāngmíngjǐjìng 窗明几净[-淨] F.E. bright and clean (of rooms)
chuǎngnánzǒuběi 闯南走北 F.E. make a living wandering from place to place
chuángōng* 船工 N. ① deck hand ② boatman M: [2]wèi
chuàngòng 串供 V. collude to make each other's confessions tally
chuángōngsī 船公司 F.E. shipping company
chuàng páizi 创牌子[創-] V.O. launch a product with large-scale promotion
chuángpù 床铺 N. bed and bedding M: [1]zhāng
chuāngr 窗儿 N. window M: [1]shàn
chuàngrán 怆然[愴-] ADV. sorrowful
chuàngránlèixià 怆然泪下[愴-淚-] F.E. burst into sorrowful tears
[1]**chuángrù** 床褥 N. bedding M: [1]tiáo
[2]**chuángrù** 床蓐 N. <wr.> straw mat/mattress M: [1]zhāng/[1]chuáng
chuǎngrù* 闯入 V. rush/break in
chuángrùzi 床褥子 N. mattress M: [1]chuáng/[1]zhāng
chuǎngsāng 闯丧[-喪] V.O. ① <coll.> hasten back on learning of a parent's death ② <slang> disrupt sb.'s funeral ③ <topo.> tempt fate
chuàng sānhǎo 创三好[創-] V.O. <PRC> achieve the three goods of ideology, academics, and work
chuāngshā 窗纱 N. window screening
chuāngshàn 窗扇 N. casement M: [1]shàn
chuāngshāng* 创伤[創傷] N. wound; trauma
chuángshang 床上 P.W. on a bed/couch
chuángshang'ānchuáng 床上安床 ID. unnecessary overlapping/duplication
chuángshang de gōngfu 床上的工夫 N. <coll.> bedroom technique
chuāngshāng értóng 创伤儿童[創傷-] N. traumatized/injured child
chuángshàngxì 床上戏[-戲] N. plot/scene involving sex
chuàngshè 创设[創-] V. found; create; set up
chuángshēn 床身 N. <mach.> lathe bed
chuāngshì 窗饰 N. window decorations
chuángshī 床虱 N. bedbug M: [2]zhī
chuǎngshì 闯事 V.O. cause trouble
chuàngshǐ* 创始[創-] V. originate; initiate
Chuàngshìjì 创世纪[創-] N. Genesis
chuàngshǐrén 创始人[創-] N. founder; originator M: [2]wèi
chuàngshǐzhě 创始者[創-] N. initiator M: [2]wèi
chuàngshōu 创收[創-] N. earned income ♦ V.O. earn/create income
chuàngshuō 创说[創-] V.O. create a theory
chuángtà 床榻 N. bed; couch M: [1]zhāng
chuāngtái(r) 窗台(儿)[-臺-] N. window sill
chuángtǎn 床毯 N. blanket M: [1]zhāng
chuāngtì 窗屉[-屜] N. prop for a window which opens from a hinge above
chuāngtìzi 窗屉子[-屜-] N. <topo.> window lattice
chuāngtòng 创痛[創-] N. pain from a wound
chuángtóu 床头 P.W. head of a bed; bedside
chuángtóudēng 床头灯[-燈] N. bedside lamp M: [1]zhǎn
[1]**chuángtóuguì** 床头柜[-櫃] N. ① bedside cupboard ② <slang> henpecked husband
[2]**chuángtóuguì** 床头跪 N. henpecked husband
chuángtóujīnjìn 床头金尽[-盡] F.E. be impoverished (by frequent visits to whorehouses or by association with disreputable women)
chuángtóu qiānwàn guàn 床头千万贯[---萬-] F.E. be very wealthy
chuángtóurén 床头人 N. <trad.> wife
chuāngǔ 川穀 N. Job's-tears (*Coix agrestis*)
[1]**chuángǔ*** 传鼓[傳-] V.O. beat a drum outside the door to announce that someone is attending a funeral service
[2]**chuángǔ** 船骨 N. beam/keel of a ship
chuánguān 传观[傳觀] V. circulate for people to see
chuánguānzàng 船棺葬 N. <archeo.> boat-coffin burial
Chuānguìzhī 川桂枝 N. <Ch. med.> Sichuan cassia twig
chuānguò* 穿过 R.V. pierce; pass through
chuánguó 传国[傳國] V.O. hand down state power
chuān guòqu 穿过去 R.V. penetrate; thread through
chuánguóxǐ 传国玺[傳國璽] N. imperial seal in a hereditary monarchy, handed down by the founder of the dynasty to his heirs as a symbol of royal authority
chuāngwài 窗外 P.W. outside (of a window)
Chuǎngwáng 闯王 N. title assumed by the rebel leader Gao Yingxiang and later passed to Li Zicheng in their uprisings during the late Ming dynasty
chuāngwéi 窗帷 N. window curtains M: [1]zhāng
chuāngwěi 疮痏[瘡-] N. <wr.> scab; ulcer; sore
chuángwéi 床帏 N. valance; bed curtain M: [1]zhāng
chuángwèi* 床位 N. berth; bunk; bed
chuángxí* 床席 N. bed pad (of reeds/bamboo/etc.) M: [1]zhāng
chuángxì 床戏[-戲] N. love-making scene in a movie; love scene M: [2]chǎng
chuǎngxí 闯席 V.O. attend a feast without being invited
chuāngxià* 窗下 P.W. by the window
chuǎngxià 闯下 V. ① lay (a new foundation) ② get in trouble
chuàngxià 创下[創-] V. establish; set up; found
chuàngxīn 创新[創-] V.O. bring forth new ideas; blaze new trails ♦N. creation and innovation
chuàng-xīncí 创新词[創-] N. <lg.> coinage
chuāngyán(r) 窗沿(儿) N. windowsill
chuángyán(r)* 床沿(儿) N. bedside
chuàngyán 怆颜[愴-] N. bitter look
chuàngyǎn 创演[創-] V. write and perform plays
chuāngyáng 疮疡[瘡瘍] N. skin disease
chuàngyè 创业[創業] V.O. start an undertaking; do pioneering work
chuàngyèchuítǒng 创业垂统[創業-] F.E. <wr.> found a business/profession/etc. and pass it down to descendents
chuàngyè jīngshen 创业精神[創業-] N. enterprising spirit
chuàngyèshǐ 创业史[創業-] N. history of an undertaking M: [2]bù
chuàngyèzhě 创业者[創業-] N. pioneer M: [2]wèi

chuāngyí 疮痍[瘡-] N. ① sores and wounds ② desolation after a disaster ③ suffering/distress of the people
[1]**chuàngyì*** 创意[創-] V.O./N. create new meanings; creativity
[2]**chuàngyì** 创议[創議] V./N. put forward a proposal
chuāngyímǎnmù 疮痍满目[瘡-] F.E. Everywhere devastation meets the eyes.
[1]**chuāngyǒu** 窗友 N. classmate M: [2]wèi
[2]**chuāngyǒu** 窗牖 N. windows M: [1]shàn
chuàngyōu* 创优[創優] V.O. ① create excellence ② strive to be best
chuǎngyùn 闯运[-運] V.O. run a risk
chuàngzào 创造[創-] V. create; produce; bring about
chuàngzào chéng 创造成[創-] V.P. bring about; create; produce
chuàngzào chū 创造出[創-] R.V. produce; create; bring about
chuàngzào jiùyè jīhuì 创造就业机会[創--業--] V.P. create employment opportunities
chuàngzàolì 创造力[創-] N. creative power/ability
chuàngzào qíjī 创造奇迹[創-跡] V.O. create miracles; work wonders
chuàngzàoxìng 创造性[創-] N. creativeness; creativity
chuàngzàoxìng jiégòu jiǎshè 创造性结构假设[創---構--] N. <lg.> creative construction hypothesis
chuángzhàng 床帐 N. ①bed-curtain ②mosquito net M: [1]dǐng
chuángzhàngzi 床帐子 N. mosquito net M: [1]dǐng
chuángzhào 床罩 N. bedspread; counterpane
chuāngzhǐ* 窗纸 N. window paper (instead of glass) M: [1]zhāng
chuàngzhì 创制[創-] V. formulate; institute; create
chuàngzhìquán 创制权[創-權] N. political right of initiative (one of four civil rights in Sun Yat-sen's doctrine)
chuángzhù 床柱 N. bedpost M: [2]gēn
chuāngzi* 窗子 N. window M: [1]shàn
chuángzi 床子 N. ① machine tool M: [1]tái ② <topo.> platform/shelf shaped like a bed
chuángzǐ 床笫 N. privacy of bed
chuǎngzǐ 闯子 N. rash and bold person; fearless and rude person M: [2]wèi
chuángzǐ zhījiān 床笫之间 P.W. on the conjugal bed
chuángzǐzhīyán 床笫之言 N. private talks between husband and wife
chuǎngzuò 闯座 V.O. ① attend a feast without being invited ② take a place without being invited
chuàngzuò* 创作[創-] V. create; produce; write ♦N. creative work; creation
chuàngzuòlì 创作力[創-] N. creative ability
chuàngzuò zìyóu 创作自由[創-] N. freedom to create
chuānhǎo 穿好 R.V. put on; be dressed in
chuǎnhè 喘喝 V. <Ch. med.> gasp for breath; breathe noisily
Chuānhóng 川红 N. a kind of tea produced in Sichuan
chuānhóngdàilǜ 穿红戴绿 F.E. gaily/colorfully dressed
chuánhū* 传呼[傳-] V. notify sb. of a phone call; page
chuánhù 船户 N. ① boatman ② <topo.> boat dweller M: [2]wèi
chuǎnhù 舛互 V. interlace; intermingle; interlock
chuānhuā 穿花 V.O. fluttering in and out of flowers; threading in and out
chuánhuà* 传话[傳-] V.O. pass on a message
chuànhuā 串花 V.O. hybridize; crossbreed (of crops)
chuānhuài 穿坏[-壞] R.V. wear out
chuānhuàn 穿换[-換] V.P. share (in using sth.)
chuánhuàn* 传唤[傳喚] V. <law> summon to court; subpoena
chuànhuàn 串换[-換] V. exchange
Chuānhuángbò 川黄柏 N. <Ch. med.> bark of Sichuan cork tree
chuánhuànzhuàng 传唤状[傳喚狀] N. <law> summons M: [1]zhāng
chuánhuàtǒng 传话筒[傳-] N. ① megaphone ② <coll.> gossip monger M: [2]zhī/ge
chuánhū diànhuà 传呼电话[傳-電-] N. neighborhood telephone service; relay telephone M: [2]bù
chuánhuí 传回[傳-] R.V. transmit back
chuánhūjī 传呼机[傳-] N. pager
chuánhuò 船货 N. shipload; cargo; freight M: [1]pī
[1]**chuánjí*** 船籍 N. ship's (country of) registry
[2]**chuánjí** 船级 N. ship's classification; ship's class
chuánjì 船骥 N. ministers who assist the emperor to administer state affairs M: [2]wèi
chuǎnjí 喘急 R.V. gasp; breathe rapidly
chuánjia 船家 N. ① sb. who owns a boat and lives off it ② boatman M: [2]wèi
chuánjiā* 传家[傳-] V.O. hand down from generation to generation
chuánjià 船价[-價] N. ship transportation service price
chuánjiābǎo 传家宝[傳-寶] N. ① family heirloom ② cherished tradition/heritage M: [2]jiàn
chuānjiǎdàn 穿甲弹 N. armor piercer M: [1]kē
[1]**chuánjiàn** 传见[傳-] V. call in (a subordinate)
[2]**chuánjiàn** 船舰[-艦] N. ships and naval vessels/warships M: [1]sōu
Chuānjiāng 川姜 N. ginger produced in Sichuan (used especially in herbal medicine) M: [2]kuài
chuánjiàng 船匠 N. boat building/maintenance craftsman/specialist M: [2]wèi
chuànjiǎng* 串讲[-講] V. ①construe ②explain the meaning of a text word by word and link up and narrate the main ideas of an article
chuánjiānpàolì 船坚炮利[-堅--] F.E. The ships are rugged and the artillery is powerful.
chuánjiǎo 船脚[-腳] N. ① water transportation charge ② shipping freight ③ boatman
chuánjiào* 传教[傳-] V.O. ① <rel.> do missionary work; proselytize ② transmit directives/instructions
chuánjiàoshī 传教师[傳-師] N. missionary
chuánjiàoshì* 传教士[傳-] N. ① missionary ② preacher ③ evangelist M: [2]wèi
chuánjiè 传戒[傳-] V.O. <rel.> initiate sb. into monkhood/nunhood
chuànjiē* 串街 V.O. wander through the streets
chuānjiēguòxiàng 穿街过巷 F.E. go through streets and alleys
chuànjiēyóuxiāng 串街游乡[-鄉] F.E. make one's rounds of the streets and villages
chuánjígǎng 船籍港 P.W. port of registry; home port
chuānjǐng 穿井 V.O. bore/sink a well
chuánjīng* 传经[傳經] V.O. hand down the classics or sacred books ♦V. <Ch. med.> (of exogenous febrile disease) pass from one channel to another
chuánjīngsòngbǎo 传经送宝[傳經-寶] F.E. ①pass on one's valuable experience ②transmit experience/information/etc.
chuānjiù 穿旧[-舊] ATTR. threadbare; worn out
Chuānjù* 川剧[-劇] N. Sichuan opera
chuànjū 串疽 N. herpes zoster; shingles
Chuānjūn 川军 N. <bot.> Chinese rhubarb
chuánkāi 传开[傳開] R.V. disseminate; spread (news/etc.)
chuànkǎo 串烤 V. skewer and cook
chuánké 船壳[-殼] N. hull
chuánkè* 船客 N. passengers of a ship M: [2]wèi
chuànkè 串客 N. <topo.> puppet show player M: [2]wèi
chuánkè míngdān 船客名单 N. passenger list of a boat M: [1]zhāng
chuānkǒng 穿孔 V.O. bore/punch a hole; perforate ♦N. <med.> perforation
chuānkǒngjī 穿孔机 N. ① perforator; hole-puncher ② drilling machine M: [1]tái
chuānlái 穿来 R.V. put on
chuánlái* 传来[傳-] R.V. ① arrive (of news/information/etc.) ② bring a person to the presence of sb.
chuānláng(r) 穿廊(儿) P.W. covered corridor; breezeway M: [1]tiáo
chuánlǎodà 船老大 N. <topo.> ①chief crewman of a wooden boat ②boatman; helmsman M: [2]wèi
[1]**chuànlián** 串联[-聯] V. establish ties; contact ♦N. <elec.> series connection
[2]**chuànlián** 串连 V. establish ties; contact
chuān liándāngkù 穿连裆裤[--襠-] V.O. band together; gang up
chuànliánhuì 串联会[-聯-] N. a meeting for concerted action
chuànliè 串列 N. ①tandem; line ②<lg.> linked list
chuànlièchuánshū 串列传输[--傳-] F.E. <comp.> serial transmission
chuànliè lièyìnjī 串列列印机 F.E. <comp.> serial printer
chuánlíng 船龄[-齡] N. age of a ship
chuánlìng* 传令[傳-] V.O. transmit/dispatch orders ♦N. person delivering orders
chuànlíng 串铃 N. a string of bells used by peddlers etc. to attract customers M: [1]chuàn
chuánlìngbīng 传令兵[傳-] N. dispatcher; runner; orderly M: [2]wèi
chuánlìngjiājiǎng 传令嘉奖[傳-獎] F.E. praise and cite somebody in a dispatch
[1]**chuánliú** 传流[傳-] V. spread; circulate; hand down
[2]**chuānliú** 湍流 N. torrential flow M: [1]tiáo
chuānliúbùxī 川流不息 F.E. never-ending
chuánlóu 船楼[-樓] N. a superstructure M: [4]zuò
chuānluózhuóduàn 穿罗着缎[-羅著-] F.E. be dressed in silks and satins
Chuānmǎ 川马 N. Sichuan pony M: [1]pǐ
chuān mǎlù 穿马路 V.O. cross a street
chuánméi 传媒[傳-] N. communication media M: [1]jiā
Chuānmèizi 川妹子 <coll.> N. a Sichuan girl M: [2]wèi
chuànmén(r) 串门(儿) V.O. drop in on sb.
chuànménguòfǎng 串门过访 F.E. visit from house to house
chuàn ménzi 串门子 V.O. <coll.> ① visit; pay call ② whore around
chuànménzǒuhù 串门走户 F.E. pass from house to house
chuánmiàn 船面 N. deck (of a ship)
chuánmín 船民 N. people who live on/off boats M: [2]wèi
chuánmíng 船名 N. ship's name
chuǎnmiù 舛谬 N. <wr.> error; mishap
chuànmó gānrǎo 串模干扰[-擾] N. <elec.> series mode interference
chuánmó shìyàn 船模试验 N. boat model experiment/test
Chuānnán 川南 P.W. southern part of Sichuan Province
chuǎnnì 舛逆 V.P. contrary to reason; absurd
chuánpéng 船篷 N. ① roofing of a boat ② sail M: [1]zhāng
chuànpí 串皮 V.O. break out on the skin, as a rash (effect of medicine)
chuànpiàn 串骗 V. swindle; join in a swindle
[1]**chuánpiào*** 船票 N. boat ticket M: [1]zhāng
[2]**chuánpiào** 传票[傳-] N. ① <law> (court) summons; subpoena ② voucher M: [1]zhāng
chuànpiào 串票 N. <trad.> a receipt for land tax M: [1]zhāng
chuānpò 穿破 R.V. perforate
chuán pò yòu yù dǎtóufēng 船破又遇打头风 F.E. meet additional difficulties
Chuānqí 川崎 P.W. Kawasaki (Jp.)
chuánqī 船期 N. ① sailing date ② shipping schedule

C

chuánqí* 传奇[傳-] N. ① Tang and Song short stories ② Ming and Qing poetic dramas ③ legend; romance
chuǎnqì 喘气[-氣] V.O. ① breathe deeply; pant; gasp ② take a breather *Zánmen zuòxia chuǎnchuǎnqì ba.* Let's sit down and take a break.
chuànqì 串气[-氣] V.O. collude with ♦N. hernia
chuánqian 船钱[-錢] N. charge for boat service
chuānqiáng 穿墙[-牆] V.O. pierce through a wall
chuánqiáo 船桥[-橋] N. ship's bridge M: ⁴*zuò*
chuànqīn 串亲[-親] V.O. <*topo.*> visit relatives
chuánqíng 传情[傳-] V.O. ① convey/express one's tender feelings ② flirt; play at love; coquet
chuàn qīnqi 串亲戚[-親-] V.O. <*coll.*> visit relatives
chuánqísècǎi 传奇色彩[傳-] N. legendary quality
chuánqiú 传球[傳-] V.O. <*sport*> pass the ball
chuánqíxìng 传奇性[傳-] ATTR. legendary
chuánqū 船蛆 N. <*zoo.*> shipworm M: ¹*tiáo*
chuánqú* 船渠 N. dock; graving/dry dock
chuánr 船儿 N. boat; sailer M: ¹*sōu*/²*zhī*
chuánrǎn 传染[傳-] V. infect; be contagious
chuánrǎnbìng 传染病[傳-] N. infectious/contagious disease
chuánrǎn gěi 传染给[傳-] V.P. spread contagious diseases to
chuánrǎn láiyuán 传染来源[傳-] N. sources of infection
chuánrǎnlì 传染力[傳-] N. infectivity
chuánrǎnxìng 传染性[傳-] N. contagiousness
chuánrǎnxìng gānyán 传染性肝炎[傳-] N. infectious hepatitis
chuánrè 传热[傳熱] V.O. transmit heat
chuánrén 传人[傳-] V.O. pass on a special skill, etc.; teach *Zhèi mén shǒuyì tā bù qīnyì ~.* He doesn't pass on this skill casually. ♦N. ① sb. capable of passing on learning ② person who can pass on ancestors' morality/civilization/etc. M: ²*wèi*
chuánrèxìng 传热性[傳熱-] N. diathermancy
chuānrù 穿入 V. penetrate ♦N. penetration
chuánrù* 传入[傳-] V. spread to; be introduced/imported to (of idea/philosophy/custom/etc.)
chuánsānguòsì 传三过四[傳-] F.E. spread rumors
chuānshang* 穿上 R.V. put on (clothes/etc.)
chuánshàng 船上 P.W. on board (ship)
chuánshàng jiāohuòjià 船上交货价[-價] F.E. free on board (F.O.B.)
chuānshānjiǎ 穿山甲 N. ① <*zoo.*> pangolin M: ²*zhī* ② <*med.*> pangolin scales
¹**chuánshāo** 船艄 N. stern
²**chuánshāo** 船梢 N. bow/prow (of a boat)
chuánshēn* 船身 N. body of a ship; hull
chuánshén 传神[傳-] S.V. vivid; lifelike
chuánshěn 传审[傳審] V. summon for interrogation/trial
chuánshēng 传声[傳聲] V.O. transmit sound
chuánshēngqì 传声器[傳聲-] N. microphone
chuánshēngtǒng 传声筒[傳聲-] N. ① megaphone ② one who parrots another; sb.'s mouthpiece
chuánshénzhībǐ 传神之笔[傳-筆] N. vivid touch (in writing/painting)
¹**chuánshì** 传世[傳-] V.O. ① be handed down from ancient times ② pass on to the world (of great books/etc.)
²**chuánshì** 传示[傳-] V. show around
chuánshǒu 船首 P.W. stem; bow; prow
chuánshòu* 传授[傳-] V. pass on (skills/etc.); impart; teach
chuánshòugěi 传授给[傳-] V.P. pass on (knowledge/skill/etc.) to; teach; impart
chuánshǒulóu 船首楼[-樓] N. forecastle M: ⁴*zuò*
chuánshòu méijiè 传授媒介[傳-] N. <*lg.*> medium of instruction
¹**chuánshū*** 传输[傳-] <*elec.*> N. transmission ♦V. transmit
²**chuánshū** 传书[傳書] V.O. send a message
chuánshù 传述[傳-] V. it is said; they say
chuánshūgē 传书鸽[傳書-] N. messenger pigeon M: ²*zhī*
chuān shuǐjīngxié 穿水晶鞋 <*coll.*> V.O. make things difficult for others
chuánshuō 传说[傳-] V. it is said; they say ♦N. legend; tradition
chuánshuō rénwù 传说人物[傳-] N. a legendary personage
chuánsǐ 遄死 V. die very quickly
¹**chuánsòng** 传送[傳-] V. transmit; deliver
²**chuánsòng** 传诵/颂[傳-] V. ① be on everybody's lips ② be widely read
chuánsòngdài 传送带[傳-帶] N. <*mach.*> conveyer belt M: ¹*tiáo*
chuánsòngjī 传送机[傳-] N. conveyer M: ¹*tái*
chuánsònglǜ 传送率[傳-] N. rate/speed of transmission/conveyance/etc.
chuānsù 穿素 V.O. wear drab clothing (in mourning)
chuānsuō* 穿梭 V. shuttle back and forth
chuánsuǒ 船索 N. rope to fasten a boat M: ²*gēn*
chuànsuō 串唆 V. tempt; entice
chuānsuōhōngzhà 穿梭轰炸[--轟-] F.E. shuttle bombing
chuānsuō wàijiāo 穿梭外交 N. diplomatic shuttling
chuāntái 川苔 N. prasiola (edible algae growing on rocks in mountain brooks) M: ²*cù*
chuántái* 船台[-臺] N. berth; shipway; slip(way) M: ⁴*zuò*
chuāntāng 川汤[-湯] N. soup
chuāntáng(r)* 穿堂(儿) P.W. hallway ♦V. <*topo.*> visit; take a trip
chuāntángfēng(r) 穿堂风(儿) N. draft
chuāntángmén(r) 穿堂门(儿) N. ① gate of a hallway ② passageway M: ⁴*zuò*
chuántǐ 船体[-體] N. hull
chuántiáo 椽条[-條] N. rafter; beam M: ²*gēn*
chuàntìr 串屉儿[-屜-] V.O. warm up (rolls/buns/etc.) in an oven
chuāntōng 穿通 R.V. pierce; warp; drill; bore
chuántǒng* 传统[傳-] N. tradition; convention
chuàntōng 串通 V. gang up; collaborate; collude
chuàntóng 串同 V. band together (to do something evil); gang up
chuántǒng guānniàn 传统观念[傳-觀-] N. traditional concepts
chuántǒnghuà 传统化[傳-] V. promote tradition
chuántǒng jiàoyù 传统教育[傳-] N. traditional education
chuántǒng jùmù 传统剧目[傳-劇-] N. traditional theatrical pieces
chuántǒngxì 传统戏[傳-戲] N. traditional opera/drama
chuàntōngyīqì 串通一气[-氣] F.E. collaborate/conspire with
chuántǒng yǔfǎ 传统语法[傳-] N. <*lg.*> traditional grammar
chuántǒng zhìhuì 传统智慧[傳-] N. conventional wisdom
chuántǒngzhǔyì 传统主义[傳-義] N. traditionalism
chuàntōngzuòbì 串通作弊 F.E. conspire for some evil/illegal end
chuāntòu 穿透 R.V. penetrate; pierce through
chuántóu* 船头 P.W. stem; bow; prow
chuāntòuxìng 穿透性 N. penetrability
chuānwǎng* 穿往 V. keep up visits/congratulation/condolence/etc.
chuánwǎng 遄往 V. go over there quickly
chuān wánzi 川丸子 V.O. cook meatballs in soup
chuánwéi 船桅 N. mast M: ²*gēn*
chuánwěi* 船尾 P.W. stern
chuánwèi 船位 N. ① (ship) accommodations ② ship's position
chuànwèi 串味 V.O. pick up bad odors
chuánwéihuàbǐng 传为话柄[傳-] F.E. become a subject for ridicule
chuánwéijiāhuà 传为佳话[傳-] F.E. become a favorite tale
Chuānwèi liángmiàn 川味凉面[-涼麵] N. Sichuan style cold noodles
chuánwéiměitán 传为美谈[傳-] F.E. pass from mouth to mouth with approbation
chuánwéi xiàobǐng 传为笑柄[傳-] V.O. be subject of ridicule through the ages
chuánwéixiàotán 传为笑谈[傳-] F.E. be/become standing joke
chuánwén* 传闻[傳-] V. it is said; they say ♦N. hearsay; rumor; talk
chuánwèn 传问[傳-] V. arraign
chuánwénshīshí 传闻失实[傳-實] N. rumors without foundation
chuánwén zhèngjù 传闻证据[傳-證據] N. hearsay evidence
¹**chuánwù*** 船坞[-塢] P.W. dock; shipyard M: ⁴*zuò*
²**chuánwù** 船务[-務] N. shipping business
chuǎnwǔ 舛午 V. oppose each other; bicker
chuǎnwù 舛误 N. error; mishap
¹**chuánxí*** 传习[傳習] V.O. transmit knowledge (by teachers)
²**chuánxí** 传檄[傳-] V.O. <*wr.*> call to arms
chuǎnxī 喘息 V. pant; gasp for breath ♦N. ① breather; breathing spell; respite ② <*med.*> asthma
chuànxì 串戏[-戲] V.O. ① act in a play ② perform in a play as an amateur
chuánxià 传下[傳-] R.V. pass/hand down
chuānxiàn* 穿线 V.O. ① thread a needle ② serve as a go-between
chuánxián 船舷 N. ① vessel's side ② bulwarks (of a boat); gunwale/gunnel
chuānxiào* 穿孝 V.O. be in mourning; wear mourning
chuánxiāo 传销 V. pyramid and network sales initiated by sb. selling small items to friends/etc.
chuān xiǎoxié 穿小鞋 V.O. make things hard for sb. by abusing one's power
chuán xiàqu 传下去[傳-] R.V. ① pass on ② hand down
chuǎnxīchūdìng 喘息初定 F.E. recover one's breath
chuānxié* 穿鞋 V.O. put on shoes
chuánxiě 传写[傳寫] V. copy down a masterpiece for study/appreciation
chuǎnxī jīhuì 喘息机会 N. breathing spell; respite
chuānxīn 穿心 V.O. pierce the heart
chuánxīn 传薪[傳-] V.O. pass on the torch of learning
chuánxìn* 传信[傳-] V.O. ① communicate one's belief to another ② deliver letters
chuānxíng* 穿行 V. go through; make one's way through
¹**chuánxíng** 船形 ATTR. ship-shape
²**chuánxíng** 遄行 V. go quickly
chuànxíng chǔlǐ 串行处理[--處-] N. serial processing
chuànxíng cúnqǔ 串行存取 N. serial access
chuánxìngē 传信鸽[傳-] N. homing pigeon; carrier pigeon M: ²*zhī*
chuānxīnlián 穿心莲 N. <*Ch. med.*> green chiretta
chuánxīnshù 传心术[傳-術] N. telepathy
chuān xīnxié zǒu lǎolù 穿新鞋走老路 F.E. ① continue old practices in new situations ② put old wine in new bottles
Chuānxiōng 川芎 N. <*Ch. med.*> Sichuan *Ligsticum wallichii*; medicinal shizome growing in Sichuan
chuánxísuǒ 传习所[傳習-] A.T. <*trad.*> seminar
chuǎnxīwèidìng 喘息未定 F.E. before one has a chance to catch one's breath
chuánxuān 传宣[傳-] V. summon someone to imperial audience
chuānxuē 穿靴 V.O. put on boots

chuānxuē dàimào 穿靴戴帽 V.P. use a lot of rhetoric and clichés in speech/writing
chuánxùn 传讯[傳-] V. <*law*> subpoena; cite
chuǎnxūxū 喘嘘嘘//吁吁[-嘘嘘//--] V.P. breathe very hard; pant; puff and blow
Chuānyán 川盐[-鹽] N. mineral salt produced in Sichuan M: [5]*dàn*
chuānyǎn 穿眼 V.O. bore a hole; perforate
chuányán* 传言[傳-] N. ① hearsay; rumor ② common saying; diction M: [1]*xiē* ♦V.O. pass on a message
chuànyǎn 串演 V. play/act the role of
chuányánfēixū 传言非虚[傳-虛] F.E. it's not just hearsay
chuānyáng 穿杨[-楊] N. good shooter
chuányáng* 传扬[傳揚] V. spread (from mouth to mouth)
chuànyāng(r) 串秧(儿) V.O. <*coll.*> crossbreed; interbreed
chuànyāngr de 串秧儿的 ATTR. <*coll.*> hybridized; mongrelized; intermixed
chuányángsìfāng 传扬四方[傳揚-] F.E. spread far and wide
chuányè 传夜[傳-] V.O. make the rounds of nightly patrols (of a night watchman)
chuānyī* 穿衣 V.O. put on clothes; dress
chuányí 传疑[傳-] V.O. leave some doubtful points for other scholars to authenticate
[1]**chuányì** 传译[傳譯] V./N. interpret; translate
[2]**chuányì** 传艺[傳藝] V.O. teach a skill
[3]**chuányì** 传驿[傳驛] N. <*trad.*> imperial post service (by horse)
chuán yībō 传衣钵[傳-缽] V.O. hand one's trade on to disciples; teach one's students all one knows
chuányì chū 传译出[傳譯-] R.V. translate into
chuányì de biǎodá nénglì 传意的表达能力[傳---達--] N. <*lg.*> communicative performance
chuányì de qiánnéng 传意的潜能[傳--潛-] N. <*lg.*> communicative competence
chuányì fānyì 传意翻译[傳-譯] N. <*lg.*> communicative translation
chuānyījìng 穿衣镜 N. full-length mirror M: [1]*miàn*
chuān yī tiáo kùzi 穿一条裤子[--條--] V.P. <*coll.*> be an accomplice
chuányìyuán 传译员[傳譯-] N. interpreter M: [2]*wèi*
chuānyòng 穿用 N. things for wear and things for use
chuányòngyóu 船用油 N. bunker oil
chuànyou 串游 V. <*coll.*> saunter; stroll; loiter
chuānyú 穿窬 V. <*wr.*> cut through a wall or climb over it (in order to rob a house)
chuányù* 传谕[傳-] V.O. tell; instruct
chuányuán 船员 N. ① mariner ② crew M: [2]*wèi*
chuānyuè* 穿越 V. pass through; cut across
chuányuè 传阅[傳-] V. ① circulate for perusal ② pass on for a look or reading
chuānyuèdào 穿越道 N. passage; passageway; crosswalk M: [1]*tiáo*
chuányùn 船运[-運] N. shipping; transportation by sea
chuānyúnlièshí 穿云裂石[-雲--] F.E. loud and clear
chuānyúzhīdào 穿窬之盗[-盜] N. burglar; thief
chuǎnzá 舛杂[-雜] V.P. all mixed up; chaotic
chuānzáo 穿凿[-鑿] V. give strained interpretation *See also chuānzuò*
chuānzáofùhuì 穿凿附会[-鑿--] F.E. give a strained interpretation/comparison
chuānzé 川泽[-澤] N. marshes; swamps
chuánzhá 船闸 N. (ship) lock M: [2]*dào*
chuàn zháimén(r) 串宅门(儿) V.O. <*trad.*> do house-to-house domestic work
chuānzhāng 穿章 N. clothes
chuánzhǎng* 船长 N. captain; skipper M: [2]*wèi*
chuànzhé 串辙 V.O. make a wrong linkup of persons and places (in conversation or writing)

chuānzhēn 穿针 V.O. thread a needle
chuánzhēn* 传真[傳-] N. ① portraiture ② facsimile ③ fax
chuánzhēn diànbào 传真电报[傳-電報] N. phototelegraph M: [2]*fēng*
chuánzhēn fāsòng 传真发送[傳-發-] V.P. facsimile transmission
chuánzhēng 遄征 V. hasten forth to war
chuánzhēnjī 传真机[傳-] N. fax (machine) M: [1]*tái*
chuānzhēnyǐnxiàn 穿针引线 F.E. act as a go-between
chuánzhēn zhàopiàn 传真照片[傳-] N. radiophoto M: [1]*zhāng*
chuánzhī* 船只[-隻] N. ① shipping ② vessels M: [1]*sōu*
chuánzhǐ 传旨[傳-] V.O. pass on an imperial edict/decree
chuánzhīdáyì 传知达义[傳-達義] V.P. communication
chuánzhōng 船中 N. amidships
chuánzhǒng* 传种[傳種] V.O. ① propagate; reproduce ② have sons and grandsons to carry on the family name
chuānzhù 穿住 N. clothing and habitation
chuánzhǔ* 船主 N. ① shipowner ② captain/skipper (of a boat) M: [2]*wèi*
chuánzhù 椽柱 N. pillar M: [2]*gēn*
chuànzhū(r) 串珠(儿) N. a string of beads M: [1]*chuàn*
chuánzhuàng 传状[傳狀] N. subpoena M: [1]*zhāng*
chuānzhuó 穿着[-著] N. dress; apparel
chuānzī 川资 N. traveling expenses M: [2]*bǐ*
chuánzi* 椽子 N. rafter; beam M: [2]*gēn*
chuánzǐ 传子[傳-] V.O. pass on (knowledge/skill/etc.) to one's son
chuànzi 串子 N. ① a string (of beads/etc.) ② receipt for goods in a storehouse
chuánzōngjiēdài 传宗接代[傳-] F.E. hand down from generation to generation; continue the family line
chuánzòngzhōng 船纵中[-縱-] N. midship
chuānzuò 穿凿[-鑿] ID. give a strained interpretation *See also chuānzáo*
chuànzuòzìxíngchē 串座自行车 N. tandem bicycle
chūbā* 初八 N. eighth day of a lunar month
chúbǎ 锄把 N. hoe M: [2]*gēn*
chúbài 除拜 V. be appointed to an office
[1]**chūbǎn*** 出版 V. come off the press; publish; come out
[2]**chūbǎn** 初版 N. first edition
chùbǎn 触板[觸-] N. ① <*sport*> jumping-off board ② <*mil.*> contact/trigger board M: [2]*kuài*
chūbǎnfǎ 出版法 N. ① publication law ② copyright law
chūbǎng 出榜 V.O. ① publish a list of successful candidates/examinees ② put up a notice
chūbǎng'ānmín 出榜安民 F.E. issue a proclamation to reassure the people
chūbǎnjiā 出版家 N. publisher M: [1]*jiā*
chūbǎnshāng 出版商 N. publisher M: [1]*jiā*
chūbǎnshè 出版社 P.W. publisher; press M: [1]*jiā*
chūbǎnsuǒ 出版所 P.W. publishing house
chūbǎnwù 出版物 N. publication
chūbǎnyè 出版业[-業] N. publishing business
chūbǎnzhě 出版者 N. publisher M: [2]*wèi*
chūbǎn zìyóu 出版自由 N. freedom of publication
chúbào 除暴 V.O. eliminate the rascals
chúbào'ānliáng 除暴安良 F.E. drive out the rascals and protect the people
Chǔ Bàwáng 楚霸王 N. title adopted by Xiang Yu
chǔbèi 储备[-備] V. ① lay in; stock up ② reserve
chǔbèi jījīn 储备基金[-備--] N. reserve fund
chǔbèijīn 储备金[-備-] N. reserve fund
chǔbèiliáng 储备粮[-備糧] N. grain stored against times of need

chǔbèi wàihuì 储备外汇[-備-匯] N. foreign exchange reserve
chūbēn 出奔 V. leave; flee
chúbì* 除弊 V.O. remove evil practices or abuses
[1]**chǔbì** 储币[-幣] V.O. deposit money in a bank
[2]**chǔbì** 楮币[-幣] N. <*trad.*> bank note
chùbiànbùjīng 处变不惊[處變-驚] F.E. have presence of mind in the face of disaster
chūbìn 出殡[-殯] V.O. carry a coffin to the cemetery; hold a funeral procession ♦N. burial; interment; funeral (ceremony)
chūbīng* 出兵 V.O. dispatch troops
chúbīng 除冰 V.O. de-ice
chúbìng 除病 V.O. ① get rid of a disease ② get rid of a bad habit/practice/etc.
chǔbì xuǎngòu 储币选购[-幣選購] V.P. save money for selective purchases
chūbù 初步 N. the first stages; beginning of sth.; rudiments (of a science); introduction (to a science); preliminaries
chúbujìn 除不尽[-盡] R.V. <*math.*> be indivisible
chūbulái* 出不来 R.V. ① be unable to extract/withdraw ② be unable to come out
chǔbulái 处不来[處-] R.V. cannot get along with
chūbulái jìnbuqù 出不来进不去[---進--] V.P. <*coll.*> ① can't come out and can't go in ② damned if one does and damned if one doesn't
chūbuliǎo 出不了 R.V. be unable to produce
chūbuliǎo sóngbāo 出不了㞞包[---㞞-] F.E. <*coll.*> impossible to become a failure; make a good showing
chūbuqǐ 出不起 R.V. can't afford
chūbuqù 出不去 R.V. be unable to go out
chùbuxià 处不下[處-] R.V. can't stand (a job/situation) any longer
chūbù yǔliào 初步语料 N. <*lg.*> primary linguistic data
chūbù yùsuàn 初步预算 N. preliminary budget
[1]**chūcái** 出材 V.P. outstanding; remarkable
[2]**chūcái** 樗材 N. ① a good-for-nothing ② <*humb.*> my limited ability
chūcǎi(r)* 出彩(儿) <*coll.*> V.O. ① make an embarrassing error ② cause mischief/trouble (of children) ③ make a good show; do brilliant things ♦S.V. brilliant; exciting; splendid
chūcài 出菜 <*coll.*> V.O. produce/make/achieve sth.
chǔcáichǔyòng 楚材楚用 ID. use local talents
chǔcáijìnyòng 楚材晋用[--晉-] ID. brain drain; a great person given an important post by another country
chǔcāng 储仓[-倉] N. warehouse
chǔcáng* 储藏 V. save and preserve; store; keep ♦N. deposit
chǔcángliàng 储藏量 N. <*min.*> reserves
chǔcángshì 储藏室 N. storeroom M: [1]*jiān*
chǔcángsuǒ 储藏所 P.W. (place of) storage; cache M: [4]*zuò*
chūcāo 出操 V.O. go out to drill or do exercises
[1]**chúcǎo*** 除草 V.O. weed
[2]**chúcǎo** 锄草 V.O. hoe weeds
chúcǎojì 除草剂[-劑] N. herbicide
chūchà(r) 出岔(儿) V.O. go wrong/amiss/awry
chū chācuò 出差错 V.O. slip up; go amiss
chūchāi 出差 V.O. be away on official business or on a business trip
chūchāifèi 出差费 N. allowance for a business trip M: [2]*bǐ*
chūchǎn* 出产[-產] V. produce; manufacture *Hángzhōu ~ cháyè.* Hangzhou produces tea. ♦N. products
chúchǎn 锄铲[-鏟] N. shovel M: [1]*bǎ*
chùchǎn 畜产[-產] INTJ. Brute! Animal! *See also xùchǎn*
chūchǎnfù 初产妇[-產婦] N. primiparous woman M: [2]*wèi*
[1]**chūchǎng*** 出场[-場] V.O. ① come on stage; appear on the scene ② enter an arena

[2]chūchǎng 出厂[-廠] V.O. leave the factory (of products)
chūchǎng 怵场[-場] V.O. <*topo.*> feel nervous before a large audience; become nervous at regular examination; have stage fright
chūchǎngjià 出厂价[-廠價] N. factory/producer price; factory invoice price
chū chángqì 出长气[-氣] V.O. let out a long breath
chūchǎnzhě 出产者[-產-] N. producer M: [2]*wèi*
chūchāo 出超 N. favorable balance of trade
chū chàzi 出岔子 V.O. <*coll.*> ① go wrong/awry ***Zhè tàng lǚxíng méi chū shénme chàzi.*** Nothing went wrong with this tour. ② meet with difficulties
chūchē 出车 V.O. ① dispatch a vehicle ② be out driving a vehicle
chū chēhuò 出车祸[-禍] V.O. have a car accident
chūchén 出尘[-塵] N. out-of-this-world
chúchén* 除尘[-塵] V.O. dust
chùchén 绌臣 N. banished official M: [2]*wèi*
[1]chūchéng 出城 V.O. go out of town
[2]chūchéng 出乘 V. set off in a vehicle
chúchénqì 除尘器[-塵-] N. dust remover/separator M: [1]*tái*
chùchì 黜斥 V. dispel; reject; keep away
chúchóng 除虫[-蟲] V.O. exterminate insects
chúchóngjì 除虫剂[-蟲劑] N. insecticide
chúchóngjú 除虫菊[-蟲-] N. <*bot.*> Dalmatian chrysanthemum
chūchǒu* 出丑[-醜] V.O. make a fool of oneself; bring shame on oneself
chúchòu 除臭 V.O. deodorize
chúchòujì 除臭剂[-劑] N. deodorant
chúchòuyào 除臭药[-藥] N. deodorant
chūchǔ 出处[-處] V. leave and take office ***See also*** *chūchù*
chūchù 出处[-處] N. ① source (of a quotation/allusion) ② background (of a person) ***See also*** *chūchǔ*
chǔchǔ 楚楚 R.F. ① clear; tidy; neat ② touching; pathetic ③ brilliant; magnificent ④ thick; dense ⑤ delicate; feeble
[1]chùchù(r)* 处处(儿)[處處-] R.F. everywhere; in all respects
[2]chùchù 触处[觸處] N. everywhere; all over
[3]chùchù 矗矗 R.F. steep and lofty
chūchuàng 初创[-創] ATTR. newly established
chúchuāng* 橱窗[櫥-] N. ① show/display window; showcase ② glass-fronted billboard
chúchuāng guǎnggào 橱窗广告[櫥-廣-] N. glass-fronted billboard
chūchuàng jiēduàn 初创阶段[-創階-] N. initial stage
chǔchǔdòngrén 楚楚动人[--動-] F.E. enchanting
chùchùjiēshì 触处皆是[觸處-] F.E. be seen everywhere; be abundant
chūchūjìnjìn 出出进进[-進進] R.F. keep going in and out
chǔchǔkěguān 楚楚可观[-觀] F.E. Being clear and distinct, it is worth seeing.
chǔchǔkělián 楚楚可怜[-憐] F.E. delicate and touching
chūchuliūliū 出出溜溜 ADV. <*topo.*> with a shuffling gait
chūchūmáolú 初出茅庐[-廬] F.E. be at the beginning of one's career; be young and inexperienced
chūchūn* 初春 N. early spring
chùchún 触唇[觸-] N. <*zoo.*> tentacle M: [2]*zhī*
chùchùshèfáng 处处设防[處處-] F.E. set up defenses everywhere
chùchutǎntǎn 怵怵忐忐 V.P. be anxious and restless
chùchùzhèngzé 处处正则[處處-] F.E. everywhere regular
chùchùzuòduì 处处作对[處處-對] F.E. oppose sb. in every aspect
chūcì* 初次 ADV. for the first time
chúcí 除磁 V.O. demagnetize
Chǔ Cí 楚辞[-辭] N. *Songs of Chu*, by Qu Yuan
chúcǐyǐwài 除此以外 V.P. ① except for this ② in addition
chúcǐzhīwài 除此之外 V.P. ① except for this ② in addition
chǔcún 储存 V. lay in/up; store; stockpile
chǔcúnkù 储存库 P.W. storage M: [4]*zuò*
chǔcúnqì 储存器 N. <*comp.*> memory; storage device
chǔcún qǐlai 储存起来 R.V. store up
chǔcúnqū 储存区[-區] P.W. storage area
chǔcúnshì 储存室 N. storage M: [1]*jiān*
chǔcúnshì chéngshì 储存式程式 N. <*comp.*> stored program
chūcuò(r)* 出错(儿) V.O. make mistakes
chúcuò 除错 V.O. <*comp.*> debugging
chúcuò chéngshì 除错程式 N. <*comp.*> debugging program
chūcuò chǔlǐ 出错处理[--處-] N. error handling
chū dàchāi 出大差 V.O. <*coll.*> go to hell (of a to-be-executed criminal)
chū dānjià 出担架[-擔-] V.O. <*topo.*> ① work as a bearer ② go away on a job assignment
chūdǎo 出倒 V. sell off a failed business
chūdào* 出道 V.O. make the first public appearance (of an entertainer/etc.)
chúdāo 厨刀[廚-] N. kitchen knife M: [1]*bǎ*
chúdào 除道 V.O. start building a road
chùdào tòngchù 触到痛处[觸-處] V.P. touch sb.'s sore spot
chúdekāi 除得开[-開] R.V. <*math.*> be divisible
chǔdelái 处得来[處-] R.V. get along with
chūděng 初等 ATTR. elementary; primary
chūděng jiàoyù 初等教育 N. elementary education; primary education
chúdì* 锄地 V.O. hoe
chùdì 触地[觸-] N. <*Budd.*> Skt. bhumisparsa; "touching earth"
chūdiǎn 出典 N. source of an allusion
chùdiǎn 触点[觸點] N. contact point/spot/etc.
chùdiàn* 触电[觸電] V.O. get an electric shock
chǔdiànliàng 储电量[-電-] N. <*elec.*> load capacity
chū diǎn xiǎo lòuzi 出点小漏子[-點---] V.P. <*coll.*> meet with a little accident
chū diǎnzi 出点子[-點-] V.O. <*coll.*> ① give pointers ② think of a way ③ express an idea
chúdiào 除掉 R.V. ① <*coll.*> eliminate ② except
chūdíbùyì 出敌不意[-敵--] F.E. catch the enemy unawares
chū dījià 出低价[-價] V.O. bid/name a low price
chūdǐng 出顶 V.O. <*coll.*> sublet a dwelling to sb.
chūdōng 初冬 N. early winter
chūdòng* 出动[-動] V. ① set out; start off ② send out; dispatch
[1]chùdòng 触动[觸動] V. ① touch sth. and move it slightly ② move sb.; stir up sb.'s feelings
[2]chùdòng 搐动[-動] V. twitch/move/contract spasmodically
chūdòu(zi) 出痘(子) V.O. have smallpox
chūdù 初度 N. ① first time ② birthday
chǔduàn 处断[處斷] V. decide; determine; resolve
chùduānxíng cèliángyí 触端型测量仪[觸-儀] N. end measuring instrument M: [1]*tái*
[1]chūduì 出队[-隊] V.O. start off (of an army, etc.)
[2]chūduì 出兑 V. remit money
chú'è 除恶[-惡] V.O. eliminate evil
chū'èr* 初二 N. ① 2nd day of a lunar month ② 2nd day of New Year ③ 2nd year of junior high school
chǔ'èr 储贰 N. crown prince
chū'ěrfǎn'ěr 出尔反尔 F.E. ① shilly-shally ② go back on one's word
chú'èwùjìn 除恶务尽[-惡務盡] F.E. Evil must be exterminated once and for all.; uproot all evils
chūfā 出发[-發] V. ① set out; start off ② start/proceed from ③ depart; start a journey
chúfǎ 除法 N. <*math.*> division
chǔfá* 处罚[處-] V. punish; penalize
chùfā 触发[觸發] V. detonate by contact; touch off; spark; trigger
chùfǎ 触法[觸-] V.O. break the law
chūfādiǎn 出发点[-發點] N. starting point; source
chùfā dìléi 触发地雷[觸發-] N. contact mine M: [1]*kē*
chūfālìng 出发令[-發-] N. marching orders M: [2]*dào*
chūfán 出凡 V.P. not common/ordinary
[1]chūfàn 初犯 N. <*law*> ① first offender ② first offense
[2]chūfàn 出饭 V.O. <*coll.*> rise well (of rice in cooking)
chùfàn* 触犯[觸-] V. offend; violate; go against
chūfǎng 出访 V. visit a foreign country
chúfáng* 厨房[廚-] P.W. kitchen M: [1]*jiān*
chǔfāng 处方[處-] N. prescription M: [1]*zhāng* ♦V.O. write out a prescription; prescribe
chǔfàngcáo 储放槽 N. storage tank
chùfāqì 触发器[觸發-] N. trigger
chūfāxiàn 出发线[-發-] N. starting line M: [1]*tiáo*
chúfēi* 除非 CONJ. ① only if/when ~ ***huàn ge jīnglǐ, bùrán méifǎ(r) jiějué wèntí.*** The problem can be solved only if there is a change of management. ② unless ***Tā huì lái de, ~ tā bìng le.*** He'll surely come unless he's sick. ♦CONS. ~. . . *fǒuzé/cái* only if. . .(then). . .
chùféi 畜肥 N. animal manure
chǔfèn 处分[處-] V. ① discipline/punish sb. ② deal with (a matter); make a decision/arrangement ♦N. disciplinary action
chúfèng* 雏凤[雛鳳] N. ① baby phoenix ② remarkable young person M: [2]*zhī*
Chǔfēng 楚风 N. airs/songs of Chu
chū fēngtou 出风/锋头 V.O. seek, like or be in the limelight; show off; cut a dashing figure; push oneself forward
chū fènzi 出份子 V.O. <*coll.*> contribute for a collective gift
chūfū 出夫 V.O. <*topo.*> serve as a bearer
[1]chū-fú* 初伏 N. ① first of the three ten-day periods of the dog days ② first day of the first ten-day period of the dog days
[2]chūfú 出伏 V.O. come to end of the dog days
[3]chūfú 初服 N. ① simple dress that one wears before becoming an official ② commencement of the king's duties
chūfù 出妇[-婦] N. divorced woman ♦V.O. divorce one's wife
chúfū 厨夫[廚-] N. chef; cook M: [2]*wèi*
chúfú 除服 V.O. <*trad.*> take off mourning dress when mourning period is over
Chǔfú 楚服 N. in full dress
chùgǎn 触感[觸-] N. tactile impression
chūgǎng 出港 V.O. ① clear/leave port ② send (goods) abroad; export
chūgǎo* 初稿 N. first draft M: [1]*piān*
chúgǎo 刍槁[芻-] N. hay
chǔgāowùyuǎn 处高骛远[處-遠] F.E. overambitious
[1]chūgé(r)* 出格(儿) V.O. <*coll.*> ① exceed what is proper; behave improperly ***Zhème zuò tài ~ le.*** That's going too far. ② be out of the ordinary; differ form others
[2]chūgé 出阁 V.O. ① <*coll.*> marry (of females) ② <*trad.*> leave (the capital) to take an office in a province
chǔgē 杵歌 N. tune sung by a Taiwan ethnic minority while they pound grain in a mortar
Chǔgē 楚歌 N. songs of the people of Chu ♦ID. surrounded by enemies
chùgé hūnyōng 黜革昏庸 V.P. dismiss the stupid and the inferior
chúgēn 除根 V.O. ① dig up roots ② root out ③ cure once and for all

chūgēng 初更 N. first watch (between 7 and 9 p.m.)
[1]**chūgōng*** 出工 V.O. ① go to or show up for work ② supply labor
[2]**chūgōng** 出恭 V.O. go to the lavatory (for a bowel movement)
chúgōng 厨工[廚-] N. ①kitchen work ②<*trad.*> cook
chǔgōng 储宫[-宮] N. crown prince
chū gōngchāi 出公差 V.O. go on an official business trip
chǔgōngchǔdé 楚弓楚得 ID. be narrow-minded
chúgǒu 刍狗[芻-] N. person/thing discarded after use
chúgǔ 锄骨 N. <*anat.*> vomer
chūguāilòuchǒu 出乖露丑[-醜] F.E. make an exhibition of oneself
chūguān* 出关[-關] V.O. go to Manchuria
chúguān 除官 V.O. <*trad.*> be formally appointed to an office
chùguān 触官[觸-] N. organ of touch or feeling
chǔguǎnqínlóu 楚馆秦楼[-樓] F.E. place for pleasure; brothel M: [4]*zuò*
chūguǐ 出轨 V.O. ① be derailed; go off the rails ② overstep the bounds
chúguì(r)* 橱柜(儿)[櫥櫃-] N. cupboard; sideboard
chū guǐdiǎnzi 出鬼点子[--點-] V.O. give devilish advice; make a wicked suggestion
chūguó* 出国[-國] V.O. go abroad (from one's own country)
Chǔguó 楚国[-國] P.W. a powerful state that existed 740–223 B.C.
chūguó kǎochá 出国考察[-國--] V.P. go abroad on a fact-finding trip
chūguó liúxué zhèngcè 出国留学政策[-國---] N. the policy of sending students abroad for academic studies
chūguórè 出国热[-國熱] V.P. popular enthusiasm for going abroad
chūguózhě 出国者[-國-] N. person going/being abroad M: [2]*wèi*
chūgǔqiānqiáo 出谷迁乔[-遷喬] F.E. move into a new residence
chū gùshi 出故事 V.O. become a topic (of rumor/etc.)
chūgùshidiǎnr 出故事点儿[---點-] V.P. <*coll.*> propose a new trick/stratagem
chū gùzhàng 出故障 V.O. be/go out of order; malfunction
chūhǎi* 出海 V.O. go to or put out to sea
chúhài 除害 V.O. get rid of evil or bad habits/practices
chūhǎikǒu 出海口 N. estuary
chúhàimièbìng 除害灭病[--滅-] F.E. eradicate diseases and scourges
chūhǎi tōngdào 出海通道 N. access to the sea
chūhàn 出汗 V.O. perspire ***Wǒ chūle yīshēn hàn.*** I perspired all over.
chūháng 出航 V.O. ①set out on a voyage ②set out on a flight; take off
chūháng hángxiàn 出航航线 N. outbound course M: [1]*tiáo*
chūhào(r) 出号(儿)[-號] ATTR. oversized ♦V.O. leave the store (of store clerks)
chúhào* 除号[-號] N. <*math.*> division sign
chūhào de dàjiǎo 出号的大脚[-號--腳] N. <*coll.*> oversized feet
Chǔhé-Hànjiè 楚河汉界[--漢-] N. the border of two opposing powers
chūhū* 出乎 V. be beyond (expectations)
chǔhù 储户 N. depositor M: [2]*wèi*
chùhuá 黜华[-華] V.O. <*wr.*> proscribe luxury
chùhuáchóngshí 黜华崇实[-華-實] F.E. reject luxury and uphold simplicity
chū huāhuadiǎnr 出花花点儿[---點-] V.O. <*coll.*> be mischievous
chūhuài 出坏[-壞] V.O. <*topo.*> hatch evil schemes
chū huàigōngzi 出坏拱子[-壞--] V.O. <*coll.*> ① cause mischief ② lure into a trap
chúhuàn 刍豢[芻-] N. animals that feed on grass or grain M: [2]*zhī*
chūhuār 出花儿 V.O. <*coll.*> have smallpox
chū huāyàng(r) 出花样(儿)[--樣-] V.O. ① produce sth. new (of commercial use, etc.) ② <*coll.*> play tricks; use guile
chūhūfǎnhū 出乎反乎 F.E. contradictory; inconsistent
chūhuì 初会 V./N. see sb. for the first time
chūhūn 初婚 N. first marriage
chūhūn niánlíng 初婚年龄[--齡] N. age at first marriage
chūhuō 出豁 V. ① succeed ② lighten one's crime
chūhuó(r)* 出活(儿) V.O. yield results in work; be efficient
chūhuǒ 出火 V.O. vent one's anger/desire
chūhuò 出货 V.O. ① manufacture products ② deliver products/merchandise
chūhuòdān 出货单 N. delivery order M: [1]*zhāng*
chūhū yìbiǎo 出乎意表 V.O. to one's amazement; against or contrary to expectation
chūhū yìliào 出乎意料 V.O. to one's amazement; against expectation
chūhū yìliào zhīwài 出乎意料之外 F.E. to one's amazement; against expectation
chūhū yìwài 出乎意外 V.O. to one's surprise
chūhū yùliào 出乎预料 V.O. beyond expectation; exceed expectations
[1]**chuī*** 吹 V. ① blow; puff ② play (a wind instrument) ③ <*coll.*> ⓐ boast; brag ⓑ break up (a relationship) ④ fall through (of plans)
[2]**chuī** 炊 B.F. cook a meal; kitchen work ***chuīshì***
[1]**chuí** 垂 V./B.F. ① hang down; droop; let fall ② bequeath to posterity; hand down ③ near; approach ④ condescend
[2]**chuí** 捶/搥 V. beat (with a stick/fist); thump; pound ***Gěi wǒ ~ ~ [3]bèi.*** Please thump my back.
[3]**chuí** 锤[錘] N. ① hammer ② mace ③ weight ♦V. hammer into shape
[4]**chuí** 槌/椎 N. mallet; hammer ***See also [3]zhuī***
[5]**chuí** 棰 V. beat with fist/stick (as in massage)
[6]**chuí** 箠 B.F. whip ***chuícè, chuímà***
[7]**chuí** 陲 B.F. border area ***[1]biānchuí***
chuí'ài 垂爱[-愛] V. provide tender care
chuíba 捶巴 V. ① thump ② knead with the fists (to relax)
chuíbàngshí 捶棒石 N. hammering stone M: [2]*kuài*
chuíbèi 捶背 V.O. lightly pound sb.'s back/shoulders with the fists to ease sore muscles
chuībiān 吹鞭 N. <*trad.*> a whip with a hole in it
chuībǐng 炊饼 N. steamed cake M: [2]*zhī*
chuíbó 垂白 V.P. graying; touched with gray (of hair)
chuícè 箠策 N. horsewhip M: [1]*tiáo*
chuíchá 垂察 V. <*court.*> condescend to examine
chuīchéng* 吹成 R.V. inflate (sth. into)
chuíchéng 垂成 V.P. <*wr.*> drawing close to a successful conclusion; be approaching success/completion
chuíchí 垂弛 V. sag
chuīchū* 吹出 R.V. ① play music with wind instruments ② boast; brag
[1]**chuíchǔ** 捶楚 V. give someone a sound thrashing ♦N. <*trad.*> flogging as punishment
[2]**chuíchǔ** 箠楚 N. whipping or flogging as a punishment
chuíchuángdǎozhěn 捶床捣枕[--搗-] F.E. toss and turn in bed
chuíchuí 垂垂 ADV. gradually
chuīchuīdǎdǎ 吹吹打打 R.F. pipe and drum
chuīchui fēng 吹吹风 V.O. <*coll.*> let sb. in on sth. in advance
chuīchuipāipāi 吹吹拍拍 R.F. boast and toady
chuīchún 吹唇 V.O. whistle
chuīcuàn 炊爨 V.O. prepare meals
chuīdǎ* 吹打 V. ① play wind and percussion instruments ② <*coll.*> boast; brag; toot one's own horn
chuídǎ 捶打 V. beat; thump
chuī dà niú 吹大牛 V.O. brag
chuīdǎo 吹倒 R.V. blow down
chuī dàqì 吹大气[-氣] V.O. <*coll.*> boast; brag
chuīdǎyuè 吹打乐[-樂] N. an ensemble of Chinese wind and percussion instruments M: [2]*shǒu*
chuīdēng 吹灯[-燈] V.O. ① blow out the light ② <*coll.*> break off with
chuīdēngbálà 吹灯拔蜡[-燈-蠟] ID. ① over and done with ② fail; fall through ③ die
chuīdēngbálà chuài guōtái 吹灯拔蜡踹锅台[-燈-蠟-鍋臺] ID. <*coll.*> over and done with; finished
chuīdépǔr 吹得谱儿 F.E. <*topo.*> boast excessively
chuī de tiānhuāluànzhuì 吹得天花乱坠[-亂墜] F.E. boast in the most fantastic terms; laud (sb./sth.) to the skies
chuīdí 吹笛 V.O. play the flute
chuídiào 垂钓 V. fish with hook and line; angle
chuīdòng 吹动[-動] R.V. move by blowing
chuídùn 椎钝 V.P. dull-witted; stupid
chuífà 垂发[-髮] N. young children; early childhood M: [2]*liǔ*
chuífǎhòushì 垂法后世[--後-] F.E. set an example for posterity
chuī fǎluó 吹法螺 V.O. ① <*Budd.*> preach the doctrines of Buddha ② brag; boast
chuīfàn 炊饭 V.O. cook
chuífàn* 垂范[-範] V.O. keep sth. as a good example
chuīfànchōngjī 炊饭充饥 F.E. steam rice and satisfy hunger
chuífāng 垂芳 V.O. <*wr.*> leave a good reputation to posterity
chuīfēng(r) 吹风(儿) V.O. ① be in a draught; catch a chill ②blow-dry (the hair/etc.) ③<*coll.*> let sb. in on sth. in advance
chuīfēnghuì 吹风会 N. advance briefing
chuīfēngjī 吹风机 N. blower (for drying hair); drier M: [1]*tái*
chuīfú* 吹拂 V. ① sway; stir ② recommend; praise ③ use one's influence to help
chuīfù 炊妇[-婦] N. woman cook M: [2]*wèi*
chuígāo 垂櫜 V.O. show one is unarmed
chuígào* 垂告 V. <*court.*> inform
chuígǒng 垂拱 V. rule in peace
[1]**chuígǔ** 锤骨[鎚/槌-] N. <*med.*> malleus
[2]**chuígǔ** 捶/搥/椎/槌鼓 V.O. beat a drum
chuīguǎn 吹管 N. <*mach.*> blowpipe M: [2]*gēn*
chuíguāng 锤光 R.V. plane; flatten; smooth
chuīguì 炊桂 N. scarcity of firewood
chuīguī le 吹归了[-歸-] V.P. <*topo.*> dead
chuīgǔshǒu 吹鼓手 N. ① musicians at a traditional wedding/funeral ②sb. who extols another person or who trumpets a cause ③ musicians (of small bands of low rating) M: [2]*wèi*
chuīgǔyìzǐ 炊骨易子 F.E. suffer a severe famine
chuīhào 吹号[-號] V.O. blow a brass instrument
chuīhū 吹呼 V. bawl at; give a scolding
chuīhuà 吹画[-畫] N. painting created by blowing paint onto a canvas M: [10]*fú*
chuíhuāmén 垂花门 N. <*archi.*> festooned gate/door M: [4]*zuò*
chuīhuī 吹灰 V.O. blow away dust
chuīhuīzhīlì 吹灰之力 N. just a small effort
[1]**chuīhuǒ** 吹火 V.O. blow (on) a fire
[2]**chuīhuǒ** 炊火 N. cooking fire as indicator of human habitation
chuī húzi 吹胡子[-鬍-] V.O. become angry
chuī húzi dèngyǎn 吹胡子瞪眼[-鬍---] F.E. foam with rage (of men)
chuíjī* 锤/槌/椎击[-擊] V. strike with a mallet/hammer/etc.
chuíjì 椎髻 N. a tiny bun shaped like a mallet (in hairdressing)
chuījiàn 吹箭 N. blowpipe dart M: [2]*zhī*

chuíjiàn* 垂鉴[-鑒] V. <court.> please glance at. . .
chuíjiào 垂教 V. condescend to teach
chuījìn 吹进[-進] R.V. blow (sth.) into
chuíjīng 槌鲸 N. bottlenose; bottle-nosed whale
chuījīnzhuànyù 炊金馔玉 ID. rich and delicate food; the finest delicacies
chuījiù 炊臼 V.O. be deprived of one's wife
chuījù 炊具 N. cooking utensils M: ²jiàn
chuíjuàn 垂眷 V. <wr.> show affectionate concern
chuīkāi 吹开[-開] R.V. blow away
chuī kǒushào 吹口哨 V.O. whistle
chuī lǎba 吹喇叭 V.O. ① lavish praise ② play a horn/trumpet
chuílǎo 垂老 N. declining years
chuīle 吹了 V.P. <coll.> ① failed; busted; did not succeed ② died ③ parted company; chilled a relationship
chuīléi 吹擂 V. boast; brag
chuīlěi 炊累 V. <trad.> move; stir; fly (like dust in the wind)
chuílèi* 垂泪[-淚] V.O. shed tears
chuī lěngfēng 吹冷风 V.O. throw cold water on
¹**chuílián** 垂怜[-憐] V. have pity on somebody
²**chuílián** 垂帘[-簾] V. hold court from behind a screen (by the empress/etc.)
¹**chuíliàn*** 锤炼[-煉] V. ① hammer into shape ② temper ③ polish ④ forge
²**chuíliàn** 捶链 V. submit to strict disciplinary training
chuíliàn cí-jù 锤炼词句[-煉--] V.O. polish a piece of writing
chuīliàng 吹晾 V. air (to dry)
chuíliántīngzhèng 垂帘听政[-簾聽-] F.E. hold court from behind a screen (by the empress/etc.)
chuíliàn zìjù 锤炼字句[-煉--] V.O. polish a piece of writing
chuíliǔ 垂柳 N. weeping willow M: ²kē
chuíliǔniǎoniǎo 垂柳袅袅[-裊裊] F.E. The willow branches sway gently in the breeze.
chuíliǔqīngfú 垂柳轻拂[--輕-] F.E. The narrow, drooping leaves of the willows dance lightly in the wind.
chuílǔ 椎/槌鲁 V.P. dull and stupid
chuílù* 垂露 N. dewdrop (a stroke in calligraphy)
chuílún 椎轮 N. something in its initial stage
chuíluò 垂落 V. drop; fall down
chuímà 箠骂[-罵] V. flog and curse
chuímái 椎埋 V. ① kill sb. and bury his body ② dig graves *See also zhuīmái*
chuīmáoqiúcī 吹毛求疵 F.E. ① nitpick; cavil ② be fastidious
chuímiàn 垂面 N. <math.> perpendicular/vertical plane
chuīmiè 吹灭[-滅] R.V. blow out
chuímíng 垂名 V.O. leave a name for future generations
chuímíngbùxiǔ 垂名不朽 F.E. leave a name never to be forgotten
chuímíngzhúbó 垂名竹帛 F.E. leave a name handed down in history forever
chuímù 垂暮 N. ① dusk; toward sunset ② declining years
chuímùzhīnián 垂暮之年 N. in old age
chuíniàn 垂念 V. show kind concern for
chuīniú* 吹牛 V.O. <coll.> boast; brag; talk big
chuíniú 椎牛 V.O. kill an ox *See also zhuīniú*
chuīniúpāimǎ 吹牛拍马 F.E. boast and flatter
chuī niúpí 吹牛皮 V.O. boast; brag; talk big
chuíniúzǎimǎ 椎牛宰马 F.E. slaughter cows and horses
chuīpěng 吹捧 V. flatter; adulate
chuípī 垂披 V. hang down and spread out (of shawl/hair)
chuípiāo 椎剽 V. kill a person and rob him
chuípíng 捶平 R.V. flatten by pounding
chuípū 捶扑[-撲] V. beat up a criminal
¹**chuīqì*** 吹气[-氣] V.O. blow air (into)
²**chuīqì** 炊器 N. <archeo.> cooking vessels
chuíqì 垂泣 V. shed tears
chuīqiāng 吹腔 N. a singing style of Peking opera with flute accompaniment
chuīqīng 吹青 N. sprayed blue; powdered blue
chuíqīng* 垂青 V.O. look upon sb. with favor
chuíqìng 垂庆[-慶] V. hand down blessings
chuíqīngyúrén 垂青于人[--於-] F.E. ① be pleasing to the eyes ② show appreciation for sb.
chuī qìpàomò 吹气泡沫[-氣--] V.O. boast; brag ♦N. bragging; boasting
chuīqiú* 吹求 V. nitpick; cavil
chuíqiú 槌球 N. croquet M: ²zhī
chuīqù 吹去 R.V. blow away
chuír 槌/锤儿 N. hammer M: ¹bǎ
chuīrén 炊人 N. <trad.> cook; chef M: ²wèi
chuīsàn 吹散 R.V. disperse; dispel (by blowing)
chuíshā 椎杀[-殺] V. kill with a mallet/hammer/etc.
chuīshào(r) 吹哨(儿) V.O. whistle
chuī shàozi 吹哨子 V.O. blow a whistle
chuīshāzuòfàn 炊/吹沙作饭 ID. useless/meaningless attempt; futile undertaking
chuīshí 吹蚀 V. <geol.> deflation
chuīshì* 炊事 N. cooking; kitchen work
chuíshì 垂饰 N. pendant; pendent; lavaliere M: ¹tiáo
chuīshìbān 炊事班 N. cookhouse/kitchen squad
chuīshìbīng 炊事兵 N. military cook M: ²wèi/¹míng
chuīshìyuán 炊事员 N. cook; kitchen staff M: ²wèi
chuīshǒu 吹手 N. buglers, trumpeters, etc. M: ²wèi
chuíshǒu* 垂手 V.O. ① obtain sth. hands down (i.e., easy to do) ② be within easy reach ③ let hands hang by the sides (a gesture of respectful attention)
chuíshǒu'érdé 垂手而得 F.E. acquire sth. easily
¹**chuíshǒu'érlì** 垂手而立 F.E. stand with one's hands hanging by the sides
²**chuíshǒu'érlì** 垂首而立 F.E. stand with drooping head
chuíshǒukěchéng 垂手可成 F.E. Success would be easy and sure.
chuíshǒukědé 垂手可得 F.E. easy to obtain/get
chuíshǒushìlì 垂手侍立 F.E. stand with one's hands at one's sides and wait respectfully
¹**chuísǐ** 垂死 V.P. be moribund/dying
²**chuísǐ** 捶死 R.V. beat sb. to death
chuísǐzhě 垂死者 N. dying person M: ²wèi
chuísǐzhēngzhá 垂死挣扎[--掙-] F.E. ① be in one's death throes ② put up a last-ditch struggle
chuītái 吹台[-臺] V.O. <coll.> break off; fall through; fizzle out
chuítáipāidèng 捶台拍凳[-檯--] F.E. be in great rage
chuītán 吹弹 V. play wind and string instruments
chuīténg 吹腾 V. boast; brag
chuíténgdiǎn 垂藤点[-點] N. <art> hanging-creeper dot (in painting)
chuítǐ* 垂体[-體] N. <phys.> hypophysis; pituitary body/gland
chuítì 垂涕 V.O. shed tears
chuítiáo 垂髫 N. early childhood
chuītǒng 吹筒 N. <trad.> a device for catching birds M: ²zhī
chuítǒng* 垂统 N. dynastic heritage; inherited official ideology
¹**chuítóu** 锤头 N. hammerhead
²**chuítóu** 垂头 V.O. hang one's head
chuítóur 锤头儿 N. <topo.> hammer
chuítóusàngqì 垂头丧气[-喪氣] F.E. be crestfallen/dejected
chuīwǎng 吹网[-網] V.O. obviously futile
chuíwēi 垂危 V.P. be critically ill
chuíxià 垂下 R.V. hang down
chuíxián* 垂涎 V. slaver; covet
chuíxiàn 垂线 N. vertical line M: ¹tiáo
chuīxiǎng* 吹响[-響] R.V. blow a sound (on an instrument/etc.)
chuīxiàng 吹向 V.P. blow toward
chuíxiánsānchǐ 垂涎三尺 F.E. drool with envy
chuíxiányǐjiǔ 垂涎已久 F.E. have coveted sth. for a long time
chuíxiányùdī 垂涎欲滴 F.E. make one's mouth water
chuīxiāo 吹箫[-簫] V.O. ① play vertical flute ② go begging
chuíxīnqìxuè 椎心泣血 F.E. deep sorrow; extreme grief
chuíxīntòngkū 椎心痛哭 F.E. cry one's heart out
chuíxiōng 捶胸 V.O. beat one's breast
chuíxiōngdàkū 捶胸大哭 F.E. beat one's breast and weep
chuíxiōngdàtòng 捶胸大恸[-慟] F.E. beat one's breast and cry bitterly
chuíxiōngdiēzú 捶胸跌足 F.E. beat one's breast and stamp one's feet
chuíxiōngdùnzú 捶胸顿足 F.E. beat one's breast and stamp one's feet
chuīxū 吹嘘[-噓] V. ① lavish praise on oneself or others; boast ② <trad.> lavish affectionate care on sb./sth.
chuíxuán fēncí 垂悬分词[-懸--] N. <lg.> dangling participle
chuíxún 垂询 V. condescend to inquire
chuīxūpěngchǎng 吹嘘捧场[-噓-場] F.E. sing the praise of others; laud
chuī xūzi 吹须子[-鬚-] V.O. become angry
chuīyān 炊烟[-煙] N. ① smoke from kitchen chimneys M: ³lǚ ② occupied home/house
chuíyáng 垂杨[-楊] N. weeping willow M: ²kē
chuíyángfúyán 垂杨拂檐[-楊--] F.E. Tall willow trees sweep the eaves of the buildings with their branches.
chuíyángliǔ 垂杨柳[-楊-] N. weeping willow M: ²kē
chuíyángniǎoniǎo 垂杨袅袅[-楊裊裊] F.E. Drooping willows are dancing in the wind.
chuīyānniǎoniǎo 炊烟袅袅[-煙裊裊] F.E. Smoke curls up from kitchen chimneys.
chuīyānrǎnshàng 炊烟冉上[-煙--] F.E. Smoke rises from kitchen chimneys.
chuīyānsìqǐ 炊烟四起[-煙--] F.E. Chimney smoke rises all around.
chuíyāo 捶腰 V.O. massage the waist by light pounding
chuíyèwén 垂叶纹[-葉-] N. <art> descending leaf pattern; leaf-shaped lappet
chuī yīnfēng 吹阴风[-陰-] V.O. stir up a malicious wind
chuīyǐnglóuchén 吹影楼尘[-樓塵] ID. without seeing any expressions or movement
chuīyòu 吹釉 N. <pottery> glazing by sufflation; souffle glaze
chuīyún 吹云[-雲] N. painting style in which the artist paints clouds by blowing white spots of powder over wet silk
chuízhào 垂照 V. <court.> please take care/charge of
chuīzhǐ 吹指 V.O. whistle with the fingers in the mouth
chuízhí* 垂直 ATTR. perpendicular; vertical
chuízhíduò 垂直舵 N. perpendicular rudder
chuízhí fǔchōng 垂直俯冲[-衝] V.P. nose dive
chuízhíliúdòng 垂直流动[-動] F.E. <sociology> vertical mobility
chuízhímiàn 垂直面 N. vertical plane
chuízhí píngfēnxiàn 垂直平分线 N. perpendicular bisector M: ¹tiáo
chuízhíxiàn 垂直线 N. vertical line M: ¹tiáo
chuízhí zhíyè liúdòng 垂直职业流动[--職業-動] F.E. <sociology> vertical occupational mobility
chuīzhou 炊帚 N. pot-scouring brush
chuízi 锤/槌子 N. ① hammer M: ¹bǎ ② <vulg.> penis; prick M: ²gēn
chuīzǒu 吹走 R.V. blow away/off

chuīzòu* 吹奏 V. play (wind instruments)
chuīzòuyuè 吹奏乐[-樂] N. band music; wind music M: ³qǔ
chuízú 垂足 N. <math.> foot of perpendicular
chūjī* 出击[-擊] V. launch an attack; make a sally
¹**chūjí** 初级 ATTR. elementary; primary
²**chūjí** 出籍 V.O. ① expatriate ② lose/renounce one's nationality
chūjì 出继[-繼] V. be legally adopted as a son
chújī 雏鸡[雛雞] N. baby chicken M: ²zhī
chújí 除籍 V.O. strike one's name off a list; disenroll; dismiss; expel
chújì 雏妓[雛-] N. very young prostitute M: ²wèi
chǔjī 储积[-積] V. store up
¹**chùjī** 触机[觸-] V.O. ① stir up sb.'s feeling ② have a brainstorm
²**chùjī** 触击[觸擊] N. a bunt (in baseball)
chùjí 触及[觸-] V. touch
chūjiā 出家 V.O. become a monk/nun
¹**chūjià*** 出价[-價] V.O. bid
²**chūjià** 出嫁 V.O. marry (of women)
chūjiāguīyī 出家皈依 F.E. give up one's home and embrace religion
chūjiān(r) 出尖(儿) V.O. stand out; be outstanding
chújiān* 锄/除奸 V.O. eliminate traitors; ferret out spies
chújiān'ānmín 锄奸安民 F.E. fight against evildoers and bring peace to the people
chūjiànchéngxiào 初见成效 F.E. Preliminary results have been achieved.
chújiānfǎnbà 锄奸反霸 F.E. eliminate traitors and local despots
chūjiàng 出虹 V.O. appear in the sky (of a rainbow)
chūjiàngrùxiàng 出将入相[-將--] F.E. have both civil and military abilities
chūjiānrènshì 出尖任事 F.E. take up a difficult/dangerous task
¹**chūjiāo(r)** 初交(儿) N. new acquaintance
²**chūjiāo** 出蛟 V.O. flood (of rivers/etc.)
chūjiào 出教 V.O. give up a religious belief
chùjiāo* 触礁[觸-] V.O. ① strike a reef/rock ② hit a snag ③ run into danger
chùjiǎo 触角[觸-] N. <zoo.> antenna; feeler (fig./lit.); tentacle M: ²zhī
chūjiārén 出家人 N. Buddhist/Daoist monk/nun
chūjí biànhuànlǜ 初级变换律[--變換-] N. <lg.> elementary transformation
chǔjícéng 储集层[-層] N. a reservoir (petroleum bed)
chūjí dúběn 初级读本[--讀-] N. elementary reader
chūjiē 初阶[-階] N. ① beginning; primary phase/stage ② rudimentary knowledge of sth. ③ primary elements (of science)
chūjié 出结 V. sign for money transaction/etc.
¹**chūjiè*** 出界 V.O. <sport> be out-of-bounds/outside
²**chūjiè** 出借 V. lend; loan
chūjí kuàijìyuán 初级会计员 N. junior accountant M: ²wèi
chùjí línghún 触及灵魂[觸-靈-] V.O. touch one's very soul; get in touch with one's innermost being
chūjìn* 出进[-進] N. ① earnings and expenses ② difference ♦V. go in and out
chǔjīn 储金 N. savings M: ²bǐ
¹**chūjìng*** 出境 V.O. leave the country
²**chūjìng** 出镜 <coll.> V.O. appear on camera; play a role (in a film)
chǔjìng 处境[處-] N. situation (usu. unfavorable)
chǔjìng gāngà 处境尴尬[處-尷-] V.P. be placed in an awkward position
chūjìng qiānzhèng 出境签证[-證] N. exit visa
chùjǐngqíngshēn 触景情深[觸-] F.E. The scene moves one to the depths.
chùjǐngshāngqíng 触景伤情[觸-傷-] F.E. be moved by what one sees
chùjǐngshēngqíng 触景生情[觸-] F.E. the sight strikes a chord in one's heart
chūjìngzhèng 出境证[-證] N. exit permit M: ¹zhāng
chǔjīnhuì 储金会 N. savings society
chūjí nóngyè shēngchǎn hézuòshè 初级农业生产合作社[--農業-產---] P.W. primary agricultural production cooperative
chùjí píròu 触及皮肉[觸-] V.O. inflict corporal/physical punishment upon sb.
chùjìqǔ 触技曲[觸-] N. <mus.> toccata
chūjíshè 初级社 AB. chūjí nóngyè shēngchǎn hézuòshè
chūjí tuántǐ 初级团体[-團體] N. <sociology> primary group
chūjiǔ* 初九 N. ninth day of a lunar month
chǔjiù 杵臼 N. mortar and pestle M: ²gēn
chǔjiǔ 处久[處-] R.V. be together for a long time (of colleagues/etc.)
chújiùbùxīn 除旧布新[-舊--] F.E. eliminate the old to make way for the new
chújiùgēngxīn 除旧更新[-舊--] F.E. replace the old with the new
chǔjiùjiāo 杵臼交 ID. friendship between persons regardless of their different economic situations
chújiùlìxīn 除旧立新[-舊--] F.E. eliminate the old to make way for the new
chújiùyíngxīn 除旧迎新[-舊--] F.E. eliminate the old and usher in the new
chǔjiùzhījiāo 杵臼之交 ID. true friendship which disregards discrepancy in wealth/influence/fame/etc.
chūjí xiǎoxué 初级小学 N. primary school M: ¹suǒ
chūjí zhōngxué 初级中学 N. junior middle school M: ¹suǒ
chūjú 出局 V.O. ① give up responsibility; retire ② leave an activity
chūjù* 出具 V. issue; provide
¹**chújú** 雏菊[雛-] N. daisy M: ²kē
²**chújú** 除菊 N. pyrethrum M: ²kē
chújù 厨具[廚-] N. cooking utensils M: tào
Chǔjù 楚剧[-劇] N. Chu opera
chǔjué* 处决[處決] V. ① put to death; execute ② decide; resolve
chùjué 触觉[觸覺] N. sense of touch
chùjuéqì 触觉器[觸覺-] N. tactile organ
chùjué qìguān 触觉器官[觸覺-] N. tactile organ
chùjué shénjīng 触觉神经[觸覺-經] N. <phys.> tactile nerve
chūjùguīmó 初具规模 F.E. begin to take shape
chǔjūn 储君 N. crown prince M: ²wèi
chúkāi* 除开[-開] COV. ① except ② besides ♦V. take away; remove
chǔkāi 杵开[-開] R.V. <coll.> pound apart; break open
chūkàn 初看 ADV. at first sight
chū kǎotí 出考题 V.O. set examination questions
chǔkǎxiāng 储卡箱 N. filing cabinet M: ²zhī
chūkē 出科 V.O. <trad.> graduate from an opera school
chūkǒu 出口 V.O. ① speak; utter ② export ③ go to the regions north of Kalgan or north of the Great Wall ♦N. exit
chūkǒu bāozhuāng 出口包装[-裝] N. export packing
chūkǒu bǔtiē 出口补贴[--補-] N. export subsidies
chūkǒuchéngzhāng 出口成章 F.E. words flow from one's mouth as from the pen of a master
chūkǒu chuànghuì chǎnpǐn 出口创汇产品[--創匯產-] N. commodity exported to earn foreign exchange
chūkǒucūyě 出口粗野 F.E. swear like a trooper
chūkǒudǎoxiàng 出口导向[--導-] F.E. export-oriented
chūkǒu dǎoxiàngxíng 出口导向型[--導--] ATTR. export-oriented (type)
chūkǒuhuò 出口货 N. export goods M: ¹pī
chūkǒu mǎifāng xìndài 出口买方信贷[--買--] N. export credit for buyers
chūkǒuqì 出口气[--氣] V.O. vent one's spleen
chūkǒuqū 出口区[--區] P.W. exporting district
chūkǒushāng 出口商 N. exporter M: ²wèi
chūkǒushāngrén 出口伤人[--傷-] F.E. speak bitingly
chūkǒu shōuhuìlǜ 出口收汇率[---匯-] N. export receipt ratio
chūkǒushuì 出口税 N. export duties
chūkǒu tuìshuì 出口退税 N. export tax rebate
chūkǒu tuìshuìlǜ 出口退税率 N. export rebate rate
chūkǒu xìndài 出口信贷 N. export credit
chūkǒu xǔkě 出口许可 N. export licensing
chūkǒu xǔkězhèng 出口许可证[-證] N. export license/permit
chūkǒuyè jiāgōngqū 出口业加工区[--業--區] N. export processing zone
chūkǒu zhuǎn nèixiāo 出口转内销[--轉--] F.E. export products are sold in the home market
chūkǒu zǒngzhí 出口总值[--總-] N. gross export value
chǔkuǎn 储款 V.O. save money (in a bank) ♦N. savings
chǔkuáng 楚狂 N. lunatic
chǔkuǎnyǐdài 储款以待 F.E. get money ready (for a purpose)
chǔkuí 楚葵 N. <bot.> ① cress ② *Corydalis incisa* M: ²kē
chūlai* 出来 R.V. come out; emerge ♦SUF. out (toward one) ***Zhège zì nǐ néng rèn ~ ma?*** Can you make out this character?
chūlái 初来 F.E. just arrived
chūláizhàdào 初来乍到 F.E. just arrived
chūlán 出栏[-欄] V.O. be produced (of animal stock)
chúle 除了 COV. ① except ② besides ♦CONS. ① ~ A yǐwài apart from A; except for A ② ~ A yǐwài, hái B in addition to A, also B
chùléi 触雷[觸-] V.O. ① hit a floating mine ② step on a land mine
chùlèi* 畜类[-類] N. domestic animals
chūlèibácuì 出类拔萃[-類--] ID. stand out from one's fellows
chùlèipángtōng 触类旁通[觸類-] F.E. comprehend by analogy
chùlèiyǐnshēn 触类引伸[觸類-] F.E. extend the meaning by analogy
¹**chūlì** 出力 V.O. exert oneself
²**chūlì** 樗栎[-櫟] N. <wr.> a good-for-nothing
chúlí 锄犁 N. plow M: ¹zhāng
chǔlǐ* 处理[處-] V. ①handle; deal with; dispose of ② process ③ sell at reduced price
¹**chùlì** 矗立 V. stand tall and upright; tower over sth.
²**chùlì** 畜力 N. animal power
chūliàn 初恋[-戀] N. first love
chúliáng 刍粮[芻糧] N. fodder for horses and food for men
chǔliàng* 储量 N. <min.> reserves
chǔliángbèihuāng 储粮备荒[-糧備-] F.E. store up grain against famine
chūlì bù tǎohǎo 出力不讨好 F.E. do a thankless task
chùlìchē 畜力车 N. animal-drawn cart M: ³liàng
chǔlǐ chéngxù 处理程序[處-] N. <comp.> processing program
chǔlǐcóngkuān 处理从宽[處-從寬] F.E. punish leniently
chǔlǐ cúnhuò 处理存货[處-] V.O. sell off
chǔlǐ dānyuán 处理单元[處-] N. (computers) processing unit
¹**chūliè** 出列 V. <mil.> leave one's place in the ranks
²**chūliè** 出猎[-獵] V. go hunting
chǔlǐjī 处理机[處-] N. <comp.> processor
chǔlǐ jiàgé 处理价格[處-價-] N. reduced/bargain price
chūlìn 出赁 V. rent out

chǔlínbèiyòng 储林备用[--備-] F.E. ①preserve forests for future use ②nourish talents for future use

[1]**chúlíng** 除灵[-靈] V.O. burn the spirit tablet after completing a ceremony for the deceased

[2]**chúlíng** 刍灵[芻靈] N. <*trad.*> effigies burned with/for the deceased

chùlì nóngjù 畜力农具[--農-] N. animal-drawn farm implements

chǔlǐpǐn 处理品[處-] N. ① goods sold at reduced prices ② shopworn/substandard goods M: [2]*jiàn*

chǔlǐqì 处理器[處-] N. processor

chūliu* 出溜 V. <*coll.*> ①slide; slip ②degenerate; go down-hill

chūliù 初六 N. sixth day of a lunar month

chūliu de yóuzhe 出溜地游着[-著] F.E. <*coll.*> swim briskly

chūliurpì 出溜儿屁 N. <*coll.*> silent fart

chūliurxiàqu 出溜儿下去 F.E. <*coll.*> slide down

chūlìyōngcái 樗栎庸材[-櫟--] F.E. a man of inferior/ordinary ability

chūlìzhīcái 樗栎之材[-櫟--] N. a useless person

chūlóng 出笼 V.O. ① come out of the steamer ② come out of a cage; be set free ③ <*derog.*> come forth; appear ④ issue banknotes/etc. ⑤ release a bad publication/plan/etc.

chū lóuzi 出娄/楼/喽子[-婁/樓/嘍-] V.O. <*coll.*> run into difficulties; cause trouble

chū lòuzi 出漏子 V.O. make a mistake

chūlú 出炉[-爐] V.O. ① come out of a kiln/oven/etc. ② appear on stage

chūlù* 出路 N. ①way out; outlet ②employment opportunities M: [1]*tiáo*

chū luànzi 出乱子[-亂-] V.O. go wrong; get into trouble

chūlùfēngmáng 初露锋芒 ID. begin to display one's talent

chūluo 出落 V. grow (prettier/etc.)

chūluò chù 出落处[-處] N. <*thea.*> place where (characters') introduction is made

chūlùtóujiǎo 初露头角 F.E. begin to show one's ability

chūmǎ 出马 V.O. ① go into action ② <*coll.*> ⓐ take the lead ⓑ bear responsibility ⓒ take office ③ <*topo.*> make a house call (of doctors)

chūmài 出卖[-賣] V. ① offer for sale; sell ② sell out; betray

chūmài línghún 出卖灵魂[-賣靈-] V.O. sell one's soul

chùmáo 触毛[觸-] N. <*zoo.*> cirrus M: [2]*gēn*

chū máobing 出毛病 V.O. get out of order; go wrong

chūméi 出梅 N. end of the rainy season, when the dry season begins

chùméi* 触媒[觸-] N. <*chem.*> catalyst; catalytic agent

chù méitóu 触霉头[觸-] V.O. <*topo.*> have a stroke of bad luck; come to grief

chùméizuòyòng 触媒作用[觸-] F.E. catalysis

chūmén(r) 出门(儿) V.O. ①be away from home ② go on journey; go out ③ <*coll.*> marry out (of daughter)

chūménbùhuàn 出门不换[-換] F.E. no returns

chūmén bù lùbái 出门不露白 F.E. When you go out, don't show your money.

chūményíngyà 出门迎迓 F.E. step out to welcome sb.

chū ménzi 出门子 V.O. <*topo.*> marry (of women)

chū mǐ 出米 V.O. produce rice

chūmián 初眠 N. the "first sleep"—a period in which the newborn silkworm neither moves nor eats

chūmiàn* 出面 V.O. ① appear personally; act in one's own capacity or on behalf of an organization *Tā yīnggāi zìjǐ ~.* She should handle the matter herself. ② take the initiative ③ give/sign one's name

chùmiǎn 黜免 V. dismiss (from office)

chūmiáo 出苗 V.O. <*agr.*> emerge; come out (of seedlings)

chūmiáolǜ 出苗率 N. rate of emergence

chūmín 初民 N. primitive people

chūmíng 出名 S.V. famous; well-known ♦V.O. ① become famous/well-known ② lend one's name (to an occasion); use the name of

chúmíng* 除名 V.O. ① disenroll ② expel

chūmíng héhuǒrén 出名合夥人 N. public partner M: [2]*wèi*

chūmò* 出没 V. appear and disappear; come and go; haunt

chúmò 刍秣[芻-] N. fodder

chǔmò 楮墨 N. paper and ink

chùmō 触摸[觸-] V. touch

chūmóuhuàcè 出谋划策[--劃-] F.E. mastermind a scheme

chūmóuxiàncè 出谋献策[--獻-] F.E. give counsel

chūmòwúcháng 出没无常 F.E. come and go unpredictably

chūmòwúdìng 出没无定 F.E. appear and disappear randomly

[1]**chúmù** 除目 N. written order of appointment

[2]**chúmù** 刍牧[芻-] V. pasture/graze livestock

chùmù* 触目[觸-] V.O. meet the eye

chùmùjiēshì 触目皆是[觸-] F.E. can be seen everywhere

chùmùjīngxīn 触/怵目惊心[觸-驚-] F.E. startling; shocking

chùmùshāngxīn 触目伤心[觸-傷-] F.E. distressing sight/scene

[1]**chūn*** 春 B.F. ① spring (season) ***chūntiān*** ② love; lust ***chūnqíng*** ③ life; vitality ***chūnyì*** ♦N. Surname

[2]**chūn** 椿 N. <*bot.*> Chinese toon; tree of heaven

[3]**chūn** 蝽 B.F. chinch bug [2]***chángchūn***

[1]**chún** 纯[純] S.V. ① pure; unmixed ② simple ③ skillful; practiced; well versed

[2]**chún** 唇/脣 B.F. lip ***zuǐchún***

[3]**chún** 醇 S.V. ①mellow (of wine) ② <*wr.*> pure; unmixed ♦N. <*chem.*> alcohol

[4]**chún** 淳 B.F. plain; simple; pure [1]***chúnpǔ***

[5]**chún** 莼[蓴/蒓] B.F. ***chúnlú, shíchún***

[6]**chún** 鹑[鶉] B.F. ① quail ***ānchun*** ② ragged, patched pattern ***chúnfú***

chǔn 蠢 S.V. stupid; foolish; dull; clumsy ♦B.F. wriggle ***chǔndòng***

chūnà 出纳 V. ① receive and pay out money or bills ② receive and lend books/etc. ♦N. cashier; teller M: [2]*wèi*

chūnàchù 出纳处[-處] N. cashier's desk/window/etc.

chún'ài 纯爱[-愛] N. pure love

chūnàkē 出纳科 P.W. billing department

chū nántí 出难题[-難-] V.O. pose difficult problems/tasks

chūnàtái 出纳台[-臺] N. circulation/cashier's desk M: [1]*zhāng/ge*

chūnàyuán 出纳员 N. cashier; teller M: [2]*wèi*

[1]**chúnbái** 纯白 N. pure white

[2]**chúnbái** 淳白 S.V. pure; clean

chún bànqún 纯半群 N. <*math.*> pure semigroup

chǔnbèn 蠢笨 S.V. ① clumsy; awkward; stupid ② fat; obese

chǔnbènyúwán 蠢笨愚顽 F.E. stupid and stubborn

chūnbīng 春冰 N. ① fragile ice in spring ② dangerous place

chūnbǐng* 春饼 N. thin pancake eaten in spring M: [1]*zhāng*

chūnbō 春播 N. spring sowing

chūnbōqiūshōu 春播秋收 F.E. sow in spring and reap in autumn

chúnbù 唇部 N. lips

chúncài 莼菜[蓴-] N. <*bot.*> water shield; *Brasenia schreberi*

chǔncái* 蠢材/才 N. idiot; fool

chūncán 春蚕[-蠶] N. spring silkworm M: [2]*zhī*

chūncán tǔsī miáo 春蚕吐丝描[-蠶-絲-] N. <*art*> the style of thin and continuous strokes (in painting)

chūncháo 春潮 N. spring tide

chúnchéng 纯诚 V.P. sincere

chúnchéngběn 纯成本 N. flat costs

chúnchǐ 唇齿[-齒] N. ① lips and teeth ② very close neighbors ③ close relationship; interdependence ④ <*lg.*> dentilabial

chúnchǐ mócāyīn 唇齿摩擦音[-齒---] N. labiodental fricative

chúnchǐ móyīn 唇齿摩音[-齒--] N. <*lg.*> labiodental fricative

chúnchǐxiāngyī 唇齿相依[-齒--] F.E. mutually dependent

chúnchǐyīn 唇齿音[-齒-] N. <*lg.*> ①labiodental ② dentilabial/labiodental sound

chúnchǐzhībāng 唇齿之邦[-齒--] N. states that are mutually dependent

chǔnchóng 蠢虫[-蟲] N. stupid person

[1]**chūnchóu** 春愁 N. spring longings

[2]**chūnchóu** 春绸 N. silk fabric with geometric design (for spring wear) M: [1]*pǐ*

chūnchóuqiūsī 春愁秋思 F.E. spring longings and autumn thoughts

[1]**chúnchún** 纯纯 R.F. pure; innocent

[2]**chúnchún** 醇醇 R.F. primitively simple-hearted

chǔnchǔn* 蠢蠢 R.F. <*wr.*> ① wriggling ② stirring; turbulent ③ rude; gross

chǔnchǔnyùdòng 蠢蠢欲动[-動] F.E. ready to make trouble

chūncōng 春葱[-蔥] N. ① spring green onion ② <*wr.*> woman's tapering fingers M: [2]*gēn*

[1]**chúncuì** 纯粹 S.V. pure; unadulterated

[2]**chúncuì** 醇粹 S.V. pure; unadulterated

[3]**chúncuì** 淳粹 S.V. pure; unadulterated

chúncuìbùzá 淳粹不杂[-雜] F.E. pure and unmixed

chúncuì de cúnzài 纯粹的存在 N. pure being

chúncuì yuányīn 纯粹原音 N. <*lg.*> non-nasal vowel

chúncuìzhǔyì 纯粹主义[-義] N. purism

chūndàmài 春大麦[-麥] N. spring barley M: [2]*zhū*

chúndàn 鹑蛋 N. quail egg

chǔndàn* 蠢蛋 N. <*slang*> idiot

chūndàorénjiān 春到人间 F.E. Spring has arrived.

chūndèng 春凳 N. bench with a wide surface M: [1]*tiáo*

chūndì 春地 N. fields prepared for spring sowing (after autumn harvest) M: [2]*kuài*/[1]*piàn*

chūndòng 春动[-動] N. spring frost

chǔndòng* 蠢动[-動] V. ① wriggle ② create a disturbance/disruption

chǔndòng yú yī shí 蠢动于一时[-動於-時] F.E. rampant for a while

chúndú 唇读[-讀] N. <*lg.*> lip reading

chúndǔ 纯笃 V.P. honest and devoted

chúndù* 纯度 N. purity; pureness

chún'è bàofāyīn 纯腭爆发音[-齶-發-] N. <*lg.*> palatal plosive

chún'éryòuchún 纯而又纯 F.E. absolutely pure

chūnfāng 春芳 N. spring plants

chūnféi 春肥 N. fertilizer/manure applied in spring

chūnfēn 春分 N. the Spring Equinox (4th solar term)

chūnfēng* 春风 N. ① spring breeze ② happy smiles ③ sexual intercourse ④ good education ⑤ favor; beneficial influence ⑥ pleasant atmosphere

chúnfēng 淳风 N. simple and sincere tradition/custom

chūnfēngdéyì 春风得意 F.E. ride the crest of success

chūnfēngfēngrén 春风风人 F.E. ① The spring breeze brings people to life. ② benefits that are enjoyed by people far and wide

chūnfēngfúmiàn 春风拂面 F.E. A spring breeze strikes the face.

chūnfēnghuàyǔ 春风化雨 ID. salutary influence of education
chūnfēngmǎnmiàn 春风满面 F.E. beam with satisfaction
chūnfēngpūmiàn 春风扑面[--撲-] F.E. The spring wind caresses our faces.
chūnfēngqiūyuè 春风秋月 ID. fine, poetical things
chūnfēngshíyǔ 春风时雨[--時-] F.E. a complimentary phrase for a teacher by students
chūnfēngsòngnuǎn 春风送暖 F.E. The spring breeze brings warmth.
chūnfēngyīdù 春风一度 ID. sexual intercourse
chúnfú 鹑服 N. ragged and patched clothing; shabbiness M: [2]*jiàn*
chǔnfū* 蠢夫 N. lubber; looby; clumsy fellow
chúngāo 唇膏 N. lipstick M: [4]*zhī*
chūngēng 春耕 N. spring plowing
chúngēnglúkuài 莼羹鲈脍[蓴-鱸-] ID. delicacies from one's hometown
chūngēngxiàyún 春耕夏耘 F.E. plow in spring and till in summer
[1]**chūngōng** 春工 N. the creative powers of spring
[2]**chūngōng** 春宫[-宮] N. ① crown prince's palace M: [4]*zuò* ② pornography M: [1]*zhāng*/[10]*fú*
chūngōnghuà 春宫画[-宮畫] N. pornographic/erotic pictures M: [1]*zhāng*/[10]*fú*
chūngōngtú 春宫图[-宮圖] N. pornographic/erotic pictures M: [1]*zhāng*/[10]*fú*
chūngū 春菇 N. spring mushroom M: [2]*zhī*
chúngǔ* 淳古 V.P. simple and pure as in ancient times
chūnguān 春官 N. <*hist.*> Zhou official in charge of spring rites
chūnguàn* 春灌 N. <*agr.*> spring irrigation
chūnguāng 春光 N. ① sights and sounds of spring ② lustful scenes
chūnguāngmíngmèi 春光明媚 F.E. ① bright spring days ② radiant with happiness
chūnguāngxièlòu 春光泄漏 F.E. An illicit affair became known.
chúngǔxíshàng 淳古习尚[--習-] F.E. pure and honest practices of the past
chūnhán 春寒 N. spring cold spell
chūnhánliàoqiào 春寒料峭 F.E. spring chill
[1]**chúnhé** 淳和 S.V. simple and gentle
[2]**chúnhé** 醇和 S.V. pure and mild (of taste/quality/etc.)
[3]**chúnhé** 唇合 N. <*lg.*> labial closure
chúnhédù 唇合度 N. <*lg.*> degree of labial closure
chúnhēi 纯黑 ATTR. all black
chúnhétōngqíng 淳和通情 F.E. agreeable and reasonable
chūnhóng 春红 N. the flowers of spring
chúnhóngchǐbái 唇红齿白[--齒-] F.E. ① rosy lips and pretty white teeth ② very handsome or beautiful
chúnhóngsìhuǒ 唇红似火 F.E. lips are as red as fire
[1]**chúnhòu** 醇厚 S.V. ① mellow; rich ② pure and honest; simple and kind ③ serious; sincere; solicitous
[2]**chúnhòu** 淳厚 S.V. honest and simple
[3]**chúnhòu** 纯厚 S.V. pure and honest ♦N. actual thickness
chūnhuā 春花 N. ① flowers in spring ② youth
chūnhuá 春华[-華] N. ① flowers in spring ② youth
[1]**chūnhuà** 春画[-畫] N. erotic pictures M: [1]*zhāng*/[10]*fú*
[2]**chūnhuà** 春化 N. <*agr.*> vernalization
[3]**chūnhuà** 春话 N. erotic talk
[1]**chúnhuà*** 纯化 N. purification
[2]**chúnhuà** 醇化 V. refine; purify; perfect ♦N. ① <*chem.*> alcoholization ② <*phil.*> catharsis; idealization
[3]**chúnhuà** 唇化 N. <*lg.*> labialization
chǔnhuà 蠢话 N. ① inanity ② nonsense M: [1]*jù*
chūnhuāng 春荒 N. spring famine
chūnhuáqiūshí 春华秋实[-華-實] ID. full of virtue, erudition, and literary accomplishments
chūnhuāqiūyuè 春花秋月 F.E. ① happy days ② the flight of time
chúnhuà xiāoshī 唇化消失 N. <*lg.*> delabialization
chúnhuà zuòyòng 唇化作用 N. <*lg.*> labialization
chūnhuī 春晖 N. ① springtime sun ② parental love
chūn huí dàdì 春回大地 V.P. Spring has come back to the earth!
chǔnhuò 蠢货 N. dunce; idiot
chūnián 初年 N. first year(s) of a period
chúniáng 厨娘[廚-] N. female cook; kitchen maid M: [2]*wèi*
chúniǎo 雏鸟[雛-] N. nestling; fledgling M: [2]*zhī*
[1]**chūnjì** 春季 N. spring; springtime
[2]**chūnjì** 春祭 N. spring sacrifices; rites for ancestor-worshipping in spring
chūnjià 春假 N. spring vacation/holidays
chúnjiǎn 纯碱[-鹼] N. <*chem.*> soda ash; sodium carbonate
chúnjiǎo 唇角 N. corner of the mouth
chūnjìbān 春季班 N. spring class
Chūnjié 春节[-節] N. ① Spring Festival (Lunar New Year) ② Chinese New Year
chúnjié* 纯洁[-潔] S.V. pure; clean and honest
chúnjiéwúxiá 纯洁无瑕[-潔--] F.E. pure and flawless
chúnjiéxìng 纯洁性[-潔-] N. quality of pureness
chúnjiézhītāi 纯洁之胎[-潔--] N. immaculate conception
chúnjīn* 纯金 N. pure gold M: [2]*kuài*
chúnjǐn 醇谨 V.P. gentle and judicious
chūnjǐng 春景 N. spring scenery
chúnjīng 醇精 N. spirit; alcohol
chúnjìng* 纯净[-淨] S.V. pure; clean
chúnjìnghuà 纯净化[-淨-] N. ossification
chúnjìnglì 纯净利[-淨-] N. <*acct.*> clear profit
chūnjiǔ 春酒 N. ① feasts during the Lunar New Year's holidays ② liquor prepared in spring and winter
chúnjiǔ* 醇酒 N. fine liquor/wine
chúnjiǔfùrén 醇酒妇人[--婦-] F.E. indulgence in wine and women; sensual pleasures
chúnjiǔměirén 醇酒美人 F.E. indulgence in wine and women; sensual pleasures
chúnjū 鹑居 ID. be without a fixed home
chūnjuǎn(r) 春卷(儿)[-捲-] N. spring roll; egg roll
chúnkāiyīn 纯开音[-開-] N. <*lg.*> vowel
chúnkǒu 纯口 ATTR. <*lg.*> buccal
chúnkǒu yuányīn 纯口元音 N. <*lg.*> buccal vowel
chúnkuī 纯亏[-虧] N. net deficiency/loss
chūnkùn 春困 N. moodiness in spring
chūnkùnqiūfá 春困秋乏 F.E. One feels dizziness in spring and fatigue in autumn.
chúnkūshéjiāo 唇枯舌焦 F.E. lips and tongue become parched
chúnkūshélàn 唇枯舌烂[-爛] F.E. talk oneself hoarse
chūnlán 春兰[-蘭] N. orchid; cymbidium M: [2]*zhū*
chūnlánqiūjú 春兰秋菊[-蘭--] F.E. ① spring orchids and autumn chrysanthemums ② everything in good season
chúnláo 醇醪 N. rich wine; strong wine
chūnléi* 春雷 N. ① spring thunder ② symbol of birth of a new age/thing
chúnlèi 醇类[-類] N. alcohol
chúnlí 醇醨 N. strong wines and light wines
[1]**chúnlì*** 纯利 N. net profit
[2]**chúnlì** 纯吏 N. honest/upright official M: [2]*wèi*
chūnlián(r) 春联(儿)[-聯-] N. spring festival couplets; New Year scrolls M: [1]*fù*
[1]**chúnliáng** 纯良 S.V. kind; honest
[2]**chúnliáng** 淳良 V.P. pure, simple, and honest
chúnliè 唇裂 N. ① <*med.*> harelip; cleft lip ② chapped lips
chúnlǐlùn 纯理论 N. <*phil.*> rationalism
chúnlǐlùn yánjiū 纯理论研究 N. pure research
chūnlín 春霖 N. spring rains; spring showers
chūnlíng 椿龄[-齡] N. venerable age; great age; long life
chūnlìng* 春令 N. ① spring ② spring weather
chúnlìrùn 纯利润 N. net profit after paying dividends to shareholders, etc.
chúnlǐ yǔyánxué 纯理语言学 N. metalinguistics
chǔnlòu 蠢陋 V.P. stupid and uncultured
chūnlù* 春露 N. dew on a spring morning
chúnlú 莼鲈[蓴鱸] N. retirement from government office
chǔnlǘ 蠢驴[-驢] N. idiot; donkey; ass M: [1]*tóu*
chūnluó 春罗[-羅] N. a variety of silk goods
chūnlùqiūshuāng 春露秋霜 F.E. ① the progression of seasons ② grace and severity ③ spring and autumn sacrifices
chúnlúzhīsī 莼鲈之思[蓴鱸--] N. homesickness; intention of retiring from office and going back home
chūnmài 春麦[-麥] N. spring wheat M: [2]*zhū*
chūnmáng 春忙 N. the planting season
chūnmǎnrénjiān 春满人间 F.E. the world is full of love
chúnmáo 纯毛 N. pure wool M: *kǔn*/[1]*bāo*
[1]**chúnměi** 纯美 S.V. pure and beautiful
[2]**chúnměi** 醇美 S.V. pure and fair
chūnmèng 春梦[-夢] N. spring dream; transient joy
chūnmèng liǎo wú hén 春梦了无痕[-夢---] F.E. Spring dreams vanished without a trace.
chūnmèngwúhén 春梦无痕[-夢--] F.E. something that vanishes without leaving a trace
[1]**chúnmián** 纯棉 N. one hundred percent cotton
[2]**chúnmián** 纯绵 N. one hundred percent silk ♦ATTR. pure and refined
chún miáoxiě de 纯描写的[--寫-] ATTR. purely descriptive
chūnnián 椿年 N. venerable age; great age; long life
chúnniàng 醇酿[-釀] N. wine/spirit of high quality
chūnniú 春牛 N. the Spring Ox made of clay to usher in spring M: [1]*tiáo*
chúnnóng 醇浓[-濃] N. rich wine; strong spirits
chūnnǚ 春女 N. young girls who entertain romantic thoughts
chūnnuǎnhuākāi 春暖花开[-開] F.E. blossom in warm spring
chúnpǐn 纯品 N. of the purest quality; completely unmixed/unadulterated M: [2]*jiàn*
[1]**chúnpǔ** 淳/纯朴[-樸] S.V. honest; simple; unsophisticated
[2]**chúnpǔ** 醇朴[-樸] S.V. gentle and honest
chúnpǔdūnhòu 纯朴敦厚[-樸--] F.E. simple and honest
chūnqī* 春期 N. ① puberty ② <*zoo.*> rut (of males); heat (of females)
chūnqì 春气[-氣] N. ① warmth given by the spring sun ② sth. that stimulates the growth and ardor of youth
chúnqiāngshéjiàn 唇枪舌剑[-槍--] F.E. engage in a battle of words ♦N. ① talent of a dialectician ② heated discussion/dispute
chúnqiāngshézhàn 唇枪舌战[-槍-戰] F.E. verbal battle; heated dispute
chūnqíng 春情 N. stirrings of love
chūnqíng fādòngqī 春情发动期[--發動-] N. puberty
chūnqíqiūbào 春祈秋报[-報] F.E. pray in the spring and offer thanks in the fall
chūnqiū 春秋 N. ① spring and autumn; year ② age ③ Chunqiu period (777-476 B.C.) ④ *Spring and Autumn Annals* ⑤ annals; history
chūnqiūbǐxuē 春秋笔削[--筆-] ID. be keen, honest, and strict in observing and judging things/people (of chroniclers)
chūnqiūdàixiè 春秋代谢 F.E. seasonal changes
chūnqiūdǐngshèng 春秋鼎盛 F.E. in the prime of one's life

C

chūnqiūshān 春秋衫 N. jacket suitable for spring or autumn M: [2]*jiàn*
chūnqiūyìgāo 春秋已高 F.E. be advanced in years
chūnr 唇儿 N. the lips
chúnrán 纯然 ADV. ① purely ② simply; merely
chǔnrén 蠢人 N. fool; blockhead
chūnrì 春日 N. spring days/time
chūnrìchíchí 春日迟迟[-遲遲] F.E. The spring days pass leisurely.
chūnróngkāiliè 春融开裂[--開-] F.E. spring change
[1]**chúnrú** 纯如 V.P. harmonious (of music)
[2]**chúnrú** 醇儒 N. a pure-minded/honest scholar M: [2]*wèi*
chúnruǎn'è 唇软腭[-齶] ATTR. <lg.> labiovelar
chúnruòtúzhī 唇若涂脂[--塗-] F.E. have rich red lips
chúnsāiyīn 唇塞音 N. <lg.> labial occlusive
chūnsè* 春色 N. ① spring scenery ② cheerful look ③ sensual/carnal scenes
chúnsè 纯色 N. ① of one color(especially referring to textiles) ② <phy.> pure colors
chūnsèmǎnyuán 春色满园[-園] F.E. a garden full of the beauty of spring
chūnsènǎorén 春色恼人[--惱-] F.E. suffer from love in the spring
chūnshān 春山 N. <wr.> spring mountain scenery M: [4]*zuò*
chūnshang 春上 N. <coll.> springtime
chúnshé 唇舌 N. ①lips and tongue ②argument; explanation ③ eloquence
chūnshén 春神 N. spring goddess M: [2]*wèi*
chūnshēng 春声[-聲] N. the chirping of birds and gurgling of streams heard in spring
[1]**chūnshì** 春试 N. spring imperial examinations
[2]**chūnshì** 春事 N. spring planting
chúnshí 纯实[-實] V.P. <Ch. med.> pure repletion
chǔnshì* 蠢事 N. lunacy; folly; tomfoolery M: [2]*jiàn*
chūnshòu 椿寿[-壽] N. venerable/great age; long life
chúnshōurù 纯收入 N. net income
chūnshù 椿树[-樹] N. <bot.> ① Chinese toon ② tree of heaven M: [2]*kē*
chúnshú* 纯熟 S.V. skillful; practiced; well versed
chúnshǔ 纯属[-屬] V. be purely
chúnshù 纯数[-數] N. cardinal number
chūnshuǐ 春水 N. springtime water
chūnshùmùyún 春树暮云[-樹-雲] F.E. remembrance of a friend
chúnshǔniēzào 纯属捏造[-屬--] F.E. sheer fabrication
chúnshǔxūgòu 纯属虚构[-屬虛構] F.E. an out-and-out fabrication
chūnsòngxiàxián 春诵夏弦 F.E. adapt study methods to seasonal changes
chúnsù 纯素 ATTR. ①plain; simple ②vegetarian
chúnsuān 醇酸 N. <chem.> alcohol/alcoholic acid
chūnsǔn* 春笋[-筍] N. ① spring bamboo shoots ② young woman's fingers M: [2]*gēn*
chúnsǔn 纯损 N. net loss
chūntái 春台[-臺] N. ①peaceful and prosperous time ② <hist.> Department of Rites ③ dining table M: [1]*zhāng*
chūntiān 春天 N. spring(time)
chūntiáor 春条儿[-條-] N. ① spring branches ② auspicious couplets written on red paper and pasted on columns by the front door of a house ③ lucky words written on red paper placed at the doorway of a newly opened store, etc. M: [1]*zhāng*
chūntíng 椿庭 N. one's father
chùnù 触怒[觸-] V. enrage; infuriate
chǔnǚ 处女[處-] N. virgin; maiden M: [2]*wèi* ♦ATTR. initial; inaugural
chǔnǚdì 处女地[處-] N. virgin land/soil M: [2]*kuài*/[1]*piàn*
chǔnǚháng 处女航[處-] N. maiden voyage of a ship; maiden flight of a plane
chǔnǚmó 处女膜[處-] N. <phys.> hymen
chùnuò 搐搦 N. tic; tetany
chǔnǚzuò 处女作[處-] N. maiden work; first effort M: [1]*piān*/[2]*bù*
chúnwángchǐhán 唇亡齿寒[--齒-] ID. share a common lot
chūnwéi 春闱[-闈] N. <coll.> ① springtime ② <trad> the national civil service examination (which usually took place in the spring)
chūnwēn* 春瘟 N. spring febrile disease
chúnwěn 唇吻 N. ① lips ② eloquence ③ what one says
chúnwénxué 纯文学 N. pure literature
chúnwénxué xiǎoshuō 纯文学小说 N. literary novel
chǔnwù 蠢物 N. idiot
chūnxiān 春纤[-纖] N. <wr.> young girl's tapering fingers
chūnxiàng 椿象 N. <zoo.> stinkbug; shieldbug M: [2]*zhī*
chúnxiāng* 醇香 N. fragrance of spirits
chúnxiàngfú 纯象符 N. <lg.> pure icon
chūnxiāo* 春宵 N. ① spring night ② night rendezvous between lovers ③ wedding night
chūnxiǎo 春晓[-曉] N. spring morning
chūnxiāokǔduǎn 春宵苦短 F.E. The night of a rendezvous is always too short.
chūnxiǎomài 春小麦[-麥] N. spring wheat M: [2]*zhū*
chúnxiǎoshù 纯小数[-數] N. <math.> pure decimal
chūnxiāo yī kè zhí qiānjīn 春宵一刻值千金 F.E. One minute in a night of rendezvous is worth a thousand pieces of gold.
chūn-xià-qiū-dōng 春夏秋冬 N. the four seasons; a year
chūn-xiàzhījiāo 春夏之交 N. the end of spring and the beginning of summer
chūnxīn 春心 N. ① thoughts of love ② melancholy sentiments experienced in spring
chūnxīndàngyàng 春心荡漾[-蕩-] F.E. the surging of lustful desire
chúnxíng 唇形 N. lipping
chúnxínghuā 唇形花 N. <bot.> labiates M: [2]*duǒ*
chúnxū 纯虚[-虛] N. <Ch. med.> pure depletion
chūnxuān 椿萱 N. <wr.> one's parents
chūnxuānbìngmào 椿萱并茂[--並-] ID. Both parents are alive and well.
chūnxuě 春雪 N. spring snow M: [2]*chǎng*
chúnxuètǒng 纯血统 N. pure-blood
[1]**chūnxùn** 春汛 N. ① spring flood ② spring (fishing) season
[2]**chūnxùn** 春训 N. spring training
chūnyào 春药[-藥] N. aphrodisiac; philter
chūnyè 春夜 N. spring night
chūnyì* 春意 N. ① beginning/awakening of spring ② thoughts of love
[1]**chúnyī** 纯一 V.P. single; simple
[2]**chúnyī** 鹑衣 N. <wr.> ragged clothes M: [2]*jiàn*
chúnyì 纯益 N. net gain; net profit
chūnyì'àngrán 春意盎然 F.E. Spring is in the air.
chúnyībǎijié 鹑衣百结 F.E. in rags
chūnyìlánshān 春意阑珊 F.E. Spring is waning.
chúnyìlǜ 纯益率 N. net profit
[1]**chúnyīn*** 唇音 N. <lg.> labial sound
[2]**chúnyīn** 纯音 N. ① <phy.> pure/simple tone ② <lg.> non-nasal sound
chúnyín 纯银 N. pure silver M: [2]*kuài*
chúnyīn bànyuányīn 唇音半元音 N. <lg.> labial semivowel
chūnyīng 春莺[-鶯] N. the mango-bird; the Chinese oriole M: [2]*zhī*
chúnyīnhuà 唇音化 N. <lg.> labialization
chūnyǐnqiūshé 春蚓秋蛇 ID. poor penmanship; clumsy calligraphy
chúnyīn yùnwěi 唇音韵尾[--韻-] N. <lg.> labial final consonant
chúnyìshù 纯艺术[-藝術] N. pure art
chūnyóu 春游 N. spring outing
chūnyǔ* 春雨 N. spring rain M: [2]*chǎng*
chúnyù 纯育 N. ① pure breeding ② <liv.> breed-true
chúnyuán 唇圆 N. <lg.> lip-rounding
[1]**chúnyuányīn** 纯元音 N. <lg.> oral/pure vowel
[2]**chúnyuányīn** 唇元音 N. <lg.> labial vowel
chūnyǔfēifēi 春雨霏霏 F.E. The fine spring rain continues.
chūnyùn 春运[-運] N. increased transport for the Spring Festival
chūnyǔrúgāo 春雨如膏 F.E. Spring rains fertilize the soil.
chūnyǔsùsù 春雨簌簌 F.E. Spring rain patters down.
chúnyǔzhǔyì 纯语主义[-義] N. <lg.> purism
chúnzá 纯杂[-雜] ATTR. <lg.> pure
chúnzhēn 纯真 S.V. pure; sincere
chúnzhèng 纯正 S.V. ① pure; unadulterated ② honest; sincere
chúnzhēnwúxié 纯真无邪 F.E. pure and innocent
chúnzhī 唇脂 N. lipstick
chúnzhí 纯直 S.V. pure and honest
[1]**chúnzhì*** 纯挚[-摯] V.P. pure and sincere
[2]**chúnzhì** 淳质[-質] N. the quality of being simple and pure
chúnzhǒng 纯种[-種] N. purebred
chúnzhòngyīn 纯重音 N. <lg.> grave accent
chǔnzhū 蠢猪[-豬] N. stupid swine; ass M: [2]*zhī*
chūnzhuāng 春装[-裝] N. spring clothing M: [2]*jiàn*
chǔnzhuō 蠢拙 S.V. slow and clumsy
chúnzǔ 唇阻 N. <lg.> labial closure
[1]**chuō*** 戳 V. ① jab; poke; stab ② sprain ③ blunt ④ <topo.> stand sth. on end ⑤ <slang> back up; support ♦N. <coll.> stamp; seal
[2]**chuō** 踔 B.F. jump; excel ***chuōlìfēngfā***
[1]**chuò** 绰[綽] B.F. ① ample; spacious ***kuānchuo*** ② graceful ***chuòyuē*** ③ nickname ***chuòhào***
[2]**chuò** 啜[-/餟] V. <wr.> drink; eat ♦B.F. sob ***chuòqì, bǔchuò***
[3]**chuò** 辍/缀[輟/綴] B.F. cease; stop before completion ***chuòbǐ, zuò-chuò, xiánsòngbùchuò*** *See also* [2]*zhuì*
[4]**chuò** 惙 B.F. troubled ***chuòdá, chuòchuò***
[5]**chuò** 龊[齪] in ***wòchuò***
chuòbǐ 辍笔[-筆] V.O. stop in the middle of writing/painting
chuōbuzhù 戳不住 R.V. <coll.> ①can't achieve or carry through ②fail to hold public confidence
chuòcháo 辍朝 V.O. suspend business at the imperial court on account of a misfortune
chuòchápǐnmíng 啜茶品茗 F.E. sip tea
chuòcháqīngtán 啜茶清谈 F.E. sip tea and chat
chuōchuān 戳穿 R.V. puncture; expose; explode
chuòchuò 惙惙 R.F. <wr.> sad; worried; depressed; melancholy
chuòchuòyǒuyú 绰绰有余 F.E. enough and to spare; ample
chuōcìgǎn 戳刺感 N. feeling of being on pins and needles
chuòdá 惙怛 V.P. mournful; doleful; rueful
chuōdezhù 戳得住 R.V. <coll.> ① be able to do sth. ② enjoy public confidence
chuògēng 辍耕 V. ① stop plowing ② give up a life in the fields
chuōgèr 戳个儿[-個-] V.O. <coll.> grow taller ♦N. height/stature (of a person)
chuògōng 辍工 V.O. stop work
chuòhào(r) 绰号(儿)[-號-] N. nickname
chuōhuò 戳祸[-禍] V.O. <coll.> bring misfortune
chuōhuór 戳活儿 V.O. <coll.> select a number for a soloist to sing (of drum ballads)
chuōjí 戳急 V.P. <topo.> provoke to anger
chuōjì* 戳记 N. stamp; seal
chuō jíliánggǔ 戳脊梁骨 V.O. curse people behind their back
chuōlìfēngfā 踔厉风发[-厲-發] ID. talk eloquently and informedly
[1]**chuòmíng** 绰名 N. nickname; sobriquet
[2]**chuòmíng** 啜茗 V.O. sip tea

chuōnong 戳弄 V. <coll.> stir (up)
chuōpèng 戳碰 V. hit; knock
chuōpò 戳破 V. <coll.> puncture; lay bare
chuòqì 啜泣 V. sob
chuō qilai 戳起来 R.V. <coll.> stand upright/erect
chuōr 戳儿 N. <coll.> stamp; seal; punch
chuòrányǒuyú 绰有余 F.E. more than enough
chuōshā 戳纱 N. needlepoint lace M: [2]kuài
chuōshāng 戳伤[-傷] V. stab ♦N. stab wound
chuōshé 戳舌 V.O. talk too much
chuōshì 戳事 V.O. seek profit by cheating others
chuòshūyǐnshuǐ 啜菽饮水 F.E. ① live in straitened circumstances ② One can be a dutiful son to his parents even in poverty.
chuōsǐ 戳死 R.V. stab to death
chuòxiē 绰楔 N. <trad.> ① wooden posts set by a door to honor inhabitant's loyalty and filial piety ② commemorative arch
chuōxīn 戳心 V.O. <coll.> lacerate (one's feelings/emotions)
chuòxué 辍学 V.O. discontinue one's studies
chuòyǎn 辍演 V. discontinue a performance
chuòyè 辍业[-業] V.O. give up work
chuōyìn 戳印 V. stamp ♦N. a stamp
chuòyǐn* 啜饮 V. <wr.> sip (tea/etc.)
chuòyǒuyúyù 绰有余裕 F.E. enough and to spare; ample
chuòyù 绰裕 V.P. plentiful; ample
chuòyuē 绰约 V.P. graceful (of women)
chuòyuēduōzī 绰约多姿 F.E. graceful movements (of a woman/dancer)
chuòzhī 啜汁 V.O. take credit
chuōzhu 戳住 R.V. ① spear ② achieve; get
chuòzhuàn 啜赚 V. make honey promises; pay lip service
chuōzi 戳子 N. <coll.> stamp; seal; punch M: [1]fāng
chūpán 出盘[-盤] V.O. <topo.> sell off a failed business
chúpáojìngshèng 除刨净剩[--淨-] F.E. leftovers; remnants
chùpèng 触碰[觸-] V. touch (upon); bump (into); lay/put a finger/hand on
chúpí 除皮 V.O. exclude weight of the packaging (for net weight)
chǔpiàn 楮片 N. a slip of paper M: [1]piàn
chū piānchà 出偏差 V.O. deviate; err on one side or the other
chūpiàorén 出票人 N. <econ.> drawer; person who draws an order for payment M: [2]wèi
chū pīlòu 出纰/披漏 V.O. ① slip up; blunder ② make omissions/mistakes
chūpǐn* 出品 N. product M: [2]jiàn ♦V.O. produce; make; manufacture
chúpín 除贫 V.O. ① save the poor ② get rid of poverty
chùpò 怵迫 V. <wr.> intimidate; put pressure on sb.
chùpòzhītú 怵迫之徒 N. a person under duress
chūpú 摴/樗蒲 N. <trad.> ancient Chinese gambling game roughly resembling today's dice
[1]**chūqī*** 初期 N. initial stage; early days
[2]**chūqī** 初七 N. seventh day of a lunar month
[3]**chūqī** 出妻 N. divorced woman ♦V.O. divorce one's wife
[1]**chūqí** 出奇 S.V. unusual; extraordinary ♦V.P. be extraordinary
[2]**chūqí** 出齐[-齊] R.V. come out completely
chūqǐ 初起 V. <Ch. med> begin
chūqì 出气[-氣] V.O. give vent to one's anger
chǔqì 储气[-氣] N. gas storage
chūqián* 出钱[-錢] V.O. pay out
chǔqián 楮钱[-錢] N. imitation paper money burned for the dead M: [1]zhāng
chǔqiǎng 楮镪 N. imitation paper money burned for the dead M: [1]zhāng
chúqiángfúruò 锄强扶弱[-強--] F.E. wipe out bullies and help the down-trodden
chūqíbùbèi 出其不备[-備] F.E. catch sb. off guard
chūqíbùyì 出其不意 F.E. take sb. by surprise
chǔqìguàn 储气罐[-氣-] N. gas tank
chǔ qilai 储起来 R.V. store up
chūqín 出勤 V.O. ① turn out for work ② be out on duty ③ take a business trip
chūqīng* 出清 V. hold a clearance sale
chūqíng 初晴 V.P. just cleared (of the sky)
chúqīng 除清 R.V. clear up
chūqínlǜ 出勤率 N. (rate of) attendance
chūqìshì 出气室[-氣-] N. ① forum for people to give vent to their anger/fury ② opportunity to let off steam
chūqìtǒng 出气筒[-氣-] N. <coll.> undeserved target of sb.'s anger
chūqiū* 初秋 N. early autumn
Chǔqiú 楚囚 N. ① a prisoner ② a man in great straits
chǔqiúduìqì 楚囚对泣[--對-] ID. lament a common misery
chūqízhìshèng 出奇制胜[-勝] F.E. defeat one's opponent by a surprise move
chūqu* 出去 R.V. go/get out; exit
chúqù 除去 R.V. eliminate ♦COV. except
chūquān(r) 出圈(儿) V.O. <coll.> overstep the bounds; go too far
chúquán* 除权[-權] V.O. deprive of a right
chǔquàn 楮券 N. <trad.> bank note
chúquán pànjué 除权判决[-權-決] N. <law> verdict of foreclosure
chūquē* 出缺 V.O. leave a post vacant
chúquè 除却[-卻] V. remove or root out ♦CONJ. unless
chùqún 畜群 N. a herd of livestock
chúqùwù 除去物 N. a part removed
chúr 雏儿[雛-] N. ① young inexperienced person; greenhorn, rookie ② very young prostitute ③ young girl M: [2]zhī/ge
chùrán 怵然 V.P. scared; look frightened
chùránbùwū 矗然不诬 F.E. be upright and practice no deception
chūràng* 出让[-讓] V. sell (one's own things)
chúráng 除禳 V. pray to remove the influence of evil spirits
chúráo 刍荛[芻蕘] V.P. <wr.> cut grass and firewood ♦N. gatherer of grass and firewood
chúráozhě 刍荛者[芻蕘-] N. <humb.> a rustic
chúráozhījiàn 刍荛之见[芻蕘-] ID. my humble opinion
chūrèn 出任 V. take up the post of
chūréntóudì 出人头地 F.E. stand out among one's fellows
chūrényìbiǎo 出人意表 V.P. exceed all expectations
chūrényìliào 出人意料 V.P. exceed all expectations
chūrényìwài 出人意外 V.P. exceed all expectations
chūrì* 初日 N. rising sun
chúrì 除日 N. the day before New Year
chūrǔ 初乳 N. first milk
[1]**chū-rù*** 出入 V. come in and go out ♦N. discrepancy; divergence ***Tā de huà yǔ shìshí yǒu ~.*** What he said is inconsistent with the facts.
[2]**chūrù** 初入 V. make an initial entry
chū-rùjìng 出入境 V. leave or enter a country
chū-rùkǒu(r) 出入口(儿) N. entrance and exit
chǔrùn'éryǔ 础润而雨[礎-] ID. Small signs reveal big events ahead.
chūrùshìtú 初入世途 F.E. start in life
chūrùxiāngdǐ 出入相抵 F.E. make both ends meet
chūrùxiāngyǒu 出入相友 F.E. mutual help among neighbors
chūrùzhèng 出入证[-證] N. pass (identifying a staff member, etc.) M: [1]zhāng
[1]**chūsài** 初赛 N. <sport> initial heat
[2]**chūsài** 出赛 V. <sport> enter a competition
[3]**chūsài** 出塞 V.O. <hist.> go far out of the frontiers; cross the frontier
chūsān* 初三 N. ① third day of a lunar month ② third day of the New Year ③ junior (in junior high school)
chūsǎn 樗散 V. have talent without being recognized or employed
[1]**chūsāng*** 出丧[-喪] V.O. hold a funeral procession
[2]**chūsāng** 初丧[-喪] N. the period right after a family funeral
chúsàng 除丧[-喪] V.O. <wr.> cease mourning when the period is over
chūsè 出色 S.V. outstanding; remarkable; splendid
chùshā 触杀[觸殺] V. kill on contact (e.g., of insect spray)
chùshājì 触杀剂[觸殺劑] N. contact insecticide
chūshān 出山 V.O. ① come out to carry the mantle of leadership ② leave retirement and take a government post
chùshě 畜舍[-捨] N. animal house M: [4]zuò
chūshēn* 出身 N. ① class origin; family background ② one's previous experience/occupation
chūshén(r) 出神(儿) V.O. ① be spellbound; be in a trance; be lost in thought ② absent-minded
chūshěn 初审[-審] N. ①trial of first instance; first trial ② preliminary screening (of applications, entries in a contest, etc.)
chǔshēn 处身[處-] V.O. conduct oneself in life
chūshēnbēijiàn 出身卑贱[-賤] F.E. spring from obscurity
chūshénchénsī 出神沉思 F.E. be lost in thought
chūshēnfùguì 出身富贵 F.E. born with a silver spoon in one's mouth
[1]**chūshēng*** 出生 V. be born
[2]**chūshēng** 初生 V. be newborn
[3]**chūshēng** 初升 V.P. rising (sun/etc.)
[4]**chūshēng(r)** 出声(儿)[-聲-] V.O. make a sound; speak
Chǔshēng 楚声[-聲] N. songs of the people of Chu
chùsheng 畜生/牲 N. ① domestic animal ② beast; dirty swine
chù-shēng 黜升 N. demotion and promotion
chūshēng cìxù 出生次序 N. birth order
chūshēngdì 出生地 N. birthplace
chūshēng jiānjù 出生间距 N. <sociology> birth interval
chūshēnglǜ 出生率 N. birthrate
chūshēng niúdú bù pà hǔ 初生牛犊不怕虎[---犢---] F.E. the young are fearless
chūshēngrùsǐ 出生入死 F.E. brave untold dangers
chūshēngzhèng 出生证[-證] N. birth certificate M: [1]zhāng
chūshēng zhèngshū 出生证书[-證書] N. birth certificate M: [1]zhāng
chūshēngzhǐ 出生纸 N. birth certificate M: [1]zhāng
chūshēngzhīdú 初生之犊[-犢] N. ① newborn calf ② young people
chūshēngzhīdú bù wèi hǔ 初生之犊不畏虎[---犢---] ID. Young men fresh from school are uncompromising despite pressure from above.
chūshēnhánmén 出身寒门 F.E. be of humble origins
chūshēnmíngmén 出身名门 F.E. be sprung from noble ancestors; be of good ancestry
chūshēnqīngbái 出身清白 F.E. have a clear and clean family background
chūshénrùhuà 出神入化 F.E. ① attain the acme of perfection ② become the superb master of sth. ③ become spiritualized
chūshēnwēihán 出身微寒 F.E. be born of low extraction
chūshēnwēijiàn 出身微贱[-賤] F.E. be risen from humble beginnings

chūshēnxiǎnguì 出身显贵[--顯-] F.E. be born in/to the purple

chūshī 出师[-師] V.O. ① finish one's apprenticeship ② send out an army

1chūshí 初时[-時] N. at the beginning

2chūshí 初十 N. tenth day of a lunar month

1chūshǐ 出使 V.O. serve as an envoy abroad; be sent on a diplomatic mission

2chūshǐ 初始 V.P. initial

1chūshì(r)* 出事(儿) V.O. meet with mishap; have accident

2chūshì 出示 V. show; produce

3chūshì 出世 V.O. ① come into the world; be born ② renounce the world ③ beyond this world

4chūshì 初试 N./V. ① first try ② preliminary examination ③ make a debut

5chūshì 出仕 V.O. become an official

1chúshī 厨师[廚師] N. cook; chef M: 2wèi

2chúshī 除湿[-濕] V.O. ① dehumidify ② <med.> xeransis

chǔshí 础石[礎-] N. plinth M: 2kuài

1chǔshì 处事[處-] V.O. deal with affairs

2chǔshì 处世[處-] V.O. conduct oneself in society

3chǔshì 处士[處-] N. reclusive scholar M: 2wèi

chūshībùlì 出师不利[-師--] F.E. get off on the wrong foot

chǔshìdǔchéng 处事笃诚[處-] F.E. be honest in one's dealings

chǔshìfāngzhèng 处世方正[處-] F.E. be fair and square in all dealings

chūshìfēngmáng 初试锋芒 F.E. ① display one's talent for the first time ② first try one's ability

chūshìfēngwèi 初试风味 F.E. have a first taste of novelty

chǔshì gōngpíng 处事公平[處-] V.P. play fair

chǔshì gōngzhèng 处事公正[處-] V.P. be candid about the matter

chúshījī 除湿机[-濕-] N. dehumidifier M: 1tái

chǔshì jījǐng 处事机警[處-] V.P. know what's what

chǔshì jīngmíng 处事精明[處-] V.P. be clever and smart in business

chǔshìlìshēn 处世立身[處-] F.E. ways of conducting oneself in society

chūshī shùnlì 出师顺利[-師--] V.P. get off on the right foot

chūshǐ zhǐlìng 初始指令 N. initial command

chūshìzuò 出世作 N. <trad.> first effort; the first published work M: 2bù

1chūshǒu 出手 V.O. ① dispose of; sell off ② spend money ③ take on a job or work ④ offer ⑤ reach out with one's hand ♦N. ① skill displayed in making opening moves ② sleeve length ③ offer

2chūshǒu 出首 V.O. ① report (an offense) to authorities ② confess one's crime

3chūshǒu 出守 V. go and assume the post of prefect

chūshòu* 出售 V. offer for sale; sell

chúshǒu 厨手[廚-] N. a cook M: 2wèi

chúshòu 除授 V. appoint as officials or military officers

chùshǒu 触手[觸-] N. <zoo.> tentacle M: 2zhī

chūshǒudàfang 出手大方 F.E. spend money freely; be very generous

chūshǒu lǎoyéchē 出手老爷车[---爺-] F.E. <coll.> get rid of a jalopy

chūshòupǐn 出售品 N. goods (for sale)

chū shǒuxīn 出手心 V.O. <coll.> be free of sb.'s clutches

chūshū 出书[-書] V.O. publish books

chūshù 樗树[-樹] N. tree of heaven M: 2kē

chúshū 刍菽[芻-] N. grass and beans M: 2zhū

chúshù* 除数[-數] N. <math.> divisor

chǔshǔ 处暑[處-] N. Limit of Heat (14th solar term)

chǔshù 楮树[-樹] N. <bot.> paper mulberry M: 2kē

chùshǔ 触暑[觸-] V.O. have a sunstroke

chúshuāng 除霜 V.O. defrost

chūshuāngrùduì 出双入对[-雙-對] F.E. go places together as a couple

chūshuǐ* 出水 V.O. ① discharge water ② be freed from one's profession (of a sold prostitute) ♦N. water discharge; outlet

chǔshuǐ 储水 V.O. store up water

chū shuǐdòu 出水痘 V.O. have chickenpox

chūshuǐfúróng 出水芙蓉 ID. a pretty young girl

chūshuǐguǎn 出水管 N. outgoing water pipe

chūshū jìhuà 出书计划[-書-劃] N. publishing plans

chūshùr 出数儿[-數-] S.V. <coll.> ① unexpectedly large amount ② rise well with cooking

chūsì* 初四 N. fourth day of a lunar month

chǔsǐ 处死[處-] V. execute

chǔsì 储嗣 N. crown prince M: 2wèi

chú sìhài 除四害 V.O. eliminate the four pests: rats, bedbugs, flies, and mosquitoes

chúsīwù 厨司务[廚-務] N. chef; cook M: 2wèi

chū sōuzhǔyi 出馊主意 V.O. <coll.> machinate; propose devious schemes

chūsù 初速 N. <phy.> initial velocity

chūsùdù 初速度 N. <phy.> initial velocity

chūsuìyuánzuò 初岁元祚[-歲--] F.E. in the first year of the reign

chùsuō 搐缩 V. shrink; contract

chùsuǒ* 处所[處-] N. place; location

chùsuǒcí 处所词[處-] N. <lg.> place/locative word

chùsuǒ fùcí zǐjù 处所副词子句[處-] N. <lg.> adverbial clause of place; locative adverbial clause

chùsuǒ fùyǔ 处所副语[處-] N. <lg.> adverbial of place; locative adverbial

chùsuǒgé 处所格[處-] N. <lg.> locative case

chùsuǒ piànyǔ 处所片语[處-] N. <lg.> locative phrase

chùsuǒ zhuàngyǔ cóngjù 处所状语从句[處-狀-從-] N. <lg.> adverbial clause of place

chūtái* 出台[-臺] V.O. ① appear on stage ② appear publicly

chútài 除汰 V. remove; get rid of

chū tàiyáng 出太阳[-陽] V.O. be sunny

chūtàn* 初探 V. first exploration

chútán 除痰 V.O. <Ch. med.> eliminate pathological mucus

chūtáng 出堂 V.O. leave the ceremonial hall (of a coffin)

chūTáng* 初唐 N. early Tang dynasty

chūtānr 出摊儿[-攤-] <coll.> V.O. do business; be open for business

chūtáo 出逃 V. flee; run away

chūtí* 出题 V.O. set a question; assign a topic

chūtì 出涕 V.O. shed tears

chùtì 怵惕 V. ① <wr.> feel apprehensive ② <med.> palpitation caused by fright

chútián 锄田 V.O. hoe the fields

chùtiānchùdì 矗天矗地 F.E. <topo.> towering; high as the sky

chū tiānhuā 出天花 V.O. have smallpox

chūtiao 出挑 V. <coll.> grow (prettier/etc.) *See also chūtiāo*

chūtiāo* 出挑 V. develop (of appearance/skill/etc.) *See also chūtiao*

chūtiào 出粜[-糶] V. sell (grain).

chūtí miànshì 出题面试 V.P. set a subject to test sb. on the spot

chūtíng 出庭 V.O. appear in court

chùtòng 触痛[觸-] V.O. touch a tender/sore spot ♦N. <med.> tenderness

1chūtóu* 出头 V.O. ① lift one's head; free oneself (from misery, persecution, etc.) ② appear in public; come forward ③ make good; succeed ④ take the lead/initiative ♦SUF. (after numbers) odd; a little over ♦N. a beginning; at the beginning

2chūtóu 初头 N. first days of the year/month

chútou 锄头 N. hoe M: 1bǎ

chùtóu 憷/怵头 V.O. <topo.> shrink from difficulties; be timid

chūtóu chuánzi xiān làn 出头椽子先烂[-爛] F.E. People in the limelight bear the brunt of attack.

chūtóu chuánzi xiān xiǔ 出头椽子先朽 F.E. People in the limelight bear the brunt of attack.

chūtóulùjiǎo 出头露角 F.E. come up or rise in the world

chūtóulùmiàn 出头露面 F.E. ① appear in public ② take the lead/initiative

chūtóuniǎo 出头鸟 N. outstanding person

chūtóuyǒurì 出头有日 F.E. The day will come for sb. to raise his head.

chūtóuzhīrì 出头之日 N. the day to hold up one's head.

chūtú* 出徒 V.O. complete one's apprenticeship

chūtǔ 出土 V.O. ① be unearthed/excavated ② come up out of the ground

chùtū 触突[觸-] V. violate (the rules/etc.)

chùtuì 黜退 V. dismiss; send away

chǔtúnzhīchū 储囤支出 F.E. <acct.> carrying charges

chūtuō 出脱 V. ① manage to sell; dispose of ② acquit; absolve ③ grow (prettier/etc.)

chūtǔ wénwù 出土文物 N. archeological objects M: 2jiàn

chūwài* 出外 V.O. leave for another town/city/etc.

chúwài 除外 V. except; not count/include *Túshūguǎn tiāntiān kāi, Xīngqīrì ~.* The library is open every day except Sunday. ♦ATTR. exclusive ♦N. exception *Fǎlǜ lìngyǒu guīdìng de ~.* The law separately provides for stipulated exceptions.

chū wàijǐng 出外景 V.O. shoot exterior footage

chūwáng 出亡 V.O. ① flee ② live in exile

chùwǎng* 触网[觸網] V.O. <sport> ① touch the net ② commit an offense against the law

chūwèi* 出位 V.O. break out of the limits of one's condition

chǔwèi 储位 N. the position of a crowned prince/princess

chūwèir 出味儿 V.O. ① give off an aroma ② have a flavor

chū wèntí 出问题 V.O. ① go wrong; be out of order ② have a problem (arise)

chūwō 出窝[-窩] V.O. leave the nest (lit./fig.)

chūwōrlǎo 出窝儿老[-窩--] N. ① sb. young but mature ② sb. young but conservative M: 2wèi

chùwōzi 怵窝子[-窩-] A.T. <topo.> shy; timid

chūwǔ 初五 N. fifth day of a lunar month

chúwùqì 除雾器[-霧-] N. demister

chùwùshāngqíng 触物伤情[觸-傷-] F.E. things that reopen sb.'s wound

chūxi 出息 <coll.> N. ① promise; prospect; future ② profit ♦V. mature; grow up *See also chūxī*

chūxī 出息 V.O. yield rent/interest/profit ♦V. <Budd.> exhale *See also chūxi*

chūxí* 出席 V.O. attend; be present

Chúxī 除夕 N. Lunar New Year's Eve

chūxià* 初夏 N. early summer

chúxià 厨下[廚-] P.W. kitchen

chǔxià 处下[處-] V. humble oneself

chūxiǎn 出险 V.O. ① get out of danger ② be in danger; be threatened

1chūxiàn* 出现 V. appear; arise; emerge *Wǒmen jiā ~le xīn wèntí.* A new problem has arisen in our family. ♦N. emergence

2chūxiàn 出线 V.O. attain eligibility (of athletes/teams competing in elimination heats)

3chūxiàn 初献[-獻] N. first libation in a sacrifice

chūxiàn cìshù 出现次数[-數] N. frequency of appearance/occurrence

chūxiàng 出项 N. item of expenditure; expense

chūxiàn pínlǜ 出现频率 N. frequency of occurrence/appearance

Chǔ xiānsheng 楮先生 N. <wr.> paper

chūxiǎo 初小 N. primary school (lower grades)

chūxiàozhèng 初校正 N. preliminary correction; first revise

chūxi de xiàng ge dàrén 出息得像个大人[----個--] V.P. <coll.> have matured; be like an adult
chūxiě* 出血 V.O. <coll.> ① bleed ② spend money *See also chūxuè*
chúxié 除邪 V.O. do away with evil; exorcise
chùxiě 触写[觸寫] N. touch writing (as on a typewriter)
chūxiěhuángtíng 初写黄庭[-寫--] ID. just right (in wording/criticism/etc.)
chúxiéqū'è 除邪驱恶[-驅惡] F.E. remove noxious influences and get rid of evil
[1]**chūxīn*** 初心 N. one's original intention
[2]**chūxīn** 出新 V.O. weed through the old to bring forth the new
chǔxīn 处心[處-] ADV. purposely; intentionally
chùxīn 怵心 V.P. ① shocking ② shocked
chūxíng* 出行 V. go on a long journey
[1]**chúxíng** 雏形[雛-] N. embryonic form; embryo
[2]**chúxíng** 雏型[雛-] N. miniature
chǔxíng 处刑[處-] V. <law> condemn; sentence
chùxìng 触兴[觸興] V.O. arouse enthusiasm/interest
chūxíngtú 出行图[-圖] N. <art> procession scene M: [1]zhāng
chǔxīnjīlǜ 处心积虑[處-積慮] F.E. plan (to achieve an end); incessantly scheme
chúxīshǒusuì 除夕守岁[-歲] F.E. sit the year out on New Year's Eve
chǔxū 储胥 N. ① servants ② stockade
chǔxù* 储蓄 V. save; deposit ♦N. savings
chùxū 触须[觸鬚] N. ① cirrus; tendril ② feelers; antennae; tentacles M: [2]gēn/[2]zhī
chūxuǎn 初选[-選] N. primary election
chǔxù cúnhù 储蓄存户 N. savings account
chǔxù cúnkuǎn 储蓄存款 N. savings deposit
chūxué 初学 V. begin to study ♦N. ① beginning stage of an effort to learn (a subject) ② beginner
chūxuě 初雪 N. first snow M: [2]chǎng
chūxuè* 出血 V.O. ① <med.> hemorrhage; bleed ② <coll.> spend money *See also chūxiě*
chúxuěchē 除雪车 N. snow-clearing truck; snow plow M: [3]liàng
chūxuézhě 初学者 N. beginner M: [2]wèi
chǔxù jīgòu 储蓄机构[-構] N. savings organization
chǔxùjīn 储蓄金 N. savings
[1]**chūxún** 出巡 V. ① be in a royal progress ② make a tour of inspection
[2]**chūxún** 初旬 N. ① first of the three ten-day periods of a month ② (at) the beginning
chǔxù yínháng 储蓄银行 P.W. savings bank
[1]**chūyá(r)*** 出芽(儿) V.O. sprout
[2]**chūyá** 出牙 V.O. teethe
chúyā 雏鸭[雛-] N. duckling M: [2]zhī
chūyáfǎ 出芽法 N. sprouting methods
chūyán* 出言 V.O. speak ♦N. manner of speaking
chúyán 刍言[芻-] N. <humb.> my views/opinions
chúyàn 雏燕[雛-] N. baby swallow M: [2]zhī
chùyǎn 触眼[觸-] V.O. strike the eye; be eye-catching
chūyánbùxùn 出言不逊[-遜] F.E. speak insolently/insultingly
chūyáncūlǔ 出言粗鲁 F.E. speak in a harsh tone
[1]**chūyáng** 出洋 V.O. go abroad
[2]**chūyáng** 初阳[-陽] N. the rising sun
chū yángxiàng 出洋相 V.O. make an exhibition/ass of oneself
chūyántángtū 出言唐突 F.E. make a blunt remark
chūyánwēixià 出言威吓[-嚇] F.E. speak daggers to sb.
chūyánwúzhuàng 出言无状[-狀] F.E. use rude language; speak rudely
chǔyāo 楚腰 N. slender waist
chū yāo'ézi 出幺蛾子[-么--] V.O. <coll.> ① make a lousy suggestion ② go awry
chùyāshì 触压式[觸壓-] N. touch and press style (of healing)
[1]**chūyè*** 初夜 N. ① beginning of night ② wedding night
[2]**chūyè** 初叶[-葉] N. early years (of a century)
Chúyè 除夜 N. New Year's Eve
chǔyè 楮叶[-葉] N. ① leaves of a paper mulberry tree ② jade mulberry leaf like a real one M: [4]yè
chūyèquán 初夜权[-權] N. <law> *jus primae noctis*
chūyī* 初一 N. ① first day of a lunar month ② New Year's Day ③ freshman (in junior high school)
chúyǐ 除以 V.P. (a number) to be divided by
[1]**chúyì** 刍议[芻議] N. my humble opinion
[2]**chúyì** 除役 V.O. have one's name struck off the work/service/reserve list on reaching the specified age
chǔyí 楮仪[-儀] N. money given by friends toward funeral expenses
chǔyǐ 处以[處-] V.P. <law> give a sentence of
chùyì 畜疫 N. epidemic disease of domestic animals
chū yī bàngzi lìqi 出一磅子力气[-氣] V.P. <coll.> put forth the tiniest effort
chǔyǐ fájīn 处以罚金[處-] V.P. impose a penalty
chūyǐgōngxīn 出以公心 F.E. act without any selfish consideration
chūyíng* 出迎 V. go out to meet
chúyīng 雏莺[雛鶯] N. <zoo.> young warbler M: [2]zhī
chǔyǐ sǐxíng 处以死刑[處-] V.P. inflict the death penalty
chǔyǐ xíngfá 处以刑罚[處-] V.P. inflict punishment
chūyóu* 出游 V. go on tour ♦N. <Budd.> the Excursions (the adolescent Gautama leaves his father's palace)
chǔyóu 储油 N. (petroleum) oil storage
chǔyóuguàn 储油罐 N. (petroleum) oil storage tank; oil tank
chúyóujì 除莠剂[-劑] N. herbicide
chūyóujǐng 出油井 N. producing oil well M: kǒu
chūyú* 出于[-於] V.P. start/proceed/stem from
chūyù 出狱 V.O. get out of jail
chǔyú 处于[處於] V.P. be (in a certain condition)
chūyuán 初元 N. <trad.> beginning of an emperor's reign
[1]**chūyuàn*** 出院 V.O. leave the hospital
[2]**chūyuàn** 初愿[-願] N. one's original wish
chūyuàn zhèngmíngshū 出院证明书[--證-書] N. hospital discharge certificate M: [1]zhāng
chūyǔbùsú 出语不俗 F.E. speak in an uncommon way
[1]**chūyuè*** 初月 N. ① crescent moon ② the first lunar month
[2]**chūyuè(r)** 出月(儿) N. after this month; next month
chúyuè 除月 N. last (12th) moon of the lunar year
chǔyuē 处约[處-] V. suffer privation
chū yuèzi 出月子 V.O. recover normal health one month after childbirth
chūyùn 出韵[-韻] V.O. be off rhyme
chǔyùn* 储运[-運] N. preservation and transportation
chū yūní ér bù rǎn 出淤泥而不染 F.E. come out of mud unsoiled (fig.)
chǔyúsǐdì 处于死地[處於-] F.E. send sb. to his doom
chūyúwúnài 出于无奈[-於--] F.E. as it cannot be helped; there is no alternative
chūyúwúyì 出于无意[-於--] F.E. be unintentional
chūyǔxīlì 出语犀利 F.E. speak daggers
chúzāi 除灾[-災] V.O. save from misfortune/disaster
chǔzài* 处在[處-] V.P. be (in a certain condition)
chúzào 厨灶[廚-] N. <topo.> stove M: [2]zhī
[1]**chūzhàn*** 出战[-戰] V. ① go out to fight ② <sport> enter the arena
[2]**chūzhàn** 初战[-戰] N. initial battle
chǔzhǎn 处斩[處-] V. behead; decapitate; execute a criminal
chūzhǎng 出掌 V.O. strike with the hand
chūzhàng 出帐 V.O. post an expenditure ♦N. <topo.> items of expenditure
chùzhǎng* 处长[處-] N. department/office head; section chief M: [2]wèi
chūzhāo* 出招 V. attack (with a martial art movement)
chúzhào 除召 V. be summoned to an imperial audience for nomination
chūzhé 出蛰[-蟄] V.O. come out of hibernation (lit./fig.)
chūzhēn 出针 V.O. <Ch. med.> pull the needle out; withdraw the needle
[1]**chūzhěn** 初诊 V. ① pay one's first visit (to a doctor/hospital) ② visit a patient for the first time
[2]**chūzhěn** 出诊 V.O. make house calls (of doctors)
chūzhèn* 出阵 V.O. go out (to battle)'
chùzhěn 触诊[觸-] N. <med.> palpation
chūzhēng* 出征 V.O. ① go on an expedition; go out to battle ② go out to participate in a sports competition
chūzhèng 初政 N. <trad.> beginning of an emperor's reign
chūzhèntiǎozhàn 出阵挑战[-戰] F.E. challenge an opponent to fight
chūzhí 初值 N. initial value
[1]**chūzhì** 初至 N. first arrival
[2]**chūzhì** 初志 N. original ambition (of a youth)
[3]**chūzhì** 出质[-質] V. <wr.> ① be sent to another state as a hostage ② be off the target ③ pawn one's property/assets
[1]**chǔzhì*** 处置[處-] V. ① deal with; manage; dispose of ② punish ♦N. <lg.> disposal
[2]**chǔzhì** 处治[處-] V. punish
chùzhì 黜/绌陟 N. demotion and promotion
chǔ zhībái 楮知白 N. <wr.> paper
chǔzhìbùdàng 处置不当[處-當] F.E. mismanage; mishandle
chǔzhìfǎ 处置法[處-] N. processing method
chǔzhìjù 处置句[處-] N. <lg.> disposal sentence
chùzhījué 触知觉[觸-覺] N. tactual perception
chǔzhìshì 处置式[處-] N. <lg.> ① disposal construction ② disposal/ergative/execution form
chǔzhītàirán 处之泰然[處-] F.E. take things calmly
chūzhì zīchǎn 出质资产[-質-產] V.O. pledge assets
[1]**chūzhōng*** 初衷 N. original intention *Tā ~ bù gǎi, jìxù bāngzhù qióngrén.* He sticks to his original intention and keeps helping the poor.
[2]**chūzhōng** 初中 N. junior middle school
chūzhòng 出众[-眾] V.O. be outstanding
chūzhōngshēng 初中生 N. junior high school student M: [2]wèi
chǔzhuàngzhǐ 杵状指[-狀-] N. clubbed finger M: [2]gēn
chùzhù'érwáng 触柱而亡[觸-] F.E. commit suicide by dashing one's head against a pillar
chūzhuì 出赘 V. marry into the family of one's wife
chū zhǔyì 出主意 V.O. ① scheme; cook up sth.; provide an idea ② incite; instigate
chūzī 出资 V.O. put up capital (for a business venture, etc.)
chūzì* 出自 V.P. come from
[1]**chúzi** 厨子[廚-] N. cook M: [2]wèi
[2]**chúzi** 橱子[櫥-] N. chest; cabinet M: [2]zhī
chúzì 除字 V.O. delete (a character)
chǔzi 杵子 N. ① pounder; pestle M: [2]gēn ② <topo.> the fist M: [2]zhī
chǔzǐ 处子[處-] N. ① virgin; maiden ② scholar in retirement ③ recluse M: [2]wèi
chūzìfèifǔ 出自肺腑 F.E. from the depth of one's heart
chúzìjiàn 除字键 N. <comp.> delete key

chūzīrén 出资人 N. person who finances a project/activity/etc. M: [2]*wèi*
chúzitóur 厨子头儿[厨-] N. chef M: [2]*wèi*
chūzǒu 出走 V. leave; run away; flee (from one's home); desert one's family *Érzi líjiā ~ le.* The son ran away from home.
chūzū* 出租 V. hire; let; rent
chūzǔ 初祖 N. the founder of a sect M: [2]*wèi*
chúzú 除阻 ATTR. <*lg.*> ① off-glide ② released
chūzūchē 出租车 N. <*PRC*> taxi M: [3]*liàng*
chūzūdì 出租地 N. land for lease/rent M: [2]*kuài*
chúzuì 除罪 V.O. remit sin/punishment
chūzuò 初作 N. maiden work; first effort
chūzuòrùxī 出作入息 F.E. begin work at dawn and stop at dusk
chúzǔqī 除阻期 N. releasing phase
chūzū qìchē 出租汽车 N. <*PRC*> taxi M: [3]*liàng*
chūzū qìchēzhàn 出租汽车站 P.W. <*PRC*> taxi stand
chūzūrén 出租人 N. lessor M: [2]*wèi*
[1]**cī** 呲 V. <*coll.*> give a tongue-lashing to *See also* [6]*zī*
[2]**cī** 刺 ON. Wham! Whoosh! *See also* [2]*cì*
[3]**cī** 差 B.F. rank *cīděng* ♦in *cēncī See also* [3]*chā*, [1]*chà*, [2]*chāi*, [4]*cuō*
[4]**cī** 疵 B.F. flaw *cīdiǎn*, *dàcī*
[1]**cí(r)** 词(儿)[詞(兒)] N. ① word; term *Tā méi ~r le.* He ran out of things to say. ② speech; statement ③ a kind of poetry originating in the Tang dynasty and flourishing during the Song dynasty
[2]**cí** 瓷 N. ① porcelain; china ② <*slang*> crony; chum; sidekick
[3]**cí** 辞[辭] B.F. ① diction; phraseology *cídiǎn* ② depart; take one's leave *gàocí* ③ decline *tuīcí* ④ shrink from; shirk ♦V. ① resign ② dismiss; discharge
[4]**cí** 雌 B.F. female [3]*cíxìng*
[5]**cí** 磁 B.F. <*phy.*> magnetism *cítiě* ♦N. porcelain; china ♦S.V. very close; intimate
[6]**cí** 慈 B.F. compassionate; kind; loving *cí'ài* ♦N. <*wr.*> my mother
[7]**cí** 祠 B.F. ancestral temple *cítáng*
[8]**cí** 茨 B.F. thatch *cígu*, [2]*fúcí*
[9]**cí** 兹[茲] in *Qiūcí See also* [5]*zī*
[10]**cí** 糍 in *cíbā*
[11]**cí** 鹚[鷀] in *lúcí*
cǐ 此 PR. <*wr.*> this
[1]**cì*** 次 V.M. time; occurrence ♦B.F. ① order; sequence [1]*cìxù* ② second; next *cìrì* ③ half ♦S.V. ① second-rate; inferior; secondary ② odious ♦PREF. <*chem.*> hypo-
[2]**cì** 刺 V. ① stab; prick ② assassinate ③ irritate; stimulate ④ criticize ♦N. ① thorn; splinter ② <*wr.*> visiting card *See also* [2]*cī*
[3]**cì** 赐[賜] <*wr.*> B.F. ① give; grant; favor *cìyǔ* ② gift *hòucì*
[4]**cì** 伺 B.F. wait on *cìhou See also* [7]*sì*
cí'ǎi 慈霭 V.P. kindly and amiable
cí'ài* 慈爱[-愛] N./S.V. love; affection; kindness
cǐ'àn 此岸 N. <*rel./wr.*> this shore; temporality
cī'áo 呲嗷 N./V. <*slang*> fuck
cíbā 糍粑 N. cooked glutinous rice pounded into paste; glutinous rice cake
cìbǎi 刺柏 N. Ch. juniper M: [2]*kē*
cíbàng* 磁棒 N. magnetic rod M: [2]*gēn*
cìbàng 刺棒 N. prod; goad M: [2]*gēn*
[1]**cíbào** 磁暴 N. <*phy.*> magnetic storm
[2]**cíbào** 雌豹 N. female leopard M: [2]*zhī*
cíbēi* 慈悲 N. mercy; benevolence; pity
cíběi 磁北 N. the magnetic north
cǐbèi 此辈 N. <*wr.*> such people
cíbēihàoshàn 慈悲好善 F.E. benevolent and charitable
cíbēilèshàn 慈悲乐善[--樂-] F.E. benevolent and charitable
cíbēiwéiběn 慈悲为本 F.E. Compassion is the principle of life.
cìbí* 刺鼻 S.V. pungent; acrid
cìbǐ 次比 N. order
cíbiǎo 词表 N. word-list M: [1]*zhāng*

cìbiāozhǔn 次标准[-標準] ATTR. substandard
cìbiāozhǔn Yīngyǔ 次标准英语[-標準--] N. <*lg.*> substandard English
cìbiāozhǔnyǔ 次标准语[-標準-] ATTR. <*lg.*> substandard
cìbiāozhǔn yǔyán 次标准语言[-標準--] N. <*lg.*> substandard language
cíbié 辞别[辭-] V. bid farewell
cìbó 赐帛 V.O. <*trad.*> be given silk by the emperor for hanging oneself
cíbù* 词部 N. <*lg.*> parts of speech
cìbù 次布 N. substandard cloth M: [1]*pǐ*
cíbùdáyì 辞/词不达意[辭-達-] F.E. words fail to convey one's thoughts
cíbùhuòmìng 辞不获命[辭-獲-] F.E. One's resignation is not approved.
cíchāi 辞差[辭-] V.O. <*wr.*> resign/quit a job
cíchǎng 磁场[-場] N. <*phy.*> magnetic field
cíchén 词臣 N. court official specialized in literature M: [2]*wèi*
cíchéng 辞呈[辭-] N. written resignation M: [1]*zhāng*
cìchéngshì 次程式 N. <*comp.*> subprogram
cìchéngyán 次成岩 N. secondary rocks
cǐchù 此处[-處] N. <*wr.*> this place; here
cíchuàn 词串 N. sequence
cìchuān* 刺穿 R.V. pierce; prick
cǐchù dǎkāi 此处打开[-處-開] V.P. open here
cǐchù diàoqǐ 此处吊起[-處--] V.P. lift here
cìchuō 刺戳 V. prick and stab
cǐchù wú yín sānbǎi liǎng 此处无银三百两[-處-----] ID. a clumsy denial resulting in self-exposure
cǐcì 此次 N. <*wr.*> this time
cìcì* 次次 ADV. every time
cìcìbùxiū 刺刺不休 F.E. talk incessantly
cí-císù wénzì 词词素文字 N. <*lg.*> word-morpheme characters
cìcizhe 刺刺着[-著] V.P. messy (of hair/etc.)
cīda* 呲打 V. <*topo.*> revile; curse
cídá 雌答 V. scold; chide
cìdǎ 刺打 V. <*coll.*> damn; curse; revile
cídài 磁带[-帶] N. magnetic tape M: [1]*pán*
cídàijī 磁带机[-帶-] N. tape recorder
cídàikù 磁带库[-帶-] P.W. tape library M: [4]*zuò*
cídài lùxiàng 磁带录像[-帶錄-] N. video recorder M: [1]*tái*
cídài lùyīnjī 磁带录音机[-帶錄--] N. tape recorder M: [1]*tái*
cìdàlù 次大陆[-陸] N. subcontinent M: [2]*kuài*
cǐdào 此道 N. things like this; this pursuit/hobby/work/etc.
cìdāo* 刺刀 N. dagger; bayonet M: [1]*bǎ*
cìdāojiànhóng 刺刀见红 F.E. ① sharp self-criticism ② tenacious indomitable spirit in work
cīde 呲嘚 <*coll.*> V. give a tongue-lashing; dress down
cì de* 次的 ATTR. subsidiary
cí de chuàngxīn 词的创新[--創-] N. <*lg.*> lexical innovation
cí de dāpèi 词的搭配 N. <*lg.*> collocation
cí de gòuchéng 词的构成[--構-] N. word structure
cí de guānlián 词的关联[-關聯] N. <*lg.*> word association
cì de huāng 刺得慌 R.V./S.V. unbearably irritating/grating/etc.
cīděng 差等 N. classification; classes *See also chàděng*
cǐděng 此等 N. <*wr.*> this kind; such as these
cìděng* 次等 N. second-class; second-rate; inferior
cìděnghuò 次等货 N. seconds M: [1]*pī*/[2]*jiàn*
cí de xíngshì 词的形式 N. word form
cǐdì 此地 N. this place; here
cìdì* 次第 N. order; sequence ♦ADV. one after another
cīdiǎn 疵点[-點] N. flaw; fault
cídiǎn* 词/辞典[辭-] N. dictionary; lexicon M: [1]*běn*
cǐdiǎn 此点[-點] N. this point/issue

cìdiàn 赐奠 V.O. personally (the emperor) offer condolences or pay a last tribute to the deceased
cídiǎn biānjí de 辞典编辑的[辭-] ATTR. lexicographical
cídiǎn biānshěn de 辞典编审的[辭--審-] ATTR. lexicographical
cídiǎn biānzuǎn 辞典编纂[辭-] N. lexicography
cídiǎn biānzuǎnfǎ 辞典编纂法[辭-] N. lexicography
cídiǎn biānzuǎnzhě 词典编纂者 N. lexicographer
cídiànjī 磁电机[-電-] N. a magneto M: [1]*tái*
cídiǎn shùjùkù 词典数据库[--數據-] N. <*lg.*> dictionary database
cídiǎn tiáomù 辞典条目[辭-條-] N. <*lg.*> dictionary entry M: [1]*tiáo*
cídiǎnxué 词/辞典学[辭-] N. lexicography
cídiǎn zhèngwén 词典正文 N. the dictionary proper
cídiǎn zīliàokù 辞典资料库[辭-] N. <*lg.*> dictionary database
cídiāo* 瓷雕 N. porcelain carving M: [2]*jiàn*
[1]**cídiào** 词调 N. tonal patterns and rhyme schemes of [1]*cí* poetry
[2]**cídiào** 辞掉[辭-] R.V. resign; quit (a job/etc.)
cídié 磁碟 N. <*comp.*> disk M: [1]*piàn*
cídié cāozuò xìtǒng 磁碟操作系统 N. <*comp.*> the disk operation system (DOS)
cídié cúnqǔ 磁碟存取 N. <*comp.*> disk access
cídiédàng 磁碟档[-檔] N. <*comp.*> disk drive
cídiéjī 磁碟机 N. <*comp.*> disk drive M: [1]*tái*
cídiépiàn 磁碟片 N. <*comp*> diskette; floppy disc M: [1]*piàn*
cídiér 瓷碟儿 N. porcelain saucer M: [2]*zhī*
cídiézǔ 磁碟组 N. <*comp.*> a disk pack
cìdìrùzuò 次第入座 F.E. take seats one after another
cǐdì wú yín sānbǎi liǎng 此地无银三百两 ID. a clumsy denial resulting in self-exposure
cìdī yuányīn 次低元音 N. <*lg.*> mid low vowel
cìdòng 刺动[-動] V. be galvanized/stimulated
cídú 雌犊[-犢] N. female calf M: [2]*zhī*
cíduàn 词段 N. <*lg.*> word group
cíduìcí fānyì 词对词翻译[-對--譯] N. word-for-word translation
cí'ér 雌儿 N. a young lass *See also* [2]*cír*
cì'ěr* 刺耳 S.V. jarring; ear-piercing; strident
cì'ěr de shēngyīn 刺耳的声音[---聲-] N. cacophony
cífǎ 词法 N. <*lg.*> ① morphology ② accidence
cífǎ guīlǜ 词法规律 N. morphological process
cǐfān 此番 N. this time
cífànwǎn 瓷饭碗 N. ① ceramic rice bowl ② practice by which municipal/district authorities take responsibility for the profits/losses of collectively owned enterprises) M: [2]*zhī*
cífèi 辞费[辭-] V.P. verbose; wordy
[1]**cífēng** 词锋 N. eloquent/forceful language
[2]**cífēng** 雌蜂 N. queen bee M: [2]*zhī*
[3]**cífēng** 雌风 N. ① evil practice/custom ② the tantrum of a virago/shrew
cìfǒudìng 次否定 N. <*lg.*> double negative
[1]**cífú** 词符 N. <*lg.*> word-sign; lexicon; symbol
[2]**cífú** 雌伏 V. lie down ♦ATTR. not ambitious; retiring; withdrawing; not aggressive
[1]**cífù*** 辞/词赋[辭-] N. an ancient literary form
[2]**cífù** 慈父 N. loving father; father M: [2]*wèi*
cǐfù 此覆 F.E. I hereby reply as above.(expression used at the end of official correspondence addressed to sb. of equal standing)
cìfú 赐福 V. bless
cìfù 赐复[-復] F.E. <*wr.*> favor me with a reply
cífúdàijī 雌伏待机 F.E. retire and await an opportunity
cífùfǎ 词附法 N. <*lg.*> affixation
cífùjiànbèi 慈父见背 F.E. <*wr.*> My father passed away.
cífùjūpín 辞富居贫[辭-] F.E. decline riches and prefer poverty

cífú lièchē 磁浮列车 N. a train operated by means of maglev or magnetic levitation M: [1]*liè*
cígàn 词干[-幹] N. <*lg.*> stem; theme stem
cígàncí 词干词[-幹-] N. <*lg.*> head (word)
[1]**cígāng** 瓷缸 N. large ceramic container (for water/grain/etc.) M: [2]*zhī*
[2]**cígāng** 磁钢[-鋼] N. magnet steel M: [2]*kuài*
cìgāngsī 刺钢丝[-鋼絲] N. barbed wire M: *juǎn/kǔn*
cígàn gūlìxíng yǔyán 词干孤立型语言[-幹----] N. <*lg.*> isolating language
cígǎnyìng 磁感应[-應] N. <*phy.*> magnetic induction
cìgào 赐告 V. be given official leave by the emperor
cìgāo yuányīn 次高元音 N. <*lg.*> mid high vowel
cígé 词格 N. <*lg.*> figure; figure of speech
cìgěi 赐给 V. grant; bestow *See also cìjǐ*
cígēn 词根 N. <*lg.*> root; base
cígēncí 词根词 N. <*lg.*> root word
cígēn fǎnyìcí 词根反意词 N. <*lg.*> base antonym
cígēn xíngshì 词根形式 N. <*lg.*> root; base form
cígēnyǔ 词根语 N. <*lg.*> ①amorphous language ② isolating language
cígōng* 辞工[辭-] V.O. resign (from work)
cǐgōng 此公 N. this fellow
cígōngjī 瓷公鸡[-雞] <*coll.*> N. mean person; miser M: [2]*zhī*
cígōngtiàocáo 辞工跳槽[辭-] F.E. leave one's job and go to another
cígu 慈姑//茨菰 N. <*bot.*> arrowhead M: [2]*zhī*
cígǔ 磁鼓 N. magnetic drum
[1]**cìgǔ*** 刺/次骨 S.V. ① bone-piercing; biting ② deep ♦V.O. penetrate to the bone (of cold/pain/etc.)
[2]**cìgǔ** 刺股 V.O./S.V. extremely diligent in studying
cìgù 赐顾[-顧] N. <*court.*> your patronage
[1]**cíguān*** 辞官[辭-] V.O. resign from an official position
[2]**cíguān** 祠官 N. an official in charge of the spring worship M: [2]*wèi*
cíguàn 瓷罐 N. china container M: [2]*zhī*
cìguān 次官 N. under-secretary
cìguāng 赐光 V.O. <*court.*> I am honored with your gracious presence
cìgǔ dúshū 刺股读书[-讀書] V.P. study hard despite hardships
cìgǔ hánfēng 刺骨寒风 N. biting/piercing/freezing wind
cíguǐ 磁轨 N. (magnetic) track M: [2]*dào*
cìgǔzhīhèn 刺骨之恨 N. hatred that penetrates to the bone—bitter hatred
cíhǎi 辞海[辭-] N. ① a collection of words ② title of a standard dictionary
cíhàn* 词翰 N. ① literary works, as poems/prose/etc. ② letters; correspondence
cìhán 赐函 V.O. please write me
cíháng 慈航 N. <*Budd.*> the ferry of salvation
cíhángpǔdù 慈航普渡 ID. <*Budd.*> salvation through charity to others
cìhǎo 次好 ATTR. second best
cìhǎolùn 次好论 N. second-best theory
cíhé 慈和 S.V. kind and amiable
cíhéjīn 磁合金 N. magnetic alloy M: [2]*kuài*
cǐhènmiánmián 此恨绵绵 F.E. This resentment/sorrow will last forever.
cíhéxiāngchù 慈和相处[-處] F.E. live on friendly terms—dwell together in harmony
cǐhòu 此后[-後] ADV. <*wr.*> after this; hereafter; henceforth
cìhou* 伺候 V. wait upon; serve
cí hòu fùjiā chéngfèn 词后附加成分[-後----] N. suffix
cíhǔ 雌虎 N. tigress M: [1]*tóu*/[2]*zhī*
cíhuā 雌花 N. <*bot.*> female/pistillate flower M: [2]*duǒ*
cíhuá 词华[-華] N. poetic diction

[1]**cíhuà*** 词话 N. ① notes and comments on [1]*cí* poetry ② storytelling interspersed with songs/etc. ③ novel with parts in verse M: [1]*piān*
[2]**cíhuà** 词化 N. <*lg.*> lexicalization
[3]**cíhuà** 雌化 N. feminization
[4]**cíhuà** 磁化 N. magnetization
cìhuái 刺槐 N. <*bot.*> locust (tree) M: [2]*kē*
cìhuán 赐环[-環] V.O. (said of an official exiled to the frontier) to be forgiven and recalled to the capital
cíhuáng 雌黄 N. ① <*min.*> orpiment ② <*art.*> mineral yellow pigment ♦ID. ① make changes in writing ② criticize without grounds; malign *See also xìnkǒucíhuáng*
cì huāwén 刺花纹 N. tattoo
cǐhūbǐyìng 此呼彼应[-應] F.E. take concerted action
[1]**cíhuì** 词/辞汇[辭匯] N. <*lg.*> vocabulary; lexis; lexicon
[2]**cíhuì** 慈诲 N. ① maternal instructions ② instructions from one's superior
cíhuìbiǎo 词汇表[-彙-] N. <*lg.*> word list M: [1]*zhāng*
cíhuì bùzú 词汇不足[-彙--] V.P. <*lg.*> lexical inadequacy
cíhuìcéng 词汇层[-彙層] N. <*lg.*> lexis
cíhuìchǎng 词汇场[-彙場] N. <*lg.*> lexical field
cíhuì chéngfèn 词汇成分[-彙--] N. <*lg.*> lexical constituent
cíhuì chuàngxīn 词汇创新[-彙創-] N. <*lg.*> lexical innovation
cíhuìcí 词汇词[-彙-] N. <*lg.*> lexical word
cíhuì cuòwù 词汇错误[-彙--] N. <*lg.*> lexical error
cíhuì dānwèi 词汇单位[-彙--] N. <*lg.*> lexeme; lexical unit
cíhuì de suōxiǎo 词汇的缩小[-彙---] N. <*lg*> narrowing; specializing
cíhuì dìlǐxué 词汇地理学[-彙---] N. linguistic geography
cíhuì dòngcí 词汇动词[-彙動-] N. <*lg.*> lexical verb
cíhuì kòngquē 词汇空缺[-彙--] N. <*lg.*> lexical gap
cíhuì kòngzhì 词汇控制[-彙--] N. <*lg.*> vocabulary control
cíhuì kuòsàn 词汇扩散[-彙擴-] N. <*lg.*> lexical diffusion
cíhuìliàng 词汇量[-彙-] N. <*lg.*> vocabulary range/quantity
cíhuì liàngbiǎo 词汇量表[-彙--] N. <*lg.*> lexical scale M: [1]*zhāng*
cíhuì mìdù 词汇密度[-彙--] N. <*lg.*> lexical density
cíhuì píndù 词汇频度[-彙--] N. <*lg.*> word frequency
cíhuì qíyì 词汇歧义[-彙-義] N. <*lg.*> lexical ambiguity
cíhuì rùgòuxiàng 词汇入构项[-彙-構-] N. <*lg.*> lexical entry
cíhuì shàng-xiàwén 词汇上下文[-彙---] N. <*lg.*> lexical co-text
cíhuì shèntòu 词汇渗透[-彙滲-] N. <*lg.*> lexical diffusion
cíhuì tǒngjì 词汇统计[-彙--] N. <*lg.*> lexico-statistics
cíhuìxué 词汇学[-彙-] N. lexicology
cíhuì yìyì 词汇意义[-彙-義] N. <*lg.*> lexical meaning
cíhuì yǔfǎ 词汇语法[-彙--] N. <*lg.*> lexicogrammar
cíhuì yǔyìxué 词汇语义学[-彙-義-] N. <*lg.*> lexical semantics
cíhuì zēngbǔ 词汇增补[-彙-補] N. <*lg.*> lexical expansion
cíhuì zhuǎnyì 词汇转义[-彙轉義] N. <*lg.*> lexical transfer
cíhūn 磁/瓷婚 N. china wedding (20th wedding anniversary)
cíhuó(r) 辞活(儿)[辭-] V.O. resign from a job (said of servants)

cìhuò* 次货 N. inferior/substandard goods M: [1]*pī*
[1]**cíjī** 词基 N. base; stem
[2]**cíjī** 雌鸡[-雞] N. hen M: [2]*zhī*
cíjí 磁极[-極] N. <*phy.*> magnetic pole
cǐjì 此际[-際] ADV. at this time; at the moment; at this hour
cìjī* 刺激 V. ① stimulate ② provoke; irritate; upset ♦N. stimulation; stimulus
cìjí 次级 N. second class ♦ATTR. secondary
cìjǐ 赐给 V. give; bestow; confer *See also cìgěi*
cìjià 赐假 V.O. be granted a leave of absence
cǐjiān 此间 N. <*wr.*> around here; here
cí jiān hùxiāng yǐngxiǎng 词间互相影响[-響] N. <*lg.*> interaction of words
cìjiào 赐教 V. condescend to teach; grant instruction
cíjī de bùfen chóngdié 词基的部分重叠[-疊] N. <*lg.*> partial reduplication of stem
cíjī de chóngdié 词基的重叠[-疊] N. <*lg.*> reduplication of stem
cíjiè 词界 N. <*lg.*> word boundary
cìjīfǎ 刺激法 N. method of stimulation
cìjī fǎnyìng 刺激反应[-應] N. <*lg.*> stimulus-response
cìjī fǎnyìng lǐlùn 刺激反应理论[---應--] N. <*lg.*> stimulus-response theory; S-R theory
cìjī fǎnyìngshuō 刺激反应说[---應-] N. <*lg.*> stimulus-response theory
cìjījì 刺激剂[-劑] N. stimulant; stimulus
cìjīpǐn 刺激品 N. a stimulant; a stimulus
cìjīsù 刺激素 N. growth hormone
cíjītímíng 雌鸡啼鸣[-雞--] ID. The wife is ruling.
cìjiǔyājīng 赐酒压惊[-壓驚] F.E. give sb. spirits to help him recover from a fright
cíjiùyíngxīn 辞旧迎新[辭舊-] F.E. ring out the Old Year and ring in the New Year
cìjīwù 刺激物 N. stimulant; stimulus
cìjīxìng 刺激性 N. irritation; stinging
cìjī zuòyòng 刺激作用 N. stimulation
cíjù* 词/辞句[辭-] N. <*lg.*> words and phrases; expression; phrases
cǐjǔ 此举[-舉] N. this action/undertaking/move
cìjǔ 刺举[-舉] V. investigate a crime and expose it
cìjué 赐爵 V.O. confer titles of nobility upon the meritorious
cǐjūn 此君 N. ① this gentleman ② bamboo
cǐkāibìbì 此开彼闭[-開--] F.E. as one opens, another closes
cǐkè* 此刻 N. this moment; now; at present
cìkè 刺客 N. assassin M: [2]*wèi*
cìkǒulùnshì 刺口论事 F.E. remark frankly and criticize openly
cíkù 词库 N. word bank/stock; lexicon
cīlacīla 刺啦刺啦 ON. car honking, etc.
cǐlǎo 此老 N. this old guy
cílǎohǔ 雌老虎 ID. a ferocious woman M: [2]*zhī*
cílèi* 词类[-類] N. <*lg.*> ① parts of speech ② word class
cǐlèi 此类[-類] N. this kind; these kinds
cílèi bùdìng de 词类不定的[-類---] ATTR. <*lg.*> indefinite
cílèi huàfēn 词类划分[-類劃-] N. <*lg.*> subcategorization
cílèi zhuǎnhuàn 词类转换[-類轉換] N. <*lg.*> change of word class
cīlēng 刺棱 ON. sound of swift movement
cīlì 疵疠[-癘] N. ① disease ② disaster; calamity
cílì* 磁力 N. <*phy.*> magnetic force
cíliánxiǎng 词联想[-聯-] N. <*lg./psy.*> word association
cíliánxiě 词连写[-寫] N. continuous writing of words (i.e., joining syllables into words)
cìliào 次料 N. second-class material
cíliáofǎ 磁疗法[-療-] N. <*med.*> magnetic induction treatment
cìlícūn 刺梨皴 N. <*art*> pear thorn wrinkle (in painting)
cílìjì 磁力计 N. magnetometer M: [2]*zhī*

C

C

cílín 辞/词林[辭-] N. ① a place where men of letters congregate ② literary circle ③ <*trad.*> the Hanlin Academy
cílíng 辞灵[辭靈] V.O. bow to the coffin before leaving
cílìng* 辞/词令[辭-] N. ① appropriate language ② manners in talking with sb.
cīliū 刺溜 ON. sound of slipping/sliding
cīliūbīng 刺溜冰 N. ice sliding (children's game)
cílìxiàn 磁力线 N. <*phy.*> magnetic line of force M: [1]*tiáo*
cílù 磁路 N. <*phy.*> magnetic circuit
cílǘ 雌驴[-驢] N. female donkey M: [1]*tóu*
cílǜ* 词律 N. strict tonal pattern and rhyme scheme for [1]**cí**
cìlǚ 赐履 V.O. <*hist.*> grant a fief to a prince
cǐlùbùtōng 此路不通 F.E. dead end; blind alley
cǐ lù bù tōng nà lù tōng 此路不通那路通 V.P. There are more ways than one.
címǎ 雌马 N. mare M: [1]*pǐ*
cìmǎdīng 刺马钉 N. a spur
címáng 词盲 N. alexia
címángzhèng 词盲症 N. <*lg.*> word blindness
cīmáo* 疵毛 N. defective wool
[1]**cìmáo** 次毛 <*coll.*> S.V. poor in quality; inferior; bad
[2]**cìmáo** 刺毛 S.V. <*coll.*> meddlesome; trouble-making
cìmǎzhēn 刺马针 N. a spur M: [2]*gēn*
címéishànmù 慈眉善目 F.E. benevolent-looking
címiào 祠庙[-廟] P.W. memorial temple M: [4]*zuò*
[1]**címìng** 慈命 N. a mother's command
[2]**címìng** 辞命[辭-] N. diplomatic speeches
cìmíng* 赐名 V.O. give a name to; name
cìmìnglìng 次命令 N. <*comp.*> subcommand
cīmiù 疵谬 N. falsehood; error; mistake
címǔ* 慈母 N. ① a loving mother ② a reference to one's father's concubine who raised one as if one were her own child M: [2]*wèi*
címù 词目 N. <*lg.*> lexical entry M: [1]*tiáo*
cìmù 刺目 S.V. ① dazzling ② irritating/offending to the eyes
címǔbàizi 慈母败子 F.E. a fond mother spoils the son
cìnán 次男 N. the second son
cìnao* 刺挠[-撓] <*coll.*> S.V. itchy ♦V. ① itch ② provoke; irritate
cìnào 刺闹[-鬧] S.V. <*coll.*> smarting; irritated
cínéng 磁能 N. <*phy.*> magnetic energy
cìnián 次年 N. next year
cìnǚ 次女 N. second daughter
cìnǚgāoyīn 次女高音 N. a mezzo-soprano M: [2]*wèi*
cínuò 雌懦 V.P. weak-minded; cowardly
cípái 词牌 N. names of tunes to which [1]**cí** poems are composed
cípán 磁盘[-盤] N. <*comp.*> disk M: [1]*piàn*
cípán cúnchǔqì 磁盘存储器[-盤---] N. <*comp.*> magnetic disk storage
cìpèi 刺配 V. tattoo and exile a criminal
cìpèitāxiāng 刺配他乡[-鄉] F.E. brand sb.'s face and send him into exile
cípén 瓷盆 N. ceramic basin M: [2]*zhī*
[1]**cípiàn** 磁片 N. <*comp.*> ① chip ② diskette; floppy disk M: [1]*piàn/ge/*[1]*zhāng*
[2]**cípiàn** 瓷片 N. ceramic chip M: [2]*kuài/*[1]*piàn*
cípín 词频 N. <*lg.*> word frequency
cípǐn 词品 N. <*lg.*> parts of speech
cípìn 辞聘[辭-] V. ① quit a job ② refuse a position
cìpín 次贫 ATTR. less destitute
cìpǐn* 次品 N. ①substandard products; defective goods ② sb. who cannot reach the required standard in his/her work M: [1]*pī/*[2]*jiàn*
cípínbiǎo 词频表 N. <*lg.*> word frequency list M: [1]*zhāng*
cìpín dìqū 次贫地区[-區] P.W. a gray area
cípíng 瓷瓶 N. ① china bottle/bowl/vase ② insulator
cípín tǒngjì 词频统计 N. <*lg.*> word frequency count
cìpò 刺破 R.V. pierce
cípǔ 词谱 N. a collection of tunes of [1]**cí** poems
cǐpūbǐqǐ 此仆彼启[-啟] F.E. here falling and there rising (said of the voices of chanting crowds, jumping fish, etc.)
cíqi 磁器 N. <*slang*> buddy; very good friend M: [2]*wèi*
cíqī 瓷漆 N. enamel (paint)
[1]**cíqì*** 瓷器 N. porcelain; chinaware M: [2]*jiàn*
[2]**cíqì** 辞/词气[辭氣] N. one's words and tone of voice; manner of expression.
[3]**cíqì** 磁气[-氣] N. <*phy.*> magnetism
cǐqǐ 此启[-啟] F.E. The above is my communication. (formal letter closure)
cíqiàn 词嵌 N. <*lg.*> ① embedding ② infixation
cǐqǐbǐfú 此起彼伏 F.E. rise one after another; go on and on
cǐqǐbǐluò 此起彼落 F.E. as one falls, another rises (of sound/etc.)
[1]**cìqīng** 刺青 V.O. tattoo ♦N. a tattoo
[2]**cìqīng** 次清 <*lg.*> N. ① aspirated surd ② voiceless aspirated stops and affricates ♦ATTR. ①semi-clear ② half voiceless
cìqīngliàngjí 次轻量级[-輕--] N. <*sport*> featherweight
cíqíngxiāngchèn 辞情相称[辭-稱] F.E. balance between diction and dispositions
cíqióng 词穷[-窮] V.P. ① have nothing more to say ② be unable to put up a riposte in an argument
cíqiónglǐzhuō 词穷理拙[-窮--] F.E. be poor in expression and perverted of logic
cíqióngyǔsè 词穷语塞[-窮--] F.E. close one's mouth for want of words
cíqū 磁区[-區] N. magnetic area
cí-qǔ* 词曲 N. general term for [1]**cí** and [3]**qǔ** poetry
[1]**cíqù** 辞趣[辭-] N. meaning/purport of a text
[2]**cíqù** 辞去[辭-] V. resign
cíquān 磁圈 N. magnetic field
cíquè 辞却[辭卻] V. <*wr.*> decline (offers)
cíqún 词群 N. <*lg.*> word group/family
cīr 呲儿 N. <*coll.*> scolding; tongue lashing
[1]**cír*** 词儿 N. word
[2]**cír** 雌儿 V. chide (a person) ***See also*** *cí'ér*
cìr 刺儿 N. a thorn
círàng 辞让[辭讓] V. politely decline
círàngxiánnéng 辞让贤能[辭讓賢-] F.E. yield one's position to sb. more capable
cìrbulājī 刺儿不喇叽 F.E. <*coll.*> sarcastic; caustic; biting
cìrcài 刺儿菜 N. <*bot.*> thistle M: [2]*kē*
[1]**círén** 辞人[辭-] N. men of letters M: [2]*wèi* ♦V.O. lay off an employee
[2]**círén** 词人 N. ① [1]**cí** poet ② men of letters M: [2]*wèi*
cǐrén* 此人 N. this man; this fellow
círénmòkè 词人墨客 F.E. a man of literary abilities
círéNr 瓷人儿 N. china figurine
cìrhuà 刺儿话 N. stinging words M: [1]*jù*
cǐrì 此日 N. this day; this very day
cìrì* 次日 N. the next day
cìrméi 刺儿梅 N. Crown-of-Thorns; Christ Plant M: [2]*kē*
cìrtóu 刺儿头 N. <*coll.*> ① bold but thoughtless person ② sorehead; hot-tempered person ③ fastidious/fussy/difficult person
círuǐ 雌蕊 N. <*bot.*> pistil M: [2]*gēn*
cǐruò 此若 N. this
cí-sè 辞色[辭-] N. one's speech and facial expression
císèyánlì 辞色严厉[辭-嚴厲] F.E. be severe in speech and countenance
cìshā 刺杀[-殺] V. ①stab to death ②assassinate ③ put out (a base runner) ♦N. <*mil.*> bayonet fighting
císhàn 慈善 S.V. benevolent; philanthropic
císhàn chóngzi 慈善虫子[--蟲-] N. sb. who lives on charity
cǐshàng 此上 F.E. *closure in a letter addressed to a superior or an elder* I hereby submit the above.
cìshāng* 刺伤[-傷] R.V. stab
císhànhuì 慈善会 N. philanthropic organization M: [1]*jiā*
císhànjiā 慈善家 N. philanthropist M: [2]*wèi*
císhànshìyè 慈善事业[-業] F.E. a charitable enterprise; a philanthropic undertaking
císhànxīn 慈善心 N. philanthropy M: [1]*kē*
cìshēn 刺参[-參] N. a kind of sea cucumber
cǐshēng* 此生 N. (in) this life
cìshēng 次生 ATTR. secondary
cìshēngbō 次声波[-聲-] N. infrasound wave
císhènghūqíng 辞胜乎情[辭勝-] F.E. diction overpowers disposition
cìshēnglín 次生林 N. <*bot.*> second growth M: [1]*piàn*
císhi 瓷/磁实[-實] S.V. <*topo.*> ① solid; tough ② firm; resolute ③ thorough; complete
císhī 雌狮[-獅] N. lioness M: [1]*tóu*
[1]**císhí** 磁石 N. ① <*min.*> magnetite ② <*elec.*> magnet ③ loadstone M: [2]*kuài*
[2]**císhí** 磁实[-實] S.V. substantial; well-built; solid (of buildings)
[3]**císhí** 瓷石 N. china stone; feldspathic stone M: [2]*kuài*
[1]**císhì** 辞世[辭-] V.O. <*wr.*> pass away
[2]**císhì** 词式 N. <*lg.*> locution
cǐshí* 此时[-時] N. this moment; right now
cǐshì 此事 N. this matter
cìshǐ 刺史 N. <*hist.*> provincial/prefectural governor M: [2]*wèi*
[1]**cìshì** 赐示 V. <*court.*> please tell me...
[2]**cìshì** 赐谥 V.O. have an honorary title conferred posthumously (said of a high minister)
[3]**cìshì** 次室 N. a concubine M: [2]*wèi*
cǐshícǐdì 此时此地[-時--] F.E. here and now
cǐshícǐkè 此时此刻[-時--] F.E. at this very moment
císhǒu* 词首 N. <*lg.*> prefix
cìshǒu 刺手 S.V. tough/difficult to handle
císhǒu zìmǔ de tuōluò 词首字母的脱落 N. <*lg.*> aphaeresis
císhū 辞书[辭書] N. dictionary M: [1]*běn*
cìshū 赐书[-書] N. <*court.*> your letters (received from a superior/client)
cìshǔ 刺鼠 N. <*zoo.*> agouti M: [2]*zhī*
cìshù(r)* 次数(儿)[-數-] N. number of times; frequency
[1]**cìsǐ** 刺死 R.V. stab to death
[2]**cìsǐ** 赐死 V.O. <*hist.*> be ordered by the emperor to commit suicide
císòng 词/辞讼[辭-] N. legal case; lawsuit
císù 词素 N. <*lg.*> morpheme; lexeme; morph
císù biàntǐ 词素变体[-變體] N. <*lg.*> allomorph
císù fānyì 词素翻译[-譯] N. <*lg.*> morphemic translation
císuì 辞岁[辭歲] V.O. see the old year out; celebrate lunar New Year's Eve
císù jiǎnsuǒ 词素检索 N. <*lg.*> morpheme index
císù jiégòu 词素结构[-構] N. <*lg.*> morpheme structure
císù jièxiàn 词素界限 N. <*lg.*> morpheme boundary
císùxù 词素序 N. <*lg.*> morpheme sequence
císù yīnwèi 词素音位 N. <*lg.*> morphophoneme
císù yīnwèi guīzé 词素音位规则 N. <*lg.*> morphophonemic rule
císù yīnwèixué 词素音位学 N. <*lg.*> morphophonemics
císù yǔfǎxué 词素语法学 N. <*lg.*> morphosyntax
císùzì 词素字 N. morpheme character
cítāi 瓷胎 N. porcelain not yet baked
cìtàn 刺探 V. make roundabout/secret inquiries; pry; spy

cítáng 祠堂 P.W. ancestral hall/temple; memorial temple M: [4]zuò
cítánzi 瓷坛子[-罈-] N. porcelain jar
[1]**cítǐ** 磁体[-體] N. <phy.> magnetic body; magnet
[2]**cítǐ** 词体[-體] N. the shape of a word
[1]**cítiáo** 词条[-條] N. <lg.> ① entry (in a dictionary/etc.) ② lexical item M: [1]tiáo/ge
[2]**cítiáo** 磁条[-條] N. magnetic bar/stick/strip / etc. M: [1]tiáo
cítiě 磁铁[-鐵] N. magnet M: [2]kuài
cítiě fādiànjī 磁铁发电机[-鐵發電-] N. magneto
cítiěkuàng 磁铁矿[-鐵礦] N. <min.> magnetite M: [4]zuò
cítiěpù 磁铁铺[-鐵-] N. recycling place M: [1]jiān
cìtiěsī 刺铁丝[-鐵絲] N. barbed wire M: kǔn/ juǎn
cítǐwèi 词体位[-體-] N. word-based unit (e.g., in word-processing)
cìtòng 刺痛 R.V. ① sting; pierce ② smart; tingle
cítōngliàng 磁通量 N. <phy.> magnetic flux
[1]**cítóu** 磁头 N. magnetic recording head
[2]**cítóu** 词头 N. <lg.> ① prefix ② beginning of a word
cítóu fùjiāfǎ 词头附加法 N. <lg.> prefixation
cítóu qīngjiédài 磁头清洁带[-潔帶] N. head cleaner for videocassette recorders M: juǎn
cítǔ 瓷土 N. porcelain/china clay
cítuì 辞退[辭-] V. ① dismiss; discharge ② resign from office
cítuō 辞托[辭-] V. decline (offers)
cítǔyǎzhì 辞吐雅致[辭-] F.E. refined conversation
cǐwài 此外 CONJ. besides; in addition; moreover
cíwǎn 磁碗 N. china bowl M: [2]zhī
cìwǎng 刺网[-網] N. gill net M: [1]zhāng
cìwǎng yúyè 刺网鱼业[-網-業] N. gill-net fishing
cíwǎr 瓷瓦儿 N. fragments of porcelain M: [2]kuài
cíwáwa 瓷娃娃 N. china figurine
cíwēi 雌威 N. the tantrum of a shrew
cíwéi 慈帏/闱[-幃/闈] N. <wr.> a reference to one's mother
[1]**cíwěi*** 词尾 N. <lg.> ending; suffix; terminal
[2]**cíwěi** 祠尾 N. a kind of decoration on roof ridges
cíwèi 词位 N. <lg.> ① lexeme ② morpheme
cìwei 刺猬[-蝟] N. <zoo.> hedgehog M: [2]zhī
cíwěi biànhuà 词尾变化[--變-] N. <lg.> ① flexion ② declension
cíwěi tuōluò 词尾脱落 N. <lg.> apocope
cíwèixué 词位学 N. <lg.> morphemics
cíwū 慈乌[-烏] N. <zoo.> ① jackdaw ② crow M: [2]zhī
cǐwùbǐzhì 此物彼志 F.E. express one's intentions indirectly
cíwúbùtiǎn 辞无不腆[辭-] F.E. All words are proper.
cíwūfǎnbǔ 慈乌反哺[-烏--] ID. filial piety
[1]**cìxí** 次媳 N. second son's wife; second daughter-in-law
[2]**cìxí** 次席 N. ① the seat next to the guest of honor or the person in command ② bamboo mat
cīxiá 疵瑕 N. a fault; a mistake; an error M: [1]diǎnr
cíxiáng* 慈祥 S.V. kind
cíxiàng 词项 N. <lg.> lexical formative/item
cíxiàng jìzǎi 词项记载 N. <lg.> lexical entry
cíxiè 辞谢[辭-] V. politely decline
cíxīn* 慈心 N. kind-heartedness
cìxīn 刺心 S.V. be very painful
cíxīnduìrén 慈心对人[--對-] F.E. be tender-hearted
[1]**cíxíng** 辞行[辭-] V.O. say good-bye (to friends/ etc.) before starting a journey
[2]**cíxíng** 词形 N. <lg.> morphology; word form
[1]**cíxìng*** 磁性 N. <phy.> magnetism
[2]**cíxìng** 词性 N. <lg.> ① functions and features that help to determine a part of speech ② category ③ part of speech
[3]**cíxìng** 雌性 N. female
cìxìng 赐姓 V.O. be given the emperor's family name (in recognition of meritorious service)
cíxíng biànhuà 词形变化[--變-] N. <lg.> ① inflection; conjugation ② paradigm ③ accidence
cíxíng biànhuàbiǎo 词形变化表[--變--] N. <lg.> conjugation; paradigm
cíxìngcí 磁性瓷 N. magnetic porcelain
cíxíng fānyì 词形翻译[-譯] N. <lg.> morphological translation
cíxíng fēnxi 词形分析 N. <lg.> morphological analysis
cíxínggàobié 辞行告别[辭-] F.E. take leave and bid farewell
cíxìnghuà 雌性化 N. feminization
cíxíng jīchǔ 词形基础[-礎] N. <lg.> morphological base
cíxíng pàishēngfǎ 词形派生法 N. <lg.> morphological derivation
cíxíng qūzhé 词形屈折 N. <lg.> inflection
cíxíng xiàndìng 词形限定 N. <lg.> morphological specification
cíxíngxué 词形学 N. <lg.> morphology
cíxióng 雌雄 N. ① male and female ② victory and defeat
cíxióngmòbiàn 雌雄莫辨 F.E. unable to distinguish the sex identity
cíxióng táotài 雌雄淘汰 N. sexual selection
cíxióng tóngtǐ 雌雄同体[-體] N. <zoo.> hermaphroditism; monoecism
cíxióng tóngtǐ de 雌雄同体的[---體-] ATTR. bisexual
cíxióng tóngzhū 雌雄同株 N. <bot.> hermaphrodite
cíxióng yìtǐ 雌雄异体[-異體] N. dioecism
Cíxǐ tàihòu 慈禧太后 (1835–1908) N. Empress Dowager Ci Xi
cíxiū 辞修[辭-] N. rhetoric
cìxiù* 刺绣[-繡] V. embroider ♦N. embroidery M: [2]jiàn
cìxiù huàpiàn 刺绣画片[-繡畫-] N. silk embroidered picture
cìxiùjià 刺绣架[-繡-] N. a tambour
cíxù 词序 N. <lg.> word order
[1]**cìxù*** 次序 N. order; sequence ***Zhè běn zìdiǎn àn zìmǔ ~ páiliè.*** This dictionary is arranged in alphabetical order. ♦ATTR. ordinal
[2]**cìxù** 赐恤 V. <trad.> grant posthumous honors to a deceased official
cíxuǎn 词选[-選] N. <lg.> word choice M: [1]běn
cíxù biànwèi 词序变位[--變-] N. <lg.> metathesis
cìxù diāndǎo 次序颠倒 V.P. ① not in the right order ② inverted order
cíxù duìyìng 词序对应[-對應] N. <lg.> word-order correspondence
cíxué 磁学 N. (study of) magnetism
cíxù gòucífǎ 词序构词法[--構--] N. <lg.> syntactic morphology
cìxù guānxi 次序关系[-關係] N. <lg.> ordering relation
cìxùliè 次序列 N. subsequence
cíxùn 慈训 N. the teachings of one's mother
cīyá 呲牙 *See* [1]zīyá
cíyán 慈颜 N. ① <court.> your kindly face (respectful address to elders/parents) ② the face of one's mother
cìyǎn* 刺眼 S.V. ① dazzling ② irritating/offending to the eyes
cìyàn 赐宴 V.O. be invited to dine with the emperor
cìyang 刺痒[-癢] S.V. <coll.> itchy
cíyánsèlì 辞严色厉[辭嚴-厲] F.E. harsh speech and stern countenance
cíyányìzhèng 词/辞严义正[辭嚴義-] F.E. be severe in speech but fair in principle; be stern and just
cíyáo 瓷窑[-窯] N. china kiln M: [4]zuò
cìyao* 次要 ATTR. less important; secondary; subordinate; minor; non-fundamental
cìyao cílèi 次要词类[-類] N. <lg.> minor word-class
cìyao de chàndòngshù 次要的颤动数[-動數] N. <lg.> non-fundamental frequency
cìyao dòngcí 次要动词[--動-] N. secondary verb
cìyao fānyì 次要翻译[-譯] N. <lg.> secondary translation
cìyao gōngnéng 次要功能 N. <lg.> secondary function
cìyao jīběn yuányīn 次要基本元音 N. <lg.> secondary cardinal vowel
cìyao máodùn 次要矛盾 N. secondarily important pair of contradictions
cìyao nǐshēng 次要拟声[-擬聲] N. <lg.> secondary onomatopoeia
cìyao shāngyèqū 次要商业区[-業區] P.W. a secondary business district
cìyao shōuyì 次要收益 N. <acct.> secondary income
cìyaoyīn 次要音 N. harmonic
cìyao yìyì 次要意义[-義] N. <lg.> secondary meaning
cīyì 疵议[-議] <wr.> V. criticize; find fault ♦N. criticism
[1]**cíyì*** 词/辞义[辭義] N. <lg.> ① meaning/ sense of a word ② signification; lexical meaning
[2]**cíyì** 词/辞意[辭-] N. meaning/connotation of a word/expression
cíyì biànhuà 词义变化[-義變-] N. <lg.> change of meaning
cíyì de jiānghuà 词义的僵化[-義---] N. <lg.> petrification of lexical meaning
cìyīděng 次一等 N. one level inferior
cíyì de zhuǎnyí 词义的转移[-義-轉-] N. <lg.> semantic shift; transference
cíyì jiànggé 词义降格[-義--] N. <lg.> degradation of meaning
cìyǐjiǔshí 赐以酒食 F.E. give someone liquor and food
cíyìkěnzhì 词意恳挚[-懇摯] F.E. express oneself earnestly
cíyì kuòdà 词义扩大[-義擴-] N. <lg.> widening of meaning
cíyīn* 词音 N. <lg.> morpheme
cìyìn 次印 N. a second name; an alias
cíyīn guīlǜ 词音规律 N. <lg.> morphonemic rule
cíyīnlǜ 词音律 N. <lg.> morpheme structure rule
cíyīnlǜ de 词音律的 ATTR. morphophonemic
cíyīnlǜ guīzé 词音律规则 N. <lg.> morphophonemic rule
cíyīnsù 词音素 N. <lg.> morphophoneme
cìyīnwèi 次音位 N. secondary phoneme
cíyīnxué 词音学 N. <lg.> morphophonemics
cíyì pǔbiànhuà 词义普遍化[-義---] N. <lg.> generalization of meaning
cíyì shēnggé 词义升格[-義--] N. <lg.> elevation of meaning
cǐyīshí-bǐyīshí 此一时彼一时[--時--時] F.E. that was then, this is now; times have changed
cíyì suōxiǎo 词义缩小[-義--] N. <lg.> narrowing of meaning
cíyìxué 词义学[-義-] N. <lg.> semantics
cìyìyì 次意义[-義] N. <lg.> secondary sense
cíyìyǐjué 辞意已决[辭-決] F.E. The decision to resign has been made.
cíyì yǐnshēn 词义引申[-義--] N. <lg.> extension of meaning
cíyì zhuǎn bāo 词义转褒[-義轉-] N. <lg.> amelioration
cíyì zhuǎn biǎn 词义转贬[-義轉-] N. <lg.> degeneration of meaning
[1]**cíyòu** 慈幼 V.O. love the young
[2]**cíyòu** 瓷釉 N. porcelain glaze
cíyòuyǎnglǎo 慈幼养老[--養-] F.E. be kind to the young and care for the old
cíyú 词余 N. a type of verse for singing
[1]**cíyǔ*** 词语 N. words and expressions; terms
[2]**cíyǔ** 祠宇 N. a shrine; a temple M: [4]zuò

[1]**cìyú** 次于[-於] V.P. ① next to sth. (in order/importance) ② inferior to (in rank/importance/etc.)
[2]**cìyú** 刺鱼 N. stickleback M: [1]*tiáo*
cìyǔ 赐予/与[-與] V. grant; bestow
cíyuán* 词/辞源[辭-] N. <lg.> origin of a word; etymology
cìyuán 次元 N. <lg.> dimension
cíyuán xíngshì 词源形式 N. <lg.> etymon
cíyuánxué 词源学 N. <lg.> etymology
cíyuánxué de 词源学的 ATTR. <lg.> etymological
cí yǔ cí zhījiān de liánguàn 词与词之间的连贯[-與------] N. <lg.> cohesion
cíyǔ gǎihuàn 词语改换[-換] N. <lg.> relexification
cíyǔ liánxiǎng 词语联想[--聯-] N. <lg.> word/verbal association
cíyún 慈云[-雲] N. <Budd.> immeasurable kindness and mercy
cíyùn* 词韵[-韻] N. ① rhyme of [1]*cí* poems ② rhyming dictionary
cìyùn 次韵[-韻] V. use the rhyme sequence of a poem (when replying to it)
cíyùtáng 慈育堂 P.W. orphanage M: [4]*zuò*/[1]*jiā*
cíyǔ wùyòng 词语误用 V.P. <lg.> catachresis
cíyǔ yīzhì 词语一致 V.P. <lg.> verbal consistency
cízǎo* 辞/词藻[辭-] N. ① ornate diction ② rhetoric ③ figure of speech
cìzǎo 次早 N. the next morning
cízǎo de yùnyòng 辞藻的运用[辭--運-] N. figure of speech
cízhāng 词/辞章[辭-] N. ① poetry and prose ② art of writing; rhetoric
cìzhǎng* 次长 N. under secretary; vice-minister M: [2]*wèi*
cízhāngxué 词/辞章学[辭-] N. rhetoric
cízhāngyànlì 辞章艳丽[辭-艷麗] F.E. The ornate style of literature is beautiful.
cízhēn* 磁针 N. magnetic needle M: [2]*gēn*
cìzhēn 刺针 N. pricker; prod M: [2]*gēn*
cízhí* 辞职[辭職] V.O. resign
cízhǐ 辞旨[辭-] N. the main purpose and intention of speech/composition
cǐzhì 此致 F.E. I hereby. . .(correspondence closure) ~ *jìnglǐ* respectfully
cìzhī 次之 V.P. take second place
cìzhímíndì 次殖民地 N. a country with the important part of its sovereignty usurped by foreign powers and therefore in a worse situation than a colony
cízhíshū 辞职书[辭職書] N. resignation letter *jiāo* ~ hand in one's resignation
cǐzhōng 此中 V.P. <wr.> ① among these ② in this
cí zhōng fùjiā chéngfèn 词中附加成分 N. <lg.> infix
cìzhòngliàngjí 次重量级 N. <sport> light heavyweight
cí zhōng shěnglüè 词中省略 N. <lg.> syncope
cízhòngyīn 词重音 N. <lg.> word stress
cìzhōngyīn 次中音 N. <mus.> tenor M: [2]*wèi*
cìzhòngyīn* 次重音 N. <lg.> secondary stress
cìzhōngyīnhào 次中音号[-號] N. tenor horn
cízhóu 磁轴 N. magnetic axis M: [2]*gēn*
Cízhōuyáo 磁州窑[-窯] N. <archeo.> a Song ceramic kiln (in Cixian, Hebei)
cízhù* 祠祝 N. custodian of a temple/shrine
cìzhú 刺竹 N. thorny bamboo M: [2]*gēn*
cízhuān* 瓷/磁砖[-磚] N. porcelain/ceramic/glazed/decorative tile M: [2]*kuài*
cìzhuàn 次篆 N. a second name; an alias
cízhuì 词缀 N. <lg.> affix
cìzhuó 次浊[-濁] <lg.> N. liquid sound ♦ATTR. semi-muddy
cìzhuóyīn 次浊音[-濁-] N. <lg.> semi-muddy voiced nasals and laterals
cìzhǔtí 次主题 N. <lg.> secondary topic
cízǐ 词子 N. <lg.> lexon
cízì 词字 N. <lg.> word character
cìzǐ* 次子 N. second son
cìzì 刺字 V.O./N. ① tattoo characters ② tattoo/brand a convict on the face or arm
[1]**cízōng** 词宗 N. a literary lion
[2]**cízōng** 辞宗[辭-] N. a master of words; a master writer
cízú 词族 N. <lg.> word family
cízǔ* 词组 N. <lg.> word group; phrase
cízǔ biāofú 词组标符[--標-] N. phrase-marker
cízǔ biāojì 词组标记[--標-] N. phrase-marker
cízǔ chéngfèn 词组成分 N. <lg.> constituent
cízǔ dānwèi 词组单位 N. <lg.> constituent
cízǔ dānwèi fēnxi 词组单位分析 N. <lg.> constituent analysis
cízǔ dānwèi mòtiáo 词组单位末条[-條] N. <lg.> constituent terminal string
cízǔ dānyuán 词组单元 N. <lg.> constituent
cízǔ jiégòu 词组结构[-構] N. <lg.> ① phrase structure ② constituent structure
cízǔ jiégòu guīlǜ 词组结构规律[---構--] N. <lg.> phrase structure rule
cízǔ jiégòu móxíng 词组结构模型[---構--] N. <lg.> phrase structure model
cízǔ jiégòu tiáojiàn 词组结构条件[---構條-] N. <lg.> phrase structure condition (PSC)
cízǔ jiégòu yǔfǎ 词组结构语法[---構--] N. <lg.> phrase structure grammar
cízūnjūbēi 辞尊居卑[辭-] F.E. reject an honorable station and occupy a humble one
cízǔxìng de 词组性的 ATTR. <lg.> phrasal
[1]**cōng** 葱[蔥] N. scallion ♦B.F. ①onion *yángcōng* ② green *cōnglǜ*
[2]**cōng** 匆 B.F. urgent; rushed [1]*cōngcōng*
[3]**cōng** 聪[聰] B.F. intelligent *cōngming, fúcōng*
[4]**cōng** 囱[囪] B.F. chimney *yāncōng*
[5]**cōng** 枞[樅] B.F. <bot.> fir *cōngshù, zhēncōng*
[6]**cōng** 璁 B.F. jade-like stone *cōngchēng*, [2]*lóngcōng*
[7]**cōng** 𫓩[鏦] N. <trad.> short spear ♦in [3]*cōngcōng, zhēngcōng*
[8]**cōng** 苁[蓯] in *ròucōngróng*
[9]**cōng** 𪻐[瑽] in *chēngcōng*
[10]**cōng** 从[從] in *hēicōngcōng* *See also* [1]*cóng*, [1]*zòng*
[1]**cóng*** 从[從] COV. from; since; through ♦CONS. ① ~ *A chūfā* departing from A ② ~ *A dào B* from A to B ③ ~ *A qǐ* starting from A ④ ~ *A kànlái* viewed from A ⑤ ~ *A lái jiǎng/kàn/shuō* speaking/viewing/speaking /from consideration of A ♦ADV. always; at all times (usu. in negative) ♦B.F. ① follow *gēncóng* ②obey; comply with *fúcóng* ③join; be engaged in *cóngshì* ④ adopt a certain attitude; follow a certain principle *cóngyán* ⑤ secondary; accessory *zhǔcóng* ⑥ cousin-level relationship ⑦ follower; attendant *cóngrén* ♦N. Surname *See also* [10]*cōng*, [1]*zòng*
[2]**cóng** 丛[叢] B.F. ① crowd together [1]*cóngjí* ② a crowd *réncóng* ③collection [1]*cóngshū* ④clump; thicket; grove *cónglín* ♦N. Surname
[3]**cóng** 琮 N. square jade with a hole in the middle
[4]**cóng** 淙 in *cóngcóng, cóngjīng*
cōngbái(r) 葱白(儿)[蔥-] V.P. very light green/blue ♦N. scallion bulb
cōngbào yángròupiàn 葱爆羊肉片[蔥-] N. lamb slices quick-fried with scallions (Beijing)
cóngběidàonán 从北到南[從-] V.P. north-south
cóngbiàn 从便[從-] A.T. ① defeat; outmatch ② whenever convenient
[1]**cóngbó** 从薄[從-] N. grove; copse
[2]**cóngbó** 从伯[從-] N. father's older paternal male cousins M: [2]*wèi*
cóngbù 从不[從-] ADV. never
cóngcháng 从长[從-] ADV. looking to the future
cóngchángjìyì 从长计议[從-議] F.E. make long term plans
cōngchēng* 璁琤 N. ① sound of musical instruments ② tinkling of jade
cóngchēng 淙琤 N. tinkling sound of gems
cóngcí 从词[從-] ATTR. <lg.> illocutionary
cóngcǐ* 从此[從-] ADV. henceforth; thereupon
cóngcí xíngwéi 从词行为[從-] N. <lg.> illocutionary action
cóngcǐ yǐhòu 从此以后[從-後] V.P. from this moment on; henceforth
[1]**cōngcōng*** 匆匆 R.F. ① hurriedly ② obviously; apparently
[2]**cōngcōng** 葱葱[蔥蔥] R.F. verdant; luxuriant
[3]**cōngcōng** 𫓩𫓩[鏦鏦] ON. clang of metal
cóngcóng 淙淙 ON. ① gurgling ② the tinkling sound of metals/gems/water
cōngcōngbùjí 匆匆不及 F.E. be too much in a hurry to do sth.
cōngcōngchūyíng 匆匆出迎 F.E. hurry out and greet someone
cōngcōng'érlái 匆匆而来 F.E. come in great haste
cōngcōng'érqù 匆匆而去 F.E. hurry away; leave in a hurry
cōngcōngjiùzuò 匆匆就座 F.E. take one's place in haste; seat oneself in haste
cōngcōngmángmáng 匆匆忙忙 ADV. in a hurry; hastily
cóngcóngquánshuǐ 淙淙泉水 F.E. murmuring spring
cōngcōngtáomìng 匆匆逃命 F.E. run for one's life
[1]**cōngcù** 匆促 ADV. hastily; in a hurry
[2]**cōngcù** 匆猝 ADV. <wr.> hurriedly; hastily
cōngcuì 葱翠[蔥-] V.P. fresh/luxuriantly green
cóngcuǒ 丛脞[叢-] V.P. <wr.> loaded down with trivial details
cóngdǎ 从打[從-] COV. <coll.> since; ever since
cóngdì 从弟[從-] N. sons of one's paternal uncles who are younger than oneself; male cousins M: [2]*wèi*
cóngdòng 从动[從動] ATTR. <mach.> driven
cóng'ér 从而[從-] CONJ. ① thus; thereby ② so then
cóng'èrúbēng 从恶如崩[從惡-] F.E. It is easy to learn what is bad.
cóngfàn 从犯[從-] N. <law> accessory in a crime
[1]**cóngfēng** 从风[從-] V.O. ① follow the trend ② submit (to a greater power)
[2]**cóngfēng** 从丰[從豐] V.P. give generously
cóngfù 从父[從-] N. father's brothers; paternal uncles M: [2]*wèi*
cóngfù xiōng-dì 从父兄弟[從-] N. first cousins of the same family name
cónggé 从格[從-] N. <lg.> ablative case
cóng gēnběn shàng 从根本上[從-] ADV. fundamentally; basically
cónggēndàoshāo 从根到梢[從-] F.E. <coll.> from beginning to end
cónggōng 从公[從-] V.O. manage/dedicate oneself to official affairs
cónggǔ 从古[從-] V.P. from ancient times
cóngguān 从官[從-] N. an official's personal aide
cóngguàn* 丛灌[叢-] N. thick/dense woods
cónggǔdàojīn 从古到今[從-] F.E. from antiquity to the present; from time immemorial
cōnghuā(r) 葱花(儿)[蔥-] N. chopped green onion
cónghuǎn 从缓[從-] ADV. postpone; put off
cōnghuáng 葱黄[蔥-] N. greenish yellow
cōnghuì 聪慧[聰-] S.V. bright; intelligent
cōnghúzi 葱胡子[蔥鬍-] N. beard-like scallion roots M: [1]*bǎ*
[1]**cóngjí** 丛集[叢-] V. ① crowd together; pile up ② well up
[2]**cóngjí** 丛辑[叢-] N. collection of books on the same topic M: *tào*
[3]**cóngjí** 从吉[從-] V.O. set aside a dress to attend sb.'s wedding
[1]**cóngjià** 从嫁[從-] N. <trad.> maidservant who follows the bride to the groom's home
[2]**cóngjià** 从价[從價] V.O. <econ.> ad valorem
cóngjiǎn 从简[從-] V.O. conform to the principle of simplicity; simplify

cóngjiànrúliú 从谏如流[從-] F.E. readily listen to advice
cóng jiǎoxià qǐ 从脚下起[從腳-] V.P. <coll.> from now/here on
cóngjiàshuì 从价税[從價-] N. ad valorem tax
cóngjīn 从今[從-] ADV. from now on
cóngjìng 淙静[-靜] N. the tinkling sound of gems
cóngjǐngjiùrén 从井救人[從-] ID. try to do a good deed in the wrong way
cóngjīnyǐhòu 从今以后[從-後] F.E. from now on; from this day on
cōngjù 匆遽 ADV. hastily; in a hurry
[1]**cóngjù*** 从句[從-] N. <lg.> subordinate/dependent clause
[2]**cóngjù** 丛聚[叢-] V. gather together
cóngjù biāojì 从句标记[從-標-] N. <lg.> clause marker
cóngjù dàiyìfǎ 从句代译法[從--譯-] N. <lg.> clause-replacement method
cóngjù fānyì 从句翻译[從-譯] N. <lg.> clause translation
cōngjùn 聪俊[聰-] S.V. intelligent and beautiful
cóngjūn* 从军[從-] V.O. join army; enlist
cóngjù yòngzuò cìpǐn 从句用作次品[從-] N. <lg.> clause as secondary
cóngkān 丛刊[叢-] N. a series of books; collection
cōngkǎoyú 葱烤鱼[蔥-] N. whole fish baked with scallions M: [1]tiáo
cóngkè 丛刻[叢-] N. block-printed book series
cóngkuàicóngyán 从快从严[從-從嚴] F.E. take prompt and strict measures
cóngkuān 从宽[從寬] ADV. handle leniently
cónglái 从来[從-] ADV. always; at all times; all along (used only in the negative)
cónglì 从吏[從-] N. a subordinate to an official M: [2]wèi
cónglián 从廉[從-] V.P. ① agree to favorable conditions ② be at a moderate cost
cóngliáng 从良[從-] V.O. get married (of prostitutes)
cóngliángchéngjiā 从良成家[從-] F.E. reform and settle down
cóngliàngshuì 从量税[從-] N. specific (tax) duties
cōngliǎo 聪了[聰-] S.V. quick of comprehension; astute; clever
cónglín 丛林[叢-] N. ① jungle; forest M: [1]piàn ② Budd. monastery M: [4]zuò
cónglíndì 丛林地[叢-] N. jungle; forest
cōnglíng 葱岭[蔥嶺] P.W. <trad.> mountain ranges in West China, known as the ridge of Asia
cóng líng kāishǐ 从零开始[從-開-] V.P. That's just as it should be.
cónglínrè 丛林热[叢-熱] N. jungle fever
cónglínzhàn 丛林战[叢-戰] N. jungle warfare
cóngliú 从流[從-] V.O. ① yield to one's environment ② follow the prevailing fashion
cónglǐxiàngwài 从里向外[從裡-] F.E. from inside to outside
cōnglóng* 葱茏[蔥-] V.P. verdant; luxuriantly green
cónglóng 从龙[從-] V.O. follow the new emperor and start a new reign
cōnglǜ 葱绿[蔥-] ATTR. pale yellowish green; light green; verdant
cóngluàndàozhì 从乱到治[從亂-] F.E. move from chaos to order
cónglüè 从略[從-] V. be omitted
cónglún 从轮[從-] N. trailing wheel
cōngmáng* 匆忙 ADV. hastily; in a hurry
cóngmǎng 丛莽[叢-] N. shrubbery
cóngmèi 从妹[從-] N. a younger female cousin M: [2]wèi
cóngmì 丛密[叢-] V.P. dense
cōngmǐn 聪敏[聰-] N. intelligence
cōngming* 聪明[聰-] S.V. intelligent; bright; clever *See also* cōngmíng
cōngmíng 聪明[聰-] N. ① sharp ears and penetrating eyes ② intelligence; quick wit *See also* cōngming
cóngmìng 从命[從-] V.O. obey an order
cōngmingcáizhì 聪明才智[聰-] F.E. wisdom and talents
cōngming fǎn bèi cōngming wù 聪明反被聪明误[聰---聰--] F.E. Cleverness may overreach itself.
cōngming hàoxué 聪明好学[聰-] V.P. be intelligent and fond of study
cōngming huópō 聪明活泼[聰-潑] V.P. be wise and active; be intelligent and lively
cōngming juédǐng 聪明绝顶[聰-絕-] V.P. extremely clever/intelligent
cōngming línglì 聪明伶俐[聰-] V.P. clever and quick-witted
cōngming nénggàn 聪明能干[聰-幹] V.P. be clever and capable
cōngmíng qǐlai 聪明起来[聰-] V.P. become wise/smart/etc.
cōngmingrén 聪明人[聰-] N. a smart person M: [2]wèi
cōngmingruìzhì 聪明睿智[聰-] V.P. intelligent and wise
cōngming tòudǐng 聪明透顶[聰-] V.P. extremely clever/intelligent
cōngming yǒuwéi 聪明有为[聰-] V.P. intelligent and promising
cōngming zhìhuì 聪明智慧[聰-] V.P. very intelligent
cōngmingzìwù 聪明自误[聰-] V.P. be too clever for one's own good; outsmart oneself
cōngmǐn hàoxué 聪敏好学[聰-] V.P. be intelligent and fond of study
cóngmǔ* 从母[從-] V.O. adopt one's mother's last name ♦N. maternal aunt M: [2]wèi
cóngmù 丛木[叢-] N. grove of trees
cóngmǔ xiōng-dì 从母兄弟[從-] N. first cousins with different family names
cóngnáncóngyán 从难从严[從難從嚴] F.E. extremely demanding and strict
cóngnǚ 从女[從-] N. brother's daughter; niece M: [2]wèi
cóngpáng 从旁[從-] ADV. (help/encourage/etc.) from the side
cóngpáng bāngqiāng 从旁帮腔[從-幫-] V.P. chime in
cōngpí 葱皮[蔥-] N. outer layer of a green onion
cōngpízhǐ 葱皮纸[蔥-] N. onion-skin paper
cóngqián 从前[從-] ADV./N. before; formerly; in the past
cōngqīng 葱青[蔥-] ATTR. onion green; bright green
cóngqīng* 从轻[從輕] ADV. settle a case leniently
cóngqīngchǔfá 从轻处罚[從輕處-] F.E. be lenient in meting out punishment
cóngqīngfāluò 从轻发落[從輕發-] F.E. let someone off lightly
cóngqísuǒhào 从其所好[從-] F.E. cater to one's wishes
cóngquán 从权[從權] ADV. as a matter of expediency
cóngrén 从人[從-] N. followers; servants M: [2]wèi
cōngróng 苁蓉[蓯-] N. <bot.> desert cistanche; Cistanche deserticola
[1]**cóngróng*** 从容[從-] S.V. ① calm; unhurried; leisurely ② plentiful
[2]**cóngróng** 从戎[從-] V.O. join the army; enlist
cóngróngbùpò 从容不迫[從-] F.E. calm and unhurried
cóngróngjiāndìng 从容坚定[從-堅-] F.E. stand firm and keep coolheaded
cóngróngjiùyì 从容就义[從-義] F.E. meet one's death like a hero
cóngróngzhōngdào 从容中道[從-] F.E. embody the right way naturally and easily
cóngróngzìruò 从容自若[從-] F.E. be composed; relaxed
cóngróngzìzài 从容自在[從-] V.P. be calm and at ease
cōngruì 聪睿[聰-] V.P. <wr.> bright and far-sighted
cóngshān 丛山[叢-] N. a succession of mountains
cóngshāng 从商[從-] V.O. go into business as a career
cóngshàngdàoxià 从上到下[從-] F.E. from the higher levels to the grass roots
cóngshàng'érxià 从上而下[從-] F.E. from above down
cóngshàngxiàngxià 从上向下[從-] F.E. from above down
cóngshān-jùnlǐng 丛山峻岭[叢-嶺] N. a succession of mountains and high ranges
cóngshànrúdēng 从善如登[從-] F.E. To attain perfection is difficult.
cóngshànrúliú 从善如流[從-] F.E. readily accept good advice
cóngshēng 丛生[叢-] V. ① grow thickly (of plants) ② break out (of diseases/etc.) ③ be full of (shortcomings)
cóngshēngdàosǐ 从生到死[從-] F.E. from womb to tomb
cóngshī 从师[從師] V.O. acknowledge sb. as one's master/teacher
cóngshì* 从事[從-] V. ① go in for; be engaged in ② deal with
cōngshù 枞树[樅樹] N. <bot.> fir M: [1]kē
[1]**cóngshū** 丛书[叢書] N. a series of books; a collection M: tào
[2]**cóngshū** 从叔[從-] N. <wr.> father's younger male cousin M: [2]wèi
cóngshǔ* 从属[從屬] ATTR. subordinate; dependent
cóngshǔ biànliàng 从属变量[從屬變-] N. <lg.> dependent variable
cóngshǔcí 从属词[從屬-] N. <lg.> dependent word; subordinating particle
cóngshǔ cóngjù 从属从句[從屬從-] N. <lg.> dependent/subordinate clause
cóngshǔ dàimǎ 从属代码[從屬-] N. <lg.> sub-code
cóngshǔ de 从属的[從屬-] ATTR. <lg.> dependent; subordinate
cóngshǔ dòngcí 从属动词[從屬動-] N. <lg.> subordinate verb
cóngshǔ fēnjù 从属分句[從屬-] N. <lg.> dependent clause
cóngshǔ fēnxīfǎ 从属分析法[從屬-] N. dependency analysis method
cóngshǔ fùjiāyǔ 从属附加语[從屬-] N. <lg.> subjunct
cóngshǔ guānxi 从属关系[從屬關係] N. <lg.> relation of dependence
cóngshǔ guīzé 从属规则[從屬-] N. <lg.> dependence rule; rule of subordination
cóngshǔ jiégòu 从属结构[從屬-構] N. <lg.> subordinate construction
cóngshǔ liáncí 从属连词[從屬-] N. <lg.> subordinator; subordinate/subordinating conjunction
cóngshǔ liánjiē 从属连接[從屬-] N. <lg.> subordination
cóngshǔ liánjiēcí 从属连接词[從屬-] N. <lg.> subordinator; subordinating conjunction
cóngshǔ míngcí cóngjù 从属名词从句[從屬--從-] N. <lg.> subordinate noun clause
cóngshǔ shuāngyǔ nénglì 从属双语能力[從屬雙-] N. <lg.> subordinative bilingualism
cóngshǔ xiūshìyǔ 从属修饰语[從屬-] N. <lg.> subordinate modifier
cóngshǔ zǐjù 从属子句[從屬-] N. <lg.> subordinate sentence
cóngsì 从祀[從-] N. a subordinate spirit tablet worshiped beside the main one ♦V. assist the officiant at a sacrificial ceremony
cōngsīr 葱丝儿[蔥絲-] N. sliced green onion pieces

C

cóngsú 从俗[從-] v.o. ① follow local customs ② conform to conventions

cóngsù* 从速[從-] adv. as soon as possible; without delay

cōng-suàn 葱蒜[蔥-] n. onion and garlic

cóngsùbànlǐ 从速办理[從-辦-] f.e. expedite the execution (of an official order/etc.); do something with dispatch

cóngsūn 从孙[從孫] n. brothers' grandsons m: [2]*wèi*

cóngtán 丛谈[叢-] n. talks on random/special subjects

cóngtiān'érjiàng 从天而降[從-] f.e. ① appear out of the blue ② very unexpectedly

cōngtóu 葱头[蔥-] n. onion; shallot

cóngtóu(r)* 从头(儿)[從-] adv. ① from the beginning ② anew; once again

cóngtóudàojiǎo 从头到脚[從-腳] f.e. from head to foot

cóngtóudàowěi 从头到尾[從-] v.p. throughout; from beginning to end

cóngtóu kāishǐ 从头开始[從-開-] v.p. start anew; make a fresh start

cóngtóuzhìwěi 从头至尾[從-] v.p. from first to last; from start to finish

cóngtóu zuòqǐ 从头做起[從-] v.p. do sth. all over again

cóngwàixiàngnèi 从外向内[從-] f.e. from outside to inside

cóngwéi 从违[從違] v. obey or reject an order/etc.

cóngwèi* 从未[從-] adv. never

cóngwèiyǒuguò 从未有过[從-] f.e. have no precedent

cóngwúdàoyǒu 从无到有[從-] f.e. grow out of nothing

cóngxiān 从先[從-] adv. <topo.> before; formerly; in the past

cóngxiǎo(r) 从小(儿)[從-] adv. from childhood; as a child

cóngxiǎodàodà 从小到大[從-] v.p. expand from small to big

cóngxiǎokàndà 从小看大[從-] v.p. The child is father of/to the man; A child's behavior is like a mirror, it reflects his future manhood

cóngxiàxiàngshàng 从下向上[從-] f.e. from down up

cóngxīn 从新[從-] adv. ① again ② anew; afresh

cóng xīndǐ 从心底[從-] adv. deep down

cóngxíng 从刑[從-] n. <law> accessory punishment (deprivation of rights, etc.)

cóngxìng* 从姓[從-] v.o. be surname-determined

cóng xīnkǎn lǐ 从心坎里[從-裡] v.p. from the privacy of one's thoughts

cōngxīnrlǜ 葱心儿绿[蔥-] attr. light bright green

cóngxīnsuǒyù 从心所欲[從-] f.e. do as one pleases

cóngxīn zuòrén 从新做人[從-] v.p. start one's life anew

cóngxiōng 从兄[從-] n. <wr.> elder male cousin (on the paternal side) m: [2]*wèi*

cóng xiōng-dì 从兄弟[從-] n. first cousins m: [2]*wèi*

cóngyán 从严[從嚴] adv. on the strict side (of punishment/criticism/etc.)

cóngyánchéngchǔ 从严惩处[從嚴懲處] f.e. deal with severely

cōngyè* 葱叶[蔥葉] n. green/upper part of a green onion

cóngyè 从业[從業] v.o. be employed

cóngyè rényuán 从业人员[從業-] n. people with jobs m: [2]*wèi*

cóngyè rényuánshù 从业人员数[從業-數] n. number of people employed

cóngyèyuán 从业员[從業-] n. service personnel/workers m: [2]*wèi*

cóngyī'érzhōng 从一而终[從-] f.e. be faithful unto death

cōngyǐng 聪颖[聰-] s.v. intelligent; bright; clever

cóngyōu 从优[從優] adv. (give) as generously as possible ♦v. offer preferential terms

cōngyóubǐng 葱油饼[蔥-] n. scallion pancake

cóngyōuyìxù 从优议恤[從優議-] f.e. bestow an exceptional posthumous reward

cōngyù 葱郁[蔥鬱] v.p. verdant; luxuriantly green

cóngzá 丛杂[叢雜] v.p. motley

cóngzàng 丛葬[叢-] n. mass burial of corpses

cóngzǎodàowǎn 从早到晚[從-] v.p. from morning to night

cóngzhě 从者[從-] n. attendants; servants m: [2]*wèi*

cóngzhēng 从征[從-] v. ① go out to battle ② go on an expedition ③ be on active military service

cóngzhèng* 从政[從-] v.o. be engaged in politics

cóngzhèng dǎngyuán 从政党员[從-黨-] n. a member of a political party who holds a government post m: [2]*wèi*

cóngzhěrúyún 从者如云[從-雲] f.e. have a large following

cóngzhì 从治[從-] n. <Ch. med.> conformity/inverse therapy

cóngzhōng* 从中[從-] adv. ① out of; from among; therefrom ② in the process (of doing something) ③ from the inside (of something) ♦v. intervene

cóngzhǒng 丛冢[叢-] n. a number of graves

cóngzhòng 从众[從眾] v.o. follow others; do as others do

cóngzhōng dǎoluàn 从中捣乱[從-搗亂] v.p. throw a wrench into the works

cóngzhōng móulì 从中牟利[從-] v.p. get some advantage from one's insider status

cóngzhōng qǔlì 从中取利[從-] v.p. get some advantage from one's insider status

cóngzhōng shuōhé 从中说合[從-] v.p. settle through a middleman

cóngzhōng tiáojiě 从中调解[從-] v.p. act as an intermediary

cóngzhōng tiāoxuǎn 从中挑选[從-選] v.p. make a choice among

cóngzhōng wòxuán 从中斡旋[從-] v.p. act as intermediary

cóngzhōng yúlì 从中渔利[從-] v.p. profit from one's insider status

cóngzhōng zǔ'ài 从中阻碍[從-礙] v.p. lie in the way

cóngzhōng zuòbǎo 从中作保[從-] v.p. play the role of sponsor

cóngzhōng zuòfá 从中作伐[從-] v.p. act as go-between/match-maker

cóngzhōng zuògěng 从中作梗[從-] v.p. place obstacles in the way

cóngzhōng zuòsuì 从中作祟[從-] v.p. surreptitiously do mischief

cóngzǐ 从子[從-] n. nephew m: [2]*wèi*

cōngzú 匆卒 v. <wr.> rush to finish

cóngzuò 从坐[從-] v. be sentenced as an accomplice

[1]**còu** 凑[湊] v. ① gather together; pool; collect ② happen by chance ③ take advantage of ④ move close to; press near

[2]**còu** 腠 in *còulǐ*

[3]**còu** 辏[輳] in *fúcòu*

còubàn 凑办[湊辦] v. raise money (for)

còubùchū 凑不出[湊-] r.v. be unable to raise the amount (of money)

còubùqí 凑不齐[湊-齊] r.v. ① be unable to gather enough people together for a game ② be unable to get all the parts together to form the whole

còubushàng 凑不上[湊-] r.v. be unable to attain a certain number/etc.

còuchéng 凑成[湊-] r.v. manage to put together ♦adv. totally; altogether

còuchéng zhěngshù 凑成整数[湊-數] v.p. round out to a whole number

còuchū 凑出[湊-] r.v. be able to raise a certain amount of money/etc.

còucòu 凑凑[湊湊] r.f. gather together among friends

còuda 凑搭[湊-] v. <coll.> piece together

còu dǎnzi 凑胆子[湊膽-] v.o. seek company to lessen fear or boost courage

còu fènzi 凑份子[湊-] v.o. ① club together (to present a gift to sb.) ② <slang> bother sb.

còufu 凑付[湊-] <coll.> v. accommodate to; put up with ♦v.p. adequate; passable

còu guòlai 凑过来[湊-] r.v. come up/over to sb.

còuhe 凑合[湊-] v. ① gather together; collect ② improvise ③ make do ♦v.p. passable; not too bad

còuhe còuhe 凑合凑合[湊-湊-] r.f. make do with what is on hand

còuhe rén 凑合人[湊-] v.o. <coll.> accommodate sb.

còuheshì(r) 凑合事(儿)[湊-] n. sth. done casually

còuhezhe yòng 凑合着用[湊-著-] v.p. <coll.> use this as best you can

còují 凑集[湊-] v. ① gather together ② scrape together

còujiè 凑借[湊-] v. ① raise money in order to lend to sb. ② raise money by borrowing from others

còujìn 凑近[湊-] v. approach; lean close to

còukòngr 凑空儿[湊-] v.o. take advantage of one's leisure to do sth.

còulǐ 腠理 n. ① <Ch. med.> striae of flesh ② thread of thought in writing

còulǒng 凑拢[湊-] v. ① move close to; press near ② manage to collect/gather

còuqí 凑齐[湊齊] r.v. ① find the desired number (of participants) ② manage to collect all the parts to form the whole

còuqiǎo 凑巧[湊-] adv. luckily; fortunately; as luck would have it

còuqù(r) 凑趣(儿)[湊-] v.o. ① join in (a game/etc.) just to please others ② make a joke about; poke fun at *Bié ná tā ~.* Don't make fun of him. ③ cater to another's taste

còu rènao(r) 凑热闹(儿)[湊熱鬧-] v.o. ① join in the fun ② add trouble to

còushang 凑上[湊-] r.v. ① offer a share of ② find; gather

còushǒu 凑手[湊-] s.v./v.o. <coll.> ① convenient to hand ② sufficient to the need

còushù(r) 凑数(儿)[湊數-] v.o. ① make up a number/amount ② serve as a stopgap ③ play second fiddle; play an unimportant role

còuxìng 凑兴[湊興] v.o. join (a party/entertainment/game/etc.)

còu zài yīqǐ 凑在一起[湊-] v.p. ① put together ② gang/team up

còuzhěngr 凑整儿[湊-] v.o. prepare a round sum/amount of sth.

còuzú 凑足[湊-] r.v. ① make up a deficiency ② manage to raise enough money for a purpose ③ manage to line up enough people for a game

CT n. computer tomography m: [1]*tái*

C-tǒngzhì C统制 n. <lg.> C-command

cū* 粗 s.v. ① wide (in diameter); thick ② coarse; crude; rough ③ gruff; husky ④ careless; negligent ⑤ rude; unrefined; vulgar ♦adv. roughly; slightly

[1]**cú** 徂 b.f. ① go toward ***zhēngdōngcúxī*** ② die ***cúluò***

[2]**cú** 殂 b.f. die ***cúmò***, ***bēngcú***

[1]**cù** 醋 n. ① vinegar ② jealousy

[2]**cù** 簇 m. cluster; bunch ♦b.f. bunch together ***cùyōng***

[3]**cù** 促 v. urge; promote ♦b.f. ① <wr.> be close to; near ***cùxītánxīn*** ② short (of time); hurried; urgent ***jícù***

[4]**cù** 蹙 <wr.> b.f. ① pressed; cramped ② knit (the brows) ***cùméi***

[5]**cù** 卒 b.f. sudden [3]***cùcù***, ***cùdǎo*** *See also* [3]***zú***

[6]**cù** 蔟 B.F. ① cluster together *cùjù* ② small bundle *cáncù*
[7]**cù** 蹴 B.F. step; step on *cùjù, yīcù'érjí*
[8]**cù** 猝 B.F. sudden *cùsǐ, cāngcù*
[9]**cù** 踧 B.F. uneasy [1]*cùjí, cù'ěr See also* [14]*dí*
[10]**cù** 酢 B.F. vinegar *cùjiāngcǎo See also* [8]*zuò*
cù'ǎi 粗矮 S.V. stumpy; chunky
[1]**cuān** 蹿[躥] B.F. leap up *tiàotiàocuāncuān, gēnrén cuānle*
[2]**cuān** 撺[攛] V. <*topo.*> ① throw; fling ② do in a hurry ③ fly into a rage
[3]**cuān** 汆 V. quick-boil
[4]**cuān** 镩[鑹] V. break (the ice) with an ice pick
cuán 攒[攢] V. ① collect together; assemble ② compile; write ③ invent; make up; fabricate *See also* [1]*zǎn*
[1]**cuàn*** 窜[竄] V. ① flee; scurry away ② exile; expel ♦B.F. alter (the wording/etc.) [1]*cuàngǎi*
[2]**cuàn** 篡 B.F. usurp; seize *cuànduó*
[3]**cuàn** 爨 B.F. build fire and cook *cuànbì, xīcuàn*
cuànbì 爨婢 N. a kitchen maid M: [2]*wèi/ge*
cuánchéng 攒成 R.V. assemble; put together
cuànchū 窜出[竄-] R.V. run/scurry out
cuáncù 攒簇 V. crowd together
cuàndǎng 篡党[-黨] V.O. usurp/seize the leadership of the party
cuàndǎngduóquán 篡党夺权[-黨奪權] F.E. usurp the power of the Party
cuàndìng 窜定[竄-] V. do the final editing before publication
cuānduo 撺掇[攛-] V. <*coll.*> urge; egg on
cuànduó* 篡夺[-奪] V. usurp; seize
cuānduohàirén 撺掇害人[攛-] F.E. stir up harm for everyone
cuànfàn 窜犯[竄-] V. raid; make an inroad into
cuānfángyuèjǐ 蹿房越脊[躥-] F.E. operate as a second-story thief
cuànfú* 窜伏[竄-] V. lie low; skulk
cuànfù 爨妇[-婦] N. <*trad.*> a female cook M: [2]*wèi*
[1]**cuàngǎi** 窜改[竄-] V. ① alter; change; modify ② tamper (with)
[2]**cuàngǎi** 篡改 V. distort; falsify
cuàngǎi zhàngmù 窜改账目[竄-] V.P. fake/falsify accounts
cuāngǎn 撺赶[攛趕] V. hurry
cuāngǎnzi huó 撺赶子活[攛趕-] N. a hasty job
cuāngāo 撺高[攛-] V.O. leap up high
cuánhé 攒盒 N. a container for holding various foods simultaneously M: [2]*zhī/ge*
cuānhuǒ* 撺火[攛-] S.V. <*topo.*> angry; angered
cuànhuǒ 爨火 N. <*wr.*> cooking fire
cuànjìn 窜进[竄進] R.V. slip/scurry into
cuánjù 攒聚 V. gather closely together
cuànjūn 篡军 V.O. usurp the military
cuànjūnluànjūn 篡军乱军[--亂-] F.E. usurp the leadership of the army and create chaos in the armed forces
cuànlì 篡立 V.O. become an unlawful ruler
cuánméi 攒眉 V.O. knit one's brows; frown
cuánméicù'é 攒眉蹙额 F.E. knit the brows
cuànmóu 窜谋[竄-] V. conspire
[1]**cuànnì** 篡逆 V. rebel; revolt
[2]**cuànnì** 窜匿[竄-] V. flee and hide
cuānnong 撺弄[攛-] V. <*coll.*> urge; egg on
cuán'ōu 攒殴[-毆] V. gang-beat (a person)
cuánpánr 攒盘儿[-盤-] N. a sundry dish
cuánqián 攒钱[-錢] V.O. piece together small sums of money *See also zǎnqián*
cuànqiè 篡窃[-竊] V. usurp; seize
cuànquán 篡权[-權] V.O. usurp power
cuànquánjiànwèi 篡权僭位[-權--] F.E. usurp power and the throne
cuānr 汆儿 N. a kind of metal kettle
cuànrǎo 窜扰[竄擾] V. ① harass ② intrude (by the enemy)
cuànrù 窜入[竄-] V. ① interpolate ② flee to ③ steal in
cuánsānjùwǔ 攒三聚五 F.E. gather in little knots (of people)
cuānshàngtiàoxià 蹿上跳下[躥-] V.P. bounce up and down
cuánshè 攒射 V. <*mil.*> concentrate one's fire
[1]**cuànshì** 篡弑[-弒] V. commit regicide
[2]**cuànshì** 爨室 N. <*wr.*> a kitchen M: [1]*jiān*
cuānshuǐ 汆水 V.O. boil water
cuāntāng 汆汤[-湯] N. ① quick-boiled soup ② prepare a soup
cuàntáo 窜逃[竄-] V. flee in disorder; scurry off
cuántí 攒蹄 V.O. gallop (of horses)
cuántóujiē'ěr 攒头接耳 F.E. bring the heads together; whisper
cuānwánzi 汆丸子 N./V.O. quick-boiled meat balls with soup
cuànwèi 篡位 V.O. usurp the throne
cuānxī 蹿稀[躥-] V.O. <*coll.*> have loose bowels; have diarrhea
cuánxiànr 攒馅儿 N. steamed dumplings with assorted stuffing
cuànyì 窜逸[竄-] V. escape; take to one's heels
cuānyuánzi 蹿辕子[躥-] V.O. <*topo.*> get upset; become angry
cuànzéi 篡贼 N. usurper
cuànzhèng 篡政 V.O. usurp political power
cuànzhì 窜至[竄-] V.P. roam or flee to
cuànzhú 窜逐[竄-] V. exile; banish
[1]**cuānzi** 汆子 N. <*coll.*> small pot that can be thrust into fire to quick-boil water
[2]**cuānzi** 镩子[鑹-] N. ice pick M: [1]*bǎ*
cūbào 粗暴 S.V. rude; rough; crude
cūbào qīnfàn 粗暴侵犯 V.P. crude violation
cūbèn 粗笨 S.V. clumsy; unwieldy
cūbǐ 粗鄙 S.V. vulgar; coarse
cùbìng 促病 N. a sudden and violent disease
cūbózi 粗脖子 N. a symptom of goiter ♦V.O. get angry/tough/rough
cūbózi hóngjīn 粗脖子红筋 F.E. <*topo.*> be hot and bothered; become fiercely angry
cūbù 粗布 N. coarse cloth M: [1]*pǐ*/[2]*kuài*
cùbùjífáng 猝不及防 F.E. be taken by surprise
cūcā 粗擦 ATTR. <*lg.*> strident
cūcài 粗菜 N. vegetables of so-so quality and low price
cūcāo 粗糙 S.V. coarse; rough; crude
cūcāocǎoshuài 粗糙草率 F.E. work in a slipshod manner
cūchá-dànfàn 粗茶淡饭 N. plain/lowly fare
cùchéng 促成 R.V. facilitate; effect
cùchéng jìnéng 促成技能 N. <*lg.*> enabling skills
cūchǔn 粗蠢 S.V. rude; clumsy
cūcí 粗词 N. vulgarism
[1]**cùcù** 蹙蹙 R.F. ①wrinkled (of brows) ②generally distressed
[2]**cùcù** 簇簇 R.F. piled up; in array
[3]**cùcù** 卒卒 R.F. hurriedly
[4]**cùcù** 促促 R.F. fast closing (of dusk)
cūcuò 粗锉 N. rasp M: [1]*bǎ*
cūcūr 粗粗儿 R.F. <*coll.*> roughly; approximately
cūdà* 粗大 S.V. ① thick; bulky ② loud
cùdà 醋大 N. ①scruffy but haughty scholar ②a penniless person
cùdǎo 卒倒 <*med.*> N. an apoplectic
cūdú 粗读[-讀] V. speed-read ♦N. <*lg.*> skimming
cūduǎn 粗短 N. tubbiness
cù'é 蹙额 V.O. knit the brows; frown
cù'ěr 踧尔 V.P. surprised
cù'ézhòuméi 蹙额皱眉[--皺-] V.P. knit the brows
cūfǎng 粗纺 N. <*txtl.*> rove
cūfàng* 粗放 V. <*agr.*> increase land use to expand production ♦ATTR. ① free and easy ② extensive
cūfàng jīngyíng 粗放经营[-經營] N. ① low-technology production of cheap products ② poor management ③ extensive management
cūfǎng máoshā 粗纺毛纱 N. carded wool yarn
cūfàng nóngyè 粗放农业[-農業] N. extensive agriculture
cūfàngxíng 粗放型 N. extensive form / mode (of development)
cūféi 粗肥 N. coarse fertilizer
cūfēngbàoyǔ 粗风暴雨 F.E. a violent storm; strong winds and pouring rain
cūfúluàntóu 粗服乱头[--亂-] F.E. slovenly
cūgǎ 粗嘎 S.V. raucous
cūgōng 粗工 N. ① roughneck ② rough work ③ unskilled workman
cūgū 粗估 V. rough estimation
cūguǎng 粗犷[-獷] S.V. ① rough; rude; boorish ② straightforward and uninhibited
cùguànzi 醋罐子 N. ① a bottle of vinegar ② extremely jealous wife/husband
cùhǎishēngbō 醋海生波 F.E. marital trouble arising from infidelity
cūhàn(zi) 粗汉(子)[-漢-] N. boor
cūháo 粗豪 S.V. forthright; straightforward
cūhòu 粗厚 N. crassness; grossness
cūhuà* 粗话 N. vulgar obscene/coarse language M: [1]*jù*
cùhuà 醋化 N. acetification
cūhuāní 粗花呢 N. <*txtl.*> tweed
cūhuó(r)* 粗活(儿) N. heavy manual labor; unskilled work M: [2]*jiàn*
cūhuò 粗货 N. coarse commodities; crude products
[1]**cuī*** 催 V. ① urge; hurry; press ② hasten; expedite
[2]**cuī** 摧 B.F. break; destroy *cuīhuǐ*
[3]**cuī** 榱 <*wr.*> N. rafter
[4]**cuī** 崔 B.F. high *cuīcuī, cuīwéi* ♦N. Surname
[5]**cuī** 缞[縗] B.F. coarse hemp mourning clothes *děngcuī*
[6]**cuī** 衰 in *zīcuī, děngcuī See also* [2]*shuāi*
[7]**cuī** 猥 in *wěicuī*
cuǐ 璀 in *cuǐcàn, cuǐcuǐ*
[1]**cuì** 脆 S.V. ① fragile; brittle ② crisp ③ clear; crisp (of voice) ④ <*topo.*> neat
[2]**cuì** 啐 V. spit; expectorate *Tā ~le wǒ yī kǒu tùmo.* He spit at me.
[3]**cuì** 翠 B.F. ① kingfisher *cuìniǎo* ② (emerald) green *cuìzhú* ♦N. jadeite
[4]**cuì** 粹 B.F. pure; unadulterated *cuìbái,* [1]*chúncuì*
[5]**cuì** 萃 B.F. gather together *cuìjí, bácuì*
[6]**cuì** 悴[-/顇] B.F. pale and weak; in physical decline *cuìzú, qiáocuì*
[7]**cuì** 淬 B.F. temper (metal) *cuìhuǒ,* [1]*cuìlì*
[8]**cuì** 瘁 B.F. exhausted *jìncuì*
[9]**cuì** 毳 B.F. down; fine feathers *cuìmù, cuìyī*
cuībài* 摧败 V. ① beat the enemy ② grieve
cuìbái 粹白 V.P. pure white
cuìbǎi 翠柏 N. bluish green cypress M: [2]*kē*
cuībàn 催办[-辦] V. press sb. to do sth.
[1]**cuìbáo** 脆薄 S.V. thin and brittle ♦ADV. <*topo.*> in a jiffy; in no time at all
[2]**cuìbáo** 悴薄 V.P. weakened; enfeebled; impoverished
cuìbáo rénqíng 脆薄人情 N. thin and brittle human feeling
cuībar 催巴儿 <*coll.*> N. errand-boy
cuībī 催逼 V. press (for payment of a debt/etc.)
cuìbǐng 脆饼 N. crackers
cuìbō 翠波 N. green waves
cuīcán* 摧残[-殘] V. ① wreck; destroy; devastate ② humiliate
cuǐcàn 璀璨 S.V. bright; resplendent
cuǐcànduómù 璀璨夺目[--奪-] F.E. dazzling
cuǐcànmíngzhū 璀璨明珠 F.E. bright pearl
cuīchǎn 催产[-產] V.O. hasten parturition
cuīchǎngrén 催场人[-場-] N. <*thea.*> backstage prompter M: [2]*wèi*
cuīchǎnsù 催产素[-產-] N. childbirth inducer
cuìcóng-xiūzhú 翠丛修竹[-叢--] N. a verdant grove of bamboo
cuīcù 催促 V. urge; hasten; press
cuīcuī 崔崔 R.F. high and large
cuǐcuǐ 璀璀 R.F. bright and clear
cuìcuì* 脆脆 R.F. crispy

C

cuīcuiyíng 催催蝇[-蠅] N. <topo.> tsetse fly M: [2]zhī
cuǐcuò 璀错 V.P. many and varied
cuìdài 翠黛 N. ① black eyebrow pencil M: [4]zhī ② a beauty's eyebrows M: [2]dào
cuīdān 催单 N. reminder; memorandum M: [1]zhāng
cuīdòng 催动[-動] R.V. ask/urge to start/move
cuì'érbùjiān 脆而不坚[-堅] F.E. brittle and without solidity
cuì'érbùrǎn 翠而不染 F.E. pure and unadulterated
cuì'érbùzá 粹而不杂[-雜] F.E. pure and unadulterated
cuīféi 催肥 R.V. fatten
cuīfēngxiànzhèn 摧锋陷阵 F.E. mow down enemy troops and take their position
cuīgǎn 催赶[-趕] V. hasten
cuīgāngwéiróu 摧刚为柔[-剛--] F.E. force the obstinate to yield
cuīgào 催告 N. interpellation
cuìgǔ 脆骨 N. gristle; cartilage M: [2]kuài/[2]gēn
cuīhán 催函 N. reminder letter M: [2]fēng
cuīhuà* 催化 V. <chem.> catalyze
cuìhuá 翠华[-華] N. imperial banner adorned with kingfisher/halcyon feathers
cuìhuà 脆化 N. embrittlement
cuīhuài 摧坏[-壞] R.V. destroy
cuīhuàjì 催化剂[-劑] N. ① <chem.> a catalyst ② factors promoting development of sth.
cuìhuán 翠鬟 N. beautiful dark hair (of women) M: [1]tóu
cuīhuánbītǎo 催还逼讨[-還--] F.E. dun for payment of a loan
cuīhuántōngzhī 催还通知[-還--] F.E. overdue notice; recall
cuīhuǐ 摧毁[-毀] R.V. destroy; smash; wreck
cuīhuǐkuòqīng 摧毁廓清[-毀--] F.E. defeat and completely wipe out
cuīhuǐxìng 摧毁性[-毀-] N. destructiveness
cuìhuǒ* 淬火 V.O. quench; anneal
cuìhuò 脆货 N. sth. easily broken M: [2]jiàn
cuìhuǒyìnghuà 淬火硬化 F.E. quench hardening
cuìjí 萃集 N. <wr.> gathering/collection of the best
cuījiān* 摧坚[-堅] V.O. break the enemy's resistance
cuìjiàn 悴贱[-賤] V.P. needy and lowly
cuījiānxiànzhèn 摧坚陷阵[-堅--] F.E. smash the enemy's fortified positions
cuījiānzhéruì 摧坚折锐[-堅--] F.E. smash the enemy's stronghold and defeat his crack troops
cuìjú 翠菊 N. <bot.> China aster M: [2]kē
cuīkē 催科 V.O. dun for taxes
cuìkuài 脆快 <topo.> S.V. quick and neat ♦ ADV. quickly; in no time at all ♦ V. hurry
cuìkuàiliǎodàng 脆快了当[-當] F.E. <topo.> brief and to the point
cuīkuǎn 催款 V.O. press for money
cuīkūlāxiǔ 摧枯拉朽 F.E. destroy sth. already deteriorating
cuìlán 脆蓝[-藍] N. sky blue
cuīlèidàn 催泪弹[-淚-] N. tear-gas bomb M: [1]kē
cuīlèijì 催泪剂[-淚劑] N. lacrimator
cuīlèiqì 催泪气[-淚氣] N. tear gas
[1]**cuìlì** 淬砺[-礪] V. ① temper oneself through severe trials ② temper and grind
[2]**cuìlì** 淬励[-勵] V. arouse to action; encourage
cuìliàng 脆亮 S.V. strident; piercing (of sound); clear and loud
cuìlǜ 翠绿 V.P. emerald/jade green; blue-green; kingfish blue; turquoise
cuìlǜsè 翠绿色 N. emerald (color)
cuīmǎjiābiān 催马加鞭 F.E. whip on one's horse
cuìmáo 毳毛 N. fine feathers/fur
cuìméi 翠眉 N. ① blackened eyebrows ② a beauty's eyebrows M: [2]dào
cuīméizhéyāo 摧眉折腰 F.E. bow and scrape
cuīmián* 催眠 N. hypnosis ♦ V.P. lull (to sleep); hypnotize; mesmerize
[1]**cuìmiǎn** 淬勉 V. persuade; urge and advise; arouse to action
[2]**cuìmiǎn** 毳冕 N. imperial costume for worship of nature
cuīmiángē 催眠歌 N. lullaby M: [2]shǒu
cuīmián gùshì 催眠故事 N. bed-time story
cuīmiánjì 催眠剂[-劑] N. soporific
cuīmiánqǔ 催眠曲 N. lullaby; cradlesong M: [2]shǒu
cuīmiánshù 催眠术[-術] N. hypnotism; mesmerism
cuīmiánwán 催眠丸 N. sleeping pill M: [1]kē/[3]lì
cuīmiányào 催眠药[-藥] N. soporific M: [1]kē/[3]lì
cuīmián zhuàngtài 催眠状态[-狀態] N. hypnotic state
cuìmiǎnziqiáng 淬勉自强[-強] F.E. temper oneself to be self-reliant
cuìmiè 淬灭[-滅] N. cancellation
cuīmìng 催命 V.O. keep pressing sb. to do sth.
cuīmìngfú 催命符 N. ① <Dao.> death imprecation ② difficult event; misfortune M: [2]dào
cuīmìngguǐ(r) 催命鬼(儿) N. prodder
cuìmù 毳幕 N. felt curtain/tent M: [4]zuò
cuīnǎi 催奶 V.O. promote lactation
cuìniǎo 翠鸟 N. kingfisher; halcyon M: [2]zhī
cuìpíyā 脆皮鸭 N. crispy-skin duck; roasted Peking duck M: [2]zhī
cuìqiào 翠翘[-翹] N. ① kingfisher/halcyon feathers ② ancient headdress for women
cuìqiè 脆怯 S.V. timid; cowardly; weak
cuīqīng 催青 V.O. hasten silkworm hatching
cuīqíng 催情 V.O. artificially promote the sexual maturity of animals
cuīqǐng* 催请 V. urge; urge the guest of honor in a party to be present so that the function can begin in time
cuìqīng 翠青 N. blue green; bright green
cuìqǔ 萃取 V. <chem.> extract
cuìràozhūwéi 翠绕珠围[-繞-圍] ID. a woman in elegant attire
cuīrǔ 摧辱 V. humiliate; insult
cuìruò 脆弱 S.V. fragile; frail; weak
cuìruòxìng 脆弱性 N. vulnerability; fragility
cuìsè 翠色 N. kingfisher blue
cuīshēng 催生 V.O. hasten parturition ♦ N. a present from the parental home of an expectant mother
cuìsheng* 脆生 ATTR. <coll.> ① crisp ② clear and sharp (of sound)
cuīshēngjì 催生剂[-劑] N. <med.> oxytocic
cuìshēngshēng 脆生生 V.P. <coll.> crisp
cuīshēngyào 催生药[-藥] N. <med.> medicine for hastening parturition
cuīshēngzhēn 催生针 N. pituitary extract M: [4]zhī
cuīshú 催熟 V.O. accelerate ripening (of fruit)
cuītǎo 催讨 V. ① dun ② press for repayment of a debt
cuītù 催吐 V.O. <Ch. med.> induce vomiting
cuītuí 摧颓 V.P. ① be dilapidated; be in ruins ② idle about
cuītùjì 催吐剂[-劑] N. emetic
cuīwēi 崔巍 S.V. <wr.> lofty; towering
cuīwéi 崔嵬 N. rocky mound ♦ ATTR. high; towering
cuìwēi* 翠微 N. ① bluish green hillside ② shady retreat on a green hill
cuìwéi 翠帷 N. curtain adorned with kingfisher feathers
cuīxià 催下 R.V. succeed in dunning
cuīxiàn 摧陷 V. defeat and annihilate
cuīxiànkuòqīng 摧陷廓清 F.E. defeat and completely wipe out
cuìxìng 脆性 N. brittleness
cuīxúndān 催询单 N. reminder; memorandum M: [1]zhāng
cuīyá 催芽 V.O. accelerate germination of seeds
cuìyī 毳衣 N. ① an elaborate garment woven of down/fur M: [2]jiàn ② <Budd.> monk's feather garment
cuì yī kǒu tán 啐一口痰 V.O. spit phlegm
cuìyǔ 翠羽 N. feathers of kingfishers/halcyons
cuìyù* 翠玉 N. ① <min.> ⓐemerald ⓑblue jade; Burma jadeite; chrysolite M: [2]kuài ② kingfisher feather
cuìyuè 翠月 N. aquamarine color
cuīyùjì 催欲剂[-劑] N. aphrodisiac
cuìyúncǎo 翠云草[-雲-] N. <bot.> selaginella M: [2]zhū
cuìyúyīshēn 萃于一身[-於--] F.E. be embodied (in sb.)
cuìyúyītáng 萃于一堂[-於--] F.E. be gathered at one place
cuìzǎor 脆枣儿[-棗-] N. a kind of crispy date M: [1]kē
cuīzhài 催债 V.O. dun for payment of a debt
cuìzhàng 毳帐 N. felt curtain/tent M: [4]zuò
cuīzhàngdān 催账单 N. notice of overdue bill M: [1]zhāng/[3]zhī
cuìzhǎngdúshū 淬掌读书[-讀書] F.E. study very diligently
cuīzhé 摧折 V. ① break; snap ② frustrate; subdue ③ reverse ④ destroy
cuìzhú 翠竹 N. green bamboo M: [2]zhū/[2]kē
cuīzhuāng 催妆[-妝] N. bridegroom's gift of cosmetics/etc. sent to the bride on the day before the wedding
cuīzhuāngshī 催妆诗[-妝-] N. poem written on the day of a friend's wedding M: [2]shǒu
cuìzhúchóngdié 翠竹重叠[-疊] F.E. be dotted with emerald bamboo groves
cuìzhúyáoyè 翠竹摇曳 F.E. Green bamboo sways in the breeze.
cuīzū* 催租 V.O. press for payment of rent
cuìzú 悴族 N. family/clan in decline
[1]**cùjí** 踧踖 V.P. reverent and nervous
[2]**cùjí** 蹙踖 A.T. hesitate to advance
cūjiāgōng 粗加工 N. rough machining; roughing
cūjiǎn 粗简 S.V. bland (of food)
cùjiāngcǎo 酢浆草[-漿-] N. <bot.> creeping oxalis *Oxalis corniculata* M: [2]zhū
cūjīn 粗筋 N. thick reinforcing bar
cùjīn 蹙金 N. embroidery worked with golden threads
[1]**cùjìn*** 促进[-進] V. promote; accelerate; spur
[2]**cùjìn(r)** 醋劲(儿)[-勁-] N. <coll.> jealousy
cùjīng 醋精 N. vinegar concentrate
cùjìnhuì 促进会[-進-] N. promotion association
cùjìnpài 促进派[-進-] N. promoter of progress
cùjú 蹴踘 N. ancient game of kicking a ball
cùjù* 簇/蔟聚 V. cluster/crowd together
cūjùguīmó 粗具规模 F.E. be roughly in shape
cūkāng 粗糠 N. chaff; husk
cūla(la) 粗拉(拉) S.V. <coll.> course; rough; crude
cūlàlà 粗剌剌 V.P. coarse; rough
cūlánbù 粗篮布[-籃-] N. dungaree; blue denim M: [2]kuài
[1]**cūlì** 粗厉[-厲] S.V. strident; raspy
[2]**cūlì** 粗粝[-糲] N. unpolished rice; simple/coarse food
cùlì* 醋栗 N. gooseberry M: [2]kē
cūliáng 粗粮[-糧] N. coarse food grain (i.e., not wheat/rice)
cūliángshi 粗粮食[-糧-] N. coarse food grain (i.e., not wheat/rice)
cūliè 粗劣 S.V. of poor quality; cheap; shoddy
cūlièpǐn 粗劣品 N. goods of poor quality M: [2]jiàn
cūlìshēng 粗厉声[-厲聲] N. <lg.> harsh sound
cùliūr xiǎoshēng 醋溜儿小生 N. <slang> effeminate man; sentimental wimp
cùliū yúpiàn 醋溜鱼片 N. fish slices with sweet and sour sauce
cūlìzhīfèi 粗粝之费[-糲--] N. a gift of money
cūlòu 粗陋 S.V. coarse and crude
[1]**cūlǔ** 粗鲁 S.V. rough; rude; blunt ♦ N. rudeness
[2]**cūlǔ** 粗卤[-鹵] S.V. rude; impolite; rough
cūlǔbènzhuō 粗鲁笨拙 F.E. rude and clumsy; outlandish
cūlüè 粗略 S.V. rough; sketchy

cūlüè yī kàn 粗略一看 V.P. on cursory examination

cúluò 徂/殂落 V. pass away; die

cūmábù 粗麻布 N. burlap; gunny; sacking M: [2]*kuài*

cùmài 促脉[-脈] N. <*med.*> rapid but intermittent pulse

cūmǎng* 粗莽 S.V. rash; coarse

cùmáng 促忙 ADV. in a hurry

cūmáobù 粗毛布 N. terry cloth M: [2]*kuài*

cùméi 蹙眉 V.O. frown

cūméidàyǎn 粗眉大眼 F.E. ① bushy eyebrows and big eyes ② rough/brutish features

cūmǐ 粗米 N. unpolished rice

cúmò 殂没 V. die; perish ♦N. death

[1]cūn* 村 N. village; hamlet ♦ATTR. rustic; boorish

[2]cūn 皴 V./S.V. (become) chapped (from cold); cracked; wrinkled ♦V./N. <*art*> make shading ink strokes in landscape painting

cún 存 V. ① store; keep; preserve ② accumulate; collect; gather ③ deposit (money) ④ leave with; check (luggage) ⑤ reserve; retain ⑥ remain on balance; be in stock ⑦ cherish; harbor ⑧ <*comp.*> save ♦B.F. exist; live; survive *shēngcún*

cǔn 忖 B.F. think over carefully *cǔnduó*, *sīcǔn*

cùn 寸 M. Ch. inch (equals 1/3 decimeter) ♦B.F. very little/short [2]*cùnjìn* ♦ADV. <*slang*> coincidentally; just; exactly

cún'àn 存案 V.O. ① register with the proper authorities ② keep in the records

cūnbàn gōngyè 村办工业[-辦-業] N. rural industry

cúnbāo 存包 V.O. check one's bags; bag check

cúnbāochù 存包处[-處] P.W. bag check service

cúnbāoguì 存包柜[-櫃] N. locker

cúnbù 存簿 N. accounting records M: [1]*běn*

cùnbù* 寸步 N. tiny step

cùnbùbùlí 寸步不离[-離] F.E. ① follow sb. closely ② keep close to ③ refuse to yield an inch

cùnbùbùràng 寸步不让[-讓] F.E. not give an inch

cùnbùnánxíng 寸步难行[--難-] F.E. be difficult to move a single step; be unable to do anything

cùnbùnányí 寸步难移[--難-] F.E. ① stumble at every step ② be unable to do anything

cùncǎo 寸草 N. a straw; a tiny bit

cùncǎobùliú 寸草不留 F.E. be devastated; be left in complete devastation

cùncǎobùrú 寸草不如 F.E. be not worth a straw

cùncǎobùshēng 寸草不生 F.E. infertile

cùncǎochūnhuī 寸草春晖 F.E. repay maternal love with one's gratitude

cúnchá 存查 V. file for reference

[1]cùncháng 寸肠[-腸] N. innermost feelings

[2]cùncháng 寸长 N. ① modest/mediocre ability ② <*humb.*> my small talents

cúnchē 存车 V.O. park bicycles

cúnchēchù 存车处[-處] P.W. (bicycle) parking area

cùnchǐbùcún 寸尺不存 F.E. Nothing was saved.

cúnchǔ* 存储 <*comp.*> N. memory; storage ♦V. ① save ② hoard; store up; stockpile

cùnchǔ 寸楮 N. <*wr.*> note; short letter

cúnchǔ ànniǔ 存储按钮 N. save key on a computer keyboard

cúnchǔ chéngxù 存储程序 N. <*comp.*> stored/saved program

cùnchǔ-chǐsù 寸楮尺素 N. <*wr.*> a letter

cúnchǔliàng 存储量 N. <*comp.*> storage capacity; memory capacity

cúnchǔqì 存储器 N. <*comp.*> memory; storage

cúnchǔ yuánjiàn 存储元件 N. memory element

cùncùnhéshān 寸寸河山 F.E. every inch of territory

cūncūnzhàizhài 村村寨寨 F.E. every village

cúndān 存单 N. deposit receipt M: [1]*zhāng*

cúndàng 存档[-檔] V.O. ① file ② <*comp.*> save a file

cúndǐ(r)* 存底(儿) V.O. keep an original draft or file copy

cùndì 寸地 N. a tiny piece of land

cùndòng 寸动[-動] N. inching motion

cùnduàn 寸断[-斷] V.P. be broken up into small pieces

cǔnduó 忖度 V. speculate; conjecture; surmise

cún'é 存额 N. amount in deposit/stock

cún'érbùlùn 存而不论 F.E. leave a question open

cūnfǎ 皴法 N. technique of representing irregular surfaces (in Chinese painting)

cūnfáng 村坊 N. village M: [4]*zuò*

cúnfàng* 存放 V. ① leave with; leave in sb.'s care ② deposit (money)

cúnfàngchù 存放处[-處] P.W. depository

cún-fèi 存废[-廢] V. keep/maintain or abolish/suppress

cūnfū* 村夫 N. ① villager ② vulgar and naive person M: [2]*wèi*

cūnfù 村妇[-婦] N. village/country woman

cúnfǔ 存抚 V. give comfort and relief

cūnfū-súzǐ 村夫俗子 N. uneducated persons

cūnfū-yělǎo 村夫野老 N. villagers and aged rustics

cūnfūzǐ 村夫子 N. ① village scholar ② a pedant M: [2]*wèi*

cúngēn 存根 N. counterfoil; stub

cùngōng 寸功 N. small contribution/merit

cūngōngsuǒ 村公所 P.W. <*trad.*> village administrative office M: [1]*jiā*

cùngōngwèilì 寸功未立 F.E. haven't made the least contribution

cūngū(r)* 村姑(儿) N. country lass; village girl M: [2]*wèi*

cúngū 存孤 V.O. comfort the orphans

cùnguǐ 寸晷 N. <*wr.*> moment

cún guówài xiànjīn 存国外现金[-國---] N. <*acct.*> cash held in foreign countries

cúnhòu 存候 V. send regards

cúnhù 存户 N. depositor

cūnhuà 村话 N. <*coll.*> crude/vulgar/rustic language M: [1]*jù*

cúnhuó 存活 V. ① survive; subsist; sustain; remain alive; live ② keep sth. alive

cúnhuò* 存货 N. goods in stock; existing stock; inventory M: [1]*pī*/[1]*diǎn*

cúnhuò bàogàodān 存货报告单[--報--] N. <*acct.*> inventory report M: [1]*zhāng*

cúnhuòbiǎo 存货表 N. <*acct.*> stock sheet M: [1]*zhāng*

cúnhuòbù 存货簿 N. <*acct.*> stock book M: [1]*běn*

cúnhuòdān 存货单 N. inventory M: [1]*zhāng*

cúnhuówúfāng 存活无方 F.E. have no way to maintain life

cúnhuò zhōuzhuǎnshù 存货周转数[--轉數] N. <*acct.*> turnover of inventories/stock

cúnjì 存记 V. register for future reference (as an applicant/etc.)

cùnjiǎn 寸简 N. a short note M: [1]*zhāng*

cūnjí dàolù 村集道路 N. farm-to-market road

cúnjìn 存劲[-勁] A.T. <*topo.*> intend

[1]cùnjìn(r)* 寸劲(儿)[-勁-] N. <*coll.*> ① lucky break; a little bit of luck ② just the right strength

[2]cùnjìn 寸进[-進] N. a little progress ♦V. advance by inches

cùnjìnchǐtuì 寸进尺退[-進--] F.E. advance an inch and retreat a foot

cùn jīn nán mǎi cùn guāngyīn 寸金难买寸光阴[--難買--陰] F.E. Time is more precious than gold.

cūnjū* 村居 V. live in the country; rusticate

cúnjù 存据[-據] N. receipt M: [1]*zhāng*

[1]cúnjuàn 存卷 V.O. keep on file

[2]cúnjuàn 存眷 V. keep for remembrance; recollect

cúnjú hòulǐng yóujiàn 存局候领邮件[----郵-] N. general delivery

cùnkǎi 寸楷 N. regular script in one-**cùn**-size characters

cūnkǒu* 村口 N. village entrance

cùnkǒu 寸口 N. pulse on the wrist

cúnkù 存库 P.W. a treasury M: [4]*zuò* ♦V.O. keep in a vault

cúnkuǎn 存款 N./V.O. deposit; bank saving

cúnkuǎnbù 存款簿 N. a deposit book M: [1]*běn*

cúnkuǎndān 存款单 N. receipt issued by a bank to a depositor M: [1]*zhāng*

cúnkuǎndānzhé 存款单摺 N. certificate of deposit M: [1]*zhāng*

cúnkuǎn huòbì 存款货币[--幣] N. deposit currency

cúnkuǎn lìxī 存款利息 N. interest on deposit

cúnkuǎnrén 存款人 N. depositor M: [2]*wèi*

cúnkuǎnzhé(zi) 存款摺(子) N. pass book M: [1]*běn*

cúnlán 存栏[-欄] N. <*liv.*> amount of livestock on hand

cúnlánshù 存栏数[-欄數] N. the number of animals in a pen

cúnláo 存劳[-勞] V. send remembrances and give comfort (to soldiers)

cùnle 寸了 V.P. <*coll.*> had a lucky break

cūnli* 村里 P.W. village; hamlet

cúnlì 存立 N. survival

cúnliáng* 存粮[-糧] V.O./N. store up grain

cúnliàng 存量 N. ① amount stored ② storage capacity

cǔnliàng 忖量 V. ① think over ② conjecture; guess

cúnliàng kòngzhì 存量控制 N. inventory control

cúnlìchúbì 存利除弊 F.E. keep the good and eliminate the evil

cūnliè* 皴裂 V. chap (of skin)

cùnliè 寸裂 V. be heartbroken

cúnliú 存留 V. ① keep ② remain

cúnlù* 存录[-錄] V. put on record

cùnlù 寸禄 N. <*wr.*> modest salary

cūnluò 村落 N. village; hamlet M: [4]*zuò*

cùnlǚwúcún 寸缕无存[-縷--] F.E. be completely destitute; be in extreme poverty

cūnmín 村民 N. villager M: [2]*wèi*

cún-mò 存殁[-歿] N. a question of life or death

cúnmòjūngǎn 存殁均感[-歿--] F.E. Both the dead and living are grateful.

cùnmùcénlóu 寸木岑楼[-樓] ID. ① have a great disparity ② be vastly different in size and weight

cúnniàn 存念 N. keepsake; memento

cūnnǚ 村女 N. village girl M: [2]*wèi*

cūnnǚ'éméi 村女蛾眉 F.E. old-fashioned

cúnpán 存盘[-盤] V.O. <*comp.*> save (to disk)

cūnqì 村气[-氣] N. vulgarity of the countryside

cúnqián 存钱[-錢] V.O. save; deposit

cūnqìbùtuō 村气不脱[-氣--] F.E. rustic airs are not abandoned

cúnqǔ 存取 V. <*comp.*> access (data)

cúnqǔ fāngshì 存取方式 N. access mode

cūnrén 村人 N. villagers M: [2]*wèi*

cúnrù 存入 V. deposit

[1]cūnshè 村社 P.W. village M: [4]*zuò*

[2]cūnshè 村舍 N. cottage M: [4]*zuò*

cúnshēn 存身 V.O. ① take shelter; make one's home ② support oneself

cūnshēngbózhǎng 村生泊长 F.E. be of low birth

cūnshēngpōzhǎng 村生泊长 *See cūnshēngbózhǎng*

cūnshǐ* 村史 N. village history

cúnshí 存食 V.O. suffer from indigestion

cūnshú 村塾 N. village school M: [1]*suǒ*

cúnshū* 存书[-書] V.O. stock books ♦N. books in stock

cúnshuǐ 存水 N. water stored (in a house/etc.)

cǔnsī 忖思 V. imagine

cùnsībànsù 寸丝半粟[-絲--] ID. a little bit

cùnsībùguà 寸丝不挂[-絲--] ID. be stark naked

cūnsú 村俗 N. village customs/traditions ♦S.V. rude; boorish

cùntián 寸田 N. the heart

C

cùntiánchǐzhái 寸田尺宅 F.E. only a small property

cúntiáo 存条[-條] N. receipt M: [1]*zhāng*

cūntóng 村童 N. village kids M: [2]*wèi*

cùntǔ 寸土 N. a tiny piece of land

cùntǔbìzhēng 寸土必争[-爭] V.P. fight for every inch of land

cùntǔbùràng 寸土不让[-讓] V.P. contest every inch of ground

cùntǔ-cùndì 寸土寸地 N. a wisp of territory

cūnwài 村外 P.W. areas outside a village

cúnwáng 存亡 V.P. live or die; survive or perish

cúnwáng guāntóu 存亡关头[--關-] N. at a most critical moment

cúnwángjuéxù 存亡绝续[-絕續] F.E. survival or extermination

cúnwángwèibǔ 存亡未卜 F.E. Life and death cannot be foretold.

cúnwángwēijī 存亡危机 N. at the critical juncture of life and death

cúnwángzhīqiū 存亡之秋 N. a life or death crisis

cúnwèi 存慰 V. send a messenger to express sympathy for (a person in mourning/etc.)

cūnwěihuì 村委会 N. village committee

cúnwèizāilí 存慰灾黎[--災-] F.E. visit and console the calamity-stricken people

cúnwèn 存问 V. send a messenger to inquire after (sb.)

cūnwù 村坞[-塢] N. a village settlement M: [4]*zuò*

cúnwùshì 存物室 N. checkroom M: [1]*jiān*

cúnxī* 存息 N. interest from a deposit

cùnxì 寸隙 N. a moment of leisure

cúnxià 存下 R.V. keep for the future

cúnxiàng 存项 N. (credit) balance

cúnxīn* 存心 V.O. cherish certain intentions ♦ADV. intentionally; on purpose

cùnxīn 寸心 N. feelings

cùnxìnánliú 寸隙难留[--難-] F.E. Time waits for no man.

cúnxīnbùliáng 存心不良 F.E. harbor evil designs

cùnxīnbùwàng 寸心不忘 F.E. bear in mind forever; never forget

cúnxīn dǎodàn 存心捣蛋[--搗-] V.P. <*coll.*> purposely cause trouble

cúnxīn diāonàn 存心刁难[-難] V.P. purposely make difficulties for sb.

cúnxīnpǒcè 存心叵测 F.E. harbor evil intent; cherish unscrupulous intentions; have concealed intentions

cúnxīn zuòduì 存心作对[-對] V.P. purposely antagonize sb.

cúnxiū 存休 V.O. save up holiday/vacation time

cūnxū 村墟 N. village market/marketplace

[1]**cúnxù*** 存恤 V. give comfort and relief

[2]**cúnxù** 存续[-續] A.T. continue to exist

cūnxué 村学 P.W. village school M: [1]*suǒ*

cūnxuéjiū 村学究 N. village scholar; pedant M: [2]*wèi*

cūnxuétáng 村学堂 P.W. <*trad.*> village school M: [1]*suǒ*

cūnyě 村野 N. villages and fields ♦ATTR. rough; boorish

cúnyí 存疑 V.O. leave a matter open ♦N. existing doubt; unanswered question

cúnyīchù 存衣处[-處] N. cloakroom M: [1]*jiān*

cùnyīn 寸阴[-陰] N. very short time

cùnyīnchǐbì 寸阴尺璧[-陰--] ID. Time is money.

cún yínháng xiànjīn 存银行现金 N. cash in the bank; cash or deposit

cùnyīnruòsuì 寸阴若岁[-陰-歲] F.E. ① A brief moment seems to last a whole year. ② ardently miss sb.

cùnyīnshìxī 寸阴是惜[-陰--] F.E. Be careful of one's time.

cúnyóu 存油 V.O. petroleum stored as reserve

cúnyǒu* 存有 V. come into being

cùnyǒusuǒcháng 寸有所长 F.E. Every man has his strong point.

cúnzài 存在 V. exist; be ♦N. existence

cúnzài jiégòu 存在结构[-構] N. <*lg.*> existential construction

cúnzàijù 存在句 N. <*lg.*> existential sentence

cúnzài mìngtí 存在命题 N. an existential proposition

cúnzài quánshìxué 存在诠释学[---釋-] N. <*lg.*> existential hermeneutics

cúnzàixìng 存在性 N. beingness

cúnzài yǔjù 存在语句 N. <*lg.*> existential sentence

cúnzàizhǔyì 存在主义[-義] N. <*phil.*> existentialism

cúnzàizhǔyìzhě 存在主义者[---義-] N. an existentialist

cúnzài zhǔyǔ 存在主语 N. <*lg.*> existential subject

cùnzhá 寸札 N. a short note M: [1]*zhāng*/[3]*zhǐ*

cūnzhài 村寨 N. stockaded village M: [4]*zuò*

cūnzhǎng 村长 N. village head M: [2]*wèi*

cúnzhào 存照 V. keep (files) for future reference; file (papers)

cúnzhe 存着[-著] V. have

cúnzhé(r)* 存折(儿) N. deposit book; bankbook M: [1]*běn*

cūnzhèn 村镇 N. villages and small towns M: [4]*zuò*

cúnzhèng 存证[-證] N. existing evidence M: [2]*jiàn*

cūnzhèngfǔ 村政府 P.W. village administration

cúnzhí 存执[-執] N. counterfoil; stub

cùnzhōng 寸衷 N. the heart; feelings

cúnzhǔ 存主 N. depositor M: [2]*wèi*

[1]**cúnzhù*** 存贮[-貯] V. store

[2]**cúnzhù** 存注[-註] V. store in memory; keep sth. in mind

cūnzhuāng(r) 村庄(儿)[-莊-] P.W. village; hamlet M: [4]*zuò*

cúnzhùqì 存贮器[-貯-] N. <*comp.*> memory/storage device; memory

cūnzi* 村子 P.W. village; hamlet M: [4]*zuò*

cùnzi 寸子 N. <*opera*> elevated shoes worn by actresses

[1]**cuō** 搓 V. rub with the hand

[2]**cuō** 撮 V. <*wr.*> ① gather ② scoop up ③ take up with the fingers ④ <*topo.*> extract ⑤ <*coll.*> eat; have a meal ♦M. ① unit of capacity equal to 1 milliliter ② pinch *See also* [3]*zuǒ*

[3]**cuō** 磋 B.F. discuss; consider ***cuōshāng, qiēcuō***

[4]**cuō** 差 B.F. stumble ***cuōdiē*** *See also* [3]*chā*, [1]*chà*, [2]*chāi*, [3]*cī*

[5]**cuō** 蹉 in ***cuōtuó***

[1]**cuó** 矬 <*coll.*> S.V./B.F. short (of stature) ***cuózi***

[2]**cuó** 鹾[鹺] B.F. salt; salty ***cuóshǐ***

[3]**cuó** 痤 in ***cuóchuāng***

[4]**cuó** 嵯 in ***cuó'é***

cuǒ 脞 B.F. troublesome small details ***cóngcuǒ***

[1]**cuò*** 错[錯] V. ① be interlocked ② rub ③ miss; let slip ④ evade; dodge ⑤ alternate; stagger ♦S.V. ① wrong; mistaken ***Wǒ nòng~ le.*** I've got it wrong. ② bad; poor ③ confused; complex ♦N. ① mistake; error; blunder ② grindstone

[2]**cuò** 措 B.F. arrange [1]***cuòshī, shīcuò***

[3]**cuò** 挫 V. ① defeat; frustrate ② subdue; deflate

[4]**cuò** 锉[銼/剉] N./V. file (smooth) *See also* [6]*cuò*

[5]**cuò** 厝 B.F. ① put in place ***āncuò*** ② place in a coffin ***cuòguān***

[6]**cuò** 剉 B.F. ① cut [3]***cuòshī*** ② break ***cuòzhé*** *See also* [4]*cuò*

cuò'ài 错爱[-愛] N. undeserved kindness

cuò'àn 错案 N. <*law*> misjudged case M: [2]*jiàn*/*ge*

cuòbài 挫败 V. frustrate; foil; defeat

cuōbǎn* 搓板 N. ① washboard M: [2]*kuài* ② <*slang*> a skinny person; a girl with a flat chest

cuòbàn 措办[-辦] V. make arrangements/preparations

cuò biāozhì 错标志[-標-] N. mismark

cuò-biézì 错别字 N. wrongly written or mispronounced characters

cuòbǐwénhuá 错比文华[-華] F.E. florid diction/style

cuòbìwénshēn 错臂文身 F.E. tattoo the arms and body

cuòbǔ 错捕 V. <*law*> erroneous arrest

cuòbuliǎo 错不了 R.V. unlikely to go wrong

cuōcā 搓擦 V. rub and scratch

cuòcǎilòujīn 错彩镂金[--鏤-] F.E. colorfully embellished; gorgeously wrought

cuòchē 错车 V.O. cede the right of way

cuōchéng 搓成 R.V. rub sth. into

cuòchu 错处[-處] N. fault; demerit

cuóchuāng 痤疮[-瘡] N. <*med.*> acne

cuōchún 撮唇 N. <*lg.*> pursed lips

cuòcí 措辞/词[-辭] N. wording; diction

cuòcíbùdàng 措词不当[-當] F.E. wrong choice of words; inappropriate speech

cuòcídétǐ 措辞得体[-辭-體] F.E. The wording is suitable and proper.

cuòcíqiángyìng 措辞强硬[-辭強-] F.E. strongly worded

cuòdà 措大 N. down-at-heels pedant

cuòdài 错待 V. treat sb. wrongly

[1]**cuòdāo** 锉刀 N. file M: [1]*bǎ*

[2]**cuòdāo** 错刀 N. ① knife for dressing and polishing jade ② coin introduced by Wang Mang

[1]**cuòdí** 挫敌[-敵] V.O. defeat the enemy

[2]**cuòdí** 措敌[-敵] V.O. fight the enemy

cuōdiǎo 撮鸟 N. <*derog.*> a weakling (especially in coitus)

cuōdiē 磋/差跌 N. failure; slip; mistake

cuòdú 错读[-讀] N./V. misreading

cuōduīr 撮堆儿 <*coll.*> N. ① goods of lower quality; leftovers ② people/things not chosen in the first lot

cuó'é 嵯峨 V.P. towering (of mountains)

cuò'è* 错愕 S.V. surprised; startled

cuòfàng 错放 V. misplace

cuòfānyǎnpí 错翻眼皮 ID. misjudge a person

cuòfēi 错非 CONJ. unless

cuógèr 矬个儿[-個-] N. short person

cuòguài 错怪 V. blame sb. wrongly

cuòguān 厝棺 N. store/stash a coffin pending removal to one's homeland M: [7]*jù*

cuòguāng 锉光 R.V. file sth. smooth

cuòguò 错过 V. miss; let slip

cuòguò jīhuì 错过机会 V.O. miss an opportunity

cuóhàn(zi) 矬汉(子)[-漢-] N. dwarf (man)

cuòhào hūjiào 错号呼叫[-號--] N. wrong number call

cuōhe 撮合/和 V. ① make a match ② reconcile

cuōhéshān 撮合山 N. a matchmaker M: [2]*wèi*

[1]**cuòhuà** 错话 N. ① wrong words ② improper remarks

[2]**cuòhuà** 错划[-劃] V. label wrongly/unjustifiably; mislabel; wrongly classify

cuōhuǒ 搓火 <*coll.*> S.V. ① get angry; worry ② feel impatient; be pissed off

cuòhuǒjīxīn 厝火积薪[--積-] ID. ① hidden danger ② in imminent danger

cuōjī 撮箕 N. dustpan

cuòjiǎn 错简 N. misplaced passages in a book

cuòjiàn* 错见 N. misconception

cuòjiǎonánfǎn 错脚难返[-腳難-] F.E. A false step is hard to reverse.

cuōjiǎoshí 搓脚石[-腳-] N. pumice stone M: [2]*kuài*

cuòjiě yuányì 错解原意 V.O. misinterpret the original meaning

cuōjǐn* 搓紧[-緊] R.V. fasten

cuòjīn 错金 N. inlaid gold

cuò jīnyín tóngqì 错金银铜器 N. <*archeo.*> gold and silver inlaid bronze object M: [2]*jiàn*

cuòjué 错觉[-覺] N. illusion; misconception; wrong impression

cuòkāi 错开[-開] R.V. stagger; alternate

cuòkàn 错看 V. misjudge sb.

cuōkǒu 撮口 V.O. ① protrude the lips (for whistling/etc.) ② <*lg.*> round lips

cuōkǒuhū 撮口呼 N. rhymes containing a rounded front vowel

cuòkuǎn 措款 V.O. allocate the money

cuòle 错了 V.P. wrong
cuòlòu 错漏 N. error and omission
cuólòuxíngmào 矬陋形貌 F.E. short and ugly in appearance
cuòluàn 错乱[-亂] S.V. in disorder/confusion; deranged
cuòluò 错落 S.V. strewn at random ♦N. <*trad.*> wine cup
cuòluòbùqí 错落不齐[-齊] F.E. ① scattered here and there ② uneven; at sixes and sevens
cuòluò qījiān 错落其间 V.P. dotted with (bamboo and flowers, etc.)
cuòluòyǒuzhì 错落有致 F.E. pleasingly asymmetrical
cuōmá 搓麻 V.O. <*slang*> mix mahjongg tiles; play mahjongg
cuō májiàng 搓麻将[-將] V.O. play mahjongg
cuō máshéng 搓麻绳[-繩] V.O. make cord by twisting hemp fibers between the palms
cuòmiù 错缪 N. error ♦ADV. confused and disorderly
cuōmó* 搓/磋磨 V. <*coll.*> ① torture ② polish (jade/horn/etc.) ③ learn through discussion with others
[1]**cuòmó** 锉磨 V. rasp
[2]**cuòmó** 挫磨 V. ill-use; ill-treat ♦N. ill-treatment
cuō niúnǎi 撮牛奶 V.O. milk a cow
[1]**cuōnòng** 撮弄 V. ① juggle ② make fun of ③ instigate; incite
[2]**cuōnòng** 搓弄 V. rub with the hands
cuòpàn 错判 <*law*> V. make a wrong decision ♦N. erroneous judgment
cuò pànduàn 错判断[-斷] N. misinterpretation
cuòpèi 错配 V. mispairing; mismatching
cuòpíng 锉平 R.V. file; make smooth
cuōqiēqiúshàn 磋切求善 F.E. correct; seeking for perfection
cuòqíruìqì 挫其锐气[-氣] F.E. cut sb. down to size
cuōqiú 搓球 V.O. chop (a ball in Ping-Pong)
cuōr 撮儿 M. <*coll.*> a pinch of *See also zuǒr*
cuòr* 错儿 N. error; mistake; fault
cuōrǎng 撮壤 N. a pinch of soil
cuòrèn 错认[-認] V. misidentify; mistake (for sb. else)
cuōrè shuāngshǒu 搓热双手[-熱雙-] V.P. warm oneself by rubbing both hands
cuōróu 搓揉 V. rub with the hands
cuòrǔ 挫辱 V. humiliate; put to shame
cuòruì 挫锐 V. demoralize
cuòrùqítú 错入歧途 F.E. stray from the right path
cuōshāng* 磋商 V. consult; exchange views
[1]**cuòshāng** 挫伤[-傷] N. <*med.*> contusion; bruise ♦V. dampen; blunt; discourage
[2]**cuòshāng** 措商 deliberate; discuss
cuōshāng chéngjiāo 磋商成交 N. private agreement
cuōshāng dàjì 磋商大计 V.O. discuss a great scheme
cuòshēn 措身 V.O. find a place to settle down
cuō shéngzi 搓绳子[-繩-] V.O. make a rope by twisting strands together
cuōshēn jiǎnchá 搓身检查 V.P./N. make a body search
cuóshǐ 鹾使[鹺-] N. salt commissioner (Qing)
[1]**cuòshī** 措施 N. measure; step M: [3]*xiàng*
[2]**cuòshī** 错失 N. fault; mistake
[3]**cuòshī** 剉尸[-屍] V.O. cut the corpse (of a criminal) into pieces
cuòshì* 错事 N. sth. wrong M: [2]*jiàn*
cuò shíchen 错时辰[-時-] V.O. <*coll.*> miss a chance
cuòshí shàng-xiàbān 错时上下班[-時---] F.E. staggered office hours
cuōshǒu 搓手 V.O. <*coll.*> rub the hands together
cuòshǒu* 措手 V.O. deal with; manage
cuòshǒubùjí 措手不及 F.E. be caught unprepared/unawares
cuōshǒudùnjiǎo 搓手顿脚[-腳] F.E. become anxious and impatient

cuòsuàn 错算 V./N. miscount
cuōsuì 搓碎 R.V. rub into powder/bits
cuōtán 磋谈 V. discuss; negotiate
[1]**cuōtǔ** 搓土 V.O. shovel up earth/dirt
[2]**cuōtǔ** 撮土 V.O. take up earth with the fingers ♦N. a pinch of earth
cuōtuó 蹉跎 V. ① slip and fall ② miss a chance; waste time
cuōtuó suìyuè 蹉跎岁月[--歲-] V.O. idle away time
cuōtǔwéixiāng 撮土为香 F.E. burn incense in the dust
cuòwèi 错位 V.O. dislocate
cuòwèi cúnchǔqì 错位存储器 N. <*comp.*> skewed storage device
cuòwù 错误 N. error; blunder
cuòwùbǎichū 错误百出 F.E. be full of mistakes
cuòwù de xúnhuán 错误的循环[-環] N. vicious circle
cuòwù dìzhǐ 错误地址 N. wrong address
cuòwù fāyīn 错误发音[--發-] N. mispronunciation
cuòwù fēnxi 错误分析 N. <*lg.*> error analysis
cuòwù fēnxifǎ 错误分析法 N. <*lg.*> error analysis
cuòwùlǜ 错误率 N. error rate
cuòwùnánmiǎn 错误难免[--難-] V.P. Mistakes are unavoidable.
cuòwù qīng-zhòng chéngdu 错误轻重程度 [--輕---] N. <*lg.*> error gravity
cuòwù yánzhòngxìng 错误严重性[--嚴--] N. <*lg.*> error gravity
cuōxǐ 搓洗 V. clean (garments) by rubbing
cuōxiàn 搓线 V.O. twist a thread between the hands
cuòxiǎng 错想 V. misunderstand
cuóxiǎo 矬小 S.V. short (in height)
cuòxiè 锉屑 N. filings
cuòxìn 错信 V. mistrust
cuòyá 错牙 V.O. grind the teeth (in sleep)
cuōyánrùhuǒ 撮盐入火[-鹽--] ID. of an impatient disposition
[1]**cuōyào** 撮要 V.O. make an abstract ♦N. synopsis
[2]**cuōyào** 撮药[-藥] V.O. <*coll.*> prepare Chinese medicine according to a prescription
cuōyì 撮译[-譯] N. <*lg.*> summary translation
cuòyí 错疑 V. suspect because of misunderstanding
[1]**cuòyì*** 错译[-譯] V./N. mistranslation
[2]**cuòyì** 措意 V.O. be careful; look out
cuōyǐng 撮影 V. shoot motion pictures
cuōyǐngjī 撮影机 N. video camera
cuōyǐngpéng 撮影棚 N. film/movie studio
cuō yīshang 搓衣裳 V.O. clean garments by rubbing
cuòyòng 错用 V. misuse; misapply
cuòzá 错杂[-雜] S.V. mixed; heterogeneous; jumbled
cuòzánánqīng 错杂难清[-雜難-] F.E. confused and unclear
cuōzǎo(r) 搓澡(儿) V.O. rub down sb. with a damp towel (in a public bathhouse)
cuòzhé 挫/剉折 N./V. ① setback; reverse ② frustrate ③ encounter difficulties
cuòzhégǎn 挫折感 N. feeling of frustration
cuòzhì 措置 V. handle; manage; arrange
cuòzhìdédàng 措置得当[-當] F.E. be handled properly
cuòzhìshīdàng 措置失当[-當] F.E. mismanage; handle matters poorly
cuòzhìyùrú 措置裕如 F.E. manage one's work easily and leisurely
cuózi 矬子 N. <*topo.*> short person; dwarf M: [2]*wèi*
cuòzi 锉子 N. file M: [1]*bǎ*
cuòzì* 错字 N. ① wrongly written characters ② misprint
cuòzìliánpiān 错字连篇 F.E. a series of erroneous characters
cuòzōng 错综 V.P. intricate; complex ♦N. complex *zìbēi* ~ inferiority complex

cuòzōngfùzá 错综复杂[-複雜] F.E. intricate; complex; complicated
cuòzōngtúshì 错综图饰[--圖-] N. an arabesque
cuōzuòyītuán 搓作一团[--團] F.E. roll/crumble (a sheet of paper, etc.) into a ball
cùpāi 促拍 <*mus.*> N. quick tempo
cùpěng 簇捧 V. surround (a person); round (a central point)
cùpíngzi 醋瓶子 *See cùguànzi*
cùpò 促迫 V. urge; hurry; press
cūqiǎn 粗浅[-淺] S.V. superficial; shallow; simple
cūqiānghéngdiào 粗腔横调 F.E. off-key; boisterously
cùqǐng 促请 V. urge and demand
cùqù 蹴去 R.V. kick away
[1]**cùrán** 猝然 ADV. suddenly; abruptly; unexpectedly
[2]**cùrán** 蹴然 V.P. ① respectful ② uneasy; nervous; worried
cùrǎnjì 促染剂[-劑] N. <*txtl.*> accelerant
cūrén 粗人 N. ① rough fellow; boor ② a person of much muscle but little refinement; a person of little education M: [2]*wèi*
cūróugé 粗鞣革 N. rough-tanned leather
[1]**cūshā** 粗纱 N. <*txtl.*> ① low-count yarn; rove ② grit M: *juǎn*
[2]**cūshā** 粗沙 N. coarse sand M: [5]*dài*
[1]**cùshēng** 促声[-聲] N. <*lg.*> entering tone
[2]**cùshēng** 簇生 <*bot.*> V. fasciate ♦N. fasciation
cūshēng-bàoqì 粗声暴气[-聲-氣] N. harsh voice
cūshēng-cūqì 粗声粗气[-聲-氣] N. deep, gruff voice
cūshi 粗实[-實] S.V. heavy; solid (of furniture/etc.)
cúshì 徂逝 V. <*wr.*> ① pass away ② go on a long journey ③ pass; elapse (of time)
cùshǐ* 促使 V. impel; urge; spur
cūshíjiǎncān 粗食简餐 F.E. have coarse rice and simple dishes for one's meals
cūshǒu-bènjiǎo 粗手笨脚[-腳] N. maladroit; clumsy; awkward; heavy handed
cūshǒu-cūjiǎo 粗手粗脚[-腳] N. maladroit
cūshū* 粗疏 S.V. ① careless; inattentive ② unpolished; unrefined; rough
cúshǔ 徂暑 N. the hottest days of summer
cūshuài 粗率 S.V. rough and careless; ill-considered
cūshuàicóngshì 粗率从事[--從-] F.E. act without care
cūshū miánshā 粗梳棉纱 N. carded yarn M: *juǎn*
cùsǐ 猝死 N. sudden death
cūsìliào 粗饲料 N. coarse fodder; roughage
cùsǒng 蹙竦 V.P. frightened; horrified; scared
cūsú 粗俗 S.V. vulgar; coarse; earthy
cūsuàn 粗算 V. rough estimate
cùsuān* 醋酸 N. acetic acid
cùsuānyán 醋酸盐[-鹽] N. acetate
cūsúbùdàng 粗俗不当[-當] F.E. harsh and inappropriate
cúsuì 徂岁[-歲] N. the past year; last year
cūsúyǔ 粗俗语 N. <*lg.*> vulgarism
cùtà 蹴踏 V. tread underfoot
cùtán 醋坛[-罈] N. vinegar jar
cūtáng 粗糖 N. raw sugar
cùtánzi 醋坛子[-罈-] N. ① vinegar jar ② a person of jealous nature
cūtáo 粗陶 N. pottery; crockery M: [2]*jiàn*
cùtī 蹴踢 V. trample on
cūtǐzì 粗体字[-體-] N. boldface font
cūtōng* 粗通 V. know slightly
cùtóng 醋酮 N. <*chem.*> acetone
cūtóubǐ 粗头笔[-筆] N. thick-tip pen; felt-tip pen
cūtuǐ* 粗腿 N. <*slang*> an influential/powerful person M: [1]*tiáo*
cùtuì 促退 V. hinder progress
cūtuǐbìng 粗腿病 N. <*med./coll.*> elephantiasis
cùtuìpài 促退派 N. ① promoters of retrogression ② laggers

C

cùwèi(r) 醋味(儿) N. ① the smell of vinegar ② feeling of jealousy

cū-xì* 粗细 N. ① degree of thickness ② degree of finish; quality of work

cùxī 促膝 ADV. closely; in private

cùxí 促席 V.O. be table-mates (at a banquet)

cùxiá 促狭[-狹] S.V. <topo.> mischievous

cùxiáguǐ 促狭鬼[-狹-] N. ①mischievous person ② mischief ③ a practical joker ④ a mean and spiteful fellow

cūxiàntǐ 粗线体[-體] N. boldface letter

cūxiàntiáo 粗线条[-條] N. thick lines; rough outline

cūxiàntiáo zuòfēng 粗线条作风[--條--] N. straightforwardness

cùxiāo 促销 V./N. sales promotion

[1]**cúxiè** 徂谢 V. ① wither; fade ② die

[2]**cúxiè** 殂谢 V. pass away; die

cūxìjiānróu 粗细兼揉 F.E. able to function at various levels; do physical and mental work, etc.

cūxīn* 粗心 S.V. careless; thoughtless *Wǒ tài ~ le.* I'm too careless. ♦N. carelessness

[1]**cùxīn** 簇新 V.P. brand new

[2]**cùxīn** 醋心 N. <coll.> belching of acid from the stomach; sour stomach; heartburn

cūxīndàyì 粗心大意 F.E. negligent; inadvertent; careless

cūxīnfúqì 粗心浮气[-氣] F.E. unthoughtful and rash

cùxītánxīn 促膝谈心 F.E. talk heart-to-heart sitting side by side

cūyǎ 粗哑[-啞] N. hoarseness

cūyán 粗盐[-鹽] N. crude/raw salt M: [5]*dài*

cūyǎng 粗养[-養] N. animal husbandry low in expended energy and breeding costs

cūyángmáo 粗羊毛 N. coarse wool

cūyě* 粗野 S.V. rough; boorish; uncouth

cùyè 簇叶[-葉] N. foliage

cùyì 醋意 N. jealousy

cūyīn 粗音 V.P. hoarse

cùyōng 簇拥[-擁] V. cluster around

cūyuè 粗乐[-樂] N. music played with gongs, drums, etc.

cúyǔn 殂殒 V. die ♦N. death (usu. of an eminent figure)

cūzào 粗躁 S.V. rash (of temperament)

cùzhà 卒乍 ADV. suddenly; unexpectedly

cūzhì* 粗制[-製] V.P. roughcast

cùzhī 促织[-織] N. <zoo.> cricket M: [2]*zhī*

cùzhì 醋制[-製] V. <Ch. med.> process/prepare with vinegar

cūzhīdàyè 粗枝大叶[-葉] F.E. sloppy; slapdash

cūzhì huòwù 粗制货物[-製--] N. rough goods

cūzhìlànzào 粗制滥造[-製濫-] F.E. ① manufacture in a rough and slipshod way ② do a bad job

cūzhìpǐn 粗制品[-製-] N. ① semifinished product ② a product of low quality; a crude or coarse product M: [2]*jiàn*

cūzhīshā 粗支纱 N. coarse yarn M: *juǎn*

cùzhīxiānwéi 醋酯纤维[--纖-] N. acetate fiber

cūzhīyī'èr 粗知一二 F.E. have a rough idea

cūzhòng* 粗重 S.V. ①loud and jarring (of voice/etc.) ② big and heavy; bulky

cùzhòng 卒中 <Ch. med.> N. apoplexy

cūzhōngyǒuxì 粗中有细 F.E. a seemingly careless person may actually be quite meticulous

cūzhuàng 粗壮[-壯] S.V. ① burly ② thick and strong ③ deep and resonant

cūzhuō 粗拙 S.V. crude

cùzuò 促坐 V. sit side by side

C-xíng wǎngluò C形网络[--網-] N. C-network

D

d 的 S.P. *used in place of* [1]de *in some pinyin writing, esp. to indicate an attributive phrase, or possessive, and occasionally interspersed in character writing* ***Tā shì zuótiān lái ~.*** He came yesterday. ***See also*** [1]*de, di,* [4]*dí,* [8]*dí,* [6]*dì*

[1]**dā** 搭 V. ①put up; construct ②hang over ③join together ④ travel by or take (a conveyance) ***~ Mǎ xiānsheng de chē*** get a ride with Mr. Ma ⑤ lift together ⑥ add (money/etc.) ***See also*** [6]*dá*

[2]**dā** 嗒 ON. rattle, clatter; pounding ***See also*** [10]*tà*

[3]**dā** 哒[噠] ON. Giddap!

[4]**dā** 耷 <*wr.*> B.F. big-eared ***dāla***

[5]**dā** 答 B.F. ① reply; agree to ***dāying*** ② heed ***bù dāli*** ***See also*** [2]*dá*

[6]**dā** 达[達] in ***dīdīdādā, tīdā*** ***See also*** [1]*dá,* [12]*tà*

[7]**dā** 瘩 in ***gēgedādā, gēligēdā*** ***See also*** [7]*dá*

[8]**dā** 褡 in ***dālian, mǎdāzi, bèidā***

[9]**dā** 跶[躂] in ***tīdāwǔ*** ***See also*** [13]*tà*

[1]**dá** 达[達] V. ①reach ②inform ♦B.F. ①intelligible ***cíbùdáyì*** ② prominent ♦CONJ. until ***See also*** [6]*dā,* [12]*tà*

[2]**dá** 答 V. ①answer; reply ②return (a call/etc.); reciprocate ***See also*** [5]*dā*

[3]**dá** 打 M. dozen ***See also*** *dǎ*

[4]**dá** 沓 M. pad; pile (of paper/etc.) ***See also*** [6]*tà*

[5]**dá** 怛 B.F. grieved; distressed ***dádá, cèdá***

[6]**dá** 搭 in ***dáchár, nādá*** ***See also*** [1]*dā*

[7]**dá** 瘩 in ***dábèi*** ***See also*** [7]*dā*

[8]**dá** 鞑 in ***Dádá***

[9]**dá** 靼[韃] in ***Dádá, sāoDázi***

dǎ 打 V. ①generalized verb of doing with specific meaning determined by its object ② strike; hit ③fight ④construct ⑤forge ⑥mix ♦COV. <*coll.*> from (a certain time/place) ***~ A*** [1]***qǐ*** beginning from A time/place ***See also*** [3]*dá*

dà* 大 S.V. ①big; great; high; tall; vast ②much; very ③old ***Tā duō ~?*** How old is he? ④eldest ⑤ adult ♦N. <*topo.*> father ♦CONS. ① *~ v.1 tè v.1* big/great/etc. v.1 ***~ cuò tè cuò*** gross error ② *~ A ~ B used with two monosyllabic nouns, verbs, or stative verbs related in meaning to indicate high degree* ***~yú-~ròu bǎile yī mǎn zhuō.*** The table was filled with lots of meat and fish. ***See also*** [12]*dài*

dà'āgē 大阿哥 N. a crown prince in the Qing dynasty

dá'àn* 答案 N. solution; answer; key

dà'ān 大安 N. great peace ♦F.E. <*wr.*> Peace! (letter closure)

dà'àn 大案 N. ① <*law*> a big case ② recommendation for promotion (Qing) M: *ge/*[2]*jiàn/*[1]*qǐ*

dǎ ànhào 打暗号[-號] V.O. <*topo.*> give a secret signal

dà'ànyào'àn 大案要案 F.E. major cases

dǎ'áo 打熬 V. <*coll.*> ① live through hard times; endure; bear; suffer ② harden the body through endurance ③ train ④ temper; steel; toughen ♦N. suffering; hardship

dà'ǎo* 大袄[-襖] N. long cotton-padded coat

dǎbǎ(zi)* 打靶(子) V.O. shoot at a target

dàbā 大巴 <*coll./loan*> N. large bus; coach

dàbǎ 大把 ATTR. <*coll.*> a big amount of (money/flowers/etc.)

dàbà 大坝[-壩] N. dam M: *ge/*[4]*zuò*

dǎbǎchǎng 打靶场[-場] P.W. target range

dábài 答拜 V. return a courtesy call/salutation

dǎbài* 打败 V. ① defeat ***Wǒmen ~ le dírén.*** We defeated the enemy. ② be defeated ***Tā ~ le.*** He was defeated.

dàbái 大白 F.E. come out into the open ♦N. ① a kind of wine cup ② whiting (plaster)

dàbǎi 大摆[-擺] V. ①swing; sway ②strut about

[1]**dàbài** 大败 V. ① defeat utterly ② suffer a crushing defeat

[2]**dàbài** 大拜 V. make sb. a prime minister (by the emperor)

dàbàibài 大拜拜 N. <*topo.*> ceremony to pay respect to gods/ancestors

dàbáibiān 大白边[-邊] N. <*slang*> ten-yuan Renminbi note

dàbáicài 大白菜 N. Chinese cabbage M: [2]*kē*

dàbài'értáo 大败而逃 F.E. suffer defeat and run away

dàbǎigē 大伯哥 N. <*coll.*> husband's older brother; elder brother-in-law M: [2]*wèi*

dàbáihuà 大白话 N. colloquial speech

dàbǎikēquánshū 大百科全书[-書] N. macropedia; encyclopedia M: [2]*bù/tào/*[1]*běn*

dàbáiliǎn 大白脸 N. <*opera*> negative white-face role

dàbáitiān 大白天 N. broad daylight; daytime

dàbáitiān shuō mènghuà 大白天说梦话[---夢-] V.P. talk in one's daydream; utter sheer nonsense

dǎ báitiáo 打白条[-條] V.O. pay with IOU (by government)

dàbǎi yánxí 大摆筵席[-擺--] V.O. spread a feast

dǎ bàizhàng 打败仗 V.O. suffer defeat in battle

dǎ bǎizi 打摆子[-擺-] V.O. <*coll.*> have malaria

dàbǎizi* 大伯子 N. eldest brother of one's husband M: [2]*wèi*

dābān(r) 搭班(儿) V.O. ① <*trad.*> join a theatrical group ② give a helping hand; work together

dābàn(r) 搭伴(儿) V.O. ① travel together ***Wǒ yě qù Rìběn, wǒmen dā ge bànr ba.*** I'm going to Japan too, so let's travel together. ② work with sb.

dǎban* 打扮 V. ① dress/make up; deck out ② pose as ♦N. a way/style of dressing

dàbān 大班 N. ① manager of a foreign firm in China ② captain (as of taxi dancers) ③ top class in kindergarten ④ large class (of students)

Dàbǎn 大阪 P.W. Osaka (Jp.)

[1]**dàbàn(r)** 大半(儿) N. more than half; most ♦ADV. most probably; very/most likely

[2]**dàbàn** 大办[-辦] V. do sth. in a big way

dàbǎnchē 大板车 N. ①large handcart ②large flatbed tricycle M: [3]*liàng*

dǎban de hěn shuài 打扮得很帅[-帥] V.P. <*coll.*> nattily dressed

dābāng* 搭帮[-幫] V.O. join together (e.g., in travel) ♦V. <*coll.*> care for; look after

dàbàng 大棒 N. ① means of intimidation ② <*wr.*> big stick M: [2]*gēn*

dàbānghōng 大帮轰[-幫轟] V.P. making sound and fury en masse ♦N. confusion caused by centralization of labor

dǎban qǐlai 打扮起来 R.V. make/dress up; deck out

dàbànr 大半儿 N. <*coll.*> majority; most; the greater part

dàbànshēng 大半生 N. the greater part of one's life

dàbàntiān 大半天 N. ① more than half a day ② a long while

dàbànwǔ 大半午 N. late morning

dàbànyè 大半夜 N. the small hours of night

dǎbanzhěngjié 打扮整洁[-潔] F.E. brush up

dā bānzi* 搭班子 V.O. ① set up a theatrical troupe ② organize personnel for a job

dǎ bǎnzi 打板子 V.O. <*hist.*> flog with a bamboo stick

dābao 褡包 N. long, broad girdle for carrying things

dābāo 搭包 N. waistband worn outside a jacket, used for carrying things

[1]**dǎbāo*** 打包 V.O. ① bale; pack ***Wǒ gāi ~ shànglù le.*** I should pack for the trip. ②unpack ♦N. bundle carried by itinerant monk

[2]**dǎbāo** 打苞 V.O. form ears (of grain); ear up

dàbǎo 大宝[-寶] N. imperial throne

dàbào 大报[-報] N. major newspapers

dǎ bàobùpíng(r) 打抱不平(儿) V.O. help victims of injustice

dàbāodàlǎn 大包大揽[-攬] F.E. <*derog.*> monopolize power

dàbāodān 大包单 N. <*coll.*> go-getter; doer

dàbǎo'ěrfú 大饱耳福 F.E. enjoy to the full listening to music/singing/etc.

dǎbāofèi 打包费 N. packing charge M: [2]*bǐ*

dàbāogān 大包干[-乾] N. <*PRC*> ① work contracted to the household ② all-round contract system

dǎ bàogào 打报告[-報-] V.O. write a report

dǎ bǎogér 打饱嗝儿 V.O. belch after a big meal

dǎ bāoguǒ 打包裹 V.O. pack up luggage

dàbǎokǒufú 大饱口福 F.E. greatly enjoy food

dǎ bāopiào 打包票 V.O. vouch for; guarantee

dàbǎoyǎnfú 大饱眼福 F.E. feast one's eyes on sth.

dàbàozhà yǔzhòulùn 大爆炸宇宙论 N. big bang cosmology

dǎ bǎshi* 打把势/式[-勢] F.E./V.O. <*coll.*> ①drill (in sword play) ②thrash around ③demonstrate pugilistic/gymnastic skills ④solicit financial help (in an indirect way) ⑤ show off; put on airs

dàbǎshi 大把式 N. <*coll.*> experienced hand; master; real professional

dā bǎshǒu(r) 搭把手(儿) F.E./V.O. <*coll.*> help out; assist

dàbǎ zhuā 大把抓 V.P. <*coll.*> take greedily

dábèi 瘩背 N. <*Ch. med.*> a warty back

dàbēi* 大悲 <*Budd.*> N. great deliverance of Buddha from suffering; great mercy

Dàbēizhòu 大悲咒 N. <*Budd.*> Incantations of the Great Mercy

dǎbēn(r)* 打奔(儿) V.O. ① <*topo.*> slip up in reciting ② stumble (in walking) ③ make a stop when doing sth.

dàběn 大本 N. basis; essence

Dàbènkēng Wénhuà 大坌坑文化 N. <*archeo.*> Dabenkeng/Tapenkeng Culture

dàběnyíng 大本营[-營] N. ① headquarters ② base camp M: *ge/*[4]*zuò*

dǎbǐ 打比 V. ① take as an example; draw an analog; use a metaphor/simile ② <*topo.*> compare

[1]**dàbǐ*** 大笔[-筆] N. ① pen M: [4]*zhī* ② <*court.*> your writing; your handwriting

[2]**dàbǐ** 大比 N. <*trad.*> provincial civil service examinations

dàbì 大辟 N. <*trad.*> capital punishment *See also dàpì*

dábiàn 答辩 V. ① answer (a question/charge/argument) ② defend (a thesis/dissertation) ♦N. defense (of thesis/dissertation)

dǎbiǎn 打扁 R.V. <*coll.*> give sb. a good beating

[1]**dàbiàn*** 大便 V. defecate ♦N. night soil

[2]**dàbiàn** 大变[-變] N. tragic incident; big misfortune

D

dàbiàn bù tōng 大便不通 N. constipation

dā biànchē 搭便车 V.O. <*topo.*> ① catch a ride with sb. ② hitchhike

dábiàncí 答辩词 N. <*law*> written/oral defense M: [1]*piān*/[1]*fèn*

dǎ biāngǔ 打边鼓[-邊-] V.O. ① incite; drum up ② <*coll.*> chime in; give verbal support

dàbiàn jiǎnyàn 大便检验 N. stool examination

dàbiǎnjiǎo 大扁脚[-腳] N. <*trad.*> unbound feet of women M: [1]*shuāng*

dàbiànlùn 大辩论 N. <*PRC*> great/mass debate

dābiànshū 答辩书[-書] N. reply; rebuttal M: [1]*fèn*/[1]*piān*

dǎ biànzi 打辫子 V.O. ① plait ② <*trad.*> wear/braid a pigtail

dábiāo* 达标[達標] V.O. reach a standard

dǎbiāo 打镖 V.O. hit with a dartlike weapon

dǎbiǎo 打表 V.O. turn on the taxi meter

dàbiǎojīngtàn 大表惊叹[-驚嘆] V.P. exclaim (with admiration)

dàbié 大别 N. ① rough distinction/classification ② name of a mountain range in Hupei ♦V. distinguish summarily

dǎ bǐfang 打比方 V.O. draw an analogy

dǎ bǐmò guānsi 打笔墨官司[-筆---] V.O. engage in written polemics with sb.

dǎbìng 打并[-併] V. ①pack; get ready ②<*trad.*> piece/gather together

dàbīng* 大兵 N. ① soldiers; foot soldiers M: *ge*/[1]*míng* ② big battle ③ imperial troops ④ large army

dàbǐng 大饼 N. a kind of big flatbread M: *ge*/[2]*kuài*/[1]*zhāng*

dàbìng 大病 N. severe/serious illness M: [3]*cháng*

dàbīngtuán 大兵团[-團] N. <*mil.*> large troop formation

dàbīngtuán zuòzhàn 大兵团作战[--團-戰] N. large-scale warfare; grand tactics

dàbǐrúchuán 大笔如椽[-筆--] F.E. powerful strokes or forceful writing

dàbǐwǔ 大比武 N. <*PRC*> ① large-scale competition of military skills ② competition among contracted households for production M: [3]*cháng*

dàbízi 大鼻子 N. ①high-bridged nose; big nose ② <*slang*> Caucasian

dàbó 大伯 N. ① father's elder brother; uncle ② uncle (polite address for an elderly man) M: [2]*wèi*

dǎ bóguǎi 打脖拐 V.O. <*coll.*> clout; box the/sb.'s ears

dàbōsījú 大波斯菊 N. <*bot.*> cosmos M: [2]*duǒ*/[2]*kē*/[5]*zhī*

dābǔ 搭补[-補] V. <*topo.*> ①subsidize ②mend/repair

dábǔ 达卜[達-] N. small drum similar to the tambourine, used by the Uygurs (Uyghurs)

[1]**dàbù*** 大步 N. big strides

[2]**dàbù** 大部 ADV. for the most part

[3]**dàbù** 大不 ADV. very much not; very different

[4]**dàbù** 大布 N. coarse/homespun cloth

dábuchū* 答不出 R.V. be unable to answer

dǎbuchū 打不出 R.V. ① be unable to dig out ② be unable to come up with (an idea/etc.)

dǎbudǎo 打不倒 R.V. ① be unconquerable; cannot be knocked down ② try in vain to knock down

dǎbudào* 打不到 R.V. be unable to move (sb's mind)

dǎbude 打不得 R.V. ① can't beat/fight ② can't inject (medicine/etc.)

dǎbudìng 打不定 R.V. be unable to make up (one's mind)

dǎ bǔding* 打补钉[-補-] V.O. ①patch (clothing) ② block/stop up a hole (fig.)

dàbùfen 大部分/份 N. major part

dǎbuguò* 打不过 R.V. be no fighting match

dàbùguò 大不过 ADV. at most

dǎbùhuánshǒu 打不还手[--還-] F.E. not strike back when attacked

dàbùjìng 大不敬 N. ① great disrespect (to one's superiors/seniors) ② lese majesty

dǎbukāi 打不开[-開] R.V. ① cannot be opened ② try in vain to open

dǎbuliǎo 打不了 R.V. be unable to win

dàbuliǎo* 大不了 ADV. at the worst ♦V.P. alarming; serious

Dàbùlièdiān 大不列颠 P.W. Great Britain

dàbuliedie 大不列蹀 V.P. <*coll.*> be too casual/informal

dàbùliúxīng 大步流星 F.E. at a stride; with vigorous strides

dǎbupò 打不破 R.V. ① be unable to break/crack ② be unable to change (ideology/etc.)

dǎbuqǐ 打不起 R.V. be unable to raise (spirits/etc.)

dǎbuqǐ jīngshen 打不起精神 V.P. spiritless

dàbùrúqián 大不如前 F.E. far worse than before

dàbùshān 大布衫 N. a long cotton shirt M: [2]*jiàn*

dābushàng 搭不上 R.V. be unable to catch/take (a bus/plane/etc.)

dábushàng* 答不上 R.V. at a loss how to answer

dábushànglai 答不上来 R.V. at a loss how to answer

dǎbusǐ 打不死 R.V. ① still alive after a hard beating ② try in vain to beat to death

dǎbusuì 打不碎 R.V. ① cannot be broken into pieces; unbreakable ② try in vain to break into pieces

dǎbutōng 打不通 R.V. be unable to get through (telephone /etc.)

dàbùtóu 大部头 N. multiple-volumed work

dàbùwěi 大不韪[-韙] N. great error; heinous crime

dàbùwéirán* 大不为然 F.E. hold an entirely different opinion

dàbùwèirán 大不谓然 F.E. hold an entirely different opinion

dábuxiàlai 答不下来 R.V. be unable to answer

dàbùxiāngtóng 大不相同 V.P. entirely/totally different

dǎbuzhù 打不住 R.V. <*coll.*> be more than (a specified amount)

dǎ bǔzi 打补子[-補-] V.O. be used as a substitute

dàcài 大菜 N. ① Western-style food M: *dùn*/[1]*xí* ② main dish M: [2]*dào*

dàcáixiǎoyòng 大材小用 F.E. make little use of great talent

dàcān 大餐 N. ① sumptuous meal/banquet; feast ② Western-style food M: *dùn*/[1]*xí*

dǎ cāngyíng 打苍蝇[-蒼蠅] V.O. kill a fly

dàcānkǎo* 大参考[-參-] N. <*PRC*> restricted reference material M: [1]*fèn See also Dàcānkǎo*

Dàcānkǎo 大参考[-參-] N. Big Reference; I-net magazine *See also dàcānkǎo*

dǎcǎo 打草 V.O. ① cut grass ② <*topo.*> work out a draft

dàcāodàbàn 大操大办[-辦] F.E. make large/wasteful arrangements for a wedding/funeral/etc.

dǎ cǎogǎo 打草稿 V.O. prepare a draft

dǎcǎojīngshé 打草惊蛇[--驚-] ID. ① inadvertently alert an enemy/opponent ② punish sb. as a warning to others

dǎ cǎoxié 打草鞋 V.O. make straw/grass sandals

dàcǎoyuán 大草原 P.W. Great Plains M: [1]*piàn*

dāchá(r) 搭/答碴(儿) V.O. <*coll.*> answer; reply

dǎchǎ 打镲 V.O. <*slang*> joke around; jeer; make fun of sb.

[1]**dǎchà(r)*** 打岔(儿) V.O. ① interrupt; cut in ② divert the conversation

[2]**dǎchà** 打杈 V.O. prune

dǎchācha 打喳喳 V.O. whisper

dǎchái 打柴 V.O. collect firewood

dǎchán 打禅 V.O. sit in meditation

dǎcháng 打场[-場] V.O. <*agr.*> thresh grain (on a threshing ground)

dàcháng* 大肠[-腸] N. large intestine

[1]**dàchǎng** 大场[-場] N. general/overall situation

[2]**dàchǎng(r)** 大氅(儿) N. fur overcoat M: [2]*jiàn*

dàchàngfǎndiào 大唱反调 V.P. strike up an entirely different tune

dàcháng gǎnjūn 大肠杆菌[-腸--] N. coliform bacillus

dàchànggāodiào 大唱高调 F.E. claim in high-sounding language

dàchángjūn 大肠菌[-腸-] N. colon bacillus

dàchǎngménr 大敞门儿 N. door widely open

dàchǎngmiàn 大场面[-場-] N. big event/situation

dàchāo 大钞 N. paper money with high value M: [1]*zhāng*

dàcháo* 大潮 N. ① spring tide ② big wave; great tide

dàchǎodànào 大吵大闹[-鬧] V.P. kick up a row; make a din

dǎchǎozi 打吵子 V.O. <*topo.*> quarrel; wrangle

dáchár 搭/答茬儿 V.O. pursue another's utterance

dǎ cháwéi 打茶围[-圍] V.O. hold a merry tea party at a brothel

dàcházi 大楂子 N. <*coll.*> coarse corn bran

dāchē 搭车 V.O. ① get/give a lift; hitchhike ② take a car/bus/train ③ do sth. at the same time ④ raise the price of some unlisted goods by taking advantage of the government's price readjustment

dàchē* 大车 N. ① cart M: [3]*liàng* ② engineer (of a train/ship/etc.) M: [2]*wèi*

dàchèdàwù 大澈/彻大悟[-徹--] F.E. ① profound/complete realization/understanding ② great revelation

dàchēdiàn 大车店 P.W. inn for carters M: [1]*jiā*

dǎchén 打沉 R.V. sink (a ship)

dàchén* 大臣 N. <*hist.*> ① high officials ② cabinet ministers M: *ge*/[2]*wèi*

[1]**dāchéng** 搭乘 V. travel (by a conveyance)

[2]**dāchéng** 搭成 R.V. build; put up

dáchéng* 达成[達-] R.V. ① reach (an agreement) ② accomplish (a task)

dǎchéng 打成 V. become involved

[1]**Dàchéng** 大成 N. ① great achievement ② Confucius

[2]**Dàchéng** 大乘 *See Dàshèng*

Dàchéng Diàn 大成殿 P.W. main hall of the Confucius Temple M: [4]*zuò*

dǎchéng píngjú 打成平局 V.O. draw; break or come out even; fight to a stand off

dǎchéng píngshǒu 打成平手 V.O. fight to a standoff/draw

dàchéngqìtāng 大承气汤[-氣湯] N. <*Ch. med.*> large formula to contain the [1]*qì*

dà chéng wèntí 大成问题 V.P. very questionable/doubtful

dǎchéngyīpiàn 打成一片 V.P. integrate

Dàchéng zhìshèng xiānshī 大成至圣先师[---聖-師] N. The Supreme Sage and Ancestral Teacher of Great Accomplishment (title dedicated to Confucius)

dàchénzǎoshàng 大晨早上 N. <*coll.*> in the morning

dāchēzuòchuán 搭车坐船 V.P. travel both by car and by ship

dàchī* 大吃 V. eat extravagantly

dàchí 大匙 N. large spoon

dàchībàizhàng 大吃败仗 V.P. meet one's Waterloo

dǎ chìbó 打赤膊 V.O. bare the upper body

dàchǐcùn 大尺寸 N. jumbo size

dàchīdàhē 大吃大喝 V.P. ① eat and drink to one's heart's content ②spend money wastefully on feasts

dǎ chìjiǎo 打赤脚[-腳] V.O. ① bare the feet ② go barefooted
dàchìsè 大赤色 N. bright red
dàchī yī dùn 大吃一顿 V.P. have a square meal
dàchī-yījīng 大吃一惊[-驚] V.P. be greatly surprised/shocked
dǎchóng 打虫[-蟲] V.O. get rid of intestinal parasites with drugs
dàchōng 大冲[-衝] N. <astr.> favorable opposition
dàchóng* 大虫[-蟲] N. <topo.> tiger M: ge/[1]tiáo
dǎ chōngfēng 打冲锋[-衝-] V.O. ① charge; assault ② be in the vanguard; take the lead in doing something
dǎchóngziyào 打虫子药[-蟲-藥] F.E. <coll.> pesticide
dàchóubīn 大酬宾[-賓] N. crazy sale; sale with big discount
dǎ chōufēng 打抽丰[-豐] V.O. hit sb. for a loan
dāchū 搭出 R.V. add to; expand (a construction)
dáchū 答出 R.V. answer; reply; respond
dǎchū 打出 R.V. give out (a card in poker game)
dǎchù 打憷 V. <topo.> shrink from difficulties
[1]**dàchù*** 大处[-處] N. main goal/point
[2]**dàchù** 大畜 N. the 26th of the 64 hexagrams of the *Book of Changes*
dāchuán 搭船 V.O. go by ship/boat
dǎchuān* 打穿 R.V. punch through
dàchuān 大川 N. a great river M: [1]tiáo
dàchuāng 大疮[-瘡] N. ① large sore ② syphilis
dàchuànlián 大串联[-聯] N. big link-up of Red Guards during the Cultural Revolution
dàchuǎnqì 大喘气[-氣] <coll.> V.O. ① drag out a remark ② make fun of; tease
dà chū fēngtou 大出风头 V.O. cut a dashing figure; show off in a big way; enjoy great popularity
dàchuí 大锤 N. sledgehammer M: [1]bǎ
dàchuīdàléi 大吹大擂 V.P. make a great fanfare
dà chuī fǎluó 大吹法螺 V.P. blow one's own trumpet; talk big; brag
dà chuī niúpí 大吹牛皮 V.P. talk big; pitch it strong
dá chūlai* 答出来 R.V. give the right answer
dǎ chūlai 打出来 R.V. achieve something through force
dǎchūliu 打出溜 V.O. <coll.> backslide
dàchùluòmò 大处落墨[-處--] F.E. concentrate on key points
dǎchūn* 打春 N. beginning of Spring (first solar term)
dàchūn 大春 N. <agr.> ① spring ② spring plowing ③ crops sown in spring
dàchúnxiǎocī 大醇小疵 F.E. generally sound though defective in details
dàchūn zuòwù 大春作物 N. <agr.> crops sown in spring
dǎchuō(r/zi) 打戳(儿/子) V.O. <coll.> stamp with a seal
dàchūqíchǒu 大出其丑[-醜] F.E. put sb. to shame
dàchūqíhàn 大出其汗 F.E. sweat like a pig
dǎ chūshǒu(r) 打出手(儿) V.P. ① <opera> throw weapons back and forth ② start a fight; come to blows
dàchūsuǒliào 大出所料 F.E. be way beyond expectation
dàchūsuǒwàng 大出所望 F.E. well beyond one's expectations
dǎchū wángpái 打出王牌 V.O. play one's trump or best card
dàchūxiě 大出血 N. ① <topo.> gigantic sale ② massive hemorrhage *See also dàchūxuè*
dàchūxuè 大出血 N. massive hemorrhage *See also dàchūxiě*
dàchūyángxiàng 大出洋相 F.E. make an exhibition of oneself
dàchùzhuómò 大处着墨[-處著-] F.E. concentrate on the key points
dàchùzhuóyǎn 大处着眼[-處著-] F.E. keep an overall assessment; see the big picture

[1]**dácí*** 答词 N. thank-you speech M: [1]piān
[2]**dácí** 答辞[-辭] N. reply M: [1]piān
dàcī 大疵 N. gash
dàcí 大词 N. <log.> major term
dàcídàbēi 大慈大悲 F.E. <Budd.> great mercy
dǎcóng* 打从[-從] COV. <coll.> since; since then; from
dàcōng 大葱[-蔥] N. ① green Ch. onion ② leek M: [2]gēn
dàcūn 大村 N. big village M: [4]zuò
dácuò* 答错 R.V. answer incorrectly
dǎcuò 打错 R.V. ① misplay; miscalculate ② dial a wrong number
dàcuò 大错 N. big error/mistake/etc.; blunder
dācuò chē 搭错车 V.O. join a wrong group; follow a wrong example
dǎcuò suànpán 打错算盘[-盤] V.O. miscalculate; make a wrong decision
dàcuòtècuò 大错特错 F.E. very serious mistake
dācuò xiàn le 搭错线了 <coll.> V.P. make a mistake; misunderstand
dàcuòzhùchéng 大错铸成[--鑄-] F.E. err hopelessly
[1]**dādā*** 哒哒//嗒嗒[噠噠//-] ON. click; tick
[2]**dādā** 答答 ON. crackling sound ♦ R.F. shy; bashful
dádá 怛怛 R.F. toiling; grieved
Dádá 鞑靼/靼靼[韃韃] N. Tatar
dàdà 大大 ADV. greatly; enormously ♦ N. ① uncle ② <topo.> daddy
dàdàbùrán 大大不然 F.E. it is quite another story
dàdǎchūshǒu 大打出手 V.P. get into a free-for-all
dàdàfāngfāng 大大方方 R.F. very natural and poised
Dádá huàpài 达达画派[達達畫-] N. Dadaist school of painting
dàdàishǔ 大袋鼠 N. kangaroo M: [2]zhī/ge
dādājiǎo 搭搭脚[-腳] V.P. rest one's feet
dàdaliēliē 大大咧咧 R.F. <topo.> careless; casual
dàdaluōluō(r) 大大落落(儿) R.F. <topo.> ① dignified manner ② natural and poised
dádàn 达旦[達-] ADV. until dawn
dǎdān 打单 N. one of a pair ♦ V.O. intimidate; blackmail
dǎdàn 打蛋 V.O. beat/stir/whip eggs
dàdǎn* 大胆[-膽] S.V. audacious; bold; daring
dǎdǎnàonào 打打闹闹[-鬧鬧] R.F. have boisterous fun; horseplay
dādàng* 搭档[-檔] V.P. team up ♦ N. partner M: ge/[2]wèi
dǎdàng 打当[-當] A.T. examine and put in order; pack up
dǎ dāngmiàngǔ 打当面鼓[-當--] V.O. speak in sb.'s presence
dàdāngǒu 大丹狗 N. Great Dane
dàdǎn gòusī 大胆构思[-膽構-] V.P. <art> conceive or think up without worrying about convention
dǎdànjī 打蛋机 N. egg beater M: [1]tái
dàdǎnpōla 大胆泼辣[-膽潑-] F.E. bold and vigorous
dǎ dànzi 打弹子 V.O. play billiards
[1]**dádào*** 达到[達-] R.V. achieve; reach; attain
[2]**dádào** 达道[達-] N. universal path; the way everyone follows
dǎdǎo 打倒 R.V. ① overthrow ② knock down; down with. . .
[1]**dǎdào** 打道 V.O. ①start out; start back ② <trad.> clear the way (for officials) ③ open the way
[2]**dǎdào** 打稻 V.O. thresh rice
dàdāo 大刀 N. broadsword M: [1]bǎ
dàdǎo 大倒 N. <coll.> big profiteer; hardened speculator
dàdào 大道 N. ① wide road ② the way of virtue and justice ③ the Great Dao; the Great Way M: [1]tiáo
Dàdāohuì 大刀会 N. <hist.> Big Sword Society (branch of the White Lotus Society)

dǎdàohuífǔ 打道回府 F.E. direct one's step toward home; go home
dàdāokuòfǔ 大刀阔斧 F.E. bold and resolute
dàdàoli 大道理 N. ①principle; general principle; great truth ② important matters that affect the entire situation M: [1]piān/tào
dádào mùdì 达到目的[達-] V.O. reach one's goal; reach the end
dǎdǎo yīqiè 打倒一切 V.O. <PRC> overthrow everything
dǎdǎtántán 打打谈谈 R.F. fight and talk alternately (without reaching a settlement)
dàdàxiǎoxiǎo 大大小小 R.F. ① both the old and the young; both the big and the small ② all (sorts) of; of all sizes
dàdàyángyáng 大大洋洋 R.F. innocent and straightforward
dàdǎzhékòu 大打折扣 V.O. give a big discount
Dádázhǔyì 达达主义[達達-義] N. Dadaism
dádé 达德[達-] N. ① virtue of all times ② virtue that influences all
dàdé* 大德 N. great virtue
dǎdeguò 打得过 R.V. be able to win a fight/etc.
dǎdehǎo 打得好 V.P. ① deserve a beating/spanking ② give an excellent performance
dǎ de huǒrè 打得火热[-熱] V.P. ① be as thick as thieves ② be passionately in love with each other ③ be in the heat of action
[1]**dàdēng** 大灯[-燈] N. headlight M: [1]zhǎn
[2]**dàdēng** 大登 N. main feature/item
dǎ dēnglong 打灯笼[-燈-] V.O. carry/hold lighted lantern
dǎ dēngmí 打灯谜[-燈-] V.O. guess lantern riddles (as a game)
dádeshàng 答得上 R.V. be able to answer
dǎdetōng 打得通 R.V. ①be able to get through (on the phone) ② be able to get things done (through personal contacts)
dǎdī 打的 V.O. hire/take a taxi; go by taxi
dǎdǐ 打底 V.O. ① eat sth. before having a drink ② feel secure ③ sketch a plan/picture/etc. ④ lay a foundation
[1]**dàdí** 大敌[-敵] N. formidable enemy; archenemy
[2]**dàdí** 大笛 N. <mus.> flute
dàdǐ 大抵 ADV. generally speaking; in the main
[1]**dàdì*** 大地 N. ① earth; mother earth; world ② the whole territory of a nation
[2]**dàdì** 大弟 N. eldest younger brother
[3]**dàdì** 大帝 N. great emperor
dǎdian* 打点[-點] V. <coll.> ① prepare; lay plans ② bribe ③ examine and put in order; pack up (luggage)
dǎdiàn 打电[-電] V.O. <coll.> phone or telegraph
dàdiǎn 大典 N. ①great ceremony ②a collection of great classics ③ big dictionary
dàdiàn 大殿 N. ① audience hall ② <Budd.> main hall of a temple; vihara M: [4]zuò
dǎ diànbào 打电报[-電報] V.O. send a telegram
dǎdian chūlai 打点出来[-點--] R.V. <coll.> sort out; arrange
dǎ diǎndī 打点滴[-點-] V.O. <med.> have an intravenous drip
dǎdian hǎo 打点好[-點-] R.V. <coll.> make all arrangements
dǎ diànhuà 打电话[-電-] V.O. ① make a telephone call ② <coll.> flash a warning; signal danger
dǎdian xíngli 打点行李[-點--] V.O. <coll.> ready one's baggage
dǎdianzhǔnbei 打点准备[-點準備] V.P. <coll.> make preparations
dādiào 搭调 V.O. ①be in tune ②be reasonable ③ match; go together (with)
dǎdiào* 打掉 R.V. destroy; knock (sth.) out
dàdiào 大调 N. <mus.> major key
dàdì cèliángxué 大地测量学 N. <geog.> geodesy
dàdìchūnhuí 大地春回 F.E. Spring has returned to the land.

dàdídāngqián 大敌当前[-敵當-] F.E. faced with a formidable foe

dàdìdi 大弟弟 N. eldest younger brother

dǎdiē 打跌 V. fall down (of people)

dǎdié 打叠[-疊] V. ① pile up one atop the other ② pack; arrange; prepare

dàdiē* 大跌 N. <econ.> crash

dàdiéyú 大鲽鱼 N. <zoo.> turbot M: [1]tiáo

dǎ dǐgǎo 打底稿 V.O. prepare a draft

dàdìhuíchūn 大地回春 F.E. Spring has returned to the land.

dǎdǐjī 打底机 N. padding machine M: [2]tái

dǎ dīliu 打提溜 V.O. <coll.> spin around; twirl; go into a tailspin

dǎ dīliūzhuànr 打滴溜转儿[---轉-] V.O. <coll.> spin; twirl; turn

dǎdǐng 打顶 V.O. <agr.> pinch; top

dǎdìng* 打定 V. be determined; have decided

dǎdìng zhǔyi 打定主意 V.O. make up one's mind

dǎ dìpán 打地盘[-盤] V.O. ① build one's own sphere of influence ② seek personal gain

dǎ dìpù 打地铺 V.O. make a bed on the floor/ground

dǎ dìtānr 打地摊儿[--攤-] V.O. ① sleep on the floor/ground ② fall down flat on the ground

dàdìzhǔ 大地主 N. big landowner/landlord M: ge/[1]míng/[2]wèi

dǎ dǐzi 打底子 V.O. ① sketch ② lay foundation

[1]dǎdòng 打洞 V.O. <topo.> work for sb. by the day or month during the winter

[2]dǎdòng 打动[-動] R.V. move emotionally

dàdònggāngē 大动干戈[-動--] F.E. go to war; get into a fight

dàdònggānhuǒ 大动肝火[-動--] F.E. fly into a rage

dàdònggōngfèn 大动公愤[-動--] F.E. arouse public indignation

dǎdòngjī 打洞机 N. perforator M: [1]tái

dàdòngmài 大动脉[-動脈] N. ① <med.> main artery ② main road/railway/river/etc. M: [1]tiáo

dàdòngzuò 大动作[-動-] N. major measure/move

dǎdòu* 打斗[-鬥] V. fight; struggle

dàdōu 大都 ADV. for the most part, mostly

dàdòu 大豆 N. soybean M: [1]kē/[3]lì

dǎdòupiàn 打斗片[-鬥-] N. kungfu or martial arts film M: [2]bù

dǎdǔ 打赌 V. make a bet; bet; wager

dàdū* 大都 ADV. for the most part; mostly ♦ATTR. metropolitan

dàdǔ 大赌 V. gamble for big stakes

[1]dàdù 大度 N. magnanimity; open-mindedness

[2]dàdù 大肚 N. big belly (of a person, bottle-shaped container, etc.)

dǎduǎn(r) 打短(儿) V.O. ① work as casual laborer ② be dressed in a Chinese-style jacket and trousers

dǎduàn* 打断[-斷] R.V. ① break ② interrupt; cut short

dàduān 大端 N. main features; salient points

dàduàn 大缎 N. high-quality damask

dǎ duǎngōng 打短工 V.O. ① work as a casual laborer ② engage in a temporary job

dǎduàn niàntou 打断念头[-斷--] V.O. give up an idea

dǎduàn shuōhuà 打断说话[-斷--] V.O. interrupt a person while he is speaking

dàdùbāoróng 大度包容 F.E. magnanimous and tolerant

dàdúcǎo 大毒草 N. <fig.> views/works harmful to the socialist course M: [2]zhū

dàdūhuì 大都会 N. metropolis

dáduì 答对[-對] R.V. reply; answer

[1]dàduì* 大队[-隊] N. ① a military group ② production brigade ③ a large number (of)

[2]dàduì 大憝 N. ①principal criminal ②disgusting fellow

dàduìrénmǎ 大队人马[-隊--] F.E. large detachment of troops

dǎ duìtái 打对台[-對臺] V.O. be sb.'s opponent

dǎ dūlu(r) 打嘟噜(儿) V.O. <coll.> make trill sounds

dàdù Mílèfó 大肚弥勒佛[--彌--] N. laughing Buddha with a big belly

[1]dǎdǔn(r)* 打盹(儿) V.O. doze; take a nap

[2]dǎdǔn(r) 打趸(儿)[-躉-] ADV. <coll.> in batches

dǎdùn 打顿 V.O. make a pause (in speaking)

dǎduò 打垛 V.O. pile up; stack (crop stalks/etc.)

dàduō* 大多 ADV. mostly; for the most part

dàduōshù 大多数[-數] N. the (great) majority

dǎ duōsuo 打哆嗦 V.O. shiver

dàdūshì 大都市 N. large city; metropolis

dàdùzi 大肚子 N. ① pregnant woman ② a big eater ③ potbelly ④ landlord; capitalist

dǎ'è 打呃 V. hiccup; belch; burp

dà'ēn 大恩 N. great favor

dà'ēndàdé 大恩大德 F.E. great kindness

dà'ér 大儿 N. eldest son

dà'èr* 大二 N. university sophomore

dǎ ěrguāng(zi) 打耳光(子) V.O. slap sb. in the face; box sb.'s ears

dǎ ěrguāzi 打耳刮子 V.O. <coll.> slap in the face

dà'érhuàzhī 大而化之 F.E. carelessly; casually; sloppily

dǎ ěrjī 打耳唧 V.O. whisper

dà'érquán 大而全 F.E. independently big and complete (of enterprises)

Dá'ěrwén 达尔文[達-] N. Darwin

Dá'ěrwénzhǔyì 达尔文主义[達-義] N. Darwinism

dà'érwúdàng 大而无当[-當] F.E. grandiose but impractical

dà'érzi 大儿子 N. the oldest son

dǎfa* 打发[-發] V. <coll.> ① send on an errand ② get rid of sb. politely ③ fire; send packing ④ take care of; look after ⑤ make arrangements ⑥ while away (one's time)

dǎfǎ 打法 N. way of playing (a game) or operating (equipment)

dàfa 大发[-發] V.P. <coll.> extravagant; exorbitant *See also dàfā*

dàfā 大发[-發] V. ① emerge strongly; surge ② express strongly *See also dàfa*

dàfǎ 大法 N. ① constitution of a nation; fundamental law ② <Budd.> great dharma

dàfācíwēi 大发雌威[-發--] F.E. ① get very angry; blow one's top (of women) ② display great prowess (of women athletes)

dǎfa diào 打发掉[-發-] R.V. dismiss; send away

dàfǎguān 大法官 N. grand justice M: [2]wèi

Dàfǎguān huìyì 大法官会议[-議] N. Council of Grand Justices

dàfāhéngcái 大发横财[-發--] V.P. make staggering profits by dubious means

dàfāhónglùn 大发宏论[-發--] V.P. express one's intelligent views freely

dàfāláosao 大发牢骚[-發--] V.P. pour out a stream of complaints

dàfāléitíng 大发雷霆[-發--] V.P. be furious; fly into a terrible rage

dàfālìshì 大发利市[-發--] V.P. make a lot of money quickly

dàfāmiùlùn 大发谬论[-發--] V.P. spout a lot of erroneous opinions

[1]dǎfān* 打翻 R.V. overturn; strike down

[2]dǎfān(r) 打幡(儿) V.O. hold a streamer in a funeral procession (of the son of the deceased)

dàfán 大凡 ADV. in most cases; generally speaking

dàfàndiàn 大饭店 P.W. grand hotel M: [1]jiā/[4]zuò

dáfǎng 答访 V. pay a return visit/call on

dàfang* 大方 S.V. ① generous ② elegant and composed ③ in good taste ♦N. experts; connoisseurs *See also dàfāng*

dàfāng 大方 N. ① <Ch. med.> large formula ② famous/distinguished family *See also dàfang*

dàfáng 大房 N. ① family of the eldest son after the old family breaks up ② name of a mountain in Hebei Province

dàfàngguāngcǎi 大放光彩 V.P. cut a conspicuous figure; flowering of talent

dàfàngguāngmíng 大放光明 V.P. shine brightly

dàfàngjuécí 大放厥词 V.O. boast or brag wildly; talk absurdities

dàfāngxiàng 大方向 N. ① general orientation ② (political) direction

dàfàngyìcǎi 大放异彩[--異-] V.O. yield unusually brilliant results; show extraordinary talent

dǎ fānshēnzhàng 打翻身仗 V.O. fight to overcome a setback

dàfǎntèfǎn 大反特反 F.E. make rebellion in a very big way

dàfàntǒng 大饭桶 N. glutton M: [2]zhī/ge

dàfán xiǎoshì 大凡小事 N. major and minor things

dàfāqícái 大发其财[-發--] F.E. make a big fortune

dàfǎxiǎolián 大法小廉 F.E. High officials are loyal and the lower ones are diligent.

dàfāyìlùn 大发议论[-發議-] V.O. talk a lot

dǎfēi 打飞[-飛] R.V. knock/blow sth. off far away

dǎ fēibǎ 打飞靶[-飛-] V.O. trapshooting

dàfèi chúnshé 大费唇舌 V.O. harangue; take a lot of talking to convince

dàfèi hóushé 大费喉舌 V.O. take a lot of talking to convince

dáfēisuǒwèn 答非所问 F.E. irrelevant answer

dàfèizhōuzhāng 大费周章 F.E. have much ado

dǎ fěizi 打榧子 V.O. <coll.> snap one's fingers

dǎfēn(r)* 打分(儿) V.O. grade (student exams/etc.)

[1]dàfèn 大粪[-糞] N. excrement

[2]dàfèn 大分 N. person's predetermined years of life

dǎ fěndǐ 打粉底 V.O. apply grease paint in makeup

dàfēng 大风 N. ① fresh gale ② strong wind M: [1]zhèn

dàfēng-dàlàng 大风大浪 N. great storms; wind and waves

dàfēngshōu 大丰收[-豐-] N. big harvest M: ge/[3]cháng

dàfēngshù 大枫树[-樹] N. <bot.> sycamore M: [2]kē

dàfēngxuě 大风雪 N. blizzard M: [3]cháng

dàfēngyǔ 大风雨 N. driving rain M: [3]cháng

dàfēngzǐ 大风子 N. <bot.> chaulmoogra

dǎ fēnshù 打分数[-數] V.O. grade (performances, students' papers/etc.)

dàfēnzǐ 大分子 N. <chem.> macromolecule

dāfu 搭袱 N. <coll.> waistband around the outside of a Chinese gown used as a pocket

dáfù 答复/覆[-復] V. answer; reply

dàfū 大夫 N. <trad.> senior official M: [2]wèi *See also dàifu*

dàfú* 大幅 ADV. to a great extent; substantially; by a wide margin ♦N. a big margin

[1]dàfù 大副 N. first mate (of a ship) M: [2]wèi

[2]dàfù 大妇[-婦] N. ① wife (as distinct from concubine) ② wife of the elder/eldest son

[3]dàfù 大父 N. <trad.> grandfather

dàfúdù 大幅度 ADV. to a great extent; substantially; by a wide margin ♦N. a big margin

dàfùgǔ 大腹贾 N. ① paunchy merchant ② wealthy but uncultured merchant; business money-grubber M: ge/[2]wèi

dǎfùjìpín 打富济贫[--濟-] F.E. rob the rich to help the poor

dàfùpí 大腹皮 N. shell of areca nut

dàfùpiánpián 大腹便便 F.E. ① pot-bellied; paunchy ② obese

dàfǔzi 大斧子 N. battle-ax M: [1]bǎ

dāgài 搭盖[-蓋] V. build; put up

dàgài* 大概 N. general idea *Nà jiàn shì(r) wǒ zhǐ zhīdao ge ~.* I've only a rough idea about that matter. ♦ATTR. approximate ♦ADV. probably

dàgài gōngfēn 大概工分 N. <PRC> approximate work points of agricultural labors

dàgàimào 大盖帽[-蓋-] N. peaked cap M: [1]dǐng

dàgàiqí 大概其/齐[-齊] ADV. <topo.> ① probably ② almost ③ general; rough
dàgàn 大干[-幹] V. go all out
dàgāng 大纲[-綱] N. outline; synopsis; summary; syllabus M: ¹fèn/¹piān/ge
dàgāngqín 大钢琴[-鋼-] N. grand piano M: ¹jià/⁴zuò/ge/¹tái
dàgāng shèjì 大纲设计[-綱--] N. syllabus design; curriculum development
dàgànkuàishàng 大干快上[-幹--] V.P. <PRC> go all out and go fast
dàgànkǔgàn 大干苦干[-幹-幹] V.P. work with might and main
dàgàntègàn 大干特干[-幹-幹] V.P. work with might and main
dàgànyīchǎng 大干一场[-幹-場] V.P. go all out
dàgànyīpiào 大干一票[-幹--] V.P. make a killing
dǎgǎo 打稿 V.O. work out a draft
dàgǎo* 大搞 V. do sth. vigorously
dǎ gāo'ěrfū 打高尔夫 V.O. play golf
dàgāogèr 大高个儿[--個-] N. a tall guy/gal
dǎ gāokōng 打高空 V.O. ① make grandiose but impractical plans ② embellish narrative/rumors
dǎgǎor 打稿儿 V.O. make a draft/outline
dāge 搭葛 A.T. <topo.> contact; deal with
dǎgē 打歌 V.O. promote a new song by singing it frequently in public
dàgē* 大哥 N. ① eldest brother ② gang leader M: ²wèi
dǎ gēda 打圪瘩 V.O. <coll.> tie a knot
dàgēdà* 大哥大 N. ① portable/cellular telephone M: ²zhī ② super boss; godfather M: ge/²wèi ③ rich/powerful person M: ge/²wèi
dàgējù 大歌剧[-劇] N. grand opera M: ²bù/²mù/²chǎng
dàgémìng 大革命 N. great revolution M: ³cháng
dǎ ge mòyou 打个磨游[-個--] V.O. <coll.> pace in circles
dǎgēng* 打更 V.O. <trad.> sound the night watches
dǎgěng 打埂 V.O. <agr.> ridge
dǎ gēnjī 打根基 V.O. do spadework
dǎ gēntou 打跟头 V.O. somersault
dǎgér* 打嗝儿 V.O. hiccup; have the hiccups
dàgèr 大个儿[-個-] N. tall person
dǎ ge xīlàn 打个稀烂[-個-爛] V.O. beat. . .to a pulp
dǎ ge yuánchǎng 打个圆场[-個-場] V.O. help settle a quarrel
dǎ ge zhàohuì 打个照会[-個--] V.O. let someone know; give someone a notice
dǎ ge zhàomiàn 打个照面[-個--] V.O. meet sb. face to face
dàgèzi 大个子[-個-] N. big man; giant; tall guy; heavily-built man
dāgòng 搭供 N. a tie-in sale of materials/goods that are partly in great demand and partly undesired
¹**dǎgōng** 打工 V.O. ① have a temporary job (of students doing summer work, etc.) ② <topo.> do manual work ③ do odd jobs
²**dǎgōng** 打躬/恭 V.O. make a deep bow
dǎgǒng 打拱 V. cup one hand in the other before the chest
¹**dàgōng*** 大公 N. ① grand duke ② impartiality
²**dàgōng** 大功 N. ① great achievement/merit ② extraordinary service ③ mourning of nine months
³**dàgōng** 大恭 N. <wr.> feces
⁴**dàgōng** 大工 N. skilled worker
Dàgōng Bào 大公报[-報] N. *The Dagong Daily* M: ¹zhāng/¹fèn
dàgōnggàochéng 大功告成 F.E. have finally come to completion; be crowned with success
dàgōngguó 大公国[-國] N. grand duchy
dàgōnglǜ 大功率 N. <elec.> high power
dǎgōngmèi 打工妹 <coll.> N. "working sister"; countryside woman who works in the city M: ge/¹míng
dàgōngwúsī 大公无私 F.E. ① fair and square ② unselfish
dǎgōngzǎi 打工仔 <coll.> N. male employee/worker M: ge/¹míng
dǎgōngzuòyī 打躬作揖 F.E. ① bow deeply with folded hands ② do obeisance ③ humbly request
dāgōu 搭钩[-鉤] V.O. hook up; establish contact
dǎ gǒu kàn zhǔrén 打狗看主人 ID. in bullying people watch out for powerful connections
dǎgǒuqīzhǔ 打狗欺主 ID. To humiliate the protected is to humiliate the protector
dǎgū 打箍 V.O. hoop; put a hoop around sth
¹**dǎgǔ** 打鼓 V.O. ① beat a drum ② feel uncertain
²**dǎgǔ** 打谷[-穀] V.O. thrash/thresh grain
dàgū 大姑 N. ① father's oldest sister ② husband's older sister M: ge/²wèi
¹**dàgǔ*** 大鼓 N. ① bass drum ② drum ballad M: ²zhī/ge
²**dàgǔ(r/zi)** 大股(儿/子) N. a large bunch/quantity of
dàgù 大故 N. ① death of a parent ② big crime
¹**dǎguā** 打瓜 N. a kind of watermelon
²**dǎguā** 打呱 A.T. <topo.> make polite excuses
dǎguà 打卦 V.O. <trad.> divine ♦N. divination
dàguà(r)* 大褂(儿) N. <trad.> Chinese unlined long gown
¹**dáguān** 达观[達觀] V. take things philosophically
²**dáguān** 达官[達-] N. high officials
¹**dàguān*** 大关[-關] N. ① important pass ② critical/high point; the highest level
²**dàguān** 大观[-觀] N. magnificent spectacle; grand sight M: ⁴zuò
³**dàguān(r)** 大官(儿) N. high official M: ge/⁴wèi
dàguǎn 大管 N. <mus.> bassoon
dáguān'ānmìng 达观安命[達觀-] F.E. take things as they are/come
dǎ guānggùn(r) 打光棍(儿) V.O. stay single; live alone
dáguān-guìrén 达官贵人[達-] N. high officials and notables; VIPs
dǎ guānhuà 打官话 V.O. ① talk bureaucratese ② give good speeches; make beautiful promises
dǎ guānjié 打关节[-關節] V.O. go through procedures using connections
dàguān-jiémù 大关节目[-關節-] N. <topo.> the main point/idea
dǎ guānqiāng 打官腔 V.O. talk like a bureaucrat ♦N. bureaucratic jargon
dàguānrén 大官人 N. <trad.> Your Honor (a respectful form of address for men)
dǎ guānsi 打官司 V.O. ① sue ② squabble
dáguān-xiǎnhuàn 达官显宦[達-顯-] N. high and powerful officials
dàguānyuán 大观园[-觀園] N. showplace M: ⁴zuò
dǎ guānzhào 打关照[-關-] V.O. look after; keep an eye on
dàguàtú 大挂图[-掛圖] N. poster M: ¹zhāng
dǎgǔchǎng 打谷场[-穀場] P.W. <agr.> threshing ground M: ge/¹piàn
dǎguǐ* 打鬼 V.O. dance to exorcise demons on New Year's holidays (in Tibetan Buddhism)
dàguī 大归[-歸] V. return permanently to her parents' home (of a divorced woman)
dàguīmó 大规模 ATTR. large-scale ♦ADV. on a large-scale
dàguīnǚ 大闺女 N. ① unmarried young woman ② the oldest daughter M: ge/míng/²wèi
dǎgǔjī 打谷机[-穀-] N. grain threshing machine M: ¹tái/¹jià
dàgǔjiébìng 大骨节病[--節-] N. <med.> *osteoarchrosis deformans endemica* Kaschin-Beck disease
dàgùjùzāo 大故遽遭 F.E. suddenly suffer the death of one's parent
dàgūmo(r) 大估模(儿) ADV. <coll.> in a best guess; in all likelihood; approximately
dǎgǔn(r) 打滚(儿)[-滾-] V.O. roll about
dàgūniang* 大姑娘 N. ① unmarried young woman ② eldest daughter M: ge/²wèi *See also* dàgūniáng
dàgūniáng 大姑娘 N. <topo.> aunt *See also* dàgūniang
dǎ gùnzi 打棍子 V.O. ① bludgeon ② criticize unsparingly/unfoundedly ③ attack rather than criticize constructively ④ persecute sb. on a questionable charge
dǎguò 打过 R.V. get through (a fight/effort)
dàguō 大锅[-鍋] N. cauldron M: kǒu/ge
dàguó* 大国[-國] P.W. great nation
dàguò 大过 N. ① big mistake/shortcoming ② major demerit ③ <trad.> the 28th of the 64 hexagrams of *Book of Change*
dàguó bàquán 大国霸权[-國-權] N. superpower hegemonism
dàguōfàn 大锅饭[-鍋-] N. ① food prepared in a large canteen cauldron; mess ② <PRC/derog.> ⓐ socialist workplace ⓑ equal payment irrespective of one's skill and contribution
dàguó shāwénzhǔyì 大国沙文主义[-國---義] N. great-nation chauvinism
dàguōyào 大锅药[-鍋藥] N. public health services that equally benefit everyone
dàguózhǔyì 大国主义[-國-義] N. great-nation chauvinism
dǎgǔr de 打鼓儿的 N. itinerant recycler who draws attention with a tiny drum
dàgǔshū 大鼓书[-書] N. drum ballad M: ¹duàn
dǎ gǔzi 打谷子[-穀-] V.O. thresh rice
dàgūzi* 大姑子 N. husband's elder sister M: ²wèi
dǎ hāha(r) 打哈哈(儿) V.O. ① joke ② <coll.> laugh insincerely ③ make merry ④ talk irrelevantly
dàhǎi 大海 N. ① the open sea ② wide-mouthed bowl or wine cup
dàhǎilāozhēn 大海捞针[--撈-] ID. look for a needle in a haystack
dàhǎinùtāo 大海怒涛[-濤] ID. The sea throws up angry billows.
dàhǎiwǎn 大海碗 N. <coll.> large bowl M: ²zhī/ge
dàháizi(r) 大孩子(儿) N. ① older children ② one's oldest child
dǎhān 打鼾 V.O. snore
Dàhán 大寒 N. "Great Cold," (24th solar term)
dàhǎn 大喊 V. shout
¹**dàhàn*** 大汉[-漢] N. ① a hefty man M: ge/²wèi ② the great Han dynasty
²**dàhàn** 大汗 N. sweat; perspiration
dàhǎndàjiào 大喊大叫 V.P. ① shout at the top of one's lungs ② conduct vigorous propaganda ③ rant
dǎhāng 打夯 V.O. ram; tamp
dàhángshì 大行市 N. market price/situation
dǎ hánjìn 打寒噤 V.O. tremble because of cold
dàhànlínlí 大汗淋漓[-灕] F.E. streaming with sweat
Dàhán Mínguó 大韩民国[-韓-國] P.W. Republic of Korea (post 1945)
dàhàn wàng yúnní 大旱望云霓[---雲-] ID. hope for relief in distress
dàhǎnxiǎojiào 大喊小叫 V.P. with a hubbub of noise
dàhánxìrù 大含细入 F.E. (written) with both extensive knowledge and profound scholarship
dàhànyúnní 大旱云霓[--雲-] ID. sth. yielding high hopes
dàhànzúzhǔyì 大汉族主义[-漢--義] N. Han chauvinism
dāhǎo 搭好 R.V. finish building
dǎhǎo 打好 R.V. prepare (an idea/draft/etc.)
dàhǎo 大好 ATTR. ① very good; excellent ② finest ③ <topo.> completely recovered (from an illness)
dàhào(r)* 大号(儿)[-號-] N. ① large size ② tuba; bass ③ <court.> your(given)name
dàhǎochù 大好处[-處] N. big advantage/benefit

dàhǎohéshān 大好河山 F.E. beautiful rivers and mountains of a country; one's beloved motherland
dàhǎorén 大好人 N. big good/fine person
dàhǎo shíguāng 大好时光[--時-] N. golden years; prime of one's life
dàhǎo shíjī 大好时机[--時-] N. great opportunity
dǎ hāqian 打哈欠 V.O. yawn
dǎ hāxi 打哈息 V.O. yawn
dǎhé 打禾 V.O. thresh
dàhé* 大河 N. ① a great river ② <*wr.*> the Mighty River (i.e., the Yellow River)
dàhéchàng 大合唱 N. ① <*mus.*> chorus; cantata ② situation in which many people express the same view
dàhēdàjiáo 大喝大嚼 V.P. eat and drink one's fill
dàhēitiān 大黑天 N. <*coll.*> night
Dàhé Mínzú 大和民族 N. The Japanese People
dǎhéng(r) 打横(儿) V.O. ①take the last available seat at a table; take the least important seat at a square table ② block the passage of; hinder the progress of; create difficulties for
dàhēng* 大亨 N. VIP; big shot; tycoon
dǎ hēngheng 打哼哼 V.O. <*coll.*> groan; drone
dǎ héngpào 打横炮 V.O. ①speak unwarrantedly ② raise unexpected difficulties; deliberately complicate matters
dǎ hēqian 打呵欠 V.O. yawn
dà hè yīshēng 大喝一声[-聲] V.P. give a loud shout
dǎhòng 打哄 V.O. hoot; catcall
dàhóng* 大红 ATTR. crimson; deep/dark red
dàhóngdàlǜ 大红大绿 F.E. gaudy; garish
dàhōng-dàwēng 大轰/哄大嗡[-轟--] V.P. ①raise a terrific din; raise a hue and cry ②much ado with little substance
dàhóngdàzǐ 大红大紫 F.E. be extremely popular
dàhóngsǎn 大红伞[-傘] N. protection by the proletarian dictatorship M: [1]*bǎ*
dàhóngshuǐ 大洪水 N. deluge; flood M: [3]*cháng*
dàhòufāng 大后方[-後-] P.W. rear area
dàhòunián 大后年[-後-] N. three years after the current one
dàhòur 大后儿[-後-] N. three days from now
dàhòurge 打后儿个[-後-個] N. three days from now
dàhòutiān(r) 大后天(儿)[-後--] N. three days from now
dǎhū(r) 打呼(儿) V.O. snore
dàhū 大呼 V. shout loudly
dàhú 大湖 N. big lake
dàhù(r)* 大户(儿) N. ①wealthy and influential family ② large family
dāhuà 搭话 V.O. ①talk to; converse with ②send word ③ answer; reply
[1]**dáhuà** 答话 V.O. answer; reply
[2]**dáhuà** 怛化 V. die; pass away ♦N. a dying person
dǎhuá 打滑 V. slip; slide
dàhuá 大猾/滑 N. <*trad.*> big villain
dàhuà* 大话 N. big words; boast
Dàhuà Géxīn 大化革新 N. the Taika Reform (in 7th century Japan)
dǎ huāhushàor 打花胡哨儿 V.O. <*topo.*> jabber and joke; kid; chat good naturally
dǎhuài 打坏[-壞] R.V. break/damage by hitting/striking
dàhuāliǎn 大花脸 N. ① painted-face role in Beijing opera ② dirty face
dǎ huáliu 打滑溜 V.O. <*coll.*> stroke; glide the hands over
dàhuàn 大患 N. ① disaster ② drawbacks
dǎhuǎng 打谎 V.O. <*topo.*> lie
dǎhuàng(r)* 打晃(儿) V.O. sway before falling down
dàhuāng 大荒 N. ① great famine ② vast tracts of wasteland
dàhuáng 大黄 N. ① <*bot.*> rhubarb ② <*Ch. med.*> root of Chinese rhubarb ***See also*** [1]*dàihuáng*
dàhuángfēng 大黄蜂 N. hornet M: [2]*zhī*
dàhuángyú 大黄鱼 N. large yellow croaker M: [1]*tiáo*
dǎhuānr 打欢儿[-歡-] V.O. be high-spirited/playful (of dogs/etc.)
dàhuànxuè 大换血[-換-] N. overall renewal of the membership of an organization
dǎ hūhuyōu 打忽忽悠 V.O. <*topo.*> swing back and forth; sway
dǎhuí 打回 R.V. repulse; beat back
dàhuì* 大会 N. ① plenary meeting; mass rally; conference ② plenary session; general membership
dà huìkètīng 大会客厅[-廳] P.W. salon; drawing room M: [1]*jiān*
dǎ huípiào 打回票 V.O. <*topo.*> send back; give back
dàhuìtáng 大会堂 P.W. big (assembly) hall M: [4]*zuò*
dàhuíxiāng 大茴香 N. <*bot.*> fennel; anise; star anise M: [1]*kē*
dà huìyìshì 大会议室[--議-] P.W. convention hall M: [1]*jiān*
dàhuìzhàn 大会战[-戰] N. ① big decisive military campaign ② assembly of a large number of laborers for the construction of a public project M: [3]*cháng*
dàhūlong 大呼隆 V. working with a lot of empty talk and accomplishing very little ♦N. confusion caused by centralization of labor
dǎ hūlu 打呼噜 V.O. snore
[1]**dǎhùn*** 打诨 V.O. jest; crack jokes
[2]**dǎhùn** 打混 V. drift/muddle along
[1]**dàhūn** 大婚 N. marriage of the emperor
[2]**dàhūn** 大昏 N. great confusion of mind
dàhùndiǎn 大混点[-點] N. <*art*> large turbid dot (in painting)
dǎ hùnhùn(r) 打混混(儿) V.O. <*coll.*> loaf; loiter
dǎhùnshuōxiào 打诨说笑 F.E. make all manner of quips and jokes
dàhùnzhàn 大混战[-戰] N. battle royal M: [3]*cháng*
dāhuǒ 搭伙/夥 V.O. <*coll.*> ① eat regularly (in a mess/etc.) ② form a partnership ③ live together without marrying ④ have meals in a canteen or in another person's family
[1]**dǎhuǒ** 打火 V.O. strike sparks from flint
[2]**dǎhuǒ(r)** 打伙(儿) V.O. ① form a group; do sth. in a group; live together ② accompany
[1]**dàhuǒ(r)*** 大伙(儿) N. <*coll.*> us; we; we all; everyone
[2]**dàhuǒ** 大火 N. ① big fire ② <*astr.*> Antares
dàhuò 大祸[-禍] N. great misfortune; disaster M: *ge*/[3]*cháng*
dàhuòbùjiě 大惑不解 F.E. beyond comprehension; confused
dā huǒchē 搭火车 V.O. entrain
dàhuǒdāngjiā 大伙/夥当家[--當-] F.E. <*coll.*> The masses have become masters in their own house.
dāhuǒfèi 搭伙费 N. boarding expenses M: [2]*bǐ*
dàhuǒ gōngrén 大夥工人 N. <*coll.*> broad masses of workers
dǎhuǒjī 打火机 N. (cigarette) lighter M: [2]*zhī*/*ge*
dàhuòlíntóu 大祸临头[-禍臨-] F.E. a calamity is about to happen
dàhuǒmímàn 大火弥漫[--彌-] F.E. Flames are spreading.
dǎhuǒqiāng 打火枪[-槍] N. igniter (device for lighting a gas flame) M: [1]*bǎ*
dàhuòquánshèng 大获全胜[-獲-勝] F.E. score a great success
dàhuǒr 大火儿 N. <*coll.*> fury
dǎhuǒsāi 打火塞 N. spark plug
dǎhuǒshí 打火石 N. flint M: [2]*kuài*
dǎhuǒshuān 打火栓 N. spark plug
dǎ huǒyìn 打火印 V.O. brand (cattle)
dàhuǒzāi 大火灾[-災] N. burnout; conflagration M: [3]*cháng*
dàhùrénjiā 大户人家 N. wealthy and influential family; famous family of long standing M: [1]*hù*/*ge*
dǎ hūshǎn 打忽闪 V.O. dodge
dàhūxiǎojiào 大呼小叫 V.P. shout and wrangle
dǎ hūyou 打忽悠 V.O. swing back and forth; sway
dàhúzi 大胡子[-鬍-] N. big beard
[1]**dāi** 呆 S.V. ① silly; foolish; idiotic ② maladroit ③ blank ♦V. stay ***See also*** [3]*ái*
[2]**dāi** 待 V. <*coll.*> stay ***See also*** [4]*dài*
[3]**dāi** 呔 INTJ. shout suddenly and make sb. pay attention (used in early vernacular novels)
[1]**dǎi** 逮 V. capture; catch ***See also*** [10]*dài*
[2]**dǎi** 歹 B.F. evil; vicious; crooked ***dǎitú***
Dǎi 傣 N. Dai (Tai) ethnic minority (in Yunnan)
[1]**dài*** 带[帶] N. ① belt; band; girdle ② tire ③zone ♦V. ①take; bring; bear ***Qǐng ~ ge [1]huàr gěi tā.*** Take him a message. ***Chūmén [2]shí ~ diǎnr shuǐguǒ huílai.*** When you go out, bring me back some fruit. ② lead ③ look after; raise
[2]**dài** 代 V. take the place of ♦PREF. acting ♦B.F./M. ① period ***gǔdài*** ② generation [1]***shàngdài***
[3]**dài** 戴 V. wear; put on (of accessories) ♦B.F. respect; honor; support ***àidài*** ♦N. Surname
[4]**dài** 待 V. ① treat; entertain ② wait for ③ need ♦ADV. pending ***See also*** [2]*dāi*
[5]**dài** 袋 N. bag; sack; pocket; pouch ♦M. *for bags of sth.*
[6]**dài** 贷[貸] V. ① loan ② borrow; lend ♦B.F. ① shift; shirk ② pardon
[7]**dài** 殆 ADV. nearly ♦B.F. defeat
[8]**dài** 怠 B.F. ①idle; remiss; slack; negligent ***dàiduò*** ② treat coldly ***dàimàn***
[9]**dài** 迨 <*wr.*> V. ①wait till ②take the opportunity to
[10]**dài** 逮 B.F. capture; arrest [1]***dàibǔ***, [3]***jīndài*** ***See also*** [1]*dǎi*
[11]**dài** 黛 N. <*trad.*> women's black eyebrow liner
[12]**dài** 大 B.F. person of importance ***dàifu*** ***See also*** *dà*
[13]**dài** 玳 in ***dàimào***
[14]**dài** 埭 B.F. <*topo.*> *used in place names* dam; levee [4]***shídài***
[15]**dài** 骀[駘] in ***dàidàng*** ***See also*** [7]*tái*
[16]**dài** 襶 in ***nàidài***, ***nàidàizi*** ***See also*** [4]*de*
[17]**dài** 甙 B.F. <*chem./bio.*> glucoside ***tángdài***
Dài 岱 N. another name for Taishan (mountain)
dài'àn 带案[帶-] V.O. be subpoenaed to appear in court
dāibǎn 呆板 S.V. inflexible; stiff; dull and mechanical ***Zhè piān wénzhāng xiě de tài ~.*** This article is rather hackneyed. ***See also*** *áibǎn*
dàibān 带班[帶-] V.O. ① lead a working group ② take charge of a class
dàibàn* 代办[-辦] V. do sth for sb.; act on sb.'s behalf; manage on behalf of another ♦N. chargé d'affaires
Dàibànchù 代办处[-辦處] P.W. ① Office of the Chargé d'Affaires ② agency M: *ge*/[1]*jiā*
dàibànrén 代办人[-辦-] N. public agent M: *ge*/[1]*míng*/[2]*wèi*
dàibànshāng 代办商[-辦-] N. commission merchant; agent M: *ge*/[1]*míng*/[2]*wèi*
dàibànsuǒ 代办所[-辦-] P.W. agency M: *ge*/[1]*jiā*
dàibàr de 带把儿的[帶-] <*coll.*> N. boy
dāibèn 呆笨 S.V. stupid; obtuse ***See also*** *áibèn*
dàibǐ* 代笔[-筆] V.O. ghost-write ♦N. public letter writer
dàibì 待毙[-斃] V.O. await death; be a sitting duck
[1]**dàibiǎo** 代表 N. representative; delegate; proxy M: *ge*/[1]*míng*/[2]*wèi* ♦V. represent; stand for
[2]**dàibiǎo** 带表[帶錶] V.O. wear a watch
dàibiǎo céngcì 代表层次[--層-] N. <*lg.*> level of representation
dàibiǎo dàhuì 代表大会 N. congress; representative assembly/conference
dàibiǎoduì 代表队[-隊] N. delegation M: *ge*/[4]*zhī*
dàibiǎohuì 代表会 N. congress; representative assembly

dàibiǎoquán 代表权[-權] N. right of representation

dàibiǎorén 代表人 N. representative; deputy; delegate M: ge/[2]wèi

dàibiǎo rénwù 代表人物 N. representative figure; typical representative; leading exponent M: ge/[1]míng/[2]wèi

dàibiǎotuán 代表团[-團] N. delegation; mission; deputation

dàibiǎoxìng 代表性 N. representativeness; characteristics

dàibiǎozuò 代表作 N. representative work M: [1]piān/[2]bù

dàibiǎo zuòyòng 代表作用 N. <lg.> representation

dāibìng 呆病 N. dementia; idiocy

dàibīng* 带兵[帶-] V.O. ① head troops ② carry arms

dàibìng 带病[帶-] V.O. ① when one is ill ② in spite of illness

dàibìng gōngzuò 带病工作[帶-] V.P. keep working despite illness

dàibīngguān 带兵官[帶-] N. officer who has a field command (as distinct from office work) M: ge/[1]míng/[2]wèi

dàibìng yùnxíng 带病运行[帶-運-] N. fail-safe operation

[1]dàibǔ* 逮捕 V. make an arrest

[2]dàibǔ 待哺 V.O. wait for feeding (as babies)

[3]dàibǔ 待补[-補] V.P. ① await a vacancy or job opening ② pending further supplement/addition

dàibù 代步 V. ① take transportation ② ride instead of walk ♦N. means of transportation

dàibudào 带不到[帶-] R.V. can't bring sth. to (somewhere)

dàibǔfǎbàn 逮捕法办[-辦] F.E. arrest and deal with according to the law; bring to justice

dàibùkěnéng 殆不可能 V.P. almost impossible

dàibushàng 戴不上 R.V. incapable of wearing (or being worn) on the head

dàibǔzhèng 逮捕证[-證] N. <law> arrest warrant M: [1]zhāng

dāibuzhù 呆/待不住 R.V. ① can't stay (somewhere) ② can't remain bored

dàibǔzhuàng 逮捕状[-狀] N. <law> arrest warrant M: [1]zhāng/[1]fèn

dàibuzǒu 带不走[帶-] R.V. can't bring/take away

dàicǎi 带彩[帶-] V.O. <opera> enact bleeding from wound/injury

dàichā 贷差 N. credit balance

[1]dàichá* 待查 V.O. need checking/investigation

[2]dàichá 袋茶 N. tea bag M: [1]bāo

[3]dàichá 待茶 V.O. receive (a guest) with tea

[4]dàichá 代茶 N. betrothal gift

dàichāidàixíng 代拆代行 F.E. authorized to open letters and act during another's absence; take up the duties of an official who is on leave

dàichǎn 待产[-產] V.O. wait for delivery/parturition

dàicháng 代偿[-償] N. <med.> compensation

dàichǎnshì 待产室[-產-] P.W. labor room; predelivery room M: [1]jiān

dàicheng 待承 V. <coll.> treat a person (kindly/cruelly/etc.) *See also* [1]dàichéng

dàichēng* 代称[-稱] N. <lg.> antonomasia

[1]dàichéng 待承 V. entertain; treat *See also* dàicheng

[2]dàichéng 带乘[帶-] V. give a lift to (sb.)

dāichī 呆痴 S.V. stupid; slow-witted

[1]dàichū 带出[帶-] R.V. bring (sth.) out of (somewhere)

[2]dàichū 贷出 R.V. loan; lend

dàichǔlǐ zhuāngzhì 带处理装置[帶處-裝-] N. tape-processing unit

dàichūqu 带出去[帶-] R.V. take/bring out

dàicí* 代词 N. <lg.> ① pronoun ② substitute

dàicì(r) 带刺(儿)[帶-] V.O. be barbed/sarcastic

dàicí tóngyìcí 代词同义词[---義-] N. <lg.> pronominal synonym

dàicí zhǔyǔ 代词主语 N. <lg.> pronoun subject

dàidá 带达[帶達] V. pass (messages/regards/etc.) to sb.

[1]dàidǎ 代打 V. <sport> pinch-hit

[2]dàidǎ 带打[帶-] V. <opera> rain fisticuffs; make a show of combat

dàidà* 带大[帶-] R.V. bring up; rear

dàidābùlǐ 待搭不理 F.E. <coll.> offhanded; seemingly unconcerned

dāidāi 呆呆 R.F. dull; stupid ♦N. dumb

dāidāichūshén 呆呆出神 F.E. be in a brown study

dàidàixiāngchéng 代代相承 F.E. pass on from generation to generation

dàidàixiāngchuán 代代相传[-傳] F.E. pass on from generation to generation

dài dàjiā 带大枷[帶-] V.O. <coll.> bear hardship

dài dàmàozi 戴大帽子 V.O. <pol.> be stigmatized

dàidàn 待旦 V.O. wait for the morning (of soldiers/workers on night duty)

dàidàng 骀荡[-蕩] V.P. ① unconventional ② entirely free from worry; comfortable; pleasant

dàidào 逮到 R.V. catch

[1]dàidào* 带到[帶-] R.V. bring; lead

[2]dàidào 待到 V. ① by the time; when ② wait until

[3]dàidào(r) 带道(儿)[帶-] V.O. guide; show the way

dāidào límíng 呆到黎明 V.P. wait till dawn

dàidǎzhě 代打者 N. <sport> pinch hitter M: ge/[1]míng

dàidé 待得 V. wait for; wait until

dàiděng 待等 V. wait for

dàidí 待敌[-敵] V.O. wait for the enemy; lie in ambush

[1]dàidiàn 带电[帶電] V.O. electrify; charge ♦N. electrification

[2]dàidiàn 代垫[-墊] V. (temporarily) pay the expense of sth. for sb.

[3]dàidiàn 代电[-電] N. a kind of official document in terse wording like a telegram

dàidiànkuǎnxiàng 代垫款项[-墊--] F.E. advance money for

dàidiàn zuòyè 带电作业[帶電-業] V.P. work on electric devices without turning off electricity

dàidiào(r) 带调(儿)[帶-] V.O. have a tone mark ~ *yīnjié* syllable with tone

dàidìng 待定 V.P. be pending

dàidòng 带动[帶動] R.V. drive; spur on; bring along

dàidòngcí 代动词[-動-] N. <lg.> pro-verb

dǎidú 歹毒 S.V. vicious; malicious

dàiduì 带队[帶隊] V.O. lead a group of people ♦N. leader of a group/mission/etc.

dàiduò 怠惰 S.V. idle; lazy; indolent

dàidúr 带犊儿[帶犢-] V.O. bring up children

dàidùzi 带肚子[帶-] V.O. <topo> be pregnant ♦N. <trad.> office job-buyer who expects to profit from squeeze

dài'é 黛蛾 N. woman's beautiful eyebrows

dàifā* 待发[-發] V.O. ready to depart

dàifǎ 代法 N. <lg.> representation

dàifāng* 贷方 N. creditor; credit side; credit

dàifàng 贷放 V. lend

dàifàng kuǎnxiàng 代放款项 N. <acct.> loans made on behalf of customers

dàifàxiūxíng 带发修行[帶髮-] V.P. submit to Buddhist discipline while still having one's hair

dàifèi 怠废[-廢] V.P. idle

dàifēnshù 带分数[帶-數] N. <math.> mixed number

dàifu* 大夫 N. physician; doctor M: ge/[1]míng/[2]wèi *See also* dàfū

[1]dàifù 代付 V. ① partially repay ② pay on sb.'s behalf

[2]dàifù 代父 N. godfather M: [2]wèi

dàigāng* 带钢[帶鋼] N. belted steel; strip steel

[1]dàigǎng 待岗[-崗] V.O. wait for an appointment

[2]dàigǎng 带岗[帶崗] V.O. be in charge of a post

dài gāomào(r/zi) 戴高帽(儿/子) V.O. ① wear a tall paper hat (as a mark of shame) ② receive/give flattery

[1]dàigěi 带给[帶-] V. take/bring/carry to

[2]dàigěi 贷给 V. loan to; lend to

dàigēng 代耕 V. <PRC> ① make a living by doing sth. other than farming ② do farmwork for the family of a soldier or revolutionary martyr ③ help collective or individual farmers with tilling

dàigēnr 带根儿[帶-] V.O. grow roots (and be not easy to move)

[1]dàigōng 怠工 V.O. ① slow down (work) ② goof off

[2]dàigōng 待工 V.O. wait for an appointment; wait for a job

[3]dàigōng 代工 V.O. substitute labor

[1]dàigōu* 代沟[-溝] N. generation gap M: [2]dào/[1]tiáo

[2]dàigōu 带钩[帶鉤] N. belt/clothing hook

dàigòu 代购[-購] V. buy on sb.'s behalf; act as purchasing agent

dàigòu-dàixiāo diǎn 代购代销点[-購--點] N. purchasing and marketing agency M: [1]jiā

dàigū 待沽 V.P. wait (for a good price) to sell

dàigù* 带故[帶-] *See* zhānqīndàigù *See also* bù zhānqīn bù dàigù

dàiguān 代官 N. vicar M: ge/[1]míng/[2]wèi

dàiguǎn* 代管 V. manage for others

dàiguo 带过[帶-] R.V. touch upon (a topic/issue/etc.)

dàiguò* 代过 V.O. be blamed for sb. else's mistake

dài háizi 带孩子[帶-] V.O. take care of a child

dàihǎo(r) 带好(儿)[帶-] V.O. <coll.> give regards to

dàihào(r)* 代号(儿)[-號-] N. code name

dàihēi 黛黑 V. blacken the eyebrows

dàihū 怠忽 V.P. indolent and neglectful

dāihuà 呆话 N. stupid nonsense

dǎihuà 歹话 N. bad words

dàihuā* 带花[帶-] V.O. be wounded in action

dàihuài 带坏[帶壞] R.V. lead astray; corrupt

[1]dàihuán(r) 带环(儿)[帶環-] N. belt loop ♦V.O. wear IUD

[2]dàihuán 黛鬟 N. woman's glossy dark hair

dàihuǎn 怠缓 A.T. idle and lax; procrastinating

dàihuàn* 代换[-換] V. replace; substitute ♦N. <lg.> ① hypallage ② substitution

dàihuāng* 怠荒 V. idle and waste (time/etc.)

[1]dàihuáng 大黄 N. rhubarb *See also* dàhuáng

[2]dàihuáng 怠遑 N. indolence

dāihuìr(r)* 待会(儿) <coll.> V.P. ① wait a minute ② in a little while; shortly

dàihuí 带回[帶-] R.V. bring back

dàihuì 待会 V.O. wait for a meeting with sb.

dài húlur 带葫芦儿[帶-蘆-] V.O. <coll.> bring children along

dǎihuò 逮获[-獲] V. catch; capture

dàihūzhíshǒu 怠忽职守[--職-] V.O. neglect duty

dàijī* 待机 V.O. await an opportunity

dàijí 殆及 V.P. bring danger to

[1]dàijì 代际[-際] ATTR. intergenerational

[2]dàijì 带际[帶際] ATTR. intergenerational

dàijiǎ 带甲[帶-] ATTR. armored (fighters/soldiers) ♦V.O. wear armor

[1]dàijià* 代价[-價] N. price; cost (of doing sth.)

[2]dàijià 待价[-價] V.O. wait for the highest offer

dàijià'érgū 待价而沽[-價--] F.E. wait for highest offer

dài jiājù 带家具[帶-] V.O. be furnished

dàijian 待/戴见 V. <coll.> enjoy; like; be fond of

dàijiǎn 贷减[-減] V. reduce/mitigate penalty/pain/etc.

dàijiàn* 待见 V. wait to be received (by the host/etc.)

dàijiāo 代交 V. pass on sth. for sb.

dàijiāshìzhòng 带/戴枷示众[帶-眾] F.E. parade a prisoner in a cangue

dàijiè 贷借 N. credit and debit sides in bookkeeping ♦V. ① borrow ② lend or borrow
dàijiè duìzhàobiǎo 贷借对照表[--對--] N. <acct.> balance sheet; statement of assets and liabilities
dàijī'érdòng 待机而动[-動] F.E. wait for one's opportunity; wait for an opportune moment to act
dàijī'érqǐ 待机而起 F.E. watch for the proper time to act
[1]**dàijīn** 代金 N. allowance; cash equivalent M: [2]bǐ
[2]**dàijīn** 贷金 N. money borrowed or lent M: [2]bǐ
[3]**dàijīn** 迨今 V.O. until now
[1]**dàijìn(r)*** 带劲(儿)[帶勁-] V.P. ① energetic ② interesting
[2]**dàijìn** 殆尽[-盡] V.P. be almost wiped out
[3]**dàijìn** 带进[帶進] R.V. bring sth. into (somewhere)
Dài Jìtáo 戴季陶 (1891–1949) N. journalist and personal secretary to Sun Yat-sen; gave an anti-Communist interpretation to *Three People's Principles*
Dǎijù 傣剧[-劇] N. Dai opera M: [2]bù/[2]mù
dàijǔ* 待举[-舉] V.P. be ready for action
dàijù 带锯[帶-] N. <mach.> band saw
dàijuàn 怠倦 S.V. indolent and listless; languid and idle
dàijūn 带菌[帶-] V.O. carry disease germs
dàijūnrén 带菌人[帶-] N. <med.> carrier M: ge/[2]wèi
dàijūnzhě 带菌者[帶-] N. <med.> carrier M: ge/[1]míng/[2]wèi
dàikǎo 待考 V.P. need checking; remain to be verified
[1]**dàikè** 代课 V.O. substitute-teach
[2]**dàikè** 待客 V.O. receive guests
dāikēkē 呆磕磕 R.F. vacant and stupid; dumbfounded
dàikòu dàijiǎo shuìkuǎn 代扣代缴税款 N. withheld taxes M: [2]bǐ
dài kǒuyīn 带口音[帶-] V.O. speak with an accent
dàikuǎn 贷款 V.O. grant a loan ♦N. loan; credit M: [2]bǐ
dàikuǎn chǔxùhuì 贷款储蓄会 N. savings and loan association
dàikuǎn guīmó 贷款规模 N. volume of credit
dàikuǎnrén 贷款人 N. lender M: ge/[2]wèi
dàilái 带来[帶-] R.V. bring; bring about
dàilái bùbiàn 带来不便[帶-] V.O. cause inconvenience
dàilái chǐrǔ 带来耻辱[帶-恥-] V.O. bring disgrace
dāiláo 呆痨[-癆] V.P. stupid (of a person)
[1]**dàiláo*** 代劳[-勞] V. do sth. for sb.
[2]**dàiláo** 戴牢 R.V. tie up tightly
dàilěi 带累[帶-] R.V. implicate; involve
dāilèng 呆楞 V. stare blankly
dāilénglēng 呆楞楞 R.F. dull; blank; stupefied
dàilǐ* 代理 V. act as agent/proxy ♦ATTR. acting; sub- ♦N. representative; agent; substitute; deputy M: ge/[1]míng/[2]wèi
Dài Lì 戴笠 (1897–1946) N. powerful chief of KMT intelligence services
dāiliào 呆料 N. <topo.> stupid/dumb person
dāilìbùdòng 呆立不动[-動] F.E. stand transfixed
dàilǐbùlǐ 待理不理 V.P. lukewarm reception
dàilǐchù 代理处[-處] P.W. agency; agent M: [1]jiā/ge
dàilǐdiàn 代理店 P.W. shop commissioned to sell certain goods; commission agent M: [1]jiā/ge
dàilǐ gōngshǐ 代理公使 N. <law> person entrusted with (business) affairs M: ge/[1]míng/[2]wèi
dàilǐguān 代理官 N. an acting official M: ge/[1]míng/[2]wèi
dàilǐháng 代理行 P.W. shop commissioned to sell certain goods; commission agent M: [1]jiā/ge/[1]suǒ
[1]**dàilǐng** 带领[帶-] V. lead (an army/party/etc.); guide
[2]**dàilǐng** 代领 V. take/fetch sth. for sb.
[3]**dàilǐng** 待领 V.O. wait for a claimant; wait to be called for
dàilir bùlǐr 待理儿不理儿 V.P. <coll.> seemingly unconcerned; giving the cold shoulder
dàilǐrén 代理人 N. ① agent; deputy; proxy ② <law> procurator M: ge/[1]míng/[2]wèi
dàilǐshāng 代理商 N. commission merchant; agent M: ge/[1]míng/[2]wèi
dàilìshānhé 带厉山河[帶厲-] F.E. <hist.> May the land bestowed on you remain forever in your family!
dàilǐ tóupiào 代理投票 V.P. vote by proxy
dàilǐ wěirènshū 代理委任书[-書] N. power of attorney M: [1]fèn
dàilǐ xiàozhǎng 代理校长 N. acting president of a college M: ge/[1]míng/[2]wèi
dàilǐ yèwù 代理业务[-業務] V.O. act as sb.'s deputy in business
dàilǐzhì 代理制 N. agency system
dàilòu 待漏 V.O. <trad.> wait for the emperor to make the early morning court appearance
dǎilù 歹路 N. evil way/course
dàilù* 带路[帶-] V.O. show/lead way
dàilǜ 黛绿 ATTR. dark green ♦ID. beauty in full dress
dài lǜmào(zi) 戴绿帽(子) V.O. be a cuckold
dàiluó 黛螺 N. ① a green paint in Chinese painting ② woman's blackened eyebrows and spiral headdress
dàilùrén 带路人[帶-] N. guide M: ge/[1]míng/[2]wèi
dài lǜtóujīn 戴绿头巾 V.O. be a cuckold
dàimǎ 代码 N. code
dàimǎ biànhuàn 代码变换[-變換] N. <lg.> code switching
[1]**dàimài** 代脉[-脈] N. <Ch. med.> slow, intermittent pulse
[2]**dàimài** 带卖[帶賣] V. sell sth. together with sth. else
[3]**dàimài** 带脉[帶脈] N. <Ch. med.> the belt tract
dàimǎ jiǎnyàn 代码检验 N. code check
dàimàn 怠慢 V. ① slight *Bié ~ le tāmen.* See that none of them are neglected. ② <court.> neglect a guest *~ le!* I'm afraid I've been a poor host.
dàimǎ nénglì 代码能力 N. <lg.> codability
dàimào 玳瑁 N. <zoo.> hawksbill turtle
dàimàoké 玳瑁壳[-殼] N. tortoise-shell
dàimào xiǎoxué 戴帽小学 N. <PRC> elementary schools with junior high grades/classes attached M: ge/[1]suǒ
dàimào yǎnjìng 玳瑁眼镜 N. hawksbill shell-rimmed eyeglasses M: [1]fù
dài màozi 戴帽子 V.O. ① wear a cap/hat ② falsely accuse sb. of a crime ③ demand extra payment (by a broker) ④ put a label on someone
dàimǎ túxiàng 代码图象[--圖-] N. code image
dàimǎ wénjiàn 代码文件 N. coded file M: [1]fèn
dàimǎxìng 代码性 N. codability
dàimǎ xìtǒng 代码系统 N. coding system
dàimǎ xuǎnzé 代码选择[-選擇] N. <lg.> code selection
dàimǎ zàishēng 代码再生 N. code rewriting
dàimǎ zhuǎnhuàn 代码转换[-轉換] N. <lg.> code switching
dàiméi 黛眉 V.O. blacken the eyebrows ♦N. women's blackened eyebrows M: [1]duì/[1]shuāng
dǎimìng 歹命 N. bad fate
dàimìng* 待命 V.O. await orders
dàimíngcí 代名词 <lg.> N. ① pronoun; pronominal ② synonym
dàimíngcí de dì-èrshì 代名词的第二式 N. <lg.> second form pronoun
dàimíngcí shǔgé 代名词属格[---屬-] N. <lg.> pronominal possessive case
dàimíngcí suǒyǒugé 代名词所有格 N. <lg.> pronominal possessive case
dàimínghuà 代名化 N. <lg.> pronominalization
dāimù* 呆木 S.V. impassive; numb
dàimǔ 代母 N. godmother
dǎiniàn 歹念 N. evil thoughts
dàiniúpèidú 带牛佩犊[帶-犢] F.E. take to farming after discarding arms
dàinù 带怒[帶-] V.O. be/act with anger
dàinǚ 待女 N. orchids
dàipáo 代庖 V. work on behalf of another; do sb. else's job
dàipàochá 袋泡茶 N. teabag M: [1]bāo/[5]dài
dàipéi 代培 V. train on contract
dàipéishēng 代培生 N. student enrolled on contract with a work unit M: ge/[1]míng/[2]wèi
dàipénwàngtiān 戴盆望天 ID. work blindly
dàipìn 待聘 V.O. wait for employment
dāiqì* 呆气[-氣] N. idiotic/silly look
[1]**dàiqì** 带气[帶氣] V.O. be/act unhappy/dissatisfied
[2]**dàiqì** 怠弃[-棄] V. idly abandon
dāiqiàn 呆欠 N. <acct.> frozen credit
dài qián* 带钱[帶錢] V.O. carry money
dàiqiè 带挈[帶-] V. take along
dàiqíngyǎngxìng 怠情养性[--養-] F.E. renounce aggressiveness and practice relaxation
dàiqu 带去[帶-] R.V. bring away
[1]**dàir** 带儿 N. belt; girdle; ribbon
[2]**dàir** 袋儿 N. purse; pocket
dāirén 呆人 N. ① mentally retarded person ② dumb/stupid person
dǎirén 歹人 N. thieves; burglars; evil persons
dàirén* 待人 V.P. treat people; behave toward other people
dàirénchǔshì 待人处世[--處-] F.E. the way one gets along with people
dàirénjiēwù 待人接物 F.E. ① the way one treats people ② one's personality
dàirén kuānróng rú dài jǐ 待人宽容如待己[--寬----] V.P. Be lenient to others as if to oneself.; Live and let live.
dàirénrújǐ 待人如己 F.E. treat others like oneself
dàirénshòuguò 代人受过 V.P. bear the blame for sb. else; be made a scapegoat
dàirénshòuzuì 代人受罪 V.P. suffer for sb. else's crime
dàirénshuōxiàng 代人说项 F.E. intercede for someone; speak for someone
dàirényǐchéng 待人以诚 F.E. treat people with sincerity; be honest in dealing with people
dàirényǐkuān 待人以宽[-寬] F.E. large-mindedness in dealing with people
dàirénzhīdào 待人之道 F.E. the way one gets along with people
dàirénzuòdāo 代人作刀 F.E. ghostwrite for; write (an article etc.) for someone else
[1]**dàirù** 贷入 V.P. borrow; get a loan
[2]**dàirù** 带入[帶-] V. bring into
dàirǔfěn 代乳粉 N. powdered (soy-)milk M: [1]bāo/[5]dài
dàirújǐchū 待如己出 F.E. treat a child like one's own
dāiruòmùjī 呆若木鸡[-雞] F.E. dumb as a wooden chicken; dumbstruck
dàirúshàngbīn 待如上宾[-賓] F.E. treat sb. as a highly honored guest; be treated as a guest of honor
dàisǎn 怠散 V.P. remiss; lax and negligent
dāishǎ 呆傻 S.V. stupid
[1]**dàishang** 带上[帶-] R.V. <coll.> ① shut; close ② bring *See also dàishàng*
[2]**dàishang** 戴上 R.V. put on
dàishāng* 带伤[帶傷] V.O. get wounded or injured
dàishàng 带上[帶-] R.V. ① present to you ② bring out (the prisoner, etc.) ③ send/attach as incidental ♦ADV. in addition to *See also* [1]*dàishang*
dàishang mén 带上门[帶-] V.O. close the door
[1]**dàishēng*** 带声[帶聲] V. <lg.> be voiced
[2]**dàishēng** 代生 V. produce a baby with donated sperm
dàishèng 戴胜[-勝] N. <zoo.> hoopoe

dài shēnzi 带身子[帶-] V.O. <*topo.*> be pregnant
dǎishì* 歹事 N. bad/evil deed M: [2]*jiàn*
dàishí 待时[-時] V.O. bide one's time
dàishí'érdòng 待时而动[-時-動] F.E. bide one's time for the right moment
dàishípǐn 代食品 N. food substitutes M: [1]*zhǒng*
dàishíshì jù tiáojiàn 带时式句条件[帶時--條-] N. <*lg.*> condition of sentence with tense
dàishōu 待收 V. due in
dàishǒu(r) 带手(儿)[帶-] ADV. <*coll.*> as convenient; in passing ♦N. wiping cloth carried by waiters
[1]**dàishòu*** 代售 V. be commissioned to sell sth.
[2]**dàishòu** 袋兽[-獸] N. <*zoo.*> marsupial M: [2]*zhī*
dàishōuhuòkuǎn 代收货款 N. collection on delivery
dàishōurén 代收人 N. authorized receiver M: *ge/*[1]*míng*
dàishòurén* 代售人 N. selling agent M: *ge/*[1]*míng*
dàishū* 代书[-書] <*wr.*> V. write for sb. else ♦N. public letter writer
dàishú 代赎[-贖] N. redemption
dàishǔ 袋鼠 N. <*zoo.*> kangaroo M: [2]*zhī*
dàishù 代数[-數] N. <*math.*> algebra
dàishuǐ 带水[帶-] V.O. ① be with/containing water ② pilot (a ship into a harbor/river)
dàishùxué 代数学[-數-] N. <*math.*> algebra
dàishù yǔyánxué 代数语言学[-數---] N. <*lg.*> algebraic linguistics
dàisùrén 代诉人 N. proctor M: *ge/*[1]*míng/*[2]*wèi*
dàitì 代替 V. take the place of; substitute for ♦N. <*lg.*> substitution
dàitiān 戴天 V.O. <*wr.*> be alive; be in this world
dàitiānlǚdì 戴天履地 F.E. great favor; one's favor as high as the sky and thick as the earth
dàitì dòngcí yǔjù 代替动词语句[--動---] N. <*lg.*> substitutive verb phrase
dàitìpǐn 代替品 N. substitute M: *ge/*[2]*jiàn*
dàitìrén 代替人 N. substitute M: *ge/*[1]*míng/*[2]*wèi*
dàitìwù 代替物 N. replacement; substitute M: *ge/*[2]*jiàn*
dàitì yǔjù 代替语句 N. <*lg.*> substitute sentence
dàitìzhě 代替者 N. pinch hitter; replacement M: *ge/*[1]*míng/*[2]*wèi*
dāitóu 呆头 N. idiot; simpleton; blockhead
dàitóu(r)* 带头(儿)[帶-] V.O. ① pioneer; initiate; be the first ② set an example ***dài le ge hǎo tóu*** set a good example
dāitóudāinǎo 呆头呆脑[-腦] F.E. dull-looking
dàitóu dòng qǐlai 带头动起来[帶-動--] V.P. <*coll.*> take the lead in getting started
dāitóu'é 呆头鹅 N. idiot; simpleton; blockhead M: [2]*zhī*
dàitóu kēxué 带头科学[帶-] N. pioneering science
dàitóurén 带头人[帶-] N. leader; pioneer M: *ge/*[1]*míng/*[2]*wèi*
dàitóuyáng 带头羊[帶-] N. ① the lead sheep M: [2]*zhī* ② ringleader
dàitóu zuòyòng 带头作用[帶-] N. pioneering example
dǎitú 歹徒 N. evildoer; ruffian; scoundrel M: *ge/*[1]*míng*
dài túdì 带徒弟[帶-] V.O. train apprentices
dàiwáng 大王 N. ① king ② magnate M: [2]*wèi* *See also dàwáng*
dàiwéi 代为 ADV. on behalf of; for (sb.)
dàiwéi bànlǐ 代为办理[--辦-] V.P. do sth. for sb.
dàiwèi mǔqīn 代位母亲[-親] N. surrogate mother
dàiwéi shuōxiàng 代为说项 V.P. intercede for sb.
dàiwù 待物 N. manner/way in which one deals with people/affairs; social sense
dàiwúqípǐ 殆无其匹 F.E. There is no equal.
dàixī 怠息 V.P. idle and rest
dàixí* 代席 N. ① money in place of a feast ② remuneration
dàixì 怠隙 N. opportunity; an opportune moment
dàixià 带下[帶-] N. leucorrhoea
dàixiàbìng 带下病[帶-] N. <*Ch. med.*> illness below the belt; gynecological illness
dāixiǎng* 呆想 V. daydream
dāixiàng 呆相 N. silly/dull look
dàixiàng 贷项 N. credit item
dāixiào 呆笑 N. imbecile smile
dàixiāo* 代销 V. sell on consignment
[1]**dàixiào** 带/戴孝[帶-] V.O. be in mourning
[2]**dàixiào** 带笑[帶-] V.O. carrying a smile; smilingly
dàixiāocǎo 待宵草 N. evening primrose M: [1]*kē/*[5]*zhī*
dàixiāodiàn 代销店 P.W. commission store/shop M: [1]*jiā*
dàixiāoshāng 代销商 N. consignee M: *ge/*[1]*míng/*[2]*wèi*
dài xiāoxi 带消息[帶-] V.O. take a message
dāixiǎozhèng 呆小症 N. <*med.*> cretinism
dāi xiàqu 呆下去 R.V. <*coll.*> continue to stay; wait further
dàixiè 代谢 V. ① supersede ② metabolize ③ express thanks to sb. on behalf of others
dàixièlǜ 代谢率 N. <*med.*> rate of metabolism/supersession
dàixiè zuòyòng 代谢作用 N. <*bio.*> metabolism
dǎixīn 歹心 N. malice; malicious intent
dàixīn 带薪[帶-] V.O. receive off-post payment
dàixìn(r)* 带信(儿)[帶-] V.O. take/bring a message
[1]**dàixīng** 代兴[-興] V. <*wr.*> take turns to dominate/preponderate
[2]**dàixīng** 戴星 V.O. ① leave home at dawn and return in the evening ② leave before dawn ③ travel at night
dàixíng* 代行 V. act on sb.'s behalf
dāixìng wùzhì 呆性物质[-質] N. <*chem.*> inert material
dài xíng zhíquán 代行职权[-職權] V.P. function in an acting capacity
dàixìnrén 带信人[帶-] N. bearer of a message M: *ge/*[1]*míng/*[2]*wèi*
dàixīn xiūjià 带薪休假[帶-] N./V.P. vacation with pay; sabbatical/paid leave
dàixióng 袋熊 N. <*zoo.*> wombat M: [2]*zhī*
dài xǐsè 带喜色[帶-] V.O. wear a pleased expression
dàixiū 带羞[帶-] V.O. look shy; look bashful
[1]**dàixù** 待续[-續] V.P. be continued
[2]**dàixù** 代序 N. an article used in lieu of a preface ♦V.O. succeed one another
dàixuéjīn 贷学金 N. student loan M: [2]*bǐ*
dàiyán 代言 V. speak in behalf of
dài yǎnjìng 戴眼镜 V.O. wear glasses/spectacles
dàiyánrén 代言人 N. spokesperson; mouthpiece M: *ge/*[1]*míng/*[2]*wèi*
dàiyào 待要 AUX. be about to
dàiyè 待业[-業] V.O. wait for employment
dàiyè bǎoxiǎn 待业保险[-業--] N. unemployment insurance M: [1]*fèn*
dàiyè qīngnián 待业青年[-業--] N. <*PRC*> unemployed youth M: *ge/*[1]*míng/*[2]*wèi*
dàiyè rénkǒu 待业人口[-業--] N. unemployed population
dǎiyì 歹意 N. malice; malicious intent
dàiyīn 带音[帶-] V.O. <*lg.*> be voiced ♦N. <*lg.*> sonant; voiced sound
dàiyǐn* 带引[帶-] V. guide; lead the way
dàiyīn fǔyīn 带音辅音[帶-] N. <*lg.*> voiced consonant
dàiyíng 代营[-營] N. agency
dàiyíng shítáng 代营食堂[-營--] P.W. <*PRC*> neighborhood commissioned canteens M: [1]*jiā*
dàiyìshì 代议士[-議-] N. parliamentarian M: *ge/*[1]*míng/*[2]*wèi*
dàiyǐwúwàng 殆以无望 F.E. nearly hopeless
dāi yīxiǔ 呆一宿 V.O. <*coll.*> stay for the night
dàiyǐzāi 殆矣哉 F.E. in grave danger; very dangerous indeed
dàiyì zhèngtǐ 代议政体[-議-體] N. representative government
dàiyì zhèngzhì 代议政治[-議--] N. representative system of government
dàiyìzhì 代议制[-議-] N. representative system (of government)
dàiyòng 代用 V. substitute; replace
dàiyòng cáiliào 代用材料 N. substitute/ersatz materials
dàiyòngcí 代用词 N. <*lg.*> substitute
dàiyòng jiàoyuán 代用教员 N. uncertified substitute teacher M: *ge/*[1]*míng/*[2]*wèi*
dàiyòngpǐn 代用品 N. substitute (goods/articles) M: [2]*jiàn*
dàiyōu 待优[-優] N. generous treatment (salaries/benefits).
dàiyǒu* 带有[帶-] V. have; partake of
dàiyǒuchuánrén 代有传人[--傳-] F.E. There are people who carry on in every generation.
[1]**dàiyú** 带鱼[帶-] N. <*zoo.*> ribbonfish M: [1]*tiáo*
[2]**dàiyú** 贷余 N. credit balance
dàiyù* 待遇 N. ① treatment; reception ② remuneration; pay; wages; salary
dàiyuánlǚfāng 戴圆履方 F.E. stand between Heaven and Earth
dàiyuǎnniányān 代远年湮[-遠--] F.E. be of remote antiquity and buried in oblivion
Dàiyuè 岱岳 P.W. another name for Taishan
dàiyuèpīxīng 戴月披星 F.E. ① go to work in the field before dawn and come home after dark ② journey under the moon and stars
dàiyuèxīxiāng 待月西厢[-廂] F.E. wait for one's lover in the night
dàiyù fěibó 待遇菲薄 V.P. The treatment is poor.
dàiyù guòdī 待遇过低 V.P. be underpaid
dàiyǔshīdàng 代语失当[-當] V.P. metonymy
dàiyù yōuhòu 待遇优厚[--優-] V.P. liberal wages and benefits; excellent pay and conditions
dāizài 待在 V.P. stay in/at
dāizhàng 呆帐/账 N. bad debt
dǎizháo* 逮着[-著] R.V. have caught (a criminal/etc.)
dàizhào 待诏 N. ① official rank in Ming/Qing ② barber ③ shop clerk
dāizhèng* 呆怔 V.P. be at a loss; go blank
dàizhēng 带征[帶徵] N. disaster-induced taxation relief
dāizhì* 呆滞[-滯] V.P. ① dull ② idle
[1]**dàizhí** 代职[-職] V.O. hold a position in an acting capacity
[2]**dàizhí** 带职[帶職] V.O. in service; on the job
[1]**dàizhì** 待质[-質] V.P. be held for interrogation
[2]**dàizhì** 待制 N. <*hist.*> advisor; staff officer
dàizhíhuíxiāng 带职回乡[帶職-鄉] V.P. retain an unsalaried position while returning home
dàizhí jìnxiū 带职进修[帶職進-] V.P. on-the-job training
dàizhí shòuxùn 带职受训[帶職-] V.P. receive on-the-job training
dàizhīyǐlǐ 待之以礼[-禮] F.E. treat with courtesy
dāizhì zīchǎn 呆滞资产[-滯-產] N. nonprofitable assets/capital
dāizhù 呆住 R.V. be dumbfounded/stupefied; be scared stiff
dǎizhù* 逮住 R.V. catch (thief/ball/etc.)
dàizhǔ 贷主 N. creditor M: *ge/*[1]*míng/*[2]*wèi*
dàizhuāng 袋装[-裝] ATTR. in bags; bagged
[1]**dàizhuàng*** 带状[帶狀] ATTR. zonal; banded
[2]**dàizhuàng** 袋状[-狀] ATTR. bag-shaped
dàizhuàng pàozhěn 带状疱疹[帶狀皰-] N. <*med.*> herpes zoster; zoster
dàizhuàngwù 袋状物[-狀-] N. satchel
dāizhùle 呆住了 V.P. be dumbfounded
dāizi 呆子 N. idiot; simpleton
[1]**dàizi*** 带子[帶-] N. ① belt; girdle; band; tape ② <*coll.*> video tape
[2]**dàizi** 袋子 N. sack; bag M: *ge/*[2]*zhī*
dàizì 待字 V.P. not betrothed (of females)

dàizìguīzhōng 待字闺中 F.E. not betrothed yet (of a girl); One's daughter is still unmarried.
dàizìhào 代字号[-號] N. ① tilde ② swung dash
Dàizōng 岱宗 P.W. another name for Taishan
dàizǒnglǐ 代总理[-總-] N. acting premier M: 1míng/2wèi
dàizǒngtǒng 代总统[-總-] N. acting president M: 1míng/2wèi
dàizǒu 带走[帶-] R.V. take/bring away
Dǎizú 傣族 N. Dai (Tai) ethnic minority (in Yunnan)
dàizuì 待罪 V.O. wait for punishment ♦F.E. *<trad.>* self-reference when addressing a superior
dàizuìgāoyáng 代罪羔羊 N. scapegoat
dàizuìlìgōng 戴罪立功 F.E. atone for a mistake by meritorious service
dàizuò 带座[帶-] V.O. conduct to a seat; usher
dājī 搭机 V.O. board/take a plane
dǎjī* 打击[-擊] V. strike; hit; attack
1**dàjí** 大吉 N. great good fortune
2**dàjí** 大集 N. ① rally ② fair ③ your great works
dàjǐ 大戟 N. ① halberd M: 1*bǎ* ② *<bot.>* spurge M: 5*zhī*
1**dàjì** 大计 N. ① matters of fundamental importance ② policy of a state; national plans/programs
2**dàjì** 大蓟 N. *<bot.>* setose thistle M: 5*zhī*
dá jià(r) 答价(儿)[-價-] V.O. *<coll.>* bargain over prices
dǎjiǎ 打假 V.O. mount an attack on producers of counterfeit products
1**dǎjià** 打架 V.O. fight; scuffle; come to blows
2**dǎjià(r)** 打价(儿)[-價-] V.O. haggle; discuss price
1**dàjiā*** 大家 N. ① all of us ② everyone ③ rich and influential family ④ master
2**dàjiā** 大加 ADV. greatly; profusely; severely; strongly
3**dàjiā** 大枷 *See dài dàjiā*
dàjià 大驾 N. *<court.>* ① sovereign's carriage ② sovereign ③ *<court.>* you
dàjiàguānglín 大驾光临[-臨] F.E. *<court.>* your gracious presence
dàjiāguīxiù 大家闺秀 N. maiden in a rich and influential family M: *ge*/2*wèi*
dàjiāhuǒr 大家伙儿 N. *<coll.>* all of us; everybody
dǎjiājiéshè 打家劫舍 F.E. loot; plunder
dǎjiǎlāyǐ 打甲拉乙 F.E. win over B against A
dàjiālè 大家乐[-樂] V.P. everybody is happy
dājiān 搭肩 V.O. ① help to shoulder sth. heavy ② stand on another's shoulders
1**dājiàn*** 搭建 V. ① build ② set up
2**dājiàn** 搭箭 V.O. put an arrow on the bow (to shoot)
dájiàn 达见[達-] N. sensible views
dǎjiān(r) 打尖(儿) V.O. *<coll.>* stop for refreshment
1**dàjiàn** 大建 V. build big ♦N. lunar month of 30 days
2**dàjiàn** 大件 N. ① large(r) objects (luggage/furniture/etc.) ② *<coll.>* major purchases (television/etc.)
3**dàjiàn** 大渐 V. *<trad.>* become worse (of illness)
dàjiǎnchá 大检查 N. major inspection
dǎjiāng 打浆[-槳] V.O. beat (in paper making)
dǎjiǎng 打桨[-槳] V.O. pull an oar
dàjiāng 大江 N. ① great river ② the Great River (i.e., the Yangtze)
dàjiàng* 大将[-將] N. *<mil.>* ① capable commander ② high-ranking officer ③ senior general ④ trusted lieutenant; right-hand man M: 1*míng*/2*wèi*
Dàjiāngdōngqù 大江东去 V.P. ① Eastward flows the Yangtze River. ② an irresistible force
dàjiàng fēngdù 大将风度[-將--] N. *<court.>* style of a great general/admiral
dǎjiāngjī 打浆机[-槳-] N. beating engine M: 1*tái*/1*jià*
dàjiǎngsài 大奖赛[-獎-] N. contest with big awards M: 2*chǎng*
dǎ jiāngshān 打江山 V.O. ① contest for state power ② come up the hard way
dàjiǎngtèjiǎng 大讲特讲[-講-講] V.P. discuss (sth.) at great length
dàjiàngzhīfēng 大将之风[-將--] N. the bearing of a great general
dǎ jiàngzi 打糨子 V.O. make paste
dàjiǎnjià 大减价[-減價] N. Big Sale!
dàjiànqín 大键琴 N. harpsichord M: 1*jià*
dàjiànr 大件儿 N. *<slang>* expensive electrical home appliances M: 2*jiàn*
dājiànshàngxián 搭箭上弦 V.P. fit an arrow to the bow
dājiǎo(r) 搭脚(儿)[-腳-] V.O. *<topo.>* get a lift or a free ride; hitchhike
1**dǎjiǎo*** 打搅[-攪] V. disturb; trouble ***Néng bù néng ~ yīxià?*** May I trouble you a sec?
2**dǎjiǎo** 打脚[-腳] V.O. *<topo.>* pinch (of tight shoes)
dǎjiào 打醮 V.O. *<Dao.>* hold a ritual service to pacify ghosts (usu. on the Ghost Festival)
dàjiǎo 大脚[-腳] N. *<wr.>* normal large feet; non-bound feet M: 1*shuāng*/1*duì*
Dàjiào 大教 N. *<trad.>* Confucianism
dàjiàochē 大轿车[-轎-] N. big van/bus M: 3*liàng*
dàjiàodàhǎn 大叫大喊 *See dàhǎndàjiào*
dǎ jiāodai 打交代 V.O. make contact with
dǎ jiāodào 打交道 V.O. ① make contact with ② deal with
dàjiǎomǔzhǐ 大脚姆指[-腳--] N. big toe
dàjiǎopiàn(r) 大脚片(儿)[-腳--] N. *<coll.>* soles of the feet
dājiǎor 搭脚儿[-腳-] V. *<coll.>* hitchhike
dàjiàotáng 大教堂 P.W. cathedral M: 4*zuò*
dǎ jiàqian 打价钱[-價錢] V.O. *<coll.>* beat down the price; bargain
dǎjiàr 打价儿[-價-] V.O. *<topo.>* ① quibble; bicker ② haggle; bargain
dàjiātíng 大家庭 N. ① extended family; big family ② community
dàjiā-xiǎohù 大家小户 N. all families, rich and poor
dā jiàzi* 搭架子 V.O. ① make an outline ② put on airs ③ put up a scaffold; build a framework
dàjiàzi 大架子 N. *<coll.>* great arrogance
dǎjībàofu 打击报复[-擊報復] F.E. retaliate
dǎ jīchǔ 打基础[-礎] V.O. do spadework; lay the foundations
dàjídàlì 大吉大利 F.E. good luck and great prosperity (an expression of good wishes)
dǎjī dào 打击到[-擊-] R.V. hit/strike at
dājiē 搭接 V. (over)lap
dājiè 搭界 V.O. ① border on ② *<coll.>* have connections/dealings with sb.
1**dǎjié*** 打劫 V. rob; loot; plunder
2**dǎjié** 打结 V.O. knot; tie a knot
1**dàjiē** 大街 N. main street M: 1*tiáo*
2**dàjiē** 大揭 V. thoroughly expose (infamous acts)
1**dàjié** 大捷 N. smashing victory
2**dàjié** 大节[-節] N. ① political integrity ② widely observed holiday ③ critical moment
1**dàjiě** 大姐 N. ① eldest sister ② elder sister (a polite form of address for a woman about one's own age) M: *ge*/2*wèi*
2**dàjiě** 大解 V. empty one's bowels
dàjiècài 大芥菜 N. *<bot.>* mustard M: 2*kē*
dàjiědà 大姐大 N. *<coll.>* woman with power; boss
dājiēfang 搭街坊 V.O. be neighbors
dà jiéshù 大结束 N. denouement; grand finale
dàjiétí 搭截题 N. *<trad.>* anti-cribbing jumbled examination title
dàjiē-xiǎoxiàng 大街小巷 N. all over the city; in every street and alley
dǎ jiēyìng 打接应[-應] V.O. ① coordinate/aid (in war/etc.) ② *<coll.>* act in place of; substitute for
dǎ jiézi 打结子 V.O. make a knot (with rope/string/etc.)
dǎjīfǎ'ànmó 打击法按摩[-擊---] N. pounding
dǎ jīhuang 打饥荒 V.O. *<coll.>* ① quarrel; wrangle ② borrow money; go into debt
dǎjī jīngjì fànzuì 打击经济犯罪[-擊經濟--] V.O. crack down on economic crimes
dǎjīlǜ 打击率[-擊-] N. *<sport>* batting average
dǎjīmiàn 打击面[-擊-] N. scope of attack
dǎjǐn* 打紧[-緊] *<topo.>* V.P. serious; important; urgent ♦ADV. very ♦R.V. grip; squeeze
dàjīn 大襟 N. front of a Chinese gown that buttons on the right
1**dàjìn** 大浸 N. flood waters
2**dàjìn** 大尽[-盡] N. lunar month of 30 days
dàjìn-dàchū 大进大出[-進--] V.P. import and export on a large scale
dǎjǐng 打井 V.O. dig/drill a well
dàjīng* 大惊[-驚] V. be amazed
dàjìngmài 大静脉[-靜脈] N. *<med.>* vena cava
dǎ jīngshen 打精神 V.O. try to be in good spirits
dàjīngshīsè 大惊失色[-驚--] F.E. turn pale with fright
dǎ jǐngshuǐ 打井水 V.O. draw water from a well
dàjīngxiǎoguài 大惊小怪[-驚--] F.E. much ado about sth. ordinary; make an unwarranted fuss
dàjīnshān 大襟衫 N. traditional Chinese gown that buttons on the right M: 2*jiàn*
dàjīqì 大机器 N. ① megamachine ② highly technologized society M: 1*tái*
dǎjīshǒu 打击手[-擊-] N. *<sport>* batter
dàjìsī 大祭司 N. high priest M: 2*wèi*
dàjítǐ 大集体[-體] N. *<PRC>* a type of socialist collective ownership system
dājiù* 搭救 V. rescue; go to the rescue of
dǎjiǔ 打酒 V.O. *<coll.>* buy wine/liquor
dǎjiù 打救 V. rescue; save
dàjiù 大舅 N. oldest maternal uncle M: *ge*/2*wèi*
dàjiùzi 大舅子 N. wife's elder brothers M: *ge*/2*wèi*
dàjìxiǎoyòng 大计小用 F.E. A great scheme has only a poor result.
dǎjīyuè 打击乐[-擊樂] N. *<mus.>* percussion music
dǎjī yuèqì 打击乐器[-擊樂-] N. *<mus.>* percussion instrument M: 2*jiàn*
dàjīzhàn 大激战[-戰] N. battle royal M: 3*cháng*
dàjīzhīnián 大饥之年 N. a year of great famine
dájù 答句 N. *<lg.>* response sentence
dàjú 大局 N. ① situation in general ② the interests of a nation
dàjǔ* 大举[-舉] ADV. (do sth.) on a large scale ♦N. great undertaking
dàjù 大锯 N. large saw M: 1*bǎ*
dájuàn* 答卷 N. ① completed examination paper; answer sheet M: 1*fèn*/1*zhāng* ② attitudes/actions adopted by people in life/work ♦V.O. answer questions or solve the problems in a test paper
dàjuǎn 大卷 N. big roll (of sth.)
dǎjuǎnr 打卷儿 V.O. *<coll.>* curl up (like leaves on a hot summer day)
dàjué 大觉[-覺] N. *<Budd.>* great awakening ♦V. come out of a dream
dǎ juézi 打蹶子 V.O. *<topo.>* ① crumple to the ground on the forelegs (of animals) ② shoe a horse
1**dàjūn** 大军 N. ① main forces; army ② great concentration of troops; large contingent M: 4*zhī*
2**dàjūn** 大君 N. *<loan>* sir
dàjúyǐdìng 大局已定 V.P. The outcome is a foregone conclusion.
dǎkǎ 打卡 V.O. punch a time-clock
dǎkāi* 打开[-開] R.V. ① open; unfold ② turn/switch on
dàkǎi 大楷 N. ① regular Chinese script in big characters ② block letters
dǎkāi jiāngjú 打开僵局[-開--] V.O. break an impasse; find the solution to a problem
dǎkāi tiānchuāng shuō liànghuà 打开天窗说亮话[-開-----] V.P. frankly speaking

dǎkāi yǎnjiè 打开眼界[-開--] V.O. widen one's horizon
dà kāi yǎnjiè* 大开眼界[-開--] V.O. greatly widen one's horizon/outlook
dǎkǎjī 打卡机 N. key-punch machine M: [1]*jià*/[1]*tái*
dàkǎo 大考 N. final exam
dǎkǎzhōng 打卡钟[-鐘] N. time clock M: [4]*zuò*
dākè 搭客 V.O. <*topo.*> take on passengers; give sb. a lift ♦N. passengers (of a bus/train/etc.)
dàkè* 大课 N. enlarged class; lecture given to a large number of students M: [2]*táng*
dǎ kēba 打磕巴 V.O. <*coll.*> stumble over words; flub one's lines
dǎ kēbenr 打坷嗙儿 V.O. <*coll.*> stumble over words; falter while speaking
dàkěbùbì 大可不必 F.E. no need to; not be really necessary
dàkèchē 大客车 N. bus; coach M: [3]*liàng*
dǎkēng 打坑 V.O. dig/excavate a pit
dǎ kēshuì 打瞌睡 V.O. doze off; nod
dàkètáng 大课堂 N. ①large classroom ②society as a whole when regarded as an educational community M: [1]*jiān*
dàkètí 大课题 N. a great task
dàkěyīshì 大可一试 F.E. really worth a try
dǎkǒng 打孔 V.O. drill/punch a hole; perforate
dǎkǒngjī 打孔机 N. perforator; puncher M: [1]*jià*/[1]*tái*
dǎkǒngqì 打孔器 N. ① punch M: [1]*jià*/[1]*tái* ② <*zoo.*> venter
dàkǒu 大口 N. ① big mouth M: [1]*zhāng* ② adult household member ③ boasting
dàkǒujìng 大口径[-徑] N. heavy caliber; large bore
dǎ kǒuliūzi 打口溜子 V.O. <*topo.*> whistle
dàkū* 大哭 N. cry loudly
dàkǔ 大苦 N. ① <*bot.*> licorice ② <*Budd.*> great sufferings
dǎkuǎ 打垮 R.V. defeat; rout
dàkuài 大块[-塊] N. ① earth ② heaven and earth; universe
dàkuàiduǒyí 大快朵颐 ID. <*wr.*> enjoy eating
dàkuàir 大块儿[-塊-] N. <*coll.*> bruiser; brute of a man
dàkuàirénxīn 大快人心 F.E. give all a lift of the heart
dàkuàitóu 大块头[-塊-] N. <*coll.*> ① a fat person; a person of big build; fatty ② a brute of a man
dàkuàiwénzhāng 大块文章[-塊--] N. lengthy article
dàkuàjìngqiáo 大跨径桥[-徑橋] N. long-span bridge M: [4]*zuò*
dàkuǎn 大款 N. ① <*coll.*> magnate; tycoon; moneybags M: *ge*/[2]*wèi* ② nouveau riche ③ a big sum of money M: [2]*bǐ*
dàkūbùzhǐ 大哭不止 V.P. wail without ceasing
dàkū'érsǐ 大哭而死 V.P. wail oneself to death
dàkuí 大魁 N. champion in the highest imperial examination
dàkuòhào 大括号[-號] N. <*lg.*> braces (punctuation)
dàkuòhú 大括弧 N. <*print.*> braces
dāla 耷/搭拉 V. <*coll.*> droop; dangle
dǎlà* 打蜡[-蠟] V.O. rub with wax
Dálài* 达赖[達-] N. the Dalai Lama
dǎlái 打来 R.V. come to attack
dǎ láihuí(r) 打来回(儿) V.O. make a round trip
Dálài Lǎma 达赖喇嘛[達-] N. the Dalai Lama
dàlāla de 大剌剌的 V.P. pompous
dàlǎmá 大喇嘛 N. <*Budd.*> grand Lama M: *ge*/[1]*míng*/[2]*wèi*
dǎlàn 打烂[-爛] R.V. smash into pieces
dāla nǎodai 搭拉脑袋[--腦-] V.O. <*coll.*> hang one's head
dà lǎn shǐ xiǎo lǎn 大懒使小懒 V.P. The big lazy-bones orders the little lazy-bones about.
dǎlāo* 打捞[-撈] V. salvage (from water)
dǎlào 打落 V.O./R.V. <*coll.*> ask the price of merchandise with no intention of buying
dàláo 大牢 P.W. prison; jail M: [4]*zuò*
dàlǎo 大老 N. <*topo.*> the venerable elderly
dàlǎobǎn 大老板 N. big boss; big shot M: *ge*/[1]*míng*/[2]*wèi*
dàlǎocū(r) 大老粗(儿) N. uncouth fellow; clod M: *ge*/[1]*míng*
dàlǎohǔ 大老虎 N. big time economic criminal M: [2]*zhī*
dàlǎopo 大老婆 N. <*trad.*> chief/first wife M: *ge*/[2]*wèi*
dǎlàor 打落儿 V.O. <*coll.*> waste time in empty talk
dàlǎoyé 大老爷[-爺] N. ①master ②panjandrum M: [2]*wèi*
dàlāoyībǎ 大捞一把[-撈--] V.P. reap fabulous profits
dǎ làoyìn 打烙印 V.O. brand (cattle)
dàlǎoyuǎn 大老远[-遠] ATTR. far away
Dálāsī 达拉斯[達-] P.W. Dallas
dāla xiàlai 搭拉下来 R.V. <*coll.*> hang down; dangle
dālazhe 搭拉着[-著] V.P. <*coll.*> dangling
dǎléi* 打雷 V.O. thunder
dǎlèi 打擂 V.O. pound; grind; pestle
dàlèi 大类[-類] N. major kind/type
dǎ lèitái 打擂台[-臺] V.O. ①take up a challenge ② pick a quarrel; make an enemy on purpose
dàlěng 大冷 ATTR. very cold
dǎ lěnggé 打冷嗝 V.O. hiccup; belch; burp
dǎ lěngqiāng 打冷枪[-槍] V.O. snipe (lit./fig.)
dǎlèngr 打楞儿 V.O. <*topo.*> stare blankly
dǎ lěngzhàn 打冷战[-戰] V.O. ① shudder ② fight a cold war
dālezhe 搭了着[-著] V.P. <*coll.*> dangling; hanging down
dāli 答/搭理 V. ① acknowledge; respond; answer ② pay attention; heed ③ deal with
[1]dálǐ 答礼[-禮] V.O. ① reciprocate another's courtesy ② return a salute
[2]dálǐ 达理[達-] V.O. show good sense
dǎlǐ 打理 V.O. <*coll.*> take care of domestic/interior affairs
dǎlì 打利 V.O. <*topo.*> pay interest
dàli 大里[-裡] N. expansion
dàlǐ 大礼[-禮] N. the most solemn of ceremonies
Dàlǐ 大理 P.W. a major city in Yunnan
[1]dàlì* 大力 ADV. vigorously; energetically
[2]dàlì 大吏 N. <*trad.*> high-ranking officer
[3]dàlì 大丽[-麗] N. <*bot.*> dahlia
dālian 褡/搭裢 N. <*topo.*> ①long, rectangular bag; bag hung from the shoulder/waist ②jacket
dālián(r) 搭连(儿) V.O. bridge over ♦N. (beggar's) bag
dǎliǎn 打敛 V. gather up/together
Dàlián 大连 P.W. a major city in Liaoning
dàliàn* 大殓 V. encoffin
dǎliang 打量 V. ① measure with the eye; estimate; size up ② think ③ suppose; reckon
dǎliáng 打粮[-糧] V.O. <*agr.*> harvest
dǎliàng 打亮 V.O. <*coll.*> light; illuminate
dàliáng 大梁[-樑] N. ① large roof beam ② persons who play the leading role in an undertaking
dàliàng* 大量 N. ①large quantity; mass ②heavy drinker ♦ATTR. generous; magnanimous; large-minded
dǎliang chū 打量出 R.V. measure out with the eye
dā liángpéng 搭凉棚[-涼-] V.O. ①set up a mat-awning ② shade one's eyes with one's hand
dǎliang rén 打量人 V.O. <*coll.*> size up a person
dǎ liángshi 打粮食[-糧-] V.O. harvest grain
dà liángshi guāndiǎn 大粮食观点[-糧-觀點] N. the idea that all edibles are staple foods
dàliánjià 大廉价[-價] N. bargain sale
dǎliánlian 打连连 V.O. <*topo.*> ① associate/mix with ② waste time in idle chat
dǎ liántái 打连台[-臺] V.O. perform a succession of plays (of opera troupe) ♦ADV. <*topo.*> continuously; without letup
dǎliánxiāng 打连厢[-廂] N. folk performance consisting of song and dance, the main prop of which is a stick decorated at both ends
dàliào 大料 N. aniseed ♦ADV. probably
dàlǐbài 大礼拜[-禮-] N. ① alternate Sunday on which one has a day off ② "big weekend" (Saturday and Sunday)
[1]dǎliè 打猎[-獵] V.O. hunt
[2]dǎliè 打裂 R.V. crack open/apart
dàliēliē 大咧咧 R.F. <*coll.*> irresponsible; negligent
dàlǐfú 大礼服[-禮-] N. formal dress; full dress coat M: [2]*jiàn*/*tào*
dàlìguì 大立柜[-櫃] N. wardrobe M: [2]*zhī*/*ge*
dàlìhuā 大丽花[-麗-] N. <*bot.*> dahlia; garden dahlia M: [2]*duǒ*/[5]*zhī*/[4]*shù*
dàlǐmào 大礼帽[-禮-] N. top hat M: [1]*dǐng*
[1]dǎlíng 打铃 V.O. strike/ring a bell
[2]dǎlíng 打零 V.O. <*topo.*> ① do odd jobs ② be alone/lonely
dàlíng* 大龄[-齡] N. above 30 in age ♦ATTR. remain single when one is old enough to get married
dǎ lǐngdài 打领带[-帶] V.O. tie a necktie
dàlíng qīngnián 大龄青年[-齡--] N. single young persons over 30 M: *ge*/[2]*wèi*
dàlíng wèihūn qīngnián 大龄未婚青年[-齡----] N. unmarried thirtyish man or woman M: *ge*/[2]*wèi*
Dàlìrén 大荔人 N. <*archeo.*> Dali (Tali) Man
dàlǐshí* 大理石 N. marble M: [2]*kuài*
dàlìshì 大力士 N. muscleman M: *ge*/[2]*wèi*
Dàlǐsì 大理寺 P.W. <*hist.*> Supreme Court M: [4]*zuò*
dàlǐsìqīng 大理寺卿 N. <*hist.*> president of the Supreme Court M: [2]*wèi*
dàlǐtáng 大礼堂[-禮-] P.W. auditorium M: [4]*zuò*
dàlìtèlì 大立特立 V.P. vigorously foster (an ideal/concept/style/model/etc.)
dǎliú 打流 V. <*topo.*> lead a vagrant life
dàliù* 大溜 N. swift current (of water)
dǎ lìxī 打利息 V.O. <*topo.*> pay interest
dàlóu 大楼[-樓] N. multi-storied building; mansion M: [4]*zuò*
dálǔ 鞑虏[韃虜] N. Tatar
dǎlǔ 打卤[-鹵] V.O. make beancurd
[1]dàlù* 大陆[-陸] P.W. ① continent; mainland ② <*TW*> Mainland China
[2]dàlù 大路 N. ①big street; main road ②highway M: [1]*tiáo*
[3]dàlù 大戮 V. put to death; execute
dàlǜ 大率 ADV. ① generally ② nearly; approximately *See also* [2]*dàshuài*
dǎluàn* 打乱[-亂] R.V. throw into confusion; upset
dàluàn 大乱[-亂] N. great turmoil; social/political upheaval
dàlù bǎnkuài 大陆板块[-陸-塊] N. continental plate
dàlù biànqiān 大陆变迁[-陸變遷] N. <*geol.*> continental drift
dàlùcài 大路菜 N. <*coll.*> vegetables of middling quality that have a relatively big market M: [1]*zhǒng*
dàlüè 大略 N. ① general idea/outline ② bold vision ③ great caliber/talent ♦ADV. roughly; briefly; generally ***Wǒ zhǐ xiǎng ~ tántan.*** I'd like to say only a few words about it.
dàlùhuó(r) 大路活(儿) N. <*topo.*> products of so-so quality M: [1]*zhǒng*/*ge*
dàlùhuò* 大路货 N. popular goods of dependable quality M: [1]*zhǒng*/[2]*jiàn*
dálùjī 答录机[-錄-] N. answering machine M: [1]*jià*/[1]*tái*
dàlùjià 大陆架[-陸-] N. <*geol.*> continental shelf
dǎlǔmiàn* 打卤面[-鹵麵] N. big noodles with sweet bean sauce M: *wǎn*
dàlǔmiàn 大卤面[-鹵麵] N. noodles in thick soup with fried meat, vegetables, and egg M: *wǎn*

dàlún 大伦 N. important human relations (e.g., parents and children)
dǎluó 打锣[-鑼] V.O. beat a gong
dàluóbo 大罗卜[-羅-] N. ① a big turnip M: ge/[2]zhī ② a simple-minded person
dǎ luò ményá huò xuè tūn 打落门牙和血吞 F.E. suffer great loss/pain with fortitude
dà luòmòfǎ 大落墨法 N. detailed and extended narration
dǎ luòshuǐgǒu 打落水狗 V.O. crush a defeated enemy; hit sb. already down
dǎ luózi jīng mǎ 打骡子惊马[---驚-] ID. punish one to frighten another
dàlùpéng 大陆棚[-陸-] N. continental shelf
dàlù piāoyí 大陆漂移[-陸--] N. continental drift
dǎlǚr 打缕儿[-縷-] V.O. <coll.> ① in tatters; tattered and torn ② curl with heat ③ bind stalks of grain into sheaves
dàlùrè 大陆热[-陸熱] N. mainland rush (of visitors from Taiwan)
dàlùxíng 大陆型[-陸-] N. continental type
dàlùxìng qìhòu 大陆性气候[-陸-氣-] N. continental climate
dàlùyíng 大露营[-營] N. jamboree
dǎmà 打骂[-罵] V. beat and scold; maltreat
dàmā 大妈 N. ① father's elder brother's wife ② aunt (affectionate term for an elderly woman) M: [2]wèi
dàmá* 大麻 N. <bot.> ① marijuana ② hemp
Dàmǎ 大马 P.W. Malaysia
dàmàbùzhǐ 大骂不止[-罵--] V.P. maintain a torrent of abuse
dàmáfēng 大麻风/疯 N. leprosy
dàmáhǎyú 大麻哈鱼 N. <zoo.> chum/dog salmon M: [1]tiáo
dǎ mǎhuyǎn 打马虎眼 V.O. <coll.> ① feign ignorance of sth. ② stall purposely to gain advantage ③ shirk responsibility
dāmài 搭卖[-賣] V./N. ① linked/combined sale ② sell sth. unsalable to a customer who wants an article in the same department
dǎmài 打麦[-麥] V.O. thresh wheat/barley
dàmài* 大麦[-麥] N. barley
dǎ máifu 打埋伏 V.O. ① lie in ambush ② hold sth. back ③ hold back collective property for private use
dǎ májiàng 打麻将[-將] V.O. play mahjongg
dàmǎjīndāo 大马金刀 ID. bold and uninhibited
dàmǎlù 大马路 N. broad street/road; boulevard M: [1]tiáo
dàmáng 大忙 V. be very busy
dàmángrén 大忙人 N. busy bee/person M: ge/[2]wèi
dàmángyīzhèn 大忙一阵 V.P. make/have much ado
dàmáo 大毛 N. ① long-haired pelt ② missionary ③ foreign merchant
dǎ máoxiànyī 打毛线衣 V.O. knit a woolen sweater
dàmāoxióng 大猫熊[-貓-] N. giant panda M: [2]zhī
dǎ máoyī 打毛衣 V.O. knit a woolen sweater
dàmàoyìshāng 大贸易商 N. great trader M: ge/[2]wèi
dàmàozi 大帽子 N. ① exaggerated categorization of a person's status ② <coll.> high and mighty person ③ big hat M: [1]dǐng ④ unwarranted charge
dǎ máquè 打麻雀 V.O. <topo.> play mahjongg
dǎ máquèzhàn 打麻雀战[-戰] V.O. <coll.> fight; skirmish
dàmàtèmà 大骂特骂[-罵-罵] V.P. heap obloquy upon
dàmǎyá 大马牙 N. misshapen or oversized tooth M: [1]pái/ge
dàmáyān 大麻烟[-煙] N. ① marijuana ② Indian hemp
dàmàyīdùn 大骂一顿[-罵--] V.P. break into a torrent of abuse
dàmáyíng 大麻蝇[-蠅] N. large flies feeding on refuse M: [2]zhī
dàmázi 大麻子 N. person with a pockmarked face
dàméi 大媒 N. matchmaker
dàmèimei 大妹妹 N. oldest younger sister
dàměirén 大美人 N. quite a beauty; a terrific beauty
dàmèizi 大妹子 N. (younger) sister
dǎmén 打门 V.O. knock at door
dàmén* 大门 N. main entrance/door/gate M: [2]dào/[1]shàn
dàměng 大懵 A.T. muddle-headed
dàmèngchūxǐng 大梦初醒[-夢--] F.E. (as if one is) waking from a dream
dǎ mēngùn 打闷棍 V.O. bludgeon sb. (lit./fig.)
dǎ mènhúlu 打闷葫芦[-蘆] V.O. guess sb.'s riddle
dàménkǒu 大门口 N. main entrance/doorway
dǎ mènléi 打闷雷 V.O. <topo.> turn a thought/idea about in one's mind
dǎmí 打迷 V.O. puzzle/confuse sb.
dàmǐ* 大米 N. pearl/white rice M: [3]lì
dàmiàn 大面 N. <opera> male role with heavily painted face
dàmiànjī 大面积[-積] N. large tracts of land; large area
dàmiànpír 大面皮儿 N. surface; on the surface
dàmiànr 大面儿 N. ① busy area ② outlook; appearance; surface ③ face
dàmiànrshàng 大面儿上 ADV. ① general appearance; surface ② generally
dàmiè 大灭[-滅] V. completely annihilate/deflate/etc. ~ ***tā de wēifēng*** completely deflate him
dàmǐfàn 大米饭 N. cooked white rice M: wǎn
dǎmíng(r) 打鸣(儿) V.O. crow (as a cock)
[1]**dàmíng*** 大名 F.E. <court.> ① (your) name ② one's formal personal name ③ great name
[2]**dàmíng** 大螟 N. pink rice borer M: [2]zhī
dàmíngdàfàng 大鸣大放 F.E. <PRC> free airing of views
dàmíngdǐngdǐng 大名鼎鼎 F.E. celebrated, famous, well-known
dǎmíngr 打鸣儿 V.O. <coll.> crow at dawn
dàmínzhǔ 大民主 N. ① <PRC> the conduct of class struggle by using mass movement ② great/extensive democracy
dàmínzúzhǔyì 大民族主义[-義] N. big-nationality chauvinism
dàmiù 大谬 A.T. preposterous; absurd
dàmiùbùrán 大谬不然 F.E. entirely mistaken
Dámó* 达摩[達-] N. <loan> ① dharma ② Bodhidharma
dǎmo 打磨 V. polish; burnish; shine ***See also*** *dǎmó*
dǎmó 打磨 V. burnish ***See also*** *dǎmo*
dǎmǒ 打抹 V. ① wipe (shoes/etc.) ② drop a hint
dàmò 大漠 N. large desert
dàmó-dàyàng 大模大样[-樣] N. ① with a swagger; in an ostentatious manner ② with full composure
dǎmòmo 打磨磨 V.O. <coll.> pace; walk in circles
dàmòyǔjīng 大莫与京[--與-] F.E. immensely large beyond compare
dàmǔ 大母 N. paternal grandmother M: [2]wèi
dámǔ-dámǔdàn 达姆达姆弹[達-達--] N. <mil./loan> dumdum (bullet) M: [1]kē; [4]méi
dámǔdàn 达姆弹[達-] N. <mil./loan> dumdum (bullet) M: [1]kē; [4]méi
dá mùdì 达目的[達-] V.O. obtain the object sought for
dàmugē 大拇哥 N. thumb
dàmǔ-jiǎozhǐtou 大拇脚指头[--腳--] N. <coll.> big toe
dā mùqiáo 搭木桥[-橋] V.O. erect a wooden bridge
dàmuzhǐ 大拇指 N. thumb
dàmuzhǐtou 大拇指头 N. thumb
[1]**dān** 单[單] B.F. ① single; sole [1]***dānshēn*** ② odd (numbered) ***dānshù*** ③ weak ***dānbó*** ♦ADV. ① singly ② alone ***See also*** [1]***Shàn***, [14]***chán***
[2]**dān** 丹 N. <Ch. med.> pellet; powder ♦ATTR. red
[3]**dān** 担[擔] V. ① carry on shoulder pole ② take on; undertake ***See also*** [5]***dàn***
[4]**dān** 耽 B.F. ① delay ***dānwu*** ② <wr.> indulge in
[5]**dān** 箪[簞] N. <wr.> bamboo utensil for holding cooked rice
[6]**dān** 殚[殫] B.F. exhaust [2]***dānlì***, ***lándān***
[7]**dān** 瘅[癉] B.F. fever; a kind of malaria ***huǒdān*** ***See also*** [15]***dàn***
[8]**dān** 郸[鄲] in ***hándānxuébù***
[9]**dān** 眈 in [2]***dāndān***
[10]**dān** 酖 in [3]***dāndān***
Dān 聃 N. the Daoist philosopher known as Laozi
[1]**dǎn** 胆[膽] N. ① gallbladder ② courage; bravery; audacity ③ internal parts
[2]**dǎn** 掸[撣] V. brush lightly; whisk; dust
[3]**dǎn** 黕 B.F. black; dirt ***yǎndǎn***
[4]**dǎn** 疸 in ***huángdǎnbìng***, ***tāidǎn***
[5]**dǎn** 撢 in ***yíngdǎn***
[6]**dǎn** 黵 in ***dǎnmiàn***
[1]**dàn*** 但 CONJ. but; yet; still; nevertheless ♦ADV. only; merely
[2]**dàn** 蛋 N. egg ♦B.F. egg-shaped [3]***dànzi***
[3]**dàn** 淡 S.V. ① thin; light ② tasteless; weak ③ pale ④ indifferent ⑤ slack; dull
[4]**dàn** 弹[彈] N. ① pellet; ball ② bullet ③ bomb ***See also*** [2]***tán***
[5]**dàn** 担[擔] M. *of weight equal to 50 kg* ♦B.F. carrying pole ***biǎndan*** ***See also*** [3]***dān***
[6]**dàn** 氮 N. <chem.> nitrogen
[7]**dàn** 石 M. *for grain, equal to one hectoliter* ***See also*** [3]***shí***
[8]**dàn** 旦 N. ① <wr.> dawn; daybreak ② day; morning ③ <opera> female role
[9]**dàn** 诞[誕] B.F. ① birth ***dànshēng*** ② birthday ***dànchén*** ③ absurd; fantastic ***huāngdàn***
[10]**dàn** 惮[憚] V. <wr.> fear; dread
[11]**dàn** 啖 V. <wr.> ① eat ② feed ③ entice
[12]**dàn** 澹 B.F. quiet [2]***dànbó***, ***àndàn***
[13]**dàn** 儋 in ***jiǎwúdànshí***
[14]**dàn** 憺 in [2]***dànrán***
[15]**dàn** 瘅[癉] in ***zhāngshàndàn'è*** ***See also*** [7]***dān***
[16]**dàn** 窞 in ***kǎndàn***
[17]**dàn** 萏 in ***hàndàn***
[18]**dàn** 蜑 in [2]***dànhù***, ***dànrén***
[19]**dàn** 澶 in ***dànmàn*** ***See also*** ***Chán***
dàná 大拿 N. ① boss; person with power ② authority; expert; person with high skill or rich experience
dǎ nǎli 打哪里[-裡] V.O. <topo.> from where?
dànán 大男 N. unmarried male about 30 or older
dànàn* 大难[-難] N. great catastrophe
dànànbùsǐ 大难不死[-難--] F.E. escape from death in a great catastrophe
dànán-dànǚ 大男大女 N. ① unmarried men and women about 30 ② sons and daughters older than 15 who live with parents
dànànlíntóu 大难临头[-難臨-] F.E. be faced with imminent catastrophe
dànánzǐzhǔyì 大男子主义[-義] N. male chauvinism
dǎnào 打闹[-鬧] V. ① make boisterous noise ② roughhouse ③ laugh and joke
dànǎo* 大脑[-腦] N. ① cerebrum ② sarcastic reference to sb.'s intellectual capacity
dànǎo bànqiú 大脑半球[-腦--] N. cerebral hemisphere
dànàofǎchǎng 大闹法场[-鬧-場] V.O. raid the execution ground
dànǎo fēngōng 大脑分工[-腦--] N. cerebral dominance
dànǎomén(r) 大脑门(儿)[-腦--] N. ① <coll.> important personage; big shots; top brass ② <slang> big hat
dànǎo pízhì 大脑皮质[-腦-質] N. cerebral cortex

dànào tiāngōng 大闹天宫[-鬧-宮] V.O. create a tremendous uproar (in the heavenly palace)
dànǎoxìng mábì 大脑性麻痹[-腦---] N. cerebral palsy
dànǎoyán 大脑炎[-腦-] N. <*med.*> encephalitis
dànàoyīchǎng 大闹一场[-鬧-場] V.P. make a scene
dǎ nà shíhou qǐ 打那时侯起[--時--] V.P. <*coll.*> ever since that time; from that time on
dānbǎi 单摆[-擺] N. <*phy.*> simple pendulum
dànbái* 蛋白 N. ①eggwhite; albumen ②protein
dànbáiniào 蛋白尿 N. <*med.*> albuminuria
dànbáishí 蛋白石 N. opal M: [2]*kuài*
dànbáiyuán 蛋白原 N. <*bio.*> proteinogen
dànbáizhì 蛋白质[-質] N. protein
dànbáizhì quēfázhèng 蛋白质缺乏症[-質---] N. protein deficiency
dānbǎn 单板 N. veneer
dānbāng 单帮[-幫] N. itinerate trader ♦V. travel around and do business by oneself
dānbǎnjī 单板机 N. <*comp.*> single-board computer M: [1]*jià*/[1]*tái*
dānbǎo* 担保[擔-] V. guarantee
dànbāo 蛋包 N. omelet
dānbǎopǐn 担保品[擔-] N. collateral M: [2]*jiàn*/*ge*
dānbǎorén 担保人[擔-] N. guarantor M: *ge*/[1]*míng*/[2]*wèi*
dānbǎoshū 担保书[擔-書] N. affidavit
dānbǎo yóujiàn 担保邮件[擔-郵-] N. certified mail M: [2]*jiàn*/*ge*
dānbèi 单被 N. <*coll.*> (bed) sheet M: [1]*tiáo*/[1]*chuáng*
dānbèitǐ 单倍体[-體] N. <*bio.*> ① haploid ② simplex ③ haplont
dānběnjù 单本剧[-劇] N. TV play that is not divided into serial parts M: [2]*bù*/[2]*mù*
dānbǐ 单比 N. simple ratio
dānbiān* 单边[-邊] ATTR. <*econ.*> unilateral
dànbiàn 淡变[-變] V. fade
dānbiānyīn 单边音[-邊-] N. <*lg.*> unilateral sound
dānbǐlì 单比例 N. simple proportion
dānbīng 单兵 N. ① individual soldier ② an isolated force
dānbīng jiàoliàn 单兵教练[-練] N. single/individual soldier training
dānbīng zhuāngbèi 单兵装备[-裝備] N. the equipment of individual soldiers
dānbīn jíwù dòngcí 单宾及物动词[-賓--動-] N. <*lg.*> monotransitive verb
dānbó 单薄 S.V. ①feeble; thin and weak ②thin (of clothing) ③ insubstantial; flimsy; thin
[1]**dànbó*** 淡薄 S.V. ① thin; light ② faint; dim; hazy ♦V. flag; lose interest
[2]**dànbó** 淡/澹泊 V.P. ① living tranquilly without seeking fame and wealth ② calm; indifferent; disinterested; detached
dànbómínglì 澹/淡泊名利 F.E. indifferent toward fame and wealth
dànbómíngzhì 澹/淡泊明志 F.E. show high ideals by frugal living
dànbózìgān 澹/淡泊自甘 F.E. be tranquil and satisfied
dànbózìrú 淡泊自如 F.E. be contented with little
dānbù 单步 N. one step; single step
dànbùbǎoxī 旦不保夕 F.E. be in imminent danger
dānbù de 单部的 ATTR. single constituent
dànbujīr 淡不唧儿 V.P. <*coll.*> bland (in taste)
dānbùjù 单部句 N. <*lg.*> one-member sentence
dānbuqǐ 担不起[擔-] R.V. ① be unable to shoulder (a responsibility); be unequal to (a task) ② <*humb.*> I really don't deserve this; You flatter me.
dān bùshi 担不是[擔-] V.O. bear the blame
dānbù zhǐlìng 单步指令 N. <*comp.*> single-step instruction
dàncǎi 淡彩 N. <*art*> light color/wash
dàncài* 淡菜 N. dried sea mussel
dàncǎihuà 蛋彩画[-畫] N. <*art*> tempera painting M: [10]*fú*
dāncán 殚残[-殘] V. destroy
dāncè 单侧 ATTR. unilateral
dāncéng 单层[-層] ATTR. single-deck; of one layer
dāncéng pīnyīn cìxù 单层拼音次序[-層----] N. single-sort alphabetical order (as used in this dictionary)
dànchá 淡茶 N. weak tea M: *bēi*
dānchǎn 单产[-產] N. per unit area yield
dāncháng 弹长 N. length of a projectile
dǎnchànxīnjīng 胆颤心惊[膽-驚] F.E. strike terror into sb.'s heart; tremble with fright
dānchē 单车 N. <*topo.*> bicycle M: [3]*liàng*
dānchén 丹忱 N. ① a sincere heart; absolute sincerity ② fidelity; loyalty
dànchén* 诞辰 N. birthday
dānchēng 单称[-稱] N. <*lg.*> singular
[1]**dānchéng*** 单程 ATTR. one way (ticket)
[2]**dānchéng** 担承[擔-] V. bear; undertake; assume responsibility for
[3]**dānchéng** 丹诚 N. loyalty; devotion
dānchēng mìngchēng 单称命称[-稱-稱] N. <*lg.*> singular proposition
dānchéngpiào 单程票 N. one way ticket M: [1]*zhāng*
dān chénzhòngr 担沉重儿[擔-] V.O. undertake a difficult responsibility
dānchí 丹墀 N. vermilion steps leading up to a palace hall
dànchóu 淡愁 N. slight grief
dànchū 淡出 R.V. (film) fade out
dānchuán 单传[-傳] V. ① have only one son for several generations ② pass on a skill from a master to a single disciple
dānchún 单纯 S.V. ①simple; plain; artless; naive ② pure ♦ADV. ① purely ② merely
dānchúncí 单纯词 N. <*lg.*> single-morpheme word; simple word; monomorphemic word
dānchún de yǔyán 单纯的语言 N. <*lg.*> monogeneous language
dānchún fǔyīn 单纯辅音 N. <*lg.*> simple consonant
dānchúnmào 单纯貌 N. <*lg.*> simple aspect
dānchún rènwu guānniàn 单纯任务观念[---務觀-] N. narrow-minded approach to one's job
dānchún shēngmǔ 单纯声母[--聲-] N. <*lg.*> simple initial
dānchúnshì 单纯式 N. <*lg.*> simple aspect/form
dānchúnyīn 单纯音 N. <*lg.*> simple sound
dānchún yuèyīn 单纯乐音[--樂-] N. <*lg.*> simple sound
dānchún yùnmǔ 单纯韵母[--韻-] N. <*lg.*> simple vowel
dāncí 单词 N. ① <*lg.*> word; individual word ② single-morpheme word ③ single word
dāncíhuà 单词化 N. <*lg.*> lexicalization
dāncíhuà fùhécí 单词化复合词[---複--] N. <*lg.*> decompound
dāncíjù 单词句 N. <*lg.*> one-word sentence; holophrase
dāncì mósòngfǎ 单次模诵法 N. <*lg.*> single repetition
dāncí shìyì 单词释义[-釋義] N. <*lg.*> single-word paraphrase
dāncísùcí 单词素词 N. <*lg.*> morpheme word
dāncuò 担错[擔-] V.O. take the blame for others
dāndǎ* 单打 N. <*sport*> singles ♦V. deal with one thing at a time
dǎn(r)dà 胆(儿)大[膽-] V.P. bold; audacious
dǎndàbāoshēn 胆大包身[膽-] F.E. audacious in the extreme
dǎndàbāotiān 胆大包天[膽-] F.E. extremely audacious
dāndǎdúdòu 单打独斗[-獨鬥] F.E. fight by oneself
[1]**dāndai*** 担/耽待[擔-] V. <*coll.*> ① show leniency; forbear ② assume responsibility; look after
[2]**dāndai** 担戴[擔-] V. <*coll.*> ① put up with; bear with; make allowances for ② forbear; excuse ③ look after; see a person through ***See also*** *dāndài*
dāndài 担戴[擔-] V. assume responsibility for; take upon oneself ***See also*** [2]*dāndai*
dàndài 弹带[-帶] N. bandoleer belt M: [1]*tiáo*
dāndai buqǐ 担待不起[擔-] R.V. <*coll.*> unable to take over a responsibility
[1]**dāndān*** 单单 ADV. only; alone
[2]**dāndān** 眈眈 ADV. (eyeing) gloatingly; (looking at) greedily
[3]**dāndān** 酖酖 R.F. enjoying comfort
dàndan 蛋蛋 <*coll.*> N. ① fruit ② pet name for children ♦SUF. very; extremely
[1]**dàndàn** 淡淡 R.F. ①vapid ②pale; plain ③cold; indifferent
[2]**dàndàn** 旦旦 ADV. ①every day; daily ②sincerely
[3]**dàndàn** 澹澹 R.F. dancing gently (of ripples)
[4]**dàndàn** 惮惮 R.F. worry and fear
dàndàn'érfá 旦旦而伐 F.E. have sexual intercourse every night
dāndāng 担当[擔當] V. take on; undertake; assume
dāndāng bùqǐ 担当不起[擔當-] R.V. unable to take on the responsibilities
dàndànmiàn 担担面[擔擔麵] N. Sichuan noodles with peppery sauce M: *wǎn*
dàndànyīxiào 淡淡一笑 V.P. with a faint smile
dāndāo 单刀 N. ① short-hilted broadsword M: [1]*bǎ* ② <*sport*> single-broadsword event
dàndào* 弹道 N. trajectory
dàndào dǎodàn 弹道导弹[--導-] N. ballistic missile M: [4]*méi*
dàndào fēidàn 弹道飞弹[--飛-] N. ballistic missile M: [4]*méi*
dāndāofùhuì 单刀赴会 F.E. face the enemy by oneself
dàndàoxué 弹道学 N. ballistics
dāndāozhírù 单刀直入 ID. right to the point; straightforward
dǎndàwàngwéi 胆大妄为[膽-] F.E. foolhardy
dǎndàxīnxì 胆大心细[膽-] F.E. bold yet cautious
dāndǎyī 单打一 V.P. ① concentrate on one thing only ② have a one-track mind
dān de 单的 ATTR. one; simple; single
dāndedòng 担得动[擔-動] R.V. be able to shoulder
dànděng 但等 CONJ. <*coll.*> if suddenly; if by chance; should it happen that ~ ***shēngle*** [2]***bìng*** if one should suddenly fall ill
dāndeqǐ 担得起[擔-] R.V. be able to shoulder
dāndiào* 单调 S.V. monotonous; dull; drab; boring
dàndiāo 蛋雕 N. eggshell carving M: [2]*jiàn*
dāndiàofáwèi 单调乏味 F.E. donkeywork; boring/tedious activity
dāndīng* 单丁 N. only son
dāndǐng 丹鼎 N. furnace of alchemists for concoction of immortality pills
dāndīng-dúzǐ 单丁独子[--獨-] N. without brothers; only son
dāndǐnghè 丹顶鹤 N. <*zoo.*> red-crowned crane M: [2]*zhī*
[1]**dāndú** 单独[-獨] ATTR./ADV. alone; solely; singly; individually; on one's own
[2]**dāndú** 丹毒 N. erysipelas
[3]**dāndú** 耽读[-讀] V. be addicted to reading
dāndú de yìyì 单独的意义[-獨--義] N. <*lg.*> separate sense
dāndú xíngwéi 单独行为[-獨--] N. <*law*> individual act/action
dànèi 大内 P.W. <*trad.*> imperial palace
dǎ nèizhàn 打内战[-戰] V.O. fight with one's countrymen/co-workers
dàn'érwúwèi 淡而无味 F.E. tasteless; insipid
dānfā 单发[-發] V. <*mil.*> single shot

dǎnfán 胆矾[膽礬] N. <*chem.*> sulfate of copper
[1]**dànfán** 但凡 ADV. in every case; so long as; whoever; whenever; whatever; all
[2]**dànfán** 惮烦 V.O. afraid of trouble; dislike taking trouble
dànfàn* 淡饭 N. simple food
dànfàn-cūchá 淡饭粗茶 N. plain tea and simple food; a simple diet
[1]**dānfāng*** 单方 N. ①one side ②folk prescription; home remedy M: [1]*zhāng* ♦ATTR. unilateral
[2]**dānfāng** 丹方 N. ① prescription; home remedy M: [1]*zhāng* ② <*Dao.*> alchemy
dānfàng 单放 V. put separately
dānfàngjī 单放机 N. tape-player M: [1]*jià*/[1]*tái*
dānfāngmiàn 单方面 N. one side ♦ATTR. unilateral
dānfēi* 单飞[-飛] <*coll.*> N. ① solo flight ② a married person who goes abroad without spouse
dànféi 氮肥 N. nitrogenous fertilizer
dànfēn 但分 ADV. <*topo.*> if only it were so; were it only that
dànfěn* 蛋粉 N. egg powder; powdered eggs
dānfēng 丹枫 N. red maple M: [2]*kē*
dānfèng* 丹凤[-鳳] N. phoenix M: [2]*zhī*
dānfèngcháoyáng 丹凤朝阳[-鳳-陽] F.E. The phoenix looks toward the sun.
dānfēng luòtuo 单峰骆驼 N. dromedary; single-humped camel M: [1]*tóu*/[1]*pǐ*
dānfēngtuó 单峰驼 N. dromedary M: [1]*tóu*/*pǐ*
dān fēngxiǎn 担风险[擔-] V.O. take risks; risk (doing sth.)
dānfēngxiùyuè 担风袖月[擔-] F.E. travel/work in the open air
dānfú 单幅 N. <*txtl.*> single width
Dānfú 丹佛 P.W. Denver
dānfù* 担负[擔-] V. bear; shoulder; take on; be charged with ♦N. burden; responsibility
dànfú 惮服 V. submit from awe
dānfù qǐ 担负起[擔-] R.V. take on; bear; shoulder; be charged with
dānfù qǐlai 担负起来[擔-] R.V. take on; bear; shoulder; be charged with
dānfǔyīn 单辅音 N. <*lg.*> simple consonant
dānfù zhòngrèn 担负重任[擔-] V.O. undertake an important business
[1]**dāng** 当[當] V. ① undertake; accept *Wǒ kě ~buqǐ.* I really don't deserve that. ② be just as ③ should ♦COV. at a given time or place *Nǐ kěyi dāng wǒ miàn shuō.* You may speak in my presence. ♦B.F. ① at a given time or place *dāngjīn, dāngchū, dāngdì* ② equal to, appropriate *xiāngdāng, méndānghùduì* ♦CONS. *~ A de shíhou* when A *~ tā lái de shíhou* when he comes *See also* [2]*dāng*, [4]*dǎng*, [1]*dàng*
[2]**dāng** 当[噹] ON. ding-dong *See also* [1]*dāng*, [4]*dǎng*, [1]*dàng*
[3]**dāng** 裆[襠] N. ①crotch (of trousers) ②<*phys.*> crotch
[4]**dāng** 珰[璫] B.F. earring; decorative ear pendant *bìdāng, diāodāng, ěrdāng*
[5]**dāng** 铛[鐺] in *dāngdāng, língdāngrmài, língdang See also* [3]*chēng*
[1]**dǎng*** 党[黨] N. ① political party ② The Party (CCP/KMT/etc.) ③ clique ♦V. <*wr.*> be partial to
[2]**dǎng** 挡[擋] V. ① ward off; block ② get in the way of ♦N. ① fender; blind; screen ② (automobile) equipment *See also* [6]*dàng*
[3]**dǎng** 谠[讜] B.F. honest, straightforward speech *dǎngcí, zhíbìdǎnglùn*
[4]**dǎng** 当[當] in *dǎngqiàng See also* [1]*dāng*, [2]*dāng*, [1]*dàng*
[5]**dǎng** 档[檔] in *mà dǎngzi, luójìdǎng See also* [3]*dàng*
[1]**dàng** 当[當] B.F. proper; appropriate *shìdàng, bùdàng* ♦V. ①pawn ②treat/regard as ③think ♦PREF. that very *See also* [1]*dāng*, [2]*dāng*, [4]*dǎng*
[2]**dàng** 荡[蕩] V. ① swing; shake ② loaf ③ wash away ♦B.F. dissolute *fàngdàng*
[3]**dàng** 档[檔] B.F. ① files; archives *dàng'àn* ② grade *gāodàng* ③ shelves; pigeonholes ④ crosspiece *See also* [5]*dǎng*
[4]**dàng** 凼 N. <*topo.*> puddle; pool; water hole
[5]**dàng** 宕 V. <*wr.*> delay
[6]**dàng** 挡[擋] in *gǎn dàngzi, tāndàng See also* [2]*dǎng*
[7]**dàng** 菪 in [2]*làngdàng*
dàngǎi 惮改 V.P. afraid to reform
dāngàn 单干[-幹] V. work on one's own; do sth. single-handed ♦N. individual farm
dǎngǎn* 胆敢[膽-] V. dare to; be reckless to the extent of
dàngǎn 澹澉 A.T. wash
dàng'àn 档案[檔-] N. file; record; dossier; archives M: [1]*fèn*/[2]*bù*/[4]*cè*/[2]*juàn*
dàng'àn chǔlǐ 档案处理[檔-處-] N. <*comp.*> file processing
dàng'àn dìngwèi 档案定位[檔-] N. <*comp.*> file addressing
dāngànfēng 单干风[-幹-] N. tendency to return to individual farming; trend toward going it alone
dāngāng 担纲[擔綱] V.O. shoulder heavy tasks
dāngàng(r)* 单杠(儿) N. <*sport*> horizontal bars
dàng'ànguǎn 档案馆[檔-] P.W. archives M: [4]*zuò*
dàng'àn guǎnlǐ 档案管理[檔-] N. <*comp.*> file management
dàng'àn guǎnlǐyuán 档案管理员[檔-] N. archivist M: *ge*/[1]*míng*/[2]*wèi*
dàng'ànguì 档案柜[檔-櫃] N. filing cabinet M: [2]*zhī*
dāngànhù 单干户[-幹-] N. <*PRC*> peasant family farming on its own M: *ge*/[1]*míng*/[2]*wèi*
dàng'àn jiégòu 档案结构[檔-構] N. <*lg.*> file structure
dàng'àn míngchēng 档案名称[檔-稱] N. file names
dàng'ànshì 档案室[檔-] P.W. archives room M: [1]*jiān*
dàng'àn zhuǎnhuàn 档案转换[檔-轉換] N. <*comp.*> file conversion
dàngāo 蛋糕 N. cake M: [2]*kuài*/*ge*/[2]*zhī*
dǎngbāgǔ 党八股[黨-] N. stereotyped party writing; party jargon
dāngbān* 当班[當-] V.O. be on a shift; be on duty by turn
dǎngbǎn 挡板[擋-] N. ① mudguard ② baffle M: [2]*kuài*
dǎngbào 党报[黨報] N. ① party newspaper/organ ② CCP organ M: [1]*fèn*/[1]*zhāng*
dàng bāoguǒ jì 当包裹寄[當-] V.P. send by parcel post
dǎngbiān 党鞭[黨-] N. party whip
dāngbīng 当兵[當-] V.O. serve in the army; be a soldier; join the army
dāngbīng de 当兵的[當-] N. soldier; serviceman
dǎngbù 党部[黨-] P.W. local party committee
dǎngbùguò 挡不过[擋-] R.V. be incapable of blocking/impeding/etc.
dāngbùhǎo 当不好[當-] R.V. be unable to fulfill a duty/post well
dāngbuliǎo 当不了[當-] R.V. ① be unable to undertake a duty ② can't be used for another purpose
dāngbuqǐ 当不起[當-] R.V. ① not be up to a responsibility/honor/etc. ② <*humb.*> I really do not deserve this; You flatter me.
dǎngbuzhù 挡不住[擋-] R.V. can't stop/prevent sth./sb. from advancing
dāngcáo de 当槽的[當-] N. <*topo.*> inn/restaurant waiter
dàngcè 档册[檔冊] N. records; files M: [1]*běn*
dāngchāi 当差[當-] V.O. <*trad.*> ① be a petty official or an orderly ② be a manservant ③ do one's duty; be on duty
dāngchāi de 当差的[當-] N. ① servant ② government employee
dàngchǎn 荡产[蕩產] V.O. ① bankrupt; be/go bankrupt ② squander/waste one's property
dāngchǎng 当场[當場] ADV. on the spot; then and there
dāngchǎng bèibǔ 当场被捕[當場-] V.P. be caught in the act
dāngchǎng chūcǎi 当场出彩[當場-] V.P. ① make a spectacle of oneself before a crowd ② give the show away on the spot
dāngchǎng chūchǒu 当场出丑[當場-醜] V.P. make a spectacle of oneself
dāngchǎng jiāohuò 当场交货[當場-] V.P. spot delivery
dāngchǎng jiùqín 当场就擒[當場-] V.P. be caught red-handed
dāngchǎng náhuò 当场拿获[當場-獲] V.P. be caught red-handed
dāngchǎng wánchéng 当场完成[當場-] V.P. whip up; do quickly
dāngchǎng zhuāzhù 当场抓住[當場-] V.P. catch red-handed
dàngchǎnqīngjiā 荡产倾家[蕩產-] F.E. squander inherited property and ruin the family
dāngcháo 当朝[當-] N. <*wr.*> ① the present dynasty ②the reigning sovereign or the present prime minister ♦V.O. be in control of court administration
dǎngchē 挡车[擋-] N. operative in textile mill M: [1]*tái*
dǎngchēgōng 挡车工[擋-] N. operator in textile mill M: *ge*/[1]*míng*/[2]*wèi*
dàngchéng 当成[當-] V.P. regard/consider as
dàngchǐyújiǎn 荡侈逾检[蕩-] F.E. lead a dissolute extravagant life
dāngchū* 当初[當-] N. at first; originally
dàngchū 当出[當-] R.V. pawn out
dàngchú 荡除[蕩-] R.V. annihilate; exterminate; destroy
dàngchuán 荡船[蕩-] V.O. row a boat
dǎngcí 谠辞[讜辭] N. outspoken words
dàngcì* 档次[檔-] N. grade; class
dāngdài 当代[當-] N. the present age ♦ATTR. contemporary
dǎngdàibiǎo 党代表[黨-] N. Party representative M: *ge*/[1]*míng*/[2]*wèi*
Dǎngdàihuì 党代会[黨-] P.W. National Representative Conference of the CCP
dāngdài yìshi 当代意识[當-識] N. modernism
dāngdāng* 铛铛[鐺鐺] ON. sound of a striking a gong
dǎngdang 挡挡[擋擋] N. <*topo.*> cloth edging at the top of a quilt
[1]**dàngdàng** 荡荡[蕩蕩] R.F. ① vast; great; straight ② free; easy
[2]**dàngdàng** 当当[當當] V. pawn things
dàngdàngyōuyōu 荡荡悠悠[蕩蕩-] R.F. swing; move to and fro; drift along
dāngdào 当道[當-] V.O. ① hold the reins of government ② block one's way
dāngdàozhě 当道者[當-] N. people in power M: *ge*/[2]*wèi*
dāngdeliǎo 当得了[當-] R.V. be able to undertake a duty/post
dāngdexià 当得下[當-] R.V. be able to continue in a position
dāngdì* 当地[當-] N./ATTR. locality; the place (named/mentioned/etc.)
dàngdí 荡涤[蕩滌] V. cleanse; wash out
dàngdiàn 当店[當-] P.W. pawnshop M: [1]*jiā*
dàngdiào 当掉[當-] R.V. pawn out
dāngdiē de 当爹的[當-] N. father
dāngdì jiāohuòdān 当地交货单[當-] N. local invoice M: [1]*zhāng*/[1]*fèn*
dāngdìrén 当地人[當-] N. natives; local people M: *ge*/[1]*míng*/[2]*wèi*
dāngdì shíjiān 当地时间[當-時-] N. local time
dàngdíxiéhuì 荡涤邪秽[蕩滌-穢] V.O. purge away depravity
dāngdìyǔ 当地语[當-] N. <*lg.*> local language; vernacular
dāngdōng 当东[當-] V.O. play the host; act as the host

dāngduànbùduàn 当断不断[當斷-斷] V.P. fail to make a decision
dānge* 耽/担搁[擔-] V. ① stop over; stay ② delay
dāngè(r) 单个(儿)[-個-] ATTR./ADV. single; alone; individually ♦N. an odd one
dāngēndúmiáo 单根独苗[--獨-] ID. an only son/daughter; an only child
dàngēng 蛋羹 N. egg custard M: *wǎn*
dàng ěrbiānfēng 当耳边风[當-邊-] V.O. in one ear and out the other
dàng ěrpángfēng 当耳旁风[當-] V.O. pay no/little heed to the advice of others
dǎngfá* 党阀[黨-] N. <*derog.*> party chief/boss/tyrant M: *ge*/[1]*míng*
dǎngfǎ 党法[黨-] N. party regulations
dāngfān 当番[當-] V. do duty by turns; be on duty
dàngfàn* 档贩[檔-] N. stall-keeper M: *ge*/[1]*míng*
dǎngfèi* 党费[黨-] N. party membership dues M: [2]*bǐ*
dàngféi 荡/凼肥[蕩-] N. fertilizer prepared in a pit
[1]**dǎngfēng** 党风[黨-] N. party member's style of work
[2]**dǎngfēng** 挡风[擋-] V.O. shelter from the wind
dǎngfēng bōli 挡风玻璃[擋-] N. windshield M: [2]*kuài*/[1]*miàn*
dàngfù 荡妇[蕩婦] N. ① trollop ② loose woman ③ vamp ④ prostitute
dàngfùyínwá 荡妇淫娃[蕩婦-] F.E. abandoned and dissolute woman
dǎnggànbù 党干部[黨幹-] N. party cadre M: *ge*/[1]*míng*/[2]*wèi*
dǎnggāng 党纲[黨綱] N. party program/platform
dǎnggē* 党歌[黨-] N. song/anthem of a political party M: [4]*zhī*/[2]*shǒu*
dǎnggé 党格[黨-] N. party member's right image
dānggélā 当隔拉[當-] A.T. <*topo.*> between; in between; among; in the midst of
dǎnggōng 党工[黨-] N. people doing party work M: *ge*/[1]*míng*
dànggòudíxiá 荡垢涤瑕[蕩-滌-] F.E. wash away the dirt and remove defects
dāng gǒutuǐzi 当狗腿子[當-] V.O. lick sb.'s boots
dǎnggù 党锢[黨-] N. ① bans against certain factions ② Eastern Han factional struggle
[1]**dāngguān*** 当官[當-] V.O. ① fill an office; be an official ② be in the presence of an official
[2]**dāngguān** 当关[當關] V.O. <*wr.*> guard a pass/checkpoint ♦N. gatekeeper; guard
dāngguàn 当惯[當-] R.V. be used to being (in a profession/position/etc.)
dāngguān zuò lǎoye 当官做老爷[當-爺] V.P. act the high and mighty official
dāngguī* 当归[當歸] N. <*Ch. med.*> Chinese angelica
dǎngguī 党规[黨-] N. party rules M: [1]*tiáo*
dǎnggùn 党棍[黨-] N. party boss; party man; politician who uses party membership to promote self-interest M: *ge*/[1]*míng*
dāngguó 当国[當國] V.O. hold reins of government; rule the country
dǎngguó* 党国[黨國] N. party-state
dǎngguó yuánlǎo 党国元老[黨國-] N. elder statesman of a party and nation M: [2]*wèi*
dānghǎiyuán 当海员[當-] V.O. follow the sea
dǎnghán 挡寒[擋-] V.O. keep out the cold
dānghángchūsè 当行出色[當-] F.E. excel in one's own field
dānghǎo biǎolǜ 当好表率[當-] V.P. set a good example
dǎnghèngr 挡横儿[擋-] V.O. ① guard from violence ② <*slang*> block sb.'s way
dànghù 宕户 N. ①quarryman; quarrier ②client who has not paid his debts
dǎnghuà 党化[黨-] V. model in the image of the party
dǎnghuī 党徽[黨-] N. emblem of a political party M: [2]*zhī*
dàng huíshì(r) 当回事(儿)[當-] V.O. take sth. seriously
dǎnghuò 党祸[黨禍] N. ① disasters resulting from partisanship ② misfortune caused by affiliation to a party ③ disasters caused by a party
dāngjí 当即[當-] ADV. immediately; at once
dǎngjí* 党籍[黨-] N. ① party affiliation/membership ② list of party members
dǎngjì 党纪[黨-] N. party discipline
dāngjī 当机[當-] ADV. at a critical moment
dàngjí 档级[檔-] N. grade (of a product)
dāngjiā* 当家[當-] V.O. ① manage household affairs ② have the final say; take the leading part
dǎngjià 挡驾[擋-] V.O. ① stop a carriage/vehicle/etc. ② turn away a visitor with some excuse
dāngjiācài 当家菜[當-] N. major vegetable (in a local area over a period of time) M: [2]*dào*
dāngjiā de 当家的[當-] N. <*coll.*> ① head of a family ② housekeeper ③ the head monk of a Buddhist temple ④ husband
dāngjiān(r)* 当间(儿)[當-] ADV. <*coll.*> between; among; in the middle
[1]**dǎngjiàn** 党建[黨-] N. party building
[2]**dǎngjiàn** 党见[黨-] N. sentiments/views of a party/clique/etc. M: [1]*zhǒng*
dàngjiǎng 荡桨[蕩槳] V.O. ① pull on the oars ② row a boat
dǎngjiànpái 挡箭牌[擋-] N. ①shield ②excuse; pretext M: [2]*kuài*
dàngjiǎnyúxián 荡检逾闲[蕩-] F.E. disregard rules and limits
dāngjiārén 当家人[當-] N. family head M: *ge*/[1]*míng*/[2]*wèi*
dàngjiāzi 当家子[當-] N. <*coll.*> persons of the same surname
dāngjiāzuòzhǔ 当家作主[當-] F.E. be master of one's own affairs
dāngjiē 当街[當-] V.O. face the street ♦P.W. <*topo.*> in the street
dāngjiējùdǔ 当街聚赌[當-] F.E. street gambling
dāngjiē yǎnshuō 当街演说[當-] N. soap-box oratory
dǎngjì-guófǎ 党纪国法[黨-國-] N. party discipline and the law of the land
dāngjīlìduàn 当机立断[當-斷] F.E. make prompt decisions
dāngjīn* 当今[當-] N. ① present time; today ② <*trad.*> reigning emperor
dāngjǐn 当紧[當緊] S.V. <*coll.*> important; urgent
dǎngjìn 党禁[黨-] N. ban against certain factions
dǎngjìngtóu 挡镜头[擋-] <*coll.*> V.O. ① be in view of the camera ② be in the limelight; show off
dāngjīnzhīshì 当今之世[當-] N. in today's world; in the present time
dāngjú 当局[當-] N. (appropriate/concerned) authorities
dàngjuàn 档卷[檔-] N. official files M: [1]*fèn*
dāngjúzhěmí 当局者迷[當-] V.P. one directly concerned lacks objectivity
dǎngkāi 挡开[擋開] R.V. ward off; keep off
dǎngkān 党刊[黨-] N. party publication M: [1]*fèn*
dǎngkè 党课[黨-] N. CP class/lecture M: [2]*táng*
dàng kèrén dàicheng 当客人待承[當-] V.P. be entertained as a guest
dāngkōng 当空[當-] N. high above in the sky
dāngkou(r)* 当口(儿)[當-] N. <*coll.*> ① the very moment ② critical moment/point
dàngkǒu 荡口[蕩-] V.O. rinse one's mouth
dàngkòu 荡寇[蕩-] V.O. eliminate bandits
dǎngkuí 党魁[黨-] N. party boss M: *ge*/[1]*míng*
dàngláidàngqù 荡来荡去[蕩-蕩-] V.P. hanging about/around
dānglāng 当啷[當-] ON. clank; clang
dāngliàng 当量[當-] N. <*chem.*> equivalent
dānglìng 当令[當-] V.P. fashionable; in season ♦V.O. hold power; be in charge
dǎnglíng* 党龄[黨齡] N. party standing; years in the party
[1]**dānglú** 当炉[當爐] V.O. ① sit before a fire ② sell alcoholic drinks
[2]**dānglú** 当卢/垆[當盧/壚] V.O. sell alcoholic drinks
dānglù 当路[當-] V.O. ① hold the reins of government ② block one's way
dǎnglù* 挡路[擋-] V.O. ① be/get in the way ② obstruct/block the road/way/path/etc.
[1]**dǎnglùn** 党论[黨-] N. ① sincere opinion ② party doctrines
[2]**dǎnglùn** 谠论[讜-] N. <*wr.*> outspoken criticism
dāngmā de 当妈的[當-] N. mother
dàng mǎlù 荡马路[蕩-] V.O. loaf in the streets
dāngménduìhù 当门对户[當-對-] F.E. soundly and economically well matched (for marriage)
dāngmiàn(r) 当面(儿)[當-] ADV. face to face; in one's presence; openly
dāngmiàn bóchì 当面驳斥[當-] V.P. refute sb. face to face
dāngmiàn cháoxiào 当面嘲笑[當-] V.P. laugh in sb.'s face
dāngmiàn chìzé 当面斥责[當-] V.P. rebuke sb. to his face
dāngmiàn chuīpěng 当面吹捧[當-] V.P. flatter someone to his face
dāngmiàn cuòguò 当面错过[當-] V.P. let slip the chance
dāngmiàn dǐlài 当面抵赖[當-] V.P. make a barefaced denial
dāngmiàn duìzhì 当面对质[當-對質] V.P. challenge sb. face to face
dāngmiàn fèngchéng 当面奉承[當-] V.P. flatter someone to his face
dāngmiàn jiàoliàng 当面较量[當-] V.P. take sb. on in a face-to-face encounter
dāngmiàn luó, duìmiàn gǔ 当面锣,对面鼓[當-鑼,對--] V.P. argue face to face
dāngmiàn qǔxiào 当面取笑[當-] V.P. laugh in sb.'s face
dāngmiàn rèncuò 当面认错[當-認-] V.P. personally admit one's mistake before sb.
dāngmiàn shuōmíng 当面说明[當-] V.P. state clearly in sb.'s presence
dāngmiàn xùnchì 当面训斥[當-] V.P. reprove someone to his face
dāngmiàn yánmíng 当面言明[當-] V.P. state clearly in sb.'s presence
dāngmiàn zàoyáo 当面造谣[當-] V.P. tell a barefaced lie
dāngmiàn zhǐkòng 当面指控[當-] V.P. charge with a crime face to face
dāngmiàn zhíyán 当面直言[當-] V.P. say sth. to sb.'s face
dàngmíng 档名[檔-] N. name for a category/etc.
dǎngnèi 党内[黨-] P.W. inside the party ♦ATTR. inner-party
dǎngnèi hépínglùn 党内和平论[黨-] N. <*PRC*> doctrine of harmony within the Party
dǎngnèi mínzhǔ 党内民主[黨-] N. democracy within the Party
dǎngnèi shēnghuó 党内生活[黨-] N. <*PRC*> internal life of the Party
dāngnián* 当年[當-] N. ① that year; those years ② bygone years ③ prime of life *See also dàngnián*
dàngnián 当年[當-] N. the same year; that very year *See also dāngnián*
dǎngníbǎn 挡泥板[擋-] N. mudguard; fender M: [2]*kuài*
dāngniúzuòmǎ 当牛作马[當-] F.E. toil just like beasts of burden
dàngnǚ 荡女[蕩-] N. lustful/lascivious woman
dàngōng 弹弓 N. catapult; slingshot M: [1]*bǎ*/[1]*zhāng*
dǎngpài 党派[黨-] N. factions; parties; cliques

D

dǎngpài zhèngzhì 党派政治[黨-] N. party politics
dāng pàohuī 当炮灰[當-] V.O. serve as cannon-fodder
dǎngpiào* 党票[黨-] N. <derog.> membership card M: [1]zhāng
dàngpiào 当票[當-] N. pawn ticket M: [1]zhāng
dàngpíng 荡平[蕩-] R.V. ① quell; stamp out ② clear away; sweep off
dàngpòxiāohún 荡魄销魂[蕩-] ID. feel transported
dàngpù 当铺[當-] P.W. pawnshop M: [1]jiā/[1]jiān
dǎngqí* 党旗[黨-] N. party flag M: [1]miàn
dàngqī 档期[檔-] N. movie theater schedule
dāngqián 当前[當-] N. ① before/facing one ② the present; here and now
dàngqiàng 当戗[當戧] A.T. useful; of use
dāngqiāngshǐ 当枪使[當槍-] V.P. ① serve as hatchet man; be a tool ② be cannon fodder
dāngqián lìyì 当前利益[當-] N. immediate interests
dāngqiánzhījì 当前之计[當-] N. present/current tactics
dāngqiějǐndāng 当且仅当[當-僅當] F.E. if and only if; when and only when
dàngqìhuícháng 荡气回肠[蕩氣-腸] F.E. touching; heart-rending; soul-stirring
dàng qiūqiān 荡秋千[蕩-] V.O. swing (in a swing)
dāngquán 当权[當權] V.O. hold power
dāngquánpài 当权派[當權-] N. ① persons in authority ② faction in power M: ge/[1]míng/[2]wèi
dāngquánzhě 当权者[當權-] N. person in authority M: ge/[1]míng/[2]wèi
dǎng-qún guānxì 党群关系[黨-關係] N. relations between CP and the masses
dāngr 当儿[當-] <coll.> N. ① moment in time; instant ② event; performance; act ③ space in between ♦ADV. just at the moment
dāngrán* 当然[當-] ADV. ① as it should be; only natural ② without doubt; certainly; of course ③ ex officio ♦ATTR. <law> of full right; of right
dàngrán 荡然[蕩-] ADV. ① all gone ② entirely wasted
dāngrán wěiyuán 当然委员[當-] N. ex-officio member of a committee/etc. M: ge/[1]míng/[2]wèi
dàngránwúcún 荡然无存[蕩-] F.E. nothing left; everything ruined
dàngránwúyōu 荡然无忧[蕩-憂] F.E. comfortable and safe
dāngránzhīshì 当然之事[當-] N. a matter of course M: [2]jiàn
dǎngrén 党人[黨-] N. ① partisan ② person belonging to the same clan/etc. M: ge/[1]míng
dāngrénbùràng 当仁不让[當-讓] F.E. yield to nobody when doing what is right; not leave to others what one ought to do oneself
dàngrénxīnshén 荡人心神[蕩-] F.E. play havoc with sb.'s heart/feelings
dāngrì* 当日[當-] N. the same day; that very day *See also* dàngrì
dǎngrì 党日[黨-] N. a day set aside for party organization activities
dàngrì 当日[當-] N. the same day; that very day *See also* dāngrì
dāngrìyǒuxiào 当日有效[當-] F.E. good for date of issue only
dāngshang 当上[當-] R.V. ① attain the position of. . . ② assume; take on (an office)
dǎngshēn 党参[黨參] N. <Ch. med.> dangshen *Codonopsis pilosula* M: [5]zhī/[4]zhī/[2]gēn
dāngshí* 当时[當時] N. at that time; then ♦ADV. right away; immediately *See also* dàngshí
[1]**dāngshì** 当事[當-] V.O. be in charge; be in control ♦ATTR. concerned; involved *See also* dàngshì
[2]**dàngshì** 当是[當-] V. mistake sth. for another; think that
[3]**dāngshì** 当世[當-] N. present age/time ♦V.O. ① be a ruler ② make oneself useful to one's contemporaries
dǎngshǐ 党史[黨-] N. party history M: [2]bù/[1]běn
dàngshí 当时[當時] N. at the very moment; immediately *See also* dāngshí
dàngshì 当事[當-] V.O. take sth. seriously *See also* [1]dāngshì
dāngshí dāngdì 当时当地[當時當-] N. then and there; at a given time and place
dāngshìguó 当事国[當-國] N. the state/country directly involved/concerned
dāngshìrén 当事人[當-] N. <law> person/party concerned/involved; litigant M: ge/[1]míng/[2]wèi
dǎngshǐ rénwù 党史人物[黨-] N. historical Party personages M: ge/[1]míng/[2]wèi
dāngshìzhě 当事者[當-] N. person(s) concerned M: ge/[1]míng/[2]wèi
dāng suìcuī 当碎催[當-] V.O. <coll.> do odd jobs
dāngtáng 当堂[當-] V.O. ① <coll.> then and there; right there ② <trad.> in court
dāngtángduìzhì 当堂对质[當-對質] F.E. confrontation of accused with accuser in court
dāngtánghuàyā 当堂画押[當-畫-] F.E. sign an affidavit during a court session
dāngtiān* 当天[當-] N. ① that day ② high above in the sky *See also* dàngtiān
dàngtiān 当天[當-] N. same day; that very day *See also* dāngtiān
dāngtíng 当庭[當-] V.O. in court
dǎngtóngfáyì 党同伐异[黨-異] F.E. be narrowly partisan
dāngtóu* 当头[當-] V.P. ① right overhead; right on sb.'s head ② imminent ♦ADV. head-on *See also* dàngtou
dǎngtou 挡头[擋-] N. <coll.> cloth edging at the top of a quilt
dàngtou 当头[當-] N. <coll.> pawn; sth. pawned *See also* dāngtóu
dāngtóubànghè 当头棒喝[當-] F.E. ① sharp warning ② give aggressor a stunning blow at the start
dāngtóupào 当头炮[當-] N. direct criticism
dāngtóurén 当头人[當-] N. husband (used by wives in speaking of their husbands) M: ge/[1]míng/[2]wèi
dāngtóuyībàng 当头一棒[當-] V.P./N. a direct blow
dāngtóuyījī 当头一击[當-擊] V.P./N. a direct blow
dǎng tóuzhèn 挡头阵[擋-] V.O. ① fight as a vanguard ② expose oneself first to the enemy's attacks
dǎngtú 党徒[黨-] N. ① follower; member of a clique ② henchman M: ge/[1]míng
dǎng-tuán 党团[黨團] N. ① parties and other organizations ② CP and Communist Youth League ③ parliamentary group of political party
dǎng-tuán guānxì 党团关系[黨團關係] N. <PRC> affiliation with the Party or the Youth League
dǎng-tuán huódòng 党团活动[黨團-動] N. CP and Communist Youth League activities
dǎng-tuányuán 党团员[黨團-] N. CP and Communist Youth League members
dǎngtǔqiáng 挡土墙[擋-牆] N. <archi.> retaining wall
dānguà(r) 单褂(儿) N. light (single-thickness) jacket M: [2]jiàn
dānguàhào 单挂号[-掛號] N. ordinary registered mail (not requiring a receipt)
dǎnguǎn 胆管[膽-] N. bile duct
dǎngùchún 胆固醇[膽-] N. cholesterol; cholesterin
dānguǐ* 单轨 N. single-track (railroad) M: [2]gēn/[1]tiáo
[1]**dānguì** 丹桂 N. <bot.> orange osmanthus M: [2]kē/[5]zhī
[2]**dānguì** 单跪 V. genuflect; bend the knee
dānguìpiāoxiāng 丹桂飘香 F.E. The heady fragrance of laurel blossoms was wafted through the fresh air.
dǎngwài 党外[黨-] P.W. outside the party
dǎngwài rénshì 党外人士[黨-] N. non-party personages M: ge/[1]míng/[2]wèi
dàngwǎn 当晚[當-] N. the same evening; that very evening
dāngwéi 当为[當-] V.P. ought to be; should be
dǎngwěi* 党委[黨-] N. CP committee
dāngwéi ér bùwéi 当为而不为[當-] F.E. miss one's cue
dǎngwěihuì 党委会[黨-] N. conference/meeting of CP committee
dǎngwěizhì 党委制[黨-] N. the collective leadership of the Chinese Communist Party
dàngwǔ 当午[當-] N. midday; noon
dǎngwù* 党务[黨務] N. party work; party affairs
dāngwùzhījí 当务之急[當務-] N. vital matter of immediate urgency; top priority task
dàngxī 荡析[蕩-] V.P. dispersed; separated (of people on troubled times)
dāngxià 当下[當-] N. presently; immediately
dāngxiān 当先[當-] V.O. be in the vanguard
dǎngxiào 党校[黨-] P.W. CP school M: [1]suǒ
dǎngxiǎozǔ 党小组[黨-] N. CP group
dāng xiàshǒu 当下手[當-] V.O. work under sb.
dàngxīlíjū 荡析离居[蕩-離-] F.E. <wr.> scattered far from their homes
dāngxīn 当心[當-] V.O. be careful; take care; look out ♦N. <topo.> ① the center of the chest ② center; middle
dǎngxìng 党性[黨-] N. party spirit/character
dāngxīnhuǒchē 当心火车[當-] F.E. Beware of trains!
dāngxīnpáshǒu 当心扒手[當-] F.E. Beware of pickpockets!
dāngxuǎn 当选[當選] V. get elected
dāngxuǎnrén 当选人[當選-] N. the elected M: ge/[1]míng/[2]wèi
dāngxuǎn wéi 当选为[當選-] V.P. be elected as
dāngxuǎn zǒngtǒng 当选总统[當選總-] N. president-elect M: ge/[1]míng/[2]wèi
dàngyā 当押[當-] V. pawn; mortgage
dǎngyán 谠言[讜-] N. <wr.> ① outspoken remarks ② proper words
dǎngyǎn* 挡眼[擋-] V.O. obstruct one's view
dāngyāng 当央[當-] N. <topo.> (in) the middle; (at) the center
dāngyáng 当阳[當陽] V.O. rule
dàngyàng* 荡漾[蕩-] V. ① undulate; ripple ② be gently tossed about ♦V.P. excited
dǎngyán-gāolùn 谠言高论[讜-] N. honest and wise counsel
dàngyàng chū 荡漾出[蕩-] R.V. drift out
dāng yǎnyuán 当演员[當-] V.O. go on the stage
dāngyāo 当腰[當-] N. middle (of a long object)
dāngyè* 当夜[當-] N. that night *See also* dàngyè
dàngyè 当夜[當-] N. <coll.> the same night; that very night *See also* dāngyè
dǎngyì* 党义[黨義] N. party platform
dàngyí 荡夷[蕩-] V. quell; suppress (rebels/etc.)
dàngyìpíngxīn 荡意平心[蕩-] F.E. bring peace and quiet
dǎngyǒu 党友[黨-] N. clique; cabal
dāngyù 当御[當-] V.P. take one's turn being on duty
[1]**dǎngyǔ*** 党羽[黨-] N. <derog.> henchmen M: ge/[1]míng
[2]**dǎngyǔ** 挡雨[擋-] V.O. shelter from the rain
[3]**dǎngyǔ** 党与[黨與] N. fellow partisans
dǎngyuán 党员[黨-] N. party member M: ge/[1]míng/[2]wèi
dǎngyuán jījí fènzǐ 党员积极分子[黨-積極-] N. party activist M: ge/[1]míng/[2]wèi
dāngyuànr 当院儿[當-] P.W. (in) courtyard
dǎngyǔbǎn 挡雨板[擋-] N. rain-shield M: [2]kuài
dàngyuè 当月[當-] N. the same month; that very month
dǎngzhāng* 党章[黨-] N. party constitution/regulations M: [1]běn/[2]bù/[1]fèn
dàngzhàng 宕帐 V.O. a debt long overdue

dāngzhe 当着[當著] CONJ. facing toward

dàngzhēn 当真[當-] V.P. ① be serious ② take seriously ③ no joking; really

dāngzhèng 当政[當-] V.O. be in power/office

dǎngzhēng 党争[黨爭] N. factional political struggle

[1]**dǎng-zhèng*** 党政[黨-] N. party and government administration

[2]**dǎngzhèng** 党证[黨證] N. party card M: [1]zhāng/[1]fèn

dǎng-zhèng bù fēn 党政不分[黨-] V.P. erase distinctions between the party and the government

dǎng-zhèng fēnkāi 党政分开[黨-開] V.P. separation of the functions of the party and the government

dǎng-zhèng fēnlí 党政分离[黨-離] V.P. separate party work from government work

dǎng-zhèng jīguān 党政机关[黨-關] N. administrative units of the party and the government

dāngzhí 当值/直[當-] V. <*trad.*> be on duty

dǎngzhībù 党支部[黨-] P.W. party branch

dǎngzhībù shūjì 党支部书记[黨--書-] N. party branch secretary M: ge/[1]míng/[2]wèi

dǎng zhǐhuī qiāng 党指挥枪[黨-槍] V.P. The party commands the gun.

dāngzhīwúkuì 当之无愧[當-] F.E. fully deserve (a title/etc.); be worthy of

dāngzhīyǒukuì 当之有愧[當-] F.E. not deserve (an honor/etc.); not be worthy of

dāngzhōng* 当中[當-] P.W. ① in the middle/center ② among

dāngzhòng 当众[當眾] ADV. in everyone's presence; in public

dāngzhòngchūchǒu 当众出丑[當眾-醜] V.P. make an exhibition of oneself

dāngzhōngjiānr 当中间儿[當-] P.W. ① center ② middle

dāngzhòng shēnchì 当众申斥[當眾-] V.P. reprove sb. before the public

dāngzhòng shòurǔ 当众受辱[當眾-] V.P. be insulted in the presence of others

dāngzhòng wǔrǔ 当众侮辱[當眾-] V.P. affront sb. in public

dāngzhòng xièzuì 当众谢罪[當眾-] V.P. apologize in public

dāngzhòng xiūrǔ 当众羞辱[當眾-] V.P. humiliate sb. in public

dāngzhòng xuānbù 当众宣布[當眾-] V.P. announce publicly

dǎngzhōngyāng 党中央[黨-] P.W. CP Central Committee

dāngzhóu 当轴[當-] N. leader of the government

dàngzhōu* 荡舟[蕩-] N. boat ♦V.O. row a boat

dāngzhóuchǔzhōng 当轴处中[當-處-] F.E. hold an important official post

dǎngzhù 挡住[擋-] R.V. block; impede; hinder; obstruct

dǎngzhǔxí 党主席[黨-] N. chairman of a party M: [2]wèi

dāngzi 当子[當-] N. ① <*topo.*> space; gap ② <*coll.*> classifier

dǎngzi 挡子[擋-] N. ① blind; shade; screen; fender ② <*coll.*> act; performance ♦V.M. *for events*

dàngzi* 档子[檔-] N. grade; level ♦V.M. <*topo.*> *for affairs/matters* ①one (thing/matter) ②group (of people/etc.)

dàngzǐ 荡子[蕩-] N. ① vagrant ② traveler to distant lands

dàngzǐbùguī 荡子不归[蕩-歸] V.P. the profligate fails to return

dǎngzǒngzhī 党总支[黨總-] N. general party branch

dǎngzǔ 党组[黨-] N. leading CP group (in an organization)

dàngzuò 当做/作[當-] V. consider/treat as

dàngzuò táijiē 当作台阶[當-臺階] V.O. use sth. as a pretext for inaction

dǎngzǔzhi 党组织[黨-織] N. CP organization

dānhán 单寒 S.V. ① thin ② thinly clad ③ impoverished

dǎnhán* 胆寒[膽-] V.P. lose one's nerve; be terrified

dānháng 单行 ATTR. <*print.*> single-space ♦N. single file

dānhào 单号[-號] N. odd numbers (of tickets/seats/etc.)

dānhè 担荷[擔-] V. shoulder a burden/responsibility (lit./fig.)

dànhén 弹痕 N. bullet/shot mark M: [2]dào

dànhèsè 淡褐色 N. light brown

dànhóng 淡红 ATTR. light red; pink

dànhóngsè 淡红色 N. light red

[1]**dànhù** 蛋户 N. boat people of Guangdong

[2]**dànhù** 蜑户 N. boat people in coastal Fujian/Guangdong

[1]**dànhuà** 淡化 V. ① desalinate ② weaken; attenuate (a conflict) ③ play/water down ④ lose charm; fade out

[2]**dànhuà** 淡话 N. idle chat

dānhuáng 丹黄 N. red/yellow ink used in proofreading/correcting

[1]**dànhuáng*** 蛋黄 N. yolk

[2]**dànhuáng(r)** 淡黄(儿) ATTR. light yellow

dānhuángguǎn 单簧管 N. <*mus.*> clarinet M: [4]zhī

dànhuángjiàng 蛋黄酱[-醬] N. mayonnaise M: píng

dànhuángsè 淡黄色 N. sallow (color)

dànhuàshuǐ 淡化水 N. desalted water M: bēi

dànhuātāng 蛋花汤[-湯] N. egg-drop soup M: wǎn

dānhūcí 单呼词 N. <*lg.*> interjection

dānhúguǎfú 单鹄寡凫[-鳧] ID. widow; widower

dǎnhuī 掸灰 V.O. brush off dust; dust

dānhuò 担货[擔-] V.O. carry merchandise on a pole

dàní 大鲵 N. <*zoo.*> giant salamander M: [1]tiáo

dànì* 大逆 N. the crime of high treason; betrayal

dǎniān(r) 打蔫(儿) V.O. <*coll.*> shrivel (of plants)

dànián* 大年 N. ① bumper year ② lunar year with last month of thirty days ③ <*coll.*> the New Year ④ advanced/great age

dànián chū'èr 大年初二 N. <*coll.*> the second day of the New Year

dànián chūyī 大年初一 N. first day of a lunar year

dàniándǐ 大年底 N. <*coll.*> eve/approach of New Year

dànián dǐxia 大年底下 N. <*coll.*> eve/approach of New Year

dàniáng 大娘 N. ①wife of father's elder brother ②aunt (respectful salutation for an elderly lady) M: [2]wèi

dàniángzǐ 大娘子 N. wife of a man with a concubine

dànián sānshí(r) 大年三十(儿) N. <*coll.*> New Year's Eve

dàniánxia 大年下 N. <*coll.*> New Year's Eve

dàniányè 大年夜 N. <*topo.*> lunar New Year's eve

dànìbùdào 大逆不道 F.E. treason and heresy; worst offense; sedition

dàniūr 大妞儿 N. ① grown-up girl ② one's oldest daughter

dānjì 丹剂[-劑] N. <*Ch. med.*> sublimed/pellet preparation

dànjī 蛋鸡[-雞] N. laying hen; layer M: [2]zhī

dànjì* 淡季 N. slack/off season (for business)

[1]**dānjià*** 担架[擔-] N. stretcher; litter M: [1]fù

[2]**dānjià** 单价[-價] N. unit price ♦ATTR. <*chem./bio.*> univalent

[1]**dànjiā** 蛋夹[-夾] N. omelet M: [2]zhī

[2]**dànjiā** 蛋家 N. boat houses of boat people

dànjiá 弹夹[-夾] N. magazine (of automatic firearm); clip M: ge/[2]zhī

dānjiàbīng 担架兵[擔-] N. <*mil.*> stretcher-bearer; litter-bearer M: ge/[1]míng

dānjiàchuáng 担架床[擔-] N. stretcher; litter M: [1]zhāng

dānjiàduì 担架队[擔-隊] N. stretcher team M: [4]zhī

dānjiān(r)* 单间(儿) N. ① separate room ② room for a single person

dānjiàn 单键 N. <*chem.*> single bond

dānjiànqiàwén 殚见洽闻 F.E. <*wr.*> erudite; learned

dānjiàn shēngchǎn 单件生产[-產] N. individual piece production; single-piece production; piecework

dànjiǎo(r) 旦角(儿) N. female role in a play M: ge/[1]míng/[2]wèi

dānjiǎotiào 单脚跳[-腳-] V.P. hop

dānjī chǔlǐ 单机处理[--處-] N. <*comp.*> uniprocessor

dānjìdào 单季稻 N. single cropping of rice

dānjié 殚竭 V.P. use up; exhaust

dānjiéqílì 殚竭其力 F.E. give all one's strength

dǎnjiéshí 胆结石[膽-] N. <*med.*> ① cholelithiasis ② gallstone

dānjīng 担惊[擔驚] V.O. ① be deeply anxious ② have fears

dānjīngguī 单晶硅 N. <*chem.*> single-crystal silicon

dānjīngjiélì 殚精竭力 F.E. do one's utmost; go all out

dānjīngjiélǜ 殚精竭虑[-慮] F.E. rack one's brains; devote one's entire energy and thought

dānjīnglú 单晶炉[-爐] N. <*chem.*> monocrystal oven M: [2]zhī/[1]tái

dānjīngshòupà 担惊受怕[擔驚-] F.E. remain in a state of anxiety

dānjīngtǐ 单晶体[-體] N. <*chem.*> monocrystal

dànjìnliángjué 弹尽粮绝[-盡糧絕] F.E. run out of ammunition and food supplies

dànjìnyuánjué 弹尽援绝[-盡-絕] F.E. be in very difficult circumstances

dānjì tóupiào 单记投票 V.P. <*law*> (yes/no) vote for a single candidate

[1]**dànjiǔ** 淡酒 N. weak liquor/wine M: bēi

[2]**dànjiǔ** 蛋酒 N. eggnog

dànjiǔ-cūcài 淡酒粗菜 N. simple meal

dānjiǔqiānyáng 担酒牵羊[擔-牽-] F.E. extend liberal hospitality

[1]**dānjù** 单据[-據] N. documentary evidence in trade (e.g., receipts/vouchers) M: [1]fèn/[1]zhāng

[2]**dānjù** 单句 N. <*lg.*> simple sentence

dànjuǎn(r) 蛋卷(儿) N. egg roll M: [2]gēn/ge

dànjué(r) 旦角/脚(儿)[-腳-] N. <*opera*> female role M: ge/[1]míng/[2]wèi

dānkǎ 单卡 N. single cassette deck (as of a recorder)

[1]**dànké(r)** 弹壳(儿)[-殼-] N. ① cartridge case ② shell

[2]**dànké** 蛋壳[-殼] N. eggshell

dànkéhuà 蛋壳画[-殼畫] N. eggshell painting M: [10]fú

dànkēng 弹坑 N. shell hole/crater

dānkǒng 单孔 ATTR. with one hole

dānkǒu 单口 N. solo (in folk music)

dānkǒu xiàngsheng 单口相声[-聲] N. one-person comic dialogue

dānkù 单裤 N. unlined trousers M: [1]tiáo

dānkuà 单跨 N. single span

dānkuǎn 单款 N. colophon without reference to the person, if any, for whom the picture was painted

dānkuàqiáo 单跨桥[-橋] N. simple span bridge M: [4]zuò/[1]jià

dànlán 淡蓝[-藍] N. light blue

dànlánsè 淡蓝色[-藍-] N. light blue

dànláo 惮劳[-勞] V.O. avoid trouble

dānlè 耽乐[-樂] V.O. indulge in pleasure

[1]**dānlì** 单利 N. simple (vs. compound) interest

[2]**dānlì** 殚力 V.O. strive ♦N. endeavor

dǎnlì* 胆力[膽-] N. courage; bravery

[1]**dānliàn** 单练[-練] <*coll.*> V. ① fight one to one; have a contest ② do sth. single-handed

[2]dānliàn 单恋[-戀] N. one-sided/unrequited love
dǎnliàng(r) 胆量(儿)[膽-] N. courage; guts
dānliào 单料 N. ingredients for a single recipe
dānliàohuò 单料货 N. goods made of thin material or single layer of material M: [2]jiàn
dānliè* 单列 N. single file
dǎnliè 胆裂[膽-] V.P. scared to death
dānlìng 单另 ADV. <coll.> ① alone; by oneself ② in addition; moreover ③ separately and exclusively
dānlìrénr 单立人儿 N. "standing man" radical (variant of no. 9)
dànlǜ 淡绿 ATTR. light green
dǎnlüè 胆略[膽-] N. courage and resourcefulness
dǎnluò 胆落[膽-] V.P. extremely frightened
Dānmài 丹麦[-麥] P.W. Denmark
Dānmàiyǔ 丹麦语[-麥-] N. Danish language
dànmàn 澶漫 S.V. ① long and wide ② unrestrained
dānměizhǔyì 耽美主义[-義] N. estheticism
dānmén* 单门 N. small/poor family
dānmèn 殚闷 V.P. faint; swoon; lose consciousness
dānmén-dúhù 单门独户[--獨-] N. single isolated house; detached house
dānmí 耽迷 A.T. be addicted to; be obsessed with
dānmiǎn 耽湎 V. addicted to
dānmiàn* 单面 ATTR. one side; single face
dǎnmiàn 黵面 N. <hist.> punishment of tattooing a criminal's face
[1]dānmíng 单名 N. ① single-character given name ② <lg.> monomial
[2]dānmíng 担名[擔-] V.O. ① assume a certain status ② bear a certain name
dānmíngshù 单名数[-數] N. <math.> single number
[1]dànmò 淡漠 V.P. ① indifferent; aloof; not interested/enthusiastic ② faint; dim
[2]dànmò 淡墨 N. light ink
[3]dànmò 澹漠 N. indifference
dànmòsè 淡墨色 N. light ink color
[1]dànmù 旦暮 N. ① morning and evening ② a brief span of time
[2]dànmù 弹幕 N. <mil.> barrage
dānmǔyīn 单母音 N. <lg.> monophthong; simple vowel
dǎnnáng 胆囊[膽-] N. <med.> gallbladder
dǎnnángyán 胆囊炎[膽-] N. <med.> cholecystitis
dānnì 耽溺 V. indulge in; abandon oneself to; wallow in
dānniàn 单念 N. <lg.> reading in isolation
dānníngsuān 单宁酸[-寧-] N. tannic acid
dànóng 大农[-農] N. big landlord
dànóngyè 大农业[-農業] N. ① greater farming (including agriculture/forestry/etc.) ② large-scale agriculture
dān'ǒuhūn 单偶婚 N. monogamy
dànpán 弹盘[-盤] N. <mil.> cartridge drum; magazine
[1]dānpí 丹皮 N. <Ch. med.> root bark of tree peony
[2]dānpí 单皮 N. ① <opera> small drum-like instrument for conducting other instruments ② single wall (containers)
dànpiàn 弹片 N. shell fragment; shrapnel M: [1]piàn
dānpiànjī 单片机 N. <comp.> one-chip computer M: [1]tái/[1]jià
dānpiān lùnwén 单篇论文 N. monograph
dānpiàn yǎnjìng 单片眼镜 N. monocle
dānpiáolǚkōng 箪瓢屡空[--屢-] F.E. stark poverty
dànpǐn 蛋品 N. egg products
dǎnpíng 胆瓶[膽-] N. vase with slender neck and bulging belly M: [2]zhī/ge
dānpò 丹魄 N. amber
dǎnpò* 胆破[膽-] V.P. be frightened/scared to death
dǎnpòxīnjīng 胆破心惊[膽-驚] F.E. be frightened/scared to death
dǎnqì* 胆气[膽氣] N. courage; bravery
dànqì 氮气[-氣] N. <chem.> nitrogen
dānqià 殚洽 V.P. very erudite ♦N. erudite knowledge; great experience
dānqiān 丹铅 N. proofreading; revision
dānqiāngpǐmǎ 单枪匹马[-槍--] F.E. single-handed; alone
dànqiàor 弹壳儿[-殼-] N. bullet shell
dǎnqiè 胆怯[膽-] S.V. timid; cowardly
dānqīn 单亲[-親] ATTR. single-parent
dānqīng* 丹青 N. <wr.> ① red and green ② painting ③ history; annals
[1]dànqīng 蛋清 N. <coll.> egg white
[2]dànqīng 蛋青 N. pale blue
[3]dànqīng 淡青 ATTR. light greenish blue
dànqīnghuà 蛋清画[-畫] N. egg tempera M: [10]fú/[1]zhāng
dānqīngmiàobǐ 丹青妙笔[-筆] F.E. superb artistry in painting
dànqīngsè 淡青色 N. light blue; light green
dānqīngtú 丹青图[-圖] N. <wr.> painting M: [10]fú/[1]zhāng
dànqīngyòuhuāpíng 淡青釉花瓶 N. clair-de-lune glaze vase M: [2]zhī
dānqīn jiātíng 单亲家庭[-親--] N. one-parent family
dànqiúwúguò 但求无过 F.E. only praying to commit no wrong
dànquán 淡泉 N. fresh-water spring
dǎnr 胆儿[膽-] N. courage; audacity; nerve
[1]dànrán 淡/澹然 V.P. indifferent; cool
[2]dànrán 憺然 V.P. content; satisfied
dànránchǔzhī 淡然处之[--處-] F.E. treat with indifference
dànránzhìzhī 淡然置之 F.E. unruffled
dānrén 单人 N. single person
dānrèn* 担任[擔-] V. ① assume office of; take charge of ② take responsibility
dànrén 蛋/蜑人 N. Fujian/Guangdong coastal boat people
dānrénchuáng 单人床 N. single bed M: [1]zhāng
dānrén-dúmǎ 单人独马[--獨-] N. by oneself; one person alone
dānrénfáng 单人房 N. single-bed room M: [1]jiān
dānrén fángjiān 单人房间 N. single-bed room M: [1]jiān
dānrén sùshè 单人宿舍 N. ① single-bed dormitory room M: [1]jiān ② dormitory for singles M: [4]zuò
dānrénwǔ 单人舞 N. solo dance
dānrì(zi)* 单日(子) N. odd-numbered days (of the month)
[1]dànrì 旦日 N. ① tomorrow; the next day ② dawn
[2]dànrì 诞日 N. birthday
dànrù 淡入 V.P. <cinema> fade in
dānruò 单弱 S.V. frail; thin and weak
dànruòshuǐ 淡若水 V.P. as insipid as water
dànrúyǔxià 弹如雨下 V.P. Bullets rained down.
dǎnsànghúnxiāo 胆丧魂消[膽喪-] F.E. be out of one's wits with fright
dànsǎo'éméi 淡扫蛾眉[-掃--] V.P. apply light makeup
dānsè 单色 ATTR. monochromatic
dànsè* 淡色 N. light color; delicate shade
dānsè diànshì 单色电视[--電-] N. monochrome television
dānsèxìng 单色性 N. monochromaticity
[1]dānshā 丹砂 N. cinnabar
[2]dānshā 丹痧 N. scarlet fever
dānshān 单衫 N. shirt M: [2]jiàn
dānshàn lāmén 单扇拉门 N. single sliding door
dānshànmén 单扇门 N. single-panel door M: [2]dào
dānshànyáomén 单扇摇门 N. single swinging door M: [2]dào
[1]dānshēn 单身 N. unmarried/single person ♦ATTR. alone; unaccompanied
[2]dānshēn 丹参[-參] N. <Ch. med.> salvia miltorrhiza M: [5]zhī/[4]zhī/[2]gēn
dānshēn dújū 单身独居[--獨-] V.P. live in solitude
dànshēng 诞生 V. be born; come into being; emerge ♦N. <Budd.> the Nativity (the birth of Gautama)
dànshēngdì 诞生地 P.W. birthplace
dānshēngdiào 单声调[-聲-] N. <lg.> monotony
dànshēngrì 诞生日 N. birthday
dānshēnhàn 单身汉[-漢] N. bachelor M: ge/[1]míng/[1]tiáo
dānshēn sùshè 单身宿舍 N. quarters for unmarried men/women; bachelor quarters M: [4]zuò
dānshēnzàiwài 单身在外 V.P. live alone away from home
dānshēn-zhīhàn 单身只汉[-隻漢] N. a single person
[1]dānshì 单是 CONJ. just; only; alone ♦CONS. ~ n. jiù v. n. alone v.; only n. v. ~ **nǐ yīge rén jiù gòu rènao de le.** You're raising enough of a ruckus yourself.
[2]dānshì 单式 N. <acct.> single entry
[1]dǎnshí 胆石[膽-] N. <med.> colelith; gallstone
[2]dǎnshí 胆识[膽識] N. courage and insight
dànshí 淡食 N. salt-free diet ♦V. eat saltless food
dànshǐ 但使 CONJ. only if; so long as
[1]dànshì* 但是 CONJ. but; however; yet; still
[2]dànshì(r) 淡事(儿) N. <coll.> trifle; inconsequential matter
dǎnshíbìng 胆石病[膽-] N. <med.> cholelithiasis
dànshícūyī 淡食粗衣 F.E. living in poverty
dǎnshíguòrén 胆识过人[膽識-] F.E. exceed the rest in bravery and wisdom
dānshí-hújiāng 箪食壶浆[-壺漿] *See dānsì-hújiāng*
dānshí-piáoyǐn 箪食瓢饮 *See dānsìpiáoyǐn*
dǎnshízhèng 胆石症[膽-] N. gallstone
dānshǒu 单手 ADV. single-handedly
dānshū 丹书[-書] N. imperial edict written in red M: [1]běn
dānshù 单数[-數] N. ① odd number ② <lg.> singular number
dànshu 担数[擔數] N. the number of times one has carried (with a carrying pole)
dànshū* 但书[-書] N. proviso; qualifying clause
dǎnshuā 掸刷 V. brush the dust off clothes/etc.
dānshuǐ 担水[擔-] V.O. carry water with a shoulder pole
dànshuǐ* 淡水 N. fresh water
dànshuǐhú 淡水湖 N. freshwater lake
dànshuǐ ruǎntǐ dòngwù 淡水软体动物[---體動-] N. <bio.> freshwater mollusk
dànshuǐ xiāzi 淡水虾子[--蝦-] N. freshwater shrimp
dànshuǐ yǎngyú 淡水养鱼[--養-] V.P. freshwater fish farming
dànshuǐ yǎngzhí 淡水养殖[--養-] V.P. freshwater aquaculture
dànshuǐyú 淡水鱼 N. freshwater fish M: [1]tiáo
dànshuǐ yúyè 淡水渔业[-業] N. freshwater fishing
dānshuō 单说 ATTR. <lg.> can be spoken on its own
dànshuōwúfáng 但说无妨 F.E. Just speak out what is in your mind.
dānshùshì 单数式[-數-] N. <lg.> singular
dānshù zhǔcí 单数主词[-數--] N. <lg.> singular subject
[1]dānsī* 单思 N. one-way love; crush on sb.
[2]dānsī 耽思 V. think deeply; ponder
dānsì 箪笥 N. ① bamboo box ② vessels for holding food
dānsì-hújiāng 箪食壶浆[-壺漿] F.E. cheer troops with food and drink
dānsījílǜ 殚思极虑[-極慮] F.E. rack one's brains
dānsìpiáoyǐn 箪食瓢饮 F.E. live in poverty
dànsù 氮素 N. <chem.> nitrogen

dǎnsuān 胆酸[膽-] N. cholic acid
dànsù kuàichē 弹速快车 N. bullet train M: [1]liè
dàntǎ 蛋塔 N. egg-custard tart M: [2]kuài
dāntān 单瘫[-癱] N. <med.> monopleigia
dāntáng 单糖 N. monosaccharide
dàntáng* 弹膛 N. <mil.> chamber (of a rifle/etc.)
dāntǐ 单体[-體] N. <chem.> element
dāntián 丹田 N. <phys.> lower part of the abdomen
dāntiánqì 丹田气[-氣] N. deep breath controlled by the exercise of the diaphragm
dāntiāo* 单挑 V. <coll.> do sth. by oneself; work on one's own
dāntiáo 单条[-條] N. ① a vertical scroll of painting/calligraphy ② single-strip painting
dāntiáo biànhuànlǜ 单条变换律[-條變換-] N. <lg.> simple/singulary transformation
dāntǐ jìsuànjī 单体计算机[-體---] N. <comp.> all-in-one computer M: [1]jià/[1]tái
dāntǐ xiàngxíngzì 单体象形字[-體---] N. <lg.> simple pictograph
dāntǐzì 单体字[-體-] N. <lg.> simple graph
dàntóu 弹头 N. bullet; warhead M: [1]kē
dàntóu xìnguǎn 弹头信管 N. <mil.> nose fuse
dāntǔbānzhuān 担土搬砖[擔-磚] F.E. carry mud and bricks
dànù 大怒 N. rage
dànǚ 大女 N. unmarried woman over the marriage age
dànǚr 大女儿 N. eldest daughter
dànǚzǐzhǔyì 大女子主义[-義] N. female chauvinism
dànwán 弹丸 N. pellet; shot ♦ATTR. <wr.> tiny (area)
[1]**dànwàng** 淡忘 V. fade from memory
[2]**dànwàng** 诞妄 V./N. ① cheat with lies ② brag; boast
dànwán xiǎoguó 弹丸小国[-國] N. tiny country
dànwánzhīdì 弹丸之地 N. tiny piece of land
[1]**dānwèi*** 单位 N. ① unit (in measurement or organization) ② <lg.> element; -eme ③ unity
[2]**dānwèi** 单味 N. <Ch. med.> single drugs
dànwèi 淡味 N. bland taste
dānwèi chéngběn 单位成本 N. cost per unit of production
dānwèicí 单位词 N. <lg.> partitive
dānwéi fānchuán 单桅帆船 N. sloop M: [1]tiáo/[2]zhī/[1]sōu
dānwèi míngcí 单位名词 N. <lg.> unit noun; classifier
dānwèiyào 单味药[-藥] N. <Ch. med.> single substance drug M: [14]fù
dānwèi yǔfúliè 单位语符列 N. syntagm; syntagma
dānwèizhì 单位制 N. system of units (e.g., metric)
dānwu 耽误 V. ① delay; hold up ② mess up by delay
dānwù gōngfu 耽误功夫 V.O. take up precious time
dànwúxūfā 弹无虚发[-虛發] F.E. Every shot hit the mark.
dānxí 耽习[-習] V.P. be absorbed in study
dānxì 单细 V.P. small and thin
dàn-xī* 旦夕 N. ① <wr.> this morning/evening ② a short while ③ <traf.> single track
dànxiá 弹匣 N. <mil.> magazine
dānxiǎn 担险[擔-] V.O. run a risk
dānxiàn* 单线 N. single-line/one-way route M: [1]tiáo
[1]**dānxiàng** 单项 N. <sport> individual event
[2]**dānxiàng** 单向 ATTR. one-way; unidirectional
[3]**dānxiàng** 单相 N. single-phase; monophase
dānxiàng cèshì 单项测试 N. discrete-point test
dānxiànglù 单向路 N. one-way street M: [1]tiáo
dānxiàngshì 单项式 N. <math.> monomial
dānxiāngsī 单相思 N. unrequited/one-sided love
dānxiàng xìtǒng 单项系统 N. <lg.> unidirectional system
dānxiánr 单弦儿 N. storytelling to musical accompaniment
dǎn(r)xiǎo 胆(儿)小[膽-] S.V. timid; cowardly
dǎnxiǎobēiqiè 胆小卑怯[膽-] F.E. chicken-hearted
dǎnxiǎoguǐ 胆小鬼[膽-] N. coward
dǎnxiǎopàshì 胆小怕事[膽-] V.P. timid and overcautious
dǎnxiǎorúshǔ 胆小如鼠[膽-] V.P. lily-livered; chicken-hearted
dānxìbāo 单细胞 <phys./bio.> N. single cell ♦ATTR. unicellular
dànxīhuòfú 旦夕祸福[--禍-] F.E. sudden changes of fortune
[1]**dānxīn** 担/耽心[擔-] V.O./V./S.V. worry; feel anxious
[2]**dānxīn** 丹心 N. loyal heart; loyalty M: [1]piàn
[3]**dānxīn** 殚心 V.O. devote one's entire mind
dànxīnánbǎo 旦夕难保[--難-] F.E. be in imminent peril
dànxíng 蛋形 N. egg-shape; oval
dānxíngběn(r) 单行本(儿) N. ① separate volume/edition ② volume (of a collection) that comes out separately ③ offprint M: [1]běn/[4]cè
dānxíngdào 单行道 P.W. one-way street; one-way traffic M: [1]tiáo
dānxíngfǎ 单行法 N. special/separate regulations
dānxíng fǎguī 单行法规 N. special/separate regulations M: [1]tiáo
dānxíngfàn 单行犯 N. <law> first offender M: ge/[1]míng
dānxìnghuā 单性花 N. <bot.> unisexual flower M: [1]zhǒng
dānxìng shēngzhí 单性生殖 N. <bio.> parthenogenesis
dānxíng tiáolì 单行条例[--條-] N. specific regulations
dānxíngxiàn 单行线 N. one-way road M: [1]tiáo
dànxīzhījiān 旦夕之间 N. <wr.> in a day's time; overnight
dànxīzhīwēi 旦夕之危 N. the danger of death or destruction
dǎnxū 胆虚[膽虛] V.P. nervous; jittery; scared
dànxū* 但须 AUX. one only needs to
dānxúnhuán 单循环[-環] N. ① one-way circulation ② <sport> single elimination
dānxúnhuánsài 单循环赛[--環-] N. <sport> single-elimination tournament M: [2]chǎng
dànyǎ 淡/澹雅 S.V. quietly elegant; quiet and refined
[1]**dānyán** 耽延 V. delay; put off
[2]**dānyán** 单檐 N. <archi.> single tier of eaves
dānyǎn* 单眼 N. <zoo.> ocellus
dānyǎnpí(r) 单眼皮(儿) N. eyelids with epicanthic fold (single eyelids)
dānyào 丹药[-藥] N. <Ch. med.> ① pellet ② medicinal powder
dànyào* 弹药[-藥] N. ammunition M: [4]hé
dànyàocāng 弹药仓[-藥倉] N. (gun) magazine M: ge/[4]zuò
dànyàokù 弹药库[-藥-] N. ammunition depot M: ge/[4]zuò
dànyàoxiāng 弹药箱[-藥-] N. <mil.> caisson M: [2]zhī
dānyè fēijī 单叶飞机[-葉飛-] N. monoplane M: [1]jià
dānyè qīngyàng 单页清样[-様] N. page proofs M: [1]zhāng
dǎnyèzhì 胆液质[膽-質] N. choleric temperament
[1]**dānyī*** 单一 ATTR. single; unitary
[2]**dānyī** 单衣 N. unlined garment M: [2]jiàn
[1]**dānyì** 单翼 ATTR. single-wing
[2]**dānyì** 单意 ATTR. ① having a single intention ② <lg.> mono-semantic
dānyìcí 单义词[-義-] N. <lg.> mono-semantic word
dānyī fānyì 单一翻译[-譯] N. <lg.> unit translation
dānyī fùcí 单一副词 N. <lg.> single adverb
dānyī jīngjì 单一经济[-經濟] N. single-product economy
dānyī jīngyíng 单一经营[-經營] N. ① one-product operation ② one-crop agriculture
dānyīn* 单音 N. <lg> ① monosyllable phone; single sound ② segment ③ monotony
dànyǐn 弹引 N. bomb detonator/fuse
dānyìnběn 单印本 N. offprint M: [4]cè/[1]běn
dānyīncí 单音词 N. <lg.> monosyllabic word; monosyllable
dānyǐnhào 单引号[-號] N. ① single quotation mark ② apostrophe
dānyīnhuà 单音化 N. <lg.> monophthongization
dānyīnjié 单音节[-節] N. monosyllable
dānyīnjiécí 单音节词[--節-] N. <lg.> monosyllabic word
dānyīnjiéyǔ 单音节语[--節-] N. <lg.> ①monosyllabic language ② monosyllable
dānyīnjié yǔyán 单音节语言[--節--] N. <lg.> monosyllabic language
dānyīn shuāngzìmǔ 单音双字母[--雙--] N. <lg.> digraph
dānyīnsù 单音素 N. <lg.> single segment
dānyīnzhuì 单音缀 N. <lg.> monosyllable
dānyīnzì 单音字 N. monosyllable
dānyīnzìbiǎo 单音字表 N. <lg.> list of monosyllables M: [1]fèn/[1]zhāng
dānyīshang 单衣裳 N. thin clothes (for warm weather) M: [2]jiàn
dānyīshuì 单一税 N. single tax
dānyītǐ 单一体[-體] N. unitary system
dānyī yǐnyù 单一隐喻[--隱-] N. <lg.> simplex metaphor
dānyìyìxìng 单意义性[--義-] N. <lg.> ① monosemy ② univocity
dānyī zhòngzhí 单一种植[--種-] N./V.P. single-crop farming
dānyī zhuǎnhuàn 单一转换[-轉換] N. <lg.> singular transformation
dānyī zhǔtíjù 单一主题句 N. <lg.> one-topic sentence
dānyòng 单用 V. use separately
dànyòngjī 蛋用鸡[-雞] N. layer (of chickens) M: [2]zhī
dānyōu 担/耽忧[擔憂] V. be apprehensive; worry; be anxious
dānyú 耽于[-於] V.P. be addicted to; indulge in
dānyǔ 单语 <lg.> N. simple word ♦ATTR. monolingual
dànyǔ* 弹雨 N. a hail of bullets
dànyù 诞育 V. bear and raise (offspring)
dānyuán* 单元 N. ① residential unit ② unit of teaching materials ③ module
dànyuǎn 淡远[-遠] V.P. subtle yet far-reaching (of artistic work)
dànyuàn 但愿[-願] V.P. I wish that. . .; if only. . .
dānyuánfáng 单元房 P.W. apartment; unit
dānyuánlóu 单元楼[-樓] N. residential/apartment building M: [4]dòng
dànyuànrúcǐ 但愿如此[-願--] F.E. Let's hope it's so.
dānyuántǐ 单元体[-體] N. <bot.> haplont; unit body
dānyuàn xìtǒng 单院系统 N. <pol.> unicameral system
dānyuán xuéfēnzhì 单元学分制 N. unit-credit system
dānyuányīn 单元音 N. <lg.> monophthong; simple/single vowel
dānyuányīnhuà 单元音化 N. <lg.> monophthongization
dānyǔ cídiǎn 单语词典 N. monolingual dictionary M: [1]běn/[4]cè/[2]bù
dānyuè* 单月 N. odd-numbered months
dànyuè 淡月 N. slack month (for business/etc.)
dānyùnmǔ 单韵母[-韻-] N. <lg.> simple final
dānyǔqī 单语期 N. <lg.> holophrastic stage
dānyǔshì 单语式 N. <lg.> simple form
dānyǔ shǐyòngzhě 单语使用者 N. <lg.> monolingual

dānyǔsù yǔyán 单语素语言 N. <lg.> monomorphemic language

dānyǔ xiànxiàng 单语现象 N. <lg.> monolingual

dānyǔzhì 单语制 N. <lg.> monolingualism; monolingual

dǎnzhàn 胆战[膽戰] V.P. ① shudder/tremble with fear ② paralyzed with fear

dānzhāng(r) 单张(儿) N. single sheet (of paper/ etc.)

dǎnzhànxīnjīng 胆战心惊[膽戰-驚] F.E. be terror-stricken

dānzhào 丹诏 N. imperial edict written in red

dànzhě 淡赭 N. faint umber; ink painting with very little added color

dànzhěsè 淡赭色 N. fawn; light grayish brown

dǎnzhī* 胆汁[膽-] N. bile

dànzhǐ 但只 V.P. only

dànzhìpǐn 蛋制品[-製-] N. egg products M: [1]*zhǒng*

dǎnzhīzhì 胆汁质[膽-質] N. choleric temperament

dān zhòngdàn 担重担[擔-擔] V.O. bear a heavy burden

dānzhòngyīn 单重音 N. <lg.> single stress

dǎnzhǒu 掸帚 N. <topo.> duster (for cleaning) M: [1]*bǎ*

dānzhū 丹朱 N. cinnabar; mercury sulfide

dānzhú 丹竹 N. red bamboo M: [2]*kē*

[1]**dànzhū*** 弹珠 N. pellet M: [3]*lì*/[1]*kē*

[2]**dànzhū** 淡朱 N. pinkish red

dànzhú 淡竹 N. henon bamboo M: [2]*kē*

dǎnzhuàng 胆壮[膽壯] V.P. bold; fearless; courageous

dànzhuāng* 淡妆[-妝] N. light makeup

dànzhuāngnóngmǒ 淡妆浓抹[-妝濃-] N. woman's light and heavy makeup

dànzhuāngsùmiáo 淡妆素描[-妝--] N. simple makeup

dānzhuàng zhùsuǒ 单幢住所 P.W. cottage M: [4]*zuò*/*chù*

dànzhuódiǎn 弹着点[-著點] N. <mil.> point of impact

dānzi 单子 N. ① list; bill; form ② bed sheet *See also dānzǐ*

dānzǐ 单子 N. ① <phil.> monad ② only son *See also dānzi*

dānzì(r) 单字(儿) N. ① individual/separate Chinese character ② separate word (in a foreign language)

[1]**dǎnzi** 胆子[膽-] N. courage; nerve

[2]**dǎnzi** 掸子 N. duster (usu. of feathers)

[1]**dànzi*** 担子[擔-] N. ① carrying pole plus load M: [1]*fù* ② responsibility; charge

[2]**dànzi** 弹子 N. ① slingshot pellet ② marbles ③ billiards M: [3]*lì*/[1]*kē*/*ge*

[3]**dànzi** 蛋子 N. ① sth. egg-shaped ② <topo.> testicles; "balls" M: [1]*kē*/*ge*

dànzǐ 诞子 V.O. give birth to son

dǎnzi dà 胆子大[膽-] V.P. be bold

dànzǐfáng 弹子房 P.W. billiard/pool room M: [1]*jiān*

dānzìmǔ 单字母 N. <lg.> single letter

dànzǐsè 淡紫色 N. light purple

dànzǐtái 弹子台[-臺] N. billiard table M: [1]*zhāng*

dànzǐxì 弹子戏[-戲] N. billiards; marbles M: [2]*chǎng*

dānzì zhòngdú 单字重读[-讀] N./V.P. <lg.> word stress

dānzǒu 担走[擔-] R.V. carry away with a carrying pole

dànzú 氮族 N. <chem.> nitrogen family

[1]**dānzuò** 单座 N. single-seater (vehicle)

[2]**dānzuò** 单作 N. <agr.> single crop

dānzuò fēijī 单座飞机[--飛-] N. single-seat airplane M: [1]*jià*

dànzuòwúfáng 但坐无妨 F.E. Just sit down as you please.

[1]**dāo** 刀 N. ① knife; sword; blade ② sth. shaped like a knife M: [1]*bǎ* ♦M. 100 sheets (of paper)

[2]**dāo** 叨 B.F. talk on and on *dāodao See also* [5]*tāo*

[3]**dāo** 忉 in *dāodá, dāodao*

[4]**dāo** 道 in [2]*shénshendāodāo See also* [4]*dǎo*, [2]*dào*

[5]**dāo** 氘 N. <chem./phy.> deuterium

[1]**dáo** 捯 <coll.> V. ① pull back/up on a rope ② find out; trace

[2]**dáo** 倒 B.F. follow up [2]*dáochi, dáogēn See also* [1]*dǎo*, [3]*dào*

[1]**dǎo** 倒 V. ① fall over; topple *Bié yībiānr ~.* Don't lean to one side. ② collapse ③ become hoarse ④ exchange; move around; shift *Wǒmen ~ yīxià zuòwèi hǎo ma?* Do you mind changing seats with me? ⑤ <coll.> make money doing business *See also* [2]*dáo*, [3]*dào*

[2]**dǎo** 岛[島] N. island; isle M: [4]*zuò*/*ge*

[3]**dǎo** 捣[搗] V. ① thresh (grain); hull; unhusk ② beat; pound ♦B.F. attack; harass *dǎoluàn*

[4]**dǎo** 导/道[導/-] B.F. ① guide; lead *yǐndǎo* ② transmit; conduct *bàndǎotǐ* ③ instruct; direct *zhǐdǎo See also* [4]*dāo*, [2]*dào*

[5]**dǎo** 蹈 V. <wr.> tread; stamp the feet ♦B.F. ① skip; trip ② follow ③ dance *wǔdǎo*

[6]**dǎo** 祷[禱] B.F. pray; beg *qídǎo*

[1]**dào*** 到 V. ① arrive; reach ② go to ♦COV. up until ♦S.V. thoughtful; considerate ♦CMP. completion of verbal action *Nǐ kàn~ dì-jǐ yè le?* What page have you gotten to? ♦CONS. ~. . .(*wéi*)*zhǐ* reach. . .as a stopping point; as far as. . . *~ xiànzài wéizhǐ, wǒmen zhǐ shōudào 20 piān lùnwén.* Up to now we have received only 20 papers.

[2]**dào** 道 N. road; path ♦M. ① *for rivers/topics/etc.* ② *for a course (of food); a streak (of light); etc.* ♦V. ① say; speak; talk (introducing direct quote, novel style) *chángyán ~* as the saying goes *Tā shuō~: ". . ."* He said: ". . ." ② think; suppose ♦B.F. ① channel ② way; reason; principle ③ doctrine ④ Daoism ⑤ line ⑥ <hist.> ⑦ district; circuit canal; passage; tube ⑧ say (polite words) *dàoxiè See also* [4]*dāo*, [4]*dǎo*

[3]**dào** 倒 V. ① invert; move backward; place upside down ② pour ♦ADV. ① back; in reverse order ② actually; contrary to what was said/ thought ♦CONJ. but; still; nevertheless *See also* [2]*dáo*, [1]*dǎo*

[4]**dào** 稻 N. paddy; rice (the plant, or unhusked grain)

[5]**dào** 盗[盜] B.F. ① steal; rob; misappropriate *dàomài* ② robber; pirate *qiángdào*, [1]*hǎidào*

[6]**dào** 悼 V. mourn; lament

[7]**dào** 帱[幬] B.F. cover *fùdào*

[8]**dào** 纛 B.F. <trad.> large military flag/pennant *zàodào, gāoyā dàdào*

[9]**dào** 焘[燾] in *wúbùfùdào See also* [8]*tāo*

[1]**dào'àn** 到案 V.O. answer a court summons

[2]**dào'àn** 盗案[盜-] N. a case of theft/larceny/ robbery/burglary M: [2]*jiàn*/[1]*qǐ*

dào'àn jiàgé 到岸价格[--價-] N. cost, insurance, and freight (C.I.F.)

dāobā 刀疤 N. scar left by a knife-cut M: [2]*dào*/ [1]*tiáo*

dāobà(r)* 刀把(儿) N. knife handle; sword hilt

dǎobǎ 倒/捣把[搗-] V. speculate and profiteer

dàobá 倒拔 V. pull up

dàobái 道白 N. spoken lines/parts in an opera M: [1]*piān*/[2]*fān*

dàobáiyèkūbìng 稻白叶枯病[--葉--] N. rice bacterial blight

dǎobān(r)* 倒班(儿) V.O. work in shifts; work by turns

dǎobǎn 倒/导板[導-] N. opera rhythmic scheme

dàobān 道班 N. railway/highway maintenance squad

dàobǎn 盗版[盜-] N. pirated edition

dǎobāo 倒包 V.O. ① secretly substitute one thing for another ② give a present received to sb. else

dǎobào* 导报[導報] N. guide (as the name of a newspaper) M: [1]*zhāng*/[1]*fèn*

dàobāochóng 稻苞虫[-蟲] N. <zoo.> rice plant skipper M: [2]*zhī*

dāobàzi 刀把子 N. ① handle; hilt ② military power ③ sth. that may be used against one

dāobèi(r) 刀背(儿) N. ① back of a knife blade ② occasion on which money spent is wasted

dàobèirúliú 倒背如流 F.E. ① able to recite sth. backward fluently ② know sth. by heart

dàobèishǒu(r) 倒背手(儿) V.P. with one's hands behind (when walking)

dāobǐ 刀笔[-筆] N. ① drafting of indictments/ appeals/etc. ② pettifogger ③ <trad.> writing knife used to inscribe characters on bamboo

dāobì 刀币[-幣] N. <hist.> knife-shaped coins M: [4]*méi*

[1]**dǎobì*** 倒闭 V. go bankrupt

[2]**dǎobì** 倒毙[-斃] V. fall dead

dǎobiǎnr 倒扁儿 V.O. run around to obtain money/goods

dǎobiāo 导标[導標] N. navigation mark

dàobié 道别 V.O. bid farewell to

dāobǐlì 刀笔吏[-筆-] N. ① minor official who draws up indictments ② pettifogger M: *ge*/[1]*míng*

dāobīng 刀兵 N. ① weapons; arms ② fighting; war

dāobǐng* 刀柄 N. knife handle

dāobīngzàiqǐ 刀兵再起 F.E. renewal of armed conflict

dāobīngzhīzāi 刀兵之灾[-災] N. calamities of war; war

dāobǐsòngshī 刀笔讼师[-筆-師] N. pettifogging lawyer M: *ge*/[1]*míng*

dāobǐzhīcí 刀笔之词[-筆--] N. very severe statements M: [1]*piān*/[1]*fèn*

dǎobō 导播[導-] N. (TV) director

dāobùchūqiào 刀不出鞘 F.E. no need to draw swords

dàobudào 到不到 V.P. <coll.> Is everything OK?

dǎobuguò jiǎo lai 倒不过脚来[---腳-] V.P. <coll.> unable to recover from a misstep/ misfortune

dǎobuguòlai 倒不过来 R.V. cannot meet the turnover in business

dǎobuguò shǒu lai 倒不过手来 V.P. <coll.> be unable to make a new start

dǎobukāi 倒不开[-開] R.V. ① be unable to juggle tasks/etc. ② cannot make space owing to slow turnover

dǎobuliǎo 倒不了 R.V. be unlikely to fall down

dàobuliǎo* 到不了 R.V. can't reach (a place)

dàoburú 倒不如 V.P. ① it would be better to ② be no better than

dàobùshíyí 道不拾遗 F.E. honesty pervades society

dàobùtóng-bùxiāngwéimóu 道不同不相为谋 F.E. People with different principles will not make common cause

dàobùxíng 道不行 V.P. The right teachings do not prevail.

dàocǎi 倒彩 N. booing; hooting; catcalls ♦V.O. <opera> catcall when a performer slips

dǎocāng 倒仓[-倉] V.O. ① take grain out of granary to sun it ② transfer grain from one granary to another

dǎocáo 倒曹 V.O. <coll.> lose face

dàocǎo* 稻草 N. rice straw M: [2]*gēn*

dàocǎorén 稻草人 N. scarecrow

dàocǎorù 稻草褥 N. straw mattress M: [1]*tiáo*/ [1]*chuáng*

dāochā* 刀叉 N. knife and fork M: [1]*fù*

dǎochá(r) 倒茬(儿) V.O. <agr.> rotate crops

dàochā 倒插 V. insert sth. or plant a tree upside down ♦N. reversal of normal order of sentences/ etc.

[1]**dàochá** 倒茶 V.O. pour tea

[2]**dàochá** 道碴 N. (railway) ballast

dàochà 道岔 N. railroad switch

dàochābǐ 倒插笔[-筆] N. flashback M: [1]*duàn*

dàochāi 到差 V.O. arrive at a post; appear for duty

dàochāmén 倒插门 N. husband who lives in his wife's parent's home

dàocháng 稻场[-場] P.W. yard for sunning/ drying M: *ge*/[1]*piàn*

[1]**dàochǎng*** 到场[-場] V.O. be present; show up; turn up

[2]**dàochǎng** 道场[-場] N. Daoist/Buddhist rites ♦P.W. place where such rites are performed

dàochángbùduǎn 道长不短 F.E. neither too long nor too short

dǎochángxígù 蹈常袭故 F.E. follow conventions blindly

dāochārùqiào 刀插入鞘 F.E. fit the dagger into the sheath

dǎochē* 倒车 V.O. change trains/buses *See also dàochē*

dàochē 倒车 V.O. back a car *See also dǎochē*

dāochǐ* 刀尺 N. ① scissors and tapelines ② authority to judge and appoint a person to do a task

[1]**dáochi** 捯饬 V. <coll.> dress up; make up; doll up

[2]**dáochi** 倒饬 V. <coll.> do or engage in (a hobby/etc.)

dǎochi 捣持[搗-] V. <coll.> engage in

dǎochi de hěnpiàoliang 捣持得很漂亮[搗-] V.P. <coll.> all dolled up

dǎochi gǔwán 捣持古玩[搗-] V.O. <coll.> restore curios

dǎochi hǎo bàntiān 捣持好半天[搗-] V.P. <coll.> spend a long time primping

dáochihuòr 捯斥货儿 N. <coll.> restored ware

dàochítài'ē 倒持太/泰阿 ID. surrender power to another at one's peril

dào chōu yī kǒu lěngqì 倒抽一口冷气[-氣] V.P. give a gasp of astonishment

dào chōu yī kǒu qì 倒抽一口气[-氣] V.P. give a gasp of astonishment

[1]**dǎochū** 倒出 R.V. spare (hands/money/etc.) for other purposes *See also* [1]*dàochū*

[2]**dǎochū** 导出[導-] R.V. lead/guide/channel out

[1]**dàochū** 倒出 R.V. pour out *See also* [1]*dǎochū*

[2]**dàochū** 道出 R.V. speak out; tell

dàochù* 到处[-處] N. everywhere

dāochuāng* 刀疮[-瘡] N. wound from a sword

dàochuáng 道床 N. railway road bed

dāochuāngyào 刀创药[-創藥] N. medicine for a knife wound M: [14]*fù*

dàochūlai 倒出来 R.V. pour out

dàochù luànchuán 到处乱传[-處亂傳] V.P. bandy about

dàochù luàncuàn 到处乱窜[-處亂竄] V.P. poke one's nose everywhere

dàochūnhán 倒春寒 N. springtime cold spell

dàochù pèngbì 到处碰壁[-處--] V.P. run into snags everywhere

dàochù piāobó 到处漂泊[-處--] V.P. (driven) from pillar to post

dàochù shēnshǒu 到处伸手[-處--] V.P. poke one's fingers everywhere

dàochù shùdí 到处树敌[-處樹敵] V.P. make enemies everywhere

dàochù sōuchá 到处搜查[-處--] V.P. look up and down

dàochùwéijiā 到处为家[-處--] V.P. Everywhere may be one's home.

dàochùyīyóu 到处一游[-處--] V.P. have traveled thus far; have visited this place

dàochúzì 倒除字 V.O. <comp.> backspace

dàochù zuānyíng 到处钻营[-處鑽營] V.P. poke one's nose into every corner

dǎocí 祷词[禱-] N. prayer M: [1]*piān*/[1]*fèn*

dàocí* 悼词/辞[-辭] N. memorial speech/eulogy M: [1]*piān*/[1]*fèn*

[1]**dàocì** 倒刺 N. hangnail M: [2]*gēn*

[2]**dàocì** 道次 N. on the way

dàocǐwéizhǐ 到此为止 F.E. stop here; thus far

dāocóngjiànshù 刀丛剑树[-叢-樹] F.E. a forest of knives and swords

dàocuò 倒错 N. perversion

dāodá 忉怛 V.P. grieved; distressed; sad

dàodá* 到达[-達] V. reach; arrive

dàodàbùxiǎo 道大不小 V.P. neither too big nor too small

dàodágǎng 到达港[-達-] N. port of arrival M: *ge*/*chù*

dàodài 倒带[-帶] V.O. rewind tape

dàodàijiàn 倒带键[-帶-] N. rewind button

dàodǎ luó(r) 倒打锣(儿)[--鑼-] V.O. <topo.> everything upside down

[1]**dǎodàn** 捣蛋[搗-] V.O. make trouble; raise hell

[2]**dǎodàn** 导弹[導-] N. guided missile M: [4]*méi* ♦V.O. <TW/slang> cause trouble

dàodǎng 倒挡[-擋] V.O. reverse gear

dǎodànwǎng 导弹网[導-網] N. missile network M: [1]*zhāng*

dāodao* 叨叨 V. <coll.> ① chatter away ② nag ③ mumble; mutter; grumble

dāodāo 忉忉 R.F. distressed; worried

dǎodao jiǎor 倒倒脚儿[--腳-] V.O. <topo.> walk duckfooted

dāodaojìnr 叨叨劲儿[--勁-] N. <coll.> loquaciousness

dāodaoniànniàn 叨叨念念 R.F. mutter and grumble

dàodaor 道道儿 N. <topo.> way; method *Tā néng shuōchū ge ~ lái* He can come up with a convincing explanation.

dàodǎyīpá 倒打一耙 V.P. make an unfounded countercharge

dàodázhàn 到达站[-達-] N. destination

dàodé 道德 N. morality; ethics; morals

dàodé duōshù 道德多数[-數] N. moral majority

dàodé fǎtíng 道德法庭 N. columns in publications which criticize unethical conduct

dàodéguān 道德观[-觀] N. moral concepts

dàodé guānniàn 道德观念[--觀-] N. moral concepts

dàodéjiā 道德家 N. scholars of classical ethics M: *ge*/[1]*míng*/[2]*wèi*

dàodé jiàoyù 道德教育 N. education in ethics

Dàodéjīng 道德经[-經] N. <wr.> *The Classic of the Virtue of the Dao* M: [1]*běn*/[2]*bù*

dāodeng 叨登/蹬 V. ① turn sth. over and over ② harp on an old story

dǎodēng* 倒登 V. <coll.> ① do business; deal in; buy and sell ② toss and turn; bob up and down ③ rob and carry away ④ transfer

dàodé pànduàn 道德判断[-斷] N. moral judgment

dàodé wèntí 道德问题 N. a question of morality/ethics

dàodéxīn 道德心 N. a sense of morality

dàodé yòngyǔ 道德用语 N. <lg.> moral discourse

dàodé zhìcái 道德制裁 N. moral sanctions

dǎodì 倒地 V.O. fall down to the ground

dàodǐ* 到底 CMP. to the end/finish ♦ADV. ① at last; in the end; finally ② after all; in the final analysis

dàodì 道地 S.V. <topo.> ① from the place noted for the product ② genuine; authentic ③ of good quality

[1]**dǎodiàn** 导电[導電] N. electric conduction

[2]**dǎodiàn** 倒店 V.O. close down shop; become insolvent

dàodiǎn* 到点[-點] V.O. it's time to do sth.; time is up

dǎodiàntǐ 导电体[導電體] N. electric conductor

dǎodiànxìng 导电性[導電-] N. electric conductivity

dàodìhuó(r) 道地活(儿) N. <coll.> fine workmanship

dàodīng 道钉 N. railway (dog) spike M: [4]*méi*/[2]*gēn*

dàodǐng* 到顶 V.O. ① reach a pinnacle ② reach peak performance

dāodòng 叨动[-動] V. move; shift

dǎodong 倒动[-動] R.V. <topo.> ① steal and carry away ② remind; reiterate ③ do business; deal in ④ toss and turn; churn ⑤ transfer *See also* [2]*dǎodòng*

[1]**dǎodòng*** 捣动[搗動] R.V. ① turn over ② <topo.> stir up; incite

[2]**dǎodòng** 倒动[-動] R.V. ① move; shift ② <topo.> buy and sell *See also dǎodong*

dàodòng 盗洞[盜-] V.O. <coll.> dig a hole

dǎodong chūlai 倒动出来[-動--] R.V. <coll.> steal and carry away

dǎodong dōngxi 捣动东西[搗動-] V.O. <coll.> make off with things

dǎodong mǐ 倒动米[-動-] V.O. <coll.> deal in rice

dǎodòng shíjiān 倒动时间[-動時-] V.O. <coll.> keep the time in mind

dāodòu 刀豆 N. sword/French/jack bean M: [2]*gēn*

dāo duì dāo, qiāng duì qiāng 刀对刀,枪对枪[-對-,槍對槍] V.P. give tit for tat

dàoduōbùshǎo 道多不少 V.P. neither too many nor too few

dàodúshù 倒读数[-讀數] N. countdown

dāofǎ* 刀法 N. skill in using a knife/sword

[1]**dàofá** 盗伐[盜-] V. fell trees unlawfully

[2]**dàofá** 道乏 V.O. thank sb. for standing in at a function

dāofān 叨翻 V. <coll.> ① dredge up; bring to the surface ② find fault with; nag

dǎofàn 倒贩 V. <coll.> do business; deal in

dàofǎn* 倒反 ADV. unexpectedly; contrary to what one expects

dàofàn 稻饭 N. cooked rice

dàofǎng* 到访 V. arrive on a visit

dàofàng 倒放 V. upend

dàofēi 倒飞[-飛] N. inverted flight

dàofěi* 盗匪[盜-] N. robbers; bandits M: *ge*/[1]*míng*

dàofēishī 稻飞虱[-飛-] N. <zoo.> plant hopper M: [2]*zhī*

dàofèn 倒粪[-糞] V.O. turn over and repile a heap of manure/compost

dāofēng 刀锋 N. knife point/edge

dǎofèngdiānluán 倒凤颠鸾[-鳳-鸞] ID. have sexual intercourse

dāofǔ 刀斧 N. knife and ax

dǎofú 倒伏 V. lodge or fall down (of crops)

dāofǔcóngzhōng 刀斧丛中[-叢-] F.E. in a forest of axes and knives

dāofǔshǒu 刀斧手 N. <trad.> executioner; headsman M: *ge*/[1]*míng*

dǎofùzhé 蹈覆辙 V.O. repeat someone else's mistake

dǎogǎng 岛港[島-] N. island harbor

dǎogào 祷告[禱-] V. pray

dàogāobàngzhì 道高谤至 F.E. When one's principles are high, defamation arises against one.

dàogāobù'ǎi 道高不矮 V.P. neither too high nor too low; neither too tall nor too short

[1]**dǎogē*** 倒戈 V.O. switch sides in a war; defect

[2]**dǎogē** 蹈歌 V.O. beat time to a song with the feet

dǎogé 倒阁 V.O. ① force the government to resign; bring down a cabinet ② overthrow the minister

dàogē 悼歌 N. funeral hymn; dirge M: [4]*zhī*/[2]*shǒu*

dǎogěi 倒给 V. ① shift to ② sell to

dáogēn(r) 倒根(儿) V.O. <topo.> get to the root of a matter

dāogēnghuǒzhòng 刀耕火种[-種] F.E. slash-and-burn cultivation

dǎogētóudí 倒戈投敌[-敵] F.E. betray to the enemy

dǎogēxiāngxiàng 倒戈相向 F.E. become a turncoat

dǎogēxièjiǎ 倒戈卸甲 F.E. give up resistance

dāogōng* 刀功 N. ① skill in cutting (food for cooking) ② swordsmanship

Dàogōng 道宫[-宮] P.W. <Dao.> Daoist temple M: [4]*zuò*

dàogōu 倒钩[-鉤] N. barb

dǎogòu xiǎojie 导购小姐[導購-] N. female shopping guide; floorwalker in a department store M: *ge*/[1]*míng*/[2]*wèi*

dāogu 叨咕 V. <coll.> ① curse ② grumble

dǎogu 捣鼓[搗-] V.O. ① fiddle with; move back and forth ② <topo.> ⓐ look after; take care/charge of ⓑ curse; damn; vilify
dǎogù 捣固[搗-] V. make firm by ramming/tamping
Dàogū 道姑 N. Daoist nun M: *ge/¹míng/²wèi*
dàogǔ* 稻谷[-穀] N. paddy M: *duī*
dàogù 道故 V.O. talk about old times
dàoguà 倒挂[-掛] V. ① hang upside down ② be inverted ③ purchase dearly and sell cheaply ④ contribute more but receive less ♦N. ① reversal of the natural order of things ② parakeet-like love-bird of Taiwan
dàoguàjīnzhōng 倒挂金钟[-掛-鐘] N. <bot.> fuchsia
dǎoguān 倒官 N. profiteering bureaucrat M: *ge/¹míng*
dǎoguǎn 导管[導-] N. ① conduit; pipe; duct ② <bio.> vessel; duct M: *²gēn*
dàoguàn* 倒灌 V. flow backward (of flood/water)
Dàoguàn 道观[-觀] P.W. Daoist temple/shrine M: *⁴zuò*
Dàoguāng 道光 N. ①brilliance of virtue ②reign period 1821–1851
dāoguāngjiànyǐng 刀光剑影 F.E. ① glint and flash of cold steel ② heated combat
dāoguāngshǎnshǎn 刀光闪闪 F.E. swords flash
Dàoguānr 道冠儿 N. <Dao.> priest's hair-fastener
dāoguī 刀圭 N. ① measure for a medicinal powder ② medicine
dǎoguǐ* 捣鬼[搗-] V.O. play tricks; gossip and cause mischief; sow discord
dàoguīqí 到归齐[-歸齊] V.P. <coll.> after all; eventually
dǎoguó* 岛国[島國] N. island nation
dàoguo 到过 V.P. have been to (some place)
dǎoguo jiǎo 倒过脚[-腳] V.O. <coll.> get back on a firm footing; recover from a misstep/misfortune
dào guòlai 倒过来 R.V. reverse; turn around
dàoguor 倒过儿 V.O. <topo.> reverse; transpose
dǎoguo shǒu 倒过手 V.O. <coll.> make a new start; get back on one's feet
dàoguǒwéiyīn 倒果为因 F.E. reverse cause and effect
dàogǔpiāoxiāng 稻谷飘香[-穀--] F.E. The air was heavy with the aroma of the paddy fields.
dǎohǎi 蹈海 V.P. <wr.> ① drown in the sea ② commit suicide by throwing oneself into the sea
dǎohǎi'érsǐ 蹈海而死 V.P. <wr.> ① drown in the sea ② commit suicide by throwing oneself into the sea
dǎohǎifānjiāng 倒海翻江 ID. ①flow with great force ② cause great tumult
dàohàn 盗汗[盜-] N. <Ch. med.> night sweat
¹dǎoháng* 导航[導-] N. guided navigation
²dǎoháng 倒行 ATTR. <lg.> retroactive
Dàoháng 道行 N. the profession of Daoist mental/physical training *See also* *Dàoheng, Dàoxíng*
dǎohángtái 导航台[導-臺] P.W. navigation radio station M: *⁴zuò*
dǎoháng zhìyuē 倒行制约 N. <lg.> retroactive inhibition
dàohǎo(r)* 倒好(儿) N. booing; hooting ♦V.P. After all, this is not bad.
Dàohào 道号[-號] N. Daoist monastic name
dàohè 道贺 V.O. offer congratulations
dāohén 刀痕 N. mark or scar left by a knife-cut M: *²dào*
Dàoheng 道行 N. <coll.> ① attainment of a Daoist/Buddhist ② skill *See also* *Dàoháng, Dàoxíng*
dǎohéngshì 倒横是 V.P. <coll.> anyway; anyhow
dāohénlěilěi 刀痕累累 F.E. The scars from knife wounds strung like beads.
dàohòu 道候 V.O. convey one's regards to sb.
dǎohú 岛弧[島-] N. arc-shaped group of islands
dǎohuàn 倒换[-換] V. ① rotate; take turns ② rearrange (order/etc.)
¹dǎohuǐ* 捣毁[搗毀] R.V. sabotage; willfully damage/destroy
²dǎohuǐ 倒毁[-毀] R.V. collapse in ruins
dǎohuì 倒汇[-匯] V. <slang> buy foreign currency and resell it at a profit
dàohuì 到会 V.O. attend a meeting
dǎohuǒfùtāng 蹈火赴汤[-湯] ID. brave all possible difficulties
dǎohuǒsuǒ 导火索[導-] N. (blasting) fuse M: *²gēn*
dǎohuǒxiàn 导火线[導-] N. ① (blasting) fuse M: *²gēn* ② direct cause ③ a small incident that touches off a big one
dǎo hǔwěi 蹈虎尾 V.O. step on the tiger's tail
dàojī 稻鸡[-雞] N. water rail (bird) M: *²zhī*
dāojià 刀架 N. <mach.> tool carrier/carriage
dǎojià 倒价[-價] N. selling-out price
dàojiā(r)* 到家(儿) V.O. ① get home ② reach a very high level; be perfect
Dàojiā 道家 N. Daoist school/religion
dāo jià bózi 刀架脖子 V.P. put a knife to sb.'s throat
dāojiān(r) 刀尖(儿) N. ① knife/sword point ② <mach.> tool nose
dāojiàn* 刀剑 N. sword; knife; cutlery M: *¹fù*
dāojiàng 刀匠 N. bladesmith M: *ge/¹míng/²wèi*
dāojiànrúmá 刀剑如麻 V.P. Swords and knives are as numerous as hemp in a field.
dāojiān shang tiǎn táng 刀尖上舔糖 ID. risky undertaking
dǎojiào 倒嚼 V. chew the cud; ruminate
Dàojiào* 道教 N. Daoism (as a religion)
dǎojiě 倒姐 N. woman profiteer M: *ge/¹míng*
¹dàojié* 盗劫[盜-] V. rob
²dàojié 倒睫 N. <med.> trichiasis
dàojìn 倒进[-進] R.V. ①pour/dump into ②back into
Dàojīng 道经[-經] N. ① Daoist scriptures M: *¹běn/²bù/⁴cè* ② prayers recited by Daoist priests for the deceased
dào jǐnyào guāntóu 到紧要关头[-緊-關-] V.P. ① come to the point ② be at a critical moment
dāojǐrúlín 刀戟如林 F.E. The knives and weapons stand like trees in a forest.
dāojù 刀具 N. <mach.> cutting tool; tool M: *¹fù/tào*
¹dàojù* 道具 N. stage prop/properties M: *tào*
²dàojù 倒句 N. <lg.> sentence with inverted word order
dāojùdǐnghuò 刀锯鼎镬 F.E. be cut by a knife and boiled in a cauldron
dàojué 盗掘[盜-] V. excavate and steal (valuable deposits from a tomb)
dàokāng 稻糠 N. rice chaff M: *duī/¹bǎ*
dàoké(r) 稻壳(儿)[-殼] N. rice husk M: *duī/¹bǎ*
dǎokēng 导坑[導-] N. preliminary bore (for a tunnel/etc.)
dāokǒu 刀口 N. ① blade/edge of a knife ② crucial point ③ cut; incision ④ occasion on which money can be spent to advantage
dàokǒu(r)* 道口(儿) N. ①road junction ②level crossing
dàokòu 倒扣 V. deduct (unfairly)
dāokǒutiǎnxuè 刀口舔血 V.P. live a dangerous/violent life
dàokuí 盗魁[盜-] N. robber/bandit chief M: *ge/¹míng*
dàokǔshuǐ 倒苦水 V.O. pour out one's grievances
¹dàolái 到来 V. arrive ♦N. arrival; coming; advent
²dàolái 道来 V. speak/talk about
dǎolākāi 捣拉开[搗-開] A.T. <topo.> chat
dǎolàn 捣烂[搗爛] R.V. ① pound sth. to a pulp ② ruin; wreck
dāolang(r)* 刀螂(儿) N. <topo.> mantis M: *²zhī*
dàolàng 稻浪 N. rippling waves of rice plants
dàolànyāng 稻烂秧[-爛-] N. seedling blight of rice
dāolao(lao)* 叨唠(唠)[-嘮(嘮)] V. ① talk on and on ② nag
dàoláo 道劳[-勞] V.O. express one's thanks
dàolǎo 到老 V.O. <coll.> after all; in the end; finally; as a result
dàolǎo zěnmeyàng 到老怎么样[-麼樣] V.P. <coll.> Just what is to be done after all?
dàolěi 盗垒[盜壘] N. base stealing (in baseball)
dàoli* 道理 N. ① reason; rationality ***Tā de huà hěn yǒu ~.*** What she said is quite right. ② the right way ③ principle; truth
dàolǐ 道里 N. ①common standard for measuring distance ② journey
¹dàolì 倒立 V. stand upside down ♦N. <sport> handstand
²dàolì 道力 N. ① potency of religious training ②efforts needed to attain the Dao or to cultivate a virtue
dǎoliàn 捣练[搗練] V. mix/knead by pounding
dāoliǎnr 刀脸儿 N. the edge of a knife
dàoliǎo(r) 到了(儿) V.P. <topo.> at last; in the end; finally
dàolín 到临[-臨] V. arrive
dàolǐng 盗领[盜-] V. embezzle; usurp; steal
dàolínzhǐ 道林纸 N. ① wood-free paper ② glazed printing paper M: *¹zhāng*
dàoli qiānqiǎng 道理牵强[-牽強] V.P. forced argument
Dāolìtiān 忉利天 N. <Budd.> paradise city of pure gold
dǎoliú 导流[導-] N. (water) diversion
dàoliú* 倒流 V. ①flow backwards ② return to one's home in town
Dàoliú 道流 N. followers of Daoism; Daoists
dàoliúcì 倒流刺 N. hangnail
dǎoliú suìdào 导流隧道 N. diversion tunnel
¹dàolù 道路 N. road; way; path M: *¹tiáo*
²dàolù 盗录[盜錄] V. pirate (a record/etc.)
³dàolù 道箓 N. <Dao.> diagrams and scriptures
dǎoluàn 捣乱[搗亂] V.O. cause a disturbance; make trouble
dǎoluàn fènzǐ 捣乱分子[搗亂-] N. ① trouble-makers ② saboteurs M: *ge/¹míng*
dàolù chuánwén 道路传闻[--傳-] N. inaccurate/unreliable rumors
dǎolùn 导论[導-] N. introduction (to a thesis/etc.); introductory remarks M: *¹piān*
dàolúnzhá 倒轮闸 N. braking by pedaling in reverse
dàolùwǎng 道路网[-網] N. road system/network
dàolùyǐmù 道路以目 F.E. <wr.> exchange glances when meeting on the road (not daring to speak out openly under a tyranny); be frightened into complete silence
dāomǎdàn 刀马旦 N. <opera> female character type versed in shadowboxing/etc. M: *ge/¹míng/²wèi*
dǎo máfan 捣麻烦[搗-] V.O. cause trouble
dǎomài 倒卖[-賣] V. resell at profit; scalp
dàomài* 盗卖[盜賣] V. steal and sell
dǎomǎidǎomài 倒买倒卖[-買-賣] V.P. resell at a profit
dàomǎn 倒满 R.V. pour to the brim of a container
dǎomángquǎn 导盲犬[導-] N. Seeing Eye dog M: *¹tiáo*
dàomào 道貌 N. dignified/respectable look
dàomào'ànrán 道貌岸然 F.E. ①sanctimonious ② dignified
dǎoméi 倒霉/楣 S.V. be out of luck
dàomén 道门 N. ①superstitious sects and secret societies ② the door of access to the perfect Way ③ Daoism
dǎo mǐ 捣米[搗-] V.O. husk rice with a pestle and mortar
dàomǐ* 稻米 N. rice paddy
dāomiàn 刀面 N. surface of a knife
dàomiáo 稻苗 N. rice seedling M: *⁵zhī/²gēn*
dǎomín 岛民[島-] N. island nation
¹dàomíng 盗名[盜-] V.O. steal undeserved glory
²dàomíng 道名 N. Daoist monastic name

dàomíngchóng 稻螟虫[-蟲] N. <*zoo.*> rice borer M: [2]*zhī*
dàomíngqièyù 盗名窃誉[盜-竊譽] F.E. seek fame by cheap means
dàomíngqīshì 盗名欺世[盜-] F.E. seek/gain fame by deception
dǎo mógu 捣蘑菇[搗-] V.O. <*coll.*> cause a disturbance; make mischief
dào mòliǎor 到末了儿 V.P. to the end; finally; at last
dàomóu 道谋 <*wr.*> V. consult passers-by ♦N. contradictory views
[1]**dàomù** 盗墓[盜-] V.O. rob graves
[2]**dàomù** 道木 N. railway sleeper/tie
dào mùqián 到目前 V.O. up to now
dào mùqián wéizhǐ 到目前为止 F.E. so far; up to now; until now
dàonǎo 道恼[-惱] V. condole/mourn with
dǎonèi 岛内[島-] P.W. Taiwan Island
dāoniàn 叨念 V. ① chatter incessantly ② nag ③ think/worry about
dǎoniàn 祷念[禱-] V. say a prayer
dàoniàn* 悼念 V. mourn; grieve
dāoniàn rén 叨念人 V.O. <*coll.*> worry about a person
dǎoniào 导尿[導-] N. <*med.*> catheterization (for urine)
dǎoniàoguǎn 导尿管[導-] N. <*med.*> catheter (for urine) M: [2]*gēn*
dǎonong 倒/捣弄[搗-] V. <*coll.*> ① move back and forth; fiddle with ② move; shift ③ buy and sell ④ waste; be extravagant
dàopái 倒排 ATTR. <*lg.*> inverse/inverted (order)
dàopái cídiǎn 倒排词典 N. <*lg.*> inverse dictionary M: [1]*běn*/[4]*cè*/[2]*bù*
dāopáishǒu 刀牌手 N. soldier with a sword in one hand and a shield in the other M: *ge*/[1]*míng*
dǎo páizi 倒牌子 V.O. lose its good reputation (of the brand of a product)
Dàopáo 道袍 N. Daoist robe M: [2]*jiàn*
dàopéi 倒赔 V. lose money instead of making money
dāopiàn(r)* 刀片(儿) N. ① razor blade ② <*mach.*> (tool) bit; blade M: [1]*bǎ*/[4]*méi*
dàopiān 倒片 V.O. <*film*> rewind
dàopiàn 盗骗[盜-] V. steal and cheat
dàopiānjī 倒片机 N. rewinder M: [1]*tái*/*ge*
dǎopín 倒频 V.O. <*elec.*> scramble
dǎopínqì 倒频器 N. <*elec.*> scrambler; speech inverter M: [2]*zhī*
dàopízi 稻皮子 N. rice chaff
dàopò 道破 R.V. ① reveal sb.'s secret ② point out frankly ③ lay bare
dáoqì 捯气[-氣] V.O. pant; gasp
dàoqī* 到期 V.O. ① become due ***Zhè běn shū ~le ma?*** Is this book due for return? ② mature ③ expire
dàoqí 到齐[-齊] R.V. Everybody supposed to be here is here.
dàoqì 倒气[-氣] V.O. gasp
[1]**dàoqiàn** 道歉 V.O. apologize
[2]**dàoqiàn** 倒欠 V. owe instead of gaining
dāoqiāng 刀枪[-槍] N. sword and spear; weapons M: [1]*fù*
dāoqiāngbùrù 刀枪不入[-槍--] F.E. impenetrable to sword and spear
dāoqiāngcóngzhōng 刀枪丛中[-槍叢-] F.E. amidst throngs of swords and spears
dāoqiāngjiànjǐ 刀枪剑戟[-槍--] F.E. all kinds of ancient weapons
dāoqiānglínlì 刀枪林立[-槍--] F.E. bristle with bayonets
dāoqiāngrùkù 刀枪入库[-槍--] F.E. sheathe the sword
dāoqiāngrúlín 刀枪如林[-槍--] F.E. Swords and spears are as numerous as trees in the forest.
dāoqiāngyàorì 刀枪耀日[-槍--] F.E. Swords and spears are gleaming in the sun.
dāoqiào 刀鞘 N. sheath; scabbard M: [2]*bǎ*
dàoqiè 盗窃[盜竊] V. steal
dàoqièfàn 盗窃犯[盜竊-] N. thief M: *ge*/[1]*míng*
dàoqièzuì 盗窃罪[盜竊-] N. larceny
dàoqī lìxī 到期利息 N. <*acct.*> interest due M: [2]*bǐ*
dàoqíng 道情 N. ① chanting of folk tales with percussion accompaniment ② moral sentiment ③ chant by Daoist priests
dāoqìr 叨气儿[-氣-] V.O. <*coll.*> breathe one's last; draw one's last gasping breath
dàoqīrì 到期日 N. date due; expiring/maturity date
dàoqǔ 盗取[盜-] V. take unlawfully; steal
dàoquán 到全 R.V. all have arrived (for a meeting/etc.)
dāor* 刀儿 N. <*coll.*> small knife
dǎor 倒儿 <*coll.*> N. speculator; profiteer
dàor 道儿 N. <*coll.*> ① road; street ② avenues of opportunity; prospects ③ method; technique ④ tricks; trap; coup
dāorǎo 叨扰[-擾] V. <*coll.*> bother ***See also*** *tāorǎo*
dǎorè 导热[導熱] N. heat conduction
dàorèbìng 稻热病[-熱-] N. rice blast M: [3]*cháng*
dāorèn(r) 刀刃(儿) N. ① knife edge ② crucial point
Dàoren 道人 N. ①respectful address for a Daoist priest ② virtuous/sensible person ③ immortal person M: *ge*/[1]*míng*
dàorèn* 到任 V.O. assume a (high official) post
[1]**dǎorù*** 导入[導-] V.P. channel/lead/guide into
[2]**dǎorù** 蹈入 V.P. <*wr.*> tread/step into
dàorú 盗儒[盜-] N. corrupt scholar; immoral intellectual M: *ge*/[1]*míng*
dào rújīn 到如今 V.O. until now
dǎoryé 倒儿爷[-爺] <*coll.*> N. speculator; profiteer M: *ge*/[1]*míng*
dǎosǎng(zi) 倒嗓(子) V.O. <*mus.*> lose one's voice
dāoshān* 刀山 N. mountain of swords M: [4]*zuò*
dàoshān 道山 N. ① paradise where souls of the deserving dead reside ② cultural center M: [4]*zuò*
dāoshāng* 刀伤[-傷] N. knife-sword gash/stab/wound M: [2]*dào*/*chù*/*ge*
dàoshāng 悼伤[-傷] A.T. remember (the deceased)
dàoshàng 道上 P.W. on the way
dāoshānhuǒhǎi 刀山火海 ID. manifold ordeals
dāoshānjiànshù 刀山剑树[-樹] ID. cruel instrument of torture
dāoshēn 刀身 N. knife blade
dàoshè yíwàng 倒摄遗忘[-攝--] N. <*psy.*> retroactive/retrograde amnesia
dǎoshī 导师[導師] N. ① tutor; teacher; supervisor ② leader in a cause M: *ge*/[1]*míng*/[2]*wèi*
dàoshi* 倒是 CONJ. actually; contrariwise
Dàoshi 道士 N. ①Daoist priest ②fortune teller; diviner ③ virtuous person M: *ge*/[1]*míng*/[2]*wèi*
[1]**dàoshī** 盗尸[盜屍] V.O. steal dead bodies
[2]**dàoshī** 盗诗[盜-] V.O. plagiarize the poems of others
dàoshí 到时[-時] V.O. by that time; when that time comes
[1]**dàoshì** 道是 A.T. say so; appear as if
[2]**dàoshì** 道释[-釋] N. ① Daoist and Buddhist subjects ② religious painting
dàoshìtú 道释图[-釋圖] N. <*art*> paintings of Daoist/Buddhist subjects M: [1]*zhāng*
dǎoshīzhì 导师制[導師-] N. tutorial system
dǎoshǒu 倒手 V.O. change hands (of merchandise/etc.)
[1]**dàoshǒu*** 到手 V.O. come into one's possession
[2]**dàoshǒu** 盗首[盜-] N. leader of gang of robbers/bandits; ringleader M: *ge*/[1]*míng*
[1]**dǎoshù** 导数[導數] N. <*math.*> derivative
[2]**dǎoshù** 倒数[-數] N. <*math.*> reciprocal ***See also*** [1]*dàoshǔ*
[1]**dàoshǔ*** 倒数[-數] V. count backward ~ ***dì-sì háng*** the fourth line from the bottom ***See also*** [2]*dǎoshù*
[2]**dàoshǔ** 稻黍 N. sorghum; kaoliang
dàoshù 道述 V. describe; narrate
Dàoshù 道术[-術] N. <*Dao.*> magic; sorcery
dàoshǔ dì-yī 倒数第一[-數--] V.P. the first, counting backward or from the bottom
dàoshuǐ de 倒水的 N. waiter/waitress (for tea/water)
dǎoshuǐguǎn 导水管[導-] N. aqueduct M: [2]*gēn*
dàoshǔ jìshí 倒数计时[-數-時] V.P. countdown
dǎosì 祷祀[禱-] V. perform a sacrifice and pray for happiness
dàosǒu 倒薮[-藪] N. <*wr.*> bandits'/robbers' den
dǎosuàn* 捣蒜[搗-] V.O. ① pound garlic into pulp ② do sth repeatedly and rapidly
dàosuàn 倒算 V. seize back confiscated property
dǎosuì 捣碎[搗-] R.V. pound to pieces
dàosuì* 稻穗 N. ear/spike of a rice plant M: [2]*gēn*
dàosūn 稻孙[-孫] N. aftergrowth of rice plants
dàosuǒ 倒锁 V. ① lock sb. in ② lock a door from inside
dǎotā 倒塌 V. ① collapse; topple over; cave in ② go bankrupt
dǎotái* 倒台[-臺] V.O. ① fall from power ② go bankrupt
dàotái 道台[-臺] N. <*hist.*> magistrate of a *dào*
dàotàmén 倒踏门 V.O. marry a daughter to man who will live with her family and bear her family name
dǎotān 倒坍 V. decay; collapse
dǎoteng 倒/捣腾[搗-] V. <*coll.*> ① turn upside down ② engage in buying and selling ③ move from here and there
dǎoteng mǎimai 倒腾买卖[-買賣] V.O. <*coll.*> do business
dǎoteng pòlàn(r) 倒腾破烂(儿)[---爛-] V.O. <*coll.*> deal in junk/scrap
dǎoteng yī yè 倒腾一夜 V.P. <*coll.*> toss and turn all night long
dǎotǐ* 导体[導體] N. <*phy.*> conductor
dǎotì 倒替 V. ①substitute; replace ②take turns
dàotǐ 道体[-體] N. <*court.*> ① your health ② essence of the "Way"
dàotián 稻田 N. paddy field; rice farm M: [2]*kuài*/[1]*piàn*
dàotiē 倒贴 V. ① pay instead of getting paid; pay for the upkeep of an unprofitable business ② pay for the upkeep of lover by a woman ③ <*coll.*> offer sth. contrary to normal social practice ④ pay unfairly
dàotīng 盗听[盜聽] V. ①eavesdrop ②wiretap
dàotíng 到庭 V.O. appear in court
dàotíng tīngshěn 到庭听审[-聽審] V.P. sit at a court session
dàotīngtúshuō 道听途说[-聽--] N. hearsay; gossip
dàotǒng* 道统 N. (Confucian) orthodoxy
dàotòng 悼痛 V.P. mourn in anguish
dāotóu 刀头 N. knife point
dǎotóu* 倒头 V.O. ① go to bed; lie down ② die
dàotóu(r) 到头(儿) V.O. to the end; at an end
dǎotóu biàn shuì 倒头便睡 V.P. fall asleep on hitting the pillow
dǎotóufàn 倒头饭 N. meal given at one's death
dàotóulái 到头来 V.P. after all; in the long run; in the end
dǎotóuzhǐ 倒头纸 N. paper money burned at a funeral M: [1]*zhāng*
dǎotóuzhòu 倒头咒 N. funeral prayers M: [2]*dào*
dàotú* 道途 N. road; way
Dàotú 道徒 N. <*wr.*> a follower of a Daoism M: *ge*/[1]*míng*
dàotuì 倒退 V. ① go backward; fall back ② retrospect; review
dàowáng 悼亡 V.O. <*wr.*> ① be bereaved of one's wife ② mourn a deceased wife
dàowèi 到位 V.O. ① reach the scheduled destination ② attain the desired goal ③ meet the stipulated standard ④become available (of sth. expected)
dǎo wèikou 倒胃口 V.O. spoil one's appetite
dǎowén 祷文[禱-] N. prayer M: [1]*piān*
dàowén* 悼文 N. memorial speech M: [1]*piān*

dàowēnbìng 稻瘟病 N. rice blast M: [3]cháng
dàowénkūbìng 稻纹枯病 N. sheath blight of rice M: [3]cháng
dǎowo 倒卧[-臥] N. <topo.> roadside corpse *See also dǎowò*
dǎowò* 倒卧[-臥] V. lie down *See also dǎowo*
dǎoxí 蹈袭 V. follow slavishly
dàoxī 悼惜 V. deplore or lament (a death)
D
[1]dàoxǐ* 道喜 V.O. congratulate sb. on a happy occasion
[2]dàoxǐ 倒屣 V.O. <trad.> be in a hurry to welcome a guest
dǎoxià 倒下 R.V. fall down; collapse
dāoxiàliúrén 刀下留人 V.P. Spare him/her!; Hold the execution.
dáoxiàn 捯线 V.O. reel/wind thread
dǎoxiàn* 导线[導-] N. <elec.> lead; (conducting) wire M: [2]gēn
dǎoxiàng* 导向[導-] N. orientation; guidance ♦V. direct the course of sth; guide
dàoxiāng 稻香 N. fragrance of rice
dàoxiàng 倒像/象 N. <phys.> inverted image ♦CONJ. (on the contrary) it looks as if. . .
dǎoxiàng fēidàn 导向飞弹[導-飛-] N. guided missiles M: [4]méi
dǎoxiànguǎn 导线管[導-] N. <elec.> lead; conducting wire M: [2]gēn
dào xiànzài 到现在 V.O. up to now
dāoxiāomiàn 刀削面[-麵] N. shaved noodles M: *wǎn See also dāoxuēmiàn*
dāoxiè 刀械 N. weapons
dàoxiě 倒写[-寫] V. mirror writing
dàoxiè* 道谢 V.O. express one's thanks; thank
dàoxièwèihuáng 道谢未遑 F.E. have no time to express one's thanks
dàoxiéxiàn 倒斜线 N. backslash M: [1]tiáo
dǎoxífùzhé 蹈袭覆辙 V.O. follow the same old disastrous road
Dàoxíng 道行 N. <wr.> attainments of a Daoist priest *See also Dàoháng, Dàoheng*
dàoxíng-nìshī 倒行逆施 F.E. go against common-sense rule; push a reactionary policy ♦N. perverse acts
dàoxíngtiānxià 道行天下 F.E. The right teaching prevails.
dàoxīnshītú 悼心失图[-圖] F.E. fail to find an overall solution owing to one's narrow grievance
dǎoxíqiánrén 蹈袭前人 V.O. slavishly follow one's predecessors
dǎoxiū 倒休 V. ① rest in shifts ② change one's shift to get leave later ③ rotate days off
dàoxǐxiāngyíng 倒屣相迎 F.E. a hearty welcome
dào xī yī kǒu lěngqì 倒吸一口冷气[-氣] V.P. gasp
dào xī yī kǒu liángqì 倒吸一口凉气[-涼氣] V.P. gasp
dǎoxū 捣虚[搗虛] V.O. launch a surprise attack
dàoxǔ 倒许 ADV. but perhaps; or maybe
[1]dàoxù* 倒叙[-敘] V./N. flashback
[2]dàoxù 倒序 N. reverse order
dàoxuán 倒悬[-懸] V.P. <wr.> ① be in dire straits ② hang upside down
dàoxuánzhīwēi 倒悬之危[-懸--] N. a critical juncture; the brink of destruction
dāoxùbùxiū 叨絮不休 F.E. talk endlessly
dàoxù cídiǎn 倒序词典 N. reverse dictionary M: [1]běn/[4]cè/[2]bù
Dàoxué 道学 N. ①Neo-Confucianism ②affected morality ③teachings of Taoism ♦ATTR. pedantic; hidebound
dàoxuéjiā 道学家 N. Confucian moralist M: gè/[1]míng/[2]wèi
dāoxuēmiàn 刀削面[-麵] N. hand-cut noodles M: *wǎn See also dāoxiāomiàn*
dàoxué xiānsheng 道学先生 N. conservative scholar M: gè/[1]míng/[2]wèi
dàoxùfǎ 倒叙法[-敘-] N. flashback technique
dǎoyá 倒牙 V.O. <topo.> set one's teeth on edge
dǎoyán 导言[導-] N. introductory remarks M: [1]piān

dǎoyǎn* 导演[導-] V. direct (a film/play/etc.) ♦N. director M: gè/[1]míng/[2]wèi
dàoyǎn 道眼 N. <Budd.> intelligence of truth
dǎoyáng 导扬[導揚] V. <wr.> advocate and propagate
dàoyāng* 稻秧 N. rice seedlings/shoots M: [2]gēn/[1]bǎ
dàoyǎng(r) 倒仰(儿) N. <topo.> toppling backward with the face up
dǎoyáo 倒窑[-窯] N. waster; pottery spoiled in the kiln M: [4]zuò
dǎoyào 捣药[搗藥] V.O. pound medicine in a mortar
dǎoyào* 倒要 ADV. on the contrary; instead
dào yāoyǎn shang 到腰眼上 V.P. <coll.> When it comes right down to it. . .
dǎoyé 倒爷[-爺] N. profiteer; speculator
dàoyěbàle 倒也罢了[--罷-] V.P. It would have been better if. . .
[1]dǎoyī 导医[導醫] V.O. give medical advice
[2]dǎo yī 捣衣[搗-] V.O. beat clothes (in washing)
dǎoyí 岛夷[島-] N. savage islanders
dǎoyì 蹈义[-義] V.O. martyr to a cause
dàoyì* 道义[-義] N. morality and justice
dàoyìfǎ 倒译法[-譯-] N. <lg.> inversion method
dàoyì lìliang 道义力量[-義--] N. moral force
dǎoyǐn 导引[導-] V. guide ♦N. Daoist breathing exercise; circulation of [1]qì through channels in body
dàoyìn* 盗印[盜-] V./N. ① pirate ② piracy (of printed matter)
dàoyǐng* 倒影 N. inverted image; inverted reflection in water
dàoyìng 倒映 V. reflect sth. in the water
dàoyīnwéiguǒ 倒因为果 F.E. take cause for effect
dàoyì shang de zhīchí 道义上的支持[-義----] N. moral support
dàoyìyǒudào 盗亦有道[盜-] F.E. There is honor among thieves.
dàoyì zérèn 道义责任[-義--] N. moral responsibility
dàoyìzhījiāo 道义之交[-義--] N. friendship cemented by common or adherence to righteousness
dàoyòng 盗用[盜-] V. ① misappropriate ② embezzle ③ usurp
dǎoyóu* 导游[導-] V.O. conduct a sightseeing tour ♦N. ① tourist guide ② guidebook
[1]dàoyǒu 倒有 V.P. in any event there is
[2]dàoyǒu 道友 N. ①friends having same religion/belief ②friends sharing same hobby M: gè/[1]míng/[2]wèi
dǎoyóushū 导游书[導-書] N. guide book M: [1]běn/[4]cè/[2]bù
dǎoyóutú 导游图[導-圖] N. tourist map M: [1]zhāng
dāoyú 刀鱼 N. <zoo.> ① barbel; swordfish ② Chinese herring M: [1]tiáo
dǎoyǔ* 岛屿[島嶼] N. island; isle M: [4]zuò
dǎoyuán* 导源[導-] V.O. ① have its source (of rivers) ② originate; derive
dàoyuǎn 道远[-遠] N. long distance
Dàoyuàn 道院 P.W. Daoist temple/monastery M: [4]zuò
dàoyuǎnnánxíng 道远难行[-遠難-] V.P. The way is long and hard.
dàoyuè(r) 到月(儿) V.O. ① come due ② reach a month (of neonates)
dǎoyùn* 倒运[-運] V.O. ① be out of luck; be unlucky ② profiteer
dàoyùn 盗运[盜運] V. rob and transport
dàozāicōng 倒栽葱[-蔥] N. falling head over heels; head-long fall
dǎo zài huáilǐ 倒在怀里[-懷裡] V.P. fall into sb.'s arms
Dàozàng 道藏 N. <wr.> the Daoist Canon M: [2]bù
dǎozào 倒灶 <topo.> V.O. ① decline (in wealth and position) ② be down on one's luck
dàozéi 盗贼[盜-] N. robbers; bandits M: gè/[1]míng

dàozéichāngjué 盗贼猖獗[盜-] F.E. The bandits are causing a lot of trouble.
dàozéifēngqǐ 盗贼蜂起[盜-] F.E. Bandits and rebels swarm in the land.
dàozéisìqǐ 盗贼四起[盜-] F.E. Robbers arise from all quarters.
dàozēngzhǔrén 盗憎主人[盜-] F.E. Scoundrels hate persons of integrity.
dàozhǎ 道砟 N. railway ballast
dàozhàn 到站 N. arrival
dǎozhàng 倒帐 N. bad debts ♦V.O. refuse to pay loans under various pretexts
dǎozhe 倒着[-著] V.P. <coll.> sleep
dàozheguòr 倒着过儿[-著--] V.P. <coll.> be inverted/upside-down
dǎozhěnchuíchuáng 捣枕捶床[搗-] F.E. pass a sleepless night
dǎozhì* 导致[導-] V. lead to; bring about; result in; cause
dàozhí 到职[-職] V.O. arrive for a new assignment
dàozhì 倒置 V.O. place upside down; invert ♦N. <lg.> anastrophe; reversing
dàozhīyǐdé 道之以德 F.E. give sb. moral guidance
dàozhǒng 稻种[-種] N. rice seeds M: [1]kē/[3]lì
dǎozhù 祷祝[禱-] V. pray and wish for sb.
dàozhuǎn 倒转[-轉] V. ① turn the other way round ② <topo.> be contrary to reason
dàozhuāng 倒装[-裝] V.O. <lg.> ① be inverted (of word order) ② invert the order of things
dàozhuāng cíxù 倒装词序[-裝--] N. <lg.> inverted word order
dàozhuāng dòuhào 倒装逗号[-裝-號] N. <lg.> inverted comma
dàozhuāngfǎ 倒装法[-裝-] N. <lg.> inversion
dàozhuāngjù 倒装句[-裝-] N. <lg.> inverted sentence M: [1]jù
dàozhuāngxù 倒装序[-裝-] N. <lg.> inverted sentence
dàozhuāng yǔxù 倒装语序[-裝--] N. <lg.> inverted order
dàozhuǎn qiánkūn 倒转乾坤[-轉--] V.O. turn back the course of events
dāozhuīzhīlì 刀锥之利 N. small profit
dāozi* 刀子 N. small knife; dagger; pocketknife M: [1]bǎ
dǎozi 岛子[島-] N. <coll.> island M: [4]zuò
dǎozì(r) 倒字(儿) V.O. <opera> mispronounce
[1]dàozi 稻子 N. <coll.> rice; paddy
[2]dàozi 道子 N. <coll.> line (in a drawing)
dāozizuǐ 刀子嘴 N. ① a sharp tongue ② a sharp-tongued person M: [1]zhāng/gè
dàozòngjuǎnyèmíng 稻纵卷叶螟[-縱-葉-] N. rice-leaf roller
dāozǔ 刀俎 N. <wr.> ① butcher's knife and chopping block ② oppressor; persecutor
[1]dàozuò 稻作 N. rice-planting; paddy cultivation
[2]dàozuò(r) 倒座(儿) N. seat with its back to the engine
dǎpá 打耙 A.T. divert talk into another topic; avoid talking about sth.
dǎpái* 打牌 V.O. ①play cards/mahjongg ②make use of one's special relation with a third country in dealing with an opposing party
dàpái 大牌 N. ① big card (in poker/etc.) M: [1]zhāng ② master stroke
dàpáidàng 大排挡[-擋] N. <coll.> food stalls
dàpáiháng 大排行 N. order of seniority among cousins
dàpāimài 大拍卖[-賣] V.P. ① sell at a bargain ② auction
dǎ pàizhàng 打派仗 V.O. fight factional wars
dǎ pāizi 打拍子 V.O. beat time
dàpánshāng 大盘商[-盤-] N. wholesaler M: gè/[2]wèi
dǎ pánxuán 打盘旋[-盤-] V.O. deal with an opponent indirectly
dǎpǎo 打跑 R.V. drive/beat sb. away
[1]dǎpào 打泡 V.O. raise a blister

[2]**dǎpào** 打炮 V.O. ① fire a cannon ② <slang> visit a brothel
dàpào* 大炮 N. ① artillery M: *mén* ② one who talks big
dāpèi 搭配 V. ① group; pair ② go together (of words) ③ blend/match colors ④ collocate ♦N. <lg.> collocation
dāpèi bù dàng 搭配不当[-當] V.P. These don't go together.
dàpéishěntuán 大陪审团[-審團] N. grand jury
dāpèi xiànzhì 搭配限制 N. <lg.> collocational restriction
dāpèi yìyì 搭配意义[-義] N. <lg.> collocative meaning
dāpéng* 搭棚 V.O. put up a shed
dǎpéng 打棚 V.O. <topo.> kid; jest; joke
dàpéng 大鹏 N. roc M: [2]*zhī*
dàpéngchē 大蓬车 N. large covered truck M: [3]*liàng*
dàpéngniǎo 大鹏鸟 N. roc M: [2]*zhī*
dàpěngtèpěng 大捧特捧 V.P. extravagantly praise
dàpéngzhǎnchì 大鹏展翅 F.E. A great hawk spreads its wings.
dǎ pēntì 打喷嚏 V.O. sneeze
dàpī* 大批 ATTR./ADV. large batch of; good deal of ♦N. mass criticism
dàpì 大辟 N. <trad.> capital punishment *See also dàbì*
dàpiànjú 大骗局 N. fraud; hoax
dǎpiào* 打票 V.O. buy tickets
dàpiáo 大薸 N. water lettuce/cabbage
dàpiàomiàn 大票面 N. large denomination
dàpī cù dàgàn 大批促大干[-幹] F.E. <PRC> Great criticism is a spur to great work (Cultural Revolution slogan).
dǎ pìgu 打屁股 V.O. ① flog the buttocks; spank ② take sb. to task
dápìn* 答聘 V.O. reply on acceptance of appointment ♦N. formal acknowledgement of a betrothal gift
dǎpīn 打拼 V. <TW> struggle; fight; strive
dàpǐnjīng 大品经[-經] N. <Budd.> long version or translation of a work
dā pīntou 搭姘头 V.O. cohabit without marriage
dàpīpàn 大批判 N. <PRC> mass criticism and repudiation M: [3]*cháng*
dàpīpàn zhuānlán 大批判专栏[-專欄] N. great criticism column/bulletin (during the Cultural Revolution)
dàpī yǒngdào 大批涌到 V.P. pour/surge in great number
dǎpò 打破 R.V. break; smash
dǎpò chángguī 打破常规 V.O. break the normal procedure
dǎpò chuántǒng 打破传统[--傳-] V.O. break tradition; set a precedent
dǎpò cùtánzi 打破醋坛子[---罈-] V.O. burn with jealousy
dàpòdàlì 大破大立 F.E. smash the old and set up the new
dǎpò fànwǎn 打破饭碗 V.O. lose one's job
dǎpò guànlì 打破惯例 V.O. break fresh ground
dǎpò jiāngjú 打破僵局 V.O. break the ice; break a deadlock
dǎpò jìlù 打破纪录[-錄] V.O. break the record; set a new record
dǎpò jiù géjú 打破旧格局[--舊--] V.O. do away with the old irrational setup
dǎpò jiù tǐzhì 打破旧体制[--舊體-] V.O. do away with the old irrational system
dà pō lěngshuǐ 大泼冷水[-潑--] V.P. dampen enthusiasm
dǎpò qiánlì 打破前例 V.O. depart from precedents
dǎpò shāguō wèn dàodǐ 打破沙锅问到底[---鍋---] F.E. insist on probing to the bottom of sth.
dǎpò shìjiè jìlù 打破世界记录[-錄] V.O. break the world record
dǎpò tiěfànwǎn 打破铁饭碗[--鐵--] V.O. abolish the system of paying everyone on the list regardless of their work
dǎpòwǎnhuāhuā 打破碗花花 N. <bot.> Hubei anemone
dǎpū 打铺 V. prepare bedding
dǎpǔ* 打谱 V.O. ① set pieces on a chessboard according to a chess manual ② draw up a general plan
dàpǔbiǎo 大谱表 N. <mus.> great stave M: [1]*zhāng*
dàpùbù 大瀑布 N. cataract; waterfall M: [2]*dào*
dǎ pūgai 打铺盖[-蓋] V.O. ① roll up bedding ② set up a bed
dǎ pūkè 打扑克[-撲-] V.O. <loan> play poker; play cards
dàpǔr 大谱儿 N. general idea
dǎ pūteng 打扑腾[-撲-] V.O. <coll.> splash in the water; plunge into the water; swim
dāqǐ 搭起 R.V. erect; build up
dǎqǐ 打起 R.V. ① lift; raise ② summon up (all one's courage); pull oneself together
dǎqì* 打气[-氣] V.O. ① inflate; pump up ② bolster morale
dàqī 大漆 N. <chem.> japan; lacquer
[1]**dàqì** 大气[-氣] N. ①atmosphere; air ②grand air ③ heavy breathing ***Tā xià de lián ~ yě bùgǎn chū.*** She was scared breathless. ④magnanimity
[2]**dàqì** 大器 N. <wr.> ① treasure ② sb. of outstanding talents
[1]**dǎqiān** 打扦 V.O. drill blasting hole in rock
[2]**dǎqiān(r)** 打千(儿) V.O. salute by kneeling on the left knee with the right arm hanging at the side
dǎqián 打钱[-錢] V.O. ① collect cash from the audience (by performers) ② collect debts ③ wager by tossing coins
[1]**dàqián*** 大钱[-錢] N. ① big sum of money ② old Chinese coin
[2]**dàqián** 大钳 N. tongs
dāqiāng(r) 搭/答腔(儿) V.O. ①answer; continue sb.'s saying ② <coll.> converse
dǎqiāng* 打枪[-槍] V.O. fire small arms
dǎqiáng 打墙[-牆] V.O. build an earth wall
dàqiāng 大枪[-槍] N. rifle; gun M: [1]*bǎ*/[4]*gǎn*
dàqiáng 大墙[-牆] N. ① high walls M: [1]*miàn* ② prison M: [4]*zuò*
dǎ qiángxīnzhēn 打强心针[-強--] V.O. inject a stimulant
dàqiánnián 大前年 N. fourth year counting backward; three years ago
dǎ qiánshi 打前失 V.O. stumble
dàqiānshìjiè 大千世界 N. ① <Budd.> 1,000,000,000 universes; boundless universe ② the kaleidoscopic world
dàqiántí 大前提 N. <log.> major premise
dàqiántiān 大前天 N. three days ago
dǎqiánzhàn 打前站 V.O. act as an advance party
dāqiáo 搭桥[-橋] V.O. ① build a bridge ② act as a go-between
dāqiáojiǔ 搭桥酒[-橋-] V.O. use liquor for "bridge-building"
dǎ qiáopái 打桥牌[-橋-] V.O. <loan> play a game of bridge
dāqiáoqiānxiàn 搭桥牵线[-橋牽-] F.E. act as a go-between
dàqiǎoruòzhuō 大巧若拙 F.E. A person of great wisdom often seems slow witted.
dàqìcéng 大气层[-氣層] N. atmospheric layer; atmosphere
dàqǐdàluò 大起大落 V.P. change radically
dàqìdiàn 大气电[-氣電] N. atmospheric electricity
dàqìhòu 大气候[-氣-] N. ① <met.> macroclimate ② general tendency; general political climate
dǎqǐ jīngshen 打起精神 V.O. cheer up
dàqì kēxué 大气科学[-氣--] N. atmospheric science
dà qǐlai 大起来 R.V. expand; grow up
Dàqín 大秦 N. <hist.> Roman Empire
dāqíng 搭情 V.O. promise to return a favor
dáqíng 答情 V.O. return a favor
dǎqīng 打青 R.V. beat sb. and cause black and blue marks
dàqìng* 大庆[-慶] N. ① an occasion deserving a big celebration ② birthday of a respected elder ③ national festival ♦P.W. Daqing Oil Field
Dàqìng hóngqí 大庆红旗[-慶--] N. <PRC.> the Daqing Oilfield as a model of socialist enterprise M: [1]*miàn*
Dàqìng jīngshen 大庆精神[-慶--] N. <PRC> the spirit of the Daqing Oilfield
dǎqīngmàqiào 打轻骂俏[-輕罵-] F.E. flirt
dǎqíngmàqiào* 打情骂俏[--罵-] F.E. banter flirtatiously
dàqíngrén 大情人 N. ladies' man; woman's lover
Dàqìngshì qǐyè 大庆式企业[-慶--業] N. <PRC> Daqing Oilfield-style enterprises
dàqíngtiān 大晴天 N. clear sky
dàqīngxǐ 大清洗 N. great purge
dàqīngzǎo 大清早 N. very early morning
dàqìpángbó 大气磅礴[-氣--] F.E. powerful; grand and magnificent
dǎqír de 打旗儿的 N. <opera> soldiers and retinue
dǎqìtǒng 打气筒[-氣-] N. inflater; tire pump M: [2]*zhī*
dàqìtuán 大气团[-氣團] N. <met.> air mass
dǎqiú* 打球 V.O. play a ball game using arms/hands
dàqiū 大秋 N. <coll.> ①harvest time ②harvest; harvested crops ③ autumn crops
Dàqiū 大邱 P.W. Taegu (South Korea)
dàqiú 大球 N. general term for basketball, volleyball, and football
dǎ qiūfēng 打秋风 V.O. make a touch; try to borrow some money
dǎ qiūqiān 打秋千 V.O. get on a swing; have a swing
dàqiū zuòwù 大秋作物 N. crops sown in spring and reaped in autumn; autumn-harvested crops
dàqìwǎnchéng 大器晚成 F.E. ① great minds mature slowly ② Rome wasn't built in a day.
dàqì wūrǎn 大气污染[-氣--] N. air/atmospheric pollution
dàqìxiǎoyòng 大器小用 V.P. waste one's talent on a petty job
dàqìyā 大气压[-氣壓] N. atmospheric pressure; atmosphere
dàqì yālì 大气压力[-氣壓-] N. atmospheric pressure
dǎ qíyǔ 打旗语 V.O. signal with a flag
dǎqù* 打趣 V.O. make fun of
dàqū 大曲 N. ① yeast for making hard liquor ② hard liquor made with such yeast
dàqù 大去 V.P. pass away; die
dǎquán 打拳 V.O. ① box ② shadowbox
[1]**dàquán*** 大权[-權] N. authority/power to reign over a state/office; great power
[2]**dàquán** 大全 N. complete collection (in book titles)
dàquándúlǎn 大权独揽[-權獨攬] F.E. arrogate all authority to oneself
dàquánpángluò 大权旁落[-權--] F.E. lose power to others (usu. subordinates)
dàquánzàiwò 大权在握[-權--] F.E. wield the scepter; be in overall control
dǎ quānzi 打圈子 V.O. ①circle ②bog down ***Bié zài nàge wèntí shàng ~ le.*** Don't get tangled up in that issue.
Dàquǎnzuò 大犬座 N. <astr.> Canis Major
dǎqūliūr 打曲溜儿 V. <coll.> wave (e.g., hair); crinkle; make twists and turns
dǎ qúnjià 打群架 V.O. engage in a gang fight
dàrǎng 大嚷 V. shout loudly
dǎrǎo 打扰[-擾] V. disturb; trouble

dárén 达人[達-] <wr.> N. ① wise man; intelligent/well-informed person; sage ② a person who takes everything philosophically ♦V.O. enlarge one's mind/knowledge/etc.
dǎrén 打人 V.O. beat/hit sb.
dàren 大人 N. adult; grown-up *See also* [1]*dàrén*
[1]**dàrén*** 大人 N. <trad.> ① respectful salutation for one's parents/seniors/etc. ② Your Excellency or His Excellency ③ man of great virtue/character; accomplished person ④ great personage M: [2]*wèi* *See also dàren*
[2]**dàrén** 大仁 N. great humanity; great benevolence
dàrěn 大稔 N. bumper year
dàrén bù jì xiǎorén guò 大人不记小人过 V.P. A great man rarely stoops to harboring grievance for past wrongs.
dàréndàyì 大仁大义[-義] F.E. noble and righteous
dàrén-lǎoyé 大人老爷[-爺] N. ① people of importance; VIP ② rich person
dàrénwù 大人物 N. famous/influential personage; VIP M: *ge/*[2]*wèi*
dàrenyàngr 大人样儿[--樣-] N. the manner of an adult
dárénzhīmìng 达人知命[達-] F.E. A wise person understands the will of Heaven.
Dàrìrúlái 大日如来 N. <Budd.> Skt. Vairocana. First Dhyani Buddha, recognized by some sects as the spiritual or essential body of the all pervasive Buddha-truth
dàróng 大绒 N. velvet
dàròu 大肉 N. pork M: [2]*kuài*
dǎrù* 打入 V.P. ① throw into ② infiltrate
dàrú 大儒 N. Confucian scholar who combines profundity with virtue M: *ge/*[1]*míng/*[2]*wèi*
dǎrù dìxià 打入地下 V.O. be driven underground
dǎrù láoyù 打入牢狱 V.O. throw sb. into prison
dǎrù lěnggōng 打入冷宫[-宮] V.O. consign to limbo
dǎrù shíbā céng dìyù 打入十八层地狱[----層--] V.O. banish to the lowest depths of hell
dǎ rúyì suànpán 打如意算盘[-盤] V.O. expect things to turn out as one wishes
dāsa 搭撒 V. lower (the head/etc.)
dàsabazhang(r) 大撒巴掌(儿) V.P. <coll.> maybe; probably
dàsài 大赛 N. big competition/contest M: [2]*chǎng*
dǎsǎn 打伞[-傘] V.O. use an umbrella
dǎsàn* 打散 R.V. break up; scatter; disperse
dàsān 大三 N. college junior
dàsǎng(r) 大嗓(儿) N. <coll.> loud voice
dàsānxiàn 大三线 N. <PRC> rear area in war strategy
dǎsǎo* 打扫[-掃] V. sweep; clean
dàsǎo 大嫂 N. ① wife of one's eldest brother ② polite name for woman about one's own age M: *ge/*[2]*wèi*
dàsǎochú 大扫除[-掃-] N. thorough clean-up (usu. before a major festival) M: [3]*cháng*
dàsǎozi 大嫂子 N. ① eldest brother's wife; sister-in-law ② elder sister (a polite form of address for a woman about one's own age) M: *ge/*[2]*wèi*
dàshà 大厦[-廈] P.W. building; mansion M: [4]*zuò*
dàshāfēngjǐng 大杀/煞风景[-殺--] V.O. spoil the fun; be a wet blanket
dàshǎgèr 大傻个儿[--個-] N. <coll.> a big dullard M: *ge/*[1]*míng*
dàshàjiāngqīng 大厦将倾[-廈將-] F.E. The situation is hopeless.
dāshàn* 搭讪 A.T. ① strike up a conversation with sb. ② give an evasive response
dǎshǎn 打闪 V.O. flash (of lightning)
dǎshàn 打扇 V.O. fan (for others)
[1]**dàshān** 大山 N. huge mountain M: [4]*zuò*
[2]**dàshān** 大衫 N. ① long shirt ② gown M: [2]*jiàn*

dāshàng 搭上 R.V. ① add/attach to sth. else ② take (a bus/train/etc.) ③ hang sth. on ④ set/build up (a tent/bridge/etc.) ⑤ hook up (a door latch/etc.) ⑥ give a hand ⑦ have a few words with sb. ⑧ take advantage of ⑨ set up a relationship with (lover/sexual partner) ♦ ADV. moreover; besides
dáshāng 怛伤[-傷] ATTR. distressed; grieved
dǎshāng* 打伤[-傷] R.V. beat and cause a wound/injury
dǎshàng 打上 R.V. ① hit/knock upward ② bring/get ③ start to fight ④ hit (a target/etc.)
dàshǎng 大晌 N. <coll.> long time
dàshàng-dàxià 大上大下 V.P. undergo big fluctuations (of enterprises)
dàshāngfēng 大伤风[-傷-] N. severe cold
dāshang guānxi 搭上关系[-關係] V.O. strike up a relationship with; establish contact with
dǎshang làoyìn 打上烙印 V.O. brand
dàshāng nǎojīn 大伤脑筋[-傷腦-] V.O. rack one's brains
dàshàngqídàng 大上其当[-當] V.P. be badly duped
dāshang tóu 搭上头 F.E. make contact with
dāshang wōpeng 搭上窝棚[--窩-] V.O. <coll.> build a matshed
dāshànzhě 搭讪者 N. ① person who strikes up a conversation with sb. ② person who says something to smooth over an embarrassing situation M: *ge/*[1]*míng*
dǎshàor 打哨儿 V.O. whistle
dàshàoye 大少爷[-爺] N. ① polite address for eldest son ② dandy; playboy M: *ge/*[2]*wèi*
dǎshé 打折 R.V. beat and break (a leg/etc.)
dàshé 大蛇 N. serpent M: [1]*tiáo*
dàshè* 大赦 N. ① amnesty; general pardon ② <rel.> leniency
dǎ shé dǎ qī cùn 打蛇打七寸 ID. hit/touch sb.'s tender spot
Dàshè Guójì 大赦国际[-國際] N. Amnesty International
dàshèhuìxué 大社会学 N. macrosociology
dàshén 大神 N. god *See also tiào dàshén*
dàshěn(r)* 大婶(儿)[-嬸-] N. aunt (affectionate address for woman about one's mother's age) M: *ge/*[2]*wèi*
dǎshèng 打胜[-勝] R.V. win a fight/match
dàshēng* 大声[-聲] N./ADV. loud voice
[1]**dàshèng** 大胜[-勝] V. win decisively
[2]**dàshèng** 大圣[-聖] N. ① great sage ② Confucius ③ outstanding/extraordinary person M: [2]*wèi*
Dàshèng 大乘 N. <Budd.> Mahayana or "Great Vehicle" school
dàshēng hūhǎn 大声呼喊[-聲--] V.P. shout; yoo-hoo; whoop
dàshēng hūjiù 大声呼救[-聲--] V.P. cry out loudly for help
dàshēngjíhū 大声疾呼[-聲--] V.P. urge emphatically; loudly appeal to the public
dàshēngkou 大牲口 N. draft animal
dǎ shèngzhàng 打胜仗[-勝-] V.O. be victorious
dàshéngzi 大绳子[-繩-] N. cable M: [2]*gēn*
dàshéntōng 大神通 ATTR. mysterious; incomprehensible ♦N. extraordinary power
dàshètiānxià 大赦天下 V.O. proclaim a general amnesty
dàshétou 大舌头 N. ① <coll.> lisp M: [2]*gēn/*[1]*tiáo* ② lisper M: *ge/*[1]*míng*
dāshéyīn 搭舌音 N. <lg.> click
dáshí 达识[達識] ATTR. knowledgeable
dáshì 达士[達-] N. ① a highly intelligent person; a wise man ② a reasonable/understanding man
dǎshī 打湿[-濕] R.V. be wet (by dew/rain/etc.)
dǎshí 打食 V.O. ① seek food (of birds and beasts) ② move bowels with a laxative ③ use medicine to aid digestion or ease constipation
dàshī 大师[-師] N. ① master; great master ② <Budd.> Great Master M: [2]*wèi*
Dàshí 大食 N. <hist.> Arab empire
dàshǐ* 大使 N. ambassador M: *ge/*[1]*míng/*[2]*wèi*

[1]**dàshì** 大势[-勢] N. ① general trend of events ② high position; a great influence
[2]**dàshì** 大事 N. ① important events; significant national events ② death of one's parents ♦ ADV. ① in a big way ② overall
[3]**dàshì** 大士 N. ① great hero ② <Budd.> disciple of Buddha M: [2]*wèi*
dàshìbùhǎo 大事不好 V.P. disaster looms
dàshì bù hútu 大事不糊涂[-塗] V.P. be clear-minded in dealing with matters of great importance
dàshì-dàfēi 大是大非 N. cardinal questions of right and wrong
dàshifu* 大师傅[-師-] N. cook; chef M: *ge/*[1]*míng/*[2]*wèi* *See also dàshīfu*
dàshīfu 大师傅[-師-] <Budd.> N. Great Master (courtesy address for a monk) M: [2]*wèi* *See also dàshifu*
dàshìgu 大事故 N. major breakdown M: [3]*cháng*
dàshǐguǎn 大使馆 P.W. embassy M: [4]*zuò*
dàshīguānzhān 大失观瞻[--觀-] F.E. a great loss of prestige
dàshìhuàxiǎo 大事化小 V.P. turn big problems into small problems
dàshǐjí 大使级 N. (at) ambassadorial level
dàshìjì* 大事记 N. chronicle of events; record of important events M: [1]*běn/*[2]*bù*
dàshǐjí huìtán 大使级会谈 N. ambassadorial talks
dàshìpūzhāng 大事铺张 F.E. make an extravagant show of
dǎshír 打食儿 V.O. <coll.> look for food
dàshīsài 大师赛[-師-] N. master's tournament/competition M: *cì/*[2]*chǎng*
dàshìsuǒqū 大势所趋[-勢-趨] F.E. as the general trend indicates
dàshīsuǒwàng 大失所望 F.E. be greatly disappointed
dàshítáng 大食堂 P.W. dining hall M: [4]*zuò/*[1]*jiā*
dàshītǐtǒng 大失体统[--體-] V.O. great loss of face
dàshítou 大石头 N. boulder M: [2]*kuài*
dàshīwēifēng 大失威风 V.O. greatly diminish one's prestige
dàshǐxián 大使衔 N. ambassadorial rank
dàshīxiōng 大师兄[-師-] N. our leader (address for an older classmate) M: *ge/*[1]*míng/*[2]*wèi*
dàshìxuānchuán 大事宣传[-傳] V.P. propagandize in a big way or with great effort
dàshìxuànrǎn 大事渲染 V.P. enormously exaggerate; play up
dàshīyánmiàn 大失颜面 V.O. make one lose much face
dàshìyǐdìng 大势已定[-勢--] F.E. The lot is cast.
dàshìyǐqù 大势已去[-勢--] F.E. The situation is beyond salvation.
dāshǒu 搭手 V.O. give sb. a hand ♦N. <Ch. med.> carbuncle on the back (between two shoulder blades)
dāshòu 搭售 V. sell sth. along with sth. else
dǎshou* 打手 N. hatchet man; goon; thug M: *ge/*[1]*míng*
dàshòu 大寿[-壽] N. significant Chinese birthday (e.g., 60th/70th/etc.)
dàshǒubǐ 大手笔[-筆] N. ① great literary work ② great writer
dǎshǒuchòng 打手铳 N. <slang> masturbation
dàshǒu-dàjiǎo 大手大脚[-腳] N. extravagant; wasteful
dǎ shǒudiàn 打手电[-電] V.O. <coll.> shine a flashlight
dàshòuhuānyíng 大受欢迎[--歡-] V.O. very popular
dǎ shǒujīn 打手巾 V.O. make/knit a towel/handkerchief
dǎ shǒujīn bǎzi 打手巾把子 V.P. hand out hot towels (by waiters/etc.)
dǎ shǒushì 打手势[-勢] V.O. gesticulate
dàshǒushù 大手术[-術] N. major surgery
dǎ shōutiáo 打收条[-條] V.O. issue a recognition certificate

dǎ shǒuxīn 打手心 V.O. beat the palm (of a child as a punishment)

dǎ shǒuyìn 打手印 V.O. put one's thumbprint (on a document)

dáshù 答数[-數] N. answer (to arithmetic problems)

dǎshū 打输 R.V. lose a fight/match

[1]**dàshū*** 大叔 N. uncle (father's younger brother) M: ge/[2]wèi

[2]**dàshū** 大书[-書] N. <topo.> professional story-telling (usu. of long historical stories)

dàshǔ 大鼠 N. rat M: [2]zhī

Dàshǔ 大暑 N. Great Heat (12th solar term)

[1]**dàshù** 大树[-樹] N. big tree M: [2]kē

[2]**dàshù** 大数[-數] N. fate; destiny; great number

[1]**dàshuài** 大帅[-帥] N. <wr.> ① commander in chief ② high Qing military officer M: [2]wèi

[2]**dàshuài** 大率 ADV. mostly *See also dàlǜ*

dàshuàirúcǐ 大率如此 F.E. This is usually the case.

dàshù dìnglǜ 大数定律[-數--] N. <math.> law of large numbers

dǎshuǐ 打水 V.O. draw water

dǎshuì 打税 V.O. tax; impose a tax on

dàshuǐ* 大水 N. flood M: [3]cháng

dàshuǐ chōngle lóngwángmiào 大水冲了龙王庙[--沖---廟] ID. Conflicts arise between people on one's own side.

dǎ shuǐpiāo(r) 打水漂(儿) <coll.> V.O. ①spend in vain; pay out but get nothing in return ②stultify ③ skip stones

dǎ shuǐpiāo yóuxì 打水漂游戏[-戲] V.O. play ducks and drakes

dàshuǐpíng 大水瓶 N. ewer M: [2]zhī

dàshūtèshū* 大书特书[-書-書] F.E. write elaborately

dàshùtèshù 大树特树[-樹-樹] F.E. vigorously foster (an ideal/concept/style/etc.)

dǎsǐ* 打死 R.V. beat to death; dispatch; kill

[1]**dàsì** 大肆 ADV. on a large scale

[2]**dàsì** 大四 N. college senior

dásìcōng 达四聪[達-聰] A.T. hear everything around one

dǎsǐdǎshāng 打死打伤[-傷] F.E. kill and/or wound

dàsìhuīhuò 大肆挥霍 F.E. launch out into extravagance

dàsìjūbǔ 大肆拘捕 V.P. arrest wantonly

[1]**dǎ sǐlǎohǔ** 打死老虎 V.O. ① seek to benefit from sb. else' victory ② a cowardly pretension to be a hero *See also* [2]*dǎsǐ lǎohǔ*

[2]**dǎsǐ lǎohǔ** 打死老虎 V.O. kill a tiger *See also* [1]*dǎ sǐlǎohǔ*

dàsìpáoxiào 大肆咆哮 V.P. ① complain/threaten/etc. loudly ② shout; yell

dàsìxuānchuán 大肆宣传[-傳] V.P. make a big noise

dàsìxuànrǎn 大肆渲染 V.P. play up; exaggerate enormously

dàsìxuānyáng 大肆宣扬[-揚] V.P. give enormous publicity to

dàsòngqiūbō 大送秋波 V.O. send silent messages with the eyes

dǎsuan* 打算 V./N. plan; intend ***Wǒ zuòle zuì huài de ~.*** I've prepared for the worst.

dàsuàn 大蒜 N. garlic M: [1]tóu/[3]bàn(r)

dǎ suànpán 打算盘[-盤] V.O. ① calculate (on an abacus) ② be calculating ③ plan; reckon

dàsūdá 大苏打[-蘇-] N. <chem.> sodium thiosulfate; sodium hyposulfite; hypo

dǎsuì 打碎 R.V. break/smash into pieces

dàsūnzi 大孙子[-孫-] N. one's oldest grandchild (by male descent)

dàtàbù 大踏步 N. big strides

dātái 搭台[-臺] V.O. prepare conditions for sth. to happen

dǎtāi* 打胎 V.O. induce abortion

Dàtáiběi 大台北[-臺-] P.W. the Greater Taipei area

dàtàitai 大太太 N. <trad.> the first of several concurrent wives M: ge/[2]wèi

dǎtāiyào 打胎药[-藥] N. drug that induces abortion M: [14]fù

dātán 搭谈 V. talk to; converse with

dǎtàn* 打探 V. make inquiries discreetly

dàtán 大谈 V. harangue; yak

dàtáng 大堂 P.W. hall M: [4]zuò

dàtántètán 大谈特谈 V.P. keep on talking about

dǎ tànzi 打探子 V.O. dispatch spies/detectives

dàtèxiě 大特写[-寫] N. big close-up (film shot) M: [1]piān

dātī 搭梯 V.O. ① put up a ladder ② make pre-arrangements

dàtǐ* 大体[-體] N. main principle/thing ♦ ADV. in the main

dàtiān 大天 A.T. <coll.> finest; most extraordinary

dàtián* 大田 N. ① farmland; cropland ② big field crops ♦ P.W. Taejon (Korea)

dàtiān-báirì 大天白日 N. <coll.> broad daylight

dǎ tiānchèng 打天秤 V.O. <coll.> lay a rickshaw cab backward with shafts pointed skyward

dátiāntīng 达天听[達-聽] V.P. have reached the emperor's ear

dǎ tiānxià 打天下 V.O. conquer the country

dàtián zuòwù 大田作物 N. field crop

dǎtiě 打铁[-鐵] V.O. forge iron; work as a blacksmith

dǎtiěchènrè 打铁趁热[-鐵-熱] F.E. Strike while the iron is hot.

dǎtiě de 打铁的[-鐵-] N. blacksmith

dǎtiěgǎnrè 打铁赶热[-鐵趕熱] F.E. Strike while the iron is hot.

dǎting 打听[-聽] V. inquire/ask about

dǎtǐng(r) 打挺(儿) V. stand defiantly erect

dàtīng* 大厅[-廳] P.W. big/main hall; parlor M: [4]zuò

dàtíngguǎngzhòng 大庭广众[-廣眾] F.E. in public; public places where crowds gather

dǎ tìpen 打嚏喷 V.O. sneeze

dàtíqín 大提琴 N. <mus.> violoncello; cello M: [1]bǎ

dàtǐshang 大体上[-體-] ADV. ① by and large ② in general

dàtíxiǎozuò 大题小作 F.E. belittle a major issue

dā tīzi 搭梯子 V.O. offer sb. a chance to remedy a fault gracefully

dǎtōng 打通 R.V. get through (e.g., phone call) ***Diànhuà méi ~.*** I couldn't get a call through.

dàtóng* 大同 N. Great Harmony (a political utopia) ♦ P.W. a city in Shanxi

[1]**dàtǒng** 大桶 N. vat; tun M: [2]zhī

[2]**dàtǒng** 大统 N. ① enterprise of unifying the whole country ② throne

dǎ tōngguān 打通关[-關] V.O. take on everyone else at the table in turn in the finger-guessing game

dǎtōng guānjié 打通关节[-關節] V.O. bribe officials in charge

dàtǒnglèi 大统类[-類] N. <lg.> general series

dàtóngshìjiè 大同世界 P.W. Utopia

dǎtōng sīxiǎng 打通思想 V.O. straighten out sb.'s thinking; talk sb. around

dàtóngxiǎoyì 大同小异[-異] F.E. similar with minor differences

dàtǒngyī lǐlùn 大统一理论 N. grand unified theory

dàtóngzhǔyì 大同主义[-義] N. cosmopolitanism

dātou(r) 搭头(儿) N. small amount added to reach a specified amount

dǎtóu 打头 V.O. take the lead

dàtóu(r)* 大头(儿) N. ①main part ②<coll.> big official; bureaucrat ③head mask ④silver dollar coined in the early years of the Republic (1912–16) with the head of Yuan Shikai ⑤ <derog.> spendthrift; wastrel

dàtóucài 大头菜 N. ① rutabaga ② salted turnips M: [1]kē

dàtóucháoxià 大头朝下 V.P. <coll.> head over heels; upside down

dǎtóu de 打头的 N. <coll.> labor foreman

dàtóudīng 大头钉 N. hobnail M: [4]méi/[1]kē

dǎtóufēng 打头风 N. contrary wind

dǎtóunián(r) 打头年(儿) V.P. <coll.> ever since the beginning of the year

dǎ tóupào 打头炮 V.O. ①fire the first shot ②be first to speak/act

dātóur 搭头儿 ATTR. <n.> sideline; supplemental line of goods

dǎtóur* 打头儿 V.P. for starters

dàtóuwēn 大头瘟 N. <Ch. med.> infection in the area of the head/face

dàtóuyú 大头鱼 N. <coll.> a big-headed fish M: [1]tiáo

dǎ tóuzhèn* 打头阵 V.O. fight in the van; take the lead

dàtóuzhēn 大头针 N. ① pin ② tacks M: [4]méi/[2]gēn

dàtuánjié 大团结[-團-] N. ① the great unity ② <PRC> ten-yuan bill

dàtuányuán 大团圆[-團-] N. happy ending/reunion

dǎtuì 打退 R.V. beat back; repulse

dàtuǐ(r)* 大腿(儿) N. thigh

dàtuǐgǔ 大腿骨 N. <archeo.> thigh bone; femur

dǎ tuìtánggǔ 打退堂鼓 V.O. back out; beat a retreat

dàtuǐwǔ 大腿舞 N. burlesque

dǎ tuōpī 打脱坯 V.O. <coll.> make unbaked bricks

dàtúshā 大屠杀[-殺] N. massacre; holocaust M: [3]cháng

dǎ túyàng 打图样[-圖樣] V.O. make a pattern/draft/etc.

dǎ túzhāng 打图章[-圖-] V.O. seal or stamp

dǎwāi 打歪 R.V. miss a target; hit off-center

dǎwān 打弯[-彎] R.V. hit to make sth. bend

dàwàn(r)* 大腕(儿) N. <slang> ① star (fig.) ② big shot; celebrity ③ past master; master-hand ④ leading actor ⑤ authority

dǎwǎng 打网[-網] V.O. net; catch with a net

dàwáng* 大王 N. ① king; magnate; chief of brigands ② sb. with the highest skill in sth. *See also dàiwáng*

dàwángfù 大王父 N. <trad.> ① great-grandfather ② ancestor

dǎ wǎngluò diànhuà 打网络电话[-網-電-] V.O. make an online phone call

dǎ wǎngqiú 打网球[-網-] V.O. play tennis

dàwáng yēzi 大王椰子 N. palm tree

dǎwānr* 打弯儿[-彎-] V.O. <coll.> bend

dàwānr 大弯儿[-彎-] N. big curve (in a road)

dàwǎnrchá 大碗儿茶 N. <coll.> tea in a big cup

dàwǎnshang 大晚上 N. <coll.> evening; night

dǎwéi 打围[-圍] V.O. encircle and hunt down

dàwéi* 大为 ADV. greatly; markedly; significantly

dàwèi 大尉 N. <mil.> senior captain M: [1]míng/[2]wèi

dàwéibùrán 大为不然 F.E. greatly disapprove

dàwéizhènnù 大为震怒 F.E. fly into a rage

dáwèn* 答问 N. ① questions and answers; catechism ② question-and-answer form of writing ♦ V.O. answer a question

dǎwèn 打问 V. ask; question

dàwén 大文 N. major passage (in a narrative)

dǎwèn dǐxì 打问底细 V.O. <coll.> seek inside information

dǎ wènhào 打问号[-號] V.O. have some question/doubt

dàwénháo* 大文豪 N. literary giant M: ge/[1]míng/[2]wèi

Dàwènkǒu Wénhuà 大汶口文化 N. <archeo.> Dawenkou/Tawenkou culture

dǎwénxiāng 打蚊香 N. mosquito-repellent incense

dǎ wènxùn 打问讯 V.O. <topo.> ask around; find out

dāwō* 搭窝[-窩] V.O. build a nest

dàwǒ 大我 N. ① the big self (the universe); the public/state/nation ② <Budd.> the true self

D

Dáwò'ěrzú 达斡尔族[達-] N. Daur (Tahur) ethnic minority
dàwōxuán 大涡旋[-渦-] N. maelstrom
dàwū 大巫 N. powerful witch/sorcerer M: ge/[1]míng
[1]**dàwù*** 大雾[-霧] N. dense fog M: [3]cháng/[1]piàn
[2]**dàwù** 大悟 V. be very conscious (of); totally comprehend ♦N. <rel.> great enlightenment (Zen)
dàwǔjīn 大五金 N. the five metals: gold, silver, copper, iron, tin
dàwùlǒngzhào 大雾笼罩[-霧--] F.E. be engulfed in a dense fog
dàwúwèi 大无畏 ATTR. fearless
dàxí 大席 N. big/formal banquet
dàxǐ* 大喜 N. <coll.> great rejoicing
[1]**dàxì** 大戏[-戲] N. ① major/key plays ② <coll.> Peking opera M: [1]chū
[2]**dàxì** 大系 N. compendium
dǎxià* 打下 R.V. ① overcome (e.g., a city); shoot down (e.g., a bird) ② lay (foundation)
dàxiā 大虾[-蝦] N. big shrimp; prawn M: [2]zhī
dàxià 大下 V. <Ch. med.> major purgation
Dàxià 大夏 N. <hist.> ① Bactria ② one of the Sixteen Kingdoms (during the Jin dynasty)
Dàxiágǔ 大峡谷[-峽-] P.W. Grand Canyon
dà xiàjìtiān 大夏季天 N. <coll.> mid-summer; hot summer
dǎ xiàlai 打下来 R.V. capture; occupy; seize
dàxiāmi 大虾米[-蝦-] N. big shrimp; prawn M: [2]zhī
dāxiàn 搭线 V.O. ① make contact ② act as go-between/matchmaker
dǎxián 打闲 V.O. be unemployed
dàxiān 大仙 N. ① grand immortal ② <Budd.> title of Buddha and great saints M: [1]míng/[2]wèi
dàxián 大贤[-賢] N. a greatly able and virtuous person M: [1]míng/[2]wèi
dàxiàn* 大限 N. time of one's death
dàxiànbǐng 大馅饼 N. pizza M: [1]zhāng/[2]kuài
dǎ xiānfēng 打先锋 V.O. be a pioneer
dǎxiǎng* 打响[-響] R.V. ① start shooting ② win the first round
dàxiáng 大祥 N. memorial ceremony at the end of the two-year mourning for a parent
dàxiàng 大象 N. elephant M: [2]zhī/[1]tóu
dàxiāngjìngtíng 大相径庭[--徑-] ID. totally different
dàxiàngmù 大项目 N. broad heading
dàxiāngxuánshū 大相悬殊[--懸-] F.E. widely different
dǎxiánr 打闲儿 V.O. <coll.> ① be free ② be jobless
dàxiǎnshēnshǒu 大显身手[-顯--] V.O. display one's skill to the fullest
dàxiǎnshéntōng 大显神通[-顯--] V.O. give full play to one's remarkable skill
dàxiànyīnqin 大献殷勤[-獻--] F.E. do one's utmost to please
Dàxiànzhāng 大宪章[-憲-] N. Magna Carta
dǎxiāo 打消 R.V. ① give up; dispel ② expunge; blot out
dàxiǎo* 大小 N. ① size ② adults and children ③ degree of seniority ④ wife and concubine
[1]**dàxiào** 大笑 V. laugh loudly
[2]**dàxiào** 大校 N. ① senior colonel (ground/air force) ② senior captain (navy) M: [1]míng/[2]wèi
dǎ xiǎobàogào 打小报告[--報-] V.O. rat on a colleague
dàxiǎobiàn 大小便 N. night soil and urine ♦V. the act of discharging these
dàxiǎobùyī 大小不一 V.P. not of uniform size
dǎ xiǎochāor 打小抄儿 V.O. cheat in an exam
dàxiàodànào 大笑大闹[-鬧] V.P. make whoopee
dǎ xiǎogǔr de 打小鼓儿的 N. itinerant recycler who draws attention with a tiny drum
dà xiǎohuǒzi 大小伙子 N. <coll.> big lad M: ge/[2]wèi
dàxiǎojie 大小姐 N. ① address for sb. else's daughter ② eldest daughter M: ge/[2]wèi
dǎ xiǎosuànpán 打小算盘[-盤] V.O. show petty shrewdness
Dàxiāotiáo 大萧条[-蕭條] N. the Great Depression (1929–1939)
dàxiàoyīshēng 大笑一声[-聲] V.P. give a loud laugh
dàxiǎoyóuzhī 大小由之 F.E. can fit any size
dàxiǎozi 大小子 N. <coll.> eldest son
dǎ xiàqu 打下去 R.V. ① put down; suppress; repress ② continue to fight
dǎ xiàshǒu 打下手 V.O. act as an assistant
dà xiàtiān 大夏天 N. <coll.> hot summer
Dàxīběi 大西北 P.W. Northwest China
dáxiè* 答谢 V. express appreciation; acknowledge
dǎxié 打斜 V. incline; tilt
dàxie 大些 ATTR. bigger; larger
dàxiě 大写[-寫] N. ① capital letters ② elaborate form of Chinese numerals
dáxiè yànhuì 答谢宴会 N. a return banquet
dàxiě zìmǔ 大写字母[-寫--] N. capital letters
dàxiě zìtǐ 大写字体[-寫-體] N. <print.> uppercase
dàxiézuò 大协作[-協-] N. large-scale cooperation
dàxífù 大媳妇[-婦] N. ① wife of one's eldest son ② wife of a man who also has a concubine M: ge/[2]wèi
dàxǐguòwàng 大喜过望 F.E. be pleased beyond expectations
dàxīng 大兴[-興] ADV. go in for sth. in a big way
[1]**dàxíng*** 大型 ATTR. large-size (machines/factories/etc.)
[2]**dàxíng** 大刑 N. stiff sentences/penalties
[1]**dàxìng** 大姓 N. ① popular surname ② surname of an aristocratic family ③ large extended family
[2]**dàxìng** 大幸 ADV. great good fortune
dàxíng chāojí shìchǎng 大型超级市场[-場] N. hypermarket; combined supermarket and department store M: [4]zuò
dàxíng huángdì 大行皇帝 N. late emperor
dǎ xíngli 打行李 V.O. pack up luggage
dàxíngqídào 大行其道 V.O. be widely adopted
dà xīngqītiān 大星期天 N. <coll.> (on) Sunday
dàxīngshāfá 大兴杀伐[-興殺-] F.E. engage in a big and bloody fight
dàxíng shùjùkù 大型数据库[--數據-] N. <comp.> large data base M: [4]zuò
dàxíng shūsàn xìtǒng 大型疏散系统 N. decentralized system
dàxīngtǔmù 大兴土木[-興--] F.E. go in for large-scale construction
dàxìng wènzuìzhīshī 大兴问罪之师[-興---師] V.P. scathingly condemn
dàxīngxing* 大猩猩 N. gorilla M: [2]zhī
dàxíngxīng 大行星 N. <astr.> major planet M: [1]kē
dàxíngzhèngqū 大行政区[-區] P.W. the six administrative areas of the PRC (1951–54)
dǎ xìnhào 打信号[-號] V.O. signal; communicate by signals
dàxiōng 大兄 N. ① the eldest brother ② big brother (address) M: [2]wèi
Dàxióng Bǎodiàn 大雄宝殿[--寶-] P.W. the Precious Hall of the Great Hero (the main hall of a Buddhist temple) M: [4]zuò
dàxiōngdi 大兄弟 N. elder brother M: ge/[2]wèi
dàxióngmāo 大熊猫[-貓] N. giant panda M: [2]zhī
Dàxióngzuò 大熊座 N. <astr.> Ursa Major; the Great Bear
dàxǐquèyuè 大喜雀跃[-躍] F.E. be joyful like a bird dancing
dàxǐ rìzi 大喜日子 N. red-letter day
dàxǐruòkuáng 大喜若狂 F.E. go crazy with joy
dàxiū 大修 N. <mach.> overhaul; heavy repair ♦V. undertake major mechanical/construction project
Dàxī Wénhuà 大溪文化 N. <archeo.> Daxi/Tahsi culture
Dàxī Yáng 大西洋 P.W. Atlantic Ocean
dǎxuán(r) 打旋(儿) V.O. revolve
dàxuǎn* 大选[-選] N. general election
dàxuǎnnián 大选年[-選-] N. election year
dàxuánwō 大旋涡[-渦] N. maelstrom
dàxué* 大学 N. ① university; college M: [1]suǒ/[4]zuò ② <trad.> Confucian way/text of great (moral) learning
dàxuě 大雪 N. ① heavy snow M: [3]cháng ② Great Snow (21st solar term)
dàxuébù 大学部 N. undergraduate section of a university
dàxuéchéng 大学城 N. college town M: [4]zuò
dàxuěfēnfēi 大雪纷飞[-飛] F.E. The snow flakes were falling thick and fast.
dàxuěshān 大雪山 N. big snow-covered mountain M: [4]zuò
dàxuéshēng 大学生 N. university/college student M: ge/[1]míng/[2]wèi
dàxuéshì 大学士 N. <trad.> grand secretary; minister of state M: [1]míng/[2]wèi
dǎ-xuězhàng 打雪仗 V.O. have a snowball fight
dàxúnhuán 大循环[-環] N. <phys.> greater/general circulation (of blood)
dàyá 大牙 N. ① molar ② front tooth ***Tā zhēn ràng rén xiàodiào ~.*** He had people laughing themselves silly at him. M: [1]kē/ge
dàyǎ* 大雅 N. ① refinement; good taste; elegance ② section of the *Poetry Classic* ♦ATTR. refined; polished
dǎ yájì 打牙祭 V.O. have sth. special to eat
dǎ yǎmí 打哑谜[-啞-] V.O. ① speak in riddles ② make a puzzling remark
dáyán 答言 N. reply
dǎyǎn 打眼 V.O. ① punch a hole ② catch the eye ③ pay more than sth. is worth ♦V.P. beautiful; good looking
dàyān 大烟[-煙] N. <coll.> opium
[1]**dàyán** 大盐[-鹽] N. crude salt
[2]**dàyán** 大言 N. exaggeration ♦V. speak loudly
dàyàn* 大雁 N. wild goose M: [2]zhī
dàyánbùcán 大言不惭 F.E. boast shamelessly
dàyāncōng 大烟囱[-煙囪] N. smokestack M: ge/[4]zuò
dà yǎn dèng xiǎo yǎn 大眼瞪小眼 ID. be at a loss
[1]**dǎyàng*** 打烊 V.O. <topo.> close a store/business for the night
[2]**dǎyàng(r)** 打样(儿)[-樣] V.O. ① draw a design ② make a proof
dàyáng 大洋 N. ① ocean ② silver dollar M: [2]kuài
dàyàng 大样[-樣] N. ① <print.> full-page proof ② <archi.> detail drawing M: [1]zhāng ♦V.P. arrogant
dà-yáng-gǔ 大洋古 N. large, foreign, and classical
dàyánghú 大洋湖 N. <geog.> lagoon
dǎyàngjī 打样机[-樣-] N. proof press M: [1]tái/[1]jià
dàyángquán 大洋全 N. tendency to favor grandiose enterprises in which advanced foreign technologies are indiscriminately applied
dǎyángr 打佯儿 V.O. pretend; sham; feign
dàyānguǎn 大烟馆[-煙-] P.W. <trad.> opium den M: [1]jiā
dàyānguǐ 大烟鬼[-煙-] N. opium addict
Dàyáng Zhōu 大洋洲 P.W. Oceania; Oceanica
dǎ yǎnhù 打掩护[-護] V.O. shield; provide cover for
dàyànhuì 大宴会 N. big banquet
dàyánqīrén 大言欺人 F.E. exaggerate to deceive others
dǎ yánshuǐ 打盐水[-鹽-] V.O. <med.> infuse
Dàyàn Tǎ 大雁塔 P.W. the Great Wild Goose Pagoda M: [4]zuò
dàyānyǐn 大烟瘾[-煙癮] N. opium addiction
dàyǎnzéi 大眼贼 N. <zoo./topo.> suslik
dāyāo 搭腰 N. leather/rope to hold a pack on an animal
dǎyào 打药[-藥] V.O. ① spray insecticide ② buy medicine ♦N. laxative; cathartic
dàyào* 大要 N. gist; main points
dàyáodàbǎi 大摇大摆[-擺] F.E. swaggering; strutting

dàyāoxiǎohè 大吆小喝 V.P. raise a hullabaloo

dǎ yàozhēn 打药针[-藥-] V.O. <*coll.*> give/take a medical injection

dǎyár 搭牙儿 V.O. <*coll.*> break into a conversation

dǎyár* 打牙儿 V.O. chat at others' expense

dàyātou 大丫头 N. ① head maid ② young woman ③ oldest daughter M: *ge/*[1]*míng*

dǎyáwán 打牙玩 V.P. <*topo.*> joke; kid; josh

dàyǎzhītáng 大雅之堂 N. refined taste

dǎ yāzi shàng jià 打鸭子上架 ID. ask people to do things beyond their capacity

dǎyē 打噎 V.O. ① choke ② belch; hiccup

dàye 大爷[-爺] N. <*coll.*> ①uncle (father's elder brother) ② respectful address for an elderly man ③a servant address his master M: [2]*wèi* ***See also*** *dàyé*

dàyé 大爷[-爺] N. ① rich man ② show-off ③ grand-uncle (grandfather's elder brother) ④ sir M: [2]*wèi* ***See also*** *dàye*

dàyè* 大业[-業] N. ① great cause/undertaking ② the throne

dǎ yějī 打野鸡[-雞] V.O. <*coll./trad.*> visit low-class brothels

dǎyémàniáng 打爷骂娘[-爺罵-] F.E. unfilial

dǎ yěshí 打野食 V.O. <*slang*> ① moonlight ② engage in clandestine sex

dǎ yěwài 打野外 V.O. receive field combat training

dàyèyáng 大叶杨[-葉楊] N. Ch. paper poplar M: [2]*kē*

dǎ yèzuò 打夜作 V.O. <*topo.*> work at night

dáyí 答疑 V.O. ①answer questions (of a teacher/speaker,/etc.) ② clear up suspicions

dáyì 达意[達-] V.O. convey one's thoughts

dàyi 大意 V.P. careless ***See also*** [1]*dàyì*

[1]**dàyī** 大衣 N. overcoat; topcoat M: [2]*jiàn*

[2]**dàyī** 大医[-醫] N. skillful physician M: [2]*wèi*

[3]**dàyī** 大一 N. first year of college

dàyí(r) 大姨(儿) N. mother's eldest sister; aunt M: [2]*wèi*

[1]**dàyì*** 大意 N. gist; general idea ***See also*** *dàyi*

[2]**dàyì** 大义[-義] N. ① cardinal principles of righteousness ② gist

dǎ yī bāzhang róu sān róu 打一巴掌揉三揉 ID. <*coll.*> pretend atonement for having done an injustice

dàyìlǐnrán 大义凛然[-義凜-] F.E. inspire awe by maintaining justice

dàyìmièqīn 大义灭亲[-義滅親] F.E. uphold righteousness above one's family

dáyīn 达因[達-] N. <*phy./loan*> dyne

dǎyìn* 打印 V.O. ①affix a stamp on sth. ②print

dàyìn 大印 N. great seal; the seal of power

dāying* 答应[-應] V. ① answer; reply ② agree; promise

dǎyíng 打赢 R.V. win

Dàyīng Dìguó 大英帝国[-國] P.W. The great British Empire

dāying xiàlai 答应下来[-應--] R.V. promise; agree

dǎ yìngzhàng* 打硬仗 V.O. ① fight hard battle ② be equal to the most formidable tasks

dàyíngzhàng 大营帐[-營-] N. marquée M: [4]*zuò*

dàyīní 大衣呢 N. overcoat woolen M: [1]*pǐ*

dǎyìnjī 打印机 N. ①printer ②marking machine M: [1]*tái/*[1]*jià*

dàyīnjiē 大音阶[-階] N. <*mus.*> major scale

dàyīnsù 大音素 N. <*lg.*> archiphoneme; archphoneme

dǎyìntái 打印台[-臺] N. ink/stamp pad

dǎ yìnzi 打印子 V.O. <*topo.*> ① affix a seal ② borrow money ♦N. high-interest loan repaid in installments, each certified by chop

dàyìqíqù 大异其趣[-異--] F.E. have very different tastes/interests

dàyi shī Jīngzhōu 大意失荆州[---荊-] ID. suffer a major setback due to carelessness

dàyì tiáncífǎ 大意填词法 N. <*lg.*> appropriate word method

dáyǐwēixiào 答以微笑 F.E. respond with a smile

Dàyì Zhōngwén shūrùfǎ 大易中文输入法 N. Dayi method of inputting Chinese characters

dàyízi 大姨子 N. wife's elder sister M: *ge/*[2]*wèi*

dàyǒng 大勇 N. ①great courage ②courageous people

dàyǒngruòqiè 大勇若怯 F.E. A brave man does not flaunt his power.

dǎyóu* 打油 V.O. ① draw oil ② buy oil in small amounts

dàyóu 大油 N. <*coll.*> lard

dàyǒu 大有 V.P. there is much ♦N. <*wr.*> abundance

dàyǒubìyì 大有裨益 V.O. be of great advantage/benefit

dàyǒuchéngjiù 大有成就 V.O. come out on top; make quite a success

dǎyóufēi 打游/油飞[-飛] V. <*topo.*> roam; wander

dàyǒufēnbié 大有分别 V.O. entirely different

dàyǒuhǎochu 大有好处[-處] V.O. be of great benefit

dǎ yóujī 打游击[-擊] V.O. ① fight as a guerrilla ②work at no fixed place ③take sb.'s belongings without permission ④board/lodge at one place after another without payment

dàyǒujiàndì 大有见地 V.O. have good judgment

dàyǒujìnbù 大有进步[--進-] V.O. have made great progress

dàyǒukěguān 大有可观[-觀] V.O. quite remarkable

dàyǒukěwéi 大有可为 V.O. very promising (project/etc.); very hopeful (situation/etc.)

dàyǒuláitou 大有来头 V.O. very influential socially/politically

dàyǒuqiántú 大有前途 V.O. have a bright future

dà yóuqìtián 大油气田[--氣-] P.W. major oil and gas field M: [2]*kuài/*[1]*piàn*

dàyǒuqūbié 大有区别[--區-] V.O. poles apart; entirely different

dàyǒurénzài 大有人在 V.P. such persons are by no means rare

dǎyóushī 打油诗 N. doggerel

dàyǒusuǒhuò 大有所获[-獲] V.P. have obtained a great deal

dàyǒuwéi 大有为 V.P. have plenty of scope for one's talent; be able to develop one's ability to the full

dàyǒuwénzhāng 大有文章 V.O. there's more than meets the eye

dàyǒuxīwàng 大有希望 V.O. be full of promise

dàyǒuyìyú 大有益于[-於] V.P. be of great benefit for

dàyǒuyòngchu 大有用处[-處] V.O. be great use

dàyǒuzhīnián 大有之年 N. an abundant/bumper-crop year

dàyǒuzuòwéi 大有作为 F.E. be able to develop one's ability to the fullest

dáyǔ 答语 N. reply; words in reply

dǎyú 打鱼 V.O. catch fish with nets

dàyú 大于[-於] V.P. be more/bigger than

dàyǔ* 大雨 N. heavy rain M: [3]*cháng*

Dàyǔ 大禹 N. the third of the three legendary emperors who created the Chinese state

dǎyuán 打援 V.O. attack enemy reinforcements

Dàyuān 大宛 N. <*hist.*> Ferghana (in central Asia)

[1]**dàyuán** 大员 N. <*trad.*> high officials M: [2]*wèi*

[2]**dàyuán** 大园[-園] P.W. big garden M: [4]*zuò*

dàyuǎn 大远[-遠] N. the distant

dàyuàn(r)* 大院(儿) P.W. compound; courtyard M: [4]*zuò*

dàyuān'àn 大冤案 N. gross injustice M: [2]*jiàn/*[1]*qǐ*

dǎ yuánchǎng 打圆场[-場] V.O. mediate a quarrel; smooth things over

dǎ yuānjia 打冤家 V.O. engage in a blood-feud

dàyuǎnjǐng 大远景[-遠-] N. big long-shot (film/photography)

dàyuánshuài 大元帅[-帥] N. generalissimo; marshal; commander in chief M: [2]*wèi*

dàyú chī xiǎoyú 大鱼吃小鱼 ID. the strong bully the weak

dàyú-dàròu 大鱼大肉 N. rich food

dàyuē* 大约 ADV. ①about; around ②probably; likely

dàyuè 大月 N. ①solar month of 31 days ②lunar month of 30 days

Dàyuèjìn 大跃进[-躍進] N. <*PRC*> Great Leap Forward

Dàyuèjìn Yùndòng 大跃进运动[-躍進運動] N. Great Leap Forward Movement M: [3]*cháng*

dàyuēmo(r) 大约摸(儿) ADV. <*topo.*> approximately ♦N. approximation; general idea

dǎyuèqì 打乐器[-樂-] N. <*mus.*> percussion instruments M: [2]*jiàn*

Dàyuèzhī 大月氏 N. <*hist.*> people in Central Asia

dǎ yùfángzhēn 打预防针 V.O. ① warn of danger/difficulty ② give/receive a vaccination

dǎyúláng 打鱼郎 N. fisherman M: *ge/*[1]*míng*

dǎyúmōxiā 打鱼摸虾[-蝦] V.P. <*coll.*> catch fish and shrimp ♦ID. look for unexpected opportunities

dāyǔn 答允 V. undertake

Dàyùnhé 大运河[-運-] N. Grand Canal M: [1]*tiáo*

dàyǔpāngtuó 大雨滂沱 F.E. The rain comes down in a deluge.

dàyǔpiáopō 大雨瓢泼[-潑] F.E. The rain splashes down.

dàyǔqīngpén 大雨倾盆 F.E. heavy downpour; torrential rain

dàyǔrúzhù 大雨如注 F.E. The rain came down in sheets.

dáyúshìlǐ 达于事理[達於-] F.E. be understanding or amenable to reason

dàyǔyánxué 大语言学 N. <*lg.*> macrolinguistics

dǎzá(r) 打杂(儿)[-雜-] V.O. do odd jobs ♦N. <*coll.*> odd-jobs man; all-purpose servant

dàzáhuì 大杂烩[-雜-] N. hodgepodge M: [1]*pán*

dāzài 搭载 V. pick up extra passengers/freight (of trucks/etc.)

dàzāinàn 大灾难[-災難] N. big disaster; catastrophe M: [3]*cháng*

Dàzàngjīng 大藏经[-經] N. collection/canon of Buddhist writing M: [2]*bù*

dāzào 搭造 V. build up; construct

dǎzào* 打造 V. forge

dàzào 大灶 N. ① ordinary mess ② brick kitchen range M: [4]*zuò/ge*

dàzǎochén 大早晨 N. (early) morning

dàzǎoqǐ 大早起 N. (early) morning

dàzàoyúlùn 大造舆论 V.O. whip up public opinion; make a big fanfare

dǎ-zá-qiǎng 打砸抢[-搶] N. beating, smashing, and looting

dàzáyuàn(r) 大杂院(儿)[-雜--] P.W. compound occupied by many households M: [4]*zuò*

dàzāza 大咂咂 N. <*coll.*> woman's breasts

dàzhá* 大札 F.E. <*court.*> your letter

dàzhǎ 大砟 N. <*topo.*> anthracite

dǎzhàn 打颤/战[-戰] V.O. shudder

dàzhǎn 大展 N. major exhibition ♦V. spread out magnificently; launch forcefully

dàzhàn* 大战[-戰] N. ① war ② large-scale fight; big clash ③ fierce competition M: [3]*cháng*

[1]**dǎzhàng*** 打仗 V.O. wage war; fight a battle

[2]**dǎzhàng** 打账 V.O. <*topo.*> heed; bear in mind (esp. enmity)

dàzhàng 大仗 N. big war

dàzhǎngcáigàn 大长才干[-幹] F.E. One's intellectual faculties were much increased.

dàzhǎngdàluò 大涨大落 V.P. fluctuate violently

dàzhàngfu 大丈夫 N. a real man; a man of fortitude and courage M: *ge/*[1]*míng/*[2]*wèi*

dàzhàngfu yánchūrúshān 大丈夫言出如山 V.P. A true man never goes back on his word.

dàzhǎngjiànwén 大长见闻 F.E. be a great eye-opener

dàzhàngpeng 大帐篷 N. pavilion M: [4]*zuò*

dàzhāngqígǔ 大张旗鼓 F.E. make a big show; on a grand scale

dàzhāngshēngshì 大张声势[-聲勢] F.E. put up a big show
dàzhāngtàfá 大张挞伐[--撻-] V.P. make a massive assault
dàzhāngyánxí 大张筵席 F.E. give lavish feasts
dàzhǎngzhìqì 大长志气[-氣] V.O. greatly boost morale
dàzhǎnhóngcái 大展宏才 V.O. develop one's unusual abilities
dàzhǎnhóngtú 大展鸿/宏图[-圖] V.O. ① put one's talents to use ② realize one's ambition; ride the crest of success
dàzhǎnjīnglún 大展经纶[--經-] V.O. put one's statecraft to full use
dàzhǎnshēnshǒu 大展身手 V.O. show one's capabilities
dǎzháo 打着[-著] R.V. hit the mark
dǎ zhāohu 打招呼 V.O. ① say hello; greet sb. ② use one's influence on another's behalf ③ warn ④ inform
dǎ zhàomiàn(r) 打照面(儿) V.O. ① run into sb. ② show one's face; make a brief appearance
dà zhàoyìng 大照应[-應] N. significant correlation
dàzháxiè 大闸蟹 N. crab somewhat like Dungeness M: [2]zhī
dāzhe 搭着[-著] ADV. besides; furthermore
dázhě 达者[達-] N. <wr.> ① erudite ② reasonable person M: ge/[1]míng/[2]wèi
[1]dǎzhé(r)* 打折(儿) V.O. ① deduct; make a discount ② be wrinkled (of clothes)
[2]dǎzhé 打摺 V. fold
dǎzhě 打褶 V.O. pleat
dǎzhe dēnglong méi chù zhǎo 打着灯笼没处找[-著燈--處-] ID. hard to come by; rare
dǎzhe hóngqí fǎn hóngqí 打着红旗反红旗[-著-----] V.P. <PRC.> counterrevolutionary activities carried out in the name of the revolution
dǎ zhékòu 打折扣 V.O. ① allow a discount ② detract *Zhè piān wénzhāng shǐ tā de míngyù dǎle zhékòu.* This article lowered his reputation. ③ fall short of a requirement/promise *Nǐ yào shuōdào zuòdào, bùnéng ~.* You should do exactly as you say, without hedging.
dǎzhēn* 打针 V.O. give/have an injection
dǎzhěn 打诊 N./V. <med.> percussion
dǎzhēnfúyào 打针服药[-藥] F.E. have an injection and take medicine
dǎzheng 打整 V. <topo.> ① put in order; tidy; clear away ② get things ready; pack ③ repair; mend ④ <coll.> settle with
dàzhēngdàbiàn 大争大辩[-爭--] F.E. hold great debates
dàzhèng fāngzhēn 大政方针 N. fundamental policy (of a state); major policy
dǎzhěng xíngli 打整行李 V.O. <coll.> pack one's baggage
dàzhèng yǎnshuō 大政演说 N. major policy speech
dǎzhe wánr 打着玩儿[-著--] V.P. engage in play-fighting
dǎzhèyǐhòu 打这以后[-這-後] V.P. <coll.> from now on; ever afterward
[1]dázhì 达致[達-] V. <wr.> express (one's gratitude/etc.)
[2]dázhì 达志[達-] V.O. reach one's goal; realize one's ambition
[3]dázhì 达智[達-] <wr.> V.O. become intelligent/enlightened ♦N. insight; intelligence
dǎzhì 打制[-製] V. make (by hammering/chipping/etc.)
[1]dàzhǐ 大指 N. thumb
[2]dàzhǐ 大旨 N. ① main purpose; main points; general idea ② theme (of a book/teaching/etc.)
[1]dàzhì* 大致 ADV. ① roughly; approximately; more or less; on the whole ② in general
[2]dàzhì 大志 N. high aims
[3]dàzhì 大治 N. great order
[4]dàzhì 大智 N. ① great wisdom/intelligence ② people with great wisdom/intelligence
dàzhìdàyǒng 大智大勇 F.E. tremendous courage and wisdom
dǎ zhīmíngdù 打知名度 V.O. seek publicity
dàzhìrúcǐ 大致如此 F.E. That's about the size of it.
dàzhìruòyú 大智若愚 F.E. The wise appears dumb.
dàzhìshang 大致上 ADV. roughly; approximately; more or less
dǎzhì shíqì 打制石器[-製--] <archeo.> V.O. chip (a stone implement) ♦N. chipped stone tool M: [2]jiàn/ge
dàzhīzhū 大蜘蛛 N. tarantula M: [2]zhī
dàzhízi 大侄子 N. brother's eldest son M: ge/[2]wèi
dǎzhǒng 打肿[-腫] R.V. beat and cause swelling
dǎzhòng 打中 R.V. hit (the target)
dàzhòng* 大众[-眾] N. the people/masses ♦ATTR. popular
dàzhòngchuánbō 大众传播[-眾傳-] F.E. mass communication
dàzhòng chuánbō méijiè 大众传播媒介[-眾傳---] N. mass media
dàzhòng chuándá 大众传达[-眾傳達] N. <lg.> mass communication
dàzhòng chuánméi 大众传媒[-眾傳-] N. mass media
dàzhònghuà 大众化[-眾-] V./ATTR. popularized; in a popular style
dàzhòng jiàoyù 大众教育[-眾--] N. mass education
dàzhòng jiéyùn xìtǒng 大众捷运系统[-眾-運--] N. <TW> public transportation system
dǎzhǒng liǎn chōng pàngzi 打肿脸充胖子[-腫----] F.E. ① inflate oneself to one's own cost ② put on airs; act big
dàzhòng méijiè 大众媒介[-眾--] N. mass media
dàzhòng méitǐ 大众媒体[-眾-體] N. mass media
dàzhòng qíngrén 大众情人[-眾--] N. public idol
dàzhòng wénxué 大众文学[-眾--] N. popular literature
dàzhōngxíng 大中型 N. large-size and middle-size
dǎzhòng yàohài 打中要害 V.O. hit a vital spot; hit where it really hurts
dǎ zhòngyīn 打重音 V.O. <lg.> accentuate
dàzhòngyǔ 大众语[-眾-] N. ① the language of ordinary people ② <lg.> colloquial
Dàzhòngyǔ Yùndòng 大众语运动[-眾-運動] N. <hist.> Popular Language Movement M: [3]cháng
dǎzhòu* 打皱[-皺] V. become wrinkled; creased
[1]dàzhōu 大洲 N. continent
[2]dàzhōu 大周 <coll.> N. "big weekend" (Saturday and Sunday)
dàzhòuzi 大轴子 N. <thea.> last item on the program
dàzhòuzixì 大轴子戏[-戲] N. <thea.> last item on the program
dāzhù 搭住 V. take up one's lodgings
dǎzhù* 打住 R.V. ① come to a halt ② Hold; Stop!
dàzhù 大著 F.E. <court.> your book
dǎzhuàn 打转[-轉] V. spin; rotate, revolve
dà-zhuān* 大专[-專] P.W. three-year college
dàzhuàn 大篆 N. ① Zhou style of calligraphy; majuscule script ② great seal
dǎzhuāng* 打桩[-樁] V.O. hammer in pile/stake ♦N. piling
dàzhuàng 大壮[-壯] N. the 34th of the 64 hexagrams of *Book of Changes*
dǎzhuāngjī 打桩机[-樁-] N. pile driver M: [1]jià/[1]tái/[4]zuò
dàzhuāngjia 大庄稼[-莊-] N. <topo.> crops harvested in autumn
dǎzhuànr 打转儿[-轉-] V.O. turn; spin; move in a circle
dàzhuānshēng 大专生[-專-] N. students/graduates of universities and junior colleges M: ge/[1]míng/[2]wèi
dà-zhuān xuéxiào 大专学校[-專--] N. universities and colleges for professional training M: [1]suǒ/[4]zuò
dàzhuànyībǐ 大赚一笔[-筆] V.P. make a killing
dà-zhuān yuàn-xiào 大专院校[-專--] N. universities and colleges M: [1]suǒ/[4]zuò
dǎ zhuìgulūr 打坠咕噜儿[-墜---] V.O. <topo.> slip downward; go backward; regress
dǎ zhuìyou 打坠悠[-墜-] V.O. <topo.> try to pull free; try to break away
dàzhǔjiào 大主教 N. <rel.> archbishop M: [2]wèi
dāzhuō 搭桌 V.O. <thea.> perform to raise money for relief
dàzhǔtí 大主题 N. <lg.> primary topic
dǎ zhǔyi 打主意 V.O. <coll.> ① devise a plan ② try to obtain ③ try to win the affection of ④ take unfair advantage
dāzi 褡子 N. long rectangular bag
dázi 鞑子[韃-] N. Tatar
dǎzì* 打字 V.O. ① type(write) ② do typing work
[1]dàzǐ 大姊 N. eldest sister M: ge/[2]wèi
[2]dàzǐ(r) 大子(儿) N. a former large copper coin worth 20 cash
dàzì 大字 N. big character
dàzǐbāo 大紫包 N. <coll.> eggplant
dàzìbào* 大字报[-報] N. <PRC> big-character poster M: [1]zhāng/[1]fèn
dàzìběn 大字本 N. large-character/large-type edition
dà zīběnjiā 大资本家 N. big capitalist; monopolist M: ge/[1]míng/[2]wèi
dàzīchǎnjiējí 大资产阶级[--產階-] N. big bourgeoisie
dǎzìdài 打字带[-帶] N. typewriter ribbon M: [1]tiáo
dǎzì diànbàojī 打字电报机[--電報-] N. telewriter M: [1]tái/[1]jià
dǎzìgǎo 打字稿 N. typescript M: [1]piān/[1]fèn
dǎzìháng 打字行 N. type-writing service M: [1]jiā
dǎzìjī 打字机 N. typewriter M: [1]tái/[1]jià
dàzìrán 大自然 N. nature
dǎzìyuán 打字员 N. typist M: ge/[1]míng/[2]wèi
dǎzìzhǐ 打字纸 N. typing paper M: [1]zhāng
dǎzǒng(r) 打总(儿)[-總-] ADV. <coll.> altogether; at one go; in a batch
dàzōng* 大宗 N. ① large quantity ② large/famous family ♦ATTR. staple
dàzōng bāoguǒ 大宗包裹 N. bulky/large package
dàzǒngtǒng 大总统[-總-] N. president; chief of state of a republic M: [2]wèi
dàzōng wùzī 大宗物资 N. bulk commodities
dàzú 大族 N. famous and influential clan
dǎzuǐ 打嘴 V.O. slap sb. on the face
[1]dàzuì* 大醉 V.P. dead drunk
[2]dàzuì 大罪 N. <law> ① felony ② high crime
dǎ zuǐba 打嘴巴 V.O. slap sb.'s face
dàzuìrúní 大醉如泥 F.E. be dead drunk
dǎzuǐxiànshì 打嘴现世 ID. <coll.> shamelessly; shamefully
dāzuǐyīn 搭嘴音 N. <lg.> click
dǎ zuǐzhàng 打嘴仗 V.O. ① quarrel ② debate
dázūn 达尊[達-] N. sth. revered by all
dǎzuò 打坐 V.O. <Budd./Dao.> sit in meditation
dàzuò* 大作 V. explode; erupt; spring up; break out ♦F.E. <court.> ① masterpiece; your writing M: [1]piān ② your book M: [1]běn/[2]bù
dǎ zuòpō 打坐坡 V.O. <topo.> ① backslide; regress ② fall down backward
dàzuòwénzhāng 大做文章 V.O. make a fuss; make a big issue
Dàzú Shíkū 大足石窟 P.W. Dazu Grotto (in Sichuan)
DC-shí DC十 N. DC-10 (airplane)
D-diào D调 N. <mus.> one of the seven basic keys

DDT N. DDT (insecticide)

[1]**de*** 的 S.P. ① *of subordination* **wǒ mǎi ~ shū** the book I bought ② *noun-forming, like English -er* **kānmén ~** doorkeeper ♦CONS. *(shì) X ~* action emphasizing X **Wǒ shì zuótiān mǎi ~.** It was yesterday that I bought it. **Wǒ xiǎng (shì) bù huì xiàyǔ ~.** I think it's unlikely to rain. ♦CONS. ① <*coll.*> by **Zhè jiān wūzi shì wǔmǐ ~ liùmǐ, hé sānshí píngfāng mǐ.** This room is 5 x 6 meters, or 30 square meters. ② <*topo.*> plus **Wǔ ge ~ liù ge, yīgòng shíyī ge.** Five plus six is eleven. ***See also** d, di,* [4]*dī,* [8]*dí,* [6]*dì*

[2]**de** 地 S.P. *adv.-forming, like English -ly* **hěn kuài ~** very quickly ***See also*** [2]*dì*

[3]**de** 得 INF. *used in r.v.* **kàn~jiàn** able to see ♦S.P. *used to link a verb and the manner clause that follows it* **shuō ~ kuài** speak quickly **dà ~ nábudòng** so big that it can't be moved ♦CMP. *potential complement* **Tā hǎo le, xiànzài chī~ le.** He's well again and can eat now. ***See also*** [1]*dé, děi*

[4]**de** 徾 in **lēdebīng** ***See also*** [16]*dài*

[5]**de** 脦 in **lēde** ***See also*** *te*

dē 嘚 in **dēle, cīde**

[1]**dé** 得 V. ① get ② result in ③ be fit/proper ④ be satisfied ⑤ be finished **~le, bié shuō le.** OK! OK! That's enough. ***See also*** [3]*de, děi*

[2]**dé** 德 B.F. ① morality; virtue **dàodé** ② heart; mind **yīxīnyīdé** ③ kindness **ēndé**

[3]**dé** 锝[鍀] N. <*chem.*> technetium

Dé'ángzú 德昂族 N. De'ang ethnic minority (in Yunnan)

déba 得巴 V. <*coll.*> act slowly/lazily

débáonéngxiǎn 德薄能鲜 F.E. <*humb.*> I'm lacking in both virtue and ability. ***See also*** *débónéngxiǎn*

débàqiěbà 得罢且罢[-罷-罷] F.E. It's better to forget about it.

débiàn(r) 得便(儿) ADV. when convenient; at (your) convenience

débiāo 得标[-標] V.O. have one's tender accepted

débiāorén 得标人[-標-] N. person who wins the bid M: *ge/*[1]*míng/*[2]*wèi*

débìng 得病 V.O. become ill

débócáishū 德薄才疏 F.E. (One's) virtue is insignificant and (one's) ability meager.

débónéngxiǎn 德薄能鲜 F.E. lack both in virtues and ability ***See also*** *débáonéngxiǎn*

débùchángshī 得不偿失[--償-] F.E. not worth the effort

débudào 得不到 R.V. can't get/gain

débùjìnbù 得步进步[--進-] F.E. never be satisfied; take advantage of people's kindness

débuzháo 得不着[-著] R.V. can't get/gain

décǎi 得彩 V.O. win the lottery

décáijiānbèi 德才兼备[-備] F.E. have both ability and integrity

décāo 德操 N. morality and conduct; virtuous behavior

décè 得策 N. best policy; advisability

déchángsùyuàn 得偿夙愿[-償-願] V.O. realize one's long-cherished hope

déchěng 得逞 V. ① prevail ② have one's way

déchěngyīshí 得逞一时[-時] F.E. succeed for a time

déchǒng 得宠 V.O. find favor with sb.

déchū 得出 R.V. reach (a conclusion); obtain (a result)

décí 德词 N. <*lg.*> adjective

décǐshībǐ 得此失彼 F.E. gain in one thing and lose in another

décùnjìnchǐ 得寸进尺[--進-] ID. insatiable

dédàng 得当[-當] S.V. proper; appropriate (ways/arrangements/etc.); apt

[1]**dédào** 得到 R.V. succeed in obtaining; gain; receive

[2]**dédào** 得道 V.O. ① <*Dao.*> attain the Way ② <*Budd.*> become enlightened ③ support a just cause

dédàoduōzhù 得道多助 F.E. one who upholds justice enjoys much support

dédé 得得 ADV. ① leisurely (of one's walking pace) ② specially; on purpose

dēdejìnr 嘚嘚劲儿[--勁-] N. nagging; bothersome talk

dé'érfùshī 得而复失[--復-] F.E. lose after having got it

dé'érzhūzhī 得而诛之 F.E. have the right to punish

défǎ 得法 S.V. ① have got knack of doing sth. ② go well/smoothly like clockwork

défēi 得非 F.E. Can it be...?

défēn 得分 V.O. score **lián dēle sān fēn** won three points in a row

défēnbǎn 得分板 N. scoreboard M: [2]*kuài*

défēnbiǎo 得分表 N. score chart M: [1]*zhāng*

défēngbiànzhuǎn 得风便转[-轉] V.P. operate according to circumstances

dégāowàngzhòng 德高望重 F.E. be of noble character and high prestige

déguǎngcáigāo 德广才高[-廣--] F.E. be of lofty virtue and great talent

Déguó 德国[-國] P.W. Germany

déguòqiěguò 得过且过 F.E. <*coll.*> ① do what situation requires ② muddle/drift along

dehěn 得很 CONS. *s.v.* ~ very s.v. **téng ~** hurts badly

dehuà* 的话 CONS. *X ~, ...* if X, ...

déhuà 德化 V. influence people by moral uprightness

déhuàxiàmín 德化下民 V.O. influence the populace by means of one's virtuous character

déhuàyáo 德化窑[-窯] N. <*art*> a Song ceramic kiln (in Dehua, Fujian)

děi 得 AUX. must ♦V. <*coll.*> ① need ② should be ***See also*** [3]*de,* [1]*dé*

děi fù zérèn 得负责任 V.P. should be responsible for; must shoulder responsibility

děikàn 得看 V.P. (it) depends

děikuī 得亏[-虧] ADV. luckily

děile ge zú 得了个足[--個-] V.P. <*coll.*> ate to the full

[1]**déjì** 得济/继[-濟/繼] V.O. ① receive benefits ② receive financial support from one's offspring ♦V.P. useful; satisfactory (of a plan/etc.)

[2]**déjì** 得计 V.O. succeed in one's scheme

déjiān 得间 A.T. get chance to start doing sth.

déjiǎng 得奖[-獎] V.O. win a prize

déjiǎngrén 得奖人[-獎-] N. prize-winner M: *ge/*[1]*míng/*[2]*wèi*

déjìn(r) 得劲(儿)[-勁-] S.V. ① fit for use; handy ② easy and comfortable going ③ <*coll.*> spirited; vigorous; go-getting ♦V.O. feel well

déjiù 得救 V.O. ① obtain salvation (esp. in Christianity) ② be saved/rescued

déjūn 得君 V.O. win imperial favor/confidence

Déjūn* 德军 N. the German army M: [4]*zhī*

Dékèsàsī 得克萨斯[--薩-] P.W. Texas

dékòng(r) 得空(儿) V.O. have spare time or leisure; be free

dékuīménjìng 得窥门径[-徑] F.E. just learn the rudiments of the subject

dékuīquánbào 得窥全豹 F.E. see a sample of sth. in its entirety; see the entire thing

dékuīyībān 得窥一斑 F.E. see only a part

déláibùyì 得来不易 V.P. it has not come easily; be hard-earned

dēle 嘚勒 V./N. nag

déle* 得了 INTJ. Stop it! Hold it! Enough! ♦F.E. ① done; finished **Fàn ~.** Food's done/cooked. ② and be done with it **Nǐ zǒu ~, shèngxià de shì(r) wǒ gàn.** You just go, and I'll finish the rest. ***See also*** *déliǎo*

délì 得力 V.O. benefit from; get help from **Tā dé nǐ de lì bù xiǎo.** He benefited a lot from your help. ♦V.P. capable; competent **Tā bànshì ~.** She does things efficiently.

déliǎn 得脸 V. win someone's favor

déliǎo 得了 V.P. ① stop it; hold it ② *used in rhetorical questions* really serious; awful **Zhè hái ~ (ma)?** Isn't it awful? ***See also*** *déle*

dé lǐ bù ráorén 得理不饶人[---饒-] V.P. not show mercy to those in the wrong when justice is on one's side

délìng 得令 V.O. receive/take an order

délì zhùshǒu 得力助手 N. right-hand man M: *ge/*[1]*míng/*[2]*wèi*

délǒngwàngshǔ 得陇望蜀 F.E. insatiable; have insatiable desires

délǜ 得率 V. yield

démén 德门 N. family of high moral standing

démín 得民 V.O. win the people's heart

démíng 得名 V.O. get a name; be named

démókèlāxī 德谟克拉西 N. <*loan*> democracy

dèn 扽 V. ① yank ② <*topo.*> pull tightly

[1]**dēng** 灯[燈] N. ① lamp; lantern; light ② valve; tube ③ burner

[2]**dēng** 登 V. ① ascend; climb; mount ② publish; record ③ harvest ④ pedal ⑤ step on ⑥ <*coll.*> wear (shoes/trousers)

[3]**dēng** 蹬 V. ① press down with the foot ② step on; tread ③ <*topo.*> wear (shoes/etc.) ***See also*** [6]*dèng*

[4]**dēng** 噔 ON. thump; thud

[5]**dēng** 簦 B.F. an ancient kind of bamboo or straw hat **nièjuēdāndēng**

[6]**dēng** 澄 in **huángdēngdēng** ***See also*** [10]*chéng,* [3]*dèng*

[1]**děng*** 等 V. wait **Qǐng ~ yīhuìr.** Please wait a minute. ♦B.F. ① class; grade **tóuděng** ② be equal **píngděng** ③ <*lg.*> division ♦SUF. and so on

[2]**děng** 戥 V. weigh with a small steelyard ♦B.F. small steelyard for weighing jewelry and medicine **děngzi**

[1]**dèng** 瞪 V. stare at; open (one's eyes) wide; glare

[2]**dèng** 凳 B.F. stool; bench [1]**dèngzi**

[3]**dèng** 澄 V. settle (of liquid) ***See also*** [10]*chéng,* [6]*dēng*

[4]**dèng** 镫[鐙] N. stirrup

[5]**dèng** 磴 B.F. steps on rocks **shídèng**

[6]**dèng** 蹬 in **dèngdào, gēdēng-gēdèng, cèngdèng** ***See also*** [3]*dēng*

Dèng 邓[鄧] N. Surname

dēng'àn 登岸 V.O. go ashore

dēngbǎng 登榜 V.O. pass a competitive examination

dēngbào 登报[-報] V.O. ① publish in the newspaper ② make an announcement in the newspaper

dēngbào shēngmíng 登报声明[-報聲-] V.P. make a statement in the newspaper

dēngbào zuòfèi 登报作废[-報-廢] V.P. declare sth. invalid in a newspaper

děngbèi 等辈 N. the same generation

děngbǐ 等比 N. <*math.*> geometric ratio; ratio of equality

děngbiān 等边[-邊] ATTR. <*math.*> equilateral

děngbiān sānjiǎoxíng 等边三角形[-邊---] N. <*math.*> equilateral triangle

dēngbiāo 灯标[燈標] N. ① light signal ② beacon

děngbǐ jíshù 等比级数[-數] N. geometric progression

děngbǐ shùliè 等比数列[--數-] N. <*math.*> geometric series

děngbì tiānpíng 等臂天平 N. equal-arm balance M: [1]*jià*

děngbude 等不得 R.V. could/must not wait

děngbují 等不及 R.V. ① be too late to wait ② be too impatient to wait

děngbuliǎo 等不了 R.V. can't wait any longer

dēngcǎi 灯彩[燈-] N. ① colored lantern ② colored-lantern display

dēngcánrénjìng 灯残人静[燈殘-靜] F.E. The room was pervaded with quietness, bathed in the silent glow of candlelight.

dēngcǎo 灯草[燈-] N. rush (used as lampwick) M: [2]*gēn/*[5]*zhī*

D

dēngcǎoguǎizhàng 灯草拐杖[燈-] ID. person without power to make decisions
dēngcè 登册[-冊] N. registrar record/account
děngchā 等差 N. ① equal difference ② place in a series; grade
děngchā jíshù 等差级数[-數] N. <math.> arithmetic progression
dēngchǎng 登场[-場] V.O. ① be gathered and taken to the threshing ground ② come on stage
dēngchǎng rénwù 登场人物[-場--] N. characters in a play; dramatis personae M: ge/[1]míng/[2]wèi
děngchā shùliè 等差数列[--數-] *See děngchā jíshù*
dēngchéng* 登程 V.O. start a journey; set out
dēngchēng 戥称[-稱] N. apothecary scale
děngchèng 戥秤 N. steelyard
dēngchū 登出 R.V. publish
dēngchuài 蹬踹 V. kick
[1]**dēngchuán** 登船 V.O. take a boat
[2]**dēngchuán** 灯船[燈-] N. lightship M: [1]tiáo/[2]zhī/[1]sōu
dēngchūntái 登春台[-臺] N. peace and happiness of people in a prosperous age
děngcì 等次 N. ① rank; grade ② sequence
děngcuī 等衰/缞 N. <wr.> rank; grade
dēngcuò 登错 R.V. misprint
děngdài 等待 V. wait for; await
děngdài shíjiān 等待时间[--時-] N. <comp.> latency
děngdào* 等到 CONJ. by the time; when ♦R.V. wait until
dèngdào 蹬道 N. rocky mountain path M: [1]tiáo
dēngdēng 噔噔 ON. thump; thud
děngdeng(r) 等等(儿) R.F. wait a minute
děngděng* 等等 N. and so on; etc.
dēngdì 登第 V.O. pass a competitive exam
děngdì* 等第 N. ① rank; grade ② grade in an imperial examination; place in a competition
dēngdǐng 登顶 V.O. reach the peak/summit (of a mountain)
dēngdōng 登东 V.O. go to the toilet
dēng'é 灯蛾[燈-] N. ① moths attracted by lamplight ② tiger moth M: [2]zhī
dēng'épūhuǒ 灯蛾扑火[燈-撲-] ID. suicidal act
děng'érlùnzhī 等而论之 F.E. treat analogously (in a similar manner); and so with the others
děng'érxiàzhī 等而下之 F.E. from that grade down; lower down
děng'é xuǎnjǔ 等额选举[-選舉] N. single-candidate election
děngfēn* 等分 N. division into equal parts
děngfèn 等份 N. ① equal divisions/portions ② equal in quantities
dēngfēngzàojí 登峰造极[-極] F.E. reach the peak of perfection; reach the acme
děngfēnxiàn 等分线 N. bisectrix; bisector M: [1]tiáo
dēnggāo* 登高 V.O. ascend heights
děnggāo 等高 ATTR. of the same height/altitude
dēnggāo bì diēzhòng 登高必跌重 F.E. The higher up, the harder the fall.
dēnggāo bì zìbēi 登高必自卑 F.E. He that climbs a ladder must begin at the first step.
Dēnggāojié 登高节[-節] N. Mountain Climbing Festival (9th day of 9th moon)
děnggāoxiàn 等高线 N. <geog.> contour (line) M: [1]tiáo
dēnggāoyīhū 登高一呼 F.E. make a clarion call
dēnggāozìbēi 登高自卑 F.E. ① In order to climb up high one must begin from the bottom. ② He that climbs a ladder must begin at the first step.
dènggǔ 镫骨 N. <phys.> stapes; stirrup
dēngguǎn 灯管[燈-] N. light tube M: [2]gēn
dēngguāng 灯光[燈-] N. ①lamplight ②(stage) lighting M: [4]shù/[1]pái/[1]piàn/[1]diǎn
dēng guǎnggào 登广告[-廣-] V.O. advertise
dēngguāng qiúchǎng 灯光球场[燈-場] N. floodlit court/field/etc. M: [4]zuò
dēngguāngrúzhòu 灯光如昼[燈-晝] F.E. a light as bright as daytime
dēnghào 灯号[燈號] N. flash signals
děnghào* 等号[-號] N. equals sign (=)
děnghé 戥盒 N. case for a small steelyard M: [2]zhī
dēnghóngjiǔlǜ 灯红酒绿[燈-] F.E. ① scene of debauchery ② feasting and revelry
děnghòu 等候 V. wait; await; expect
dēnghǔ(r) 灯虎(儿)[燈-] N. riddles written on lanterns; lantern riddles
dēnghuā(r)* 灯花(儿)[燈-] N. snuff (of a candlewick)
děnghuà 等化 V. <math.> equalize
dènghuán 镫环[-環] N. stirrup hoop
dēnghuì 灯会[燈-] N. ①lantern show ②lantern festival
děnghuìr 等会儿 V.P. wait a while/minute
dēnghuǒ 灯火[燈-] N. lights M: [1]piàn
dēnghuǒ guǎnzhì 灯火管制[燈-] N. ①blackout ② curfew
dēnghuǒ guǎnzhì tíngdiàn 灯火管制停电[燈-電] N. power blackout
dēnghuǒhuīhuáng 灯火辉煌[燈-] F.E. ablaze with lights
dēnghuǒjiéhuā 灯火结花[燈-] F.E. good omen
dēnghuǒtōngmíng 灯火通明[燈-] F.E. ablaze with lights
dēnghuǒyínghuáng 灯火荧煌[燈-熒-] F.E. (In the hall) were many lanterns.
děnghūxué 等呼学 N. <lg.> Chinese phonological method, flourished in Ming/Qing
[1]**dēngjī** 登机 V.O. board a plane
[2]**dēngjī** 登基 V.O. ascend the throne
dēngjí 登极[-極] V.O. ascend the throne
[1]**dēngjì*** 登记 V. register; check in
[2]**dēngjì** 蹬技 N. acrobatic juggling with the feet
děngjí 等级 N. ① grade; rank ② order and degree; social status
dēngjià* 灯架[燈-] N. lamp holder
děngjià 等价[-價] N. equal (in) value; equivalent
děngjià jiāohuàn 等价交换[-價-換] N. equal value exchange
dèngjiāngní 澄浆泥[-漿-] N. fine clay (esp. for making pottery)
děngjiànzhībèi 等贱之辈[-賤--] N. lowly people
děngjiǎo 等角 ATTR. with the same angle; equiangular
dèngjiǎochuíxiōng 蹬脚捶胸[-腳--] F.E. stamp the feet and pound the chest
děngjiǎo sānjiǎoxíng 等角三角形 N. equiangular triangle
děngjiǎoxiàn 等角线 N. isogonal line M: [1]tiáo
děngjiàwù 等价物[-價-] N. <econ.> equivalent M: ge/[2]jiàn
dēngjìběn 登记本 N. log; record (of progress/activity/etc.) M: [1]běn
dēngjìbù 登记簿 N. register; registry M: [1]běn
dēngjìchù 登记处[-處] P.W. registration office M: [1]jiā/ge
Dēngjié(r) 灯节(儿)[燈節-] N. Lantern Festival (15th of first lunar month)
dēngjìfǎ 登记法 N. registration law
dēngjì fāngfǎ 登记方法 N. registration method
děngjí huàfēn 等级划分[--劃-] N. gradation
dēngjìkǎ 登记卡 N. registration card M: [1]zhāng
děngjí liàngbiǎo 等级量表 N. rating scale M: [1]zhāng
děngjí lǐlùn 等级理论 N. <lg.> top-to-bottom
dēngjìn 登进[-進] R.V. get a promotion
dēngjīpái 登机牌 N. boarding pass M: [1]zhāng
děngjísài 等级赛 N. category competition M: [2]chǎng
děngjí xiāngguān 等级相关[-關] N. rank correlation
dēngjìyuán 登记员 N. registrar M: ge/[1]míng/[2]wèi
dēngjī zhákǒu 登机闸口 P.W. boarding gate
dēngjīzhèng 登机证[-證] N. boarding pass M: [1]zhāng
děngjí zhìdù 等级制度 N. hierarchy; social estate system
dēngjù* 灯具[燈-] N. lamps and lanterns M: [1]jià
děngjù 等距 N. equidistance
děngjùlí 等距离[-離] N. equidistance
dēngkē* 登科 V.O. <trad.> pass civil service exam
dēngké 灯壳[燈殼] N. ① lampshade ② lamp-chimney
děngléi 等雷 V.O. <topo.> wait for the ax to fall; wait for an expected bawling out
děngliàng 等量 N. equal quantity/volume
děngliàngjí 等量级 ATTR. at the same level; on a par
děngliàng láodòng 等量劳动[-勞動] N. labor equal in quantity and quality
děngliàngqíguān 等量齐观[-齊觀] V.P. ①treat without discrimination ② equate; put on a par
dēngliàngr 灯亮儿[燈-] N. light
děngliè 等列 N. grade; rank; class ♦V.P. rank
dēnglín 登临[-臨] V. ① climb a hill ② visit famous mountains, places of interest, etc.
dènglíng 瞪羚 N. <zoo.> gazelle M: [2]zhī
děnglízǐtǐ 等离子体[-離-體] N. <phys.> plasma
dēnglong 灯笼[燈-] N. lantern; lamp M: [2]zhī/ge
dēnglongfēng 灯笼风[燈-] N. <coll.> easily buffeted; weak; feeble
dēnglongjiāo 灯笼椒[燈-] N. <topo.> bell pepper M: [2]zhī
dēnglongkù(zi) 灯笼裤(子)[燈-] N. ① knee-length or ankle-length sports trousers ②knickerbockers M: [1]tiáo
dēnglong làjiāo 灯笼辣椒[燈-] N. Spanish paprika M: [2]zhī/ge
dēng lóngmén 登龙门 V.O. ① win sudden success ② find a powerful patron
dēnglóngshù 登龙术[-術] N. secret of success
dēnglóngyǒushù 登龙有术[-術] ID. very skillful in finding a powerful patron to advance one's career
dēnglongzūn 灯笼尊[燈-] N. jar resembling a Chinese lantern
dēnglóu 登楼[-樓] V.O. go to the upper floor; go upstairs
[1]**dēnglù** 登陆[-陸] V.O. land; disembark
[2]**dēnglù** 登录[-錄] V. register; enroll; record
dēnglù bùduì 登陆部队[-陸-隊] P.W. landing troops M: [4]zhī
dēnglùchǎng 登陆场[-陸場] P.W. beachhead
dēnglùhào 登录号[-錄號] N. registered mark/number
dēnglún 登轮 V.O. board a steamship
dēnglùtǐng 登陆艇[-陸-] N. landing boat M: [1]sōu/[1]tiáo/[2]zhī
dēnglùzhàn 登陆战[-陸戰] N. landing operations M: [3]cháng
dēnglù zhǐlìng 登录指令[-錄--] N. <comp.> entry instructions
dēnglùzhōu 登陆舟[-陸-] N. landing boat M: [2]zhī/[1]tiáo
dēngmén 登门 V.O. call at sb.'s house
dēngmén bàifǎng 登门拜访 V.P. pay sb. a visit
dēngménbàoxǐ 登门报喜[--報-] V.P. announce great good news at the house door
dēngméndáxiè 登门答谢 V.P. call on a person at his house to express gratitude
dēngménzàofǔ 登门造府 V.P. call on a person at his house
dēngménzìjiàn 登门自荐[-薦] V.P. present oneself at the door
dēngmí 灯谜[燈-] N. riddles written on lanterns
děngmiànxíng 等面形 ATTR. equilateral
dēngmiáo(r) 灯苗(儿)[燈-] N. lamp flame
děngmíngr 等明儿 V.O. ① wait till tomorrow ② soon
děngmǐxiàguō 等米下锅[-鍋] ID. ① await necessary precondition ② live from hand to mouth
dèngmùníngshì 瞪目凝视 F.E. stare with wide eyes
děngnèi 等内 ATTR. be up to standard (of goods)
dēngniǎn(zi) 灯捻(子)[燈-] N. lampwick

děngnìle 等腻了 V.P. be impatient for having waited too long
dēngpān* 登攀 V. climb; scale
děngpán 戥盘[-盤] N. weighing scale of a small steelyard
dēngpào(r) 灯泡(儿)[燈-] N. ① light bulb M: [2]zhī/ge ② <slang> chaperone
dēngpí 登陴 V.O. guard the city wall
děngpiānjiǎo 等偏角 N. isogonic angle
děngqíng 等情 V.O. <trad.> awaiting a reply (lower to superior agency) ♦N. et cetera (letter closure)
dèngqīng* 澄清 V.P. settle; become clear (of liquids) *See also chéngqīng*
děngrén 等人 N. ① people of the same rank/grade ② and others ♦V.O. wait for someone
děngrì 等日 V.O. <topo.> in few days
dēngruǐ 灯蕊[燈-] N. wick
dēngsǎn 灯伞[燈傘] N. lampshade M: [1]bǎ
dēng sānlún de 登三轮的 N. ① tricyclist who transports things/people ② tricyclist
dèngshā 澄沙 N. sweet bean paste
dēngshān 登山 V.O. <sport> engage in mountain-climbing ♦N. mountaineering
dēngshānbùlǐng 登山步岭[-嶺] F.E. <wr.> a difficult journey
dēngshānduì 登山队[-隊] P.W. mountaineering party M: [4]zhī
dēngshān'érwàng 登山而望 V.P. go up to the summit of the hill and look out
dēngshānfú 登山服 N. mountaineering clothes M: [2]jiàn/tào
dēngshàng* 登上 R.V. climb over; step on; mount; ascend
děngshàng 等上 ATTR. above grade
dēngshàng bǎozuò 登上宝座[--寶-] V.O. ascend the throne (of...)
dēngshānguānjǐng 登山观景[--觀-] V.P. climb up a mountain for a view
dēngshānkǒu 登山口 N. start of a path to the mountain top
dēngshānshèlǐng 登山涉岭[-嶺] F.E. cross over mountain after mountain; tramp over hill and dale
dēngshānshèshuǐ 登山涉水 F.E. scale mountains and cross rivers
dēngshānxié 登山鞋 N. climbing/mountaineering boot M: [1]shuang
dēngshān xiéhuì 登山协会[--協-] P.W. alpine club/association
dēngshān yùndòng 登山运动[-運動] N. mountaineering
dēngshānzhìlǐng 登山陟岭[-嶺] F.E. go over hills and mountains
děngshēn 等身 V.O. equal to one's height
děngshēnxiàn 等深线 N. <geol.> isobath; bathymetric contour M: [1]tiáo
děngshēnxiàng 等身像 N. life-size statue M: [4]zuò
dēngshí* 登时[-時] V.O. immediately; forthwith; at once; then and there
[1]dēngshì 灯市[燈-] N. streets with festive lanterns displayed on Lantern Festival
[2]dēngshì 灯饰[燈-] N. lamp decoration M: [2]jiàn
děngshì 等式 N. <math.> equality ♦ATTR. <lg.> parallel
dèngshì 瞪视 V. glare at; stare down
děngshìjù 等式句 N. <lg.> equational sentence
děngshì yǔzǔ 等式语组 N. <lg.> parallel construction
dēngsī* 灯丝[燈絲] N. filament (in a light bulb or valve)
děngsǐ 等死 V.O. wait for death
děngsù 等速 ATTR. with the same speed
děngsùdù 等速度 N. uniform velocity
děngsù fāyù 等速发育[--發-] N. uniform development
děngsù yùndòng 等速运动[-運動] N. <phy.> uniform motion
dēngtǎ 灯塔[燈-] N. lighthouse; beacon M: [4]zuò
[1]dēngtái 登台[-臺] V.O. ①go on stage ②mount a platform
[2]dēngtái 灯台[燈臺] N. ① lampstand ② oil lamp ③ lighthouse M: [4]zuò
dēngtáibàixiàng 登台拜相[-臺--] V.P. ascend the royal platform and be appointed minister
dēngtái xiànyì 登台献艺[-臺獻藝] V.P. perform on stage
dēngtái yǎnshuō 登台演说[-臺--] V.P. deliver a speech from a platform
dēngtánbàijiàng 登坛拜将[-壇-將] V.P. <hist.> conduct the ceremony of appointing a commander-in-chief
dēngtángrùshì 登堂入室 F.E. reach a higher level of proficiency; reach a higher level in one's studies/profession
dēngtiān 登天 N. sth. very difficult
děngtóng 等同 V. ① equate ② be equal ♦N. identity
děngtóng shùjù 等同述句 N. <lg.> identity statement
děngtóng xíngshì 等同形式 N. equivalent forms
děngtóng xíngshì xìndù 等同形式信度 N. equivalent form reliability
děngtóngyǔ 等同语 N. <lg.> equivalent word; equivalent
dēngtóu 灯头[燈-] N. ① socket for an electric bulb ② holder for lamp wick and chimney
dēngtour 蹬头儿 N. <coll.> sth. one can step/stand on
dēngtuǐ 蹬腿 V.O. <humor> kick one's legs
dēngtúzǐ 登徒子 N. ① playboy ② lecher M: ge/[1]míng
děngwài 等外 ATTR. substandard
děngwàipǐn 等外品 N. substandard product M: [2]jiàn/ge
dēngwèi* 登位 V.O. ascend the throne
děngwèi 等位 N. grade; rank ♦ATTR. be of the same rank
děngwēn 等温 ATTR. with the same temperature
dēngwéngǔ 登闻鼓 N. drum at court beaten by sb. lodging a complaint
děngwēnxiàn 等温线 N. <met.> isotherm M: [1]tiáo
dēngxī 灯夕[燈-] N. night of the Lantern Festival
dēngxiá 登遐 N. death of an emperor
dēngxià* 灯下[燈-] P.W. under the lamp ♦N. evening; night
dēngxiān 登仙 V.O. ① become an immortal ② die
děngxián* 等闲 ADV. ① ordinarily ② casually; aimlessly; thoughtlessly ♦ATTR. unimportant
děngxiánshìzhī 等闲视之 F.E. regard as ordinary/unimportant
děngxiánxūdù 等闲虚度[--虛-] F.E. pass the days in a useless, common way
dēngxiānyǔhuà 登仙羽化 F.E. become an immortal
děngxiào 等效 ATTR. equivalent
Dèng Xiǎopíng 邓小平[鄧-] (1904–1997) N. paramount post-Mao leader
dēngxīn(r) 灯心/芯(儿)[燈-] N. wick
dēngxīncǎo 灯心/芯草[燈-] N. <bot.> rush M: [2]gēn
děngxīng 戥星 N. gradations on a scale
dēngxīnjiéhuā 灯心结花[燈-] ID. a good omen.
dēngxīnróng 灯心绒[燈-] N. corduroy M: [2]kuài/[1]pǐ
děngyā 等压[-壓] ATTR. with the same pressure
dēngyàn 灯焰[燈-] N. lamp flame
dèngyǎn* 瞪眼 V.O. ① stare ② stare down *Tā ài gēn rén ~.* He's always glowering at people.
dèngyǎnnùshì 瞪眼怒视 F.E. stare and scowl at
dèngyǎn wāi bózi 瞪眼歪脖子 V.P. <coll.> act tough; show hostility
děngyāo 等腰 N. <math.> isosceles
děngyāo sānjiǎoxíng 等腰三角形 N. <math.> isosceles triangle
děngyāxiàn 等压线[-壓-] N. <met.> isobar; isobaric line M: [1]tiáo
děng yīhuìr 等一会儿 V.P. ① wait a little while ② after a little while
děngyīn 等因 *See děngqíng*
děngyīncí 等音词 N. <lg.> homophone
děngyīnfèngcǐ 等因奉此 F.E. <officialese> in view of the above, we therefore
dēngyǐng(r) 灯影(儿)[燈-] N. <coll.> light
Dèng Yǐngchāo 邓颖超[鄧-] (1904–1992) N. wife of Zhou Enlai; chair of the Political Consultative Congress after the Cultural Revolution
dēng Yíngzhōu 登瀛洲 V.O. reach the paradise of immortals
děngyīnxiàn 等音线 N. <mus.> enharmonic line M: [1]tiáo
děng yīxià 等一下 V.P. wait a little while
dēngyōng 登庸 V.O. select and promote talents for proper posts
dēngyōngqǔcái 登庸取材 F.E. recommend and employ talents
dēngyōngréncái 登庸人才 F.E. employ talents
dēngyóu* 灯油[燈-] N. lamp-oil; kerosene
děngyóu 等由 *See děngqíng*
dēngyǔ 灯语[燈-] N. lamp signal
děngyú* 等于[-於] V. be equal/tantamount to
dèngyuán 瞪圆 R.V. stare with wide-open eyes
dēngyuè 登月 V.O. go to the moon
dēngyuècāng 登月舱[-艙] N. lunar module M: [4]zuò
děngyùn 等韵[-韻] N. <lg.> classification of vowels or vowel groups in Chinese phonology
děngyùnbiǎo 等韵表[-韻-] N. <lg.> rhyme chart M: [1]zhāng
děngyùn ménfǎ 等韵门法[-韻--] N. <lg.> Qing dynasty phonology endeavoring to harmonize rhyme tables
děngyùntú 等韵图[-韻圖] N. <lg.> rhyme chart M: [1]zhāng
děngyùnxué 等韵学[-韻-] N. <lg.> *děngyùn* phonology
děngyùnxuéjiā 等韵学家[-韻--] N. <lg.> *děngyùn* scholar M: ge/[1]míng/[2]wèi
[1]děngyǔxiàn 等雨线 N. <geog.> isohyet M: [1]tiáo
[2]děngyǔxiàn 等语线 N. <lg.> isogloss M: [1]tiáo
dēngzǎi 登载 V. publish (in a periodical)
[1]dēngzhǎn 灯盏[燈盞] N. oil lamp M: [2]zhī
[2]dēngzhǎn 灯展[燈-] N. lantern show/fair M: cì/ge
dēngzhàng 登账/帐 V.O. enter in the accounts
dēngzhào(r) 灯罩(儿)[燈-] N. lampshade; (oil) lamp chimney M: [2]zhī/ge
dēngzhàocánzhuāng 灯照残妆[燈-殘妝] V.P. The lamp lit up (her) fading makeup.
děngzhe 等着[-著] V.P. be waiting for
dēngzhēn 登真 N. ① <Dao.> become an immortal ② die
děngzhe qiáo 等着瞧[-著-] V.P. wait and see
děngzhe qiáo xìngzhì 等着瞧性质[-著--質] N. <soc.> wait-and-see quality
dèngzhe yǎnjing 瞪着眼睛[-著--] V.O. stare in anger
dèngzhe yǎn qiáo 瞪着眼瞧[-著--] V.P. look daggers at sb.
děngzhe yào 等着要[-著-] V.P. ① be waiting to (do sth.) ② want (sth.) immediately
děngzhí 等值 N. equal value
děngzhíxiàn 等值线 N. ① contour ② isopleth ③ isopleth index line; isometric line ④ isorithm; isogram M: [1]tiáo
dēngzhōu 登舟 V.O. take a boat ride
dēngzhú 灯烛[燈燭] N. lamps and candles; lights
[1]dēngzhù* 灯柱[燈-] N. lamppost M: ge/[2]gēn
[2]dēngzhù 灯炷[燈-] N. lampwick; wick
dēngzhúhuīhuáng 灯烛辉煌[燈燭-] F.E. be brilliantly lighted with lamps
děngzi 戥/等子 N. small steelyard for weighing gold/medicine/etc.
[1]dèngzi* 凳子 N. stool; bench M: [2]zhī/ge
[2]dèngzi 镫子 N. stirrup
dēngzuò 灯座[燈-] N. lampstand
dénián 得年 V.O. die at an age below 60

dépèi 德配 N. <court.> a virtuous wife
dépèitiāndì 德配天地 V.P. be a paragon of virtue
dé piányi 得便宜 V.O. make a profit; have a good deal
dépiào 得票 V.O. gain votes ♦N. votes obtained
déqì 得气[-氣] V.O. <Ch. med.> bring about the desired sensation (in acupuncture treatment)
déqiào 得窍[-竅] V.O. get the knack (of doing sth./ etc.)
déqīnfāngzé 得亲芳泽[-親-澤] F.E. be admitted to a lady's intimate presence
déqìnggēngshēng 得庆更生[-慶--] F.E. take a new lease of life
déqípímáo 得其皮毛 F.E. have only learned the superficial things, not the spirit
déqísuǒzāi 得其所哉 F.E. get one's best break
dé ráorén chù qiě ráorén 得饶人处且饶人 [-饒-處-饒-] V.P. forgive sb. when his mistake is forgivable
dérén 得人 V.O. have the right person (for a job)
dérénchǒng'ài 得人宠爱[-愛] V.P. find favor in sb.'s eyes
dérěnqiěrěn 得忍且忍 V.P. tolerate; withstand; be patient
dérénr 得人儿 V.O. <topo.> win sympathy from the people; gain sb.'s favor
dé rénxīn 得人心 S.V. <coll.> ① delightful; charming ② considerate; thoughtful ③ popular ④ having the support of the people ♦V.O. become popular
dé rényìr 得人意儿 V.O. be agreeable/lovable
[1]**dèsè** 得色 N. air of complacency; smugness
[2]**désè** 德色 N. satisfaction derived from doing good
déshàng 得上 V. get; obtain ***Tā ~le bìng.*** He's fallen ill.
déshǎoshīduō 得少失多 V.P. gain little and lose much
déshén 得神 ATTR. lifelike; vivid (impersonation/ etc.)
déshèng 得胜[-勝] V.O. triumph over an opponent
déshènghuícháo 得胜回朝[-勝--] F.E. return to court in triumph
déshèngzhě 得胜者[-勝-] N. victor M: *ge/*[1]*míng/*[2]*wèi*
déshī* 得失 N. gains and losses; successes and failures; merits and faults
[1]**déshí** 得时[-時] V.O. be in luck; ride with Lady Luck
[2]**déshí** 得实[-實] V.O. extract the truth from a prisoner
déshì 得势[-勢] V.O. ① be in power ② get the upper hand ③ be in ideal position/place (for achieving one's goal/etc.)
déshīcānbàn 得失参半[--參-] F.E. achievements equal failures
déshīnánliào 得失难料[--難-] F.E. The final result, whether gain or loss, is beyond one's powers to foresee.
déshīróngkū 得失荣枯[--榮-] F.E. the vicissitudes of life
déshīxiāngdǐ 得失相抵 F.E. Gains are offset by losses.
déshǒu 得手 V.O. go smoothly; come off; succeed
déshù(r) 得数(儿)[-數-] N. solutions of arithmetic problems
désuísuǒyuàn 得遂所愿[-願] F.E. obtain one's heart's desire
désuǒ 得所 V.O. be rightly placed; be in an ideal position/place
détǐ 得体[-體] S.V. proper; befitting one's position ***Tā shuōhuà hěn ~.*** Her speech is pitched exactly right. ♦N. appropriateness
détiāndúhòu 得天独厚[--獨-] F.E. be particularly favored by nature
dé tiānxià 得天下 V.O. unite the country and ascend the throne
détīng 得听[-聽] ATTR. good; enjoyable (of remarks/words/etc.)

déwàng 德望 N. virtuous conduct and high prestige
déwèi 得味 ATTR. delicious
déwèicéngyǒu 得未曾有 F.E. without precedent; unprecedented
déwèipíngshēng 得慰平生 F.E. fulfil the hopes of a lifetime
Déwén 德文 N. German language
Déwénxì 德文系 P.W. Department of German
déxī* 得悉 V.P. hear of; learn about
déxǐ 得喜 V.O. become pregnant
déxiá 得暇 V.O. get spare time or leisure ♦ADV. in one's spare time; at leisure
déxiáhuánzhū 得匣还珠[--還-] F.E. place emphasis on the wrong thing; misdirect one's attention
déxián 得闲 V.O. ① be at leisure ② make the most of a moment of leisure ♦ADV. at (your) leisure (usu. in letters)
déxìng* 德行/性 <coll./derog.> S.V. ① vexing; disgraceful ② <topo.> disgusting; shameful ♦N. ① affectation; mannerism ② morality and conduct
dé-xíng 德行 N. ①morality and conduct ②moral integrity/conduct; virtue
[1]**déxìng** 德性 N. virtue; moral sense
[2]**déxìng** 得幸 V.O. have won the favor of the throne
déxīnyànjiù 得新厌旧[-厭舊] F.E. disdain the old when one gets the new
déxīnyìngshǒu 得心应手[--應-] F.E. ① very facile; with high proficiency ② handy; serviceable
déxīnyuǎnbō 德馨远播[--遠-] F.E. moral conduct that has wide influence
déyàngr 得样儿[-樣-] S.V. <topo.> looking smart/cute
déyè 德业[-業] N. <wr.> moral conduct and achievement
déyí 得宜 S.V. suitable; fitting
déyǐ* 得以 V.P. be able to (as a result of sth.) ***Tā láile yǐhòu, zhège wèntí cái ~ jiějué.*** After he came, this problem achieved a solution.
[1]**déyì** 得意 V.O. be complacent; proud of oneself
[2]**déyì** 得益 V.O. benefit; profit ***Wǒ xué Zhōngwén, ~ bù shǎo.*** I've got a lot out of studying Chinese.
déyìfěiqiǎn 得益非浅[-淺] F.E. profit much
déyì ménshēng 得意门生 N. favorite pupil
déyīn 德音 N. ① virtuous utterances ② (I'm eagerly awaiting) your kind reply ③ excellent fame
déyīwàng'èr 得一望二 F.E. have an insatiable desire for more
déyìwàngxíng 得意忘形 F.E. have one's head turned by success
déyìwàngyán 得意忘言 F.E. The meaning being already known, one's words are no longer necessary.
déyìyángyáng 得意洋洋//扬扬[-//揚揚] F.E. be transported with joy; be immensely pleased
Déyìzhì 德意志 P.W. Germany
Déyìzhì Dìguó 德意志帝国[-國] P.W. the German Empire
Déyìzhì Liánbāng 德意志联邦[---聯-] P.W. The German Federation
déyīzhīqī 得一枝栖[-棲] ID. get a mediocre job after long unemployment
déyǐzìzì 得以自恣 F.E. be able to do as one likes/pleases
déyòng 得用 S.V. ① useful; suitable for use ② capable; competent
Déyǔ* 德语 N. German language
[1]**déyù** 德育 N. ①moral/ethical training ②moral education
[2]**déyù** 德裕 N. morality and wealth
déyúwàngquán 得鱼忘筌 ID. ungrateful
dézé 德泽[-澤] N. kindness and charity extended to the people
dézhānwùyào 得占勿药[-藥] F.E. recover from illness in good time

dézhānyúlì 得沾馀/余沥[-瀝] F.E. <wr.> share your boon
dézháo 得着[-著] R.V. get; obtain; gain
dézhèng 德政 N. benevolent rule
dézhèngbēi 德政碑 N. stele commemorating the merit of a good official
dézhī* 得知 V. know; learn of/about
dézhí 得职[-職] V.O. get an official post
[1]**dézhì** 得志 V.O. have one's ambition fulfilled
[2]**dézhì** 德治 N. rule of virtue
dézhōng 得中 V.P. moderate; appropriate ***See also*** *dézhòng*
dézhòng* 得中 V.O. ① pass the imperial examinations ② get the winning number (in a lottery) ***See also*** *dézhōng*
Dézhōu 得/德州 P.W. Texas
dézhǔ 得主 N. ① recipient ② winner
dézǐ* 得子 V.O. get a son; give birth to a boy
dézì 得自 V.P. take from
"de" zì bǔyǔ jù 得字补语句[--補--] N. <lg.> *de* complement construction
dézuì* 得罪 V. ① offend; displease ② violate the law ***See also*** *dézuì*
dézuì 得罪 V. ① commit an offense ② make a mistake ③ <court.> Excuse me. ***See also*** *dézuì*
dézuì rén 得罪人 V.O. offend sb.
di 的 SUF. ***zěndi See also*** *d,* [1]*de,* [4]*dī,* [8]*dí,* [6]*dì*
[1]**dī** 低 S.V. low ♦V. let droop; hang down; lower
[2]**dī** 滴 V. drip ♦M. drop
[3]**dī** 堤 N. dike; embankment; levee
[4]**dī** 的 N. <coll.> cab ***See also*** *d,* [1]*de, di,* [8]*dí,* [6]*dì*
[5]**dī** 提 B.F. ① ward off; defend against ***dīfang*** ② carry in the hand ***dǎ dīliu See also*** [1]*tí*
[6]**dī** 羝 B.F. ram; billy goat ***dīyáng, dīyángchùfān***
[7]**dī** 镝[鏑] N. <chem.> dysprosium ***See also*** [11]*dí*
[8]**dī** 嘀 in ***dīda, dīlidūlū See also*** [12]*dí*
[9]**dī** 樀 in [3]***dīdī***
[10]**dī** 鞮 in [3]***dīdī***
Dī 氐 B.F. northwestern tribe in ancient times ***Dī Qiāng See also*** [5]*dǐ*
[1]**dí** 敌[敵] B.F. ① enemy; foe ***dírén*** ② match; equal [1]***díshǒu***
[2]**dí** 笛 N. bamboo flute ♦B.F. whistle ***qìdí***
[3]**dí** 嫡 B.F. ① primary wife as opposed to a concubine ***dímǔ*** ② sons born of the primary wife ***dízhǎngzǐ***
[4]**dí** 籴[糴] V. buy in (grain/rice)
[5]**dí** 迪 B.F. <wr.> enlighten; guide ***qǐdí***
[6]**dí** 荻 N. a kind of reed (Miscanthus sacchariflorus)
[7]**dí** 涤[滌] B.F. wash; cleanse ***xǐdí***
[8]**dí** 的 B.F. in reality ***díquè See also*** *d,* [1]*de, di,* [4]*dī,* [6]*dì*
[9]**dí** 翟 B.F. <trad.> a kind of long-tailed pheasant; long feathers of same, used in dancing ***dífú*** ♦N. Surname
[10]**dí** 觌[覿] B.F. see; meet ***díyí, sīdí***
[11]**dí** 镝[鏑] B.F. arrow; arrowhead ***díshǐ, shǐdí*** ***See also*** [7]*dī*
[12]**dí** 嘀 in ***dígu See also*** [8]*dī*
[13]**dí** 适[適] in ***dícóng See also*** [19]*shì*
[14]**dí** 踧 in ***dídí See also*** [9]*cù*
Dí 狄 N. Surname
[1]**dǐ** 底 N. ① underside; bottom; base ② ins and outs ③ rough draft ④ copy kept as a record ⑤ end ⑥ ground ♦V. <wr.> end up with ♦ATTR. basic
[2]**dǐ** 抵/牴/觝 V. ① support; prop ② resist; withstand ③ compensate for ④ mortgage ***yòng fángwū zuò ~*** raise a mortgage on a house ⑤ balance ⑥ be equal to ⑦ arrive at
[3]**dǐ** 邸 B.F. residence of a high official ***guāndǐ***
[4]**dǐ** 柢 B.F. tree root [2]***gēndǐ, shēngēngùdǐ***
[5]**dǐ** 氐 B.F. basic; thoroughgoing ***dǐchóu See also*** *Dī*
[6]**dǐ** 砥 B.F. grindstone; whetstone ***dǐlì, zhōngliúdǐzhù***
[7]**dǐ** 诋[詆] B.F. scold; upbraid; libel ***dǐhuǐ,*** [2]***jīdǐ***
[8]**dǐ** 骶 B.F. coccyx ***dǐgǔ, yāodǐbù***

[1]**dì*** 第 PREF. marker of ordinal numerals *dì-yī* first *dì-èr* second ♦B.F. ① sequence; order *cìdì* ② rank; grade; degree *pǐndì* ③ mansion; residence [1]*zhǎidì*

[2]**dì** 地 N. ① the earth ② land; soil ③ fields ④ground ♦B.F. ①place *dìfāng* ②position [1]*dìwèi* ③ background ④ distance *Wǒmen xuéxiào lí zhèr yǒu sān zhàn ~.* Our school is three bus stops from here. *See also* [2]*de*

[3]**dì** 帝 B.F. ① Supreme Being; God *Shàngdì* ② emperor *huángdì* ③ imperialism ④ imperial

[4]**dì** 递[遞] V. ① forward; transmit *Gěi nǐ gēge ~ ge kǒuxìnr.* Take a message to your brother. ② alternate ♦ADV. successively

[5]**dì** 弟 B.F. ① younger brother *dìdi* ② junior ♦PR. I (used in letters between men) *See also* [5]*tì*

[6]**dì** 的 B.F. ① target; bull's-eye *wúdìfàngshǐ* ② objective [1]*mùdì* *See also d,* [1]*de, di,* [4]*dī,* [8]*dí*

[7]**dì** 棣 N. <*wr.*> younger brother

[8]**dì** 蒂 B.F. ① stem of fruit/melon/etc. [3]*dìjiè* ② cigarette butt *yāndì*

[9]**dì** 缔[締] B.F. ① connect; bring together *dìjié* ② establish *dìzào* ③ prohibit *qǔdì*

[10]**dì** 碲 N. <*chem.*> tellurium

[11]**dì** 娣 B.F. wife of husband's brother [2]*dìsì, zhūdì*

[12]**dì** 睇 B.F. ① look askance ② <*topo.*> look at *dìbùrùyǎn, mùsòngdìyíng,* [3]*yíngdì*

[13]**dì** 褅 B.F. an ancient ritual [3]*dìjiāo*

[14]**dì** 谛[諦] B.F. (look at/listen to) carefully [2]*dìshì, sìdì*

[15]**dì** 蝃/蝀 in *dìdōng*

diǎ 嗲 S.V. <*topo.*> ① coquettish; coy ② childish

dī'ǎi 低矮 ATTR. low

[1]**diān** 掂 V. weigh in the hand

[2]**diān** 颠[顛] V. ① jolt; bump ② fall; topple; upset ③ <*topo.*> run/go away *Tā zhěngtiān pǎopǎo~~ de.* He is on the go all day long. ♦B.F. ① top of the head *huádiān* ② summit *shāndiān*

[3]**diān** 巅[巔] N. summit; mountain peak

[4]**diān** 癫[癲] S.V. crazy

[5]**diān** 甸 in *chéndiāndiān See also* [8]*diàn*

Diān 滇 N. short name for Yunnan province *See also* [2]*tián*

[1]**diǎn(r)*** 点(儿)[點(兒)] N. ① a drop (of liquid) ② a spot ③ dot stroke (in Chinese characters) ④ dot; decimal point; point *sānshíqī ~ wǔ* 37.5 ⑤ place ⑥ aspect; feature ⑦ appointed time ⑧ refreshments ⑨ <*lg.*> node; peak; point ♦M. ① *for small amounts Gěi wǒ ~ qián.* Give me a little money. ② *of time sān~ zhōng* three o'clock ③ *for items/matters Wǒ yào shuō de yǒu liǎng ~.* There are two points I want to talk about. ④ *printer's point size Sì hào zì děngyú shísì ~.* No. 4 type is equivalent to 14 points. ♦V. ①put (a dot) ②drip ③sow in holes ④check one by one ⑤ select; choose ⑥ hint; point out; mention *Zhǐyào yī ~, tā jiù míngbai le.* You only have to mention it, and she'll understand. ⑦ light; burn; kindle ⑧ touch on briefly; skim *Lǎoshī ~le zhè shì.* The teacher touched on the matter. ♦CONS. *v. zhe ~* polite command/reminder to v. *Guò mǎlù* [2]*shí kànzhe ~.* Watch out when you cross the street.

[2]**diǎn** 踮 V. stand on tiptoe

[3]**diǎn** 碘 N. <*chem.*> iodine

[4]**diǎn** 典 V. ①mortgage ②<*wr.*> be in charge of ♦B.F. ① standard [1]*diǎnxíng* ② allusion *diǎngù* ③ceremony *diǎnlǐ* ④dictionary *zìdiǎn* ⑤canon *jīngdiǎn*

[1]**diàn** 电[電] N. ① electricity ② telegram ♦V. ① give/get an electric shock ② <*wr.*> send telegram

[2]**diàn** 店 N. ①shop; store ②inn

[3]**diàn** 淀[澱] V. form sediment; precipitate *See also* [4]*diàn*

[4]**diàn** 淀 N. shallow lake *See also* [3]*diàn*

[5]**diàn** 垫[墊] V. ①put sth. under sth. else; fill up ② advance money ♦B.F. pad; cushion [1]*diànzi*

[6]**diàn** 惦 V. remember with concern; be concerned about; keep thinking about

[7]**diàn** 奠 B.F. ① establish; settle [3]*diànjī* ② make offerings to spirits of the dead *jìdiàn*

[8]**diàn** 甸 N. <*wr.*> ①pasture ②suburb *See also* [5]*diān*

[9]**diàn** 佃 B.F. rent land (from a landlord) *diànnóng*

[10]**diàn** 殿 N. hall; palace; temple ♦B.F. the rear *diànjūn*

[11]**diàn** 靛 N. ① indigo ② indigo-blue

[12]**diàn** 钿[鈿] N. <*art*> mother-of-pearl inlay *See also* [6]*tián*

[13]**diàn** 玷 N. ① flaw in a piece of jade; blemish ② disgrace

[14]**diàn** 癜 N. purplish or white patches on the skin

[15]**diàn** 坫 B.F. indoor earthen platform on which food/utensils/etc. are placed *tándiàn*

[16]**diàn** 簟 B.F. woven grass or bamboo mat *diànzhú, zhěndiàn*

dī'àn 堤岸 N. embankment; levee M: [2]*dào*

diàn'ài 垫隘[墊-] N. low, damp, narrow pass

diǎn'ào 典奥[-奧] V.P. <*wr.*> abstruse; obscure

diànbà 电霸[電-] N. <*PRC*> extortionists in control of electricity M: *ge/*[1]*míng*

diànbái 靛白 N. indigo white

[1]**diànbǎn*** 垫板[墊-] N. ① under board/plate/sheet/etc. ② <*print.*> makeready; backing M: [2]*kuài*

[2]**diànbǎn** 电板[電-] N. <*zoo.*> electroplax M: [2]*kuài*

[3]**diànbǎn** 殿板 N. early Qing edition of classics and other works printed by imperial decree

diànbàn 垫办[墊辦] V. do in the place of; replace

diànbàng(r) 电棒(儿)[電-] N. <*coll.*> flashlight M: [2]*gēn/*[4]*zhī*

diànbào 电报[電報] N. telegram; cable M: [1]*zhāng/*[1]*fèn*

diànbào dǎzìjī 电报打字机[電報-] N. teletypewriter M: [1]*tái/*[1]*jià*

diànbàofèi 电报费[電報-] N. cable charge; telegram fee M: [2]*bǐ*

diànbào guàhào 电报挂号[電報掛號] N. cable/telegraph address

diànbào hàomǎr 电报号码儿[電報號-] N. telegraph code

diànbào huìkuǎn 电报汇款[電報匯-] N. telegraphic transfer

diànbàojī 电报机[電報-] N. telegraph transmitter/receiver M: [1]*tái/*[2]*bù*

diànbàojú 电报局[電報-] N. telegraph office M: [1]*jiā*

diànbàomǎ 电报码[電報-] N. telegraph code

diànbàoshì yányǔ 电报式言语[電報-] N. telegraphic speech

diànbàoshì yǔjùqī 电报式语句期[電報-] N. <*lg.*> telegraphic speech stage

diànbàozhǐ 电报纸[電報-] N. telegram form/blank M: [1]*zhāng*

[1]**diànbèi** 垫背[墊-] V.O. <*topo.*> ① suffer for faults of another ② be made a scapegoat ③ serve as steppingstone

[2]**diànbèi** 垫被[墊-] N. mattress M: [1]*tiáo/*[1]*chuáng*

diànbèi de 垫背的[墊-] N. scapegoat; fall guy

[1]**diànběn** 垫本[墊-] N. starting capital; investment capital

[2]**diànběn(r)** 殿本(儿) N. edition of classics printed by imperial decree

diànbiǎo 电表[電-] N. ① meter for measuring electricity ② kilowatt-hour meter M: [2]*zhī*

diǎn biāodiǎn 点标点[點標點] V.O. punctuate

diǎn biāojì 点标记[點標-] V.O. dot mark

diǎnbīng 点兵[點-] V.O. <*trad.*> ① gather men for a roll call ② muster troops (for inspection)

diànbīngxiāng 电冰箱[電-] N. refrigerator M: [1]*tái*

diānbǒ* 颠簸 V. bump; toss; jolt

diǎnbo 点拨[點撥] V. ① teach; instruct ② instigate

diǎnbō 点播[點-] N. <*agr.*> dibble seeding; dibbling ♦V. select sth. to broadcast

diànbō 电波[電-] N. electric wave

diānbǒ'érxíng 颠簸而行 F.E. bump; jolt; toss

diǎnbō jiémù 点播节目[點-節-] V.O. request an item in a broadcast program

diǎnbōqì 点播器[點-] N. <*agr.*> dibbler M: [1]*tái*

diǎnbu 点补[點補] V. <*coll.*> snack

diànbu* 垫补[墊補] V. ① defray expenses not budgeted ② have a snack/etc.

diànbù 店簿 N. shop/store accounting records M: [1]*běn*

diànbuqǐ 垫不起[墊-] R.V. be unable to lend (as advance of payment due from sb. else)

diǎnbuzháo 点不着[點-著] R.V. incapable of igniting

diāncài 颠菜 V. <*slang*> hit the road; take off

diǎncài* 点菜[點-] V.O. choose dishes from a menu; order dishes

diǎncǎipài 点彩派[點-] N. pointillism

diǎncáng 典藏 N. classics; ancient books M: [2]*bù*

Diānchá 滇茶 N. tea produced in Yunnan

diǎnchá cúnhuò 点查存货[點-] V. inventory

diànchǎn 电铲[電鏟] N. power shovel M: [1]*bǎ*

diǎnchàng* 点唱[點-] V.O. <*thea.*> request a number (song/aria/etc.)

[1]**diànchǎng** 电场[電場] N. electric field

[2]**diànchǎng** 电厂[電廠] N. electric power plant M: [1]*jiā*

diànchàng 电唱[電-] N. electric gramophone; record player

diànchàngjī 电唱机[電-] N. electric gramophone; record player M: [1]*tái-*

diànchàngtóu 电唱头[電-] N. pickup (of record player)

diànchàngzhēn 电唱针[電-] N. (gramophone) stylus; needle M: [2]*gēn/*[4]*méi/*[4]*zhī*

diànchǎoguō 电炒锅[電-鍋] N. electric frying pan M: *ge/*[2]*zhī*

diànchātóu 电插头[電-] N. wire plug

diànchāzuò 电插座[電-] N. wire socket

diànchē* 电车[電-] N. ① tram; tramcar; streetcar ② trolleybus; trolley ③ <*topo.*> automobile; motor car M: [3]*liàng*

diànchè 电掣[電-] F.E. with great speed; like lightning

diànchēdào 电车道[電-] N. <*topo.*> ①highway ② main thoroughfare M: [1]*tiáo*

diànchēfèi 电车费[電-] N. trolleybus fare

diànchén 电陈[電-] N. state/explain in a telegram

diànchéng 垫成[墊-] R.V. pile up (in a certain form); mend (pit in the road/ground)

diànchēzhàn 电车站[電-] P.W. trolleybus stop

diànchí 电池[電-] N. (electric) cell; battery

diànchízǔ 电池组[電-] N. battery pack

diànchōng 垫充[墊-] N. <*acct.*> padding

diǎnchū 点出[點-] R.V. point out

diànchuǎir 垫踹儿[墊-] V.O. shift one's anger on to others

diǎnchuan 点穿[點-] R.V. ① expose (a lie/falsehood); divulge a secret ② unravel (a mystery/etc.)

[1]**diànchuán*** 电传[電傳] N. ①telex ②teleprinter

[2]**diànchuán** 电船[電-] N. <*topo.*> motorboat M: [2]*zhī/*[1]*sōu*

diànchuán dǎyìnjī 电传打印机[電傳-] N. teleprinter M: [1]*tái/*[1]*jià*

diànchuán dǎzì diànbàojī 电传打字电报机[電傳--電報-] N. teletypewriter; teleprinter M: [1]*tái/*[1]*jià*

diànchuánjī 电传机[電傳-] N. teletypewriter; teleprinter M: [1]*tái*

diànchuán páizìjī 电传排字机[電傳-] N. teletypesetter M: [1]*tái/*[1]*jià*

diànchuǎnr 垫喘儿[墊-] V.O. use others for one's own interest

diànchuán shìxùn 电传视讯[電傳-] N. electrically-transmitted pictures and information

diànchuánsòng 电传送[電傳-] N. electric transmission

diànchuán tōngxùn 电传通讯[電傳-] N. telecommunications

diànchuán wénxué yìngjiàn 电传文学硬件[電傳-] N. teletext hardware

diànchuán zhàoxiàng 电传照相[電傳-] N. radiophoto; telephoto
diànchuī 电炊[電-] N. electric cooking utensils M: *tào*
diànchuīfēng 电吹风[電-] N. hair dryer M: *ge/[1]bǎ*
diǎn chūlai 点出来[點-] R.V. <*coll.*> ① point out ② get a person to come out
[1]diàncí 电磁[電-] N. electromagnetism ♦ATTR. electromagnetic
[2]diàncí 殿词 N. <*lg.*> article
diàncíbō 电磁波[電-] N. electromagnetic wave
diàncíchǎng 电磁场[電-場] P.W. electromagnetic fields
diàncí gǎnyìng 电磁感应[電-應] N. electromagnetic induction
diàncílú 电磁炉[電-爐] N. induction cooker M: *[2]zhī/ge*
diàncíshí 电磁石[電-] N. electromagnet M: *[2]kuài*
diàncísuǒ 电磁锁[電-] N. electromagnetic lock M: *[1]bǎ*
diàncítiě 电磁铁[電-鐵] N. electromagnet M: *[2]kuài*
diàncíxué 电磁学[電-] N. electromagnetics
diǎncuàn 点窜[點竄] V. ① delete and interpolate ② alter the wording; polish; revise
diǎncuòle cài 点错了菜[點-] V.P. ordered the wrong food
diānda 颠达[-達] V. ① jolt; joggle ② <*topo.*> rush/bustle about
diàn-dà* 电大[電-] AB. *diànshì dàxué* TV university
diàndānchē 电单车[電-] N. power-driven bicycle M: *[3]liàng*
diǎndàng 典当[-當] V. pawn
diǎndàngshāng 典当商[-當-] N. pawnbroker M: *ge/[1]míng*
diāndǎo* 颠倒 V. put upside down; reverse; invert ♦V.P. ① confused; disordered; topsy-turvy ② infatuated ♦N. perversion
diàndǎo 电导[電導] N. ① conductance ② conductivity
diàndào 电道[電-] N. <*topo.*> ① highway ② main thoroughfare
diāndǎo cìxù 颠倒次序 N. inverted order
diàndǎo fēidàn 电导飞弹[電導飛-] N. electronically guided/controlled missile M: *[4]méi*
diāndǎo hēibái 颠倒黑白 V.O. ① confound black and white ② confuse truth and falsehood
diāndǎo qiánkūn 颠倒乾坤 V.O. turn the world upside down
diāndǎo shìfēi 颠倒是非 V.O. confound right and wrong
diàndǎotǐ 电导体[電導體] N. electric conductor
diǎndàowéizhǐ 点到为止[點-] F.E. go through the motions
diàndàshēng 电大生[電-] N. students of a TV university M: *ge/[1]míng/[2]wèi*
diǎndǎyìn 点打印[點-] ATTR. dot printing
diān de huāng 颠得慌 R.V. bounce along (of vehicles)
diǎn dēng* 点灯[點燈] V.O. light a lamp
diàndēng 电灯[電燈] N. electric lamp/light M: *[2]zhī*
diàndēngjià 电灯架[電燈-] N. lamp stand M: *[4]zuò/ge*
diǎn dēnglóng 点灯笼[點燈-] V.O. light a lantern
diàndēngpào 电灯泡[電燈-] N. ① electric (light) bulb ② <*slang*> unwanted third party accompanying courting couple; chaperone M: *[2]zhī/ge*
diàndēngzhào 电灯罩[電燈-] N. electric lamp shade M: *[2]zhī/ge*
diàndēngzhù 电灯柱[電燈-] N. lamp/light post/pole M: *[2]gēn*
diǎndī* 点滴[點-] N. ① droplet ② a bit; a crumb ③ <*med.*> intravenous drip
diàndí 电笛[電-] N. siren M: *[4]zhī*
[1]diàndǐ 垫底[墊-] N. mat; pad ♦V.O. put in the bottom
[2]diàndǐ 店底 N. resources/stock/funds of a store
diàndì 甸地 N. suburbs/outskirts of a capital
diǎndiǎn* 点点[點點] N. a tiny bit
diàndiǎn(r) 垫点(儿) V.O. have a snack
diàndiàn 甸甸 ON. sound of horses and carriages in motion
diāndiānchīchī 颠颠痴痴 R.F. crazy and silly
diāndiāndǎodǎo 颠颠倒倒 R.F. incoherent; disorderly; confused
diàndian dǐ(r) 垫垫底(儿)[墊墊-] V.O. <*coll.*> snack
diǎndiǎndīdī 点点滴滴[點點-] R.F. dribs and drabs; bit by bit
diǎndiǎnr* 点点儿 V.O. supply punctuation marks
diàndianr 垫垫儿[墊墊-] N. <*coll.*> ① cushion ② a little food in the stomach to tide one over
diǎndian tóu 点点头[點點-] V. nod the head
diǎndiǎnxīngxīng 点点星星[點點-] R.F. ① a few (things) ② scattered; spread here and there
diǎndībùliú 点滴不留[點-] F.E. not to leave a single scrap
diǎndīguīgōng 点滴归公[點-歸-] F.E. ① Every cent goes to the public treasury. ② perfect integrity
diǎndīng 碘酊 N. tincture of iodine
diǎndìng 点定[點-] V. make corrections in a piece of writing
diàndìng* 奠定 V. establish; settle
diǎndīqì 点滴器[點-] N. equipment used for infusion M: *[2]zhī*
diàndǐr 垫底儿[墊-] V.O. <*coll.*> ① put sth. at the bottom ② have a bite to ease hunger (before full meal) ③ do spadework; lay a foundation ④ take responsibility
diāndòng 颠动[-動] R.V. bump up and down
diàndōng 店东 N. proprietor (of a store) M: *ge/[1]míng/[2]wèi*
diàndòng* 电动[電動] V. power with electricity ♦ATTR. electric
diàndòngchē 电动车[電動-] N. electrically-operated car M: *[3]liàng*
diàndòngchuāng 电动窗[電動-] N. electrically-operated window M: *[1]shàn*
diàndòngchuáng* 电动床[電動-] N. a kind of bed which can be raised, lowered, or turned by electric power to suit the sleeper's varied needs M: *[1]zhāng*
diàndòng dǎzìjī 电动打字机[電動-] N. electric typewriter M: *[1]tái/[1]jià*
diàndòngjī 电动机[電動-] N. electric motor M: *[1]tái/[1]jià*
diàndònglì 电动力[電動-] N. electromotive force
diàndòngshì 电动势[電動勢] N. electromotive force
diàndòngshì yángshēngqì 电动式扬声器[電動-揚聲-] N. dynamic speaker M: *[1]tái/[2]zhī*
diàndòng wánjù 电动玩具[電動-] N. battery-powered toy M: *[2]zhī*
diàndòngxué 电动学[電動-] N. electric dynamics
diàndòng zhàoxiàngjī 电动照像机[電動-] N. telephoto M: *[1]tái/[1]jià/[2]zhī*
diàndòng zhàoxiàngshù 电动照像术[電動-術] N. telephotography
diǎndū 点厾[點-] V. touch up a painting
diàndū 奠都 V.O. establish as a capital *Táng* ~ *Cháng'ān.* The Tang dynasty made Chang'an its capital.
diàndù* 电镀[電-] V. electroplate
diàndùbiǎo 电度表[電-] N. electric meter M: *[2]zhī/ge*
diāndui 掂对[-對] V. ① <*topo.*> consider; deliberate ② exchange; change
diānduo 掂掇 V. <*coll.*> ① weigh; think over ② estimate
diǎnfā 点发[點發] V. ① <*mil.*> fire in bursts ② publish by request
diǎnfàn 典范[-範] N. ① model; example ② paragon; paradigm
diànfànbāo 电饭煲[電-] N. electric rice cooker M: *[2]zhī/ge*
diǎnfǎng 碘仿 N. <*chem.*> iodoform
diànfànguō 电饭锅[電-鍋] N. electric rice cooker M: *[2]zhī/ge*
diǎnfàn xíngshì 典范形式[-範--] N. <*lg.*> canonical form
diànfàshū 电发梳[電發-] N. electric comb
diànfèi 电费[電-] N. ① cost of electricity ② power bill M: *[2]bǐ*
diànfěn 淀粉[澱-] N. starch; amylum
diānfēng* 巅峰 N. mountain peak; summit
diànfēng 店风 N. shop atmosphere
diànfēngshàn 电风扇[電-] N. electric fan M: *[1]tái/[1]jià*
diānfēng zhuàngtài 颠峰状态[-狀態] N. in peak condition
diànfěntáng 淀粉糖[澱-] N. <*chem.*> amylum sugar
diànfěnzhì 淀粉质[澱-質] N. <*chem.*> amyloplast
diānfù 颠覆 V. overturn; subvert
[1]diànfù* 垫付[墊-] V. ① pay for another ② pay for sb. and expect to be repaid later
[2]diànfù 电复[電復] V. reply by telegraph
[3]diànfù 佃妇[-婦] N. tenant's wife M: *ge/[1]míng*
[4]diànfù 电赴[電-] V. rush to somewhere like a flash
diànfútī 电扶梯[電-] N. escalator M: *[4]zuò*
dī'áng 低昂 N. fluctuations in height
diàngān 电杆[電-] N. telephone/telegraph pole M: *[2]gēn*
diàngǎn* 电感[電-] N. inductance
diàngāng 电缸[電-] N. electric adapter; transformer
diàngǎo 电镐[電-] N. electric pick/pickax M: *[1]bǎ*
diàngào* 电告[電-] V. inform by wire
diǎngē 点歌[點-] V.O. choose a song
diàngōng 电工[電-] N. ① electrical engineering ② electrician
diàngōnglǜ 电功率[電-] N. electric power
diàngōngxué 电工学[電-] N. electrical engineering; electrotechnics
diàngòu 电购[電購] V. purchase by telephone/telegraph
diǎngù 典故 N. allusion; literary quotation
[1]diànguà 电挂[電掛] N. ① registered cablegram ② cable/telegraphic address
[2]diànguà 惦挂[-掛] V. ① keep thinking about ② be concerned about (sb./sth.)
diànguàn 电灌[電-] V. irrigate by electric pumping
diànguāng 电光[電-] N. ① light produced by electricity ② flash of lightning
diànguāngshíhuǒ 电光石火[電-] F.E. at lightning speed
diànguāngxíng 电光形[電-] N. zigzag shape
diànguǎnjú 电管局[電-] AB. *diànyè guǎnlǐjú* M: *[1]jiā/ge*
diànguànzhàn 电灌站[電-] P.W. electric pumping station M: *[1]jiā*
diǎn guǐhuǒ 点鬼火[點-] V.O. secretly stir up trouble
diàngùn 电棍[電-] N. electric prod M: *[2]gēn*
diàngǔnzi 电滚子[電滾-] N. <*topo.*> ① generator ② electric motor
diànguō 电锅[電鍋] N. electric rice cooker M: *[2]zhī/ge*
diànguōlú 电锅炉[電鍋爐] N. electrically-operated boiler M: *[1]tái/[4]zuò*
diǎnhàn 点焊[點-] N. spot/point welding
diànhàn* 电焊[電-] N. electric welding
diànhànbàng 电焊棒[電-] N. soldering iron M: *[2]gēn*
diànhàngōng 电焊工[電-] N. electric welder M: *ge/[1]míng/[2]wèi*
diǎnhànjī 点焊机[點-] N. spot/point welding machine M: *[1]tái*

diànhànjī* 电焊机[電-] N. electric welding machine M: [1]*tái*
diǎn Hànlín 点翰林[點-] V.O. <*trad.*> be chosen as a member of the Hanlin Academy
diànhàntiáo 电焊条[電-條] N. welding electrode M: [2]*gēn*
diǎnhào(r) 点号(儿)[點號-] N. comma
diànhe 惦合 A.T. heft
diànhé 钿合 N. filigree case
[1]**diànhè*** 电荷[電-] N. electric charge
[2]**diànhè** 电贺[電-] V. wire congratulations
Diānhóng 滇红 N. Yunnan black tea
diànhōngkǎolú 电烘烤炉[電-爐] N. electric oven M: [1]*tái*
diànhòu 殿后[-後] V.O. bring up the rear
diànhòuyǎnhù 殿后掩护[-後-護] F.E. provide cover for other units by serving as a rearguard
[1]**diànhú** 电弧[電-] N. electric arc M: [2]*dào*
[2]**diànhú** 电壶[電壺] N. electric kettle/pot M: [1]*bǎ*
diànhù* 佃户 N. tenant (farmer) M: *ge*/[1]*jiā*
[1]**diǎnhuà** 点化[點-] V. ① enlighten; point out the correct path ② <*Budd.*> reveal
[2]**diǎnhuà** 点画[點畫] V.P. ① stipple ② point with the finger ③ embellish; adorn ♦N. strokes and dots (in Chinese calligraphy)
[1]**diànhuā** 电花[電-] N. electric sparks
[2]**diànhuā** 靛花 N. indigo
[1]**diànhuà*** 电话[電-] N. ① telephone M: [1]*jià*/[1]*tái*/[2]*bù* ② phone call
[2]**diànhuà** 电化[電-] N. ①electrification ②electric audiovisual aids ♦ATTR. electrochemical
[3]**diànhuà(r)** 垫话(儿)[墊-] V.O. <*coll.*> put in a word for ♦N. introduction (in cross-talk)
diànhuàběn(r/zi) 电话本(儿/子)[電-] N. telephone directory M: [1]*běn*
diànhuàbù(zi) 电话簿(子)[電-] N. telephone directory M: [1]*běn*
diànhuà chuánshēngqì 电话传声器[電-傳聲-] N. telephone mouthpiece M: [1]*tái*/[1]*jià*
diànhuà chuánzhēn 电话传真[電-傳-] N. telefacsimile
diànhuà diànshì 电话电视[電-電-] N. videophone M: [1]*tái*
diànhuà ěrjī 电话耳机[電-] N. telephone receiver M: [1]*fù*
diànhuà fānyìjī 电话翻译机[電--譯-] N. telephone translating machine M: [1]*tái*/[1]*jià*
diànhuà fēnjī 电话分机[電-] N. extension (telephone) M: [1]*tái*/[1]*jià*/[2]*bù*
diànhuà hàomǎ 电话号码[電-號-] N. telephone number
diànhuà hàomǎbù 电话号码簿[電-號--] N. telephone directory M: [1]*běn*
diànhuà huì 电话会[電-] N. teleconference M: *ge*/*cì*
diànhuà huìyì 电话会议[電-議] N. teleconference M: *ge*/*cì*
diànhuà huìyì xìtǒng 电话会议系统[電--議--] N. teleconsultation system
diànhuái 惦怀[-懷] V. remember nostalgically
diànhuàjī 电话机[電-] N. telephone (set) M: [1]*tái*/[1]*jià*/[2]*bù*
diǎnhuàjiǎ 碘化钾 N. <*chem.*> potassium iodide
diànhuàjiān 电话间[電-] P.W. telephone booth/box M: [1]*jiān*
diànhuà jiāohuànjī 电话交换机[電--換-] N. telephone switchboard M: [1]*tái*/[1]*jià*
diànhuà jiāohuàntái 电话交换台[電-換臺] N. telephone exchange/switchboard M: [1]*jiā*
[1]**diànhuà jiàoxué** 电化教学[電-] N. audio-visual education
[2]**diànhuà jiàoxué** 电话教学[電-] N. telelecture
diànhuà jiàoyù 电化教育[電-] N. audiovisual education program
diànhuà jiēxiànshēng 电话接线生[電-] N. telephone operator M: *ge*/[1]*míng*/[2]*wèi*
diànhuàjú 电话局[電-] P.W. telephone office/exchange M: [1]*jiā*/*ge*
diànhuà kàngyì 电话抗议[電-議] N. dial-in complaints
diànhuàlíng 电话铃[電-] N. phone ring
diànhuà lùyīnjī 电话录音机[電-錄--] N. answering-machine M: [1]*tái*/[1]*jià*
diànhuán 垫还[墊還] V. pay the debt for sb. (and expect to be repaid later)
diànhuāng 电荒[電-] N. short supply of electricity
diànhuàshì 电话室[電-] P.W. telephone box M: [1]*jiān*
diànhuàtíng 电话亭[電-] N. telephone booth/kiosk; call box M: [4]*zuò*
diànhuà tīngtǒng 电话听筒[電-聽-] N. telephone receiver M: [2]*zhī*/*ge*
diànhuàtǒng 电话筒[電-] N. (telephone) receiver M: [2]*zhī*/*ge*
diànhuàwǎng 电话网[電-網] N. telephone network M: [1]*jiā*
diǎnhuàwù 碘化物 N. <*chem.*> iodide
diǎnhuàxiàn 点划线[點劃-] N. dash-dot line M: [1]*tiáo*/[2]*dào*
diànhuàxiàn* 电话线[電-] N. telephone wire M: [1]*tiáo*
diànhuà yángshēngqì 电话扬声器[電-揚聲-] N. telecture M: [1]*tái*/[1]*jià*/[2]*zhī*
diǎnhuàyín 碘化银 N. iodide of silver
diànhuà yònghù 电话用户[電-] N. telephone subscriber M: [1]*jiā*
diànhuà zhěnduàn 电话诊断[電-斷] N. phone diagnosis
diànhuàzǒngjú 电话总局[電-總-] N. main exchange; central telephone exchange M: [1]*jiā*
diànhú hànjiē 电弧焊接[電-] N. (electric) arc welding
diànhuì 电汇[電匯] V.O. telegraph money ♦N. remittance by telegram
diànhúlu 电葫芦[電-蘆] N. small-scale, light-weight electric lifting device
diǎnhuǒ* 点火[點-] V.O. light a fire; ignite
diǎnhuò 点货[點-] V.O. check goods
diànhuǒ 店伙/夥 N. shop assistant; clerk
diànhuǒhuā 电火花[電-] N. electric spark
[1]**diǎnjī** 点饥[點-] V.O. snack to stave off hunger
[2]**diǎnjī** 点击[點擊] V. <*comp.*> press; hit; strike (on the keyboard)
diǎnjí 典籍 N. ① classical books/records ② canonical writings M: [2]*bù*/[4]*cè*/[1]*běn*
diǎnjì 碘剂[-劑] N. iodine
[1]**diànjī*** 电机[電-] N. electrical machinery M: [1]*tái*/[1]*jià*
[2]**diànjī** 电击[電擊] N. electric shock
[3]**diànjī** 奠基 V.O. lay a foundation
[4]**diànjī** 淀积[澱積] V. illuviate
diànjí 电极[電極] N. electrode
[1]**diànjì** 惦记 V. remember with concern; worry about
[2]**diànjì** 奠祭 N. pouring of wine on the ground in a sacrifice
diànjiā 店家 N. ①manager (of an inn/shop/etc.) ② (hotel/restaurant/shop) owner ③ <*topo.*> shop; store
diànjiāgōng 电加工[電-] N. electric processing
diǎnjiǎn 点检[點-] V. check (articles) one by one
diànjiān* 垫肩[墊-] N. shoulder pad/padding
diànjiàn 电键[電-] N. ① telegraph key; key; button ② (electric) switch
diǎnjiàng* 点将[點將] V.O. <*opera*> ① call the roll of officers and assign them tasks ② name sb. for a particular job
diànjiàng 电匠[電-] N. electrician M: *ge*/[1]*míng*
diǎnjiāo 点交[點-] V. hand over item by item
[1]**diǎnjiǎo** 踮脚[-腳] V.O. <*coll.*> tiptoe
[2]**diǎnjiǎo(r)** 点脚(儿)[點腳-] V.O. walk lamely, with one foot barely touching the ground
diànjiao 垫脚[墊腳] N. <*coll.*> ① earth ② bits of grass spread in a pigsty/cowshed/etc.
diàn-jiào* 电教[電-] N. education with electrical audio-visual aids
diànjiǎodèng 垫脚凳[墊腳-] N. stepping stone/stool M: [2]*zhī*
diànjiàoguǎn 电教馆[電-] N. educational establishment with audio-visual aids M: [4]*zuò*
diǎn jiǎojiān(r) 踮脚尖(儿)[-腳--] V.O. <*coll.*> tiptoe; walk on tiptoe
diànjiàopiān 电教片[電-] N. educational film M: [2]*bù*
diànjiǎoshí* 垫脚石[墊腳-] N. stepping stone M: [2]*kuài*
diànjiàoshì 电教室[電-] P.W. audiovisual room M: [1]*jiān*
diànjīchē 电机车[電-] N. electric locomotive M: [3]*liàng*
diànjī diǎnlǐ 奠基典礼[-禮] N. foundation-laying ceremony
diǎnjiè 典借 V. mortgage
diànjiě* 电解[電-] N. electrolysis
diànjiěcáo 电解槽[電-] N. electrolyzer M: [1]*tiáo*
diànjiězhì* 电解质[電-質] N. electrolyte
diànjièzhì 电介质[電-質] N. <*elec.*> dielectric
diànjī gōngchéng 电机工程[電-] N. electrical engineering
diànjī jiětòngfǎ 电机解痛法[電-] N. electrode pain-killing method
diànjīlǐ 奠基礼[-禮] N. cornerstone-laying ceremony
diānjīnbōliǎng 掂斤播两 F.E. be calculating in small matters
diǎnjīnchéngtiě 点金成铁[點-鐵] ID. miscorrect a piece of writing
diǎnjīng* 点睛[點-] N. finishing of a painting
diànjìng 奠敬 N. money gift for a funeral
diànjǐnggùn 电警棍[電-] N. electric billy/baton M: [2]*gēn*
diànjīngtǐ 电晶体[電-體] N. transistor
diànjīngtǐ shōuyīnjī 电晶体收音机[電-體---] N. transistor radio M: [1]*tái*/[1]*jià*/[2]*zhī*
diànjīrén 奠基人 N. founder M: *ge*/[1]*míng*/[2]*wèi*
diànjīshí 奠基石 N. cornerstone M: [2]*kuài*
diànjíta 电吉他[電-] N. <*mus./loan*> electric guitar M: [1]*bǎ*
diǎnjiǔ* 碘酒 N. tincture of iodine
diànjiǔ 奠酒 N. libation of liquor
diànjīxì 电机系[電-] N. department of electrical engineering (in college)
diànjī zàoyīn 电机噪音[電-] N. electrical noise
diànjī zuòyòng 淀积作用[澱積-] N. <*geol.*> illuviation
Diānjù 滇剧[-劇] N. Yunnan opera M: [2]*bù*
[1]**diǎnjù** 典据[-據] N. ① citation ② text cited as authority M: [4]*cè*/[1]*běn*
[2]**diǎnjù** 点句[點-] V.O. punctuate ♦N. punctuation
diànjù* 电锯[電-] N. electric saw M: [1]*bǎ*
diànjuàn 垫圈[墊-] V.O. <*coll.*> bed down the livestock
diànjūn 殿军 N. ① rearguard ② sb. who comes last in a contest
diǎnkān 点勘[點-] V. collate
diànkàng 电抗[電-] N. reactance
diànkàngqì 电抗器[電-] N. reactor M: [2]*zhī*
diànkǎolú 电烤炉[電-爐] N. electric oven M: [2]*tái*/[2]*zhī*
diànkǎoxiāng 电烤箱[電-] N. ① electric oven ② grill; roaster M: [2]*zhī*/[1]*tái*
diǎnkè 点刻[點-] N. stipple engraving
[1]**diànkè*** 店客 N. <*trad.*> hotel/inn customer M: *ge*/[1]*míng*
[2]**diànkè** 佃客 N. (tenant) farmer; peasant M: *ge*/[1]*míng*
diànkēng 垫坑[墊-] N. fill a pit
diànkuǎn 垫款[墊-] V.O. ① advance money to be paid back later ② money thus advanced
diānkuáng 癫狂 V.P. ① demented; insane ② frivolous ③ <*Ch. med.*> mania; depression
diànkuòyīnqì 电扩音器[電擴-] N. bullhorn; megaphone M: [1]*jià*/[2]*zhī*
diānlái-dǎoqù 颠来倒去 V.P. ① over and over ~, ***shuō ge méi wán*** keep belaboring sth. ② all jumbled up
diànlán 靛蓝[-藍] ATTR. indigo
diànlǎn* 电缆[電纜] N. electric cable; cable M: [1]*tiáo*/[2]*gēn*

D

diànlǎn diànshì 电缆电视[電纜電-] N. cable television
diànlǎnxiàn 电缆线[電纜-] N. electric cable M: [2]gēn/[1]tiáo
diànlǎohǔ 电老虎[電-] N. arrogant controller of electricity
diànlàotie 电烙铁[電-鐵] N. ① electric iron ② electric soldering iron M: [1]bǎ
diànle gè guò 掂了个过[--個-] V.P. <coll.> pondered; thought over
diǎnlǐ* 典礼[-禮] N. ceremony; celebration
diànlí 电离[電離] N. ionization
diànlǐ 奠礼[-禮] N. ① memorial ceremony ② sacrificial rites/offerings
[1]**diànlì** 电力[電-] N. electric power
[2]**diànlì** 奠立 V. establish; settle
diānlián 颠连 N. ① hardship; trouble; difficulty ② peak upon peak
diānliang 掂量 V. <topo.> ① weigh in the hand ② consider; ponder ***Nǐ ~zhe bàn ba.*** Just do as you think fit.
diànliàng* 电量[電-] N. quantity of electricity or electric charge
diànliáo 电疗[電療] N. electrotherapy
diànliào* 电料[電-] N. electrical materials and appliances
diànliáofǎ 电疗法[電療-] N. electrotherapy
diànliàoháng 电料行[電-] N. electrical materials and appliances shop M: [1]jiā
diànlícéng 电离层[電離層] N. <met.> ionosphere
diànlìchǎng 电力厂[電-廠] P.W. electric power plant M: [1]jiā
diànlì gōngsī 电力公司[電-] P.W. electric company M: [1]jiā
diànlì gōngyè 电力工业[電-業] N. elec. power industry
diànlì huǒchētóu 电力火车头[電-] N. electric railway engine
diànlì jīchē 电力机车[電-] N. electric locomotive M: [1]liè/[3]liàng
diànlíng(r)* 电铃(儿)[電-] N. ① electric bell ② buzzer M: [2]zhī/ge
diànlìng 电令[電-] V. cable orders; send orders by telegraph ♦N. orders sent by telegraph; cabled orders
diànlíqì 电离气[電離氣] N. ionized gas
diànliú 电流[電-] N. electric current
diànliúbiǎo 电流表[電-] N. galvanometer M: [2]zhī
diànliújì 电流计[電-] N. galvanometer M: [2]zhī
diàn liúshēngjī 电留声机[電-聲-] N. electric gramophone M: [1]tái
diànlìwǎng 电力网[電-網] N. electric power network M: [1]zhāng
diànlìxiàn 电力线[電-] N. power line M: [1]tiáo/[2]gēn
diànlìxué 电力学[電-] N. electrodynamics
diànlízǐ 电离子[電離-] N. <chem.> ionized atom
diànlí zuòyòng 电离作用[電離-] N. <phy.> ionizing event
diǎnlǔ 点卤[點鹵] V.O. add bittern (in making beancurd)
diànlú(r) 电炉(儿)[電爐-] N. ① electric stove ② hot plate ③ electric furnace M: [1]tái/[2]zhī
diànlù* 电路[電-] N. (electric) circuit
diānluándǎofèng 颠鸾倒凤[-鸞-鳳] ID. have sexual intercourse
diànlúbǎn 电炉板[電爐-] N. ① hot plate ② electric stove M: [2]kuài
diànlúsī 电炉丝[電爐絲] N. electric stove burner M: [2]gēn
diànlùtú 电路图[電-圖] N. circuit diagram M: [1]zhāng
diànlǘzi 电驴子[電驢-] N. <topo.> motorcycle
diànmá 电麻[電-] V. anesthetize by the use of electricity
diànmǎ(r)* 电码(儿)[電-] N. telegraphic code
diànmǎběn 电码本[電-] N. code book M: [1]běn
diànmǎbù 电码簿[電-] N. code book M: [1]běn

diǎnmài 典卖[-賣] V. mortgage
diànmán 电鳗[電-] N. electric eel M: [1]tiáo
diānmáo 颠毛 N. hair on the top of the head
diǎnmǎo* 点卯[點-] V.O. ① <trad.> call roll (of officials) in morning (5–7 a.m.) ② show one's face
diànmāo 电猫[電貓] N. electric mouse trap M: [2]zhī
diànmào 店貌 N. shop appearance
diànmén 电门[電-] N. electric switch
Diān-Miǎn 滇缅 P.W. Yunnan-Burma/Myanmar
diànmiàn* 店面 N. shop front
Diān-Miǎn Gōnglù 滇缅公路 P.W. Burma Road (from Kunming to Ledo)
diǎnmiànjiéhé 点面结合[點-] F.E. ① integrate "point" (leading unit) and "sphere" (secondary units) ② pay attention not only to key points but also to the whole area
[1]**diǎnmíng*** 点名[點-] V.O. ① call the roll ② mention sb. by name ***Lǎobǎn ~ yào tā.*** The boss named him as the one he wanted. ③ make a personal criticism of sb.
[2]**diǎnmíng** 点明[點-] R.V. ① point out; put one's finger on ② clarify; make clear ♦N. <topo.> light kindling wood
diànmíng 店名 N. name of a shop
diǎnmíngbù 点名簿[點-] N. roll book; roll M: [1]běn/[4]cè
diǎnmíngcè 点名册[點-冊] N. roll book; roll M: [1]běn
diǎnmínggōngjī 点名攻击[點-擊] F.E. attack sb. by name
diànmìpiàn 垫密片[墊-] N. (machinery) gasket M: [1]piàn
diānmò 颠末 N. <wr.> whole process from beginning to end
diànmǔ 电母[電-] N. goddess of lightning
[1]**diànmù*** 垫木[墊-] N. railway sleeper/tie M: [2]gēn
[2]**diànmù** 电木[電-] N. <chem.> Bakelite
diànnǎo 电脑[電腦] N. computer M: [1]tái/[2]bù
diànnǎo bìngdú 电脑病毒[電腦-] N. <comp.> computer virus
diànnǎo chéngshì 电脑程式[電腦-] N. computer program
diànnǎo dǎoxiàng yǔyán 电脑导向语言[電腦導-] N. computer-oriented language
diànnǎo fǔzhù fānyì 电脑辅助翻译[電腦-譯] N. <lg.> computer-assisted translation (CAT)
diànnǎo fǔzhù jiàoxué 电脑辅助教学[電腦-] N. computer-aided instruction (CAI)
diànnǎohuà 电脑化[電腦-] N. computerization
diànnǎohuà dìtiě 电脑化地铁[電腦-鐵] N. computerized subway
diànnǎohuà shèhuì 电脑化社会[電腦-] N. cyberculture
diànnǎo kēxuéjiā 电脑科学家[電腦-] N. computer scientist M: ge/[1]míng/[2]wèi
diànnǎo shùyǔ 电脑术语[電腦術-] N. computerese
diànnǎowǎng 电脑网[電腦網] N. <comp.> ① computer network ② internet
diànnǎo wǎngluò 电脑网络[電腦網-] N. computer network
diànnǎo yìnbiǎojī 电脑印表机[電腦-] N. computer printer M: [1]tái
diànnǎoyǔ 电脑语[電腦-] N. computalk
diànnǎo yuēhuì 电脑约会[電腦-] N. computer dating
diànnǎo yǔyán 电脑语言[電腦-] N. computer language
diànnǎo zhǐlìng 电脑指令[電腦-] N. computer instructions
diànnǎo zhōngduānjī 电脑终端机[電腦-] N. computer terminal M: [2]tái
diànnǎo zhōngxīn 电脑中心[電腦-] P.W. computer center
diànnǎo zhùchǎn 电脑助产[電腦-產] N. computer-aided midwifery

diànnǎo zuòyè ruǎnjiàn 电脑作业软件[電腦-業--] N. operation system software
diànnéng 电能[電-] N. electric energy
diànniàn 惦念 V. keep thinking about; be anxious about
diànniǔ 电钮[電-] N. push button; electric button
diànnóng 佃农[-農] N. ① tenant farmer M: ge/[1]míng ② cropper share
diànnuǎnqì 电暖器[電-] N. electric heater M: [1]tái/[2]zhī
diǎnpài* 点派[點-] V. appoint; name; designate
diànpái 电排[電-] N. electrified drainage
diānpèi 颠沛 V.P. ① be destitute ② suffer setbacks ③ fall
diānpèiliúlí 颠沛流离[-離] F.E. ① wander about in desperate plight ② lead a vagrant life
diǎnpiàn 碘片 N. iodine tablet
diànpiàn* 垫片[墊-] N. <mach.> ① spacer ② shim
[1]**diànpíng** 电瓶[電-] N. storage battery; accumulator M: [2]zhī
[2]**diànpíng** 垫平[墊-] R.V. level up
diànpíngchē 电瓶车[電-] N. storage battery car; electromobile M: [3]liàng
diǎnpò 点破[點-] R.V. bring sth. out into open; lay bare
diānpū 颠仆 V. ① fall (down) ② fall into disgrace
diǎnpù 典铺 P.W. pawnshop M: [1]jiā
diànpù* 店铺 P.W. store; shop M: [1]jiā
diānpūbùpò 颠扑不破[-撲--] F.E. irrefutable
diǎnqǐ 点起[點-] R.V. fire; ignite
[1]**diànqì*** 电器[電-] N. electrical equipment/appliance M: [2]jiàn/[2]zhī
[2]**diànqì** 电气[電氣] N. electricity
[3]**diànqì** 佃契 N. tenancy contract; land lease M: [1]fèn/[1]zhāng
diànqian 店钱[-錢] N. cost of lodging; inn/hotel bill
diànqián* 垫钱[墊錢] V.O. advance money to be paid back later
diànqì bīngxiāng 电气冰箱[電氣-] N. refrigerator M: [1]tái
diānqié 颠茄 N. belladonna
diànqì gōngchéngshī 电气工程师[電氣-師] N. electrical engineer M: ge/[1]míng/[2]wèi
diànqìhuà 电气化[電氣-] V. electrify ♦N. electrification
diànqì huǒchē 电气火车[電氣-] N. electric locomotive M: [1]liè
diànqì jīchē 电气机车[電氣-] N. electric locomotive M: [1]liè
diǎn qǐlai 点起来[點-] R.V. fire; ignite
diǎnqīng* 点清[點-] R.V. count accurately
diànqing 靛青 V.P. ① indigo-blue ② <topo.> indigo
diànqǐng 电请[電-] V. invite by telegram
diànqìshí 电气石[電氣-] N. <min.> tourmaline M: [2]kuài
diànqì yòngpǐn 电气用品[電氣-] N. electric appliances
diànquān(r)* 垫圈(儿)[墊-] N. <mach.> washer
diànquán 佃权[-權] N. tenant right
diànqūqur 电蛐蛐儿[電-] N. <topo.> pager; beeper
diānr 颠儿 V. <topo.> leave quietly; slip away
diǎnr* 点儿[點-] N. point; spot
diǎnrán* 点燃[點-] V. light; kindle; ignite
diǎnrǎn 点染[點-] V. ① touch up a piece of writing ② add details to a painting ③ only hint at ④ be soiled/contaminated
diǎnrbèi 点儿背[點-] V.P. <topo.> bad luck
diànrè 电热[電熱] ATTR. electric heat; electrothermal
diànrèbēi 电热杯[電熱-] N. one-cup electric thermos pot M: [2]zhī
diànrèlú 电热炉[電熱爐] N. electric heater M: [1]tái/[2]zhī

[1]**diànrén** 电人[電-] V.O. ① shock people electrically ② <slang> attract/seduce the opposite sex
[2]**diànrén** 佃人 N. ancient official title
diànrèqì 电热器[電熱-] N. electric heater/radiator M: [2]*zhī*/*ge*
diànrèrù 电热褥[電熱-] N. electricity-heated pad/mat used in bed M: [1]*tiáo*
diànrètǎn 电热毯[電熱-] N. ① <med.> electrothermal pad ② electric blanket M: [1]*tiáo*
diànrè zhēnjiǔ 电热针灸[電熱-] N. electrothermal acupuncture
[1]**diànróng** 电容[電-] N. electric capacity; capacitance
[2]**diànróng** 店容 N. shop appearance
diànrónglian 电熔炼[電-煉] N. electric smelting
diànróngqì 电容器[電-] N. condenser; capacitor M: [2]*zhī*/*ge*
[1]**diānrsānr de** 颠儿三儿的 V.P. <topo.> ① skimpily clothed ② hopping and skipping
[2]**diānrsānr de** 颠儿三儿地 ADV. <topo.> hopping and skipping
diànrǔ* 玷辱 V. dishonor; disgrace
diànrù 垫褥[墊-] N. cotton-padded mattress M: [1]*tiáo*/[1]*chuáng*
diànrǔ shēngmíng 玷辱声名[--聲-] V.O. fall into discredit
diànrùzi 电褥子[電-] N. electric bedding M: [1]*tiáo*
diànrǔ zǔzōng 玷辱祖宗 V.O. bring shame upon one's ancestors
diānsān 掂三 A.T. <topo.> ponder; consider; think over
diānsāndǎosì 颠三倒四 F.E. ① incoherent; disorderly ② lunatic; insane
diànshàn 电扇[電-] N. electric fan M: [1]*tái*/[2]*zhī*
diǎnshàng* 点上[點-] R.V. light (a candle/cigarette/etc.)
diànshàng 垫上[墊-] R.V. ① fill up ② pad ③ put sth. under sth. to raise it or make it level
diànshàng yùndòng 垫上运动[墊-運動] N. <sport> mat tumbling/work
diǎnshè 点射[點-] N. <mil.> ① fixed fire ② firing in bursts
diànshèbèi 电设备[電-備] N. electrical installation
diànshēng yuèqì 电声乐器[電聲樂-] N. electronic musical instrument M: [2]*jiàn*
diànshènxī 电渗析[電滲-] N. <chem.> electrodialysis
diǎnshì 典试 N. <trad.> civil-service examination
diànshí 电石[電-] N. ① calcium carbide ② tourmaline M: [2]*kuài*
[1]**diànshì*** 电视[電-] N. television; TV M: [2]*bù*/[1]*tái*
[2]**diànshì** 殿试 N. <trad.> final imperial examination; palace examination
[3]**diànshì** 电势[電勢] N. electric potential
[4]**diànshì** 电示[電-] V. ① cable a notice/directive ② instruct/inform by telegraph
diànshìbào 电视报[電-報] N. weekly television guide M: [1]*zhāng*/[1]*fèn*
diànshì bōsòngjī 电视播送机[電-] N. television transmitter M: [1]*tái*/[1]*jià*
diànshì cǎifǎng 电视采访[電-] N. televised/television interview
diànshìchā 电势差[電勢-] N. electric potential difference; voltage
diǎnshíchéngjīn 点石成金[點-] ID. turn a crude essay into a literary gem ♦N. alchemy
diànshì chuánshū 电视传输[電-傳-] N. television transmission
diànshìcūn 电视村[電-] N. television village M: [4]*zuò*/*ge*
diànshì dàxué 电视大学[電-] N. <PRC> TV university/college M: [1]*suǒ*
diǎnshì dǎyìnjī 点式打印机[點-] N. dot printer M: [1]*tái*
diànshídēng 电石灯[電-燈] N. acetylene lamp M: [2]*zhī*/[1]*zhǎn*
diànshì diànhuà 电视电话[電-電-] N. video telephone M: [2]*bù*/[1]*tái*
diànshì fāshèjī 电视发射机[電-發--] N. television transmitter M: [2]*bù*/[1]*tái*/[1]*jià*
diànshì fāshètǎ 电视发射塔[電-發--] N. television transmitting tower M: [4]*zuò*
diànshì gōngsī 电视公司[電-] P.W. television company M: [1]*jiā*
diànshì guǎngbō 电视广播[電-廣-] N. television broadcasting; telecasting; videocast
diànshì guānzhòng 电视观众[電-觀眾] N. TV viewers; the viewing public; the viewers
diànshì huìyì 电视会议[電-議] N. teleconference M: *ge*/*cì*
diànshìjī 电视机[電-] N. television receiver/set M: [2]*bù*/[1]*tái*/[2]*zhī*
diànshì jiǎngzuò 电视讲座[電-講-] N. <edu.> telecourse
diànshìjídì 殿试及第 F.E. passed the examination for the Hanlin Academy
diànshìjiè 电视界[電-] P.W. the television world
diànshì jiémù 电视节目[電-節-] N. TV program
diànshì jiēshōujī 电视接收机[電-] N. television receiver/set M: [2]*bù*/[1]*tái*
diànshìjù 电视剧[電-劇] N. TV play/drama M: [2]*bù*
diànshì liánxùjù 电视连续剧[電-續劇] N. TV series M: [2]*bù*/*ge*
diǎnshì lièyìnjī 点式列印机[點-] N. dot matrix printer M: [2]*bù*/[1]*tái*
diànshì lùyǐng 电视录影[電-錄-] N. video recording
diànshìmí 电视迷[電-] N. TV fan; "TV junkie" M: *ge*/[2]*wèi*
diànshìpiàn 电视片[電-] N. ① TV documentary ② telefilm M: [2]*bù*
diànshì píndào 电视频道[電-] N. television channels
diànshì píngmù 电视屏幕[電-] N. television screen
diànshíqì 电石气[電-氣] N. acetylene
diànshì shèxiàngjī 电视摄像机[電-攝--] N. television camera M: [2]*bù*/[1]*tái*/[1]*jià*
diànshì shèyǐngjī 电视摄影机[電-攝--] N. television camera; telecamera M: [2]*bù*/[1]*tái*/[1]*jià*
diànshìtǎ 电视塔[電-] N. TV tower M: [4]*zuò*
diànshìtái 电视台[電-臺] P.W. TV station M: [1]*jiā*
diànshì tǎolùnhuì 电视讨论会[電-] N. TV panel discussion M: *cì*/*ge*
diǎnshìtú 点示图[點-圖] N. spot charts M: [1]*zhāng*
diànshìwǎng 电视网[電-網] N. television network
diǎnshì wěiyuánhuì 典试委员会 N. committee in charge of examination affairs
diànshì xìlièpiān 电视系列片[電-] N. serialized movie on television M: [2]*bù*
diànshì zhuǎnbō 电视转播[電-轉-] N. television relay
diǎnshōu* 点收[點-] V. check and accept
[1]**diǎnshǒu** 点首[點-] V.O. nod
[2]**diǎnshǒu** 典守 V. take charge of
[3]**diǎnshǒu** 点手[點-] V.O. gesture with a hand (for sb. to come)
diǎnshū 点书[點書] V.O. <trad.> punctuate a book
diǎnshǔ 点数[點數] V. count the number of articles or amount of money *See also diǎnshù*
diǎnshù(r)* 点数(儿)[點數-] V.O. count; check the number (of items) ♦N. number of points; score *See also diǎnshǔ*
diànshū 电枢[電樞] N. armature
diànshuā 电刷[電-] N. <mach.> brush M: [1]*bǎ*
diànsǐ* 电死[電-] R.V. electrocute
diànsì 店肆 N. shop; store; firm
[1]**diānsuàn** 掂算 V. estimate; weigh
[2]**diānsuàn** 颠蒜 A.T. <topo.> dull-witted
diǎnsuàn 点算[點-] V. count; check the number
diànsuàn* 电算[電-] N. calculation with electric equipment
diànsuànjī 电算机[電-] N. (electronic) computer M: [2]*bù*/[1]*tái*/*ge*
diànsuànqì 电算器[電-] N. electronic calculator M: [2]*zhī*
[1]**diàntái** 电台[電臺] P.W. ① transmitter-receiver; transceiver ② broadcasting station M: [1]*jiā*
[2]**diàntái** 店台[-臺] N. shop counter
diàntǎn 电毯[電-] N. electric blanket M: [1]*tiáo*
diǎntāng 点汤[點湯] V.O. choose a soup
[1]**diàntáng** 店堂 P.W. ① shop/store room ② the business quarter of a shop/store); commodity section
[2]**diàntáng** 殿堂 P.W. ① palace; hall ② temple buildings/halls M: [4]*zuò*
diàntàng* 电烫[電燙] V. do permanent hair styling ♦N. perm
diàntào 垫套[墊-] N. cushion case/cover M: [2]*zhī*
diǎntí 点题[點-] V.O. ① bring out a theme ② make the point clear
diàntī* 电梯[電-] N. elevator M: [2]*bù*/[1]*tái*
diàntiānrǔdì 玷天辱地 F.E. insult heaven and earth
diǎntiěchéngjīn 点铁成金[點鐵-] ID. turn mediocre writing into a masterpiece
diàntījǐng 电梯井[電-] N. elevator shaft
diàntǒng 电筒[電-] N. flashlight M: [1]*bǎ*/*ge*
diǎntóngchéngyín 点铜成银[點-] ID. turn copper into sliver by touching
diàntōngxìn 电通信[電-] N. telecommunication
diǎntóu 点头[點-] V.O. nod one's head *Jiàoshòu yǐjing ~ le.* The professor has already OK'd it.
diǎntóuchēngshàn 点头称善[點-稱-] V.P. nod and express approval
diǎntóuhāyāo 点头哈腰[點-] F.E. <coll.> ① bow and scrape ② say hello
diǎntóuhuìyì 点头会意[點-] V.P. nod in understanding
diǎntóuyīxiào 点头一笑[點-] V.P. nod with a smile
diǎntóuyǔnnuò 点头允诺[點-] V.P. nod acquiescence
diǎntóuzhèndòng 点头振动[點-動] V.P. nodding
diǎntóuzhījiāo 点头之交[點-] N. nodding acquaintance
diàntuīzi 电推子[電-] N. electric clippers M: [2]*zhī*/[1]*bǎ*
diǎntúxíng 点图形[點圖-] N. dot pattern
diànwán 电玩[電-] N. electronic toy
diànwǎng 电网[電網] N. ① electrified wire netting; live-wire entanglement ② electricity network M: [1]*zhāng*
diànwànxìng 甸万姓[-萬-] V.O. govern the people
diànwèi 电位[電-] N. electric potential
diànwèichā 电位差[電-] N. differential electric potential; voltage
diànwèinéng 电位能[電-] N. electrical potential energy
diànwèiqì 电位器[電-] N. <elec.> potentiometer M: [2]*zhī*/*ge*
diànwén 电文[電-] N. text (of a telegram) M: [1]*piān*
Diān Wénhuà 滇文化 N. <archeo.> Dian/Tien culture
diànwū* 玷污 V. stain; sully; tarnish
diànwù 店务[-務] N. routine work in store/shop
diànwū fāngmíng 玷污芳名 V.O. foul one's fair name
diànwū ménméi 玷污门楣 V.O. disgrace one's family
diǎnxì* 点戏[點戲] V.O. select a play from the repertoire offered
diànxí 垫席[墊-] N. mat M: [1]*zhāng*
diànxì 垫戏[墊戲] N. minor performance before main event
[1]**diànxià** 奠下 R.V. establish
[2]**diànxià** 殿下 PR. Your/His/Her Highness
diānxián 癫痫[-癇] N. <med.> epilepsy
diànxiàn* 电线[電-] N. (electric) wire M: [2]*gēn*
diànxiàngān(r/zi) 电线杆(儿/子)[電-] N. electric-wire pole M: [2]*gēn*

D

diànxiànzǒuhuǒ 电线走火[電-] F.E. short circuit
diànxiǎo'èr 店小二 N. <trad.> waiter (in inn/tavern)
diànxiázi 电匣子[電-] N. <topo.> radio M: [2]zhī/[1]tái
diànxiè 电谢[電-] V. <wr.> send a telegram of thanks to sb.
diǎnxin 点心[點-] N. ① light refreshments ② pastry ③ dimsum M: [2]jiàn *See also* diǎnxīn
diǎnxīn 点心[點-] V.O. <topo.> ponder; think over; bear in mind *See also* diǎnxin
diànxìn* 电信[電-] N. telecommunications
[1]diǎnxíng* 典型 N. ① typical case; model; type ② institutions ♦S.V. typical; representative
[2]diǎnxíng 典刑 N. ①laws; penalties ②institutions ③ model; type
diǎnxǐng 点醒[點-] R.V. jog the memory; remind gently
diànxíng 电刑[電-] N. ① electric instruments of torture ② torture by electricity ③ electrocution ④ the electric chair
diǎnxíngchángcún 典型长存 F.E. A model will live forever.
diànxíng gōngjù 电刑工具[電-] N. electric instruments of torture
diǎnxínghuà 典型化 N. standardization; typification
diǎnxíng rénwù 典型人物 N. a typical person/character
diǎnxíng shìfàn 典型示范[-範] V.P. set up an example with a model
diǎnxíng shìyàn 典型试验 N. experiment with a typical case
diǎnxíng xiàngmù 典型项目 N. exponent
diǎnxíngxìng 典型性 N./ATTR. typicalness; representativeness
diǎnxíng xíngshì 典型形式 N. <lg.> canonical form
diǎnxíng yàngběn 典型样本[--樣-] N. representative sample
diǎnxíngyánmíng 典刑严明[--嚴-] F.E. Laws and penalties are peremptory (strict; severe).
diànxìnjú 电信局[電-] P.W. telecommunication bureau M: [1]jiā
diǎnxīnpù 点心铺[點-] P.W. pastry/dessert store M: [1]jiā
diànxūdāo 电须刀[電鬚-] N. electric shaver M: [1]bǎ
diǎnxué* 点穴[點-] V.O. ① hit at lethal points in Ch. karate ② select grave site through geomancy/etc.
diànxué 电学[電-] N. electricity (as a science)
diànxùn 电讯[電-] N. ① telegraphic dispatch ② telecommunications
diànxùn bàobiǎo 电讯报表[電-報-] N. telegraphic report M: [1]zhāng
diànxùnjú 电讯局[電-] P.W. office of telecommunications M: [1]jiā
diǎnyā 典押 V. mortgage; pawn
diǎnyǎ* 典雅 S.V. refined; elegant (of diction)
diànyā 电压[電壓] N. voltage
diànyābiǎo 电压表[電壓-] N. voltmeter M: [2]zhī
diǎnyǎdàfāng 典雅大方 S.V. elegant and graceful
diànyājì 电压计[電壓-] N. voltmeter M: [2]zhī
diànyámen 电衙门[電-] N. electricity lord/tyrant
diǎnyǎn 点眼[點-] V.O. ① apply eye drops ② secure a point of anchorage (in *wěiqí*)
diǎnyàn 点验[點-] V. examine item by item
diànyǎn* 电眼[電-] N. electric/magic eye
diànyàn 电唁[電-] N. telegraph condolence ♦V. send a telegram/message of condolence
diǎn yánsè 点颜色[點-] V.O. <topo.> add color to a drawing/picture/etc.
diǎn yǎnyào 点眼药[點-藥] V.O. put drops in the eyes
diǎnyào 典要 V.P. refined and succinct ♦N. standard; model
[1]diànyāo* 电邀[電-] V. cable an invitation
[2]diànyāo 垫腰[墊-] V. <coll.> give support to; give backing ♦N. <lg.> infix
diànyāqì 电压器[電壓-] N. voltmeter M: [2]zhī
diǎnyè 典业[-業] N. pawnbroking
diànyě 电冶[電-] V. smelt electrically
diànyè* 电业[電業] P.W. electric power industry
diànyè guǎnlǐjú 电业管理局[電業-] P.W. electric power administration M: [1]jiā
diǎnyī 点医[點醫] V.O. demand to see a particular doctor
diǎnyí 典仪[-儀] N. institutions and rites
diànyí* 奠仪[-儀] N. gift of money made on the occasion of a funeral M: [1]fèn
diànyǐ 电椅[電-] N. electric chair M: [1]bǎ
diànyì 佃役 N. hunting
diànyíbiǎo 电仪表[電儀-] N. electric meter
diānyǐn 颠饮 V. drink gluttonously
diànyǐng(r) 电影(儿)[電-] N. film; movie M: [2]bù
diànyǐngchéng 电影城[電-] P.W. movie city M: [4]zuò
diànyǐng fàngyìngjī 电影放映机[電-] N. film projector M: [1]tái/[1]jià/[2]bù
diànyǐnggōng 电影宫[電-宮] P.W. movie theater; film palace M: [4]zuò
diànyǐngjī 电影机[電-] N. film projector M: [1]tái/[1]jià/[2]bù
diànyǐng jiǎnjījī 电影剪辑机[電-] N. film-editing machine M: [1]tái/[1]jià/[2]bù
diànyǐng jiāopiàn 电影胶片[電-膠-] N. movie film M: juǎn
diànyǐngjié 电影节[電-節] N. film festival
diànyǐngjiè* 电影界[電-] P.W. film/movie circles
diànyǐng jùběn 电影剧本[電-劇-] N. movie scenario/script M: [1]běn/[2]bù
diànyǐngkuáng 电影狂[電-] N. film fan
diànyǐngmí 电影迷[電-] N. movie fan M: ge/[2]wèi
diànyǐng míngxīng 电影明星[電-] N. movie star M: ge/[2]wèi
diànyǐngpiàn 电影片[電-] N. film; movie M: [2]bù
diànyǐngpiào 电影票[電-] N. movie ticket M: [1]zhāng
diànyǐngquān 电影圈[電-] P.W. film-making circles
diànyǐng shèyǐngjī 电影摄影机[電-攝--] N. cinecamera; film camera M: [1]tái/[1]jià/[2]bù
diànyǐng shèyǐngshī 电影摄影师[電-攝-師] N. cinematographer; cameraman M: ge/[1]míng/[2]wèi
diànyǐng shuōmíngshū 电影说明书[電-書] N. film synopsis M: [1]fèn
diànyǐng wénxué 电影文学[電-] N. cinematic literature
diànyǐngxué 电影学[電-] N. cinematics
diànyǐng yǎnyuán 电影演员[電-] N. film actor/actress M: [1]ge/[1]míng/[2]wèi
diànyǐng yīnyuè 电影音乐[電-樂] N. film music/score
diànyǐngyuàn 电影院[電-] P.W. cinema; movie theater M: [4]zuò/[1]jiā
diànyǐng zhǎnlǎn 电影展览[電-覽] N. cinema exhibit
diànyǐng zhìpiànchǎng 电影制片厂[電-製-廠] P.W. movie studio M: [1]jiā
diànyǐngzhōu 电影周[電-] N. film week
diànyǐng zìmù 电影字幕[電-] N. film captions; subtitles
diànyóu 靛油 N. aniline oil
diǎnyù 典狱 N. prison warden M: [2]wèi
diànyú 电鱼[電-] V.O. fish by electricity ♦N. flatfish M: [1]tiáo
[1]diànyǔ* 殿宇 N. ①palace; palace hall ②temple ③ sanctuary ④ big buildings M: [4]zuò
[2]diànyǔ 垫语[墊-] N. <lg.> phatic communication
diànyù 电谕[電-] V. wire instructions/directives/etc.
[1]diànyuán 电源[電-] N. elec. power supply/source
[2]diànyuán 店员 N. shop assistant; (sales) clerk M: [1]ge/[1]míng
[3]diànyuán 殿元 N. first-place winner in a civil service examination held in the presence of the emperor
diànyuán biànyāqì 电源变压器[電-變壓-] N. power/mains transformer M: [1]tái/[2]zhī/ge
diānyuè 颠越 V. ① overthrow; transgress ② decline; falter and fall
diǎnyuè* 点阅[點-] V. count and check
Diān-Yuè Tiělù 滇越铁路[--鐵-] N. railway linking Yunnan and Vietnam
diǎnyùguān 典狱官 N. warden M: [2]wèi
diànyùndǒu 电熨斗[電-] N. electric iron M: [2]zhī
diǎnyùzhǎng 典狱长 N. prison warden M: [2]wèi
diǎnzài 点载[點-] V. carry by request (of a newspaper/periodical)
diànzào 电灶[電-] N. electric cooking stove/range M: [1]tái/[2]zhī
diànzhá 电闸[電-] N. ①electric switch ②master switch M: [2]dào
diànzhàn 电站[電-] P.W. electric station
diǎnzhāng* 典章 N. decrees and regulations
diànzhǎng 店长 N. director of a shop M: ge/[2]wèi
diànzhàng 垫帐[墊-] V.O. pay a debt for sb. (anticipating repayment)
diǎnzháo* 点着[點著] R.V. light; burn; kindle
diǎnzhào 点召[點-] V. call; choose
diànzhe 惦着[-著] V.P. think about
diǎnzhejiǎo 踮着脚[-著腳] V.O. tiptoe
diǎnzhèn 点阵[點-] N. ① <phy.> lattice ② <comp.> dot matrix
diànzhēn* 电针[電-] N. acupuncture with electric stimulation M: [2]gēn
diànzhěn 垫枕[墊-] N. bolster
diànzhèn 电震[電-] N. shock
diǎnzhèn dǎyìnjī 点阵打印机[點-] N. <comp.> dot matrix printer M: [1]tái/[1]jià/[2]bù
diànzhèng 电政[電-] N. telecommunications administration
diànzhēn liáofǎ* 电针疗法[電-療-] N. <Ch. med.> galvano-acupuncture
diànzhèn liáofǎ 电震疗法[電-療-] N. <med.> electric shock therapy
diànzhēn mázuì 电针麻醉[電-] N. electrical acupuncture anesthesia
diānzhì 颠踬[-躓] V. ① dodder/stagger along ② be in dire straits
[1]diǎnzhì 典制 N. laws and institutions
[2]diǎnzhì 点制[點-] N. <lg.> level
[3]diǎnzhì 典质[-質] A.T. mortgage; pawn
diànzhī* 垫支[墊-] V.O. ① pay for another temporarily ② advance an expenditure
diǎnzhōng* 点钟[點鐘] M. o'clock
diǎnzhǒng 点种[點種] V.O. dibble in seeds
diànzhōng 电钟[電鐘] N. electric clock M: [1]tái/[2]zhī
diànzhòng 佃种[-種] V. farm as a tenant
diǎnzhǔ 点主[點-] V.O. consecrate a spirit tablet by putting a red dot at the top of the Chinese character [1]zhǔ (in a funeral ceremony)
diànzhū 电珠[電-] N. small electric bulb
diànzhú 簟竹 N. giant bamboo M: [2]gēn/[5]zhī/[2]zhū/[2]kē
diànzhǔ* 店主 N. proprietor (of a store/shop) M: ge/[1]míng/[2]wèi
diànzhù 电铸[電鑄] V. electrotype
diànzhuàn(r) 电转(儿)[電轉-] N. <topo.> record player
diànzhùbǎn 电铸板[電鑄-] N. <print.> electrotype M: [2]kuài
diǎnzhui 点缀[點-] V.O. ①embellish; ornament; adorn ② use sth. merely for show
diǎnzi 点子[點-] N. ① drop (of liquid) ② spot; dot ③ beat (of percussion instruments) ④ key point ⑤ idea; pointer ⑥ <slang> squealer; informant
diǎnzì 点字[點-] N. Braille writing
[1]diànzi 垫子[墊-] N. mat; pad; cushion M: [2]kuài
[2]diànzi 甸子 N. marshland; grassland; savanna
diànzī 垫资[墊-] V.O. advance money for sb. (to be paid back)
diànzǐ* 电子[電-] N. electron ♦ATTR. electronic

diànzǐ bàozhǐ 电子报纸[電-報-] N. electronic newspaper M: [1]fèn
diànzǐbiǎo 电子表[電-] N. electronic/digital watch/meter M: [2]zhī
diànzǐ bùgàolán 电子布告栏[電-欄] N. electronic bulletin boards M: [2]kuài
diànzǐchèng 电子秤[電-] N. electronic balance/ scale M: [1]tái/[1]bǎ/[4]zuò
diànzǐ cídiǎn 电子词/辞典[電-辭-] N. electronic dictionary M: [1]běn
diànzǐ dǎzìjī 电子打字机[電-] N. electronic typewriter M: [1]tái/[1]jià
diànzǐdì 甸子地 N. marshy grassland
diànzǐ'ěr 电子耳[電-] N. a kind of hearing aid
diànzǐ fānyìjī 电子翻译机[電--譯-] N. electronic translator M: [1]tái
diànzǐfú 电子伏[電-] N. electron volt
diànzǐ gōngyè yánjiūsuǒ 电子工业研究所[電--業---] P.W. institute of electronic-industry studies M: [1]jiā
diànzǐguǎn 电子管[電-] N. electron tube; valve M: [2]zhī
diànzihuán 垫子环[墊-環] N. gasket
diànzǐ jìsuànjī 电子计算机[電-] N. electronic computer M: [1]tái/ge
diànzǐ jìsuànjī chéngxù 电子计算机程序[電-] N. computer programs
diànzǐ jìsuànqì 电子计算器[電-] N. electronic calculator M: [2]zhī/ge
diànzǐ jìsuàn zhōngxīn 电子计算中心[電-] P.W. computing center M: [4]zuò
diǎnzì mángwén fānyìqì 点字盲文翻译器[點----譯-] N. Braille translator M: [1]tái
diànzǐqín 电子琴[電-] N. <mus.> electronic keyboard M: [1]jià/[1]tái
diànzǐ sècǎi sǎomiáoqì 电子色彩扫描器[電---掃--] N. color scanner M: [1]tái
diànzǐ shāngmào 电子商贸[電-] N. E-commerce
diànzǐ shāngwù 电子商务[電-務] N. E-commerce
diànzǐshù 电子束[電-] N. electron beam
diànzǐ shùjù chǔlǐ 电子数据处理[電-數據處-] N. electronic data processing
diànzǐ shùjù fúwù 电子数据服务[電-數據-務] N. electronic data services
diànzǐsuǒ 电子所[電-] P.W. institute of electronic studies
diànzǐ táidēng 电子台灯[電-臺燈] N. electronic lamp M: [2]zhī/ge/[4]zuò
diànzǐ tànzhēn 电子探针[電-] N. <phy.> electronic probe M: [2]gēn
diànzǐ wǎngluò 电子网络[電-網-] N. telnet
diànzǐ wánjù 电子玩具[電-] N. electronic toys M: ge/[2]jiàn
diànzǐ wēibōlú 电子微波炉[電-爐] N. microwave oven M: [2]zhī/[1]tái
diànzǐxì 电子系[電-] N. department of electronic studies
diànzǐ xiǎnwēijìng 电子显微镜[電-顯--] N. electron(ic) microscope M: [1]jià/[2]zhī
diànzǐ xìnjiàn 电子信件[電-] N. e-mail M: [2]fēng
diànzǐ xīnwén shōují 电子新闻收集[電-] N. electronic news gathering
diànzǐ xìnxī 电子信息[電-] N. electronic information
diànzǐ xìnxī xìtǒng 电子信息系统[電-] N. electronic information technology
diànzǐxué 电子学[電-] N. electronics
diànzǐyǎn 电子眼[電-] N. electronic eye
diànzǐ yīnyuè 电子音乐[電-樂] N. electronic music
diànzǐ yīnyuè héchéngqì 电子音乐合成器[電--樂---] N. electronic music synthesizer M: [1]tái
diànzǐ yóujiàn 电子邮件[電-郵-] N. e-mail M: [1]fèn
diànzǐ yóujú 电子邮局[電-郵-] N. e-mail
diànzǐ yóuxì 电子游戏[電-戲] N. electronic video game
diànzǐ yóuxìjī 电子游戏机[電--戲-] N. electronic game player M: [1]tái
diànzǐzhǎn 电子展[電-] N. exhibition of electronic products
diànzǐ zhàopái 电子照排[電-] N. computer typesetting
diànzǐ zīliào chǔlǐ 电子资料处理[電---處-] N. electronic data processing (EDP)
diànzū 佃租 N. land rent
diànzǔ* 电阻[電-] N. electric resistance
diànzuàn 电钻[電鑽] N. electric drill M: [1]bǎ
diǎnzú'érlì 踮足而立 F.E. stand on tiptoe
diànzuǐ 电嘴[電-] N. <topo.> spark/ignition plug M: [2]zhī
diànzǔlì 电阻力[電-] N. <elec.> resistance
diànzǔlǜ 电阻率[電-] N. electrical resistivity
diǎnzuò 典座 N. <Budd.> ① assigner of seats in a monastery ② kitchen overseer
diànzuò* 佃作 V. farm as a tenant
[1]**diāo** 叼 V. hold in the mouth
[2]**diāo** 雕/彫/琱 V. carve; engrave *See also* [3]*diāo*
[3]**diāo** 雕[-/鵰] N. <zoo.> vulture *See also* [2]*diāo*
[4]**diāo** 刁 S.V. tricky; artful; sly ♦N. Surname
[5]**diāo** 凋 V. wither
[6]**diāo** 貂 N. marten
[7]**diāo** 鲷[鯛] N. porgy; bream
[8]**diāo** 碉 B.F. small fortress; watchtower ***diāobǎo, bǎodiāo***
diǎo 屌/鸟[-/鳥] N. <coll.> penis; cock *See also* [1]*niǎo*
[1]**diào*** 掉 V. ① drop; fall; come off ② lose; be missing ***Wǒ de kèběn ~le yī yè.*** One page is missing from my textbook. ③ fall behind ④ change ⑤ turn ♦CMP. away; down; out; etc. ***diū~*** i. lose; ii. cast away ***wàng~*** forget ***wā~*** dig up
[2]**diào** 调[調] V. transfer ♦N. ① accent ② <mus.> key ③ tune; air ④ <lg.> tone; intonation; tonality *See also* [2]*tiáo*
[3]**diào** 钓[釣] V. fish with hook and line; angle
[4]**diào** 吊 V. ① hang ② lift up or let down with a rope/etc. ③ mourn ④ put in a fur lining ⑤ revoke; withdraw ♦M. *for strings of 1000 cash*
[5]**diào** 铫[銚] B.F. utensil for cooking/heating medicines [2]***diàozi, shādiàozi***
[6]**diào** 锦[錦] in ***liàodiàor***
dī'āo 低凹 P.W. low-lying
diàobái 调白 N. a deceitful trick of substituting one thing for another
diāobǎn* 雕版 N. cutting blocks of wood for printing M: [2]kuài
diàobǎn 吊板 N. ① footboard; foot pedal (of a piano/bicycle/etc.) ② hanging shelf M: [2]kuài
diào bǎngzi* 吊膀子 V.O. <coll.> ① flirt; ogle; get fresh ② lust after women
diào bàngzi 吊棒子 V.O. <coll.> ① dangle a club ② wench; lust after women
diāobǎo* 碉堡 N. <mil.> pillbox; blockhouse M: [4]zuò
diàobāo(r) 掉/调包(儿) V.O. ① stealthily substitute one for another ② secretly substitute sth. inferior
diàobèiliǎn 掉背脸 V.O. turn one's face
diāobì 凋敝 V.P. ① hard; destitute (of life) ② depressed (of business)
[1]**diàobì*** 吊臂 N. arm of a crane
[2]**diàobì** 掉臂 V.O. wave one's arms (to signal refusal)
diàobiāo 掉膘 V.O. become thin/scrawny (of a domestic animal)
diàobìbùgù 掉臂不顾[-顧] V.P. walk out on (sb.)
diāobìbùkān 雕/凋敝不堪 F.E. unbearably destitute
diàobì'érqù 掉臂而去 V.P. walk out on (sb.)
diāobīng 凋兵 N. tired and weary soldiers; demoralized troops
diàobīng* 调兵 V.O. send/deploy troops
diàobīngqiǎnjiàng 调兵遣将[-將] F.E. ① move troops; deploy forces ② muster and organize manpower (according to needs)
diàobízi 吊鼻子 N. <topo.> glanders
diàobō* 调拨[-撥] V. allocate and transfer (goods/funds) *See also* [1]*tiáobō*
diàobó 吊钹 N. <mus.> suspended cymbal
diāo bōli 雕玻璃 V.O. cut glass
diàobǔ 调补[-補] V. appoint to (a post)
diāocán 凋残[-殘] V.P. ① wither; fade ② broken; dilapidated ③ destitute ④ declining (of business) ⑤ deserted (of cities)
[1]**diàochá** 调查 V./N. investigate; survey
[2]**diàochá** 调茬 V.O. rotate crops
diàochábiǎo 调查表 N. questionnaire M: [1]zhāng/[1]fèn
diàochábù 调查部 N. department of investigation
diàocháfǎ 调查法 N. survey method
diàochá gōngzuò 调查工作 N. field work
diàocháhuì 调查会 N. fact-finding meeting M: cì/ge
diàochá hùkǒu 调查户口 V.O. take a census
diàochāi 调差 V.O. transfer to a new assignment
diàochájú 调查局 N. bureau of investigation M: [1]jiā
diāochán 貂蝉 N. <trad.> army officer's hat ornaments *See also Diāo Chán*
Diāo Chán* 貂蝉 N. one of famous beauties in Chinese history, wife of general Lǚ Bù in the Period of Three Kingdoms *See also diāochán*
diàochǎng 钓场[-場] P.W. angling site (at a lake, pond, or stretch of river)
diàochǎngzi 吊场子[-場-] N. <topo.> pasture animals
diàochá sùcái 调查素材 N. data
diàochá wènjuàn 调查问卷 N. questionnaire
diàocháyuán 调查员 N. ① investigator ② FBI agent
diàocházhě 调查者 N. investigator M: ge/[2]wèi
[1]**diàochē** 吊车 N. crane; hoist M: [2]bù
[2]**diàochē** 调车 V.O. shunt; arrange bus/train/etc.
diàochēchǎng 调车场[-場] P.W. switchyard
diāochéng* 雕成 R.V. carve; engrave
diàochéng 调程 N. <lg.> key
diàochèng 掉秤 V.O. <topo.> lose weight by wastage
diàochōng 调充 V. appoint to (a post)
diāochóngxiǎojì 雕虫小技[-蟲--] ID. ① a skill without significant value ② literary skill of no high order
diāochóngzhuàn 雕虫篆[-蟲-] N. a type of calligraphy featuring characters twisting and turning like worms
diāochóngzhuànkè 雕虫篆刻[-蟲--] N. carving of small things
diàochǔ 调处[-處] V. investigate and settle (a problem) *See also tiáochǔ*
dī'āochù 低凹处[-處] N. low-lying area
diàochuán 钓船 N. fishing boat M: [2]zhī/[1]tiáo
diàochuāng 吊窗 N. window that can be propped up M: [1]shàn
diàochuáng* 吊床 N. ① hammock ② cot M: [1]zhāng
diàocí 吊词 N. mourning words
diàodǎ 吊打 V. hang up and beat (as torture)
diāodài 雕带[-帶] N. frieze
diàodài* 吊带[-帶] N. ① suspenders ② garters M: [2]gēn
diàodàikù 吊带裤[-帶-] N. trousers with suspenders M: [1]tiáo
diàodàn 吊蛋 N. <derog.> inferiors
diāodāng 貂珰[-璫] N. eunuch
diàodang 吊荡[-蕩] V. <coll.> wander around; roam
diàodàng* 调档[-檔] V.O. ask for or examine sb.'s record
diàodào 调到 R.V. transfer/move/shift to
diàodēng 吊灯[-燈] N. hanging lamp; droplight M: ge/[1]tái
diàodiǎnr 掉点儿[-點-] V.O. <coll.> ① drizzle ② start to rain
diāodiāo 刁刁 R.F. flickering; wavering

D

diàodiao(r)* 调调(儿) N. ① tune; melody ② view; argument ③ one's special hobby/preference/etc.
diàodì zákēngr 掉地砸坑儿 V.P. <coll.> inevitable; no help for it; it cannot be otherwise
diàodòng 调动[-動] R.V. ① transfer ② move (troops); muster ③ bring into play
diāodǒu 刁斗 N. army copper pot M: ²zhī
diàodǒu* 吊斗 N. cableway bucket M: ²zhī
diāodǒusēnyán 刁斗森严[-嚴] F.E. ① a closely guarded area ② strict army discipline
diàodù 调度 V. ① dispatch (buses/etc.) ② manage; control ③ adjust ♦N. dispatcher
diàodù chéngxù 调度程序 N. dispatch; scheduling process
diàoduì 掉队[-隊] V.O. drop out/off; fall behind
diàodùshì 调度室 P.W. dispatcher's office; control room M: ¹jiān
diàodùyǒufāng 调度有方 V.P. manage in the right way
diàodùyuán 调度员 N. dispatcher; controller M: ge/¹míng/²wèi
¹**diāo'è** 刁恶[-惡] V.P. brutal; wicked
²**diāo'è** 雕鹗 N. ① vulture and hawk ② person of extraordinary strength and talent M: ²zhī
diào'ěr 钓饵 N. bait
diào'erlángdāng 吊儿郎当[-當] V.P. careless and casual; slovenly *See also diàorlángdāng*
diàofáng* 调防 V.O. <mil.> relieve a garrison
diàofǎng 调访 V. investigate by visiting (the persons/places concerned)
diàofēng 掉风 V.O. change direction (of the wind)
diāofù 刁妇[-婦] N. shrew M: ge/¹míng
¹**diàogān(r)*** 钓竿(儿) N. fishing rod M: ²gēn
²**diàogān** 吊杆 N. <mach.> boom; jib; towhook M: ²gēn
diàogàn 调干[-幹] N. ① cadre enrolled from among workers ② transfer a cadre from his post (esp. for receiving training or further education)
diàogàng 吊杠 N. trapeze
diàogànshēng 调干生[-幹-] N. cadre college students M: ge/¹míng/²wèi
diàogàn xuéyuán 调干学员[-幹--] N. <PRC> ① in-service cadres training in a school/college ② cadre student M: ge/¹míng/²wèi
diāogānzhuóshèn 雕肝琢肾[-腎] ID. polish painstakingly (essays/poems/etc.)
diàogāo 调高 N. tonality *See also tiáogāo*
diāogē 雕戈 N. carved lance or engraved spear
diàogè(r)* 掉个(儿)[-個-] V.O. <coll.> toss and turn
diàogézi 吊隔子 N. a hanging shelf
¹**diāogōng** 雕工 N. carver; engraver; cutter M: ge/¹míng/²wèi
²**diāogōng** 雕/彫弓 N. painted/ornamented bow M: ¹zhāng/¹bǎ
¹**diàogōu(r)** 钓钩/勾(儿)[-鉤-] N. fishhook
²**diàogōu** 吊钩[-鉤] N. <mach.> lift hook; hanger
diàogǔ 吊古 V.O. ① think of the ancients or ancient events ② visit a historical site and muse over the past
diàoguà 吊挂[-掛] V. hang; suspend
diāoguāi 刁乖 S.V. cunning; wily
diàoguàn 吊罐 N. <min.> cage
diàoguǐ 吊诡 N. bizarre
diàoguǐjīnqí 吊诡矜奇 F.E. novel for effect
diāogùn 刁棍 N. rascal
diào guòlai 掉过来 R.V. turn around ♦CONJ. on the other hand
diàoguòr 掉/调过儿 V. exchange; swap
diàoguòtóu 调过头 V.O. turn around
diàogǔxúnyōu 吊古寻幽[--尋-] F.E. dwell on the past and make the historic scenes live again
diàogǔzhuīhuái 吊古追怀[--懷] F.E. dwell on the past and make stirring scenes from history live again
¹**diāohàn** 刁悍 S.V. cunning and fierce
²**diāohàn** 雕悍 S.V. fierce; ferocious
diàohào 调号[-號] N. ① <lg.> tone mark/graph ② <mus.> key signature
diāohé 雕盒 N. carved box
diāohèng 刁横 S.V. crafty and rude
diàohéngsuǒ 吊桁索 N. jeer M: ²gēn/¹tiáo
diāohuā(r) 雕花(儿) V.O. carve patterns on woodwork ♦N. carving
diāohuá* 刁滑 S.V. cunning; crafty; artful
diāohuà 雕画[-畫] V./N. carve and paint M: ¹⁰fú
diāohuā bōli 雕花玻璃 N. cut glass M: ²kuài
diāohuā jiājù 雕花家具 N. carved furniture M: tào/²jiàn
diàohuán 吊环[-環] N. flying rings (in gymnastics)
diàohuàn* 掉/调换[-換] V. exchange; change; swap; shift; switch
diào huāqiāng 掉花枪[-槍] V.O. ① play tricks ② divert sb.'s attention (to gain time, etc.)
diāohuázhītú 刁滑之徒 N. an unscrupulous rogue M: ge/¹míng
diāohuì 雕绘 V. carve and paint
diàohuí* 调回 R.V. recall (troops/etc.)
diàohǔlíshān 调虎离山[--離-] ID. lure the enemy away from his base
diàohǔlíshānjì 调虎离山计[--離--] ID. the tactic of luring the enemy away from his base
diàohún(r) 掉魂(儿) V.O. lose one's wits; be terrified/frightened out of one's wits
diàohuòpán 吊货盘[-盤] N. platform sling M: ²zhī
diàohuòwǎng 吊货网[-網] N. cargo net M: ¹zhāng
diàojí* 调集 V. ①assemble; muster ②concentrate (troops/etc.)
¹**diàojì** 吊祭 V. mourn
²**diàojì** 钓技 N. skill in angling
¹**diàojià(r)** 掉价(儿)[-價-] V.O. ① go down in price ② <coll.> lower oneself (socially)
²**diàojià** 吊架 N. <mach.> hanger; pylon
diàojiǎngguòhé 掉桨过河[-槳--] V.P. row across a river
diàojiǎoyǎn 吊角眼 N. one whose eyes are drooping downward
diàojìn 掉进[-進] R.V. drop into; fall into
diàojǐng 吊景 N. <thea.> drop scenery
¹**diàojù** 钓具 N. fishing tackle M: ¹fù/tào
²**diàojù** 吊具 N. hoist (for lifting heavy things) M: ¹fù/tào
diāojuān 雕镌[-鐫] V. <wr.> carve
diàojuàn* 调/吊卷 V.O. ① ask for the transfer of records ② ask for files for examination
diàokǎ 吊卡 N. elevator
diàokāi 调开[-開] R.V. transfer sb. away from a position
diàokàn 调看 V. ask for the showing (of a particular film); ask for the reading (of a particular dossier)
diàokǎnr 调侃/坎儿 V.O. <topo.> talk shop; converse in special jargon
diàokǎo 调考 V. verify by investigating
diāokè* 雕刻 V./N. carve; engrave
diàokè 吊客 N. one who visits the bereaved to offer condolences M: ge/²wèi
diāokèdāo 雕刻刀 N. carving tool; burin M: ¹bǎ
diāokèjiā 雕刻家 N. sculptor; wood carver; stone worker; etc. M: ge/¹míng/²wèi
diāokèpǐn 雕刻品 N. carving M: ²jiàn
diāokèshī 雕刻师[-師] N. sculptor M: ge/¹míng/²wèi
diāokèshù 雕刻术[-術] N. (artistic) carving
diāokèzhuómó 雕刻琢磨 ID. improve one's virtue
diāokòng 刁空 A.T. <coll.> spend time; devote time to
diàokùdài 吊裤带[-帶] N. braces; suspenders M: ¹fù
diāolài 刁赖 V. repudiate (loans)
diāolán 雕阑 N. carved railings
diàolán* 吊篮[-籃] N. hanging basket M: ²zhī
diāolányùqì 雕栏玉砌[-欄--] F.E. ① carved balustrades and marble steps ② richly ornamented palace buildings
diàoléi 吊雷 N. <mil.> hanging mine
¹**diàolèi*** 掉泪[-淚] V.O. come to tears
²**diàolèi** 调类[-類] N. <lg.> tone category/class
diāolì 雕/彫励[-勵] V. decorate or hide (defects,/etc.); beautify
diàolí* 调离[-離] V. ① leave under order ② be transferred from
diàolián 调连 N. tone sequence
diàoliǎn(r) 吊脸(儿) V.O. <coll.> look backward; turn the head toward the rear
diàoliàn(r)* 吊链(儿) N. chain sling; sling chain
diāoliáng 雕梁 N. carved beam
diāoliánghuàdòng 雕梁画栋[--畫-] F.E. richly ornamented building
¹**diāolíng*** 凋零 V.P. ① wither, fall, and scatter about ② decline; be on the wane ③ die; pass away
²**diāolíng** 雕翎 N. arrow with eagle feathers
diàolíng 钓龄[-齡] N. seniority in terms of years of angling
diàolìng 调令 N. transfer order
diāolíngcánbài 雕/凋零残败[--殘-] F.E. fallen and destroyed
diāolóng 雕龙 N. highly embellished literary style
diāolóu 碉楼[-樓] N. watch tower M: ⁴zuò
diāolòu 雕镂[-鏤] V. carve and engrave
diàolóu* 吊楼[-樓] N. <topo.> ① house projecting over water ② wooden or bamboo house supported by wooden pillars M: ⁴zuò
diāoluò 凋落 V. ① wither and fall ② pass away
diàoluò* 掉落 V. fall down
diāomán 刁蛮[-蠻] S.V. obstinate; unruly
diàomáor 吊毛儿 N. <thea.> somersaults
¹**diàomén(r)** 调门(儿) N. <coll.> ① (musical) pitch; key ② volume; amplitude ③ point of view; argument
²**diàomén** 吊门 N. suspended door M: ¹shàn
diàoménzi 调门子 *See ¹diàomén*
diàoménzi gāo 调门子高 V.P. ① high musical pitch ② high-toned; haughty
diāomín 刁民 N. unruly people
diàomínfázuì 吊民伐罪 F.E. console the people by punishing the wicked
diàomíng 钓名 V.O. angle for fame; seek publicity
diàomíngqīshì 钓名欺世 F.E. gain a reputation by deception
diāomùgōng 雕木工 N. ① wood-carver ② sculptor M: ge/¹míng/²wèi
diāonàn 刁难[-難] V. create difficulties
diào nǎodai 掉脑袋[-腦-] V.O. get beheaded
diàopài 调派 V. send; assign
diàopán 调盘[-盤] V.O. fall (of stock prices)
diàopèi 调配 V. allocate; deploy *See also tiáopèi*
¹**diāopí** 貂皮 N. fur/pelt of marten M: ²kuài
²**diāopí** 刁脾/皮 S.V. <topo.> ① naughty ② wily; artful
diàopí* 掉皮 V.O. scale; flake (of sunburned skin)
diāopí dàyī 貂皮大衣 N. sable coat M: ²jiàn
diàopǐn 调品 N. <lg.> allotone
diàopǔ 调谱 N. tonetic transcription
diàopù* 吊铺 N. hanging bed; hammock M: ¹zhāng
diāoqī 雕漆 N. carved lacquerware
diāoqì 雕砌 V. write in a labored and ornate style
diàoqǐ* 吊起 R.V. hoist
diàoqiān 调迁[-遷] V. transfer; move; shift
diàoqián 吊钳 N. tongs M: ¹bǎ
diàoqiǎn* 调遣 N./V. dispatch; assign
diāoqiáng 雕/彫墙[-牆] N. wall decorated with a painting/drawing
diào qiānghuā 掉枪花[-槍-] V.O. <topo.> double-cross; play tricks
diào qiányǎnr lǐ 掉钱眼儿里[-錢--裡] V.P. <coll.> be money-hungry
diàoqiáo 吊桥[-橋] N. ① suspension bridge ② drawbridge M: ¹jià/⁴zuò
diào qǐlai 钓起来 R.V. hook up
diāoqiú 貂裘 N. ① marten coat ② sable robe M: ²jiàn

diāoqiúhuànjiǔ 貂裘换酒[--换-] F.E. extravagance of the rich
diàoqún 调群 N. <*lg.*> tone group
diàorén 调人 V.O. transfer/send personnel *See also tiáorén*
diàorèn* 调任 V.O. be transferred to another post
diàorlángdāng 吊儿郎当[-當] V.P. <*coll.*> at will; as one pleases; casual; shiftless; desultory; slovenly *See also diào'erlángdāng*
diàorù 掉入 V. fall into; drop into
diàosài 调赛 N. competition among nominated athletes/teams
diāosàng 雕丧[-喪] V.P. look depressed/dejected
diàosāng* 吊丧[-喪] V.O. ① pay a condolence call ② visit the bereaved to offer condolences
diàosǎng 吊嗓 V.O. train/exercise one's voice
diàosāngwènjí 吊丧问疾[-喪--] F.E. show great concern for the poor and ill
diào sǎngzi 吊嗓子 V.O. train one's voice
diàosè 掉色 V.O. fade; lose color
diàoshǎi(r) 掉色(儿) V.O. lose color; fade
[1]**diāoshàn** 雕扇 N. <*art*> eagle-feather fan M: [1]*bǎ*
[2]**diāoshàn** 貂扇 N. sable-tail fan M: [1]*bǎ*
diàoshàn* 吊扇 N. ceiling fan M: [1]*tái/ge*
diàoshé 掉舌 ATTR. eloquent ♦V.O. ① speak eloquently and persuasively ② stir up ill will between others by loose gossip
diàoshēng 调升 V. transfer and promote *See also tiáoshēng*
[1]**diāoshì*** 雕饰 V. carve; engrave ♦N. carvings; engravings M: [1]*jiàn* ♦V.P. too elaborate; overwrought
[2]**diāoshì** 凋逝 V. ① wither and fall ② die of old age
diàoshì 调式 N. (musical) mode
diàoshǒu 钓手 N. fishing contestant M: *ge/*[2]*wèi*
diào shūdài 掉书袋[-書-] V.O. fill writing with quotations
diāosì 貂寺 ID. eunuch
diàosī 钓丝[-絲] N. fishline; fishing-line M: [2]*gēn*
diàosǐ* 吊死 R.V. ① hang by the neck; hang oneself ② present offerings to the deceased
diàosǐguǐ 吊死鬼 N. ① ghost of sb. who committed suicide by hanging ② <*slang*> caterpillar M: *ge/*[1]*míng*
diāosìnòngquán 貂寺弄权[-權] ID. Eunuchs abuse their power.
diàosǐwènjí 吊死问疾 F.E. show great concern for the poor and ill
diāosù* 雕塑 V./N. ① sculpture ② paint a picture (of sth./sb.) M: [4]*zuò*
diàosù 调素 N. <*lg.*> toneme
diāosùjiā 雕塑家 N. sculptor M: *ge/*[1]*míng/*[2]*wèi*
diàosuǒ 吊索 N. sling
diāosù yìshù 雕塑艺术[-藝術] N. statuary art
diàotǎ 吊塔 N. tower crane M: [4]*zuò*
diàotāi 掉胎 V.O. abort; miscarry ♦N. abortion; miscarriage
diàotái* 钓台[-臺] N. shore fishing spot M: *ge/*[4]*zuò*
diàotī 吊梯 N. hanging (rope) ladder
diāotián 雕填 N. <*art*> designs carved in paste and filled in with colored glazes
diàotǒng 吊桶 N. (well) bucket M: [2]*zhī*
diàotǒng luò zài jǐng lǐ 吊桶落在井里[-裡] ID. <*vulg.*> be unable to extricate oneself from a predicament
diàotou 调头 N. <*topo.*> ① tune ② tone *See also* [1]*diàotóu*
[1]**diàotóu*** 调头 V.O. ① turn round/about ② turn one's head (and walk away) ③ shake one's head ④ lose interest in ⑤ <*lg.*> head *See also diàotou*
[2]**diàotóu** 掉头 V.O. ① turn round/about ② turn one's head (and walk away) ③ shake one's head ④ be beheaded ⑤ lose interest in
diào tóucùn 掉头寸 V.O. scrape up enough cash; raise money for immediate expenditure
diàotóu jiù táo 掉头就逃 V.P. turn and flee
diàotóu jiù zǒu 掉头就走 V.P. turn away and leave
diàotú 钓徒 N. people fishing with a hook and line M: *ge/*[1]*míng*
diàotǔ* 吊土 V.O. remove earth (by a crane/etc.)
diàowàdài 吊袜带[-襪帶] N. garters M: [1]*fù*
diàowāi 掉歪 S.V. naughty/mischievous (of children) ♦V. make difficulties purposely
diāowán 刁顽 S.V. stubborn; obstinate
diāowěi 凋萎 V.P. ① wither and fall ② fade
diàowěi 掉尾 V.O. wag the tail
[1]**diàowèi*** 吊慰 V. ① condole with ② offer condolences
[2]**diàowèi** 调位 N. <*lg.*> toneme *See also* [2]*tiáowèi*
[3]**diàowèi** 钓位 N. fishing position
diàowěijù 掉尾句 N. <*lg.*> periodic sentences
diào wèikǒu 吊胃口 V.O. ① whet one's appetite ② tantalize ③ <*vulg.*> tease; flirt
diào wèizi 调位子 V.O. change seats/posts
diàowén 吊文 N. a funeral oration; a memorial address
diàowénwǔmò 掉文舞墨 F.E. write in a showy style
diàoxia 掉下 R.V. ① fall ② drop
diào xiàlai 掉下来 R.V. fall down
[1]**diàoxiàn** 吊线 N. plumb-line
[2]**diàoxiàn** 钓线 N. fish twine; fishing line
diāoxiāng 雕镶 N. <*art*> carved appliqué work; carved ornament luted onto the body
diāoxiàng* 雕像 N. ① statue ② portrayal of a person M: [4]*zuò*
diàoxiāo* 吊销 V. revoke; withdraw
diàoxiào 吊孝 V.O. ① pay a condolence call ② condole with a bereaved son
diàoxiāo zhízhào 吊销执照[--執-] V.O. revoke a license
diào xiàqu 掉下去 R.V. fall down
diāoxiè 凋谢 V. ① wither and fall ② die of old age
[1]**diàoxíng*** 调形 N. <*lg.*> contour; contour of inflection; mora; pitch contour
[2]**diàoxíng** 调型 N. <*lg.*> tone letters
diàoxìng 调性 N. tonality
diāoxióng 貂熊 N. glutton M: [2]*zhī*
diàoyán 调研 N. investigation and research
diàoyǎn 调演 V.P. <*thea.*> ① transfer a troupe for performances ② select a performance
[1]**diàoyàn*** 吊唁 V. condole
[2]**diàoyàn** 调验 V. examine; investigate
diàoyàn hándiàn 吊唁函电[-電] N. message of condolence
diào yǎnshāo 吊眼梢 V.P. have/make slanted eyes
diàoyányuán 调研员 N. investigator and researcher
diàoyǐ* 吊椅 N. (ski) lift
diàoyì 钓艺[-藝] N. skill in angling
diàoyīn 掉音 N. <*lg.*> haplology
diàoyǐng 吊影 S.V. be extremely lonely
diàoyǐqīngxīn 掉以轻心[--輕-] F.E. lower one's guard
diàoyòng 调用 V. transfer (cadres to specific jobs); allocate (materials for specific use)
diàoyǒu 钓友 N. angling companion M: *ge/*[1]*míng/*[2]*wèi*
diāoyǔ 貂羽 N. fur of sable
diàoyú* 钓鱼 V.O. ① angle; go fishing ② throw out feelers to get a spouse
[1]**diàoyù** 钓誉[-譽] V.O. angle for fame; seek publicity
[2]**diàoyù** 调域 N. <*lg.*> register
diàoyuǎn 调远[-遠] V.P. far; distant
diàoyuánbǔquē 调员补缺[--補-] V.P. transfer sb. to fill up a vacancy
Diàoyú Dǎo 钓鱼岛[-島] P.W. Diaoyu Island
diàoyuè 调阅 V. call for (documents/data/etc.) for consultation
diàoyúgān 钓鱼竿 N. fishing rod M: [2]*gēn*
diàoyúláng 钓鱼郎 N. kingfisher, another name for *cuìniǎo* M: *ge/*[1]*míng*
diāoyún 雕云[-雲] N. propitious clouds
diàoyùn* 调运[-運] V. allocate and transport
diàoyúshí 钓鱼食 N. bait
Diàoyútái 钓鱼台[-臺] P.W. ① the most prestigious complex of VIP state guest residences in Beijing ② Diaoyu Island
diàoyú yòngjù 钓鱼用具 N. fishing gear M: *tào*
diāozhà 刁诈 S.V. knavish; crafty
diāozhǎn 雕展 N. sculpture exhibition
diàozhāng 钓樟 N. <*bot.*> silky spicebush M: [2]*kē*
diāozhāngzhuójù 雕章琢句 F.E. write in an ornate style; polish a composition
diāozhàxiōnghàn 刁诈凶悍 S.V. knavish and violent
diàozhēn 钓针 N. hook (for fishing) M: [2]*gēn*
[1]**diàozhí** 调职[-職] V.O. be transferred to another post
[2]**diàozhí** 调值 N. <*lg.*> tone pitch/value
diàozhōng 吊钟[-鐘] N. ①hanging bell ②temple bell M: [4]*zuò/*[2]*zhī*
diàozhōngchóng 钓钟虫[-鐘蟲] N. <*zoo.*> vorticella M: [2]*zhī*
diàozhōnghuā 吊钟花[-鐘-] N. <*bot.*> canterbury bell; fuchsia M: [2]*duǒ*
[1]**diàozhuǎn** 掉转[-轉] V. ①turn around ②make a U-turn
[2]**diàozhuǎn** 调转[-轉] V. ① turn ② transfer to another work unit
diàozhuāng 吊装[-裝] V. <*archi.*> assemble prefabricated parts
diàozhuǎn qiāngkǒu 掉转枪口[-轉槍-] V.O. turn one's gun (against one's superiors or old associates)
diàozhuǎn shēn 掉转身[-轉-] V.O. turn around
diàozhuǎn tóu 掉转头[-轉-] V.O. turn one's head
diāozhuó 雕琢 V. ① cut and polish (jade/etc.); carve ② write in an ornate style
[1]**diàozi** 调子 N. ① tune; melody ② tone (of speech); note; intonation
[2]**diàozi** 铫/吊子 N. pot (used in decocting medical herbs)
diàozǒu 调走 R.V. transfer/send away; banish
diāozuān 刁钻[-鑽] S.V. wily; artful; cunning
diāozuāngǔguài 刁钻古怪[-鑽--] F.E. sly and capricious
diǎshēngdiǎqì 嗲声嗲气[-聲-氣] V.P. <*topo.*> coy; coquettish
dībà* 堤坝[-壩] N. dikes and dams M: [2]*dào*
dì-bā 第八 NUM. the eighth
díbǎichóng 敌百虫[敵-蟲] N. <*agr.*> dipterex
dǐbǎn 底版 N. negative photographic plate M: [1]*zhāng*
dìbǎn* 地板 N. ① floorboard M: [2]*kuài* ② floor ③ <*topo.*> ground; soil
dìbàng 地磅 N. weighbridge; wagon balance
dìbǎngé 地板革 N. non-ceramic floor tile M: [2]*kuài*
dǐbàngguānsī 诋谤官司 N. a libel case
dìbǎnlà 地板蜡[-蠟] N. floor wax
dǐbào 邸报[-報] N. official gazette M: [1]*fèn*
[1]**dìbǎo*** 地堡 P.W. <*mil.*> bunker; blockhouse; pillbox M: [4]*zuò*
[2]**dìbǎo** 地保 N. <*trad.*> local constable M: *ge/*[1]*míng/*[2]*wèi*
dì bāofu 递包袱[遞-] V.O. <*topo.*> tender tribute; render obeisance
dìbǎoguān 地保官 N. notary public M: *ge/*[1]*míng/*[2]*wèi*
dǐbār 底疤儿 N. <*coll.*> leavings; leftovers; refuse; litter
dībēi 低卑 S.V. low/humble (of social status)
dǐběn 底本 N. ① a copy for the record or for reproduction ② a text against which other texts are checked ③libretto ④sourcebook ⑤capital (in business)
díbǐ 荻笔[-筆] N. reed pen
dībiān 堤边[-邊] N. side of a dike/levee
dǐbiān* 底边[-邊] N. base (of a triangle/etc.) M: [1]*tiáo*
dìbiàn 递变[遞變] V. change by degrees
dìbiāo* 地标[-標] N. landmark M: *ge/*[4]*zuò*

dìbiǎo 地表 N. earth's surface

dībiāohào 低标号[-標號] N. low grade

dìbiǎoshuǐ 地表水 N. <geol.> surface water

dìbiē 地鳖 N. <zoo.> ground beetle M: [2]zhī

dìbiēchóng 地鳖虫[-蟲] N. <zoo.> ground beetle M: [2]zhī

dībīng* 敌兵[敵-] N. ① enemy soldier M: ge/míng ② hostile troops M: [4]zhī/[2]duì

dìbǐng 递禀[遞稟] *See dìbǐng kònggào*

dìbǐng kònggào 递禀控告[遞稟-] V.O. file a petition containing charges against sb.

dībù 低部 ATTR. low

dǐbǔ 抵补[-補] V. ① compensate for ② <lg.> recompense

[1]dǐbù 底部 N. bottom

[2]dǐbù 抵埠 V.O. reach port; arrive in port

[1]dìbǔ 递补[遞補] V. fill vacancies in proper order

[2]dìbǔ 地鵏 N. <zoo.> bustard

dìbù* 地步 N. ① condition; situation; state *nàodào zhèzhǒng ~* get into such a mess ② extent ③ room for action

dìbudào 递不到[遞-] R.V. be beyond hand reach

díbuguò 敌不过[敵-] R.V. can't match/defeat (an opponent)

díbuliǎo 敌不了[敵-] R.V. can't match/defeat

dǐbuliǎo* 抵不了 R.V. ① can't resist ② can't be used as a replacement for sth.

dìbùrùyǎn 睇不入眼 V.P. look at with displeasure

dǐbushàng 抵不上 R.V. can't equal/match

dǐbǔ yīncháng 抵补音长[-補--] N. <lg.> compensative lengthening

díbuzhù 敌不住[敵-] R.V. be no match for

dǐbuzhù* 抵不住 R.V. can't resist or hold back

dǐcái 底财 N. real estate; real property

dìcái* 地财 N. ① valuables buried by landlords or rich peasants ② covert assets

dìcán 地蚕[-蠶] N. <zoo.> ① cutworm ② grub M: [2]zhī

dìcán'é 地蚕蛾[-蠶-] N. <zoo.> cabbage army worm M: [2]zhī

dìcáo 地槽 N. <geol.> geosyncline M: [1]tiáo/[2]dào

dǐcè 底册[-冊] N. bound copy of a document kept on file M: [1]běn

dīcéng 低层[-層] N. low level

dǐcéng 底层[-層] N. ① first/ground floor ② substratum; bottom layer; the lowest rung ♦PREF. <lg.> deep structure

dìcéng* 地层[-層] N. <geol.> stratum; layer

dìcéng de yánxìng 地层的岩性[-層---] N. <geog.> lithic character of beds

dǐcéng jiégòu 底层结构[-層-構] N. <lg.> deep/underlying structure

dīcéng jiējí 低层阶级[-層階-] N. underclass

dìcéngxué 地层学[-層-] N. <geog.> stratigraphy

dīchǎn 低产[-產] N. low yield

díchǎn 敌产[敵產] N. enemy property

dìchán 地蝉 N. earworm M: [2]zhī

dìchǎn* 地产[-產] N. landed estate/property; real estate M: [1]fèn

dìchàn 地颤 N. earth tremor

dīchàng 低唱 V. sing in a low voice

dìchǎng 涤场[滌場] V.O. sweep a yard

dǐcháng* 抵偿[-償] V. compensate for; make good; give sth. as payment

dīcháng értóng 低常儿童 N. subnormal child M: ge/[1]míng

dìchǎngr 地场儿[-場-] P.W. <topo.> place

dīchǎntián 低产田[-產-] N. low-yielding field M: [2]kuài

dīcháo 低潮 N. low tide/ebb

dīchén* 低沉 S.V. ① overcast ② low and deep (of voice) ③ low-spirited; downcast ♦N. <lg.> gravity

díchén 涤尘[滌塵] V.O. wash off dust

dìchén 地沉 N. <geog.> ground sinking

dìchéng 递呈[遞-] V. hand over; present; submit

dìchèng* 地秤 N. weighbridge M: [1]tái

dīchéngběn 低成本 N. low cost

díchóng* 滴虫[-蟲] N. <med.> tricomonad

dǐchōng 抵充 V. use sth. as a substitute

díchóngbìng 滴虫病[-蟲-] N. <med.> trichomoniasis

dīchóu 氐惆 N. <topo.> annoyed; vexed; upset

dīchù 低处[-處] N. low place/point/part

díchū 嫡出 N. <trad.> offspring by one's formal wife

díchú 涤除[滌-] R.V. ① wash away ② eliminate; do away with

dǐchù* 抵/觝触[-/-觸] V./S.V. ① contradict; conflict ② violate (the law) ③ encroach on (sb.'s interests/rights)

dìchū 地出 N. earthrise (as observed by moon-landing astronauts)

dìchǔ 地处[-處] V. situate; locate

díchuán* 嫡传[-傳] ATTR. handed down from the master (of a skill)

dìchuán 递传[遞傳] V. transmit

díchuán dìzǐ 嫡传弟子[-傳--] N. disciples of a master or of his official heir

díchuán zǐdì 嫡传子弟[-傳--] N. disciples of a master in direct line

dīchuí 低垂 V. droop; hang low

dī chūlai 滴出来 R.V. drip out

díchú xiáhuì 涤除瑕秽[滌-穢] V.O. purge away the stains

dìcí 地磁 N. geomagnetism

dìcíbào 地磁暴 N. geomagnetic storm (caused by sunspots)

dìcíchǎng 地磁场[-場] P.W. geomagnetic fields

dìcíjí 地磁极[-極] N. geomagnetic pole

dícóng 适从[適從] *See [2]shìcóng*

dìcuōr 地撮儿 <coll.> N. street cleaner; sanitation worker

dīda 滴答//嘀嗒 V. ① drip ② sound of dripping water

dīdā 滴答/嗒 ON. ticktock

dǐdá* 抵达[-達] V. reach; arrive at

[1]dìdài 地带[-帶] P.W. zone; belt; district; region

[2]dìdài 递代[遞-] V. substitute for each other

dìdài shǒuxiàng 递代首相[遞-] V.O. take the place of the prime minister

dìdàn 地蛋 N. <topo.> potato M: [2]kuài/ge

dīdàng* 低档[-檔] ATTR. ① of low rank/grade/etc. ② low gear

dídǎng 敌党[敵黨] N. hostile group/party

[1]dídàng 涤荡[滌蕩] V. ① wash off; cleanse ② spread out

[2]dídàng 的当[-當] S.V. accurate; proper; appropriate; suitable

dǐdǎng 抵挡[-擋] V. resist; ward off; keep out; check

dǐdàng 抵当[-當] V. ① offer as collateral ② give as equivalent

dǐdǎng bù zhù 抵挡不住[-擋--] R.V. unable to keep out or ward off

dídàngwúyú 涤荡无余[滌蕩-] F.E. rinse off without leaving a remainder

dīdàng zìmǔ 低档字母[-檔--] N. lower-case letter

dìdào 堤道 N. causeway M: [1]tiáo

dìdao 地道 S.V. ① from the place noted for a product; genuine ② pure; authentic; typical *Tā shuō yī kǒu ~ de Fǎyǔ.* She speaks idiomatic French. ③ well-done; thorough *Zhè huór gàn de zhēn ~.* This work is very well done. *See also dìdào*

dìdào* 地道 N. ① tunnel ② causeway *See also dìdao*

dìdàochē 地道车 N. subway M: [1]liè/[3]liàng/[2]bù

dìdao de jiàqián 地道的价钱[-價錢] N. fair/honest price

dìdao de Zhōngguówèi(r) 地道的中国味(儿)[----國-] N. authentically Chinese

dìdao de zǒugǒu 地道的走狗 N. <coll.> a lackey through and through

dìdàozhàn 地道战[-戰] N. tunnel warfare

dìdàwùbó 地大物博 F.E. vast territory and abundant resources

dīdāxiǎng 滴答响[-響] ON. tick; ticktack; ticktock

dīděng 低等 ATTR. lower; humble

dīděng dòngwù 低等动物[--動-] N. lower-order animal

dīděng yǔtǐ 低等语体[-體] N. <lg.> low-variety; L-variety

dīděng zhíwù 低等植物 N. <bot.> lower-order plant

dǐdeshàng 抵得上 R.V. be equal to; be a match for

dídezhù 敌得住[敵-] R.V. be able to match

dǐdezhù* 抵得住 R.V. be able to resist or hold back

[1]dīdī 低低 R.F. low

[2]dīdī 滴滴 ON. sound of dripping water

[3]dīdī 樀樀/鞮 ON. a knock at the door

dīdì 低地 N. lowland

dídí 踧踧 R.F. level and easy (of roads/etc.)

dǐdí 抵敌[-敵] V.O. resist enemy

dǐdì 邸第 N. ① residences of lords and nobility ② private residence M: [4]zuò

dìdi* 弟弟 N. younger brother

[1]dìdì 的的 R.F. clear; distinct

[2]dìdì 棣棣 R.F. dignified and good

dǐdiàn 底垫[-墊] N. base; pad; cushion M: [2]kuài

dìdiǎn(r)* 地点(儿)[-點-] N. place; site; locale

dìdiànliú 地电流[-電-] N. earth current

dīdiào 低调 ATTR. ① low key ② <photo.> low tone

dīdīdādā 滴滴答答//达达[-//達達] ON. ticktock; pit-a-pat

dìdìdàodào 地地道道 ATTR. ① genuine; out-and-out ② outright; hundred percent

dídigūgū 嘀嘀咕咕 R.F. ① talk in whispers ② mutter to oneself

dīdìng* 滴定 N. <chem.> titration

dǐdǐng 抵顶 V.O. serve as an equal; serve the same purpose

dǐdìng 底定 V. ①pacify a region after suppressing insurgency ② stabilize turbulent waters

dìdīng 地丁 N. <trad.> ① land rent and labor levy ② dandelion

dīdìngfǎ 滴定法 N. <chem.> titration

dīdìngguǎn 滴定管 N. <chem.> burette; buret

dídíquèquè 的的确确[-確確] ADV./R.F. really and truly

dīdītì 滴滴涕 N. <loan> DDT

dídíwèi 敌敌畏[敵敵-] N. <loan> DDVP; dichlorvos

dìdōng 螮蝀/蝃蝀 N. <wr.> rainbow

[1]dìdòng* 地洞 N. hole in ground; burrow

[2]dìdòng 地动[-動] V.P. <coll.> earthquake

dìdòngsānchǐ 地冻三尺 F.E. a rather long process

dìdòngshānyáo 地动山摇[-動--] F.E. ① the earth quakes and mountains move ② earth-shaking

dìdòngshuō 地动说[-動-] N. heliocentric theory

dìdòngyí 地动仪[-動儀] N. seismograph invented by Zhang Heng in A.D. 132 M: [1]tái/[1]jià/[4]zuò

dìdòu 地豆 N. potato

dìdū 帝都 N. imperial capital

dìduàn 地段 N. areal sector/section

díduì 敌对[敵對] ATTR. hostile; antagonistic

dìduìdì dǎodàn 地对地导弹[-對-導-] N. ground-to-ground guided missile; surface-to-surface missile M: [4]méi

díduì fènzǐ 敌对分子[敵對-] N. hostile elements

dìduìkōng dǎodàn 地对空导弹[-對-導-] N. ground-to-air guided missile M: [4]méi

díduì xíngwéi 敌对行为[敵對-] N. hostile act

díduì zhèngzhì 敌对政治[敵對-] N. adversary politics

[1]diē* 爹 N. <coll.> father; dad; daddy; pa

[2]diē 跌 V. ① fall; tumble *Xiǎo Wáng ~shāng le.* Wang fell down and injured himself. ② drop; fall

[1]dié 叠[疊] V. ① pile up; repeat ② fold

²dié 碟 B.F. small plate/dish **diézi** ♦M. a dish/plateful
³dié 迭 ADV. repeatedly; again and again ♦B.F. alternate; change
⁴dié 蝶 B.F. ① butterfly **húdié** ② butterfly-shaped **diégǔ**
⁵dié 谍[諜] B.F. ①espionage **diébào**②intelligence agent; spy **jiàndié**
⁶dié 牒 B.F. an official document/note; certificate **tōngdié**
⁷dié 堞 N. battlements
⁸dié 鲽[鰈] N. sole
⁹dié 绖[絰] B.F. <trad.> sash on a mourning dress **biàndié**, **mòdiécóngróng**, **jūdié**
¹⁰dié 耋 B.F. aged person; person of 70/80 years of age **diélǎo**, **màodiézhīnián**, **màodié**
¹¹dié 垤 B.F. mound of dirt; anthill **yǐdié**
¹²dié 惵 B.F. fearful **diéxī**
¹³dié 瓞 B.F. small melon **guādié**, **guādiémiánmián**
¹⁴dié 蹀 B.F. tread on; stamp the foot **diézú**, **nièdié**
¹⁵dié 喋 in ¹**diédié**, ¹**diéniè** *See also* ⁸**zhá**
¹⁶dié 嵽 in ²**diéniè**
Dì-É* 帝俄 N. Tsarist Russia
dì'è 棣鄂/萼 N. love between brothers; fraternity
diébào 谍报[-報] N. intelligence report M: ¹*fèn*
diébào díqíng 谍报敌情[-報敵-] V.O. reconnoiter the enemy's situation
diébàoyuán 谍报员[-報-] N. intelligence agent M: *ge*/¹*míng*/²*wèi*
diébèi 叠被[疊-] V.O. make a bed (in the morning)
diéchuángjiàwū 叠床架屋[疊-] ID. needless duplication
diécí 叠词[疊-] N. <lg.> reduplicative
diécì* 迭次 ADV. repeatedly; again and again
diēdàng 跌宕/荡[-蕩] V.P. ① free-flowing (as in music/dance/etc.) ② free and easy; bold and unconstrained ③ flowing rhythm ④ without decorum
diēdàngbùjī 跌宕不羁 F.E. unrestrained and reckless
diēdàngfàngyán 跌荡放言[-蕩--] F.E. talk wildly
diēdǎo 跌倒 R.V. fall; tumble
diēdǎopáqǐ 跌倒爬起 V.P. fall and pick oneself up
diēdǎsǔnshāng 跌打损伤[-傷] F.E. <Ch. med.> traumatic injuries; trauma; fracture
diēdedǎo pádeqǐ 跌得倒爬得起 V.P. be capable of adapting oneself to circumstances
diēdi 爹地 N. <loan> daddy
diēdie* 爹爹 N. <coll.> ① father; dad; daddy; pa ② grandfather
¹**diédié** 喋喋 V. chatter endlessly
²**diédié** 蹀蹀 V. <wr.> walk in a mincing gait
diédiébùxiū 喋喋不休 V.P. jabber on and on
diēdiēchōngchōng 跌跌冲冲[-沖沖] R.F. stumbling
diēdiezhuàngzhuàng 跌跌撞撞 R.F. dodder/stagger along
diēfèn* 跌份 S.V. <coll.> embarrass oneself
diéfěn 蝶粉 N. powdery substance on wings of butterfly
diéfěnfēnghuáng 蝶粉蜂黄 ID. woman's virginity
diēfēng 跌风 N. downward trend
diēfú 跌幅 N. size/amount of decrease
diégài 叠盖[疊蓋] V. (over)lap
diē gēntou 跌跟头 V.O. ① tumble; fall ② come to grief
diē ge yǎngbājiǎor 跌个仰八脚儿[-個--腳-] V.P. <coll.> take a fall on one's back
diégǔ 蝶骨 N. sphenoid bone
diéhǎo 叠好[疊-] R.V. ① pile up ② fold
diéhé 叠合[疊-] V. join; combine; pile up
diéhuāzhòu 叠花绉[疊-縐] N. crepe brocade
diéjī* 迭击[-擊] V. attack by turns
diéjí 牒籍 N. ancient books and records
diējià 跌价[-價] V.O. go down in price
diéjiān 鲽鹣 ID. harmonious and affectionate couple M: ²*zhī*
diējiāo* 跌交 V.O. ① trip and fall ② make a mistake
diéjiāo 鲽鲛 N. sturgeon M: ¹*tiáo*
diējiǎochuíxiōng 跌脚捶胸[-腳--] F.E. stamp one's feet and beat one's chest in bitterness
diéjiǎoguānjié 蝶铰关节[-關節] F.E. hinge joint M: ²*zhī*/*ge*
diējiǎojiàokǔ 跌脚叫苦[-腳--] F.E. stamp one's feet and cry out one's bitterness
diējiàsǔnshī 跌价损失[-價--] F.E. loss from falling prices
diējìn 跌进[-進] V. ① fall into ② fall below a certain level (of prices)
diéjù 叠句[疊-] N. <lg.> ① reiterative sentence ② refrain
diélǎo 耋老 N. we old men
diélèi 蝶类[-類] N. lepidoptera order
dì'èliánhuī 棣萼联辉[--聯-] ID. illustrious elder and younger brothers
diēluò 跌落 V. fall; drop
dié luóhàn 叠罗汉[疊羅漢] V.O. <sport> make a pyramid
diē-mā 爹妈 N. father and mother; parents
diémáng 迭忙 V. hurry; hasten; make haste
diémèng 蝶梦[-夢] V. dream in sleep
diē-niáng 爹娘 N. father and mother; parents
diéniányóuqín 耋年犹勤[-猶-] F.E. aged yet industrious
¹**diéniè** 喋嗫[-囁] V. whisper; converse in low voice
²**diéniè** 嵽嵲 V.P. <wr.> high; towering
¹**diépiàn** 碟片 N. disc M: ¹*piàn*
²**diépiàn** 鲽片 N. filleted plaice
diépíng 叠平[疊-] R.V. fold and press to make sth. flat and smooth
diēpò 跌破 R.V. fall/stumble and get injured
diéqí 叠骑[疊-] V. ride side by side
¹**diéqǐ*** 叠起[疊-] R.V. ① fold up ② pile up
²**diéqǐ** 迭起 R.V. occur repeatedly; happen frequently
diér 碟儿 N. small dish or plate
dì-èr 第二 NUM. the second; next
dì-èr bǎ shǒu 第二把手 N. number 2 person; co-chairperson M: *ge*/²*wèi*
dì-èr céng 第二层[-層] N. second floor (USA)/first floor (Europe)
dì-èr chǎnpǐn 第二产品[--產-] N. secondary product (of a factory)
dì-èr chǎnyè 第二产业[-產業] N. secondary industry
dì-èr cì dábiàn 第二次答辩 N. rejoinder
Dì-èr Cì Hànzì Jiǎnhuà Fāng'àn 第二次汉字简化方案[---漢-----] N. Second Scheme for Hanzi Simplification (issued in 1977 and abolished in 1986)
dì-èr cì jiěfàng 第二次解放 N. <PRC> Second Liberation (downfall of the Gang of Four)
Dì-èr Cì Shìjiè Dàzhàn 第二次世界大战[-戰] N. World War II
dì-èr dài 第二代 N. second generation
dì-èr ge wǒ 第二个我[--個-] N. alter ego
dì-èr guānnéng 第二官能 N. overlaid function
Dì-èr Guójì 第二国际[-國際] P.W. Second International (1889–1914)
dì-èr kètáng 第二课堂 P.W. second classroom (practical training besides lecturing in the classroom)
dì-èr lèi wùzī 第二类物资[--類--] N. goods that are relatively crucial to the national economy and people's livelihood
dì-èr rénchēng 第二人称[-稱] N. <lg.> second person
dì-èr shēn 第二身 N. <lg.> second person
dì-èr shěn* 第二审[-審] N. <law> second instance
dì-èr shěn fǎyuàn 第二审法院[--審--] N. <law> court of second instance
dì-èr shēng 第二声[-聲] N. <lg.> rising tone; second tone in Standard Chinese
dì-èrshì 第二式 N. second form
dì-èr shìjiè 第二世界 P.W. the Second World
dì-èr shǒu 第二手 ATTR. <loan> secondhand
dì-èr tīduì 第二梯队[-隊] N. second echelon (of leading personnel)
diērù 跌入 V. fall/stumble into
diéruò 耋弱 V.P. aged and feeble
dì-èr xìng 第二性 N. <phil.> secondary
dì-èr xìnhào xìtǒng 第二信号系统[---號--] N. <psy.> second signal system
diéryāzi 蹀儿鸭子 V.O. <coll.> run away; escape
Dì-èr Yězhànjūn 第二野战军[---戰-] N. The Second Field Army (of PLA)
dì-èr yǔyán 第二语言 N. second language
dì-èr yǔyán fāzhǎn 第二语言发展[----發-] N. <lg.> second language development
dì-èr yǔyán xídé 第二语言习得[----習-] N. <lg.> second language acquisition
dì-èr yǔzhòu sùdù 第二宇宙速度 N. <phy.> speed of escape
dì-èr zhíyè 第二职业[-職業] N. second job; sparetime work
dì-èr zhòngyīn 第二重音 N. <lg.> secondary stress
diēshāng 跌伤[-傷] R.V. fall wounded; fall and get hurt
diēshì 跌势[-勢] N. downward trend (usu. of prices)
diéshì* 蝶式 N. butterfly style
diēshuǐ 跌水 N. waterfall
diēsǐ 跌死 R.V. plunge to one's death from a high place
diēsuì 跌碎 R.V. break into pieces upon falling to the ground
diētíng 跌停 V. make a sudden stop
diē tíngbǎn 跌停板 V.O. hit rock bottom
diéwǎn 碟碗 N. dishes and bowls; dining ware M: *tào*
diéwén 牒文 N. official dispatches M: ¹*piān*
diéxī 惵息 V.P. holding one's breath from fear
diéxí* 叠席[疊-] V.O. fold a mat
diēxià* 跌下 R.V. fall down; drop
diéxiā 喋呷 ON. sound of eating together (of birds)
diéxiān 碟仙 N. form of divination similar to Ouija board
diēxiāo* 跌销 V. decline in sales
diéxiǎo 叠小[疊-] R.V. fold to make sth. small
diéxiè 蹀躞 V. <wr.> ① walk in small steps ② pace about
diéxīng 迭兴[-興] V. rise one after another
diéxíng* 蝶形 ATTR. butterfly-shaped
diéxínghuā 蝶形花 N. <bot.> papilionaceous flower M: ²*duǒ*
diéxíng huāguān 蝶形花冠 N. papilionaceous flower M: ²*duǒ*
diéxíng zhàdàn 蝶形炸弹 N. butterfly bomb M: ¹*kē*
diéxuè 喋血 <wr.> V.O. have a bloodbath ♦N. blood flowing; bloodshed
diéxuè kàngzhàn 喋血抗战[-戰] N. bloody war of resistance
diéxuèshāchǎng 喋血沙场[-場] F.E. the shedding of blood on battlefields
diē yǎnjìng 跌眼镜 V.O. shock people with wonder
diéyī 蝶衣 N. wings of a butterfly
diē yī jiāo 跌一跤 V.P. take a fall
diéyīn 叠音[疊-] N. <lg.> consonant cluster
diéyìn* 叠印[疊-] V. overprint ♦N. ① montage ② double exposure
diéyǐngjī 碟影机 N. videodisc player M: ¹*tái*
diéyǐngpiàn 碟影片 N. videodisc M: ¹*piàn*/¹*zhāng*
diéyīn tuōluò 叠音脱落[疊-] N. <lg.> haplology
diéyǒng* 蝶泳 N. <sport> butterfly stroke
diéyòng 迭用 V. use alternately
diéyǒu 迭有 V. happen repeatedly ***Zhùyì! Cǐchù chēhuò ~ fāshēng.*** Watch out! There are lots of accidents here.

diéyǒu fāxiàn 迭有发现[--發-] V.O. make repeated discoveries
diéyǒu shōuhuò 迭有收获[-獲] V.O. make repeated achievements
diéyǒu zhǎnhuò 迭有斩获[-獲] V.O. make repeated achievements
diéyùn 叠韵[疊韻] N. <lg.> ① vowel rhyme ② two words of the same rhyme ③ repeat rhyme ④ rhyming binomes ⑤ assonance
diéyùncí 叠韵词[疊韻-] N. vowel-rhyming words
diézhàng 叠嶂[疊-] N. peaks rising one higher than another
diēzhì 跌至 V.P. fall to
diézhuàng 牒状[-狀] N. documents pertaining to a lawsuit
diézi* 碟子 N. small plate/dish M: [2]zhī
diézì 叠字[疊-] N. <lg.> ① reduplication ② reduplicated word
diēzú* 跌足 V.O. <wr.> stamp the feet (in bitter remorse, sorrow)
diézú 蹀足 V.O. <wr.> stamp the feet
diēzúchángtàn 跌足长叹[-嘆] V.P. stamp the feet and heave a deep sigh
diēzúhuǐhèn 跌足悔恨 V.P. stamp the feet in regret
diēzútàixī 跌足太息 V.P. stamp the feet and heave a deep sigh
dǐfǎ 抵法 V.O. be punished by law
dīfang 提防 V. take precautions or be on guard against *See also* *tífang, tífáng*
dīfáng 堤防 N. dike; embankment M: [2]dào ♦V. remain alert; be watchful
dífāng 敌方[敵-] N. enemy; hostile forces
dìfang 地方 N. ①place; space; room ②territory *See also dìfāng*
dìfāng* 地方 ATTR. local; regional ♦N. place; site; locality *See also dìfang*
dìfāng bǎohùzhǔyì 地方保护主义[---護-義] N. <pol.> regional protectionism
dìfāngbìng 地方病 N. endemic disease M: [1]zhǒng
dìfāng děngyǔxiàn 地方等语线 N. <lg.> local isogloss
dìfāng fǎyuàn 地方法院 P.W. district court
dìfāng fēnquán 地方分权[-權] N. decentralization
dìfāng fùcí 地方副词 N. <lg.> adverbial of place
dìfāngguān 地方官 N. officials of local governments M: ge/[1]míng/[2]wèi
dìfāng guóyíng 地方国营[-國營] ATTR. state-owned but locally-administered
dìfāng guóyíng qǐyè 地方国营企业[--國營-業] N. local state-owned enterprise M: [1]jiā
dìfāngjūn 地方军 N. local forces; regional troops M: [4]zhī
dìfāng liángpiào 地方粮票[--糧-] N. ① local food coupon M: [1]zhāng ② local regulations
dìfāng mínzúzhǔyì 地方民族主义[-義] N. narrow/local nationalism; local/narrow nationality chauvinism
dìfāng qìhòu 地方气候[--氣-] N. microclimate
dìfāng rénshì 地方人士 N. local personalities M: ge/[1]míng/[2]wèi
dìfāng sècǎi 地方色彩 N. ① local color ② provincialism
dìfāng shíjiān 地方时间[--時-] N. local time
dìfāngshuì 地方税 N. local taxes/imposts M: [2]bǐ
dìfāng wǔzhuāng 地方武装[-裝] N. local armed forces M: [4]zhī
dìfāngxì 地方戏[-戲] N. local opera/drama M: [1]chū
dìfāngxìng 地方性 ATTR. local; regional ♦N. local/regional characteristics
dìfāng zhèngfǔ 地方政府 N. local government
dìfāngzhì 地方志 N. local chronicles/gazetteers M: [2]bù/[1]běn
dìfāngzhǔyì 地方主义[-義] N. localism; regionalism
dìfāng zìzhì 地方自治 N. local self-government
dīfēi 低飞[-飛] V. fly at a low altitude
dǐféi* 底肥 N. <agr.> base fertilizer
dīfēn* 低分 N. low points/marks
dǐfèn 底粪[-糞] N. <agr.> base manure/fertilizer
dìfèngr 地缝儿 N. a crack on the ground/earth M: [1]tiáo/[2]dào
dífú 翟茀 N. <wr.> screens of a lady's carriage, made of pheasants' feathers
[1]dìfū 递夫[遞-] N. postal courier
[2]dìfū 地肤[-膚] N. <bot.> summer cypress
dìfǔ* 地府 N. underworld; Hades
dìfù 弟妇[-婦] N. sister-in-law (younger brother's wife)
dǐfù jiùzhài 抵付旧债[--舊-] V.O. refund borrowed money
dìfùtiānfān 地覆天翻 F.E. heaven and earth turning upside down
dìfūzǐ 地肤子[-膚-] N. <bot.> fruit of summer cypress
dīgān 滴干[-乾] R.V. drip-dry
dǐgǎo(r) 底稿(儿) N. draft; manuscript M: [1]piān/[1]fèn
dīgē 的哥 N. <slang> cab driver; cabby
dìgěi 递给[遞-] V. hand over; pass on
dǐgēn(r) 底根(儿) N. bottom; root ♦ADV. <coll.> ① actually ② originally ③ heretofore; at any previous time; all along; always ~ ***méiyǒu*** has never had
dìgēn* 地根 ADV. <topo.> ① heretofore; at any previous time; from the outset ② at heart; basically
dīgěng 堤埂 N. embankment M: [2]dào
dìgēnr 地根儿 N. origin; root; base
dǐgōng 底工 N. basic skill/training
dìgōng* 地宫[-宮] N. ① coffin chamber of an emperor's tomb ② shrine housing Buddhist relics M: [4]zuò
dī gōngzī duō jiùyè 低工资多就业[-業] V.P. wider employment at low wages
dīgōngzīzhì 低工资制 N. low pay scale
dìgōu* 地沟[-溝] N. underground irrigation/sewage ditch M: [1]tiáo/[2]dào
dìgòu 缔构[-構] V. found; construct
dīgū* 低估 V. underestimate; underrate
dīgǔ 低谷 N. ① valley ② all-time low; low ebb
dígu 嘀咕 V. ① whisper ② have doubts about sth. ③ have sth. on one's mind ④ mumble complainingly
dǐgǔ 骶骨 N. sacrum
dīguà 滴挂[-掛] V. drip
dìguā* 地瓜 N. <topo.> ① yam bean ② sweet potato M: [2]kuài/ge
dìguā guǒzi 地瓜果子 N. <topo.> sweet potato M: [2]kuài/ge
dīguǎn* 滴管 N. ① dropper; eye dropper ② pipette M: [4]zhī/[2]gen
dīguàn 滴灌 N. drip/trickle irrigation
dìguāng 地光 N. flashes of light preceding earthquake
dìguǎngrénxī 地广人稀[-廣--] F.E. sparsely inhabited
dìguǎngrénzhòng 地广人众[-廣-眾] F.E. a vast country with an immense population
dìguā yāngzi 地瓜秧子 N. <coll.> sweet potato sprouts
dìguī 递归[遞歸] N. <math.> recursion; recurrence ♦ATTR. recursive
dìguī chéngxù 递归程序[遞歸-] N. <comp.> recursive program
dìguī guīzé 递归规则[遞歸-] N. <lg.> recursive rule
dìgùn 地棍 N. <coll.> local ruffian/riffraff
dígu nǎr qùle 嘀咕哪儿去了 V.P. <coll.> where was it carried off to?
dìgǔnqiú 地滚球[-滾-] N. bowling
díguó 敌国[敵國] N. ①hostile power ②enemy state ③foreign country as strong as one's own ④capable of matching the national treasury (of personal wealth)
dìguó* 帝国[-國] N. empire
dì guòlai 递过来[遞-] R.V. pass (it) over here
dì guòqu 递过去[遞-] R.V. pass (it) over there
dìguózhǔyì 帝国主义[-國-義] N. imperialism
dìguózhǔyì fènzǐ 帝国主义分子[-國-義--] N. imperialist elements
dìgǔpí 地骨皮 N. root bark of medlar
díhài 敌害[敵-] N. external threat
dīhào 低耗 ATTR. <elec.> low-consumption; low-loss
dìhào* 帝号[-號] N. the title of emperor
dìhàozīchǎn 递耗资产[遞-產] N. <acct.> diminishing/wasting assets
dǐhē 诋诃 V. slander; defame; disparage
dìhé* 地核 N. <geol.> earth's core
dǐhē gǔrén 诋诃古人 V.O. disparage ancient people
dīhéjīngāng 低合金钢[-鋼] N. low-alloy steel
dì héqì 递和气[遞-氣] V.O. make a friendly gesture
díhòu 敌后[敵後] P.W. <mil.> enemy rear area
díhòu gōngzuò rényuán 敌后工作人员[敵後-] N. people working in the enemy's rear area M: ge/[1]míng/[2]wèi
dīhòu yuányīn 低后元音[-後--] N. <lg.> low back vowel
díhuā 荻花 N. reed flower
díhuà 荻画[-畫] V.O. learn by writing on the ground with a reed stem
[1]dìhuá* 地滑 N. landslide
[2]dìhuá 棣华[-華] ID. brothers
dīhuǎn* 低缓 S.V. low and slow (of speech/music/etc.)
dǐhuàn 抵换[-換] V. substitute for; take the place of
[1]dìhuáng 地黄 N. <Ch. med.> ① glutinous rehmannia ② foxglove
[2]dìhuáng 地皇 N. Terrestrial Sovereigns
dǐhuàn zhékòu 抵换折扣[-換--] N. trade-in allowance
dīhuí* 低回/徊 V. ① leave reluctantly ② pace up and down ♦N. reluctance to go
dǐhuǐ 诋毁[-毀] V. slander; vilify; defame
dìhuí 递回[遞-] R.V. hand/give back
dīhuò 低货 N. second-rate merchandise
dǐhuǒ* 底火 N. ①low fire in a stove (before fuel is added) ② <mil.> primer; ignition cartridge
dǐhuò 底货 N. the last supplies in stock
dījí 低级 S.V. ① rudimentary ② vulgar; low; inferior
dījì 滴剂[-劑] N. <med.> drops
díjī 敌机[敵-] N. enemy plane M: [1]jià
díjí 迪吉 S.V. lucky; prosperous; going well
dǐjí 底级 N. ultimate point; extremity
[1]dìjī* 地基 N. ① ground ② foundation
[2]dìjī 地积[-積] N. land area
[3]dìjī 帝畿 N. imperial capital and its environs
[1]dìjí 地极[-極] N. terrestrial pole
[2]dìjí 地籍 N. land registration
dījià 低价[-價] N. low price
[1]dǐjià 底架 N. chassis
[2]dǐjià 底价[-價] N. minimum price; base price
dìjiā 递加[遞-] V. progressively increase
dìjià* 地价[-價] N. land price
dìjiǎbìng 地甲病 N. endemic goiter
dījiàn 低贱[-賤] V.P. low and degrading; humble
[1]díjiàn 敌舰[敵艦] N. enemy warship M: [1]sōu
[2]díjiàn 镝箭 N. <wr.> arrowhead M: [5]zhī/[4]zhī
dìjiǎn* 递减[遞減] V. progressively decrease
dījiàng 低降 R.V. become lower
dìjiàng* 递降[遞-] V. gradually decrease/reduce
dījiāo 堤礁 N. barrier reef
dǐjiǎo 底角 N. base angle (of a triangle/etc.)
[1]dìjiāo* 递交[遞-] V. deliver; hand over
[2]dìjiāo 缔交 V.O. ①establish diplomatic relations ②form friendship
[3]dìjiāo 禘郊 N. imperial sacrifice held in the countryside
[1]dìjiǎo 地角 N. ①the end/extremity of the world ② <geog.> cape; promontory
[2]dìjiǎo 地脚[-腳] N. ① bottom margin (of a page) ② <topo.> foundation ③ the ends of the earth; a remote place ④ cape; promontory ⑤ lower jaw

dìjiào 地窖 N. cellar M: ^{4}zuò
dìjiǎotiānyá 地角天涯 F.E. the four corners of the earth; the ends of the earth
dìjiàozi 地窖子 N. cellar M: ^{4}zuò
dìjiàshuì 地价税[-價-] N. land tax M: ^{2}bǐ
dìjícè 地籍册[-冊] N. land register; cadastre M: ^{1}běn
dījiē 低阶[-階] N. low rank
dījiě 的姐 <coll.> N. woman taxidriver
dījié 砥节[-節] V.O. temper one's will/spirit
dǐjiè 抵借 V.O. pledge against a loan
dìjiē 递阶[遞階] ATTR. hierarchical
dìjié* 缔结 V. conclude; establish
^{1}**dìjiè** 递解[遞-] V. escort (a criminal) from one place to another
^{2}**dìjiè** 地界 N. boundary of a piece of land
^{3}**dìjiè** 蒂芥 N. resentment; ill will; unfriendly feeling
dìjièchūjìng 递解出境[遞-] V.P. deport; deportation
dìjièhuíjí 递解回籍[遞-] V.P. send (a convict, etc.) to his native place under escort
dǐjiélìxíng 砥节砺行[-節礪-] F.E. temper one's spirit and correct one's behavior
dìjiéyīnyuán 缔结姻缘 F.E. be tied in wedlock
dījiēyǔ 低阶语[-階-] N. <lg.> basilect
dījiē yǔyán 低阶语言[-階--] N. <lg.> low-level language
dījígǔ 低级股 N. junior share
dìjímínpín 地瘠民贫 F.E. The soil is sterile and the people are poor.
dǐjīn 底襟 N. tucked-in part of a gown
dìjǐn 地锦 N. Boston ivy; Japanese creeper
dìjìn* 递进[遞進] V. ① go forward one by one ② increase progressively
dìjīng* 帝京 N. imperial capital
dìjǐng 地颈[-頸] N. <geog.> isthmus
dìjǐng yìshùjiā 地景艺术家[--藝術-] N. earthworker (artist working with natural materials like mud/earth/sand/water/etc.) M: ge/^{1}míng/^{2}wèi
dìjìnqílì 地尽其利[-盡--] F.E. put soil to its best use
dǐjìnshèjī 抵近射击[-擊] F.E. <mil.> point-blank firing
dījí qùwèi 低级趣味 N. vulgar interests; bad taste
dìjíshì 地级市 N. prefecture-level city
dìjítú 地籍图[-圖] N. cadastral map M: ^{1}zhāng
dì-jiǔ 第九 NUM. the ninth
dìjiǔ-tiāncháng 地久天长 V.P. everlasting and unchanging
dì-jiǔ yìshù 第九艺术[-藝術] N. the ninth category of art (television art)
dìjíwéimín 递籍为民[遞-] F.E. lose office and rank
dījí yǔyán 低级语言 N. low-level language
dǐjù* 抵拒 V. resist
dìjū 帝居 N. imperial capital
díjūn* 敌军[敵-] N. enemy (troops); hostile forces M: ^{4}zhī
dìjūn 帝君 N. ① emperor; monarch ② a title of reverence added to the names of gods
díkǎ 涤卡[滌-] N. polyester khaki
díkài 敌忾[敵愾] N. hatred toward the enemy
díkàitóngchóu 敌忾同仇[敵愾-] F.E. fight against the common enemy
díkàixīn 敌忾心[敵愾-] N. rivalry; antagonism; hostility
dǐkàng* 抵抗 V. resist; stand up to
dìkàng 地炕 N. brick bed warmed by fire underneath
dǐkànglì 抵抗力 N. power of resistance
dìkànglì tàncèfǎ 地抗力探测法 N. <archeo.> earth resistance test
dǐkàngqì 抵抗器 N. <elec.> rheostat M: ^{1}tái
dìké 地壳[-殼] N. crust of the earth *See also* dìqiào
dīkējì 低科技 N. low tech
dīkōng* 低空 N. low altitude/level
dǐkǒng 底孔 N. bottom outlet (of irrigation)
díkòu* 敌寇[敵-] N. enemy
dǐkòu 抵扣 V. deduct from
dì kǒuxìn 递口信[遞-] V.O. take message
dìkū 地窟 P.W. ① cellar ② cave M: ge/^{4}zuò
dìkuài 地块[-塊] N. ① massif ② parcel of land
díkuǎn 的款 N. a surely available sum of money
dìkuàng 地矿[-礦] AB. dìzhì and kuàngchǎn
dìkuàngrénxī 地旷人稀[-曠--] F.E. a vast territory with a sparse population; much land and few people
dīkuìyǐkǒng 堤溃蚁孔[--蟻-] ID. Slight negligence may lead to great disaster.
dīkuìyǐxué 堤溃蚁穴[--蟻-] ID. Slight negligence may lead to great disaster.
dìlà 地蜡[-蠟] N. earth wax; ozocerite
dǐlài 抵赖 V. ① deny; repudiate ② renege on a promise
dīlán* 低栏[-欄] N. <sport> low hurdles
dǐlán 诋谰 V. cover up with lies
dìláo 地牢 P.W. dungeon M: ^{1}jiān
dìlǎohǔ 地老虎 N. cutworm M: ^{2}zhī
dìlǎoshǔ 地老鼠 N. sb. good at using pull for personal gain M: ^{2}zhī/ge
dìlǎotiānhuāng 地老天荒 F.E. ① outlast even heaven and earth (of love) ② for all eternity
dìléi 地雷 N. ① <mil.> land mine M: ^{1}kē/ge ② <topo.> excrement
dìléichǎng 地雷场[-場] P.W. minefield
dìléiqū 地雷区[-區] P.W. minefield
dìléizhàn 地雷战[-戰] N. (land) mine warfare
dìlèng 地塄/楞 N. <coll.> raised path between fields; demarcation ridge between fields
dīlì 滴沥[-瀝] ON. pattering sound of raindrops
dílǐ 敌礼[敵禮] V. <wr.> treat on an equal level
dǐlǐ 底里[-裡] N. ① side not visible ② the inside story; the ins and outs; exact details
dǐlì 砥砺[-礪] V. ① temper ② encourage
dìlí 地梨 N. ① wild plant whose subterranean stem is like a water chestnut M: ^{2}kē ② <topo.> water chestnut
dìlǐ* 地理 N. ① geography ② geographical features of a place
^{1}**dìlì** 地利 N. ① favorable geographical position ② land productivity
^{2}**dìlì** 地力 N. soil fertility
^{3}**dìlì** 地栗 N. <topo.> water chestnut
^{4}**dìlì** 的历[-歷/皪] V.P. <wr.> ① fresh ② brilliant
dīlián 低廉 S.V. cheap; low-priced
dílíáng 籴粮[糴糧] V.O. buy grain
dīlidālā 滴里搭拉 ON. pattering (of raindrops)
dīlidūlū 滴/嘀里嘟噜 R.F. ① jabber ② dangle
dīliè* 低劣 S.V. inferior; low-grade
dìliè 地裂 F.E. the ground cleaves
dìlín 地邻[-鄰] N. people whose fields border on each other
dīlíng 低龄[-齡] ATTR. under-age
dīlínghuà 低龄化[-齡-] V. become lower in age (e.g., of criminals)
dìlíngrénjié 地灵人杰[-靈-傑] F.E. ① A remarkable place produces outstanding people. ② favorable terrain and friendly people
dìlìqīng 地沥青[-瀝-] N. asphalt; bitumen
dìlìrénhé 地利人和 F.E. The terrain is favorable and the people are friendly.
dìlǐshī 地理师[-師] N. geomancer M: ge/^{1}míng/^{2}wèi
^{1}**dīliu** 提溜 V. carry (in one's hand) *See also* tíliu
^{2}**dīliu** 滴溜 V. <coll.> lift; pick up in the hand
dì-liù* 第六 NUM. the sixth
dì-liùgǎn 第六感 N. sixth sense
dì-liù gǎnjué 第六感觉[-覺] N. sixth sense
dīliūgūlu 滴溜骨碌 V.P. <coll.> roll; spin; tumble
dīliūliū 滴溜溜 R.F. round and round
dīliūr 滴溜儿 V.P. ① perfectly round ② turning round quickly
dīliūryuán 滴溜儿圆 V.P. <coll.> be perfectly round
dīliūrzhuàn 滴溜儿转[-轉] V.P. ① turn round fast ② follow sb. closely
dīliūyuán(r) 滴溜圆(儿) V.P. be perfectly round
dīliuzhe xīn 提溜着心[--著-] V.P. have one's heart in one's mouth
dīliūzhuànr 滴溜转儿[--轉-] *See* dǎ dīliūzhuànr *See also* dīliūrzhuàn
dìlǐ xiānsheng 地理先生 N. geomancer M: ge/^{1}míng/^{2}wèi
dìlǐxué 地理学 N. geography
dìlǐ zhèngzhìxué 地理政治学 N. geopolitics
dìlǐzhì 地理志 N. geography section (of Han historical records) M: ^{1}běn/^{4}cè/^{2}bù
dìlǐ zuòbiāo 地理坐标[-標] N. geographical coordinates M: ^{4}zuò
dìlóng 地龙 N. <Ch. med.> earthworm M: ^{1}tiáo
dìlǒnglǒng 地垄垄 N. <coll.> raised path between fields of crops M: ^{1}tiáo
dīlòu* 滴漏 N. water clock; clepsydra; hourglass
dìlòu 地漏 N. floor drain
dílǜ 涤虑[滌慮] V.P. free the mind from worries
dílún 涤纶[滌-] N. polyester fiber
^{1}**dīluò** 低落 V.P. low; downcast
^{2}**dīluò** 滴落 V. distill
dílǜxǐxīn 涤虑洗心[滌慮-] F.E. sweep away anxieties
dǐmǎ 底码 N. ins and outs
dìmài 地脉[-脈] N. ① land stratification ② geographical position ③ the veins of the earth ④ <geomancy> underground water
dǐmàn 诋谩 V. slander and insult
dìmàn* 地幔 N. <geog.> earth's mantle
dǐmào 抵冒 V. offend
dìmào* 地貌 N. general configuration of the earth's surface; landforms
dìmàotú 地貌图[-圖] N. geomorphologic map M: ^{1}zhāng
dīméi 低眉 N. ① kindness ② obedience; compliance
^{1}**dì-mèi*** 弟妹 N. younger brothers and sisters *See also* ^{2}dìmèi
^{2}**dìmèi** 弟妹 N. younger brother's wife M: ge/^{2}wèi *See also* ^{1}dì-mèi
dīméishùnyǎn 低眉顺眼 F.E. be servile and submissive; meek
dìméng 缔盟 V.O. contract/form an alliance
dīmí* 低迷 S.V. ① turbid (of clouds/etc.) ② depressed
dímǐ 籴米[糴-] V.O. buy rice
dímián 涤棉[滌-] N. polyester-cotton blend
dímiàn 觌面[覿-] V.O. see each other; meet
dǐmiàn 底面 N. bottom surface
dìmiàn* 地面 N. ① (earth's) surface; ground ② <archi.> ground; floor ③ <coll.> region
dìmiàn bàozhàdiǎn 地面爆炸点[-點] N. remote sensing in geomorphology
dìmiàn bùduì 地面部队[-隊] N. ground forces M: ^{4}zhī
dìmiàn chénjiàng 地面沉降 N. <geol.> surface subsidence
dìmiàn guàngài 地面灌溉 N. surface irrigation
dìmiànhán 地面寒 N. ground zero
dìmiànshuǐ 地面水 N. surface water
dìmiànzhàn 地面站 N. ground satellite station
dìmiànzhuān 地面砖[-磚] N. floor tile M: ^{2}kuài
dǐmìng 抵命 V.O. pay with one's life (for a crime)
dìmíng(r)* 地名(儿) N. place name; toponym
dìmíng cídiǎn 地名词典 N. ① dictionary of place names ② gazetteer M: ^{1}běn
dìmíngxué 地名学 N. toponymy; toponomastics
dīmìpán 低密盘[-盤] N. <comp.> low-density diskette
dímó 笛膜 N. membrane covering hole in flute
dìmó* 地膜 N. plastic film for covering young plants M: ^{1}zhāng
dìmó fùgài 地膜覆盖[-蓋] V.P. <agr.> cover crops with ground sheeting
dímǔ* 嫡母 N. <trad.> concubine's children's address of their father's primary wife
dìmǔ 地亩[-畝] N. fields; farmland
dínán 嫡男 N. son of legal wife
dīnéng 低能 N. mental deficiency; feeble-mindedness

D

dīnéng'ér 低能儿 N. ① imbecile; retarded child ② sb. who gets high marks in school, but is incapable in life ③ sb. with little or no ability in a certain area

[1]dīng 盯 V. gaze/stare at

[2]dīng 钉[釘] N. nail; tack ♦V. ① follow closely; tail ② urge; press ③ gaze at *See also* [3]dìng

[3]dīng 丁 N. ① 4th of the 10 Heavenly Stems ② fourth in a series ③ cubes (in food preparation) ④ Surname ♦B.F. ① man ***chéngdīng*** ② population ***dīngkǒu*** *See also* [14]zhēng

[4]dīng 叮 V. ① sting; bite ② say/ask repeatedly

[5]dīng 酊 N. tincture *See also* [3]dǐng

[6]dīng 疔 N. malignant boil; furuncle

[7]dīng 橙 B.F. orange (fruit) ***liǔdīng, liǔdīngzhī*** *See also* [11]chéng

[8]dīng 仃 in ***[1]língdīng, měnggūdīng***

[9]dīng 玎 in ***dīngdāng, [2]língdīng***

[10]dīng 耵 in ***[2]dīngníng***

[11]dīng 靪 V. repair shoe soles ♦in ***bǔdīng***

[1]dǐng* 顶[頂] V. ① carry on the head ***~zhe yuèliang gànhuór*** work in the moonlight ② gore; butt ③ go against ④ push from below/behind ⑤ retort; turn down ***bǎ pīpíng ~ huíqu*** reject criticism ⑥ cope with; stand up to ***Fàngxīn ba, wǒmen néng ~xiàlai.*** Don't worry, we can handle it. ⑦replace ⑧be equivalent to ♦M. *for hats, sedan chairs, etc.* ♦ADV. very; most; extremely ♦COV. <*topo.*> until; till ♦N. top; pinnacle

[2]dǐng 鼎 N. ① ancient three-legged round (occasionally four-legged and rectangular) cauldron with two "ear"-shaped handles ② <*topo.*> pot; cauldron ③ Surname

[3]dǐng 酊 in ***mǐngdǐng, mǐngdǐngdàzuì*** *See also* [5]dīng

[1]dìng 定 V. ① decide ② subscribe to (a publication); book (tickets/etc.); order (merchandise/etc.) ♦B.F. ① calm; stable ***wěndìng*** ② fixed; settled ***gùdìng*** ♦ADV. surely; certainly

[2]dìng 订[訂] V. ①draw up; agree on ②subscribe to; book (seats) ③ revise

[3]dìng 钉[釘] V. ① nail ② sew on *See also* [2]dīng

[4]dìng 锭[錠] M. *for ingot-shaped tablets (of metal/ink/etc.)* ♦N. <*txtl.*> spindle

[5]dìng 碇 N. heavy stone used as an anchor; killick

[6]dìng 腚 N. <*topo.*> backside; buttocks

[7]dìng 铤[鋌] N. <*wr.*> pig iron; raw copper *See also* [5]tǐng

[8]dìng 饤[飣] in ***dòudìng***

[9]dìng 啶 in ***bìdìng, mìdìng***

dìng'àn 定案 V.O. reach a verdict ♦N. verdict; final decision

dìng'àn dàngjuàn 定案档卷[--檔-] N. definitive edition

dīngbà 丁坝[-壩] N. ① spur dike; spur ② jetty; pier

dǐngbài 顶拜 V. kneel down and kowtow

dǐngbān 顶班 V.O. work on regular shifts; work full time

dǐngbǎn* 顶板 N. <*min.*> roof M: [2]kuài

dǐng bànbiāntiān 顶半边天[--邊-] V.O. prop up the other half of the sky

dǐng bànpántiān 顶半爿天 V.O. prop up the other half of the sky

dǐngbāo 顶包 V.O. change packages

dìngbào* 订报[-報] V.O. subscribe to a paper

dìngběn 定本 N. ① definitive edition M: [1]běn ② definite foundation/basis

dìngbiān 定编 V. ① determine the number of workers needed ② delimit the organizational structure ③ allocate personnel

dìngbiāo 定标[-標] V.O. decide on the awarding of a contract

dìngbǐdìnglǜ 定比定律 N. law of definite/constant proportions

dìngbó 碇泊 V. anchor; berth

dìngbófèi 碇泊费 N. anchoring fee M: [2]bǐ

dǐngbù 顶部 N. top

dǐngbuliǎo 顶不了 R.V. <*coll.*> not be the equal of

dǐngbushàng 顶不上 R.V. can't equal

dǐngbuxià 顶不下 R.V. can't hold on

dǐngbuzhù 顶不住 R.V. be unable to stand up to or resist further

dìngcài 定菜 V.O. order a dish

dīngcáiliǎngwàng 丁财两旺 F.E. be blessed with many male children and great wealth; be prosperous both in family and in wealth

dìngchǎn 定产[-產] N. system of fixed quotas for grain production

dìngcháng 定长 N. fixed length; selected length

dìngchǎngbái 定场白[-場-] N. <*opera*> ① soliloquy to introduce performers on their first appearance ② lines that actually open the play M: [1]piān

dìngchǎngshī 定场诗[-場-] N. <*opera*> ①poem (usu. four lines) read on first appearance ②poetry that opens the play M: [2]shǒu

dǐngchén 鼎臣 N. important courtiers; high ministers M: [2]wèi

dǐngchéng 顶承 V. take over (duty/property/etc.)

dìngchéng* 订成 R.V. ①staple together ②agree on; draw up

dīngchǐbà 钉齿耙[-齒-] N. spike-tooth harrow M: [1]bǎ

dīngchǒu 丁丑 N. 14th year of the Sexagenary Cycle (1877, 1937, 1997 etc.)

[1]dìngchū 定出 R.V. decide

[2]dìngchū 订出 R.V. conclude; draw up; agree on

dīngchuāng 疔疮[-瘡] N. malignant boil; furuncle

dīngchuí(r) 钉锤(儿) N. nail/claw hammer M: [1]bǎ

dìngcí 定词 N. determinative

Dīngcūn 丁村 P.W. <*archeo.*> Paleolithic site in Xiangfen, Shanxi

dìngcún* 定存 N. certificate of deposit (CD)

Dīngcūnrén 丁村人 N. <*archeo.*> Dingcun/Tingtsun Man

Dīngcūn Wénhuà 丁村文化 N. <*archeo.*> Dingcun/Tingtsun Culture

dǐngdà* 顶大 V.P. <*coll.*> at most; no more than

dìngdǎ 定打 V. <*coll.*> order sth. (furniture/etc.)

dǐngdà-dǐngxiǎo 顶大顶小 V.P. biggest and smallest

dǐngdài 顶戴 V. salute; pay one's respects to ♦N. buttons worn on Qing officials' hats as a sign of rank

dìngdān 订/定单 N. order form for goods M: [1]fèn

dīngdang 叮当[-噹] ON. sound of quarreling ♦V. <*coll.*> quarrel ***~ qǐlai*** start to quarrel

dīngdāng* 丁当//叮当//玎珰[-噹//-噹//-璫] ON. ding-dong; jingle; clatter

dìngdāng 定当[-當] AUX. certainly must *See also* ***dìngdàng***

dìngdàng 定当[-當] V.P. ready; settled *See also* ***dìngdāng***

dīngdāngshuō 丁当说[-噹-] N. <*lg.*> ding-dong theory

dīngdang xiǎng 叮当响[-噹響] ON. ding-dong; jingle; clatter

dǐngdeliǎo 顶得了 R.V. <*coll.*> be the equal of; be worth as much as

dīngděng 丁等 N. fourth grade; grade D

dǐngdēng* 顶灯[-燈] N. dome light (in vehicle)

dìngděng 定等 V.O. grade

dǐngdeqǐ 顶得起 R.V. <*coll.*> be the equal of; be worth as much as

dǐngdézhù 顶得住 <*coll.*> R.V. bear; endure; stand up to

dīngdiǎn(r) 丁点(儿)[-點-] N. <*topo.*> a tiny bit

dǐngdiǎn 顶点[-點] N. ①acme; zenith; pinnacle ② <*math.*> vertex; apex

dìngdiǎn* 定点[-點] N. ① fixed point/location ② point of reference ♦V.O. determine a location

dìngdiǎnchǎng 定点厂[-點廠] P.W. designated factory M: [1]jiā

dìngdiǎn liánxù shèyǐngjī 定点连续摄影机[-點-續攝--] N. slit camera M: [1]tái/[1]jià

dìng diàozi 定调子 V.O. ① set the tone; set the keynote ② stipulate an attitude

dǐngdīng 顶丁 A.T. <*topo.*> avoid induction into military service through bribery

dǐngdǐng* 鼎鼎 R.F. grand

dìngdǐng 定鼎 V.O. pick a city as the capital after uniting empire

dìngdìng 订定 V. fix or arrange beforehand ♦N. (law) specified in agreement between two parties

dǐngdǐngdàmíng 鼎鼎大名 F.E. famous; celebrated

dīngdīngdāngdāng 丁丁//叮叮当当[--//--噹噹] ON. ding-dong; clatter; jingle

dìngdìng de 定定地 ADV. calmly; stably

dìngdìng hétong 订定合同 V.O. strike a bargain; make a contract

dǐngdǐngyǒumíng 鼎鼎有名 F.E. have a great reputation

dìng dīngzi 钉钉子 V.O. drive a nail

dīngdōng 丁东/冬 ON. tinkle

dīngdú 疔毒 N. carbuncular infection

dìngdū* 定都 V.O. choose a site for a capital; establish a capital

dǐngduān 顶端 N. ① top; peak; apex ② end

dǐngduì 顶对[-對] R.V. prove

dǐngduō* 顶多 V.P. at most/best

dìngduó 定夺[-奪] V. settle; decide

dìng'é 定额 N. quota; norm

dìng'é bāogōng 定额包工 N. job contract with a quota

dìng'é chōuyàng 定额抽样[-樣] N. <*soc.*> quota sampling

dìng'é fēnpèi 定额分配 N. quotas

dìng'é gōngzīzhì 定额工资制 N. wages based on work quotas

dìng'é guǎnlǐ 定额管理 N. quota administration

dìng'éjìchóu 定额计酬 F.E. gear remuneration to amount of work done

dǐng'ěr 鼎耳 N. ears (handles) of a tripod

dīng'èrxī 丁二烯 N. <*chem.*> butadiene

dìngfǎ 定法 V.O. make a law

dìng fángjiān 订房间 V.O. reserve a room

dìng fāngxiàng 定方向 V.O. get oriented

dǐngfèi* 鼎沸 V.P. noisy and confused; tumultuous

dìngfèi 订费 N. subscription (rate)

dìngfèn 定份/分 N. fate; destiny

[1]dǐngfēng 顶峰 N. peak; pinnacle; summit

[2]dǐngfēng(r) 顶风(儿) V.O. go against the wind ♦N. headwind

dǐngfēngchuán 顶风船 N. ship moving against the wind

dǐngfēnglùn 顶峰论 N. peak theory (the theory that Mao Zedong Thought represents the highest plane of Marxism)

dǐngfēngmàoyǔ 顶风冒雨 F.E. brave wind and rain

dīngfù* 丁赋 N. poll tax

dǐngfǔ 鼎辅 N. <*trad.*> three chief ministers of state

dǐnggài 顶盖[-蓋] N. roof; cover

dǐnggāng 顶缸 V.O. <*coll.*> take blame/responsibility/etc. for others

dǐnggǎng 顶岗[-崗] V.O. work efficiently at a post

dìnggǎng* 定岗[-崗] V.O. determine the responsibility of units

dìnggǎo 定稿 V.O. finalize a manuscript/text/etc. ♦N. final version M: [1]piān/[1]fèn

dǐnggé 鼎革 V. <*wr.*> change the dynasty/regime

dìnggēn 定根 N. <*bot.*> tap root ♦ADV. ① basically; essentially ② from the outset; from the very beginning

dìnggēng 定更 V.O. beat the first watch at 8:00 p.m.

dǐng ge qiú 顶个球[-個-] V.P. <*coll.*> not worth a damn

dìnggōngdìngchǎn 定工定产[-產] F.E. each peasant contracts to complete a fixed assignment for work and farm output
dìnggòu 订/定购[-購] V. order goods ♦N. system of fixed quotas for purchasing
dìnggòudìngxiāo 定购定销[-購--] F.E. fixed quotas for purchasing and marketing
dìnggòuzhě 订购者[-購-] N. subscriber M: ge/[2]wèi
dīnggǔ 盯鼓 A.T. <topo.> fluster; flounder in uncertainty
dǐnggǔ* 顶骨 N. parietal bone
dǐngguāguā 顶呱呱//刮刮 R.F. <coll.> tip-top; first-rate; excellent
dìngguàncí 定冠词 N. <lg.> definite article
dǐngguāng 顶光 N. <photo.> top light
dìngguī 定规 N. established rule/practice ♦ADV. <topo.> ① be bent on; be determined ② for certain; you can bet that. . .; there is bound to be. . . .
dīnghài 丁亥 N. 24th year of the Sexagenary Cycle (1887, 1947, 2007 etc.)
dǐngháng 顶行 V.O. <coll.> take over sb.'s job/position
dǐnghǎo* 顶好 V. ① be best ② be very good
dìnghǎo 定好 R.V. reach a decision; decide
dìnghé 钉合 R.V. nail together
dīnghén 钉痕 N. mark of a nail
dǐnghú 鼎湖 N. emperor's death
dìnghù* 订/定户 N. ① subscriber (to a publication) ② person/family with a standing order for milk/etc.
dìnghuálún 定滑轮 N. fixed pulley M: [2]zhī/ge
dǐnghuàn 顶换[-換] V. replace
dǐng huātán 顶花坛[-壇] V.O. balance a jar on the head
dǐng huílai 顶回来 R.V. refute; throw back upon
dìnghūn 订/定婚 V.O. be betrothed
dǐnghuò 鼎镬 N. <trad.> ① cauldron used as a cooking vessel ② cooking an offending minister in a cauldron
dìnghuò* 订/定货 V.O. order goods
dìnghuòdān 定/订货单 N. order form
dìnghuò fù xiànkuǎn 订货付现款 V.P. cash with order
dìnghuòhuì 订货会 N. trade fair M: cì/ge
[1]**dīngjì** 酊剂[-劑] N. tincture
[2]**dīngjì** 丁祭 N. midspring/midautumn sacrifices to Confucius
dìngjí* 定级 V.O. ① rank; grade ② decide a grade and level
[1]**dìngjì** 定计 V.O. devise a stratagem
[2]**dìngjì** 锭剂[-劑] N. lozenge; pastille; troche
dǐngjiǎ 鼎甲 N. three top candidates in an imperial examination
dǐngjià 顶价[-價] N. ① top/ceiling price ② <topo.> rent deposit
[1]**dìngjià*** 定价[-價] N. fixed/list price ♦V.O. fix a price
[2]**dìngjià** 订价[-價] V.O. decide the price
dīngjiān 丁艰[-艱] N. <wr.> in mourning for parent's death
dǐngjiān* 顶尖 N. ①peak; highest point ②finest (competitors); top (figures in a certain field)
dìngjiàn 定见 N. definite opinion; set view
dǐngjiān gāoshǒu 顶尖高手 N. master craftsman M: ge/[2]wèi
dǐngjiān rénwù 顶尖人物 N. people with the highest talent/position M: ge/[2]wèi
dǐngjiǎo 顶角 N. <math.> vertical/vertex angle
dìngjiāo* 订交 V.O. become friends
dìngjièfú 定界符 N. <lg.> delimiter
dìngjiè fúhào 定界符号[-號] N. <lg.> delimiter
dǐngjiēmén 顶街门 V.O. <topo.> prop shut the gate
dīngjìn 钉进[-進] R.V. nail into
dǐngjìn(r) 顶劲(儿)[-勁-] V.P. helpful
dìngjīn* 定金 N. <econ.> front money; down payment M: [2]bǐ
dìngjīng 定睛 V.O. fix one's eyes upon
dìng jīpiào 定机票 V.O. book a seat on a passenger liner
[1]**dīngjū** 疔疽 N. carbuncle on the cheeks or below the nose
[2]**dīngjū** 钉疽 N. boil
dìngjū* 定居 V.O. settle down
dìngjú 定局 N. foregone conclusion; inevitable outcome ♦V.O. ① settle finally ② be decisive
dìngjù chǐdù 定距尺度 N. <lg.> interval scale
dìngjūdiǎn 定居点[-點] P.W. settlement (of herders/etc.)
dǐngkàng 顶抗 V. offend and disobey with rude remarks
dǐngkè 顶克 *See dīngkèzú*
dīngkèfūfù 丁克夫妇[-婦] N. <loan> DINKS (Double Income and No Kids)
dīngkèzú 顶克族 N. <loan> DINKS (Double Income and No Kids)
dīngkǒu 丁口 N. people; population
dīngkǒucè 丁口册[-冊] N. population records M: [1]běn/[2]bù
dǐngkuǎ 顶垮 R.V. defeat
dìngláo 钉牢 R.V. nail together
dìnglèichǐdù 定类尺度[-類--] N. <lg.> nominal scale
dǐnglǐ 顶礼[-禮] V. prostrate oneself (in the Budd. style)
[1]**dǐnglì** 鼎力 F.E. ① <wr.> (thanks for) your kind effort ② Herculean strength
[2]**dǐnglì** 鼎立 N. tripartite balance of forces
[1]**dìnglǐ** 定理 N. ① theorem ② axiom; dogma; law
[2]**dìnglǐ** 定礼[-禮] N. betrothal gifts (from bridegroom to bride's family)
[1]**dìnglì*** 订立 V. ① conclude; reach (e.g., an agreement) ② sign into effect
[2]**dìnglì** 定例 N. ① routine; usual practice ② irrevocable/unchangeable rule
[3]**dìnglì** 定力 N. <Budd.> ability to concentrate
dìngliàng 定量 N. fixed quantity ♦V.O. quantify the components of a substance ♦ATTR. quantitative
dìngliàng fēnxi 定量分析 N. quantitative analysis
dìngliàng jiégòu 定量结构[-構] N. <lg.> D-M (determiner-measure) construction
dìngliàng pèijǐ 定量配给 N. rationing
dǐngliángzhù 顶梁柱 N. pillar; backbone; main support M: [2]gēn
dǐnglì'érsān 鼎立而三 F.E. form a group of three
dǐnglìfúchí 鼎力扶持 F.E. use one's great strength to support
dǐnglǐmóbài 顶礼膜拜[-禮--] F.E. ① kneel and bow in worship ② pay homage to; make a fetish of
dīnglíng 丁零//玎玲 ON. tinkle; jingle; clinking (of bells)
dīngling-dānglāng 丁零当啷[--當-] ON. jingle-jangle; cling-clang
dīnglínglíng 丁零零 ON. tinkle; jingle
dǐnglìxiāngzhù 鼎力相助 F.E. help out of kindness
dǐnglìyùchéng 鼎力玉成 ID. help accomplish this small task with your great power
dǐnglìzhàn 鼎立战[-戰] N. three-cornered contest
dǐnglóu 顶楼[-樓] N. attic; garret M: [1]jiān
dìnglǜ 定律 N. law; fixed rule
dìnglùn 定论 N. ①final conclusion ②accepted argument
dīngluó 钉螺 N. <zoo.> oncomelania (a kind of fresh-water snail) M: [2]zhī
dīngmǎo 丁卯 N. 4th year of the Sexagenary Cycle (1867, 1927, 1987 etc.)
dīngmào* 钉帽 N. head of a nail
dǐngmào 顶冒 V. stealthily take sb.'s place
dǐngmén 顶门 N. crown of the head ♦V.O. ①prop a door open/shut ② take blame for others
dǐngménchā 顶门叉 N. door bolt
dìngméng 定/订盟 V.O. conclude/sign a treaty of alliance
dǐngméngàng 顶门杠 N. ①door bolt ②leading person who resists order/pressure from above
dǐngméngùn 顶门棍 N. door bolt M: [2]gēn
dǐngménr 顶门儿 N. crown or front-top of the head
dǐngménzi 顶门子 N. <topo.> firing chamber of a rifle
dìngmiáo 定苗 V.O. <agr.> final singling (of seedlings)
dǐngmíng(r) 顶名(儿) V.O. <coll.> use/forge another's name ♦F.E. nominal; only in name
dǐngmìng 顶命 V.O. <coll.> pay with one's life
[1]**dìngmíng*** 定名 V.O. denominate; name ♦N. designation
[2]**dìngmíng** 订明 R.V. specify clearly in a contract/agreement
dìngmìng 定命 N. predestination
dìng-míng jiégòu 定名结构[-構] N. <lg.> D-N (determiner-noun) construction D-N (Determiner-Noun) construction
dìngmìnglùn 定命论 N. determinism
dìngmìnglùnzhě 定命论者 N. determinist M: ge/[2]wèi
dǐngmíngmàoxìng 顶名冒姓 F.E. use sb.'s name
dìngmíng wéi 定名为 V.P. name/denominate as
dǐngmólǐbài 顶膜礼拜[--禮-] F.E. ① prostrate oneself in worship; pay homage to ② make a fetish of
dìngmú* 锭模 N. ingot mold M: [2]zhī
dìngmù 定牧 N. fixed (non-nomadic) livestock raising
dǐngnài 鼎鼐 N. premiership
dǐngnàizhīqì 鼎鼐之器 N. capacity to be a good administrator of the state
dīngnán 丁男 N. male adult M: ge/[1]míng
dìngnánzhēn 定南针 N. compass
dīngnián 丁年 N. <trad.> age of 16 i.e., of adulthood
[1]**dīngníng** 丁宁//叮咛[-寧//-嚀] V. urge repeatedly; warn; exhort
[2]**dīngníng** 耵聍[-聹] N. earwax; cerumen
dīngníngzàisān 叮咛再三[-嚀--] V.P. repeat instructions; give advice repeatedly
dīngníngzhōuzhì 丁宁周至[-寧--] F.E. give thoughtful advice
dǐngniú(r) 顶牛(儿) V.O. lock horns; clash ♦N. <trad.> a kind of gambling game
dìng niǔkòu 钉钮扣 V.O. sew on buttons
dīngpá 钉耙 N. spike-tooth rake M: [1]bǎ
dìngpái shēngchǎn 定牌生产[-產] V.P. produce goods for designated brands or trademarks
dǐngpán 顶盘[-盤] V.O. <coll.> take over a business
dìngpánxīng 定盘星[-盤-] N. ① first mark on the steelyard arm, indicating zero ② idea; fixed opinion; view
[1]**dǐngpéng** 顶棚 N. ceiling of a barn/shed
[2]**dǐngpéng** 顶篷 N. ceiling of a tent
dǐngpī 顶批 N. commentaries on upper page margins
dìngpiào 定票 N. (ticket) reservation
dìngpìn 定聘 V. betroth
dìngpíng 定评 N. ① accepted opinion ② final conclusion
dǐngpò tiān 顶破天 V.P. at most
dìngqī 定期 V.O. fix a date ♦ATTR. ① fixed (of time) ② periodical ③ regular
dīngqián 丁钱[-錢] N. poll tax
dǐngqián 顶钱[-錢] S.V. be worth money
dìngqian* 定钱[-錢] N. deposit; earnest money
dìngqī bàogào 定期报告[--報-] N. periodical reports
dìngqī bǎoxiǎn 定期保险 N. term insurance M: [1]fèn
dìngqī chēpiào 定期车票 N. commutation ticket M: [1]zhāng
dìngqī cúndān 定期存单 N. fixed/time deposit M: [1]zhāng

D

dìngqī cúnkuǎn 定期存款 N. fixed-term deposit M: ²bǐ
dìngqī fàngkuǎn 定期放款 N. fixed-time loans
dìngqī fùkuǎn 定期付款 N. time-payment
dìngqī huìpiào 定期汇票[--匯-] N. dated draft M: ¹zhāng
dìngqī jiāofù 定期交付 N. delivery on term
dìngqī kānwù 定期刊物 N. periodical publication; periodical M: ¹běn
dìngqī kǎoshì 定期考试 N. periodic examinations
dǐng qǐlai 顶起来 R.V. push/prop up
dìngqīn 定/订亲[-親] V.O. decide to be married (by parents); be betrothed
dìngqíng 定情 V.O. ① get married ② fall in love
dìngqíngzhīwù 定情之物 N. token/keepsake exchanged by lovers M: ²jiàn/ge
dìngqī niánjīn 定期年金 N. fixed annuity M: ²bǐ
dìngqīquàn 定期券 N. season ticket M: ¹zhāng
dǐngqiú 顶球 V.O. <sport> head (a ball)
dǐngqiúyòng 顶球用 V.P. <slang> of no damned use at all
dìngqī wéixiū 定期维修 N. periodic maintenance
dǐngquē 顶缺 V.O. fill a vacancy
dīngr* 丁儿 N. small cubes
dǐngr 顶儿 N. official cap
dìngrán 定然 ADV. certainly; definitely
dǐngràng 顶让[-讓] V. replace sb.
¹dīngrén 钉人 V.O. ① watch an opponent in a game ② man-for-man (or man-to-man) defense
²dīngrén 叮人 V.O. bite; sting
dǐngrén* 顶人 V.O. <coll.> defy; thwart; frustrate
dīngrénfángshǒu 钉人防守 F.E. <sport> man-for-man defense
dǐngrénshòuguò 顶人受过 F.E. take the blame for others
dìngrì 定日 N. stated/fixed day
dìngrù 钉入 V. nail into
dǐngsāngjiàlíng 顶丧驾灵[-喪-靈] F.E. carry streamers to protect the spirit of a deceased parent in a funeral procession
dīngsānquèsì 丁三确四[--確-] F.E. very definite
dìngsèjì 定色剂[-劑] N. color-fixing material
dìngshang 钉上 R.V. nail up
dǐngshang* 顶上 P.W. (on) the top; highest point *See also dǐngshàng*
dǐngshàng 顶上 R.V. ① support/stabilize sth. (with a pole/brick/etc.) ② carry on the head *See also dǐngshang*
dǐngshàng gōngfu 顶上功夫 N. barbering
dǐngshàng zǐdàn 顶上子弹 V.O. load a cartridge into a rifle
dǐngshàng zǐr 顶上子儿 V.O. put a cartridge into a rifle
dīngshāo* 钉/盯梢 V.O. shadow/tail sb.
dǐngshǎo 顶少 V.P. at least
dìngshén(r) 定神(儿) V.O. ① collect/compose oneself ② concentrate one's attention
dìngshēnfǎ 定身法 N. magic art of stopping sb. by pointing at him
dǐngshèng 鼎盛 ATTR./V.P. in a period of great prosperity
dǐngshí 鼎食 N. food of the nobility
¹dǐngshì(r) 顶事(儿) V.O. be useful; serve a purpose
²dǐngshì 鼎士 N. powerful man
dìngshí* 定时[-時] V.O. fix a time ♦N. fixed time
dìngshì 定势[-勢] N. fixed mode (of thinking and doing)
dīng shì dīng, mǎo shì mǎo 丁/钉是丁/钉,卯是卯 V.P. ① precise; meticulous ② fair and square; dutiful
dìngshì dòngcí 定式动词[--動-] N. <lg.> finite verb
dìng shíhou 定时候[-時-] V.O. ① fix a time ② make an appointment
dìngshí kāiguān 定时开关[-時開關] N. time switch
dìngshí kòngzhì 定时控制[-時--] N. timing control
dìngshíqì 定时器[-時-] N. timer
dìngshí xìnguǎn 定时信管[-時--] N. time fuse M: ge/²gēn
dìngshí zhàdàn 定时炸弹[-時--] N. time bomb M: ge/¹kē
dìngshízhōng 定时钟[-時鐘] N. clock timer M: ge/⁴zuò
dǐngshù 顶数[-數] V.O. ① make up the number ② serve as a stopgap ③ be useful ④ effective *Nǐ shuō de bù* ~ What you say carries little weight.
¹dìngshū 订/定书[-書] V.O. ① order books ② staple books
²dìngshū 钉书[-書] V.O. bind books
dìngshù* 定数[-數] N. ① fixed number ② fate; destiny ♦V.O. fix a number/amount
dīngshuān 钉闩 N. bolt
dīngshuì 丁税 N. poll tax
dìngshūjī 订/钉书机[-書-] N. stapler; stapling-machine M: ge/¹tái
dìngshùlùn 定数论[-數-] N. fatalism
dìngshuō 定说 V. affirm; assert ♦N. an accepted argument
dīngsì 丁巳 N. 54th year of the Sexagenary Cycle (1917, 1977, 2037 etc.)
dìngsǐ* 钉死 R.V. ① nail securely; nail up ② nail to death; crucify
dǐngtánghuǒ 顶堂火 N. <topo.> a cartridge in the chamber of a rifle
dǐngtì 顶替 V. ① replace sb. ② assume sb.'s name with intent to cheat
dǐngtiān 顶天 V.O. be firm and indomitable
dǐngtiānlìdì 顶天立地 F.E. be of colossal stature or indomitable spirit
dǐngtiānr 顶天儿 V.P. <coll.> at most
dìng tiānxià 定天下 V.O. <trad.> bring peace and stability to the country
dìng tiáoyuē 订条约[-條-] V.O. sign/conclude a treaty
dìngtiě 锭铁[-鐵] N. a type of steel
dǐngtìgōng 顶替工 N. workers employed in place of their retired parents M: ge/¹míng
dīngtóu 钉头 N. head of a nail
dǐngtou 顶头 N. opposite; end *See also dǐngtóu*
dǐngtóu* 顶头 V.O. come directly toward one ♦N. ① top; end ② top/superior officer *See also dǐngtou*
dīngtóu de 钉头的 ATTR. cuneiform
dīngtóur 钉头儿 N. stud; nail with a large head
dǐngtóu shàngsi 顶头上司 N. one's direct superior M: ge/²wèi
dīngtóushǔwěimiáo 钉头鼠尾描 N. <art> nail-head and rat-tail stroke (in painting)
dīngtóu wénzì 钉头文字 N. <lg.> cuneiform writing
¹dǐngtuō 顶拖 V. oppose and suspend (assignments set by one's superiors)
²dǐngtuō 顶脱 V. become bald
dìngtuǒ* 定妥 R.V. arrange for sth, to be reserved
dīngwán* 丁烷 N. <chem.> butane
dǐngwǎn 顶碗 V.O. balance a stack of bowls on the head ♦N. a pagoda of bowls
dīngwánqì 丁烷气[-氣] N. butagas
dīngwèi 丁未 N. 44th year of the Sexagenary Cycle (1907, 1967, 2027 etc.)
dǐngwèi 鼎位 N. premiership
¹dìngwéi 定为 V.P. prescribe as
²dìngwéi 订为 V.P. conclude as; agree on
¹dìngwèi* 定位 V.O. orient ♦N. ① fixed position ② location; orientation
²dìngwèi 订位 V.O. reserve seats
dìngwèiqì 定位器 N. positioner M: ²zhī/¹tái/ge
dìngwèizì 定位字 N. <lg.> localizer
dīngwèn* 叮问 V. question closely
dìngwěn 定稳[-穩] R.V. stabilize
dīngwèn de 叮问的 ATTR. <lg.> tag question
dìngwēnxiāng 定温箱 N. incubator M: ²zhī/ge
dǐngwōr 顶窝儿[-窩-] V.O. adopt a child for a deceased son
dìngwù 定物 N. earnest money; deposit; pledge
dǐngxí 鼎席 N. office of the minister
dìngxī* 定息 N. fixed interest M: ²bǐ/¹fèn
dǐngxià 顶下 V. take sb.'s place
¹dìngxià* 定下 R.V. fix (up); set
²dìngxià 订下 R.V. conclude; draw up; agree on
dìngxià juéxīn 定下决心[--決-] V.O. make up one's mind; be determined (to do sth.)
dìng xiàlai 定下来 R.V. decide; fix; set
dìngxián(r)* 定弦(儿) V.O. ① tune a stringed instrument ② <coll.> make up one's mind
¹dìngxiàn 定限 N. fixed limit (of quantity/time/etc.)
²dìngxiàn 定线 V.O. determine a route
dīngxiāng 丁香 N. <bot.> ① lilac ② clove M: ²kē/⁵zhī/⁴zhī/⁴shù
dǐngxiāng 顶箱 N. <topo.> small trunk for miscellaneous items placed atop clothes cabinet
¹dìngxiàng* 定向 V.O. orient ♦ATTR. directional
²dìngxiàng 定项 N. <lg.> constant
dìngxiàng bàopò 定向爆破 N. directional blasting
dìngxiàng dìléi 定向地雷 N. oriented mine M: ¹kē
dìngxiàng fēnpèi 定向分配 V.P. allocate graduates to predetermined places
dìngxiàng fúshè 定向辐射 N. directional radiation
dìngxiàng guǎngbō 定向广播[--廣-] N. directional broadcasting
dīngxiānghuā 丁香花 N. <bot.> ① lilac ② clove M: ²duǒ/⁴shù
dìngxiàngjǐng 定向井 N. petroleum well drilled slantwise M: kǒu
dìngxiàng péiyǎng 定向培养[-養] N. ① special short-term training for a worker given special leave ② professional training for a certain area or work unit
dìngxiàng tiānxiàn 定向天线 N. directional antenna M: ²gēn
dìngxiàng xiāoshòu 定向销售 V.P. sell to specified markets
dìngxiàngyè 定像液 N. <photo.> fixative
dìngxiàngyí 定向仪[-儀] N. direction finder M: ¹tái
dīngxiāngyóu 丁香油 N. clove oil
dìngxiàng zhāoshēng 定向招生 V.P. recruit students from designated areas
dīngxiāngzhī 丁香枝 N. <art> lilac branch (in painting) M: ⁵zhī
dīngxiāngzǐ 丁香紫 N. lilac color
dìngxiāo 定销 N. system of fixed quotas for marketing
dīngxié 钉鞋 N. spiked shoes M: ¹shuāng
dǐngxīn 鼎新 V.O. <wr.> innovate; change
dìngxīn* 定心 V.O. ① <mach.> center ② become calm; composed
¹dìngxíng* 定型 V.O. ① finalize a design ② fall into a pattern ③ standardize
²dìngxíng 定形 N./V.O. shape ♦ATTR. <lg.> modal
dìngxǐng 定省 V. inquire after the health of sb.'s parents
dìngxìng 定性 V.O. ① determine the nature or chemical composition of sth. ② determine the nature (of an offense or a case) ♦ATTR. ① qualitative ② <lg.> fixed
dìngxíng dòngcí cíjù 定形动词辞句[--動-辭-] N. <lg.> modal phrase
dǐngxīngégù 鼎新革故 F.E. discard the old ways of life in favor of the new
dìngxìng fēnxi 定性分析 N. qualitative analysis
dìngxíngjì 定型剂[-劑] N. hair spray
dìngxíng jìnxíngshì 定形进行式[--進--] N. <lg.> modal progressive
dìngxíng wánchéng jìnxíngshì 定形完成进行式[----進--] N. <lg.> modal perfect progressive
dìngxíng wánchéngshì 定形完成式 N. <lg.> modal perfect
dìngxìng zìyǎn 定性字眼 N. <lg.> fixed category/term
dìngxīnwán 定心丸 N. tranquilizer (lit./fig.) M: ¹kē

dìngxīn zhuāngzhì 定心装置[--装-] N. centering device M: [1]tái

dǐngxiōng 顶凶 V.O. assume responsibility for a crime committed by sb. else

dìngxù 定序 V.O. sequence

dìngxù chǐdù 定序尺度 N. <lg.> ordinal scale

dǐngyá 顶芽 N. <bot.> terminal bud M: [1]kē

dīngyǎn* 钉眼 N. nail hole

dǐngyán 鼎言 N. weighty advice

dìngyàn 定宴 V.O. set a banquet

dìngyàng 定样[-樣] V.O. <econ.> random sample; stratified sample

dìngyǎnzi 腚眼子 N. <topo.> anus

dīngyáo 丁徭 N. ① poll tax ② military service

dīngyǎo* 叮咬 V. bite; sting

Dìngyáo 定窑[-窯] P.W. <art> a Song kiln (in Dingxian, Hebei)

dīngyè 丁夜 N. fourth watch of night (i.e., 2:00 a.m.)

[1]dǐngyè* 鼎业[-業] N. the empire

[2]dǐngyè 顶叶[-葉] N. ① leaf on top of stem ② terminal leaf

dīngyì 丁役 N. male adult undergoing labor service

dǐngyí 鼎彝 N. <hist.> sacrificial vessels with inscriptions commemorating worthy deeds

[1]dìngyì* 定义[-義] N. definition

[2]dìngyì 定议[-議] N. closed decision

dìngyì chū 定义出[-義-] R.V. define

dìngyì cíhuì 定义词汇[-義-彙] N. <lg.> defining vocabulary

dìngyīdìng xīn 定一定心 V.P. collect one's wits

dīngyīmǎo'ěr 丁一卯二 ID. accurate and dependable

dīngyín 丁银 N. poll-tax money

dǐngyīn* 顶音 N. <lg.> cacuminal

dìngyín 定银 N. deposit money

dìngyǐng 定影 <photo.> V.O. fix ♦N. fixing; fixation

dìngyǐngcáo 定影槽 N. <photo.> fixing tank M: [1]tiáo

dìngyǐngjì 定影剂[-劑] N. <photo.> fixer

dìngyīngǔ 定音鼓 N. <mus.> kettledrums; timpani M: [1]miàn/[2]zhī

dìngyǐngyè 定影液 N. <photo.> fixing solution

dǐngyīn wénzì 顶音文字 N. <lg.> acrophonic writing

dīngyīquè'èr 丁一确二[--確-] F.E. exactly; sure enough

dìngyìyù 定义域[-義-] N. <math.> field of definition

dǐngyòng 顶用 V.O. be of use; serve the purpose *Guāng kū dǐng shénme yòng?* What's the use of just crying about it?

dīngyōu* 丁忧[-憂] V. <wr.> be in mourning for a parent's death

dīngyǒu 丁酉 N. 34th year of the Sexagenary Cycle (1897, 1957, 2017 etc.)

dīngyōudīngjiān 丁忧丁艰[-憂-艱] F.E. <wr.> be in mourning over a parent's death

dìngyú 定于[-於] V.P. due to; scheduled to

dìngyǔ* 定语 N. <lg.> adjectival; adjectival/adjective modifier; attribute; attributive adjunct; modifier

dìngyuán 定员 N. personnel; complement ♦V.O. determine the number of staff members or passengers

dìngyuē* 订/定约 V.O. conclude a treaty agreement

dìngyuè 订/定阅 V. subscribe (to publication)

dìngyuēguó 订约国[-國] N. countries entering a treaty agreement

dìngyuèzhě 订阅者 N. subscriber M: ge/[1]míng/[2]wèi

dǐngyùn* 鼎运[-運] N. the fate of the empire/nation

dìngyùn 定运[-運] N. allotment

dǐngyùnchāngshèng 鼎运昌盛[-運--] F.E. prosperous

dìngyúyīzūn 定于一尊[-於--] F.E. ① settle a given question on a single authority ② look up to one man as the highest authority

dìngzào 定/订造 V. ① order sth. to be made ② have sth. made to order

dìng zázhì 订杂志[-雜-] V.O. subscribe to a magazine

[1]dìngzé 定则 N. rule M: [1]tiáo

[2]dìngzé 定责 V.O. fix duties

dǐngzhàng* 顶账 V.O. repay a debt in kind

dìngzhāng 定章 N. fixed regulations/rules

dìngzhǎng de 钉掌的 N. horseshoer

dǐngzhe 顶着[-著] V.P. ① hold aloft on top of the head ② go against ~ *dà [2]yǔ* brave a rainstorm

dǐngzhen(r) 顶针(儿) N. thimble

dǐngzhēn* 顶真 S.V. ① <topo.> be taken seriously ② conscientious; serious

dìngzhèng 订正 V.O. make corrections

dǐngzhēn-jìmá 顶真继麻[--繼-] N. a composition game in which a last character of one contestant becomes the first character of the next contestant

dǐngzhēnquānr 顶针圈儿 N. thimble

dǐngzhézú 鼎折足 N. minister who ruins the state

dǐngzhí 顶职[-職] V.O. take sb.'s place

dǐngzhì 鼎峙 V.P. <wr.> stand in a tripartite power relationship

[1]dìngzhí 定植 N. field planting/setting

[2]dìngzhí 定值 N. constant value; definite value

[1]dìngzhǐ 定指 N. <lg.> definiteness

[2]dìngzhǐ 定址 N. <comp.> addressing

[1]dìngzhì* 定/订制[-製] V. ① have sth. made to order ② order to make sth.

[2]dìngzhì 定志 V.O. <Ch. med.> stabilize the will

dìngzhǐqì 钉纸器 N. paper fastener M: ge/[2]tái

dìngzhìwǎng 定置网[-網] N. set/fixed (fishing) net M: [1]zhāng

dǐngzhōng* 鼎钟[-鐘] N. bells/vessels engraved with inscriptions honoring worthy men M: [4]zuò

dǐngzhǒng 顶踵 N. from head to heel

dīngzhǔ* 叮嘱[-囑] V. urge repeatedly; warn; exhort

dīngzhu 盯住 R.V. keep a close watch (on)

dǐngzhū 顶珠 N. decorative pearl on top of an official cap (Qing) M: [1]kē

[1]dǐngzhù 顶住 R.V. withstand; stand up to

[2]dǐngzhù 鼎助 N. <wr.> your kind and generous help

[1]dìngzhù 钉住 R.V. nail securely

[2]dìngzhù 定住 V. reside permanently

dīngzhuàng 丁壮[-壯] N. able-bodied man

dǐngzhuàng* 顶撞 V. contradict (one's elder/superior)

dìngzhuāng 定装[-裝] V.O. <thea.> finalize the makeup of a role

dìngzhǔn 定准[-準] N. established standard ♦ADV. surely; certainly

dǐngzhù nìliú 顶住逆流 V.O. stand up against an adverse current

dìng zhuōzi 订桌子 V.O. reserve a table

dìng zhǔyì 定主意 V.O. make a decision

dīngzi* 钉子 N. ① nail ② snag ③ saboteur M: [1]kē/[2]gēn/ge

dīngzì 丁字 N. T-shape

dǐngzi 顶子 N. ① decorations on top of a bridge/etc. ② roof ③ decorative pearl on top of a cap

dìngzi 锭子 N. <txtl.> spindle

dīngzibà 钉子耙 N. a spiked harrow M: [1]bǎ

dīngzìbù 丁字布 N. loincloth M: [2]kuài

dīngzìchǐ 丁字尺 N. T-square M: [1]bǎ

dīngzihù 钉子户 N. ① household resisting eminent domain ② strong nay-sayer M: [1]jiā/[1]hù

dīngzìjiē 丁字街 N. T-shaped road junction M: [1]tiáo

dīngzijīngshén 钉子精神 F.E. making most of every available minute

dīngzīshèngshì 丁兹盛世[-茲--] F.E. live in these prosperous times; happen to live in a flourishing age

dīngzìtiě 丁字铁[-鐵] N. T-beam; T-bar M: [2]kuài

dīngzìxíng 丁字形 N. T-shape

dǐngzū 顶租 V.O. ① pay rent in kind or by labor ② <topo.> rent deposit

[1]dǐngzú* 鼎足 N. ① the three legs of a tripod ② triangular balance of power ③ three rival powers ④ triangular situation

[2]dǐngzú 鼎族 N. great clan

dǐngzǔ 鼎俎 N. ① prime minister; premier ② vessels holding sacrificial animals ③ cooking vessels

dīngzuàn 钉钻[-鑽] N. screwdriver M: [1]bá

dǐngzú'érlì 鼎足而立 F.E. a tripartite balance of forces

dǐngzuǐ 顶嘴 V.O. <coll.> ① reply defiantly; sass ② quarrel

dǐngzuì 顶罪 V.O. bear the blame for sb. else

dìngzuì* 定罪 V.O. declare sb. guilty; convict sb. (of a crime)

dǐngzuìzhě 顶罪者 N. whipping boy

[1]dǐngzuò 鼎坐 V. sit in a triangle

[2]dǐngzuò 鼎祚 N. destiny of a state

[1]dìngzuò* 定/订做 V. ① have sth. made to order ② order to make sth.

[2]dìngzuò(r) 订/定座(儿) V.O. make reservations for seats

dìngzuòxíng jìsuànjī 定做型计算机 N. customized computer M: [1]tái

dǐngzúsānfēn 鼎足三分 ID. tripartite division

dǐngzúzhīshì 鼎足之势[-勢] N. tripartite confrontation

dīniánjí 低年级 N. low grade/year (if students)

dípài 嫡派 N. ① one's own clique ② direct line of descent ③ children born of a legal wife

[1]dǐpái* 底牌 N. cards in one's hand; hand M: [1]zhāng

[2]dǐpái 抵/牴排 V. reject; get rid of

dípàiqīnzhī 嫡派亲枝[--親-] F.E. blood relation

dǐpán 底盘[-盤] N. chassis

dìpan 地畔 N. <coll.> mountain ridge

dìpán(r)* 地盘(儿)[-盤-] N. ① territory under one's control; domain ② crust of earth ③ foundation of a building ④ base of operations

dìpánxiàxiàn 地盘下陷[-盤--] F.E. land subsidence

dìpán zhēngduózhàn 地盘争夺战[-盤爭奪戰] N. <coll.> turf battles

dìpéi 地陪 N. regional guide

dìpí* 地皮 N. ① building lot ② ground

dìpǐ 地痞 N. local ruffian/riffraff

dǐpiàn 底片 N. negative; photographic plate M: [1]zhāng/juǎn

dìpǐliúmáng 地痞流氓 F.E. local bullies and loafers

dīpín 低频 N. low frequency

[1]dīpíng 低平 V.P. low and flat

[2]dīpíng 滴瓶 N. dripping flask M: [2]zhī/ge

dìpíng* 地坪 N. terrace

dìpíngjīngdù 地平经度[--經-] N. azimuth

dìpíngjīngyí 地平经仪[-經儀] N. <astr.> azimuth

dìpíngmiàn 地平面 N. horizontal plane

dìpíngtiānchéng 地平天成 ID. all in order

dìpíngxiàn 地平线 N. horizon M: [1]tiáo/[2]dào

dìpíntǔjí 地贫土瘠 F.E. thin soil; poor soil

dī pǐnwèi 低品位 N. low grade

dīpō 堤坡 N. embankment M: [2]dào

dìpù 地铺 N. ① improvised bed ② shakedown

díqī 嫡妻 N. legal wife M: ge/[2]wèi

díqí 敌骑[敵-] N. enemy cavalry units M: [4]zhī

dǐqī 底漆 N. priming paint; primer M: [2]dào

dǐqì 底气[-氣] N. ① lung power ② stamina ③ confidence

dì-qī 第七 NUM. the seventh

[1]dìqì* 地契 N. title deed for land M: [1]zhāng/[1]fèn

[2]dìqì 地气[-氣] N. ① climate ② subtle essence that supposedly animates the earth

díqián* 敌前[敵-] P.W. enemy's front area

dìqián 地钱[-錢] N. <bot.> hepatica

Dī Qiāng 氐羌 N. <hist.> nomadic tribes in the west

díqiángwǒruò 敌强我弱[敵強-] F.E. with one's weak forces facing the enemy's strong forces

dīqiányuányīn 低前元音 N. <lg.> low front vowel

díqiáo 敌侨[敵僑] N. compatriots living in a hostile country
dìqiào* 地壳[-殼] N. *<geog.>* earth's crust *See also* dìké
dǐqì bù zú 底气不足[-氣--] V.P. *<coll.>* not have enough stamina
díqīn 嫡亲[-親] N. blood relations; close paternal relations M: *ge/*[2]*wèi*
dìqín* 地勤 N. (aviation) ground service
díqíng 敌情[敵-] N. enemy situation
díqíng guānniàn 敌情观念[敵-觀-] N. alertness to the presence of the enemy
dìqín rényuán 地勤人员 N. ground personnel/crew
dīqióng 低穹 N. low sky
dǐqī shēngwù 底栖生物[-棲--] N. benthos
díqiú 敌酋[敵-] N. enemy chieftain M: *ge/*[1]*míng*
dìqiú* 地球 N. the earth/globe
dìqiúcūn 地球村 N. global village M: [4]*zuò*
dìqiú huánjìng 地球环境[--環-] N. global environment
dìqiú huàxué 地球化学 N. geochemistry
dìqiú kēxuéjiā 地球科学家 N. geoscientist M: *ge/*[1]*míng/*[2]*wèi*
dìqiú mòrì 地球末日 N. geocide
Dìqiú Qīngjiézhōu 地球清洁周[---潔-] N. Earth Week
Dìqiúrì 地球日 N. Earth Day (April 22)
dìqiú shìnéng 地球势能[-勢-] N. geopotential
dìqiú wèixīng 地球卫星[--衛-] N. earth satellite M: [1]*kē*
dìqiú wèixīng tōngxìn 地球卫星通信[--衛--] N. global satellite communication
dìqiú wùlǐxué 地球物理学 N. geophysics
dìqiúyí 地球仪[-儀] N. (terrestrial) globe M: [1]*tái/*[1]*jià*
dīqìyā 低气压[-氣壓] N. *<met.>* low pressure; depression
díqù 涤去[滌-] R.V. wash off/away
dìqū* 地区[-區] P.W. ① area; district; region ② prefecture
dìquán* 地权[-權] N. land ownership
dìquàn 地券 N. land deed M: [1]*zhāng*
dìqū bàquánzhǔyì 地区霸权主义[-區-權-義] N. regional hegemonism
dìqūchā 地区差[-區-] N. regional differences
dìqū chōngtū 地区冲突[-區衝-] N. regional conflict
díquè* 的确[-確] ADV. certainly; surely
dǐquē 底缺 N. authorized vacancy (for personnel) in a government agency
dìquè 帝阙 N. gate of the emperor's palace
díquèliáng 的确良[-確-] N. *<txtl./loan>* dacron; terylene
dìqū fāngyán 地区方言[-區--] N. *<lg.>* ① regional dialect ② areal linguistics
dìqū fēngsuǒ 地区封锁[-區--] N. regional barriers
dìqū jīngjì 地区经济[-區經濟] N. regional economy
díqún 敌群[敵-] N. a group of enemies
dìqū xiézuò 地区协作[-區協-] N. regional cooperation
dìqūxìng 地区性[-區-] N. provincialism ♦ATTR. regional
dìqūxìng chāyì 地区性差异[-區--異] N. regional difference
dìqūxìng huìyì 地区性会议[-區--議] N. regional meeting M: *cì/ge*
dìqūxìng zhùzhái 地区性住宅[-區---] N. tract house
dìqū yǔyánxué 地区语言学[-區---] N. areal linguistics
dǐr* 底儿 N. ① foundation; basis; groundwork ② shoe sole
dìr 地儿 N. place; space
dǐrcháo 底儿潮 *<coll.>* V.P. have a criminal record
dǐrcháotiān 底儿朝天 V.P. capsize; turn upside-down
dǐrdiào 底儿掉 *<coll.>* R.V. ① turn over; reveal ② lose one's confidence/courage
dīrè 低热[-熱] N. low/slight fever
dìrè* 地热[-熱] N. ① terrestrial heat ② geothermal energy
dìrè diànlì 地热电力[-熱電-] N. geothermal power
dìrè fādiàn 地热发电[-熱發電] N. *<elec.>* geothermal generating
dìrèjīng 地热茎[-熱莖] N. *<bot.>* terrestrial stem of plant
dìrèjǐng* 地热井[-熱-] N. geothermal well M: *kǒu*
dírén 敌人[敵-] N. enemy M: *ge/*[1]*míng*
dìrènéng 地热能[-熱-] N. geothermal heat supply
dìrè néngyuán 地热能源[-熱--] N. geothermal energy resources
dīrényīděng 低人一等 F.E. lower-ranking
dìrè zīyuán 地热资源[-熱--] N. geothermal resources
dīróu 低柔 V.P. soft and low (of voice)
dīruò 低弱 V.P. ① low and soft (of sound) ② poor; weak; mean (of ability)
dì-sān 第三 NUM. the third
dì-sān chǎnyè 第三产业[-產業] N. ① third estate ② tertiary industry; service sector
dì-sān dài 第三代 N. ① third generation ② *<archeo.>* Tertiary Period
Dì-sān Dìguó 第三帝国[-國] P.W. The Third Reich (1934-1945).
dì-sān fāng 第三方 N. third party
Dì-sān Guójì 第三国际[-國際] P.W. Third International (1919-1943)
Dì-sān Jì 第三纪 N. *<geol.>* Tertiary Period
dì-sān lèi wùzī 第三类物资[--類--] N. not-so-crucial material goods
dì-sān rénchēng 第三人称[-稱] N. *<lg.>* third person
dì-sān shēn 第三身 N. *<lg.>* third person
dì-sān shēng 第三声[-聲] N. *<lg.>* falling-rising tone; third tone in Standard Chinese
dì-sān shìchǎng 第三市场[-場] P.W. the third market (the stock exchange)
dì-sān shìjiè 第三世界 P.W. Third World
dì-sān tīduì 第三梯队[-隊] N. *<PRC>* third echelon (of leadership)
dīsānxiàsì 低三下四 F.E. ① lowly; mean ② servile
dì-sān yīxué 第三医学[--醫-] N. the third medical science (the study of recovery therapy)
dì-sānzhě 第三者 N. ① third party ② disinterested party ③ tertium quid; the other man/woman
dì-sān zhòngyīn 第三重音 N. *<lg.>* tertiary stress
[1]**dǐsè** 底色 N. *<txtl.>* bottom color; undertone
[2]**dǐsè** 抵塞 A.T. ① stall sb. ② do sth. perfunctorily ③ contradict; reply defiantly
dīsèhuà 滴色画[-畫] N. drip painting M: [10]*fú*
dǐshāng 底墒 N. soil moisture (before sowing/planting)
dìshang* 地上 P.W. ① on the floor/ground ② *<coll.>* land; fields *See also* [1]dìshàng
[1]**dìshàng** 地上 P.W. above the ground *See also* dìshang
[2]**dìshàng** 递上[遞-] R.V. pass/present sth. to (a higher authority/etc.)
dìshàngjīng 地上茎[-莖] N. *<bot.>* aerial stem/stalks
dìshàngqu 递上去[遞--] R.V. submit; hand in
dìshàngquán 地上权[-權] N. *<law>* right to use another's land for building/farming purposes
dìshàngwù 地上物 N. buildings and crops on a piece of land
dīshāo 低烧[-燒] N. low/slight fever
dǐshè 邸舍 N. ① official residence M: [4]*zuò* ② inn ③ shop; store M: [1]*jiā*
[1]**dīshēng(r)*** 低声(儿)[-聲-] N. low voice
[2]**dīshēng** 低升 ATTR. *<lg.>* low-rising
díshēng 笛声[-聲] N. sound of a flute M: [1]*zhèn*
[1]**dìshēng** 递升[遞-] V. ① rise/increase progressively ② promote to the next rank
[2]**dìshēng** 地声[-聲] N. earthquake sounds
dīshēngdiào 低升调 N. *<lg.>* low-rising tone
dīshēng jīdiào 低升基调 N. *<lg.>* low-rising nucleus tone
dīshēngxiàqì 低声下气[-聲-氣] F.E. soft-spoken and submissive
dīshī 低湿[-濕] ATTR. low-lying and humid
díshī 敌师[敵師] N. enemy forces
dīshǐ 镝矢 N. arrowhead
[1]**díshì** 敌视[敵-] V. regard with hostility
[2]**díshì** 的士 N. *<loan>* taxi
[3]**díshì** 敌势[敵勢] N. strength/morale of enemy
dǐshí 砥石 N. whetslate; whetstone M: [2]*kuài*
[1]**dǐshì** 抵事 V.O. *<topo.>* serve a purpose; be effective
[2]**dǐshì** 底式 N. *<lg.>* underlying/basic form
dì-shí 第十 NUM. the tenth
[1]**dìshì*** 地势[-勢] N. topography relief
[2]**dìshì** 谛视 V. examine closely; scrutinize
[3]**dìshì** 帝室 N. imperial family
díshībiànyě 敌尸遍野[敵屍-] F.E. The battlefield is littered with enemy dead.
dǐshìtú 底视图[-圖] N. *<mach.>* bottom view M: [1]*zhāng*
dìshǐxué 地史学 N. historical geology
dīshǒu 低首 V.O. lower one's head
[1]**díshǒu*** 敌手[敵-] N. ① rival; opponent ② enemy hands
[2]**díshǒu** 笛手 N. flute player M: *ge/*[1]*míng/*[2]*wèi*
dīshǒubùyǔ 低首不语 F.E. hang one's head in silence
dī shōurù 低收入 N. low income
dīshǒuxiàxīn 低首下心 F.E. obsequiously submissive
[1]**dǐshù** 底数[-數] N. ① truth/root of a matter ② *<math.>* base number
[2]**dǐshù** 抵数[-數] V.O. ① make up the number ② serve as a stopgap ③ balance a account
dìshuā 地刷 N. scrubbing brush; scrubber M: [1]*bǎ*
dīshuǐ* 滴水 N./V.O. dripping water
dìshuì 地税 N. land tax M: [2]*bǐ*
dīshuǐbǎn 滴水板 N. drainboard M: [2]*kuài*
dīshuǐbùjìn 滴水不进[-進] V.P. be unable to eat/drink
dīshuǐbùlòu 滴水不漏 V.P. ① coolly controlled in speech ② watertight ③ tightly packed ④ completely enclosed
dīshuǐchéngbīng 滴水成冰 V.P. freezing cold
dīshuǐchuānshí 滴水穿石 ID. persistence overcomes all difficulties
dīshuǐshí 滴水石 N. dripstone M: [2]*kuài*
dīshuǐwǎ 滴水瓦 N. *<archi.>* driptile M: [1]*piàn*
Dìshùn 帝舜 N. Emperor Shun
dísì 嫡嗣 N. eldest son born of the primary wife
dǐsǐ* 抵死 ADV. ① excessive(ly) ② persist(ently); insist(ently) ♦V.O. ① defy death; fight desperately ② even at the cost of one's life
[1]**dì-sì** 第四 NUM. the fourth
[2]**dìsì** 娣姒 N. *<wr.>* sisters-in-law (mutual reference of wives of husband's brothers)
dǐsǐbùcóng 抵死不从[-從] F.E. refuse to submit even unto death
dǐsǐbùfàng 抵死不放 F.E. hold onto until death
dì-sì chǎnyè 第四产业[-產業] N. the fourth industry (the information industry)
Dì-sì Jì 第四纪 N. Quaternary Period
dísīkē 迪斯科 N. *<loan>* disco
Dísīnài 迪斯耐/奈 N. Disney
dì-sì shēng 第四声[-聲] N. *<lg.>* falling tone; fourth tone in Standard Chinese
dì-sì shìjiè 第四世界 N. the Fourth World (extremely poor countries of the Third World)
dìsòng 递送[遞-] V. deliver (a letter/etc.)
dīsú 低俗 S.V. vulgar; low
[1]**dīsù*** 低速 N. low speed
[2]**dīsù** 低诉 V. *<wr.>* tell sth. in low and soft voice
dìsuǐ 地髓 N. foxglove
dítái* 敌台[敵臺] N. enemy broadcasting station M: [4]*zuò*

dítài 涤汰[滌-] V. <*wr.*> wash away
dítàn 敌探[敵-] N. enemy spy M: *ge*/[1]*míng*
dìtān(r) 地摊(儿)[-攤-] N. stall with goods spread out on ground for sale
dìtán 地坛[-壇] N. terrace
dìtǎn* 地毯 N. carpet; rug M: [2]*kuài*
dītáng 低糖 ATTR. having low sugar content (of food)
dítáng 嫡堂 N. (cousins) of same grandfather by direct line
dìtáng* 棣棠 N. kerria (tree)
dītàngāng 低碳钢[-鋼] N. low-carbon steel
dìtǎnshì hōngzhà 地毯式轰炸[---轟-] N. carpet bombing
dítè 敌特[敵-] N. enemy spy/agent M: *ge*/[1]*míng*
Dǐtèlǜ 底特律 P.W. Detroit
dítǐ 敌体[敵體] N. equal standing/status
dì tiáozi 递条子[遞條-] V.O. send/write notes to sb.
dìtiě 地铁[-鐵] N. underground (railway); subway
dìtīng* 谛听[-聽] V. listen attentively
dìtíng 帝庭 N. Heavenly court
dītóu* 低头 V.O. ① lower/bow/hang one's head ② yield; submit
dìtóu 地头 N. ① edge of a field ② <*topo.*> destination ③ the place ④ <*print.*> lower margin (of a page)
dītóubùdā 低头不答 V.P. hang one's head and make no reply
dītóubùxiǎng 低头不响[-響] V.P. hang one's head and make no reply
dītóubùyǔ 低头不语 V.P. hang one's head and make no reply
dìtóuguǐ 地头鬼 N. local ruffians
dītóuhāyāo 低头哈腰 F.E. bow with a great show of respect
dītóu rènzuì 低头认罪[--認-] V.P. hang one's head and admit one's guilt; plead guilty
dìtóushé 地头蛇 N. local bully M: [1]*tiáo*/*ge*
dītóuwúyán 低头无言 V.P. hang one's head and say nothing
dītóu xúnsi 低头寻思[--尋-] V.P. bow the head in deep thought
[1]**dǐtú** 底图[-圖] N. ① <*geog.*> base map M: [1]*zhāng* ② under-painting
[2]**dǐtú** 底涂[-塗] N. primary coat
dǐtǔ 底土 N. subsoil
dìtú* 地图[-圖] N. ① map ② atlas M: [1]*zhāng*/[1]*fèn*
dìtǔ 地土 N. an area (lit./fig.)
dìtuī 递推[遞-] N. <*math.*> recursion; recurrence ♦ATTR. recursive
dìtuīzi 地推子 N. wheeled push broom; mechanized or semi-mechanized sweeper M: [1]*bǎ*
dìtújí 地图集[-圖-] N. atlas M: [2]*bù*
dìtú pàndú 地图判读[-圖-讀] N. map reading
dìtúshū 地图书[-圖書] N. atlas M: [1]*běn*
dìtú tóuyǐng 地图投影[-圖--] N. map projection
dìtúxué 地图学[-圖-] N. cartography
[1]**diū** 丢[丟] V. ① lose; misplace ***Bié ~le nǐ de qiánbāo.*** Don't lose your wallet. ② discard ③ put aside ***Wǒ de Zhōngwén ~le shíjǐ nián le.*** I haven't used my Chinese for more than ten years. ④ toss; throw ***Bié luàn ~ dōngxi.*** Don't throw (your) things around.
[2]**diū** 铥[銩] N. <*chem.*> thulium
diūbāoshù 丢包术[--術] N. the lost-parcel gambit (a kind of swindle)
diūbukāi shǒu 丢不开手[--開-] V.P. cannot keep one's hands off
diūbuliǎo 丢不了 R.V. won't/can't be lost
diūchǒu 丢丑[-醜] V.O. lose face
diūdiào 丢掉 R.V. ① lose ② throw away
diūdiào guānqì 丢掉官气[-氣] V.O. shed bureaucratic airs
diū fànwǎn 丢饭碗 V.O. lose one's job
diūfèn(r) 丢份(儿) V.O. <*slang*> loss of face ♦S.V. disgraceful
diū ge yǎnsè 丢个眼色[-個--] V.P. give a hint with the eyes
diūguāng 丢光 R.V. lose all
diū guógé 丢国格[-國-] V.O. lose one's national dignity
diūhuāng 丢荒 V. ① become rusty ② leave (the soil) uncultivated
diūhún(r) 丢魂(儿) V.O. be distracted/disconcerted
diūhúnluòpò 丢魂落魄 F.E. driven to distraction
diūhúnr 丢魂儿 V.O. be frightened
diūhúnshīpò 丢魂失魄 F.E. be distracted
diūjìn 丢尽[-盡] R.V. lose all
diūjūbǎoshuài 丢车保帅[-帥] ID. make minor sacrifices to safeguard major interests
diūkāi 丢开[-開] R.V. ① discard ② forget for a while
diūkuīqìjiǎ 丢盔弃甲[--棄-] ID. *See diūkuīxièjiǎ*
diūkuīxièjiǎ 丢盔卸甲 ID. throw everything away in headlong flight
diūliǎn 丢脸 V.O./S.V. lose face ***Zhè shì zhēn ràng rén ~.*** This is a shameful act.
diū miànzi 丢面子 V.O. lose face
diūqì 丢弃[-棄] V. abandon; discard; give up
diūqù 丢去 S.V. get rid of; cast away
diūrén 丢人 V.O. lose face ♦S.V. disgraceful
diūrénbàixìng 丢人败兴[-興] F.E. <*coll.*> disgrace oneself
diūrénbèixìng 丢人背兴[-興] F.E. <*coll.*> disgrace oneself
diū réngé 丢人格 V.O. lose one's personal dignity
diūrénqiǎngliǎn de shì 丢人抢脸的事[--搶--] N. <*topo.*> shameful and disgraceful acts
diūrénxiànshì 丢人现世 *See diūrénxiànyǎn*
diūrénxiànyǎn 丢人现眼 F.E. lose face; make a fool of oneself
diūsānlàsì 丢三落四 F.E. forgetful
diūsānwàngsì 丢三忘四 F.E. negligent and forgetful
diūshī 丢失 V. lose
diūshǒu 丢手 V.O. wash one's hands of
diūtòu 丢透 R.V. lost (face) completely
diū wūshāmào 丢乌纱帽[-烏--] V.O. be dismissed from office
diūxià 丢下 R.V. throw down; lay aside; leave behind
diū yǎnjiǎo 丢眼角 V.O. wink; signal with the eyes
diū yǎnsè(r) 丢眼色(儿) V.O. wink at sb.
diū zài nǎohòu 丢在脑后[-腦後] V.P. let sth. pass out of one's mind
diūzúbǎojū 丢卒保车 ID. sacrifice sth. minor to save sth. major
dīwā 低洼[-窪] ATTR. low-lying
dīwādì 低洼地[-窪-] N. low-lying land M: [2]*kuài*/[1]*piàn*
dīwā dìqū 低洼地区[-窪-區] N. low-lying area
dìwài shēngmìng tànsuǒ 地外生命探索 N. extraterrestrial life exploration
dìwáng 帝王 N. emperor; monarch
dìwángjiàngxiàng 帝王将相[--將-] F.E. emperor, generals, and ministers
dìwáng qiēkāishù 帝王切开术[-開術] N. Caesarian section
dīwēi 低微 S.V. low; lowly; humble
dīwéi 堤围[-圍] N. dike; embankment
díwěi 敌伪[敵-] N. enemy and puppet regime (during the Anti-Japanese War)
dìwěi 地委 N. prefectural party committee
[1]**dìwèi*** 地位 N. position; status
[2]**dìwèi** 帝位 N. emperor's throne
dīwěidù 低纬度[-緯-] N. low latitudes
dìwèi fùcí 地位副词 N. <*lg.*> adverbial of place
dìwèi píngděng 地位平等 V.P. be equal in status; be on an equal footing
dìwèirìlóng 地位日隆 V.P. One's standing is daily flourishing.
dīwēn* 低温 N. ① low temperature ② <*met.*> microtherm ③ hypothermia
dìwēn 地温 N. ground/earth temperature
dìwén 地文 N. contours of the terrain
dìwén dìlǐ 地文地理 N. physical geography
dīwēn qìhòu 低温气候[--氣-] N. <*met.*> microthermal climate
dìwénxué 地文学 N. physical geography; physiography
díwǒ 敌我[敵-] N. the enemy and us
díwǒ bù fēn 敌我不分[敵-] V.P. can't tell friend from foe
díwǒ máodùn 敌我矛盾[敵-] N. contradictions between the enemy and us
díwǒ yìshí 敌我意识[敵-識] N. alertness in the face of the enemy threat
dǐwǔ 抵/牴牾 V. conflict with; go against; contradict ♦N. contradiction
dì-wǔ 第五 NUM. the fifth
dìwù* 地物 N. surface features (usu. regional man-made features)
dì-wǔ dài jìsuànjī 第五代计算机 N. fifth-generation computer
dì-wǔ děngjí 第五等级 N. fifth estate
dīwùjià zhèngcè 低物价政策[--價--] N. low price policy
dǐwǔlǜlì 抵牾律例 V.O. in contradiction to a precedent
dì-wǔ zòngduì 第五纵队[-縱隊] P.W. fifth column
dīxī 低息 N. low interest
díxì 嫡系 N. ① direct line of descent ② one's own clique
dǐxi* 底细 N. ① unapparent details (of a matter) ② unknown background (of a person) ③ ins and outs; exact details
[1]**dìxí** 弟媳 N. sister-in-law (younger brother's wife) M: *ge*/[2]*wèi*
[2]**dìxí** 地席 N. floor mat
dìxì(de) 递系(的)[遞係-] ATTR. <*lg.*> linked
[1]**dīxià** 低下 S.V. low (of status/etc.) ♦V. lower; dip
[2]**dīxià** 滴下 R.V. drip
díxiá 涤瑕[滌-] V.O. cleanse away a stain
dǐxia* 底下 ATTR. ① under; below; beneath ***Tā bǐ ~ hái xíng.*** He writes pretty well. ② mean; depraved ♦ADV. later; afterwards
dìxia 地下 P.W. ① (on) the ground ② (in) the grave *See also dìxià*
dìxiá 地峡[-峽] N. isthmus M: [1]*tiáo*
dìxià 地下 ATTR. ① underground ② secret activity ♦P.W. underground ***See also dìxia***
dìxià bāogōngduì 地下包工队[-隊] N. organizations that contract engineering projects illegally M: [4]*zhī*
dìxiàchē 地下车 N. subway
dìxià chūbǎnwù 地下出版物 N. samizdat M: [1]*běn*
dìxià chūbǎnyè 地下出版业[-業] N. samizdat
dìxiàdǎng 地下党[-黨] N. underground political party
díxiádànggòu 涤瑕荡垢[滌-蕩-] F.E. eradicate bad habits and customs
díxiádànghuì 涤瑕荡秽[滌-蕩穢] F.E. get rid of a bad practice
dìxiàdào 地下道 N. ① tunnel ② subway
dǐxiádǎoxì 抵瑕蹈隙 F.E. ① attack sb.'s weak points ② pick holes in; find fault with
dìxià gōngchǎng 地下工厂[-廠] P.W. secret/underground factory (usu. an unlicensed factory) M: [1]*jiā*
dìxià gōngzuò 地下工作 N. secret/underground work
dìxià guǎndào 地下管道 N. underground piping
dìxià héliú 地下河流 N. subterranean river/stream
dìxià héshìyàn 地下核试验 N. underground nuclear test
dìxià huódòng 地下活动[-動] N. underground activities
dìxiàjiē 地下街 N. underground center M: [1]*tiáo*
dìxiàjīng 地下茎[-莖] N. <*bot.*> rhizome; rootstock
dìxià jīngjì 地下经济[-經濟] N. underground economy

dìxiàjūn 地下军 N. underground armed forces M: [4]zhī
dìxià kānwù 地下刊物 P.W. underground/illegal publications M: [1]fèn/[1]běn
dīxiàn 低陷 V. ① sink into sth. soft (e.g., soil) ② sunken; hollow; depressed
[1]dǐxiàn* 底线 N. ① bottom/base line M: [1]tiáo ② a planted agent
[2]dǐxiàn 底限 N. lowest limit; minimum
dìxiàn 地线 N. <elec.> ground/earth wire
dìxiāng 帝乡[-鄉] N. ① hometown of an emperor ② palace of the King of Heaven; heavenly abodes
dǐxiāo 抵消/销 V. offset; neutralize; cancel
dǐxiāo guānshuì 抵销关税[--關-] N. countervailing customs duties
dīxiāohào 低消耗 N. low consumption (of raw materials/fuel/etc.)
dìxià qiánzhuāng 地下钱庄[-錢莊] N. illegal/wildcat banks M: [1]jiā
dǐxiarén 底下人 N. servants; underlings M: ge/[1]míng
dìxià rénxíngdào 地下人行道 N. underground pedestrian walkways M: [1]tiáo
dìxià shāngchǎng 地下商场[-場] P.W. basement shops M: [1]jiā
dìxiàshì 地下室 P.W. ① rooms built below ground ② cellar ③ basement M: [1]jiān
dìxiàshuǐ 地下水 N. ground water
dìxià shuǐwèi 地下水位 N. water table
dìxiàshuǐ wūrǎn 地下水污染 N. ground water pollution
dìxiàtiě 地下铁[-鐵] N. subway; underground (railway)
dìxià tiědào 地下铁道[--鐵-] P.W. subway; underground (railway) M: [1]tiáo
dìxià wǔtīng 地下舞厅[-廳] P.W. unlicensed cabaret M: [1]jiā
dìxiàxiūwén 地下修文 F.E. A literatus has died.
dìxià zīyuán 地下资源 N. underground resources
dìxià zǔzhī 地下组织[-織] N. underground organizations
díxì bùduì 嫡系部队[-隊] N. troops under one's direct control M: [4]zhī
dīxī dàikuǎn 低息贷款 N. low-interest loans M: [2]bǐ
dì xīher 递嘻和儿[遞-] V.O. <topo.> ① smile while greeting another ② make amends; apologize
dìxìjù 递系句[遞係-] N. <lg.> ① linked phrase ② serial verb construction
dǐxīn* 底薪 N. base pay
dìxīn 地心 N. earth's core
dìxìn 递信[遞-] V.O. deliver a letter
dìxíng 地形 N. topography; terrain
dìxíngtú 地形图[-圖] N. ① topographic map ② relief map M: [1]zhāng/[1]fèn
dìxíngxiàn dìtú 地形线地图[-圖] N. contour-line map M: [1]zhāng/[1]fèn
dìxíngxué 地形学 N. topography
dìxīn xīlì 地心吸力 N. gravity; gravitation of the earth
dìxīn yǐnlì 地心引力 N. (terrestrial) gravity
dīxiōng 低胸 ATTR. low-cut (neck of a dress)
dìxiong* 弟兄 N. ① brothers ② <TW> soldiers
dìxiongmen 弟兄们 N. ① brothers ② fellow soldiers
dìxìshì 递系式[遞係-] N. <lg.> linked/telescopic form
dì-xiū-fǎn 帝修反 N. imperialists, revisionists, and reactionaries
dīxuè* 滴血 V.O. <trad.> drop blood in water to test kinship
[1]dìxué 地学 N. ① geology ② geography
[2]dìxué 地穴 N. pit
dīxuètáng 低血糖 N. <med.> hypoglycemia
dīxuèyā 低血压[-壓] N. <med.> low blood pressure
dīyā 低压[-壓] N. ① <phy.> low pressure ② <elec.> low tension ③ <met.> depression ④ voltage
dīyǎ 低哑[-啞] ATTR. low and hoarse
dǐyā* 抵押 V. mortgage
dǐyā fàngkuǎn 抵押放款 N. mortgage/secured loan; loan on security
dǐyā jièkuǎn 抵押借款 N. mortgage loan; secured loan
dīyàn* 堤堰 N. embankment; dike; levee M: [2]dào
[1]díyàn 敌焰[敵-] N. enemy's arrogance
[2]díyàn 涤砚[滌-] V.O. ① wash an ink-slab ② prepare for study
dìyán 递延[遞-] V. defer
dìyán fùzhài 递延负债[遞-] N. <acct.> deferred liabilities
dīyáng 羝羊 N. ram; he-goat
dǐyàng* 底样[-樣] N. original pattern (to be copied); sample; pattern
dīyángchùfān 羝羊触藩[--觸-] ID. on the horns of a dilemma
dīyànkuìjué 堤堰溃决[-決] F.E. dam break
dì yǎnsè(r) 递眼色(儿)[遞-] V.O. ① signal with the eyes ② wink at sb.
dīyāo 低腰 ATTR. low-waisted (of dresses)
dǐyāpǐn 抵押品 N. collateral; securities M: [2]jiàn
dǐyāquán 抵押权[-權] N. <law> right of a creditor for priority repayment of mortgage upon selling of property
dǐyāquánrén 抵押权人[--權-] N. mortgagee M: ge/[1]míng/[2]wèi
dǐyārén 抵押人 N. mortgagor M: ge/[1]míng/[2]wèi
dǐyā zīchǎn 抵押资产[-產] N. mortgaged assets M: [1]fèn
dìyè 帝业[-業] N. reign of emperor; empire
dìyègāorén 地业高人[-業--] F.E. be above others both in status and occupation
díyí 觌仪[覿儀] N. presents offered at meeting
[1]díyì* 敌意[敵-] N. enmity; hostility
[2]díyì 嫡裔 N. descendants of a legal wife M: ge/[1]míng/[2]wèi
[1]dì-yī 第一 NUM. first; primary; foremost
[2]dìyī 地衣 N. lichen
dì-yī bǎ jiāoyǐ 第一把交椅 *See dì-yī bǎ shǒu*
dì-yī bǎ shǒu 第一把手 N. first in command; number one honcho M: ge/[1]míng/[2]wèi
dì-yī chǎnyè 第一产业[-產業] N. ① primary industry ② agriculture in the broad sense
Dì-yī Cì Shìjiè Dàzhàn 第一次世界大战[-戰] N. World War I
dì-yī dài 第一代 N. first generation
dì-yī diǎn 第一点[-點] N. the first point/item/etc.
dì-yī fūrén 第一夫人 N. <loan> the first lady; wife of the president of a country M: [2]wèi
Dì-yī Guójì 第一国际[-國際] P.W. First International (1864–1876)
dì-yī lèi wùzī 第一类物资[--類--] N. goods crucial to the national economy and to the people's livelihood
dì-yī liú 第一流 ATTR. first-rate; first-class
dì-yī lún tóupiào 第一轮投票 N. first round of voting
dì-yī míng 第一名 N. the first (in competition)
dīyīn* 低音 N. ① low-pitch sound ② contralto (female) ③ alto or bass (male)
dìyīn 缔姻 V.O. form a marriage alliance
dīyīnbù 低音部 P.W. <mus.> bass section of instruments/chorus
dīyīn dàdí 低音大笛 N. bassoon M: [4]zhī
dīyīn dàtíqín 低音大提琴 N. contrabass; double bass M: [1]bǎ
díyíng 敌营[敵營] P.W. enemy camp M: [4]zuò
dīyīngǔ 低音鼓 N. bass drum M: [2]zhī/[1]miàn
dīyīnguǎn 低音管 N. <mus.> major bass M: [4]zhī
dīyīn lǎba 低音喇叭 N. woofer
dīyīn tíqín 低音提琴 N. double bass; contrabass M: [1]bǎ
dìyìnzi 地窨子 N. <topo.> basement; cellar M: [4]zuò
dì-yī pái 第一排 N. first row
dì-yī quán* 第一泉 N. top-quality spring water
dìyìquán 地役权[-權] N. <law> land-based servitude
dì-yī rénchēng 第一人称[-稱] N. <lg.> first person
dì-yī shēn 第一身 N. <lg.> first person
dì-yī shěn* 第一审[-審] N. <law> first instance
dì-yī shēn dānshù 第一身单数[-數] N. <lg.> first person singular
dì-yī shěn fǎyuàn 第一审法院[--審--] P.W. <law> court of first instance
dì-yī shēng 第一声[-聲] N. high level tone; first tone in Standard Chinese
dì-yī shìjiè 第一世界 N. First World (USA and former USSR)
dìyīshǒu 第一手 ATTR. firsthand
dìyīshǒu cáiliào 第一手材料 N. firsthand material; primary sources
dì-yī tiān 第一天 N. first day
dì-yī tīduì 第一梯队[-隊] N. first echelon (of leading personnel)
dì-yī xiàn 第一线 P.W. ① forefront; front/first line ② most crucial part of an operation
dì-yī xìng 第一性 ATTR. <phil.> primary
dì-yī xìngzhēng 第一性征[-徵] N. <bio.> primary sexual character
dì-yī xìnhào xìtǒng 第一信号系统[---號--] N. <psy.> the first signal system
dì-yī yì 第一义[-義] N. ① primary sense ② <Budd.> the supreme reality; enlightenment
díyì yízhuǎn 敌意移转[敵-轉] N. hostility displacement
dì-yī yǔyán 第一语言 N. <lg.> first language; L1
dì-yī yǔzhòu sùdù 第一宇宙速度 N. <phy.> the first cosmic speed
dì-yī zhòngyīn 第一重音 N. <lg.> primary stress
dǐyòng 抵用 ATTR. be of use/help; serve the purpose
dī-yòu 低幼 N. pre-schoolers and primary-age children
dīyú 低于[-於] V.P. be lower than
dīyǔ 低语 N. ① murmur ② aside
díyǔ 翟羽 N. pheasant feathers
dǐyù 抵御[-禦] V. resist; withstand
[1]dìyú 地舆 N. good earth
[2]dìyú 地榆 N. <bot.> burnet M: [2]kē
[1]dìyù* 地域 P.W. ① region; district; area ② land boundaries
[2]dìyù 地狱 P.W. hell; inferno M: [4]zuò
dīyuán 低原 N. low plain
dìyuán* 地缘 ATTR. regional
dì-yuàn 地院 AB./P.W. *dìzhì xuéyuàn* institute of geology
dīyuányīn 低元音 N. <lg.> low vowel
dìyuán zhànlüèxué 地缘战略学[--戰--] N. geostrategy
dìyuán zhèngzhìxué 地缘政治学 N. geopolitics
dìyuē 缔约 V.O. conclude a treaty
dìyuēfāng 缔约方 N. contracting parties
dìyuēguó 缔约国[-國] N. signatory (state) to treaty
dìyuēshuāngfāng 缔约双方[--雙-] F.E. both contracting parties
dìyù fēngōng 地域分工 N. geographical division of labor
dìyù guānniàn 地域观念[--觀-] N. regionalism
dīyún 低云[-雲] N. low clouds
dǐyùn* 底蕴 N. <wr.> ① the reality beneath the surface ② inside information; details
dìyùn 地运[-運] N. motion of the earth
dǐyùnbùxiáng 底蕴不详 ID. The true cause is unknown.
dìyútú 地舆图[-圖] N. <trad.> atlas M: [1]zhāng/[1]fèn
dǐyù wàiwǔ 抵御外侮[-禦--] V.O. resist foreign aggression
dìyùxìng 地域性 N. localism; regionalism

Dìzàng 地藏 N. <*Budd.*> Skt. Ksitigarbha; Guardian of the Earth; Bodhisattva who delivers suffering beings from the torments of Hell
dìzào 缔造 V. found; create
dìzēng 递增[遞-] V. increase progressively
dìzēng fèiyòng 递增费用[遞-] V.O./N. progressive charges
dǐzhái 邸宅 N. official residence M: [4]*zuò*
dǐzhài* 抵债 V.O. pay a debt in kind or by labor
dìzhái 第宅 N. ① mansion M: [4]*zuò* ② private home
[1]**dǐzhàng** 抵帐/账 V.O. repay a debt with sth. of equivalent value
[2]**dǐzhàng** 底帐 N. original (financial) records M: [1]*běn*/[1]*fèn*
dǐzhǎng'értán 抵掌而谈 F.E. have a close and animated talk
dízhǎngzǐ 嫡长子 N. wife's eldest son M: *ge*/[1]*míng*
dízhànqū 敌占区[敵-區] P.W. enemy-occupied territory
dìzhào 地照 N. land certificate M: [1]*zhāng*
dízhèn 敌阵[敵-] N. enemy's position
dìzhèn* 地震 N. earthquake; seism
dìzhènbiǎo 地震表 N. seismograph M: [1]*zhāng*
dìzhènbō 地震波 N. seismic/tidal wave
dìzhèndài 地震带[-帶] N. seismic belt M: [1]*tiáo*
dìzhèng 地政 N. land administration
dìzhèn guīmó 地震规模 N. earthquake magnitude
dìzhèngxué 地政学 N. geopolitics
dìzhèn hǎixiào 地震海啸[-嘯] N. seismic sea wave; tsunami
dìzhèn lièdù 地震烈度 N. earthquake intensity
dìzhènpéng 地震棚 P.W. earthquake shelter M: [4]*zuò*/*ge*
dìzhèn pòhuài qū 地震破坏区[-壞區] P.W. earthquake damage area
dìzhènqū 地震区[-區] P.W. seismic area/region
dìzhèn táizhàn 地震台站[--臺-] P.W. seismograph/seismic station
dìzhènxué 地震学 N. seismology
dìzhènyí 地震仪[-儀] N. seismograph M: [1]*tái*/[1]*jià*
dìzhèn yùbào 地震预报[-報] N. earthquake prediction/forecasting
dìzhèn zhènjí 地震震级 N. (earthquake) magnitude
dìzhènzhì 地震志 N. seismography M: [2]*bù*/[1]*běn*/[4]*cè*
dīzhī 低脂 ATTR. low-fat
dīzhì 低智 ATTR. mentally retarded
dǐzhǐ 底止 N. <*wr.*> end; termination
[1]**dǐzhì** 抵制 V. ① boycott ② resist
[2]**dǐzhì** 底滞[-滯] V. clog; obstruct; hamper; hinder
dìzhī 地支 N. the twelve Terrestrial Branches used in calculation with the Celestial Stems
dìzhǐ* 地址 N. address; location
[1]**dìzhì** 地质[-質] N. geology
[2]**dìzhì** 帝制 N. ① autocratic monarchy ② institutions of an empire
[3]**dìzhì** 地志 N. ① topology ② district/local history M: [1]*běn*/[2]*bù*/[4]*cè*
[4]**dìzhì** 帝雉 N. <*zoo.*> mikado pheasant M: [2]*zhī*
dìzhǐ cúnchǔqì 地址存储器 N. <*comp.*> address memory M: [2]*zhī*
dīzhìliàng 低质量[-質-] N. low; inferior
dìzhì shídài 帝制时代[--時-] N. the imperial era
dìzhìtú 地质图[-質圖] N. geologic map M: [1]*zhāng*
dǐzhì wàihuò 抵制外货 V.O. boycott foreign goods
[1]**dìzhìxué** 地质学[-質-] N. geology
[2]**dìzhìxué** 地志学 N. topology
dìzhìxuéjiā 地质学家[-質--] N. geologist M: *ge*/[1]*míng*/[2]*wèi*
dìzhì xuéyuàn 地质学院[-質--] P.W. institute of geology
dīzhī yǐnshí 低脂饮食 N. low-fat diet
dīzhìyōujià 低质优价[-質優價] F.E. low quality and high price
dìzhì zhànzhēng 地质战争[-質戰爭] N. geowarfare M: [3]*cháng*
Dìzhōng Hǎi 地中海 P.W. Mediterranean Sea
dízhòngwǒguǎ 敌众我寡[敵眾-] F.E. be outnumbered by the enemy
dìzhóu 地轴 N. earth's axis
dīzhū 滴珠 N. globules of glaze running beyond the main mass of glaze (of pottery)
dīzhù 滴注 V. ① distill ② instill
dízhù 敌住[敵-] R.V. hold the enemy at bay
[1]**dǐzhù** 抵住 R.V. resist; hold out
[2]**dǐzhù** 砥柱 N. ①indomitable power ②mainstay
dìzhǔ* 地主 N. ① landlord ② host M: *ge*/[1]*míng*
dīzhuàng 滴状[-狀] ATTR. drop-shaped
dìzhǔguó 地主国[-國] N. host country
dìzhǔ jiējí 地主阶级[--階-] N. landlord class
dìzhǔpó 地主婆 N. <*PRC*/*derog.*> landlord's wife M: *ge*/[1]*míng*
dìzhǔzhīyì 地主之谊 N. the friendship/hospitality of a host
dīzi 滴子 N. string of pearls
dízi 笛子 N. bamboo flute M: [4]*zhī*/[2]*gēn*
dízǐ 嫡子 N. <*trad.*> offspring by one's formal wife
dǐzi 底子 N. ① bottom; base ② foundation ***Tā de Zhōngwén ~ hěn hǎo.*** He has a solid grounding in Chinese. ③ rough draft or sketch ④ copy kept as a record ⑤ remnant ⑥ ground; background (of cloth/fabric) ⑦ shoe sole
dǐzǐ 诋訾 V. slander; defame
dìzi 地子 N. background; ground
dìzǐ* 弟子 N. ① disciple; pupil; follower ② youngster M: *ge*/[1]*míng*
dǐzi báo 底子薄 V.P. be at a low starting point; have a poor foundation
dīzīshì 低姿势[-勢] N. low posture
dīzītài 低姿态[-態] N. low profile
dìzū 地租 N. land/ground rent
dǐzú'érmián 抵足而眠 F.E. share the same bed
dǐzuì 抵罪 V.O. give fitting punishment for a crime
dízuìsuǒ 涤罪所[滌-] N. <*rel.*> purgatory
dǐzuò(r)* 底座(儿) N. base; pedestal; foundation
dìzuò 帝作/祚 N. <*wr.*> throne
[1]**dōng** 东[東] N. ①east ②master; owner ③host ④ Surname ♦CONS. ① ~ *v.1 xī v.2 (where v.1 v.2 is a compound verb)* v.1 v.2 east and west or left to right or haphazardly ~***lā xīchě*** ramble ② ~ *X xī X/Y* here X there X/Y ~ ***yījù xī yījù*** talk incoherently ~***bēn-xīzǒu*** bustle about
[2]**dōng** 冬 N. ① winter ② <*coll.*> year ♦ON. rat-a-tat
[3]**dōng** 咚 ON. rub-a-dub; rat-a-tat
[4]**dōng** 氡 N. <*chem.*> radon
[5]**dōng** 鸫[鶇] B.F. birds of Turdus family and genus ***wūdōng***, ***cháodōng***
[6]**dōng** 蝀 in ***dìdōng***
[1]**dǒng** 懂 V. understand; know
[2]**dǒng** 董 N. Surname
[1]**dòng*** 动[動] V. ① move ***Wǒ nábù~.*** I can't carry it. ② act; get moving ③ change ***Zhǐyào ~ yī ge zì zhè jù huà jiù tōng le.*** Just change one word and the sentence will read smoothly. ④ use ⑤ arouse
[2]**dòng** 洞 N. hole; cavity; cave ♦ADV. penetratingly; thoroughly ♦NUM. *used over the telephone* zero
[3]**dòng** 冻[凍] V. ① freeze ② feel very cold; be frostbitten ♦B.F. jelly ***guǒdòng***
[4]**dòng** 栋[棟] M. *for houses* ♦N. <*wr.*> ridgepole
[5]**dòng** 恫 B.F. fear; frighten [1]***dònghè See also*** [3]*tōng*
[6]**dòng** 峒/硐 B.F. mountain cave [2]***píngdòng See also*** *Dòng*
[7]**dòng** 胴 B.F. torso ***dòngtǐ***, ***shēndòng***
[8]**dòng** 胨[腖] N. <*chem.*/*bio.*> peptone
Dòng 侗/峒 N. Dong (Tung) ethnic minority ***See also*** [7]*tóng*, [6]*dòng*
dōng'àn 东岸 P.W. east coast/bank
Dōng-Ào-huì 冬奥会[-奧-] AB. *Dōngjì Àoyùnhuì*
Dōngbànqiú 东半球 P.W. Eastern Hemisphere
dōngběi 东北 P.W. ① the northeast ② Northeast China; Manchuria
dōngběibù 东北部 P.W. northeast(section)
dōngběi dìfāng 东北地方 P.W. northeast region
dōngběifāng 东北方 P.W. the northeast direction
dōngběifēng 东北风 N. northeastern wind M: [1]*zhèn*
dōngběijiǎo 东北角 P.W. the northeast corner
dōngběi jìhòufēng 东北季候风 N. northeastern monsoon
Dōngběi jiǔ shěng 东北九省 P.W. the nine provinces in the northeast region
Dōngběijūn 东北军 P.W. <*hist.*> The Northeast Army M: [4]*zhī*
dōngběiqū 东北区[-區] P.W. the northeast district
Dōngběiyà 东北亚[-亞] P.W. Northeast Asia
dōngbēnxīcuàn 东奔西窜[-竄] F.E. flee in all directions
dōngbēnxīpǎo 东奔西跑 F.E. run in circles
dōngbēnxīzǒu 东奔西走 F.E. run about busily
dòngbǐ 动笔[動筆] V.O. start writing
dōngbian 东边[-邊] P.W. the east
dòng-bīn 动宾[動賓] N. <*lg.*> verb-object
dòng-bīn cízǔ 动宾词组[動賓-] N. <*lg.*> verb-object phrase
dòng-bīn fùhécí 动宾复合词[動賓複-] N. <*lg.*> verb-object compound
[1]**dòngbīng** 冻冰 V. freeze
[2]**dòngbīng** 动兵[動-] V.O. ① move troops ② send out troops to fight
dòng-bīn hécí 动宾合词[動賓-] N. <*lg.*> verb-object compound
dòng-bīn jiégòu 动宾结构[動賓-構] N. <*lg.*> verb-object construction
dòng-bīnshì 动宾式[動賓-] N. <*lg.*> verb-object construction
dòng-bīn zhǔtí tíqiánjù 动宾主题提前句[動賓-] N. <*lg.*> V.O.-topicalization construction
Dǒng Bìwǔ 董必武 (1886–1975) N. Communist representative in the Chinese delegation to the UN in 1945; vice and acting president of PRC 1950–1975
dòngbǐzuòwén 动笔作文[動筆-] V.P. start writing
dōngbō 冬播 N. winter sowing
Dōngbólín 东柏林 P.W. East Berlin
dōngbù* 东部 P.W. east
dòngbǔ 动补[動補] N. <*lg.*> verb complement
Dōngbù Biāozhǔn Shíjiān 东部标准时间[--標準時-] N. Eastern (Standard) Time
dòngbude 动不得[動-] R.V. be untouchable
dòngbudòng(r) 动不动(儿)[動-動-] V.P. ① easily; at the slightest provocation ***Tā ~ jiù shēngqì.*** He's got a hair-trigger temper. ② frequently; at every turn
dòng-bǔ jiégòu 动补结构[動補-構] N. <*lg.*> verb-complement construction
dōngbùlā 冬/东不拉 N. <*mus.*> dombura (a Kazak stringed instrument) M: [1]*bǎ*
dòngbuliǎo 动不了[動-] R.V. be unable to move
dòng-bǔshì 动补式[動補-] N. <*lg.*> verb-complement construction
dòngbuzháo 冻不着[-著] R.V. be impervious to cold
dōngcài 冬菜 N. preserved leafy vegetables
dōngcáng 冬藏 ATTR. stored for winter
dòngcáng* 冻藏 V. refrigerate
dōngcè 东厕[-廁] N. latrine
dòngchá 洞察 V. see clearly; have insight into
dòngchálì 洞察力 N. insight; discernment
dòngchá liáofǎ 洞察疗法[--療-] N. insight therapy
dòngchǎn 动产[動產] N. movable property; personal effects
dòngchǎn dǐyā 动产抵押[動產-] N. chattel mortgage

Dōngchǎng 东厂[-廠] N. secret police set up by Ming eunuchs
dōngchāoxīxí 东抄西袭 F.E. plagiarize from various sources
dòngcháqíshì 洞察其事 V.O. look into the matter
dòngcháqiūháo 洞察秋毫 V.O. be perceptive of the minutest detail
dòngcháqíyì 洞察其意 V.O. penetrate sb.'s intention/design
dòngchá shìfēi 洞察是非 V.O. see clearly the rights and wrongs of the case
dòngchá wèilái 洞察未来 V.O. see into the future
dòngchá yīqiè 洞察一切 V.O. have a keen insight into everything
dòngchè 洞彻[-徹] V. understand thoroughly; see clearly
dōng chě húlu xī chě piáo 东扯葫芦西扯瓢[---蘆---] V.P. <topo.> talk aimlessly
dòngchèwēiyǐn 洞彻微隐[-徹-隱] V.O. see into the secret
dōngchě-xīlāo 东扯西唠[-嘮] V.P. <coll.> chew the rag
dōngchóng-xiàcǎo 冬虫夏草[-蟲--] N. <Ch. med.> cordyceps
dōngchōng-xītū 东冲西突[-衝--] V.P. thrust here and strike there
dòngchǔ 冬储 V. store away in winter ♦N. winter preservation (of plants and vegetables)
dòngchuān 洞穿 V. ① pierce/bore (a hole) ② have an insight into; understand fully
dōngchuáng 东床 N. son-in-law M: [2]wèi
dòngchuāng* 冻疮[-瘡] N. <med.> ① chilblain ② frostbite
dōngchuángkuàixù 东床快婿 N. son-in-law M: [2]wèi
dōngchuāngshìfā 东窗事发[-發] ID. come to the light (of a plot/secret/etc.)
dōngchuángtǎnfù 东床坦腹 ID. ideal son-in-law
dōngchūnzhījiāo 冬春之交 N. at the end of winter and the beginning of spring
dòngcí 动词[動-] N. <lg.> verb
dòngcí biànhuà 动词变化[動-變-] N. <lg.> conjugation
dòngcí chóngfù 动词重复[動-複] N. <lg.> verb copying
dòngcí chóngfùjù 动词重复句[動--複-] N. <lg.> verb-copying construction
dòngcí cíjù 动词辞句[動-辭-] N. <lg.> verb phrase
dòngcí cíxíng biànhuà 动词词形变化[動---變-] N. <lg.> conjugation
dòngcí cízǔ 动词词组[動-] N. <lg.> verb phrase
dòngcí de bǔyǔ 动词的补语[動--補-] N. <lg.> verb complement
dòngcí de zhùmíngcí 动词的助名词[動-] N. <lg.> auxiliary noun for verbs
dòngcí duǎnyǔ 动词短语[動-] N. <lg.> verb/verbal phrase; VP
dòngcí fēnlèi 动词分类[動-類] N. <lg.> classification of verbs
dòngcí jiégòu 动词结构[動-構] N. <lg.> verbal expression
dòngcí jiégòu liányòngshì 动词结构连用式[動--構---] N. <lg.> verbal expression in series
dòngcí piànyǔ 动词片语[動-] N. <lg.> verb phrase
dòngcíshì 动词式[動-] N. <lg.> verb form
dòngcí shùyǔ 动词述语[動-] N. <lg.> verbal expression
dòngcí wèiyǔ 动词谓语[動-] N. <lg.> verbal predicate
dòngcí wèiyǔjù 动词谓语句[動-] N. <lg.> sentence with a verbal predicate; verbal sentence
dòngcíxìng 动词性[動-] ATTR. <lg.> verbal
dòngcíxìng chéngfèn 动词性成分[動-] N. <lg.> verbal element
dòngcíxìngcí 动词性词[動-] N. <lg.> verbal
dòngcí xiūshìyǔ 动词修饰语[動-] N. <lg.> verb modifier
dòngcí yuánshì 动词原式[動-] N. <lg.> infinitive
dòngcí yǔcí 动词语辞[動-辭] N. <lg.> verb phrase
dòngcízǔ 动词组[動-] N. <lg.> verb phrase
dōngcòu-xībǔ 东凑西补[-湊-補] V.P. make up a deficiency by funds from elsewhere
dòngcū 动粗[動-] V.O. resort to violence
dòngdá 洞达[-達] V. understand thoroughly
dòngdàng 动荡[動蕩] S.V. suffer unrest/upheaval
dòngdàngbù'ān 动荡不安[動蕩-] F.E. upheaval; unrest
dòngdàngbùwěn 动荡不稳[動蕩-穩] F.E. shaky and unstable
dōngdàngxīdàng 东荡西荡[-蕩-蕩] V.P. prowl about
dòngdāo 动刀[動-] V.O. start a knife/sword fight
dòngdāodòngqiāng 动刀动枪[動-動槍] V.P. ① resort to violence ② start a war
dōngdàoguó 东道国[-國] N. host country
dǒng dàoli 懂道理 V.O. ① be reasonable/considerate ② understand the rational
dōngdǎoxīwāi 东倒西歪 F.E. ① stagger around ② be dilapidated
dōngdàozhǔ 东道主 N. host M: ge/[2]wèi
dòngdáshìlǐ 洞达事理[-達--] F.E. be sensible
Dōngdé 东德 P.W. East Germany
dǒngde* 懂得 V.P. understand; know
dòng de huāng 冻得慌 R.V. feel bitterly cold
dòng de qìguān 动的器官[動-] N. dynamic organ
dòngdì 冻地 N. frozen ground
dōngdiàn 东佃 N. landlord and tenant
dòngdiàn* 动电[動電] N. dynamic electricity
dòngdiànxué 动电学[動電-] N. electrokinetics
dòngdīng 峒丁 N. soldiers from the Dong ethnic group
dōngdōng* 咚咚//冬冬 ON. rat-a-tat; thump-thump-thump
dòngdòng 洞洞 R.F. respectful; reverent; deferential
dòngdong nǎo 动动脑[動動腦] V.O. use one's head/brain
dòngdong shǒu 动动手[動動-] V.O. use one's hands
dòngdòufu 冻豆腐 N. frozen bean curd M: [2]kuài
dōngdū 东都 N. the eastern capital
dōngdù* 东渡 V. take a sea-voyage eastward (usu. to Japan)
dōngduàn 冬锻 N. winter exercise; winter physical training
dōngduǒxīcáng 东躲西藏 V.P. hide oneself from place to place
dōngduǒxīpǎo 东躲西跑 V.P. flee in terror
dōngdǔxījī 东堵西击[-擊] V.P. resist at one point and attack at another
dōngfāng* 东方 P.W. ① the east ② the East; the Orient ③ Surname
[1]dōngfáng 冬防 N. ① security measures taken in winter (e.g., against fires) ② preventive measure against winter cold
[2]dōngfáng 东房 P.W. house/room on the east side
dòngfáng 洞房 P.W. ① nuptial/bridal chamber ② inner chamber M: [1]jiān
dōngfāngdàbái 东方大白 V.P. It is bright on the eastern horizon.
dōngfāngdàgǎng 东方大港 P.W. East China harbor proposed by Sun Yat-sen
dōngfāng fābái 东方发白[--發-] V.P. daybreak
dōngfānghuà 东方化 V. orient
dòngfánghuāzhú 洞房花烛[-燭] ID. wedding festivities
dòngfáng huāzhúyè 洞房花烛夜[---燭-] F.E. wedding night
dōngfāngpòxiǎo 东方破晓[-曉] V.P. Dawn is breaking in the east
Dōngfāngrè 东方热[-熱] N. Orientalism
Dōngfāngrén 东方人 N. an Oriental
Dōngfāng wénhuà 东方文化 N. Oriental culture
Dōngfāngxué 东方学 N. Orientalism
Dōngfāng Yàoshī Jìngtǔ 东方药师净土[--藥師淨-] N. <Budd.> Pure Land of Bhaisajyaguru (the Bodhisattva of medicine)
dōngfāngyījué 东方一绝[-絕] F.E. something unique to the Orient
dōngfāngyùxiǎo 东方欲晓[-曉] F.E. Dawn is breaking.
dōngfāng zhèngcè 东方政策 N. Ostpolitik
Dōngfēi 东非 AB. *Dōng Fēizhōu*
Dōng Fēizhōu 东非洲 P.W. East Africa
dōngfēng 东风 N. ① east wind ② good (versus evil) ③ <PRC> driving force of revolution
dōngfēng chuī mǎ ěr 东风吹马耳 ID. go in one ear and out the other
dōngfēngdài 东风带[-帶] N. easterlies
dōngfēngjìnchuī 东风劲吹[--勁-] F.E. <PRC> The situation is very favorable.
dōngfēng yādǎo xīfēng 东风压倒西风[--壓---] ID. Revolutionary forces are prevailing over reactionary forces.
dòngfú 栋桴 N. ridgepole
dòngfǔ* 洞府 N. ① abode of a mountain recluse ② Daoist priest M: [4]zuò
dòng-fùcí 动副词[動-] N. <lg.> verbal adverb
dōngfú-xīdǎo 东扶西倒 V.P. ① It is difficult to restore/revive (of ruined crops/etc.) ② It is difficult to make sb. a useful person.
dònggǎn 动感[動-] N. sense of movement
dòng gāngē 动干戈[動-] V.O. take up arms; go to war
dòng gānhuǒ 动肝火[動-] V.O. lose one's temper
dòng gǎnqíng 动感情[動-] V.O. be carried away by emotion; get worked up
dònggāo 冻糕 N. frozen cake M: [2]kuài
dōnggēng 冬耕 N. winter plowing
dǒng ge pì 懂个屁[-個-] V.P. <coll.> not know a damn thing
dōnggōng 东宫[-宮] P.W. crown prince's palace ♦N. ① crown prince ② Double Surname
dònggōng* 动工[動-] V.O. begin construction
dōnggū 冬菇 N. dried winter mushrooms M: [2]zhī/ge
dōngguā 冬瓜 N. wax/white gourd; "winter melon" M: [2]zhī
dōngguǎixīpiàn 东拐西骗 F.E. swindle everywhere
dōngguān 东关[-關] P.W. the east pass/etc.
dōngguàn* 冬灌 N. winter irrigation
dòngguàn 洞贯 V.P. ① penetrate through ② understand fully
dōngguān-xīwàng 东观西望[-觀--] V.P. look around
dōngguānzàibào 恫瘝/矜在抱 F.E. be concerned about the hardships of the people
dōngguāzhōng 冬瓜盅 N. soup simmered inside a whole winter melon (Guangdong)
Dōngguōxiānsheng 东郭先生 ID. a gullible softy M: ge/[2]wèi
Dōng Hǎi* 东海 P.W. ① Donghai (sea); East China Sea ② a university in Taichung, Taiwan
dònghài 冻害 N. <agr.> freeze injury
dōnghǎi'àn 东海岸 N. east coast
dōnghǎiyángchén 东海扬尘[-揚塵] F.E. unpredictability of world affairs
Dōng Hàn* 东汉[-漢] N. Eastern Han dynasty (25–220)
dònghàn 动憾[動-] V. shake (lit./fig.)
dǒngháng 懂行 V.O./S.V. <topo.> know the business
Dōnghànrén 东汉人[-漢-] N. people of the Eastern Han Dynasty
dònghào 栋号[-號] N. construction unit
[1]dònghè 恫吓[-嚇] V. threaten; intimidate
[2]dònghè 恫喝 V. browbeat; bully
dònghēi 洞黑 ATTR. dark; gloomy

dōnghōng 冬烘 ID. pedantic
dònghóng* 冻红 R.V. become red from cold
dōnghōng xiānsheng 冬烘先生 N. pedant M: ge/[2]wèi
dōnghòuniǎo 冬候鸟 N. winter bird M: [2]zhī
Dōnghú 东胡 N. <*trad.*> name of Tungusic tribes
dònghuà 动画[動畫] N. animation; animated cartoon
dònghuálún 动滑轮[動-] N. movable pulley M: [2]zhī
dònghuàn 动换[動換] V. <*coll.*> move; stir
dònghuàpiàn 动画片[動畫-] N. (animated) cartoon M: [2]bù
dònghuà yìshù 动画艺术[動畫藝術] N. animation art
dònghuǒ(r) 动火(儿)[動-] V.O. <*coll.*> get angry; flare up
dōngjì 冬季 N. winter
[1]**dòngjī*** 动机[動-] N. motive; motivation; intention
[2]**dòngjī** 冻鸡[-雞] N. frozen chicken M: [2]zhī
dōngjia 东家 N. ① landlord ② boss; master ③ shareholder
dōngjiān 东间 P.W. room on the east side of a house
dōngjiàn 东渐 V. gradually spread eastward
dòngjiàn* 洞见 V. see clearly
Dōng Jiāng 东江 P.W. East River (tributary of the Pearl River)
dòngjiāng* 冻僵 R.V. be stiff with cold
dōngjiāngcài 东江菜 N. eastern Guangdong cuisine
dòngjiàn zhēngjié 洞见症结[--癥-] V.O. get to the heart of the problem
dōngjiāo 东郊 P.W. eastern suburbs
Dōngjiāomínxiàng 东交民巷 P.W. <*hist.*> Legation Quarter in Peking
Dōngjì Àoyùnhuì 冬季奥运会[--奧運-] P.W. Winter Olympic Games
Dōngjié 冬节[-節] N. Winter Solstice (22nd solar term)
dòngjié* 冻结 V. freeze (lit./fig.)
dòngjié chéng 冻结成 R.V. frozen into
dòngjiècí 动介词[動-] N. <*lg.*> coverb
dòngjié wàihuì 冻结外汇[-匯] N./V.O. blocked exchange
dōngjiè-xīhuán 东借西还[-還] V.P. rob Peter to pay Paul
dòngjié zīchǎn 冻结资产[-產] N./V.O. frozen assets
dòng-jiè zǔhé 动介组合[動-] N. <*lg.*> verb and preposition
dòngjīlùn 动机论[動-] N. motivism
dōngjìn 东进[-進] V. advance eastward
Dōng Jìn* 东晋[-晉] N. Eastern Jin dynasty (317-420)
dōngjīng 东经[-經] N. east longitude
Dōngjīng 东京 P.W. ① eastern capital ② Tokyo ③ Luoyang (in the Han/Tang dynasty) ④ Kaifeng (in the Song dynasty)
dòngjìng* 动静[動靜] N. ① sound of movement ② movement; activity ③ signs of action (being taken)
Dōngjīngrén 东京人 N. the Tokyoites
dōngjǐngrtiān 冬景儿天 N. <*coll.*> winter
Dōngjīng Wān 东京湾[-灣] P.W. ① Gulf of Tonkin ② Tokyo Bay
dōngjì shīgōng 冬季施工 N. winter construction
Dōngjì Shìjiè Yùndònghuì 冬季世界运动会 [----運動-] N. Winter International Games
dōngjì zuòwù 冬季作物 N. winter crops M: [1]zhǒng
Dòngjù 侗剧[-劇] N. Dong opera M: [2]bù/[2]mù
dòngjué 洞觉[-覺] V. see and understand clearly
dòngjūliūr 冻拘溜儿 V.P. <*coll.*> curled up with cold
Dōngjūn 东君 N. ① god of spring ② sun god
dòngkāi 洞开[-開] R.V. open widely
dòngkǒng 洞孔 N. hole
dòngkǒu 洞口 N. entrance to a cave
dòng kǒu bù dòngshǒu 动口不动手[動--動-] V.P. argue without coming to blows
dòngkū 洞窟 N. cave; cavern M: [4]zuò
dōngkuāng-xīpiàn 东诓西骗 V.P. swindle on all sides
dōnglái 东来 V. come to the east
dōnglā-xīchě 东拉西扯 V.P. ramble (of speech)
dònglì 动力[動-] N. ① (motive) power; force; impetus ② <*phy.*> power; dynamic force
dōngliàn 冬炼[-煉] N. winter exercise; winter physical training
dòngliáng* 栋梁 N. ① ridgepole ② pillar of the state
dòngliàng 动量[動-] N. ① <*phy.*> momentum ② <*lg.*> verbal measure word
dòngliàngcí 动量词[動-] N. <*lg.*> verb/verbal measure word
dòngliángzhīcái 栋梁之材 ID. ① the mainstay of a cause ② sb. with the makings of a statesman M: [1]míng/[2]wèi ③ person of great ability and tremendous potential M: [1]míng/[2]wèi
dòngliángzhīqì 栋梁之器 ID. sb. of great ability and tremendous promise
dònglìchǎn 动力铲[動-鏟] N. power shovel
dòngliè 冻裂 V. crack as result of freezing/cold
dònglìjī 动力机[動-] N. engine; motor M: [1]tái/[1]jià
dǒng lǐmào 懂礼貌[-禮-] V.O. have good manners
Dōnglín Dǎnghuò 东林党祸[-黨禍] N. Eastern Grove Academy Disturbance (Late Ming political strife spearheaded by scholars in Jiangsu against eunuch power)
dōnglìng* 冬令 N. ① winter ② winter climate
dònglìng 动令[動-] N. order to initiate action
dōnglìng jiùjì 冬令救济[-濟] N. relief of the poor during winter months
dōnglíng-xīluàn 东零西乱[-亂] V.P. in complete disarray/disorder
dōnglìngyíng 冬令营[-營] N. winter camp M: [4]zuò
dōnglín-xīshè 东邻西舍[-鄰--] N. neighbors
dōnglínxīzhǎo 东鳞西爪 ID. fragments; odds and ends
dōngliú-xīcuàn 东流西窜[-竄] V.P. roam about; drift around
dònglìxué 动力学[動-] N. dynamics; kinetics
dònglì yìshù 动力艺术[動-藝術] N. kinetic art
dònglóng 栋隆 N. a man of great statesmanship
dòngluàn 动乱[動亂] N. turmoil; upheaval; disturbance
dònglún 动轮[動-] N. wheel M: [2]zhī
dōngmài 冬麦[-麥] N. winter wheat
dòngmài* 动脉[動脈] N. <*phys.*> artery M: [1]tiáo
dòngmàiliú 动脉瘤[動脈-] N. aneurysm
dòngmài yìnghuà 动脉硬化[動脈-] N. <*med.*> arteriosclerosis
dòngmào 动貌[動-] N. <*lg.*> aspect
dòngmào biāozhì 动貌标志[動-標-] N. <*lg.*> aspect marker
dōngmén 东门 N. east gate (of a city wall)
Dōng-Méng 东盟 AB. *Dōngnányà Guójiā Liánméng*
dōngmian(r) 东面(儿) P.W. east ♦V. face east
dōngmián* 冬眠 N. <*bio.*> hibernation
dòng-míngcí 动名词[動-] N. <*lg.*> gerund; verbal noun
dòng-míngcí héchéng jiégòu 动名词合成结构[動-構] N. <*lg.*> gerundial complex
dòngmíngshìgù 洞明世故 F.E. have seen the ways of the world
dòngmócā 动摩擦[動-] N. <*phy.*> kinetic/dynamic friction
dòngmócālì 动摩擦力[動-] N. <*phy.*> kinetic/dynamic friction force
[1]**dòngmù** 冻木 R.V. be numb or frozen stiff with cold
[2]**dòngmù** 动目[動-] V.O. ① look attentively ② attract one's attention
dòngmùzhīzuò 动目之作[動-] N. a work that attracts attention
dōngnán 东南 P.W. ① southeast ② Southeast China
dōngnán'àn 东南岸 P.W. southeast coast
dōngnánbù 东南部 P.W. the southeast
dōngnánfāng 东南方 P.W. the southeast
dōngnánfēng 东南风 N. southeast wind M: [1]zhèn
dōngnánjiǎo 东南角 P.W. southeast corner
dōngnánmiàn 东南面 P.W. the southeast
dōngnánqū 东南区[-區] P.W. the southeast district
dōngnánxīběi 东南西北 F.E. all directions
Dōngnányà 东南亚[-亞] P.W. Southeast Asia
Dōngnányà Guójiā Liánméng 东南亚国家联盟[--亞國-聯-] P.W. ASEAN (Association of South-Eastern Asian Nations)
dòngnáo 栋挠[-撓] V.P. a weak beam
dòng nǎojīn 动脑筋[動腦-] V.O. ① use one's brains ② scheme to get sth. coveted
dòng nǎozi 动脑子[動腦-] V.O. use one's head/brain
dòng-něi 冻馁 V.P. cold and hungry
dòngněijiāojiā 冻馁交加 F.E. cold accompanied by hunger
dòngněizhīkǔ 冻馁之苦 N. the sufferings of cold and hunger
dòngnéng 动能[動-] N. kinetic energy
dòngniàn 动念[動-] N. <*lg.*> move
dòng niàntou 动念头[動-] V.O. ① think of a plan ② plot
dòngníng 冻凝 R.V. congeal
dōngniǔ-xīniē 东扭西捏 V.P. be affected and unnatural
dòngnù 动怒[動-] V.O. lose one's temper; flare up
dōngnuǎnxiàliáng 冬暖夏凉[-涼] F.E. cool in summer and warm in winter
dōngnuó-xījiè 东挪西借 V.P. borrow all around
Dōng Ōu 东欧[-歐] P.W. Eastern Europe
dōngpǎo-xīdiān 东跑西颠 V.P. run about (busily)
dōngpǎo-xīliù 东跑西蹓 V.P. gad about
dōngpiānběi 东偏北 N. east by north
dòngpínghéng 动平衡[動-] N. <*phy.*> balance in motion
dōngpíng-xīdàng 东平西荡[-蕩] V.P. conquer east and west
dōngpīn-xīcòu 东拼西凑[-湊] V.P. scrape together
dòngpòjīngxīn 动魄惊心[動-驚-] F.E. profoundly affecting; struck with fear
Dōngpōròu 东坡肉 N. steamed pork named after Su Dongpo
dòngqì 动气[動氣] V.O. <*coll.*> take offense; get angry
dòngqiānhù 动迁户[動遷-] N. households to be relocated by the government M: [1]jiā/[1]hù
dōngqiān-xīxi 东迁西徙[-遷--] V.P. drift about
dōngqiáo-xīwàng 东瞧西望 V.P. look furtively everywhere
dòngqǐ gānhuǒ 动起肝火[動-] V.O. fly into a rage
dòngqǐ gōngfèn 动起公愤[動-] V.O. arouse public wrath
dōngqīng 冬青 N. <*bot.*> ① Ch. ilex ② holly
dòngqíng* 动情[動-] V.O. ① get worked up ② become enamored ③ have one's (sexual) passions aroused
dǒngqīngchǔ 懂清楚 R.V. understand clearly
dǒng qínglǐ 懂情理 V.O./S.V. be reasonable and understanding
dōngqīngshù 冬青树[-樹] N. evergreen M: [2]kē
dòng qíngsù 动情素[動-] N. estrogen
dōngqiúxiàgě 冬裘夏葛 F.E. wear furs in winter and coarse clothes in summer
[1]**dòngr** 洞儿 N. cave; hole; pit
[2]**dòngr** 冻儿 N. jelly
dōngrén 东人 N. employer; master
[1]**dòngrén*** 动人[動-] S.V. moving; touching ♦V.O. arouse interest/passion/feelings
[2]**dòngrén** 冻人 S.V. freezing cold

Dòngrén 侗/峒人 N. people of the Dong ethnic minority

dòngrén'ěrmù 动人耳目[動-] V.O. be pleasant to one's ears and eyes

dòngrénfèifǔ 动人肺腑[動-] V.O. touch one's heart

dǒng rénqíng 懂人情 V.O. be sympathetic/generous/etc.

dòngréntīngwén 动人听闻[動-聽-] V.P. excite one to hear about

dòngrénxīnkǎn 动人心坎[動-] V.O. speak to one's heart

dòngrénxīnpò 动人心魄[動-] V.P. move/touch one's heart and soul

dòngrénxīnxián 动人心弦[動-] V.O. tug at one's heartstrings

dǒng rényì 懂人意 V.O./S.V. understand the ideas of man

dōngrì 冬日 N. ① the winter sun ② winter ③ a Surname

dòngróng 动容[動-] V.O./S.V. <wr.> be visibly moved

dòngròu 冻肉 N. ① jellied meat ② frozen meat

dòngruǎn 动软[動-] V.O. use a carrot approach

dòngruòguānhuǒ 洞若观火[--觀-] ID. understand thoroughly

dòngrútuōtù 动如脱兔[動-] ID. as nimble as an escaping hare when going into action

Dōngsānshěng 东三省 P.W. Three Eastern Provinces (Heilongjiang, Jilin, and Liaoning); Manchuria

dòngshāng 冻伤[-傷] R.V./N. frostbite

dōngshǎn-xīduǒ 东闪西躲 V.P. hide oneself from place to place

dōngshānzàiqǐ 东山再起 ID. stage a comeback

Dōngshā Qúndǎo 东沙群岛[-島] P.W. Dongsha or Pratas Islands

dòngshēn 动身[動-] V.O. leave on a journey

dōngshēng 东升 V. rise in the east

dòngshēng dòngcí 动声动词[動聲動-] N. <lg.> verb of vocal action

[1]dǒngshì* 懂事 V.O./S.V. be sensible

[2]dǒngshì 董事 N. ① director ② trustee M: *ge/[1]míng/[2]wèi*

dòngshí 冻石 N. steatite M: *[2]kuài*

dǒngshìhuì 董事会 N. board of directors M: *cì/ge*

dōngshīxiàopín 东施效颦/矉 ID. ludicrous attempt to imitate

dōngshí-xīsù 东食西宿 V.P. ① without a definite place for board or lodging; make full use of the advantages offered ② very greedy

dǒngshìzhǎng 董事长 N. board chair M: *[1]míng/[2]wèi*

dòngshǒu(r) 动手(儿)[動-] V.O. ① start action ② touch; handle ③ strike; hit ***Tā xiān dòng de shǒu.*** He's the one who struck first.

dòngshǒu-dòngjiǎo 动手动脚[動-動腳] V.P. ① misbehave ② take liberties (with women)

dòngshǒu jiù gàn 动手就干[動-幹] V.P. do sth. at once

dòng shǒushù 动手术[動-術] V.O. ① <med.> perform an operation ② be operated on ③ consolidate; set things right ④ handle

dòngsǐ 冻死 R.V. freeze to death

dōngsǔn 冬笋[-筍] N. winter bamboo shoots M: *[2]zhī*

dòngtài 动态[動態] N. ① trends; development ② situation ③ dynamic state ④ <lg.> state

dòngtài bǐlǜ 动态比率[動態-] N. dynamic ratios

dòngtài dòngcí 动态动词[動態動-] N. <lg.> dynamic/actional/volitional verb

dòng tàidù 动态度[動態-] V.O. get angry; lose one's temper

dòngtài duìděng 动态对等[動態對-] N. <lg.> dynamic equivalence

dòngtài duìděngcí 动态对等词[動態對-] N. <lg.> dynamic equivalent

dòngtài guīhuà 动态规划[動態-劃] N. <lg.> dynamic programming

dòngtài pínghéng 动态平衡[動態-] N. <phy.> dynamic equilibrium

dòngtài xiūcí 动态修辞[動態-辭] N. <lg.> dynamic rhetoric

dòngtài yìshù 动态艺术[動態藝術] N. kinetic art

dòngtài yǔyánxué 动态语言学[動態-] N. <lg.> dynamic linguistics

dōngtǎn 东坦 N. son-in-law

dòngtan* 动弹[動-] V. ① move; stir ② <coll.> work

dòngtan bànbèizi 动弹半辈子[動-] V.P. <coll.> do hard physical labor for half a lifetime

dòngtan bude 动弹不得[動-] R.V. cannot move a step

dōngtáo-xīcuàn 东逃西窜[-竄] V.P. be driven from pillar to post

dòngtǐ 胴体[-體] N. trunk (esp. of a slaughtered animal)

dōngtiān* 冬天 N. winter

dòngtiān 洞天 N. a heavenly abode; fairyland

dòng tiāndì qì guǐshén 动天地泣鬼神[動-] ID. very touching

dòngtiān-fúdì 洞天福地 N. fairyland; famous hills and scenic spots M: *[1]piàn/[4]zuò*

dòngtīng 动听[動聽] S.V. pleasant to listen to

dòngtīngzhīyán 动听之言[動聽-] N. words that excite a desire to hear

dōngtóu(r) 东头(儿) P.W. ① eastern end ② the east

dōngtǔ 东土 P.W. ① land in the east ② Japan

[1]dòngtǔ* 动土[動-] V.O. break ground; start building

[2]dòngtǔ 冻土 N. frozen earth

dòngtǔcéng 冻土层[-層] N. layer of frozen earth; permafrost M: *[1]céng*

dōngtú-xīmǒ 东涂西抹[-塗--] V.P. scribble; daub

Dōng Wèi 东魏 N. Eastern Wei dynasty (534–550)

dōngwēn 冬瘟 N. winter grippe

dòngwèn* 动问[動-] INTJ. <topo.> ① excuse me; please ② may I ask

dōngwēnxiàqìng 冬温夏凊 ID. be very attentive to one's parents

dòngwō(r) 动窝(儿)[動窩] V.O. ① start moving ② leave a former position/place

dōngwū 东屋 P.W. a room on the east side M: *[1]jiān*

dòngwǔ 动武[動-] V.O. resort to force; come to blows

dòngwù* 动物[動-] N. animal

dòngwùbīng 动物兵[動-] N. army animal (e.g., horse/dog)

Dōngwú Dàxué 东吴大学 P.W. Suzhou University

dòngwù fēnlèi 动物分类[動-類] N. classification of animals

dòngwù fúhàoxué 动物符号学[動--號-] N. zoosemiotics

dòngwùjiāo 动物胶[動-膠] N. gelatin

dòngwùjiè 动物界[動-] N. animal kingdom

dòngwù míngcí 动物名词[動-] N. <lg.> animate noun

dòngwù qūxì 动物区系[動-區-] N. fauna

dòngwù shēngtàixué 动物生态学[動--態-] N. animal ecology

dòngwùtǐ 动物体[動-體] N. animal body

dòngwùxiàng 动物相[動-] N. animal likeness

dòngwùxìng 动物性[動-] N. animateness

dòngwù xíngwéi 动物行为[動-] N. animal behavior

dòngwùxué 动物学[動-] N. zoology

dòngwùxuéjiā 动物学家[動-] N. zoologist M: *ge/[1]míng/[2]wèi*

dòngwùyóu 动物油[動-] N. animal oil

dòngwùyuán 动物园[動-園] N. zoological garden; zoo M: *[4]zuò*

dòngwù yǔyán 动物语言[動-] N. animal language

dòngwùzhì 动物志[動-] N. fauna (book) M: *[2]bù/[1]běn*

dōngxi* 东西 N. ① thing ② creature ***Zhēn bùshì ~!*** What a contemptible creature! ***See also** dōng-xī*

dōng-xī 东西 N. east and west ***See also** dōngxi*

dòngxī 洞悉 V. know clearly; understand thoroughly

dōngxià 冬夏 N. ① winter and summer ② a year

dōngxián* 冬闲 N. slack winter season

dòngxiān 洞仙 N. genies living in caves

dòngxiàng 动向[動-] N. trend; tendency

dòngxiàngbùmíng 动向不明[動-] V.P. It is uncertain which way one will go.

Dōngxiāngzú 东乡族[-鄉-] N. Dongxiang (Tunghsiang) ethnic minority

dòngxiāo 洞箫[-簫] N. vertical bamboo flute M: *[4]zhī*

dòngxiǎo* 洞晓[-曉] V. know clearly

dōngxiǎomài 冬小麦[-麥] N. winter wheat

dòngxī dǐyùn 洞悉底蕴 V.O. know clearly the inside information

dōng-xī duìhuà 东西对话[--對-] N. cooperation between China's more developed eastern areas and the western areas of rich resources; dialog between East and West

dōngxīluànchuǎng 东西乱闯[--亂-] F.E. dash hither and thither in disorder

dòngxīn 动心[動-] V.O./S.V. ① be moved/aroused ② show interest

dōngxīnánběi 东西南北 F.E. the four directions

dòngxíng* 动刑[動-] V.O. torture

dòngxìng 动性[動-] N. mobility

dōngxíngchūnlìng 冬行春令 F.E. a spring-like winter

dòng-xíngcí 动形词[動-] N. <lg.> participle

dòngxiōng 动凶[動-] V.O. resort to violence

dòngxióng* 洞熊 N. <zoo.> cave bear

dòngxīqíjiān 洞悉其奸 F.E. see through a trick

dòngxīwúyí 洞悉无遗 F.E. understand thoroughly

dōngxí-xīchāo 东袭西抄 V.P. make a surprise attack on the enemy

dōngxué 冬学 N. winter-time study

dòngxué* 洞穴 P.W. cave; cavern

dòngxué duījī 洞穴堆积[-積] N. <archeo.> cave accumulation

dòngxuémù 洞穴墓 N. catacomb M: *[4]zuò*

[1]dōngxùn 冬汛 N. winter fishing season

[2]dōngxùn 冬训 N. winter training

dōngyá 冬芽 N. winter buds in cold lands with protective tissue

Dōngyà* 东亚[-亞] P.W. East Asia

Dōngyà de yǔyán 东亚的语言[-亞---] N. <lg.> East-Asiatic language

Dōngyáng 东洋 P.W. Japan

Dōngyángchē 东洋车 N. ① Japanese-made vehicle M: *[3]liàng* ② rickshaw

Dōngyánggǒu 东洋狗 N. <hist./derog.> Japanese collaborator M: *[1]tiáo*

Dōngyángguǐ(r) 东洋鬼(儿) N. <coll./derog.> ① Japanese ② Japanese collaborator ③ Japanophile

dōngyángshēn 东洋参[-參] N. Japanese ginseng M: *[5]zhī/[4]zhī*

dōngyáng shuǐxiān 东洋水仙 N. daffodil; narcissus M: *[2]kē*

dōngyāngxīgào 东央西告 F.E. plead from one for another

dōngyǎnxīzhē 东掩西遮 F.E. constantly cover up

dòngyáo 动摇[動-] V. shake; vacillate; waver

dòngyáobēiguān 动摇悲观[動-觀] F.E. waver and grow pessimistic

dòngyáobùdìng 动摇不定[動-] F.E. waver; vacillate

dòngyáo fènzǐ 动摇分子[動-] N. waverer M: *ge/[1]míng*

dòngyáo jūnxīn 动摇军心[動-] V.O. shake the morale of the army

dòngyáo rénxīn 动摇人心[動-] V.O. sway the mind of men

dōngyáoxīhuàng 东摇西晃 F.E. roll oneself from side to side
dòngyáo yóuyù 动摇犹豫[動-猶-] V.P. irresolute and wavering
dōngyī 冬衣 N. winter clothes M: [2]*jiàn*
[1]**dòngyì*** 动议[動議] N. motion (parliamentary procedure)
[2]**dòngyì** 动意[動-] A.T. occur to someone
dōng yī jù xī yī jù 东一句西一句 V.P. drag in irrelevant matters
dōngyǐn 东引 V. lead (water/etc.) eastward
dòngyīn* 动因[動-] N. motive; fundamental reason
Dōngyìndù 东印度 N. the East Indies
Dōngyìndù Gōngsī 东印度公司 N. (British) East India Company
Dōngyíng 东瀛 P.W. ① Japan ② the Donghai (sea); the East China Sea
[1]**dòngyìng*** 冻硬 R.V. freeze hard
[2]**dòngyìng** 动硬[動-] V.O. use force (rather than persuasion)
dōng yī xià xī yī xià 东一下西一下 V.P. act aimlessly
dòngyíxūhè 恫疑虚喝[--虛-] F.E. bully; browbeat
dōngyǒng 冬泳 N. winter outdoor swimming
dòngyòng* 动用[動-] V. put to use; employ; draw on
dòngyòng gōngkuǎn 动用公款[動-] V.O. use public funds
dōngyóu 冬游 N. ① winter tour ② winter tourism
dōngyóu-xīdàng 东游西荡[-蕩] V.P. fool around
[1]**dòngyǔ** 冻雨 N. sleet
[2]**dòngyǔ** 栋宇 N. house M: [4]*zuò*
[1]**dòngyuán** 动员[動-] V.O. mobilize; arouse
[2]**dòngyuán** 冻原 N. tundra
dòngyuán dàhuì 动员大会[動-] N. mobilization meeting M: *cì/ge*
dòngyuánlìng 动员令[動-] N. mobilization order
dōngyuè 冬月 N. eleventh month of a lunar year
Dōngyuè* 东岳 N. Eastern Mountain (another name for Mount Tai)
dōngyùn 冬运[-運] N. winter transport
dōngzhāng-xīluó 东张西罗[-羅] V.P. be kept busy making ends meet
dōngzhāng-xīwàng 东张西望 V.P. look around; gaze about
dōngzhǎo-xīxún 东找西寻[-尋] V.P. look for . . . in all directions
dōngzhǎo-xīzhǎo 东找西找 V.P. look for in all directions
dōngzhé 冬蛰[-蟄] N. hibernation
dòngzhé* 动辄[動-] ADV. <*wr.*> ① easily ② frequently ③ at every turn
dòngzhécuībēng 栋折榱崩 F.E. The country is in a state of ruin.
dòngzhédǎmà 动辄打骂[動-罵] F.E. beat sb. and swear at him on the least pretext
dòngzhédéjiù 动辄得咎[動-] F.E. be blamed for whatever one does
dòngzhěgé 动者格[動-] N. <*lg.*> ergative; ergative case
dōngzhēng 东丁 ON. ① the sound of jade pendants ② the sound of dripping spring water
dòng zhēngéde 动真格的[動-] V.O. <*coll.*> take real/strong action
Dōngzhèngjiào 东正教 N. Eastern Orthodox Church
dòngzhéxùnrén 动辄训人[動-] F.E. be only too ready to lecture others
Dōngzhì 冬至 N. Winter Solstice (22nd solar term)
dōngzhìdiǎn 冬至点[-點] N. winter solstice
dòngzhíwù 动植物[動-] N. animal and vegetable life generally
Dōngzhìxiàn 冬至线 N. Tropic of Capricorn
dòngzhīyǐqíng 动之以情[動-] F.E. play on sb.'s emotions

dòngzhòngkěnqìng 洞中肯綮 F.E. hit the nail on the head
Dǒng Zhòngshū 董仲舒 (2nd cent. B.C.) N. scholar-statesman instrumental in institutionalizing Confucianism and civil-service examinations
Dōng Zhōu 东周 N. Eastern Zhou dynasty (770–256 B.C.)
dōngzhù 冬贮[-貯] N. winter preservation (of fruits and vegetables)
dòngzhú 洞烛[-燭] ID. see through; discern clearly
dòngzhù* 冻住 R.V. freeze; be frozen
dōngzhuāng 冬装[-裝] N. winter clothing
dòng-zhuàngcí 动状词[動狀-] N. <*lg.*> verbal adjective
Dǒng Zhuó 董卓 (d. 192) N. brutal militarist who dictated policy in declining years of the Han dynasty
dòngzhúqíjiān 洞烛其奸[-燭--] F.E. see through sb.'s villainy
[1]**dòngzi*** 洞子 N. ① <*topo.*> greenhouse; hothouse ② <*coll.*> cave; cavern
[2]**dòngzi** 冻子 N. jelly; coagulation (of meat broth, etc.)
dòngzì 动字[動-] N. verb
dòngzihuò 洞子货 N. <*topo.*> flowers/vegetables/etc. cultivated in a greenhouse during the winter
dōngziyuè 冬子月 N. lunar eleventh month
Dòngzú 侗/峒族 N. Dong (Tung) ethnic minority
dòngzuǐ 动嘴[動-] V.O. talk without doing
dòngzuò 动作[動-] N. movement; motion; action ♦V. act; start moving ♦SUF. -ation
dòngzuò bèidòng 动作被动[動-動] N. <*lg.*> actional passive
dòngzuò bèidòng yǔtài 动作被动语态[動--動-態] N. <*lg.*> actional passive
Dǒng Zuòbīn 董作宾[-賓] (1895–1963) N. historian, archeologist, authority on Shang oracle-bone inscriptions
dòngzuò chéngběn 动作成本[動-] N. <*acct.*> cost of operation
dòngzuò dòngcí 动作动词[動-動-] N. <*lg.*> verb of motion; action verb
dòngzuò mǐnjié 动作敏捷[動-] V.P. quick in one's movements
dòngzuò nèi dòngcí 动作内动词[動--動-] N. <*lg.*> action intransitive verb
dòngzuò wài dòngcí 动作外动词[動--動-] N. <*lg.*> action transitive verb
dòngzuò yīzhì 动作一致[動-] V.P. act in a unified way
dòngzuò zhōngshū 动作中枢[動-樞] N. motoric center
[1]**dōu*** 都 ADV. ① all ② even ③ already ***See also*** [2]*dū*
[2]**dōu** 兜 N. ① pocket ② bag ③ cloth used as wrapping ♦V. ① wrap up in sth. ② move around; detour ③ solicit ④ take responsibility for
[3]**dōu** 篼 N. container made of bamboo/cane/etc.
[4]**dōu** 蔸 M. *for trees/grass/etc.*
[1]**dǒu** 抖 V. ① tremble; shiver; shake ② rouse; stir up ③ <*slang*> show success ostentatiously ***Tā zuìjìn ~ qilai le.*** He's puffed up now (that he's been so successful.)
[2]**dǒu** 陡 S.V. steep; precipitous ♦ADV. suddenly; abruptly
[3]**dǒu** 斗 N. ① sth. shaped like a cup/dipper ② whorl (of a fingerprint) ③ <*astr.*> Big Dipper ♦M. *for grain, equal to one decaliter* ***See also*** [2]*dòu*
[4]**dǒu** 蚪 in ***kēdǒu, kēdǒuwén***
[1]**dòu** 豆 N. ① legumes; pulses; beans; peas ② ancient stemmed cup ③ hemispherical fruit bowl

[2]**dòu** 斗[鬥/鬪/鬭/鬬] V. ① fight ② vie ③ denounce ④ purge ⑤ make animals fight (as a game) ⑥ fit together ***Dàjiā ~~ xiāoxi.*** Let's pool our information. ⑦ <*topo.*> discuss; talk over; consult ***See also*** [3]*dǒu*
[3]**dòu** 逗 V. ① tease; play with ~ ***xiǎoháir*** play with a child ② amuse ♦S.V. ① <*topo.*> amusing ② <*slang*> absurd; ridiculous ③ get real; you're not serious ♦B.F. slight pause in reading ***dòuhào***
[4]**dòu** 痘 N. ① smallpox ② smallpox pustule
[5]**dòu** 读[讀] B.F. a pause in reading a sentence ***jùdòu*** ***See also*** [1]*dú*
[6]**dòu** 脰 B.F. neck ***dòuduàn'érsǐ***
[7]**dòu** 窦[竇] B.F. ① hole; aperture ***bìdòu, bìdòuyán*** ② a small door ***dòuxiǎonánrù*** ♦N. Surname
[8]**dòu** 饾[餖] in ***dòubǎn, dòudìng***
dǒu'àn 陡岸 N. steep coast
dòu ānchun 斗鹌鹑[鬥-] V.O. quail fight
dòubā 痘疤 N. smallpox scabs
dòubān 痘瘢/斑 N. pockmark M: [2]*kuài/ge*
dòubǎn 饾版 N. <*wr.*> watercolor block printing
dòubàn(r)* 豆瓣(儿) N. bean segment M: [1]*piàn/*[3]*bànr*
dòubàncūn 豆瓣皴 N. <*art*> split bean wrinkle (in painting)
dòubànjiàng 豆瓣酱[-醬] N. thick spicy broad-bean sauce
dòubànyú 豆瓣鱼 N. fish simmered in soy sauce and chili bean paste
dòubāo 豆包 N. steamed bun stuffed with sweetened bean paste
dǒubì 陡壁 N. cliff; precipice M: [2]*dào*
dǒubiāo 斗杓 N. <*astr.*> handle of the Big Dipper
dǒubǐng 斗柄 N. handle of the Big Dipper
dòubǐng* 豆饼 N. (soy)bean cake M: [2]*kuài/*[1]*zhāng*
dǒubì-xuányá 陡壁悬崖[--懸-] N. steep cliffs and crags
dōubǔ 兜捕 V. round up; surround and seize
dōu bùduì 都不对[-對] F.E. everyone/everything is wrong
dòubuguò 斗不过[鬥-] R.V. can't not win (a struggle/conflict/etc.)
dòucǎi 斗彩[鬥-] N. <*art*> contending colors(of glaze); strongly contrasted colors
dòucài* 豆菜 N. beans
dǒucáo 陡槽 N. water chute
dòuchǎir 豆蹅儿 N. ground beans/peas
dǒuchàn 抖颤 V. shake; tremble; quiver; shiver
dōuchāo 兜抄 V. round up; envelope
dòuchǎozi 斗吵子[鬥-] V.O. <*topo.*> brawl; quarrel
dǒuchē 斗车 N. hopper car; dump truck
dǒuchéng 斗城 N. a very small city
dòuchǐ 豆豉 N. fermented and seasoned soybeans
dòuchǐyóu 豆豉油 N. low-salt soy sauce
dǒuchòu 抖臭 V.O. <*coll.*> spout abuse; say nasty things
dǒuchū 抖出 R.V. expose; bring to light
dōuchuān'érguò 兜穿而过 V.P. thread one's way through a crowd
dòuchuāng 痘疮[-瘡] N. <*med.*> smallpox
dǒu chūlai 抖出来 R.V. <*coll.*> spill out; reveal
dòu cùzhī 斗促织[鬥-織] N. cricket fight
dōuda 兜搭 <*coll.*> V. ① befriend sb. to win him over ② hoodwink; dupe; bamboozle ~ [1]***rén*** dupe people ♦N. idiosyncrasies
dǒudà* 斗大 V.P. be as big as a ***dǒu***
dǒudǎn 斗胆[-膽] V.O. <*court.*> make bold; venture
dǒudǎnzhīrén 斗胆之人[-膽--] N. a man with great courage M: *ge/*[1]*míng*
dōu de 兜地 ADV. <*topo.*> suddenly
dōudǐ* 兜底 V.O. tell all; come clean
dǒudǐ(r) 抖底(儿) V.O. <*coll.*> ① dredge up; scoop up from the bottom ② expose "dirty laundry"
dǒudiàn 斗店 P.W. grain shop
dòudiǎn* 逗点[-點] N. comma (,)
dǒudiào 抖掉 R.V. shake off

dòudìng 饾饤 N. ① various pastries arranged on an altar ② verbiage; piling up of phrases for show

dōudǐzi 兜底子 V.O. <*topo.*> dig up someone's past to discredit him

dǒudòng 抖动[-動] R.V. shake; tremble; vibrate

dōudou 兜兜 N. <*coll.*> ① undergarment covering chest and abdomen ② pocket

dòudou* 豆豆 N. peas

dōudoukù(r) 兜兜裤(儿) N. (child's) sunsuit

dǒudǒusuōsuō 抖抖缩缩 R.F. cringing

dōudu 兜肚 N. undergarment covering chest and abdomen M: [2]*jiàn*

dǒudù* 陡度 N. <*phy.*> gradient

dòuduàn'érsǐ 脰断而死[-斷--] V.P. die by cutting the neck

dōudùliánchǎng 兜肚连肠[-腸] ID. bring everything up

dǒudùn 陡顿 ADV. suddenly; abruptly

dòu'érzhùbīng 斗而铸兵[鬥-鑄-] F.E. be too late to make preparations

dòufǎ 斗法[鬥-] V.O. ① match magical powers ② scheme against

dōufan 兜翻 V. <*topo.*> ① rummage ② tell all; come clean ③ dig up (old stories) ④ expose (a secret) ⑤ turn over

dǒufān* 抖翻 V. <*coll.*> ① turn upside down ② lay bare; bring out into the open

dōufan chūlai 兜翻出来 R.V. <*coll.*> lay bare;reveal

dǒufāng(r) 斗方(儿) N. ① big inscribed sheets for pasting on walls ② square sheet of paper for painting/calligraphy ③ painting or calligraphy done on such paper

dǒufāng míngshì 斗方名士 N. ① writers of *dǒufāng* ② cultural poseurs M: *ge*/[1]*míng*/[2]*wèi*

dōufan lǎodǐr 兜翻老底儿 V.O. dig up personal stories to discredit sb.

dòufěn 豆粉 N. cooking starch

dōufēng 兜风 V.O. ① catch the wind ② <*topo.*> go for a spin/sail

dōufēngguàngguàng 兜风逛逛 V.P. take the air and stroll around

dòufu* 豆腐 N. beancurd M: [2]*kuài*

dòufù 斗富[鬥-] V.O. <*coll.*> vie with each other in wealth

dòufufáng 豆腐房 P.W. tofu/beancurd factory M: [1]*jiā*

dòufufěn 豆腐粉 N. soybean powder

dòufugān(r) 豆腐干(儿)[--乾-] N. dried beancurd M: [2]*kuài*

dòufuhuā 豆腐花 N. jellied beancurd M: *wǎn*

dòufǔkuài 豆腐块[-塊] <*coll.*> N. ① beancurd cube ② a tiny article published in a periodical M: [2]*kuài*

dòufulǎohǔ 豆腐老虎 ID. paper tiger M: [2]*zhī*

dòufunǎo(r) 豆腐脑(儿)[--腦-] N. jellied beancurd M: *wǎn*

dòufupí(r) 豆腐皮(儿) N. ①skin of soybean milk ② <*topo.*> thin sheets of bean curd M: [1]*zhāng*

dòufurǔ 豆腐乳 N. fermented beancurd M: [2]*kuài*

dòufuzhā 豆腐渣 N. beancurd dregs M: *duī*

dòufǔzhā gōngchéng 豆腐渣工程 N. shoddy projects

dòufuzhàng 豆腐帐 N. enumeration of facts without deep analysis M: [1]*běn*

dòugén(r) 逗哏(儿) V.O. <*coll.*> joke; cause laughter

dòugēng 豆羹 N. a frugal meal M: [1]*wǎn*

dǒugǒng 斗拱 N. <*archi.*> brackets between crossbeams and columns *See also dòugǒng*

dòugǒng* 斗拱 N. <*archi.*> corbel bracket *See also dǒugǒng*

dòuhào 逗号[-號] N. comma (,)

dòuhé 斗合[鬥-] ATTR. <*archeo.*> joint

dòuhén* 痘痕 N. pockmark

dòuhěn 斗狠/很[鬥-] V.O. compete in ferocity

dòuhuā(r)* 豆花(儿) N. <*topo.*> ① long-boiled soft beancurd ② soybean flower

dòuhuà 斗话[鬥-] V.O. argue; debate

dǒuhuànxīngyí 斗换星移[-換--] F.E. passing of hours of the night

dǒuji 斗箕 N. fingerprint

dǒujì 斗记 N. fingerprint

[1]dòujī* 斗鸡[鬥雞] V.O./N. ① cockfighting ② gamecock

[2]dòujī 豆鸡[-雞] N. vegetarian chicken (made from beancurd skin)

dòujì 斗技[鬥-] V.O. contend; contest

dòujiá(r) 豆荚(儿)[-莢-] N. pod (of beans/peas)

[1]dòujiāng* 豆浆[-漿] N. soybean milk M: [1]*wǎn*

[2]dòujiāng 痘浆[-漿] N. vaccine

dòujiàng 豆酱[-醬] N. fermented bean paste

dōujiǎo 兜剿 V. encircle and suppress

dòujiǎo(r)* 豆角(儿) N. <*coll.*> string beans

dǒujiǎor 斗脚儿[鬥腳-] N. bowlegs or toes turned inwards

dōujiǎo tǔfěi 兜剿土匪 V.O. surround and extirpate brigands

dòujīchǎng 斗鸡场[鬥雞場] P.W. cockfighting arena

dōujié 兜截 A.T. cut off the enemy's retreat

dòujiē* 豆秸 N. bean stem/stalk

dǒu jīling(r) 抖机伶(儿) V.O. <*coll.*> ① flaunt knowledge/ability ② rally briefly just before death

dōujīn 兜巾 N. infant bibs M: [2]*kuài*

dǒujìn(r)* 抖劲(儿)[-勁-] V.O. <*coll.*> ① show off; swagger ② quake; tremble ♦S.V. majestic; awe-inspiring

dòujìn 斗劲[鬥勁] V.O. compete in strength

dòujīng 豆茎[-莖] N. bean stem/stalk

dòujīngjì 斗经纪[鬥經-] V.O. provoke

dǒujiǔbǎipiān 斗酒百篇 F.E. great capacity for drinking and poetry

dǒujiǔzhījī 斗酒只鸡[-隻雞] F.E. offerings to the spirit of the dead

dòujīyǎn(r) 斗鸡眼(儿)[鬥雞-] N. cross-eye

dòujīzǒugǒu 斗鸡走狗[鬥雞-] F.E. enjoy cockfights and dog racing

dòujīzǒumǎ 斗鸡走马[鬥雞-] F.E. enjoy cockfighting and horse racing

dòujù 蔸距 N. <*topo./agr.*> spacing between rows

dǒujué 陡觉[-覺] V. feel all of a sudden

dǒujùn 陡峻 S.V. high and precipitous

dǒukāi 抖开[-開] R.V. ① expose, bring to light ② shake off

dòukē 豆科 N. pulses; bean/pea family

dòukésou 逗咳嗽 <*coll.*> V.O. quarrel; pick a fight; find fault

dòukē zhíwù 豆科植物 N. legume; leguminous plant

dǒu kōngzhú 抖空竹 V.O. play diabolo (a game)

dòukǒu 斗口[鬥-] V.O. quarrel; bicker; squabble

dòukòu* 豆蔻 N. <*bot.*> ① round cardamom ② nutmeg ③ virgin

dòu kǒuchǐ 斗口齿[鬥-齒] V.O. <*topo.*> ① squabble; bicker ② banter

dòukòuniánhuá 豆蔻年华[-華] N. ① marriageable age ② an adolescent girl ③ early teens

dǒukuǎdòuchòu 斗垮斗臭[鬥-鬥-] F.E. become worthless and infamous after being criticized

dōulǎn* 兜揽[-攬] V. ①solicit business ②shoulder (sb. else's work/etc.) ③ befriend sb. to win him over

dǒulǎn 抖揽[-攬] V. attract; entice

dōulǎn shēngyi* 兜揽生意[-攬--] V.O. solicit business

dǒulǎn shēngyi 抖揽生意[-攬--] V.O. solicit business

dòulè(r) 逗乐(儿)[-樂-] V.O. ① seek pleasure; amuse oneself ② clown around

dòulèi 豆类[-類] N. bean or pea family; legume

dòu lèzi 逗乐子[-樂-] V.O. <*coll.*> joke; cause laughter

[1]dǒulì* 斗笠 N. bamboo hat M: [1]*dǐng*

[2]dǒulì 陡立 V. rise steeply

[1]dòulì 豆粒 N. bean grains/pellets

[2]dòulì 斗力[鬥-] V.O. wrestle

dǒuliàng 斗量 N. capacity for heavy drinking

dǒuliàngr 抖晾儿 V. <*coll.*> air-dry (clothes/etc.)

dòuliú 逗留/遛 V. stay; stop; linger

dǒulou* 抖搂/露[-摟] V. <*topo.*> ① shake off; shake out of sth. ② expose (plot) ③ waste; squander ④ catch cold

dǒulòu 抖漏 V. <*coll.*> reveal; expose

dǒulou chéntǔ 抖搂尘土[-摟塵-] V.O. shake off dust

dòulǜ 豆绿 ATTR. pea green

dǒuluàn 抖乱[-亂] V. make a mess

dǒuluo 抖落 V. <*topo.*> ① shake off ② expose ③ waste ④ shake out of sth. ⑤ bring to light

dōumào 兜帽 N. hood

dǒumén 斗门 N. sluice gate

dòu mènzi 逗闷子 V.O. <*coll.*> tease; josh

dòumiàn 豆面[-麵] N. bean flour

[1]dòumiáo 痘苗 N. (bovine) vaccine

[2]dòumiáo(r) 豆苗(儿) N. pea shoots; bean seedling M: [2]*gēn*/[2]*kē*

dōumóu 兜鍪 N. helmet

dòunǎi 豆奶 N. soymilk M: [1]*wǎn*

dǒunán 斗南 N. prime minister

dǒunányīrén 斗南一人 ID. one who knows no equal under the sun

dòuniáng 豆娘 N. <*zoo.*> damselfly

dòuniú 斗牛[鬥-] V.O./N. ①bullfighting ② <*astr.*> Big Dipper and Altair

dòuniúchǎng 斗牛场[鬥-場] P.W. bullring

dòuniúshì 斗牛士[鬥-] N. matador; bullfighter M: *ge*/[1]*míng*/[2]*wèi*

dòuniúzhě 斗牛者[鬥-] N. matador; bullfighter M: *ge*/[1]*míng*/[2]*wèi*

dǒunòng 抖弄 V. handle; work on

[1]dòunong* 逗弄 V. tease; kid

[2]dòunong 斗弄[鬥-] V. <*coll.*> ①seduce ②flirt with ③ play jokes; make fun of ④ trifle/toy with

dòu'ōu 斗殴[鬥毆] V. fight; brawl

dòupái 斗牌[鬥-] V.O. play cards/dominoes

dǒupeng 斗篷 N. ①cape; cloak M: [2]*jiàn* ② <*topo.*> bamboo hat M: [1]*dǐng*

dòupí 豆皮 N. beancurd skin

dòu-pī-gǎi 斗批改[鬥-] N. <*PRC*> struggle-criticism-transformation

dòu-pīhuì 斗批会[鬥-] N. a struggle and criticize meeting (in the Cultural Revolution) M: *cì*/*ge*

dǒupō(r) 陡坡(儿) N. steep slope M: [2]*dào*/*ge*

dòupōu-guāfēn 豆剖瓜分 V.P. divide up something

dòuqí 豆萁 N. <*topo.*> beanstalk

dòuqì(r)* 斗气(儿)[鬥氣-] V.O. feud

dǒuqiào* 陡峭 S.V. precipitous

dòuqiǎo 斗巧[鬥-] ADV. luckily; fortunately ♦V.O. compete in ingenuity

dǒuqiàoyáshí 陡峭崖石 F.E. precipice

dǒuqǐbùliáng 陡起不良 V.P. An evil intention suddenly entered one's mind.

dǒu qǐlai 抖起来 R.V. <*coll.*> ① begin to rise in the world ② make good

dòuqīng 豆青 ATTR. pea green

dǒuqú 斗渠 N. lateral water canal

dòuqù(r)* 逗/斗趣(儿)[鬥-] V.O. <*topo.*> amuse; provoke laughter

dòuquán 斗拳[鬥-] V.O. fist fight ♦N. boxing

dōu quānzi 兜圈子 V.O. <*coll.*> ① saunter; take a stroll ② go by roundabout route ③ beat around the bush; be evasive

dōur 兜儿 N. small pocket; pocket; bag

dǒurán 陡然 ADV. suddenly; abruptly

dòurén 逗人 S.V. funny; amusing

dòurén fāxiào 逗人发笑[--發-] V.P. elicit others to laugh

dòurén xǐ'ài 逗人喜爱[-愛] V.P. arouse the affection of adults (said of a child); charming; cute

dòuróng 豆蓉 N. fine bean mash

dòurǔ 豆乳 N. ① soybean milk ② fermented beancurd

dōushā 兜纱 N. <*trad.*> bridal head cover

dòushā* 豆沙 N. sweetened bean paste
dǒushang 抖上 R.V. show complacence
dǒushāo 斗筲 N. ①an ancient bamboo container ② narrow-mindedness
dǒushāozhīcái 斗筲之材 N. a person of limited capacity
dǒushāozhīqì 斗筲之器 N. person narrow-minded and shortsighted
dǒushāozhīrén 斗筲之人 N. shallow common men (Confucius's description of contemporary officials) M: *ge/*[1]*míng*
dòushā sūbǐng 豆沙酥饼 N. deep-fried flaky buns filled with sweet bean paste M: *ge/*[2]*kuài*
dǒushén(r) 抖神(儿) V.O. <*coll.*> show off; make a big display
dōu shēngyi 兜生意 V.O. solicit business
dǒushēngzhīshuǐ 斗升之水 N. trifling pecuniary assistance
dǒu shénme jìnr 斗什么劲儿[--麼勁-] V.P. <*coll.*> why so proud?
dǒushí 斗食 N. petty official (receiving a peck of grain as pay)
dǒushì 斗室 N. <*wr.*> small room M: [1]*jiān*
dòushì* 斗士[鬥-] N. warrior M: *ge/*[1]*míng/*[2]*wèi*
dǒushì tíshēngjī 斗式提升机 N. bucket elevator
dōushòu* 兜售 V. peddle; hawk
dǒushǒu 抖手 V.O. wave/shake one's hand
dòushǔ 豆薯 N. yam bean
Dōushuàitiān 兜率天 N. <*Budd.*> Tusita Heaven (of Maitreya Buddha)
dòusīpīxiū 斗私批修[鬥-] F.E. <*PRC*> fight selfishness and criticize revisionism
dǒusōng 抖松[-鬆] R.V. shake up; fluff
dǒusǒu 抖擞[-擻] V. enliven; rouse
dǒusǒu jīngshén 抖擞精神[-擻--] V.O. ①brace up; pull oneself together ② muster one's energies
dǒusùchǐbù 斗粟尺布 ID. brothers at loggerheads
dǒusuō 抖缩 V. quail; quake; quiver
dōutóu 兜头 V.O. <*topo.*> head on; face to face
dōutóu yī quán 兜头一拳 V.P. head-on blow by a fist
dǒu wēifeng 抖威风 V.O. throw one's weight about
dǒuwén 斗纹 N. fingerprint with spiral whorls
dǒuxiǎn 陡险 S.V. steep; sharply vertical
dòuxiàng 豆象 N. <*zoo.*> bean weevil
dòu xiánqì(r) 斗闲气(儿)[鬥-氣-] V.O. quarrel about trifles
dǒuxiǎnqíqū 陡险崎岖[-嶇] S.V. very rugged and dangerous
dōuxiāo* 兜销 V. peddle; hawk
dòuxiào 逗笑 V.O. tease; amuse; play with; make fun of
dòuxiǎonánrù 窦小难入[竇-難-] V.P. The hole is too small to get into.
dòuxiàor 逗笑儿 V.O. <*coll.*> amuse
dǒuxiéwūdǐng 陡斜屋顶 N. steep roof
dòu xīnyǎnr 斗心眼儿[鬥-] V.O. <*coll.*> battle of wits
dòu xīshuài 斗蟋蟀[鬥-] V.O. cricket fight
Dǒuxiù 斗宿 N. <*astr.*> Sagittarius
dǒuxuē 陡削 S.V. precipitous
dòuyā 斗鸭[鬥-] V.O. duck fight
dòuyá(r)* 豆芽(儿) N. beansprouts M: [2]*kē/*[2]*gēn*
dòuyácài 豆芽菜 N. ① beansprouts as a dish ② <*coll.*> a thin and weak person (esp. a teenager who is not properly grown)
dòuyǎn(r)* 斗眼(儿)[鬥-] N. cross-eye
dòuyàn 斗艳[鬥艷] V.O. compete in elegance
dǒuyānsī 斗烟丝[-煙絲] N. pipe tobacco
dòuyánzhēngyàn 斗妍争艳[鬥-爭艷] F.E. contend in beauty and appeal
dǒuyīn 抖音 N. ① <*mus.*> ⓐ trill ⓑ thrill ② <*lg.*> flap
dòuyǐn* 逗引 V. tease
dòuyóu 豆油 N. soybean oil
[1]**dòuyú** 斗鱼[鬥-] N. fighting fish M: [1]*tiáo*
[2]**dòuyú** 豆鱼 N. bean sprouts and jellyfish skin, wrapped in beancurd skin and pan-fried (Sichuan)
dòuzhā(zi) 豆渣(子) N. bean dregs
dǒuzhàng 斗账 N. small tent
dōuzhe 兜着[-著] V.P. <*coll.*> ① wrap up a deal ② take as is ③ take the blame; bear responsibility
dǒuzhèn 抖振 V. buffet; shake
dòuzhèn* 斗阵[鬥-] V.O. <*topo.*> quarrel
dòuzhēng 斗争[鬥爭] V./N. ① fight ② <*PRC*> accuse and denounce at a meeting ③ strive/fight for
dòuzhēnghuì 斗争会[鬥爭-] N. <*PRC*> public accusation meeting M: *cì/ge*
dòuzhēngxìng 斗争性[鬥爭-] N. <*PRC*> fighting spirit; militancy
dòuzhēng zhéxué 斗争哲学[鬥爭-] N. philosophy of struggle (in the Cultural Revolution)
dòuzhe wán(r) 逗着玩(儿)[-著--] V.P. tease; play around with
dǒuzhí 陡直 V.P. steep and straight
[1]**dòuzhī(r)** 豆汁(儿) N. <*topo.*> ① fermented drink made from ground beans ②soybean milk
[2]**dòuzhī** 豆枝 N. soybean stick
dòuzhǐ 豆纸 N. coarse toilet paper M: [1]*zhāng*
[1]**dòuzhì*** 斗志[鬥-] N. ①will to fight ②fighting spirit
[2]**dòuzhì** 斗智[鬥-] V.O. ① engage in a battle of wits ② be full of fight; be militant
dòuzhì'ángyáng 斗志昂扬[鬥-揚] F.E. have high morale
dòuzhì bù dòulì 斗智不斗力[鬥--鬥-] V.P. fight a battle of wits, not of strength
dòuzhìdòulì 斗智斗力[鬥-鬥-] F.E. fight a battle of wits and strength
dòuzhìkèdí 斗智克敌[鬥-敵] F.E. outwit one's enemy
dòuzhìpǐn 豆制品[-製-] N. bean products
dòuzhìwàngshèng 斗志旺盛[鬥-] F.E. be in high fighting spirits
dǒuzhòng 陡重 V.P. suddenly worsen
dòuzhǒng* 痘种[-種] N. (bovine) vaccine
dǒuzhuǎnshēnhéng 斗转参横[-轉參-] F.E. ① daybreak ② day dawns
dǒuzhuǎnxīngyí 斗转星移[-轉--] F.E. ①change of the seasons ②passing of (the hours of) night ③ passage of time
[1]**dōuzi** 兜子 N. ① pocket ② bag
[2]**dōuzi** 篼/兜子 N. sling seat used in the mountains
dǒuzi 斗子 N. ① coal scuttle ② wooden container
[1]**dòuzi*** 豆子 N. ① beans; peas ② pod-bearing plant or its seeds ③ bean-shaped thing
[2]**dòuzi** 痘子 N. smallpox; smallpox pustule
[3]**dòuzi** 豆仔 N. yard-long green beans
[1]**dòuzuǐ(r)** 斗嘴(儿)[鬥-] V.O. ① wrangle; squabble ②be garrulous ③talk glibly ④banter
[2]**dòuzuǐ(r)** 豆嘴(儿) N. soaked beans or baby beansprouts (as dishes)
dòu zuǐpiànzi 斗嘴片子[鬥-] V.O. <*coll.*> cross words with sb.
dòu zuǐpízi 斗嘴皮子[鬥-] V.O. <*coll.*> argue
D-rì D日 N. D-day
[1]**dū** 督 B.F. superintend and direct [1]*jiāndū*
[2]**dū** 都 B.F. capital; metropolis *dūshì See also* [1]*dōu*
[3]**dū** 嘟 ON. toot ♦V. <*topo.*> pout *~zhe zuǐ* pout
[4]**dū** 厾 B.F. tap lightly *diǎndū*
[1]**dú*** 读[讀] V. ① read (aloud) *Zhèpiān wénzhāng zhíde yī~.* This article is worth reading. ② attend school; take a course; study ♦B.F. <*lg.*> pronunciation *dúyīn See also* [5]*dòu*
[2]**dú** 毒 N. ① poison; toxin ② narcotics ♦V. kill with poison ♦S.V. ① poisonous ② malicious; cruel
[3]**dú** 独[獨] ADV. alone; in solitude ♦B.F. ① only; singly [1]*dāndú* ② old people without offspring *guān-guǎ-gū-dú*
[4]**dú** 犊[犢] B.F. calf *niúdú*
[5]**dú** 牍[牘] N. ① <*hist.*> wooden tablets or slips for writing ② document; letter
[6]**dú** 黩[黷] B.F. ① blacken; defile [2]*dúzhuó* ② act wantonly [2]*dúwǔ*
[7]**dú** 渎[瀆] B.F. ① ditch; drain ② disrespectful; irresponsible *dúfàn, tānwūdúzhí,* [2]*wūdú*
[8]**dú** 椟[櫝] B.F. small box / case *yùndú, méndúgūzhū, mǎidúhuánzhū*
[9]**dú** 髑 in *dúlóu*
[1]**dǔ** 堵 V. stop up ♦M. *for walls* ♦N. ① Surname ② <*wr.*> wall ♦S.V. stifled *xīnli ~ de nánshòu* have a load on one's mind
[2]**dǔ** 赌[賭] V. ① gamble ② bet
[3]**dǔ** 睹 V. <*wr.*> see
[4]**dǔ(r)** 肚(儿)[-(兒)] N. tripe *See also* [3]*dù*
[5]**dǔ** 笃[篤] B.F. ① sincere; earnest [1]*dǔzhì* ② serious; critical (of illness) *bìngdǔ*
[1]**dù** 度 M. *for occasions/times* ① unit of measurement for angles/temperature/etc.; degree *Zhè jiǔ liùshí duō ~.* This liquor is more than 60 proof. ② <*elec.*> kilowatt-hour (KWH) ♦V. spend (holidays); pass (time) ♦B.F. ① linear measure *dùliànghéng* ② degree of intensity [1]*nándù* ③ limit; extent [1]*xiàndù* ④ tolerance; magnanimity *dùliàng* ⑤ consideration ⑥ -ness; -ity *yìng~* hardness *See also* [4]*duó*
[2]**dù** 渡 V. ① cross (a river/sea/etc.) ② tide over ③ ferry across
[3]**dù** 肚 B.F. ① belly; abdomen; stomach *dùzi* ② swelling body of a jar/vase *See also* [4]*dǔ*
[4]**dù** 镀[鍍] V. plate; overlay
[5]**dù** 妒/妬 B.F. be jealous of; envy *jìdu*
[6]**dù** 杜 B.F. ①stop *dùjué* ②*used in names of some plants and birds dùjuān, dùlí* ♦N. Surname
[7]**dù** 蠹 B.F. malpractice; corruption [3]*dùbì, qièdùjiā, jùdù*
dǔ'ài 笃爱[-愛] N. deep affection
duān 端 B.F. ① end; extremity *liǎngduān* ② beginning *kāiduān* ③ point *yīduān* ④ reason *wúduān* ⑤ proper *duānzhèng* ♦V. hold sth. level; carry *Bǎ nǐ de yìjian dōu ~ chūlai.* Come out with all your thoughts (on the matter).
duǎn 短 S.V. short; brief *Dàjiā kāi ge ~ huì.* Let's have a brief meeting. ♦V. lack; owe ♦B.F. weak point *duǎnchu*
[1]**duàn*** 段 M. ① section; part ② paragraph ♦N. ① group ② Surname
[2]**duàn** 断[斷] V. ① break ② cut off ③ give up ④ decide ♦ADV. <*wr.*> absolutely; decidedly
[3]**duàn** 锻[鍛] V. forge
[4]**duàn** 缎[緞] B.F. satin *chóuduàn*
[5]**duàn** 煅 V. ① forge ② calcine
[6]**duàn** 椴 B.F. Chinese linden tree *duànmù, Ōuduàn*
[7]**duàn** 碫 B.F. grindstone *yǐduàntóuluǎn*
[8]**duàn** 躖 B.F. stamp the foot *duànzú'érnù*
dǔ'àn 赌案 N. gambling case
duǎn'ǎi 短矮 V.P. short; low
duàn'àn 断案[斷-] V.O. <*law*> settle a lawsuit ♦N. <*log.*> conclusion (of a syllogism)
duǎn'ǎo 短袄[-襖] N. short Chinese-style jacket
duànbì 断壁[斷-] N. ①dilapidated walls ②cliff; precipice M: [2]*dào*
duànbiān-cánjiǎn 断编残简[斷-殘-] N. stray fragments of a text
duànbìcányuán 断壁残垣[斷-殘-] F.E. utter dilapidation; ruins of buildings
duǎnbīng 短兵 N. small arms; knives; swords; etc.
duǎnbīngxiāngjiē 短兵相接 F.E. fight at close quarters
duànbìtuíyuán 断壁颓垣[斷-] F.E. utter dilapidation; ruins of buildings
duànbìzàizhí 断臂再植[斷-] V.P. rejoin/reattach a severed arm
duǎnbō 短波 N. shortwave
duànbùkěxìn 断不可信[斷-] F.E. absolutely incredible
duànbùkěxíng 断不可行[斷-] F.E. absolutely won't do

duǎnbuliǎo* 短不了 R.V. ① cannot do without ② cannot avoid; have to
duǎnbuliǎo 断不了[斷-] R.V. <coll.> never fail to; have no way to avoid
duāncài 端菜 V.O. take dishes/food (to the table)
duàncéng 断层[斷層] N. <geog.> fault M: [2]dào/ge
duàncéngdài 断层带[斷層帶] N. fault zone M: [1]tiáo
duàncéng dìzhèn 断层地震[斷層-] N. <geol.> fault earthquake
duānchá 端茶 V.O. serve tea
duānchāfèngkè 端茶奉客 F.E. serve the guest with a cup of tea
duànchǎn 断产[斷產] V.O. stop pregnancy
duǎncháng 短长 N. ① strong and weak points ② good and bad; right and wrong ③ accident; mishap
duàncháng* 断肠[斷腸] V.P. heartbroken
duànchángcǎo 断肠草[斷腸-] N. <bot.> poisonous sumac
duǎnchánggé 短长格 N. <lg.> iamb
duànchángrén 断肠人[斷腸-] N. heartbroken person M: ge/[2]wèi
duānchásòngshuǐ 端茶送水 F.E. prepare and serve coffee or tea
duǎnchéng* 短程 N. ① short distance ② range
duǎnchèng 短秤 N. short weight
duǎnchènkù 短衬裤[-襯-] N. shorts M: [1]tiáo
duǎnchí 短池 N. short-lane swimming pool
duānchū 端出 R.V. ① carry over ② hold sth. level with both hands
duǎnchu* 短处[-處] N. ①shortcoming ②defect
duǎnchù 短绌 A.T. be short of; fall short
duànchú 断除[斷-] V. remove (obstacles, bad habits, etc.)
duǎnchuán 短传[-傳] N. <sport> short pass
duānchuāng 端窗 ATTR. <phy.> end window
duānchuāng jìshùqì 端窗计数器[---數-] N. <phy.> end window counter
duānchuāng X-shèxiàn guǎn 端窗X射线管 N. <phy.> end window X-ray tube
duànchuī* 断炊[斷-] V.O. ① run out of rice and fuel ② go hungry
duànchuí 锻锤 N. forging hammer
duǎncū 短粗 V.P. short and thick
duǎncù* 短促 S.V. of very short duration
duǎndǎ(r) 短打(儿) N. ① <thea.> hand-to-hand fight in tights ② Chinese-style jacket and trousers ③ <sport> a bunt (in baseball) ♦V. <sport> bunt
duǎndǎbànr 短打扮儿 N. simple style (in clothing)
[1]**duàndài** 缎带[-帶] N. silk ribbon M: [1]tiáo
[2]**duàndài** 断代[斷-] N. historical periodization ♦ATTR. <lg.> synchronic
duàndàifǎ 断代法[斷-] N. <archeo.> methods of dating
duàndàihuā 缎带花[-帶-] N. flowers made from satin ribbons M: [2]duǒ
duàndàishǐ 断代史[斷-] N. dynastic history M: [2]bù
duàndài yǔyánxué 断代语言学[斷-] N. <lg.> synchronic linguistics
duǎndájù 短答句 N. <lg.> short response
duàndàng 断档[斷檔] V.O. ① be out of stock ② be sold out
duǎndāo* 短刀 N. short knife/sword M: [1]bǎ
duǎndǎo 短导[-導] N. <mil.> short-range guided missile
duǎndàyī 短大衣 N. short overcoat M: [2]jiàn
duān de 端地 ADV. <topo.> for certain; really; truly ~ *yǒu hǔ* There really are such things as tigers.
duǎndeliǎo 短得了 R.V. be ignorable
duāndǐ 端底 ADV. actually; exactly
duāndì* 端的 ADV. ① really ② after all; in the long run ③ indeed; actually ♦N. ① the whole course of ② the bottom of a matter
duǎndí 短笛 N. <mus.> piccolo M: [4]zhī
duāndiǎn 端点[-點] N. end point
duàndiàn* 断电[斷電] V.O. lose/cut electric current
duàndìng 断定[斷-] V. conclude; form judgment
duàndìng dàicí 断定代词[斷-] N. <lg.> assertive pronoun
duàndìngjù 断定句[斷-] N. <lg.> assertive sentence M: [1]jù/ge
duàndìng shídài 断定时代[斷-時-] V.O. <lg.> date
duǎnduǎn* 短短 R.F. brief; short
duànduàn 断断[斷斷] ADV. absolutely ♦R.F. plain and sincere
duànduànbùkě 断断不可[斷斷-] V.P. absolutely impermissible
duǎnduǎnchánggé 短短长格 N. <lg.> anapest
duànduànxùxù 断断续续[斷斷續續] R.F. intermittent ♦ADV. off and on; intermittently
duānduānzhèngzhèng 端端正正 R.F. straight; regular
duǎndūn 短吨[-噸] N. short ton
duàndùn* 断顿[斷-] V.O. ① can't afford the next meal ② go hungry
duǎn'ěr 短耳 N. short ears
duǎnfà 短发[-髮] N. short hair; bob; shingle
duānfāng 端方 V.P. <wr.> ① upright; honest ② proper; correct
duān fànwǎn 端饭碗 V.O. ① carry a rice bowl in both hands ② <topo.> deprive a person of his livelihood
duǎn fǎnyìngjù 短反应句[--應-] N. <lg.> short response
duànfàwénshēn 断发纹/文身[斷髮-] F.E. <wr.> cut one's hair short and tattoo one's body; have barbarous customs
duānfúyánróng 端服严容[--嚴-] F.E. sober of dress and stern of face
duǎnfǔyīn 短辅音 N. <lg.> short consonant
duàngǎngjuéhuáng 断港绝潢[斷-絕-] F.E. reach a dead end
duǎngē 短歌 N. short song M: [4]zhī/[2]shǒu
duàngēn(r) 断根(儿)[斷-] V.O. effect a permanent cure
duǎngěngjíshēn 短绠汲深 F.E. small talent in high position
duàngěngpiāopíng 断梗飘萍[斷-] F.E. wander about
duāngǒng 端拱 V.O. rule without actually governing (of a monarch)
duǎngōng 短工 N. casual/short-term labor/laborer M: ge/[1]míng
duàngōng* 锻工 N. ① forging ② forger; blacksmith M: ge/[1]míng/[2]wèi
duǎngǔ 短骨 N. <phys.> short bones
duǎngùn(r) 短棍(儿) N. short stick M: [2]gēn
duǎnhàn 短汉[-漢] N. dwarf; short person M: ge/[1]míng
duǎnhào 短号[-號] N. <mus.> cornet
duǎnhè 短褐 N. clothing of the poor M: [2]jiàn
duànhè* 断喝[斷-] V. give out a loud and abrupt shout
duànhēi 断黑[斷-] N. <topo.> in the evening; after dark
duǎnhéng 短横 N. short horizontal stroke (in characters)
duànhèxùfú 断鹤续凫[斷-續鳧] ID. go against nature
duànhòu 断后[斷後] V.O. ① bring up the rear ② have no progeny
duàn hòulù 断后路[斷後-] V.O. cut communication lines to the rear; block retreat
duànhū 断乎[斷-] ADV. absolutely
duànhūbùkě 断乎不可[斷-] V.P. absolutely impermissible
duànhún 断魂[斷-] V.O. be overwhelmed with sorrow
duǎnjì 短计 N. unsound plans/measures; bad policies M: [1]tiáo/ge
duǎnjiǎn 短简 N. short letter M: [2]fēng/[1]zhāng
[1]**duǎnjiàn*** 短见 N. ①shortsighted view ②suicide
[2]**duǎnjiàn** 短剑 N. dirk; dagger; half-sword M: [1]bǎ
[1]**duànjiàn** 锻件 N. forging
[2]**duànjiàn** 断见[斷-] N. <Budd.> the view that life ends with death
duànjiǎn-cánbiān 断简残编[斷-殘-] N. stray fragments of text
duǎnjiǎn-cánpiān 短简残篇[--殘-] N. short and fragmentary bits of written work
duǎnjiànguǎwén 短见寡闻 F.E. ignorant and ill-informed
duǎnjiǎo 短脚[-腳] ATTR. with short legs
duànjiāo* 断交[斷-] V.O. ① break off friendship ② sever diplomatic relations
duǎnjiǎoniú 短角牛 N. shorthorn M: [2]tóu
duānjiàzi 端架子 V.O. <topo.> put on airs
Duānjié 端节[-節] N. Dragon Boat Festival
duànjiē* 锻接 N. forge welding
duànjīhuàzhōu 断齑画粥[斷齏畫-] F.E. eat sparingly because of poverty
duànjījiàozǐ 断机教子[斷-] ID. break the loom to show one's child that the learning effort should not be interrupted
duǎnjìng 短劲[-勁] N. quick and forceful
duànjǐngtuíyuán 断井颓垣[斷-] ID. a scene of devastation
duǎnjīn-quēliǎng 短斤缺两 V.P. shortweigh
duǎnjīn-shǎoliǎng 短斤少两 V.P. short-measure and short-weight
duànjiǔ 断酒[斷-] V.O. ① abstain from alcohol ② prohibit manufacture/transportation/sale of alcoholic beverages
duǎnjìzhìpín 短计致贫 F.E. A shortsighted scheme causes poverty
duànjīzhòuzhōu 断齑昼粥[斷齏晝-] F.E. eat sparingly because of poverty
duānjū 端居 V. <wr.> live quietly in retirement
[1]**duǎnjù*** 短句 N. short sentence
[2]**duǎnjù** 短剧[-劇] N. short play M: [1]chū/[2]mù/[2]bù
[3]**duǎnjù** 短锯 N. short saw M: [1]bǎ
[1]**duànjù** 断句[斷-] V.O. ① make pauses in reading unpunctuated writing ② punctuate
[2]**duànjù** 断距[斷-] N. separation
duànjué 断绝[斷絕] V. break off; sever
duànjué bāngjiāo 断绝邦交[斷絕-] V.O. sever diplomatic ties
duànjuédì 断绝地[斷絕-] N. <mil.> broken terrain/ground
duànjué guānxi 断绝关系[斷絕關係] V.O. sever relations; disown (a prodigal son)
duànjué hòuhuàn 断绝后患[斷絕後-] V.O. remove seeds of future trouble
duànjué hòulù 断绝后路[斷絕後-] V.O. cut off one's retreat
duǎnjuējuē 短撅撅 R.F. <topo.> short
duànjué láiwǎng 断绝来往[斷絕-] V.O. break up; break off relations
duǎnjùlí 短距离[-離] N. short distance
duānkǎi 端楷 N. regular script
duànkāi* 断开[斷開] R.V. break; sever
duànkǒu 断口[斷-] N. <geol.> fracture
duǎnkù 短裤 N. shorts M: [1]tiáo
duānkuí 端揆 N. prime minister
duǎnkùzhuāng 短裤装[-裝] N. outfit with shorts
duānlài 端赖 V. rely entirely upon
duànlàncháobào 断烂朝报[斷爛-報] F.E. a worthless record
duānlì* 端丽[-麗] S.V. neat and beautiful; graceful; comely
duǎnlǐ 短礼[-禮] V.O. lack courtesy
duǎnliàn 短练[-練] V.O. <coll.> lack experience; not be polished
duànliàn* 锻炼[-煉] V. ① engage in physical exercise ② temper; steel; toughen
duànliàn chéngcái 锻炼成材[-煉--] V.P. be tempered and molded into a useful person
duànliàn chū 锻炼出[-煉-] R.V. ① exercise ② steel; toughen
duānliang 端量 V. look sb. up and down
duànliáng* 断粮[斷糧] V.O. run out of grain/food
duànliángjuécǎo 断粮绝草[斷糧絕-] F.E. exhaust one's food and fodder

duànliàn pǐnxíng 锻炼品行[-煉--] V.O. form and train character through experience
duànliè 断裂[斷-] V. crack; break apart
duànliú 断流[斷-] V.O. block channel
duànliúqì 断流器[斷-] N. <*elec.*> cutout M: *ge*/[2]*zhī*
duànlǒng 断垄[斷-] N. <*agr.*> parts of ridges where there are no sprouts
duǎnlù* 短路 V.O. <*elec.*> short circuit ♦N. ① shortcut ② unlawful way of making a living ♦V.O. <*topo.*> waylay; hold up
duànlú 锻炉[-爐] N. forge M: [4]*zuò*
duànlù 断路[斷-] V.O. ① cut off a road ② break relations ③ break an electric current ④ waylay; hold up
duǎnlùn 短论 N. short essay M: [1]*piān*
[1]**duànluò** 段落 N. ① paragraph ***Nǐ de lùnwén ~ qīngchu.*** Your paper is well paragraphed. ② phase; stage ***gàole yīge ~*** have finished a stage
[2]**duànluò** 断落[斷-] V. split/break and fall
duànluò fēnmíng 段落分明 V.P. well-paragraphed
duànlùqì 断路器[斷-] N. <*elec.*> circuit breaker M: [2]*zhī*
duǎnmáo gàizi 短毛盖子[--蓋-] N. <*topo.*> ① bowl cut ② sb. with closely-cropped hair
duànmiàn 断面[斷-] N. section
duànmiàntú 断面图[斷-圖] N. sectional drawing; section M: [1]*zhāng*
duǎnmìng* 短命 ATTR. short-lived
duànmìng 断命[斷-] V.O. die
duǎnmìngguǐ 短命鬼 N. <*slang*> person who dies young
duànmòzhù 段末注[-註] N. notes at the end of a paragraph
duànmú 锻模 N. forging die M: [2]*zhī*
duànmù* 椴木 N. Chinese linden M: [2]*kuài*
duǎnmǔyīn 短母音 N. <*lg.*> short vowel
duànnǎi 断奶[斷-] V.O. wean
duànnánxiāngyǔn 断难相允[斷難-] F.E. It is very hard to consent.
duānní 端倪 N. clue; inkling ♦V. predict
duànniàn 断念[斷-] V.O. ① abandon worldly possessions ② give up hope
duānníháowú 端倪毫无 V.P. have not the least clue
duānníkěchá 端倪可察 V.P. have an inkling of the matter
duānníkějiàn 端倪可见 V.P. can discern certain clues
duānníng 端凝 V.P. solemn; dignified
duānníyǐjiàn 端倪已见 V.P. The clue is already there.
duǎnpǎo 短跑 N. <*sport*> dash; sprint
duǎnpǎodào 短跑道 N. <*sport*> short track M: [1]*tiáo*
duǎnpǎo jiànjiàng 短跑健将[-將] N. sprinter; short-distance runner M: *ge*/[1]*míng*/[2]*wèi*
duǎnpiān* 短篇 N. ① short piece of writing ② short story M: [1]*piān*
duǎnpiàn 短片 N. ① short movie/film M: [2]*bù* ② microfilm
duànpiàn(r) 断片(儿)[斷-] N. ① part; passage; fragment; segment ② disruption of a movie by a projector malfunction
duànpiàn lèixíng 段片类型[--類-] N. segment type
duǎnpiān xiǎoshuō 短篇小说 N. ① short story ② short short story M: [1]*piān*
duānpíng 端平 V.P. fair; just; impartial ♦R.V. hold sth. level with both hands
duǎnpíng* 短评 N. short commentary; brief comment
duǎn-píng-kuài 短平快 V.P. ① <*sport*> with short, level, and fast stroke in Pingpong/volleyball ② quickly and efficiently
duǎnqī* 短期 N. short time/period/term
duǎnqì 短气[-氣] V.P. dispirited; downhearted ♦N. shortness of breath

duànqī 断七[斷-] N. end of 7-week period of ceremonies for a dead person
duànqì 断气[斷氣] V.O. breathe one's last; die
duǎnqián 短钱[-錢] V.O. <*coll.*> be short of money
duǎnqiǎn* 短浅[-淺] V.P. narrow and shallow
duǎnqiàn 短欠 V. ① owe; be in arrears ② be short of
duǎnqiāng 短枪[-槍] N. short arm; handgun
duǎnqī jìyì 短期记忆[-憶] N. <*lg.*> short-term memory
duān qǐlai 端起来 R.V. <*coll.*> put on airs
duànqíngshū 断情书[斷-書] N. a Dear John letter M: [2]*fēng*
duǎnqī péixùn 短期培训 N. short-term training
Duàn Qíruì 段祺瑞 (1865–1936) N. 1920s Beiyang military leader and head of Anhui clique
duànqìshēnwáng 断气身亡[斷氣-] F.E. give a last gasp and give up the ghost
duǎnqī tóuzī 短期投资 N. short-term investment
duǎnqī xíngwéi 短期行为 N. shortsighted action
duǎnqī yùfù fèiyòng 短期预付费用 N. short-term deposit M: [2]*bǐ*
duǎnquē 短缺 N. shortage; deficit
duǎnqún 短裙 N. short skirt M: [1]*tiáo*
duǎnr 短儿 N. shortcomings
duānrán 端然 V.P. neat; symmetrical
duànrán* 断然[斷-] ADV. absolutely; flatly; categorically ♦V.P. resolute; drastic
duànránchǔzhì 断然处置[斷-處-] V.P. take the bull by the horns
duànránjùjué 断然拒绝[斷-絕] V.P. refuse point-blank
duānrén-zhèngshì 端人正士 N. a high-principled person M: *ge*/[1]*míng*/[2]*wèi*
duānrì 端日 N. first day of the lunar year
duànrǔ 断乳[斷-] V.O. wean; be weaned
duànsàn 断散[斷-] V. disperse; separate; part
duànsàn fūqī 断散夫妻[斷-] V.O. <*coll.*> separate husband and wife
duǎnshān(r) 短衫(儿) N. short Chinese-style unlined garment; short gown M: [2]*jiàn*
duānshàng 端上 R.V. carry (a tray of food, etc.) carefully
duǎnshǎo* 短少 V.P. be deficient; miss
duànshāo 锻烧[-燒] V. forge
duànshāo chéng 锻烧成[-燒-] R.V. ① calcine ② steel; toughen
[1]**duānshì** 端视 V. look closely
[2]**duānshì** 端士 N. high-principled man M: *ge*/[1]*míng*/[2]*wèi*
duǎnshī* 短诗 N. ode M: [2]*shǒu*
duǎnshì 短视 V. lack foresight; be shortsighted ♦N. myopia
[1]**duànshí** 断食[斷-] V.O. fast to death
[2]**duànshí** 锻石 N. limestone M: [2]*kuài*
duànshígāo 煅石膏 N. plaster of Paris
duǎnshíjiān 短时间[-時-] N. short time/period
duǎnshí jìyì 短时记忆[-時-憶] N. <*psy.*> short-term memory
duānshìkějìng 端士可敬 F.E. An upright and high-principled man is respectable.
duǎnshíqī 短时期[-時-] N. short-term
duànshìrúshén 断事如神[斷-] F.E. decide a matter with excellent judgment
duǎnshòu 短寿[-壽] V.P. short-lived
duànshǒu* 断手[斷-] N. broken arm ♦V.O. break arm
duànshǒuyuèzú 断手刖足[斷-] F.E. cut off sb.'s hands and feet
duǎnshù* 短数[-數] N. ① vacancies waiting to be filled ② shortage
duànshù 椴树[-樹] N. <*bot.*> Chinese linden M: [2]*kē*
duànshù de 断述的[斷-] ATTR. <*lg.*> assertive
duàn shuǐ 断水[斷-] V.O. cut off the water supply
duànshuō 断说[斷-] N. <*lg.*> assertion

duànshuōlì 断说力[斷-] N. <*lg.*> assertive force
duànshù yǔjù 断述语句[斷-] N. <*lg.*> assertive sentence
duànsòng 断送[斷-] V. forfeit (life/future/etc.); ruin
duànsòng qiánchéng 断送前程[斷-] V.O. ruin one's career
duànsòng qiántú 断送前途[斷-] V.O. forfeit one's future
duànsǔn 断损[斷-] V. break down
duàntiě 锻铁[-鐵] N. wrought iron M: [2]*kuài* ♦V.O. forge iron
duàntiělú 锻铁炉[-鐵爐] N. forge M: [4]*zuò*
duǎntǐng 短艇 N. a short boat M: [2]*zhī*/[1]*tiáo*/[1]*sōu*
duǎntíng-chángtíng 短亭长亭 N. <*trad.*> small pavilions outside a city
duǎntǒngr wàzi 短筒儿袜子[---襪-] N. socks M: [1]*shuāng*
duǎntǒngxuē 短统靴 N. ankle boots M: [1]*shuāng*
duàntóu 断头[斷-] V.O. ① cut the head off ② die ♦N. ① severed head ② <*txtl.*> ends down ♦V.P. beheaded (stream)
duàntóu jiāngjūn 断头将军[斷-將-] N. a general who would rather die than yield M: *ge*/[1]*míng*/[2]*wèi*
duàntóutái 断头台[斷-臺] N. guillotine M: [4]*zuò*
duǎntú* 短途 N. short distance
duàntú 断屠[斷-] V.O. prohibit butchering of animals on certain occasions
duǎntuǐ 短腿 N. short legs
duǎnwà 短袜[-襪] N. socks M: [1]*shuāng*
duǎnwàiyī 短外衣 N. jacket M: [2]*jiàn*
duānwěi 端尾 N. ceremonial robes/dress
duǎnwěi* 短尾 N. short tail
duànwěi 断尾[斷-] V.O. ① dock ② <*coll.*> end a queue
duǎnwěihóu 短尾猴 N. <*zoo.*> stump-tailed macaque M: [2]*zhī*
duānwěn 端稳[-穩] R.V. hold sth. well/firmly
duǎnwén* 短文 N. short article; essay M: [1]*piān*
duànwén 缎纹 N. satin weave
duǎnwènjù 短问句 N. <*lg.*> short question
Duānwǔ 端午 N. ① Dragon Boat Festival ② 5th of the fifth lunar month
duànwúcǐlǐ 断无此理[斷-] F.E. positively, there can be no such logic
Duānwǔjié 端午节[-節] N. ① Dragon Boat Festival ② 5th of the fifth lunar month
duànxiá 断霞[斷-] N. scattered rosy clouds
duānxiàn 端线 N. <*sport*> end line M: [1]*tiáo*
duǎnxiàn 短线 N. short line; area of shortage ♦ATTR. in short supply (of products)
duànxián 断弦[斷-] V.O. lose one's wife
duànxiàn* 断线[斷-] V.O. ① break a string ② disconnect; sever; break off ③ lose contact with sb.
duǎnxiàn chǎnpǐn 短线产品[--產-] N. ① undersupplied products ② goods in short supply
duànxiànfēngzheng 断线风筝[斷-箏] ID. gone beyond recall M: [2]*zhī*
duānxiang 端详 V. scrutinize carefully ***See also duānxiáng***
duānxiāng 端相 V.O. look sb. up and down
duānxiáng* 端详 N. details; detailed information ♦V.P. dignified and serene ***See also duānxiang***
duànxiǎng 断想[斷-] N. random thoughts
duǎnxiànlācháng 短线拉长 ID. expand the underdeveloped industries
duǎnxiānwéi 短纤维[-纖-] N. ① short-staple ② <*txtl.*> staple (fiber) M: [2]*gēn*
duǎnxiānwéi miánhua 短纤维棉花[-纖---] N. short-staple cotton
duànxiánwèixù 断弦未续[斷-續] F.E. have not yet remarried after the death of one's wife
duànxiánzàixù 断弦再续[斷-續] F.E. remarry
duǎnxiàn zhuānyè 短线专业[-專業] N. specialties that are badly needed
duǎnxiǎo 短小 V.P. ① short and small ② brief
duǎnxiǎojīnggàn 短小精干[-幹] F.E. be of unimposing stature but strong and capable

duǎnxiǎojīnghàn 短小精悍 F.E. ① be of unimposing stature but strong and capable ② be short and pithy; be terse and forceful (of writing)

duǎnxìn 短信 N. note; short letter

duānxíng* 端行 N. upright behavior

duǎnxìng 短性 N. shortness

duànxíng 断行[斷-] V. categorically carry out

duǎnxiù 短袖 N. ① short sleeves ② short-sleeved shirt

duànxiùzhīpǐ 断袖之癖[斷-] N. male homosexuality

duānxù 端绪 N. inkling; clue *zhǎobuchū* ~ can't get a handle on sth.

duànxù* 断续[斷續] V.P. interrupted; intermittent ♦N. <lg.> juncture

duànxù de chéngdu 断续的程度[斷續-] N. <lg.> degree of juncture

[1]**duǎnxùn** 短训 N. short-term training

[2]**duǎnxùn** 短讯 N. news in brief; brief dispatch M: [1]*tiáo*

duǎnxùnbān 短训班 N. short-term training course M: [2]*qī*

duànyā* 锻压[-壓] V. forge and press

duànyá 断崖[斷-] N. steep cliff; precipice M: [2]*dào*

duànyājī 锻压机[-壓-] N. forging press M: [1]*tái*/[4]*zuò*

duànyájuébì 断崖绝壁[斷-絕-] F.E. broken ridges and steep cliffs

Duānyàn 端砚 N. high-quality ink stone/slab made in Duanxi, Guangdong M: [2]*zhī*

duànyān 断烟[斷煙] V.O. quit smoking

duànyán* 断言[斷-] V. assert categorically; affirm ♦N. <lg.> affirmation; assertion

Duānyáng* 端阳[-陽] N. Dragon Boat Festival

duànyáng 椴杨[-楊] N. <bot.> linden M: [2]*kē*

Duānyángjié 端阳节[-陽節] N. Dragon Boat Festival

Duānyáng jìngdù 端阳竞渡[-陽競-] N. dragon-boat race

duànyě 锻冶 V. ① forge and smelt ② temper and refine

duànyí 断疑[斷-] V.O. resolve doubts

duǎnyīn 短音 N. <lg.> short sound

duǎnyīnchéng 短音程 N. <mus.> minor interval

duǎnyīnfú 短音符 N. <mus.> short note

duǎnyīnjiē 短音阶[-階] N. <mus.> minor scale

duǎnyīnjié* 短音节[-節] N. <lg.> mora

duānyóu 端由 N. cause; reason

duǎnyǔ 短语 N. <lg.> phrase

duànyǔ* 断语[斷-] N. conclusion; judgment; assertion

duànyù 断狱[斷-] V.O. ① settle a lawsuit ② try a case in court ③ close a trial by announcing the verdict

duànyuáncánbì 断垣残壁[斷-殘-] F.E. ① broken walls; debris ② a desolate scene

duǎnyuányīn 短元音 N. <lg.> short vowel

duǎnyuánzìyú 短垣自逾 F.E. break one's own rule

duǎnyǔ biāojì 短语标记[--標-] N. <lg.> phrase marker

duǎnyǔcí 短语词 N. <lg.> phrasal word

duǎnyǔ dòngcí 短语动词[--動-] N. <lg.> phrasal verb

duānyuè 端月 N. ① first lunar month ② first moon

duǎnyǔ fānyì 短语翻译[-譯] N. <lg.> phrasal translation

duǎnyǔ jiècí 短语介词 N. <lg.> phrasal preposition

duǎnyǔ jiècí dòngcí 短语介词动词[----動-] N. <lg.> phrasal-prepositional verb

duǎnyǔ jiégòu 短语结构[-構] N. <lg.> phrase structure

duǎnyǔ jiégòu bùfen 短语结构部分[---構--] N. <lg.> phrase-structure component

duǎnyǔ jiégòu chéngfèn 短语结构成分[---構--] N. <lg.> phrase-structure component

duǎnyǔ jiégòu guīzé 短语结构规则[---構--] N. <lg.> phrase-structure rule

duǎnyǔ jiégòu yǔfǎ 短语结构语法[---構--] N. <lg.> phrase-structure grammar

duǎnyùn 短韵[-韻] N. ① short rhyme ② short musical sound

duǎnyǔ pàishēngfǎ 短语派生法 N. <lg.> phrasal derivation

duànyùrúshén 断狱如神[斷-] F.E. decide criminal cases with excellent judgment

duǎnyǔ xīncí 短语新词 N. <lg.> phrasal neologism

duǎnyǔxìng 短语性 ATTR. <lg.> phrasal

duǎnyǔxìng zhuàngyǔ 短语性状语[---狀-] N. <lg.> phrase adverbial

duǎnzàn 短暂 S.V. of short duration; brief ♦N. ① short term ② shortness

duǎnzàn jìyì 短暂记忆[-憶] N. <psy.> short-term memory

duǎnzànmào 短暂貌 N. <lg.> delimitative aspect

duànzào 锻造 V. forge

duànzàogōng 锻造工 N. forger; blacksmith M: *ge*/[1]*míng*

duànzhǎng 断掌[斷-] N. palm with a straight line across it

duànzhāngjiéjù 断章截句[斷-] F.E. take bits and pieces of sb.'s writing

duànzhāngqǔyì 断章取义[斷-義] F.E. ① quote out of context ② garble a statement

duànzhāngzhāijù 断章摘句[斷-] F.E. lift a sentence out of context; quote isolated passages

duǎnzhé 短折 V.P. die young; be short-lived

duǎnzhébùshòu 短折不寿[-壽] F.E. die young; die a premature death

duǎnzhēn 短针 N. short hand of a clock

duānzhěng 端整 S.V. proper; nice (of appearance)

duānzhèng* 端正 S.V. ① upright; regular ② proper ③ good-looking ♦V. rectify

duānzhèng dǎngfēng 端正党风[-黨-] V.O. improve party conduct

duānzhèng shèhuì fēngqì 端正社会风气[-氣] V.O. improve general social conduct

duǎnzhì 短至 N. winter solstice

[1]**duànzhī*** 断肢[斷-] N./V.O. severed limb

[2]**duànzhī** 断织[斷織] V.O. break the loom to show one's child that learning effort should not be interrupted

duànzhì 锻制[-製] V. forge

duànzhīzàizhí 断肢再植[斷-] N./V.P. <med.> reattachment of a severed limb

duānzhòng* 端重 S.V. serious; sober; sedate

duànzhǒng 断种[斷種] V.O. end a family line; have no heir

duǎnzhōngchōucháng 短中抽长 F.E. ① make the best of a bad job ② make the best use of limited resources

duànzhǒngjuédài 断种绝代[斷種絕-] F.E. One's family line stops.

duǎnzhōngqǔcháng 短中取长 F.E. *See* *duǎnzhōngchōucháng*

duānzhuāng* 端庄[-莊] S.V. dignified; sedate

duǎnzhuāng 短装[-裝] N. Chinese-style jacket and trousers M: *tào*

duānzhuāngdàfang 端庄大方[-莊--] F.E. dignified and magnanimous

[1]**duànzi** 缎子 N. satin M: [1]*pǐ*

[2]**duànzi** 段子 N. an item of crosstalk/storytelling/etc. that can be finished in one performance

duànzǐjuésūn 断子绝孙[斷-絕孫] F.E. may you die without sons/progeny

duàn zǐsì 断子嗣[斷-] V.O. have no son/male offspring

duànzòu 断奏[斷-] N. <mus.> staccato

duànzú'érnù 蹯足而怒 V.P. stamp the feet in rage

duānzuò 端坐 V. sit properly

dúbà 独霸[獨-] V. dominate; monopolize

dúbái 独白[獨-] N. monologue; soliloquy

dūbàn 督办[-辦] N. supervisor ♦V. supervise and manage

dúbào 读报[讀報] V.O. read newspapers

dùbǎosīshuì 肚饱思睡 F.E. content with a full belly

dúbàozǔ 读报组[讀報-] N. news reading and discussion group

dúbàyīfāng 独霸一方[獨-] F.E. lord it over a district; be a local despot

dúbàzhūhóu 独霸诸侯[獨-] F.E. be the leader of all the feudal princes

dúběn* 读本[讀-] N. ① reader; textbook ② a piece of writing M: [1]*běn*

dǔběn 赌本 N. gambling money

dūbì 都鄙 N. <trad.> manors of noblemen

dúbì* 读毕[讀畢] V.P. finish reading

[1]**dùbì** 杜弊 A.T. end corrupt/illegal practices

[2]**dùbì** 杜蔽 A.T. hoodwink; hide the truth from

[3]**dùbì** 蠹弊 N. malpractice; abuse; corrupt practice

dúbiǎndòu 毒扁豆 N. <bot.> calabar bean M: [1]*kē*

dúbìdào 独臂盗[獨-盜] N. one-armed bandit; slot machine (for gambling) M: *ge*/[1]*míng*

dúbíkūn 犊鼻裈[犢-] N. knee breeches; shorts M: [1]*tiáo*

dǔbīnquǎn 笃宾犬[-賓-] N. Doberman pinscher M: [1]*tiáo*

dǔbó 赌博 V. gamble

dúbù 独步[獨-] V. be unique/unrivaled/peerless

dúbùdāngshí 独步当时[獨-當時] V.O. unequalled in one's generation

dúbù gǔjīn 独步古今[獨-] V.O. have no equal in both ancient and modern times

dúbuguò 毒不过 ATTR. the most evil/malicious

dúbuqǐ shū 读不起书[讀-書] V.P. cannot afford to go to school

dúbùtiānxià 独步天下[獨-] V.O. be unparalleled in the world

dúbùwèihǔ 犊不畏虎[犢-] ID. The novice fears no veterans.

dúbùyīshí 独步一时[獨-時] F.E. reign supreme for a time

dǔbuzhù 堵不住 R.V. can't stop (a leak/etc.)

dúcái 独裁[獨-] N. dictatorship; despotism

dúcáizhě 独裁者[獨-] N. autocrat; dictator M: *ge*/[1]*míng*

dúcái zhèngzhì 独裁政治[獨-] N. dictatorship; autocracy

dúcǎo* 毒草 N. ① poisonous weed ② harmful speech/writing/etc. M: [2]*kē*

dùcáo 渡槽 N. aqueduct M: [1]*tiáo*/*ge*

dūchá 督察 V. supervise; superintend ♦N. inspector M: *ge*/[1]*míng*/[2]*wèi*

dúchàng 独唱[獨-] N. (vocal) solo

dǔchǎng* 赌场[-場] P.W. gambling house; casino M: [1]*jiā*

dùcháng 肚肠[-腸] N. ① intestines ② sausage ③ heart

dùchǎng 渡场[-場] N. <mil.> crossing site

dúchànghuì 独唱会[獨-] N. recital (of a vocalist) M: [2]*chǎng*/*cì*

dǔchǎngyānkū 赌场烟窟[-場煙-] F.E. gambling houses and opium parlors

Dūcháyuàn 督察院 P.W. Court of Censors (Ming/Qing)

dūchéng* 都城 N. ① capital ② <trad.> manor for a minister M: [4]*zuò*

dǔchéng 笃诚 S.V. sincere; earnest

dūchì 督饬 V. supervise and direct

dúchíyìyì 独持异议[獨-異議] V.O. differ in view from all others

dúchóng* 毒虫[-蟲] N. poisonous insect/worm M: [1]*tiáo*/[2]*zhī*

dùchóng 蠹虫[-蟲] N. ① moth ② harmful person; vermin M: [1]*tiáo*/[2]*zhī*

dúchū 读出[讀-] R.V. read out; reading

dúchǔ* 独处[獨處] V. stay alone

dùchuán 渡船 N. ferryboat M: [1]*tiáo*/[2]*zhī*/[1]*sōu*

dúchuāng 毒疮[-瘡] N. ① noxious sore ② ulcer ③ gangrenous wound

dúchuàng* 独创[獨創] N. original creation

dúchuàngxìng 独创性[獨創-] N. originality

dúchuàngyīgé 独创一格[獨創-] F.E. create a personal style
dúchūxīncái 独出心裁[獨-] F.E. show originality
dúchǔyīyú 独处一隅[獨處-] F.E. be alone in a corner
dúchū zhuāngzhì 读出装置[讀-裝-] N. reading machine; readout unit M: [1]tái
dúcí 独词[獨-] N. <lg.> single word
dúcì* 毒刺 N. venomous sting; poisonous prick
dúcíjù 独词句[獨-] N. <lg.> holophrase; one-word sentence
dúcǐyījiā 独此一家[獨-] F.E. the only authentic brand
dūcù 督促 V. supervise and urge
dūcùlǚxíng 督促履行 F.E. check; supervise
dúcuò 读错[讀-] R.V. mispronounce (a word)
dūcùxìng huàyǔ 督促性话语 N. <lg.> hortatory discourse
dúdǎ 毒打 V. beat up; beat savagely
dùdài 肚带[-帶] N. bellyband; girth M: [1]tiáo
dúdān* 独单[獨-] N. one-bed/single room
dùdàn 度/渡淡 V.O. tide over the slack season
dǔdǎng 堵挡[-擋] V. stop up; block up
dúdāngjiānjú 独当艰局[獨當艱-] V.O. stand in the breach
dúdàngnánjú 独当难局[獨當難-] V.O. throw oneself into the breach
dúdāngyīmiàn 独当一面[獨當-] V.O. take charge of a place/office
dúdǎn yīngxióng 独胆英雄[獨膽-] N. fearless/courageous hero
dūdǎo 督导[-導] V. direct and supervise ♦N. ① supervision ② supervisor M: ge/[1]míng/[2]wèi
[1]**dúdào*** 独到[獨-] ATTR. unique; original
[2]**dúdào** 读到[讀-] R.V. ① read up to ② get to read
dúdàozhīchù 独到之处[獨-處] N. ①originality ② distinctive qualities; specific characteristics
dúdàozhījiàn 独到之见[獨-] N. show unique ingenuity
dú dàxué 读大学[讀-] V.O. go to college or university
dúdé 独得[獨-] V. have sth. all to oneself
dǔ de huang 堵得慌 S.V. <coll.> upset; distressed
dǔdezhù 堵得住 R.V. be able to stop (a leak/etc.)
dùdié 度牒 N. ① government-issued monk's/nun's certificate ②clerical certificate; ordination diploma M: [1]zhāng
dǔdìng 笃定 <topo.> V.P. ① calm ② be sure/certain/confident/assured ♦ADV. certainly
dúdòng 独栋[獨-] N. single building
dǔ dōngdào 赌东道 V.O. bet on sth. with the loser standing treat
dǔdōngr 赌东儿 V.O. bet on sth. with paying forfeit
dùdōu 肚兜 N. an undergarment covering the chest and abdomen M: [2]kuài/[1]jiàn
dūdu 都督 N. ① army commander ② top provincial officer in charge of both military and civil administration M: ge/[1]míng/[2]wèi
dūdū* 嘟嘟 ON. toot toot
[1]**dúdú** 独独[獨獨] ADV. alone; only
[2]**dúdú** 毒毒 ADV. maliciously
dúduàn 独断[獨斷] S.V. arbitrary; dictatorial; dogmatic
dúduàndúxíng 独断独行[獨斷獨-] F.E. act arbitrarily
dúduànjiànjiě 独断见解[獨斷-] F.E. dogmatic view
dúduànzhuānxíng 独断专行[獨斷專-] F.E. act arbitrarily
dūdūfǔ 都督府 P.W. governor's office M: [4]zuò
dūdūnāngnāng 嘟嘟囔囔 ON. mumble and sputter
dūdūnóngnóng 嘟嘟哝哝[-噥噥] ON. mumble in whispers; mutter to oneself
dúduǒr 独朵儿[獨-] N. the only flower in a plant/branch
dūdūshēng 嘟嘟声[-聲] N. beep; blare; toot
dú'é 毒蛾 N. tussock moth M: [2]zhī
dú'ěr 毒饵 N. poison bait (against insects)
dǔ'érbùjiàn 睹而不见 F.E. look without seeing
dúfā 毒发[-發] N. manifestation of the effect of poison or toxin
dúfǎ* 读法[讀-] N. pronunciation (of a word)
dǔfǎ 赌法 N. method of gambling
dúfàn 渎犯[瀆-] V. show disrespect/contempt
dǔfàn* 赌犯 N. an arrested gambler M: ge/[1]míng
dǔfáng 赌坊/房 P.W. gambling house M: [1]jiān
dǔfēng 赌风 N. penchant for gambling
dúfēngtuó 独峰驼[獨-] N. dromedary M: [2]zhī/[1]pǐ
dúfènr 独份儿[獨-] N. unique characteristic(s)
[1]**dūfǔ** 督抚 N. governor-general and governor (Qing) M: ge/[1]míng/[2]wèi
[2]**dūfǔ** 都府 N. ① big city ② Tang official rank
[3]**dūfǔ** 督府 P.W. <trad.> residency of a governor-general M: [4]zuò
dúfū* 独夫[獨-] N. autocrat M: ge/[1]míng
dúfù 毒妇[-婦] N. a vicious woman M: ge/[1]míng
Dù Fǔ 杜甫 (712–770) N. poet, second in fame only to Li Bai
dùfù 妒妇[-婦] N. jealous woman M: ge/[1]míng
dúfūmínzéi 独夫民贼[獨-] F.E. ① autocrat ② traitor
dúfūmòlù 独夫末路[獨-] F.E. the bad ending of an autocrat
dúgè(r) 独个(儿)[獨個-] N. a single being ♦ATTR. individual; alone
dúgēn(r) 独根(儿)[獨-] N. <coll.> an only son
dúgēngūzhǒng 独根孤种[獨-種] F.E. the only son
dǔ ge shūyíng 赌个输赢[-個--] V.P. bet; wager
dūgōng 督工 V.O. oversee working; superintend workers ♦N. overseer; foreman M: ge/[1]míng/[2]wèi
dúgū* 独孤[獨-] V.P. lonely; alone ♦N. double surname
dúgǔ 毒谷[-穀] N. poisoned grain (against insects)
dǔguāng 赌光 R.V. gamble away
dǔguǐ 赌鬼 N. inveterate gambler M: ge/[1]míng
dúguǐchē 独轨车[獨-] N. monorail M: [3]liàng/[1]liè
dǔgùn 赌棍 N. ① hardened gambler ② professional gambler M: ge/[1]míng
dùgǔnhóushāo 肚滚喉烧[-滾-燒] F.E. one's stomach churning and one's throat burning
dūguò 督过 V.O. reprove; censure
dúguò 读过[讀-] R.V. have read
[1]**dùguò*** 度过 R.V. ① pass; spend (time/etc.) ② pull through
[2]**dùguò** 渡过 R.V. tide over
dùguóhàimín 蠹国害民[-國--] F.E. rob the state and hurt the people
dùguò nánguān 渡过难关[-難關] V.O. tide over difficulties; turn the corner
dúhài* 毒害 V. ①poison (sb.'s mind) ②murder by poisoning; poison ③ murder atrociously
dùhǎi 渡海 V.O. sail across a sea
dùhài 蠹害 V. harm; endanger
dùhǎiniǎo 渡海鸟 N. sea raven M: [2]zhī
dùháng 渡航 V. sail across a river/sea
dùhé 渡河 V.O. cross a river
dùhédiǎn 渡河点[-點] N. point of crossing
dúhěn 毒狠 S.V. evil; cruel
dùhèn* 妒恨 V. be jealous and hate
dùhéng 杜蘅/衡 N. <bot.> wild ginger
dǔhòu 笃厚 S.V. sincere and magnanimous
dúhòugǎn 读后感[讀後-] N. post-reading reaction M: [1]piān
dǔhù 赌户 N. gambling family M: [1]jiā/[1]hù
[1]**dúhuà** 毒化 V. poison; spoil
[2]**dúhuà** 读画[讀畫] V.O. appraise a painting
dúhuāhuā 毒花花 R.F. poisonous-looking; harmful
dùhuāng 度荒 V.O. tide over lean year
dúhùgūmén 独户孤门[獨-] F.E. an isolated household
dūhuì* 都会 P.W. city; metropolis
[1]**dúhuì** 读会[讀-] N. prevoting reading of a proposal
[2]**dúhuì** 毒卉 N. poppy
dūhuìqū 都会区[-區] P.W. metropolis
dúhuó 独活[獨-] N. <bot.> angelica
dúhuǒ* 毒火 N. dangerously hot/strong fire
dùhuǒ 渡火 V.O. fire walking
dùhuǒzhōngshāo 妒火中烧[-燒] F.E. be burning with jealousy
dúhù zhùzhái 独户住宅[獨-] N. single-family housing M: [1]jiā/[4]zuò
duī 堆 V. pile/heap up ♦M. *for heap; pile* ***See also*** *zuī*
[1]**duì*** 对[對] V. ① answer; reply ② treat ③ be trained on ④ suit; agree ⑤ compare; check ⑥ set; adjust ⑦ mix; add ⑧ divide into halves ♦B.F. ① mutual ***xiāngduì*** ② opposite ***duìfāng*** ♦S.V. right; correct ♦M. *for pairs/ couples* ♦COV. by ♦N. couplet ♦CONS. ① ~. . .*ér yán* said in terms of. . . ② ~. . .*lái shuō* as regards. . .
[2]**duì** 队[隊] N./M. ①a row of people; line ②team; group ③ detachment; contingent (of soldiers/policemen/etc.)
[3]**duì** 兑[兌] V. ① exchange; convert ② add (water/etc.)
[4]**duì** 碓 N. treadle-operated tilt hammer for hulling rice
[5]**duì** 憝 <wr.> V. hate; resent ♦B.F. evil/fiendish person [2]***dàduì, yuán'èdàduì***
[6]**duì** 怼[懟] N. <wr.> rancor; resentment
[7]**duì** 敦 N. <archeo.> round or oval vessel with a lid for holding cereals ***See also*** [4]*dūn*
[1]**duì'àn** 对岸[對-] N. other side of the river; the opposite bank
[2]**duì'àn** 对案[對-] N. <loan> counterproposal
duìbái 对白[對-] N. dialogue M: [1]piān
duìbàn 对半[對-] N. ① half-and-half; fifty-fifty ② double
duìbàn(r) fēn 对半(儿)分[對-] V.P. divide half-and-half; go halves
duìbǎo 对保[對-] V. confirm/verify guaranty
duìbào* 对抱[對-] V. embrace
duìbēi 对杯[對-] V.O. touch cups (in a toast)
duìběn 对本[對-] A.T. <acct.> The profit/interest equals the investment.
duìbǐ 对比[對-] V. contrast ♦N. ① ratio ② correlation ③ pair ♦ATTR. contrasting; contrastive
duìbiān 对边[對邊] N. opposite side
duìbǐdù 对比度[對-] N. contrast
duìbié 队别[隊-] A.T. team that one belongs to
duìbǐ fēnxi 对比分析[對-] N. <lg.> contrastive analysis (CA)
duìbǐ huàyǔ fēnxi 对比话语分析[對-] N. <lg.> contrastive discourse analysis
duì bǐjì 对笔迹[對筆跡] V.O. analyze handwriting
duìbǐ liánxiǎng 对比联想[對-聯-] N. <lg.> association by contrast
duìbǐ yīndiào 对比音调[對-] N. <lg.> contrastive intonation
duìbǐ yìyì 对比意义[對-義] N. contrastive meaning
duìbǐ yǔpiān fēnxi 对比语篇分析[對-] N. <lg.> contrastive discourse analysis
duìbǐ yǔyánxué 对比语言学[對-] N. <lg.> contrastive linguistics
duìbǐzhòngdú 对比重读[對-讀] N. <lg.> contrastive stress
duìbǐ zhòngyīn 对比重音[對-] N. <lg.> contrastive stress
duìbǐ zhòngyīndù 对比重音度[對-] N. <lg.> contrastive stress
duìbǔ 对补[對補] ATTR. <lg.> complementary
[1]**duìbù*** 队部[隊-] P.W. headquarters of a team/etc.
[2]**duìbù** 对簿[對-] V. ① try at court ② face a charge
duìbǔ de fēnpèi 对补的分配[對補-] N. complementary distribution
duìbùgōngtáng 对簿公堂[對-] F.E. confront at court
duìbuqǐ 对不起[對-] INTJ. I'm sorry; excuse me ♦R.V. let sb. down; be unfair to

duìbushàng 对不上[對-] F.E./R.V. ① disagree ② unable to match

duìbushàng hào 对不上号[對-號] V.P. have a discrepancy

duìbuzhù 对不住[對-] R.V. let sb. down; be unfair to ♦INTJ. <court.> Excuse/Pardon me!

duìcè 对策[對-] N. ① way to deal with a situation; countermeasure; countermove ② <math.> game ③ <trad.> examination on a political question

duìcèlùn 对策论[對-] N. <math.> game theory

duìchá(r) 对碴(儿)[對-] V.O./S.V. <coll.> be on the best of terms; hit it off

duìchàng 对唱[對-] N. musical dialogue in antiphonal style

duìchèn 对称[對稱] V.P. symmetric ♦N. symmetry *See also duìchēng*

duīchéng* 堆成 R.V. pile/heap up; stack

duìchēng 对称[對稱] N. <lg.> referring to second person *See also duìchèn*

duīchéng duī 堆成堆 V.O. make a hillock/mound

duìchèn jiégòu 对称结构[對稱-構] N. parallel construction

duìchèn liánjiēcí 对称连接词[對稱-] N. <lg.> coordination

duìchèn wèiyǔ 对称谓语[對稱-] N. <lg.> symmetric predicate

duìchènxìng 对称性[對稱-] N. symmetry

duìchènzhóu 对称轴[對稱-] N. axis (of symmetry)

duīchǔ 堆储 V. pile up

duìcí 对词[對-] V.O. rehearse lines (by actors in a group)

duīcún 堆存 V. store up

duìcuò 对错[對-] N. right and wrong

duìdá* 对答[對-] V. answer; reply

duìdǎ 对打[對-] V. ①fight each other ②simulate pair fighting as an exercise

duìdài 对待[對-] V. treat; approach; handle

duìdāng guānxi 对当关系[對當關係] N. correlation

duìdárúliú 对答如流[對-] F.E. answer fluently

duìděng 对等[對-] N. ① reciprocity; equity ② <lg.> equivalence ♦ATTR. bilateral

duìděng fǎnyìng 对等反应[對-應] N. <lg.> equivalent response

duìděng guānxi 对等关系[對-關係] N. <lg.> equivalent relation

duìděng liáncí 对等联词[對-聯-] N. <lg.> coordinating conjunction

duìděng liánjiēcí 对等连接词[對-] N. <lg.> coordinator

duìděng tiáoyuē 对等条约[對-條-] N. treaty between equals

duìděngyǔ 对等语[對-] N. reflexive

duìdeqǐ 对得起[對-] R.V. ① not let sb. down ② treat sb. fairly ③ not have the slightest guilt/shame toward sb.

duìdezhù 对得住[對-] R.V. ① not let sb. down ② treat sb. fairly ③ not have the slightest guilt/shame toward sb.

duìdí 对敌[對敵] N. opponent; rival ♦V.O. oppose; antagonize; rival

duìdiǎnzi 对点子[對點-] V.P. similar in name/seniority

duìdiào 对调[對-] V. exchange; swap

duīdié 堆叠[-疊] V. pile/heap up ♦N. <lg.> stack

duìdǐngjiǎo 对顶角[對-] N. <math.> vertical angles

duìdù 对度[對-] V.O. check/verify the degree (of lens/etc.)

duìduifufu 对对付付[對對-] R.F. barely; just

duì duìzi 对对子[對對-] V.O. supply a sentence paralleling a given one (so as to form an antithesis or couplet)

duīduò(r) 堆垛(儿) N. stack

duīduòjī 堆垛机 N. (hay) stacker M: [1]tái

duīfang 堆房 P.W. storehouse; warehouse M: [1]jiān

duīfàng 堆放 V. pile up; stack

duìfāng* 对方[對-] P.W. the other side/party; an adversary

duìfáng 碓房 P.W. (rice) mill M: [1]jiān

duìfāng fùfèi diànhuà 对方付费电话[對---電-] N. collect call

duīféi 堆肥 N. compost

duìfēn 对分[對-] V.P. share half and half

duìfēn xìndù 对分信度[對-] N. split-half reliability

duìfójiǎngdào 对佛讲道[對-講-] ID. preach scripture to a Buddha; teach fish to swim

duìfu* 对付[對-] V. ① deal/cope with; counter; tackle ② make do

duìfù 兑付 V. cash (a check/etc.)

duìfu rén 对付人[對-] V.O. ① deal with a situation; hold one's ground ② <coll.> put sb. in his place

duìfu shì(r) 对付事(儿)[對-] V.O. <coll.> master a situation

duīgāojī 堆高机 N. forklift M: [1]tái

duìgē 对歌[對-] V.O. sing in antiphonal style

duìgé liánzǔ yǔdiào 对格联组语调[對-聯--] N. <lg.> coordinating intonational sequence

duìgōng 对攻[對-] V./N. attack each other

duìgōngr 对工儿[對-] V.P. suitable

duìguāng 对光[對-] V.O. ① <photo.> focus a camera ② adjust the power (of spectacles/etc.) ♦N. right power (of spectacles)

duìguò(r) 对过(儿)[對-] N. <coll.> opposite side; place across the way

duìgǔ pī 对股劈[對-] V.P. go halves; split fifty-fifty

duīhàn 堆焊 N. built-up welding

duìhǎo 对好[對-] R.V. connect well; arrange neatly

duìhào* 对号[對號] V.O. ① check the number ② fit; tally ♦N. check mark; tick

duìhào rùzuò 对号入座[對號-] V.P. ① take seats according to ticket numbers ② sit in the right seat ③ assign people work in accordance with their aptitude ④ identify with a character in a novel/film/play

duìhé qǐlai 对合起来[對-] R.V. interlock; mesh

duìhézi 对合子[對-] N. profit of 50 percent on the sale of goods

duīhóng 堆红 N. red protuberant flowers on lacquerware

duīhuā 堆花 N. embossed decoration

duìhuá 对华[對華] N. <astr.> anticorona *See also duì Huá*

duì Huá 对华[對華] ATTR. toward/concerning China *See also duìhuá*

duìhuà* 对话[對-] N. a dialogue ♦V.O. carry on a dialogue

duìhuà huàyǔ 对话话语[對-] N. <lg.> dialogue discourse

[1]**duìhuàn** 兑换[-換] V. exchange; convert

[2]**duìhuàn** 对换[對換] V. exchange

duìhuàndān 对换单[對換-] N. money exchange receipt M: [1]zhāng/[1]fèn

duìhuànlǜ 兑换率[-換-] N. rate of (currency) exchange

duìhuànquàn 兑换券[-換-] N. foreign exchange certificates M: [1]zhāng

duìhuàn zhǐbì 兑换纸币[-換-幣] V.O./N. convertible paper money

duìhuàtǐ 对话体[對-體] N. a style of writing in dialogue form

duìhuàzhě 对话者[對-] N. <lg.> interlocutor M: ge/[2]wèi

duì Huá zhèngcè 对华政策[對華-] N. policy toward China

duìhuà zhōngduàn 对话中断[對-斷] N. <lg.> interruption

duìhuī 队徽[隊-] N. <PRC> emblem of the Young Pioneers

duìhuǒ 对火[對-] V.O. get a light from sb.'s cigarette

duījī 堆积[-積] V. heap/pile up ♦N. <geog.> accumulation

duìjiā 对家[對-] N. ① <game> partner ② the family that a marriage has been proposed to

[1]**duìjiǎng** 兑奖[-獎] V.O. cash a prize

[2]**duìjiǎng** 对奖[對獎] V.O. check to see if one holds the winning lottery/raffle ticket

duìjiǎngjī 对讲机[對講-] N. walkie-talkie; intercom M: [1]tái/[1]jià

duìjiǎngquàn 对奖券[對獎-] N. lottery ticket M: [1]zhāng

duìjiǎo 对角[對-] N. <math.> opposite angles ♦ATTR. diagonal

duìjiǎoxiàn 对角线[對-] N. <math.> diagonal (line) M: [1]tiáo

duījīcéng 堆积层[-積層] N. <geol.> stratified deposit

duījī chéng 堆积成[-積-] R.V. pile/heap up; stack

duìjiē 对接[對-] N. docking; linkup

duìjīn* 对襟[對-] N. Chinese style jacket with buttons down the front

duìjìn(r) 对劲(儿)[對勁-] S.V. <coll.> ① to one's liking ② normal; right ③ compatible; congenial ④ pitted against

duìjìng dǎban 对镜打扮[對-] V.P. make oneself up in front of a mirror

duìjǐngshāngqíng 对景伤情[對-傷-] F.E. moved by what one sees

duìjǐngshēngqíng 对景生情[對-] F.E. be full of emotion when facing a scene

duìjìngxīngtàn 对镜兴叹[對-興嘆] V.P. look at oneself in the mirror and sigh

duìjìng zìzhào 对镜自照[對-] V.P. look at oneself in the mirror

duījīnjīyù 堆金积玉[--積-] F.E. ① amass a fortune ② a vast fortune

duìjìntūjī 对进突击[對進-擊] F.E. <mil.> ① converging attack ② two-pronged assault from opposite directions

duījī píngyuán 堆积平原[-積--] N. sedimentary plain

duījī qǐlai 堆积起来[-積--] R.V. pile/heap up; stack

duījīrúshān 堆积如山[-積--] F.E. pile up like a mountain

duījīsuǒ 堆积所[-積-] P.W. dump

duìjiù 碓臼 N. pestle and mortar M: [1]fù

duìjiǔchàngxù 对酒畅叙[對-暢敘] F.E. talk merrily over liquor

duìjiǔdànggē 对酒当歌[對-當-] F.E. ① sing while drinking; enjoy life ② cup-to-cup calls for song

duìjiǔhuānlè 对酒欢乐[對-歡樂] F.E. be merry over wine

duījīwù 堆积物[-積-] N. <geol.> deposit; sediment

duījīyán 堆积岩[-積-] N. <geol.> sedimentary rock M: [2]kuài

duījù 堆聚 V. pile up; heap up

duìjú* 对局[對-] V.O. play a game of chess/etc.

duìjù 对句[對-] N. Chinese couplet/antithesis

duījuàn 堆绢 N. colored padded flowers/birds/figures on screens/etc.

duìjué 对决[對決] A.T. ① duel ② decisive struggle

duìjùfǎ 对句法[對-] N. <lg.> parallelism

duījùqìzhāng 堆句砌章 F.E. pile up phrases and allusions in a composition

duìjùxíng 对句形[對-] N. <lg.> pattern

duìkāi 对开[對開] V. ① run in opposite directions (of trains/etc.) ② divide into two halves; go fifty-fifty ♦N. <print.> folio

duìkān 对勘[對-] V. proofread; check and correct

duìkàn* 对看[對-] V. look at each other face to face

duìkàng 对抗[對-] V. resist; oppose ♦N. antagonism; confrontation

duìkàng liáncí 对抗连词[對-] N. <lg.> adversative conjunction

duìkàng qíngxù 对抗情绪[對-] N. antagonism; enmity

duìkàngsài 对抗赛[對-] N. <sport> dual meet M: [2]chǎng
duìkàng wénhuà 对抗文化[對-] N. counter-culture
duìkàngxìng 对抗性[對-] N. antagonism
duìkàngxìng máodùn 对抗性矛盾[對-] N. antagonistic contradiction
duìkōng jiānshìshào 对空监视哨[對-監--] N. antiaircraft lookout/scout; ground observer
duìkōng jǐngjiè 对空警戒[對-] N. security against air attack
duìkōng shèjī 对空射击[對-擊] N. ground-to-air firing
duìkǒu 对口[對-] V.O. ①speak or sing alternately (of two performers) ②fit in with one's vocational training/specialty ③ match ④ geared to the needs of a job ♦N. counterpart
duìkǒuchàng 对口唱[對-] N. antiphonal singing; dialogue in antiphonal singing
duìkǒuchuāng 对口疮[對-瘡] N. <Ch. med.> a boil on the nape
duìkǒucí 对口词[對-] N. stylized dialogue in oral performance (usu. rhymed) M: [1]piān
duìkǒu huìtán 对口会谈[對-] N. talks between representatives of similar organizations of two countries; counterpart conversations M: cì
duìkǒu kuàibǎnr 对口快板儿[對-] N. clappertalk in the form of a dialogue (a kind of oral performance)
duìkǒusài 对口赛[對-] N. emulation between counterpart organizations M: [2]chǎng
duì kǒuwèi 对口味[對-] V.O. suit one's taste
duìkǒu xiàngsheng(r) 对口相声(儿)[對--聲-] N. cross talk; comic dialogue M: [2]chǎng
duì kǒuxíng 对口形[對-] V.O. lip-sync ♦N. lip-synchronization
duìkǒuyìn 对口印[對-] N. a seal consisting of two halves
duìkǒu zhīyuán 对口支援[對-] N. mutual assistance exchanged by two units with the same responsibilities
duìkuǎn 兑款 V.O. exchange money
duìle 对了 V.P. ① correct; right ② Oh, that's right
duìlěi 对垒[對壘] V.O. stand facing each other, ready for battle
duìlèng 对愣[對-] V.P. fall silent and idealess
duìlǐ 队礼[隊禮] N. <PRC> salute of Young Pioneers
duìlì* 对立[對-] V. oppose; set sth. against; be antagonistic to ♦N. <lg.> opposition; contrast
duìlián(r)* 对联(儿)[對聯-] N. antithetical couplet (written on scrolls/etc.)
duìliǎn 对脸[對-] V.O. face to face
duìlì bùfen 对立部分[對-] N. contrastive distribution
duìlìcí 对立词[對-] N. <lg.> opposite
duìlì cíxiàng 对立词项[對-] N. <lg.> converse term
duìliè 队列[隊-] N. ① formation ② queue
duìlì jiégòu 对立结构[對-構] N. <lg.> absolute construction
duìlìmiàn 对立面[對-] N. <phil.> opposite; antithesis
duìlì qíngxù 对立情绪[對-] N. antagonism
duìlì tǒngyī 对立统一[對-] N. <phil.> unity of opposites
duìliú 对流[對-] N. <phy.> convection
duìliúcéng 对流层[對-層] N. <met.> troposphere
duìliúlín 对硫磷[對-] N. <agr.> parathion
duìliúyǔ 对流雨[對-] N. <met.> convective rain M: [1]zhèn
duìlì wénhuà 对立文化[對-] N. counterculture
duìlìwù 对立物[對-] N. objects opposite to each other
duìlù 对路[對-] V.O./S.V. <coll.> ①satisfy a need ② be to one's liking; suit one
duìluòchū 对落出[對-] R.V. <coll.> wangle; wrest (a sum of money)
duìlùzi 对路子[對-] V.P. <coll.> fitting; suitable

duìmà 对骂[對罵] V. abuse/scold each other ♦N. ritual insult
duīmǎn 堆满 R.V. pile up all over (a room/etc.)
duìmén(r) 对门(儿)[對-] N. ① room/building opposite ② neighbor ♦V.O. face each other (of houses)
duìmiàn(r) 对面(儿)[對-] P.W. ① opposite ② right in front ~ *láile ge nǚháir.* A girl came toward us. ♦ADV. face to face
duìmiàn'érzuò 对面而坐[對-] V.P. sit opposite
duìmíng 队名[隊-] N. team name
duīmùchǎng 堆木场[-場] P.W. lumber yard M: [1]jiā
duìnèi 对内[對-] ATTR. internal; domestic
duìnèiduìwài 对内对外[對-對-] F.E. internal and external
duìnèi gǎohuó 对内搞活[對-] V.P. <PRC.> activate the domestic economy
duìnèi kānwù 对内刊物[對-] N. in-house publication M: [1]fèn
duìnèi zhèngcè 对内政策[對-] N. domestic/internal policy
duìniútánqín 对牛弹琴[對-] ID. ① cast pearls before swine ② talk over sb.'s head
duì'ǒu 对偶[對-] N. <lg.> ①antithesis ②verbal parallelism (in poetry) ♦ATTR. <math.> dual
duì'ǒuhūn 对偶婚[對-] N. (primitive) paired marriage
duì'ǒu yuánlǐ 对偶原理[對-] N. <math.> principle of duality
duìpén 对盆[對-] N. bathroom with two tubs
duìpíng 对瓶[對-] N. a twin vase M: [1]duì
duì píwèi 对脾味[對-] V.P. <coll.> ① of same disposition/temperament ② get along well
duīqī 堆漆 N. embossed lacquer
duīqǐ 堆起 R.V. pile/heap up; stack
duīqì* 堆砌 V. ① load one's writing with fancy phrases ② pile up (to build sth.)
[1]**duìqí** 队旗[隊-] N. <sport> team pennant M: [1]miàn
[2]**duìqí** 对齐[對齊] R.V. justify (margins)
duī qǐlai 堆起来 R.V. pile/heap up; stack
duìqiú 队球[隊-] N. <trad.> volleyball
duīqì zìjù 堆砌字句 V.O. pile up words and phrases in writing
duìr 对儿[對-] N. Chinese couplet/antithesis
duìrénquán 对人权[對-權] N. <law> personal rights
duìrénrújǐ 对人如己[對-] F.E. do to others as we do to ourselves
duìrì 队日[隊-] N. day set aside for Young Pioneers activities
duìrìzhào 对日照[對-] N. <astr.> counterglow
duīrù 堆入 V. pile up
duìshàng 对上[對-] R.V. ① bring two things into contact ② fit one into the other
duī shàngqu 堆上去 R.V. pile/heap up; stack
duìshěn 对审[對審] N. <law> confrontation
duìshēng 对生[對-] N. opposition
duìshēngyè 对生叶[對-葉] N. <bot.> facing/opposed leaves M: [1]duì
duìshì 对式[對-] A.T. suitable; fitting
duīshíbà 堆石坝[-壩] P.W. rock-fill dam
duì shì bù duì rén 对事不对人[對--對-] F.E. concern oneself with facts and not with individuals
duìshìquán 对世权[對-權] N. <law> absolute right
duìshǒu 对手[對-] N. ① opponent; adversary ② match; equal M: ge/[1]míng/[2]wèi
duìshù 对数[對數] N. <math.> logarithm
duìshùbiǎo 对数表[對數-] N. <math.> logarithmic table M: [1]zhāng
duìshù hánshù 对数函数[對數-數] N. <math.> logarithmic function
duìshuǐ 对水[對-] V.O. add water (to thin)
duì Tái 对台[對臺] ATTR. regarding Taiwan
duì Tái jiǔ tiáo 对台九条[對臺-條] N. <PRC> nine articles toward Taiwan (proposed in 1981)
duìtáixì 对台戏[對臺戲] N. rival show M: [1]chū
duìtán 对谈[對-] V. talk face-to-face with sb.

duìtiānfāshì 对天发誓[對-發-] F.E. swear by Heaven
duìtiānlìshì 对天立誓[對-] F.E. swear by Heaven
[1]**duìtiáo** 兑条[-條] N. voucher in money exchange M: [1]zhāng
[2]**duìtiáo** 对条[對條] N. chit for delivering goods M: [1]zhāng
duìtou 对头[對-] N. enemy; opponent; adversary M: ge/[1]míng *See also duìtóu*
duìtóu* 对头[對-] V.P. ① correct; on the right track ② normal; right ③ getting on well *See also duìtou*
duìtóu pèngzhuàng 对头碰撞[對-] N./V.P. head-on collision
duìwài 对外[對-] ATTR. external; foreign; concerned with the outside world ♦V.O. resist foreign aggression
duìwài chéngbāo gōngchéng 对外承包工程[對-] N. foreign project contracting
duìwài Hànyǔ jiàoxué 对外汉语教学[對-漢---] N. teaching Chinese as a foreign language
Duìwài Jīngjì Màoyìbù 对外经济贸易部[對-經濟---] N. Ministry of Foreign Economics and Trade
duìwài kāifàng 对外开放[對-開-] V.P. be open to the general public or outside world ♦N. (the policy of) opening to the outside world; the open policy
duìwài màoyì 对外贸易[對-] N. foreign trade
Duìwài Yǒuxié 对外友协[對-協] P.W. Chinese People's Association for Friendship with Foreign Countries
duìwèi 对位[對-] N. <mus.> counterpoint
duìwèifǎ 对位法[對-] N. <mus.> counterpoint
duì wèikǒu 对胃口[對-] V.O./S.V. ① palatable; appetizing ② be to sb.'s taste
duìwèir 对味儿[對-] V.O./S.V. ① to one's taste; tasty ② seemingly all right *Tā de huà bù dà ~.* What she said didn't sound quite right.
duìwén 对文[對-] N. <wr.> response
duì wǒ lái shuō 对我来说[對-] V.P. as far as I'm concerned
duìwu 队伍[隊-] N. ① troops; army ② ranks; contingent ③ team M: [4]zhī
duìwùsùsòng 对物诉讼[對-] N. <law> action in rem
duīxià 堆下 R.V. leave things in a pile
duìxiā* 对虾[對蝦] N. prawn M: [2]zhī
duìxiàn 兑现 V.O. cash (a check/etc.) ♦V. honor (a commitment/etc.); fulfill; make good *Tā shuōhuà lǎo bù ~.* He often fails to make good his promises.
[1]**duìxiàng** 对象[對-] N. ① target; object ② boy/girl friend ③ informant
[2]**duìxiàng** 对相[對-] V.P. meet/interview for the first time
duīxiào* 堆笑 V.O. put on a smile
duìxiāo 对消[對-] V. offset; cancel each other out
duìxiāo màoyì 对消贸易[對-] N. countertrade
duīxīn 堆芯 N. reactor core
duìxīn* 对心[對-] V.O. be true to one's heart
duìxíng 队形[隊-] N. formation ~ *qiánjìn* advance in close (open) order
duìxíng biànhuàn 队形变换[隊-變換] N. ① transformation (of drill team/band/etc.) ② evolution (of troops/dancers/etc.)
duìxīnyǎn(r) 对心眼(儿)[對-] A.T. <coll.> sympathetic; partial to
duìxīnyǎnr de péngyou 对心眼儿的朋友[對-] N. <coll.> congenial friend M: ge/[2]wèi
duìxí pànjué 对席判决[對-決] N. <law> contradictory judgment
duìxùn 对汛[對-] V.O. send troops to patrol their borders (of two nations)
duìyǎn(r) 对眼(儿)[對-] N. ① cross-eye ② <coll.> object of interest/affection ③ a mate
duì yǎnguāng 对眼光[對-] V.O. make eye contact

D

duìyī 队医[隊醫] N. <sport> team doctor M: ge/[1]míng/[2]wèi

duìyì* 对弈[對-] V.O. play chess/go

duìyì cídiǎn 对译词典[對譯-] N. bilingual dictionary M: [1]běn/[4]cè/[2]bù

duìyīn 对音[對-] N. ① transliteration ② <lg.> (phonetic) transcription

duìyǐn* 对饮[對-] V. drink together

[1]**duìyìng** 对应[對應] ATTR. corresponding; homologous; reciprocal; parallel ♦N. affinity; correspondence

[2]**duìyìng** 对映[對-] V.P. reflect onto each other

duìyìng chéngdu 对应程度[對應-] N. <lg.> degree of correspondence

duìyìngcí 对应词[對應-] N. <lg.> corresponding/parallel word; paronym

duìyìng guānxi 对应关系[對應關-] N. corresponding relationship

duìyìnglùn 对应论[對應-] N. correspondence theory

duìyìngwù 对应物[對應-] N. homologue M: [2]jiàn

duìyì yīnbiāo 对译音标[對譯-標] V.O. transcribe in phonetic symbols

duīyòu 堆釉 N. <pottery> massed glaze

duìyǒu* 队友[隊-] N. teammate M: ge/[1]míng/[2]wèi

duìyú* 对于[對於] COV. (in regard) to; toward; at; for

duìyǔ 对语[對-] N. antithesis

duìyuán 队员[隊-] N. team member M: ge/[1]míng/[2]wèi

duìyuèchángtàn 对月长叹[對-嘆] F.E. sigh under the moon; sigh one's grief to the moon

duīzhàn 堆栈[-棧] N. storehouse; warehouse M: [1]jiā

duìzhǎng* 队长[隊-] N. <sport/mil.> ① captain ② team leader M: ge/[1]míng/[2]wèi

[1]**duìzhàng** 对账[對-] V.O. verify an accounting record

[2]**duìzhàng** 对仗[對-] N. antithesis (in poetry/etc.)

duìzhào 对照[對-] V./N. contrast; compare ~ *yuánwén xiūgǎi yìwén.* Check the translation against the original and make corrections.

duìzhàobiǎo 对照表[對-] N. contrastive/comparative table M: [1]zhāng/[1]fèn

duìzhe* 对着[對著] COV. toward

[1]**duìzhé** 对折[對-] N. ① 50 percent discount ② <print.> folio

[2]**duìzhé(r)** 对辙(儿)[對-] V.P. <coll.> on the best of terms; intimate

duìzhe gàn 对着干[對著幹] V.P. ① act at cross purposes ② try to beat sb. at what he is doing

duìzhe héshang mà zéitū 对着和尚骂贼秃[對著--罵-禿] V.P. <vulg.> criticize sb. by insinuation

duìzhèn 对阵[對-] V.O. ① be poised for battle (of two opposing armies) ② play each other (of teams) ③ confront each other (in a battle/game)

[1]**duìzhèng** 对证[對證] V. verify; check ♦N. identification

[2]**duìzhèng** 对正[對-] N. alignment

[3]**duìzhèng** 对症[對-] V.O. in accordance with the symptoms (lit./fig.)

duìzhèng fǎnyìng 对证反应[對證-應] N. identification reaction

duìzhèng liáofǎ 对症疗法[對-療-] N. <med.> allopathy

duìzhèng xiàyào 对症下药[對-藥] V.P. ① suit the medicine to the illness ② suit one's methods to the situation

duīzhī 堆脂 N. <art> massed fat effect (in glaze design)

[1]**duìzhì*** 对峙[對-] V.P. stand facing each other; confront each other ♦N. confrontation

[2]**duìzhì** 对质[對質] V.P. <law> confront (in court)

duīzhìchǎng 堆置场[-場] P.W. yard; supply dump

duìzhì'érlì 对峙而立[對-] V.P. stand opposite each other

duìzhìzhīzhōng 对峙之中[對-] N. in confrontation

duìzhōng 对盅[對-] V.O. <coll.> imbibe together

duìzhuǎn 对转[對轉] N. <lg.> mutual alternation of ancient finals with either nasals or stops, and the loss of these finals

duìzhuàng 对状[對狀] A.T. check a plaintiff against an accused

duìzhuàngjī 对撞击[對-擊] N. <phy.> collider

duìzhǔn 对准[對準] R.V. aim at ♦N. alignment

duìzhuó 对酌[對-] V. drink sitting face to face

duìzi 对子[對-] N. ① pair of antithetical phrases, etc. ② antithetical couplet M: [1]fù

duīzìqìjù 堆字砌句 F.E. pile up words and phrases in writing

duìzuǐzi 对嘴子[對-] N. <topo.> a put-down

duìzuò 对坐[對-] V. sit facing each other

[1]**dújì*** 毒剂[-劑] N. toxicant M: [14]fù

[2]**dújì** 毒计 N. ① deadly trap ② venomous scheme M: [1]tiáo

dǔjī 堵击[-擊] V. intercept and attack

dǔjí 笃疾 N. fatal illness; serious disease

dùjì 妒嫉 V. be jealous of; envy

dùjì 妒忌 V. be jealous of; envy

dújiā 独家[獨-] ATTR. exclusive; sole

dùjiǎ 肚甲 N. breastplate

dùjià* 度/渡假 V.O. spend one's holidays/vacations

dújiā bàodǎo 独家报导[獨-報導] N. exclusive report

dùjiàcūn 度假村 P.W. resort area; vacation village M: [1]jiā/[4]zuò

dújiā dàilǐ 独家代理[獨-] N./V.P. sole agency

dújiā jīngyíng 独家经营[獨-經營] V.P. engage in a line of business without competition

dújiā jīngyíngzhě 独家经营者[獨-經營-] F.E. sole agent M: ge/[1]míng/[2]wèi

dújiān 牍笺[牘箋] N. letters M: [2]fēng

dújiàn* 毒箭 N. poisoned arrow M: [4]zhī/[5]zhī

dùjiǎn 蠹简 N. old worm-eaten books

dùjiàn 杜谏 V. urge (a superior/emperor/etc.) to stop (a bad practice, etc.)

dùjiànfángméng 杜渐防萌 ID. nip the matter in the bud

dùjiànfángwēi 杜渐防微 ID. nip in the bud

dùjiāng 渡江 V.O. cross a large river

Dūjiāngyàn 都江堰 P.W. the Dujiang Dam

dǔjiǎofěitú 堵剿匪徒 F.E. intercept and destroy the robbers

dújiǎoshòu 独角兽[獨-獸] N. unicorn M: [1]tóu

dújiǎoxì 独角/脚戏[獨腳戲] <thea.> N. ① monodrama; one-person show ② comic talk M: [1]chū/[2]mù/[2]chǎng

dújiā xīnwén 独家新闻[獨-] N. exclusive news report; scoop M: [1]tiáo

dǔjié 堵截 V. block and intercept; intercept

dújìn 读进[讀進] R.V. read and absorb

dùjīn* 镀金 V.O. ① gold-plate ② get gilded (formerly said of students who went abroad to study in order to enhance their social status)

dújīng* 读经[讀經] V.O. read (Confucian) classics

dǔjìng 笃敬 V.P. sincerely respectful

dǔjǐngshāngqíng 睹景伤情[--傷-] F.E. be moved by what one sees

dújiǔ* 毒酒 N. poisoned liquor M: bēi

dùjiǔ 杜酒 N. home-brew

dújū* 独居[獨-] V. live solitary existence

dújù 独具[獨-] V. have unique (talent/insight/etc.)

dǔjú 赌局 P.W. gambling party/house

[1]**dǔjù** 赌具 N. gambling paraphernalia M: [1]fù/tào

[2]**dǔjù** 笃剧[-劇] N. serious illness

dùjuān 杜鹃 N. ① cuckoo M: [2]zhī ② <bot.> azalea M: [2]kē

dùjuānhuā 杜鹃花 N. azalea M: [2]duǒ

dùjuānniǎo 杜鹃鸟 N. cuckoo M: [2]zhī

dújué 独觉[獨覺] N. <Budd.> enlightenment attained without a teacher

dùjué* 杜绝[-絕] V. ① stop; put end to ② cut off (relations with) ③ be irrevocable (of contracts, title deeds, etc.)

dùjué bìduān 杜绝弊端[-絕--] V.O. stop all corrupt practices

dùjué hòuhuàn 杜绝后患[-絕後-] V.O. stop future trouble

dùjué liúbì 杜绝流弊[-絕--] V.O. put a stop to corrupt practices

dújù huìxīn 独具慧心[獨-] V.O. have a special understanding

dújù huìyǎn 独具慧眼[獨-] V.O. have exceptional insight

dújù jiàngxīn 独具匠心[獨-] V.O. ① show ingenuity ② have a special inventive mind

dūjūn* 督军 N. provincial military governor M: ge/[1]míng/[2]wèi

dújūn 毒菌 N. poisonous fungus/bacteria M: [1]kē/[2]zhī

dújù zhīyǎn 独具只眼[獨-隻-] V.O. have exceptional insight

dúkǎ 读卡[讀-] ATTR. <comp.> card reading

dúkǎjī 读卡机[讀-] N. <comp.> card reader M: [1]tái

dùkāng 杜康 N. <wr.> liquor; wine

dūkè 督课 V.O. supervise work; direct a job/task

dǔkè* 赌客 N. gambler M: ge/[1]míng

dúkěn 毒恳[-懇] A.T. bother you

dǔkēng 赌坑 P.W. gambling den

[1]**dùkǒu** 渡口 N. ① ferry; pier ② crossing

[2]**dùkǒu** 杜口 V.O. shut one's mouth and say nothing

dùkǒubùyán 杜口不言 F.E. shut up; keep silent

dùkǒuguǒzú 杜口裹足 F.E. frozen with fear

dǔkū 赌窟 P.W. gambling den M: [4]zuò

dúlà 毒辣 S.V. sinister; diabolic

dúlái 读来[讀-] V.P. on reading *Zhège ~ xiàng yī shǒu shī.* This reads like a poem.

dúláidúwǎng 独来独往[獨-獨-] F.E. ① come and go freely/alone ② unsociable; aloof

dúlǎn 独揽[獨攬] V. ① arrogate to oneself ② monopolize

dúlǎn dàquán 独揽大权[獨攬-權] V.O. arrogate all powers to oneself

dǔlǎo 笃老 V.P. very old; of venerable age

dǔlǎozhīnián 笃老之年 N. a venerable age

dūlǐ 督理 V. supervise and manage

dūlì 督励[-勵] V. urge and encourage; spur on

[1]**dúlì*** 独立[獨-] V. stand alone ♦N. independence ♦S.V. independent

[2]**dúlì** 独力[獨-] ADV. by one's own efforts

[3]**dúlì** 毒力 N. ① violence ② virulence; toxicity

[4]**dúlì** 毒疠[-癘] N. ① ulcer ② epidemic

[5]**dúlì** 毒戾 A.T. <Ch. med.> pernicious

dùlí 杜梨 N. birch-leaf pear M: [2]zhī

dùlì 蠹吏 N. corrupt officials M: ge/[1]míng

dùliáng 度量 V. ① measure ② judge; estimate *See also duóliàng*

dùliàng* 度/肚量 N. magnanimity; tolerance

dùliàng dà 度/肚量大 V.P. be broad-minded

dùliànghéng 度量衡 N. ①weights and measures ② length, capacity and weight

dùliànghéng míngcí 度量衡名词 N. <lg.> measure word

dùliànghéngxué 度量衡学 N. metrology

dùliàng xiǎo 度/肚量小 V.P. narrow-minded

Dúliántǐ 独联体[獨聯體] N. Commonwealth of Independent States (CIS)

dúlì biànliàng 独立变量[獨-變-] N. independent variable

dúlì bùdìngcí 独立不定词[獨-] N. <lg.> absolute infinitive

dúlì chéngfèn 独立成分[獨-] N. independent element

dúlì cóngjù 独立从句[獨-從-] N. <lg.> independent clause

dúlì dàimíngcí 独立代名词[獨-] N. <lg.> absolute pronoun

dúlì de biànshù 独立的变数[獨-變數] N. independent variable

dúlì fēncí 独立分词[獨-] N. <lg.> absolute participle
dúlì fēnjù 独立分句[獨-] N. <lg.> independent clause
dúlìguó 独立国[獨-國] N. independent state
Dúlì Guóxié 独立国协[獨-國協] N. Commonwealth of Independent States
dúlì jiégòu 独立结构[獨-構] N. <lg.> absolute construction
dúlì jīngshén 独立精神[獨-] N. spirit of independence
dúlì jīngyíng 独立经营[獨-經營] V.P. manage affairs on one's own
Dúlì Jìniànrì 独立纪念日[獨-] N. Independence Day
dúlìlǚ 独立旅[獨-] N. <mil.> brigade forming an independent fighting unit
dù lǐ míngbai 肚里明白[-裡--] V.P. keep one's understanding to oneself
dúlìnánzhī 独力难支[獨-難-] F.E. unable to do sth. alone
dūlìng 督令 V. command; order
dúlì ruǎnjiàn 独立软件[獨-] N. <comp.> standalone software
dúlì shēnggé 独立生格[獨-] N. <lg.> independent genitive
dúlìshī 独立师[獨-師] N. <mil.> division forming independent fighting unit
dúlì shǔcí 独立属词[獨-屬-] N. <lg.> absolute genitive
dúlì sīkǎo 独立思考[獨-] V.P. think things out for oneself
dúlìtuán 独立团[獨-團] N. <mil.> independent regiment
dúliú 毒瘤 N. malignant tumor; cancer
dúlì wángguó 独立王国[獨-國] N. ① independent kingdom ② <PRC> unit/organization that asserts its independence from the party
dúlìxìng 独立性[獨-] N. independent character; independence
dúlìxìngcí 独立性词[獨-] N. <lg.> free morpheme
dúlìxìng yǔsù 独立性语素[獨-] N. <lg.> free morpheme
dúlì xìtǒng 独立系统[獨-] N. <comp.> standalone system
dúlì xuānyán 独立宣言[獨-] N. declaration of independence
dù lǐ xúnsi 肚里寻思[-裡尋-] V.P. <topo.> think to oneself
dúlì yīnsù 独立因素[獨-] N. independent element
dùlǐyǒushù 肚里有数[-裡-數] V.P. have a pretty good idea
dúlìyú 独立于[獨-] V.P. independent from
dúlìzhǔyì 独立主义[獨-義] N. separatism
dúlì zìjù 独立子句[獨-] N. <lg.> independent clause
dúlìzìzhì 独立自治[獨-] F.E. independent and self-governing
dúlìzìzhǔ 独立自主[獨-] F.E. ① maintain one's independence and hold the initiative ② act independently and on one's own initiative
dǔlóng 笃癃 N. invalid; disabled person
dúlóng'èhǔ 毒龙饿虎 ID. two evils
Dúlóngzú 独龙族[獨-] N. Derung (Drung/Tulung) ethnic minority
dúlóu 髑髅[-髏] N. <wr.> skull (of a dead person)
dūlu 嘟噜 M. *for bunches/clusters* ♦V. ① hang down in a bunch ② grumble; mutter ♦N. trill
dūludūlu 嘟噜嘟噜 R.F. ① hang down in a bunch ② grumble; mutter ♦N. trill
dùlún 渡轮 N. ferry boat M: ¹*tiáo*/²*zhī*/¹*sōu*
dúlúnchē 独轮车[獨-] N. ① wheelbarrow ② monocycle/unicycle M: ³*liàng*
dúmà 毒骂[-罵] V. revile; rail at madly
dǔmǎ* 赌马 V.O. ① race horses (for gambling) ② gamble on horses
dūmài 督脉[-脈] N. <Ch. med.> the superintendent tract
dūmén 都门 N. national capital
dúmén(r)* 独门(儿)[獨-] N. special skill (of an individual/family)
dǔmén 堵门 V.O. stand in the doorway; block the doorway
dùmén 杜门 V.O. ① close one's door (to visitors) ② stay in the house
dùménbùchū 杜门不出 V.P. keep oneself to oneself
dūméndàhù 都门大户 F.E. the big families of the capitol
dúméndúhù 独门独户[獨-獨-] N. a house with a private entrance
dúmén-dúyuàn 独门独院[獨-獨-] N. ① a single house which has its own entrance and courtyard ② a *sìhéyuàn* occupied by a single family
dúméngūhù 独门孤户[獨-] F.E. an isolated household
dúmén pīfāshāng 独门批发商[獨--發-] N. single-line wholesaler M: *ge*/²*wèi*
dùménquèsǎo 杜门却扫[-卻掃] F.E. withdraw from society and live in solitude
dùménxièkè 杜门谢客 F.E. refuse to see visitors
dúmiáo* 独苗[獨-] ID. sole son M: ²*gēn*/*ge*
dúmiǎo 读秒[讀-] V.O. remind a chess player of the remaining time
dǔmìng* 赌命 V.O. gamble one's life
dùmìng(r) 度命(儿) V.O. ① drag out miserable existence ② live; gain one's livelihood
dù mìyuè 度蜜月 V.O. have a honeymoon
dúmóu 毒谋 N. malicious plot; deadly trap
dúmóuyùsì 毒谋愈肆 F.E. Malicious plots become more and more brazen.
dú mù bù chéng lín 独木不成林[獨-] ID. one alone can't do much
dúmùjù 独幕剧[獨-劇] N. <thea.> one-act play M: ¹*chū*/²*mù*
dúmùnánzhī 独木难支[獨-難-] ID. one alone can't save the situation
dúmùqiáo 独木桥[獨-橋] N. ① single-plank bridge ② difficult path M: ¹*tiáo*
dúmùzhōu 独木舟[獨-] N. dugout canoe M: ²*zhī*/¹*tiáo*
¹dūn* 吨[噸] M. <loan> ton ♦N. <slang> one thousand yuan (RMB)
²dūn 蹲 V. ① squat on the heels ② stay ~ ***shíyànshì*** stay in the laboratory
³dūn 墩 M. *for clusters* ♦N. ① mound ② block of stone/wood
⁴dūn 敦 B.F. ① sincere ***dūnhòu*** ② stocky; robust ***yuándūndūn*** ♦*used in transliterations in* ***Lúndūn*** ***See also*** ⁷*duì*, *Dūn*
⁵dūn 惇 B.F. sincere ***dūndūn***, ²***dūnhuì***
Dūn 敦/燉 in ***Dūnhuáng*** ***See also*** ⁴*dūn*
¹dǔn 盹 V. nap
²dǔn 趸[躉] V. buy wholesale
³dǔn 不 in ***dǔnzi***
¹dùn 顿[頓] V. ① pause ② arrange ③ touch the ground (with the head) ④ stamp (the feet) ♦M. *for meals/occurrences/etc.* ***dǎ tā yī~*** give him a beating ♦S.V. tired ♦ADV. suddenly; immediately
²dùn 炖 V. ① stew ② warm sth. by putting a container in hot water
³dùn 盾 N. shield
⁴dùn 钝[鈍] S.V. ① blunt; dull ② stupid; dull-witted
⁵dùn 囤 N. grain bin ***See also*** ²*tún*
⁶dùn 遁 V. <wr.> escape; flee; fly
⁷dùn 砘 B.F. stone implement for packing down loose soil after sowing ²***dùnzi***
⁸dùn 沌 in ***hùndùn***
dūnang 嘟囔 V. mumble to oneself
dūnbān* 蹲班 V.O. fail to be promoted (in school); repeat a year's work
dùnbǎn 盾板 N. shield M: ²*kuài*
dùnběi 遁北 V.O. lose the field and flee
dùnbǐ* 顿笔[-筆] V.O. ① stop writing ② pause in writing
dùnbì 遁避 V. withdraw into hiding
dūnbiāo 蹲膘 V.O. ① fatten (cattle/etc.) in a shed ② become fat from overeating and underexercising
dùnbīng 钝兵 N. ① blunt weapons ② demoralized soldiers
dùnbīngbìjiǎ 钝兵敝甲 F.E. blunt weapons and wornout armor
dùnbīngbùjìn 顿兵不进[-進] F.E. halt troops and stop advancing
dùnbīngbùzhàn 钝兵不战[-戰] F.E. Soldiers whose morale is low will not fight.
dūnbù 墩布 N. mop; swab M: ²*kuài*
dūn bu xiàqu 蹲不下去 R.V. unable to squat or crouch
dùncài 炖菜 V.O. stew ♦N. stewed food
dùncáng 遁藏 V. conceal oneself
dùnchéng 顿成 V.P. suddenly become
dǔnchuán 趸船[躉-] N. ① landing stage ② pontoon ③ lighter M: ¹*tiáo*/²*zhī*/¹*sōu*
dùncí 遁词/辞[-辭] N. subterfuge; quibble M: ¹*piān*
dūncù 敦促 V. urge; press
dùncuò 顿挫 N. <mus.> pause and transition in rhythm/melody ♦V.O. encounter failure; receive a setback
dùncuòyìyáng 顿挫抑扬[-揚] F.E. modulation in tone; cadence
dùndāo 钝刀 N. blunt knife M: ¹*bǎ*
dùndāomànguǎ 钝刀慢剐[-剮] ID. putter away at job
dūn dàyù 蹲大狱 V.O. <coll.> serve time in jail
dùn de huāng 顿得慌 R.V. ride bouncing up and down a lot
dūndiǎn(r) 蹲点(儿)[-點-] V.O. <PRC> work at a selected unit to improve it and gain experience (of cadres)
dūndiǎnpǎomiàn 蹲点跑面[-點--] F.E. <PRC> gain experience in selected spots and then spread it over the whole area
dūndǔ 敦笃 V.P. honest; sincere
dūndūn 惇惇 R.F. kind; generous; sincere
dūndūngèr 墩墩个儿[--個-] N. <coll.> a short but powerful person
dūndūnshíshí 敦敦实实[-實實] R.F. ① stocky; sturdy ② <topo.> honest; cordial; upright; sincere
dùn'ěr 顿尔 ADV. suddenly; unexpectedly
dùnfǎ 遁法 N. <Dao.> the art of becoming invisible
dūnfú 蹲伏 V. ① crouch and hide ② squat
dùngǎiqiánfēi 顿改前非 V.O. abruptly reform oneself
dùngēn 钝根 F.E. <Budd.> unable to receive Buddha's truth
dūn-gōnglǐ 吨公里[噸-] M. ton kilometer
dùnguō 炖锅[-鍋] N. saucepan; stewpot M: ²*zhī*/*kǒu*
dūn-hǎilǐ 吨海里[噸-] M. ton nautical mile
dùnhàn 钝汉[-漢] N. stupid fellow; dullard M: *ge*/¹*míng*
dùnhànqínxué 钝汉勤学[-漢--] F.E. A dull person should be earnest in study.
dùnhào(r) 顿号(儿)[-號-] N. special comma used to set off items in a series
dūnhòu 敦厚 S.V. honest and sincere
dùnhū 顿呼 V. <lg.> apostrophize
¹dùnhuà 钝化 N. relaxation; detente
²dùnhuà 遁化 V. <Dao.> die
Dūnhuáng 敦/燉煌 P.W. <trad.> Dunhuang (in Gansu)
Dūnhuáng Shíkū 敦煌石窟 P.W. Dunhuang Caves (in Gansu)
dùnhūfǎ 顿呼法 N. apostrophe (of rhetoric)
¹dūnhuì 惇诲 V. teach kindly
²dūnhuì 惇惠 S.V. benign; benignant
dùnhuī 盾徽 N. coat of arms
dǔnhuò 趸货[躉-] V.O. buy goods wholesale
dūnian 嘟念 V. <topo.> talk to one's self; mutter
dù niánguān 度年关[-關] V.O. pass the New Year by paying all one's debts
dūnjí 吨级[噸-] N. tonnage

dùnjī* 炖鸡[-雞] V.O. stew chicken ♦N. stewed chicken M: [2]*zhī*

dùnjì 遁迹[-跡] V.O. rusticate; live as a hermit

dùnjiǎ 遁甲 N. ①the magic skill of being invisible ② school of ancient Chinese sorcery

dùnjiàn 顿渐 N. <*Budd.*> sudden and gradual (the two ways of achieving enlightenment)

dūn jiānyù 蹲监狱[-監-] V.O. be imprisoned

[1]**dùnjiǎo** 钝角 N. <*math.*> obtuse angle

[2]**dùnjiǎo** 顿脚[-腳] V.O. stamp one's foot

dùnjìkōngmén 遁迹空门[-跡--] F.E. become a monk/nun

dùnjìshānlín 遁迹山林[-跡--] F.E. live the life of a hermit in the mountains

dūnjù 蹲踞 V. squat; crouch

dùnjué 顿觉[-覺] V. immediately sense

dùnjuéfǎ 顿绝法[-絕-] N. <*lg.*> aposiopesis

dùnjuéjù 顿绝句[-絕-] N. <*lg.*> aposiopesis

dùnkāimáosè 顿开茅塞[-開--] V.O. suddenly see light

dūnkēng 蹲坑 V.O. ① <*coll.*> squat over a pit to relieve oneself ② <*slang*> stake out (by police) ♦N. latrine pit

dùnkǒuwúyán 顿口无言 F.E. have nothing to say in reply

dùnlàn 炖烂[-爛] R.V. stew until soft

dùnliè 钝劣 V.P. of poor quality

dūnlún 敦伦 ID. ① conjugal sex ② strengthen moral ties between humans

dūn mǎbù 蹲马步 V.O. do a martial-art squat

dǔnmǎi 趸买[躉買] V. buy wholesale

dǔnmài* 趸卖[躉賣] V. sell wholesale

dùnméngtāzhì 顿萌他志 F.E. have other ideas suddenly

dūnmiǎn 敦勉 V.P. honest and diligent

dūnmiáo 蹲苗 V.O. restrain the growth of seedlings (for root development)

dūnmù 敦睦 V.O. promote friendly relations

dūnong 嘟哝[-噥] V. mumble to oneself

dūnongbùpíng 嘟哝不平[-噥--] F.E. complain ceaselessly

dùnpái 盾牌 N. ① shield ② pretext M: [2]*kuài*

dǔnpī 趸批[躉-] ATTR. wholesale

dǔnpī màichū 趸批卖出[躉-賣-] V.P. sell wholesale

dūnpìn 敦聘 V. <*wr.*> sincerely invite (sb. to take a post)

dūnpǐnlìxué 敦品力学 F.E. upright in character and diligent in pursuit of knowledge

dùnpíyú 盾皮鱼 N. <*zoo.*> placodermi M: [1]*tiáo*

dūnpǔ 敦朴[-樸] S.V. honest; sincere; upright

dùnqǐ 顿起 V. suddenly appear; suddenly rise

dùnqǐdǎiniàn 顿起歹念 F.E. Suddenly a wicked idea came to mind.

dūnqǐng 敦请 V. cordially invite; earnestly request

dūnqīnmùlín 敦亲睦邻[-親-鄰] F.E. promote good relations with relatives and neighbors

dūnqīnmùzú 敦亲睦族[-親--] F.E. strengthen relations among kinsfolk and among different clans

dùnqù 遁去 V. run away

dūnquàn 敦劝[-勸] V. earnestly request

dǔnr 盹儿 N. doze; nap

dùnrán 顿然 ADV. ① suddenly ② immediately

dùnrán huǐwù 顿然悔悟 V.P. ① be suddenly awakened to one's errors ② become enlightened

dùnròu 炖肉 V.O./N. boil meat on a slow fire

dùnrùkōngmén 遁入空门 ID. become a monk/nun

dùnshāng 钝伤[-傷] N. cut/wound caused by blunt object

dùnshé 钝舌 N. ineloquence M: [1]*tiáo*

dùnshēngnìjì 遁声匿迹[-聲-跡] F.E. keep silent and lie low; disappear from the scene

dùnshēngyídòu 顿生疑窦[-竇] V.O. suddenly grow suspicious

dūnshi 敦实[-實] S.V. stocky

dūn-shí 吨时[噸時] M. ton hour

dùnshī 顿失 V. suddenly lose sb./sth.

dùnshí* 顿时[-時] ADV. immediately; at once

[1]**dùnshì** 遁世 V.O. lead the life of a recluse

[2]**dùnshì** 顿释[-釋] V. clear up (suspicion/etc.) in a flash

dūnshíchúnpǔ 敦实淳朴[-實-樸] F.E. stocky and honest

dùnshìmìdào 遁世觅道 F.E. leave the world and search for truth

dùnshìyǐnyì 遁世隐逸[--隱-] F.E. retire in seclusion

dǔnshòu 趸售[躉-] V. sell wholesale

dùnshǒu* 顿首 V.O. kowtow

dùnshǒubàilǐng 顿首拜领 F.E. acknowledge receipt with thanks

dǔnshòu shìchǎng 趸售市场[躉-場] P.W. wholesale market M: [1]*jiā*

dǔnshòu wùjià zhǐshù 趸售物价指数[躉--價-數] N. wholesale price index (WPI)

dùnshú 炖熟 R.V. stew until done

dǔnshuì 盹睡 V. doze; nod ♦N. nap

dùntāi 钝胎 A.T. slow (in thought/action); obtuse

dùntáo 遁逃 V. escape; flee

dùntiān 遁天 V.O. violate the principles of nature

dùntòng 钝痛 N. dull pain

dūnwèi 吨位[噸-] M. <*loan*> tonnage

dùnwù 顿悟 V. ① suddenly realize the truth ② attain enlightenment

dùnwùqiánfēi 顿悟前非 V.O. suddenly recall to mind a previous fault

dùnwù xuéxí 顿悟学习[-習] N. learning through spurts of insight

dūnxià 蹲下 R.V. squat down

dūn xiàlai 蹲下来 R.V. squat on the heels

dùnxiǎng 钝响[-響] N. rumbling sound

dūn xiàqu 蹲下去 R.V. squat down

[1]**dùnxíng** 遁形 V.O. become invisible; vanish

[2]**dùnxíng** 盾形 N. shape of a shield

dùnxìng wùzhì 钝性物质[-質] N. <*chem.*> inactive substance

dùnxuélěigōng 钝学累功 F.E. A slow person will meet with success if he persists in study.

dùnyào 炖药[-藥] V.O. make a concoction by simmering

dùnyǐn 遁隐[-隱] V. disappear; escape; flee

dūnzhe 蹲着[-著] V.P. squatting; crouching

[1]**dùnzhì** 钝滞[-滯] S.V. blunt; dull

[2]**dùnzhì** 顿踬[-躓] V.P. ① trip over sth. and fall ② in dire straits

dùnzhìwúkào 顿踬无靠[-躓--] F.E. poverty-stricken without support

dùnzhīyāoyāo 遁之夭夭 F.E. sneak abroad

dùnzhòng 钝重 V.P. blunt ♦ADV. bluntly

dùnzhòngyīn 钝重音 N. <*lg.*> grave accent

dùnzhòng yīnfú 钝重音符 N. <*lg.*> grave accent

dùnzhǔ* 炖煮 V. stew

dùnzhù 顿住 V. stop suddenly

dùnzhuàng 盾状[-狀] N. shield-shaped

dùnzhuàng ruǎngǔ 盾状软骨[-狀--] N. thyroid cartilage

dùnzhuàngxiàn 盾状腺[-狀-] N. <*bio.*> thyroid

dūnzi* 墩子 N. block of wood/stone

dǔnzi 不子 N. <*topo.*> ① block of wood/stone ② brick of porcelain clay

[1]**dùnzi** 囤子 N. grain bin

[2]**dùnzi** 砘子 N. <*agr.*> ① a tamp ② a stone roller

dùnzǒu 遁走 V. run away; escape

dùnzú 顿足 V.O. stamp one's feet

dùnzúbùqián 顿足不前 F.E. come to a standstill

dùnzúchuíxiōng 顿足捶胸 F.E. stamp one's feet and beat one's breast

dùnzúhàokū 顿足号哭[--號-] F.E. cry stamping one's feet

dùnzuǐ 钝嘴 N. a poor speaker M: [1]*zhāng*

dùnzuǐzhuōshé 钝嘴拙舌 F.E. not shine in conversation

[1]**duō*** 多 S.V. ① many; much; more ② more than the correct/required number ③excessive; too much ④ much/far more ♦ADV. to what degree; how... ***Gěi wǒ yī zhāng zhǐ, ~ dà dōu xíng.*** Give me a piece of paper; any size will do. ♦PREF. poly-; multi- ***~yīnjié*** polysyllabic

[2]**duō** 掇 V. pick up with both hands

[3]**duō** 裰 B.F. repair worn-out clothing ***bǔduō, zhíduō***

[4]**duō** 哆 in ***duōsuo, dǎ duōsuo***

[5]**duō** 咄 in ***[2]duōduō, shūkōngduōduō***

[1]**duó** 夺[奪] V. ① take by force; seize; wrest ② force one's way ③ contend for ④ deprive ♦N. <*wr.*> ① decision ② omission (in text)

[2]**duó** 踱 V. pace; stroll

[3]**duó** 铎[鐸] N. <*hist.*> a kind of bell used in ancient China when issuing proclamations or in times of war

[4]**duó** 度 B.F. estimate ***duózhì, yǐjǐduórén, cāiduó*** ***See also*** [1]*dù*

[5]**duó** 泽[澤] in ***[2]lǐngduó***

[1]**duǒ** 躲 V. ① hide (oneself) ② avoid; dodge

[2]**duǒ** 朵 M. *for flowers/clouds/etc.*

[3]**duǒ** 垛 N. ① buttress ② battlements ***See also*** [2]*duò*

[4]**duǒ** 哚 in ***yǐnduǒ***

[1]**duò** 跺 V. stamp (the feet)

[2]**duò** 垛 V. pile up neatly; stack ♦N./M. stack; pile ***See also*** [3]*duǒ*

[3]**duò** 舵 N. rudder; helm

[4]**duò** 堕[墮] V. fall; sink

[5]**duò** 剁 V. chop; cut

[6]**duò** 惰 S.V. lazy; indolent

[7]**duò** 驮[馱] B.F. pack a load on a pack animal ***duòzi, luóduòzi See also*** [1]*tuó*

[8]**duò** 柮 in ***[2]gǔduò***

duòbǎ 舵把 N. boat tiller

Duōbāgē 多巴哥 P.W. Tobago

duōbān 多般 A.T. so many ways

[1]**duōbàn(r)*** 多半(儿) ADV. probably; most likely ♦N. the greater part

[2]**duōbàn** 多瓣 ATTR. of many petals; of many pieces

duōbànjié 多半截 N. more than half; the greater part

duōbǎogé 多宝槅[-寶-] N. lattice framework for curios or bric-a-brac; curio shelves

duōbāotāi 多胞胎 N. multiple birth

duōbèi 多倍 ATTR. multiple

duóbēi* 夺杯[奪-] V.O. win the title/championship; win a medal/cup

duōbèitǐ 多倍体[-體] N. polyploid

duǒbì 躲避 V. ①hide (oneself) ②elude; dodge

duōbiān* 多边[-邊] ATTR. multilateral

duōbiàn 多变[-變] V.P. changeable; changeful; varied; variable

duōbiān hélìliàng 多边核力量[-邊---] N. multilateral nuclear power

duōbiān huìtán 多边会谈[-邊--] N. multilateral talks

duōbiànliàng fēnxi 多变量分析[-變---] N. multivariate analysis

duōbiànliàng shùjù 多变量数据[-變-數據] N. multivariate data

duōbiān màoyì 多边贸易[-邊--] N. multilateralism

duōbiān tiáoyuē 多边条约[-邊條-] N. multilateral treaty

duōbiān xiédìng 多边协定[-邊協-] N. multilateral agreement

duōbiān xiéyì 多边协议[-邊協議] N. multilateral agreements

duōbiānxíng 多边形[-邊-] N. <*math.*> polygon

duóbiāo 夺标[奪標] V.O. ① compete for or win first prize ② have one's tender accepted; win the contract

duōbìng* 多病 V.P. be susceptible to diseases; be constantly ill

duòbǐng 舵柄 N. tiller; helm

duǒbìqiú 躲避球 N. dodge-ball (kind of ball game played by children)

duóbù 踱步 V.O. ① pace to and fro ② walk slowly
duōbùbǎohé 多不饱和 ATTR. polyunsaturated
duōbùcúnqǔ 多部存取 N. multi-access
duóbuguò 夺不过[奪-] R.V. can't grab/seize (sth.)
duǒbukāi 躲不开[-開] R.V. can't escape/avoid (sth./sb. unwanted)
duǒbuliǎo 躲不了 R.V. be unavoidable; inescapable
duōbùmén 多部门 ATTR. multidisciplinary
duǒbuqǐ 躲不起 R.V. can't escape/avoid (sth./sb. unwanted)
duōbùshèngshǔ 多不胜数[-勝數] V.P. be too many to enumerate
duōcǎi* 多彩 V.P. colorful; magnificent
duócǎi 夺彩[奪-] V.O. gain a victory
duōcáiduōyì 多才多艺[-藝] F.E. versatile; gifted in many ways
duōcǎi-duōzī 多彩/采多姿 V.P. magnificent; colorful; many-faceted
duōcáishàngǔ 多财善贾 F.E. ① Being good at business, one is wealthy. ② Plenty of capital makes it easy to trade. ③ Given the facilities, success is assured.
duōcǎiyòng xuǎnzéfǎ 多采用选择法[---選擇-] N. <lg.> multiple choice
duǒcáng 躲藏 V. ① conceal oneself; go into hiding ② avoid; dodge
duōcánghòuwáng 多藏厚亡 F.E. The greater fortune one amasses, the greater loss one will suffer.
duōcān-shǎoshí 多餐少食 V.P. have many meals but little food at each
duōcéngcì 多层次[-層-] N. multiple echelons (of administration); multilevels; multilayers
duōcéng lìtǐ jiāochāqiáo 多层立体交叉桥[-層-體--橋] N. multi-level three-dimensional interchange bridge M: [4]zuò
duōcéng yíngyè 多层营业[-層營業] N. multiple-level operation
duōchǎn 多产[-產] ATTR. prolific
duōchǎnfù 多产妇[-產婦] N. multiparous woman M: ge/[2]wèi
duōchǎn zuòjiā 多产作家[-產--] N. prolific writer M: ge/[1]míng/[2]wèi
duōchī duōzhàn 多吃多占 V.P. ① eat/take more than one is entitled to ② grab more than one's share
duōchī shǎoshuō 多吃少说 V.P. eat more and talk less
duōchóng* 多重 ATTR. multiple
duóchǒng 夺宠[奪-] V.O. beat a rival in seeking the favor/confidence of a superior
duōchóng chǔlǐ 多重处理[--處-] N. <comp.> multiprocessing
duōchóng cúnqǔ 多重存取 N. <comp.> multi-access
duōchóngdiǎn 多重点[-點] N. multipoint
duōchóng fānyì 多重翻译[-譯] N. <lg.> multiple/manifold translation
duōchóng guǎngbō 多重广播[--廣-] N. multiple broadcasting
duōchóng guīhuà 多重规划[-劃] N. multiproject
duōchóng guójí 多重国籍[--國-] N. plural nationality
duōchóng huíguī 多重回归[-歸] N. <math.> multiple regression
duōchóng réngé 多重人格 N. multiple personality
duōchóng yìyì 多重意义[-義] N. <lg.> multiple meaning
duōchóuduōbìng 多愁多病 F.E. be laden with sorrow and maladies
duōchóushànbìng 多愁善病 F.E. be always in grief and prone to illness
duōchóushàngǎn 多愁善感 F.E. be sentimental
duō chǔlǐjī 多处理机[-處--] N. <comp.> multiprocessor M: [1]tái
duōcì 多次 ADV. repeatedly; on many occasions
duōcí cíhuì dānwèi 多词词汇单位[---彙--] N. <lg.> Mean Length of Utterance (MLU)
duōcǐyījǔ 多此一举[-舉] F.E. make an unnecessary move
duōdá* 多达[-達] V.P. up to; as much as
duōdà 多大 V.P. how big/much/old?
duōda jià 多大价[-價] V.P. How much does it cost?
duōdǎng 多党[-黨] ATTR. multiparty
duōdǎng hézuòzhì 多党合作制[-黨---] N. <pol.> multiple-party cooperative system
duōdǎng lúnliú zhízhèng 多党轮流执政[-黨--執-] V.P. different parties rule the country in turn
duōdǎng mínzhǔ 多党民主[-黨--] N. <pol.> multi-party democracy
duōdǎngzhì 多党制[-黨-] N. <pol.> multiparty system
duōdǎng zhìdù 多党制度[-黨--] N. multiparty system
duōdàntóu 多弹头 N. <mil.> multiple warhead
duōdào 多到 V.P. as many as (a certain amount)
duódé 夺得[奪-] V. ① carry off; seize ② win; obtain through competition
duódéliànglì 度德量力 F.E. assess one's competency to do sth.
duǒdeqǐ 躲得起 R.V. be able to avoid
duō de shì 多得是 V.P. There are many of them.
duòdì 堕地[墮-] V.O. fall to the ground
duōdiǎn(r)* 多点(儿)[-點-] N. a little more
duódiàn 夺佃[奪-] V.O. eviction of peasants from land leased to them by landlords or rich peasants
duōdòngzhèng 多动症[-動-] N. hyperactivity
duódòu 夺斗[奪鬥] V. fight for; vie with sb. for sth.
duōduān 多端 N. ① many kinds; great variety ② many ways
duōduo 哆哆 R.F. toddle
[1]duōduō* 多多 R.F. a great deal
[2]duōduō 咄咄 INTJ. tut-tut
duōduōbǎozhòng 多多保重 INTJ. Take care of yourself.
duōduōbīrén 咄咄逼人 F.E. be overbearing/aggressive
duǒduǒcángcáng 躲躲藏藏 R.F. dare not show up publicly
duōduōguàishì 咄咄怪事 F.E. monstrosity; absurdity
duǒduǒshǎnshǎn 躲躲闪闪 R.F. ① be evasive ② move carefully so as to avoid danger ③ be bashful/timid/shy
duōduōshǎoshǎo 多多少少 R.F. more or less; in/to some degree
duōduōyìshàn 多多益善 F.E. the more the better
duōfābìng 多发病[-發-] N. frequently occurring disease
duōfāng 多方 ADV. in many ways; in every way
duó fāngbù 踱方步 V.P. walk with measured tread
duōfāngmiàn 多方面 ATTR. ① many-faceted ② in many ways
duōfāngpìyù 多方譬喻 F.E. explain by all sorts of analogies
duōfāng shèfǎ 多方设法 V.P. try all possible means; make every effort
duōfāngshì 多方式 N. multimode
duōfāng zǔrǎo 多方阻扰[-擾] V.P. block/hamper in every way
duōfāxìng 多发性[-發-] ATTR. frequently occurring
duǒfēng 躲风 V.O. ① take shelter from the wind ② lie low until sth. blows over
duōfú-duōshòu 多福多寿[-壽] V.P. happiness and longevity; amply blessed
duōfūzhì 多夫制 N. polyandry
duōgǎn 多感 V.P. sentimental
Duōgē* 多哥 P.W. Togo
duógé 夺格[奪-] N. <lg.> ablative case
duōgōng 多工 ATTR. <comp.> multiplex
duògōng* 舵工 N. steersman; helmsman M: ge/[1]míng
duōgōng huìliúpái 多工汇流排[-匯--] N. <comp.> multiplex bus
duōgōngnéng 多功能 N. ① multi-function ② multi-functional; all-purpose
duōgōngnéng chǎnpǐn 多功能产品[---產-] N. all-in-one products
duōgōngqì 多工器 N. <comp.> multiplexor
duōgù 多故 N. many troubles and mishaps
duōguǎ 多寡 N. number; amount
duōguǎbùděng 多寡不等 F.E. vary in amount/number
duōguǎbùjū 多寡不拘 F.E. Many or few does not matter.
duōguǎn 多管 N. multibarrel ♦ ADV. most probably; for the most part; generally; in general
duóguàn* 夺冠[奪-] V.O. win a championship
duō guǎn xiánshì 多管闲事 V.O. be intrusive; meddle
duōguǐ lùyīn 多轨录音[--錄-] N. multitrack recording
duōguó 多国[-國] ATTR. multinational
duōguó bùduì 多国部队[-國-隊] P.W. multinational force
duōguó gōngsī 多国公司[-國--] N. multinational corporation M: [1]jiā
duōguójí gōngsī 多国籍公司[-國---] N. multinational companies M: [1]jiā
duōguó qǐyè 多国企业[-國-業] N. multinational enterprises M: [1]jiā
duǒhàn 朵翰 F.E. your esteemed letter
[1]duōhé 多核 ATTR. multi-seed; multi-pit
[2]duōhé 多合 ATTR. <lg.> polysynthetic
duōhéyǔ 多合语 N. <lg.> polysynthetic language
duōhuálí 多铧犁[-鏵-] N. multishare/multifurrow plow M: [1]jià
duōhuán-shǎobǔ 多还少补[-還-補] V.P. return an overcharge or make up a shortage, if any
duóhuí 夺回[奪-] R.V. recapture; retake; seize back ~ ***shīqù de shíjiān*** make up for lost time
duōhuir 多会儿 ADV. <coll.> ① when ② whenever; at any time
duóhún 夺魂[奪-] V.O. be driven to distraction
duōhù zhùzhái 多户住宅 N. multifamily house M: [4]zuò
duōjí* 多级 ATTR. multistage
duòjī 舵机 N. steering engine M: [1]tái
duōjiànbówén 多见博闻 F.E. have seen and heard much
duōjiànduōwén 多见多闻 F.E. be well-informed; have considerable experience
duòjiǎo 跺脚[-腳] V.O. stamp one's feet
duōjiǎohuà 多角化 N. multi-sidedness ♦ V. be polyangular
duōjiǎoxíng 多角形 N. polygon
duōjiē* 咄嗟 ON. <wr.> cry out ♦ ADV. in a short moment
duōjié 多结 ATTR. knotty
duōjiēduàn 多阶段[-階-] ATTR. of many phases/stages
duōjiē lì bàn 咄嗟立办[-辦] V.P. can be done at once
duōjièzhì 多介质[-質] N. multimedia
duōjíhuà 多极化[-極-] N. multipolarity ♦ ATTR. pluralistic; multi-polar
duōjí huǒjiàn 多级火箭 N. multistage rocket M: [4]méi
duó jǐnbiāo 夺锦标[奪-標] V.O. win first prize
duōjīnéng 多机能 N. multifacility
duōjīngtǐ 多晶体[-體] N. polycrystal (unit)
duōjí shìjiè 多极世界[-極--] N. multipolar world
duōjiǔ 多久 V.P. how long?
duōjùchéngzhāng 掇句成章 F.E. stud a composition with picked-up phrases
duǒkai 躲开[-開] R.V. ① get out of the way ② ward off; dodge
duō kāi zhàngkuǎn 多开帐款[-開--] V.O. overcharge an account

duōkàn-shǎoshuō 多看少说 INTJ. Keep your mouth shut and your eyes open.
duōkē 多科 ATTR. multidisciplinary; interdisciplinary
duōkēmù 多科目 N. multidisciplinary
duōkēxìng yánjiū 多科性研究 N. multidisciplinary study
duōkē xùnliàn 多科训练[-練] N. interdisciplinary training
duōkǒng 多孔 ATTR. porous
duōkǒng sùliào 多孔塑料 N. sponge plastics
duōkǒngzhuān 多孔砖[-磚] N. porous/perforated brick M: [2]*kuài*
duōkǒu 多口 *See duōkǒu xiàngsheng*
duǒkǒu* 垛口 N. crenel
duōkǒucí 多口词 N. dialogue of crosstalk, usu. rhymed, performed by more than two persons
duōkǒu xiàngsheng 多口相声[-聲] N. crosstalk performed by more than two persons
duōkuà 多跨 ATTR. <*archi.*> multispan
duō-kuài-hǎo-shěng 多快好省 V.P. achieve greater, faster, better, and more economical results
duókuàng'érchū 夺眶而出[奪-] F.E. (tears) start from one's eyes
duōkuī* 多亏[-虧] ADV. ① thanks to; by grace of ② luckily
duókuí 夺魁[奪-] V.O. win a championship
duóláiduóqù 踱来踱去 V.P. pace to and fro
duǒlǎn(r) 躲懒(儿) V.O. shirk work
duōláo-duōchóu 多劳多酬[-勞--] V.P. More work, more pay.
duōláo-duōdé 多劳多得[-勞--] V.P. Work more, get more.
duōlǐ* 多礼[-禮] V.P. too polite
duòlì 惰力 N. inertia; momentum
duōliàng* 多量 N. a large number; a great quantity
duóliàng 度量 V. ① consider ② measure *See also dùliáng*
duōliàng shōurù 多量收入 N. great income
duōliduōsuo 哆哩哆嗦 R.F. shake with fear
duōlǜ 多虑[-慮] V.P. full of anxiety; worrying too much
duōlù cāozuò 多路操作 N. multiplex operation
duòlún 舵轮 N. steering wheel (of a ship) M: [1]*tiáo*/[2]*zhī*/[1]*sōu*
Duōlúnduō 多伦多 P.W. Toronto
duoluò 朵落 N. <*coll.*> bunch; cluster
duòluò* 堕落[墮-] S.V. degenerate; sink low
duōluoduōsuo 哆罗哆嗦[-羅--] R.F. ① shiver with cold ② tremble with fear
duòluòfēngchén 堕落风尘[墮-塵] ID. be driven to prostitution
duōlù yīnyuè lùyīn 多路音乐录音[---樂錄-] N. multiple-track music recording
duòmǎ 堕马[墮-] V.O. <*wr.*> fall from a horse
duǒ māomāo 躲猫猫[-貓貓] N./V.O. hide-and-seek
duōmáoxìng 多毛性 N. hairiness
duōme 多么[-麼] ADV. how; what ~ ***xīnxiān de shuǐguǒ a!*** How fresh the fruit is! ***Bùguǎn tiān ~ lěng, tā dōu jiānchí huìwài duànliàn.*** However cold it was, she never stopped taking outdoor exercise.
duōméitǐ 多媒体[-體] N. multimedia
duómén 夺门[奪-] V.O. occupy the doorway
duómén'érchū 夺门而出[奪-] V.P. force open the door and rush out
duómén'érrù 夺门而入[奪-] V.P. force open the door and rush in
duōméng 多蒙 F.E. thank for (permission/help/etc.)
duōmiànjiǎo 多面角 N. <*math.*> polyhedral angle
duōmiàn réngé 多面人格 N. multiple personality
duōmiànshǒu 多面手 N. many-sided/versatile person M: *gè*/[2]*wèi*
duōmiàntǐ 多面体[-體] N. polyhedron
duōmiànxìng 多面性 N. versatility

duòmín 惰民 N. <*trad.*> caste of people in Zhejiang-Jiangsu area formerly barred from officialdom and believed to be descendants of prisoners under the Song dynasty
duōmíng* 多名 ATTR. <*lg.*> polynomial
duómíng 夺名[奪-] V.O. compete for fame
Duōmǐníjiā 多米尼加 P.W. Dominica
duōmǐnuò 多米诺 N. <*loan*> domino
duōmǐnuò lǐlùn 多米诺理论 N. <*loan*> domino theory
duōmínzú guójiā 多民族国家[---國-] N. multiethnic country
duōmóuguǎchéng 多谋寡成 F.E. Too much consideration accomplishes nothing.
duōmóushànduàn 多谋善断[-斷] F.E. resourceful and decisive
duómù 夺目[奪-] V.O. dazzle the eyes
duōmùbiāo 多目标[-標] N. multipurpose (of construction projects)
duōmùjù 多幕剧[-劇] N. <*thea.*> play of many acts; full-length drama M: [2]*bù*/[2]*chǎng*
duōnàn* 多难[-難] ATTR. of many disasters
duǒnàn 躲难[-難] V.O. escape from war or disaster; take refuge; take shelter
duōnànxīngbāng 多难兴邦[-難興-] F.E. Much distress regenerates a nation.
Duōnǎohé 多瑙河 P.W. the Danube
duōnéngxìng 多能性 N. <*lg.*> non-uniqueness
duǒnì 躲匿 V. hide oneself
duōnián 多年 N. many years
duōniánshēng 多年生 ATTR. <*bot.*> perennial
duōniánshēng zhíwù 多年生植物 N. perennial plants
duōniánzāihài 多年灾害[--災-] N. perennial scourge
duōnòng 掇弄 V. <*topo.*> ① fix; repair ② order sb. about ③ stir up; incite
duō'ǒuhūn 多偶婚 N. polygamy
duōpèi'ǒu 多配偶 N. polygamy
duōpíngmiàn fúdiāo 多平面浮雕 N. carvings in high relief on several planes M: [4]*zuò*
duópò 夺魄[奪-] V.P. terrifying; diabolically monstrous
duōpǔ sǎomiáoqì 多谱扫描器[--掃--] N. multispectral scanner M: [1]*tái*
duōpǔ túxiàng shíbié 多谱图象识别[--圖-識-] N. multispectral pattern recognition
duóqì 夺气[奪氣] V.O. be unnerved by sb.
duō qǐlai 多起来 R.V. increase; become more
duǒ qǐlai* 躲起来 R.V. hide; avoid
duōqíng* 多情 S.V. affectionate; passionate
duóqíng 夺情[奪-] V.O. disregard of reason or common sense
duōqíwángyáng 多歧亡羊 ID. One will get nowhere if he lacks single-mindedness and perseverance.
duōqīzhì 多妻制 N. polygamy
duóqǔ* 夺取[奪-] V. ① capture; seize; wrest ② strive for
duóqù 夺去[奪-] R.V. take away from; deprive of
duóquán 夺权[奪權] V.O. seize power
duóqù xíwèi 夺去席位[奪-] V.O. unseat; deprive sb. of his seat
duōr 多儿 ADV. <*topo.*> ① whatever amount; no matter how much ② what time; when
duǒr* 朵儿 N. flower ♦M. *for flowers/clouds/etc.*
duǒràng 躲让[-讓] V. dodge; get out of the way
duōráo yī ge 多饶一个[-饒-個] V.P. <*coll.*> give one extra free (e.g., in sales) ***Nàge xiǎofàn duōráole wǒ yī ge píngguǒ.*** That peddler gave me an extra apple.
duōrèn dāojù 多刃刀具 N. multiple-cutting-edge tool; multipoint tool M: [1]*bǎ*
duōrén píngpàn xìndù 多人评判信度 N. <*lg.*> inter-rater reliability
duórénxīnmù 夺人心目[奪-] F.E. prepossessing
duōrì 多日 N. quite some days; many days
duōròuguǒ 多肉果 N. <*bot.*> pulpy fruit M: [2]*zhī*
duōrqián 多儿钱[-錢] V.P. <*coll.*> how much

duòrù 堕入[墮-] V. sink into; land oneself in ~ ***qíngwǎng*** fall in love
duōruǐ diànlǎn 多蕊电缆[-電纜] N. multicore cable M: [1]*tiáo*
duòrù níkēng 堕入泥坑[墮-] V.O. sink into a quagmire/pit
duōrúniúmáo 多如牛毛 F.E. innumerable; countless
duòrù quāntào 堕入圈套[墮-] V.O. be caught in a trap
duòrùwùzhōng 堕入雾中[墮-霧-] F.E. be completely at sea
duòrù yānhǎi 堕入烟海[墮-煙-] V.O. get lost in a fog
duōsè 多色 ATTR. many-colored; polychromic
duōsècǎi 多色彩 N. multicolor
duōsèyìnshuā 多色印刷 F.E. polychrome printing
duōshān 多山 ATTR. of many mountains; mountainous
duǒshǎn* 躲闪 V. ①dodge; evade ②equivocate
duōshao 多少 F.E. how many/much *See also duōshǎo*
duōshǎo* 多少 N. number; amount ♦ADV. somewhat; to some extent *See also duōshao*
duōshǎobùděng 多少不等 V.P. vary in amount/number
duōshǎobùlùn 多少不论 V.P. Many or few does not matter.
duōshēngdiào yǔyán 多声调语言[-聲---] N. <*lg.*> polytonic language
duōshénjiào 多神教 N. polytheism
duōshénjiàotú 多神教徒 N. polytheist M: *gè*/[1]*míng*/[2]*wèi*
duōshénlùn 多神论 N. polytheism
[1]**duōshí** 多时[-時] N. a long time
[2]**duōshí** 掇拾 V. <*wr.*> ① tidy up ② collect; gather
[1]**duōshì*** 多事 V.O. be meddlesome ♦ATTR. eventful
[2]**duōshì** 多式 ATTR. <*lg.*> poly-
duōshí jīnghuá 掇拾精华[-華] V.O. pluck the essence
duōshìzhīqiū 多事之秋 N. eventful period; troubled times
duōshìzōnghé 多式综合 ATTR. <*lg.*> agglomerating; polysynthetic
duōshìzōnghéyǔ 多式综合语 N. <*lg.*> agglomerating/polysynthetic/incorporating language
duóshǒu 夺手[奪-] V.O. force one's hands free
duòshǒu* 舵手 N. pilot; helmsman M: *gè*/[1]*míng*/[2]*wèi*
duōshù(r) 多数(儿)[-數-] N. ①majority ②<*lg.*> plural
duōshuāngbiān 多双边[-雙邊] ATTR. multilateral and bilateral
duōshù biǎojué 多数表决[-數-決] N. decision by majority
duōshùdǎng 多数党[-數黨] N. the majority party; the majority
duōshùdǎng lǐngxiù 多数党领袖[-數黨--] N. majority leader
duōshù juédìng 多数决定[-數決-] N. decision by majority vote
duōshùpiào 多数票[-數-] N. majority vote
duōshùrén de yǔyán 多数人的语言[-數----] N. <*lg.*> majority language
duōshùrén yǔyán 多数人语言[-數---] N. <*lg.*> majority language
duōshù tǒngzhì 多数统治[-數--] N. majority rule
duōsìfánxīng 多似繁星 F.E. be like the stars in multitude
duōsīkǔsuǒ 多思苦索 F.E. think much and think hard
duòsuì 剁碎 R.V. mince
duōsuo 哆嗦 V. tremble; shiver
duòtāi 堕胎[墮-] V.O. induce an abortion ♦N. induced abortion
duōtāiyùnrèn 多胎孕妊 F.E. multiple pregnancy
duòtāizhě 堕胎者[墮-] N. abortionist

duǒtáo 躲逃 V. hide; flee; escape
duōtīng shǎoshuō 多听少说[-聽--] V.P. Keep your mouth shut and your ears open.
duōtóu 多头 N. bull (on the stock exchange)
duōtóu zhèngzhì 多头政治 N. polyarchy
duōtuì-shǎobǔ 多退少补[-補] V.P. return the overcharge and demand payment of the shortage, if any
duōwǎn(r) 多晚(儿) ADV. <*coll.*> when; sometime
duōwéi 多维 ATTR. multi-dimensional
duówéi'érchū 夺围而出[奪圍-] V.P. burst through the encircling force
duò wéi ròuní 剁为肉泥 V.P. be hacked to pieces
duōwén-duōjiàn 多闻多见 V.P. widely experienced
duōwénquēyí 多闻阙疑 F.E. be well-informed and judicious
duōwén shèhuì 多文社会 N. plural society
duō xiàlai 多下来 R.V. remain; be left (over)
duōxián 多嫌 V. dislike (a person)
duòxiàn(r)* 剁馅(儿) V.O. <*coll.*> chop/mince meat/vegetables
[1]**duōxiàng** 多项 ATTR. ① multiple ② <*math.*> polynomial; multinomial
[2]**duōxiàng** 多相 ATTR. ①<*chem.*> heterogeneous ② <*elec.*> polyphase
duōxiàng diànliú 多相电流[--電-] N. <*elec.*> polyphase current
duōxiàng fēnlèi 多项分类[-類] N. <*lg.*> multiple taxonomy
duōxiàngshì 多项式 N. <*math.*> polynomial; multinomial
duōxiàng xiāngguān 多项相关[-關] N. multiple correlation
duōxiàng xuǎnzétí 多项选择题[--選擇-] N. multiple-choice question M: [2]*dào*
duōxiàng xuǎnzéxiàng 多项选择项[--選擇-] N. multiple-choice item
duōxìbāo shēngwù 多细胞生物 N. multicellular organism
duōxiè* 多谢 INTJ. many thanks; thanks a lot
duòxiè 惰懈 V. be negligent/neglectful
duōxīn 多心 S.V. ① suspicious; wary ② oversensitive ③ scupulous ④ paranoid ⑤ tricky; treacherous
duòxìng 惰性 N. inertia
duōxíngbùyì-bìzìbì 多行不义必自毙[---義--斃] F.E. Those who are unjust are doomed to destruction.
duòxìng qìtǐ 惰性气体[-氣體] N. inert gas
duōxíngxìng 多型性 N. polymorphism
duòxìng yuánsù 惰性元素 N. inert element
duōxīnyǎnr 多心眼儿 V.P. <*coll.*> ① oversensitive ② paranoid ③ tricky; treacherous
duōxuékē 多学科 N. multidisciplinary
duōxuèzhì 多血质[-質] N. sanguine temperament
duōyán 多言 ATTR. talkative
duōyánbìshī 多言必失 F.E. Mistakes are inevitable if one talks too much.
duōyán-duōjǐ jiǎolóu 多沿多脊角楼[-樓] N. corner tower/turret with multi-eaved, multi-ridged roof
duōyàng 多样[-樣] N. many styles/kinds ♦ATTR. diversified
duōyàng fānyì 多样翻译[-樣-譯] N. <*lg.*> manifold translation
duōyànghuà 多样化[-樣-] V./N. diversify; make varied
duōyàngxìng 多样性[-樣-] N. diversity
duōyè gōngsī 多业公司[-業--] P.W. conglomerate M: [1]*jiā*
[1]**duōyí*** 多疑 S.V. distrustful
[2]**duōyí** 掇遗 V.P. <*trad.*> continue ancestral occupation
duōyì 多义[-義] ATTR. <*lg.*> polysemous
duǒyí 朵颐 N. ① palate ② munching; chewing
duōyībàn 多一半 ADV. probably; most likely ♦N. the greater part
duōyìcí 多义词[-義-] N. <*lg.*> polysememe; polynomial/polysemous word
duōyì jiégòu 多义结构[-義-構] N. <*lg.*> polysemous structure
duóyìn 夺印[奪-] V.O. seize seal/power
duōyīncí 多音词 N. <*lg.*> polysyllabic word
duōyīndiàoxìng 多音调性 N. <*lg.*> polytonality
duōyīnjié 多音节[-節] ATTR. <*lg.*> polysyllabic
duōyīnjiécí 多音节词[--節-] N. <*lg.*> polysyllabic word
duōyīnjiéyǔ 多音节语[--節-] N. <*lg.*> polysyllabic language
duōyīnzhuì 多音缀 ATTR. <*lg.*> polysyllabic affix
duōyīnzì 多音字 <*lg.*> N. ① homograph ② character with more than one reading
duōyì xiànxiàng 多意/义现象[-義--] N. <*lg.*> polysemantism; polysemy
duōyìxìng 多义性[-義-] N. <*lg.*> multivocality; polysemantism; polysemy
duōyìyìxìng 多意义性[--義-] N. <*lg.*> polysemantism
duō yòngyú 多用于[-於] V.P. be chiefly used in
duōyǒu xīnyǎn 多有心眼 V.P. <*coll.*> intelligent; perceptive
[1]**duōyú*** 多余 S.V. ① unnecessary; superfluous; uncalled-for ② excessive
[2]**duōyú** 多于[-於] V.P. exceed
duōyǔ 多语 N. <*lg.*> multilingual; polyglot
duǒyǔ 躲雨 V.O. take shelter from the rain
duōyuán 多元 ATTR. <*lg.*> poly-; multi-; multi-element; multivariant
duōyuǎn* 多远[-遠] V.P. ① quite far ② how far
duǒyuǎn 躲远[-遠] R.V. stay (far) away from
duōyuán chǔlǐ 多元处理[--處-] N. <*comp.*> multiprocessing
duōyuán dàxué 多元大学 P.W. polyversity; multiversity M: [1]*suǒ*/[1]*jiā*
duōyuánhuà 多元化 V./N. become many-faceted ♦ATTR. pluralistic
duōyuánlùn 多元论 N. <*phil.*> pluralism
duōyuán shèhuì 多元社会 N. pluralistic society
duōyuánsù 多元素 N. multielement
duōyuán wénhuà jiàoyù 多元文化教育 N. multicultural education
duōyuán wénhuà shèhuì 多元文化社会 N. multicultural society
duōyuánxìng 多元性 N. <*lg.*> pluralism
duōyǔ cídiǎn 多语词典 N. multilingual dictionary M: [1]*běn*/[4]*cè*/[2]*bù*
duōyúdù 多余度 N. redundancy
duōyǔ fānyì 多语翻译[-譯] N. <*lg.*> multilingual translation
duōyúlǜ 多余率 N. <*lg.*> redundancy
duōyún* 多云[-雲] V.P. cloudy
duǒyún 朵云[-雲] F.E. your esteemed letter
duōyǔ nénglì 多语能力 N. <*lg.*> multilingualism
duōyǔ xiànxiàng 多语现象 N. <*lg.*> multilingualism
duōyǔ xìtǒng 多语系统 N. <*lg.*> multilingual system
duōyǔ zhìdù 多语制度 N. <*lg.*> multilingualism
duōyǔzhǒng 多语种[-種] N. plurilingual; multilingual
duōyǔzhǒng cídiǎn 多语种词典[--種--] N. <*lg.*> multilingual dictionary M: [1]*běn*/[4]*cè*/[2]*bù*
duōzǎ 多咋 PR. <*topo.*> when? *See also* **duōzhā**
duǒ zài 躲在 V.P. hide in
duǒzāibìnàn 躲灾避难[-災-難] F.E. hide somewhere until the danger is past
duōzāi-duōnàn 多灾多难[-災-難] V.P. calamitous
duōzan 多咱 PR. <*topo.*> what time; when; whenever
duōzǎowǎn(r) 多早晚(儿) PR. <*topo.*> when
duòzèngbùgù 堕甑不顾[墮-顧] ID. Don't cry over spilt milk.
duōzhā 多咋 <*topo.*> PR. when? ♦CONS. ~ *X* ~ *Y* do Y whenever X *Nǐ ~ huílai, wǒmen ~ chīfàn.* We'll eat whenever you are back. *See also* **duōzǎ**
duǒzhài 躲债 V.O. avoid creditors
duózhàn 夺占[奪-] V. take possession of (sth.) illegally
duǒzhàng 躲账 V.O. avoid creditors
duōzhāowùyì 多招物议[-議] V.O. cause a great deal of talk
duōzhèn 多阵 PR. <*topo.*> when
duōzhe ne 多着呢[-著-] V.P. quite many/much
[1]**duōzhī*** 多汁 ATTR. juicy
[2]**duōzhī** 多脂 N. ① greasiness ② <*med.*> polypionia; polysarcia; obesity
duōzhí 多值 ATTR. multi-valued; multiple-valued
duózhī 度支 V.O. estimate expenditures *See also* *dùzhī*
duózhí 夺职[奪職] V.O. be dismissed from office; deprive (sb.) of his office
duózhì 夺志[奪-] V.O. ① lose/change one's purpose in life ② take away one's aspirations
duōzhí hányùn 多值含蕴 N. <*lg.*> multi-valued implicational universals
duōzhǒng 多种[-種] N. many kinds
duōzhǒngduōyàng 多种多样[-種-樣] V.P. varied; manifold
duōzhǒng jīngyíng 多种经营[-種經營] N. diversified economy/production; diversification
duōzhōngxīnlùn 多中心论 N. polycentrism
duōzhǒngyǔ de 多种语的[-種--] ATTR. <*lg.*> multilingual
duōzhǒng yǔyán fānyìjī 多种语言翻译机[-種---譯-] N. polyglottal translator M: [1]*tái*/[1]*jià*
duōzhǒng yǔyántōng 多种语言通[-種---] N. <*lg.*> polyglot
duōzhǔtí 多主题 ATTR./N. <*lg.*> multiple-topic
duōzī* 多姿 V.P. of various postures ♦N. variation
duǒzi 垛子 N. ① buttress ② battlements
duòzi 驮子 N. load carried by a pack-animal; pack ♦M. *for loads*
duōzīduōcǎi 多姿多采 V.P. varied and graceful
duōzǐduōlèi 多子多累 V.P. The more children one has, the more one toils.
duōzǐduōsūn 多子多孙[-孫] V.P. have many sons and grandsons
duōzǐ-duōsūn duō fúqi 多子多孙多福气[---孫--氣] V.P. The more descendants one has, the more happiness one gets.
duōzǐnǚ jiātíng 多子女家庭 N. multiple-child family
duózǒu 夺走[奪-] R.V. snatch away
duōzuǐ 多嘴 V.O. speak out of turn; shoot off one's mouth
duōzuǐ-duōshé 多嘴多舌 V.P. garrulous; gabby
duōzuǐr 多嘴儿 N. <*topo.*> chatterbox; prattler
duōzúlèi 多足类[-類] N. <*zoo.*> myriapods
duōzúlèi dòngwù 多足类动物[--類動-] N. myriapod; multiped
duōzuò-shǎoshuō 多做少说 V.P. work more and talk less
duō zuò shíshì 多做实事[--實-] V.O. perform more actual deeds
dúpáizhòngyì 独排众议[獨-眾議] V.O. hold one's own opinion against that of the majority
dùpí 肚皮 N. <*topo.*> belly
dúpǐn* 毒品 N. narcotics; drugs
dǔpǐn 赌品 N. gambling paraphernalia
dúpǐn'àn 毒品案 N. cases involving drugs M: [2]*jiàn*
dúpìxījìng 独辟蹊径[獨-徑] F.E. open up one's own path (to success/etc.)
dúpízhǐ 椟皮纸[櫝-] N. vellum paper; vellum M: [1]*zhāng*
dúpò 读破[讀-] R.V. ① misread ② read thoroughly/extensively
dú pòjù 读破句[讀-] V.O. pause at an inappropriate place (while reading a sentence)
dúqì* 毒气[-氣] N. ①poison(ous) gas ②<*Budd.*> manifestations of passion/anger/etc
dǔqì 赌气[-氣] V.O. feel wronged and act irrationally/perversely
dùqī 妒妻 N. jealous wife
dùqí(r) 肚脐(儿)[-臍-] N. navel
dǔqián 赌钱[-錢] V.O. gamble (for money)

dǔqiáng 堵墙[-牆] N. wall surrounding a house M: [4]*zuò*

dùqídài(r) 肚脐带(儿)[-臍帶-] N. umbilical cord

dúqìdàn 毒气弹[-氣-] N. gas shell/bomb M: [1]*kē*/[4]*méi*

dùqíkǒu 肚脐口[-臍-] N. <*topo.*> belly button

dúqín 毒芹 N. hemlock

dúqīng-dúxǐng 独清独醒[獨-獨-] V.P. ① act independently ② alone remain sane and sober

dúqìshì 毒气室[-氣-] P.W. gas chamber M: [1]*jiān*

dùqíyǎn(r) 肚脐眼(儿)[-臍--] N. <*coll.*> belly button

dūqū 督趋[-趨] V. press; push (sb.)

dúqū* 毒区[-區] P.W. contaminated/gassed area (in chemical warfare)

dùqǔ 度曲 V.O. <*wr.*> ① compose music ② sing according to a tune ♦N. a music score

dúqǔ chéngshì 读取程式[讀-] N. <*comp.*> read-out device

dúquē 独缺[獨-] A.T. ① the only thing missing; the only one absent ② only sth. is missing; only sb. is absent

dúqǔjī 读取机[讀-] N. <*comp.*> read-in program

dúqǔ shíjiān 读取时间[讀-時-] N. <*comp.*> reading-access time

dǔr 肚儿 N. tripe

dūrang 嘟囔 V. mutter loudly

dúrè 毒热[-熱] V.P. scorching hot

dùrén 度人 V.O. conjecture about other people

dúrènzhì 独任制[獨-] N. <*law*> system giving a individual the power of decision

dùrì 度日 V.O. pass/spend the days

dùrìhuómìng 度日活命 F.E. manage to keep oneself alive (with . . .)

dùrìrúnián 度日如年 F.E. one day seems like a year

dùrìwéijiān 度日维艰[-艱] F.E. live a hard life

dù rìzi 度日子 V.O. pass the days; live

dúròu 犊肉[犢-] N. veal

dúrù 读入[讀-] N. <*comp.*> reading

dúruò 读若[讀-] V.P. read as

dúrúshéxiē 毒如蛇蝎 ID. as vicious as a viper or scorpion

dǔsāi 堵塞 ATTR. <*lg.*> checked; closed

dǔsài* 赌赛 V.P. compete/contest in order to determine the winner ♦N. betting game M: [2]*chǎng*/*cì*

dǔsāng 堵丧[-喪] V. talk back; reply defiantly

dǔsè* 堵塞 V. block up *jiāotōng*~ traffic jam

dùsè 杜塞 V. stop

dǔsè lòudòng 堵塞漏洞 V.O. stop a leak/loophole

dǔsè yánlù 堵塞言路 V.O. block criticism

[1]dúshā* 毒杀[-殺] V. kill with poison

[2]dúshā 毒砂 N. <*min.*> arsenopyrite

dùshā 妒杀[-殺] N. homicide caused by jealousy

dùshàng 镀上 R.V. plate

dǔshang zuǐ 堵上嘴 V.O. gag

dúshànqíshēn 独善其身[獨-] F.E. ① pay attention to one's own moral uplift without thought of others' ② shut oneself up in an ivory tower

dúshé 毒蛇 N. poisonous snake; viper M: [1]*tiáo*

dúshé'èxiē 毒蛇恶蝎[--惡-] F.E. poisonous snakes and scorpions

dúshéměngshòu 毒蛇猛兽[-獸] F.E. venomous serpents and wild beasts

dúshēn* 独身[獨-] V.P. ① separated from one's family ② unmarried; single

dúshén 渎神[瀆-] V.O. ① desecrate god ② <*court.*> disturb (your) peace of mind ♦N. sacrilege

dúshēng* 独生[獨-] V. have a single child ♦ATTR. only one born; only; single-child

dǔshēng 笃生 V. <*Budd.*> be much blessed by Heaven

dùshēng 渡生 V.O. get through life

dúshēngnǚ 独生女[獨-] N. an only daughter M: *ge*/[1]*míng*

dúshēngzǎi 独生仔/崽[獨-] N. an only son M: *ge*/[1]*míng*

dúshēngzǐ 独生子[獨-] N. an only son M: *ge*/[1]*míng*

dúshēng zǐnǚ 独生子女[獨-] N. an only child

dúshēng zǐnǚ fèi 独生子女费[獨-] N. monthly pay to parents with only one child M: [2]*bǐ*

dúshēng zǐnǚ zhèng 独生子女证[獨-證] N. single-child certificate issued to a couple M: [1]*zhāng*/[1]*fèn*

dúshēnzhě 独身者[獨-] N. celibate M: *ge*/[1]*míng*/[2]*wèi*

dúshēnzhōngshēng 独身终生[獨-] F.E. remain single all one's life

dúshēnzhǔyì 独身主义[獨-義] N. belief in remaining un-married

dūshī 督师[-師] V.O. lead an army

dūshì* 都市 N. city; metropolis

dúshí 独食[獨-] N. <*coll.*> hoggish eating

dǔshí 笃实[-實] S.V. ① honest and sincere ② solid; sound

dǔshì 赌誓 V.O. vow; pledge; swear

dùshì 度世 V.O. transcend worldly life (as Buddhist way of salvation)

dūshìbìng 都市病 N. endemic diseases among city dwellers

dūshì cíyǔ 都市词语 N. <*lg.*> urbanism

dūshì gēngxīn 都市更新 N. urban renewal

dǔshíguānghuī 笃实光辉[-實--] F.E. sincere and glorious

dūshìhuà 都市化 N. urbanization ♦V. urbanize

dūshì jìhuà 都市计划[-劃] N. urbanism; urban planning M: [3]*xiàng*/[1]*fèn*

dūshìmí 都市迷 N. citynik M: *ge*/[1]*míng*/[2]*wèi*

dūshī qiánjìn 督师前进[-師-進] V.P. lead troops in an advance

dūshì rénkǒu 都市人口 N. urban population

dūshì rénlèixué 都市人类学[---類-] N. urban anthropology

dūshì shèjì 都市设计 N. urban design

dūshì shénhuà 都市神话 N. urban myth

dūshì shèqū 都市社区[-區] N. urban community

dúshǒu* 毒手 N. violent treachery; murderous scheme

dǔshǒu 笃守 V. give careful attention to; observe with great care

dūshǔ 督署 N. office of a viceroy/governor/etc.

[1]dúshū* 读书[讀書] V.O. ① study ② attend school *See also* [2]*dú shū*

[2]dú shū 读书[讀書] V.O. read a book *See also* [1]*dúshū*

dúshú 读熟[讀-] R.V. learn by heart

dúshù 读数[讀數] N. reading (of scales/gauges/etc.)

dǔshū 赌输 V. lose in gambling

dùshu(r) 度数(儿)[-數-] N. ① number of degrees ② a reading (meter/etc.)

dūshuài 督率/帅[-帥] V. lead; command

dúshūbān 读书班[讀書-] N. ① short-term study class ② study class M: [2]*qī*

dúshū bǐjì 读书笔记[讀書筆-] N. reading notes M: [1]*běn*/[1]*piān*

dúshū bù qiú shènjiě 读书不求甚解[讀書-] V.P. In reading a book, one does not care about the details too much.

dùshuǐdēngshān 渡水登山 F.E. cross rivers and go up mountains

dúshūjiè 读书界[讀書-] N. reading public

dúshūmínglǐ 读书明理[讀書-] F.E. study and know the rules of propriety

dúshū pò wànjuàn 读书破万卷[讀書-萬-] F.E. be well read

dúshūrè 读书热[讀書熱] N. book fever

dúshūrén 读书人[讀書-] N. students and scholars M: *ge*/[1]*míng*/[2]*wèi*

dúshū sān dào 读书三到[讀書-] N. the three things to use in reading a book: the eye, the mouth, and the mind

dúshūwǔchē 读书五车[讀書-] F.E. learned; erudite; well-read

dúshū wúyòng lùn 读书无用论[讀書-] N. the theory that studying is useless

dúshùyīzhì 独树一帜[獨樹-幟] ID. stake out one's own course

dúshūzhǒngzǐ 读书种子[讀書種-] N. continuity of scholarly tradition

dúshū zuòguān 读书做官[讀書-] V.P. study to become a official

dúsǐ* 毒死 R.V. kill with poison

dǔsǐ 堵死 R.V. come to a dead end (as a road; lit./fig.)

dú sǐshū 读死书[讀-書] V.O. read without digesting

dùsōng 杜松 N. <*bot.*> needle juniper *Juniperus rigida* M: [2]*kē*

dùsōngzijiǔ 杜松子酒 N. gin M: *bēi*/*píng*

dúsù 毒素 N. <*bio.*> ① toxin ② poison

dúsùdù 读速度[讀-] N. reading rate; reading speed/rate

dǔtái 赌台[-臺] N. gambling table M: [1]*zhāng*

dútè 独特[獨-] S.V. unique; distinctive

dútèxìng 独特性[獨-] N. uniqueness

dútǐ 独体[獨體] N./ATTR. integral/single-component form/structure

dútiāo(r) 独挑(儿)[獨-] V. <*coll.*> handle by oneself

dútīng 渎听[瀆聽] V. entreat one to listen to

dútǐzì 独体字[獨體-] N. <*lg.*> single-component character

dūtǒng 都统 N. <*trad.*> military governor of a province

dùtóng* 镀铜 N./ATTR. plated copper

dǔtou 堵头 N. lowest (fig.) seat at a table

dùtóu* 渡头 N. ferry station/crossing M: *ge*/*chù*

dútú 读图[讀圖] V.O. interpret blueprints; read maps

dǔtú* 赌徒 N. gambler M: *ge*/[1]*míng*

dútūn 独吞[獨-] V. monopolize

dútūn-dúlǎn 独吞独揽[獨-獨攬] V.P. take exclusive possession

dùwài 度外 P.W. outside one's consideration

dú wàiwén 读外文[讀-] V.O. study foreign languages

dúwán 读完[讀-] R.V. ① finish reading (an article/book) ② finish studying (at a school)

dúwǎng-dúlái 独往独来[獨-獨-] V.P. go one's own way

dúwànjuànshū-xíngwànlǐlù 读万卷书行万里路[讀萬-書-萬--] V.P. read a lot, travel a lot

dúwǎsī 毒瓦斯 N. ① poison(ous) gas ② <*coll.*> stinking fart

dūwèi* 都尉 N. <*trad.*> captain; commander

dúwéi 独桅[獨-] ATTR. single-masted

dúwěi 牍尾[牘-] N. closure of a letter

Dùwēi 杜威 N. John Dewey

dúwǒlùn 独我论[獨-] N. <*phil.*> solipsism

dǔwōr 堵窝儿[-窩-] V.O. <*coll.*> blockade; hem in; cut off from the outside

[1]dúwǔ 独舞[獨-] N. solo dance

[2]dúwǔ 黩武[黷-] ATTR. militaristic; bellicose

[1]dúwù* 毒物 N. poisonous substance; poison

[2]dúwù 读物[讀-] N. reading matter M: [1]*běn*

[3]dúwù 毒雾[-霧] N. poisonous fog/mist/etc.

dǔwùshāngqíng 睹物伤情[--傷-] F.E. be sentimentally affected by sth. one sees

dǔwùshēngqíng 睹物生情 F.E. The sight of familiar objects leads one to think of the dead.

dǔwùsīrén 睹物思人 F.E. seeing sth. reminds one of sb.

dúwùxué 毒物学 N. toxicology

dúwǔzhǔyì 黩武主义[黷-義] N. militarism

dùxī 镀锡 V.O. tin-plate; tin

dúxiàn 毒腺 N. <*zoo.*> poison gland

dùxiàn* 妒/妬羡 V. admire with envy

dúxián'āigē 独弦哀歌[獨-] ID. pretend that

dúxiǎngqíchéng 独享其成[獨-] F.E. reap the benefit alone

dùxiánjínéng 妒贤嫉能[-賢--] F.E. be jealous of people of high morality and ability

dúxiāo 毒枭[-梟] N. chief drug trafficker; drug lord

dúxiě 读写[讀寫] N./V. ① reading and writing ② read-write
dúxiě cítóu 读写磁头[讀寫-] N. <comp.> read-write head
dúxiě dānwèi 读写单位[讀寫-] N. grapheme
dúxiě jìyìtǐ 读写记忆体[讀寫-憶體] N. <comp.> read-write memory
dúxiě nénglì 读写能力[讀寫-] N. literacy
dú-xiě-suàn 读写算[讀寫-] N. reading, writing, and arithmetic
dúxīn 毒心 N. evil mind
dǔxīn 堵心 V.O. feel bad; be sulky
dǔxìn* 笃信 V. ① sincerely believe in ② be honest/trustworthy
[1]**dùxīn** 妒心 N. jealous mind
[2]**dùxīn** 镀锌 V.O. zinc-plate
[3]**dùxīn** 杜心 V.O. give up all hope; despair
dǔxìnbùyǐ 笃信不已 F.E. deeply convinced
[1]**dúxíng** 独行[獨-] N. ① walk alone ② insist on one's own way
[2]**dúxíng** 毒刑 N. cruel corporal punishment; horrible torture
dúxìng* 毒性 N. toxicity
dǔxíng 笃行 V.P. honest in behavior
dúxíngdào 独行盗[獨-盜] N. lone robber; robber who acts alone M: ge/[1]míng
dúxíngqídào 独行其道[獨-] F.E. go one's own way
dúxíngqíshì 独行其事/是[獨-] F.E. ① go one's own way ② do what one thinks is right regardless of others' opinions
dúxíngxiá 独行侠[獨-俠] N. chivalrous person who acts alone M: ge/[1]míng/[2]wèi
dùxīntiě 镀锌铁[-鐵] N. galvanized iron M: [2]kuài
dùxītiě 镀锡铁[-鐵] N. tinplate M: [2]kuài
dùxītiěpí 镀锡铁皮[--鐵-] N. tinplate M: [1]zhāng/[2]kuài
dúxiù 独秀[獨-] V.P. be outstanding at a given time
dūxué* 督学 N. educational inspector M: ge/[1]míng/[2]wèi
dǔxué 笃学 V. ① study diligently ② studious
dúxuèzhèng 毒血症 N. toxemia
dúxùn 毒蕈 N. toadstool
dūyǎ 都雅 V.P. elegant
dúyá* 毒牙 N. poisonous/venomous fang M: [1]kē
dùyā 渡鸦 N. raven M: [2]zhī
dúyábìlù 毒牙毕露[--畢-] F.E. bare one's poisonous fangs
dúyán 毒言 N. malevolent remarks
dúyǎn* 独眼[獨-] ATTR. one-eyed
dúyàn 毒焰 N. chemical fire
dúyǎnlóng 独眼龙[獨-] N. sb. blind in one eye
dúyǎnxiā 独眼瞎[獨-] N. blind in one eye
dúyǎnxiāngkàn 毒眼相看 V.P. cast an evil eye (on. . .)
dúyào 毒药[-藥] N. poison; toxicant M: [14]fù
dūyǎróngmào 都雅容貌 F.E. an elegant feature
dūyě 都冶 V.P. pretty; seductive
dúyè* 毒液 N. venom; poisonous fluid
dú yèxiào 读夜校[讀-] V.O. go to night school
dūyì 都邑 N. metropolitan city; national capital
dúyī 独一[獨-] ATTR. unique
dúyì 读译[讀譯] N. <lg.> post-reading interpretation
dùyì* 妒意 N. jealousy
dúyīcí 独一词[獨-] N. <lg.> nonce word
dúyīn* 读音[讀-] N. ①reading pronunciation (of characters) ② literary reading ♦V. pronounce
[1]**dúyǐn** 毒瘾[-癮] N. drug addiction
[2]**dúyǐn** 独饮[獨-] V. drink by oneself
dùyín 镀银 V.O. silver-plate
dúyīnfǎ 读音法[讀-] N. <lg.> orthoepy; phonics; phonetic method
dúyíng 独营[獨營] ATTR. independently managed/operated
dǔyíng* 赌赢 R.V. win a bet; win in gambling
dúyīnqī 读音期[讀-] N. <lg.> phonation
dúyīwú'èr 独一无二[獨-] F.E. ① unique ② unparalleled
dǔyìzhēngǔ 笃意真古 F.E. straightforward and traditional (of writing style)
dúyòng 独用[獨-] ATTR. <lg.> free
dúyòngzì 独用字[獨-] N. <lg.> free form
dūyóu 督邮[-郵] N. <trad.> assistant to head of a prefecture M: ge/[1]míng/[2]wèi
[1]**dúyǒu** 独有[獨-] V. alone possess
[2]**dúyǒu** 读友[讀-] N. people who read together M: ge/[1]míng/[2]wèi
dǔyǒu* 赌友 N. gambling companions; gambling company M: ge/[1]míng
dúyǒuquán 独有权[獨-權] N. sole ownership
dúyǔ* 独语[獨-] N. <thea.> soliloquy
dùyú(zi) 蠹鱼(子) N. <zoo.> silverfish M: [2]zhī
dùyǔ 杜宇 N. <zoo.> cuckoo M: [2]zhī
dúyuàn(r) 独院(儿)[獨-] N. separated house; a house in solitude M: [4]zuò
[1]**dùyuè** 度越 V. transcend; surpass; exceed
[2]**dùyuè** 渡越 V. ① transit ② get over; surmount
Dù Yuèshēng 杜月笙 (1888–1951) N. Shanghai secret-society leader, banker, industrialist
Dù Yùmíng 杜聿明 (1903–1969) N. Whampoa graduate who was one of Chiang Kaishek's favorite commanders
dūzào 督造 V. supervise the manufacture
dūzé 督责 V. ① supervise and urge on ② reprimand
dǔzhài 赌债 N. gambling debt M: [2]bǐ
dūzhàn 督战[-戰] V.O. ① direct military operations ② supervise on the spot
dúzhàn* 独占[獨-] V. monopolize
dúzhàn áotóu 独占鳌头[獨-] V.O. come out first; be the champion
dúzhǎng 独掌[獨-] V. head or be in charge of (a department, etc.)
dúzhàng 毒瘴 N. miasmas
dǔzhàng* 赌账 N. gambling debt; debt of honor M: [2]bǐ
dúzhànhuākuí 独占花魁[獨-] ID. be the lucky man in winning a pretty courtesan's hand
dúzhànquán 独占权[獨-權] N. right to monopolize
dúzhànxìng jìngzhēng 独占性竞争[獨-競爭] N. monopolistic competition
dúzhàn zīběn 独占资本[獨-] N. <econ.> monopoly capital M: [1]fèn
dúzhāor 毒招/着儿[-著-] N. cruel means/tricks; dirty tricks; odious scheme; murderous plan
dúzhě 读者[讀-] N. reader M: ge/[1]míng/[2]wèi
dúzhě fǎnyìng 读者反应[讀-應] N. <lg.> reader's response
dúzhě láixìn 读者来信[讀-] N. readers' letters; letters to the editor M: [2]fēng
dūzhèn 督阵 V.O. form/direct the front line; command the battlefield
dúzhèng* 毒症 N. poisoning
dùzhèng 蠹政 N. parasitic government
Dúzhě Wénzhāi 读者文摘[讀-] N. Reader's Digest M: [1]běn/[1]piān
dúzhī 毒汁 N. ① venom ② poisonous fluid
dúzhí* 渎职[瀆職] N. ① malfeasance; dereliction of duty ② prevarication
dúzhǐ 独指[獨-] N. <lg.> unique reference
dúzhì 毒质[-質] N. poisonous matter
[1]**dǔzhì** 笃志 N. firm determination
[2]**dǔzhì** 笃挚[-摯] V.P. sincere; true
dùzhī 度支 N. official in charge of a nation's finance ***See also** duózhī*
dúzhīwēijú 独支危局[獨-] F.E. withstand a perilous situation by oneself
dǔzhìyúxué 笃志于学[--於-] F.E. delight in study
dúzhízuì 渎职罪[瀆職-] N. the crime of malfeasance
dùzhòng 杜仲 N. <bot.> *Eucommia ulmoides*
dùzhòngjiāo 杜仲胶[-膠] N. gutta-percha
dùzhòngmùzhé 蠹众木折[-眾--] ID. Danger appears where many harmful factors exist.
dú Zhōngwénxì 读中文系[讀-] V.O. study in the Chinese department; major in Chinese
dǔzhòu 赌咒 V. take an oath; swear
dǔzhòufāshì 赌咒发誓[--發-] F.E. ① take the name of God in vain ② take an oath
[1]**dǔzhù*** 赌注 N. stake (in gambling/venture)
[2]**dǔzhù** 堵住 R.V. block (a road/etc.)
dùzhù 蠹蛀 V. be moth-eaten; be worm-eaten
dúzhuàn 独传[獨傳] N. individual biography
dùzhuàn* 杜撰 V. fabricate; make up
[1]**dúzhuó** 独酌[獨-] V. drink by oneself
[2]**dúzhuó** 黩浊[黷濁] V.P. defiled
dúzi 犊子[犢-] N. ① calf M: [1]tóu ② little child
dúzī 独资[獨-] ATTR. ① single-venture financed only abroad ② exclusive investment
dúzǐ 独子[獨-] N. only son M: ge/[1]míng
dúzì* 独自[獨-] ADV. alone; by oneself
dǔzi 肚子 N. ① tripe ② <coll.> stomach (of animals) ***See also** dùzi*
dùzi 肚子 N. ① belly; abdomen ② <coll.> stomach ***See also** dǔzi*
dùzǐ 渡子 N. ferryman
dùzì 渡字 N. catchword
dúzǐ-dāndīng 独子单丁[獨-] N. the only-begotten son
dúzìgěr 独自个儿[獨-個-] ADV. alone; by oneself
dúzī jīngyíng 独资经营[獨-經營] N. business run as a single venture by foreigners
dúzì móushēng 独自谋生[獨-] V.P. earn one's own living
dúzī qǐyè 独资企业[獨-業] P.W. ① single-venture enterprise ② enterprises solely owned by sb.
dúzìyíyuè 独自怡悦[獨-] F.E. amuse oneself
dúzòu 独奏[獨-] N. <mus.> instrumental solo
dúzòuhuì 独奏会[獨-] N. recital (of instrumentalists) M: [2]chǎng/cì
dúzǒule yīn 读走了音[讀-] V.P. pronounce incorrectly
dūzuǐ 嘟嘴 V.O. <topo.> ① pucker the mouth ② pout
dǔzuǐ* 堵嘴 V.O. ① silence/gag sb. ② stop talking
dúzūn 独尊[獨-] F.E. esteem. . . as the primary
[1]**dúzuò** 独坐[獨-] V. sit all by oneself
[2]**dúzuò** 读作[讀-] V. pronounce as

E

[1]ē 屙 V. <coll.> defecate; urinate ***See also*** [5]*ā*
[2]ē 婀 B.F. ***ēnuó***
[3]ē 阿 in ***Ēmítuófó, fǎbù'ēguì, Tài'ē See also*** [2]*ā*
[4]ē 猗 in ***ēnuó See also*** [12]*yī*
[1]é 鹅[鵝] N. goose M: [2]*zhī*
[2]é 讹[訛] V. blackmail ♦N. <wr.> error; erroneous
[3]é 哦 V. <wr.> softly chant (poems); recite (poems) with cadence ***See also*** *o, ó, ò*
[4]é 额[額] N. forehead ♦B.F. ① specified quantity [1]***míng'é*** ② horizontal tablet ***biǎn'é*** ③ <art> hanging scroll mounted as panel; tablet-like mountings ***héng'é***
[5]é 蛾 B.F. moth [1]***ézi***
[6]é 锇[鋨] N. <chem.> osmium
[7]é 俄 B.F. presently ***é'ér*** ♦AB. ***Éluósī***
[8]é 娥 B.F. <trad.> beautiful woman [2]***gōng'é, éméi***
[9]é 峨 B.F. high; tall ***wēi'é, Éméi Shān***
[10]é 囮 B.F. decoy [2]***ézi***
[11]é 莪 in ***éhāo***
ě 恶[惡] in ***ěxin, zuò'ě See also*** [2]*è,* [7]*wù*
[1]è* 饿[餓] V. starve ♦S.V. hungry
[2]è 恶[惡] N. evil ♦S.V. fierce ***See also*** *ě,* [7]*wù*
[3]è 呃 V. hiccup
[4]è 扼 V. ① grip; clutch ② control; guard
[5]è 轭[軛] N. harness; yoke
[6]è 腭/颚[齶/顎] N. <phys.> palate
[7]è 遏 B.F. ① refrain ② suppress; control ***èzhì***
[8]è 厄/戹 <wr.> B.F. ①strategic place [2]***xiǎn'è*** ②difficulty; hardship ***kùn'è*** ♦V. <wr.> be trapped in a difficult/dangerous situation
[9]è 愕 B.F. <wr.> be surprised ***èrán***
[10]è 鳄[鱷] B.F. <zoo.> crocodile; alligator ***èyú***
[11]è 噩/咢 B.F. <wr.> ① shocking ② suffering bad luck ***èyùn*** ③ severe; serious ④ fierce; frightening ***èmèng*** ⑤ simple ⑥ fat; heavy
[12]è 垩[堊] N. chalk ♦V. ① <wr.> whiten with chalk ② <topo.> apply fertilizer
[13]è 谔[諤] N. <wr.> blunt speech
[14]è 鹗[鶚] N. fish hawk; osprey; sea eagle
[15]è 萼 N. <bot.> calyx
[16]è 锷[鍔] N. <wr.> edge; blade (of a knife/sword)
[17]è 阏[閼] <wr.> V. block; obstruct ♦N. sluice board; lock; damper ***See also*** [12]*yān*
[18]è 苊 N. <chem.> acenaphthene
[19]è 阨 <wr.> B.F. strategic place [2]***xiǎn'è***
È 鄂 N. ① short name for Hubei province ② Surname
èbà 恶霸[惡-] N. local despot
èbàdìzhǔ 恶霸地主[惡-] N. despotic landlord
ēbǎo 阿保 <topo.> N./V. nurse
èbào* 恶报[惡報] N. retribution; judgment
Ēbí 阿鼻 N. <Budd.> Avici, the hell of uninterrupted torture; last and deepest of eight hot hells
èbiàn 恶变[惡變] V. <med.> cancerate; grow into a cancer
èbiǎn dùzi 饿扁肚子 V.O. be gaunt with hunger
èbiǎo 鹗表 N. <wr.> letter of recommendation
èbiě 饿瘪 R.V. be famished
[1]èbìng 恶病[惡-] N. ① a malignant disease ② euphemism for venereal disease M: [3]*cháng*
[2]èbìng 遏病 V.O. check a disease
èbó 鄂博 N. <Mongolian loan> obo; cairn
èbǔ 恶补[惡補] V. ①<Ch. med.> overdo replenishing (tonics/etc.) ②overdo (in supplementary studies)
èbùqǐ 饿不起 R.V. can't go without eating
èbùsǐ 饿不死 R.V. won't die from hunger ***Nǐ fàngxīn, ~ nǐ.*** Don't worry. You're not going to be starved to death.
èbuzháo 饿不着[-著] R.V. have enough food to eat
èchābáilài 恶叉白赖[惡-] F.E. rascally
èchì 鹗眙 V.P. <wr.> frightened; scared
èchòu 恶臭[惡-] N. stench
échuán* 讹传[-傳] N. false rumor ♦V. erroneously report
échuǎn 讹舛 N. error
èchuāng 恶疮[惡瘡] N. malignant skin ulcer
èchuí 腭/颚垂[齶-] N. uvula
écí(r) 讹词(儿) N. wrong/erroneous word ♦V.O. <coll.> ① seize excuses; find pretexts ② pick a quarrel; look for trouble
écuì 蛾翠 N. <trad.> dark-green coloring for women's eyebrows
ècùqióngsuān 饿醋穷酸[--窮-] ID. poor and envious scholar(s)
édàn 鹅蛋 N. goose egg M: [2]*zhī*/[4]*méi*
ēdǎng 阿党[-黨] V.O. twist the law for private purposes
édànliǎn(r) 鹅蛋脸(儿) N. an oval face
èdǎo 饿倒 R.V. collapse from starvation
èdé 恶德[惡-] N. vice; corruption; immorality
è de fāhūn 饿得发昏[--發-] V.P. feel faint with hunger
è de huāng 饿得慌 R.V. <coll.> be awfully hungry
édìng 额定 V. assess (an amount) ♦ATTR. specified; rated ~ ***rénshù*** specified/maximum number of persons allowed
édìng gōnglǜ 额定功率 N. rated power
édìng gǔběn 额定股本 N. authorized capital stock
édìng mǎlì 额定马力 N. rated horsepower
édìng rénshù 额定人数[-數] N. the maximum number of persons allowed; the stipulated number of personnel
èdòu 恶斗[惡鬥] N. ferocious battle
ēdù 屙肚 V.O. <topo.> diarrhea
édù 额度 N. quota-specified number/amount
èdú* 恶毒[惡-] S.V. venomous; vicious
éduó 讹夺[-奪] N. textual error/omission
èdútòudǐng 恶毒透顶[惡-] F.E. It is venom carried to the extreme.
[1]é'é* 峨峨 R.F. <wr.> with solemn gravity; looking majestic
[2]é'é 娥娥 R.F. <wr.> pretty; beautiful
[3]é'é 蛾蛾 R.F. <wr.> huge; giant
[1]è'è 愕愕 R.F. startled; amazed; stunned
[2]è'è 谔谔 R.F. ①outspoken; honest ②magnificent (of a procession)
[3]è'è 鄂鄂 R.F. <wr.> debate straightforwardly
[4]è'è 锷锷 R.F. <wr.> towering; lofty
é'ér* 俄而 ADV. <wr.> after a while; presently
é'ěr 俄尔 A.T. <wr.> after a while; presently
È'ěrduōsī 鄂尔多斯 P.W. Ordos (district and Mongol population in Inner Mongolia)
è'eshíshī 恶恶实实[惡惡實實] V.P. <topo.> fierce; ferocious
è'èyángshàn 遏恶扬善[-惡揚-] F.E. ① soft-pedal the bad and cite the good in people ② be generous/tolerant
èfán* 恶烦[惡-] S.V. ① tedious; boring ② nauseating ③ nauseated
èfàn 饿饭 V.O. go hungry
èfěn 垩粉[堊-] N. chalk powder
èfēng 恶风[惡-] N. bad custom; evil ways
ēfù 阿附 V. curry favor; obsequiously agree
éfù 额驸 N. <trad.> the husband of a (Manchu) princess
èfù* 恶妇[惡婦] N. shrew M: *ge*/[1]*míng*
ēfùquánguì 阿附权贵[--權-] F.E. curry favor with those in power
èfúróng 阿芙蓉 N. <topo.> poppy; opium
ègǎn 恶感[惡-] N. malice; odium
ēgé 阿阁 N. pavilion in a courtyard
ègé* 饿膈/嗝 N. greedy; avaricious person
[1]ègǒu 饿狗 N. hungry dog M: [2]*zhī*/[1]*tiáo*
[2]ègǒu 恶狗[惡-] N. ferocious/vicious dog M: [2]*zhī*/[1]*tiáo*
égǔ* 额骨 N. <phys.> frontal bone (of forehead)
ègǔ 颚/腭骨[齶-] N. jawbone
ègù 愕顾[-顧] V. <wr.> look in amazement
Èguāduō'ěr 厄瓜多尔 P.W. Ecuador
éguānbódài 峨冠博带[-帶] F.E. official/intellectual class
èguànmǎnyíng 恶贯满盈[惡-] F.E. (to have committed) countless crimes
[1]èguǐ 饿鬼 N. ① a piggish eater ② a person who is always hungry ③ <Budd.> ⓐ devil; evil spirit ⓑ a hungry ghost (a sinner condemned to perpetual starvation after death.)
[2]èguǐ 恶鬼[惡-] N. vicious ghost
ègùn 恶棍[惡-] N. scoundrel; rogue; bully
Éguó* 俄国[-國] P.W. Russia
èguǒ 恶果[惡-] N. disastrous/evil result
Éguó Gòngchǎndǎng 俄国共产党[-國-產黨] N. Russian Communist Party
Éhài'é 俄亥俄 P.W. Ohio
èhán* 恶寒[惡-] N. <med.> the shivers ***See also*** ***wùhán***
[1]èhàn 恶汉[惡漢] N. wicked man M: *ge*/[1]*míng*
[2]èhàn 饿汉[-漢] N. a starving/hungry man M: *ge*/[1]*míng*
èháng 扼吭 V.P. <wr.> ① choke with rage ② occupy a strategic position
èhángfǔbèi 扼吭拊/抚背 F.E. hold the best strategic positions
èhángzhīdì 扼吭之地 N. a strategic position
ēhào 阿好 V. ①flatter whom one likes ②practice favoritism
éhāo 莪蒿 N. <bot.> artemisia
èhào* 噩/恶耗[惡-] N. sad news (involving death)
èhěnhěn 恶狠狠[惡-] ADV. fiercely; ferociously
éhóng 鹅红 N. chicken blood (as food)
èhǔ 扼虎 ID. very powerful; enormously strong
[1]èhuà 恶化[惡-] V. ① worsen ② grow corrupt ③ extort alms
[2]èhuà 颚化 <lg.> N. palatalization; yodizing ♦ATTR. palatalized
èhuà fǔyīn 颚化辅音 N. <lg.> palatalized consonant
èhuài 饿坏[-壞] R.V. ① starve ***Nǐ yào ~ tā ya?*** Do you want to starve him or what? ***Wǒ ~le.*** I'm starving.
[1]éhuáng 鹅黄 ATTR. light yellow
[2]éhuáng 额黄 V. <trad.> paint yellow makeup on the forehead (of women)
èhuàyīn 颚化音 N. <lg.> palatalized sound
èhuà zuòyòng 颚化作用 N. <lg.> jodization; yotization; palatalization
éhuǒ 讹火 N. ① will-o-the-wisp ② wildfire
èhuǒshāocháng 饿火烧肠[-燒腸] F.E. terribly hungry

èhǔpūshí 饿虎扑食[--撲-] F.E. prey like a hungry tiger
è hútu 饿糊涂[-塗] R.V. be distracted by hunger
ēi 哎 in *ēiyo* *See also* [1]*āi*
ēiyo 哎唷 INTJ. *of wonder/admiration/shock*
éjì 峨髻 N. large chignon or knot of hair, worn atop the head
[1]**èjí** 恶疾[恶-] N. foul disease
[2]**èjí** 恶极[恶極] V.P. extremely evil
èjì* 恶计[恶-] N. malicious plot M: *gè*/[1]*tiáo*
èjiàn 鹗荐[-薦] V. <*wr.*> recommend (a person)
ējiāo 阿胶[-膠] N. <*Ch. med.*> donkey-hide gelatin: glue made from donkeyhide
éjiǎo* 额角 N. ① frontal eminence ② the temples
éjiào 鹅叫 N. cackles of geese
èjìn 遏禁 V. stop; restrain
èjìng 厄境 N. a difficult situation; adversity
éjǐngguǎn 鹅颈管[-頸-] N. <*mach.*> gooseneck
èjù 扼据[-據] V. occupy and hold (key positions/etc.)
èjué 遏绝[-絕] V. suppress entirely; exterminate
èkè 恶客[恶-] N. an obnoxious guest
Ékèlāhémǎ 俄克拉何马 P.W. Oklahoma
èkǒu 恶口[恶-] N. an abusive/foul/wicked tongue
ékǒuchuāng 鹅口疮[-瘡] N. <*med.*> thrush (a children's disease)
èkǒushāngrén 恶口伤人[恶-傷-] F.E. say libelous things about sb.
èlà 恶辣[恶-] S.V. vicious; sinister; diabolic
élài 讹赖 V. <*topo.*> ① defraud ② extort; blackmail
èláng* 饿狼 N. rapacious wolf (lit./fig.) M: [2]*zhī*/[1]*tiáo*
èlàng 恶浪[恶-] N. evil force
Élègāng 俄勒冈[-岡] P.W. Oregon
élí 鹅梨 N. a kind of pear grown in Anhui M: [2]*zhī*/*ge*
èlí 鳄梨[鱷-] N. avocado M: [2]*zhī*/*ge*
èlì* 恶例[恶-] N. bad precedent/example
[1]**èliè** 恶劣[恶-] S.V. ① of very poor quality ② vile; nasty
[2]**èliè** 腭裂[齶-] N. cleft palate
élíjiǎor 鹅梨角儿 N. <*trad.*> woman's oval topknot
élíngshàn 鹅翎扇 N. goose-feather fan M: [1]*bǎ*
élú 额颅[-顱] N. one's head
èlù* 恶露[恶-] N. <*Ch. med.*> lochia
élǜ 蛾绿 N. <*trad.*> women's dark-green eyebrow coloring
éluánbí 鹅鸾/銮鼻[-鸞/鑾-] N. bulbous nose
èluànméng 遏乱萌[-亂-] V.O. nip rebellion in the bud
éluǎnshí 鹅卵石 N. ①cobble(stone) ②pebbles M: [2]*kuài*/*ge*
Èlúnchūnzú 鄂伦春族 N. Oroqen (Olunchun) ethnic minority
Éluósī 俄罗斯[-羅-] P.W. Russia
Éluósī cíyǔ 俄罗斯词语[-羅---] N. <*lg.*> Russianism
Éluósī Liánbāng 俄罗斯联邦[-羅-聯-] N. (former) Russian Federation (RSFSR)
Éluósīzú 俄罗斯族[-羅--] N. ① Russian ethnic minority in China ② Russians
èmà 恶骂[恶罵] V. execrate
émáo 鹅毛 N. ① goose feathers ② sth. as light as a goose feather M: [2]*gēn*
émáobèi 鹅毛被 N. eiderdown quilt M: [1]*tiáo*/[1]*chuáng*
émáobǐ 鹅毛笔[-筆] N. quill pen M: [4]*zhī*
émáo dàxuě 鹅毛大雪 N. large snowflakes falling; heavy snow M: [3]*cháng*
émáoguǎn 鹅毛管 N. goose quill M: [2]*gēn*
émáoshàn 鹅毛扇 N. goose-feather fan M: [1]*bǎ*
émáoxuě 鹅毛雪 N. heavy snow M: [3]*cháng*
ēmèi 阿媚 V. <*topo.*> flatter; toady
éméi* 娥/蛾眉 N. ① delicate eyebrows M: [1]*duì*/[1]*shuāng* ② beautiful woman
èméi'èyǎn 恶眉恶眼[恶-恶-] F.E. a fierce/ferocious look
éméifěndài 蛾眉粉黛 F.E. beautiful women
Éméi Shān 峨眉/嵋山 N. Mt. Emei in Sichuan
éméiyuè 娥眉月 N. crescent moon M: [2]*dào*
émén 额门 N. forehead
èmèng 恶/噩梦[恶夢] N. nightmare M: [3]*cháng*/*ge*
èmèngfāngxǐng 恶梦方醒[恶夢-] F.E. awake from one's terrifying dream
èmì 遏密 V. <*trad.*> prohibit music (during imperial funeral)
émiàn 额面 N. face value (of banknotes/etc.)
émiàn jiàgé 额面价格[--價-] N. face value
èmiáobìng 恶苗病[恶--] N. <*agr.*> bakanae paddy disease M: [3]*cháng*
èmíng 恶名[恶-] N. a bad reputation; infamy
èmíngzhāozhù 恶名昭著[恶-] F.E. be notorious; be distinguished for one's vices
Ēmítuófó 阿弥陀佛[-彌--] <*Budd.*> N. Amitabha ♦INTJ. Buddha preserve us *See also* *Āmítuófó*
émiù 讹谬 N. ① error ② deviation
èmó 恶魔[恶-] N. demon; devil
èmócāyīn 颚摩擦音 N. <*lg.*> palatal fricative
èmó'èyàng 恶模恶样[恶-恶様] F.E. fierce/ferocious appearance
èmù 恶木[恶-] N. low-quality wood M: [2]*gēn*
[1]**ēn*** 恩 N. kindness; favor
[2]**ēn** 蒽 N. <*chem.*> anthracene
èn 摁 V. press with hand/fingertip
ènà 遏捺 V. suppress; keep down by force
ēn'ài 恩爱[-愛] N. affection; love
ēn'àifūqī 恩爱夫妻[-愛--] F.E. loving husband and wife; a devoted/affectionate couple
Ēnán 阿难[-難] N. <*Budd.*> Ananda, the most learned disciple of the Buddha
ènàn* 厄难[-難] N. ① disaster ② distress; difficulty; hardship
ēnbǐtiāndà 恩比天大 F.E. One's kindness and benevolence is as great as heaven.
ēnchǒng 恩宠 N. imperial favor; grace ♦V. show special favor to a minister
ēn-chóu 恩仇 N. gratitude versus enmity
ēnchóufēnmíng 恩仇分明 F.E. make a clear distinction between kindnesses and wrongs done by others
ēnchóuwèibào 恩仇未报[-報] F.E. have not settled old accounts
ēncì 恩赐 V. bestow ♦N. favor; charity
ēndé 恩德 N. favor; grace; graciousness
ēndézàimín 恩德在民 F.E. official benevolence appreciated by the people
ēndiǎn 恩典 N. favor; grace ♦V. bestow (favors)
èn diànlíng 摁电铃[-電-] V.O. press an electric bell
èndīngr 摁钉儿 <*coll.*> N. thumbtack; drawing pin ♦V.O. thumbtack
ēnduànyìjué 恩断义绝[-斷義絕] F.E. terminate a close relationship
énèi 额内 ATTR. within the quota or fixed amount/number
ēnfèng 恩俸 N. <*trad.*> pension granted as a favor M: [1]*fèn*/[2]*bǐ*
ēnfǔjīn 恩抚金 N. pension given to the families of soldiers killed in action M: [1]*fèn*/[2]*bǐ*
ēngāo 恩膏 N. a rich favor
ēngōng 恩公 N. benefactor M: [2]*wèi*
ēngòngshēng 恩贡生 N. <*trad.*> a degree granted to a *xiùcái* at a special examination in celebration of great public events M: *ge*/[1]*míng*/[2]*wèi*
ēnguāng 恩光 N. a glorious favor received
ēnhuà 恩化 V. reform/influence sb. by benevolence
ēnhuì 恩惠 N. favor; grace
ēnhuì qīrì 恩惠期日 N. grace period
[1]**ènì** 呃逆 N. hiccup
[2]**ènì** 恶逆[恶-] N. <*trad.*> vicious crimes such as beating/killing one's parents
èniàn 恶念[恶-] N. evil intentions
ēniào 屙/阿尿 V.O. <*topo.*> urinate
ēnjǐ 恩给 N. pension
ēnjiāngchóubào 恩将仇报[-將-報] F.E. requite kindness with enmity
ēnjiù 恩旧[-舊] N. friends bound by generations-long ties
ēnjuàn 恩眷 N. imperial favor
ēnkē 恩科 N. <*trad.*> special civil-service exams held on auspicious occasions
ènkòur 摁扣儿 N. <*coll.*> snap fastener
ēnlǐ 恩礼[-禮] N. gifts and kindness; gracious courtesy M: [1]*fèn*
ènlíngr 摁铃儿 V.O. (press to) ring the bell
ēnlǐyǒujiā 恩礼有加[-禮--] F.E. shower sb. with favors and courtesy
ēnlún 恩纶 N. <*wr.*> gracious words from the throne
ēnmiǎn 恩眄 N. <*wr.*> kind patronage
ēnmìng 恩命 N. <*wr.*> your gracious command
ēnniàn 恩念 N. <*wr.*> sb.'s kindness/thoughtfulness
ēnqín 恩勤 N. parents' love and toil in raising their children
ēnqíng 恩情 N. ① grace; favor ② loving kindness; devotion; affection
ēnrén 恩人 N. benefactor; patron M: *ge*/[1]*míng*/[2]*wèi*
ēnrénzìjū 恩人自居 F.E. play the benefactor; assume the airs of a benefactor
ēnróng 恩荣[-榮] N. <*trad.*> honor granted by the emperor
ēnróngyàn 恩荣宴[-榮-] N. <*trad.*> imperial banquet honoring recent victors in the imperial examination M: [1]*xí*
ēnrùn 恩润 N. <*wr.*> bounty; benefice from a benefactor
ēnshǎng 恩赏 N. <*trad.*> imperial reward M: [1]*fèn*
ēnshè 恩赦 N. <*trad.*> gracious pardon; amnesty
ēnshēnsìhǎi 恩深似海 F.E. One's kindness to someone is deep as the deepest sea.
ēnshēnyìzhòng 恩深义重[--義-] F.E. deep favor and weighty righteousness
ēnshī* 恩师[-師] N. solicitous teacher; mentor M: [2]*wèi*
ēnshì 恩试 N. <*trad.*> special examinations celebrating great public events
ēntóngyǔlù 恩同雨露 ID. One's grace is like rain and dew.
ēntóngzàizào 恩同再造 F.E. Your goodness has made me a new person.
énǚ 娥女 N. beautiful woman
ēnuó 婀娜//猗傩[--//-儺] V.P. ① be lithe and graceful (of a woman's carriage) ② <*wr.*> gentle; soft and pliant
ēnuóduōzī 婀娜多姿 F.E. have graceful and slender figure
ēnwēi 恩威 N. kindness and sternness
ēnwēibìngyòng 恩威并用[--並-] F.E. apply carrot and stick judiciously
ēnwēijiānshī 恩威兼施 F.E. temper justice with mercy
ēnwù 恩物 N. educational toys
ēnxìn 恩信 N. favor and trust
ēnxìng 恩幸/倖 N. <*trad.*> imperial/court favor
ēnxìnxiāngfú 恩信相孚 F.E. bound by natural ties of kindness on one side and devotion on the other
[1]**ēnyì** 恩义[-義] N. spiritual debt; gratitude
[2]**ēnyì** 恩意 N. <*trad.*> kind consideration bestowed by the emperor/superior
ēnyìn 恩荫[-蔭] N. <*trad.*> conferment of an official rank on a minister's son as a special favor
ēnyù 恩遇 <*wr.*> N. beneficent treatment ♦V. treat with kindness
ēnyuàn 恩怨 N. ①feeling of gratitude or enmity ② past kindness or old scores
ēnyuànfēnmíng 恩怨分明 F.E. kindness and hatred are clearly distinguished
ēnzé 恩泽[-澤] N. favor bestowed by emperor/officials
ēnzhào 恩诏 N. <*trad.*> edict proclaiming an imperial act of grace

ēnzhòngrúshān 恩重如山 F.E. A debt of gratitude is as heavy as a mountain.
ēnzhǔ 恩主 N. gracious master M: [2]*wèi*
ēnzhǔgōng 恩主公 N. gracious master M: [2]*wèi*
ēnzhǔn 恩准[-準] V. be approved by His Majesty; graciously grant
Èpáng 阿旁 N. <*Budd.*> name of a torturer with an ox head in Hades
èpǐ 恶癖[惡-] N. a pernicious/bad habit; addiction
èpiàn 萼片 N. <*bot.*> sepal M: [1]*piàn*
èpiǎo 饿殍/莩 N. <*wr.*> corpse of sb. starved
èpiǎobiànyě 饿殍遍野 F.E. Bodies of the starved are strewn everywhere.
èpiǎoyíngyě 饿殍盈野 F.E. Famine stalks the land.; Many people are dying of hunger.
èpiǎozàidào 饿殍载道 F.E. Bodies of the starved litter the road.
èpó 恶婆[惡-] N. ferocious old woman M: *ge*/[1]*míng*
[1]**èqì** 恶气[惡氣] N. ① noxious air; offensive gas ② insult; outrage ③ grievance; resentment ④ anger; fury
[2]**èqì** 呃气[-氣] N. belching of gas
èqíméngyá 遏其萌芽 F.E. nip in the bud; destroy at the beginning
éqǐng 俄顷 A.T. <*wr.*> in a moment; presently
èqióng 厄/阨穷[-窮] V.P. <*wr.*> destitute; poverty-stricken
ēqísuǒhào 阿其所好 F.E. pander to sb.'s whims
èquǎn 恶犬[惡-] N. a fierce dog M: [2]*zhī*/[1]*tóu*
[1]**ér** 而 CONJ. and; and yet ♦PR. <*wr.*> you ♦CONS. *yī v.1 ~ v.2* v.1 right after v.1 ***yīzhàn~shèng*** win victory by a single blow/battle
[2]**ér** 儿[兒] B.F. ① child ***értóng*** ② youth ③ son ***érzi*** ④ male ♦N. (my) child (spoken by parent to child); (your) child (spoken by child to parent in self-reference) *See also* r
[3]**ér** 鲕[鮞] N. roe
[4]**ér** 洏 in ***lián'ér***
[5]**ér** 鸸[鴯] in ***érmiáo***
[6]**ér** 唲 in ***rú'ér***
[1]**ěr** 耳 B.F. ear ***ěrduo*** ♦N. <*archeo.*> handle of an ancient vessel ♦PREF. side; flanking
[2]**ěr** 尔[爾] PR. <*wr.*> ① you ② this; that; thus ♦SUF. -ly
[3]**ěr** 饵[餌] B.F. ① pastry; cakes ***bǐng'ěr*** ② bait ***yú'ěr*** ♦V. <*wr.*> entice
[4]**ěr** 迩[邇] ADV. <*wr.*> near; close by ♦B.F. near ***xiá'ěr***
[5]**ěr** 珥 N. <*wr.*> earrings made of jade/beads
[6]**ěr** 铒[鉺] N. <*chem.*> erbium ♦in ***yèyú'ěryǐn***
[7]**ěr** 洱 in ***Pǔ'ěrchá***
[1]**èr*** 二 NUM. ① two ② second ③ different ④ binary; di-
[2]**èr** 贰/弍[貳] NUM. used for 2 on checks/etc. ♦B.F. betray ***èrchén***
érán 俄然 ADV. suddenly; all of a sudden
èrán* 愕然 V.P. astounded; stunned
éránbùqún 峨然不群 F.E. far excel others
èrbā 二八 NUM. sixteen (age of girls)
èrbǎdāo 二把刀 N. ① smattering ② half-assed person
èrbǎi 二百 NUM. two hundred
èrbǎi'èr 二百二 N. <*coll.*> mercurochrome
èrbǎi'èr dàifu 二百二大夫 N. <*derog.*> unqualified doctor; quack
èr "bǎi" fāngzhēn 二百方针 N. <*PRC*> policy of "letting a hundred flowers bloom and a hundred schools of thought contend"
èrbǎiwǔ 二百五 <*coll.*> N. ① a dope ② a dabbler ③ rash person ④ smatter ♦S.V. stupid
èrbǎiwǔ píqi 二百五脾气[-氣] N. <*coll.*> ugly disposition
èrbājiārén 二八佳人 N. a budding/sixteen-year-old beauty
èrbāniánhuá 二八年华[-華] N. age of sixteen/seventeen; prime of youth
ěrbàoshén 耳报神[-報-] N. ① spy; informer ② <*coll.*> tattler; gossip
èrbǎshǒu 二把手 N. second in office/command
érbèi 儿辈 N. children
ěrbèi* 耳背 S.V. <*coll.*> hard of hearing
èrbèitǐ 二倍体[-體] N. <*bio.*> diploid
ěrbiān* 耳边[-邊] P.W. near the ear
ěrbiàn 耳辨 ATTR. acoustical
ěrbiānfēng 耳边风[-邊-] N. unheeded advice *Bié bǎ wǒ de huà dàng ~.* Don't turn a deaf ear to what I say.
ěrbiānxìyǔ 耳边细语[-邊--] F.E. whisper in one's ear
érbìhòuhuàn 而毖后患[--後-] F.E. provide against future troubles
ěr-bí-hóukē 耳鼻喉科 N. <*med.*> ① otolaryngology ② E.N.T. (ear-nose-throat) department
ěrbíkē 耳鼻科 N. otorhinology
ěrbìn 耳鬓[-鬢] N. <*phys.*> temples
ěrbìnsīmó 耳鬓厮磨[-鬢廝-] ID. be close with each other (from childhood)
èrbǐyī 二比一 V.P. be two-to-one
ěrbózi 耳脖子 N. <*coll.*> the area below the ears on the neck
èrbùlēng 二不楞 <*coll.*> S.V. simple-minded; half-witted ♦N. a simpleton/dumbbell/fathead
èrbùliūzi 二不溜子 N. <*topo.*> medium-sized; middle-grade; moderate *~ cáizhǔ* moderately wealthy person
èrbùqǔ 二部曲 N. two-volume work (novel/poem/etc.)
ér bù xián mǔ chǒu 儿不嫌母丑[-醜] F.E. A mother never looks ugly to her son.
èrbùzhì 二部制 N. two-shift system
ércáo 儿曹 N. <*wr.*> you, my children
ěrcáo* 尔曹 PR. <*wr.*> you (all)
èrcénglóu 二层楼[-層樓] N. two-storied building
érchá 儿茶 N. <*Ch. med.*> catechu; cutch
èrchá(r)* 二茬/碴(儿) N./ATTR. ① the second crop of (wheat/rice/etc.) ② repeated; the second time ***shòu ~ [3]zuì*** go through the same suffering again.
èrcházuì 二茬罪 N. <*PRC*> revival of capitalism (Mao-time slogan)
ěrchén* 耳沉 S.V. <*topo.*> be hard of hearing
èrchén 贰/二臣 N. ① double loyalty ② turncoat official
èrchéngmì 二乘幂[-冪] N. <*math.*> second power
èr Chéng Zǐ 二程子 N. the Cheng brothers (Cheng Hao and Cheng Yi)
èrchéntāng 二陈汤[-湯] N. <*Ch. med.*> decoction with two old (drugs) M: [14]*fù*
érchǐ 儿齿[-齒] N. new teeth after the falling out of the original teeth (among some old people)
èrchǐbàn 二尺半 N. <*slang*> military uniform
èrchóng 二重 ATTR. double; dual
èrchóngchàng 二重唱 N. (vocal) duet M: *ge*/[3]*qǔ*
èrchóng guójí 二重国籍[--國-] N. dual nationality
èrchóng jiècí 二重介词 N. <*lg.*> double preposition
èrchóng mǔyīn 二重母音 N. <*lg.*> complex nucleus
èrchóng réngé 二重人格 N. dual personality
èrchóngxìng 二重性 N. dual character/nature; duality
èrchóngzòu 二重奏 N. (instrumental) duet M: *ge*/[3]*qǔ*/[2]*chǎng*
èrchuánshǒu 二传手[-傳-] N. person/institution that helps interchange between two persons/institutions M: *ge*/[1]*míng*/[2]*wèi*
ěrchuí 耳垂 N. earlobe
èrcì 二次 ATTR. ①second; secondary ②second time ③ <*math.*> quadratic; square
Èrcì Dàzhàn 二次大战[-戰] N. Second World War
èrcìfāng 二次方 N. <*math.*> square; second power
èrcì fāngchéng 二次方程 N. <*math.*> quadratic equation
èrcì fāngchéngshì 二次方程式 N. <*math.*> quadratic equation
èrcì gǎnrǎn 二次感染 N. <*med.*> secondary infection
Èrcì Gémìng 二次革命 N. <*hist.*> the Second Revolution (of Kuomintang against Yuan Shikai in 1913)
èrcì néngyuán 二次能源 N. secondary energy source
èrcì yǎnghuà 二次氧化 N. re-oxidation
èrcíyīyì 二词一义[-義] N. <*lg.*> hendiadys
ěrcōngmùmíng 耳聪目明[-聰--] F.E. ① have good ears and eyes ② be very perceptive; have a clear understanding (of the situation) ③ be alert
ěrdāng 耳珰[-璫] N. ear pendants
èrdǎngzhì 二党制[-黨-] N. two-party system
ěrdào 耳道 N. the ear canal
èrdàofànzi 二道贩子 N. ① petty speculator ② a person who resells at inflated prices ③ merchant who takes advantage of the differential between government-fixed and free-market prices ④ peddler; vendor
ěrdāor 耳刀儿 N. name for the variant "knife radical"
ěrděng* 尔等 PR. <*wr.*> you (all)
èrděng 二等 ATTR. second-class; second-rate
èrděngbīng 二等兵 N. private second class M: *ge*/[1]*míng*
èrděng cánfèi 二等残废[-殘廢] N. young boys/girls of shorter than average height M: *ge*/[1]*míng*
èrděngcāng 二等舱[-艙] N. second-class cabin (in ship)
èrděnggōng 二等功 N. second-class merit
èrděng gōngmín 二等公民 <*coll.*> N. second-class citizen M: *ge*/[1]*míng*
èrděngjiǎng 二等奖[-獎] N. second prize
èrděng mìshū 二等秘书[-書] N. <*diplomacy*> second secretary M: *ge*/[1]*míng*/[2]*wèi*
èrděngpǐn 二等品 N. second-grade goods; seconds
èrděngqīn 二等亲[-親] N. second-degree relatives
ěrdí 饵敌[-敵] V.O. set a trap for the enemy
ěrdǐ 耳底 N. eardrum
èrdì* 二弟 N. second younger brother
Èrdiéjì 二叠/迭纪[-疊-] N. <*geol.*> Permian period
èrdìzhǔ 二地主 N. <*PRC*> sub-landlord
èrdú* 二读[-讀] N. second reading (of a bill)
èrdù 二度 N. second degree ♦ATTR. <*lg.*> secondary
èrdùméi 二度梅 ID. married for the second time (of a woman)
ěrduo 耳朵 N. ear
ěrduo cháng 耳朵长 F.E. adept at picking up information
ěrduo dǐzi 耳朵底子 N. <*topo./med.*> tympanitis
ěrduofāshāo 耳朵发烧[-發燒] F.E. One's ears burn with embarrassment.
ěrduogēn(r) 耳朵根(儿) N. base of earlobe
ěrduo gēnzi ruǎn 耳朵根子软 V.P. be easily influenced
ěrduohuà 耳朵话 N. what is whispered in sb.'s ear
ěrduo ruǎn 耳朵软 V.P. be credulous
ěrduo wēngmíng 耳朵嗡鸣 V.P. there was a humming/buzzing in one's ears
ěrduoyǎn(r) 耳朵眼(儿) N. ① hole for earring ② *portus acusticus externua*
èrdù shāoshāng 二度烧伤[-燒傷] N. second-degree burn
érén 讹人 V.O. ①hoodwink; bamboozle ②blackmail sb.
èrén* 恶人[惡-] N. villain; vile person ♦V.O. <*topo.*> anger a person
èréndāngdào 恶人当道[惡-當-] F.E. The evildoers are now in power.
èréngàozhuàng 恶人告状[惡-狀] F.E. The guilty accuse the victim.
èrén xiān gàozhuàng 恶人先告状[惡-狀] F.E. a thief crying thief

[1]**ěr'ěr** 尔尔 A.T. so-so **bùguò** ~ just so-so

[2]**ěr'ěr** 耳耳 A.T. ① flourishing; thriving; vigorous ② erect; straight ♦INTJ. *expressing discontent*

èr'èrhūhū* 二二乎乎//忽忽//呼呼 V.P. <coll.> ① be ambiguous and vague ② be muddled; confused

èr'èrhǔhǔ 二二虎虎 ADV./V.P. <topo.> in a stupor/fog; muddled; confused

ěrfáng 耳房 N. ① side rooms (flanking the principal room) ② small annex

èrfáng* 二房 N. ① <trad.> concubine ② second branch of a family

èrfángdōng 二房东 N. sub-lessor M: ge/[1]míng/[2]wèi

ěrfèn 耳粪[-糞] N. earwax; cerumen

èrfēn* 二分 N. <lg.> binary cut

èrfēndiǎn 二分点[-點] N. the equinoxes

èrfēnfǎ 二分法 N. <lg.> binary analysis; dichotomy;binary cut; bipartite division

ěrfeng 耳风 N. <topo.> hearsay

èrfēnliè 二分裂 N. <bio.> binary fission

èrfēn sōuxúnfǎ 二分搜寻法[---尋-] N. <comp.> binary search

èrfēn yīnfú 二分音符 N. half-note; minim

èr fēnzhī yī 二分之一 N. one-half

érfū 儿夫 N. my husband

érfù 儿妇[-婦] N. a daughter-in-law

ěrfú 耳福 N. the good fortune of hearing sth. rare or beautiful **dàbǎo** ~ enjoy to the full listening to music/singing/etc.

èrfú 二伏 N. middle dog-days

èrfù* 二副 N. second officer/mate

èr gǎnzi píqi 二杆子脾气[-稈--氣] N. <coll> crabby; quick tempered

érgē* 儿歌 N. children's songs; nursery rhymes M: ge/[3]qǔ

ěrgé 尔格 M. <loan> erg

èrgē 二哥 N. second elder brother

ěrgēn 耳根 N. ① base of earlobe ② <Budd.> the ear taken as a source of sin

èrgēng 二更 N. the second watch of the night (10–11 p.m.)

ěrgēnqīngjìng 耳根清静[-靜] F.E. be free from nagging

ěrgēnzi 耳根子 N. <coll.> the ear

èrgōngtóu 二工头 N. straw-boss M: ge/[1]míng

ěrgòu 耳垢 N. earwax

ěrgǔ 耳鼓 N. tympanum

ěrguāng 耳光 N. box on the ears; slap on the face

ěrguāzi 耳刮子 N. <coll.> box on the ears; slap in the face

èrguǐzi 二鬼子 N. <derog.> Chinese who collaborated with the Japanese

ěrguō 耳郭 N. auricle

èrguōtóu 二锅头[-鍋-] N. ① strong spirits usu. made from sorghum ② <slang> person who was once married and is now either widowed or divorced

èrhānzi 二憨子 N. <coll.> idler

ěrháo 耳毫 N. <trad./art> stiff hair attached to a character's ears to indicate his rudeness

érhé* 而何 ADV. how; how about it

èrhé 二合 ATTR. double; dual; di-

èrhéyī fùshù 二合一复数[-複數] N. <lg.> summation plural

èrhé yuányīn 二合元音 N. <lg.> diphthong

èrhé yuányīnhuà 二合元音化 N. <lg.> diphthongization

èrhé zìmǔ 二合字母 N. <lg.> digraph

ěrhóngmiànchì 耳红面赤 F.E. be red in the face; be flushed

érhòu* 而后[-後] V.P. then; after that

ěrhòu 尔后[-後] V.P. <wr.> subsequently ♦N. your descendants

ěrhu 耳乎 <topo.> ADV. vaguely; dimly; indistinctly ~ **tīngdaoguo** heard only indistinctly ♦V. pay scant attention

èrhu 二乎 S.V./V. ① foolish ② indecisive ③ unpropitious ④ <coll.> ⓐ taken aback; startled ⓑ shrink from fear ⓒ not promising; not hopeful

èrhú* 二胡 N. alto fiddle M: [1]bǎ

èrhǔ 二虎 <topo.> N. bungler; blunderer ♦S.V. careless; sloppy; slapdash

érhuà* 儿化 N. <lg.> r-coloring; suffixed nonsyllabic "curled r"; erization; retroflexing **ménr** door

èrhuà 二话 N. objection ***Nǐ shuō ba, wǒ méi ~.*** Whatever you decide, I have no objection.

èrhuàbùshuō 二话不说 F.E. <coll.> immediately; without wasting any time

érhuà cíwěi 儿化词尾 N. <lg.> retroflex suffix

èrhuāliǎn 二花脸 N. <opera> a kind of "painted face"

ěrhuán 耳环[-環] N. earring M: [1]duì/[1]fù/ge

èrhuáng 二黄/簧 N. ① <opera> one of the two chief types of music ② <coll./trad.> Peking opera

érhuángdì* 儿皇帝 N. puppet emperor

èrhuāngdì 二荒地 N. cultivated land running to waste M: [1]piàn

èrhuángliáng 二皇粮[-糧] N. duty-grain delivered to local governments

érhuàyùn 儿化韵[-韻] N. ① r-final ② <lg.> erized final

èrhǔbājī de 二虎八叽的 V.P. <topo.> scatter-brained; nitwitted

èrhūn 二婚 <coll.> N. sb. who gets married for the second time

èrhūnpù 二荤铺 P.W. a cheap and crude eating house M: [1]jiā

èrhūnr 二婚儿 N. remarried woman

èrhūntóu 二婚头 N. remarried woman

èrhùnzi 二混子 N. <coll.> idler; loafer M: ge/[1]míng

èrhuò 二货 N. goods not original; reprocessed stuff

ěrjī(zi)* 耳机(子) N. earphone; headphone M: [1]fù

ěrjí 耳疾 N. <med.> ailment in the ears

ěrjì 耳际[-際] N. in the ears

[1]**èrjí** 二级 N. second class/order

[2]**èrjí** 二极[-極] N. two extremes/ends/etc. ♦ATTR. ambipolar; diode

èrjià 二价[-價] N. negotiable value/price/etc.

ěrjiān* 耳尖 S.V. sharp (of hearing)

ěrjiàn 耳鉴[-鑒] V. <wr.> appraise hearsay

èrjiān 二煎 N. <Ch. med.> the second boiling

èr-jiǎn 二简 AB. *Dì-èr Cì Hànzì Jiǎnhuà Fāng'àn*

èrjiānbàn 二尖瓣 N. <phys.> mitral valve

èrjiào 二校 N. <print.> second proof

èrjí cúnchǔqì 二级存储器 N. <comp.> secondary storage/memory

ěrjiè 耳界 N. earshot; hearing distance

èrjiě* 二姐 N. second elder sister

ěrjièqīngjìng 耳界清静[-靜] F.E. quiet; free from noise

èrjífēng 二级风 N. ① slight breeze ② force 2 wind

èrjígōng 二级工 N. second-grade worker M: ge/[1]míng

èrjí gōnglù 二级公路 N. second-class highway M: [1]tiáo

èrjíguǎn 二极管[-極-] N. <elec.> diode M: [2]gēn/[2]zhī

érjīn* 而今 V.P. <coll.> now

èrjìn 二进[-進] ATTR. <lg.> binary

érjīn'érhòu 而今而后[-後] F.E. from now on

ěrjìng 耳镜 N. <med.> an otoscope

èrjìngōng 二进宫[-進宮] N. name of a traditional play ♦ID. <coll.> jail for second offense

èrjìnshù 二进数[-進數] N. <math.> binary number system

èrjìnwèi 二进位[-進-] *See èrjìnwèizhì*

èrjìnwèizhì 二进位制[-進--] N. <comp.> binary bit

èrjìnzhì 二进制[-進-] N. binary system

èrjìnzhìshù 二进制数[-進-數] N. binary digit

èrjìnzhìwèi 二进制位[-進--] N. binary digit; bit

èrjípǐn 二级品 N. second-grade merchandise

èrjí shìchǎng 二级市场[-場] N. parallel market

èrjítǐ 二极体[-極體] N. ambipolar object

ěrjīzi 耳机子 N. earphone M: [1]fù

érkē* 儿科 N. pediatrics

ěrkē 耳科 N. otology; ear as a branch of medicine

ěrké 耳壳[-殼] N. concha; auricle ***See also*** *ěrqiào*

érkēxué 儿科学 N. pedology; pediatrics

ěrkē yīshēng 耳科医生[--醫-] N. ear specialist; otologist M: ge/[1]míng/[2]wèi

ěrkǒng 耳孔 N. auditory canal

érkuàng 而况[-況] CONJ. still more; with still stronger reason

ěrkuò 耳廓 N. the auricle

ěrlà 耳腊[-臘] N. earwax

ěrlái 迩/尔来[邇-] ADV. <wr.> ① recently; since then; hitherto ② until now; up to the present ③ lastly

èrlái* 二来 CONJ. in the second place

ěrláixiàoyìng 尔来效应[-應] F.E. early effect

èrlàizi 二赖子 N. a shameless loafer

érláng 儿郎 N. <wr.> ① man ② son; boy ③ soldiers; men

èrlángtuǐ 二郎腿 N. crossed legs

èrlǎo 二老 N. father and mother; parents

èrlǎobāo 二老包 N. <slang.> sub-contractor

èrlǎoshuāngqīn 二老双亲[-雙親] F.E. father and mother; one's parents

ěrléi 耳雷 N. an infernal machine

èrlěishǒu 二垒手[-壘-] N. <sport> second baseman M: ge/[1]míng/[2]wèi

èrleng 二愣 S.V./V. <coll.> stupefied; struck dumb ***See also*** *èrlèng*

èrlèng* 二愣 <coll.> S.V./V. ① taken aback; startled ② not in agreement ♦N. simpleton; fathead ***See also*** *èrleng*

èrlèngzi 二愣子 N. rash fellow

érlì 而立 N. <wr.> 30 (or more) years of age

ěrlì* 耳力 N. hearing acuity

ěrliào 饵料 N. bait

ěrlíngxīnyuè 耳聆心悦 F.E. ear and mind are both pleased

ěrlíngyǎnjiān 耳灵眼尖[-靈--] F.E. quick of hearing and sight

Èrlǐtóu Wénhuà 二里头文化[-裡---] N. <archeo.> Erlitou/Erhlitou Culture

èrliú 二流 N. second class/rate

èrliúhuàwù 二硫化物 N. <chem.> bisulfide

èrliúzi 二流子 N. loafer; bum

érlìzhīnián 而立之年 N. thirty years of age

ěrlóng 耳聋 V. be deaf

èrlóngqiǎngzhū 二龙抢珠[--搶-] F.E. Two dragons are snapping at a pearl.

èrlóngxìshuǐ 二龙戏水[--戲-] F.E. Two dragons are sporting/playing in the water.

èrlóngxìzhū 二龙戏珠[--戲-] F.E. Two dragons are playing with a pearl/ball.

ěrlóngyǎnhuā 耳聋眼花 F.E. hard of hearing and dim of sight

ěrlóngyǎnxiā 耳聋眼瞎 F.E. be deaf and blind

ěrlòu 耳漏 N. <med.> otorrhea

èrlóu* 二楼[-樓] P.W. the second floor

èrluǎnshēng 二卵生 ATTR. <bio.> binovular (of twins)

èrlùhuór 二路活儿 N. <coll.> inferior/second-rate work

ěrlún 耳轮 N. outer ear; helix

èrlúnmǎchē 二轮马车 N. two-wheeled horse-drawn carriage M: [3]liàng

èrlùr 二路儿 ATTR. second-rate

érmǎ 儿马 N. stallion M: [1]pǐ

ěrmáo* 耳毛 N. hair in the ears

ěrmào(r) 耳帽(儿) N. earmuffs

èrmáo 二毛 N. Boxer term for Chinese Christians

èrmáozi 二毛子 N. <coll.> secondary hairy one; westernized Chinese

èrmǎyīhǔ 二马一虎 ID. <topo.> so-so; of indifferent quality

E

ěrmén* 耳门 N. ① side door ② tragus; the external ear; the earlap
èrmén 二门 N. second gate leading to the main court
èrmì 二秘 N. second-level secretary M: *ge/[1]míng/[2]wèi*
èrmiànhuáng 二面黄 N. noodles pan-browned on both sides
èrmiànjiǎo 二面角 N. dehedral angle
érmiáo 鸸鹋 N. <*zoo.*> emu M: *[2]zhī*
èrmǐfàn 二米饭 N. (cooked) rice and millet mixed M: *wǎn*
ěrmíng 耳鸣 N. tinnitus; ringing ears
ěrmíngmùxuàn 耳鸣目眩 F.E. One's ears ring and spots dance before one's eyes.
ěrmó 耳膜 N. eardrum
ěrmù 耳目 N. ①ears and eyes ②one's attention/notice ③ knowledge; information ④ snoops; spies
ěrmùbìsè 耳目闭塞 F.E. ill-informed; ignorant
ěrmùqīngjìng 耳目清净[-淨] F.E. be free from noise and dirt
ěrmùsuǒjí 耳目所及 F.E. from what one sees and hears
ěrmùyīxīn 耳目一新 F.E. ① pleasant change of atmosphere ② have a completely new impression ③ find everything fresh and new
ěrmùzhāozhāng 耳目昭彰 ID. universally known; known to all
èrmǔzhǐ 二拇指 N. forefinger
èrmuzhǐtóu 二拇指头 N. forefinger
ěrmùzhīyú 耳目之娱 N. pleasures of the senses
ěrmùzhòngduō 耳目众多[--眾-] F.E. eyes and ears everywhere
èrnǎi 二奶 <*coll./trad.*> N. ① mistress ② second wife M: *[2]wèi/ge*
érnán 儿男 N. ① man ② boy; son
èrnántuīlǐ 二难推理[-難--] N. <*log.*> dilemma
èrniánjí 二年级 N. second-year class; sophomore; second grade (of elementary school)
èrniánshēng 二年生 N. ① second-year student ② <*bot.*> biennial plant
èrniánzhì chūjí xuéyuàn 二年制初级学院 N. two-year junior college
ér-nǚ 儿女 N. ① sons and daughters; children ② young males and females
érnǚqíngcháng 儿女情长 F.E. long/passionate love between a man and a woman
érnǚsīqíng 儿女私情 F.E. love affair between a man and a woman
ér-nǚtài 儿女态[-態] N. childishness
ér-nǚzhài 儿女债 N. the burden of child-rearing
éróng 鹅绒 N. goose down
ěrpáng 耳旁 N. near one's ear
ěrpángfēng 耳旁风 N. sth. disregarded M: *[1]zhèn*
ěrpíng 耳屏 N. <*phys.*> tragus
érqì 儿气[-氣] S.V. childish; naive
èrqiān 二千 NUM. two thousand
ěrqiào 耳壳[-殼] N. cuff; slap in the face; box on the ear *See also ěrké*
Èrqī Dàbàgōng 二七大罢工[---罷-] N. Great Strike of Feb. 27, 1923
érqiě 而且 CONJ. furthermore; and
ěrqìguǎn 耳气管[-氣-] N. <*phys.*> Eustachian tube
èrquányīnfú 二全音符 N. <*mus.*> breve
ěrrè 耳热[-熱] V.P. have burning ears
èrréndèng 二人凳 N. bench for two persons M: *[1]tiáo*
èrrénduìhuà 二人对话[--對-] N. <*lg.*> dyad
èrréntái 二人台[-臺] N. a popular Inner Mongolian song-and-dance duet
èrrénzhuàn 二人转[-轉] N. song-and-dance duet popular in Northeast China
ěrrèyǎntiào 耳热眼跳[-熱--] F.E. an omen of sth. going to happen
ěrrì 尔日 N. <*wr.*> that day
èrRìběn 二日本 N. <*coll.*> ① Japanese collaborator ② Japanophile
ěrrǔ 尔汝 ATTR. <*wr.*> intimate; on first-name basis
ěrruǎnxīnhuó 耳软心活 F.E. pliable
ěrrǔjiāo 尔汝交 N. <*wr.*> intimate friendship
ěrrúmùrǎn 耳濡目染 F.E. be influenced by one's surroundings
ěrsāi 耳塞 N. ① earplug ② earwax
èr-sān 二三 NUM. two or three ♦S.V. fickle
èrsānchéngqún 二三成群 ID. by twos and threes
èrsānqídé 二三其德 F.E. have two minds; be undecided
ěrshàn 耳扇 N. ① earflaps; earlaps ② auricle; pinna
érshàng 而上 V.P. above; over
ěrsháozi 耳勺子 N. earpick
èrshěn 二审[-審] N. <*law*> second trial
ěrshēng* 耳生 S.V. strange-sounding; unfamiliar to the ears
èrshèng 二乘 N. <*Budd.*> Mahayana and Hinayana
érshí 儿时[-時] N. childhood years
érshì* 而是 CONS. *bùshì A ~ B* not A, but rather B
[1]ěrshí 耳食 V. <*wr.*> believe everything one is told
[2]ěrshí 尔时[-時] N. <*wr.*> that time
ěrshǐ 耳屎 N. <*coll.*> earwax
[1]ěrshì 耳饰 N. decorative objects worn on ears M: *[1]fù/[1]duì/[2]jiàn*
[2]ěrshì 耳室 N. <*archeo.*> side chamber; symmetrical side chambers
èrshí 二十 NUM. twenty; 20
Èrshíbā Xiù 二十八宿 N. <*astr.*> 28 Lunar Mansions
ěrshíbùhuà 耳食不化 F.E. hear but not understand
ěrshìmùtīng 耳视目听[-聽] F.E. very intelligent
èrshísì jiéqì 二十四节气[-節氣] N. 24 solar terms
èrshísì kāi 二十四开[-開] N. ① 24-carat gold; pure gold ② <*print.*> 24mo (of book or paper size)
Èrshísì Shǐ 二十四史 N. ① *The Twenty-Four Dynastic Histories* M: *[2]bù/tào* ②long and intricate story
Èrshísì Xiào 二十四孝 N. <*trad.*> a Yuan work on filial piety
Èrshíwǔ Shǐ 二十五史 N. Combination of *The Twenty-Four Dynastic Histories* and *The New History of Yuan Dynasty* M: *[2]bù/tào*
èrshíxiǎng 二十响[-響] N. a type of pistol M: *[1]bǎ*
èrshíxiǎngqiāng 二十响枪[-響槍] N. a type of pistol M: *[1]bǎ*
èrshíyī 二十一 NUM. twenty-one; 21
Èrshíyī Tiáo 二十一条[-條] N. the Twenty-One Demands (forced on China by Japan in 1915)
èrshíyī yáo 二十一遥 <*coll.*> N. 21-inch remote-control color TV
ěrshízhītán 耳食之谈 N. unreliable hearsay
ěrshízhītú 耳食之徒 N. a gullible person M: *ge/[1]míng*
ěrshóu 耳熟 *See ěrshú*
èrshǒu* 二手 N. assistant ♦ATTR. secondhand
èrshǒuhuò 二手货 N. ① second-hand goods ② <*slang*> a girl who has lost her virginity; divorced woman
ěrshóunéngxiáng 耳熟能详 *See ěrshúnéngxiáng*
èrshǒu zhùshù 二手著述 N. secondary works
ěrshú* 耳熟 S.V. familiar to the ear
ěrshǔ 耳属[-屬] V. ① eavesdrop ② listen with effort and attention
ěrshuān 耳栓 N. ear plugs
èrshuǐhuò 二水货 N. secondhand goods
èrshuǐr 二水儿 ATTR. <*coll.*> secondhand
ěrshùn 耳顺 ID. <*wr.*> achieve understanding at age sixty *[1]nián [2]jìn ~* be nearly sixty ♦S.V. pleasing to the ear
ěrshúnéngxiáng 耳熟能详 F.E. What's frequently heard can be repeated in detail.
ěrshùnzhīnián 耳顺之年 N. sixty years of age
érsūn 儿孙[-孫] N. children and grandchildren; descendants; posterity
érsūnmǎntáng 儿孙满堂[-孫--] F.E. have children and grandchildren
érsūn zìyǒu érsūn fú 儿孙自有儿孙福[-孫---孫-] F.E. One's children and grandchildren have their own lives to live.
èrtāi 二胎 N. second child
èrtàitai 二太太 N. <*trad.*> ① the second wife ② the second brother's wife M: *ge/[1]míng*
èrtànquē 二碳炔 N. acetylene
ěrtào(r) 耳套(儿) N. earmuff; earcap M: *[1]fù/[1]duì/[2]zhī*
értí 儿啼 N. a child's cry
èrtiān 二天 N. <*topo.*> another day; some other day; in a day or two
èrtījiǎo 二踢脚[-腳] N. double-bang firecracker
ěrtímiànmìng 耳提面命 F.E. give an earful of advice
ěrtīng 耳听[-聽] ATTR. aural
ěrtīngbāfāng 耳听八方[-聽--] F.E. extremely vigilant; sharp-eared
ěrtīngbāmiàn-yǎnguānsìfāng 耳听八面眼观四方[-聽---觀--] F.E. extremely vigilant; sharp-eared and sharp-eyed
ěrtīng yǔyán jiàoxuéfǎ 耳听语言教学法[-聽-----] N. aural method of teaching language
értóng* 儿童 N. children
ěrtǒng 耳筒 N. earphone; headphone M: *[2]zhī/[1]fù/[1]duì*
ěrtòng 耳痛 N. pain in the ears
értóngbùyí 儿童不宜 F.E. be unsuitable for children
értóng bùyí piān 儿童不宜片 N. X-rated or R-rated film/movie
értóng cíhuì bù shēn 儿童词汇不伸[---彙--] N. <*lg.*> underextension
értóng de yǔyán xuéxí 儿童的语言学习[-習] N. <*lg.*> child language acquisition
értóng diànshìjù 儿童电视剧[--電-劇] N. TV show for children M: *[2]bù*
Értóng Diànyǐng Zhìpiànchǎng 儿童电影制片厂[--電-製-廠] P.W. Children's Movie Studio
értóng dúwù 儿童读物[--讀-] N. children's books or reading material M: *[1]běn/tào/[4]cè*
értóng fǎtíng 儿童法庭 N. <*law*> children's court
Értóngjié 儿童节[-節] N. (International) Children's Day
értóng jiémù 儿童节目[--節-] N. children's programs M: *ge/tào*
értóngjù 儿童剧[-劇] N. children's drama/play M: *ge/mù/[2]bù*
értóng lèyuán 儿童乐园[-樂園] P.W. children's park M: *ge/[4]zuò/[1]jiā*
ěrtǒng lùyīnjī 耳筒录音机[--錄--] N. walkman; portable personal cassette player M: *[1]tái*
értóngpiān 儿童片 N. children's movie M: *[2]bù*
értóngqī 儿童期 N. childhood
Értóngtuán 儿童团[-團] N. Children's Corps; Pioneers
értóng túshūguǎn 儿童图书馆[--圖書-] N. children's library M: *[4]zuò/[1]jiā/ge*
értóng wénxué 儿童文学 N. children's/juvenile literature
értóng xīnlǐxué 儿童心理学 N. child psychology
Értóng Xìyuàn 儿童戏院[-戲-] P.W. ① The Children's Theater ② a theater for kids M: *[1]jiā/[4]zuò/ge*
Értóng Yìshù Jùyuàn 儿童艺术剧院[--藝術劇-] P.W. The Children's Art Theater
értóng yīyuàn 儿童医院[--醫-] P.W. children's hospital M: *[1]jiā/[4]zuò/ge*
értóng yǔyán 儿童语言 N. <*lg.*> child language
értóng yǔyán fāzhǎn gōngnéng 儿童语言发展功能[----發---] N. <*psy.*> developmental function of child language
èrtóují 二头肌 N. <*phys.*> biceps M: *[2]kuài*
érúhǔláng 饿如虎狼 F.E. be hungry as a wolf
èrùn 厄闰 N. bad times

érwài 而外 CONJ. beyond; outside; except for
èrwàn 二万 NUM. twenty thousand; 20,000
èrwánjī 二烷基 N. <chem.> dialkyl group
Èrwàn Wǔqiān Lǐ Chángzhēng 二万五千里长征[-萬-----] N. The Long March of 25,000 *lǐ*
ěrwāsháo(r) 耳挖勺(儿) N. <topo.> ear pick
ěrwāzi 耳挖子 N. ear pick
[1]**èrwèi** 二位 N. <court.> both of you; you (two)
[2]**èrwèi** 二为 N. <PRC> policy of "literature and art should serve both people and socialism," also called "èrwéi fāngzhēn"
ěr wéi ěr, wǒ wéi wǒ 尔为尔,我为我 F.E. <wr.> ① You are you and I am I. ② Let everybody mind his own business.
èrwèi fāngxiàng 二为方向 N. <PRC> (literature and art) for the people and for serving socialism
èrwèi fāngzhēn 二为方针 *See* [2]*èrwèi*
èrwèi wèixiàng 二位谓项 N. <lg.> two-place predicate
ěrwén 耳闻 V. hear (about) ♦N. hearsay
ěrwén bù rú mùdǔ 耳闻不如目睹 F.E. Seeing is believing.
ěrwén bù rú mùjiàn 耳闻不如目见 F.E. Seeing for oneself is better than hearing from others.
ěrwénmùdǔ 耳闻目睹 F.E. hear and see
ěrwō 耳蜗[-蝸] N. <phys.> the cochlea
Èrwǔ 二五 N. ①Second Five-Year Plan ②period of the Second Five-Year Plan
èrwǔbā 二五八 S.V./N. <topo.> ill-informed; poorly versed
èrwūlǐqùle 二屋里去了[--裡--] F.E. <coll.> be mistaken; be far off (the point/etc.)
èrwuyǎn 二五眼 N. <topo.> incompetent person ♦S.V. ① incompetent ② careless; slipshod ③ shoddy (of goods)
érxí 儿媳 N. daughter-in-law M: *ge/*[2]*wèi*
érxì* 儿戏[-戲] N. ① children's play (lit./fig.) M: [2]*chǎng* ② trifling matter M: [3]*cháng*
érxià 而下 V.P. below; under
èrxiàn 二线 N. ①rear line ②rear service section
èrxiàng 二项 ATTR. bi-; binary; binomial
èrxiàng duìlì 二项对立[--對-] N. <lg.> binary opposition
èrxiàng fēnlèi 二项分类[-類] N. <lg.> binary taxonomy
èrxiàngshì 二项式 N. <math.> binomial
èrxiàngxìng 二象性 N. <phy.> dual property
èrxiǎojie 二小姐 N. second daughter of a family M: [2]*wèi*
èrxiǎozi 二小子 N. <coll.> second-eldest son
ěrxiàxiàn 耳下腺 N. <phys.> parotid gland
ěrxiàxiàn-yán 耳下腺炎 N. <med.> mumps
érxífu(r) 儿媳妇(儿)[--婦-] N. daughter-in-law M: *ge/*[1]*míng*
èrxīn 二/贰心 N. ①disloyalty ②half-heartedness ③ duplicity
èrxīnbùdìng 二心不定 F.E. irresolute
ěrxìng 耳性 N. auditory acuity
èrxìngzhīhǎo 二姓之好 N. Two families are linked through marriage.
èrxìngzi 二性子 N. bisexual person; hermaphrodite
ěrxǔ 尔许 ADV. <wr.> so; such; like that
[1]**ěrxué** 耳穴 N. ear acupuncture point
[2]**ěrxué** 耳学 N. learning from what one hears, not from books
ěrxūnmùrǎn 耳熏目染 F.E. be influenced by one's surroundings
ěryǎ* 尔雅 V.P. <wr.> elegant; refined; cultured *See also Ěryǎ*
Ěryǎ 尔雅 N. <hist.> one of the thirteen Confucian classics, containing commentaries, discussions of terms, etc. *See also ěryǎ*
ér yán* 而言 CONS. *jiù. . .~* with regard to . . .
[1]**ěryán** 耳炎 N. <med.> inflammation of the ear; otitis
[2]**ěryán** 迩言[邇-] N. <wr.> shallow words
èryán 贰言 N. different/contrary opinion
èryǎnghuàqiān 二氧化铅 N. <chem.> anhydrous plumbic acid; brown lead oxide
èryǎnghuàtàn 二氧化碳 N. <chem.> carbon dioxide
èryǎnghuàwù 二氧化物 N. dioxide
ěryānguǎn(r) 耳咽管(儿) N. <phys.> eustachian tube
Èryě 二野 AB. *Dì-èr Yězhànjūn*
éryǐ* 而已 V.P. *imparting finality* that's all
Ér-Yì 儿艺[-藝] AB. *Értóng Yìshù Jùyuàn*
ěryī 耳衣 N. earlaps; earflaps
ěryì 耳翼 N. <wr.> ear
èryi 二意 V.P. <coll.> hesitate *See also* [1]*èryì*
[1]**èryì** 二意 N. ① disloyalty ② halfheartedness ③ duplicity ♦V.P. <coll.> be of two minds; vacillate *See also èryi*
[2]**èryì** 二亿[-億] NUM. 200,000,000
èryìhūhū 二意忽忽 F.E. <coll.> vacillating; agitated; of two minds
ěryīn* 耳音 N. power of hearing; hearing *Wǒ de ~ yuèláiyuè bùhǎo le.* My hearing is getting worse.
èryīn 二阴[-陰] N. <Ch. med.> anus and urethra
Ér-yǐng 儿影 AB. *Értóng Diànyǐng Zhìpiànchǎng*
èr-yítàitai 二姨太太 N. <trad.> second wife; concubine M: *ge/*[2]*wèi*
èr yī tiān zuò wǔ 二一添作五 F.E. divide into half; share and share alike
èryìxìng 二义性[-義-] N. ambiguity
èryǐzi 二倚子 N. <slang> hermaphrodite
éryǔ 儿语 N. baby talk
ěryǔ* 耳语 V./N. whisper in sb.'s ear
èryuán 二元 N. ① <math.> duality ② <chem.> binary ③ <lg.> bivalence; two-place
èryuán duìlì 二元对立[--對-] N. binary opposition
èryuán fāngchéngshì 二元方程式 N. <math.> equation with two unknowns
èryuánlùn 二元论 N. dualism
èryuán shùyǔ 二元述语 N. <lg.> two-place predicate
èryuán tèzhēng 二元特征[-徵] N. binary feature
èryuánxì 二元系 N. binary system
èryuànzhì 二院制 N. bicameral system
Èryuè 二月 N. February; second lunar month
èryuènìliú 二月逆流 F.E. criticism of the Cultural Revolution from some senior communist leaders in February 1967
éryùn 儿韵[-韻] N. <lg.> r-ending retroflexion
ěryǔnínán 耳语呢喃 F.E. whisper in the ear
ěryúwǒzhà 尔虞我诈 F.E. ① deceive each other ② engage in a battle of wits
ěryǔyīn 耳语音 N. whisper
èrzé 二则 CONJ. secondly
Èrzhàn 二战[-戰] AB. *Dì-èr Cì Shìjiè Dàzhàn* WWII
ěrzhào 耳罩 N. ear muffs
ěrzhàwǒyú 尔诈我虞 F.E. deceive each other
èrzhě 二者 N. both of them *~ quē yī bù kě.* Neither of the two can be dispensed with.
èrzhě bì jū qíyī 二者必居其一 F.E. either one or the other
ěrzhēn 耳针 N. ear-acupuncture M: [2]*gēn/*[4]*zhī*
ěrzhēn liáofǎ 耳针疗法[--療-] N. <Ch. med.> ear-acupuncture therapy; auriculotherapy
èrzhěqǔyī 二者取一 F.E. either one or the other
èrzhězéyī 二者择一[--擇-] F.E. alternative
ěrzhī 耳脂 N. earwax
ěrzhì 耳治 V. hear
èrzhí 二值 ATTR. <lg.> two-valued
èrzhǐ* 二指 N. forefinger
èrzhì 二致 N. difference *bìngwú ~* There is no difference whatever.
èrzhìdiǎn 二至点[-點] N. <astr.> the solstices
èrzhí qīngxiàng 二值倾向 N. <lg.> two-valued orientation
èrzhí sīwéi 二值思维 N. <lg.> two-valued thinking
ěrzhōnghuíxiǎng 耳中回响[-響] F.E. re-echo in one's ears
ěrzhū 耳珠 N. earrings M: [1]*duì/*[1]*fù/*[1]*kē*
èrzhuān 二专[-專] N. two-year professional college
ěrzhuìzi 耳坠子[-墜-] N. eardrop; earrings
érzi* 儿子 N. ① son ② <trad.> new-born son
[1]**ěrzi** 耳子 N. side handles (of trays, etc.)
[2]**ěrzi** 饵子 N. (fish) bait
érziqì 儿子气[-氣] S.V. childish ♦N. childishness
èsāi 阏塞 V. block/stop up
èsài* 厄/阨塞 N. strategic place/position
èsāiyīn 颚塞音 N. <lg.> palatal occlusive
[1]**èshā*** 扼杀[-殺] V. ① kill ② strangle; smother; throttle
[2]**èshā** 饿杀[-殺] V. starve (sb./sth.) to death
èshà 恶煞[惡-] N. ① devil; fiend ② a fiendish person
èshào 恶少[惡-] N. young tough M: *ge/*[1]*míng*
èshén 恶神[惡-] N. demon M: *ge/*[1]*míng*
èshēng* 恶声[惡聲] N. ① strident sound ② abusive language ③ <wr.> ⓐ vulgar music ⓑ a bad reputation ⓒ bad reputation
Èshěng 鄂省 P.W. Hubei Province
èshēng'èqì 恶声恶气[惡聲惡氣] F.E. angry voices and harsh words
ēshǐ 屙屎 V.O. <topo.> defecate *See also āshǐ*
éshì 额饰 N. cosmetic decoration on the forehead M: [2]*jiàn*
Éshì 俄式 N. Russian style
[1]**èshí** 恶食[惡-] N. bad/poor/coarse food
[2]**èshí** 恶识[惡識] V. <wr.> offend
[1]**èshì*** 恶事[惡-] N. evil deed
[2]**èshì** 愕视 V. stare in astonishment
[3]**èshì** 鹗视 V. <wr.> look fiercely; look astonished
èshì chuán qiānlǐ 恶事传千里[惡-傳--] F.E. Scandal travels fast.
èshìlì 恶势力[惡勢-] N. ① vicious power ② pressure group
éshǒu 额手 V.O. <trad.> raise the hand to the forehead (a salutation of respect)
èshǒu* 扼守 V. ① guard ② hold (a strategic point)
èshòu 饿瘦 R.V. become emaciated from hunger
éshǒuchēngqìng 额手称庆[-稱慶] F.E. be overjoyed
éshù(r) 额数(儿)[-數-] N. ① quota ② fixed amount
èshuǐ 恶水[惡-] N. <coll.> slop; swill
ēshùn 阿顺 V. flatter and be obsequious
ēsī 阿私 V. be biased/partial
[1]**èsǐ*** 饿死 R.V. ①starve to death ②be extremely hungry
[2]**èsǐ** 扼死 R.V. strangle
èsǐguǐ(r) 饿死鬼(儿) N. <coll.> ① ghost of a person who died from starvation ② a person who eats like a hungry ghost
èsǐshì xiǎo shījié shì dà 饿死事小失节事大[-----節--] F.E. Dying of starvation is a lesser misfortune than losing one's honor/integrity.
èsòng 遏讼 V. put off a litigation
èsú 恶俗[惡-] N. objectionable custom
èsuì 恶岁[惡歲] N. <wr.> a bad/lean/ year; a terrible famine year
è tǎngxia 饿躺下 V.P. <coll.> starve into submission
étóu 额头 N. forehead
[1]**ètú** 恶徒[惡-] N. rascal; scoundrel M: *ge/*[1]*míng*
[2]**ètú** 颚图[-圖] N. palatogram
étuō 讹脱 N. (textual) error/omission
éwài 额外 ADV. extra; added; additional
èwàn 扼腕 V.O. wring one's wrist in anguish
èwàntànxī 扼腕叹息[--嘆-] F.E. agonize
Éwén* 俄文 N. Russian writing/language
èwén 饿纹 N. lines on corners of mouth, foretelling death by starvation
Èwēnkèzú 鄂温克族 N. Ewenki (Owenk) ethnic minority
éwù 讹误 N. (textual) error ♦V. misrepresent
èxí* 恶习[惡習] N. bad habit; vice; evil ways
èxì 恶戏[惡戲] N. practical joke; mischief M: [3]*cháng*
èxiǎn* 扼险 V.O. <mil.> hold the most strategic position

èxiàn 恶限[恶-] N. bad/ill luck

[1]èxiàng 恶相[恶-] N. evil or angry countenance M: [1]*fú*

[2]èxiàng 恶象[恶-] N. rogue elephant M: [1]*tóu*

èxiàxiàn 颚下腺 N. <*phys.*> the submaxillary gland

èxiéyīn 恶谐音[恶-] N. <*lg.*> cacophony

ěxin* 恶心[恶-] V.O. ① feel nauseated; turn sick; retch ② be fed up ③ make sb. embarrassed ♦S.V. ① disgusting; nauseous ***Tā de zuòfǎ ràng rén ~.*** His behavior is disgusting. ② <*coll.*> nauseated; fed up ***See also*** *èxīn*

èxīn 恶心[恶-] N. bad/vicious habit; vice ***See also*** *ěxin*

èxíng 恶行[恶-] N. evil/wicked conduct

èxìng* 恶性[恶-] N. ① viciousness ② malignancy

èxìng ànjiàn 恶性案件[恶-] N. pernicious/serious case

èxìngbùgǎi 恶性不改[恶-] F.E. be incorrigible

èxìng bǔxí 恶性补习[恶-補習] N. unhealthy cram sessions (at school)

èxìng chācuò 恶性差错[恶-] N. pernicious/serious error

èxìng dǎobì 恶性倒闭[恶-] N. fraudulent insolvency/closedown

èxìng pínxuè 恶性贫血[恶-] N. <*med.*> pernicious anemia

èxìng xúnhuán 恶性循环[恶-環] N. vicious circle

éxíngyābù 鹅行鸭步 F.E. waddle

èxìng zhǒngliú 恶性肿瘤[恶-腫-] N. malignant tumor

èxiōngxiōng 恶凶凶[恶-] V.P. fierce; ferocious

Èxiūluó 阿修罗[-羅] N. <*Budd.*> demon; spirit ***See also*** *Āxiūluó*

èxuè 恶谑[恶-] N. ① mischief ② bitter joke

[1]éyán 讹言 N. ① <*wr.*> rumor ② wild talk; raving

[2]éyán 俄延 V. delay; retard; put off

éyǎn 鹅眼 N. <*wr.*> Song underweight cash

èyán* 恶言[恶-] N. abusive/vicious remarks/language

éyán'éyǔ 讹言讹语 F.E. erroneous and irresponsible talk

èyán'èyǔ* 恶言恶语[恶-恶-] F.E. abusive language

èyánpōyǔ 恶言泼语[恶-潑-] F.E. malicious remarks/language

èyánshāngrén 恶言伤人[恶-傷-] F.E. use bad language to insult people; make disparaging remarks about others

èyánxiāngxiàng* 恶言相向[恶-] F.E. Insults were hurled back and forth.

èyǎnxiāngxiàng 恶眼相向[恶-] F.E. cast an evil eye at sb.

èyào 扼要 S.V. brief and to the point ♦V.O. occupy strategic position

èyào chù 扼要处[-處] N. focus

èyè 恶业[恶業] N. <*Budd.*> evil thoughts/speech/conduct

[1]èyì 恶意[恶-] N. malice; evil intentions ♦S.V. malicious; spiteful

[2]èyì 遏抑 V. keep down; suppress

èyī'èshí 恶衣恶食[恶-恶-] F.E. coarse clothing and simple food

éyīn 讹音 N. <*lg.*> inaccurate/improper pronunciation

[1]èyīn* 恶因[恶-] N. cause of evil/disaster

[2]èyīn 颚音 N. <*lg.*> palatal; palatal/prepalatal sound

[3]èyīn 腭音[齶-] N. <*lg.*> dental sound

èyīn shēng èguǒ 恶因生恶果[恶--恶-] F.E. Sin yields bitter fruits.

èyínyīn 颚龈音[-齦-] N. <*lg.*> prepalatal/palatal sound; palato-alveolar consonant

èyīnyuán 恶姻缘[恶-] N. unhappy marriage

èyǒu'èbào 恶有恶报[恶-恶報] F.E. Evil is repaid with evil.

ēyú 阿谀 V. fawn on

éyǔ 俄雨 N. a shower

Éyǔ 俄语 N. Russian language

èyú* 鳄鱼[鱷-] N. crocodile; alligator M: [1]*tiáo*

èyǔ 恶语[恶-] N. vicious slander; abusive expression

èyù 遏欲 V. curb one's passions

éyuán 额缘 N. the top frame (of a window/door/etc.); the border (of a painting/mat/etc.)

èyuányīn 腭元音[齶-] N. <*lg.*> palatal vowel

ēyúchǎnmìng 阿谀谄佞 ID. curry favor with sb.

ēyúchǎnxiào 阿谀谄笑 ID. fulsome flattery; flatter and curry favor

èyúdiàolèi 鳄鱼掉泪[鱷-淚] ID. shed crocodile tears

ēyúfèngcheng 阿谀奉承 F.E. fawn on

ēyúféngyíng 阿谀逢迎 F.E. curry favor with

èyún 遏云[-雲] F.E. singer's sonorous voice piercing the clouds

èyùn* 厄/恶/噩运[恶運] N. bad luck; misfortune

èyúpí 鳄鱼皮[鱷-] N. crocodile skin M: [1]*zhāng*

èyú yǎnlèi 鳄鱼眼泪[鱷-淚] N. crocodile tears

èyǔzhòngshāng 恶语中伤[恶-傷] F.E. calumniate

èzāi 厄/阨灾[-災] N. disaster; calamity

èzéi 恶贼[恶-] N. evil thief M: *ge*/[1]*míng*

ézhà 讹诈 V. ① defraud ② extort; blackmail

èzhài 恶债[恶-] N. odious debt M: [1]*fèn*

ézhān 鹅沾 N. <*wr.*> stain; spot

èzhàn* 恶战[恶戰] N. ferocious fighting M: [3]*cháng*

ézhǎng 鹅掌 N. goose foot M: [2]*zhī*/[1]*duì*

ézhǎngfēng 鹅掌风 N. <*Ch. med.*> goose-foot palm

ézhǎngqiū 鹅掌楸 N. <*bot.*> Chinese tulip tree M: [2]*kē*

èzhào 恶/噩兆[恶-] N. bad omen M: *ge*/[1]*zhǒng*

ézhēng 额征[-徵] N. fixed levy

èzhèng* 恶政[恶-] N. cruel government

èzhēnyú 颚针鱼 N. needle fish M: [1]*tiáo*

ézhī 额支 N. ordinary budget; budgeted expenditures

èzhǐ* 遏止 V. hold back; check

[1]èzhì 遏制 V. contain; restrain

[2]èzhì 扼制 V. choke

[3]èzhì 恶治[恶-] V. ① <*med.*> use drastic treatment ② <*coll.*> teach sb. a good lesson

èzhǐgǎo 遏止稿 N. deadline

èzhì zhèngcè 遏制政策 N. policy of containment

èzhǐ zhù 遏止住 R.V. restrain; stop

èzhōng 恶终[恶-] N. violent death

èzhōng sòngqìyīn 颚中送气音[---氣-] N. <*lg.*> velo-palatal aspirated sound

èzhōngyīn 颚中音 N. <*lg.*> velo-palatal sound

Ézhōu 俄州 P.W. Ohio

èzhù 扼住 R.V. clutch

ézhǔn 鹅准[-準] N. the crest of a gander

èzhuó 恶浊[恶濁] S.V. filthy; foul

[1]ézi* 蛾子 N. moth M: [2]*zhī*

[2]ézi 囮子 N. decoy bird

ézì 讹字 N. wrong character/word; misprint

[1]èzǔ 遏阻 V. ① deter ② curb; arrest

[2]èzǔ 扼阻 V. obstruct; block

[3]èzǔ 恶阻[恶-] N. ① <*Ch. med.*> vomiting during early pregnancy; morning sickness ② lose one's appetite because of indigestion

[4]èzǔ 腭阻[齶-] N. <*lg.*> palatal closure

èzuǐdúshé 恶嘴毒舌[恶-] F.E. a sharp and malicious tongue

èzuòjù 恶作剧[恶-劇] N. prank; mischief; hazing M: [3]*cháng*/*ge*

F

fā* 发[發] V. ① send out; deliver; distribute ② utter; express ③ shoot; emit ④ develop; expand ⑤ rise/expand when fermented/soaked (of foodstuffs) ⑥ come/bring into existence ⑦ open up; discover; expose ⑧ become ⑨ show one's feeling ⑩ feel; have a feeling ⑪ start; set out; begin ⑫ <*slang*> make a fortune; hit the jackpot ♦M. *for rounds of ammunition, shells/cartridges/etc.* ***See also*** *[1]fà*

[1]fá 伐 V. fell; cut down ♦B.F. send an expedition against; strike; attack ***tǎofá***

[2]fá 罚[罰] V. punish; penalize

[3]fá 乏 B.F. lack ***quēfá*** ♦S.V. ① tired; weary ***Wǒ zǒu~ le.*** I'm tired from walking. ② <*topo.*> exhausted; worn-out

[4]fá 阀[閥] B.F. powerful person/family/clique ***jūnfá*** ♦N. <*mach.*> valve

[5]fá 筏 B.F. raft ***[1]fázi, zhúfá***

[6]fá 垡 B.F. turn soil, as in plowing ***fádì, shàifá***

[1]fǎ 法 B.F. ① law ***fǎlǜ*** ② method; way; mode ***fāngfǎ*** ③ standard; model ***fǎzé*** ④ legalists; Legalist School ***Fǎjiā*** ⑤ Buddhist doctrine; dharma ***Fófǎ*** ⑥ magic arts ***fǎshù*** ⑦ process; -ism ⑧ mood ⑨ follow; model ***xiàofǎ***

[2]fǎ 砝 in ***fǎmǎ***

[1]fà 发[髮] B.F. hair ***tóufa, lǐfà See also fā***

[2]fà 珐[琺] in ***[2]fàláng, fàlángzhì***

[1]fā'àn* 发暗[發-] V. darken

[2]fā'àn 发案[發-] N. <*law*> case occurrence

[1]fǎ'àn 法案 N. ① proposed law/bill ② bill passed by parliament; law; statute M: *[3]xiàng/[1]tiáo/[1]zé*

[2]fǎ'àn 法岸 N. the road to accessing the doctrine

fābái 发白[發-] V.O. ① fade (in color) ② lighten (in sky) ③ turn white/pale

fābān 发斑[發-] V.O. <*Ch. med.*> develop macules

fǎbàn* 法办[-辦] V. deal with according to law; bring to justice

fābǎng 发榜[發-] V.O. publish the list of successful candidates/applicants

fābāo* 发包[發-] V.O. put out to contract

fābào 发报[發報] V.O. transmit messages by radio/etc.

fǎbǎo 法宝[-寶] N. ① talisman; magic weapon/formula ② Buddhist Sutras ③ emblems; charms; figures of Buddhas ④ accessories; trappings M: *[2]jiàn*

fābāofāng 发包方[發-] N. the party awarding a contract

fābàojī 发报机[發報-] N. transmitter M: *ge/[1]tái*

fābàoqì 发报器[發報-] N. transmitter M: *ge/[1]tái*

fābàoyuán 发报员[發報-] N. ① deliver (of newspapers/etc.) ② dispatcher (of telegrams/etc.) M: *wèi/ge/míng*

fābèi 发背[發-] N. <*Ch. med.*> carbuncle on the back

fābǐ 发笔[發筆] V.O. soften a brush in water before using it

fǎbì* 法币[-幣] N. ① paper currency issued by KMT government starting 1935 M: *méi/zhāng/zhǒng* ② legal tender

fābiān 发边[發邊] V.O. banish to the frontiers

fābiàn 发变[發變] V. <*topo.*> become better looking; improve in appearance with age

fàbiàn* 发辫[髮-] N. plait; braid; pigtail M: *[1]tiáo*

fābiāo 发标[發標] V.O. ① take it out on sb. ② bid; tender

fābiǎo* 发表[發-] V. ① publish; issue ② <*Ch. med.*> drive out heteropathy in the skin and flesh

fābiǎo chūlai 发表出来[發-] R.V. publish; issue

fābiǎohuì 发表会[發-] N. news conference M: *[2]chǎng/[1]cì*

fābīng 发兵[發-] V.O. dispatch troops

fābìng* 发病[發-] V.O. ① come on; flare up (of disease) ② get sick; fall ill

fābìnglǜ 发病率[發-] N. incidence/rate (of disease)

fābō 发播[發-] V. broadcast; telecast

fābù* 发布[發-] V. issue; announce

Fǎbù 法部 N. Ministry of Justice

fābùchū 发不出[發-] R.V. be unable to dispatch/issue/pronounce

fǎbùdāngzuì 罚不当罪[--當-] F.E. The punishment doesn't fit the crime; be punished too severely

fǎbù'ēguì 法不阿贵 F.E. The law does not protect the powerful.

fābùhuì 发布会[發-] N. ① news conference; briefing ② meeting to announce publication M: *[2]chǎng*

fābuliǎo 发不了[發-] R.V. ① can't send out (mail/etc.) ② <*coll.*> can't become rich

fǎbùxùnqíng 法不徇情 F.E. The law is impersonal.

fācái* 发财[發-] V.O. get rich; make a pile

fàcài 发菜[髮-] N. <*bot.*> an edible hairlike moss

fācáizhìfù 发财致富[發-] F.E. become rich; make a pile

fǎcáo 法曹 N. <*trad.*> judges

fācèjuékē 发策决科[發-決-] F.E. pass an examination

fàchā 发差[髮-] N. hairbreadth

fāchàn 发颤[發-] V.O. quiver; tremble

fǎchǎng 法场[-場] N. ① execution ground ② place set aside for religious practices

fācháo 发潮[發-] V.O. become damp

fāchē 发车[發-] V.O. ① dispatch a car/truck/bus/etc. ② depart; pull out

fāchēchǎng 发车场[發-場] P.W. <*railway*> departure track/yard

fāchén 发沉[發-] V.O. feel heavy (of head/limbs)

fāchéng* 发成[發-] R.V. succeed in dispatching

fǎchéng 法程 N. model (of behavior)

fāchī 发痴[發-] V.O. <*topo.*> ① be silly/idiotic ② go crazy ③ stare vacantly

fāchóu 发愁[發-] V.O. worry; be anxious

fāchòu* 发臭[發-] V.O. release a bad odor

fāchū* 发出[發-] R.V. issue; send/give out ♦ATTR. <*lg.*> issuing

fāchù 发憷/怵[發-] V.O. <*topo.*> feel timid/terrified; grow apprehensive

fāchuǎn 发喘[發-] V. gasp for breath; pant

fáchūchǎng 罚出场[-場] V.P. be ordered off the field for foul play

fāchū jǐnggào 发出警告[發-] V.O. send out a warning

fāchūlai 发出来[發-] R.V. ① come out (of publications) ② break out (of illness)

fāchū zhǐshì 发出指示[發-] V.O. issue a directive

fā cíbēi 发慈悲[發-] V.O. show mercy/pity

fādá 发达[發達] S.V. developed; flourishing

fādá dào 发达到[發達-] R.V. develop to

fādá guójiā 发达国家[發達國-] P.W. developed country

fādāi 发呆[發-] V.O. ① stare blankly; be in a daze ② be lost in thought ③ look like an idiot

fàdàir 发带儿[髮帶-] N. hair ribbon M: *[1]tiáo/ge/[2]gēn*

fādān 发单[發-] N. invoice M: *[1]zhāng*

fádān* 罚单 N. violation ticket M: *[1]zhāng*

fádǎo* 伐倒 R.V. hew; cut down

fádào 筏道 N. log chute; logway M: *[1]tiáo*

fādá qǐlai 发达起来[發達-] R.V. be developing

fādá wéi 发达为[發達-] V. develop into

fǎdēng 法灯[-燈] N. <*Budd.*> the doctrine that illuminates the world

fádì 垡地 N. <*topo.*> autumn plowing

fādiǎ 发嗲[發-] V. <*topo.*> ① speak/act coquettishly ② act like a spoiled child

fādiàn* 发电[發電] V.O. ① generate electricity ② send a telegram

fǎdiǎn 法典 N. ① code; statute book ② <*Budd.*> scriptures M: *[2]bù*

fādiànchǎng 发电厂[發電廠] P.W. power plant/station M: *[1]ge/[4]zuò*

fādiànjī 发电机[發電-] N. generator; dynamo M: *[1]tái*

fādiànjīzǔ 发电机组[發電-] N. electric generating set/unit

fādiànliàng 发电量[發電-] N. electric energy production capacity

fādiànrén 发电人[發電-] N. sender (of telegrams) M: *[2]wèi/[1]míng/[1]ge*

fǎdiǎnsēnyán 法典森严[-嚴] F.E. harsh law and severe punishment

fādiànsuǒ 发电所[發電-] P.W. powerhouse M: *[1]ge*

fādiàntǐ 发电体[發電體] N. charged/electrified body M: *[1]zhǒng*

fādiànzhàn 发电站[發電-] P.W. power station M: *[1]gè*

fā diànzǐ yóujiàn 发电子邮件[發電-郵-] V.O. send e-mail

fǎdìng 法定 ATTR. legal; statutory

fǎdìng chēzī 法定车资 N. legal fare

fǎdìng dàilǐrén 法定代理人 N. legal representative M: *[1]míng/[2]wèi/[1]gè*

fǎdìng gōngjī 法定公积[-積] N. legal reserve

fǎdìng gōngjījīn 法定公积金[---積-] N. legal reserve fund

fǎdìng huìlǜ 法定汇率[--匯-] N. official/pegged rate of exchange

fǎdìng huòbì 法定货币[-幣] N. legal tender M: *[1]zhǒng*

fǎdìng jìchéngrén 法定继承人[--繼--] N. legal heir/heiress M: *[1]míng/[2]wèi/[1]ge*

fǎdìng láoyì 法定劳役[--勞-] N. <*law*> forced labor

fǎdìng lìlǜ 法定利率 N. legal rate of interest

fǎdìng niánlíng 法定年龄[-齡] N. legal age

fǎdìng piàojià 法定票价[-價] N. legal fare M: *[1]zhǒng/lèi*

fǎdìng rénshù 法定人数[-數] N. quorum

fǎdìng tuántǐ 法定团体[-團體] P.W. statutory corporation

fǎdìng yǔyán 法定语言 N. official language M: *[1]zhǒng*

fǎdìng zhǔnbèi 法定准备[-準備] N. legal/statutory reserve

fǎdìng zhùxiāo 法定注销[--註-] N. legal annulment

F

fǎdìng zīběn 法定资本 N. authorized capital
fǎdìng zīgé 法定资格 N. legal qualifications
fǎdìng zīxī 法定滋息 N. civil benefits
fādòng 发动[發動] R.V. ① start; launch ② mobilize; arouse
fǎdòngcí 法动词[-動-] N. modal verb
fādòngjī 发动机[發動-] N. engine; motor
fādǒu 发抖[發-] V.O. shiver; shake; quiver; tremble
fādǔ* 发堵[發-] V.O. ① feel oppressed ② be depressed
fǎdù 法度 N. ① law ② moral standard
fāduān 发端[發-] V.O. make a start
fàduǎnxīncháng 发短心长[髮-] F.E. be old and wise
fā ér jiē zhòngjié 发而皆中节[發-節] F.E. <*wr.*> Emotions are expressed justly.
fāfā 发发[發發] R.F. fast; rushing (of wind)
fǎfa* 法法 N. <*topo.*> method; means
[1]**fāfán** 发烦[發-] V.O. become impatient/irritated
[2]**fāfán** 发凡[發-] V. <*wr.*> ① introduce (a subject/book) ② summarize
fāfàng 发放[發-] V. ① provide; grant; extend ② dispose of ③ banish; exile ④ launch; release; emit
fāfěn 发粉[發-] N. baking powder M: [1]*bāo/hé* ***See also*** *fàfěn*
[1]**fāfèn*** 发愤[發-] V. ① make a firm resolution or determined effort ② be spurred
[2]**fāfèn** 发奋[發奮] V. ① work energetically ② make a determined effort
fàfěn 发粉[髮-] N. hair powder M: [1]*bāo* ***See also*** *fāfěn*
fāfēng* 发疯[發-] V.O. go mad/crazy
fāfèng 发奉[發-] V. respectfully present (a composition)
fáfèng 罚俸 V.O. forfeit one's salary
fāfèntúqiáng 发愤/奋图强[發奮圖強] F.E. work furiously to make sth. (e.g., country) strong
fāfènwàngshí 发愤忘食[發-] F.E. work so hard as to forget to eat
fāfèn xuéxí 发奋学习[發奮-習] V.P. put all one's energies into one's studies
fāfènyǒuwéi 发奋有为[發奮-] F.E. have a firm resolve to succeed
fāfú* 发福[發-] V.O. ① put on weight ② become rich
[1]**fāfù** 发付[發-] V. ① send; dispatch ② dismiss; send away ③ while away (time)
[2]**fāfù** 发覆[發-] V.O. unmask; reveal
fǎfú 法服 N. ① ceremonial dress ② gowns/robes worn by Buddhist monks/nuns M: [2]*jiàn/tào*
fàfū 发肤[髮膚] N. ① hair and skin ② one's body
fāgān* 发干[發乾] V.O. become dry
fāgàn 发绀[發-] N. <*med.*> cyanosis
fāgāo 发糕[發-] N. steamed sponge cake M: [2]*kuài*
fāgǎo* 发稿[發-] V.O. ① distribute news dispatches ② send manuscripts to the press
fàgāo 发膏[髮-] N. hairdressing; hair cream; pomade M: *píng*
fā gāoshāo 发高烧[發-燒] V.O. have/run a high fever
fāgěi 发给[發-] V. issue; distribute; grant
fāgěn* 发艮[發-] V.O. <*coll.*> lose crispness (of turnips/apples/etc.)
fágēn 伐根 N. stump
fàgēnshùlì 发根竖立[髮-豎-] F.E. absolutely terrified
fāgèr 发个儿[發個-] V.O. grow taller
fágǔ 伐鼓 V.O. beat a drum
[1]**fǎguān** 法官 N. judge; justice M: [2]*wèi*/[1]*míng*/[1]*ge*
[2]**fǎguān** 法冠 N. ① <*trad.*> cap worn by judicial officials ② cap of a Daoist high priest ③ biretta
fāguāng 发光[發-] V.O. ① give out light; shine ② <*phy.*> luminesce; exhibit luminescence
fāguāngqī 发光漆[發-] N. luminous paint M: [1]*zhǒng/tǒng*

fāguāngtǐ 发光体[發-體] N. luminous body M: [2]*jiàn*/[1]*gè*/[1]*zhǒng*
fáguì 罚跪 V.O. punish by protracted kneeling
fǎguī* 法规 N. law and regulations; code M: [1]*tiáo*/[1]*zé*/[3]*xiàng*
fǎguī fángzhì 法规防治 V.P. regulatory control
fǎguīhuà 法规化 N. generalization
fǎguī huìbiān 法规汇编[--彙-] N. codification
fǎgǔjīnnáo 法鼓金铙[-鐃] F.E. drums and cymbals
Fǎguó 法国[-國] P.W. France
Fǎguó Gémìng 法国革命[-國--] N. French Revolution
Fǎguó hào 法国号[-國號] N. French horn
Fǎguó wútóng 法国梧桐[-國--] N. plane tree M: [2]*kē*/[2]*zhū*
fāhán* 发函[發-] V.O. send letter/memo/etc.
fāhàn 发汗[發-] V.O. ① induce perspiration (as by drugs); diaphoresis ② perspire; sweat
fāhànfǎ 发汗法[發-] N. <*Ch. med.*> method to induce perspiration M: [1]*zhǒng*
fāháng 发行[發-] V. sell wholesale ***See also*** *fāxíng*
fāhànjì 发汗剂[發-劑] N. diaphoretic; sudorific M: [1]*zhǒng*
fǎhào 法号[-號] N. religious name of a Buddhist/Daoist monk/nun
fāhàoshīlìng 发号施令[發號-] F.E. issue orders; order people about
fāhēi 发黑[發-] V.O. ① turn/become black; darken; nigrify ② have a blackout
fāhěn* 发狠[發-] V.O. ① make determined effort ***Wǒmen yī ~, jiù bǎ nántí gōngxialai le.*** Once the resolve was made, we managed to overcome the difficulty. ② be angry
fāhèn 发恨[發-] V.O. resent; hate (sb.)
fāhèng 发横[發-] V.O. ① turn villainous ② <*coll.*> speak/act harshly
fā hèngcái 发横财[發-] V.O. get rich by chance; strike it rich
[1]**fāhóng** 发红[發-] V.O. ① become red ② blush
[2]**fāhóng** 发洪[發-] V.O. swell into a flood
fā hóngbāo 发红包[發-] V.O. award a bonus (usu. wrapped in red paper)
fāhuā 发花[發-] V.O. grow dim (of eyes); see things in a blur
fāhuà* 发话[發-] V.O. ① begin to speak ② give oral orders/instructions ③ speak angrily
fáhuà 乏话 N. insignificant talk
fǎhuà 法化 N. transformations effected by Buddism
Fǎhuájīng 法华经[-華經] N. <*Budd.*> Saddharma-pundarika-sutra (Lotus Sutra) M: [1]*běn*
fāhuán* 发还[發還] V. return sth.; give/send back
fáhuán 罚锾 N. fine
fāhuāng* 发慌[發-] V.O. feel nervous; get flustered
[1]**fāhuáng** 发黄[發-] V.O. turn yellow ♦N. <*Ch. med.*> jaundice
[2]**fāhuáng** 发皇[發-] V. flourish; thrive; prosper
fāhuàqì 发话器[發-] N. telephone transmitter; mouthpiece (of a telephone/etc.) M: [1]*tái*/[2]*jiàn*
Fǎhuázōng 法华宗[-華-] N. <*Budd.*> another name for the Tiantai Sect
[1]**fāhuī*** 发挥[發-] V. ① bring into play; give free rein to ② develop (an idea/etc.); elaborate
[2]**fāhuī** 发灰[發-] V.O. be grayish
fāhuí 发回[發-] R.V. send back; return
[1]**fǎhuì** 法会 N. <*Budd.*> religious assembly
[2]**fǎhuì** 法绘 N. masterpieces of painting M: [10]*fú*
fāhuī chū 发挥出[發-] R.V. put out a surge of energy
fāhuī chūlai 发挥出来[發-] R.V. put out a surge of energy
fāhuī dào 发挥到[發-] R.V. put out a surge of energy to
fāhuīsuǒcháng 发挥所长[發-] F.E. give full play to sb.'s strong points
fāhuī zuòyòng 发挥作用[發-] V.O. produce a marked effect; be effective

fāhūn* 发昏[發-] V.O. ① feel giddy/dizzy ② lose one's head; become confused ***Nǐ ~ la?*** Are you crazy?
fāhún 发浑[發-] V.O. be muddy/unclear (of water)
fāhuǒ(r) 发火(儿)[發-] V.O. ① catch fire; ignite ② detonate; go off ③ get angry; flare up; lose one's temper ④ <*topo.*> draw well (of a stove)
fāhuò* 发货[發-] V.O. deliver goods
fáhuò 乏货 V.O. <*topo.*> good-for-nothing; ne'er-do-well
fǎhuò 法货 N. property protected by the law M: [1]*zhǒng*
fāhuòdān 发货单[發-] N. waybill M: [1]*zhāng*
fāhuǒdiǎn 发火点[發-點] N. ignition point
fāhuòrén 发货人[發-] N. consignor; shipper M: [1]*míng*/[2]*wèi*/[1]*ge*
fāhuò tōngzhīshū 发货通知书[發-書] N. letter of advice
fā hū qíng zhǐ hū lǐ 发乎情止乎礼[發-禮] F.E. An action impelled by emotion should stop within the limit of propriety.
fājí 发急[發-] V.O. become impatient; chafe
[1]**fājì*** 发迹[發跡] V.O. gain fame and fortune; rise to power and position
[2]**fājì** 发寄[發-] V. mail; post
[3]**fājì** 发悸[發-] V.O. shake; tremble
[1]**fǎjí** 法籍 N. law books ***See also*** *Fǎjí*
[2]**fǎjí** 法集 N. assembly for a ceremony or preaching
Fǎjí 法籍 N. French nationality ***See also*** [1]*fǎjí*
fǎjì 法纪 N. law and discipline
[1]**fàjì** 发际[髮際] N. hairline
[2]**fàjì** 发髻[髮-] N. hair worn in a bun/coil
fājiā 发家[發-] V.O. build up the family fortune
fājià 发价[發價] V.O. make an offer
Fǎjiā 法家 N. ① Legalists ② great master; leading authority M: *míng/wèi*
fǎjià 法驾 N. emperor's carriage M: [3]*liàng*
fàjiā* 发夹[髮夾] N. hairpin; bobby pin M: [2]*zhī*
fǎjiābìshì 法家弼/拂士 F.E. learned men and advisors
fā jiǎjǐngbào 发假警报[發-報] V.O. cry wolf; give a false alarm
fājiǎng 发奖[發獎] V.O. award prizes
fājiǎng yíshì 发奖仪式[發獎儀-] N. prize-giving ceremony
fājiāntīfú 发奸擿伏[發-] F.E. uncover hidden iniquities
fājiāo 发交[發-] V. hand/turn over; deliver
fājiào* 发酵[發-] V.O. ferment
fàjiāo 发胶[髮膠] N. hair spray M: *píng*
fājiào chūlai 发酵出来[發-] R.V. ferment
fājiàofěn 发酵粉[發-] N. yeast powder M: [1]*bāo*
fājiàojì 发酵剂[發-劑] N. ferment; yeast M: [2]*kuài*/[1]*piàn*
fājiàorǔ 发酵乳[發-] N. fermented milk; yogurt
fā jiàpán 发价盘[發價盤] V.O. make an offer
fājiāzhìfù 发家致富[發-] F.E. build up the family fortune
fǎjiè 法界 P.W. ① the world of people of the law ② <*Budd.*> ⓐ the phenomenal world ⓑ ultimate reality
fǎjièdìng 法界定 N. <*Budd.*> Skt. dharmadhatu-dhyana; meditation
fājǐn 发紧[發緊] V.O. ① feel oppressed ② be nervous ③ become taut (of the chest muscles)
fájīn* 罚金 N. fine; forfeit M: [3]*xiàng*/[2]*bǐ*
fájìn 乏劲[-勁] N. <*coll.*> weariness; fatigue
fǎjìn 法禁 N. legal interdiction; prohibition
fǎjǐng* 法警 N. ① bailiff ② judicial police M: [2]*wèi*/[1]*míng*/[1]*ge*
fàjīng 发晶[髮-] N. hair crystal
fājiǒng 发窘[發-] V.O. become embarrassed
fājiù 发旧[發舊] V. become old; wear out
fájiǔ* 罚酒 V.O. be made to drink as a forfeit
fā jiǔfēng(r) 发酒疯(儿)[發-] V.O. get drunk and behave irrationally
fājū 发拘[發-] V.O. have difficulty in breathing
fàjuǎn 发卷[髮-] N. bun; curled hair M: [2]*zhī*

1**fājué** 发觉[發覺] V. ① find; detect; discover ② realize
2**fājué** 发掘[發-] V. ① excavate; unearth; explore ② tap the potential of sb./sth.
fājué chū 发觉出[發覺-] R.V. find out
fājué chūlai 发掘出来[發-] R.V. dig out; excavate
1**fājué dào** 发觉到[發覺-] R.V. find out
2**fājué dào** 发掘到[發-] R.V. dig out; excavate
fājué réncái 发掘人才[發-] V.O. seek talented people
fākān 发刊[發-] V.O. start publication of a periodical
fākāncí 发刊词[發-] N. foreword/inaugural introduction to a periodical M: 1*piān*
fākē(r) 发棵(儿)[發-] <bot./topo.> V.O. grow (of a young plant) ♦N. stool
fākě* 发渴[發-] V.O. feel thirsty
fākè 发客[發-] V. sell goods to customers
fákē 伐柯 V.O. <wr.> act as matchmaker
fǎkē 法科 N. ① college law department ② department of human sciences (law, economics, political science)
fākōng 发空[發-] V.O. be empty (of mind/house/etc.)
fākǔ 发苦[發-] V.O. become bitter
fákuǎn 罚款 V.O. impose a fine/forfeit ♦N. fine; forfeit; penalty M: 2*bǐ*
fākuáng 发狂[發-] V.O. go mad
fákuǎnpiào 罚款票 N. (police) ticket M: 1*zhāng*
fákuǎn tiáokuǎn 罚款条款[--條-] N. penalty clause M: 3*xiàng*
fākuìzhènlóng 发聩振聋[發-] F.E. enlighten the benighted
fākùn* 发困[發-] V.O. <coll.> feel sleepy/drowsy
fákùn 乏困 S.V. tired; fatigued
fǎlā 法拉 M. <elec./loan> farad
fǎlà 法腊[-臘] N. <Budd.> end of monk's year after the summer retreat
fàlà* 发蜡[髮蠟] N. pomade
fālài 发赖[發-] <coll.> V. pester; annoy ♦V.O. listless; lackadaisical
fālán 发蓝[發藍] V.O. give a protective covering to metal objects
fālǎn* 发懒[發-] V.O. feel lazy/languid
fǎlán 法蓝[-藍] N. <mach./loan> flange
Fǎláng 法郎 N. <loan> franc M: 2*kuài*
1**fàláng*** 发廊[髮-] P.W. hair salon M: 1*jiān*
2**fàláng** 珐琅[琺-] N. ① enamel ② enameling ③ enamel ware
fàlángcǎi 珐琅彩[琺-] N. cloisonné enamel
fàlángliàn 珐琅链[琺-] N. cloisonné necklace M: 1*tiáo*/2*zhi*
fàlángzhì 珐琅质[琺-質] N. enamel (of the teeth)
fǎlánpán 法兰盘[-蘭盤] N. <mach.> ring flange
fǎlánróng 法兰绒[-蘭-] N. <loan> flannel M: 2*jiàn*
Fǎlánxī 法兰西[-蘭-] P.W. France
fǎlǎo 法老 N. pharaoh M: 2*wèi*/1*míng*/1*gè*
fā lǎobízi 发老鼻子[發-] V.O. <coll.> make it big
fā láosāo 发牢骚[發-] V.O. complain; grouse; grumble
fàlàtiáo 发蜡条[髮蠟條] N. pomade stick M: 2*kuài*/2*zhī*
fālèi 发擂[發-] V. start beating (drums/gongs/etc.)
fálèi* 乏累 S.V. tired; weary; fatigued
fālěng* 发冷[發-] V.O. feel cold/chilly
fālèng 发愣[發-] V.O. <coll.> stare blankly; be in a daze/trance
1**fálì*** 乏力 N. fatigue
2**fálì** 罚立 V.O. require (a child) to stand as punishment
fǎlǐ 法理 N. ① legal principle/theory ② Budd. doctrines
1**fǎlì** 法力 N. ① power of the Buddhist doctrine; dharma power ② supernatural power
2**fǎlì** 法例 N. legal code M: 1*tiáo*/3*xiàng*
3**fǎlì** 法吏 N. ① warden; prison-guard ② court clerks M: 2*wèi*/1*míng*
fāliàng 发亮[發-] V.O. shine
fàliè 发裂[髮-] N. hair cracks
fālìng 发令[發-] V.O. ① give a command/order ② give a password
fǎlìng* 法令 N. laws; decrees M: 1*zhǒng*/1*tiáo*/3*xiàng*
fālìngqiāng 发令枪[發-槍] N. <sport> starting gun M: 2*zhī*
fǎlìng quánshū 法令全书[-書] N. statute book M: 1*běn*/*tào*
fǎlìng xiànzhì 法令限制 N. statute of limitations
fǎlǐqíng 法理情 N. law, reason, and sense
fālìshì 发利市[發-] V.O. do good/brisk business
fáliú 筏流 N. rafting M: 1*tiáo*
fǎlǐxué 法理学 N. jurisprudence
fālóngzhènkuì 发聋振聩[發-] F.E. bestir from torpor; enlighten the benighted
fālù 发露[發-] V. ① show; manifest ② reveal; make public
fālǜ 发绿[發-] V.O. appear greenish
fǎlǚ 法侣[-侶] N. <Budd.> disciple; monk M: 2*wèi*/1*míng*
fǎlǜ* 法律 N. law; statute M: 3*xiàng*/1*tiáo*/1*zhǒng*
fāluàn 发乱[發亂] V.O. go out of order; run amok
fǎlǜ chéngrèn 法律承认[-認] N./V.P. de jure recognition
fǎlǜ chéngxù 法律程序 N. legal procedure M: 3*xiàng*/1*zhǒng*
fǎlǜ fānyì 法律翻译[-譯] N. <lg.> legal translation
fǎlǜ gùwèn 法律顾问[--顧-] N. legal advisor M: 2*wèi*/1*míng*
fǎlǜ gùwènchù 法律顾问处[--顧-處] P.W. legal consultant office
fǎlǜ hòuyuán 法律后援[--後-] N. legal aid
fǎlǜ jiějué 法律解决[-決] N. legal solution/settlement
fǎlún 法轮 N. <Budd.> the Wheel of the Law (Sanskrit Dharmacakra)
fǎlúnchángzhuàn 法轮常转[-轉] F.E. <Budd.> The wheel of transmigration turns unceasingly.
Fǎlún Gōng 法轮功 N. ① Wheel of Law Practice ② a wicked religious sect
fāluò* 发落[發-] V. deal with (an offender)
fǎluó 法螺 N. ① conch **zìchuī** ~ blow one's own trumpet ② <zoo.> triton (shell) ♦V. brag; boast M: 2*zhī*/1*ge*
fǎlǜshang 法律上 ADV. legally; de jure
fǎlǜ tǐxì 法律体系[--體-] N. bodies of law M: *tào*/1*zhǒng*
fǎlǜ wénxiàn 法律文献[-獻] N. <lg.> legal text M: 2*jiàn*
fǎlǜxì 法律系 N. legal department
fǎlǜxìng 法律性 N. legality
fǎlǜ xíngwéi 法律行为 N. legal action/act M: 1*zhǒng*
fǎlǜxué 法律学 N. jurisprudence; law
fǎlǜxuéxì 法律学系 P.W. department of law (at a university)
fǎlǜ zérèn 法律责任 N. legal responsibility M: 1*zhǒng*
fǎlǜ zhìcái 法律制裁 N. legal sanctions
fǎlǜ zhīqián rénrén píngděng 法律之前人人平等 F.E. In the eyes of the law, all people are equal.
fāmá* 发麻[發-] V.O. tingle; have pins and needles; be numb
fǎmǎ(r) 砝/法码(儿) N. scale/standard weight M: 1*gè*/2*zhī*
1**fāmài** 发卖[發賣] V. put on sale
2**fāmài** 发迈[發邁] V. embark on a long journey
3**fāmài** 发脉[發脈] N. place where a new narrative section begins
fāmán 发蛮[發蠻] V.O. behave unreasonably; bully (in a dispute/etc.)
fǎmáng 法盲 N. ① ignorance of the law ② sb. ignorant of the law M: 1*gè*
fāmáo 发毛[發-] V.O. ① <coll.> be scared; get goose flesh ② <topo.> lose one's temper
fā máogu 发毛咕[發-] V.O. <topo.> ① have the willies ② be scared/terrified/thrilled
fámáoxǐsuǐ 伐毛洗髓 F.E. cast off one's old self; make a thoroughgoing change
fāmǎqì 发码器[發-] N. code sender
1**fāméi*** 发霉[發-] V.O. become mildewed/moldy
2**fāméi** 发酶[發-] V.O. ferment
fáméi 乏煤 N. incompletely-burned coal
fāmēn 发闷[發-] V.O. ① be stuffy (of weather/etc.) ② be muffled (of sound/etc.) ③ be vexed ④ feel depressed; be in low spirits
fámén 阀门 N. <mach.> valve M: 1*gè*/2*zhī*
fǎmén* 法门 N. ① <hist.> south gate ② <Budd.> door to enlightenment ③ correct way to accomplish sth.
fāmēng* 发蒙[發-] V.O. <topo.> get confused; get into a muddle ***See also*** 1*fāméng*
1**fāméng** 发蒙[發-] V.O. <trad.> teach a child to read and write ***See also*** *fāmēng*
2**fāméng** 发矇[發-] V.O. <coll.> falter; lack will
fāméngqǐzhì 发蒙启滞[發-啟滯] F.E. enlighten the young and open the minds of the dull
fāméngzhènkuì 发蒙振聩[發-] F.E. enlighten one's ignorance
fāméngzhènluò 发蒙振落[發-] F.E. be as easy as ABC
fāmí 发迷[發-] V.O. ① be bewildered/confused ② be half-conscious
fāmiàn(r) 发面(儿)[發麵-] V.O. leaven dough ♦N. leavened dough M: 2*kuài*
fāmiànbǐng 发面饼[發麵-] N. leavened pancake M: 1*zhāng*
fā míhu 发迷糊[發-] V.O. <coll.> become dazed
fāmín 发民[發-] V.O. start a mass movement
fāmíng* 发明[發-] V. ① invent ② <wr.> expound ♦N. invention M: 3*xiàng*/1*zhǒng*/2*jiàn*
fǎmíng 法名 N. religious name of a Buddhist/Daoist monk/nun
fāmíngchuàngzào 发明创造[發-創-] F.E. invent and create
fāmíngjiā 发明家[發-] N. inventor M: 2*wèi*/1*gè*
fāmíngjiǎng 发明奖[發-獎] N. invention award M: 3*xiàng*/1*zhong*
fā mìnglìng 发命令[發-] V.O. issue/give orders
fāmíngquán 发明权[發-權] N. patent rights of an inventor M: 1*zhǒng*
fāmù 发木[發-] V.O. ① become numb ② be inactive
fámù* 伐木 V.O. fell trees ♦N. lumbering; cutting
fámùgōng 伐木工 N. lumberer M: 1*gè*/1*míng*
1**fān** 翻[-/繙] V. ① turn over ***Qǐng bǎ shū ~ dào dì-wǔ yè.*** Please turn to page five. ② cross; get over ③ rummage; search ④ translate ⑤ reverse ⑥ multiply ⑦ <coll.> fall out; break up
2**fān** 番 M. kind ♦V.M. *for times/occurrences* ***See also*** 5*fān*, 2*Pān*
3**fān** 帆 N. sail M: 2*zhī*
4**fān** 幡 N. long narrow flag; streamer
5**fān** 番/蕃 B.F. foreign ***fānqié*** ***See also*** 2*fān*, 5*fán*, 2*Pān*
6**fān** 藩 in ***fānbì, Lǐfānyuàn, lúfān***
1**fán** 凡 B.F. ① commonplace; ordinary ***píngfán*** ② this mortal world 1***fánrén*** ③ outline 1***fánlì*** ♦N. a note of the scale in **gōngchěpǔ** ♦ADV. ① every; any; all ② altogether ***Quán shū ~ wǔ juàn.*** The work has five volumes in all.
2**fán** 烦[煩] S.V. ① vexed; irritated; annoyed ***Nǐ ~ shénme?*** What's bothering you? ② tired of ③ superfluous and confusing ♦V. trouble ***~ nín gěi wǒ bāng ge máng.*** May I trouble you to do sth. for me?
3**fán** 繁 B.F. ① complicated ***fántǐzì*** ② numerous; manifold ***fánbó*** ③ propagate; multiply 1***fánzhí***
4**fán** 矾[礬] N. alum
5**fán** 蕃 B.F. flourishing; luxuriant; abundant 2***fánmào*** ***See also*** 5*fān*
6**fán** 樊 N. ① Surname ② <wr.> fence
7**fán** 钒[釩] N. vanadium

[8]**fán** 燔 V. <*wr.*> burn; roast; bake
[9]**fán** 蹯 N. <*wr.*> animal's foot
[1]**fǎn*** 反 V. ① turn over ② return; counter ③ revolt; rebel ④ oppose; combat ♦B.F./CMP. upside down; inside out; in the reverse direction ***zhuāng~le*** installed the wrong way ♦B.F. counterrevolutionaries; reactionaries ***fǎngémìng fènzǐ*** ♦ADV. on the contrary; instead ***See also*** [6]*bǎn*
[2]**fǎn** 返 V. return
[1]**fàn** 饭[飯] N. ① cooked rice or other cereals ② meal
[2]**fàn** 犯 V. ① violate; offend ② attack; assail; work against ③ commit ④ have recurrence (of old illness); revert (to a bad habit) ♦B.F. criminal ***zuìfàn***
[3]**fàn** 泛 B.F. ①float ②be suffused with ③extensive; general; non-specific ***guǎngfàn*** ④ flood ♦PREF. pan- ***Fàn-Měizhōu*** Pan-America
[4]**fàn** 贩[販] V. buy to resell ♦B.F. dealer; peddler ***xiǎofàn***
[5]**fàn** 范[範] B.F. ① pattern ② model, example ***mófàn*** ③ scope ***fànwéi See also*** ***Fàn***
[6]**fàn** 梵 B.F. ① Sanskrit ***Fànwén*** ② Buddhist ***fàngōng***
Fàn 范 N. Surname ***See also*** [5]*fàn*
fānǎi 发奶[發-] V.O. stimulate/ promote lactation
fàn'ài 泛爱[-愛] N. universal love
fàn'àizhǔyì 泛爱主义[-愛-義] N. philanthropism
fānàn 发难[發難] V.O. ① rise in revolt; launch an attack ② raise difficult questions
fān'àn 翻案 V.O. ① reverse a verdict ② present different views on a historical person or verdict
fàn'àn* 犯案 V.O. be discovered and brought to justice
fān'ànfēng 翻案风 N. trend toward reversing verdicts
fānàng 发齉[發-] V.O. (speak) with a stuffed nose
fān'àn wénzhāng 翻案文章 N. an article presenting differing views on a historical incident/personage
fānāo 发孬[發-] V. <*topo.*> look timid
fānǎo* 发恼[發惱] V.O. become angry
fānbǎ* 翻把 V.O. <*topo.*> ① regain the upper hand ② deny what one has said
fǎnbà 反霸 V.O. ①oppose local despots ②oppose hegemonism
fánbǎi 凡百 N. all; the whole
fànbài* 梵呗 N. Buddhist chanting of prayers
fǎnbàiwéishèng 反败为胜[-勝] F.E. turn defeat into victory
fān báiyǎn(r) 翻白眼(儿) V.O. <*coll.*> show the whites of one's eyes (as from emotion/illness)
[1]**fānbǎn** 翻版 N./V.O. reprint ♦N. duplicate M: [1]*zhǒng*
[2]**fānbǎn** 帆板 N. windsurfer; sailboard M: [1]*sōu*/[2]*zhī*
fàn bànbiāozi 犯半膘子 V.O. <*topo.*> act like a nitwit
fānbāng* 番邦 N. <*trad.*> a foreign/barbarian country/land
fǎnbǎng 反绑 V. tie sb.'s hands behind his back
fǎnbǎng shuāngshǒu 反绑双手[--雙-] V.O. tie sb.'s hands behind his back
fānbǎn yùndòng 帆板运动[-運動] N. windsurfing; sailboarding
fānbǎnzhuō 翻板桌 N. drop-leaf table M: [1]*zhāng*
fǎnbàodòng 反暴动[-動] N. counterinsurgency
fānběn(r)* 翻本(儿) V.O. get back money lost in gambling
fánběn 繁本 N. unabridged version
fǎnběn 反本 V.O. search the original meaning of a thing
fànběn 范本[範-] N. model for calligraphy/painting M: [1]*zhǒng*
fānbì 藩蔽 N. barrier
fǎnbǐ* 反比 N. inverse proportion/ratio; reciprocal
fǎnbì 返/反璧 V.O. return a gift/present
fānbiàn* 翻遍 V. look/rake through
fǎnbiàn 反辩 V. refute ♦N. rebuttal
fǎnbiāo 反标[-標] N. reactionary poster M: [1]*tiáo*
fàn bièniu 犯别扭 V.O. <*coll.*> aggravate; exasperate; rile
fǎnbǐlì 反比例 N. <*math.*> inverse proportion/ratio
fǎnbǐlǜ 反比率 N. inverse ratio
fānbīng 蕃兵 N. foreign troop/soldier M: [1]*gè*/[1]*míng*
fànbìng* 犯病 V.O. <*coll.*> suffer a relapse of an old illness or bad habit
fǎnbīnwéizhǔ 反宾为主[-賓--] F.E. reverse the positions of host and guest; override sb.'s privileges/rights as host
fānbó 蕃舶 N. foreign boat; boat from a distant land (in the Tang dynasty)
fánbó 繁博 V.P. numerous and wide-ranging
fǎnbó* 反驳 V. refute; retort; negate
fànbó 泛博 V.P. vast; broad; extensive; immense
fānbōdǎgǔn 翻波打滚[-滾] F.E. <*coll.*> raise a ruckus
fǎn bōxuē 反剥削 V.O. oppose exploitation
fānbù* 帆布 N. canvas; sailcloth M: [2]*kuài*/[1]*piàn*
fǎnbǔ 反/返哺 V. ① repay parents when they get old ② show filial piety ③ repay; return a favor
fānbùbāo 帆布包 N. canvas bag M: [2]*zhī*/[1]*gè*
fānbùchuáng 帆布床 N. canvas cot M: [1]*zhāng*
fānbùdài 帆布袋 N. canvas bag M: [1]*tiáo*/[1]*gè*
fànbushàng 犯不上 R.V. <*coll.*> not be worthwhile/necessary
fǎnbǔtiēshuì 反补贴税[-補--] N. countervailing duty
fānbùxié 帆布鞋 N. canvas/duck shoes M: [1]*shuāng*
fànbuzháo 犯不着[-著] R.V. <*coll.*> not be worthwhile
fāncài 番菜 N. Western-style food M: [1]*zhǒng*
fáncái 凡材 N. ordinary talent M: [1]*gè*/[1]*míng*
fàn-cài* 饭菜 N. ① meal; repast ② dishes to go with rice, steamed buns, etc. M: [1]*yàng*
fáncǎomàomù 繁草茂木 F.E. lush growth of trees and grass
fǎncè 反侧 V.P. <*wr.*> ① toss about (in bed); toss and turn ② behave capriciously
[1]**fānchá** 翻查 V. leaf through
[2]**fānchá** 翻茬 V.O. plow under the stubble after a harvest
fǎnchā* 反差 N. contrast M: [1]*zhǒng*
fànchà 梵刹[-剎] N. Buddhist temple
fánchái 燔柴 N. <*trad.*> fire rite in the worship of Heaven
fāncháng 翻场[-場] V.O. turn over grain on a threshing ground
fānchāng 蕃昌 V.P. flourishing and booming
fǎncháng* 反常 S.V. unusual; abnormal; perverse; anomalous ***Jīntiān lěng de ~.*** It's unusually cold today.
fǎnchǎng 返场[-場] V.O. <*thea.*> return to the stage for an encore
fàncháng 泛常 ATTR. superficial ♦ADV. generally; frequently
fànchàng 梵唱 N. Buddhist chanting
fǎncháng xīnlǐ 反常心理 N. ① anomie ② abnormal psychology
fānchǎo 翻炒 V. stir fry
fǎncháo* 返潮 V.O. get damp
fǎnchǎo 反炒 V. <*coll.*> plug/promote using a tabloid approach
fàncháo 犯潮 V.O. be damp
fǎn cháoliú 反潮流 V.O. go against the tide
fānchē* 翻车 V.O. ① turn over a vehicle ② run into difficulties; have a setback ③ <*topo.*> have a row ④ go back on one's word ⑤ fail (to do sth.) ♦N. ① <*topo.*> waterwheel ② snare for birds
fànchē 饭车 N. ① fast-food vehicle ② dining car M: [3]*liàng*
fānchējī 翻车机 N. <*min.*> tipper; dumper M: [1]*tái*
fānchén 藩臣 N. vassal M: [1]*míng*/[1]*gè*
fánchén 凡尘[-塵] N. the earth; this mortal world M: [1]*gè*
fǎnchèn* 反衬[-襯] V. set off by contrast; serve as foil to
fānchéng 翻成 R.V. translate into
fǎnchéng* 返程 N. return journey
fànchēng 泛称[-稱] N. general/generic term
fǎnchéngfǎ 反成法 N. <*lg.*> back-formation
fànchēngxìng 泛称性[-稱-] N. <*lg.*> generic
fānchēyú 翻车鱼 N. sunfish M: [1]*wěi*/[1]*tiáo*
Fán Chí 樊迟[-遲] N. name of a student of Confucius
fànchíqiàn 饭匙倩 N. trimerous snake (very venomous Taiwan snake); *Trimeresurus gracilis*
fǎnchōng 反冲[-衝] V. recoil; kick
fǎnchōngfēng 反冲锋[-衝-] N. counterattack
fǎnchōngjī 反冲击[-衝擊] N. backlash
fǎnchōnglì 反冲力[-衝-] N. force of a backlash M: [1]*zhǒng*
[1]**fànchóu** 范畴[範疇] N. category M: [1]*zhǒng*
[2]**fànchóu** 犯愁 V.O./S.V. <*coll.*> worry; feel dejected
fànchóu bù biàn 范畴不变[範疇-變] N. <*lg.*> categorial constancy
fànchóu fúhào 范畴符号[範疇-號] N. category symbol
fànchóu guīlǜ 范筹规律[範籌-] N. <*lg.*> categorial rule
fànchóuhuà 范畴化[範疇-] V. categorize ♦N. categorization
fànchóu shīwù 范畴失误[範疇-] N. category mistake
fànchóu yǔfǎ 范畴语法[範疇-] N. <*lg.*> Categorial Grammar
fānchū 翻出 R.V. reproduce
fǎnchú* 反刍[-芻] V. ruminate; chew the cud
fànchù 犯怵/憷 V.O./S.V. <*topo.*> timid; frightened
[1]**fānchuán*** 帆船 N. sailing boat/ship; junk M: [1]*sōu*/[2]*zhī*
[2]**fānchuán** 翻船 V.O. ①capsize; shipwreck ②fail (to do sth.) ③ have a setback
fǎnchuān 反穿 V. wear (clothes) inside-out
fǎnchuàn 反串 V. <*thea.*> temporarily play a part other than one's customary role
fànchuǎn 犯喘 V. <*coll.*> ① pant ② cough
fānchuáng 幡幢 N. flags; pennants; streamers
fǎn chuántǒng 反传统[-傳-] V.O. go counter to tradition
fǎnchuántǒng wénhuà 反传统文化[-傳---] N. counterculture
fǎnchú dòngwù 反刍动物[-芻動-] N. ruminant M: [1]*lèi*
fān chūlai* 翻出来 R.V. turn inside out
fàn chūlai 泛出来 R.V. ① be suffused with ② overflow; be in flood ③ spill (out)
fǎnchúlèi 反刍类[-芻類] N. <*zoo.*> ruminant
fǎnchún 反唇 V.O. reply; counter
fānchúnnòngshé 翻唇弄舌 F.E. sow discord
fǎnchúnxiāngjī 反唇相讥/稽 F.E. answer back sarcastically
fàncí 范词[範-] N. <*lg.*> limiter
fàncì(r)* 犯刺(儿) V.O. ① pick a quarrel ② <*coll.*> be sarcastic ♦N. barbed language
fáncǐzhǒngzhǒng 凡此种种[-種種] F.E. similar cases are numerous
fàncuò(r) 犯错(儿) V.O. make a mistake; err
fǎncuòshī 反措施 N. countermeasure
fàn cuòwù 犯错误 V.O. make a mistake
fāndài 番代 V. take turns
fàndài* 饭袋 N. lunch bag M: [2]*zhī*/[1]*gè*
fǎndàn 反弹 N. rebound; negative repercussion ***See also*** *fǎntán*
fàndān* 饭单 N. ①table hand-towel ② <*topo.*> menu; bill of fare M: *zhāng* ③ apron ④ bib
fǎndàndào dǎodàn 反弹道导弹[---導-] N. <*mil.*> antiballistic missile (ABM)
fǎndǎng 反党[-黨] V.O. oppose the (Chinese Communist) Party

fǎndǎng jítuán 反党集团[-黨-團] P.W. <PRC> anti-party clique M: [1]gè
fāndǎo 翻倒 R.V. turn over
fāndào 翻到 R.V. leaf through to
fǎndào* 反倒 ADV. on the contrary; instead
fǎndǎodàn dǎodàn 反导弹导弹[-導-導-] N. antimissile missile M: [4]*méi*
fǎndǎodàn xìtǒng 反导弹系统[-導---] N. antiballistic system
fǎndǎoxiàng fēidàn 反导向飞弹[-導-飛-] N. contra-missile
fán de huāng 烦得慌 R.V. terribly annoyed
fàndeshàng 犯得上 R.V. Is it worthwhile? (implying not)
fàndezháo 犯得着[-著] R.V. Is it worthwhile? (implying not)
[1]**fāndì** 翻地 V.O. turn up soil
[2]**fāndì** 番地 N. strange/foreign land M: [1]*piàn*
fǎndǐ* 返抵 V. return to
fǎndì 反帝 V.O. anti-imperialist
fàndiàn 饭店 P.W. ① restaurant ② hotel M: [1]*gè*/[1]*jiā*
fǎn diānfù 反颠覆 V.O. counter subversion
fāndiào 翻掉 R.V. turn over
fàndiāo* 犯刁 V.O. behave unreasonably; bully
fǎndìfǎnbà 反帝反霸 F.E. combat imperialism and hegemonism
fǎndìfǎnzhí 反帝反殖 F.E. combat against imperialism and colonialism
Fàndìgāng 梵蒂冈[-岡] N. Vatican
fàn dígu 犯嘀咕 V.O. ①hesitate ②<coll.> worry; become upset ③ have misgivings/doubts
fǎn dìguózhǔyì 反帝国主义[--國-義] F.E. anti-imperialism
fǎndìnglǐ 反定理 N. inverse theorem M: [3]*xiàng*/[1]*tiáo*
fāndòng 翻动[-動] R.V. turn over and change the original position
fǎndòng* 反动[-動] S.V. ①reactionary ②<slang> bad; mean (said jocularly) ♦N. reaction
fǎndòng fènzǐ 反动分子[-動--] N. reactionaries; reactionary elements
fǎndòng huìdàomén 反动会道门[-動---] N. reactionary secret society
fǎndònglì 反动力[-動-] N. <phy.> reaction; reaction force
fǎndòngpài 反动派[-動-] N. reactionaries
fǎndòng xuéshù quánwēi 反动学术权威[-動-術權-] N. reactionary academic authority (in Cultural Revolution)
fāndǒu 翻斗 N. <min.> tipping/skip bucket
fāndǒuchē 翻斗车 N. <min.> skip car; tipcart; tip truck M: [3]*liàng*/[1]*tái*
fāndǒu kǎchē 翻斗卡车 N. tipping truck/lorry M: [3]*liàng*/[1]*tái*
[1]**fàndú** 贩毒 V.O. traffic in narcotics
[2]**fàndú** 泛读[-讀] N./V. extensive reading
[3]**fàndú** 范读[範讀] N. model reading (by teacher)
[4]**fàndú** 犯渎[-瀆] V. offend; affront
fǎndúcùtǒng 反独促统[-獨--] F.E. oppose independence and promote unification
fǎnduì 反对[-對] V. oppose; be against; combat; dispute *Yǒu ~ yìjian ma?* Any objections?
fǎnduìdǎng 反对党[-對黨] P.W. opposition party; the opposition M: [1]*gè*
fǎnduìpài 反对派[-對-] P.W. opposition faction
fǎnduìpiào 反对票[-對-] N. dissenting/negative vote
fǎnduì yìjiàn 反对意见[-對--] N. objection
fǎnduìzhě 反对者[-對-] N. dissenter M: [2]*wèi*/[1]*míng*/[1]*ge*
fánduō 繁多 S.V. various; many; numerous
fán'ěr 凡尔 N. <loan> valve
fǎn'ér* 反而 ADV. on the contrary; instead
fàn'érbùjiào 犯而不校 F.E. submit to an insult without retaliating
fán'ěrdīng 凡尔丁 N. <loan> valitin
Fán'ěrsài 凡尔塞 N. Versailles
fánfǎ 烦法 N. irritating petty laws and regulations; red tape
fànfǎ* 犯法 V.O. violate/break law
fānfan 翻翻 R.F. <topo.> riffle; flip through
[1]**fānfān(r)** 翻番(儿) V.O. ① double ② increase by a specified number of times
[2]**fānfān** 幡幡 R.F. ①light and frivolous ②waving about
fànfàn* 泛泛 ADV. ① general; not deep-going ② going downstream smoothly ③ not close/intimate ♦V. float
fànfàn'értán 泛泛而谈 F.E. talk in generalities
fānfānfùfù 翻翻覆覆 R.F. wavering; vacillating
fǎnfǎnfùfù* 反反复复[-復復//覆覆] R.F. repeatedly; again and again
fànfànfúfú 泛泛浮浮 R.F. drifting and floating
fānfāng 蕃坊 N. reservation/settlement for foreigners (in the Song dynasty)
fǎnfáng* 返防 V.O. <mil.> return to stations
fǎnfāngxiàng biāozhǔn 反方向标准[-標準] N. <lg.> standard in reverse order
fānfanzhe 翻翻着[-著] V.P. <coll.> inside out
fànfànzhībèi 泛泛之辈 N. ordinary people
fànfànzhījiāo 泛泛之交 N. nodding acquaintance
fànfànzhīlùn 泛泛之论 N. mere generalities
fánfǎxìwén 烦法细文 F.E. harassing laws and vexatious trifles
fānfēi* 翻飞[-飛] V. ①fly up and down ②flutter
fánfèi 烦费 V. cause trouble and expense
Fàn-Fēizhōuzhǔyì 泛非洲主义[-義] N. Pan-Africanism
Fàn-Fēizhǔyì 泛非主义[-義] N. Pan-Africanism
fǎnfěng 反讽 N. satire ♦V. satirize
fǎn fēngjiàn 反封建 ATTR. anti-feudal
fánfēnshù 繁分数[-數] N. complex fraction
fānfó 番佛 N. ① foreign money ② Mexican dollar M: [1]*zhǒng*
[1]**fānfù** 翻覆 V. overturn; turn upside down ♦ATTR. unstable; vacillating
[2]**fānfù** 藩附 N. protectorate; vassal state
fánfū 凡夫 N. ordinary person M: [1]*míng*/[1]*gè*
[1]**fánfù*** 繁复[-複] S.V. heavy and complicated
[2]**fánfù** 繁富 S.V. ① various; in great numbers ② rich and prosperous
[1]**fǎnfù** 反复/覆[-復] ADV. ① repeatedly; again and again ② carefully (of study/research) ♦N. reversal; relapse ♦S.V. not dependable
[2]**fǎnfù** 返复[-復/覆] V. reversal; relapse
fànfū 贩夫 N. <trad.> peddler; hawker
fànfù 贩妇[-婦] N. female peddler/hawker M: [1]*gè*/[1]*míng*
fǎn fǔbài 反腐败 V.O. anti-corruption
fǎnfù biànlùn 反复辩论[-復--] V.P. argue repeatedly
fǎnfùbùdìng 反复/覆不定[-復--] F.E. changeable
fǎnfǔchànglián 反腐倡廉 F.E. oppose corruption and advocate honesty
fǎn fǔshí 反腐蚀 V.O. <PRC> struggle against corrosive (bourgeois) influence ♦ATTR. ① anti-caustic ② anti-corruption
fǎnfù sīliang 反复/覆思量[-復--] V.P. think over and over again
fánfū-súzǐ 凡夫俗子 N. common/ordinary people; the masses
fǎnfùtǐ 反复体[-復體] N. <lg.> iterative aspect
fǎnfù wènjù 反复问句[-復--] N. <lg.> A-not-A question
fǎnfùwúcháng 反复/覆无常[-復--] F.E. changeable; fickle; capricious ♦V.P. ① be unsteady ② change one's mind constantly
fǎnfù xiànzàishì 反复现在式[-復---] N. <lg.> iterative present
fǎnfùxìng dòngcí 反复性动词[-復-動-] N. <lg.> iterative verb
fànfūzǒuzú 贩夫走卒 F.E. people of the lower classes
[1]**fāng** 方 N. ① direction ② side; party ③ place; region ④ prescription; recipe ⑤ method; way ⑥ <math.> involution; power ⑦ <slang> ten thousand *yuán* (RMB) ♦S.V. ① square ② upright, honest ♦ADV. just; only just/then ♦M. meter ***píng~*** square meter ***lì~*** cubic meter
[2]**fāng** 坊 B.F. lane (in a town/city) ***jiēfang See also*** [6]*fáng*
[3]**fāng** 芳 B.F. ① fragrant [1]***fāngxiāng*** ② virtuous; good (name/reputation) ***fāngmíng***
[4]**fāng** 枋 N. <wr.> ① sandalwood ② roof beam
[5]**fāng** 钫[鈁] N. ① <archeo.> rectangular *hú* jar ② <chem.> francium
[1]**fáng** 房 B.F. ① house ***fángzi*** ② room ***fángjiān*** ③house-like structure ♦N. ①Surname ②name of a constellation ♦M. branch of a family
[2]**fáng** 防 B.F. ① guard/prepare against; prevent ***fángzhǐ*** ② defend; guard ***guófáng*** ③ dike; embankment ***dīfáng***
[3]**fáng** 妨 B.F. hinder; impede; obstruct ***fáng'ài***
[4]**fáng** 鲂[魴] N. triangular bream
[5]**fáng** 肪 B.F. ***zhīfáng***
[6]**fáng** 坊 B.F. small shop/mill/etc. ***mòfáng, dǔfáng See also*** [2]*fāng*
[1]**fǎng** 纺[紡] V. spin ♦N. thin silk cloth
[2]**fǎng** 访[訪] B.F. ① visit; call on ***bàifǎng*** ② seek by inquiry/search; try to get [1]***cǎifǎng***
[3]**fǎng** 仿 V. ① imitate; copy ② resemble; be like
[4]**fǎng** 彷 in ***fǎngfú See also*** [5]*páng*
[5]**fǎng** 舫 B.F. boat; ship ***yóufǎng***
fàng* 放 V. ① put; place ***fàng zài xīnli*** attach importance to; take personally ② set free; release ③ let off; give out ④ put out to pasture ⑤ let oneself go; let sb. have his own way ⑥ expand; make longer/larger/etc. ⑦ blossom; bloom ⑧ lend (money) at interest ⑨ put in; add ⑩ leave alone; lay aside ⑪ send away ⑫ readjust ***~ lǎoshi diǎnr!*** Behave yourself! ***~ míngbai diǎnr!*** Be sensible! ⑬ show
fàngǎ 犯嘎 V.O. <topo.> act bad; misbehave
fàngābar 饭嘎巴儿 N. <topo.> rice hardened on the bottom of the wok/etc.
fāngǎi 翻改 V. remake (old clothes); alter
[1]**fāngài*** 翻盖[-蓋] V. renovate (a house)
[2]**fāngài** 幡盖[-蓋] N. ornamental canopy on a wagon
fáng'ái 防癌 V.O. prevent cancer
fáng'ài* 妨碍[-礙] V. hamper; impede; obstruct
fáng'ài gōngzuò 妨碍工作[-礙--] V.O. hinder one's work
fáng'ài jiāotōng 妨碍交通[-礙--] V.O. obstruct the flow of traffic
fáng'ài sīfǎ 妨碍司法[-礙--] V.O. obstruct justice
fáng'ài sīfǎ gōngzhèng 妨碍司法公正[-礙----] V.O. obstruction of justice
fǎngǎn 反感 V. be disgusted with; dislike ♦N. ① bad reaction ② antipathy
fāng'àn 方案 N. scheme; plan; program; project M: [1]*zhǒng*/[1]*gè*
fān gàngzi 翻杠子 V.O. do gymnastics on a horizontal bar or on parallel bars
fàng ànjiàn 放暗箭 V.O. stab sb. in the back
fǎngào 反告 V. recriminate ♦N. recrimination
fǎngbàn 仿办[-辦] V. model on
fàngbǎng 放榜 V.O. publish a list of successful candidates
[1]**fángbào** 防暴 ATTR. riot-preventing
[2]**fángbào** 防爆 ATTR. ① flameproof ② antiblast
fángbào jǐngchá 防暴警察 P.W. riot squad/police
fángbào sǎndànqiāng 防暴散弹枪[-槍] N. stun gun M: [2]*zhī*
fàng bàozhú 放爆竹 V.O. set off firecrackers
fángbèi 防备[-備] V. guard or take precautions against
fángběn 坊本 N. block-printed edition prepared by a book shop
fángbì 防避 V. avoid; guard against; prevent. . .from. . .

fāngbiàn* 方便 S.V. convenient ♦V. <*coll.*> ① go to the lavatory *Wǒ xiǎng ~ yīxià.* I'd like to use the lavatory. ② have money to spare/lend ③ make things convenient for sb. ④ do sb. a favor ♦N. <*Budd.*> skillful means (i.e., teaching at an appropriate level)

fángbiàn 防变[-變] V.O. get ready for any emergency

fāngbiànmiàn 方便面[-麵] N. <*PRC*> instant noodles M: [1]*bāo*

fāngbiàn shēnghuó 方便生活 V.O. make life easier for the population

fāngbiàn shípǐn 方便食品 N. convenience/processed/instant food

fāngbiànzhīmén 方便之门 N. ① lucky break ② convenience

fángbìng 防病 V.O. prevent disease

fángbìngdú ruǎnjiàn 防病毒软件 N. anti-virus software

fángbìngzhìbìng 防病治病 F.E. prevent and treat diseases

fāngbó 方伯 N. ① chief of feudal princes in a certain region ② provincial official in charge of a district

fángbōdī 防波堤 N. breakwater; mole

fāngbù(r)* 方步(儿) N. ① measured steps ② square pace

fàngbù 放步 V.O. advance with big strides

fàngbùkāi 放不开[-開] R.V. ① be unable to release ② be overcautious

fángbùshèngfáng 防不胜防[--勝-] F.E. impossible to defend effectively

fàngbuxià 放不下 R.V. ① can't let go ② can't stop (doing sth.)

fàngbuxià shǒu 放不下手 V.P. cannot stop doing sth.

fàngbuxià xīn 放不下心 V.P. cannot stop worrying

[1]**fāngcái** 方才 ADV. ① just now ② only by; not. . .until

[2]**fāngcái** 方材 N. long piece of timber shaped like a square pillar

fángcāng 房舱[-艙] N. ship passenger's cabin

fāngcǎo 芳草 N. ① fragrant herb/plant ② <*wr.*> esteemed gentlemanly virtue

[1]**fāngcè** 方策 N. ① strategy ② ancient books

[2]**fāngcè** 方册[-冊] N. <*wr.*> ancient books

fāngchā 方差 N. <*math.*> variance

[1]**fǎngchá*** 访查 V. investigate on the spot

[2]**fǎngchá** 访察 V. visit and scrutinize

fāngchā fēnxi 方差分析 N. <*math.*> analysis of variance

fángchǎn 房产[-產] N. house (as property)

fāngchǎng 方场[-場] P.W. plaza M: [1]*piàn*/[1]*gè*

fàngcháng* 放长 R.V. lengthen

fàng chàngpiàn 放唱片 V.O. play a phonograph

fàng chángxiàn diào dàyú 放长线钓大鱼 ID. adopt a long-term plan to secure sth. big

fángchǎnquán 房产权[-產權] N. house ownership

fángchǎnshuì 房产税[-產-] N. housing tax

fángchǎnzhǔ 房产主[-產-] N. owner of houses for rent; landlord M: [2]*wèi*/[1]*gè*

fángcháo 防潮 V.O. ① be dampproof/waterproof ② protect against the tides

fángcháo huǒyào 防潮火药[-藥] N. moistureproof powder

fángcháo yàndī 防潮堰堤 N. tidal barrage

fángcháozhǐ 防潮纸 N. moistureproof paper M: [1]*zhāng*/[1]*zhǒng*

fángchē 房车 N. <*loan*> van M: [3]*liàng*

fǎngchē* 纺车 N. spinning wheel/machine M: [3]*liàng*

[1]**fāngchén** 芳辰 N. beautiful spring morning

[2]**fāngchén** 芳尘[-塵] N. good reputation

fángchén* 防尘[-塵] ATTR. dustproof

fángchén-fángwūfú 防尘防污服[-塵---] N. dust/dirt repellent dress M: *tào*/[2]*jiàn*

fāngchéng* 方程 N. <*chem./math.*> equation

fǎngchéng 纺成 V.P. spin into

fāngchénggēn 方程根 N. <*math.*> root

fāngchéngshì 方程式 N. <*math./chem.*> equation; formula

fāngchéngzhīzhàn 方城之战[-戰] N. mahjongg game

fángchénzhào 防尘罩[-塵-] N. dust cover M: [1]*gè*

fángchóng* 防虫[-蟲] N. pest control

fàngchòng 放铳 V.O. release a tile that enables another player to win (in mahjongg)

fángchóngyào 防虫药[-蟲藥] N. pesticide M: [1]*zhǒng*

fǎngchóu 纺绸 N. soft plain-weave silk fabric

fángchòujì 防臭剂[-劑] N. deodorant

fángchú 防除 V. prevent and kill off (pests/etc.)

fàngchū* 放出 R.V. give/let out; emit ♦N. released

fàngchù 放黜 V. <*wr.*> exile; banish

fǎngchuán 舫船 N. ship; boat M: [1]*sōu*/[2]*zhī*

fǎngchuí(r) 纺锤(儿) N. spindle

fǎngchuítǐ 纺锤体[-體] N. spindle fiber M: [2]*zhī*

fǎngchuíxíng 纺垂形 N. spindle shape

fàng chūlai 放出来 R.V. release; let go

fàngchūn 放春 V.O. <*bot.*> put forth shoots in the spring

fàng chūnjià 放春假 V.O. have/spend a spring vacation

fàngchū qìxī 放出气息[--氣-] V.P. <*lg.*> release the air stream

fángcí 防磁 V.O. <*phy.*> protect against magnetization; be antimagnetic

fàngcìr 放刺儿 V.O. give sb. the cold shoulder

fāngcùn 方寸 N. <*wr.*> heart ♦M. square Chinese inch

fāngcùnbùluàn 方寸不乱[-亂] F.E. ① in one's right mind; sane ② self-possessed

fāngcùndì 方寸地 N. the heart M: [2]*kuài*/[1]*piàn*

fāngcùnwèidìng 方寸未定 F.E. be undecided what action to take

fāngcùnwúzhǔ 方寸无主 F.E. confused and not know what to do

fāngcùnyǐluàn 方寸已乱[-亂] F.E. greatly agitated; with one's mind in a turmoil

fāngcùnzhījiān 方寸之间 F.E. ① square *cùn*; small area ② heart

fàngcuò 放错 R.V. misplace

fángcuòfǎ 防错法 N. <*comp.*> antibugging; debugging

fàngdá 放达[-達] V. <*wr.*> behave unconventionally

fàngdà* 放大 R.V. enlarge; magnify; amplify

fàngdàchǐ 放大尺 N. pantograph M: [1]*bǎ*

fàngdài 放贷 V. make loans

fàngdàjī 放大机 N. <*photo.*> enlarger M: [1]*tái*/[1]*gè*

fàngdàjìng 放大镜 N. magnifying glass M: [1]*gè*

fàngdàlǜ 放大率 N. magnifying power

fángdàn* 防弹 ATTR. bulletproof; shellproof

fǎngdān 仿单 N. instruction for use of merchandise

fàngdān 放单 V.O. allow sb. to act alone

fàngdǎn 放胆[-膽] V.O. act boldly and with confidence

fàngdàn 放诞 S.V. wild in speech and behavior

fángdàn bèixīn 防弹背心 N. bulletproof vest M: [2]*jiàn*/[1]*ge*

fángdàn bōli 防弹玻璃 N. bulletproof glass M: [1]*shàn*/[1]*zhǒng*

fàngdàng 放荡[-蕩] S.V. dissolute; unconventional

fàngdàngbùjī 放荡不羁[-蕩--] F.E. unconventional and unrestrained

fángdànyī 防弹衣 N. bulletproof clothing M: [2]*jiàn*

fángdào* 防盗[-盜] V.O. guard against theft

fàngdào 放到 R.V. put (sth.) to

fángdàoqì 防盗器[-盜-] N. burglar alarm M: [2]*zhī*/[2]*jiàn*

fángdǎor 房倒儿 N. <*derog.*> real estate agent

fàng dàpào 放大炮 V.O. ① brag; boast; talk big ② shoot off one's mouth

fàngdàqì 放大器 N. <*elec.*> amplifier M: [1]*bǎ*/[1]*gè*/[2]*zhi*

fàng dàtóuzhài 放大头债 V.P. practice usury

fàngdà xìshù 放大系数[-數] N. <*elec.*> mu factor

fàngdàzhǐ 放大纸 N. <*photo.*> enlarging paper; bromide paper M: [1]*zhāng*

fàngdeguò 放得过 R.V. let go; forgive

fāngděng 方等 A.T. <*Budd.*> developed and tending to universalism (of Tiantai)

fāngdèng* 方凳 N. square stool M: [1]*zhāng*/[1]*bǎ*

fàngdexià 放得下 R.V. can accommodate; have room for

[1]**fángdì** 房地 N. real estate

[2]**fángdì** 防地 P.W. <*mil.*> defense sector; station (of a unit)

fàngdī* 放低 R.V. ① lower ② be humble

fàngdiàn 放电[-電] V.O. <*elec.*> discharge

fàngdiànchá 放电叉[-電-] N. <*elec.*> exciter

fàngdiāo 放刁 V. ① make difficulties for sb. ② behave immaturely/irrationally (of children and women)

fángdìchǎn 房地产[-產] N. real estate

fángdìchǎn jīngjìrén 房地产经纪人[--產經-] N. realtor M: [1]*míng*/[2]*wèi*/[1]*ge*

fángdìchǎn tícúnjīn 房地产提存金[--產---] N. land and building sinking fund M: [2]*bǐ*

fángdié 防谍 V.O. prevent espionage

fángdìjià 房地价[-價] N. real-estate price

fángdǐng(r/zi) 房顶(儿/子) N. roof

fǎngdìng 纺锭 N. <*txtl.*> spindle

fàngdìng* 放定 V. <*trad.*> present betrothal gifts to the bride's family

fāngdǐyuángài 方底圆盖[-蓋] F.E. incompatible

fángdōng* 房东 N. landlord; owner of the house one lives in M: [2]*wèi*/[1]*míng*/[1]*ge*

fángdòng 防冻 V.O. prevent frostbite/freezing

fángdòngjì 防冻剂[-劑] N. antifreeze

fángdōng tàitai 房东太太 N. landlady M: [2]*wèi*/[1]*míng*/[1]*ge*

fángdōng xiǎojie 房东小姐 N. landlady's daughter M: [2]*wèi*/[1]*míng*/[1]*ge*

fángdòng yàopǐn 防冻药品[--藥-] N. frostbite preventive

fāngdù 方度 N. dimension

fángdú* 防毒 V.O. defend against (poison) gas

fàngdú 放毒 V.O. ① poison ② make vicious remarks; spread poisonous ideas

fāngduì* 方队[-隊] N. square formation (of paraders/etc.)

fàngduì 放对[-對] V. ① <*topo.*> be rivals in a *wǔshù* contest ② <*topo.*> set oneself against sb. ③ mate (animals)

fángdú miànjù 防毒面具 N. gas/protective mask M: [1]*zhāng*

fángdú qìcái 防毒器材 N. gas protection equipment M: [1]*zhǒng*

fángdúyī 防毒衣 N. protective clothing (against gas) M: [2]*jiàn*

fāngè(r)* 翻个(儿)[-個-] V.O. <*coll.*> ① turn upside down or inside out ② roll/turn over ③ turn over a new leaf; make a fresh start

fǎngē 反戈 V.O. ① turn one's weapon around ② revolt; rebel

fàngè 犯各 <*coll.*> V.O. act differently/strangely

fǎngélí 反隔离[-離] N. <*soc.*> desegregation

fǎngémìng 反革命 N./V.O. counterrevolutionary

fǎngémìng fènzǐ 反革命分子 N. counterrevolutionaries M: [2]*wèi*/[1]*míng*/[1]*ge*

fǎngémìng liǎngmiànpài 反革命两面派 N. <*PRC*> pretended revolutionaries

fǎngémìngzhě 反革命者 N. counterrevolutionary M: [2]*wèi*/[1]*míng*/[1]*ge*

fān gēndǒu 翻跟斗 V.O. ① turn somersault ② loop the loop

fāngēng 翻耕 V. turn over

fān génián jiù lìběn 翻隔年旧历本[---舊歷-] F.E. <*topo.*> resurrect old matters

fān gēntou 翻跟头 V.O. turn a somersault; loop the loop

fǎngēyījī 反戈一击[-擊] F.E. turn against those one had once sided with

fàngēzhar 饭疙渣儿 N. <*topo.*> rice hardened on the bottom of wok/etc.

fān gèzi 翻个子[-個-] V.O. <topo.> ① roll over; turn over ② turn over a new leaf; make a fresh start
fāngfǎ 方法 N. method; way; means; device; manner; mode; principle
fāngfǎ jièci 方法介词 N. <lg.> preposition of means
fāngfǎlùn 方法论 N. methodology
fángfàn 防范[-範] V. be on guard; keep a lookout
fāngfāngr 方方儿 R.F. <coll.> ① square ② cubic
fāngfǎxué 方法学 N. <lg.> methodology
fāngfēi 芳菲 N. ① fragrance of flowers and grass ② flowers and grass
fángfèi* 房费 N. house rent
fàngfēi 放飞[-飛] V. ① allow a plane to take off; permit the flight (of an airplane) ② release a bird for flight ③ fly (a kite)
fángfēizi 房飞子[-飛-] N. <topo.> house-for-rent sign
fángfēn 房分 N. <topo.> order of family branches
fángfēng 防风 V.O. protect against the wind ♦N. <bot.> *Siler divaricatum* (a medicinal plant)
fàngfēng* 放风 V.O. ① let in fresh air ② let prisoners out for exercise or to relieve themselves ③ leak certain information; spread news/rumors ④ <topo.> be on the lookout; act as a lookout
fángfēnglín 防风林 N. (forest) windbreak
fángfēngyǔ 防风雨 ATTR. weatherproof
fángfēngzhàng 防风障 N. windbreak M: [1]dǔ
fàng fēngzheng 放风筝[-箏] V.O. fly a kite
fàngfēnr 放份儿 V.O. <slang> flaunt one's power and prestige; show off
fāngfù 芳馥 V.P. fragrant
fángfú 魴鮄 N. <zoo.> gurnard
fángfǔ* 防腐 ATTR. antiseptic; anticorrosive
fǎngfú 仿佛//彷彿 ADV. ① seem; as if ② be more or less the same; be like
fángfǔjì 防腐剂[-劑] N. preservative; antiseptic M: [1]zhǒng
fángfúshè 防辐射 V.O. protect against radiation
fángfǔshí 防腐蚀 V.O. ① protect against corrosion ② guard against corruption
fánggǎi 房改 N. housing reform
fānggāng 方钢[-鋼] N. steel square
fànggāo 放高 R.V. raise (the voice/etc.)
fàng gāolìdài 放高利贷 V.P. practice usury
fānggé(r/zi)* 方格(儿/子) N. check; cross-hatch
fànggē 放歌 V.O. sing loudly
fānggēn 方根 N. <math.> root
fānggēnzhí 方根值 N. <math.> root value
fānggéwǎng 方格网[-網] N. grid
fānggézhǐ 方格纸 N. squared/graph paper M: [1]zhāng/[1]zhǒng
fānggézi 方格子 N. square grid
fànggōng 放工 V.O. ① knock off (work) ② give workers a holiday
fānggōnglǐ 方公里 M. square kilometer
[1]**fǎnggǔ** 仿古 V.O. copy ancient relics/style
[2]**fǎnggǔ** 访古 V.O. ① search for ancient relics ② visit archeological sites
fángguǎn 房管 N. housing management
fàngguāng* 放光 V. emit light; shine; gleam
fàngguǎng 放广[-廣] R.V. widen; enlarge
fàng guāngmáng 放光芒 V.O. emit light; shine; gleam
fángguǎnjú 房管局 P.W. housing administration
fāngguǐ 方轨 V. go abreast (of two carriages)
fāngguó 方国[-國] N. feudal princes who pay allegiance to a common sovereign
fàngguo* 放过 R.V. let off/slip
fánghài 妨害 V. impair; jeopardize; be harmful to
fánghài bīngyì 妨害兵役 V.O. undermine a nation's draft law
fánghài fēnghuà 妨害风化 V.O. undermine public morality (esp. by pornography)
fánghài míngyù 妨害名誉[-譽] V.O. libel; slander
fánghài zhì'ān 妨害治安 V.O. offend against public security
fánghài zhìxù 妨害秩序 V.O. offend against public order
fānghàn 芳汗 N. perspiration (of a young woman)
fánghán 防寒 N. winter protection ♦ATTR. cold-proofing
fánghàn* 防旱 V.O. guard against drought
fàng hánjià 放寒假 V.O. have/spend a winter vacation
fànghǎo 放好 R.V. place/store properly
fānghé 方盒 N. square box M: [2]zhī/[1]gè
fànghézi 放盒子 V.O. ① set one's mind at rest; rest assured; feel relieved ② <topo.> shoot off fireworks
fánghóng 防洪 V.O. prevent/control flood
fánghòu 房后[-後] P.W. area behind a house
fánghù 防护[-護] V. protect; shelter ♦N. first aid
fānghuá* 芳华[-華] N. ① beautiful season/time ② youth
fānghuà 芳化 V. <Ch. med.> eliminate/remove (dampness) by means of aromatics
fánghuá 防滑 ATTR. antiskid
fánghuà 防化 ATTR. antichemical
fǎngHuá 访华[-華] V.O. visit China
fànghuā 放花 V.O. set off fireworks
fànghuà(r) 放话(儿) V.O. <coll.> ① give orders/commands ② spread news/rumors; leak certain information intentionally
fánghuàbīng 防化兵 N. antichemical warfare corps
fànghuái 放怀[-懷] ADV. to one's heart's content ♦V.O. be free from anxiety
fánghuáliàn 防滑链 N. tire/skid chains M: [1]tiáo
fànghuán 放还[-還] V. ① release; let go ② return; restore ③ put back in place
[1]**fánghuāng** 防荒 V.O. provide against famine (by storing grain)
[2]**fánghuāng** 房荒 N. housing shortage
fànghuāng* 放荒 V.O. set fire to woods/grass in a mountainous area
fánghuànwèiméng 防患未萌 F.E. nip in the bud
fánghuànwèirán 防患未然 F.E. take preventive measures
fánghuànyúwèirán 防患于未然[--於--] F.E. provide against possible trouble
fàng huāpào 放花炮 V.O. set off fireworks
fānghuáxūdù 芳华虚度[-華虛-] F.E. idle away one's youth
fánghuàxuébīng 防化学兵 N. antichemical warfare corps M: [1]míng/[1]gè
fánghùdī 防护堤[-護-] N. protective embankment
fánghùfú 防护服[-護-] N. protective suit M: [2]jiàn
fànghǔguīshān 放虎归山[--歸-] ID. blunder into future calamity
fànghuí 放回 R.V. let return
fánghùlín 防护林[-護-] N. <forest.> shelter belt M: [1]piàn/[2]dài
fánghùlíndài 防护林带[-護-帶] N. <forest.> shelter belt M: [1]piàn/[2]dài
fānghún 芳魂 N. spirit; soul (of a young lady)
fánghuǒ* 防火 V.O. prevent fire; fireproof
fànghuó 放活 V. <PRC> loosen up policies and enliven the economy
fànghuǒ 放火 V.O. ① set on fire; commit arson ② create disturbance
fánghuǒbù 防火布 N. non-flammable cloth
fànghuǒfàn 放火犯 N. arsonist M: [1]míng/[1]gè
fánghuǒ gélíxiàn 防火隔离线[---離-] N. <forest.> fire line
fánghuǒqiáng 防火墙[-牆] N. fire wall/bulkhead/dam M: [1]dǔ
fànghuǒqiǎngjié 放火抢劫[--搶-] F.E. burn and loot
fànghuǒshāoshēn 放火烧身[--燒-] F.E. be hoist on one's own petard
fánghuǒ shèbèi 防火设备[-備] N. fire equipment
fánghuǒxiàng 防火巷 N. fire break M: [1]tiáo
fánghuǒzhān 防火毡[-氈] N. asphalt felt
fánghùr 房户儿 N. <coll.> tenant (of a house/room)
fánghùtuán 防护团[-護團] P.W. civil defense corps
fánghùwǎng 防护网[-護網] N. protection net
fànghǔzìwèi 放虎自卫[-衛] ID. boomerang
[1]**fāngjì** 方剂[-劑] N. <med.> prescription; recipe
[2]**fāngjì** 方技 N. <trad.> occultism; divination; medical practice; etc.
[1]**fángjī*** 房基 N. foundations (of a building)
[2]**fángjī** 防饥 V.O. guard against famine/hunger
fángjǐ 房脊 N. ridge of a building
fāngjiā 方家 N. sb. well versed in a certain skill/art/etc.
fāngjià 方驾 V. go abreast (of two carriages) ♦V.P. evenly matched; equal in ability (of two persons)
fángjià* 房价[-價] N. house/apartment purchase price
fàngjià 放假 V.O. have or be on a holiday/vacation; have a day off
fāngjiān 坊间 P.W. ① street stalls ② bookshops
fángjiān* 房间 P.W. room M: [1]gè/[2]jiān
fǎngjiàn 仿建 V. erect a building in the style of another
fāngjiānbēi 方尖碑 N. obelisk
fāngjiāng 方将[-將] ADV. <wr.> be about to (do sth.)
fángjiǎo 房角 N. house corner
fángjīdì 房基地 N. foundation of a house
fāngjié 方结 N. square knot
fāngjiěshí 方解石 N. <min.> calcite M: [2]kuài
[1]**fāngjīn** 方巾 N. hood worn by Ming scholars M: [2]kuài/[1]zhāng
[2]**fāngjīn** 方今 N. now; present time
fàngjìn* 放进[-進] R.V. put (sth.) into
fǎngjǐng 仿景 N. miniature/model/imitation scene
fāngjīnqì 方巾气[-氣] N. conservative; pedantic
fángjuān 房捐 N. house tax M: [2]bǐ
fàngkāi 放开[-開] R.V. ① let go; set free ② have a free hand in doing sth.
fàngkāi chángliu 放开长溜[-開--] V.O. <topo.> travel at high speed
fàngkāi jiàgé 放开价格[-開價-] V.O. relax price control
fàngkāi shǒujiǎo 放开手脚[-開-腳] V.O. cast off restrictions to action
fángkè(r)* 房客(儿) N. tenant (of a room/house) M: [2]wèi/[1]gè
fǎngkè 访客 N. ① foreign guest ② visitor; caller M: [2]wèi/[1]gè/[1]míng
fàngkè 放课 V.O. finish classes (for the day/semester)
fǎngkèbù 访客簿 N. visitors' book M: [1]běn
fángkōng* 防空 N. air defense; antiaircraft
fàngkōng 放空 V. ① drive unloaded (trucks/etc.) ② fly (a kite)
fángkōng bùduì 防空部队[-隊] N. air defense forces
fángkōng dǎodàn 防空导弹[--導-] N. antiaircraft missiles
fángkōngdòng 防空洞 N. ① air-raid shelter ② hideout for evildoers ③ cover for wrong thoughts
fángkōngháo 防空壕 N. air-raid dugout
Fángkōngjié 防空节[-節] N. Air Defense Festival
fángkōng jǐngbào 防空警报[-報] N. air defense warning
fàng kōngpào 放空炮 V.O. <coll.> talk big; spout hot air
fàng kōngqì(r) 放空气(儿)[--氣-] V.O. ① drop a hint; create an impression ***Tāmen fàngchū jǐnzhāng kōngqì.*** They are pretending that the situation is tense. ② put out feelers
fàng kōngqiāng 放空枪[-槍] V.O. fire/shoot blanks

fángkōng yǎnxí 防空演习[-習] N. anti-air-raid maneuvers M: *cì*
fāngkǒu 方口 N. performance strict to the script
fāngkuài(r) 方块(儿)[-塊-] N. ① square; block ② diamond (in cards)
fāngkuàizì 方块字[-塊-] N. ① Chinese characters; tetragraphs ② square print
fàngkuān* 放宽[-寬] R.V. relax restrictions; ease; let out (e.g., a dress)
fàngkuǎn 放款 V.O. make loans; lend
fàngkuānchuo 放宽绰[-寬-] V.O. ① be at ease (of mind/etc.) ② take it easy
fāngkuàng 方框 N. square frame M: [1]*gè*
fāngkuàngtú 方框图[-圖] N. block diagram M: [10]*fú*
fàngkuān qīxiàn 放宽期限[-寬--] V.O. extend a time limit
fàngkuān xīn 放宽心[-寬-] V.O. ① be at ease (of mind) ② don't worry
fàngkuān xiōnghuái 放宽胸怀[-寬-懷] V.O. be broad-minded
fàngkuān zhèngcè 放宽政策[-寬--] V.O. <PRC> loosen the policies to allow more freedom
fāngkuòhào 方括号[-號] N. square brackets; ([ ]) M: [1]*gè*
fāngkuòhú 方括弧 N. square brackets; ([ ])
fáng-kuòsàn 防扩散[-擴-] ATTR. anti-proliferation
fānglán 芳兰[-蘭] N. ① fragrant orchid ② gentleman M: [1]*míng*
fànglàng 放浪 S.V. unrestrained; dissolute
fànglàngbùjī 放浪不羁 F.E. dissolute
fánglàngdī 防浪堤 N. breakwater; mole
fànglàngxínghái 放浪形骸 F.E. defy convention
fángláo* 防痨[-癆] N. tuberculosis prevention; TB control
[1]**fánglǎo** 防老 V.O. prepare for retirement ♦ ATTR. antiaging
[2]**fánglǎo** 房老 N. head of maidservants M: [2]*wèi*/[1]*míng*
fánglào 防涝[-澇] V.O. prevent waterlogging
fánglǎohǔ 房老虎 N. housing-management personnel who abuse their power
fánglǎo kēxué 防老科学 N. antiaging science
fángláo yìmiáo 防痨疫苗[-癆--] N. tuberculosis vaccine
fánglěi 房累 N. family (of an official living abroad)
fàng lěngfēng 放冷风 V.O. spread rumors/slanders
fàng lěngjiàn 放冷箭 V.O. injure sb. by underhand means; snipe at
fàng lěngpào 放冷炮 V.O. <coll.> take by surprise; sandbag a person
[1]**fānglǐ** 方里 M. square Chinese mile ♦ N. a square [1]*lǐ*
[2]**fānglǐ** 芳醴 N. fragrant/excellent liquor
fànglì* 放利 V.O. lend money for profit
fángliáng* 房梁 N. (house) beam
fàngliáng 放粮[-糧] V.O. distribute relief grain in a disaster-stricken area
fàngliàng 放量 ADV. to the limit of one's capacity (in eating and drinking)
fāngliǎntū'é 方脸突额 F.E. have a prominent forehead and a broad face
fàngliáo 放疗[-療] N. <med.> radiotherapy
fángliègāo 防裂膏 N. chapstick M: [1]*zhǒng*
[1]**fānglín*** 芳邻[-鄰] N. <court.> one's neighbor M: [2]*wèi*/[1]*jiā*
[2]**fānglín** 芳林 N. trees in spring
fánglǐn 房檩[-檁] N. house purlin
fānglíng* 芳龄[-齡] N. age (of a young lady)
fánglíng 防凌 V.O. prevent ice blockage
fānglǐngjǔbù 方领矩步 F.E. dress in scholarly clothes and show refined manners
fánglóng 房栊 N. house windows
fànglónggūihǎi 放龙归海[--歸-] ID. give a person his chance
fànglóngrùhǎi 放龙入海 ID. give sb. the chance to make the best of his abilities
fānglüè 方略 N. general plan
fàng mǎhòupào 放马后炮[--後-] ID. flog a dead horse
fāngmài 方脉[-脈] N. art of feeling the pulse
fàngmǎn 放满 R.V. fill up
fàngmàn* 放慢 R.V. slow down
fāngmào 方帽 N. square caps worn by college graduates M: [1]*dǐng*/[2]*zhī*/[1]*zhāng*
fǎngmào* 仿冒 V. imitate ♦ N. counterfeits
fǎngmáo zhīwù 仿毛织物[--織-] N. wool-like fabric M: [2]*jiàn*
fángméi 防霉 ATTR. mold/mildew proof; zymosis proofing
fāngmén 坊门 N. memorial gate/arch
fángmén* 房门 N. door (of a room) M: [1]*shàn*/[1]*gè*
fángménkǒu 房门口 N. door/gate entrance
fāngmiàn* 方面 N. aspect; side; facet
fǎngmián 纺棉 V. spin cotton
fàngmiǎn 放免 V. acquit (a suspect)
fāngmiàndà'ěr 方面大耳 F.E. manly looking
fāngmiànjūn 方面军 P.W. front army
fāngmíng* 芳名 N. <trad.> ① a young woman's name ② a good reputation ③ <court.> your name
fàngmìng 方命 V.O. disobey an order
fàng míngbai 放明白 V.O. don't be stupid
fàng míngbai xiē 放明白些 V.P. <coll.> Be sensible!
fāngmínglù 芳名录[-錄] N. roster of names
fàngmù 放牧 V. put out to pasture; graze; herd
fàngmùdì 放牧地 P.W. pasture
fàngmùqī 放牧期 N. grazing season
fāngnèi 方内 P.W. <trad.> within a country's boundaries
fǎngnǐ 仿拟[-擬] N. simulation
fàngniú 放牛 V.O. herd/graze cattle
fàngniúbān 放牛班 N. cowherd group
fàngniúwá 放牛娃 N. child cowherd M: [1]*gè*
fàngniúzǎi 放牛仔 N. cowboy M: [1]*gè*/[1]*míng*
fāngōng 翻工 V.O. <topo.> redo poorly done work
fāngòng 翻供 V.O. <law> withdraw a confession; retract one's testimony
[1]**fǎngōng*** 反攻 V. counterattack
[2]**fǎngōng** 返工 V.O. redo poorly done work
fǎngòng 反共 V.O. anticommunism
fàngōng 梵宫[-宮] P.W. <Budd.> ① temple ② the kingdom of Brahma
fǎngōngdàosuàn 反攻倒算 F.E. counterattack to settle old scores; retaliate
fǎngōngfùguó dàyè 反攻复国大业[--復國-業] N. <TW> the great cause of counterattack and restoration
fǎngòngkàng'é 反共抗俄 F.E. anti-communism and resistance to the Soviet Union
fǎngōngzìwèn 反躬自问 F.E. examine oneself; examine one's conscience
fàngpái 放排 V.O. ① raft ② set a raft going (downstream)
fàngpán(r) 放盘(儿)[-盤-] V.O. sell; sell at reduced prices ♦ N. opening quotation (of stocks)
fāngpáo 方袍 N. Buddhist monk/priest M: *xī*/[2]*jiàn*
fàngpǎo 放跑 V. let go (of animals/prisoners/etc.)
fàngpào* 放炮 V.O. ① fire a gun/cannon/artillery ② blowout (a tire/etc.) ③ blast ④ shoot off one's mouth
fǎngpéngwènyǒu 访朋问友 F.E. call on friends
fàngpì 放屁 V.O. ① break wind; fart ② talk nonsense *Tā shuōhuà děngyú ~.* His words were all rot.
fāngpíng 方瓶 N. square vase M: [2]*zhī*/[1]*gè*
fàngpíng* 放平 R.V. ① put sth. flat on the ground ② place horizontally/level ③ <slang> knock sb. down
fǎngpínwènkǔ 访贫问苦 F.E. visit the poor
fàngpìxiéchǐ 放辟邪侈 F.E. <wr.> given to evildoing
fāngpǔ 方普 AB. *fāngyán* and *pǔtōnghuà*
fángqì 房契 N. title deed (for house) M: [1]*zhāng*
fàngqǐ 放起 R.V. put (sth.) up
[1]**fàngqì*** 放弃[-棄] V. abandon; give up; renounce
[2]**fàngqì** 放气[-氣] V.O. release gas
fángqian* 房钱[-錢] N. house/room rent M: [2]*bǐ*
[1]**fángqián** 房前 P.W. area in front of a house
[2]**fángqián** 防潜[-潛] ATTR. anti-submarine
fàngqiāng 放枪[-槍] V.O. shoot; fire (a gun)
fāngqiānkuàng 方铅矿[-礦] N. <min.> galena
fāngqiě 方且 CONS. ~ *bù V.* leave aside doing V.
fángqiè bàojǐngqì 防窃报警器[-竊報--] N. burglar alarm; intrusion alarm
fángqiètīng diànhuà 防窃听电话[-竊聽電-] N. eavesdropping-proof telephone
fǎngqīn 访亲[-親] V.O. look for or visit relatives
fāngqīng 芳卿 N. lover; sweetheart M: [1]*míng*/[1]*gè*/[2]*wèi*
[1]**fàngqīng** 放青 V.O. put cattle out to graze
[2]**fàngqīng** 放轻[-輕] R.V. be quieter (of footsteps/etc.); lower down (of voice)
[1]**fàngqíng*** 放晴 V.O. clear up (after rain)
[2]**fàngqíng** 放情 V.O. let out emotions
fàng qīngmiáo 放青苗 V.O. <trad.> buy standing crops at extremely low prices from poor peasants who run short before the harvest
fāngqiū 方丘 N. <trad.> square altar for worship of Earth
fǎngqiú* 访求 V. search for; seek
fángqū* 防区[-區] P.W. defense/garrison area
fángqǔ 防龋[-齲] V.O. prevent (tooth) decay
fǎngquān 仿圈 N. copper/iron paperweight used in copying calligraphy
fàngquán* 放权[-權] V.O. transfer power to a lower level
fàngquánrànglì 放权让利[-權讓-] F.E. ① grant more power to enterprises and allow them to keep a bigger share of profits ② delegate power and yield profit to a lower level
fāngr 方儿 N. medical prescription
fángrǎo 妨扰[-擾] V. hamper/hinder and disturb/disrupt
fàngrè 放热[-熱] V.O./N. release heat
fāngrén 方人 <trad.> N. Western barbarians ♦ V.O. <trad.> belittle sb. M: [2]*wèi*/[1]*míng*
fǎngrén 访人 V.O. visit sb.
fàngrén 放人 V.O. <coll.> release a person
fàngrèn* 放任 S.V. not interfere; let alone ♦ N. noninterference; laissez-faire
fàngrènzhèngcè 放任政策 F.E. laissez faire
fàngrènzhǔyì 放任主义[-義] N. policy of noninterference; laissez-faire
fàngrènzìliú 放任自流 F.E. let things drift/slide
fàngrènzìyóu 放任自由 F.E. with a loose rein; allowing unrestrained freedom
fāngróng 芳容 N. young lady's pretty face
fàngròu 放肉 V.O. <topo.> relax; wind down (after martial training/etc.)
fàngrù 放入 V.P. load into
fāngruìyuánzáo 方枘圆凿[-鑿] ID. ① square peg in a round hole ② incompatible
fǎngruòmèngjìng 仿若梦境[--夢-] F.E. as in a dream
fàngsàn 放散 V. diffuse; spread (of smoke/etc.)
fǎngsè 仿色 N. color combination
fǎngshā 纺纱 N. spinning ♦ V. spin
fǎngshāchǎng 纺纱厂[-廠] P.W. spinning mill
fǎngshāgōng 纺纱工 N. spinner M: [2]*wèi*/[1]*míng*/[1]*gè*
fǎngshājī 纺纱机 N. jenny; spinning jenny M: [1]*tái*
fángshālín 防沙林 N. (forest) sandbreak M: *dài*/[1]*piàn*/[1]*ge*
fángshān 房山 N. ① <archi.> gable ② <topo.> walls of a house
fàngshang 放上 R.V. put/add (sth.)
fángshào 防哨 N. sentry
fàngshào* 放哨 V.O. stand sentry
fǎngshāzhībù 纺纱织布[--織-] F.E. spin and weave
fángshè* 房舍 N. house M: [1]*jiān*
fàngshé 放蛇 V.O. plant a spy in a criminal organization
fàngshè 放射 V. radiate; emit

fàngshèbìng 放射病 N. radiation sickness M: [1]zhǒng
fàngshèchén 放射尘[-塵] N. radioactive dust/fallout
fàngshèchū 放射出 R.V. radiate
fàngshè chūlai 放射出来 R.V. radiate
fàngshè liáofǎ 放射疗法[--療-] N. radiotherapy
fàngshèlù 放射路 N. radiating roads
fángshēn 防身 N./V.O. self-protection
fāngshèng 方胜[-勝] N. ① <trad.> a kind of jewelry ② form/design of two tilted squares partly overlapping
fǎngshēng 仿生 V.O. imitate other forms of life
[1]**fàngshēng*** 放生 V.O. ① free captive animals ② <Budd.> free captive fish/birds
[2]**fàngshēng** 放声[-聲] ADV. in a loud voice; loudly ♦N. playback; sound reproduction
fàngshēngchí 放生池 N. pond where fish are released
fàngshēngdàkū 放声大哭[-聲--] F.E. burst into loud sobbing
fàngshēnggēchàng 放声歌唱[-聲--] F.E. sing lustily
fǎngshēng jīqìrén 仿生机器人 N. bionic man M: [1]tái/[1]gè
fāngshēngwèisǐ 方生未死 F.E. The new order has been born but the old is not yet dead.
fǎngshēngxué 仿生学 N. bionics
fángshēnqì 防身器 N. self-defense device M: [1]zhǒng/[2]jiàn
fángshēnshù 防身术[-術] N. personal-defense skill
fàngshèxiàn 放射线 N. radioactive rays
fàngshèxiàn liáofǎ 放射线疗法[---療-] N. irradiation therapy
fàngshèxiàn sǔnshāng 放射线损伤[-傷] N. radiation damage
fàngshè xiànxiàng 放射现象 N. <phy.> radioactivity
fàngshèxiàn zhànghài 放射线障害 N. radiation injury
fàngshèxìng 放射性 N. <phy.> radioactivity
fàngshèxìng fèiwù 放射性废物[---廢-] N. radioactive waste M: [1]zhǒng
fàngshèxìng tànsù 放射性碳素 N. <archeo.> radiocarbon
fàngshèxìng wēichén 放射性微尘[-塵] N. radioactive dust; fallout
fàngshèxìng wūrǎn 放射性污染 N. radioactive pollution/contamination
fàngshèxìng zhuìchén 放射性坠尘[-墜塵] N. radioactive fallout
fàngshèyuán 放射源 N. radiative resource
fāngshǐ 方始 ADV. only by; not. . .until ♦V. have just begun
[1]**fāngshì*** 方式 N. ①way; fashion; pattern ②device; means: method; mode ③ presentation; system; technique
[2]**fāngshì** 方士 N. ① necromancer ② alchemist
[3]**fāngshì** 坊市 N. streets and markets
fángshī 防湿[-濕] V.O. prevent from getting wet ♦ATTR. waterproof
[1]**fángshì** 房事 N. sexual intercourse
[2]**fángshì** 房室 N. room
[3]**fángshì** 妨事 V. hinder; disturb
fǎngshì 访视 V. <med.> make a house call
fàngshǐ 放矢 V. shoot an arrow
fāngshì fùcí 方式副词 N. <lg.> adverb of manner
fángshíjì 防蚀剂[-劑] N. anticorrosive; antiseptic M: [1]zhǒng
fāngshì zhǔnzé 方式准则[--準-] N. <lg.> maxim of manner
fángshǒu* 防守 V. defend; guard
fàngshǒu 放手 V.O. ① let go; let go one's hold ② have a free hand; go all out ***Ràng niánqīngrén ~ gōngzuò.*** Give young people a free hand in their work. ③ give up
fàngshǒu fādòng 放手发动[-發動] V.P. be free to mobilize (people)
fàngshǒuqùzuò 放手去做 F.E. do sth. with a free hand
fàngshǒuyībó 放手一搏 F.E. go all-out to fight/compete
fāngshū 方书[-書] N. ① treatise on an art/skill ② documents from throughout the empire ③ collection of medical prescriptions
fāngshù 方术[-術] N. ① treatise on an occult science ② medical prescriptions ③ documents from all over ④ doctrines and policies
fángshǔ* 防暑 N./V.O. heatstroke/sunstroke prevention
fángshuānglín 防霜林 N. antifrost forest
fángshuǐ 防水 V.O./ATTR. be waterproof
fàngshuǐ* 放水 V.O. ①turn on the water ②draw off (water) ③ throw a game
fángshuǐbiǎo 防水表 N. waterproof watch M: [2]zhī
fángshuǐbù 防水布 N. waterproof cloth M: [2]kuài
fángshuǐdī 防水堤 N. breakwater; levee
fángshuǐzhǐ 防水纸 N. waterproof paper M: [1]zhāng
fángshuǐ zìdiǎn 防水字典 N. waterproof dictionary M: [1]běn
fàng shǔjià 放暑假 V.O. have/spend the summer vacation
fángshǔ jiàngwēn 防暑降温 V.P. prevent heatstroke and reduce temperature
fāngsì 坊肆 N. shops
fǎngsī 纺丝[-絲] V.O. spin/weave silk
fàngsī 放私 V.O. let pass (of smuggled goods)
fàngsì* 放肆 V.P. unbridled; wanton; impudent
fàngsìwújì 放肆无忌 F.E. throw all restraint to the winds
fàngsìwúlǐ 放肆无礼[-禮] F.E. be guilty of taking liberties
fǎngsī zhīwù 仿丝织物[-絲織-] N. silk-like fabric M: [2]jiàn/[1]zhǒng
fǎngSòng 仿宋 N. <print.> imitation Song-dynasty-style typeface
fàngsōng* 放松[-鬆] R.V. relax; slacken; loosen
fàngsòng 放送 V. broadcast
fǎngSòngběn 仿宋本 N. reprint of a book in imitation of the Song edition
fǎngSòngtǐ 仿宋体[-體] N. <print.> imitation Song-dynasty-style typeface
fāngsú 方俗 N. local customs
fángsǔn 防损 N. loss-prevention
fángsuō 防缩 V.O. <txtl.> be shrinkproof
fángtái 防台[-颱] V.O. take precautions against typhoons
fǎngtán 访谈 N./V. interview
fāngtáng 方糖 N. cube/lump sugar M: [2]kuài
fàng tā yī mǎ 放他一马 ID. let him off the hook; let him go this time
fángtè 防特 V.O. guard against enemy agents
fāngtǐ 方体[-體] N. <lg.> square script
fāngtiānjǐ 方天戟 N. an ancient bronze weapon combining spear with dagger-axe
fàngtiáojiéhé 放调结合 F.E. lift (some) price controls and adjust (others)
fángtiē 房贴 N. rental allowance
fángtiě(r)* 房帖(儿) N. house-for-rent sign
fǎngtǐng 舫艇 N. boat; ship M: [1]sōu/[2]zhī
fāngtóu(r) 方头(儿) N. square(cubic)-shaped end/top ♦ATTR. square-topped; cubic-topped
fāngtóubùliè 方头不劣 F.E. obstinate; stubborn and unamiable
fángtuó 房柁 N. ①girder ②ridgepole; ridgepiece
fàng tūwěibayīng 放秃尾巴鹰[-禿---] ID. <coll.> lose an investment; be swindled out of everything
fángǔ 凡骨 N. <wr.> ordinary person
fǎngù* 反顾[-顧] V. look back; turn back
fānguā 番瓜 N. <topo.> pumpkin M: [1]gè
fǎnguān 反观[-觀] V. look back
fànguān 泛观[-觀] V. see/view briefly ♦N. quick glance
fànguǎn(r)* 饭馆(儿) P.W. restaurant M: [1]jiā
fǎnguāng 反光 V.O. reflect light ♦N. ① reflection of light ② false light
fǎnguāngdēng* 反光灯[-燈] N. reflector lamp
fànguāngdēng 泛光灯[-燈] N. floodlight
fǎnguāngjìng 反光镜 N. ① reflector ② view-finder M: [1]gè
fànguǎnlínlì 饭馆林立 F.E. plenty of eating houses
fānguǐ 番鬼 N. <derog.> foreign devil
fǎnguī 返归[-歸] V. return; go back (to a former state)
fànguī* 犯规 V.O. ① break rules ② <sport> foul
fànguīzhě 犯规者 N. offender M: [1]míng/[1]gè
fāngǔn 翻滚[-滾] V. ① roll; tumble ② seethe; churn
fānguō 翻锅[-鍋] V.O. break up (usu. of a married couple)
fānguó 藩国[-國] N. vassal/feudatory state
fānguò(r) 翻过(儿) V.O. <coll.> ① turn over ② transform; change completely ③ turn over a new leaf
fānguó 蕃国[-國] N. foreign country
fǎnguó 返国[-國] V.O. return from abroad
fànguō* 饭锅[-鍋] N. ① pot for cooking rice; rice cooker ②means of living; livelihood M: [2]zhī/[1]gè
Fànguó 梵国[-國] P.W. India
fān guolai 翻过来 R.V. turn (over); invert
fǎn guolái* 反过来 R.V. ① in reverse order; in an opposite direction ② conversely ***Zhè huà ~ (shuō) jiù bù yīdìng duì.*** The converse of this statement may not be true. ***~ yě yīyàng.*** It's the same the other way round.
fǎnguòlai 返/反过来 ADV. on the other hand ♦R.V. ① reform oneself ② turn upside down
fāngwài 方外 P.W. ①beyond this world ②<wr.> foreign lands
fāngwàizhījiāo 方外之交 N. make friends with monks
fāngwàizhīrén 方外之人 N. Buddhist or Daoist priests
fāngwèi 方位 N. position; bearing; direction; points of the compass; place
fángwèi* 防卫[-衛] V. defend; defensive ♦N. defense
fāngwèicí 方位词 N. <lg.> ① noun of locality; directional/place word; localizer ② aspect
fāngwèi de 方位的 ATTR. local
fāngwèidiǎn 方位点[-點] N. <lg.> compass point M: [1]gè
fángwēidùjiàn 防微杜渐 F.E. nip evil in the bud
fāngwèigé 方位格 N. <lg.> locative case
fāngwèijiǎo 方位角 N. <astr.> azimuth
fāngwèi jiégòu 方位结构[-構] N. <lg.> locative construction
fángwèi lìliàng 防卫力量[-衛--] N. defense capabilities
fángwèiquán 防卫权[-衛權] N. the right to legitimate defense
fāng wéi rénshàngrén 方为人上人 F.E. rise to the top
fāngwèiwù 方位物 N. <mil.> topographic marker; landmarker
fángwèixìng 防卫性[-衛-] N. defensibility
fàng wèixīng* 放卫星[-衛-] V.O. ① launch a satellite ② achieve prominent success
fāngwèi yìyì 方位意义[-義] N. <lg.> locative meaning
fāngwén 方闻 N. extensive knowledge/experience
fǎngwèn* 访问 V. visit; call on; interview
fàngwěn 放稳[-穩] R.V. put/make (sth.) steady/firm
fǎngwènduì 访问队[-隊] N. delegation M: [1]gè
fǎngwènjì 访问记 N. visiting notes/journal/log
fǎngwèn jiàoshòu 访问教授 N. visiting professor
fǎngwèntuán 访问团[-團] P.W. visiting mission
fǎngwèn xuézhě 访问学者 N. exchange/visiting scholar M: [2]wèi/[1]míng/[1]ge
fàng wěnzhòngxiē 放稳重些[-穩--] V.P. ① Be gentleman-like/lady-like! ② act maturely
fāngwù 方物 N. local/native product

fángwū* 房屋 P.W. houses; buildings M: [2]*jiān*/[1]*gè*/*dòng*
fángwù 防务[-務] N. defense matters
fángwū fèiyòng 房屋费用 N. building expenses M: [2]*bǐ*/[3]*xiàng*
fángwū fúwù fèiyòng 房屋服务费用[---務--] N. building-service expenses
fāngwǔqǔ 方舞曲 N. quadrille M: [3]*qǔ*/[2]*zhī*
fángwūshuì 房屋税 N. building tax M: [2]*bǐ*
fángwū xiūhùfèi 房屋修护费[---護-] N. building maintenance fee
fángxià 房下 N. one's wife
fàngxia* 放下 R.V. ① lay/put down; set aside ~ ***shǒutóu de gōngzuò*** set aside one's own work ② digress
fàngxià bāofu 放下包袱 V.O. discard mental blocks
fàngxia huà 放下话 V.O. <*coll.*> issue orders/commands/threat
fàngxià jiàzi 放下架子 V.O. relinquish haughty airs
fàng xiàlai 放下来 R.V. put (sth.) down
[1]**fángxián** 防闲 V. <*wr.*> guard; defend
[2]**fángxián** 妨贤[-賢] V.O. hinder a good man's success
fángxiàn* 防线 N. line of defense M: [1]*tiáo*
fǎngxián 访贤[-賢] V.O. search for or call upon a man of virtue and ability
fǎngxiàn 纺线 N. thread for spinning
[1]**fāngxiāng** 芳香 S.V. fragrant; aromatic
[2]**fāngxiāng** 坊厢[-廂] N. districts of a city
fāngxiàng* 方向 N. ① direction; orientation ② <*topo.*> situation; circumstances; trend of events
fàngxiǎng 放饷 V.O. <*coll.*> pay salaries (of an army)
fàngxiàng 放像 V.O. enlarge a photo ♦N. video reproduction
fāngxiàngduò 方向舵 N. rudder (of an airplane)
fāngxiàng fùhécí 方向复合词[--複--] N. <*lg.*> directional verb compound (DVC)
fāngxiāngfùyù 芳香馥郁 F.E. fragrant and beautiful
fāngxiāngjì 芳香剂[-劑] N. an aromatic drug; an aromatic M: [1]*zhǒng*
fàngxiàngjī* 放像机 N. videoplayer M: [1]*tái*
fāngxiàngpán 方向盘[-盤] N. steering wheel
fàng xiǎngpào 放响炮[-響-] V.O. set off firecrackers
fāngxiàng piànyǔ 方向片语 N. <*lg.*> directional phrase
fāngxiàngxiàn 方向线 N. direction line M: [1]*tiáo*
fāngxiàngxìng 方向性 N. (sense of) direction
fāngxiāngzú 芳香族 N. <*chem.*> aromatic
fāngxiāngzú huàhéwù 芳香族化合物 N. aromatic compounds M: [1]*lèi*
fǎngxiànniáng 纺线娘 N. <*topo.*> a noisy cricket
fǎng xiànzi 纺线子 V.O. <*topo.*> spin yarn
fǎngxiāo 访销 N. promotion sales
fǎngxiào* 仿效 V. imitate; follow an example
fàngxià túdāo 放下屠刀 V.O. reform an evildoer into a good person
fàngxià túdāo lìdì chéngFó 放下屠刀立地成佛 F.E. Wrongdoers achieve salvation as soon as they give up evil.
fàngxià wǔqì 放下武器 V.O. lay down one's arms; surrender
fàngxiě 放血 <*coll.*> V.O. stab sb. with a knife; draw blood ***See also*** *fàngxuè*
fāngxīn 芳心 N. the heart of a young woman M: [1]*kē*
fàngxīn* 放心 R.V. ① set one's mind at rest; rest assured; feel relieved ② have confidence in sb.; trust sb. ***Wǒ duì Xiǎo Wáng bù tài*** ~. I don't have much confidence in Little Wang.
fàngxīnbùxià 放心不下 F.E. be kept in suspense; feel anxious
[1]**fāngxíng** 方形 N. ① square ② rectangle
[2]**fāngxíng** 方型 N. square shape
fǎngxíng 仿行 V. pattern after
fàngxíng* 放行 V. let sb. go/pass
fàngxínglǐchù 放行李处[-處] N. baggage stand
fāngxíngtiānxià 方行天下 F.E. travel all over the world
fāngxīngwèi'ài 方兴未艾[-興--] F.E. be just unfolding; be in the ascendant
fāngxíngwǔ 方形舞 N. square dance M: [1]*zhǒng*/[2]*chǎng*
fāngxīnmòxǔ 芳心默许 F.E. give one's heart to a person without openly admitting it (of a woman)
fàngxīn qǐlai 放心起来 R.V. set one's mind at rest; rest assured; feel relieved
fāngxīnwúzhǔ 芳心无主 F.E. not know what to do (of a lady)
fāngxīnyǐxǔ 芳心已许 F.E. love a man silently or in secret
[1]**fángxiū** 房修 N. house repair
[2]**fángxiū** 防修 V.O. prevent revisionism
fángxiù* 防锈[-鏽] V.O. prevent rust
fángxiùqī 防锈漆[-鏽-] N. anti-rusting paint
fāngxù 芳序 N. beautiful spring morning
fángxù* 鲂鲊[-鱮] N. bream and tench
fàngxué* 放学 V.O. ① finish classes (for the day) ② have summer/winter holidays
fàngxuè 放血 V.O. ① bleed ② <*slang*> stab sb.; draw blood ***See also*** *fàngxiě*
fāngxùn 芳讯 F.E. your esteemed letter ♦N. news of flowers coming into bloom
fángxùn* 防汛 V.O. flood prevention/control
fǎngxún 访寻[-尋] V. search for
fǎngxún gǔjì 访寻古迹[-尋-跡] V.O. search for ancient relics
fāngyán 方言 N. ① dialect ② topolect; non-Mandarin M: [1]*zhǒng*
fángyán(r/zi) 房檐(儿/子) N. eaves
fǎngyǎn 访演 V. visit and give a performance
fàngyán 放言 V.O. speak openly/freely
fàngyǎn* 放眼 V.O. take a broad view; scan widely
fāngyán chāyì 方言差异[-異] N. <*lg.*> dialectal variation
fāngyán cídiǎn 方言词典 N. <*lg.*> topolect/dialect dictionary M: [1]*běn*
fāngyán cíyǔ 方言词语 N. <*lg.*> dialectism
fāngyán de yíjiè 方言的移借 N. <*lg.*> topolect/dialectal borrowing
fāngyán diàochá 方言调查 N. topolect/dialect survey
fāngyán diàochá bàogào 方言调查报告[----報-] N. <*lg.*> topolect/ dialect survey report
fāngyán diàochá shǒucè 方言调查手册[-冊] N. <*lg.*> topolect/dialect survey handbook M: [1]*běn*
fāngyán dìlǐ de yánjiū 方言地理的研究 N. <*lg.*> topolect/dialect geography
fāngyán dìlǐxué 方言地理学 N. <*lg.*> topolect/dialect geography
fāngyán dìtú 方言地图[-圖] N. map of topolect/dialect distribution
[1]**fàngyáng*** 放羊 V.O. ① herd sheep ② let things drift
[2]**fàngyáng** 放洋 V.O. ① go abroad ② put out to sea (of a ship) ③ ship abroad
fàngyǎng 放养[-養] V. stock (fish/etc.)
fàngyángāolùn 放言高论 F.E. ① speak/write in an outspoken manner ② engage in high-flown talk
fǎngyángpí 仿羊皮 N. imitation sheepskin
fāngyánhuà 方言化 N. <*lg.*> divergence
fàng yànhuǒ 放焰火 V.O. set off fireworks
fāngyán jièyòng 方言借用 N. <*lg.*> topolect/dialect borrowing
fāngyán jìlù 方言记录[-錄] N. <*lg.*> topolect/dialect recording M: [1]*běn*
fāngyán jìyīn 方言记音 N. <*lg.*> topolect/dialect notation
fàng yànkǒu 放焰口 F.E. <*Budd.*> chant sutra for the dead and give food to hungry ghosts
fāngyánqū 方言区[-區] P.W. area of a topolect/dialect
fàngyǎnquánqiú 放眼全球 F.E. expand one's horizons to include the whole world
fàngyǎnshìjiè 放眼世界 F.E. have the whole world in view; open one's eyes to the whole world
fāngyán tǔyǔ 方言土语 N. topolect/dialect and local expressions
fàngyǎnwàngqù 放眼望去 V.P. look ahead; take a broad view
fàng Yánwangzhàng 放阎王帐 V.O. practice usury
fāngyán wénxué 方言文学 N. <*lg.*> topolect/dialect literature
fāngyánxué 方言学 N. <*lg.*> topolectology; dialectology
fāngyán yánjiū 方言研究 N. <*lg.*> topolect/dialect study
fāngyán zìdiǎn 方言字典 N. <*lg.*> topolect/dialect dictionary
fāngyán zìhuì 方言字汇[-彙] N. <*lg.*> topolect/dialect dictionary
fāngyán zìmǔ 方言字母 N. <*lg.*> topolect/dialect alphabet
fàngyè 放夜 V.O. lift the night curfew
fǎngyè rǎnsè 纺液染色 N. <*txtl.*> dope dyeing
fāngyí 方彝 N. <*archeo.*> rectangular casket-shaped vessel with cover surmounted by a knob
fāngyì 方裔 N. frontier region
fángyì* 防疫 V.O. prevent an epidemic
fǎngyìcí 仿译词[-譯-] N. <*lg.*> loan translation
fāngyǐlèijù 方以类聚[--類-] F.E. make friends of the same disposition
fàng yī mǎ 放一码 <*coll.*> V.O. have mercy on; forgive; release
fángyìmiáo 防疫苗 N. vaccine
fāngyīn* 方音 N. regional/dialect/topolect pronunciation; accent
fàngyīn 放音 N. playback; sound reproduction
fāngyīn cáiliào 方音材料 N. <*lg.*> topolect/dialect material
fǎngyǐng 仿影 N. models of calligraphy
fàngyīng* 放鹰 V.O. ① release a hawk to prey ② instigate a woman to beguile a man of his money ③ let sb. do as they please ④ <*topo.*> sell a child that one has bought from others
fàngyìng 放映 V.O. show; project (a film)
fàngyìngduì 放映队[-隊] P.W. film projection team M: [2]*zhī*/[1]*gè*
fàngyìngjī 放映机 N. (film) projector M: [1]*tái*
fàngyìngshì 放映室 P.W. projection room M: [1]*jiān*
fàngyìngyuán 放映员 N. projectionist M: [5]*wèi*/[1]*míng*/[1]*gè*
fàngyīnjī 放音机 N. cassette player; tape recording player M: [2]*zhī*
fàng yīnyuè 放音乐[-樂] V.O. play music
fāngyīn yùnshū 方音韵书[-韻書] N. <*lg.*> topolect/dialect rhyme book
fàngyìnzi 放印子 V.O. <*topo.*> loan money for high profit
fángyìrúchéng 防意如城 F.E. guard against one's (selfish) desires as if guarding a city against the enemy
fángyìzhàn 防疫站 P.W. epidemic-prevention station M: [1]*jiā*
fángyìzhēn 防疫针 N. (prophylactic) inoculation
fǎngyǒu 访友 V.O. call on friends
fǎngyǒuqiúxián 访友求贤[-賢] F.E. call on friends and seek out worthies
[1]**fāngyú** 方隅 N. boundaries M: [1]*piàn*/[2]*kuài*
[2]**fāngyú** 方舆 N. <*trad.*> the earth
fāngyù 方域 N. a certain area/place
fángyǔ 防雨 V.O. be rain-proof
fángyù* 防御[-禦] N. defense ♦V. defend; guard
fàngyū 放淤 A.T. <*agr.*> warp
fāngyuán* 方圆 N. ①circumference ②neighborhood ③<*coll.*> general area/sphere ④squares and circles
fāngyuàn 芳苑 N. a nice garden
fángyuán 房源 N. housing resources
fǎngyuán 访员 N. newspaper reporter M: [1]*míng*/[1]*gè*

fàngyuǎn 放远[-遠] R.V. be future-minded; be long-sighted

fāngyuáncūn 方圆村 N. <coll.> surrounding villages

fāngyuánnánhé 方圆难合[--難-] F.E. square peg in a round hole

fāngyuánshílǐ 方圆十里 F.E. circumference of 10 *lǐ*

fángyǔbù 防雨布 N. waterproof cloth; tarpaulin M: [1]*piàn*/[2]*kuài*

fángyù bùshǔ 防御部署[-禦--] N./V.P. <*mil.*> defensive disposition

fángyù dìqū 防御地区[-禦-區] P.W. zone of defense

fángyù gōngshì 防御工事[-禦--] N. defenses; fortifications; defense works

fángyùlì 防御力[-禦-] n. <*mil.*> defensive power

fángyùxìng 防御性[-禦-] N. defense

fángyù xìtǒng 防御系统[-禦--] N. defense system

fàngyūzàotián 放淤造田 F.E. land reclamation by desilting

fángyùzhàn 防御战[-禦戰] N. defensive warfare

fángyù zhèndì 防御阵地[-禦--] N. defensive position

fángzāi 防灾[-災] V.O. take precautions against natural calamities

fàng zài xīnli 放在心里[-裡] V.P. keep/bear in mind

fǎngzào 仿造 V. copy; be modeled on ♦N. <*lg.*> calque

fǎngzào cíyǔ 仿造词语 N. <*lg.*> calque

fǎngzàoyǔ 仿造语 N. <*lg.*> calque

fāngzé 芳泽[-澤] N. <*trad.*> ① scented hair-oil used by women ② fragrance ③ perfumed ointment

fángzhà 防栅[-柵] N. barricade; fence M: [1]*shàn*

fàngzhài 放债 V.O. lend money at interest

fàngzhàibōxuē 放债剥削 F.E. extend usurious loans

fāngzhang* 方丈 N. ①<*Budd.*> abbot ②abbot's room M: [2]*wèi*/[1]*míng* *See also fāngzhàng*

fāngzhàng 方丈 N. square *zhàng* (equal to 11 1/9 square meters) *See also fāngzhang*

fángzhǎng 房长 N. head of a branch of a clan M: [1]*míng*/[2]*wèi*/[1]*gè*

fàngzhàng 放帐 V.O. lend money at interest

fǎngzhào 仿照 V. imitate; follow

fǎngzhàobànlǐ 仿照办理[--辦-] F.E. act in imitation of

fàngzhe 放着[-著] V.P. lie; be lying (of inanimate objects)

fāngzhēn* 方针 N. policy; guiding principle M: [2]*zhī*/[1]*dìng*

[1]**fāngzhèn** 方阵 N. ① square matrix ② hollow square

[2]**fāngzhèn** 方镇 N. <*trad.*> magistrate with military power

fángzhèn 防震 V.O. ① shockproof ② guard against earthquakes

fǎngzhēn 仿真 V.O. emulate; simulate

fàngzhèn 放赈 V.O. distribute relief to people in stricken areas

fǎngzhēn fāngfǎ 仿真方法 N. simulation method

fāngzhěng 方整 S.V. upright and foursquare

fāngzhèng* 方正 S.V. ①square-shaped ②straightforward; upright; righteous

fàngzhènjiùzāi 放赈救灾[-災] F.E. aid and relieve calamity

fángzhènpéng 防震棚 N. temporary earthquake shelters

fāngzhēn zhèngcè 方针政策 N. general and specific policies

fāngzhī 方知 V. know for the first time

[1]**fāngzhǐ** 芳芷 N. fragrant plant

[2]**fāngzhǐ** 芳旨 N. fragrance; aroma

fāngzhì 方志 N. local records/gazetteers

fángzhǐ 防止 V. prevent; guard against; forestall; avoid

[1]**fángzhì*** 防治 N. prevention and cure; prophylaxis and treatment

[2]**fángzhì** 防制 V. guard against; prevent; avoid

fǎngzhī 纺织[-織] N. spinning and weaving; textile ♦V. spin and weave

fǎngzhǐ 仿纸 N. sheets with printed outlines for calligraphy practice

[1]**fǎngzhì** 仿制[-製] V. copy; imitate

[2]**fǎngzhì** 仿智 N. artificial intelligence

fàngzhì 放置 V. lay up; lay aside; dispose

fǎngzhīchǎng 纺织厂[-織廠] P.W. textile mill

fàngzhì dòngcí 放置动词[--動-] N. <*lg.*> verb of placement

fǎngzhī gōngrén 纺织工人[-織--] N. textile factory worker

fǎngzhī gōngsī 纺织公司[-織--] P.W. textile company

fǎngzhī gōngyè 纺织工业[-織-業] P.W. textile industry

fángzhǐ hékuòzhāng 防止核扩张[---擴-] N. nonproliferation of nuclear power

fǎngzhījī 纺织机[-織-] N. looms; spinning and weaving machines

fángzhìjiéhé 防治结合 F.E. combine prevention with control

fǎngzhīniáng 纺织娘[-織-] N. <*zoo.*> katydid; long-horned grasshopper

fǎngzhīpǐn* 纺织品[-織-] N. textile; fabric

fǎngzhìpǐn 仿制品[-製-] N. imitation; replica; copy

fàng zhī sìhǎi ér jiē zhǔn 放之四海而皆准[-準] F.E. universally applicable; valid everywhere

fǎngzhīyè 纺织业[-織業] N. textile industry

fāngzhǐyuánlú 方趾圆颅[-顱] F.E. human being; people in general

fángzhōngshù 房中术[-術] N. the art of love-making

fāngzhōu* 方舟 N. ① tandem ships ② Noah's Ark ③ ark

fǎngzhōu 舫舟 N. boat; ship

fàngzhōu 放粥 V.O. operate a soup kitchen

[1]**fāngzhú** 方竹 N. square bamboo

[2]**fāngzhú** 芳躅 N. <*wr.*> relics of a famous person

fángzhǔ 房主 N. house owner

fángzhù 房柱 N. pillars of a house

fàngzhú* 放逐 V. exile; banish; deport

fāngzhuān* 方砖[-磚] N. square brick

fǎngzhuān 纺砖[-磚] N. tiles used in weaving

fāngzhuō(r/zi) 方桌(儿/子) N. square desk/table

fàngzhǔr 放主儿 N. <*coll.*> money lender

fàng zhū sìhǎi ér jiē zhǔn 放诸四海而皆准[-準] F.E. universally applicable; valid everywhere

[1]**fāngzi** 方子 N. ① prescription ② directions for mixing chemicals; formula ③ timber in the shape of square columns

[2]**fāngzi** 枋子 N. ① timber in shape of square columns ② <*topo.*> coffin

fāngzì 方字 N. flashcards

fángzi* 房子 P.W. ①house; building (of less than three stories) ② room/apartment/etc.

fàngzì 放恣 S.V. proud and self-indulgent ♦V. disregard all restrictions; be licentious

fángzidì 房子地 N. land on which one's house is built; real estate

fàngzìshīyí 放恣失仪[-儀] F.E. debauched and impolite

fāngzōng 芳踪[-蹤] N. <*court.*> your whereabouts

fàngzòng* 放纵[-縱] V. ① let sb. have his own way; indulge ② break rules of conduct

fàngzòngbùjī 放纵不羁[-縱--] F.E. uninhibited; bohemian

fàngzǒu 放走 R.V. release; set free; let go

fāngzú 芳族 N. <*chem.*> aromatics

fángzū* 房租 N. rent (for a house/flat/etc.)

fángzǔ 防阻 V. prevent and stop

fāngzú huàhéwù 芳族化合物 N. aromatic compounds

fàngzúxié 放足鞋 N. <*trad.*> shoes for women to release their bound feet

fǎnhàn 反汗 ID. go back on one's word; recant

fǎnháng 返航 V.O. return to a base/port; make a return voyage/flight

fǎnhánshù 反函数[-數] N. <*math.*> inverse function

fànhánshù fēnxi 泛函数分析[--數--] N. functional analysis

fānhào 番号[-號] N. numerical designation (of a military unit)

fànhé(r) 饭盒(儿) N. lunch-box; mess tin; dinner pail

fānhóng 番红 N. saffron

fànhóng* 泛红 V.O. pink

fānhónghuā 番红花 N. <*bot.*> saffron

fānhónghuāsè 番红花色 N. light purple

fànhòu 饭后[-後] N. after a meal

fànhòucháyú 饭后茶余[-後--] F.E. after meal hours or in leisure time

fānhuā 翻花 V.O. boil; bubble; churn ♦N. magic flower (arts and crafts)

fānhuà 翻话 V.O. translate/interpret orally

fánhuā 繁花 N. full-blown flowers; flowers of different colors

fánhuá* 繁华[-華] S.V. ① flourishing; bustling; busy ② pompous; extravagant

fánhuà 繁化 V. complicate

fǎnHuá 反华[-華] ATTR. anti-China

fǎnhuà 反话 N. ① irony; facetious remark ② <*lg.*> prevarication

fánhuāmàomù 繁花茂木 F.E. flourishing trees and flowers

fǎnhuán 返还[-還] V. return; give/send back

fānhuáng 翻黄/簧 N. <*art.*> a kind of bamboo craft

fànhuáng* 贩黄 V.O. sell pornographic books/periodicals/tapes

fǎnHuá rénshì 反华人士[-華--] N. anti-Chinese personages

fánhuáshìjiè 繁华世界[-華--] F.E. this vain world

fánhuāsìjǐn 繁花似锦 F.E. ① many beautiful flowers ② intellectual and artistic efflorescence

fǎnHuázhǔyì 反华主义[-華-義] N. anti-Chinese phobia

fānhuǐ 翻悔 V. back out of(a promise/etc.)

fǎnhuí* 返回 R.V. return; come/go back

fǎnhuǐ 反悔 V. ① go back on one's word ② repent

fànhuì 犯讳[-諱] V.O. <*trad.*> use a tabooed name

fǎn huítóu 反回头 V.P. turn round; turn one's head

fǎnhún 返魂 V.O. revive after death; return from the grave

fànhún* 犯浑 V.O. lack a sense of propriety; be unreasonable

fǎnhúncǎo 返魂草 N. <*bot.*> aster

fǎnhúnxiāng 返魂香 N. resuscitate-the-dead incense

fànhuò 贩货 V.O. trade goods

fānì 发腻[發-] V.O. <*coll.*> ① make nuisance of oneself ② be sick of sth. ③ be sickening/nasty/offensive/disgusting

fāniān(r)* 发蔫(儿)[發-] V.O. <*coll.*> ① fade; wither; shrivel ② be listless/spiritless

fānián 发粘[發-] V.O. be sticky

fānié 发苶[發-] V.O. <*coll.*> be listless/spiritless

fā niúpíqi 发牛脾气[發-氣] V.O. <*coll.*> vent bad temper; blow up in anger

fánjì 燔祭 N. burnt offerings

fǎnjī* 反击[-擊] V. beat back; counterattack

fànjí 犯急 V.O. become impatient/excited

[1]**fànjì** 犯忌 V.O. violate a taboo

[2]**fànjì** 犯纪 V.O. break discipline

fànjiá 梵夹[-夾] N. Buddhist works/texts

fānjiǎn 翻检 V. glance through and check

fānjiàn* 翻建 V. rebuild

fánjiān 凡间 N. this world
[1]fǎnjiǎn 反剪 V. hold or have the hands tied behind one's back
[2]fǎnjiǎn 返碱[-鹼] N. salt accumulation in surface soil
fǎnjiàn 反间 V.O. sow distrust/dissension among one's enemies
fànjiǎn 泛碱[-鹼] N. accumulation of salt in the surface soil
fǎnjiàndié 反间谍 N./ATTR. counterespionage
fǎnjiàndié huódòng 反间谍活动[-動] N. counterespionage
fānjiāng 翻浆[-漿] V.O. frost heave/boil (of roads/etc.)
fànjiàng* 犯犟 V.O. <coll.> balk; be stubborn
fānjiāngdǎohǎi 翻江倒海 ID. overwhelming; stupendous; terrific
fǎnjiànjì 反间计 N. stratagem of sowing dissension
fǎnjiànyì 反建议[-議] N. counterproposal
fānjiāo 番/蕃椒 N. ①hot pepper; chili; capsicum ② bell pepper
fānjiǎo 翻搅[-攪] V. stir
fánjiāo* 烦交 F.E. please deliver/send to; care of sb. ~ *mǒurén* please forward this to so-and-so
fǎnjiāopòmǎn 反骄破满[-驕--] F.E. combat arrogance and complacency
fànjiàzhīmǎ 泛驾之马 N. a horse that throws its rider
fǎnjiē 反接 V. lock one's hands behind one's back
fǎnjié 反诘 V. ①counter with a question ②rebut; refute ♦N. rebuttal
[1]fànjiè* 犯戒 V.O. violate religious discipline
[2]fànjiè 犯界 V.O. cross the frontiers of another country illegally or by force
fàn jiéqi 犯节气[-節氣] V.O. have an attack of a seasonal illness
fàn jìhuì 犯忌讳[-諱] V. violate a taboo; do sth. proscribed by superstitions
fánjīn 烦襟 N. a heart overcome with vexation
fánjìn 凡近 <wr.> V.P. half-learned
[1]fànjìn* 犯禁 V.O. violate a ban
[2]fànjìn 犯劲[-勁] V.O. contrary; stubborn
fān jīndǒu 翻筋斗 V.O. ① turn a somersault ② loop the loop
fànjìng 犯境 V.O. encroach upon another country's territory
fǎnjīngshùzhí 返京述职[-職] F.E. return to the capital and report
fǎnjìnr 反劲儿[-勁-] N. naughtiness; restlessness (of a child)
fànjìnr* 犯劲儿[-勁-] V.O. <coll.> misbehave; act up; go against accepted behavior
fǎnjìshù 反技术[-術] N. antitechnology
fānjiùrúxīn 翻旧如新[-舊--] F.E. repair sth. old and make it as good as new
fǎnjízhōng 反集中 N./V.O. decentralization
[1]fánjù 繁剧[-劇] N. very heavy work load
[2]fánjù 繁句 N. <lg.> complex sentence
[3]fánjù 繁钜 N. arduous
fànjú* 饭局 N. <coll.> ① banquet ② dinner engagement
fànjù 饭具 N. mess kit
fānjuǎn 翻卷 V. spin
fǎnjūnluànjūn 反军乱军[--亂-] F.E. oppose and disrupt the army
fānkāi 翻开[-開] R.V. ① open ② tear up
fānkàn 翻看 V. leaf through
fǎnkàng 反抗 V. revolt; resist; oppose
fǎnkàngjūn 反抗军 P.W. rebel army
fǎnkàngxīn 反抗心 N. rebelliousness
fǎnkàngxìng 反抗性 N. rebelliousness
fānkè 番客 N. <topo.> foreigner
[1]fánkē 繁苛 V.P. heavy and exorbitant (of taxes/etc.)
[2]fánkē 烦苛 V.P. petty and harassing (regulations/taxes/etc.)
fǎnkè 反克 N. <Ch. med.> reverse checking
fànkē* 犯科 V.O. violate the law
fànkè 饭客 N. restaurant/cafeteria diners
fǎn kējì 反科技 N. antitechnology
fǎnkèwéizhǔ 反客为主 F.E. ① reverse the positions of host and guest ② gain the initiative
fǎnkēxué 反科学 F.E. antiscience
fǎnkēxué yùndòng 反科学运动[-運動] N. antiscience movement
fànkēzuòjiān 犯科作奸 F.E. transgress the law and become a traitor
fǎnKǒng 反孔 V.O. oppose Confucius
fǎnkòng* 反控 V. recriminate ♦N. recrimination
fǎnkōngjiàng 反空降 N. <mil.> anti-airborne defense
fǎnkǒu 反口 V.O. change a previous remark
fǎnkǒu'érmà 返口而骂[-罵] F.E. curse sb. in retaliation
fǎnkǒuxiāngjié 反口相诘 F.E. counter with a question
fānkù* 藩库 N. <trad.> provincial treasury
fánkǔ 烦苦 S.V. tiresome
fànkuāng 饭筐 N. lunch basket
fǎnkuì 反馈 N. feedback
fǎnkuì xìnxī 反馈信息 N. feedback information
fànkùn 犯困 S.V. feel sleepy/drowsy; be half asleep
fànlài 犯赖 V.O. <coll.> pester; annoy ♦S.V. ① listless; lackadaisical ② perverse shameless
fānláifùqù 翻来覆去 F.E. ① toss and turn ② again and again; repeatedly ③ vacillate
fànláikāikǒu 饭来开口[--開-] ID. live an easy life, with everything provided
fànláizhāngkǒu 饭来张口 ID. be waited on hand and foot
fànlǎn 泛览[-覽] V. read extensively
fànlàn* 泛滥[-濫] V. ① be in flood; overflow; inundate ② spread unchecked
fànlànchéngzāi 泛滥成灾[-濫-災] F.E. ① run wild ②be swamped by sth. ③flood disastrously
fánláo 烦劳[-勞] V. trouble ~ *nín bāng wǒ gǎi yīxià lùnwén.* Would you mind helping me correct my paper?
fǎnlǎohuántóng 返老还童[--還-] F.E. rejuvenate
fān lǎozhàng 翻老帐 V.O. bring up old scores again
fān(r)le 翻(儿)了 V.P. <coll.> flared up
fānle ge guò(r) 翻了个过(儿)[-個--] V.P. <coll.> underwent transformation
fānlí* 藩篱[-籬] N. ① hedge; fence ② line of defense; barrier
fánlí 樊篱[-籬] N. ①fence ②barriers ③restriction
[1]fánlì 凡例 N. guide to the use of a book
[2]fánlì 繁丽[-麗] V.P. rich and flowery (of language)
fǎnlǐ 返里 V.O. <wr.> return to one's native place; return home
[1]fànlì(r/zi) 饭粒(儿/子) N. grains of cooked rice
[2]fànlì 范例[範-] N. example; model
fānliǎn 翻脸 V.O. fall out; suddenly turn hostile *Nǐ [2]zài húshuōbādào, wǒ [1]gēn nǐ ~.* If you keep talking nonsense, I'll be mad at you.
fānliǎn bù rènrén 翻脸不认人[---認-] F.E. turn against a friend
fànliàng(r) 饭量(儿) N. appetite
fān liǎng fān 翻两番 V.O. quadruple; double and redouble
fānliǎnwúqíng* 翻脸无情 F.E. turn ruthlessly against a friend
fǎnliǎnwúqíng 反脸无情 F.E. turn a cold shoulder; forget sb's help/kindness
fānlíjìnchè 藩篱尽撤[-籬盡-] F.E. All fences are removed.
fànlǐlùn 泛理论 N. panlogism
fànlín 犯鳞 ID. advise/admonish the emperor bluntly
fānlǐng(r) 翻领(儿) N. turndown collar; lapel
fànlínglùn 泛灵论[-靈-] N. animism
fǎnlǐxìng 反理性 N. antirationality
fānlìzhī 番荔枝 N. custard apple
fǎnlìzǐ 反粒子 N. <phy.> antiparticle
fánlóng 樊笼 N. ①bird cage ②place/condition of confinement
fānlù* 翻录[-錄] V. ① duplicate ② pirate recordings
fánlù 繁露 N. fringe of a ceremonial hat
fánluán 蕃娈[-孌] V.P. fabulous; splendid; exceedingly pretty/charming
[1]fánluàn* 繁乱[-亂] S.V. mixed and disorderly; chaotic
[2]fánluàn 烦乱[-亂] S.V. confused (of state of mind)
fǎnluàn 反乱[-亂] N. rebellion; revolt; sedition
fǎnlùn* 反论 N. paradox
fànlùn 泛论 V. expound overall ♦N. general survey/discussion
fànlùnshìqíng 泛论世情 F.E. maunder about world affairs
fànluòr 饭落儿 N. means of living
fànmài 贩卖[-賣] V. peddle; sell
fànmàibù 贩卖部[-賣-] P.W. small variety store (on a campus/etc.)
fànmàijī 贩卖机[-賣-] N. vending machine
fànmài rénkǒu 贩卖人口[-賣--] V.O. traffic in human beings; traffic in women
fānmán 翻蛮[-蠻] V.O. ① act unreasonably (in a dispute/etc.); bully ② speak an incomprehensible local dialect
fānmàn(r)* 翻蔓(儿) V.O. turn the vines (of sweet potatoes; etc.)
fánmáng 繁/烦忙 S.V. busy
[1]fánmào 繁茂 S.V. lush; luxuriant
[2]fánmào 蕃茂 S.V. luxuriant; lush
fǎn màojìn 反冒进[-進] V.O. oppose the unrealistic rash advancement in economic development
fǎnMěi* 反美 ATTR. anti-American
Fàn-Měi 泛美 N. Pan-American
Fàn-Měi Hángkōng 泛美航空 N. Pan American Airlines
fǎnMěi qíngxù 反美情绪 N. anti-Americanism
fǎnmèiyǎnmiàn 反袂掩面 F.E. hide one's face in one's sleeve
Fàn-Měizhōuzhǔyì 泛美洲主义[-義] N. Pan-Americanism
Fàn-Měizhǔyì 泛美主义[-義] N. Pan-Americanism
fánmèn 烦闷/懑 S.V. unhappy; worried; depressed
fánmì 繁密 S.V. dense
fǎnmiàn(r) 反面(儿) N. ① reverse/wrong side; back ② opposite; negative side ♦V. present a cold look
fǎnmiàn huánjìng 反面环境[-環-] N. antienvironment
fǎnmiàn jiàocái 反面教材 N. negative example
fǎnmiàn jiàoyuán 反面教员 N. sb. who can be taken as negative example
fǎnmiàn rénwù 反面人物 N. villain; negative character/role
fǎnmiànwúqíng 反面无情 F.E. turn a cold shoulder; forget sb.'s help/kindness
fànmǐlìr 饭米粒儿 N. (cooked) rice grains
fánmín 凡民 N. the masses; the populace
fánmù 凡目 N. ① main idea and contents of a book ② worldly viewpoints
fǎnmù* 反目 V.O. fall out (esp. between husband and wife)
fānmùbiējiǎn 番木鳖硷/碱[-鹼] N. strychnine
fǎnmùchéngchóu 反目成仇 F.E. fall out and become enemies
fānmùguā 番木瓜 N. <bot.> papaya
fānmùguāshù 番木瓜树[-樹] N. papaya tree M: [1]*kē*
fǎnmùwéichóu 反目为仇 F.E. fall out and become enemies
fǎnmùwúqíng 反目无情 F.E. fall out
fánnán* 繁/烦难[-難] S.V. hard to tackle; troublesome
fànnán 犯难[-難] V.O. ① feel embarrassed ② <coll.> suffer hardships *See also fànnàn*
fànnàn 犯难[-難] V.O. risk danger *See also fànnán*
fànnáng 饭囊 N. ①rice bag ②good-for-nothing

fànnángyījià 饭囊衣架 F.E. good-for-nothing
fánnǎo 烦恼[-惱] S.V. vexed; worried ♦N. vexation
fánnì 烦腻 S.V. ① be bored; be fed up ② hate; loathe
fǎnnì* 反逆 V. rebel against (law/order/etc.)
fàn niúbózi 犯牛脖子 V.O. <topo.> be bullheaded; be very stubborn
fàn niújīn 犯牛筋 V.O. <topo.> be bullheaded; react with hostility
fàn niújìn(r)* 犯牛劲(儿)[--勁-] V.O. <coll.> be bullheaded; act headstrong; see red
fàn niúpíqi 犯牛脾气[-氣] V.P. <coll.> act in headstrong/bullheaded way
fānnòng 翻弄 V. browse through
fǎnpá 反扒 V.O. combat pickpocketing/shoplifting
fānpāi 翻拍 N. reproduction (from a photograph) ♦V. reproduce a photo
fānpái 翻牌 V.O. turn over (poker cards/etc.)
fǎnpāi 反拍 V. <sport> inward (pimpled rubber) bat (for Ping-Pong)
fǎnpài* 反派 N. villain (in drama/etc.); negative character
fǎnpài jiǎosè 反派角色 N. villain; negative role (in drama/etc.)
fǎnpàn 反叛 V. revolt; rebel ♦N. ①rebel ②traitor; turncoat
fǎnpèi 返辔 V. turn the horse back (of a rider)
fǎnpēn 反喷 V. regurgitate
fānpéng 帆篷 N. sail
fǎnpiānyā 反偏压[-壓] N. reverse bias
fànpiáo 饭瓢 N. rice dipper
fànpiào(r)* 饭票(儿) N. meal ticket; mess card
fǎnpìn 返/反聘 V. rehire after retirement
fānpíng 藩屏 N. protective barrier; line of defense
fǎnpínkùn jìhuà 反贫困计划[-劃] N. antipoverty program
fǎnpīpíng 反批评 N. counter-criticism ♦V.O. refuse to be criticized
fàn píqi 犯脾气[-氣] V.O. <coll.> be angry
fǎnpū* 反扑[-撲] V. ①counterattack ②pounce on sb. again after being beaten off
fànpù(r) 饭铺(儿) P.W. (small) restaurant; eating house
fǎnpúguīzhēn 返璞归真[--歸-] F.E. return to purity and simplicity
fānqǐ* 翻起 R.V. turn up/over
fànqǐ 泛起 R.V. ooze
fǎnqiān* 返迁[-遷] V. remove (to one's former residence); move back
fànqián 饭前 N. before the meal
fānqiáng 帆樯[-檣] N. ① mast ② navy
fānqiánglínlì 帆樯林立[-檣--] F.E. Sails and masts crowed together like forests.
fānqiángyuèjǐ 翻墙越脊[-牆--] F.E. make one's way into a house over walls and roofs
fǎnqiánjī 反潜机[-潛-] N. antisubmarine plane
fǎnqián jiàntǐng 反潜舰艇[-潛艦-] N. antisubmarine vessel
fànqiánjiǔ 饭前酒 N. aperitif
fǎnqiántǐngzhàn 反潜艇战[-潛-戰] N. antisubmarine warfare
fǎn qí dào ér xíng zhī 反其道而行之 F.E. act in opposition to; do exactly the opposite
fānqié* 番/蕃茄 N. tomato
fǎnqiè 反切 N. Ch. way of indicating pronunciation by joining initial of one character to final of another
fǎnqièfǎ 翻切法 N. <lg.> *fǎnqiè* method
fǎnqièfǎ* 反切法 N. *fǎnqiè* method
fānqiéjiàng 番/蕃茄酱[-醬] N. tomato ketchup
fānqiépiàn 蕃茄片 N. sliced tomato
fǎnqiè shàngzì 反切上字 N. <lg.> first character in *fǎnqiē*
fǎnqiètīng 反窃听[-竊聽] V.O. debug
fǎnqiè xiàzì 反切下字 N. <lg.> second character in *fǎnqiē*
fānqiézhī(r) 番/蕃茄汁(儿) N. tomato juice
fánqǐng* 烦请 V. <court.> invite ♦F.E. Would you mind. . .?; Please be so kind as to. . .
fǎnqīng 返青 V.O. turn green again
fǎnQīng 反清 V.O. anti-Qing (Dynasty)
fànqìng 饭磬 N. <Budd.> dinner bell
fǎnqíngbào 反情报[-報] N. counterintelligence
fǎn qīngxiāo 反倾销 V.O. anti-dumping
fǎn qīnlüè 反侵略 V.O. antiaggression
fànqiǔrúcǎo 饭糗茹草 F.E. live in poverty
fǎnqiúzhūjǐ 反求诸己 F.E. seek cause in oneself (not sb. else)
fǎnqìxuán 反气旋[-氣-] N. <met.> anticyclone
fǎnquǎnpáng(r) 反犬旁(儿) N. <lg.> 3-stroke form of the dog/animal radical (number 94)
fánquē* 繁缺 V.P. overburdened
fànquè 犯阙 V.O. invade the imperial palace; attack the capital (by rebels)
fānr 幡儿 N. streamer-like object held by sons of the deceased at a funeral
fānrán* 幡/翻然 ADV. abruptly; quickly
fánrán 樊然 V.P. disorderly; confused; messy
fānrángǎitú 翻然改图[-圖] F.E. quickly change one's plans
fānránhuǐwù 幡/翻然悔悟 F.E. quickly realize one's error
fánrǎo 烦扰[-擾] V. ① bother; disturb ② feel disturbed
fánrè 烦热[-熱] S.V. oppressively hot; sultry ♦N. oppressive heat
fānrén 番/蕃人 N. aborigines; barbarians
[1]**fánrén** 凡人 N. ① ordinary person ② mortal
[2]**fánrén** 烦人 V.O. annoy ♦S.V. annoying; vexing; troubling ***Duō*** ~ ***ya!*** How vexing/annoying!
fǎnrèn 返任 V.O. return to one's job/post
fànrén* 犯人 N. criminal; prisoner; convict
fànrénjiān 犯人间 N. (prison) ward
fánróng* 繁荣[-榮] S.V. flourishing; prosperous; booming ♦V. make sth. prosper
fánrǒng 烦/繁冗 S.V. ①diverse and complicated (of one's affairs) ② prolix (of speech/writing)
fánróngchāngshèng 繁荣昌盛[-榮--] F.E. thriving and prosperous
fánróngfùqiáng 繁荣富强[-榮-強] F.E. rich, strong, and prosperous
fánròu 燔肉 N. roast meat for offering
fānrù 翻入 V.P. turn under; plow under
fánrù* 繁缛 S.V. ① overelaborate ② abundant; prolific
fànruòshuǐfú 泛若水凫[-鳧] F.E. aimless; good for nothing
fǎnruòwéiqiáng 反弱为强[-強] F.E. turn weakness into strength
fàn sānqīngzi 犯三青子 V.O. <coll.> use barbed language; be sarcastic
fǎn sǎodàng 反扫荡[-掃蕩] V.O. <hist.> repulse the enemy's "mopping-up" campaign
fànsēng 饭僧 V.O. feed a monk
fānshā 翻砂 V.O. <mach.> found; mold; cast
fànshǎ* 犯傻 V.O. ① gaze absently ② <coll.> play dumb ③ <topo.> do a foolish thing
fānshā chējiān 翻砂车间 P.W. foundry shop
fānshāgōng 翻砂工 N. ① foundry worker ② caster
fànshàng 犯上 V.O. go against one's superiors
fānshàngdǎoxià 翻上倒下 F.E. <coll.> toss and turn with anxiety
fànshàngzuòluàn 犯上作乱[-亂] F.E. rebel
fānshānshèshuǐ 翻山涉水 F.E. cross rivers and hills
fānshānyuèlǐng 翻山越岭[-嶺] F.E. tramp over hill and dale
fānshāo 翻梢 V.O. ① recover gambling loss ② (finally) get a break
fǎnshé 反舌 N. ①mockingbird ② <trad.> name of a barbarian state
fǎnshè* 反射 V. reflect (light/heat/sound/etc.) ♦N. ① reflection ② <phy.> reflex
fànshé 犯舌 V.O. talk too much; blab
fǎnshè dòngzuò 反射动作[--動-] N. reflex action
fǎnshèhuì réngé 反社会人格 N. <psy.> antisocial personality
fǎnshèhuì xìnggé 反社会性格 N. antisocial personality
fǎnshèhuì xíngwéi 反社会行为 N. antisocial behavior
fǎnshèhuìzhǔyì fènzǐ 反社会主义分子[----義--] N. anti-socialists
fǎnshèjiǎo 反射角 N. angle of reflection
fǎnshèjìng 反射镜 N. reflector
fǎnshèlú 反射炉[-爐] N. <metal.> ①air furnace ② reverberatory furnace
fǎnshèlùn 反射论 N. <lg.> reflexive theory
fānshēn* 翻身 V.O. ① turn over ② free oneself; stand up
fánshén 烦神 V.O. trouble sb.
fǎnshēn 反身 V.O. turn (self) around ♦ATTR. ① self ② <lg.> reflexive
fǎnshēn dàicí 反身代词 N. <lg.> reflexive pronoun
fǎnshēn dàimíngcí 反身代名词 N. <lg.> reflexive pronoun
fǎnshēn dàimínghuà 反身代名化 N. <lg.> reflexivization
fǎnshēn dòngcí 反身动词[--動-] N. <lg.> reflexive verb
fānshēn dòuzhēng 翻身斗争[-鬥爭] N. <PRC> (class) struggle to "turn over"
fánshèng 繁盛 S.V. thriving; flourishing; prosperous
fānshéngr 翻绳儿[-繩-] N./V.O. (make) cat's cradle
fǎnshēn guānxi 反身关系[-關係] N. <lg.> reflexive relation
fānshēnhù 翻身户 N. <PRC> households that have turned over
fǎnshēnhuà 反身化 N. <lg.> reflexivization
fànshénlùn 泛神论 N. pantheism
fānshēn nóngmín 翻身农民[--農-] N. <PRC> liberated peasants
fānshēn nóngnú 翻身农奴[--農-] N. <PRC> serfs in Tibet and other minority regions who have been liberated
fǎnshēnshì 反身式 N. <lg.> self-form
fānshēnzhàng 翻身仗 N. improvement in performance
fānshēnzuòzhǔ 翻身作主 F.E. stand up and be master of one's own fate
fǎnshèqì 反射器 N. reflector
fǎnshè wàngyuǎnjìng 反射望远镜[---遠-] N. reflecting telescope
fǎnshèxiàn 反射线 N. <phy.> reflected ray
fǎnshè xíngwéi 反射行为 N. reflex action
fǎnshèyǐng 反射影 N. <lg.> mirror image
fǎnshè yùndòng 反射运动[-運動] N. reflex movement
fánshí 矾石[礬-] N. alum mineral
[1]**fánshì*** 凡是 ADV. every; any; all; whatever ♦CONS. ~ *A dōu* all A
[2]**fánshì** 凡事 N. everything ***Nǐmen*** ~ ***xiǎoxīn diǎn.*** You should be careful in all things.
[3]**fánshì** 繁饰 N. overnice decoration
[1]**fǎnshì** 反是 ADV. contrariwise
[2]**fǎnshì** 反噬 V. <wr.> ① make false countercharge ② accuse one's benefactor falsely
fànshi 饭食 N. food provided by a canteen/restaurant/etc. ♦V. eat rice as staple food
fànshī 梵师[-師] N. Buddhist monk
fànshí 饭时[-時] N. <topo.> (at) meal time
[1]**fànshì** 范式[範-] N. form; normal form
[2]**fànshì(r)** 犯事(儿) V.O. commit a crime
fánshìlín 凡士林 N. <loan> Vaseline
fānshíliu 番石榴 N. <bot.> ① guava ② myrtle
Fánshìpài 凡是派 N. <pol.> Whatever Faction (applied to Hua Guofeng's faction by Deng Xiaoping's faction).
fǎnshìshí 反事实[-實] N. <lg.> counterfactive
fánshìyǒuyīn 凡事有因 F.E. There's a reason for everything.
fǎnshízhēn 反时针[-時-] N. counterclockwise
fànshízhì 泛时制[-時-] N. <lg.> generic tense

fǎnshízhōng 反时钟[-時鐘] ATTR. counterclockwise
fǎnshízhōng fāngxiàng 反时钟方向[-時鐘--] N. counterclockwise
fānshǒu 翻手 V.O. turn over one's hand
fǎnshǒu* 反手 N. ①backhand ②sth. very easy to do ♦V.O. return blow for blow
fǎnshǒujiǎnbǎng 反手剪绑 F.E. tie sb.'s hands together behind his back
fǎnshǒukědé 反手可得 F.E. get sth. as easily as turning one's hand
fǎnshǒuqiú 反手球 N. <sport> backhand stroke (of a ball)
fǎnshǒuwéigōng 反守为攻 F.E. turn the tables on sb.
fānshū 翻书[-書] V.O. ① leaf through a book ② translate a book
[1]**fānshǔ*** 番/蕃薯 N. <topo.> sweet potato M: [3]*lǐ*/[1]*gè*
[2]**fānshǔ** 藩属[-屬] N. vassal state
fānshù 番戍 V. keep watch by turns
fánshǔ 繁暑 N. intense heat in summer
fánshù 蕃庶 V.P. numerous
Fànshū 梵书[-書] N. ① Buddhist scriptures ② Sanskrit
fānshǔfěn 蕃薯粉 N. sweet potato powder
fānshǔguó 藩属国[-屬國] N. vassal state/country
fǎnshuǐ 反水 V.O. <topo.> turn renegade; defect
fǎnshuǐbùshōu 反水不收 F.E. What's done can't be undone.
fànshùn 犯顺 V.O. act contrary to reason/order
fánshuò 烦数[-數] N. frequency
fānsī 藩司 N. <trad.> provincial treasurer
fǎnsī* 反思 V. rethink ♦N. ① rethinking ② introspection
fànsī 贩私 V.O. ① sell smuggled articles; engage in illegal vending ② traffic in smuggled goods
fánsǐ rén 烦死人 S.V. ①be bored to death ②be overburdened
fàn sǐzuì 犯死罪 V.O. commit a crime punishable by death
fánsú* 凡俗 N. common/worldly custom
fǎnsù 反诉 N. <law> countercharge; counterclaim
[1]**fánsuì** 繁碎 S.V. ① trifling ② detailed in a complicated way
[2]**fánsuì** 烦碎 S.V. tedious and overelaborate
fānsuǒ 帆索 N. rigging
fánsuǒ* 烦/繁琐 S.V. loaded down with trivial details
fǎnsuǒ 反锁 V. lock sb. in/out
fánsuǒ shǒuxù 繁琐手续[-續] N. red tape
fánsuǒ zhéxué 烦琐哲学 N. ① scholasticism ② <coll.> hairsplitting
fāntái 藩台[-臺] N. <trad> ① vice-governor of a province ② treasurer general
fǎnTái* 返台[-臺] V.O. go back to Taiwan
Fàn-Tàipíngyáng 泛太平洋 N. Pan-Pacific
fántāisúgǔ 凡胎俗骨 F.E. the body as heir to all mortal desires
fántāizhuówù 凡胎浊物[--濁-] F.E. common persons/people
fāntān 番摊[-攤] N. a gambling game M: [1]*zhǒng*/[1]*gè*
fǎntán 反弹 V. rise again (after a fall); pick up *See also fǎndàn*
fàntān(r)* 饭摊(儿)[-攤-] N. food stall
fàntáng 饭堂 P.W. dining hall; mess hall; canteen
Fǎntānjú 反贪局 P.W. Anti-Corruption Department
fǎntǎnkèpào 反坦克炮 N. antitank cannon
fǎn tānwū 反贪污 V.O. anti-corruption
fǎntè 反特 V.O. counterespionage
fānteng* 翻腾 V. ① seethe; rise; churn ② turn sth. over and over; toss ③ <sport> tuck dive ④ throw into disorder
fǎnteng 反腾 V. <coll.> struggle/wriggle to get out of difficulty
fǎntí 反题 N. <phil.> antithesis
fāntiān* 翻天 V.O. ① overturn the heavens; convulse ② overthrow the government
fàntiān 梵天 N. ① one of the three heavens or heavenly states ② the King of Heaven
fāntiānfùdì 翻天覆地 F.E. earth-shaking
fàntīng 饭厅[-廳] P.W. dining hall/room; mess hall
fántǐzì 繁体字[-體-] N. original complex forms of simplified characters
[1]**fàntǒng** 饭桶 N. ① rice bucket ② big eater ③ fathead; good-for-nothing
[2]**fàntǒng** 饭筒 N. rice tube (for steaming) M: [2]*zhī*/[1]*gè*
fāntóucūn 帆头皴 N. <art> alum-lump wrinkle (in painting)
fāntǔ* 翻土 V.O. turn the soil
fántǔ 矾土[礬-] N. raw alumina mineral
[1]**fàntǔ** 贩土 V.O. sell opium
[2]**fàntǔ** 犯土 V.O. offend a local deity (as by a construction project)
fàntuán(r) 饭团(儿)[-團-] N. rice ball M: [2]*zhī*/[1]*gè*
fǎntuīlì 反推力 N. counterthrust
fǎntūjī 反突击[-擊] N. counterattack
fān tǔlākuài(r) 翻土垃/拉块(儿)[---塊-] V.O. <topo.> till the soil
fǎntuōlāsī 反托拉斯 ATTR. <loan> anti-trust
fānù 发怒[發-] V.O. infuriate; flare up
fànwǎn 饭碗 N. ① rice bowl ② job; means of livelihood
Fànwáng 梵王 N. King of Heaven
fǎnwàngyuǎnjìng 反望远镜[--遠-] N. reflecting telescope
fānwéi 藩维 N. vassal states and frontier posts
fānwèi 翻胃 V.O. have nauseating gastric disorder
fánwěi 烦猥 V.P. multitudinous and petty
fǎnwèi 反胃 V.O. ① have nauseating gastric disorder ② upset the stomach
fànwéi* 范围[範圍] N. scope; range; extent; parameter ***zài hélǐ de ~ nèi*** within reasonable bounds
fǎnwéibùměi 反为不美 F.E. On the contrary, it turned out disagreeable.
fànwéi dàimíngcí 范围代名词[範圍-] N. scope pronoun
fànwéi de wèiyǔhuà 范围的谓语化[範圍-] N. predication of scope
fǎn wéijiǎo 反围剿[-圍-] V.O. campaign against encirclement and suppression
fǎnwéilǐzhìlùn 反唯理智论 N. anti-intellectualism
fànwéi xiànzhì fùyǔ 范围限制副语[範圍-] N. <lg.> adverbial scope-delimiting
fǎnwèixīngzhàn 反卫星战[-衛-戰] N. anti-satellite warfare
[1]**fánwén** 繁文 N. overelaborate formalities
[2]**fánwén** 烦文 N. ① rigmarole; annoying formalities ② dense writing
fǎnwén(r) 反文(儿) N. a component of a Ch. character
fǎnwèn* 反问 V. ask (a question) in reply ♦N. rhetorical/negative question
fànwén 范文[範-] N. ①model essay ②anthology piece
Fànwén 梵文 N. Sanskrit
fànwèn 泛问 N. aimless question
fànwénhuà* 泛文化 ATTR. culture-free
Fànwénhuà 梵文化 N. Sanskritize
fǎnwènjù 反问句 N. <lg.> rhetorical question
Fàn Wénlán 范文澜 (1893–1969) N. historian
fánwénlìzǎo 繁文丽藻[--麗-] F.E. bombast
fánwénrùjié 繁文缛节[-節] F.E. ① red tape ② excessive ceremony
fánwénshúlǐ 烦文熟礼[-禮] F.E. superfluous rules and usages
Fànwén zìmǔ 梵文字母 N. <lg.> Devanagari
fánwú 繁芜//蕃庑 V.P. ① wordy; verbose ② flourishing and thriving
fánwù* 凡物 N. dross
fǎnwū 反诬 V. make false countercharge
fǎnwū hǎorén 反诬好人 V.O. make false countercharge
fǎnwūrǎnzhě 反污染者 N. antipollutionist
fǎnwùzhì 反物质[-質] N. antimatter
fánxī 蕃息 V. multiply; propagate
fánxì* 繁/烦细 N. petty details ♦S.V. petty and detailed; excessively detailed
fānxià 翻下 R.V. fall/roll off (horse/hill/etc.)
fànxià* 犯下 R.V. ① violate ② commit
fànxiàdàcuò 犯下大错 V.P. make a big mistake
fǎnxián 返咸[-鹹] N. <agr.> accumulation of salt in surface soil
[1]**fánxiǎng** 凡响[-響] N. ordinary music
[2]**fánxiǎng** 烦想 N. worries
fǎnxiāng 返乡[-鄉] V.O. go back to one's native place; return to one's hometown
fǎnxiǎng 反响[-響] N. repercussion; echo; reverberation
[1]**fǎnxiàng*** 反向 N. opposite direction; reverse
[2]**fǎnxiàng** 反相 N. indications of planned rebellion
fànxiàng 犯相 N. ①ferocious look ②horoscope-based indication of marital incompatibility
fǎnxiàngchǎn 反向铲[-鏟] N. backhoe
fānxiāngdǎoguì 翻箱倒柜[-櫃] F.E. rummage through chests/cupboards
fānxiāngdǎoqiè 翻箱倒箧[-篋] F.E. ①overturn trunks and boxes ② make a thorough search
fǎnxiàng diànliú 反向电流[--電-] N. reverse current
fǎnxiàng qiánghuà 反向强化[--強-] N. negative reinforcement
fánxiánjíguǎn 繁弦急管 F.E. <mus.> fast tempo
fàn xiányí 犯嫌疑 V.O. arouse suspicion; come under suspicion
fánxiāo 烦/繁嚣 V.P. <wr.> noisy and annoying
fǎnxiāo 返销 V. resell (by the state) to place of production
fǎnxiào* 返校 V.O. return to school (e.g., after vacation)
fànxiāo 贩销 V. traffic; deal in
fǎnxiāoliáng 返销粮[-糧] N. <pol.> grain sellbacks
fǎnxiàorì 返校日 N. the date of return to school
fàn xiǎoxìng(r) 犯小性(儿) V.O. <coll.> feel slighted; imagine an affront
fǎnxiéguīzhèng 反邪归正[--歸-] F.E. return to orthodoxy
fǎnxiémiàn 反斜面 N. reverse slope
fānxīn* 翻新 V. renovate; recondition
fānxìn 幡信 N. <trad.> flag with title of high official
[1]**fánxīn** 烦心 S.V. annoying; vexatious; troublesome
[2]**fánxīn** 凡心 N. worldly desires; desires of the flesh
fànxīn 犯心 V.O. <coll.> sensitive to criticism
fǎnxìnfēng 反信风 N. <met.> antitrades
fánxīng 繁星 N. cluster/canopy of stars
fǎnxǐng* 反省 V./N. engage in introspection; soul-searching
[1]**fànxíng** 范型[範-] N. pattern
[2]**fànxíng** 梵行 N. <Budd.> chastity; pure conduct
[1]**fànxìng** 犯性 V.O. lose one's temper; get angry
[2]**fànxìng** 范性[範-] N. <phy.> plasticity
fànxìng cáiliào 范性材料[範-] N. <phy.> plastic material
fánxīngmǎntiān 繁星满天 F.E. starry sky
fánxīngshǎnshuò 繁星闪烁[-爍] F.E. a myriad of stars glittering
fànxīnlùn 泛心论 N. panpsychism
[1]**fānxiū*** 翻修 V. rebuild; renovate; overhaul
[2]**fānxiū** 番休 V. take leave by turns
[1]**fǎnxiū** 返修 V. re-repair
[2]**fǎnxiū** 反修 V.O. <PRC> anti-revisionism; against revisionism
fǎnxiūfángxiū 反修防修 F.E. <PRC> combat and prevent revisionism
fǎnxiūpǐn 返修品 N. reprocessed product
fánxù 烦絮 S.V. ①verbose; long-winded ②feeling injured

fánxuān 矾宣[礬-] N. sized paper
fǎnxuānchuán 反宣传[-傳] N. ① counterpropaganda ② slander campaign
Fànxué 梵学 N. Buddhism (as an area of learning)
fānxún 翻寻[-尋] V. rummage; try to find
fǎnxù wénjiàn 反序文件 N. inverted file
fànyǎlíng 梵哑铃[-啞-] N. <mus./loan> violin
fānyǎn 翻眼 V.O. <coll.> look at disdainfully
fányán 烦言 N. <wr.> ① complaint ② tedious talk
[1]**fányǎn*** 繁/蕃衍 V. multiply; increase gradually in number/quantity ♦V.P. large and luxuriant
[2]**fányǎn** 凡眼 N. mortal eyes; mortal eyesight
fǎnyán 返盐[-鹽] V.O. salt accumulation in surface soil
fǎnyǎn 反眼 V.O. turn the eyes away; look askance at
fànyán 犯颜 V.O. offend one's superiors
fānyáng 翻扬[-揚] V. rise abruptly (of prices)
fān yángwén 翻洋文 V.O. <coll.> use/speak a foreign language
fān yāngzi 翻秧子 V.O. refute
fányánsuìcí 烦言碎辞[-辭] F.E. logorrhea; prolix verbiage
fányǎn wénzì 繁衍文字 N. complicated passages (in writing)
fǎnyánxiāngxiàng 反颜相向 F.E. become hostile (to a friend)
fànyánzhíjiàn 犯颜直谏 F.E. <wr.> displease superior by outspokenness
fányào 凡要 N. the essential/basic ideas (in a book)
fǎnyǎo* 反咬 V. countercharge sb.
fǎnyǎoyīkǒu 反咬一口 F.E. trump up a countercharge against one's accuser
Fàn-Yàzhǔyì 泛亚主义[-亞-義] N. Pan-Asianism
fànyè 犯夜 V.O. violate night curfew
fānyì* 翻译[-譯] V. translate; interpret ♦N. ① translator; interpreter ② translation; interpretation
fǎnyì 反义[-義] N. <lg.> antonymy
fànyí 犯疑 V.O. suspect; be suspicious
[1]**fànyì** 泛溢 V. overflow; flood
[2]**fànyì** 犯意 N. criminal intent
fānyìběn 翻译本[-譯-] N. translation
fānyì biānjí 翻译编辑[-譯--] N. <lg.> translation editor
fānyì biànlǎn 翻译便览[-譯-覽] N. <lg.> translation manual
fǎnyì bìngliè jiégòu 反义并列结构[-義並--構] N. <lg.> antonymous coordinate construction
fānyì cāozuò 翻译操作[-譯--] N. <lg.> translation operation
fānyì cèlüè 翻译策略[-譯--] N. <lg.> translation strategy
fānyì cèyàn 翻译测验[-譯--] N. <lg.> translation test/testing
fānyì chéngshì 翻译程式[-譯--] N. <comp.> translating program
fānyì chéngxù 翻译程序[-譯--] N. <lg.> translation procedure
fānyì chū 翻译出[-譯-] R.V. translate to
fǎnyìcí 反义词[-義-] N. antonym
fānyì cóngyèyuán 翻译从业员[-譯從業-] N. <lg.> practicing translator
fānyì dānwèi 翻译单位[-譯--] N. <lg.> unit of translation
fǎnyì de 反意的 ATTR. <lg.> disjunctive
fānyì děngzhí 翻译等值[-譯--] N. <lg.> translation equivalence
fānyì de zhǔnquèxìng 翻译的准确性[-譯-準確-] N. <lg.> accuracy in translation
fānyì duìděngcí 翻译对等词[-譯對--] N. <lg.> translation equivalent
fǎnyìfǎ 反义法[-義-] N. oxymoron
fānyīfān 翻一翻 V.P. double
fānyì fúwù 翻译服务[-譯-務] N. <lg.> translation service
fānyì fǔzhù 翻译辅助[-譯--] N. <lg.> translation aids
fānyì gōngjù 翻译工具[-譯--] N. <lg.> translation tool; translation tools
fānyì gōngzuòliàng 翻译工作量[-譯---] N. <lg.> translation workload
fānyì gōngzuòshì 翻译工作室[-譯---] P.W. <lg.> translation workshop
fānyìguān 翻译官[-譯-] N. officer whose duty is to interpret/translate
fǎnyì guānxi 反义关系[-義關係] N. <lg.> antonymy
fānyìjī 翻译机[-譯-] N. electronic translator; translating machine
fānyì jìhuà 翻译计划[-譯-劃] N. <lg.> translation project
fānyì jìqiǎo 翻译技巧[-譯--] N. <lg.> translation technique
fānyìjù 翻译剧[-譯劇] N. <lg.> translated play
fānyì kēmù 翻译科目[-譯--] N. <lg.> translation course
fānyì kēxué 翻译科学[-譯--] N. <lg.> translation science
fānyì lǐlùn 翻译理论[-譯--] N. <lg.> translation theory; theory of translation
fānyì měixué 翻译美学[-譯--] N. <lg.> translation aesthetics
fānyīn 翻音 N. transcription
fānyín 番银 N. Mexican silver dollar M: [4]*méi*
fānyìn* 翻印 V. reprint; reproduce
fànyīn 泛音 N. <mus.> overtone; harmonic
Fànyīn 梵音 N. ① <Budd.> chanting of scriptures ② <lg.> Sanskrit sound
fànyǐn 犯隐[-隱] V.O. crave (cigarette/etc.)
fānyìnbìjiū 翻印必究 F.E. Reproduction of the book will be prosecuted.
fānyǐng 帆影 N. <wr.> boats in water
[1]**fǎnyìng*** 反应[-應] V. react; respond ♦N. ① chemical reaction ② response; repercussion ③ feedback
[2]**fǎnyìng** 反映 V. ① reflect; mirror ② report; make known
fǎnyìng chū 反映出 R.V. reflect; represent
fǎnyìngduī 反应堆[-應-] N. reactor
fǎnyìngjù 反应句[-應-] N. <lg.> response; response sentence
fǎnyìnglú 反应炉[-應爐] N. <phy.> reactor
fǎnyìnglùn 反映论 N. theory of reflection
fǎnyìng qīngxiàng 反应倾向[-應--] N. <soc.> response set
fǎnyìngrè 反应热[-應熱] N. reaction/reactive heat
fǎnyìngshì 反应式[-應-] N. reaction formula
fǎnyīng shīwù 反应失误[-應--] N. miscue
fǎnyīng shīwù fēnxi 反应失误分析[-應----] N. miscue analysis
fǎnyìngwù 反应物[-應-] N. reactant
fǎnyìng xíngshì 反映形式 N. <lg.> reflex
fǎnyīngxióng 反英雄 N. antihero
fǎnyìng yìyì 反映意义[-義] N. <lg.> reflected meaning
fànyīnliè 泛音列 N. <mus.> harmonic series
fānyìpiàn 翻译片[-譯-] N. dubbed film M: *bù*
fānyìpǐn 翻译品[-譯-] N. translation M: [1]*zhǒng*
fānyìqì 翻译器[-譯-] N. <comp.> translator M: [2]*zhī*/[2]*jiàn*
fānyìquán 翻译权[-譯權] N. translation rights (for a book)
fānyìshè 翻译社[-譯-] N. <lg.> translation agent
fānyìshì 翻译室[-譯-] P.W. translation office
fānyìtǐ 翻译体[-譯體] N. <lg.> translationese
fānyìxì 翻译系[-譯-] N. <lg.> translation department
fǎnyì xiànxiàng 反义现象[-義--] N. <lg.> antonymy
fàn yíxīn 犯疑心 V.O. be suspicious toward sth./sb.
fānyìxué 翻译学[-譯-] N. <lg.> translation (as specialized field); translatology
fānyì xuétú 翻译学徒[-譯--] N. <lg.> apprentice translator
fǎnyì yíwènjù 反义疑问句[-義---] N. <lg.> disjunctive question
fǎnyìyǔ 反意语 N. antonym M: [1]*zhǒng*
fānyìyuán 翻译员[-譯-] N. interpreter; translator M: [1]*míng*/[1]*gè*/[2]*wèi*
fānyìzhě 翻译者[-譯-] N. translator M: [2]*wèi*/[1]*míng*/[1]*ge*
fānyì zhìsù pínggū 翻译质素评估[-譯質---] N. <lg.> translation quality assessment
fǎnyìzì 反义字[-義-] N. antonym
fānyǒng 翻涌 V. seethe; churn
fányōng* 凡庸 S.V. commonplace; ordinary
fányōu 烦忧[-憂] V. vex and worry
fǎnyòu* 反右 V.O. <PRC> ① oppose rightists ② the Anti-Rightists Movement (1957)
Fǎnyòu Dòuzhēng 反右斗争[-鬥爭] N. Anti-Rightist Campaign (1957)
fǎnyòufángzuǒ 反右防左 F.E. oppose both rightism and leftism
fǎn yóujīzhàn 反游击战[-擊戰] N. counter-guerrilla warfare
Fǎn Yòupài Dòuzhēng 反右派斗争[-鬥爭] N. <PRC> the Anti-Rightist Movement (1957)
fǎn yòuqīng 反右倾 V.O. struggle against Right deviation; oppose rightist tendency
fǎn Yóutài 反犹太[-猶-] V.O. be anti-Semitic
fǎn Yóutàizhǔyì 反犹太主义[-猶--義] N. anti-Semitism
Fǎnyòu Yùndòng 反右运动[-運動] N. the Anti-Rightist Campaign
fānyǔ 番语 N. foreign languages M: [1]*zhǒng*
fānyù 蕃芋 N. sweet potato M: [3]*lì*/[1]*gè*
fányù 繁育 V. breed in great numbers
fǎnyǔ* 反语 N. ① irony; prevarication ② rhetorical question ③ <lg.> *fǎnqiè* method
fànyǔ 梵宇 N. Buddhist temple M: [1]*gè*
Fànyǔ 梵语 N. Sanskrit
fànyù 范域[範-] N. <lg.> scope
fányuān 烦冤 V. be frustrated and distressed; feel injured
[1]**fānyuè** 翻阅 V. browse; look/glance over/through
[2]**fānyuè** 翻越 V. cross over (sth.)
fǎnyǔfǎ 反语法 N. <lg.> litotes
fànyù fùcí 范域副词[範-] N. <lg.> scope adverb
fànyùn 贩运[-運] V. transport goods for sale
fānyúnfùyǔ 翻云覆雨[-雲--] F.E. ① given to playing tricks; shifty ② play fast and loose
fǎnyǔyán 反语言 N. <lg.> antilanguage
fánzá 繁/烦杂[-雜] S.V. miscellaneous; complex
fánzáduōyàng 繁杂多样[-雜-樣] F.E. many and diverse
fānzào 翻造 V. rebuild; renovate; revamp
fánzào* 烦躁 V. be fidgety/agitated/peevish
fánzàobù'ān 烦躁不安 F.E. ① set one's nerves on edge ② <med.> dysphoria
fǎnzāodúshǒu 反遭毒手 F.E. suffer unexpected violent scheme
fǎnzé* 反责 V. recriminate
fǎnzè 反仄 N. ① troubled mind/spirit ② duplicity
fǎnzhàn 反战[-戰] ATTR. antiwar
fānzhǎng 反掌 V.O. turn over one's hand—a most easy thing to do
fàn zhāngcheng 犯章程 V.O. <coll.> violate rules
fānzhāngfēngmǎn 帆张风满 F.E. The sails bellied out in the wind.
fānzhǎo 翻找 V. rummage through
[1]**fǎnzhào*** 反/返照 N. reflection of light
[2]**fǎnzhào** 返棹 V.O. make a return trip (of a boat)
fǎnzhàojìng 反照镜 N. rearview mirror
fānzhèn 藩镇 N. Tang military governor
fǎnzheng* 反正 ADV. anyway; anyhow; in any case ♦CONJ. since; as *See also* [2]*fǎnzhèng*
[1]**fǎnzhèng** 反证[-證] N./V. disproof; counterevidence

[2]**fǎnzhèng** 反正 N. rebel turning to join government's side ♦V. come out from the enemy's side *See also fǎnzheng*

fánzhēngbóyǐn 繁征博引[-徵--] F.E. use an abundance of proofs; use well-documented and extensive evidence

fǎnzhèngfǎ 反证法[-證-] N. reduction to absurdity; reductio ad absurdum

fānzhì 幡帜[-幟] N. flags; pennants; streamers

[1]**fánzhí*** 繁殖 V. breed; reproduce; propagate

[2]**fánzhí** 蕃殖 V. multiply; proliferate

fǎnzhī 反之 CONJ. on the contrary; otherwise; conversely

fǎnzhí 反殖 N./V.O. anti-colonialist

fǎnzhì 反治 N. <*Ch.med.*> treatments by reverse processes

fànzhǐ 泛指 V. make a general reference; be used in a general sense ♦N. <*lg.*> generic

fànzhì 梵志 N. brahmacarin (devoted to Brahma)

fánzhíchǎng 繁殖场[-場] P.W. stud farm

fǎnzhìfǎ 反治法 N. <*Ch. med.*> paradox therapy pattern

fánzhílì 繁殖力 N. reproductive capacity; fecundity; fertility

fánzhílǜ 繁殖率 N. rate of reproduction; breeding rate

fǎnzhīyìrán 反之亦然 F.E. Conversely, it is all right too.; And vice-versa.

fǎnzhízhǔyì* 反殖主义[-義] N. anticolonialism

fǎnzhìzhǔyì 反智主义[-義] N. anti-intellectualism

fánzhòng* 繁重 S.V. heavy; strenuous; onerous

Fànzhòng 梵众[-眾] N. Buddhist monks

fàn zhòngnù 犯众怒[-眾-] V.O. infuriate everybody

fǎnzhōngxiàng 反钟向[-鐘-] N. counterclockwise

Fàn Zhòngyān 范仲淹 (989–1052) N. scholar and statesman

fǎn zhǒngzúqíshì 反种族歧视[-種---] N. antiracism

fànzhōu* 泛舟 V.O. go boating

fànzhòu 犯纣 V.O. <*topo.*> become crooked/distorted

fǎnzhōuqī 反周期 ATTR. counter-cyclical

[1]**fānzhù** 帆柱 N. mast

[2]**fānzhù** 翻铸[-鑄] N. casting

fānzhuǎn 翻转[-轉] V. turn over

fǎnzhuǎn 反转[-轉] V. ① reverse ② turn inside out ③ return *See also fǎnzhuàn*

fǎnzhuàn* 反转[-轉] V. reverse; transpose; roll back *See also fǎnzhuǎn*

fǎnzhuǎnfǎ 反转法[-轉-] N. <*lg.*> adversative method

fànzhuāng(zi) 饭庄(子)[-莊-] P.W. (big) restaurant

fǎnzhuànglì 反撞力 N. recoil (of rifles)

fǎnzhuǎnlái 反转来[-轉-] V.P. in reverse only; in an opposite direction

fǎnzhuǎnpiàn 反转片[-轉-] N. <*photo.*> reversal film

fànzhuō(r/zi) 饭桌(儿/子) N. dining table M: *zhuō*

fānzi 番子 N. barbarian; foreigner M: [2]*wèi*/[1]*míng*/[1]*gè*

[1]**fánzī** 繁滋 V. <*wr.*> multiply profusely

[2]**fánzī** 蕃滋 V. multiply

fǎnzī 反资 V.O. anticapitalism

fànzi* 贩子 N. dealer; monger

Fànzì 梵字 N. (letters for writing) Sanskrit

fànzuǐ 犯嘴 V.O. <*topo.*> quarrel

fànzuì* 犯罪 V.O. commit crime/offense

fànzuì fènzǐ 犯罪分子 N. offender; criminal

fànzuìlǜ 犯罪率 N. crime rate

fànzuì tuánhuǒ 犯罪团伙[--團-] N. criminal gang

fànzuì xíngwéi 犯罪行为 N. criminal act; criminality; crime

fànzuì xīnlǐxué 犯罪心理学 N. criminal psychology

fànzuìxué 犯罪学 N. criminology

fānzuò* 翻作 V. translate as

fǎnzuò 反坐 V. sentence an accuser to the punishment facing sb. he falsely accused

fànzuòr 饭座儿 N. dining seat

fǎnzuòyòng 反作用 N. ① opposite reaction; reaction ② undesirable/unexpected reactions/results

fǎnzuòyònglì 反作用力 N. <*phy.*> reacting force

fǎnzǔ xiànxiàng 返祖现象 N. atavism

fā'ǒu 发呕[發嘔] V.O. ① feel sick/nauseated (at) ② be disgusted (at)

[1]**fāpái** 发牌[發-] V.O. deal cards

[2]**fāpái** 发排[發-] V. send a manuscript to the compositor

fā pánchan 发盘缠[發盤纏] V.O. <*coll.*> pay a fare

fāpàng 发胖[發-] V.O. gain weight; get fat

fāpánrén 发盘人[發盤-] N. offerer

fāpào 发炮[發-] V.O. fire artillery

fāpèi 发配[發-] V. banish to a frontier garrison

fāpèichōngjūn 发配充军[發-]F.E. <*trad.*> send to distant exile

fāpiào 发票[發-] N. ① invoice ② receipt M: [1]*zhāng*

fāpiàobù 发票簿[發-] N. invoice book M: [1]*běn*

fāpiào cúngēn bù 发票存根簿[發-] N. invoice register

fāpiào fùlián 发票副联[發-聯] N. duplicate invoice M: [1]*zhāng*

fāpiàorén 发票人[發-] N. one who hands out tickets

fā píqi 发脾气[發-氣] V.O. lose temper; get angry

fāpō 发泼[發潑] V.O. <*coll.*> throw a tantrum

fāqǐ* 发起[發-] R.V. ① initiate; sponsor ② start; launch

fāqì 发气[發氣] V.O. ① <*topo.*> get angry; lose one's temper ② exert *qìgōng* power/energy (for therapy/etc.)

fǎqì 法器 N. ① Buddhist/Daoist (musical) instruments ② one who obeys Buddha ③ vessel of the law

fàqī 发妻[髮-] N. <*trad.*> first wife

fàqiǎ 发卡[髮-] N. hairpin

fāqiǎn 发遣[發-] V. <*wr.*> send away; deport

fáqián* 罚钱[-錢] V.O. fine

fāqiánrì 发钱日[發錢-] N. payday

fāqiè 发怯[發-] V.O. be nervous/timid/afraid

fāqǐ fèiyòng 发起费用[發-] N. <*acct.*> promotion expenses

fāqǐguó 发起国[發-國] P.W. sponsor nation

[1]**fāqīng** 发青[發-] V.O. ① become green ② become black and blue

[2]**fāqīng** 发清[發-] R.V. pay off

fāqíng* 发情[發-] V.O. be in heat ♦N. puberty

fāqíngqī 发情期[發-] N. ① heat period; estrus ② puberty

fāqǐrén 发起人[發-] N. initiator; sponsor

fāqǐrén gǔfèn 发起人股份[發-] N. <*acct.*> founders'/promoters' stock

fāqǐ shāo lái 发起烧来[發-燒-] R.V. start to have a fever

fāqiú* 发球[發-] V.O. <*sport*> serve a ball

fáqiú 罚球 N./V.O. penalty shot/kick

fāqiúyuán 发球员[發-] N. <*sport*> server

fáqū* 伐区[-區] P.W. cutting/felling area

fáqù 乏趣 N. lacking in interest

fǎquán 法权[-權] N. legal right

fǎr 法儿 N. means; method; way; procedure

fārè 发热[發熱] V.O. ① give out heat; generate heat ② have a fever ③ be hotheaded ④ <*Ch. med.*> have hot sensations

fārèliàng 发热量[發熱-] N. generating capacity of heat

fārén 发人[發-] V. set people (to do sth.)

fārèn 发轫[發-] V. <*wr.*> set sth. afoot; commence an undertaking ♦N. beginning; origin

fárén 乏人 N. <*coll.*> a weakling

fǎrén* 法人 N. <*law*> legal/juridical/corporate person

fǎrén gōngsī 法人公司 P.W. incorporated company

fārénshēnsī 发人深思[發-] F.E. set people thinking; call for deep thought

[1]**fārénshēnxǐng** 发人深省[發-] F.E. set people thinking; call for deep thought

[2]**fārénshēnxǐng** 发人深醒[發-] F.E. make sb. wide awake

fǎrénshuì 法人税 N. corporation tax

fǎréntuántǐ 法人团体[-團體] P.W. corporate body; corporation

fárénwènjīn 乏人问津 F.E. Few people are interested in it.

fárénzhàoyìng 乏人照应[-應] F.E. in need of caretaker/supervisor/etc.

fǎrén zīgé 法人资格 N. legal personality; qualification of a legal person

fāróngzīzhǎng 发荣滋长[發榮-] F.E. flourish and grow

fàrǔ 发乳[髮-] N. hair cream; oil dressing

fāruǎn 发软[發-] V.O. ① become soft/weak ② become limp/flaccid

fāsàn 发散[發-] V. ① disperse; diverge (of rays/etc.) ② <*Ch. med.*> disperse internal heat

fāsàndù 发散度[發-] N. <*phy.*> divergency

fāsāng 发丧[發喪] V.O. ① announce a death; send out an obituary ② arrange a funeral ③ accompany coffin to burial site ④ inform relatives and friends of a death

fāsànshì sīwéi 发散式思维[發-] N. divergent thinking

fāsàn sīwéi 发散思维[發-] N. divergent thinking

fāsàn zhìliáo 发散治疗[發-療] N. release therapy (in psychiatry)

fāsè 发涩[發澀] V.O. ① feel dry/irritated (of eyes/throat/etc.) ② be puckery (of unripe persimmon/etc.)

fāshā 发痧[發-] V.O. <*topo.*> have a heatstroke

fāshǎ* 发傻[發-] V.O. be in a stupor

[1]**fáshàn** 乏善 N. nothing good or interesting

[2]**fáshàn** 伐善 V. <*wr.*> boast; brag

fǎshāng 法商 N. ① French merchant ② law and business

fǎ-shāng xuéyuàn 法商学院 P.W. law and business school

fáshànkěchén 乏善可陈 F.E. have nothing good/unusual to report

fā shànxīn 发善心[發-] V.O. show pity/kindness of heart; have mercy upon sb.

fāshāo* 发烧[發燒] V.O. ① have a fever/temperature *Tā zài fā gāoshāo.* He's running a high fever. ② be fascinated (with sb./sth.) ♦ATTR. fascinating; fascinated

fàshāo 发梢[髮-] N. hair tips/ends

fāshāoxīng 发烧星[發燒-] N. fascinating star (of song/dance/movie); popular star

fāshāo yīnxiǎng 发烧音响[發燒-響] <*coll.*> N. the latest, most hi-tech sound system

fāshāoyǒu 发烧友[發燒-] N. ① fan; enthusiast; audiophile ② a fanatic

fāshè 发射[發-] V. ① launch; project; discharge; shoot ② <*phy.*> transmit; emit

fāshèchǎng 发射场[發-場] P.W. launching site

fāshèjī 发射机[發-] N. transmitter; sender

fāshèjià 发射架[發-] N. launcher

fāshèjǐng 发射井[發-] N. launching silo

fāshèjī wǎngluò 发射机网络[發--網-] N. transmitter network

fāshēn* 发身[發-] N. puberty ♦V.O. reach puberty

fǎshēn 法身 N. <*Budd.*> dharmakaya; embodiment of truth and law

[1]**fāshēng** 发生[發-] V. happen; occur; take place *Zhè shì zěnme ~ de?* How did this come about? ♦A.T. <*topo.*> timid; nervous ♦N. origin

[2]**fāshēng** 发声[發聲] V.O. ① produce sound ② <*lg.*> phonate ♦N. <*lg.*> unaspirated initial

fāshēng chōngtū 发生冲突[發-衝-] V.O. come to a clash; develop into a fight
fāshēngfǎ 发生法[發-] N. vocalization
fāshēng guānxi 发生关系[發-關係] V.O. ① establish relationship; have sth. to do with ② have an affair with
fāshēnglùn 发生论[發-] N. genetic theory
[1]fāshēngqì 发声器[發聲-] N. ① vocal organ ② sounder (of a telegraph)
[2]fāshēngqì 发生器[發-] N. generator
fāshēng rènshilùn 发生认识论[發-認識-] N. <lg.> genetic epistemology
fāshēng xīnlǐxué 发生心理学[發-] N. genetic psychology
[1]fāshēngxué 发生学[發-] N. ① embryology ② genetics
[2]fāshēngxué 发声学[發聲-] N. acoustics
fāshēngxué fēnlèifǎ 发生学分类法[發---類-] N. genealogical/genetic classification
fāshēngxué guānxi 发生学关系[發-關係] N. genetic affinity
fā shénjīng 发神经[發-經] V.O. go mad/crazy; be out of one's mind
fāshēnqī 发身期[發-] N. period of puberty
fāshèqì 发射器[發-] N. launcher
fāshètǎ 发射塔[發-] N. launching tower
fāshètái 发射台[發-臺] N. launching/firing stand/pad
fāshètǒng 发射筒[發-] N. <mil.> missile/rocket launcher M: [2]zhī
fāshèwù 发射物[發-] N. emission
fāshi 发实[發實] S.V. <topo.> brawny; strapping
fāshī 发湿[發濕] V.O. be wet/damp
fāshǐ 发矢[發-] V.O. shoot/discharge an arrow
[1]fāshì 发誓[發-] V.O. vow; pledge; swear
[2]fāshì 发市[發-] V.O. begin business
[1]fǎshī* 法师[-師] N. Master (title for Buddhist/Daoist priest)
[2]fǎshī 法施 V. teach the principles of Buddhism
[1]fǎshì 法事 N. Buddhist/Daoist mass
[2]fǎshì 法式 N. ①rule; method; model ② <loan> French-style ③ legal ways/forms
fàshì 发式[髮-] N. hairstyle; hairdo; coiffure
fāshìdǔzhòu 发誓赌咒[發-] F.E. take an oath/swear
fāshōu 发收[發-] V. dispatch and receive
fāshòu* 发售[發-] V. sell
[1]fāshū* 发抒[發-] V. express; voice
[2]fāshū 发摅[發攄] V. bring into full play
fǎshū 法书[-書] N. ①model calligraphy ②your calligraphy ③ volume on institutions and systems
Fǎshǔ 法属[-屬] N. French dependency
fǎshù 法术[-術] N. ① magic arts ② law and methods of governing (in Legalist thought)
fàshuā 发刷[髮-] N. hairbrush M: [1]bǎ/[2]zhī
fāshuǐ* 发水[發-] V.O. flood
fǎshuǐ 法水 N. <Budd.> the Truth that washes away filth and illusion
fàsī 发丝[髮絲] N. a strand of hair M: [2]liǔ
fā sīgǔ zhī yōuqíng 发思古之幽情[發-] F.E. muse over things of the remote past
fā sīsīshēng de 发丝丝声的[發絲絲聲-] ATTR. <lg.> sibilant
fāsong 发送[發-] V. handle funeral arrangements *See also fāsòng*
fāsōng 发松[發鬆] V.O. be/become loose
fāsòng* 发送[發-] V. ① transmit (by radio/etc.) ② dispatch *See also fāsong*
fāsòngjī 发送机[發-] N. transmitter
fāsòngqì 发送器[發-] N. transmitter
fāsòngrén 发送人[發-] N. sender M: [1]míng/[1]gè/[2]wèi
fāsòng yóujiàn fúwùqì 发送邮件服务器[發-郵--務-] N. <comp.> outgoing mail server
fāsōu 发馊[發-] V.O. spoil and turn sour
fǎsù 法素 N. <lg.> taxeme; grammeme; syntagmeme
fāsuān 发酸[發-] V.O. ① turn sour ② ache slightly ③ feel a tingle in one's eyes or nose
fāsuān miàntuán 发酸面团[發-麵團] N. sourdough
fǎtái 法台[-臺] N. platform on which a Buddhist monk or Daoist priest performs rites
fǎtáng 法堂 P.W. ① <trad.> law court ② a hall for preaching the Buddhist doctrine
fāténg 发疼[發-] V.O. be painful
fātián 发甜[發-] V.O. be sweetish
fātiáo* 发条[發條] N. ①spring (of a mechanical device) ② items/articles of law
fǎtiáo 法条[-條] N. law article
fǎtiè 法帖 N. model of calligraphy for practice
fǎtīng 法厅[-廳] P.W. court; tribunal
fǎtíng* 法庭 P.W. court; tribunal
fātòng* 发痛[發-] V.O. be painful
fǎtǒng 法统 N. ① legally constituted authority ② system of justice
fātū* 发秃[發禿] V.O. appear bald/bare
fǎtú 法徒 N. Buddhist monk M: [2]wèi/[1]míng/[1]gè
fǎwàishī'ēn 法外施恩 F.E. be lenient within the limits of the law
fāwǎng 发往[發-] V. send to
fāwàng 发旺[發-] V.O. <coll.> prosper; be prosperous
fǎwáng 法王 N. ①Buddha (Sanskrit *Dharmaraja* "law-king") ② the Sovereign Pope
fǎwǎng* 法网[-網] N. net of justice; toils of the law
fǎwǎng 发网[髮網] N. hairnet M: [1]zhāng
fǎwǎnghuīhuī 法网恢恢[-網--] F.E. meshes of the law
fǎwǎngnántáo 法网难逃[-網難-] F.E. It is hard to escape the arm of the law.
fāwēi 发威[發-] V.O. ① demonstrate one's courage and power ② fly into a rage; rage
fáwèi* 乏味 S.V. dull; vapid; drab; tasteless
fǎwèi 法位 N. <lg.> tagmeme
fǎwèixué 法位学 N. <lg.> tagmemics
fāwén 发文[發-] V.O. dispatch ♦N. outgoing message M: [1]tiáo/[1]zé
fāwèn* 发问[發-] V. ask a question
Fǎwén 法文 N. French language/writing
fāwénbù 发文簿[發-] N. register of outgoing documents/etc.
fǎwénhuà 法文化 N. legal culture
fāwù* 发物[發-] N. stimulating food (e.g., fish/mutton)
[1]fǎwù 法务[-務] N. legal affairs
[2]fǎwù 法物 N. <trad.> musical instruments and equipment for ancestral temple
fàwū 发屋[髮-] P.W. hair salon M: [1]jiān
Fǎwùbù 法务部[-務-] P.W. Ministry of Justice
fáwù yóuxì 罚物游戏[-戲] N. forfeits
fǎxì 法系 N. genealogy of law
fāxià 发下[發-] R.V. give; issue; distribute; send down
fā xiàlai 发下来[發-] R.V. give; issue; distribute; send down
fāxiàn* 发现/见[發-] V./N. ① find; discover *Wǒ méi ~ shénme.* I didn't see anything. ② realize; perceive; notice
fǎxiàn 法线 N. <math.> normal
fāxiàn chéngxù 发现程序[發-] N. <lg.> discovery procedure
fāxiàn dào 发现到[發-] R.V. find out; discover
fāxiáng* 发祥[發-] V.O. ① rise; occur ② <wr.> prosper
[1]fāxiǎng 发响[發響] V.O. make a sound/noise
[2]fāxiǎng 发饷[發-] V.O. issue pay (esp. to soldiers)
[1]fǎxiàng 法相 N. ① <Budd.> the aspects of things ② an image of Buddha
[2]fǎxiàng 法像 N. an image of Buddha
fāxiángdì 发祥地[發-] N. place of origin; birthplace
fāxiàngguǎn 发像管[發-] N. kinescope
fáxiàngr 乏象儿 N. <topo.> a weakling; a 'cream puff'
fāxiǎngrì 发饷日[發-] N. payday
Fǎxiàngzōng 法相宗 N. Budd. school founded by Xuánzàng
fāxiào 发笑[發-] V.O. laugh
fāxiè 发泄[發-] V. let off; give vent to
fāxiè bùmǎn 发泄不满[發-] V.O. air grievances
fā xiécái 发邪财[發-] V.O. <coll.> have a windfall
fā xiépíqì 发邪脾气[發-氣] V.O. <topo.> have a strange temper tantrum
fàxìjùlí 发隙距离[髮-離] N. hairbreadth
[1]fāxīn 发薪[發-] V.O. pay out wages
[2]fāxīn 发心[發-] V.O. make up one's mind (to do sth.)
fāxìn* 发信[發-] V.O. post a letter
fāxíng* 发行[發-] V. issue; publish; distribute; put on sale *See also fāháng*
fáxíng 罚刑 V. penalize
fǎxìng 法性 N. <Budd.> the profound reality that underlies all things
fàxíng 发型[髮-] N. hair style; hairdo; coiffure M: [1]zhǒng
fāxíngbù 发行部[發-] P.W. periodical circulation department
fāxíng gǔpiào 发行股票[發-] V.O. issue shares; go public
fāxíng jiàgé 发行价格[發-價-] N. issue price
fāxíngliàng 发行量[發-] N. volume of circulation
fāxíngrén 发行人[發-] N. publisher M: [2]wèi/[1]míng/[1]gè
fāxíngsuǒ 发行所[發-] P.W. salesroom; distribution office M: [2]jiān/[1]gè
fāxíng yínháng 发行银行[發-] N. bank of issue
fāxíngzhě 发行者[發-] N. publisher; distributor M: [2]wèi/[1]míng/[1]gè
fáxìngzhīfǔ 伐性之斧 N. sth. that endangers one's life
fàxíng zhuānjiā 发型专家[髮-專-] N. hair stylist M: [2]wèi/[1]míng/[1]gè
fā xìnhào 发信号[發-號] V.O. signal
fāxìnrén 发信人[發-] N. sender of a letter M: [1]gè/[1]míng/[2]wèi
fāxīnrì 发薪日[發-] N. payday
fā xīnshui 发薪水[發-] V.O. hand out paychecks to employees
fāxióng 发熊[發-] V.O. <coll.> flare up in anger
fǎxīsī 法西斯 N. <loan> fascist
fǎxīsīdǎng 法西斯党[-黨] P.W. fascist party
fǎxīsīzhǔyì 法西斯主义[-義] N. fascism
fàxiù 发绣[髮繡] N. hair embroidery (i.e., using human hair, not silk thread)
fāxū 发虚[發虛] V.O. ①be diffident ②be weak
fàxuǎn 发癣[髮-] N. <med.> ringworm of scalp M: [1]piàn
fāxué 发噱[發-] S.V. <topo.> amusing; funny ♦V.O. laugh
fǎxué* 法学 N. science of law; law; jurisprudence
fǎxué bóshì 法学博士 N. Jurum Doctor; Doctor of Laws M: [1]míng/[1]gè/[2]wèi
fǎxuéjiā 法学家 N. jurist M: [1]míng/[1]gè/[2]wèi
fǎxuéshì 法学士 N. Bachelor of Laws (LL.B.)
fǎxuéyuàn 法学院 P.W. law school
fāyá(r)* 发芽(儿)[發-] V.O. germinate; sprout
fāyǎ 发哑[發啞] V.O. be hoarse/dry (of throat); lose one's voice
fāyálǜ 发芽率[發-] N. ratio of germination
[1]fāyán* 发言[發-] V.O. speak; make statement/speech
[2]fāyán 发炎[發-] N./V.O. <med.> ①inflammation ② become inflamed
fǎyán 法筵 N. <Budd.> the seat of the Law (on which is seated one who explains the doctrine)
fǎyǎn 法眼 N. ① <Budd.> insight ② <court.> your esteemed judgment
fāyáng* 发扬[發揚] V. ① develop; carry on ② make most of ③ exalt
fāyǎng 发痒[發癢] V.O. itch; tickle
fāyángǎo 发言稿[發-] N. text of statement/speech
fā yángcái 发洋财[發-] V.O. ①get extra income ② make a big fortune
fāyángchuōlì 发扬踔厉[發揚-厲] F.E. spirited; mettlesome

F

fāyángdǎolì 发扬蹈厉[發揚-厲] F.E. glorify and emulate
fā yángdiānfēng 发羊癫疯[發-] V.O. have an epilepsy seizure
fāyángguāngdà 发扬光大[發揚-] F.E. carry forward; enhance
fāyáng mínzhǔ 发扬民主[發揚-] V.O. promote democracy
fāyānjī 发烟机[發煙-] N. <*mil.*> smokescreen emitter M: [2]*zhī*/[1]*gè*
fāyánquán 发言权[發-權] N. right to speak ***Wǒ duì zhège wèntí zuì yǒu ~.*** I'm best qualified to deal with this issue.

F

fāyánrén 发言人[發-] N. ① spokesperson ② informant M: [2]*wèi*/[1]*míng*/[1]*gè*
fāyányíngtíng 发言盈庭[發-] F.E. Speeches are multiplying.
fāyánzhě 发言者[發-] N. speech maker/giver; spokesperson M: [1]*míng*/[1]*gè*/[2]*wèi*
fāyánzhòngkěn 发言中肯[發-] F.E. speak to the point; hit the mark
fā yàozi 发疟子[發瘧-] V.O. <*topo.*> be attacked by malaria
fāyě 发野[發-] V.O. run wild
fāyè* 发叶[發葉] V.O. leaf out
[1]**fǎyī*** 法医[-醫] N. legal medical expert
[2]**fǎyī** 法衣 N. ceremonial garments of Buddhist/Daoist priests
fǎyì 法益 N. interests provided in or protected by the law
Fǎyì 法裔 N. French descendant
fā yìlùn 发议论[發議-] V.O. give comment
[1]**fāyīn*** 发音[發-] <*lg.*> V.O. pronounce; articulate ***Zhège zì zěnme ~?*** How's this word pronounced? ♦N. pronunciation; articulation; phonation; utterance
[2]**fāyīn** 发阴[發陰] V.O. ① be cold and damp (of basement/etc.) ② be cloudy
fāyín 发淫[發-] V.O. <*derog.*> be sexually aroused
fāyǐn 发引[發-] V. leave for the place of burial (of a funeral procession)
fáyín 罚银 V.O. fine (by silver dollars)
fāyīn bù héxié 发音不和谐[發-] N. <*lg.*> cacophony
fāyīn bùwèi 发音部位[發-] N. <*lg.*> points of articulation
fāyīn bùwèi xiāngtóng de 发音部位相同的[發-] ATTR. <*lg.*> homorganic
fāyīn bùzhòu 发音步骤[發-] N. <*lg.*> phases of articulation
fāyīn dǎzìjī 发音打字机[發-] N. pronouncing typewriter M: [2]*zhī*/[1]*gè*
fāyīn de biànhuà 发音的变化[發--變-] N. <*lg.*> change in pronunciation
fāyīn de céngcì 发音的层次[發--層-] N. <*lg.*> segment of an utterance
fāyīn de chángduǎn 发音的长短[發-] N. <*lg.*> duration of an utterance
fāyīn de gāodī 发音的高低[發-] N. <*lg.*> pitch of an utterance
fāyīn diànnǎo 发音电脑[發-電腦] N. talking computer
fāyīn dòngzuò 发音动作[發-動-] N. <*lg.*> articulation
fāyīn fāngfǎ 发音方法[發-] N. <*lg.*> manner of articulation
fāyīn fāngshì 发音方式[發-] N. <*lg.*> manner of articulation
fāyīn fúhào 发音符号[發-號] N. <*lg.*> phonetic transcription
fāyīn hézuòrén 发音合作人[發-] N. <*lg.*> informant
fāyīn jiǎnchá 发音检查[發-] N. <*lg.*> pronunciation checkup
fāyīn jīběn dòngzuò 发音基本动作[發---動-] N. <*lg.*> basis of articulation
fāyīn jiégòu 发音结构[發-構] N. <*lg.*> articulatory configuration
fāyīn jīguān 发音机关[發-關] N. articulator
fāyīn jītǐzì 发音机体字[發--體-] N. <*lg.*> organic alphabet
fāyīn liànxífǎ 发音练习法[發-練習-] N. <*lg.*> pronunciation drill
fāyīn qìguān 发音器官[發-] N. vocal/speech/articulating organs; articulator
fāyīnrén 发音人[發-] N. <*lg.*> informant M: [2]*wèi*/[1]*míng*/[1]*gè*
fāyīn shēnglǐxué 发音生理学[發-] N. physiology of speech sounds
fāyīn sùdù 发音速度[發-] N. <*lg.*> rate of articulation
fāyīn xíguàn 发音习惯[發-習-] N. <*lg.*> pronunciation habit
fāyīn xíngshì 发音形式[發-] N. <*lg.*> phonemic form
fāyīnxué 发音学[發-] N. phonetics
fáyǐnyībēi 罚饮一杯 F.E. drink a cup as forfeit
fāyīn yuánlǐ 发音原理[發-] N. <*lg.*> principle concerning articulation
fāyīn yǔyánxué 发音语言学[發-] N. articulatory phonetics
fāyīn zuòyòng 发音作用[發-] N. <*lg.*> phonation
fǎyīxué 法医学[-醫-] N. forensic medicine
fàyóu 发油[髮-] N. hair oil
fāyǔ 发予[發-] V. distribute; give out
fāyù* 发育[發-] V. ① grow; develop ② send forth and nourish ♦N. growth; development
fǎyǔ 法雨 N. <*Budd.*> the Truth, like a beneficent rain
Fǎyǔ 法语 N. French language
fāyuán 发源[發-] V. rise; originate
fāyuàn 发愿[發願] V. ① vow ② express one's desire/hope/wish
fǎyuán 法缘 N. <*Budd*> ① predestined relationship with Buddhism ② the causality which links all beings
fǎyuàn* 法院 P.W. court of justice; (law) court
fāyuándì 发源地[發-] P.W. place of origin; birthplace; source
fā yuànyán 发怨言[發-] V.O. grumble; complain
fāyùbùliáng 发育不良[發-] F.E. maldevelopment
fāyù chéng 发育成[發-] R.V. develop into
fāyǔcí 发语词[發-] N. introductory particle
fāyuè 发越[發-] ADV. swiftly; quickly ♦ V.P. diffuse (of pleasant smell, etc.)
fáyuè* 阀阅 N. <*wr.*> ① meritorious service ② a powerful and distinguished family ③ two inscriptions mounted at doorway noting meritorious services to the emperor
fáyuèzhījiā 阀阅之家 N. influential/powerful family
fāyūn* 发晕[發-] V.O. feel dizzy
fāyùn 发运[發運] V. dispatch (goods); forward
fǎyún 法云[-雲] N. <*Budd.*> the cloud-like beneficent covering of the Law
fāyùndān 发运单[發運-] N. shipping order M: [1]*zhāng*
fāyù qījiān 发育期间[發-] N. adolescence
fǎzàng 法藏 N. <*Budd.*> ① primordial source of all that exists ② sutra(s) which contains the Buddha's teaching ③ library of Buddhist texts ④ Dharmakara (a former incarnation of Amitabha Buddha)
fāzào 发躁[發-] V.O. ①become frantic ②become irritable; get impatient
fázé 罚则 N. penal regulations; punitive provisions
fǎzé* 法则 N. ① standard method ② binding agreement ③ rule; law ***zìrán ~*** law of nature; natural law ④ <*math.*> formula M: [1]*tiáo*
fāzhǎn* 发展[發-] V. ① develop; expand; grow ***Nǐ hěn yǒu ~ qiántú.*** You have good prospects. ② recruit; admit ***fāzhǎn xīn dǎngyuán*** recruit new party members
fāzhàn 发颤/战[發戰] V.O. tremble; shiver; shake
fázhàn 罚站 N./V.O. required standing as punishment
fāzhǎn dào 发展到[發-] R.V. develop to
fāzhǎn fèiyòng 发展费用[發-] N. <*acct.*> development expense M: [2]*bǐ*
fāzhàng 发胀[發-] V. ① swell ② <*med.*> feel distended
fāzhǎn jījīn 发展基金[發-] N. development fund M: [2]*bǐ*
fāzhǎn jīngjìxué 发展经济学[發-經濟-] N. development economics
fāzhǎnjú 发展局[發-] N. bureau of development
fāzhǎn móshì 发展模式[發-] N. development model M: [1]*zhǒng*
fāzhǎn qiánlì 发展潜力[發-潛-] N. developmental potential
fāzhǎn qǐlai 发展起来[發-] R.V. begin to develop
fāzhǎnqī zhōng de cuòwù 发展期中的错误[發-] N. <*lg.*> developmental error
fāzhǎnquán 发展权[發-權] N. rights to development
fāzhǎn wéi 发展为[發-] V.P. development to
fāzhǎn xiàqu 发展下去[發-] R.V. continue to develop
fāzhǎn xīnlǐxué 发展心理学[發-] N. developmental psychology
fāzhǎn yùnyíng 发展运营[發-運營] V.O. expand operations
fāzhǎnzhōng 发展中[發-] P.W. in the pipeline
fāzhǎnzhōng gōngyè 发展中工业[發-業] F.E. growth industry
fāzhǎnzhōng guójiā 发展中国家[發--國-] N. developing country
fāzhào 发照[發-] V.O. grant license/permit
fāzhěn* 发疹[發-] V.O. <*Ch. med.*> develop pustules
fāzhèn 发赈[發-] V.O. <*trad.*> distribute disaster relief
fàzhēn 发针[髮-] N. hairpin M: [2]*zhī*
fāzhèng* 发怔[發-] V.O. stare blankly; be in a daze
fǎzhèng 法政 N. <*trad.*> law and politics
fāzhèng jīguān 发证机关[發證-關] N. licence-issuing authority
fǎ-zhèng-lǐ-huà 法政理化 N. law, politics, physics, and chemistry
fāzhěnxìng shānghán 发疹性伤寒[發--傷-] N. eruptive typhus
fā zhěnzi 发疹子[發-] V.O. ① have rashes ② have measles
fāzhí 发直[發-] V.O. be blank (of eyes)
fāzhì 发滞[發滯] V.O. be droopy (of eyes)
fǎzhǐ 法旨 N. God's decree
[1]**fǎzhì*** 法制 N. legal system/institutions; legality
[2]**fǎzhì** 法治 V. rule by law
fàzhǐ 发指[髮-] V. bristle/boil with anger
fǎzhìbùzhāng 法制不彰 F.E. legal system does not prevail
fǎzhìshì 法制室 P.W. bureau responsible for drafting statutes/laws
fàzhǐzìliè 发指眦裂[髮-眥-] F.E. boil with anger
[1]**fāzhǒng** 发肿[發腫] V.O. swell; become swollen
[2]**fāzhǒng** 发冢[發-] V.O. open graves
[1]**fāzhòu** 发咒[發-] V.O. swear; take an oath; vow
[2]**fāzhòu** 发皱[發皺] V.O. <*coll.*> out of sorts
fāzhòuqǐshì 发咒起誓[發-] F.E. swear and take an oath
fāzhuāng 发庄[發莊] V.O. sell wholesale ♦N. wholesale merchant M: [2]*wèi*/[1]*míng*/[1]*gè*
fāzǐ 发紫[發-] V.O. ① turn blue ② emit purple glow ③ be extremely popular ***hóngde ~*** extremely popular.
fāzì 发自[發-] V.P. <*wr.*> evolve from
[1]**fázi** 筏子 N. raft M: [1]*tiáo*/[2]*zhī*
[2]**fázi** 垡子 N. <*topo.*> ① upturned soil ② long period
fǎzi* 法子 N. way; method
fāzōngzhǐshì* 发踪指示[發蹤-] F.E. pull wires behind the scenes
fāzòngzhǐshì 发纵指示[發縱-] F.E. pull wires behind the scenes

fázuì 伐罪 V.O. <*wr.*> send a punitive expedition against a despotic ruler
fāzuò* 发作[發-] V. ① break out; show effect ② have fit of anger; flare up
fǎzuò 法座 N. ①seat of the leader (e.g., a throne) ② venue for listening to Buddhist lecture
fá zuò kǔgōng 罚做苦工 V.O. sentence to hard labor
F-diao F调 N. <*mus.*> ① one of the seven basic temperaments ② key of F
[1]**fēi*** 飞[飛] V. ① fly ② hover/flutter in the air ③ <*coll.*> volatilize ♦ADV. swiftly ♦B.F. ① unexpected; accidental ***fēizāi*** ② unfounded; groundless ***liúyánfēiyǔ***
[2]**fēi** 非 ADV. ① not ② <*coll.*> have got to; simply must ***Wǒ ~ qù!*** I simply must go. ♦B.F. ① mistake; error; wrong; evildoing ② not conform to; run counter to ③ censure; blame ♦PREF. not; no; non-; un- ♦AB. ***Fēizhōu*** Africa ♦CONS. ① ~... ***bùkě/bùchéng/bùxíng*** must . . .; will inevitably . . . ***Wǒ ~ qù bùkě.*** I have to go. ② ~ *A* ~ *B* neither A nor B ***~ lǘ ~ mǎ*** nondescript ③ ~ *A jí B* either A or B ***~ hēi jí bái*** either black or white ④ ~ *A cái B* B only if A ***~ tā shuō cái xíng.*** It'll only work if he says.
[3]**fēi** 妃 B.F. ①imperial concubine [1]***fēizi*** ② wife of a prince
[4]**fēi** 蜚 B.F. *used for* [1]fēi *in metaphorical sense* fly (of reputation/rumors/etc.) [1]***fēishēng, fēiyǔ*** *See also* [8]*fěi*
[5]**fēi** 扉 B.F. ① door ***cháifēi*** ② <*print.*> title page ***fēiyè***
[6]**fēi** 菲 N. <*chem.*> phenanthrene ♦AB. ***Fēilǜbīn*** ♦B.F. fragrant [3]***fēifēi, fāngfēi,*** [2]***fēnfēi*** *See also* [3]*fěi*
[7]**fēi** 鲱[鯡] N. herring
[8]**fēi** 绯[緋] B.F. red color ***fēiyī***
[9]**fēi** 霏 B.F. fine rain/snow blown about by the wind [1]***fēifēi, xìyǔfēifēi, yānfēi***
[10]**fēi** 啡 in ***kāfēi, mǎfēi***
[1]**féi** 肥 S.V. ① fat ② fertile; rich ③ loose-fitting; loose; large ♦V. fertilize ♦N. fertilizer; manure
[2]**féi** 腓 N. shank; calf of the leg
[1]**fěi** 匪 B.F. bandit; brigand; robber ***tǔfěi*** ♦ADV. <*wr.*> not ♦S.V. <*coll.*> loutish; hooliganish
[2]**fěi** 篚 N. round bamboo basket
[3]**fěi** 菲 B.F. poor; inadequate ***fěibó, fēngfěi*** *See also* [6]*fēi*
[4]**fěi** 斐 B.F. possessing literary talent ***wěncǎifěirán***
[5]**fěi** 诽[誹] B.F. libel ***fěibàng, jiègǔfěijīn,*** [1]***fùfěi***
[6]**fěi** 悱 B.F. unable to give voice to one's thoughts ***fěicè***
[7]**fěi** 榧 B.F. Chinese torreya tree ***fěizi, xiāngfěi***
[8]**fěi** 蜚 B.F. certain insects ***fěilián*** *See also* [4]*fēi*
[9]**fěi** 翡 in ***fěicuì, hóngfěi***
[1]**fèi** 费[費] V. ①cost; spend; expend ② take a lot of talking/explaining ♦B.F. fee; dues; expense; charge ***fèiyong*** ♦S.V. wasteful; consuming too much
[2]**fèi** 废[廢] B.F. ① waste; useless; disused; superfluous [2]***fèizhǐ*** ② disabled; maimed ***cánfèi*** ♦V. ① give up; abandon; abolish; abrogate ② <*slang*> ⓐ injure; maim; beat up ⓑ break; amputate
[3]**fèi** 肺 N. lungs
[4]**fèi** 吠 V. bark; yap
[5]**fèi** 沸 V. boil
[6]**fèi** 镄[鐨] N. <*chem.*> fermium
[7]**fèi** 怫 B.F. sorrowful; angry ***fèihuì*** *See also* [21]*fú*
[8]**fèi** 狒 in [1]***fèifèi***
[9]**fèi** 痱 in ***fèizi, fèizifěn***
[10]**fèi** 芾 in [2]***bìfèi, Lǐ Fèigān*** *See also* [22]*fú*
[11]**fèi** 篱[䕁] in ***lúfèi***
fèi'ái 肺癌 N. lung cancer
fēibǎ 飞靶[飛-] N. skeet target
fēibái 飞白[飛-] N. a style/skill of calligraphy characterized by hollow strokes
fěibāng 匪帮[-幫] N. bandit gang M: [2]*huǒ*
fěibàng* 诽谤 V. slander; libel
fěibàng míngyù 诽谤名誉[-譽] V.O. defame sb.'s reputation; libel
fěibàngwén 诽谤文 N. libel
fěibàng xíngwéi 诽谤行为 N. act of libel/slander; libel; slander
fěibàngzhě 诽谤者 N. libeler; slanderer M: [2]*wèi*/[1]*míng*/[1]*gè*
fěibàngzuì 诽谤罪 N. crime of slander
fēibào* 飞报[飛報] V. report quickly ♦N. urgent dispatch
fèibāo 肺胞 N. pulmonary vesicle
fēibàolì 非暴力 N. nonviolence
fēibàolì fǎnkàng 非暴力反抗 N. civil disobedience
fēibàolì gémìng 非暴力革命 N. nonviolent revolution M: [2]*chǎng*
fēibàolì shǒuduàn 非暴力手段 N. nonviolent means M: [1]*zhǒng*
fēibēn 飞奔[飛-] V. dash; tear/speed along
fēibèng 飞迸[飛-] V. burst forth
fēibǐ 飞笔[飛筆] V.O. write quickly
Fèibiānzhǔyì 费边主义[-邊-義] N. <*loan*> Fabianism
fēibiāo 飞镖/标[飛標] N. ① darts (a game) ② boomerang M: [1]*bǎ*
fēibiǎoxiàn xíngwéi 非表现行为 N. <*lg.*> illocutionary act
fēibiāozhǔn Yīngyǔ 非标准英语[-標準--] N. <*lg.*> non-standard English
fēibiāozhǔnyǔ 非标准语[-標準-] ATTR. <*lg.*> nonstandard
fēibiāozhǔn yǔyán 非标准语言[-標準--] N. <*lg.*> non-standard language
fěibīng 匪兵 N. bandit soldier M: [2]*huǒ*
fèibìng* 肺病 N. pulmonary tuberculosis (TB) M: [1]*zhǒng*
fèibìsāiyīn 肺闭塞音 N. <*lg.*> pulmonic
fēibǐxúncháng 非比寻常[--尋-] F.E. unusual
fēibíyīn 非鼻音 N. <*lg.*> non-nasal sound
fēibíyīnhuà 非鼻音化 N. <*lg.*> denasalization
fēibō 飞播[飛-] N. <*agr.*> aerial sowing/seeding
fěibó* 菲薄 V. belittle; despise; look down upon ♦ATTR. ① humble; poor ② frugal; thrifty
[1]**fèibù** 肺部 N. lungs
[2]**fèibù** 废布[廢-] N. rag M: [1]*piàn*/[2]*kuài*
fèibuliǎo 费不了 R.V. (it) takes/costs no more than
fěicái 菲材 F.E. <*court.*> my humble talent
fèicài* 费菜 N. <*bot.*> orpine
fèi cáiliào 费材料 V.O. require much material
fěicè 悱恻 V.P. <*wr.*> laden with sorrow; sad at heart
féichāi 肥差 N. fat job (easy to obtain graft)
fēicháng* 非常 ADV. ① extraordinary; unusual; special ② very; extremely; highly
féicháng 肥肠[-腸] N. pig's large intestines (used as food)
fèicháng 肺肠[-腸] N. thoughts; emotions; feelings
fēicháng cuòshī 非常措施 N. emergency measures
fēichángguī 非常规 ATTR. unconventional
féichángjī 腓肠肌[-腸-] N. <*phys.*> gastrocnemius muscle
fēichángqī zhàiwù 非长期债务[-務] N. unfunded debts
fēichángrén 非常人 N. extraordinary/outstanding person M: [2]*wèi*/[1]*míng*/[1]*gè*
fēichángrèn* 非常任 ATTR. nonpermanent
fēichángrèn lǐshìguó 非常任理事国[-國] N. nonpermanent member of the UN Security Council
fēichángshè jīgòu 非常设机构[-構] N. ad hoc organization
fēichángshí 非常识[-識] ATTR. silly; absurd; nonsensical ♦N. lack of common sense
fēicháng shíqī 非常时期[--時-] N. time of emergency
fēicháng zhēngyòngquán 非常征用权[--徵-權] N. <*law*> right of angary
fěicháo 匪巢 N. bandit lair M: [2]*huǒ*/[1]*bāng*
fēichéng 飞程[飛-] N. flight distance
Fèichéng* 费城 P.W. Philadelphia
fēichéngyuánguó 非成员国[-國] N. nonmember countries
fēichēzǒubì 飞车走壁[飛-] F.E. stunt cycling/driving (done on the inner surface of a cylindrical wall)
fēichí* 飞驰[飛-] V. speed along
fèichí 废弛[廢-] V. ① cease to be binding (of law/custom/etc.) ② become lax (of discipline/etc.)
fēichízhōngwù 非池中物 F.E. sb. with a promising future
fēichóng 飞虫[飛蟲] N. winged insect M: [2]*zhī*
fēichū 飞出[飛-] R.V. fly out
fèichú* 废除[廢-] V. abolish; abrogate; repeal
fèichù 废黜[廢-] V. dethrone; depose; oust
[1]**fēichuán*** 飞船[飛-] N. ① airship; dirigible ② spacecraft; spaceship
[2]**fēichuán** 飞椽[飛-] N. <*archi.*> flying rafter
fèichuán 废船[廢-] N. damaged ship
fēichuántǒngnéng 非传统能[-傳--] N. alternative energy
fēichūběnxīn 非出本心 F.E. not one's real intention
féichǔn 肥蠢 S.V. fat and clumsy; awkwardly fat
fēichúnhuà 非唇化 N. <*lg.*> delabialization
fēichúnhuà yuányīn 非唇化元音 N. <*lg.*> unrounded vowel
féichǔnrúzhū 肥蠢如猪[-豬] F.E. fat and stupid as a pig
fèi chúnshé 费唇舌 V.O. take a lot of talking/explaining; waste one's words
fēichúshì(de) 非除式(的) ATTR. exclusive
fēichū shíjiān 飞出时间[飛-時-] N. departure time
fēichúzǔ(de) 非除阻(的) ATTR. <*lg.*> unreleased
fēicí 非词 N. <*lg.*> non-word
fēicì 非次 V.P. irregular; exceptional
fèicì* 废次[廢-] ATTR. rejected and substandard
fēicǐbùkě 非此不可 F.E. There's no alternative.
fēicǐjíbǐ 非此即彼 F.E. either or; one or the other
fèicìpǐn 废次品[廢-] N. reject/substandard products M: [1]*zhǒng*
fěicuì 翡翠 N. ① (Burma) jadeite; chrysolite ② <*zoo.*> halcyon; kingfisher
fěicuìhūn 翡翠婚 N. emerald wedding anniversary (55th wedding anniversary)
féidà 肥大 S.V. ① loose; large ② stout ♦N. <*med.*> hypertrophy
fēidàjíxiǎo 非大即小 F.E. either big or small
[1]**fēidàn** 飞弹[飛-] N. ① missile ② stray bullet M: [1]*sōu*/[2]*zhī*
[2]**fēidàn** 非但 CONJ. not only
fěidǎng 匪党[-黨] N. ①gangster; bandit ②<*TW/KMT/derog.*> Chinese Communist Party
fēidǎngpài 非党派[-黨-] ATTR. non-partisan
fēidǎng qúnzhòng 非党群众[-黨-眾] N. <*PRC*> non-Party masses
fēidǎng rénshì 非党人士[-黨--] N. non-Communist personages of certain social influence
fēidàn jīdì 飞弹基地[飛-] P.W. missile base
fēidàn qiántǐng 飞弹潜艇[飛-潛-] N. missile-launching submarine M: [1]*sōu*
fēidāo 飞刀[飛-] V.O. wield the knife ♦N. flying knife M: [1]*bǎ*/[2]*zhī*
fěidào* 匪盗[-盜] N. bandit; robber M: [2]*huǒ*/[1]*bāng*
fēidào shíjiān 飞到时间[飛-時-] N. arrival time
fēidǎotǐ 非导体[-導體] N. <*phy.*> non-conductor
féidàzhèng 肥大症 N. hypertrophy
fēidàzhǔtí 非大主题 N. <*lg.*> non-primary topic
fēiděi 非得 AUX. have got to; must ♦CONS. ~ *V bùkě* must V
fēidǐ* 飞抵[飛-] V. fly to; reach by plane
fēidì 飞地[飛-] N. ① land of one province or county enclosed by that of another ② enclave; exclave

féidì 肥地 N. rich soil/land M: [1]piàn/[2]kuài
fèidì 废帝[廢-] N. a dethroned emperor/king
fèidiǎn 沸点[-點] N. boiling point
fèidiàn* 费电[-電] V.O. consume a lot of electricity ♦N. power-consuming
fèidiào 废掉[廢-] R.V. abandon
fēidié* 飞碟[飛-] N. ① <loan> UFO; flying saucer ② <sport> skeet shooting; skeet; trapshooting M: [2]zhī
fěidié 匪谍 N. <TW/KMT/derog.> Chinese Communist Party spy M: [1]míng/[1]gè
fēidiébǎ 飞碟靶[飛-] N. <sport> clay pigeon
fēidiéxué 飞碟学[飛-] N. ufology
fèidǐng 沸鼎 N. cauldron holding boiling water
fēidìngshì 非定式 N. <lg.> non-finite
fēidìngshì cóngjù 非定式从句[---從-] N. <lg.> non-finite clause
fēidìngshì dòngcí 非定式动词[---動-] N. <lg.> non-finite verb
fēidìngshì zǐjù 非定式子句 N. <lg.> non-finite clause
fēidìngzhǐ 非定指 N. <lg.> indeterminant
fēidòng 飞动[飛動] R.V. fly
fèidòngmài 肺动脉[-動脈] N. <phys.> pulmonary artery
fēidòngwù 非动物[-動-] N. inanimate object
fēidòngwù míngcí 非动物名词[-動---] N. <lg.> inanimate noun
fēidú 非独[-獨] CONJ. <wr.> not merely
fēidù* 飞渡[飛-] V. cross swiftly
fēiduǎnliúcháng 飞/蜚短流长[飛-] F.E. spread slanted and malicious gossip
fēiduànyánxìng 非断言性[-斷--] ATTR. <lg.> nonassertive
fēiduìchèn 非对称[-對稱] ATTR. asymmetric(al); dissymmetric(al); skewed *See also fēiduìchēng*
fēiduìchēng 非对称[-對稱] ATTR. asymmetric *See also fēiduìchèn*
fēiduìkàngxìng 非对抗性[-對--] N. nonantagonistic
fēiduìkàngxìng máodùn 非对抗性矛盾[-對----] N. contradictions that can be solved without violence
féidùn 肥遁 V. <wr.> live happily in reclusion
féidùnmínggāo 肥遁鸣高 F.E. <wr.> want to reach a high position
fēidǔsāi de 非堵塞的 ATTR. <lg.> unchecked
fēi'é 飞蛾[飛-] N. moth M: [2]zhī
fēi'éfùhuǒ 飞蛾赴火[飛-] ID. flirt with death
fēi'èhuàyīn 非颚化音 N. <lg.> non-palatalized sound
fēi'épūhuǒ 飞蛾扑火[飛-撲-] ID. invite destruction up oneself; seek one's doom
fèi'érbùyòng 废而不用[廢-] F.E. fall into disuse/oblivion
fēi'étóuhuǒ 飞蛾投火[飛-] ID. seek one's own doom
fēifǎ 非法 ATTR. illegal; unlawful; illicit ♦ADV. illegally
fēifǎ dǎomài 非法倒卖[-賣] N. profiteering; illegal buying and selling
fēifǎ fānyìn 非法翻印 V.P. <print.> pirate
fēifǎ fānyìnzhě 非法翻印者 N. <print.> pirate M: [1]míng/[1]gè
fēifán* 非凡 S.V. outstanding; extraordinary; uncommon
fēifǎn 飞返[飛-] V. fly back
fěifāng 匪方 N. <TW/KMT/derog.> Chinese Communist Party side (old KMT term) M: [2]huǒ/[1]bāng
fēifāngyánhuà 非方言化 N. <lg.> convergence
fēifánrénwù 非凡人物 F.E. extraordinary person
fèifǎnyíngtiān 沸反盈天 ID. cause commotion; raise a rumpus
fēifǎ rùjìngzhě 非法入境者 N. illegal aliens
fēifǎ xíngwéi 非法行为 N. illegal act
[1]**fēifēi*** 霏霏 R.F. falling thick and fast
[2]**fēifēi** 非非 V.O. distinguish good and bad ♦R.F. be abstruse
[3]**fēifēi** 菲菲 R.F. ①luxuriant and beautiful ②richly fragrant
fěifěi 斐斐 R.F. ① elegant; beautiful (of writing) ② light
[1]**fèifèi** 狒狒 N. <zoo.> baboon
[2]**fèifèi** 沸沸 R.F. ①bubbling (of water) ②bustling (of crowd)
féiféir 肥肥儿 R.F. <coll.> fat
fēifēi xìyǔ 霏霏细雨 N. thick-falling rain
fēifēiyángyáng 飞飞扬扬[飛飛揚揚] R.F. spread embroidered stories
fèifeiyángyáng* 沸沸扬扬[-揚揚] R.F. ① bubbling noisily ②in a hubbub ③ give rise to much discussion
féiféizào 非肥皂 N. detergent
fēifēizhīxiǎng 非非之想 N. wishful thinking
fēifèn* 非分 ATTR. ① assuming; presumptuous ② undeserved; beyond the scope of duty or position
féifèn 肥分 N. percentage of nutriment in fertilizer
fèifèn 悱愤 N. sadness kept to oneself ♦V.P. peeved; infuriated; vexed
fèifēng 肺风 N. <Ch. med.> lung wind
fēifēnghè 非峰荷 N. off-peak
fēifēngzhí 非峰值 N. off-peak
fēifēnlí bùdìngshì 非分离不定式[--離---] N. <lg.> unsplit infinitive
fēifēnlíxíng bùdìngshì 非分离型不定式[--離----] N. <lg.> unsplit infinitive
fēifènzhīxiǎng 非分之想 N. inordinate ambitions
fèifǔ 肺腑 N. bottom of one's heart ♦ATTR. close; intimate
fēifùhécí 非复合词[-複--] N. <lg.> noncomposite word M: [1]zhǒng
fèifǔhuà 肺腑话 N. intimate conversations; confidences
fēifùjiùyuán 飞赴救援[飛-] F.E. fly to sb.'s rescue
fèifǔzhījiāo 肺腑之交 N. deep and sincere friendship
fèifǔzhīyán 肺腑之言 N. words from bottom of one's heart
fèigǎishuì 费改税 F.E. change fees into taxes
[1]**féigān** 肥甘 N. <wr.> tasty delicacies
[2]**féigān** 肥肝 N. foie gras
fěigàn 匪干[-幹] N. <TW/KMT/derog.> Chinese Communist Party cadre (old KMT term) M: [2]huǒ/[1]bāng
fèigān* 肺肝 N. sb.'s inner thoughts
fēigānqīngshì 非干卿事 F.E. That's none of your business!
fēigāofēng 非高峰 ATTR. non-peak
[1]**fèigēng** 废耕[廢-] V. be allowed to lie fallow; be left uncultivated
[2]**fèigēng** 沸羹 N. ① boiling soup ② hubbub of voices
fēigēpái 飞鸽牌[飛-] N. ① drifter; roamer ② person who does not stay in one job/place for very long
fèigōng* 费工 S.V. require much labor
fèi gōngfu 费工/功夫 V.O./S.V. take time and energy; be time-consuming
fēigōngmòrù 非公莫入 F.E. no admittance except on business
fēigōngzǒujiǎ 飞觥走斝[飛-] F.E. cup after cup
féigǔ 腓骨 N. <phys.> fibula
fēiguānchá 非观察[-觀-] ATTR. non-empirical
fēiguānfāng 非官方 ATTR. unofficial
fēiguānfāng xiāoxi 非官方消息 N. information from unofficial sources
fēiguī 飞归[飛歸] N. quick way of reckoning division with an abacus
fèigǔn 沸滚[-滾] V.P. boiling
Fēiguó 菲国[-國] P.W. Philippines
fēiguò* 飞过[飛-] R.V. fly over/past
fēiguòhǎi 飞过海[飛-] ID. ① gain Party admission by by-passing one's own unit (in Cultural Revolution) ② bypass or skip over normal procedures
fēiguòqíshí 诽过其实[-實] F.E. paint the devil blacker than he is
fēiguòqùshí 非过去时[-時] N. <lg.> non-past
fēiguóyǒuhuà 非国有化[-國--] N. denationalization
fēihánfèngdá 飞函奉答[飛-] F.E. inform you by sending an urgent letter
fēiháng 飞航[飛-] V. flight; fly
fēiháng zīliào jìlùqì 飞航资料记录器[飛----錄-] N. flight data recorder
fēihé 非核 ATTR. non-nuclear
fēihépíng fāngshì 非和平方式 N. nonpeaceful means
[1]**fēihóng** 绯/飞红[飛-] V.P. crimson; scarlet
[2]**fēihóng** 妃红 V.P. light pink
fēihóngmǎnyě 飞/蜚鸿满野[飛-] ID. <wr.> distressed people are found everywhere.
féihòu 肥厚 S.V. ① plump; fleshy ② fertile ③ <wr.> rich and tasty
fēihuā 飞花[飛-] N. ① exposed cotton wad (of worn-out or torn cotton-padded clothes/shoes/etc.) is showing ② <txtl.> flyings; fly
FēiHuá 菲华[-華] N. overseas Chinese in the Philippines
fēihuà 扉画[-畫] N. illustration/picture in front of the main text
fěihuà 匪话 N. thief's slang/argot
[1]**fèihuà*** 废话[廢-] N. superfluous words; nonsense; rubbish *~! Zhè hái yòng nǐ tíxǐng?* OK! OK! I don't need you to remind me.
[2]**fèihuà** 费话 V.O. do a lot of talking ♦N. irrelevant talk
fèihuàliánpiān 废话连篇[廢-] F.E. reams of rubbish
fěihuàn 匪患 N. scourge of banditry M: [2]huǒ
fēihuáng 飞蝗[飛-] N. migratory locusts
fēihuángténgdá 飞黄腾达[飛-達] F.E. have meteoric rise
fěihuǐ* 诽毁[-毀] V. discredit (sb.) by critical remarks
fèihuì 怫恚 V.P. angry; indignant
fēihuìyuán 非会员 N. nonmember (of an association/club/etc.) M: [1]míng/[1]gè
fēihùnhán de 非混含的 ATTR. non-vague
fēihūnshēng zǐnǚ 非婚生子女 N. children born to unmarried parents
fēihuò 飞祸[飛禍] N. sudden, unexpected calamity/misfortune
[1]**fěihuò** 匪祸[-禍] N. scourge of banditry
[2]**fěihuò** 匪货 N. <TW/KMT/derog.> Chinese Communist Party goods(old KMT term)
fèihuò* 废货[廢-] N. defective products; useless things
fèihuóliàng 肺活量 N. lung capacity
fēijī* 飞机[飛-] N. aircraft; airplane M: [1]jià/[2]zhī
[1]**fēijì** 非计 N. bad calculation; ill-conceived plan
[2]**fēijì** 非冀 N. unreasonable hope
féijí 肥瘠 N. ① the fat and the thin ② the rich and the poor ③ the fertile and the barren (fields)
féijǐ 肥己 V.O. enrich oneself
Fěijì 斐济[-濟] P.W. Fiji
fèijí 废疾[廢-] N. disability
fēijià 飞架[飛-] V. arch/span high over (e.g., of a great bridge)
[1]**fēijiàn*** 飞溅[飛濺] V. splash
[2]**fēijiàn** 飞剑[飛-] N. ① legendary sword that can kill sb. miles away ② flying sword
fèijiàn 废件[廢-] N. waste parts
fēijiànduàn de 非间断的[--斷-] ATTR. uninterrupted
fēijiàngdī de 非降低的 ATTR. <lg.> non-flat
fēijiāngjūn 飞将军[飛將-] N. ① brave and skillful general/ soldier in battle ② nickname of the Han general Li Guang ③ ace pilot
fēijiānróngxìng 非兼容性 N. incompatibility
fēijiǎo 飞脚[飛腳] N. flying kick M: [2]zhī
fèijiào* 吠叫 V. bark; yap
fēijiāozhànguó 非交战国[-戰國] P.W. nonbelligerent
fēijīchǎng 飞机场[飛-場] P.W. airport

fèijiě 费解 S.V. hard to understand; obscure; unintelligible

fèijiě cíyǔ 费解词语 N. gobbledygook

fèijiéhé 肺结核 N. pulmonary tuberculosis (TB)

fēijiéjīngtǐ 非结晶体[-體] N. <min.> amorphous body

fēijīkù 飞机库[飛-] P.W. hangar

[1]fèijìn 费尽[-盡] V. need/use great effort; exhaust

[2]fèijìn 费劲[-勁] S.V. need great effort; be strenuous

fèijìn chúnshé 费尽唇舌[-盡--] V.O. have wasted all one's breath

fēijǐncòu de 非紧凑的[-緊湊-] ATTR. <lg.> diffuse

fēijīng* 飞经[飛經] V. ① fly past/through/across/etc. ② stop over (of an airplane)

fēijìng 菲敬 N. <humb.> trifling gift given as a token of my respect

fèijìngmài 肺静脉[-靜脈] N. pulmonary vein

fēijīngtǐ 非晶体[-體] N. noncrystal

fēijǐnlín tóngyīn tuōluò 非紧邻同音脱落[-緊鄰----] N. <lg.> distant haplology

fēijīnshǔ* 非金属[-屬] N. nonmetal; metalloid

fèijīnshǔ 废金属[廢-屬] N. old/scrap metal

fēijīnxièyù 霏金屑玉 F.E. every word uttered is very precious

fèijìnxīnjī 费尽心机[-盡--] F.E. wrack one's brains

fèijìn xīnlì 费尽心力[-盡--] V.O. make much ado about. . .

fèijìn xīnxuè 费尽心血[-盡--] V.O. exhaust one's thoughts and plans

fēijīpéng 飞机棚[飛-] N. hangar

fēijītóu 飞机头[飛-] N. ① nose of an airplane ② male hairstyle (like that of Elvis Presley) with a soaring wave in front

fèijiù 废旧[廢舊] ATTR. old and useless (of things)

fèi jiǔniú'èrhǔ zhī lì 费九牛二虎之力 F.E. involve tremendous work/effort *See also jiǔniú'èrhǔ*

fēijīyì 飞机翼[飛-] N. airplane wing

fèijù 费句 V.O. require long explanations ♦N. superfluous words

fēijùmò shēngjiàngdiào 非句末升降调 N. <lg.> non-final rising-falling

fěijūn 匪军 N. bandit troops M: [2]huǒ/[1]bāng

fēijūnmòjià 非君莫嫁 F.E. the only man to marry

fēijūnmòshǔ 非君莫属[-屬] F.E. Only you can fill the post.

fēijūnshìqū 非军事区[-區] N. demilitarized zone

fēijūnshì rényuán 非军事人员 N. civilian personnel

fēijùxiang yìshù 非具像艺术[-藝術] N. nonfigurative art

fēijùzi 非句子 N. <lg.> non-sentence

fēikēlǐ'ào'ěrhuà 非克里奥耳化[---奧--] N. <lg./loan> decreolization

fēikěxiǎoqù 非可小觑 F.E. cannot look down upon; cannot belittle

fèi kǒushé 费口舌 V.O. require much talk/argument

fēikǒutōng de 非口通的 ATTR. <lg.> nonvocalic

fěikū 匪窟 N. bandit lair

fēikuà 飞跨[飛-] V. cross swiftly

fēikuài 飞快[飛-] S.V. ① very fast; at lightning speed ② extremely sharp

fèikuàng 废矿[廢礦] N. abandoned mine M: [4]zuò

féikuò 肥阔 S.V. big and loose (of clothing)

Fèilādé'ěrfēiyà 费拉德尔菲亚[-亞] P.W. Philadelphia

fēiláihènghuò 飞来横祸[飛-禍] F.E. disaster which strikes out of the blue

fēiláiyànfú 飞来艳福[飛-艷-] F.E. unexpected romance

fēiláizhīhuò 飞来之祸[飛-禍] F.E. unexpected disaster

fēilǎnjíchán 非懒即馋[-饞] F.E. be either lazy or greedy

fèiláo 肺痨[-癆] N. consumption; tuberculosis

fèiláobìng 肺痨病[-癆-] N. <med.> consumption; tuberculosis

fēiláodòng shōurù 非劳动收入[-勞動--] N. unearned income

fēilàojíhàn 非涝即旱[-澇--] F.E. suffer from either flood or drought

fēilǎojíxiǎo 非老即小 F.E. be either too old or too young

fēilèi 非类[-類] N. not the same kind

fěilèi* 匪类[-類] N. bandits; brigands

Fěilěngcuì 斐冷翠 P.W. Florence, Italy

fēilí 飞离[飛離] V. depart by airplane

fēilǐ 非礼[-禮] V. be impolite

féilì 肥力 N. <agr.> fertility (of soil)

fēilǐ 菲礼[-禮] N. <humb> my meager gift

fèilì* 费力 V.O. need great effort; be strenuous

fēilián 蜚蠊 N. <zoo.> cockroach; roach

fēiliáng 飞梁[飛-] N. single-span bridge

fēiliánguàn chéngfèn 非连贯成分 N. <lg.> discontinuous constituent

fēiliánxù chéngfèn 非连续成分[--續--] N. <lg.> discontinuous constituent

fēiliánxù de 非连续的[--續-] ATTR. discontinuous

féiliào 肥料 N. fertilizer; manure

fèiliào* 废料[廢-] N. ① waste; scrap; rubbish ② <derog.> a good-for-nothing

féiliàochǎng 肥料厂[-廠] P.W. fertilizer plant M: [1]jiā

fèiliàoduī 废料堆[廢-] N. pile of waste/rubbish/etc.

féiliàokù 肥料库 P.W. fertilizer storage place M: [4]zuò

fèilì bù tǎohǎo 费力不讨好 F.E. do hard but thankless job; be fruitless

Féilì Èrshì 腓力二世 (382–336 B.C.) N. Philippos II

fèilìláoshén 费力劳神[--勞-] F.E. expend energy and weary the mind

[1]fēilín 飞临[飛臨] V. fly near

[2]fēilín 菲林 N. <topo.> a roll of film; film

fèilíngjiàn 废零件[廢-] N. odd parts

fēilínjiē de 非邻接的[-鄰--] ATTR. non-contiguous

fēilínjiē tónghuà 非邻接同化[-鄰---] N. <lg.> non-contiguous assimilation

fēilínjiē yìhuà 非邻接异化[-鄰-異-] N. non-contiguous dissimilation

fèi lìqì 费力气[-氣] V.O./S.V. need/use great effort; cost energy

féiliūliū 肥溜溜 R.F. ① stout and sleek (of animals); fleshy and shiny (of fruit/nuts/etc.) ② <topo.> well-off; prosperous

fēiliúzhīyán 蜚流之言 N. common gossip

fēilǐwùdòng 非礼勿动[-禮-動] F.E. not do things contrary to the rites

fēilóng 飞龙[飛-] N. <paleo.> pterosaur

fēilóu 飞楼[飛樓] N. <trad.> ① scaffolding for attacking a besieged city ② tower

fēilǜ 绯绿 N. deep red and green

Fēilǜbīn 菲律宾[-賓] P.W. Philippines

Fēilǜbīn Hǎi 菲律宾海[--賓-] N. Philippine Sea

Fēilǜbīn Hǎigōu 菲律宾海沟[--賓-溝] P.W. Philippine Trench

Fēilǜbīn Qúndǎo 菲律宾群岛[--賓-島] P.W. Philippine Islands; Philippine Archipelago

Fēilǜbīnrén 菲律宾人[--賓-] N. Filipino

fēilüè 飞掠[飛-] V. brush past; fly past/over

fēilǘfēimǎ 非驴非马[-驢--] F.E. neither fish, flesh, nor fowl

fēilún 飞轮[飛-] N. ① flywheel ② free wheel (of bicycle) M: [1]gè

fēilùnyuán 非论元 N. <lg.> nonargument

fēilùnyuán yuēshù 非论元约束 N. <lg.> A-bar binding

fēimàipǐn 非卖品[-賣-] N. articles not for sale

fēimǎláibào 飞马来报[飛-報] F.E. <trad.> report (posthaste)

féimǎn 肥满 S.V. plump

fēimáotuǐ 飞毛腿[飛-] N. ①fleet-footed runner ② name for a kind of missile ♦ATTR. fleet-footed

fēimàoyì 非贸易 ATTR. nontrade; non-commercial

fēimàoyì wàihuì shōurù 非贸易外汇收入[----匯--] N. foreign currency earned through non-trading enterprises such as tourism/etc.

féimǎqīngqiú 肥马轻裘[--輕-] F.E. a luxurious life

Fēimǎzuò 飞马座[飛-] N. <astr.> Pegasus

féiméi 肥煤 N. rich coal; a kind of bituminous coal used for cooking

féiměi* 肥美 F.E. ① fertile; rich ② luxuriant ③ plump; fat

fēimìng 非命 N. ① unexpected/violent death ② negation of fatalism (in Moism)

fēimíngshù 非名数[-數] N. <math.> abstract number

fēimò 飞沫[飛-] N. splattered drops; mist; spray

fèimó* 肺膜 N. pleura

fèimóyán 肺膜炎 N. pulmonary pleurisy

fēinà 绯衲 N. deep-red robe/cassock

fēinàn* 非难[-難] V. blame; censure; reproach

fèinán 费难[-難] V.O. give/take lot of trouble

fèi nǎozi 费脑子[-腦-] V.O. rack one's brains

féinèn 肥嫩 S.V. meaty and tender; fleshy and delicate

féinì 肥腻 S.V. rich; greasy (of food)

féinián 肥年 N. prosperous year

fēiniǎo 飞鸟[飛-] N. bird M: [2]zhī

Féiníjī 腓尼基 P.W. Phoenicia

Féiníjīrén 腓尼基人 N. Phoenician

Fēiníkèsī 菲尼克斯 P.W. Phoenix (Arizona)

fēiniúfēimǎ 非牛非马 F.E. neither fish nor fowl

fēinóngchǎnyè 非农产业[-農產業] P.W. non-agricultural industries; non-agro business

fèinóngzhǒng 肺脓肿[-膿腫] N. <med.> pulmonary abscess

fēipàishēng cígàn 非派生词干[-幹] N. <lg.> non-derivative stem

fēipán 飞盘[飛盤] N. frisbee (disk)

féipàng 肥胖 S.V. fat; corpulent

féipàngbìng 肥胖病 N. obesity

féipàngpàng 肥胖胖 R.F. <coll.> fat

féipàngzhèng 肥胖症 N. obesity

fēipǎo* 飞跑[飛-] V. run swiftly; dash; race

fèipào 肺泡 N. <phys.> pulmonary alveolus

fēipéng 飞蓬[飛-] N. a kind of raspberry ♦V.P. ① uncertain; unsteady ② disheveled

fēipénggòumiàn 飞蓬垢面[飛-] F.E. dishevelled and dirty

fēipiào 飞票[飛-] N. premium ticket M: [1]zhāng

fèipiào* 废票[廢-] N. invalidated ticket/ballot M: [1]zhāng

fēipín 妃嫔[-嬪] N. imperial concubines M: [2]wèi/[1]míng/[1]gè

fèipǐn* 废品[廢-] N. ① waste product; reject ② scrap; waste

fèipǐn huíshōu 废品回收[廢-] N. waste recovery; salvage of waste material

fèipǐnlǜ 废品率[廢-] N. reject rate (in manufacturing)

fèipǐn shōugòuzhàn 废品收购站[廢--購-] P.W. salvage station (where waste materials may be turned in for payment)

fēipù 飞瀑[飛-] N. waterfall; cascade; cataract

fēiqí 飞骑[飛-] N. light cavalry

fěiqì 匪气[-氣] S.V. <coll.> disobedient; like a gangster/bandit

[1]fèiqì* 废弃[廢棄] V. discard; abandon

[2]fèiqì 废气[廢氣] N. waste gas/steam; fume

[1]fēiqiān 飞迁[飛遷] V. migrate; move (of birds)

[2]fēiqiān 飞签[飛-] N. attached note

fèiqián* 费钱[-錢] V.O./S.V. ① cost a lot; be costly ② waste money

féiqiáng 肥强[-強] S.V. stout and strong

fēiqiángshì de 非强势的[-強勢-] ATTR. <lg.> atonic

fēiqiángshì xíngshì 非强势形式[-強勢--] N. <lg.> atonic form

F

fēiqiánzǒuzhí 飞潜走植[飛潛-] F.E. fauna and flora

fēiqiáo 飞桥[飛橋] N. elevated or very high bridge M: [4]zuò/[1]jià

fèiqì jìnghuà chǔlǐlǜ 废气净化处理率[廢氣淨-處--] N. waste-gas purification rate

fèiqìle(de) 废弃了(的)[廢棄-] ATTR. <lg.> dead

fēiqín 飞禽[飛-] N. birds M: [2]zhī

fēiqīnfēigù 非亲非故[-親-] F.E. ① noncorrelation ② neither relative nor friend; neither kith nor kin

fěiqíng 匪情 N. enemy information

fēiqīngmòqǔ 非卿莫娶 F.E. the only woman to marry

fēiqǐngmòrù 非请莫入 F.E. No admittance except on invitation.

fèiqǐnwàngcān 废寝忘餐[廢寢-] F.E. (so absorbed/occupied as to) forget food and sleep

fèiqǐnwàngshí 废寝忘食[廢寢-] F.E. (so absorbed as to) forget food and sleep

fēiqínzǒushòu 飞禽走兽[飛-獸] F.E. birds and beasts

fēiqísuǒcháng 非其所长 F.E. be out of one's domain

fēiqiú 飞球[飛-] N. flying ball M: [2]zhī

fěiqiú* 匪酋 N. <wr.> bandit chief/chieftain

fèiqìwù 废弃物[廢棄-] N. waste material M: duī

fèiqìzhǒng 肺气肿[-氣腫] N. <med.> pulmonary emphysema

fēiqū 飞区[飛區] N. enclave

fēiqù 飞去[飛-] V. flit

fěiqū* 匪区[-區] P.W. <TW/KMT/derog.> Chinese Communist Party control area(old KMT term)

fēiquán 飞泉[飛-] N. cliffside spring; waterfall; geyser

fēiquàn 飞券[飛-] N. <trad.> a kind of draughts

fèiquán* 沸泉 N. <geol.> near-boiling spring

fēiquánnéngchǎng 非全能厂[-廠] P.W. factories which do not perform all the production processes

fēiquányìcí 非全义词[--義-] N. <lg.> cenematic word

fēiqūbiéxìng 非区别性[-區--] N. non-distinctive

féiquē 肥缺 N. lucrative post

fěirán* 斐然 V.P. <wr.> striking; brilliant

fèirán 废然[廢-] V.P. <wr.> dispirited and disappointed

fěiránchéngzhāng 斐然成章 F.E. show striking literary merit

fèirán'érfǎn 废然而返[廢-] F.E. return dispirited and disappointed

féirǎng 肥壤 N. fertile/rich soil

fěiránkěguān 斐然可观[-觀] F.E. striking; stately

fèiránzuòsè 怫然作色 See fúránzuòsè

fēirào 飞绕[飛繞] S.V. wind through high mountains

féiráo* 肥饶[-饒] V.P. rich (of soil)

[1]fèirè 沸热[-熱] ATTR. boiling hot

[2]fèirè 肺热[-熱] N. <Ch. med.> lung heat

[1]fēirén* 非人 ATTR. <wr.> ①not the right person ② inhuman ③ bad man; ruffian; villain

[2]fēirén 飞人[飛-] N. ①flying acrobats ②honorific title for a track/field champion M: [1]gè/[2]zhī

fěirén 匪人 N. ① bandit ② riffraff; scum M: [2]huǒ/[1]bāng

fèirén 废人[廢-] N. ①disabled person ②good-for-nothing M: [1]gè/[1]míng

fēirénchēng dàicí 非人称代词[--稱--] N. <lg.> impersonal pronoun

fēirén dàiyù 非人待遇 N. inhuman treatment

fēirénmíng zhànghù 非人名帐户 N. impersonal account

fēirén shēnghuó 非人生活 N. miserable life

fèirénsīsuǒ 费人思索 F.E. rack one's brains

fèirì 吠日 V.O. be easily astonished from lack of experience

féiròu 肥肉 N. fatty meat M: [2]kuài/[1]piàn

féisāigǔfù 肥腮鼓腹 F.E. fat cheeks and drum-like belly

fēisàn 飞散[飛-] V. ① disperse; dissipate (of smoke/mist/etc.) ② scatter (in flight)

fēisè 妃色 N. ① light pink ② woman's charms

fēishā 飞沙[飛-] N. sand/dust blown up by wind

fèi shāngliáng 费商量 V.O. need a good deal of talking or negotiation

fēishāngyè gōngsī 非商业公司[--業--] P.W. non-trading company

fēishāzǒushí 飞沙走石[飛-] F.E. sandstorm

fēishé 飞蛇[飛-] N. flying dragon

fèishéláochún 费舌劳唇[--勞-] F.E. talk oneself breathless

fēishémiàn qiányīn 非舌面前音 N. <lg.> non-coronal

fèishén 费神 V.O. ① may I trouble you (to do sth.) ***Zhèpiān lùnwén nín ~ gěi kànkan.*** Could I trouble you to go over this paper for me? ② need/exert great mental effort

[1]fēishēng* 蜚声[-聲] V.O. make a name; become famous

[2]fēishēng 飞升[飛-] V. ① become an immortal ② rise; ascend; fly up

fèishēng 吠声[-聲] N. bark

fēishēngchǎn 非生产[-產] ATTR. nonproductive

fēishēngchǎn bùmén 非生产部门[--產--] P.W. nonproductive departments

fēishēngchǎn láodòng 非生产劳动[-產勞動] N. nonproductive labor

fēishēngchǎnxìng 非生产性[--產-] N. unproductiveness; nonproductivity

fēishēngchǎnxìng tóuzī 非生产性投资[--產---] N. investment in non-productive projects

fèishēngfèiyǐng 吠声吠影[-聲--] F.E. follow the pack without knowledge of the truth

fēishēngguójì 蜚声国际[-聲國際] F.E. world-renowned; internationally famous

fēishēng hángkōngqì 飞升航空器[飛-] N. glider (aircraft)

fēishēngquèqì 蜚声鹊起[-聲--] F.E. Fame soars high and spreads wide.

fēishēngténgshí 飞声腾实[飛聲-實] F.E. excellent in fame as in substance

fēishēngwéntán 蜚声文坛[-聲-壇] F.E. win renown in literary circles

fēishēngwùjiè 非生物界 N. the mineral world

fēishēnshàngmǎ 飞身上马[飛-] F.E. vault into the saddle

fēishēnténgshí 飞身腾实[飛-實] F.E. One's name soars high.

fēishī 飞虱[飛-] N. plant-hopper

[1]fēishí 飞石[飛-] N. <trad.> stone missiles M: [2]kuài/[1]gè

[2]fēishí 非时[-時] N. wrong timing; not the proper time

[1]fēishǐ 飞驶[飛-] V. speed along

[2]fēishǐ 飞矢[飛-] N. flying arrow

fēishì 飞逝[飛-] V. pass swiftly (of time)

féishi 肥实[-實] S.V. fat; stout

fěishǐ 匪史 N. <TW/KMT/derog.> Chinese Communist Party history(old KMT term)

[1]fèishí* 费时[-時] V.O. take time; be time-consuming

[2]fèishí 沸石 N. <min.> zeolite

fèishì(r) 费事(儿) V.O./S.V. give/take a lot of trouble

fèishífèilì 费时费力[-時--] F.E. waste time and energy

fèishífèishì 费时费事[-時--] F.E. be time and labor consuming; take time and trouble

fēishǐyīn jíwù dòngcí 非使因及物动词[-----動-] N. <lg.> non-causative transitive verb

fēishíyòng 非食用 ATTR. inedible

féishòu(r) 肥瘦(儿) N. <topo.> ① girth/size of a garment/etc. ② proportion of fat and lean; partly fat and partly lean meat ③ the fat and thin ④ the rich and poor

fěishǒu* 匪首 N. bandit chieftain

féishòudézhōng 肥瘦得中 F.E. good figure (not too slender or plump)

fèi shǒujiǎo 费手脚[-腳] V.O. give/take a lot of trouble

fēishū 飞书[飛書] N. ① anonymous letter ② urgent letter M: [2]fēng

fēishǔ* 飞鼠[飛-] N. ① flying squirrel ② bat M: [2]zhī

fèishuānsè 肺栓塞 N. pulmonary embolism

féishuǐ 肥水 N. ① benefits and advantages ② natural/personnel resources in a particular area

[1]fèishuǐ* 废水[廢-] N. waste water; effluent

[2]fèishuǐ 沸水 N. boiling water

fèishuǐ chǔlǐchí 废水处理池[廢-處--] N. purification tank for liquid waste

fèishuǐ chǔzhì 废水处置[廢-處-] N. wastewater disposal

fèishuǐzhǒng 肺水肿[--腫] N. pulmonary edema

fēishúliàn láodòng 非熟练劳动[-練勞動] N. unskilled labor

féishuò 肥硕 S.V. ① big and fleshy (of fruit) ② large and firm-fleshed (of body)

fèishǔyì 肺鼠疫 N. <med.> pneumonic plague

fèisī 废丝[廢絲] N. <txtl.> waste silk

fēisǐjíshāng 非死即伤[-傷] F.E. either dead or wounded

féi sīnáng 肥私囊 V.O. line one's pockets

fēisòng 飞送[飛-] V. send by an express courier

fēisòng shìjiàn 非讼事件 N. <law> noncontentious matter

fēisù 飞速[飛-] ADV. at full speed

fèisǔn 废损[廢-] V.P. rejected and damaged (equipment)

fēitāmòshǔ 非他莫属[-屬] F.E. He alone is worthy.

fèitāng 沸汤[-湯] N. boiling water

fēitè 非特 CONJ. <wr.> not only

fěitè* 匪特 N. bandit spy M: [1]míng/[1]gè

fēiténg 飞腾[飛-] V. fly swiftly upward; soar

fèiténg* 沸腾 V. ①boil ②seethe with excitement

fèiténg guōlú 沸腾锅炉[-鍋爐] N. a new kind of coal-burning stove

fēitī 飞梯[飛-] N. <trad.> wall-scaling ladder

fēitiān* 飞天[飛-] N. <Budd.> flying Apsaras (deities/devas) M: [2]wèi/[1]míng

féitián 肥田 V.O. fertilize soil ♦N. fertile land M: [1]piàn/[2]kuài

féitiáncǎo 肥田草 N. fabaceous herbs (clover/vetch/etc.); herbal fertilizer

féitiánfěn 肥田粉 N. ① ammonium sulfate ② chemical fertilizers

Fēitiānjiǎng 飞天奖[飛-獎] N. Flying Goddess Award (for excellent Ch. TV programs)

fēitiáojiàn fǎnshè 非条件反射[-條---] N. <phys.> unconditioned reflex

fèitiě 废铁[廢鐵] N. scrap iron M: [2]kuài/[1]piàn

fēitǐng 飞艇[飛-] N. airship; dirigible M: [2]zhī/[1]sōu

Fēi-Tǒng 非统 AB. *Fēizhōu Tǒngyī Zǔzhī*

fēitōngchàng de 非通畅的[--暢-] ATTR. <lg.> non-sonorant; non-vocalic

fēitóng'érxì 非同儿戏[-戲] F.E. not to be taken lightly

fēitóngfánxiǎng 非同凡响[-響] F.E. unique; extraordinary

fèitónglàntiě 废铜烂铁[廢-爛鐵] F.E. scrap copper and iron; scrap

fēitóngxiǎokě 非同小可 F.E. no small/trivial matter

fēitóngxúncháng 非同寻常[--尋-] F.E. unusual

Fēi-Tǒng Zǔzhī 非统组织[-織] AB. *Fēizhōu Tǒngyī Zǔzhī*

féitóudà'ěr 肥头大耳 F.E. chubby (of children); fat and beefy (of grownups); fat and fleshy (of pigs)

féitóuféinǎo 肥头肥脑[-腦] F.E. corpulent; fat-guts

féitóupàng'ěr 肥头胖耳 F.E. fat; portly (of a person)

fēitú 非徒 CONJ. <wr.> not only

féitǔ 肥土 N. rich soil M: [1]piàn/[2]kuài

fěitú* 匪徒 N. gangster; bandit M: [2]huǒ/[1]bāng

fēituān 飞湍[飛-] V.O. swift/rushing current/waters

fēituānqiānlǐ 飞湍千里[飛-] F.E. (The Yangtse River) rushes along for a thousand miles.
Fèituó 吠陀 N. <Budd.> the Vedas
féitǔwòdì 肥土沃地 F.E. rich, fertile soil
fēiwǎng* 飞往[飛-] V. fly toward
fēiwàng 非望 N. wild hope/desire
fēiwēi* 霏微 V.P. <wr.> drizzly; misty
fěiwěi 匪伪 N. bandit; brigand
fēiwén 绯闻 N. ①news of sex scandals ②rumors/news about love affairs
fēiwěn* 飞吻[飛-] N. blow kiss
fēiwénxué de 非文学的 ATTR. <lg.> non-literary
fēiwénxué fānyì 非文学翻译[-譯] N. <lg.> non-literary translation
fēiwénxué yǔduàn 非文学语段 N. <lg.> non-literary text
fēiwénxué yǔyán 非文学语言 N. <lg.> non-literary language
féiwò 肥沃 S.V. fertile; rich
fēiwǒběnyì 非我本意 F.E. It goes against the grain with me.
fēiwǒmòshǔ 非我莫属[-屬] F.E. I alone am qualified for the position.
fēiwǒzúlèi 非我族类[-類] F.E. ① not one among us ② aliens
fēiwǔ 飞舞[飛-] V. dance in the air; flutter
fèiwu 废物[廢-] N. <derog.> a good-for-nothing *See also fèiwù*
fèiwù* 废物[廢-] N. ① refuse; trash ② good-for-nothing M: [2]kuài *See also fèiwu*
fēiwúchǎnjiējí 非无产阶级[--產階-] ATTR. nonproletarian
fèiwù chǔlǐ 废物处理[廢-處-] N. waste disposal
fèiwùdiǎnxīn 废物点心[廢-點-] N. <coll.> useless person; a jerk
fèiwù lìyòng 废物利用[廢-] V.P. recycle
fēiwúsuǒyù 非吾所欲 F.E. It's not what I want.
fèiwùxiāng 废物箱[廢-] N. trash can M: [2]zhī
fēixī 飞锡[飛-] N. Buddhist mendicants
fēixí* 飞檄[飛-] V.O. issue a manifesto
féixiān 肥鲜 S.V. rich and fresh (usu. referring to meat)
fēixiàndìng liàngcí 非限定量词 N. <lg.> infinitive
fēixiàndìngshì 非限定式 N. <lg.> non-finite form
fēixiàndìngxìng guānxi cóngjù 非限定性关系从句[----關係從-] N. <lg.> non-restrictive relative clause
fēixiàndìng zìjù 非限定子句 N. <lg.> infinitive; non-finite clause; noun phrase
fēixiáng* 飞翔[飛-] V. circle in the air; hover
fēixiàng 飞向[飛-] V. fly to/toward
fèixiàng 费项 N. expenditure
fēixiángjī 飞翔机[飛-] N. glider M: [1]jià
fēixiànxìng guīhuà 非线性规划[-劃] N. nonlinear programming
fēixiànyòng wénjiàn 非现用文件 N. inactive file
fēixiànzhì de 非限制的 ATTR. non-restrictive
fēixiànzhìxìng tóngwèi 非限制性同位 N. <lg.> non-restrictive apposition
fēixiào 非笑 V. ridicule; sneer at
féixiào* 肥效 N. <agr.> fertilizer efficiency
fèixīchóng 肺吸虫[-蟲] N. lung fluke
fēixíchuánzhàn 飞檄传战[飛-傳戰] F.E. deliver an urgent despatch announcing a battle
fěixiè 匪懈 V.P. don't be idle; don't relax; be diligent
fèixīn 费心 V.O./S.V. ① give/take a lot of trouble ② may I trouble you (to do sth.)
[1]**fēixíng** 飞行[飛-] V. fly ♦N. flying; flight
[2]**fēixíng** 非刑 N. brutal torture (not sanctioned by law)
fēixíng bànjìng 飞行半径[飛-徑] N. flying radius
fēixíng bǎolěi 飞行堡垒[飛-壘] N. <mil.> flying fortress
fēixíng biǎoyǎn 飞行表演[飛-] N. demonstration/exhibition flight
fēixíngdàxiá 飞行大侠[飛-俠] N. <PRC> "flying knights" (fly-by-night book publisher)
fèixíngfèishēng 吠形吠声[-聲] F.E. slavishly echo others
fēixíngfú 飞行服[飛-] N. flying suit/clothes M: [2]jiàn/tào
fēixíng guǎnzhì 飞行管制[飛-] N. air-traffic control
fēixíngjiā 飞行家[飛-] N. flyer; airman M: [2]wèi/[1]míng/[1]gè
fēixíng jiǎbǎn 飞行甲板[飛-] N. flight deck
fēixíng jìlùbù 飞行记录簿[飛--錄-] N. flight log
fēixíng kǎodǎ 非刑拷打 V.P. put sb. to the torture
fēixíngmào 飞行帽[飛-] N. aviator's helmet M: [2]zhī
fēixíngqì 飞行器[飛-] N. ① flying machine ② UFO ③ aircraft M: [2]jiàn
fēixíngqìzài de 飞行器载的[飛-] ATTR. spaceborne
fēixíngshì 飞行士[飛-] N. pilot M: [2]wèi/[1]míng/[1]gè
fēixíngshì fǎ 非形式法 N. informal method
fēixíngyuán 飞行员[飛-] N. pilot; aviator; flyer M: [2]wèi/[1]míng/[1]gè
fèixīnláolì 费心劳力[--勞-] F.E. take a lot of trouble
fèixū 废墟[廢-] N. ruins
fēixuán 飞旋[飛-] V. hover; fly in circles
fēixuě 飞雪[飛-] N. falling snow
fěixué* 匪穴 N. ① bandit lair ② enemy's entrenchment
fèixué 废学[廢-] V.O. discontinue one's schooling
fēixūgòu xiǎoshuō 非虚构小说[-虛構--] N. nonfictional novel
fēixùshí wèiyǔ 非叙实谓语[-敘實--] N. <lg.> counterfactive predicate
fēixùshíxìng wèicí 非叙实性谓词[-敘實---] N. <lg.> counterfactive predicate
fēiyán 飞檐[飛-] N. <archi.> upturned eaves; flying rafter
fēiyǎn(r) 飞眼(儿)[飛-] V.O. make eyes; ogle
fēiyàn 飞燕[飛-] ID. nimble and quick ♦N. Flying Swallow (Han queen famed as svelte beauty) M: [2]zhī
fèiyán* 肺炎 N. pneumonia
fèiyǎn 费眼 V.O. tire the eyes
fēiyánfěiyǔ 蜚言蜚语 F.E. rumors and slanders
fēiyáng* 飞扬[飛揚] V. fly upward; rise
fèiyáng 沸扬[-揚] V. seethe with excitement; boil over
fēiyángbáhù 飞扬跋扈[飛揚-] F.E. arrogant and domineering
fēiyángfúzào 飞扬浮躁[飛揚-] F.E. impetuous and unsteady
fēiyángjímò 非杨即墨[-楊--] F.E. must be either this or that
fēiyǎnr 飞眼儿[飛-] V.O. give a darting glance
fēiyánzǒubì 飞檐走壁[飛-] F.E. ① leap onto roofs and over walls ② make one's way into a house over walls and roofs
fēiyào 非要 AUX. ① absolutely require ② must; have to
fēiyě 非也 F.E. This is not so.
fēiyè* 扉页 N. <print.> title page; flyleaf; end paper
[1]**fèiyè** 废液[廢-] N. waste liquid/liquor
[2]**fèiyè** 肺叶[-葉] N. <phys.> lobe of a lung
[3]**fèiyè** 废业[廢業] V.O. ① lead a useless life ② lose one's job
fēiyěsì de 飞也似的[飛-] V.P. at lightning speed; swiftly
fēiyèwù rényuán 非业务人员[-業務--] N. non-professional personnel
fēiyī 绯衣 N. ① red robes worn by officials ② officials
fēiyǐ 飞蚁[飛蟻] N. flying ant M: [2]zhī
fēiyì* 非议[-議] V. reproach; censure
[1]**fěiyí** 菲仪[-儀] N. my small/unworthy gift
[2]**fěiyí** 匪彝 N. lawless ways
fēiyímín qiānzhèng 非移民签证[-證] N. non-immigrant visa
fēiyīng 飞鹰[飛-] N. eagle M: [2]zhī
fèiyǐngfèishēng 吠影吠声[-聲] F.E. ① slavishly echo others ② raise an uproar over an unconfirmed rumor
fēiyínglì 非营/盈/赢利[-營-] ATTR. non-profit
fēiyínglì zǔzhī 非盈利组织[-織] N. non-profit-making organization
fēi yíngyè chéngběn 非营业成本[-營業--] N. non-operating cost
fēiyíngyè shōurù 非营业收入[-營業--] N. non-business income/earnings
fēiyíngyè zhīchū 非营业支出[-營業--] N. non-business expenditure
fēiYīngyǔ 非英语 N. un-English
fēiyīngzǒugǒu 飞鹰走狗[飛-] F.E. ① release falcons and unleash dogs ②hunting ③<derog.> underlings
fēiyīnjiē de 非音阶的[--階-] ATTR. <lg.> asyllabic
fēiyǐnyòng shuǐ 非饮用水 N. unpotable water
fēiyìrénrèn 非异人任[-異--] F.E. <wr.> cannot put the responsibility on others
fěiyísuǒsī 匪夷所思 F.E. fantastic; unimaginably queer
fēiyìwúshēng 非义无生[-義--] F.E. One cannot live without righteousness.
Fēiyòng 菲佣[-傭] N. Philippine maid M: [2]wèi/[1]míng/[1]gè
fèiyong* 费用 N. cost; expenses M: [2]bǐ
fèiyōng 肺痈[-癰] N. <Ch. med.> abscess disorder in pulmonary system
fèiyònggōng 费用工 N. workers outside the roll (those who are temporarily employed by a factory and whose wages are separate from the expense of production)
féiyóu 肥油 N. ① fat ② oil refined from fat
[1]**fèiyóu*** 费油 V.O. consume gas/oil/etc.
[2]**fèiyóu** 废油[廢-] N. used/unusable oil
[1]**fēiyú*** 飞鱼[飛-] N. ① flying fish ② honorific title for a swimming/diving champion
[2]**fēiyú** 鲱鱼 N. herring
fēiyǔ 蜚/飞语[飛-] N. rumors; gossip
Fēiyǔ 菲语 N. Filipino language
féiyú 肥腴 V.P. ① fertile ② stout ③ fat; plump; corpulent
féiyù 肥育 V. <liv.> fatten ♦N. fattening (animal husbandry)
fèiyú 肺鱼 N. lungfish
féiyuán 肥源 N. <agr.> source of manure
fēiyuánchún de 非圆唇的 ATTR. unrounded lip
fēiyuánchún yuányīn 非圆唇元音 N. <lg.> unrounded vowel
fēiyuánxíng 非圆形 ATTR. unrounded labial
fēiyuánxíng mǔyīn 非圆形母音 N. <lg.> unrounded vowel
[1]**fēiyuè** 飞跃[飛躍] V. leap
[2]**fēiyuè** 飞越[飛-] V. fly over/by
fèiyuēbèiméng 废约背盟[廢-] F.E. annul a treaty and go back on an oath
fēiyuèchéngzhǎng 飞跃成长[飛躍-] F.E. grow/develop by leaps and bounds
fēiyǔfǎ de 非语法的 ATTR. <lg.> non-grammatical
fēiyújífēng 非愚即疯 F.E. be a fool or a madman
fēiyǔjìng yìyì 非语境意义[-義] N. <lg.> non-contextual meaning
féiyùqī 肥育期 N. stage of fattening (animals)
fēiyǔwén de 非语文的 ATTR. <lg.> non-linguistic
fēiyǔwén xíngwéi 非语文行为 N. <lg.> non-linguistic activity
fēiyǔyán chéngfèn 非语言成分 N. <lg.> extralinguistic feature
fēiyǔyán fǒudìng 非语言否定 N. <lg.> metalinguistic negation

fēiyǔyán jiāojì 非语言交际[-際] N. <lg.> nonverbal communication

féiyùyānniú 肥育阉牛 F.E. fattening steers

fēiyǔyán yīnsù 非语言因素 N. <lg.> paralinguistic factor

fēiyǔzhòngshāng 飞语中伤[飛-傷] F.E. slander/defame sb. with flying rumor

féiyùzhū 肥育猪[-豬] N. fattening pig

fēizāi 飞灾[飛災] N. unexpected disaster M: [2]*chǎng*

fēizàishēngxìng zīyuán 非再生性资源 N. nonrenewable resources

fèizàng 肺脏[-臟] N. lungs

féizào 肥皂 N. soap M: [2]*kuài*

féizàofěn 肥皂粉 N. powder detergent; soap powder M: [1]*bāo*

féizàohé 肥皂盒 N. soap dish/box M: [2]*kuài*/[2]*zhī*

féizàojù 肥皂剧[-劇] N. <loan> soap opera M: [1]*chū*/[2]*chǎng*

féizàomò(r) 肥皂沫(儿) N. suds; lather

féizàopào 肥皂泡 N. soap bubble

féizào pàomòr 肥皂泡沫儿 N. lather

féizàopiàn 肥皂片 N. soap flakes

féizàoshuǐ 肥皂水 N. soapsuds

féizàoyè 肥皂液 N. liquid soap

fēizéi 飞贼[飛-] N. ①burglar who gains entrance by scaling walls ② intruding enemy airman; air marauder ③ cat burglar M: [2]*huǒ*/[1]*bāng*

fèizhā 废渣[廢-] N. waste; scrap; dross M: *duī*

fēizhàn 非战[-戰] ATTR. non-military

fēizhàndòu rényuán 非战斗人员[-戰鬥--] N. <mil.> noncombatant

fēizhǎng* 飞涨[飛-] V. soar; skyrocket (of prices/etc.)

fèizhàng 肺胀 N. emphysema

fèizhǎnglìyòu 废长立幼[廢-] F.E. <trad.> pass over the elder in favor of the younger

fēizhàn gōngyuē 非战公约[-戰--] N. antiwar pact; treaty renouncing use of force

fēizhànyuán 非战员[-戰-] N. noncombatant

fēizhe 飞着[飛著] <coll.> V.P. float in the air; be unresolved

fēizhèng 非证[-證] V. disconfirm ♦N. disconfirmation

fēizhèngcháng 非正常 ATTR. improper

fēizhèngfǔ zǔzhī 非政府组织[-織] P.W. nongovernmental organization (NGO)

fēizhèngguī jiàoyù 非正规教育 N. informal education; non-formal education M: [1]*zhǒng*

fēizhèngguījūn 非正规军 N. irregular troops; irregulars

fēizhèngshì 非正式 ATTR. unofficial; informal

fēizhèngshì de fānyì 非正式的翻译[-譯] N. <lg.> informal translation

fēizhèngshì fǎngwèn 非正式访问 N. informal/unofficial visit

fēizhèngshì kèchéng 非正式课程 N. hidden curriculum

fēizhèngshì shāngtán 非正式商谈 N. informal discussion

fēizhèngshì wéntǐ 非正式文体[-體] N. <lg.> informal level of speech

fēizhèngshì Yīngyǔ 非正式英语 N. <lg.> informal English

fēizhèngshì yòngyǔ 非正式用语 N. <lg.> informal speech

fēizhèngshì yǔtǐ 非正式语体[-體] N. <lg.> informal speech M: [1]*zhǒng*

fēizhèngshì yǔyán 非正式语言 N. <lg.> informal language

fēizhèngtǒng 非正统 ATTR. unorthodox

fēizhèngyì zhànzhēng 非正义战争[-義戰爭] N. unjust war M: [2]*chǎng*

fēizhènqū 非震区[-區] P.W. nonseismic region

fēizhēnshí 非真实[-實] ATTR. unreal

fēizhēnshí guòqù 非真实过去[--實--] N. <lg.> past-unreal

fēizhēnshí miáoshù zǐjù 非真实描述子句[--實----] N. <lg.> unreal descriptive clause

fēizhēnshí xiànzài 非真实现在[--實--] N. <lg.> present-unreal

fēizhēnzǒuxiàn 飞针走线[飛-] F.E. do needle work very skillfully

fēizhǐ 非止 CONJ. not only

[1]**fèizhǐ*** 废止[廢-] V. abolish; annul; put an end to

[2]**fèizhǐ** 废纸[廢-] N. wastepaper M: *duī*

[3]**fèizhǐ** 废址[廢-] N. abandoned site; ruins

[1]**fèizhì** 废置[廢-] V. put aside as useless

[2]**fèizhì** 肺蛭 N. lung fluke

fèizhǐduī 废纸堆[廢-] N. pile of waste paper

fēizhímínhuà 非殖民化 ATTR. decolonize

fēizhǐshè 非指涉 ATTR. <lg.> non-referring

fēizhǐshè biǎoshì 非指涉表示 N. <lg.> non-referring expression

fēizhǐshèxìng 非指涉性 ATTR. <lg.> non-referential

fēizhòngdú yāngyuányīn 非重读央元音[--讀---] N. <lg.> schwa

fēizhòngdú yīnjié 非重读音节[--讀-節] N. <lg.> unstressed syllable

fēizhòng yāngyuányīn 非重央元音 N. <lg.> schwa

fēizhòngyīn de 非重音的 ATTR. <lg.> atonic

fēizhòngyīnshì 非重音式 N. <lg.> atonic form

fēizhōu 飞舟[飛-] N. flying boat M: [2]*zhī*/[1]*sōu*

Fēizhōu* 非洲 P.W. Africa

Fēizhōurén 非洲人 N. an African

Fēizhōu Tǒngyī Zǔzhī 非洲统一组织[-織] N. Organization of African Unity (OAU)

fèi zhōuzhāng 费周章 V.O. take great pains; spare no effort

fèi zhōuzhé 费周折 V.O. take the trouble (to do sth.)

féizhū 肥猪[-豬] N. fat pig

fēizhuā 飞挝[飛撾] N. <trad.> claw-shaped projectiles attached to long ropes

féizhuàng 肥壮[-壯] S.V. stout and strong

fēizhǔdiào de 非主调的 ATTR. <lg.> atonic

fēizhǔdiàoshì 非主调式 N. <lg.> atonic form

féizhūfěn 肥猪粉[-豬-] N. pig-fattening drug

fēizhuó 菲酌 N. <humb.> simple meal

fēizhǔyào máodùn 非主要矛盾 N. nonprincipal contradiction

fēizhǔyàoyǔ 非主要语 N. <lg.> non-head

[1]**fēizi** 妃子 N. imperial concubine M: [2]*wèi*/[1]*gè*

[2]**fēizi** 飞子[飛-] N. <wr.> pay chits

fēizǐ 绯紫 N. deep purple color

fěizi 榧子 N. ① Ch. torreya ② Ch. torreya-nut

fèizi* 痱子 N. <med.> prickly heat

fèizifěn 痱子粉 N. ① prickly-heat powder ② talcum/baby powder

fēizìmǔ de 非字母的 ATTR. <lg.> analphabetic

fēizìmǔ fúhào 非字母符号[-號] N. <lg.> analphabetic notation

fēizìmǔzhì 非字母制 N. <lg.> analphabetic system

fēizìyóu 非自由 ATTR. <lg.> bound

fēizìyóu xíngshì 非自由形式 N. bound form

fēizǒu 飞走[飛-] R.V. fly away ♦N. <trad.> birds and beasts

fēizǔdǎng de 非阻挡的[--擋-] ATTR. <lg.> nonconsonantal

fēizuìjíchī 非醉即痴 F.E. be either drunk or crazy

fēizuìjífēng 非醉即疯 F.E. be either drunk or mad

fèi zuǐpízi 废嘴皮子[廢-] V.O. talk nonsense; waste one's breath

fēizuòbùkě 非做不可 F.E. have no choice but to. . .

fēizǔzhī guāndiǎn 非组织观点[-織觀點] N. <PRC> the idea that there is no need for organizational leadership

fēizǔzhī huódòng 非组织活动[--織-動] N. <PRC> activities lacking imprimatur of organizational leadership

[1]**fēn*** 分 V. ① divide; separate ② distribute; allot ③ distinguish; differentiate; discriminate ♦M. *for units of length/area/weight/money/time/etc.* ① fraction ② one-tenth ③ percent ④ <slang> ten yuan (RMB) ⑤point ***Wǒ kǎoshì kǎole yībǎi*** ~. I got 100 on the exam. ♦B.F. ① part ***bùfen*** ② branch (office, etc.) ***fēnjú See also*** [3]*fèn*

[2]**fēn** 酚 N. phenol

[3]**fēn** 纷[紛] B.F. ① disorderly; confused ***fēnluàn*** ② many and various; numerous [1]***fēnfēn***

[4]**fēn** 芬 B.F. sweet smell; fragrance ***fēnfāng***

[5]**fēn** 氛 B.F. atmosphere; ambience [1]***qìfēn***

[6]**fēn** 雰 B.F. mist; air [3]***fēnfēn***

[7]**fēn** 吩 in [1]***fēnfù***

[1]**fén** 坟[墳] N. grave; tomb

[2]**fén** 焚 V. burn

[3]**fén** 棼 B.F. <wr.> confused; tangled ***fénfén, zhìsīyìfén***

[4]**fén** 贲[賁] B.F. large ***féngǔ See also*** [3]*bēn*, [24]*bì*

[5]**fén** 枌 in ***fényú***

[6]**fén** 鼢 in ***fénshǔ***

Fén 汾 B.F. river in Shanxi ***Fén Hé***

fěn 粉 N. ① powder ② noodles/vermicelli made from bean, rice or sweet-potato starch ③ <topo.> whitewash ♦B.F. ① white ② pink ***fěnhóng*** ③ soft or light (of colors)

[1]**fèn(r)** 份(儿)[-(兒)] M. *for copies of newspapers/etc.* share; portion ♦N. <coll.> degree; extent ♦CONS. *zhǐyǒu A de ~ le* The only thing I can do is A

[2]**fèn** 粪[糞] N. excrement; dung; droppings ♦V. <wr.> apply manure

[3]**fèn** 分 B.F. ① ingredient; component ***chéngfen*** ② what is within one's rights/duty ***běnfèn See also*** [1]*fēn*

[4]**fèn** 奋[奮] B.F. ① act vigorously ***fèndòu*** ② lift; raise ***fènbìgāohū***

[5]**fèn** 愤[憤] B.F. angry [1]***fènnù***

[6]**fèn** 偾[僨] V. <wr.> ① fall ② die; ossify ③ fail ④ rise with force and spirit

[7]**fèn** 忿 B.F. angry ***fènfèn, bùfènr, qìfèn***

[8]**fèn** 鲼[鱝] B.F. fish of Aetobatus or Myliobatus genera ***yàofèn***

fěnbái 粉白 N. white

fěnbáidàihēi 粉白黛黑 F.E. ① beauty ② heavy make-up

fěnbáidàilǜ 粉白黛绿 F.E. ①with face powdered and eyebrows darkened ② the ladies; the fair sex

fēnbān 分班 V.O. divide into classes (in school); divide into squads (in the army)

fēnbān cèshì 分班测试 N. placement test

fēnbàng 分谤 V.O. share blame

fēnbāo 分包 V. subcontract

fēnbǎo 分保 N. re-insurance

fénbāo* 坟包[墳-] N. grave mound

fēnbāo hétóng 分包合同 N. subcontract

fēnbèi 分贝 M. <phy.> decibel (db)

fěnběn 粉本 N. draft/preliminary sketch; study; cartoon

fēnbēnglíxī 分崩离析[--離-] F.E. disintegrate

fénbì 焚毙[-斃] V. burn to death

fěnbǐ* 粉笔[-筆] N. chalk M: [2]*zhī*

fěnbì 粉壁 N. whitewashed wall

fènbǐ 奋笔[奮筆] V.O. <wr.> dash off in writing

fènbì 奋臂[奮-] V.O. ① raise one's arms and rise ② get up and go

[1]**fēnbiàn*** 分辨 V. distinguish; differentiate ♦N. <phy.> resolution

[2]**fēnbiàn** 分辩 V. defend oneself (against a charge); offer an explanation

fènbiàn 粪便[糞-] N. excrement and urine; night soil M: *duī*

fènbiàn jiǎnchá 粪便检查[糞-] N. stool examination

fēnbiànlǜ 分辨率 N. ratio of differentiation

fěnbǐcáo 粉笔槽[-筆-] N. blackboard ledge for chalk M: [2]*zhī*

fēnbié 分别 V. ① part; leave each other ② distinguish; differentiate ♦N. difference ♦ADV. separately; respectively; differently

fēnbié chū 分别出 R.V. distinguish; differentiate
fēnbié qīngzhòngyīn 分别轻重音[--輕--] N. <lg.> accentuation
fēnbiésuǒyǒu 分别所有 F.E. <lg.> separate possession
fēnbìgāohū 奋臂高呼[奮-] F.E. ① raise one's arm and shout ② ardently advocate
fěnbǐhuà 粉笔画[-筆畫] N. colored-chalk drawing
fènbǐjíshū 奋笔疾书[奮筆-書] F.E. dash off; write quickly
fěnbǐmiànr 粉笔面儿[-筆麵-] N. chalk powder/dust
fēnbīng* 分兵 V.O. divide forces
fěnbǐng 粉饼 N. face powder M: [2]kuài/
fēnbīngjìngōng 分兵进攻[--進-] F.E. divide forces to attack
fěnbǐtóur 粉笔头儿[-筆---] N. chalk butt M: [2]zhī
fènbìyīhū 奋臂一呼[奮-] F.E. raise one's arm and issue a rousing call
fěnbǐzì 粉笔字[-筆-] N. words written with chalk
fēnbō(r) 分拨(儿)[-撥-] V.O. ① allocate (materials/etc.) ② assign (people) to different tasks ③ group (people)
[1]**fēnbù** 分布 V. be distributed (over an area); be scattered ♦N. ① distribution; scattering ② <lg.> distributional
[2]**fēnbù** 分部 N. branch
fēnbuchū 分不出 R.V. be indistinguishable
fènbùgùshēn 奋不顾身[奮-顧-] F.E. dash ahead heedless of safety
fēnbù huánjìng 分布环境[--環-] N. <lg.> distributional environment
fēnbukāi 分不开[-開] R.V. be inseparable
fěnbulājī 粉不喇唧 F.E. <coll.> chalky
fēnbuliǎo 分不了 R.V. can't divide or be divided
fēnbù pǔbiànxìng 分布普遍性 N. <lg.> distributional universals
fēnbuqīngchu 分不清楚 R.V. cannot be distinguished ♦ATTR. indistinguishable
fēnbùshàng de xiànzhì 分布上的限制 N. <lg.> distributional constraint
fēnbùshì jìsuànjī 分布式计算机 N. <comp.> distributed computer
fēnbùshì wénběn pōuxī 分布式文本剖析 N. <lg.> distributed text parsing
fēnbù shùjùkù 分布数据库[--數據-] N. <comp.> distributed database system
fēnbù tèzhēng 分布特征[-徵] N. <lg.> distributional property
fēnbùtú 分布图[-圖] N. scatter diagram M: [1]zhāng
fēnbù xiétiáoxíng tuīlǐ 分布协调型推理[--協----] N. <lg.> distributed cooperative reasoning
fènbùyùshēng 愤不欲生 F.E. so angry one does not wish to live
fěncǎi 粉彩 N. <art> soft colors; mixed glaze
fēncān 分餐 V. eat separate dishes ♦V.O. serve meal ♦N. individual meals
fēncè 分册[-冊] N. fascicle M: [2]shǒu
fēncéng 分层[-層] V.O. stratify ♦N. <lg.> stratification; tier
fēncéngfùzé 分层负责[-層--] F.E. multi-level management in which each level answers only to its immediate superior
fēncéng shùjùkù 分层数据库[-層數據-] N. <comp.> hierarchical databases
fēncéng yàngběn 分层样本[-層樣-] N. stratified sample
[1]**fēnchà** 分叉 V.O. fork; branch; diverge; bifurcate
[2]**fēnchà** 分杈 V.O. <agr.> branch
[3]**fēnchà** 分岔 V.O. fork; turnoff; turnout
fēnchāipòjìng 分钗破镜 ID. (symbols of) divorce
fēnchǎng 分场[-場] V.O. divide performance/etc. into acts/episodes/etc. ♦N. ①subdivision of a state farm ② a secondary site of a big activity (of celebration/conference/etc.)
fénchǎng* 坟场[墳場] P.W. graveyard
fěncháng(r) 粉肠(儿)[-腸-] N. sausage stuffed (mainly) with bean-starch paste M: [2]gēn
fènchē 粪车[糞-] N. night-soil cart M: [3]liàng
fěnchén 粉尘[-塵] N. dust
fēnchéng 分成 R.V. divide (into) ♦V.O. split a bonus ♦N. ① tenths ② percentage allotment
fènchí 粪池[糞-] N. manure pit; cesspool
fēnchū* 分出 R.V. separate; divide
fènchú 粪除[糞-] V. clean up sth.
fēn chūlai 分出来 R.V. <coll.> give birth to; multiply; hatch (said of small animals/insects/etc.)
fēncí 分词 <lg.> N. ① participle ② <comp.> word-division ♦V. divide text by words (not syllables or characters)
fěncì* 粉刺 N. <med.> acne M: [1]kē
fèncí 奋辞[奮辭] N. bluster; boasting
fēncí de 分词的 ATTR. <lg.> participial
fēncíliánxiě 分词连写[-寫] F.E. <lg.> ① divide (text) by words and write (syllables) connectedly ② segmentation of text ③ word spacing/separation
fēncí piànyǔ 分词片语 N. <lg.> participial phrase
fēncíxìng duǎnyǔ 分词性短语 N. <lg.> participial phrase
fēncí yǔzǔ 分词语组 N. <lg.> participial phrase
[1]**fēncuàn** 分窜[-竄] V. flee in all directions
[2]**fēncuàn** 分爨 V. <wr.> ① cook separately ② live apart
fěncuì 粉翠 N. ① face powder and eyebrow pigment ② beautiful women
fēncun 分寸 N. ①proper restraint *Tā zuótiān de fāyán hěn yǒu ~.* He made a measured speech yesterday. ② sense of propriety/proportion ♦ATTR. insignificant; negligible
fēncùnyǐluàn 分寸已乱[-亂] F.E. in disorder
fěndài 粉黛 N. ①make-up ② <trad.> ⓐ women ⓑ ladies in the palace or of a rich family
fēndān 分担[-擔] V. share responsibility for
fēndàng 分档[-檔] V.O. put files in order
fēndǎo 分导[-導] V. guide separately
fēndào* 分道 N. <sport> lane
fēndàoyángbiāo 分道扬镳[--揚-] ID. diverge; part company
fēndé 分得 V. get a share
fēndeliǎo 分得了 R.V. can be separated/divided
fēnděng 分等 V.O. grade; classify
fēn děngjí 分等级 V.O. rank
fēnděngjí lùnjià 分等级论价[-價] F.E. grade commodities and set prices according to quality
féndì* 坟地[墳-] P.W. graveyard; cemetery M: [2]kuài/[1]piàn
fěndǐ 粉底 N. foundation make-up M: [2]zhī/hé
fēndiǎn 分点[-點] N. <lg.> point of division
fēndiàn* 分店 P.W. branch (of a shop) M: [1]jiā
féndiǎn 坟典[墳-] N. ancient books
fěndié 粉蝶 N. <zoo.> white butterfly
féndǐngshāozhǐ 焚顶烧指[--燒-] F.E. <Budd.> become a monk/nun
fěndǐshuāng 粉底霜 N. foundation cream M: píng
fěndòngr 粉冻儿 N. jelly
fèndòu 奋斗[奮鬥] V. struggle; fight; strive
fèndòudàodǐ 奋斗到底[奮鬥-] F.E. fight/struggle/strive to the bitter end
fèndòumùbiāo 奋斗目标[奮鬥-標] F.E. objective of a struggle
fèndòuzhōngshēng 奋斗终生[奮鬥-] F.E. dedicate one's life to the struggle of . . .
fēndú* 分读[-讀] N. <lg.> hiatus
fēndù 分度 N. graduation (of measuring instruments)
fēnduàn 分段 V.O. divide into sections; fragment ♦N. <lg.> segmentation
fēnduàn xuéxífǎ 分段学习法[---習-] N. part-learning
fēndùchǐ 分度尺 N. instrument for measuring degrees of angles
fēndù cíduì 分度词对[-對] N. <lg.> gradable pair
fēndù de 分度的 ATTR. <lg.> gradable
fēndùguī 分度规 N. protractor
fēnduì* 分队[-隊] N. ① unit ② gang ③ platoon
fènduī 粪堆[糞-] N. dunghill; manure pile
fēndùqì 分度器 N. protractor
fēndùxìng 分度性 N. <lg.> gradability
fēndù xíngróngcí 分度形容词 N. <lg.> gradable adjectives
fèn'é 份额 N. share; portion
fēn'érzhìzhī 分而治之 F.E. divide and rule
fēnfā* 分发[-發] V. distribute; issue; assign to a post/job
fēnfǎ 分法 N. division
fènfā 奋发[奮發] V. rouse/exert oneself
fènfādǎolì 奋发蹈厉[奮發-厲] F.E. go all out
fēnfán* 纷繁 S.V. numerous and complicated
fèn(r)fàn 份(儿)饭 N. a set meal
fēnfāng* 芬芳 S.V. fragrant ♦N. fragrance
fēnfáng 分房 N. housing allotment system ♦V. sleep in separate rooms
fěnfáng 粉坊/房 P.W. shop specializing in starch products
fēnfāngyùfù 芬芳郁馥 F.E. fragrant and beautiful
fēnfáng zhìdù 分房制度 N. housing allotment system
fènfātúqiáng 奋发图强[奮發圖強] F.E. go all out to make the country strong
fènfāxiàngshàng 奋发向上[奮發-] F.E. exert oneself
fènfāyǒuwéi 奋发有为[奮發-] F.E. be enthusiastic and press on
[1]**fēnfēi*** 纷飞[-飛] V. flutter about; swirl in the air
[2]**fēnfēi** 芬菲 N. fragrance of flowers
fēnféi 分肥 V.O. share ill-gotten gains; divide booty
fènfēi 奋飞[奮飛] V. ① soar; swoop ② exert oneself ③ develop rapidly
fènféi 粪肥[糞-] N. muck; manure; dung
[1]**fēnfēn*** 纷纷 R.F. ① one after another; in succession ② numerous and confused
[2]**fēnfēn** 芬芬 R.F. sweet smell; fragrance; aroma
[3]**fēnfēn** 雰雰 R.F. <wr.> heavy (of snow/frost/etc.)
fénfén 棼棼 R.F. disheveled
fènfèn 愤愤//忿忿 R.F. be resentful/indignant
fènfènbùpíng 愤愤不平//忿忿不平 F.E. be indignant; feel aggrieved
fēnfēnbùyī 纷纷不一 F.E. contradictory and confused
fēnfēnchūlóng 纷纷出笼 F.E. keep up a steady flow; swarm out
fēnfēng* 分封 V.O. ①enfeoff ②swarm (of bees)
fénfēng 焚风 N. <met.> foehn
fēnfèngr 分缝儿 V.O. divide the hair (in hair styling)
fēnfēngzhì 分封制 N. system of enfeoffment
fènfènrán 忿忿然 ADV. indignantly; resentfully
fēnfēnsìsàn 纷纷四散 F.E. disperse in all directions
fěnfěnsuì 粉粉碎 R.F. smashed to bits
fēnfēnyángyáng 纷纷扬扬[-揚揚] ADV. fluttering about (of snow/leaves/etc.)
fēnfēn yìlùn 纷纷议论[--議-] V.P. have diverse opinions
[1]**fēnfù*** 吩咐 V. <coll.> tell; instruct
[2]**fēnfù** 分赴 V. leave for different destinations
[3]**fēnfù** 分付 V. pay in installments
[4]**fēnfù** 芬馥 V.P. fragrant
fènfū 粪夫[糞-] N. <trad.> night-soil/manure bucket collector
[1]**fēng*** 风[風] N. ① wind ② ballad section in the *Book of Songs* ♦B.F. ① common practice; custom; general mood; style *zuòfēng* ② news; information *fēngwén* ③winnow *fēngxuǎn* ④put out to dry/air *fēnggān*
[2]**fēng** 封 V. ① seal ② bank (a fire) ③ confer (title/territory/etc.) upon ♦M. *for letters* ♦B.F. ① envelope [1]*xìnfēng* ② feudal [1]*fēngjiàn* ♦N. Surname

[3]**fēng** 疯[瘋] V. ① be mad/insane ② spindle (of plants)

[4]**fēng** 峰 N. ① peak; summit ② hump

[5]**fēng** 蜂 N. ① wasp ② bee ♦ADV. in swarms

[6]**fēng** 锋[鋒] B.F. ① sharp point or cutting edge of a sword/etc. ***dāofēng*** ② van ***qiánfēng*** ③ front [2]***nuǎnfēng***

[7]**fēng** 枫[楓] B.F. ① Chinese sweet gum ② maple [1]***fēngshù***

[8]**fēng** 烽 B.F. beacon [1]***fēnghuǒ***

[9]**fēng** 丰[豐] B.F. plentiful; bounteous ***fēngfù***, ***fēngshōu***

[10]**fēng** 沣[灃] B.F. ① copious rain ***fēngpèi*** ② river in Shaanxi

[11]**fēng** 葑 in ***fēngfēi***, ***bùqìfēngfēi***

[12]**fēng** 砜[碸] N. <*chem.*> sulfone

Fēng 酆 N. Surname

[1]**féng** 逢 V. meet; come upon ***Měi ~ wǒ qù tā jiā, . . .*** Every time I visit his home, . . . ***~ yī, sān, wǔ wǒmen kāihuì.*** We hold meetings on Monday, Wednesday, and Friday. ♦N. Surname

[2]**féng** 缝[縫] V. stitch; sew ***See also*** [1]***fèng***

Féng 冯[馮] N. Surname ***See also*** [11]***píng***

[1]**fěng** 讽[諷] B.F. satirize; mock ***fěngcì***

[2]**fěng** 唪 V. <*wr.*> chant/recite loudly

[1]**fèng(r)** 缝(儿)[縫(兒)] N. ① seam ② crack; crevice; fissure ③ division ***See also*** [2]***féng***

[2]**fèng** 凤[鳳] N. phoenix

[3]**fèng** 奉 <*wr.*> V. ① give; present ② receive ③ esteem; revere; respect ④ believe in ⑤ wait upon; attend to ⑥ <*court.*> have the honor to

[4]**fèng** 俸 B.F. pay; salary ***xīnfèng***

fèngān 粪干[糞乾] N. argol; argal; dried dung M: ***duī***

fèng'ān 奉安 N. <*trad.*> burial of an emperor/queen

fēngāngòngkǔ 分甘共苦 F.E. go through thick and thin together

fěngāo 粉膏 N. cream (for skin care or makeup)

féngāojìguì 焚膏继晷[--繼-] ID. burn the midnight oil

fēngbài 封拜 V. confer a title/honor/etc.

fēngbào 风暴 N. windstorm; tempest

fēngbēi 丰碑[豐-] N. ① monument ② monumental work M: [2]***kuài***

fēngbèng 风泵 N. air pump/compressor

[1]**fēngbì** 封闭 V. ① seal ② seal off; close

[2]**fēngbì** 风痹 N. <*Ch. med.*> migratory pains caused by wind heteropathy

féngbiān(r) 缝边(儿)[-邊-] V.O./N. hem

[1]**fēngbiāo** 风标[-標] N. weathercock; weather vane

[2]**fēngbiāo** 丰标[-標] N. looks; appearances

fēngbì cílèi 封闭词类[-類] N. <*lg.*> closed-class word

fēngbì jīchǎng 封闭机场[-場] V.O. close an airport

fēngbì jíhé 封闭集合 N. closed set

fēngbì liáofǎ 封闭疗法[--療-] N. <*med.*> block therapy

fēngbìng 疯病 N. insanity

fēngbìshì huídá 封闭式回答 N. <*lg.*> closed-ended response

fēngbì shìjiè jiǎshuō 封闭世界假说 N. <*lg.*> closed-world assumption

fēngbì tǐxì 封闭体系[--體-] N. closed system

fēngbìxìng cílèi 封闭性词类[-類] N. <*lg.*> close class

fēngbì yuányīn 封闭元音 N. <*lg.*> checked vowel

fēngbō* 风波 N. ① disturbance; storm ② incidence; crisis ③ disputes; quarrels M: [2]***chǎng***

fēngbó 风伯 N. God of Wind

fēngbōdiéqǐ 风波迭起 F.E. Disturbances arose repeatedly.

féngbǔ 缝补[-補] V. sew and mend

fēngcǎi 风/丰采 N. ① <*wr.*> elegant demeanor; graceful bearing ② <*wr.*> literary grace ③ <*wr.*> integrity (of officials)

fēngcǎi bùjiǎndāngnián 风采不减当年[---減當-] F.E. as good-looking as ever ***See also bùjiǎndāngnián***

fēngcǎikěrén 丰采可人[豐-] F.E. a man of prepossessing appearance

fēngcǎisháoxiù 丰采韶秀[豐-] F.E. be of a most refined and prepossessing appearance

fēngcǎiyīrán 风采依然 F.E. One's elegance remains as before.

fēngcǎiyùnxiù 风采韵秀[--韻-] F.E. have a most refined and prepossessing appearance

fēngcānlùsù 风餐露宿 F.E. rough it

fēngcāo 风操 N. character and conduct; personal integrity

fēngcǎo* 丰草[豐-] N. luxuriant grass

fēngchà 疯杈 N. <*bot.*> rampantly growing branches

fēngchài 蜂虿[-蠆] N. ① wasps and scorpions ② poisonous insects/things

fēngchāi* 凤钗[鳳-] N. phoenix-shaped hairpin

fēngchàiyǒudú 蜂虿有毒[-蠆--] ID. beware of the harm done by small things (e.g., insects)

fèngchájìngyān 奉茶敬烟[-煙] F.E. serve tea and offer cigarettes to (a guest)

[1]**fēngchǎn** 丰产[豐產] N. high yield; bumper crop

[2]**fēngchǎn** 风铲[-鏟] N. wind-driven shovel

féngchǎngzuòxì 逢场作戏[-場-戲] F.E. ① join in the fun on a special occasion ② act without true commitment

fēngchǎntián 丰产田[豐產-] N. ① high-yield plot ② bumper harvest field

[1]**fēngcháo*** 风潮 N. ① agitation; unrest ② directions of wind/tide

[2]**fēngcháo** 蜂巢 N. ① bees/wasp nest ② honeycomb

fěngcháo 讽嘲 V. sneer at; taunt

fēngcháojiànxī 风潮渐息 F.E. Public agitation is cooling down.

fēngcháowèi 蜂巢胃 N. <*zoo.*> second stomach of ruminants

fēngcháoxíng 蜂巢形 N. honeycomb shape

fēngchē* 风车 N. ① windmill ② winnower ③ pinwheel M: [3]***liàng***

fèngchē 凤车[鳳-] N. ① butterfly ② emperor's chariot ③ carriage of immortals

fēngchēhuā 风车花 N. passionflower

[1]**fēngchén** 风尘[-塵] N. ① travel fatigue ② confusion of the world ③ the world of prostitution ④ <*wr.*> chaos caused by war

[2]**fēngchén** 封臣 N. vassal

[3]**fēngchén** 枫宸 N. emperor's residence

fēngchénbiǎowù 风尘表物[-塵--] F.E. one who transcends the secular world

féngchéng 缝成 R.V. stitch up; sew up

fèngcheng* 奉承 V. ① flatter; fawn upon; toady ② respectfully receive

fèngchéng 凤城[鳳-] P.W. Forbidden City

fèngchenghuà 奉承话 N. flattery M: ***duī***

fèngchéngpāimǎ 奉承拍马 F.E. bow and scrape; apple-polish

fèngchéngtǎohǎo 奉承讨好 F.E. fawn upon sb; toady

fēngchéngyán 风成岩 N. <*geol.*> aeolian rocks

fēngchénlùlù 风尘碌碌[-塵--] F.E. be busy with worldly affairs

fēngchénmǎnmiàn 风尘满面[-塵--] F.E. hardship of travel

fēngchénnǚ 风尘女[-塵-] N. prostitute

fēngchén nǚláng 风尘女郎[-塵--] N. prostitute M: [1]***míng***/[1]***gè***

fēngchénpúpú 风尘仆仆[-塵僕僕] F.E. be travel-worn and weary

fēngchénzhōngrén 风尘中人[-塵--] N. prostitute M: [2]***wèi***

fēngchì* 丰炽[豐熾] V.P. ① rich; affluent ② abundant

fèngchí 凤池[鳳-] N. ① position enjoying the trust of the emperor ② <*trad.*> government agency vested with broad powers

fēngchídiànchè 风驰电掣[--電-] F.E. at lightning speed

fēngchídiànjuǎn 风驰电卷[--電-] F.E. with lightning speed

[1]**fēngchū** 蜂出 V.P. numerous and confusing

[2]**fēngchū** 锋出 V.P. occur suddenly; come as a surprise

féngchù 逢处[-處] P.W. everywhere

fèngchú* 凤雏[鳳雛] N. capable/talented young person M: [2]***zhī***

[1]**fēngchuán** 风传[-傳] N. hearsay; rumor

[2]**fēngchuán** 封船 V.O. requisition boats

fēngchuánhuāxìn 风传花信[-傳--] F.E. The warm wind of spring awakens all the flowers.

fēngchuí 风锤 N. pneumatic hammer

fēngchuīcǎodòng 风吹草动[-動] F.E. sign of disturbance/trouble

fēngchuīlàngdǎ 风吹浪打 F.E. be beaten by wind and waves; be battered by a storm

fēngchuīrìshài 风吹日晒[-曬] F.E. be exposed to the elements

fēngchuīyǔdǎ 风吹雨打 F.E. ① be battered by wind and rain ② stand a severe test

fēngcì 蜂刺 N. bee/wasp sting

fěngcì* 讽刺 V. satirize; mock ♦N. satire; sarcasm

fèngcǐ 奉此 F.E. upon receipt of this (in correspondence)

[1]**fěngcìhuà** 讽刺画[-畫] N. satirical drawing; caricature; cartoon M: [1]***zhāng***

[2]**fěngcìhuà** 讽刺话 N. words said ironically

fěngcìshī 讽刺诗 N. satirical poem M: [2]***shǒu***

fěngcìtǐ 讽刺体[-體] N. satire

fěngcì wénxué 讽刺文学 N. satire

fěngcì xiǎopǐn 讽刺小品 N. satirical essay

fěngcìxìng 讽刺性 N. sarcasm; satire

fēngcóng 风从[-從] V. follow/obey willingly (a popular leader)

fēngcún 封存 V. seal up for safekeeping

fēngdài 风带[-帶] N. ① wind band/belt ② <*art*> two vertical strips at the top of a hanging scroll

féngdān 逢单 ADV. at every odd number

fēngdǎng* 风挡[-擋] N. windscreen; windshield

féngdāng 逢当[-當] ADV. <*coll.*> every time; each time

féngdào* 逢到 R.V. meet; come upon

fèngdào 奉到 V. receive (order, etc.)

fēngdāoguàjiàn 封刀挂剑[--掛-] ID. retire from active athletic competition

fēngdāoshuāngjiàn 风刀霜剑 ID. ① piercing wind and biting cold ② adverse circumstances

fēngdé 风德 V.O. exert moral influence

[1]**fēngdēng** 丰登[豐-] N. bumper harvest

[2]**fēngdēng** 风灯[-燈] N. storm lantern M: [2]***zhī***

[1]**fēngdí** 风笛 N. bagpipes M: [2]***zhī***

[2]**fēngdí** 锋镝 N. ① spearhead and arrowhead ② weapons

fēngdǐ 封底 N. back cover

fēngdì* 封地 N. fief; feud; manor M: [1]***piàn***/[2]***kuài***

fèngdǐ 凤邸[鳳-] N. emperor's abode before accession to the throne

fēngdiān 疯癫 S.V. insane; mad

fēngdiào 风调 N. tone; style (of personality/writing/etc.)

fèngdié 凤蝶[鳳-] N. swallowtail butterfly M: [2]***zhī***

fēngdíjiāojiā 锋镝交加 F.E. heavy fighting; warfare

[1]**fēngdǐng** 峰顶 N. crest; summit

[2]**fēngdǐng** 封顶 V.O. ① seal the top; set a top/maximum limit ② cease growing taller (of a plant) ③ complete (a building)

fēngdíyúshēng 锋镝余生 F.E. survive by the skin of one's teeth

[1]**fēngdòng** 封冻 V. freeze up

[2]**fēngdòng** 风动[-動] V.P. wind-driven ♦V. receive popular response or wide support

[3]**fēngdòng** 风洞 N. wind-tunnel (of aviation)

fēngdòng gōngjù 风动工具[-動--] N. pneumatic tools

fēngdòngqī 封冻期 N. a period of freezing weather; a freeze

fēngdǒu(r) 风斗(儿) N. wind scoop (for winter ventilation)

fēngdú 蜂毒 N. bee venom

fēngdù* 风/丰度[豐-] N. demeanor; bearing

fēngduàn 峰段 N. <lg.> formant

fēngdùbùfán 风度不凡 F.E. have an imposing appearance

Fēngdū Chéng 酆都城 P.W. the capital of Hell; the nether world

fēngduó 风铎[-鐸] N. <wr.> wind-bells

fēngdùpiānpiān 风度翩翩 F.E. be handsome and suave

fēngdūpiào 酆都票 N. fake money burned for the dead

fēngē* 分割 V. cut apart; break up; partition

fēngé 分隔 V. separate; divide

fēng'è 锋锷 N. point and edge of a knife

fēngěi 分给 V. give (a share to sb.); impart

fēngéjiān 分隔间 P.W. compartment

fēng'èr 封二 N. inside front cover

fēng'érbùféi 丰而不肥[豐-] F.E. plump but not fat (of a person)

fēngē wéi 分割为 V.P. cut apart; break up

[1]fēngfā 风发[-發] V.P. ① swift as the wind ② energetic

[2]fēngfā 封发[-發] V. put in an envelop and send off (a letter/document/etc.)

fēngfān 风帆 N. ① sail ② sailing boat/ship M: [2]zhī/[1]sōu

fēngfàn* 风范[-範] N. <wr.> ① demeanor; bearing ② manner; style; air

fēngfáng* 蜂房 N. ①honeycomb cell ②beehive M: [1]jiān

fèngfǎng 奉访 F.E. <court.> pay sb. a visit

fēngfāyùnliú 锋发韵流[-發韻-] F.E. fluent and overpowering

fēngféi* 丰肥[豐-] S.V. full and round (of a well-fed person)

fēngfěi 葑菲 N. ① mustard plant and earth melons ② good points as well as shortcomings

fēngfēilínsàn 凤飞鳞散[鳳飛-] F.E. There are no wise men in the government.

fēngfengdiāndiān 疯疯癫癫 R.F. deranged; flighty

fēngfenghuǒhuǒ 风风火火 R.F. ① urgent ② stirring ③ rash

féngfengliánlián 缝缝连连 R.F. stitch and sew; mend

fēngfengmómó 疯疯魔魔 R.F. <coll.> insane; mad

féngféngxǐxǐ 缝缝洗洗 R.F. mending and washing

fēngfēngyǔyǔ 风风雨雨 R.F. ① trials and hardships M: chǎng ② groundless gossip ③ storms; winds and rains ④ rife rumors; gossip going the rounds ⑤ ups and downs

fēngfù* 丰富[豐-] S.V. rich; abundant; plentiful ♦V. enrich

féngfù 冯妇[-婦] ID. <wr.> person returning to one's former profession

fēngfùduōcǎi 丰富多采/彩[豐-] F.E. rich and varied/colorful

fēngfùduōchǎn 丰富多产[豐-產] F.E. fecund

fēnggài 风概 N. magnanimous demeanor

fēnggān 风干[-乾] V. air-dry

fēnggāng 锋钢[-鋼] N. high-speed/rapid steel

fēnggǎng* 封港 V.O. close a port/harbor

fēnggǎnglìng 封港令 N. embargo

fènggānlóngxīn 凤肝龙心[鳳-] ID. rare delicacies

fēnggāo 蜂糕 N. steamed sponge cake M: [2]kuài/[2]zhī

fēnggǎo 风镐 N. pneumatic/air pick

fènggào* 奉告 V. <court.> let sb. know; inform

fēnggé 风格 N. ① style; manner; mode ② personality; bearing

fēnggé biànhuà 风格变化[--變-] N. <lg.> stylistic variation

fēnggé biàntǐ 风格变体[-變體] N. <lg.> stylistic variety

fēnggé duìděng 风格对等[--對-] N. <lg.> stylistic equivalence

fènggélóngló́u 凤阁龙楼[鳳-樓] F.E. imperial palace

fēnggéxué 风格学 N. <lg.> stylistics

fēnggé zhuǎnhuàn 风格转换[-轉換] N. <lg.> style shift

fénggōng 缝工 N. sewer; needleworker; tailor

fènggōng* 奉公 V.O. perform official duties

fēnggōngdàyè 丰功大业[豐-業] F.E. great achievements

fènggōngshǒufǎ 奉公守法 F.E. law-abiding

fēnggōngwěijì 丰功伟绩[豐-偉-] N. great achievements/contributions

fēnggōngwěiyè 丰功伟业[豐-偉業] F.E. great services to the country

fènggōngzhíshǒu 奉公职守[--職-] F.E. pursue public service and faithfully discharge one's duties

fēnggǒu 疯狗 N. rabid dog M: [2]zhī

fēnggōuzi 蜂勾子 N. bee's stinger

[1]fēnggǔ 风骨 N. ①strength of character ②vigor of style

[2]fēnggǔ 烽鼓 N. <trad.> ①signal fires and drums ② war

[1]fēngguān* 封官 V.O. offer official posts

[2]fēngguān 封关[-關] V.O. ① block a pass ② close the door to the outside world ③ seal the customs ♦N. <trad.> day off; holiday

fèngguān 凤冠[鳳-] N. ① phoenix coronet ② <trad.> coronet of highest-ranking women ③ bride's headgear

fēngguāng 风光 N. ① scene; view; sight ② <topo.> grand; impressive; in style ♦S.V. ① have fame/status ② enjoy a life of luxury

fēngguāngdài 风光带[-帶] N. scenic zone/area

fēngguāngmíngmèi 风光明媚 F.E. radiant and enchanting scene/sight

fēngguāngpiàn 风光片 N. scenic film M: [2]bù

fēngguāngyǐnǐ 风光旖旎 F.E. exquisite scenery; charming sight

fēngguànjī 封罐机 N. can seamer/sealer M: [2]zhī

fèngguānxiápèi 凤冠霞帔[鳳-] ID. <trad.> headgear and dress of a lady/bride

fēngguānxǔyuàn 封官许愿[-願] F.E. promise high posts and other favors

fēngguó 封国[-國] N. <hist.> a feudal state

fěnggǔshuōjīn 讽古说今 F.E. talk about the past as an indirect comment on the present

fēnghài 风害 N. ①windstorm damage ②windburn

fēnghán* 风寒 N. wind and cold

fēnghàn 疯汉[-漢] N. madman

fēnghào 封号[-號] N. <trad.> title conferred by emperor

fénghǎo* 缝好 R.V. sew up

Fēnghào Yízhǐ 丰镐遗址[豐-] N. <archeo.> the ruins of the Zhou capital cities at Chang'an, Shaanxi

fēnghàoyúnwǔ 风号云舞[-號雲-] F.E. wind roaring and clouds dancing

fēnghé 封河 V.O. freeze over (of a river)

féngé* 缝合 R.V. <med.> suture; sew up

fénghé guānjié 缝合关节[-關節] N./V.P. suture

fēnghérìlì 风和日丽[-麗] F.E. warm and sunny weather

fēnghérìnuǎn 风和日暖 F.E. warm and sunny weather

fénghéxiàn 缝合线 N. ① suture ② <geol.> stylolite

fēnghóng 风虹 N. lunar halo

fēnghóu 封侯 V.O. create feudal lords

[1]fēnghòu* 丰厚[豐-] S.V. ① thick ② rich and generous

[2]fēnghòu 封后 V.O. be made queen

[3]fēnghòu 烽候 V. erect a watchtower to detect the enemy's presence

fènghòu 奉候 V.O. offer greetings

fēnghóubàixiàng 封侯拜相 F.E. <trad.> be granted a rank of nobility and become a minister

fēnghǔ* 蜂虎 N. <zoo.> bee eater

fēnghù 风戽 N. ① air scoop ② wind-powered waterwheel

fēnghuá 风华[-華] N. elegance and talent

[1]fēnghuà* 风化 N. ① morals and manners; decency ② <chem.> efflorescence ③ <geol.> weathering

[2]fēnghuà 疯话 N. mad talk; ravings; nonsense M: duī

[3]fēnghuà 封化 N. feudalization

fēnghuācài 风花菜 N. <bot.> nasturtium

fēnghuà chǎngsuǒ 风化场所[--場-] N. ① red-light district ② house of ill-repute

fēnghuáfùlì 风华富丽[-華-麗] F.E. elegant and splendid

fēnghuái 风怀[-懷] N. ① romantic sentiment ② one's great ambition

fēnghuájuédài 风华绝代[-華絕-] F.E. be indescribably beautiful and striking

fènghuán 奉还[-還] V. <court.> return sth. with thanks

fènghuáng 凤凰[鳳-] N. phoenix M: [2]zhī

fēnghuángjīng 蜂皇精 N. <Ch. med.> honey/royal jelly

fènghuángláiyí 凤凰来仪[鳳-儀] F.E. an auspicious omen

fènghuángmù 凤凰木[鳳-] N. royal poinciana; flamboyant tree M: [1]kē

fènghuángshù 凤凰树[鳳-樹] N. <bot.> *Delonix regia* M: [1]kē

fènghuánguīzhào 奉还归赵[-還歸趙] F.E. have the honor to return sth.

fènghuángyúfēi 凤凰于飞[鳳-於飛] ID. ① marital felicity ② happy marriage

fènghuángzhú 凤凰竹[鳳-] N. fernleaf hedge bamboo

fēnghuánshuǐbào 峰环水抱[-環--] F.E. surrounded by hills and water

fēnghuánwùbìn 风鬟雾鬓[-霧鬢] F.E. distressed appearance of a woman

fēnghuányǔbìn 风鬟雨鬓[-鬢] F.E. distressed appearance of a woman

fēnghuáqīngmǐ 风华清靡[-華--] F.E. refined bearing

fēnghuàqū 风化区[-區] P.W. a district of loose women

fēnghuāxuěyuè 风花雪月 ID. ① effete and sentimental writing ② life of gaiety

fēnghuázhèngmào 风华正茂[-華--] ID. in one's prime

fēnghuàzuì 风化罪 N. offense against public morals

fēnghuà zuòyòng 风化作用 N. <chem.> efflorescence

fēnghuì 峰会 P.W. summit meeting

fēnghuílùzhuǎn 峰回路转[-轉] F.E. amidst surrounding elevations and winding roads

[1]fēnghuǒ 烽火 N. ①signal-fire; beacon ②flames of war

[2]fēnghuǒ 封火 V.O. bank up a fire

[3]fēnghuǒ 风火 N. wind-driven fire

fēnghuǒliánnián 烽火连年 F.E. continuous/prolonged wars

fēnghuǒ lián sān yuè 烽火连三月 F.E. continuous/prolonged wars

fēnghuǒliántiān 烽火连天 F.E. Flames of battle rage everywhere.

fēnghuǒqiáng 风火墙[-牆] N. fire wall

fēnghuǒshì(r) 风火事(儿) N. <coll.> matter of life and death

fēnghuǒtái 烽火台[-臺] N. beacon tower

fēnghuǒxìng 风火性 N. quick temper/personality

[1]fēngjī 丰肌[豐-] V.P. plump; fleshy

[2]fēngjī 风机 N. fan

[3]fēngjī 风鸡[-雞] N. salt-cured chicken M: [2]zhī

[1]fēngjí 风级 N. wind scale

[2]fēngjí 蜂集 V. gather in swarms; swarm together

[1]fēngjì* 风纪 N. conduct and discipline; social/moral standards

[2]fēngjì 风季 N. wind season

1**féngjí** 逢集 N. market day
2**féngjí** 逢吉 N. good fortune
fèngjǐ 俸给 N. pay; salary
fèngjià 凤驾[鳳-] N. imperial carriage
fēngjiān 封缄 V. seal an envelope ♦N. seal label
1**fēngjiàn*** 封建 N. ① system of enfeoffment ② feudalism ♦S.V. feudal; backward
2**fēngjiàn** 风鉴[-鑒] N. ① one's bearing and capability ② physiognomy ③ physiognomist
fèngjiàn 讽谏 V. admonish
fēngjiànbǎtóu 封建把头 F.E. feudal gangmaster
fēngjiāng 封疆 N. ① boundary ② local general ③ borders; frontiers
fēngjiāngdàlì 封疆大吏 F.E. high provincial officials (Ming/Qing)
fēngjiàngējù 封建割据[-據] F.E. feudal separatist rule
fēngjiàn guìzú 封建贵族 N. feudal barons
fēngjiànhuà 封建化 N. feudalization
fēngjiàn jūnzhǔ 封建君主 N. feudal lord
fēngjiàn lǐngtǔ 封建领土 N. feudatory
fēngjiàn shídài 封建时代[--時-] N. feudalistic age
fēngjiàn shìlì 封建势力[--勢-] N. feudalistic influence
fēngjiàn sīxiǎng 封建思想 N. feudalistic ideas; anachronistic thinking
fēngjiàn zhèngtǐ 封建政体[--體] N. feudality
fēngjiàn zhìdù 封建制度 N. feudalism; feudal system
fēngjiànzhǔ 封建主 N. feudal lord
fēngjiàn zhuānzhìzhǔyì 封建专制主义[--專--義] N. feudal autocracy
fēngjiànzhǔyì 封建主义[--義] N. feudalism
fēngjiào* 风教 N. customs and cultural influence
fèngjiào 奉教 V.O. ① receive instruction ② embrace a religion
fēngjìbàihuài 风纪败坏[-壞] F.E. Discipline is corrupted.
fēngjìdàngrán 风纪荡然[-蕩-] F.E. Moral standards have disappeared.
fēngjié 风节[-節] N. integrity
Fēngjié 封节[-節] N. <Islam> Ramadan
fēngjìkòu(r) 风纪扣(儿) N. hook-and-eye clasps
fēngjìn 封禁 V. ① close (a place) ② prohibit
fēngjìndì 封禁地 P.W. place closed to the public
1**fēngjǐng*** 风景 N. scenery; landscape
2**fēngjǐng** 风井 N. <min.> ventilating shaft; air shaft
fēngjìng 风镜 N. goggles
fěngjīng 唪经[-經] V.O. <Budd./Dao.> chant the scriptures in a loud voice
fēngjǐngdiǎn 风景点[-點] N. scenic spot
fēngjǐnghuà 风景画[-畫] N. landscape painting
fēngjǐnglín 风景林 N. scenic forest
fēngjǐngqū 风景区[-區] P.W. scenic spot
fēngjǐngrúhuà 风景如画[-畫] F.E. scenery as beautiful as a painting
fēngjǐngxiàn 风景线 N. scenic horizon
fēngjìnr 疯劲儿[-勁-] N. <coll.> lunacy; madness
fēngjù* 蜂聚 V. swarm together
fèngjǔ 凤举[鳳舉] V. soar high; rise to a high position ♦N. ①travel of a courtier on an imperial assignment ② flight of an immortal
fēngjuǎncányún 风卷残云[-殘雲] F.E. make a clean sweep
fēngjuǎnhéyè 风卷荷叶[-葉] F.E. make a clean sweep
fēngjué 封爵 V.O. <trad.> ennoble sb.
fēngjùhuājiān 蜂聚花间 F.E. Bees swarm among flowers.
fēngjūn 封君 V.O. ennoble fathers of high-ranking officials ♦N. princes and nobles
féngjūn 逢君 V.O. anticipate a sovereign's wishes
fèngjūn* 奉军 N. <hist.> troops in the three Northeast provinces
fēngkē 锋窠 N. beehive
fèngkěn 奉恳[-懇] V. respectfully request
fēngkéshū 封壳书[-殼書] N. <print.> cased book
1**fēngkǒu(r)*** 封口(儿) V.O. ① seal ② heal ③ end a discussion with a clincher ④ blockade a port
2**fēngkǒu** 风口 N. ① drafty place ② <geol.> wind gap ③ tuyere
féngkǒu 缝口 V.O. stitch wound/clothes/etc.
fēngkǒulàngjiān(r) 风口浪尖(儿) F.E. ① in the teeth of storm ② where the struggle is fiercest
1**fēngkuài** 风快 V.P. swift as the wind; at lightning speed
2**fēngkuài** 锋快 V.P. ① keen; sharp-edged (of a knife/sword/etc.) ② penetrating; incisive; sharp
fēngkuáng 疯狂 S.V. ① insane ② frenzied; unbridled
1**fēnglà** 蜂蜡[-蠟] N. beeswax
2**fēnglà** 封蜡[-蠟] N. sealing wax
fēnglán 风兰[-蘭] N. <bot.> a kind of orchid
fēnglàng 风浪 N. ① stormy waves; storm ② a stormy experience ③ hardship; difficulties
fēnglàngbǎn 风浪板 N. surf board
fēngláo* 封牢 R.V. seal firmly
fèngláo 奉劳[-勞] F.E. <court.> May I bother you (to receive your help).
fēngléi 风雷 N. wind and thunder; tempest
fēngléijīdàng 风雷激荡[-蕩] F.E. a storm raging in all its fury
fēnglǐ 封里[-裡] N. inside front and back cover
1**fēnglì** 风力 N. ① wind force/power ② strong personality
2**fēnglì** 锋利 S.V. ① sharp; keen ② incisive; sharp; poignant
3**fēnglì** 峰立 V.P. tower soaring like a mountain peak
fènglí* 凤梨[鳳-] N. pineapple
fēngliáng* 风凉[-涼] S.V. ① cool ② ironic
fēngliàng 风量 N. force of wind
fēngliánghuà 风凉话[-涼-] N. irresponsible and sarcastic remarks
fēnglìbiǎo 风力表 N. wind gauge; anemometer
fēnglì fādiàn 风力发电[-發電] V.P./N. wind-driven electricity generation
fēnglì fādiànjī 风力发电机[--發電-] N. wind-driven generator
fēnglìjī 风力机 N. wind-driven machine
fēng li lái yǔ li qù 风里来雨里去[-裡--裡-] F.E. carry out one's task in the teeth of wind and rain
fēnglíng 风铃 N. wind bells/chimes
fènglìng* 奉令 V.O. receive orders; act under orders
fēnglíngcǎo 风铃草 N. <bot.> bellflowers
fènglìngchéngjiào 奉令承教 F.E. obey commands and observe instructions
fènglìngwéijǐn 奉令惟谨 F.E. obey orders scrupulously
fēngliú 风流 S.V. ① distinguished; sophisticated ② talented in letters and unconventional ③ dissolute; loose ④ refined and tasteful
fēngliúcáizǐ 风流才子 F.E. romantic scholar; refined/cultured man
fēngliúhuà 风流话 N. flirtatious banter
fēngliújiāshì 风流佳事 N. romance between a man and a woman
fēngliú rénwù 风流人物 N. ① an outstanding personage ② a romantic person ③ a refined and cultured person
fēngliúrúyǎ 风流儒雅 F.E. cultured
fēngliúshì 风流事 N. ① dalliance; love affair ② poetic pursuits
fēngliúsǒuzé 风流薮泽[-藪澤] F.E. brothels
fēngliútìtǎng 风流倜傥[-儻] F.E. casual and elegant of bearing; charming; dashing
fēngliúxiāosǎ 风流潇洒[-瀟灑] F.E. unconventional young dandy
fēngliúyúnsàn 风流云散[--雲-] F.E. separated and scattered (of friends)
fēngliúyùnshì 风流韵事[--韻-] F.E. a romantic/love affair
fēngliúzhài 风流债 N. predestined romantic ties between a man and a woman
fēngliúzuìguò 风流罪过 F.E. blemishes; small defects
1**fēnglú** 风炉[-爐] N. blast furnace
2**fēnglú** 封炉[-爐] N. a kind of kiln
fènglù* 俸禄 N. official salary
fēngluán 峰峦[-巒] N. ridges and peaks
fēngluáncuìdié 峰峦翠叠[-巒-疊] F.E. green ridges and peaks
fēnglún 风轮 N. pinwheel
fēnglúzi 风炉子[-爐-] N. blast furnace
1**fēngmǎn** 丰满[豐-] S.V. ① plentiful ② well-developed; full-grown ③ shapely; well-padded
2**fēngmǎn** 蜂螨 N. bee mite
fēngmáng 锋芒 N. ① cutting edge; spear-head ② displayed talent/abilities ♦A.T. of little importance
fēngmángbìlù 锋芒毕露[--畢-] F.E. flaunt one's abilities
fēngmángbīrén 锋芒逼人 F.E. present oneself aggressively
fēngmángchūlù 锋芒初露 F.E. display one's talent for the first time
fēngmángnèiliǎn 锋芒内敛 F.E. refrain from showing one's ability
fēngmángsuǒxiàng 锋芒所向 F.E. target of attack
fēngmángxiǎoshì 锋芒小试 F.E. display only a small part of one's talent
fēngmángzhízhǐ 锋芒直指 F.E. be directed at . . .
fēngmǎniú-bùxiāngjí 风马牛不相及 F.E. be totally unrelated/irrelevant
1**fēngmào*** 风貌 N. ①style and features ②view; scene ③ elegant appearance and bearing
2**fēngmào** 丰茂[豐-] S.V. luxuriant; lush
3**fēngmào(r)** 风帽(儿) N. ① cowl-like winter hat ② hood
fèngmáo 凤毛[鳳-] ID. fine son taking after his father
fèngmáojìměi 凤毛济美[鳳-濟-] ID. rare and precious things/persons
fèngmáolínjiǎo 凤毛麟角[鳳-] ID. rarity of rarities
fēngměi 丰美[豐-] S.V. lush
fēngméi chuánfěn 风媒传粉[--傳-] N. wind pollination
fēngméiguītú 风玫瑰图[-圖] N. wind rose
fēngméihuā 风媒花 N. <bot.> flowers pollinated by the wind
1**fēngmén** 封门 V.O. ① seal up a door ② end a discussion with a clincher
2**fēngmén(r/zi)** 风门(儿/子) N. ① storm door ② <min.> ventilation door ③ throttle
fēngmǐ* 风靡 V.P. fashionable
fēngmì 蜂蜜 N. honey
1**fēngmiàn(r)** 封面(儿) N. ① title page of a thread-bound book ② front and back cover of a book ③ front cover
2**fēngmiàn** 锋面 N. <met.> frontal surface
fēngmiàndīyā 锋面低压[-壓] F.E. <met.> frontal low
fēngmiàn nǚláng 封面女郎 N. cover girl
fēngmiàn rénwù 封面人物 N. cover-page personality
fēngmiànyǔ 锋面雨 N. frontal rain
fèngmìng 奉命 V.O. receive orders; act under orders
fēngmíngqì 蜂鸣器 N. buzzer
fèngmìngwéijǐn 奉命唯谨 F.E. obey orders scrupulously
fèngmíngzhāoyáng 凤鸣朝阳[鳳-陽] F.E. good omen for the country
fēngmǐ yīshí 风靡一时[-時] V.P. be fashionable for a time/a while
fēngmó* 疯/风魔 ATTR. mad; crazy; fascinated ♦V. fascinate; enchant
fēngmò 风磨 N. wind-driven mill
1**fēngmù** 枫木 N. maple
2**fēngmù** 封墓 V.O. build a tumulus over a grave

3**fēngmù** 风木 ID. <trad.> regret one's failure to take good care of one's parents while they were alive

fēngmùcháishēng 蜂目豺声[-聲] F.E. a ferocious look

fēngmùxiánbēi 风木衔悲 ID. be no longer able to care for one's parents.

fēngnéng 风能 N. wind energy

fēngní 封泥 N. ① sealing clay ② <metal.> lute

fēngnián* 丰年[豐-] N. bumper-harvest year

fēngniǎn 风辇[鳳-] N. ① imperial carriage ② carriage of an immortal

féngniánguòjié 逢年过节[-節] F.E. on New Year's Day or other festivals

fēngniánjì 丰年祭[豐-] N. bumper-harvest year ceremony

1**fēngniǎo** 蜂鸟 N. <zoo.> hummingbird

2**fēngniǎo** 风鸟 N. bird of paradise

fēngniǎobùzhì 风鸟不至[鳳-] ID. There are no wise men in the government.

fēngnóng 蜂农[-農] N. beekeeper; apiarist

fēngnú 蜂奴 N. drone

fēngnǚ 疯女 N. crazy woman; madwoman

fēngōng 分工 V.O. divide the work; be assigned a job ♦N. division of labor

fēngōngfùzé 分工负责 F.E. division of labor with individual responsibility

fēngōnghézuò 分工合作 F.E. share out the work and help one another

fēngōngsī 分公司 N. branch office (company)

fēngpài* 风派 N. opportunist; timeserver

fèngpài 奉派 V. be assigned to a job/post

fēngpài rénwù 风派人物 N. opportunist; fence-sitter

fēngpèi* 丰/沣沛[豐/灃-] S.V. plentiful ♦N. copious rain

fèngpéi 奉陪 V. keep sb. company

fèngpéi dàodǐ 奉陪到底 V.P. accompany sb. to the end (of a party/etc.)

fēngpí(r) 封皮(儿) N. ①paper-strip seal ②book cover ③ paper wrapping ④ envelope

fēngpiāoyèluò 风飘叶落[--葉-] F.E. The wind blows and the leaves fall to the ground.

fēngpínglàngjìng 风平浪静[-靜] F.E. calm and tranquil

1**fēngqǐ** 蜂起 V. rise in swarms

2**fēngqǐ** 锋起 V. rise with irresistible force or suddenness

fēngqì* 风气[-氣] N. ① general mood; atmosphere ② common practice ③ fad; fashion

fèngqí 凤旗[鳳-] N. imperial flag

fēng-qiàn 丰歉[豐-] N. ① plenty and deficiency ② year of a bumper crop or of famine

fèngqián* 俸钱[-錢] V.O. pay; salary

fēngqiáncánzhú 风前残烛[-殘燭] ID. short time left for aged people

fēngqiángzhènmǎ 风墙阵马[-牆--] ID. magnificent in manner and swift in action

fèngqiào 凤翘[鳳翹] N. ① a kind of headgear for women ② <trad.> women's shoes adorned with embroidered phoenixes

fēng qǐlai 疯起来 R.V. be going crazy

fēngqín 风琴 N. organ

fēngqíng 风情 N. ① amorous feelings ② <wr.> bearing; demeanor ③ flirtatious expressions ④ local conditions and customs ⑤ information about wind direction, wind-force, etc. ⑥ fine taste; refined feelings

fēngqīngbìjué 风清弊绝[-絕] F.E. absolutely free from corruption

fēngqínghuà 风情画[-畫] N. landscape painting with a special flavor

fēngqíngyuèzhài 风情月债 ID. love affair between a man and a woman

fēngqínshī 风琴师[-師] N. organist

féngqióng de 缝穷的[-窮-] N. <trad.> impoverished seamstress in the service of the rich

fèngqiú 奉求 V.O. respectfully request

fèngqiúhuáng 凤求凰[鳳-] N. courtship

fēngqìwèikāi 风气未开[-氣-開] F.E. uncivilized; culturally backward

fēngqīyìnzǐ 封妻荫子[--蔭-] F.E. bring a title to one's wife and hereditary rank to one's son

fēngqǐyúnyǒng 风起云涌[--雲-] ID. ①rolling on with full force ② popular support; enthusiastic response

fēngqǐ zuǐba 封起嘴巴 V.O. keep one's mouth shut

fēngqù 风趣 N. humor; wit ♦S.V. interesting; funny; humorous

fēngquān(r) 风圈(儿) N. solar/lunar halo

fēngquǎn 疯犬 N. mad dog; rabid dog

fèngquàn* 奉劝[-勸] F.E. <court.> may I offer a bit of advice

fēngquǎnbìng 疯犬病 N. rabies; hydrophobia

fēngquè* 蜂雀 N. humming bird

fèngquè 凤阙[鳳-] N. gate of the imperial palace

fēngqùhéngshēng 风趣横生 F.E. be spiced with wit

fēngqǔkèyǔ 丰取刻与[豐-與] F.E. take much and give little

fēngqún 蜂群 N. bee colony

fēngqùyōumò 风趣幽默 F.E. have a fine sense of humor

fēngr 风儿 N. ① a breath of rumor ② wind

féngr* 缝儿 V. sew together ♦N. ① sewing; suture; joining ② crevice; gap

fēngráng 丰穰[豐-] N. bumper crop

fēngrǎng* 丰壤[豐-] N. fertile soil; rich earth

fēngráo* 丰饶[豐饒] S.V. rich and fertile

fèngrǎo 奉扰[-擾] F.E. I've permitted myself to inconvenience you. (Reply to an invitation to a banquet.)

fēngráofēngzú 丰饶丰足[豐饒豐-] F.E. rich and plentiful

fēngrè 风热[-熱] N. <Ch. med.> wind-heat

1**fēngrén** 疯人 N. lunatic; madman

2**fēngrén** 风人 N. ① poet ② madman

fēngrěn 丰稔[豐-] V.P. <wr.> bumper crop; good harvest

fēngrèn 锋刃 N. sharp points/edges of weapons

féngrèn* 缝纫 V. sew; tailor

féngrénbiànjiǎng 逢人便讲[-講] F.E. tell everybody one meets

féngrénbiànshuō 逢人便说 F.E. tell everyone one meets

féngrèn chējiān 缝纫车间 P.W. tailoring workshop

féngrèngōng 缝纫工 N. stitcher; needleworker

féngrènjī 缝纫机 N. sewing machine

fēngrénmòkè 风人墨客 F.E. <wr.> poets and literary men

féngrénshuōxiàng 逢人说项 F.E. praise a person before everybody

fēngrényǔ 疯人语 N. <lg.> solecism

fēngrényuàn 疯人院 P.W. madhouse; lunatic asylum

féngrènzhēn 缝纫针 N. sewing needle

fēngróng 丰容 F.E. your face (addressing a lady)

1**fēngrǔ*** 蜂乳 N. <med.> royal jelly

2**fēngrǔ** 丰乳 ATTR. breast-enhancing

1**fēngrù** 封入 N. enclosure

2**fēngrù** 丰缛[豐-] V.P. rich and elegant

fēngruì 锋锐 S.V. ① sharp; keen (of knives/etc.) ② penetrating, incisive; sharp ♦N. a person's impulsive force; drive; push

fēngrùn 丰润[豐-] S.V. ① plump and smooth-skinned ② abundant; affluent

fèngruòshénmíng 奉若神明 F.E. worship sb. or sth.; make a fetish of sth.

fèngruòzhìbǎo 奉若至宝[-寶] F.E. revere as a priceless treasure

fèngrúshénmíng 奉如神明 *See fèngruòshénmíng*

fēngsān 封三 N. inside back cover

fēngsāo 风骚 N. ①literary excellence ②coquetry

fēngsǎoluòyè 风扫落叶[-掃-葉] F.E. ① wind sweeping away the fallen leaves ② irresistible

fēngsè 风色 N. ① how the wind blows; situation ② scenery ③ weather

fēngsèjiālì 风色佳丽[-麗] F.E. bright weather

1**fēngshā** 风沙 N. ① wind-blown sand ② sandstorm

2**fēngshā** 封杀[-殺] V. ① <sport> shut out; force play ② block and wipe out

3**fēngshā** 丰杀[豐殺] V. increase or decrease

4**fēngshā** 风痧 N. <med.> measles

fēngshān 封山 V.O. seal/close a mountain pass

1**fēngshàn*** 风扇 N. electric fan

2**fēngshàn** 封禅 N. imperial mountain-top worship of Heaven and Earth

3**fēngshàn** 丰赡[豐-] V.P. <wr.> rich; plentiful

fēngshǎng 封赏 V. give tips

1**fēngshàng*** 风尚 N. prevailing fashion/custom

2**fēngshàng** 封上 R.V. ① seal up ② confer upon ③ bank (a fire)

féngshàng 缝上 R.V. sew up

fèngshàng 奉上 F.E. <court.> have the honor to send

fèngshāngjìnjiǔ 奉觞进酒[-觴進-] F.E. offer gifts of liquor

fēngshàngruìxià 丰上锐下[豐-] F.E. broad in the upper part but sharp toward the chin (of a face)

fèngshāngshàngshòu 奉觞上寿[-觴-壽] F.E. drink a toast of longevity

fēngshang yīguānbànzhí 封上一官半职[-職] F.E. be given an official appointment

féngshānkāilù 逢山开路[--開-] ID. overcome difficulties when they arise

fēngshānyùlín 封山育林 F.E. close off hillsides to facilitate afforestation

fēngshāyùlín 封沙育林 F.E. plant trees to fix the sand

1**fēngshén** 封神 V.O. deify

2**fēngshén** 风/丰神 N. bearing; demeanor; manner

Fēngshénbǎng 封神榜 N. classical novel of Ch. gods and heroes

fēngshēng(r)* 风声(儿)[-聲-] N. ① rumor ② <coll.> report; information ③ sound of the wind ④ teaching

fēngshèng 丰盛[豐-] S.V. rich; sumptuous

fèngshēngfèng'ér 凤生凤儿[鳳-鳳-] ID. fine son born of a fine father

fēngshēnghèlì 风声鹤唳[-聲--] F.E. extremely jittery

fēngshénxuānjǔ 风神轩举[-舉] F.E. <wr.> with a distinguished air

1**fēngshī*** 风湿[-濕] N. rheumatism

2**fēngshī** 风师[-師] N. wind god

1**fēngshí** 风蚀 N./V. wind erosion

2**fēngshí** 丰实[豐實] S.V. abundant; plentiful; rich

fēngshì 风势[-勢] N. ①wind power ②situation; circumstances

fěngshì 讽示 V. admonish in a round-about way

fèngshǐ 奉使 V. be sent on a diplomatic mission

fèngshì 奉侍 V. serve

fēngshībìng 风湿病[-濕-] N. rheumatism

fēngshǐchángshé 封豕长蛇 ID. rapacious and ruthless

féngshíguòjié 逢时过节[-時-節] F.E. during festivals; at every festival

fēngshīrè 风湿热[-濕熱] N. rheumatic fever

fēngshīxìng 风湿性[-濕-] N. <med.> rheumatism

fēngshīxìng guānjiéyán 风湿性关节炎[-濕-關節-] N. rheumarthritis

fēngshīxìng xīnzàngbìng 风湿性心脏病[-濕--臟-] N. rheumatic heart disease

fēngshīzhèng 风湿症[-濕-] N. <med.> rheumarthritis

fēngshōu* 丰收[豐-] N. bumper harvest

fēngshǒu 封守 V. guard (defense posts)

fèngshǒu 奉守 V. esteem and obey

fēngshōubǔqiàn 丰收补歉[豐-補-] F.E. make up for crop failure with a bumper harvest

fēngshōuzàiwàng 丰收在望[豐-] F.E. A bumper harvest is anticipated.

fēngshǔ 风暑 N. <Ch. med.> wind summerheat

1**fēngshù*** 枫树[-樹] N. <bot.> maple

[2]fēngshù 风树[-樹] ID. <trad.> regret failure to take good care of parents while they were alive
[3]fēngshù 封树[-樹] V.O. <trad.> arrange an honorable funeral
fěngshū 讽书[-書] V.O. recite
fēngshuāng* 风霜 N. ① vicissitudes of life/travel ② severity ♦ATTR. ① severe ② time-honored
féngshuāng 逢双[-雙] ADV. at every even number
fēngshui 风水 N. landscape geomancy
fēngshui xiānsheng 风水先生 N. geomancer; necromancer
fēngshuò 丰硕[豐-] S.V. substantial; rich
fēngshùxīngbēi 风树兴悲[-樹興-] F.E. <wr.> regret inability to care for parents when they were alive
fēngsī(r) 风丝(儿)[-絲-] N. <coll.> breeze
fēngsǐ 封死 R.V. ①seal off ②block (in volleyball)
fēngsì* 封四 N. back cover
fèngsì 奉祀 V. offer sacrifices (to the dead/etc.)
fèngsìguān 奉祀官 N. <trad.> inheritable government post in charge of sacrificial ceremonies
fěngsòng 讽诵 V. read/recite with intonation and expression
fèngsòng* 奉送 V. ① offer as a gift; give away free ② present respectfully
fēngsú* 风俗 N. custom
fēngsù 风速 N. wind velocity
fēngsùbiǎo 风速表 N. anemometer
fēngsúhuà 风俗画[-畫] N. genre painting; genre
fēngsuì 烽燧 N. <hist.> beacon-fire
fèngsuǐlónggān 凤髓龙肝[鳳-] ID. rare delicacies
fēngsùjì 风速计 N. anemograph; registering anemometer
fēngsuǒ 封锁 V. ① blockade; block; seal off ② seal and lock with a key
fēngsuǒ biānjìng 封锁边境[--邊-] V.O. close the border
fēngsuǒ gǎngkǒu 封锁港口 V.O. blockade a port
fēngsuǒ qǐlai 封锁起来 R.V. seal off; block up
fēngsuǒxiàn 封锁线 N. blockade line; cordon
fēngsuǒ xīnwén 封锁新闻 V.O. suppress news
fēngsùqì 风速器 N. wind gauge
fēngsúxíguàn 风俗习惯[--習-] F.E. social customs and habits
fēngtái* 封台[-臺] V.O. stop performances for the New Year period
fēngtài 丰态[豐態] N. demeanor
fēngtān* 风/疯瘫[-癱] N. paralysis
fēngtán 风痰 N. <Ch. med.> wind-phlegm
[1]fēngtáng 枫糖 N. maple sugar
[2]fēngtáng 蜂饧[-餳] N. honey
fēngtāo* 风涛[-濤] N. tempest
fēngtào(r) 封套(儿) N. ① big envelope ② package
Fēngtián* 丰田[豐-] N. Toyota
fèngtiān 奉天 V.O. receive heaven's mandate *See also* Fèngtiān
Fèngtiān 奉天 P.W. <hist.> name of a province and city (now Shenyang) in Northeast China *See also* fèngtiān
fèngtiānchéngyùn 奉天承运[-運] F.E. by virtue of the mandate received from heaven
Fèngtiāngǎnr 奉天杆儿 N. <topo.> a native of Fengtian
Fèngtiān shěngzhǎng 奉天省长 N. <hist.> governor of Fèngtiān Province
fēngtiáo(r) 封条(儿)[-條-] N. paper strip used for sealing
fēngtiáoyǔshùn 风调雨顺 F.E. good weather for crops
fēngtǒng 封筒 N. tube used as an envelope
fēngtòng* 风痛 N. arthritic pain
fēngtou* 风头 N. ① the way the wind blows ② the trend of events ③ limelight *Tā ài chū ~.* She loves to steal the limelight.

fēngtóu 锋头 N. ① the publicity one receives ② sharpness; incisiveness; vigor (of writing/speech/etc.)
fèngtóuniǎo 凤头鸟[鳳-] N. cardinal (bird)
fēngtóushènjiàn 风头甚健 F.E. very popular; enjoying great distinction
fēngtóushízú 风头十足 F.E. at the height of one's career
fèngtóuxié 凤头鞋[鳳-] N. <trad.> women's shoes with toes adorned by a phoenix
fēngtóuzhǔyì 风头主义[-義] F.E. striving for the limelight; showing off
[1]fēngtǔ 风土 N. local conditions
[2]fēngtǔ 封土 N. ① grave mound ② <wr.> fief; manor
fēngtǔhuà 风土化 V. localize
fèngtuō 奉托 F.E. <court.> May I request you to (forward the letter, etc.)?
fēngtǔrénqíng 风土人情 F.E. local conditions and customs
fēngtǔwòdì 丰土沃地[豐-] F.E. a fertile piece of land
fēngtǔzhì 风土志 N. record of local customs/traditions/ etc.
féngǔ 贲鼓 N. large drums
fēnguǎn 分管 V. be put in charge of
fēnguāngjìng 分光镜 N. spectroscope
fēnguī 分规 N. dividers
fěnguǒ 粉果 N. ravioli with skin of rice flour (Guangdong)
fēngwáng* 蜂王 N. queen bee/wasp
fēngwǎng 封网[-網] V.O. block (in volleyball)
fēngwángjiāng 蜂王浆[-漿] N. <Ch. med.> honey tonic
fēngwángjīng 蜂王精 N. <med.> royal jelly
fēngwángrǔ 蜂王乳 N. royal jelly
fēngwéi 封为 V.P. confer (a title/territory/etc.) on sb.; make sb. sth.
fēngwěi 丰伟[豐偉] S.V. tall and stout
fēngwèi(r)* 风味(儿) N. ① special flavor; local color ② bearing and taste of a person ③ elegance ④ taste and style of food
fěngwèi 讽味 V. ① recite and enjoy (verses/etc.) ② repeat a remark and ponder its hidden meaning
fēngwèi(r)cài 风味(儿)菜 N. typical local dish
fèngwěicǎo 凤尾草[鳳-] N. ferns
fèngwéidiǎnfàn 奉为典范[-範] F.E. hold up as a model
fèngwéiguīniè 奉为圭臬 F.E. look up to as standard; hold up as a model
fèngwěijiāo 凤尾蕉[鳳-] N. <bot.> cycad
fèngwéikǎimó 奉为楷模 F.E. hold up as a model
fèngwěimiáo 凤尾描[鳳-] N. <art> phoenix-tail stroke (in painting)
fèngwěisōng 凤尾松[鳳-] N. <trad.> cycad
fèngwěixiā 凤尾虾[鳳-蝦] N. batter-fried butterfly shrimp
fēngwèi(r) xiǎochī 风味(儿)小吃 N. typical local tidbits/delicacies
fèngwěiyú 凤尾鱼[鳳-] N. anchovy
fèngwéizhìbǎo 奉为至宝[-寶] F.E. value highly
fèngwěizhú 凤尾竹[鳳-] N. fernleaf hedge bamboo
fēngwén 风闻 V. learn through hearsay; get wind of
fēngwēng 封翁 *See* fēngjūn
fēngwénqíshì 风闻其事 F.E. get wind of
fēngwō* 蜂窝[-窩] N. ① honeycomb ② honeycomb-like thing
fēngwò 丰沃[豐-] F.E. rich; fertilized; fertile
fēngwōbǐng 蜂窝饼[-窩-] N. waffle
fēngwōlú 蜂窝炉[-窩爐] N. honeycomb briquette stove
fēngwōméi 蜂窝煤[-窩-] N. honeycomb briquette
fēngwōzhuàng 蜂窝状[-窩狀] N. honeycomb form
fēngwō zǔzhī 蜂窝组织[-窩-織] N. <phys.> cellular/areolar tissue

[1]fēngwǔ 蜂舞 N. bee dance
[2]fēngwǔ 蜂午 V.P. crowded and confusing
fēngwù* 风物 N. scenery typical of a place
fēngwùzhì 风物志 N. local records including scenery, products, customs, etc.
fēngxí 风习[-習] N. customs and habits
fèngxì* 缝隙 N. chink; crack; crevice
Fèngxì 奉系 N. <hist.> Fengtian faction (warlord/troops)
fēngxiábǎnzi 风匣板子 N. <topo.> bellows
fēngxián 风痫[-癇] N. epilepsy
fēngxiǎn* 风险 N. risk; hazard
fēngxiàn 风宪[-憲] N. public morality and law
féngxiàn 缝线 N. <med.> suture
[1]fèngxiān 奉先 V.O. sacrifice to ancestors
[2]fèngxiān 凤仙[鳳-] N. <bot.> garden balsam
fèngxiàn 奉献[-獻] V. offer as tribute; present with all respect
fēngxiǎn bǔcháng 风险补偿[-補償] N. compensation for risk-taking
fēngxiǎn fángfàn 风险防范 N. risk-prevention
[1]fēngxiāng 风箱 N. bellows
[2]fēngxiāng 蜂箱 N. beehive; hive
fēngxiàng* 风向 N. ① wind direction ② trend
fēngxiàngbiāo 风向标[-標] N. wind vane
fēngxiàngdài 风向袋 N. wind sleeve/sock/cone
fēngxiǎn gōngzī 风险工资 N. compensation for risk
fēngxiǎngqì 蜂响器[-響-] N. buzzer
fēngxiāngshù 枫香树[-樹] N. <bot.> Chinese sweet gum tree
fēngxiàngyí 风向仪[-儀] N. anemoscope
fēngxiàngzhēn 风向针 N. wind vane
fèngxiānhuā 凤仙花[鳳-] N. <bot.> garden balsam
fèngxiàn jīngshén 奉献精神[-獻--] N. spirit of utter devotion
fēngxiǎn qǐyè 风险企业[--業] P.W. venture enterprise
fēngxiǎn shōurù 风险收入 N. risk premium
fēngxiǎn zīběn 风险资本 N. venture capital
fēngxiǎn zījīn 风险资金 N. risk fund
fèngxiāo 凤箫[鳳簫] N. <trad.> flute
fēngxié 风邪 N. <Ch. med.> ① wind evil ② ailments caused by cold/wind
[1]fēngxìn 风信 N. ① scent/sound brought by the wind ② news ③ <wr.> seasonal wind
[2]fēngxìn 封信 V.O. seal a letter
fēngxìnbiāo 风信标[-標] N. weathercock
fēngxīnbìng 风心病 N. <med.> rheumatic heart disease
[1]fēngxíng* 风行 S.V. be in fashion; be popular
[2]fēngxíng 锋行 N. vanguard; van
fèngxíng 奉行 V. pursue (a policy/etc.)
fèngxíngbùdài 奉行不怠 F.E. carry out diligently
fēngxíngcǎoyǎn 风行草偃 ID. the influence of moral teaching
fēngxìngē 风信鸽 N. carrier/homing pigeon
fèngxínggùshì 奉行故事 F.E. follow established practice
fēngxíng yīshí 风行一时[-時] V.P. ① be a passing fad ② be fashionable for a certain period
fēngxíngyúshì 风行于世[--於-] F.E. become popular among the people
fēngxìnqì 风信器 N. wind cone; weathercock
fēngxìnzǐ 风信子 N. <bot.> hyacinth
féngxiōnghuàjí 逢凶化吉 F.E. turn ill luck into good
fèngxù 俸恤 N. payment and pension
fēngxuǎn 风选[-選] N. <agr.> selection by winnowing
fēngxuǎnjī 风选机[-選-] N. winnowing machine; winnower
fēngxué 风穴 N. where the wind comes from
fēngxuě* 风雪 N. wind and snow; snowstorm
fèngxué 凤穴[鳳-] N. ① cultural center ② a country abounding in geniuses
fēngyā 风压[-壓] N. <met.> wind pressure
fēngyǎ* 风雅 N. literary pursuits ♦S.V. elegant; refined

[1]fēngyān 烽烟[-煙] N. beacon
[2]fēngyān 风烟[-煙] N. smoke that spreads with the wind
fēngyǎn 丰衍[豐-] V.P. plentiful; abundant
fēngyǎn* 风眼[鳳-] N. beautiful eyes
fēngyánbǎn 封檐板 N. <archi.> eaves board
fēngyānbiàndì 烽烟遍地[-煙--] F.E. Beacon fires are found everywhere.
fēngyáncùnguǐ 风檐寸晷 F.E. <wr.> value every minute
fēngyánfēngyǔ 风言风语 F.E. groundless talk; slanderous gossip
fèngyǎng 奉养[-養] V. support and wait upon (one's parents, etc.)
fèngyáng rénfēng 奉扬仁风[-揚--] V.O. extol sb.'s benevolence
fèngyǎnlián 凤眼莲[鳳-] N. <bot.> water hyacinth
fēngyānsìqǐ 烽烟四起[-煙--] F.E. land/country beset by war
fēngyāo* 蜂腰 N. ① slim waist ② error in versification
fēngyáo 风谣 N. ① folk song ② folklore
fēng-yǎ-sòng 风雅颂 N. the three sections in *the Book of Songs*
fēngyè* 枫叶[-葉] N. leaves of Chinese sweet gum/maple, etc.
fèngyè 奉谒 V. call on (a bigwig)
féngyèyīng 缝叶莺[-葉鶯] N. tailorbird
[1]fēngyī* 风衣 N. windbreaker
[2]fēngyī 封一 N. front cover
[1]fēngyí 丰/风仪[豐儀] N. elegant demeanor; noble appearance
[2]fēngyí 风姨 N. <coll.> typhoon; hurricane
[1]fēngyì 封邑 N. <trad.> manor estate granted by a monarch
[2]fēngyì 风义[-義] N. noble conduct and principles
Féngyí 冯夷 N. Yellow River water god
fèngyí 奉移 V. transfer the bier to the funeral hall
Fèngyí 凤仪[鳳儀] P.W. a county in Yunnan Province
féng yīfu* 缝衣服 V.O. sew clothes
féngyīfù 缝衣妇[-婦] N. seamstress; needlewoman
féngyījī 缝衣机 N. sewing machine
féngyījiàng 缝衣匠 N. tailor
fēngyīn 蜂音 N. dial tone (buzzing sound)
fēngyìn 封印 N. seal (on mail)
fèngyín* 俸银 N. official salary
fēngyīng 蜂鹰 N. honey buzzard
fēngyíng 丰盈 V.P. ① well-developed ② plentiful ③ rich; wealthy ♦N. good harvest
féngyíng* 逢迎 V. ① make up to; fawn on ② receive (guests/visitors/etc.)
fèngyíng 奉迎 V. ① greet ② flatter ③ <court.> be honored to welcome/meet you
féngyíngchǎnmèi 逢迎谄媚 F.E. curry favor with superiors
féngyínggǎndài 逢迎感戴 F.E. fawn on and servilely thank
féngyíngpāimǎ 逢迎拍马 F.E. be unctuous
fēngyìnguàguān 封印挂冠[--掛-] F.E. leave an official post
fēngyīnqì 蜂音器 N. buzzerphone
fěngyīquànbǎi 讽一劝百[--勸-] F.E. satirize one to admonish a hundred
fēngyìrénqíng 风义人情[-義--] F.E. deep respect and friendship
fēngyīzúshí 丰衣足食[豐-] F.E. be well-fed and well-clothed
fēngyōng 蜂拥[-擁] V. swarm; flock
fēngyōng'érlái 蜂拥而来[-擁--] F.E. come swarming
fēngyōng'érshàng 蜂拥而上[-擁--] F.E. press forward in swarms
fēngyōng'érzhì 蜂拥而至[-擁--] F.E. come in great numbers
fēngyóujīng 风油精 N. essential balm
Féng Yǒulán 冯友兰[-蘭] (1895–1990) N. a noted philosopher
fēngyú 丰腴[豐-] S.V. ① well-developed ② plentiful ③ full and round; plump; buxom and fair ④ rich and fertile ⑤ sumptuous
fēngyǔ* 风雨 N. ① wind and rain; the elements ② trials and hardships
[1]fēngyù 丰裕[豐-] S.V. well provided for; in plenty
[2]fēngyù 风谕 N. satire
[3]fēngyù 封域 N. frontier regions
fěngyù 讽喻 N. parable; allegory
fēngyuán* 风源 N. origin of an evil trend
féngyuán 逢原 V.O. get to the bottom of things
fēngyǔbiǎo 风雨表 N. ① barometer ② weatherglass
fēngyǔbùtòu 风雨不透 F.E. be impervious to wind and rain
fēngyǔ cāochǎng 风雨操场[-場] P.W. indoor sports arena
fēngyǔdàzuò 风雨大作 F.E. The storm rages.
fēngyǔdēng 风雨灯[-燈] N. storm lantern
fēngyuè 风月 N. ① romance ② beautiful scenery ♦A.T. small/petty (of talk/etc.)
fēngyuè chǎngsuǒ 风月场所[--場-] P.W. a place of carnal pleasure
fēngyuèchǎngzhōng 风月场中[--場-] P.W. a place of carnal pleasure
fēngyuèwúbiān 风月无边[-邊] F.E. ① The wonders of natural beauty are boundless. ② An amorous affair knows no limits.
fēngyǔhuìmíng 风雨晦冥 F.E. <wr.> turbulent and dark society
fēngyǔjiāojiā 风雨交加 F.E. ① stormy rain ② disaster after disaster
fēngyǔjīmíng 风雨鸡鸣[--雞-] ID. say what others dare not say
fēngyǔléidiàn 风雨雷电[-電] F.E. natural disasters
fēngyún* 风云[-雲] N. ① wind and clouds ② high position ③ precarious situation
fēngyùn 风/丰韵[-韻] N. graceful bearing; charm
fēngyúnbiànhuàn 风云变幻[-雲變-] ID. ① changeable situation ② constant change of events
fēngyúnbiànsè 风云变色[-雲變-] ID. drastic change of a political situation
fēngyúnbùcè 风云不测[-雲--] ID. unpredictable situation
fēngyúnchìzhā 风云叱咤[-雲--] ID. shaking earth and heaven; all-powerful
fēngyúnjìhuì 风云际会[-雲際-] ID. gathering of heroes or talented persons
fēngyúnmòcè 风云莫测[-雲--] ID. an unpredictable situation
fēngyúnrénwù 风云人物[-雲--] ID. the man of the hour
fēngyúntūbiàn 风云突变[-雲-變] ID. a sudden change in the situation
fēngyùnyóucún 风韵犹存[-韻猶-] ID. still look attractive (of a middle-aged woman)
fēngyǔpiāoyáo 风雨飘摇 ID. precarious; tottering
fēngyǔqīqī* 风雨凄凄 ID. ① The wind and the rain are cold/chilly. ② sad/wretched situation
fēngyǔqīqí 风雨凄其 F.E. blues engendered by incessant wind and rain
fēngyǔrúhuì 风雨如晦 ID. grim and grave situation
fěngyùshī 讽喻诗 N. allegorical poem
fēngyǔtóngzhōu 风雨同舟 ID. stand together through thick and thin
fēngyǔwúzǔ 风雨无阻 F.E. regardless of the weather
Féng Yùxiáng 冯玉祥 (1882–1948) N. warlord known as the "Christian General"
fēngyǔyī 风雨衣 N. raincoat; mackintosh; trench coat
fēngyǔyùlái 风雨欲来 F.E. Troubles are coming.
fēngzāi 风灾[-災] N. disaster caused by windstorm
fēngzào* 风燥 N. <Ch. med.> wind-dryness
fēngzǎo 风藻[鳳-] N. beautiful expressions
fēngzèng 封赠 V. confer and grant
fèngzèng* 奉赠 V. <court.> present with respect
fēngzhá 风闸 N. ① pneumatic brake ② air lock
Fēngzhāi 封斋[-齋] N. <rel.> Ramadan
fēngzhǎng* 疯长 N. spindling; overgrowth
fēngzhàng 风障 N. <agr.> windbreak
fèngzhǎo 凤爪[鳳-] N. chicken feet (as food)
fèngzhào* 奉召 V.O. ① be summoned ② receive imperial orders
fèngZhào 奉赵[-趙] V.O. <wr.> ① return sth. intact to its owner ② return sth. with thanks
fèngzhàobùwù 奉赵不误[-趙--] F.E. return a borrowed thing without delay
fēngzhěn(kuài)* 风疹(块)[-(塊)] N. <med.> ① nettle rash ② urticaria ③ rubella
féngzhēn 缝针 N. sewing needle
fēngzheng 风筝[-箏] N. ① kite ② rooftop metal strips that tinkle in the wind
fēngzhengqín 风筝琴[-箏-] N. humming string attached to a kite
[1]fēngzhí 峰值 N. <elec.> peak value
[2]fēngzhí 封殖 V.O. ① bank up earth around trees ② foster ③ collect wealth illegally/immorally
fēngzhì 风致 N. distinguished bearing; cachet
féngzhì* 缝制[-製] V. sew; make (clothes/bedding/etc.)
fèngzhí 奉职[-職] V.O. hold a post
fèngzhǐ 奉旨 V.O. take/accept a decree
féngzhì chéng 缝制成[-製-] R.V. sew up
fēngzhìyǔmù 风栉雨沐[-櫛--] ID. travel/work very hard (despite wind and rain)
fēngzhōngcánzhú 风中残烛[-殘燭] F.E. old and ailing
fēngzhōngzhīzhú 风中之烛[-燭] ID. person/thing at death's edge
fēngzhú* 风烛[-燭] ID. old and ailing
fēngzhù 封住 R.V. seal; seal up
fēngzhuāng 封装[-裝] V. package and seal
fēngzhúcánnián 风烛残年[-燭殘-] ID. in aging decline like a guttering candle
féngzhuì 缝缀 V. sew on; patch
fēngzhǔn 蜂准[-準] N. high nose
[1]fēngzi* 疯子 N. lunatic; madman
[2]fēngzi 烽子 N. <trad.> lookout man charged with lighting alarm fires
fēngzī 风/丰姿 N. graceful bearing; charm
[1]féngzi 缝子 N. <coll.> crack; crevice
[2]fèngzi 凤子[鳳-] N. ① a kind of big butterfly ② palanquin; sedan chair
fēngzīchuòyuē 风/丰姿绰约[豐-] F.E. charming poise and graceful bearing (of a woman)
fēngzī'ēnuó 丰/风姿婀娜[豐-] F.E. agreeable manners
fēngzījuānxiù 风姿娟秀 F.E. The deportment is refined and attractive. (of a beautiful woman)
fēng-zī-xiū 封资修 N. <PRC> feudalism, capitalism, and revisionism
fēngzòu 封奏 V. <trad.> address a sealed memorial to the emperor
fēngzú* 丰足[豐-] S.V. abundant; plentiful
fēngzǔ 封阻 V./N. blockade; blockage
fēngzuàn 风钻[-鑽] N. pneumatic drill; jackhammer
fēngzuǐ 封嘴 V.O. ① keep silent ② silence; shut sb. up
fēngzuǐqián 封嘴钱[-錢] N. hush money
féngzuò 缝做 V. sew
fēnháng 分行 N. branch (of a bank/etc.)
fēnháo* 分毫 N. fraction; iota
fēnhào 分号[-號] N. ① semicolon (;) ② branch (of a firm/etc.)
fēnhé* 分合 N. union and division; synthesis and analysis; fusion and fission
Fén Hé 汾河 N. a river in Shānxī Province
fěnhé 粉盒 N. powder box; compact
fènhèn 愤/忿恨 V. detest; indignantly resent

¹**fēnhóng*** 分红 V.O. share a bonus; draw extra dividends/profits
²**fēnhóng** 分洪 N. flood diversion
fěnhóng 粉红 ATTR. pink; soft red
fěnhóngdàilǜ 粉红黛绿 F.E. ①beauty ②heavy makeup
fēnhónghàilǜ 纷红骇绿 F.E. luxuriant vegetation swaying (in the wind, etc.)
fěnhónglǐng 粉红领 N. pink collar (female secretaries, typists, etc.)
fēnhóngqū 分洪区[-區] P.W. flood-diversion area
fěnhóngsè 粉红色 N. pink (color)
fēnhóngzhá 分洪闸 N. flood-diversion sluice
fěnhóu 粉侯 N. imperial son-in-law
¹**fēnhuá** 纷华[-華] V.P. animated
²**fēnhuá** 芬华[-華] N. ①glory; pomp ②luxuriant beauty
¹**fēnhuà** 分化 N. ① split/break up; divergence ② <phys.> differentiation
²**fēnhuà** 分划[-劃] V. classify; draw a boundary
fénhuà* 焚化 V. incinerate; cremate
fénhuàlú 焚化炉[-爐] N. incinerator; cremator
fēnhuán 分还[-還] V. pay/return in installments
fēnhuàwǎjiě 分化瓦解 F.E. disintegrate; divide and demoralize
fēnhuì* 分会 N. branch (of an organization); chapter
fénhuǐ 焚毁[-毀] V. destroy by fire; burn down
¹**fènhuì** 忿恚 N. hate and anger
²**fènhuì** 愤恚 V.P. deeply resentful
fēnhù jīngyíng 分户经营[-經營] V.P. individual household operation
fènhuǒ 忿火 N. flames of anger; fury
fēnhùzhàng 分户帐 N. ledger
fēnjī 分机 N. extension (telephone)
fēnjí* 分级 V.O. grade; classify
¹**fēnjì** 分际[-際] N. ① <wr.> proper limits for speech/action ② distinctions of rank or social status
²**fēnjì** 分寄 V. separately send out
fěnjì 粉剂[-劑] N. ① <med.> powder ② <agr.> dust
¹**fènjī** 奋激[奮-] S.V. roused to action
²**fènjī** 奋击[奮擊] V. attack bravely; make a spirited attack
³**fènjī** 愤激 S.V. excited and indignant; roused
⁴**fènjī** 粪箕[糞-] N. dustpan
fènjí 愤疾 V. hate; abhor; execrate
fēnjiā 分家 V.O. divide up family property and live apart
fěnjiān 粉笺[-箋] N. a kind of pink-colored paper
fēnjiānghuàjiè 分疆画界[--畫-] F.E. mark boundaries
fēn jiāntuán 分尖团[-團] V.O. <lg.> distinguish between dental and velar sounds
fēnjiǎoqì 分角器 N. protractor
fēnjí dúwù 分级读物[--讀-] N. graded reader
fēnjiē 分接 V. tap (a line)
fēnjié 分节[-節] N. ① segmentation ② subsector ③ <lg.> segment
fēnjiě* 分解 V. ① resolve; decompose; break down ② mediate ③ dissolve ④ analyze ♦N. <lg.> parsing
fēnjiè 分界 V.O. have as a boundary; be demarcated by ♦N. dividing line
fénjié 焚劫 V. burn and loot
fēnjiě diào 分解掉 R.V. break down; decompose; resolve
fēnjiě wéi 分解为 V.P. resolve/decompose into
fēnjièxiàn 分界线 N. line of demarcation; boundary
fēnjījī 分级机 N. grader; sorter
fēnjīn 分襟 V.O. separate; part company
fěnjīn 粉金 N. golden powder used in painting
fènjìn* 奋进[奮進] V. advance bravely
fēnjīnbāiliǎng 分斤掰两 F.E. pinch pennies; niggle
fēnjìngtóu 分镜头 N. <cinema> story board
fēnjìngtóu jùběn 分镜头剧本[---劇-] N. shooting script; continuity
fēnjìnhéjī 分进合击[-進-擊] F.E. <mil.> advance separately and attack jointly
fènjīruòkuáng 愤激若狂 F.E. be wild with excitement
Fénjiǔ* 汾酒 N. gaoliang wine made in the Fen River area
Fěnjiǔ 粉酒 N. Fenyang wine
fènjīyǔ 愤激语 N. rousing/impassioned words
fēnjí zhǐshù 分级指数[-數] N. graded index
fènjīzi 粪箕子[糞-] N. manure basket
fēnjū 分居 V. ① live apart (of husband and wife, family members) ② separate
fēnjú* 分局 P.W. branch office
fēnjù 分句 N. <lg.> clause
fēnkāi* 分开[-開] R.V. separate; part ♦ADV. separately *Tāmen liǎngge rén ~ zhù le.* Those two are living separately now.
fènkǎi 愤慨 S.V. be indignant (at injustice)
fènkài 愤忾[-愾] S.V. anger; wrath
fēnkē* 分科 N. branch ♦V.O. group students by major fields of study
fēnkè 分克 M. decigram
fēnkē jiàoxué 分科教学 N. department teaching
fènkēng 粪坑[糞-] N. ①manure pit ②cesspool
fēnkǒuguǎnlǐ 分口管理 F.E. put . . . under separate control
fēnkù 分库 N. sub-treasury
fènkuāng 粪筐[糞-] N. manure basket
fěnlà 粉腊[-臘] N. waxing powder
fěnlàbǐ 粉腊笔[-臘筆] N. pastel
Fēnlán* 芬兰[-蘭] P.W. Finland
fěnlán 粉蓝[-藍] N. powder blue
fēnláo 分劳[-勞] V.O. help sb. do a job
fēnlèi 分类[-類] V.O. classify; sort ♦N. classification; type; taxonomy
fēnlèi cèshì 分类测试[-類--] N. <lg.> subtest
fēnlèi chéngfèn 分类成分[-類--] N. <lg.> classifier
fēnlèi cídiǎn 分类词典[-類--] N. <lg.> thesaurus
fēnlèi duìlì 分类对立[-類對-] N. <lg.> taxonomic opposition
fēnlèifǎ 分类法[-類-] N. classification
fēnlèi fāngzhèn 分类方阵[-類--] N. <lg.> classificatory matrix
fēnlèihuà 分类化[-類-] N. <lg.> classification
fēnlèijī 分类机[-類-] N. sorter
fēnlèi shùzì 分类数字[-類數-] N. breakdown figures
fēnlèi suǒyǐn 分类索引[-類--] N. classified index
fēnlèixué 分类学[-類-] N. taxology; taxonomy; systematics
fēnlèi yǔyánxué 分类语言学[-類---] N. <lg.> taxonomic linguistics
fēnlèizhàng 分类帐[-類-] N. ledger
fēnlèizhǔyì 分类主义[-類-義] N. taxonomism
¹**fēnlí*** 分离[-離] R.V. separate; sever ♦N. discreteness; disjunction
²**fēnlí** 分厘[-釐] N. very small amount; tiny bit
¹**fēnlì** 分立 V. establish separately
²**fēnlì** 分利 V.O. ① share benefits ② live off stocks/rents/etc. ③ <Ch. med.> induce sweat to abate illness
³**fēnlì** 分力 N. <phy.> components of force
⁴**fēnlì** 氛厉[-厲] N. disasters; calamities
fènlǐ 份礼[-禮] N. apportioned gift
¹**fènlì** 奋力[奮-] V. do all one can; spare no effort
²**fènlì** 忿戾 V.P. angry and perverse
³**fènlì** 忿詈 V. <wr.> curse in anger
fēnliàng 分量 N. <phy.> component
fènliang* 分/份量 N. weight; measure
fēn-lián shǒuduàn 分连手段 N. <lg.> procedures for separating or joining (syllables in a pinyin text)
fēnlíbùchà 分厘不差[-釐--] F.E. without the slightest error
fēnlíbùràng 分厘不让[-釐-讓] F.E. not make the slightest concession
fēnlǐchù 分理处[-處] N. small local branch (of a bank)
fēnlí chūlai 分离出来[-離--] R.V. separate from; separate out of
fènlìcūbào 忿厉粗暴[-厲--] F.E. angry; fierce and rough
¹**fēnliè** 分裂 V. split; divide; break up ♦N. <bio.> fission; division
²**fēnliè** 芬烈 V.P. exceedingly fragrant
fēnliè de 分裂的 ATTR. <lg.> cleft sentence
fēnliè jiégòu 分裂结构[-構] N. <lg.> split construction
fēnlièjù 分裂句 N. <lg.> cleft sentence
fēnliè shēngzhí 分裂生殖 N. reproduction by fission
fēnlièshì 分列式 N. <mil.> march-past; array of troops
fēnliè shìlì 分裂势力[-勢-] N. separatist forces
¹**fēnliè wéi** 分列为 V.P. put in separate order
²**fēnliè wéi** 分裂为 V.P. break up; split into; divide into
fēnliè yǐnyǔ 分裂引语 N. <lg.> broken quotation
fēnlièzhǔyì 分裂主义[-義] N. splittism
fēnlíng 分龄[-齡] N. age-group ♦V.O. group by age
fěnlǐng* 粉领 N. pink collar (female secretaries, typists, etc.)
fēnlípài 分离派[-離-] N. secessionists
fēnlí sōuxún 分离搜寻[-離-尋] N. <comp.> disjunctive search
¹**fēnliú*** 分流 V.O. separate the flow of traffic
²**fēnliú** 分馏 V. ① fractional distillation ② dephlegmate ♦N. fractionation
fěnliú 粉瘤 N. <phys.> sebaceous cyst
fēnlíxìng 分离性[-離-] N. <lg.> discreteness
fēnlíxíng bùdìngshì 分离型不定式[-離----] N. <lg.> split infinitive
fènlìzhēngzhá 奋力挣扎[奮-掙-] F.E. struggle with all one's might
fēnlù 分路 N. ① separate routes ② <elec.> shunt
fěnlǜ 粉绿 N. light green/blue
fēnluàn* 纷乱[-亂] S.V. numerous and disorderly; helter-skelter
fénluàn 棼乱[-亂] N. in confusion
fénlüè 焚掠 V. burn and loot
fénlüèyīkōng 焚掠一空 F.E. all-out burning and looting
fēnlún 纷纶 <wr.> V.P. vast and profound (of knowledge/learning/etc.) ♦N. confusion; chaos
fēnlùn* 纷论 V.P. various views/opinions/statements
fēnmáng 纷忙 S.V. be very busy; be in a rush and a muddle
fēnmáo 分茅 V.O. <trad.> enfeoff
fēnmèi* 分袂 V.O. <wr.> leave each other; part company; part
fènmèi 奋袂[奮-] ID. <wr.> roll up one's sleeves for action
fènmèi'érqǐ 奋袂而起[奮-] F.E. <wr.> get ready for action
fènmén 粪门[糞-] N. <coll.> anus
¹**fènmèn*** 愤懑 S.V. depressed and discontented; resentful
²**fènmèn** 忿懑 N. anger; grudge; animus
³**fènmèn** 忿闷 S.V. angry and complaining; bitter
fēnménbiélèi 分门别类[-類] F.E. put into different categories; classify
fēnmǐ 分米 M. decimeter
¹**fēnmì*** 分泌 V. <bio.> secrete ♦N. secretion ♦N./V. <geol.> material oozing out from cracks in rocks
²**fēnmì** 分蜜 N. separating honey and sugar in the process of making sugar
fēnmiǎn* 分娩 N. childbirth; parturition
fěnmiàn 粉面 N. ①fair complexion ②powdered face
fènmiǎn 奋勉[奮-] V. make a determined effort
fēnmiǎo 分秒 N. minutes and seconds

fēnmiǎobìzhēng 分秒必争[-爭] F.E. every second counts

fēnmiǎobùchà 分秒不差 F.E. very punctual

fénmiè 焚灭[-滅] V. destroy by fire

fēnmíng 分明 S.V. clearly demarcated; distinct ♦ADV. clearly; plainly; evidently

fēnmìwù 分泌物 N. <bio.> secretion

fēnmìxiàn 分泌腺 N. endocrine glands

[1]**fěnmò** 粉末 N. powder

[2]**fěnmò** 粉墨 N. <derog.> pretension; hypocrisy ♦V. ① apply make-up (of theatrical players) ② polish (a piece of writing)

fěnmòdēngchǎng 粉墨登场[-場] F.E. ①embark upon political venture ② assume an air of legality (of a puppet regime)

fěnmòjī 粉磨机 N. flour mill

fěnmòzhuàng 粉末状[-狀] ATTR. powderlike ♦N. powder

fēnmǔ 分母 N. <math.> denominator

fénmù* 坟墓[墳-] N. grave; tomb

fēnmùlù 分目录[-錄] N. subdirectory

fēnná 纷拿 V. grapple; get into a dogfight

fēnnáo 纷呶 V.P. noisy and disorderly

fènnèi 分/份内 N. one's duty/job

fènnèizhīshì 分内之事 N. a matter within one's duty

fěnnèn 粉嫩 S.V. fair and tender (of skin); soft and fair

fénnì 焚溺 V. ① be burned or drowned ② be in great difficulty

fēnniè 分蘖[-櫱] N. <agr.> tillering

[1]**fènnù** 愤怒 S.V. indignant; angry

[2]**fènnù** 忿怒 N. indignation; wrath ♦S.V. angry; furious; indignant

fēnpài* 分派 V. ① assign (to different persons); apportion ② divide into sects;clans/etc.

fěnpái 粉牌 N. white wood/stone tablet for temporary notation

fēnpáidiǎn 分排点[-點] N. <print.> break (in the text)

fēnpèi 分配 V. distribute; allot; assign ♦N. <econ.> distribution ♦ATTR. <lg.> allo-

fēnpèi jiégòu 分配结构[-構] N. distribution structures

fēnpèilǜ 分配率 N. distribution rate

fēnpèiqì 分配器 N. <comp.> distributor

[1]**fēnpī*** 分批 ADV. ① in batches ② in turn

[2]**fēnpī** 纷披 V. <wr.> spread out in all directions ♦V.P. numerous

fěnpí(r) 粉皮(儿) N. ① sheet jelly made from bean or sweet-potato starch ②shorn sheepskin

fēnpiànr-bāogānr 分片儿包干儿[----乾-] F.E. <PRC> divide up and assign work/responsibility

fěnpū(r) 粉扑(儿)[-撲] N. powder puff

fēnqī 分期 ADV. by stages

[1]**fēnqí*** 分歧 N. difference; divergence ♦V. diverge; differ; disagree

[2]**fēnqí** 纷歧 V. be greatly divided (in opinions)

fēnqǐ 纷起 V. come out one after another

[1]**fénqǐ** 焚起 R.V. burn up; set on fire

[2]**fénqǐ** 坟起[墳-] V. protrude

fènqǐ 奋起[奮-] R.V. rise/raise with force and spirit

fēnqiǎn* 分遣 V. detach for a special mission

fěnqiàn 粉芡 N. cooking starch; pasty mixture of starch and water

fěnqiáng 粉墙[-牆] N. whitewashed wall ♦V.O. whitewash a wall

fènqiè 愤切 V. gnash teeth in anger

fēnqī fēnpī 分期分批 V.P. phase in

fēnqī fùkuǎn 分期付款 V.P. pay by installments ♦N. installment plan

fēnqīng* 分清 R.V. distinguish; draw a clear distinction between

fěnqīng 粉青 N. light greenish blue

fēnqīngshìfēi 分清是非 F.E. distinguish right from wrong

fēnqīngzhǔcì 分清主次 F.E. draw a clear distinction between the primary and the secondary

fénqínzhǔhè 焚琴煮鹤 ID. ① offend against good taste ② vandalism

fénqiū 坟丘[墳-] N. grave mound; tomb; grave

fènqǐzhízhuī 奋起直追[奮-] F.E. do all one can to catch up

fēnqū 分区[-區] P.W. zone; district ♦V.O. divide into districts; zone

[1]**fēnquán** 分权[-權] N. division of power/authority ♦V.O. decentralize the power; divide up power

[2]**fēnquán** 酚醛 N. <chem.> phenolic aldehyde

fénquānzi 坟圈子[墳-] P.W. cemetery

fēnqún 分群 V.O. hive off; swarm (of bees)

fēnqūsài 分区赛[-區-] N. regional competition

fènr 分/份儿 <coll.> S.V. ① good; fine; excellent ②cool; awesome ③capable; skilful ♦N. ①place; seat; part ②room; gap; space ③share ④degree ♦ADV. to the extent of; at the utmost

fēnrán 纷然 V.P. disorderly; chaotic; confused

[1]**fènrán*** 愤然 V.P. angry; indignant

[2]**fènrán** 奋然[奮-] V.P. ① animated ② roused

[3]**fènrán** 忿然 V.P. angry; indignant

fénrǎng 坟壤[墳-] N. light fertile soil

fènrǎng* 粪壤[糞-] N. manurial soil

fènránzuòsè 愤然作色 F.E. flush with indignation

fēnrǎo 纷扰[-擾] N. confusion; turmoil

fènrfàn 份儿饭 N. <coll.> boxed/plate meal

fēnrìxiàn 分日线 N. date line

fénrú 焚如 N. fire disaster

fēnrùn 分润 V.O. share in the benefit/profit

fénrúzhīhuò 焚如之祸[-禍] N. <wr.> disasters

fēnrzhí 分儿值 N. <PRC/coll.> money worth of the points earned (in the people's communes)

fēnsàn 分散 V. disperse; scatter; decentralize

fēnsàn chǔlǐ 分散处理[--處-] N. decentralized processing

fēnsàn kāilái 分散开来[--開-] R.V. scatter; disperse

fēnsànzhǔyì 分散主义[-義] N. decentralism

fēnsè 分色 V.O. separate colors ♦N. color separation

fěnsè* 粉色 N. pink

fēnsèjī 分色机 N. <print.> color scanner

fēnsèzhǔyì 分色主义[-義] N. divisionism

fěnshā 粉砂 N. silt

fénshān 坟山[墳-] N. grave hill

fénshāo 焚烧[-燒] V. burn; set on fire

fénshāofǎ 焚烧法[-燒-] N. burning method/procedure

[1]**fēnshè** 分设 V. set up separately

[2]**fēnshè** 分社 P.W. ① sub-division/branch of an organization ② news bureau

fēnshēn* 分身 V.O. spare time from one's main work to attend to sth. else

fēnshén 分神 V.O. ① give some attention to ② divert attention to ♦N. distraction

fénshēn 焚身 V.O. bring ruin to oneself because of greediness

fēnshénbùxiá 分身不暇 F.E. be unable to be in two places at the same time

fēnshēnfǎ 分身法 N. means to divide oneself (for various tasks)

fēnshēng 分升 N. deciliter

fěnshēnsuìgǔ 粉身碎骨 F.E. die the cruelest death

fēnshí 分时[-時] N. time-share; time-sharing

fēnshì 分式 N. <math.> fractional

fěnshì* 粉饰 V. ①gloss over; whitewash ②paint and adorn ③ make up

[1]**fènshì** 愤世 V.O. detest the world

[2]**fènshì** 偾事 V.O. <wr.> spoil an affair

fēnshí cúnchǔqì 分时存储器[-時---] N. time-sharing system

fènshìjísú 愤世嫉俗 F.E. ①detest the world and its ways; be cynical ② misanthropic; cynical

fènshìjísúzhě 愤世嫉俗者 N. cynic; misanthrope

fénshīlú 焚尸炉[-屍爐] N. cinerator; crematory

fěnshìménmiàn 粉饰门面 F.E. window dressing

fénshīmièjì 焚尸灭迹[-屍滅跡] F.E. burn the corpse to destroy the evidence

fěnshì shēnghuó 粉饰生活 V.O. <PRC> cosmeticize life

fěnshì tàipíng 粉饰太平 V.O. simulate peace and prosperity

fēnshí xìtǒng 分时系统[-時--] N. time-sharing system

fénshīyánghuī 焚尸扬灰[-屍揚-] F.E. <trad.> burn the corpse and scatter the ashes (i.e., desecrate the dead)

fēnshí yǔyán 分时语言[-時--] N. time-sharing language

fēnshǒu* 分手 V.O. part company; say good-bye; break up

fénshǒu 坟首[墳-] N. large head

fēnshòuchù 分售处[-處] P.W. branch sales outlet

fēnshū 分书[-書] N. ①a Han style of calligraphy ② document on division of family property

fēnshǔ 分署 V. sign separately

fēnshù* 分数[-數] N. <math.> ① fraction ② mark; grade

fénshǔ 鼢鼠 N. <zoo.> zokor

fěnshuā 粉刷 V. ①whitewash ②<topo.> plaster

fēnshùguàshuài 分数挂帅[-數掛帥] F.E. overemphasize grades (in education)

Fén Shuǐ 汾水 N. the name of a river in Shānxī

fēnshuǐlǐng 分水岭[-嶺] N. ① <geog.> watershed; divide ② line of demarcation; watershed

fēnshuǐlǐng liúyù 分水岭流域[--嶺--] N. watershed basin

fēnshuǐxiàn 分水线 N. watershed

fēnshuǐ zhámén 分水闸门 N. bifurcation gate

fēnshuìzhì 分税制 N. system of tax distribution

fénshūkēngrú 焚书坑儒[-書--] F.E. burn books and bury scholars

fēnshuō 分说 V. defend oneself (against a charge); explain matters

fēnshùxiàn 分数线[-數-] N. grade cut-off point (in school/etc. admission); minimum passing score; borderline

fěnsī 粉丝[-絲] N. vermicelli made from bean starch, etc.

fēnsòng 分送 V. send; distribute

fěnsuì 粉碎 V. smash; shatter; crush ♦S.V. broken to pieces

fěnsuìjī 粉碎机 N. pulverizer; grinder

fènsuǒdāngwéi 分所当为[--當-] F.E. One is duty-bound to do such things.

fēnsuǒyǐn 分索引 N. subindex

fènsuǒyīngwéi 分所应为[--應-] F.E. what duty demands

fēntà 纷沓 V.P. in endless succession

fēntái 分台[-臺] N. substation

fēntān 分摊[-攤] V. apportion; share (financial burden, stocks, etc.)

fēntí 分题 N. subtitle

fēntǐ* 分体[-體] N. ①<bio.> fissiparity ②<phy.> fission ♦ATTR. separable; decomposable

fèntián 粪田[糞-] V.O. put manure on the fields

fěntiáo(r) 粉条(儿)[-條-] N. noodles made from bean or sweet-potato starch

fēntíngkànglǐ 分庭抗礼[-禮] F.E. stand up to sb. as an equal; make rival claims as an equal

fèntǒng 粪桶[糞-] N. night-soil/manure bucket

fēntóu(r)* 分头(儿) ADV. separately; severally ♦N. parted hair

féntóu(r) 坟头(儿)[墳-] N. grave mound

fěntóu 粉头 N. ①<trad.> prostitute ②<opera> white make-up for male players, denoting a crafty character

fēntóubànlǐ 分头办理[--辦-] F.E. manage or handle separately for the same goal

fēntú 分途 V.O. take different paths; diverge; separate

fèntǔ* 粪土[糞-] N. ① muck; dung and dirt ② sth. of little value

fěntuán 粉团[-團] N. fried glutinous rice cakes (usu. covered with sesame)

fēntúnyào'ài 分屯要隘 F.E. detail troops at important passes

F

fěntǔzhīyán 粪土之言[糞-] N. valueless talk; bullshit

fènwài 分外 ADV. ① especially; particularly ② beyond one's duty ③ undeservedly

fènwàilìrùn 分外利润 F.E. unearned profit

fènwàizhīwù 分外之物 N. undue gain/luxury/etc.

fènwǎn 愤惋 S.V. resentful and regretful

[1]fēnwéi 分为 V.P. divided by

[2]fēnwéi 氛围[-圍] N. atmosphere; ambience

fēnwéiqì 氛围气[-圍氣] N. atmosphere; ambience

fēnwén 分文 N. a single penny

fēnwénbùqǔ 分文不取 F.E. not take a penny; be free of charge

fēnwénbùzhí 分文不值 F.E. worthless

fēnwǒbēigēng 分我杯羹 F.E. take a share in sth.

fènwū 粪污[糞-] N. dung; excrement

fénwūqūshǔ 焚屋驱鼠[--驅-] ID. foolish acts

fēnxī* 分析 V. ① analyze ② parse ♦N. parsing; analysis

fēnxì 分系 N. subsystem

fěnxiàn 粉线 N. tailor's chalk line

fēnxiāng 芬香 N. sweet smell; fragrance

fēnxiǎng* 分享 V. share (joy/rights/etc.); partake of

fēnxiàng 分项 N. subitem ♦V.O. itemize

fénxiāng 焚香 V.O. burn incense or joss sticks

fénxiāngbàishén 焚香拜神 F.E. burn incense and worship the gods

fénxiāngjiéméng 焚香结盟 F.E. burn incense and pledge an oath

fénxiāngmóbài 焚香膜拜 F.E. worship at temples

fēnxiǎng rónghuá 分享荣华[-榮華] V.O. share sb.'s wealth and splendor

fénxiāngshāolú 焚香烧炉[-燒爐] F.E. burn joss sticks and candles in an incense burner

fēnxiànguī 分线规 N. dividers

fénxiāngzàidào 焚香载道 F.E. line the roads and burn incense in honor of . . .

fēnxiāo 分销 N. ① retail store ② distribution ♦V. retail (goods)

fēnxiǎo 分晓[-曉] N. ① outcome; solution ② reason *méi ~ de huà* wrong-headed remarks ♦V. see/understand clearly

fēnxiào* 分校 P.W. branch campus/school

fēnxiāodiàn 分销店 P.W. retail shop

fēnxi chūlai 分析出来 R.V. analyze out

fēnxié 氛邪 V.P. ① miasmic ② foreboding

fēnxiě* 分写[-寫] V. write separately (as words in pinyin)

fěnxiè 粉屑 N. a bit of powder

fēnxīfǎ 分析法 N. analytical method/style

fēnxi guòchéng jìsuànjī 分析过程计算机 N. <comp.> process computer

fēnxi huàxué 分析化学 N. analytical chemistry

fēnxījiā 分析家 N. analyst

fēnxi jiàgòu 分析架构[-構] N. analytical framework

fēnxi jìyìfǎ 分析记忆法[---憶-] N. analytic style

fēnxīn* 分心 V.O. ① divert/distract attention ② <humb.> May I trouble you (to do sth.); Would you mind (doing sth.) ③ give some attention; give a thought ♦N. distraction

fènxīn 愤心 N. anger

fēnxīshī 分析师[-師] N. analyst

fēnxìtǒng 分系统 N. subsystem

fénxiū 焚修 V. burn incense and discipline oneself according to the strict rules of Buddhism/Daoism

fēnxīxìng jiǎshè 分析性假设 N. analytical hypothesis

fēnxi xíngshì 分析形式 N. <lg.> analytical form

fēnxīxìng yánjiū 分析性研究 N. analytical research

fēnxīxíng yǔyán* 分析型语言 N. <lg.> analytical language

fēnxīxìng yǔyán 分析性语言 N. <lg.> analytical language

fēnxiyǔ 分析语 N. <lg.> analytical language

fēnxi yǔyán 分析语言 N. <lg.> analytical language

fēnxi yǔyánxué 分析语言学 N. <lg.> analytical linguistics

fènxùn 奋迅[奮-] V.P. <wr.> forceful and fast

fényàn 焚砚 V.O. ①destroy one's ink-slab ②write no more because others write so much better

fènyán* 忿言 N. angry words/utterances

fēnyāng 分秧 V.O. transplant rice

fènyǎozi 粪舀子[糞-] N. night-soil scoop

fēnyě* 分野 N. dividing line

[1]fēnyè 分业[-業] N. <econ.> division of labor

[2]fēnyè 分页 V.O. put out in separate pages

fēnyèchéngbāo 分业承包[-業--] F.E. contract different lines of work

fēnyèfēngōng 分业分工[-業--] F.E. division of labor and lines of work

fēnyì 氛翳 N. inauspicious/foreboding atmosphere

fènyì* 奋翼[奮-] N. spread the wings

fēnyībēigēng 分一杯羹 ID. take a share of the spoils/profits

[1]fēnyīn 分音 N. <lg.> ① allophone ② fronted sound ③ variant

[2]fēnyīn 分阴[-陰] N. a very short moment; a second; an instant

fēnyīnbiǎo 分音表 N. <lg.> sound table

fēnyīndāngxī 分阴当惜[-陰當-] F.E. Even a second must not be wasted.

fényíng 坟茔[墳塋] N. grave(yard); cemetery

fēnyīnpǔ 分音谱 N. <lg.> spectrograph

fēnyīnpǔqì 分音谱器 N. <lg.> spectrograph

fēnyīntú 分音图[-圖] N. <lg.> spectrogram

fènyǒng 奋勇[奮-] ADV. muster one's courage and energy

fènyǒngdāngxiān 奋勇当先[奮-當-] F.E. muster one's courage and fight in the vanguard

fènyǒngqiánjìn 奋勇前进[奮--進] F.E. forge valiantly ahead

fēnyōu 分忧[-憂] V.O. share sb.'s cares and burdens

fēnyōudàiláo 分忧代劳[-憂-勞] F.E. share sb.'s sorrow and toil

fēnyōugònghuàn 分忧共患[-憂--] F.E. share sb.'s sorrows and misfortunes

fēnyōujiěchóu 分忧解愁[-憂--] F.E. share and relieve sb.'s worries

fēnyōujiěláo 分忧解劳[-憂-勞] F.E. A trouble shared is a trouble halved.

fēnyù* 芬郁 N. fragrance

fényú 枌榆 N. ① a kind of elm ② one's native place or hometown

fēnyuàn* 分院 P.W. branch institute/college

[1]fènyuàn 忿怨 V. harbor enmity/animus

[2]fènyuàn 愤怨 V. be indignant and resentful

[1]fēnyūn 氛氲 N. vigorous spirit/atmosphere

[2]fēnyūn 纷缊 N. flourishing in a disorderly manner

fēnyún* 纷纭 V.P. diverse and confused

fēnyúnchuǎncuò 纷纭舛错 F.E. confused and disordered

fēnyúnzátà 纷纭杂沓[--雜-] F.E. confused and disorderly

fēnzá 纷杂[-雜] V.P. numerous and disorderly

fēnzāng 分赃[-贓] V.O. divide the spoils

fènzào 忿躁 V.P. irascible

fēnzàochīfàn 分灶吃饭 ID. fiscal system of delineating income and expenditure

fěnzé 粉泽[-澤] N. cosmetics

fēnzhàn 分站 P.W. substation

fènzhàn* 奋战[奮戰] V. ①fight bravely ②strive hard

fènzhànbùxiè 奋战不懈[奮戰-] F.E. fight unremittingly

fènzhàndàodǐ 奋战到底[奮戰-] F.E. fight desperately to the bitter end

fēnzhāng 分张 V.O. <wr.> say good-bye

fēnzhēn 分针 N. minute hand

fēnzhēng* 纷争[-爭] V. dispute; wrangle

[1]fènzhēng 奋争[奮爭] V. ①strive for ②wrangle angrily

[2]fènzhēng 忿争[-爭] V. argue/fight in anger

fēnzhēngbùyǐ 纷争不已[-爭--] F.E. endless dispute

fěnzhēng páigǔ 粉蒸排骨 N. spareribs dredged in seasoned rice flour and steamed (Sichuan)

fěnzhēngròu 粉蒸肉 N. steamed meat with rice flour

[1]fēnzhī* 分支 P.W. subdivision; branch

[2]fēnzhī 分之 CONS. *X ~ Y* Y/X *sān ~ èr* two-thirds

[3]fēnzhī 分枝 N. ① (tree) branch ② ramification; outgrowth

[1]fēnzhí 分职[-職] N. divide up responsibilities

[2]fēnzhí 分值 N. <PRC> money worth of the points earned (in the people's communes)

fénzhī 焚芝 N. good people embroiled or framed

fěnzhǐ 粉纸 N. ① powder paper (women's cosmetic) ② white paper made of bamboo pulp

[1]fènzhì 奋志[奮-] ADV. rise with dedication/determination

[2]fènzhì 忿懥 N. anger; wrath; fury

fènzhìbùxiè 奋志不懈[奮-] F.E. determined and unwearied/untiring

fēnzhī chéngxù 分支程序 N. branching program

fēnzhī jiédiǎn 分枝节点[-節點] N. <lg.> branching-node

fēnzhī jīguān 分支机关[-關] N. branch office

fēnzhìtàlái 纷至沓来 F.E. keep pouring in

fēnzhōng 分钟[-鐘] M. minute (of time)

fénzhōu 焚舟 V.O. cross the Rubicon

fēnzhuāng 分庄[-莊] P.W. branch of a store

fěnzhuāng 粉装[-裝] N. powder box

fěnzhuàng* 粉状[-狀] N. powdery

fěnzhuāngyùzhuó 粉装玉琢[-裝--] F.E. ① silvery white (said of a snow scene) ② lovely and white-skinned (of a lady)

fēnzhuó 纷浊[-濁] V.P. messy and dirty

fēnzǐ* 分子 N. ① <math.> numerator (in fractions) ② <chem.> molecule ***See also*** *fènzǐ*

fènzi 份子 N. share for a joint undertaking, as in buying a gift

fènzǐ 分子 N./SUF. ① member; element; part ② <lg.> constituent ***See also*** *fēnzǐ*

fēnzǐ gōngchéngxué 分子工程学 N. molecular engineering

fēnzǐ huàshí 分子化石 N. elementary fossil

fēnzǐlì 分子力 N. molecular force

fēnzǐliàng 分子量 N. <chem.> molecular weight

fēnzǐlùn 分子论 N. <phy.> molecular theory

fēnzǐ rénlèixué 分子人类学[---類-] N. molecular anthropology

fēnzǐ róngyè 分子溶液 N. <chem.> molecular solution

fēnzǐ shēngwùxué 分子生物学 N. molecular biology

fēnzǐ shēngxué 分子声学[--聲-] N. molecular acoustics

fēnzǐshì 分子式 N. <chem.> (molecular) formula

fěnziwèir 粉子味儿 N. <topo.> surly; sarcastic; sour-mouthed

fēnzū 分租 V. sublet; sublease

fēnzǔ* 分组 V.O. divide into groups

[1]fēnzuò 分作 V. divide into

[2]fēnzuò 分做 V. do sth. separately

[3]fēnzuò 分座 V.O. be seated at different tables

fēnzǔ tǎolùn 分组讨论 N. group discussion

Fó 佛 N. ① Buddha ② Buddhism ③ image of Buddha ***See also*** [33]*fú*

Fóbǎo 佛宝[-寶] N. <Bud.> ① Buddhist treasure ②the triad of the Buddha, the dharma, and the sangha

Fódàn 佛诞 N. Buddha's Birthday (8th day of 4th moon)

Fódànrì 佛诞日 N. Buddha's Birthday (8th day of 4th moon)

Fódào 佛道 N. the way of Buddha leading to Buddhahood ***See also*** *Fó-Dào*

Fó-Dào* 佛道 N. Buddhism and Taoism *See also Fódào*
Fódēng 佛灯[-燈] N. oil lamp in front of a figure of Buddha
Fódiǎn* 佛典 N. Buddhist scriptures
Fódiàn 佛殿 P.W. hall of a Buddhist temple
Fódǐng 佛顶 N. <Budd.> Skt. usnisa; the fleshy protuberance on the crown of the Buddha's head
Fófǎ 佛法 N. ① Buddha dharma; Buddhist doctrine ② power of Buddha
Fó-fǎ-sēng 佛法僧 N. Buddha-dharma-sangha
fófǎwúbiān 佛法无边[-邊] F.E. The greatness of Buddhism is immeasurable.
Fógǔ 佛骨 N. remains/relics of Buddha
Fóguó 佛国[-國] N. ① India ② land purified by Buddhism
Fóguǒ* 佛果 N. attainment of enlightenment as a Buddha
Fóhǎi 佛海 N. (all-encompassing) teachings of Buddha
Fóhào 佛号[-號] N. name of a Buddhist monk
Fóhuì 佛会 N. celebration of Buddhist festivals
Fójiā 佛家 N. ① Buddha's home ② Buddhists
Fójiào 佛教 N. Buddhism
Fójiàotú 佛教徒 N. Buddhist disciple
Fójiāyǔ 佛家语 N. Buddhist language
Fójīng 佛经[-經] N. Buddhist scripture/sutra; Buddhist canonical literature
Fókān 佛龛 N. niche for statue of Buddha
fókǒushéxīn 佛口蛇心 ID. treacherous
fóláng 佛郎 N. <loan> franc
fólángjī 佛郎机 N. <hist./loan> ① the French ② French, Portuguese, and Spaniards (Ming usage)
Fó-Lǎo 佛老 N. ①Buddha and Laozi ②Buddhism and Daoism
[1]**Fólì** 佛力 N. the power of Buddha
[2]**Fólì** 佛历[-曆] N. the Buddhist calendar
Fóluòyīdépài 佛洛依德派 N. <loan> Freudianism
Fómén 佛门 N. Buddhism
fóméndìzǐ 佛门弟子 F.E. Buddhist monks and nuns; Buddhists
fómiànshéxīn 佛面蛇心 ID. with a Buddha's face and a snake's heart
Fórì 佛日 N. ① the sun of Buddha ② the day of Buddha
Fóshā 佛刹[-剎] N. ① the domain of Buddha ② monastery
Fóshèlì 佛舍利 N. relics of Buddha
Fóshēngrì 佛生日 N. Buddha's birthday
Fóshī 佛师[-師] N. <Budd.> advisor
Fóshì* 佛事 N. ① Buddhist ceremony/service ② Buddha's tasks
Fóshǒu 佛手 N. ① <bot.> fingered citron ② <art> Buddha's hand
Fóshǒugān 佛手柑 N. <bot.> fingered citron
Fóshù 佛树[-樹] N. <Budd.> the Bodhi tree (Ficus religiosa)
Fósì 佛寺 P.W. Buddhist temple
Fótǎ 佛塔 N. pagoda; stupa
Fótáng 佛堂 P.W. ① family hall for worshipping Buddha ② Buddhist sanctuary
fótiàoqiáng 佛跳墙[-牆] N. a stew of chicken, duck, pig's feet, and numerous dried seafoods in wine soup stock, prepared in a huge wine jar (Fujian)
fótóuzhuófèn 佛头着粪[-著糞] ID. desecrate
Fótú 佛徒 N. ① Buddhist disciple ② Buddhist
Fótuó 佛陀 N. ①Buddha ②<slang> pickpocket
[1]**fǒu** 否 V. negate; deny ♦ADV. nay; no *See also* [6]*pǐ*
[2]**fǒu** 缶 N. <archeo.> round or rectangular container with cover and ear-shaped handles
fǒudìng 否定 V. negate; deny ♦N. negation *~ zhī ~ wéi kěndìng.* Two noes make a yes. ♦ATTR. negative
[1]**fǒudìngcí** 否定词 N. <lg.> negator; negation word
[2]**fǒudìngcí** 否定辞[-辭] N. <lg.> negative phrase
fǒudìng dàicí 否定代词 N. <lg.> negative pronoun
fǒudìng fànjù 否定范距[--範-] N. <lg.> scope of negation
fǒudìng fànwéi 否定范围[-範圍] N. <lg.> scope of negation
fǒudìng guàncí 否定冠词 N. <lg.> indefinite article
fǒudìngjù 否定句 N. <lg.> negative sentence
fǒudìng míngcí 否定名词 N. <lg.> negative term
fǒudìngshì 否定式 N. <lg.> negative status
fǒudìng wènjù 否定问句 N. <lg.> negative question
fǒudìng yíwènjù 否定疑问句 N. <lg.> negative question
fǒudìng zhíshùjù 否定直述句 N. <lg.> negative statement
fǒufǒu 否否 INTJ. No! No!
fǒujué 否决[-決] V. vote down; veto; overrule
fǒujuéquán 否决权[-決權] N. veto power
fǒurèn 否认[-認] V. deny; repudiate
fǒuzé 否则 CONJ. otherwise; if not; or else
fǒuzhèng 否证[-證] V. falsify
Fóxiàng 佛像 N. figure/image of Buddha
Fóxié 佛协[-協] N. Buddhist association
Fóxīn 佛心 N. the spirit/heart of Buddha
Fóxìng 佛性 N. Buddhata; a nature like that of Buddha
Fóxīnzōng 佛心宗 N. another name for Zen
Fóxué 佛学 N. Buddhism; Buddhology; Buddhist philosophy/studies
Fóyá 佛牙 N. sacred tooth relic of Buddha
fóyǎnxiāngkàn 佛眼相看 F.E. regard with mercy
Fóye 佛爷[-爺] N. ① Buddha ② His Majesty (the emperor) <slang> pilferer; thief
Fóyīn 佛因 N. factors that lead to the state of Buddha
Fóyǔ 佛语 N. Buddha's utterance
Fózhū(r) 佛珠(儿) N. <Budd.> prayer beads
Fózǐ 佛子 N. ① Bodhisattva ② Buddhist monk ③ a great benefactor ④ all beings
Fózōng 佛宗 N. the principle of Buddhist law
Fózǔ 佛祖 N. <court.> Buddha; Buddhist patriarch
[1]**fū** 夫 B.F. ①husband *zhàngfu* ②man ③person engaged in manual labor *nóngfū* ♦SUF. man *See also* [45]*fú*
[2]**fū** 肤[膚] B.F. skin *pífū*
[3]**fū** 孵 V. hatch; brood; incubate
[4]**fū** 敷 V. ① apply (powder/ointment/etc.) ② spread ③ be sufficient for
[5]**fū** 麸[麩] B.F. bran [1]*fūpí*
[6]**fū** 稃 N. bran
[7]**fū** 跗/趺 N. instep *See also* [8]*fū*
[8]**fū** 趺 V. <wr.> sit cross-legged ♦N. <wr.> pedestal *See also* [7]*fū*
[9]**fū** 伕 B.F. laborer, esp. impressed laborer [2]*fūzi*
[10]**fū** 馥 B.F. fragrant *xiāngfūfū See also* [18]*fù*
[11]**fū** 𫓧[鈇] in *fūfǔ, fūyuè*
[12]**fū** 玞/砆 in [2]*wǔfū*
[13]**fū** 呋 in *fūnán*
[1]**fú** 浮 V. ① float ② exceed; be superfluous ③ <topo.> swim ♦S.V. ① flighty; unstable ② temporary; provisional ③ hollow; inflated ④ excessive; surplus
[2]**fú** 扶 V. ① support with the hand ② help sb. up; straighten sth. up ③ help; relieve
[3]**fú** 服 V. ① take (medicine) ② serve ③ obey; submit (oneself) to ④ convince *Zhèixiàr wǒ kě ~ le.* Now I should say I'm fully convinced. ⑤be used to ♦B.F. ①clothes; dress *yīfu* ②(wear) mourning dress [2]*fúsāng See also* [15]*fù*
[4]**fú** 伏 V. ① bend over; lie prostrate ② subside; go down ③ hide; conceal ④ subdue; tame ⑤ admit (defeat/guilt) ♦N. ① hot summer days; dog days ② Surname ♦M. volt
[5]**fú** 凫[鳧] N. wild duck ♦V. swim
[6]**fú** 氟/砩 N. fluorine
[7]**fú** 福 N. good fortune; blessing; happiness
[8]**fú** 拂 V. ① stroke; touch lightly ② whisk; flick ③ go against (sb.'s wishes); defy *See also* [17]*bì*
[9]**fú** 俘 B.F. ① capture; take prisoner ② prisoner of war; captive *fúlǔ*
[10]**fú** 幅 B.F. ① width of cloth ② size *fúdù* ♦M. *for cloth/paintings/etc.*
[11]**fú** 符 N. ①tally ②symbol; sign ③magic figures ④ Surname ♦V. tally/accord with
[12]**fú** 辐[輻] B.F. ① spoke (of wheel) *fútiáo* ② radiate *fúshè*
[13]**fú** 弗 <wr.> ADV. not
[14]**fú** 蝠 B.F. bat [1]*biānfú*, [1]*húfú*, *xuèfú*
[15]**fú** 孚 <wr.> V. inspire confidence
[16]**fú** 苻 N. ①a kind of red grass ②reed membrane
[17]**fú** 桴 N. ① small boat ② <archi.> secondary beam
[18]**fú** 莩 N. reed membrane *See also* [4]*piǎo*
[19]**fú** 黼 N. <wr.> half white and half black patterns embroidered on the clothes
[20]**fú** 袱 B.F. cloth for holding/wrapping things [3]*fúzi, bāofu*
[21]**fú** 怫 B.F. sorrowful; angry *fú'érbùshì, fúránbùyuè See also* [7]*fèi*
[22]**fú** 芾 B.F. flourishing; growing abundantly [6]*fúfú See also* [10]*fèi*
[23]**fú** 枹 B.F. drumstick *fúgǔ*
[24]**fú** 洑 B.F. water flowing underground [2]*fúshuǐ, huífú*
[25]**fú** 祓 B.F. ritual for seeking good fortune and avoiding disaster *fúxì, fúzhuó*
[26]**fú** 绂[紱] B.F. <trad.> silk ribbon attached to a seal [2]*fúmiǎn, zānfú*
[27]**fú** 绋[紼] B.F. a heavy rope, esp. one used to tow a coffin [1]*zhífú, zhífú sòngbìn*
[28]**fú** 艴 B.F. angry *fúrán*
[29]**fú** 茀 B.F. ①overgrown with weeds ②carriage-screen *dífú* ③ good fortune; happiness; vigor [5]*fúfú*
[30]**fú** 郛 B.F. outer city wall *fúguō*
[31]**fú** 鵩 B.F. <trad.> owl-like bird *fúniǎo*
[32]**fú** 黻 B.F. embroidered [2]*fúyī, fúfú-wénzhāng*
[33]**fú** 佛 in [4]*fúlì, fǎngfú See also Fó*
[34]**fú** 彿 in *fǎngfú*
[35]**fú** 芙 in [1]*fúróng*
[36]**fú** 芣 in *fúyǐ*, [2]*pífú*
[37]**fú** 菔 in *láifú, láifúzǐ*
[38]**fú** 幞 in *fútou*
[39]**fú** 匐 in [4]*fúfú, púfújīng*
[40]**fú** 罘 in [2]*fúsī*
[41]**fú** 蜉 in [2]*fúyóu*, [1]*pífú*
[42]**fú** 茯 in [2]*fúlíng*
[43]**fú** 蚨 in *fúdié*, [5]*qīngfú*
[44]**fú** 𫚒[鮄] in *fángfú*
[45]**fú** 夫 in *fújìshì See also* [1]*fū*
Fú 涪 N. a river in Sichuan Province
[1]**fǔ** 俯 B.F. bow (one's head) [1]*fǔshǒu*
[2]**fǔ** 府 B.F. ① seat of government; government office *zhèngfǔ* ② official residence; mansion *wángfǔ* ③ <court.> your home *fǔshang* ♦N. <hist.> prefecture
[3]**fǔ** 抚[撫] V. ① comfort; console ② nurture; foster ③ stroke
[4]**fǔ** 腐 B.F. ① rotten; putrid *fǔlàn* ② stale *chénfǔ* ③ corroded [1]*fǔshí* ④ corrupt [1]*fǔbài* ♦AB. *dòufu*
[5]**fǔ** 斧 B.F. axe; hatchet [1]*fǔtóu*
[6]**fǔ** 辅[輔] B.F. ① assist *fǔzhù* ② complement; supplement *xiāngfǔxiāngchéng* ♦N. <wr.> side-pole guards of cart wheels
[7]**fǔ** 釜 N. cauldron
[8]**fǔ** 甫 <wr.> ADV. just; only
[9]**fǔ** 脯 B.F. ① dried meat *ròufǔ* ② candied fruit *guǒfǔ See also* [4]*pú*
[10]**fǔ** 拊 <wr.> V. clap; pat
[11]**fǔ** 簠 N. <archeo.> oblong rectangular dish with fat, sloping sides and fitted cover
[12]**fǔ** 腑 B.F. major internal organs *fǔ-zàng, fèifǔ*
[13]**fǔ** 父 B.F. old man *cāngfǔ See also* [8]*fù*
Fǔ 滏 P.W. a river in Hebei Province

F

[1]fù* 副 PREF. ①deputy; assistant; vice- ②auxiliary; subsidiary ♦M. *for sets of things or facial expressions* ♦B.F. tally with; conform to; fit ***míngfùqíshí***

[2]fù 负[負] V. ① <*wr.*> carry on the back/shoulders; bear ②shoulder/bear (responsibility) ③ rely on ④ suffer ⑤ enjoy ⑥ owe (money) ⑦ betray; abandon; go against ⑧ lose; be defeated ♦B.F. minus; negative (number) ***[2]fùshù***

[3]fù 付 V. ① hand/turn over to; commit to ② pay ♦PREF. deputy; vice-

[4]fù 富 S.V. wealthy; abundant ***Tāmen bǎ ~ rìzi dāng qióng rìzi guò.*** They are thrifty even in days of affluence. ♦V. become wealthy ♦N. Surname

[5]fù 复[復] B.F. turn round/over ♦V. ① <*wr.*> answer ***Wáng xiānsheng de xìn [2]yǐ ~.*** I have answered Mr. Wang's letter. ②recover; restore ③ avenge ♦ADV. again ***See also [6]fù***

[6]fù 复[複] B.F. ① compound; complex ***[2]fùxìng*** ② <*lg.*> plural; poly- ③ duplicate ***[2]fùběn See also [5]fù***

[7]fù 附 V. ① add; attach; enclose ② get close to; be near ③ agree to

[8]fù 父 B.F. ① father ***fùqin*** ② male relative of father's generation ***bófù See also [13]fǔ***

[9]fù 赴 <*wr.*> V. go to; attend

[10]fù 腹 B.F. belly; abdomen; stomach ***[1]fùbù***

[11]fù 缚[縛] V. tie up; bind fast ***See also [22]fú***

[12]fù 覆 V. <*wr.*> ① cover ② overturn; upset

[13]fù 赋[賦] N. rhymed prose; prose-poem; rhapsody; descriptive prose interspersed with verse ♦V. ①bestow on; endow with ②compose poetry ③ tax

[14]fù 妇[婦] B.F. ① woman ***[1]fùnǚ*** ② married woman; wife ***fūfù***

[15]fù 服 M. <*Ch. med.*> *for doses* ***See also [3]fú***

[16]fù 讣[訃] N. obituary

[17]fù 傅 B.F. ①teach; instruct ②teacher; instructor ***[1]shīfu*** ③ lay on; apply ***fùfěn*** ♦N. Surname

[18]fù 馥 B.F. <*wr.*> fragrance ***[2]fùyù See also [10]fú***

[19]fù 阜 <*wr.*> N. mound; hill ♦B.F. abundance ***wùfùmínfēng***

[20]fù 鲋[鮒] N. silver carp; perch

[21]fù 鳆[鰒] N. abalone

[22]fù 缚[縛] B.F. tie up; bind ***shòufù See also [11]fù***

[23]fù 衬 B.F. an ancient commemorative ritual ***dāfu, qiānfù***

[24]fù 赙[賻] B.F. funeral presents ***fùyí, zèngfù***

[25]fù 驸[駙] B.F. "outrider" horse; horse not between the shafts of a carriage ***fùmǎ, éfù***

[26]fù 蝮 in ***fùshé***

[27]fù 咐 in ***[1]fēnfù, zhǔfu***

[28]fù 蝜 in ***fùbǎn***

fú'ài 抚爱[-愛] V. caress; fondle

[1]fú'ān 福安 F.E. Happiness and peace! (letter closure)

[2]fú'ān 伏安 M. <*elec.*> volt-ampere

fú'àn 伏案 V.O. bend over one's desk

[1]fù'àn* 腹案 N. mental plan

[2]fù'àn 副案 N. subsidiary case

[3]fù'àn 覆按 V. reexamine; reinvestigate

fú'ānshàngmǎ 扶鞍上马 F.E. mount a horse

fúbái 浮白 ID. drink as a forfeit

[1]fǔbài* 腐败 S.V. ① rotten; putrid; decayed ② corrupt

[2]fǔbài 俯拜 V. do obeisance to

fùbài 覆败 V. be overwhelmed/toppled (of an empire/etc.)

fǔbàiduòluò 腐败堕落[--墮-] F.E. become corrupt and degenerate

fùbài'értáo 负败而逃 F.E. be defeated and run away

fǔbàitòudǐng 腐败透顶 F.E. be rotten to the core

fǔbàiwúnéng 腐败无能 F.E. be corrupt and incompetent

fúbǎn 符板 N. tally

fùbǎn* 蝜蝂 N. <*zoo.*> small insect which can move things many times its weight

fùbānzhǎng 副班长 N. ①assistant class monitor ② deputy (work) team leader ③ <*mil.*> deputy squad leader

fúbào 浮报[-報] V. report inflated figures

fùbēi 覆杯 V.O. ① decline to drink ② drink to one's heart's content

[1]fùbèi* 父辈 N. people of one's father's generation

[2]fùbèi 腹背 N. ① front and back ② close

[3]fùbèi 覆被 N. ①cover ②vegetation; plantation

fǔbèi'èhóu 拊背扼喉 F.E. occupy a strategic/advantageous position

fùbèishòudí 腹背受敌[-敵] F.E. be attacked front and rear

fùbèixiāngqīn 腹背相亲[-親] F.E. very intimate

fùbèizhīmáo 腹背之毛 N. sth. insignificant; a trifle

fúběn 扶本 V.O. nurture the will to aggrandizement

[1]fùběn* 副本 N. duplicate; transcript; copy

[2]fùběn 复本[複-] N. duplicate

[3]fùběn 父本 N. <*bot.*> male parent plant

fùběnwèizhì 复本位制[複-] N. <*econ.*> bimetallism

fúbǐ* 伏笔[-筆] N. foreshadowing

[1]fúbì 扶壁 N. <*archi.*> buttress

[2]fúbì 福庇 N. <*court.*> your fortunate protection

[1]fǔbì 辅币[-幣] N. fractional currency; coins

[2]fǔbì 辅弼 V. <*wr.*> assist a ruler in governing a country ♦N. prime minister

[3]fǔbì 拊髀 V.O. slap one's own buttocks in excitement/despair

[1]fùbǐ 附笔[-筆] N. additional note; postscript ♦V.O. attach ♦ATTR. subsidiary; supplementary; incidental

[2]fùbǐ 复比[複-] N. compound ratio

[1]fùbì 复辟[復-] V. restore a dethroned monarch or old order

[2]fùbì 复壁[複-] N. double partition walls with secret hiding space in between

[3]fùbì 覆蔽 V. hide; conceal; cover up

[1]fúbiàn 伏辩 N. confession of sb. who admits guilt and accepts punishment

[2]fúbiàn 服辩 N. <*law*> written confession

fúbiāo 浮标[-標] N. buoy

fǔbiāo 抚标[-標] N. forces commanded by the governor of a province

fùbiǎo* 附表 N. attached list/chart

fùbiāotí 副标题[-標-] N. subheading; subtitle

fùbiāozhǔn 副标准[-標準] ATTR. substandard

fùbì huódòng 复辟活动[復-動] N. restorationist activities

fùbǐlì 复比例[複-] N. <*math.*> compound proportion

[1]fúbīng* 伏兵 N. troops in ambush

[2]fúbīng 浮冰 N. ice floe

[3]fúbīng 服兵 V.O. do military service

fúbìng 扶病 ADV. in spite of being ill

fǔbīng 府兵 N. <*hist.*> both farmer and soldier

fǔbǐng 斧柄 N. ① handle of a hatchet ② reins of government

[1]fùbǐng 赋禀[-稟] N. natural endowments/gifts

[2]fùbǐng 付丙 ID. <*wr.*> ①burn down ②consign to flames ③ laugh it off

fùbǐngdīng 付丙丁 ID. <*wr.*> ① burn down ② consign to flames ③ laugh it off

fúbīngkuài 浮冰块[-塊] N. floe

fú bīngyì 服兵役 V.O. perform military service

fǔbīngzhì 府兵制 N. <*hist.*> military system in effect A.D.535–749

fùbì shìjiàn 复辟事件[復-] N. restoration

fùbǐtáozhū 富比陶朱 F.E. as rich as Croesus; very rich

fǔbìxīngtàn 抚/拊髀兴叹[-興嘆] F.E. lament one's own inability to resume work (disappointment of retiree still burning with ambition)

[1]fúbó* 福薄 V.P. luckless; unlucky; unfortunate

[2]fúbó 浮薄 V.P. superficial (of knowledge); frivolous

fùbō 复波[複-] N. <*phy.*> complex wave

fūbù 敷布 N. publish; make known

[1]fùbù* 腹部 N. belly; abdomen

[2]fùbù 覆瓿 ID. <*humb.*> worthless (of one's own writing)

fùbù hūxī 腹部呼吸 N. deep/abdominal breathing

fùbuqǐ 付不起 R.V. be unable to afford to pay the bill

fúbuqǐ de Ādǒu 扶不起的阿斗 ID. milksop; weakling

fúbùshuāngzhì 福不双至[--雙-] F.E. Good luck only comes once.

fúbùtúlái 福不徒来 F.E. Happiness is not easy.

fùbù yùndòng 腹部运动[-運動] N. physical exercises for the abdominal region

fùbùzhǎng 副部长 N. vice-minister

fúcái* 浮财 N. movable property

fúcǎi 符采 N. markings on jade

fùcái 阜财 V.O. enrich

fùcǎi 傅彩 V.O. lay on colors

fùcáibùyù 负才不遇 F.E. meet with no chance to exercise one's talents

fúcáng 伏藏 V. lie in ambush; hide

fùcángjiānmóu 腹藏奸谋 F.E. harbor a sinister design

Fūchā 夫差 (d. 47 B.C.) N. king of Wu during the Spring and Autumn Period

fǔchá 俯察 V. <*court.*> deign to examine

fùchá* 复查[復/複-] V. check; reexamine

[1]fùchǎn 副产[-產] V. produce as a by-product

[2]fùchǎn 富产[-產] N. yield richly/plentifully

fūchàngfùsuí 夫唱妇随[-婦隨] F.E. marital harmony

fùchǎngzhǎng 副厂长[-廠-] N. factory deputy director

fǔchángzhīyào 腐肠之药[-腸-藥] N. rich foods

fùchǎnkē 妇产科[婦產-] N. (department of) gynecology and obstetrics

fùchǎnpǐn 副产品[-產-] N. by-product

fùchǎnpǐn xiāoshòu 副产品销售[-產---] N. by-product sales

fùchǎnwù 副产物[-產-] N. by-product

fùchǎn yīyuàn 妇产医院[婦產醫-] P.W. hospital for gynecology and obstetrics

fù cháo wú wánluǎn 覆巢无完卵 ID. In a total disaster, nobody survives.

fù cháo zhīxià wú wánluǎn 覆巢之下无完卵 ID. In a total disaster, nobody survives.

fùchē 覆车 ID. sth. ruined

fūchén 敷陈 V. <*wr.*> state/explain in detail; elaborate

[1]fú-chén* 浮沉 V. ① now sink, now emerge; drift along ② follow the trend ♦V.P. uncertain

[2]fúchén 拂尘[-塵] N. horsetail whisk; duster ♦V.O. <*wr.*> shake off the dust of travel

[3]fúchén 浮尘[-塵] N. floating/surface dust

[4]fúchén 拂晨 N. daybreak; dawn

[1]fúchèn 扶榇[-櫬] ***See [1]fúlíng***

[2]fúchèn 符谶 N. Daoist omens and prophecies

fūchéng 孵成 R.V. hatch; brood

[1]fúchéng 弗成 V.P. not satisfactory; not good

[2]fúchéng 伏丞 V. help; support

[1]fǔchéng 府城 N. prefectural city

[2]fǔchéng 府丞 N. <*trad.*> official title

fùchēng* 父称[-稱] N. address for father

fùchèng 复秤[復-] V.O. check weight by measuring again on a standard scale

fùchéngshì 副程式 N. <*comp.*> secondary program

fūchénqíshì 敷陈其事 F.E. set forth the facts

fūchénshíshì 敷陈时事[--時-] F.E. set forth current events

fúchénzǐ 浮尘子[-塵-] N. <*zoo.*> leafhopper

fǔchēxiāngyī 辅车相依 F.E. ① be as close as the jowls and the jaws ②depend on each other

fùchēzhījiè 覆车之戒 N. lesson drawn from another's mistake

fúchí* 扶持 V. ① help sustain; give aid to; support ***Hónghuā yàoyǒu lǜyè ~.*** Red flowers need green leaves to set them off. ② support with the hands

fúchǐ 弗齿[-齒] V.P. not held in esteem

fùchì 复炽[復熾] V.P. flare up again; become rampant again

fùchìdàodài 副赤道带[-帶] N. <met.> subequatorial belt

fù chípiàorén 付持票人 V.O. pay to bearer

fǔchōng 俯冲[-衝] V. dive/swoop down

fǔchōng hōngzhà 俯冲轰炸[-衝轟-] N. divebombing

fǔchóu 府绸 N. silk poplin

fǔchòu 腐臭 ATTR. putrid ♦V. decay

fùchóu* 复仇/雠[復-] V.O. revenge; avenge

fùchóu xīnlǐ 复仇心理[復-] N. vindictiveness; desire for revenge

fùchóuzhě 复仇者[復-] N. avenger

fùchóuzhǔyì 复仇主义[復-義] N. revanchism

fūchū 孵出 R.V. hatch; brood

fúchū 浮出 R.V. emerge

fúchú 拂除 V. wipe/brush off (dust/etc.)

[1]**fùchū*** 付出 R.V. pay; expend

[2]**fùchū** 复出[復-] V. ① come out again ② come out of retirement again

fùchú 复除[復-] V. exempt from taxes and corvée

fúchuán 浮船 N. pontoon

fúchuánwù 浮船坞[-塢] N. floating (dry) dock

fùchūkǒu 复出口[復-] V./N. reexport

fū chūlai 孵出来 R.V. brood; hatch

fùchùzhǎng 副处长[-處-] N. deputy chief of a section

[1]**fúcí** 浮辞/词[-辭] N. ① puerile verbiage ② unfounded remarks

[2]**fúcí** 凫茨[鳧-] N. water chestnut

[1]**fùcí*** 副词 N. adverb

[2]**fùcí** 复词[複-] N. <lg.> compound word

fùcì 复次[復-] ADV. repeat over and over in detail

fùcíbù 副词部 N. <lg.> adverbial

fùcí duǎnyǔ 副词短语 N. <lg.> adverb phrase

fùcíhuà 副词化 N. <lg.> adverbialization

fùcí piànyǔ 副词片语 N. <lg.> adverbial phrase

fùcíyǔ 副词语 N. <lg.> adverbial

fùcí yǔcí 副词语词 N. <lg.> adverbial phrase

fùcí zǐjù 副词子句 N. <lg.> adverbial clause

fùcízǐxiào 父慈子孝 F.E. loving father and filial son

fùcízǔ 副词组 N. <lg.> adverbial

fúcóng* 服从[-從] V. obey; submit (oneself) to; be subordinated to

fǔcóng 俯从[-從] V. follow somebody's advice/request

fùcōng 复聪[復聰] V.O./N. recover lost hearing; regain the sense of hearing

fùcóng 附从[-從] V. chime in with

fùcóng de liáncí 附从的连词[-從---] N. <lg.> subordinate conjunction

fùcóng jùzi 附从句子[-從--] N. <lg.> subordinate clause

fúcóng wéi fùzé zhī běn 服从为负责之本[-從-----] F.E. the basic responsibility is to obey (your boss/leader)

fúcòu 辐辏/凑[-湊] V. <wr.> converge

fúcuàn 伏窜[-竄] V. flee and hide

fúcún 浮存 N. ① sundry deposit with domestic bank ② floating account

fǔcún* 抚存 V. comfort and relieve

fúcuò 浮厝 V.O. place a coffin in a temporary shelter

Fǔdà 辅大 AB./P.W. *Fǔrén Dàxué*

[1]**fúdài** 浮袋 N. water wings

[2]**fúdài** 符袋 N. small bags for amulets

[1]**fùdài*** 附带[-帶] ADV. in passing ♦ATTR. subsidiary; secondary; supplementary ♦V. attach

[2]**fùdài** 负戴 V. <wr.> carry on the head

fùdài chéngfèn 附带成分[-帶--] N. <lg.> incidental component

fùdàifàn 附带犯[-帶-] N. <law> offender found guilty of a second crime in the course of an inquiry

fù-dài-huì 妇代会[婦-] AB. *fùnǚ dàibiǎo dàhuì*

fùdài mínshì sùsòng 附带民事诉讼[-帶----] N. supplementary civil action

fùdài qīpiào 附带期票[-帶--] N. <acct.> collateral note

fùdài tiáojiàn 附带条件[-帶條-] N. conditions attached to a pledge/promise/etc.

fùdài wènjù 附带问句[-帶--] N. <lg.> tag question

fùdǎjiàn 复打键[復-] N. <comp.> repeat key

fūdàn 孵蛋 V.O. lay eggs

fùdān* 负担[-擔] V. ①bear; shoulder ②support (a family/etc.) ♦N. burden; load; encumbrance

fùdàn 复旦[復-] N. dawning of light after darkness

fǔdànchòuwèi 腐蛋臭味 F.E. fetid odor/smell

Fùdàn Dàxué 复旦大学[復-] P.W. Fudan University

fùdān de qǐ 负担得起[-擔--] R.V. be able to afford

[1]**fúdàng*** 浮荡[-蕩] V. float in the air

[2]**fúdàng** 拂荡[-蕩] V. sway gently; swing slightly

fùdǎng 父党[-黨] N. father's kinsfolk; relatives on one's father's side

fǔdǎo* 辅导[-導] V. coach; tutor ♦N. ①guidance ② tutorial

fùdao 妇道[婦-] N. ① woman ② woman's proper conduct; female virtues ③ <coll.> women; womenfolk ④ wives

fùdào 覆帱[-幬] V.O. <wr.> cover with a curtain (lit./fig.)

fǔdǎobān 辅导班[-導-] N. tutorial class

fǔdǎochù 辅导处[-導處] P.W. tutorial office

fùdǎogùzhé 复蹈故辙[復-] F.E. follow in the old track/rut

fǔdǎohuì 辅导会[-導-] N. meeting on students' counseling

fǔdǎokè 辅导课[-導-] N. tutoring class/session

fùdao rénjia 妇道人家[婦-] N. women

fǔdǎo wěiyuánhuì 辅导委员会[-導---] N. advisory council

fúdàoxiāngyíng 伏道相迎 F.E. kneel in the road to welcome

fǔdǎoyuán* 辅导员[-導-] N. ① adviser; instructor ② counsellor ③ political and ideological assistant

fǔdǎoyuàn 辅导院[-導-] P.W. tutorial school

fǔdǎozǔ 辅导组[-導-] N. a group of instructors/assistants

[1]**fùdé** 妇德[婦-] N. feminine virtue

[2]**fùdé** 负德 N. against virtuous practice/morality

fùdeqǐ 负得起 R.V. be able to afford

[1]**fúdì** 福地 N. ① Daoist paradise ② place of happiness

[2]**fúdì** 伏地 V.O. prostrate

fǔdǐ 府邸 N. mansion

fǔdì 府第 N. mansion

[1]**fùdí** 赴敌[-敵] V.O. <wr.> go to fight the enemy

[2]**fùdí** 附敌[-敵] V.O. surrender to the enemy

[1]**fùdì*** 腹地 N. hinterland

[2]**fùdì** 妇弟[婦-] N. wife's younger brother

fúdiǎn 浮点[-點] N. floating point/decimal (in statistics)

fùdiǎn 附点[-點] N. <mus.> dot

[1]**fùdiàn*** 复电[復電] V.O. reply by telegram

[2]**fùdiàn** 负电[-電] N. negative electricity

[3]**fùdiàn** 讣电[-電] N. telegraphed obituary notice

fùdiǎn yīnfú 附点音符[-點--] N. <mus.> dotted note

fúdiāo* 浮雕 N. relief sculpture

fúdiào 浮吊 N. <mach.> floating crane

fúdiàojī 浮吊机 N. <mach.> floating crane

fúdiāo shǒufǎ 浮雕手法 N. carving in relief (on porcelain/etc.)

fùdiàoxìng 复调性[複-] N. <lg.> polytonality

fúdiāo yàyìn 浮雕压印[--壓-] N. embossing

fùdiào yīnyuè 复调音乐[複-樂] N. <mus.> polyphony

fùdìcài 附地菜 N. <bot.> wolfsbane

fǔdǐchōuxīn 釜底抽薪 ID. ① Take drastic measures to deal with situation ② pull the carpet from under sb.

fúdìdòngtiān 福地洞天 F.E. scenically beautiful place

fúdié 蚨蝶 N. butterfly

fúdìtiǎntiān 伏地舔天 F.E. fail of a goal by a wrong approach

fúdìtǐngshēn 伏地挺身 F.E. push-up

fǔdǐyóuhún 釜底游魂 F.E. in Hades

fǔdǐyóuyú 釜底游鱼 ID. sb. doomed; sb. whose fate is sealed

fúdīzuòxiǎo 伏低做小 F.E. be content to remain in a lowly condition/position

[1]**fúdòng** 浮动[-動] V. ① float; drift ② be unsteady; fluctuate ③ be restless; be in a dither

[2]**fúdòng** 拂动[-動] V. swirl about; brush against; stroke; caress

fùdòngcí 副动词[-動-] N. <lg.> coverb

fúdòng de yīn 浮动的音[-動--] N. wavering sound

fúdòng gōngzī 浮动工资[-動--] N. floating/fluctuating wage

fúdòng huìlǜ 浮动汇率[-動匯-] N. floating exchange rate

fúdòng rénkǒu 浮动人口[-動--] N. floating population

fúdú 服毒 V.O. take poison

fúdù* 幅度 N. ① range; scope; extent ***dà ~ zēngzhǎng*** increase by a big margin ② <lg.> dimension; division

fùduì 富队[-隊] N. well-off collectives

fùduòhuǒkēng 复堕火坑[復墮-] F.E. out of the frying pan into the fire

fùdúshēng 复读生[復讀-] N. students reattending classes after failing the college entrance examination

fùdūshì zhōngxīn 副都市中心 N. accessory center of a metropolis

fú'é 浮额 N. amount in excess

fǔ'è* 腐恶[-惡] S.V. corrupt and evil

fù'é 赋额 N. tax rate

fù'ēn 负恩 V.O. ungrateful for favor received

[1]**fú'ěr** 拂耳 V.P. words/etc. that grate on the ear

[2]**fú'ěr** 服饵 V.O. take Daoist pills

fù'ěr* 附耳 V.O. ① move close to sb.'s ear ② whisper in sb.'s ear

fù'érbùjiāo 富而不骄[-驕] F.E. be wealthy but not arrogant

fú'érbùshí* 浮而不实[-實] F.E. superficial and insubstantial

fú'érbùshì 怫而不释[-釋] F.E. unable to get rid of one's anxiety

fù'ěrdīyǔ 附耳低语 F.E. whisper in sb.'s ear

fù'érhàolǐ 富而好礼[-禮] F.E. wealthy and courteous

fú'ěrmǎlín 福尔马林 N. <loan> formalin

fù'érwújiāo 富而无骄[-驕] F.E. rich but not smug

fù'ěryīyán 附耳一言 F.E. say sth. in sb.'s ear

[1]**fúfǎ** 伏法 V.O. be executed

[2]**fúfǎ** 服法 N. <med.> dosage instructions ♦V.O. submit to the law

fùfā* 复发[復發] V. relapse; recur

fūfàn 肤泛[膚-] S.V. superficial; shallow

fúfàn* 浮泛 V. <wr.> ① float about ② reveal; display ♦S.V. superficial; vague; impractical

fùfǎn 复返[復-] V. return

fùfàn 负贩 N. itinerant merchant

[1]**fùfāng** 复方[複-] N. <med.> compounded medication

[2]**fùfāng** 付方 N. ① creditor ② credit

fūfànzhīlùn 肤泛之论[膚-] N. superficial view

fúfèi 浮费 V. waste; lavish

fùfēi 腹非 N. silent curses/disagreement

[1]**fùfěi*** 腹诽 N. <wr.> unspoken criticism

[2]**fùfěi** 附匪 V.O. associate with bandits

fùfèi diànshì 付费电视[--電-] N. pay-as-you-see television

fùfèi jiāojiè xiànlù 付费交界线路 N. <elec.> fee-junction circuit

fūfěn 敷粉 V.O. powder

fúfen* 福分 N. <topo.> happy lot; good fortune

fúfèn 福份 N. good fortune

F

fùfěn 傅粉 V.O. put powder on; powder (face/etc.)
fùfèn 赋分 N. natural endowments
fùfèngpānlóng 附凤攀龙[-鳳--] ID. put oneself under the patronage of a bigwig
fùfěnshīzhū 傅粉施朱 F.E. apply makeup
fùfēnshù 复分数[複-數] N. <math.> compound fraction
fùfěntúzhū 傅粉涂朱[--塗-] F.E. apply makeup
fǔfǔ 铁斧 N. ax
fūfù* 夫妇[-婦] N. husband and wife
[1]fúfú 拂拂 R.F. ① flapping ② blow gently (of the wind) ♦N. soft blowing of breezes

[2]fúfú 弗弗 R.F. bluster
[3]fúfú 扶伏 V. help; assist
[4]fúfú 匐伏 V. crawl; creep
[5]fúfú 茀茀 R.F. ① luxuriant; exuberant (of plants) ② vigorous
[6]fúfú 芾芾 R.F. luxuriant (of plants)
[7]fúfú 黼黻 N. axes embroidered on an official's robe as a symbol of distinction **See also** *fǔfú-wénzhāng*
fǔfú 俯伏 V. lie prostrate/prone
[1]fùfù 馥馥 R.F. <wr.> strongly fragrant; sweet-smelling
[2]fùfù 负负 R.F. ashamed; embarrassed
fúfutiētiē 服服帖帖//贴贴 R.F. be led by the nose
fǔfú-wénzhāng 黼黻文章 N. <wr.> polished composition: decorative/high-flown prose
fùfǔyīn 复辅音[複-] N. <lg.> consonant cluster
fùfùyǒuyú 富富有余 F.E. have enough and to spare
fùfǔyǔ 复辅语[複-] N. <lg.> consonant cluster/sequence
fùfùzǐzǐ 父父子子 F.E. Fathers do their duties as fathers, and sons do their duties as sons.
fùgài 覆盖[-蓋] V. ① cover ② spread/extend to; involve; affect ♦N. plant cover; vegetation
fùgàilǜ 覆盖率[-蓋-] N. rate/ratio of coverage (of forest/etc.)
fùgàimiàn(r) 覆盖面(儿)[-蓋--] N. coverage
Fúgāng 福冈[-岡] P.W. Fukuoka (Jp.)
fùgāo 副高 N. deputy senior ranks
fùgǎo* 腹稿 N. draft worked out in one's mind; mental notes
fùgào 讣告 N. ① announcement of sb.'s death ② obituary (notice)
fūgàotiānxià 敷告天下 F.E. make known to the world
fùgē 副歌 N. <mus.> refrain
fùgěi 付给 V. pay; deliver
fùgēn 复根[複-] N. <bot.> compound root
fúgěng 浮梗 N. duckweed stalks
fùgēng* 复耕[復-] N. second plowing
fūgōng 肤公[膚-] N. great achievements
fúgōng 福躬 N. <court.> your happy/fortunate person
[1]fùgōng* 复工[復-] V.O. return to work (after strike/layoff)
[2]fùgōng 妇功[婦-] N. women's tasks/occupations
fùgòng 赋贡 V.O. pay tribute/levy
fùgōngshī 副工师[-師] N. associate engineer
fùgōngyùndòng 复工运动[復-運動] F.E. back-to-work movement
fǔgōngzìwèn 抚躬自问 F.E. examine oneself
fūgǔ 跗骨 N. <phys.> tarsus; tarsal bones
fúgū 伏辜 V.O. be executed
fúgǔ 枹鼓 N. <trad.> drum beaten to boost battlefield morale or warn of bandit invasion
fǔgū 抚孤 V.O. bring up orphans
[1]fùgǔ* 复古[復-] V.O. return to the past
[2]fùgǔ 富骨 N. bone structure that presages wealth
[3]fùgǔ 富贾 N. rich businessman/merchant; merchant prince
fùgù 负固 V.O. hold a strategic position
fúguāchénlǐ 浮瓜沉李 ID. pursue summer joys
fùguān* 副官 N. adjutant; aide-de-camp
fùguǎn 付管 V. entrust the care of someone to another
fùguān chùzhǎng 副官处长[--處-] N. adjutant section chief
fúguānglüèyǐng 浮光掠影 F.E. ① cursory; hasty and casual ② superficial opinions/descriptions/etc.
fùguāngpǔ 复光谱[複-] N. <phy.> complex spectrum
fǔguāntòngkū 抚棺痛哭 F.E. mourn loudly over a coffin
fùguānzhǎng 副官长 N. adjutant general
fùgūbóxī 妇姑勃谿[婦-] F.E. <wr.> ① quarrel between a mother-in-law and a daughter-in-law ② quarrel over trifles
fùgǔdàotuì 复古倒退[復-] F.E. return to the old and retrogress
fùgǔgōu 腹股沟[-溝] N. <phys.> groin
fùgǔ héhuǒrén 附股合伙人 N. sub-partner
fùguī 赋归[-歸] V. ① return home ② retire from public life
fùguì* 富贵 N. wealth and honor/rank
fùguìbìng 富贵病 N. a rich man's disease (i. e., one which calls for long rest and an expensive diet)
fùguìbīrén 富贵逼人 F.E. ① gain wealth and power when one does not deliberately seek them ② One's wealth and power attract others to come to his/her side.
fùguì bùnéng yín 富贵不能淫 F.E. be impervious to the temptation of wealth and high position
fùguìhuā 富贵花 N. peony
fùguìjī 富贵鸡[-雞] N. chicken coated with mud and roasted
fùguìjiāorén 富贵骄人[-驕-] F.E. Riches and honor make a person arrogant.
fùguìlìdá 富贵利达[-達] F.E. rich and powerful
fùguìrónghuá 富贵荣华[-榮華] N. riches, honor, glory, prosperity
fùguìyī 富贵衣 N. beggar's rags
fùguīyuánzhǔ 复归原主[復歸-] F.E. return to the original owner
fùguīyúhǎo 复归于好[復歸於-] F.E. become reconciled
fùguìzàitiān 富贵在天 F.E. Wealth and rank are matters of destiny.
fúguō 郛郭 N. ① booming suburbs outside city ② shelter; shield; protect
fúguó 俘馘 N. defeated enemies
fùguō 负/附郭 V.O. <wr.> be near the city walls
[1]fùguó* 富国[-國] V.O. enrich/modernize one's country ♦N. rich country
[2]fùguó 复国[復國] V.O. recover a lost country
fùguǒ 复果[複-] N. compound interest
fùguóqiángbīng 富国强兵[-國強-] F.E. make the country rich and strong
fúguòzāishēng 福过灾生[--災-] F.E. When fortune passes, misfortune follows.
fúgǔxiāngyìng 桴鼓相应[-應] F.E. work in perfect coordination
fùgǔzhǔyì 复古主义[復-義] N. the doctrine of "back to the ancients"
fúgǔzhùzhàn 桴鼓助战[-戰] F.E. women assisting in fighting
fúhàn 伏旱 N. summer drought
[1]fùhán* 复函[復-] V.O. ① write a letter in reply ② letter in reply
[2]fùhán 富含 V. have a large content of
fùháng 复航[復-] N. reopen navigation/aviation
fúhánliàng cèdìng 氟含量测定 N. <archeo.> fluorine-content measurement
fúhào(r) 符号(儿)[-號-] N. ① symbol; mark; code; diacritic mark; sign; signal; notation; token ② insignia
fùháo* 富豪 N. rich and powerful people
fùhào(r) 负号(儿)[-號-] N. negative sign
fúhào biǎoshì 符号表示[-號--] N. symbolism
fúhào chǔlǐ yǔyán 符号处理语言[-號處---] N. symbolic manipulation language
fúhào cíyuánxué 符号词源学[-號---] N. <lg.> symbolic etymology
fúhàofǎ 符号法[-號-] N. notation
fúhào fānyì 符号翻译[-號-譯] N. <lg.> symbolic translation
fúhào guānxi 符号关系[-號關係] N. ① symbolic reference ② symbolism
fúhàohuà 符号化[-號-] N. symbolization
fúhàohuà zhī jìhao 符号化之记号[-號---號] N. sign of symbolization
fúhào kòngzhì 符号控制[-號--] N. symbolic control
fúhào luóji 符号逻辑[-號邏-] N. symbolic logic
fúhào shíqī de 符号时期的[-號時--] ATTR. symbolic
fúhào suànfǎ 符号算法[-號--] N. symbolic computation
fúhào xìtǒng 符号系统[-號--] N. <lg.> sign system; symbolism
fúhàoxué 符号学[-號-] N. ① semiotics ② semiology
fúhào yǔyán 符号语言[-號--] N. ① <lg.> sign language ② <comp.> symbolic language
fúhào yǔyánxué 符号语言学[-號---] N. semiotics; metalinguistics
fúhào yǔyìxué 符号语义学[-號-義-] N. denotational semantics
fúhào zhīqián de 符号之前的[-號---] ATTR. presymbolic
fúhào zhī qiánqī 符号之前期[-號---] N. <lg.> presymbolic stages
fúhào zuòyòng 符号作用[-號--] N. signification
[1]fúhé* 符合 V. accord/tally with; conform to ♦N. <phy.> coincidence
[2]fúhé 福和 N. happiness and gentleness
[1]fùhé 复合[複-] ATTR. ① compound; complex; composite ② reunited
[2]fùhé 复核[復-] V. ① check; review ② <law> supreme court review of lower court death sentence
[3]fùhé 覆核 V. reconsider; reexamine
[1]fùhè 负荷 N. <elec.> load; charge; weight ♦V. ① bear; sustain ② <wr.> carry on one's back and shoulder; bear; shoulder ③ continue the work of one's predecessors
[2]fùhè 附和 V. echo; chime in with
fùhécí 复合词[複-] N. <lg.> compound (word)
fùhécí gòucífǎ 复合词构词法[複--構--] N. <lg.> compound-word formation
fùhé dòngcí 复合动词[複-動-] N. <lg.> composite/compound verb
fùhé duìděng liánjiēcí 复合对等连接词[複-對----] N. <lg.> paired coordinator
fùhéfǎ 复合法[複-] N. <lg.> compounding
fùhé gòucífǎ 复合构词法[複-構--] N. <lg.> compounding
fùhé guānxi dàimíngcí 复合关系代名词[複-關係---] N. <lg.> compound relative pronoun
fúhé guīfàn de 符合规范的[---範-] ATTR. <lg.> well-formed
fùhè hányì 负荷涵义[-義] N. <lg.> loaded connotation
fùhé héchéngjù 复合合成句[複-] N. <lg.> compound complex sentence
fùhé jíchéng diànlù 复合集成电路[複---電-] N. <elec.> complex integrated circuits
fùhé jíwù dòngcí 复合及物动词[複---動-] N. <lg.> complex transitive verb
fùhéjù 复合句[複-] N. <lg.> compound/complex sentence
fùhèliàng 负荷量 N. load capacity
fùhé liàngcí 复合量词[複-] N. <lg.> compound classifier
fùhé míngcí 复合名词[複-] N. <lg.> compound noun
fùhé mǔyīn 复合母音[複-] N. <lg.> compound vowel
fùhé qǐyè 复合企业[複-業] N. conglomerate
fùhé qūxiàn 复合曲线[複-] N. complex curves

fùhé shuāngyǔ nénglì 复合双语能力[複-雙---] N. <lg.> compound bilingualism
fùhé shuāngyǔ xiànxiàng 复合双语现象[複-雙---] N. <lg.> compound bilingualism
fùhétǐ 复合体[複-體] N. compound body/form/style/system
fúhé wénfǎ 符合文法 V.O. <lg.> be well-formed
fùhéwù 复合物[複-] N. compound material
fùhé wúxiànzì 复合无限字[複-] N. <lg.> compound indefinite
fùhéxián 副和弦 N. <mus.> subordinate chord
fùhé xíngróngcí 复合形容词[複-] N. <lg.> compound adjective
fùhéyīn 复合音[複-] N. <lg.> complex sound; diphthong
fùhé yuányīn 复合元音[複-] N. <lg.> diphthong; triphthong; compound vowel; polyphthong
fùhé yuányīnhuà 复合元音化[複-] N. <lg.> diphthongization
fùhé yǔcí 复合语词[複-] N. <lg.> compound word
fúhé yǔfǎ 符合语法 N. <lg.> well-formed
fúhé yǔfǎ de 符合语法的 ATTR. <lg.> grammatical
fúhé yǔfǎ de chéngdu 符合语法的程度 N. <lg.> degree of grammaticalness
fúhé yǔfǎxìng 符合语法性 N. <lg.> grammaticalness
fùhé yǔjù 复合语句[複-] N. <lg.> complex sentence
fùhé yùnmǔ 复合韵母[複-韻-] N. <lg.> diphthong
fùhèzhě 负荷者 N. bearer; carrier
fùhé zhǔyǔ 复合主语[複-] N. <lg.> compound subject
fùhézì 复合字[複-] N. compound word
fùhóng 副虹 N. <met.> secondary rainbow
fùhòu 富厚 S.V. rich; well-to-do
fùhù 富户 N. wealthy family
[1]**fūhuà** 孵化 V. hatch; incubate
[2]**fūhuà** 敷化 V. teach and convert (heathens/barbarians)
[1]**fúhuá** 浮华[-華] S.V. showy; flashy
[2]**fúhuá** 浮滑 S.V. slick and frivolous
[1]**fǔhuà*** 腐化 S.V. ①degenerate; become corrupt/dissolute ② rot; decay; decompose
fùhuà 附化 V. be assimilated/naturalized
fúhuábùshí 浮华不实[-華-實] F.E. ① attractive on the surface but of no solid value ② meretricious style of writing
fūhuàchǎng 孵化场[-場] P.W. hatchery (for poultry/ etc.)
fūhuàchí 孵化池 N. hatchery (for fish/etc.)
fǔhuàduòluò 腐化堕落[--墮-] F.E. become corrupt and degenerate
fǔhuà fènzǐ 腐化分子 N. degenerate; depraved person
fǔhuài 腐坏[-壞] V.P. rotten; putrid; decayed
fùhuán 付还[-還] V. reimburse
fúhuàwù 氟化物 N. <chem.> fluoride
fúhuà zuòyòng 氟化作用 N. fluorination
fúhuì 福慧 N. happiness and wisdom
[1]**fùhuì*** 赴会 V.O. attend a meeting; keep an appointment
[2]**fùhuì** 复会[複-] V.O. resume a session
[3]**fùhuì** 附/傅会 V./N. strain interpretation
fùhuìzhǎng 副会长 N. vice-president (of an association)
fùhūn 复婚[複-] V.O. remarry each other
[1]**fúhuò** 俘获[-獲] V. capture
[2]**fúhuò** 浮货 N. flotsam
fǔ huò 斧镬 N. <trad.> punishment of criminals by dismembering with an ax and boiling in a cauldron
fùhuó* 复活[復-] V. come back to life; be revived ♦N. <rel.> Resurrection
fùhuǒdǎorèn 赴火蹈刃 ID. go through fire and water
Fùhuójié 复活节[復-節] N. Easter
fùhùr 富户儿 N. rich household
fùhūxī 腹呼吸 N. abdominal respiration
[1]**fújī*** 伏击[-擊] V./N. ambush
[2]**fújī** 扶乩/箕 N. planchette writing
fújí 扶疾 V.O. work while in ill health
fújì 浮记 V. keep a temporary account
fǔjī 辅机 N. auxiliary machine
[1]**fùjī** 腹肌 N. abdominal muscle
[2]**fùjī** 副机 N. back-up; auxiliary machine
[1]**fùjí** 负极[-極] N. <elec.> negative pole
[2]**fùjí** 腹疾 N. <wr.> diarrhea
[3]**fùjí** 负笈 V.O. <wr.> ① carry a case of books ② leave home to study
[4]**fùjí** 复籍[復-] V.O. regain one's nationality
[5]**fùjí** 富集 V. be richly deposited; amass largely
fùjǐ 富给 V.P. rich; abundant
[1]**fùjì** 附记 V. add/append to ♦N. supplement; appendix
[2]**fùjì** 附寄 V. enclose (in letter/etc.)
[3]**fùjì** 附骥 V. <wr.> attach oneself to a celebrity
fūjiā 夫家 N. husband's family
fújià 伏假 N. summer vacation
[1]**fùjiā*** 附加 V. add; attach ♦ATTR. additional; attached; appended ♦N. ① supplementary ② <lg.> affixation
[2]**fùjiā** 富家 N. rich household/family
fùjiǎ 腹甲 N. <archeo.> plastron
fùjiā bùfen 附加部分 N. <lg.> question tag
fùjiā chéngfèn 附加成分 N. <lg.> affix
fùjiā cóngjù 附加从句[--從-] N. <lg.> annex/appended clause
fùjiāfǎ 附加法 N. <lg.> affixation
fújiāfànzhái 浮家泛宅 F.E. live a wandering life on the water
fùjiāfèi 附加费 N. extra charge; surcharge
fùjiā fúhào 附加符号[-號] N. <lg.> diacritic
fùjiā gōngzī 附加工资 N. supplementary/extra wage
fùjiā jiàzhí 附加价值[--價-] N. value added
fùjiā míngcí 附加名词 N. noun adjunct
fújiàn 伏剑 V.O. fall on one's own sword
Fújiàn* 福建 P.W. Fujian (province)
fǔjiàn 抚剑 V.O. ① place the left hand on one's sword ② hold a sword
fùjiān 付笺[-箋] N. letter attached to another letter
fùjiǎn 复检[復-] V. inspect/test again
[1]**fùjiàn** 附件 N. ① appendix; annex ② enclosure ③ <mach.> accessories; attachment
[2]**fùjiàn** 复健[復-] N. rehabilitation
fújiàn'érwáng 伏剑而亡 F.E. fall victim to a sword
fújiàng 福将[-將] N. a general favored by heaven
fùjiàng* 副将[-將] N. <hist.> vice-general of a brigade
fùjiānǚ 富家女 N. a girl from a rich family
fùjiàn zhōngxīn 复健中心[復-] P.W. rehabilitation center
fūjiào 敷教 V. spread a religion/culture
fújiāo 伏礁 N. submerged reefs
fǔjiǎo 俯角 N. <sur.> angle of depression
[1]**fùjiāo*** 复交[復-] V.O. resume diplomatic relations
[2]**fùjiāo** 附交 V. hand in or deliver as an attachment
fùjiào 覆校 V. proofread again
fùjiàoshòu 副教授 N. associate professor
fùjiàshǐ 副驾驶 N. copilot
fùjiā shuāngyǔ jiàoyù 附加双语教育[--雙---] N. <lg.> additive bilingual education
fùjiā shuāngyǔzhì 附加双语制[--雙--] N. <lg.> additive bilingualism
fùjiāshuì 附加税 N. surtax; additional tax
fùjiāsùdù 负加速度 N. negative acceleration
fùjiǎtiānxià 富甲天下 F.E. the richest in the world
fùjiāwēng 富家翁 N. rich old man
fùjiā wénjiàn 附加文件 N. appended document (of diplomacy)
fùjiāwù 附加物 N. accessories
fùjiāxíng 附加刑 N. <law> accessory penalty
fùjiā yíwènjù 附加疑问句 N. <lg.> question tag; tag question
fùjiāyǔ 附加语 N. <lg.> adjunct; additive structure
fùjiā zhànghù 附加帐户 N. <acct.> adjunct account
fùjiāzhí 附加值 N. added value
fùjiǎzhuàngxiàn 副甲状腺[--狀-] N. <phys.> parathyroid
fùjiāzǐ 富家子 N. children of a wealthy family
fùjiāzǐdì 富家子弟 F.E. sons of the rich
fùjiā zuòyòng 附加作用 N. <lg.> affixation
fùjícóngshī 负笈从师[-從師] F.E. leave home to seek knowledge
fújié* 符节[-節] N. <trad.> tally used as credentials/warrants
fújiè 浮借 V. borrow (money/etc.) for temporary use
fùjié 腹结 N. constipation
fújī'érwò 伏几而卧[-臥] F.E. fall asleep leaning over the table
fùjiě yùndòng 妇解运动[婦-運動] N. women's liberation movement
fùjìfǎ 复记法[複-] N. double-entry system
fūjīn 麸金[麩-] N. gold dust
fújīn 幅巾 N. turban
fújìn 福晋[-晉] N. wife of a Manchu nobleman
fǔjīn 斧斤 N. ax; hatchet
[1]**fùjīn** 赙金 N. <wr.> money presented to a bereaved family
[2]**fùjīn** 腹筋 N. abdominal muscles
fùjǐn 缚紧[-緊] R.V. tie/bind tightly
fùjìn* 附近 N. vicinity
fǔjìng 抚靖 V. pacify a country by justice
fùjīng* 负荆[-荊] V.O. apologize
fùjǐng 副井 N. <min.> auxiliary shaft
fùjìng 副净[-淨] N. <opera> painted-face role
fújìngnánjiā 凫胫难加[鳧脛難-] ID. One should be content with what one has.
fùjīngqǐngzuì 负荆请罪[-荊--] F.E. offer humble apologies
Fújínníyà 弗吉尼亚[-亞] P.W. Virginia
fǔjīnsīxī 抚今思昔 F.E. reflect on the past in the light of the present
fǔjīnzhuīxī 抚今追昔 F.E. reflect on the past in the light of the present
fújīquān 伏击圈[-擊-] N. <mil.> ambush ring
fūjǐshì 夫己氏 N. a certain person
fùjíshuǐ 腹集水 N. <med.> dropsy
fújiǔ 福酒 N. sacrificial wine
fújiù 扶柩 V.O. escort a casket/coffin; serve as a pallbearer
[1]**fǔjiù** 俯就 V. ① deign to accept a post ② put up with
[2]**fǔjiù** 腐旧[-舊] S.V. decrepit
[1]**fùjiù*** 复旧[復舊] V.O. return to the past
[2]**fùjiù** 负疚 V.O. <wr.> feel apologetic/guilty
fùjiùdàotuì 复旧倒退[復舊-] F.E. restore the old and retrogress
fújiùguījí 扶柩归藉[--歸-] F.E. escort the coffin to the native place of the dead
fùjiùrúxīn 复旧如新[復舊-] F.E. restore sth. to its original state
fùjiùyǐntuì 负咎引退 F.E. assume responsibility and tender one's resignation
fùjíyuǎnyóu 负笈远游[--遠-] F.E. study abroad
fújīzhàn 伏击战[-擊戰] N. ambush action
fùjīzhīlì 缚鸡之力[-雞--] N. very limited strength
[1]**fújù** 辐聚 V. gather/converge like spokes of a wheel
[2]**fújù** 服具 N. articles for use in a funeral
fǔjū 辅车 V.O. supplementary vehicle
[1]**fùjù*** 复句[複-] N. <lg.> sentence of two or more clauses; compound/complex sentence
[2]**fùjù** 副句 N. <lg.> dependent clause
fūjué 肤觉[膚覺] N. cutaneous sensation
fùjué* 复决[複決] N. ① <sport> quarter final ② re-vote
fùjuéquán 复决权[複決權] N. referendum

fūjūn* 夫君 N. <*trad.*> ① my husband ② friend (Tang usage)

[1]**fǔjūn** 抚军 N. <*trad.*> ① provincial governor ② military title

[2]**fǔjūn** 府君 N. ① <*trad.*> magistrate of a prefecture ② one's ancestors

fùjūn 覆军 V.O. destroy the whole army

fǔkàn 俯瞰 V. look down at; overlook

[1]**fùkān*** 副刊 N. supplement

[2]**fùkān** 付刊 V.O. send to the press; put into print

[3]**fùkān** 复刊[復-] V.O. resume publication

fùkāng* 富康 V.P. wealthy and healthy

Fùkāng 阜康 P.W. a county in Xinjiang

fǔkàn shèyǐng 俯瞰摄影[--攝-] N. <*photo.*> crane/boom shot

fǔkàntú 俯瞰图[--圖] N. bird's-eye view

fùkǎo 赴考 V. leave for an examination

fúkè 弗克 AUX. unable

fǔkē 斧柯 N. ① handle of a hatchet ② reins of government

fǔkè 辅课 N. subsidiary course

fùkē* 妇科[婦-] N. (department of) gynecology

[1]**fùkè** 复课[復-] V.O. resume classes

[2]**fùkè** 赋课 N. <*wr.*> taxes

fùkěn 复垦[復墾] V. restore the cultivation (of a piece of wasteland)

fùkè nào gémìng 复课闹革命[復-鬧--] F.E. <*pol.*> resume classes and make revolution

fúkèrúyuàn 弗克如愿[-願] F.E. can't have it as one wishes

fùkē yīshēng 妇科医生[婦-醫-] N. gynecologist

fǔkù 府库 N. government repository

fúkuā 浮夸[-誇] V. be boastful; exaggerate

fúkuāfēng 浮夸风[-誇-] N. the common practice of exaggeration

fúkuān 幅宽[-寬] N. width of cloth

[1]**fùkuǎn*** 付款 V.O. pay a sum of money

[2]**fùkuǎn** 附款 N. additional article; memorandum clause

fùkuǎnchù 付款处[-處] P.W. payroll office

fùkuàng 富矿[-礦] N. <*min.*> rich/high-grade ore

fùkuàngtǐ 富矿体[-礦體] N. <*min.*> ore shoot

fùkuǎn jiāodān 付款交单 N. documents of receipt for payment

fùkuǎn píngzhèng 付款凭证[-憑證] N. payment voucher

fùkuǎnrén 付款人 N. payer; drawee

fùkuǎntái 付款台[-臺] P.W. checkout (counter)

fúkuāzhīcí 浮夸之词[-誇--] N. pompous and high-flown statement

fūkuò 肤廓[膚-] V.P. <*wr.*> grandiloquent; impractical

fùlái* 复来[復-] V. ① return ② restore

fùlài 附赖 V. lean on (sb.)

fúlán 扶栏[-欄] N. handrail

fúlàn 浮滥[-濫] S.V. superficial and excessive

fǔlàn* 腐烂[-爛] S.V. ① decomposed; putrid ② corrupt; rotten

fǔlànbùkān 腐烂不堪[-爛--] F.E. utterly putrid

fúlàng 浮浪 V.P. loaf about

fúlàngrén 浮浪人 N. loafer

fúlàngzǐdì 浮浪子弟 F.E. vagrant/unemployed person

fúláo 服劳[-勞] V. serve; labor in the service of

[1]**fúlǎo** 服老 V.O. admit being old

[2]**fúlǎo** 扶老 N. ① old man's walking staff ② marabou-stork ♦V.O. support the aged

fùláo 负劳[-勞] N. a kind of dragonfly

fùlǎo(r)* 父老(儿) N. elders (of a country/district)

fúlǎoxiéyòu 扶老携幼[--攜-] F.E. ① hold the old by the arm and the young by the hand ② appear with one's whole family

fùlǎoxiōngdì 父老兄弟 F.E. elders and brethren

fùlǎoxiōngzhǎng 父老兄长 F.E. one's elders

fú láoyì 服劳役[-勞-] V.O. undergo labor service (usu. as punishment)

fúlè 福乐[-樂] N. happy and good fortune

fúléi 浮雷 N. <*mil.*> floating mine

fùlèi* 负累 N. burden ♦V. ① implicate; involve ② be defamed without grounds

fúlí 扶犁 V.O. put one's hand to the plow

[1]**fúlì*** 福利 N. material benefits; well-being; welfare ♦V. <*wr.*> better one's living conditions

[2]**fúlì** 浮力 N. <*phy.*> buoyancy

[3]**fúlì** 浮利 N. empty profit

[4]**fúlì** 佛戾 V. <*wr.*> go against; run counter to

[5]**fúlì** 拂戾 V.P. ① disagreeable ② disastrous

[6]**fúlì** 伏枥[-櫪] V.O. ① be in the stable ② obedient

fùlǐ 副理 N. vice director

[1]**fùlì** 富丽[-麗] S.V. sumptuous; ornate

[2]**fùlì** 复利[複-] N. <*econ.*> compound interest

[3]**fùlì** 附丽[-麗] V. <*wr.*> adhere to; attach oneself to

[4]**fùlì** 付利 V.O. pay interest

[5]**fùlì** 附隶[-隸] V. attach or belong to sth. bigger

Fù-Lián* 妇联[婦聯] P.W. Women's Federation

fùliǎn 赋敛 V. levy taxes

fúliáng 浮梁 N. bridge of a ship

fùliàng* 负量 N. negative quantity

Fù-Lián-Huì 妇联会[婦聯-] P.W. Women's Federation

Fù-Lián zǒnghuì 妇联总会[婦聯總-] P.W. headquarters of the Women's Federation

[1]**fūliào** 麸料[麩-] N. bran mixed with black beans for cattle/horses

[2]**fūliào** 敷料 N. <*med.*> dressing

fǔliào* 辅料 N. subsidiary/supplementary material

fùlǐcángdāo 腹里藏刀[-裡--] F.E. very treacherous

fùliè 附列 V. attach a list of

fùlìfǎ 复利法[複-] N. compound-interest method

fúlìfèi 福利费 N. welfare funds

fùlì gōngshì 复利公式[複-] N. compound-interest formula

fúlì guójiā 福利国家[--國-] P.W. welfare state

fúlìhuì 福利会 P.W. mutual welfare association

fúlì jījīn 福利基金 N. welfare fund

fúlìjīn 福利金 N. welfare funds

Fúlín 福林 N. Forint (Hungarian currency)

fǔlín* 俯临[-臨] V. overlook (from a height)

fùlín 附邻[-鄰] N. close neighbor

[1]**fúlíng** 扶灵[-靈] V.O. escort a casket/coffin; serve as a pallbearer

[2]**fúlíng** 茯苓 N. tuckahoe (*Poria cocos*)

fùlíng* 阜陵 N. mound; small hill

fú língjiù 扶灵柩[-靈-] V.O. act as a pallbearer

fùlǐngshì 副领事 N. vice-consul

fúlìpǐn 福利品 N. welfare articles

fúlǐr 浮礼儿[-禮-] N. <*topo.*> superficial formality

fúlìshè 福利社 P.W. store doing business at a school/factory/etc.

fúlìshèshī 福利设施 F.E. welfare facilities

fúlì shìyè 福利事业[-業] N. welfare project/services

fùlìtánghuáng 富丽堂皇[-麗--] F.E. sumptuous; gorgeous; splendid

fúliú 伏流 N. underground stream

fúlìyuàn 福利院 P.W. welfare institutions

fùlízǐ 负离子[-離-] N. <*chem.*> negative ion

fúlì zīběnzhǔyì 福利资本主义[-義] N. welfare capitalism

fúlóng 福隆 N. great fortune

fúlǔ* 俘虏[-虜] V. capture; take prisoner ♦N. captive; P.O.W

[1]**fúlù** 福禄 N. happiness and richness; good fortune

[2]**fúlù** 符箓 N. <*rel.*> Daoist secret talismanic writing

fùlù 附录[-錄] N. appendix

fúlǚ 福履 N. happiness and success in one's career

fúlǜ* 拂虑[-慮] V.O. drive away cares and worries; be carefree

fūluǎn* 孵卵 V.O. hatch; brood; incubate

fúluán 扶鸾[-鸞] N. planchette writing

fūluǎnjī 孵卵鸡[-雞] N. brooding hen

fūluǎnqī* 孵卵期 N. incubation period

fūluǎnqì 孵卵器 N. incubator

fúlüè 俘掠 V. plunder and capture prisoners

fúluo 拂落 V. <*coll.*> dust

Fúluólǐdá 佛罗里达[-羅-達] P.W. Florida

fú-lù-shòu 福禄寿[--壽] N. ① happiness, wealth, and longevity ② happy life

fúlǔyíng 俘虏营[-虜營] P.W. P.O.W. camp

fūmǎ 夫马 N. official retinues and carriages

fùmǎ* 驸马 N. ① emperor's son-in-law ② official in charge of horses in the imperial escort

fūmǎfèi 夫马费 N. servant allowances and transportation expenses

fúmǎn* 服满 V.P. the period of mourning is over

fùmǎn 腹满 N. <*Ch. med.*> abdominal fullness

fúmǎng 伏莽 N. bandits hiding in the jungles

fúmào* 浮冒 S.V. reckless and untruthful

fùmào 覆冒 V. cover up; hide; conceal

fúmǎtóu 浮码头 N. floating pier

fùmǎyé 驸马爷[-爺] N. husband of a princess

Fúméngtè 佛蒙特 P.W. Vermont

fúmí 浮靡 S.V. decadent

[1]**fūmiàn** 敷面 V.O. apply cosmetics/etc. on the face

[2]**fūmiàn** 跗面 N. instep

[1]**fúmiǎn** 黻冕 N. sovereign's sacrificial dress

[2]**fúmiǎn** 绂冕 N. high-ranking official

[1]**fúmiàn*** 幅面 N. width of cloth

[2]**fúmiàn(r)** 浮面(儿) N. surface

[3]**fúmiàn** 拂面 V.O. stroke the face

[4]**fúmiàn** 服面 V.O. brush the face lightly (of breezes/leaves/etc.)

[1]**fùmiàn** 负面 N. reverse/negative side

[2]**fùmiàn** 腹面 N. ① front side ② animal's thorax and abdomen

fúmiànpír 浮面皮儿 N. surface; appearance

fúmiáo(r) 扶苗(儿) V.O. <*agr.*> put a fallen plant upright

fùmiè 覆灭[-滅] N. destruction; complete collapse

fúmíng* 浮名 N. empty/undeserved reputation

[1]**fúmìng** 福命 N. one's lot in life

[2]**fúmìng** 符命 N. <*trad.*> omen foreshadowing a prince's accession to the throne

fùmíng 复明[復-] V.O. recover lost eyesight

[1]**fùmìng** 复/覆命[復-] V.O. report on completion of a mission; give an account of one's mission

[2]**fùmìng** 负命 V.O. act contrary to one's mission

[3]**fùmìng** 父命 N. father's instruction/order

fùmíngcí 复名词[複-] N. compound noun

fù-míng jiégòu 副名结构[-構] N. <*lg.*> adverb-noun construction

fùmíngshù 复名数[複-數] N. <*math.*> compound number

fùmínxīngbāng 富民兴邦[--興-] F.E. rejuvenate the country and enrich the people

fùmín zhèngcè 富民政策 N. <*PRC*> policy of enriching the people

[1]**fúmò** 浮沫 N. scum

[2]**fúmò** 浮没 V. rise and fall

fǔmō* 抚摸 V. touch and stroke gently; fondle

fǔmó 抚摩 V. ① stroke; fondle ② console; comfort

[1]**fùmó** 腹膜 N. <*phys.*> peritoneum

[2]**fùmó** 附魔 V.O. be possessed by demons

[1]**fùmò** 覆没 V. <*wr.*> ① capsize and sink ② be overwhelmed/annihilated ③ <*wr.*> be occupied by the enemy

[2]**fùmò** 副末 N. clown (in Peking opera)

fùmóyán 腹膜炎 N. <*med.*> peritonitis

fúmù 符木 N. tally

fùmǔ* 父母 N. father and mother; parents

fùmǔguān 父母官 N. <*trad.*> father-mother official (a popular term for a county magistrate)

fùmǔguó 父母国[-國] P.W. country of birth

fùmǔyīn 复母音[複-] N. <*lg.*> complex nucleus

fùmǔzhībāng 父母之邦 N. one's mother country

fūnán 呋喃 N. <*chem.*> furan

fùnàn* 赴难[-難] V.O. go to the country's aid

fúnáng 浮囊 N. ① inflated animal skin (for floating on water) ② inflatable/rubber dinghy
fùnáng* 腹囊 N. abdominal cavity
fǔnéng 甫能 V.P. <trad.> then and only then be able to
fúnì* 拂逆 V. go against; run counter to ♦V.P. ① disagreeable ② disastrous
[1]**fùnì** 覆逆 V. <wr.> expect; predict
[2]**fùnì** 附逆 V. <wr.> affiliate oneself with a traitor
fúniàn 伏念 V. <humb.> I consider (in letters)
fǔniàn* 俯念 V. <humb.> please condescend to consider (in letters)
fúniǎo 鹏鸟 N. buzzard; vulture
fǔnòng* 抚弄 V. stroke; fondle
fùnóng 富农[-農] N. <PRC> rich peasant
[1]**fùnǚ** 妇女[婦-] N. women
[2]**fùnǚ** 父女 N. father and daughter
fùnǚbìng 妇女病[婦-] N. gynecological disorder
fùnǚ cānzhèng lùnzhě 妇女参政论者[婦-參---] N. woman-suffragist; suffragette
fùnǚ cānzhèngquán 妇女参政权[婦-參-權] N. female suffrage
Fùnǚ Dàibiǎo Dàhuì 妇女代表大会[婦-] P.W. Woman's Representative Assembly
fùnǚ duìzhǎng 妇女队长[婦-隊-] N. women's leader
fùnǚhuì 妇女会[婦-] N. women's association
Fùnǚjié 妇女节[婦-節] N. International Women's Day (March 8)
fùnǚ jiěfàng yùndòng 妇女解放运动[婦-運動] N. women's liberation movement
Fùnǚ Liánhéhuì 妇女联合会[婦-聯--] N. Women's Federation
fùnǔqiánqū 负弩前驱[-驅] F.E. ① join the army and fight at the front ② show respect to a ranking official
fùnǚ yùndòng 妇女运动[婦-運動] N. feminism
fùnǚzázhì 妇女杂志[婦-雜-] N. women's magazine
fú'ōu 浮沤[-漚] N. ① bubbles on water; froth ② transience of human life ③ inconstancy of human relationships
fǔpāi* 俯拍 V. <photo.> take a crane/boom shot
[1]**fùpái** 付排 V. send to the compositor
[2]**fùpái** 复排[復-] V. rehearse again
fúpào 浮泡 N. foam
fùpén 覆盆 ID. dark and without justice ♦N. <bot.> brambles
fùpénnánzhào 覆盆难照[-難-] F.E. not easy to right unjust inflictions
fùpénzhīyuān 覆盆之冤 N. irredeemable wrong
fùpénzi 覆盆子 N. <bot.> ① brambles ② raspberry
[1]**fūpí** 麸皮[麩-] N. (wheat) bran
[2]**fūpí** 肤皮[膚-] N. dandruff-like dead skin
fúpí(r)* 浮皮(儿) N. ① outer skin; epidermis ② surface
fǔpí 腐皮 N. extra-thin beancurd skin
fùpiàn 负片 N. <photo.> negative
fúpiāo 浮漂 V.P. flighty; superficial
fúpícèngyǎng 浮皮蹭痒[-癢] ID. scratch the surface; be superficial
fūpíliáocǎo* 肤皮潦草[膚-] ID. cursory; casual; perfunctory
fúpíliáocǎo 浮皮潦草 F.E. cursory; casual; perfunctory
fūpí miànbāo 麸皮面包[麩-麵-] N. whole-wheat bread; brown bread
fúpín 扶贫 V.O. ① help the poor ② change the conditions of poverty
fùpǐn* 副品 N. substandard goods
fùpìn 复聘[復-] V. rehire; engage (sb.) again
fúpíng* 浮萍 N. ① <bot.> duckweed ② symbol of uncertain life
fǔpíng 抚平 R.V. comfort; calm down
fúpín xiǎozǔ 扶贫小组 N. organizations in charge of changing the conditions of the poor
fúpín zhuānkuǎn 扶贫专款[--專-] N. special fund for aiding farmers in poor regions
fùpó(r) 富婆(儿) N. rich woman

fúpú 匍匐 V. ① crawl; creep ② lie prostrate
fūqī* 夫妻 N. husband and wife
fúqi 福气[-氣] N. happy lot; good fortune
fúqí 伏祈 V. <wr.> beg; humbly pray
[1]**fúqǐ** 扶起 R.V. help sb. get up (from the ground/etc.)
[2]**fúqǐ** 浮起 R.V. emerge; float
[1]**fúqì** 服气[-氣] S.V. ① feel things are fair; be convinced ② practice Daoist breath control
[2]**fúqì** 浮气[-氣] N. flippancy; frivolity
[3]**fúqì** 伏气[-氣] V.O. yield/submit willingly
fǔqì 腐气[-氣] N. ① stench ② pedantry ③ stubbornness
fùqí 腹鳍 N. <zoo.> ventral fin
[1]**fùqǐ** 负起 R.V. shoulder; bear; undertake; assume
[2]**fùqǐ** 副启[-啟] N. postscript
[1]**fùqì** 负气[-氣] V.O. do sth. in a fit of pique
[2]**fùqì** 付讫 F.E. paid; paid in full
fūqiǎn* 肤浅[膚淺] S.V. superficial; shallow
fúqiān 浮签 N. note pasted on the margin of a page
fúqiǎn 浮浅[-淺] S.V. superficial; shallow
[1]**fùqián** 付钱[-錢] V.O. pay
[2]**fùqián** 赙钱[-錢] N. money to help sb. finance a funeral
fùqiāng 腹腔 N. abdominal cavity
fùqiáng* 富强[-強] S.V. prosperous and strong
fùqiángkānglè 富强康乐[-強-樂] F.E. prosperous, strong, healthy and happy
fú qiányán 符前言 V.O. fulfill a promise
fúqiányáoyún 服前摇匀[-勻] F.E. shake before taking (medicine/etc.)
fúqiáo 浮桥[-橋] N. pontoon bridge
fūqīdiàn 夫妻店 P.W. small shop run by husband and wife
fūqīfǎnmù 夫妻反目 F.E. discord between husband and wife
[1]**fù qǐlai** 富起来 R.V. become better-off; get rich
[2]**fù qǐlai** 缚起来 R.V. tie up; bundle up
fúqín 服勤 V.O. ① work hard ② be on duty
fǔqín 抚琴 V.O. <wr.> play the zither
fùqin* 父亲[-親] N. father
fùqīng* 付清 R.V. pay in full
fùqíng 负情 V.O. ① be ungrateful ② be unfaithful
Fùqinjié 父亲节[-親節] N. Father's Day
fúqióng 扶筇 V.O. lean on a staff/stick
fùqípānhóng 附骥攀鸿 ID. become famous by putting oneself under the patronage of others
fúqiú 俘囚 N. prisoner of war
fúqū 凫趋[鳧趨] V. waddle forward
fúqú 芙蕖 N. <wr.> ① lotus ② lotus flowers
fúqù 拂去 R.V. flick away/off
fǔqū 俯曲 V. bow
fùqū* 负屈 V.O. be wronged
fūquán 夫权[-權] N. husband's authority
fúquàn 服劝[-勸] V.O. be amenable to advice
[1]**fùquán** 父权[-權] N. paternal authority
[2]**fùquán** 复权[復權] V.O. restore one's lost rights
fùquàn* 副券 N. coupon
fùquánzhì 父权制[-權-] N. patriarchy
fúqūquèyuè 凫趋雀跃[鳧趨-] ID. dance with joy
fúrán 艴然 V.P. look angry ♦N. angry look
fùrán* 复燃[復-] V. rekindle ♦N. after-combustion
fùrǎn 覆染 V. dye old clothes
fúránbùyuè 怫然不悦 F.E. show signs of displeasure
fúránzuòsè 怫然作色 F.E. flush with anger
fùráo 富饶[-饒] S.V. richly endowed; fertile; abundant
fùrèdài 副热带[-熱帶] P.W. subtropics
fùrèdài gāoyā 副热带高压[-熱帶-壓] N. subtropical anticyclone
fūren* 夫人 N. ① Lady; Madame; Mrs. ② a lady of high rank; the wife of a feudal lord, the wife of a high official ③ wife of a diplomat ④ concubines of an emperor ⑤ legal wife
fúrén 服人 V.O. convince people
fǔrén 辅仁 V.O. help perfect one's virtue

[1]**fùrén** 妇人[婦-] N. ①married woman ②woman ③ <trad.> wife of a scholar
[2]**fùrén** 富人 N. rich person
[1]**fùrèn** 赴任 V.O. go to or be on the way to one's post
[2]**fùrèn** 复任[復-] V. <wr.> be reinstated
[3]**fùrèn** 复刃[複-] N. <archeo.> stone tool with edges chipped on both sides
fùrénbìng 妇人病[婦-] N. diseases peculiar to women
Fǔrén Dàxué 辅仁大学 P.W. Furen University
fūrenqúndài 夫人裙带[-帶] F.E. obtain a position thanks to one's wife's connections
fú rénxìng 拂人性 V.O. go against human nature
fùrénzhīrén 妇人之仁[婦-] N. womanly kindness
fùrèxīnjiān 腹热心煎[-熱--] F.E. hope anxiously
fūróng 敷荣[-榮] V.P. blossom; sprout
[1]**fúróng*** 芙蓉 N. <bot.> ① cottonrose hibiscus ② lotus
[2]**fúróng** 浮荣[-榮] N. vanity
fùróng 妇容[婦-] N. women's proper deportment/appearance
fúróngchūshuǐ 芙蓉出水 ID. a lotus flower just appearing above the water (said of a beautiful poem/painting/woman/etc.)
fúróngguó 芙蓉国[-國] P.W. the land of hibiscus (poetic name for Hunan)
fúróngmiàn 芙蓉面 N. pretty face
fúróngniǎo 芙蓉鸟 N. <zoo.> serin canary
fūróngqīguì 夫荣妻贵[-榮--] F.E. A woman of low birth may marry into the purple.
fúróngxiè 芙蓉蟹 N. crab foo yung
fúróngzhàng 芙蓉帐 N. mosquito net dyed with the juice of hibiscus flowers
fǔròu 腐肉 N. ①rotten meat ②carrion ③<med.> slough
fúrú 弗如 CONJ. not as good as; worse than
fǔrú 腐儒 N. pedantic scholar; pedant
fǔrǔ 腐乳 N. fermented beancurd
fùrú* 妇孺[婦-] N. women and children
fúruǎn(r) 服软(儿) V.O. ① admit defeat/error ② admit fault; apologize ③ yield to persuasion
fúrúdōnghǎi 福如东海 F.E. (May you have) happiness as boundless as the eastern seas.
fúruì 符瑞 N. auspices; auspicious omen
fùrújiēzhī 妇孺皆知[婦-] F.E. known even to women and children
fūrúníngzhī 肤如凝脂[膚-] F.E. creamy skin
fù rùnwū dé rùnshēn 富润屋德润身 F.E. Riches adorn a house, and virtue adorns the person.
fúruòyìqiáng 扶弱抑强[-強] F.E. support the weak against the strong
fùsài 复赛[複-] N. <sport> intermediary heat; semi-finals
fúsàn 辐散 N. <meteo.> divergence
[1]**fúsāng** 扶桑 N. ① place where the sun rises ② <hist.> Japan ③ Chinese hibiscus
[2]**fúsāng** 服丧[-喪] V.O. be in mourning
fūsè* 肤色[膚-] N. skin color
[1]**fúsè** 服色 N. the style and color of clothes
[2]**fúsè** 福色 N. deep red color
fùsè 复色[複-] N. compound colors
fùsèguāng 复色光[複-] N. polychromatic light
fūsè qíshì 肤色歧视[膚-] N. racial discrimination
fúshàn 服善 V.O. follow good advice
Fǔshān* 釜山 P.W. Pusan (South Korea)
Fùshān 富山 P.W. Toyama (Jp.)
fūshàng 敷上 R.V. apply sth. to
fúshāng 浮伤[-傷] N. superficial wound
fúshàng 浮上 R.V. emerge; float
fǔshang 府上 N. <court.> ① your home/family ② your native place
[1]**fùshāng*** 负伤[-傷] V.O. be wounded/injured
[2]**fùshāng** 富商 N. rich merchant
[1]**fùshàng** 附上 F.E. <wr.> enclose herewith
[2]**fùshàng** 缚上 R.V. tie up
[3]**fùshàng** 覆上 R.V. cover
fùshāngdàgǔ 富商大贾 N. plutocrat

fùshānghán 副伤寒[-傷-] N. paratyphoid fever
fùshang yī bǐ 附上一笔[-筆] V.O. add a word or two (in a letter/etc.)
fúshànhuòyín 福善祸淫[--禍-] F.E. Heaven blesses the virtuous and punishes the evil.
fūshè 敷设 V. ① lay (a pipeline/etc.) ② arrange in order
fúshè 辐射 V. <phy.> radiate ♦N. radiation
fǔshè 俯摄[-攝] N./V. crane/boom shot
fùshé 蝮蛇 N. Pallas pit viper; adder
fùshè* 附设 V. have as an attached institution
fúshèchén 辐射尘[-塵] N. radioactive dust; atomic fallout
fúshèjì 辐射计 N. radiometer
fúshè jìliàng 辐射剂量[--劑-] N. radiation dosage
fúshēn 伏身 V.O. lay one's body prostrate
[1]fúshén 福神 N. ① god of fortune ② mascot
[2]fúshén 茯神 N. <Ch. med.> poria cocos with hostwood
fǔshēn* 俯身 V.O. stoop; bend over/down
fùshēn 附身 V.O. possess (by ghosts/etc.)
fùshěn 复/覆审[復審] V. ①reexamine ②<law> review a case
fùshèn 副肾[-腎] N. adrenal glands
fúshènéng 辐射能 N. <phy.> ① radiant energy ② radiation
fúshēng* 浮生 N. ① ephemeral; floating life ② grow floating on water
fǔshēng 腐生 N. <bio.> saprophytic
[1]fùshēng 复生[復-] V. ① come to life again ② <phys.> regenerate ③ reprocess; regenerate
[2]fùshēng 附生 N. <phy.> overgrowth
fùshèng 富盛 S.V. abundant
fúshēngruòmèng 浮生若梦[-夢] F.E. our fleeting life is like an empty dream
fú shèngyì 拂盛意 V.O. <wr.> disobey your friendly wishes (in correspondence)
fúshēngyuán 浮升员 N. <aviation> aeronaut
fùshénjīng 副神经[-經] N. accessory nerve
fúshèrè 辐射热[-熱] N. <phy.> radiant heat
fúshè sǔnshāng 辐射损伤[-傷] N. radiation injury/damage
fúshèxiàn 辐射线 N. radiation ray
fúshèxìng 辐射性 N. radiation
fúshèxìng zhìliáoshù 辐射性治疗术[-療術] N. radiotherapy
fúshèxué 辐射学 N. radiology
fúshèyuán 辐射源 N. source of radiation
fùshèzhǎng 副社长 N. deputy head (of a newspaper/etc.)
fūshí 趺石 N. pedestal
fúshi 服/伏侍 V. wait upon; attend
fúshī 浮尸[-屍] N. floating corpse
[1]fúshí 浮石 N. pumice (stone)
[2]fúshí 符实[-實] V.O. deserve
[3]fúshí 服食 V.O. ① take Daoist pills ② take food ♦V. <Ch. med.> consume; take in (a medication)
[1]fúshì* 服饰 N. dress and personal adornment
[2]fúshì 服式 N. style of dress; line
[3]fúshì 服侍 V. wait upon; attend on
[4]fúshì 拂拭 V. whisk/wipe off/clean
[5]fúshì 服事 V.O. <trad.> ① serve an imperial ruler (of a subject) ②hold an official post ③do hard labor ④ wait upon; attend to
[6]fúshì 伏事 V. <trad.> wait upon; attend on
[7]fúshì 祓饰 V. refresh; renew
[1]fǔshí 腐蚀 V. ① corrode ② etch ③ corrupt; corrode
[2]fǔshí 辅食 N. non-staple food; auxiliary food
[3]fǔshí 俯拾 V. (sth.) easy to get
Fǔshí 斧石 P.W. Kamaishi (Jp.)
[1]fǔshì 俯视 V. look down at; overlook
[2]fǔshì 府试 N. <trad.> prefectural civil service exam
fùshī 赋诗 V.O. compose a poem
[1]fùshí 副食 N. non-staple food/foodstuffs
[2]fùshí 富实[-實] S.V. well-off; substantial
[3]fùshí 复食[復-] V. resume one's diet
[1]fùshì 复式[複-] ATTR. <math.> compound; complex
[2]fùshì 复/覆试[復-] V. reexamine
[3]fùshì 赴试 V.O. go to take an examination
[4]fùshì 复视[複-] N. <med.> diplopia
[5]fùshì 副室 N. <trad.> concubine
fǔshíbǎn 腐蚀版 N. <print.> etched plate
fùshíběn(r) 副食本(儿) N. ① food-ticket book ② certificate for purchasing various non-staple food items
fúshībiànyě 伏尸遍野[-屍--] F.E. The battlefield is littered with the (enemy) dead.
fùshì bùjì 复式簿记[複-] N. double-entry ledger
fùshí bǔzhù 副食补助[--補-] N. subsidy for non-staple foodstuffs
fùshìchéncí 赋事陈词 F.E. write a poem descriptive of an occasion
fùshì guānshuì 复式关税[複-關-] N. complex tariff
fúshìhuì 浮世绘 N. Japanese woodcut; ukiyo-e
fùshì hūxī 腹式呼吸 N. deep/abdominal breathing
fǔshíjī 腐蚀机 N. <print.> etching machine
fǔshíjì* 腐蚀剂[-劑] N. caustic; corrosive agent
fùshì jiàoxué 复式教学[複-] N. combined instruction
fǔshíjiēshì 俯拾皆是 F.E. can be found everywhere
fǔshíjíshì 俯拾即是 F.E. ① can be found everywhere ② very easy thing to do/get
fùshípǐn 副食品 N. non-staple food/foodstuffs
Fùshì Shān 富士山 P.W. Mt. Fuji (Jp.)
fùshí shāngdiàn 副食商店 P.W. grocer's; grocery
fúshītòngkū* 伏尸恸哭[-屍慟-] F.E. wail over a corpse
fǔshītòngkū 抚尸恸哭[-屍慟-] F.E. weep over a corpse
fǔshìtú 俯视图[-圖] N. vertical view
fùshíwù 副食物 N. food eaten with rice
fǔshíxìng 腐蚀性 N. corruption; corrodation
fùshì xuéjí 复式学级[複-] N. multi-grade class
fùshì yùsuàn 复式预算[複-] N. double-entry budget
fùshì yùsuànzhì 复式预算制[複-] N. dual budget
fūshòu 肤受[膚-] V. ①suffer a superficial wound ② study superficially; dip into
fúshou(r) 扶手(儿) N. ① handrail; banister ② armrest
[1]fúshǒu 扶手 N. handrail
[2]fúshǒu 拂手 N. duster
fúshòu 福寿[-壽] N. good fortune and longevity
[1]fǔshǒu* 俯首 V.O. bow one's head (in submission)
[2]fǔshǒu 拊手 V.O. clap hands
[1]fùshǒu 副手 N. assistant
[2]fùshǒu 覆手 ADV. in a trice/moment
[3]fùshǒu 负手 V.O. with one's hands clasped behind one's back
fǔshǒuchēngchén 俯首称臣[--稱-] F.E. surrender
fùshǒufùjiǎo 缚手缚脚[-腳] F.E. ① have too many constraints ② be unable to act freely
fǔshǒu gānwéi rúzǐniú 俯首甘为孺子牛 F.E. head bowed, like a willing ox I serve the children
fúshòugāo 福寿膏[-壽-] N. opium
fúshòujiǔ 福寿酒[-壽-] N. birthday party for a senior
fǔshǒujiùfàn 俯首就范[-範] F.E. meekly submit
fǔshǒujiùfù 俯首就覆 F.E. droop one's head and allow oneself to be bound; give no resistance
fǔshǒuqīng'ěr 俯首倾耳 F.E. whisper or listen closely to
fúshòuqítiān 福寿齐天[-壽齊-] F.E. good luck and long life
fúshòuquánguī 福寿全归[-壽-歸] F.E. enjoy both happiness and longevity
fúshòushuāngquán 福寿双全[-壽雙-] F.E. enjoy both happiness and longevity
fǔshǒushùncóng 俯首顺从[-從] F.E. obey; be obedient to
fǔshǒutiē'ěr 俯首贴/帖耳 F.E. be servile
fǔshǒutīngmìng 俯首听命[--聽-] F.E. obey submissively
fǔshǒuwúyán 俯首无言 F.E. ①bend one's head in silence ② admit one's fault/crime without protest
fúshǒuyǐ 扶手椅 N. armchair
[1]fúshū 服/伏输 V.O. admit defeat
[2]fúshū 扶疏 V.P. <wr.> luxuriant and well-spaced
[1]fúshǔ 伏暑 N. hot season; dog days
[2]fúshǔ 拂曙 N. daybreak; dawn
fǔshú 腐熟 V.P. <agr.> thoroughly decompose
fǔshǔ 腐鼠 N. trifling things prized by the vulgar
fùshū 覆书[-書] V.O. reply to a letter ♦N. letter in reply
[1]fùshǔ* 附属[-屬] ATTR. ① subsidiary; auxiliary; attached; affiliated ② <lg.> subordinate; subordinating
[2]fùshǔ 副署 N. countersign
[1]fùshù 复数[複數] N. ① <lg.> plural (number) ② <math.> complex number
[2]fùshù 负数[-數] N. <math.> negative number
[3]fùshù 复述[復-] V. ①repeat ②retell ③reiterate
[4]fùshù 富庶 S.V. rich and populous
fùshuāng 富孀 N. rich widow
fùshù dàimíngcí 复数代名词[複數-] N. <lg.> plural pronoun
fùshǔ dānwèi 附属单位[-屬--] N. detachment
fùshǔ de yīnqún 附属的音群[-屬---] N. <lg.> subordinating sounds
fùshǔ gāojí zhōngxué 附属高级中学[-屬----] P.W. subsidiary high school
fùshǔ gōngsī 附属公司[-屬--] P.W. subsidiary company
fùshǔguó 附属国[-屬國] P.W. dependent country; dependency
fùshǔ guómín xiǎoxué 附属国民小学[-屬國---] P.W. subsidiary public elementary school
[1]fúshuǐ 浮/凫水[鳧-] V.O. <topo.> ① swim ② float
[2]fúshuǐ 洑水 V.O. swim
[3]fúshuǐ 符水 N. magic words and water for curing diseases
fùshuǐ 腹水 N. <med.> ① ascites; ascitic fluid ② hydroperitoneum
fùshuì* 赋税 N./V.O. tax
fùshuì'é 赋税额 N. amount of tax
fùshuǐnánshōu 覆水难收[--難-] ID. ① don't cry over spilt milk ②a divorced woman cannot hope to reunite with her ex-husband
fú shuǐtǔ 服水土 V.O. acclimatize ♦N. <bio.> adaptation
fúshuǐ yāzi 浮水鸭子 N. ① swimming duck ② sb. who is not diligent/dependable
fúshuǐyìn 浮水印 N. watermark
fǔshùn* 俯顺 V. defer to; comply with
fùshùn 附顺 V. obey; submit to a greater force
fǔshùnyúqíng 俯顺舆情 F.E. yield to public sentiment (of authorities)
fúshuō 浮说 N. groundless remarks
fùshuō* 复说[複-] N. <lg.> apposition
fúshuōyóucí 浮说游词 F.E. unfounded statement
fùshǔpǐn 附属品[-屬-] N. accessory; appendage
fùshǔwù 附属物[-屬-] N. accessory; appendage
fùshǔ xiǎoxué 附属小学[-屬--] P.W. primary school attached to a middle school, university, or work unit
fùshù xíngshì 复数形式[複數-] N. <lg.> plural
fùshǔ yòuzhìyuán 附属幼稚园[-屬--園] P.W. kindergarten attached to a primary school
fùshǔ yuányīn 附属元音[-屬--] N. <lg.> marginal vowel
fùshǔ yǔzǔ 附属语组[-屬--] N. <lg.> subordinate construction
fùshǔ zhītǐ 附属肢体[-屬-體] N. <lg.> cauda
fùshǔ zhōngxué 附属中学[-屬--] P.W. middle school attached to a university; attached middle school

[1]fúsī* 伏思 F.E. <humb.> in my opinion
[2]fúsī 罘罳 N. ① <trad.> palace screen ② metal net under the eaves to keep off birds
fùsī 覆思 N. carved screen in a palace
fùsīlìng 副司令 N. deputy commander
fùsìpiánpián 腹笥便便 F.E. a learned person
fùsìshènkuān 腹笥甚宽[-寬] F.E. well-read
Fúsī yǔyánxué 弗斯语言学 N. <lg.> Firthian linguistics
fùsòng 附送 V. give; present
fūsù 麸素[麩-] N. gluten
fùsū* 复苏[復蘇] V. ① resuscitate ② recover
fùsù 覆餗 ID. fail owing to incompetence
fùsùcí 复素词[複-] N. <lg.> composite word
fùsù de 复素的[複-] ATTR. composite
fùsù dòngcí 复素动词[複-動-] N. <lg.> composite verb
fǔsuí 抚绥 V. soothe the people
fùsuí* 附随[-隨] V. follow; attend on
fùsuì 富岁[-歲] N. <wr.> a good year; a bumper harvest year
fùsuǒdéshuì 负所得税 N. negative income tax
fùsuǒzhǎng 副所长 N. associate director
fùsùshù 复素数[複-數] N. <math.> complex number
fútái 浮苔 N. <bot.> Ricciocarpus
fǔtái 抚台[-臺] N. (Qing) provincial (military) governor
fùtai* 富态/泰[-態] S.V. <coll.> plump; rotund
fūtàn 麸炭[麩-] N. charcoal
fǔtǎng 府帑 N. money in the treasury
fùtāngdǎohuǒ 赴汤蹈火[-湯--] F.E. go through fire and water
fūtànhuǒ 麸炭火[麩-] N. warm, well-banked fire
fútè* 伏特 M. <elec./loan> volt
Fútè 福特 N. Ford
fútèjì 伏特计 N. voltmeter
fútèjiā 伏特加 N. <loan> vodka
fútī* 扶梯 N. ①staircase with banister/balustrade ② (step)ladder
[1]fútǐ 浮体[-體] N. <phy.> floating body
[2]fútǐ 福体[-體] F.E. <court.> your health
fùtí 副题 N. subheading; subtitle
fùtǐ 附体[-體] V.O. possess (by ghosts/etc.)
fútiān* 伏天 N. hot summer days; dog days
[1]fútián 福田 N. <Budd.> ① the domain of virtue and goodness ② good deeds
[2]fútián 服田 V.O. work in the fields
fǔtián 甫田 N. large field
fútiáo 辐条[-條] N. <coll.> spoke (of a wheel)
fùtiáo* 附条[-條] N. note attached to a letter/document/etc.
fùtiáojiàn bèishū 附条件背书[-條--書] N. qualified endorsement
fùtiáojiàn chéngduì 附条件承兑[-條---] N. qualified acceptance
fùtiáojiàn xiāoshòu 附条件销售[-條---] N. conditional sales
fūtiē 敷贴 V. <med.> apply ointment/plaster
[1]fútie* 伏/服帖 S.V. ① comfortable; cozy ②obedient; submissive; docile ③fitting perfectly
[2]fútiē 伏/服贴 V. ①stick/paste tightly ②sincerely acknowledge sb.'s merits/etc. ③ fit comfortably (of clothes)
fūtiēfǎ 敷贴法 N. application method
fùtǐ huìyìzì 复体会意字[複體-] N. <lg.> compound ideograph; ideographic compound
fùtīngzhǎng 副厅长[-廳-] N. deputy commissioner (of a department in provincial government)
fùtǐzì 复体字[複體-] N. <lg.> compound character/graph
fútǒng 浮筒 N. float; pontoon; buoy
fùtòng* 腹痛 N. abdominal pain
fútou 幞头 N. ① turban ② scarf
[1]fútóu(r) 浮头(儿) V. raise the nose above water to breathe ♦ADV. <coll.> on the surface; superficially ♦N. surface
[2]fútóu 符头 N. heads of musical notes
[1]fǔtóu* 斧头 N. ax; hatchet
[2]fǔtóu 俯头 V.O. lower the head
Fútú 浮屠/图[-圖] N. <Budd.> ① Buddha ② Buddhist monk ③ pagoda; stupa
fútǔ 浮土 N. surface dust
fùtú* 附图[-圖] N. attached map/drawing/figure *jiàn ~ yī* See figure 1.
fùtǔ 复土[復-] V.O. ①reclose a tomb ②recover national territory
fùtuánzhǎng 副团长[-團-] N. deputy regimental commander
fùtuì 复退[復-] V. be demobilized/discharged (from the army)
Fútújīng 浮图经[-圖經] N. <Budd.> Buddhist Scripture; Buddhist sutra
fútuó 袱驼 N. parcel; bundle; package
fùtuō* 付托 V. entrust sth. to sb.
fùtuōdérén 付托得人 F.E. entrust a matter to the right person
fùtuō zhòngrèn 付托重任 V.O. charge sb. with a heavy responsibility
fǔwài 府外 P.W. outside of a mansion
Fúwáng 福王 N. Ming dynasty Emperor Shenzong's son
fúwàng 浮妄 V.P. false (of a doctrine/etc.)
[1]fùwáng* 覆亡 V. fall (of a nation/etc.)
[2]fùwáng 父王 N. father-king
fúwēi 扶危 V.O. help those in distress
fúwéi 伏唯 F.E. <humb.> I hope (in letters)
[1]fúwěi 浮伪 S.V. vainglorious
[2]fúwěi 符尾 N. <mus.> tails of musical notes; coda
[1]fǔwèi* 抚慰 V. comfort; console; soothe
[2]fǔwèi 辅卫[-衛] V. guide and protect; guard
[1]fùwèi 复位[復-] V.O. ① <med.> reset a dislocation (of a shoulder/etc.) ② regain one's power ③ be restored to the throne ♦N. reset
[2]fùwèi 复胃[複-] N. complex stomach (of a ruminant); ruminant stomach
fúwēidìngqīng 扶危定倾 F.E. deliver the country from distress
fúwēijìkùn 扶危济困[--濟-] F.E. help those in distress
fùwèishù 复位术[復-術] N. <med.> reduction
fūwén 敷文 V.O. write literary compositions
fúwén 浮文 N. verbiage; padding
[1]fùwén* 讣闻 N. obituary (notice)
[2]fùwén 附文 N. rider; attachment (in a document)
[3]fùwén 讣文 N. obituary
[4]fùwén 覆文 N. official reply in written form
fùwēndù 负温度 N. negative temperature
fúwēng 凫翁[鳧-] N. <zoo.> water cock
fùwēng* 富翁 N. man of wealth; moneybags
fúwénqiǎoyǔ 浮文巧语 F.E. flowery and bombastic style of writing
fúwò 伏卧[-臥] V. lie prostrate/prone; lie on one's stomach
fǔwò* 俯卧[-臥] V. lie prostrate; lie face down
fǔwòchēng 俯卧撑[-臥撐] N. push-up(exercise)
[1]fúwù 服务[-務] V. be in the service of; serve ♦N. service
[2]fúwù 浮物 N. movable property
[3]fúwù 浮坞[-塢] N. floating dock
fúwùbù 服务部[-務-] P.W. service bureau
fúwù bùmén 服务部门[-務--] P.W. service department
fúwù chǎnpǐn 服务产品[-務產-] N. service products
fúwùchù 服务处[-務處] N. service center
fùwúdīmò 腹无滴墨 F.E. utterly uneducated
fúwù gōngsī 服务公司[-務--] P.W. service agency
fúwù hángyè 服务行业[-務-業] P.W. service trades
fúwù màoyì 服务贸易[-務--] N. service trade
fúwūrǎn 氟污染 N. pollution by fluorine
fúwù rényuán 服务人员[-務--] N. attendant
fúwùshè 服务社[-務-] N. service center
fúwùshēng 服务生[-務-] N. server
fúwù shítǐ 服务实体[-務實體] P.W. service entity
fúwù shōurù 服务收入[-務--] N. tips
fúwúshuāngzhì 福无双至[--雙-] F.E. blessings never come in pairs *See also* *huòbùdānxíng*
fúwùsuǒ 服务所[-務-] P.W. service station/center
fúwùtái 服务台[-務臺] P.W. service/information/reception desk/counter
fúwù tàidu 服务态度[-務態-] N. attitude in attending to guests/customers/etc.; quality of service
fúwùxìng fānyì 服务性翻译[-務--譯] N. <lg.> service translation
fúwùxìng hángyè 服务性行业[-務--業] N. service industry
fúwùyè 服务业[-務業] P.W. service industry
fúwùyuán 服务员[-務-] N. ① attendant; clerk ② service personnel
fúwùzhàn 服务站[-務-] P.W. service center
fúwù zhōngxīn 服务中心[-務--] P.W. service center
Fúxī 伏羲 N. legendary founder of Chinese polity
fúxí 伏袭 V. ambush
fúxǐ 符玺[-璽] N. imperial seal/stamp
fúxì 祓禊 N. exorcistic ablutions
[1]fùxī 付息 V.O. pay interest
[2]fùxī 复息[複-] N. compound interest
[1]fùxí* 复习[複/復習] V. review; revise
[2]fùxí 赴席 V.O. go to a banquet
fùxì 父系 N. paternal line/side ♦ATTR. patrilineal
[1]fúxià* 伏下 R.V. lie prostrate
[2]fúxià 服下 R.V. take (medicine)
fǔxià 俯下 R.V. bow down
[1]fúxiàn* 浮现 V. appear; emerge
[2]fúxiàn 伏线 N. foreshowing
fùxián 赋闲 V.O. be unemployed (of an official/etc.)
fùxiǎn 负险 V.O. hold a key position
[1]fùxiàn 复现[復-] V. reappear
[2]fùxiàn 付现 V.O. pay in cash
[3]fùxiàn 复线[複-] N. <traf.> multiple track
fúxiǎng* 浮想 N. ① random thoughts ② recollections
fúxiàng 福相 N. a face showing good fortune
fǔxiàng 辅相 V. assist ♦N. prime minister
[1]fùxiàng 负项 N. <math.> negative term
[2]fùxiàng 副相 N. <hist.> vice-prime minister
[3]fùxiàng 负像 N. <phy.> negative image
fúxiǎngliánpiān 浮想联翩[--聯-] F.E. thoughts thronging one's mind
fùxiàng qiánghuà 负向强化[--強-] N. <lg.> negative reinforcement
fùxiàng zhuǎnyí 负向转移[--轉-] N. <lg.> negative transfer
fù xiànqián 付现钱[-錢] V.O. pay cash
fùxiànquān 副线圈 N. <elec.> secondary coil
fùxiàn tiělù 复线铁路[複-鐵-] N. double-track railways
fú xiànyì 服现役 N. <mil.> active-duty commitment
fúxiāo 浮嚣 V.P. fickle and excitable
fúxiǎo* 拂晓[-曉] N. dawn; daybreak
fúxiào 服孝 V.O. observe proper mourning rites for parent
fù-xiǎo 附小 AB. *fùshǔ xiǎoxué* primary school attached to a middle school, university, or work unit
fùxiào 复校[復-] V.O. reactivate a school ♦N. reactivation of a school
fùxiàoyìng 副效应[-應] N. secondary/side effect
fùxiàozhǎng 副校长 N. provost (of a university)
fúxià yī bǐ 伏下一笔[-筆] V.O. foreshadow
fùxíbān 复习班[複習-] N. repetition class for students who have failed the entrance examination for a higher level of school
[1]fúxié 扶挟[-挾] V. support; back up
[2]fúxié 伏邪 N. <Ch. med.> hidden evil
fùxiě 复写[複寫] V. make carbon copies; duplicate

fùxiè* 腹泻[-瀉] N. diarrhea

fùxiěbǎn 复写版[複寫-] N. mimeograph

fùxiěběn 复写本[複寫-] N. duplicate copy

fùxiějī 复写机[複寫-] N. duplicating machine

fùxiěqì 复写器[複寫-] N. mimeograph machine

fùxiězhǐ 复写纸[複寫-] N. carbon paper

fúxìn 符信 N. identification tag/sign/etc. ♦V.O. certify authenticity by matching tallies

[1]**fǔxīn** 抚心 V.O. comfort

[2]**fǔxīn** 腐心 N. ① extreme hatred ② extreme worry/anxiety

[3]**fǔxīn** 拊心 V.O. slap one's chest (in distress/indignation)

[1]**fùxīn*** 负心 V.O. fail to be loyal to one's love ♦ATTR. heartless

[2]**fùxīn** 腹心 N. ① true thoughts and feelings ② trusted subordinate; reliable agent ③ vital organs ④ key parts

[3]**fùxīn** 复新[復-] V.P. make new; refurbish

[4]**fùxīn** 负薪 V.O. have to do hard work

fùxìn 复/覆信[復-] V.O. write a letter in reply ♦N. letter in reply

fùxīnbóxìng 负心薄幸 F.E. be ungrateful and lacking in right feelings

fúxīng 福星 N. ① lucky star; mascot ② <Dao.> Star God of Happiness ③ <astr.> Jupiter

fúxíng 服刑 V.O. serve a sentence

[1]**fǔxíng** 腐刑 N. <trad.> castration (as punishment)

[2]**fǔxíng** 辅行 N. assistant

fùxīng* 复兴[復興] V. revive; resurge; rejuvenate

fùxíng 付型 V.O. <print.> make paper molds/matrices

fùxǐng 复醒[復-] V. wake up again

[1]**fùxìng** 父姓 N. patronymic

[2]**fùxìng** 复姓[複-] N. double surname ♦V.O. resume the original family name

[3]**fùxìng** 赋性 N. ①inborn nature ②<lg.> gender

fùxíng chéngnuò 履行承诺 V.O. meet commitments

fúxīnggāozhào 福星高照 F.E. be born under a lucky star

fùxíngjì 赋形剂[-劑] N. <chem.> vehicle; excipient

fù xíngnáng 缚行囊 V.O. tie up one's baggage

fùxíngshìshì 复行视事[復-] F.E. resume office after stepping down from a public post

fùxīng yùndòng 复兴运动[復興運動] N. <socio.> revitalization movement

fùxìngzhēng 副性征[-徵] N. secondary sex/sexual character; sexual characteristics

fùxīngzhǔyì 复兴主义[復興-義] N. revivalism

fùxīnhàn 负心汉[-漢] N. unfaithful male lover

fùxīnjiùhuǒ 负薪救火 F.E. add fuel to the flame

fǔxīnqièchǐ 腐心切齿[-齒] F.E. deep hatred

fùxīnrén 负心人 N. ungrateful man

fùxīnzéi 负心贼 N. betrayer of one's benefactor/lover/etc.

fùxīnzhīhuàn 腹心之患 N. danger from within; serious hidden trouble

fùxiōng 父兄 N. ① father and elder brothers ② family head ③ the elders

fùxī piàojù 附息票据[-據] N. interest-bearing note

fùxì shèhuì 父系社会 N. patrilineal society

fúxiù 拂袖 V.O. shake one's sleeve in displeasure/anger

fǔxiǔ* 腐朽 S.V. ①rotten; decayed ②decadent; degenerate

fúxiù'érqǐ 拂袖而起 F.E. rise in anger

fúxiù'érqù 拂袖而去 F.E. go off in a huff

fùxiūjiùhǎo 复修旧好[復-舊-] F.E. restore former intimacy; become reconciled

fǔxiǔrénwù 腐朽人物 F.E. worthless person

fùxìzhì 父系制 N. patrilineal system

fūxù* 夫婿 N. <wr.> husband

fúxù 拂煦 V.P. <wr.> bring warmth (of a breeze)

fǔxù 抚恤 V. comfort the bereaved

fúxuǎn 浮选[-選] V. floatation (process/technique)

[1]**fùxuǎn*** 复选[復選] V. reelect; be reelected

[2]**fùxuǎn** 覆选[-選] N. ① election by delegates ② run-off election

fùxuǎntí 复选题[復選-] N. reselected exercise problems/questions

fǔxuē 斧削 V. correct freely (of a composition)

fǔxué 府学 P.W. <trad.> prefectural school

[1]**fùxué*** 复学[復-] V.O. resume interrupted studies

[2]**fùxué** 妇学[婦-] N. learning suitable for women

fǔxù jījīn 抚恤基金 N. pension funds

fǔxùjīn 抚恤金 N. pension for the disabled and bereaved

fúxùn* 伏汛 N. summer flood

fǔxún 拊循 V. comfort; soothe

fūyan* 敷衍 V. ① be perfunctory; skimp along (in a task) ② treat sb. lightly/flippantly ③ barely get by; just manage *See also* **fūyǎn**

fūyǎn 敷衍/演 V. <wr.> elaborate; expound *See also* **fūyan**

fúyán 浮言 N. rumor

fúyàn 符验 V. verify through a tally, etc.

[1]**fùyán** 附言 N. postscript; P.S.

[2]**fùyán** 副研 N. associate research fellow

fùyǎn 复眼[複-] N. <zoo.> compound eye (of insects)

[1]**fùyàn** 赴宴 V.O. attend a banquet

[2]**fùyàn** 复验[複-] V. review

fúyáng 扶阳[-陽] V.O. <Ch. med.> support the *yáng*

fúyǎng 扶养[-養] V. provide for; foster; bring up

fúyàng 浮漾 V. float about; drift along

[1]**fǔyǎng*** 抚养[-養] V. foster; raise; bring up

[2]**fǔyǎng** 俯仰 N. ① bending/lifting of head ② a simple move/action ③ a moment

fúyǎngchéngrén 扶养成人[-養--] F.E. bring up (a child)

fúyǎngfèi* 扶养费[-養-] N. alimony

fǔyǎngfèi 抚养费[-養-] N. payment for child support (as after a divorce)

fǔyǎng jīntiē 抚养津贴[-養--] N. allowance for dependents

fǔyǎngwúkuì 俯仰无愧 F.E. have nothing to be ashamed of

fǔyǎngyóurén 俯仰由人 F.E. be at sb.'s beck and call

fǔyǎng zhījiān 俯仰之间 N. in a flash

fǔyǎngzìdé 俯仰自得 F.E. be contented wherever one may be

fūyan jǐ jù 敷衍几句 V.P. dismiss perfunctorily in a few words

fùyánjiūyuán 副研究员 N. associate research fellow

fūyan liǎoshì 敷衍了事 V.P. muddle through one's work

fúyànnánmíng 凫燕难明[鳧-難-] ID. hard to distinguish

fūyansèzé 敷衍塞责 F.E. perform a duty perfunctorily

fūyantángsè 敷衍搪塞 F.E. give a lame excuse

fūyào 敷药[-藥] V.O. apply medicine

fúyāo 服妖 N. outrageous clothes ♦V.O. subjugate evil spirits

fúyáo 扶摇 N. <wr.> cyclone; twister

fúyào* 服药[-藥] V.O. take medicine

fúyáoyángjiǎo 扶摇羊角 F.E. a raging cyclone

fúyáozhíshàng 扶摇直上 F.E. rise steeply; skyrocket

fúyè 扶掖 V. <wr.> support; help

[1]**fùyè*** 副业[-業] N. sideline; side occupation

[2]**fùyè** 附页 N. front and end matter in books

[3]**fùyè** 父业[-業] N. father's business

[4]**fùyè** 复业[復業] V.O. ① take up one's old trade again ② reopen/restart a business

[5]**fùyè** 复叶[複葉] N. <bot.> compound leaf

fùyè shōurù 副业收入[-業--] N. <acct.> ancillary revenue

fūyì 夫役 N. servants; coolies; conscripted laborers

[1]**fúyī** 拂衣 V.O. ① tidy up one's dress upon leaving ② resign and retire

[2]**fúyī** 黻衣 N. symbol of distinction embroidered on a lower garment

fúyǐ 芣苢 N. plantain

[1]**fúyì*** 服役 V.O. ① be on active service ② enlist in the army ③ do corvé labor

[2]**fúyì** 拂意 V.O. be thwarted

[3]**fúyì** 扶翼 ID. support; protect

fǔyī 腐衣 N. extra-thin beancurd skin

fǔyì 辅翼 V. assist

fùyí 赙仪[-儀] N. <wr.> gift to a bereaved family

[1]**fùyì** 附议[-議] V. second a motion/proposal

[2]**fùyì** 赋役 N. taxes and corvée

[3]**fùyì** 复议[覆議] V. reconsider (a decision)

[4]**fùyì** 腹议[-議] N. <wr.> unvoiced criticism

[5]**fùyì** 负义[-義] V.O. ①shirk one's responsibilities ② be ungrateful

[6]**fùyì** 赴义[-義] V.O. ① take a firm stand and die a martyr if necessary ② answer a call to duty

[7]**fùyì** 复意[複-] N. double meaning; ambiguity

[8]**fùyì** 附益 N. added benefit

[9]**fùyì** 副翼 N. aileron

[10]**fùyì** 覆议[-議] V. discuss again ♦N. renewal of discussion

fúyīdàbái 浮一大白 F.E. empty a full glass of liquor in one swallow

Fúyīn* 福音 N. <rel.> ① Gospel ② glad tidings

fúyìn 福荫[-蔭] F.E. <court.> your fortunate protection

fǔyīn 辅音 N. <lg.> consonant; contoid

fǔyǐn 府尹 N. governor of a prefecture; prefect

[1]**fùyīn** 复音[複-] N. ① <phy.> complex tone ② <lg.> complex sound; diphthong; sound sequence

[2]**fùyīn** 父音 N. <lg.> consonant

[1]**fùyìn** 复印[複-] V. <print.> duplicate

[2]**fùyìn** 付印 V. ① send to the press ② turn over to the printer

[3]**fùyìn** 父荫[-蔭] N. father's protection

fǔyīnbiǎo 辅音表 N. <lg.> table of consonants M: [1]*zhāng*

fùyīncí 复音词[複-] N. <lg.> disyllabic/polysyllabic word

fǔyīncóng 辅音丛[-叢] N. <lg.> consonant cluster

fúyīng* 服膺 V.O. <wr.> ① bear in mind ② feel deeply convinced

fúyǐng 浮影 N. floating shadows; visions

[1]**fúyìng** 符应[-應] N. agreement of omen with fact

[2]**fúyìng** 服硬 V.O. yield to force

fǔyīng 拊膺 V.O. slap one's chest (in distress/indignation)

fù-yīng 妇婴[婦-] N. women and infants

fùyīnhé 复音核[複-] N. <lg.> complex nucleus

fùyīnhuà 复音化[複-] N. <lg.> diphthongization

fùyìnjī 复印机[複-] N. duplicator; duplicating machine M: [2]*zhī*/[1]*ge*

fùyìnjiàn 复印件[複-] N. copy; photocopy; duplicate M: [1]*běn*/[1]*zhāng*

fǔyīn jiāotì 辅音交替 N. <lg.> consonant alternation/replacement/substitution

fùyīnjié 复音节[複-節] N. <lg.> binominal; polysyllabic word

fùyīn liánzhuì 复音连缀[複-] N. <lg.> consonant cluster

Fúyīnshū 福音书[-書] N. Gospel M: [1]*běn*

fúyīntáng 福音堂 P.W. chapel M: [4]*zuò*

fǔyīn tǐxì 辅音体系[--體-] N. <lg.> consonant system

fǔyīnxìng de 辅音性的 ATTR. consonantal

fǔyīn xìtǒng 辅音系统 N. <lg.> consonant system

fǔyīn yǎnbiàn 辅音演变[-變] N. <lg.> consonant change

fǔyīn yídòng 辅音移动[-動] N. <lg.> consonant shift

fùyīn yīncóng 复音音丛[複-叢] N. <lg.> consonant cluster

fùyīn yīnyuè 复音音乐[複-樂] N. <mus.> polyphony M: [1]*zhǒng*

fùyìnzhǐ 复印纸[複-] N. duplicating paper M: [1]*zhāng*

fǔyīn zhuǎnhuàn 辅音转换[-轉換] N. <*lg.*> consonant change

fùyīnzhuì 复音缀[複-] N. <*lg.*> polysyllable; polysyllabic word

fùyīn zhuìyǔ 复音缀语[複-] N. <*lg.*> dissyllabic word

fúyīnzhǔyì 福音主义[-義] N. evangelism

fǔyīn zìmǔ 辅音字母 N. <*lg.*> consonant

fùyìwàng'ēn 负义忘恩[-義--] F.E. ungrateful; ingrate

fùyìzhǎng 副议长[-議-] N. vice-chairman or deputy speaker (of an assembly/council/etc.) M: *míng*/[1]*ge*

fùyǐzhòngrèn 付以重任 F.E. entrust with an important post

fūyòng 敷用 V. ① apply ② suffice for expenses

fúyòng* 服用 V. ① take (medicine) ② <*wr.*> clothing and articles for daily use ♦N. clothes and tools

fǔyōng 拊膺 V.O. <*wr.*> beat one's chest (in distress)

fǔyǒng 俯泳 V./N. <*sport*> the crawl

fùyōng 附庸 N. ① dependency; vassal/satellite state ② appendage M: [1]*míng*/[1]*ge*

fùyōngfēngyǎ 附庸风雅 F.E. pose as a lover of culture

fùyōngguó 附庸国[-國] N. dependent country; dependency

fúyōu 浮悠 ADV. leisurely; in no hurry

[1]**fúyóu** 浮游 V. ① swim ② <*wr.*> roam; go on a pleasure trip ♦N. ephemera

[2]**fúyóu** 蜉蝣 N. <*zoo.*> mayfly

fùyóu 付邮[-郵] V.O. take to the post; post; mail

[1]**fùyǒu*** 富有 V. ① be rich/wealthy ② be rich in; be full of

[2]**fùyǒu** 附有 V. attach

[3]**fùyǒu** 赋有 V. be endowed/gifted with

[4]**fùyǒu** 负有 V. be responsible for; bear (responsibility/etc.)

[1]**fùyòu** 妇幼[婦-] N. women and children M: [1]*míng*/[1]*ge*

[2]**fùyòu** 复又[復-] ADV. again; repeatedly

fùyòu bǎojiàn 妇幼保健[婦-] N. maternity and child hygiene

fùyòu bǎojiànzhàn 妇幼保健站[婦-] P.W. maternity and child-care center

fùyòudǎo 负诱导[-導] N. <*bio.*> negative induction

fúyóuhànshù 蜉蝣撼树[-樹] ID. a very rash, ridiculous attempt

fùyǒulínjiǎ 腹有鳞甲 ID. be treacherous

fúyóu shēngwù 浮游生物 N. plankton

fùyòu wèishēng 妇幼卫生[婦-衛-] N. hygiene for women and children

fùyóuxiāng 副油箱 N. auxiliary/drop tank M: [2]*zhī*

fúyōuxiànliè 扶优限劣[-優--] F.E. support successful enterprises and restrict unsuccessful ones

fùyòu yīyuàn 妇幼医院[婦-醫-] P.W. women's and children's hospital M: [1]*jiā*

fúyóuyǔwài 浮游宇外 F.E. roam beyond the universe

fúyóu zījīn 浮游资金 N. floating fund

[1]**fūyú** 敷余 V.P. be excessive/superfluous

[2]**fūyú** 敷愉 V.P. beaming with joy

fūyù 孵育 V. hatch; incubate

fúyú 扶揄 V. raise high; uphold

[1]**fúyù** 浮誉[-譽] N. empty honor

[2]**fúyù** 服御/驭 <*wr.*> N. uniforms and carriages; accoutrements ♦V. drive/handle a carriage

[3]**fúyù** 服育 N. pupa of cicada

[4]**fúyù** 弗豫 V.P. not well; not in good health

fǔyù 抚育 V. foster; nurture; tend

fùyu 富余/馀 S.V. have more than needed ♦N. surplus

[1]**fùyú** 赋于[-於] V.P. have; be endowed with

[2]**fùyú** 富于[-於] V.P. be rich in

[3]**fùyú** 鳆鱼 N. abalone M: [1]*wěi*

[4]**fùyú** 赋舆 N. ① chariot ② military affairs

[1]**fùyǔ*** 赋予/与[-與] V. endow; entrust

[2]**fùyǔ** 付与/予[-與] V. ① hand over ② give to

[3]**fùyǔ** 副语 N. <*lg.*> adverbial modifier

[4]**fùyǔ** 复语[複-] N. <*lg.*> compound; compound form

[5]**fùyǔ** 腹语 N. ventriloquy; ventriloquism

[1]**fùyù** 富裕 S.V. well-to-do; well-off

[2]**fùyù** 馥郁 V.P. <*wr.*> strong (of fragrance)

[3]**fùyù** 覆育 V. protected by heaven and nourished by the earth

fúyuán 幅员 N. extent of a country

fǔyuǎn 抚远[-遠] V.O. pacify a distant area

fǔyuàn 府怨 V.P. loathsome to the whole world

[1]**fùyuán*** 复原[復-] V.O. ① recover from an illness ② restore; rehabilitate

[2]**fùyuán** 复员[復-] V.O. ① return to peacetime conditions ② demobilize

[3]**fùyuán** 富源 N. natural resource

[4]**fùyuán** 复元[復-] V.O. recover health

[5]**fùyuán** 复圆[復-] N. <*astr.*> fourth contact (of an eclipse); last contact

fùyuánfèi 复员费[復-] N. demobilization pay M: [2]*bǐ*

fúyuánguǎngdà 幅员广大[--廣-] F.E. vast territory

fùyuán jūnrén 复员军人[復-] N. demobilized serviceman; ex-serviceman

fúyuánliáokuò 幅员辽阔[--遼-] F.E. a country with vast territory

fùyuánlìng 复员令[復-] N. demobilization order

fùyuányīn 复元音[複-] N. <*lg.*> diphthong; polyphthong; vowel cluster

fùyuányīnhuà 复元音化[複-] N. diphthongization

fùyuànzhǎng 副院长 N. associate dean M: [1]*míng*/[1]*ge*

fùyúchūnqiū 富于春秋[-於--] F.E. in the prime of one's life; rich in years

fūyuè 铁钺 N. punishment of crimes

fǔyuè 斧钺 N. <*trad.*> ① executioner's ax ② battle-ax ③ capital punishment

[1]**fùyuē*** 赴约 V.O. keep an appointment

[2]**fùyuē** 负约 V.O. ① break a promise/contract/agreement ② fail to keep an appointment

[3]**fùyuē** 附约 V.O. supplementary articles

fùyuēhánméng 负约寒盟 F.E. break a treaty and discard an alliance

fùyù'ér 父育儿 N. couvade

fùyǔfānyún 覆雨翻云[-雲] ID. shifty; given to playing tricks

fúyún* 浮云[-雲] N. floating/passing clouds M: [2]*duǒ*

fǔyǔn 俯允 V. grant gracious permission

fùyùn 复韵[複韻] N. compound vowel

fúyúnǎohǎi 浮于脑海[-於腦-] F.E. flash across one's mind

fùyùnmǔ 复韵母[複韻-] N. <*lg.*> final consisting of a diphthong M: [1]*zhǒng*

fúyúnzhāolù 浮云朝露[-雲--] F.E. fleeting; ephemeral; brief

fú yúqíng 拂舆情 V.O. defy public sentiment

fùyu rényuán 富余人员 N. superfluous/redundant staff M: [1]*míng*/[1]*ge*

fùyù shèhuì 富裕社会 N. affluent society

fùyǔshì 复语式[複-] N. <*lg.*> compound form

fùyùshì dānrénfáng 附浴室单人房 P.W. single room with bath

fùyǔ tèzhēng 副语特征[-徵] N. <*lg.*> paralinguistic feature

fùyúwánkàng 负隅顽抗 F.E. put up a stubborn resistance

fúyǔxūcí 浮语虚辞[-虛辭] F.E. brag

fùyǔyán 副语言 N. <*lg.*> paralanguage M: [1]*zhǒng*

fùyǔyán tèzhēng 副语言特征[-徵] N. <*lg.*> paralinguistic feature

fùyǔyánxué 副语言学 N. <*lg.*> paralinguistics

fǔyùyuàn 辅育院 P.W. preschool; kindergarten

fùyùzhōngnóng 富裕中农[-農] F.E. <*PRC*> relatively rich land owners who practiced minor exploitation M: [1]*míng*/[1]*ge*

fùzá 复杂[複雜] S.V. ① complicated; complex ② <*lg.*> compound

fùzácí 复杂词[複雜-] N. <*lg.*> complex word

fùzáhuà 复杂化[複雜-] V. make complicated; complicate

[1]**fùzǎi** 附载 N. appendix

[2]**fùzǎi** 覆载 N. heaven and earth

fùzài* 负载 V. <*elec.*> load

fùzǎibùróng 覆载不容 F.E. intolerable to heaven and earth

fùzàitiáozhěng 负载调整 F.E. load regulation

fùzájù 复杂句[複雜-] N. <*lg.*> complex sentence M: [1]*zhǒng*

fǔ-zàng* 腑脏[-臟] N. bowels; entrails; viscera

fùzàng 附葬 N. inter/bury together

[1]**fúzào*** 浮躁 S.V. impetuous; impulsive; restless

[2]**fúzào** 浮燥 S.V. superficial and impetuous

fǔzáo 斧凿[-鑿] N. ① hatchet and chisel ② conscious artistry (in literary works)

fǔzǎo 斧藻 V. embellish; decorate

fǔzáohén 斧凿痕[-鑿-] N. <*wr.*> ① marks of hatchet and chisel ② traces of conscious artistry

fǔzáohénjì 斧凿痕迹[-鑿-跡] ID. traces of laborious correction in a literary piece

fúzǎozhīshì 凫藻之士[鳧-] N. sb. in a right/fitting environment

fùzáxìng 复杂性[複雜-] N. complexity

fùzá yīndiào 复杂音调[複雜-] N. <*lg.*> compound intonation

fùzá yuányīn 复杂元音[複雜-] N. <*lg.*> complex vowel

fùzá zhuàngtài jiégòu 复杂状态结构[複雜狀態-構] N. <*lg.*> complex stative construction; decomplement construction

fùzá zhuàngtàijù 复杂状态句[複雜狀態-] N. <*lg.*> complex stative construction

fúzé 福泽[-澤] N. good fortune

[1]**fùzé*** 负责 V. be responsible for; be in charge of ***běnzhe duì gōngzuò ~ de jīngshen*** from a sense of responsibility toward one's work ***Nà bù gāi wǒ ~.*** I should not be held responsible for that. ♦S.V. conscientious

[2]**fùzé** 附则 N. ① supplementary articles (to a treaty/etc.) ② sublaw

fùzé gànbù 负责干部[--幹-] N. responsible cadre; cadre in charge

fùzèng 赙赠 V. <*wr.*> present a gift to a bereaved family

Fù Zēngxiāng 傅增湘 (1872–1950) N. noted scholar-official and bibliophile

fùzèngxiāngyí 赋赠香仪[-儀] F.E. give incense money for funeral expenses

fùzēngzhǎng 负增长 N. ① economic downturn ② negative growth

fùzérén* 负责人 N. person in charge; leading cadre M: [1]*míng*/[1]*ge*

fù zérèn 负责任 V.O. be responsible for; be in charge of

fúzhā 浮渣 N. dross

fǔzhái 府宅 P.W. personal residence M: [4]*zuò*

fùzhài* 负债 V.O. be in debt; incur debt

fùzhàiguó 负债国[-國] P.W. debtor nation

fùzhài lěilěi 负债累累 V.P. be heavily in debt

fùzhàizǐhuán 父债子还[-還] F.E. A dutiful son is obliged to pay his father's debts.

fúzhàng 扶杖 V.O. lean on a staff/stick

fǔzhǎng 抚/拊掌 V.O. <*wr.*> clap hands

fùzhāng 附张 N. attached paper/sheet M: [1]*zhāng*

[1]**fùzhàng*** 腹胀 N. abdominal distension

[2]**fùzhàng** 付帐/账 V.O. pay a bill

[3]**fùzhàng** 负账 N. deficit

fúzhàng'érxíng 扶杖而行 F.E. walk with the help of a staff/cane

fùzhànghùshì zhìdù 复帐户式制度[複-] N. double account system

fùzhàngrúgǔ 腹胀如鼓 F.E. ① One's belly is tight as a drum; bloated ② well fed and content

fúzhào* 辐照 N. <*phy.*> irradiation

fùzhào 复照[復/覆-] N. a note in reply (of diplomacy)

F

fùzhàoyùlóu 赴召玉楼[-樓] ID. go to Hades; die

fùzhāo yǔshì 附着语式[-著--] N. <lg.> bound form

fǔzhe 抚着[-著] V.P. caress

fùzhé* 覆辙 N. ① the track of an overturned cart ② plainly disastrous policy

fùzhěn 复诊[復-] V. have further visits (with a doctor) *Yī ge yuè hòu lái ~.* Come for further consultation in a month.

fùzhèng 敷政 V.O. <wr.> carry out the administration

fúzhèng* 扶正 R.V. ① set sth. upright or straight ② <Ch. med.> build up resistance to disease ③ give a concubine the status of a primary wife (after the primary wife's death)

[1]**fǔzhèng** 斧正/政 V. <wr.> (please) make corrections

[2]**fǔzhèng** 辅政 V.O. assist a ruler in governing a country

fùzhèng 复政[復-] V.O. regain power (of a monarch)

fúzhèngqūxié 扶正祛邪 F.E. fight for justice against evil

fúzhèngyāxié 扶正压邪[--壓-] F.E. uphold the good and suppress the bad

fūzhì 铁锧[-鑕] N. ax for chopping the body of a convict in two

fúzhī 匐枝 N. <bot.> stolon

[1]**fúzhí** 扶植 V. foster; prop up

[2]**fúzhí** 扶直 R.V. straighten

fúzhǐ 福祉 N. <wr.> ① happiness; blessedness ② welfare

[1]**fúzhì** 服制 N. rules of mourning according to the relationship with the deceased

[2]**fúzhì** 浮质[-質] N. aerosol

[3]**fúzhì** 扶志 V.O. nurture the will to aggrandizement

[1]**fǔzhì** 府志 N. provincial gazetteer

[2]**fǔzhì** 辅治 V. help in government

[3]**fǔzhì** 府治 N. seat of a prefecture

[4]**fǔzhì** 斧锧[-鑕] N. <trad.> executioner's block and cleaver

fùzhī 附肢 N. appendage

[1]**fùzhí** 复职[復職] V.O. be reinstated in a job

[2]**fùzhí** 父执[-執] N. <wr.> friends of one's father's generation

[3]**fùzhí** 副职[-職] N. a deputy position M: [1]zhǒng

[4]**fùzhí** 妇职[婦職] N. duties of a woman/housewife; woman's duty

[1]**fùzhì*** 复制[複製] V./N. duplicate; reproduce; clone

[2]**fùzhì** 附识[-識] N. notes appended to a book/etc.

fùzhíbèi 父执辈[-執-] N. father's generation

fùzhǐ biǎoshì 复指表示[複-] N. <lg.> plural referring expression

fùzhì chū 复制出[複製-] R.V. ① duplicate; reproduce; copy ② clone

fùzhīdōngliú 付之东流 F.E. All one's efforts are wasted.

fùzhīdùwài 付之度外 F.E. leave out of consideration

fùzhīliúshuǐ 付之流水 F.E. give up (as impractical)

fǔzhíméi 腐植煤 N. humic/humus coal M: [2]kuài

fùzhìpiān 复制片[複製-] N. duplicated film; copy of a film M: [2]bù

fùzhìpǐn 复制品[複製-] N. replica; reproduction M: [1]zhǒng

fùzhīquērú 付之阙如 F.E. <wr.> relegate to the category of things unknown

fùzhīshíxiàn 付之实现[--實-] F.E. bring. . .into being; put into action/practice

fǔzhísuān 腐植酸 N. <agr.> humic/humus acid

fǔzhítǔ 腐殖土 N. <agr.> humus soil

fúzhìxīnlíng 福至心灵[--靈] F.E. when good fortune comes the mind works well

fùzhīyījù 付之一炬 F.E. commit to the flames

fùzhīyīxiào 付之一笑 F.E. laugh it off; brush aside with a smile

fùzhí yǔjù 赋值语句 N. <lg.> assignment statement

fǔzhízhì 腐殖/植质[-質] N. <geol.> humus

fúzhǒng* 浮肿[-腫] N. <med.> dropsy; edema

fúzhòng 服众[-眾] V.O. gain popular respect

fǔzhōng 府中 N. in the mansion house

[1]**fù-zhōng** 附中 AB./P.W. fùshǔ zhōngxué

[2]**fùzhōng** 阜螽 N. grasshoppers

[1]**fùzhòng** 负重 V.O. ① shoulder a heavy load ② endure humiliation to carry out an important mission

[2]**fùzhòng** 复种[複種] N. <agr.> multiple cropping

fùzhōngcángdāo 腹中藏刀 F.E. a treacherous person

fùzhōnglínjiǎ 腹中鳞甲 F.E. vicious; treacherous

fùzhòng miànji 复种面积[複種-積] N. multiple cropping area

fùzhòngrěnrǔ 负重忍辱 F.E. bear a heavy burden and suffer disgrace with patience

fú zhòngwàng 孚众望[-眾-] V.O. ① come up to popular expectation ② enjoy popular support

fùzhòngyīn jìhào 附重音记号[-號] N. <lg.> accentuation

fǔzhōngyóuyú 釜中游鱼 ID. One's fate is sealed.

fǔzhōngyú 釜中鱼 ID. sb. without hope of escape M: [1]wěi

fùzhòng zhǐshù 复种指数[複種-數] N. multiple-crop index

fǔzhōngzhīyú 釜中之鱼 ID. sb. without hope of escape

fùzhòngzhìyuǎn 负重致远[-遠] F.E. work hard and achieve one's goal

fúzhōu 浮舟 N. pontoon M: [4]yè

[1]**Fúzhōu*** 福州 P.W. Fuzhou (capital of Fujian)

[2]**Fúzhōu** 佛州 P.W. Florida

fúzhòu 符咒 N. ① charm ② magic incantations

fùzhōu 覆舟 N. capsized boat M: [1]tiáo

fúzhōuqiáo 浮舟桥[-橋] N. pontoon bridge M: [4]zuò

fùzhōuzhǎng 副州长 N. lieutenant governor

fūzhǔ 夫主 N. one's husband M: [1]míng/[1]ge

fúzhū 伏诛 V.O. <wr.> be executed

[1]**fúzhù** 扶助 V. help; assist; support

[2]**fúzhù** 扶住 R.V. hold; support

fǔzhú 腐竹 N. dried beancurd strips in tight rolls

fǔzhù* 辅助 V. assist from the sidelines ♦ATTR. supplementary; auxiliary; subsidiary

fùzhū 付诸 V. ① implement ② submit/present to

[1]**fùzhù** 附注[-註] N. endnote; postscript; annotations

[2]**fùzhù** 缚住 R.V. tie up; bind up

fùzhuǎn 复转[復轉] V. ① demobilize and transfer ② repay; return

fúzhuāng* 服装[-裝] N. dress; clothing; costume M: [2]jiàn

fùzhuàng 复壮[復壯] N. <agr.> rejuvenation

fúzhuāng biǎoyǎn 服装表演[-裝--] N. fashion show

fúzhuāngchǎng 服装厂[-裝廠] P.W. clothing factory M: [1]jiā

fúzhuāngdiàn 服装店[-裝-] P.W. clothes shop; clothing store M: [1]jiā

fúzhuāng shèjì 服装设计[-裝--] N. fashion design

fùzhuǎn jūnrén 复转军人[復轉-] N. armymen demobilized or transferred to civilian work

fùzhū biǎojué 付诸表决[-決] V.P. put to the vote

fǔzhù chǎngfáng 辅助厂房[--廠-] P.W. auxiliary building

fùzhūděngxián 付诸等闲 F.E. let things slide

fùzhūdōngliú 付诸东流 F.E. ① All efforts are wasted. ② be irrevocably lost

fǔzhùgōng 辅助工 N. <min.> shifter M: [1]míng/[1]ge

fǔzhù gōngnéng 辅助功能 N. <comp.> auxiliary function

fùzhuìxuányóu 附赘悬疣[--懸-] ID. superfluous/useless appendages; superfluities

fǔzhù jiànpán 辅助键盘[-盤] N. <comp.> supplementary keypad M: [1]zhǒng

fùzhǔjiào 副主教 N. archdeacon M: [2]wèi/[1]míng/[1]ge

fǔzhù jīgòu 辅助机构[-構] N. auxiliary organization

fǔzhù láodòng 辅助劳动[-勞動] N. secondary/supplementary labor

fǔzhǔn 俯准[-準] V. give gracious approval

fúzhuó 祓濯 V. cleanse; purify

fùzhuó* 附着[-著] V. adhere/stick to ♦ATTR. <lg.> affixing

fùzhuólì 附着力[-著-] N. <phy.> adhesion; adhesive force

fùzhuóshì císù 附着式词素[-著---] N. <lg.> bound form

fùzhuóyǔ 附着语[-著-] N. <lg.> bound morph(eme)

fùzhuó yǔsù 附着语素[-著--] N. <lg.> bound morph(eme)

fùzhǔrèn 副主任 N. deputy director M: [1]míng/[1]ge

fùzhǔrèn wěiyuán 副主任委员 N. deputy head member of a committee

fǔzhù rényuán 辅助人员 N. auxiliary staff members

fùzhū shíshī 付诸实施[--實-] V.P. put into practice/effect; carry out

fùzhūshíxiàn 付诸实现[--實-] F.E. put into action/practice

fùzhūwǎngwén 付诸罔闻 F.E. give no heed to

fùzhǔxí 副主席 N. vice chairman M: [1]míng/[2]wèi/[1]ge

fùzhūxíngdòng 付诸行动[-動] F.E. put into practice/effect

fùzhǔyào dòngcí 副主要动词[---動-] N. <lg.> subsidiary verb

fùzhūyījù 付诸一炬 F.E. set sth. on fire

fǔzhùyǔ 辅助语 N. <lg.> auxiliary language M: [1]zhǒng

fǔzhù yǔyán 辅助语言 N. <lg.> auxiliary language

fǔzhù yǔyánxué 辅助语言学 N. <lg.> paralinguistics

fǔzhùzhě 辅助者 N. facilitator M: [1]míng/[2]wèi/[1]ge

fǔzhù zhuānzhí rényuán 辅助专职人员[--專職--] N. paraprofessional

fǔzhù zhǔyào dòngcí 辅助主要动词[----動-] N. <lg.> subsidiary main verb

[1]**fūzi** 麸子[麩-] N. wheat bran/husk

[2]**fūzi** 伕子 N. <trad.> conscripted labor

fūzǐ 夫子 N. ① <trad.> disciple's address to his Confucian master ② pedant ③ <trad.> my husband ④ master ⑤ title of respect for the elders M: [1]míng/[1]ge/[2]wèi

[1]**fúzi** 浮子 N. float (of a fishing line)

[2]**fúzi** 拂子 N. fly whisk; duster

[3]**fúzi** 袱子 N. <topo.> ① cloth wrapper; bundle wrapped in cloth ② kerchief ③ handkerchief

fǔzi 斧子 N. ax; hatchet M: [1]bǎ

fǔzī 俯姿 N. a prostrate posture

fǔzì 抚字 V.O. <trad.> ① love children ② treat people kindly (of government officials)

[1]**fùzǐ*** 父子 N. father and son

[2]**fùzǐ** 付梓 V. <trad.> ① send to the press for publication ② turn over to the printing shop (after proofreading)

[3]**fùzǐ** 附子 N. <Ch. med.> monkshood

fùzīběn 负资本 N. <acct.> negative capital M: [2]bǐ

fùzǐ guānxi 父子关系[-關係] N. relationship between father and son

fùzǐliǎ 父子俩 N. father and son

fúzìtiānlái 福自天来 F.E. god-bestowed peace and blessings

fùzǐ tiānxìng 父子天性 N. father-son relationship

fúzìtiānzhōng 福自天中 F.E. Happiness comes from Heaven.

fūzǐzìdào 夫子自道 F.E. One unconsciously exposes one's own defects while criticizing others.
fùzǒng 副总[-總] N./ATTR. deputy; vice-chief
fùzǒngcái 副总裁[-總-] N. ① vice director general (of a political party) ② vice-governor (of a bank)
fùzǒngcānmóuzhǎng 副总参谋长[-總參--] N. deputy chief of general staff
fùzōng de 复综的[複-] ATTR. reduplicating
fùzǒnggōngchéngshī 副总工程师[-總--師] N. vice-chief engineer
fùzǒnglǐ 副总理[-總-] N. vice-premier M: [2]wèi/[1]míng/[1]ge
fùzǒngsīlìng 副总司令[-總--] N. deputy commander-in-chief M: [1]míng/[2]wèi/[1]ge
fùzǒngtǒng 副总统[-總-] N. vice-president (of a nation) M: [1]míng/[2]wèi/[1]ge
fùzōngyǔ 复综语[複-] N. <lg.> reduplicating/polysynthetic language
fūzòu 敷奏 V. explain in a letter to the emperor
[1]**fùzú** 富足 S.V. plentiful; abundant; rich; affluent
[2]**fùzú** 腹足 N. <zoo.> abdominal foot/leg; proleg
fùzú dòngwù 腹足动物[--動-] N. <zoo.> gastropod M: [2]zhī
fúzuì* 伏/服罪 V.O. ① admit guilt; plead guilty ② be executed
fùzuì 负罪 V.O. ① be culpable ② bear the blame
fǔzúlèi 斧足类[-類] N. <zoo.> pelecypoda (oysters/clams/etc.)
fùzúlèi* 腹足类[-類] N. <zoo.> gastropod
fùzúlèi dòngwù 腹足类动物[--類動-] N. gastropod
fǔzūn 府尊 N. <court.> your home
fūzuò 趺坐 V. <wr.> sit cross-legged (in Buddhist style)
fǔzuǒ* 辅佐 V. assist ruler in governing
fùzuò 副座 N. ① side seat; secondary seat ② assistant
fǔzuòhén 斧凿痕[-鑿-] *See fǔzáohén*
Fù Zuòyì 傅作义[-義] (1895–1974) N. military leader in North China who fought the Japanese in the 30s and 40s and surrendered Beijing to the Communists in 1949
fùzuòyòng 副作用 N. ① side-effect; by-effect; adverse effect ② <mach.> secondary action
F-wǔ-E F五E N. F-5E (fighter plane)

G

[1]**gā*** 嘎 ON. clunk *See also* [3]*gá*, [1]*gǎ*
[2]**gā** 咖 *used in transcriptions in* **gālí, gālíjī** *See also* [2]*kā*
[3]**gā** 伽 in **gāmǎ, gāmǎ shèxiàn** *See also* [15]*jiā*, [2]*qié*
[4]**gā** 夹[夾] in **gāzhiwō** *See also* [3]*jiā*, [1]*jiá*
[5]**gā** 胳 in **gāzhiwō** *See also* [8]*gē*, [14]*gé*
[6]**gā** 疙 in **gāda** *See also* [10]*gē*
[7]**gā** 旮 in **gāgalálár**
[8]**gā** 界 in **bù dāgā** *See also* [2]*gà*, [1]*jiè*
[1]**gá** 钆[釓] N. <*chem.*> gadolinium
[2]**gá** 轧[軋] in **gáxì, niúgátáng** *See also* [1]*yà*, [3]*zhá*
[3]**gá** 嘎 in **gár, gála** *See also* [1]*gā*, [1]*gǎ*
[4]**gá** 噶 in **Zhǔngá'ěr**
[1]**gǎ** 嘎 S.V. <*coll.*> ① nasty; bad-tempered ② eccentric ③ funny; interesting; naughty *See also* [1]*gā*, [3]*gá*
[2]**gǎ** 尕 B.F. <*topo.*> small **gǎwá**
[1]**gà** 尬 in **gāngà**
[2]**gà** 界 in **bàngānbùgà** *See also* [8]*gā*, [1]*jiè*
gāba 嘎巴/叭 <*topo.*> V. form a crust ♦N. crust M: [2]*kuài*
gābā* 嘎巴 ON. crack; snap ♦V. stick to
gābar 嘎巴儿 N. <*topo.*> ① crust ② scab M: [2]*kuài*
gābar méiyǒu 嘎巴儿没有 V.P. <*coll.*> penniless
gābēng 嘎嘣 ON. the sound of cracking nuts/etc. with one's teeth
gābēngcuì 嘎绷脆[-繃-] <*coll.*> V.P. ① crunchy; crispy ② clear and brisk (of voice) ③ clear-cut; prompt ④ act/speak promptly
gāda* 疙瘩 <*coll.*> N. place; spot
gādā 嘎搭 <*topo.*> N. sound of snapping scissors ♦V. snap scissors open and shut
gādēng 嘎噔 ON. snap
gāga 嘎嘎 <*coll.*> ON. ① honk like a goose ② bicker; haggle ③ the sound of laughter ♦ATTR. deceptively solid looking; apparently firm
gāgā(r)* 嘎嘎(儿) ON. quacking/laughing sound ♦N. ① cigar shape (pointed at ends) ② a sly one ③ cornball
gāgā de jiàozhe 嘎嘎地叫着[-著] V.P. <*coll.*> honk like geese
gága hútòng 嘎嘎胡同[-衚衕] N. <*coll.*> an ordinary *hutong* (i.e., lacking large houses with courtyards)
gāgalálár 旮旮旯旯儿 N. <*coll.*> every nook and cranny
gágar 嘎嘎儿 N. <*coll.*> ① child's elliptical toy ② sth. elliptical in shape
gágar tiān 嘎嘎儿天 N. <*topo.*> days with cool evenings and hot middays
gāgāshēng 嘎嘎声[-聲] N. <*on.*> quack M: [1]*zhèn*
gāgazǎor 嘎嘎枣儿[--棗-] N. a kind of date/jujube with pointed ends
gāgu 嘎古 S.V. <*coll.*> ① surly; mean; nasty in speech and manner ② meager; scant; barren;lean
gāgudì 嘎咕地 N. <*coll.*> barren land M: [2]*kuài*/[1]*piàn*
gāguhuà 嘎咕话 N. <*coll.*> surly language
gāgunián(tou) 嘎咕/古年(头) N. <*topo.*> bad/lean years; years of poor harvest
gāguniǎo 嘎咕鸟 N. <*coll.*> wood-pigeon M: *ge*/[2]*zhī*

[1]**gāi*** 该[該] AUX. ought to; should ♦V. ① be sb.'s turn to do sth. ② deserve *~! Shéi ràng nǐ bù tīnghuà.* It serves you right, you shouldn't have been disobedient. ③ owe ♦PR. this; that; the said/given
[2]**gāi** 赅[賅] B.F. <*wr.*> complete; full **yánjiǎnyìgāi**
[3]**gāi** 垓 N. ① far and remote places; wilds beyond the frontier ② boundary;limit ③ hundred million
[4]**gāi** 荄 B.F. grass roots **gēngāi**
[5]**gāi** 陔 B.F. steps; grades **xúngāi**
gǎi 改 V. ① change; transform ② amend; revise ③ correct; put right *Tā zài ~ zuòyè.* She's correcting students' homework.
[1]**gài** 盖[蓋] N./V. cover ♦V. ① seal; affix a seal ② surpass; top; prevail over ③ build; construct ♦ADV. <*wr.*> about; around *~ qiān rén* about a thousand people ♦S.V. <*slang*> super; marvelous; excellent
[2]**gài** 钙[鈣] N. <*chem.*> calcium
[3]**gài** 概 ADV. without exception; categorically ♦B.F. general; approximate **dàgài**
[4]**gài** 丐 V. <*wr.*> beg ♦B.F. beggar **qǐgài**
[5]**gài** 溉 B.F. irrigate **gàidí, guàngài**
[6]**gài** 芥 in **gàicài, gàilán** *See also* [10]*jiè*
[7]**gài** 戤 in **yìnggài**
gǎibǎn* 改版 V.O. ① revise an existing edition ② correct typesetting ♦N. revised edition
gǎibàn 改扮 V. disguise
gàibǎn 盖板[蓋-] N. covering board M: *ge*/[2]*kuài*
gàibāng 丐帮[-幫] <*coll.*> N. a group of beggars M: *ge*/[1]*qún*
gāibānr 该班儿 V.O. <*coll.*> be sb.'s turn/shift
gāibèi 该备[-備] V.P. complete; nothing lacking
gàibēi 盖杯[蓋-] N. cup with a lid M: *ge*/[2]*zhī*
gàibèi* 盖被[蓋-] V.O. cover with a quilt (when sleeping)
gài bèiwo 盖被窝[蓋-窩] V.O. cover with a quilt (when sleeping)
gǎibiān 改编 V. ① adapt; rearrange; revise ② reorganize; redesignate ♦N. <*lg.*> adaptation
gǎibiàn* 改变[-變] V. change; transform
gǎibiàn chéng 改变成[-變-] R.V. turn into
gǎibiān wéi 改编为 V.P. ① revise, readapt; rearrange ② reorganize; redesignate
gǎibiàn zhǔyì 改变主意[-變--] V.O. change one's mind
gāibó 该/赅博 V.P. ① erudite ② <*wr.*> broad and profound; learned
gàibùfùzé 概不负责 F.E. have no responsibility under any circumstances
gǎibuguò 改不过 R.V. can't change (habit/etc.)
gǎibùhuànyù 改步换玉[--換-] F.E. adopt/take different measures according to circumstances
gàibùkǎolǜ 概不考虑[-慮] F.E. no consideration will be given to all requests/suggestions/ etc.
gǎibuliǎo 改不了 R.V. cannot change; cannot be changed
gàibùlìwài 概不例外 F.E. there is no exception to . . .
gàibùróngqíng 概不容情 F.E. no leniency toward any offense/mistake/etc.
gàibùshēqiàn 概不赊欠 F.E. no credit; cash only
gāibuzháo 该不着[-著] R.V. <*coll.*> can't come to one's turn
gàibùzhuījiū 概不追究 F.E. No action will be taken (against sb. for past offenses).

gàibùzuòdá 概不作答 F.E. No reply will be given to any questions.
gàicài 芥/盖菜[蓋-] N. <*bot.*> leaf mustard; mustard cabbage M: [1]*bǎ*/[2]*kē*
gàicáng 盖藏[蓋-] V. store wealth/commodities away
gàichā 概差 N. <*math.*> probable deviation/ error
gǎichǎn 改产[-產] V.O. <*econ.*> change the product line
gǎicháng 改常 V.P. change the usual attitude
gǎicháohuàndài 改朝换代[--換-] F.E. change the dynasty/regime
gǎichēng 改称[-稱] V.O. change a name
gǎichéng* 改成 V.P. change to
gàichēng 概称[-稱] N. general name; approximate name
gāichù 该处[-處] N. that place; that department
gàichuō 盖戳[蓋-] V.O. affix one's seal; put a stamp on
gǎicì 改次 V.P. some other time; on some other occasion
gǎicí fānyìfǎ 改词翻译法[---譯-] N. <*lg.*> word-modification method
gǎicuàn 改窜[-竄] V. ① emend ② tamper with; falsify
gǎicuò(r) 改错(儿) V.O. correct a mistake/error
gāidǎ 该打 V.P. deserve a flogging/spanking
gàidài 盖代[蓋-] V.P. superior to the rest of the generation
gàidài yīngxióng 盖代英雄[蓋-] N. greatest hero of the generation
gāidāng 该当[-當] AUX. ① deserve ② should
gāidāngbiélùn 该当别论[-當--] F.E. should be regarded as a different matter
gāidānghézuì 该当何罪[-當--] F.E. What punishment do you think you deserve?
gǎidào 改道 V.O. ① change course ② change the regime
gǎidào'érxíng 改道而行 F.E. change one's course of action
gāidì* 该地 N. that place; the said place
gàidí 溉涤[-滌] V. wash
gǎidiǎn 改点[-點] V.O. change schedule
gǎidiào 改掉 R.V. give up; drop *~ xīyān de huài máobing.* Give up smoking.
gàidì'érlái 盖地而来[蓋-] F.E. come in large numbers
[1]**gǎidìng*** 改订 V. reformulate; rewrite; revise
[2]**gǎidìng** 改定 V. finalize editing
gàidǐng 盖顶[蓋-] V.O. cover the top
gǎidìngbǎn 改订版 N. revision; revised edition M: *ge*/[1]*zhǒng*
gǎidìng jìhuà 改订计划[-劃] V.O. revise a plan
gǎidòng 改动[-動] R.V. change; modify
gāiduànbùduàn 该断不断[-斷-斷] F.E. fail to act when one should
gǎi'ècóngshàn 改恶从善[-惡從-] F.E. mend one's ways
gài'érbùlùn 概而不论 F.E. ① not worry at all; not care in the least ② do without careful consideration
gài'érlùnzhī 概而论之 F.E. generally speaking
gāifàn* 该犯 N. the said prisoner
gàifàn 盖饭[蓋-] N. rice served with meat and vegetables on top M: [1]*fèn*/[4]*hé*
gài fángzi 盖房子[蓋-] V.O. build a house
gài gàir 盖盖儿[蓋蓋-] V.O. cover with a lid
gǎigé 改革 N./V. reform M: [1]*cì*/[1]*zhǒng*/[3]*xiàng*

gǎigékāifàng 改革开放[--開-] F.E. reform and open to the outside world
gǎigépài 改革派 N. reformists
gāiguǎn 该管 N. competent authorities; official in charge ♦V. assume responsibility
gāiguàn 该贯 V.P. erudite; learned
gǎiguān* 改观[-觀] V.O. ① change the appearance ② have a new outlook
gàiguān 概观[-觀] N. general survey; conspectus
gài guānfáng 盖关防[蓋關-] V.O. affix an official seal
gàiguānlùndìng 盖棺论定[蓋-] F.E. One's deserts can be judged only after death.
gǎiguò* 改过 V.O. correct one's mistakes
gàiguǒ 盖果[蓋-] N. <bot.> pyxidium M: ge/[2]zhī
gǎi guòlai 改过来 R.V. change over to; amend; put right
gǎiguòqiānshàn 改过迁善[--遷-] F.E. repent and be good
gǎiguòzìxīn 改过自新 F.E. turn over a new leaf
gǎiháng 改行 V.O. change one's occupation
gǎihào 改号[-號] V.O. <Ch. hist.> change the title of a reign
gàihǎo* 盖好[蓋-] R.V. cover up
gàihéwǎn 盖合碗[蓋-] N. bowl with fitted cover M: ge/[2]zhī
gǎihéyìdào 改河易道 F.E. change the course of a river
[1]**gàihuà** 钙化 N. <med.> calcification
[2]**gàihuà** 概化 N. <lg.> generalization
gǎihuàn 改换[-換] V. change (over to)
gǎihuàn jiāmén 改换家门[-換--] V.O. change the status of one's family
gǎihuǐ 改悔 V. repent
gàihuǒ 盖火[蓋-] N. cover for a stove burner
gǎijià 改嫁 V.O. remarry (of a woman)
gǎijiàn* 改建 V. reconstruct; rebuild
gàijiàn 概见 V. make out; perceive
gǎijiào 改醮 V.O. <wr.> remarry (of a woman)
gàijiāofàn 盖浇饭[蓋澆-] N. rice served with meat and vegetables on top M: [1]fèn/[4]hé
gǎijié 改节[-節] V.O. switch loyalty
gǎijìn* 改进[-進] V./N. improve ***Gōngzuò yǒu ~ jiù hǎo.*** If your work has improved, fine. M: [3]xiàng/[1]zhǒng
gàijīn 盖巾[蓋-] N. head-cover or veil for the bride at a wedding M: ge/[1]fú/[1]duì/[1]tiáo
gǎijìn zhuānlì 改进专利[-進專-] N. ① an improved patent ② a patent improving on sth.
gǎikān 改刊 V.O. alter (the size/period/etc. of a publication)
gǎikǒu 改口 V.O. withdraw/modify one's previous remark; correct oneself; eat one's words
gǎi kǒugòng 改口供 V.O. change one's testimony
gàikuàng 概况[-況] N. general situation; survey
gāikuò 赅括 <wr.> ***See gàikuò***
gàikuò* 概括 V. summarize; generalize ♦ADV. briefly; in broad outline ♦N. generalization ♦ATTR. <lg.> general; generic
gàikuò de gàiniàn 概括的概念 N. <lg.> generic notion
gàikuò de shuō 概括地说 V.P. generally speaking; in a nutshell
gàikuò de yǔcí 概括的语词 N. <lg.> general term
gàikuòfǎ 概括法 N. <law> general law M: [3]xiàng/[1]zhǒng
gǎikuòjiàn 改扩建[-擴-] N. reorganization and expansion M: ge/[3]xiàng/[1]zhǒng
gàikuò rénchēng 概括人称[-稱] N. <lg.> generic person
gàikuòxìng 概括性 N. generality
gǎiláigǎiqù 改来改去 V.P. shift about
gàilán* 芥蓝 N. <bot.> cabbage mustard M: [2]kē/[1]bǎ
gàilǎn 概览[-覽] N. general view
gàiláncài 芥蓝菜[-藍-] N. <bot.> cabbage mustard M: [2]kē/[1]bǎ ***See also jièláncài***
gàile miànji 盖了面积[蓋-積] V.P. <slang.> be the best within a certain field of expertise

gàilián(r) 盖帘(儿)[蓋簾-] N. round straw cover (for containers) M: ge/[1]duì/[1]tiáo
gǎiliáng 改良 V. improve; ameliorate ♦N. reform M: [3]xiàng/[1]zhǒng
gǎiliángcháng 改良场[-場] P.W. <TW> agricultural improvement station M: ge/[4]zuò
gǎiliáng fèiyòng 改良费用 N. improvement expenses
gǎiliángpài 改良派 N. reformist; reformer M: ge/[2]dài/[1]qún
gǎiliáng pǐnzhǒng 改良品种[-種] <bio.> N. improved breed ♦V.O. improve the breed
gǎiliáng tǔrǎng 改良土壤 V.O. <agr.> improve the soil
gǎiliángzhǒng 改良种[-種] N. <agr.> improved variety (by crossbreeding)
gǎiliáng zhǔyì 改良主义[-義] N. reformism M: [1]zhǒng
gàilou 概搂[-摟] V. <coll.> ① grab up everything in sight ② gobble food; gulp down
gàilǜ 概率 N. probability M: ge/[1]zhǒng
gàilüè 概略 N. outline; summary
gàilǜlùn 概率论 N. <math.> probability theory
gàilùn 概论 N. introduction; outline; general discussion
gàiluòpǔ 盖洛普[蓋-] P.W. Gallup
gāimà 该骂[-罵] V.P. deserve a scolding
gǎimàn 改慢 R.V. change to a slower speed
gàimǎn* 盖满[蓋-] R.V. cover up completely
gàimào 概貌 N. general picture
gàimàole 盖帽了[蓋-] V.P. <slang> very good; wonderful; great
gàimàor 盖帽儿[蓋-] V.P. <slang> super; excellent
gàimiàn(r/zi) 盖面(儿/子)[蓋-] V.O. <coll.> ① save sb.'s face ② be reasonable or fair (of a statement)
gǎimíng(r) 改名(儿) V.O. change the name
gǎimínghuànxìng 改名换姓[--換-] F.E. change one's given name and surname
gǎimǒ 改抹 V. white out (with correction fluid)
gàimòlìwài 概莫例外 F.E. There should be no exceptions.; admit of no exception whatsoever
gàimònéngwài 概莫能外 ***See gàimòlìwài***
gàiniàn 概念 N. <phil.> concept; conception; notion; idea M: ge/[1]zhǒng
gàiniàncí 概念词 N. <lg.> concept-word; conceptual term M: ge/[1]zhǒng
gàiniàn cóngshǔlùn 概念从属论[--從屬-] N. <lg.> conceptual dependency theory
gàiniàn fānyì 概念翻译[-譯] N. <lg.> conceptual translation
gàiniàn fēnlèi 概念分类[-類] N. <lg.> concept classification
gàiniàn fēnlèifǎ 概念分类法[---類-] N. <lg.> classification of concepts
gàiniàn gōngnéng 概念功能 N. <lg.> ideational function
gàiniàn gòujià 概念构架[--構-] N. conceptual framework
gàiniànhuà 概念化 V. conceptualize ♦N. ① generalities/abstractions ② conceptualization
gàiniàn jiēcéng 概念阶层[-階層] N. <lg.> concept hierarchy
gàiniàn jiěxī 概念解析 N. <lg.> conceptual analysis
gàiniànjù 概念句 N. <lg.> conceptual sentence M: ge/[1]zǔ
gàiniàn shèjì 概念设计 N. conceptual design
gàiniàn shìjiè 概念世界 N. <lg.> conceptual world
gàiniàn xíngchéng 概念形成 N. <lg.> conceptual formation
gàiniànxìng de 概念性的 N. <lg.> conceptual
gàiniàn yīcún 概念依存 N. <lg.> concept dependency
gàiniàn yìshù 概念艺术[-藝術] N. conceptual art
gàiniàn yìyì 概念意义[-義] N. <lg.> conceptual meaning

gàiniàn yǔfǎ 概念语法 N. <lg.> notional grammar
gǎipàn 改判 V. <law> amend judgment/sentence
gàipiàn 钙片 <med.> N. calcium tablet M: ge/[3]lì/[1]piàn
gàipíng 盖平[蓋-] R.V. cover and level up
gǎi píqì 改脾气[-氣] V.O. change one's disposition
gǎiqī* 改期 V.O. change the date
gàiqǐ 盖起[蓋-] R.V. build up
gāiqiàn* 该欠 V. owe (money)
gàiqiān 盖愆[蓋-] V.O. atone for faults by meritorious deeds
gài qǐlai 盖起来[蓋-] R.V. cover up; put the lid on
gàir 盖儿[蓋-] N. cover; cap (of a bottle)
gàirán 盖然[蓋-] ADV. probably
gàiránlǜ 盖然律[蓋-] N. <log.> probability
gàiránxìng 盖然性[蓋-] N. <log.> probability
gǎirèn 改任 V.O. change a post/position
gǎirì 改日 ADV. another or some other day
gǎirì zài lái 改日再来 V.P. come another day instead
gǎiróng 改容 V.O. change color/countenance
gǎisè 改色 V.O. change color
gǎishàn 改善 V. improve; perfect
gāishang 该上 V. <coll.> be fated for; deserve
gàishang* 盖上[蓋-] R.V. cover
gǎishànguān 改善观[-觀] N. meliorism
gǎishānzhìshuǐ 改山治水 F.E. transform mountains and harness rivers
gāishì 该是 V.P. must be
gǎishì 改式 V.O. alter the style of
[1]**gàishì*** 盖世[蓋-] V.P. unparalleled; peerless
[2]**gàishì** 盖柿[蓋-] N. a kind of persimmon M: ge/[2]zhī
Gàishìtàibǎo 盖世太保[蓋-] N. <loan> Gestapo
gàishìwúpǐ 盖世无匹[蓋-] F.E. unrivalled; matchless
gàishìwúshuāng 盖世无双[蓋-雙] F.E. unrivaled; matchless
gàishì yīngxióng 盖世英雄[蓋-] N. peerless/matchless hero
gàishìzhīcái 盖世之才[蓋-] N. talent/capability unsurpassed in one's generation
gài shǒuyìn 盖手印[蓋-] V.O. take fingerprints
[1]**gàishù** 概述 N. ① summarization ② <law> summing-up ♦V. summarize
[2]**gàishù** 概数[-數] N. approximate/round number
gàishuō 概说 N. summary
gāishuōbùshuō 该说不说 V.P. button up one's mouth/lips
gāisǐ 该死 <coll.> V.P. ① deserve death ② Damn it! ~ ***de tiānqì!*** What wretched weather!
gàisuàn 概算 N. ① budgetary/rough estimate ② compute roughly; make a rough estimate of M: [3]xiàng
gàisuànshū 概算书[-書] N. <account.> a book of estimates M: [1]běn/[2]bù/[4]cè
gǎisuì 改岁[-歲] V.O. enter/begin a new year
gǎitiān* 改天 ADV. on some other day ♦V.O. change dates
gàitián 溉田 V. <wr.> irrigate fields
gǎitiānhuàndì 改天换地[--換-] F.E. change the world; remake nature
gàitou* 盖头[蓋-] N. ① red bridal veil ② veil M: ge/[1]dǐng
gàitóu 丐头 N. leader of (a group of) beggars
gǎitóuhuànmiàn 改头换面[--換-] ID. make superficial changes
gàitour 盖头儿[蓋-] N. ① sth. used as a cover ② scarf worn by females to cover the head and face M: ge/[1]dǐng
[1]**gǎitú*** 改途 V.O. change course
[2]**gǎitú** 改图[-圖] V.O. change plans
gǎitǔ 改土 V.O. improve the soil
gàitú 概图[-圖] N. silhouette M: [10]fú/[1]zhāng

G

gǎitǔguīliú 改土归流[--歸-] F.E. <*hist.*> change from indirect control of minorities through local chiefs to direct control by the central government
gài túzhāng 盖图章[蓋圖-] V.O. affix the seal
gàiwǎ 盖瓦[蓋-] V.O. cover (a roof) with tiles
gàiwǎn(r) 盖碗(儿)[蓋-] N. tea bowl with lid M: *ge/tào/²zhī*
gǎiwéi 改为 V.P. change to
gǎiwù 改物 V.O. <*hist.*> change the system/institutions
gàiwúzuòdá 概无作答 F.E. No reply will be given to any correspondence.
¹gǎixiàn* 改线 V.O. ① change route (of roads) ② change lines (of telephones/buses)
²gǎixiàn 改宪[-憲] V.O. amend the constitution
gàixiān(r) 盖仙(儿)[蓋-] N. ① sb. given to chitchat and jokes ② braggart
gāixiàng* 该项 N. that item; that matter
gǎixiàng 改向 V.O. change direction
gǎixiángēngzhāng 改弦更张 F.E. make a fresh start
gǎixiányìzhé 改弦易辙 F.E. change course
gǎixiǎo 改小 R.V. make smaller
gǎixiě 改写[-寫] V. rewrite; adapt; paraphrase ♦N. restatement
gǎixiéguīzhèng 改邪归正[--歸-] F.E. turn over new leaf
gǎixiělǜ 改写律[-寫-] N. <*lg.*> rewrite rule
gāixīn 垓心 N. <*trad.*> center of a battlefield
gǎixīn* 改新 V. renovate ♦N. renovation M: *ge/³xiàng*
gǎixíng 改型 V.O. change the shape/form/style
gǎixìng(r)* 改姓(儿) V.O. change one's surname
gàixíng 概行 V. do sth. without exception
gǎixìnghuànmíng 改姓换名[--换-] F.E. ① change one's name ② reappear under a different name/title
gǎixiū 改修 V. ① rebuild ② recondition
gàixù 概叙[-敘] N. sketchy description ♦V. describe briefly
gǎixuǎn 改选[-選] V. hold another election
gǎixuē 改削 V. shorten/improve a piece of writing
gǎiyàng* 改样[-樣] V.O. ① alter the style; remodel ② change one's manner
gàiyǎng 丐养[-養] V. adopt a child or children
gàiyào 概要 N. essentials; outline; summary *Hànyǔ yǔfǎ* ~ Essentials of Chinese Grammar
gǎiyè 改业[-業] V.O. change profession/trade
gǎiyì 改易 V. <*wr.*> change; alter; transform
gàiyìn 盖印[蓋-] V.O. affix a seal
gāiyīng 该应[-應] AUX. should; ought to
gǎiyòng 改用 V. ① change the use of sth. ② change to the use of sth.
gǎiyóu 改由 CONS. ~ *A V* be V-ed by A instead ***Zhè jiàn shì cóngqián yóu tā guǎn, xiànzài ~ wǒ lái guǎn le.*** Formerly this matter was handled by him; it is now handled by me.
gàiyǔ 概予 V. do sth. without exception
gāiyuán* 该员 N. <*wr.*> the said/so-and-so person/subordinate
gǎiyuán 改元 V.O. change a reign title
gǎiyuányìhào 改元易号[-號] F.E. change the title of a reign
gǎiyuányìzhé 改辕易辙 F.E. strike out on new course
gǎizàng 改葬 V. transfer to another tomb
gǎizào 改造 V. transform; reform; remold; remake; correct
gǎizàojiǎo 改造脚[-腳] N. <*trad.*> released feet (from foot binding)
gāizhàng 该账 V.O. owe; be in debt
gàizhāng(r)* 盖章(儿)[蓋-] V.O. affix seal; stamp
gàizhāng zhuānyèhù 盖章专业户[蓋-專業-] N. sb. responsible for arranging to have seals put on documents
gāizháo 该着[-著] V. be doomed; deserve ***See also*** *gāizhe*
gāizhe* 该着[-著] V.P. <*coll.*> ① come to the time when; ought ② owe; have on credit ***See also*** *gāizháo*
gǎizhé 改辙 V.O. change procedure/course
gǎizhèng 改正 V. ① correct; amend ② change the calendar to fix a new first day of the year (at the beginning of a dynasty)
gǎizhèng guòlai 改正过来 R.V. correct; amend; put right
gǎizhèngshuò 改正朔 N. dynastic change
gǎizhèngyè 改正液 N. correction fluid M: *píng*
gǎizhì 改制 V. ① convert ② change a social system; reform
gàizhì* 钙质[-質] N. calcium
gàizhōngr 盖盅儿[蓋-] N. teacup with lid M: *ge/¹bǎ/tào/²zhī*
gǎizhù 改铸[-鑄] V. recast; mint again
¹gàizhù* 盖住[蓋-] R.V. cover tightly
²gàizhù 丐助 V. ask for help
gǎizhuāng 改装[-裝] V.O. change costume/dress ♦V. ① repackage; repack ② reequip; refit
gǎizhuī 改锥 N. screwdriver M: *ge/¹bǎ/¹fù/tào*
gàizi 盖子[蓋-] N. ① lid; cover; cap; top ② shell (of tortoise/etc.)
gǎizǔ 改组 V.O. reorganize; reshuffle
gǎizuǐ 改嘴 ***See*** *gǎikǒu*
gǎizǔjiǎo 改组脚[-腳] N. <*trad.*> released feet (from foot binding) M: *ge/¹duì/¹shuāng/²zhī*
gǎizǔ nèigé 改组内阁 V.O. reshuffle the Cabinet
gǎizuò 改作 V.P. change to
gàizuòbàlùn 概作罢论[--罷-] F.E. Let no more be said about it.
gǎi zuòwén 改作文 V.O. correct compositions (for students)
gǎi zuòyè 改作业[-業] V.O. correct a student's homework
gāizuòzézuò 该做则做 F.E. If you find it correct then you should act.
gājī 嘎唧 V. <*coll.*> chew noisily; chomp
gāla 嘎拉 N. <*topo.*> thick woolen clothing M: *ge/²kuài*
gālā 嘎啦 ON. rumble; rattle ***See also*** *gála*
gālá(r/zi)* 旮旯(儿/子) P.W. ① <*topo.*> nook; corner ② out-of-the-way place
gála 嘎啦 V. <*topo.*> quarrel; argue ***See also*** *gālā*
gālí 咖喱 N. <*loan*> curry
gālíjī 咖喱鸡[-雞] N. chicken curry
gāmǎ 伽马 N. <*loan*> gamma
gāmǎ shèxiàn 伽马射线 N. <*phy.*> gamma ray
¹gān 干[乾] S.V. ① dry ② hollow ♦ADV. ① for nothing; in vain ② helplessly ③ only; simply ***See also*** *²gān, ¹gàn, ⁶qián*
²gān 干 V. have to do with; be implicated in; involve ***Yǔ tā hé ~?*** What has this to do with him? ♦B.F. ① shield ***gāngē*** ② Heavenly Stems ***tiāngān See also*** *¹gān, ¹gàn*
³gān 肝 N. liver M: *ge/⁴yè/²kuài*
⁴gān 杆 B.F. pole; staff ***²gānzi See also*** *⁴gǎn*
⁵gān 竿 B.F. pole; rod ***¹gānzi*** ♦M. <*wr.*> *for rods/flutes/etc.*
⁶gān 甘 B.F. ①sweet ***gānkǔ*** ②pleasant; satisfactory ***gānměi*** ♦ADV. willing; of one's own accord ♦N. short name for Gansu
⁷gān 柑 N. mandarin orange M: *ge/²zhī*
⁸gān 疳 N. <*Ch.med.*> infantile malnutrition due to digestive disturbances or intestinal parasites
⁹gān 酐 N. <*chem.*> anhydride
¹⁰gān 坩 B.F. pottery/earthenware container ***gānguō***
¹¹gān 尴[尷] in ***gāngà***
¹²gān 泔 B.F. water that has been used to wash dishes/vegetables/etc. ***gānshuǐ, mǐgānshuǐ***
¹³gān 苷 B.F. <*chem.*> glucoside ***tánggān, zàogān*** ♦N. <*wr.*> licorice
¹⁴gān 矸 in ***⁴gānzi, méigānshí***
¹⁵gān 玕 in ***lánggān***
¹⁶gān 间[間] in ***bàngānbùgà See also*** *¹jiān, ¹⁷jiàn*
¹gǎn 秆[稈] N. stalk M: *ge/²gēn/²kē*
²gǎn 敢 AUX. dare; have courage to ♦V. have confidence to; be sure
³gǎn 感 V. ① feel; sense ② move; touch ③ <*Ch. med.*> be affected (by cold) ♦B.F. sense; feeling ***gǎnjué***
⁴gǎn 杆[桿] M. *for shafted implements* ♦N. shaft; rod M: *ge/²gēn* ***See also*** *⁴gān*
⁵gǎn 赶[趕] V. ① run after; pursue ② make a dash for; rush for ~ ***qián bù ~ hòu.*** Better a big push at the start than a mad rush at the end. ③ drive ④ drive away; expel ⑤ encounter; meet with ♦COV. till; until
⁶gǎn 擀 V. ① roll (dough/etc.) ~ ***miàntiáo*** make noodles ② <*topo.*> polish; shine
⁷gǎn 橄 in ***gǎnlǎn***
⁸gǎn 澉 in ***dàngǎn***
¹gàn* 干[幹] B.F. ① trunk ***shùgàn*** ② main body ***gànxiàn*** ♦V. ① do; work ***Wǒmen ~ qǐlai ba!*** Let's get started! ***Wǒmen yīnggāi bǎ zhège gōngzuò ~ dàodǐ.*** We have to carry this job through to completion. ② hold the post of ③ fight ***Wǒmen děi gēn dírén ~ dàodǐ.*** We have to fight the enemy to the bitter end. ♦AB. *gànbù* ***See also*** *¹gān, ²gān*
²gàn 绀[紺] B.F. dark purple ***gànqīng***
³gàn 旰 B.F. evening ***gàngàn, xiāogàn***
¹Gàn 赣[贛] N. short name for Jiangxi province
²Gàn 淦 N. ① name of a river in Jiangxi province ② Surname
gān'ái* 肝癌 N. liver cancer
gān'ài 干碍[-礙] V. ① have to do with; be concerned with ② hinder; impede
gānba 干巴[乾-] S.V. <*coll.*> ①dry; arid ②dried up; shriveled ③ dried out; dry and tasteless ④ dull; uninteresting; boring ⑤ thin; skinny
gānbābā(r)* 干巴巴(儿)[乾-] R.F. <*coll.*> ① dry; arid ② insipid ♦ADV. without further ado; directly; outright
gānbàba 干爸爸[乾-] N. non-religious/non-legal fosterfather/godfather
gānbā de huāng 干巴得慌[乾-] V.P. <*topo.*> extremely boring
gānbáir 干白儿[乾-] ADV. <*coll.*> ① only ② plainly
gānbàixiàfēng 甘拜下风 F.E. candidly admit defeat
gānbǎn 干板[乾-] N. <*photo.*> dry plate M: *ge/²kuài*
gǎnbàn* 赶办[趕辦] V. hurry (work)
gǎnbàng 杆棒 N. club used as a weapon in ancient warfare M: *ge/²gēn*
gānbāngxì 干梆戏[乾-戲] N. <*topo.*> operatic singing lacking musical accompaniment M: *¹chū/¹tái/*
gānbànzi 干拌子[乾-] N. <*topo.*> dry firewood M: *²gēn/²kuài*
gǎnbǎo 敢保 ADV. with certainty ♦V. guarantee
gānbashòu 干巴瘦[乾-] <*coll.*> V.P. thin; skinny; lean
gānbēi 干杯[乾-] V.O. drink a toast ♦F.E. Cheers!; Bottoms up!
gānbèi* 干贝[乾-] N. dried scallop M: *ge/³lì*
gānbiān sìjìdòu 干煸四季豆[乾-] N. dry-cooked string beans M: *¹fèn/¹wǎn/¹pán*
gānbiě 干瘪[乾-] S.V. ① shriveled; wizened; dried ② dry ③ dull; dry-as-dust (of writing)
gānbīng 干冰[乾-] N. <*chem.*> dry ice M: *²kuài*
gānbìng* 肝病 N. liver disease
gǎnbō 杆拨[-撥] N. <*mus.*> wooden plectrum
gānbù 肝部 N. <*med.*> liver
gànbù* 干部[幹-] N. cadre M: *ge/²wèi*
gànbuchū 干不出[幹-] R.V. cannot do (such a cruel/unethical thing)
gǎn bu chūlai 赶不出来[趕-] R.V. unable to complete
gǎnbùcóngmìng 敢不从命[--從-] F.E. How dare one not comply with sb.'s wish?
gànbudòng 干不动[幹-動] R.V. be (physically) unable to do sth.
gànbùfú 干部服[幹-] N. cadre suit/uniform M: *¹shēn/tào*

gǎnbùfùxīn 敢布腹心 F.E. speak boldly from the depth of one's heart
gànbugàn 干不干[幹-幹] V.P. Will you do it?
gànbuguò 干不过[幹-] R.V. <coll.> ① be no match for ② be unable to fight against sb.
gǎnbují 赶不及[趕-] R.V. ① be unable to keep up with ② can't do sth. in time
gànbù jìnxiū 干部进修[幹-進-] N. advanced training for cadres
gǎnbulái* 赶不来[趕-] R.V. can't do sth. in time
gànbulái 干不来[幹-] R.V. don't know how to do (sth.)
gànbuliǎo 干不了[幹-] R.V. be unable to do (sth.)
gànbù lùxiàn 干部路线[幹-] N. guidelines on appointing cadres
gǎnbushàng 赶不上[趕-] R.V. ① can't keep up with; fall behind ② there's not enough time (to do sth.) ③ be unable to meet with or chance upon
gànbù sìhuà 干部四化[幹-] N. four standards set for leading cadres
gànbuxià 干不下[幹-] R.V. can't continue doing (sth.)
gànbù xiàfàng 干部下放[幹-] V.P. send cadres down to grass-root units
gànbù xuéxiào 干部学校[幹-] P.W. school for cadres M: ge/[1]suǒ/[4]zuò
gànbù xùnliàn 干部训练[幹-練] N. training of cadres
gànbù zérènzhì 干部责任制[幹-] N. <PRC> cadres' responsibility system
gāncài 干菜[乾-] N. dried vegetable M: [1]fēn/[1]wǎn
gàncái* 干才/材[幹-] N. ① ability; capability ② capable/able person
[1]**gāncǎo** 干草[乾-] N. hay M: duī/chē
[2]**gāncǎo** 甘草 N. <Ch. med.> licorice root M: [2]kē/[1]piàn
gāncǎochā 干草叉[乾-] N. hayfork; pitchfork M: ge/[1]bǎ/[1]fù
gāncǎoduī 干草堆[乾-] N. haystack M: ge/[4]zuò
gāncǎoduò 干草垛[乾-] N. haystack M: ge/[4]zuò
gāncǎojī 干草机[乾-] N. hay-drying machine M: ge/[1]tái
gāncǎorè 干草热[乾-熱] N. hay fever
gānchái 干柴[乾-] N. firewood M: [1]bǎ/duī
gānchái-lièhuǒ 干柴烈火[乾-] ID. ① close to the point of ignition (of things/events/love) ② a man and a woman burning with passion ③ a single spark will start a big fire
[1]**gānchǎn(r)** 干铲(儿)[乾鏟-] V. sponge off (sb.)
[2]**gānchǎn** 干产[乾產] N. <med.> dry labor
gān(r)chàn* 肝(儿)颤 V.P. <coll.> frightened
gāncháng 肝肠[-腸] N. ① liver and intestines ② feelings; emotions
gǎncháng* 赶场[趕場] V.O. <topo.> go to the market *See also* gǎnchǎng
gǎnchǎng 赶场[趕場] V.O. <thea.> hurry to the second theater after performing in the first one *See also* gǎncháng
gānchángcùnduàn 肝肠寸断[-腸-斷] F.E. be heart-broken
gǎn chǎngzi 赶场子[趕場-] V.O. go to market; go to a fair
gǎnchāo 赶超[趕-] V. ① overtake ② surpass
gǎnchē 赶车[趕-] V.O. ① drive a cart ② rush to catch a bus/train
gǎnchē de 赶车的[趕-] N. horse cart/carriage driver M: ge/[2]wèi
gǎnchèn 赶趁[趕-] V.O. take advantage of an opportunity to do business
gānchéng 干城 N. defending army
gǎnchèng* 杆秤 N. steelyard M: ge/[4]gǎn
gānchéngzhīxuǎn 干城之选[-選] N. capable general who can be trusted with the defense of the nation
gānchí 干池[乾-] N. dry pond
gānchīfàn 干吃饭[乾-] V.P. <coll.> ① eat only rice (without side dishes) ② just eat (and do nothing else)
gǎnchōnggǎndǎ 敢冲敢打[-衝--] F.E. have courage and the will to fight
gānchōuchōu 干抽抽[乾-] R.F. <coll.> dry and shriveled
gǎnchū 赶出[趕-] R.V. drive out/away
gǎnchù* 感触[-觸] N. thoughts and feelings *Tā shēn yǒu ~ de shuō:...* He said with deep feeling:... M: [1]zhǒng
gānchuāng 疳疮[-瘡] N. <med.> chancre
gǎnchū guó 赶出国[趕-國] V.P. expatriate
gǎn chūlai 赶出来[趕-] R.V. ① hurry/rush through ② drive out
gānchún 甘醇 N. <chem.> glycol
gǎn chūqu 赶出去[趕-] R.V. drive out
gāncuán 干攒[乾-] V. economical; thrifty
[1]**gāncuì** 干脆[乾-] S.V. clear-cut; straightforward *~ diǎnr!* Come to the point! ♦ADV. simply; (might as well) just
[2]**gāncuì** 甘脆 S.V. ① sweet and crisp ② tasty
gǎncùnle 赶寸了[趕-] F.E. <topo.> with a little bit of luck; given good fortune
gǎndài 感戴 V. be sincerely grateful
gāndǎlěi 干打垒[乾-壘] N. rammed-earth construction
gān dǎléi bù xiàyǔ 干打雷不下雨[乾-] ID. ① thunder but no rain ② much noise but no action ③ a big bluffer
gāndǎn 肝胆[-膽] N. ① liver and gall M: [1]fù ② heroic spirit; courage ♦ATTR. intimate; sincere
gāndāng 甘当[-當] V. be willing to accept (penalty/role)
gǎndāng* 敢当[-當] V. ① dare to take on a responsibility ② be willing to accept a compliment
gāndǎnguòrén 肝胆过人[-膽--] F.E. be unsurpassed in valor
gǎn dàngzi 赶挡子[趕擋-] V.O. ① sell goods or perform acrobatics near the market place ② fish in troubled waters ♦N. illegal activities
gāndǎnjùliè 肝胆俱裂[-膽--] F.E. overwhelmed by grief or terror
gāndǎnxiāngzhào 肝胆相照[-膽--] F.E. show utter devotion (to a friend/etc.); sincerity
gāndǎnzhàorén 肝胆照人[-膽--] F.E. sincerity
gāndǎnzhījiāo 肝胆之交[-膽--] N. sincere friendship
gāndāo 杆刀 N. long-handled knife M: ge/[1]bǎ/kǒu
[1]**gǎndào*** 感到 R.V. feel; sense
[2]**gǎndào** 赶到[趕-] R.V. hurry to
[3]**gǎndào(r)** 赶道(儿)[趕-] V.O. hurry (in travel)
gàndào 干道[幹-] N. main road M: [1]tiáo
gǎndé 感德 V.O. be grateful for a kindness
gàndechū 干得出[幹-] R.V. ① capable of ② not above doing (a sordid/mean act)
gàndeguòr 干得过儿[幹-] R.V. be worth doing
gàn de hǎoshì 干的好事[幹-] V.P. ① See what you have done! ② How did you dare to do such a thing?!
gǎndejí 赶得及[趕-] R.V. can make it (in time)
gàndelái 干得来[幹-] R.V. can be done/managed
gàndeliǎo 干得了[幹-] R.V. can be done/managed
gānděng 干等[乾-] V. sit back and wait
gān dèngyǎn(r) 干瞪眼(儿)[乾-] V.P. <coll.> stand by anxiously unable to help; look on in despair
gānděngzhe 干等着[乾-著] V.P. <coll.> wait in vain; wait helplessly
gǎndeshàng 赶得上[趕-] R.V. can keep/catch up with
Gāndì 甘地 N. Gandhi
gǎndiǎn(r)* 赶点(儿)[趕點-] V.O. ① make up for lost time (of buses/trains/etc.) ② barely be on time
gǎndiàn 感电[-電] N. electric induction; electrification
gàndiàn 绀殿 P.W. <Budd.> Buddhist monastery M: ge/[4]zuò
gāndiànchí 干电池[乾電-] N. dry cell/battery M: ge/[2]zhī/[1]zǔ
gāndiànchízǔ 干电池组[乾電-] N. dry battery unit
gāndiànzhōng 干电钟[乾電鐘] N. battery-operated clock M: ge/[4]zuò
gāndiào 竿钓 N. fishing pole M: ge/[2]gēn
gàndiào* 干掉[幹-] R.V. <coll.> kill; get rid of; liquidate
gāndiàojù 竿钓具 N. fishing pole M: [1]fù
gāndiē 干爹[乾-] N. godfather
gāndìzhùcáng 干地贮藏[乾-貯-] N. dry storage
gǎndòng 感动[-動] V. move; touch
[1]**gāndú** 干渎/黩[-瀆/黷] N. transgress; violate
[2]**gāndú** 竿牍[-牘] N. letters; correspondence M: [2]fēng
gān duòjiǎo 干跺脚[乾-腳] V.P. <coll.> stamp the feet helplessly
gǎn duòzi de 赶驮子的[趕-] N. driver of pack horses M: ge/[2]wèi
gǎn'ēn 感恩 V.O. feel grateful; be thankful
gǎn'ēnbùjìn 感恩不尽[-盡] F.E. be everlastingly grateful
gǎn'ēndàidé 感恩戴德 F.E. be deeply grateful
gǎn'ēnfēiqiǎn 感恩非浅[-淺] F.E. esteem it a great favor
Gǎn'ēnjié 感恩节[-節] N. Thanksgiving Day
gǎn'ēnmòmíng 感恩莫名 F.E. (I) do not know how to express (my) gratitude
gǎn'ēntúbào 感恩图报[-圖報] F.E. be grateful to sb. and seek ways to return kindness
gān'ér(zi) 干儿(子)[乾-] N. ① godson ② adopted son
gǎnfā 感发[-發] V. ① inspire ② reveal emotion
[1]**gānfàn** 干饭[乾-] N. cooked rice M: [1]wǎn
[2]**gānfàn** 干犯 V. offend; encroach upon
gānfàn fǎjì 干犯法纪 V.O. break the law and violate discipline
gānfāng* 甘芳 V.P. sweet and fragrant
gànfáng 绀坊 N. <Budd.> Buddhist monastery M: ge/[4]zuò
gānféi 干肥[乾-] N. dried manure
gānfěn* 干粉[乾-] N. ① dry powder ② dried vermicelli made from bean starch, etc. ③ dried noodles made from bean or sweet-potato starch
[1]**gǎnfèn** 感奋[-奮] V. be moved and inspired; be fired with enthusiasm
[2]**gǎnfèn** 感愤 V.O. feel indignant
gānfēng 肝风 N. <Ch. med.> liver wind
gānfèng* 干俸[乾-] N. <trad.> sinecure
gǎnfènjīlì 感奋激厉[-奮-厲] F.E. encouragement and stimulation
gānfú 甘服 V. submit willingly
[1]**gāng*** 刚[剛] S.V. firm; strong; indomitable ♦ADV. ① just; exactly ② barely; only just ③ only a short while ago; just ♦CONS. *~ A jiù B* as soon as A then B
[2]**gāng** 钢[鋼] N. steel *See also* [1]gàng
[3]**gāng** 缸 N. vat; jar; crock M: ge/kǒu
[4]**gāng** 冈[岡] B.F. mountain ridge **shāngāng**
[5]**gāng** 纲[綱] N. ① headrope of a fishing net ② key link; guiding principle ③ outline; program ④ <bio.> class
[6]**gāng** 肛 B.F. rectum; anus **gāngmén**
[7]**gāng** 岗[崗] B.F. low mountain ridge **shāngāng**, **huāgāngshí** *See also* [2]gǎng, [4]gàng
[8]**gāng** 釭 B.F. oil lamp **yíngāng**
[9]**gāng** 罡 B.F. <Dao.> ① empyreal winds **gāngfēng** ② <trad.> the Big Dipper; the stars of the handle of the Big Dipper **Tiāngāng**, **Tiāngāngxīng**
[10]**gāng** 扛 B.F. lift (a heavy object) **gāngzhòngjǐ** *See also* káng
[11]**gāng** 棡 in **qīnggāng**
[1]**gǎng** 港 B.F. port; harbor **gǎngkǒu** ♦AB. *Xiānggǎng*
[2]**gǎng** 岗[崗] N. ① hillock; mound M: ge/[4]zuò ② ridge; welt; wale ③ sentry; post *See also* [7]gāng, [4]gàng

[1]**gàng** 钢[鋼] V. ① sharpen; whet; strop ② reinforce an edge (of a knife/etc.) by adding steel and retempering ***See also*** [2]*gāng*
[2]**gàng** 杠 B.F. thick stick/rod ***gàngzi*** ♦N. an underline/sideline M: [2]*dào* ♦V. ① cross out; delete ② dispute
[3]**gàng** 戆[戇] B.F. dull; stupid ***yúgàng See also*** [5]*zhuàng*
[4]**gàng** 岗[崗] in ***gàngkǒu See also*** [7]*gāng*, [2]*gǎng*
gāngà 尴尬[尷-] S.V. ① awkward; embarrassed ② reeling; staggering
gàngàn 旰旰 R.F. <*wr.*> blossoming and robust; luxuriant
gāngāncuìcuì 干干脆脆[乾乾-] R.F. quickly; efficiently; without further ado
gāngānjìngjìng 干干净净[乾乾淨淨] R.F. ① clean; neat and tidy; spick-and-span ② complete; total
G
gāngānr 干干儿[乾乾-] R.F. <*coll.*> dry
Gǎng-Ào 港澳 AB. *Xiānggǎng* and *Àomén* Hongkong and Macau
Gǎng-Ào dìqū 港澳地区[-區] P.W. Hong Kong-Macao District
gāngbǎn 钢板[鋼-] N. ① steel plate; sheet steel ② spring (of a motorcar/etc.) ③ stencil steel board M: *ge*/[2]*kuài*
gàngbàng 杠棒 N. stout carrying pole M: *ge*/[2]*gēn*/[1]*tiáo*
gāngbǎnyìngzhèng 刚板硬正[剛-] F.E. firm and solid; upright and never bending/stooping (lit./fig.)
gāngbāo 钢包[鋼-] N. container for molten steel
gāngbèngr 钢蹦儿[鋼-] N. small coin
gāngbǐ 钢笔[鋼筆] N. ① fountain pen ② stencil stylus M: *ge*/[2]*zhī*
gāngbì 刚愎[剛-] V.P. ① headstrong ② perverse
Gǎngbì* 港币[-幣] N. Hong Kong dollar/currency
gāngbiān 钢鞭[鋼-] N. <*trad.*> sectional iron whip M: *ge*/[2]*gēn*/[1]*tiáo*
gāngbǐbǎn 钢笔版[鋼筆-] N. metal plate for engraving stencils M: *ge*/[2]*kuài*
gāngbìbùrén 刚愎不仁[剛-] F.E. stubborn and unkind
gāngbǐgǎn 钢笔杆[鋼筆-] N. penholder M: *ge*/[2]*zhī*
gāngbǐgǎnr 钢笔杆儿[鋼筆-] N. shaft of a fountain pen M: *ge*/[2]*zhī*
gāngbǐhuà 钢笔画[鋼筆畫] N. pen-and-ink drawing M: *ge*/[1]*zhāng*/[10]*fú*
gāngbǐjiān(r) 钢笔尖(儿)[鋼筆-] N. nib of a fountain pen
gāngbǐmàor 钢笔帽儿[鋼筆-] N. fountain-pen cap
gǎngbīng 岗兵[崗-] N. ① soldier guarding a post ② guard on duty
gāngbǐshuǐr 钢笔水儿[鋼筆-] N. fountain-pen ink M: *píng*
gāngbǐtóu(r) 钢笔头(儿)[鋼筆-] N. tip of a fountain pen
Gāngbǐyà 冈比亚[岡-亞] P.W. Gambia
gāngbìzìyòng 刚愎自用[剛-] F.E. stubborn; obstinate; perverse; willful; self-willed
gǎngbù 港埠 N. harbor; port
[1]**gāngcái** 刚才[剛-] ADV. just now; a moment ago
[2]**gāngcái** 钢材[鋼-] N. steel products; rolled steel
gāngchā* 钢叉[鋼-] N. steel fork M: *ge*/[2]*gēn*
gǎngchà 港汊 N. branching stream M: *ge*/[1]*tiáo*
gāngcháng 纲常[綱-] AB. *sāngāng-wǔcháng*
gāngchǎng* 钢厂[鋼廠] P.W. steel mill M: *ge*/[4]*zuò*
gāngchéng 钢城[鋼-] N. cities formed mainly of steel-production enterprises M: *ge*/[4]*zuò*
gāngchǐ 钢尺[鋼-] N. steel rule M: *ge*/[1]*bǎ*/[2]*gēn*
gāngchuōzi 钢戳子[鋼-] N. embossing seal; embossed stamp
gàngcì 杠次 N. <*lg.*> bar
gàngdang 杠荡[-蕩] V. <*topo.*> shake; vibrate
gāngdāo* 钢刀[鋼-] N. steel knife M: *ge*/[1]*bǎ*/*kǒu*
gàngdāo 杠刀 V.O. sharpen a knife
gàngdāobù 钢/杠刀布[鋼-] N. (razor) strop M: [2]*kuài*/[1]*tiáo*
gǎngdì 岗地[崗-] N. fields on hill slopes M: [2]*kuài*/[1]*piàn*
gāngdìng 钢锭[鋼-] N. steel ingot M: *ge*/[2]*kuài*
gāngdù 刚度[剛-] N. rigidity; stiffness
gǎngdū* 港都 P.W. port/harbor city M: [4]*zuò*
Gǎngdū 港督 N. <*hist.*> governor of Hong Kong M: *ge*/*jiè*/[2]*wèi*
gāngē* 干戈 N. weapons of war; arms; war (lit./fig.)
gāngé 肝鬲 V.P. intimate; sincere
gàn gémìng 干革命[幹-] V.O. carry out a revolution
gāngērǎorǎng 干戈扰攘[--擾-] F.E. in the tumult of war
gāngērǎorǎo 干戈扰扰[-擾擾] F.E. incessant wars and the resultant unrest
gāngēxiāngjiàn 干戈相见 V. declare war on each other
gàngfáng 杠房 P.W. <*trad.*> ① funeral home/house; an old-fashioned funeral parlor ② undertaker's shop M: *ge*/[1]*jiān*
gāngfēng 罡/刚风[剛-] N. ① <*Dao.*> wind in upper space ② strong wind M: [1]*zhèn*
Gǎngfēng 港风 N. Hong Kong style/ways of doing things (influencing China)
Gǎngfǔ* 港府 N. Hong Kong government M: *jiè*/*rèn*
gàngfū 杠夫 N. pallbearer; professional coffin bearer
gānggài(r/zi) 缸盖(儿/子)[-蓋] N. lid of a jar
gànggǎn(r) 杠杆(儿) N. lever M: *ge*/[2]*gēn*
gānggāng(r)* 刚刚(儿)[剛剛] ADV. ① just; only; exactly ② a moment ago; just now
ganggang 杠杠 N. certain limits and stipulations M: *ge*/[1]*xiē*
gànggǎn yuánlǐ 杠杆原理 N. lever principle
[1]**gānggǔ** 钢骨[鋼-] N. reinforced bar
[2]**gānggǔ** 钢鼓[鋼-] N. steel drum M: *ge*/[1]*miàn*
[1]**gāngguǎn** 钢管[鋼-] N. steel tube/pipe M: *ge*/[1]*jié*/[2]*zhī*/[1]*tiáo*
[2]**gāngguǎn** 缸管 N. earthen pipe M: *ge*/[1]*jié*/[1]*tiáo*/[2]*zhī*
gānggǔ hùnníngtǔ 钢骨混凝土[鋼-] N. <*archi.*> reinforced concrete
gāngguǐ* 钢轨[鋼-] N. rail M: *ge*/[1]*jié*
gǎngguī 港规 N. harbor regulation M: *ge*/[3]*xiàng*
gàngguī 杠龟[-龜] N. red mochi cake M: *ge*/[2]*kuài*
gāngguǐ tànshāngyí 钢轨探伤仪[鋼-傷儀] N. rail flaw detector
gānggùn 钢棍[鋼-] N. steel bar M: *ge*/[2]*gēn*/[1]*jié*/[1]*tiáo*
Gāngguǒ 刚果[剛-] P.W. Congo
Gāngguǒhóng 刚果红[剛-] N. <*chem.*> congo red
gānggǔshuǐní 钢骨水泥[鋼-] N. reinforced concrete
gānghǎo 刚好[剛-] ADV. ① just; exactly ***Tāmen láide ~.*** They came at just the right time. ② happen to; it so happened that
gānghuā* 钢花[鋼-] N. spray/sparks of molten steel M: [2]*duǒ*
Gǎnghuà 港化 N. imitating the culture of the people of Hong Kong
gānghuà bōli 钢化玻璃[鋼-] N. toughened glass M: [2]*kuài*
gāngjì 纲纪[綱-] N. ① social order and law ② discipline M: *ge*/[3]*xiàng* ♦V. regulate; direct
gāngjiǎ 钢甲[鋼-] N. armor M: [1]*fù*/[1]*shēn*
[1]**gāngjiàn** 刚健[剛-] S.V. vigorous; energetic; robust
[2]**gāngjiàn** 纲鉴[綱鑒] N. annals M: [1]*běn*/[4]*cè*
gǎngjiānr 岗尖儿[崗-] <*coll.*> N. ① very top of the hill ② pick of the crop; top quality ♦S.V. brimming; up to the top ~ [1]***miǎn*** filled to overflowing
Gǎngjiě 港姐 <*coll.*> N. female (movie/pop) star from Hong Kong
gāngjiégòu 钢结构[鋼-構] N. <*archi.*> steel structure
gāngjì fèichí 纲纪废弛[綱-廢-] V.P. Discipline is lax.
gāngjì guófǎ 纲纪国法[綱-國-] N. discipline and rules of conduct; law and order
gāngjì lǜfǎ 纲纪律法[綱-] N. discipline and rules of conduct; law and order
gāngjīn* 钢筋[鋼-] N. steel reinforcing bar M: [1]*jié*/[1]*tiáo*
gāngjìn 刚劲[剛勁] S.V. bold; vigorous
gāngjīng 钢精[鋼-] N. aluminum
[1]**gǎngjǐng*** 港警 P.W. harbor patrol
[2]**gǎngjǐng** 岗警[崗-] N. police officer on point duty
gāngjīngguō 钢精锅[鋼-鍋] N. aluminium pan
gǎngjǐngsuǒ 港警所 P.W. harbor-police station M: *ge*/[1]*jiā*/[1]*jiān*
gāngjìngyǒulì 刚劲有力[剛勁-] F.E. powerful and vigorous
gāngjīn hùnníngtǔ 钢筋混凝土[鋼-] N. reinforced concrete
gāngjīn shuǐní 钢筋水泥[鋼-] N. reinforced concrete
gāngjīntiědǎn 钢筋铁胆[鋼-鐵膽] F.E. have an iron resolve and steel sinews
gāngjīntiěgǔ 钢筋铁骨[鋼-鐵-] F.E. hard as nails
gāngjìsìfāng 纲纪四方[綱-] V.O. rule over the whole country
Gǎng-Jiǔ 港九 P.W. Hong Kong-Kowloon
gāngjù 钢锯[鋼-] N. hacksaw M: *ge*/[1]*bǎ*
gāngjùjià 钢锯架[鋼-] N. hacksaw frame
gāngjǔmùzhāng 纲举目张[綱舉-] ID. ① strict order prevails ② once the key link is grasped, everything falls into place
gāngjùtiáo 钢锯条[鋼-條] N. hacksaw blade M: *ge*/[1]*bǎ*/[2]*gēn*
Gǎngkè 港客 N. ① visitor from Hong Kong ② Hong Konger
gāngkou(r) 钢口(儿)[鋼-] N. ① sharpness (of cutting implement) ② knife edge
gǎngkǒu* 港口 P.W. port; harbor M: *ge*/[4]*zuò*
gàngkǒu 岗口[崗-] S.V. <*topo.*> deliciously sweet
gǎngkǒu guīzhāng 港口规章 N. harbor regulations M: [3]*xiàng*
gàngkǒur 岗口儿[崗-] S.V. <*topo.*> delicious ~ [3]***tián*** deliciously sweet
gǎngkǒushuì 港口税 N. port tax M: [3]*xiàng*/[1]*zhǒng*
gǎngkǒu tūntǔliàng 港口吞吐量 N. the traffic of a port
Gǎngkù 港裤 N. Hong Kong-style pants/slacks/jeans M: *ge*/[1]*tiáo*
gāngkuī 钢盔[鋼-] N. steel helmet M: *ge*/[1]*dǐng*
gānglǎn 钢缆[鋼纜] N. steel cable M: [2]*gēn*/[1]*tiáo*
gāngliáng 钢梁[鋼-] N. steel bridge M: *ge*/[2]*gēn*/[1]*tiáo*
gāngliào 钢料[鋼-] N. steel material; steel M: [1]*pī*/[1]*zhǒng*
[1]**gāngliè** 刚烈[剛-] S.V. ① tough and vehement; violent ② upright and unyielding
[2]**gāngliè** 肛裂 N. <*med.*> anal fissure
gānglíng 冈陵[岡-] N. high mound
gānglǐng* 纲领[綱-] N. program; guiding principle M: [3]*xiàng*/[1]*zé*
gànglíng 杠铃 N. <*sport*> barbell M: *ge*/[1]*duì*/[1]*fù*
gànglíngpiàn 杠铃片 N. disc of a barbell
gānglǐngxìng 纲领性[綱-] N. the state/status of being the guiding principle ♦ATTR. programmatic
gānglòu 肛瘘[-瘺] N. <*med.*> anal fistula
gǎnglóu* 岗楼[崗樓] N. watchtower M: *ge*/[4]*zuò*
gānglu 缸炉[-爐] N. <*topo.*> a kind of hard sweet cake M: *ge*/[2]*kuài*
gāngluán 冈峦[岡巒] N. a range of hills M: *ge*/[4]*zuò*
gāngluánqǐfú 冈峦起伏[岡巒-] F.E. full of mountain ridges

gānglúntiáo 钢轮条[鋼-條] N. steel wheel spokes M: ge/[2]gēn

gāngmáo 刚毛[剛-] N. <zoo.> bristle; seta M: [2]gēn/[2]zuǒ

gāngmén 肛门 N. anus

gāngménxiàn 肛门腺 N. <med.> anal glands

gāngmù 纲目[綱-] N. ① detailed outline (of a subject) *Běn cǎo ~ Compendium of Materia Medica* ② table of contents M: [1]tiáo/[3]xiàng

gāngōng 肝功 N. liver function

gāngǒng 甘汞 N. <chem.> calomel; murcurous chloride

gǎngōng* 赶工[趕-] V.O. hurry (at work); hurry to finish a task in time

gāngōngnéng 肝功能 N. ①liver function ②liver function test M: [3]xiàng

gàn gòudàng 干勾当[幹-當] V.O. <coll.> do bad things

gāngpào 钢炮[鋼-] N. (modern) cannon M: ge/kǒu/[4]zuò

gāngpén 缸盆 N. glazed earthen basin M: ge/kǒu/[2]zhī

gāngpī* 钢坯[鋼-] N. <metal.> billet M: ge/[2]kuài

gāngpí 钢皮[鋼-] N. steel sheath/sheet M: [2]kuài

gāngpiàn 钢片[鋼-] N. steel sheet/plate M: ge/[2]kuài

gāngpiànqín 钢片琴[鋼-] N. <mus.> celesta M: ge/[1]jià/[1]tái

gāngpíng 钢瓶[鋼-] N. steel cylinder M: ge/[2]zhī

gǎngpō 岗坡[崗-] N. hillside

gāngqì 刚气[剛氣] N. resoluteness; firmness ♦S.V. strong; determined

gǎngqiǎ 岗卡[崗-] N. checkpost

gāngqiān 钢钎[鋼-] N. drill rod/steel M: ge/[2]gēn

gāngqiáng 刚强[剛強] S.V. firm; staunch; unyielding

gāngqiángguǒduàn 刚强果断[剛強-斷] F.E. firm and resolute

gāngqiǎo 刚巧[剛-] ADV. ① just; exactly ② happen to; it so happened that

gāngqín 钢琴[鋼-] N. piano M: [1]jià/[1]tái/[4]zuò

gāngqín bànzòu 钢琴伴奏[鋼-] N. piano accompaniment

gāngqínjiā 钢琴家[鋼-] N. pianist M: [2]wèi

gāngqínqǔ 钢琴曲[鋼-] N. piano concerto M: ge/[2]shǒu

gāngqínrè 钢琴热[鋼-熱] N. piano craze

gāngqín xiézòuqǔ 钢琴协奏曲[鋼-協--] N. <mus.> piano concerto M: [2]shǒu

gāngqín yǎnzòu 钢琴演奏[鋼-] N. piano performance

gāngqín yǎnzòuhuì 钢琴演奏会[鋼-] N. <mus.> piano concert/recital M: [2]chǎng/[1]tái

gāngrèn 刚韧[剛韌] S.V. strong and unyielding

Gǎngrén* 港人 N. Hong Kong people

gǎngrénzhìgǎng 港人治港 F.E. administration of Hong Kong affairs by the people of Hong Kong

gāngróubìngjì 刚柔并济[剛-並濟] F.E. have both strength and grace

gāngróuxiāngjì 刚柔相济[剛-濟] F.E. temper force with mercy

gāngshā 钢砂[鋼-] N. steel emery

Gāngshān 冈山[岡-] P.W. Okayama (Jp.)

Gǎngshān* 港衫 N. Hong Kong-style shirts M: ge/[2]jiàn

Gǎngshāng* 港商 N. businessman from Hong Kong

gàngshàng 杠上 R.V. <topo.> squabble

gǎngshào 岗哨[崗-] N. ①lookout post ②sentry; sentinel

gǎngshì 港市 N. port (city) M: ge/[4]zuò

Gǎngshì* 港式 ATTR. Hong Kong style

gāngshuǐ* 钢水[鋼-] N. molten steel M: lú

gǎngshuì 港税 N. <com.> port dues M: [3]xiàng

gāngshuǐbāo 钢水包[鋼-] N. steel ladle

gāngsī 钢丝[鋼絲] N. steel wire M: [2]gēn/[1]jié/[1]tiáo

gāngsīchuáng 钢丝床[鋼絲-] N. spring bed M: ge/[1]zhāng

gāngsījù 钢丝锯[鋼絲-] N. fret saw M: ge/[1]bǎ

gāngsīqián 钢丝钳[鋼絲-] N. combination/cutting pliers M: ge/[1]bǎ

gāngsīróng 钢丝绒[鋼絲-] N. steel wool

gāngsīshéng 钢丝绳[鋼絲繩] N. steel cable; wire rope M: [2]gēn/[1]tiáo

gāngsuǒ 钢索[鋼-] N. steel cable; hawser M: [2]gēn/[1]tiáo

Gǎng-Tái 港台[-臺] N. Hong Kong and Taiwan

Gǎng-Tái dìqū 港台地区[-臺-區] P.W. Hong Kong and Taiwan areas

gāngtǐ 刚体[剛體] N. <phy.> rigid body M: [1]fù

gāngtiáo 钢条[鋼條] N. steel wire M: [2]gēn

gāngtiě 钢铁[鋼鐵] N. iron and steel

gāngtiěchǎng 钢铁厂[鋼鐵廠] P.W. steelworks M: ge/[1]jiā/[1]jiān/[4]zuò

gāngtiě chángchéng 钢铁长城[鋼鐵-] N. sobriquet of the Chinese People's Liberation Army

gǎngtíng 岗亭[崗-] N. sentry/police box M: ge/[1]jiān

gāngtóng 冈桐[岡-] N. <bot.> tung tree; tung oil tree M: ge/[2]kē

gàngtóu 杠头 N. ① domineering/quarrelsome person ② head of coffin bearers

gāngǔ 干股[乾-] N. <econ.> a kind of stock

gānguākǔdì 甘瓜苦蒂 ID. honey is sweet, but a bee stings; nothing's perfect

gānguǎn 干馆[乾-] N. <trad.> sinecure

gǎnguān* 感官 N. sense/sensory organ

gǎnguāng 感光 V.O. sensitize to light (as in photography)

gǎnguāngdù 感光度 N. <chem.> sensitivity

gǎnguāngjì 感光剂[-劑] N. <chem.> sensitizer

gǎnguāngpiàn 感光片 N. photographic film

gǎnguāngxìng 感光性 N. light sensitivity

gǎnguāngzhǐ 感光纸 N. photographic/sensitive paper M: juǎn/[1]zhāng

gāngguī 杆规 N. steel beam M: [2]gēn

gānguīlínquán 甘归林泉[-歸--] F.E. be willing to retire from service

gānguō 坩埚[-堝] N. <chem.> crucible M: ge/[4]zuò

[1]gānguǒ 干果[乾-] N. ① dried fruit ② dry fruit (e.g., nuts) M: [1]bāo/[5]dài

[2]gānguǒ 柑果 N. <bot.> fruit of a citrus plant M: ge/[2]zhī

gǎnguò* 赶过[趕-] R.V. overtake and pass

gāngwǎ 缸瓦 N. earthenware with crude glaze M: ge/[2]jiàn

gǎngwān* 港湾[-灣] N. ① harbor ② estuary

gàngwán 杠丸 N. <TW> pork balls

gāngwéi 纲维[綱-] N. table of contents

gǎngwèi* 岗位[崗-] N. post; station

gǎngwèi jìnéng gōngzīzhì 岗位技能工资制[崗-] N. system of determining wages by the level of skill demanded by a job

gǎngwèi jīntiē 岗位津贴[崗-] N. subsidy appropriate to a particular job; allowance for certain jobs

gǎngwèi péixùn 岗位培训[崗-] N. on-the-job training

gǎngwèi zérènzhì 岗位责任制[崗-] N. system of personal responsibility (for each section of production)

gǎngwù 港务[-務] N. port administrative affairs

gǎngwùfèi 港务费[-務-] N. harbor dues

gǎngwùjú 港务局[-務-] N. port authority

gāngxiàn 钢线[鋼-] N. steel wire M: [1]jié/[2]gēn

gāngxìng 刚性[剛-] N. <phy.> ① rigidity ② hardness; resistance

gāngxìng jiégòu 刚性结构[剛-構] N. rigid structure

[1]gāngyào* 刚要[剛-] ADV. just going to

[2]gāngyào 纲要[綱-] N. outline; compendium *Yīngyǔ yǔfǎ ~ Essentials of English Grammar* *See also* Gāngyào

Gāngyào 纲要[綱-] N. <PRC> The Program (for Agricultural Development from 1956 to 1967) *See also* [2]gāngyào

gāngyàotián 纲要田[綱-] N. fields that attained the gāngyào level M: [1]fēn/[2]kuài/mǔ

gāngyī 刚一[剛-] ADV. just when; as soon as

gāngyì* 刚毅[剛-] S.V. resolute; stalwart

gāngyìmùnè 刚毅木讷[剛-] F.E. resolute and not eloquent

gāngyìn 钢印[鋼-] N. ① steel/embossing seal ② embossed stamp M: ge/[1]fāng

gāngyìng* 刚硬[剛-] S.V. ① firm/strong (of character/behavior) ② solid (of objects)

Gǎng-Yīng 港英 N. ① Hong Kong and England ② British administration in Hong Kong

Gǎng-Yīng dāngjú 港英当局[--當-] N. <hist.> British authorities in Hong Kong

gāngyìzhīqì 刚毅之气[剛-氣] N. manhood

gāngyǒng 刚勇[剛-] S.V. firm and brave

gāngyù 刚玉[剛-] N. <min.> corundum

gǎngyù róngjī 港域容积[-積] N. harbor volume

gāngzáo 钢凿[鋼鑿] N. steel chisel M: ge/[1]bǎ

gāngzhā 钢渣[鋼-] N. slag

gāngzhēn 钢针[鋼-] N. steel needle M: ge/[2]gēn

gāngzhèng 刚正[剛-] S.V. upright; principled

gāngzhèngbù'ē 刚正不阿[剛-] F.E. be upright and not given to flattery

gāngzhí* 刚直[剛-] S.V. upright and outspoken

gāngzhǐ 钢纸[鋼-] N. vulcanized-fiber paper M: [2]kuài/[1]zhāng

Gǎngzhǐ 港纸 N. <hist.> paper money circulated in Hong Kong M: [1]zhāng

gāngzhíbù'ē 刚直不阿[剛-] F.E. be upright and not given to flattery *See also* gāngzhèngbù'ē

gāngzhǒng 钢种[鋼種] N. aluminum (for utensils)

gāngzhòngjī 扛重机 N. device for lifting heavy objects; jack M: [3]liàng/[2]bù

gāngzhòu 罡咒 N. <Dao> Daoist charms printed on paper

gāngzhū 钢珠[鋼-] N. steel ball; ball bearing M: ge/[1]chuàn

gāngzhuān 缸砖[-磚] N. clinker/quarry tile M: [2]kuài

gāngzi 缸子 N. mug; bowl M: ge/[2]zhī

[1]gǎngzi* 港子 N. harbor

[2]gǎngzi 岗子[崗-] N. ①mound; hillock ②ridge; wale; welt

Gǎngzī 港资 N. Hong Kong capital/funds

gàngzi 杠子 N. ① thick stick; stout carrying pole M: [2]gēn ② <sport> bar ③ thick underline/sideline (of text)

gāngzuàn 钢钻[鋼鑽] N. drilling machine

gǎnhǎi 赶海[趕-] V.O. <topo.> gather seafood on the beach at ebb tide

gānhán* 干寒[乾-] S.V. dry and cold

gānhàn 干旱[乾-] S.V. arid; dry

gǎnhàn 赶汗[趕-] V.O. induce sweat

gǎn hángshì 赶行市[趕-] V.O. sell while prices are high

gānháo 干嚎/号[乾號] V./N. <coll.> sob without tears

gānhé* 干涸[乾-] V. dry up; run dry

gǎnhè 感荷 V. <wr.> be thankful for; be much obliged

gǎnhóu'r 赶猴儿[趕-] N./V.O. three-dice gambling

gānhù 甘瓠 N. <bot.> calabash; gourd

gǎnhuà 感化 V. help to change by persuasion/example/etc.

gǎnhuái 感怀[-懷] V. recall with emotion ♦N. reflections; thoughts

gǎnhuà jiàoyù 感化教育 V.P./N. reformatory education (for juvenile delinquents)

gǎnhuàyuàn 感化院 P.W. detention center M: ge/[1]jiā/[4]zuò

gǎnhuí* 赶回[趕-] R.V. rush back; return in a hurry

gǎnhuì 赶会[趕-] V.O. go to a temple fair

gǎn huílái 赶回来[趕-] R.V. ① come back hurriedly; hurry back ② chase after sb. and force him to come back

gānhuǒ 肝火 N. ① irascibility ② <Ch. med.> liver fire

gānhuò 干货[乾-] N. ① <coll.> dried food M: [1]bāo/[1]pī ② dried cargo M: [1]pī

G

gǎnhuó(r) 赶活(儿)[趕-] V.O. hurry to finish a job on or ahead of time

gànhuó(r)* 干活(儿)[幹-] V.O. work on a job

gānhuòluàn 干霍乱[乾-亂] N. <Ch. med.> cholera without diarrhea or vomiting

gānhuǒshàngnì 肝火上逆 F.E. <Ch. med.> adversely rising liver fire

gānhuǒ shèng 肝火盛 F.E. <Ch. med.> fire preponderance in the hepatic system

gānhuǒ wàng 肝火旺 V.P. hot-tempered; irascible

gānjī 疳积[-積] N. <Ch. med.> ①infantile disease caused by worms/malnutrition ② malnutrition accumulation

[1]gānjí 干急[乾-] V.P. be anxious but unable to do anything

[2]gānjí 肝疾 N. liver disease

gānjǐ 干己 V.P. concern oneself

gānjì 干季[乾-] N. dry season

gǎnjī* 感激 V. feel grateful/indebted

gǎnjí 赶集[趕-] V.O. go to market; go to a fair

gànjiā* 干家[幹-] V.O. do housework ♦N. ①very capable person ②doer; person who gets things done

gànjià 干架[幹-] V.O. ① quarrel ② come to blows

gānjiāng 干姜[乾-] N. dried ginger M: [1]bāo/[2]kuài

Gàn Jiāng 赣江 P.W. Gan River (in Jiangxi)

gànjiàng* 干将[幹將] N. capable person; go-getter; operator M: ge/[2]wèi/[1]yuán

gānjiāo 甘蕉 N. <bot.> banana M: [1]bǎ

gǎnjiǎo* 赶脚[趕腳] V.O. hire oneself out to transport goods with donkeys/mules

gàn jiǎoháng 干脚行[幹腳-] V.O. <coll.> work as a cargo handler

[1]gānjié 干结[乾-] S.V. dry and hard

[2]gānjié 甘结 N. <trad.> ① written pledge given to government authorities ② pledged undertaking

gānjiěmèi 干姐妹[乾-] N. sworn sisters M: ge/[2]wèi

[1]gānjìn 干进[-進] V. seek official promotion in the government

[2]gānjìn 干尽[乾盡] R.V. dry completely *See also* [2]gànjìn

gǎnjǐn* 赶紧[趕緊] ADV. hurriedly; losing no time

[1]gànjìn(r) 干劲(儿)[幹勁] N. drive; enthusiasm; vigor

[2]gànjìn 干尽[幹盡] R.V. do sth. in every possible way *Tā ~le huàishì.* He has done all the bad things possible. *See also* [2]gānjìn

gànjìnchōngtiān 干劲冲天[幹勁沖-] F.E. work with untiring energy

gānjīng 肝精 N. <med.> liver extract

gānjìng* 干净[乾淨] S.V. ① clean; neat and tidy ② complete; total

gànjǐng 干警[幹-] N. security cadres and police M: ge/[1]míng/[1]yuán

gānjìnglìluo 干净利落[乾淨-] F.E. neat and tidy; efficient

gānjìnglìsuo 干净利索[乾淨-] F.E. spic and span

gànjìngòudàng 干尽勾当[幹盡-當] F.E. do every evil thing

gānjǐngxiānjié 甘井先竭 ID. <lit.> Men of talent decline faster.

gǎnjìnshājué 赶尽杀绝[趕盡殺絕] F.E. spare none; be ruthless

gǎnjītìlíng 感激涕零 F.E. shed grateful tears

gānjiǔ* 干酒[乾-] N. dry wine M: píng

gǎnjiù 感旧[-舊] V.O. ①remember the deceased with emotion ② remember bygone days with emotion

gānjū 甘居 V. accept (low position) willingly

[1]gānjú* 柑橘/桔 N. ① oranges and tangerines ② citrus M: ge/[2]zhī

[2]gānjú 甘菊 N. <bot.> camomile M: [2]kē

Gànjù 赣剧[-劇] N. Jiangxi opera M: [2]chǎng/[1]chū

gānjuè 干倔[乾-] S.V. stubborn

gǎnjué* 感觉[-覺] V. feel; perceive; become aware of ♦N. sense perception; feeling; sensation

gǎnjué chū 感觉出[-覺-] R.V. feel; perceive; become aware of

gǎnjué dào 感觉到[-覺-] R.V. become aware of; feel; sense

gǎnjuélùn 感觉论[-覺-] N. <phil.> sensualism

gǎnjuéqì 感觉器[-覺-] N. sense/sensory organs

gǎnjué qìguān 感觉器官[-覺--] N. sense organs

gǎnjué shénjīng 感觉神经[-覺-經] N. sensory nerve

gǎnjué yǔcí 感觉语词[-覺--] N. <lg.> sensation term

gǎnjué yùndòng jiēduàn 感觉运动阶段[-覺運動階-] N. <psy.> sensorimotor stage

gǎnjué yùxiàn 感觉阈限[-覺--] N. <psy.> sense limen/threshold

gānjújiàng 柑橘酱[-醬] N. marmalade M: píng

gǎnjūn 杆菌 N. <bio.> bacillus; bacilli

gǎnjūnlèi 杆菌类[-類] N. <bio.> bacillus

gānjūrénxià 甘居人下 F.E. content to be below others

gānjūxiàyóu 甘居下游 F.E. be resigned to backwardness; be content to lag behind

gānjūzhōngyóu 甘居中游 F.E. be resigned to mediocrity

gǎnkāi 赶开[趕開] R.V. drive (animals/etc.) away/off

gǎnkǎi* 感慨 S.V./V. sigh with emotion ♦N. emotional excitement M: tōng/[1]zhen

gànkāi 干开[幹開] V.P. set to work

gǎnkǎilìutì 感慨流涕 F.E. be moved to tears

gǎnkǎiwànduān 感慨万端[--萬-] F.E. all sorts of feelings well up in one's mind

gǎnkǎiwànqiān 感慨万千[--萬-] F.E. All sorts of feelings well up in one's mind.

gǎnkǎixìzhī 感慨系之[--係-] F.E. sigh with deep feeling

gǎnkāiyá 敢开牙[-開-] V.P. <slang> ① dare to ask a high price ② have the guts to talk big

gǎnkǎo 赶考[趕-] V.O. <trad.> take a civil service exam

gānké 干咳[乾-] N. dry cough M: [1]zhèn

gānkě* 干渴[乾-] S.V. be dry and thirsty

gānkésòu 干咳嗽[乾-] N./V. cough M: [1]zhèn

[1]gānkū 干枯[乾-] V. wither ♦ATTR. withered

[2]gānkū 干哭[乾-] V. sob without tears

gānkǔ* 甘苦 N. ① weal and woe ② hardship and difficulties

gǎnkuài 赶快[趕-] ADV. quickly; hastily

gānkǔbèicháng 甘苦备尝[-備嘗] F.E. have known both happiness and suffering

[1]gǎnkuì 感喟 V. sigh because of deep emotion

[2]gǎnkuì 感愧 V. feel gratitude and shame at the same time

gǎnkuìjiāojí 感愧交及/集 F.E. moved and ashamed simultaneously

gānkǔtán 甘苦谈 N. talk of joys and sorrows

gānkǔtóngshòu 甘苦同受 F.E. share both enjoyment and suffering

gānkǔyǔgòng 甘苦与共[--與-] F.E. share joys and sorrows with sb.

gǎnlái 赶来[趕-] V. hurry (hither)

gǎnláigǎnqù 赶来赶去[趕-趕-] V.P. drive back and forth

gānlàla 干辣辣[乾-] V.P. dry (of throat)

gānlán 甘蓝[-藍] N. <bot.> wild cabbage M: ge/[2]kē

gǎnlǎn* 橄榄[-欖] N. <bot.> ① Chinese olive ② olive M: ge/[2]kē

gānláncài 甘蓝菜[-藍-] N. <bot.> wild cabbage M: ge/[2]kē

gǎn làngtou 赶浪头[趕-] V.O. follow the trend

gǎnlǎnlǜ 橄榄绿[-欖-] N. olive green

gǎnlǎnmiáo 橄榄描[-欖-] N. <art> olive-stone stroke (in painting)

gǎnlǎnqiú 橄榄球[-欖-] N. ①rugby ②American football

gǎnlǎnqiúchǎng 橄榄球场[-欖-場] P.W. <sport> football/rugby field M: ge/[4]zuò

gǎnlǎnshí 橄榄石[-欖-] N. <min.> ① olivine ② night emerald M: ge/[2]kuài

gǎnlǎnshù 橄榄树[-欖樹] N. <bot.> olive tree M: ge/[2]kē

gǎnlǎnyóu 橄榄油[-欖-] N. olive oil M: píng

gǎnlǎnzhī 橄榄枝[-欖-] N. olive branch

[1]gānlào 干酪[乾-] N. cheese M: ge/[2]kuài

[2]gānlào 干落[乾-] <coll.> V. get something for nothing; obtain with little effort *~ dàqián* make a big profit with little effort ♦N. net profit

gānlǎor 干老儿[乾-] N. <topo.> godfather M: ge/[2]wèi

gānlàosù 干酪素[乾-] N. casein

gānle* 干了[乾-] V.P. become dried; dry up *See also* gànle

gànle 干了[幹-] INTJ. ① shoot! ② too bad; what a mess ~ That does it! ♦V. ① be spoiled ② kill *See also* gānle

gānlěng 干冷[乾-] S.V. dry and cold

gānlǐ(r) 干礼(儿)[乾禮-] N. monetary gift M: [1]fèn

gànlì* 干吏[幹-] N. <trad.> a capable official M: ge/[2]wèi/[1]yuán

gānlián 干连 V. involve; implicate

gànliàn* 干练[幹練] S.V. capable and experienced

gānliang* 干粮[乾糧] N. ① solid food M: [1]bāo/[1]fèn/[2]kuài ② field rations M: [1]fèn

gānliàng 干量[乾-] N. dry measure

gānliangdài 干粮袋[乾糧-] N. food hamper; haversack M: ge/[2]zhī

gānliángjì 甘凉剂[-涼劑] N. <Ch. med.> sweet and cooling formula M: [1]bāo/[1]fèn

gānliè 干裂[乾-] V.O. parch and split

gānlín 甘霖 N. timely rainfall M: [1]zhèn

gàn línghuó 干零活[幹-] V.O. <coll.> do odd jobs

gānlínpǔjiàng 甘霖普降 F.E. <wr.> Seasonable rain has fallen everywhere.

gānliù* 干馏[乾-] V. dry distillation; carbonization

gànliú 干流[幹-] N. trunk stream; mainstream M: ge/[1]tiáo

gānlǐzi 干李子[乾-] N. prune M: [1]bǎ/[1]bāo

gǎnlǒng 赶拢[趕-] V. round up (herd)

[1]gānlù 甘露 N. ①sweet dew M: [1]zhèn ②<med.> manna M: píng ③ Chinese artichoke M: [2]kē

[2]gānlù 干禄 N. official position ♦V. scheme for a lucrative official position

gǎnlu 赶碌[趕-] V. <coll.> urge; press

gǎnlù* 赶路[趕-] V.O. hurry on one's way

gànlù 干路[幹-] N. main road; highway M: [1]tiáo

gànlüè 干略[幹-] S.V. capable and full of ideas

gǎnluo 赶落/罗[趕羅] V. <coll.> urge onward; drive

gǎnluó* 赶骡[趕-] V.O. drive a mule

gānlùzǐ 甘露子 N. <bot.> Chinese artichoke M: [2]kē

gānmā 干妈[乾-] N. godmother M: ge/[2]wèi

gànmá* 干吗/嘛[幹-] <coll.> V. What are you doing?; What's up? *Nǐ xiǎng ~?* What are you up to? ♦ADV. ① why on earth; whatever for ② totally; completely; all

gǎnmáng 赶忙[趕-] ADV. quickly; hastily

[1]gānmào 甘冒 V. be willing to risk

[2]gānmào 干冒 V. transgress; offend intentionally

gǎnmào* 感冒 N. common cold ♦V.P. catch cold

gānmàofēngxiǎn 甘冒风险 F.E. be willing to take risks

gānměi 甘美 S.V. sweet and refreshing

gānmèizi 干妹子[乾-] N. <topo.> a female acquaintance of one's own generation M: ge/[2]wèi

gānmiàn(r)* 干面(儿)[乾麵-] N. ① dried powder ② dried noodle M: [1]bāo

gǎnmiàn 擀面[-麵] V.O. ① roll dough ② make noodles

gānmiànbāo 干面包[乾麵-] N. rusk M: ge/[2]kuài

gǎnmiàngùnr 擀面棍儿[-麵--] N. rolling pin M: ge/[2]gēn/[1]tiáo

gǎnmiànzhàng 擀面杖[-麵-] N. rolling pin M: ge/[2]gén/[1]tiáo
gǎn miàohuì 赶庙会[趕廟-] V.O. go to a temple fair
gǎnmíng 感铭 V.P. very grateful
gǎnmìng* 赶命[趕-] V.O. work/travel at frantic pace
gānmíngcǎiyù 干名采誉[-譽] F.E. seek publicity
gǎnmíngr 赶明儿[趕-] N. <topo.> ① another day ② one of these days
gǎnmíngrìge 赶明日个[趕-個] N. <topo.> ① in the future ② one day later on ③ next time
gānmó* 竿摩 V. request; beseech
gānmò 干没[乾-] V. <wr.> embezzle
gǎnmù 感慕 V. feel gratitude and adoration for
gānnǎi 干奶[乾-] N. dry milk M: [1]bāo/[2]kuài
gānnǎotúdì 肝脑涂地[-腦塗-] F.E. be ready to die the cruelest death
gǎnniàn 感念 V. recall with gratitude/emotion
gānniáng 干娘[乾-] N. godmother; nominal mother M: ge/[2]wèi
gǎnniànwǔzhōng 感念五中 F.E. <wr.> feel deep gratitude
gǎnniǎo 赶鸟[趕-] V.O. drive/scare away birds
gān nǐ pìshì 干你屁事 <derog.> V.P. It's none of your business; What has that got to do with you?
gǎnniú 赶牛[趕-] V.O. herd cattle
gǎnnù 敢怒 V.O. feel indignant
gǎn nù bù gǎn yán 敢怒不敢言 F.E. be forced to keep one's resentment to oneself; choke with silent fury
gānnǚ'ér 干女儿[乾-] N. goddaughter M: ge/[2]wèi
gǎn nù ér bù gǎn yán 敢怒而不敢言 F.E. choke with silent fury
gān'ǒu 干呕[乾嘔] N./V. <med.> retch M: [1]zhèn
gǎnpà 敢怕 AUX. <topo.> perhaps; likely
gǎnpānɡāofēng 敢攀高峰 F.E. dare to scale the heights
gǎnpǎo 赶跑[趕-] R.V. drive away
gānpèi 甘霈 N. <wr.> a good rain after a long drought; timely rainfall M: [2]chǎng/[1]zhèn
gǎnpèi* 感佩 V. feel gratitude and admiration
gānpiàn 干片[乾-] N. photographic plate
gānqì 肝气[-氣] N. ① anger M: [2]gǔ ② irritability ③ <Ch. med.> diseases with such symptoms as costal pain, vomiting, diarrhea, etc.
gǎnqì 感泣 V.P. be moved to tears
gànqǐ* 干起[幹-] R.V. start
gànqì 干气[幹氣] S.V. capability
gǎn qián bù gǎn hòu 赶前不赶后[趕-趕後] F.E. better to hurry at the start than to rush at the last moment
gǎnqiáncuòhòu 赶前错后[趕-後] F.E. move up in time or postpone
gǎnqiǎo 赶巧[趕-] ADV. by chance
gānqìbùshū 肝气不舒[-氣--] F.E. <Ch. med.> disordered flow of liver energy
gānqìfànwèi 肝气犯胃[-氣--] F.E. <Ch. med.> invasion of the stomach system by hepatic *qì*
gàn qǐlai 干起来[幹-] R.V. start to do
gānqīn* 干亲[乾親] N. ① nominal kinship ② sworn relative ③ adoptive relative M: ge/[1]jiā/mén/[2]wèi
gānqǐn 甘寝[-寢] V. <wr.> sleep soundly
gǎnqing 敢情 ADV. <topo.> ① why; so; I say ② of course; indeed; really ③ as luck would have it
gǎnqíng* 感情 N. emotion; feeling; sentiment
gǎnqǐng 敢请 <court.> V.P. I venture to request...
gànqīng 绀青 ATTR. dark/prune purple
gǎnqíngchōngdòng 感情冲动[-衝動] F.E. impulsiveness
gǎnqíng dòngcí 感情动词[--動-] N. <lg.> emotive verb
gǎnqíng gōngnéng 感情功能 N. <lg.> emotive function
gǎnqinghǎo 敢情好 V.P. <coll.> fine indeed
gānqīnghéshì 干卿何事 F.E. What has this to do with you?
gǎnqíng pòliè 感情破裂 V.P. fall out
gǎnqíng tóuzī 感情投资 N. investment in human relationships
gǎnqíngyírù 感情移入 F.E. <lg.> empathize
gǎnqíng yìyì 感情意义[-義] N. emotive meaning
gǎnqíngyòngshì 感情用事 F.E. ① act impetuously ② be swayed by one's emotions; give way to one's feelings
gǎnqíngzhǔyì 感情主义[-義] N. emotionalism
gǎnqíng zuòyòng 感情作用 N. emotional/affective reaction
gānqiú 干求 V. request; beseech; importune
gǎnqù* 赶去[趕-] V.P. hurry away to
gànqú 干渠[幹-] N. trunk/main canal M: ge/[1]tiáo
gānquán 甘泉 N. sweet spring water M: ge/[1]yǎn
gàn-qún 干群[幹-] AB. gànbù and qúnzhòng
gàn-qún guānxi 干群关系[幹-關係] N. cadre-mass relationship
[1]**gānr*** 肝儿 N. <coll.> liver M: ge/[2]kuài
[2]**gānr** 干儿[乾-] N. dried food *pútao~* raisin *dòufu~* dried beancurd
[3]**gānr** 竿儿 N. <topo.> the penis M: ge/[2]gēn
gānr 杆儿 N. <coll.> pole; stick M: ge/[2]gēn
gǎnrǎn 感染 V. ① infect ② influence; affect
gǎnrǎnlì 感染力 N. influence
gǎnrǎnxìng nǎomóyán 感染性脑膜炎[---腦--] N. <med.> infectious meningitis
gānrǎo 干扰[-擾] V. disturb; interfere ♦N. <elec.> interference; jam
gānrǎo dá'àn 干扰答案[-擾--] N. distracters
gānrǎosù 干扰素[-擾-] N. <med.> interferon
gānrǎotái 干扰台[-擾臺] N. jamming station
[1]**gānrchàn** 肝儿颤 V.P. <slang> tremble with fear; be scared/terrified
[2]**gānrchàn** 竿儿颤 V.P. <coll.> unable to measure up; unequal to a task
gānrè 干热[乾熱] S.V. ① xerothermic ② scorching hot ③ dry and hot ♦N. dry heat
gānrèn 甘认[-認] V. admit; recognize (one's failures/etc.)
gǎnrén* 感人 S.V. touching; moving
gǎnrèn 感纫 F.E. my gratitude (used in letters)
gǎn rènao(r) 赶热闹(儿)[趕熱鬧-] V.O. join in the fun/excitement
gǎnrénfèifǔ 感人肺腑 F.E. be moved deeply
gǎn rènwu 赶任务[趕-務] V.O. rush to finish a job on time
gānròupiàn 干肉片[乾-] N. jerky M: [2]kuài/[1]piàn
gǎnsàn 赶散[趕-] R.V. chase/drive off
gǎn sān guān 赶三关[趕-關] V.O. be in a great hurry to do one thing after another
gānsè 干涩[乾澀] S.V. dry and coarse
gànshá 干啥[幹-] V.O. <topo.> How come?; Why?
gǎnshān 赶山[趕-] V.O. go hunting in the hills
gǎnshang 赶上[趕-] R.V. <coll.> still have time to; be able to make it *See also gǎnshàng*
gǎnshāng 感伤[-傷] S.V. ① be sad ② be sentimental ♦N. grief; sorrow M: [1]zhèn
gǎnshǎng 赶晌[趕-] ADV. <topo.> just before noon
gǎnshàng* 赶上[趕-] R.V. ① overtake ② run into (a situation); be in time for ***Wǒ dào Měiguó nàtiān zhèng ~ guònián.*** It happened to be New Year's when I arrived in America. ***See also*** *gǎnshang*
gǎnshang cùnjìn(r) 赶上寸劲(儿)[趕--勁-] F.E. <coll.> with a little bit of luck; given good fortune
gǎn shànglai 赶上来[趕-] R.V. overtake; catch up with; keep pace with
gànshàngle 干上了[幹-] V.P. quarrel
gǎn shàngqu 赶上去[趕-] R.V. catch up with; keep pace with; overtake
gǎnshāngzhǔyì 感伤主义[-傷-義] N. sentimentalism
gānshāo míngxiā 干烧明虾[乾燒-蝦] N. prawns with pepper sauce
gānshè 干涉 V. interfere; intervene; meddle ♦N. ① <phy.> interference ② relation
gānshè nèizhèng 干涉内政 V.O. ① interfere in internal/domestic affairs ② interfere in other people's family or marriage affairs
gānsheng 干生[乾-] V.P. lovely; smart
gàn shénme 干什么[幹-麼] V.O. do what? ♦CONS. ~ *dou/ye* ... no matter what (sb. does), still ...
gānshè xiànxiàng 干涉现象 N. ① <phy.> interference ② interference; intervention
gānshī 干尸[乾屍] N. mummy; desiccated corpse M: ge/[1]fù/[7]jù
[1]**gānshí** 干时[-時] V.O. suit the occasion; seek to keep up with the times
[2]**gānshí** 矸石 N. <min.> waste rock M: [2]kuài
gānshì 干世 V.O. seek to conform with the world
gǎnshì 敢是 V.P. <topo.> ① Is it possible that?; Do you mean to say that? ② perhaps; maybe
gànshi 干事[幹-] N. secretary in charge of sth. M: ge/[2]wèi *See also gànshì*
gànshí 旰食 V. <wr.> eat late
gànshì* 干事[幹-] V.O. work; do things ***Tā zài yījiā yínháng ~.*** He works in a bank. ***See also*** *gànshi*
gànshìbù 干事部[幹-] N. management
gànshìbùmíng 干事不明[幹-] F.E. act with utter lack of discretion
gānshīhuà 干尸化[乾屍-] N. mummification (by desiccation)
gànshìhuì 干事会[幹-] N. executive committee
gǎn shíjiān 赶时间[趕時-] V.O. hurry up (to do sth.)
gǎn shímáo 赶时髦[趕時-] V.O. follow fashion
gān-shī wēndùjì 干湿温度计[乾濕---] N. psychrometer
gànshíxiāoyī 旰食宵衣 F.E. <wr.> eat late and get up early; be too busy
[1]**gānshòu** 干瘦[乾-] S.V. skinny; bony
[2]**gānshòu** 甘受 V. accept willingly (punishment/etc.)
gǎnshòu* 感受 V. ① be affected by ② experience; feel
gǎnshòu dào 感受到 R.V. feel; sense; experience
gǎnshòu fāngshì 感受方式 N. <lg.> presentational immediacy
gǎnshòulì 感受力 N. powers of perception M: [1]zhǒng
gǎnshòuqì 感受器 N. receptors
gǎnshòuxìng 感受性 N. susceptibility
[1]**gānshǔ*** 甘薯 N. sweet potato M: ge/[2]kuài/[2]zhī
[2]**gānshǔ** 甘鼠 N. shrew (mouse) M: ge/[2]zhī
gànshǔ 干属[幹屬] N. a cadre's family M: [1]hù/[1]jiā
gānshuǎng 干爽[乾-] S.V. ① dry and crisp (of weather) ② dry (of soil/roads)
gānshuǐ 泔水 N. swill; slop; hogwash M: tǒng
gānshuǐtǒng 泔水桶 N. bucket for hogwash M: ge/[2]zhī
gǎnshuō 敢说 V. dare say (that ...)
gǎnshuō-gǎnzuò 敢说敢做 V.P. dare to speak and act
gānsī 干丝[乾絲] N. shredded pressed beancurd M: [1]bāo
gānsǐ 干死[乾-] V. die for lack of water
gǎnsǐ* 敢死 V. dare to die; defy death
gǎnsī dòngcí 感思动词[--動-] N. <lg.> verb of thinking and feeling
gǎnsǐduì 敢死队[-隊] N. dare-to-die corps; Kamikaze
gānsōng 干松[乾鬆] S.V. dry and brittle
gānsòu 干嗽[乾-] V. dry cough
gānsòule 干嗽了[乾-] V.P. <topo.> coughed helplessly
Gānsù 甘肃[-肅] P.W. Gansu province
gānsuō 干缩[乾-] ATTR. withered
gāntǎ 杆塔 N. wooden pylon M: ge/[4]zuò
gǎntàn 感叹[-嘆] V. ① sigh ② exclaim ♦N. <lg.> exclamation M: zhèn
gǎntàncí 感叹词[-嘆-] N. <lg.> interjection; exclamation (word)
gǎntàncí de niànfǎ 感叹词的念法[-嘆----] N. <lg.> exclamatory intonation

gǎntàncíshuō 感叹词说[-嘆--] N. <*lg.*> pooh-pooh theory
gāntáng 肝糖/醣 N. hepatin; glycogen
gǎntàng(r)* 赶趟(儿)[趕-] ADV. <*coll.*> at just the right moment; timely ♦V.O. ① overtake; catch up with ***Wǒmen gǎnbushàng tàngr le.*** We can't make it. ② be in time for ③ be appropriate to occasion
gāntángyí'ài 甘棠遗爱[-愛] F.E. <*wr.*> memory left behind by a popular official
gǎntànhào 感叹号[-嘆號] N. <*lg.*> exclamation mark/point
gǎntànjù 感叹句[-嘆-] N. <*lg.*> exclamatory sentence
gǎntànshuō 感叹说[-嘆-] N. <*lg.*> interjectional theory
gǎntànyǔ 感叹语[-嘆-] N. <*lg.*> exclamation
gǎntào 赶套[趕-] V. <*topo.*> drive an animal in harness
gāntián 甘甜 S.V. sweet; luscious
gāntiāozhòngdàn 甘挑重担[-擔] F.E. ① be ready to take on heavy responsibilities ② take the heaviest burden on oneself
gǎntóngshēnshòu 感同身受 F.E. I shall count it as a personal favor.
gāntòu 干透[乾-] V.P. be thoroughly dry
gàntou(r)* 干头(儿)[幹-] N. <*coll.*> worth effort/doing ***Zhè [2]shì méi shénme ~*** This isn't worth doing.
gāntóurìjìn 竿头日进[-進] F.E. make constant progress in one's studies
gāntóurìshàng 竿头日上 F.E. make constant progress in one's studies
gāntóuzhíshàng 竿头直上 F.E. ① have an uninterrupted career of advancement ② make constant progress in one's studies
gànwán 干完[幹-] R.V. finish; complete
gānwàng 肝旺 N. <*Ch. med.*> liver effulgence
gānwèi 甘味 N. ① <*Ch. med.*> sweet flavor ② <*wr.*> sweetness; lusciousness
gǎnwéi* 敢为 V.P. dare to do
gǎnwèi 感慰 V.P. feel pleased
gānwéiróngshǒu 甘为戎首 F.E. <*wr.*> not hesitate to start a war
gǎnwèn 敢问 V. <*humb.*> (I) venture to ask
gānwù 干坞[乾塢] N. dry dock
gǎnwù* 感悟 V. ① be moved to comprehension ② come to realize
gǎnwù dào 感悟到 R.V. feel; experience
gǎnwùdàoqíng 感物道情 F.E. be moved by things/phenomena to express one's feelings
gǎnwùshānghuái 感物伤怀[-傷懷] F.E. be deeply affected at seeing sth.
gānxi* 干系[-係] N. ① responsibility ② implication ***See also*** *gānxì*
gānxǐ 干洗[乾-] V. dry-clean
gānxì 干系[-係] N. involvement; connection; implication ***See also*** *gānxi*
gānxiān 干鲜[乾-] N. the dry and the fresh (food/fruits/etc.) M: [1]*bāo*
gànxiàn* 干线[幹-] N. main/trunk line M: [1]*tiáo*
gǎnxiǎng 感想 N. impression; reflections; thoughts M: *ge*/[1]*zhǒng*
gānxiāngjiǔ 柑香酒 N. curaçao M: *píng*
gǎn xiānjìn 赶先进[趕-進] V.O. catch up with the advanced
gānxiào* 干笑[乾-] N. hollow laugh M: [1]*zhèn*
gànxiào 干校[幹-] P.W. <*PRC*> cadre school M: *ge*/[4]*zuò*
gàn xiàqu 干下去[幹-] R.V. continue to do
gǎnxià tái 赶下台[趕-臺] V.P. throw out; turn out; unhorse
gānxīchóng 肝吸虫[-蟲] N. liver fluke M: *ge*/*zhī*
gǎnxiè 感谢 V./N. thank; be grateful
gānxiěláo 干血痨[乾-癆] N. dry type of tuberculosis ***See also*** *gānxuèláo*
gǎnxièlǐ 感谢礼[-禮] N. gifts/presents to express gratitude M: [1]*fèn*
gǎnxièxìn 感谢信 N. letter of thanks M: [2]*fēng*
gǎnxièzhuàng 感谢状[-狀] N. certificate of thanks M: [1]*zhāng*/[3]*zhǐ*

[1]**gānxīn** 甘心 S.V. ① be willing ② be reconciled/resigned to
[2]**gānxīn** 干薪[乾-] N. sinecure salary M: [1]*fèn*
gǎnxíng 敢行 V. dare to do
gǎnxìng* 感性 N. perception
gānxìng pífū 干性皮肤[乾-膚] N. dry skin
gǎn xìngqù 感兴趣[-興-] V.O. be interested in
gǎnxìng rènshi 感性认识[-認識] N. <*phil.*> perceptual knowledge M: [1]*zhǒng*
gǎnxìng shāixuǎn 感性筛选[-篩選] N. <*lg.*> affective filter M: [2]*chǎng*/[1]*cì*
gǎnxìng wénhuà 感性文化 N. sensate culture
gǎnxìng zhījué 感性知觉[-覺] N. <*psy.*> sense impressions
gǎnxìng zhīshi 感性知识[-識] N. perceptual knowledge M: [1]*zhǒng*
gānxīnmíngmù 甘心瞑目 F.E. <*wr.*> die without dissatisfaction
gānxīnqíngyuàn 甘心情愿[-願] F.E. willingly and gladly
gānxīn rěnshòu 甘心忍受 V.P. willing to endure
gānxiōng-dì 干兄弟[乾-] N. <*coll.*> sworn brother M: *ge*/[2]*wèi*
gānxiū* 甘/干休 V.P. ① be willing to give up ② bring to an end
gànxiū 干修[幹-] AB. *gànbù jìnxiū*
gànxiūsuǒ 干休所[幹-] N. quarters for retired cadres M: *ge*/[4]*zuò*
gānxū* 肝虚[-虛] V.P. <*Ch. med.*> liver depletion
gǎnxǔ 敢许 ADV. <*topo.*> probably; perhaps
gānxuǎn 干癣[乾-] N. <*med.*> ringworm skin disease with discolored patches covered with scales
gānxuèjiāng 干血浆[乾-漿] N. <*bio.*> dry blood plasma M: [1]*bāo*
gānxuèláo 干血痨[乾-癆] N. emaciation due to chronic blood stasis M: [2]*chǎng* ***See also*** *gānxiěláo*
gànxùn 干训[幹-] AB. *gànbù xùnliàn* M: [1]*cì*
gànxùnbān 干训班[幹-] N. class for training cadres
[1]**gānyán*** 肝炎 N. hepatitis
[2]**gānyán** 甘言 N. sweet talk; fine words
[1]**gǎnyán** 感言 N. description of impressions M: [1]*zhèn*
[2]**gǎnyán** 敢言 V. dare to speak/say
gānyǎnbìng 干眼病[乾-] N. <*med.*> xerophthalmia M: [2]*chǎng*
gānyáng 肝阳[-陽] V.P. <*Ch. med.*> liver *yáng*
gǎnyáng* 赶羊[趕-] V.O. herd sheep
gǎnyáng de 赶羊的[趕-] N. <*coll.*> shepherd M: *ge*/[2]*wèi*
gānyángshàngkàng 肝阳上亢[-陽--] F.E. <*Ch. med.*> *yáng* energy rising in excess in hepatic system
gānyánmìyǔ 甘言蜜语 F.E. honeyed words ***See also*** *tiányánmìyǔ*
gānyào 干要[乾-] V. <*topo.*> want sth. free of charge
gǎn yāzi shàngjià 赶鸭子上架[趕-] ID. <*coll.*> ① drive to the wall; harry ② try to make sb. do sth. beyond his capacity ③ force sb. to do sth. against his will
[1]**gānyè** 干咽[乾-] V. sob without tears
[2]**gānyè** 干谒 V. seek an interview to ask a favor
[3]**gānyè** 干叶[乾葉] N. dry leaves M: [1]*piàn*
gǎnyè* 赶夜[趕-] V.O. <*topo.*> work throughout the night
gānyījī 干衣机[乾-] N. clothes dryer M: *ge*/[1]*tái*
gǎnyīn 感音 N. ① <*phy.*> resonance ② <*mus.*> harmonic resonance
gānyīnbùzú 肝阴不足[-陰--] F.E. <*Ch. med.*> *yīn* energy insufficiency in hepatic system
gǎnyìng(r) 感应(儿)[-應-] N. ① <*phil.*> response; reaction; interaction ② <*bio.*> irritability ③ <*elec.*> induction ④ <*rel.*> the prayers being listened to
gānyìngbiàn 肝硬变[-變] N. <*med.*> cirrhosis of the liver
gǎnyìng cuòwù 感应错误[-應--] N. <*lg.*> induced error

gǎnyìngdiàn 感应电[-應電] N. induced electricity
gǎnyìng diànliú 感应电流[-應電-] N. <*elec.*> faradic current
gānyìnghuà 肝硬化 N. <*med.*> cirrhosis of the liver
gǎnyìnglì 感应力[-應-] N. susceptibility M: [1]*zhǒng*
gǎnyìngqì 感应器[-應-] N. induction machine M: *ge*/[1]*tái*
gǎnyìngquān 感应圈[-應-] N. <*elec.*> induction coil
gǎnyìngtú 感应图[-應圖] N. <*elec.*> induction chart/map M: [1]*zhāng*
[1]**gānyóu** 甘油 N. <*chem.*> glycerin M: *píng*
[2]**gānyóu** 肝油 N. cod-liver oil M: *píng*
gānyóuzào 甘油皂 N. glycerin soap M: *ge*/[2]*kuài*
gānyóu zhàyào 甘油炸药[-藥] N. dynamite M: [1]*bāo*
[1]**gānyú** 甘于[-於] V.P. be willing/happy to
[2]**gānyú** 干鱼[乾-] N. dry-preserved fish M: [1]*tiáo*
gānyǔ 甘雨 N. <*wr.*> seasonable rain M: [2]*chǎng*
[1]**gānyù*** 干预/与[-與] V. intervene; interfere
[2]**gānyù** 肝郁[-鬱] N. <*Ch. med.*> *qì* stasis in hepatic system
[3]**gānyù** 干誉[-譽] V.O. seek for a brighter reputation
gǎnyú 敢于[-於] V.P. dare to
gànyǔ 绀宇 N. <*Budd.*> Buddhist monastery M: *ge*/[4]*zuò*
Gànyǔ 赣语 N. <*lg.*> Jiangxi speech
gānyuàn* 甘愿[-願] AUX. be willing
[1]**gànyuán** 绀园[-園] P.W. <*Budd.*> Buddhist monastery M: *ge*/[4]*zuò*
[2]**gànyuán** 干员[幹-] <*trad.*> N. capable official M: *ge*/[1]*míng*/[2]*wèi*
gānyue 干哕[乾噦] V./N. feel sick; retch
gānyúnbìrì 干云蔽日[-雲--] F.E. tower into the clouds and cover up the sun (of trees)
gānyù shēnghuó 干预生活 V.O. <*PRC*> ① delve into life ② expose the dark aspect of life
gǎnyú shènglì 敢于胜利[-於勝-] V.P. have faith in victory
gānzàng 肝脏[-臟] N. liver
gānzàngyìnghuà 肝脏硬化[-臟--] F.E. <*med.*> cirrhosis of liver
gānzào 干燥[乾-] S.V. ① dry; arid ② dull; uninteresting
gǎnzǎo(r)* 赶早(儿)[趕-] ADV. as soon as possible
gǎnzǎo bù gǎnwǎn 赶早不赶晚[趕--趕-] F.E. The earlier the better.
gānzàojī 干燥机[乾-] N. drier M: *ge*/[1]*tái*
gānzàojì* 干燥剂[乾-劑] N. <*chem.*> drying agent M: [1]*bāo*/[1]*zhǒng*
gānzàowúwèi 干燥无味[乾-] F.E. dry and tasteless
gānzàoxiāng 干燥箱[乾-] N. ① dry box ② drying oven M: *ge*/[2]*zhī*
gānzhá 干炸[乾-] V. dry-fry
gānzhàn 干占[乾-] V. <*coll.*> occupy without payment
gǎnzhān* 擀毡[-氈] V.O. ① make felt out of wool ② be worn out (of woolen product)
gànzhàng 干仗[幹-] V.O. <*coll.*> quarrel; have a row
gǎnzhào 感召 V. inspire; impel
gān zháojí 干着急[乾著-] V.P. <*coll.*> worry helplessly
gǎnzhàoxíng lǐngxiù 感召型领袖 N. charismatic leader M: *ge*/[2]*wèi*
gān zhǎyǎn 干眨眼[乾-] V.P. <*coll.*> stare helplessly
gānzhe* 甘蔗 N. sugarcane M: [2]*gēn*/[1]*jié*
gǎnzhe 赶着[趕著] V.P. ① be in a hurry to do sth. ② pursue; overtake ③ be at the moment of
gānzhebǎn 甘蔗板 N. <*archi.*> cane-fiber board M: *ge*/[2]*kuài*
gānzhe méiyǒu liǎng tóu tián 甘蔗没有两头甜 ID. You can't have it both ways.

[1]gānzhèng 干证[-證] N. witness
[2]gānzhèng 干政 V.O. interfere in politics
gānzhetián 甘蔗田 N. sugarcane field M: [2]kuài/[1]piàn
gānzhezhā 甘蔗渣 N. bagasse M: duī
gānzhī 干支 N. Heavenly Stems and Earthly Branches; Chinese Sexagenary Cycle
gānzhǐ 甘旨 N. ① delicacies ② delicious food M: [1]dùn
[1]gānzhì 干制[乾製] ATTR. dry-cure
[2]gānzhì 肝蛭 N. liver fluke
gǎnzhī 感知 N. ① sense perception ② <psy.> perception
gǎnzhì* 赶制[趕製] V. hasten production
gānzhī jìnián 干支纪年 N. years designated by Heavenly Stems and Earthly Branches
gānzhīrúyí 甘之如饴 F.E. take adversity with a smile
gǎnzhī tūchūxìng 感知突出性 N. <lg.> perception salience
gǎnzhī yǔyīnxué 感知语音学 N. <lg.> perceptual phonetics
gǎnzhuàn 感篆 V.P. be grateful/thankful
gǎnzhuàng 杆状[-狀] ATTR./N. pole-shaped
gǎnzhuàngjūn 杆状菌[-狀-] N. <med.> bacillus; bacilli M: [1]zhǒng
gǎnzhuī 赶锥[趕-] N. screwdriver M: ge/[1]bǎ
gǎnzhūlóng 赶珠龙[趕-] N. <art> pearl-pursuing dragon design
[1]gānzi* 竿子 N. bamboo pole M: ge/[2]gēn
[2]gānzi 杆子 N. pole M: ge/[2]gēn/[1]jié *See also* [2]gǎnzi
[3]gānzi 柑子 N. mandarin orange M: ge/[2]zhī
[4]gānzi 矸子 N. <min.> waste rock M: duī
[1]gǎnzi 秆子[稈-] N. stalk of rice plants; straw M: [2]gēn/[1]jié
[2]gǎnzi 杆子 N. ① pole; stick; club M: ge/[2]gēn/[1]jié ② a gang of bandits M: [1]bāng *See also* [2]gānzi
[3]gǎnzi 敢自 ADV. <topo.> ① of course; indeed; naturally ② Is it really so?
"gǎn" zì dāngtóu 敢字当头[--當-] V.P. put the word "dare" above everything else
gǎnzitóu 杆子头 N. <coll.> ringleader of a gang M: ge/[1]míng/[2]wèi
gǎnzǒu 赶走[趕-] R.V. drive away; expel
gǎnzuǐ 赶嘴[趕-] V.O. <coll.> act before it is too late
gǎnzuò 敢作 V. dare to do (sth.)
gǎnzuògǎndāng 敢做敢当[-當] F.E. ① have courage to do what one believes should be done ② take responsibility for one's deed
gǎnzuògǎnwéi 敢作敢为 F.E. bold and decisive in action
[1]gāo* 高 S.V. ① tall; high ② above average ***Zhè diǎnzi zhēn ~!*** What a brilliant idea! ③ loud ④ <lg.> close; high (of vowels) ♦N. Surname
[2]gāo 篙 N. punt/boat pole M: [2]gēn
[3]gāo 糕 N. cake; pudding M: ge/[2]kuài/[1]piàn
[4]gāo 膏 N. ① fat; grease; oil ② paste; cream; ointment *See also* [2]gào
[5]gāo 羔 B.F. lamb; kid; fawn [1]***gāoyáng, lùgāo***
[6]gāo 皋 <wr.> N. ① bank ② marsh ③ drum ④ May ♦S.V. high
[7]gāo 睾 B.F. <phys.> testis; testicle [1]***gāowán***
[8]gāo 櫜 B.F. ① container for storing weapons and armor ***chuígāo*** ② to store ***jiāngāogāngē***
[9]gāo 槔 in ***jiégāo***
[1]gǎo 搞 V. ① do/work/manage/etc. ***Qǐng bǎ nà jiàn shì ~ qīngchu.*** Please get a clear understanding of the matter. ② <slang> have sex with
[2]gǎo 稿/稾 B.F. stalk of cereal crops [2]***gǎojiàn*** ♦N. ① (rough) draft; sketch ***gǎozi*** ② manuscript; original ***yuángǎo***
[3]gǎo 镐[鎬] N. pick; pickax M: ge/[1]bǎ *See also* [7]hào
[4]gǎo 缟[縞] B.F. thin white silk used in ancient China ***gǎosù***
[5]gǎo 杲 B.F. <wr.> bright ***gǎogǎo***
[6]gǎo 槁 B.F. withered ***kūgǎo***
[1]gào 告 B.F. ① tell; inform; explain ***gàosu*** ② ask for; request ③ make known; state clearly; announce ♦V. accuse; sue *See also* [9]gù
[2]gào 膏 V. ① lubricate ② dip a brush in ink and smooth it on the edge of an inkstone *See also* [4]gāo
[3]gào 诰[誥] N. imperial mandate
[4]gào 锆[鋯] N. <chem.> zirconium (Zr)
[5]gào 郜 N. Surname
gāo'ǎi(r)* 高矮(儿) N. height
gào'āi 告哀 V.O. <wr.> vent grievances
gāo'àn 高岸 N. ① high cliff ② high bank (of a river/etc.) ③ sth. lofty and unyielding
gāo'áng 高昂 S.V. ① held high (head/etc.) ② high; elated; exalted ③ expensive; exorbitant
gāo'ào 高傲 S.V. supercilious; arrogant
gāo'àobùqū 高傲不屈 F.E. indomitable
gāobà 高坝[-壩] N. high dam M: ge/[1]dǔ
gāobādù 高八度 N. ① in a high voice ② high-sounding (of words)
gàobái 告白 N. public notice; bulletin M: [1]piān/[3]zhǐ
gàobáibǎn 告白板 N. bulletin board M: ge/[2]kuài
gàobāng 告帮[-幫] V.O. <trad.> ask for assistance
gāobǎozhēn 高保真 N. high fidelity; hi-fi
gāobǎozhēn yīnyuè 高保真音乐[-樂] N. hi-fi music M: [3]qǔ
gāobàr 高把儿 N. long-handled instruments
gǎo bǎxì 搞把戏[-戲] V.O. <coll.> play tricks
gǎoběn 稿本 N. ① manuscript M: [1]běn ② sketch of a design
Gāo Běnhàn 高本汉[-漢] N. (1889–1978) Bernhard Karlgren (Swedish sinologist)
gàobiǎn 告窆 N. <wr.> written announcement of a burial M: [1]piān
gàobiàn(r)* 告便(儿) V.O. <court.> excuse oneself for short leave (usu. to use the toilet)
gāobiāohào 高标号[-標號] N. high grade
gāobiāozhǔn 高标准[-標準] N. high standard; stringent specification
gàobié 告别 V. ①leave; part from ②bid farewell to
gàobiécí 告别词 N. farewell speech; valediction M: [1]duàn/[1]piān
gàobiéhuì 告别会 N. farewell party
gàobié yànhuì 告别宴会 N. farewell banquet M: ge/[2]chǎng/[1]xí
gàobié yíshì 告别仪式[--儀-] N. farewell ceremony M: [3]chǎng
gāobing* 糕饼 N. cakes and biscuits; pastry M: [2]kuài
gàobǐng 告禀[-稟] V. report (to one's superior)
gàobìng 告病 V.O. ①request sick leave ②resign because of illness
gāobǐngdiàn 糕饼店 P.W. pastry shop M: ge/[1]jiā
gāobǐnglèi 糕饼类[-類] N. cakes of all kinds
gāobōzi 高拨子[-撥-] N. a major tune in Anhui opera
gāo bù chéng dī bù jiù 高不成低不就 F.E. ① be too choosy to succeed ② be unfit for a higher post but unwilling to take a lower one
gāobùfen 高部分 N. high portion
gǎobuhǎo 搞不好 R.V. do/go wrong
gāobùkěpān 高不可攀 F.E. unreachable; unattainable
gāobùyúnqú 高步云衢[--雲-] F.E. attain scholarly eminence
gāocái 高才 ATTR. very endowed
gāocáishēng 高才/材生 N. brilliant/outstanding student M: ge/[1]míng/[1]wèi
gāocān 高参[-參] N. <mil.> ① senior staff officer ② counselor; mentor M: ge/[1]míng/[1]wèi
gāocéng 高层[-層] ATTR. high-level; high-rise
gāocéng wénhuà 高层文化[-層--] N. high culture
gāocéngyún 高层云[-層雲] N. <meteo.> altostratus M: [2]duǒ/[1]piàn
gāochǎn 高产[-產] N. high yield/production
gāochǎng* 高敞 S.V. tall and spacious
gāochàng 高唱 V. ① sing loudly; sing with spirit ② talk glibly about ③ call out loudly for
gāochàngrùyún 高唱入云[-雲] F.E. ① sing in a very high pitch; sing loud and clear ② be very much talked about
gāochǎn pǐnzhǒng 高产品种[-產-種] N. high-yield variety M: ge/[1]zhǒng
gāochǎntián 高产田[-產-] N. high-yield field M: [2]kuài/[1]piàn
gāochǎnwěnchǎn 高产稳产[-產穩產] F.E. high and steady production (of grain)
gāochǎn zuòwù 高产作物[-產--] N. high-yield crop M: [1]zhǒng
gāochāo 高超 S.V. superb; excellent
gāocháo* 高潮 N. ①high tide/water ②upsurge; climax M: ge/[1]cì
gāochāojuélún 高超绝伦[--絕-] F.E. superb; unequalled; peerless; matchless
gāo-chāoyīnsù 高超音速 N. <phy.> hypersonic speed
gāochéng 高程 N. elevation
gǎochéng* 搞成 R.V. finish making
gàochéng 告成 V.O. ① announce completion of sth. important ② be completed
gǎo chénggōng 搞成功 R.V. <coll.> bring to fruition; achieve access
gàochì 诰敕 N. decree conferring titles on officials in Ming/Qing M: [1]piān/[3]zhǐ
gǎochóu* 稿酬 N. ① payment to an author ② royalties M: [1]fèn
gǎochòu 搞臭 R.V. discredit; put to shame
gǎochóushuì 稿酬税 N. tax on payments to authors
gāochū* 高出 V.P. be higher/taller than
[1]gāochù 高处[-處] P.W. high place
[2]gāochù 高矗 V.P. straight and towering
gǎochū 搞出 R.V. work out; achieve; produce
gāochù bù shèng hán 高处不胜寒[-處-勝-] ID. ① be too highbrow to be popular ② It's lonely to be in a high position
gàochuī 告吹 V. fizzle out; fail
gāochúnshìshé 膏唇拭舌 F.E. ① be eager to speak one's mind ② be eager to please others
gàocí 告辞[-辭] V.O. take leave
gāocì fāngchéng 高次方程 N. <math.> equation of higher degree
gāocù 高醋 N. top-quality vinegar M: píng
gǎocuò 搞错 R.V. mistake sth. for sth. else
gāodá* 高达[-達] V.P. reach up to
gāodà 高大 S.V. ① tall and big; great ② massive ③ lofty
gāodài 高待 V. give special treatment; show deference
gàodài* 告贷 V.O. ask for a loan
gàodàiwúmén 告贷无门 F.E. nowhere to borrow money
gāodànbái 高蛋白 N./ATTR. high protein
gāodànbáinǎi 高蛋白奶 N. protein milk M: píng
gāodàng 高档[-檔] S.V. <topo.> top/superior quality/grade
gāodāngàng 高单杠 N. <sport> high bar M: ge/[1]fù
gāodàng shāngpǐn 高档商品[-檔--] N. high-quality goods; expensive goods
gāodānwèi 高单位 N. high level (of effective ingredient in a product)
gāodǎo 高蹈 V. ① travel to far place ② be a hermit
gàodǎo* 告倒 R.V. <law> appeal successfully to the courts (by a plaintiff)
gāo-dà-quán 高大全 F.E. <PRC> tall, big, and perfect (model promoted in Cultural Revolution)
gāodáyúnxiāo 高达云霄[-達雲-] F.E. touch the clouds
gāoděng 高等 ATTR. higher; advanced
gāoděng dòngwù 高等动物[--動-] N. higher animals
gāoděng fǎyuàn 高等法院 P.W. the High Court M: ge/[4]zuò

Gāoděng Guóyǔ 高等国语[--國-] N. <lg.> High Chinese
gāoděng jiàoyù 高等教育 N. higher education
gāoděng kǎoshì 高等考试 N. advanced-level examination M: [2]chǎng/[1]cì
gāoděng shīfàn yuànxiào 高等师范院校[--師範--] P.W. teachers' colleges M: ge/[1]suǒ/[4]zuò
gāoděng wénguān 高等文官 N. high civil official M: ge/[1]míng/[2]wèi
gāoděng xiǎoxué 高等小学 P.W. senior primary school (5th-6th grades) M: ge/[1]suǒ/[4]zuò
gāoděng yuànxiào 高等院校 P.W. colleges and universities M: ge/[1]suǒ/[4]zuò
gāoděng yǔtǐ 高等语体[-體] N. <lg.> High variety; H-Variety M: [1]zhǒng
gāoděng zhíwù 高等植物 N. higher plants M: [1]zhǒng
gāodī* 高低 N. ① height ② relative superiority/inferiority ③ sense of propriety; discretion ④ contour; pitch; tonality ♦ ADV. <topo.> ① on any account; simply ② at long last
[1]**gāodì** 高地 N. upland; elevation; height M: chù/[2]kuài
[2]**gāodì** 高第 N. high place on the list of successful examinees
[3]**gāodì** 高弟 F.E. your capable student; your brilliant disciple
gǎodǐ(r) 稿底(儿) N. draft (of manuscript); a piece of writing M: [1]fèn
gāodiǎn 糕点[-點] N. pastry M: [1]fèn
gāodiǎnpù 糕点铺[-點-] P.W. bakery M: ge/[1]jiā/[4]zuò
gāodiànzǔxiàn 高电阻线[-電--] N. <elec.> high electric resistance line M: [2]gēn/[1]jié
gāodiào(r)* 高调(儿) N. ① lofty tone; high-sounding words M: [1]zhǒng ② <photo.> high tone
gǎodiào 搞掉 R.V. get rid of; do away with
gāodiàor 高掉儿 N. fall from a height
gāodībùpíng 高低不平 F.E. uneven
gāodīgàng 高低杠 N. <sport> uneven (parallel) bars M: [1]fù
gāodīguìjiàn 高低贵贱[-賤] F.E. lowliness and nobleness
gāodì shìyìng 高地适应[-適應] N. <sport> altitude acclimatization
gāodī zhòngyīn 高低重音 N. <lg.> pitch accent
gāodìzǐ 高弟子 F.E. your capable student; your brilliant disciple M: ge/[1]míng/[2]wèi
gāodù 高度 N. ① altitude; height ② high degree; apogee M: [1]diǎnr
gāodùbiǎo 高度表 N. altimeter M: ge/[2]zhī
gāodù chuánzhēn 高度传真[--傳-] N. high-fidelity (hi-fi)
gāodùhuà 高度化 V./N. raise the level/standard of; intensify
gǎo duìxiàng 搞对象[-對-] V.O. ① be occupied with finding a match/spouse ② go steady
gāodù píngjià 高度评价[--價] V.P. give a high appraisal to
gāo'é 高额 N. large sum/number/amount M: [1]fèn
gāo'ěrfū 高尔夫 N. <loan> ① golf ② golf ball
gāo'ěrfūqiú 高尔夫球 N. <loan> ① golf ② golf ball
gāo'ěrfū qiúchǎng 高尔夫球场[-場] P.W. golf course M: ge/[4]zuò
gāo'é zūjīn 高额租金 N. rack rent M: [1]fèn
gāofā 高发[-發] V. <Ch. hist.> pass the civil service examination
gǎofǎ 搞法 N. way of doing sth.; method M: [1]zhǒng
gàofā* 告发[-發] V. <law> inform against; lodge an accusation against ♦ N. accusation
gàofá 告乏 V.O. be in short supply; be inadequate
gāofáng 膏肪 N. <wr.> fat of animals/plants
gāofēi* 高飞[-飛] V. fly high
gǎofèi 稿费 N. author's remuneration; royalty M: [1]fèn
gāofēiqiú 高飞球[-飛-] N. <sport> fly ball (in baseball)
gāofēi xīshēngdǎ 高飞牺牲打[-飛犧--] N. sacrifice fly (baseball)
gāofēiyuǎnzǒu 高飞远走[-飛遠-] F.E. run off far away
gāofēn 高分 ATTR. high
gāofēnbiànlǜ 高分辨率 N. high resolution M: [1]zhǒng
gāofēndīnéng 高分低能 F.E. high grades in school but poor general ability
[1]**gāofēng*** 高峰 N. peak; height M: ge/chù/[4]zuò
[2]**gāofēng** 高风 N. noble character
gàofēng 诰封 N. conferment of honorary titles by imperial mandate
gāofēng huìyì 高峰会议[-議] N. summit conference M: ge/[3]chǎng/[1]cì
gāofēngliàngjié 高风亮节[-節] F.E. noble character
gāofēngqī 高峰期 N. peak/rush hour
gāofēng shíjiān 高峰时间[-時-] N. peak/rush hour
gào fènyǒng 告奋勇[-奮-] V.O. <law> volunteer for a difficult task
gāofēnzǐ 高分子 N. <chem.> high molecule; macromolecule
gāofēnzǐ huàxué 高分子化学 N. <chem.> polymer chemistry
gāofúdiāo 高浮雕 N. <art> high/ground relief M: ge/[7]jù/[4]zuò
gǎo fùyè shēngchǎn 搞副业生产[--業-產] V.O. engage in sideline production
gāogan 糕干[-乾] N. sweetened rice flour M: ge/[2]kuài
gāogān 高杆 N. high pole M: ge/[2]gēn
gāogàn* 高干[-幹] N. senior cadre M: ge/[1]míng/[2]wèi
gāoganfěn 糕干粉[-乾-] N. powdered rice-cereal M: [1]bāo
gāogǎng 高岗[-崗] N. peak; summit; high mountain M: ge/chù/[4]zuò
gāogǎngr 高岗儿[-崗-] N. ① summit ② <coll.> place of honor M: ge/chù/[4]zuò
gāogàn zǐdì 高干子弟[-幹--] N. children of high-ranking cadres M: ge/[1]míng/[2]wèi
gāogāo(r)* 高高(儿) R.F. <coll.> tall
gǎogǎo 杲杲 R.F. <wr.> bright and scintillating
gāogāo'ǎi'ǎi 高高矮矮 R.F. tall and short
gāogāodīdī 高高低低 R.F. ① tall and short ② uneven (of ground/etc.)
gāogao shǒu(r) 高高手(儿) V.O. forgive; be lenient
gāogāoxìngxìng 高高兴兴[-興興] R.F. happy; joyful; delighted
gāogāozàishàng 高高在上 F.E. remote from the masses
gāogē* 高歌 V. sing lustily
gāogé 高阁 N. ① high building ② high shelving/shelf M: ge/[4]zuò
gāogè(r/zi) 高个(儿/子)[-個-] N. tall person M: ge/[1]míng/[2]wèi
gàogěi 告给 V. <coll.> tell
gāogēměngjìn 高歌猛进[-進] F.E. advance triumphantly
[1]**gāogēn(r)** 高跟(儿) N. high heels M: ge/[2]zhī
[2]**gāogēn** 高根 N. <bot.> coca M: [2]kē
gāogēn(r)xié 高跟(儿)鞋 N. high-heeled shoes M: ge/[1]duì/[1]shuāng/[2]zhī
gāogēshūhuái 高歌抒怀[-懷] F.E. express one's feelings by a song
gāogèzi 高个子[-個-] N. tall person M: ge/[1]míng/[2]wèi
[1]**gāogōng*** 高工 N. senior engineer M: ge/[1]míng/[2]wèi
[2]**gāogōng** 篙工 N. punter (of a boat) M: ge/[1]míng/[2]wèi
gāogǒng 高拱 V. ① be seated quietly ② cross one's arms
gāogōngnéng 高功能 N. high performance
gǎo gōngwén lǚxíng 搞公文旅行 V.O. circulate documents endlessly without solving problems
gǎo gōngzuò 搞工作 V.O. <coll.> do work
gāogū* 高估 V. overestimate
gāogǔ 高古 S.V. elegant and simple
gǎogǔ 槁骨 N. <wr.> bones of the deceased M: [1]bǎ/[7]jù
gāoguà 高挂[-掛] V.P. high-hanging
[1]**gāoguān*** 高官 N. high official M: ge/[1]míng/[2]wèi
[2]**gāoguān** 高冠 N. <wr.> ① high hat ② flattery M: ge/[1]dǐng
[3]**gāoguān** 高观[-觀] V. look/observe from a higher perspective
gǎoguān 缟冠 N. <trad.> plain white cap worn in mourning M: ge/[1]dǐng
gàoguān 告官 V.O. appeal to government authority
gāoguāng 高光 N. <photo.> highlight M: [4]shù
gāoguānhòujué 高官厚爵 F.E. high office and peerage
gāoguānhòulù 高官厚禄 F.E. high official with a big salary
gāoguānxiǎnjué 高官显爵[--顯-] F.E. be honored with high official titles
gāoguì* 高贵 S.V. ① noble; high ② highly privileged; elitist ③ valuable; rare
gǎoguǐ 搞鬼 V.O. play tricks; be up to some mischief
gàoguī 告归[-歸] V.O. ① go home on leave ② ask for leave to go home
gào guórén shū 告国人书[-國-書] N. message to the nation M: [1]fèn
gāohán* 高寒 N. altitude cold
gāohǎn 高喊 V. shout loudly
gǎohǎo 搞好 R.V. ① do a good job; do well ② fix up; straighten out
gāohéjīngāng 高合金钢[-鋼] N. high-alloy steel M: [1]zhǒng
gāohū* 高呼 V. ① shout loudly ② cheer
gāohú 高胡 N. a kind of **èrhú** M: ge/[1]bǎ
gǎohuài 搞坏[-壞] R.V. ① ruin; spoil; destroy; impair ② break
gǎo huājiàzi 搞花架子 V.O. use smoke and mirrors to create the illusion of substance
gāohuàn 高唤[-喚] V. call out in a loud voice
gāohuāng 膏肓 N. <med.> vital organs
gǎo huāyàng(r) 搞花样(儿)[--樣-] V.O. <coll.> play tricks; cheat; deceive
gāohuǒ 膏火 N. <wr.> ① tuition fee ② lamp oil ③ lights
gǎohuó* 搞活 R.V. ① become vigorous ② vitalize; enliven; invigorate; stimulate
gǎohuó jīngjì 搞活经济[-經濟] V.O. stimulate the economy
gǎohuó liútōng 搞活流通 V.O. stimulate commodity circulation
gāohuǒzìjiān 膏火自煎 ID. One who has talent incurs misfortune.
gāojí* 高级 ATTR. high in rank/grade/quality
[1]**gāojì** 膏剂[-劑] N. medicinal extract/concoction M: [14]fù/píng
[2]**gāojì** 高髻 N. a kind of tall coiffure
[3]**gāojì** 高寄 N. exalted ideas
gàojí 告急 V.O. ① be in an emergency ② report an emergency ③ ask for emergency help
[1]**gāojià*** 高价[-價] N. high price
[2]**gāojià** 高架 ATTR. overhead; elevated
gàojià 告假 V.O. ask for leave
gāojià dàolù 高架道路 N. overhead/elevated roadway M: ge/[1]tiáo
gāojiàdǎomài 高价倒卖[-價-賣] F.E. resell sth. at an exorbitant price
gāojià gōnglù 高架公路 N. overpass M: [1]tiáo
gàojiàle 告假了 V.P. <coll.> ① took leave ② died
Gāojiǎn 高检 N. Supreme People's Procuratorate
gāojiàn* 高见 F.E. <court.> your idea/opinion *Nǐ yǒu hé ~?* What's your view of it?
[1]**gǎojiàn** 稿件 N. manuscript; contribution M: [1]fèn/[1]piān
[2]**gǎojiàn** 稿荐[-薦] N. straw mattress; pallet M: ge/[2]kuài
gāojiàng de 高降的 ATTR. high falling
gāojiàngdiào 高降调 N. <lg.> high falling tone
gāojiào 高教 N. higher education

gāojiǎodèng 高脚凳[-腳-] N. high stool
gāojiàoyuānwang 高叫冤枉 F.E. loudly complain of being wronged
gāojiàqiáo 高架桥[-橋] N. viaduct; overpass M: *ge/[4]zuò*
gāojià shōupán 高价收盘[-價-盤] N. <*econ.*> closing high
Gāojiāsuǒ 高加索 P.W. Caucasus
Gāojiāsuǒ Shānmài 高加索山脉[-脈] P.W. Caucasus Mountains
Gāojiāsuǒyǔ 高加索语 N. <*lg.*> Caucasian language
gāojià tiědào 高架铁道[--鐵-] N. overhead/elevated railway M: *[1]tiáo*
gāojià tiělù 高架铁路[--鐵-] N. overhead/elevated railway M: *ge/[1]tiáo*
gāojí cānmóu 高级参谋[--參-] N. high staff officer; top-grade counselor M: *ge/[1]míng/[2]wèi*
gāojí chángwù dǒngshì 高级常务董事[---務--] N. senior managing director M: *ge/[1]míng/[2]wèi*
gāojiē 高阶[-階] N. high rank
[1]**gāojié** 高洁[-潔] S.V. noble and unsullied
[2]**gāojié** 高节[-節] N. great moral fortitude; incorruptibility
[1]**gàojié** 告捷 V.O. win/report a victory
[2]**gàojié** 告讦 V. expose (other's secrets)
gàojiě 告解 <*rel.*> V. confess ♦N. confession
[1]**gàojiè*** 告/诰诫/戒 V. admonish; exhort
[2]**gàojiè** 告借 V.O. ask for a loan
gāojiēcéng 高阶层[-階層] N. upper class/level (in a hierarchy)
gāojiēcéng huìyì 高阶层会议[-階層-議] N. high-level/summit conference M: *ge/[1]cì*
gāojiēcéng rénwù 高阶层人物[-階層--] N. persons of rank M: *ge/[2]wèi*
gāojiēyǔ 高阶语[-階-] N. <*lg.*> acrolect M: *[1]zhǒng*
gāojiē yǔyán 高阶语言[-階--] N. <*comp.*> high-level language M: *[1]zhǒng*
gāojí fānyìyuán 高级翻译员[---譯-] N. <*lg.*> senior translator M: *ge/[1]míng/[2]wèi*
gāojí gànbù 高级干部[--幹-] N. senior cadre M: *ge/[1]míng/[2]wèi*
gǎo jìhuà shēngyù 搞计划生育[--劃--] V.O. practice family planning
gāojí jiǎngshī 高级讲师[-講師] N. senior lecturer (in vocational/technical school) M: *ge/[1]míng/[2]wèi*
gāojí jiàoshī 高级教师[-師] N. senior teacher (in middle and elementary school) M: *ge/[1]míng/[2]wèi*
gāojí jīnglǐ rényuán 高级经理人员[--經---] N. high level managerial personnel; senior personnel M: *ge/[1]míng/[2]wèi*
gāojí jìshù 高级技术[-術] N. advanced technology M: *[3]xiàng/[1]zhǒng*
gàojǐng 告警 V.O. ① report an emergency ② give/sound an alarm
gàojǐngdēng 告警灯[-燈] N. warning light M: *ge/[1]zhǎn*
gāo-jīng-jiān 高精尖 ATTR. high-grade, precise, and advanced (of industrial products)
gǎo jīnglǐ 搞经理[-經-] V.O. <*coll.*> engage in managerial work
gàojǐng xìtǒng 告警系统 N. warning/alarm system M: *ge/tào*
gāojí rénmín fǎyuàn 高级人民法院 P.W. higher people's court M: *ge/[1]suǒ/[4]zuò*
gāojíshè 高级社 N. advanced agricultural producers' cooperative
gāojìshù 高技术[-術] N. high technology; high-tech M: *[3]xiàng/[1]zhǒng*
gāojìshù chǎnpǐn 高技术产品[--術產-] N. high-tech products M: *[3]xiàng/[1]zhǒng*
gāojiù 高就 V.P. ① get promoted to a higher position ② be in an esteemed position
gāojí xiāofèipǐn 高级消费品 N. luxury consumer goods M: *[1]zhǒng*
gāojí xiǎoxué 高级小学 N. higher primary school M: *ge/[1]suǒ/[4]zuò*

gāojí xuéshēng cídiǎn 高级学生词典 N. <*lg.*> advanced learner's dictionary M: *[1]běn/[4]cè*
gāojí yánjiū rényuán 高级研究人员 N. senior research fellows M: *ge/[1]míng/[2]wèi*
gāojí yánjiūyuán 高级研究员 N. senior research fellow M: *ge/[1]míng/[2]wèi*
gāojíyīn 高级音 N. <*lg.*> high tone
gāojí yìyuán 高级译员[--譯-] N. <*lg.*> senior translator M: *ge/[1]míng/[2]wèi*
gāojīyún 高积云[-積雲] N. <*met.*> altocumulus M: *[2]duǒ/[1]piàn*
gāojí yǔyán 高级语言 N. <*lg.*> superior language M: *[1]zhǒng*
gāojízhě 高级者 N. seniors; the advanced M: *[1]míng/[2]wèi*
gāojí zhíchēng 高级职称[-職稱] N. senior academic or professional rank (professor, editor-in-chief, etc.)
gāojí zhīshifènzǐ 高级知识分子[---識--] N. senior intellectuals M: *ge/[1]míng/[2]wèi*
gāojí zhíyuán 高级职员[--職-] N. superior official M: *ge/[1]míng/[2]wèi*
gāojí zhōngxué 高级中学 P.W. senior middle school M: *ge/[1]suǒ/[4]zuò*
[1]**gāojū** 高居 V. stand above; set oneself above; lord it over
[2]**gāojū** 高车 N. <*Ch. hist.*> high-canopied chariot M: *ge/liàng* ***See also*** *Gāojū*
Gāojū 高车 N. <*Ch. hist.*> a tribe in present-day Mongolia ***See also*** *[2]gāojū*
gāojǔ* 高举[-舉] V. hold high/aloft
gāojù 高踞 V. stand above; set oneself above
gāojué 高爵 N. a prominent position
gàojué* 告绝[-絕] V.P. declare the elimination of sth.
gāojuéfēnglù 高爵丰禄[-豐-] F.E. prominent position with a high salary
gāojuéxiǎnwèi 高爵显位[-顯-] F.E. high nobles in conspicuous positions
gāojūjìngzuò 高居静坐[-靜-] F.E. stay aloof and meditate
gāojùn* 高峻 S.V. high and steep
gàojùn 告竣 V.P. be completed
gāojǔyuǎnyǐn 高举远引[-舉遠-] F.E. seclude oneself and avoid all worldly cares
gāokàng 高亢 S.V. ① resounding ② high (of terrain) ③ supercilious; arrogant; haughty
gāokǎo 高考 AB. *gāoděng yuànxiào rùxué kǎoshì* university/college entrance examination M: *[2]chǎng/[1]cì*
gāokējì 高科技 ATTR./N. high-tech; high technology M: *ge/[3]xiàng*
gāokējì chǎnpǐn 高科技产品[---產-] N. high-tech product M: *ge/[3]xiàng/[1]zhǒng*
gāokōng 高空 N. high altitude; upper air ***See also*** *dǎ gāokōng*
gāokōngbìng 高空病 N. altitude sickness M: *[1]zhǒng*
gāokōng zuòyè 高空作业[-業] N. work done high above ground M: *[1]cì/[3]xiàng*
gǎokuǎ 搞垮 R.V. undermine; upset
gāokuàng 高旷[-曠] V.P. ① tall and spacious ② free and natural
gāolán 高栏[-欄] N. <*sport*> high hurdles
gāoláng 高廊 N. high corridor/veranda/porch M: *ge/[1]tiáo*
gāolǎng* 高朗 S.V. ① sanguine; optimistic ② loud and clear ③ bright and clear
gàoláo 告劳[-勞] V.O. tell of one's hard toil
gàolǎo* 告老 V.O. retire on account of age
gàolǎohuánxiāng 告老还乡[-還鄉] F.E. retire to one's native place
Gāolí* 高丽[-麗] N. <*hist.*> Korea
[1]**gāolì** 高利 N. ① usury ② high interest
[2]**gāolì** 高立 V. stand high
gāoliang* 高粱 N. Chinese sorghum M: *[2]kē*
gāoliáng 膏粱 N. rich food
gāoliangdì 高粱地 N. sorghum field M: *[2]kuài/[1]piàn*
gāoliànggǎn(r) 高粱秆(儿)[--稈-] N. sorghum stalk M: *[2]gēn/[1]jié*

gāoliangjiǔ 高粱酒 N. spirit distilled from sorghum
gāoliangmǐ 高粱米 N. husked sorghum M: *[3]lǐ*
gāoliangyí 高粱饴 N. sorghum candy M: *ge/[2]kuài*
gāoliáng zǐdì 膏粱子弟 N. good-for-nothing sons of the idle rich M: *ge/[1]bāng/[1]qún*
Gāolí bàngzi 高丽棒子[-麗--] N. <*topo.*> Korean hoodlum
gāolícài 高丽菜[-麗-] N. cabbage M: *ge/[2]kē*
gāolìdài 高利贷 N. usurious loan; usury
gāolìdàizhě 高利贷者 N. usurer M: *ge/[1]míng/[2]wèi*
gāolì jièqián 高利借钱[-錢] V.P. engage in usury
gāolìlǜ 高利率 N. dear/tight money M: *[3]xiàng*
gāolìlǜ zhèngcè 高利率政策 N. <*econ.*> high-interest policy M: *[3]xiàng/[1]zhǒng*
gāolíng 高龄[-齡] N. advanced/venerable age *jiǔshí* ~ the venerable age of 90 M: *[2]wèi*
gāolǐngshí 高岭石[-嶺-] N. <*min.*> kaolinite M: *[2]kuài*
gāolǐngtǔ 高岭土[-嶺-] N. kaolin; ceramic clay M: *[1]bǎ/póu*
gāolìrùn shìchǎng 高利润市场[-場] N. tight-money market
Gāolíshēn 高丽参[-麗參] N. Korean ginseng M: *[2]gēn*
Gāolí yìyīn 高丽译音[-麗譯-] N. <*lg.*> Sino-Korean
Gāolízhǐ 高丽纸[-麗-] N. white paper made from mulberry tree bark M: *[1]zhāng*
gāolóu 高楼[-樓] N. high building M: *ge/[4]zuò*
gāolóudàshà 高楼大厦[-樓-廈] F.E. high buildings and large mansions M: *ge/[4]zuò*
gāolú* 高炉[-爐] N. blast furnace M: *ge/[4]zuò*
Gāolú 高卢[-盧] P.W. Gaul
gǎoluàn 搞乱[-亂] R.V. entangle; mess up
gāolùn 高论 F.E. ① enlightening remarks; brilliant views ② <*court.*> your views M: *tōng/[3]xiàng*
gāomài 高迈[-邁] V.P. ① free and natural ② advanced in years; superannuated
gāomàn 高慢 V.P. arrogant; overbearing
gāomào(zi) 高帽(子) N. ① tall paper hat (imposed to humiliate) ② flattery M: *ge/[1]dǐng*
[1]**gāomén** 高门 N. rich/illustrious family M: *ge/[1]hù*
[2]**gāomén** 皋门 N. <*hist.*> palace gate M: *ge/[1]shàn*
gāoměngsuānjiǎ 高锰酸钾 N. <*chem.*> potassium permanganate
gāoměngsuānyán 高锰酸盐[-鹽] N. <*chem.*> permanganate
gàomì 告密 V.O. inform against sb.
Gāomián 高棉 P.W. Cambodia; Khmer
gāomiào* 高妙 S.V. ingenious; masterly; excellent
gàomiào 告庙[-廟] N. <*Ch. hist.*> report (by the emperor) of major state decisions or great events at the imperial ancestral temple
[1]**gāomíng*** 高明 S.V. ① brilliant; wise ② better qualified ♦N. brilliant people
[2]**gāomíng** 高鸣 N. shriek
[3]**gāomíng** 高名 N. ① great fame/prestige ② <*court.*> your name.
gàomìng 诰命 N. ① imperial mandate M: *[3]zhǐ* ② a titled lady M: *[2]wèi*
gāomìpán 高密盘[-盤] N. high-density diskette
gàomìzhě 告密者 N. informer M: *ge/[1]míng/[2]wèi*
gāomòr 高末儿 N. <*coll.*> tea of better quality, made from sprouts
gāomù 膏沐 N. <*wr.*> M: *hé/píng*
gǎomù* 槁木 N. a withered tree M: *[2]kē*
gǎomùsǐhuī 槁木死灰 ID. complete apathy
gāonán 高难[-難] ATTR. very difficult
gāonándù dòngzuò 高难度动作[-難-動-] N. exceedingly difficult movements/operations M: *ge/[1]zhǒng*
gāonéng 高能 N. <*phy.*> high-energy ♦ATTR. <*lg.*> acute
gāonéng cídài 高能磁带[-帶] N. high-energy tape M: *[1]pán*

gāonéng lìzǐ 高能粒子 N. <phy.> high-energy particle M: ge/[1]kē
gāonéng ránliào 高能燃料 N. high-energy fuel M: [1]zhǒng
gāonéng wùlǐxué 高能物理学 N. <phy.> high-energy physics
gāonián 高年 N. the aged ♦ATTR. old
gāoniánjí 高年级 N. higher/senior grades
gāoniánjíshēng 高年级生 N. upperclass student M: ge/[1]míng/[2]wèi
gāonóng 高农[-農] N. secondary agricultural vocational school M: ge/[1]suǒ/[4]zuò
gǎo nǚrén 搞女人 V.O. <coll.> mess with women
gāopān 高攀 V. ① make friends or claim ties of kinship with sb. of higher social position ②climb up
gāopānbushàng 高攀不上 F.E. cannot make friends or claim ties of kinship with someone of a higher social position
gāopān hūnyīn 高攀婚姻 N. a marriage of convenience or social climbing
gāopào 高炮 N. antiaircraft gun M: ge/[4]zuò
[1]**gāopéng** 高朋 N. distinguished guests
[2]**gāopéng** 高棚 N. high tent/canopy
gāopéngmǎnzuò 高朋满座 F.E. All the seats are occupied by distinguished guests.
[1]**gāopí** 羔皮 N. lambskin; kidskin M: ge/[1]fú/[1]zhāng
[2]**gāopí** 皋比 N. <wr.> ① tiger's skin ② teacher's seat/position
gāopiào 高票 N. a large margin of votes
gāopiàodāngxuǎn 高票当选[-當選] F.E. elected with a large margin of votes
gāopín 高频 N. high frequency
gāopínlú 高频炉[-爐] N. high-frequency furnace M: ge/[4]zuò
gāo pǐnwèi 高品味 N. excellent taste M: ge/[1]zhǒng
gāopín yángshēngqì 高频扬声器[--揚聲-] N. tweeter M: ge/[1]tái
gǎopò 搞破 R.V. cause to break
gǎoqi 搞起 R.V. start doing sth.
gāoqián 高前 ATTR. high front
gǎoqián* 搞钱[-錢] V.O. make money
gāoqiāng 高腔 N. <opera> a high-pitched style of singing
gāoqiáng* 高强[-強] S.V. superior; outstanding
gāoqiángdù 高强度[-強-] N. high strength M: [1]zhǒng
gāoqiángdùgāng 高强度钢[-強-鋼] N. high-strength steel; high-tensile steel M: [2]kuài/[1]zhǒng
gāo-qiányuányīn 高前元音 N. <lg.> high front vowel
gāoqiāo 高跷[-蹺] N. stilts M: ge/[1]fù
gāoqiào* 高峭 S.V. high and steep
gǎoqīgǎoba 搞七搞八 F.E. <coll.> annoy; cause mischief
[1]**gāoqíng*** 高擎 V. hold/raise high
[2]**gāoqíng** 高情 F.E. <court.> your kindness; your thoughtfulness
gàoqìng 告罄 V.P. run out; be exhausted
gǎo qīngchǔ 搞清楚 R.V. make clear
gāoqíngyuǎnyì 高情远意[--遠-] F.E. your highly esteemed kindness
gāoqíngyuǎnzhì 高情远致[--遠-] F.E. your highly esteemed kindness
gāoqióng 高穹 N. <wr.> the vault of heaven
gāoqiū 高秋 N. cool autumn
gāoqiú* 高球 N. <sport> lob
gāoqìyā 高气压[-氣壓] N. high atmospheric/barometric pressure
gāoqìyāqū 高气压区[-氣壓區] P.W. high atmospheric pressure area
gāoquānlǐng 高圈领 N. turtleneck
gāor 羔儿 N. <coll.> little lamb M: ge/[2]zhī
gǎor* 稿儿 N. <coll.> pattern; precedent
[1]**gāorǎng** 膏壤 N. <wr.> fertile land M: [2]kuài/[1]piàn
[2]**gāorǎng** 皋壤 N. <wr.> land by a marsh/swamp M: [2]kuài/[1]piàn
gàoráo(r)* 告饶(儿)[-饒] V.O. ①beg for mercy ② <coll.> apologize; make amends

gàorǎo 告扰[-擾] F.E. <court.> sorry for the trouble (spoken to a host after a banquet)
gāorè 高热[-熱] N. high heat/fever
[1]**gāorén** 高人 N. ① a person of high quality ② very capable/talented person M: ge/[1]míng/[2]wèi
[2]**gāorén** 篙人 N. <wr.> boatman M: ge/[1]míng/[2]wèi
gāorényīděng 高人一等 F.E. a cut above other people; elite
gāorényìshì 高人逸士 F.E. cultivated person living in retirement M: [1]míng/[2]wèi
gàoróu 锆鞣 V. zirconium tanning
gāorǔ 膏乳 N. ① <wr.> sweet fruit juice and fresh spring water in the mountains M: píng ② jelly and paste M: [2]kuài
gāorùyúnxiāo 高入云霄[--雲-] F.E. reach toward the sky
gàosāng 告丧[-喪] V.O. announce a bereavement
gāosǎngmén(r) 高嗓门(儿) N. a loudmouth M: ge/[1]fù
gāosēng 高僧 N. eminent monk M: ge/[1]míng/[2]wèi
gāoshān 高山 N. high mountain M: ge/[4]zuò
gāoshānbìng 高山病 N. high-altitude sickness M: [1]zhǒng
gāoshān fǎnyìng 高山反应[-應] N. <phys.> high-altitude reaction M: [1]zhǒng
gāoshāng 高商 N. <wr.> late autumn
gāoshàng* 高尚 S.V. noble; lofty ♦N. integrity
gāoshānjǐngxíng 高山景行 ID. high moral integrity
gāoshānliúshuǐ 高山流水 ID. ① bosom friend ② refined music
gāoshānyǎngzhǐ 高山仰止 ID. <wr.> ① a person of awesome virtue ② behold with awe/admiration
Gāoshānyǔ 高山语 N. non-Sinitic languages spoken in the mountains of Taiwan
gāoshānzhèng 高山症 N. mountain/altitude sickness M: [1]zhǒng
gāoshān zhíwù 高山植物 N. <bot.> alpine plant M: [1]zhǒng
Gāoshānzú 高山族 N. Gaoshan (Kaoshan) ethnic minorities (in Taiwan)
gāoshāo 高烧[-燒] N. high fever M: [1]cì/[1]zhèn
gāoshè bùduì 高射部队[-隊] N. artillery/antiaircraft forces M: ge/[2]zhī
gāoshè jīguānqiāng 高射机关枪[-關槍] N. antiaircraft machine gun M: ge/[1]jià
gāoshēn 高深 S.V. advanced; profound; recondite
[1]**gāoshēng** 高声[-聲] ADV. (speak/sing) loudly
[2]**gāoshēng** 高升 V. get a promotion
gǎo shēngchǎn 搞生产[-產] V.O. engage in production; produce
gāoshēngdàxiào 高声大笑[-聲--] F.E. roar with laughter
gāoshēnglǎngsòng 高声朗颂[-聲--] F.E. recite aloud
gāoshēng yǎnshuō 高声演说[-聲--] V.P./N. harangue
gāoshēnmòcè 高深莫测 F.E. unfathomable
gāoshèpào 高射炮 N. <mil.> anti-aircraft gun/artillery M: [1]tái/[4]zuò
gāoshè pàodàn 高射炮弹 N. antiaircraft/artillery shell M: ge/[1]fā
[1]**gāoshī** 高师[-師] AB. gāoděng shīfàn yuànxiào M: ge/[1]suǒ/[4]zuò
[2]**gāoshī** 篙师[-師] N. skilled punter (of a boat) M: ge/[1]míng/[2]wèi
gāoshì 高士 N. person of high character and integrity (usu. of hermits) M: ge/[1]míng/[2]wèi
gàoshi* 告示 N. ① official notice; bulletin ② a slogan; poster M: [1]zhāng ♦V. notify; announce
gàoshí 锆石 N. <min.> zircon M: [2]kuài
gàoshìbǎn 告示板 N. official notice/bulletin board M: ge/[2]kuài
gāoshìkuòbù 高视阔步 F.E. ① strut; prance ② swagger

gàoshìpái 告示牌 N. official notice/bulletin board M: ge/[2]kuài
gāoshǒu(r)* 高手(儿) N. ace; expert M: ge/[1]míng/[2]wèi
[1]**gāoshòu** 高寿[-壽] N. ① longevity; long life ② <court.> your venerable age
[2]**gāoshòu** 高瘦 S.V. lanky
gàoshòu 诰授 V. <Ch. hist.> bestow (titles upon officials)
gāo shōurù gāo xiāofèi 高收入高消费 F.E. high income and high consumption
gāoshǒurúlín 高手如林 F.E. many master-hands
gāo-shōurù xiāofèizhě 高收入消费者 N. high-income group M: [2]wèi
gāoshǒurúyún 高手如云[-雲] F.E. many master-hands
gàoshòu xūnwèi 诰授勋位 V.O. <Ch. hist.> confer an order of merit
gǎoshū 稿书[-書] N. <wr.> rough draft M: [1]fèn/[1]piān
gāoshuǎng 高爽 S.V. clear and crisp
gāoshuǐpíng 高水平 N. ① possessing high moral character or great wisdom/ability ② high quality
gàoshuò 告朔 See gùshuò
gāosǒng* 高耸[-聳] V. stand tall and erect; tower
gàosong 告送 V. <topo.> tell; inform
gāosǒngrùyún 高耸入云[-聳-雲] F.E. reach to the sky; tower into the clouds
gāosù 高速 N. high speed
gǎosù 缟素 N. white mourning dress M: [1]shēn
gàosu* 告诉 V. ① tell; let know; inform ② file a legal complaint; bring a complaint
gāosùdǎng 高速挡[-擋] N. top gear/high gear
gāosùdù 高速度 N. high speed
gāosùgāng 高速钢[-鋼] N. high-speed steel M: [2]kuài
gāosù gōnglù 高速公路 N. expressway M: [1]duàn/[1]tiáo
gàosùnǎilùn 告诉乃论 F.E. <trad.> prosecution for an offense may be instituted only upon complaint
gāosù yìnzìjī 高速印字机 N. high-speed printer M: ge/[1]tái
gāotǎ 高塔 N. high tower/steeple M: ge/[4]zuò
[1]**gāotái** 高台[-臺] N. high platform/terrace/stage
[2]**gāotái** 高抬 V. speak highly of (sb.)
gāotái dìngchē 高台定车[-臺--] N. bicycle balancing act on elevated stand
gāotáiguìshǒu 高抬贵手 F.E. *formula for asking for forgiveness and leniency*
gāotáishēnjià 高抬身价[-價] F.E. put a high price on oneself
[1]**gāotán** 高谈 ADV. animatedly
[2]**gāotán** 高坛[-壇] N. high altar/platform M: ge/[4]zuò
gāotāng 高汤[-湯] N. ① soup-stock ② thin soup M: [1]wǎn
gāotáng* 高堂 N. ① hall with a high ceiling ② parents
gāotàngāng 高碳钢[-鋼] N. high-carbon steel M: [2]kuài/[1]zhǒng
gāotángdàshà 高堂大厦[-廈] F.E. private dwelling of a rich family M: [4]dòng/[4]zuò
gāotánkuòlùn 高谈阔论 F.E. ① harangue; pontificate ② talk with eloquence; talk in a lofty strain ③ indulge in loud and empty talk
gāotánxūlùn 高谈虚论[--虛-] F.E. indulge in loud and empty talk
gāotiǎor 高挑儿 V.P. lanky
gǎotōng 搞通 R.V. make sense of sth.
gǎotōng sīxiǎng 搞通思想 V.O. get an issue accepted in sb's thought
gāotǒngxuē 高统靴 N. high boots M: ge/[1]duì/[1]shuāng/[2]zhī
gāotou 篙头 N. <topo.> pole M: [2]gēn
[1]**gǎotou*** 镐头 N. <coll.> pick; pickax M: ge/[1]bǎ

2gǎotou 搞头 N. <coll.> sth. worth doing/pursuing
gāotóudàmǎ 高头大马 F.E. a tall and big horse M: 1pǐ ♦ID. tall and big (of a person)
gāotú* 高徒 N. ①distinguished disciple ②brilliant student M: ge/1míng/2wèi
gāotǔ 膏土 N. <wr.> opium
gàotuì 告退 V.O. ① ask to withdraw from a meeting ② resign from office
1gāowán 睾丸 N. <phys.> testis; testicle M: ge/1duì/2zhī
2gāowán 膏丸 N. <Ch. med.> pill/bolus of Chinese medicine
gāowèi 高位 N. ① high position/post ② upper part of the limbs
gàowèi* 告慰 V. comfort; console
gāowěidù 高纬度[-緯-] N. high latitude
gǎo wèishēng 搞卫生[-衛-] V.O. do cleaning work
gāowēn* 高温 N. high temperature
gāowén 高闻 F.E. <court.> your knowledge/information
gāowéndiǎncè 高文典册[-冊] F.E. <hist.> major imperial administrative documents
gāowēn qìhòu 高温气候[--氣-] N. <met.> megathermal climate
gāowēn zuòyè 高温作业[-業] N. work involving high temperature
1gāowò 高卧[-臥] V. ①sleep comfortably ②live in seclusion ③ sleep with the head on a high pillow
2gāowò 膏沃 V.P. <wr.> fertile
gǎowú 槁梧 N. <mus.> lute M: 1bǎ
gāowūjiànlíng 高屋建瓴 ID. operate from strategically advantageous position
gāoxí 皋隰 N. <wr.> swamp; marsh
gāoxià 高下 N. superiority and inferiority
gāoxián* 高贤[-賢] N. worthy person; able and virtuous person M: ge/1míng/2wèi
gāoxiǎn 高显[-顯] V.P. high and conspicuous (of position/status/etc.)
gāoxiànánfēn 高下难分[--難-] F.E. very hard to tell which is better
gāoxiāng 高香 N. <rel.> incense M: 2gēn/zhù
gǎoxiànghuángguó 槁项黄馘 F.E. withered neck and yellow face
gāoxiàn tiělù 高线铁路[--鐵-] N. elevated railroad M: 1tiáo
gāoxiǎo 高小 P.W. higher primary school M: ge/1suǒ/4zuò
1gāoxiào* 高校 P.W. colleges and universities M: ge/1suǒ/4zuò
2gāoxiào 高效 N. high efficiency
gǎo xiǎodòngzuò 搞小动作[--動-] V.O. ① engage in petty tricks ② indulge in petty, mean actions
gāoxiāofèi 高消费 N. extravagant spending
gāoxiàojiénéng 高效节能[--節-] F.E. be highly economical in energy consumption
gāoxiàolǜ 高效率 N. high efficiency M: 1zhǒng
gǎo xiǎoquānzi 搞小圈子 V.O. be involved in a small circle
gào xiǎozhuàng 告小状[-狀] V.O. secretly report on sb.; rat on sb.
gāoxiàzàixīn 高下在心 F.E. ① deal with sth. easily/freely ② follow one's bent/inclinations
gāoxī dàikuǎn 高息贷款 N. loanshark
gāoxiè 羔蟹 N. soft-shelled crab M: ge/2zhī
gàoxiè* 告谢 V.O. express thanks
gāoxīn 高薪 N. high salary
gāoxíng 高行 N. <wr.> high moral integrity
gāoxìng* 高兴[-興] S.V. ①glad; happy ②willing
gāoxìngnéng 高性能 N. high performance M: 1zhǒng
gāoxìng qǐlai 高兴起来[-興--] R.V. become glad/happy
gāoxīn jiēcéng 高薪阶层[-階層] N. high-salary stratum
gāo-xīnjìshù 高新技术[-術] N. high tech
gāo-xīnjìshù yuánqū 高新技术园区[-術園區] P.W. high-technology park
gāoxīn pìnqǐng 高薪聘请 V.P. hire/employ personnel for top salary
Gāoxióng 高雄 P.W. Kaohsiung (a city in Taiwan)
gàoxiū 告休 V.O. submit one's resignation
gāoxuān 高轩 N. ① large, spacious vehicle M: 3liàng ② <court.> your vehicle ③ gallery with windows
gāoxuán* 高悬[-懸] V. hang high
gāoxuē* 高靴 N. boots M: ge/1duì/1shuāng/2zhī
gāoxuè 膏血 N. ①flesh and blood ②substance ③fruits of hard toil *Bùyào hàofèi rénmín de ~.* Don't waste the fruits of the people's sweat and blood.
gāoxuètángzhèng 高血糖症 N. hyperglycemia
gāoxuèyā 高血压[-壓] N. <med.> hypertension; high blood pressure
gāoyā* 高压[-壓] N. ①high pressure ②<elec.> high voltage/tension ③ coercion; tyranny ④ <med.> maximum pressure
gāoyá 高崖 N. high cliff/precipice M: ge/4zuò
gāoyǎ 高雅 N. elegance; gentility
gāoyǎ cíyǔ 高雅词语 N. <lg.> learned word
gāoyā dàdào 高压大纛[-壓--] N. <Ch. hist.> flags and emblems of a high official
gāoyādiàn 高压电[-壓電] N. <elec.> high voltage
gāoyā diànxiàn 高压电线[-壓電-] N. high-tension wire M: 2gēn
gāoyāguō 高压锅[-壓鍋] N. pressure cooker M: 2zhī
gāoyán* 高研 AB. gāojí yánjiūyuán M: ge/1míng/2wèi
gāoyǎn 高眼 N. broad outlook
gāoyàn 羔雁 N. <wr./trad.> presents from high officials on ceremonial occasions
1gāoyáng 羔羊 N. ① lamb; kid ② an innocent and helpless person; scapegoat M: ge/2zhī
2gāoyáng 高扬[-揚] V. raise sth. high
gāoyànzhīcì 羔雁之赐 *See* gāoyàn
gāoyao 膏药[-藥] N. <Chin.med.> medicated plaster/patch M: 14fù/tiē/1zhāng
gāoyàoqí 膏药旗[-藥-] N. <coll.> the Japanese flag
gāoyàoxuē 高靿儿靴 N. boots M: 1duì/1shuāng/2zhī
gāoyā shǒuduàn 高压手段[-壓--] N. high-handed measures
gāoyā shuǐlóng 高压水龙[-壓--] N. water cannon
gāoyāxiàn 高压线[-壓-] N. high-voltage wire M: 2gēn/1jié
gāoyā zhèngcè 高压政策[-壓--] N. high-handed policy M: 1zhǒng
gāoyī 高医[-醫] N. capable doctor M: ge/1míng/2wèi
1gāoyì 高谊/义[-義] N. great friendship/kindness M: 1zhǒng
2gāoyì 高逸 S.V. <wr.> elegant and free from vulgarity
gǎoyī* 缟衣 N. <trad.> ① plain white clothes worn in mourning ② thin white silks M: 1shēn
gāoyìbóyún 高义薄云[-義-雲] F.E. righteousness soaring high up to the sky
gàoyīduànluò 告一段落 F.E. come to the end of a stage; be brought to a temporary close
gāoyīn 高音 N. ①high tones ②soprano ③tenor
gāoyīn lǎba 高音喇叭 N. tweeter M: ge/2zhī
gāoyīn pǔhào 高音谱号[-號] N. <mus.> treble clef
gāoyǒng 高咏[-詠] V. chant/sing/intone loudly
gāoyóu(r) 膏油(儿) N. grease; lubricant M: píng
gàoyóu* 膏油 V.O. <coll.> grease; add lubricating oil M: píng
1gāoyú* 高于[-於] V.P. exceed; top
2gāoyú 膏腴 V.P. fertile
gāoyǔ 膏雨 N. <wr.> timely rain M: 2chǎng/1cì
gàoyǔ 告语 V. tell; let know
gàoyù 告谕 V. <wr.> inform the public
gāoyuán* 高原 N. plateau; tableland
gāoyuǎn 高远[-遠] S.V. lofty
gǎoyuán 稿源 N. source for contribution (of manuscripts/article/etc.)
gāoyuánqī 高原期 N. plateau; highest level (in performance/etc.)
gāoyuányīn 高元音 N. <lg.> high vowel M: 1zhǒng
gāoyuè 皋月 N. <trad.> fifth month of a lunar year
gǎoyuē* 稿约 N. notice to contributors
gāoyùn 高韵[-韻] N. lofty manners M: 1zhǒng
gǎo yùndòng 搞运动[-運動] V.O. carry on a movement/campaign
gāoyúzhīdì 膏腴之地 N. <wr.> fertile land M: 2kuài/1piàn
gào yùzhuàng 告御状[-狀] V.O. bring an accusation against sb. before the emperor
gāozǎi 高宰 V. <slang> rip off; fleece
gǎozàng 稿葬 V. <wr.> bury hastily
gāozào 高燥 V.P. high and dry
gǎozāo* 搞糟 R.V. foul up
gāozé 膏泽[-澤] <wr.> N. ① timely rain for crops M: 2chǎng/1cì ②favor;kindness ♦V. bestow bounties
gàozèng 诰赠 V. <Ch. hist.> bestow (titles upon officials posthumously)
gāozhǎng 高涨 V. rise; surge up; run high
gāozhǎngyuǎnzhí 高掌远跖[--遠-] F.E. <wr.> ① wide-open ② having great ambitions
gāozhānyuǎnzhǔ 高瞻远瞩[-遠矚] F.E. far-sighted
gāozhāo(r) 高着/招(儿)[-著-] N. <coll.> masterstroke
gǎo zhèngzhì 搞政治 V.O. play politics
gàozhěntóuzhuàng 告枕头状[-狀] F.E. <coll.> speak ill of others to one's husband/lover; stir up strife
gāozhěnwúyōu 高枕无忧[-憂] F.E. ① sit back and relax ② sleep an untroubled sleep
1gāozhī 高知 AB. gāojí zhīshifènzǐ
2gāozhī(r) 高枝(儿) N. <coll.> ① high position ② senior official
gāozhí 高职[-職] N. prominent position
1gāozhì 高致 N. <wr.> flawless taste
2gāozhì 高峙 V. stand above; set oneself above; lord it over
gǎozhǐ 稿纸 N. ① squared/lined paper ② hard copy M: 1běn/1zhāng
gàozhī* 告知 V. inform; notify
gāozhǐbiāo 高指标[-標] N. high targets M: 3xiàng
gāozhōng* 高中 P.W. senior middle school; high school M: ge/1suǒ/4zuò
gàozhōng 告终 V.P. end (up)
gāozhōngshēng 高中生 N. high-school student M: ge/1míng/2wèi
gàozhōngyǎng 告终养[-養] V.O. <trad.> resign a post to serve one's elderly parents
1gāozhú 高躅 N. noble conduct
2gāozhú 膏烛[-燭] N. <wr.> candle M: 2zhī
gàozhuàng 告状[-狀] V.O. ① <law> sue sb. ② complain to sb.'s superior about sb.
gāozhuāngr 高桩儿[-樁-] F.E. <coll.> anything of unusual height
gàozhūsìfāng 诰/告诸四方 F.E. <wr.> announce to the public
1gāozi 羔子 N. lamb; kid; fawn M: 2zhī
2gāozi 膏子 N. <coll.> medicinal extract M: 1guǎn
3gāozi 篙子 N. punt/boat pole M: 2gēn
gāozī 高赀 N. high cost
gǎozi* 稿子 N. ① draft ② manuscript M: 1piān ③ idea; plan
Gāo Zì Lián 高自联[-聯] AB. *Shǒudū Gāoxiào Xuésheng Zìzhì Liánhéhuì* The Capital Autonomous Federation of University Students
gāozītài 高姿态[-態] N. ① lofty stance; magnanimous attitude ② readiness to compromise M: 1zhǒng
gāozìwèizhì 高自位置 F.E. have a high opinion of oneself
gāoziyào 膏子药[-藥] N. ointment M: 1guǎn/píng
gāozōng 高踪[-蹤] N. noble deeds

gāozú 高足 F.E. <court.> your brilliant disciple; your pupil M: ge/[1]míng/[2]wèi

gāozǔ* 高祖 N. ① (paternal) great-great-grandfather ② ancestors ③ founder of a dynasty

gāozúbēi 高足杯 N. <pottery> stem cup M: ge/[2]zhī

gāozúdìzi 高足弟子 F.E. your capable student; your brilliant disciple M: ge/[1]míng/[2]wèi

gāozǔfù 高祖父 N. great-great-grandfather M: [2]wèi

gàozuì 告罪 V.O. <humb.> apologize

gāozǔmǔ 高祖母 N. (paternal) great-great-grandmother M: [2]wèi

gāozuò* 高坐 V.O. sit above

gǎozuò 稿作 N. ① draft; sketch ② manuscript; contribution M: [1]piān

gàozuò 告坐 V. <court.> thank for a seat

gá péngyou 轧朋友 V.O. <topo.> ①make friends with sb. ② go steady

gá pīntou 轧姘头 V.O. <topo.> live illicitly as husband and wife; cohabit

gǎqīmǎbā 嘎七马八 F.E. at sixes and sevens; jumbled; confused

gár 嘎儿 N. oval wooden ball batted in a children's game

gārán 嘎然 ADV. ①loudly and clearly ②suddenly cease (of sound)

gārán'érzhǐ 嘎然而止 F.E. suddenly stop

gá tóucùn 轧头寸 V.O. <topo> scramble for cash to meet a payment

gǎwá 尕娃 N. a little boy/girl M: ge/[1]míng

gáxì 轧戏[-戲] V.O. <topo.> watch an opera

gǎxiǎozi 嘎小子 N. <coll.> scoundrel M: ge/[1]míng

gǎzázi 嘎杂子[-雜-] N. <topo.> a good-for-nothing guy M: ge/[1]míng

gāzhā(r) 嘎渣(儿) N. <coll.> ① scar; scab M: [2]kuài ② burned rice M: [1]wǎn

gāzhī 嘎吱 ON. creak

gāzhiwō 夹/胳肢窝[夾-窩] N. armpit

gǎzi 嘎子 N. <topo.> ①mischievous/disobedient boy ② rascal; trickster

GB AB. guójiā biāozhǔn national standard

ge 个[個] M. non-specific measure word dǎ ~ jié tie a knot ♦CONS. used between verb and complement máng ~ bù tíng be non-stop busy wèn ~ míngbai ask for clarification See also [4]gě, [1]gè

[1]gē 歌 N. song M: [2]shǒu/[2]zhī ♦B.F. sing gēchàng

[2]gē(r) 哥(儿)[-(兒)] N. ① (elder) brother ② brothers; boys Nǐmen jiā ~ jǐ ge? How many brothers are there in your family? Nǐmen ~ jǐ ge bié dǎ le. You boys stop fighting.

[3]gē 割 V. cut apart; sever

[4]gē 搁[擱] V. put (aside); shelve See also [6]gé

[5]gē 鸽[鴿] B.F. pigeon; dove [1]gēzi

[6]gē 戈 N. <trad.> dagger-ax

[7]gē 格 in gēgē See also [2]gé

[8]gē 胳 in gēbo See also [5]gā, [14]gé

[9]gē 咯 in gēzhī, jīger See also [2]kǎ, lo, [9]luò

[10]gē 疙 in gēnì, nǎgēda See also [6]gā

[11]gē 圪 in gēdǔ, nígēda

[12]gē 肐 in gēsāo, gēbǎng

[13]gē 袼 in [2]gēbei

Gē 仡 in Gēlǎozú See also [56]yì

[1]gé 隔 V. separate; cut off; impede ♦ADV. at a distance from; after an interval of Wǒ ~ jǐ tiān zài lái. I'll return in a few days. Qǐng nǐ ~ háng xiě. Please write on every other line. Gōnggòng qìchē měi ~ duōjiǔ yī tàng? How often do the buses run?

[2]gé 格 N. ① lattice; grid; squares ② <lg.> case ♦B.F. standard; pattern; style géshi ♦V. resist; obstruct See also [7]gē

[3]gé 阁[閣] B.F. ① pavilion tíng-tái-lóu-gé ② women's chamber [2]guīgé ③ cabinet nèigé ④ rack; shelf shūzhīgāogé

[4]gé 革 V. dismiss; expel ♦N. leather; hide See also [15]jí

[5]gé(r) 嗝(儿)[-(兒)] N./V. ① belch ② hiccup See also [3]gě

[6]gé 搁[擱] V. bear; stand; endure See also [4]gē

[7]gé 葛 N. <bot.> kudzu vine See also Gě

[8]gé 镉[鎘] N. <chem.> cadmium

[9]gé 膈 B.F. separate; divide; partition géshàn, hénggémó, ègé

[10]gé 蛤 B.F. clam; bivalve gékě, wēngé See also [1]há

[11]gé 槅 B.F. ① lattice-work door or screen gémén ② lattice-work knick-knack shelf or bookcase shūgézi, duōbǎogé

[12]gé 骼 in gǔgé

[13]gé 鬲 in gāngé See also [9]lì

[14]gé 胳 in [1]gézhi See also [5]gā, [8]gē

[1]gě 合 M. unit of dry measure for grain, equal to one deciliter See also [3]hé

[2]gě 舸 N. barge

[3]gě 嗝 B.F. belch gěrle, gěrpì See also [5]gé

[4]gě 个[個] in gègěr, zìgě See also ge, [1]gè

[5]gě 各 in zìgě See also [2]gè

Gě 葛 N. Surname See also [7]gé

[1]gè* 个[個] PREF. individual ♦M. reading/citation pronunciation for ge See also ge, [4]gě

[2]gè 各 PR. each; every; different ♦ADV. separately; differently ♦CONS. ① ~ V ~ (de) individually ~ chàng ~ de diào each sings his own tune ② ~ V1 suǒ S.V./V2 each V1's that which S.V./V2 ~ yǒu suǒ hào each has his likes (and dislikes) ~ [3]bì suǒ duǎn each avoids its shortcomings See also [5]gě

[3]gè 铬[鉻] N. chromium

[4]gè 硌 V. <coll.> press painfully (of sth. hard/bulging)

[5]gè 虼 in gèzao, gèláng

gē'ài 割爱[-愛] V.O. part with what one loves

gē'àijiànyí 割爱见遗[-愛--] F.E. give away one's treasured object to another

gé'àn 隔岸 N. the other side (of river/etc.)

gè'àn* 个案[個-] N. case (in law/etc.)

gè'àn diàochá 个案调查[個-] V.P./N. case investigation

gè'àn gōngzuòyuán 个案工作员[個-] N. caseworker M: ge/[1]míng/[2]wèi

gé'ànguānhuǒ 隔岸观火[--觀-] ID. view sb.'s trouble with indifference

gè'àn jìlù 个案纪录[個-錄] N. case record

gè'ànshǐ 个案史[個-] N. case history

gè'àn yánjiū 个案研究[個-] N. <psy.> case study M: ge/[3]xiàng

gè'ānzhíshǒu 各安职守[--職-] F.E. ① stay at their posts ② Each attends to his own business.

gèba 格巴 V. stammer; stutter

gèba 个巴[個-] See gèbǎ

gèbǎ* 个把[個-] M. <coll.> one or two; a few Duō ~ rén yě gòu chī. There is enough food for one or two more people.

Gēbáiní 哥白尼 N. Copernicus

gēbǎn 歌板 N. <mus.> castanets, used for keeping time in singing

gébǎn(r) 隔板(儿) N. partition M: [2]kuài

gèbān 个般[個-] ADV. this way/manner

gèbàn* 各半 V.P. be half and half; be fifty-fifty Chéng-bài de kěnéngxìng ~. The chances for success are fifty-fifty.

gēbǎng 肐膀 N. <topo> upper arm M: [1]duì/[2]zhī

gébàng* 蛤蚌 N. clam M: ge/[2]zhī

gèbànyuè 个半月[個-] N. one or two months; a couple of months

gē bāopí 割包皮 V.O. circumcise

gèbàyīfāng 各霸一方 F.E. Each one lorded it over a district.

gèbǎyuè 个把月[個-] N. one or two months; a couple of months

gèbǎyuè de gōngfu 个把月的功夫[個-] N. <coll.> one or two months.

gèbǎzi 个把子[個-] See gèbǎ

gèbǎzi lǎoxiāng 个把子老乡[個-鄉] N. <coll.> one villager

[1]gēbei* 胳臂 N. arm M: [1]duì/[2]zhī

[2]gēbei 袼褙 N. rags pasted together to make cloth shoes M: ge/[2]kuài

gébei 隔褙 N. <topo.> three or four layers of cloth pasted together M: [2]kuài

gēbeigūr 胳臂箍儿 N. armband M: [2]zhī

gēbeiqián 胳臂钱[-錢] N. money gained by force/robbery

gēbeiwōr 胳臂窝儿[--窩-] N. armpit

gēbeizhǒur 胳臂肘儿 N. elbow M: ge/[1]duì

gēběn 歌本 N. songbook M: ge/[4]cè

gèbèngzi 虼蹦子 N. <topo.> flea

Gēběnhāgēn 哥本哈根 P.W. Copenhagen

gèbènqiánchéng 各奔前程 F.E. each pursues his own course

[1]gēbǐ 搁笔[-筆] V.O. stop writing; stop painting

[2]gēbǐ 戈比 N. <loan> kopeck

gēbì 戈壁 N. <loan> gravel desert M: [2]kuài/[1]piàn See also Gēbì

Gēbì 戈壁 P.W. Gobi See also gēbì

[1]gébì(r)* 隔壁(儿) N. next door

[2]gébì 格毙[-斃] V. kill

gébiàn yǔfǎ 格变语法[-變--] N. <lg.> case grammar

gébiāozhì 格标志[-標-] N. <lg.> case-marker

Gēbì Dàshāmò 戈壁大沙漠 P.W. the Gobi desert M: [2]kuài/[1]piàn

[1]gébié 隔别 V. separate; leave

[2]gébié 格别 S.V. out of the ordinary; particular

[1]gèbié* 个别[個-] S.V. very few; exceptional ♦ATTR. individual; specific

[2]gèbié 各别 S.V. ① out of the ordinary; peculiar ② eccentric ③ distinct; different ♦ADV. separately; individually

gèbié chāyì 个别差异[個-異] N. individual differences

gèbié fǔdǎo 个别辅导[個-導] V.P./N. individual tutoring

gèbiéhù 个别户[個-] N. household not participating in a mutual assistance organization

gèbié jiàoxué 个别教学[個-] N. individualized instruction

gèbié liándài zérèn 个别连带责任[個--帶--] N. joint and several liabilities

gèbié mósòngfǎ 个别模诵法[個-] N. <lg.> individual mim-mem M: [1]zhǒng

gèbiéxìng de 个别性的[個-] ATTR. particular

gèbiéyīn 个别音[個-] N. <lg.> individual sound M: ge/[1]zhǒng

gēbìméng 割臂盟 N. <trad.> ①secret marriage agreement ② vows of mutual fidelity

Gēbìtān 戈壁滩[-灘] P.W. Gobi desert M: [2]kuài/[1]piàn

gébìxì 隔壁戏[-戲] N. a performer behind a screen who imitates different voices, animal sounds, etc M: [1]chū

gēbo 胳膊 N. arm M: [1]duì/[2]zhī

gēbo wànzi 胳膊腕子 N. wrist

gēbówō 胳膊窝[-窩] N. armpit

gēbozhǒu(r/zi) 胳膊肘(儿/子) N. elbow M: [2]zhī

gē-bǔ* 割补[-補] V. <comp.> cut and paste

gēbù 割布 V.O. <coll.> buy cloth

gébù 葛布 N. ko-hemp cloth M: [2]kuài/[1]pǐ

gēbuxià 搁不下 R.V. ① can't deposit ② can't defer ③ can't contain

gèbùxiāngfàn 各不相犯 F.E. neither interfering with the other; each keeping within his sphere

gèbùxiāngguān 各不相关[-關] F.E. Each looks after himself.; be independent

gèbùxiāngmóu 各不相谋 F.E. ① be incompatible ② proceed without consulting with one another ③ Each works in his own way.

gèbùxiāngràng 各不相让[-讓] F.E. Neither gives way.

gèbùxiāngtóng 各不相同 F.E. have nothing in common with each other

gēbuzhù 搁不住 R.V. ① can't stand ② <coll.> not fit to be kept long ③ unable to lay down/aside; unable to forget

gécāngbǎn 隔舱板[-艙-] N. panel separating one cabin from another M: [2]kuài

gēcǎo 割草 V.O. cut grass; mow

gēcǎojī 割草机 N. lawn mower M: *ge/[1]tái*

gēchàng 歌唱 V. ① sing ② praise (through songs/poems/etc.)

gēchàngjiā 歌唱家 N. singer; vocalist M: *ge/[1]míng/[2]wèi*

gēchàngjù 歌唱剧[-劇] N. opera M: *[1]chū*

géchāo 阁钞 N. <trad.> official bulletin issued by an imperial ministry

gēchē 搁车 V.O. ① discontinue; terminate ② <coll.> miss the bus; act too late

géchén 阁臣 N. <trad.> minister of state; member of a privy council M: *[1]míng/[2]wèi*

gèchěngqínéng 各逞其能 F.E. Each one shows his special prowess.

gèchíjǐjiàn 各持己见 F.E. each sticks to his own view

gēchú 割除 V. cut off/out; excise

géchū 革出 R.V. expel; dismiss

géchú* 革除 V. ① abolish; get rid of ② expel; dismiss

gèchù(r) 各处(儿)[-處-] P.W. each(concerned) place

gēchuī 歌吹 N./V. singing and musical accompaniment

gēchúr 鸽雏儿[-雛-] N. <coll.> young pigeon M: *[2]zhī*

[1]gēcí 歌词 N. words of a song; lyrics M: *[1]duàn/[1]piān*

[2]gēcí 哥瓷 N. porcelain with crackled glaze; crackle-china

gécù 格蹙 V. <topo.> knit the eyebrows

gēcuò 搁错 R.V. misplace

gēda 疙/纥/圪瘩/塔/哒[-噠] N. ① swelling; pimple ② lump; knot ③ hang-up; difficult problem ④ mound; knoll ♦V. clump together; huddle; cluster

gédài 隔代 N. <bio.> throwback to a grandparent ~ *yíchuán* atavism; reversion

gēdan* 圪蛋/弹 <topo.> N. ① lump; clump ② bunch M: *[2]kuài* ♦V. ① clump together; huddle ② move the body

gēdān(r) 歌单(儿) N. <mus.> song sheet M: *[1]zhāng*

gēdāo* 割刀 N. cutter M: *ge/[1]bǎ*

gédào 阁道 N. ① road paved with planks on which vehicles can move smoothly ② <astr.> name of a constellation M: *[1]duàn/[1]tiáo*

gēdaròu 疙瘩肉 N. <coll.> bulging muscles M: *[2]kuài*

gēdatāng 疙瘩汤[-湯] N. dough-drop soup M: *[1]wǎn*

gè dǎ wǔshí dà bǎn 各打五十大板 F.E. punish the innocent and the guilty alike

gēdé 歌德 V.O. <mus.> praise sb.'s virtues/achievements *See also Gēdé*

Gēdé* 歌德 N. (1749–1832) Goethe (German poet/dramatist) *See also gēdé*

gé de biāozhì 格的标志[--標-] N. <lg.> case marking

gē de huāng 搁得慌 R.V. <coll.> hurt terribly

gè de huāng* 硌得慌 R.V. uncomfortable (from chafing/rubbing/etc.)

gé de jiāotì 格的交替 N. <lg.> case-shifting

gēdēng 咯噔 ON. click

gēdèng-gēdèng 圪蹬圪蹬 ON. <topo.> thump; the sound of slow and deliberate footsteps

gēdépài 歌德派 N. Polyannas

gèdéqísuǒ 各得其所 F.E. each has a role to play

gēdexià 搁得下 R.V. <coll.> capable of putting down/aside

gédezhù 搁得住 R.V. can bear/stand/endure

gēdì 割地 V.O. cede territory

gè dì* 各地 N. various places/localities

gēdiào 歌调 N. <mus.> tune

gédiào* 格调 N. ①(literary/artistic) style ②style and moral quality M: *[1]zhǒng*

gēdìpéikuǎn 割地赔款 F.E. <hist.> cede territory and pay indemnities (to the victor in war)

gēdìqiúhé 割地求和 F.E. cede territory and ask for peace

Gēdìyáo 哥弟窑[-窯] N. <art> a Southern Song ceramic kiln (in Longquan, Zhejiang)

gédòu* 格斗[-鬥] V. ① grapple; wrestle ② fistfight

gèdōu 各都 V.P. each and every one; all

gédòuzhě 格斗者[-鬥-] N. ①wrestler ②pugilist M: *ge/[1]míng/[2]wèi*

gēdǔ 圪堵 N. <topo.> string; cluster

gédǔ 隔堵 V. bulkhead

gédù* 格度 N. one's moral character and bearing

gēduàn* 割断[-斷] R.V. cut off; sever

géduan 隔断[-斷] N. <archi.> partition (wall/board) *See also géduàn*

géduàn 隔断[-斷] R.V. cut off; separate; obstruct *See also géduan*

gēduī 圪堆 N. <topo.> pile

gēduo 圪垛 N. <topo.> ① a little bit ② hill

gēdùqiānchǎng 割肚牵肠[-牽腸] F.E. ① be kept in suspense ② feel anxious

gēfáng* 鸽房 P.W. dovecote; pigeon house; loft M: *ge/[4]zuò*

géfáng 隔房 N. different branch of a family

géfēi 格非 V.O. correct wrong and evil ways

[1]géfěn 葛粉 N. kudzu vine-root starch M: *[1]bāo/[5]dài*

[2]géfěn 蛤粉 N. <Ch. med.> powdered clamshell M: *[1]bā/[5]dài*

gègāng 铬钢[-鋼] N. chromium/chrome steel M: *[2]kuài/lú*

gè gàn gè de 各干各的[-幹--] V.P. Let each one get on with his job.

gègǎoyītào 各搞一套 F.E. each develops his own (sth.)

gēge* 哥哥 N. elder brother M: *ge/[2]wèi*

gēgē 格格//咯咯 ON. ① chuckle; titter; cackle ② cluck ③ creak; groan ④ rat-a-tat *See also gége*

gége 格格 N. princess; young lady or daughter (of Manchus) M: *ge/[2]wèi See also gēgē*

gégé 阁阁 R.F. neat and properly placed ♦ON. croaking of frogs

[1]gègè(r) 个个(儿)[個個-] N. each and every one; all

[2]gègè(r) 各个(儿)[-個-] N. each; every; various; respective ♦ADV. one by one; separately

[3]gègè 各各 N. ① each one ② one by one

gégébùrù 格格不入 F.E. incompatible with

gēgedādā 疙疙瘩瘩 R.F. <coll.> rough; knotty; bumpy

gēgēdàxiào 格格大笑 F.E. scream with laughter

gēgē jiào 咯咯叫 V.P. ① cluck; chuckle; cackle ② chuckle; titter

gègèjiějué 各个解决[-個-決] F.E. piecemeal solution

gègèjiéjié 个个讦竭[個個-] F.E. no one has any suggestions to offer

gègèjīpò 各个击破[-個擊-] F.E. destroy/crush one by one

gégēn 葛根 N. <Ch. med.> root of the kudzu vine M: *ge/[1]tiáo*

gègěr 各个儿[-個-] PR. <topo.> oneself; by oneself; every each

gēgēshēng 咯咯声[-聲] ON. cluck; chuckle; cackle; titter

gēgēxiào 咯咯笑 V.P. chuckle

gēgēzhíxiào 咯咯直笑 V.P. chortle

gègè zìxíng de biànhuà 各个字形的变化[-個---變-] N. <lg.> inflection; flection

gēgōngsòngdé 歌功颂德 F.E. sing the praises of sb.

gēgǔ* 割谷[-穀] V.O. harvest rice/crops

gégù 革故 V.O. <wr.> discard the old ways of life in favor of the new

géguān 革官 V.O. dismiss a functionary

gèguǎngède 各管各的 F.E. ① Everyone minds his own business. ② lack coordination

gégùdǐngxīn 革故鼎新 F.E. discard the old and establish the new

gèguó 各国[-國] N. each and every (concerned) country/nation

gèguó yǔyán 各国语言[-國--] N. <lg.> languages of various countries

géháng 隔行 N. different trade; other line

gèhánggèyè 各行各业[-業] F.E. all professions/trades

géháng rú géshān 隔行如隔山 F.E. be compartmentalized

gēhe 割合 V. <topo.> live together

géhé* 隔阂 N. ①estrangement ②barrier *yǔyán de* ~ language barrier M: *[1]zhǒng*

gēhóu* 歌喉 N. singer's/singing voice M: *[1]fù*

gēhòu 歌后 N. <mus.> ① very accomplished female vocalist ② supreme female singer; No.1 female singer M: *ge/[1]míng/[2]wèi*

gēhuài 搁坏[-壞] R.V. spoil; go bad (of food/etc.)

gèhuáiguǐtāi 各怀鬼胎[-懷--] ID. each with his own ax to grind

gèhuáng 铬黄 N. <chem.> cadmium yellow

gēhuì* 歌会 N. singing party/gathering M: *ge/[2]chǎng/[1]cì*

géhuī 蛤灰 N. lime from burning sea shells M: *[1]bǎ/[1]bāo*

géhuǒqiáng 隔火墙[-牆] N. fire division wall; firewall M: *[1]dǔ/[1]shàn*

gěi 给[給] V. give; give to ♦COV. ① for; for the benefit of ~ *tā xiěxìn* write a letter for/to him ② by (in passive cons.) *Tā ~ rén dǎ le.* He was beaten by people. ♦SUF. to *Bǎ xìn dì~ tā.* Hand the letter over to him. ♦CONS. ① ~ *X yǐ Y* give Y to X ② ~ *wǒ V* do V (strong, often angry, command) ~ *wǒ zhùzuǐ!* Shut up! *See also [2]jǐ*

gěibuliǎo 给不了 R.V. be unable to give

gěi chūlù 给出路 V.O. give (a defeated opponent) a way out

gěideqǐ 给得起 R.V. can afford to give

gěifù 给付 V. pay ♦N. payment *See also jǐfù*

gěihuán 给还[-還] V. return; give back

gěijià 给假 V.O. give a leave of absence *See also jǐjià*

gěiliǎn 给脸 V.O. be nice/considerate to others

gěiliǎn bùyào liǎn 给脸不要脸 F.E. reject a face-saving offer

gěiliáng 给粮[-糧] V.O. supply grain

gěiliǎn shàng bíliáng 给脸上鼻梁 ID. <coll.> give him an inch and he'll take a mile

gěiqián 给钱[-錢] V.O. pay

gěi rén chuān xiǎoxié 给人穿小鞋 ID. put sb. on the spot behind his back

gěi rén kǒushí 给人口实[-實] V.P. give sb. a pretext/excuse

gěishuǐ 给水 V.O. water *See also [2]jǐshuǐ*

gěi tā yī dà hòng 给他一大哄 <coll.> V.P. gather together to jeer at someone

gěi xiédǐzi kētóu 给鞋底子磕头 ID. <topo./slang> travel by foot; ride shank's mare

gěi yánsè kàn 给颜色看 V.P. show sb. a thing or two

gěiyǐ 给以 V.P. give; grant

gěiyǔ 给予 V.P. give to (usu. with abstract nouns as direct object) *See also jǐyǔ*

gěi zìjǐ zhuàngdǎn 给自己壮胆[-壯膽] ID. whistle in the dark

gěizú 给足 R.V. give in sufficient amount *See also jǐzú*

gējī 歌姬 N. <trad.> females who sang and danced for the imperial court, local officials, or wealthy families M: *ge/[1]míng/[2]wèi*

gējí 歌集 N. <mus.> songbook M: *[1]běn*

gējǐ 戈戟 N. <mil.> spears; lances M: *[1]bǎ*

gējì* 歌伎/妓 N. <trad.> ① prostitute who also sang and danced ② geisha M: *ge/[1]míng/[2]wèi*

gèjí 各级 N. all/different levels

gējiā 哥家 N. <topo.> old brother (respectful address to one's male peers) M: *[2]wèi*

géjiān 隔间 N. partition M: *ge/[1]jiān*

gējiāo* 割胶[-膠] V.O. tap rubber

gējiǎo 圪角 N. <topo.> corner

gējie 圪节[-節] N. <topo.> ①joints of bamboo/etc. ② the part between two joints ③ part of anything long and slender M: *[3]jié*

géjiè 蛤蚧 N. horned toad M: ge/[2]zhī
gèjiè* 各界 N. all walks of life; all circles
gèjiè rénshì 各界人士 N. people from all walks of life
gèjìnqíyòng 各尽其用[-盡--] F.E. Each answers the purpose intended.
gèjìnsuǒnéng 各尽所能[-盡--] F.E. from each according to his ability
gèjiùgèwèi 各就各位 F.E. <sport> On your mark!; Take your position!
gèjí xuéxiào 各级学校 P.W. schools at all levels
gē jī yānyòng niúdāo 割鸡焉用牛刀[-雞----] ID. ① overkill ② Why use a sledgehammer to kill a fly?
[1]**gējù** 歌剧[-劇] N. opera M: [1]tái/[2]chū
[2]**gējù** 割据[-據] V. set up a separatist regime by force of arms

[3]**gējù** 割炬 V.O. <mach.> cutting torch
géjú* 格局 N. pattern; setup; structure M: [1]zhǒng
gējué 歌诀 N. versified formulas/directions
géjué* 隔绝[-絕] V. completely cut off; isolate
géjù tónghuà 隔距同化 N. <lg.> distant assimilation
gējùtuán 歌剧团[-劇團] N. opera troupe M: ge/[1]jiā
géjù yìhuà 隔距异化[--異-] N. <lg.> distant dissimilation
gējùyuàn 歌剧院[-劇-] P.W. opera house M: ge/[1]jiā/[4]zuò
[1]**gēkāi** 割开[-開] R.V. cut open
[2]**gēkāi** 搁开[-開] R.V. put aside
gékāi* 隔开[-開] R.V. separate; set apart
géké 蛤壳[-殼] N. clam shell M: ge/[2]zhī
gēkuài 割块[-塊] V.O. <comp.> cut block
gèkuǎn 各款 N. each and every article (of a document); all the articles; various articles
gékuí 阁揆 N. <wr.> premier; prime minister M: [1]míng/[2]wèi
gēkǔnjī 割捆机 N. <agr.> self-binder; binder M: ge/[1]tái
gélǎng 格郎 N. <topo.> a chunk
gèláng* 蛇螂 N. dung beetle M: ge/[2]zhī
gélǎo 阁老 N. <hist> elder officials of different ranks M: ge/[1]míng/[2]wèi
Gēlǎohuì 哥老会 N. <hist.> late-Qing secret society
Gēlǎozú 仡佬族 N. Gelo ethnic minority (in Guizhou)
gélár 格拉儿 N. <coll.> corner
gèlèi 各类[-類] N. each/every sort/kind/class/species/order
gēlí 割离[-離] V. sever; cut off
gēlǐ 割礼[-禮] N. circumcision (rite)
[1]**gélí*** 隔离[-離] V. keep apart; segregate; isolate *Zhège bìngren yào ~ yī [2]zhōu.* This patient needs to be in isolation for a week.
[2]**gélí** 蛤蜊 N. clam
[1]**gélì** 格例 N. rule; statute
[2]**gélì** 蛤蛎[-蠣] N. clam
gèlì 个例[個-] N. case; example
gēliǎ 哥俩 N. <coll.> two brothers
gélí bìngfáng 隔离病房[-離--] N. isolation ward M: ge/[1]jiān
gēliè 割裂 R.V. cut apart/separate
gēligēdā 疙里疙瘩[-裡--] F.E. <coll.> ①bumpy; uneven; knotty ② tangled; prickly *Tāmen liǎ ~ de.* Their relations are somewhat prickly. ③ testy; irritable ④ snarled; complicated ⑤ fault-finding
gēligēdā bù hǎobàn 疙里疙瘩不好办[-裡----辦] V.P. <coll.> complicated and difficult to handle
gēligēdā de rén 疙里疙瘩的人[-裡----] N. <coll.> a testy person
gēligēdā de shuōhuà 疙里疙瘩地说话[-裡----] V.P. <coll.> stammer
Gélìlì 格里历[-曆] N. Gregorian calendar
gélín 隔邻[-鄰] ATTR. neighboring; next-door
Gélín dìnglǜ 格林定律 N. <lg.> Grimm's law
gélìng 阁令 N. <trad.> decree of the council of ministers M: [2]dào

Gélínglán 格陵兰[-蘭] P.W. Greenland
Gélínnàdá 格林纳达[-達] P.W. Grenada
Gélínwēi 格林威 P.W. Greenwich
Gélínwēizhì shíjiān 格林威治时间[----時-] N. Greenwich time
gélí shěnchá 隔离审查[-離審-] V.P. put sb. in isolation and under investigation
gélíshì 隔离室[-離-] N. isolated room M: ge/[1]jiān
gélí tónghuà 隔离同化[-離--] N. <lg.> noncontiguous assimilation
gēliu 圪溜 V. <coll.> ① flee; run/sneak away ② yield; give in
gélíxiàn 隔离线[-離-] N. line that separates M: [2]dào/[1]tiáo
gèlì yánjiū 个例研究[個-] N. case study
gélí yìhuà 隔离异化[-離異-] N. <lg.> noncontiguous dissimilation
gélí yīyuàn 隔离医院[-離醫-] P.W. isolation hospital for contagious diseases M: ge/jiā/[1]jiān
gēlóng 鸽笼 N. dovecote; pigeon house; loft
gélóu 阁楼[-樓] N. attic; loft M: ge/[1]jiān
gélù 隔路 S.V. <coll.> ① eccentric ② bigoted
gélǚ* 革履 N. leather shoes
gélǜ 格律 N. ① rules and forms of classical poetic composition ② <lg.> versification
Gélǔjíyà Gònghéguó 格鲁吉亚共和国[---亞--國] P.W. Republic of Georgia
Gēlúnbǐyà 哥伦比亚[-亞] P.W. Colombia
Gēlúnbǐyà Tèqū 哥伦比亚特区[---亞-區] P.W. District of Columbia (D.C.)
Gēlúnbù 哥伦布 P.W./N. Columbus
gēluófāng 哥罗方[-羅-] N. <loan> chloroform
gélǜxué 格律学 N. <lg.> metrics
gémá 葛麻 N. <coll.> kudzu vine
gēmài 割麦[-麥] V.O. harvest wheat
gēmáo 戈矛 N. <mil.> spears and lances M: [1]bǎ
gémén 槅门 N. latticed door; lattice M: [1]dǔ/[1]shàn
gèménlìnghù 各门另户 F.E. Each is an independent/separate household.
gēmenr* 哥们儿 N. <slang> ①buddy ②home boy
géménr 隔门儿 N. <coll.> sb. who is not a professional in a field; amateur
gēmen(r) yìqì 哥们(儿)义气[-義氣] N. brotherhood
gēmí* 歌迷 N. ①lover of song ②fan of a singer M: ge/[1]míng/[2]wèi
gēmì 割蜜 V. cut honeycomb apart to get the honey
gémiàn 革面 V. ostensibly/superficially reform
gémiàngéxīn 革面革心 F.E. thoroughly repent and reform
gémiànxǐxīn 革面洗心 F.E. ① repent and completely reform ② start life anew
gémìng 革命 V.O./N. revolt; revolution *gé dìzhǔ de mìng* revolt against the landlords
gémìng chuǎngjiàng 革命闯将[-將] N. brave revolutionaries
gémìng chuántǒng 革命传统[-傳-] N. revolutionary tradition
gémìngdǎng 革命党[-黨] N. <pol.> revolutionary political party
gémìngfàn 革命犯 N. criminals detained for revolutionary activities M: ge/[1]míng/[2]wèi
gémìng fāzhǎn jiēduànlùn 革命发展阶段论[--發-階--] N. theory of revolutionary development stages
gémìng fènzǐ 革命分子 N. revolutionaries M: ge/[1]míng/[2]wèi
gémìng gēqǔ 革命歌曲 N. revolutionary song M: ge/[2]shǒu/[2]zhī
gémìnghuà 革命化 V. revolutionize; do things in a revolutionary way
gémìngjiā 革命家 N. revolutionary; revolutionist M: ge/[1]míng/[2]wèi
gémìng jiēbānrén 革命接班人 N. revolutionary successors M: ge/[1]míng/[2]wèi
gémìng jīngshén 革命精神 N. revolutionary spirit M: [1]zhǒng

gémìngjūn 革命军 N. <pol.> revolutionary army/forces M: [2]zhī
gémìng làngmànzhǔyì 革命浪漫主义[-義] N. revolutionary romanticism
gémìng lèguānzhǔyì 革命乐观主义[--樂觀-義] N. revolutionary optimism
gémìng lièshì 革命烈士 N. revolutionary martyr M: ge/[1]míng/[2]wèi
gémìng lǐngxiù 革命领袖 N. revolutionary leader M: ge/[1]míng/[2]wèi
gémìngpài 革命派 N. revolutionaries M: ge/[1]míng/[2]wèi
gémìng qiánbèi 革命前辈 N. ① revolutionary predecessors ② senior revolutionaries M: ge/[1]míng/[2]wèi
gémìng qìgài 革命气概[--氣-] N. revolutionary mettle M: [1]zhǒng
gémìng réndàozhǔyì 革命人道主义[-義] N. revolutionary humanism
gémìng rénshēngguān 革命人生观[-觀] N. revolutionary outlook on life M: [1]zhǒng
gémìng rèqíng 革命热情[--熱-] N. revolutionary enthusiasm M: [1]zhǒng
gémìng rónglú 革命熔炉[-爐] N. the crucible of revolution M: [4]zuò
gémìng shèngdì 革命圣地[--聖-] N. sacred places of the revolution
gémìng wěiyuánhuì 革命委员会 N. revolutionary committee
gémìng wénwù 革命文物 N. artifacts of the revolution
gémìng xiānliè 革命先烈 N. revolutionary martyrs
gémìng xiànshízhǔyì 革命现实主义[---實-義] N. revolutionary realism
gémìngxìng 革命性 N. revolutionary character/quality/spirit
gémìng yàngbǎnxì 革命样板戏[--樣-戲] N. model Cultural Revolution plays M: [1]chū/[1]tái
gémìng yīngxióngzhǔyì 革命英雄主义[-義] N. revolutionary heroism
gémìngzhě 革命者 N. a revolutionary M: ge/[1]míng/[2]wèi
gémó 隔膜 N. ① lack of mutual understanding/familiarity ② diaphragm ♦S.V. be unfamiliar with
gémóchóngchóng 隔膜重重 F.E. a lot of misunderstanding
gémǔ 隔母 N. half brothers/sisters (of different mothers) M: ge/[2]wèi
[1]**gēn*** 跟 V. ① follow ② marry (of a woman) ♦COV. with; to; from ♦CONJ. and ♦N. heel ♦CONS. ~ A jiè borrow from A
[2]**gēn(r)** 根(儿)[-(兒)] N. ① roots of plants ② base/foot (of mountains) ♦B.F. cause; origin; source **gēnyóu** ♦M. *for long slender objects*
gén 哏 <coll.> S.V. ① funny; amusing; comical ② clownish in speech/behavior ***See also gěn***
gěn 艮/哏 <coll.> S.V. ① tough; hard to chew ② straightforward; blunt; forthright ***See also gén,*** [1]***gèn***
[1]**gèn** 艮 N. one of the eight trigrams ♦V. extend; stretch ***See also gěn***
[2]**gèn** 亘 B.F. continuous (in space or time) ***gèngǔ, mítiāngèndì, pángèn***
[3]**gèn** 茛 in ***máogèn***
génáng 革囊 N. ① leather bag/case ② human body
gēnbān(r) 跟班(儿) V.O. join a regular shift/class ♦N. ① attendant ② footman M: ge/[1]míng
gēnbān láodòng 跟班劳动[-勞動] V.P./N. labor in the grass-root ranks
gēnbāo 跟包 <opera> V.O. attend to costumes ♦N. ① <thea.> wardrobe master; actor's attendant ② <coll.> an escort
gēnběn 根本 N. essence; foundation ♦ATTR. basic; essential; fundamental ♦ADV. at all; simply; utterly
gēnběn bànfǎ 根本办法[--辦-] N. basic principles/methods/measures of action

gēnběnfǎ 根本法 N. fundamental law (i.e., a constitution) M: [3]*xiàng*

gēnběn guānniàn 根本观念[--觀-] N. radical conception

gēnběn jiějué 根本解决[-決] N. radical solution ♦V.P. settle sth. once and for all

gēnběnshàng 根本上 ADV. basically; fundamentally; radically

gēnběnxìng 根本性 N. fundamentally important

gēnbù 根部 N. root of a plant

gēnbushàng 跟不上 R.V. ① can't keep up with; drag ② <topo.> not be the equal of; not be as good as

gēncàilèi 根菜类[-類] N. <bot.> root-vegetable M: [1]*zhǒng*

gēnchā 根插 V./N. <bot.> root cutting

gēnchāi 跟差 N. <trad.> footman/servant of an official

gēnchén 根尘[-塵] N. <Budd.> the (six) organs of perception and the (six) perceptions

gēnchú 根除 V.P. root out; eliminate

gēncí 根词 N. <lg.> root morpheme/word

gēncóng 跟从[-從] V. ① follow ② marry a husband ♦N. attendant

gēndeshàng 跟得上 R.V. be able to keep up with

[1]**gēndǐ(r)*** 根底(儿) N. ① foundation ② cause; root *Nǐ liáojiě tā de ~ ma?* Do you know his background?

[2]**gēndǐ** 根柢 N. foundation; basis

gēndì 根蒂 N. ① root and base ② cause

gēndiāo 根雕 N. root carving M: *ge*/[4]*zuò*

gēndīng 跟丁 N. attendant M: *ge*/[1]*míng*

gēndìng* 跟定 V. follow determinedly

gēndou 跟斗 N. ① fall ② somersault

gēndǒuchóng 跟斗虫[-蟲] N. mosquito larva M: *ge*/[2]*zhī*

gēnfēng 跟风 N. <coll.> me-tooism

gēnfǔbìng 根腐病 N. <agr.> root rot

[1]**gēng** 更 B.F. ① change; replace; transform *gēnggǎi* ② experience; undergo *bù gēngshì* ♦N. the five two-hour periods of night *See also* *gèng*

[2]**gēng** 耕 V. plow; till

[3]**gēng** 庚 N. 7th of the 10 Heavenly Stems ♦B.F. age *guìgēng*

[4]**gēng** 羹 N. thick soup M: [1]*wǎn*

[5]**gēng** 赓[賡] B.F. continuing; uninterrupted *gēngxù, gēngyùn*

[1]**gěng(r)** 梗(儿)[-(兒)] N. branch; stalk; stem M: [2]*gēn* ♦V. ① straighten up ② block; impede; hinder

[2]**gěng(r)** 埂(儿)[-(兒)] N. ① ridge between fields ② long, narrow mound M: [2]*dào*

[3]**gěng** 哽 V. ① choke on food *Màn diǎnr chī, bié ~zhe.* Eat a bit slower, don't choke. ② choke with emotion

[4]**gěng** 耿 B.F. ① <wr.> bright ② dedicated *gěnggěng* ③ honest and just; upright *gěngzhí* ♦N. Surname

[5]**gěng** 鲠[鯁] N. fishbone M: [2]*gen*/[1]*tiáo* ♦V. stick in one's throat (of fishbones)

[6]**gěng** 颈[頸] B.F. neck *bógěngzi* *See also* [3]*jǐng*

[7]**gěng** 绠[綆] B.F. well rope *gěngduǎnjíshēn*

gèng* 更 ADV. ①more; still/even more ②further; furthermore *See also* [1]*gēng*

gēngāi 根垓/荄 N. ① <bot.> roots of trees and grasses ② base; foundation

gěng'ài 梗碍[-礙] V. obstruct

gēngbiàn 更变[-變] V. change; modify

gěngbǐng 耿饼 N. dried and pressed persimmon M: *ge*/[2]*kuài*

gěngbùchéngshēng 哽不成声[-聲] V.P. voice failed

gèng bùyòng shuō 更不用说 CONJ. ①let alone ② to say nothing of

gēngchén 庚辰 N. 17th year of the Sexagenary Cycle (1880, 1940, 2000 etc.)

gēngchí(r) 羹匙(儿) N. soup spoon; tablespoon M: *ge*/[1]*bǎ*

gēngchóu 赓酬 ID. write poems to each other

gēngchù 耕畜 N. farm animal; draft animal M: *ge*/[1]*tiáo*/[1]*tóu*/[2]*zhī*

gēngcì 更次 N. <trad.> one period of night watch (about 2 hours)

gēngdài 更代 V.O. change

[1]**gěngdào** 埂道 N. irrigation channel M: [1]*duàn*/[1]*tiáo*

[2]**gěngdào** 梗道 V.O. make the road difficult

gēngdì 耕地 V.O. plow; till ♦N. cultivated land M: [2]*kuài*/[1]*piàn*

gēngdié 更迭 V. alternate; change

gēngdì miànji 耕地面积[-積] N. cultivated area; area under cultivation

gēngdìng 更定 V. revise (a book/etc.)

gēngdòng 更动[-動] V./N. change; alter

gēngdú 耕读[-讀] V. work part-time and study/teach part-time (of peasants)

gēngduān 更端 V. start again/anew

gěngduǎnjíshēn 绠短汲深 ID. <humb.> unequal to a given task; out of one's depth

gèngduō 更多 V.P. more; still more

gēngdú xiǎoxué 耕读小学[-讀--] P.W. rural work-study elementary schools M: *ge*/[1]*jiā*/[1]*jiān*

gēngdú xuéxiào 耕读学校[-讀--] P.W. rural work-study schools M: *ge*/[1]*jiā*/[1]*jiān*/[1]*suǒ*

gēngfān 更番 ADV. alternately; by turns

gēngfàn* 羹饭 N. thick soup M: [1]*wǎn*

[1]**gēngfū*** 更夫 N. night watchman M: *ge*/[1]*míng*

[2]**gēngfū** 耕夫 N. <wr.> farmer; peasant M: *ge*/[1]*míng*

gēngfù 更赋 N. <trad.> serve one's tour on the frontier M: [3]*xiàng*

gēnggǎi* 更改 V. change; alter

gěnggài 梗概 N. broad outline; gist

gěnggěng 耿耿 R.F. ①bright and shining ②loyal; faithful; dedicated ③ disquieted

gěnggěng bózi 耿耿脖子 V.O. <coll.> defiant

gěnggěngbùmèi 耿耿不寐 F.E. lose sleep over sth.

gěnggěngcǐxīn 耿耿此心 F.E. be devoted

gěnggěngyèyè 哽哽咽咽 V.P. choke with sobs

gěnggěngyúhuái 耿耿于怀[-於懷] F.E. take sth. to heart

gēnggǔ 更鼓 N. night watchman's drum/clapper M: *ge*/[1]*miàn*

gēngguǐ 庚癸 ID. ① <mil.> message to ask for food and water ② ask for a loan

gēngguǐzhīhū 庚癸之呼 N. <wr.> request for financial help

gènghǎo 更好 V.P. better; so much the better.

gěnghuà 梗化 V. obstruct education; hinder cultural development

gènghuài 更坏[-壞] V.P. worse; even worse; worse still

gēnghuàn 更换[-換] V. change; replace

gēnghuò 耕获[-穫] N. farm products

gēngjià 耕稼 N. tilling of fields

gèngjiā* 更加 ADV. (even) more

gèngjiān 更兼 CONJ. in addition; furthermore

gěngjié* 梗节[-節] N. blockade; obstruction

gěngjiè 耿介 V.P. ①honest; upright ②illustrious

gěngjiézhíyán 耿讦直言 F.E. blunt speech

gèng jìnyībù 更进一步[-進--] ADV. going a step further; furthermore

gēngjū 更居 V.O. <wr.> move one's residence

gēngjù* 耕具 N. tillage implements M: [1]*bǎ*/[1]*fù*

gēnglán 更阑 <wr.> N. deep night

gēnglí 耕犁 N. plow M: *ge*/[1]*bǎ*/[1]*fù*

gēnglóu* 更楼[-樓] N. watchtower M: *ge*/[4]*zuò*

gēnglòu 更漏 N. <trad.> ① nighttime water clock ② time

gěnglùn 鲠论 N. <wr.> outspoken statement

gěngluōbo 耿箩卜[-籮-] N. <topo.> prude; stiff-necked person

gēngmǎ 耕马 N. farm horse M: [1]*pǐ*

gèngmiào 更妙 V.P. ① still better ② more interesting

gēngmíng 更名 V.O. change a name

gēngmù 耕牧 N. tilling and pasturing

gēngnián 更年 ATTR. menopause

gēngniánqī 更年期 N. menopause

gēngniú 耕牛 N. plow ox M: [1]*tóu*

gēngnóng 耕农[-農] N. farmer; peasant; tiller M: *ge*/[1]*míng*/[2]*wèi*

gēngnòu 耕耨 V. plow and hoe; till

gèngpúnánshǔ 更仆难数[-僕難數] F.E. too many to count

gèngqí 更其 ADV. (even) more

gēngqiú 更求 V. search again

gěngr 梗儿 N. <coll.> stem; branch

gēngrì 庚日 N. any day that bears the seventh of the ten Heavenly Stems

[1]**gěngsè** 梗塞 V. block; clog ♦N. <med.> infarction

[2]**gěngsè** 哽塞 V. choke

gèng shàng yī céng lóu 更上一层楼[-層樓] F.E. ① scale new heights ② strive for further improvement

gēngsháo 羹勺 N. soup spoon M: *ge*/[2]*zhī*

gèngshǎo* 更少 V.P. still less

[1]**gēngshēn** 更深 N. late at night

[2]**gēngshēn** 庚申 N. 57th year of the Sexagenary Cycle (1920, 1980, 2040 etc.)

gēngshēng 更生 V. ①regenerate; revive ②renew

gèngshèngyīchóu 更胜一筹[-勝-籌] F.E. even better

gēngshēnlòucán 更深漏残[-殘] F.E. in the dead of night

gēngshēnrénjìng 更深人静[-靜] F.E. deep night and all's quiet

gēngshēnyèlòu 更深夜漏 F.E. in the dead of night

gēngshí* 羹食 N. thick soup M: [1]*wǎn*

gēngshǐ 更始 V. begin a new page; start anew

[1]**gēngshì** 耕事 N. farm work

[2]**gēngshì** 更事 V.P. experienced

gēngshìbùduō 更事不多 V.P. have little experience

gèngshìrúcǐ 更是如此 F.E. all the more so

gěngsǐ 梗死 N. <med.> infarction

gēngtāng 羹汤[-湯] N. <wr.> thick soup; broth M: [1]*wǎn*

gēngtì 更替 V. replace

gēngtián 耕田 V.O. plow; till

gēngtiě 庚帖 N. written marriage proposal noting hour, day, month and year of one's birth M: *ge*/[1]*fù*

gèngǔ 亘古 ADV. from time immemorial

[1]**gēnguān** 根冠 N. <bot.> root cap

[2]**gēnguān** 跟官 *See gēnguān de*

gēnguān de 跟官的 N. attendant of an official M: *ge*/[1]*míng*

gèngǔjíjīn 亘古及今 F.E. from time immemorial to the present

gèngǔwèiyǒu 亘古未有 F.E. unique since time immemorial

gèngwéi 更为 ADV. (even) more

gēngwǔ 庚午 N. 7th year of the Sexagenary Cycle (1870, 1930, 1990 etc.)

gēngxiāng 更香 N. <trad.> incense stick used to mark duration of one two-hour period of the night watch M: [2]*gēn*/[4]*zhī*

gēngxīn* 更新 V. renew; replace; rejuvenate

gēngxìn 庚信 N. <wr.> menses M: [1]*cì*

gēngxīn fèiyòng 更新费用 N. renewal expenses

gēngxíng 更行 V. ① <trad.> remarry (of a woman) ② change one's behavior/conduct

gēngxìng* 更姓 V.O. change one's surname

gěngxìng 梗性 V.P. obstinate in disposition

gēngxīngǎizào 更新改造 F.E. transformation and renovation

gēngxīnhuàndài 更新换代[--換-] F.E. renew; replace; update

Gēngxīnshì 更新世 N. <geol.> Pleistocene Epoch

gēngxīnzàolín 更新造林 F.E. reforestation

gēngxīn zhīshi 更新知识[-識] V.O. update/renew one's knowledge

gēngxiū 更休 V. take turns resting

gēngxū* 庚戌 N. 47th year of the Sexagenary Cycle (1910, 1970, 2030 etc.)

gēngxù 赓续[-續] V. continue

G

gěngyán 鲠言 N. honest and frank words M: [1]piàn
gēngyáng 赓扬/飏[-揚/颺] V. carry on; continue
gěngyē 鲠噎 V. choke
gěngyè* 哽咽 V. choke with sobs
gēngyī 更衣 V.O. ① change one's clothes ② go to the toilet
gēngyì* 更易 V. change; modify
gēngyín 庚寅 N. 27th year of the Sexagenary Cycle (1890, 1950, 2010 etc.)
gēngyīshì 更衣室 P.W. change/locker room M: [1]jiān
gēngyōng 耕佣[-傭] N. <wr.> hired farmworker M: ge/[1]míng
gèngyǒushènzhě 更有甚者 F.E. <wr.> furthermore; what is more; even worse
gēngyún* 耕耘 N. plowing and weeding; cultivation
gēngyùn 赓韵[-韻] V.O. write a poem in response using the same rhyme as in the one received
gēngyún bōzhǒngjī 耕耘播种机[---種-] N. <agr.> tiller planter
gēngyúnjī 耕耘机 N. <agr.> power tiller M: ge/[1]tái
gēngzáo 耕凿[-鑿] V. tilling land and drilling wells
gēngzhāng 更张 V.O. ① change over to new ways; make reforms ② tune a stringed instrument
gēngzhě 耕者 N. tiller; farmer M: ge/[1]míng
gēngzhèng* 更正 V. make corrections
gěngzhèng 鲠正 V.P. <wr.> straightforward and upright
gēngzhě yǒu qí tián 耕者有其田 F.E. land to the tiller
gēngzhī 耕织[-織] V. till and weave
gěngzhí* 耿/梗/鲠直 S.V. honest and frank; upright
gěngzhízhīchén 鲠直之臣 N. outspoken minister who gives distasteful advice M: [1]míng/[2]wèi
gēngzhòng 耕种[-種] V. till; cultivate
gēngzǐ* 庚子 N. 37th year of the Sexagenary Cycle (1900, 1960, 2020 etc.)
[1]**gěngzi** 梗子 N. stalk; stem; stick M: [2]gēn/[3]jié
[2]**gěngzi** 埂子 N. ridge between fields M: [2]dào
Gēngzǐnián 庚子年 N. ① year indicated by the cyclical characters gēngzǐ ② <hist.> the Boxer Year (1900)
Gēngzǐ péikuǎn 庚子赔款 N. <hist.> Boxer Indemnity
Gēngzǐ zhī Yì 庚子之役 N. <hist.> Boxer uprising (1900)
gēngzú 更卒 N. <trad.> soldier who takes turns with sb. to serve in the army M: ge/[1]míng
gěngzǔ* 梗阻 V. block; hamper ♦N. <med.> obstruction
gēngzuò 耕作 N. tillage; cultivation; farming
gēngzuò fāngfǎ 耕作方法 N. method of cultivation M: [1]zhǒng
gēngzuò jìshù 耕作技术[-術] N. farming technique M: [3]xiàng
gēngzuò yuántiánhuà 耕作园田化[--園--] N. garden-style cultivation of farmland; gardenization
gēngzuò zhìdù 耕作制度 N. cropping system M: [3]xiàng/[1]zhǒng
gēnhào 根号[-號] N. <math.> radical sign
gēnhóngmiáozhuàng 根红苗壮[-壯] ID. <PRC> politically correct family background and education
gěnhuà 艮话 N. straightforward words
gěnì 疙腻 V.P. <topo.> revolted; sickened
géní* 格呢 N. <txtl.> stripe-pattern woolen cloth M: [2]kuài/[1]pǐ
génián 隔年 ADV. in alternate years ♦N. ① every other year ② last year ③ in the following year
géniánhuángli 隔年皇/黄历[-曆] F.E. ① outmoded ② obsolete
génián jiéguǒ 隔年结果 N. <bot.> biennial bearing
gèniègāng 铬镍钢[-鋼] N. chrome-nickel steel M: [2]kuài/lú
gèniǔr 各扭儿 N. difference of opinion
gēnjī 根基 N. ① foundation; basis ② financial standing ③ behavior/conduct
gēnjiān 根尖 N. <bot.> root tip
gēnjiǎo(r) 根/跟脚(儿)[-腳-] N. root; foundation ♦S.V. fit well ♦ADV. close upon sb.'s heels ♦V.O. ① wait upon one's master when going out ② not be willing to leave one's parents (of children) ③ follow close upon sb.'s heels
gēnjǐn 跟紧[-緊] R.V. keep in step with; follow closely
[1]**gēnjìn*** 跟进[-進] V. ① follow (sb.) into ② <mil.> follow up
[2]**gēnjìn(r)** 跟劲(儿)[-勁-] S.V. <coll.> effective; effectual
gēnjīng 根茎[-莖] N. ①stolon; runner ② <bot.> rhizome M: [1]duàn/[3]jié
gēnjiū 根究 V. ① go to the very root of sth. ② make a thorough investigation of
[1]**gēnjù** 根据[-據] COV. on the basis of; according to ♦N. basis; grounds; foundation ♦V. lodge/implant/settle oneself
[2]**gēnjù** 根句 N. <lg.> root sentence
gēnjùdì 根据地[-據-] P.W. base area M: ge/[2]kuài/[1]piàn
gēnjué 根绝[-絕] V. uproot; exterminate; eradicate
gènkǔbīngliáng 艮苦冰凉[-涼] F.E. ① stark poverty; great misery ② ruthless; relentless; merciless
gēnlái 跟来 R.V. follow up
génlǐgénqì 哏里哏气[-裡-氣] F.E. <coll.> impish; devilish
gēnliú 根瘤 N. tumor on the root of a tree/plant
gēnliújūn 根瘤菌 N. fungus on the root of a tree/plant
gēnliú xìjūn 根瘤细菌 N. <bot.> nodule bacteria
gēnmā('r) 跟妈(儿) N. <trad.> personal maid of a prostitute
gēnmàn 根蔓 N. ① root and stem M: [1]duàn/[1]jié ② cause
gēnmáo 根毛 N. <bot.> root hairs M: [2]gēn/[3]lǚ
gēnmiáo 根苗 N. ① root; source; origin ② offspring
gēnmò 根末 N. root and branch ♦ADV. throughout; completely
gēnmùlù 根目录[-錄] N. <comp.> root directory M: ge/[1]běn
gēnpái 跟牌 V.O. follow suit (in a card game)
gēnpán 根盘[-盤] N. <comp.> root directory M: [1]běn
gēnpán mùlù 根盘目录[-盤-錄] N. <comp.> root directory M: [1]běn
gēnpìchóng 跟屁虫[-蟲] <coll.> N. ①shadow; follower ② flatterer; sycophant; boot licker M: ge/[2]zhī
gěnpíqi 艮脾气[-氣] N. <topo.> blunt and testy disposition
gēnqì 根器 N. natural gift/inclination (for religious faith/achievement/etc.)
génqì* 哏气[-氣] S.V. <coll.> raw taste (e.g., vegetables incompletely pickled)
gēnqian 跟前 P.W. ① living with one ***Tā ~ yǒu ge nǚ'ér.*** She has a daughter living with her. ② nearby ***See also*** gēnqián
gēnqián* 跟前 P.W. ①in front of; before ② close to; nearby ***Tā jiù zhùzài ~.*** She lives nearby. ③ the time just before ***See also*** gēnqian
gēnqiē(kǒu) 根切(口) N. undercut
gēnr 跟儿 N. <coll.> heel
gēnrén 跟人 N. attendant; follower; retainer M: ge/[1]míng ♦V.O. ① follow sb. ② get married (of a woman)
gēnrén cuānle 跟人蹿了[--躥-] V.P. <topo.> become angry at sb.
gēnrén guò 跟人过 V.P. <coll.> live with a person
gēnrénr de 跟人儿的 N. servant
gēnr yìng 根儿硬 V.P. <coll.> have strong support/backing; have connections
gēnr zhèng 根儿正 V.P. <coll.> ① have a good family background ② have good moral character
gēnshang 跟上 R.V. keep pace with; catch up with
gēnshēndìgù 根深蒂固 F.E. deep-rooted; inveterate
gēnshēng 根生 ATTR. native
gēnshēngtǔzhǎng 根生土长 F.E. ① be born and raised in a certain locality ②be indigenous/native-born
gēnshēnyèmào 根深叶茂[--葉-] F.E. be well established and vigorously developing
gēnshì 根式 N. <math.> radical (expressions)
gēnshǒu(r) 跟手(儿) ADV. <topo.> right away; after that
gēnshù 根数[-數] N. <math.> radical; radix
gēnsuí 跟随[-隨] V. follow ♦N. follower; retinue M: ge/[1]míng
gēnsuízuǒyòu 跟随左右[-隨--] F.E. follow one wherever one goes
gēntàng(r) 跟趟(儿) V.O. <coll.> ① keep up ② still have enough time
gēntou 跟头 N. ① fall (lit./fig.) ② somersault
gēntouchóng 跟头虫[-蟲] N. wiggler; wriggler M: ge/[2]zhī
gēnǚ 歌女 N. female singer M: ge/[1]míng/[2]wèi
gēnwài zhuīféi 根外追肥 V.P./N. <agr.> foliage spray
gēnxì 根系 N. root system
gēnxìng 根性 N. <Budd.> true nature
gēnxū 根须[-鬚] N. ① <bot.> root hair/fiber ② root; base M: [1]bǎ/[1]jié/tuán
gēnyá 根芽 N. roots M: [1]jié
gēnyǐr 跟尾儿 ADV. <coll.> right away; at once
gēnyóu 根由 N. cause; origin
gēnyuán 根源 N. source; origin; root
gēnzhe 跟着[-著] V.P. follow in the wake of ♦COV. after; following
gēnzhe gǎnjué zǒu 跟着感觉走[-著-覺-] V.P. follow one's heart; do what one thinks is right
gēnzhì 根治 V. effect a radical cure; bring under permanent control
gēnzhì shǒushù 根治手术[-術] N. <med.> radical operation M: [1]cì
gēnzhǐshù 根指数[-數] N. <math.> index of a radical
gēnzhóuxì 根轴系 N. <bot.> root system
gēnzhù 跟住 R.V. keep pace with; catch up with; keep abreast of
gēnzhuàngyèmào 根壮叶茂[-壯葉-] F.E. strongly based and flourishing
gēnzhuī 跟追 V. pursue
gēnzhǔr 跟主儿 V.O. be a servant
gēnzi 根子 N. <coll.> root; source; origin
gēnzi zhèng 根子正 V.P. <PRC> of proletarian family background
gēnzōng 跟踪[-蹤] V. ① track; follow the tracks of; tail after ② shadow sb.
gēnzōng diàochá 跟踪调查[-蹤--] V.P./N. follow-up survey/investigation
gēnzōng fúwù 跟踪服务[-蹤-務] V.P./N. service after selling goods for a stated period
gēnzōngzhàn 跟踪站[-蹤-] P.W. station to track satellites/spacecraft/etc. M: ge/[4]zuò
gēnzōngzhuījī* 跟踪追击[-蹤-擊] F.E. pursue and attack; pursue close on sb.'s heels
gēnzōngzhuījī 跟踪追迹[-蹤-跡] F.E. be on the trail of sb.
gēnzúchóng 根足虫[-蟲] N. <zoo.> rhizopods M: ge/[2]zhī
gēpài 鸽派 N. ① the dove faction ② supporter of a peaceful policy
gēpáoduànyì 割袍断义[-斷義] F.E. break off all relations with a friend
gēpēng 割烹 V. cook
gēpéng* 鸽棚 N. dovecote M: ge/[1]jiān
gēpiān(r) 歌片(儿) N. song sheet M: ge/[1]zhāng
gēpò 割破 R.V. cut open

gēpǔ 歌谱 N. song music M: [1]*běn*/[1]*piān*

gēqī 割漆 V.O. tap a lacquer tree

gēqǐ* 搁起 R.V. ① put aside ② postpone

gēqiǎn* 搁浅[-淺] V.O. ① run aground; be stranded ② reach a deadlock; be held up by some obstacle

géqiǎn 格浅[-淺] A.T. <*topo.*> put up with; make the best of undesirable circumstance

géqiáng 隔墙[-牆] N. <*archi.*> partition (wall) M: [1]*dǔ*/[1]*shàn*

géqiángyǒu'ěr 隔墙有耳[-牆--] F.E. ① the walls have ears ② beware of eavesdroppers

gēqiē 割切 V. cut off; sever

gēqíng 割情 V.O. sacrifice one's personal feelings

[1]**gēqǔ*** 歌曲 N. song M: [2]*shǒu*/[4]*zhī*

[2]**gēqǔ** 割取 V. cut off

gēqù 割去 R.V. amputate

gèqúnr gèlùnr 各群儿各论儿 F.E. <*coll.*> each according to his own status; each according to his own relationship with others

gèqǔsuǒxū 各取所需 F.E. each takes what he needs

[1]**gēr*** 歌儿 N. song M: [2]*shǒu*/[4]*zhī*

[2]**gēr** 哥儿 N. ① brothers ② boys M: *ge*/[1]*míng*/[2]*wèi*

[1]**gér** 格儿 N. check; pattern in squares; notch

[2]**gér** 嗝儿 N. ① belch ② hiccup

gèr 个儿[個-] N. ① size; height; stature; dimension ② persons/things taken singly ③ peer; rival

gēràng 割让[-讓] V. cede

gēràng lǐngtǔ 割让领土[-讓--] V.O. cession of territory

gérè 隔热[-熱] V.O. insulate

gérén 格人 N. man of perfect wisdom ♦V.O. <*coll.*> jab a person

[1]**gèrén*** 个人[個-] N. individual (person) ♦PR. I; me ~ ***kànlái*** as I see it ♦ATTR. personal

[2]**gèrén** 各人 N. each one; everyone

gèrén cáifù 个人财富[個-] N. individual wealth

gèrén chéngbāozhì 个人承包制[個-] N. private contracting system

gèrén chéngjiùgǎn 个人成就感[個-] N. sense of personal achievement

gèrén chóngbài 个人崇拜[個-] N. personality cult

gèrén fāngyán 个人方言[個-] N. <*lg.*> idiolect

gèrén fānyì 个人翻译[個-譯] N. <*lg.*> individual translation

gèréngèxīn 各人各心 F.E. Many people, many minds.

gèrén jiàzhí 个人价值[個-價] N. individual values

gèrén jìsuànjī 个人计算机[個-] N. personal computer; PC M: *ge*/[1]*tái*

gèrén kāizhī 个人开支[個-開-] N. personal spending/expenditure M: [3]*xiàng*

gèrén míxìn 个人迷信[個-] N. personality cult M: [1]*zhǒng*

gèrén shuāngyǔ xiànxiàng 个人双语现象[個-雙---] N. <*lg.*> individual bilingualism

gèrén suǒdé 个人所得[個-] N. personal income

gèrén suǒdéshuì 个人所得税[個-] N. personal income tax

gèrén wēijī 个人微机[個-] N. PC; personal computer M: [1]*tái*

gèrén wèntí 个人问题[個-] N. ① personal problem ② (euphemism for) the problem of finding a spouse

gèrén xiàngmù 个人项目[個-] N. <*sport*> individual events

gèrén xíyǔ 个人习语[個-習-] N. <*lg.*> idiolect

gèrén yányǔ tèdiǎn 个人言语特点[個-點] N. <*lg.*> idiolect

gèrén yányǔ tèzhēng 个人言语特征[個-徵] N. <*lg.*> idiolect

gèrén yěxīn 个人野心[個-] N. personal ambition

gèrén yěxīnjiā 个人野心家[個-] N. careerist M: *ge*/[1]*míng*/[2]*wèi*

gèrén yīngxióngzhǔyì 个人英雄主义[個-義] N. individualistic heroism

gèrén yǐnsī 个人隐私[個-隱-] N. individual privacy

gèrén yǔyán 个人语言[個-] N. <*lg.*> personal language

gèrén yǔyán fāzhǎn 个人语言发展[個---發-] N. <*lg.*> ontogeny; ontogenesis

gèrén yǔyán tèdiǎn 个人语言特点[個-點] N. <*lg.*> idiolect

gèrén zérèn 个人责任[個-] N. personal liability

gèrén zhuǎnràng 个人转让[個-轉讓] N. individual negotiation

gèrénzhǔyì 个人主义[個-義] N. individualism

gèrén zì sǎo mén qián xuě 各人自扫门前雪[---掃---] F.E. let everyone mind their own business

gérì 隔日 N. ① every other day ② the following day ③ the day after next

gěrle 嗝儿了 V.P. <*topo./derog.*> die; be dead

gērliǎ 哥儿俩 N. <*coll.*> pair of brothers

gērmen(r) 哥儿们(儿) N. <*coll.*> ① brothers ② pals; buddies M: [1]*bāng*/[1]*qún*

gēròubǔchuāng 割肉补疮[-補瘡] F.E. makeshift to tide over the present difficulty

gěrpì 嗝儿屁 V.O. <*slang*> die; be dead

gěrpì zháoliáng 嗝儿屁着凉[-著涼] V.O. <*slang*> die

gérzhǐ 格儿纸 N. lined handwriting paper M: [1]*zhāng*

gēsā(r) 哥仨(儿) N. <*coll.*> three brothers

gēsài 鸽赛 N. pigeon competition M: [2]*chǎng*/[1]*cì*

gésānchàwǔ 隔三差五 F.E. at intervals; fitfully

gésānjiànwǔ 隔三间五 F.E. at intervals; fitfully

gēsāo 肐臊 N. <*topo*> armpit odor

gēsǎo* 哥嫂 N. older brother and his wife

[1]**gésè** 隔色 S.V. <*coll.*> special

[2]**gésè** 格涩[-澀] S.V. <*coll.*> ① cranky; testy ② special

gèsè* 各色 N. of all kinds; of every description

gèsègèyàng 各色各样[-樣] F.E. all/various sorts/kinds

gèsèjùquán 各色俱全 F.E. complete with everything

géshā 格杀[-殺] V. kill in fighting

gēshàijī 割晒机[-曬-] N. <*agr.*> swather; windrower M: [1]*tái*

géshan 隔/槅扇 N. partition board M: *ge*/[1]*shàn*

géshān* 隔山 ID. ① have a foster relationship ② relationship between half-brothers or half-sisters by the same father

géshàn 膈疝 N. <*med.*> diaphragmatic hernia

gēshāng 割伤[-傷] N. gash

géshan xīnr 隔扇心儿 N. the central part of a partition, usually decorated with calligraphy/paintings

géshānxiōngdì 隔山兄弟 F.E. siblings of different parents M: *ge*/[1]*míng*/[2]*wèi*

gēshào 鸽哨 N. whistle tied to a pigeon

géshāwùlùn 格杀勿论[-殺--] F.E. kill on sight with the authority of the law

gēshě 割舍[-捨] V. give up; part with

[1]**gēshēng*** 歌声[-聲] N. sound of singing M: [1]*zhèn*

[2]**gēshēng** 搁生 V.P. <*coll.*> be out of practice; be rusty

géshēng 隔声[-聲] V.O. <*archi.*> insulate against sound; sound insulation; soundproof

gèshěng 各省 N. all the provinces; every province

géshēngbǎn 隔声板[-聲-] N. acoustic tiles M: [2]*kuài*

géshēng píngzhàng 隔声屏障[-聲--] N. noise barrier

géshēngqì 隔声器[-聲-] N. sound insulator M: *ge*/[1]*tái*

gēshēngràoliáng 歌声绕梁[-聲繞-] F.E. <*mus.*> The vocalist's superb performance lingers on.

gèshěng-shì 各省市 N. every province and city

gēshī 歌诗 <*mus.*> N. songs M: [2]*shǒu* ♦V.O. chant poems

gēshì 割势[-勢] V.O. castrate

géshi* 格式 N. form; pattern; status M: [1]*zhǒng*

géshì 隔世 N. (separated by/in) another world

géshíbìng 膈食病 N. <*med.*> indigestion M: [1]*zhǒng*

gèshì chǎomiàn 各式炒面[-麵] N. every variety of fried noodles

gèshìgèyàng 各式各样[-樣] F.E. all sorts/kinds; various

géshìhuà 格式化 V. fall into a pattern

gèshìqísuǒ 各适其所[-適--] F.E. everyone after his own fashion

gèshìqízhǔ 各事其主 F.E. each serving his own master

géshìtǎ jìyìfǎ 格式塔记忆法[----憶-] N. <*lg.*> gestalt style

géshìtǎ lǐlùn 格式塔理论 N. <*psy.*> gestalt theory

géshìtǎ xīnlǐxué 格式塔心理学 N. <*psy.*> gestalt psychology

géshì yíchuán 隔世遗传[-傳] N. <*bio.*> atavism

géshìzhīgǎn 隔世之感 N. as if a whole generation has passed

gēshǒu* 歌手 N. singer; vocalist M: *ge*/[1]*míng*/[2]*wèi*

géshǒu 隔手 ADV. indirectly ♦S.V. close (in distance)

gèshù 个数[個數] N. number

gèshūjǐjiàn 各抒己见 F.E. each airs his own views

gèshuláí yuè 个数来月[個數-] N. one month or so

gè shuō gè de 各说各的 V.P. each sticks to his own view

Gēsīdálíjiā 哥斯达黎加[-達--] P.W. Costa Rica

gèsīqízhí 各司其职[-職] F.E. Each performs its own functions.

[1]**gēsòng** 歌颂 V. extol; eulogize

[2]**gēsòng** 歌诵 V. <*wr.*> ① declaim ② eulogize through song

gésù 隔宿 V.O./ATTR. after a night; overnight

gèsuānjiǎ 铬酸钾 N. <*chem.*> potassium chromate

gèsuíqíbiàn 各随其便[-隨--] F.E. Each does exactly as he likes.

gētáiwǔxiè 歌台舞榭[-臺--] F.E. place for singing and dancing

gētán 歌坛[-壇] N. <*mus.*> vocal circle/group

géténg 葛藤 N. ①kudzu M: [2]*gēn*/[1]*tiáo* ②entangled relationship ③ <*Budd.*> knotty problem; koan (in Zen/Chan)

gètǐ 个体[個體] N. individual

gètiáo 各条[-條] N. various items/clauses

gètǐ chūzūchē 个体出租车[個體-] N. private owner-operated taxi

gètǐ de 个体的[個體-] ATTR. particular

gètǐ de míngcí 个体的名词[個體-] N. <*lg.*> particular noun

gètiěkuàng 铬铁矿[-鐵礦] N. <*min.*> chromite

gètǐ fāshēng 个体发生[個體發-] N. <*bot.*> ontogeny

gètǐ gōngshāngyè 个体工商业[個體-業] N. private industry and commerce

gètǐhù 个体户[個體-] N. ① individual entrepreneur ② privately owned small enterprise ③ self-employed worker

gètǐ jīngjì 个体经济[個體經濟] N. individual economy

gètǐ jīngjìxué 个体经济学[個體經濟-] N. microeconomics

gètǐ jīngyínghù 个体经营户[個體經營-] N. small individual/family business

Gètǐ Jīngyíngzhě Xiéhuì 个体经营者协会[個體經營-協-] P.W. Association of Independent Businessmen

gètǐ jīngyíng zhízhào 个体经营执照[個體經營執-] N. private business license

gètǐ láodòng 个体劳动[個體勞動] N. individual labor

gètǐ láodòngzhě 个体劳动者[個體勞動-] N. self-employed worker

gètǐ míngcí 个体名词[個體-] N. <lg.> individual noun

gētīng 歌厅[-廳] P.W. <mus.> place where professional performers sing popular songs M: [1]jiā/[1]jiān

gètǐ nónghù 个体农户[個體農-] N. individual agricultural household

gètǐ nóngyè jīngyíng 个体农业经营[個體農業經營] N. private individual farming

gètǐshāng 个体商[個體-] N. independent merchant/peddler M: ge/[1]míng/[2]wèi

gètǐ shāngfàn 个体商贩[個體-] N. individual retailers M: ge/[1]míng/[2]wèi

gètǐ shēngchǎnzhě 个体生产者[個體-產-] N. individual producer M: ge/[1]míng/[2]wèi

gètǐ suǒyǒuzhì 个体所有制[個體-] N. individual ownership

gètóu(r) 个头(儿)[個-] N. <topo.> size; height

gétuì 革退 V. <wr.> dismiss; fire

géwài 格外 ADV. especially; all the more

géwàikāi'ēn 格外开恩[--開-] F.E. pardon an offender; punish an offender lightly

gēwáng 歌王 N. <mus.> very accomplished male vocalist M: ge/[1]míng/[2]wèi

géwèi 格位 N. <lg.> case

[1]**gèwèi*** 各位 N. ① you-all ② everybody

[2]**gèwèi** 个位[個-] N. <math.> unit

gē wěibā 割尾巴 V.O. ① eradicate erroneous things ② make a clean break with sb./sth.

géwèi bèifēnpàiyǔ 格位被分派语 N. <lg.> case-assignee

géwèi bèizhǐpàiyǔ 格位被指派语 N. <lg.> case-assignee

géwèi biāozhì 格位标志[--標-] N. <lg.> case-marker

géwèi chuándì 格位传递[-傳遞] N. <lg.> Case transmission

gèwèi dàibiǎo 各位代表 N. fellow delegates

géwèi dǐkàng yuánzé 格位抵抗原则 N. <lg.> Case Resistance Principle

géwèi fēnpàiyǔ 格位分派语 N. <lg.> case-assigner

géwěihuì 革委会 AB. *gémìng wěiyuánhuì*

géwèi jìchéng 格位继承[--繼-] N. <lg.> Case inheritance

géwèi kuàngjià 格位框架 N. <lg.> Case frame

géwèi lǐlùn 格位理论 N. <lg.> Case theory

gèwèi tóngxué 各位同学 N. fellow students

géwèi wèizhì 格位位置 N. <lg.> Case position

géwèi yǔfǎ 格位语法 N. <lg.> Case Grammar

géwèi zhǐpàiyǔ 格位指派语 N. <lg.> case-assigner

gēwén 割纹 N. cut M: ge/[2]dào/[1]tiáo

gèwōr 硌窝儿[-窩-] ATTR. cracked (of eggs)

gēwǔ* 歌舞 N. song and dance

géwù 格物 V.O. <wr.> study phenomena of nature

gēwǔchǎng 歌舞场[-場] N. <mus.> stages and cabarets M: ge/[1]jiā

gēwǔjì 歌舞伎 N. ① <trad.> female dancer/singer ② <Jp.> Kabuki M: ge/[1]míng/[2]wèi

gēwǔjù 歌舞剧[-劇] N. song and dance drama M: [1]tái

gēwǔshēngpíng 歌舞升平 F.E. put on a false show of peace and prosperity

gēwǔtuán 歌舞团[-團] N. song and dance troupe M: ge/[1]jiā

géwùzhìzhī 格物致知 F.E. ①to investigate things is to attain knowledge ② extend knowledge to the utmost ③ study the nature of things

gēxī(r)* 胳膝(儿) N. <coll.> knee

gēxí 割席 V.O. <wr.> sever a friendship

gēxià 搁下 R.V. <coll.> quit doing sth.; kick a habit

géxià* 阁下 F.E. <court.> Your/His/Her Excellency

gē xiàlai 搁下来 R.V. shelve; lay aside

gēxiàn 割线 N. <math.> secant M: [1]tiáo

gèxiàng 各项 N. various/all items; each and every item

gèxiǎnshéntōng 各显神通[-顯--] F.E. each shows his special powers and skills

gèxiǎnsuǒcháng 各显所长[-顯--] F.E. Each displays what he excels in.

Gèxié 个协[個協] AB./P.W. *Gètǐ Jīngyíngzhě Xiéhuì* Association of Independent Businessmen

gēxíjuéjiāo 割席绝交[--絕-] F.E. sever friendship

[1]**géxīn** 革新 V./N. ①innovate; reform ②improve

[2]**géxīn** 隔心 V.O. lack of communication

[3]**géxīn** 革心 V.O. ①change one's mind ②repent

[4]**géxīn** 格心 V.O. turn over a new leaf

gēxīng 歌星 N. singing star M: ge/[1]míng/[2]wèi

gēxíng 歌行 N. ① an old song form ② poem that can be set to music

gèxìng* 个性[個-] N. ① individual character; personality ② <phil.> specific property; particularity ③ individuality M: [1]zhǒng

gèxínggèsè 各形各色 F.E. of all kinds; of every description

gèxíngqíshì 各行其是 F.E. each goes his own way

géxīnjiǎng 革新奖[-獎] N. award for innovation M: [3]xiàng

géxīn qúntǐ 革新群体[-體] N. reform group

géxīn yùndòng 革新运动[-運動] N. reformation movement M: [3]xiàng

gēxū 割须[-鬚] V.O. cut off one's beard

géxuēsāoyǎng 隔靴搔痒[-癢] F.E. ① attempt an ineffective solution ② be way off the mark

gēxuēzi 割靴子 V.O. <coll.> share a prostitute

gēyán 歌筵 N. <mus.> feast enlivened by a singing performance M: [1]xí

géyan 格厌[-厭] V. <coll.> despise; hate

géyán* 格言 N. maxim; motto; aphorism; saying M: [1]jù

géyǎn 隔眼 S.V. <coll./derog.> frustrating; vexing

gèyàng(r) 各样(儿)[-樣-] N. ① every sort/kind of ② fashion/style

gēyáo* 歌谣 N. ballad; folk song M: [1]duàn/[2]shǒu

Gēyáo 哥窑[-窯] N. <Ch. hist.> name of a famous Song porcelain kiln

géyè 隔夜 N. ①intervening night ②the previous night

gēyì 鸽翼 N. pigeon wing

géyì 阁议[-議] N. <Ch. hist.> cabinet meeting/conference M: [1]cì

gèyì* 各异[-異] V.P. <wr.> each different

gēyín 歌吟 V. ① sing ② recite a poem

géyīn* 隔音 ATTR. ① soundproof ② syllable-dividing

géyīnbǎn 隔音板 N. sound baffle; acoustic tile M: ge/[1]shàn

géyīn fúhào 隔音符号[-號] N. syllable-dividing mark; apostrophe

géyìng* 隔膺//膈应[--//-應] S.V. <coll.> dislike; object to

gèying 硌硬 S.V. <topo.> dislike; object to

géyīn shèbèi 隔音设备[-備] N. sound-insulated facility

géyīnshì 隔音室 N. soundproof room M: [1]jiān

géyīnzhǐ 隔音纸 N. sound-deadening felt M: [1]zhāng

géyīshífǔ 革衣石斧 F.E. <wr.> barbarians M: ge/[1]míng/[2]wèi

gēyǒng 歌咏[-詠] V. sing

gēyǒngduì 歌咏队[-詠隊] N. singing group M: [2]zhī

gēyonggēyong 圪拥圪拥[-擁-擁] V.P. <topo.> surge/push forward

gèyòngsuǒcháng 各用所长 F.E. each uses its strong points; use the strong points of each

gèyǒugède 各有各的 F.E. each had his own involvements

gè yǒu gè de dàolǐ 各有各的道理 F.E. Each (disputant) has given plausible arguments.

gèyǒuqiānqiū 各有千秋 F.E. each has sth. to recommend him

gèyǒusuǒcháng 各有所长 F.E. each has his strong points

gèyǒusuǒhào(ài) 各有所好(爱)[-(愛)] F.E. ① each to his own ② each follows his own bent

gèyǒuyīshuō 各有一说 F.E. Each one has his own say (story to tell).

gēyǔ 割与[-與] V. cede to

[1]**géyuán** 阁员 N. cabinet member M: ge/[1]míng/[2]wèi

[2]**géyuán** 革员 V.O. have a reduction in force

géyuè 隔月 N. every other month

géyǔfǎ 格语法 N. <lg.> case grammar

géyúguīdìng 格于规定[-於--] F.E. be barred by regulations

gēzǎixì 歌仔戏[-戲] N. Taiwan regional opera M: [1]chū/[1]tái

gèzao 虼蚤 N. <coll.> flea M: ge/[2]zhī

gèzhǎn 个展[個-] N. exhibition of one person's works

gèzhǎnsuǒcháng 各展所长 F.E. Each gives full play to his strong points.

gēzhar 疙渣儿 N. ① scab ② sth. covered up (e.g., past wrongdoing) ③burned (overcooked) rice M: [2]kuài

gēzhě 歌者 N. singer M: ge/[1]míng/[2]wèi

gézhèng 格/革正 V. correct

gēzhi 疙/圪脂 N. <topo.> ① a sticky substance that has dried ② splotch; blotch

gēzhī 咯吱 ON. creak; groan

gēzhì* 搁置 V. ① shelve; lay aside ② put; place

[1]**gézhi** 胳肢 V. <topo.> tickle sb.

[2]**gézhi** 隔肢 V. <wr.> ① titillate ② give sb. a hard time

gézhí 革职[-職] V.O. discharge; cashier

gézhì 格致 <wr./trad.> V. ① study the phenomena of nature ② do deep/profound research ♦N. old name of physics

gézhíliúrèn 革职留任[-職--] F.E. deprive an official of his title but leave him in office

gézhíliúyòng 革职留用[-職--] F.E. be degraded but retained in office

gézhìpǐn 革制品[-製-] N. leather goods M: [1]zhǒng

gézhíwéimín 革职为民[-職--] F.E. be dismissed from one's office and reduced to the rank of a common citizen

gèzhiwō(r) 胳肢窝(儿)[--窩-] N. <coll.> armpit

gèzhíyīcí 各执一词[-執--] F.E. Each sticks to his own version.; Each holds fast to his own views.

gèzhíyīduān 各执一端[-執--] F.E. each sticks to his own version

gèzhíyījiàn 各执一见[-執--] F.E. Each holds fast to his own views.

gèzhōng 个中[個-] ATTR. <wr.> therein

gèzhǒng* 各种[-種] N. various kinds/categories/etc.

gèzhōng àomiào 个中奥妙[個-奧-] N. the inside story

gèzhǒnggèyàng 各种各样[-種-樣] F.E. all sorts/varieties

gèzhōnglǎoshǒu 个中老手[個-] F.E. an expert in a given field

gèzhōngmìmì 个中秘密[個-] F.E. inside stories

gèzhōngrén 个中人[個-] N. a person in the know

gèzhōngsānwèi 个中三昧[個-] F.E. ① full flavor ② secret known only to experts

gèzhōngshì 个中事[個-] N. inside information/story/happenings

gèzhōng yuányīn 个中原因[個-] N. the whys and wherefores

gèzhǒng zhàiwùrén 各种债务人[-種-務-] N. sundry debtors

gézhōu 隔周 V.O. every other week

gézhù 蛤柱 N. adductor muscles of bivalves (a delicacy)

[1]**gēzi** 鸽子 N. pigeon; dove M: ge/[2]zhī

[2]**gēzi** 歌子 N. song M: ge/[2]shǒu

[3]**gēzi** 哥子 N. <coll.> elder brother (in address) M: ge/[1]míng/[2]wèi

[1]**gézi** 格子 N. ① check; pattern in squares ② booth M: ge/[1]jiān

[2]**gézi** 阁子 N. ① small wooden house ② cabin, small room M: *ge/*[1]*jiān*
[3]**gézi** 隔子 N. shelves; pigeonholes; compartment; etc.
gèzi 个子[個-] N. ① height; stature; build ② <coll.> shock of grain
gèzì* 各自 PR. ① each; respective ② <coll.> oneself
gē zīběnzhǔyì wěibā 割资本主义尾巴[----義--] V.P. <PRC> get rid of the remaining private ownership
gèzìbiǎoshù 各自表述 V.P. each formulates in his own way
gézibù 格子布 N. checked fabric; check M: [2]*kuài/*[1]*pǐ*
gézichuāng 格子窗 N. lattice window M: *ge/*[1]*shàn*
gēzi chuánshū 鸽子传书[-傳書] N. transmission of messages by homing pigeons
gézi huāní 格子花呢 N. tartan M: [2]*kuài/*[1]*pǐ*
gēzilóng 鸽子笼 N. ① pigeon cage ② small space
gézíní* 格子呢 N. <txtl.> tartan M: [2]*kuài/*[1]*pǐ*
gézìní 格字呢 N. plaid woolen cloth
gézìwǎng 格子网[-網] N. system of forts and trenches for defense M: [1]*zhāng*
gèzìwéizhàn 各自为战[-戰] F.E. Each fights his own battle.
gèzìwéizhèng 各自为政 F.E. each does things his own way
gézixíng 格子形 N. gridiron pattern
gézizhǐ 格子纸 N. ① lined handwriting paper ② ruled paper M: [1]*zhāng*
gèzǒugèdào 各走各道 F.E. Each goes his own way.
gézǔ 隔/格阻 V. ①obstruct; barricade ②separate
gè zú rénmín 各族人民 N. people of all nationalities
[1]**gōng** 工 B.F. ① work; productive labor *gōngzuò* ② industry [1]*gōngyè* ③ be versed in; be good at [3]*gōngyú* ♦N. ①man-day of work ②a *gongchepu* note
[2]**gōng** 公 B.F. ① public affairs; official duties [3]*gōngshì* ② *following a surname* respectful form of address for an elderly man ③ public; state-owned; collective [1]*gōnglǐ* ④common; accepted *gōngrèn* ⑤metric *gōngchǐ* ⑥just; fair; impartial [1]*gōngzhèng* ⑦male (of animals) [2]*gōngjī* ⑧make public *gōngkāi* ♦N. a *gongchepu* note
[3]**gōng** 供 V. ① supply; feed ② be for (the use/convenience of) *See also* [2]*gòng*
[4]**gōng** 攻 V. ① assault; attack ② censure; accuse ③ study; specialize in the study of
[5]**gōng** 弓 N. ① bow ② bend; arch M: *ge/*[1]*zhāng*
[6]**gōng** 功 N. meritorious service; exploit ♦B.F. ① achievement; result; effect *chénggōng* ② skill *gōngfu*
[7]**gōng** 宫[宮] B.F. ①palace [1]*gōngdiàn* ②place for cultural activities and recreation *wénhuàgōng* ③womb; uterus [1]*zǐgōng* ♦N. ①<mus.> first note of the pentatonic scale (*wǔyīn*) ② <lg.> first class of initials in ancient phonology ③Surname
[8]**gōng** 躬 B.F. ①arch; bend forward; bow [1]*jūgōng* ② <wr.> personally; oneself *shìbìgōngqīn*
[9]**gōng** 恭 B.F. respectful; reverent *gōngjìng*
[10]**gōng** 肱 N. <wr.> the upper arm; arm M: [2]*zhī*
[11]**gōng** 觥 N. <archeo.> lidded drinking vessel with spout at the front, handle at the back and a square stand or four legs
[12]**gōng** 虹[虹] N. ray M: [2]*dào* *See also* [9]*hóng*
[13]**gōng** 蚣 in *wúgōng, wúgōngcǎo*
[14]**gōng** 红[紅] in [2]*nǚgōng*, [3]*gōngnǚ* *See also* [1]*hóng*
Gōng 龚[龔] N. Surname
[1]**gǒng** 拱 V. ① hump up; arch ② <coll.> burrow ♦B.F. salute by cupping one hand in other before the chest *gǒngshǒu*
[2]**gǒng** 汞 N. <chem.> mercury
[3]**gǒng** 巩[鞏] B.F. consolidate; make firm *gǒnggù* ♦N. Surname
[4]**gǒng** 珙 B.F. a kind of jade *gǒngtóng*
[1]**gòng*** 共 B.F. ① share; commonly possess *gòngtóng* ② common; general; identical *gòngxìng* ♦ADV. ① together ② altogether; in all
[2]**gòng** 供 V. ① offer sacrifices ② confess; own up ♦B.F. ① sacrifices [2]*gòngpǐn* ② deposition *gòngcí* *See also* [3]*gōng*
[3]**gòng** 贡[貢] B.F. ①tribute *jìngòng*②contribution *gòngxiàn* ♦N. Surname
gōng'ān* 公安 N. public security
gōng'àn 公案 N. ① (complicated) legal case ②table to hold documents of a case ③<Budd.> koan (knotty problem in Zen) ④ <trad.> detective stories ⑤ a much discussed issue; a sensational affair M: *ge/*[3]*xiàng*
gòng'àn 供案 N. ① altar ② altar table M: [1]*zhāng*
Gōng'ānbù 公安部 P.W. Ministry of Public Security
gōng'ān bùduì 公安部队[-隊] P.W. public security force M: [4]*zhī*
gōng'ān bùmén 公安部门 P.W. public security sector
gōng'ān bùzhǎng 公安部长 N. minister of public security M: [1]*míng/*[2]*wèi*
gōng'ān gànjǐng 公安干警[--幹-] N. public security police M: *ge/*[1]*míng/*[2]*wèi*
gōng'ānjú 公安局 P.W. public security bureau
gōng'ānjūn 公安军 P.W. public security force M: [4]*zhī*
gōng'ānxì 公安戏[-戲] N. drama/play/film/featuring cops M: [1]*chū/*[1]*tái*
gōng'àn xiǎoshuō 公案小说 N. short story involving a case of judicial detection M: [1]*běn/*[2]*bù*
gōngbá 攻拔 V. storm and capture
gǒngbǎ 拱把 N. circumference of circle formed by two hands
gǒngbà* 拱坝[-壩] N. arch dam M: [2]*dào*
gōngbàichuíchéng 功败垂成 F.E. fail when on verge of success
gōngbàn 公办[-辦] ATTR. state owned/run
[1]**gōngbǎo** 公保 N. government insurance for public servants
[2]**gōngbǎo** 宫保[宮-] N. teachers of the crown prince
gōngbào* 公报[-報] N. bulletin; gazette; communiqué M: [1]*fèn*
gǒngbào 拱抱 V. surround
gōngbǎo jīdīng 宫宝/保鸡丁[宮寶雞-] N. spicy diced chicken
gōngbàosīchóu 公报私仇[-報--] F.E. avenge a personal wrong/grudge in name of the public interest
gōngbēi 功碑 N. stone tablet inscribed with sb.'s merits and achievements M: [4]*zuò*
gōngbèi* 弓背 V.O. hunch shoulders ♦N. ① arc of a bow ② hunchback ③ sweeping curve (of road/river)
gǒngbèi 拱背 V.O. hump up; arch one's back
gǒngběi 拱北 V.P. All the border tribes pay homage to the country.
gōngbèishu 公倍数[-數] N. <math.> mutual multiple
gōngběn 工本 N. production cost M: [2]*bǐ*
gōngběnfèi 工本费 N. production cost M: [2]*bǐ*
[1]**gōngbǐ*** 工笔[-筆] N. trad. painting very precisely executed
[2]**gōngbǐ** 公比 N. <math> the common ratio
gǒngbì 拱璧 N. large piece of jade M: [2]*kuài*
gōngbiān 攻砭 V. acupuncture
gōngbiàn* 公便 S.V. be convenient for public affairs
gòngbiàn 共变[-變] V. covary ♦N. covariant
gōngbiāoqīngshǐ 功标青史[-標--] F.E. cause one's fame to glow in the pages of history
gǒngbié 拱别 V. bid farewell by cupping one hand over the other in front of the chest
gōngbǐhuà 工笔画[-筆畫] N. trad. Chinese painting showing fine details M: [10]*fú/*[1]*zhāng*
gōngbīng* 工兵 N. military engineer M: *ge/*[1]*míng/*[2]*wèi*
[1]**gōngbǐng** 公禀[-稟] N. <trad.> report to authorities submitted by the local population M: [1]*fèn*
[2]**gōngbǐng** 公秉 M. kiloliter
gōngbǐzhònghcǎi 工笔重彩[-筆--] F.E. painting with exact delineation and enriched colors M: [1]*zhāng*
gōngbù* 公布 V. promulgate; announce; publish
Gōngbù 工部 P.W. <hist.> Ministry of Works
gōngbùbǔguò 功不补过[--補-] F.E. Demerits outweigh merits.
gōngbù chūlai 公布出来 R.V. promulgate; announce; publish; make public
gōngbùkěmò 功不可没 F.E. contribution (to success) cannot be left unrecognized
gōngbùlán 公布栏[-欄] N. bulletin board
gōngbù shàngshū 工部尚书[-書] N. <hist.> minister of public works M: *ge/*[1]*míng/*[2]*wèi*
gōngbù shìláng 工部侍郎 N. <hist.> vice minister of public works M: *ge/*[1]*míng/*[2]*wèi*
gōngbùshùguò 功不恕过 F.E. No merit can wipe out one's faults.
gōngbùtángjuān 功不唐捐 F.E. The efforts paid off.
gōngbùyìngqiú 供不应求[--應-] F.E. demand exceeds supply
gòngcài 供菜 N. <rel.> offerings of food to gods/Buddha/ancestors M: [1]*fèn*
[1]**gòngcān** 供餐 V.O. serve food M: [1]*fèn*
[2]**gòngcān** 共餐 V. eat together
gōngcè 公厕[-廁] AB./P.W. *gōnggòng cèsuǒ* public lavatory M: *ge/*[1]*suǒ/*[4]*zuò*
gōngchā 公差 N. ①<math.> common difference ② <mach.> tolerance *See also* *gōngchāi*
gōngchāi 公差 N. ① public errand ② person on public errand ③ corvée ④ <trad.> runner/bailiff in a yamen M: *ge/*[1]*míng/*[2]*wèi* *See also* *gōngchā*
gōngchǎn 公产[-產] N. public property M: [1]*fèn*
gòngchǎn* 共产[-產] ATTR. communist
Gòngchǎndǎng 共产党[-產黨] N. Communist Party
Gòngchǎndǎngrén 共产党人[-產黨-] N. a communist M: *ge/*[1]*míng/*[2]*wèi*
Gòngchǎndǎng Xuānyán 共产党宣言[-產黨--] N. Communist Manifesto
Gòngchǎndǎngyuán 共产党员[-產黨-] N. Communist Party member M: *ge/*[1]*míng/*[2]*wèi*
gòngchǎnfēng 共产风[-產-] N. over-egalitarianism M: [2]*gǔ/*[1]*zhèn*
gōngchāng 公娼 N. licensed prostitute/prostitution M: *ge/*[1]*míng*
[1]**gōngchǎng*** 工厂[-廠] P.W. factory; mill; plant; works M: *ge/*[4]*zuò*
[2]**gōngchǎng** 工场[-場] P.W. workshop; atelier M: *ge/*[4]*zuò*
gōngchǎngfǎ 工厂法[-廠-] N. legislation on factory work M: [3]*xiàng*
gōngchǎng jīngjì 工厂经济[-廠經濟] N. factory economy
gōngchǎngquán 工厂权[-廠權] N. factory rights
Gòngchǎn Guójì 共产国际[-產國際] N. Communist International (1919–1943)
gōngchǎng zìdònghuà 工厂自动化[-廠-動-] N. factory automation (F. A.)
gòngchǎnzhǔyì 共产主义[-產-義] N. communism
gòngchǎnzhǔyì dàodé 共产主义道德[-產-義--] N. communist ethics
gòngchǎnzhǔyì jiēbānrén 共产主义接班人[-產-義---] N. successors to the communist cause M: *ge/*[1]*míng/*[2]*wèi*
Gòngchǎnzhǔyì Láodòng Dàxué 共产主义劳动大学[-產-義勞動--] P.W. a work-study university (1958) M: [1]*suǒ/*[4]*zuò*
Gòngchǎnzhǔyì Qīngniántuán 共产主义青年团[-產-義--團] N. the Communist Youth League
gòngchǎnzhǔyìzhě 共产主义者[-產-義-] N. communist M: *ge/*[1]*míng/*[2]*wèi*

G

gōngcháo 工潮 N. workers' demonstration or strike movement M: [3]chǎng/[1]cì
gōngchē* 公车 N. <TW> ①bus ②cars provided by an organization M: [3]liàng
gōngchě 工尺 N. traditional Chinese musical notation M: tào
gōngchē guǎnlǐchù 公车管理处[-處] P.W. public transportation administrative office
gōngchén* 功臣 N. sb. who has rendered outstanding service M: ge/[1]míng/[2]wèi
gǒngchén 拱臣 N. All the tribes pay homage to the country.
gōngchēng 公称[-稱] N. specified; nominal
[1]gōngchéng* 工程 N. ① engineering project M: [3]xiàng ② engineering
[2]gōngchéng 宫城[宮-] N. <trad.> ① palace wall ② imperial residence M: [4]zuò
[3]gōngchéng 公呈 N. letter to the authorities signed by many people M: [2]fēng
[4]gōngchéng 攻城 V.O. <mil.> attack a city
gòngchēng 供称[-稱] V. <law> make a confession
gōngchéngbīng 工程兵 N. engineering corpsman M: ge/[1]míng/[2]wèi
gōngchéngbù 工程部 P.W. department of engineering
gōngchéngbùjū 功成不居 F.E. claim no credit for one's services
gōngchéng cèliáng 工程测量 N. engineering survey
gōngchēng chǐcùn 公称尺寸[-稱--] N. nominal size
gōngchéngchù 工程处[-處] N. department of engineering
gōngchéngdǎyuán 攻城打援 F.E. wipe out supporting forces while taking a city
gōngchéngduì 工程队[-隊] P.W. ① engineer corps ② construction brigade M: ge/[4]zhī
gōngchéngfújū 功成弗居 F.E. achieve success but not take credit
gōngchénghàodà 工程浩大 F.E. a gigantic project; a tremendous amount of work
gōngchéng jiàoyù 工程教育 N. engineering education M: [3]xiàng
gōngchéngjiè 工程界 N. engineering circles
gōngchéng jìshù rényuán 工程技术人员[---術--] N. engineers and technicians M: ge/[1]míng/[2]wèi
gōngchéng kòngzhìlùn 工程控制论 N. engineering cybernetics
gōngchénglüèdì 攻城略地 F.E. take cities and seize territory
gōngchéngmíngjiù 功成名就 F.E. achieve both success and fame
gōngchéngmínglì 功成名立 F.E. achieve success and win recognition
gōngchéngmíngsuì 功成名遂 F.E. achieve both success and fame
gōngchéngpào 攻城炮 N. siege gun M: [4]zuò
gōngchéngshēntuì 功成身退 F.E. retire after winning merit or achieving one's goal
gōngchéngshī* 工程师[-師] N. engineer M: ge/[1]míng/[2]wèi
gōngchéngshǐ 工程史 N. history of engineering M: [1]běn/[2]bù
gōngchéngshī xuéhuì 工程师学会[--師--] P.W. association of engineers
gōngchéngshǔ 工程署 N. bureau of engineering
gōngchéngtú 工程图[-圖] N. blueprint of a project M: [10]fú/[1]zhāng
gōngchéngxué 工程学 N. engineering
gōngchéngyèjiù 功成业就[--業-] F.E. be crowned with success (of sb.s career)
gōngchéng yǔyánxué 工程语言学 N. engineering linguistics
gōngchénzìjū 功臣自居 F.E. give oneself the airs of a hero
gōngchěpǔ 工尺谱 N. traditional Chinese musical notation M: tào
gōngchēyànjià 宫车晏驾[宮-] F.E. <trad.> death of an emperor
gōngchǐ 公尺 M. meter
gōngchǐ jiànfāng 公尺见方 N. square meter
gòngchóu 贡绸 N. tribute silk M: [2]kuài/[1]pǐ
gōngchóujiāocuò 觥筹交错[-籌--] F.E. ① a hilarious party ② drink together noisily in a large party
gōngchū* 公出 V. go on official business
gōngchù 公畜 N. male animal (kept for breeding); stud M: [1]pǐ/[1]tóu
gòngchū 供出 R.V. confess (a crime/secret/etc.)
gòngchǔ 共处[-處] V. coexist
gōngchuán 觥船 N. <wr.> big wine vessel M: [1]sōu/[2]zhī
gōngchuíwàndài 功垂万代[--萬-] F.E. contribution that will benefit generations to come
gōngchuíxiàn 公垂线 N. <math.> shared vertical line M: [1]tiáo
gōngchuízhúbó 功垂竹帛 F.E. One's deeds will live forever in history.
gòngcí 供词 N. statement/confession made under examination M: [1]fèn
gōngcùn 公寸 M. decimeter
gòngcún* 共存 V. coexist
gòngcúngòngróng 共存共荣[--榮] F.E. coexistence and coprosperity
gòng cúnwáng 共存亡 V.P. defend a place to the last man
gòngcún xiànzhì 共存限制 N. <lg.> cooccurrence restriction
gōngcuō* 公撮 M. milliliter
gōngcuò 攻错 V.O. cut and polish jade ♦ID. learn from the example of others
gōngdǎ* 攻打 V. attack; assault
gōngdà 工大 N. ① polytechnical university/institute ② workers' university M: [1]suǒ/[4]zuò
gōngdài 弓袋 N. bow case M: ge/[2]zhī
gōngdàihuì 工代会 N. employees' representatives' union
gōngdàn 公担/石[-擔] N. quintal
Gōngdǎng* 工党[-黨] N. Labor Party
Gòngdǎng 共党[-黨] N. Communist Party
gōngdānwèi 功单位 N. unit of work
gōngdao* 公道 S.V. fair; reasonable; impartial *See also* gōngdào
gōngdào 公道 N. justice *See also* gōngdao
gǒngdào 拱道 N. archway M: [1]duàn/[1]tiáo
gōngdaohuà 公道话 N. reasonable words M: [1]jù
gōngdàoshìchéng 功到事成 F.E. Constant effort yields sure success.
gōngdàozìchéng 功/工到自成 F.E. Constant effort yields sure success.
gōng dào zìrán chéng 功/工到自然成 F.E. Constant effort yields sure success.
gōngdàyúguò 功大于过[--於-] F.E. Merits outweigh demerits.
gòngdàyúqiú 供大于求 F.E. supply exceeds demand
gōng de 公的 ATTR. male (animal)
[1]gōngdé* 功德 N. ① merits and virtues ② charitable deed; benefaction
[2]gōngdé 公德 N. social morality/ethics M: [1]zhǒng
[3]gōngdé 工德 N. work ethics
gōngdēng* 宫灯[宮燈] N. palace lantern M: [1]zhǎn
gǒngdēng 汞灯[-燈] N. mercury lamp M: [1]zhǎn
gōngdéwúliàng 功德无量 F.E. boundless beneficence
gōngdéxīn 公德心 N. public spirit; regard for public welfare; civil-mindedness
gōngdéyuánmǎn 功德圆满 F.E. come to a successful issue
gōngdí 公敌[-敵] N. public enemy M: ge/[2]wèi
gōngdǐ 功底 N. basic skill training
[1]gōngdì* 工地 N. building/construction site M: ge/[1]chù
[2]gōngdì 公地 N. ① public domain ② common land M: [2]kuài
gōngdiǎn 工点[-點] N. work points
[1]gōngdiàn* 宫殿[宮-] P.W. palace M: [4]zuò
[2]gōngdiàn 供电[-電] V.O. supply electricity
gōngdiàn gànxiàn 供电干线[-電幹-] N. <elec.> a supply main M: [1]tiáo
gōngdiànjú 供电局[-電-] N. power supply bureau
gōngdiànshì 宫殿式[宮-] ATTR. palatial
gōngdiànshì jiànzhù 宫殿式建筑[宮-築] N. palatial architecture
gòngdiǎnxiàn 共点线[-點-] N. concurrent lines M: [1]tiáo
gōngdiào 宫调[宮-] N. <mus.> modes of ancient Chinese music M: [3]qǔ
gōngdiē 公爹 N. <topo.> a woman's father-in-law M: ge/[1]míng/[2]wèi
gōngdìng 公定 ATTR. conventional
gǒngdǐng* 拱顶 N. <archi.> vault
gǒngdǐngshí 拱顶石 N. keystone M: [2]kuài
gōngdòngcí 公动词[-動-] N. <lg.> public verb
gōngdǒu 公斗 M. decaliter (ten liters)
[1]gōngdú* 工读[-讀] V./N. work-study; work part-time while studying in college/etc.
[2]gōngdú 攻读[-讀] V. ①diligently study ②major/specialize in
[3]gōngdú 公牍[-牘] N. official document M: [1]fèn/[1]piān
[4]gōngdú 恭读[-讀] V. <court.> read respectfully
gòngdù 共度 V. spend (an occasion) together
[1]gōngduàn* 工段 N. ① section of a workshop or construction project ② workshop section
[2]gōngduàn 公断[-斷] V. arbitrate ♦N. arbitration
gòngduàn 贡缎 N. satin-like cotton fabric M: [2]kuài/[1]pǐ
gōngduànrén 公断人[-斷-] N. arbitrator; mediator M: ge/[1]míng/[2]wèi
gōngduànzhǎng 工段长 N. (workshop) section chief M: ge/[1]míng/[2]wèi
gōngdūn 公吨[-噸] M. metric ton
gòngdùnánguān 共度难关[-難關] F.E. go through hard times together
gōngdúshēng 工读生[-讀-] N. reform-school student M: ge/[1]míng/[2]wèi
gōngdú xuéxiào 工读学校[-讀--] N. reform school M: ge/[1]jiān/[1]suǒ/[4]zuò
[1]gōng'é* 公鹅 N. gander M: ge/[2]zhī
[2]gōng'é 宫娥[宮-] N. ① palace maid ② maid of honor M: ge/[1]míng/[2]wèi
gòng'è 共轭 V. <math.> conjugate
gòng'èdiǎn 共轭点[-點] N. <math.> conjugate point
gōng'érwàngsī 公而忘私 F.E. selfless; forget oneself in discharging official duties
gòng'è xūshù 共轭虚数[-虛數] V.O. <math.> conjugate imaginary number
gōngfá* 攻伐 V. send an expedition against; attack; invade
gōngfǎ 公法 N. public law M: [3]xiàng
gōngfàn 觥饭 N. <wr.> great banquet M: [1]dùn
gòngfàn* 共犯 N. accomplice M: ge/[1]míng
gōngfāng 公方 N. state's side (of joint state-private enterprise)
[1]gōngfáng* 公房 P.W. state-owned house M: [1]chù/[1]jiān
[2]gōngfáng 工房 P.W. workshop M: [4]zuò
gòngfànzuì 共犯罪 N. <law> complicity
gōngfǎrén 公法人 N. a person of good public standing M: ge/[1]míng/[2]wèi
gōngfèi* 公费 N. public/state expense M: [1]fèn
gōngfèi liúxué 公费留学 V.P. study abroad at state expense
gōngfèi liúxuéshēng 公费留学生 N. state-financed/funded student M: ge/[1]míng/[2]wèi
gōngfèishēng 公费生 N. student supported at state expense M: ge/[1]míng/[2]wèi
gōngfèi yīliáo 公费医疗[-醫療] N. free medical service/care
[1]gōngfēn* 公分 M. ① centimeter ② gram ♦V. share equally/fairly
[2]gōngfēn 工分 N. <PRC> workpoint (in rural people's communes)
gōngfèn 公愤 N. public indignation; popular anger
gǒngfěn 汞粉 N. calomel

gōngfēng 工蜂 N. worker bee M: [2]zhī
gōngfèng 恭奉 V. <wr.> accept with respect
[1]**gōngfèng*** 供奉 V. ① enshrine and worship; consecrate ② provide for one's elders (especially one's parents) ♦N. actors who gave command performances (Qing)
[2]**gòngfèng** 贡奉 V. offer as tribute to the court
gōngféngqíshèng 躬逢其盛 F.E. be personally present at the gala occasion
gōngfēn guàshuài 工分挂帅[-掛帥] V.P. <PRC> put workpoints in command
gōngfēnmǔ 公分母 N. <math.> common denominator
gōngfēnpèi 功分配 N. distribution of work
gōngfènr 公份儿 N. joint gift
gōngfēnzǐ 公分子 N. <math.> common denominator
gòngFó 供佛 V.O. make offerings to Buddha
gōngfu* 工/功夫 N. ① time (duration) *sìtiān* ~ four days' time ② <topo.> time (when) *tā dāng guīnǚ nà* ~ when she was a girl ③workmanship; skill; art ④ work; labor; effort ⑤ acrobatic fighting; martial arts ⑥ <coll.> sexual technique
gōngfū 工夫 N. casual/temporary worker
[1]**gōngfú** 公服 N. <trad.> ceremonial dress worn by post-Song government officials M: [2]jiàn/[1]shēn
[2]**gōngfú** 功服 N. mourning (5–10 months)
gǒngfú 拱服 V. <wr.> ① admire and esteem ② obey
gōngfuchá 工/功夫茶 N. a very concentrated type of tea drunk in Chaozhou, Fujian, and Taiwan
gòngfùguónàn 共赴国难[-國難] F.E. work together to save the country in a time of national crisis
gōngfupiàn 功夫片 N. kungfu films M: [2]bù
gōngfùyè 工副业[-業] AB. *gōngyè* and *fùyè*
gōnggàn* 公干[-幹] N. official business M: [1]fèn
gònggǎn 共感 N. common/same feeling M: [1]zhǒng
gōnggào* 公告 N. announcement; proclamation M: [1]fèn
gǒnggāo 汞膏 N. <chem.> amalgam
gōnggāobùshǎng 功高不赏 F.E. unrewardable merit
gōnggào dìjià 公告地价[-價] N. government-assessed land price
gōnggàolán 公告栏[-欄] N. bulletin board M: ge/[2]kuài
gōnggāowàngzhòng 功高望重 F.E. highly meritorious and respected
gōnggāozhènzhǔ 功高震主 F.E. One's great achievements jeopardize one's boss's position.
gōnggě 公合 M. deciliter
gōnggēng 躬耕 V. <wr.> plow in person (said of an emperor)
gōnggong 公公 N. ①husband's father; father-in-law ②<topo.> maternal grandfather ③grandpa M: ge/[1]míng/[2]wèi
gōnggōng 觥觥 R.F. <wr.> straightforward; honest; upright and outspoken
gōnggòng* 公共 ATTR. public; common; communal
gōnggòng ānquán 公共安全 N. public security
gōnggòng bǎoxiǎn 公共保险 N. coinsurance M: [1]zhǒng
gōnggòng cáichǎn 公共财产[-產] N. public property M: [1]fèn
gōnggòng cáihuò 公共财货 N. <econ.> public goods M: [3]xiàng
gōnggòng cèsuǒ 公共厕所[--廁-] P.W. public restroom/latrine M: [4]zuò
gōnggòng chǎngsuǒ 公共场所[--場-] P.W. public place
gōnggongdàodào 公公道道 R.F. <coll.> fair; equitable
gōnggòng dàodé 公共道德 N. public morals
gōnggòng diànhuà 公共电话[--電-] N. public telephone M: ge/[2]bù
gōnggòng diànshì 公共电视[--電-] N. public television M: ge/[1]tái

gōnggòng fúlì shìyè 公共福利事业[-業] N. public welfare services M: [3]xiàng
gōnggòng guānxi 公共关系[-關係] N. public relations
gōnggòng jiāotōng 公共交通 N. public transportation
gōnggòng jīlěi 公共积累[--積-] N. accumulated public funds; public accumulation
gōnggōngjìngjìng 恭恭敬敬 R.F. most respectfully
gōnggòng mǎchē 公共马车 N. public horse-cart/carriage M: [1]jià/[3]liàng
gōnggòng qìchē 公共汽车 N. (local) bus M: [3]liàng
gōnggòng qìchēzhàn 公共汽车站 P.W. bus station
gōnggòng shèshī 公共设施 N. public facilities M: chù
gōnggòng shítáng 公共食堂 P.W. public dining hall M: ge/[4]zuò
gōnggòng shìyè 公共事业[-業] N. public service/enterprise M: [3]xiàng
gōnggòng wàiyǔkè 公共外语课 N. required foreign-language course M: [1]jié/mén
gōnggòng wèishēng 公共卫生[--衛-] N. public health/sanitation/hygiene
gōnggòng xíngzhèng 公共行政 N. public administration
gōnggòng yǔyán 公共语言 N. <lg.> public language M: [1]zhǒng
gōnggòng zérèn 公共责任 N. public duty
gōnggòng zhèngcè 公共政策 N. public policy M: [3]xiàng
gōnggòng zhìxù 公共秩序 N. public order/peace
Gōnggòng Zūjiè 公共租界 P.W. <hist.> Shanghai International Settlement
gōnggòng zǔzhī 公共组织[-織] N. community organization
gōnggōu 弓勾 N. a character stroke like a bent arm
gōng gǒu* 公狗 N. male dog M: [1]tiáo/[2]zhī
[1]**gōnggǔ** 肱骨 N. <phys.> humerus M: [2]kuài
[2]**gōnggǔ** 公股 N. government share (in joint state-private enterprise) M: [1]fèn/[2]gǔ
gǒnggù* 巩固[鞏-] V. consolidate; strengthen; solidify
[1]**gōngguān*** 公关[-關] N. public relations
[2]**gōngguān** 攻关[-關] V.O. ① storm a strategic pass ② tackle key problems
gōngguǎn 公馆 N. residence (of rich/important person); mansion M: ge/[4]zuò
gōngguàn 宫观[宮觀] N. <trad.> ① place for imperial amusement/relaxation ② Daoist temple M: ge/[4]zuò
gòngguǎn 共管 V. ① jointly manage ② joint sovereignty; condominium
gōngguānbù 公关部[-關-] N. public relations department
gòngguǎnquán 共管权[-權] N. condominium M: [3]xiàng
gōngguān xiǎojie 公关小姐[-關--] N. young women in public relations M: ge/[1]míng/[2]wèi
gōnggùn 工棍 N. labor union official who pursues own interests rather than the workers'
gōngguó 公国[-國] N. duchy; dukedom
gōng-guò* 功过 N. achievements and errors
gòngguǒ 供果 N. <rel.> food offerings to gods/Buddha/ancestors M: [1]fèn
gōngguòbùfēn 功过不分 F.E. No distinction is made between merits and demerits.
gōng-guò gé 功过格 N. ledgers of merit and demerit
gōngguòxiāngdǐ 功过相抵 F.E. Merits equal demerits.
gōngguòyúqiú 供过于求[--於-] F.E. supply exceeds demand
gōnghǎi 公海 N. ① high seas ② international waters
gōnghài* 公害 N. ① public nuisance ② environmental pollution

gōnghǎi zìyóu 公海自由 N. freedom of the seas
gōnghán 公函 N. official/collective letter M: [2]fēng
gōngháng tōngshāngzhì 公行通商制 N. <hist.> cohong/Canton system
gōngháo 公毫 M. centigram
gōnghào* 工号[-號] N. job number
gōnghào gōngchéngshī 工号工程师[-號--師] N. project engineer M: ge/[1]míng/[2]wèi
gōnghè 恭贺 V. congratulate
gònghé* 共和 N. republicanism; republic
gònghé bùfen 共核部分 N. <lg.> common core
gònghédǎng 共和党[-黨] P.W. Republican party
gònghéguó 共和国[-國] P.W. republic
gōnghèjiājié 恭贺佳节[-節] F.E. wish you the compliments of the season
gǒnghéjīn 汞合金 N. <chem.> amalgam
gònghéjūn 共和军 P.W. the republican army
gōnghéng 公衡 M. ten kilograms
gōnghèxīnxǐ 恭贺新禧 F.E. Happy New Year
gònghé zhèngtǐ 共和政体[-體] N. republican form of government
gōnghóu 公侯 N. dukes and marquises; nobility M: ge/[1]míng/[2]wèi
gōnghòu* 恭候 V. await respectfully
gōnghuār 公花儿 N. <bot.> male flower M: [2]duǒ
gǒnghúdēng 汞弧灯[-燈] N. mercury-arc lamp M: [1]zhǎn
[1]**gōnghuì** 工会 N. trade/labor union
[2]**gōnghuì** 公会 N. ① professional club ② trade council; trade association; guild ③ society
[3]**gōnghuì** 公贿 V. bribe sb. at public expense ♦N. bribery at public expense
gònghūn 共婚 N. communal marriage
gònghuò* 供货 V.O. supply material
gǒnghuǒ(r) 拱火(儿) V.O. <coll.> ① pour oil on a fire (lit./fig.) ② provoke ③ annoy; irritate
[1]**gōngjī*** 攻击[-擊] V. ①attack; assault ②accuse; vilify
[2]**gōngjī** 公鸡[-雞] N. cock; rooster M: [2]zhī
[3]**gōngjī** 公积[-積] N. reserve funds
gōngjǐ 供给 V. ① supply; provide; furnish ② <econ.> offer; tender
[1]**gōngjì** 功绩 N. contribution; merits and achievements M: [3]xiàng
[2]**gōngjì** 公祭 N. public memorial ceremony M: [3]chǎng
[1]**gòngjì** 共计 V. ① amount to; add up to; total ② plan and discuss together
[2]**gòngjì** 共济[-濟] N. mutual aid
gōngjia* 公家 N. <coll.> ① state/public side ② <trad.> imperial family
gōngjiǎ 宫甲[宮-] N. <trad.> palace guard M: ge/[1]míng/[2]wèi
[1]**gōngjià** 工价[-價] N. cost of labor
[2]**gōngjià** 公价[-價] N. official/controlled price
[3]**gōngjià** 工/功架 N. <thea.> actor's motions
[4]**gōngjià** 公假 N. leave of absence to attend to public affairs M: ge/[1]cì
[5]**gōngjià** 躬稼 V. <wr.> work on the farm personally
gòngjià 共价[-價] N. <chem.> covalence
[1]**gōngjiān*** 攻坚[-堅] V. <mil.> storm fortifications
[2]**gōngjiān** 工间 N. rest/break from work
[3]**gōngjiān** 攻尖 V.O. attack a salient problem/task
[4]**gōngjiān** 攻歼[-殲] V. attack and destroy; wipe out
[5]**gōngjiān** 弓鞬 N. bow case
[1]**gōngjiàn** 弓箭 N. bow and arrow M: [1]fù
[2]**gōngjiàn** 工件 N. work; workpiece
[3]**gōngjiàn** 公鉴[-鑒] N. <wr.> for your information
gòngjiàn 共建 V. jointly sponsor
gōngjiànbù 弓箭步 N. forward lunge (in *wǔshù*)
gōngjiān bùduì 攻坚部队[-堅-隊] N. assault troops M: [4]zhī
gōngjiāncāo 工间操 N. exercise during a break in work M: [1]cì
gōng-jiǎn-fǎ 公检法 N. public-security organs, procuratorial organs, and people's courts

gōngjiàng 工匠 N. ① artisan ② craftsman M: ge/[1]míng/[2]wèi

gōngjiàn jiájù 工件夹具[--夾-] N. work fixture

gǒngjiānsuōbèi 拱肩缩背 F.E. contract/hunch one's shoulders and bow one's back

gōngjiǎnwēnhé 恭俭温和 F.E. be modest and retiring by nature

gōngjiānzhàn 攻坚战[-堅戰] N. storming of heavily fortified position M: [3]chǎng/[1]cì

[1]**gōngjiāo*** 公交 N. public transportation

[2]**gōng-jiāo** 工交 N. industry and communications

[1]**gōngjiào** 公教 N. government staffs of public schools

[2]**gōngjiào** 宫教[宮-] N. palace rules/regulations M: [3]xiàng

gōngjiāochē 公交车 N. commuter bus

gōngjiāokǒu 工交口 N. industrial and communication offices

gōng-jiào rényuán 公教人员 N. government employees and teachers M: ge/[1]míng/[2]wèi

gōngjiarén 公家人 N. <coll.> government employees; public officials M: ge/[1]míng/[2]wèi

gōngjī bùduì 攻击部队[-擊-隊] P.W. assault troops M: [4]zhī

gōngjié 攻讦 V. <wr.> expose sb.'s past misdeeds

gōngjiè* 工界 N. ① industrial circles ② workers; the working class

Gòngjìhuì 共济会[-濟-] N. Masons (fraternal order)

gōngjījī 攻击机[-擊-] N. attack plane M: [1]jià

gōngjījīn 公积金[-積-] N. ① provident/accumulation fund ② reserved fund M: [3]xiàng

gōngjīlì 攻击力[-擊-] N. force of attack

gōngjǐmiàn jīngjìxué 供给面经济学[---經濟-] N. supply-side economics

gōngjīn* 公斤 M. kilogram

[1]**gōngjǐn** 恭谨 S.V. respectful and cautious

[2]**gōngjǐn** 宫锦[宮-] N. a kind of brocade M: [2]kuài/[1]pǐ

[1]**gōngjìn** 攻进[-進] R.V. <mil.> break into

[2]**gōngjìn** 宫禁[宮-] N. <trad.> ① palace ② imperial warning/admonition ③ prohibition

gōngjǐng 宫颈[宮頸] N. cervix

gōngjìng* 恭敬 S.V. respectful ♦N. respect

gōngjìng bù rú cóngmìng 恭敬不如从命[----從-] F.E. better to accept deferentially than to decline courteously (on accepting gifts, etc. from one's elders)

gōngjìng de 恭敬地 ADV. deferentially

gōngjìnglǐ 恭敬礼[-禮] N. <lg.> honorific

gōngjìngshīlǐ 恭敬施礼[-禮] F.E. bow respectfully

gōngjìngtǐ 恭敬体[-體] N. <lg.> honorific

gōngjǐnyīpáo 宫锦衣袍[宮-] N. robe made of imperial brocade M: [2]jiàn

gōngjīzhě 攻击者[-擊-] N. attacker M: ge/[1]míng/[2]wèi

gōngjǐzhì 供给制 N. supply system (of payment in kind); rationing system

gōngjīzhōu 攻击舟[-擊-] N. assault boat M: [1]sōu/[2]zhī

gōngjǔ 公举[-舉] V. elect by the general public

[1]**gōngjù*** 工具 N. ① tool; instrument; implement ② <lg.> means; instrumental M: [2]jiàn

[2]**gōngjù** 供具 N. indispensable articles (prepared for the convenience of a guest) M: [1]jiàn *See also* gòngjù

gòngjū 共居 V. ① live together ② coexist

gòngjǔ 贡举[-舉] N. <trad.> civil-service examination M: [3]cháng/[1]cì

gòngjù 供具 N. sacrificial vessel *See also* [2]gōngjù

gōngjù bīnyǔ 工具宾语[--賓-] N. <lg.> instrumental object

gōngjù dòngjī 工具动机[--動-] N. <lg.> instrumental motivation

[1]**gōngjué** 公决[-決] V. be decided by the public/majority

[2]**gōngjué** 公爵 N. duke M: ge/[2]wèi

[3]**gōngjué** 工绝[-絕] V.P. <wr.> exquisite; fine

gōngjué fūren 公爵夫人 N. duchess M: ge/[2]wèi

gōngjù fùcí 工具副词 N. <lg.> instrumental adverb

gōngjùgāng 工具钢[-鋼] N. tool steel

gōngjùgé 工具格 N. <lg.> instrumental case

gōngjù gōngnéng 工具功能 N. <lg.> instrumental function

gōngjùjī 工具机 N. tool machine M: [1]tái

gōngjūn 工均 N. average workload

gòngjūn* 共军 N. communist armed forces

gōngjùshū 工具书[-書] N. reference book M: [1]běn/[2]bù

gōngjùxiāng 工具箱 N. toolbox; workbox M: ge/[2]zhī

gōngjùxìng de 工具性的 ATTR. <lg.> instrumental

gòngjùyītáng 共聚一堂 F.E. gather in the same hall; gather together

gōngjù yǔyīnxué 工具语音学 N. <lg.> instrumental phonetics

gōngjù zhǔyǔ 工具主语 N. <lg.> instrumental subject

gōngkāi* 公开[-開] V. make public; make known to the public ♦S.V. open; overt; public

gōngkǎi 工楷 N. neat regular script

gōngkāi chūlai 公开出来[-開--] R.V. make public; announce; promulgate

gōngkāihuà 公开化[-開-] V. publicize

gōngkāi jìngxuǎn 公开竞选[-開競選] N. enter into a public election contest

gōngkāi jìngzhēng 公开竞争[-開競爭] N. free competition

gōngkāisài 公开赛[-開-] N. open competition M: [3]cháng/[1]cì

gōngkāi tóubiāo 公开投标[-開-標] N. public/competitive/open bid M: [1]cì/[3]xiàng

gōngkāi wàijiāo 公开外交[-開--] N. open diplomacy

gōngkāixìn 公开信[-開-] N. open letter M: [2]fēng

gōngkāi zhāobiāo 公开招标[-開-標] V.P. competitive bidding; open tender M: [1]cì/[3]xiàng

gōngkāi zhāogōng 公开招工[-開--] V.P. public recruitment of laborers M: [1]cì

gōngkē 工科 N. ① engineering course ② applied sciences; technology

[1]**gōngkè*** 功课 N. ① homework; schoolwork ② school subject; curriculum ③ task

[2]**gōngkè** 攻克 V. capture; overcome

[3]**gōngkè** 公克 N. gram

[4]**gōngkè** 工课 N. schoolwork M: mén

gōngkèbiǎo 功课表 N. student's course schedule; syllabus M: [1]zhāng

gōngkē xuéshēng 工科学生 N. engineering students M: ge/[1]míng/[2]wèi

gōngkōng 公空 N. (transnational) outer space

gōngkòu 恭叩 F.E. We respectfully pray.

gōngkǔ 攻苦 V.O. work/study hard

gōngkuài 公筷 N. serving-chopsticks; chopsticks for serving food M: [1]duì/[1]fù/[1]shuāng/[2]zhī

gōngkuǎn 公款 N. public money/fund M: [2]bǐ/[3]xiàng

gōngkuàng 工矿[-礦] N. industry and mining M: ge/[4]zuò

gōngkuàng qǐyè 工矿企业[-礦-業] P.W. factory and mining enterprises M: ge/[4]zuò

gōngkuàng zhàyào 工矿炸药[-礦-藥] N. dynamite M: [1]bāo

gōngkuīyīkuì 功亏一篑[-虧--] F.E. fall short of success for lack of a final effort

gōngkǔshídàn 攻苦食淡 F.E. work hard and live plainly

gōnglán 攻篮[-籃] V.O. <sport> shoot (of basketball)

gōngláng* 公狼 N. male wolf M: [2]zhī

gǒngláng 拱廊 N. cloister M: ge/[1]tiáo

gōngláo 功劳[-勞] N. contribution; credit; merit

gōngláobù 功劳簿[-勞-] N. record of merits M: [1]běn

gōnglǎohǔ 公老虎 N. male tiger M: ge/[2]zhī

gōnglèi 攻擂 V.O. accept the challenge; pick up the gauntlet (often used in sports)

gōnglí 公厘[-釐] M. ① millimeter ② one-hundredth of an *are* ③ decigram

[1]**gōnglǐ*** 公里 M. kilometer

[2]**gōnglǐ** 公理 N. ① generally acknowledged or self-evident truth ② <math.> axiom ③ justice; law

[3]**gōnglǐ** 攻里[-裡] V.O. <Ch. med.> relieve constipation due to stasis of elimination processes

[1]**gōnglì** 公立 ATTR. public; established and maintained by the government

[2]**gōnglì** 功力 N. ① efficacy; effect ② skill; craftsmanship ③ manpower (needed for a project)

[3]**gōnglì** 功利 N. ① efficacy and interest ② utility; material gain ③ fame and money

[4]**gōnglì** 公例 N. general rule; convention

[5]**gōnglì** 公历[-曆] N. ① Gregorian calendar ② Christian era; Common Era

[6]**gōnglì** 工力 N. ① skill; craftsmanship ② utility; material gain

gǒnglì 拱立 V. <wr.> ① stand respectfully ② line up in an arc

gònglǐ 贡礼[-禮] N. tribute M: [1]fèn

[1]**gōnglián** 工联[-聯] N. trade union

[2]**gōnglián** 公廉 S.V. <wr.> just and even-handed

gōngliáng* 公粮[-糧] N. agricultural tax paid in grain M: [1]fèn

gōngliǎng 公两 M. 100 grams

gōngliàng 公量 N. conditioned weight

gōngliánzhǔyì 工联主义[-聯-義] N. trade unionism

gōngliáo 工寮 N. workmen's shack at a construction site

gōngliǎo 公了 V.P. <coll.> ① settle sth. in a proper manner or according to public regulations ② settle sth. in court

gōngliào* 工料 N. labor and materials M: [1]fèn

gōngliè 功烈 N. <wr.> exploits and achievements

gōnglǐhuà 公理化 V. generalize

Gōnglǐhuì 公理会 P.W. Congregational Church

Gōnglǐjiào 公理教 P.W. <rel.> Congregational Church

gōnglín 躬临[-臨] V. <wr.> attend in person

gōnglíng* 工龄[-齡] N. length of service; seniority

gōnglìng 功令 N. ① orders; decrees ② school regulations

gōnglíng gōngzī 工龄工资[-齡--] N. seniority pay

gōnglíngmínghuì 恭聆明诲 F.E. I will assuredly listen most reverently to your words.

gōnglì túshūguǎn 公立图书馆[--圖書-] P.W. public library M: ge/[4]zuò

gōnglìxīdí 工力悉敌[-敵] F.E. evenly matched

gōnglì xuéxiào 公立学校 P.W. public schools M: ge/[1]suǒ/[4]zuò

gōnglì yīyuàn 公立医院[--醫-] P.W. public hospital M: ge/[1]suǒ/[4]zuò

gōnglìzhǔyì 功利主义[-義] N. utilitarianism

[1]**gōnglù*** 公路 N. highway; road M: [1]tiáo

[2]**gōnglù** 恭录[-錄] V. copy respectfully

[3]**gōnglù** 公鹿 N. stag; hart; buck M: [2]zhī

gǒnglù 拱路 N. <archi.> archway M: [1]tiáo

[1]**gōnglǜ** 功率 N. <phy.> power

[2]**gōnglǜ** 工率 N. rhythm/flow of work

[1]**gōnglüè** 攻掠 V. plunder

[2]**gōnglüè** 攻略 V. storm and capture

gōnglùjú 公路局 P.W. highway bureau

gōnglùn 公论 N. public opinion

gōnglùqiáo 公路桥[-橋] N. highway bridge M: ge/[4]zuò

gōnglùwǎng 公路网[-網] N. highway network M: [1]zhāng

gōngmǎ 公马 N. ① stallion ② gelding M: [1]pǐ

gōngmài 公卖[-賣] V./N. ① auction by the state ② government monopoly (of tobacco/alcohol/etc.)

gōngmǎigōngmài 公买公卖[-買-賣] F.E. buy and sell at reasonable prices; be fair in buying and selling

gōngmàijú 公卖局[-賣-] P.W. government monopoly bureau

gōngmàipǐn 公卖品[-賣-] N. government monopoly M: [3]xiàng

gōngmāo 公猫[-貓] N. tom; tomcat M: [2]zhī

[1]**gōngmào*** 工贸 N. industry and commerce

[2]**gōngmào** 工帽 N. work hat M: ge/[1]dǐng

gōngmào héyíng qǐyè 工贸合营企业[---營-業] N. industry-commerce united/integrated enterprise M: ge/[1]jiā

gōngmàojiéhé 工贸结合 F.E. integrate industry and trade

gōngmàomàoshǎng 功懋懋赏 F.E. reward merit as one deserves

gōngmǎr 工码儿 N. <coll.> wages

gōng-měi 工美 AB. *gōngyì měishù*

[1]**gōngmén** 公门 N. <trad.> ① office of local authorities ② gate of the imperial court used by vassal states M: [2]dào/[1]shàn

[2]**gōngmén** 宫门[宮-] N. palace gate M: [2]dào/[1]shàn

gǒngmén* 拱门 N. <archi.> arched door M: [2]dào/[1]shàn

gōngménchāo 宫门抄[宮-] N. <trad.> daily official bulletin affixed to the palace gate

gòngmiǎn 共勉 V. mutual encouragement

gōngmín 公民 N. ①citizen ②civics (as a subject of study) M: ge/[1]míng/[2]wèi

gōngmíng 功名 N. <trad.> scholarly/military honor and official rank M: [3]xiàng

gòngmíng* 共鸣 N. ① <phy.> resonance ② sympathetic response M: [1]zhǒng

gōngmíngfùguì 功名富贵 F.E. fame and fortune

gōngmínglìlù 功名利禄 F.E. position and wealth; high official positions and riches

gòngmíng pínlǜdài 共鸣频率带[-帶] N. <lg.> formant

gòngmíngqì 共鸣器 N. ①sound box/equipment ② <lg.> resonance chamber; resonator

gòngmíngqiāng 共鸣腔 N. resonance cavity

gòngmíng qìguān 共鸣器官 N. <lg.> resonance organ M: ge/[1]fù/[2]zhī

gòngmíngshì 共鸣室 N. resonance chamber M: [1]jiān

gòng mìngyùn 共命运[-運] V.O. share the same fate

gòngmíng zuòyòng 共鸣作用 N. <lg.> resonance

gōngmínkē 公民科 N. civics

gōngmínquán 公民权[-權] N. civil rights; citizenship

gōngmín tóupiào 公民投票 N. referendum; plebiscite

gōngmín yìshi 公民意识[-識] N. awareness of civic obligations

gōngmò 恭默 V.P. reverent and quiet

gǒngmó* 巩膜[鞏-] N. <phys.> opaque cornea

gǒngmò 拱默 V.P. <wr.> salute in silence

gòngmóu 共谋 V. collaborate; collude

gōngmǔ 公亩[-畝] M. 100 square meters; 0.0247 acres

gōngmù* 公墓 N. ①public cemetery ② <trad.> tomb of a high dignitary M: [4]zuò

gǒngmù 拱木 N. an armful of wood M: [1]tiáo

gōngmǔliǎ 公母俩 N. <coll.> husband and wife

gōngmǔr 公母儿 N. male and female (of animals)

gōngnàn 攻难[-難] V.O. <wr.> impeach; impugn; malign

gōngnányǎnguò 功难掩过[-難--] F.E. the merit is not enough to redeem the offenses

gōngnèi jiéyùqì 宫内节育器[宮-節--] N. intrauterine device (IUD)

[1]**gōngnéng** 功能 N. ① function; functioning ② competence

[2]**gōngnéng** 供能 V.O. supply energy ♦N. energy supply

gōngnéng chéngfèn 功能成分 N. <lg.> marker

gōngnéngcí 功能词 N. <lg.> operator; function word; functional word

gōngnéng dìngyì 功能定义[-義] N. <lg.> functional definition

gōngnéng duìděng 功能对等[--對-] N. <lg.> functional equivalence

gōngnéngfǎ 功能法 N. <lg.> functional approach

gōngnéngfú 功能符 N. <lg.> functor

gōngnéng fùhè 功能负荷 N. <lg.> functional load

gōngnéng fùhèliàng 功能负荷量 N. <lg.> functional load

gōngnéngjiàn 功能键 N. <comp.> function key

gōngnéng jiégòu yǔyánxué 功能结构语言学[---構---] N. functional structural linguistics

gōngnéng jù tòushì fǎ 功能句透视法 N. <lg.> functional sentence perspective (FSP)

gōngnéngxìng dúxiě nénglì 功能性读写能力[---讀寫--] N. <lg.> functional literacy

gōngnéngxìng fānyì 功能性翻译[-譯] N. <lg.> functional translation

gōngnéngxìng wénmáng 功能性文盲 N. <lg.> functional illiteracy

gōngnéng yìyì 功能意义[-義] N. <lg.> functional meaning

gōngnéng yuánjiàn 功能元件 N. <comp.> functional element

gōngnéng yǔfǎ 功能语法 N. <lg.> functional grammar

gōngnéng yǔyánxué 功能语言学 N. <lg.> functional linguistics

gōngnéng yǔyánxuépài 功能语言学派 N. <lg.> functional linguistics

gōngnéng zǔzhī 功能组织[-織] N. functional organization

gōngniú 公牛 N. bull M: [1]tóu

gōngnóng 工农[-農] N. <PRC> workers and peasants

gōng-nóng-bīng 工农兵[-農-] N. <PRC> ① workers, peasants, and soldiers M: ge/[1]míng/[2]wèi ② <slang> 50-*yuan* RMB note

gōng-nóng-bīng xuéyuán 工农兵学员[-農---] N. <PRC> workers, peasants, and PLA soldiers who were admitted for higher education during the Cultural Revolution M: ge/[1]míng/[2]wèi

gōngnóng chābié 工农差别[-農--] N. industry-agriculture differential

gōngnóng chūshēn 工农出身[-農--] V.P. be of worker or peasant origin

gōngnóng gànbù 工农干部[-農幹-] N. worker and peasant cadres M: ge/[1]míng/[2]wèi

gōngnóng jiǎngshītuán 工农讲师团[-農講師團] N. <PRC> worker-peasant lecture teams

gōngnóng liánméng 工农联盟[-農聯-] N. worker-peasant alliance

gōngnóngyè 工农业[-農業] N. industry and agriculture

gōngnóng zhōngxué 工农中学[-農--] P.W. worker-peasant high schools founded in the 1950s M: [1]suǒ/[4]zuò

gōngnóngzǐdì 工农子弟[-農--] F.E. children of workers and peasants M: ge/[1]míng/[2]wèi

gōngnóng zǐdìbīng 工农子弟兵[-農---] N. soldiers of worker/peasant background M: ge/[1]míng/[2]wèi

gōngnǔ 弓弩 N. bow and crossbow M: [1]fù

[1]**gōngnǚ** 宫女[宮-] N. ① palace maid ② maid of honor M: ge/[1]míng/[2]wèi

[2]**gōngnǚ** 工女 N. <trad.> woman worker in silk, textiles, or tailoring M: ge/[1]míng/[2]wèi

[3]**gōngnǚ** 红女 N. <topo.> working girls M: ge/[1]míng/[2]wèi *See also hóngnǚ*

gōngnuǎn 供暖 N. <archi.> heating

gōngnǔshǒu 弓弩手 N. crossbow archer M: ge/[1]míng/[2]wèi

gōngpái 功牌 N. <mil.> gold/silver/bronze medals awarded meritorious soldiers M: ge/[4]méi

gōngpài* 公派 V. ①designate by the government ② be sent abroad by the government

gōngpàn 公判 V. ① judge (by the public) ② openly pronounce a judgment/verdict

gōngpáo 宫袍[宮-] N. court robes M: [2]jiàn

gōngpéng 工棚 N. ① builder's temporary shed ② work shed M: ge/[2]jiān

gōngpiào 工票 N. <PRC> record of worker's assignments including stage of completion M: [1]zhāng

[1]**gòngpǐn** 贡品 N. ①articles of tribute to imperial court ② first-grade articles M: [1]fèn

[2]**gòngpǐn** 供品 N. offering M: [1]fèn/[2]jiàn

[1]**gōngpíng** 公平 S.V. fair; just; impartial

[2]**gōngpíng** 公评 N. ① public comment ② just and fair comment

gōngpíngchèng 公平秤 N. scales set up for customers to verify the weight of purchases M: ge/[4]gǎn

gōngpíngchǐ 公平尺 N. yardstick set up for customers to verify length of fabrics purchased

gōngpíng jiàgé 公平价格[--價-] N. fair-market price

gōngpíng jiàzhí 公平价值[--價-] N. fair value

gōngpíng jīhuì 公平机会 N. ①sporting chance ② fair play

gōngpíng jìngzhēng 公平竞争[-競爭] N. fair play/competition

gōngpíngwúsī 公平无私 F.E. fair; just; impartial

gōngpó* 公婆 N. ①husband's father and mother ② <topo.> husband and wife M: [2]wèi

gōngpò 攻破 R.V. make breakthrough; breach

gōngpū 攻扑[-撲] V. attack

gōngpú* 公仆[-僕] N. public servant M: ge/[1]míng/[2]wèi

gōngpú yìshi 公仆意识[-僕-識] N. attitude of a public servant

gōngqī* 工期 N. project time limit

gōngqǐ 公启[-啟] N. public/open letter

[1]**gōngqì** 供气[-氣] N. gas supply

[2]**gōngqì** 公器 N. ① government property ② palace equipment/furniture/etc. M: [2]jiàn

gǒngqǐ 拱起 R.V. ①hump up; arch ②sprout up

gòngqī 共栖[-棲] N. ①symbiosis ② commensalism; mutualism

gōngqian* 工钱[-錢] N. ① service charge ② <coll.> wages; pay

gōngqiān 恭谦 S.V. respect and modesty

[1]**gōngqián** 公钱[-錢] N. decagram

[2]**gōngqián** 攻潜[-潛] N. attacking submarine M: [1]sōu/[2]zhī

gōngqiáng 宫墙[宮牆] N. ① palace walls ② <court.> house of one's teacher M: [2]dào/[1]dǔ

gōngqiǎo 工巧 V.P. exquisite; fine

gǒngqiáo* 拱桥[-橋] N. <archi.> arch bridge M: ge/[4]zuò

gōngqíbùbèi 攻其不备[-備] F.E. catch sb. unawares

gōngqiēxiàn 公切线 N. <math.> common tangent M: [1]tiáo

gōngqīn* 躬亲[-親] V.P. attend to personally

gōngqǐn 宫寝[宮寢] N. <hist.> privy chamber of an empress

gōngqīng 公卿 N. <hist.> high-ranking officials M: [2]wèi

[1]**gōngqǐng*** 公顷 M. hectare

[2]**gōngqǐng** 恭请 V. ① cordially invite ② invite respectfully

[3]**gōngqǐng** 公请 V. offer a joint invitation to sb.

Gòngqīngtuán 共青团[-團] AB. *Gòngchǎnzhǔyì Qīngniántuán* The Communist Youth League

Gòngqīngtuányuán 共青团员[--團-] N. member of the Communist Youth League; League member M: ge/[1]míng/[2]wèi

gōngqín rényuán 公勤人员 N. office attendants; service personnel in an office M: ge/[1]míng/[2]wèi

[1]**gōngqiú** 供求 N. supply and demand

[2]**gōngqiú** 弓裘 N. calling/trade inherited from one's father

gōngqiú guānxi 供求关系[-關係] N. relation between supply and demand

gōngqiúlǜ 供求律 N. <econ.> law of supply and demand

gōngqiú pínghéng 供求平衡 N. <econ.> balance between supply and demand

gōngqíwúbèi 攻其无备[-備] F.E. attack when/where enemy is unprepared

gōngqū 工区[-區] P.W. work area M: ge/[1]piàn

gōngqǔ* 攻取 V. storm and capture

gōngquán* 公权[-權] N. civil/civic rights M: [3]xiàng

gǒngquàn 拱券 N. *See gǒngxuàn*

gōngquánlì 公权力[-權-] N. government power/authority; public rights

gōngquè 宫阙[宮-] N. imperial palace M: [4]zuò

gōngrán 公然 ADV. openly; brazenly

gōngrán wǔrǔ 公然侮辱 V.P. ① brazenly humiliate ② undisguised humiliation

[1]**gōngrén*** 工人 N. worker M: ge/[1]míng/[2]wèi

[2]**gōngrén** 恭人 N. <wr.> ① a respectful man ② <trad.> wife of a fourth-grade mandarin M: ge/[2]wèi

[3]**gōngrén** 宫人[宮-] N. <trad.> ① maid in the imperial palace ② maid of honor M: ge/[1]míng/[2]wèi

[4]**gōngrén** 弓人 N. <hist.> official bow-maker M: ge/[1]míng/[2]wèi

[5]**gōngrén** 公人 N. <law> public person M: ge/[1]míng/[2]wèi

gōngrèn 公认[-認] V. generally acknowledge/recognize/accept

gòngrèn 供认[-認] V. confess

gōngrénbùbèi 攻人不备[-備] F.E. take sb. by surprise; catch sb. unawares

gòngrènbùhuì 供认不讳[-認-諱] F.E. confess everything

gōngréncǎo 宫人草[宮-] N. <bot.> amaryllis M: [2]kē

gōngrèn fāyīn 公认发音[-認發-] N. <lg.> received pronunciation

gōngrénfú 工人服 N. work clothes/uniform M: [2]jiàn/[1]shēn/tào

gōngrén gànbù 工人干部[--幹-] N. worker-cadre M: ge/[1]míng/[2]wèi

gōngren gōngchéngshī 工人工程师[-師] N. engineers trained from the ranks of workers M: ge/[1]míng/[2]wèi

gōngrén guìzú 工人贵族 N. labor aristocracy M: ge/[1]míng/[2]wèi

gōngrén jiējí 工人阶级[--階-] N. working class

gōngrén jiūchádui 工人纠察队[-隊] N. workers' pickets M: [4]zhī

gōngrénqū 工人区[-區] P.W. working-class area M: ge/[1]piàn

gōngrén shīyè jiùjì 工人失业救济[---業-濟] N. workman's unemployment compensation

gōngrén yùndòng 工人运动[-運動] N. workers' movement

gōngrénzhīduǎn 攻人之短 V.P. criticize the faults of others

gōngrénzhuāng 工人装[-裝] N. worker's clothes/uniform M: [2]jiàn/[1]shēn/tào

gōngrì 工日 N. <agr./PRC> credit for a day's work; work day

gòngrónghùlì 共荣互利[-榮--] F.E. benefit mutually and prosper together

gōngshā 攻杀[-殺] V. attack and massacre

gōngshàn 宫扇[宮-] N. ① <trad.> fan used by imperial guards ② round fan ③ <art> mandarin fan M: [1]bǎ

[1]**gōngshāng** 工商 N. industry and commerce

[2]**gōngshāng** 工伤[-傷] N. injury suffered on the job M: [1]cì

[3]**gōngshāng** 供商 N. <comp.> provider M: ge/[1]míng/[2]wèi

gōngshāng bǎoxiǎn 工伤保险[-傷--] N. industrial injury insurance

Gōngshāngbù 工商部 P.W. Ministry of Reconstruction and Commerce

gōngshāng fǎguī 工商法规 N. commercial and industrial laws and regulations

gōngshāngjiè 工商界 P.W. industrial and commercial circles

gōng-shāng-jué-zhǐ-yǔ 宫商角徵羽[宮-] N. <mus.> notes of the ancient pentatonic scale *See also wǔyīn*

gōngshānglián 工商联[-聯] P.W. association of industry and commerce

gōngshāng liányíng 工商联营[-聯營] N./V.P. combined management of industry and commerce

gōngshāng shèhuì 工商社会 N. commercial society

Gōngshāng shíbào 工商时报[-時報] N. *Industrial and Commercial Times*

gōngshāng shídài 工商时代[--時-] N. industrial and commercial age

gōngshāngyè 工商业[-業] P.W. industry and commerce

gōng shànsù 供膳宿 V.O. provide board and lodging

gōngshānyáng 公山羊 N. male goat M: ge/[2]zhī

gōngsháo 公勺 M. centiliter

gōngshé 弓蛇 ID. <fig.> false alarm

[1]**gōngshè*** 公社 N. ① primitive commune ② commune ③ people's commune

[2]**gōngshè** 公设 V. <math.> postulate

[3]**gōngshè** 工舍 P.W. worker's dormitory M: [1]jiān/[4]zuò

gōngshè biànhùrén 公设辩护人[---護-] N. public defense counsel M: ge/[1]míng/[2]wèi

gōngshèhuà 公社化 V. <PRC> organize into people's communes

[1]**gōngshēn** 弓身 V.O. take a deep bow

[2]**gōngshēn** 躬身 V.O. bend the body in respect; bow

gōngshěn* 公审[-審] N. public/open trial M: [1]cì

gòngshén 供神 V.O. make offerings to the spirits

gōngshēng* 公升 M. liter

[1]**gòngshēng** 共生 N. ① <geol.> intergrowth; paragenesis ② <bio.> symbiosis

[2]**gòngshēng** 贡生 N. <trad.> scholars recommended by local governments M: ge/[1]míng/[2]wèi

gòngshēngkuàng 共生矿[-礦] N. <min.> paragenesis M: [4]zuò

gōngshēnxiàbài 躬身下拜 F.E. bend the knee in obeisance; bow with the body as a sign of respect

gōngshī 公狮[-獅] N. male lion M: [2]zhī

gōngshí 工时[-時] N. man-hour

[1]**gōngshǐ** 公使 N. envoy; minister M: ge/[2]wèi

[2]**gōngshǐ** 弓矢 N. bow and arrow M: [1]fù

[1]**gōngshì** 攻势[-勢] N. offensive

[2]**gōngshì** 公式 N. formula; form ♦SUF. -ation

[3]**gōngshì** 公事 N. ① public affairs; official business/duties ② official papers; documents M: [2]jiàn

[4]**gōngshì** 工事 N. fortifications; defense works M: [3]xiàng

[5]**gōngshì** 宫室[宮-] N. ① imperial dwelling ② palace ③ domicile; habitation M: chù ④ wife M: ge/[1]míng/[2]wèi

[6]**gōngshì** 公示 V. make public; promulgate; announce

[1]**gòngshí*** 共识[-識] N. common understanding; consensus

[2]**gòngshí** 共时[-時] ATTR. <lg.> synchronic

[1]**gòngshì** 共事 V. work together

[2]**gòngshì** 贡士 <trad.> V.O. recommend young scholars of high moral and scholastic standing to the imperial court ♦N. successful candidates of the national civil service examination M: ge/[1]míng/[2]wèi

gōngshìbāo 公事包 N. briefcase; attaché case M: ge/[2]zhī

gōngshì cuīgào 公事催告 N. <law> public summons

gōngshìfáng 公事房 <trad.> P.W. ① public conference room ② office (room/building) M: [1]jiān

gōngshìgōngbàn 公事公办[-辦] F.E. not let personal considerations interfere with one's execution of public duty

gōngshǐguǎn 公使馆 P.W. legation M: [4]zuò

gōngshìhuà 公式化 V./ATTR. formulaic; stereotyped ♦N. ①formulism (in art/literature) ② <lg.> formulization

gōngshìhuà biǎodáfǎ 公式化表达法[----達-] N. <lg.> formulaic speech

gōngshìhuà yányǔ 公式化言语 N. <lg.> formulaic speech

gōngshǐtuán 公使团[-團] P.W. mission

gōngshǐxián 公使衔 N. the title of minister

gōngshǐxián cānzàn 公使衔参赞[---參-] N. minister-counselor M: [2]wèi

gòngshí xiàodù 共时效度[-時--] N. <lg.> concurrent validity

gōngshìyǔ 公式语 N. <lg.> formula

gòngshí yǔyánxué 共时语言学[-時---] N. <lg.> synchronic linguistics

[1]**gōngshǒu*** 攻守 N. offense and defense

[2]**gōngshǒu** 弓手 N. archer M: ge/[1]míng/[2]wèi

gōngshòu 供售 V. supply for sale

gǒngshǒu(r) 拱手(儿) V.O. make obeisance by cupping one hand in other before the chest ♦ADV. submissively

gǒngshǒuchūràng 拱手出让[-讓] F.E. give sth. to sb. with both hands

gǒngshǒu'érbié 拱手而别 F.E. take leave by saluting with both hands folded and raised in front; bid farewell in a respectful manner

gǒngshǒupángguān 拱手旁观[-觀] F.E. look on with folded arms

gǒngshǒuràngrén 拱手让人[--讓-] F.E. surrender sth. submissively; hand sth. over on a silver platter

gōngshǒu tóngméng 攻守同盟 N. ① military alliance ② mutual-defense pact ♦V.O. ① protect allies ② stick to a common polity to protect one another

gǒngshǒuxiāngràng 拱手相让[-讓] F.E. surrender sth. submissively; hand over sth. on a silver platter

gǒngshǒuxínglǐ 拱手行礼[-禮] F.E. salute by cupping one hand in the other before one's chest

gōngshǒuzuìkuí 功首罪魁 F.E. chief hero and arch-criminal

gōngshū 攻书[-書] V.O. <wr.> study diligently

[1]**gōngshǔ*** 公署 N. government office M: [1]jiān

[2]**gōngshǔ** 工属[-屬] N. employees' families M: [1]jiā

gòngshù 供述 N. <law> make a deposition M: [1]fēn/[3]xiàng

gōngshuǐ* 供水 V.O. supply water

gòngshuì 贡税 N. tribute and taxes M: [1]fēn/[3]xiàng

gōngshùn 恭顺 S.V. respectful and submissive

gōng shuō gōng yǒulǐ 公说公有理 F.E. each sticks to his own view

[1]**gōngsī*** 公司 P.W. company; corporation M: ge/[1]jiā

[2]**gōng-sī** 公私 N. public and private

[3]**gōngsī** 公丝[-絲] M. milligram

gōngsì 恭祀 N. <wr.> ① congratulations ② worship

gōngsībùfēn 公私不分 F.E. make no distinction between public and private interests

gōngsīchéng 公司城 P.W. company town M: [4]zuò

gōngsīfǎ 公司法 N. company law M: [3]xiàng

gōngsī fānyìyuán 公司翻译员[---譯-] N. <lg.> staff translator M: ge/[1]míng/[2]wèi

gōngsīfēnmíng 公私分明 F.E. scrupulous in separating public from private interests

gōngsīhéyíng 公私合营[-營] F.E. joint state-private ownership

gōngsījiāngù 公私兼顾[-顧] F.E. advantageous to both public and private interest

gōngsījiāopò 公私交迫 F.E. have difficulties in both public and private spheres

gōngsī jítuán 公司集团[-團] P.W. consortium

gōngsīliǎngbiàn 公私两便 F.E. advantageous to both public and private interests

gōngsīliǎnglì 公私两利 F.E. benefit to both the state and the individual

gōngsī nèibù wǎngluò 公司内部网络[----網-] N. <comp.> intranet

gōngsīrén 公司人 N. company man M: ge/[1]míng/[2]wèi

gōngsī yìyuán 公司译员[--譯-] N. <lg.> company translator M: ge/[1]míng/[2]wèi

gōngsīzhài 公司债 N. debt owed by a company M: [2]bǐ

gōngsī zhízhào 公司执照[--執-] N. charter M: [1]fèn

[1]gōngsù* 公诉 N. <law> public prosecution M: [3]xiàng

[2]gōngsù 恭肃[-肅] V.P. respectful and serious

gòngsù 共宿 V. lodge in the same place

gōngsuàn 公算 N. <TW> law of probability

gōngsuìshēntuì 功遂身退 F.E. retire after achieving success, leaving top post to others

gōngsūnshù 公孙树[-孫樹] N. gingko tree; maiden-hair tree M: [2]kē

gōngsuǒ 公所 P.W. ① public affairs office ② <trad.> administrative office M: [1]jiān

gōngsùrén 公诉人 N. <law> public prosecutor M: ge/[1]míng/[2]wèi

gōngtān 公摊[-攤] V. share expenses/funds

gōngtáng* 公堂 P.W. ①<law> law court; tribunal ② ancestral hall (of a temple); memorial temple M: [1]jiān/[4]zuò

gōngtǎng 公帑 N. <wr.> public funds M: [2]bǐ

gōngtián 公田 N. ① <hist.> central communally cultivated plot in the well-field system ② public/communal fields ③ collectively owned fields M: [1]fēn/[2]kuài/[1]piàn

gōng tiānxià 公天下 F.E. The world belongs to all the people.

gōngtǐlìxíng 躬体力行[-體--] F.E. attend personally

[1]gōngtíng 宫廷/庭[宮-] P.W. ① palace ② royal/imperial court M: [4]zuò

[2]gōngtíng 公庭 P.W. ① <trad.> entrance of the great hall in a temple ② court of law

gōngtíngfú 宫廷服[宮-] N. court dress M: tào/[1]shēn

gōngtīnghuì 公听会[-聽-] N. public hearing M: [3]cháng/[1]cì

gōngtíng nòngchén 宫廷弄臣[宮-] N. court fool/jester M: ge/[1]míng/[2]wèi

gōngtíng wàijiāo 宫廷外交[宮-] N. boudoir diplomacy

gōngtíngwǔ 宫廷舞[宮-] N. court dance M: [1]chū/[1]tái

gōngtíng yìshù 宫廷艺术[宮-藝術] N. court art M: [1]zhǒng

gōngtíng zhèngbiàn 宫廷政变[宮-變] N. palace coup M: [1]cì

gōngtǐshī 宫体诗[宮體-] N. palace-style poetry M: [1]háng/[2]shǒu

gōngtóng 公同 ATTR./ADV. jointly; in cooperation with one another

gōngtǒng 恭桶 N. commode

gǒngtóng 珙桐 N. <bot.> dove tree M: [2]kē

gòngtōng 共通 ATTR. applicable to both/all

gòngtóng* 共同 ATTR. ① common; mutual ② joint ♦ADV. together; jointly ♦PREF. syn-

gòngtóng de liǎojiě 共同的了解 N. <lg.> mutual understanding

gòngtóng de lìchǎng 共同的立场[-場] N. consensus

gòngtóngdiǎn 共同点[-點] N. common ground

gòngtóng gānglǐng 共同纲领[--綱-] N. common program M: [3]xiàng

gòngtónggé 共同格 N. <lg.> common case

gòngtóng héxīn 共同核心 N. <lg.> common core

gòngtóng jiāojìyǔ 共同交际语[---際-] N. <lg.> ① common language for communication ② koine

gòngtóng jǔbàn 共同举办[-舉辦] V.P. jointly organize

gòngtóng kǒuyǔ 共同口语 N. <lg.> common expression

gòngtóng lìyì 共同利益 N. common interests

gòngtóng mǔyǔ 共同母语 N. <lg.> proto-language

gōngtóngshǎngyì 功同赏异[-異] F.E. The same service receives different rewards.

gòngtóng shēnghuó 共同生活 N./V.P. live together

Gòngtóng Shìchǎng 共同市场[-場] N. ① the Common Market ② a common market

gòngtóng suǒyǒu 共同所有 N. <lg.> common possession

gòngtóngtǐ 共同体[-體] N. ① community ② integration

gòngtōngxìng 共通性 N. commonality

gòngtóngxìng* 共同性 N. common ground

gòngtóng xíngshì 共同形式 N. <lg.> schema

gòngtōngyǔ 共通语 N. <lg.> contact vernacular; koine

gòngtóngyǔ* 共同语 N. common language

gòngtóngzhīchù 共同之处[-處] N. overlap; something in common

gōngtóu(r) 工头(儿) N. foreman; overseer M: ge/[1]míng/[2]wèi

gōngtú 工徒 N. apprentice M: ge/[1]míng/[2]wèi

gōngtù* 公兔 N. buck rabbit M: [2]zhī

gōngtuánzhǔyì 工团主义[-團-義] N. syndicalism

gōngtuī 公推 V. recommend by general acclaim

gǒngwǎ 拱瓦 N. curved tiles which are slightly raised in the middle M: [2]kuài

gōngwài 公外 N. required foreign language course

gōngwàiyùn 宫外孕[宮-] N. <med.> ectopic/extrauterine pregnancy M: [1]cì

gōngwǎn 宫碗[宮-] N. <pottery> palace bowl

gòngwǎn* 供碗 N. sacrificial vessel

gòngwántāng 贡丸汤[-湯] N. fish-ball soup M: [1]wǎn

gōngwánxíngmǎn 功完行满 F.E. achieve in full

gōngwei* 恭维 V. flatter; compliment

gōngwéi 宫闱[宮闈] N. palace chambers

gōngwěi 工委 N. working committee

gōngwèi 工位 N. work station

gǒngwèi 拱卫[-衛] V. surround and protect

gòngwéichúnchǐ 共为唇齿[-齒] ID. provide each other with assistance

gōngwēidébó 功微德薄 F.E. (My) merit is small and (my) virtue meager

gōngweihuà* 恭维话 N. compliment M: [1]jù

gōngwéihuà 宫闱画[宮闈畫] N. <wr.> paintings for or by empresses and imperial concubines M: [1]zhāng

gōngwén* 公文 N. official document M: [1]fèn

gōngwěn 工稳[-穩] V.P. ① neat and perfect (of writing) ② well chosen

gōngwéndài 公文袋 N. document envelope

gōngwén lǚxíng 公文旅行 N. red tape; paper-shuffling

gōngwénshū 公文书[-書] N. official document M: [1]fèn

gōngwénzhǐ 公文纸 N. paper for copying official documents M: [1]zhāng

[1]gōngwù* 公务[-務] N. public affairs; official business M: [1]fèn/[3]xiàng

[2]gōngwù 公物 N. public property M: [2]jiàn

[3]gōngwù 工务[-務] N. work

gòngwù 供物 N. offerings M: [1]fèn

gōngwúbùkè 攻无不克 F.E. all-conquering; ever-victorious

gōngwùchù 工务处[-務處] P.W. job office

gōngwùfánrǒng 公务繁冗[-務--] F.E. be overburdened with official duties

gōngwùjīshēn 公务羁身[-務--] F.E. be tied down/up by one's duties

gōngwùjú 工务局[-務-] P.W. (municipal) bureau of public works

gōngwù rényuán 公务人员[-務--] N. functionary; government employee M: ge/[1]míng/[2]wèi

gōngwùyuán 公务员[-務-] N. functionary; government employee M: ge/[1]míng/[2]wèi

gōngxí 攻袭 V. make a surprise attack

gōngxǐ* 恭喜 N./F.E. congratulations

gōngxì 工细 S.V. exquisite; skillful (of artistic work)

gōngxià 攻下 R.V. capture; overcome ♦N. <Ch. med.> remedies for an offensive purgation

gōngxiàjì 攻下剂[-劑] N. <Ch. med.> remedies for a charge downwards M: [1]fù

gōng xiàlai 攻下来 R.V. capture; overcome

gōngxián(r) 弓弦(儿) N. ① bowstring M: [1]fù ② direct/straight line

gōngxiàn 攻陷 V. storm and capture

gòngxiàn* 贡献[-獻] V. contribute; dedicate; devote ♦N. contribution

[1]gōngxiàng 公象 N. male/bull elephant M: [1]tóu

[2]gōngxiàng 公项 N. <math.> general term

gòngxiāng 供香 N. <rel.> incense M: zhù

gòngxiǎng* 共享 V. enjoy together; share

gòngxiàng guānxi 共相关系[-關係] N. iconicity

gòngxiāngshèngjǔ 共襄盛举[-舉] F.E. Let's all work together for this worthy project.

gòngxiàn guānxi 共现关系[-關係] N. <lg.> cooccurrence relation

gòngxiàn guīzé 共现规则 N. <lg.> cooccurrence rule

gòngxiāngyìjǔ 共襄义举[-義舉] F.E. Let everybody help promote this worthy undertaking.

Gǒngxiàn Shíkū 巩县石窟[鞏縣-] P.W. Gongxian Grottoes (in Henan)

gòngxiàn xiànzhì 共现限制 N. <lg.> cooccurrence restriction

gōngxián yuèqì 弓弦乐器[--樂-] N. bowed (string) instrument M: ge)/[2]jiàn

gòngxiànzhě 贡献者[-獻-] N. contributor; dedicator M: ge/[1]míng/[2]wèi

gōng-xiāo 供销 N. supply and marketing

[1]gōngxiào* 功效 N. efficacy; effect

[2]gōngxiào 工效 N. work efficiency

gōngxiāo hézuòshè 供销合作社 P.W. supply and marketing cooperative M: ge/[4]zuò

gōngxiāoshè 供销社 AB. gōngxiāo hézuòshè

gōngxiàoxué 工效学 N. ①ergonomics ②human engineering ③ human-factor engineering

gōngxié 弓鞋 N. <trad.> shoes with upturned end worn by women with bound feet M: [1]duì/[1]shuāng/[2]zhī

[1]gōngxiè* 恭谢 N. <wr.> humble thanks

[2]gōngxiè 公廨 N. government agency

gōngxǐfācái 恭喜发财[--發-] F.E. <trad.> May you be happy and prosperous (New Year's greeting).

gōngxǐgōngxǐ 恭喜恭喜 F.E. Give you joy!

[1]gōngxīn 攻心 V.O. ① attack psychologically ② <Ch. med.> be in a coma

[2]gōngxīn 工薪 N. wages; salary M: [1]fèn

[3]gōngxīn 公心 N. ① fair-mindedness M: [1]kē ② selflessness ③ public spirit

gōngxīnbiǎo 工薪表 N. payroll; payroll register M: [1]zhāng

[1]gōngxíng 弓形 N. ① <math.> segment of a circle ② bow-shape; curve

[2]gōngxíng 恭行 V. <wr.> execute orders carefully

[3]gōngxíng 宫刑[宮-] N. <trad.> castration (as punishment) M: [1]zhǒng

[4]gōngxíng 躬行 V. do one's own thing; act individually

gǒngxíng 拱形 N. <archi.> arch

gòngxìng* 共性 N. general character; generality

gòngxíng chǔlǐ 共行处理[--處-] N. concurrent processing

gōngxíngjǐshuō 躬行己说 F.E. practice personally what one preaches

gōngxíngmén 弓形门 N. arched doorway M: ge/[2]dào/[1]shàn

gōngxíngshíjiàn 躬行实践[-實踐] F.E. practice what one preaches

gòngxìngzǔ 共性组 N. <lg.> cohort

gōngxīn jiēcéng 工薪阶层[-階層] N. wage/salary earners

gōngxìnlì 公信力 N. government credibility

gǒngxīnshí 拱心石 N. keystone M: [2]kuài

G

gōngxīnshuì 工薪税 N. payroll taxes M: [3]xiàng
gōngxīnwéishàng 攻心为上 F.E. A psychological offensive is the best tactic.
gōngxīnzhàn 攻心战[-戰] N. psychological warfare M: [1]cì/[1]zhǒng
[1]**gōngxiū** 公休 N. ① general/official holiday ② holiday for a particular trade M: ge/[1]cì
[2]**gōngxiū** 工休 N. day off M: ge/[1]cì
gǒngxiùhóng 汞溴红 N. <med.> mercurochrome
gōngxiūrì 工休日 N. day off
gōngxū* 供需 N. supply and demand ♦V.O. <wr.> supply demanded goods
gōngxù 工序 N. working procedure M: [2]dào
gōngxuǎn* 公选[-選] V. elect/choose sb. to fill a particular position

G

gǒngxuàn 拱券 N. <archi.> span of an arch ***See also** gǒngquàn*
Gōngxuānduì 工宣队[-隊] P.W. <pol.> Workers' Mao Zedong Thought Propaganda Team
[1]**gōngxué** 公学 N. public school
[2]**gōngxué** 工学 N. engineering
gōngxuéshì 工学士 N. Bachelor of Engineering M: ge/[1]míng/[2]wèi
gōngxuéyuàn 工学院 N. college of engineering M: ge/[1]suǒ/[4]zuò
gòngxùjiùqíng 共叙旧情[-敘舊-] F.E. enjoy/have a talk over old times
gōngxū máodùn 供需矛盾 N. imbalance between supply and demand
gōngxūn 功勋 N. exploit; meritorious service
gōngxū shītiáo 供需失调 V.P. lack balance between demand and supply
gōngyā* 公鸭 N. drake M: [2]zhī
gōngyà 恭迓 V. <wr.> welcome with respect
gōngyǎn* 公演 V./N. perform in public
gōngyàn 公宴 V. dine a celebrity (with a public/private organization as host)
[1]**gōngyáng** 公羊 N. ① buck goat; ram ② Double Surname M: [1]tóu/[2]zhī
[2]**gōngyáng** 觥羊 N. large sheep M: [1]tóu/[2]zhī
[1]**gōngyǎng*** 供养[-養] V. ① provide for; support ② make offerings ***See also** gòngyǎng*
[2]**gōngyǎng** 公养[-養] ATTR. public-raised (of domestic animals)
gòngyǎng 供养[-養] V. ① support one's parents ② make offerings to the spirits ***See also** [1]gōngyǎng*
Gōngyáng Zhuàn 公羊传[-傳] N. *Spring and Autumn Annals Commentary by Gongyang Gao* M: [1]běn/[2]bù
gōngyāo 弓腰 V.O. stoop over
gōngyāsǎngzi 公鸭嗓子 <coll.> ID. raucous voice M: [1]fù
[1]**gōngyè*** 工业[-業] N. industry
[2]**gōngyè** 功业[-業] N. exploits; achievements M: [2]jiàn/[3]xiàng
[3]**gōngyè** 恭谒 F.E. <wr.> pay a call with respect
[4]**gōngyè** 宫掖[宮-] N. <trad.> palace apartments
gòngyè 共业[-業] N. communal property
gōngyèbiāobǐng 功业彪炳[-業--] F.E. One's achievements will shine through the ages.
gōngyèbìng 工业病[-業-] N. diseases of industrial workers
gōngyè bùjú 工业布局[-業--] N. industrial distribution
gōngyèchéng 工业城[-業-] P.W. industrial city M: ge/[4]zuò
gōngyè chéngshì 工业城市[-業--] P.W. industrial city M: ge/[4]zuò
gōngyè chōngtū 工业冲突[-業衝-] N. industrial conflict
gōngyècūn 工业村[-業-] N. industrial village M: ge/[4]zuò
gōngyè dàxué 工业大学[-業--] P.W. polytechnic university M: [1]suǒ/[4]zuò
gōngyè diànlì jítuán 工业电力集团[-業電--團] P.W. industrial-power group
gōngyè fèiwù 工业废物[-業廢-] N. industrial waste M: [1]pī
gōngyègǎng 工业港[-業-] P.W. industrial port M: [4]zuò
Gōngyè Gémìng 工业革命[-業--] N. The Industrial Revolution M: [3]cháng/[1]cì
gōngyè gōngchéng 工业工程[-業--] N. industrial project/engineering M: [2]jiàn/[3]xiàng
gōngyè gōnghài 工业公害[-業--] N. industrial public nuisances
gōngyèguó 工业国[-業國] N. industrialized/industrial country
gōngyè guójiā 工业国家[-業國-] N. developed countries
gōngyèhuà 工业化[-業-] N. industrialization
gōngyè huàxué 工业化学[-業--] N. industrial chemistry
gōngyèjiè 工业界[-業-] P.W. industrial circles
gōngyè jīqìrén 工业机器人[-業---] N. industrial robot
gōngyèjú 工业局[-業-] P.W. bureau of industry
gōngyè lājī 工业垃圾[-業--] N. industrial refuse/waste M: duī
gōngyè mínzhǔ 工业民主[-業--] N. industrial democracy
gōngyèpǐn 工业品[-業-] N. industrial products; manufactured goods
gōngyè píngjūn zhǐshù 工业平均指数[-業---數] N. industrial average index
gōngyèpǐn shìyàng 工业品式样[-業--樣] N. industrial design
gōngyèqū 工业区[-業區] P.W. industrial zone/park M: [1]piàn
gōngyèquàn 工业券[-業-] N. <PRC> industrial-product coupon issued in the 1960s and 1970s M: [1]zhǒng
gōngyè shèhuì 工业社会[-業--] N. industrial society
gōngyè shèjì 工业设计[-業--] N. industrial design/plan M: [2]jiàn/[3]xiàng
gōngyè shídài 工业时代[-業時-] N. industrial age
gōngyè wúchǎn jiējí 工业无产阶级[-業-產階-] N. the industrial proletariat
gōngyè xuéxiào 工业学校[-業--] P.W. technical/industrial schools M: ge/[1]suǒ/[4]zuò
gōngyèyòng diànshì 工业用电视[-業-電-] N. industrial television (ITV) M: [1]tái
gōngyè yuánqū 工业园区[-業園區] P.W. industrial zone M: ge/[4]zuò
gōngyè zhǎnlǎnhuì 工业展览会 P.W. industrial exhibition
gòngyèzhě 共业者[-業-] N. coowner M: ge/[1]míng/[2]wèi
gōngyè zhèngcè 工业政策[-業--] N. industrial policy M: [3]xiàng/[1]zhǒng
gōngyè zhíyè xuéxiào 工业职业学校[-業職業--] P.W. industrial vocational school M: ge/[1]suǒ/[4]zuò
gōngyè zhuānkē xuéxiào 工业专科学校[-業專---] P.W. industrial training school M: ge/[1]suǒ/[4]zuò
gōngyèzhǔyì 工业主义[-業-義] N. industrialism
gōngyè zǒngchǎnzhí 工业总产值[-業總產-] N. gross industrial output value
gōngyī 工衣 N. work clothes M: [2]jiàn/tào
gōngyǐ 工蚁[-蟻] N. worker ant M: ge/[1]qún/[2]zhī
[1]**gōngyì*** 公益 N. public good/welfare M: [3]xiàng
[2]**gōngyì** 工艺[-藝] N. technology; craft M: [1]zhǒng
[3]**gōngyì** 公意 N. public will/opinion
[4]**gōngyì** 工役 N. ① <trad.> custodial work ② requisition of non-regular workers; forced/corvée labor
[5]**gōngyì** 公役 N. <trad.> custodian M: ge/[1]míng/[2]wèi
[6]**gōngyì** 公议[-議] N. public/mass discussion M: [1]cì
[7]**gōngyì** 躬诣 V. <wr.> call (at sb's home) personally
[8]**gōngyì** 公义[-義] N. public justice/righteousness
gòngyì 共议[-議] V. <wr.> discuss together
gōngyìguǎn 工艺馆[-藝-] P.W. technology exhibition hall M: [4]zuò
gōngyìjīn 公益金 N. public welfare fund; community fund M: [1]fèn/[3]xiàng
gōngyì jīngshén 公益精神 N. spirit of working hard for the public good
gōngyì láodòng 公益劳动[-勞動] N. labor for the collective welfare M: [1]cì
gōngyì liúchéng 工艺流程[-藝--] N. technological process M: [1]zhǒng
gōngyì měishù 工艺美术[-藝-術] N. arts and crafts M: [2]jiàn
gōngyì měishù shāngdiàn 工艺美术商店[-藝-術--] P.W. handicrafts store M: [1]jiā/[4]zuò
gōngyīn* 宫音[宮-] N. <lg.> one of the *wǔyīn* used to denote glottals
gōngyǐn 公引 M. hectometer
[1]**gōngyíng** 公营[-營] ATTR. publicly owned/operated
[2]**gōngyíng** 恭迎 V. <wr.> welcome respectfully
gōngyǐng 弓影 N. <fig.> false alarm
[1]**gōngyìng*** 供应[-應] V. supply; provide
[2]**gōngyìng** 公映 V. <cinema> show a film to the public
gòngyíng 共营[-營] V. manage jointly
gōngyìngdiàn 供应店[-應-] P.W. supply center M: ge/[1]jiā/[4]zuò
gōngyìngguó 供应国[-應國] P.W. supplier country
gōngyìng jīngjìxué 供应经济学[-應經濟-] N. supply-side economics
gōngyìngpǐn 供应品[-應-] N. supplies M: [1]jiàn
gōngyíng qǐyè 公营企业[-營-業] N. public enterprise
gōngyìngshāng 供应商[-應-] N. supplier
gōngyìngxiàn 供应线[-應-] N. supply line M: [1]tiáo
gōngyìng xuépài 供应学派[-應--] N. supply-side economics
gōngyìngzhàn 供应站[-應-] P.W. supply station M: ge/[1]jiā/[4]zuò
gōngyīnzǐ 公因子 N. <math.> common factor
gōngyìpǐn 工艺品[-藝-] N. handicraft article; handiwork M: [2]jiàn/[1]pī
gōngyìr 公议儿[-議-] N. <coll.> the sharing of an expense (in buying a gift/etc.)
gōngyì shèjì 工艺设计[-藝--] N. technological design
gōngyì shìyè 公益事业[-業] N. ① the public good ② a public charity M: [3]xiàng
gōngyìzhì 工役制 N. labor service
[1]**gōngyòng*** 公用 ATTR. ① for public use ② communal
[2]**gōngyòng** 功用 N. function; use
gòngyòng 共用 ATTR. shared; common. ♦V. share ♦V.P. altogether use *Cóng shīgōng dào jùngōng ~le bā ge yuè de shíjiān.* It took a total of 8 months to complete the engineering project.
gōngyòng bèijǐng 功用背景 N. <lg.> functional perspective
gōngyòng chéngshì 公用程式 N. <comp.> utility program
gōngyòng diànhuà 公用电话[--電-] N. public telephone M: ge/[1]tái
gōngyòng diànhuàtíng 公用电话亭[--電--] N. phone box/booth M: ge/[4]zuò
gōngyòng jiàoxuéguān 功用教学观[-觀] N. <lg.> functional approach M: [1]zhǒng
gōngyòng jiěshì 功用解释[-釋] N. <lg.> functional explanation
gōngyòngjú 公用局 N. <law> (municipal) bureau of public services
gōngyòng shìyè 公用事业[-業] N. public utility M: [3]xiàng
gòngyòng tiānxiàn 共用天线 N. shared antenna M: [2]gēn/[1]tiáo
gōngyòng xìtǒng 公用系统 N. <comp.> utility system M: tào
gōngyòng yuánzé 功用原则 N. <lg.> functional principle M: [3]xiàng

gōngyòng yuèpiào 公用月票 N. monthly public transportation tickets for multiple users M: [1]zhāng
gōngyòng yǔfǎ 功用语法 N. <lg.> functional grammar
gōngyòngzhēngshōu 公用征收[--徵-] F.E. expropriation for public utility
[1]**gōngyǒu** 公有 ATTR. publicly owned; public
[2]**gōngyǒu** 工友 N. ① fellow worker ② service worker (in school/government offices) M: ge/[1]míng/[2]wèi
gòngyǒu* 共有 V. ① jointly possess ② total ♦ATTR. common; public
gōngyǒu cáichǎn 公有财产[-產] N. communal property M: [1]fèn
gōngyǒu tǔdì 公有土地 N. public land M: [2]kuài/[1]piàn
gōngyǒuwù 公有物 N. <law> public domain/property M: [2]jiàn
gōngyǒuzhì 公有制 N. public ownership (of means of production)
gōngyǒuzhì wéi jīchǔ 公有制为基础[-礎] V.P. state-ownership-based
[1]**gōngyú** 工余 ATTR. after work ♦N. spare time
[2]**gōngyú** 公余 N. ① spare time ② leisure hours (after work)
[3]**gōngyú** 工于[-於] V.P. be good at
gōngyù* 公寓 N. ① flats; apartment house ② public housing ③ lodging house M: [1]suǒ/tào/[4]zuò
[1]**gōngyuán*** 公园[-園] P.W. ① park ② garden M: ge/[4]zuò
[2]**gōngyuán** 公元 N. Christian era; A.D. (Anno Domini); Common Era (C.E.)
[1]**gōngyuàn** 宫苑[宮-] P.W. <trad.> imperial garden M: ge/[4]zuò
[2]**gōngyuàn** 宫院[宮-] P.W. palace compound M: ge/[4]zuò
gòngyuàn 贡院 P.W. place where local imperial examinations were held M: ge/[4]zuò
gōngyuánqián 公元前 N. B.C. (Before Christ); B.C.E. (Before the Common Era)
gōngyuē 公约 N. ① convention; pact ② joint pledge M: [3]xiàng
gōngyuē shù 公约数[-數] N. <math.> ① common divisor ② common factor
gōngyùlóu 公寓楼[-樓] N. apartment building
gōngyǔn* 公允 S.V. fair and equitable; even-handed; just and sound
gōng-yùn 工运[-運] N. labor movement M: [1]cì
gòngyùn 共运[-運] N. communist movement M: [1]cì
gōngyùshì lǚguǎn 公寓式旅馆 N. apartment hotel M: ge/[4]zuò
gōngyúxīnjì 工于心计[-於--] F.E. adept at scheming; very calculating; crafty
gōngyúzhīxiá 公余之暇 N. spare time; leisure time
gōngzéi 工贼 N. scab; blackleg M: ge/[1]míng/[2]wèi
gōngzhài(quàn) 公债(券) N. government bond M: [3]xiàng
gōngzhàipiào 公债票 N. bond M: [1]zhāng
gōngzhǎn 工展 AB. gōngyè zhǎnlǎnhuì
gōngzhàn* 攻占 V. storm and capture
gōngzhāng 公章 N. official seal M: ge/[1]fāng
gōngzhǎng* 工长 N. job foreman; section chief
[1]**gōngzhàng** 公帐 N. accounts of state-owned/collective enterprise M: [1]běn
[2]**gōngzhàng** 工账 N. wages/salary owed to an employee
[3]**gōngzhàng** 公丈 M. decameter
gōngzhǎnhuì 工展会 N. industrial exhibition M: [2]chǎng/[1]cì
gōngzhāoyīdài 功昭一代 F.E. The accomplishments are dear to a whole era.
gōngzhéjiànjìn 弓折箭尽[-盡] ID. at the end of one's resources
gòngzhèn 共振 N. <phy.> resonance M: [1]cì
gòngzhènfēng 共振峰 N. ① formant ② <lg.> resonance
gōngzhěng 工整 S.V. carefully and neatly done
[1]**gōngzhèng*** 公正 S.V. just; fair; impartial ♦N. impartiality
[2]**gōngzhèng** 公证[-證] N./V. ① notarization ② acknowledgement
[3]**gōngzhèng** 恭正 S.V. ① respectful and proper ② careful and neat
gōngzhèngchù 公证处[-證處] P.W. notarial/notary office M: ge/[1]jiān
gōngzhènghuì 公证会[-證-] N. public hearing M: [3]cháng/[1]cì
gōngzhèng jiéhūn 公证结婚[-證--] N. marriage conducted by a matchmaker/friend/etc.
gōngzhèngrén 公证人[-證-] N. public notary M: ge/[1]míng/[2]wèi
gòngzhènqì 共振器 N. <phy.> resonator
[1]**gōngzhí*** 公职[-職] N. public office/employment M: [1]fèn
[2]**gōngzhí** 工值 N. <PRC> one workpoint worth of money
[3]**gōngzhí** 工职[-職] N. job M: ge/[1]fèn
[1]**gōngzhì** 公制 S.V. metric system
[2]**gōngzhì** 工致 V.P. ①neat and refined ②exquisite; delicate
[3]**gōngzhì** 供制 N. supply system
gòngzhí 供职[-職] V.O. hold office
gōngzhì chǐcùn 公制尺寸 N. metric system
gōngzhí rényuán 公职人员[-職--] N. civil servant M: ge/[1]míng/[2]wèi
gōngzhīyúshì 公之于世[--於-] F.E. make known to the world; reveal to the public
gōngzhīyúzhòng 公之于众[-於眾] F.E. make known to the public
[1]**gōngzhǒng** 工种[-種] N. kind of work
[2]**gōngzhǒng** 公冢 N. <wr.> public cemetery M: ge/[4]zuò
gōngzhòng* 公众[-眾] N. public
gōng zhōng nòngchén 宫中弄臣[宮-] N. court fool M: ge/[1]míng/[2]wèi
gōngzhòng qìchē 公众汽车[-眾--] N. public bus M: [3]liàng/[1]tái
gōngzhōngtǐguó 公忠体国[-體國] F.E. be loyal to one's country
gōngzhòng wèishēng 公众卫生[-眾衛-] N. public sanitation/hygiene
gòngzhóu 共轴 ATTR. coaxial
gōngzhū 公猪[-豬] N. boar M: [1]tóu
[1]**gōngzhǔ*** 公主 N. princess M: ge/[1]míng/[2]wèi
[2]**gōngzhǔ** 宫主[宮-] N. <trad.> ① secondary wife of emperor ② imperial concubine M: ge/[1]míng/[2]wèi
[1]**gōngzhù** 恭祝 V. respectfully congratulate
[2]**gōngzhù** 公助 N. joint financial assistance
[3]**gōngzhù** 供住 V.O. provide lodging
gòngzhú 贡烛[-燭] N. candles of the best quality M: ge/[2]zhī
gòngzhǔ 共主 V. lead jointly
gōngzhuàn 公转[-轉] N. <astr.> revolution M: [1]cì
[1]**gōngzhuāng*** 工装[-裝] N. work clothes M: [2]jiàn/[1]shēn/tào
[2]**gōngzhuāng** 宫妆/装[宮妝/裝] N. <trad.> maid's dress in the imperial palace M: [2]jiàn/[1]shēn/tào
gōngzhuàng 功状[-狀] N. an account of sb.'s meritorious service M: [1]fèn
gǒngzhuàng 拱状[-狀] ATTR. arch-shaped
gòngzhuàng 供状[-狀] N. written confession; deposition M: [1]fèn
gōngzhuǎngàn 工转干[-轉幹] N. worker turned cadre
gōngzhuāngkù 工装裤[-裝-] N. overalls M: [2]jiàn/[1]shēn/[1]tiáo
gōngzhǔn 公准[-準] N. <log.> postulate
gōngzhuō 工拙 V.P. exquisite and inferior
gòngzhuō* 供桌 N. altar table M: [1]zhāng
gōngzhūtónghào 公诸同好 F.E. share enjoyment with those of same taste
gōngzhūyúshì 公诸于世[--於-] F.E. make known to the world
gōngzhūyúzhòng 公诸于众[-於眾] F.E. make public
gōngzi 弓子 N. ① bow (of stringed instrument) ② anything bow-shaped M: [1]fú
[1]**gōngzī*** 工资 N. wages; pay; salary M: [1]fèn
[2]**gōngzī** 公资 N. capital in a publicly owned enterprise M: [1]fèn
gōngzǐ 公子 N. ① son of a feudal prince or high official ② <court.> your son M: ge/[1]míng/[2]wèi
gōngzībiǎo 工资表 N. payroll; pay sheet M: [1]fèn/[1]zhāng
gōngzī biāozhǔn 工资标准[-標準] N. wage standard
gōngzībīng 工辎兵 N. <mil.> engineering and transport corps M: ge/[1]míng/[2]wèi
gōngzīdài 工资袋 N. pay packet
gōngzī dàiyù 工资待遇 N. salary
"gōng" zì dāngtóu 公字当头[--當-] F.E. put public interest first
gōngzī děngjí 工资等级 N. wage scale
gōngzī dòngjié 工资冻结 N. pay/wage freeze
gōngzīfēn 工资分 N. salary amount
gōngzìgāng 工字钢[-鋼] N. H-shaped steel; I-steel M: [2]kuài
gōngzǐgēr 公子哥儿 N. pampered son of a wealthy/influential family M: [1]qún/ge
gōngzǐwángsūn 公子王孙[-孫] F.E. sons of princes and nobles; sons of the aristocracy and the rich M: [1]qún
gōngzìxíng 工字形 N. I-shape
gōngzī zhàofā 工资照发[-發] V.P. receive full pay
gōngzīzhì 工资制 N. wage system
gòngzǒng 共总[-總] ADV. altogether; in all
gōngzú* 弓足 N. <trad.> bound feet of women M: [1]duì/[1]shuāng/[2]zhī
gōngzǔ 公祖 N. <wr.> local magistrate
gōngzuàn 弓钻[-鑽] N. bow drill M: ge/[1]bǎ
gōngzuì* 功罪 N. merit and demerit M: [3]xiàng
gǒngzuǐ 拱嘴 V.O. ① protrude the snout (of pigs) ② pout the lips (as a gesture)
gōngzuò 工作 V./N. work; job ♦SUF. -ation M: [1]fèn/[2]jiàn
gōngzuòběn 工作本 N. working copy
gōngzuòcān 工作餐 N. on-job meals M: [1]fèn/tào
gōngzuò dàduì 工作大队[-隊] P.W. team dispatched for a special task M: ge/[4]zhī
gōngzuò dānwèi 工作单位 N. organization in which one works; place of work
gōngzuòdì 工作地 N. workplace
gōngzuòduì 工作队[-隊] P.W. work team/force M: ge/[4]zhī
gōngzuò fēnpèi 工作分配 N. work allocation
gōngzuòfú 工作服 N. work clothes M: [2]jiàn/[1]shēn/tào
gōngzuò guīfàn 工作规范[-範] N. work norm M: [1]tiáo
gōngzuòhuì 工作会 N. working conference M: ge/[3]cháng/[1]cì
gōngzuò jiǎshuō 工作假说 N. working hypothesis
gōngzuò jìyìtǐ 工作记忆体[-憶體] N. <comp.> working memory
gōngzuò kǎohé 工作考核 N. service rating M: [3]xiàng
gōngzuòkù 工作裤 N. overalls M: [2]jiàn/[1]tiáo
gōngzuòkuáng 工作狂 N. workaholism
gōngzuòliàng 工作量 N. amount of work; workload M: [1]fèn
gōngzuò liúchéng 工作流程 N. workflow M: tào
gōngzuòmí 工作迷 N. workaholic
gōngzuòmiàn 工作面 N. ① <min.> face ② <mach.> working surface
gōngzuò mǔjī 工作母机 N. machine tool; lathe M: [1]tái
gōngzuò niánxiàn 工作年限 N. work seniority
gōngzuò píngdìng 工作评定 N. job evaluation
gōngzuò qǐlai 工作起来 R.V. start to work
gōngzuò rényuán 工作人员 N. working personnel; staff member; functionary M: ge/[1]míng/[2]wèi
gōngzuòrì 工作日 N. working days; weekdays

G

gōngzuòshì 工作室 P.W. office (may function as an unregistered publisher) M: ge/[1]jiān
gōngzuòtái 工作台[-臺] N. work station M: ge/[1]zhāng
gōngzuòtiān 工作天 N. <TW> man-day
gōngzuòtuán 工作团[-團] P.W. work team; working force
gōngzuòwù 工作物 N. <law> product of labor (house/bridge/etc.)
gōngzuò wǔcān 工作午餐 N. working lunch M: [1]fèn/tào
gōngzuò xiàolì 工作效力 N. work performance
gōngzuò xiàolǜ 工作效率 N. working efficiency
gōngzuò xiàqu 工作下去 R.V. continue to work
gōngzuò yǔyán 工作语言 N. working language M: [1]zhǒng
gōngzuòzhàn 工作站 P.W. work station
gōngzuòzhě 工作者 N. worker M: ge/[2]wèi
gōngzuòzhèng 工作证[-證] N. employee's I.D. card
gōngzuòzǔ 工作组 N. work team/group (formed especially to carry out certain tasks) M: ge/[4]zhī
[1]**gōu** 沟[溝] N. ①ditch; channel; trench ②groove; rut; furrow ③ gully; ravine M: [2]dào/[1]tiáo
[2]**gōu(r)** 钩(儿)[鉤(兒)] N. ① hook ② check mark ♦V. ① hook ② sew with large stitches ③ crochet
[3]**gōu** 勾 V. ① cancel; cross out; take a section from ② delineate; portray ③ point brickwork ④ induce; evoke; attract; lure ♦N. Surname *See also* [11]gòu
[4]**gōu** 篝 N. <wr.> cage
[5]**gōu** 佝 in *gōulóu, gōulóuyāo*
[6]**gōu** 枸 in *gōujú, gōuchuán See also* [4]*gǒu*, [6]*jǔ*
[7]**gōu** 鞲 in *gōubèi*
[8]**gōu** 韝 in *shègōu*
[1]**gǒu** 狗 N. dog M: [1]tiáo ♦B.F. damned; cursed *gǒubèi*
[2]**gǒu** 苟 B.F. ① careless; negligent ② indifferent (to right or wrong) *gǒutōng* ♦CONJ. <wr.> if
[3]**gǒu** 耇 B.F. old; venerable *gǒulǎo, gǒuzhǎng*
[4]**gǒu** 枸 in *gǒugǔ, gǒuqǐ See also* [6]*gōu*, [6]*jǔ*
[1]**gòu*** 够[夠] S.V. be/have enough; be sufficient/adequate ♦V. ① reach (a certain point/degree); be up to (a certain standard/etc.) *Zhè cháyè ~deshàng yījí.* Actually, this tea is first grade. ② reach (sth. with one's hand/etc.) ♦ADV. quite ♦CONS. *A zhēn ~ S.V. de* A is really S.V. *Tā zhēn ~ gāo de.* He's really tall.
[2]**gòu** 购[購] V. buy
[3]**gòu** 诟[詬] B.F. ① <wr.> shame; humiliation *rěngòutōushēng* ② revile; talk abusively *gòumà*
[4]**gòu** 垢 B.F. ① dirt(y); filth(y) *wūgòu* ② disgrace; humiliation
[5]**gòu** 媾 B.F. ① families united by marriage *hūngòu* ② coitus *jiāogòu* ③ <wr.> reach agreement *gòuhé*
[6]**gòu** 觏[覯] <wr.> V. meet
[7]**gòu** 构[構] B.F. ① construct; form; compose *gòuzào* ② fabricate; make up *gòuchéng* ③ literary composition *jùgòu*
[8]**gòu** 彀 N. a bow drawn to the full
[9]**gòu** 搆 B.F. inveigle; set (a trap for sb.) [2]*gòuhuò, gòubuzháo*
[10]**gòu** 遘 B.F. meet; run into *gòujī, gòuyù*
[11]**gòu** 勾 in *gòudàng, gàn gòudàng See also* [3]*gōu*
[12]**gòu** 冓 in *zhōnggòuzhīyán*
gǒu'ān 苟安 V.O. seek momentary ease
gǒu'ānyīshí 苟安一时[-時] F.E. seek security for a time
gǒu'ānyīyú 苟安一隅 F.E. seek peace in an isolated place
gòubàn 购办[購辦] V. purchase
gōubāng(zi) 沟帮(子)[溝幫] N. stones/boards laid on either edge of a ditch
gòubàng* 够棒[夠-] V.P. <coll.> in good shape
gǒubǎo 狗宝[-寶] N. <Ch. med.> stone of dog's gallbladder/kidney/bladder M: [2]kuài
gōubèi 鞲鞴 N. piston
gǒubèi 狗辈 N. mean creatures; scoundrels M: [1]qún
gòubèi* 购备[購備] V. purchase/buy beforehand (in preparation)
gòuběn(r) 够本(儿)[夠-] V.O. ① make enough money to cover the cost; break even ② be advantageous
gòubì 垢弊 N. drawback; shortcoming
gōubiān(r) 钩边(儿)[鉤邊-] V.O. trim with gimp
gōubiānr 沟边儿[溝邊-] N. side(s) of a ditch
gòu biāozhǔn 够标准[夠標準] V.O./S.V. reach the standard; make the grade
gōubīng 勾兵 N. hook weapons; weapons having a pointed blade at right angles to the shaft
gòubīng* 构兵[構-] V.O. <wr.> dispatch troops to fight
gòubìng 诟病 V. <wr.> denounce; castigate ♦N. dishonor; scandal
gòubushàng 够不上[夠-] R.V. not be qualified enough for
gǒu bù xián jiā pín 狗不嫌家贫 F.E. Dogs show no aversion to poor families. (fig.)
gòubuzháo 够/搆不着[夠-著] V.P. be unable to reach
gǒucái 狗才 N. a man of little competence M: [1]fù
gōucáo 沟槽[溝-] N. groove M: [1]tiáo
gòuchéng 构成[構-] R.V. constitute; form; compose; make up ♦N. formation
gòuchéng chéngfèn 构成成分[構-] N. <lg.> constituent M: [1]zhǒng
gòuchéngsù 构成素[構-] N. <lg.> component
gòuchéng yǔcí 构成语词[構-] N. <lg.> constituent term
gōuchí 沟池[溝-] N. ditch; channel; trench M: [1]tiáo
gōuchǐ* 勾尺 N. ① carpenter's square ② metal foot-measure M: [1]bǎ
gòuchī gòuyòng 够吃够用[夠-夠-] V.P. just enough to eat and meet one's needs
gǒuchīshǐ 狗吃屎 ID. <vulg.> fall face-first to the ground
gōuchóng 钩虫[鉤蟲] N. <zoo.> hookworm M: [1]tiáo
gōuchóngbìng 钩虫病[鉤蟲-] N. <med.> hookworm disease M: [1]zhǒng
gōuchū 勾出 R.V. delineate; draw out
gōuchú* 勾除 R.V. write off; liquidate; strike out
gōuchuán 枸椽 N. citron M: [2]kē
gōuchuàn* 勾串 V. collude with
gōuchuáng 沟床[溝-] N. bottom/base of a ditch/channel/trench M: [2]dào/[1]tiáo
gòuchū gǔfèn 购出股份[購-] N./V.O. <com.> buying out an interest
gōu chūlai 钩出来[鉤-] R.V. pull out with a hook; hook out
gòucí 构词[構-] V.O. form a word M: [1]zhǒng
gòucí céngcì 构词层次[構-層-] N. <lg.> morphological level
gòucí chéngfèn 构词成分[構-] N. <lg.> formative M: [1]zhǒng
gòucífǎ 构词法[構-] N. <lg.> word-building; word-formation; morphology M: [1]zhǒng
gòucí guīlǜ 构词规律[構-] N. <lg.> morphological rule M: [1]zhǒng
gòucí lèixíng 构词类型[構-類-] N. <lg.> type of morphology M: [1]zhǒng
gòucíxué 构词学[構-] N. <lg.> morphology
gǒucún 苟存 V. <wr.> drift through life
gōuda 勾搭 V. ① gang up with ② seduce ③ carry on with sb.
gǒudàn 狗蛋 N. <derog.> son of a bitch
gòudān* 购单[購-] N. buying order M: [1]fèn/[1]zhāng
gǒudǎnbāotiān 狗胆包天[-膽--] ID. monstrous audacity
gōudang* 勾当[-當] N. <coll.> ① badness ② bad/sordid things ③ task M: [1]zhǒng *See also gòudàng*
gōudǎng 钩党[鉤黨] V.O. form a clique/gang
gòudàng 勾当[-當] N. shady deal/business M: [1]zhǒng *See also gōudang*
gòu dàngcì 够档次[夠檔-] V.O./S.V. <coll.> reach a certain (high) level; be up to par/standard
gōudào* 沟道[溝-] N. drain; gutter; ditch M: [1]tiáo
gǒudào 狗盗[-盜] V. thief; robber
gǒudé 苟得 V. casually get
gòudé* 购得[購-] V. purchase
gòudeshàng 够得上[夠-] R.V. be qualified; be up to standard
gòudezháo 够得着[夠-著] R.V. reach; be up to
gǒudiānpìgu 狗颠屁股 ID. cringing; sycophantic
gōudiào 勾掉 R.V. cross out; write off; strike out; delete
gōudòng 勾动[-動] R.V. evoke; stir up
gǒudòng* 狗洞 N. exit/entrance for a dog
gǒudòu 狗窦[-竇] N. dog-hole in a wall
gǒudòuzi 狗豆子 N. dog tick
gōudú 沟渎[溝瀆] N. <wr.> ditch; channel; drain M: [1]tiáo
gòuduō 够多[夠-] V.P. sufficient
gǒufēi 苟非 ADV. <wr.> had it not been
gǒufèi* 狗吠 V.P./N. bark M: shēng
gǒufèifēizhǔ 狗吠非主 F.E. Dogs bark at those who are not their master.
gòufèn 构份[構-] N. constituent
gōufèng* 勾缝 V.O. point a brick wall
gòuféng 遘逢 N. chance meeting M: [1]cì
gōugàir 沟盖儿[溝蓋-] N. drain/ditch cover
gòugé(r) 够格(儿)[夠-] V.P. <coll.> ① presentable ② able to pass muster; qualified
gōugoudādā 勾勾搭搭 R.F. in cahoots with; conspiring with
gōugouxīn 勾勾心 N. hard/cruel heart/mind
gǒugǒuyíngyíng 狗苟蝇营[-蠅營] ID. ① shamelessly seek personal gain ② ingratiate oneself with another person to achieve one's aims
gōugouzhe 钩钩//勾勾着[鉤鉤//-著] V.P. lowering/bending (head/body/etc.)
gōugǔ* 沟谷[溝-] N. gully; ravine M: [1]tiáo
gǒugǔ 枸骨 N. <bot.> Chinese holly M: [2]kuài
gōuguà 勾挂[-掛] V. involve; implicate
gōuguàn 沟灌[溝-] V. <agr.> furrow irrigation
gōugǔ dìnglǐ 勾股定理 N. <math.> Pythagorean theorem
gòuguò(r) 够过(儿)[夠-] V.P. have enough (income) to make ends meet
gōugǔxián 勾股弦 N. the three sides of a right-angled triangle
gōugǔxíng 勾股形 N. <math.> right triangle
gōuhàozi 沟耗子[溝-] N. sewer rat M: [2]zhī
gōuhè* 沟壑[溝-] N. gully; ravine M: [1]tiáo
gǒuhé 苟合 N. illicit sexual relations M: [3]cháng/[1]cì
gòuhé 媾和 R.V. make peace
gòuhé'àn 媾和案 N. peace-making proposal M: [2]jiàn
gǒuhéqǔróng 苟合取容 F.E. agree without giving serious thought; readily subscribe to (sb.'s view)
gōuhuā 钩花[鉤-] V.O. crochet
gōuhuà* 勾画[-畫] V. draw an outline of; delineate; sketch
gōu huābiān 钩花边[鉤-邊] V.O. crochet lace
gōuhuà chū 勾画出[-畫-] R.V. delineate; draw out
gǒuhuān* 狗獾 N. <zoo.> badger M: [2]zhī
gòuhuàn 遘患 V.O. meet with trouble
[1]**gòuhuì** 垢秽[-穢] V.P. <wr.> dirty
[2]**gòuhuì** 构会[構-] V. discriminate unjustly
gōuhún 勾魂 V.O. ① be driven/smitten to distraction ② enchant; bewitch
gōuhúnguǐ 勾魂鬼 N. soul-catching devil; devil of death
[1]**gōuhuǒ*** 篝火 N. bonfire; campfire M: [1]bǎ
[2]**gōuhuǒ** 勾火 V.O. <coll.> provoke to anger
gǒuhuó 苟活 V.O. drag out an ignoble existence
[1]**gòuhuò** 购货[購-] V.O. purchase commodities

[2]**gòuhuò** 搆祸[-禍] V.O. bring disaster upon oneself; incur misfortune
gòuhuòběn 购货本[購-] N. ration ticket M: ge/[1]běn
gòuhuòbù 购货簿[購-] N. <com.> purchase/account book M: [1]běn
gòuhuòdān 购货单[購-] N. order form M: [1]fèn/[1]zhāng
gōuhuǒhúmíng 篝火狐鸣 ID. plan and prepare for an uprising
gòuhuòquàn 购货券[購-] N. ration coupon M: [1]fèn/[1]zhāng
gòuhuòzhèng 购货证[購-證] N. ration ticket M: ge/[1]běn
gòuhuòzìjǐ 构祸自己[構禍-] F.E. bring disaster upon oneself
gōujī 钩稽[鉤-] V.O. ① examine ② audit (accounts)
gǒujǐ* 狗脊 N. <Ch. med.> *Cibotium barometz J.Sm*
gòují 遘疾 V.O. fall ill
gòujià 构架[構-] N. (structural) frame; carcass M: ge/[1]zhǒng
gōujiàn 沟涧[溝-] N. gully; ravine M: [1]tiáo
Gōu Jiàn 勾践[-踐] (496–465 B.C.) N. King of Yue (Zhejiang-Fujian area)
gǒujiān 狗监[-監] N. Han emperor's attendant in charge of hunting dogs M: ge/[1]míng/[1]tiáo
gǒujiǎn 苟简 V.P. <wr.> unduly brief/simple
gòujiàn* 构件[構-] N. ① <archi.> (structural) member; component ② <mach.> component; part
gōujiāndābèi 钩肩搭背[鉤-] F.E. walk arm in arm; bend one's arm round sb.'s shoulder
gǒujiào 狗叫 N. dog's bark M: [1]zhèn
gòu jiáogur 够嚼谷儿[夠-穀-] V.P. <topo.> enough to cover expenses; keeping the wolf from the door
gòu jiāoqing 够交情[夠-] S.V. ① deserve to be called a true friend ② be in sb.'s good graces
gōujié 勾结 V. collude/collaborate with
gōujiékuò 勾结廓 N. <art> sketch; outline
gǒujíjué 狗脊蕨 N. <bot.> chain fern M: [1]kē/[1]piàn
gǒujìn 苟进[-進] V. <wr./humb.> receive an undeserved promotion
[1]**gòujìn*** 购进[購進] V. buy; purchase (wholesale)
[2]**gòujìn(r)** 够劲(儿)[夠勁] S.V. <coll.> ① potent; powerful; strong (in taste/strength/etc.) ② tough *Zhè mén kè zhēn ~.* This course is really tough. ③ satisfying; to one's heart's delight
[1]**gòujīng** 构精[構-] V.O. ① have sexual union ② concentrate attention
[2]**gòujīng** 媾精 N. <wr.> coitus; sexual union
gǒujítiàoqiáng 狗急跳墙[-牆] ID. A cornered beast acts desperately.
gǒujiù 狗鹫 N. <zoo.> royal eagle M: [2]zhī
gōujú* 枸橘 N. <bot.> trifoliate orange M: [2]kē/[2]zhī
gōujù 钩距[鉤-] ID. <wr.> probe/investigate in a circuitous manner
gòujù dānwèi 构句单位[構-] N. <lg.> subsentential unit
gòujù de 构句的[構-] ATTR. <lg.> subsentential
gōukǎn(r) 沟坎(儿)[溝-] N. ditch M: [2]dào/[1]tiáo
gōukēng 沟坑[溝-] N. gully; ravine
gōukòu 钩扣[鉤-] N. hook
gòukǒur 够口儿[夠-] V.P. <coll.> tasty; toothsome; savory
gōulán 勾栏/阑[-欄] N. ① brothel ② theater ③ <trad.> carved balustrade
gǒulǎo 耇老 N. <wr.> old man M: ge/[1]míng/[2]wèi
gōulè 勾勒 V. ① draw the outline of ② give a brief account of; outline
gōulè chū 钩勒出[鉤-] R.V. ① draw the outline of; sketch the contours of ② give a brief account of; outline
gōulèfǎ 钩/勾勒法[鉤-] N. ① outline drawing ② bland/unadorned writing
gòulèi 够累[夠-] V.P. <coll.> dead tired
[1]**gòulì** 垢厉[-厲] V. <wr.> shame; be ashamed
[2]**gòulì** 垢詈 V. berate; vituperate
gōulián 勾连 V. join; unite; connect
gōuliǎn(r)* 勾脸(儿) <opera> N. painted masks ♦V.O. paint the face
gōuliándā 勾连搭 N. <topo.> houses with easy intercommunication
gòuliào 购料[購-] V.O. buy materials/supplies
gōuliú 勾留 V. stop over; break one's journey
gōulóu 佝偻[-僂] ATTR./V. ① <coll.> stooped ② rickety
gōulóubìng 佝偻病[-僂-] N. ① rickets ② osteoporosis
gōulóugēfū 佝偻胳脯[-僂--] F.E. <topo.> bend the arm at the elbow
gōulóuyāo 佝偻腰[-僂-] V.P. <coll.> stooped; bent over; bending at the waist
gòuluàn 构乱[構亂] V.O. stir up disorder
gòumà 诟骂[-罵] V. revile; abuse verbally
gòumǎi 购买[購買] V. purchase; buy
gòumǎi dòngjī 购买动机[購買動-] N. motive for purchasing M: [1]zhǒng
gòumǎi hūnyīn 购买婚姻[購買-] N. marriage by purchase M: [1]zhǒng
gòumǎilì 购买力[購買-] N. purchasing power M: [1]zhǒng
gòumǎi qīhuò 购买期货[購買-] V.O. buy long
gòumǎiyù 购买欲[購買-] N. desire to buy
gòumǎizhě 购买者[購買-] N. purchaser M: ge/[1]míng/[1]qún/[2]wèi
gòumáng 够忙[夠-] V.P. have one's hands full
gōu máoyī 钩毛衣[鉤-] V.O. crochet a wool sweater
gǒumiǎn 苟免 V. ① shirk; avoid ② luckily escape (disaster)
gòu miànzi 够面子[夠-] V.O. ① enough concessions/recognition (by the other side) to preserve one's face ② gain enough recognition of one's standing
gōumiáo 勾描 V. delineate
[1]**gòumǐn** 觏闵 V.O. <wr.> meet with adversity
[2]**gòumǐn** 遘闵 V.O. ① meet with distress ② suffer malicious accusations from hidden enemies ③ suffer bereavement of parent(s)
gǒumìng 狗命 N. life worth as little as a dog's
gōumǒ 勾抹 V. cross/black out (with a pen/etc.)
gǒumǔ 狗母 N. lizard fish M: [1]tiáo
gǒunáhàozi 狗拿耗子 ID. <coll.> be meddlesome
gòunàn 构难[構難] V.O. bring trouble
gǒunánnǚ 狗男女 N. <derog.> a man and a woman in an indecent relationship M: [1]duì/[1]shuāng
gǒunéng 苟能 V.P. if it is possible to. . ., then. . .; if one can. . ., then. . .
gòuní* 垢泥 N. dirt/grease on human skin
gòunǐ 构拟[構擬] N./V. <lg.> reconstruction
gòunì 垢腻 N. dirt/grease on human skin
gǒunián 狗年 N. the year of the dog
gǒu niáng yǎng de 狗娘养的[--養-] N. son of a bitch
gòuniànr 够念儿[夠-] V.P. <topo.> satisfied; satisfying
gòu nǐ shòu de 够你受的[夠-] V.P. enough trouble for you
gǒunìtái 狗溺台[-臺] N. <topo.> mushrooms that grow under trees following rain M: [2]cù
gōupáng 沟旁[溝-] P.W. area beside a ditch
gǒupáo 狗刨 N./ATTR. <coll.> dog paddle
gòu péngyou 够朋友[夠-] S.V. deserve to be called a true friend
gǒupí 狗皮 N. dogskin M: [2]kuài/[1]zhāng
gǒupì* 狗屁 N. horseshit; nonsense
gǒupìbùtōng 狗屁不通 F.E. trashy (writing) ♦N. blockhead
gǒupí gāoyao 狗皮膏药[-藥] N. ① <Ch. med.> dog-skin plaster ② quack medicine M: [14]fù/[1]zhāng
gǒupì wénzhāng 狗屁文章 N. <derog.> rubbish (of writing) M: [1]piān
gōuqǐ* 勾起 R.V. ① pick up with a hook ② induce; evoke; call to mind
gǒuqǐ 枸杞 N. Chinese wolfberry M: [1]bǎ/[3]lì
gǒuqì 狗气[-氣] N. proclivity to flatter superiors and bully subordinates
[1]**gōuqiàn** 勾芡 V.O. thicken soup/dishes with cooking starch
[2]**gōuqiàn** 沟堑[溝-] N. ditch; trench M: [1]tiáo
gòuqiàng 够呛/戗[夠嗆/戧] V.P. <coll.> ① unbearable; terrible *Zhè jiāhuo zhēn ~!* This guy's simply impossible. ② enough ③ unlikely; hard to say; it'll be tough *Tā láideliǎo ma? . . . ~!* Can he come? . . .Probably not.
gǒuqiāo 狗橇 N. dogsled M: ge/[2]zhī
gòuqiáo de 够瞧的[夠-] V.P. <coll.> ① really awful; too much *Tiān lěng de zhēn ~.* The weather is terribly cold. ② unbelievable
gǒuqiě 苟且 V.P. drift along; be resigned to circumstances ♦ADV. perfunctorily; carelessly ♦ATTR. morally lax
gǒuqiě liǎoshì 苟且了事 V.P. dispose of sth. perfunctorily
gǒuqiěqiúhuó 苟且求活 F.E. preserve one's life at all costs
gǒuqiětōu'ān 苟且偷安 F.E. live in a fool's paradise
gǒuqiětōushēng 苟且偷生 F.E. drag out a shameful existence
gōuqíng 勾情 V.O. flirt with sb.
gòuqiú 购求[購-] V. ① offer a reward for sb's arrest ② offer money for sth. rare
gǒuqǐzi 枸杞子 N. <Ch. med.> wolfberry fruit M: [3]lì
gōuqū 勾曲 ATTR. bent
gōuqú* 沟渠[溝-] N. irrigation canals and ditches M: [1]tiáo
gōuqù 勾去 R.V. cross out
gǒuqǔ 苟取 V. shamelessly accept gifts/benefits
gǒuquán 苟全 V. preserve one's own life at all costs
gǒuquán xìngmìng 苟全性命 V.O. barely manage to survive
[1]**gōur** 沟儿[溝-] N. notch M: [2]dào/[1]tiáo
[2]**gōur** 钩儿[鉤-] N. hook
gōurě 勾惹 V. provoke
gǒuròu 狗肉 N. dog meat M: [2]kuài
gòurǔ 垢辱 V. insult; shame; mortify
gòurù* 购入[購-] V. buy
gōurzhēn 勾儿针 N. ① hook-shaped needle ② knitting needle M: ge/[1]dīng
gōusāndāsì 勾三搭四 F.E. engage in improper relationships; fool around (sexually)
gōushang* 勾上 R.V. ① catch/pick sth. with a hook ② <derog.> catch/find (a sexual partner)
[1]**gòushàng** 够上[夠-] R.V. ① be complete ② be filled out/up
[2]**gòushàng** 垢上 V. dirty; cover with filth
gōushè 勾摄[-攝] V. <law> ① try (a criminal) ② arrest
gōushéng 钩绳[鉤繩] N. straightened line/string used as a marker in construction M: [2]gēn/[1]tiáo
gōushēnzhìyuǎn 钩深致远[鉤-遠] F.E. go deep into abstruse subjects
gǒushī 狗虱 N. dog tick M: [2]zhī
gǒushí 狗食 N. <derog> dog food M: [1]dùn/[1]wǎn
gǒushǐ* 狗屎 N. ① dog droppings ② bullshit M: duī
gǒushì 狗事 N. fawning behavior M: [2]jiàn
gòushí 购食[購-] V.O. buy food/grain
gǒushǐduī 狗屎堆 N. a pile of dogshit
gòushòu de 够受的[夠-] V.P. be quite an ordeal; be hard to bear
gòushǒur 够手儿[夠-] V.P. having enough helpers/etc.
gǒu shòu zhǔrén xiū 狗瘦主人羞 ID. A lean dog shames his master. (fig.)
gòushù(r) 够数(儿)[夠數-] V.P. be enough
gòusī 构思[構-] V. work out the plot of a literary work or the composition of a painting

G

gòusīzhǔgǎo 构思属稿[構-屬-] V.O. meditate in drafting a piece of writing
gǒusōng 狗松[-鬆] N. <coll./derog.> ① son of a bitch ② coward
gòusòng* 构讼[構-] V. go to law; enter a lawsuit
gòusuìyáozhuó 诟谇谣诼 F.E. be whispered about and secretly discussed everywhere
gòusǔn 够损[夠-] V.P. <coll.> ① tart and mean; bitterly sarcastic (of words) ② harmful/injurious to others (of action)
gōusuǒ 钩索[鉤-] N. chain with a hook attached M: [1]fù/[1]tiáo
gōusuǒ yìlǐ 钩索义理[鉤-義-] V.O. search out the most essential principles
gōuténg 钩藤[鉤-] N. <bot.> woody vine (Ourouparia rhynchophylla) M: [2]gēn/[1]tiáo

G

gōutī 钩梯[鉤-] N. scaling ladder M: ge/[1]jià
gòu tiáojiàn 够条件[夠條-] V.O./S.V. reach the standard; be qualified
[1]**gōutōng*** 沟通[溝-] R.V. ① link up ② communicate
[2]**gōutōng** 勾通 R.V. collude with
gǒutóng 苟同 V. agree without giving serious thought
gōutōng dòngcí 沟通动词[溝-動-] N. <lg.> verb of communication
gǒutóu 狗头 N. <derog.> dog's head M: ge/[2]zhī
gǒutóujūnshī 狗头军师[-師] F.E. sb. who offers bad advice
gǒutóu shàng shēng jiǎo 狗头上生角 ID. be impossible
gǒutōushǔqiè 狗偷鼠窃[-竊] F.E. petty theft
gòutú 构图[構圖] N. <art> composition (of a picture) M: [10]fú/[1]zhāng
gǒutuǐ 狗腿 N. dog leg M: [1]tiáo
gǒutuǐzi 狗腿子 N. <coll.> hired thug; henchman M: [2]zhī
gǒuwánr de 狗玩儿的 N. <derog.> beast
gòuwèi(r) 够味(儿)[夠-] V.P. <topo.> just the right flavor; just the thing
gǒuwěicǎo 狗尾草 N. <bot.> foxtail M: [2]kē
gǒuwěixùdiāo 狗尾续貂[--續-] ID. wretched sequel to a fine work
gōuwěn 钩吻[鉤-] N. <bot.> elegant jessamine
gǒuwō(zi) 狗窝(子)[-窩-] P.W. kennel; doghouse
[1]**gòuwū** 垢污 N. dirt; filth M: [2]kuài/[1]piàn
[2]**gòuwū** 购屋[購-] V.O. buy a house
gòuwù* 购物[購-] V.O. go shopping ♦N. shopping
gòuwù zhōngxīn 购物中心[購-] P.W. shopping center/mall M: ge/[1]jiā/[4]zuò
gòuxiàn 构陷[構-] V. frame sb.
gòuxiǎng 构想[構-] V. visualize; conceptualize ♦N. ①proposition ②conceptualization; concept
gòuxiànzhōngliáng 构陷忠良[構-] F.E. implicate virtuous persons
gōuxiāo 勾销 V. liquidate; write off; strike out
gòuxiāo* 购销[購-] V. buy and sell
gòuxiāochājià 购销差价[購-價] F.E. difference between buying and selling prices
gòuxiāoliǎngwàng 购销两旺[購-] F.E. brisk buying and selling
gòuxiāo liánshè 购销联社[購-聯-] P.W. <PRC> joint purchase-sale commissary M: ge/[1]jiā/[1]suǒ/[4]zuò
gǒuxiěpēntóu 狗血喷头 F.E. severely ***bǎ tā mà de*** ~ give him a severe scolding
gòuxìn 构衅[構釁] V.O. <wr.> create/contract enmity
gōuxīndòujiǎo 勾/钩心斗角[鉤-鬥-] F.E. jockey for position
gòuxíng 构形[構-] N. configuration
gòuxíng chéngfen 构形成分[構-] N. <lg.> inflectional affix; formant; formative
gōuxíng de 钩形的[鉤-] ATTR. hooked
gòuxíngfǎ 构形法[構-] N. <lg.> form-building; inflection
gǒuxióng 狗熊 N. ① black bear ② coward M: [2]zhī
gōuxù 沟洫[溝-] N. irrigation ditch M: [1]tiáo
[1]**gōuxuán** 钩悬[鉤懸] V.O. <wr.> probe the depth of sth. abstract
[2]**gōuxuán** 钩玄[鉤-] V.O. <trad.> delve into the profound significance
gōuxuántíyào 钩悬/玄提要[鉤懸-] F.E. search into abstruseness and indicate the important points
gǒuxuèlíntóu 狗血淋头 ID. ①pour dog's blood on ② be cursed by
gōuyán(r)* 沟沿(儿)[溝-] N. banks of a ditch/canal
gōuyǎn 沟眼[溝-] N. entrance/exit of a mountain pass/gully
gǒuyán 苟言 N. careless speech; rash remarks M: [1]jù
gǒuyáncánchuǎn 苟延残喘[--殘-] F.E. linger on in a steadily worsening condition
gǒuyáncánshēng 苟延残生[--殘-] F.E. linger on feebly/weakly
gǒuyǎng de* 狗养的[-養-] N. son of a bitch
gòuyàng de 够样的[夠樣-] V.P. good; cool
gǒuyǎnkànrén 狗眼看人 ID. act like a snob
gǒuyǎn kànrén dī 狗眼看人低 ID. act like a snob
gōuyánr 沟沿儿[溝-] N. edge/bank of a ditch
gǒu yǎo gǒu 狗咬狗 ID. dog-eat-dog
gǒuyǎohàozi 狗咬耗子 ID. too meddlesome
gǒu yǎo Lǚ Dòngbīn 狗咬吕洞宾[--呂-賓] ID. mistake a person's good intention and turn against him
gōuyǐn 勾引 V. tempt; entice; seduce
gǒuyíng 狗蝇[-蠅] N. dogfly M: [2]zhī
gòu yìsi 够意思[夠-] V.P. <coll.> ① splendid; wonderful; delightful ② quite well; without a hitch ③ generous; really kind
[1]**gòuyòng** 够用[夠-] V.P. have enough to use
[2]**gòuyòng** 购用[購-] V. buy
gǒuyú* 狗鱼 N. <zoo.> pike M: [1]tiáo
gòuyù 遘遇 V. fall in with
gòuyuàn 构怨[構-] V.O. <wr.> create/contract enmity
gǒuzǎizi 狗崽子 N. ① puppy ② <derog.> son-of-a-bitch M: ge/[1]qún
gǒuzǎo 狗蚤 N. dog-flea M: [2]zhī
gòuzào* 构造[構-] N. structure; construction ♦ATTR. <geol.> tectonic; structural ♦V. <lg.> construct
gòuzào dìzhèn 构造地震[構-] N. tectonic earthquake
gòuzào fùhé 构造复合[構-複-] N. structural compounding
gòuzào xíngshì 构造形式[構-] N. structural form
gòuzào xīnlǐxué 构造心理学[構-] N. structural psychology
gǒuzázhong 狗杂种[-雜種] N. <derog.> son of a bitch M: [1]qún
gōuzhàng* 勾账 V.O. clear an account (after the debt is paid)
gǒuzhǎng 耇长 N. elders
gōuzhāngjíjù 钩章棘句[鉤-] F.E. abstruse language; involved and abstruse writing
gǒuzhàngrénshì 狗仗人势[-勢] ID. be a bully under protection of a powerful person
gǒuzhànmǎcáo 狗占马槽 ID. usurp what is another's
gǒuzhànmǎkēng 狗占马坑 ID. ① a dog in the manger ② to usurp what is another's
gōuzhǎo 钩爪[鉤-] N. claws M: [1]fù/[2]zhī ***See also*** *gōuzhuǎ*
gōuzhēn 钩针[鉤-] N. crochet hook M: ge/[2]gēn
gōuzhí 钩摭[鉤-] V. <wr.> audit (accounts)
gǒu-zhì 狗彘 N. dogs and swine M: [1]qún
[1]**gòuzhì*** 购置[購-] V. purchase (durables)
[2]**gòuzhì** 构置[構-] V. ① set up ② arrange
gǒuzhìbùrú 狗彘不如 F.E. <wr.> even more despicable than a dog or swine
gǒuzhìbùruò 狗彘不若 F.E. <wr.> even more despicable than a dog or swine
gǒuzhìbùshí 狗彘不食 F.E. sb. so bad that even beasts would avoid eating his flesh after his death
gòuzhōng 彀中 N. ① shooting range ② trap; snare
gōuzhōngjí 沟中瘠[溝-] N. corpse of a pauper found in a ditch
[1]**gōuzhù*** 勾住 R.V. get caught/entangled by a hook/bush/etc.
[2]**gōuzhù** 钩住[鉤-] R.V. hold on a hook; seize with a hook; hook
gòuzhù 构筑[構築] V. construct; build
gōuzhuǎ 钩爪[鉤-] N. talons M: [1]fù ***See also*** *gōuzhǎo*
gōuzhuàng 钩状[鉤狀] ATTR. hook-shaped
gǒuzhuǎzi 狗爪子 N. <coll.> hireling; stooge M: ge/[2]zhī
gǒuzhuīhàozi 狗追耗子 ID. <coll.> busybody; meddler
gòuzhùwù 构筑物[構築-] N. <archi.> structures
[1]**gōuzi** 钩子[鉤-] N. hook
[2]**gōuzi** 沟子[溝-] N. ① ditch; drain ② groove M: [2]dào/[1]tiáo
[3]**gōuzi** 勾子 N. <topo.> buttocks; backside
gǒuzuǐ lǐ tǔbùchū xiàngyá 狗嘴里吐不出象牙[--裡-----] ID. Nothing nice comes from a filthy mouth.
[1]**gū** 孤 B.F. ① orphaned ***gū'ér*** ② solitary; isolated; alone [1]***gūdú*** ♦PR. <hist.> I; me (the emperor/prince)
[2]**gū** 估 V. estimate; appraise ***See also*** [10]gù
[3]**gū** 姑 N. ① father's sister ② husband's sister ③ <wr.> husband's mother ④ nun ♦ADV. <wr.> tentatively; for the time being
[4]**gū** 咕 ON. cluck; coo
[5]**gū** 箍 V. bind round ♦N. hoop; band
[6]**gū** 沽 B.F. ① buy ***gūjiǔ*** ② sell ***dàigū*** ③ fish for (fame/compliments) ***gūmíngdiàoyù***
[7]**gū** 菰 N. <bot.> wild rice
[8]**gū** 菇 B.F. mushroom ***mógu, xiānggū***
[9]**gū** 觚 N. <archeo.> ① goblet with a broad lip, long narrow stem, and flared base ② wooden writing tablet
[10]**gū** 辜 B.F. ①guilty; blameworthy ***bùgū*** ②default on an obligation ***gūfù***
[11]**gū** 酤 B.F. weak wine; buy/sell wine ***gūjiǔ, quègū***
[12]**gū** 轱/轂[軲/轂] in [1]***gūlu See also*** [8]gǔ
[13]**gū** 鸪[鴣] in ***gūgē, shuǐgūgū, bógū***
[14]**gū** 呱 in ***gūgū'érqì, gūgūzhuìdì See also*** [4]guā, [3]guǎ
[15]**gū** 蛄 in ***huìgū, tīng làlagū jiào See also*** [22]gǔ
[16]**gū** 鼓 in ***pànggūgū See also*** [3]gǔ
[17]**gū** 骨 in [3]***gūlu See also*** [4]gǔ
[1]**gǔ*** 古 S.V. ① ancient; age-old ② not following current customs/practice
[2]**gǔ** 股 B.F. ① thigh ***pìgu*** ② section [2]***gǔzhǎng*** ③ share in a company; equal part of capital/etc. ***gǔpiào*** ♦N. strand; ply ♦M. ① *for anything string-shaped (e.g., a skein of thread)* ② *for air/fragrance/strength/etc.* ③ *for groups of people (usu. derog.)*
[3]**gǔ** 鼓 N. drum M: [1]miàn ♦V. ① beat/play certain musical instruments ② blow with bellows/etc. ③ arouse; inspire; stimulate ♦S.V. bulging; swelling ***See also*** [16]gū
[4]**gǔ** 骨 B.F. ①bone ***gǔtou*** ②skeleton; framework [1]***gānggǔ*** ③ character; spirit [1]***gǔqì See also*** [17]gū
[5]**gǔ** 谷[穀] B.F. ① cereal; grain [1]***wǔgǔ*** ② millet ③ <topo.> unhusked rice ***See also*** [6]gǔ, [41]yù
[6]**gǔ** 谷 B.F. valley; gorge ***shāngǔ*** ♦N. Surname ***See also*** [5]gǔ, [41]yù
[7]**gǔ** 钴[鈷] N. cobalt
[8]**gǔ** 毂[轂] N. hub ***See also*** [12]gū
[9]**gǔ** 贾[賈] <wr.> N. merchant ♦B.F. ① engage in trade [2]***gǔrén*** ② sell ③ buy ***gǔmǎi See also*** *Jiǎ*
[10]**gǔ** 鹄[鵠] N. <wr.> target (in archery) ***See also*** [17]hú
[11]**gǔ** 瞽 B.F. <wr.> blind (lit./fig.) ***gǔzhě, gǔshuō***

[12]**gǔ** 蛊[蠱] B.F. a legendary venomous insect [1]***gǔhuò***

[13]**gǔ** 诂[詁] B.F. transcribe the classics into modern language ***xùngǔ***

[14]**gǔ** 牯 B.F. bull ***gǔniú***

[15]**gǔ** 罟 B.F. fish net [3]***gǔshī***, [2]***wǎnggǔ***

[16]**gǔ** 嘏 B.F. good fortune ***zhùgǔ***

[17]**gǔ** 汩 B.F. flowing water [2]***gǔgǔ***, ***tiǎngǔ*** ***See also*** [34]*yù*

[18]**gǔ** 臌 B.F. stomach distended from gas or excess fluids [2]***qìgǔ***, [2]***shuǐgǔ***

[19]**gǔ** 榖 in ***bùgǔniǎo***, ***niángǔ***

[20]**gǔ** 榾 in [2]***gǔduò***

[21]**gǔ** 鹽 in [3]***gǔzi***

[22]**gǔ** 蛄 in [2]***làgǔ*** ***See also*** [15]*gū*

[23]**gǔ** 鹘[鶻] in ***gǔtí***, ***gǔjiū*** ***See also*** [18]*hú*

[1]**gù** 顾[顧] V. attend to; look after; take into consideration ♦B.F. ① turn around and look at ***huígù*** ② advisor; consultant ***gùwèn*** ③ visit; call on ♦CONJ. ① on the contrary; instead ② however; but ♦ADV. indeed; really ♦N. Surname

[2]**gù** 雇 V. hire; employ

[3]**gù** 故 B.F. ① reason; cause ***yuángù*** ② friend; acquaintance ***qīngù*** ③ event; incident; accident [1]***shìgù*** ④ original; former; old ***gùxiāng*** ⑤ die; pass away ***bìnggù*** ♦ADV. on purpose; deliberately ♦CONJ. hence; so; therefore; as a result

[4]**gù** 固 ADV. ① originally ② as a matter of course ③ certainly ④ indeed ♦B.F. ① solid; secure; firm; steadfast [2]***jiāngù*** ② consolidate; strengthen ***gǒnggù***

[5]**gù** 锢[錮] V. ① plug with molten metal; run metal into cracks ② <*wr.*> hold in custody; imprison

[6]**gù** 梏 B.F. wooden handcuffs [1]***zhìgù*** ***See also*** [29]*jué*

[7]**gù** 痼 B.F. ① chronic [2]***gùjí*** ② inveterate ***gùxí***

[8]**gù** 牿 N. ① wood buffer on the horns of an ox ② cattle pen

[9]**gù** 告 in ***gùshuò***, ***gùshuòxìyáng*** ***See also*** [1]*gào*

[10]**gù** 估 in ***gùyi*** ***See also*** [2]*gū*

[1]**guā** 刮 V. ① scrape; shave ② daub/smear (with paste/etc.) ③ plunder; extort ***See also*** [2]*guā*, [5]*kā*

[2]**guā** 刮[颳] V. blow (of wind) ***See also*** [1]*guā*, [5]*kā*

[3]**guā** 瓜 N. melon; gourd; squash

[4]**guā** 呱 ***See*** *guāguā* ***See also*** [14]*gū*, [3]*guǎ*

[5]**guā** 栝 in ***guālóu***

[6]**guā** 鸹[鴰] in ***lǎogua***

[7]**guā** 胍 <*chem.*> N. guanidine

[1]**guǎ** 剐[剮] V. ① cut to pieces; dismember ② cut; slit

[2]**guǎ** 寡 B.F. ① few; scant ***guǎyán*** ② tasteless ***guǎwèi*** ③ widowed [1]***guǎfu***

[3]**guǎ** 呱 in ***lāguǎr*** ***See also*** [14]*gū*, [4]*guā*

[1]**guà*** 挂[掛/罣] V. ① hang; put up ***Zhè shì ~yī~ zài shuō ba.*** Let's put the matter aside for now. ② <*coll.*> ring up ***Zài gěi tā ~ ge diànhuà.*** Ring him up again. ③ hitch ④ register; check in ⑤ worry ⑥ <*slang*> shadow; tail ♦M. *used for sth. string-shaped or for a string of things* ***See also*** [4]*guà*

[2]**guà** 褂 B.F. Ch.-style unlined jacket ***guàr***, ***dàguà***

[3]**guà** 卦 N. divinatory symbols

[4]**guà** 诖/挂[詿/掛/罣/絓] B.F. be taken advantage of ***guàwù*** ***See also*** [1]*guà*, [5]*guà*

[5]**guà** 絓 B.F. impede ***guàhé***, ***guàjié*** ***See also*** [4]*guà*

guà'ài 挂碍[掛/罣/絓礙] V./N. ① be concerned/worried ② hinder; obstruct; block

guābàn 瓜瓣 N. melon seed

guàbāo 挂包[掛-] N. shoulder bag M: *ge*/[2]*zhī*

guābèi 瓜贝 N. melon rind

guàbiānr 挂边儿[掛邊-] V.O. ① have some connection with ② be relevant to some degree

guàbiǎo 挂表[掛錶] N. pocket watch M: *ge*/[2]*zhī*

guā bízi 刮鼻子 V.O. <*topo.*> ① haul sb. over the coals ② criticize; reprimand

guǎbó 寡薄 V.P. <*wr.*> ① scarce ② insufficient ③ insubstantial

guǎbùdízhòng 寡不敌众[-敵眾] F.E. be hopelessly outnumbered

guàbushàng 挂不上[掛-] R.V. ① can't hang sth. on a hook/etc. ② can't link up ③ can't hook a customer (of prostitutes)

guàbuxià 挂不下[掛-] R.V. can't hang it (lacking room).

guàbuzhù 挂不住[掛-] R.V. ① cannot be hung securely ② feel ashamed; lose face ③ lose control of one's feelings

guàbuzhù jìn(r) 挂不住劲(儿)[掛--勁-] V.P. <*coll.*> be very embarrassed/ashamed

guàcǎi 挂彩[掛-] V.O. ① decorate for festive occasions ② be wounded in action

guācha 刮喳 V. shave; peel; chip

guāchángxǐwèi 刮肠洗胃[-腸--] F.E. <*med.*> enteroclysis and gastrolavage

guàchē* 挂车[掛-] N. trailer M: [3]*liàng* ♦V.O. hook up or couple (a locomotive) with a train

guàchě 挂扯[掛-] V. ① catch and tear ② <*topo.*> implicate

guàchǐ 挂齿[掛齒] V.O. mention

guāchú* 刮除 R.V. scrape off

[1]**guàchú** 挂锄[掛-] V.O. <*agr.*> ① finish hoeing ② put away one's hoe for the winter

[2]**guàchú** 挂橱[掛櫥] N. built-in cabinet

guǎcù 寡醋 ***See*** *chī guǎcù*

[1]**guāda** 呱嗒/搭/奋 V. <*topo.*> ① pull a long face ② talk foolishly

[2]**guāda** 呱哒[-噠] ON. <*coll.*> clacking sound ♦N. child's toy that clacks when moved ♦V. <*topo.*> ① chatter; babble ② poke fun at; make a fool of

[3]**guāda** 刮打 V. tap; pat; strike ***See also*** *guādǎ*

guādā* 呱嗒/搭 ON. clack

guādǎ 刮打 V. strike/beat savagely ***See also*** [3]*guāda*

guàdā 挂搭[掛-] V. ① hang over ② join together; connect

guādabǎn(r) 呱嗒/哒板(儿)[-噠--] N. ① <*coll.*> bamboo clappers; clacker ② <*topo.*> clogs

guādābǎnr 刮搭板儿 N. <*coll.*> bamboo clappers; clacker M: [1]*duì*/[1]*fù*

guādài 瓜代 V. relieve/replace (an official) upon the expiration of his term of office

guǎdàn 寡淡 V.P. ① indifferent (of flavor/interest) ② insipid; pedestrian

guàdān* 挂单[掛-] V.O. lodge in a temple for night

guàdǎng 挂挡[掛擋] V.O. put into gear

guādāo* 刮刀 N. scraper M: [1]*bǎ*

guādǎo 刮倒[颳-] R.V. blow down (by wind)

guàdàole 挂倒了[掛-] V.P. hang something upside down

guàdāzhe 挂搭着[掛-著] V.P. <*coll.*> hang down; sag

guàdēng 挂灯[掛燈] V.O. hang lamp ♦N. low-hanging ceiling lamp M: [1]*zhǎn*

[1]**guādiào*** 刮掉 R.V. scrape off ***See also*** [2]*guādiào*

[2]**guādiào** 刮掉[颳-] R.V. blow away ***See also*** [1]*guādiào*

guàdiào 挂掉[掛-] R.V. ring off; hang up

guādié 瓜瓞 N. ① a kind of small melon ② descendants

guādiémiánmián 瓜瓞绵绵 F.E. <*wr.*> have prosperous descendants (felicitation on a marriage certificate)

Guādìmǎlā 瓜地马拉 P.W. Guatemala

guā dìpí 刮地皮 V.O. thrive on extortion

guàdǒu 挂斗[掛-] N. vehicle trailer

guǎduàn 寡断[-斷] S.V. indecisive; irresolute

guàduàn* 挂断[掛斷] V. ring off; hang up

guǎ'ēn 寡恩 S.V. mean and hard-hearted; unsympathetic

guāfēn 瓜分 V. carve/divide up; partition

guāfēndòupōu 瓜分豆剖 ID. divide it like a melon

guāfēng 刮风[颳-] V.O. ① the wind blows ② stir up a big show

guāfēn shìchǎng 瓜分市场[-場] V.O. carve up the market

[1]**guǎfu** 寡妇[-婦] N. widow M: *ge*/[1]*míng*/[2]*wèi*

[2]**guǎfu** 寡夫 N. widower M: *ge*/[1]*míng*/[2]*wèi*

guǎfu mén qián shìfēi duō 寡妇门前是非多[-婦-----] F.E. slander engulf widows

guāgé 瓜葛 N. ① connection; association ② complication ♦V. get mixed up; connected; involved; related

guāgéqīn 瓜葛亲[-親] N. distant relatives M: *mén*

guāgōng 刮宫[-宮] V.O. <*med.*> do dilatation and curettage

guāgòu 刮垢 V.O. scrape the scum

guàgōu(r)* 挂钩(儿)[掛鉤-] V.O. ① <*traf.*> couple (two railway coaches); articulate ② link up with; establish contact with ♦N. ① hook ② coupling links

guàgōuhuì 挂钩会[掛鉤-] N. meeting to establish linkages between certain units M: [1]*cì*

guāgòumóguāng 刮垢磨光 F.E. ① take pains to train a person or to improve oneself ② be meticulous and painstaking ③ improve oneself ④ polish/refine to attain perfection

guāgǔ 刮骨 V.O. scrape bones

guāguā 呱呱 ON. quack; croak; caw

guāguājiào 呱呱//刮刮叫 V.P. <*coll.*> tiptop; top-notch

guàguān 挂冠[掛-] V.O. resign from office

guàguàn'érqù 挂冠而去[掛-] F.E. resign from one's position

guàguànqiúqù 挂冠求去[掛-] F.E. resign from one's position

guāguazáza 刮刮杂杂[-雜雜] R.F. ① scattered and disorderly ② miscellaneous and trifling things

guā-guǒ* 瓜果 N. melons and fruits

guǎguò 寡过 V.O. diminish one's faults

guàguǒ 挂果[掛-] V.O. bear fruit (lit. sense only)

guàhào 挂号[掛號] V.O. ① register ② send by registered mail ③ <*slang*> establish a criminal record

guàhàochù 挂号处[掛號處] P.W. registration office

guàhàofèi 挂号费[掛號-] N. registration fee

guàhàoxìn 挂号信[掛號-] N. registered letter/mail M: [2]*fēng*

guàhào xìnjiàn 挂号信件[掛號-] N. registered letter M: [2]*fēng*

guǎhé* 寡合 V.P. unsocial; antisocial

guàhé 挂阂[絓/掛-] N. <*wr.*> obstacle M: *tuán*

guàhóng 挂红[掛-] V.O. ① hang a red streamer for congratulations or as an apology to sb. injured ② be wounded

guǎhuà 寡话 N. <*coll.*> tiresome talk; prattle

guàhuā(r)* 挂花(儿)[掛-] V.O. be wounded in action/war

guàhuái 挂怀[掛懷] V.P. be concerned/worried about

guǎhuān 寡欢[-歡] V.P. joyless; unhappy

guà huǎngzi 挂幌子[掛-] V.O. proceed under pretense of sth.

guāhúdāo 刮胡刀[-鬍-] N. razor M: [1]*bǎ*

guàhuī 挂灰[掛-] V.O. smear with dirt ♦ATTR. smudged

guàhuǒ(r) 挂火(儿)[掛-] V.O. <*topo.*> be irritated/furious; become angry

guā húzi 刮胡子[-鬍-] V.O. ① shave the beard ② <*slang*> lambaste

[1]**guāi** 乖 S.V. ① well-behaved ② clever; shrewd ♦B.F. ① perverse; contrary to reason ***guāimiù*** ② oppose; be at variance ***guāilí***

[2]**guāi** 掴[摑] V. slap; smack ***See also*** [2]*guó*

guǎi 拐 V. ① turn; change direction ② limp ③ swindle ④ abduct ♦N. crutch; cane ♦NUM. *widely used over the telephone in the PRC as a replacement for* [1]**qī** seven

guài* 怪 S.V. surprising; strange ***Nǐ shuō ~ bù ~?*** Isn't that odd? ♦V. ① find sth. strange ② blame ***~ tā méi shuō qīngchu.*** He's at fault for not making it clear. ♦ADV. <*coll.*> quite; very ♦B.F. monster; evil spirit ***yāoguài***

gǔ'ái 骨癌 N. <*med.*> bone cancer

guǎibàng 拐棒 N. club; stick; cudgel; cane (for the elderly)

G

guàibìng 怪病 N. strange/rare disease/ailment; ailment that can not be diagnosed M: [1]*zhǒng*
guǎibó(r) 拐脖(儿) N. elbow (of a stovepipe)
guàibude 怪不得 R.V. ① no wonder; so that's why ② not to blame
guàicái 怪才 <*coll.*> N. an eccentric talent
guāichuǎn 乖舛 N. mistake; error
guǎidài 拐带[-帶] V. kidnap (a woman/child); abduct
guàidàn 怪诞 S.V. weird; strange
guàidànbùjīng 怪诞不经[-經] F.E. weird; fantastic
[1]**guàidào** 怪道 V.P. <*topo.*> no wonder that. . .
[2]**guàidào** 怪到 R.V. blame
guǎifàn 拐贩 V. abduct and sell human beings
guāiguai* 乖乖 <*coll.*> N. little dear; darling ◆INTJ. Good gracious!
guāiguāi(r) 乖乖(儿) <*coll.*> R.F. well-behaved; obedient ◆N. little dear; darling (to a child)
guàiguàiqíqí 怪怪奇奇 R.F. strange; weird
guǎiguaizhe 拐拐着[-著] V.P. not straight; bent
guǎigùn(r) 拐棍(儿) N. ①walking-stick ②crutch; prop M: *ge*/[1]*bǎ*
guǎi háizi 拐孩子 V.O. abduct/kidnap children
guàihuà 怪话 N. ① cynical remark ② complaint M: [1]*jù*
guǎijià 拐架 N. crutch
guǎijiǎo(r) 拐角(儿) N. corner; turning
guàijié 怪杰[-傑] N. eccentric celebrity M: *ge*/[1]*míng*/[2]*wèi*
guāijué* 乖觉[-覺] S.V. alert; quick; shrewd and capable
guàijué 怪谲 V.P. <*wr.*> strange and fantastic
guài kělián de 怪可怜的[--憐-] V.P. very pitiable/pitiful; How pitiful!
guāilà 乖剌 V.P. perverse; contrary to reason
guǎila* 拐拉 V. walk unsteadily; limp
guāilí 乖离[-離] V. ① contradict ② deviate from
guāilì* 乖戾 S.V. perverse (behavior); disagreeable (character)
guàiliguàiqì 怪里怪气[-裡-氣] F.E. eccentric; peculiar
guàilìluànshén 怪力乱神[--亂-] F.E. spiritual beings
guàilùn 怪论 N. absurd talk; strange statement M: [1]*piān*/*tōng*
guǎimài 拐卖[-賣] V. abduct and sell; traffic in
guǎimài rénkǒu 拐卖人口[-賣--] V.O. kidnap and sell people
guāimiù 乖谬 S.V. absurd; abnormal
guàimúguàiyàng 怪模怪样[-樣] F.E. grotesque
guàiniàntóu 怪念头 N. whim; crank notion
guāipǐ 乖癖 N. distortion
guāipì 乖僻 S.V. eccentric; odd
guàipǐ* 怪癖 N. ① strange hobby; eccentricity ② oddball; nerd
guàipì 怪僻 S.V. eccentric
guǎipiàn 拐骗 V. ① abduct ② swindle
guāipíqi 乖脾气[-氣] N. mild disposition/temperament; easy-going personality
guàipíqi* 怪脾气[-氣] N. tetchy; touchy
guāipìxiémiù 乖僻邪谬 F.E. ① eccentric; odd ② disagreeable
guàiqi 怪气[-氣] S.V. strange
guàiqiāngguàidiào 怪腔怪调 F.E. speak in an odd way
guāiqiǎo 乖巧 S.V. ① clever ② cute; lovely
guài qǐjìn(r) 怪起劲(儿)[--勁-] V.P. <*coll.*> with great strength/enthusiasm/interest
guǎiqù 拐去 R.V. abduct
guàiquān 怪圈 N. ① strange phenomenon ② vicious circle
guàirén 怪人 N. an eccentric; a peculiar/strange person
guàishēng 怪声[-聲] N. strange/funny sound/voice
guàishēngguàiqì 怪声怪气[-聲-氣] F.E. strange voice or affected manner
guàishí 怪石 N. rocks of grotesque shapes M: [2]*kuài*
guàishì* 怪事 N. strange thing; supernatural event M: [2]*jiàn*
guàishílínxún 怪石嶙峋 F.E. jagged rocks of grotesque shapes
guàishǒu 怪手 N. <*mach.*> excavator
guàishòu* 怪兽[-獸] N. ① rare animal ② legendary animal M: [1]*tóu*
guàitāi* 怪胎 N. freak
guàitài 怪态[-態] N. revolting mannerisms
guàitán 怪谈 N. accounts of things uncanny M: [1]*piān*
guǎitáo 拐逃 V. abscond with valuables
guàitè 怪特 S.V. strange and peculiar; extraordinary
guàití 怪题 N. odd (exam) questions M: [2]*dào*
guǎiwān(r) 拐弯(儿)[-彎-] V.O. ① turn a corner; turn ② turn round; pursue a new course ③ change one's opinion ◆ADV. at the corner ◆N. corner; turning ◆SUF. and more (after round numbers)
guǎiwānmòjiǎo 拐弯抹角[-彎--] F.E. ①proceed along a zigzag road ② beat about the bush ③ equivocate
guāiwéi 乖违[-違] V.P. contradictory; conflicting; separate
guàiwěi 怪伟[-偉] V.P. great and grotesque
guàiwèi* 怪味 N. ①sth. amiss/wrong ②unusual taste M: [1]*zhǒng*
guàiwèijī 怪味鸡[-雞] N. chicken with pungent aromatic sauce M: [2]*zhī*
guàiwu 怪物 N. ① monster; freak ② eccentric fellow
guàixiǎng 怪想 N. strange/weird opinions
guàixiàng* 怪相 N. ①odd appearance ②grimace M: [1]*fù*
guàixiànxiàng 怪现象 N. strange phenomena M: [1]*zhǒng*
guàixiào 怪笑 V. laugh in a funny/strange manner; laugh that grates on the ear
guàiyà 怪讶 S.V. surprised; amazed
guàiyǎnyuánzhēng 怪眼圆睁[-睜] F.E. make one's eyes big and round and fierce
guāiyì 乖异[-異] S.V. strange; odd
guàiyì* 怪异[-異] S.V. monstrous; strange ◆N. strange phenomenon
guàiyǐng 怪影 N. strange shadow/image
guǎiyòu 拐诱 V. ① seduce ② <*law*> abduct a minor
guàiyuàn 怪怨 N. complaint
guàizāi 怪哉 INTJ. Strange!; How strange!
guāizhāng 乖张 S.V. eccentric and unreasonable
guǎizhàng* 拐杖 N. walking-stick M: *ge*/[2]*gēn*
guài Zhāng Sān, yuàn Lǐ Sì 怪张三,怨李四 F.E. go around blaming everybody
guǎizhǒu 拐肘 N. elbow
guǎizi 拐子 N. ① <*coll.*> cripple ② abductor ③ swindler ④ I-shaped spindle ⑤ crutch
gū'āizǐ 孤哀子 N. a son bereaved of both parents (used in obituaries) M: *ge*/[1]*míng*/[2]*wèi*
guǎizigùn 拐子棍 N. truncheon used in fighting against Mongol horsemen M: [2]*gēn*
guǎizimǎ 拐子马 N. Mongol cavalrymen M: [1]*pǐ*
guǎizishǒu 拐子手 N. abductor
guǎizituǐ 拐子腿 N. crippled/crooked legs M: [1]*tiáo*
guǎizǒu 拐走 R.V. abduct (children/etc.)
guàizuì 怪罪 V. blame; complain
guājī 呱唧 ON. sound of clapping
guàjì* 挂记[掛-] R.V. ① miss; think fondly of sth. missing ② worry about; be anxious about
guàjiā 挂家[掛-] V.O. <*coll.*> be homesick
guàjià* 挂架[掛-] N. rack
guàjiàn 挂剑[掛-] V.O. present a gift appropriate for a deceased
guàjiāngr 挂僵儿[掛-] V.O. <*topo.*> feel ashamed
guǎjiànshǎowén 寡见少闻 F.E. be ill-informed and ignorant
guǎjiànxiǎnwén 寡见鲜闻 F.E. have seen and heard little of the world
guàjié 絓结 V. worry about
guàjìn 挂劲[掛勁] S.V. be furious
guà jìngxiàn 挂镜线[掛-] N. hanging-string for a picture/mirror/etc. M: [1]*tiáo*
guǎjiǔ 寡酒 *See chī guǎjiǔ*
guǎjū 寡居 V. live in widowhood
guǎjūn 寡君 N. <*trad.*> our sovereign M: *ge*/[1]*míng*/[2]*wèi*
guàkào 挂靠[掛-] V. rely/depend on
guàkè 挂客[掛-] V.O. hook customers (of prostitutes)
[1]**guāla** 呱啦 V. <*coll.*> babble; jabber
[2]**guāla** 刮拉 V. involve sb. in; inveigle
guālabǎn 呱啦板 N. <*coll.*> clacker; clapper M: [1]*duì*/[1]*fù*
guālālà 刮剌剌 V. make a crashing sound
guàlào(r) 挂络/落(儿)[掛-] N. involvement; implication
guāla shàngle 刮剌上了 V.P. ①have illegitimate relations with sb. of the other sex ② conspire with
guàlěi 挂累[掛-] V. involve (sb.) in
guàlì 挂历[掛曆] N. wall/hanging calendar M: [1]*běn*
guāliǎn* 刮脸 V.O. shave the face
[1]**guàlián** 挂连[掛-] V. implicate
[2]**guàlián** 挂镰[掛-] V.O. ① put away a sickle ② complete the year's harvest
guāliǎndāo(r) 刮脸刀(儿) N. razor M: [1]*bǎ*
guā liǎnpí 刮脸皮 V.O. <*topo.*> point the finger of scorn at sb.
guāliǎn shuāzi 刮脸刷子 N. shaving-brush M: *ge*/[1]*bǎ*
guǎliánxiǎnchǐ 寡廉鲜耻[-恥] F.E. ① be shameless ② be corrupt/depraved
guàlíng(r) 挂零(儿)[掛-] V.P. odd (e.g., 100-odd)
guālóu 栝楼//瓜蒌[-樓//-蔞] N. <*Ch. med.*> trichosanthes fruit
guǎlòu* 寡陋 V.P. seen and heard little of the world
guàlòu 挂漏[掛-] V. think of one thing and leave out another; be incomplete/inadequate
guàlòuduōduān 挂漏多端[掛-] F.E. leave out a lot
guālóupí 栝楼皮[-樓-] N. <*Ch. med.*> fruit-rind of Chinese trichosanthes
guàlǜ 挂虑[掛慮] V. worry about
guàlú rǔzhū 挂炉乳猪[掛爐-豬] N. roast suckling pig M: [1]*tóu*
guàlúyā 挂炉鸭[掛爐-] N. Beijing roast duck M: [2]*zhī*
guāmàn(r) 瓜蔓(儿) N. melon vine M: [1]*tiáo*
guàmǎn* 挂满[掛-] R.V. hang (things) all over (a place)
guāmián 瓜绵 ID. have prosperous descendants
guàmiàn* 挂面[掛麵] N. fine dried noodles; very thin vermicelli M: [1]*bǎ*
guà miǎnzhànpái 挂免战牌[掛-戰-] V.O. ① refuse battle ② refuse debate
guàmíng(r) 挂名(儿)[掛-] V.O. put in one's name ◆ATTR. titular; nominal
guàmíng chāishi 挂名差事[掛-] N. sinecure
guàmíng fūqī 挂名夫妻[掛-] N. nominal husband and wife M: [1]*duì*
guàmíng lǐngxiù 挂名领袖[掛-] N. figurehead M: *ge*/[1]*míng*/[2]*wèi*
guàmíng zhíwù 挂名职务[掛-職務] N. sinecure
guāmó 刮摩 V. ① rub/scrape out ② polish
guāmùxiāngdài 刮目相待 F.E. ① treat sb. with increased respect ② marvel at sb.'s progress/improvement
guāmùxiāngkàn 刮目相看 F.E. ① treat sb. with increased respect ② marvel at sb.'s progress/improvement
[1]**guān** 关[關] V. ① shut; close ② turn off ③ lock up ④ close down ⑤ issue/receive (payment) ⑥ concern; implicate ◆N. ① pass ② barrier ③ crux; critical juncture; turning/key point ④ key part

[2]guān 观[觀] B.F. ① look at; watch; observe *guānkàn* ② sight; view *qíguān* ③ outlook; concept *guānniàn* ♦SUF. point of view *bēi*~ pessimistic *See also* [7]*guàn*

[3]guān(r) 官(儿)[-(兒)] N. government official; officeholder M: *ge*/[1]*míng*/[2]*wèi* ♦B.F. ① organ [1]*qìguān* ② government-owned; official *guānfāng* ③ public ♦N. Surname

[4]guān 冠 B.F. ① <*wr.*> hat; cap [1]*yī-guān* ② corona; crown [1]*huángguān* ③ crest; comb [2]*jīguān* *See also* [6]*guàn*

[5]guān 棺 B.F. coffin *guāncai*

[6]guān 倌 B.F. ① a keeper of domestic animals; herdsman *yángguān* ② <*trad.*> a hired hand in certain trades [1]*tángguān*

[7]guān 鳏[鰥] B.F. widower *guānfū*

[8]guān 瘝 B.F. illness; suffering *dòngguānzàibào*, [3]*tōngguān*

[9]guān 矜 B.F. ① widower *guān-guǎ* ② illness; suffering *dòngguānzàibào*, [3]*tōngguān* *See also* [9]*jīn*

[10]guān 纶[綸] in [1]*guānjīn* *See also* [5]*lún*

[1]guǎn(r)* 管(儿)[-(兒)] N. tube; pipe *shuǐguǎn* ♦B.F. ① wind musical instrument ② tube-shaped device ♦V. ① run; manage; administer ② have charge of ③ subject to discipline ④ bother about *Bié ~ wǒ!* Don't bother about me. ⑤ furnish; provide ⑥ guarantee ♦CONS. ~ *A jiào B* designate A as B *Biérén dōu ~ wǒ jiào Xiǎo Lìzi.* Everybody calls me Xiao Lizi. ♦M. *for tube-shaped objects*

[2]guǎn 馆[館] B.F. ① accommodation for guests *lǚguǎn* ② embassy; legation; consulate *dàshǐguǎn* ③ shop *zhàoxiàngguǎn* ④ place for cultural activities *bówùguǎn* ⑤ <*trad.*> private school

[1]guàn 惯[慣] V. ① be used to ② indulge; spoil ♦B.F. habitual; customary *xíguàn* ♦ADV. in the habit of

[2]guàn 灌 V. ① irrigate ② fill; pour ③ record (a phonographic piece) ④ offer a libation

[3]guàn(r) 罐(儿)[-(兒)] M. ① vessel; container ② jug; jar ③ can; tin

[4]guàn 掼[摜] V. <*topo.*> ① hurl; fling ② throw to the ground ③ be used to

[5]guàn 贯[貫] M. *for strings of 1,000 cash* ♦B.F. ① thread for stringing holed copper coins ② thread together; link up [1]*liánguàn* ③ pass through; cross *guànchuān* ④ be versed in *guàntōng* ⑤ one's native place *jíguàn* ⑥ hit a target

[6]guàn 冠 V. ① <*wr.*> put on a hat ② precede; crown with ♦B.F. first place; best *guànjūn* *See also* [4]*guān*

[7]guàn 观[觀] B.F. Daoist temple *Dàoguàn* *See also* [2]*guān*

[8]guàn 鹳[鸛] N. stork

[9]guàn 盥 B.F. <*wr.*> wash (the hands or face) *guànxǐ*

[1]guān'ài 关爱[關愛] V. express solicitude for sb.'s well-being ♦N. concern and love M: [1]*fèn*

[2]guān'ài 关隘[關-] N. ① (mountain) pass ② strategic border/position/pass

[3]guān'ài 关碍[關礙] V. hinder; stand in the way

guānáo 瓜挠[-撓] N. <*topo.*> weeding tool M: *ge*/[1]*bǎ*

guānbà 官罢[-罷] V. settle people's disputes by official mediation

[1]guānbǎn 关板[關-] <*coll.*> V.O. close down; go bankrupt

[2]guānbǎn 官版 N. official edition (publication)

guānbàn* 官办[-辦] ATTR. government-operated/controlled

guānbǎnr 关板儿[關-] V.O. <*coll.*> close the shop/store

guānbào 官报[-報] N. official journal M: [1]*jiā*/[1]*fèn*

[1]guǎnbǎo* 管保 V. guarantee; assure ♦ADV. certainly; surely

[2]guǎnbǎo(r) 管饱(儿) V.O. provide enough food for sb.

guǎnbàofēnjīn 管鲍分金 ID. friendship so close as to make no distinction between each other's wealth

guānbàosīchóu 官报私仇[-報--] F.E. abuse public power to retaliate against a personal enemy

guānbēizhíxiǎo 官卑职小[--職-] F.E. be merely a petty official

guānběn 官本 N. ① <*art*> government-owned scroll ② official edition ③ <*econ.*> bonds underwritten by the government (in a mixed enterprise)

[1]guānbì* 关闭[關閉] V. close; shut (down)

[2]guānbì 官婢 N. <*trad.*> female offenders sentenced to menial service M: *ge*/[1]*míng*/[2]*wèi*

guǎnbì 管壁 N. ① pipe wall ② <*phys.*> vessel wall

guānbì gōngchǎng 关闭工厂[關-廠] V.O. close down a factory

guānbīmínfǎn 官逼民反 F.E. People revolt against official exploitation.

[1]guān-bīng 官兵 N. officers and men *See also* [2]*guānbīng*

[2]guānbīng 官兵 N. government troops *See also* [1]*guān-bīng*

guānbīngyīzhì 官兵一致 F.E. equality/solidarity between officers and soldiers

guānbì xiàoyìng 关闭效应[關-應] N. blackout effect

guānbíyīn 关鼻音[關-] N. <*lg.*> close nasal

guǎnbuliǎo 管不了 R.V. cannot manage or care for

guǎnbuliǎo nàme duō 管不了那么多[----麼-] V.P. be unable to take care of that much

guānbuyán 关不严[關-嚴] R.V. can't close tightly

guānbuzháo 关不着[關-著] R.V. ① have nothing to do with ② have no authority to interfere

guǎnbuzháo* 管不着[-著] R.V. ① can't control/supervise ② None of your business

guānbuzhù 关不住[關-] R.V. cannot be shut out

guǎnbuzhù* 管不住 R.V. can't keep under control

guāncai* 棺材 N. coffin M: *ge*/[1]*fù*

guǎncái 管材 N. tubular material

guāncaibǎn 棺材板 N. boards for making coffins M: [2]*kuài*

guāncaiběnr 棺材本儿 N. coffin/funeral expense M: [2]*bǐ*

[1]guāncāng 官仓[-倉] N. government storehouse M: *ge*/[4]*zuò*

[2]guāncāng 官舱[-艙] N. ① first-class cabin (on a boat/ship) ② officers' cabin

guǎncáng* 馆藏 V. have a collection of ♦N. collection

guǎncáng zīliào 馆藏资料 N. holdings (of libraries) M: *tào*

guāncè 观测[觀-] V. observe; survey

guāncèbǎn 棺侧板 N. <*archeo.*> side panel of a coffin

guāncèqì 观测器[觀-] N. observation equipment M: [1]*tái*

guāncè qìxiàng 观测气象[觀-氣-] V.O. make weather observations

guāncèshì 观测室[觀-] P.W. observation room M: [1]*jiān*

guāncèsuǒ 观测所[觀-] P.W. observation post M: *ge*/[4]*zuò*

guāncèyuán 观测员[觀-] N. <*mil.*> observer M: *ge*/[1]*míng*/[2]*wèi*

guāncèzhàn 观测站[觀-] P.W. observation station M: *ge*/[1]*suǒ*/[4]*zuò*

guānchá 观察[觀-] V. observe; survey; inspect ♦N. <*hist.*> superintendent of a [2]*dào*

guānchá chūlai 观察出来[觀-] R.V. observe; survey

guānchá dào 观察到[觀-] R.V. observe; survey

guānchāi 官差 N. ① official business ② petty officer ③ office-boys of local authorities M: *ge*/[1]*míng*/[2]*wèi*

guāncháji 观察机[觀-] N. observation aircraft M: *ge*/[1]*tái*

guānchájiā 观察家[觀-] N. observer (pseudonym used by political commentators) M: *ge*/[1]*míng*/[2]*wèi*

guānchálì 观察力[觀-] N. discernment M: [1]*zhǒng*

guānchǎn 官产[-產] N. public domain M: [2]*bǐ*

guānchāng 官娼 N. licensed prostitute M: *ge*/[1]*míng*/[2]*wèi*

guāncháng 官常 N. duty of government officials

guānchǎng* 官场[-場] N. officialdom; official circles

guànchang 灌肠[-腸] N. sausage (made of wheat flour stuffed into hog casings and fried) M: [2]*gēn* *See also* [2]*guàncháng*

[1]guàncháng 惯常 ATTR. customary; usual

[2]guàncháng 灌肠[-腸] <*med.*> N. enema ♦V.O. give an enema *See also guànchang*

guànchángjì 灌肠剂[-腸劑] N. <*med.*> clyster; enema M: [1]*fù*

guānchǎngjīxí 官场积习[-場積習] F.E. traditions of official circles

guānchǎng lǐmào 官场礼貌[-場禮-] N. official protocol

guàn chàngpiān 灌唱片 V.O. cut a record

guàncháng qì 灌肠器[-腸-] N. enema syringe; clyster pipe M: [1]*tái*

guāncháo 观潮[觀-] V.O. view a tide

guāncháopài 观潮派[觀-] N. ① onlooker; bystander ② fence-sitter

guāncháruìwēi 观察入微[觀-] F.E. observe carefully/meticulously

guānchá shàng de tuǒdàngxìng 观察上的妥当性[觀----當-] N. <*lg.*> observational adequacy

guāncháshào 观察哨[觀-] N. observation post M: [1]*suǒ*

guāncháshǐ 观察使[觀-] N. observer M: *ge*/[1]*míng*/[2]*wèi*

guānchá shùjù 观察述句[觀-] N. observation statement

guānchásuǒ 观察所[觀-] N. observation post M: *ge*/[4]*zuò*

guānchá wùchā 观察误差[觀-] N. observation error

guāncháyuán 观察员[觀-] N. observer (pseudonym used by political observers) M: *ge*/[1]*míng*/[2]*wèi*

guānchá yǔjù 观察语句[觀-] N. observation sentence

guāncházhě 观察者[觀-] N. observer M: *ge*/[1]*míng*/[2]*wèi*

guànchē 罐车 N. tank-car/truck M: [3]*liàng*

guànchè* 贯彻[-徹] V. ① carry out; implement ~ *dúshēng zǐnǚ zhèngcè* implement the One-Child policy ② get to the bottom (of sth.)

guànchèluòshí 贯彻落实[-徹-實] V.P. implement; carry out

guānchéng 关城[關-] V.O. close city gates

guànchè shǐzhōng 贯彻始终[-徹--] V.O. ① remain consistent from the start to the very end ② stick to (a task) to the bitter end

guǎnchīguǎnzhù 管吃管住 F.E. provide food and lodging

guànchū 掼出 R.V. throw off

guǎnchuán 管船 V.O. man a boat

guànchuān* 贯穿 R.V. ① run through ② penetrate; pierce through ③ understand thoroughly

guànchuàn 贯串 R.V. ① run through; penetrate ② connect

guànchuān fúshè 贯穿幅射 N. <*phy.*> penetrating radiation

guānchuāng* 关窗[關-] V.O. close the window

guānchuáng 棺床 N. coffin platform M: [1]*fù*

guànchuānlínglóng 贯穿玲珑 ID. finely interconnected

guāncí 官词 N. official jargon; bureaucratic tone

guāncì 官次 N. hierarchy/residence of functionaries

guàncí* 冠词 N. <lg.> article

guàncóng 灌丛[-叢] N. dense shrubs and thick undergrowth

guāndài* 冠带[-帶] N. ① cap and belt M: 1tiáo ② costume ③ highly developed culture ~ *zhī guó* country with a sophisticated culture ④ scholars

1guǎndài 管带[-帶] N. ① battalion commander ② captain (of a ship) M: ge/1míng/2wèi

2guǎndài 管待 V. entertain

guàndài 冠戴 N. <wr.> one's dress/clothing M: 1shēn

guàndàiliúchuán 冠带流传[-帶-傳] F.E. <trad.> official position will be handed down to descendents

guāndàizhīguó 冠带之国[-帶-國] N. a nation with a highly developed culture

guǎndǎláihuí 管打来回 F.E. guarantee a promise

guāndàngbǎn 棺档板[-檔-] N. <archeo.> end-panel of a coffin M: 2kuài

guāndāo 关刀[關-] N. long-handled sword for fighting on horseback M: 1bǎ

guāndǎo(r) 官倒(儿) N. ① official profiteering ② official speculator ③ bureaucratic profiteers

Guān Dǎo 关岛[關島] P.W. Guam

guāndào 官道 N. ① government-financed road ② <topo.> highway M: 1tiáo

guǎndào* 管道 N. ① pipeline; conduit; piping ② channel (for communication/etc.) M: 1tiáo

guàndào 惯盗[-盜] N. incorrigible thief M: ge/1míng

guǎndào tōngxùn 管道通讯 N. pipeline communication

guǎndekuān 管得宽[-寬] V.P. make everything one's own business

guāndēng 关灯[關燈] V.O. turn off the light

guāndǐ* 官邸 N. official residence M: ge/4zuò

guāndì 官地 N. public land M: 2kuài/1piàn

Guāndì 关帝[關-] N. <Dao.> God of War *See also Guān Yǔ*

guǎndǐ 馆邸 N. residence; mansion M: ge/4zuò

guǎndì 馆地 N. <trad.> a tutor's post

guàndì 灌地 V.O. offer a libation by pouring wine on the ground

guāndiǎn 观点[觀點] N. point of view; standpoint M: 1zhǒng

guāndiànxiēyè 关店歇业[關-業] F.E. close up shop and stop business

guāndiào 关掉[關-] R.V. ① unplug; turn off ② be off (of valves/switches)

Guāndìmiào 关帝庙[關-廟] P.W. <hist.> shrine dedicated to General Guan Yu M: ge/4zuò

guāndīng 关钉[關-] V.O. get stuck

guāndǐng 观鼎[觀-] V.O. <wr.> covet the throne

guàndǐng* 灌顶 V.O. <Budd.> consecrate by sprinkling water on the head

Guāndōng 关东[關-] P.W. ① east of Shanhaiguan; Northeast China ② Kanto (Jp.)

Guāndōngjūn 关东军[關-] N. Japanese army stationed in Northeast China during the Anti-Japanese War M: 4zhī

Guāndōngtáng 关东糖[關-] N. a kind of malt candy M: 2kuài

guāndù 官渡 N. public ferry

guāndūshāngbàn 官督商办[-辦] F.E. <trad.> government supervision and merchant management

guàn'ěr 贯耳 V.O. ①hear; have heard ②<trad.> pierce the ear with an arrow (as punishment) ♦N. lugs on the shoulders of a pottery vessel

guǎn'érbùsǐ 管而不死 F.E. exercise moderate control

guàn'ěrhú 贯耳壶[-壺] N. <archeo.> jar with lugs for a cord M: ge/1bǎ

guānfá 官阀 N. family of an official M: ge/1míng/2wèi

guǎnfàn 管饭 V.O. <coll.> feed; provide meals

guànfàn* 惯犯 N. habitual offender; hardened criminal M: ge/1míng/2wèi

guānfāng* 官方 N. ① government ② rites and rules applying to officials ♦ATTR. official

guānfáng 关防[關-] N. ① measures to forestall leakage of secrets ② oblong official seal ③ military position at strategic border point

guānfāng bàogào 官方报告[--報-] N. official report M: ge/1fèn

guānfāng huìlǜ 官方汇率[--匯-] N. official exchange rate

guānfāng rénshì 官方人士 N. officialdom M: ge/1míng/2wèi

guānfāng xiāoxi 官方消息 N. official news M: ge/1tiáo/1zé

guānfāng yānmù 官方烟幕[--煙-] N. government smokescreen

guānfāng yǔyán 官方语言 N. official language M: 1zhǒng

guānfāng zhànbào 官方战报[-戰報] N. war communiqué M: 1fèn/1jiā

guānfèi 官费 N. <trad.> fees paid by the government M: 1fèn

guànfěi* 惯匪 N. hardened bandit; professional brigand M: ge/1míng

guānfèishēng 官费生 N. government scholarship student M: ge/1míng/2wèi

guǎnfèn 管粪[-糞] N. night-soil management

guānfēng 观风[觀-] V.O. ① serve as a lookout ② look for opportunities ③ observe local customs

guānfèng* 官俸 N. salaries of government officials M: 1fèn

guǎnfēngqín 管风琴 N. <mus.> pipe organ M: 1tái

guānfēngshǐduò 观风驶舵[觀-] ID. see which way the wind blows; trim one's sails; follow the trend of the moment

guànFó 灌佛 V.O. wash a Buddha's image with scented water

guānfū 鳏夫 N. ① widower ② a celibate M: ge/1míng/2wèi

guānfú 官服 N. <trad.> official robes M: 2jiàn/1shēn/tào

guānfǔ* 官府 N. <trad.> ① local authorities ② administrative center M: ge/4zuò

guānfūguǎfù 鳏夫寡妇[-婦] F.E. widows and widowers

guānfùyuánzhí 官复原职[-復-職] F.E. be reinstated

Guānfūzǐ 关夫子[關-] *See Guān Yǔ*

1guāng* 光 N. ① light; ray; brightness ② honor; glory; luster ③ scene ♦S.V. smooth; glossy ♦B.F. <court.> gracious ♦V. ① be bare/naked ② be used up *chī~ le* eaten up ③ <wr.> glorify ♦ADV. solely; merely; only

2guāng 咣 ON. bang

3guāng 胱 in *pángguāng*

4guāng 桄 in *guāngláng See also 2guàng*

1guǎng 广[廣] S.V. ① wide; vast ② numerous ♦V. expand; spread ♦N. ab. for Guangzhou/Guangdong

2guǎng 犷[獷] B.F. <wr.> rustic; uncouth; boorish *cūguǎng*

1guàng 逛 V. stroll; ramble; roam

2guàng 桄 V. reel thread/wire on a revolving frame ♦M. reel *See also 4guāng*

1guāngài 棺盖[-蓋] N. lid of a coffin

2guāngài 官盖[-蓋] ATTR. <slang> by far the best; superlative

3guāngài 冠盖[-蓋] N. <trad.> ① official hats and canopies M: 1dǐng ② officials

guàngài* 灌溉 V. irrigate

guàngài miànji 灌溉面积[-積] N. irrigated area

guàngàiqú 灌溉渠 N. irrigation canal M: 1tiáo

guāngàirúyún 冠盖如云[-蓋-雲] F.E. large gathering of high officials

guàngàiwǎng 灌溉网[-網] N. irrigation network M: 1zhāng

guāngàixiāngwàng 冠盖相望[-蓋--] F.E. ①constant exchange of high officials' visits between two nations ② a gathering of dignitaries

guàngài xìtǒng 灌溉系统 N. irrigation system M: tào

guāngàiyúnjí 冠盖云集[-蓋雲-] F.E. gathering of dignitaries

guāngǎn 观感[觀-] N. impressions

guāngǎnsuǒjí 观感所及[觀-] F.E. impressed by what one sees

guāngbān 光斑 N. <astr.> facula

guāngbǎn(r)* 光板(儿) N. ① worn-out fur ② <trad.> a copper coin without a distinctive stamp M: 2kuài

guǎngbǎn 广板[廣-] N. <mus.> largo

guāng bǎngzi 光膀子 V. strip to the waist ♦N. bare upper body

guǎngbèi 广被[廣-] V.P. far-reaching (love/benefit)

guāngbèisìbiǎo 光被四表 F.E. The benefit (of your enlightened administration) reaches far and wide.

guāngbǐ 光笔[-筆] N. <comp.> light-pen; electronic stylus M: 2zhī

guāngbiāo 光标[-標] N. <comp./PRC> cursor

guāngbō 光波 N. light-wave M: 1duàn

guǎngbō* 广播[廣-] V./N. broadcast; air

guǎngbó 广博[廣-] S.V. extensive; wide (of knowledge)

guǎngbōcāo 广播操[廣-] N. physical exercise to radio music M: 1jié/tào

guǎngbō diànshì 广播电视[廣-電-] N. radio and television

guǎngbō diànshì dàxué 广播电视大学[廣-電---] P.W. radio and TV university; college on the air M: ge/1suǒ/4zuò

guǎngbō diàntái 广播电台[廣-電臺] P.W. broadcasting/radio station M: 1jiā

guǎngbōgǎo 广播稿[廣-] N. broadcast script M: 1piān

guǎngbō gōngsī 广播公司[廣-] P.W. broadcasting company M: 1jiā

guǎngbō jiǎnghuà 广播讲话[廣-講-] N. broadcast speech; radio talk M: 1piān

Guǎngbōjié 广播节[廣-節] N. Broadcasting Day (March 26)

guǎngbōjiè* 广播界[廣-] N. broadcasting circles

guǎngbō jiémù 广播节目[廣-節-] N. broadcast/radio program M: tào

guǎngbōjù 广播剧[廣-劇] N. radio play

guǎngbōtái 广播台[廣-臺] P.W. radio station

guǎngbō tǐcāo 广播体操[廣-體-] N. physical exercises to radio music M: 1jié/tào

guǎngbōwǎng 广播网[廣-網] N. rediffusion/broadcasting network

guǎngbō yòngyǔ 广播用语[廣-] N. <lg.> broadcasting language M: tào/1zhǒng

guǎngbōyuán 广播员[廣-] N. radio broadcaster/announcer M: ge/1míng/2wèi

guǎngbōzhàn 广播站[廣-] P.W. broadcasting station (of a factory/school/etc.) M: 1jiā

guǎngbōzhě 广播者[廣-] N. announcer; broadcaster M: ge/1míng/2wèi

guāngbuchuliūr 光不出溜儿 V.P. slippery

guǎngbùtiānxià 广布天下[廣-] F.E. diffuse throughout the empire/world

guāngcǎi* 光彩/采 N. luster; splendor; glory ♦S.V. honorable; glorious

Guǎngcǎi 广彩[廣-] S.V. <art> ① Guangdong-decorated export ware ②white porcelain made at Jingdezhen and painted in Guangdong

guāngcǎiduómù 光彩夺目[--奪-] F.E. dazzlingly brilliant

guāngcǎi qǐlai 光彩起来 R.V. become honorable/glorious

guāngcàn 光灿[-燦] S.V. bright; splendid; resplendent; magnificent

guāngcàncàn 光灿灿[-燦燦] V.P. very bright

1guǎngchǎng 广场[廣場] P.W. ① public square; arena ② forum (lit./fig.)

[2]**guǎngchǎng** 广敞[廣-] V.P. spacious; roomy; commodious
guǎngchángshé 广长舌[廣-] N. <coll.> eloquence
Guǎngchéng 广橙[廣-] N. Guangdong orange M: ge/[2]zhī
guāngchì 光赤 V. be bare/naked
guāngchǒng 光宠 N. honors; favors (bestowed)
guǎngchuāng 广疮[廣瘡] N. <med.> syphilis
guāngchuliūr 光出溜儿 V.P. ① bare; nude ② gleaming; flashy
guāngcuìxìng 光脆性 N. brittleness
guāngdà 光大 V. ① glorify; carry forward; develop ② be wide; be extensive ♦S.V. glorious and majestic
guǎngdà* 广大[廣-] S.V. ① vast; wide ② large-scale; wide-spread ③ numerous
guāngdài 光带[-帶] N. a slit of light
guāng dǎléi, bù xiàyǔ 光打雷,不下雨 ID. all talk and no action
guāngdàn 光蛋 N. pauper
guàngdang 逛荡[-蕩] V. loiter; loaf about
guāngdāo 光刀 N. ①laser scalpel ②laser beam M: [1]bǎ
Guǎng Dǎo* 广岛[廣島] P.W. Hiroshima (Jp.)
guāngdǎo xiānwéi 光导纤维[-導纖-] N. ① photoconductive/optical fiber ② fiber optics M: [1]zhǒng
guǎngdà qǐlai 广大起来[廣-] R.V. develop; enhance; carry forward
guǎngdàwúbiān 广大无边[廣-邊] F.E. boundless
guǎng de 广的[廣-] ATTR. broad
guàngdēng 逛灯[-燈] V.O. look at the lanterns displayed on the streets on the Lantern Festival
guǎng de yīnbiāofǎ 广的音标法[廣--標-] N. <lg.> broad transcription
guǎngdí 犷敌[獷敵] N. savage enemy; deadly rival
guāngdiǎn 光点[-點] N. <print.> pixel; light-spot
guāngdiàn* 光电[-電] N. <phy.> photoelectricity
guāngdiànchí 光电池[-電-] N. photoelectric battery M: [1]jié
guāngdiànguǎn 光电管[-電-] N. ① phototube ② photoelectric cell
guāngdiànhuà 光电话[-電-] N. phototelephone M: [2]bù/[1]tái
guāngdiàn jìshù 光电技术[-電-術] N. photoelectric technology M: [3]xiàng
guāngdiàn xiàoyìng 光电效应[-電-應] N. photoelectric effect
guāngdiànzǐ 光电子[-電-] N. <phy.> photoelectron M: [1]zhǒng
guāngdié 光碟 N. ① compact disk ② CD-ROM M: ge/[1]zhāng
guāngdìng 光腚 V.O. <coll.> barebottomed
Guǎngdōng 广东[廣-] P.W. Guangdong Province
Guǎngdōngcài 广东菜[廣-] N. Guangdong (Cantonese) cuisine M: [2]dào/[1]xí
Guǎngdōngchá 广东茶[廣-] N. Guangdong (Cantonese) tea M: [2]dào/[1]zhǒng
Guǎngdōnghuà 广东话[廣-] N. Cantonese speech/language
Guǎngdōngjí 广东籍[廣-] N. native of Guangdong
Guǎngdōngxì 广东戏[廣-戲] N. Guangdong opera M: [1]chū
Guǎngdōng yīnyuè 广东音乐[廣-樂] N. Guangdong folk music
guāngdù 光度 N. <phy.> luminosity
guǎngdù* 广度[廣-] N. scope; range
guāngdùjì 光度计 N. photometer M: [2]zhī
guǎngdù yōuxiān sōuxún 广度优先搜寻[廣-優--尋] N. <lg.> breadth-first search
guǎngé 馆阁 N. <trad.> official in charge of academic affairs
guǎngéqì 馆阁气[-氣] N. flowery, ornamental, but rather stale literary style M: [2]gǔ
guǎn ge qiú 管个球[-個-] V.P. <coll./vulg.> give a damn
guǎng'éryánzhī 广而言之[廣-] F.E. speaking generally; in a general/broad sense
guǎngfàn 广泛[廣-] S.V. extensive; wide-ranging; widespread
Guǎngfāngyánguǎn 广方言馆[廣-] N. <hist.> school for training translators set up by Li Hongzhang M: [4]zuò
guāngfǎnyìng 光反应[-應] N. <phy.> light reaction
guāngfēngjìyuè 光风霁月[--霽-] F.E. <wr.> ① light breeze and clear moon ② open and aboveboard ③ peace and prosperity
guāngfù 光复[-復] V. recover (lost land)
Guāngfùjié 光复节[-復節] N. <TW> holiday celebrating recovery of Taiwan from Japanese control
guāngfù jiùwù 光复旧物[-復舊-] V.O. recover what has been lost (to an invader)
guāngfúshè 光幅射 N. ray radiation M: [1]zhǒng
guānggǎn(r)* 光杆(儿) N. ① bare trunk/stalk ② man who has lost his family ③ person without a following
Guǎnggān 广柑[廣-] N. Guangdong orange M: ge/[2]zhī
guānggǎnr sīlìng 光杆儿司令 N. a leader without a following; a leader who operates alone
guǎnggào 广告[廣-] N. advertisement
guǎnggàobù 广告部[廣-] P.W. advertising department (of a business)
guǎnggào chuándān 广告传单[廣-傳-] N. advertising sheets/fliers M: ge/[1]zhāng
guǎnggào dàilǐháng 广告代理行[廣-] N. advertising agency
guǎnggào dàilǐrén 广告代理人[廣-] N. publicity agent M: ge/[1]míng/[2]wèi
guǎnggào dàilǐshāng 广告代理商[廣-] N. advertising agent M: ge/[1]míng/[2]wèi
guǎnggàofèi 广告费[廣-] N. advertising rates M: [1]bǐ
guǎnggàogǎo 广告稿[廣-] N. advertising copy M: [1]piān
guǎnggàohuà 广告画[廣-畫] N. advertising poster M: [10]fú/[1]zhāng
guǎnggào huāzhāo 广告花招[廣-] N. advertising stunts
guǎnggào huódòng 广告活动[廣-動] N. advertising campaign
guǎnggào kèhù 广告客户[廣-] N. advertiser M: [1]jiā
guǎnggàolán 广告栏[廣-欄] N. advertisement column (in a newspaper/etc.)
guǎnggàopái 广告牌[廣-] N. billboard
guǎnggàopiān 广告片[廣-] N. advertising film M: [2]bù
guǎnggào pīnbǎn 广告拼版[廣-] N. advertisement make-up
guǎnggào qìqiú 广告气球[廣-氣-] N. advertisement balloon
guǎnggàorén 广告人[廣-] <coll.> N. advertising man; adman M: ge/[1]míng/[2]wèi
guǎnggàosè 广告色[廣-] N. poster color M: [1]zhǒng
guǎnggàoshè 广告社[廣-] N. advertising agency M: [1]jiā
guǎnggào wénxué 广告文学[廣-] N. branch of literature dealing with advertising and marketing; the art of writing advertisements M: [1]piān
guǎnggào xīnwén 广告新闻[廣-] N. advertisements that try to appear to be news M: [1]tiáo/[1]zé
guǎnggàoxué 广告学[廣-] N. the art of advertising
guǎnggàoyè 广告业[廣-業] N. advertising
guǎnggào yòngyǔ 广告用语[廣-] N. <lg.> advertising language M: [1]zhǒng
guānggù 光顾[-顧] V. patronize ♦N. patronage
guāngguài 光怪 V.P. grotesque; bizarre
guāngguàilùlí 光怪陆离[-陸離] F.E. bizarre; fantastic
guàngguān 桄关[-關] N. bolt; crossbar
guāngguāng 光光 <coll.> R.F. ① smooth and shiny; slippery ② radiant; glossy ③ exhausted (of money/goods) ④ naked ♦ADV. merely; just
guānggùn(r/zi) 光棍(儿/子) <coll.> N. ①bachelor ②idler; loafer ③ruffian; hoodlum ④tough guy; brave man M: ge/[1]míng
guǎnghàn 犷悍[獷-] S.V. tough and intrepid
guǎnghán de 广含的[廣-] ATTR. <lg.> general
guǎnghán de zìcí 广含的字词[廣-] N. <lg.> general term
Guǎnghán Gōng 广寒宫[廣-宮] N. Moon Palace (mythical palace in the moon)
guānghé 光合 N. photosynthesis
guānghé zuòyòng 光合作用 N. <bot.> photosynthesis
guānghua 光滑 S.V. smooth; glossy; sleek
guānghuā 光花 N. brilliance; splendor
guānghuá* 光华[-華] N. brilliance; splendor
guānghuà 光化 ATTR. ①actinic ②photochemical
guàng huādēng 逛花灯[-燈] V.O. view the festive lanterns
guānghuáhuá 光滑滑 R.F. smooth; glossy; sleek
guānghuán 光环[-環] N. ①ring of light ②<rel.> halo; aureole M: quān
guānghuàxué 光化学 N. <chem.> photochemistry
guānghuà zuòyòng 光化作用 N. photochemical action
guānghuī 光辉 N. ①radiance; brilliance ②glory
guānghuīcànlàn 光辉灿烂[-燦爛] F.E. brilliant; dazzling
guānghuīyàomù 光辉耀目 F.E. glitter and glow in the sunlight
guānghuǒ* 光火 <topo.> N. anger ♦S.V. angry
Guǎnghuò 广货[廣-] N. Guangdong goods M: [1]pī
guǎngjiā 广加[廣-] V. do sth. extensively
guǎngjiànbóshí 广见博识[廣-識] F.E. rich experience and extensive knowledge
guǎngjiànbówén 广见博闻[廣-] F.E. widely experienced
guāngjiàng 光降 N. <court.> honor with one's gracious presence
guǎngjiànqiàwén 广见洽闻[廣-] F.E. wide knowledge
guāngjiǎo(r)* 光脚(儿)[-腳-] N. bare feet
guǎngjiāo 广交[廣-] V. have many friends
guāngjiǎo de 光脚的[-腳-] N. the poor
Guǎngjiāohuì 广交会[廣-] P.W. Guangzhou Export Commodities Fair M: ge/[1]cì/[3]chǎng
guǎngjiǎo jìngtóu 广角镜头[廣-] N. wide-angle lens
guǎngjiāo péngyou 广交朋友[廣-] V.O. make friends extensively; make as many friends as possible
guǎngjiāosìhǎi 广交四海[廣-] F.E. make friends extensively
guāng jiǎoyāzi 光脚鸭/丫子[-腳--] V.O./N. <coll.> barefoot
guāngjié 光洁[-潔] S.V. bright and clean
guǎngjié 广结[廣-] V. have a large number of friends
guàngjiē* 逛街 V.O. <coll.> ① window-shop ② stroll down the street
guāngjiédù 光洁度[-潔-] N. <mach.> smooth finish
guǎngjiéliángyuán 广结良缘[廣-] F.E. make friends all around
guǎngjiérényuán 广结人缘[廣-] F.E. make friends all around
guǎngjiéshànyuán 广结善缘[廣-] F.E. make friends all around
guāng jíliang 光脊梁 V.O./N. <coll.> barebacked
guǎngjīliángcǎo 广积粮草[廣積糧-] F.E. accumulate great stores of grain and forage

guāngjǐng(r) 光景(儿) N. ① scene; prospects ② circumstances; conditions ③ surroundings ④ time ♦ADV. <coll.> ① about; around *Lí wǒ jiā yǒu wǔ lǐ ~.* It's about five *li* from my home. ② very probably; quite likely
Guǎng-Jiǔ Tiělù 广九铁路[廣-鐵-] N. Canton-Kowloon Railway
guǎngjīyīndé 广积阴德[廣積陰-] F.E. perform good deeds extensively; be philanthropic
guǎngkāi cáilù 广开才路[廣開-] V.O. open broad avenues for individuals of talent
guǎngkāi jiùyè ménlu 广开就业门路[廣開-業--] V.P. create job opportunities on an extensive scale
guǎngkāi xuélù 广开学路[廣開-] V.O. create a wide range of possibilities for further education
guǎngkāi yánlù 广开言路[廣開-] V.O. encourage free airing of views
guāngkè 光刻 N. <phy.> photoetching
guāngkějiànrén 光可鉴人[--鑒-] F.E. shiny enough to reflect one's image
guǎngkuò 广阔[廣-] S.V. vast; broad
guàngláiguàngqù 逛来逛去 V.P. hang around
guānglǎn 光缆[-纜] N. optical/light cable M: ⁴shù/¹tiáo
guāngláng* 桄榔 N. <bot.> gomuti palm M: ²kē
guānglàng 光浪 N. <phy.> light waves
guāngle 光了 V.P. All gone! Finished!
guǎnglí 广梨[廣-] N. a kind of pear M: ge/²zhī
guāngliàng 光亮 S.V. bright; shiny
guāngliàngpài 光亮派 N. <archi.> the glass-and-chrome school
guāngliáo 光疗[-療] N. phototherapy M: ¹cì/¹zhǒng
guānglín 光临[-臨] <court.> V. be present ♦N. presence (of a guest, etc.)
guāngliu 光溜 S.V. <coll.> smooth; slippery
guāngliūliū(r) 光溜溜(儿) V.P. ① smooth; slippery ② bare; naked
guānglún 光轮 N. halo M: quān
guāngluǒ 光裸 V.P./V. nude; naked
guāngmáng 光芒 N. rays of light; radiance M: ²dào
guāngmángwànzhàng 光芒万丈[--萬-] F.E. gloriously radiant; shining with boundless radiance
guǎngmào 广袤[廣-] N. <wr.> length and breadth of the land
guāngmén 光门 N. (camera) shutter
¹**guāngmiàn(r)** 光面(儿) N. ① smooth/glossy surface ② bright side; side facing the light
²**guāngmiàn** 光面[-麵] N. plain noodles (without meat/vegetables)
guàngmiào 逛庙[-廟] V.O. tour a temple
guāngmǐn 光敏 ATTR. <phy.> photosensitive
guāngmǐn diànzǔ 光敏电阻[--電-] N. photoresistance
guāngmíng 光明 N. light ♦S.V. ① bright; promising ② openhearted; guileless
guāngmínglěiluò 光明磊落 F.E. open and aboveboard
guāngmíngzhèngdà 光明正大 F.E. just and honorable
guǎngmò 广漠[廣-] S.V. vast and bare
guǎngmóubócǎi 广谋博采[廣-] F.E. seek advice from all sides
Guǎngmùxiāng 广木香[廣-] N. <Ch. med.> Guangdong costus root
guǎngnàxiánshì 广纳贤士[廣-賢-] F.E. send far and wide to invite men of ability
guāngnéng 光能 N. luminous energy M: ¹zhǒng
guāngnián 光年 N. <astr.> light-year
Guāngōng* 关公[關-] N. <hist.> Guan Yu
guǎngōng 管工 N. ① plumber ② <trad.> foreman; overseer M: ge/¹míng/²wèi
guāngōng zuòfēng 官工作风 N. <trad.> work-style of servants M: ¹zhǒng
guǎngòur 管够儿[-夠-] V.O. guarantee a sufficient supply of sth.
guāngpán 光盘[-盤] N. <comp.> CD-ROM M: ¹zhāng
guāng pìgu 光屁股 ATTR./V.O. in the nude; without a single stitch on
guāng pìgu gǒu 光屁股狗 N. <coll.> penniless/homeless guy M: ¹tiáo
guāngpǔ 光谱 N. <phy.> spectrum M: ⁴shù
guāngpǔ fēnxi 光谱分析 N. <phy.> spectrographic analysis
guāngpǔxiàn 光谱线 N. <phy.> spectral line M: ¹tiáo
guāngpǔyí 光谱仪[-儀] N. <phy.> spectrum equipment M: ¹tái
guāngqì 光气[-氣] N. <chem.> phosgene
guǎngqiántōngshén 广钱通神[廣錢--] F.E. Money is all-powerful.
guāngqiányùhòu 光前裕后[-後] F.E. glorify forebears and enrich descendants
guàngqīngr 逛青儿 V.O. <coll.> spring outing
guǎngqiú 广求[廣-] V. <wr.> seek widely
guāngquān 光圈 N. <photo.> diaphragm; aperture
guāngróng 光荣[-榮] N./S.V. honor; glory; credit M: ¹zhǒng
guāngróngbǎng 光荣榜[-榮-] N. honor roll
guāngróngbù 光荣簿[-榮-] N. record of accomplishments
guāngrónghuā 光荣花[-榮-] N. rosette presented as a mark of honor M: ²duǒ
guāngróngjiùyì 光荣就义[-榮-義] F.E. sacrifice one's life for the sake of righteousness
guāngróngyuàn 光荣院[-榮-] P.W. nursing homes for elderly revolutionaries and relatives M: ge/¹suǒ/⁴zuò
guāngróngzhījiā 光荣之家[-榮--] N. an honorable family (of a PLA man on active service)
guāngrun 光润 S.V. smooth and glossy
guāngsǎomiáo 光扫描[-掃-] N. photoscanning
guǎngshà 广厦[廣廈] N. <wr.> ① large house ② spacious mansion M: ⁴zuò
guǎngshàgāolóu 广厦高楼[廣廈-樓] F.E. high and big buildings; skyscrapers M: ⁴zuò
guāngshān 光栅[-柵] N. <phy.> grating
guàng shāngdiàn 逛商店 V.O. window shop
guāngshānqiàobì 光山峭壁 F.E. bare hills and sheer cliffs
guǎngshàwànjiān 广厦万间[廣廈萬-] F.E. ① vast, many-chambered edifice ② <fig.> help that benefits large numbers of people
guāngshé 光舌 N. <Ch. med.> shiny tongue
¹**guāngshēn*** 光身 N. naked body ♦ADV. alone
²**guāngshēn** 光参[-參] N. <zoo.> sea cucumber
guāngshèn 光渗[-滲] N. <phy.> irradiation M: ¹cì
guāngshēnchìtiáo 光身赤条[-條] F.E. be stark naked
guāngshēnrénr 光身人儿 N. ① single man ② person with no valuable possessions
guāngshēnzi 光身子 N. ① nude body ② nude upper body (of a man)
guāngshì 光是 CONS. ~ V; ~ N just V; N alone
guāngshǒu 光手 ADV. barehanded
guāngshù 光束 N. <phy.> light beam M: ¹tiáo
guǎngsì 广嗣[廣-] N. <wr.> have many children
guāngsù* 光速 N. <phy.> velocity of light M: ¹tiáo
guǎngsú 犷俗[獷-] N. uncivilized customs; barbarian ways
guāngtǎn 光坦 S.V. even; smooth
guāngtang 光趟 S.V. <topo.> smooth and even
guāngtǐ 光体[-體] N. luminous body; luminary; luminophor
guāngtiānhuàrì 光天化日 F.E. ①broad daylight; light of day ② a period of peace and prosperity
guǎngtǐ kèjī 广体客机[廣體-] N. wide-bodied jetliner M: ¹jià
guǎngtíng 广庭[廣-] N. ① large yard/garden ② public place
guāngtóng 光瞳 N. pupil of the eye
guāngtōnghuà 光通话 N. photophone
guāngtōngliàng 光通量 N. <phy.> luminous flux
guāngtōngxùn 光通讯 N. photocommunications M: ¹zhǒng
guāngtóu 光头 N. bare/shaven/bald head
guāngtūtū 光秃秃[-禿禿] R.F. bare; bald
guǎngtǔzhòngmín 广土众民[廣-眾-] F.E. have large territory and population
guāngǔ 官股 N. government-owned stocks M: ²gǔ
guāngù* 关顾[關顧] V. show loving care for
guān-guǎ 矜/鳏寡 F.E. widowers and widows
guān-guǎ-gū-dú 鳏/矜寡孤独[-獨] N. ① widowers, widows, orphans, and the childless ② those who have no kith and kin and cannot support themselves
guānguān* 关关[關關] ON. <trad.> sound of birds chirping
guǎnguǎn 管管 A.T. have no guidance
guānguāng 观光[觀-] V.O. go sightseeing; visit; tour
guānguāngjì 观光季[觀-] N. sightseeing season
guānguāngjú 观光局[觀-] P.W. tourism bureau
guānguāngkē 观光科[觀-] N. department of tourism
guānguāngkè* 观光客[觀-] N. tourist M: ge/¹míng/²wèi
guānguāng lǚguǎn 观光旅馆[觀-] P.W. tourist hotel M: ge/¹jiā/⁴zuò
guānguāng lǚyóu 观光旅游[觀-] N. ① tour M: ¹cì ② tourism
guānguāngqū 观光区[觀-區] P.W. places for sightseeing M: ¹piàn
guānguāng shèngdì 观光胜地[觀-勝-] N. scenic spot
guānguāng shìyè 观光事业[觀-業] N. tourism; tourist industry
guānguāngtuán 观光团[觀-團] P.W. touring/visiting group
guānguāngyè 观光业[觀-業] N. tourism; tourist industry
guānguānxiānghù 官官相护[-護] F.E. bureaucrats shield each other
guānguānxiāngwèi 官官相卫[-衛] F.E. bureaucrats shield each other
guānguī 官规 N. <trad.> rules concerning functionaries M: ¹tiáo/³xiàng
guānguì* 官桂 N. first-class cinnamon
guāngùnr 鳏棍儿 N. bachelor M: ge/¹míng
guānguǒ 棺椁[-槨] N. <trad.> inner and outer coffins
guānguòzhìrén 观过知仁[觀-] F.E. Observe a person's failings to know what he really is.
guāngǔr 官股儿 N. government share of an investment M: ²gǔ
guǎngwéi 广为[廣-] ADV. widely; far and wide
guǎngwéirénzhī 广为人知[廣-] F.E. be widely known
guāngwùlǐ 光物理 N. photophysics
Guǎngxī 广西[廣-] P.W. ① <trad.> Guangxi Province ② <PRC> *Guǎngxī Zhuàngzú Zìzhìqū*
¹**guāngxiān*** 光纤[-纖] N. optical fiber
²**guāngxiān** 光鲜 S.V. bright and new; fresh and bright
guāngxiàn 光线 N. light; ray M: ⁴shù
guāngxiān diànlǎn 光纤电缆[-纖電纜] N. optical-fiber cable
guāngxiān guānglǎn 光纤光缆[-纖-纜] N. optical fiber and cable
guāngxiān tōngxìn 光纤通信[-纖--] N. optical-fiber communication
guāngxíngchā 光行差 N. <astr.> aberration
guǎngxíngshànshì 广行善事[廣-] F.E. perform many good deeds; be philanthropic
Guǎngxī Zhuàngzú Zìzhìqū 广西壮族自治区[廣-壯---區] P.W. Guangxi Zhuang Autonomous Region
Guāngxù 光绪 N. <hist.> Guangxu reign period (1875-1908)
guāngxué 光学 N. optics
guāngxué jìyìtǐ 光学记忆体[-憶體] N. <comp.> optical memories

guāngxué miáozhǔnjù 光学瞄准具[---準-] N. optical sight

guāngxué sǎomiáo 光学扫描[--掃-] N. optical scanner

guāngxué xiānwéi 光学纤维[--纖-] N. optical fiber

guāngxué xiǎnwēijìng 光学显微镜[--顯--] N. optical microscope

guāngxué yíqì 光学仪器[--儀-] N. optical instruments

guāngxué zìyuán biànshí 光学字元辨识[-識] N. optical character recognition (OCR)

guāngyā 光压[-壓] N. <phy.> light pressure

guāngyàn* 光焰 N. radiance; flare M: 4shù

guǎngyán 广延[廣-] N. <phy.> extension

guǎngyǎn 广衍[廣-] V.P. spread out extensively; amplify extensively

guǎngyán bīnkè 广延宾客[廣-賓-] V.O. keep open house

guāngyáng 光洋 N. <coll.> silver dollar M: ge/2kuài

guāngyǎnzi 光眼子 ATTR. <coll.> bare-bottomed; naked

guāngyào 光耀 S.V. brilliant; glorious; honorable ♦V. glorify; carry forward; develop

guāngyào méntíng 光耀门庭 V.O. bring honor to the family name

guàng yáozi 逛窑子[-窯-] V.O. visit a brothel

guāngyí 光仪[-儀] F.E. <wr.> your effulgent self (epistolary style)

1**guǎngyì*** 广义[廣義] N. broad sense; generalization ♦ATTR. <phy.> generalized

2**guǎngyì** 广益[廣-] V. solicit good advice

guàngyīguàng 逛一逛 V.P. take a stroll; go for a walk

guǎngyì jìhào 广义记号[廣義-號] N. <lg.> general sign

guāngyīn 光阴[-陰] N. time; time available

guāngyǐng 光影 N. light and shadow

guāngyīnjūxì 光阴驹隙[-陰--] F.E. Time passes quickly.

guāngyīnrǎnrǎn 光阴冉冉[-陰--] F.E. Time passes slowly.; The years roll on smoothly.

guāngyīnrěnrǎn 光阴荏苒[-陰--] F.E. Time passes very quickly.

guāngyīnsìjiàn 光阴似箭[-陰--] F.E. Time flies like an arrow.

guāngyīnxūdù 光阴虚度[-陰虛-] F.E. loaf/fritter away one's time

guǎngyì xiāngduìlùn 广义相对论[廣義-對-] N. general theory of relativity

guǎngyì yǔjìng 广义语境[廣義-] N. <lg.> macro-context

guāngyóuyóu 光油油 V.P. glossy; shiny

guǎngyǔ 广宇[廣-] N. <wr.> great hall ♦V.P. spacious

guāngyuán* 光源 V.P. <phy.> light source; illuminant

guǎngyuǎn 广远[廣遠] S.V. far-reaching (of influence/etc.)

guāng-yuèdúqì 光阅读器[--讀-] N. optical reader; optical reading equipment

Guǎngyùn 广韵[廣韻] N. Song rhyming dictionary; revised and expanded edition of *Qièyùn*

guāngzé 光泽[-澤] N. luster; gloss; sheen

guāngzhào* 光照 N. illumination; beam

guǎngzhāo 广招[廣-] V. recruit/invite from a wide range

guāngzhào jiēduàn 光照阶段[--階-] N. <bot.> photostage

guāngzhàorìyuè 光照日月 F.E. shine like the sun and the moon

guāngzhe 光着[-著] V.P. stripped; naked

guāngzhì 光制[-製] N./ATTR. <mach.> finishing

guāngzhìpǐn 光制品[-製-] N. finished product M: 1zhǒng

guāngzhìzǐ 光质子[-質-] N. <phy.> photoproton M: 2lì

guǎngzhòng 广众[廣眾] N. a multitude of people

guǎngzhòngbóshōu 广种薄收[廣種-] F.E. extensive cultivation with low yield

Guāngzhōu 光州 P.W. Kwangju (South Korea)

Guǎngzhōu* 广州[廣-] P.W. Guangzhou city; Canton

Guǎngzhōuhuà 广州话[廣-] N. Cantonese speech

Guǎngzhōu Qǐyì 广州起义[廣-義] N. Guangzhou Uprising of December 11, 1927

Guǎngzhōu Wān 广州湾[廣-灣] P.W. Guangzhou Bay

guāngzhù 光柱 N. ①<phy.> light beam ②<astr.> light cross

guāngzǐ* 光子 N. <phy.> photon M: 3lì

guàngzi 桄子 N. reel

guāngzōng 光宗 V.O. bring honor to one's ancestors

guāngzōngyàozǔ 光宗耀祖 F.E. bring honor to one's ancestors

guānhǎi 观海[觀-] ID. <wr.> be widely experienced

guǎnhǎo 管好 R.V. keep tabs on

guǎnhǎoyònghǎo 管好用好 F.E. make good use of

guānhé 关合[關-] V. link together

guānhū 关乎[關-] V. concern; involve

guānhù* 官护[-護] N. bureaucratic shield M: 2jiàn

guǎnhù 管护[-護] N. grounds-keepers M: ge/1míng

guānhuà 官话 N. ① Chinese common language ② Mandarin ③ bureaucratic jargon M: 1zhǒng

guānhuái* 关怀[關懷] V./N. show loving care/concern for

guànhuài 惯坏[-壞] R.V. spoil (of children)

guānhuáibèizhì 关怀备至[關懷備-] F.E. show utmost solicitude

guānhuáimiàn 关怀面[關懷-] N. people receiving loving care

guānhuàn* 官宦 N. government official M: ge/1míng/2wèi

guǎnhuàn 管换[-換] V.P. <com.> guarantee exchange if not satisfied with purchase

guānhuànrénjiā 官宦人家 N. a family that has produced public officials for several generations M: 1hù/1jiā

guānhuàqū 官话区[-區] P.W. Mandarin-speaking area M: 1piàn

guānhuàxì fāngyán 官话系方言 N. <lg.> Mandarin dialects/topolects

guānhuì 官讳[-諱] <trad.> N. formal name

guānhuìjià 官汇价[-匯價] N. official quotation/rate M: 1zhǒng

guānhuǒ 观火[觀-] V.O. <wr.> view clearly

guǎn huǒshí 管伙食 V.O. ① take charge of meals for a whole organization or a group of people ② provide meals (by an employer)

guānhùrén 观护人[觀護-] N. probation officer M: ge/1míng/2wèi

guānhùsuǒ 观护所[觀護-] P.W. probation office M: ge/4zuò

guānhù zhìdù 观护制度[觀護-] N. probational system M: 1zhǒng

guànian 挂念[掛/罣-] V. worry about sb. who is absent; miss

guānjī* 关机[關-] V.O. turn off a machine

1**guānjì** 官纪 N. discipline of government officials M: 3xiàng

2**guānjì** 官妓 N. <trad.> prostitutes working in official brothels M: ge/1míng/2wèi

3**guānjì** 官计 N. grading of work done by officials

guànjì 惯技 N. customary tactic; old trick M: 1zhǒng

guānjiā* 官家 N. ① government authority ② emperor

1**guānjià** 官价[-價] N. official price M: 1zhǒng

2**guānjià** 棺架 N. bier M: 1fù

guǎnjiā 管家 N. ① steward; butler ② manager; housekeeper M: ge/1míng/2wèi ♦V.O. housekeep; keep house

guànjia 惯家 N. <derog.> an old hand M: ge/1míng

guānjiàn* 关键[關-] N./S.V. ① key; crux ② door bolt/bar

guǎnjiàn 管见 F.E. my humble opinion

guānjiànchù 关键处[關-處] N. a place of pivotal importance

guānjiàncí 关键词[關-] P.W. keyword

guānjiǎng 官讲[-講] N. official jargon; officialese

guànjiāng(r)* 灌浆(儿)[-漿] V.O. ① <archi.> grouting ② <agr.> be in the milk ③ <med.> form vesicle

guānjiànqī jiǎshè 关键期假设[關-] N. <psy.> critical-period hypothesis

guānjiàn shíkè 关键时刻[關-時-] N. moment of truth

guǎnjiànsuǒjí 管见所及 F.E. in my humble opinion; from my limited experience

guānjiàn suǒyǐn 关键索引[關-] N. keyword index

guānjiànxìng 关键性[關-] ATTR. key; critical; crucial

guānjiànzì 关键字[關-] N. key word

guānjiào 官轿[-轎] N. <trad.> official sedan chairs M: 1tái

1**guǎnjiào*** 管教 V. ① subject sb. to discipline; restrain and instruct ② correct (undesirable behavior) ***See also*** 2*guǎnjiào*

2**guǎnjiào** 管教 ADV. <topo.> certainly; assuredly ***Tīng wǒ de huà, ~ méi cuò.*** I'm sure you won't go wrong if you follow my advice. ***See also*** 1*guǎnjiào*

guànjiāo 掼/贯交 V.O. ① throw sb. down ② trip and fall down ♦N. wrestle; wrestling (match)

guǎnjiào rényuán 管教人员 N. correctional officer M: ge/1míng/2wèi

guǎnjiàosuǒ 管教所 P.W. reformatory M: 1jiā/4zuò

guǎnjiāpó 管家婆 N. ①woman house manager ② housewife ③ busybody M: ge/1míng/2wèi

guānjiàzi 官架子 N. bureaucratic airs M: 1fù

guānjiē 官阶[-階] N. official rank M: 4jí

guānjié* 关节[關節] N. ① <phys.> joint ② key links ③ bribe

guānjiè 官界 N. officialdom

guǎnjiè 管界 N. ①government district ②boundary of a government district

guānjiébìng 关节病[關節-] N. <med.> arthritis

guānjié de 关节的[關節-] ATTR. agglutinating

guānjiéyán 关节炎[關節-] N. <med.> arthritis M: 1zhǒng

guānjiéyǔ 关节语[關節-] N. <lg.> agglutinative language

guǎnjìhùjiè 馆际互借[-際--] F.E. interlibrary loan

1**guānjīn** 纶巾 N. <trad.> silk cap for men resembling a ridged roof M: 1tiáo

2**guānjīn** 关津[關-] N. hub/key point for land/water transportation

guānjǐn* 关紧[關緊] R.V. fasten

1**guānjìn** 关进[關進] R.V. shut; impound; shut in

2**guānjìn** 关禁[關-] V. be confined

guǎnjīn 馆金 N. <trad.> tutor's pay M: 2bǐ

guān jìnbì 关禁闭[關-閉] V.O. <mil.> confine in a dark cell; put in confinement; lock up

guānjìng* 关境[關-] N. customs area

guǎnjǐng 管井 N. tube well M: kǒu

guānjǐnglóu 观景楼[觀-樓] N. <archi.> belvedere M: 4zuò

guànjīngr 罐精儿 N. canned milk product M: 4hé

guānjiù* 棺柩 N. coffin with a corpse M: 1fù

guànjiù 灌救 V. save life by forcing medicine down the throat of a dying person

guānjū 鳏居 V.P. wifeless; widowered

guānjù* 观剧[觀劇] V.O. see an opera; watch a stage show

guānjuàn 官眷 N. <wr.> dependents of a government official M: ge/1míng/2wèi

guānjué 官爵 N. rank of an official and title of nobility

guànjuéyīshí 冠绝一时[-絕-時] F.E. unsurpassed in one's time

guānjūjípǐn 官居极品[--極-] F.E. an official of the highest rank

guānjūn 官军 N. government troops M: [2]duì/[4]zhī

guànjūn* 冠军 N. champion M: ge/[1]míng/[2]wèi

guànjūnsài 冠军赛 N. championship contest M: [2]chǎng/[1]cì

guānkàn 观看[觀-] V. watch; view

guānkànzhě 观看者[觀-] N. onlooker; observer M: ge/[1]míng/[2]wèi

guǎn-kǎ-yà 管卡压[-壓] V.P. <derog.> control, block, and suppress (rules and regulations)

[1]**guānkè** 官客 N. <wr.> male guest M: ge/[1]míng/[2]wèi

[2]**guānkè** 官课 N. <trad.> taxes; duties M: [3]xiàng

guǎnkǒng 管孔 N. vent

guānkǒu* 关口[關-] N. ① strategic pass ② juncture ③ key point

guànkǒu 灌口 N. <coll.> device for forcing medicine down an animal's throat

guànkǒur 罐口儿 N. mouth of a jar

guānkǒuyīn 关口音[關-] N. <lg.> close oral sound

guānkǒu yuányīn 关口元音[關-] N. <lg.> closed vowel

guānkuǎn 官款 N. public/government funds M: [3]xiàng

guǎnkuī 管窥 V. have a restricted view

guǎnkuīkuāngjǔ 管窥筐举[-舉] F.E. limited outlook

guǎnkuīlícè 管窥蠡测 F.E. myopic and shallow

guānlǎnfèi 观览费[觀覽-] N. ticket charge for an exhibit/view/etc. M: [3]xiàng

guānlǎoyé* 官老爷[-爺] N. ① <trad.> term of address to a bureaucrat ② haughty official M: ge/[2]wèi

Guān Lǎoyé 关老爷[關-爺] *See Guān Yǔ*

[1]**guānlǐ** 观礼[觀禮] V.O. attend a celebration/ceremony

[2]**guānlǐ** 官里[-裡] N. ①government office ②the emperor

[1]**guānlì** 官吏 N. government officials M: ge/[1]míng/[2]wèi

[2]**guānlì** 官历[-曆] N. official calendar M: [1]běn

[3]**guānlì** 官利 N. <econ.> statutory dividend

[4]**guānlì** 官立 ATTR. government-established; public

guǎnlǐ* 管理 V./N. manage; supervise; take care of

guànlǐ 冠礼[-禮] N. <hist.> capping ceremony for a young man on reaching 20

guànlì 惯例 N. usual practice; convention M: [3]xiàng

guānlián* 关联/连[關聯] V. be related/connected **hùxiāng ~ de kēxué** cognate sciences ♦N. ① connection ② correlation

guānliàn 棺殓 N. coffin and graveclothes M: [1]fù ♦V. put a shrouded corpse into a coffin

guànlián 贯连 V. link up; thread together

guānliáncí 关联词[關聯-] N. <lg.> conjunctive word

guānlián cíqún 关联词群[關聯-] N. <lg.> association group M: [1]zǔ

guānlián de fānyì 关联的翻译[關聯-譯] N. <lg.> correlative translation M: [1]zhǒng

guànliàng 惯量 N. <phy.> inertia

guānlián yìyì 关联意义[關聯-義] N. <lg.> associative meaning

guānliáo 官僚 N. ① bureaucrats M: ge/[1]míng/[2]wèi ② bureaucracy ♦S.V. be bureaucratic ***Tā zhēn ~!*** How bureaucratic he is!

guānliáo jīgòu 官僚机构[-構] N. bureaucratic apparatus

guānliáoqì 官僚气[-氣] N. bureaucratic style M: [1]zhǒng

guānliáo zhèngzhì 官僚政治 N. officialism; bureaucracy M: [1]zhǒng

guānliáozhǔyì 官僚主义[-義] N. bureaucratism M: [1]zhǒng

guānliáozhǔyìzhě 官僚主义者[---義-] N. bureaucrat M: ge/[1]míng/[2]wèi

guānliáo zīběn 官僚资本 N. bureaucratic capital

guānliáo zīběnzhǔyì 官僚资本主义[-義] N. bureaucratic capitalism

guānliáo zīchǎn jiējí 官僚资产阶级[---產階-] N. bureaucratic capitalist class

guānliáo zuòfēng 官僚作风 N. official red tape; bureaucratic style of work M: [1]zhǒng

guǎnlǐ bàogào 管理报告[-報-] N. managerial reports M: [1]fèn

guǎnlǐ cèlüè 管理策略 N. management game M: [3]xiàng

guǎnlǐ chéngběn 管理成本 N. management cost M: [3]xiàng

guǎnlǐ chéngxù 管理程序 N. administrative procedure M: tào

guǎnlǐchù 管理处[-處] P.W. administration; management

guānlièzi 关捩子[關-] N. ① <mach.> axle ② crux of a problem

guǎnlǐfèi 管理费 N. administrative expense M: [2]bǐ

guǎnlǐ fèiyòng 管理费用 N. management expenses; costs of administration M: [2]bǐ

guǎnlǐ fēnggé 管理风格 N. managerial style M: [1]zhǒng

guǎnlǐ gémìng 管理革命 N. managerial revolution M: [2]chǎng/[1]cì

guǎnlǐ gùwèn 管理顾问[--顧-] N. management consultant M: ge/[1]míng/[2]wèi

guǎnlǐ hétong 管理合同 N. management contract M: [1]fèn/[3]xiàng

guǎnlǐ jìshù 管理技术[-術] N. management technique M: [3]xiàng

guǎnlǐjú 管理局 P.W. ① management (office); administration ②government agency in charge of the administration of railways/highways/forestry/etc.

guǎnlǐ kēxué 管理科学 N. management science

guǎnlǐng 管领 V. administer; lead

guǎnlǐqū 管理区[-區] P.W. administrative district

guǎnlǐquán 管理权[-權] N. administrative right/power M: [1]fèn

guǎnlǐrén 管理人 N. person in charge; manager; administrator M: ge/[1]míng/[2]wèi

guǎnlǐshī 管理师[-師] N. administrator; manager; supervisor M: ge/[1]míng/[2]wèi

guǎnlǐ shǒucè 管理手册[-冊] N. management guide M: [1]běn/tào

guǎnlǐsuǒ 管理所 P.W. administrative office M: [1]jiā/[1]jiān/[4]zuò

guānlǐtái 观礼台[觀禮臺] N. reviewing/visitors' stand

guǎnlǐ tǐzhì 管理体制[--體-] N. administrative management system

guǎnlǐ wěiyuánhuì 管理委员会 N. board of management

guǎnlǐ xuéyuàn 管理学院 P.W. college of management M: ge/[1]suǒ/[4]zuò

guànlìyǔ 惯例语 N. <lg.> conventionalized speech

guǎnlǐyuán 管理员 N. person in charge of one part of the work flow; superintendent M: ge/[1]míng/[2]wèi

guǎnlǐzhàn 管理站 P.W. administrative/managerial station M: [4]zuò

guǎnlǐzhě 管理者 N. superintendent M: ge/[1]míng/[2]wèi

guǎnlǐ zhèngcè 管理政策 N. management policy M: [3]xiàng

guǎnlízhījiàn 管蠡之见 N. limited outlook

guǎnlǐ zuòyè 管理作业[-業] N. <comp.> housekeeping operation

guànlóng 罐笼 N. <min.> cage

[1]**guānlù*** 官路 N. ① government-financed road ② public road ③ <trad.> official career M: [1]tiáo

[2]**guānlù** 官禄 N. <trad.> official salary; emolument M: [1]fèn

guǎnlù 管路 N. <mach.> pipeline M: [1]tiáo

guànlù 灌录[-錄] V. make a recording; cut a disc

guānlǚdàoyì 冠履倒易 F.E. upside down

guānlǚdàozhì 冠履倒置 F.E. reversed roles; topsy-turvy world

guǎnlù pūshè 管路铺设 V.P./N. pipe-laying

guānmǎ 官马 N. official horses M: [1]pǐ

[1]**guānmài** 官卖[-賣] N./V. government monopoly sale

[2]**guānmài** 关脉[關脈] N. <Ch. med.> pulse on the wrist

guànmǎng 灌莽 N. grassy and bushy land M: [1]piàn

guānmáo 冠毛 N. tuft; crest (of plants)

Guānmào Xiédìng 关贸协定[關-協-] N. GATT

Guānmào Zǒngxiédìng 关贸总协定[關-總協-] N. General Agreement on Tariffs and Trade (GATT)

guānméi 官媒 N. jail matron M: ge/[1]míng/[2]wèi

guānmén* 关门[關-] V.O. ① close a door ② close down ③ shut sb. up ④ slam the door on sth. ♦N. gate in a strategic pass ♦ADV. behind closed doors

guànmén 观门[觀-] N. gate of a Daoist temple M: [2]dào/[1]shàn

guānménbànxué 关门办学[關-辦-] F.E. run schools without regard to social reality

guānménbìhù 关门闭户[關-] F.E. the neighborhood is quiet; nobody is stirring; the streets are deserted

guānméndǎgǒu 关门打狗[關-] ID. block the enemy's retreat and then destroy him

guānméndàjí 关门大吉[關-] F.E. close down for good

guǎnménde 管门的 N. doorkeeper

guānmén dúshū 关门读书[關-讀書] V.P. study unconcerned with the world

guānménluòshuān 关门落闩[關-] F.E. close the door/gate and bolt it

guānménluòsuǒ 关门落锁[關-] F.E. close the door and lock it

guānménshàngsuǒ 关门上锁[關-] F.E. close the door and lock it

guānmén zhèngcè 关门政策[關-] N. a closed-door policy M: [1]zhǒng

guānménzhěngfēng 关门整风[關-] F.E. <PRC> rectify work style without considering the masses

guānménzhuōzéi 关门捉贼[關-] F.E. catch a thief by closing his escape route

guānménzhǔyì 关门主义[關-義] N. <PRC> ① closed-doorism ② exclusivism

guān(r)mí 官(儿)迷 N. sb. eager to become an official; office seeker

guānmiǎn* 冠冕 N. ① royal crown M: [1]dǐng ② official hat M: [1]dǐng ③ mandarin; official ④ leader; chief ♦V.P. elegant and stately

guānmiàn(r) 官面(儿) N. official/formal relationship

guānmiǎntánghuáng 冠冕堂皇 F.E. ① highfalutin; high-sounding ② elegant and stately

Guānmiào 关庙[關廟] N. temple dedicated to Guan Yu M: [4]zuò

guàn míhúntāng 灌迷魂汤[-湯] V.O. try to ensnare sb. with honeyed words; feed a person's vanity with flattery

guānmíng 官名 N. ①formal name (versus infant/pet name) ② title of a government position

guàn mítāng* 灌迷汤[-湯] V.O. try to ensnare sb. with honeyed words

guàn mǐtang 灌米汤[-湯] V.O. captivate sb. by flattery

guānmíxīnqiào 官迷心窍[-竅] F.E. obsessed with becoming an official

[1]**guānmó** 观摩[觀-] V. ① view and emulate ② study and fondle (works of art) ③ study by visiting other institution

[2]**guānmó** 观摹[觀-] V. inspect and learn from each other's work; view and emulate

guānmóhuì 观摩会[觀-] N. meeting to view and emulate M: [2]chǎng/[1]cì

guānmó yǎnchū 观摩演出[觀-] N. <thea.> trial performance before fellow artists M: [2]chǎng/[1]cì
[1]guānmù* 棺木 N. coffin M: [1]fù
[2]guānmù 关目[關-] N. plot elements
guànmù 灌木 N. bush; shrub M: [2]cù
guànmùcóng 灌木丛[-叢] N. bush; shrub M: [2]cù
guān-mù-jiāo-ào sìqì 官暮骄傲四气[--驕--氣] N. the four airs of bureaucratism (lethargy, haughtiness, squeamishness, and faint-heartedness)
guànmùzhuàng 灌木状[-狀] ATTR. shrub-shaped
Guānnèi 关内[關-] P.W. China within the passes
guānnéng 官能 N. (organic) function; sense
guānnéng xīnlǐ xué 官能心理学 N. <psy.> faculty psychology
guānnéng zhàng'ài 官能障碍[-礙] N. <psy.> functional disorder
guānnéngzhèng 官能症 N. <med.> functional disease
guānniàn 观念[觀-] N. sense; idea; conception; concept; notion M: [1]zhǒng
guānniànlùn 观念论[觀-] N. <phil.> idealism
guānniàn méijiè 观念媒介[觀-] N. vehicle of thought
guānniàn xíngtài 观念形态[觀-態] N. ideology
guānniàn yǔfǎ 观念语法[觀-] N. <lg.> notional grammar
guànniǎo 鹳鸟 N. stork M: [2]zhī
guānóng 瓜农[-農] N. melon grower M: ge/[1]míng/[2]wèi
guānpài 官派 V. be dispatched by the government ♦N. <derog.> bureaucratic demeanor
guànpào 掼炮 N. firecracker that explodes when hurled to the ground; torpedo
guànpiàn 惯骗 N. hardened swindler
guàn piānzi 灌片子 V.O. cut a record; record (on disk)
guānpǐn 官品 N. <trad.> rank; grade (of officials)
guānpíng 关平[關-] N. <hist.> Chinese customs silver scale
guānqǐ 关起[關-] R.V. ① shut; close ② lock up; shut in
[1]guānqì* 官气[-氣] N. bureaucratic airs M: pài
[2]guānqì 官契 N. documents officially registered with the authorities M: [1]zhāng
guànqì 贯气[-氣] S.V. auspicious in landscape geomancy
guānqiǎ 关卡[關-] N. ① tax office outpost; customs pass ② censorship; screening M: [1]zhāng
guànqián 贯钱[-錢] N. string-holed copper coins
guānqiāng 官腔 N. bureaucratic tone; official jargon M: [1]fù
guǎnqiánzi 管钳子 N. a kind of spanner/wrench M: [1]bǎ
guānqiào 关窍[關竅] N. orifices on the human body
guānqiè* 关切[關-] V. be deeply concerned ♦S.V. considerate; thoughtful
guànqiè 惯窃[-竊] N. hardened thief
guān qǐlai 关起来[關-] R.V. ① close; shut ② imprison
guānqīn 官亲[-親] N. <trad.> relatives of officials M: ge/[2]wèi
guānqíng 关情[關-] N. woman's feelings in spring; tender concerns
guānqìshízú 官气十足[-氣--] F.E. be puffed up with self-importance
guǎnqū* 管区[-區] P.W. ① governed/managed district ② police district M: ge/[1]piàn
guànqū 灌区[-區] P.W. irrigated area M: ge/[1]piàn
guànqú 灌渠 N. irrigation ditch M: [1]tiáo
guànquè 鹳雀 N. stork M: [2]zhī
[1]guānr* 官儿 N. official M: ge/[1]míng/[2]wèi
[2]guānr 冠儿 N. topknot
guǎnr 管儿 N. tube M: [2]gēn/[1]jié
guànr 罐儿 N. jar
guǎnrdēng 管儿灯[-燈] N. fluorescent lamp M: ge/[1]zhǎn
[1]guānrén 官人 N. ① official ② <trad.> my/your husband ③ gentlemen of Song ④ minor public servants M: ge/[1]míng/[2]wèi
[2]guānrén 倌人 N. ① <hist.> officer in charge of royal chariots ② <trad.> prostitute M: ge/[1]míng/[2]wèi
guānrì 观日[觀-] V.O. watch the sunrise
guānrù 关入[關-] V.P. lock up; shut in
guānsài 关塞[關-] N. strategic border position/pass M: ge/[2]dào
guànsāng 灌丧[-喪] V. <vulg.> get plastered/pickled
guānsè 观色[觀-] V.O. watch sb.'s expression; watch a person's every word
guānsècháyán 观色察言[觀-] F.E. observe another's countenance and note his speech
guàn shāmào 掼纱帽 V.O. <topo.> quit a government post in anger
guānshān 关山[關-] N. mountains and frontier passes
guānshang 关上[關-] R.V. ① close (a door/window/etc.); close (up) ② turn off (a light/stove/etc.)
guānshāng 官商 N. ① official commercial business ② state-run commercial unit M: [3]xiàng/[1]zhǒng ③ official businessman ④ government officials and businessmen M: ge/[1]míng/[2]wèi
guānshǎng* 观赏[觀-] V. enjoy the sight of; see and enjoy
guānshānghébàn 官商合办[-辦] F.E. run/operated jointly by the government and private citizens
guānshǎngxíng 观赏型[觀-] N. ornamental type
guānshǎng yìshù 观赏艺术[觀-藝術] N. the visual arts M: [3]xiàng
guānshǎngyú 观赏鱼[觀-] N. fish for display M: [1]tiáo
guānshǎng zhíwù 观赏植物[觀-] N. ornamental/decorative plant M: [1]zhǒng
guānshāng zuòfēng 官商作风 N. bureaucratic business style M: [1]zhǒng
guānshāntiáodì 关山迢递[關-遞] F.E. be separated far apart
guānshānwànlǐ 关山万里[關-萬-] F.E. a long distance
[1]guānshè* 官舍 P.W. ① seat of an administration ② public building M: [4]zuò
[2]guānshè 关涉[關-] V. involve/affect sth. else; concern; be related to
guǎnshè 馆舍 N. guesthouse M: [4]zuò
[1]guānshēn 官绅 N. officials and gentry M: ge/[2]wèi
[2]guānshēn 官身 N. ① person who holds public office ② <trad.> command performance/service (of actors/prostitutes)
guānshēng 官声[-聲] N. reputation of an official
guānshǐ 官史 N. official history M: [2]bù
guānshì 官事 N. <trad.> ① official business ② lawsuit M: [3]xiàng
guǎnshì* 管事 V.O. run things; be in charge ♦S.V. <coll.> efficacious; useful ♦N. manager; steward
guǎnshì de 管事的 N. manager; supervisor
guānshì fǎngwèn 官式访问 N. official visit/call M: [3]xiàng
Guānshìyīn 观世音[觀-] N. <Budd.> Goddess of Mercy; Avalokitesvara
Guānshìyīn Dàshì 观世音大士[觀-] N. <Budd.> Goddess of Mercy (Avalokitesvara Bodhisattva)
Guānshìyīn Púsà 观世音菩萨[觀-薩] N. <Budd.> Avalokitesvara M: [4]zuò
guǎnshìyuán 管事员 N. manager M: ge/[1]míng/[2]wèi
guānshì yǔyù 官式语域 N. <lg.> official register
[1]guānshū 官书[-書] N. ① government publication ② official documents M: [1]běn/[2]bù
[2]guānshū 关书[關書] N. ① contract ② written appointment M: [1]fèn
[1]guānshǔ 官署 N. government office
[2]guānshǔ 官属[-屬] N. ① subordinate officials ② bureaucrats
guǎnshù 管束 V. restrain; control
guànshū* 灌输 V. ① instill into; imbue with ② teach; impart ③ divert running water for use elsewhere
guànshù 盥漱 V. wash the face and rinse the mouth
guānshuì* 关税[關-] N. customs duty; tariff M: [1]fèn
guànshuǐ 灌水 V.O. ① inject water into (meat/etc.) to increase the weight before marketing ② pour water into sth. ♦N. irrigation; watering
guānshuì bìlěi 关税壁垒[關-壘] N. tariff barrier
guānshuìhuòmiǎn 关税豁免[關-] F.E. reduction/exemption from customs duties
guānshuìjiǎnmiǎn 关税减免[關-減-] F.E. exemption from customs duty
guānshuìlǜ 关税率[關-] N. tariff rate
guānshuì shuìzé 关税税则[關-] N. customs tariff
guānshuì tóngméng 关税同盟[關-] N. customs/tariff union
guānshuìwèifù 关税未付[關-] F.E. duty unpaid
guānshuìyǐfù 关税已付[關-] F.E. duty paid
guānshuì yōuhuì 关税优惠[關-優-] N. tariff preference
guānshuì zhēngshōu 关税征收[關-徵-] N. customs collection
guānshuì zìzhǔ 关税自主[關-] N. tariff autonomy
guānshuō 关说[關-] V. ① speak on sb.'s behalf ② lobby illegally
guànshū sīxiǎng 灌输思想 V.O. inject ideas into the mind of people
guānsi* 官司 N. <coll.> lawsuit M: [3]xiàng/[2]chǎng *See also* guānsī
guānsī 官司 N. public duty *See also* guānsi
guānsīhéyíng 官私合营[-營] F.E. joint state-private ownership
guànsú 惯俗 N. habitual ways M: [1]zhǒng
gǔ'ànsù 钴胺素 N. <med.> cobalamin
gǔ'ànsuān 谷氨酸[穀-] N. <med.> glutamic acid
guānsuǒ 关锁[關-] V. close and lock (a door/window)
guānsuǒr 官所儿 P.W. government offices
guǎnta 管他 V.O. (don't) worry about/that. . .
guāntái* 观台[觀臺] N. elevated stand/platform *See also* guàntái
guàntái 观台[觀臺] N. belvedere; terrace *See also* guāntái
guāntàitai 官太太 N. <derog.> wife of an official M: ge/[2]wèi
guǎn tā ne 管他呢 V.P. Who cares!
guāntáng 官堂 N. <trad.> better-furnished rooms in a bathhouse M: [1]jiān
guāntāo 观涛[觀濤] V.O. view the great waves
guǎn tā sān qī èrshíyī 管它三七二十一 F.E. let it be
guāntǐ 官体[-體] N. official dignity
guāntián 官田 N. government-owned farmland M: [1]fèn/[2]kuài/[1]piàn
guàntián* 灌田 V.O. irrigate fields
guān tiānxiàng 观天象[觀-] V.O. observe the heavenly bodies
guāntīng(r) 官厅(儿)[-廳] P.W. government offices M: [1]jiān
guāntíngbìngzhuǎn 关停并转[關-併轉] F.E. <PRC> close, stop, merge, shift (policy toward enterprises with deficits)
guāntīng shěnjì 官厅审计[-廳審-] N. official audit
guàntōng 贯通 R.V. ① have a thorough knowledge of ② link up; thread together
guāntōngzhàn 观通站[觀-] P.W. (naval) observation and communication post M: [4]zuò
guāntóu 关头[關-] N. ① juncture; moment ② crux; key point

G

guàntou* 罐头 N. ① can; pot; jar; pitcher; jug ② canned goods M: *ge/tǒng*
guàntōu 惯偷 N. hardened thief M: *ge/¹ming*
guàntou shípǐn 罐头食品 N. tinned/canned food/goods M: *¹zhǒng*
guǎntuìguǎnhuàn 管退管换[-換] F.E. guarantee refund and exchange
guāntuō 关托[關-] V. request sb. to intercede on one's behalf
guǎnǚ 寡女 N. widow M: *ge/¹míng/²wèi*
Guānwài 关外[關-] P.W. the region beyond Shanhaiguan
guānwáng 关亡[關-] N. sorcery calling up the souls of the dead
guānwàng* 观望[觀-] V. wait and see; look on (from the sidelines) ♦N. wait and see attitude
guānwàngbùqián 观望不前[觀-] F.E. hesitate; be immobilized; look about and make no move
guānwàngtái 观望台[觀-臺] N. ① reviewing stand ② visitor's stand M: *⁴zuò*
guānwàng xíngshì 观望形势[觀-勢] V.O. wait for the right moment
guānwǎngzhīlái 观往知来[觀-] F.E. From observing the past one can predict the future.
guānwèi 官位 N. official position
guǎnwěihuì 管委会 N. board of management
guānwén 关文[關-] N. <*hist.*> documents exchanged by officials of equal rank M: *¹fen*
guānwùyuán 关务员[關務-] N. customs (house) officer M: *ge/¹míng/²wèi*
guānxi* 关系[關係] V. concern; affect; matter ♦N. ①relation; relationship M: *¹zhǒng* ②bearing; impact ③membership credentials ④"backdoor connections" ⑤reference ♦CONS. *yóuyú/yīnwei A (de) ~* since; because (of) A ***Yóuyú shíjiān ~, jiù tándào zhèr ba.*** Since time is limited, I'll stop here.
Guānxī 关西[關-] P.W. the land west of Hanguguan
guànxí 惯习[-習] N. custom; habit M: *¹zhǒng*
guànxǐ 盥洗 V. wash up
guǎnxiá* 管辖 V. have jurisdiction over
guǎnxià 管下 N. subordinates
guǎnxiá fànchóu 管辖范畴[-範疇] N. <*lg.*> governing category
guǎnxiá lǐlùn 管辖理论 N. <*lg.*> government theory
guānxián(r) 官衔(儿) N. official title
guānxiàn 官宪[-憲] N. officials; authorities M: *¹pī/¹qún*
guǎnxián 管弦 N. <*mus.*> ① wind and stringed instruments ② piping and fiddling
guǎnxiàn* 管线 N. general term for pipes/cables/etc. M: *¹tiáo*
guānxiāng 关厢[關廂] N. neighborhood outside the city gate
¹guānxiǎng* 关饷[關-] V.O. <*trad.*> get one's pay (of soldiers/etc.)
²guānxiǎng 官饷 N. official salary
guānxiàng 观象[觀-] V.O. observe heavenly bodies; watch celestial phenomena
guānxiàngtái 观象台[觀-臺] N. <*astr.*> observatory M: *⁴zuò*
guānxiàngyí 观象仪[觀-儀] N. astrolabe M: *¹tái*
guǎn xiánshì 管闲事 V.O. meddle; poke one's nose into other's business
guǎnxiányuè 管弦乐[-樂] N. orchestral music
guǎnxiányuèduì 管弦乐队[-樂隊] P.W. orchestra M: *⁴zhī*
guǎnxiányuèfǎ 管弦乐法[--樂-] N. orchestration
guǎnxiányuètuán 管弦乐团[-樂團] P.W. orchestra
guānxiào 官校 N. state-run schools M: *¹suǒ/⁴zuò*
guǎnxiáquán 管辖权[-權] N. jurisdiction
guǎnxiáyǔ 管辖语 N. <*lg.*> governor
guǎnxiá yuēshù lǐlùn 管辖约束理论 N. <*lg.*> government and binding (GB) theory
guānxi bǐjiào 关系比较[關係-] N. <*lg.*> relative comparative M: *¹zhǒng*
guānxicí 关系词[關係-] N. <*lg.*> rational/relational word; relative comparative
guānxi cóngjù 关系从句[關係從-] N. <*lg.*> relative clause
guānxi dàicí 关系代词[關係-] N. <*lg.*> relative pronoun
guānxi dàimíngcí 关系代名词[關係-] N. <*lg.*> relative pronouns
guānxidào 关系到[關-] R.V. affect
guānxi duànjué 关系断绝[關係斷絕] V.P. severance of relations (between countries)
guānxi duìlì 关系对立[關係對-] N. <*lg.*> relative/relational opposition
guānxi duìlìcí 关系对立词[關係對-] N. <*lg.*> relational opposites
guānxié 官邪 N. corruption of officials
guānxi fùcí 关系副词[關係-] N. <*lg.*> relative adverb
guānxihù 关系户[關係-] N. membership in a relationship net
guànxǐjiān 盥洗间 P.W. lavatory M: *¹jiān*
guānxijù biànhuàn 关系句变换[關係-變換] N. <*lg.*> relativization
guānxi mìqiè 关系密切[關係-] V.P. close relationship; intimate contact/connection
guānxīn* 关心[關-] V. ① be concerned about ② be interested in ♦N. <*lg.*> empathy
guānxìn 观衅[觀釁] V.O. <*wr.*> look for an opportunity (to take action or start sth.)
guānxīnbìng 冠心病 N. <*med.*> coronary heart disease
guànxǐng 灌醒 R.V. douse to restore consciousness
guànxìng* 惯性 N. <*phy.*> inertia
guànxìng dìnglǜ 惯性定律 N. <*phy.*> the law of inertia
guānxīn mínmò 关心民瘼[關-] V.O. be concerned about the afflictions of the people
guānxīn shù 观心术[觀-術] N. the art of mind-reading
guānxi qǐyè 关系企业[關係-業] N. related enterprise
guānxirén 关系人[關係-] N. <*law*> persons/parties concerned M: *ge/¹míng/²wèi*
guānxishì 关系式[關係-] N. <*math.*> comparison/relational expression
guànxǐshì* 盥洗室 P.W. washroom; toilet M: *¹jiān*
guànxǐtái 盥洗台[-臺] N. washstand
guānxi tú 关系图[關係圖] N. charts of who is connected to whom, implying networks of corruption
guànxiǔsùchén 贯朽粟陈 F.E. <*wr.*> an excess of wealth
guānxiwǎng 关系网[關係網] N. relationship net M: *¹zhāng*
guānxi xíngróngcí 关系形容词[關係-] N. <*lg.*> relative adjective
guānxixué 关系学[關係-] N. knowledge of "backdoor connections"
guānxi yǔfǎ 关系语法[關係-] N. <*lg.*> relational grammar
guānxi yùnsuàn yuán 关系运算元[關係運-] N. <*comp.*> relational operator
guānxi zhǔnzé 关系准则[關係準-] N. <*lg.*> relevance maxim M: *³xiàng*
guānxi zǐjù 关系子句[關係-] N. <*lg.*> relative clause
guānxi zǐjùhuà 关系子句化[關係-] N. <*lg.*> relativization
guǎnxùn 管训 V. control, teach, and supervise
guānyā* 关押[關-] V. lock up; put in prison
guānyá 官衙 N. <*trad.*> government agency
guǎnyā 管押 V. take sb. into custody; detain
guàn-yàjūn 冠亚军[-亞-] N. champion and runner-up
guānyán* 官盐[-鹽] N. salt officially authorized for sale on the open market
guānyàn 官燕 N. best-quality swallow's nests (as food)
guànyǎng 惯养[-養] V. indulge a child; spoil
guānyàngr 官样儿[-樣-] N. ① the air/manner of a VIP ② bureaucratic manner M: *¹fù* ♦ATTR. dignified; elegant
guānyàng wénzhāng 官样文章[-樣--] N. mere formalities; officialese M: *¹piān*
guānyǎnr 关眼儿[關-] N. eyelet
guānyáo 官窑[-窯] N. <*trad.*> government porcelain kiln
guànyào* 灌药[-藥] V.O. force one to take medicine
guānyè 官业[-業] N. public enterprise M: *³xiàng*
guānyī 官医[-醫] N. medical officer treating diseased prisoners M: *ge/¹míng/²wèi*
guǎnyì 馆驿[-驛] N. <*trad.*> courier station M: *chù/⁴zuò*
guànyǐ* 冠以 V.P. <*wr.*> label *~ yī ¹dǐng ¹dǐng tóuxián* successively add official titles/labels
guānyīn 官音 N. <*lg.*> Mandarin pronunciation
Guānyīn* 观音[觀-] N. <*Budd.*> Goddess of Mercy; Avalokitesvara
guānyín 关银[關-] N. <*trad.*> customs tael
guānyǐn 官瘾[-癮] N. avidity to be an official; obsession to hold a government post
¹guānyìn 官印 N. ①official seal of a government agency M: *¹fāng* ②<*trad.*> your honorable name
²guānyìn 官荫[-蔭] N. <*trad.*> government offices conferred upon the offspring of meritorious officials
guànyīn 灌音 V.O. cut a record (of a musical performance, etc.)
Guānyīn Dàshì 观音大士[觀-] N. <*Budd.*> Goddess of Mercy
Guānyīndòng Wénhuà 观音洞文化[觀-] N. <*archeo.*> Guanyindong/Kuanyintung culture
guānyīndōu 观音兜[觀-] N. <*trad.*> woman's soft, warm bonnet reaching down to the shoulders
guānyīndù 关音度[關-] N. <*lg.*> close juncture
guànyíng 贯盈 N. long list of criminal acts
guānyīnjié 关音节[關-節] N. <*lg.*> closed syllable
guānyīnpíng 观音瓶[觀-] N. <*pottery*> Guanyin vase M: *ge/²zhī*
Guānyīn Pǔménpǐn 观音普门品[觀-] N. <*Budd.*> chapter on the Universal Gate of Avalokitesvara in the *Lotus Sutra*
Guānyīn púsà 观音菩萨[觀-薩] N. <*Budd.*> Avalokitesvara; Guanyin (a Bodhisattva) M: *ge/¹zun*
guānyīntǔ 观音土[觀-] N. a kind of white clay M: *¹bǎ*
guānyīnzhú 观音竹[觀-] N. fernleaf hedge bamboo M: *ge/²gēn*
guǎnyòng 管用 S.V. <*coll.*> efficacious; effective; useful
guànyòng* 惯用 V. habitually practice; consistently use ♦ATTR. ① customary; habitual ② in common use; commonly used ③ conventional; idiomatic; formulaic
guànyòngfǎ 惯用法 N. <*lg.*> usage M: *¹zhǒng*
guànyòngfǎ céngcì 惯用法层次[---層-] N. <*lg.*> usage level
guànyòng shǒufǎ 惯用手法 N. ① habitual practice ② customary tactics M: *¹zhǒng*
guànyòngyǔ 惯用语 N. ① fixed expression; idiom; locution ② commonly used word M: *¹zhǒng*
guānyóu 官邮[-郵] N. government mail M: *²fēng*
guānyú* 关于[關於] COV. about; on; with regard to; concerning
Guān Yǔ 关羽[關-] (d. 219) N. general allied to Liu Bei, deified as God of War ***See also** Guāndì*
guānyù 冠玉 N. <*wr.*> ① jade ornament on a man's cap M: *²kuài* ② pretentious/pompous person ③ masculine good looks
guànyú 惯于[-於] V.P. used/accustomed to
guànyù 灌域 N. basin receiving a flow of water M: *¹piàn*
¹guānyuán* 官员 N. official M: *ge/¹míng/²wèi*
²guānyuán 关员[關-] N. customs officer M: *ge/¹míng/²wèi*

guǎnyuán 馆员 N. staff member (of a library/museum/etc.) M: ge/1míng/2wèi
guānyuányīn 关元音[關-] N. <lg.> closed vowel
1guǎnyuè 管乐[-樂] N. wind music
2guǎnyuè 管籥 N. ① flute; pipe ② key M: 1bǎ
guǎnyuèduì 管乐队[-樂隊] P.W. wind band M: 2zhī
guǎnyuèqì 管乐器[-樂-] N. wind instrument M: 2jiàn
guānyùn 官运[-運] N. ① official career; fortunes of officialdom ② government freight/cargo
guānyùnhēngtōng 官运亨通[-運--] F.E. have a successful official career
guànzéi 惯贼 N. habitual thief M: ge/1míng
guǎnzhá de 管闸的 N. brakeman
guānzhān* 观瞻[觀-] N. ① image/scene/sight and the impression it makes ② appearance or outward look of sth. ♦V. look at; view
1guānzhàn 观战[觀戰] V.O. watch a battle/fight/game
2guānzhàn 关栈[關棧] N. bonded warehouse M: 1jiā/ge
guānzhànfèi 关栈费[關棧-] N. bonding fee M: 2bǐ
guānzhāng 关张[關-] V. <topo.> ① close down ② be out of business
guānzhǎng 官长 N. (senior) officers M: ge/1míng/2wèi
guǎnzhǎng* 馆长 N. director (of a library/etc.) M: ge/1míng/2wèi
guǎnzhàng 管帐 V.O. do bookkeeping
guǎnzhàng de 管账/帐的 N. bookkeeper M: ge/1míng/2wèi
1guānzhào* 关照[關-] V. ① look after *Duō xiè* ~. Many thanks for your help. ② notify by word of mouth
2guānzhào(r) 棺罩(儿) N. coffin cover/case
guǎnzhào 管照 V. take care of
guānzhēn 官箴 N. maxims for government officials M: 1jù
guānzhèng 观政[觀-] V.O. be an observer of government
guānzhěrúdǔ 观者如堵[觀-] F.E. The spectators formed a solid wall of humanity.
guānzhí 官职[-職] N. official position/rank
guānzhǐ 观止[觀-] V.P. <wr.> good beyond comparison
1guānzhì 官制 N. ① civil-service system ② bureaucratic establishment
2guānzhì 官秩 N. official grades/ranks/ranking
guǎnzhì* 管制 V. ① control ② put under surveillance
guànzhì 盥栉[-櫛] V. <wr.> wash one's face and comb one's hair; make one's toilet
guǎnzhì láodòng 管制劳动[-勞動] V.P./N. labor under surveillance for punishment
guǎnzhìyuán 管制员 N. ① controller ② people in charge of surveillance M: ge/1míng/2wèi
Guānzhōng 关中[關-] P.W. ① central Shaanxi plain ② old name of Shaanxi province
guānzhòng* 观众[觀眾] N. spectators; audience M: ge/1míng/2wèi
guànzhòng 贯众[-眾] N. <Ch. med.> rhizome of cyrtomium
guǎnzhōngkuībào 管中窥豹 ID. have a limited/partial view/knowledge of sth.
guǎnzhōngkuīwù 管中窥物 ID. have a limited view of sth.
guānzhòngtái 观众台[觀眾臺] N. ① viewers' stand ② audience's stand
guānzhòngxí 观众席[觀眾-] N. audience seats
guānzhōuyán 冠周炎 N. <med.> pericoronitis
1guānzhù* 关注[關-] V. follow with interest; pay close attention to
2guānzhù 关住[關-] R.V. ① lock up; shut in ② shut; close
3guānzhù 官铸[-鑄] ATTR. officially cast
guǎnzhǔ 管主 N. manager; keeper M: ge/1míng/2wèi
guǎnzhù 管住 R.V. keep under control
guànzhū 贯珠 N. a string of pearls M: 1chuàn
1guànzhù 灌注 V. ① pour into ② teach ③ concentrate
2guànzhù 贯注 V. ① concentrate on; be absorbed in ② be connected in meaning/feeling
guǎnzhuàng 管状[-狀] ATTR. tubular
1guànzhuāng* 罐装[-裝] ATTR. canned
2guànzhuāng 灌装[-裝] V. bottle
guānzhuàng dòngmài 冠状动脉[-狀動脈] N. <phys.> coronary artery
guānzhuàng dòngmài gěngsè 冠状动脉梗塞[-狀動脈--] N. <med.> coronary infarction
guānzhuàng dòngmài shuānsè 冠状动脉栓塞[-狀動脈--] N. <med.> coronary thrombosis
guānzhuàng dòngmài yìnghuà 冠状动脉硬化[-狀動脈--] N. <med.> coronary arteriosclerosis
guānzhuàng dòngmài zǔsè 冠状动脉阻塞[-狀動脈--] N. <med.> coronary artery occlusion
guǎnzhuànghuā 管状花[-狀-] N. <bot.> flowers of tubuliflorous plants M: 4shù
guànzhuó 灌濯 V. wash; rinse
1guānzi* 关子[關-] N. ① climax (in novels/etc.) ② Southern Song paper money ③ Song blank pass/order
2guānzi 冠子 N. crest; comb
guānzī 官资 N. ① qualifications for public office ② capital advanced by the state M: 2bǐ
1guǎnzi 馆子 P.W. restaurant *xià* ~ eat at a restaurant
2guǎnzi 管子 N. tube; pipe M: 2gēn/1tiáo
guànzi 罐子 N. jug; jar; can; pitcher
guǎnzigōng 管子工 N. plumber; pipefitter M: ge/1míng
Guānzìzài 观自在[觀-] N. <Budd.> Goddess of Mercy
guànzòng 惯纵[-縱] V. allow to indulge in; spoil
guānzú 官族 N. <hist.> clan name derived from an office served with merit by generations of a clan
guànzuì 灌醉 R.V. get sb. drunk
guānzuǒ 官佐 N. ① army officer ② noncommissioned officer M: ge/1míng/2wèi
gū'ào* 孤傲 S.V. proud and aloof
gǔ'ào 古奥[-奧] V.P. archaic and abstruse
guàpāi 挂拍[掛-] V.O. retire from (professional) Ping-Pong/badminton/etc. career
guàpái(r)* 挂牌(儿)[掛-] V.O. hang out one's shingle
guàpáikāiyè 挂牌开业[掛-開業] F.E. hang out one's shingle; put up one's nameplate
guàpáishòuhuò 挂牌售货[掛-] F.E. hang advertising signs to sell goods
guāpǎo 刮跑[颳-] R.V. blow away (by the wind)
guāpéng 瓜棚 N. guard shack in melon field
1guāpí(r) 瓜皮(儿) N. peel; rind M: 2kuài
2guāpí(r) 刮皮(儿) V.O. ① peel off the skin ② milk/bleed the people (by the government/etc.)
guāpiàn 瓜片 N. Anhui green tea
guāpílǜ 瓜皮绿 N. cucumber green
guāpímào(r) 瓜皮帽(儿) N. skullcap M: 1dǐng
guāpíng* 刮平 R.V. pare; shave (so as to make the surface smooth)
guàpíng 挂屏[掛-] N. <art> set of hanging scrolls/panel M: 10fú
guāpísè 瓜皮色 N. light green (as watermelon)
guāpítǐng 瓜皮艇 N. small skiff M: 1sōu/2zhī
guāpò* 刮破 R.V. cause to be torn
guàpò 挂破[掛-] R.V. scrape; snag (against sth. sharp)
guāpōudòufēn 瓜剖豆分 F.E. be partitioned
guāpǔ 瓜圃 N. melon patch/plot M: ge/2kuài/1piàn
guāqī 瓜期 N. ① melon season M: ge/chá ② <trad.> the time of transferring officials
guāqǐ* 刮起[颳-] R.V. ① stir up ② blow up
guǎqī 寡妻 N. <trad.> legitimate wife M: ge/1míng/2wèi
guàqí 挂旗[掛-] V.O. hang up a flag
guàqǐ 挂起[掛-] R.V. hang up
guàqì 挂气[掛氣] V.O. ① distend (of stomach, due to gas) ② be unhappy in one's mind/heart
guàqiān* 挂牵[掛牽] V. worry about sb. who is absent; miss
guàqiàn 挂欠[掛-] V. buy/sell on credit
guā qǐlai 刮起来[颳-] R.V. ① blow up ② stir up
guà qǐlai* 挂起来[掛-] R.V. ① suspend judgment ② put aside
guǎqíng 寡情 S.V. unfeeling; cold-hearted
guǎqíngbóyì 寡情薄义[-義] F.E. inconstant in love and friendship; fickle
1guāqù* 刮去 R.V. scrape off *See also* 2*guāqù*
2guāqù 刮去[颳-] R.V. blow away *See also* 1*guāqù*
guǎqù 寡趣 S.V. uninteresting
guàr 褂儿 N. ① Chinese-style unlined upper garment; short gown ② gown; robe ③ overcoat M: ge/2jiàn
guāráng(r) 瓜瓤(儿) N. melon pulp M: sháo
guārén(r) 瓜仁(儿) N. flesh of a melon seed M: ge/1kē
guǎrén* 寡人 PR. I, The Sovereign; We
guāròu 瓜肉 N. pulp/flesh of a melon M: 2kuài/sháo
guāshā 刮痧 V.O. <Ch. med.> treat sunstroke by scraping a patient's neck, chest, or back
guāshāng 刮伤[-傷] R.V. injure by scraping
guàshāng 挂伤[掛傷] V.O. be injured/damaged
guàshàng* 挂上[掛-] R.V. ① have (a certain expression) on one's face ② hang up (the telephone) ③ link/hook up (a trailer to a car/etc.) ④ enter into the book (of debts)
guāshé(r/zi) 刮舌(儿/子) V.O. scrape from the tongue
guāshí 瓜时[-時] *See guāqī*
guāshì 瓜市 N. melon market
guàshī* 挂失[掛-] V.O. report the loss (of checks/etc.)
guàshīzhǐfù 挂失止付[掛-] F.E. stop payment
guàshuài 挂帅[掛帥] V.O. assume command/leadership (of a large army); dominate
guāshúdìluò 瓜熟蒂落 ID. Things will be easily settled when conditions are ripe.
guàsī 挂罳[罣/掛-] N. sieve
guàsuǒ 挂锁[掛-] N. padlock M: 1bǎ
guā táifēng 刮台风[颳颱-] V.O. launch a vigorous attack
guàtān(r) 卦摊(儿)[-攤] N. fortune-teller's stall
guàtǎn* 挂毯[掛-] N. tapestry M: ge/2kuài
guātián 瓜田 N. melon patch/plot M: ge/2kuài
guātián bù nà lǚ 瓜田不纳履 ID. Don't do anything to arouse suspicion.
guātiánlǐxià 瓜田李下 ID. in suspicious circumstances/surroundings; be found in a suspicious position
guātiáo 瓜条[-條] N. sweetened melon strips M: ge/2gēn
guǎtóu 寡头 N. oligarch
guǎtóu lǒngduàn 寡头垄断[-斷] N. oligopoly
guà tóupái 挂头牌[掛-] V.O. play the leading role
guǎtóu zhèngzhì 寡头政治 N. oligarchy
guàtú 挂图[掛圖] N. ① wall map ② hanging chart M: ge/1zhāng
guàwǎng 挂网[掛網] V.O. spread a net (of a spider) M: 1zhāng
guāwànr 瓜蔓儿 N. melon vine M: 2gēn/1tiáo
guǎwèi(r) 寡味(儿) S.V. ① tasteless ② uninteresting
guàwèir 挂味儿[掛-] V.O. be tasty; appetizing
guǎwén 寡闻 S.V. seen and heard little of the world
guǎwénguǎjiàn 寡闻寡见 F.E. ignorant and ill-informed
guàwù 诖/挂误[掛/罣/絓-] N. ① fault; error ② involvement; implication ♦V. ① be punished for sb. else's mistake ② get others involved in criminal acts by lying ③ be remiss; be at fault
1guàxiàng 挂相[掛-] V.O. wear/make a facial expression

G

[2]guàxiàng 卦象 N. manifestation of a divination

guàxiàn liáofǎ 挂线疗法[挂-療-] N. <Ch.med.> ligating method of treatment

guāxiāo* 刮削 V. ① scrape ② exploit; extort

guàxiào 挂孝[掛-] V.O. wear mourning

guāxiāoqì 刮削器 N. scraper M: [1]tái *See also* guāxuēqì

guàxié 挂鞋[掛-] V.O. end a sports career; hang up the cleats

guǎxìn 寡信 S.V. untrustworthy

guàxīn* 挂心[掛-] V.O. ① worry about; be anxious about ② keep in mind

guāxuēqì 刮削器 N. <archeo.> scraper M: [1]tái *See also* guāxiāoqì

guǎyán 寡言 S.V. taciturn

guāyāng(r) 瓜秧(儿) N. young melon vine M: [2]gēn/[1]tiáo

guà yángtóu, mài gǒuròu 挂羊头,卖狗肉[掛--,賣--] ID. ① try to palm off sth. inferior ② mislead with false promises

guāyèjú 瓜叶菊[-葉-] N. <bot.> cineraria M: [2]kē

guàyì 挂意[掛-] V. mind; take amiss

guàyīgōu 挂衣钩[掛-鉤] N. clothes hook

guàyīlòuwàn 挂一漏万[掛-萬] F.E. list one and omit thousands

guàyìn'értáo 挂印而逃[掛-] F.E. flee from one's post

guā yīnfēng 刮阴风[颳陰-] V.O. spread rumors or talk disparagingly about sb.

guǎyù 寡欲 S.V. temperate ♦V.O. have few desires; be ascetic

guà zài 挂在[掛-] V.P. hang (in a place)

guàzhàng 挂帐[掛-] V.O. charge to one's account

guàzhe 挂着[掛著] V.P. <coll.> be hanging; leave aside; shelve

guàzhí 挂职[掛職] V.O. ① suspend duties/job ② concurrently serve (in another position)

guàzhōng 挂钟[掛鐘] N. wall clock M: ge/[2]zhī

guàzhóu 挂轴[掛-] N. hanging scroll

guàzhù 挂住[掛-] R.V. hang; put up

guàzhuāng 挂桩[掛樁] V.O. shadow a criminal before arresting him

guāzǐ(r)* 瓜子(儿) N. melon seeds M: ge/[1]kē

guàzi 褂子 N. ① Chinese-style unlined upper garment; short gown ② overcoat; gown; robe M: ge/[2]jiàn

guāzǐjīn 瓜子金 N. gold nugget M: [2]kuài

guāzǐké 瓜子壳[-殼] N. shells of melon seeds

guāzǐliǎn 瓜子脸 N. oval face M: ge/[1]zhāng

guāzǐrén 瓜子仁 N. shelled melon-seeds M: ge/[2]lì

gūbá 孤拔 V.P. ① tall and straight (of mountains) ② aloof and arrogant

Gǔbā* 古巴 P.W. Cuba

gūbái 咕白 N. <topo.> a ballad aside in Suzhou singing and storytelling

[1]gǔbǎn 古板 S.V. old-fashioned and inflexible

[2]gǔbǎn 鼓板 N. <mus.> clappers

gǔbang 骨棒 V.P. <coll.> very hard in character

gǔbāng* 鼓帮[-幫] N. edge/side of a drum

gǔbāo(r) 鼓包(儿) V.O. swell up ♦N. protuberance

gǔbǎo* 古堡 P.W. ancient fortress/fort/stronghold M: ge/[4]zuò

gǔbēi 古碑 N. ancient stone-inscription M: ge/[4]zuò

gūběn 孤本 N. only existing copy M: [1]běn/[1]fèn

[1]gǔběn* 股本 N. capital stock; subscribed capital

[2]gǔběn 古本 N. books of ancient printing M: [4]cè

gǔběnbiǎo 股本表 N. <com.> statement of capital stock M: [1]běn/[1]fèn

[1]gǔbì* 古币[-幣] N. ancient coin M: ge/[4]méi

[2]gǔbì 谷壁 N. cliff; precipice M: ge/[1]miàn

[3]gǔbì 蛊敝[蠱-] N. <wr.> ills; evils

[1]gùbì 痼/锢弊 N. age-old malpractice; long-standing abuse M: ge/[1]zhǒng

[2]gùbì 锢蔽 S.V. stopped up; clogged

gūbiāo 孤标[-標] V.P. ① preeminent; distinguished ② steep (of mountains)

gūbiǎo* 姑表 N. ① cousinship ② first cousins when the father of one and the mother of the other are brother and sister

gūbiǎoqīn 姑表亲[-親] N. ① cousinship ② first cousins when the father of one and the mother of the other are brother and sister

gūbiǎo xiōngdì 姑表兄弟 N. (male) cousins from the family of father's sister(s)

gùbù 故步 N. <wr.> ancient manners/ways

gùbudào 顾不到[顧-] R.V. be unable to take care of; be unable to take. . .into consideration

gùbude 顾不得[顧-] R.V. unable to take care of; have to disregard

gùbuguòlai 顾不过来[顧-] R.V. be unable to take care of; have to disregard

gùbuliǎo 顾不了[顧-] R.V. be unable to take care of; have to disregard

gùbuqǐ 雇不起 R.V. cannot afford to hire sb.

gùbushàng 顾不上[顧-] R.V. cannot attend to or manage

gùbùzìfēng 故/固步自封 F.E. complacent and conservative

gǔcāng 谷仓[穀倉] P.W. granary; barn M: ge/[4]zuò

gǔcǎo 谷草[穀-] N. ① millet straw ② <topo.> rice straw M: duī/kǔn

gūcè 估测 V. estimate; appraise; reckon; evaluate

gǔchà 古刹[-剎] N. ancient temple M: ge/[4]zuò *See also* gǔshā

gǔchádì 谷茬地[穀-] N. <topo.> fields from which millet has been harvested M: [2]kuài/[1]piàn

gūchǎn 估产[-產] V.O. ① estimate the yield ② appraise assets; assess

gǔcháng* 谷场[穀場] P.W. yard for sunning/drying crops M: [1]piàn

gùcháng 故常 ATTR. constant

gùchē 雇车 V.O. hire a vehicle

gūchéng 孤城 N. deserted/isolated city M: ge/[4]zuò

gǔchéng* 古城 N. ancient city/town M: ge/[4]zuò

gùchéng 故城 N. old, deserted city M: ge/[4]zuò

gǔchénhēibái 汩陈黑白 F.E. confuse black and white

gūchénnièzǐ 孤臣孽子 ID. ① wretched outcast ② supporter of a lost cause

gǔchū* 鼓出 R.V. bulge; swell

gùchū 故出 V. <law> intentionally impose a lighter penalty than that merited

gǔchuān 谷川 N. valley M: ge/[2]dào

gùchuán* 雇船 V.O. rent a boat

gǔchuī* 鼓吹 V. ① advocate ② preach ③ advertise; play up

gǔchuí 鼓槌 N. drumstick

gǔchuīzhě 鼓吹者 N. <derog.> advocate

gùchún 固醇 N. <phys.> sterol

gǔcí 古词 N. <lg.> archaism M: [2]shǒu

gǔcì* 骨刺 N. <med.> spur M: [2]gēn

gùcí 固辞[-辭] V. <wr.> firmly decline/resign

gùcǐ 故此 ADV. therefore

gǔcíjīndú 古词今读[-讀] F.E. <lg.> modern pronunciation of archaic words

gùcǐshībǐ 顾此失彼[顧-] F.E. ① have too much to handle at the same time ② attend to one thing and lose sight of another

gǔcíyǔ 古词语 N. <lg.> archaism

gūdài 箍带[-帶] N. strap M: [1]tiáo

gǔdài* 古代 N. ① antiquity ② <PRC> from remote antiquity to mid-19th cent.

gǔdài diǎnjí 古代典籍 N. <lg.> classical writings M: [1]běn/[2]bù

gǔdài Hànyǔ 古代汉语[--漢-] N. <lg.> Ancient Chinese

gǔdàishǐ 古代史 N. ancient history

gǔdài wénhuà 古代文化 N. ancient civilization

gù dàjú 顾大局[顧-] V.O. consider sth. in its entirety

[1]gūdān* 孤单 S.V. ① alone ② friendless ③ weak

[2]gūdān 估单 N. list of estimated costs

gūdǎn 孤胆[-膽] ATTR. ① all alone ② friendless

gǔdàn 谷旦[穀-] N. <wr.> auspicious day

gūdāndān 孤单单 V.P. ① lonely; friendless ② alone

gǔdàng 鼓荡[-蕩] V.P. ① surge ② agitate

gǔdān guòhù 股单过户 V.P. transfer of shares

gùdànjūn 固氮菌 N. <bio.> nitrogen-fixing bacteria

gūdǎnyīngxióng 孤胆英雄[-膽--] F.E. sb. who bravely struggles against many

gùdàn zuòyòng 固氮作用 N. <agr.> nitrogen fixation; azofication

gūdao 咕叨 V. <coll.> chatter; talk incessantly

gūdǎo 孤岛[-島] N. isolated island M: ge/[4]zuò

gǔdao 鼓捣[-搗] V. <topo.> ① tinker/fiddle with ② egg on; incite ③ raise a rumpus; kick up a fuss ④ smooth/straighten out ⑤ consume; polish off

gǔdāo 鼓刀 ID. slaughter (animals)

[1]gǔdào* 古道 N. ① ancient principles and methods ② ancient path M: [1]tiáo ♦ATTR. simple and unsophisticated

[2]gǔdào 谷道[穀-] N. <wr.> ①rectum; alimentary channel ② abstaining from eating grain as a means to attain immortality

[3]gǔdào 谷盗[穀盜] N. <zoo> weevil M: ge/[1]tiáo/[2]zhī

[1]gùdào 故道 N. ① old road ② old method M: [1]tiáo

[2]gùdào 顾到[顧-] R.V. take sth. into consideration

gùdǎoqiánzhé 故蹈前辙 F.E. continue in old ruts

gǔdàorèchánɡ 古道热肠[-熱腸] F.E. considerate and warm-hearted (of behavior)

gǔ de 古的 ATTR. ancient; archaic; classical; old

gùdeguòlai 顾得过来[顧-] R.V. be able to take care of

gūdēng 咕噔 ON. slurp

gǔdǐ* 谷底 N. ① valley floor ② lowest point

[1]gǔdì 谷地 N. valley M: [2]kuài/[1]piàn

[2]gǔdì 鹄的 N. ① bull's eye; target ② purpose; aim *See also* húdì

gùdī 固堤 N. dike strengthening

gùdì 故地 N. old haunt

[1]gǔdiǎn* 古典 ATTR. classical

[2]gǔdiǎn(r/zi) 鼓点(儿/子)[-點-] N. ① <mus.> drumbeat ② <opera> clapper beats which set the tempo and lead the orchestra ③ <topo.> dirty trick; vile scheme

gùdiǎn(r) 故典(儿) N. <coll.> reason; cause

gǔdiǎnhuà 古典画[-畫] N. <art> classical painting M: [10]fú/[1]zhāng

gǔdiǎnjí 古典籍 N. <lg.> ancient books M: [2]bù

gǔdiǎn jiànzhù 古典建筑[-築] N. <archi.> classical architecture

gǔdiǎn jīngjìxué 古典经济学[--經濟-] N. classical economics

gǔdiǎnpài 古典派 N. classical style/genre

gǔdiǎn wénxiànxué 古典文献学[---獻-] N. <lg.> paleography

gǔdiǎn wénxué 古典文学 N. classical literature

gǔdiǎn yīnyuè 古典音乐[-樂] N. classical music M: [3]qǔ

gǔdiǎnzhǔyì 古典主义[-義] N. classicism

gūdiǎnzi 咕点子[-點-] N. tricky idea/suggestion

gǔdiǎnzi* 鼓点子[-點-] N. <mus.> ①drumbeat ② <opera> clapper beats which set the tempo and lead the orchestra

gǔdiāo* 骨雕 N. bone-carving M: ge/[4]zuò

gǔdiào 古调 N. ancient tune M: [3]qǔ ♦ATTR. anachronistic; outdated

gǔdiàodútán 古调独弹[--獨-] F.E. Speech and behavior are not in keeping with the times.

gūdiàolíngdīng 孤吊伶仃 F.E. alone; forsaken

gǔdìcéngxué 古地层学[--層-] N. paleostratigraphy

gǔdìcífǎ 古地磁法 N. <archeo.> archeomagnetic dating

gǔdìlǐxué 古地理学 N. paleogeography

gūdīng 孤丁 N. ①loneliness ②bulge ③sudden change/difficulty ♦A.T. gamble everything on a single throw

gūdìng 估定 N. assessment
gùdìng* 固定 V. fix; regularize ♦S.V. ① fixed; regular ② determined; bent on
gùdìng bǐlǜ 固定比律 N. fixed ratio
gùdìng chéngběn 固定成本 N. <econ.> fixed cost
gùdìng chéngyǔ 固定成语 N. <lg.> fixed idiom
gùdìng cíxù 固定词序 N. <lg.> fixed order
gùdìng cízǔ 固定词组 N. ① fixed phrase ② <lg.> set phrase
gùdìng dāpèi 固定搭配 N. <lg.> fixed collocation
gùdìng de yīn 固定的音 N. <lg.> steady sound
gūdīngdīng 孤丁丁 V.P. lonely
gùdìng fǎnyìng 固定反应[-應] N. <lg.> fixed reaction
gùdìng fèiyòng 固定费用 N. <econ.> constant/fixed expenses M: [2]bǐ
gùdìng gōngzī 固定工资 N. regular/fixed wage M: [1]fèn
gùdìng gōngzīzhì 固定工资制 N. fixed-wage system
gùdìng huídátí 固定回答题 N. fixed-response item M: [2]dào
gùdìng huídáxiàng 固定回答项 N. fixed-response item
gùdìng huìlǜ 固定汇率[--匯-] N. fixed exchange rate M: [1]zhǒng
gǔdǐngjī 骨顶鸡[-雞] N. <zoo.> coot M: ge/[2]zhī
gùdìng jiàgé 固定价格[--價-] N. <econ.> fixed price M: [1]zhǒng
gùdìng jījīn 固定基金 N. fixed fund M: [3]xiàng
gùdìngqiáo 固定桥[-橋] N. fixed bridge (in dentistry) M: ge/[4]zuò
gùdìng shēngdiào 固定声调[--聲-] N. <lg.> register tone
gùdìng shōurù 固定收入 N. fixed income M: [1]fèn
gùdìngwù 固定物 N. thing fixed M: ge/[2]jiàn
gùdìngxìng 固定性 ATTR. fixed
gùdìng yào shuō 固定要说 V.P. <coll.> determined to talk
gùdìng yòngyǔ 固定用语 N. <lg.> routine; fixed expression M: [1]zhǒng
gùdìng zhīchū 固定支出 N. <econ.> fixed charges M: [1]fèn/[3]xiàng
gùdìng zhòngyīn 固定重音 N. <lg.> fixed accent/stress
gùdìng zīběn 固定资本 N. fixed capital M: [3]xiàng
gùdìng zīběn xíngchéng 固定资本形成 N. fixed assets
gùdìng zīchǎn 固定资产[-產] N. fixed assets M: [1]fèn
gùdìng zìcháng 固定字长 N. <comp.> fixed word length
gùdìng zīchǎn jìngzhí 固定资产净值[---產淨-] N. net value of fixed assets
gùdìng zīchǎn tóuzī 固定资产投资[---產--] N. investment in fixed assets
gùdìng zījīn 固定资金 N. fixed assets M: [2]bǐ/[3]xiàng
gùdìng zuòyòng 固定作用 N. fixation
gǔ dìxiàshuǐ 古地下水 N. old groundwater
gǔdìzhìxué 古地质学[--質-] N. paleogeology
gūdōng 咕咚 ON. thud; thump; plop ♦V. mutter; grumble
gǔdōng* 股东 N. shareholder; stockholder M: ge/[1]míng/[2]wèi
gǔdǒng(r) 古/骨董(儿) N. ① antique; curio ② old fogy M: [2]jiàn
gǔdòng 鼓动[-動] R.V. ① agitate; arouse ② instigate; incite ③ badger
gǔdōng chǎnquán 股东产权[-產權] N. stockholders' equity
gǔdōng dàhuì 股东大会 N. shareholders' meeting M: [1]cì
gǔdōng huìyì 股东会议[-議] N. shareholders'/stockholders' meeting M: [1]cì
gǔdǒngpù 古董铺 P.W. antique/curio shop M: ge/[4]zuò
gǔdǒngshāng 古董商 N. antique dealer M: ge/[1]míng/[2]wèi
gǔdòngwùxué 古动物学[-動--] N. paleozoology
gǔdòu 鼓逗 V. <topo.> ① tinker/fiddle with ② egg on; incite ③ raise a rumpus; kick up a fuss ④ smooth/straighten out ⑤ consume; polish off
gūdu 咕嘟 <coll.> V. ① boil for a long time ② purse the lips ③ gurgle; bubble; chug
[1]**gūdú*** 孤独[-獨] S.V. lonely; solitary; lonesome; single; reclusive
[2]**gūdú** 觚牍[-牘] N. <wr.> correspondence
gǔdū 古都 N. ancient capital M: ge/[4]zuò
[1]**gǔdú** 古读[-讀] N. <lg.> ancient pronunciation
[2]**gǔdú** 蛊毒[蠱-] V.O. <wr.> ① cast a harmful spell over ② poison ♦N. poison produced by venomous insects
gùdū 故都 N. onetime/former capital M: ge/[4]zuò
gù duǎngōng 雇短工 V.O. <coll.> hire day laborers
gūdu cài 咕嘟菜 V.O. <coll.> cook/stew food
gūdúgǎn 孤独感[-獨-] N. sense of loneliness M: [1]fèn/[1]fèn/[1]zhǒng
gūduī(r) 估堆(儿) V.O. appraise quantity/price of goods in bulk
gūduo(r) 骨朵(儿) N. <coll.> flower bud
[1]**gǔduò(zi)*** 谷垛(子)[穀-] N. stack of harvested crop stalks M: ge/duī
[2]**gǔduò** 榾柮 N. <wr.> wood chips
gūdúwú'ǒu 孤独无偶[-獨--] F.E. all alone without a mate
gūdúwúyuán 孤独无援[-獨--] F.E. alone and with no help
gūdu xiǎngzhe 咕嘟响着[-響著] V.P. <coll.> gurgling; bubbling
gūdúzhě 孤独者[-獨-] N. solitary/lonely person M: ge/[1]míng/[2]wèi
gūduzhe zuǐ 咕嘟着嘴[--著-] V.O. <coll.> pout
gūdu zuǐ 咕嘟嘴 V.O. <coll.> pucker the lips
gǔ'é 谷蛾[穀-] N. grain moth M: ge/[2]zhī
gū'ēn 孤/辜恩 V.O. be ungrateful for former favors
gū'ēnfùyì 辜恩负义[-義] F.E. be ungrateful for kindness
gū'ér 孤儿 N. orphan M: ge/[1]míng/[2]wèi
gù'ér* 故而 CONJ. therefore; hence
Gǔ'ěrbāngjié 古尔邦节[-節] N. <loan/rel.> Corban
gū'érguǎfù 孤儿寡妇[-婦] F.E. a widow and her child
gū'érguǎmǔ 孤儿寡母 F.E. orphans and widows
gū'éryuàn 孤儿院 P.W. orphanage M: ge/[4]zuò
[1]**gǔfǎ** 骨法 N. ① frame (of the body) ② phrenological features ③ forcefulness of strokes (in calligraphy)
[2]**gǔfǎ** 古法 N. time-honored methods M: ge/[1]zhǒng
gùfǎn 顾返[顧-] V. return home
gùfàn* 故犯 V. offend knowingly/willfully
gūfāng 孤芳 N. narcissistic in attitude
gǔfāng(r)* 古方(儿) N. <Ch. med.> ancient prescription/recipe M: [1]fèn/[1]fù
gǔfáng 谷坊 N. <agr.> check dam M: [4]zuò
gūfāngzìshǎng 孤芳自赏 F.E. indulge in self-admiration
gǔfǎyòngbǐ 骨法用笔[-筆] F.E. <art> "bony" brushstrokes (i.e., strong and economical)
gǔféi 骨肥 N. fertilizer made from animal bones; bone meal
gǔfěi* 股匪 N. a gang of bandits M: [1]bāng/[1]qún
gūfén 孤坟[-墳] N. isolated grave M: ge/[4]zuò
gūfèn 孤愤 N. cynicism of the world and its ways
gǔfěn 骨粉 N. bone meal
gǔfèn* 股份/分 N. share; stock M: [1]fèn
gǔfèn bù gōngkāi gōngsī 股份不公开公司[----開--] N. <com.> closed/private corporation M: [1]jiā
gūfēng 孤峰 N. solitary rock M: ge/[4]zuò
[1]**gǔfēng*** 古风 N. ① ancient practice ② ancient-style poetry M: [1]zhǒng
[2]**gǔfēng** 谷风 N. the east wind M: [1]zhèn
gǔfèng(r) 骨缝(儿) N. space between two bone joints M: [2]dào/[1]tiáo
gǔfēngjī 鼓风机 N. air-blower M: [1]tái
gǔfēnglú 鼓风炉[-爐] N. blast furnace M: [4]zuò
gǔfèn gōngkāi gōngsī 股份公开公司[---開--] P.W. <com.> open/public corporation M: [1]jiā
gǔfèn gōngsī 股份公司 P.W. joint-stock company M: [1]jiā
gǔfēngyísú 古风遗俗 F.E. old customs
gǔfènhónglì 股份红利 F.E. dividend on shares; stock dividend
gǔfèn yǒuxiàn gōngsī 股份有限公司 P.W. limited-liability company (LLC); limited company (Ltd.) M: [1]jiā
gǔfènzhì 股份制 N. share-holding system
gǔfènzhì qìyè 股份制企业[-業] P.W. joint-stock enterprise/business M: [1]jiā
gǔfèn zīběn 股份资本 N. share capital
gūfu* 姑夫/父 N. husband of father's sister; uncle M: ge/[1]míng/[2]wèi
gūfù 辜/孤负 V. let down; fail to live up to; disappoint; be unworthy of
gǔfū 瞽夫 N. <wr.> blind person M: ge/[2]wèi
gǔfù 鼓腹 V.P. eating well and living well
gùfū 故夫 N. one's late husband M: ge/[1]míng/[2]wèi
gǔfù'ērgē 鼓腹而歌 F.E. well-fed and happy
gùfùzhī'ēn 顾复之恩[顧復-] N. one's parents' loving care
gǔgàn 骨干[-幹] N. ① <phys.> diaphysis ② backbone; mainstay
gǔgàn fènzǐ 骨干分子[-幹--] N. core/key member M: ge/[1]míng/[2]wèi
gǔgàn qìyè 骨干企业[-幹-業] P.W. key enterprise
gūgāo 孤高 S.V. <wr.> supercilious
gūgāozìxǔ 孤高自许 F.E. indulge in self-admiration
gūgē 鸪鸽 N. a kind of pigeon M: ge/[2]zhī
gǔgé* 骨骼 N. skeleton; bone structure M: [1]fù
gǔgéjī 骨骼肌 N. skeletal muscle M: [2]kuài
gǔgěng 骨鲠 N. fishbone ♦ATTR. upright; firm
gǔgěngzàihóu 骨鲠在喉 ID. have thoughts one cannot express
gǔgěngzhīchén 骨鲠之臣 N. an outspoken minister who gives unpleasant advice M: ge/[2]wèi
gǔgěngzhīqì 骨鲠之气[-氣] N. have the spirit of open frankness
gūgong 姑公 N. husband of one's father's or mother's paternal aunt M: ge/[1]míng/[2]wèi
gǔgōng 股肱 N. <wr.> right-hand man; top aide
[1]**gùgōng** 雇工 V.O. hire labor/hands ♦N. hired laborer/farmhand M: ge/[1]míng/[2]wèi
[2]**gùgōng** 故宫[-宮] N. former imperial palace M: ge/[4]zuò *See also* Gùgōng
Gùgōng* 故宫[-宮] P.W. the Imperial Palace *See also* [2]gùgōng
Gùgōng Bówùyuàn 故宫博物院[-宮---] P.W. Palace Museum
gǔgōng'ěrmù 股肱耳目 F.E. close assistants
gǔgōngxīnfù 股肱心腹 F.E. close assistants
gǔgōngzhīchén 股肱之臣 N. <wr.> top ministers M: ge/[2]wèi
gūgu* 姑姑 N. <coll.> father's sister
[1]**gūgū** 咕咕 ON. cluck; coo
[2]**gūgū** 鸪鸪 N. <zoo.> Chinese francolin; partridge M: ge/[2]zhī
[1]**gǔgǔ** 股骨 N. thighbone; femur M: [2]kuài
[2]**gǔgǔ** 汩汩 ON. gurgle
[3]**gǔgǔ** 谷谷 ON. cooing sound of birds
gūguǎ 孤寡 N. ① a widow and her child ② orphans and widows ③ <trad.> humble first-person designation used by rulers ♦ATTR. lonely; solitary
gūguai 孤拐 N. ① cheekbone ② the ball of the foot
gǔguài* 古怪 S.V. eccentric; odd; strange
gǔguài yǐnyù 古怪隐喻[--隱-] N. <lg.> bizarre metaphor
gǔguàizhīchù 古怪之处[-處] N. oddity

gūguǎ lǎorén 孤寡老人 N. old man/woman without support M: ge/1míng/2wèi
gǔguàn 骨罐 N. urn to hold the bones of a dead person
1gǔguānjié 骨关节[-關節] N. <phys.> articulation; joint
2gǔguānjié 股关节[-關節] N. <phys.> hip joint
gūgudāodāo 咕咕叨叨 R.F. <coll.> talk to oneself
gǔgǔ de 鼓鼓的 ATTR. bulging
gūgudiǎnzi 咕咕点子[--點-] N. <topo.> tricky idea/suggestion
gūgū'érqì 呱呱而泣 F.E. <wr.> cry (of a baby)
gūguǐr 孤鬼儿 N. ① lonely ghost ② sb. who lives alone without a family/companion
gūgujījī 咕咕唧唧 R.F. <coll.> talk in whispers; grumble in indistinct voice
gūgulíngdīng 孤孤零丁 F.E. lonely
gūgulūlū 咕咕碌碌 ON. rolling sound (of wooden wheel, etc.)
gǔgunāngnāng 鼓鼓囊囊 R.F. ①bulging ②filled to the bursting point; overloaded
gūgūnōngnōng 咕咕哝哝[-噥噥] ON. whispering sound
gǔguó* 古国[-國] N. country with long history M: ge/4zuò
gùguó 故国[-國] N. ① one's motherland ② an old country ③ one's hometown
gùguóqiáomù 故国乔木[-國喬-] ID. an ancient and famous family
gùguózhīsī 故国之思[-國--] N. nostalgic memories of one's mother country
gūgūqīqī 孤孤凄凄 R.F. lonely; friendless; isolated
gǔgur 鼓鼓儿 R.F. <coll.> bulging
gǔgǔzhe 鼓鼓着[-著] V.P. <coll.> bulging
gūgūzhuìdì 呱呱坠地[--墜-] F.E. come into this world (of a baby); make/raise the first cry of life
gūháizi 孤孩子 N. orphan M: ge/1míng/2wèi
gūhán 孤寒 V.P. humble
gǔ Hànyǔ 古汉语[-漢-] N. <lg.> archaic Chinese; Ancient Chinese pronunciation
gǔhào 鼓号[-號] N. drum and bugle
gǔhào yuèduì 鼓号乐队[-號樂隊] N. drum and bugle band M: 4zhī
gùhù 雇户 N. hired person/company/etc.
1gǔhuà* 古画[-畫] N. ancient/old painting M: 10fú/1zhāng
2gǔhuà 古话 N. old saying M: 1jù
3gǔhuà 骨化 V. ossify
gùhuà 固化 V. <chem.> weld; solidify; consolidate
gǔhuī 骨灰 N. ① bone ash ② ashes of the dead M: 1bǎ/4hé
gǔhuīhé 骨灰盒 N. cinerary casket M: ge/2zhī
gūhún 孤魂 N. ①wandering soul ②one without a family/friends to depend on
gūhúnwúyī 孤魂无依 F.E. a solitary soul with no one to depend upon
gūhúnyěguǐ 孤魂野鬼 F.E. ① wandering soul and wild ghost ② one without a family or friends to depend on
1gǔhuò 蛊惑[蠱-] V. seduce into wrongdoing
2gǔhuò 贾祸[-禍] V.O. court disaster
gǔhuò mínxīn 蛊惑民心[蠱-] V.O. rabble-rouse
gǔhuò rénxīn 蛊惑人心[蠱-] V.O. ① rabble-rouse ② confuse and poison people's minds
gǔhuòtǐ 古或体[-體] N. <lg.> ancient variant M: 2jiàn
1guī 归[歸] V. ① go back to; return ② return sth. to ③ come together ④ put in sb.'s charge ⑤ belong ⑥ <wr.> marry ⑦ <rel.> take refuge (in Buddha/etc.) ♦N. ① Surname ② division on abacus ♦CONS. v.1 ~ v.1 despite v.1 **pīping ~ pīping, tā cónglái bù tīng.** Despite repeated criticism, he wouldn't listen. **Shuō ~ shuō, zuò ~ zuò.** Talking is one thing, doing is another.
2guī 硅 N. <chem.> silicon
3guī 龟[龜] N. tortoise; turtle M: ge/2zhī **See also** 7jūn, 2Qiū
4guī 规[規] B.F. ① compasses; dividers **yuánguī** ② regulation; rule **guīzé** ③ admonish; advise **guīquàn** ④ plan **1guīhuà** ⑤ <mach.> gauge **xiànguī**
5guī 闺[閨] B.F. ① boudoir; women's quarters **shēnguī** ② <wr.> small door **guīmén**
6guī 圭 N. <hist.> ① jade tablet as a symbol of power ② tablet or flat scepter held by nobles/rulers on ceremonial occasions ③ a burial object
7guī 鲑[鮭] N. salmon M: ge/1tiáo
8guī 皈 V. convert
9guī 瑰/瓌 B.F. <wr.> ① a jade-like stone **yìlín guībǎo** ② rare; marvelous **2guīyì**
10guī 傀 B.F. ① strange **3guīqí** ② independent **2guīwěi See also** 2kuǐ
1guǐ* 鬼 N. ① ghost; spirit ② sinister plot; dirty trick **Tā xīnli yǒu ~.** He has a guilty conscience. **Zhè lǐmian yǒu ~.** There's something rotten afoot. ♦SUF. term of abuse ♦B.F. ① secret; stealthy ② terrible; too bad ③ <coll.> clever; smart ④ evil ♦ADV. devilishly
2guǐ 轨[軌] B.F. ① rail; track **1guǐdào** ② course; path **chūguǐ**
3guǐ 晷 N. <wr.> ① shadow cast by the sun ② sundial ③ time
4guǐ 诡[詭] B.F. ①deceitful; tricky; cunning **2guǐjì** ② weird; eerie **guǐyì**
5guǐ 癸 N. the last of the 10 Heavenly Stems
6guǐ 匭[匭] N. box
7guǐ 簋 N. <archeo.> deep circular vessel with two or four handles, used as a container for grain
8guǐ 佹 B.F. fortuitous **guǐdéguǐshī**
9guǐ 垝 B.F. destroy; damage **guǐyuán**
10guǐ 庋 B.F. place/store (sth.) **2guǐzhì, guǐcáng**
11guǐ 姽 in **2guǐhuà**
12guǐ 宄 in **jiānguǐ**
1guì 跪 V. kneel
2guì 贵[貴] S.V. expensive; costly ♦B.F. ① highly valued **bǎoguì** ② noble; of high rank **guìzú** ③ <court.> your **1guìxìng** ♦PREF. <court.> esteemed **guìguó** ♦N. short for Guizhou
3guì 柜/匮[櫃/匱] B.F. cupboard; cabinet **guìzi, yīguì See also** 5jǔ, 5kuì
4guì 桂 B.F. ① cinnamon; cassia-bark tree **guìpí** ② laurel; bay tree ③ sweet-scented osmanthus ♦N. ① short name for Guangxi Zhuang Autonomous Region ② Surname
5guì 刽[劊] B.F. cut off; chop off; behead **guìzishǒu**
6guì 刿[劌] <wr.> V. stab; cut
7guì 鳜[鱖] N. mandarin fish
8guì 桧[檜] B.F. Chinese juniper **guìmù, guìbǎi See also** Huì
Guì 炅 N. Surname
1guī'àn 归案[歸-] V.O. bring to justice
2guī'àn 瑰岸 V.P. <wr.> tall and strong
guī'ànfǎbàn 归案法办[歸-辦] F.E. bring someone to trial and punishment
guǐbāguà 鬼八卦 N. wicked idea
guìbǎi 桧柏 N. Chinese cypress M: 2kē
guìbài* 跪拜 V. ① worship on bended knees ② kowtow
guìbàilǐ 跪拜礼[-禮] N. ① worship on bended knees ② kowtow
guībǎn 龟板[龜-] N. tortoise plastron M: ge/2kuài
guìbāng 贵邦 F.E. <court.> your country
guībǎo 瑰宝[-寶] N. rarity; treasure; gem M: ge/2kuài
guìbǎodì 贵宝地[-寶-] F.E. <court.> your native place M: 2kuài/1piàn
guìbǎohào 贵宝号[-寶號] F.E. <court.> your company/shop
guǐbǎxì 鬼把戏[-戲] N. sinister plot; dirty/underhand trick M: ge/1chū
guībèi 龟背[龜-] N. ① <Ch. med.> curvature of the spinal column ② humpback ③ <hist.> tortoise shell used as money
1guībì* 规避 V. evade; avoid
2guībì 圭璧 N. <trad.> ① ritual jades worn by nobility ② high ethical standard
guǐbǐ 鬼笔[-筆] N. <bot.> phalloid
guǐbiàn 诡辩 N. sophistry; sophism; quibbling ♦V. quibble; indulge in sophistry
guǐbiànjiā 诡辩家 N. sophist M: ge/1míng/2wèi
guǐbiànshù 诡辩术[-術] N. sophistry
guǐbiàn xuépài 诡辩学派 N. <phil.> sophistic school; the sophists
guībiǎo 圭表 N. ancient Chinese sundial
guībiē 龟鳖[龜-] N. tortoise/turtle M: ge/2zhī
guìbīn 贵宾[-賓] N. ① honored/distinguished guest ② VIP room/lounge M: ge/1míng/2wèi
guībìng* 归并[歸併] V. ① incorporate/merge into; unite ② add up ③ lump together
guǐbìng 鬼/诡病 N. trickery; fraud
guìbǐng 跪禀[-稟] V. report in a kneeling position
guìbīnxí 贵宾席[-賓-] N. seats reserved for distinguished guests
guìbīn xiūxishì 贵宾休息室[-賓---] P.W. reserved lounge for honored guests M: 1jiān
guībì zhànshù 规避战术[-戰術] N. evasion tactics M: 3xiàng
guībǔ 龟卜[龜-] N. divination by tortoise shells; scapulimancy
guǐbuguò 鬼不过 R.V. not be as tricky/smart as
guǐcái 鬼才 N. unorthodox genius M: 1fù
guǐcáng 庋藏 V. put away for safekeeping
guǐchǎoguǐnào 鬼吵鬼闹[-鬧] F.E. make a ruckus
guīchè 龟坼[龜-] N. cracks in the soil due to drought M: 1tiáo
1guīchéng* 规程 N. rules; regulations M: 3xiàng
2guīchéng 归程[歸-] N. return journey
guǐchēng 诡称[-稱] V. falsely allege; pretend
guīchǐ 规尺 N. ruler M: 1bǎ
guìchǒng 贵宠 V. be esteemed and favored ♦N. <trad.> a favorite of the emperor
guǐchǒu 癸丑 N. 50th year of the Sexagenary Cycle (1913, 1973, 2033 etc.)
guīchú 归除[歸-] N. <math.> abacus method of division involving three or more digits
guìchú* 柜橱[櫃櫥] N. cupboard
guìchù 贵处[-處] F.E. <court.> ① your home/place/etc. ② What's your native place?; Where are you from?
guǐchuàn 鬼串 V. hatch a plot
guǐchūdiànrù 鬼出电入[--電-] F.E. move in and out with lightning speed
guǐchuīdēng 鬼吹灯[-燈] ID. <coll.> ① underhanded trick ② lie ③ collapse
guǐchuīdēng māodǎchǎ 鬼吹灯猫打镲[--燈貓--] ID. <topo.> big talk with little substance
guǐcí* 诡辞[-辭] N. ① artful words; sophistry ② lies or deceptive words to cover up the truth M: tào
guìcí 贵慈 F.E. <court.> your mother
guǐcíyìduì 诡词以对[-對] F.E. answer with deceptive words
guǐcōngming 鬼/诡聪明[-聰-] V.P. ① quite clever ② clever in a shallow way
guīdàng 归档[歸檔] V.O. place/keep on file; file
guīdào 归到[歸-] R.V. ① group/classify into ② converge; come together
guǐdao 鬼道 N. magic; sorcery M: 1tiáo ♦S.V. <topo.> clever
guǐdǎo 鬼捣[-搗] V. <coll.> go wenching
1guǐdào* 轨道 N. ① track ② orbit; trajectory ③ course; path ④ a proper course M: 1tiáo
2guǐdào 诡/鬼道 N. perverse ways M: 1tiáo
guìdǎo 跪倒 R.V. prostrate oneself; grovel
guìdǎojiǎoxià 跪倒脚下[--腳-] F.E. throw oneself at sb.'s feet
guǐdào kōngjiānzhàn 轨道空间站 P.W. orbital space station
guìdǎopáqǐ 跪倒爬起 F.E. kowtow again and again
guǐdàozhàn 轨道站 P.W. outer-space orbit station

guìdé 贵德 <court.> F.E. a distinguished and virtuous person ♦V.O. treasure virtue
guìdéguìshī 佹得佹失 F.E. accidentally got, accidentally lost
guì de lípǔ 贵得离谱[--離-] V.P. <coll.> expensive beyond all reason
guìdetài 贵得太 V.P. <topo.> extremely expensive
[1]**guìdì** 贵地 F.E. <court.> your native land
[2]**guìdì** 跪地 V.O. kneel on the ground
guìdì'āiqiú 跪地哀求 F.E. kneel on the ground and cry for mercy
guìdiàn 跪垫[-墊] N. hassock
guǐdiǎnr 鬼点儿[-點-] N. <coll.> ① trick; guile ② ingenious method
guǐdiǎnzi 鬼点子[-點-] N. <topo.> wicked idea; trick *Tā de ~ zuì duō.* He has more tricks than anyone else.
guīdìng 规定 V. ① stipulate; provide ② fix; set; formulate ♦N. rule; regulation; stipulation
guīdìng càidān 规定菜单 N. set menu; table d'hote
guīdìng chūlai 规定出来 R.V. stipulate; provide; set; fix
guīdìngcí 规定词 N. <lg.> adjectival modifier
guīdìng dòngzuò 规定动作[--動-] N. <sport> compulsory exercise
guīdìng fèiyòng 规定费用 N. specified costs
guīdìng rìqī 规定日期 N. specified date
guīdìng shù'é 规定数额[--數-] N. <econ.> quota
guīdìng tàolù 规定套路 N. set exercise
guīdìng yǔfǎ 规定语法 N. <lg.> prescriptive grammar
guìdìqìmìng 跪地乞命 F.E. grovel and plead for one's life
guìdìqìráo 跪地乞饶[-饒] F.E. grovel and plead for mercy
[1]**guīdòu** 圭窦[-竇] N. a poor man's residence
[2]**guīdòu** 闺窦[-竇] N. ① hole in the wall ② destitute family
guǐdù 轨度 N. rule; regulation M: [3]*xiàng*
guīduī 归堆[歸-] V.O. put together; take as a whole *See also guīzuī*
guīduì* 归队[歸隊] V.O. ① rejoin one's unit ② return to the profession one was trained for
guīduō 归掇[歸-] V. put things in order; categorize
guì'ěrjiànmù 贵耳贱目[--賤-] F.E. ① trust what one hears more than what one sees ② rely on hearsay
guīfǎn 归返[歸-] V. go back to; return
[1]**guīfàn*** 规范[-範] N./S.V. standard; norm
[2]**guīfàn** 闺范[-範] N. ① code of conduct for women ② a paragon of feminine virtue M: [3]*xiàng*
guǐfàn 轨范[-範] N. standard; criterion M: [3]*xiàng*
guīfáng* 闺房 N. boudoir M: [1]*jiān*
guīfàng 归放[歸-] V. put in order; categorize
guìfáng(r) 柜房(儿)[櫃-] N. cashier's office
guīfángzhīlè 闺房之乐[-樂] N. marital bliss
guīfànhuà 规范化[-範-] V. standardize ♦N. standardization; normalization
guīfànxìng de wénfǎ 规范性的文法[-範----] N. <lg.> normative grammar
guīfànxìng de yǔfǎ 规范性的语法[-範----] N. <lg.> normative grammar
guīfàn xíngshì 规范形式[-範--] N. <lg.> canonical form
guīfàn yǔfǎ 规范语法[-範--] N. <lg.> normative grammar; prescriptive grammar
[1]**guīfèi** 硅肺 N. <med.> silicosis
[2]**guīfèi** 规费 N. fees paid to government agencies M: [2]*bǐ*/[3]*xiàng*
guìfēi* 贵妃 N. highest-ranking imperial concubine M: *gè*/[1]*míng*/[2]*wèi*
guǐfēng gēda 鬼风疙瘩 N. <topo./med.> nettle rash; urticaria
guīfū 龟趺[龜-] N. pedestal in the form of a tortoise M: [4]*zuò*
guīfú 归服[歸-] V. come over and pledge allegiance
[1]**guīfù** 归附[歸-] V. submit to another's authority
[2]**guīfù** 规复[-復] V. <wr.> ① return to normality or former conditions; restore to the norm ② rehabilitate
guìfǔ 贵府 F.E. <court.> your residence
guìfù(rén)* 贵妇(人)[-婦-] N. grande dame; noblewoman; woman of rank M: *gè*/[1]*míng*/[2]*wèi*
guǐfǔshéngōng 鬼斧神工 F.E. uncanny/superlative workmanship
guìgàn 贵干[-幹] F.E. <court.> What can I do for you?; May I help you?
guīgāng 硅钢[-鋼] N. silicon steel M: [2]*kuài*
[1]**guīgé** 规格 N. specifications; standards; norms; specs M: [1]*zhǒng*
[2]**guīgé** 闺阁 N. ① boudoir ② women
guīgéhuà 规格化 N. standardization/ ♦V. standardize
guīgémíngyuán 闺阁名媛 F.E. ① daughters of rich families ② lady from a noble family M: *gè*/[1]*míng*/[2]*wèi*
guīgēn(r) 归根(儿)[歸-] V.O. after all; in the final analysis
guīgēndàodǐ 归根到底[歸-] F.E. in the final analysis
guīgēng 归耕[歸-] V.O. retire from public service and return home
guìgēng* 贵庚 F.E. <court.> (may I know) your age?
guīgēnjiédǐ* 归根结底[歸-] F.E. in the final analysis
guīgēnjiédì 归根结蒂[歸-] F.E. in the final analysis
guīgēnjiūdǐ 归根究底[歸-] F.E. in the final analysis
guīgéqiānjīn 闺阁千金 ID. young lady
guīgéxiùfáng 闺阁绣房[--繡-] P.W. lady's private quarters; boudoir
[1]**guīgōng*** 归公[歸-] V.O. hand over to the public
[2]**guīgōng** 归功[歸-] V.O. give credit to
guǐgōng 鬼工 N. prodigious skill/ingenuity
guìgōng 桂宫[-宮] N. <wr.> the moon M: [1]*lún*
guìgōngsī 贵公司 P.W. <court.> your company
guīgōng yú 归功于[歸-於] V.P. attribute success to; give credit to
guīgǔ 归骨[歸-] V.O. bring home sb.'s remains for burial
Guīgǔ* 硅谷 P.W. Silicon Valley
[1]**guǐguài** 鬼怪 N. monsters of all kind; forces of evil
[2]**guǐguài** 诡怪 S.V. strange; odd
guìguān 桂冠 N. ① laurel (as an emblem of victory/distinction) ② garland of laurel flowers M: [1]*dǐng*
guìguān shīrén 桂冠诗人 N. poet laureate M: *gè*/[1]*míng*/[2]*wèi*
guǐguǐdǎodǎo de 鬼鬼捣捣的[--搗搗-] R.F. <coll.> tricky; deceitful
guǐguǐjiūjiū 鬼鬼啾啾 R.F. <coll.> furtive; stealthy
guīguijǔjǔ 规规矩矩 R.F. well-behaved
guǐguǐsuìsuì 鬼鬼祟祟 R.F. furtive; stealthy
guīguó* 归国[歸國] V.O. return to one's country
guìguó 贵国[-國] F.E. <court.> your country
guīguó Huáqiáo 归国华侨[歸國華僑] N. returned overseas Chinese
Guīguó Huáqiáo Liánhéhuì 归国华侨联合会[歸國華僑聯-] P.W. China Federation of Returned Overseas Chinese
guǐhài 癸亥 N. 60th year of the Sexagenary Cycle (1923, 1983, 2043 etc.)
guīháng 归航[歸-] V.P./ATTR. homing (flight)
guīháng fēixíng 归航飞行[歸-飛-] N. homing flight
guī-hè 龟鹤[龜-] ID. ① very old age ② longevity
guīhèqílíng 龟鹤齐龄[龜-齊齡] F.E. have a long life
[1]**guīhuà*** 规划/化/画[-劃/畫] V. program; plan
[2]**guīhuà** 归化[歸-] V. ① submit to rule of ② be naturalized
[1]**guǐhuà** 鬼话 N. ① lie ② nonsense M: [1]*piān*
[2]**guǐhuà** 姽婳[-嫿] N. <wr.> quiet and nice (of women)
guìhuā 桂花 N. <bot.> sweet-scented osmanthus M: [2]*duǒ*
guǐhuàfú 鬼画符[-畫-] N. ① scrawl ② hypocritical talk
guīhuà huódòng 规划活动[-劃-動] V.O. plan activities
guìhuājiǔ 桂花酒 N. liquor fermented with osmanthus flowers M: *píng*/[1]*wǎn*
guǐhuàliánpiān 鬼话连篇 F.E. a pack of lies
guīhuán 归还[歸還] V. return; revert
guǐhūn 鬼婚 N. <trad.> marriage to a ghost M: *mén*
guǐhún 鬼魂 N. ghost; spirit; apparition M: *gè*/[2]*zhī*
guǐhùn* 鬼混 V. ① fool around ② have an aimless existence; live aimlessly
guǐhún chóngbài 鬼魂崇拜 N. animism
guǐhuǒ 鬼火 N. will-o'-the-wisp; jack-o'-lantern M: *tuán*
[1]**guījì** 归寂[歸-] V. <Budd.> die
[2]**guījì** 归计[歸-] N. plans for going home ♦V.O. obey the plan
[1]**guǐjì*** 轨迹[-跡] N. ① <math.> locus ② <astr.> orbit
[2]**guǐjì** 诡计 N. ruse; trick
[3]**guǐjì** 鬼计 N. trick; ruse; crafty plot; cunning scheme
guījiā 归家[歸-] V.O. return home ♦N. homecoming
guījiǎ* 龟甲[龜-] N. tortoise-shell; oracle bone M: [2]*kuài*
guǐjiǎ 轨甲 N. divination by drawing numbered slips
guìjià 贵价[-價] F.E. <court.> your servant
guījiǎ bǔcí 龟甲卜辞[龜-辭] N. oracle-bone inscription
[1]**guījiàn** 规谏 V. ① advise ② remonstrate
[2]**guījiàn** 龟鉴[龜鑒] N. <trad.> ① divination and retrospection ② lessons to be learned from the past
guìjiàn* 贵贱[-賤] N. ① the eminent and the humble ② the expensive and the cheap ♦CONJ. <topo.> in any case
guìjiànbùfēn 贵贱不分[-賤--] F.E. no distinction between the noble and base
guǐjiànpà 鬼见怕 V.P. devilishly hard to achieve
guìjiànshàngxià 贵贱上下[-賤--] F.E. high and low; great and small
guījiǎo 圭角 N. ① sharp point of a piece of jade ② talent displayed; abilities
guījiǎ shòugǔ wénzì 龟甲兽骨文字[龜-獸---] N. <lg.> oracle-bone characters
guìjiāzǐ* 贵家子 N. scion of a noble family M: *gè*/[1]*míng*/[2]*wèi*
guìjiǎzǐ 贵甲子 F.E. <court.> ① (What are) your cyclical characters? ② How old are you?
guǐjìbǎichū 诡计百出 F.E. show off numerous artful tricks
guǐjìduōduān 诡/鬼计多端 F.E. have a whole bag of tricks; be full of wiles
guījié* 归结[歸-] V. ① sum up ② end (story/etc.) ♦N. result
guījiè 规诫 V. admonish
Guǐjié 鬼节[-節] N. Ghost Festival (15th of 7th lunar month)
guìjiè 贵介 N. <wr.> noble
guījié dào 归结到[歸-] R.V. attribute to
guījiéhuà 规节化[-節-] N. normalization
guījié wéi 归结为[歸-] V.P. attribute to
guǐjīlíngr 鬼机灵儿[--靈-] S.V. naughtily clever (of children)
guǐjì móxíng 轨迹模型[-跡--] N. <lg.> locus model
guījīng* 归经[歸經] N. <Ch. med.> conduit entry
[1]**guījìng** 规镜 ID. serve as a warning/caution/etc. (of the experience of one's elders)
[2]**guījìng** 龟镜[龜-] ID. lessons to be learned from the past M: *gè*/[1]*miàn*

guì jīng bù guì duō 贵精不贵多 F.E. It's quality rather than quantity that counts.
guǐjīnglíng 鬼精灵[-靈] N./S.V. a clever child
guìjīnshǔ 贵金属[-屬] N. noble/precious metal
guījiù 归咎[歸-] V. impute to; put the blame on
guījiùyú 归咎于[歸-於] V.P. impute to; attribute a fault to; put the blame on
guījiùyúrén 归咎于人[歸-於-] F.E. blame (sth.) on others
guīju* 规矩 N. ①rule; custom M: [3]xiàng/ge ②social etiquette; manners ♦S.V. ① well-behaved *Nǐ de zì xiě de hěn ~.* Your handwriting shows disciplined training. ② gentleman-like; honest *See also guījǔ*
guījǔ 规矩 N. compass and square *See also guīju*
guǐjú 诡局 N. crafty plot; cunning scheme; trick; ruse
guǐjù 轨距 N. <traf.> gauge **biāozhǔn** ~ standard gauge
Guìjù 桂剧[-劇] N. Guangxi opera M: [1]chū/[1]tái
guǐjué 诡谲 V.P. <wr.> ① cunning; treacherous ② strange and changeful ③ weird; eccentric; odd ④ eccentric and wild
guǐjuéduōzhà 诡谲多诈 F.E. be sly and shrewd
guījǔzhǔnshéng 规矩准绳[-準繩] F.E. compass and square, standards; norms; criteria
guīké 龟壳[龜殼] N. turtle shell M: [2]kuài
guīkè 归客[歸-] N. returned travelers M: ge/[1]míng/[2]wèi
guǐkè 晷刻 N. <wr.> ① time ② a short time
guìkè* 贵客 N. honored guest M: ge/[1]míng/[2]wèi
guīkér 龟壳儿[龜殼-] N. tortoise shell M: [2]kuài
guīkǒu 归口[歸-] V.O. ① belong/return to particular occupation ② channel to the proper authorities
guīkǒubāogān 归口包干[歸-乾] F.E. channel certain matters and entrust full responsibility for them to the appropriate department
guīkǒu bùmén 归口部门[歸-] P.W. relevant departments
guīkǒu guǎnlǐ 归口管理[歸-] N. management by specialized departments
guǐkūlángháo 鬼哭狼嚎 F.E. wail and howl
guīkǔn 闺阃 N. <wr.> women's quarters
guǐkūshénháo 鬼哭神号/嚎[-號] F.E. give mournful cries and screams; moaning like ghosts and howling like spirits
guīlái 归来[歸-] V. return; come back
guīlǎo 归老[歸-] V.O. retire owing to age
guīlebāozuī 归了包堆[歸-] V.P. <topo.> altogether; all in all
guīlèi* 归类[歸類] V.O. sort out; classify ♦N. ① membershipping ② categorization
guǐléi 诡雷 N. <mil.> booby trap/mine
[1]**guīlì*** 瑰丽[-麗] S.V. surpassingly beautiful; magnificent
[2]**guīlì** 规例 N. norms; regulations; rules M: ge/[3]xiàng
guǐlì 诡戾 S.V. treacherous and perverse
guǐliǎn(r) 鬼脸(儿) N. ①funny face ②grimace ③play mask
guīlibāozuī 归里包堆[歸-] V.P. <topo.> ① altogether; all in all ② lump sum of
guīlìduōzī 瑰丽多姿[-麗--] F.E. elegant and magnificent
guǐliguǐqì 鬼里鬼气[-裡-氣] F.E. <coll.> stealthy; furtive
Guìlín 桂林 P.W. Guilin (in Guangxi)
guīlíng 龟龄[龜齡] N. longevity
guīlínghèsuàn 龟龄鹤算[龜齡-] F.E. very old age
guǐlíngjīng 鬼灵精[-靈-] N./S.V. a clever and artful person
guìlínyīzhī 桂林一枝 F.E. eminent/unique personage
guīlǒng 归拢[歸-] R.V. <coll.> put together; unite with
guīlù* 归路[歸-] N. return route; way back M: [1]tiáo
guǐlù 鬼录[-錄] N. register/roll of the dead
guīlǜ 规律 N. law; regular pattern; rule M: [1]zhǒng
guīlüè 规略 V. plan and operate
guīlǜ mǔshì 规律母式 N. <lg.> rule schemata
guīlǜxìng 规律性 N. regularity; law
guīlǜ xìtǒng 规律系统 N. <lg.> rule system
guīmǎfàngniú 归马放牛[歸-] ID. leave military pursuits and promote culture
guǐmǎo 癸卯 N. 40th year of the Sexagenary Cycle (1903, 1963, 2023 etc.)
guīmáotùjiǎo 龟毛兔角[龜-] ID. ① sth.existing in name but not in reality ② omen of war
guīmèi 归妹[歸-] N. 54th of the 64 Yijing hexagrams
guǐmèi* 鬼魅 N. <wr.> ghosts and goblins; forces of evil
guīmén* 闺门 N. ① door of the inner chamber; door to the women's apartments ② small door/gate in a palace or city wall M: [2]dào/[1]shàn
guìmén 跪门 V.O. <trad.> kneel at another's door (to beg forgiveness)
guīméndàn 闺门旦 N. <opera> maidenly female role
guǐménguān 鬼门关[-關] N. gate of hell; danger spot
guǐmì 诡秘 S.V. surreptitious; secretive; furtive
guīmiǎn 规勉 V. <wr.> persuade and encourage
guǐmiàncūn 鬼面皴 N. <art> ghost-face wrinkle (in painting)
guìmiàn'r 柜面儿[櫃-] N. shop counter
guīmìng 归命[歸-] V.O. give oneself completely to Buddha
guǐmíngtang 鬼名堂 N. crafty plot/trick
guīmiùfǎ 归谬法[歸-] N. reductio ad absurdum
guǐmíxīnqiào 鬼迷心窍[-竅] F.E. be possessed/obsessed
guīmó* 规模 N. scale; scope
[1]**guǐmó** 轨模 N. pattern; rule
[2]**guǐmó** 鬼魔 N. evil spirits; demons
guīmó hóngdà 规模宏大 V.P. on a large scale
guīmó jīngjì 规模经济[-經濟] N. large-scale economy
guīmó jīngjìxué 规模经济学[--經濟-] N. economy of scale
guǐmósāndào 鬼魔三道 F.E. <topo.> indecent
guǐmoziyǎndào de 鬼摸子眼道的 F.E. <topo.> sly; foxy; slick
guìmù 桧木 N. timber of Chinese cypress or juniper M: [2]gēn
guīnà 归纳[歸-] V. sum up; conclude; induce ♦N. <log.> induction
guīnà dào 归纳到[歸-] R.V. ① attribute to ② converge to
guīnàfǎ 归纳法[歸-] N. inductive method
guīnà jiàoxuéfǎ 归纳教学法[歸-] N. <edu.> inductive learning; learning by induction
guīnà qǐlai 归纳起来[歸-] R.V. sum up; conclude; induce
guīnàxìng cuòwù 归纳性错误[歸-] N. <lg.> induced error
guīniè 圭臬 N. <wr.> criterion; standard
guīníng 归宁[歸寧] V.O. <wr.> visit one's natal home (of a bride)
guīníngxǐngqīn 归宁省亲[歸寧-親] F.E. visit one's natal home (of a bride)
guīniǔ 龟纽[龜-] N. turtle-shaped knob of a seal
guīnú 龟奴[龜-] N. servant in a brothel M: ge/[1]míng
guīnǚ 闺女 N. ①girl; maiden ②<coll.> daughter (unmarried)
guǐpà'èrén 鬼怕恶人[--惡-] F.E. be brave in the face of an enemy
guìpí 桂皮 N. ①Chinese cinnamon ②cinnamon bark M: [2]kuài
guīpiàn 硅片 N. silicon chip
guīpó 龟婆[龜-] N. procuress; brothel madam
guīqī* 归期[歸-] N. expected date of one's return
[1]**guīqí** 归齐[歸齊] <topo.> N. final outcome; ultimate result **shōudao** ~ in the final analysis ♦ADV. all in all; altogether; in total
[2]**guīqí** 瑰奇 N. rare and precious things
[3]**guīqí** 傀奇 V.P. <wr.> strange; odd
guīqì 闺器 N. woman's chamber pot
guǐqì 鬼气[-氣] N. ghostly atmosphere
guìqī 贵戚 N. ① relative of the emperor ② <court.> your relative
guīqiáo 归侨[歸僑] N. returned overseas Chinese M: ge/[1]míng/[2]wèi
guìqiè 贵妾 N. <trad.> ① concubine who has given birth to a son ② senior concubine M: ge/[1]míng/[2]wèi
guǐqìshénháo 鬼泣神号[-號] F.E. devilish howling
guīqiú 规求 V. greedy; avaricious
guīqiúwúdù 规求无度 F.E. unbounded covetousness
guīqù 归去[歸-] V. go back; return
guīquàn 规劝[-勸] V./N. admonish; advise
guīqùláixī 归去来兮[歸-] F.E. I'm going home!; I'm homeward bound.
guīrén 归人[歸-] N. returned person M: ge/[1]míng/[2]wèi
guìrén* 贵人 N. ① respectable person ② high court lady ③ high official ④ high-ranking imperial concubine M: ge/[1]míng/[2]wèi
guìrénduōwàng 贵人多忘 F.E. Persons of note are often forgetful.
guìrén duō wàng shì 贵人多忘事 F.E. Persons of note are often forgetful.
guìrénshànwàng 贵人善忘 F.E. Persons of note have short memories (said jokingly).
guīrù* 归入[歸-] V.P. classify; include
guìrǔ 跪乳 ID. show filial piety
guìrǔzhī'ēn 跪乳之恩 ID. show filial piety
guǐsēnsēn 鬼森森 V.P. <coll.> weird; uncanny
guìshang 柜上[櫃-] P.W. ① cashier's office ② <coll.> shop counter
guìshè 跪射 V. <mil.> fire in a kneeling position
guǐshén 鬼神 N. supernatural beings; spirits
guǐshénbùcè 鬼神不测 F.E. beyond the ken of gods and devils
guīshéng 规绳[-繩] N. standard; norm
guīshí* 硅石 N. silica
[1]**guīshì** 归市[歸-] V.O. crowd; throng
[2]**guīshì** 龟筮[龜-] N. divination
guǐshì 鬼市 N. <slang> ① black market; illegal trading center ② <trad.> secret nocturnal market
guǐshǐshénchāi 鬼使神差 F.E. ① unexpected happening; curious coincidence ② bewitchment
guīshǔ* 归属[歸屬] V. ① belong to ② come under the jurisdiction of
[1]**guìshù** 桂树[-樹] N. <bot.> cassia-bark tree M: [2]kē
[2]**guìshù** 桧树[-樹] N. Ch. juniper M: [2]kē
guīshǔgǎn 归属感[歸屬-] N. sense of belonging M: [1]zhǒng
guǐshuǐ 癸水 N. <med.> menstruation
guīshùn 归顺[歸-] V. come over and pledge allegiance
guīshǔ yú 归属于[歸屬於] V.P. belong to; come under the jurisdiction of
guīsī* 归思[歸-] N. <wr.> thoughts of returning home
guǐsì 癸巳 N. 30th year of the Sexagenary Cycle (1893, 1953, 2013 etc.)
guìsòng 跪送 V.P. bid goodbye in a kneeling position
guīsù 归宿[歸-] N. ① home to return to ② permanent home; final settling place
guīsuān 硅酸 N. <chem.> silicic acid
guīsuānyán 硅酸盐[-鹽] N. <chem.> silicate
guǐsuí 诡随[-隨] N. wily and obsequious person ♦V. blindly follow
guǐsuì* 鬼祟 S.V. stealthy; furtive; secretive ♦N. misfortune brought by spirits
guīsuō 龟缩[龜-] V. withdraw into passive defense; hole up
guītà 闺闼[-闥] N. ①ladies' apartments ②small palace door
guǐtāi 鬼胎 N. ① sinister design; ulterior motive ② monster

guìtái* 柜台[櫃檯] N. ① counter; bar ② front desk
guìtè 诡特 S.V. ① strange; odd; peculiar ② marvelous; remarkable
guìtǐ 贵体[-體] F.E. <court.> your body
guītiān* 归天[歸-] V.O. pass away; die
guītián 归田[歸-] V.O. ① reach 60 years of age ② retire from public life
guītiáo 规条[-條] N. regulations; rules M: [3]xiàng/[1]zhǒng
guǐtiáo* 轨条[-條] N. railroad rails M: [2]gēn
guǐtìtóu 鬼剃头 N. a kind of balding disease
guītóu 龟头[龜-] N. <phys.> glans penis
guǐtóudāo 鬼头刀 N. executioner's sword M: [1]bǎ
guǐtóuguǐnǎo 鬼头鬼脑[-腦] F.E. stealthy; furtive
guītú 归途[歸-] N. one's way home; homeward journey
guītún 鲑鲀 N. freshwater porpoise M: [1]tiáo
guǐwài xíngwéi 轨外行为 N. transgression of rules/regulations
[1]**guīwěi** 瑰玮/伟[-瑋/偉] V.P. <wr.> ① rare and precious; treasurable ② remarkable (of sb.'s character) ③ ornate (of language/style)
[2]**guīwěi** 傀伟[-偉] V.P. <wr.> great and imposing
guīwèi* 归位[歸-] V.O. return to one's seat
guǐwèi 癸未 N. 20th year of the Sexagenary Cycle (1883, 1943, 2003 etc.)
guīwèijiàn 归位键[歸-] N. <comp.> return/enter key
guìwéitiānzǐ 贵为天子 F.E. as highly-placed, as an emperor
[1]**guīwén** 龟纹[龜-] N. moiré
[2]**guīwén** 龟文[龜-] N. pattern on turtle shells M: [1]piān
guǐwǔ 鬼舞 N. ghost dance M: [1]tái
guǐwù* 鬼物 N. ghost; spirit
guīxī 归西[歸-] N. pass away; die
guǐxiá 鬼黠 S.V. cunning; crafty; sly
guìxia* 跪下 R.V. kneel down
guìxiǎn 贵显[-顯] S.V. highly-placed and eminent (officials/etc.)
guīxiāng 归乡[歸鄉] V.O. return to one's native place
guīxiáng 归降[歸-] V. surrender
guīxiàng* 归向[歸-] V.P. turn toward; incline to
guìxiāng 贵乡[-鄉] F.E. <court.> the country of your birth
guìxiāngpù 柜箱铺[櫃-] N. <trad.> furniture workshop M: ge/[1]jiā
guǐxiánqièpèi 诡衔窃辔[--竊-] ID. The more you force a horse, the more it resists. (fig.)
guìxiào 贵校 F.E. <court.> your school
guìxiaqiúráo 跪下求饶[-饒] F.E. kneel down and beg for mercy
guìxiè 跪谢 V. <trad.> express thanks on one's knees
guīxīn 归心[歸-] N. ① nostalgia for home ② homesickness ♦V.O. come over and pledge allegiance
guīxǐng 归省[歸-] V.P. <wr.> go home to pay respects to one's parents
[1]**guìxìng*** 贵姓 F.E. <court.> (May I ask) your family name?
[2]**guìxìng** 贵幸 F.E. <trad.> earn the emperor's favor and a high position in court
guīxǐnggùlǐ 归省故里[歸-] F.E. pay a visit to one's native village
guīxíngjǔbù 规行矩步 F.E. ① behave correctly and cautiously ② stick to established practices
guīxīnsìjiàn 归心似箭[歸-] F.E. be anxious to return; return with the swiftness of an arrow
guīxiōng 龟胸[龜-] N. pigeon-breast
guīxiū 归休[歸-] V. ① take a leave for rest ② die
guīxiù* 闺秀 N. ① scholarly/literary women ② young woman of good family M: ge/[1]míng/[2]wèi
guīxiùshūnǚ 闺秀淑女 F.E. a young and virtuous virgin
guīyàn 闺艳[-艷] N. beautiful young girl
Guīyànà 圭亚那[-亞-] P.W. Guyana
Guìyáng* 贵阳[-陽] P.W. Guiyang city (capital of Guizhou)
guìyàng 贵恙 F.E. <court.> ① How are you? (in health) ② your illness
guìyào 贵要 N. powerful and influential officials
guǐyātou 鬼丫头 N. naughty girl (used by adults)
guìyèxíng shíqì 桂叶形石器[-葉---] N. <archeo.> laurel-leaf-pointed implement
guīyī 皈/归依[歸-] V. be converted to Buddhism or some other religion
[1]**guīyì** 傀异[-異] V.P. rare and strange
[2]**guīyì** 瑰异[-異] N. fabulous and extraordinary things
guǐyí 晷仪[-儀] N. <astr.> sundial
guǐyì* 诡异[-異] S.V. strange; odd; abnormal
guīyīguīzhēn 皈依归真[--歸-] F.E. become a Buddha after death
guīyīhuà 规一化 N. normalization
guīyīn 归因[歸-] V.P. ascribe to; attribute to
guīyǐn* 归隐[歸隱] V.O. <wr.> live in seclusion
[1]**guǐyǐng*** 鬼影 N. apparition; ghost
[2]**guǐyǐng** 晷影 N. <wr.> shadows
guìyíng 跪迎 V. <trad.> greet/receive in a kneeling position
guīyǐnlínxià 归隐林下[歸隱-] F.E. retire from official life
guīyīn yú 归因于[歸-於] V.P. attribute to
guīyìqíxíng 瑰意琦行 F.E. outstanding in thinking and action
guīyī sānbǎo 皈依三宝[-寶] V.O. become a Buddhist
guīyī zōngjiào 皈依宗教 V.O. get religion
guǐyóu 鬼鲉 N. devil stinger; lumpfish M: [1]tiáo
guǐyǒu* 癸酉 N. 10th year of the Sexagenary Cycle (1873, 1933, 1993 etc.)
[1]**guīyú*** 归于[歸於] V.P. ① belong to; be attributed to ② result/end in
[2]**guīyú** 鲑鱼 N. <zoo.> salmon M: [1]tiáo
[1]**guīyù** 归狱[歸-] V.O. return to jail after a home leave (of prisoners)
[2]**guīyù** 龟玉[龜-] N. treasure
guǐyù 鬼蜮 N. ① evil spirit ② treacherous person
[1]**guìyú** 桂鱼 N. ① salmon ② mandarin fish M: [1]tiáo
[2]**guìyú** 鳜鱼 N. <zoo.> mandarin fish M: [1]tiáo
[1]**guīyuàn** 闺怨 N. boudoir poetry/laments
[2]**guīyuàn** 规院 P.W. <Budd.> ① monastery M: [4]zuò ② rooms for various functions
guǐyuán 垝垣 N. collapsed wall; ruined wall M: [2]dào
guìyuán* 桂圆 N. ① longan M: [1]kē ② dried longan
guīyuánjǔfāng 规圆矩方 F.E. adhere to rules strictly
guìyuánròu 桂圆肉 N. dried longan pulp M: [2]kuài/[3]lì
guīyuē* 规约 N. stipulations of an agreement M: [3]xiàng
guìyuè 桂月 N. 8th lunar month
guǐyùjìliǎng 鬼蜮伎俩 ID. devilish stratagem; evil tactics
guǐyùwéizāi 鬼蜮为灾[-災] F.E. This calamity was caused by evil spirits.
guǐzǎizi 鬼仔子 N. <topo.> idler; loafer; slacker
guīzàng 归葬[歸-] V. return a body for burial in its homeland
guīzé* 规则 N. rule; regulation M: [1]tiáo ♦S.V. regular; fixed
guǐzé 轨则 N. rule; regulation M: [1]tiáo
guīzé de guòqùshì 规则的过去式 N. <lg.> regular past tense
guīzé dòngcí 规则动词[--動-] N. <lg.> regular verb; weak verb
guīzé fùshù 规则复数[-複數] N. <lg.> regular plural
guīzéshì tíngyuán 规则式庭园[-園] N. formal garden
guǐzhà 诡诈 S.V. crafty; treacherous; tricky
[1]**guīzhāng** 规章 N. rules; regulations M: [1]tiáo/[3]xiàng
[2]**guīzhāng** 圭璋 N. ① dignity ② high-quality jade ③ noble character (of people)
guīzhāng zhìdù 规章制度 N. regulation; rule M: tào
guīzhào 龟兆[龜-] N. <trad.> ① marks on seared tortoise shell used for divination ② omen M: [1]zhǒng
guī Zhào* 归赵[歸趙] ID. return sth. to its rightful owner
guīzhe 归着[歸著] V. <coll.> put in order; tidy up ~ *xíngli* pack luggage
guǐzhé* 轨辙 N. rut (lit./fig.) M: [2]dào/[1]tiáo
[1]**guīzhēn*** 归真[歸-] V.O. ① revert to one's natural self ② <Budd.> die
[2]**guīzhēn** 规箴 N. admonitions M: [3]xiàng
guǐzhěn 轨枕 N. <traf.> sleeper; tie
guǐzhěnbǎn 轨枕板 N. concrete-slab sleeper M: [2]kuài
guǐzhēncǎo 鬼针草 N. <bot.> beggar-ticks M: [2]cù
guīzhēnfǎnpú 归真反璞[歸-] F.E. recover man's original simplicity
guīzhěng* 规整 S.V. ① in conformity with certain standards ② clear and neat ♦V. put in order
[1]**guīzhèng** 规正 R.V. remonstrate; correct
[2]**guīzhèng** 归正[歸-] V.O. return to the right cause (of rebels/etc.); reform (oneself); mend one's ways
guīzhi* 归置[歸-] V. <coll.> put in order; tidy up
[1]**guǐzhì** 轨制 N. system; rule M: tào/[3]xiàng/[1]zhǒng
[2]**guǐzhì** 庋置 V. put into the proper place; put away
guìzhī 桂枝 N. <Ch. med.> cassia twig
guīzhi bàntiān 归置半天[歸-] V.P. take a long time to tidy up
guīzhi gānjìng 归置干净[歸-乾淨] R.V. clean up
guīzhōng 归终[歸-] V.O. finally; in the end
guìzhòng* 贵重 S.V. valuable; precious
guīzhōngnìyǒu 闺中腻友 F.E. ① a woman's close friend ② a woman's paramour
Guìzhōu* 贵州 P.W. Guizhou Province
guìzhòu 贵胄 N. <wr.> descendants of feudal rulers/aristocrats
guīzhū 归诸[歸-] V. attribute to
guīzhǔ* 归主[歸-] V.O. return to the Lord ♦N. conversion
guìzhǔ 贵主 N. princess
guīzhuān 硅砖[-磚] N. silica brick M: ge/[2]kuài
guǐzhuàngshūxíng 诡状殊形[-狀--] F.E. fantastic shapes and strange forms
guǐzhǔyì 鬼主意 N. evil plan; wicked idea
guīzhū yú 归诸于[歸-於] V.P. attribute to
guīzī 瑰姿 N. extraordinary/preeminent appearance (of a person)
guǐzi 鬼子 N. <derog.> foreign devil
guìzi* 柜子[櫃-] N. cupboard; cabinet
guìzī 跪姿 N. kneeling position
[1]**guìzǐ** 贵子 F.E. honorable son
[2]**guìzǐ** 桂子 N. ① cassia buds M: [2]duǒ ② famous and talented sons M: ge/[1]míng
guǐzibīng 鬼子兵 N. invading soldiers M: ge/[1]míng
guǐzijiāng 鬼子姜 N. a kind of ginger M: [2]kē/[2]kuài
guìzǐlánsūn 桂子兰孙[-蘭孫] F.E. famous descendants; worthy offspring
guìzī shèjī 跪姿射击[-擊] V.P. shoot from a kneeling position
guìzishǒu 刽子手 N. ① executioner; headsman ② slaughterer; butcher M: ge/[1]míng
guǐziyān 鬼子烟[-煙] N. <slang> imported cigarettes
guīzōng* 归宗[歸-] V. put together (items/etc.) ♦V.O. return to the home of one's birth (of an adopted child)
guīzǒng(r) 归总(儿)[歸總-] V. put together; sum up ~ *yījù huà* put it in a nutshell
guìzú 贵族 N. noble; aristocrat M: ge/[1]míng/[2]wèi
guīzuī 归堆[歸-] V.O. put in one place; assemble *See also guīduī*

guīzuì* 归罪[歸-] V. put the blame on; impute to
guīzuì yú 归罪于[歸-於] V.P. impute to; put the blame on
guīzuìyúrén 归罪于人[歸-於-] F.E. lay one's sins on sb. else
guìzú wénxué 贵族文学 N. aristocratic literature (as distinct from popular literature)
guìzú xuéxiào 贵族学校 N. exclusive private school M: ge/[1]suǒ/[4]zuò
Guìzúyuàn 贵族院 P.W. House of Lords M: ge/[4]zuò
guìzú zhèngzhì 贵族政治 N. aristocracy M: [1]zhǒng
gūji 咕唧 V. <coll.> giggle; snicker
[1]**gūjī** 咕唧/叽 ON. squelch ♦V. whisper; murmur
[2]**gūjī** 沽激 V. <wr.> behave unnaturally for the sake of a good reputation
[1]**gūjì*** 估计 V. estimate; appraise; reckon ~ [2]*tā bùhuì lái le*. It looks as if she won't come.
[2]**gūjì** 孤寂 S.V. lonely
[1]**gǔjí** 古籍 N. ancient books M: [2]bù
[2]**gǔjí** 蛊疾[蠱-] N. <wr.> insanity; derangement
[1]**gǔjì** 古迹[-跡] N. ① historic site ② ancient relic M: ge/chù
[2]**gǔjì** 古记 N. ① books which record early events ② books of old news and/or stories M: [1]běn/[2]bù/[4]cè
[1]**gùjí** 顾及[顧-] V. take into account; attend to
[2]**gùjí** 痼/固疾 N. chronic/obstinate illness
gùjǐ 顾己[顧-] V.O. think only of oneself
[1]**gùjì** 顾忌[顧-] V./N. scruple; have misgivings
[2]**gùjì** 故技/伎 N. old tricks/tactics
gūjià(r)* 估价(儿)[-價-] V.O. appraise; evaluate ♦N. <econ.> appraised price
gǔjiá 鼓颊[-頰] ID. <wr.> talk
[1]**gǔjià** 骨架 N. skeleton; framework M: [1]fù
[2]**gǔjià** 股价[-價] N. stock price
[1]**gùjiā** 顾家[顧-] V.O. take care of one's family
[2]**gùjiā** 故家 N. ① family with illustrious ancestors ② family of a high official
gūjiàdān 估价单[-價-] N. cost estimate (prepared for a prospective customer/etc.) M: [1]fèn/[1]zhāng
gūjiāguǎrén 孤家寡人 F.E. ① loner ② sb. utterly isolated
[1]**gùjiàn** 固件 N. ① joining/stabilizing hardware ② <comp.> firmware M: ge/[2]jiàn
[2]**gùjiàn** 故剑 ID. <wr.> faithful companion/spouse M: [1]bǎ
gùjiànqíngshēn 故剑情深 F.E. remember a former wife with tender feelings
gǔjiànshāngnóng 谷贱伤农[穀賤傷農] F.E. low grain prices hurt peasants/farmers
gùjiànzhīsī 故剑之思 N. remembering a former wife with tender feelings
gǔjiāo 骨胶[-膠] N. <chem.> bone glue M: [1]guǎn
gǔjiǎo 鼓角 N. military drum and horn
gùjiāo* 故交 N. old/close friend M: ge/[1]míng/[2]wèi
gùjiǎo 雇脚[-腳] V.O. hire porters M: ge/[1]míng/[2]wèi
gùjiāyízú 故家遗族 F.E. old family and descendants
gùjìchóngyǎn 故伎重演 F.E. play the same old tricks; be up to one's old tricks again
gǔjie 骨节[-節] <coll.> N. ① a section; a short length ② bit; section *See also* gǔjié
gūjié 孤孑 V.P. <wr.> lonesome; solitary
gūjiè 孤介 V.P. <wr.> morally upright
gǔjié* 骨节[-節] N. <phys.> joint *See also* gǔjie
gùjié 固结 V. make/become solid/hard/firm
gǔjiéhé 骨结核 N. bone tuberculosis; TB bone
gūjier 箍节儿[-節-] N. <coll.> ① short length ② small section/portion
gǔjié tòng 骨节痛[-節-] N. <med.> gout
gǔjiéyán 骨节炎[-節-] N. <med.> osteoarthritis; arthritis
gǔjījiānmó 毂击肩摩[轂擊-] F.E. <wr.> a crowded booming city
gūjǐn 箍紧[-緊] R.V. fasten tightly with a hoop
[1]**gǔ-jīn*** 古今 N. ancient and modern

[2]**gǔjīn** 股金 N. money paid for shares (in partnership/cooperative); share capital M: [1]fèn
[1]**gǔjìn(r)** 鼓劲(儿)[-勁-] V.O. encourage; rouse enthusiasm
[2]**gǔjìn** 古劲[-勁] S.V. <art> simple and vigorous (of brush strokes)
gùjīng 固精 V.O. <Ch. med.> stabilize semen
gǔjǐngbùbō 古井不波 ID. impervious to desires and passions
gǔjǐngwúbō 古井无波 ID. have no more sexual desire
gǔjìnr 鼓劲儿[-勁-] V.O. pluck up courage; take heart
gǔjīnyīzhé 古今一辙 F.E. true in all times
gǔjīnzhōngwài 古今中外 F.E. at all times and in all countries
gūjì shòumìng 估计寿命[--壽-] N. life expectancy
gūjiu 咕啾 V. <coll.> crouch; huddle
gūjiǔ 沽/酤酒 V.O. buy/sell spirits
gūjiù 姑舅 N. cousinship M: ge/[1]míng/[2]wèi
gǔjiu 鼓揪 V. <coll.> ① tinker/fiddle with ② make orderly; smooth out ③ consume; polish off ④ egg on; incite
gǔjiū 鹘鸠 N. a kind of pigeon M: ge/[2]zhī
gǔjiù 古旧[-舊] S.V. antiquated; archaic
gùjiù* 故旧[-舊] N. old friends/acquaintances M: ge/[1]míng/[2]wèi
gūjiùqīn 姑舅亲[-親] N. maternal relatives M: mén
gùjiùxīngsàn 故旧星散[-舊--] F.E. Old friends have scattered like stars.
gūjiu zài yīkuài(r) 咕啾在一块(儿)[----塊-] V.P. <topo.> huddle together
gùjǐxīnzhòng 顾己心重[顧-] F.E. be engrossed in one's own interests; be selfish
gǔjízhuīdòngwùxué 古脊椎动物学[---動--] N. vertebrate paleontology
gùjū 故居 P.W. former residence/home M: ge/[4]zuò
gūjūn 孤军 N. isolated force
gūjūnfènzhàn 孤军奋战[-奮戰] F.E. fight a lone battle
gūjūnshēnrù 孤军深入 F.E. isolated force penetrating deep into enemy territory
gūjūnzuòzhàn 孤军作战[-戰] F.E. fight in isolation
gǔkāng 谷糠[穀-] N. rice chaff M: [1]bāo/[5]dài
gūkè 估客 N. <trad.> merchant M: ge/[1]míng/[2]wèi
[1]**gǔkē** 骨科 N. <med.> (department of) orthopedics; osteopathy
[2]**gǔkē** 古柯 N. <bot.> coca
gǔké 谷壳[穀殼] N. husk (of rice); chaff
gǔkè 骨刻 N. bone sculpture/carving M: ge/[4]zuò
gùkè* 顾客[顧-] N. customer; shopper; client M: ge/[1]míng/[2]wèi
gùkè fúwù 顾客服务[顧-務] N. customer service
gǔkējiǎn 古柯碱[-鹼] N. <loan> cocaine
gǔkē yīshēng 骨科医生[--醫-] N. orthopedist M: ge/[1]míng/[2]wèi
gùkèzhìshàng 顾客至上[顧-] F.E. customer first
gūkǔ* 孤苦 S.V. orphaned and wretched
gǔkù 骨库 N. <med.> hospital storage of bones (for use in transplants) M: ge/[4]zuò
gǔkuài 贾侩 N. merchants M: ge/[1]míng
gūkuān 姑宽[-寬] V. be too tolerant of; show excessive indulgence to
gǔkuǎn* 股款 N. <acct.> capital stock
gūkǔlíngdīng 孤苦伶仃//零丁 V.P. orphaned and helpless; friendless and wretched
gùla 顾拉[顧-] V. <topo.> care for; look after
gùla dà 顾拉大[顧-] V.P. <topo.> rear to adulthood; raise a child
gǔlái 古来 ADV. since time immemorial
gùlái de rén 雇来的人 N. casual/temporary hire
gǔlàng 鼓浪 V.O. surge forward on the waves (of boats)
Gǔlánjīng 古兰经[-蘭經] N. Koran M: [1]běn/[2]bù

gūlǎo 孤老 N. solitary old man/woman M: ge/[1]míng/[2]wèi
gǔláo 骨痨[-癆] N. <Ch. med.> tuberculosis of the bones and joints
gǔlǎo* 古老 S.V. ancient; old; hoary
gùlǎo 故老 N. venerable elder
gǔlǎo de 古老的 ATTR. <lg.> archaic
gūlǎoròu 咕噜肉 N. sweet-and-sour pork M: [2]kuài
gǔlǎo shēngyùnxué 古老声韵学[--聲韻-] N. <lg.> archaic phonology
gūlǎoye 姑老爷[-爺] N. son-in-law M: ge/[1]míng/[2]wèi
gūlǎoyuàn 孤老院 P.W. old-folks' home M: ge/[4]zuò
gǔlèi* 谷类[穀類] N. grain and corn; cereals M: [1]zhǒng
gùlěi 故垒[-壘] N. <mil.> ① former camp ② ancient stronghold M: ge/[4]zuò
gǔlèi zuòwù 谷类作物[穀類-] N. cereal crops M: [1]zhǒng
gūléng 觚棱 N. <archi.> tile ridge at the corner of a roof
gūlì 孤立 S.V. isolated ♦V. isolate ♦ATTR. <lg.> isolating
[1]**gǔlì*** 鼓励[-勵] V. encourage; urge
[2]**gǔlì** 股利 N. stock dividend M: [1]fèn
[3]**gǔlì** 谷粒[穀-] N. grain seed
[4]**gǔlì** 股栗 V.P. tremble with fear
[5]**gǔlì** 骨力 N. vigorous strokes (in calligraphy) M: [1]zhǒng
[6]**gǔlì** 骨立 V.P. skinny; bony
[7]**gǔlì** 贾利 V.O. make a profit
gùlǐ 故里 N. native place; hometown; home village
gùlì 故吏 N. former subordinate M: ge/[1]míng/[2]wèi
gùlián* 顾怜[顧憐] V.O. show tenderness/concern toward
gùliǎn 顾脸[顧-] V.O. have regard for one's face
gùliàn 顾恋[顧戀] V. think fondly of
gūliang* 估量 V. <coll.> ① figure; reckon ② suppose; be of the opinion *See also* gūliáng
gūliáng 估量 V. appraise; estimate; assess *See also* gūliang
gùliǎnhàomíng 顾脸好名[顧-] F.E. have regard for one's face and crave fame
gù liǎnmiàn 顾脸面[顧-] V.O. have regard for one's face/reputation
gǔliào 骨料 N. bone material
gǔlìfūsù 股栗肤粟[--膚-] F.E. tremble with fear and have goose-flesh
gǔlì gǔfèn 股利股份 N. <com.> dividend stock
gǔlìgǔguài 古里古怪[-裡--] F.E. odd; weird
gǔlìjiǎng 鼓励奖[-勵獎] N. (the prize of) honorary mention
gūlìng 孤另 V.P. alone; solitary; isolated
gūlínglíng 孤零零//伶伶 R.F. solitary; all alone; forlorn
gǔliú 骨瘤 N. <med.> osteoma
gǔliūliur 鼓溜溜儿 R.F. <coll.> protruding; sticking out
gǔlì wàishāng zēngzī 鼓励外商增资[-勵----] V.P. encourage foreign businessmen to increase investment
gūlìwúyuán 孤立无援 F.E. isolated and cut off from help
gūlìxìng 孤立性 N. isolation
gūlìxíng yǔyán 孤立型语言 N. <lg.> isolating language
gūlìyǔ 孤立语 N. <lg.> isolating language
gūlìzhǔyì 孤立主义[-義] N. isolationism
gūlōng 咕隆 ON. rumble; rattle; roll
gūlòu 孤陋 S.V. ignorant
gǔlóu* 鼓楼[-樓] N. drum tower M: ge/[4]zuò
gùlou 锢露/漏 V. repair by running metal into cracks
gùlòu 固陋 V.P. <wr.> ill-informed; ignorant
gūlòuguǎwén 孤陋寡闻 F.E. ignorant and ill-informed
gùlòuwúzhī 固陋无知 F.E. ignorant

[1]**gūlu(r)*** 轱/毂辘/轳(儿)[轂轆-] N. <coll.> ① wheel M: ge/[1]duì/[1]fù ② winch; windlass M: [3]liàng/[1]tái ③ section of anything cylindrical in shape (sausage/etc.) ♦M. for spools/spindles/etc. ♦V. turn; revolve

[2]**gūlu** 咕噜/碌 <coll.> V. ① gurgle; bubble ② grumble; complain; murmur ♦ON. ① gurgling sound ② rumbling sound

[3]**gūlu** 骨碌 V. roll (over/forward/etc.)

gūlū 咕噜 ON. rumble; gurgle

gūlú 觚卢[-盧] N. <trad.> bottle gourd; calabash

gūlù 孤露 N. <wr.> infant orphan

gūlu(zi) 骨碌(子) <topo.> N. ① a section; a short link ② a tumble; a fall ♦V. roll; tumble

gùlú 故庐[-廬] N. former residence M: ge/[4]zuò

gùlǜ 顾虑[顧慮] N. misgivings; worries

gūluán* 孤鸾[-鸞] N. widow; widower

gǔluàn 汩/搰乱[-亂] V. <wr.> cause disorder; stir up trouble

gūluángūhú 孤鸾寡鹄[-鸞--] ID. single man/woman

gùlǜchóngchóng 顾虑重重[顧慮-] F.E. have no end of worries; be full of misgivings

gùlǜ dào 顾虑到[顧慮-] R.V. worry about

gūlūgūlū 咕噜咕噜 ON. rumble; roll

gūlujǐng 轱辘井 N. well with a windlass M: ge/kǒu

gūlūlū 骨碌碌 ON. rumble; roll

gǔ Luómǎ 古罗马[-羅-] N. Ancient Rome

gūluxié 轱辘鞋 N. roller skates M: [1]duì/[1]shuāng/[2]zhī

gūlùzi 轱辘子 N. <coll.> wheel; vehicle wheel M: ge/[1]duì

gūmā* 姑妈 N. father's married sister M: ge/[1]míng/[2]wèi

gūmá 箍麻 V. become numb (from tight binding)

gǔmǎ 古马 N. <zoo.> Sanmen horse (*equus sanmenensis*)

gǔmǎi* 贾买[-買] V. <wr.> purchase

gùmǎi 故买[-買] V. knowingly buy (stolen goods)

gūmànyìngzhī 姑漫应之[--應-] F.E. just promise casually (to save trouble)

gǔmàogǔxīn 古貌古心 F.E. a patrician demeanor

gǔmèi 蛊媚[蠱-] V. <wr.> bewitch/charm by sensual appeal

gūméndúhù 孤门独户[--獨-] F.E. dwell alone

gǔméng 瞽蒙 N. <trad.> official rank of court musicians M: ge/[2]wèi

gūmǐ 菰米 N. <bot.> wild rice

gǔmiàn* 鼓面 N. surface of a drum

gùmiǎn 顾眄[顧-] V. turn one's head and look around

gù miànzi 顾面子[顧-] V.O. ① save face; keep up appearances ② spare sb.'s feelings

gǔmiáo 谷苗[穀-] N. young plant; seedling M: [1]pī/[1]piān

gǔmín 股民 N. shareholder; stockholder M: ge/[1]míng/[2]wèi

gùmíng* 顾名[顧-] V.O. ① care about one's reputation ② examine a term

gùmìng 顾命[顧-] N. <trad.> posthumous imperial edict ♦V.O. feel worried for one's life

gūmíngdiàoyù 沽名钓誉[-譽] F.E. fish for fame and compliments

gùmíngsīyì 顾名思义[顧-義] F.E. just as its name implies; as the term suggests

gūmo* 估摸 V. <coll.> reckon; guess

[1]**gǔmó** 骨膜 N. <phys.> periosteum

[2]**gǔmó** 鼓膜 N. <phys.> tympanic membrane; eardrum M: ge/[1]duì/[1]fù

gǔmò 汩没 V. sink; decline

gǔmòshìshì 汩没时世[--時-] F.E. go with the current of the age

gǔmóyán 骨膜炎 N. <med.> periosteum inflammation

gūmǔ 姑母 N. father's married sister M: ge/[1]míng/[2]wèi

gūmù 孤木 N. an isolated tree M: [2]kē

gǔmù* 古墓 N. ancient grave/tomb M: ge/[4]zuò

[1]**gǔn(r)*** 滚(儿)[滾(兒)] N./V. roll; turn ♦V. ① <slang> get away; beat it ~ ***chūqu!*** Scram! ② <topo.> boil ③ bind; trim

[2]**gǔn** 辊[輥] B.F. <mach.> roller ***gǔnzhóu***

[3]**gǔn** 磙 B.F. stone roller ***shígǔn*** ♦V. level (ground/etc.) with roller

[4]**gǔn** 绲[緄] N. <wr.> ① band; tape ② string; cord ③ stitch

[5]**gǔn** 衮[袞] B.F. ceremonial dress for royalty ***gǔnfú***

gùn(r) 棍(儿)[-(兒)] N. rod; stick M: [2]gēn/[1]tiáo ♦B.F. ① (bare) "stick"; fellow (somewhat disparaging) ***guānggùn*** ② villain ***ègùn***

gūnǎinai 姑奶奶 N. ① married daughter ② sister of paternal grandfather M: ge/[1]míng/[2]wèi

gùnbàng 棍棒 N. ① club; cudgel ② stick; staff M: [1]gēn/[1]tiáo

gǔnbiān(r) 滚/绲边(儿)[滾邊-] N. embroidered hem; piping M: [2]dào/quān ♦V.O. stitch a hem

gǔnbiānr 绲边儿[-邊-] N. <coll.> narrow edging around clothing M: [2]dào/quān

gǔnbuliǎo 滚不了[滾-] R.V. ① can't roll ② <derog.> can't get away

gǔnchéng 滚成[滾-] R.V. roll into a ball shape

gǔn chūqu 滚出去[滾-] R.V. <vulg.> roll out ♦INTJ. Get out!; Scram!

gǔncún 滚存[滾-] N. <acct.> cumulation

gǔncún lìyì 滚存利益[滾-] N. <com.> accumulated profits

gǔncún zījīn 滚存资金[滾-] N. <com.> deferred assets

gǔndǎ 滚打[滾-] V. rumble and tumble

gǔn dà bāo 滚大包[滾-] V.O. <slang> steal sb.'s luggage when the owner is not looking

gǔndàn 滚蛋[滾-] INTJ. <derog.> Beat it! Scram!

gǔndǎo 滚倒[滾-] R.V. topple over

gǔndāojīn 滚刀筋[滾-] ID. <topo.> person hard to pin down; an indecisive person

gǔndāoròu 滚刀肉[滾-] ID. <coll.> ① indecisive/noncommittal person ② unreasonable troublemaker; nuisance

gǔndì 滚地[滾-] V.O. roll on the ground

gǔndìqiú 滚地球[滾-] N. ground ball (in baseball)

gǔndòng 滚动[滾動] R.V. roll; trundle

gǔnfān 滚翻[滾-] N./V. <sport> roll

gǔnfān yùndòng 滚翻运动[滾-運動] N. tumbling

gǔnfèi 滚沸[滾-] V. boil

gǔnfú 衮服[袞-] N. imperial ceremonial dress M: [1]shēn/tào

gǔnfǔyīn 滚辅音[滾-] N. <lg.> rolled consonant

gǔngàng 滚杠[滾-] N. roller (used for moving heavy machinery/etc.)

gǔnguā(r) 滚瓜(儿)[滾-] N. <coll.> sth. plump; rotund

gǔnguālànshú 滚瓜烂熟[滾-爛-] F.E. (recite/etc.) fluently; (know sth.) pat

gǔnguāliúyóu 滚瓜流油[滾-] F.E. <topo.> sinuous and sleek

gǔnguāliūyuán 滚瓜溜圆[滾-] F.E. perfectly round; round and fat (of animals)

[1]**gǔngǔn** 滚滚[滾滾] R.F. rolling; billowy

[2]**gǔngǔn** 衮衮[袞袞] R.F. ① continual ② numerous ♦ADV. talking fluently and endlessly

gǔngǔndōngliú 滚滚东流[滾滾-] F.E. roll/flow eastward (as most rivers in China)

gǔngǔn'érlái 滚滚而来[滾滾-] F.E. come in torrents

gǔngǔnliúchū 滚滚流出[滾滾-] F.E. flow out in torrents; gush out

gǔngǔnrùhǎi 滚滚入海[滾滾-] F.E. roll/flow to the sea

gǔngǔnzhūgōng 衮衮诸公[袞袞-] F.E. ① high-ranking officials ② Your Excellencies (said jokingly)

gùniàn 顾念[顧-] V. ① care for; be worried about ② think of with affection

gūniang* 姑娘 N. ① girl ② <coll.> daughter ③ prostitute M: ge/[1]míng/[2]wèi ***See also gūniáng***

gūniáng 姑娘 N. ① father's (married) sister; aunt ② husband's sister; sister-in-law M: ge/[1]míng/[2]wèi ***See also gūniang***

gǔniú* 牯牛 N. bull M: ge/[1]tiáo/[1]tóu

gǔniǔ 古纽 N. <lg.> archaic Chinese initials

gǔnkāi 滚开[滾開] R.V. boil (of water/etc.) ♦INTJ. Beat it! Scram!

gǔnláigǔnqù 滚来滚去[滾-滾-] V.P. tumble

gǔnléi 滚雷[滾-] N. <mil.> rolling mine

gǔnlì 滚利[滾-] V.O. yield compound interest

gǔnlìzuòběn 滚利作本[滾-] V.P. <com.> capitalize interest

gǔnlóngpáo 衮龙袍[袞-] N. <trad.> imperial robe embroidered with coiled dragons M: [2]jiàn/[1]shēn

gǔnlùjī 滚路机[滾-] N. road roller M: [1]tái

gǔnlún 滚轮[滾-] N. <sport> gyro wheel M: ge/[1]duì/[1]fù

gǔnluò 滚落[滾-] V. roll down

gǔnmiǎn 衮冕[袞-] N. <trad.> robe embroidered with dragons and crown worn by emperor in sacrificial ceremonies M: [2]jiàn

gǔnmìng 衮命[袞-] N. <trad.> office/appointment of the three highest officials

gūnong 咕哝[-噥] V. murmur; mumble; grumble; mutter

gǔnong 鼓弄 V. fiddle/play with

gùnóng* 雇农[-農] N. hired farmhand M: ge/[1]míng/[2]wèi

gùnòngxuánxū 故弄玄虚[-虛] F.E. deliberately mystifying

gùnpiàn 棍骗 V. swindle; cheat

gǔn qǐlai 滚起来[滾-] R.V. ① start boiling ② start a fist fight ③ <vulg.> Get up!

gǔnqiú 滚球[滾-] V.O. <coll.> turn on one's heels and leave; scram ♦N. lawn bowling

gùnqiú* 棍球 N. <sport> cricket M: [2]chǎng/[1]cì

gǔnquē 衮阙[袞-] N. <wr.> faults of the emperor

gǔnr 滚儿[滾-] N. turn; roll

gùnr* 棍儿 N. <slang> the penis

gùnrchá 棍儿茶 N. low-quality tea made of tea-leaf stalks, young stems, etc. M: bēi/[1]wǎn

gǔnrè 滚热[滾熱] V.P. piping/burning hot

gǔnrù 滚入[滾-] V.P. roll into

gǔnshang 滚上[滾-] R.V. roll up

gǔn shí bù shēng tái 滚石不生苔[滾-] ID. A rolling stone gathers no moss.

gǔnshuǐ 滚水[滾-] N. <coll.> boiling/boiled water M: bēi/[1]wǎn

gǔnshuǐbà 滚水坝[滾-壩] N. overflow dam M: [2]dào

gǔnsī 衮司[袞-] N. <hist.> three highest-ranking officials in the imperial court

gǔntāng 滚汤[滾湯] N. boiled water/soup M: [1]wǎn

gǔntàng* 滚烫[滾燙] V.P. boiling/burning hot

gǔntī 滚梯[滾-] N. escalator

gǔntǒng 滚筒[滾-] N. cylinder; roll

gǔntǒng yìnshuājī 滚筒印刷机[滾-] N. cylinder press M: [1]tái

gùntú 棍徒 N. rascals; villains; ruffians; rowdies M: ge/[1]míng

gūnǚ 孤女 N. orphaned girl M: ge/[1]míng/[2]wèi

gǔn xiàlai 滚下来[滾-] R.V. dislodge; roll down

gǔn xiaqu 滚下去[滾-] R.V. roll down ♦INTJ. <vulg.> Get out!

gǔn xuěqiú 滚雪球[滾-] V.O. ① roll a snowball ② snowball (lit./fig.)

gǔnyī 衮衣[袞-] N. <hist.> robes embroidered with dragons, worn only by the emperor M: [2]jiàn

gǔnyīn 滚音[滾-] N. <lg.> ① rolled sound ② trill ③ roll

gǔnyóujiānxīn 滚油煎心[滾-] F.E. agony; torture; mental anguish

gǔnyóujiāoxīn 滚油浇心[滾-澆-] F.E. mental anguish; agony

gǔnyuán 滚圆[滾-] V.P. round as a ball

gǔnzhá 滚轧[滾-] N. <mach.> rolling

gǔnzhájī 滚轧机[滾-] N. rolling mill M: [1]tái

gǔnzhēn zhóuchéng 滚针轴承[滾-] N. <mach.> needle (roller) bearing

gǔnzhí 衮职[衮職] N. <hist.> ① throne ② responsibility of an emperor ③ office of the three highest officials
gǔnzhóu 辊轴 N. roll shaft
gǔnzhū 滚珠[滾-] N. <mach.> ball
gǔnzhū zhóuchéng* 滚珠轴承[滾-] N. ball bearing
gǔnzhù zhóuchéng 滚柱轴承[滾-] N. roller bearing
[1]**gǔnzi** 磙子 N. ① stone roller ② roller
[2]**gǔnzi** 滚子[滾-] N. <coll.> roller
[3]**gǔnzi** 辊子 N. <mach.> roller
gùnzi* 棍子 N. rod; stick M: [2]gēn/[1]tiáo
gùnzibàngzi 棍子棒子 F.E. <topo.> straight and true; fair and square
gǔnziliàn 滚子链[滾-] N. roller chain M: [1]tiáo
guo 过[過] A.M. *indicating ① completion of an action ② that an action has taken place, but does not continue up to the present* ***See also*** *guò*
[1]**guō** 锅[鍋] N. ① pot; wok; pan; boiler ② bowl (of a pipe/etc.) M: *kǒu*
[2]**guō** 郭 B.F. outer wall or surrounding area of a city ***chéngguō*** ♦N. Surname
[3]**guō** 聒 B.F. clamorous; uproarious ***guōzào***
[4]**guō** 蝈[蟈] in ***guōguo, lóuguō***
[5]**guō** 埚[堝] in ***gānguō***
Guō 呙[咼] N. Surname
[1]**guó** 国[國] N. ① country; state; nation ② Surname ♦B.F. ① of the state; national ***guóqí*** ② of our country; Chinese ***guóhuà***
[2]**guó** 掴[摑] V. slap; smack ***See also*** [2]***guāi***
[3]**guó** 腘 B.F. back of the knee ***guówō***
[4]**guó** 馘/聝 <trad.> B.F. ① cut off an enemy's left ear as evidence of battle service ***fúguó*** ② enemy's left ear, presented as evidence of battle service ***xiànguó***
[5]**guó** 帼[幗] in ***jīnguó***
Guó 虢 N. ① ancient state ② Surname
[1]**guǒ** 果/菓 B.F. ① fruit ***shuǐguǒ*** ② result; consequence ***jiéguǒ*** ③ resolute; determined ***guǒduàn*** ♦ADV./B.F. surely; truly; as expected ***guǒrán*** ♦CONJ. if indeed; if really ~ ***néng rúcǐ*** if that is so
[2]**guǒ** 裹 V. bind; wrap
[3]**guǒ** 椁[槨] B.F. outer coffin ***guānguǒ***
[4]**guǒ** 馃[餜] B.F. a kind of deep-fried pastry [2]***guǒzi***
[5]**guǒ** 蜾 in ***guǒluǒ***
guò* 过[過] V. ① pass; cross ② transfer (e.g., ownership) ③ undergo a process; go through ④ surpass; exceed ⑤ celebrate; observe ~***nián*** celebrate new year ♦CMP. *v. bu/de~* can't/can *v.* ***dǎbu/deguò tā*** can't/can beat him ♦N. fault; mistake ♦ADV. too; excessively ♦COV. after ~ ***jǐ tiān*** after a few days ♦B.F. excessive; undue; overly- ***guòzhòng See also*** *guo*
Guó'ānfǎ 国安法[國-] N. <TW> National Security Law
guōbā 锅巴[鍋-] N. rice crust (in a pot) M: [2]*kuài*
guòbān 过班 V.O. <hist.> be promoted due to one's donation or the recommendation of one's superior (of Qing officials)
guòbàn* 过半 V.P. more than half
guòbàng 过磅 V.O. weigh (on scales)
guò bànshù 过半数[-數] V.P. more than half; majority
guóbǎo* 国宝[國寶] N. national treasure M: [2]*jiàn*
guǒbào 果报[-報] N. <rel.> retribution
guòbǎohé 过饱和 N. <chem.> supersaturation; oversaturation
guóbǎojí 国宝级[國寶-] ATTR. on the level of a national treasure
guōbātāng 锅巴汤[鍋-湯] N. sizzling-rice soup M: [1]*wǎn*
guòbǎyǐn 过把瘾[-癮] V.O. <slang> get one's kicks
guǒbèi 果被 N. <bot.> pericarp
guóběn 国本[國-] N. ① fundamental principles to administer a country ② heir apparent to the throne
guóbì 国币[國幣] N. ① national currency ② Chinese currency M: [1]*zhǒng*
guóbiàn 国变[國變] N. <wr.> national misfortune
guóbiāo 国标[國標] N. ① national standard M: [3]*xiàng* ② <comp./PRC> national standard code for Chinese characters; GB (code)
guóbié pèi'é 国别配额[國-] N. country quota; allocated quota
guóbié zhèngcè 国别政策[國-] N. policy of dealing with individual countries on their own merits
guóbīn 国宾[國賓] N. state guest M: *ge/*[1]*míng/*[2]*wèi*
guōbǐng 锅饼[鍋-] N. (large, thick) wheat cake M: *ge/*[2]*kuài*
guóbǐng* 国柄[國-] N. political power of a nation
guóbīnguǎn 国宾馆[國賓-] P.W. state guest house M: *ge/*[4]*zuò*
guóbù 国步[國-] N. situation/condition of a nation
guǒbù* 裹布 N. gaiters; leggings M: *ge/*[2]*kuài/*[1]*tiáo*
guǒ bù chū suǒ liào 果不出所料 F.E. as expected/anticipated
guòbude 过不得 R.V. can't live (a certain kind of life)
guóbùjiānnán 国步艰难[國-艱難] F.E. The nation is beset by difficulties.
guòbulái 过不来 R.V. unable to come over
guòbuliǎo 过不了 R.V. can't make a good living
guǒbuqírán 果不其然 F.E. not as expected/anticipated
guòbuqù 过不去 R.V. ① cannot get through; unable to get by ② be hard on ***Wǒ pīping tā, bìng bùshì gēn tā ~.*** I didn't mean to be hard on him when I criticized him. ③ feel sorry for
guòbuxià 过不下 R.V. ① can't make a living ② can't continue a certain kind of life
guò bu xiàqu 过不下去 R.V. be unable to continue living
guòbuzháo 过不着[-著] R.V. not be intimate (of friends)
guǒcài 果菜 N. fruits and vegetables
guócè 国策[國-] N. basic policy of the state; national policy M: [3]*xiàng*
guócè gùwèn 国策顾问[國-顧-] N. policy advisor to the president M: *ge/*[1]*míng/*[2]*wèi*
guōchǎn(zi) 锅铲(子)[鍋鏟-] N. a spatula M: [1]*bǎ*
guóchǎn* 国产[國產] N. products of a country ♦V. make domestically
guócháng 国常[國-] N. <wr.> national laws and institutions
guòchǎng* 过场[-場] N. <thea.> interlude ♦V.O. ① <thea.> cross the stage ② do sth. as a mere formality
guóchǎnhuà 国产化[國產-] V. ① domesticize ② localize
guóchǎnshuì 国产税[國產-] N. excise tax M: [3]*xiàng*
guócháo 国朝[國-] N. reigning dynasty
guòchēng 过称[-稱] N. discrepancy between praise and real worth ♦V.P. unworthy of the name
guòchéng* 过程 N. course; process; history
guòchèng 过秤 V.O. weigh (on a steelyard)
guòchéng dòngcí 过程动词[--動-] N. <lg.> process verb
guóchǐ* 国耻[國恥] N. national humiliation M: [1]*zhǒng*
guòchí 过迟[-遲] V.P. too late
guóchǐ jìniàn 国耻纪念[國恥-] N. commemoration of a national humiliation
guòchōng 过冲[-衝] V. overshoot; overswing; overthrow
guóchóu 国雠[國-] N. national hatred/enmity
guóchǔ 国储[國-] N. successor prince M: *ge/*[2]*wèi*
guòchù* 过处[-處] N. mistakes; errors; faults
guǒchuāng 裹创[-創] V.O. bind up a wound
guòcóng 过从[-從] V. <wr.> have friendly relations; associate
guòcóngshènmì 过从甚密[-從--] F.E. be in close association with sb.
guócuì 国粹[國-] N. quintessence of national culture (Chinese)
guòcún 过存 V. give one's regards to
guòcuò 过错 N. fault; mistake M: *ge/*[3]*xiàng*
Guó-Dà 国大[國-] AB. *Guómín Dàibiǎo Dàhuì*
guòdà* 过大 V.P. too big
Guó-Dà dàibiǎo 国大代表[國-] N. <TW> a member of the National Assembly; National Assemblymen
Guó-Dà Dàibiǎobù 国大代表部[國-] N. <TW> the National Assembly
guó-dài 国代[國-] N. <TW> a member of the national Assembly; National Assemblyman M: *ge/*[1]*míng*
guòdàng 过当[-當] V.P. beyond the proper limit; improper; inappropriate
guódào 国道[國-] N. improved but second-class highway M: [1]*tiáo*
guòdào(r)* 过道(儿) N. passageway; corridor M: *ge/*[1]*tiáo*
guòdelái 过得来 R.V. ① be able to come over ② can get along with a certain kind of life
guòdeqù 过得去 R.V. ① able to pass; can get through ② be not too bad; so-so ③ feel at ease
guòdeyìng 过得硬 R.V. be able to stand all tests; become truly proficient (in sth.)
guòdezháo 过得着[-著] R.V. be intimate (of friends)
guōdǐ(r)* 锅底(儿)[鍋-] N. bottom of a pan/pot
guòdī 过低 V.P. too low
guōdiàn* 锅垫[鍋墊] N. wok stand
guódiǎn 国典[國-] N. laws and institutions of a country M: [2]*bù*
guòdiàn 过电[-電] V.O. ① let electricity go through ② get an electric shock ③ <slang> ⓐ be sexually aroused on touching sb. of the opposite sex ⓑ knock the table with one's glass instead of clinking glasses
guò diànyǐng 过电影[-電-] V.O. recollect
guōdǐcháotiān 锅底朝天[鍋-] ID. have nothing to eat in the house
guǒdié(r/zi) 果碟(儿/子) N. ① small plate to hold fruit in a feast M: *ge/tào/*[2]*zhī* ② fruit dish
guòdī gūjì 过低估计 V.P. underestimate ♦N. underestimation
guòdījiàgé 过低价格[--價-] N. underappraised price
guódìng 国定[國-] ATTR. determined by the government/law
guódìng jiàrì 国定假日[國-] N. national holiday
guódìng jìniànrì 国定纪念日[國-] N. national commemoration/memorial day
guǒdòng 果冻 N. jelly
guòdōng* 过冬 V.O. pass the winter; winter
guòdǒu 过斗 V.O. measure (grain) with a *dǒu*
guódū 国都[國-] P.W. national capital M: *ge/*[4]*zuò*
[1]**guódù** 国度[國-] N. ① country; state; nation ② national expenditure
[2]**guódù** 国蠹[國-] N. public enemy; traitor
guǒdù 裹肚 N. <trad.> cummerbund
[1]**guòdù*** 过度 V.O. go beyond the normal limit; overdo ♦ADV. excessive; undue; hyper
[2]**guòdù** 过渡 V. ferry a stream ♦N. intermediate state/stage/etc.; transition; interim ♦ATTR. transitional
guǒduàn* 果断[-斷] S.V. resolute; decisive
guòduǎn 过短 V.P. too short
guòdù cuòshī 过渡措施 N. interim measures
guòdùdào 过渡到 R.V. shift toward
guòdù gàikuò 过度概括 N. overgeneralization ♦V.P. overgeneralize
guòdù guīzéhuà 过度规则化 N. <lg.> overregularization
guòdù kuòzhāng 过度扩张[--擴-] N. <lg.> overextension
guòdù nèigé 过渡内阁 N. caretaker cabinet/government

guòduō 过多 V.P. excessive; too many/much
guòdùqī 过渡期 N. intermediate stage; transition period
guòdù qūyù 过渡区域[--區-] P.W. <lg.> transition
guòdù shēnyán 过度伸延 N. <lg.> overextension
guòdùshì 过渡式 N. <lg.> transition form
guòdù shíqī 过渡时期[--時-] N. ① transitional period ② <PRC> transitional period of 1949–1956
guòdù shíqī zǒnglùxiàn 过渡时期总路线[--時-總--] N. <PRC.> general economic guidelines for 1949–1956
guòdù tuīguǎng 过度推广[-廣] N. <lg.> overextension
guòdùxìng dàikuǎn 过渡性贷款 N. stopgap loan
guòdùxìng shuāngyǔ jiàoyù 过渡性双语教育[---雙---] N. <lg.> transitional bilingual education
guòdùyīn 过渡音 N. <lg.> glide; transition
guòdù yǔfǎ 过渡语法 N. <lg.> interim grammar
[1]**guō'ěr(zi)*** 锅耳(子)[鍋-] N. ears/handles of a wok M: *ge/*[1]*bǎ*
[2]**guō'ěr** 聒耳 V.O. grate on the ears
[1]**guǒ'ěr** 果饵 N. <wr.> confectionery
[2]**guǒ'ěr** 果尔 <wr.> F.E. If really so ♦V.P. as expected/predicted
guó ěrguāng 掴耳光[摑-] V.O. box sb.'s ears; slap sb. on the face
guò'ěrzhīyán bùkě tīng 过耳之言不可听[-聽] F.E. Rumors shouldn't be listened to.
guófǎ 国法[國-] N. national law; law of the land M: [3]*xiàng*
guófǎbùróng 国法不容[國-] F.E. not allowed by law
guòfàn 过饭 V.O. eat meat or vegetables with rice
guófǎnánróng 国法难容[國-難-] F.E. not allowed by national law
guófáng* 国防[國-] N. national defense
guòfáng 过房 V.O. ① adopt brother's son as one's own ② have one's child adopted by a relative
guòfǎng 过访 V. visit sb.; call on sb.
Guófángbù 国防部[國-] P.W. Ministry of Defense
Guófángbù bùzhǎng 国防部部长[國-] N. defense minister
guófáng bùzhǎng 国防部长[國-] N. defense minister
guófángfèi 国防费[國-] N. defense spending; expenditure on national defense M: [3]*xiàng*
guófáng gōngyè 国防工业[國-業] N. national defense industry
guófáng jiànshè 国防建设[國-] N. national defense construction
guófángjūn 国防军[國-] P.W. national defense force M: [4]*zhī*
Guófáng kēwěi 国防科委[國-] P.W. State Commission on Science for National Defense
guófáng lì liàng 国防力量[國-] N. defense capability
guófánglùn 国防论[國-] N. <hist.> thesis giving primacy to national defense
guófáng qiánshào 国防前哨[國-] N. national defense outpost
guófáng shēngchǎn 国防生产[國-產] N. defense production
Guófáng Wěiyuánhuì 国防委员会[國-] P.W. National Defense Council
guófángxiàn 国防线[國-] N. national defense line M: [2]*dào/*[1]*tiáo*
guófáng zhīchū 国防支出[國-] N. defense spending M: [3]*xiàng*
guófǎwúqíng 国法无情[國-] F.E. The law is no respecter of persons.
guòfei 过费 V.P. <topo.> go to undue expense
guòfèn 过分 S.V. excessive; undue
guófēng 国风[國-] N. customs of a country *See also Guófēng*
Guófēng* 国风[國-] N. "Airs of the States" (a section of *the Classic of Poetry*) ***See also** guófēng*
guòfēng(r) 过风(儿) ATTR. well-ventilated ♦V.O. Go and get some air.
guòfèn jiūzhèng 过份纠正 V.P. <lg.> hypercorrection
guòfèn wényǎ 过分文雅 V.P. <lg.> hyperurbanism
[1]**guófù*** 国父[國-] N. ① father of a nation ② Father of the Republic (Sun Yat-sen) M: *ge/*[1]*míng/*[2]*wèi*
[2]**guófù** 国富[國-] N. national wealth
guǒfǔ 果脯 N. preserved/candied fruit M: [1]*bāo/*[5]*dài*
guǒfù 果腹 V.O. fill the stomach; satisfy hunger
guòfú 过福 V.P. <topo.> enjoy too much ease and comfort
guòfù 过付 V. pay through a go-between in a business transaction
guòfúdàngǎi 过弗惮改 F.E. Don't fear correcting your faults.
Guófù Jìniànguǎn 国父纪念馆[國-] P.W. <TW> Sun Yat-sen Museum M: [4]*zuò*
guófùmínqiáng 国富民强[國-強] F.E. The nation is prosperous and the people are strong.
Guófù yízhǔ 国父遗嘱[國-囑] N. the testament of Sun Yat-sen
guōgài(r) 锅盖(儿)[鍋蓋-] N. pot cover
guǒgān 果干[-乾] N. dehydrated fruit
guǒgǎn* 果敢 S.V. courageous and resolute
guǒgāo 果糕 N. fruitcake M: [2]*kuài/*[1]*piàn*
guògāo* 过高 V.P. too/excessively tall/high
guógē* 国歌[國-] N. national anthem M: [2]*shǒu*
guógé 国格[國-] N. ① national character/honor ② prestige; dignity ③ national character and morals/dignity
guògé 过格 V.O. exceed what is proper
guǒgěng 果梗 N. fruit stem
Guó-Gòng 国共[國-] AB. *Guómíndǎng* and *Gòngchǎndǎng*
guógù 国故[國-] N. <wr.> Chinese culture and learning
guòguān* 过关[-關] V.O. ① pass a barrier; go through an ordeal ② pass a test; reach a standard
guòguàn 过惯 R.V. be used to a certain lifestyle
guóguāng 国光[國-] ATTR. national glory
guò guāngjǐng 过光景 V.P. <topo.> pass one's days; live a life
guòguān sīxiǎng 过关思想[-關--] N. attitude of just scraping by
guòguānzhǎnjiàng 过关斩将[-關-將] F.E. overcome all difficulties/obstacles
guōguo(r)* 蝈蝈(儿)[蟈蟈-] N. katydid; long-horned grasshopper M: *ge/*[2]*zhī*
guōguō 聒聒 R.F. ① uproarious; clamorous; noisy ② thoughtless (in speech)
guòguo 过过 V.P. enjoy; satisfy (one's desires/etc.)
guōguōjiào 聒聒叫 V.P. very good; wonderful; excellent
guóhào 国号[國號] N. ① name/title of a dynasty ② official name of a nation
[1]**guǒhé** 果核 N. kernel; fruit stone; pit
[2]**guǒhé** 果盒 N. compartmentalized box for assorted fruits/candies
guòhé* 过河 V.O. cross a river
guòhéchāiqiáo 过河拆桥[-橋] ID. drop one's benefactor when no longer needed
guòhédiūguǎi 过河丢拐 ID. throw over those who helped one
guòhòu(r) 过后(儿)[-後-] V.P. afterwards; later
Guóhòu Dǎo 国后岛[國後島] P.W. Kunashiri Island (Jp.)
guòhòufāngzhī 过后方知[-後--] F.E. learned of . . .only after the event
guōhù 锅户[鍋-] N. families which make a living by evaporating seawater to make salt
guòhù* 过户 V.O. <law> transfer ownership
guóhuā 国花[國-] N. national flower M: [2]*duǒ*
guóhuá 国华[國華] N. ① national flower ② national elite
guóhuà* 国画[國畫] N. traditional Chinese painting M: [10]*fú/*[1]*zhāng*
guòhuà 过话 V.O. <topo.> ① exchange words; talk with one another ② send word; pass on a message
guóhuàjiā 国画家[國畫-] N. artist of traditional Chinese painting M: *ge/*[1]*míng/*[2]*wèi*
guòhùcè 过户册[-冊] N. <econ.> transfer book M: [1]*běn*
guòhù dēngjìbù 过户登记簿 N. <econ.> register of transfers M: [1]*běn*
guóhuī 国徽[國-] N. national emblem M: [4]*méi*
guóhuì* 国会[國-] P.W. parliament; congress
Guóhuìshān 国会山[國-] P.W. Capitol Hill
guóhuì yìyuán 国会议员[國-議-] N. <TW> congressmen; member of the parliament M: *ge/*[2]*wèi*
guóhún 国魂[國-] N. national spirit/genius
guōhuǒ(r) 锅伙(儿)[鍋-] N. ① temporary common kitchen of small traders/workers ② a temporary collective board and lodging place of single workers and peddlers
guóhuò 国货[國-] N. China-made goods; Chinese goods; domestic products M: [1]*pī*
guòhuó* 过活 V.O. make a living; live
guòhuǒ(r) 过火(儿) S.V. extreme; radical ***Nǐ shuō de tài ~ le.*** You're going too far in saying that.
guójī 国基[國-] N. foundation of the nation
guójí 国籍[國-] N. nationality
[1]**guójì*** 国际[國際] ATTR. international
[2]**guójì** 国纪[國-] N. laws and social conventions of a nation M: [3]*xiàng*
[3]**guójì** 国计[國-] N. ① national economy ② national policies
[4]**guójì** 国技[國-] N. ① national sport ② Chinese boxing
guòjī 过激 S.V. too drastic/radical; extreme
guòjí 过急 S.V. too hasty ♦V. make haste
guòjì 过继[-繼] V. ① adopt a young relative ② have one's child adopted by a relative
guójiā* 国家[國-] N. country; state; nation
guòjiā 过家 V.O. live a married life
Guójiā Ānquán Fǎ'àn 国家安全法案[國-] N. National Security Act
guójiā ānquán huìyì 国家安全会议[國-議] N. national security council M: [1]*cì*
guójiā biāozhǔn 国家标准[國-標準] N. national standard
Guójiā Biāozhǔnjú 国家标准局[國-標準-] N. National Bureau of Standards
guójiā biāozhǔnyǔ 国家标准语[國-標準-] N. <lg.> national standard speech
guójiā cáizhèng shōurù 国家财政收入[國-] N. government revenue
guójiā dàjì 国家大计[國-] N. national plans M: [3]*xiàng*
guójiā dàshì 国家大事[國-] N. national/state affairs M: [2]*jiàn*
guójiā diǎnlǐ 国家典礼[國-禮] N. state functions M: [2]*chǎng*
guójiāduì 国家队[國-隊] P.W. national team M: [4]*zhī*
guójiāfǎ 国家法[國-] N. constitutional law; the law of the state
Guójiā Gōngmù 国家公墓[國-] P.W. National Cemetery
guójiā gōngyuán 国家公园[國-園] P.W. national park M: [4]*zuò*
Guójiā Guǎngbō Gōngsī 国家广播公司[國-廣---] P.W. National Broadcasting Co. (NBC)
guójiāhuà 国家化[國-] N. nationalization
Guójiā Huáqiáo Wěiyuánhuì 国家华侨委员会[國-華僑---] P.W. National Overseas Chinese Committee
guójiājí 国家级[國-] N. (at the) national level
guò jiājiar 过家家儿 V.O. ① playing at housekeeping ② puppy love (of children)

G

guójiā jīmì 国家机密[國-] N. state secrets M: ^{3}*xiàng*
Guójiā Jīngmàowěi 国家经贸委[國-經--] P.W. State Commission for Economics and Trade
guójiā jīqì 国家机器[國-] N. state apparatus/ machinery
guójiǎn 国检[國-] N. national inspection
guōjiàng 锅匠[鍋-] N. tinker M: *ge/*^{1}*míng*
guǒjiàng* 果酱[-醬] N. jam M: *píng*
guòjiǎng 过奖[-獎] F.E. <*humb.*> (you) over-praise (me) *Nín ~ le.* You flatter me.
guójiāngbùguó 国将不国[國將-國] F.E. The nation is in peril.
guòjiāngměnglóng 过江猛龙 ID. sb. transformed from nonentity to luminary
guòjiāngzhījì 过江之鲫 N. <*wr.*> an excessive number
guòjiānshuāi 过肩摔 N. <*sport*> shoulder throw (in judo)
guójiāo 国交[國-] N. diplomatic relations between countries
guójiǎo 国脚[國腳] N. national team's soccer players
guójiào* 国教[國-] N. state religion
guǒjiāo 果胶[-膠] N. pectin
guǒjiǎo(r) 裹脚(儿)[-腳-] V.O. bind the feet (of a young girl) ♦N. foot-binding M: ^{1}*duì/*^{1}*shuāng*
guǒjiǎobù 裹脚布[-腳-] N. bandages used in binding girls' feet; cloth for foot-binding M: ^{2}*kuài/*^{1}*tiáo*
guòjiǎozhèng 过矫正[-矯-] V.P. overcorrect
guójiā páijià 国家牌价[國-價] N. state-set/ government-set price
guójiā shèhuìzhǔyì 国家社会主义[國-義] N. national socialism
guójiāshuì 国家税[國-] N. state tax M: ^{3}*xiàng*
Guójiā Sīfǎbù 国家司法部[國-] P.W. Ministry of Justice
guójiā suǒyǒuzhì 国家所有制[國-] N. state ownership
guójiāxìng 国家性[國-] N. national significance
guójiāxīngwáng 国家兴亡[國-興-] F.E. rise and fall of a nation
guójiā yínháng 国家银行[國-] N. state bank
guójiā yōuzhì gōngchéng 国家优质工程[國-優質--] N. national project of excellent quality
guójiāzhìshàng 国家至上[國-] F.E. The national interest is above everything else.
guójiāzhǔyì 国家主义[國-義] N. nationalism
guójiā zīběn 国家资本[國-] N. state capital
guójiā zīběnzhǔyì 国家资本主义[國-義] N. state capitalism
Guójì Bǎnquán Gōngyuē 国际版权公约[國際-權--] N. International Copyright Convention
guójì biāozhǔn 国际标准[國際標準] N. international standard
Guójì Biāozhǔnhuà Zǔzhī 国际标准化组织[國際標準-織] P.W. International Organization for Standardization (ISO)
Guójì Biāozhǔn Shūhào 国际标准书号[國際標準書號] N. International Standard Book Number (ISBN)
Guójì Bǐhuì 国际笔会[國際筆-] N. International Association of Poets, Playwrights, Editors, Essayists, and Novelists (PEN) M: ^{1}*cì*
guójì bólǎnhuì 国际博览会[國際-覽-] P.W. international fair M: ^{1}*cì*
guójì bōxuēzhě 国际剥削者[國際-] N. international exploiter M: *ge/*^{1}*míng/*^{2}*wèi*
guójì cáituán 国际财团[國際-團] N. international consortium
guójì chuánzhēn diànbào 国际传真电报[國際傳-電報] N. overseas facsimile M: ^{1}*fèn*
guójì dàjiātíng 国际大家庭[國際-] N. family of nations
guójì dǎoryé 国际倒儿爷[國際-爺] N. <*slang*> international marketer/racketeer M: *ge/*^{1}*míng/*^{2}*wèi*
Guójì Dàshè Zǔzhī 国际大赦组织[國際-織] P.W. Amnesty International (AI)
guójì dàxúnhuán 国际大循环[國際-環] N. international economic circulation
guójì diànbào jiāohuàn 国际电报交换[國際電報-換] N. TELEX (teletypewriter exchange)
guójì diànhuà 国际电话[國際電-] N. overseas telephone
guójì dìwèi 国际地位[國際-] N. international status
guójì dūshì 国际都市[國際-] P.W. international metropolis M: *ge/*^{4}*zuò*
guójiè 国界[國-] N. national boundaries
guòjiē 过街 V.O. cross the street
guòjié* 过节[-節] V.O. celebrate a festival ♦N. transition (in narration)
guòjiēlǎoshǔ 过街老鼠 ID. person hated by everyone
guòjiēlǎoshǔ rénrén hǎndǎ 过街老鼠人人喊打 F.E. be the object of universal condemnation
guòjiēlóu 过街楼[-樓] N. building projection spanning a lane M: *ge/*^{4}*zuò*
guòjiēqiáo 过街桥[-橋] N. overhead pedestrian crossing; overpass M: *ge/*^{4}*zuò*
guòjiér 过节儿[-節-] N. grudge; enmity
Guójì Értóngjié 国际儿童节[國際-節] N. International Children's Day
guòjiē tiānqiáo 过街天桥[-橋] N. pedestrian overpass M: *ge/*^{4}*zòu*
guòjié wénzì 过节文字[-節--] N. transitions
guójìfǎ 国际法[國際-] N. international law M: ^{3}*xiàng*
guójì fàndiàn 国际饭店[國際-] P.W. international hotel M: *ge/*^{4}*zuò*
guójì fǎrén 国际法人[國際-] N. international corporation
Guójì Fǎtíng 国际法庭[國際-] P.W. International Court of Justice; World Court
Guójì Fǎyuàn 国际法院[國際-] P.W. International Court of Justice; World Court
guòjì fènzǐ 过激份子 N. radicals; extremists M: *ge/*^{1}*míng/*^{2}*wèi*
Guójì Fùnǚjié 国际妇女节[國際婦-節] N. International Women's Day (March 8)
guójì fǔzhùyǔ 国际辅助语[國際-] N. <*lg.*> international auxiliary languages
Guójì Gē 国际歌[國際-] N. The Internationale M: ^{2}*shǒu*
guójì gōngfǎ 国际公法[國際-] N. international law M: ^{3}*xiàng*
guójī gǒnggù 国基巩固[國-鞏-] V.P./N. the foundation of the state (is stable)
guójì gòngguǎn 国际共管[國際-] P.W. international condominium
guójì gōngyuē 国际公约[國際-] N. international convention/pact M: ^{3}*xiàng*
guójì gòngyùn 国际共运[國際-運] N. international communist movement
guójì gōngzhì 国际公制[國際-] N. metric system M: *tào*
guójìguān 国际观[國際觀] N. international perspective
guójì guànlì 国际惯例[國際-] N. international practice M: ^{3}*xiàng*
guójì guānxi 国际关系[國際關係] N. international relations
guójì hángdào 国际航道[國際-] N. international waterway M: ^{1}*tiáo*
guójì hézuò 国际合作[國際-] N. international cooperation
guójìhuà 国际化[國際-] V. internationalize ♦N. internationalization
Guójì Huànrìxiàn 国际换日线[國際換-] N. International Date Line
guójì huìkuǎndān 国际汇款单[國際匯-] N. international money order M: ^{1}*fèn/*^{1}*zhāng*
guójì hùliánwǎng 国际互联网[國際-聯網] N. internet
guójì huòbì 国际货币[國際-幣] N. international currency
Guójì Huòbì Jījīn 国际货币基金[國際-幣--] P.W. International Monetary Fund (IMF)
guójì jiàshǐ zhízhào 国际驾驶执照[國際--執-] N. international driving permit/license
guójì jièkuǎntuán 国际借款团[國際-團] N. international consortium
Guójì Jiésuàn Yínháng 国际结算银行[國際-] P.W. Bank of International Settlements
Guójì Kāifā Zǒnghuì 国际开发总会[國際開發總-] P.W. Agency for International Development (AID)
Guójì Kāifā Zǒngshǔ 国际开发总署[國際開發總-] P.W. Agency for International Development (AID)
guójì kǒngbùzhǔyì 国际恐怖主义[國際-義] N. international terrorism
Guójì Láodòngjié 国际劳动节[國際勞動節] N. May Day
Guójì Láogōng Zǔzhī 国际劳工组织[國際勞-織] P.W. International Labor Organization (ILO)
Guójì Liánméng 国际联盟[國際聯-] P.W. League of Nations (1920–1946)
guójì màoyì 国际贸易[國際-] N. international/ world trade/commerce
Guójì Màoyì Cùjìnhuì 国际贸易促进会[國際---進-] P.W. China Council for Promotion of International Trade
Guójì Mínháng Zǔzhī 国际民航组织[國際-織] P.W. International Civil Aviation Organization
guójìmínshēng 国计民生[國-] F.E. national economy and people's livelihood
guǒjìn 裹进[-進] R.V. become embroiled/ involved
guójìng 国境[國-] N. national territory
guòjìng 过景 V.O. out of season
guòjìng* 过境 V.O. pass through a country's territory; be in transit (in international travel)
guòjìng bàoguāndān 过境报关单[--報關-] N. transit declaration M: ^{1}*fèn/*^{1}*zhāng*
guòjìng huòwù 过境货物 N. transit cargo M: ^{1}*pī*
guòjìng qiānzhèng 过境签证[-證] N. transit visa
guòjìngquán 过境权[-權] N. right of passage
guòjìngshuì 过境税 N. transit duty
guójìngxiàn 国境线[國-] N. boundary line; frontier M: ^{2}*dào/*^{1}*tiáo*
guòjìnr 过劲儿[-勁-] V.O. ① overreact ② go beyond the limit; overdo
guò jǐnrìzi 过紧日子[-緊--] V.P. lead a thrifty life
guòjīpài 过激派 N. radical faction; radicals
Guójì Páizǒng 国际排总[國際-總] P.W. International Volleyball Association
guójì qǐyè 国际企业[國際-業] N. international enterprises
Guójì Rénquán Gōngyuē 国际人权公约[國際-權--] N. International Human Rights Convention
Guójì Rìqī Biàngēngxiàn 国际日期变更线[國際--變--] N. International Date Line M: ^{1}*tiáo*
Guójì Shāngyè Jīqì 国际商业机器[國際-業--] P.W. International Business Machines (IBM)
guójì shèhuì 国际社会[國際-] P.W. international community
Guójì Shēngwù Dǎo 国际生物岛[國際-島] P.W. International Bio Island
guójì shìchǎng 国际市场[國際-場] N. international market
guójì shōuzhī 国际收支[國際-] N. balance of (international) payments
guójì shōuzhī nìchā 国际收支逆差[國際-] N. international payment deficit; unfavorable balance of payments
guójì shōuzhī pínghéng 国际收支平衡[國際-] V.P./N. balance of payments
guójì shōu-zhī shùnchā 国际收支顺差[國際-] N. international payment surplus; favorable balance of payments
guójì shuǐpíng 国际水平[國際-] N. international/world standard

guójì shuǐyù 国际水域[國際-] N. international waters M: [1]piàn

guójì sīfǎ 国际私法[國際-] N. private international law

guòjī sīxiǎng 过激思想 N. dangerously extreme views/thoughts

Guójì Tèshè Zǔzhī 国际特赦组织[國際-織] P.W. Amnesty International

guò jǐ tiān 过几天 V.P. pass several days; after several days

guójiù 国舅[國-] N. emperor's maternal uncle or brother-in-law M: ge/[1]míng/[2]wèi

guǒjiǔ* 果酒 N. liquor/wine made from fruit M: píng

guòjiǔ 过久 V.P. excessively long (in time)

guójì wénhuà jiāoliú 国际文化交流[國際-] N. international cultural exchange

Guójì Wénjiào Zǔzhī 国际文教组织[國際-織] P.W. UNESCO

guójì xiàngqí 国际象棋[國際-] N. Western-style chess M: [1]fù

guójìxìng 国际性[國際-] N. international character

Guójì Xíngjǐng Zǔzhī 国际刑警组织[國際-織] P.W. Interpol

guójì xíngshì 国际形势[國際-勢] N. world situation

guójì xīnzhìxù 国际新秩序[國際-] N. the new world order

Guójì Yīnbiāo 国际音标[國際-標] N. International Phonetic Alphabet (I.P.A.); international phonetic symbols

guójì yīnbiāo pīnfǎ 国际音标拼法[國際-標-] N. <lg.> international phonetic spelling

guójì yǐngxiǎng 国际影响[國際-響] N. international repercussions; impact abroad

guójìyǔ 国际语[國際-] N. <lg.> international language;international auxiliary language

guójì yǔfǎ 国际语法[國際-] N. <lg.> interlingua approach

guójì yǔyán 国际语言[國際-] N. <lg.> international language

guójì yǔyánxué 国际语言学[國際-] N. <lg.> interlinguistics

Guójì Yǔyīn Xiéhuì 国际语音协会[國際--協-] P.W. <lg.> International Phonetic Association; IPA

guójì zhùbì 国际铸币[國際鑄幣] N. international coinage

guójìzhǔyì 国际主义[國際-義] N. internationalism

Guójì Zòngduì 国际纵队[國際縱隊] N. <hist.> the International Brigade (in the Spanish Civil War 1936–1939)

guójù 国剧[國劇] N. <TW> Peking opera M: [1]chū/[1]tái

guǒjué 果决[-決] S.V. firm and resolute

[1]**guójūn** 国君[國-] N. monarch M: ge/[1]míng/[2]wèi

[2]**guójūn** 国军[國-] N. armed forces of the Republic of China M: [4]zhī

guǒké 果壳[-殼] N. shell; shuck

guòkē 过苛 V.P. overcritical

guòkè* 过客 N. transient visitor M: ge/[1]míng/[2]wèi

guókù 国库[國-] N. national/state treasury; exchequer

guōkuī 锅盔[鍋-] N. small hard flour pancake M: ge/[2]kuài

guókùquàn 国库券[國-] N. national treasury bond *Nǐ mǎi ~ le ma?* Have you brought government bonds?

guòlai 过来 V. come over/up; come here *Nǐ ~ yīxià.* Come over here for a moment. ♦CMP. ① *indicating action toward one* ***Tā zǒu ~ le.*** He's coming over here. ***Qǐng zhuǎn ~.*** Please turn around (toward me). ② *initiating a new condition* ***Tā zhōngyú juéwù ~ le.*** He finally saw the light. ③ *with de/bu, indicating ability/inability* ***Háizi duōle zhàogu bu ~.*** If you have too many children, you won't be able to take good care of them.

guòláirén 过来人 N. sb. who has had a particular experience

guólǎo 国老[國-] N. illustrious elders of a country M: ge/[2]wèi

guòláo* 过劳[-勞] V. work too hard; overwork

guòlěng 过冷 V.P. too cold

guólǐ 国礼[國禮] N. ①the official gift (presented to foreign countries) ② national ceremony

[1]**guólì*** 国立[國-] ATTR. state-run

[2]**guólì** 国力[國-] N. national power/strength

[3]**guólì** 国历[國曆] N. national (solar) calendar M: [1]běn

guòlǐ 过礼[-禮] V.O. present betrothal gifts to a girl's family

Guó Lián 国联[國聯] AB. *Guójì Liánméng*

guǒliáng 裹粮[-糧] N. bags of provisions for traveling

[1]**guòliáng** 过粮[-糧] V.O. <topo.> weigh grain

[2]**guòliáng** 过梁 N. <archi.> lintel

guòliàng* 过量 V.O. excessive; over

guōliángr 锅梁儿[鍋-] N. ① wok side-handles ② kettle handle

guò liǎng tiān 过两天 V.P. in the near future; in a few days; in a couple of days

guǒliào(r) 果料(儿) N. fruit/seeds/etc. used in cooking

guólì dàxué 国立大学[國-] P.W. national university M: ge/[4]zòu

guǒlín* 果林 N. fruit-bearing grove/orchard M: ge/[1]piàn

guòlìn 过淋 V. filtrate ♦N. filter

guǒlǐng 果岭[-嶺] N. <loan> green (golf) M: ge/[1]piàn

guòlínsuānyán 过磷酸盐[-鹽] N. <chem.> superphosphate

guò lǐwù 过礼物[-禮-] V.O. <topo.> exchange gifts

guólì xuéxiào 国立学校[國-] P.W. national/state school M: [1]suǒ/[4]zuò

guōlú* 锅炉[鍋爐] N. boiler M: [4]zuò

[1]**guòlù** 过路 V.O. pass by; be in transit

[2]**guòlù** 过录[-錄] V. copy sth. from one notebook to another

Guó Lǚ 国旅[國-] N. China International Travel Service (CITS)

[1]**guòlǜ*** 过滤[-濾] V. filtrate ♦N. filter

[2]**guòlǜ** 过虑[-慮] V.P. overanxious

guǒluàn 裹乱[-亂] V. ① ransack; rummage ② interrupt; disturb

guòlùcáishén 过路财神 N. sb. through whose hands pass large sums of money

guòlǜ chūlai 过滤出来[-濾--] R.V. filter out; filtrate out

guòlù(r) de 过路(儿)的 N. passer-by

guòlǜfǎ 过滤法[-濾-] N. method of filtration

guōlúfáng 锅炉房[鍋爐-] P.W. boiler room M: [4]zuò

guōlúgōng 锅炉工[鍋爐-] N. furnace man M: ge/[1]míng/[2]wèi

guólùn 国论[國-] N. ① projects concerning the country's future ② public opinion

Guó-Luó 国罗[國羅] AB. *Guóyǔ Luómǎzì*

guǒluǒ* 蜾蠃 N. a kind of (useful) bee (*Rhynchium bruneum*)

guòluó 过箩[-籮] V.O. sift with a sieve

guòlǜqì 过滤器[-濾-] N. filter

guòlùrén 过路人 N. passer-by M: ge/[1]míng/[2]wèi

guòlǜ shèbèi 过滤设备[-濾-備] N. filtrating equipment M: tào

guòlǜzuǐ(r) 过滤嘴(儿)[-濾--] N. (cigarette) filter tip

guómàimínmìng 国脉民命[國脈-] F.E. existence as a nation and people

guòmǎn 过满 V.P. abundance

guómén* 国门[國-] N. <wr.> ① gateway of the national capital ② border; frontier; gateway of a country

guòmén(r) 过门(儿) N. <mus.> ① opening bars ② short interlude between verses ♦V.O. ① pass a door ② get married (of a woman)

guòménbùrù 过门不入 ID. ① act beyond the call of duty ② be so devoted to public service as to forget one's personal interests

guòmén de xīnxífu 过门的新媳妇[-婦] N. <coll.> a newly married bride

guòmén'érrù 过门而入 F.E. drop in on sb.

guòměngsuānjiǎ 过锰酸钾 N. <chem.> potassium permanganate

guómín* 国民[國-] N. citizen; people; nationals

guòmǐn 过敏 V. ① <med.> have an allergy ② be oversensitive ♦N. allergy

guó mínbīng 国民兵[國-] N. militia; a militiaman

Guómín Dàhuì 国民大会[國-] P.W. National Assembly M: [3]cháng/[1]cì

Guómín Dàhuì Dàibiǎo 国民大会代表[國-] N. <TW> members of the National Assembly M: [1]míng/[2]wèi

Guómín Dàibiǎo Dàhuì 国民代表大会[國-] P.W. National Congress (KMT) M: [3]cháng/[1]cì

guómín dàiyù 国民待遇[國-] N. national treatment

Guómíndǎng 国民党[國-黨] P.W. Kuomintang (KMT); Nationalist Party

Guómíndǎngyuán 国民党员[國-黨-] N. KMT member

guómín fúlì 国民福利[國-] N. national welfare M: [3]xiàng

guómìng 国命[國-] N. life-line of the nation

Guómín Gémìng 国民革命[國-] N. National Revolution (of China, 1911)

Guómín Gémìngjūn 国民革命军[國-] P.W. the National Revolutionary Army

guómín hésuàn 国民核算[國-] N. national accounting

guómín jiàoyù 国民教育[國-] N. compulsory education

guómín jīngjì 国民经济[國-經濟] N. national economy

guómín jīngjì huīfù shíqī 国民经济恢复时期[國-經濟-復時-] N. <PRC> the national economic recovery period (1949–1952)

guómín jīngjì zǒngchǎnzhí 国民经济总产值[國-經濟總產-] N. gross national product

guómínjūn 国民军[國-] N. militia M: [4]zhī

guómín píngjūn shōurù 国民平均收入[國-] N. per capita income

guómín píngjūn suǒdé 国民平均所得[國-] N. per capita income

guómínquán 国民权[國-權] N. civil rights

guómín shēnfènzhèng 国民身分证[國-證] N. citizen's identification card; ID card

guómín shēngchǎn jìng'é 国民生产净额[國--產淨-] N. net national product

guómín shēngchǎn máo'é 国民生产毛额[國--產--] N. gross national product (GNP)

guómín shēngchǎn zǒngzhí 国民生产总值[國--產總-] N. gross national product (GNP)

guómín shēngjì 国民生计[國-] N. national economy and the people's livelihood

guómín shōurù 国民收入[國-] N. national income/revenue

guómín suǒdé 国民所得[國-] N. national income

guómín wàijiāo 国民外交[國-] N. people-to-people diplomacy

guómínxìng 国民性[國-] N. national character

guòmǐnxìng* 过敏性 N. ① sensitivity ② hypersusceptibility ③ allergy ♦ATTR. allergic

guòmǐnxìngbìng 过敏性病 N. <med.> allergic reaction

guòmǐnxìng fǎnyìng 过敏性反应[-應] N. <med.> allergic reaction

guómín xuéxiào 国民学校[國-] P.W. <TW> primary/elementary school M: [1]suǒ/[4]zuò

guòmǐnyuán 过敏原 N. <med.> ① anaphylactogen ② allergen

guòmǐnzhèng 过敏症 N. <med.> allergic reaction

Guómín Zhèngfǔ 国民政府[國-] P.W. National Government

guómín zhōngxué 国民中学[國-] P.W. <TW> junior high school (7th to 9th grade) M: [1]suǒ/[4]zuò

guómín zhùzhái 国民住宅[國-] N. <TW> residence M: [4]zuò

guǒmǒ 裹抹 V. ① <coll.> cover up ② filch another's possessions

Guō Mòruò 郭沫若 (1892–1978) N. poet, playwright, novelist, essayist, translator, historian, paleographer

guómǔ 国母[國-] N. ① wife of the founding father of a country ② empress dowager ③ the first lady M: ge/[2]wèi

guǒmù 果木 N. fruit tree M: [2]kē/[1]piàn/[2]zhū

guòmù* 过目 V.O. look over (a list/etc.) so as to check/approve

guòmùbùwàng 过目不忘 F.E. have a photographic memory; be gifted with an extraordinary retentive memory

guòmùchéngsòng 过目成诵 F.E. have a photographic memory

guǒmùshù 果木树[-樹] N. fruit tree M: [2]kē/[1]piàn/[2]zhū

guǒmùyuán 果木园[-園] P.W. orchard M: [1]piàn

guónàn 国难[國難] N. national calamity/crisis (esp. caused by foreign aggression)

guónànfāngyīn 国难方殷[國難-] F.E. The nation is facing great danger.

guónèi 国内[國-] P.W./ATTR. interior; internal; domestic; home (of a country)

guónèi bǔtiē 国内补贴[國-補-] N. domestic subsidy

guónèifǎ 国内法[國-] N. interior law

guónèi lìfǎ 国内立法[國-] N. internal/national legislation

guónèi màoyì 国内贸易[國-] N. domestic/internal trade/commerce

guónèi shēngchǎn jìng'é 国内生产净额[國--產淨-] N. net domestic product

guónèi shēngchǎn zǒngzhí 国内生产总值[國--產總-] N. gross domestic product (GDP)

guónèi shìchǎng 国内市场[國-場] N. domestic market

guónèiwài 国内外[國-] P.W. at home and abroad

guónèi zhànzhēng 国内战争[國-戰爭] N. civil war M: [2]chǎng

Guónèi Zhēngshuìjú 国内征税局[國-徵--] P.W. Internal Revenue Service (IRS)

guònian 过年 N. <coll.> next year *See also* guònián

guònián* 过年 V.O. celebrate/spend New Year *Kuài yào ~ le.* It'll soon be New Year. *See also* guònian

guǒnóng 果农[-農] N. fruit farmer M: ge/[1]míng/[2]wèi

guòpái 过排 V. rehearse

guǒpán 果盘[-盤] N. ① fruit tray/plate/bowl ② compartmentalized box for assorted fruits/candies

guǒpí 果皮 N. ① peel; rind ② <bot.> pericarp M: [2]kuài

guópiàn 国片[國-] N. films made in one's own country M: [2]bù

guǒpǐn 果品 N. fruit

guǒpíxiāng 果皮箱 N. refuse container for peelings/etc. M: ge/[2]zhī

guópòjiāwáng 国破家亡[國-] F.E. One's country is defeated and one's home is lost.

guóqī 国戚[國-] N. in-laws of the emperor

guóqí* 国旗[國-] N. national flag M: [1]miàn

guóqǐ 国企[國-] AB./P.W. guóyíng qǐyè state-owned enterprise (SOE)

guóqì 国器[國-] N. eminent person capable of serving the country

guòqī 过期 V.O. exceed the time limit; be overdue ♦ATTR. too old

guòqiān* 过谦 V.P. too modest

guòqián 过钱[-錢] V.O. count money

guòqiáo 过桥[-橋] V.O. pass over a bridge

guòqiáochāiqiáo 过桥拆桥[-橋-橋] ID. ingratitude

guòqiáomiàn 过桥面[-橋麵] N. special Yunnan-style noodles M: [1]wǎn

guòqiē 过切 V.P. too eager; too anxious

guòqī fàngkuǎn 过期放款 N. <com.> overdue debt M: [2]bǐ/[3]xiàng

guòqī jiāojuǎn 过期胶卷[--膠-] N. expired film M: juǎn

guòqī kānwù 过期刊物 N. back issue of a magazine M: [1]fèn

guóqíng 国情[國-] N. condition/state of a country

Guóqìng* 国庆[國慶] N. National Day

guòqíng 过情 V.P. unworthy of the name

Guóqìngjié 国庆节[國慶節] N. National Day

Guóqìngrì 国庆日[國慶-] N. National Day

Guóqíngzīwén 国情咨文[國-] N. State of the Union Address to Congress

Guóqírì 国旗日[國-] N. National Flag Day

guòqī zázhì 过期杂志[--雜-] N. back number of a magazine M: [1]běn

guòqī zhīpiào 过期支票 N. out-of-date check M: [1]zhāng

guòqu 过去 CMP. *indicating action away from one* *Yànzi fēi ~ le.* Swallows flew past. ♦V. ① go over; pass by ② die *See also* guòqù

guòqù 过去 N. in the past; formerly *See also* guòqu

guóquán 国权[國權] N. national sovereignty

guōquānr 锅圈儿[鍋-] N. circular wok stand

guòqù fēncí 过去分词 N. <lg.> past participle

guòqù jiāngláishí 过去将来时[--將-時] N. <lg.> past future tense

guòqù jiǎnshì 过去简式 N. <lg.> simple past form

guòqù jìnxíng 过去进行[--進-] N. <lg.> past progressive

guòqù jìnxíngshí* 过去进行时[--進-時] N. <lg.> past continuous tense

guòqù jìnxíngshì 过去进行式[--進--] N. <lg.> past continuous; past progressive form

guòqù jìnxíngtǐ 过去进行体[--進-體] N. <lg.> past continuous

guòqule 过去了 V. <coll.> died; passed away/by

guòqùshí* 过去时[-時] N. <lg.> past tense

guòqùshì 过去式 N. <lg.> past tense

guòqù shíjiān 过去时间[-時-] N. <lg.> past tense; past time

guòqù wánchéngshí* 过去完成时[-時] N. <lg.> past perfect

guòqù wánchéngshì 过去完成式 N. <lg.> past perfect tense

guòqù wánchéngtǐ 过去完成体[-體] N. <lg.> past perfect

guòqù xíngshì 过去形式 N. <lg.> past tense

guōr* 锅儿[鍋-] N. ① pot; pan; boiler; cauldron ② bowl M: ge/kǒu

guǒr 果儿 N. fruit of small size M: ge/[2]zhī

guòr 过儿 M. <topo.> of times

guǒrán 果然 ADV. really; as expected; sure enough ♦CONJ. if indeed; if really ♦N. long-tailed monkey

guǒránrúshì 果然如是 F.E. It happened exactly as expected ♦CONJ. if really

guōrǎo 聒扰[-擾] V. make a din

guòrè 过热[-熱] V.P. overheated

guórén* 国人[國-] N. <wr.> compatriots; fellow countrymen

guǒrén(r) 果仁(儿) N. ① kernel; nut ② <topo.> peanut; groundnut

guòrén 过人 V.O./ATTR. surpass others; excel *cōngming ~* surpassingly clever

guò rìzi 过日子 V.O. ① live; get along ② practice economy

guǒròu 果肉 N. flesh of fruit; pulp M: [2]kuài

guóruì 国瑞[國-] N. <wr.> presage/omen of prosperity for the country

guǒruò 果若 CONJ. if really

guǒrúsuǒliào 果如所料 F.E. It happened exactly as predicted.; just as one expected

guósāng 国丧[國喪] N. national mourning

guósè 国色[國-] N. national beauty

guósè-tiānxiāng 国色天香[國-] F.E. most beautiful women of the country ♦N. <zoo.> bullfinch

guòshāi(zi) 过筛(子)[-篩-] V.O. sift out

guòshān 过山 V.O. climb/pass over a mountain

guóshāng* 国殇[國殤] N. <wr.> national martyr

guǒshāng 裹伤[-傷] V.O. bind up; bandage a wound

guǒshàng 裹上 R.V. bind; wrap

guòshǎng 过晌 N. <topo.> afternoon

guòshānlóng 过山龙 N. siphon M: [1]tiáo

guòshānpào 过山炮 N. mountain cannon M: mén/[4]zuò

guòshǎo 过少 V.P. too little/few; far from enough

guōsháor 锅勺儿[鍋-] N. ① wok and ladle ② cooking utensils M: [1]bǎ

guōshāoyā 锅烧鸭[鍋燒-] N. duck slices and vegetables in batter, fried in pancake form M: [2]zhī

Guóshèdǎng 国社党[國-黨] P.W. the National Socialist Party

guòshèn 过甚 V.P. exaggerate; overstate ♦ADV. too much; excessively

guòshèng 过剩 V.P. ① be superfluous ② excess; surplus

guò shēnghuó 过生活 V.O. live a life

guòshèng rénkǒu 过剩人口 N. surplus population

guò shēngri 过生日 V.O. celebrate a birthday

guòshènqící 过甚其词 F.E. give an exaggerated account

guóshī 国师[國師] N. title conferred on a master teacher or advisor by an emperor

[1]**guóshǐ** 国史[國-] N. ① history of a nation/dynasty ② court historian

[2]**guóshǐ** 国使[國-] N. envoy extraordinary

[1]**guóshì** 国势[國勢] N. ① national strength ② situation in a nation

[2]**guóshì** 国事[國-] N. national/state affairs

[3]**guóshì** 国是[國-] N. <wr.> national affairs

[4]**guóshì** 国士[國-] N. ① scholars of a country ② scholar of superior talent

guǒshī 裹尸[-屍] V.O. wrap up a corpse

guǒshí* 果实[-實] N. ① fruit ② gains; fruits

guǒshì 果市 N. fruit market

guòshī 过失 N. ① fault; slip; error ② <law> unpremeditated crime

guòshí 过时[-時] S.V. ① out-of-date; outmoded ② past the appointed time

guòshì 过世 V.O. die; pass away

guòshíbùhòu 过时不候[-時--] F.E. not wait after the appointed time

guóshìfàn 国事犯[國-] N. political criminal M: ge/[1]míng

guóshì fǎngwèn 国事访问[國-] N. state visit M: [1]cì/[3]xiàng

guòshī fànzuì 过失犯罪 N. criminal negligence M: [3]xiàng

Guóshǐguǎn 国史馆[國-] N. <TW> Academia Historica; Bureau of National History M: [4]zuò

guò shíguāng 过时光[-時-] V.O. pass time; pass one's days

guòshīshānghài 过失伤害[--傷-] F.E. <leg.> negligent infliction of bodily injury

guòshī shānghài zuì 过失伤害罪[--傷--] N. negligent infliction of bodily injury

guòshī shārén(zuì) 过失杀人(罪)[--殺--] N. manslaughter

guóshǒu* 国手[國-] N. national champion M: ge/[2]wèi

guòshóu 过熟 V.P. overripe

guòshǒu 过手 V.O. take in and give out (money/etc.); handle

guòshòu 过寿[-壽] V.O. <coll.> have a birthday

guóshū 国书[國書] N. ① credentials ② documents exchanged between nations M: [1]fèn

guóshù 国术[國術] N. Chinese martial arts

guǒshù* 果树[-樹] N. fruit tree M: [2]kē

guòshù(r) 过数(儿)[-數-] V.O. count; do calculation

guòshú'ér 过熟儿 N. post-term infant

guóshuì* 国税[國-] N. taxes collected by the national government M: [3]xiàng

guòshuǐ 过水 V.O. ① wipe off water (on a table/etc.) ② pre-shrink

guóshuìjú* 国税局[國-] P.W. bureau of national taxation *See also Guóshuìjú*

Guóshuìjú 国税局[國-] P.W. Internal Revenue Service (IRS) *See also guóshuìjú*

guòshuǐmiàn 过水面 N. cooked noodles cooled with water

guóshùjiā 国术家[國術-] N. martial arts specialist

guòshúlín 过熟林 N. overmature forest M: [1]piàn

guǒsuān 果酸 N. <chem.> tartaric acid

guǒsuì 果穗 N. ear (of rice/wheat/etc.)

guōtái* 锅台[鍋臺] N. ① top of the kitchen range ② cooking stove

guótài 国太[國-] N. emperor's mother M: [2]wèi

guótàimín'ān 国泰民安[國-] F.E. The country is prosperous and the people live in peace.

guǒtān(zi) 果摊(子)[-攤-] N. fruit-vender's stand

guótǎng 国帑[國-] N. <wr.> national funds

guǒtáng* 果糖 N. <chem.> fructose M: [2]kuài

guòtáng 过堂 V.O. ①stand trial in court ②<trad.> call on a prime minister

guòtángfēng(r) 过堂风(儿) N. draft M: [1]zhèn

guótǐ 国体[國體] N. ①state system ②national prestige

guòtiān 过天 V.O. <topo.> a few days later

guōtiē(r) 锅贴(儿)[鍋-] N. lightly fried dumpling; pot-stickers M: ge/[1]pán

guōtiē jiǎozi 锅贴饺子[鍋-] N. seared ravioli; pot-sticker M: ge/[1]pán

guōtíliángr 锅提梁儿[鍋-] *See guōliángr*

guòtīng* 过厅[-廳] N. entrance hall

guòtíng 过庭 V.O. ① visit one's father ② appear before a tribunal

guòtíngzhīxùn 过庭之训 N. instructions from one's father

Guótǒngqū 国统区[國-區] P.W. Kuomintang-controlled area M: [1]piàn

guòtóu 过头 V.O. exceed limit; overdo *Tā cōngming ~ le.* He outsmarted himself.

guótǔ 国土[國-] N. national territory/land M: [1]piàn

guótǔ guīhuà 国土规划[國-劃] N. programs for national use of land M: [3]xiàng

guótuǐ* 国腿[國-] N. <sport> nationally known soccer player

guǒtuǐ 裹腿 N. puttee M: [1]tiáo

guótǔ jīngjìxué 国土经济学[國-經濟-] N. economics of national land

guò túmén ér dà jué 过屠门而大嚼 ID. feed on illusions

guōtuójī 锅驼机[鍋-] N. portable steam engine M: [1]tái

guōwài 郭外 P.W. beyond the outer city wall; outside the city

guówài* 国外[國-] P.W. overseas; external; abroad

guówài màoyì 国外贸易[國-] N. foreign trade

guōwǎn* 锅碗[鍋-] N. ① wok and bowl ② cooking utensil M: tào

guòwǎn 过晚 V.P. too late

guówáng* 国王[國-] N. king M: ge/[2]wèi

guòwǎng 过往 V. ① come and go ② have friendly relations with

guòwàng 过望 V.P. beyond one's hope/expectation

guòwǎngrén 过往人 N. ① passers-by ② associates; people in frequent contact

guòwǎngshènmì 过往甚密 F.E. ① be in with sb. ② as thick as thieves

guówángwúrì 国亡无日[國-] F.E. The nation is in extreme peril.

guówēi 国威[國-] N. national prestige

guǒwèi* 果味 N. fruit taste

guówén* 国文[國-] N. ① written national language ② national language and literature ③ Chinese literature

guòwèn 过问 V. ①make inquiry about ②interfere with ③ concern oneself with; take an interest in

guówō 腘窝[-窩] N. <phys.> the hollow of the knee

guówù* 国务[國務] N. state affairs

guǒwù 果物 N. fruits

guòwǔ 过午 N. afternoon

guòwǔbùshí 过午不食 F.E. <Budd.> not eat after noontime

guòwǔguān 过五关[-關] N. a kind of solitaire, played with dominoes

guò wǔ guān, zhǎn liù jiàng 过五关,斩六将[--關,--將] F.E. ① win glory in battle ② surmount numerous difficulties

guówù huìyì 国务会议[國務-議] N. state conference M: [3]cháng/[1]cì

guówù mìshū 国务秘书[國務-書] N. secretary for national affairs M: ge/[2]wèi

guówúníngrì 国无宁日[國-寧-] F.E. There is no peace in the country.

guówùqīng 国务卿[國務-] N. U.S. secretary of state

Guówù wěiyuán 国务委员[國務-] N. member of the State Council M: ge/[2]wèi

guówùyuán 国务员[國務-] N. minister

Guówùyuàn* 国务院[國務-] P.W. ① State Council ② U.S. State Department

guówù zǒnglǐ 国务总理[國務總-] N. <hist.> premier (early Chinese Republican Government)

guóxǐ* 国玺[國璽] N. ①imperial seal ②official seal of the central government M: [1]fāng

guòxì 过细 V.P. meticulous; cautious

guóxiàn* 国宪[國憲] N. constitution of a nation M: [2]bù

guòxiàn 过限 V.O. pass the deadline

guǒxiāng 果香 ATTR. fruity

guǒxiāngpù 果香铺 P.W. fruit store M: ge/[4]zuò

guǒxiānpù 果鲜铺 P.W. fruit store M: ge/[4]zuò

guǒxiànrbǐng 果馅儿饼 N. tart; pastry with fruit filling

Guō Xiānsheng 郭先生 N. ①Mr. Guo ②<slang> dildo

guóxiānyújiā 国先于家[國-於-] F.E. The state comes before the family.

guóxiǎo 国小[國-] N. government primary/elementary school M: ge/[1]suǒ/[4]zuò

Guóxié 国协[國協] P.W. United Nations

[1]guǒxié 裹胁[-脅] V. force to take part; coerce

[2]guǒxié 裹挟[-挾] V. ① coerce ② force to take part ③ sweep sb. along (of circumstances/trends/etc.)

guǒxiè* 果屑 N. peel; rind

guǒxīn* 果心 N. core (of an apple/etc.)

guòxīn 过心 V.O. <topo.> ①be offended ②mind ♦ATTR. intimate

[1]guóxìng 国姓[國-] N. surname of a royal family

[2]guóxìng 国性[國-] N. national characteristics

Guóxìngyé 国姓爷[國-爺] N. <hist.> Koxinga

guōxù 聒絮 ADV. talking noisily

guóxué 国学[國-] N. ① studies of ancient Chinese civilization ② <hist.> the Imperial College

guóyàn* 国宴[國-] N. state banquet M: [2]chǎng/[1]cì

guòyǎn 过眼 V.O. ① check (a list/etc.) ② pass quickly ③ read over quickly; glance at

guòyǎnghuàqīng 过氧化氢[-氫] N. <chem.> hydrogen peroxide

guòyǎnghuàwù 过氧化物 N. <chem.> peroxide

guòyǎnyúnyān 过眼云烟[-雲煙] ID. as transient as fleeting clouds

guōyānzi 锅烟子[鍋煙-] N. soot on the bottom of a pan

guóyào 国药[國藥] N. traditional Chinese medicine

guòyè 过夜 V.O. pass the night; stay overnight ♦N. the previous night

guóyī* 国医[國醫] N. ① traditional Chinese medical science ② doctor of traditional medicine M: ge/[1]míng/[2]wèi

guǒyì 果毅 N. determination and fortitude

guòyì 过意 V.P. feel offended

guòyìbùqù 过意不去 F.E. feel apologetic/sorry

guò yīhuìr 过一会儿 V.P. later

guóyīn 国音[國-] N. government-approved standard Chinese pronunciation; national pronunciation

guòyǐn* 过瘾[-癮] V.O. ① satisfy a craving ② enjoy oneself to the fullest

guóyīn dānyīnzì 国音单音字[國-] N. <lg.> Chinese monosyllabic word

Guóyīn Fúhào 国音符号[國-號] N. <lg.> Chinese Phonetic Symbols

guóyíng* 国营[國營] ATTR. state-operated/run/owned

guǒyíng 果蝇[-蠅] N. fruit fly M: [2]zhī

guòyìng 过硬 V.P. in complete mastery of sth.; really up to the mark

guóyíng jīngjì 国营经济[國營經濟] N. state-owned economy

guóyíng nóngchǎng 国营农场[國營農場] P.W. state farm M: ge/[4]zuò

guóyíng qǐyè 国营企业[國營-業] P.W. state-owned enterprise

guóyíng shìyè 国营事业[國營-業] N. national enterprises

guóyíngzhǔyì 国营主义[國營-義] N. statism

guóyīn shēngdiào 国音声调[國-聲-] N. <lg.> Modern Mandarin tones

guóyīn zìmǔ 国音字母[國-] *See zhùyīn zìmǔ*

guóyòng 国用[國-] N. <TW> national expenditures

guòyòngcí 过用词 N. <lg.> overworked word

guóyōu 国优[國優] ATTR. national first-rate (of products)

guóyǒu* 国有[國-] ATTR. belonging to the state; nationalized; state-owned

guòyóubùjí 过犹不及[-猶--] F.E. Going too far is as bad as not going far enough.

guóyǒu cáichǎn 国有财产[國-產] N. national properties

guóyǒu cáichǎnjú 国有财产局[國--產-] P.W. bureau of national properties

guóyǒuhuà 国有化[國-] N. nationalization

guóyǒu tiělù 国有铁路[國-鐵-] N. national/state railroad

guóyǒuzhì 国有制[國-] N. state ownership

Guóyǔ 国语[國-] N. <lg.> ① Mandarin ② National Language

guòyu 过逾 V. exceed

guòyú* 过于[-於] V.P. too; excessively ♦V. exceed

guòyù 过誉[-譽] V.P. ① acclaim excessively ② <humb.> overpraise

guǒyuán(r/zi) 果园(儿/子)[-園] P.W. orchard M: [2]kuài/[1]piàn

guóyuè 国乐[國樂] N. ① traditional Chinese music ② national/state/official music

Guóyǔ fāyīn 国语发音[國-發-] N. <lg.> Mandarin pronunciation

guòyú guīfàn de 过于规范的[-於-範-] ATTR. <lg.> hypercorrect

Guóyǔjù 国语剧[國-劇] N. <TW> Mandarin opera M: [1]chū/[1]tái

Guóyǔ Luómǎzì 国语罗马字[國-羅--] N. Gwoyeu Romatzyh (G.R.); National Language Romanization

Guóyǔ Luómǎzì pīnyīn 国语罗马字拼音[國-羅----] N. <lg.> National Romanization (GR)

guóyùn 国运[國運] N. destiny of the nation

guóyùnchānglóng 国运昌隆[國運-] F.E. The country is prosperous and has a good future.

guòyúnyǔ 过云雨[-雲-] N. passing shower M: [1]zhèn

G

Guóyǔ Rìbào 国语日报[國-報] N. <TW> *Daily News in Mandarin* M: [1]*fèn*

Guóyǔ wénxué 国语文学[國-] N. vernacular literature

Guóyǔ Yùndòng 国语运动[國-運動] N. campaign to promote the national language; National Language Movement

guòyúzìxìn 过于自信[-於--] F.E. overconfidence

guòzài 过载 V.O. ① transship ② overload

guózàng 国葬[國-] N. state funeral

guōzào 聒噪 N. <*topo.*> noise; clamor

guòzǎo* 过早 V.P. premature; untimely ♦ ADV. prematurely

guōzàobùxiū 聒噪不休 F.E. wag one's tongue; talk endlessly

G

guòzǎo lèguān 过早乐观[-樂觀] V.P. count one's chickens before they're hatched

guózéi 国贼[國-] N. traitor to one's country M: *ge*/[1]*míng*/[2]*wèi*

guózéilùguǐ 国贼禄鬼[國-] F.E. time-servers and place-seekers

guòzéwùdàngǎi 过则勿惮改 F.E. If you have faults, don't fear to abandon them.

guǒzhā 果渣 N. <*bot.*> marc M: *duī*

guózhài 国债[國-] N. national debt M: [2]*bǐ*

guózhàng 国丈[國-] N. <*trad.*> emperor's father-in-law M: *ge*/[2]*wèi*

guòzhàng* 过帐 V.O. transfer items (as from daybook to ledger); post

guòzhāo 过招 V. exchange blows

guǒzhēn 果真 ADV. really; as expected ♦ CONJ. if indeed/really

guǒzhēnrúcǐ 果真如此 F.E. if this is really true *~, wǒ jiù gāoxìng le.* If it's really so, I'll be delighted.

[1]**guǒzhī(r)** 果汁(儿) N. fruit juice M: *bēi*

[2]**guǒzhī** 果枝 N. fruit/boll-bearing branch

guózhīgānchéng 国之干城[國-] N. <*wr.*> heroic defenders of the nation

guózhīguībǎo 国之瑰宝[國-寶] N. national treasures (art works, antiquities, masterpieces, etc)

guǒzhījī 果汁机 N. juicer; blender M: [1]*tái*

guózhīsìwéi 国之四维[國-] N. four cardinal principles of the country

guòzhīzi 过枝子 N. <*topo.*> ① a grafted branch ② a child adopted from a different clan

guózhōng 国中[國-] N. <TW> junior high school (7th-9th grade) M: *ge*/[1]*suǒ*/[4]*zuò*

guòzhòng* 过重 V.P. be overweight

guòzhòngjiāfèi 过重加费 F.E. overweight charge

guózhōngshēng 国中生[國-] N. <TW> junior high school (under the 9-year free-education system) student M: *ge*/[1]*míng*/[2]*wèi*

guózhōngzhīguó 国中之国[國-國] N. a state within a state

guózhǔ 国主[國-] N. sovereign; head of state M: *ge*/[2]*wèi*

guǒzhù* 裹住 R.V. bind up; wrap up

guōzhuāng 锅庄[鍋莊] N. Tibetan folk dance

guōzi 锅子[鍋-] N. ① bowl (of a pipe/etc.) ② chafing dish

guózǐ 国子[國-] N. <*trad.*> ① son of a high dignitary ② heir-apparent of a prince ③ student in the Imperial College ④ children of a nation/clan M: *ge*/[2]*wèi*

guózì 国字[國-] N. Chinese characters

[1]**guǒzi*** 果子 N. fruit M: *ge*/[2]*zhī* *See also* [2]*guǒzi*

[2]**guǒzi** 馃/果子 N. <*topo.*> twisted fritters *See also* [1]*guǒzi*

guǒzidiér 果子碟儿 N. fruit tray/plate M: *ge*/[2]*zhī*

guǒzidòng 果子冻 N. jelly

guǒzigānr 果子干儿[--乾-] N. sweetened and dried fruit boiled until thickened, served cool

Guózǐjiàn 国子监[國-監] N. <*hist.*> Imperial College/Academy

guǒzijiàng 果子酱[-醬] N. jam M: *píng*

guǒzijiǔ 果子酒 N. fruit-based liquor M: *píng*

guǒzilí 果子狸 N. masked/gem-faced civet M: [2]*zhī*

guǒzilù 果子露 N. fruit syrup M: *píng*

guǒzishuǐ 果子水 N. punch (a drink) M: *píng*

guǒziyán 果子盐[-鹽] N. fruit salt

guǒzú 裹足 V.O. hesitate for fear of danger *See also guǒjiǎo*

guǒzúbùqián 裹足不前 F.E. hesitate to move forward

guózuò 国祚[國-] N. fate and happiness of a nation

guòzuǒ* 过左 V.P. ultraleft

gǔpái 骨牌 N. dominoes M: [1]*fù*

gǔpái lǐlùn 骨牌理论 N. domino theory

gǔpán 骨盘[-盤] N. <*med.*> pelvis

gùpàn* 顾盼[顧-] V. <*wr.*> look around

gùpànshénfēi 顾盼神飞[顧-飛] F.E. a look of quick intelligence and soft refinement

gùpànshēngzī 顾盼生姿[顧-] F.E. look around seductively

gùpànzìdé 顾盼自得[顧-] F.E. look about complacently

gùpànzìrú 顾盼自如[顧-] F.E. gaze around at will; be free and easy

gùpànzìxióng 顾盼自雄[顧-] F.E. look about complacently

[1]**gǔpén** 骨盆 N. <*phys.*> pelvis

[2]**gǔpén** 谷盆 N. valley basin

[3]**gǔpén** 鼓盆 ID. <*wr.*> mark the death of one's wife

gǔpéndì 谷盆地 N. basin M: [2]*kuài*/[1]*piàn*

gǔpéngpeng 鼓膨膨 R.F. bulging (of a bag/etc.) ♦ ATTR. protruding; sticking out

gǔpénzhīqī 鼓盆之戚 N. grief at losing one's wife

gūpì* 孤僻 S.V. unsociable and eccentric

[1]**gǔpí** 鼓皮 N. drumhead

[2]**gǔpí(r/zi)** 谷皮(儿/子)[穀-] N. chaff

gǔpì 痼癖 N. fondness; addiction

gǔpiào 股票 N. share certificate; stock M: [1]*fèn*/[1]*zhāng*

gǔpiàobù 股票簿 N. (stock) certificate book M: [1]*běn*

gǔpiào hángshì 股票行市 N. current prices of stocks; quotations on the stock exchange

gǔpiào hónglì 股票红利 N. stock bonus

gǔpiào jiāoyì 股票交易 N. buying and selling of stocks

gǔpiào jiāoyìsuǒ 股票交易所 N. stock exchange

gǔpiào jiàzhí 股票价值[--價-] N. stock value

gǔpiào jīngjìrén 股票经纪人[--經--] N. stockbroker M: *ge*/[2]*wèi*

gǔpiào qiánkè 股票掮客 N. stockbroker M: *ge*/[1]*míng*/[2]*wèi*

gǔpiào shìchǎng 股票市场[-場] N. stock market

gūpín 孤贫 V.P. lonely and poor

gūpó 姑婆 N. ① sister of one's grandfather ② sister of a woman's father-in-law

gǔpǔ 古朴[-樸] S.V. simple and unsophisticated (art/etc.)

gūqī 孤凄 V.P. solitary and desolate

gǔqǐ 鼓起 R.V. call up; muster up; pluck up; take heart *~ yǒngqì* gather up one's courage

[1]**gǔqì*** 骨气[-氣] N. ① moral integrity; backbone; fortitude; guts; spirit ② strength of calligraphic strokes

[2]**gǔqì** 古气[-氣] N. simple, unsophisticated style

[3]**gǔqì** 骨器 N. bone object/artifact

gǔqián 古钱[-錢] N. ancient money

gùqián bù gùhòu 顾前不顾后[顧-顧後] F.E. act rashly; drive ahead without considering the consequences

gǔqiāng 骨腔 N. <*phys.*> bone lacuna

gùqiángùhòu 顾前顾后[顧-顧後] F.E. examine what is coming and the possible consequences

gǔqiánxué 古钱学[-錢-] N. numismatics

gūqiào 孤峭 V.P. ① abrupt (of terrain) ② proud and aloof

gūqiě* 姑且 ADV. ① tentatively *Nǐ ~ shìshi.* Anyway, give it a try. ② for the moment

gǔqiè 鼓箧[-篋] N. <*trad.*> ① beginning-school ceremony ② classical learning

gūqiěbùlùn 姑且不论 F.E. leave it at that

gǔqìhòuxué 古气候学[-氣--] N. paleoclimatology

gǔ qǐlai 鼓起来 R.V. bulge; swell

gǔqín 古琴 N. zither-like seven-stringed instrument M: [1]*bǎ*

[1]**gùqǐng** 雇请 V. employ

[2]**gùqǐng** 固请 V. invite insistently

gùqióng 固穷[-窮] V.O. be able to bear poverty/hardship

gǔqǐ rúhuángzhīshé 鼓起如簧之舌 ID. wag a glib tongue

gǔqiu 鼓秋 V. <*coll.*> ① tinker/fiddle with ② make orderly; smooth out ③ consume; polish off

gǔqǐ yǒngqì 鼓起勇气[-氣] V.O. summon up courage

gǔqǔ* 古曲 N. ancient air/tune

gǔqù 古趣 N. simple and unsophisticated temperament and interest

gùqǔ 顾曲[顧-] V.O. listen to music/songs

gùqù 故去 V. die; pass away

gǔquán 股权[-權] N. ① rights of shareholders/stockholders ② equity rights; shareholding M: [1]*fèn*

gùquán* 顾全[顧-] V. show consideration for

gùquán dàjú 顾全大局[顧-] V.O. consider the situation as a whole

gùquán miànzi 顾全面子[顧-] V.O. save sb.'s face; spare sb.'s feelings

gǔquán róngzī 股权融资[-權--] N. equity capital

gùquán tǐtǒng 顾全体统[顧-體-] V.O. be discreet

gǔquánxué 古泉学 N. numismatics

gǔquè 辜榷 V. monopolize

gùqǔzhōuláng 顾曲周郎[顧-] F.E. connoisseur of music

gùrán 固然 CONJ. ① no doubt ② of course; admittedly

gūrang 咕攘 V. <*coll.*> wriggle about; move around

gǔrcí 鼓儿词 N. libretto of [1]*dàgǔ* M: [1]*piān*

gūrén 辜人 N. <*trad.*> executed criminal M: *ge*/[1]*míng*/[2]*wèi*

[1]**gǔrén*** 古人 N. ① ancients; forefathers ② <*archeo.*> Homo sapiens M: *ge*/[1]*míng*/[2]*wèi*

[2]**gǔrén** 贾人 N. <*wr.*> merchants; businessman M: *ge*/[1]*míng*/[2]*wèi*

[1]**gùrén** 故人 N. ① old friend ② one's former wife/husband M: *ge*/[1]*míng*/[2]*wèi*

[2]**gùrén** 雇人 V.O. employ sb.

gǔrénlèi 古人类[-類] N. <*archeo.*> Neoanthropus; man from late Paleolithic age

gǔrénlèixué 古人类学[--類-] N. paleoanthropology

gǔrì 谷日[穀-] N. eighth day of the first lunar month

gūróng 咕容 V. <*coll.*> wriggle

gǔròu 骨肉 N. ① flesh and blood; kindred ② blood relations

gǔròuqíng 骨肉情 N. blood relations; kinship feeling

gǔròutuánjù 骨肉团聚[--團-] F.E. family reunion

gǔròuxiāngcán 骨肉相残[-殘] F.E. fight among one's own people

gǔròuxiāngjù 骨肉相聚 F.E. be together as people of the same flesh and blood should be

gǔròuxiānglián 骨肉相连 F.E. as closely linked as flesh and blood

gǔròuxiōngdì 骨肉兄弟 F.E. blood brothers; one's own brothers

gǔròuzhīqīn 骨肉之亲[-親] N. blood relations/relationship

gǔròuzhīqíng 骨肉之情 N. love of one's own flesh and blood

gùrù 故入 V.P. deliberately impose a penalty more severe than merited
gǔruǎnjīnsū 骨软筋酥 F.E. unnerved; enervated; unmanned; paralyzed
gùrùgùchū 故入故出 F.E. <law> mete out penalties not commensurate with the offenses committed
gùruòjīntāng 固若金汤[-湯] F.E. strongly fortified; impregnable
gùrùrénzuì 故入人罪 F.E. accuse sb. of a crime falsely
gùsānbùgùsì 顾三不顾四[顧--顧-] F.E. in a thoughtless way
gū-sǎo 姑嫂 N. sisters-in-law M: ge/[2]wèi
gǔsè 鼓瑟 V.O. play the lute
gùsè* 固涩[-澀] V.O. <Ch. med.> therapy by astringents
gǔsègǔxiāng 古色古香 F.E. antique; quaint
gǔshā* 古刹[-刹] N. ancient monastery M: ge/[4]zuò *See also* gǔchà
[1]**gùshā** 故杀[-殺] V. <law> premeditated/willful murder
[2]**gùshā** 固沙 N. stabilization of sand
gùshālín 固沙林 N. sand-fixation forest; dune-fixing forest M: ge/[1]piàn
gūshān* 孤山 N. lone hill M: ge/[4]zuò
gùshàn 顾赡[顧-] V. look after; assist; help
[1]**gǔshāng** 骨伤[-傷] N. bone fracture
[2]**gǔshāng** 贾商 N. <wr.> tradesman M: ge/[1]míng/[2]wèi
gǔshànqì 股疝气[-氣] N. <med.> crural hernia
gǔshé* 鼓舌 V.O. mouth sweet words
gùshè 固摄[-攝] V. <Ch. med.> keep control (over the retentive function)
gūshēn* 孤身 N. ① separated from one's family ② unmarried; single
gǔshén 谷神 N. <Dao.> spirit of the valley
gùshēn 锢身 V.O. put in a cangue
gūshēnfùdí 孤身赴敌[-敵] F.E. go to fight the enemy alone
gǔshēng 鼓声[-聲] N. drumbeats M: [1]zhèn
Gǔshēngdài 古生代 N. Paleozoic Era
gǔshēngwù 古生物 N. ancient extinct life; fossil
gǔshēngwùxué 古生物学 N. paleontology
gǔshēngwùxuéjiā 古生物学家 N. paleobiologist; paleontologist
gùshènqící 故甚其辞[-辭] F.E. purposely exaggerate
gūshēnyīrén 孤身一人 F.E. all on one's own
gūshēnzhīyǐng 孤身只影[--隻-] F.E. alone; lonely; all by oneself
gūshēnzhǔyì 孤身主义[-義] N. celibacy
gǔshérúhuáng 鼓舌如簧 F.E. talk glibly
gǔshéyáochún 鼓舌摇唇 F.E. spread rumors; gossip
[1]**gǔshì** 古式 N. ancient/traditional style
[2]**gǔshì** 骨殖 N. skeleton (of a decomposed human body)
[1]**gǔshī** 古诗 N. ① ancient poetry ② ancient-style poetry M: [2]shǒu
[2]**gǔshī** 鼓师[-師] N. drummer M: ge/[2]wèi
[3]**gǔshī** 罟师[-師] N. <wr.> old fisherman M: ge/[1]míng/[2]wèi
gǔshí 古时[-時] N. antiquity
[1]**gǔshǐ** 古史 N. ancient history M: [2]bù
[2]**gǔshǐ** 瞽史 N. the two official posts in charge of music and rites/astrology (Zhou dynasty)
[1]**gǔshì** 股市 N. stock market
[2]**gǔshì** 鼓室 N. <phys.> tympanum
[3]**gǔshì** 古事 N. old story; legend M: [2]jiàn
[4]**gǔshì** 贾市 N. <wr.> market
gùshi* 故事 N. ① story; tale ② plot *See also* [2]gùshì
gùshī 故失 V./N. improper verdict; miscarriage of justice
gùshí 固/故实[-實] N. <wr.> ① historical facts/anecdotes (esp. as holding moral lessons) ② incident in former times
[1]**gùshì** 故世 V.O. die; pass away
[2]**gùshì** 故事 N. old practice; routine *See also* gùshi

gǔshíhou(r) 古时候(儿)[-時--] N. ancient times
gùshihuà 故事画[-畫] N. <art> scenes from novels/plays/etc. M: [10]fú/[1]zhāng
gùshihuì 故事会 N. storytelling session M: ge/[3]cháng/[1]cì
gùshipiān(r)* 故事片(儿) N. <coll.> feature film M: ge/[2]bù
gùshipiàn 故事片 *See* gùshipiān
gùshishī 故事诗 N. epic poem M: [2]shǒu/[1]piān
gùshishū 故事书[-書] N. storybook M: [1]běn/[2]bù/[4]cè
gǔshìxǐ 鼓式洗 N. <pottery> drum-shaped bowl
gùshixìng 故事性 ATTR. story-like
gūshòu 沽售 V. buy and sell
gǔshǒu 鼓手 N. drummer
gùshǒu* 固守 V. defend tenaciously; be firmly entrenched in
gùshǒu chéngfǎ 固守成法 V.O. ① adhere stubbornly to statute law ② stick to an old way
gùshǒu chéngguī 固守成规 V.O. stick to old rules
gǔshòurúchái 骨瘦如柴 F.E. bag of bones; emaciated
gǔshòuxíngxiāo 骨瘦形销 F.E. become greatly emaciated
[1]**gǔshū*** 古书[-書] N. ancient books M: [1]běn/[2]bù/[4]cè
[2]**gǔshū** 鼓书[-書] N. versified story sung to accompaniment of musical instruments
[1]**gǔshù** 贾竖[-豎] N. <derog.> businessmen; merchants; traders
[2]**gǔshù** 古钵 N. ancient seal M: [1]fāng
gùshū 故书[-書] N. old compositions; ancient books/writings M: [1]běn/[2]bù/[4]cè
gūshuāng 孤孀 N. widow M: ge/[2]wèi
gǔshūdiàn 古书店[-書-] P.W. bookstore for ancient books M: ge/[1]jia/[4]zuò
gūshuì 估税 N. sales tax
gūshuìyuán 估税员 N. sales-tax collector M: ge/[1]míng/[2]wèi
gǔshuō* 瞽说 N. <wr.> ① shallow and unreasonable talk; wild speech ② absurdities; foolish gossip M: [1]zhǒng
gùshuò 告朔 N. <hist.> ① distribution of the calendar of the coming year by the Zhou king to the feudal states ② ritual conducted on the first day of a year by the ruler of a feudal state
gùshuòxìyáng 告朔饩羊[--餼-] ID. do something perfunctorily
gūsuàn 估算 V. calculate roughly
gǔsuǐ* 骨髓 N. <phys.> marrow
gǔsuì(r/zi) 谷穗(儿/子)[穀-] N. ear of millet
gǔsuǐ yán 骨髓炎 N. <med.> osteomyelitis
gūsǔn 估损 N. assessment of loss; appraisal of damage
gùsuǒ 故所 P.W. old place M: ge/[4]zuò
[1]**gùtài** 固态[-態] N. <phy.> solid state
[2]**gùtài** 故态[-態] N. ① one's former attitude ② one's usual attitude
gùtàifùméng 故态复萌[-態復-] F.E. slip back into one's old ways
gūtàitai 姑太太 N. ① grandfather's sister (of upper-class family) ② <trad.> term used by young people when addressing an old man's wife M: ge/[2]wèi
gùtài wùlǐxué 固态物理学[-態---] N. <phy.> solid-state physics
gǔtǎjiāo 古塔胶[-膠] N. <chem.> gutta-percha
gǔtàn 骨炭 N. bone black; animal charcoal
gūtè 孤特 S.V. ① isolated ② unaided
gǔtí 鹘鹈 N. wild duck M: ge/[2]zhī
gǔtǐ 古体[-體] N. old style ♦ATTR. <lg.> classical
gùtǐ* 固体[-體] N. solid
gǔtián 谷田[穀-] N. rice fields M: [2]kuài/[1]piàn
gǔtǐ de 古体的[-體-] ATTR. <lg.> classical
gùtǐ fèiwù 固体废物[-體廢-] N. solid waste M: duī
gùtǐ lìxué 固体力学[-體--] N. <phy.> solid mechanics
gùtǐ ránliào 固体燃料[-體--] N. solid fuel

gǔtǐshī 古体诗[-體-] N. a form of pre-Tang poetry usually having five/seven characters per line M: [2]shǒu
gùtǐ shuǐkù 固体水库[-體--] N. frozen rivers
gùtǐ yǐnliào 固体饮料[-體--] N. instant drink
gǔtǐzì 古体字[-體-] N. <lg.> ancient style character
gūtǒng 箍桶 N. hooped barrel M: ge/[2]zhī ♦V.O. hand-make a (wooden) barrel
gǔtóng* 古铜 N. bronze
gūtǒng diàn 箍桶店 P.W. coopery M: ge/[4]zuò/[1]jiā
gūtǒngjiàng 箍桶匠 N. cooper; hooper M: ge/[1]míng
gǔtóngsè 古铜色 N. bronze color
gǔtou 骨头 N. ① bone M: [2]kuài ② strong character ③ person of a certain character
gǔtóufèngr 骨头缝儿 N. space at the joint of two bones M: [2]dào
gǔtou jiàzi 骨头架子 N. <coll.> ① physique; build; frame M: [1]fù ② skinny/scrawny person; a mere skeleton ③ skeleton
gǔtoujiér 骨头节儿[--節-] N. <topo.> joint
gǔtou lǐ zhàyóu 骨头里榨油[--裡--] ID. get sth. out of nothing
gǔtou qīng 骨头轻[--輕] <coll.> V.P. be frivolous (of manner)
gǔtou yìng 骨头硬 V.P. dauntless/unyielding person
gùtǔ 故土 N. ① native land ② country in which one has lived a long time M: [2]kuài
gùtǔnányí 故土难移[--難-] F.E. hard to leave one's homeland
gǔwān 谷湾[-灣] N. drowned/submerged valleys
gǔwán* 古玩 N. antique; curio
gūwáng* 孤王 PR. <trad.> I, your humble prince
gùwáng 梏亡 V. be fettered in mind by greed
gǔwǎngjīnlái 古往今来 F.E. through the ages; of all ages
gūwàngtīngzhī 姑妄听之[--聽-] F.E. see no harm in hearing what sb. has to say
gūwàngyánzhī 姑妄言之 F.E. tell sb. sth. for what it's worth
gǔwánpù 古玩铺 P.W. antique store M: ge/[4]zuò
gùwéi 故违[-違] V. disobey; violate knowingly
gùwěihuì 顾委会[顧-] N. consultative/advisory committee
gǔwéijīnyòng 古为今用 F.E. make the past serve the present
gǔwén 古文 N. ① classical Chinese prose ② pre-Qin script M: [1]piān
gùwèn* 顾问[顧-] N. adviser; consultant M: ge/[1]míng/[2]wèi
gǔwén jīngxué 古文经学[--經-] N. classical learning based on earlier texts
gùwènquán 顾问权[顧-權] N. the right to give advice
gǔwénshūxué 古文书学[--書-] N. paleography
gǔwéntǐ 古文体[-體] N. classical style of writing; classical literary form M: [1]zhǒng
gùwèntuán 顾问团[顧-團] P.W. consultative/advisory group
gùwèn wěiyuánhuì 顾问委员会[顧-] P.W. consultative/advisory committee
gǔwénwù 古文物 N. antique M: [2]jiàn
gǔwénzì 古文字 N. ancient (pre-Qin) script
gǔwénzìxué 古文字学 N. paleography
gùwǒ 故我 PR. my old/former self
gǔwǔ* 鼓舞 V. ① inspire; hearten ② dance for joy; rejoice
[1]**gǔwù** 古物 N. ancient objects; antiquities M: [2]jiàn/[1]pī
[2]**gǔwù** 谷物[穀-] N. cereal; grain
gùwú 故吾 PR. my former self
gǔwù chénlièguǎn 古物陈列馆 P.W. museum of antiquities M: ge/[4]zuò
gǔwǔ dòuzhì 鼓舞斗志[-鬥-] V.O. inspire/stimulate the fighting spirit
gǔwǔ rénxīn 鼓舞人心 V.O. inspire/hearten/gladden the people's hearts

gǔwǔ shìqì 鼓舞士气[-氣] V.O. enhance troop morale
gǔwǔ zuòyòng 鼓舞作用 N. influence
gūxī 姑息 V. appease; indulge; tolerate; be over-lenient toward
[1]**gǔxī*** 股息 N. stock dividend M: [1]*fèn*
[2]**gǔxī** 古稀 N. <*wr.*> seventy years of age
[3]**gǔxī** 古昔 N. <*wr.*> ancient times
gùxī 顾惜[顧-] V. take loving care of; treasure
gùxí 痼/固习[-習] N. inveterate habit
gǔxià 毂下[轂-] N. <*wr.*> capital (of the empire)
gǔxiān 古先 N. once upon a time; in earlier times
gǔxiàn* 股线 N. <*txtl.*> plied yarn M: *tuán*
gǔxiàng 骨相 N. configuration
gùxiāng* 故乡[-鄉] N. native place; hometown; birth place
gǔxiāngduàn 古香缎 N. Suzhou brocade M: [2]*kuài*/[1]*pǐ*
gùxiāng fēngwèi 故乡风味[-鄉--] N. native delicacy
gǔxiàng xué 骨相学 N. phrenology
gùxiào 顾笑[顧-] V. turn one's head and smile
gùxiǎoshīdà 顾小失大[顧-] F.E. neglect the large problem for petty considerations
gǔ Xīlà 古希腊[-臘] P.W. ancient Greece
gūxī liáofǎ 姑息疗法[--療-] N. <*med.*> palliative treatment
gūxíng* 孤行 V. act on one's own
gǔxíng 鼓行 V. <*mil.*> sound the advance
gùxíng dānwèi 固形单位 N. <*lg.*> grapheme
gūxíngjǐjiàn 孤行己见 F.E. carry out one's own ideas (regardless of opinions of others)
Gǔxīnshì 古新世 N. <*geol.*> Paleocene Epoch
gūxīqiānjiù 姑息迁就[--遷-] F.E. indulge sb. in his whims
gǔxiǔ* 古朽 S.V. old and decadent
gǔxiù 骨秀 V.P. structurally elegant
gùxiù 顾绣[顧繡] N. exquisite embroidery
gūxīyǎngjiān 姑息养奸[--養-] F.E. ①Tolerating evil abets it. ② appease
gūxīzhǔyìzhě 姑息主义者[---義-] N. appeaser M: *ge*/[2]*wèi*
gùxū 故墟 N. historic remains; ruins M: [2]*duī*
gùxù* 顾恤[顧-] V. care for; sympathize with
[1]**gǔxué** 骨学 N. <*med.*> osteology
[2]**gǔxué** 古学 N. ancient learning
gǔxuè(r)* 骨血(儿) N. ① flesh and blood; kindred ② one's offspring
[1]**gǔxùn** 古训 N. ancient maxims/precepts M: [1]*duàn*/[1]*jù*/[1]*tiáo*
[2]**gǔxùn** 诂训 V. <*wr.*> explain the classics in everyday language
gǔyǎ 古雅 S.V. of classic elegance/taste
gūyàn 孤雁 N. solitary wild goose M: *ge*/[2]*zhī*
[1]**gǔyán** 骨炎 N. <*med.*> osteitis
[2]**gǔyán** 瞽言 N. <*wr.*> shallow and unreasonable talk; wild talk M: [1]*jù*/[1]*piān*
[1]**gǔyàn*** 古砚 N. antique ink slab M: [1]*tái*
[2]**gǔyàn** 古谚 N. ancient proverbs/quotations M: [1]*jù*
gǔyáng 骨疡[-瘍] N. <*med.*> bone ulcer; caries
gǔyǎnjing 鼓眼睛 N. protruding eyes M: [1]*duì*/[1]*shuāng*/[2]*zhī*
gù yánmiàn 顾颜面[顧-] V.O. take one's face into consideration
gūye 姑爷[-爺] N. <*coll.*> address for a man by his wife's family; son-in-law M: *ge*/[2]*wèi*
gǔyějīnshù 古冶金术[-術] N. alchemy
gǔyěniú 古野牛 N. <*zoo.*> bison M: [1]*tóu*
gūyéye 姑爷爷[-爺爺] N. paternal grandaunt's husband M: *ge*/[2]*wèi*
[1]**gǔyì** 古意 N. ancient style and taste
[2]**gǔyì** 鼓翼 V.O. flap the wings
[3]**gǔyì** 瞽议[-議] N. <*wr.*> wild talk; groundless statements; foolish discussions
gùyi 估衣 N. ① secondhand clothes ② clothes badly tailored and of poor material M: [2]*jiàn*/[1]*shēn*
gùyì* 故意 ADV. intentionally; willfully ***Wǒ bù shì ~ de.*** I didn't do it on purpose.
gùyì de wéibèi 故意的违背[---違-] N. <*lg.*> intentional violation
gùyì fànguī 故意犯规 V.P. <*sport*> deliberately foul sb.
gùyì liúnàn 故意留难[-難] V.P. make difficulties for
gǔyīn 古音 N. ① classical-speech sounds/pronunciation ② Zhou-Qin pronunciation of Chinese
gǔyǐn 谷饮 V.P. live like a hermit
gǔyìn* 古印 N. ancient seal M: *ge*/[1]*fāng*
gùyǐng 顾影[顧-] V.O. have a high opinion of oneself ♦N. narcissism
gùyìng* 固应[-應] AUX. surely must
gǔ Yīngyǔ 古英语 N. <*lg.*> old English
gùyǐngzìlián 顾影自怜[顧-憐] F.E. ① be self-pitying ② look at one's reflection and admire oneself
gùyīpù 估衣铺 P.W. used clothes store M: *ge*/[1]*jiā*
gǔyǐyǒuzhī 古已有之 F.E. have existed since ancient times
gǔyǒng 贾勇 N. <*wr.*> extra courage (to spare)
gùyong 故拥[-擁] V. crawl; worm; snake
gùyōng 雇佣[-傭] V. employ; hire ♦N. salary
gùyòng* 雇用 V. employ; hire
gùyōng bīngyìzhì 雇佣兵役制[-傭---] N. mercenary system
gùyōng guāndiǎn 雇佣观点[-傭觀點] N. attitude of doing no more than one is paid for
gùyōng guānxi 雇佣关系[-傭關係] N. relationship between employers and employees
gùyōngjūn 雇佣军[-傭-] N. mercenary army/troops M: [4]*zhī*
gùyōng láodòng 雇佣劳动[-傭勞動] N. wage labor
gùyōng láodòngzhě 雇佣劳动者[-傭勞動-] N. wage laborer M: *ge*/[1]*míng*/[2]*wèi*
gùyōng núlì 雇佣奴隶[-傭-隸] N. wage slave M: *ge*/[1]*míng*/[2]*wèi*
gùyòngrén 雇用人 N. hirer M: *ge*/[1]*míng*
[1]**gùyǒu** 固有 ATTR. ① intrinsic; inherent; innate ② <*lg.*> ⓐproper ⓑcharacteristic ⓒhistorical
[2]**gùyǒu** 故友 N. deceased friend M: *ge*/[1]*míng*/[2]*wèi*
gùyǒu cíhuì 固有词汇[-彙] N. <*lg.*> vernacular word
gùyǒu de shěngyīn 固有的省音 N. <*lg.*> historical elision
gùyǒu de tónghuàyīn 固有的同化音 N. <*lg.*> historical assimilation
gùyǒu géwèi 固有格位 N. <*lg.*> inherent case
gùyǒu míngcí 固有名词 N. <*lg.*> proper name; proper noun
gùyǒu wénhuà 固有文化 N. traditional culture (of a nation)
gùyǒu yīnsè 固有音色 N. <*lg.*> characteristic timbre
gǔyú 贾余 N. <*wr.*> courage to spare
gǔyǔ 古语 N. ①archaism ②old saying ③ancient language M: [1]*jù*
Gǔyǔ* 谷雨[穀-] N. Grain Rain (6th solar term)
gùyǔ 故宇 N. <*wr.*> one's former residence M: *ge*/[4]*zuò*
[1]**gǔyuán** 古猿 N. paleolithic ape; paleopithecus
[2]**gǔyuán** 股员 N. junior office clerk M: *ge*/[1]*míng*/[2]*wèi*
gǔyuǎn 古远[-遠] S.V. ancient
gǔyuàn 贾怨 V.O. invite resentment
[1]**gùyuán*** 雇员 N. employee M: *ge*/[1]*míng*/[2]*wèi*
[2]**gùyuán** 故园[-園] P.W. native place; hometown M: *ge*/[4]*zuò*
gūyuè 辜月 N. <*wr.*> eleventh month of the lunar year
[1]**gǔyuè*** 鼓乐[-樂] N. music accompanied by drumbeats ♦V.O. <*trad.*> have music
[2]**gǔyuè** 古乐[-樂] N. ①ancient music ②Chinese classical music ③ a piece of refined music M: [1]*duàn*/[3]*qǔ*
gǔyuèxuāntiān 鼓乐喧天[-樂--] F.E. loud music fills the air
gǔyùn 古韵[-韻] N. <*lg.*> archaic rhyme
gǔyùnxué 古韵学[-韻-] N. <*lg.*> archaic phonology
gūyúnyěhè 孤云野鹤[-雲--] ID. carefreeness of a hermit's life
gǔzào 鼓噪 V. make an uproar; raise a rumpus; kick up a fuss
gùzhái 故宅 N. former residence M: *ge*/[4]*zuò*
gùzhān 顾瞻[顧-] V. <*wr.*> look back
gǔzhàn'érlì 股战而栗[-戰--] F.E. tremble with fear
gūzhāng 姑嫜 N. parents of one's husband
gūzhàng 姑丈 N. husband of one's father's sister; uncle M: *ge*/[1]*míng*/[2]*wèi*
[1]**gǔzhǎng** 鼓掌 V.O. clap one's hands; applaud
[2]**gǔzhǎng** 股长 N. section chief M: *ge*/[1]*míng*/[2]*wèi*
gǔzhàng 鼓胀 N. distention of the abdomen; tympanites
gùzhàng* 故障 N. hitch; breakdown; stoppage
gūzhǎngnánmíng 孤掌难鸣[--難-] F.E. It's difficult to achieve anything without support.
gǔzhé* 骨折 V.P. <*med.*> fracture
gǔzhě 瞽者 N. the blind; a blind person M: *ge*/[1]*míng*/[2]*wèi*
gùzhé 故辙 N. old ways/truths M: [1]*tiáo*
gūzhèng 孤证[-證] N. solitary evidence
[1]**gǔzhēng*** 古筝[-箏] N. 21- or 25-stringed plucked instrument similar to the zither M: [1]*bǎ*
[2]**gǔzhēng** 骨蒸 N. <*Ch. med.*> steaming bones
gǔzhēngcháorè 骨蒸潮热[-熱] F.E. <*Ch. med.*> hectic fever
gǔzhe sāibāngzi 鼓着腮梆子[-著---] V.P. <*coll.*> puff out the cheeks ~ ***chōngpàngzi*** put on airs; act big
gǔzhí 骨直 S.V. firm; rigid; inflexible
gǔzhì 骨质[-質] N. <*med.*> osseous tissue
gùzhi* 固执[-執] S.V. obstinate; stubborn ***See also*** *gùzhí*
[1]**gùzhī** 故知 N. <*wr.*> close/old friend M: *ge*/[1]*míng*/[2]*wèi*
[2]**gùzhī** 梏之 V.O. fetter; tie up
gùzhí 固执[-執] S.V. persist in; cling to ***See also*** *gùzhi*
gùzhǐ 故址 N. old site/location M: *ge*/*chù*
[1]**gùzhì** 梏桎 N. shackles
[2]**gùzhì** 故智 N. old scheme; repeatedly used trick
gūzhìbùlùn 姑置不论 F.E. temporarily shelve a less serious issue (to consider a possibly worse one first)
gùzhǐduī 故纸堆 N. heap of musty old books/papers
gǔzhīféngr 骨殖逢儿 N. <*topo.*> the joints of the body
gùzhíjǐjiàn 固执己见[-執--] F.E. stubbornly adhere to one's opinions
gǔzhìpǐn 骨制品[-製-] N. bone ware M: [2]*jiàn*
gùzhírúlǘ 固执如驴[-執-驢] F.E. be as stubborn as a donkey
gūzhìwùlùn 姑置勿论 F.E. shelve a proposal for the moment
gǔzhíwùxué 古植物学 N. paleobotany
gùzhǐzhījiān 顾指之间[顧-] N. ①in a twinkling ② instantly
[1]**gǔzhǒng** 谷种[穀種] N. ①seed grain ② grain type ③ seed rice ④ rice type
[2]**gǔzhǒng** 古冢 N. ancient graves/mounds M: *ge*/[4]*zuò*
gūzhōngliàngjié 孤忠亮节[-節] F.E. unparalleled loyalty and exemplary fidelity
gǔzhǒngliú 骨肿瘤[-腫-] N. <*med.*> bone tumor
gǔzhōu 鹘鸼 N. a kind of pigeon M: *ge*/[2]*zhī*
gūzhù 孤注 ***See*** *gūzhùyìzhì*
gǔzhù 鼓铸[-鑄] V. smelt
[1]**gùzhǔ*** 雇主 N. employer M: *ge*/[1]*míng*/[2]*wèi*
[2]**gùzhǔ** 顾主[顧-] N. customer; client; patron M: *ge*/[1]*míng*/[2]*wèi*
[3]**gùzhǔ** 故主 N. late/former king/master M: *ge*/[1]*míng*/[2]*wèi*
gǔzhuāng 古装[-裝] N. ancient costume M: [2]*jiàn*
gǔzhuāngxì 古装戏[-裝戲] N. ① traditional opera ② costume play M: [1]*chū*/[1]*tái*

gūzhǔn 姑准[-準] V. permit reluctantly/temporarily
gǔzhuō 古拙 V.P. simple and lacking decoration
Gù Zhùtóng 顾祝同[顧-] (1893–1987) N. KMT military leader
gūzhùyīzhì 孤注一掷[-擲] F.E. ① put all one's eggs in one basket ② stake everything on this attempt/move
[1]**gūzi** 姑子 N. <topo.> nun M: ge/[1]míng/[2]wèi
[2]**gūzi** 箍子 N. <topo.> finger ring M: ge/[1]duì/[1]fù
gūzǐ 孤子 N. ① orphan ② a son bereaved of his father M: ge/[1]míng/[2]wèi
[1]**gǔzi*** 谷子[穀-] N. ① millet ② <topo.> unhusked rice
[2]**gǔzi** 股子 N. share ♦M. *for strands/bundles/etc.*
[3]**gǔzi** 蛊子 N. a kind of deep pot
[4]**gǔzi** 骨子 N. ① frame; ribs ② <coll.> heart of a matter; nature of a person/thing/situation/etc.
[5]**gǔzi** 鹄子 N. <wr.> target; bull's-eye
gǔzī 股资 N. stock capital M: [1]fèn
gǔzì 古字 N. ancient writing; old form of characters
gùzi 梏子 N. handcuffs M: [1]duì/[1]fù
gūzi'ān 姑子庵 P.W. Buddhist nunnery M: ge/[4]zuò
gǔzi báifàbìng 谷子白发病[穀--髮-] N. <agr.> downy mildew of millet
gǔzicí 鼓子词 N. <hist.> drum lyric
gǔzilǐ 骨子里[-裡] N. ① in one's heart of hearts ② between private individuals
gǔzi lǐtou 骨子里头[--裡-] *See gǔzilǐ*
gùzòng 故纵[-縱] V. ① go beyond restrictions intentionally ② <law> allow the escape of sb. under one's guard
gǔzū 谷租[穀-] N. land rent paid in grain M: [1]fèn
gǔzú* 鼓足 R.V. be keyed up
gǔzúgànjìn 鼓足干劲[-幹勁] F.E. go all out; exert the utmost effort
gūzuǐ 箍嘴 V.O. muzzle
gǔzuǐnòngshé 鼓嘴弄舌 F.E. wag one's tongue
gùzuò 故作 V. feign; make a show of ~ *jīngyà* feign surprise
gùzuòbùzhī 故作不知 F.E. play dumb; pretend ignorance
gùzuògāoshēn 故作高深 F.E. pretend to be learned and profound
gùzuòkuángyáng 故作狂佯 F.E. struggle and gesticulate wildly
gùzuòshénmì 故作神秘 F.E. make a mystery of sth.
gùzuò xuánxū 故作玄虚[-虛] *See gùzuòshénmì*
gù zuǒyòu ér yán tā 顾左右而言他[顧-] F.E. ① fudge a question ② steer clear of the crucial point ③ change the subject
gùzuò zītài 故作姿态[-態] V.O. strike a pose; put on airs
gǔzú yǒngqì 鼓足勇气[-氣] V.O. call up all one's courage
gǔzǔzhī 骨组织[-織] N. <med.> bone tissue

H

[1]hā* 哈 V. ① exhale ② <wr.> sip ③ stoop ♦INTJ. *expressing satisfaction* aha! ♦ON. sound of laughter; haha *See also hǎ, hà*
[2]hā 铪[鉿] N. <chem.> hafnium
[1]há 蛤 in *háma, yǔhá See also* [10]*gé*
[2]há 虾[蝦] in *háma See also* [2]*xiā*
hǎ 哈 in *hǎbā, dàmáhǎyú, āihǎ* ♦N. Surname *See also* [1]*hā, hà*
hà 哈 in *hàsa, hàshimǎ See also* [1]*hā, hǎ*
hǎbā 哈巴 N. <coll.> Pekinese dog
hǎbagǒu 哈巴狗 N. ① Pekinese dog ② toady M: *ge/*[2]*zhī/*[1]*tiáo*
Hābāluófūsīkè 哈巴罗夫斯克[--羅---] P.W. Khabarovsk
hǎbatuǐr 哈巴腿儿 N. <topo.> bandy legs
hāchi 哈哧 N. <topo.> yawning
hǎdá 哈达[-達] N. ① <loan> khatagh; cloth accompanying gifts among Mongols/Tibetans ② <Budd.> ceremonial silk scarf M: [1]*tiáo*
hādòng 哈冻 V.O. <coll.> blow warm air from the mouth to warm one's hands
Hā'ěrbīn 哈尔滨[-濱] P.W. Harbin
Hā'ěrbīn Gōngyè Dàxué 哈尔滨工业大学[--濱-業--] P.W. Harbin Industrial University
Hāfó 哈佛 P.W. Harvard
Hāfó Dàxué 哈佛大学 P.W. Harvard University
Hā-Gōng-Dà 哈工大 AB. *Hā'ěrbīn Gōngyè Dàxué*
hāhā 哈哈 ON. haha
hāhādàxiào 哈哈大笑 V.P. roar with laughter
hāhājìng 哈哈镜 N. distorting mirror M: *ge/*[1]*miàn*
hāhār 哈哈儿 N. <topo.> a ridiculous thing; a laughing matter
[1]hāi 咳 INTJ. *of sorrow/surprise/etc. See also* [2]*ké*
[2]hāi 嗨 INTJ. Heave ho!
[1]hái* 还[還] ADV. ① still; yet ② even/still more ③ also; too; as well; in addition; besides ④ passably; fairly ⑤ even ♦CONS. *zhè/nà ~ yòng v.* Is it necessary to v.? *Nà ~ yòng shuō.* That goes without saying. *See also* [1]*huán*
[2]hái 孩 B.F. child *háizi*
[3]hái 骸 B.F. bones of the body; skeleton *háigǔ*
[1]hǎi 海 N. ① sea ② big lake ♦B.F. ① huge group of people/things *rénshānrénhǎi* ② great capacity *hǎiliàng* ♦N. Surname ♦ATTR. <coll.> plenty; extremely large ♦V. magnify; balloon *Tā de* [2]*qián ~le qùle.* He's made a pile of money.
[2]hǎi 醢 B.F. meat/fish chopped/ground into sauce *xīhǎi, zūhǎi*
[3]hǎi 胲 N. <chem.> hydroxylamine
[1]hài 害 V. ① harm; injure; cause trouble ② kill ③ contract an illness ♦N. disaster; harm; evil ♦B.F. harmful *hàichu, yùhài*
[2]hài 嗐 INTJ. *expressing sorrow/regret*
[3]hài 氦 N. helium
[4]hài 亥 N. the last of the 12 Earthly Branches
[5]hài 骇[駭] B.F. astonished; shocked *jīnghài*
hǎi'àn 海岸 N. seacoast; seashore
hǎi'àn fángyù 海岸防御[-禦] N. coastal defense
hǎi'àn pàobīng 海岸炮兵 N. coastal artillery
hǎi'àn píngyuán 海岸平原 N. coastal plain
hǎi'ànxiàn 海岸线 N. coastline M: [1]*tiáo*
hǎibá 海拔 N. elevation; height above sea level
hǎibǎihé 海百合 N. <zoo.> sea lily; crinoid M: [2]*duǒ*
hài bǎirìké 害百日咳 V.O. <Ch. med.> be ill with whooping cough
hǎibāng 海邦 N. maritime nation
háibào 孩抱 N. pre-walking infancy
[1]hǎibào(r)* 海报(儿)[-報-] N. playbill; poster M: [1]*fèn/*[1]*zhāng*
[2]hǎibào 海豹 N. <zoo.> seal M: *ge/*[2]*zhī*
hǎibèi 海贝 N. seashell
hǎiběitiānnán 海北天南 F.E. far away
hǎibǐ 海笔[-筆] N. <bot.> *Pennatula*
hǎibiān(r) 海边(儿)[-邊-] P.W. seaside; seafront
hǎibiǎo 海表 N. overseas lands
hǎibīn 海滨[-濱] P.W. seashore; seaside
hǎibīn biéshù 海滨别墅[-濱--] P.W. beach house M: [4]*zuò*
hàibìng 害病 V.O. contract an illness; fall sick
hǎibīn lǚshè 海滨旅社[-濱--] P.W. seaside hotel M: *ge/*[1]*jiā/*[1]*suǒ/*[4]*zuò*
hǎibō* 海波 N. ① sea waves ② <chem.> hypo
hǎibó 海舶 N. seagoing ship M: [1]*sōu*
hǎibǔ 海捕 V. <trad.> order an arrest by a circular order
hái bùcuò 还不错[還-] V.P. not bad; passable; SO-SO
hái bùgòu 还不够[還-夠] V.P. not enough yet; still not enough
hàibuliǎo 害不了 R.V. be unable to harm
hái bùrú 还不如[還-] V.P. not as good as
hǎibùyángbō 海不扬波[--揚-] ID. peace in the country
hǎicài 海菜 N. edible seaweed M: [1]*zhǒng*
hǎicǎo 海草 N. seaweed M: [2]*gēn/*[1]*piàn*
hǎichà 海岔 N. bluster; boasting
hǎichǎn 海产[-產] N. marine products M: [1]*zhǒng*
hǎichānglán 海昌蓝[-藍] N. <txtl.> hydron blue
hǎichǎnwù 海产物[-產-] N. sea products
hǎicháo 海潮 N. (sea) tide M: [1]*cì*
hǎicháoyīn 海潮音 N. Buddhist preaching
hàichàwúsì 骇诧无似 F.E. be utterly amazed
hǎichéng 海程 N. ① sea voyage ② distance traveled by sea M: [1]*duàn*
hàichóng 害虫[-蟲] N. destructive insect; pest M: [2]*zhī*
hàichu* 害处[-處] N. harm
hàichù 害畜 N. harmful/destructive animal M: *ge/*[1]*tóu/*[2]*zhī*
hǎichuán 海船 N. seagoing vessel M: [1]*sōu/*[2]*zhī*
hǎichuáng 海床 N. seabed
hǎicuò 海错 N. sea delicacies
hǎicuòmánzhēn 海错蛮珍[--蠻-] F.E. rare and delicate food
hǎidài 海带[-帶] N. kelp M: [2]*gēn*
hǎidàicài 海带菜[-帶-] N. kelp M: [2]*gēn/*[1]*pán*
hǎidǎn 海胆[-膽] N. <zoo.> sea urchin
hǎidǎo 海岛[-島] N. island (in the sea) M: *ge/*[4]*zuò*
[1]hǎidào* 海盗[-盜] N. pirate M: *ge/*[1]*míng/*[2]*wèi*
[2]hǎidào 海道 N. marine route/course M: [1]*tiáo*
hǎidàochuán 海盗船[-盜-] N. pirate ship; sea rover M: [1]*sōu/*[1]*tiáo/*[2]*zhī*
hǎidǎoxíng 海岛型[-島-] N. shape of an island
hǎidēng 海灯[-燈] N. <zoo.> tiny phosphorescent sea animal M: [1]*zhǎn*
hǎidī 海堤 N. seawall M: [1]*duàn/*[1]*tiáo*
hǎidí 海笛 N. small trumpet-like wind instrument M: *ge/* [2]*zhī*
hǎidǐ* 海底 N. seabed; seafloor
Hǎidì 海地 P.W. Haiti
hǎidiào 海钓 N. offshore angling
hǎidǐ cǎikuàng 海底采矿[-礦] N. undersea/offshore mining
hǎidǐ diànbào 海底电报[-電報] N. submarine telegraph M: [1]*fèn/*[2]*fēng*
hǎidǐ diànlǎn 海底电缆[-電纜] N. submarine cable M: [1]*tiáo*
hǎidǐ diànxiàn 海底电线[-電-] N. submarine cable
Hǎidí jīngshén 海迪精神 N. <PRC> the spirit of Zhang Haidi of overcoming physical handicaps
hǎidǐlāoyuè 海底捞月[--撈-] ID. strive for the impossible/illusory
hǎidǐlāozhēn 海底捞针[--撈-] ID. look for a needle in a haystack
hǎidǐshān 海底山 P.W. seamount M: *ge/*[4]*zuò*
hǎidǐ shuǐléi 海底水雷 N. ground mine/torpedo
hǎidǐ yóutián 海底油田 N. offshore oilfield M: [1]*piàn*
hǎidǐ zuāntàn 海底钻探[--鑽-] N. offshore drilling
háiduō 还多[還-] V.P. ① still many/much left ② even more than
hàiduōlìshǎo 害多利少 F.E. (do) more harm than good
hài dùzi 害肚子 V.O. <topo.> have loose bowels
hài'è 骇愕 V.P. be amazed/flabbergasted
hái'ér 孩儿 N. ① child; son; daughter ② infant; baby's self-reference in speaking to parents
hái'érbīng 孩儿兵 N. ① children attached to the military (as orderlies/etc.) ② children playing soldier M: *ge/*[1]*míng*
hái'érchá 孩儿茶 N. pill/pastille used to sweeten the breath
hái'érjiànshi 孩儿见识[-識] F.E. limited experience (like a child's)
hái'érshēn 孩儿参[-參] N. <Ch. med.> Caryophyllaceous ginseng M: [2]*kē/*[2]*zhī*
hǎifǎ 海法 N. maritime law
hǎifáng 海防 V./N. coastal defense ♦P.W. Haiphong (city in Vietnam)
hǎifánggǎng 海防港 P.W. coastal-defense port
hǎifángjiàn 海防舰[-艦] N. coast guard M: [1]*sōu/*[2]*zhī*
hǎifángtǐng 海防艇 N. coastal defense boat M: [1]*sōu*
hǎifángxiàn 海防线 N. coastal defense line M: [2]*dào/*[1]*tiáo*
[1]hǎifēng 海风 N. sea breeze/wind M: [1]*zhèn*
[2]hǎifēng 海峰 N. seamount
hǎigǎng 海港 P.W. seaport; harbor M: [4]*zuò*
háigé 骸骼 N. dry bones
hǎigōu 海沟[-溝] N. (oceanic) trench M: [2]*dào/*[1]*tiáo*
hǎigǒu* 海狗 N. <zoo.> fur seal M: [2]*zhī*
hǎigǒubiān 海狗鞭 N. seal penis (as food) M: [1]*tiáo*
háigǔ 骸骨 N. human bones; skeleton M: *duī*
hǎiguài* 海怪 N. sea monster M: [2]*zhī*
hàiguài 骇怪 V.P. shocked; astonished
hǎiguān 海关[-關] P.W. customhouse; customs M: [2]*dào*
hǎiguān jiǎnchá 海关检查[-關--] N. customs inspection M: [3]*xiàng*
hǎiguān jiǎnyì 海关检疫[-關--] N. customs quarantine control
hǎiguān shǒuxù 海关手续[-關-續] N. customs formalities M: *tào*
hǎiguānshǔ 海关署[-關-] P.W. <TW> customs office
hǎiguān shuìzé 海关税则[-關--] N. customs tariff M: [1]*tiáo/*[3]*xiàng*

hǎiguāzi 海瓜子 N. <topo.> small clam
hǎiguī 海龟[-龜] N. green/sea turtle M: ge/[2]zhī
hǎiguó 海国[-國] P.W. maritime country
hàiguóyāngmín 害国殃民[-國--] F.E. harm the country and the people
hài háizi 害孩子 V.O. <topo.> have morning sickness
hǎihán* 海涵 V. <court.> forgive/tolerate shortcomings ♦N. magnanimity
hàihàn 骇汗 V.O. sweat from fear
hǎiháng 海航 N. maritime aviation M: [1]cì
hǎihānké 海蚶壳[-殼] N. <zoo.> marine shell M: ge/[2]zhī
hái hǎo 还好[還-] V.P. ① not bad; passable ② fortunately
háihǔ 孩虎 N. young tiger M: ge/[2]zhī
hǎihǔ* 海虎 N. <zoo.> sea otter M: ge/[2]zhī
hǎihuà 海话 N. boasts; exaggerations; bragging M: [1]jù
hǎihuāshí 海花石 N. <zoo.> coral M: [2]kuài
hǎihúnshān 海魂衫 N. sailor's striped shirt M: [2]jiàn
hǎihuò 海货 N. marine products M: [1]pī
hǎijǐ* 海脊 N. submarine ridge M: [2]dào/[1]tiáo
hǎijì 海鲫 N. <zoo.> Japanese seaperch M: tiáo
hǎijiǎ 海岬 N. cape; promontory
hǎijiān 海监[-監] N. maritime patrol M: ge/[1]míng/[2]wèi
hǎijiāng 海疆 N. coastal areas and territorial seas
hǎijiāo 海椒 N. <topo.> hot pepper; chili M: [2]kē
hǎijiǎo* 海角 N. cape; promontory
hǎijiào 海徼 N. remote coastal regions
hǎijiǎotiānyá 海角天涯 F.E. the back of beyond
hàijǐgàozhōng 害己告终 F.E. end up by destroying/ruining oneself
Hǎijīhuì 海基会 P.W. Straits Exchange Foundation (TW)
hǎijìn 海禁 N./V. ① ban on maritime intercourse with foreign countries ② embargo
hǎijìndàkāi 海禁大开[-開] F.E. open the country to foreign trade
hǎijǐng* 海景 N. seascape
hǎijìng 海镜 N. <zoo.> a kind of flat shellfish
hǎijiū 海鸠 N. <zoo.> guillemot M: ge/[2]zhī
hǎijiù* 海鹫 N. <zoo.> sea eagle M: ge/[2]zhī
[1]**hàijù** 骇惧[-懼] V. be frightened/terrified
[2]**hǎijù** 海遽 N. magnanimity
hǎijūn 海军 P.W. navy M: [4]zhī
hǎijūnbù 海军部 P.W. admiralty (in England)
hǎijūn gēnjùdì 海军根据地[---據-] P.W. naval base M: [2]kuài
hǎijūn guānxiào 海军官校 P.W. naval academy M: [1]suǒ/[4]zuò
hǎijūn hángkōngbīng 海军航空兵 N. naval aviator M: ge/[1]míng/[2]wèi
hǎijūn jīdì 海军基地 P.W. naval base M: [2]kuài
hǎijūn jūnguān xuéxiào 海军军官学校 P.W. naval academy M: ge/[1]suǒ/[4]zuò
hǎijūn lùzhànduì 海军陆战队[-陸戰隊] P.W. marine corps; marines M: [2]zhī
hǎijūnní 海军呢 N. ① navy cloth; navy wool fabric ② blue-colored wool fabric M: [2]kuài/[1]pǐ
hǎijūn shàngjiàng 海军上将[-將] N. admiral M: ge/[1]míng/[2]wèi
hǎijūn shàngwèi 海军上尉 N. lieutenant (just below lieutenant commander) M: ge/[1]míng/[2]wèi
hǎijūn shàngxiào 海军上校 N. captain (just below rear admiral) M: ge/[1]míng/[2]wèi
hǎijūn shàojiàng 海军少将[-將] N. rear admiral M: ge/[1]míng/[2]wèi
hǎijūn shàowèi 海军少尉 N. (naval) ensign M: ge/[1]míng/[2]wèi
hǎijūn shàoxiào 海军少校 N. lieutenant commander M: ge/[1]míng/[2]wèi
hǎijūn wǔguān 海军武官 N. naval attaché M: ge/[1]míng/[2]wèi
hǎijūn yǎnxí 海军演习[-習] N. naval maneuvers/exercises M: [3]cháng/[1]cì
hǎijūn yīyuàn 海军医院[--醫-] P.W. naval hospital M: [1]suǒ/[4]zuò
hǎijūn zǒngsīlìng 海军总司令[--總--] N. navy commander in chief M: ge/[1]míng/[2]wèi
hǎikè 海客 N. ① seafarer; navigator ② itinerant M: ge/[1]míng/[2]wèi
hàikè* 骇客 N. <TW/comp.> hacker
hái kěyǐ 还可以[還-] V.P. ① not bad; passable ② in addition can
hǎikǒu* 海口 N. ① seaport ② bragging *kuā* ~ talk big *See also Hǎikǒu*
Hǎikǒu 海口 P.W. Haikou (capital of Hainan) *See also hǎikǒu*
hàikǒu 害口 V.O. <topo.> ① have a strong appetite for certain foods (said of pregnant women) ② suffer from morning sickness
hàikǔ 害苦 V. cause sb. to suffer badly
hǎikuí 海葵 N. <zoo.> sea anemone M: [2]kē
hǎikuòtiānkōng 海阔天空 F.E. ① as boundless as the sea and sky ② straying from the subject; discursive
hǎikūshílàn 海枯石烂[-爛] F.E. for ever and ever
hǎiláihǎiqù 海来海去 F.E. <coll.> easy come, easy go
hǎilán 海蓝[-藍] V.P. sea green/blue
hǎilán bǎoshí 海蓝宝石[-藍寶-] N. aquamarine M: [1]kē/[2]kuài
hǎiláng 海狼 N. sea wolf M: [1]tiáo/[2]zhī
hǎilàng* 海浪 N. sea wave M: ge/[1]zhèn
hàilàng 骇浪 N. awful waves; fearful billows
hǎilǎn gōngzuòchuán 海缆工作船[-纜---] N. cable ship M: [1]sōu/[2]zhī
hǎilí 海狸 N. <zoo.> beaver (old name for *hélí*) M: [2]zhī
hǎilǐ* 海里 M. nautical mile
hǎilì 海蛎[-蠣] N. oyster
hǎiliàng 海量 N. <court.> ① magnanimity ② great capacity for liquor
hǎiliàng cúnchǔ 海量存储 N. storing of a lot of information
hái liǎode 还了得[還-] INTJ. terrible *Zhè ~!* This is atrocious!
háilihháiqì 孩里孩气[-裡-氣] V.P. <coll.> lovable; sweet and innocent; pretty naive
hǎilǐng 海岭[-嶺] N. submarine ridge M: [2]dào
hǎilìshí 海砾石[-礫-] N. sea gravel M: [2]kuài
hǎilíshǔ 海狸鼠 N. <zoo.> coypu; nutria M: [2]zhī
hǎiliú 海流 N. ocean current
hǎilìzi 海蛎子[-蠣-] N. oyster
hǎilóng 海龙 N. <coll.> ① sea otter ② pipefish
hǎilóngjuǎn 海龙卷 N. waterspout (caused by tornado)
Hǎilóngwáng 海龙王 N. Dragon King of the Sea
hǎilú 海鲈[-鱸] N. <zoo.> sea bass
[1]**hǎilù*** 海陆[-陸] N. sea and land
[2]**hǎilù** 海路 N. sea route; seaway M: [1]tiáo
hǎilǘ 海驴[-驢] N. north Pacific sea lion M: [1]tiáo/[2]zhī
hǎi-lùjūn 海陆军[-陸-] N. navy and land force
hǎi-lù-kōngjūn 海陆空军[-陸--] N. navy, land, and air force
hǎilún 海轮 N. seagoing vessel M: [1]sōu
[1]**hǎiluó** 海螺 N. sea conch M: ge/[2]zhī
[2]**hǎiluó** 海萝[-蘿] N. <bot.> a kind of seaweed
hǎiluòhégān 海落河干[-乾] F.E. dry up
hǎiluòyīn 海洛因 N. <loan> heroin M: [1]bāo
hǎiluòyīng 海洛英 N. <loan> heroin
hǎimǎ* 海马 N. ① sea horse ② hippocampus M: [1]tiáo
hǎimà 海骂[-罵] V. accuse/slander an unnamed person
hàimǎ 害马 N. black sheep (fig.) M: [1]tiáo/[2]zhī
hǎimán 海鳗 N. conger pike M: [1]tiáo
hǎimáo 海锚 N. anchor (of a marine ship)
hǎimàyīqì 海骂一气[-罵-氣] F.E. vituperate
hǎimǐ 海米 N. dried shrimps M: [2]lì
hǎimián* 海绵 N. ① sponge ② foam rubber/plastic M: [2]kuài
hǎimiàn 海面 N. surface of the sea
hǎimiánbīng 海绵冰 N. sludge M: [2]kuài
hǎimián dàngāo 海绵蛋糕 N. sponge cake M: ge/[2]kuài
hǎimiándiàn 海绵垫[-墊] N. foam-rubber cushion M: [2]kuài
hǎimiántián 海绵田 N. fields with loose soft texture M: [2]kuài/[1]piàn
hàimìng 害命 V.O. murder
hàimùjīngxīn 骇目惊心[--驚-] F.E. shocking and appalling
Hǎinán* 海南 P.W. Hainan province
hǎinàn 海难[-難] N. ①perils of the sea ②disaster at sea; wreck
Hǎinán Dǎo 海南岛[-島] P.W. Hainan Island
hǎinànjiùzhù 海难救助[-難--] F.E. salvage at sea
Hǎinánxì 海南戏[-戲] N. Hainan opera M: [1]chū/[1]tái
hǎinèi 海内 P.W. ① within the (four) seas; the world ② throughout the country
hǎinèi cún zhījǐ 海内存知己 F.E. have bosom friends afar
hǎinèimíngshì 海内名士 F.E. the most distinguished men of the country
hǎinèirénwàng 海内人望 F.E. be the cynosure of the whole country
hǎinèiwài 海内外 P.W. inside and outside the country; all the world
hǎinèiwúshuāng 海内无双[-雙] F.E. unequaled/peerless in the whole country
hǎinèiyànrú 海内晏如 F.E. the country is at peace
hái néng 还能[還-] AUX. still able to
hǎinián 海鲇[-鯰] N. sea catfish M: [1]tiáo
hǎiniǎo* 海鸟 N. seafowl; sea crow M: ge/[2]zhī/[1]zhǒng
hàiniǎo 害鸟 N. destructive bird M: ge/[1]qún/[2]zhī
hǎiniú 海牛 N. manatee; sea cow M: [1]tóu
hǎi'ōu* 海鸥[-鷗] N. sea gull M: ge/[1]qún/[2]zhī
hǎi'òu 海沤[-漚] N. ① <wr.> bubbles on the sea ② <Budd.> transience of life
hàipà 害/骇怕 V. be afraid/scared
hǎipài 海派 N. ①Shanghai style/school ②people who put up a big front ③ a school of Beijing opera
Hǎipàixì 海派戏[-戲] N. Shanghai style of performing Peking opera M: [1]chū/[1]tái
hǎipánchē 海盘车[-盤-] N. <zoo.> starfish
hǎipángxiè 海螃蟹 N. sea-crab M: ge/[2]zhī
hǎipén 海盆 N. ocean basin
hǎipiāoxiāo 海螵蛸 N. <Ch. med.> cuttlebone
hǎipíngmiàn 海平面 N. sea level
hǎipíngxiàn 海平线 N. sea horizon M: [1]tiáo
hǎipǔ 海埔 N. seaside
hǎipǔdì 海埔地 N. tidal flat M: [2]kuài/[1]piàn
háiqì 孩气[-氣] N. childishness; puerility
hàiqì* 氦气[-氣] N. <chem.> helium
hǎiqiào 海鞘 N. ① ascidian ② sea squirt
hài qiǎomengyǎn 害雀蒙眼 V.O. <coll.> suffer from night blindness
hǎiqīng 海青 N. ① broad-sleeved robe ② <Budd.> monk's robe
hǎiqū 海区[-區] N. <mil.> sea area M: [1]piàn
hǎiquán 海权[-權] N. sea powers/rights M: [1]zhǒng
hǎiquánqiángguó 海权强国[-權強國] F.E. great maritime powers
hàiqúnzhīmǎ 害群之马 N. black sheep; bad egg
hàirán 骇然 ADV. shockingly
[1]**hàirén** 害人 V.O. ① cause trouble to others ② kill people
[2]**hàirén** 骇人 S.V. shocking; frightening
hàirénbùqiǎn 害人不浅[-淺] F.E. do people great harm
hàirénchóng 害人虫[-蟲] N. evil creature; vermin M: [1]tiáo
hàirén fǎn hàijǐ 害人反害己 F.E. a plot to harm others boomeranged
hàirénfěiqiǎn 害人匪浅[-淺] F.E. <wr.> do people great harm
hàirénjīng 害人精 N. mischief-maker

H

hàirénlìjǐ 害人利己 F.E. benefit oneself at the expense of another

hàiréntīngwén 骇人听闻[--聽-] F.E. shocking; appalling

Hǎi Ruì jīngshen 海瑞精神 N. the spirit of speaking frankly (to a ruler)

hǎiruò 海若 N. *<trad.>* mythological sea god

hǎisāi 海鳃 N. *<zoo.>* sea pen/feather

hàisào 害臊 V.O. *<coll.>* feel ashamed; be bashful ***Wǒ zhēn tì nǐ ~.*** I'm so ashamed of you. ***Tā zhēn bù ~!*** He's got some nerve!

hǎishān* 海山 N. seamount M: [4]*zuò*

hǎishàn 海扇 N. ① scallop ② fan shell M: [1]*bǎ*

hǎishāng* 海商 ATTR. maritime (commercial)

hǎishàng 海上 ATTR./N. maritime; at sea; on the sea

hǎishàng bǎoxiǎn 海上保险 N. maritime insurance

hǎishàng bàquán 海上霸权[--權] N. maritime hegemony

hǎishàng bǔjǐ 海上补给[--補-] N. sealift; seaborne supply

hǎishàng chéngshì 海上城市 P.W. marine city M: *ge*/[4]*zuò*

hǎishàng dàxué 海上大学 N. floating university M: [1]*suǒ*/[4]*zuò*

hǎishāngfǎ 海商法 N. maritime law

hǎishàng fēngsuǒ 海上封锁 N. naval blockade

hǎishàng jiùnàn 海上救难[--難] N. salvage

hǎishāngqí 海商旗 N. maritime flag M: *ge*/[1]*miàn*

hǎishàng qiǎngjié 海上抢劫[--搶-] N. piracy M: [1]*cì*

hǎishàng yóudì 海上邮递[--郵遞] N. surface mail; seamail

hǎishàng yóujǐng 海上油井 P.W. offshore oil well M: *kǒu*

hǎishàng yùxiǎn xìnhào 海上遇险信号[---號] N. signal of distress; SOS

hài shāyǎn 害沙眼 V.O. contract trachoma

hǎishé 海蛇 N. sea snake M: [1]*tiáo*/[2]*zhī*

hǎishēn 海参[-參] N. sea cucumber; sea slug M: [2]*gēn*

hǎishén* 海神 N. Neptune; Poseidon M: *ge*/[2]*wèi*

hǎishēng páxíng dòngwù 海生爬行动物[----動-] N. *<bio.>* marine reptiles

hāishēngtànqì 咳声叹气[-聲嘆氣] F.E. sigh and moan

Hǎishēnwǎi 海参崴[-參-] P.W. Vladivostok

háishi* 还是[還-] CONJ. ① still; nevertheless ② after all ♦ADV. ① had better ② *or expressing realization or discovery*

[1]**hǎishī** 海狮[-獅] N. sea lion M: [1]*tóu*

[2]**hǎishī** 海师[-師] N. ① an experienced sailor; an old salt ② *<trad.>* navy

hǎishí 海蚀 N. marine corrosion

[1]**hǎishì** 海事 N. ① maritime affairs ② accident at sea M: [2]*jiàn*

[2]**hǎishì** 海市 N. mirage (lit./fig.) M: [4]*zuò*

hàishí 亥时[-時] N. 9 to 11 P.M.

hàishǐ 亥豕 N. *<wr.>* handwriting/typographical errors due to confusion of similar words

hàishì 害事 V.O. botch/compromise a matter ♦N. harmful thing

hǎishídòng 海蚀洞 N. sea cave

hàishì'érhū 骇视而呼 F.E. be startled at a sight and scream

hǎishì fǎtíng 海事法庭 N. admiralty court/maritime court

hǎishìshānméng 海誓山盟 F.E. pledge undying love

hǎishìshènlóu 海市蜃楼[---樓] ID. mirage (lit./fig.)

hǎishòu* 海兽[-獸] N. sea animal M: [1]*tiáo*/[1]*tóu*

hàishòu 害兽[-獸] N. destructive animal M: [1]*tiáo*/[1]*tóu*

hǎishuǐ 海水 N. seawater; brine; the sea M: [1]*piàn*

hǎishuǐ bùkě dǒuliáng 海水不可斗量 ID. Great minds cannot be fathomed.

hǎishuǐ dànhuà 海水淡化 N. desalination of sea water

hǎishuǐ gōngyè 海水工业[--業] N. marine industry

hǎishuǐlán 海水蓝[--藍] N. ocean salt

hǎishuǐmiàn 海水面 N. sea level

hǎishuǐ yǎngzhí 海水养殖[--養-] N. mariculture; sea farming

hǎishuǐyù 海水浴 N. seawater bath; sea bathing M: *ge*/[1]*cì*

hǎishuǐ yùchǎng 海水浴场[---場] N. bathing beach

hǎishuō 海说 V. *<coll.>* boast; talk big; make sweeping generalizations

hǎishuōshénliáo 海说神聊 F.E. talk aimlessly

hǎisī 海蛳[-螄] N. sea shell M: [1]*tóu*

hàisǐ* 害死 R.V. persecute to death

hǎisōng 海松 N. Korean pine M: [2]*kē*

hǎisǔn 海损 N. ship/cargo damage

hǎitǎ 海獭 N. sea otter M: [2]*zhī*

hǎitái 海苔 N. sea moss M: [1]*piàn*

hǎitān 海滩[-灘] N. beach M: [1]*piàn*

[1]**hǎitáng** 海棠 N. ① Chinese flowering crab apple ② begonia M: [2]*kē*

[2]**hǎitáng** 海塘 N. seawall M: [2]*dào*

hǎitángguǒ(r) 海棠果(儿) N. ① cherryapple ② bogonia fruit M: *ge*/[1]*kē*

hǎitánghóng 海棠红 N. begonia red

hǎitánghuā(r) 海棠花(儿) N. flower of Chinese flowering crab apple M: [2]*duǒ*

hǎitāo 海涛[-濤] N. ocean waves; billows M: [1]*zhèn*

háití 孩提 N. child that still has to be carried in the arms; an infant

hǎitián 海田 N. sea field M: [1]*piàn*

hǎitiānyīsè 海天一色 F.E. The sea and the sky merged into one.

háití shídài 孩提时代[--時-] N. *<wr.>* early childhood

háitóng 孩童 N. *<wr.>* children

[1]**hǎitú*** 海图[-圖] N. marine/nautical chart M: [1]*fèn*/[10]*fú*/[1]*zhāng*

[2]**hǎitú** 海涂[-塗] N. shoal; shallows; tidal land

hàitū 骇突 V. flee in fear

hǎitún 海豚 N. *<zoo.>* dolphin M: [2]*zhī*

hǎitúnyǒng 海豚泳 N. *<sport>* dolphin butterfly

hǎitúshì 海图室[-圖-] P.W. chart room M: [1]*jiān*

hǎitú zīyuán 海涂资源[-塗--] N. tidal land resource

hǎiwài 海外 P.W. overseas; abroad

hǎiwàibǎn 海外版 N. overseas edition

hǎiwài guānxi 海外关系[--關係] N. overseas relations/connections; relatives abroad

hǎiwài Huáqiáo 海外华侨[--華僑] N. overseas Chinese M: *ge*/[1]*míng*/[2]*wèi*

hǎiwài qiáobāo 海外侨胞[--僑-] N. Chinese residing abroad M: *ge*/[1]*míng*/[2]*wèi*

hǎiwàiqítán 海外奇谈 F.E. traveler's tale; tall story

hǎiwài tóngbāo 海外同胞 N. compatriot residing abroad

hǎiwān* 海湾[-灣] P.W. bay; gulf

hǎiwǎn 海碗 N. *<coll.>* huge bowl M: *ge*/[2]*zhī*

hàiwǎn 骇惋 V. *<wr.>* marvel

hǎiwáng 海王 N. dominant sea power

Hǎiwángxīng 海王星 N. *<astr.>* Neptune M: [1]*kē*

Hǎiwān Zhànzhēng 海湾战争[-灣戰爭] (1991) N. Persian Gulf War (1991)

hǎiwèi 海味 N. seafood M: [1]*zhǒng*

hǎiwèishānzhēn 海味山珍 F.E. delicacies from land and sea; dainties of every kind

hàiwén 骇闻 N. appalling news M: [2]*jiàn*/[1]*zé*

hǎiwù 海物 N. sea products

hǎiwūtiānchóu 海屋添筹[---籌] F.E. *<wr.>* conventional phrase for wishing an elderly person a happy birthday

hàixǐ 害喜 V.O. ① be pregnant ② have morning sickness

hǎixiā 海虾[-蝦] N. sea lobster M: *ge*/[2]*zhī*

hǎixiá* 海峡[-峽] N. strait; channel M: [2]*dào*/[1]*tiáo*

Hǎixiá liǎng'àn 海峡两岸[-峽--] P.W. both sides of the Taiwan Straits (i.e., Chinese Mainland and Taiwan)

hǎixiāmi 海虾米[-蝦-] N. dried shrimps M: [1]*bāo*/[3]*lǐ*

hǎixiān 海鲜 N. seafood

[1]**hǎixiàng** 海象 N. *<zoo.>* walrus; morse M: [1]*tóu*

[2]**hǎixiàng** 海相 N. *<geog.>* marine facies

hǎixiàng chénjī 海相沉积[---積] N. *<geol.>* marine deposit/sediment

hǎixiàng dìcéng 海相地层[---層] N. *<archeo.>* marine bed

hǎixiānjiàng 海鲜酱[--醬] N. hoisin sauce M: *píng*

hǎixiào 海啸[-嘯] N. tsunami M: [1]*cì*

hǎixiè 海蟹 N. sea crab M: *ge*/[2]*zhī*

hàixīn 害心 N. evil design/idea

háixīng 还兴[還興] ADV. *<topo.>* perhaps; maybe; possibly

hǎixīng* 海星 N. *<zoo.>* starfish; sea star M: [1]*kē*

hǎixióng 海熊 N. fur seal M: [1]*tóu*

hàixiū 害羞 S.V. be bashful/shy

háixǔ 还许[還-] ADV. *<coll.>* perhaps; maybe; possibly

hǎixún 海寻[-尋] N. nautical fathom

hāiyā 嗨呀 INTJ. heave ho; yo-ho

Hǎiyá* 海牙 P.W. The Hague

[1]**hǎiyán** 海盐[-鹽] N. sea salt M: [1]*bǎ*/[3]*lǐ*

[2]**hǎiyán** 海蜒 N. anchovy

hǎiyàn* 海燕 N. ① petrel ② *<zoo.>* starfish ③ coastal swallow M: [1]*qún*/[2]*zhī*

hàiyǎn 害眼 V.O. have eye trouble

hǎiyáng 海洋 N. seas and oceans; ocean

hǎiyáng bàquán 海洋霸权[--權] N. maritime hegemony

hǎiyáng dàxué 海洋大学 N. university on the sea M: [1]*suǒ*/[4]*zuò*

hǎiyángfǎ 海洋法 N. law of the sea

hǎiyáng gōngyuē 海洋公约 N. maritime convention

hǎiyáng huánjìng 海洋环境[--環-] N. marine environment

hǎiyáng jīngjìxué 海洋经济学[--經濟-] N. marine economics

hǎiyáng qìhòu 海洋气候[--氣-] N. maritime/marine climate

hǎiyáng qìxiàngchuán 海洋气象船[--氣--] N. ocean weather ship M: [1]*sōu*/[2]*zhī*

hǎiyáng qìxiàngxué 海洋气象学[--氣--] N. marine meteorology

hǎiyángquán 海洋权[--權] N. sea/ocean rights

hǎiyáng shēngwù 海洋生物 N. marine organisms

hǎiyáng shēngwùxué 海洋生物学 N. marine biology

hǎiyáng shíyóu 海洋石油 N. offshore oil

hǎiyáng tóngzǐjūn 海洋童子军 N. sea scouts

hǎiyáng wénxué 海洋文学 N. sea literature

hǎiyáng wūrǎn 海洋污染 N. marine pollution

hǎiyángxìng 海洋性 ATTR. maritime; oceanic

hǎiyángxìng qìhòu 海洋性气候[---氣-] N. maritime/marine climate

hǎiyángxué 海洋学 N. oceanography; oceanology

hǎiyáng xuéyuàn 海洋学院 P.W. oceanography institute M: [1]*suǒ*/[4]*zuò*

hǎiyáng yúyè 海洋渔业[--業] N. maritime fisheries (industry)

Hǎiyángzhōu 海洋洲 P.W. Oceania

hǎiyáng zhuānkē xuéxiào 海洋专科学校[--專---] P.W. professional school/college of oceanography M: *ge*/[1]*suǒ*/[4]*zuò*

hǎiyànhéqīng 海晏河清 ID. The world is at peace.

háiyào* 还要[還-] ADV. even/still more ♦AUX. still want to

hǎiyāo 海妖 N. siren; enchantress

hàiyì 骇异[-異] V.P. astonished

hǎiyīng 海鹰 N. *<zoo.>* fishhawk; osprey M: *ge*/[2]*zhī*

hāiyō 嗨哟 INTJ. heave ho; yo-heave-ho; yo-ho

hǎiyǒng 海涌 N. swell (waves)

[1]**hái yǒu*** 还有[還-] V.P. there is still some left *See also* [2]*háiyǒu*

2háiyǒu 还有[還-] CONJ. furthermore; in addition; still *See also* *1hái yǒu*
hǎiyóu 海邮[-郵] N. seamail; by sea
1hǎiyú 海鱼 N. sea fish M: *1qún*/*1tiáo*/*2zhī*
2hǎiyú 海隅 N. seaside nook
1hǎiyù* 海域 P.W. sea area; maritime space
2hǎiyù 海芋 N. common calla; lily-of-the-Nile M: *2kē*
hǎiyuán 海员 N. sailor; mariner M: *ge*/*1míng*/*2wèi*
hǎiyuán fǎtíng 海员法庭 N. marine court
hǎiyuán yòngyǔ 海员用语 N. nautical terms
hài yuèzi 害月子 V.O. <*topo.*> suffer from morning sickness
hǎiyùn 海运[-運] V. transport by sea ♦N. sea transportation; ocean shipping
hǎiyùnjiè 海运界[-運-] N. oceanshipping circles
hǎiyùn jīngjìrén 海运经纪人[-運經--] N. ship broker M: *ge*/*1míng*/*2wèi*
hái zài 还在[還-] V.P. ① still here ② still (doing sth.)
hǎizàng 海葬 N. sea burial M: *ge*/*1cì*
hái zǎo 还早[還-] V.P. still early
1hǎizǎo* 海藻 N. marine alga; kelp M: *1piàn*
2hǎizǎo 海枣[-棗] N. <*bot.*> date palm; date M: *1kē*
3hǎizǎo 海澡 N. sea bathing M: *ge*/*1cì*
hàizào 害躁 S.V. <*topo.*> impetuous; rash
hǎizéi 海贼 N. pirate M: *ge*/*1míng*
hǎizhàn 海战[-戰] N. sea warfare; naval battle M: *2chǎng*/*1cì*
hǎizhé 海蜇 N. jellyfish
hǎizhèn 海震 N. <*geol.*> seaquake M: *3cháng*/*1cì*
hǎizhépí 海蜇皮 N. dried jellyfish strips (for food preparation) M: *2kuài*
háizhì 孩稚 N. children
hǎizhū 海猪[-豬] N. dolphin M: *1tóu*
hǎizhuān 海专[-專] N. professional school/college of oceanography M: *ge*/*1suǒ*/*4zuò*
háizi* 孩子 N. child; children; son; daughter M: *ge*/*1míng*
hǎizi 海子 N. <*topo.*> lakes; ponds
háizidiē 孩子爹 N. <*topo.*> the child's father (said by a woman when speaking of her husband)
háizihuà 孩子话 N. silly childish talk M: *1jù*
háizijiā 孩子家 INTJ. Child!; Children! (said with scolding tone)
háizimen 孩子们 N. children
háiziqì 孩子气[-氣] N./S.V. childishness *Nǐ zěnme zhème ~?* Why are you so childish? M: *1zhǒng*
háiziqì yányǔ 孩子气言语[--氣--] N. baby talk
háizitóu(r) 孩子头(儿) N. ① sb. very popular with children ② leader of a group of children
háiziwáng 孩子王 N. <*coll.*> ① children's leader ② teacher M: *ge*/*1míng*/*2wèi*
hàizú 氦族 N. <*chem.*> helium family
hājí 哈吉 N. haji (Muslim who has made a pilgrimage to Mecca)
hāla 哈喇/拉 V.P. <*coll.*> rancid ♦V. ① heckle ② <*trad.*> kill; put sb. to death
hālabā 哈喇叭 N. <*topo.*> shoulder blade
hālázi 哈喇子 N. <*topo.*> saliva M: *1chuàn*
Hāléi huìxīng 哈雷彗星 N. <*loan*/*astr.*> Halley's comet M: *1kē*
hālǐfā 哈里发[-發] N. <*loan*/*rel.*> caliph
hāluō 哈啰 INTJ. <*loan*> hello
háma 蛤/虾蟆[蝦-] N. ①frog ②toad M: *ge*/*2zhī*
hámachǎowān 蛤蟆吵湾[-灣] ID. <*topo.*> a clatter; a hubbub
háma gūduor 蛤蟆骨朵儿 N. <*coll.*> tadpole; pollywog
hámahāng 蛤蟆夯 N. power-driven rammer/tamper
hámajìng 蛤蟆镜 N. <*slang*> sunglasses M: *ge*/*2zhī*
hámayǎn 蛤蟆眼 N. <*coll.*> frog-eyes; bulging eyes M: *1duì*/*1fù*/*2zhī*
Hāmìguā 哈密瓜 N. Hami muskmelon
1hān 憨 S.V. <*coll.*> ① sturdy; tough ② heavy (twine/rope)
2hān 酣 B.F./ADV. rapturously; to one's heart's content *hānyǐn*
3hān 鼾 B.F. snore *dǎhān*, *1hānshēng*
4hān 顸[頇] S.V. <*topo.*> thick
5hān 蚶 B.F. blood clam *1hānzi*
1hán 含 V. ① keep in the mouth ② contain ③ nurse; cherish; harbor
2hán 寒 B.F. ① cold; glacial *hánlěng* ② poor; needy *pínhán* ③ fearstricken *xīnhán* ♦ATTR. <*humb.*> my ♦V. ① shiver ② ignore; flout
3hán 函 N. <*wr.*> ① case; big envelope; casket ② letter
4hán 涵 B.F. ① contain (implicitly) *1hányì* ② forbearance *bāohan* ③ culvert *hándòng*
5hán 琀 <*wr.*> N. jade placed in the mouth of the dead
6hán 晗 B.F. <*wr.*> dawn *Wú Hán*
7hán 汗 in *hánguó*, *kèhán* *See also* *1hàn*
8hán 焓 N. <*phy.*> enthalpy; total heat
1Hán 韩[韓] N. Surname ♦AB. *Hánguó*
2Hán 邯 in *hándānxuébù*
1hǎn* 喊 V. ① cry out; yell ② call (sb.)
2hǎn 罕 B.F. rarely; seldom *hǎnjiàn*, *xīhan*
1hàn 汗 N. sweat; perspiration *See also* *7hán*
2hàn 旱 N./V. (to have a) dry spell; drought ♦B.F. ① dryland *hàntián* ② waterless *hànbīngchǎng*
3hàn 焊 V. weld; solder
4hàn 汉[漢] B.F. man *1dàhàn* *See also* *1Hàn*
5hàn 撼 B.F. shake *hàndòng*
6hàn 捍/扞 B.F. defend; guard *hànwèi* *See also* *12hàn*
7hàn 憾 B.F. regret *yíhàn*
8hàn 悍 B.F. ① brave; bold *piāohàn* ② fierce; ferocious *1xiōnghàn*
9hàn 翰 B.F. <*wr.*> ① writing brush *hànmò* ② writing *shūhàn*
10hàn 颔[頷] <*wr.*> B.F. ① chin *xiàhàn* ② nod *1hànshǒu*
11hàn 瀚 B.F. <*wr.*> vast *1hànhǎi*
12hàn 扞 B.F. contradict *hàngé* *See also* *6hàn*
13hàn 暵 B.F. ① dry in the sun ② dry *2hànhàn*
14hàn 骍[騂] B.F. fierce horse *1hànmǎ*, *hàntū*
15hàn 菡 in *hàndàn*
1Hàn 汉[漢] B.F. ① the Han dynasty *Hàncháo* ② Han Chinese people; majority ethnic group in China *Hànzú* ③ Chinese language *Hànyǔ* *See also* *4hàn*
2Hàn 撖 N. Surname
hàn'ào 悍骜 V.P. <*wr.*> untamable
hànbá 旱魃 N. drought demon
hànbáiyù 汉白玉[漢-] N. white marble M: *2kuài*
hànbān* 汗斑 N. ①sweat stain ②<*med.*> tinea versicolor M: *2kuài*/*1piàn*
hànbān(r) 汗瓣(儿) N. <*coll.*> beads of sweat M: *2dī*
hánbāo 含苞 V.O. <*wr.*> be in bud
hànbǎo(bāo)* 汉堡(包)[漢-] N. <*loan*> Hamburger
Hànbǎo 汉堡[漢-] P.W. Hamburg
hánbāodàifàng 含苞待放 F.E. be in bud
hànbǎo niúròubǐng 汉堡牛肉饼[漢-] N. hamburger steak
hánbāowèifàng 含苞未放 F.E. budding blossoms waiting to burst forth
hánbēi 含悲 V.O. exercise restraint over grief
hànbēi* 汉碑[漢-] N. Han inscribed tablets M: *4zuò*
hánbēibēigē 含悲悲歌 F.E. sing a plaintive song
hànbèixīn(r) 汗背心(儿) N. ① sleeveless undershirt ② vest; singlet M: *2jiàn*
hánbēiyǐnqì 含悲饮泣 F.E. sob pitifully
hánbì* 寒痹 N. <*Ch. med.*> arthritis (aggravated by cold)
hànbì 捍蔽 V. protect; guard
hànbīng 旱冰 N. roller-skating surface
hànbīngchǎng 旱冰场[-場] P.W. roller rink M: *ge*/*4zuò*
hànbīngxié 旱冰鞋 N. roller skates M: *1duì*/*1shuāng*/*2zhī*
hánbǔgǔfù 含哺鼓腹 F.E. have food in the mouth and belly well-filled
hánbùkězhī 寒不可支 F.E. unbearably cold
hānbulēngdēng 憨不楞登 F.E. <*coll.*> dumb/stupid looking
hàncéncén 汗涔涔 R.F. sweaty
hánchán 寒蝉 N. ① cicada ② (as quiet/mute as) a cicada in cold weather M: *ge*/*2zhī*
hānchàng 酣畅[-暢] S.V. ① merry (from drinking) ② sound (sleep) ③ delightful ♦ADV. trippingly; fluently ♦V.P. drink to one's heart's content
hānchànglínlí 酣畅淋漓[-暢-灕] F.E. heartily; fully; to one's heart's content
háncháo* 寒潮 N. <*met.*> cold wave M: *2gǔ*
Hàncháo 汉朝[漢-] N. Han dynasty
hánchen 寒碜/伧[-磣/傖] <*coll.*> S.V. ①shabby; wretched; squalid ② miserable; ugly; homely ♦V. humiliate; insult
Hànchéng 汉城[漢-] P.W. Seoul
hánchen yàngzi 寒伧样子[-傖樣-] N. <*coll.*> hang-dog appearance
hānchī* 憨痴 V.P. silly; stupid
hànchí 翰池 N. <*wr.*> inkstone; ink slab
hǎnchū 喊出 R.V. shout/yell/call out
hànchuán 旱船 N. model boat as a stage prop M: *ge*/*2zhī*
hánchuāng 寒窗 ID. ① the difficulties of a poor student ② persevere in one's studies despite hardship
hánchuāngkǔdú 寒窗苦读[-讀] F.E. ① the life of a poor scholar ② persevere in one's studies in spite of hardships
hánchun 寒蠢 *See* *hánchen*
hán-dà* 函大 N. *hánshòu dàxué* M: *ge*/*1suǒ*/*4zuò*
hǎndǎ 喊打 V.P. shout "Beat him/her/them!"
hándài* 寒带[-帶] N. <*geog.*> frigid zone
hàndài 汗带[-帶] N. sweatband M: *1tiáo*
Hàndài 汉代[漢-] N. Han dynasty
hàndàn 菡萏 N. <*wr.*> lotus M: *2kē*
hàndang 撼荡[-蕩] V. shake back and forth; shake; shiver
hándānmèngjué 邯郸梦觉[-夢覺] F.E. ① a rude awakening ② an unrealized ambition
hándānrùmèng 邯郸入梦[-夢] F.E. ambitious expectations
hándānxuébù 邯郸学步 F.E. slavishly imitate others
hǎndào 喊道 V. ① ejaculate ② yell
1hàndào(zi)* 旱稻(子) N. upland/dry rice M: *jī*
2hàndào 旱道 N. <*topo.*> overland route M: *1tiáo*
hàn de xiéhuo 旱得邪火 F.E. <*coll.*> terribly dry
hàndì 旱地 N. nonirrigated farmland; dry land M: *2kuài*
hándiàn 函电[-電] N. letter and telegram M: *1fēn*/*2fēng*
hándiào* 函调 V. ① check up on prospective hire by mail ② investigation conducted by correspondence
Hàndiào 汉调[漢-] N. opera popular in Hubei
hándōng* 寒冬 N. severe winter
hándòng 涵洞 N. ① culvert ② railway/highway tunnel
hàndòng 撼动[-動] R.V. shake; vibrate
hándōnglàyuè 寒冬腊月[--臘-] F.E. severe winter; dead of winter
1hándú 含毒 V.O. contain poison
2hándú 函牍[-牘] N. <*wr.*> letters; correspondence
hàndùn 撼顿 V. ① shake ② stagger; totter
hán'èrmíngcí de 含二名词的 ATTR. <*lg.*> noun-noun
hán'èrmíngcí de zǐjù 含二名词的子句 N. <*lg.*> noun-noun phrase
hànfǎ 汗法 N. <*Ch. med.*> procedures to induce perspiration
hānfàng* 酣放 F.E. ① unrestrained (of writing) ② indulge in excessive drinking
Hànfāng 汉方[漢-] N. Chinese medical art
Hànfāngyào 汉方药[漢-藥] N. Chinese medicine M: *14fù*

Hànfāngyī 汉方医[漢-醫] N. Chinese herb doctor M: ge/[1]míng/[2]wèi
Hán Fēi 韩非[韓-] (3rd cent. B.C.) N. <hist.> Legalist philosopher
hánfēng* 寒风 N. cold wind M: [1]zhèn
hànfèng 焊缝 N. welding seam; weld line M: [2]dào/[1]tiáo
hánfēngchègǔ 寒风彻骨[--徹-] F.E. the cold wind cuts to the marrow
hánfēngcìgǔ 寒风刺骨 F.E. the cold wind penetrates to the bones
hánfēnglǐnliè 寒风凛冽[--凜-] F.E. the (north) wind is piercingly cold
hánfēngqīnjī 寒风侵肌 F.E. a wind which chills to the bone
hánfēngtòugǔ 寒风透骨 F.E. the icy wind penetrates to the very bones
hánfù 函复[-復] V. inform by letter
hànfù* 悍妇[-婦] N. shrewish woman M: ge/[1]míng
hāng 夯 V./N. tamp *See also* [3]bèn
[1]**háng*** 行 M. row; column; line of print ♦B.F. ①firm; shop; business *yínháng* ②line of business *Nǐ shì gàn nǎ yī ~ de?* What's your line? ③order of seniority in a family *Wǒ zài wǒmen jiā ~ èr.* I'm second among my brothers and sisters. ④ expertise in a certain field *nèiháng, wàiháng* *See also* [3]hàng, heng, [1]xíng
[2]**háng** 航 B.F. ①boat; ship *hángchuán* ②navigate *hángxíng*
[3]**háng** 绗[絎] V. sew with long stitches
[4]**háng** 吭 B.F. throat *èháng* *See also* [2]kēng
[5]**háng** 桁 in *héngyáng* *See also* [4]héng
[6]**háng** 颃[頏] in [2]*xiéháng*
[7]**háng** 珩 in [2]*hángmó* *See also* [5]héng
Háng 杭 AB. *Hángzhōu* ♦N. Surname
[1]**hàng** 巷 B.F. channel; tunnel *hàngdào* *See also* [5]xiàng
[2]**hàng** 沆 in *hànggài, hàngxiè*
[3]**hàng** 行 in *shùhàngzi* *See also* [1]háng, heng, [1]xíng
hángài 涵盖[-蓋] V. contain completely; cover; include
hàngān 旱干[-乾] N. drought; dryness
hángào 函告 V. inform by letter
hàngāojiěpèi 汉皋解珮[漢-] ID. exchange gifts between a man and a woman
Hàn Gāozǔ 汉高祖[漢-] N. dynastic title of Liu Bang (founder of the Han Dynasty)
hángbān 航班 N. scheduled flight; flight number
hángbāng 行帮[-幫] N. trade association
hángbèi 行辈 N. order of seniority in a family
háng bèizi 绗被子 V.O. quilt
hángbiāo 航标[-標] N. navigation mark M: ge/[4]zuò
hángcè 航测 N. aerial/air survey M: [1]cì
hángcètú 航测图[-圖] N. aerial map M: [10]fú/[1]zhāng
hángchē 行车 N. <topo.> overhead traveling crane *See also* xíngchē
hángchéng 航程 N. voyage; passage; range
Hángchóu 杭绸 N. silk from Hangzhou M: [2]kuài/[1]pǐ
hángchuán 航船 N. boat/ship that plies regularly between inland towns M: [1]sōu/[2]zhī
hángcì 航次 N. ① sequence of voyages/flights; voyage/flight number ② number of voyages/flights made
hángdang(r) 行当(儿)[-當-] N. ①<coll.> trade; profession; line of business ② <opera> type of role
hángdao 行道 N. <topo.> trade; profession *See also* xíngdào
hángdào* 航道 N. channel; lane; course M: ge/[1]tiáo
hàngdào 巷道 N. <min.> tunnel M: ge/[1]tiáo *See also* xiàngdào
hángdiǎn 航点[-點] N. a stop en route
hángdōng 行东 N. owner (of a mill/etc.)
hāngē* 酣歌 V. sing to one's heart's content; sing in exhilaration from drinking

hàngé 扞格 V.O. <wr.> be incompatible/contradictory
hàngébùrù 扞格不入 F.E. mutually conflicting
hàngébùtōng 扞格不通 F.E. <wr.> be incompatible/contradictory
hāngēkuángwǔ 酣歌狂舞 F.E. sing and dance rapturously
hàngěng 悍梗 V.P. <wr.> stubbornly defiant; recalcitrant
hángfàn(r) 行贩(儿) N. peddler M: ge/[1]míng/[2]wèi
Hángfǎng 杭纺 N. Hangzhou silk
hànggài 沆溉 N. <wr.> moderately flowing waters
hānggē 夯歌 N. rammers' work chant M: ge/[2]shǒu
hángguà 航挂[-掛] N. registered airmail
hángguī 行规 N. ① guild regulations ② professional etiquette M: [1]tiáo
hánghǎi 航海 V.O. sail the seas ♦N. maritime navigation
hánghǎijiā 航海家 N. navigator; seafarer M: ge/[1]míng/[2]wèi
hánghǎilì 航海历[-曆] N. ① nautical calendar ② ephemerides M: [1]běn/[2]bù
hánghǎi lìshū 航海历书[-曆書] N. nautical almanac M: [1]běn/[2]bù
hánghǎi rìzhì 航海日志 N. logbook; log M: [1]běn
hánghǎishù 航海术[-術] N. art of sea navigation
hánghǎitú 航海图[-圖] N. marine chart M: [10]fú/[1]zhāng
hánghǎi xìnhào 航海信号[-號] N. navigation signals
hánghǎixué 航海学 N. maritime navigation
hánghǎi zìyóu 航海自由 N. freedom of the seas
hānghàn 夯汉[-漢] N. <topo.> man who carries heavy loads on his shoulder M: ge/[1]míng
hángháng chū zhuàngyuan 行行出状元[---狀-] F.E. Every profession produces its own leading authority.
[1]**hánghào** 航号[-號] N. flight number
[2]**hánghào** 行号[-號] N. shops; stores; business establishments
hánghuà 行话 N. ①professional jargon ②expert remark ③ <lg.> slang M: [1]jù
hánghuī 行徽 N. logo/emblem of an airline company M: [4]méi
hánghuì* 行会 N. guild
hánghuò 行货 N. ① inferior goods; crudely-made articles ② merchandise (in general) *See also xínghuò*
hánghuòzi 行货子 N. harlot
hángjī* 航机 N. scheduled airplane M: [1]bān
hángjǐ 行几 A.T. seniority among brothers and sisters
[1]**hángjì** 航迹[-跡] N. flight path; wake
[2]**hángjì** 行纪 N. <trad.> ① middleman M: ge/[2]wèi ② brokerage house M: [1]jiā
hángjia* 行家 N. expert; connoisseur M: ge/[1]míng/[2]wèi
hángjiā(zi) 行家(子) N. expert; connoisseur M: ge/[1]míng/[2]wèi
hángjiān 行间 ADV. ① <wr.> in army service ② between the lines
hángjiē 行阶[-階] N. row order
hángjiè* 航界 P.W. aviation circles
hángjìrén 行纪人 N. broker M: ge/[1]míng/[2]wèi
hāngjù 夯具 N. rammer; tamper M: ge/[1]bǎ/[1]fù
hángjù* 行距 N. row/line spacing
Hángjù 杭剧[-劇] N. Hangzhou opera M: [1]chū/[1]tái
hángkōng 航空 N. aviation
hángkōngbǎn 航空版 N. airmail edition
hángkōngbāo 航空包 N. flight bag
hángkōng biāojì 航空标记[--標-] N. navigation signals/ beacons/etc.
hángkōng biāotǎ 航空标塔[--標-] N. airway beacon M: ge/[4]zuò
hángkōng biāozhì 航空标帜[-標幟] N. beacon
hángkōngbīng* 航空兵 N. ①air arm ②airman M: ge/[1]míng/[2]wèi

hángkōngbìng 航空病 N. airsickness M: [1]zhǒng
hángkōngbīng bùduì 航空兵部队[-隊] N. air unit M: ge/[4]zhī
hángkōngcān 航空餐 N. in-flight meals M: [1]dùn
hángkōng cèliáng 航空测量 N. aerial survey M: [1]cì
hángkōng dǐpiàn 航空底片 N. aerial negative M: [1]zhāng
hángkōngduì 航空队[-隊] N. air force/fleet M: [4]zhī
hángkōngfǎ 航空法 N. air law M: [3]xiàng
hángkōnggǎng 航空港 N. airport; air harbor
hángkōng gōngchéng 航空工程 N. aeronautical engineering
hángkōng gōngchéngxué 航空工程学 N. aeronautical engineering
hángkōng gōngsī 航空公司 N. airline (company) M: [1]jiā
hángkōng guàhào 航空挂号[-掛號] N. registered airmail M: [2]fēng
hángkōngjiàn 航空舰[-艦] N. aircraft carrier M: [1]sōu
hángkōngjiè 航空界 N. aviation circles
hángkōng móxíng 航空模型 N. model airplane
hángkōng móxíng yùndòng 航空模型运动[-運動] N. model airplane competition
hángkōng mǔjiàn 航空母舰[-艦] N. aircraft carrier M: [1]sōu
hángkōngqì 航空器 N. aircraft
hángkōng shèyǐng 航空摄影[--攝-] N. air photography
hángkōngshǔ 航空署 N. aviation department/bureau
hángkōngwǎng 航空网[-網] N. network of air routes
hángkōngxiàn 航空线 N. air routes M: [1]tiáo
hángkōngxìn 航空信 N. airmail (letter) M: [2]fēng
hángkōng xuéxiào 航空学校 P.W. aeronautical engineering school
hángkōng xuéyuàn 航空学院 P.W. aeronautical engineering institute M: [1]suǒ/[4]zuò
hángkōng yīxué 航空医学[--醫-] N. aviation medicine
hángkōng yóujiǎn 航空邮简[--郵-] N. aerogram
hángkōng yóujiàn* 航空邮件[--郵-] N. airmail
hángkōngyuán 航空员 N. airman; aviator M: ge/[1]míng/[2]wèi
hángkōngzhàn 航空站 P.W. air station; airfield; airport
hángkōng zhàoxiàng 航空照相 N. <archeo.> aerial photography
[1]**hángkù** 航库 P.W. ①hangar ②air depot M: [4]zuò
[2]**hángkù** 行库 P.W. warehouse M: [4]zuò
hángkuān* 行宽[-寬] N. width of a row
hángkuǎn 行款 N. form and arrangement of lines in calligraphy
hángliè 行列 N. ① ranks; procession ② row or column
hángliè chǔlǐqì 行列处理器[--處--] N. <comp.> array processor
hánglièshì 行列式 N. <math.> determinant
hánglièshì fángwū 行列式房屋 P.W. row house M: [1]piàn
hánglù 航路 N. air/sea route M: [1]tiáo
hánglù biāojì 航路标记[--標-] N. route markers (for ships/etc.)
hàngmáng* 沆茫 N. expanse of water
hàngmǎng 沆莽 N. <wr.> expanse of water
[1]**hángmó** 航模 N. model airplane/ship
[2]**hángmó** 珩磨 N. <mach.> honing
hángmǔ 航母 N. aircraft carrier
hángnèirénshì 行内人士 N. people in a particular field
hàngōng 焊工 N. ①welding; soldering ②welder; solderer M: ge/[1]míng/[2]wèi
[1]**hángòu*** 函购[-購] V. purchase by mail ♦ATTR. mail-order
[2]**hángòu** 含垢 V.O. <wr.> bear shame; endure disgrace
hǎngòu 罕觏 V.P. <wr.> rarely found; rare

hàngòu 汗垢 N. grimy sweat
hángòurěnrǔ 含垢忍辱 F.E. endure humiliation
hángòutānshēng 含垢贪生 F.E. allow oneself to be insulted in order to remain alive
hángpángzhù 行旁注[-註] N. interlinear notes
hángpín 行频 N. <TV> line frequency
hángqì 航器 N. aircraft
hángqíng 行情 N. ① (market) quotations; current prices ② business conditions ③ market conditions ④ general standing of a person in terms of finance/influence/popularity/etc.
hángqíngbiǎo 行情表 N. quotations list M: [1]zhāng
hángqíng jìlù 行情记录[-錄] N. quotation record M: [1]fèn/[3]xiàng
hángquán 航权[-權] N. air rights
hángshè 行社 P.W. business association M: gè/[1]jiā
hāngshí 夯实[-實] A.T. ram; tamp (earth/etc.)
hángshì* 行市 N. market quotations/prices
hángshì 行式 ATTR. <comp.> line (printer)
hángshì dǎzìjī 行式打字机 N. <comp.> line printer M: gè/[1]tái
hángshì xiàngmù 行式项目 N. line item
hángshǒu 行首 N. head of a column
hángsù 航速 N. ship/plane speed
hángtiān 航天 N. space flight; aerospace
hángtiāncāng 航天舱[-艙] N. space capsule
hángtiān fēijī 航天飞机[--飛-] N. space shuttle M: [1]bān
hángtiānfú 航天服 N. space suit M: [1]shēn
hángtiānqì 航天器 N. spacecraft; space vehicle M: [1]tái
hángtiān shídài 航天时代[--時-] N. space age
hángtiānzhàn 航天站 P.W. spaceport M: gè/[4]zuò
hángtóu 行头 N. <hist.> ① team leader ② shopkeeper (Han dynasty) M: gè/[1]míng/[2]wèi *See also xíngtou*
hāngtǔ 夯土 N. <archeo.> rammed earth
hángtú* 航图[-圖] N. (navigation) chart M: [10]fú/[1]zhāng
hāngtǔjī 夯土机 N. rammer; tamper M: [1]tái
hāngtuó 夯砣 N. rammer; tamper
hánguǎn 涵管 N. ① drainage pipe ② pipe-shaped culvert M: [2]gēn
hànguǎn* 焊管 N. metal pipes welded together M: [2]gēn
hánguāng 寒光 N. pallid/cold light (as from a sword) M: [2]dào
hánguāngshǎnshǎn 寒光闪闪 F.E. glittered coldly (in the sunlight)
hànguānwēiyí 汉官威仪[漢-儀] F.E. <trad.> stately manner of Han officials
hànguàr 汗褂儿 N. <coll.> undershirt M: gè/[2]jiàn
Hángǔguān 函谷关[-關] N. <hist.> strategic Qin-dynasty pass in Henan
hànguī 旱龟[-龜] N. ① turtle ② <derog.> coward M: gè/[2]zhī
hánguó 汗国[-國] N. khanate
Hánguó* 韩国[韓國] P.W. ① <TW> Korea ② <PRC> South Korea
Hánguóduì 韩国队[韓國隊] N. sports team from the Republic of Korea
Hánguó pàocài 韩国泡菜[韓國-] N. kimchee
hángwǔ* 行伍 N. <trad./mil.> the ranks
hángwù 航务[-務] N. navigational matters
hángwǔchūshēn 行伍出身 F.E. ① be in or come from the military ② rise from the ranks (of the army)
hángxiàn 航线 N. air/shipping line/route M: [1]tiáo
hángxiàng 航向 N. course (of ship/plane)
hángxiàng zhǐshìqì 航向指示器 N. direction/heading indicator M: gè/[1]tái
háng-xiào 航校 N. aviation school M: gè/[1]suǒ/[4]zuò
hàngxiè 沆瀣 N. <wr.> evening mist
hàngxièyīqì 沆瀣一气[-氣] F.E. ① be congenial to each other ② collude with ③ think alike
hángxíng 航行 V./N. ① sail ② fly
hángxíng bàogào 航行报告[--報-] N. ship visit report M: [1]fèn
hángxíngdēng 航行灯[-燈] N. navigation light M: [1]zhǎn
hángxíngquán 航行权[-權] N. right of navigation
hángxùn 航讯 N. ship information
hángyáng 桁杨[-楊] N. cangue
hàngyàng* 沆瀁 N. <wr.> expansive waters
hángyángxiāngwàng 桁杨相望[-楊--] F.E. numerous criminals
[1]hángyè 行业[-業] N. ① trade; profession ② industry *See also xíngyè*
[2]hángyè 航业[-業] N. shipping industry/business
hángyè cíyǔ 行业词语[-業--] N. <lg.> professional jargon
hángyè fànwéi 行业范围[-業範圍] N. ① line ② business scope
hángyè gōngsī 航业公司[-業--] P.W. airline company M: gè/[1]jiā
hángyèyǔ 行业语[-業-] N. professional jargon M: [1]zhǒng
hángyō 杭育 ON. heave ho; yo-ho
hángyòng 行佣[-傭] N. <topo.> commission; brokerage; middleman's fee
hángyóu 航邮[-郵] N. airmail M: [2]jiàn
hángyǒuhángguī 行有行规 F.E. each business has special rules
[1]hángyǔ 航宇 N. space flight M: [1]jià
[2]hángyǔ 行语 N. jargon
hángyuán* 行员 N. bank/business employee M: gè/[1]míng/[2]wèi
hángyuàn 行院 P.W. ① prostitute ② brothel M: [1]jiā/ zuò
hángyùn 航运[-運] N. shipping
hángyùn gōngsī 航运公司[-運--] P.W. shipping company M: [1]jiā
hángyùnjiè 航运界[-運-] P.W. shipping circles
hángyùn shānghǎng 航运商行[-運--] N. shipping firms
hángyùn shèshī 航运设施[-運--] N. shipping facilities M: tào
hángzhàn 行栈[-棧] N. warehouse M: [1]jiā/[4]zuò
hángzhǎng 行长 N. bank president M: gè/[1]míng/[2]wèi
hángzhèng 航政 N. shipping administration
hángzhèngjú 航政局 P.W. department of navigation administration
hángzhì 航至 V.P. navigate by plane/ship to
Hángzhōu 杭州 P.W. Hangzhou (capital of Zhejiang)
hángzhūjù 行株距 N. distance between lines/rows
hángzi 行子 N. <topo.> a person/thing one does not like
hánhài 寒害 N. damage caused by cold weather
[1]hànhǎi* 瀚/翰海 N. <wr.> big gravel desert
[2]hànhǎi 旱海 N. desert
hànhǎitáng 捍海塘 P.W. <hist.> ① dike built in the 10th century at today's Hangzhou ② Tang dike along the seacoast of Jiangsu and Zhejiang
[1]hànhàn 瀚瀚 R.F. vast and expansive
[2]hànhàn 暵暵 R.F. <wr.> exposed to scorching sunshine
[3]hànhàn 汗汗 R.F. vast (expanse of water)
hánhanhúhú 含含糊糊 R.F. ambiguous; unclear (of opinion/etc.)
hǎnhǎo(r) 喊好(儿) V.O. applaud
hánháochóng 寒号虫[-號蟲] N. <zoo.> large species of bat M: gè/[2]zhī
hánháoshǔnmò 含毫吮墨 F.E. ① moisten the tip of the writing brush with one's lips ② pause to think when writing
hánhèn* 含恨 V.O. nurse hatred
hànhèn 憾恨 N. bitter regret; chagrin
hánhènchángshì 含恨长逝 F.E. die unavenged
hánhènzhōngtiān 含恨终天 F.E. die unavenged
hānhou 憨厚 S.V. ①simple and honest ②straightforward
hānhōuléi 鼾齁如雷 F.E. thunderous snores
hǎnhū 酣呼 V. yell; shout
hánhu* 含糊/胡/忽 S.V. ① ambiguous; vague ② careless; perfunctory ③ muddled; confused ④ shabby; inferior; second rate ♦V. dither; dillydally
hánhuà 涵化 N. acculturation
hǎnhuà* 喊话 V.O. communicate by tele-equipment ♦N. frontline propaganda aimed at the enemy
Hànhuà 汉化[漢-] V. ① be sinicized; be assimilated by the Chinese ② sinicize
hánhuà de 涵化的 ATTR. <lg.> internalized
hánhuà móshì 涵化模式 N. <lg.> acculturation model (hypothesis)
hánhuà móshì jiǎshuō 涵化模式假说 N. <lg.> acculturation model hypothesis
hànhuāng 旱荒 N. <topo.> drought M: [2]chǎng/[1]cì
hǎnhuàqì 喊话器 N. megaphone M: [1]tái
hǎnhuàtǒng 喊话筒 N. ① trumpet-shaped portable loudspeaker ② microphone
hánhuāwǎnjié 寒花晚节[-節] ID. preserve one's personality/integrity in old age
hánhúbùmíng 含糊不明 F.E. vague and ambiguous
hánhúbùqīng 含糊不清 F.E. vague; woolly
hánhú dāying 含糊答应[-應] V.P. mutter a vague assent
hánhū de zìmǔ 含糊的字母 N. <lg.> slur-vowel
hánhuhuór 含忽活儿 N. <coll.> shoddy workmanship
hánhuī 寒灰 N. <wr.> cooling of sentiments/feelings
hánhu liǎoshì 含糊了事 V.P. settle a case in a muddling manner; finish a job carelessly
hánhùn 含混 V.P. indistinct; ambiguous
hànhuó 焊活 N. welding work
hánhuqící 含糊/胡其词/辞[-辭] F.E. equivocate
hánhú tánhuà 含糊谈话 N. <lg.> ambiguous talk
Hānízú 哈尼族 N. Hani ethnic minority (in Yunnan)
hánjí 寒极[-極] N. <geol.> the cold pole
[1]hánjì 寒悸 N. <topo.> shiver (with cold/fear)
[2]hánjì 寒剂[-劑] N. <phy.> freezing mixture M: [14]fù
[1]hànjì* 旱季 N. dry season
[2]hànjì 焊剂[-劑] N. solder
hánjià* 寒假 N. winter vacation M: [3]xiàng
hǎnjià 喊价[-價] V.O. shout/call out prices
Hànjiāláng 汉家郎[漢-] N. <topo.> Han Chinese male
[1]hánjiàn 函件 N. letters; correspondence M: [2]fēng/[1]pī
[2]hánjiàn 寒贱[-賤] V.P. poor and lowly
hǎnjiàn* 罕见 S.V. rare; rarely seen
Hànjiān 汉奸[漢-] N. traitor (to China) M: gè/[1]míng/[2]wèi
hànjiǎn 汗碱/硷[-鹼] N. sweat stain M: [1]piàn
hànjiāng 焊浆[-漿] N. soldering paste
Hàn Jiāng* 汉江[漢-] P.W. ① Han River (largest Yangtze tributary) ② river in central Korea
hànjiàng 悍/扞将[-將] N. brave warrior; intrepid general/official M: gè/[1]míng/[2]wèi
Hànjiān màiguózéi 汉奸卖国贼[漢-賣國-] N. traitor and collaborationist M: gè/[1]míng/[2]wèi
hǎnjiào* 喊叫 V. shout; cry out
hànjiǎo 汗脚[-腳] N. sweaty feet M: [1]duì/[1]shuāng/[1]fù
Hànjiā tiānzǐ 汉家天子[漢-] N. Han emperor
hànjiē 焊接 V. welding; soldering
hánjìn* 寒噤 N. shiver (with cold/fear) *Wǒ dǎle ge* ~. A shiver ran over my body.
hànjīn 汗巾 N. girdle; sash M: [2]kuài/[1]tiáo
hánjīng 寒荆[-荊] PR. <trad./humb.> my wife
hànjǐng* 旱井 N. ① water-retention well ② dry well (for winter storage) M: gè/kǒu
hànjīnjīn 汗津津 R.F. <topo.> sweaty
hànjīnlián 旱金莲 N. nasturtium M: [2]kē
hánjīnliàng 含金量 N. percentage of gold

hǎnjiù* 喊救 V.O. shout for help
hànjiǔ 汗酒 N. brandy M: *píng*
hànjù 捍拒 V. resist
Hànjù* 汉剧[漢劇] N. Hubei opera M: [1]*chū*/[1]*tái*
Hànjūn 汉军[漢-] N. <*hist.*> Han soldiers who defected to the Manchu invaders M: [4]*zhī*
hánjǔyìwèi 涵咀义味[--義-] F.E. chew and relish the flavor
Hànkǎ 汉卡[漢-] N. <*comp.*> Chinese-character circuit board M: [1]*zhāng*
hànkǒng 汗孔 N. pore
hànkǒu 焊口 N. spot/hole/etc. welded or to be welded
Hànkǒu* 汉口[漢-] P.W. Hankou (city in Hubei)
hánkǔ 寒苦 V.P. destitute
hǎnkǔ* 喊苦 V.O. cry out one's grievances
hànkù 汗裤 N. shorts M: [2]*jiàn*/[1]*tiáo*
hànlà 焊蜡[-蠟] N. solder
hánláishǔwǎng 寒来暑往 F.E. as time passes
hàn-lǎo 旱潦 N. droughts and floods
hàn-lào* 旱涝[-澇] N. droughts and floods
hànlàobǎoshōu 旱涝保收[-澇--] F.E. ensure stable yields despite drought or excessive rain
hànlǎozhīzāi 旱潦之灾[-災] N. drought and flood disasters
hánlāzi 含啦子 N. <*topo.*> saliva
hānlè 酣乐[-樂] N. unrestrained pleasure
hánlèi 含泪[-淚] V.O. have tears in one's eyes
hánlěng 寒冷 S.V. cold; frigid
hánlěngchègǔ 寒冷彻骨[--徹-] F.E. be chilled to the marrow
hánlěngnán'áo 寒冷难熬[--難-] F.E. The bitter cold is unbearable.
hánlì 寒痢 N. <*Ch. med.*> cold-type dysentery M: [2]*chǎng*/[1]*cì*
Hànlǐ 汉礼[漢禮] N. Ch. fashions and etiquette
hànlì* 悍戾 V.P. <*wr.*> cruel; atrocious
[1]**hànlián** 旱莲 N. <*bot.*> St. John's wort
[2]**hànlián** 颔联[-聯] N. <*wr.*> third and fourth lines (in an eight-line poem) which form a couplet
hánliáng 寒凉[-涼] V.P. cold and cool
hánliàng* 含量 N. content
hánliángyào 寒凉药[-涼藥] N. <*Ch. med.*> cold-cool drug M: [14]*fù*
hànliào 焊料 N. solder
hánliǎowènjí 含蓼问疾 F.E. ask after the people's sufferings with deep concern
hánliè 寒洌 V.P. <*wr.*> cold; frigid
hánlín 寒林 N. winter forest M: [1]*piàn*
Hànlín* 翰林 N. <*hist.*> ① Imperial Academy/Academician M: *ge*/[1]*míng*/[2]*wèi* ② literary circles M: [2]*dài*
hánlíng 含灵[-靈] N. <*Budd.*> living beings (esp. sentient ones)
hánlìng* 函令 N. written command/order
hànlínlín 汗淋淋 R.F. dripping with perspiration; soaked with sweat
Hànlínyuàn 翰林院 P.W. <*hist.*> Hanlin Academy M: *ge*/[4]*zuò*
hánliú* 寒流 N. ① <*met.*> cold current ② <*wr.*> scholar of little means
hànliǔ 旱柳 N. dryland willow M: [2]*kē*
hànliújiābèi 汗流浃背[--浹-] F.E. stream with sweat; perspire all over
hànliúmǎnmiàn 汗流满面 F.E. perspire all over one's face
hànliúrúyǔ 汗流如雨 F.E. sweat profusely
Hánlù 寒露 N. Cold Dew (17th solar term) M: [2]*dì*
hànlù* 旱路 N. overland route M: [1]*tiáo*
hànluò 撼落 R.V. shake down
hànluòr 汗络儿 N. <*topo.*> summer net shirt M: [2]*jiàn*
[1]**hànmǎ** 悍/骍马 N. untamed/fierce-tempered horse M: [1]*pǐ*
[2]**hànmǎ** 汗马 N. military exploit
hànmǎgōngláo 汗马功劳[-勞] ID. ① distinctions won in battle; war exploits ② one's contribution in work
hànmàn 汗漫 <*wr.*> V.P. ① wide-ranging; wide of the mark ② unconventional and uninhibited ♦N. wide expanse of water
hànmàn bùkě shōushi 汗漫不可收拾 F.E. superficial and indiscriminate (of stories/hearsay)
hànmànzhīyán 汗漫之言 N. rambling talk M: [1]*jù*
hánmao* 寒毛 N. fine hair on the human body M: [2]*gēn*
hànmáo 汗毛 N. fine hair on the human body M: [2]*gēn*
hánmáokǒng(r) 寒毛孔(儿) N. pores; follicles
hànmáokǒng* 汗毛孔 N. pores; follicles
hánmáoyǎnr 寒毛眼儿 N. pore
hánméi 寒梅 N. winter plum tree M: [5]*zhī*
hánmén* 寒门 N. ① poor/humble family ② <*humb.*> my family
hǎnmén 喊门 V.O. call at the door
hānmèng* 酣梦[-夢] N. sweet dream M: [3]*cháng*
hánméng 寒盟 V.O. ignore a treaty
hānmián 酣眠 N./V. sleep soundly; be fast asleep
Hànmín 汉民[漢-] N. Chinese; Han ethnic group M: *ge*/[1]*míng*/[2]*wèi*
Hànmíng 汉名[漢-] N. Chinese name
hánmò 寒漠 N. <*geog.*> cold desert
hànmò* 翰墨 N. <*wr.*> ① brush and ink ② writing, painting, and calligraphy
Hànmù 汉墓[漢-] N. Han-dynasty tombs M: *ge*/[4]*zuò*
hànní 汗泥 N. grime excreted through the skin
hànnián 旱年 N. year of drought
hànniúchōngdòng 汗牛充栋 ID. immense number of books
hánnù 含怒 V.O. be angry/resentful
hánnǚ 寒女 N. daughter of a poor family M: *ge*/[1]*míng*/[2]*wèi*
Hànnǚ* 汉女[漢-] N. Goddess of the Han River M: *ge*/[1]*míng*/[2]*wèi*
hánnuǎnshìyí 寒暖适宜[--適-] F.E. has a varied climate
hánnùbùyán 含怒不言 F.E. hold one's tongue sulkily
hánnüè 寒疟[-瘧] N. <*med.*> algid malaria M: [3]*cháng*
hánpiàn 含片 N. lozenge
hǎnpì'éryù 罕譬而喻 F.E. <*wr.*> ① explain clearly with few illustrations ② make a striking yet easily understood analogy
hànpō 悍泼[-潑] V.P. bold
hǎnpò sǎngménr 喊破嗓门儿 F.E. yell/shout oneself hoarse
hánqì* 寒气[-氣] N. cold air/draft M: [2]*gǔ*
hànqì 悍妻 N. shrewish wife M: *ge*/[1]*míng*/[2]*wèi*
hánqià 函洽 V. <*wr.*> contact by letter
hànqiāng 焊枪[-槍] N. welding torch M: [2]*gēn*
hánqiào* 寒峭 V.P. <*wr.*> chilly
hànqiáo 旱桥[-橋] N. viaduct; overpass M: *ge*/[4]*zuò*
hánqìbīrén 寒气逼人[-氣--] F.E. There's a nip in the air.
hánqìcìgǔ 寒气刺骨[-氣--] F.E. be chilled to the bone
hānqìn 憨寝[-寢] V. <*wr.*> sleep soundly
hànqín* 旱芹 N. celery M: [2]*kē*
hánqīng 含氢[-氫] ATTR. hydrogenous
hánqíng* 含情 V.O. express one's emotions
hànqīng 汗青 N. <*wr.*> ① completion of literary undertaking ② historical record
hànqíng 旱情 N. drought situation
hánqíngmòmò 含情脉脉[-脈脈] F.E. exude tenderness and love
hǎnqióng 喊穷[-窮] V.O. plead poverty
hánqìtūnshēng 含泣吞声[-聲] F.E. choke down one's tears
hánqiū 寒秋 N. cold/late autumn
hánqìxírén 寒气袭人[-氣--] F.E. piercing cold
hánquán 寒泉 N. cold spring M: *ge*/*yǎn*
hānrán 酣然 ADV. ① merrily (drunk) ② sound (asleep)
hànrán* 悍然 ADV. brazenly; flagrantly
hànránbùgù 悍然不顾[-顧] F.E. in flagrant defiance of
hǎnrǎng 喊嚷 V. yell; cry
hànránrùqīn 悍然入侵 F.E. outrageously invade
hánrè 寒热[-熱] N. <*Ch. med.*> chills and fever M: [3]*cháng*
hánrèbìng 寒热病[-熱-] N. <*Ch. med.*> malaria M: [3]*cháng*/[1]*cì*
hánrèjiāocuò 寒热交错[-熱--] F.E. <*Ch. med.*> simultaneous appearance of hot and cold manifestations
[1]**hánrén** 寒人 N. a person of humble status M: *ge*/[1]*míng*
[2]**hánrén** 函人 N. <*trad.*> maker of armor M: *ge*/[1]*míng*
hǎnrén 喊人 V.O. shout for sb.'s attention
hànrén 悍人 N. fierce-looking man M: *ge*/[1]*míng*/[2]*wèi*
Hànrén* 汉人[漢-] N. Han person/people; Han ethnic group M: *ge*/[1]*míng*/[2]*wèi*
hánrénxīndǎn 寒人心胆[--膽] F.E. make one's blood run cold
hánrèwǎnglái 寒热往来[-熱--] F.E. <*Ch. med.*> alternating spells of fever and chills
hánróng 涵容 V. <*wr.*> ① excuse; forgive; bear with ② be tolerant
hánróngxùnshùn 含容巽顺 F.E. forbearing and retiring
[1]**hánrú** 寒儒 N. <*wr.*> poor scholar M: *ge*/[2]*wèi*
[2]**hánrú** 涵濡 V.P. <*wr.*> set a good moral example to the younger generation
hánrǔ* 含辱 V.O. bear shame
Hànrú 汉儒[漢-] N. Han-dynasty scholars M: *ge*/[1]*míng*/[2]*wèi*
hànruì 悍锐 V.P. <*wr.*> ① cruel ② resolute
hánrǔqiúshēng 含辱求生 F.E. swallow insults to remain alive
hánrǔtōushēng 含辱偷生 F.E. endure shame to save one's skin
hànrúyǔxià 汗如雨下 F.E. sweat profusely
hànsǎn 旱伞[-傘] N. parasol; sunshade M: *ge*/[1]*bǎ*
hǎn sǎngzi 喊嗓子 V.O. ① shout ② train/exercise one's voice (as an actor)
[1]**hánsè** 寒色 N. cool color
[2]**hánsè** 寒涩[-澀] V.P. difficult and harsh
hánsēnsēn 寒森森 R.F. chilly
hánshā de 含沙的 ATTR. sandy
hánshāliàng 含沙量 N. silt content
hǎnshāliántiān 喊杀连天[-殺--] F.E. The battle-cry reached to heaven.
hánshān 寒山 N. winter mountain M: *ge*/[4]*zuò*
hànshān* 汗衫 N. ① undershirt; T-shirt ② <*topo.*> shirt M: [2]*jiàn*
hānshǎng 酣赏 V. enjoy without restraint
hánshāng* 函商 V. correspond
hàn shānyuè, qì guǐ-shén 撼山岳,泣鬼神 F.E. profoundly moving
hǎn "shā" shēng 喊杀声[-殺聲] N. voices of soldiers yelling "Kill! Kill!"
hánshāshèyǐng 含沙射影 ID. attack by innuendo; insinuate
hǎnshāzhīshēng 喊杀之声[-殺-聲] N. voices of soldiers yelling "Kill! Kill!"
hánshè 寒舍 N. <*humb.*> my house M: [1]*jiān*
[1]**hānshēng*** 鼾声[-聲] N. sound of snoring M: [1]*zhèn*
[2]**hānshēng** 憨声[-聲] V.P. not clever but honest in speech
hǎnshēng 喊声[-聲] N. ① yell ② hubbub M: [1]*zhèn*
hānshēngdàzuò 鼾声大作[-聲--] F.E. ① breathe stertorously ② snore loudly
hànshēng dòngwù 旱生动物[--動-] N. xerophilous animal
hānshēng hūxī 鼾声呼吸[-聲--] N. stertorous breathing
hǎnshēngliántiān 喊声连天[-聲--] F.E. screams pierce the sky
hānshēngrúléi 鼾声如雷[-聲--] F.E. snore thunderously
hǎnshēngzhèntiān 喊声震天[-聲--] F.E. make the welkin ring/roar

hànshēng zhíwù 旱生植物 N. <bot.> xerophyte M: [1]*zhǒng*

hānshéngzi 憨绳子[-繩-] N. <topo.> strong rope/string M: [1]*tiáo*

hànshènshèn 汗渗渗[-滲滲] R.F. <coll.> sweaty

hānshi 憨实[-實] S.V. ① simple and honest ② <coll.> husky; stout (e.g., club/rope)

hánshī 寒湿[-濕] N. <Ch. med.> cold dampness

Hánshí 寒食 N. ① Qingming eve ② Qingming day

hánshì 寒士 N. poor/humble scholar M: *ge*/[1]*míng*/[2]*wèi*

hǎnshì 罕事 N. rare event M: [2]*jiàn*

hànshī 汗湿[-濕] V.P. wet with sweat

[1]**hànshì*** 憾事 N. a matter of regret M: *ge*/[2]*jiàn*

[2]**hànshì** 悍室 N. <wr.> shrewish wife

Hànshì 汉室[漢-] N. the House of Liu, which ruled China during the Han dynasty

[1]**hánshòu** 函授 V. teach by correspondence ♦N. correspondence course

[2]**hánshòu** 函售 V. sell by mail

[1]**hànshǒu*** 颔首 V.O. <wr.> nod

[2]**hànshǒu** 汗手 N. sweaty hands M: [1]*shuāng*/[2]*zhī*

hánshòubān 函授班 N. correspondence course

hánshòubù 函授部 P.W. correspondence section/department

hánshòu dàxué 函授大学 P.W. correspondence college M: *ge*/[1]*suǒ*/[4]*zuò*

hánshòu jiàoyù 函授教育 N. correspondence course

hànshǒu shìyì 颔首示意 V.P. give a nod as a signal

hànshǒu wēixiào 颔首微笑 V.P. nod and smile

hánshòu xuéxí 函授学习[-習] N. distance learning

hánshòu xuéxiào 函授学校 P.W. correspondence school M: *ge*/[1]*suǒ*/[4]*zuò*

hànshǒuyìngzhī 颔首应之[--應-] F.E. nod consent

hànshǒuzhījiāo 颔首之交 N. nodding acquaintance

hānshú 酣熟 V.P. sleep soundly

hán-shǔ* 寒暑 N. ① winter and summer ② a year ③ heat and cold

hánshù 函数[-數] N. <math.> function

Hànshū 汉书[漢書] N. *Han History* M: [2]*bù*

hànshù 撼树[-樹] V.O. shake a tree

hánshuāng 寒霜 N. frost

hánshǔbiǎo 寒暑表 N. thermometer M: *ge*/[2]*zhī*

hánshù guānxi 函数关系[-數關係] N. <math.> functional relationship

[1]**hānshuì** 酣睡 V. ① sleep soundly ② fall into a deep sleep

[2]**hānshuì** 鼾睡 N. ① snoring ② heavy sleep with snoring M: [3]*cháng*

[1]**hánshuǐ** 含水 V.O. contain water/moisture

[2]**hánshuǐ** 寒水 N. cold water

hànshuǐ* 汗水 N. sweat M: [2]*dī*

Hànshuǐ 汉水[漢-] P.W. Han River (the longest Yangtze tributary)

hánshuǐcéng 含水层[-層] N. <geol.> water-bearing stratum; aquifer

hánshuǐliàng 含水量 N. moisture/water content

hánshuǐlǜ 含水率 N. moisture/water content

hánshùjì 含漱剂[-劑] N. mouthwash; gargle M: *píng*

hán-shǔjià 寒暑假 N. winter and summer vacations

hànshùpífú 撼树蚍蜉[-樹--] ID. ridiculously overrate oneself

hánshǔxiāngtuī 寒暑相推 F.E. the seasonal changes hurry on

hánshǔyìjié 寒暑易节[-節] F.E. abnormal weather

hánshùzhí 函数值[-數-] N. <math.> function value

hànsī 焊丝[-絲] N. solder

hánsīsī 寒丝丝[-絲絲] R.F. a bit chilly

hánsù 寒素 V.P. <wr.> ① impoverished; poor ② simple; plain; crude ♦N. poor people

[1]**hánsuān** 寒酸 S.V. ① wretched; poverty-stricken ② unpresentable (dress/gifts/etc.)

[2]**hánsuān** 含酸 ATTR. containing acid

hánsuānsuǒxiè 寒酸琐亵[-褻] F.E. poverty-stricken and wretched

hánsuānxiàng 寒酸相 N. poverty-stricken appearance M: [1]*fù*

hánsuǒ 函索 V. request by mail

hánsuǒjìjì 函索即寄 F.E. send (samples/etc.) upon request by mail

hàntǎ 旱獭 N. marmot M: *ge*/[2]*zhī*

hāntài 憨态[-態] N. ① naivité ② unpretentiousness M: [1]*fù*

hāntàikějū 憨态可掬[-態--] F.E. charmingly naive

hántán 寒痰 N. <Ch. med.> cold phlegm M: *kǒu*

Hàn-Táng 汉唐[漢-] N. Han and Tang dynasties

hántáo 含桃 N. cherry M: [1]*kē*/[3]*lì*

hàntār 汗褟儿 N. <topo.> undershirt M: [2]*jiàn*

hāntián 酣甜 S.V. sweet (of sleep/dream)

hàntiān(r) 旱天(儿) N. dry season/days/weather

hàntián* 旱田 N. dry farmland; dry land M: [2]*kuài*/[1]*piàn*

hàntiāndòngdì 憾天动地[--動-] F.E. shake heaven and earth

hàntiáo 焊条[-條] N. welding rod M: [2]*gēn*

hántiěliàng 含铁量[-鐵-] N. iron percentage

hǎntòng 喊痛 V.O. scream with pain

hāntóuhānnǎo 憨头憨脑[-腦] F.E. ① simple and honest ② dumb-looking

hàntū 駻突 N. fierce-tempered horse M: [1]*pǐ*

Hàntǔ* 汉土[漢-] N. land of the Han people

hántuǐ 寒腿 N. <coll.> rheumatism in the legs M: [1]*duì*/[1]*tiáo*

[1]**hánwēi** 寒微 V.P. <wr.> of humble origin

[2]**hánwēi** 寒威 N. frigid coldness

hánwèi 含味 V.O. <wr.> fully enjoy (food/pleasure/etc.)

hànwèi* 捍卫[-衛] V. guard; defend

hánwèijuànyǒng 含味隽永[--雋-] F.E. fine, lasting flavor (of literature)

hànwèir 汗味儿 N. sweaty smell M: [2]*gǔ*

hánwēishēnshì 寒微身世 F.E. the hard lot of poverty

hànwèizhě 捍卫者[-衛-] N. protector; defender M: *ge*/[1]*míng*/[2]*wèi*

hánwēn 寒温 ID. exchange banal words of greeting with sb.

hǎnwén 罕闻 S.V. seldom heard of

Hànwén* 汉文[漢-] N. ① written/literary Chinese ② Chinese language/literature

hānwò 酣卧[-臥] V. sleep soundly

hǎnwù 罕物 N. a rare thing M: [2]*jiàn*

Hàn Wǔdì 汉武帝[漢-] (reigned 187–140 B.C.) N. Martial Emperor; his 54-year reign is considered the most glorious of Han

Hánwǔjì 寒武纪 N. <geog.> Cambrian Period

hànxī* 焊锡 N. tin solder

Hànxí 汉席[漢-] N. Chinese feast M: *zhuō*

[1]**hànxià** 汗下 V.P. ① perspire ② be ashamed

[2]**hànxià** 颔下 N. under one's chin

hànxiǎn 汉显[漢顯] ATTR. character-displaying (machine)

hànxiàn* 汗腺 N. sweat gland M: [1]*tiáo*

hànxiàng 旱象 N. signs of drought M: [1]*zhǒng*

Hán Xiāngzǐ 韩湘子[韓-] N. <Dao.> one of the Eight Immortals

hānxiào 憨笑 V. giggle; simper

hánxiào* 含笑 V.O. ① wear a smile ② open (of flowers) ♦N. <bot.> *magnolia fuscata*

hánxiào diǎntóu 含笑点头[--點-] V.P. nod with a smile

hánxiàodìxià 含笑地下 F.E. die with satisfaction

hánxiàojiǔquán 含笑九泉 F.E. die with satisfaction

hànxiàxiàn 颔下腺 N. <phys.> submaxillary glands

hánxié 寒邪 N. <Ch. med.> cold evil

hánxiěpēnrén 含血喷人 *See hánxuèpēnrén*

hánxīn 寒心 V.O. tremble with fear ♦S.V. bitterly disappointed

hānxìng 酣兴[-興] N. strong alcoholic spirits

hǎnxǐng* 喊醒 V. call loudly to wake up sb.

hànxīng 汗腥 N. the stench of sweat M: [2]*gǔ*

Hànxìng 汉姓[漢-] N. ① Han surname ② Han surname adopted by non-Han

hànxīngqì 汗腥气[-氣] N. unpleasant smell of sweat (of clothes/etc.) M: [2]*gǔ*

hánxīnrúkǔ 含辛茹苦 ID. endure all sorts of hardships

hānxīshēng 鼾息声[-聲] N. sound of snoring M: [1]*zhèn*

hánxiū 含羞 ADV. shyly; timidly

hánxiūcǎo 含羞草 N. <bot.> ① sensitive plant ② mimosa M: [2]*kē*

[1]**hánxù** 含/涵蓄 V. contain; embody ♦S.V. ① implicit; veiled ② reserved

[2]**hánxù** 涵煦 V. <wr.> ① protect and raise (children/etc.) ② cherish and nourish

hánxuān 寒暄/喧 V. exchange conventional greetings ♦N. ① winter and summer ② a year

hánxuānwènhǎo 寒暄问好 F.E. exchange conversational greetings

hánxuānxìng jiāotán 寒暄性交谈 N. <lg.> phatic communion

hánxuānyǔ 寒暄语 N. ① phatic communion ② <lg.> greeting M: [1]*jù*

hánxùbùlù 含蓄不露 F.E. contain much but reveal little

hánxù chénshù 含蓄陈述 N. <lg.> understatement

hánxù de 含蓄的 ATTR. <lg.> unreleased

hānxuè 酣谑 N. <wr.> drinking and joking; drunken gaiety

Hànxué* 汉学[漢-] N. ① Han school of classical philology ② Sinology

hànxuè 汗血 N. troubles; pains

Hànxuéjiā 汉学家[漢-] N. ①Sinologist ②expert in the textual study of the classics M: *ge*/[1]*míng*/[2]*wèi*

hánxuèpēnrén 含血喷人 F.E. make slanderous accusations

hánxù fǒudìngcí 含蓄否定词 N. <lg.> implied negative

hánxùliàngbiǎo 含蓄量表 N. scalogram

hánxùliàng bìǎofǎ 含蓄量表法 N. implicational scaling M: [1]*zhǒng*

hánxùliàng biǎotú 含蓄量表图[-圖] N. scalogram M: [1]*zhāng*

hánxún 函询 V. inquire by letter

hánxù pīpíng 含蓄批评 N. implicit criticism

hánxù sāiyīn 含蓄塞音 N. <lg.> unreleased stop

hányā 寒鸦 N. jackdaw M: [2]*zhī*

hányàn 寒雁 N. winter wild goose M: *ge*/[2]*zhī*

hànyān 旱烟[-煙] N. (dry-smoked) tobacco (versus **shuǐyān**) M: [5]*dài*

hànyán* 汗颜 S.V. <wr.> ashamed

hànyāndài 旱烟袋[-煙-] N. long-stemmed Chinese pipe M: *ge*/[2]*zhī*

hányǎng 涵养[-養] N. ① self-restraint ② ability to be kind/patient/tolerant/etc. under all circumstances ♦V. ① conserve ② nourish and cherish

hányǎng gōngfu 涵养功夫[-養--] V.O. have profound sensitivity, esp. shown in restraint/forbearance/etc.

hányǎngliàng 含氧量 N. oxygen content

hányǎngsuān 含氧酸 N. oxygen acid

hànyāngtián 旱秧田 N. dry rice field M: [2]*kuài*/[1]*piàn*

hànyānguǎn 旱烟管[-煙-] N. long-stemmed Chinese pipe M: *ge*/[2]*zhī*

hǎnyánguǎyǔ 罕言寡语 F.E. be quiet and unexpressive

hányǎng wànwù 涵养万物[-養萬-] V.O. cherish and nourish all things

hànyáo* 撼摇 V. shake; rock; jolt

[1]**hànyào** 悍药[-藥] N. drastic remedy M: [1]*fù*

[2]**hànyào** 焊药[-藥] N. solder

hànyáoshānyuè 撼摇山岳 ID. shake the mountains and hills

hànyāzi 旱鸭子 N. ① ducks raised on dry land (not on water) ② non-swimmer M: [2]zhī
hányè* 寒夜 N. cold/chilly night
[1]hànyè 汗液 N. sweat; perspiration M: [2]dī
[2]hànyè 焊液 N. welding/soldering fluid
hányī 寒衣 N. winter clothing M: [2]jiàn
hányí 含饴 V.O. spend time with one's grandchildren (of a retiree)
[1]hányì* 含/涵义[-義] N. meaning; implication; connotation M: [1]zhǒng
[2]hányì 寒意 N. nip in the air
[3]hányì 含/涵意 N. ① intended meaning; implication ② <lg.> implicature M: [1]zhǒng
[4]hányì 含呓[-囈] V. <wr.> talk in one's sleep
hànyī 汗衣 N. sweat clothes M: [2]jiàn
Hànyī 汉医[漢醫] N. Chinese medicine/physician M: ge/[1]míng/[2]wèi
Hànyì 汉译[漢譯] V. translate into Chinese ♦N. Chinese rendering of a book
hányì bùmíng cí 含义不明词[-義---] N. <lg.> idiom
hānyīn 鼾音 N. rhonchus M: [1]zhèn
hānyǐn* 酣饮 V. carouse
Hànyīn 汉音[漢-] N. <lg.> Kan-on
hányīng 含英 N. budding beauty
Hàn-Yīng* 汉英[漢-] ATTR. Chinese-English
hányīngjǔhuá 含英咀华[-華] F.E. relish the beauty of literature
Hàn-Yīng zìdiǎn 汉英字典[漢-] N. Chinese-English dictionary
hányínliàng 含银量 N. percentage of silver
hányínòngsūn 含饴弄孙[-孫] F.E. enjoy happy old age; have a life of leisure in old age
hányì pǔbiànxìng 含意普遍性 N. <lg.> implicational universal
hányìshēncháng 含义深长[-義--] F.E. express with a profound implication; imply deep meanings
hányǒng 涵泳 V. <wr.> swim
hǎnyòng* 罕用 S.V. rarely used
hǎnyòngcí 罕用词 N. rare word
hányóu 含油 V.O. containing oil
[1]hányǒu* 含有 V. contain; have
[2]hányǒu 涵有 V. imply
hǎnyǒu 罕有 V. rarely have ♦V.P. rare; unusual; exceptional
hànyóu 焊油 N. soldering paste
hányóucéng 含油层[-層] N. oil-bearing formation/stratum
hányóuliàng 含油量 N. percentage of oil
hǎnyǒuqípǐ 罕有其匹 F.E. <wr.> rarely equaled
hānyú 酣娱 V.P. <wr.> enjoy to one's heart's content
hānyù 酣饫 V.P. <wr.> intoxicated and satiated
[1]hányù 含玉 N. tomb jades (placed in the mouth of a dead emperor)
[2]hányù 寒玉 N. fine complexion
Hán Yù 韩愈[韓-] (768–824) N. leading Tang statesman/philosopher/poet, a venerated literary figure
Hànyǔ* 汉语[漢-] N. ① Chinese/Sinitic language(s) ② Mandarin Chinese (for non-Han Chinese and foreigners)
hànyù 捍/扞御[-禦] V. <wr.> defend; guard; protect
hányuān* 含冤 V.O. ① suffer a wrong ② be a victim of an unjust charge
hányuàn 含怨 V.O. nurse a grievance
hǎnyuān 喊冤 V.O. cry out a grievance
[1]hànyuàn 憾怨 N. chagrin
[2]hànyuàn 翰苑 N. <trad.> literary circles
hányuānfùqū 含冤负屈 F.E. suffer an unjust grievance; nurse a grievance and suffer an injustice
hǎnyuānjiàoqū 喊冤叫屈 F.E. cry out a grievance
hányuānmòbái 含冤莫白 F.E. ① suffer a grievous wrong with no hope of vengeance ② a wrong has not been set right
hányuānqùshì 含冤去世 F.E. die uncleared of a false charge
hányuànrěnrǔ 含怨忍辱 F.E. passively accept insults and humiliations
hányuànshòuqū 含怨受屈 F.E. be accused falsely
hányuānsǐqù 含冤死去 F.E. die uncleared of a false charge
hányuāntūnshēng 含冤吞声[-聲] F.E. suffer/bear injustice without protest
hányuānzhōngtiān 含冤终天 F.E. die with one's name uncleared
Hànyǔ de zhǔtí 汉语的主题[漢-] N. <lg.> Chinese topic; topic of Chinese
Hànyǔ de zhǔyǔ 汉语的主语[漢-] N. <lg.> Chinese subject; subject of Chinese
hányuē* 函约 V. make an appointment by letter
hànyuè 旱月 N. months of drought
Hànyǔ guīfànhuà 汉语规范化[漢--範-] N. <lg.> standardization of the Chinese language
[1]hányùn 含蕴 <lg.> V. entail; imply ♦N. implication
[2]hányùn 涵蕴 N. implication M: [1]zhǒng
hányùn guīlǜ 含蕴规律 N. <lg.> implicational law
hányùn pǔbiànxìng 含蕴普遍性 N. <lg.> implication universal
Hànyǔ Pīnyīn 汉语拼音[漢-] N. Chinese pinyin (official PRC transcription)
Hànyǔ Pīnyīn Fāng'àn 汉语拼音方案[漢-] N. Scheme for the Chinese Phonetic Alphabet (1958) M: tào
Hànyǔ Pīnyīn Zìmǔ 汉语拼音字母[漢-] N. ① Chinese Pinyin Alphabet (official PRC transcription) ② Chinese phonetic script
Hànyǔ qīngyīn 汉语轻音[漢-輕-] N. <lg.> Chinese neutral stress
Hànyǔ shēngdiào 汉语声调[漢-聲-] N. <lg.> Chinese tones
Hànyǔ shēngyùn xìtǒng 汉语声韵系统[漢-聲韻--] N. <lg.> Chinese phonological system M: tào
Hànyǔ shuǐpíng kǎoshì 汉语水平考试[漢-] N. test of Chinese-language ability M: [3]cháng/[1]cì
Hànyǔ shūmiàn lǐjiě xìtǒng 汉语书面理解系统[漢-書-----] N. <lg.> written-Chinese understanding systems M: tào
Hànyǔ wénzìxué 汉语文字学[漢-] N. <lg.> Chinese graphology
Hànyǔxì 汉语系[漢-] N. <lg.> Chinese language family
Hànyǔ xiūcí 汉语修辞[漢-辭] N. <lg.> Chinese rhetoric M: [1]zhǒng
Hànyǔ xùnxī yuánzé 汉语讯息原则[漢-] N. <lg.> Chinese information principle M: [3]xiàng
Hànyǔ yīnyùnxué 汉语音韵学[漢--韻-] N. <lg.> Chinese (historical) phonology
Hànyǔ yǔyīn lǐjiě xìtǒng 汉语语音理解系统[漢-] N. <lg.> oral-Chinese understanding systems M: tào
Hànyǔ Zhùyīn Zìmǔ 汉语注音字母[漢-註---] N. <lg.> Chinese phonetic symbols
hànzāi 旱灾[-災] N. drought M: [3]cháng/[1]cì
Hàn-Zàng 汉藏[漢-] ATTR. Sino-Tibetan
Hàn-Zàng duìyīn 汉藏对音[漢-對-] N. <lg.> Sino-Tibetan phonological correspondences
Hàn-Zàngyǔ 汉藏语[漢-] N. <lg.> Sino-Tibetan language/family
Hàn-Zàng yǔxì 汉藏语系[漢-] N. <lg.> Sino-Tibetan language/family
Hàn-Zàng yǔzú 汉藏语族[漢-] N. <lg.> Sino-Tibetan language family
hànzǎo 翰藻 N. <wr.> elegant writing style
hánzhá* 涵闸 N. culverts and water gates
hànzhá 翰札 N. <wr.> letters M: [2]luò
hānzhàn 酣战[-戰] N. fierce battle M: [3]cháng
hánzhàn* 寒颤/战[-戰] N. shiver; tremble
Hán-Zhàn 韩战[韓戰] N. the Korean War
hánzhàng* 函丈 F.E. <wr.> Sir (in letters)
hànzhǎng 翰长 N. the oldest of the academics M: ge/[1]míng/[2]wèi
hànzhěn 汗疹 N. <med.> prickly heat; heat rashes/spots M: [1]shēn
hánzhèng 寒症 N. <Ch. med.> cold symptoms M: [1]zhǒng
hānzhí 憨直 S.V. honest and straightforward
hǎnzhù 喊住 V.O. shout to sb. to stop
hànzhu 焊住 R.V. fix with solder
hànzhū(r)* 汗珠(儿) N. beads of sweat
hànzhuàng 悍戆 V.P. fierce and simple-minded
hánzhuó 寒浞 A.T. cold and wet
hànzhūzi 汗珠子 N. beads of sweat M: [1]chuàn/[2]dī
[1]hānzi 蚶子 N. blood clam
[2]hānzi 憨子 N. <topo.> a dim-wit
hànzi* 汉子[漢-] N. ① man; fellow ② <topo.> husband
hànzì 汗渍 N. sweat stains M: [1]piàn
Hànzì 汉字[漢-] N. Chinese character; sinograph
Hànzì biānmǎ 汉字编码[漢-] N. Chinese-character encoding
Hànzì biānmǎ shūrù 汉字编码输入[漢-] N. <lg.> Chinese character-coding input method
Hànzì cházìfǎ 汉字查字法[漢-] N. indexing method of Chinese characters
Hànzì dàimǎ 汉字代码[漢-] N. <lg.> Chinese character code
Hànzì gǎigé 汉字改革[漢-] N. <lg.> reform of Chinese characters M: [1]zhǒng
Hànzì jiǎmíng hùnyòng 汉字假名混用[漢-] F.E. <lg.> kana majiri (digraphia combining Chinese characters and Japanese kana)
Hànzì jiǎnhuà 汉字简化[漢-] N. simplification of Chinese characters
Hànzì Jiǎnhuà Fāng'àn 汉字简化方案[漢-] N. <PRC> Chinese Character Simplification Scheme (1964) M: tào
Hànzì jiǎnzì yùndòng 汉字简字运动[漢-運動] N. <lg.> Chinese-character simplification movement M: [3]cháng
Hànzì jiāohuànmǎ 汉字交换码[漢--換-] N. <lg.> Chinese-character code for information interchange
Hànzìkù 汉字库[漢-] N. <comp.> Chinese-character library
Hànzì shūrù zhuāngzhì 汉字输入装置[漢---裝-] N. <comp.> Chinese input unit M: tào
Hànzì xiǎnshì zhuāngzhì 汉字显示装置[漢-顯-裝-] N. <comp.> Chinese display on computer M: tào
Hànzì xìnxī chǔlǐ 汉字信息处理[漢---處-] N. <comp.> Chinese-character coding/processing
Hànzì xìnxī jiāohuànmǎ 汉字信息交换码[漢----換-] N. <lg.> Chinese-character code for information interchange
Hànzì zhùyīn 汉字注音[漢-註-] N. phonetic annotation of Chinese characters
hānzòng 酣纵[-縱] V. indulge in excessive drinking
Hànzú 汉族[漢-] N. Han ethnic group
hānzuì 酣醉 V.P. dead drunk
hànzuò 旱作 N. dry farming
[1]hāo 薅 V. pull up (weeds/etc.)
[2]hāo 蒿 N. <bot.> wormwood; artemisia M: [2]kē
[3]hāo 好 B.F. with care ***hǎohāo*** *See also* ***hǎo***, [2]***hào***
[4]hāo 嚆 in ***hāoshǐ***
[1]háo 毫 M. milli- ♦ADV./B.F. in the least; at all (intensifier for negatives) ***háowú, sīháo*** ♦B.F. ① fine long hair/fur ***qiūháo*** ② writing brush [2]***lángháo***
[2]háo 壕 B.F. ① moat ***chéngháo*** ② trench [1]***háogōu***
[3]háo 嚎 V. howl (of humans/animals)
[4]háo 号[號] V. howl (of humans/wind) *See also* [1]*hào*
[5]háo 蚝 N. oyster
[6]háo 豪 B.F. ① a person of extraordinary talents/abilities ***háojié*** ② bold; forthright; unrestrained ***háofàng*** ③ despotic; bullying ***háoqiáng***
[7]háo 嗥 B.F. howl ***háomíngléidòng, lángháoguǐjiào***
[8]háo 濠 B.F. moat [2]***háogōu***, [2]***háoqiàn***
[9]háo 貉 B.F. raccoon dog [3]***háozi, háoróng See also*** [9]***hé***

hǎo* 好 S.V. good ♦ADV. ① very ~ *guì* very expensive ② easy to *Zhèige wèntí ~ huídá.* This question is easy to answer. ♦PREF. good to *~chī* good to eat ♦SUF. *indicating completion Wǒ zuò~ le* I'm done; I've finished (it). *Nòng~ zài zǒu.* Finish (this) before going. ♦CONJ. so as to; so that ♦V. <topo.> may; can; should *Wǒ ~ jìnlai ma?* May I come in? *See also* ³*hāo*, ²*hào*

Hǎo 郝 N. Surname

¹**hào** 号[號] SUF. ① number in a series *wǔ~* number five ② date *yīyuè sān~* January third ♦B.F. ① size *dàhào* ② arrange in a series *biānhào* ③ shop; firm; business ¹*shānghào* ④ mark *biāohào* ⑤ name; appellation *guóhào* ♦N. ① assumed name; sobriquet ② brass wind instrument ♦V. ① make a mark ② feel the pulse ♦M. *for number of people yībǎi duō ~ rén* over a hundred people *See also* ⁴*háo*

²**hào** 好 V. ① like; be fond of ② be liable to *See also hǎo*, ³*hāo*

³**hào** 耗 V. ① consume; cost; expend ② waste time; dawdle ♦B.F. bad news *èhào*

⁴**hào** 浩/灏[-/灝] B.F. great; vast; grand *hàodà, hàodàng*

⁵**hào** 皓/颢[-/顥] B.F. ① white *hàobái* ② bright; luminous; shining *hàoyuè*

⁶**hào** 昊 B.F. the heavens *Hàotiān, hàotiānwǎngjí*

⁷**hào** 镐[鎬] in ²*hàohào, Fēnghào Yízhǐ See also* ³*gǎo*

hǎo ā 好啊 INTJ. Bravo! Well done! Excellent! Great stuff!

háo'ān 毫安 M. <elec.> milliampere

háo'ānpéi 毫安培 M. milliampere

háobā 毫巴 M. <phy.> millibar

háobái 蚝白 N. edible part of an oyster

hàobái* 皓白 V.P. white; pure white

hǎobàn 好办[-辦] S.V. easy to handle

hǎobàng 好棒 V.P. very good

hǎobàntiān 好半天 N. quite a while

hǎobào 好报[-報] N. retribution; reward

hǎobǎshi 好把式 N. <coll.> craftsman; skilled hand

hǎobǐ 好比 V.P. can be compared to; may be likened to; be just like

hàobiàn 好辩 S.V. be contentious

hàobīng 号兵[號-] N. <mil.> bugler M: *ge/*¹*míng/*²*wèi*

hǎobǐshuō 好比说 V.P. for example

hàobó 浩博 V.P. ① extensive; wide-embracing ② many; much

háobù* 毫不 ADV. not at all

hǎobù 好不 ADV. ① not at all *~ róngyì* have hard time (doing sth.) ② utterly; extremely *~ kuàihuó* extremely happy

hǎobudāngr de 好不当儿的[--當--] V.P. <topo.> for no reason

háobùdòngróng 毫不动容[--動-] F.E. without changing countenance

hǎobùhàisào 好不害臊 F.E. for shame

hǎobuhǎo 好不好 V.P. <coll.> Is it OK/alright?

háobùhuìyán 毫不讳言[--諱-] F.E. declare in no uncertain terms; call a spade a spade

hǎobùjiǎnglǐ 好不讲理[--講-] V.P. utterly impervious to reasoning/argument

háobùjièyì 毫不介意 F.E. be careless; pay no attention to

hǎobuliǎo 好不了 R.V. ① can't be/become good ② can't get better

háobùqìněi 毫不气馁[--氣-] F.E. without flagging

hǎobùróngyì 好不容易 V.P. ① very difficult ② after all the trouble

háobùshìruò 毫不示弱 F.E. not take sth. lying down; dare to measure one's strength with sb.

háobùxiānggān 毫不相干 F.E. totally unrelated; completely irrelevant

háobùxiāngguān 毫不相关[-關] V.P. be not at all interrelated

háobùxùnsè 毫不逊色[--遜-] F.E. not at all the worse

hǎobùyàoliǎn 好不要脸 V.P. brazen; absolutely without shame

hǎobuyīngr de 好不应儿的[--應--] V.P. <topo.> out of a clear blue sky

háobùzàihu 毫不在乎 V.P. not care a snap

háobuzàiyì 毫不在意 V.P. be completely unconcerned (about sth.)

háobùzúdào 毫不足道 F.E. be of no account; be nothing to. . .

háobùzúguài 毫不足怪 F.E. not at all surprising

háobùzúqǔ 毫不足取 F.E. not worth taking; not worth a fig

hàocái 耗财 V.O. waste money/property

hǎocǎitóu 好彩头 N. good luck

hàocāng 颢苍[-蒼] N. <wr.> sky; heaven

hāocǎo 薅草 V.O. weed

hāocǎobùzhí 蒿草不值 ID. <coll.> be worthless

hàochēng 号称[號稱] V. ① be known as ② claim to be

háochénlǎnquán 豪臣揽权[-攬權] F.E. A powerful minister grasps at authority.

háochǐ 蚝豉 N. dried oyster meat M: ²*kuài*

hǎochī* 好吃 S.V. good to eat; tasty *See also hàochī*

hàochī 好吃 S.V. ① gluttonous; piggish ② be fond of food; like to eat *See also hǎochī*

hàochǐ 皓齿[-齒] N. white teeth M: ¹*pái*

hàochīlǎnzuò 好吃懒做 F.E. gluttonous and lazy

hǎochǒu 好丑[-醜] N. <topo.> goodness and badness; what's good and what's bad

hāochú 薅锄 N. short-handled hoe; weeding hoe M: *ge/*¹*bǎ*

hǎochu* 好处[-處] N. ① good; benefit; advantage ② gain; profit *See also hǎochǔ*

hǎochǔ 好处[-處] S.V. tractable; manageable; easy to get along with *See also hǎochu*

hǎochufèi 好处费[-處-] N. gratuity; tip M: ¹*diǎnr*

hào chū fēngtou 好出风头 V.P. love the limelight

hǎocí 好词/辞[-辭] N. good word

hǎo dà* 好大 V.P. ① very big ② What a (bad temper, big house, etc.)! ③ <topo.> How big/old?

hàodà 浩大 V.P. huge; vast

hǎo dà de liǎn 好大的脸 N. <topo.> have a lot of nerve; be presumptuous

hǎodǎi 好歹 N. ① good and bad ② mishap; disaster ♦ADV. in any case; anyhow; regardless; by hook or by crook *Zánmen ~ chī diǎnr dé le.* Let's eat whatever's available.

hǎodǎjiāodai 好打交代 S.V. <coll.> ① easy to get along with; easy to deal with ② easy to bamboozle

hǎodǎjiāodao 好打交道 S.V. <coll.> easy to get along with

hǎo dà jiàzi 好大架子 N. <coll.> arrogant; haughty behavior

hǎo dà liǎn 好大脸 N. <coll.> shameless; brazen behavior

hàodān 号单[號單] N. list of winning numbers in a lottery M: ¹*zhāng*

háodǎng 豪党[-黨] N. coterie of despotic local gentry

¹**háodàng** 豪荡[-蕩] V.P. gallant/chivalrous but unconventional

²**háodàng** 豪宕 V.P. <wr.> bold and unconstrained

hàodàng* 浩荡[-蕩] V.P. ① onrushing (of water) ② vast and mighty ③ irresolute

hàodàxǐgōng 好大喜功 F.E. ① ambitious for great achievements ② love to brag and show off

hǎo de 好的 INTJ. <coll.> OK; All right ♦N. sth. good; the good

hǎodeliǎo 好得了 R.V. <coll.> be able to become good/well

hǎo de lìlìsǎsǎ 好得利利洒洒[-灑灑] V.P. <topo.> completely better; fully recovered

hǎo de méidǐ(r) 好得没底(儿) V.P. <coll.> wonderful

hàodēng 号灯[號燈] N. signal lamp M: ¹*zhǎn*

hàodiànliàng 耗电量[-電-] N. power consumption

hàodiào 耗掉 R.V. consume; cost

hǎodǒng 好懂 S.V. easy to understand

hàodòng* 好动[-動] S.V. very active/restless

hǎodōngxi 好东西 N. good thing (physical) M: ²*jiàn*

hàodòu 好斗[-鬥] S.V. be warlike/bellicose/scrappy

háodǔ* 豪赌 V. gamble with big stakes

hàodǔ 好赌 S.V. fond of gambling

hǎoduānduān 好端端 R.F. in good condition

háoduó 豪夺[-奪] V. seize (sb's belongings/right/etc.) by force

hǎoduō* 好多 V.P. ① good many/deal; a lot of ② much better ♦PR. <topo.> how many; how much

hǎoduōle 好多了 V.P. <coll.> much better

háoduóqiǎoqǔ 豪夺巧取[-奪--] F.E. forcible seizure and crafty acquisition; take away by force or trickery

hào dúshū 好读书[-讀書] S.V. love to read books; be addicted to study

hǎo-è 好恶[-惡] N. the good and the bad *See also hào-wù*

háofà* 毫发[-髮] N. <wr.> ① a hair ② the least bit; the slightest M: ²*gēn*

hàofà 皓发[-髮] N. hoary hair M: ¹*tóu*

háofàbùshuǎng 毫发不爽[-髮--] F.E. not deviate a hair's breadth; be perfectly accurate

¹**hàofán** 浩繁 V.P. ① vast and numerous ② heavy (of duties/etc.)

²**hàofán** 皓矾[-礬] N. <chem.> zinc sulfate

háofàng* 豪放 S.V. ① bold and unconstrained ② powerful and free (of *cí* style)

hàofáng 号房[號-] N. <trad.> ① janitor's room ② janitor ③ dormitory for candidates of the imperial examination ④ reception office M: ¹*jiān*

háofàngbùjī 豪放不羁 F.E. bold and uninhibited; vigorous and unrestrained

hào fángzi 号房子[號-] V.O. <coll.> arrange for housing

hǎofǎr 好法儿 N. <topo.> goodness

háofàwèishāng 毫发未伤[-髮-傷] F.E. (come out of a situation) without any injury

háofàzhīchā 毫发之差[-髮--] N. slight disparity/difference

hàofèi 耗费 V./N. consume; expend

hàofèi gōngtǎng 耗费公帑 V.O. waste public funds

háofēn 毫分 N. in the least

háofēnlǚxī 毫分缕析[--縷-] F.E. make a detailed analysis; analyze minutely

háofú 毫伏 M. <elec.> millivolt

háofù* 豪富 V.P. powerful and wealthy ♦N. the rich and powerful

hǎogǎn* 好感 N. ① good opinion; favorable impression *Wǒ duì tā méiyǒu ~.* I don't have a good opinion of him. ② sympathy

hàogān 耗干[-乾] R.V. use up; exhaust

hǎogāngkǒu 好刚口[-剛-] A.T. <topo.> very eloquent

hǎo gāng yòng zài dāorèn shàng 好钢用在刀刃上[-鋼-----] ID. ① use the best steel for the knife's edge ② use material where most urgent ③ use the best material at the key points

hàogāowùyuǎn 好高务/骛远[-務/騖遠] ID. overambitious

hǎoge* 好个[-個] A.T. good; wonderful

hàogē 浩歌 V. sing aloud/lustily

hàogōng 耗功 V.O. waste work

¹**háogōu** 壕沟[-溝] N. <mil.> trench; ditch M: ²*dào/*¹*tiáo*

²**háogōu** 濠沟[-溝] N. trench M: ²*dào/*¹*tiáo*

háoguǎn 毫管 N. <wr.> writing brush M: ²*zhī*

háoguāng 豪光 N. dazzling ray; flashing light M: ⁴*shù*

háoguānghuànmù 豪光焕目[--煥-] F.E. dazzling glory agreeable to the eye

hǎoguāngjǐng 好光景 N. <coll.> good livelihood

hàoguǎn xiánshì 好管闲事 S.V. meddlesome; officious
háoguì 豪贵 V.P. powerful and wealthy ♦N. the rich and powerful
hǎo guì* 好贵 V.P. very expensive
hǎoguò 好过 S.V. ① have an easy time; be in easy circumstances ② feel better
hǎogǔqì 好骨气[-氣] A.T. <coll.> able to bear adversity; able to take it; be tough
hǎohàn* 好汉[-漢] N. brave man; hero M: ge/[1]míng/[1]tiáo
hàohàn 浩瀚 V.P. <wr.> vast; limitless
hǎohàn bù chī yǎnqiánkuī 好汉不吃眼前亏[-漢----虧] F.E. ① A wise man doesn't fight against impossible odds. ② A wise man knows when to retreat.
hǎohàn bù pà chūshēn dī 好汉不怕出身低[-漢-----] F.E. <coll.> Humble origins do not prevent achieving success in life.
hǎohàn bù tí dāngnián yǒng 好汉不提当年勇[-漢--當--] F.E. A hero is silent about his past glories.
háohántíjī 号寒啼饥[號-] F.E. cry out because of hunger and cold
hǎohàn zuòshì hǎohàn dāng 好汉做事好汉当[-漢---漢當] F.E. A true man has the courage to accept the consequences of his own actions.
hǎohāo(r)* 好好(儿) ADV. ① in perfectly good condition ② all out; to one's heart's content; earnestly ***Ràng wǒmen zài ~ xiǎngxiang.*** Let's think it over again carefully.
[1]**hàohào** 浩浩 R.F. ① vast (of water/heaven/etc.) ② infinite (of time)
[2]**hàohào** 皓皓//镐镐//颢颢 R.F. <wr.> bright; brilliant; luminous; glistening
hàohaodàngdàng 浩浩荡荡[-蕩蕩] R.F. vast and mighty; in formidable array
hǎohǎoduānduān 好好端端 R.F. in a fine state/situation ♦ADV. for no reason
hǎohǎojia 好好价[-價] A.T. <coll.> ① as usual; normal ② very good
hàohàoshāngshāng 浩浩汤汤[-湯湯] R.F. go forward with great strength and vigor
hǎohǎo xiānshēng 好好先生 N. sb. who tries to please everybody M: ge/ [2]wèi
hǎohǎo zhěngyizhěng 好好整一整 V.P. <coll.> do well; carry out in good fashion
hǎohē* 好喝 S.V. good-tasting (of drinks)
hǎohé 好合 V. live in perfect union (of couples)
hǎo hēi 好黑 V.P. too dark
háohèng 豪横 V.P. <topo.> despotic; bullying
háohuá* 豪华[-華] S.V. luxurious; sumptuous
hǎohuà 好话 N. ① a good word; word of praise ② fine words M: [1]jù
háohuáchē 豪华车[-華-] N. luxury car/bus M: [3]liàng
háohuáchéngpǐ 豪华成癖[-華--] F.E. love extravagance
hǎo-huài 好坏[-壞] N. good and bad
háohuáxíng 豪华型[-華-] N. deluxe model M: [1]zhǒng
hàohuī 号徽[號-] N. emblem M: ge/[4]méi
hǎohuò 好货 N. merchandise of superior quality M: [2]jiàn
hǎojǐ 好几 N. quite a few; a good many ♦SUF. *added to multiples of ten and quite a few more; odd* ***sìshí*** *~ well over forty* ***èrshí ~ nián*** 20-odd years
háojiā 豪家 N. well-known influential family M: [1]hù
hǎojià* 好价[-價] N. a good (selling) price
hǎojiāhuo 好家伙 INTJ. ① Good god/heavens! ② The scoundrel! ③ What a powerful blow!
hàojiǎn 耗减[-減] V. deplete
hàojiǎn fèiyòng 耗减费用[-減--] N. <account.> depletion expense
hàojiǎn zhǔnbèi 耗减准备[-減準備] N. <account.> depletion reserve; reserve for depletion
háojiào 号/嚎叫[號-] V. howl; wail; yell
hàojiǎo* 号角[號-] N. ① bugle horn ② bugle call M: shēng/[1]zhèn
hào jiāojì 好交际[-際] S.V. sociable; gregarious; fond of being with others
hàojiǎoshēng 号角声[號-聲] N. bugle call M: shēng/[1]zhèn
hàojiáoshétou 好嚼舌头 F.E. <coll.> given to saying vicious things
háojié 豪杰[-傑] N. demigod; hero M: ge/[2]wèi
[1]**hàojié*** 浩劫 N. great catastrophe M: [3]chǎng
[2]**hàojié** 耗竭 V.P. exhaust; use up
hǎojièhǎohuán 好借好还[-還] F.E. make it a point to return everything one has borrowed
háojiézhīshì 豪杰之士[-傑--] N. ① a hero ② a person of exceptional ability M: ge/[2]wèi
hǎojige* 好几个[-個] N. several; quite a few *See also* ***hǎojǐgè***
hǎojǐgè 好几个[-個] N. quite a few *See also* ***hǎojige***
hǎo jíle 好极了[-極-] V.P. wonderful; gorgeous
[1]**hǎo jìn** 好近 V.P. very close
[2]**hǎojìn** 好劲[-勁] INTJ. *of surprise*
hàojīn 号金[號-] N. registration fee M: [2]bǐ
hàojìn* 耗尽[-盡] R.V. exhaust; use up
[1]**hàojìng** 耗净[-淨] R.V. use up; exhaust
[2]**hàojìng** 好静[-靜] S.V. ① hankering for tranquility ② sedate
hǎojǐngbùcháng 好景不长/常 F.E. Good times don't last long.
hàojìn xīnxuè 耗尽心血[-盡--] V.O. exhaust all one's energies
hǎojǐtiān 好几天 N. quite a few days
hǎojiǔ 好久 ADV. ① for long time ② <topo.> How long? ***Zhèige gōngzuò yào zuò ~?*** How long will it take to do the job?
hǎojiǔbujiàn 好久不见 F.E. Long time no see.
hàojiǔfèishì 好酒废事[--廢-] F.E. be given to wine and neglect one's business
háojǔ 豪举[-舉] N. ① bold move ② munificent act M: ge/[2]jiàn
hǎokàn 好看 S.V. ① good-looking; nice ② interesting; delightful ③ honored; proud ♦CONS. *yào X ~ want to embarrass X; want to see X suffer* ***Děngzhe ba, yǒu tā de ~.*** You can be sure he'll soon find himself on the spot.
hǎokàn de 好看的 N. embarrassing situation ***Dāihuǐr yǒu nǐ ~.*** You'll soon find yourself on the spot.
hàokǎnr 号坎儿[號-] N. <trad.> numbered undershirt worn by coolies
[1]**háokè*** 毫克 M. milligram
[2]**háokè** 豪客 N. <wr.> ①robber; bandit ②person who spends money like water, especially in entertainment and gambling M: ge/[2]wèi
hàokè 好客 S.V. hospitable
háokū* 号哭[號-] V. wail
hàokū 好哭 S.V. given to crying; crybabyish
hāolái 蒿莱 N. overgrowth of weeds ♦A.T. live in the jungle
hǎolài* 好赖/癞 N. good and bad ♦ADV. in any case; anyhow
hǎoláihǎoqù 好来好去 V.P. ①have a reciprocal relationship ② come and go at one's free will
hǎoláipai 好来派 F.E. <topo.> good prognosis/portent
Hǎoláiwù 好莱坞[-塢] P.W. Hollywood
hǎo láodòng 好劳动[-勞動] N. <topo.> good worker
hǎole 好了 V.P. become well; recover ♦INTJ. ① O.K. ② That's enough. ③ It's done. ***Fàn ~.*** Food's ready.
hǎole bāla wàngle téng 好了疤瘌忘了疼 *See* ***hǎole chuāngbā wàngle téng***
hǎole chuāngbā wàngle téng 好了疮疤忘了疼[--瘡----] F.E. <coll.> ① forget the pain once the wound is healed ② forget the bitter past when released from suffering
hāolǐ 蒿里 N. ① tomb M: [4]zuò ② <trad.> elegiac song M: [2]shǒu
háolí* 毫厘[-釐] N. the least bit; an iota
hàolì 耗力 V.O. consume manpower
hǎoliǎn 好脸 N. <coll.> a smiling face M: [1]zhāng
háoliáng 濠梁 N. bridge spanning a small creek M: [4]zuò
háolíbùchā 毫厘不差[-釐--] F.E. without the slightest error
háolíbùshuǎng 毫厘不爽[-釐--] F.E. not the least loss/error; just right
hǎolíhǎosàn 好离好散[-離--] F.E. part peacefully from each other
hǎolìluole 好利落了 F.E. <coll.> completely recovered/recuperated
hàolìng 号令[號-] N. verbal command; order M: shēng
hàolìngrúshān 号令如山[號-] F.E. <mil.> Orders are as inviolable as a mountain.
háolíqiānlǐ 毫厘千里[-釐--] F.E. A small deviation may result in wide divergence.
hǎolìsuo 好利索 V.P. <coll.> completely cure
hàolìwúxìn 好利无信 F.E. seek gain without regard to one's credit
hāolǐzhīgē 蒿里之歌 N. scrolls of elegies written on the death of a friend
hāolú 蒿庐[-廬] N. hut M: ge/[1]jiān
háomǎ 豪马 N. a splendid horse M: ge/[1]pǐ
hàomǎ* 号码[號-] N. ①(serial) number ②code
háomài* 豪迈[-邁] S.V. ① bold and generous ② heroic ③ unconstrained (of manners)
hàomài 号脉[號脈] V.O. <Ch. med.> feel the pulse
háomàibùjī 豪迈不羁[-邁--] F.E. be vigorous and unrestrained
háomàiqìgài 豪迈气概[-邁氣-] F.E. unrestrained/heroic spirit
háomài xìngqíng 豪迈性情[-邁--] N. magnanimous disposition
hàomǎjī 号码机[號-] N. numbering machine M: [1]tái
hàomàn 浩漫 V.P. many; numerous
háománg 毫芒 N. miniscule parts
hàománg* 浩茫 V.P. <wr.> vast; extensive; boundless
háománg diāokè 毫芒雕刻 N. microscopic carving
hāomáo 薅毛 V.O. <coll.> pluck body hair
háomáo* 毫毛 N. soft hair on the body M: ge/[2]gēn
hàomǎpái 号码牌[號-] N. ① number plate ② license plate M: [2]kuài
hàoméiliàng 耗煤量 N. coal consumption
háomén 豪门 N. rich and powerful family/clan M: [1]hù
háomén dàzú 豪门大族 N. rich and powerful family/clan
háoménfùhù 豪门富户 F.E. rich and powerful family/clan M: [1]jiā
háoménguìzú 豪门贵族 F.E. powerful family and honorable clan M: [1]hù
háoménjùshì 豪门巨室 F.E. rich and powerful family
háomǐ* 毫米 M. millimeter
hàomǐ 耗米 V.O. <trad.> supplementary tax on rice for loss in transport
háomiǎo 毫秒 M. millisecond
hàomiǎo* 浩渺/淼 V.P. vast (of watery expanse)
háomǐbō 毫米波 N. <phy.> millimeter wave
hǎomíng 好名 N. good reputation
hǎomìng* 好命 N. good fate
háomíngléidòng 嗥鸣雷动[-動] F.E. boom like a thunderpeal
[1]**háomò** 毫末 N. <wr.> ① tip of the hair ② extremely small amount
[2]**háomò** 毫墨 N. writing brush and ink M: [1]fù
hàomóushànduàn 好谋善断[-斷] F.E. resourceful and decisive
hāomù 蒿目 V.O. ① gaze into the distance ② close one's eyes and worry about worldly affairs
hāomùshíjiān 蒿目时艰[-時艱] F.E. observe the country's ills with deep concern
hǎonán 好男 N. decent man; gentleman

hǎonán bù gēn nǚ dòu 好男不跟女斗[-鬥] F.E. gentlemen don't fight women
hǎonāo 好孬 <topo.> N. what's good and what's bad ♦ADV. in any case; whatever happens; at all events
hàonèi 好内 V.P. given to debauchery
hàonéng 耗能 V.O. consume energy ♦N. energy consumption
hǎo néngjiàndù 好能见度 N. good visibility
hǎo niánjǐng 好年景 N. <coll.> good harvest
hǎonòng* 好弄 S.V. easy to handle/do/etc. *See also hàonòng*
hàonòng 好弄 V. ① enjoy tinkering or playing around with ② <topo.> love amusements *See also hǎonòng*
háonú 豪奴 N. servant of a powerful family who uses its power to bully people M: ge/[1]míng/[2]wèi
hàopái(r) 号牌(儿)[號-] N. number plate; license plate
hàopào 号炮[號-] N. gun signal
hǎopíng 好评 N. favorable comment; high opinion
hǎo píqi 好脾气[-氣] N. good character/temperament
hàopò 皓魄 N. <wr.> moon; moonlight
háoqì 豪气[-氣] N. heroism; heroic spirit M: [2]gǔ
hǎoqǐ 好起 R.V. become better; be improving
hǎoqì(r) 好气(儿)[-氣-] N. <coll.> good humor/temper
[1]**hàoqí*** 好奇 S.V./N. curious; full of curiosity
[2]**hàoqí** 号旗[號-] N. signal flag M: [1]miàn
hàoqì 浩气[-氣] N. noble spirit M: [2]gǔ
[1]**háoqiàn** 壕堑 N. trench M: [1]tiáo
[2]**háoqiàn** 濠堑 N. moat; canal/ditch around city wall M: [1]tiáo
háoqiáng 豪强[-強] V.P. despotic; tyrannical ♦N. local despot
hàoqiáng* 好强[-強] S.V. competitive
háoqiànzhàn 壕堑战[-戰] N. <mil.> trench warfare M: [3]cháng/[1]cì
hàoqìchángcún 浩气长存[-氣--] F.E. imperishable noble spirit
hǎo qǐlai 好起来 R.V. get well
háoqíng 豪情 N. lofty sentiments M: [2]gǔ
háoqíngmǎnhuái 豪情满怀[-懷] F.E. full of pride and enthusiasm
háoqíngzhuàngzhì 豪情壮志[--壯-] F.E. lofty sentiments and aspirations
hǎoqìr 好气儿[-氣-] N. <coll.> good manners
[1]**hǎoqiú** 好球 N. good shot ♦INTJ. well played; bravo
[2]**hǎoqiú** 好逑 N. a well-matched/happy couple
hǎoqìwànqiān 好气万千[-氣萬-] F.E. a great deal of good luck
hàoqíxīn 好奇心 N. curiosity M: [1]zhǒng
hàoqǔ 号曲[號-] N. fanfare M: [1]zhèn
hàoqù* 耗去 R.V. consume
hǎor 好儿 N. <coll.> ①favor; kindness ②benefit; advantage ③ good wishes; regards
hàor* 号儿[號-] N. number in a series
[1]**hàorán** 浩然 V.P. great; overwhelming
[2]**hàorán** 皓然 V.P. bright
hàorán'érqù 浩然而去 F.E. leave at once without hesitation; go away quickly
hàorǎng 浩壤 N. <wr.> vast land M: [2]kuài/[1]piàn
hàoránzhèngqì 浩然正气[-氣] F.E. awe-inspiring righteousness; noble spirit M: [2]gǔ
hàoránzhīqì 浩然之气[-氣] N. noble spirit; moral force
hǎorě 好惹 S.V. slow to anger
hǎorén 好人 N. ① good person ② sb. who tries to get along with everyone ③ beauty M: ge/[1]míng/[2]wèi
hǎorénhǎoshì 好人好事 F.E. good people and good deeds
hǎo rénjiā 好人家 N. ①a respectable family ②a woman from a respectable family; a respectable woman ③ <topo.> a wealthy family; a well-to-do family M: [1]hù
hǎorénnándāng 好人难当[-難當] F.E. It's hard to please everyone.
hǎorénnánzuò 好人难做[--難-] F.E. It's hard to please everybody.
hǎorénzhǔyì 好人主义[-義] N. the principle of seeking good relations with everyone
hǎo rìyuè 好日月 N. <coll.> good times
hǎo rìzi 好日子 N. ①auspicious day ②wedding day ③ good days; happy life
háoróng 貉绒 N. raccoon dog fur; badger skin/fur M: [2]kuài
hǎoróngyì 好容易 V.P. ① with great difficulty ② with great ease
hàorúyānhǎi 浩如烟海[--煙-] F.E. voluminous; vast
hàosàn 耗散 V. ① squander ② dissipate
háosang 号丧[號喪] V. <topo./derog.> bawl; cry *See also háosāng*
háosāng* 号丧[號喪] V.O./N. cry/wail at a funeral *See also háosang*
hǎosè 好色 N. ① beautiful face ② (feminine) beauty *See also hàosè*
hàosè* 好色 S.V. lustful *See also hǎosè*
hǎosèbùyín 好色不淫 F.E. appreciate beautiful women without being lewd
hàosèzhě 好色者 N. sensualist; lecher M: ge/[1]míng/[2]wèi
hàosèzhītú 好色之徒 N. lecher; libertine M: ge/[2]míng/[2]wèi
háoshān 蚝山 N. oyster bed
háoshāng* 豪商 N. a wealthy and powerful merchant M: ge/[1]míng/[2]wèi
[1]**hàoshàng** 好尚 V. love and uphold ♦N. one's likes or preferences
[2]**hàoshàng** 号上[號-] A.T. make a sign on; mark
hǎo shāngliang 好商量 S.V. can be settled through discussion
hàoshànlèshī 好善乐施[--樂-] F.E. be happy in doing good
hàoshànwù'è 好善恶恶[-惡惡] F.E. love good and hate evil
háoshē 豪奢 V.P. luxurious
háoshēn 豪绅 N. despotic gentry M: ge/[2]wèi/[2]wèi
hǎoshēn* 好深 V.P. <coll.> very deep
[1]**háoshēng*** 毫升 M. milliliter
[2]**háoshēng** 嚎声[-聲] N. drawn-out cry of a wild beast/etc. M: [1]zhèn
hǎoshēng 好生 ADV. ① quite; exceedingly ② <topo.> carefully; properly
hàoshēng 号声[號聲] N. bugle call M: [1]zhèn
hàoshèng 好胜[-勝] S.V. be competitive
hǎoshēnghǎoqì 好声好气[-聲-氣] F.E. <coll.> in a kindly manner; gently
hàoshēngwùsǐ 好生恶死[--惡-] F.E. fear death; cling to life
hàoshēngzhīdé 好生之德 N. virtue in sparing animal life
hǎo shēnshǒu 好身手 N. ① husky/brawny fellow ② sb. who excels in a sport M: [1]fù
háoshǐ 嚆矢 N. <wr.> ① arrow with a whistle attached ② harbinger; precursor
háoshì 豪士 N. ① guardian spirit ② eminent person; remarkable personality M: ge/[1]míng/[2]wèi
hǎoshǐ 好使 S.V. convenient to use; easy to operate ♦CONJ. so as to; so that ***Xiě yī fēng xìn, ~ tā zhīdao.*** Write a letter so that he'll know.
[1]**hǎoshì*** 好事 N. ① good deed/turn ② charity; philanthropic acts ③ marriage; wedding ④ very bad thing (used only in an exclamatory sentence) ⑤ <wr.> happy event; joyous occasion ⑥ <Budd.> conduct ceremonies for the welfare of all living things M: ge/[2]jiàn *See also hàoshì*
[2]**hǎoshì** 好是 ADV. <topo.> very ***Nà ~ qíguài.*** It's very strange.
hàoshí 耗时[-時] V.O. take up time
hàoshì 好事 S.V. meddlesome; officious *See also [1]hǎoshì*
hǎoshìchéngshuāng 好事成双[-雙] F.E. good things should be in pairs
hǎoshìduōmó 好事多磨 F.E. ① The road to happiness is strewn with setbacks. ② The course of true love never did run smooth.
hǎoshìhǎo 好是好 V.P. That's true enough, but. . .
hàoshíhàoshì 耗时耗事[-時--] F.E. consume time and manpower
hào shíjiān 耗时间[-時-] V.O. consume time ♦S.V. time-consuming
hǎo shìtóu 好势头[-勢-] N. good sign; excellent prospects (for)
hāoshǐwéijiān 嚆矢维艰[-艱] ID. The beginning is difficult.
hàoshìzhě 好事者 N. busybody M: ge/[1]míng/[2]wèi
hàoshìzhītú 好事之徒 N. busybody; troublemaker M: ge/[1]míng/[2]wèi
hǎoshǒu(r)* 好手(儿) N. good hand; expert; past master; professional M: ge/[1]bǎ
hǎoshòu 好受 S.V. ① feeling better or more comfortable ② easy to accept
[1]**hàoshǒu** 皓首 N. <wr.> ① hoary head ② great age
[2]**hàoshǒu** 号手[號-] N. trumpeter; bugler M: ge/[1]míng/[2]wèi
hǎoshǒubǎ 好手把 N. <topo.> skilled hand; craftsman M: [1]fù
hàoshǒuqióngjīng 皓首穷经[-窮經] F.E. An aged person still learns.
hàoshù(r) 号数(儿)[號數-] N. number (for identification/classification)
hǎoshuǎ 好耍 V.P. <topo.> interesting; fun *See also hàoshuǎ*
hàoshuǎ* 好耍 S.V. like to have fun *See also hǎoshuǎ*
hào shuǎ bièniu 好耍别扭 V.P. <coll.> like to make trouble
hào shuǎ dàqián 好耍大钱[-錢] V.P. <coll.> addicted to gambling for large stakes
háoshuǎng 豪爽 S.V. ① straightforward; forthright ② bold and uninhibited
hǎoshuō 好说 F.E. You're too kind! ♦S.V. ① easy to handle ② It's nothing. With pleasure.
hǎoshuōdǎishuō 好说歹说 F.E. try every possible way to persuade sb.
hǎoshuōhǎosàn 好说好散 F.E. part on good terms
hǎo shuōhuà(r) 好说话(儿) S.V. good-natured; open to persuasion
hǎosǐ 好死 V. die a natural death
hǎosì* 好似 ADV. seem; be like
hǎosǐ bùrú èhuó 好死不如恶活[----惡-] F.E. Better to live in adversity than to die in idyllic circumstances.
hǎosǐ bùrú làihuó 好死不如赖活 F.E. Even a good death is not as good as a wretched existence.
hàosīdānshén 耗思殚神 F.E. apply all one's energy to it
háosù 毫素 N. writing-brush and paper M: [1]fù/tào
hàosǔn 耗损 V. consume; waste; lose
hàosǔnliàng 耗损量 N. consumption
hàotàn 浩叹[-嘆] V. ①sigh deeply ②be greatly touched
háotáo 号/嚎啕[號-] V. cry loudly; wail
háotáodàkū 嚎啕大哭 F.E. cry bitter tears; break into violent lamentations
háotáotòngkū 号啕痛哭[號-] F.E. cry loudly; burst into a storm of tears
hàotè 浩特 P.W. <Mongolian> village; town M: ge/[4]zuò
háotián 蚝田 P.W. oyster field M: [2]kuài/[1]piàn
hǎotiān(r)* 好天(儿) N. <topo.> fine day; lovely weather
Hàotiān 昊/皓天 N. Great Heaven
háotiāndàkū 号天大哭[號-] F.E. weep loudly; call upon Heaven
háotiāndòngdì 嚎天动地[--動-] F.E. call upon Heaven and Earth
háotiānkūdì 号天哭地[號-] F.E. bay at the moon

hàotiānshàngdì 昊天上帝 F.E. Reigning Sovereign in Heaven

hàotiānwǎngjí 昊天罔极[-極] F.E. as vast as the boundless heavens (of parental love)

hào tǐlì 耗体力[-體-] V.O. expend bodily strength

hǎotīng 好听[-聽] S.V. pleasant to hear ***Nǐ shuōde bǐ chàngde hái ~.*** You make everything sound so wonderful.

hàotǒng 号筒[號-] N. bugle M: *ge*/[2]*zhī*

hàotóu(r) 号头(儿)[號-] N. ① mark; number ② foreman

hàotǔ 耗土 N. exhausted/depleted land

hàowài 号外[號-] N. newspaper extra; special number (of a periodical)

hǎowán(r)* 好玩(儿) S.V. fun; amusing; interesting ***Shàng tā de kè kě bùshì ~ de.*** His class is no cinch. ***See also** hàowán*

hàowán(r) 好玩(儿) S.V. pleasure-seeking ***See also** hǎowán*

hàowàn 皓腕 N. attractive white arms (of a woman) M: *ge*/[2]*zhī*

Hǎowàngjiǎo 好望角 P.W. Cape of Good Hope

hàowéi 号为[號-] V.P. be entitled as; claim to be

háowēimiǎo 毫微秒 M. nanosecond; millimicrosecond

hàowéirénshī 好为人师[-師] F.E. ① like to show off one's knowledge ② be fond of teaching others

hǎowén 好闻 S.V. smell good; smell sweet

[1]**hàowèn*** 好问 S.V. love to ask all sorts of questions ***Nǐ zhèige rén jiùshi ~.*** You have such a questioning mind.

[2]**hàowèn** 耗问 N. news; information; tidings

háowú* 毫无 V.P. completely lack ♦ADV. not in the least

hào-wù 好恶[-惡] N. likes and dislikes; taste ***See also** hǎo-è*

háowú bǎoliú 毫无保留 V.P. be outspoken; hold nothing back

háowú chéngyì 毫无诚意 V.P. not be sincere in the least

háowú dàolǐ 毫无道理 V.P. be utterly unjustifiable; for no reason whatsoever

háowú èrzhì 毫无二致 V.P. be without the slightest difference; identical

háowú gùjì 毫无顾忌[--顧-] V.P. completely unscrupulous

háowú gùlǜ 毫无顾虑[-顧慮] V.P. be free from all inhibitions

hǎo wùjiàn 好物件 N. <coll.> good thing/article

háowú jùsè 毫无惧色[--懼-] V.P. show no sign of fear; maintain a bold front

háowú kěqǔ 毫无可取 V.P. have not a single merit; be totally worthless

háowú kěqǔzhīchù 毫无可取之处[-處] F.E. be totally worthless

háowúshēngqì 毫无生气[-氣] V.P. dull; lackluster

háowú yíwèn 毫无疑问 V.P. There is no doubt.

háowú yíyì 毫无疑义[-義] V.P. beyond all doubt

háowú zhuóluò 毫无着落[--著-] V.P. nowhere to be found

hǎoxī 好希 V. <topo.> be fond of

hǎoxì* 好戏[-戲] N. ① good play ② great fun (sarcastic) M: [1]*chū*/[1]*tái*

hàoxǐ 好喜 V. have the hobby of; be fond of

háoxiá 豪侠[-俠] N. ① gallantry ② gallant man ③ knight-errant M: *ge*/[1]*míng*/[2]*wèi*

hǎo xiàchang 好下场[-場] N. good end ***méiyǒu ~*** come to no good end

háoxiáhàoyì 豪侠好义[-俠-義] F.E. A hero enjoys fighting for justice.

hǎo xiān 好鲜 V.P. <coll.> very/really fresh

hǎo xiǎn* 好险 V.P. <coll.> quite/very/so dangerous

hǎoxiàng 好像/象 ADV. seem; be like ♦CONS. ① ~ *A, kěshì* it seems as if A, but ② ~ *A (shìde)* seem to be A ***Tā ~ bìngle shìde.*** She seems to have fallen ill.

hǎoxiào* 好笑 S.V. laughable; funny ***Méi shénme ~ de.*** It's not funny at all. ***See also** hàoxiào*

hàoxiào 好笑 S.V. love to laugh ***See also** hǎoxiào*

hǎoxiāohuò 好销货 N. goods of merchantable quality

hǎo xiǎozi 好小子 N. <coll.> ① young fellow ② smart/wise guy

hǎoxie 好些 V.P. a little better ***See also** hǎoxiē*

hǎoxiē* 好些 PR./ATTR. quite a lot; a good deal of ***See also** hǎoxie*

hǎoxiě 好写[-寫] S.V. easy to write

hǎoxiē ge 好些个[-個] N. <coll.> quite a few; a lot of

hàoxièwù 耗屑物 N. waste M: *duī*/[1]*pī*

hǎoxìliántái 好戏连台[-戲-臺] F.E. one good show after another

hǎoxīn 好心 N. good intention; kind heart M: [1]*kē*/[1]*piàn*

hǎo xīncháng 好心肠[-腸] S.V. <coll.> good-hearted

hǎoxīn dàngzuò lǘgānfèi 好心当作驴肝肺[--當-驢--] ID. mistake sb's goodwill for ill intent

[1]**hàoxìng*** 豪兴[-興] N. exhilaration; keen interest

[2]**háoxìng** 豪性 N. chivalry; gallantry M: [1]*zhǒng*

hǎoxìng(r) 好性(儿) N. good nature; amiability

hàoxíng 号型[號-] N. size and type specifications of a product

hàoxíngxiǎohuì 好行小惠 F.E. like to bestow small favors

hǎoxīnhǎoyì 好心好意 F.E. goodwilled and well-intentioned

hǎoxīn méi hǎobào 好心没好报[-報] F.E. Good-heartedness is not recompensed.

hǎoxīnrén 好心人 N. good-hearted person M: *ge*/[1]*míng*/[2]*wèi*

hǎoxīnyǎn(r) 好心眼(儿) N. good-hearted person; good Samaritan M: *ge*/[1]*kē*

háoxióng 豪雄 N. hero M: *ge*/[2]*wèi*

hǎoxuán 好悬[-懸] S.V. <coll.> very dangerous

hǎoxué 好学 S.V. easy to learn ***See also** hàoxué*

hàoxué* 好学 S.V. studious; fond of learning ***See also** hǎoxué*

hàoxuébùjuàn 好学不倦 F.E. unflaggingly fond of learning

hàoxuéshēnsī 好学深思 F.E. devoted to learning and thinking

háoyáng 豪洋 N. formerly the basic monetary unit of Guangdong and Guangxi Provinces

hǎoyángjiā 好扬家[-揚-] N. <topo.> sb. person skilled in winnowing grain

hǎoyàngr de 好样儿的[-樣--] N. <coll.> fine example; great fellow

hǎoyánxiāngquàn 好言相劝[-勸] F.E. plead with tactful words

háoyánzhuàngyǔ 豪言壮语[--壯-] F.E. brave words

hǎoyì* 好意 N. good intention; kindness M: [1]*piàn*

hàoyī 号衣[號-] N. military uniform M: [2]*jiàn*/*tào*

hǎoyīgè 好一个[-個] A.T. what a. . .

háoyǐn* 豪饮 V. drink to the limit of one's capacity

hǎoyīn 好音 N. good news

hàoyīn 号音[號-] N. bugle call M: *shēng*/[1]*zhèn*

hàoyǐn 浩饮 V. drink to one's heart content

háoyǐng 毫颖 N. <wr.> writing-brush

hǎoyìsi 好意思 S.V. have the nerve

hàoyìwùláo 好逸恶劳[-惡勞] F.E. love ease and hate work

hǎoyìxiāngquàn 好意相劝[-勸] F.E. give well-intentioned advice

hǎoyīzhèn 好一阵 N. quite a while

háoyǒng 豪勇 N. gallantry M: *ge*/[2]*wèi*

hàoyòng* 好用 S.V. easy/convenient to use

hàoyòng 耗用 V. spend; expend

hàoyòng cáiliào chéngběn 耗用材料成本 N. cost of raw materials used

hàoyòng cáiliào huìzǒngbiǎo 耗用材料汇总表[----彙總-] N. summary of materials consumed

hàoyǒngdòuhěn 好勇斗狠[--鬥-] F.E. combative; given to fighting

hàoyòng zhíjiē yuánliào 耗用直接原料 N. direct material consumed

háoyóu 蚝油 N. oyster sauce M: *píng*

hǎoyǒu* 好友 N. good friend M: *ge*/[1]*míng*/[2]*wèi*

hàoyóuliàng 耗油量 N. oil consumption

háoyóu niúròu 蚝油牛肉 N. beef with oyster sauce M: [1]*fèn*/[1]*pán*

[1]**háoyǔ** 豪雨 N. torrential rain M: [3]*cháng*/[1]*cì*/[1]*zhèn*

[2]**háoyǔ** 豪语 N. brave words; bold promise M: [1]*jù*/[1]*piàn*

hǎo yuǎn 好远[-遠] V.P. <coll.> very far

hàoyuè 皓月 N. bright moon M: [1]*lún*

hàoyuèdāngkōng 皓月当空[--當-] F.E. bright moon in the sky

hàoyuèqiānlǐ 皓月千里 F.E. The bright moon shines expansively.

hǎoyùn 好运[-運] N. good luck

háoyǔpōchuāng 豪雨泼窗[--潑-] F.E. heavy rain/torrential rain

hǎozài 好在 ADV. fortunately; luckily

hàozǎizi 耗崽子 N. baby mouse/mice M: *ge*/[2]*zhī*

hǎo zàohua 好造化 N. good luck/fortune

hào zhàhu 好诈唬 S.V. <coll.> given to bragging

hàozhàn 好战[-戰] S.V. bellicose; warlike; hawkish

hàozhànchéngxìng 好战成性[-戰--] F.E. warlike

hàozhàn fènzǐ 好战分子[-戰--] N. war-hawk M: *ge*/[1]*míng*/[2]*wèi*

hàozhǎng 号长[號-] N. chief bugler in a military unit M: *ge*/[1]*míng*/[2]*wèi*

háozhǎngzhě 豪长者 N. local leaders M: *ge*/[1]*míng*/[2]*wèi*

hǎozhāo(r) 好招/着(儿)[-著-] N. <coll.> good plan/method

hàozhào* 号召[號-] V. call; appeal (for supporters)

hàozhàoshū 号召书[號-書] N. appeal M: [1]*fèn*

háozhēn 毫针 N. acupuncture needle

hàozhěngyǐxiá 好整以暇 F.E. remain calm and composed while handling pressing affairs

hàozhì 号志[號-] N. signal; sign

hàozhìdēng 号志灯[號-燈] N. red signal lamp used by railworkers M: [1]*zhǎn*

hǎozhǒng 好种[-種] N. a person of good conduct

hǎozhōngxuǎnhǎo 好中选好[--選-] F.E. sort out the best from among the good

háozhū 豪猪[-豬] N. porcupine M: [1]*tóu*

hǎozhuǎn 好转[-轉] V. turn for the better; improve

háozhuàng 豪壮[-壯] ATTR. grand and heroic

háozhuī 毫锥 N. <wr.> writing-brush M: *ge*/[1]*bǎ*

hǎo zhǔyì 好主意 N./INTJ. That's a great idea!

hāozi 蒿子 N. <bot.> wormwood; artemisia M: [2]*kē*

[1]**háozi** 毫子 N. <topo.> small-denomination silver coin M: *ge*/[4]*méi*

[2]**háozi** 蚝子 N. oyster

[3]**háozi** 貉子 N. ① raccoon dog ② young badger

háozì 豪恣 V.P. <wr.> unrestrained; unbridled

hǎozì 好字 N. good calligraphy M: [2]*shǒu*

[1]**hàozi** 号子[號-] N. ① work chantey ② mark; sign; signal M: *shēng*/[1]*zhèn* ③ <slang> stock exchange

[2]**hàozi** 耗子 N. <topo.> mouse; rat M: *ge*/[2]*zhī*

hàozī* 耗资 V.O. cost (a large sum of money); expend money

hāozigǎn(r) 蒿子杆(儿) N. crown daisy chrysanthemum (as a vegetable) M: [2]*kē*/[1]*bǎ*

hàozijiāzi 耗子夹子[--夾-] N. rat trap

háozipí 貉子皮 N. raccoon-dog fur M: [1]*zhāng*

hǎoziwéizhī 好自为之 F.E. rely on one's own resources

hàoziyào 耗子药[-藥] N. ratsbane M: [14]*fù*

hǎozǒu 好走 <coll.> INTJ. Goodbye! ♦S.V. good for walking/traveling (of road/etc.)

háozú 豪族 N. rich and powerful clan M: *mén*

hāqì 哈气[-氣] V.O. breathe out ♦N. <coll.> condensation of breath

hāqian 哈欠 N. yawn

hārén 哈人 V.O. <coll.> plead; implore; beg

hàsa 哈撒 V. <topo.> shake; swing

Hāsàkèsītǎn Gònghéguó 哈萨克斯坦共和国[-薩-----國] P.W. Republic of Kazakhstan

Hāsàkèzú 哈萨克族[-薩--] N. Kazakh ethnic minority (in Xinjiang and former USSR)

hàshimǎ 哈什蚂 N. Chinese forest frog M: *ge*/ [2]*zhī*

hàshimǎ yóu 哈什蚂油 N. <loan> hasima oil M: *hé*/*píng*

hāyāo 哈腰 V.O. <coll.> stoop; bow

hāyāoqūbèi 哈腰曲背 F.E. humble oneself in serving (a master)

hāzhe shǒu 哈着手[-著-] V.P. <coll.> blowing breath on one's hands

[1]**hē** 喝 V. ① drink ② shout (a command) *See also* [1]*hè*

[2]**hē** 呵 V. ① breathe out ② scold ♦INTJ. ah; oh

[3]**hē** 嗬 INTJ. oh; ah

[4]**hē** 诃[訶] V. scold

[5]**hē** 和 in *lèlehēhē* *See also* [1]*hé*, [3]*hè*, [10]*hú*, [7]*huō*, [2]*huó*, [7]*huò*

[1]**hé*** 和 B.F. ① gentle; mild; moderate *wēnhé* ② harmonious; on friendly terms [1]*tiáohé* ♦COV. (together) with ♦N. ① sum ② peace ③ <sport> draw; tie ④ Japan ⑤ Surname ♦V. <sport> tie ♦CONJ. and *See also* [5]*hē*, [3]*hè*, [10]*hú*, [7]*huō*, [2]*huó*, [7]*huò*

[2]**hé** 河 N. river M: [1]*tiáo* ♦B.F. ① Yellow River *Héxī* ② the Milky Way *Yínhé*

[3]**hé** 合 V. ① close; shut ② pool (efforts/etc.); join; combine ③ accord with; conform to ④ be equal to; amount to ⑤ be fitting ♦B.F./ADV. whole; together; jointly ♦N. ① <astr.> conjunction ② <mus.> a note of the scale in *gōngchěpǔ* ③ sexual intercourse ♦M. *for rounds (in bouts/etc.)* *See also* [1]*gě*

[4]**hé** 盒 B.F. box, especially a small box [1]*hézi* ♦M. *for boxes; cases*

[5]**hé** 何 PR. what?; where? ♦ADV. why?; how? ♦N. Surname

[6]**hé** 核 B.F. ① nut; kernel *hétao* ② pit/stone (of a fruit) *hér* ③ core/"heart" of a matter [1]*héxīn* ④ nucleus [1]*hézǐ*, *xìbāohé* ⑤ investigate; verify *hézhǔn* *See also* [6]*hú*

[7]**hé** 荷 B.F. lotus *héhuā* ♦AB. *Hélán* *See also* [9]*hè*

[8]**hé** 禾 B.F. standing grain (esp. rice) *hémiáo*

[9]**hé** 貉 N. raccoon dog *See also* [9]*háo*

[10]**hé** 阖[闔] ATTR./B.F. entire; whole *héjiā* ♦V. shut; close

[11]**hé** 劾 B.F. expose sb.'s misdeeds/crimes [1]*tánhé*

[12]**hé** 翮 N. shaft of a feather; quill ♦B.F. <wr.> wing (of a bird) *zhènhégāofēi*

[13]**hé** 阂[閡] B.F. cut off from; not in communication with *géhé*

[14]**hé** 曷 ADV. <wr.> how; why; when

[15]**hé** 涸 B.F. <wr.> dry up *gānhé*

[16]**hé** 盉 N. <archeo.> round vessel with a closed spout, handle, cover, and three or four legs, solid or hollow

[17]**hé** 閤 B.F. ① entire [2]*hédì*, *héfǔ* ② close

[18]**hé** 颌[頜] B.F. jaws (upper and lower) [2]*hégǔ*, *hòuhélù*, [2]*xiàhé*

[19]**hé** 鹖[鶡] B.F. bird known in ancient times for its fighting ability [2]*héjī*, *héguān*

[20]**hé** 龁[齕] B.F. bite [2]*hédàn*, *héniè*, [2]*yǐhé*

[21]**hé** 纥[紇] in *Héguó*, *Huíhé*

[22]**hé** 鞨 in *Mòhé*

[23]**hé** 饸[餄] in *héle*, *héhe*

[24]**hé** 菏 *used in a place name*

[1]**hè** 喝 B.F. shout loudly *hècǎi* *See also* [1]*hē*

[2]**hè** 吓[嚇] INTJ. tut-tut ♦V. threaten; intimidate *See also* [2]*xià*

[3]**hè** 和 V. ① join in singing ② compose a poem in reply *See also* [5]*hē*, [1]*hé*, [10]*hú*, [7]*huō*, [2]*huó*, [7]*huò*

[4]**hè** 壑 B.F. ravine; gully; big pool/pit *gōuhè*

[5]**hè** 贺[賀] B.F. congratulate *zhùhè* ♦N. Surname

[6]**hè** 褐 N. <wr.> coarse cloth/clothing ♦B.F. brown *hèsè*

[7]**hè** 鹤[鶴] N. crane M: *ge*/ [2]*zhī*

[8]**hè** 赫 B.F. conspicuous; grand *hèhè* ♦N. Surname ♦AB. *hèzī*

[9]**hè** 荷 B.F. carry on the back; load *hèfù*, [1]*fùhè* *See also* [7]*hé*

hé'ǎi 和蔼 S.V. kindly; affable; amiable

hé'ǎikěqīn 和蔼可亲[-親] F.E. affable; genial

hé'àn 河岸 N. river bank

hé'ānquán 核安全 N. nuclear safety

héba 合把 A.T. <topo.> attempt together

hébà* 河坝[-壩] P.W. river dam M: [2]*dào*/[1]*dǔ*

hébǎn 合板 ATTR. plywood

[1]**hébàn*** 合办[-辦] V. run cooperatively/jointly

[2]**hébàn** 核办[-辦] V. act after ascertaining the facts

hèbǎn 鹤板 N. <trad.> imperial edict calling on the capable to volunteer for government service

hébāng 河浜 N. <n.> creek; streamlet M: [1]*tiáo*

hébàng* 河蚌 N. bivalves grown in rivers and lakes; mussels M: *ge*/[2]*zhī*

hébāo(r)* 荷包(儿) N. ① small bag; wallet; pouch ② pocket (in garments)

[1]**hébào** 合抱 V. wrap one's arms around

[2]**hébào** 核爆 N. nuclear explosion M: [1]*cì*

hébāodài 荷包袋 N. pouch

hébāodàn 荷包蛋 N. poached/fried eggs without breaking yolk M: *ge*/ [2]*zhī*

hébào dàshù 合抱大树[-樹] N. a tree that one can just get one's arms around M: [2]*kē*

hébǎohùsǎn 核保护伞[-護傘] N. nuclear umbrella M: [1]*bǎ*

hébàozhà 核爆炸 N. nuclear explosion M: [1]*cì*

hébàquán 核霸权[-權] N. nuclear hegemony

hébàwang 核霸王 N. nuclear hegemony

héběi* 河北 P.W. north of the river *See also* *Héběi*

Héběi 河北 P.W. Hebei province *See also* *héběi*

Héběi bāngzi 河北梆子 N. Hebei clapper opera

hébèizhàn 核备战[-備戰] N. nuclear preparation for war

héběnkē 禾本科 N. <bot.> the grass family

[1]**hébì** 何必 ADV. <wr.> why must. . .?; there is no need

[2]**hébì** 合璧 V.P. combine harmoniously; match well

[3]**hébì** 和璧 N. treasure

[1]**hébiān(r)*** 河边(儿)[-邊-] P.W. riverside

[2]**hébiān** 合编 V. ① compile in collaboration with ② merge and reorganize (army units, etc.)

hèbiǎn 贺匾 N. congratulatory plaque M: [2]*kuài*

hébiān biéshù 河边别墅[-邊--] P.W. riverside villa M: *ge*/ [4]*zuò*

hèbiǎo 贺表 N. <hist.> congratulatory missives presented by subjects to a ruler on special occasions M: [1]*zhāng*

hébìdāngchū 何必当初[--當-] F.E. regret past doings

hébīn 河滨[-濱] N. riverbank; riverside; waterfront

[1]**hébìng** 合并[-併] V. ① merge; amalgamate ② be complicated by yet another illness ③ unify

[2]**hébìng** 合病 N. <Ch. med.> disease complex

hébìng fúxíng 合并服刑[-併--] N. prison sentences running concurrently

hébìng juésuàn 合并决算[-併決-] N. <acct.> consolidated statement

hébìng shōuyì 合并收益[-併--] N. <acct.> consolidated returns

hébìngzhèng 合并症[-併-] N. <med.> complication M: [1]*zhǒng*

hébìng-zhōngchā 合并中插[-併--] N. <lg.> combinatorial insertion

hébìng zīchǎn fùzhàibiǎo 合并资产负债表[-併-產---] N. <acct.> aggregate/consolidated balance sheet

hébìsuízhū 和璧隋珠 F.E. sth. rare and very valuable

hēbìwèntiān 呵壁问天 F.E. blame god and fate

Hèbìyáo 鹤壁窑[-窯] N. <art> a Song/Yuan ceramic kiln

Hébó 河伯 N. Yellow River God

Hébó qǔfù 河伯娶妇[-婦] N. <trad.> local custom of offering a young girl to the God of the Yellow River

[1]**hébù** 何不 ADV. <wr.> why not

[2]**hébù** 曷不 ADV. why not

hēbudào 喝不到 R.V. can't get sth. to drink

hébulái 合不来 R.V. be unable to get along with

hébuliǎo 合不了 R.V. not be worthwhile

hébulǒng 合不拢 R.V. <coll.> be unable to close; be wide open

hébulǒng zuǐ 合不拢嘴 V.P. <coll.> grin from ear to ear

hēbushàng 喝不上 R.V. can't get sth. to drink

hébushàng* 合不上 R.V. be unable to close (a suitcase/etc.)

hēbuzháo* 喝不着[-著] R.V. can't get sth. to drink

hébuzháo 合不着[-著] R.V. <topo.> be worthless

[1]**hécài** 盒菜 N. take-out food M: [1]*fèn*

[2]**hécài** 和菜 N. fixed menu in restaurant M: [1]*fèn*/*tào*

hècǎi* 喝彩/采 V.O. acclaim; cheer

hécàidàimào 和菜戴帽 N. stir-fried shredded meat and vegetables with omelet on top M: [1]*pán*

hécáijūn 核裁军 N. nuclear disarmament

[1]**hécáo** 河槽 N. riverbed; channel M: [2]*dào*/[1]*tiáo*

[2]**hécáo** 合槽 S.V. <coll.> fit together; mesh

hécǎolèi 禾草类[-類] N. <bot.> grass M: [1]*zhǒng*

hécéng 何曾 ADV. <wr.> when (in the past)?; whenever. . .?

hēchá* 喝茶 V.O. drink tea

héchá 核查 V. check; examine

[1]**hécháng** 何尝[-嘗] ADV. how can it be that. . . ***Wǒ ~ bù xiǎng mǎi, zhǐshì méi qián bàle.*** It's not that I don't want to buy it; I just don't have the money.

[2]**hécháng** 禾场[-場] N. threshing-floor

[1]**héchàng*** 合唱 V. sing in a chorus ♦N. chorus M: [3]*cháng*

[2]**héchàng** 和畅[-暢] V.P. gentle and pleasant (of wind)

hèchǎng 鹤氅 N. coat made of feathers M: [2]*jiàn*

héchàngduì 合唱队[-隊] P.W. chorus/choral group M: *ge*/[4]*zhī*

héchàngqǔ 合唱曲 N. choral music M: *ge*/[2]*zhī*

héchàngtuán 合唱团[-團] P.W. chorus M: *ge*/ [4]*zhī*

héchá xiǎozǔ 核查小组 P.W. inspection team

héchàzi 河汊/岔子 N. branch of a river M: [1]*tiáo*

héchén* 核尘[-塵] N. nuclear fallout/dust

hèchén 贺忱 N. sincerity in offering congratulations M: [1]*fèn*

héchēng 合称[-稱] N. combined term

[1]**héchéng*** 合成 R.V. <chem.> ① compose; compound ② synthesize ♦N. ① compound ② synthesis ♦ATTR. incorporating

[2]**héchéng** 阖城 N. the whole city/town M: *ge*/ [4]*zuò*

héchéng'ān 合成氨 N. <chem.> synthetic ammonia

héchéngcí 合成词 N. <lg.> ① compound word ② complex

héchéngcíyuánxué 合成词源学 N. <lg.> compound etymology

héchéngfǎ 合成法 N. <lg.> synthesis

héchénggé 合成革 N. synthetic leather M: [1]*zhǒng*

héchéng jíwù dòngcí 合成及物动词[----動-] N. <lg.> complex transitive verb

héchéngjù 合成句 N. <lg.> complex sentence

héchéngjūn 合成军 N. <mil.> combined arm unit M: [4]*zhī*

héchéng mócāyīn 合成摩擦音 N. <lg.> affricate

héchéngpǐn 合成品 N. conglomeration of things; hodgepodge

héchéng rǎnliào 合成染料 N. synthetic dyestuff M: [1]*zhǒng*

H

héchéngshī 合成师[-師] N. <*mil.*> combined division
héchéng shíyóu 合成石油 N. <*chem.*> synthetic crude (oil)
héchéng shùzhī 合成树脂[--樹-] N. <*chem.*> synthetic resin
héchéngtǐ 合成体[-體] N. synthetics
héchéngwù 合成物 N. complex; composite
héchéng xiàngjiāo 合成橡胶[-膠] N. synthetic rubber
héchéng xiānwéi 合成纤维[--纖-] N. synthetic fiber
héchéng xǐdíjì 合成洗涤剂[-滌劑] N. synthetic detergent
héchéngxìng 合成性 N. <*lg.*> complexity; compositionality
héchéng xǐyīfěn 合成洗衣粉 N. laundry powder
héchéng yǐnyù 合成隐喻[--隱-] N. <*lg.*> complex metaphor
héchéngyǔ 合成语 N. <*lg.*> ① compound word ② incorporating language
héchéng yǔyán 合成语言 N. <*comp.*> synthetic language
hēchì* 呵/诃/喝斥/叱 V. berate; excoriate
héchì 何啻 A.T. <*wr.*> ① more than; can it be any less than ② be the same as
héchōngtū 核冲突[-衝-] N. nuclear conflict
héchóu 何愁 V.P. Why worry about it?
héchù 何处[-處] PR. <*wr.*> where?
héchuān* 河川 N. rivers M: [2]*dào*/[1]*tiáo*
héchuán 河船 N. barge M: *ge*/[1]*sōu*/[2]*zhī*
héchuáng 河床 N. riverbed M: [2]*dào*
Héchuān Mǎménxī Lóng 合川马门溪龙 N. <*paleo.*> *Mamenchisaurus Hochuanensis*
héchūcǐyán 何出此言 F.E. Why do you say such things?
héchún 合唇 N. <*lg.*> lip-rounding
héchúndù 合唇度 N. <*lg.*> ① aperture of lips ② degree of labial closure
héchúndù bànkuān 合唇度半宽[-寬] N. <*lg.*> half-wide aperture of lips
héchúndù bànzhǎi 合唇度半窄 N. <*lg.*> half-narrow aperture of lips
héchúndù-kuān 合唇度宽[-寬] N. <*lg.*> wide aperture of lips
héchúndù-zhǎi 合唇度窄 N. <*lg.*> narrow aperture of lips
hécí 合词 N. <*lg.*> compound
hècí* 贺词 N. speech/message of congratulations/greetings M: [1]*fèn*/[1]*piān*
hécífǎ 合词法 N. <*lg.*> compounding
hécí gòngzhèn 核磁共振 N. <*phy.*> nuclear magnetic resonance
hécíxìng 核磁性 N. <*phy.*> nuclear magnetism
hécóng 何从[-從] V.P. ① from where ② where to go
hédàguó 核大国[-國] P.W. nuclear power
hédài* 盒带[-帶] N. cassette tape M: [1]*pán*
hèdài 荷戴 V. carry; bear
hédǎjī lìliàng 核打击力量[--擊--] N. nuclear strike capability/force
[1]**hédàn*** 核弹 N. nuclear bomb M: *ge*/*fā*
[2]**hédàn** 龁啖[齕-] V. <*wr.*> bite and eat
hèdān 荷担[-擔] V. shoulder
hédànbái 核蛋白 N. nucleoprotein
hédāng 合当[-當] A.T. <*trad.*> be fated
hédàn gōngjī 核弹攻击[-擊] N./V.P. nuking
hédāngrúcǐ 合当如此[-當--] F.E. This is how it should be.
hédàntóu 核弹头 N. nuclear warhead M: *ge*/*fā*
hēdǎo 呵导[-導] V. <*trad.*> shout to make way for a coming official
hédao 和道 S.V. <*topo.*> friendly; affable
[1]**hédào*** 河道 N. river course M: [1]*tiáo*
[2]**hédào** 禾稻 N. rice M: [1]*piàn*
hèdào 喝道 V. shout to make way for a bigwig
hè dàocǎi 喝倒彩 V.O. catcall; boo
hédǎodàn 核导弹[-導-] N. nuclear guided missile M: *ge*/*fā*
[1]**hédé** 何得 ADV. how can . . .?
[2]**hédé** 何德 N. <*wr.*> what virtue . . .? *Tā yǒu ~?* What virtue does he have?
hēdeguò 喝得过 R.V. be able to drink more alcohol than sb. else
hédelái 合/和得来 R.V. get along well
héděng 何等 ATTR. what kind? How many? ♦ADV. how. . .!
hédezháo 合得着[-著] R.V. <*topo.*> pay; be worthwhile
hédī 河堤 N. river embankment; dike M: [2]*dào*
hédǐ* 河底 N. riverbed
[1]**hédì** 何地 PR. <*wr.*> what place?
[2]**hédì** 阖/阇第 N. the whole family
hédiàn* 核电[-電] N. nuclear electric power
hèdiàn 贺电[-電] N. congratulatory telegram M: [1]*fèn*
hédiànchǎng 核电厂[-電廠] P.W. nuclear power plant M: *ge*/[4]*zuò*
hédiànzhàn 核电站[-電-] P.W. nuclear power station/plant M: *ge*/[4]*zuò*
hédiào 和调 A.T. tuneful
hédìguānglín 阖第光临[-臨] F.E. The whole family is invited.
hédìng 核定 V. check and ratify; appraise and decide
hédìngběn(r) 合订本(儿) N. ① one-volume edition ② bound volume M: *ge*/[1]*běn*
hèdǐnghóng 鹤顶红 N. (supposedly toxic) crest of a crane
hèdǐnglán 鹤顶兰[-蘭] N. <*bot.*> phaius
hédìng yùsuàn 核定预算 N./V.O. approved/final budget M: [3]*xiàng*
hēdòng 呵冻 V.P. blow warm breath on one's hands
Hédōng* 河东 P.W. ① area east of the Yellow River in Shanxi ② southwestern Shanxi
hédònglì 核动力[-動-] N. nuclear power or motive force
hédònglìchuán 核动力船[-動--] N. nuclear ship M: [1]*tiáo*
hédōngshīhǒu 河东狮吼[--獅-] ID. outburst of a shrew
hédōngshīzi 河东狮子[--獅-] ID. shrew; virago; fishwife
hédú 何独[-獨] ADV. why only? *~ nǐ yīrén chídào?* Why are you the only one to come late?
hédù* 合度 N. proper length/size
héduì 核对[-對] V. check figures/proof
héduìbiǎo 核对表[-對-] N. checklist M: [1]*fèn*
héduì fúhào 核对符号[-對-號] N. check-mark
héduì zhàngmù 核对帐目[-對--] V.O. check/verify accounts
hēduō* 喝多 V.O. drink too much
héduó 核夺[-奪] F.E. <*wr.*> make your kind decision after examination
hé'èr'éryī 合二而一 F.E. <*phil.*> two combine into one
hé'ěrméng 荷尔蒙 N. <*loan*> hormone
hé'ěrméngzhēn 荷尔蒙针 N. hormone injection
hé'èrwéiyī 合二为一 F.E. be made one; merge into a single
hé'ézhà 核讹诈 N. nuclear blackmail
hēfǎ(r) 喝法(儿) N. way of drinking sth. M: [1]*zhǒng*
héfā 核发[-發] V. approve and issue
[1]**héfǎ*** 合法 S.V. lawful; legitimate; rightful ♦N. grammaticalness
[2]**héfǎ** 和法 N. <*Ch. med.*> the pattern of harmonization
hèfà 鹤发[-髮] N. white hair M: [1]*tóu*
héfādiàn 核发电[-發電] N. nuclear power
héfǎ dòuzhēng 合法斗争[-鬥爭] N. legal struggles
héfǎdù 合法度 N. <*lg.*> grammaticality
héfǎ fānyì 合法翻译[-譯] N. <*lg.*> legitimate translation
héfǎhuà 合法化 V. legalize; legitimize
hèfàjīpí 鹤发鸡皮[-髮雞-] ID. ① white hair and wrinkled skin ② aged
[1]**héfàn** 盒饭 N. take-out food; box lunch/dinner M: [1]*fèn*
[2]**héfàn** 合范[-範] N. <*archeo.*> composite mold
héfāng 何方 PR. <*wr.*> where?
[1]**héfáng*** 何妨 ADV. <*wr.*> why not; might as well
[2]**héfáng** 河防 N. river flood-prevention work
[3]**héfáng** 合房 V.O. have sexual intercourse
héfàngshèxìng lājī 核放射性垃圾 N. nuclear/radioactive waste
héfǎnyìng 核反应[-應] N. nuclear reaction M: [1]*cì*
héfǎnyìngduī 核反应堆[--應-] N. nuclear reactor/pile
héfǎ quányì 合法权益[--權-] N. lawful rights and interests
hèfàtóngyán 鹤发童颜[-髮--] F.E. hale and hearty (of elderly)
héfǎxìng 合法性 N. legitimacy
héfǎ zhèngfǔ 合法政府 P.W. legitimate government
héfǎzhìfù 合法致富 F.E. achieve prosperity through lawful means
héféi* 河肥 N. sludge from rivers/lakes/etc. used as fertilizer; river silt/mud
Héféi 合肥 P.W. Hefei (capital of Anhui)
héfēidàn 核飞弹[-飛-] N. nuclear missile
héfèiwù 核废物[-廢-] N. nuclear/radioactive waste
héfěn 河粉 N. flat rice-noodles (Guangdong) M: [1]*wǎn*
hēfēng 喝风 V.O. suffer from cold and hunger
héfēng* 和风 N. <*met.*> ① soft/gentle breeze ② moderate breeze M: [1]*zhèn*
héfèng 合缝 V.O. seal cracks
hèfèng 鹤俸 N. an official's emolument M: [1]*fèn*
héfēnglìrì 和风丽日[--麗-] F.E. a gentle breeze and a bright sun; fine weather
héfēngxìyǔ 和风细雨 F.E. ① in gentle and mild way ② gentle, relaxed manner
héfēnliè 核分裂 N. <*phy.*> nuclear fission M: [1]*cì*
héfénménxià 河汾门下 F.E. The well-known scholar has may distinguished students.
hēfómàzǔ 诃佛骂祖[--罵-] F.E. ① curse at Buddha ② want to do better than one's ancestors
[1]**héfú*** 和服 N. kimono M: [2]*jiàn*/*tào*
[2]**héfú** 合符 V. accommodate to each other
héfǔ 阖/阇府 F.E. <*court.*> your whole family
[1]**héfù** 核覆 V. make a reply after thorough investigation
[2]**héfù** 涸鲋 N. <*wr.*> (in) dire poverty
hèfū 褐夫 N. <*wr.*> person of little means; humble person M: *ge*/[1]*míng*/[2]*wèi*
hèfù 荷负 N. <*wr.*> bear; shoulder
héfǔpíng'ān 阖府平安 F.E. Hope your whole family is doing well.
héfúshè 核辐射 N. nuclear radiation M: [1]*cì*
hégāi 合该 AUX. <*coll.*> ① be essential that; be absolutely necessary that ② should; ought to ③ be fated
[1]**hégān*** 何干 N. what connection/relation *Yǔ nǐ ~?* What does it have to do with you? ♦F.E. How would (I) dare?
[2]**hégān** 涸干[-乾] V.P. <*wr.*> ① dried-up ② exhausted
[3]**hégān** 和肝 N. <*Ch. med.*> harmonize the liver
[1]**hégǎn** 何敢 V.P. <*wr.*> how dare?; dare not
[2]**hégǎn(r)** 禾秆(儿)[-稈-] N. stalk of a rice plant M: [2]*gēn*/*kǔn*
hégǎng 河港 N. river port; river and harbor
hégǎo 核稿 V.O. examine/check over an original draft
hégé 合格 S.V./V.O. qualify; reach standard; pass
hégéjù 合格句 N. <*lg.*> well-formed sentence
hégélǜ 合格率 N. pass/qualification rate
hégēng 和羹 V.O. season the soup
hégézhě 合格者 N. qualified person M: *ge*/[1]*míng*/[2]*wèi*
hégézhèng 合格证[-證] N. certificate of inspection/quality M: [1]*fèn*

H

hégōng* 河工 N. ① river-conservancy works/workers M: ge/[1]míng/[2]wèi ② river engineering project M: [3]xiàng

Hégōng 河公 N. God of the Yellow River M: [2]wèi

hégòng 合共 ADV. altogether; in all; all told

hègōng 鹤宫[-宮] P.W. <hist.> palace of the crown prince M: ge/[4]zuò

hégōu(r)* 河沟(儿)[-溝-] N. brook; stream M: [2]dào/[1]tiáo

hègōu 壑沟[-溝] N. ① ditch; narrow strip of water ② moat around a city wall M: [2]dào/[1]tiáo

[1]**hégǔ** 河谷 N. river valley M: [2]dào/[1]tiáo

[2]**hégǔ** 颌骨 N. jawbone M: [2]kuài

[3]**hégǔ(r/zi)** 合股(儿/子) V.O. pool capital; form a partnership

[1]**hégù*** 何故 ADV. <wr.> why?; for what reason?

[2]**hégù** 曷故 ADV. <trad.> why? what for?

hègǔ 壑谷 N. low-lying humid terrain M: [2]dào/[1]tiáo

hēguàn* 喝惯 R.V. be used to drinking sth.

héguān 鹖冠 N. <trad.> cap worn by warriors/hermits

hēguāng 喝光 R.V. drink up; finish a drink

héguāngtóngchén 和光同尘[-塵] ID. ① swim with the tide ②stand aloof from worldly success

hégǔ gōngsī 合股公司 N. joint-stock company

hègǔjīfū 鹤骨鸡肤[-雞膚] ID. thin and weak

héguó 阖国[-國] N. the whole country

Héguó 纥国[-國] N. <hist.> Uygur (Uyghur) kingdom

héguǒ* 核果 N. <bot.> drupe

Héguó Hànzì 和国汉字[-國漢-] N. <lg.> Japanese characters

héguǒ qiánzi 核果钳子 N. nutcracker

hēguò yángmòshuǐ(r) 喝过洋墨水(儿) V.O. have studied abroad

Héguózì 和国字[-國-] N. <lg.> Japanese characters

hégǔzhě 合股者 N. copartner M: ge/[1]míng/[2]wèi

héhài 何害 ADV. <wr.> what's the harm?

hé-hǎi bù zé xìliú 河海不择细流[---擇--] ID. Profound learning is an accumulation of bits of knowledge.

Héhàn 河汉[-漢] N. ① <wr.> Milky Way M: [1]tiáo ② empty talk; hollow words

hèhán* 贺函 N. <wr.> congratulatory letter M: [2]fēng

héhànsīyán 河汉斯言[-漢--] F.E. take these as farfetched words

héhànwújí 河汉无极[-漢-極] F.E. as far off as the Milky Way

[1]**héhǎo** 和好 V.P. ①become reconciled ②friendly

[2]**héhǎo** 合好 V.P. reconcile

héhǎorúchū 和好如初 F.E. become reconciled

hēhē 呵呵 ON. hah-hah

hēhè 呵喝 V. <wr.> shout (as warning/reprimand)

héhe 合饹 N. <coll.> buckwheat noodles

[1]**héhé** 和合 V.P. <wr.> harmonious

[2]**héhé** 和和 N. harmonious union (of husband and wife)

[3]**héhé** 荷荷 N. angry grumbling

hèhè* 赫赫 R.F. ①illustrious; majestic ②brilliant; glorious; bright ③ arid; dry

hēhē dàxiào 呵呵大笑 V.P. roar with laughter; guffaw

héhé'èrxiān 和合二仙 F.E. the twin genii He-He (the gods of harmonious union)

héhéměiměi 和和美美 R.F. getting along very well (of married couple)

héhémùmù 和和睦睦 R.F. in harmony

hé-hépíngzhǔyì 核和平主义[-義] N. nuclear pacifism

héhéqìqì 和和气气[-氣氣] R.F. polite and friendly

héhérúyì 和合如意 F.E. good luck and family harmony

héhéwànnián 和合万年[--萬-] F.E. family harmony throughout the years

hèhèyīshí 赫赫一时[-時] F.E. be famous for a time

hèhèyǒumíng 赫赫有名 F.E. far-famed; illustrious

hèhèzhàngōng 赫赫战功[--戰-] F.E. illustrious military exploits

hēhóng 喝红 R.V. drink until red-faced

hē(r)hu 喝(儿)呼 V. talk/yell loudly in anger

hēhù 呵/诃护[-護] V. bless and protect ♦N. divine protection

héhū* 合乎 V. conform with/to; accord/tally with

héhù 阖户 V.O. close the door ♦N. the whole family

héhuā(r) 荷花(儿) N. lotus flower M: [2]duǒ

héhuādàshào 荷花大少 ID. improvident spendthrift

héhuādiàn 荷花淀[-澱] N. lotus-covered lake

héhuān 合欢[-歡] N. ① <bot.> silk tree M: [2]kē ②family reunion ③conjoined happiness; sexual pairing

héhuǎn* 和缓 S.V. gentle; mild ♦V. ease up; relax

héhuángsù 核黄素 N. <med.> riboflavin; lactoflavin

héhuànwúcí 何患无辞[-辭] F.E. A pretext for. . .is never wanting.

héhuǎnzhījì 和缓之计 N. the strategy of playing for time by conceding a little

héhuànzhīyǒu 何患之有 F.E. There's no need to worry.

héhuàxué 核化学 N. nuclear chemistry

héhū guīgé 合乎规格 V.O. conform to specifications

héhū huàfǎ 合乎画法[--畫-] V.O. <art> according to the rules of painting

[1]**héhuì** 和会 N. peace conference ♦A.T. act in concert

[2]**héhuì** 合会 N. mutual-loan club

héhuíluò 核回落 N. nuclear fallout

héhū luóji 合乎逻辑[--邏-] V.O. conform to logic ♦S.V. logical

héhū luóji de yǔjù 合乎逻辑的语句[--邏---] N. <lg.> logical expression

héhūn 合婚 V. be united in wedlock

héhuǒ(r) 合伙(儿) V.O. form partnership

héhuǒ gōngsī 合伙公司 P.W. merged company M: [1]jiā

héhuǒjiàn 核火箭 N. nuclear rocket <[4]méi>

héhuǒ jīngyíng 合伙经营[-經營] N. joint/partnership enterprise M: [1]cì

héhuǒ qìyuē 合伙契约 N. partnership agreement M: [1]fèn/[1]zhāng

héhuǒrén 合伙人 N. <acct.> partners M: ge/[2]wèi

héhū qínglǐ 合乎情理 V.O. be reasonable/sensible

héhū xíguàn de fānyì 合乎习惯的翻译[--習--譯] N. <lg.> idiomatic translation

héhū xíguàn yòngfǎ de 合乎习惯用法的[--習----] ATTR. idiomatic

héhū yǔfǎxìng 合乎语法性 N. <lg.> grammaticality

héhū yǔyán xíguàn de fānyì 合乎语言习惯的翻译[----習---譯] N. <lg.> idiomatic translation

héhū yǔyán xíguàn de Yīngyǔ 合乎语言习惯的英语[----習----] N. <lg.> idiomatic English

hēhùzhě 呵护者[-護-] N. protector M: ge/ [2]wèi

[1]**hēi** 黑 S.V. ① black ② dark ③ wicked; sinister; vicious ♦B.F. secret; shady; covert [1]*hēishì* ♦V. ①blacken ②hide ③<slang> be greedy ④extort ♦N. Surname

[2]**hēi** 嘿 INTJ. hey!

hēi'àn 黑暗 S.V. dark ♦N. dark aspect; seamy side

hēi'àn dìyù 黑暗地狱 N. a hell of darkness M: ge/[4]zuò

hēi'ànjìngr 黑暗镜儿 N. sunglasses M: ge/[1]miàn

hēi'ànmiàn(r) 黑暗面(儿) N. dark aspect; seamy side

hēi'àn shídài 黑暗时代[--時-] N. <hist.> Dark Ages

hēi'àn shìjiè 黑暗世界 P.W. world without justice

hēi'àn shíqī 黑暗时期[--時-] N. dark ages

hēibái 黑白 N. ① black and white ② right and wrong; good and bad

hēibáibùfēn 黑白不分 F.E. confound right and wrong

hēibái diànshì 黑白电视[--電-] N. black-and-white television M: [1]tái

hēibái diànyǐng 黑白电影[--電-] N. black-and-white film/movie M: [2]bù

hēibáifēnmíng 黑白分明 F.E. ① in sharp contrast; no ambiguity at all ②right and wrong clearly distinguished

hēibáihuà(r) 黑白画(儿)[--畫-] N. black-and-white painting M: [1]zhāng

hēibáihuār 黑白花儿 N. black-and-white spotted/striped pattern (of a cat/etc.) M: [2]duǒ

hēibáijī 黑白机 N. black-and-white television set M: [1]tái

hēibái liǎng dào 黑白两道 N. illegal and legal means

hēibáipiān(r) 黑白片(儿) N. black-and-white film M: [2]bù

hēibālùn 黑八论 N. the eight black doctrines of literature and art (1996)

hēibān 黑斑 N. ① freckle ② dark spots; black specks M: [2]kuài

hēibǎn* 黑板 N. blackboard M: [2]kuài

hēibǎnbào 黑板报[-報] N. blackboard newspaper

hēibānbìng 黑斑病 N. <bot.> black-spot diseases M: [1]zhǒng

hēibǎncā 黑板擦 N. blackboard eraser

hēibāng 黑帮[-幫] N. reactionary/sinister gang

hēibǎnshuā 黑板刷 N. eraser; wiper

hēibuliū 黑不溜 V.P. <topo.> pitch dark; jet black

hēibuliūqiū 黑不溜秋 V.P. <topo.> swarthy; pitch-black

hēicài 黑菜 N. a kind of black seaweed M: kǔn

Hēicháo 黑潮 P.W. Kuroshio; Japan Current M: [2]gǔ

hēichē 黑车 N. ① illegal taxi ② unlicensed motor vehicle M: ge/[3]liàng

hēichēnchēn 黑沉沉 R.F. pitch-black

hēichǔ 黑杵 N. <topo.> bribe (accepted) M: [1]fèn

hēichù* 黑处[-處] N. dark place/spot (at night/etc.)

hēichuán 黑船 N. pirate ship M: ge/[1]sōu/[2]zhī

hēicí 黑瓷 N. black porcelain

hēicōngcōng 黑从从[-從從] R.F. <coll.> murky

hēicū 黑粗 ATTR. black and thick (of hair/line/etc.)

hēicùcù 黑簇簇 R.F. pitch-dark

hēidān 黑单 <coll.> N. false accounts; the practice of cooking the books

hēidào 黑道 N. ① dark/unlighted road/path M: [1]tiáo ② robbery ③ <coll.> ⓐ secret society/organization ⓑ gang ⓒ M: [2]huǒ ⓓ dark deeds ⓔ the path to knowledge ① M: [1]tiáo

hēidào-jīnquán 黑道金权[-權] N. money politics

hēidào rénwù 黑道人物 N. gangster; underworld figure M: ge/[2]wèi

hēidàorì(zi) 黑道日(子) N. <trad.> unlucky calendar days

hēidēngxiāhuǒ* 黑灯瞎火[-燈--] F.E. <coll.> dark; unlighted

hēidēngxiàhuǒ 黑灯下火[-燈--] F.E. <coll.> dark; unlighted

hēidì 黑地 N. unregistered land M: [2]kuài/[1]piàn

hēidiǎn(r) 黑点(儿)[-點-] N. stain; blemish; smirch

hēidiàn* 黑店 P.W. inn run by brigands M: ge/[4]zuò

[1]**hēidiāo** 黑貂 N. sable M: ge/[2]zhī

[2]**hēidiāo** 黑鲷 N. black porgy; black sea-bream M: [1]tiáo

hēidiāopí 黑貂皮 N. sable fur M: [2]kuài

hēidòng 黑洞 N. ① dark cave/hole ② <astr.> black hole

hēidòngdòng 黑洞洞 R.F. pitch-dark

hēidòu 黑豆 N. black soybean M: [1]kē/[3]lì
hēidūdū 黑嘟嘟 R.F. black (of smoke/etc.)
hēifà 黑发[-髮] N. black hair M: [1]tóu
Hēi Fēizhōu 黑非洲 P.W. <loan> Black Africa
hēifěnbìng 黑粉病 N. <agr.> smut M: [1]zhǒng
hēigàitǔ 黑钙土 N. black earth
hēigǎo 黑稿 N. pencil sketch M: [1]piān
hēigēngbànyè 黑更半夜 F.E. <coll.> in dead of night
hēigǒu 黑狗 N. <hist.> ① Japanese puppet troops ② police (in 1920's-1930's)
hēiguǎfu 黑寡妇[-婦] N. <zoo.> black widow (poisonous spider) M: ge/[2]zhī
hēiguǎn 黑管 N. clarinet
hēiguāng 黑光 N. black light; ultraviolet ray M: [2]dào/[4]shù
hēigulōngdōng 黑咕/骨隆/胧咚/东 V.P. <coll.> pitch-dark
hēiguō 黑锅[-鍋] N. imputed bad name/reputation M: kǒu
hēiguōdǐ 黑锅底[-鍋-] N. <topo.> daybreak
Hēihǎi 黑海 P.W. Black Sea
hēiháizi 黑孩子 N. unregistered child (usu. a child whose birth means the birth quota has been exceeded) M: ge/[1]míng
hēihè 黑褐 N. dark brown
[1]**hēihēi** 嘿嘿 ON. laughter
[2]**hēihēi(r)** 黑黑(儿) R.F. <coll.> black
hēihēishíshí 黑黑实实[-實實] R.F. dark and sturdy (of a person)
hēihézi 黑盒子 N. cockpit voice-recorder
hēi-hóngbàng 黑红棒 N. short stick painted with black and red stripes used by soldiers/etc. M: [2]gēn
hēihòutái 黑后台[-後臺] N. backstage supporter
hēihǔ 黑虎 V. <topo.> glare at ~ ***qǐ yǎn lái*** look up and glare at
hēihù* 黑户 N. <coll.> ① illegal/unregistered resident ② illegal business ③ sb. engaged in prohibited activities M: ge/[1]jiā/
[1]**hēihuà** 黑话 N. ① thieves' cant ② jargon; secret language; argot ③ double talk; malicious words M: [1]jù
[2]**hēihuà** 黑桦[-樺] N. black birch M: [2]kē
hēihuàn 黑鲩 N. <zoo.> black carp M: [1]tiáo
hēihūhū 黑乎乎//糊糊//呼呼//忽忽 R.F. ① black; blackened ② rather dark; dusky ③ indistinctly observable in the distance
hēihuì 黑会 N. a clandestine meeting
hēihuò 黑货 N. ① contraband ② sinister stuff; trash ③ <slang> opium M: [1]pī
hēihuór 黑活儿 N. illegal profession/job M: ge/[1]fèn
hēijí* 黑籍 N. ① opium addicts ② blacklist M: [1]fèn
hēijì 黑记 N. black birthmark M: ge/[2]kuài
hēijia 黑家 N. <topo.> night
hēijiabáirì 黑家白日 F.E. <coll.> all day and all night
hēijiān 黑间 N. <topo.> at night
hēijiānbáirì 黑间白日 F.E. <topo.> day and night
hēijiàng 黑酱[-醬] N. black soy-sauce
hēijiāobù 黑胶布[-膠-] N. <elec.> black tape; friction tape M: [2]kuài/[1]juǎn
hēijiāochóu 黑胶绸[-膠-] N. a rust-colored variety of summer silk; gambiered Guangdong silk M: [2]kuài/[1]pǐ
hēijiāoyì 黑交易 N. shady deal M: [2]bǐ
hēijiāshǔ 黑家鼠 N. black rats M: ge/[2]zhī
hēijīn 黑金 N. involvement of organized crime in politics
hēijīng 黑鲸 N. black whale M: [1]tiáo
hēijǐnghè 黑颈鹤[-頸-] N. black-necked crane M: ge/[2]zhī
hēijīngjì 黑经济[-經濟] N. illegal economic activities
hēikè 黑客 N. <PRC> hacker
hēikǒu 黑口 N. black croaker
hēikuǎn 黑款 N. <coll.> tainted money; bribes M: [2]bǐ
hēiláo 黑牢 N. dark prison cell M: ge/[4]zuò
hēili 黑里[-裡] N. ① darkness ② night
hēiliǎn(r) 黑脸(儿) N. dark/black-skinned face M: [1]zhāng
hēiliàng 黑亮 V.P. shiny (of polished black surface)
hēiliàngliàng 黑亮亮 R.F. shiny (of polished black surface)
hēiliángxīn 黑良心 N. evil nature
hēilǐqiào 黑里俏[-裡-] A.T. a dark beauty
hēiliú 黑瘤 N. <med.> melanoma
hēiliūliū 黑溜溜 R.F. black and bright
hēiliùlùn 黑六论 N. the six black doctrines of revisionism charged against Liu Shaoqi
Hēilóngjiāng* 黑龙江 P.W. Heilongjiang Province ***See also*** *Hēilóng Jiāng*
Hēilóng Jiāng 黑龙江 P.W. Heilongjiang River ***See also*** *Hēilóngjiāng*
hēilù 黑路 N. ① dark road ② illegal means M: [1]tiáo
hēimǎ 黑马 N. ①dark horse ②political candidate unexpectedly nominated ③unexpected winner in sport M: [1]pǐ
hēimài 黑麦[-麥] N. rye
hēimāo 黑猫[-貓] N. black cat M: ge/[2]zhī
[1]**hēiméi** 黑煤 N. soft/bituminous coal
[2]**hēiméi** 黑莓 N. blackberry M: [2]kē
[3]**hēiméi** 黑霉 N. ① lichen ② black mould M: [1]piàn
[4]**hēiméi** 黑梅 N. prune M: [2]kē/[3]lì
hēiméiwūzuǐ 黑眉乌嘴[--烏-] F.E. black and dirty; filthy
hēiméiyóu 黑煤油 N. coal tar
hēiménkǎnr 黑门坎儿 N. <trad.> constables; policemen
hēimiàn 黑面[-麵] N. coarse wheat flour M: [1]bāo/[5]dài
hēimiànbāo 黑面包[-麵-] N. black/brown/rye bread M: [2]kuài
hēimiàntiáo 黑面条[-麵條] N. noodles made from coarse flour
hēimíngdān 黑名单 N. blacklist M: [1]fèn
hēimóu 黑眸 N. black pupil of the eye M: [1]duì
hēimòzhī 黑墨汁 N. Chinese/India ink M: píng
hēimù 黑幕 N. inside story of a plot, shady deal, etc.; scandalous story
hēimùchóngchóng 黑幕重重 F.E. inside secrecy
hēimù'ěr 黑木耳 N. <bot.> an edible fungus
[1]**hēiní(zi)** 黑呢(子) N. black wool cloth M: [2]kuài
[2]**hēiní(r/zi)** 黑泥(儿/子) N. black mud
hēiniàobìng 黑尿病 N. <med.> blackwater fever
hēinímào 黑呢帽 N. black wool cap/hat M: [1]dǐng
hēinú 黑奴 N. black slaves M: ge/[1]míng/[2]wèi
hēipíjiǔ 黑啤酒 N. dark beer; stout M: píng
hēiqī 黑漆 N. black paint M: tǒng
hēiqiān 黑铅 N. graphite; fibrous lead
hēiqián* 黑钱[-錢] N. ① underhand payment; bribe ② ill-gotten money M: [1]fèn
hēiqiāng 黑枪[-槍] N. ① sniper shot M: fā ② illegal gun M: ge/[4]zhī
hēiqībǎn 黑漆板 N. blackboard M: [2]kuài
hēiqīqī 黑漆漆 R.F. pitch-dark
hēiqūqū 黑黢黢 R.F. pitch-black; pitch-dark
hēiqūqur 黑觑觑儿 R.F. <topo.> ① at first light ② dim; murky
hēir 黑儿 N. <coll.> dusk
hēirǎng 黑壤 N. black land M: [2]kuài
hēirèbìng 黑热病[-熱-] N. <med.> kala-azar M: [1]zhǒng
hēirén 黑人 N. ① unregistered resident ② disgraced/wanted person M: ge/[1]míng/[2]wèi ♦V.O. <slang> extort money from sb. ***See also*** *Hēirén*
Hēirén* 黑人 N. Black; Negro ***See also*** *hēirén*
Hēirén Yīngyǔ 黑人英语 N. <lg.> Black English Vernacular
hēirhū 嘿儿乎 A.T. <topo.> wait one's chance; bide one's time
hēisè 黑色 N. black
hēisè huǒyào 黑色火药[-藥] N. black gunpowder
hēisè jīngjì 黑色经济[-經濟] N. black economy
hēisè jīnshǔ 黑色金属[-屬] N. ferrous metal
hēisēnlín 黑森林 N. black growth M: [1]piàn
hēisēnsēn 黑森森 R.F. fearfully black (at night/etc.)
hēisè rénzhǒng 黑色人种[-種] N. Blacks; Negroes; black people
hēisè shìchǎng 黑色市场[-場] P.W. black market
hēisèsù 黑色素 N. <chem.> melanin
hēisèsùliú 黑色素瘤 N. <med.> melanoma
hēisè xìjù 黑色喜剧[-劇] N. black comedy M: [1]chū/[1]tái
Hēisè Xīngqīwǔ 黑色星期五 N. Black Friday
hēisè yōumò 黑色幽默 N. black humor
hēishā 黑纱 N. black armband M: ge/[2]kuài
hēishang 黑上 V. <topo.> choose secretly to rob/etc.
hēishèhuì 黑社会 P.W. criminal underworld
[1]**hēishì** 黑市 P.W. black market
[2]**hēishì** 黑视 N. blackout
hēishǒu 黑手 N. evil backstage manipulator M: ge/[1]shuāng/[2]zhī
hēishǒudǎng 黑手党[-黨] P.W. mafia; gang
hēishǔ 黑鼠 N. black rats M: ge/[2]zhī
hēisǐbìng 黑死病 N. ① plague ② Black Death
hēisōng 黑松 N. black pine M: [2]kē/[1]piàn
hēisuìbìng 黑穗病 N. <agr.> smut
hēitán 黑檀 N. <bot.> ebony M: [2]kē
hēitàn* 黑炭 N. charcoal M: [2]kuài
hēitáng 黑糖 N. <topo.> unrefined/brown sugar
hēitánshù 黑檀树[-樹] N. ebony tree M: [2]kē
[1]**hēitáo** 黑陶 N. black pottery
[2]**hēitáo** 黑桃 N. spade (in cards) M: [1]zhāng
Hēitáo Wénhuà 黑陶文化 N. Black Pottery Culture
hēitǐ 黑体[-體] N. ① <phy.> blackbody ② <print.> boldface
hēitiān 黑天 N. night
hēitiānbáirì 黑天白日 F.E. night and day
hēitiānbànyè 黑天半夜 F.E. late at night
hēitiānmōdì 黑天摸地 F.E. grope in the dark
hēitiānr 黑天儿 N. <coll.> night
hēitiánxiāng 黑甜乡[-鄉] V.P. sound sleep
hēitiě 黑帖 N. anonymous notice posted on a wall/etc., usually to attack sb. M: [1]zhāng
hēitiěr 黑贴儿 N. <coll.> unsigned denunciation M: [1]zhāng
hēitǐzì 黑体字[-體-] N. boldface type
hēitóu 黑头 N. <thea.> painted face
hēitóu fěncì 黑头粉刺 N. blackhead
hēitǔ 黑土 N. ① black earth M: [2]kuài ② opium
hēiwūkuàng 黑钨矿[-鎢礦] N. wolframite
hēiwǔlèi 黑五类[-類] N. <pol.> a general designation of landlord, rich peasant, counter-revolutionary, bad element and rightist
[1]**hēiwūzi** 黑屋子 N. <topo.> police cell; lock-up room M: ge/[1]jiān/[4]zuò
[2]**hēiwūzi** 黑污子 N. freckles; mole
hēixia 黑下 N. <topo.> evening; night
hēi xiàlai 黑下来 R.V. getting dark
hēixiàn 黑线 N. ① <med.> linea nigra ② <PRC> black/counterrevolutionary/revisionist line M: [2]dào/[1]tiáo
hēixiāng 黑箱 N. (airplane) black box M: ge/[2]zhī
hēixiàn rénwù 黑线人物 N. <PRC> revisionists M: ge/[1]míng/[2]wèi
hēixiāzi 黑瞎子 N. <topo.> black bear M: ge/[2]zhī
hēixiázi* 黑匣子 N. <aviation> black box M: ge/[2]zhī
hēixīn* 黑心 N. black heart; evil mind M: [1]kē
hēixìn 黑信 N. <coll.> poison-pen letter M: [2]fēng
hēixīncháng 黑心肠[-腸] N. black heart; evil mind M: [1]fù
hēixīngān 黑心肝 N. ungrateful person M: [1]fù/[1]kē
hēixīngxing 黑猩猩 N. chimpanzee M: ge/[2]zhī
hēixióng 黑熊 N. black bear M: ge/[2]zhī

hēixiùcai 黑秀才 N. vicious hack writer M: ge/2wèi
hēixūxū 黑魆魆 R.F. dark
hēiyān 黑烟[-煙] N. ① black smoke ② opium M: 2gǔ
hēiyàngbǎn 黑样板[-樣-] N. black model; negative example (in the Cultural Revolution) M: ge/1míng
hēiyǎnjìng 黑眼镜 N. sunglasses M: 1fù
hēiyānyóu 黑烟油[-煙-] N. smoke tar
hēiyǎnzhū(r/zi) 黑眼珠(儿/子) N. ① black eyeball ② iris M: ge/2zhī
hēiyānzi 黑烟子[-煙-] N. black smoke M: 2gǔ
hēiyàoyán 黑曜岩 N. obsidian
hēiyāyā 黑压压[-壓壓] R.F. dense mass M: 1piàn
1**hēiyè** 黑夜 N. night
2**hēiyè** 黑业[-業] N. <Budd.> evil deeds M: 3xiàng
hēiyī 黑衣 N. ① <trad.> soldier's uniform ② monk's clothing M: 2jiàn/1shēn
hēiyǐng(r) 黑影(儿) N. a (dark) shadow
hēiyǐngtú 黑影图[-圖] N. silhouette M: 10fú/1zhāng
hēiyóu 黑油 N. coal tar
hēiyōumò 黑幽默 N. black humor
1**hēiyōuyōu** 黑黝黝 R.F. ① shiny black ② dim; dark
2**hēiyōuyōu** 黑油油 R.F. jet-black; shiny black
hēiyú* 黑鱼 N. snakeheaded fish; snakehead M: 1tiáo
hēiyǔ 黑语 N. jargon
hēiyún* 黑云[-雲] N. black clouds; dark clouds M: 1piàn
hēiyùn 黑运[-運] N. bad luck
hēiyúnmǔ 黑云母[-雲-] N. <min.> black mica; biotite
1**hēizǎo(r)** 黑枣(儿)[-棗] N. dateplum persimmon M: 1kē/3lì
2**hēizǎo** 黑藻 N. <bot.> black algae M: 1piàn
hēizhàng 黑账 N. <coll.> phony set of account books M: 1běn
hēizhe gàn 黑着干[-著幹] V.P. <slang> do unlicensed/shady business
hēizhì 黑痣 N. mole; pigmented naevus M: 1kē
hēizhǒng 黑种[-種] N. Black race
hēizhǒngrén 黑种人[-種-] N. Black people; Blacks
hēizhōngyǒubái 黑中有白 F.E. The devil is not so black as he is painted.
hēizhú 黑竹 N. black bamboo M: 2kē
hēizǐ(r)* 黑子(儿) N. ① <wr.> black mole; birthmark ② <met.> sunspot ③ black chess piece
hēizì 黑字 N. black letters/characters
héji 合计 V. ① think over; figure out; put heads together ② consult; discuss *See also* 1héjì
1**héjī** 合击[-擊] V. jointly attack
2**héjī** 鹖鸡[-雞] N. a kind of pheasant M: ge/2zhī
1**héjì*** 合计 V. ① amount to; add up to; total ② <coll.> discuss; consider *See also* héji
2**héjì** 核计 V. ① assess; calculate ② discuss; talk over ③ think about; consider ④ verify an account
3**héjì** 合剂[-劑] N. <med.> mixture M: 14fù
héjiā 合/阖家 N. the whole family
héjià* 核价[-價] N. appraisal
hèjià 鹤驾 N. <trad.> ① carriage of the crown prince ② whereabouts of an immortal
héjiāhuān 合家欢[-歡] N. <topo.> family photograph
1**héjiān** 和奸 V./N. <law> fornicate; commit adultery ~*niánlíng* age of consent
2**héjiān** 合尖 V.O. ① complete the top of a pagoda ② carry out an undertaking from start to finish
héjiǎn 核减[-減] V. cut (a budget/estimate/etc.) after examination
hèjiǎn* 贺柬 N. congratulatory letter/message M: 1fèn/2fēng
héjiǎo 合脚[-腳] V.O./S.V. fit (of shoes/socks)
hèjiāshǔ 褐家鼠 N. brown houserats M: ge/2zhī
héjiātuánjù 合家团聚[--團-] F.E. a reunion of the whole family
héjīdì 核基地 P.W. nuclear base
héjié 诃诘 V. interrogate
héjiē 合接 ATTR. connecting
1**héjié** 合结 V. combine
2**héjié** 涸竭 V.P. ① dry up; run dry ② short of money
héjiě* 和解 V. ① become reconciled ② <Ch. med.> balance and relieve ♦N. accommodation
hèjié 贺节[-節] V.O. offer congratulations on festivals
hèjié piàn(r/zi) 贺节片(儿/子)[-節--] N. <trad.> holiday greeting cards M: 1zhāng
héjiě zhèngcè 和解政策 N. détente policy M: 3xiàng
hējìn 呵禁 V. interdict; stop with a yell
héjīn* 合金 N. alloy M: 2kuài/1zhǒng
héjǐn 合卺 V.P. <wr.> drink the wedding cup; get married
hèjìn 鹤禁 N. <trad.> palace of the crown prince
hējìng* 喝净[-淨] R.V. drink up; finish a drink
héjìng 合镜 ID. restore a broken marriage
hèjǐng 鹤警 N. warning of danger; alarm M: shēng
héjīngāng 合金钢[-鋼] N. alloy steel M: 1zhǒng
héjìngchóngyuán 合镜重圆 ID. reunited after separation (of husband and wife)
hèjǐngjī 鹤颈机[-頸-] N. crane (lifting machine) M: 1tāi
héjǐnjiāohuān 合卺交欢[-歡] F.E. drink the nuptial wine cup
héjǐnjiǔ 合卺酒 N. wine drunk by bridegroom and bride on wedding night to signify mutual devotion M: bēi
hèjīnméi 鹤金梅 N. <bot.> silverweed M: 2kē
héjīn yuánsù 合金元素 N. alloying element
hèjiū 劾究 V. investigate a person or a matter of impeachment
héjìyúshì 何济于事[-濟於-] F.E. <wr.> Of what avail is it?
héjú* 和局 N. <sport> ① drawn game; draw; tie ② a state of peace M: 1pán
1**héjù** 合句 N. <lg.> compound sentence
2**héjù** 核句 N. <lg.> kernel sentence
héjùbiàn 核聚变[-變] N. nuclear fusion M: 1cì
Héjùlèbù 核俱乐部[--樂-] N. Nuclear Club
héjūnbèi 核军备[-備] N. nuclear armament
héjùzhīyǒu 何惧之有[-懼--] F.E. Why should I be afraid?
hèkǎ 贺卡 N. congratulation cards M: 1zhāng
hékāi 合开[-開] V. jointly open (e.g., a bank account)
1**hékān** 合刊 N. combined issue (of periodical) M: 1fèn
2**hékān** 何堪 V.P. <wr.> how can one bear it
hékānhuíshǒu 何堪回首 F.E. It's too sad to look back.
hékě* 核可 V. check and ratify
hèkè 贺客 N. well-wishers
hékěshèngshǔ 何可胜数[-勝數] F.E. <wr.> countless; numerous
hèkèyíngmén 贺客盈门 F.E. The house is crowded with well-wishers (on a happy occasion).
hékèzhēncǐ 何克臻此 F.E. How could this be achieved (without great persistence)?
hékǒngbù 核恐怖 N. nuclear terror
1**hékǒu** 河口 N. river mouth
2**hékǒu** 合口 V.O. ① heal (a wound) ② be palatable/tasty ③ <topo.> quarrel; wrangle; squabble ♦N. <lg.> ① u-class final (in Chinese) ② close
3**hékǒu** 阖口 N. <lg.> ① closed mouth ② *yùn* onset *u*
hékǒu de 合口的 ATTR. <lg.> neutral
hékǒuhū 合口呼 N. <lg.> ① syllables with *u* as the final or onglide ② closed mouth ③ 5*yùn* onset *u*
hékǒuhū hóngyīn 合口呼洪音 *See hékǒuhū*
hékǒuhū xìyīn 合口呼细音 N. <lg.> ① pursed mouth ② 5*yùn* with medial *yu*
hékǒuwān 河口湾[-灣] N. estuary
hékǔ 何苦 ADV. why bother; quite unnecessarily
hékuàng 何况[-況] CONJ. ① much less; let alone; all the more ② moreover
hèkǔn 贺悃 N. <wr.> sincerity in offering congratulations
hékuòsàn 核扩散[-擴-] N. nuclear proliferation M: 1cì
hélái 何来 V.P. <wr.> come from where
Hélán 荷兰[-蘭] P.W. The Netherlands; Holland
hélándòu 荷兰豆[-蘭-] N. pea pods
hélánqín 荷兰芹[-蘭-] N. parsley M: 2kē
hélán shízhú 荷兰石竹[-蘭--] N. carnation M: 2kē
hélánshǔ 荷兰薯[-蘭-] N. potato
hélánshuǐ 荷兰水[-蘭-] N. <topo.> aerated water/soda water M: píng
hélánzhū 荷兰猪[-蘭豬] N. guinea pig M: 1tóu
héle 合/饸饹 N. noodles made from buckwheat/sorghum flour, etc. M: 2gēn
hélè* 和乐[-樂] V.P. harmonious and happy
hélèbùwéi 何乐不为[-樂--] F.E. ① why don't you (if you want to) ② Why not do it gladly?
hélè ér bùwéi 何乐而不为[-樂---] F.E. what is there against it?
hélèsuǒ 核勒索 N. nuclear blackmail
hélí 河狸 N. <zoo.> beaver M: ge/1tiáo
hélǐ* 合理 S.V. rational; reasonable; equitable
1**hélì** 合力 V.O. ① join forces; pool efforts ② <phy.> resultant of forces
2**hélì** 核力 N. nuclear power
hèlǐ 贺礼[-禮] N. congratulatory gift M: 1fèn
1**hèlì** 鹤立 V. expect/await eagerly
2**hèlì** 鹤唳 N. cries of cranes M: shēng
hélián 荷莲 N. lotus M: 2kē
hèlián* 贺联[-聯] N. congratulatory couplet (on scrolls/etc.) M: 1fù
héliáng 河梁 N. ① bridge spanning a river ② parting place M: 4zuò
hèliè 鹤列 V. array troops in orderly formation
hélièbiàn 核裂变[-變] N. nuclear fission M: 1cì
hélì'érxíng 合力而行 F.E. cooperate
hélǐhuà 合理化 V. rationalize
hélǐhuà jiànyì 合理化建议[-議] N. reasonable suggestion
hèlìjīqún 鹤立鸡群[--雞-] ID. stand far above others
hélìliàng 核力量 N. nuclear power
hélǐ mìzhí 合理密植 N. <agr.> reasonable close planting
hèlín 鹤林 N. Buddhist/Daoist temples M: 4zuò
hèlìng 喝令 V. shout an order
1**héliú*** 河流 N. river; waterways M: 1tiáo
2**héliú** 合流 V. ① flow together; converge ② collaborate ③ different schools (of thought/art/etc.) merge into one ♦N. confluence
héliǔ 河柳 N. willows growing on riverbanks M: 2kē
héliú chénjī 河流沉积[-積] N. fluvial deposit
héliúchù 合流处[-處] N. confluence; conflux
héliúhé 合流河 N. confluent M: 1tiáo
hèliùhūyāo 喝六呼幺[-么] F.E. ① shout noisily in gambling ② arrogantly order people around ③ be overbearing/domineering
héliúxíduó 河流袭夺[-奪] F.E. river piracy
héliúzìjìng 河流自净[-淨] F.E. natural self-purification of water
hélǐzhǔyì 合理主义[-義] N. rationalism
hélóng 合龙 N. closure (of a dam, two sections of a bridge, etc.)
hélǒng* 合拢 V. gather up
Hè Lóng 贺龙 (1896–1969) N. PLA marshal; prominent military leader in early Communist movement
hélǒngduàn 核垄断[-斷] N. nuclear monopoly
hélou 河漏 N. <topo.> vermicelli made of buckwheat flour
hélú 阖庐[-廬] N. ① one's house ② <hist.> name of a king of Wu in the Spring and Autumn period
hélù* 河路 N. waterway M: 1tiáo

H

hèlǚ 鹤侣[-侶] N. close companion M: ge/[1]duì
héluǎnshí 河卵石 N. pebble M: [2]kuài
Héluò 河洛 N. basin between the Yellow River and the River Luo
héluósuǒ 盒萝锁[-蘿-] N. padlock M: [1]bǎ
hélǜxìng 合律性 N. regularity
hémǎ 河马 N. <loan> hippopotamus M: ge/[1]tiáo
hémán 河鳗 N. river eel M: [1]tiáo
hémàntān 河漫滩[-灘] N. land made of the mud brought by a river flood M: [1]piàn
Hémǎ shǐshī 荷马史诗 N. Homer's epics
héměi* 和美 S.V. ① harmonious ② gentle and graceful
hèméi 褐煤 N. brown coal; lignite
héméisù 合霉素 N. <med.> syntomycin
hèméitián 褐煤田 N. lignite mine / field
hèméng 荷蒙 A.T. <wr.> receive (a favor/etc.)
hémì 和密 V.P. ① make up and be friends; bury the hatchet ② friendly; cordial
hémián 河绵 N. fresh-water sponge M: [2]kuài
[1]**hémiàn*** 河面 N. river surface M: [1]piàn
[2]**hémiàn** 和面[-麵] V.O. knead flour *See also huómiàn*
hémiáo 禾苗 N. grain seedling M: [2]kē
hémíng 和鸣 N. resonance M: [1]zhǒng ♦V. sound in harmony
hèmíngzhīshì 鹤鸣之士 N. <wr.> scholar widely admired for both virtue and learning
hémó 核膜 N. <bio.> nuclear membrane
hē mòshuǐ(r) 喝墨水(儿) V.O. <coll.> attend school; study
hémóu 合谋 <law> V. conspire; plot together ♦N. conspiracy
hémóubùguǐ 合谋不轨 F.E. plot sedition together
hémù 和睦 N./S.V. harmony; amity
Hémǔdù Wénhuà 河姆渡文化 N. <archeo.> Hemudu/Homutu culture
hémùpáng(r) 禾木旁(儿) N. Kangxi radical 75 (tree) as a character component
hémùxiāngchǔ 和睦相处[-處] F.E. get along in harmony
hén 痕 B.F. mark; trace *hénjī*
[1]**hěn*** 很 ADV. very; quite; awfully
[2]**hěn** 狠 S.V. ①ruthless; relentless ②firm; resolute
hèn 恨 V. ① hate ② regret ③ be exasperated ♦N. hatred
hénǎi 何乃 ADV. <wr.> why then?
hènán 诃难[-難] A.T. scold
hénán 和南 N. <Budd.> bowed head and joined palms (a type of greeting)
Hénán* 河南 P.W. Henan province
Hénán bāngzi 河南梆子 N. Henan clapper opera M: ge/[1]tái
Hénán zhuìzi 河南坠子[--墜-] N. Henan ballad-singing
hénào 和闹[-鬧] V. <topo.> take part in the merriment
hènbude 恨不得 R.V. very anxious to; itch to
hènbunéng 恨不能 V.P. wish one could (do sth. impossible)
hèn bù xiāngféng wèi jià shí 恨不相逢未嫁时[-時] F.E. regret that one did not meet sb. before being married
hěndǎ 狠打 V. beat; batter
hèn de yá yǎng 恨得牙痒[-癢] V.P. gnash one's teeth with hatred
hěndú 狠毒 S.V. vicious; venomous
Hénèi 河内 P.W. ① Henan north of the Yellow River ② Hanoi
hénéng 核能 N. nuclear energy
hènfù 恨赋 N. <wr.> a stanza written when one's heart is full of sorrow
heng 行 in *Dàoheng See also* [1]*háng*, [3]*hàng*, [1]*xíng*
[1]**hēng*** 哼 V. ① groan; snort ② hum; croon ♦INTJ. expressing exasperation *See also hng*
[2]**hēng** 亨 B.F. go smoothly *hēngtōng* ♦N. <elec.> henry
[3]**hēng** 脝 in [2]*pénghēng*

[1]**héng** 横[橫] B.F. ① horizontal; transverse *héngliáng* ② across; sideways *rénxíng héngdào* ♦V. move crosswise; transverse ♦ADV. ① unrestrainedly; turbulently ② violently; flagrantly ♦N. horizontal stroke (in characters) *See also hèng*
[2]**héng** 恒[恆] B.F. ①permanent; lasting *yǒnghéng* ② common *héngyán*
[3]**héng** 衡 B.F. ①the graduated arm of a steelyard; weighing apparatus *héngqì* ② weigh; measure; judge *héngliang*
[4]**héng** 桁 N. <archi.> purlin *See also* [5]*háng*
[5]**héng** 珩 N. <trad.> the top gem of a girdle-pendant *See also* [7]*háng*
[6]**héng** 鸻[鴴] B.F. birds of the Charadrias family *yànhéng*, [2]*zhìhéng*
[7]**héng** 胻 in *zúhéngzhǒng*
[8]**héng** 蘅 in *héngwú, dùhéng*
Héng 姮 in *Héng'é*
hèng 横[橫] S.V. harsh and unreasonable; perverse ♦B.F. unexpected *hènghuò See also* [1]*héng*
héngba 横巴 V. <topo.> walk sideways
hèngbào 横暴 S.V. cruel; tyrannical
Héngbīn 横滨[-濱] P.W. Yokohama (Jp.)
héngbō 横波 N. ① <phy.> transverse wave M: [2]dào ② <wr.> sideways glance
héngbùlēngzi 横不楞子 V.P. <coll.> thoughtless; heedless
hèngcái 横财 N. ① ill-gotten gains/wealth ② unexpected gains
héngchǎn 恒产[恆產] N. real estate; immovable property
hēngchàng* 哼唱 V. sing abstractedly; hum
héngcháng 恒常[恆-] V.P./ADV. usual; common
héng chā yī gàngzi 横插一杠子 V.P. <coll.> ① interfere flagrantly ② make trouble; create a disturbance ③ hinder; bar the way
héngchén 横陈 V. lie down spread-eagled
héng chēngchuánr 横撑船儿[-撐--] V.O. meddle; raise obstacles
héngchēzhóu 横车轴 N. ① axle ② abscissa
hēngchī* 哼哧 V. puff hard
héngchǐ 恒齿[恆齒] N. <phys.> permanent tooth M: [1]kē
héngchōngzhízhuàng 横冲直撞[-衝--] F.E. elbow one's way; barge about
héngchuān 横穿 V. ① cross ② traverse
héngdǎbíliáng 横打鼻梁 ID. be brave in undertaking sth.
héngdàng 横档[-檔] N. crosspiece (of a table, etc.) M: ge/[2]dào
héngdào 横道 N. crossing M: [1]tiáo
héngdāoduó'ài 横刀夺爱[-奪愛] F.E. take away another's woman by force
héngdǎoshùwāi 横倒竖歪[--豎-] F.E. in disorder; higgledy-piggledy
héngdāoyuèmǎ 横刀跃马[--躍-] F.E. gallop ahead with sword drawn
héng dǎo zài dì 横倒在地 V.P. be flat on the floor
héngděng 恒等[恆-] V.P. <math.> identically equal; identical
héngděngshì 恒等式[恆-] N. <math.> identity; identical equation
héngdí* 横笛 N. bamboo flute M: ge/[4]zhī
héngdì 横地 ATTR. horizontal
[1]**héngdìng** 恒定[恆-] V.P. ① eternally fixed ② constant
[2]**héngdìng** 横订 V. staple horizontally (of book/paper/etc.)
héngdú 横读[-讀] N. horizontal reading M: [1]zhǒng
héngdù* 横渡 V. cross (river/sea/etc.)
héngduàn 横断[-斷] ATTR. cross; transverse
héngduànmiàn(r) 横断面(儿)[-斷--] N. cross/transverse section
héngduàn shānmài 横断山脉[-斷-脈] N. mountain range running east-west ♦P.W. name of a mountain range in Sichuan and Yunnan
héngduì 横队[-隊] N. row

héng'é* 横额 N. horizontal hanging placard M: [10]fú
Héng'é 姮娥 N. <wr.> Lady in the Moon
hèngfǎn 横反 V.P. mischievous (of children)
héngfàng 横放 V. lay/put down horizontally
[1]**héngfēng** 恒风[恆-] N. prevailing wind M: [2]gǔ/[1]zhèn
[2]**héngfēng** 横风 N. cross/beam wind M: [2]gǔ/[1]zhèn
héngfú 横幅 N. ① horizontal scroll/strip ② banner; streamer M: [10]fú
hénggé 横格 N. horizontal lines (printed on paper/etc.); lined (paper) *~zhǐ* lined paper M: [1]tiáo
hénggémó 横膈膜 N. <phys.> diaphragm
hénggèn 横亘 V. lie across; span
hénggézhǐ 横格纸 N. lined paper M: [1]zhāng
héngguàn 横贯 V. traverse
héngguàn dàlù 横贯大陆[-陸] V.O. traverse a continent ♦ATTR. transcontinental
héngguàn gōnglù 横贯公路 N. ① a highway running east-west ② Cross-Island/East-West Highway in Taiwan M: [1]tiáo
héngguàn shānmài 横贯山脉[-脈] N. mountain range running east-west ♦P.W. name of a mountain range in Sichuan and Yunnan M: [1]tiáo
héngguò 横过 V. go across
hēnghā 哼哈 ON. hem and haw
hēnghā'èrjiàng 哼哈二将[-將] F.E. ① gods guarding the temple gate ② a pair of flunkies/schemers
Héng Hé 恒河[恆-] P.W. the Ganges
hēngheng 哼哼 V. ①groan; snort ②hum; croon
hēnghēng de hěn zhōngtīng 哼哼得很中听[-聽] V.P. <coll.> hum very melodiously
hēnghēng de shuōdao 哼哼地说道 V.P. <coll.> say in a whining voice
hēnghēnghāhā 哼哼哈哈 ON. hem and haw
hēnghēngjījī 哼哼唧唧 R.F. <coll.> ① whining; sniveling ② mumbling
hénghéshāshù 恒河沙数[恆-數] F.E. innumerable as the sands in the Ganges
hènghuà 横话 N. ① violent/harsh words ② unlucky words/utterances
hénghúlou 横胡搂[-摟] V. <coll.> handle with ease
hènghuò 横祸[-禍] N. unexpected calamity M: [3]cháng
hēngji 哼唧 V. ① mumble; whisper ② hum ③ whine; snivel
héngjiā* 横加 ADV. violently; flagrantly
héngjià 桁架 N. <archi.> truss
héngjiābáiyǎn 横加白眼 F.E. look upon with contempt
héngjiā gānshè 横加干涉 V.P. flagrantly interfere
héngjiàn 衡鉴[-鑒] N. criteria for determining good from bad M: [3]xiàng
héngjiàqiáo 桁架桥[-橋] N. truss bridge M: [4]zuò
héngjiā zǔnáo 横加阻挠[-撓] V.P. obstruct intentionally
héngjié 横截 V. cut across
héngjiēcháng 横结肠[-腸] N. <phys.> transverse colon
héngjiégòuduàn guānxi 横结构段关系[--構-關係] N. <lg.> syntagmatic relation
héngjiégòu guānxi 横结构关系[-構關係] N. syntagmatic relations
héngjiégòu zǔhé 横结构组合[--構--] N. syntagm
héngjiémiàn 横截面 N. cross-section
héngjìn 恒劲[恆勁] N. persistent strength/power; stamina M: [1]zhǒng
héngjiǔ 恒久[恆-] S.V. ①constant ②persistent; long-lasting
héngjué 桁桷 N. <wr.> purlins and rafters
héngjùhé guānxi 横聚合关系[-關係] N. <lg.> syntagmatic relation
héngkuà 横跨 V. stretch over/across
héngkuān 横宽[-寬] N. width
hénglánshùdǎng 横拦竖挡[-攔豎擋] F.E. create all sorts of obstacles; try hard to prevent

hénglánshùzhē 横拦竖遮[-攔豎-] F.E. place obstructions at every possible point
hénglì 恒例[恆-] N. ordinary/common practice
héngliang* 衡量 V. ① weigh; measure; judge ② evaluate ♦N. evaluation
héngliáng 横梁 N. ① *<archi.>* crossbeam ② cross member
héngliàng 恒量[恆-] N. *<phy.>* constant
héngliáng chéngxù 衡量程序 N. evaluation procedure
héngliáng déshī 衡量得失 V.O. weigh gains and losses
héngliáng guānniàn 衡量观念[--觀-] N. measurement concepts
hénglie 横列 V./N. line up; arrange horizontally
hèngliú 横流 N. ① water flowing out of its proper course ② overflow (of evil force/etc.) M: [1]*tiáo*
Héng-Lú 衡卢[-盧] P.W. names of two famous mountains, Mt. Heng and Mt. Lu
hénglùjìng'èr 横路静二[-静-] *<slang/coll.>* ID. idiot; stupid person
hèngmán 横蛮[-蠻] S.V. harsh and unreasonable; perverse
héngméi 横眉 V.P. frown in anger; scowl
héngméidèngyǎn 横眉瞪眼 F.E. glare at
héngméinùmù 横眉怒目 F.E. dart fierce looks
héngméishùmù 横眉竖目[--豎-] F.E. dart a fierce look
héngméishùyǎn 横眉竖眼[--豎-] F.E. ① glare in anger ② put on a fierce/determined look
héngméizi 横楣子 N. lintel M: [2]*dào*/[1]*tiáo*
héngmiàn 横面 N. cross-section
héngmín 恒民[恆-] N. common/ordinary people M: *ge*/[1]*míng*/[2]*wèi*
hēngmíng 哼鸣 N. hum M: [1]*zhèn*
[1]**héngmù** 横目 V.O. look angrily at; look at askance ♦N. *<trad.>* humankind
[2]**héngmù** 横木 N. horizontally placed log M: [2]*gēn*/[1]*tiáo*
hèngnì 横逆 V.P. ① overbearing; arrogant ② rebellious; lawless
héngniàn 恒念[恆-] V. *<wr.>* often think of
héngòu 痕垢 N. old dirty marks M: [2]*kuài*
héngpái 横排 V. line up
héngpāi wòfǎ 横拍握法 N. *<sport>* a tennis grip/hold
héngpī 横披/批 N. horizontal hanging/inscribed scroll M: [10]*fú*
héngpíng 横/衡平 V.O. weigh and consider in order to uphold justice ♦N. justice; equity
héngpíngfǎ 衡平法 N. *<law>* equity
héngpōumiàn 横剖面 N. cross-section
héngpōu yánjiū 横剖研究 N. *<sociology>* cross-sectional study
hēngqì 哼气[-氣] V.O. *<coll.>* speak; utter a sound; say a word
héngqǐ* 横起 R.V. *<coll.>* make up one's mind; be determined (to take a risk/etc.)
héngqì 衡器 N. weighing apparatus M: [2]*jiàn*
héngqiē 横切 V. crosscut
héngqiējù 横切锯 N. crosscut (saw) M: *ge*/[1]*miàn*
héngqiēmiàn 横切面 N. cross-section
héng qǐlai 横起来 R.V. ① place things horizontally ② shoulder the responsibility of
[1]**héngqíng** 衡情 V.O. judge the circumstances of a case
[2]**héngqíng** 恒情[恆-] N. general propensities; common practices M: [1]*zhǒng*
héngqíngduólǐ 衡情度理 F.E. considering the circumstances and judging by common sense; all things considered
héngqīshùbā 横七竖八[--豎-] F.E. at sixes and sevens; in disarray
hēngqú 亨衢 N. highway; thoroughfare M: [1]*tiáo*
héngr 横儿 N. ① horizontal stroke ② horizontal scroll/picture M: [10]*fú*
hèngrén 横人 N. *<derog.>* tough/bullying guy
hēngrhār 哼儿哈儿 V.P. *<coll.>* ① hem and haw ② act pretentiously
héngròu 横肉 N. ferocious look M: [1]*shēn*

héngsānshùsì 横三竖四[--豎-] F.E. disorderly; confused; in disarray
héngsǎo 横扫[-掃] V. sweep away/across/over
[1]**Héng Shān** 衡山 P.W. Hengshan (mountain in Hunan)
[2]**Héng Shān** 恒山[恆-] P.W. Hengshan (mountain in Hebei and Shānxī)
hēngshēng 哼声[-聲] N. ① *<elec.>* hum ② groan ♦V.O. *<coll.>* utter a sound; speak
héngshēng* 横生 V. ① grow wild ② be overflowing with; be full of ③ happen unexpectedly ④ arise from every side ♦N. *<wr.>* all beings except human beings
héngshēngdàoyǎng 横生倒养[--養] F.E. give birth to and raise children casually
héngshēngshìduān 横生事端 F.E. make trouble on every hand
héngshēngzhījié 横生枝节[-節] ID. ① create complications ② side issues or new problems that appear unexpectedly
héngshi* 横是 ADV. *<coll.>* ① most certainly; in any case ② probably; most likely
héngshī 恒湿[恆濕] N. constant humidity
héngshí 衡石 N. balance
héngshì 衡视 V. look horizontally
hèngshì 横事 N. an untoward/bad accident; unlucky happening M: [2]*jiàn*
héngshu 横竖[-豎] ADV. *<coll.>* ① regardless ② in any case; anyway ③ horizontally and perpendicularly; in every direction
héngshuān 横闩 N. door latch/bolt
héngshùjìnr 横竖劲儿[-豎勁] N. *<topo.>* firmness of determination
héngshùn 横顺 ADV. in any case; anyway
héngshuòfùshī 横槊赋诗 ID. indulge in literary pursuits while in war
héngshuōshùshuō 横说竖说[--豎-] F.E. exhaust oneself with persuasion
hèngsǐ 横死 V. die a violent death
héngtǎng 横躺 V. lie flat across (road/room/etc.)
héngtǎngshùwò 横躺竖卧[-豎臥] F.E. lie about in disorder (of a number of persons)
héngtiáo 桁条[-條] N. *<archi.>* purlin M: [2]*gēn*
héngtiāo bízi shùtiāo yǎn(r) 横挑鼻子竖挑眼(儿)[----豎---] ID. nit-pick
héngtiáowén 横条纹[-條-] N. horizontal stripe M: [2]*dào*
hēngtōng 亨通 V. go smoothly
héngtóur 横头儿 N. longer sides of a rectangle
hēngtú 亨途 N. highway; thoroughfare M: [1]*tiáo*
héngtuōdàozhuài 横拖倒拽 F.E. drag sb. prone
héngwěiyì 横尾翼 N. tail-plane; horizontal stabilizer
héngwēn* 恒温[恆-] N. constant temperature M: [1]*zhǒng*
héngwén 横纹 N. horizontal grain/pattern M: [2]*dào*/[1]*tiáo*
héngwēncéng 恒温层[恆-層] N. stratum of invariable temperature; stratosphere
héngwēn dòngwù 恒温动物[恆-動-] N. warm-blooded animals M: [2]*zhī*/[1]*zhǒng*
héngwénjī 横纹肌 N. striated muscle M: [2]*kuài*
héngwénjīn 横纹筋 N. *<phys.>* striated muscle M: [2]*kuài*
héngwēnqì 恒温器[恆-] N. thermostat M: [1]*tái*
héngwénr 横纹儿 N. horizontal stripe M: [2]*dào*/[1]*tiáo*
héngwú 蘅芜 N. a kind of incense
héngxiàli 横下里[-裡] N. *<topo.>* horizontal side
héngxiàn 横线 N. ① horizontal line ② abscissa M: [2]*dào*/[1]*tiáo*
[1]**héngxiàng** 横向 N. ① crosswise ② horizontal
[2]**héngxiàng** 横巷 N. *<min.>* crosscut M: [1]*tiáo*
héngxiàng jìndāo 横向进刀[--進-] V.P. *<mach.>* cross feed
héngxiàng jīngjì liánxì 横向经济联系[-經濟聯繫] N. lateral economic ties
héngxiàng liánhé 横向联合[--聯-] N. horizontal combination/integration
héngxiàng sīwéi 横向思维 N. lateral thinking

héngxiàng yánjiū 横向研究 N. cross-sectional study
héngxiàng yánjiūfǎ 横向研究法 N. cross-sectional method
héngxiàn zhīpiào 横线支票 N. deposit-only check; crossed check M: [1]*zhāng*
héngxià xīn 横下心 V.P. harden the heart; steel oneself to (do sth.)
héngxié 横斜 ATTR. horizontal and downward slanting
héngxiě* 横写[-寫] V./N. horizontal writing
[1]**héngxīn** 恒心[恆-] N. perseverance M: [1]*kē*
[2]**héngxīn** 横心 V.O. *<coll.>* ① harden the heart; be ruthless ***héngxià xīn lái*** steel oneself to do sth. ② be desperate
héngxīng 恒星[恆-] N. *<astr.>* fixed star M: [1]*kē*
[1]**héngxíng*** 横行 V. ① rampage ② walk sideways
[2]**héngxíng** 恒行[恆-] N. routine
[3]**héngxíng** 衡行 N. act insolently; create a disturbance
héngxìng 恒性[恆-] N. perseverance; persistence
héngxíngbàdào 横行霸道 F.E. tyrannize; domineer
héngxíngbùfǎ 横行不法 F.E. act against law and reason
héngxíng jièshì 横行介士 N. *<wr.>* crab M: *ge*/[2]*zhī*
héngxīngnián 恒星年[恆-] N. sidereal year
héngxīngrì 恒星日[恆-] N. sidereal day
héngxīngshí 恒星时[恆-時] N. *<astr.>* sidereal time
héngxīng tiānwénxué 恒星天文学[恆-] N. stellar astronomy
héngxíng wénzì 横行文字 N. horizontal writing
héngxíngwújì 横行无忌 F.E. run wild/amok
héngxīngxì 恒星系[恆-] N. stellar system; galaxy
héngxíngyīshí 横行一时[-時] F.E. run wild for a time
héngxīngyún 恒星云[恆-雲] N. star cloud M: [2]*duǒ*/[2]*kuài*
héngxīngzhōu 恒星周[恆-] N. sidereal revolution
héngxǔ 横许 ADV. probably; most likely
héngxuán 横痃 N. *<med.>* buboes
Héngxūhè 横须贺 P.W. Yokosuka, the biggest Japanese naval base
héngxǔshì 横许是 ADV. probably; most likely
héngyá 恒牙[恆-] N. permanent tooth M: [2]*kē*
héngyán 恒言[恆-] N. common saying M: [1]*jù*
héngyǎn* 横眼 N. glower
Héngyáng 衡阳[-陽] P.W. city in Hunan
hèngyāo 横夭 N. an unnatural death
héngyāqì 恒压器[恆壓-] N. *<mach.>* manostat M: [1]*tái*
[1]**héngyì*** 横溢 V. ① overflow (of a river); be in flood ② be brimming/overflowing/abundant (of talent/enthusiasm/etc.)
[2]**héngyì** 恒毅[恆-] V.P. persevering
hèngyì 横议[-議] N. unbridled criticism; extreme views; far-fetched arguments
héngyìn 横印 N. horizontal printing
hēngyō 哼唷 INTJ. heave-ho; yo-ho
héngyǔ 衡宇 N. ① *<wr.>* roof of a house ② house; edifice M: [4]*zuò*
héngyuè* 横越 V. traverse; overstep
Héngyuè 衡岳/嶽 P.W. Mount Heng (one of the Five Sacred Mountains)
héng zài 横在 V.P. lie across
hèngzāo 横遭 V. suffer; endure; meet with (misfortune/etc.)
hèngzèng de 横甑的 V.P. *<coll.>* rude; impertinent
hèngzhe* 横着[-著] ADV. surly; argumentative
héngzhé 横摺 N. tuck (in sewing)
héngzhèndòng 横振动[-動] N. horizontal vibration M: [1]*cì*
hèngzhèng 横政 N. tyrannical rule/administration M: [1]*zhǒng*
héngzhēngbàoliǎn 横征暴敛[-徵--] F.E. levy exorbitant taxes

héngzhexīn 横着心[-著-] V.P. <*coll.*> be desperate/reckless

héngzhí* 横直 ADV. <*topo.*> anyway; in any case

héngzhǐ 蘅芷 N. <*bot.*> fragrant plant

Héngzhǐ 恒指[恆-] N. Heng Seng Index

héngzhóu 横轴 N. ① horizontal scroll (of calligraphy/picture/etc.) ② transversal axis; axis of an abscissa; X-axis

héngzī 恒姿[恆-] N. ordinary appearance

hèngzì* 横恣 V.P. ① perverse and wanton ② arrogant and presumptuous

héngzǔhé guānxi 横组合关系[-關係] N. <*lg.*> syntagmatic relation

héngzuòbiāo 横坐/座标[-標] N. abscissa

héngzuòbiāozhóu 横坐标轴[--標-] N. abscissa axis

hènhǎi 恨海 N. deep hatred

hěnhěn* 狠狠 R.F. ① ruthless; ferocious ② firm; resolute

hènhèn 恨恨 ADV. hatefully ♦N. implacable hatred

[1]**héní** 河泥 N. river silt/mud M: *duī*

[2]**héní** 和泥 V.O. ① mix mortar ② intervene in a quarrel ***See also** huóní*

hénián 何年 PR. <*wr.*> what year?

héniàn 合念 N. <*lg.*> reading in context

[1]**hènián*** 贺年 V.O. extend New Year greetings; pay New Year call

[2]**hènián** 鹤年 N. <*wr.*> long life

hèniánkǎ 贺年卡 N. New Year card M: [1]*zhāng*

hèniánpiàn(r) 贺年片(儿) N. New Year card M: [1]*zhāng*

héniè 龁啮[齕嚙] V. <*wr.*> gnaw forcibly

hénjì 痕迹[-跡] N. mark; trace; vestige M: [2]*dào*

hěnjìnr 狠劲儿[-勁-] N. hard-heartedness; cruelty M: [2]*gǔ*

hénjì yuánzé 痕迹原则[-跡--] N. <*lg.*> trace principle

hěnlì 狠戾 V.P. atrocious; cruel; vicious

hénliàng 痕量 N. <*chem.*> trace

hénliàng yuánsù 痕量元素 N. <*chem.*> trace elements

hěnmìng 狠命 ADV. desperately ♦V.O. go all out

hènnù 恨怒 N. animosity M: [2]*gǔ*

hènrén 恨人 N. a misanthrope M: *ge*/[1]*míng*/[2]*wèi*

hènrùgǔsuǐ 恨入骨髓 F.E. hate to one's very marrow

hènrútóucù 恨如头醋 F.E. extremely bitter

[1]**hènshì** 恨事 N. a matter of regret M: [2]*jiàn*/[3]*zhuāng*

[2]**hènshì** 恨视 V. glare with anger

hènsǐ 恨死 R.V. hate to the utmost degree; detest

hèntiānyuàndì 恨天怨地 F.E. utter maledictions against the whole world

hèn tiě bù chéng gāng 恨铁不成钢[-鐵--鋼] ID. be disappointed that sb. falls below expectations

hèntòu 恨透 R.V. hate to the utmost degree; detest

hènù 贺怒 V.P. angry; furious

hénuǎn 和暖 S.V. pleasantly warm; genial

hènwǎn 恨晚 V.O. regret that sth. happened too late

hènwù 恨恶[-惡] A.T. loathe

hěnxiǎng 很想 V.P. anxious / eager to . . .

hěnxīn 狠心 S.V. cruel-hearted; heartless ♦V.O. harden one's heart; make a painful decision

hěnxīncháng 狠心肠[-腸] S.V. heartless; cruel; ruthless

hènzhīrùgǔ 恨之入骨 F.E. hate sb. to the very marrow of one's bones

hépāi 合拍 V. ①be in time/step/harmony ②take a group picture ③ jointly produce a movie/TV series/etc.

hépàn 河畔 N. river side/bank/margin

hépánjiēshòu 和盘接受[-盤--] F.E. accept sth. in its entirety; accept the whole truth

hépántuōchū 和盘托出[-盤--] F.E. reveal everything

hèpiàn 贺片 N. congratulation card M: [1]*zhāng*

hépiànjú 核骗局 N. nuclear fraud M: [3]*cháng*

hépíng 和平 N. peace ♦V.P. mild

Hépíngduì 和平队[-隊] P.W. Peace Corps M: *ge*/[4]*zhī*

hépínggē 和平鸽 N. dove of peace M: *ge*/[2]*zhī*

hépíng gòngchǔ 和平共处[-處] V.P. peaceful coexistence

hépíng gòngcún 和平共存 V.P. peaceful coexistence

hépíng gōngshì 和平攻势[-勢] V.P./N. peace/non-military offensive

hépíng guòdù 和平过渡 N. <*pol.*> peaceful transition

hépínghuì 和平会 N. peace conference M: [1]*cì*

hépíng huìyì 和平会议[-議] N. peace conference M: [3]*cháng*/[1]*cì*

Hépíng Huǒbàn Jìhuá 和平伙伴计划 N. Partnership for Peace Program

Hépíng Jiǎngjīn 和平奖金[--獎-] N. the (Nobel) Peace Prize M: [3]*xiàng*

hépíng jiěfàng 和平解放 V.P./N. peacefully liberate

hépíng jìngsài 和平竞赛[--競-] N. peaceful competition M: [1]*cì*

hépíng kǒuhào 和平口号[-號] N. peace slogan M: [1]*jù*

hépíng qīnlüè 和平侵略 N. peaceful invasion M: [1]*zhǒng*

hépíng shìyè 和平事业[-業] N. the cause of peace M: [3]*xiàng*

hépíng tánpàn 和平谈判 N. peace negotiations/talks

hépíng tiáoyuē 和平条约[--條-] N. peace treaty M: [3]*xiàng*

hépíng xuéhuì 和平学会 P.W. peace institute

hépíng yǎnbiàn 和平演变[-變] N. <*pol.*> peaceful evolution

hépíng zhōnglì zhèngcè 和平中立政策 N. policy of peace and neutrality

hépíngzhǔyì 和平主义[-義] N. pacifism

hépǔzhūhuán 合浦珠还[-還] ID. return of sth. long lost; recover sth. which has been lost

hēqì 呵气[-氣] V.O. blow a puff

héqi* 和气[-氣] S.V. kind; polite; amiable ♦N. harmony; friendship M: *tuán*

héqī 何期 ADV. contrary to expectations

[1]**héqí** 何其 ADV. <*wr.*> how?; what?

[2]**héqí** 和棋 N. a draw in chess/etc. M: [1]*pán*

héqǐ 合起 R.V. close

héqì 合气[-氣] A.T. <*topo.*> emotionally driven to quarrel

hèqì 鹤企 F.E. <*wr.*> eagerly waiting for or looking forward to

héqià 和洽 V.P. congenial; harmonious

hēqiǎn 诃谴 V. scold; blame; reprimand; censure

hēqiàn* 呵欠 N. yawn M: *ge*/[1]*zhèn*

héqián 荷钱[-錢] N. sprouting lotus leaves M: [1]*dǐng*/[1]*zhāng*

hèqiāng 荷枪[-槍] V.O. carry arms

hèqiāngshídàn 荷枪实弹[-槍實-] F.E. ready for an emergency (of police/soldiers/etc.)

hēqiànliántiān 呵欠连天 F.E. yawn continuously

héqiántǐng 核潜艇[-潛-] N. nuclear-powered submarine M: [1]*sōu*

héqídúyě 何其毒也 F.E. How poisonous!; How venomous!

hé qǐlai 合起来 R.V. close ♦ADV. altogether

héqīn 和亲[-親] V.O. ① <*hist.*> cement relations with non-Han border rulers by marrying royal women to them ② be friendly and intimate with each other

héqīng 河清 N. clear water in the Yellow River (which is always muddy) as a harbinger of some great happy event

héqíng* 合情 V.O. conform to a situation/condition

héqīnghǎiyàn 河清海晏 ID. a time of peace

héqínghélǐ 合情合理 F.E. fair and reasonable

hé qínglǐ 合情理 V.O. follow conventional etiquette

héqīngnán'ài 河清难挨[--難-] F.E. The time would be too long to wait for sth.

héqīngnánsì 河清难俟[--難-] F.E. It takes too long to wait, and life is short.

héqishēngcái 和气生财[-氣--] F.E. ① amiability begets riches (a motto for businessmen) ② compromise; conciliation

hēqiú 诃求 V. find fault

hēqiúzébèi 呵求责备[-備] F.E. blame and reprimand

héqixiángqià 和气翔洽[-氣--] F.E. a pervasive spirit of peace and harmony

héqí xiāngsì nǎi'ěr 何其相似乃尔 F.E. <*wr.*/*derog.*> what a striking similarity

héqìzhìxiáng 和气致祥[-氣--] F.E. Good-naturedness leads to propitiousness.

héqū 河曲 N. river-bend/meandering

héqú* 河渠 N. rivers and canals; waterways M: [2]*dào*/[1]*tiáo*

héqùhécóng 何去何从[-從] F.E. what course to follow

héqún(r) 合群(儿) V.O./S.V. ① get on well with others ② be gregarious

héqúzònghéng 河渠纵横[-縱-] F.E. be criss-crossed by rivers and canals

hér 核儿 N. <*coll.*> kernel; fruit stone ***See also*** [1]*húr*

hèrán 赫然 V.P./ADV. ① impressive; awesome ② terribly; violently ③ looking angry; in flaming anger ④ astonishing; shocking

héránliào 核燃料 N. nuclear fuel

hèránzhènnù 赫然震怒 F.E. in flaming anger

[1]**hérén** 何人 PR. <*wr.*> who?

[2]**hérén** 核仁 N. <*bio.*> ① nucleolus ② kernel (of a fruit stone) M: *ge*/[3]*lì*

hérì 何日 PR. <*wr.*> what day?

héró nghé 核融合 N. <*phy.*> nuclear fusion

hérú 何如 V.P. <*wr.*> ①how about? ②wouldn't it be better? ③ what do you think?

héruǎn 和软 S.V. gentle; soft; mild

héruò 曷若 A.T. <*trad.*> wouldn't it be better to . . .?

hèsè 褐色 N. brown color

hèsètǔ 褐色土 N. drab soil M: [1]*zhǒng*

hèshā 吓杀[嚇殺] V. frighten to death

héshān* 河山 N. rivers and mountains; land; territory

[1]**héshàn** 和善 S.V. kind and genial

[2]**héshàn** 合扇 N. <*topo.*> hinge

[3]**héshàn** 阖扇 N. door panel; wing of a door

héshānbiànsè 河山变色[--變-] F.E. The situation of the land is greatly changed.

héshāndàilì 河山带厉[-帶厲] F.E. <*wr.*> an everlasting country with strong boundaries

[1]**héshang*** 和尚 N. Buddhist monk M: *ge*/[1]*míng*/[2]*wèi*

[2]**héshang** 合/阖上 R.V. close (book/eyes/etc.)

hèshāng 鹤觞[-觴] ID. <*wr.*> good wine from a distant source

hēshang jìn(r) 喝上劲(儿)[--勁-] V.P. <*coll.*> merry with wine

héshangmiào 和尚庙[-廟] P.W. <*Budd.*> temple M: *ge*/[4]*zuò*

héshang shū 合上书[-書] V.O. close the book

héshangtóu 和尚头 N. <*coll.*> shaved head

[1]**héshēn*** 合身 V.O./S.V. fit (of clothing)

[2]**héshēn** 河身 N. river volume

héshén 河神 N. river god M: *ge*/[2]*wèi*

[1]**héshēng** 和声[-聲] N. <*mus.*> harmony

[2]**héshēng** 合生 N. a form of impromptu verse

[3]**héshēng** 合声[-聲] N. mixed sound M: [1]*zǔ*

héshēngtàixué 核生态学[--態-] N. nuclear ecology

héshēngxué 和声学[-聲-] N. harmonics

héshēng yuèqì 和声乐器[-聲樂-] N. harmonic instrument M: [2]*jiàn*

[1]**héshí*** 何时[-時] PR. <*wr.*> when?

[2]**héshí** 核实[-實] V. verify; check ♦N. on-the-spot investigation

[3]**héshí** 合十 V.P. <*Budd.*> put palms together (in greeting)

[4]**héshí** 合时[-時] S.V. timely; opportune; seasonable
[1]**héshì** 合适/式[-適] S.V. suitable; appropriate; becoming; right
[2]**héshì** 何事 PR. <*wr.*> what reason?; why?
[3]**héshì** 核示 V. consider/examine a matter and give instructions accordingly
hèshī 和诗 V.O. compose a poem in reply
Héshìbì 和氏璧 N. a priceless gem M: [2]*kuài*
héshì cídài 盒式磁带[-帶] N. cassette tape M: [1]*pán*
héshíhédì 何时何地[-時--] F.E. when and where
héshí huòpǐn 合时货品[-時--] N. seasonable goods
héshì jiāojuǎn 盒式胶卷[--膠-] N. cassette photographic film M: *juǎn*
héshíjī de 合时机的[-時--] ATTR. opportune
héshìlǎo 和事老/佬 N. peacemaker; mediator M: *ge*/[1]*míng*/[2]*wèi*
héshì lùyīnjī 盒式录音机[--錄--] N. cassette recorder M: [1]*tái*
héshìyàn 核试验 N. nuclear test M: [1]*cì*
hèshīyīshǒu 和诗一首 F.E. write a poem using the same rhyme-words (as the one written by another poet)
hēshǒu 呵手 V.O. breathe on one's hands (to warm them)
héshǒu 合手 V.O. endeavor together; cooperate
[1]**hèshòu*** 贺寿[-壽] V.O. celebrate the birthday of a senior person
[2]**hèshòu** 鹤寿[-壽] N. <*wr.*> longevity
héshǒuwū 何首乌[-烏] N. <*bot.*> knot-grass; polygonum M: [2]*kē*
héshū 禾菽 N. <*wr.*> crops M: [1]*zhǒng*
héshǔ 禾黍 N. ① millet ② corn
[1]**héshù*** 和数[-數] N. <*math.*> sum
[2]**héshù** 合数[-數] N. <*math.*> composite number
hèshū 鹤书[-書] N. <*wr.*> imperial summons for a hermit M: [2]*fēng*
hèshǔ 褐鼠 N. brown rat M: [2]*zhī*
hēshuǐ* 喝水 V.O. ① drink water ② suffer setbacks (in life); suffer losses (in business)
héshuǐ 河水 N. river water
héshuǐ bù fàn jǐngshuǐ 河水不犯井水 ID. Everyone minds his own business.
hēshuǐ bù wàng juéjǐngrén 喝水不忘掘井人 F.E. When you drink the water, think of those who dug the well.
héshùn 和顺 S.V. amiable; soothing
Héshuò 河朔 N. <*wr.*> ① northern bank of the Yellow River ② area north of the Yellow River
hésù 核素 N. ① <*chem.*> nuclein ② <*phy.*> nuclide
hésuān 核酸 N. <*chem.*> nuclear acid
[1]**hésuàn*** 核算 V. examine and calculate; assess; total ♦N. business accounting M: [1]*cì*
[2]**hésuàn** 合算 S.V. worthwhile ♦V. reckon up; total
hèsuàn 鹤算 N. <*wr.*> longevity
hésuàn dānwèi 核算单位 N. accounting unit
hésuì 禾穗 N. ear of grain
hèsuì* 贺岁[-歲] N. New Year's greetings ♦V.O. offer congratulations on New Year's Day
hésuízhīzhēn 和隋之珍 F.E. something rare to have
hétān 河滩[-灘] N. ① river rapids ② sand dune along a river
hétán* 和谈 N. peace talks M: [1]*cì*
hètàn 褐炭 N. brown coal; lignite M: [2]*kuài*
hétāndì 河滩地[-灘-] P.W. flood land M: [2]*kuài*/[1]*piàn*
[1]**hétáng** 河塘 N. river embankment
[2]**hétáng** 荷塘 N. lotus-covered pond
[3]**hétáng** 核糖 N. <*chem.*> ribose
hétánghésuān 核糖核酸 N. RNA; ribonucleic acid
hétánpàn 核谈判 N. nuclear-arms negotiations M: [3]*cháng*/[1]*cì*
hétao* 核桃 N. walnut M: *ge*/[2]*kē*
hétào 河套 N. ① bend of a river ② Great Bend of the Yellow River
Hétào Dìqū 河套地区[-區] P.W. the Hetao area
hétao jīdīng 核桃鸡丁[--雞-] N. diced chicken with walnuts M: [1]*fèn*/[1]*pán*
hétaolào 核桃酪 N. sweet-walnut puree M: *píng*/[1]*wǎn*
hétaomù 核桃木 N. walnut (wood) M: [2]*gēn*
hétaorén* 核桃仁 N. walnut meat M: [3]*lì*
Hétàorén 河套人 N. <*archeo.*> Ordos Man M: *ge*/[1]*míng*/[2]*wèi*
hétaoshù 核桃树[-樹] N. walnut tree M: [2]*kē*
hétí 合题 V.O. <*phil.*> synthesis
hétǐ* 合体[-體] V.O./S.V. fit (situation/body/etc.) ♦N. compound/multiple-component form/structure
hétiáo 合调 A.T. tune; tune up
hétǐ de 合体的[-體-] ATTR. <*lg.*> synthetic
hètiě 贺帖 N. congratulatory cards M: [1]*fèn*
hètiěkuàng 褐铁矿[-鐵礦] N. brown iron ore; limonite
hétǐyǔ 合体语[-體-] N. <*lg.*> synthetic language
hétǐzì 合体字[-體-] N. <*lg.*> multiple-component character
hétǐ zìmǔ 合体字母[-體--] N. <*lg.*> ligature
hétong 合同 N. contract; agreement M: [1]*fèn*
hétong dāngshìrén 合同当事人[--當--] N. contracting parties M: *ge*/[1]*míng*/[2]*wèi*
hétongfǎ 合同法 N. contract law M: [3]*xiāng*
hétonggōng 合同工 N. contract worker M: *ge*/[1]*míng*
hétong guīdìng 合同规定 N. contract provisions/stipulations
hétong luòkōng 合同落空 V.P. contract fell through
hétong yīyuàn 合同医院[--醫-] P.W. assigned/designated hospital (providing treatment for a group) M: [1]*jiā*/[4]*zuò*
hétongzhì 合同制 N. contract system
hétóu 和头 N. front or both ends of a coffin
Hétú Luòshū 河图洛书[-圖-書] N. mystical diagrams symbolic of the universe and believed in myth to be related to the origins of writing
hétūn 龁吞[齕-] V. <*wr.*> swallow without mastication
hétún* 河豚 N. globefish; puffer M: *ge*/[1]*tiáo*
héwài 河外 ATTR. extragalactic
héwài xīngxì 河外星系 N. extragalactic galaxy
hēwán* 喝完 R.V. drink to the last drop
héwān 河湾[-灣] N. river bend M: [2]*dào*
héwǎn 和婉 S.V. mild; tactful
héwǎng* 河网[-網] N. network of waterways M: [1]*zhāng*
hèwàng 鹤望 V. ardently/impatiently await
héwǎnghuà 河网化[-網-] V. build a network of waterways
[1]**héwéi*** 合为 V.P. combine
[2]**héwéi** 合围[-圍] V. <*wr.*> surround ♦ADV. as big as one can get one's arms around
[3]**héwèi** 何为 ADV. ① why ② what is/are . . .?
[1]**héwèi** 何谓 F.E. <*wr.*> what is meant by; what is the meaning of
[2]**héwèi** 和味 V.O. adjust the seasoning
[3]**héwèi** 和胃 V.O. <*Ch. med.*> harmonize the stomach
héwèijiàngnì 和胃降逆 F.E. <*Ch. med.*> regulate stomach-energy and lower the adverse rising energy
hé wèikǒu 合胃口 S.V./V.O. suit one's taste; be to one's taste
héwēishè 核威慑[-懾] N. nuclear threat/deterrence
héwēishè lìliang 核威慑力量[--懾--] N. nuclear deterrent
héwēixié 核威胁[-脅] N. nuclear threat
Héwén 和文 N. Japanese written language
héwèn 劾问 V. investigate a person or a matter of impeachment
hèwèn* 喝问 V. shout a question to
[1]**héwù** 何物 PR. what?; what stuff?
[2]**héwù** 核物 N. fruits that have stones
héwǔkù 核武库 N. nuclear arsenal M: [4]*zuò*
héwǔ kuòsàn 核武扩散[--擴-] N. nuclear proliferation
héwǔqì 核武器 N. nuclear weapon M: [2]*jiàn*
héwǔqì chǔbèi 核武器储备[-備] N. stockpiling of nuclear weapons
héwūrǎn 核污染 N. radioactive/nuclear pollution
héxī 和息 V. reconcile; be reconciled
Héxī 河西 P.W. region west of the Yellow River
héxì 河系 N. river system
hèxī 鹤膝 N. <*wr.*> ① slender spear ② defect of an identical sound occurring in the 5th and the 15th words (in a poetic composition)
hèxǐ* 贺喜 V.O. congratulate on happy occasion
héxià 合下 ADV. <*topo.*> ① at that time ② at once
héxiān 合纤[-纖] N. synthetic fiber M: [1]*zhǒng*
héxián* 和弦 N. <*mus.*> chord
héxiáng 和祥 V.P. kindly; affable; amiable
Hé Xiāngníng 何香凝 (1878–1972) N. noted political activist for women's rights; first woman to join the Tongmenghui (in 1905); wife of Liao Zhongkai
Hé xiāngū 何仙姑 N. <*Dao.*> a graceful girl carrying a ladle or a long-stalked lotus blossom
[1]**héxiāo*** 核销 V./N. cancel after verification
[2]**héxiāo** 何消 V.P. <*wr.*> be unnecessary
héxiào 合校 P.W. coeducational school M: *ge*/[1]*suǒ*/[4]*zuò*
héxiàoyìng 核效应[-應] N. nuclear effect
hēxīběifēng 喝西北风 ID. suffer from cold and hunger
[1]**héxié*** 和谐 S.V. harmonious; concordant ♦N. harmony
[2]**héxié** 和协[-協] V. work together harmoniously
héxiè 河蟹 N. river crab M: *ge*/[2]*zhī*
héxié tónghuà 和谐同化 N. <*lg.*> accommodation
héxiéwújiàn 和谐无间 F.E. in perfect harmony
héxié yīndiào 和谐音调 N. euphony
hē xǐjiǔ 喝喜酒 V.O. attend a wedding banquet
[1]**héxīn*** 核心 N. ① nucleus; core; kernel ② inner circle (of a political party/government/etc.)
[2]**héxīn** 河心 N. middle of a river
[3]**héxīn** 核芯 N. (reactor) core
[4]**héxīn** 合心 V.O. (work together) with one heart
hèxìn 贺信 N. letter of congratulations M: [2]*fēng*
héxīn chéngfen 核心成分 N. <*lg.*> nucleus
héxìnghūlái 曷兴乎来[-興--] F.E. <*wr.*> Why not come and do it?
héxīnhéyì 合心合意 F.E. be to one's liking/taste
hé xīní 和稀泥 *See huò xīní*
héxīn jiātíng 核心家庭 N. nuclear family
héxīnjù 核心句 N. <*lg.*> kernel sentence
héxīn kèchéng 核心课程 N. core curriculum
héxīn rénwù 核心人物 N. key figure/person M: *ge*/[2]*wèi*
héxīn xiǎozǔ 核心小组 N. core group
héxīn yǔyīn 核心语音 N. <*lg.*> nuclear sound
Héxī Zǒuláng 河西走廊 P.W. the Hexi/Gansu Corridor
héxū* 何须 ADV. <*wr.*> be unnecessary
héxǔ 何许 ADV. <*wr.*> what kind of; what?
héxù 和煦 V.P. warm; genial
[1]**hèxuān** 鹤轩 F.E. <*humb.*> incompetent person holding a high position
[2]**hèxuān** 赫烜/咺 V.P. <*wr.*> brilliant and distinguished
héxùn 合讯 V. review or try jointly
héxǔ rén 何许人 PR. ① who ② what sort of person *Tā shì ~?* i. Who is he? ii. What sort of person is he?
hē yǎba jiǔ 喝哑巴酒[-啞--] V.O. <*coll.*> drink at a feast without conversation
héyáchǐ 核牙齿[-齒] N. nuclear teeth
héyán(r)* 河沿(儿) N. river's edge; riverside
[1]**héyǎn** 合演 V. perform cooperatively
[2]**héyǎn** 合/阖眼 V.O. close one's eyes; sleep
héyàn 核验 V. check

héyányuèsè 和颜悦色 F.E. amiable manner; pleasant countenance

hèyào 赫耀 V.P. <*wr.*> bright and glorious

héyáoxiang 合爻象 A.T. <*coll.*> harmonious; matching

[1]**héyè** 荷叶[-葉] N. lotus leaf M: [1]*zhāng*

[2]**héyè** 合页/叶[-葉] N. hinge

héyèbǐng 荷叶饼[-葉-] N. thin pancakes M: [2]*kuài*/[1]*zhāng*

héyècūn 荷叶皴[-葉-] N. <*art*> lotus-leaf wrinkle (in painting)

héyèròu 荷叶肉[-葉-] N. slices of pork seasoned and wrapped in lotus leaves and then steamed M: [2]*kuài*

héyèxíng 荷叶形[-葉-] N. lotus-leaf shape

[1]**héyī** 合一 V.O. merge into one; unite

[2]**héyī** 和衣 V.O. (sleep) with one's clothes on

[3]**héyī** 荷衣 N. lotus leaves M: [1]*piàn*

héyí 合宜 S.V. suitable; appropriate; becoming; right ♦AUX. should

héyǐ* 何以 ADV. <*wr.*> how?; why?

[1]**héyì** 合意 V.O./S.V. ① suit; be to one's liking/taste ② <*law*> be mutually agreeable

[2]**héyì** 和议[-議] N. ①peace negotiation ②peace accord/agreement M: [3]*xiàng*

[3]**héyì** 合议[-議] N./V. panel discussion

[4]**héyì** 何益 ADV. <*wr.*> what's the advantage?

[5]**héyì** 合译[-譯] N. <*lg.*> co-translation

[6]**héyì** 和易 V.P. unassuming; amiable; gentle

[7]**héyì** 核议[-議] A.T. decide after consideration M: [1]*cì*

[8]**héyì** 禾役 N. <*wr.*> rows of paddy M: [1]*háng*

hèyí 贺仪[-儀] N. gift on a happy occasion; congratulatory gift M: [1]*fèn*

hèyì 赫奕 V.P. <*wr.*> bright; glorious; magnificent

héyǐbǐmò 和以笔墨[--筆-] F.E. chime in with tendentious articles

héyǐchǔzhòng 和以处众[-處眾] F.E. make oneself agreeable to everybody

héyī'érwò 和衣而卧[-臥] F.E. sleep in one's daytime clothes

héyǐjiàndé 何以见得 F.E. <*wr.*> How so?

héyìjìnrén 和易近人 F.E. amiable and easy of approach

hē yī kǒu qì 呵一口气[-氣] V.O. expel a puff

[1]**héyīn** 何因 PR. <*wr.*> why; for what reason

[2]**héyīn** 合音 N. <*mus.*> ① combination tone M: [1]*zǔ* ② close/closing sound ③ contraction

[3]**héyīn** 和音 N. <*music*> chord

héyíng 合营[-營] ATTR. jointly owned/operated

héyǐng* 合影 N. group photo/picture M: *ge*/[1]*zhāng*

héyǐngliúniàn 合影留念 F.E. have a group photo taken to mark the occasion M: *ge*/[1]*zhāng*

Hé Yìngqīn 何应钦[-應-] (1890–1987) N. one of Chiang Kaishek's most trusted military officers

héyīn mǔyīn 合音母音 N. <*lg.*> close vowel

héyīnxué 和音学 N. <*mus.*> (study of) harmony

héyì tiáncífǎ 合意填词法 N. <*lg.*> acceptable word method

héyìtíng 合议庭[-議-] N. <*law*> collegiate bench/panel (of judges)

héyìzhì 合议制[-議-] N. <*law*> collegiate system M: [3]*xiàng*

héyǐzìchǔ 何以自处[-處] F.E. <*wr.*> How can one justify oneself?

héyǐzìjiě 何以自解 F.E. <*wr.*> How are you to explain yourself?

[1]**héyòng** 合用 S.V. ① fit for use ② bound ♦V. ① share sth. ② meet requirement

[2]**héyòng** 何用 PR. of what use?

héyòngxìng 合用性 N. adaptability

héyòngzì 合用字 N. <*lg.*> bound form

héyóu* 何由 PR. <*wr.*> how come?; why

héyǒu 何有 V.P. it's not difficult to; What difficulty does one have?

héyòu 和诱 V. seduce sb. by gentle methods

héyóujiàndé 何由见得 F.E. What makes you think so?

héyōushì 核优势[-優勢] N. nuclear superiority M: [3]*xiàng*

[1]**héyú*** 河鱼 N. freshwater fish M: *ge*/[1]*tiáo*/[1]*zhǒng*

[2]**héyú** 合于[-於] V.P. be suitable for

héyù 河域 N. river basin M: [1]*piàn*

hèyǔ 鹤羽 N. crane feather M: [2]*gēn*

hèyù 鹤驭 N. <*wr.*> carriage of an immortal

héyuán 河源 N. river source

héyuǎnjìn 合远近[-遠-] S.V./V.O. <*art*> be in perspective

héyuányīn 合元音 N. <*lg.*> close vowel

[1]**héyuē*** 合约 N. treaty; contract M: [1]*tiáo*

[2]**héyuē** 和约 N. peace treaty M: [1]*tiáo*/[3]*xiàng*

[1]**héyuè** 和悦 S.V. kind; amiable

[2]**hé-yuè** 河岳/嶽 N. ① <*wr.*> the Yellow River and the Five Sacred Mountains of China ② rivers and mountains; land; territory

[3]**héyuè** 荷月 N. 6th lunar month

héyǔfǎ cíchuàn 合语法词串 N. <*lg.*> grammatical sequence

héyǔfǎ de 合语法的 ATTR. <*lg.*> grammatical

héyúfùjí 河鱼腹疾 ID. <*wr.*> have loose bowels; suffer from diarrhea

hēyūn 喝晕 R.V. drink until tipsy

héyùn* 河运[-運] N. river transport

hèyùn 和韵[-韻] V.O. adapt rhymes to match those of another poem

hèyùxīngbēi 鹤驭兴悲[--興-] ID. condolences

héyúzhījí 河鱼之疾 N. <*wr.*> diarrhea

hézāi 何哉 V.P. <*wr.*> why?

hézài* 何在 V.P. ①where?; what place? ②what is (that particular reason)?

hèzài 荷载 V. carry; bear

hézàng 合葬 N. joint/common burial

hézàngmù 合葬墓 N. joint/common burial (tomb) M: *ge*/[4]*zuò*

hèzǎo 褐藻 N. <*bot.*> brown alga M: [1]*piàn*

hēzé* 呵/诃责 V. excoriate; berate

[1]**hézé** 何则 PR. <*wr.*> why?

[2]**hézé** 涸泽[-澤] N. <*wr.*> dried-up lake M: [1]*piàn*

hézé'éryú 涸泽而鱼[-澤--] ID. kill the goose that lays the golden eggs

hézéliú bùhézéqù 合则留不合则去 F.E. stay if conditions are agreeable, otherwise leave

[1]**hézhá*** 合闸 V.O. <*elec.*> switch on/in

[2]**hézhá** 河闸 N. (river) lock

[1]**hèzhà** 吓诈[嚇-] V. obtain (money/etc.) by threat and deceit

[2]**hèzhà** 赫咤[-吒] V.P. <*wr.*> angry; indignant

hézhàn 核战[-戰] N. nuclear war M: [3]*cháng*/[1]*cì*

hézhǎng* 合掌 V.O. bring palms together (in respectful greeting)

[1]**hèzhàng** 荷杖 V.O. lean on a stick

[2]**hèzhàng** 贺幛 N. congratulatory silk scroll M: [10]*fú*

hézhànlüè 核战略[-戰-] N. nuclear strategy M: [3]*xiàng*

hézhànzhēng 核战争[-戰爭] N. nuclear war M: [3]*cháng*/[1]*cì*

hézhànzhēng ézhà 核战争讹诈[-戰爭--] N. nuclear-war threat

hézhào 合照 N. group photo M: [1]*zhāng*

hézhe 核/合着[-著] ADV. <*topo.*> all together

[1]**hézhé*** 合辙 V.O. ①<*mus.*> play in time ②be in agreement ***Shuāngfāng yī tán jiù ~.*** As soon as both sides began talking, they found themselves in complete agreement. ③ get into a routine ④ <*coll.*> rhyme

[2]**hézhé** 涸辙 N. <*wr.*> ①dire poverty ②desperate situation

hézhě 何者 PR. <*wr.*> who?; what person?; which one?

hèzhèng 贺正 V.O. offer congratulations on New Year's Day

hézhéyāyùn 合辙押韵[-韻] F.E. fit a metrical and rhyme pattern

hézhézhīfù 涸辙之鲋 N. a person in a desperate situation

hézhézhīyú 涸辙之鱼 N. a person in a desperate situation

Hèzhézú 赫哲族 N. Hezhe/Hoche ethnic minority (in Heilongjiang)

hézhǐ* 何止 ADV. <*wr.*> far more than

hézhì 何至 CONJ. would not . . . to such a extent

hèzhǐ 喝止 V.O. shout a command to stop

hèzhìhūlú 喝雉呼卢[-盧] F.E. play at dice; gamble

hézhìyú 何至于[-於] V.P. how could it be like . . .

hézhìyúcǐ 何至于此[--於-] F.E. How could it get into such a state?

hézhōng 和衷 V.P. of one heart and mind

[1]**hézhǒng*** 何种[-種] PR. what kind?; which?

[2]**hézhǒng** 合种[-種] N. cross-bred (animal/etc.) *See also* [1]*hézhòng*

[1]**hézhòng** 合种[-種] V. jointly cultivate ***See also*** [2]*hézhǒng*

[2]**hézhòng** 合众[-眾] ATTR. united; joint

hèzhòng 荷重 N. weight a building can bear; load

hézhōng fāngfǎ 和中方法 N. <*Ch. med.*> pattern to harmonize the center

hézhōnggòngjì 和衷共济[-濟] F.E. work together with one heart

hézhòngguó 合众国[-眾國] N. ① federated country ② the United States

Hézhòng Guójìshè 合众国际社[-眾國際-] P.W. United Press International (UPI)

Hézhòngshè 合众社[-眾-] P.W. United Press International

hézhōu 河州/洲 N. sandbar or islet in a river

hézhōugòngjì 和舟共济[-濟] F.E. share successes and failures

[1]**hézhù*** 合住 R.V. ① close (an umbrella, etc.) ② share a lodging

[2]**hézhù** 合著 V. co-author

hèzhù 喝住 R.V. shout to (sb./sth.) to stop

hézhuàn 合传[-傳] N. collective biography M: [1]*běn*/[2]*bù*

hézhuǎnbiàn 核转变[-轉變] N. nuclear transmutation

hézhuāng* 盒装[-裝] ATTR. box-packed

hézhuàng 劾状[-狀] N. files of charges (against a public official) ♦V.O. expose sb.'s crime

hézhuāngzhì 核装置[-裝-] N. nuclear device M: [3]*xiàng*

hézhǔn 核准[-準] V. check and approve; ratify

[1]**hézi** 盒子 N. ① box; case; casket ② <*coll.*> Mauser pistol

[2]**hézi** 合子 N. ① a kind of meat pie ② box ***See also*** [2]*hézǐ*

hézī 合资 N. joint capital/venture ♦V. pool capital; enter into a partnership

[1]**hézǐ*** 核子 N. <*phy.*> nucleon; nucleus

[2]**hézǐ** 合子 N. <*bio.*> zygote ***See also*** [2]*hézi*

hézì 合字 N. <*lg.*> compound; compound word

hèzī 赫兹[-茲] M. <*elec.*> hertz

hézicài 盒子菜 N. boxed dish M: [1]*fèn*/[4]*hé*

hézǐdàn 核子弹 N. nuclear bomb

hézǐ dàntóu 核子弹头 N. nuclear warhead M: *fā*

hézǐ dònglì 核子动力[--動-] N. nuclear power

hézī jīngyíng 合资经营[-經營] V.P. jointly own/operate ♦N. joint venture M: [3]*xiàng*/[1]*zhǒng*

hézǐnéng 核子能 N. nuclear energy M: [1]*zhǒng*

hézipào 盒子炮 N. Mauser pistol M: *mén*/[4]*zuò*

héziqiāng 盒子枪[-槍] N. Mauser pistol M: *ge*/[1]*bǎ*

hézǐ qiántǐng 核子潜艇[--潛-] N. nuclear-powered submarine M: [1]*sōu*

hézī qǐyè 合资企业[-業] N. <*PRC*> joint venture/enterprise M: *ge*/[1]*jiā*

hézǐ shìbào 核子试爆 N. nuclear test M: [1]*cì*

hézǐ wùlǐxué 核子物理学 N. nuclear physics

hézǐ wǔqì 核子武器 N. <*mil.*> nuclear arms

hézǐ zhànzhēng 核子战争[-戰爭] N. nuclear war M: [3]*cháng*/[1]*cì*

hézòng 合纵[-縱] N. coalition

hézòng-liánhéng 合纵连横[-縱--] N. vertical and horizontal coalition in the Warring States period

[1]**hézòu** 合奏 V. play (music) together ♦N. instrumental ensemble

[2]**hézòu** 劾奏 V. <*hist.*> impeach an official in a memorandum to the emperor

hézòuqǔ 合奏曲 N. instrumental ensemble M: 2*shǒu*
hēzú* 喝足 R.V. drink enough
1hézú 何足 V.P. <*wr.*> be unworthy of
2hézú 合族 N. the whole clan ♦V.O. join into a clan
hézǔ 合组 N. consolidation
hèzǔ 吓阻[嚇-] V. stop sb. by threat
hézúdàozāi 何足道哉 F.E. be not worth talking about; Is it really worth mentioning?
hézúguàchǐ 何足挂齿[-掛齒] F.E. not worth bothering about; don't mention it
hézúguàhuái 何足挂怀[-掛懷] F.E. not worth thinking about
hēzuì 喝醉 R.V. get drunk *Tā yòu ~ le.* He got drunk again.
hèzuǐchú 鹤嘴锄 N. pick; pickax; mattock M: *ge*/1*bǎ*
hèzuǐgǎo 鹤嘴镐 N. pick; pickax; mattock M: *ge*/1*bǎ*
hèzǔ lìliang 吓阻力量[嚇-] N. deterrent force
hēzúmòshuǐ 喝足墨水 F.E. have read a great deal
hézūn* 河鳟 N. trout M: 1*tiáo*
hèzūn 鹤尊 N. a kind of wine container M: 2*zhī*
1hézuò 合作 V./N. cooperate; collaborate; work together M: 3*cháng*/1*cì*
2hézuò 盒座 N. cassette holder M: 2*zhī*
hézuòhuà 合作化 V./N. organize into cooperative
hézuò jīngyíng 合作经营[-經營] N. jointly operated
hézuò nóngchǎng 合作农场[-農場] P.W. cooperative farm
hézuò shāngdiàn 合作商店 P.W. cooperative store M: *ge*/1*jiā*
hézuòshè 合作社 N. cooperative; co-op
hézuòsuǒ 合作所 N. cooperation
hézuòwújiàn 合作无间 F.E. close cooperation
hézuò xiǎozǔ 合作小组 N. cooperative group
hézuò xiédìng 合作协定[--協-] N. cooperative agreement
hézuò yīliáo 合作医疗[-醫療] N. cooperative health care
hézuò yīliáo zhìdù 合作医疗制度[--醫療--] N. <*pol.*> cooperative medical system M: 3*xiàng*/1*zhǒng*
hézuò yuánzé 合作原则 N. cooperative principle M: 3*xiàng*
hézúqīngzhòng 何足轻重[--輕-] F.E. Of what consequence is it?
hézúwéiguài 何足为怪 F.E. There is nothing to be surprised at.
hézúwéiqí 何足为奇 F.E. nothing to be surprised at; not worth wondering about
hm 噷 INTJ. *of reproach/dissatisfaction* humph
hng 哼 INTJ. humph! *See also* 1*hēng*
1hōng 轰[轟] ON. bang!; boom! ♦V. ① rumble; boom ② drive out ♦B.F. attack; bomb *hōngzhà*
2hōng 烘 V. ① dry/warm by fire ② bake ♦B.F. set off by contrast *hōngtuō*
3hōng 哄 ON. ① roars of laughter ② hubbub ♦V. roar (as a crowd) *See also hǒng*, 1*hòng*
4hōng 訇 ON. <*wr.*> loud noise ♦in *āhōng*
5hōng 薨 B.F. die (of nobility) 4*hōnghōng*
1hóng* 红[紅] S.V. ① red ② popular; in vogue ③ revolutionary; communist ♦B.F. ① indicative of success, happy occasion, etc. *hóngbǎng* ② <*Budd.*> worldly *hóngchén* ♦ATTR. women's *~lóu* women's quarters; boudoir ♦N. ① bonus; dividend ② Surname *See also* 14*gōng*
2hóng 虹 N. rainbow M: 2*dào See also* 7*jiàng*
3hóng 洪 B.F. ① big; vast; grave 2*hóngliàng* ② flood *hóngshuǐ* ♦N. Surname
4hóng 泓 <*wr.*> S.V. deep and wide (of water) ♦M. *for an expanse of clear water*
5hóng 鸿[鴻] B.F. ①swan goose *hóngyàn* ②letter *láihóng* ③ great; grand 3*hóngyè*
6hóng 宏/弘 B.F. great; grand; magnificent 1*hóngdà, huīhóng*
7hóng 闳[閎] B.F. ① gateway ② grand *hóngzé, pínghóng* ♦N. Surname
8hóng 黉[黌] B.F. <*trad.*> school 2*hóngyǔ, hóngmén*
9hóng 魟[魟] B.F. stingray 2*hóngyú See also* 12*gōng*
10hóng 荭[葒] B.F. polygonum orientale *hóngcǎo*
11hóng 蕻 in *xuělǐhóng*
12hóng 纮[紘] in *bāhóngyīyǔ*
hǒng 哄 V. ①fool *Nǐ zài ~ wǒ ba.* You're kidding, right? ② coax; humor *Nǐ hěn huì ~ xiǎoháir.* You have a way with children. *See also* 3*hōng*, 1*hòng*
1hòng 哄 B.F. clamor; horseplay *hòngchǎng, dǎhòng See also* 3*hōng, hǒng*
2hòng 讧[訌] B.F. quarrel loudly *nèihòng*
hóng'ǎixīng 红矮星 N. <*astr.*> red dwarf M: 1*kē*
1hóng'àn 红案 N. ① restaurant preparation of meat/fish/etc. ② cooking that deals with both meat and vegetable dishes
2hóng'àn 鸿案 ID. mutual respect between husband and wife
hóng'áo 鸿嗷 V. cry of hunger
hóngbái 红白 N. red and white ♦F.E. happy and sad (family events)
hóngbáishì(r) 红白事(儿) N. weddings and funerals M: 2*jiàn*
hóngbái xǐshì(r) 红白喜事(儿) N. weddings and funerals M: 2*jiàn*
hōngbǎn 烘板 N. carbonado board M: 2*kuài*
hóngbān* 红斑 N. ①<*med.*> erythema ②<*bio.*> red-spotted grouper M: *ge*/2*kuài*
Hóngbāng 洪/红帮[-幫] N. <*hist.*> anti-Qing faction active in SE China
hóngbǎng* 红榜 N. honor roll M: 1*zhāng*
hóngbāo(r)* 红包(儿) N. ①red paper envelope with gift money ② bribe ③ kickback
hóngbǎo 鸿宝[-寶] N. Daoist emblems for immortality
hóngbǎoshí 红宝石[-寶-] N. ruby; jacinth M: 2*kuài*
hóngbǎoshíhūn 红宝石婚[-寶--] N. ruby wedding anniversary (40th anniversary)
hóngbǎoshū 红宝书[-寶書] N. <*PRC/hist.*> writings of Mao Zedong M: 1*běn*
hóngbāxiān 红八仙 N. <*bot.*> hydrangea M: 2*duǒ*
hōngbèi 烘焙 V. ① cure (tea/tobacco leaves) ② dry (herbal medicine) over a fire
1hóngbǐ 红笔[-筆] N. ①red pen/pencil (exterior color) ②red-ink pen; red-lead pencil; etc. M: *ge*/4*zhī*
2hóngbǐ 鸿笔[-筆] N. great literary style
hóngbiàn 宏辨 N. a well-supported argument
hóngbìxǐ 红璧玺[-璽] N. <*min.*> onyx M: 1*kē*/2*kuài*
hóngbō 洪波 N. big waves
1hóngbó* 宏博 V.P. extensive; wide
2hóngbó 鸿博 V.P. erudite; learned
hóngbózhīshì 鸿博之士 N. a man of extensive learning M: *ge*/2*wèi*
hóngbù 红布 N. red cloth M: 2*kuài*/1*pǐ*
hǒngbuguò 哄不过 R.V. can't convince sb. by lying/etc.
hóngbulēngdēng 红不棱登 V.P. <*coll.*> (disagreeably) reddish in color
hóngbuliúdiū de 红不留丢的 V.P. <*coll.*> reddish
hóngcái 洪才 N. great talent M: 1*fèn*
1hóngcǎi* 虹彩 N. ①iris; iridescence ②rainbow color M: 2*dào*
2hóngcǎi 虹采 N. banners; flags M: 1*miàn*
hóngcáidàlüè 宏才大略 F.E. great talent and bold vision
hóngcǎiliúhuī 虹彩流辉 F.E. full of splendid colors
hóngcǎimó 虹彩膜 N. iris (of the eye)
hóngcáishuòxué 宏才硕学 F.E. profound learning and great abilities
hóngcàitāng 红菜汤[-湯] N. borscht M: 1*wǎn*
hóngcàitóu 红菜头 N. beetroot M: *ge*/1*kē*
hóngcǎo 荭草 N. <*bot.*> polygonum orientale
hōngchá 烘茶 V.O. cure tea
hóngchá* 红茶 N. black tea M: 1*bāo*
hóngchāi 红差 N. <*topo.*> execution of a criminal
hóngchájūn 红茶菌 N. fermented tea M: 1*zhǒng*
hóngchǎng 宏敞 V.P. spacious; grand (of buildings/etc.)
Hóngchǎng* 红场[-場] P.W. Red Square (in Moscow)
hòngchǎng 哄场[-場] V.O. make catcalls; hoot; boo
hóngcháo 红潮 N. ①blush; flush ②menstruation ③ <*bio.*> red tide/water
hōngchén 轰沉[轟-] R.V. sink (a vessel) by bombardment
hōngchèn 烘衬[-襯] V. set off by contrast; serve as a foil to
hóngchén* 红尘[-塵] N. the world of mortals; human society
hóngchìchì 红赤赤 R.F. very red
hóngchóng 红虫[-蟲] N. redworm; water flea M: 1*tiáo*
hóngchóudài 红绸带[-帶] N. red silk band/girdle M: 1*tiáo*
hóngchóuwǔ 红绸舞 N. red silk dance
hōngchuán 哄传[-傳] V. circulate widely (of rumors)
hóngchún 红唇 N. red lips
hōng chūqu 轰出去[轟-] R.V. drive out
hóngdá 宏达[-達] V.P. learned; intelligent; knowledgeable
1hóngdà* 宏/弘大 V.P. grand; great; immense; vast
2hóngdà 洪大 V.P. ① loud ② great; massive
hóngdàihuì 红代会 N. <*PRC/hist.*> representatives' meetings of the Red Guards
hóngdān 红丹 N. red lead; minium
hóngdàn* 红蛋 N. eggs colored red and shared with friends one month after the birth of a child
hōngdǎo* 轰倒[轟-] R.V. knock down by bombardment
hóngdào 弘道 N. magnificent cause ♦V.O. expand/promote the teachings
hóngdàor 红道儿 N. red line M: 1*tiáo*
hóngde 宏的 ATTR. <*lg.*> broad
hóngdefāzǐ 红得发紫[--發-] F.E. ①very popular ② very influential ③ enjoying complete trust of the boss
hóngdēng 红灯[-燈] N. ① <*traf.*> red light M: 1*zhǎn* ② warning
hóngdēngqū 红灯区[-燈區] P.W. <*loan*> red-light district M: *ge*/1*piàn*
hóngdiǎnké 红点颏[-點-] N. <*zoo.*> rubythroat
hóngdiànqìshí 红电气石[-電氣-] N. rubellite
hóngdiǎnr 红点儿[-點-] N. ① red dot ② rash
hóngdǐ jīnzì 红底金字 N. golden characters on a red ground
hóngdìng 红定 N. betrothal gifts (from bridegroom to bride's family) M: 1*fèn*
hóngdǐngzi 红顶子 N. official hat of high-ranking Qing official M: *ge*/1*dǐng*
hōngdòng* 轰/哄动[轟動] S.V. cause a sensation; make a stir
hóngdòng 鸿洞 ID. ① vast and profound ② limitless
hōngdòng xiàoyìng 轰动效应[轟動-應] N. sensational effect; wild reaction
hōngdòngyīshí 轰/哄动一时[轟動-時] F.E. cause a sensation
hóngdòu* 红豆 N. ① red bean ② love-pea M: 1*kē*/3*lì*
hǒngdòu 哄逗 V. keep (esp. a child) in good humor; coax
hóngdòucí 红豆词 N. poems on memories of love M: 2*shǒu*
hóngdòuxiāngsī 红豆相思 F.E. red beans that inspire the memory of one's love
Hóngdūlāsī 洪都拉斯 P.W. Honduras
hóng'ēn 洪/鸿恩 N. great favor/kindness
hóngfǎ 弘法 V.O. <*Budd.*> carry forward the teachings of Buddhism

hóngfà* 红发[-髮] N. red hair M: [2]liǔ

Hóngfān 红番 N. <trad.> Red Indians

hóngfán* 红矾[-礬] N. (white) arsenic

hóngfàn 鸿范[-範] N. grand/large scale

hōngfáng* 烘房 P.W. hot press room M: [1]jiān/[4]zuò

hóngfàng 宏放 V.P. broad-minded; unprejudiced

hóngfànqū 洪泛区[-區] P.W. floodplain; flooded area M: ge/[1]piàn

hóngfēi* 鸿飞[-飛] V. take off; spread one's wings

hóngfěi 红翡 N. red jadeite

hóngfēimíngmíng 鸿飞冥冥[-飛--] F.E. run away without leaving any trace behind.

hóngfěn 红粉 N. ① rouge and powder M: [4]hé ② women

[1]**hóngfēng** 洪峰 N. flood peak M: [1]cì

[2]**hóngfēng** 红封 N. ① red paper envelope with gift money ② bribe ③ kickback M: [1]fēn

hóngfěnjiārén 红粉佳人 F.E. a gaily dressed beauty M: ge/[1]míng/[2]wèi

hóngfěnzhījǐ 红粉知己 F.E. ① girlfriend ② mistress M: ge/[1]míng/[2]wèi

hóngfú* 洪/鸿福 N. happy lot; good fortune M: [1]fèn

hóngfù 宏富 V.P. abundant; rich

hóngfúqítiān 洪福齐天[--齊-] F.E. limitless blessing

hōnggān* 烘干[-乾] R.V. dry beside/over a fire

hōnggǎn 轰赶[轟趕] V. shoo away; drive off

hōnggāng 烘缸 N. dryer M: ge/[1]tái

hōnggānjī 烘干机[-乾-] N. clothes dryer M: ge/[1]tái

hónggǎo mǎnǎo 红缟玛瑙 N. <min.> sardonyx M: [1]kē

hónggé(r/zi) 红格(儿/子) N. red-checkered pattern (on paper/clothing/etc.)

hónggelǎnglǎng 红格朗朗 F.E. <topo.> fiery red

hónggēngtiě 红庚帖 N. <trad.> red written marriage proposal with time of birth M: [10]fú

hónggēxīng 红歌星 N. star singer at night clubs M: ge/[1]míng/[2]wèi

hónggōng 黉宫[黌宮] N. <wr.> school

hónggǒng* 红汞 N. <med.> mercurochrome M: [2]dī/píng

hónggōu* 鸿沟[-溝] N. ① wide gap; chasm ② frontier; line of separation M: [2]dào/[1]tiáo

hónggòu 宏构[-構] N. ① majestic building/monument/etc. ② great (literary) work

hónggǔ 红股 N. bonus share in company given and not paid for M: [1]fèn

hóngguān 宏观[-觀] ATTR. macroscopic

hóngguāngmǎnmiàn 红光满面 F.E. in ruddy health

hóngguān guǎnlǐ 宏观管理[-觀--] N. macroscopic management

hóngguǎnjiā 红管家 N. <PRC> conscientious managers in the collectives M: ge/[2]wèi

hóngguān jiégòu 宏观结构[-觀-構] N. macrostructure

hóngguān jīngjì 宏观经济[-觀經濟] N. macroeconomics

hóngguān jīngjìxué 宏观经济学[-觀經濟-] N. macroeconomics

hóngguānr 红倌儿 N. <trad.> adult prostitutes M: ge/[2]wèi

hóngguān shèhuìxué 宏观社会学[-觀---] N. macrosociology

hóngguān shèhuì yǔyánxué 宏观社会语言学[-觀-----] N. <lg.> macrosociolinguistics

hóngguān shìjiè 宏观世界[-觀--] N. macrocosm

hóngguān tiáokòng 宏观调控[-觀--] N. macroeconomic regulation

hóngguān yǔyánxué 宏观语言学[-觀---] N. <lg.> macrolinguistics

hónggǔdǐng 红骨顶 N. <zoo.> moorhens M: ge/[2]zhī

[1]**hóngguī*** 宏规 N. grand plan M: [3]xiàng

[2]**hóngguī** 洪规 N. grand scope; great breadth

hóngguì 红桧 N. <bot.> a kind of tall tree M: [2]kē

hóngguī-yuǎnlüè 洪规远略[--遠-] N. liberal rules and lofty plans

hóngguǒ(r) 红果(儿) N. <topo.> haw (fruit) M: [3]lì

hóngguǒshù 红果树[-樹] N. holly M: [2]kē

Hóng Hǎi 红海 P.W. the Red Sea

hónghǎiyáng 红海洋 N. red-painted displays of quotations from Mao (during Cultural Revolution) M: [1]piàn

hǒng háizi 哄孩子 V.O. coax a child

hónghè 红鹤 N. ibis M: [2]zhī

hónghén 洪痕 N. floodmark M: [2]dào

hónghèsè 红褐色 N. dark/deep red color

[1]**hōnghōng*** 轰轰[轟轟] R.F. ① booming; roaring ② in a grand fashion; with grandeur

[2]**hōnghōng** 烘烘 ON. sound of a roaring fire ♦SUF. very **chòu~** stinking; foul-smelling ♦R.F. ① warm and cozy ② noisy and jubilant (of a crowd)

[3]**hōnghōng** 訇訇 R.F. <wr.> loud(ly); stentorian

[4]**hōnghōng** 薨薨 <wr.> ON. ① loud buzzing of insects in flight ② chattering and shouting of people ♦R.F. numerous

[1]**hónghóng(r)** 红红(儿) R.F. <coll.> red

[2]**hónghóng** 泓宏 R.F. <wr.> very loud; roaring

[3]**hónghóng** 泓泓 R.F. <wr.> very deep

hónghónghuāhuā 红红花花 R.F. <coll.> colorful

hōnghōnglièliè 轰轰烈烈[轟轟--] R.F. ① vigorous; dynamic ② on a grand and spectacular scale

hónghónglǜlǜ 红红绿绿 R.F. ① colorful; brightly colored ② gaudy; garish

[1]**hónghú** 鸿鹄 N. ① swan ② a person of noble aspirations and lofty ideals M: ge/[2]zhī

[2]**hónghú** 红狐 N. red fox M: ge/[1]tiáo

hónghuā(r) 红花(儿) N. ①red flower ②safflower ③ saffron ④ <Ch. med.> *Flos Carthami* M: [2]duǒ

hónghuācǎo 红花草 N. <Ch. med.> Chinese milk vetch M: [2]kē

hónghuāng 洪荒 N. primordial times

hónghuāng shíqī 洪荒时期[--時-] N. primordial times

hónghuāzǐyóu 红花子油 N. sunflower oil

hónghūhū 红呼呼 R.F. <coll.> red; reddish

hōnghuǒ 烘火 V.O. <topo.> warm up at a fire

hónghuo* 红火 S.V. <coll.> ① flourishing; prosperous ② full of life/excitement; lively

hónghuò 红货 N. <trad.> jewels M: [1]pī

hónghúzhīzhì 鸿鹄之志 N. high aspirations

hónghúzi 红胡子[-鬍-] N. <topo.> mounted bandits in Manchuria M: ge/[1]míng/[1]qún

hōngjī* 轰击[轟擊] V. shell; bombard

hóngjī 鸿基 N. foundation for a great undertaking

hóngjiǎng 弘奖[-獎] N. generous compensation M: [3]xiàng

hōngjiāo 烘焦 R.V. scorch

hóngjiāo* 红椒 N. cayenne pepper M: [2]kē

[1]**hóngjiào** 红轿[-轎] N. red bridal sedan chair M: ge/[1]tái

[2]**hóngjiào** 黉教[黌-] N. <trad.> schooling

Hóngjiào 红教 N. Red sect of Lamaism

hóngjiǎor 红角儿 N. <coll.> popular star M: ge/[1]míng/[2]wèi *See also* hóngjuér

hóngjiǎoyù 红脚鹬[-腳-] N. <zoo.> redshank M: ge/[2]zhī

hóngjīcéng 洪积层[-積層] N. diluvium

hóngjīng 红晶 N. garnet

hóngjìng* 红净[-淨] N. <opera> red-face role

Hóngjīqī 洪积期[-積-] N. <geol.> Pleistocene/Diluvial epoch

Hóngjīshì 洪积世[-積-] N. <archeo.> Diluvial epoch

hóngjìshíjiān 弘济时艰[-濟時艱] F.E. extensive relief of current difficulty

hóngjíyīshí 红极一时[-極-時] F.E. enjoy popularity for a time

hóngjuér 红角儿 N. <thea.> star M: ge/[1]míng/[2]wèi *See also* hóngjiǎor

hóngjúhuā 红菊花 N. red chrysanthemum; red daisy M: [2]kē/[2]duǒ

hóngjūn 洪钧 N. <wr.> nature; Heaven

Hóngjūn* 红军 N. ① Red Army M: [4]zhī ② Red Army personnel M: ge/[1]míng/[2]wèi

Hóngjūn xuéxiào 红军学校 P.W. Red Army school

hōngkǎo 烘烤 V. toast; bake

hóngkǒubáiyá 红口白牙 F.E. sb. unquestionably said sth.

hóngkuò 宏阔 V.P. vast; broad

hónglàjiāo 红辣椒 N. red pimento M: ge/[2]kē

hōnglán 烘篮[-籃] N. a hand-held basketwork brazier M: ge/[2]zhī

hónglǎng 宏朗 V.P. loud and clear; sonorous

hónglánhuā 红蓝花[-藍-] N. safflower M: [2]duǒ

hónglán qiānbǐ 红蓝铅笔[-藍-筆] N. pencil with one end red and the other blue M: ge/[4]zhī

hóngle 红了 V.P. <coll.> became popular

hónglèi 红泪[-淚] N. tears of sadness M: [2]dī

hōngléichèdiàn 轰雷掣电[轟-電] F.E. with the force of thunder and lightning

hóngle yī gè shíqī 红了一个时期[---個時-] V.P. <coll.> widely acclaimed for a while

[1]**hónglì** 红利 N. bonus; extra dividend M: [2]bǐ/[1]fèn

[2]**hónglì** 宏丽[-麗] V.P. magnificent; grand; majestic

[3]**hónglì** 红痢 N. <coll.> dysentery

hónglián 红莲 N. red lotus M: [2]kē/[2]duǒ

hóngliǎn* 红脸 V.O. ①blush ②flush with anger; get angry **Wǒmen cónglái méiyǒu hóngguò liǎn.** There has never been a cross word between us. ♦N. <opera> red face

hóngliáng 红粮[-糧] N. Chinese sorghum M: [2]kē

[1]**hóngliàng*** 洪/宏亮 S.V. loud and clear

[2]**hóngliàng** 洪量 N. ① magnanimity; generosity ② great capacity for liquor

[3]**hóngliàng** 红亮 V.P. glowing

[4]**hóngliàng** 宏/弘量 N. great generosity; large capacity for forgiveness ♦ATTR. magnanimous; liberal; generous

hóngliàngdù 洪亮度 N. sonority

hóngliánshí 红帘石 N. <min.> piedmontite M: [2]kuài

hónglìfēnpèi 红利分配 F.E. share of profit

hónglì gǔpiào 红利股票 N. stock dividend

hónglín 红磷 N. red phosphorus

hónglíngchóng 红铃虫[-蟲] N. pink bollworm M: ge/[2]zhī

hónglǐngjīn 红领巾 N. ① red scarf (of Young Pioneers) M: [1]tiáo ② Young Pioneer M: ge/[1]míng/[2]wèi

hónglǐngzhāng 红领章 N. red collar badge/tab (as on PLA uniforms) M: [1]duì/[1]fù

hóngliú* 洪流 N. mighty torrent M: [2]gǔ

hóngliǔ 红柳 N. Chinese tamarisk M: [2]kē

hōnglōng* 轰隆[轟-] ON. rumble; roll

hōnglóng(r) 烘笼(儿) N. bamboo/etc. hemispheric frame to dry clothes over heat M: ge/[2]zhī

hōnglōnglōng 轰隆隆[轟-] ON. tumble; roll

hónglóu 红楼[-樓] P.W. women's living quarters M: ge/[4]zuò

Hónglóu Mèng 红楼梦[-樓夢] N. *Dream of the Red Chamber*

hōnglú* 烘炉[-爐] N. baking oven; portable stove/furnace M: ge/[2]zhī/[4]zuò

hónglú 洪/弘炉[-爐] N. crucible M: ge/[2]zhī/[4]zuò

hóngluán 红鸾[-鸞] N. a lucky star of love M: [1]kē

hóngluánxīngdòng 红鸾星动[-鸞-動] F.E. a marriage is foreshadowed

hóngluánzhàomìng 红鸾照命[-鸞--] F.E. a marriage is foreshadowed

hóng-lǜdēng 红绿灯[-燈] N. traffic light M: ge/[1]zhǎn

hónglùn 宏/弘论 N. informed opinion; intelligent view M: [2]fān

[1]**hóngluó** 红螺 N. <bio.> Rhodospirillum M: [2]zhī

[2]**hóngluó** 红罗[-羅] N. red silk M: [2]kuài/[1]pǐ

hóngluóbo 红萝卜[-蘿-] N. ① carrot ② radish M: ge/[2]kē

hóngmá 红麻 N. <bot.> bluish dogbane M: 2kē
hóngmài 洪脉[-脈] N. <Ch. med.> bounding/full pulse
hóngmǎnǎo 红玛瑙 N. carnelian M: ge/1kē/2kuài
1hóngmáo 红毛 N. <hist.> foreigner
2hóngmáo 鸿毛 N. <wr.> ① goose feather M: 2gēn ② sth. very light or insignificant
hóngmáodān 红毛丹 N. rambutan (a bright red, spiny, edible fruit) M: 1kē
hóngmáo xīngxing 红毛猩猩 N. <zoo.> orangutan M: ge/2zhī
hóngmàozi 红帽子 N. ① red cap ② (railway) porter; redcap M: 1dǐng
1hóngméi 红媒 N. matchmaker; go-between
2hóngméi 红煤 N. anthracite M: 2kuài
hóngméisù 红霉素 N. <med.> erythromycin
hóngmén 黉门[黌-] N. <archi.> school
Hóngmén 洪门 N. <hist.> secret society originally dedicated to overthrowing the Manchus and restoring Ming dynasty
hóngmèn* 红焖 V. stew in soy sauce
hóngméng 鸿蒙 N. the primeval atmosphere of nature; primordial world
hóngméngchūpī 鸿蒙初辟 F.E. *See hóngméng*
Hóngményàn 鸿门宴 N. a meeting contrived as a trap M: 1cì/zhuō
hóngmǐ 红米 N. red rice M: 3lì
hóngmián 红棉 N. silk cotton; kapok M: 2kē
hōngmíng 轰鸣[轟-] V. thunder; roar
hōngmíng'érguò 轰鸣而过[轟-] F.E. roar/thunder past
1hóngmó 虹膜 N. <phys.> iris
2hóngmó 洪模 N. grand scale; great breadth
3hóngmó 宏谟 N. a grand plan; a great project M: 3xiàng
hóngmò* 红墨 N. ink stick made of vermilion M: 2gēn
hóng mòshuǐ(r) 红墨水(儿) N. red ink M: píng
hóngmóyán 虹膜炎 N. <med.> iritis
hóngmù 红木 N. ① mahogany ② padauk M: 2gén/2kē/2kuài/
hóngmúzi 红模子 N. paper with red characters for calligraphy practice M: 1zhāng
hóngmùzuò 红木座 N. mahogany base/stand
hóngnánlǜnǚ 红男绿女 F.E. gaudy youth
hōngnào 哄闹[-鬧] V. make a lot of noise
hóngní 虹霓 N. secondary rainbow
hóngniáng 红娘 N. ① match-maker ② maid in the *Western Chamber* M: ge/1míng/2wèi
hóngniángyú 红娘鱼 N. sea robin; red gurnard M: 1tiáo
hóngniántǔ 红粘土 N. red clay M: 1bǎ/2kuài
hóngniǎor 红鸟儿 N. <zoo.> cardinal M: ge/2zhī
hǒngnòng 哄弄 V. make fun of; dupe
hóngnǚ 红女 N. working girl M: ge/1míng/2wèi *See also 3gōngnǚ*
hōngnuǎn 烘暖 R.V. warm by a fire
hóngpán 红盘[-盤] N. business deal on the first business day of New Year
hōngpǎo 轰跑[轟-] R.V. drive/chase away
hóngpēnpēn(r) 红喷喷(儿) V.P. reddish; ruddy
hóngpī 红砒 N. (white) arsenic
hǒngpiàn 哄骗 V. hoodwink; dupe
hóngpiānjùzhì 鸿篇巨制[-製] F.E. monumental work; masterpiece; masterwork
hóngpiào 红票 N. ① discount ticket/coupon ② <trad.> invitation ticket M: 1zhāng
hóngpíjú 红皮桔 N. tangerine M: ge/2zhī
hóngpíshū 红皮书[-書] N. red paper; red book M: 1běn
hóngpūpū 红扑扑[-撲撲] R.F. ① reddish ② flushed
hōngqī 烘漆 N. baking/stoving finish M: 1céng
hóngqí* 红旗 N. red flag M: ge/1miàn
hóngqì 红契 N. registered deed/contract M: 3xiàng/1zhāng
hóngqiān 红铅 N. minium (red obtained from lead)
hóngqiáng 红墙[-牆] N. red wall M: 1dǔ
hòngqiǎng* 哄抢[-搶] N. ① mob frenzy ② looting
Hóngqiānghuì 红枪会[-槍-] N. <hist.> ① Red Spear Society ② name of local militia units in the 1920's and 1930's
hóngqiáo 虹桥[-橋] N. arched/humped bridge M: ge/4zuò
hóngqí dānwèi 红旗单位 N. <PRC> (politically) progressive unit
hóngqí jìngsài 红旗竞赛[--競-] N. socialist labor competition M: 3cháng/1cì
hóng qǐlai 红起来 R.V. <coll.> on the rise; on the way up in the world
hóngqīng 红青 N. reddish black
hóngqínglǜyì 红情绿意 F.E. tender affections between a couple in love
hóngqíshǒu 红旗手 N. ① red-banner pacesetter ② advanced worker ③ outstanding progressive persons M: ge/1míng/2wèi
hóngqízi 红旗子 N. red flag M: 1miàn
hóngqū 红曲 N. red coloring agent for food
hǒngquàn 哄劝[-勸] V. coax
hóngquè 红雀 N. linnet; redbird; cardinal M: ge/2zhī
1hōngrán* 轰然[轟-] ADV. with a loud/deafening crash/sound ♦ON. bang
2hōngrán 哄然 V.P. boisterous; uproarious
3hōngrán 訇然 ADV. <wr.> loudly
hōngrǎn 烘染 N./V. ① adumbration ② highlighting ③ tint with high heat
hōngrán'érsàn 哄然而散 F.E. disperse with great noise and hubbub
hóngrǎng 红壤 N. red earth M: 1piàn
hóngrǎngtǔ 红壤土 N. red soil M: 1bǎ/2kuài
hōngránqǐxiào 哄然起笑 F.E. go off into laughter
hóngrè 红热[-熱] N. red heat ♦ATTR. red-hot
1hóngrén(r) 红人(儿) N. ① favorite of sb. in power; fair-haired boy ② <coll.> celebrity ③ Red Indian M: ge/1míng/2wèi
2hóngrén 宏仁 V.P. generous and benevolent
hóngrèxiàn 红热线[-熱-] N. infrared ray M: 2dào/1tiáo
hóngrì 红日 N. red sun (in sunrise/sunset) M: 1lún
hóngróng 红绒 N. red velvet M: 2kuài
hóngrú 鸿/洪儒 N. an erudite person; a learned scholar M: ge/1míng/2wèi
hóngrùn 红润 S.V. ruddy; rosy
hóngrùnrùn 红润润 R.F. <coll.> ruddy; rosy
hóngrúshuòxué 宏儒硕学 F.E. <wr.> learned/erudite person
hóngrúshuòyàn 洪儒硕彦 F.E. a great scholar and eminent talent
hóngsānyè(cǎo) 红三叶(草)[--葉-] N. red clover M: 2kē/1piàn
hóngsè 红色 N. red color ♦ATTR. revolutionary
hóngsè bǎoxiǎnxiāng 红色保险箱 ID. <PRC/hist.> have a good (working class) family background
Hóngsè Gāomián 红色高棉 N. Khmer Rouge
hóngsètǔ 红色土 N. <geog.> reddish clay M: 1zhǒng
hóngsè zhèngquán 红色政权[-權] N. <PRC> revolutionary political authority; communist power
hóngsè zhǒngzi 红色种子[--種-] N. ① revolutionaries active under repressive regimes ② offspring of communist revolutionaries
hóngshā 红痧 N. <med.> scarlet fever M: 3cháng/1cì
hóngshān 红杉 N. ①Chinese larch ②a redwood M: 2kē
hóngshāng 红伤[-傷] N. <topo.> a wound M: ge/2kuài
hóngshānhú 红珊瑚 N. red coral
Hóngshān Wénhuà 红山文化 N. <archeo.> Hongshan/Hungshan culture
hóngshāo* 红烧[-燒] V. braise in soy sauce
hóngsháo 红苕 N. <topo.> sweet potato M: ge/2kē
hóngshāo lǐyú 红烧鲤鱼[-燒--] N. carp cooked with soy sauce and brown sugar
hóngshāo niúròu 红烧牛肉[-燒--] N. red-cooked beef
hóngshāoròu 红烧肉[-燒-] N. soy-braised pork M: 1wǎn/1pán
hóngshāoyú 红烧鱼[-燒-] N. red-cooked fish (simmered in soy sauce) M: 1wǎn/1pán
hóngshè 黉舍[黌-] N. school building
Hóng Shēn 洪深 (1894–1955) N. playwright, director, drama critic
hōngshēng* 轰声[轟聲] N. sonic boom
hóngshēng 红生 N. <opera> red-face role
hóngshéngjìzú 红绳系足[-繩繫-] F.E. be engaged to marry
hóngshéngsheng 红绳绳[-繩繩] N. <coll.> red string/rope M: 2gēn/1tiáo
hóngshì 红事 N. happy family ceremony; happy occasion (weddings, birthdays, etc.) M: 2jiàn
hóngshìdàyuàn 弘誓大愿[-願] F.E. great determination and aspiration
Hóngshízì 红十字 N. Red Cross
Hóngshízìduì 红十字队[-隊] P.W. Red Cross Corps M: 4zhī
Hóngshízìhuì 红十字会 P.W. Red Cross
hōngshǒu 烘手 V.O. warm the hands by a fire
hóngshǔ* 红薯 N. sweet potato M: ge/2zhī
hóngshù 红树[-樹] N. mangrove M: 2kē
hóngshuǐ 洪水 N. flood; floodwater M: 3cháng/1cì
hóngshuǐliántiān 洪水连天 F.E. The deluge extends far and wide.
hóngshuǐměngshòu 洪水猛兽[-獸] F.E. <wr.> great scourges M: ge/2zhī
hóngshuǐqī 洪水期 N. flood season
hóngshuǐtāotāo 洪水滔滔 F.E. The flood spreads wide.
hóngshuǐwèi 洪水位 N. high water mark/level; flood level
hóngshùlín 红树林[-樹-] N. mangrove forest M: 1piàn
hóngshuò 宏硕 V.P. grand
hōngsǐ 轰死[轟-] V. kill with cannon
hóngsīdīng 红丝疔[-絲-] N. life-threatening malignant boil
hōngsījī 烘丝机[-絲-] N. cut-tobacco drier M: 1tái
hóngsōng* 红松 N. Korean pine- M: 2kē
hǒngsǒng 哄怂[-慫] V. <topo.> gain through trickery; cheat
hóngsōnghè 红松鹤 N. moorfowl M: ge/2zhī
hóngsōngjī 红松鸡[-雞] N. moorcock; moorhen M: ge/2zhī
hóngsuìzi 红穗子 N. red grain ear
hōngtái 哄抬 V. drive up (prices)
hōngtái wùjià 哄抬物价[-價] V.O. drive up prices
hōngtáng 哄堂 V.O. make the whole room burst into laughter
hóngtáng* 红糖 N. brown sugar
hōngtángdàxiào 哄堂大笑 F.E. The whole room rocked with laughter.
hóngtāo* 洪涛[-濤] N. big waves
1hóngtáo 红陶 N. red pottery; terra-cotta
2hóngtáo 红桃 N. heart (in cards) M: 1kē
hóngténg 红藤 N. Sargent gloryvine M: 1tiáo
hóngtiě(zi) 红帖(子) N. ① invitation card (for a wedding/etc.) ② card announcing a happy event M: 1fèn
hóngtiěkuàng 红铁矿[-鐵礦] N. hematite
hóngtóng 红铜 N. ① red copper ② copper-tin-zinc-lead alloy
hóngtóngkuàng 红铜矿[-礦] N. cuprite
hóngtōngtōng 红彤彤//通通 R.F. bright-red; glowing
hóngtòu 红透 V.P. be red through-and-through
hóngtóushéng 红头绳[-繩] N. red string for binding a plait/bun/etc. M: 2gēn
hóngtóu wénjiàn 红头文件 N. government confidential document M: 1fèn
hóngtòuzhuānshēn 红透专深[--專-] F.E. thoroughly red and highly qualified

H

hóngtóu zhuómùniǎo 红头啄木鸟 N. red-headed woodpecker M: 2zhī
hóngtú 宏/弘/鸿图[-圖] N. great plan; grand prospect
hóngtǔ* 红土 N. red soil/clay; laterite M: 1bǎ/2kuài
hóngtúdàzhǎn 鸿/宏图大展[-圖--] F.E. carry out one's great plan; ride on the crest of success
hóngtǔdìcéng 红土地层[-層] N. red loam
hōngtuō 烘托 V. <art> ① add shading around an object to make it stand out ② set off by contrast; throw into sharp relief
hōngtuō zuòyòng 烘托作用 N. function of contrast
hóngtǔzi 红土子 N. a kind of red dye material (used in painting/architecture)
hóngwàiguāng 红外光 N. infrared ray M: 4shù
hóngwài shèyǐng 红外摄影[--攝-] N. infrared photography
hóngwàixiàn 红外线 N. infrared ray M: 1zhǒng
hóngwěi 宏伟[-偉] S.V. magnificent; grand
Hóngwèibīng 红卫兵[-衛-] N. <hist.> Red Guard(s) M: ge/1míng/2wèi
hóngwén 鸿文 N. great literary work M: 1piān
hóngwén ézhǎng 红纹鹅掌 N. red-cooked goose feet
Hóngwǔyuè 红五月 N. <hist.> Red May
hóngxī 虹吸 V. siphon
hóngxǐ* 鸿禧 N. <wr.> great happiness/felicity
hóngxiá 红霞 N. red clouds at sunrise and sunset M: 3lǚ/1piàn
hóngxiàn 红线 N. ①red line ②red string binding a boy and a girl destined to marry M: 2dào/1tiáo
hōngxiāng 烘箱 N. oven M: ge/2zhī
hōngxiǎng* 轰响[轟響] V./N. rumble; roar (of thunder/etc.)
hōngxiàngqì 烘相器 N. <photo.> print drier M: 1tái
1hōngxiào* 哄笑 V. roar with laughter
2hōngxiào 訇哮 V.P. <wr.> roaring (winds)
Hóng-xiào 红校 AB. *Hóngjūn xuéxiào*
Hóngxiǎobīng 红小兵 N. Little Red Guard(s) (1966-1976) M: ge/1míng/2wèi
hóngxiǎodòu 红小豆 N. red bean M: 3lì
hōngxiàoyīzhèn 哄笑一阵 F.E. burst into a peal of laughter
hóngxìbāo 红细胞 N. red blood cell
hóngxìbāo jìshù 红细胞计数[-數] N. red cell count
hóngxié 红鞋 N. red shoes M: 1duì/1shuāng/1fù
hóngxīguǎn 虹吸管 N. siphon M: ge/4zhī
hóngxīn 红心 N. ① heart loyal to the cause of the proletarian revolution M: 1kē ② bull's eye ③ <topo.> burning with desire
hóngxīng 红星 N. red star M: 1kē
hóngxìngchūqiáng 红杏出墙[-牆] ID. have a secret lover; commit adultery (of married women)
Hóng Xīnyuèhuì 红新月会 P.W. Red Crescent Society
Hóng Xiùquán 洪秀全 (1814-1864) N. best-known leader of the Taiping Rebellion
hóngxiùxié 红绣鞋[-繡-] N. <trad.> women's embroidered red shoes M: 2zhī/1duì/1shuāng
hóngxī xiànxiàng 虹吸现象 N. <phy.> siphon phenomenon
Hóngxué 红学 N. study of *Hónglóu Mèng*
hóngxuèqiú 红血球 N. red blood cell
hóngxuěsōngmù-yóu 红雪松木油 N. red cedar wood oil
hōngxūn 烘熏 V. smoke
1hóngyán* 红颜 N. a beautiful woman; a beauty
2hóngyán 闳言 N. grand speech M: 2fān
1hóngyǎn 红眼 N. pinkeye M: 2zhī/1duì ♦V.O. ①become infuriated; see red ②be envious; be jealous of
2hóngyǎn 闳衍 N. <trad.> beautiful writing style
hóngyàn 鸿雁 N. swan goose M: ge/2zhī
hóngyàn'āimíng 鸿雁哀鸣 ID. cries of disaster victims

hóngyánbáifà 红颜白发[-髮] F.E. A young woman married to an old man.
hóngyǎnbìng 红眼病 N. ① pinkeye ② envy of other's success ③ jealousy; resentment
hóngyánbómìng 红颜薄命 F.E. beautiful women suffer unhappy fates
hóngyànchuánshū 鸿雁传书[-傳書] ID. a letter from afar
hóngyáng* 弘/宏扬[-揚] V. carry forward; develop; enhance
hóngyàng 红样[-樣] N. <print.> proof sheet with red corrections M: 1fēn
hóngyánghàojié 红羊浩劫 F.E. the catastrophe of war and marauding of bandits
hóngyángjié 红羊劫 N. public calamity; great catastrophe M: 3cháng/1cì
hóngyànláishū 鸿雁来书[-書] ID. a letter from afar
hóngyán měi shàonián 红颜美少年 F.E. handsome young man
hóngyǎnniǎo 红眼鸟 N. <zoo.> chewink M: ge/2zhī
hóngyànyàn 红艳艳[-艷艷] R.F. brilliant red
hóngyàoshuǐ 红药水[-藥-] N. mercurochrome M: píng
1hóngyè 红叶[-葉] N. red autumnal leaves M: 1piàn
2hóngyè 宏业[-業] N. a great achievement M: 1fēn
3hóngyè 鸿业[-業] N. achievements of a ruler
hóngyèshù 红叶树[-葉樹] N. maple trees M: 2kē
hóngyī* 红衣 N. red clothes M: 2jiàn
1hóngyí 鸿仪[-儀] N. <court.> your distinguished demeanor
2hóngyí 红夷 N. <trad.> Westerners
hóngyì 弘毅 V.P. <wr.> having a broad and strong mind
hóngyīn* 洪音 N. <lg.> ① broad sound ② 1hū with zero or *u* onset
hóngyǐn 洪饮 V. carouse; go on a binge
hóngyīngmào 红缨帽 N. cap with red a tassel (worn by Qing officials) M: ge/1dǐng
hóngyīngqiāng 红缨枪[-槍] N. red-tasseled spear M: ge/4zhī
hóngyī zhǔjiào 红衣主教 N. <rel.> cardinal M: ge/1míng/2wèi
hóngyǐzi 红椅子 N. <trad.> the last among those admitted (in royal examination) M: 1bǎ
hǒngyòu 哄诱 V. coax
1hóngyú* 红鱼 N. red snapper M: 1tiáo
2hóngyú 魟鱼 N. <zoo.> skate M: 1tiáo
1hóngyǔ 红雨 N. the falling of blossoms M: 3cháng/1cì
2hóngyǔ 黉宇[黌-] N. <archi.> school building
hóngyù 红玉 N. ruby M: 2kuài
hóngyuān 洪渊[-淵] V.P. vast and profound
hóngyuán 洪元 N. origin of the world
hóngyuǎn 弘远[-遠] V.P. far and wide
hóngyuàn* 宏/弘愿[-願] N. great aspirations M: ge/3xiàng
1hóngyùn 红/鸿运[-運] N. good luck
2hóngyùn 红晕 V. blush; flush ♦N. blush
hóngyùndāngtóu 红运当头[-運當-] F.E. in luck's way
hóngyùngāozhào 红运高照[-運--] F.E. born under a lucky star
hōngyúntuōyuè 烘云托月[-雲--] ID. ① paint the clouds to set off the moon ②use contrasting effect in writing
hóngzāi 洪灾[-災] N. flood M: 3cháng/1cì
hóngzāo 红糟 N. red fermented rice paste
1hóngzǎo(r)* 红枣(儿)[-棗(兒)] N. <bot.> red date M: 2kē/1kē
2hóngzǎo 红藻 N. red alga
3hóngzǎo 鸿藻 N. great piece of literature
hóngzé 闳泽[-澤] N. big lake
hōngzhà 轰炸[轟-] V. bomb
hōngzhàjī 轰炸机[轟-] N. bomber M: 1jià
hóngzhàng 红涨 V.P. swollen with blood (of the face)

hóngzhǎo 鸿爪 N. traces left over by past events *See also hóngzhuǎ*
hóngzhe liǎn 红着脸[-著-] ADV. with a blushing face
hóngzhěn 红疹 N. <med.> German measles; rubella M: 2kuài/1piàn
hóngzhěsè 红赭色 N. hazel (color)
hōngzhì* 烘制[-製] V. bake
1hóngzhǐ 红纸 N. red paper M: 1zhāng
2hóngzhǐ 宏/弘旨 N. main theme
1hóngzhì 鸿/弘/洪志 N. great ideal; grand ambition
2hóngzhì 红痣 N. reddish mole M: ge/1kē
hóngzhīzhū 红蜘蛛 N. red spider (mite); spider mite M: 2zhī
hóngzhōng 洪钟[-鐘] N. <wr.> large bell M: ge/kǒu/4zuò ♦ATTR. stentorian; very loud/powerful
1hóngzhǒng* 红肿[-腫] V.P. red and swollen
2hóngzhǒng 红种[-種] N. brown race
hóngzhōng-dàlǚ 洪钟大吕[-鐘-呂] N. stentorian/sonorous voice
hóngzhǒngrén 红种人[-種-] N. ① brown race ② Red Indian M: ge/1míng/2wèi
hóngzhōngsìwài 闳中肆外 F.E. rich in substance and graceful in style
hóngzhú 红烛[-燭] N. red candle M: ge/2gēn
hóngzhuǎ 鸿爪 N. traces of the past M: 2zhī *See also hóngzhǎo*
1hóng-zhuān 红专[-專] N. <pol.> red and expert
2hóngzhuān 红砖[-磚] N. red brick M: ge/2kuài
hóng-zhuān dàxué 红专大学[-專--] P.W. <PRC.> work-study schools founded in 1958 M: ge/1suǒ/4zuò
hóngzhuāng* 红装/妆[-裝/妝] N. <wr.> ① feminine adornment M: 1fù/1shēn ② young women
hóngzhuàng 宏壮[-壯] V.P. great and solid; imposing
hóngzhùshí 红柱石 N. <geol.> andalusite M: 2kuài/1zhǒng
hóngzì 红字 N. ① red mark (for failure in an examination) ② red-ink entry
hóngzōngmǎ 红鬃马 N. reddish-brown horse M: ge/1pǐ
hóngzōngsè 红棕色 N. mahogany (color)
hōngzǒu 轰走[轟-] R.V. drive/chase away
hōngzuì 轰醉[轟-] V.P. cause a sensation
hóngzūn 虹鳟 N. <zoo.> rainbow trout M: 1tiáo
hōu 齁 ON./B.F. snore ***hōuhōu, hōushēng*** ♦S.V. excessively sweet/salty ♦ADV. <topo.> very; extremely
1hóu 喉 B.F. throat; larynx ***hóulóng***
2hóu(r) 猴(儿)[-(兒)] N. ① monkey M: 2zhī ② clever/smart chap ♦S.V. naughty and impish
3hóu 侯 B.F. ① marquis ***hóujué*** ② nobleman or high official ***hóuménsìhǎi*** ③ archery target ***shèhóu*** ♦N. Surname
4hóu 糇[餱] B.F. provisions; dried food ***hóuliáng***
5hóu 篌 in ***kōnghóu***
6hóu 瘊 in ***2hóuzi***
7hóu 骺 N. <phys.> epiphysis
hǒu 吼 V. roar; howl; growl; snarl
1hòu* 后[後] B.F. ①rear; back; behind ***hòumiàn*** ② afterwards; later ***hòulái*** ③ later in sequence ***hòutiān*** ♦N. offspring; descendant; posterior ♦PREF. post- *See also* 2hòu
2hòu 后 N. ① empress; queen ② Surname *See also* 1hòu
3hòu 厚 S.V. ①thick ②deep; profound ③kind; magnanimous ④large; generous ⑤rich/strong in flavor ⑥ sincere ♦V. favor; stress ♦CONS. ~A 3bó B favor A, disfavor B
4hòu 候 V. wait; await ♦B.F. ① inquire after ***wènhòu*** ② pay (bills) ***2hòuzhàng*** ③ time; season ***shíhou*** ④ condition; state; symptoms ***qìhòu***
5hòu 鲎[鱟] N. king crab
6hòu 逅 in ***1xièhòu***
hòu'ài 厚爱[-愛] V. love dearly; dote on ♦F.E. ① your kind thought; your kindness ② great kindness

hòubǎi 后摆[後擺] N. the back part of clothes

hòubǎn 厚板 N. thick board M: [2]*kuài*

hòubàn* 后半[後-] N. ① the second half ② the rear part

hòubàn-bèizi 后半辈子[後-] N. the second half of one's lifetime

hòubànbù 后半部[後-] N. second part of a book/film/etc.

hòubànchǎng 后半场[後-場] N. second half of a game/performance/etc.

hòubànjié(r) 后半截(儿)[後-] N. <*coll.*> ① rear section ② secondary wife; concubine

hòubànlā 后半拉[後-] N. <*coll.*> rear; back end

hòubànnián 后半年[後-] N. second half of a year

hòubànshǎng(r) 后半晌(儿)[後-] N. <*coll.*> afternoon

hòubànshēng 后半生[後-] N. second half of one's life

hòubàntiān(r) 后半天(儿)[後-] N. afternoon

hòubànxiǔr 后半宿儿[後-] N. <*coll.*> small hours of the night

[1]**hòubànyè** 后半夜[後-] N. after midnight; wee hours

[2]**hòubànyè** 后半叶[後-葉] N. latter half of a century

hòubànyuè 后半月[後-] N. the second half of a month

hòubáo(r)* 厚薄(儿) N. thickness

hòubào 厚报[-報] N. liberal recompense M: [1]*fèn*

hóuba zǎizi 猴巴崽子 N. <*topo.*> a young lad M: *ge*/[1]*míng*/[2]*wèi*

[1]**hòubèi** 后背[後-] N. ① back (of the body) ② at the back; in the rear

[2]**hòubèi** 后备[後備] N. reserve

[3]**hòubèi** 后辈[後-] N. ① younger generation ② posterity

[4]**hòubèi** 厚被 N. thick quilt M: *ge*/[1]*tiáo*

hòubèibīng 后备兵[後備-] N. <*mil.*> reservist M: *ge*/[1]*míng*/[2]*wèi*

hòubèiduì 后备队[後備隊] N. reserve troops M: *ge*/[4]*zhī*

hòubèi gànbù 后备干部[後備幹-] N. reserve cadres M: *ge*/[1]*míng*/[2]*wèi*

hòubèijūn 后备军[後備-] N. <*mil.*> ① reserves ② reserve force M: *ge*/[4]*zhī*

hòubèi jūnrén 后备军人[後備-] N. reservist M: *ge*/[1]*míng*/[2]*wèi*

hòubèi rényuán 后备人员[後備-] N. backup personnel M: *ge*/[1]*míng*/[2]*wèi*

hòubèi ruǎnpán 后备软盘[後備-盤] N. backup computer diskette/disk M: *ge*/[1]*pán*

hòubèiyì 后备役[後備-] ATTR. <*mil.*> inactive

hòubian(r) 后边(儿)[後邊-] P.W. rear; back; behind

hòubiǎomiàn 后表面[後-] N. rear surface

hòubǐbáocǐ 厚彼薄此 F.E. favor one more than another; play favorites

hóubì de 喉壁的 ATTR. guttural

hóubìyīn 喉壁音 N. <*lg.*> guttural/pharyngeal sound

hòu-bó 厚薄 N. ① thickness and thinness ② munificence and parsimony

hóubù 喉部 N. larynx

[1]**hòubǔ*** 候补[-補] V. be a candidate (for a vacancy); be an alternate

[2]**hòubǔ** 后补[後補] V. ① make amends ② replenish

[1]**hòubù** 后部[後-] P.W. back; behind

[2]**hòubù** 后步[後-] N. room for maneuver; elbow room

hóubù de chàndòng 喉部的颤动[-動] N. <*lg.*> laryngeal tremor

hòubǔqī 候补期[-補-] N. waiting period to fill a vacancy

hòubǔrén 候补人[-補-] N. candidate M: *ge*/[1]*míng*/[2]*wèi*

hòubǔ wěiyuán 候补委员[-補--] N. alternate member M: *ge*/[1]*míng*/[2]*wèi*

hòubù yuányīn 后部元音[後-] N. <*lg.*> back vowel

hòucàiyuán 后菜园[後-園] P.W. backyard vegetable garden

hòucáo 后槽[後-] N. ① stables ② horse's feeding trough ③ a groom

hóucāyīn 喉擦音 N. <*lg.*> guttural fricative; laryngeal fricative

[1]**hòuchǎng** 后场[後場] N. ① wings (in a theater) ② second part of a presentation ③ aftermath

[2]**hòuchǎng** 候场[-場] V.O. wait to go on stage; wait in the wings

hòuchǎng jiāoyì 后场交易[後場-] N. afternoon session

[1]**hòuchē*** 候车 V.O. wait for a bus/train

[2]**hòuchē** 后车[後-] N. carriage occupied by one's entourage M: [3]*liàng*

hòuchè 后撤[後-] V. withdraw; evacuate

hòuchēfáng 候车房 P.W. bus/train passenger waiting room M: [1]*jiān*

[1]**hòuchén** 后尘[後塵] N. <*wr.*> sb.'s footsteps/wake

[2]**hòuchén** 后沉[後-] ATTR. more heavily loaded in the rear than in the front (of a car)

hòuchēshì 候车室 P.W. waiting room (for buses/trains/etc.) M: *ge*/[1]*jiān*/[4]*zuò*

hòuchētíng 候车亭 N. roofed bus stop

hòuchíyàn 后池堰[後-] N. afterbay weir

hòuchǐyín de 后齿龈的[後齒齦-] ATTR. prepalatal

hòuchóng 鲎虫[鱟蟲] N. tadpole shrimp; apus M: *ge*/[2]*zhī*

hòuchóu 厚酬 N. liberal recompense M: [1]*fèn*

hòuchuāng 后窗[後-] N. rear window

hòuchǔlǐ 后处理[後處-] N. recycling of nuclear fuels

hòuchǔlǐjī 后处理机[後處-] N. post-processor M: [1]*tái*

hòucǐ 后此[後-] V.P. after this

hòucì* 厚赐 V./N. reward generously M: [1]*fèn*

hòucǐbóbǐ 厚此薄彼 F.E. ① favor one and disfavor another ② favoritism; partiality

hòudá 厚达[-達] V.P. as thick as

hòudà* 厚大 S.V. thick and big

[1]**hòudài** 厚待 V. treat kindly and generously

[2]**hòudài** 后代[後-] N. ① later periods/ages ② later generations; descendants; posterity ③ progeny M: *ge*/[1]*míng*/[2]*wèi*

hóudàndàn 猴蛋蛋 N. <*topo.*> child

hòudao 厚道 S.V. ① honest and kind; sincere ② generous

hòu de 后的[後-] ATTR. supra-

hòudé* 厚德 N. great kindness

hōu de huāng 齁得慌 S.V. <*topo.*> too salty/sweet/spicy/etc.

hòudēng 后灯[後燈] N. taillight; tail lamp M: *ge*/[1]*zhǎn*

hòudézàifú 厚德载福 F.E. Great virtue carries happiness (used as a eulogy).

hòudì 后帝 N. Heaven

hòudiàn 后殿[後-] N. rear court rooms in a palace M: *ge*/[4]*zuò*

hòudiāo 后凋[後-] V. ① be the last to wither (of plants) ② remain virtuous despite trials

hòudiē 后爹[後-] N. <*coll.*> stepfather M: *ge*/[1]*míng*/[2]*wèi*

hóu(r)dǐngdēng 猴(儿)顶灯[-燈] V.P. <*coll.*> rickety; unstable

hòudù 厚度 N. thickness

hòuduān* 后端[後-] N. backside

hòuduàn 后段[後-] N. ① latter part of a piece of writing, musical composition, etc. ② back rows in theater/etc.

hòudùn 后盾[後-] N. backing; backup force

hòudūndūn 厚墩墩 R.F. ① very thick; heavy ② bulky; chubby

hóu'é 喉蛾 N. <*med.*> acute tonsillitis

hòu'è* 后颚[後-] N. back palate; velum

hòu'ēn 厚恩 F.E. great kindness M: [1]*fèn*

hòu'èyīn 后颚音[後-] N. <*lg.*> postpalatal sound; back palatal sound; velar sound

hòufāng* 后方[後-] P.W. rear

hòufáng 后房[後-] N. ① living quarters of concubines ② concubines M: *ge*/[2]*wèi* ③ rear rooms of a house M: [1]*jiān* ④ second wife M: *ge*/[2]*wèi*

hòufāng qínwù 后方勤务[後-務] N. <*mil.*> logistics M: *ge*/[1]*míng*/[2]*wèi*

hòufāngqū 后方区[後-區] P.W. rear base M: [1]*piàn*

hòufāng tīduì 后方梯队[後-隊] N. rear echelon M: [4]*zhī*

hòufāzhìrén 后发制人[後發-] F.E. gain mastery by counterattacking

[1]**hòufēi** 后妃 N. empress and imperial concubines M: *ge*/[1]*míng*/[2]*wèi*

[2]**hòufēi** 厚非 *See* ***wèikěhòufēi***

hóufēng 喉风 N. <*Ch. med.*> sore throat

hòufēng dìdòngyí 候风地动仪[-動儀] N. seismograph invented by Zhang Heng in 132 A.D. M: [1]*tái*

hòufū 后夫[後-] N. second husband M: *ge*/[1]*míng*/[2]*wèi*

hòufú* 后福[後-] N. ① luck late in life ② future blessings ③ blessings

hòufù 后父[後-] N. stepfather M: *ge*/[1]*míng*/[2]*wèi*

hóufúyùshí 侯服玉食 F.E. live in extreme luxury

hóugài 喉盖[-蓋] N. epiglottis

hòugǎizàor 后改造儿[後-] V.P. modify after sth. is produced

hòugǎn 后感[後-] N. ① afterthought; reflection after an event ② review M: *ge*/[1]*zhǒng*

hòugǎnzhe 后赶着[後趕著] ADV. hurriedly

hòugāoyuányīn 后高元音[後-] N. <*lg.*> back high vowel

hòugēn(r) 后跟(儿)[後-] N. heel (of shoe/sock)

hòugōng 后宫[後宮] N. ① inner courts of the emperor M: *ge*/[4]*zuò* ② concubines of a monarch M: *ge*/[2]*wèi*

hòugōngyèqī 后工业期[--業-] N. post-industrial era

hòugōngyè shèhuì 后工业社会[後-業--] N. postindustrial society

hòugōu(r) 后钩(儿)[後鉤-] N. ① unfinished business ② <*opera*> a lingering tone

hòugù 后顾[後顧] V. ① turn back (to take care of sth.) ② look back (on the past) ③ think of future

hóuguǎn* 喉管 N. bronchia

hòuguān 后冠 N. tiara M: [1]*dǐng*

hòuguāng 候光 V.O. <*wr.*> await the honor of your presence (at a dinner party, etc.)

hòugǔbójīn 厚古薄今 F.E. stress the past and slight the present

hòugǔnfān 后滚翻[後滾-] N. <*sport*> backward roll/somersault

hóuguó 侯国[-國] N. marquisate

hòuguǒ* 后果[後-] N. consequence; aftermath

hòugùzhīyōu 后顾之忧[後顧-憂] N. fear of disturbance in the rear or on the home front

Hòu Hàn 后汉[後漢] N. ① Eastern Han dynasty (25–220) ② Later Han dynasty (947–950)

hóuhé 喉核 N. Adam's apple

hòuhélù 厚颌鹿 N. <*zoo.*> large-horned deer; thick-jawed deer *megaceros pachyostens* M: *ge*/[2]*zhī*

hōuhōu* 齁齁 ON. the sound of snoring

hóuhou 猴猴 R.F. <*topo.*> thin; skinny

hòuhòudūndūn 厚厚墩墩 R.F. <*coll.*> thick and solid (usu. of cuboidal objects)

hòuhòur 厚厚儿 R.F. <*coll.*> ① thick ② generous (as hosting)

hòuhuà 后话[後-] N. part of a story to be recounted later

hòuhuàn 后患[後-] N. ① future trouble ② seeds of future danger

hòuhuànwúqióng 后患无穷[後-窮] F.E. no end of future trouble

hòuhuāyuán 后花园[後-園] P.W. rear garden M: *ge*/[4]*zuò*

hòuhuǐ 后悔[後-] V. regret; repent

H

H

hòuhuǐbùyǐ 后悔不已[後-] F.E. be overcome with regret
hòuhuǐmòjí 后悔莫及[後-] F.E. be too late to regret
hòuhuǐwújí 后悔无及[後-] F.E. be too late to regret
hòuhuǐyào 后悔药[後-藥] N. regret
hòuhuìyǒuqī 后会有期[後-] F.E. We'll meet again some day.
hòuhūn 后婚[後-] N. remarriage
hòuhūnr 后婚儿[後-] N. a remarried woman
hóují 猴/喉急 V.P. <*topo.*> ① very impatient ② feel anxious; feel worried
hòujī 候机 V.O. wait for a flight
¹**hòujì*** 后继[後繼] V. succeed; carry on ♦N. successors; posterity
²**hòujì** 后记[後-] N. postscript M: *ge/¹piān*
Hòujì 后稷 N. minister of agriculture under legendary Shun
hòujià 候驾 F.E. await (your) gracious presence
hòujiǎbǎn 后甲板[後-] N. ship;s quarterdeck M: *²kuài*
hòujiā chéngfèn 后加成分[後-] N. <*lg.*> suffix
hòujiā de 后加的[後-] ATTR. postposed
hǒujiào* 吼叫 V. <*coll.*> call; shout; howl
hòujiǎo 后脚[後腳] N. ① rear foot (in walking) ② immediate rear; close behind ***See also*** *qiánjiǎo*
hòujiào 候教 F.E. <*court.*> await your instructions
hòujiā wènjù 后加问句[後-] N. <*lg.*> postposed question
hóujié* 喉结 N. Adam's apple
hòujiē 后街[後-] N. back street M: *ge/¹tiáo*
hòujiégòuzhǔyì 后结构主义[後-構-義] N. post-structuralism
hòujǐliang 后脊梁[後-] N. <*coll.*> ① back (of a body) ② spinal column; backbone
¹**hòujīn** 厚金 N. handsome reward; liberal remuneration M: *²bǐ*
²**hòujīn** 后襟[後-] N. back of a Chinese robe/jacket
¹**hòujìn*** 后进[後進] ATTR. ① lagging behind; less advanced; backward ②advancing relatively slowly ♦N. juniors; the rising generation
²**hòujìn(r)** 后劲(儿)[後勁-] N. ① delayed effect; aftereffect ***Yǒude jiǔ ~ hěn dà.*** Some wines have a strong aftereffect. ② reserve strength; stamina ③ crack troops in the rear
Hòu Jìn 后晋[後晉] N. Later Jin dynasty (936–946)
hòujīnbógǔ 厚今薄古 F.E. stress the present and slight the past
hòujìnduì 后进队[後進隊] P.W. backward team M: *ge/⁴zhī*
hóu(r)jīng 猴(儿)精 N. clever and roguish person
hóujìng 喉镜 N. laryngoscope
¹**hòujǐng*** 后景[後-] N. background
²**hòujǐng** 后颈[後頸] N. nape
hòujìng 后镜[後-] N. rearview mirror
hóujīnr 猴筋儿 N. <*topo.*> rubber band/string
hòujìnxiānchū 后进先出[後進-] F.E. come late and leave first
hòujīshì 候机室 P.W. airport lounge M: *¹jiān*
hòujītīng 候机厅[-廳] P.W. departure lounge
hòujiǔ 厚酒 N. liquor with a marked flavor M: *bēi/¹wǎn*
hòujìwúlì 后继无力[後繼-] F.E. have no strength to continue
hòujìwúrén 后继无人[後繼-] F.E. there is no successor
hòujìyǒurén 后继有人[後繼-] F.E. there is no lack of successors
hòujìzhě 后继者[後繼-] N. successor M: *ge/¹míng/²wèi*
hóujué 侯爵 N. the rank/title kmarquis M: *ge/¹míng/²wèi*
hóujué fūrén 侯爵夫人 N. marquise M: *ge/¹míng/²wèi*
hòukāikǒu yuányīn 后开口元音[後開-] N. <*lg.*> deep open vowel
hóukē 喉科 N. laryngology
hòukèshì 候客室 P.W. reception room (of a hospital/etc.) M: *ge/²jiān*
hòukōngfān 后空翻[後-] N. <*sport*> backward somersault; backflip
hòukūn 后昆[後-] N. descendants; children
hòulái 后来[後-] N. ① afterward; later ② latecomers
hòuláijūshàng 后来居上[後-] ***See*** *hòuláizhě jūshàng*
hòuláirén 后来人[後-] N. successors M: *ge/¹míng/²wèi*
hòuláizhě jūshàng 后来者居上[後-] F.E. Newcomers come to the fore.
hòulàng tuī qiánlàng 后浪推前浪[後-] F.E. The new excels the old.
hòulǎobànr 后老伴儿[後-] N. <*topo.*> tea friends M: *ge/¹míng/²wèi*
hóulèi 猴类[-類] N. <*zoo.*> monkeys M: *¹zhǒng*
hòulěngzhàn 后冷战[-戰] ATTR. post-cold war
hòulǐ 厚礼[-禮] N. generous/lavish gifts M: *¹fèn*
hòulì* 厚利 N. substantial profit M: *¹fèn*
hòuliǎn 厚脸 S.V. brazen-faced; shameless
hóuliáng 糇粮[餱糧] N. <*wr.*> ① solid food ② rations for a journey M: *¹fèn*
Hòu Liáng* 后梁[後-] N. Later Liang dynasty (907–923)
hòuliǎnpí 厚脸皮 S.V. thick-skinned; brazen
hòuliǎnr 后脸儿[後-] N. <*topo.*> back view; view of sb. from behind
hòulìbùjì 后力不继[後-繼] F.E. lack the strength to continue
hòulìduōxiāo 厚利多销 F.E. large profits and quick turnover
hóulóng 喉咙 N. throat; larynx
hóulongyǎnr 喉咙眼儿 N. ① <*coll.*> the gullet; entrance of the throat ② <*topo.*> crux of a matter; key to a situation
¹**hòulù** 后路[後-] N. ① communication lines to the rear; route of retreat/escape ② room for maneuver M: *ge/¹tiáo*
²**hòulù** 厚禄 N. high government pay; handsome salary M: *¹fèn*
³**hòulù** 后陆[後陸] N. hinterland; backland M: *²kuài*
hòulún 后轮[後-] N. rear wheel
hòumā 后妈[後-] N. <*coll.*> stepmother M: *ge/¹míng/²wèi*
hòumài 候脉[-脈] V.O. ① feel the pulse ② examine patients
hòumàoshēnqíng 厚貌深情 F.E. kindly appearance but unfathomable heart
hóumén 喉门 N. glottis
hòumén(r)* 后门(儿)[後-] N. ① back door ② backdoor influence M: *ge/²dào*
hòumén gōngchéng 后门工程[後-] N. backdoor project M: *²xiàng*
hóuménrúhǎi 侯门如海 F.E. The mansions of the nobility were inaccessible to the common people.
hóu mén shēn sì hǎi 侯门深似海 F.E. The mansions of the nobility were inaccessible to the common people.
hóuménsìhǎi 侯门似海 F.E. The mansions of the nobility were inaccessible to the common people.
hóuményīn 喉门音 N. <*lg.*> glottal sound
hòumian 后面[後-] P.W. ① at the back; in the rear; behind ② later ***Zhè shì wǒ ~ háiyào tán.*** I'll come back to this matter later.
hòumiàn(r)* 后面(儿)[後-] P.W. back/rear side
hóumiànbāoshù 猴面包树[-麵-樹] N. <*bot.*> monkey-bread tree; baobab
hǒumíng 吼鸣 V. roar; rumble; thunder
¹**hòumìng*** 候命 V.O. <*court.*> await further orders/instructions
²**hòumìng** 后命[後-] N. a later command
hóumócāyīn 喉摩擦音 N. <*lg.*> laryngeal fricative
hòumǔ 后母[後-] N. stepmother M: *ge/¹míng/²wèi*
hòumǔyīn 后母音[後-] N. <*lg.*> back vowel
hòunǎo 后脑[後腦] N. hindbrain (cerebellum and medulla oblongata)
hòunǎohǎi 后脑海[後腦-] N. back of the head
hòunǎosháo(zi) 后脑勺(子)[後腦-] N. back of the head
hóunián 猴年 N. year of the monkey (Chinese calendar)
hòunián* 后年[後-] N. year after next
hòuniáng 后娘[後-] N. <*coll.*> stepmother M: *ge/¹míng/²wèi*
hòuniáng yǎng de 后娘养的[後-養-] <*coll.*> N. ① sb. raised by a stepmother ② sb. who receives little attention or ill-treatment
hóuniánmǎyuè 猴年马月 ID. time that will never come; till goodness knows when
hòuniǎo 候鸟 N. migratory bird M: *ge/²zhī*
hòuniǎo qǐyè 候鸟企业[-業] N. migrant enterprise (one which changes locations to pursue better conditions for production)
hǒunù 吼怒 V. shout in anger
hòupà 后怕[後-] N./V. fear after the event M: *¹diǎnr*
hòupái 后排[後-] N. back row
hóupí 猴皮 N. monkey skin M: *ge/¹zhāng*
hóupíjīn(r) 猴皮筋(儿) N. <*coll.*> rubber band
hòupò 厚朴 N. <*Ch. med.*> bark of magnolia
hóupòlièyīn 喉破裂音 N. <*lg.*> glottal plosive
hòupǔ 后埔[後-] N. downtown
¹**hòuqī*** 后期[後-] N. later stage/period ♦ADV. behind schedule
²**hòuqī** 后妻[後-] N. second wife M: *ge/¹míng/²wèi*
³**hòuqī** 厚漆 N. thick paint M: *¹céng*
hòuqí 候骑 N. cavalry patrol
hòuqǐ 后起[後-] ATTR. ① rising/coming (generation) ② of new arrivals; of the younger generation (of talented people)
hóuqián 猴钱[-錢] V.O. <*topo.*> gain money improperly
hòuqiáng 后墙[後牆] N. rear wall M: *¹dǔ/⁴zuò*
hòuqiáng de 后强的[後強-] ATTR. <*lg.*> rising
hòuqiáng fǔyīn 后强辅音[後強-] N. <*lg.*> rising consonant
hòuqiáo 后桥[後橋] N. rear axle (of a car) M: *²gēn*
hǒu qǐlai* 吼起来 R.V. roar out
hòu qǐlai 厚起来 R.V. get thicker
hòuqín 后勤[後-] N. <*mil.*> logistics
hòuqínbù 后勤部[後-] N. rear-service/logistics department
hòuqīngshēng 后轻声[後輕聲] N. <*lg.*> light stress after a stressed unit
Hòuqī Shànggǔ Hànyǔ 后期上古汉语[後---漢-] N. <*lg.*> Late Archaic Chinese
hòuqǐzhīxiù 后起之秀[後-] N. up-and-coming talent
hòuqū 后驱[後驅] V. rear guard
hóur* 猴儿 N. ① monkey ② little devil (fig.) M: *ge/²zhī*
hòur 后儿[後-] N. <*coll.*> the day after tomorrow
hòuránqì 后燃器[後-] N. afterburner M: *ge/¹tái*
hóurbātī 猴儿扒梯 ID. <*topo.*> rambunctious; devilish
hòurén* 后人[後-] N. ① later generations ② posterity; descendants M: *ge/²wèi* ♦V.O. lag behind others
hòurèn 后任[後-] N. successor in an office M: *ge/²wèi*
hòurénbójǐ 厚人薄己 F.E. treat others lavishly but oneself frugally
hòurge 后儿个[後-個] N. day after tomorrow
hòurì 后日[後-] N. ① day after tomorrow ② in later days ③ sometime in the future
hóurjīng 猴儿精 V.P. astute; shrewd
hóurlabājī 猴儿拉巴叽 ID. <*topo.*> devilishly hot/pungent/spicy
hóurlāxī 猴儿拉稀 ID. <*topo.*> rotten to the core; vile
hóurlěng 猴儿冷 V.P. <*topo.*> very cold
hóuruǎngǔ 喉软骨 N. epiglottis M: *²kuài*

hòuRújiā 后儒家[後-] ATTR. a post-Confucian M: *ge/[1]míng/[2]wèi*
hóurxì 猴儿戏[-戲] N. ① monkey show ② role of the monkey Sūn Wùkōng M: *[1]chū/[1]tái*
hóusāiyīn 喉塞音 N. *<lg.>* glottal stop
hòusānjiǎo duìxíng 后三角队形[後--隊-] N. *<mil.>* V formation
hóusè 喉塞 N. *<lg.>* glottal catch/stop
hóusèyīn 喉塞音 N. *See hóusāiyīn*
hóushā* 喉痧 N. ① diphtheria ② *<Ch. med.>* scarlet fever M: *[3]cháng/[1]cì*
hòushà 后厦[後廈] N. back veranda
hòushang 后晌[後-] N. *<topo.>* evening
hòushǎng(r)* 后晌(儿)[後-] N. *<topo.>* afternoon
hóushé 喉舌 N. ① mouthpiece; spokesperson ② *<trad.>* ⓐ speech organs ⓑ imperial censor
hòushé de 后舌的[後-] ATTR. *<lg.>* pharyngeal
hòushé hóudào 后舌喉道[後-] N. *<lg.>* pharyngeal passage
hòushémiàn 后舌面[後-] N. *<lg.>* postdorsum
hòushēn(r)* 后身(儿)[後-] N. ① back of a person/garment ② future life ③ a building that does not front on the street
hòushěn 候审[-審] V.O. *<law>* await trial
hōushēng 齁声[-聲] N. the sound of snoring; snore M: *[1]zhèn*
hǒushēng* 吼声[-聲] N. roar M: *[1]zhèn*
hòusheng 后生[後-] *<topo.>* N. young man; lad M: *ge/[1]míng/[2]wèi* ***See also [1]hòushēng***
[1]hòushēng 后生[後-] N. *<coll.>* member of the coming generation; youth M: *ge/[1]míng/[2]wèi* ***See also hòusheng***
[2]hòushēng 厚生 V.O. improve people's living conditions
hòushēngkěwèi 后生可畏[後-] F.E. youths are to be regarded with respect (since they may surpass their elders)
hòushēngnǚ 后生女[後-] N. a young woman M: *ge/[2]wèi*
hòushēng xiǎozi 后生小子[後-] N. ① young man; lad ② young greenhorns; naive youths M: *ge/[2]wèi*
hòushēngzi 后生子[後-] N. ① a young man ② youths; young people M: *ge/[1]míng/[2]wèi*
hòushè yìzhì 后摄抑制[後攝-] N. retroactive inhibition/interference
hòushè yǔyán 后设语言[後-] N. metalanguage
hòushi* 厚实[-實] S.V. *<coll.>* ① thick; heavy ~ ***de yīfu*** bulky clothing ② substantial ③ reliable; sincere ~ ***de rén*** reliable person
[1]hòushì 后世[後-] N. later ages/generations
[2]hòushì 后事[後-] N. ① later developments ② funeral affairs M: *[1]jiàn*
[3]hòushì 后市[後-] N. afternoon market M: *ge/[3]cháng*
[4]hòushì 候示 F.E. *<court.>* await further instructions
[5]hòushì 后室[後-] N. ① *<archeo.>* back/rear chamber M: *ge/[1]jiān/[4]zuò* ② second wife M: *ge/[2]wèi*
hòushí de jīchǔ 厚实的基础[-實--礎] N. solid foundation
hòushìjìng 后视镜[後-] N. rearview mirror M: *ge/[1]miàn*
hòushìtú 后视图[後-圖] N. back view; rearview
[1]hòushǒu(r) 后手(儿)[後-] N. ① *<coll.>* leeway; reserve; trump card ② defensive position (in chess) ③ successor (to a property) M: *ge/[2]wèi*
[2]hòushǒu 后首[後-] N. later; afterwards
hòushǒufān 后手翻[後-] N. *<sport>* back handspring
hóushǒuhóujiǎo 猴手猴脚[-腳] F.E. careless (in handling things); rash
hòushù 后述[後-] F.E. ① follow/state below ② as follows; as stated below
hòushú zuòyòng 后熟作用[後-] N. *<agr.>* after-ripening
hòusǐ 后死[後-] N. survivor
hòusì* 后嗣[後-] N. offspring; descendant M: *ge/[2]wèi*
hòusǐbóshēng 厚死薄生 F.E. praise for the dead and contempt for the living
hòusòng 后送[後-] N. *<mil.>* evacuation
hòusòng zhóuxiàn 后送轴线[後-] N. axis of evacuation
hóusūn 猴狲[-猻] N. monkey M: *ge/[2]zhī*
hóusūnwáng 猴狲王[-猻-] N. ① king of a group of monkeys M: *ge/[2]zhī* ② satirical term referring to teacher of small children M: *ge/[2]wèi*
hòusuǒzhǐ 后所指[後-] N. *<lg.>* cataphoric reference
hòutái 后台[後臺] N. ① backstage ② backstage supporter; behind-the-scenes backer
hòutái lǎobǎn 后台老板[後臺-] N. backstage boss M: *ge/[1]míng/[2]wèi*
hòutái yìng 后台硬[後臺-] V.P. have strong backing
hòutáng 后膛[後-] N. breech
Hòu Táng* 后唐[後-] N. Later Tang dynasty (923–936)
hòutángqiāng 后膛枪[後-槍] N. breechloading gun; rifle; breechloader M: *ge/[4]zhī*
hòutí 后提[後-] N. *<log.>* minor premise
hòutiān 后天[後-] N. day after tomorrow ♦ ATTR. ① postnatal ② acquired
hòutiān miǎnyì 后天免疫[後-] N. acquired immunity
hòutiānxìng 后天性[後-] N. posteriority
hòutiānxìng miǎnyì 后天性免疫[後-] N. acquired immunity
hòutiān xuélái de 后天学来的[後-] ATTR. acquired
hòutíng 后庭[後-] P.W. imperial harem; seraglio M: *ge/[4]zuò*
hòutí zhǔyǔ 后提主语[後-] N. *<lg.>* postponed subject
hóutòng 喉痛 V.P. have a sore throat
[1]hóutóu* 喉头 N. larynx; throat
[2]hóutóu 猴头 N. ① *<bot.>* hedgehog hydnum ② *<topo.>* opium pipe
hòutou 后头[後-] N. ① rear; behind ② in the future
hóutóu de 喉头的 ATTR. guttural
hòutóugǔ 后头骨[後-] N. *<phys.>* parietal bone M: *[2]kuài*
hóutóuhóunǎo 猴头猴脑[-腦] F.E. silly; silly-faced
hóutóu jīnluò 喉头筋络 N. larynx muscle
hóutóuyán 喉头炎 N. *<med.>* laryngitis
hòutú* 后图[後圖] N./V. plan for the future
Hòutǔ 后土 N. ① Earth (personified) ② God of the Earth
hòutuǐ(r)* 后腿(儿)[後-] N. hind legs of an animal M: *ge/[1]tiáo*
hòutuì 后退[後-] V. draw/fall back; retreat ***Kùnnan miànqián bù ~.*** Never shrink from difficulties.
hòutuì tónghuà 后退同化[後-] N. *<lg.>* regressive assimilation
hòutuì yìhuà 后退异化[後-異-] N. *<lg.>* regressive dissimilation
hóuwáng 猴王 N. monkey king M: *ge/[1]míng/[2]wèi*
hòuwàng* 厚望 N. great expectations M: *[2]fān/[1]piàn*
hòuwàngjìng 后望镜[後-] N. rearview mirror M: *[1]miàn*
hòuwéi 后桅[後-] N. mizzen M: *[2]gēn*
[1]hòuwèi* 后卫[後衛] N. ① *<mil.>* rear guard ② *<sport>* fullback ③ guard M: *ge/[1]míng/[2]wèi*
[2]hòuwèi 厚味 N. savory; rich/greasy food
[3]hòuwèi 后味[後-] N. aftertaste M: *[1]zhǒng*
hòuwèi xiàndìngcí 后位限定词[後-] N. *<lg.>* postdeterminer
hòuwèi zhàndòu 后位战斗[後-戰鬥] N. rearguard action M: *[3]cháng/[1]cì*
hòuwèi zhèndì 后位阵地[後-] N. rearguard battle position M: *[2]kuài/[1]piàn*
hòuwēn 候温 N. average temperature of each five-day period
hòuwū 厚诬 N. great slander
Hòu Wǔdài 后五代[後-] N. 53-year period 907–960, during which five dynastic changes took place.
hóuxì* 猴戏[-戲] N. monkey show M: *[1]chū/[1]tái*
hòuxì 后系[後繫] N. *<lg.>* backward linking
hòuxiàndài 后现代[後-] ATTR. *<loan>* post-modern
hòuxiàndàizhǔyì 后现代主义[後-義] N. postmodernism
hòuxiàng 后项[後-] N. *<math.>* the second term; the latter item
hòuxiàng de 后向的[後-] ATTR. *<lg.>* retrogressive
hòuxiàng tónghuà 后向同化[後-] N. *<lg.>* retrogressive assimilation
hòuxiàng zhàoyìng 后向照应[後-應] N. *<lg.>* cataphora
hòuxiānhuīyìng 后先辉映[後-] F.E. The successor and the predecessor reflect each other's brilliance.
hòuxiāo 候销 V.P. wait to be sold
hòuxiào* 后效[後-] N. aftereffect
hòuxiè 厚谢 V. give sb. a rich reward
hòuxíng 后行[後-] A.T. carry out as a second step; carry out later
hòuxiūshì chéngfèn 后修饰成分[後-] N. *<lg.>* postmodification
hòuxiūshìyǔ 后修饰语[後-] N. postmodifier
[1]hòuxù 后续[後續] V. ① follow up ② remarry after the death of one's wife
[2]hòuxù 后叙/序[後敘] N. epilogue ♦ F.E. I await your presence
hòuxuán 后悬[後懸] N. rear overhang of an automobile
hòuxuǎn* 候选[-選] V. be candidate (for a position/office)
hòuxuǎnrén 候选人[-選-] N. candidate (for election) M: *ge/[1]míng/[2]wèi*
hòuxù bùduì 后续部队[後續-隊] N. follow-up units M: *ge/[4]zhī*
hòuxué 后学[後-] N. *<humb.>* pupil/scholar of younger age
hòuxù huìyì 后续会议[後續-議] N. follow-up meeting M: *ge/[3]cháng/[1]cì*
hòuxùn 候讯 V. await court trial or cross-examination
hòuxù nénglì 后续能力[後續-] N. capacity for future economic growth; capacity for continued development
hóuyán 喉炎 N. laryngitis
[1]hòuyán* 厚颜 V.P. brazen; shameless
[2]hòuyán 后言[後-] N. ① gossip/slander behind one's back ② an account of happenings after the event being told M: *[1]jù*
hòuyàn 后验[後-] N. *<lg.>* a posteriori M: *[1]cì*
hòu yán bù jiē qián yǔ 后言不接前语[後-] F.E. speak incoherently
hòuyǎngke 后仰壳[後-殼] N. *<coll.>* fall flat on one's back ***shuāi le gè ~*** fall flat on one's back
hòuyǎngpào 后仰炮[後-] N. *<coll.>* backward fall M: *ge/mén/[4]zuò*
hòuyánwúchǐ 厚颜无耻[-恥] F.E. impudent; shameless
hòuyāo 后腰[後-] N. ① back of one's waist ② the small of the back
hóuyé* 侯爷[-爺] N. marquis M: *ge/[1]míng/[2]wèi*
hòuyè 后叶[後葉] N. future generations/centuries M: *[4]zhī*
hòuyí 后移[後-] N. *<lg.>* backshifting
hòuyǐ(r) 后尾(儿)[後-] N. *<coll.>* end; behind
[1]hòuyì* 后裔[後-] N. descendant M: *ge/[2]wèi*
[2]hòuyì 厚意 N. kind thought; kindness; goodwill M: *[2]fān/[1]piàn*
[3]hòuyì 厚谊 N. profound/deep friendship/hospitality M: *[2]fān/[1]piàn*
hóuyīn 喉音 N. *<lg.>* glottal/faucal/guttural/laryngeal/pharyngeal sound
hóuyīn cāyīn 喉音擦音 N. *<lg.>* glottal fricative
hòuyǐng(r)* 后影(儿)[後-] N. shape of a person/thing as seen from the rear

hòuyìng 后应[後應] N. military support from the rear/elsewhere
hòuyìngyīn 后硬音[後-] N. <lg.> postpalatal sound
hóuyīnhuà 喉音化 N. <lg.> gutturalization; laryngealization
hòuyǐr 后尾儿[後-] N. the rear part
hòuyízhèng 后遗症[後-] N. <med.> ①sequelae ② aftereffect; aftermath
hòuyí zuòyòng 后遗作用[後-] N. aftereffect
hòuyōushì de 后优势的[後優勢-] ATTR. <lg.> rising
hòuyú 后于[後於] V.P. be behind
hòuyù* 厚遇 N. high wages and good benefits
hòuyuán 后援[後-] N. reinforcements; backup force; backing M: ge/[4]zhī
hòuyuàn(r)* 后院(儿)[後-] P.W. backyard M: ge/[4]zuò
hòuyuányīn 后元音[後-] N. <lg.> back vowel; deep vowel
hóuzǎizi 猴崽子 N. baby monkey M: ge/[2]zhī
hòuzàng 厚葬 V. bury with full honors; have an elaborate funeral ♦N. a lavish funeral
hóuzǎo 猴枣[-棗] N. ① a kind of bezoar taken from monkeys M: [2]kuài ② a kind of persimmon M: ge/[2]zhī
hòuzé 厚泽[-澤] N. great kindness
[1]**hòuzhàng** 后帐[後-] N. ①next/later accounting/ reckoning ② secret accounts M: [2]bǐ
[2]**hòuzhàng** 候账 V.O. pick up the bill
hòuzhāor 后招儿[後-] N. the strategy of first yielding and then attacking
hòuzhàoyìng 后照应[後-應] N. <lg.> cataphora
hòuzhàoyìng suǒzhǐ 后照应所指[後-應--] N. <lg.> cataphoric reference
hòuzhě 后者[後-] N. the latter M: ge/[1]míng/[2]wèi
hòuzhěn 候诊 V.P. wait to see the doctor
hòuzhěnshì 候诊室 P.W. hospital/clinic waiting room M: [1]jiān
hòuzhī* 后肢[後-] N. hind legs (of animals)
hòuzhǐ 厚纸 N. ①thick paper M: [1]zhāng ②carton; pasteboard
hòuzhì 后置[後-] N. postposition ♦V. <lg.> postpose
hòuzhǐbǎn 厚纸板 N. thick paperboard M: [2]kuài
hòuzhǐ cānzhào 后指参照[後-參-] ATTR. cataphora; cataphoric
hòuzhìcí 后置词[後-] N. <lg.> postposition; postposed structure
hòuzhì dìngyǔ 后置定语[後-] N. <lg.> post-attribute
hòuzhīhòujué 后知后觉[後-後覺] F.E. know afterwards
hòuzhì jiècí 后置介词[後-] N. <lg.> postposed
hòuzhì shēnggé 后置生格[後-] N. <lg.> post-genitive
hòuzhì xiūshì chéngfèn 后置修饰成分[後-] N. <lg.> postmodification
hòuzhì xiūshìcí 后置修饰词[後-] N. <lg.> postmodifier
hòuzhì zhǔyǔ 后置主语[後-] N. <lg.> postponed subject
hòuzhòng 厚重 S.V. ① decorous; dignified ② thick and heavy ③ rich and generous
Hòu Zhōu 后周[後-] N. Later Zhou dynasty (951–960)
hòuzhóu* 后轴[後-] N. rear axle M: ge/[2]gēn
hòuzhǔ 后主[後-] N. ① last emperor of a dynasty ② later/successor emperor M: ge/[2]wèi
hòuzhuì 后缀[後-] N. <lg.> suffix
[1]**hóuzi*** 猴子 N. ①monkey ② clever/glib/sharp-tongued person M: ge/[2]zhī
[2]**hóuzi** 瘊子 N. wart
hòuzǐ 后子[後-] N. progeny; offspring M: ge/[1]míng/[2]wèi
hòuzìfēngzhí 厚自封殖/植 F.E. amass great wealth
hòuzòuqǔ 后奏曲[後-] N. <mus.> postlude M: ge/[4]zhī
hòuzuò 后座[後-] N. backseat; backstand
hòuzuòlì 后坐/座力[後-] N. backlash; (gun) kick/recoil
hòuzuò yìyuán 后座议员[後-議-] N. backbencher M: ge/[2]wèi
[1]**hū** 呼 V. ① breathe out; exhale ② shout; cry out; call ③ page ♦N. onset of [5]yùn or medial state
[2]**hū** 忽 B.F. ① neglect; overlook **hūlüè** ② disdain **hūshì** ♦ADV. suddenly ♦CONS. ~*A*~*B* now A, now B **Tā de qíngxù ~shàng~xià.** His mood goes up and down.
[3]**hū** 乎 M.P. <wr.> *expressing interrogation/surmise/surprise/admiration* ♦SUF. *forming adverbs* **jī~** nearly ♦COV. to; at; with; than
[4]**hū** 糊 V. plaster; caulk *See also* [5]hú, [4]hù
[5]**hū** 烀 V. stew in shallow water
[6]**hū** 惚 in **huǎnghū**
[7]**hū** 唿 in **hūshào**
[8]**hū** 滹 in [2]**hūyù**
[9]**hū** 虎 in **mǎmahūhū** *See also* [1]hǔ, [14]hù
Hū 轷[軤] N. Surname
[1]**hú*** 湖 N. lake ♦AB. Húnán, Húběi
[2]**hú** 壶[壺] N. ① kettle; pot M: [1]bǎ ② bottle; flask ③ <archeo.> jar of round/rectangular/compressed shape
[3]**hú** 胡 B.F. ① foreign **húqin** ② recklessly/irrelevantly **húshuō** ③ dewlap ♦ADV. <wr.> why; when; how *See also* [4]hú, [13]hú, Hú
[4]**hú** 胡[鬍] B.F. moustache; beard; whiskers **húzi, húxū** *See also* [3]hú, [13]hú, Hú
[5]**hú** 糊 V./N. paste; plaster ♦B.F. ①muddy; unclear ② muddled; confused [1]**hútu** ♦S.V. overcooked *See also* [4]hū, [4]hù
[6]**hú(r)** 核(儿)[-(兒)] N. <coll.> ① stone; pit; core ② sth. resembling a fruit stone *See also* [6]hé
[7]**hú** 狐 B.F. fox **húli**
[8]**hú** 弧 N. ① arc; segment of a circle ② wooden bow
[9]**hú** 煳 V. burn; scorch (as food, or clothes in ironing)
[10]**hú** 和 V. complete a set in mahjongg or playing cards *See also* [5]hē, [1]hé, [3]hè, [7]huō, [2]huó, [7]huò
[11]**hú** 槲 N. Mongolian oak
[12]**hú** 葫 in [1]**húlu**
[13]**hú** 胡[衚] in **hútòng** *See also* [3]hú, [4]hú, Hú
[14]**hú** 斛 B.F. measuring container; a measurement of volume **shíhúlán**, [1]**shíhú**
[15]**hú** 搰 B.F. dig up **húmáihúhú**
[16]**hú** 縠 B.F. crinkly gauze material **húwén, wùhú**
[17]**hú** 鹄[鵠] B.F. swan **húdì**, [2]**bǎihú** *See also* [10]gǔ
[18]**hú** 鹘[鶻] B.F. falcon **tùqǐhúluò** *See also* [23]gǔ
[19]**hú** 蝴 in **húdié**
[20]**hú** 囫 in [1]**húlún**, [3]**hútu**
[21]**hú** 瑚 in **húliǎn, shānhú**
[22]**hú** 猢 in **húsūn**
[23]**hú** 觳 in **húsù**
[24]**hú** 醐 in [2]**tíhú**
[25]**hú** 鹕[鶘] in [1]**tíhú**
Hú 胡 N. Surname ♦B.F. <hist.> non-Han peoples in the northwest **Húrén** *See also* [3]hú, [4]hú, [13]hú
[1]**hǔ** 虎 N. tiger M: ge/ [2]zhī ♦V. ① bluff; intimidate ② deceive; cheat ♦B.F. tiger-like; brave **hǔjiàng** *See also* [9]hū, [14]hù
[2]**hǔ** 唬 V. <coll.> bluff ♦B.F. frighten **xiàhu** ♦N. tiger's roar
[3]**hǔ** 琥 in **hǔpò**
[4]**hǔ** 许[許] in **yéhǔ** *See also* [1]xǔ
[1]**hù** 户[戶] B.F. ① door **guānménbìhù** ② household; family **hùkǒu** ③ (bank) account **hùtóu** ④ a person of a certain profession/status **dàhù** ♦M. family; household
[2]**hù** 护[護] B.F. protect; guard [1]**bǎohù** ♦V. be partial to; shield; cover
[3]**hù** 互 B.F. mutual; each other [1]**xiānghù** ♦ADV. <wr.> mutually ~ **bù xìnrèn** not trust each other ♦CONS. ~ *A* ~ *B* mutually AB ~ [2]**jiāo** ~ **xué** teach and learn from each other
[4]**hù** 糊 B.F. ① food of pasty consistency **làjiāohù** ② deceive **hùnong** *See also* [4]hū, [5]hú
[5]**hù** 戽 V. bail; scoop (as water)
[6]**hù** 祜 N. <wr.> blessing; bliss
[7]**hù** 扈 B.F. <wr.> retainers [3]**hùbì, báhù**
[8]**hù** 楛 B.F. <trad.> thorny tree that was good for making arrow shafts **hùshǐ** *See also* [2]kǔ
[9]**hù** 瓠 B.F. edible gourd **hùzi, gānhù**
[10]**hù** 岵 B.F. mountain covered with vegetation **zhìhù**
[11]**hù** 怙 B.F. depend on **hùfù, shīhù**
[12]**hù** 笏 B.F. tablet held by official in audience with the emperor **yùhù, páohùdēngchǎng**
[13]**hù** 鳠[鱯] B.F. puffin [1]**yànhù**
[14]**hù** 虎 in **hùbulǎ** *See also* [9]hū, [1]hǔ
Hù 沪[滬] N. short name for Shanghai
[1]**huā(r)** 花(儿)[-(兒)] N. ① flower; blossom M: [2]duǒ ②pattern; design ③fireworks ④essence; cream ⑤wound **Tā guàle ~.** He was wounded in action. ⑥ smallpox ⑦ courtesan; prostitute ⑧ Surname ♦V. ① spend; expend ② <slang> be horny; womanize ♦S.V. ① flowery; florid ② profligate ③ blurred ④ false ⑤ randy; lecherous
[2]**huā** 哗[嘩] ON. sound of clanging/gurgling/etc. *See also* [6]huá
[3]**huā** 砉 ON. whoosh!
[1]**huá** 划 V. paddle; row ♦B.F. ① be to one's profit; pay **huádelái** ② <coll.> play a finger guessing game **huáquán** *See also* [2]huá, [4]huà
[2]**huá** 划[劃] V. ① scratch; cut the surface of ~ **bōli** cut (a piece of) glass ② cross out **~diào jǐ háng** cross out several lines *See also* [1]huá, [4]huà
[3]**huá** 滑 S.V. slippery; smooth ♦B.F. cunning; crafty **huátóu** ♦V. slip; slide ♦N. Surname
[4]**huá** 华[華] B.F. ① glory; splendor **guānghuá** ② essence [1]**jīnghuá** ③ China **Huáběi** ④ gray (of hair) **huáfà** ♦ATTR. <court./wr.> your *See also* Huà
[5]**huá** 猾 B.F. cunning; crafty; sly **jiǎohuá**
[6]**huá** 哗[嘩] B.F. clamor; hubbub [2]**huála, xuānhuá, yúlùnhuárán** *See also* [2]huā
[7]**huá** 铧[鏵] B.F. moldboard of a plow [2]**huázi, duōhuálí, líhuá**
[8]**huá** 骅[驊] in **Huáliú**
[9]**huá** 豁 in **huáquán** *See also* [1]huō, [8]huò
[1]**huà(r)*** 话(儿)[話(兒)] N. ① speech; talk; conversation; words; sayings; story M: [1]jù ② language; parole ③ dialect ♦SUF. supposition **bùrán de** ~ if not ♦V. <wr.> talk; narrate
[2]**huà** 化 V. ①change; transform; convert ②melt; dissolve; thaw ③ digest; remove ④ burn up; incinerate ⑤ disguise ⑥ <rel.> die; pass away ♦SUF. -ize ♦B.F. ① culture [1]**wénhuà** ② chemistry [1]**huàxué** ♦CONS. ~ *X wéi Y* convert/change/turn X into Y
[3]**huà** 画[畫] V. ① draw; paint ② draw a line/sign; mark ③ decorate with paintings/pictures ♦N. stroke in Chinese character M: ge/[3]xiàng ♦B.F. plan **jìhuà**
[4]**huà** 划[劃] V. ①delimit; differentiate ②transfer; assign ③ draw; mark; delete ♦N. stroke of Ch. character ♦B.F. plan **jìhuà** *See also* [1]huá, [2]huá
[5]**huà** 桦[樺] B.F. <bot.> birch **huàshù**
[6]**huà** 婳[嫿] in [2]**guīhuà**
Huà 华[華] N. Surname ♦B.F. name of a mountain in Shaanxi **Huà Shān** *See also* [4]huá
huà'ànwéimíng 化暗为明 F.E. change dark into light
huàbà(r) 话把(儿) N. ①target/topic of ridicule/gossip ② pretext for attack
huābái 花白 V.P. gray; grizzled
huābān 花斑 N. piebald; spotted M: [2]kuài
huābàn* 花瓣 N. (flower) petal M: [2]duǒ
huábǎn 滑板 N. ① <mach.> slide ② <sport> feint play (table-tennis) ③ skateboard M: [2]kuài
huábàn 滑瓣 N. sliding valve
huàbǎn 画板[畫-] N. drawing board M: [2]kuài
huābāo 花苞 N. bud; calyx M: [2]duǒ
huàbào* 画报[畫報] N. illustrated magazine/newspaper; pictorial M: [1]běn/[4]cè/[1]zhāng
huābǎshi 花把式 N. <coll.> master gardener; florist M: [1]fu
huàbàzi 话把子 N. <coll.> topic of conversation

huābèi 花被 N. floral envelope; perianth M: ge/[1]chuáng
Huáběi* 华北[華-] P.W. North China
huà bēitòng wéi lìliang 化悲痛为力量 F.E. turn grief into strength (usu. used in a memorial speech)
huàbēiwéixǐ 化悲为喜 F.E. turn sadness to joy
huāběn 花本 N. flowers
[1]huàběn* 话本 N. ① script for storytelling; text of a story ② plain-language version of an original work written in archaic language
[2]huàběn 画本[畫-] N. ① album of designs ② illustrated book M: ge/[4]cè
huābēngzi 花绷子[-繃-] N. embroidery frame
huàbǐ* 画笔[畫筆] N. painting brush M: [4]zhī
huàbì 画壁[畫-] N. wall with murals
huābiān(r)* 花边(儿)[-邊-] N. ① decorative border ② lace ③ <print.> fancy borders M: ge/quān
huábiàn 哗变[嘩變] V. mutiny
huābiānhūn 花边婚[-邊-] N. lace wedding anniversary (13th anniversary)
huābiān xīnwén 花边新闻[-邊--] N. sidebar; box news M: ge/[1]zǔ
huábiāo 滑标[-標] N. <comp./TW> cursor
huábiǎo* 华表[華-] N. ① memorial column/pillar ② guidepost
huàbié 话别 V.O. say a few parting words; say goodbye
huābīng 花冰 N. <sport> figure skating
huābǐng 花柄 N. stem of a flower M: [2]gēn
huábīng 滑冰 V.O. <sport> skate
[1]huàbǐng* 话柄 N. ① subject for ridicule ② pretext for attack
[2]huàbǐng 画饼[畫-] N. pie in the sky M: [1]zhāng
huábīngchǎng 滑冰场[-場] P.W. skating rink
huàbǐngchōngjī 画饼充饥[畫-] F.E. feed on illusions
huábó 猾伯 N. a master of deceit
huàbō* 划拨[劃撥] V. ① transfer (funds) ② assign; allot
[1]huābù* 花布 N. calico; printed cloth M: [2]kuài/[1]pǐ
[2]huābù 花部 N. department of Chinese opera and folk music in Qing
Huábù 华埠[華-] P.W. Chinatown
huàbù 画布[畫-] N. canvas (for painting) M: [1]zhāng
huàbùchéngyì 话不成意 F.E. These words make no sense.
huábujīliū 滑不叽溜 F.E. <coll.> slippery; cunning
huábulái 划不来 R.V. not be to one's advantage; not be worthwhile
huābulēngdēng 花不棱登 F.E. <coll.> loud; flashy; gaudy
huàbùlízōng 话不离宗[--離-] F.E. talk shop
huābuqǐ 花不起 R.V. can't afford
huàbùqiētí 话不切题 F.E. The remarks are not pertinent to the subject.
huàbùtóujī 话不投机 F.E. ① be at loggerheads ② disagreeable conversation
huàbùtóujī bànjù duō 话不投机半句多 F.E. When the conversation gets disagreeable, to say one word more is a waste of time.
huābuwán 花不完 R.V. have too much to spend
huàbùxūchuán 话不虚传[-虛傳] F.E. That remark is true.
huācǎi 花彩 N. festoon
huācài* 花菜 N. cauliflower M: ge/[2]kē
huácǎi yuèduàn 华彩乐段[華-樂-] N. <mus.> cadenza
huācǎo(r)* 花草(儿) N. flowers and plants/grass
huácáo 滑槽 N. chute
huácǎo 滑草 V.O./N. <sport> slide down a grassy slope
huà cǎotú 画草图[畫-圖] V.O. block out; sketch
huácǎo yùndòng 滑草运动[-運動] N. grass skating (sliding down a grassy slope)
[1]huàcè 画册[畫冊] N. album of paintings; picture album M: [1]běn
[2]huàcè 划/画策[劃/畫-] V.O. ① give counsel ② plan; scheme
huācha 花插 V. intersect; crisscross ***See also*** *huāchā*
huāchā 花插 N. ① pin for holding a flower ② container for cut flowers ***See also*** *huācha*
huāchá* 花茶 N. scented tea M: [1]bāo/[1]zhǒng
huàchá(r) 话茬/碴(儿) N. ① implication; real meaning ② tone of voice ③ <topo.> thread/topic of discourse
huāchāi 花钗 N. hair ornaments for women M: ge/[2]zhī
[1]huāchǎng 花厂[-廠] P.W. flower shop; florist's M: ge/[4]zuò
[2]huāchǎng 花敞 V. <topo.> spend money carelessly
huāchē* 花车 N. parade float M: ge/[3]liàng
huáchē 滑车 N. pulley M: [3]liàng
[1]huàchéng 画成[畫-] R.V. paint/draw sth. into
[2]huàchéng 化成 R.V. change; turn; transform
[3]huàchéng 划成[劃-] R.V. delimit; divide
huà chéngfèn 划成分[劃-] V.O. <PRC> assign a class status to sb.
huāchī* 花痴 N. nymphomaniac M: ge/[1]míng/[2]wèi
huàchǐ 画尺[畫-] N. ruler for drawing M: [1]bǎ
huāchízi 花池子 N. flower bed
huāchóng 花虫[-蟲] N. pink bollworm M: [1]tiáo/[2]zhī
huáchū 滑出 R.V. slide or glide out
[1]huàchū* 划出[劃-] R.V. mark; delimit; assign
[2]huàchū 画出[畫-] R.V. draw; delineate
huàchú 化除 V. eliminate; dispel
huāchuán 花船 N. ① gaily decorated boat ② boat carrying prostitutes to attract passengers M: ge/[2]zhī
huáchuán* 划船 V.O. paddle/row boat
huà chūlai 画出来[畫-] R.V. draw
huàchú zhěnyù 化除畛域 V.O. eliminate regionalism
huácí 华辞[華辭] N. impressive but insincere words M: [1]piān
huácìliū 滑刺溜 V.P. <coll.> glossy; slippery
huācóng 花丛[-叢] N. ① flowering shrubs ② the world of debauchery ③ the world of prostitutes
huà dà gōng wéi xiǎo gōng 化大公为小公 F.E. appropriate state property for use by an individual unit
huādàjiě 花大姐 N. <zoo.> potato ladybird
huādàn* 花旦 N. <opera> vivacious female role M: ge/[2]wèi
huádàn 华诞[華-] N. glorious birthday ♦ ATTR. superficial; vain
huádání 华达呢[華達-] N. <loan> gabardine M: [2]kuài
huádàn niúròu 滑蛋牛肉 N. beef in scrambled eggs M: [1]pán
huādào 花道 N. ikebana; flower arrangement M: [1]zhǒng
huádǎo 滑倒 V. fall down on slippery ground; slip
huádào* 滑道 N. chute; slide M: [1]tiáo
huàdǎo 化导[-導] V. transform by education
huàdào 画到[畫-] V.O. <coll.> sign in; check in
huādazhe 花搭着[-著] V.P. <coll.> diverse; checkered; diversified
huā de jīngguāng 花得精光 V.P. spend to the last penny
huádelái 划得来 R.V. pay; be worthwhile
huādēng* 花灯[-燈] N. festive lantern M: [1]zhǎn
huádēng 华灯[華燈] N. colorful lantern/light M: [1]zhǎn
huádēngchūshàng 华灯初上[華燈-] F.E. at dusk
huà děnghào 划等号[劃-號] V.O. ① equate one thing with another ② draw an equal sign — say two things are equal or the same
huādēngxì 花灯戏[-燈戲] N. local opera popular in Yunnan/Sichuan M: ge/[1]tái
huādeqǐ 花得起 R.V. can afford
huādì* 花蒂 N. <bot.> base of a flower
huàdí 画荻[畫-] N. <wr.> ① model mother ② good (female) teacher M: ge/[2]wèi
huādiǎn(r) 花点(儿)[-點-] N. polka dot
[1]huādiàn* 花店 P.W. flower shop M: ge/[4]zuò
[2]huādiàn 花钿 N. <trad.> women's hair ornament M: ge/[1]fù/[2]zhī
huádiān 华颠[華-] N. <wr.> grayish hair
[1]huádiàn 华殿[華-] N. palace M: ge/[4]zuò
[2]huádiàn 华甸[華-] N. <wr.> capital (of a state)
huādiǎnzi 花点子[-點-] N. deceit; artifice
huādiāo* 花雕 N. high-grade Shaoxing wine M: ge/[4]zuò
huādiào 花掉 R.V. spend (money)
[1]huàdiào(r) 话调(儿) N. sentence intonation
[2]huàdiào 划掉[劃-] R.V. cross out; cross off
huādiéwén 花蝶纹 N. <art> flower-and-butterfly pattern M: [1]zhǒng
huàdíjiàozǐ 画荻教子[畫-] F.E. teach one's children with great maternal patience
huádǐng 滑顶 N. sliding roof (of an automobile)
huàdìng* 划定[劃-] R.V. delimit; demarcate
huàdìng xùliè 划定序列[劃-] N. <lg.> sequencing
huàdìwéiláo 画/划地为牢[畫/劃-] F.E. restrict sb.'s activities to a designated area/sphere
huàdíwéiyǒu 化敌为友[-敵--] F.E. convert an enemy into a friend
huàdìzìxiàn 画地自限[畫-] F.E. impose restrictions on oneself
Huádōng 华东[華-] P.W. East China
huádòng* 滑动[-動] R.V. slide; glide
huàdòng 化冻 V.O. defrost; thaw
huàdòngdiāoliáng 画栋雕梁[畫-] F.E. a richly ornamented building
huádòng gōngzī 滑动工资[-動--] N. sliding-scale wage M: [3]xiàng
huádòng mócā 滑动摩擦[-動--] N. <phy.> sliding friction M: [1]zhǒng
huádòng zhóuchéng 滑动轴承[-動--] N. <mach.> sliding bearing
huādū* 花都 N. a place famous for its flowers M: ge/[4]zuò
huàdù 化度 V. <Budd.> reform persons with Bodhisattva's mercy and help them overcome boundless hardship
huāduàn* 花缎 N. brocade; flowered satin M: [2]kuài/[1]pǐ
huàduàn 话段 N. <lg.> utterance
huàduàn píngjūn chángdù 话段平均长度 N. <lg.> mean length of an utterance
huāduǒ(r) 花朵(儿) N. flower M: ge/[2]duǒ
huàduōbùtián 话多不甜 F.E. too much talk is unpleasant
huā'è 花萼 N. calyx
huā'ér 花儿 N. NW China festival folk songs M: [2]shǒu
huá'érbùshí 华而不实[華-實] F.E. ① flashy and without substance ② superficially clever
Huá'ěr Jiē 华尔街[華-] P.W. <loan> Wall Street
huá'ěrzi 华尔兹[華-茲] N. <loan> waltz M: [3]qǔ
huá'ěrzīwǔ 华尔兹/滋舞[華-茲-] N. <loan> waltz M: ge/[3]chǎng
huà'èxìng de 化腭性的[-齶--] ATTR. palatalized
huáfǎ 划法 N. rowing technique M: [1]zhǒng
huáfà 华发[華髮] N. gray hair M: [3]liǔ
huàfǎ* 画法[畫-] N. technique of painting/drawing M: [1]zhǒng
huàfǎ jǐhéxué 画法几何学[畫-] N. descriptive geometry
huàfàláng 画珐琅[畫琺-] N. <art> painted enamel
huāfàn 花贩 N. florist M: ge/[1]míng/[2]wèi
huāfáng* 花房 P.W. ① greenhouse ② garden house M: [1]jiān/[4]zuò ③ corolla
huàfǎng 画舫[畫-] N. gaily-painted pleasure-boat M: ge/[2]zhī
huàfánwéijiǎn 化繁为简 F.E. simplify what is complicated

Huá-Fàn zìmǔ 华梵字母[華-] N. Chinese-Sanskrit spelling
huāfèi* 花费 N. expenditure; expenses M: [3]xiàng *See also huāfei*
huāfèi 花肥 N. fertilizers for potted flowers M: [1]fèn/[1]zhǒng
huāfei 花费 V./N. spend; expend M: [1]fèn/[3]xiàng *See also huāfèi*
huàféi 化肥 N. <agr.> chemical fertilizer
huàfèiwéibǎo 化废为宝[-廢-寶] F.E. turn waste into assets
huāfěn 花粉 N. ① <bot.> pollen ② cosmetics
huáfěn 滑粉 N. talcum powder
[1]**huàfēn*** 划分[劃-] V. ① divide ② differentiate; mark off
[2]**huàfēn** 化分 N. <chem.> decomposition
huàfènchí 化粪池[-糞-] N. septic tank
huàfēng 话锋 N. thread of discourse; topic of conversation
huàfēngsānzhù 华封三祝[華-] F.E. congratulatory wishes for happiness/longevity/etc.
huāfěnguǎn 花粉管 N. pollen tube M: [2]zhī
huāfěnlì 花粉粒 N. pollen grain
huāfěnqián 花粉钱[-錢] N. pin money
huāfěnrè 花粉热[-熱] N. pollenosis
huàfēn wéi 划分为[劃-] V.P. divide into; delimit
huáfú 华服[華-] N. fine clothes M: [1]shēn/tào
Huáfǔ 华府[華-] P.W. Washington, D.C.
[1]**huàfú*** 画符[畫-] N. ① <Dao.> spells; charms ② illegible writing ♦V.O. write/draw spells/incantations
[2]**huàfú** 画幅[畫-] N. ① picture; painting M: [1]juàn ② size of a picture
huàfǔxiǔ wéishénqí 化腐朽为神奇 F.E. turn bad into good; change waste material into things of value
huāgài 花盖[-蓋] N. <bot.> perianth
huágài* 华盖[華蓋] N. ① <wr.> imperial canopy ② <met.> aureole ③ name of an ancient star that could influence one's luck
huágān(r)* 滑竿(儿) N. open sedan chair made of bamboo M: [2]gēn/[2]zhī
huágǎn 滑杆 N. sliding bar in a machine
huà gāngē wéi yùbó 化干戈为玉帛 ID. ① bury the hatchet ② beat swords into plowshares
huāgāngshí 花岗石[-崗-] N. granite M: [2]kuài
huāgāngyán 花岗岩[-崗-] N. granite M: [2]kuài ♦ATTR. stubborn
huāgāngyán nǎodai 花岗岩脑袋[-崗-腦-] N. ① granite-like skull ② ossified thinking ③ an obstinate hardhead
huàgǎo 画稿[畫-] N. rough sketch (for painting) M: [1]fèn ♦V.O. endorse a draft of a document
huàgě 画舸[畫-] N. gaily-painted pleasure-boat M: ge/[2]zhī
huāgéchuāng 花格窗 N. lattice window
huāgěng 花梗 N. pedicel M: ge/[2]gēn
huāgéqiáng 花格墙[-牆] N. lattice wall M: [1]dǔ
huá ge yǎngwǎndēng 滑个仰碗灯[-個--燈] V.P. <topo.> slip and go sprawling
Huágōng 华工[華-] N. Chinese laborer abroad M: ge/[1]míng ♦AB./P.W. *Huánán/běi/zhōng/dōng Gōngxuéyuàn* South/North/Central/East China Technology University
[1]**huàgōng*** 化工 N. ① nature's work ② chemical engineering
[2]**huàgōng** 画工[畫-] N. artisan-painter; commercial painter M: ge/[1]míng
huàgòng 画供[畫-] V.O. sign a written confession
huàgōngchǎng 化工厂[-廠] P.W. chemical plant/factory M: ge/[4]zuò
huàgōngwéisī 化公为私 F.E. turn public property into private property
huàgōngyè 化工业[-業] N. chemical industry
huàgōng yuánliào 化工原料 N. industrial chemicals M: [1]zhǒng
huāgǒu 花狗 N. spotted dog M: ge/[1]tiáo/[2]zhī
huāgǔ 花鼓 N. small-drum dance M: ge/[1]miàn
huāguā 花瓜 N. (pickled) cucumber M: ge/[2]zhī
huāguān 花冠 N. ① corolla ② garland ③ gaily decorated hat/cap ④ <trad.> bride's ornamental crown worn on her wedding day M: ge/[1]dǐng
huāguāng 花光 R.V. spend all one's money
huāgūduo(r) 花骨朵(儿) N. ① bud ② garland
huáguì 华贵[華-] S.V. ① sumptuous; costly ② wealthy
huàguī* 划归[劃歸] V.P. put under (sb.'s administration/etc.); incorporate into
huāgūniang 花姑娘 N. <topo.> prostitute M: ge/[2]wèi
huāgùnwǔ 花棍舞 N. folk dance using rattle sticks
huāguó 花国[-國] N. ① the world of flowers ② the world of prostitutes
huāguǒ* 花果 N. flowers and fruits
huáguò 滑过 R.V. glide
huágǔtou 滑骨头 N. <topo.> a slippery guy M: ge/[1]míng
huāgǔxì 花鼓戏[-戲] N. flower-drum opera M: [1]chū/[1]tái
huāhǎi 花海 N. a sea of flowers
huáhàn 华翰[華-] F.E. <wr./court.> your esteemed letter
huá hànbīng 滑旱冰 V.O. <sport> roller-skate
Huáháng 华航[華-] N. <TW> China Airlines
huāhǎoyuèyuán 花好月圆 F.E. conjugal bliss
huàhé* 化合 N. <chem.> chemical combination
huàhè 化鹤 V.O. <wr.> die
huàhé fǎnyìng 化合反应[-應] N. <chem.> reaction of combination M: [1]cì
huàhéjià 化合价[-價] N. <chem.> valence
huàhélì 化合力 N. <chem.> affinity
huāhéshang 花和尚 N. <Budd.> monk who doesn't follow the rituals M: ge/[2]wèi
huàhétài 化合态[-態] N. compound form
huàhéwù 化合物 N. chemical compound M: [1]zhǒng
huàhéxìng 化合性 N. <chem.> chemical combination
huāhóng 花红 N. ① <bot.> pear-leaved crab apple ② tip; gratuity ③ bonus; dividend ④ gift for a wedding/etc.
huāhóngliǔlǜ 花红柳绿 F.E. gaudy raiment
huāhòu 花候 N. flowering season
huāhù 花户 N. <trad.> ① households ② florist
huāhua 花花 R.F. <topo.> tearful
huāhuā* 哗哗[嘩嘩] ON. sound of gurgling and water flowing
[1]**huàhuā** 画花[畫-] N. painted decoration
[2]**huàhuā** 划花[劃-] N. incised design (on porcelain/etc.)
huāhuācǎocǎo 花花草草 R.F. flowers and plants
huāhua chángzi 花花肠子[--腸-] N. ① trickery; deceit ② cunning ③ many ideas; fertile imagination
huāhuadādā 花花搭搭 R.F. <coll.> ① diversified ② varied (of size and density)
huāhuā gōngzǐ 花花公子 N. ① dandy; fop ② playboy M: ge/[2]wèi
huáhuáliūliūr 滑滑溜溜儿 R.F. coll. slippery
huāhuālǜlǜ 花花绿绿 R.F. ① brightly colored; colorful ② gaudy
huāhuán 花环[-環] N. wreath; lei; garland
huāhuáng 花黄 N. <trad.> yellow ornament petals worn on the forehead by women
huāhuār 花花儿 R.F. <coll.> colorful
huàhuàr* 画画儿[畫畫-] V.O. paint/draw a picture
huàhuàr de 画画儿的[畫畫-] N. <coll.> painter
huāhuā shìjiè 花花世界 P.W. the world of sensuality
huāhuāxùxù 花花絮絮 R.F. tidbits (of news); interesting sidelights ♦V.P. muddled and ill-assorted
huàhǔbùchéng 画虎不成[畫-] ID. fail to achieve one's aim
huàhǔbùchéng fǎn lèi quǎn 画虎不成反类犬[畫----類-] ID. make a poor imitation
[1]**huāhuì*** 花卉 N. ① flowering plant M: pén/[1]zhǒng ② vegetation ③ painting of flowers/plants
[2]**huāhuì** 花会 N. ① numbers gambling game ② flower fair/show M: [3]cháng/[1]cì
huàhuì 画会[畫-] N. painting fair/show M: [3]cháng/[1]cì
huàhǔlèigǒu 画虎类狗[畫-類-] ID. ① make a poor imitation ② fail in an overambitious attempt
huāhuó* 花活 N. <coll.> ① a craftsman's fine and delicate work ② swindle; trickery; deception M: [2]jiàn/[1]zhǒng
huāhuò 花货 N. <topo.> lustful guy/gal M: [2]jiàn
huàhuóle 画活了[畫-] V.P. paint sth. very vividly
huàhúr 画壶儿[畫壺-] N. snuff bottle with an exquisite drawing M: [1]bǎ
[1]**huái** 怀[懷] N. ① bosom ② mind; heart; state of mind ③ Surname ♦V. ① think of; miss ② cherish ③ conceive (a child)
[2]**huái** 踝 B.F. ankle [2]***huáigǔ***
[3]**huái** 槐 B.F. Chinese scholartree ***huáishù***
[4]**huái** 徊 in ***páihuái See also*** [6]*huí*
Huái 淮 B.F. ① name of an important Chinese river ***Huái Hé, Huáijù*** ② river flowing through Nanjing ***Qínhuái***
huài* 坏[壞] S.V. ① bad ② evil; harmful ③ spoiled ♦ADV. awfully; very ***Tā xià~ le.*** She had a bad scare. ♦V. go bad; spoil ♦N. evil idea; dirty trick ***See also*** [4]*pī*
hù'ài 互爱[-愛] V. love each other
huáibǎo 怀宝[懷寶] N. one's own treasure
huáibào(r)* 怀抱(儿)[懷-] V. ① cherish ② hold/carry in the arms ♦N. ① ambition ② embrace ③ bosom
huàibāo(r) 坏包(儿)[壞-] N. rascal; rogue
huáibǎodùnshì 怀宝遁世[懷寶-] F.E. possess great talent but seclude oneself from society
huáibǎomíbāng 怀宝迷邦[懷寶-] F.E. Since he holds back his talents the country goes to ruin.
Huáiběi 淮北 P.W. region north of the Huai River
huáibì 怀璧[懷-] V.O. own a precious stone
huáibiǎo 怀表[懷-] N. pocket watch M: ge/[2]zhī
huàibìng 坏病[壞-] N. ① <coll.> hard-to-cure illness M: [1]zhǒng ② aggravate an illness by mistreatment
huáibìqízuì 怀璧其罪[懷-] F.E. An innocent man gets into trouble because of his wealth.
huáicáibùlòu 怀才不露[懷-] F.E. refrain from showing one's ability
huáicáibùyù 怀才不遇[懷-] F.E. have frustrated talent
huáicáng 怀藏[懷-] V. conceal (weapons/jewels/etc.)
huàichángzi 坏肠子[壞腸-] N. evil nature M: [1]fù
huàichāo 坏钞[壞-] N. worn-out paper money M: [2]bǐ/[1]zhāng ♦V.O. spend money; go to some expense
huàichu 坏处[壞處] N. harm; disadvantage; defect
huáichūn 怀春[懷-] V.O. <wr.> ① fall in love ② have thoughts of love; begin to think of love; become sexually awakened (of a young girl)
huàicùle 坏醋了[壞-] V.P. <topo.> foul/mess up ***Nà jiàn shìr ~.*** That matter is all messed up.
huàidàn 坏蛋[壞-] N. <coll.> scoundrel; bastard M: ge/[2]wèi
huàidào 坏道[壞-] N. <coll.> black/bad profession M: [1]tiáo
huáidé 怀德[懷-] V.O. cherish/embrace virtue
huàidiǎnzi 坏点子[壞點-] N. trick; prank
huáidǐng 槐鼎 N. <hist.> three top officials of the state
huàidōngxi 坏东西[壞-] N. bastard; scoundrel
huáidòu 槐豆 N. <bot.> seed of *sophora japonica* M: [3]lì
huài'è 坏恶[壞惡] S.V. evil

Huái'émíng 怀俄明[懷-] P.W. Wyoming
huái'èr 怀贰[懷-] V.P. harbor a treasonous intent/idea/design
huái'èrbùzhōng 怀贰不忠[懷-] F.E. double-minded and disloyal
huàifènzǐ 坏分子[壞-] N. <law/pol.> bad element; evildoer M: ge/¹míng
huáifú 怀服[懷-] V. yield; submit
huàigēn 坏根[壞-] N. <coll.> scum of the earth
¹huáigǔ 怀古[懷-] V.O. meditate on the past
²huáigǔ 踝骨 N. anklebone
huàiguǐ 坏鬼[壞-] N. <coll.> bad egg; scoundrel
huái guǐtāi 怀鬼胎[懷-] V.O. ① conceive mischief ② harbor sinister designs ③ have evil in one's heart
huáigǔpíngdiào 怀古凭吊[懷-憑-] F.E. evoke a sense of the past by looking at old historical places
huáigǔshī 怀古诗[懷-] N. poetry written in the *ubi sunt* tradition, meditating on the past M: ²shǒu
huàigǔtou 坏骨头[壞-] N. bad egg; scoundrel
Huái Hé 淮河 P.W. Huai River
huáihèn 怀恨[懷-] V.O. harbor resentment/hatred
huáihènzàixīn 怀恨在心[懷-] F.E. nurse hatred; harbor resentment
huàihuà 坏话[壞-] N. vicious/unpleasant talk; slander *Tā ài shuō rén ~.* She likes to speak ill of others. M: ¹jù
huàihuà chuán qiānlǐ 坏话传千里[壞-傳--] F.E. Gossip has wings.
huáihuáng 槐黄 N. ① <trad.> season when candidates were busy preparing for imperial examinations ② yellow dye material made of sophora flowers and seeds
huáihuǒ 槐火 N. fire made by drilling a piece of locust wood M: duī
huàijiǎor 坏角儿[壞-] N. negative role (in a play/etc.) M: ge/¹míng
huáijǐnwòyú 怀瑾握瑜[懷-] F.E. full of fine qualities
huáijiù 怀旧[懷舊] V.O. ① yearn for the past ② think of old friends
Huáijù* 淮剧[-劇] N. Huai opera, popular in northern Jiangsu M: ¹chū/¹tái
huàijū 坏疽[壞-] N. <med.> gangrene
Huáijūn 淮军 N. <hist.> military force trained and commanded by Li Hongzhang
huàilàn 坏烂[壞爛] V.P. ① very bad; hopeless (of one's nature) ② rotten
huàile cù le 坏了醋了[壞-] V.P. <coll.> spoiled; ruined
huáilǐ 怀里[懷裡] P.W. in one's embrace/arms
huáiliàn 怀恋[懷戀] V. think fondly of; look back nostalgically
huàiliángxīn 坏良心[壞-] N. a depraved conscience M: ¹kē
huáilú* 怀炉[懷爐] N. portable hand-warmer M: ge/²zhī
huáilù 怀禄[懷-] V.O. yearn for a high official position
huàimíngr 坏名儿[壞-] N. bad reputation
huáimù 槐木 N. sophora wood M: ²kē
Huáinán 淮南 P.W. region south of Huai River
huáinánjīquǎn 淮南鸡犬[--雞-] ID. humble followers waiting for a pull from their superior
huáiniàn 怀念[懷-] V. cherish the memory of; think of
huàipiào 坏票[壞-] N. <acct.> uncollectible notes M: ¹zhāng
huàipīzi 坏坯子[壞-] N. lout; bad egg
huáiqí 怀奇[懷-] V.O. possess rare talent/ability
huáiqiāntíqiàn 怀铅提椠[懷-] F.E. be ready to write down anything encountered
huàiqiú 坏球[壞-] N. baseball
huáirén 怀仁[懷-] V.O. cherish humanity
huáirèn 怀妊[懷-] V. be pregnant
huàirén* 坏人[壞-] N. evildoer; scoundrel M: ge/¹míng
huàiréndāngdào 坏人当道[壞-當-] F.E. evildoers hold sway
huàirén huàishì 坏人坏事[壞-壞-] N. evildoers and wrongdoings
huáiróu 怀柔[懷-] ATTR. conciliatory (policy) ♦V. conciliate; appease; pacify
huáiróu zhèngcè 怀柔政策[懷-] N. conciliatory policy
huàirùgǔsuǐ 坏入骨髓[壞-] F.E. rotten to the core
huáishàngle 怀上了[懷-] V.P. have become pregnant
huái shēnzi 怀身子[懷-] V.O. <coll.> be pregnant
huáishì 踝饰 N. decorations for the ankle M: ge/¹duì
huàishì* 坏事[壞-] N. bad thing; evil deed M: ²jiàn ♦V.O. ruin sth.; make things worse *~ le!* Something terrible has happened!
huàishì chǒushì 坏事丑事[壞-醜-] N. foul and evil things M: ²jiàn
huàishìzuòjué 坏事做绝[壞-絕] F.E. stop at no evil
huáishù 槐树[-樹] N. locust tree; Japanese pagoda tree; Chinese scholartree; sophora M: ²kē
Huái Shuǐ 淮水 P.W. the Huai River
huàishuǐ(r)* 坏水(儿)[壞-] N. ① hard water M: yīdùzi ② <coll.> schemes; evil thoughts
huáishùjiá 槐树荚[-樹莢] N. sophora fruit
huáishùyè 槐树叶[-樹葉] N. sophora leaves M: ¹piàn
huàisǐ 坏死[壞-] N. <med.> necrosis
huáitāi 怀胎[懷-] V.O. be pregnant
huàitòu 坏透[壞-] V.P. bad to the bone
huàitòuhuàijué 坏透坏绝[壞-壞絕] F.E. be shockingly bad
huài tòule 坏透了[壞-] V.P. downright bad; rotten to the core
huáitǔ 怀土[懷-] V.O. ① yearn for home; be homesick ② be a homebody
huáixiāng* 怀乡[懷鄉] V.O. be homesick
huáixiǎng 怀想[懷-] V. think about with affection; yearn for
huáixiāngbìng 怀乡病[懷鄉-] N. nostalgia for one's native place M: ¹zhǒng
¹huáixié 怀邪[懷-] V.O. harbor evil
²huáixié 怀挟[懷挾] V. secretly carry cribs into an examination room
huàixīn 坏心[壞-] N. evil/malicious idea/intention M: ¹kē
huàixīnyǎn(r) 坏心眼(儿)[壞-] N. <coll.> evil intention; ill will M: ge/duī/¹kē
huáixù 槐序 N. summer
huàixuèbìng 坏血病[壞-] N. scurvy M: ¹zhǒng
Huáiyán 淮盐[-鹽] N. salt produced in the Huai region
huáiyí 怀疑[懷-] N./V. doubt; suspect; distrust
huáiyílùn 怀疑论[懷-] N. skepticism
huáiyípài 怀疑派[懷-] N. doubter; unbeliever
huáiyíshì 怀疑式[懷-] N. <lg.> dubitative
huáiyíxīn 怀疑心[懷-] N. incredulity
huáiyízhě 怀疑者[懷-] N. skeptic M: ge/¹míng/²wèi
huáiyízhǔyì 怀疑主义[懷-義] N. skepticism
huáiyōu 怀忧[懷憂] V.O. be concerned and worried
¹huáiyǒu* 怀有[懷-] V. cherish; harbor
²huáiyǒu 怀友[懷-] V.O. think of a friend
huáiyuàn 怀怨[懷-] V.O. harbor grudges
huáiyuànnìhèn 怀怨匿恨[懷-] F.E. entertain a secret grudge
huáiyuè 怀月[懷-] N. fourth moon of the lunar year
huáiyùn 怀孕[懷-] V.O. be pregnant
huài yùnqi 坏运气[壞運氣] N. mischance
huàizhàng 坏帐[壞-] N. bad debt M: ge/²bǐ
huàizhāor 坏招儿[壞-] N. bad trick
huáizhe 怀着[懷著] V.P. cherish; harbor; be filled with
Huáizhǐ 淮枳 N. things appear differently under different situations
huáizhōng 怀中[懷-] N. ① the space in front of one's chest ② in mind
huàizhǒng* 坏种[壞種] N. <coll.> rascal; rogue
huài zhǔyì 坏主意[壞-] N. bad idea M: ge/duī
huàizì 坏字[壞-] N. <print.> damaged area on a printing surface
huàizīchǎn 坏资产[壞-產] N. <acct.> bad assets M: ²bǐ
huáizigǔ 踝子骨 N. <coll.> anklebone M: ge/²kuài
huājī 花鸡[-雞] N. bramble finch; brambling M: ge/²zhī
¹huājì 花季 N. ① state of flowering ② springtime of youth
²huājì 花祭 N. flower festival
huájī* 滑稽 S.V. funny; amusing ♦N. <thea.> comic talk
huájì 滑剂[-劑] N. lubricant
huàjī 话机 N. telephone M: ²bù/¹tái
huàjǐ 画戟[畫-] N. decorated halberd
huājiǎ 花甲 N. ① 60-year cycle ② a 60 year-old person
huājià 花架 N. pergola
huàjiā* 画家[畫-] N. painter; artist M: ge/¹míng/²wèi
¹huàjià 画架[畫-] N. easel
²huàjià 划价[劃價] V.O. have a prescription priced (in a hospital dispensary)
huà jiācháng 话家常 V.O. chitchat
huājiān 花笺[-箋] N. fancy stationery
¹huājiàn* 花剑 N. <sport> foil M: ¹bǎ
²huājiàn 花键 N. <mach.> spline M: ge/¹tái
huájiān 华缄[華-] N. <wr./court.> your esteemed letter
huājiàng* 花匠 N. gardener; florist M: ge/²wèi
huájiǎng 划桨[-槳] V.O. paddle
huájiàng 滑降 V. ① glide to a landing ② ski downhill
huàjiàng 画匠[畫-] N. ① inferior painter ② <derog.> commercial artist M: ge/¹míng/²wèi
huājiāo 花椒 N. ① prickly ash ② wild pepper M: ²kē/³lì
¹huājiào* 花轿[-轎] N. bridal sedan chair M: ge/¹tái
²huājiào 花窖 N. greenhouse M: ge/⁴zuò
huájiāo 滑交 V.O. slip and fall
huàjiǎo 画角[畫-] N. <trad.> trumpet made from a bull's horn M: ge/zhī
huājiāoliǔmèi 花娇柳媚[-嬌--] F.E. a charming spring landscape
huājiàzi 花架子 N. <topo.> ① mere form; formality ② nice but false appearance M: ge/¹fù
huājiē 花秸 N. chopped straw M: ²gēn
huājié 花结 N. decorative bow of ribbon/fabric
huājiè 花界 P.W. ① the world of singsong girls ② Buddhist temple M: ⁴zuò
huàjiě 化解 V. ① melt; dissolve ② bring reconciliation to; settle (a dispute)
huàjiè* 划界[劃-] V.O. define boundaries
huājiēliǔxiàng 花街柳巷 F.E. red-light district
huájīhuà 滑稽画[-畫] N. cartoon drawing M: ¹zhāng
huájīhuàr 滑稽画儿[--畫-] N. comics;cartoons M: ¹zhāng
huájījiā 滑稽家 N. humorist; comedian M: ge/¹míng/²wèi
huájī jiǎosè 滑稽角色 N. comic role in a movie/etc.; clown M: ge/²wèi
huájījù 滑稽剧[-劇] N. comedy; farce M: ¹chū/¹tái
huājīng 花茎[-莖] N. floral axis M: ²gēn
¹huājìng 花镜 N. presbyopic glasses (for the aged) M: ¹fù
²huājìng 花径[-徑] N. footpath among flowers M: ¹tiáo
huájīng 滑精 V.O. <Ch. med.> involuntary emission
huàjǐng 画景[畫-] N. picturesque scene M: ¹⁰fú

H

[1]huàjìng* 画境[畫-] N. ① world created by a painter ② picturesque scene M: [10]fú
[2]huàjìng 化境 N. sublimity; perfection
huājìngzi 花荆子[-莿-] N. flowering apple; flowering crab apple
huājìnr 花劲儿[-勁-] N. <coll.> prodigality
huájītūtī 滑稽突梯 S.V. humorous; comical
huājiǔ 花酒 N. ① dinner party with singsong girls in attendance M: *zhuō* ② palm liquor M: *bēi*/*píng*
huàjiù* 话旧[-舊] V.O. reminisce
huájīwén 滑稽文 N. burlesque M: [1]piān
huájīxì 滑稽戏[-戲] N. farce M: [1]chū/[1]tái
huájū 华居[華-] F.E. <court.> your magnificent mansion M: ge/[4]zuò
huájù 划具 N. rowing equipment M: [1]fù
[1]huàjù* 话剧[-劇] N. ① modern drama; stage play M: [1]chū/[1]tái ② theater
[2]huàjù 画具[畫-] N. painter's paraphernalia M: [1]fù
huājuān 花捐 N. brothel tax M: [2]bǐ/[3]xiàng
huājuǎn(r) 花卷(儿) N. steamed twisted roll
[1]huàjuàn* 画卷[畫-] N. picture scroll M: [10]fú
[2]huàjuàn 画绢[畫-] N. silk prepared for painting M: ge/[10]fú
huājuànmó 花卷馍 N. <topo.> the reddish silk on unhusked corn
huà jùhào 划句号[劃-號] V.O. ① put in a period(.) ② bring to an end
[1]huákāi* 划开[-開] R.V. ① cut open ② set apart
[2]huákāi 滑开[-開] R.V. slide away
huàkāi 化开[-開] R.V. ① spread out after being diluted/melted ② dissolve into a liquid
huākāihuāxiè 花开花谢[-開--] F.E. Flowers bloom and fade.
huàkān 画刊[畫-] N. pictorial section/magazine M: [1]běn/[4]cè
huākēr 花棵儿 N. small flowering plants; saplings M: [2]cù/[2]kē
huákǒu 滑口 S.V. glib; voluble
huákuǎn 划款 V.O. transfer funds
huàkuàng(r) 画框(儿)[畫-] N. picture frame M: ge/[1]fù
huà kuàngkuang 划框框[劃-] V.O. set limits; place restrictions
huākuí 花魁 N. ① plum flower ② famous prostitute
huālā* 哗啦/喇[嘩-] V. crash ♦ON. sound of rustling/crashing/etc.
[1]huála 划拉 V. <topo.> ① brush away ② scrawl ③ move to and fro ④ scribble ⑤ gulp down
[2]huála 哗啦[嘩-] V. <coll.> collapse
huālālā 哗啦啦[嘩-] ON. sound of rustling/crashing/etc.
huālán 花篮[-籃] N. ① basket of flowers ② gaily decorated basket ③ flower basket M: ge/[2]zhī
huālàng 花郎 N. male beggar M: ge/[1]míng/[2]wèi
huàláng* 画廊[畫-] P.W. ① painted corridor ② picture/art gallery M: ge/[1]tiáo
huālangbàng 哗啷棒[嘩-] N. (toy) rattle M: [2]gēn
huàlào 话痨[-癆] N. chatterbox
huālǎotóu 花老头 <coll.> N. dirty old man M: ge/[1]míng
huālāshēng 哗啦声[嘩-聲] N. loud noise (of dumping water/etc.) M: [1]zhèn
huālā yī shēng 哗啦一声[嘩-聲] N. loud short noise (of dumping water/etc.)
huāle 花了 <coll.> V.P. wound; make someone bleed
huālěi* 花蕾 N. flower bud M: [2]duǒ
huálěi 滑垒[-壘] N. <sport> base slide
huále yī jiāo 滑了一跤 V.P. slip and fall
Huálǐ 华里[華-] M. Chinese mile (half a kilometer)
[1]huálì* 华丽[華麗] S.V. magnificent; gorgeous
[2]huálì 猾吏 N. cunning and wicked official M: ge/[2]wèi
huālián 花鲢 N. variegated carp M: ge/[1]tiáo
Huālián 花莲 P.W. city in Taiwan
huāliǎn* 花脸 N. <opera> male role with heavily painted face
huàliáo* 化疗[-療] N. chemotherapy M: [1]cì
huàliào(r) 话料(儿) N. material for talk/gossip
huālihuāshào 花丽花哨[-麗--] *See* *huālihúshào*
huālihúshào(r) 花里/狸胡/狐哨(儿)[-裡---] <topo.> F.E. ① gaudy; garish ② showy; without solid worth
huālímù 花梨木 N. <bot.> rosewood M: [2]kē
huālíng* 花翎 N. <hist.> peacock feathers on official caps M: ge/[4]zhī
huálíng 华龄[華齡] N. springtime of youth
huàlíngwéizhěng 化零为整 F.E. assemble the parts into a whole
huālìshǔ 花栗鼠 N. chipmunk M: ge/[2]zhī
huàlǐtàohuà 话里套话[-裡--] F.E. ① touch upon other matters when discussion is centered on one topic ② hidden barbs in one's words
huāliǔ 花柳 N. ①brothel ②prostitute ③venereal disease
huáliu(r)* 滑溜(儿) <coll.> S.V. smooth; slippery ♦V. slip
huáliū 滑熘 V./ATTR. stir-fry/sauté with thick gravy or starchy sauce
Huáliú 骅骝[驊-] N. name of a legendary fine horse
huāliǔbìng 花柳病 N. venereal disease
huāliǔcài 花柳菜 N. broccoli M: ge/[2]kē
huáliūliū 滑溜溜 V.P. <coll.> ①smooth; slippery ② shimmering; glossy
huáliūyīn 滑溜音 N. <lg.> glide M: shēng
huàlǐyǒuhuà 话里有话[-裡--] F.E. hidden meaning; implication
huàlǐyǒuyīn 话里有因[-裡--] F.E. There is something more implied than what is said.
huàlóngdiǎnjīng 画龙点睛[畫-點-] ID. ① add touches that bring a work of art to life ② add a word or two to clinch point
huálou 划搂[-摟] A.T. <coll.> ① grab up everything ② bolt food
huàlǒuzi 话篓子[-簍-] N. chatterbox
huālù* 花露 N. ① dew on flowers ② <Ch. med.> liquid distilled from flowers M: [2]dī/píng
huàlù 话路 N. a line/direction of speech
huáluàn 猾乱[-亂] V. cause turmoil/upheaval
huālǘmù 花榈木 N. rosewood M: [2]kē/[2]gēn/[2]kuài
huálún* 滑轮 N. pulley M: ge/[1]fù
huàlún 话轮 N. <lg.> turn
huàlùn 画论[畫-] N. theory of painting M: tào
huàlún tìhuàn 话轮替换[-換] N. <lg.> turn-taking
huàlún zhī xiānhòu cìxù 话轮之先后次序[----後--] N. <lg.> sequencing
huálúnzǔ 滑轮组 N. pulley block
huáluò 滑落 V. slip off; slide down
Huà Luógēng 华罗庚[華羅-] (1910–1988) N. best-known Chinese mathematician
huālùshuǐ(r) 花露水(儿) N. perfumed toilet water; eau de cologne M: [2]dī/píng
huámài 滑脉[-脈] N. smooth pulse
huāmāo* 花猫[-貓] N. colorful cat M: ge/[2]zhī
huàmǎo 画卯[畫-] V.O. <trad.> report for work early in the morning (of officials); sign one's name to indicate punctual arrival in the office
huáměi* 华美[華-] S.V. magnificent; resplendent
[1]huàméi 画眉[畫-] N. <zoo.> thrush M: ge/[2]zhī ♦V.O. blacken the eyebrows
[2]huàméi 话梅 N. pickled plum M: [2]kē
huàméiniǎo 画眉鸟[畫-] N. <zoo.> thrush M: ge/[2]zhī
huámén 滑门 N. sliding door M: ge/[1]shàn
huāméng 花虻 N. small bee-like insect M: ge/[2]zhī
huāmì 花蜜 N. <bot.> nectar
huàmí* 画谜[畫-] N. picture puzzle
huāmiàn 花面 N. ① <opera> actor with painted face ② flower-like face M: [1]fù/[1]zhāng
huàmiàn* 画面[畫-] N. ① general appearance of a picture; tableau ② frame ③ TV screen
huāmiànlí 花面狸 N. masked civet; gem-faced civet M: ge/[2]zhī
huàmiàn wěndìngqì 画面稳定器[畫-穩--] N. image stabilizer
huāmiáo 花苗 N. flower seedling M: [2]kē
huàmínchéngsú 化民成俗 F.E. educate the people and form moral customs
huāmíng(r) 花名(儿) N. ① one's official name ② name of a flower ③ prostitute's name
huàmíng* 化名 V.O./N. ①use an alias ②assumed name
huāmíngcè 花名册[-冊] N. register; membership roster M: ge/[1]běn
huāmíngliǔ'àn 花明柳暗 F.E. enchanting springtime scene
huāmù* 花木 N. flowers and trees M: [2]kē
[1]huàmù 桦木[樺-] N. birch M: [2]kē
[2]huàmù 化募 V. <rel.> collect alms
Huā Mùlán 花木兰[-蘭] N. woman warrior who substituted for her father
[1]huān 欢[歡/驩/懽] B.F. ① happy; cheerful; merry *huānxǐ* ② pleasure *huānlè* ③ love *xīnhuān* ④ enjoy; like; love *xǐhuan* ♦N. Surname ♦S.V. <topo.> dynamic; vigorous
[2]huān 獾 B.F. <zoo.> badger *gǒuhuān*
[1]huán 还[還] B.F. go/come back *huánxiāng* ♦V. ① give back; return; repay ② give/do sth. in return *See also* [1]*hái*
[2]huán 环[環] B.F. ① ring; circle *ěrhuán* ② link *tiěhuán* ③ surround; encircle *huánrào*
[3]huán 寰 B.F. extensive region *huányǔ*
[4]huán 镮[鐶] N. <art> copper disk, often provided with an ornamental clamp
[5]huán 锾[鍰] M. <hist> unit of weight equal to six *liǎng*
[6]huán 缳[繯] B.F. noose, esp. hangman's noose or noose for suicide *[2]huánshǒu, tóuhuán, tóuhuánzìyì*
[7]huán 鬟 B.F. bun-type hairdo *huánjì, yāhuan, fēnghuánwùbìn*
[8]huán 桓 in *huánbō, pánhuán* ♦N. Surname
[9]huán 鹮 B.F. a family of water fowl; ibis *shénhuán*
[10]huán 圜 in *huánhuì, zhuǎnhuán*
[11]huán 嬛 in *lánghuán See also* [12]*xuān*
[12]huán 轘 in *[2]huányuán*
[1]huǎn 缓[緩] V. ①delay; postpone ②recuperate; revive ♦B.F. ① late; tardy; slow *huǎnmàn* ② relaxed *huǎnhé*
[2]huǎn 睆 in *xiànhuǎn*
[1]huàn* 换[換] V. ① exchange; trade ② change *Nǐ zuìhǎo chūqu zǒuzou, ~~ nǎojīn.* You'd better go out for a walk and give your mind a rest.
[2]huàn 唤[喚] V. call; call out to
[3]huàn 患 V. contract (an illness) ♦B.F. ① worry; be anxious *yōuhuàn* ② scourge; peril; disaster *huànnàn*
[4]huàn 幻 B.F. ① unreal; imaginary *huànxiǎng* ② change magically *huànshù*
[5]huàn 焕[煥] B.F. shining; glowing *[1]huànfā*
[6]huàn 浣 B.F. ①wash *[2]huànyī* ② <hist.> any of the three ten-day divisions of a month *shànghuàn*
[7]huàn 宦 B.F. ① official *shìhuàn* ② eunuch *huànguān* ♦N. Surname
[8]huàn 鲩[鯇] N. grass carp
[9]huàn 涣[渙] B.F. disperse *huànsàn, pànhuàn*
[10]huàn 擐 B.F. wear (armor) *huànjiǎchígē, huànjiǎzhíbīng*
[11]huàn 逭 B.F. escape from *huànshǔ, huàntáo*
[12]huàn 痪[瘓] in *tānhuàn*
[13]huàn 豢 in *[2]huànyǔ, chúhuàn*
[14]huàn 奂[奐] in *[2]lúnhuàn, měihuànměilún*
[15]huàn 漶 in *mànhuàn*
hù'àn 护岸[護-] N. bank; revetment M: [2]dào/[1]tiáo
Huánán 华南[華-] P.W. South China
huánbǎ 环靶[環-] N. round target
huánbài 环拜[環-] V. bow in turn to individuals in a group
huǎnbàn 缓办[-辦] V. postpone; put off
huànbān(r)* 换班(儿)[換-] V.O. change shifts ♦N. <mil.> changing of the guard
huán-bǎo* 环保[環-] N. environmental protection
[1]huánbào 环抱[環-] V. encircle; hem in

[2]huánbào 还报[還報] V. repay ♦N. retribution
huánbǎojú 环保局[環-] P.W. bureau/department of environmental protection
huánbǎo shēngtài 环保生态[環-態] N. environmental protection
huánbǎoshǔ 环保署[環-] P.W. bureau/department of environmental protection
huánběn 还本[還-] V.O. ① repay/recover principal/capital ② come out even
huánběnfùxī 还本付息[還-] F.E. repay capital with interest
huānbèngluàntiào 欢蹦乱跳[歡-亂-] F.E. joyful and vivacious; exuberant
huānbiàn 欢忭[歡-] A.T. ①happy; joyful ②clap hands in joy
huànbiān 换边[換邊] V.O. <sport> exchange sides
huànbiàn* 幻变[-變] V. change magically
huànbìjī 换币机[換幣-] N. money-exchange machine M: [1]tái
huànbìng 患病 V.O. fall ill
huànbìnglǜ 患病率 N. morbidity
huǎnbīngzhījì 缓兵之计 N. delaying tactics
huānbó* 欢伯[歡-] ID. wine and liquor
huánbō 桓拨[-撥] N. exercise effective sway
huǎnbǔ 缓补[-補] N. <Ch. med.> mild supplementation
huǎnbù* 缓步 V. stroll
[1]huànbù 患部 N. infected part M: chù/[2]kuài/[1]piàn
[2]huànbù 换步[換-] V.O. <mil.> change step
huànbuchū 换不出[換-] R.V. can't get sth. wanted through exchange
huǎnbùdàngchē 缓步当车[--當-] F.E. have a slow walk instead of riding
huànbude 换不得[換-] R.V. can't exchange
huǎnbuguò 缓不过 R.V. can't get a chance to rest/recover
huǎnbùjìjí 缓不济急[--濟-] F.E. delayed help cannot meet the pressing need
huànbùxià jì lai 换不下季来[換-] V.P. <coll.> unable to change clothes with the seasons
huànchá 换茬[換-] V.O. <agr.> change crops
[1]huānchàng* 欢畅[歡暢] S.V. elated
[2]huānchàng 欢唱[歡-] V. sing merrily
[1]huànchǎng 换场[換場] V.O. switch court (in a tennis match/etc.)
[2]huànchǎng 宦场[-場] N. officialdom; official circles
huànchē 换车[換-] V.O. change trains/buses
huánchèn* 环衬[環襯] N. side/lining/end paper M: [1]céng
huànchén 幻尘[-塵] N. <Budd.> illusory world of mortals
huánchéng* 环城[環-] V.O. encircle the city
huànchēng 换称[換稱] V.O. antonomasia (in rhetoric)
[1]huànchéng 换成[換-] R.V. change into
[2]huànchéng 换乘[換-] V.O. transfer/change transportation
huánchéng gāosùlù 环城高速路[環-] N. beltway
huánchéng sàipǎo 环城赛跑[環-] N. <sport> round-the-city race M: [1]cì
huánchéng tiělù 环城铁路[環-鐵-] N. railway circling the city M: [2]dào/[1]tiáo
huànchēpiào 换车票[換-] N. transfer ticket (for busses/etc.) M: [1]zhāng
huánchóng 环虫[環蟲] N. <zoo> the annulosa M: ge/[1]tiáo/[2]zhī
huǎnchōng* 缓冲[-衝] ATTR. cushion; buffer *Méiyǒu ~de yúdì. i.* There's no room for maneuver. *ii.* There's nothing to act as a buffer.
huǎnchōng chǔcúnqì 缓冲储存器[-衝---] N. <comp.> buffer register M: [1]tái
huǎnchōng dìdài 缓冲地带[-衝-帶] N. buffer/demilitarized zone M: [2]kuài/[1]piàn
huǎnchōng dìqū 缓冲地区[-衝-區] P.W. buffer/demilitarized area M: [2]kuài/[1]piàn
huǎnchōngguó 缓冲国[-衝國] P.W. buffer state
huǎnchōngqì 缓冲器[-衝-] N. <mach.> buffer; bumper M: [1]tái
huǎnchōngqū 缓冲区[-衝區] P.W. <lg./comp.> buffer; cache M: [2]kuài/[1]piàn
huǎnchōngtǐ 缓冲体[-衝體] N. buffer M: [2]jiàn
[1]huànchū 换出[換-] R.V. exchange
[2]huànchū 幻出 R.V. form a mental picture/image of
huànchù* 患处[-處] N. affected part (of a patient's body)
huànchuán 换船[換-] V.O. transfer/change ships
[1]huándài 还贷[還-] V.O. repay a loan
[2]huándài 环带[環帶] N. ① <zoo.> clitellum ② a ring of light M: [1]tiáo
huàndài* 换代[換-] V.O. ① replace; regenerate ② update products
huàndǎng 换挡[換擋] V.O. <mach.> shift gears
huándǎo* 环岛[環島] ATTR. round-the-island
huándào 环道[環-] N. ring road; belt highway M: [1]tiáo
huàndéhuànshī 患得患失 F.E. be swayed by considerations of gain and loss; be mindful of personal gains and losses
huàndēng 幻灯[-燈] N. ① slide show ② slide projector M: [1]tái ③ magic lantern M: [1]zhǎn
huàndēngjī 幻灯机[-燈-] N. slide projector M: [1]tái
huàndēngpiàn 幻灯片[-燈-] N. slide M: [2]bù
huándeqǐ 还得起[還-] R.V. afford to pay back
huàndí 浣涤[-滌] V. wash; rinse
[1]huàndiào 换掉[換-] R.V. substitute; replace
[2]huàndiào 换调[換-] V.O. switch
huāndù* 欢度[歡-] V. spend (an occasion) joyfully
huándū 还都[還-] V.O. return to the capital after being exiled (of a government)
huándǔ 环堵[環-] V. block up in all directions
huāndùjiājié 欢度佳节[歡-節] F.E. celebrate a festival with jubilation
huándǔxiāorán 环堵萧然[環-蕭-] F.E. abject poverty
[1]huànfā 焕发[煥發] V. shine; glow; irradiate
[2]huànfā 涣发[渙發] V.P. high-spirited
huánfāfǎ 环发法[環發-] N. recursive device
huǎnfāng 缓方 N. <Ch. med.> mild formula M: ge/[14]fù
[1]huànfáng* 换房[換-] V.O. exchange houses
[2]huànfáng 换防[換-] V.O. <mil.> relieve a garrison
huànfā qǐlai 焕发起来[煥發-] R.V. begin to shine/glow/irradiate
huàn fāqiú 换发球[換發-] V.O. <sport> change of service
huánféiyànshòu 环肥燕瘦[環-] ID. ① Each beautiful woman is beautiful in her own way. ② each literary or artistic work has its distinctive features
huànfēnghūyǔ 唤风呼雨[喚-] F.E. have super power
huànfú xiédìng 换俘协定[換-協-] N. agreement for exchange of prisoners
[1]huāng 慌 V. lose self-possession; panic ♦S.V. flurried; frantic ♦ADV. frightfully *lèi de ~* be dog-tired
[2]huāng 荒 S.V. ① waste ② desolate; desert ③ famine; lean year ④ rusty; out of practice ⑤ wanting; short of; scarce ⑥ fantastic; absurd; ridiculous ♦N. wasteland; uncultivated land ♦V. neglect
[3]huāng 肓 in **gāohuāng**
[4]huāng 晃 in **mínghuānghuāng, báihuānghuāng** **See also** [1]huǎng, huàng
[1]huáng* 黄[黃] S.V. ① yellow ② spoiled; withered ♦V. <coll.> fizzle out; fall through ♦N. Surname
[2]huáng 蝗 B.F. locust **huángchóng**
[3]huáng 皇 B.F. ① emperor; sovereign **huángdì** ② imperial; royal **huángjiā** ③ magnificent **tánghuáng** ④ uneasy; anxious **[1]cānghuáng** ⑤ <court.> ancestor
[4]huáng 惶 B.F. ① afraid; fearful **huángkǒng** ② anxious; uneasy **[1]yōuhuáng** ③ flurried; hurried **[1]huánghuáng**
[5]huáng 簧[-/鐄] N. ① <mus.> reed ② (metal) spring
[6]huáng 煌 B.F. bright; brilliant **[1]huīhuáng**
[7]huáng 磺 N. sulfur
[8]huáng 隍 B.F. dry moat outside a city wall **[1]chénghuáng**
[9]huáng 璜 N. semi-circular jade tablet ♦in **zhuānghuáng**
[10]huáng 鳇[鰉] N. sturgeon
[11]huáng 篁 B.F. bamboo grove **sōnghuángjiāocuì, [2]yōuhuáng**
[12]huáng 潢 B.F. ① low area where water collects **huángchí** ② decorate **zhuānghuáng, Yínhuáng**
[13]huáng 凰 in **fènghuáng**
[14]huáng 徨 in **pánghuángqítú, huíhuáng**
[15]huáng 遑 in **[3]huángjí, bùhuáng**
[16]huáng 熿 in **xuànhuáng**
[17]huáng 艎 in **yúhuáng**
[18]huáng 蟥 in **mǎhuáng**
[19]huáng 餭[餭] in **[3]zhānghuáng**
[20]huáng 癀 in **huángbìng**
[1]huǎng 晃 V. ① dazzle ② flash past ***Yì ~ sān tiān guòqu le.*** Three days passed in a flash. **See also** [4]huāng, huàng
[2]huǎng 谎[謊] B.F. lie; falsehood **huǎnghuà**
[3]huǎng 恍 B.F. all of a sudden; suddenly **huǎnghū**
[4]huǎng 幌 B.F. ① shop sign; signboard **huǎngzi** ② pretense; cover; front **huǎngzi**
[5]huǎng 悦 in **tǎnghuǎng, chǎnghuǎng**
huàng 晃 V. shake; sway **See also** [4]huāng, [1]huǎng
huáng'āi 黄埃 N. yellow earth/soil
huáng'àn 磺胺 N. sulfanilamide
huàngǎng 换岗[換崗] V.O. relieve a sentry/guard
huáng'ànyàolèi 磺胺药类[-藥類] N. sulfa drugs
huángbái* 黄白 V.P. yellow and white ♦N. gold and silver
huángbǎi 黄柏 N. <bot.> *Phellodendron amurense* M: [2]kē
huángbáihuār 黄白花儿 N. white with yellow spots (of animal skin, etc.) M: [2]duǒ
huángbáishù 黄白术[-術] N. alchemy M: [3]xiàng
huángbān 黄斑 N. <med.> yellow spot; *macula lutea* M: ge/[2]kuài
huángbāndiǎn 黄斑点[-點] N. <art> yellow mottles in glaze
huángbǎng 黄榜 N. imperial edict M: [1]zhāng
huǎngbào 谎报[-報] V. lie about sth.; start a canard
huángbāochē 黄包车 N. rickshaw M: [3]liàng
huángbǎoshí 黄宝石[-寶-] N. topaz M: [2]kuài
huángbǐ* 皇妣 N. one's deceased mother
huángbì 皇辟 N. <trad.> ① the emperor ② my late husband **See also** *huángpì*
huángbiāomǎ 黄骠马 N. horse with yellow coat and white spots M: [1]pǐ
huángbiǎozhǐ 黄表纸 N. yellow paper for worshipping the gods M: [1]zhāng
huángbìng 黄/癀病 N. <med.> jaundice
huángbò 黄柏/檗 N. ① <Ch. med.> Phellodendron bark ② <bot.> golden cypress ③ bark of the cork tree M: [2]kē
huángcài 黄菜 N. dishes made with scrambled eggs M: [1]pán
huángcàncàn 黄灿灿[-燦燦] R.F. bright yellow; golden
huāngcǎo 荒草 N. weeds M: [2]cù/[1]piàn
huǎngchángr 晃常儿 ADV. <topo.> sometimes
huángcháo* 皇朝 N. ① dynasty ② <court.> the present or one's own dynasty
Huáng Cháo 黄巢 (?–884) N. rebel leader
Huáng Cháo Qǐyì 黄巢起义[-義] N. <hist.> rebellion led by Huang Chao
Huángchéng 皇城 P.W. Imperial City (inner part of Beijing) M: ge/[4]zuò
huǎngchēng* 谎称[-稱] V. falsely allege; pretend

H

huángchéngchéng 黄橙橙 R.F. orange
Huángchéng jìndì 皇城禁地 P.W. forbidden area around the Forbidden City
huángchí 潢池 N. pond
huángchínòngbīng 潢池弄兵 ID. do sth. despite the great danger
huángchóng 蝗虫[-蟲] N. ① locust ② <slang> yellow mini-cab M: ge/[1]tiáo/[2]zhī
huángchóu 黄稠 ATTR. yellow and thick (of liquid)
huángchǔ 皇储 N. crown prince M: [2]wèi
huángcìméi 黄刺玫 N. yellow rose M: [2]duǒ
huángcóng 黄琮 N. a kind of yellow jade, used in sacrifices
huāngcūn 荒村 N. deserted village
huāngdài 荒怠 N. out of practice
huángdàiyú 皇带鱼[-帶-] N. oarfish M: [1]tiáo
huāngdàn* 荒诞 S.V. incredible; absurd
huángdān 黄丹 N. red lead
huángdǎn 黄疸 N. <med.> jaundice; icterus
huángdǎnbìng 黄疸病 N. <med.> jaundice; icterus
huāngdànbùjīng 荒诞不经[-經] F.E. preposterous; fantastic
huángdǎng 皇党[-黨] N. royalist
huàngdang* 晃荡[-蕩] V. ① rock; shake; sway ② roam about aimlessly ③ vacillate
huāngdànpài 荒诞派 N. <thea.> the absurd
huāngdànwújī 荒诞无稽 F.E. irrational; fabulous; fantastic and absurd
huāngdǎo* 荒岛[-島] N. barren/uninhabited island M: ge/[4]zuò
huángdào 黄道 N. <astr.> ecliptic
huángdàodài 黄道带[-帶] N. zodiac M: [1]tiáo
huángdào jīng-wěiyí 黄道经纬仪[-經緯儀] N. <astr.> ecliptic armilla
huángdàojírì 黄道吉日 F.E. propitious/auspicious date; lucky day
huángdàorì 黄道日 N. favorable/auspicious day
huángdào rìzi 黄道日子 N. propitious/auspicious date; lucky day
huángdào shí'èr gōng 黄道十二宫[-宮] F.E. the 12 signs of the zodiac; zodiacal signs
huángdēngdēng 黄澄澄 R.F. glistening yellow; golden
huāngdì 荒地 N. wasteland; undeveloped land M: [2]kuài/[1]piàn
huángdì* 皇帝 N. emperor
Huángdì 黄帝 N. <myth.> Yellow Emperor
huángdiǎn 黄碘 N. <chem.> iodoform
huángdiāo 黄鲷 N. yellow porgy M: ge/[1]tiáo
Huángdì Nèijīng 黄帝内经[-經] N. <Ch. med.> *Inner Canon of the Yellow Emperor* (the most authoritative text of early medical theory and drug therapy)
huàngdòng 晃动[-動] R.V. rock; sway
huàngdòng qǐlai 晃动起来[-動--] R.V. begin to rock
huángdòu 黄豆 N. soybean; soya bean M: [3]lì
huángdòuyá(r) 黄豆芽(儿) N. beansprouts M: [2]kē
huángdū* 皇都 N. imperial capital M: ge/[4]zuò
huángdú 黄独[-獨] N. yam
huángěi 还给[還-] V. return sth. to (sb.)
huáng'ēnhàodàng 皇恩浩荡[-蕩] F.E. infinite royal graciousness
huànger 换个儿[換個-] V.O. exchange seats/places
huángfà 黄发[-髮] N. ① unhealthy-looking hair M: [2]liǔ ② brown hair M: [2]liǔ ③ very old men M: ge/[2]wèi
huángfàchuítiáo 黄发垂髫[-髮--] F.E. old and young; the aged and the young
Huángfànqū 黄泛区[-區] P.W. Huanghe (river) Inundated Area M: [1]piàn
huāngfèi* 荒废[-廢] V. ① leave uncultivated; lie waste ② fall into disuse/disrepair ③ neglect; be out of practice ♦ V.P. waste (time)
[1]huángfēi 皇妃 N. princess M: ge/[1]míng/[2]wèi
[2]huángfēi 黄扉 N. prime minister's abode
[1]huángfēng 黄蜂 N. wasp M: ge/[2]zhī
[2]huángfēng 黄风 N. sandstorm M: [3]cháng/[1]zhèn
huángfēngqín 簧风琴 N. reed-organ; harmonium M: [1]tái
huángfū 皇夫 N. prince consort M: ge/[1]míng/[2]wèi
huánggōng 皇宫[-宮] N. (imperial) palace M: ge/[4]zuò
huánggǒu 黄狗 N. yellow dog M: ge/[1]tiáo/[2]zhī
huānggǔ 荒古 N. remote antiquity
huánggǔ* 簧鼓 V.O. rabble-rouse
huánggua 黄瓜 N. cucumber M: ge/[2]gēn
huángguadīng 黄瓜丁 N. diced cucumber M: [1]pán
[1]huángguān 皇冠 N. imperial crown M: [1]dǐng
[2]huángguān 黄冠 N. ① Daoist priest ② peasant dress M: [1]shēn ③ yellow hat worn by a Daoist priest M: [1]dǐng
huángguǎn yīnshuān 簧管音栓 N. <mus.> reed stop
huángguayāng 黄瓜秧 N. cucumber vine M: [2]gēn
huángguǐ 黄鬼 N. <derog.> yellow-skinned people
huánggūyú 黄姑鱼 N. spotted maigre M: [1]tiáo
Huáng Hǎi* 黄海 P.W. Yellow Sea
huánghài 蝗害 N. locust plague M: [3]cháng/[1]cì
huānghàn* 荒旱 N. drought M: [3]cháng
[1]huánghàn 惶汗 V.O. perspire from fear
[2]huánghàn 蝗旱 N. locust plague and drought
huánghànshé 黄颔蛇 N. <zoo.> adder M: ge/[1]tiáo
Huáng Hé* 黄河 P.W. Yellow River
huánghè 黄褐 N. tan; ocher
Huáng Hé liúyù 黄河流域 P.W. Yellow River drainage area
Huánghéqīng 黄河清 N. a rarity
huánghèsè 黄褐色 N. yellowish-brown
Huáng Hé shuǐ chéngqīng 黄河水澄清 ID. sth. impossible; an impossibility
huánghòu 皇后 N. empress M: ge/[1]míng/[2]wèi
huǎnghū 恍惚/忽 V.P./ADV. ① absentminded; distracted ② dimly; faintly; seemingly
huánghuā(r) 黄花(儿) N. ① day lily M: [2]duǒ ② chrysanthemum M: [2]duǒ/[1]kē ③ <coll.> virgin
huǎnghuā(r) 谎花(儿) N. sterile flowers M: [2]duǒ
huǎnghuà* 谎话 N. lie; falsehood M: [1]jù
huánghuācài 黄花菜 N. <bot.> day lily M: [2]kē
huánghuā dìdīng 黄花地丁 N. dandelion M: [2]kē
huánghuāguīnǚ 黄花闺女 F.E. <coll.> an untouched virgin M: ge/[1]míng
huánghuāhòushēng 黄花后生[--後-] <coll.> F.E. celibate man M: ge/[1]míng
huánghuā jiǔlúncǎo 黄花九轮草 N. <bot.> polyanthus M: [2]kē
huánghuā mùxu 黄花苜蓿 N. <bot.> bur clover M: [2]kē
[1]huánghuáng* 惶惶 R.F. agitated; on tenterhooks; anxious; restless
[2]huánghuáng 煌煌 R.F. sparkling and bright
[3]huánghuáng 黄黄 R.F. <coll.> yellow
[4]huánghuáng 皇皇 R.F. ① grand; majestic ② brilliant; dazzling ③ uneasy; anxious
[5]huánghuáng 遑遑 R.F. in a hurry; hastily
[6]huánghuáng 璜璜 R.F. bright and scintillating
huànghuang(r) 晃晃(儿) ADV. <coll.> sometimes; now and again
huánghuáng bùkězhōngrì 惶惶不可终日 F.E. be in a constant state of anxiety; be on tenterhooks
huànghuàngdàngdàng 晃晃荡荡[-蕩蕩] R.F. <coll.> vacillating
huǎnghuǎnghūhū 恍恍惚惚 R.F. ① absentminded ② dim; faint ③ quite confused and stupefied
huánghuángjùzhù 皇皇巨著 F.E. magnum opus
huānghuāngmángmáng 慌慌忙忙 V.P. hurriedly
huánghuángrán 惶惶然 V.P. in a state of panic
huánghuángwúzhǔ 惶惶无主 F.E. be panicky and not know what to do
huànghuàngyáoyáo 晃晃摇摇 R.F. shaking/rocking unstably
huànghuangyōuyōu 晃晃悠悠 R.F. <coll.> swaying; wobbling
huānghuangzhāngzhāng 慌慌张张 R.F. in a flurried manner
huánghuānǚr 黄花女儿 N. virgin; maiden M: ge/[1]míng/[2]wèi
huánghuār 黄花儿 N. dehydrated lily flowers M: [2]duǒ
huánghuāxiùnǚ 黄花秀女 F.E. virgin girl; maiden M: ge/[1]míng/[2]wèi
huánghuāyú 黄花鱼 N. yellow croaker M: [1]tiáo
huānghuì 荒秽[-穢] V. lie waste; go out of cultivation
huánghūn 黄昏 N. dusk
huánghūnliàn 黄昏恋[-戀] N. love of the elderly M: [3]cháng/[1]cì
huānghuǒ 荒火 N. prairie/bush fire M: [1]bǎ/duī
huānghuò 荒货 N. junk M: duī/[1]pī
[1]huánghuò* 惶惑 S.V. ① apprehensive; nervous ② perplexed
[2]huánghuò 黄祸[-禍] N. "yellow peril" M: [3]cháng/[1]cì
huánghuòbù'ān 惶惑不安 F.E. confused and uneasy
[1]huāngjí 荒瘠 S.V. wild and barren; desolate and infertile
[2]huāngjí 慌急 V.P. in a hurry
huāngjì* 荒寂 S.V. desolate and still
[1]huángjí 皇极[-極] N. rules established by the emperor for public observance M: [3]xiàng
[2]huángjí 黄极[-極] N. <astr.> ecliptic poles M: [2]gēn
[3]huángjí 遑急 V.P. agitated; scared and harried
huángjǐ 黄麂 N. <zoo.> munjac M: ge/[2]zhī
huángjì 惶悸 N. on tenterhooks
huángjiā* 皇家 N. imperial family/house
huǎngjià(r) 谎价(儿)[-價-] N. inflated price
huángjiāng 黄姜 N. turmeric
huángjiàng* 黄酱[-醬] N. salted and fermented soy paste M: píng
huāngjiāo* 荒郊 N. desolate outskirts of a town M: [1]piàn
Huángjiào 黄教 N. <Budd.> Yellow Sect Lamaism
huāngjiāoyěwài 荒郊野外 F.E. desolate outskirts and wild land; wilderness M: [1]piàn
huángjílíng 黄鹡鸰 N. yellow wagtail M: ge/[2]zhī
huāngjǐn 荒馑 N. famine M: [3]cháng/[1]cì
huángjīn* 黄金 N. gold M: [2]kuài
huángjīn chǔbèi 黄金储备[-備] N. gold reserve
huángjīn fēngē 黄金分割 N. golden section M: [1]zhǒng
huāngjìng* 荒径[-徑] N. deserted pathway M: ge/[1]tiáo
huángjīng 黄荆[-莉] N. <bot.> five-leaved chaste tree M: [2]kē
Huángjīn Hǎi'àn 黄金海岸 P.W. ① Gold Coast (of Africa) ② Gold Coast (of China); China's prosperous coastal provinces M: [1]tiáo
Huángjīn Qǐyì 黄巾起义[-義] N. <hist.> Yellow Turbans Uprising (Former Han)
huángjīn shìchǎng 黄金市场[-場] N. gold market
huángjīn shídài 黄金时代[--時-] N. golden age/era
huángjīn shíjiān 黄金时间[--時-] N. prime time; golden hour
huángjīnshù 黄金树[-樹] N. eucalyptus M: [2]kē
huángjīn shuǐdào 黄金水道 N. much-used water route M: ge/[1]tiáo
huángjiǔ 黄酒 N. rice wine M: bēi/[1]wǎn
huángjù 惶遽/惧[-懼] V.P. <wr.> frightened; scared; harried
huángjuànqīngdēng 黄卷青灯[-燈] ID. the life of a Buddhist
huángjuànyòufù 黄绢幼妇[-婦] ID. extremely exquisite
Huángjūn 皇军 N. <Jp.> *kogun* (self-address of the Japanese invaders during World War II)

huángkǎo 皇考 N. one's deceased father
huángkǒng 惶恐 S.V. terrified
huángkǒngbù'ān 惶恐不安 F.E. fearful; afraid
huángkǒngwànfēn 惶恐万分[--萬-] F.E. be frightened out of one's senses
huángkǒngwànzhuàng 惶恐万状[-萬狀] F.E. be seized with fear; be frightened out of one's senses
huángkǒngwúcuò 惶恐无措 F.E. all in a fluster
huángkǒu 黄口 N. infant
huángkǒubáiyá 黄口白牙 F.E. <coll.> talk irresponsibly
huángkǒurúzǐ 黄口孺子 N. <derog.> ① immature person ② sucking/suckling child
huángkǒuxiǎo'ér 黄口小儿 N. ① suckling child; baby ② an ignorant youth
huánglà 黄蜡[-蠟] N. beeswax M: ge/[2]gēn
huàngláihuàngqù 晃来晃去 V.P. sway/shake back and forth
huánglàlà 黄蜡蜡[-蠟蠟] V.P. wax-yellow; waxen; sallow
huángláng* 黄狼 N. weasel M: ge/[2]zhī
huǎnglǎng 晃朗 V.P. brilliant
Huáng-Lǎo 黄老 N. ① the Yellow Emperor and Laozi ② Daoism
Huánglǎojūn 黄老君 N. Daoist divinity identified as Laozi
huángle 黄了 V.P. <coll.> came to nothing
huānglěng 荒冷 S.V. desolate and cold
huāngle shénr 慌了神儿 V.P. lose one's head; lose self-possession
huángli 皇/黄历[-曆] N. ① almanac ② old system/regulations; things in the past M: [1]běn
huánglí* 黄鹂[-鸝] N. oriole M: ge/[2]zhī
huánglì 黄历[-曆] N. almanac M: [1]běn
huánglián* 黄连 N. <Ch. med.> ① *Coptis chinesis Franch* M: [2]kē ② bitter life
huángliǎn 黄脸 N. ① yellow face (of sb. sick/etc.) M: [1]fú/[1]zhāng ② yellow-skinned people
huāngliáng* 荒凉[-涼] S.V. bleak and desolate
huángliáng 黄粱 N. a variety of millet
huángliángměimèng 黄粱美梦[-夢] F.E. pipe dream M: [3]cháng
huángliángmèng 黄粱梦[-夢] N. pipe dream M: [3]cháng
huángliángyīmèng 黄粱一梦[-夢] F.E. pipe dream
huángliánmù 黄连木 N. <bot.> Chinese pistachio M: [2]gēn
huángliǎnpó 黄脸婆 N. ① <derog.> ② faded older woman <coll.> my wife
huángliánshù 黄连树[-樹] *See huángliánmù*
huángliánshù xià tánqín 黄连树下弹琴[--樹---] ID. seek pleasure under adverse circumstances
huànglihuàngdàng 晃里晃荡[-裡-蕩] V.P. swaying (of sth. hung on a string, etc.)
huānglihuāngtang 荒里荒唐[-裡--] V.P. absurd; making no sense
huānglihuāngzhāng 慌里慌张[-裡--] V.P. nervous and confused
huānglín* 荒林 N. abandoned forest; jungle M: [1]piàn
huánglín 黄磷 N. <chem.> yellow phosphorus
huánglíng 皇陵 N. imperial mausoleum M: [4]zuò
huángliù 黄六 N. a notorious liar
Huánglóngfǔ 黄龙府 N. administrative district set up in part of what is today's Inner Mongolia and Manchuria by Tungusic invaders in 11th-12th centuries M: [4]zuò
huánglú 黄栌[-櫨] N. <bot.> smoke tree M: [2]kē
[1]**huāngluàn** 慌乱[-亂] S.V. ① alarmed and bewildered ② in a hurry and confused
[2]**huāngluàn** 荒乱[-亂] ATTR. in great disorder/turmoil
huāngluànjìn(r) 慌乱劲(儿)[-亂勁-] N. <coll.> disarray
huánglùn 遑论 V. <wr.> not to mention; let alone
huánglùnqítā 遑论其他 F.E. <wr.> not to mention other things; let alone other things
huángluò 黄落 V.P. yellow and bare
huánglǜsè 黄绿色 N. chartreuse
huángmá 黄麻 N. ① jute M: [2]kē/[3]lǚ ② Tang imperial edict written on yellow jute paper
huángmǎguà 黄马褂 N. <trad.> costume of Qing mandarins M: [2]jiàn
huāngmáng 慌忙 S.V. in a great hurry
huángmào xìnxiāng 黄帽信箱 N. 24–hour mail delivery
huángmáo yātou 黄毛丫头 N. witless little girl M: ge/[1]míng
huángméi 黄梅 N. ① ripe plums M: [2]kē ② plum (i.e., humid) season
Huángméidiào 黄梅调 N. a popular folk melody, originally from Anhui province
huángméijì 黄梅季 N. rainy season
huángméi jìjié 黄梅季节[-節] N. rainy season
huángméitiān 黄梅天 N. <topo.> rainy season
huángméi tiānqì 黄梅天气[-氣] N. rainy season in early summer when yellow plums ripen
Huángméixì 黄梅戏[-戲] N. opera popular in Anhui M: [1]chū/[1]tái
huángméiyǔ 黄梅雨 N. intermittent drizzles (in spring) M: [3]cháng/[1]cì
huángmén 黄门 N. ① yellow palace gate M: ge/[1]shàn ② eunuch
huángmǐ 黄米 N. glutinous millet; coarse rice M: [3]lǐ
huángmiànpó 黄面婆 N. <derog.> faded older woman M: ge/[2]wèi
huángmǐmiànr 黄米面儿[--麵-] N. glutinous millet flour
huāngmiù 荒谬 S.V. absurd; preposterous
huāngmiùjuélún 荒谬绝伦[--絕-] F.E. preposterous; absurd
huāngmò 荒漠 N. desert; wilderness ♦ATTR. desolate and boundless
huángnǎn 蝗蝻 N. nymph of a locust
huángní 黄泥 N. yellow-earth mud M: [1]bǎ/[2]kuài
huāngnián 荒年 N. famine/lean year
huángniǎo 黄鸟 N. oriole M: ge/[2]zhī
huángniú 黄牛 N. ① ox; cattle M: [1]tóu ② scalper (of tickets/etc.) ③ sb. who fails to show up or assume responsibility ④ black-market currency dealer ♦V. <topo.> fail to show up
huángniúpiào 黄牛票 N. scalped tickets M: [1]zhāng
huàngōng 换工[换-] V.O. exchange labor
huángpái(r) 黄牌(儿) N. <sport> violation warning sign M: ge/[1]zhāng
huángpái jǐnggào 黄牌警告 N. official warning to individuals/enterprises
huángpàngr 黄胖儿 N. yellow-skinned fat person M: ge/[2]wèi
huángpáo 黄袍 N. the imperial robe M: [2]jiàn/[1]shēn
huángpáojiāshēn 黄袍加身 F.E. ①be acclaimed emperor ② have one's hand forced
huāngpì* 荒僻 S.V. desolate and remote
huángpì 皇辟 N. ①emperor ②my late husband *See also huángbì*
huángpiàn 簧片 N. <mus.> reed
huǎngpiàn* 谎骗 V. deceive; cheat; dupe
huángpiàn yuèqì 簧片乐器[--樂-] N. reed instruments; reeds
huángpiāo 黄漂 N. floating down the Yellow River
huángpíguǎshòu 黄皮寡瘦 F.E. haggard and emaciated
huángpíshū 黄皮书[-書] N. quarantine/vaccination certificate M: [1]běn
huángpízi 黄皮子 N. yellow weasel M: ge/[2]zhī
Huángpǔ 黄埔 P.W. harbor in Guangdong, seat of the Huangpu Military Academy from 1924 to 1927
Huángpǔ Jiāng 黄浦江 P.W. the Huangpu River
Huángpǔtān 黄浦滩[-灘] P.W. an alternative name for Shanghai
huāngqì* 荒弃[-棄] V. leave uncultivated; lie waste
[1]**huángqí** 黄芪 N. <Ch. med.> *Radix Astragali seu Hedysari* for promoting the production of body fluid
[2]**huángqí** 黄耆 N. <bot.> milk vetch M: [2]kē
huāngqiàn 荒歉 N. crop failure; famine M: [1]cì
huángqiān 黄铅 N. massicot (yellow obtained from lead)
huángqián* 黄钱[-錢] N. paper money burned as an offering to the gods M: ge/[1]zhāng
huāngqiāngtuōbǎn 荒腔脱板 F.E. sing out-of-key
huángqín 黄芩 N. <bot.> skullcap (*Scutellaria baicalensis*) M: [2]kē
huángqīnguóqī 皇亲国戚[-親國-] F.E. emperor's relatives
huāngqiū 荒丘 N. lone hill; desolate mound M: ge/[4]zuò
huángqízǐgài 黄旗紫盖[-蓋] F.E. omen of the appearance of an emperor; symbol of the emperor
huángquán 皇权[-權] N. imperial power/authority
Huángquán* 黄泉 P.W. netherworld; Hades
huángquánlù 黄泉路 N. the way to the netherworld M: [1]tiáo
huángquè 黄雀 N. siskin; titmouse M: ge/[1]zhī
huángquèsìchán 黄雀伺蝉 ID. be unaware of one's own danger
huángquèzàihòu 黄雀在后[-後] *See tánglángbǔchán*
huǎngrán 恍然 ADV. suddenly
huǎngrándàwù 恍然大悟 F.E. suddenly realize
huángrǎng 黄壤 N. yellow earth M: [1]bǎ
huángrǎngtǔ 黄壤土 N. yellow earth M: [2]kuài/[1]piàn
huǎngránruòshī 恍然若失 F.E. feel lost
huángrǎo 惶扰[-擾] V. agitate; perturb
huángrèbìng 黄热病[-熱-] N. yellow fever M: [3]cháng/[1]cì
huángrén 黄人 N. the yellow race
huǎngrú 恍如 ADV. be rather like; be as if
huǎngrúgéshì 恍如隔世 F.E. as different as if a lifetime had passed
huǎngrúmèngjìng 恍如梦境[--夢-] F.E. as if in a dream
huǎngruò 恍若 ADV. be rather like; be as if
huǎngruògéshì 恍若隔世 F.E. as different as if a lifetime had passed
huǎngrú yī cháng dà mèng 恍如一场大梦[---場-夢] F.E. It seems like a dream.
huángsè 黄色 N. yellow ♦ATTR. decadent; obscene; pornographic
huángsè diànyǐng 黄色电影[--電-] N. pornographic movie M: [2]bù
huángsè gēqǔ 黄色歌曲 N. decadent music/songs M: [2]shǒu/[4]zhī
huángsè gōnghuì 黄色工会 N. ① prostitutes' union ② scab union
huángsè rénzhǒng 黄色人种[--種] N. the yellow race
huángsè shūkān 黄色书刊[--書-] N. pornographic books and magazines M: [1]běn
huángsè xiǎoshuō 黄色小说 N. pornographic fiction M: [2]bù
huángsè xīnwén 黄色新闻 N. ① yellow journalism ② sex news M: [1]tiáo/[1]zé
huángsè yīnyuè 黄色音乐[-樂] N. decadent music
huángsè zhàyào 黄色炸药[-藥] N. ① TNT ② <chem.> picric acid M: [1]bāo
huāngshā 荒沙 N. barren sand M: [1]piàn
huángshā* 黄沙/砂 N. ① yellow earth/sand ② loess
huángshāgǔngǔn 黄沙滚滚[-滾滾] F.E. billowing sand
huāngshān* 荒山 N. desolate mountain; lone/barren hill M: ge/[4]zuò
Huáng Shān 黄山 P.W. Huangshan (mountain in Anhui)
huángshàn 黄鳝 N. finless eel M: ge/[1]tiáo

H

huángshang 皇上 N. ① emperor; throne; reigning sovereign ② Your/His Majesty

huángshānyào 黄山药[-藥] N. a long thin tuber M: [2]gēn

huāngshén(r) 慌神(儿) V.O. ① lose self-possession ② be scared out of one's wits

huángshī 黄绝 N. Daoist robe of coarse silk

huángshì* 皇室 N. imperial family/house M: ge/[1]jiā

huāngshíbàoyuè 荒时暴月[-時--] F.E. lean times

huángshì jīngfèi 皇室经费[--經-] N. civil list; administrative funds for the head of state M: [2]bǐ

huángshòu 黄瘦 S.V. unhealthily thin

huāngshǒuhuāngjiǎo 慌手慌脚[-腳] F.E. in a rush; in a flurry

huāngshū* 荒疏 V.P. out of practice; rusty

huāngshù 荒数[-數] N. an approximate number

huángshú 黄熟 N. <agr.> yellow maturity

huángshǔ 黄鼠 N. ground squirrel; suslik M: ge/[2]zhī

huángshuǐchuāng 黄水疮[-瘡] N. impetigo; eczema

huángshǔkuí 黄蜀葵 N. <bot.> okra; lady's finger M: [2]kē

huángshǔláng 黄鼠狼 N. weasel M: ge/[1]tiáo/[2]zhī

huángsǒng 惶悚 N. sudden fear; fright

huāngsù 慌速 ADV. hurriedly

huángtàihòu 皇太后 N. empress dowager

huángtàizǐ 皇太子 N. crown prince M: ge/[1]míng/[2]wèi

huāngtáng* 荒唐 S.V. ① absurd; fantastic ② dissipated; loose

huángtāng(zi) 黄汤(子)[-湯-] N. <coll.> yellow rice or millet wine M: [1]wǎn

huángtáng 黄糖 N. brown sugar

huāngtángbùjīng 荒唐不经[-經] F.E. unbelievable; fantastic

huāngtángtòudǐng 荒唐透顶 F.E. absolutely ridiculous; preposterous

huāngtángwújī 荒唐无稽 F.E. flagrantly absurd/preposterous

huàngtī 晃梯 N. balancing on an upright ladder

huāngtián* 荒田 N. deserted/uncultivated fields M: [2]kuài/[1]piàn

Huángtiān 皇天 N. Heaven (personified); High Heaven

huángtiān bùfùkǔxīnrén 皇天不负苦心人 F.E. Providence doesn't let down a person who tries his/her best.

huángtiānhòutǔ 皇天后土 F.E. heaven and earth

huángtiěkuàng 黄铁矿[-鐵礦] N. pyrite

[1]**huángtóng*** 黄铜 N. brass M: [2]kuài

[2]**huángtóng** 黄童 N. child; youngster M: ge/[1]míng

huángtǒng 皇统 N. imperial lineage

huángtóngbáisǒu 黄童白叟 F.E. young and old

huàngtóuhuàngnǎo 晃头晃脑[-腦] F.E. wag one's head

huāngtǔ 荒土 N. ① uncultivated land ② remote region M: [2]kuài/[1]piàn

huángtú 皇图[-圖] N. imperial domain

[1]**huángtǔ*** 黄土 N. loess M: [2]kuài/[1]piàn

[2]**huángtǔ** 皇土 N. imperial land

huángtǔ gāoyuán 黄土高原 N. loess plateau M: ge/[1]piàn

huángtǔní 黄土泥 N. muddy loess

huángū 环箍[環-] N. hoop

huángù* 环顾[環顧] V. <wr.> ① look about/round ② review

huàngǔ 换骨[换-] V.O. ① <Dao.> change mortal into immortal bones ② effect a basic/fundamental change

huànguǎhuànpín 患寡患贫 F.E. worry about dwindling population and increasing poverty

huánguān 环冠[環-] N. garlands

huànguān* 宦官 N. ① eunuch ② functionary M: ge/[1]míng/[2]wèi

huàngǔduótāi 换骨夺胎[换-奪-] F.E. ① be born again; effect a basic change ② become immortal ③ change the form of a poem while retaining its content

huǎnguò jìn(r) 缓过劲(儿)[--勁] V.P. <coll.> regain strength

huǎn guòlai 缓过来 R.V. <coll.> regain strength; get back on one's feet

huǎnguò qì(r) 缓过气(儿)[--氣-] V.P. <coll.> regain strength gradually; get back on one's feet

huángùsìzhōu 环顾四周[環顧-] F.E. look all around

huángùzuǒyòu 环顾左右[環顧-] F.E. look around oneself

huángwèi 皇位 N. throne

huángwěibìng 黄萎病 N. <agr.> verticillium

huāngwú 荒芜 V. lie waste; go out of cultivation

huāngwúrényān 荒无人烟[-煙] F.E. desolate and uninhabited

huāngxiá 荒遐 N. <wr.> remote region

huāngxìn(r) 荒信(儿) N. <topo.> unverified/uncertain news

Huáng Xīng 黄兴[-興] (1874–1916) N. revolutionary who founded the Huaxinghui which merged with other groups in 1905 to form the Tongmenghui

huǎngxìnr 谎信儿 N. <topo.> false news/unconfirmed news

huángxīnshù 黄心树[-樹] N. a tree of the magnolia family M: [2]kē

huāngxū 荒墟 N. wasteland; ruins M: [2]kuài/[1]piàn

huángxuǎn 黄癣 N. <med.> favus M: [2]kuài

huángxuèyán 黄血盐[-鹽] N. <chem.> ferrocyanide of potassium

huángyábái 黄芽白 N. <topo.> celery cabbage M: [2]kē

huángyácài 黄芽菜 N. celery cabbage M: [2]kē

huángyān 黄烟[-煙] N. tobacco (for a long-stemmed pipe) M: [2]gēn

huǎngyán* 谎言 N. lie; falsehood M: [2]fān/[1]piàn

huǎngyǎn 晃眼 S.V. ① dazzling bright ② twinkling

[1]**huángyáng*** 黄杨[-楊] N. <bot.> boxwood M: [2]kē

[2]**huángyáng** 黄羊 N. Mongolian gazelle M: [2]zhī

[3]**huángyáng** 潢洋 V.P. deep and profound

huángyàng 潢漾 V.P. boundless (of water)

huàngyàng 晃漾 V. sway

huángyáng'èrùn 黄杨厄闰[-楊--] F.E. be in straits; be in adverse circumstances

huángyángmù 黄杨木[-楊-] N. boxwood M: [2]kē

huángyáng mùshū 黄杨木梳[-楊--] N. boxwood comb M: ge/[1]bǎ

huángyánguìzhòu 黄炎贵胄 F.E. honorable Chinese nationals

huángyángzhī'è 黄杨之厄[-楊--] N. distress of a dissipated person

huǎngyánkěwèi 谎言可畏 F.E. Lies are terrible.

huāngyānmàncǎo 荒烟蔓草[-煙--] F.E. deserted and infested with weeds

Huáng Yánpéi 黄炎培 (1878–1965) N. an early advocate of vocational education

huǎngyào 晃曜/耀 V.P. radiant

huàngyao* 晃摇 V. <coll.> stagger; sway; swing *See also huàngyáo*

huàngyáo 晃摇 V. rock; sway *See also huàngyao*

huāngyě 荒野 N. wilderness; wilds M: [1]piàn

huángyì 煌熠 V.P. bright

huāngyín 荒淫 V.P. dissolute; licentious

huángyīng 黄莺[-鶯] N. oriole M: ge/[2]zhī

huāngyínwúchǐ 荒淫无耻[-恥] F.E. dissipated and shameless

huāngyínwúdù 荒淫无度 F.E. be vicious beyond measure

huángyóu* 黄油 N. ① butter ② <chem.> grease ③ tallow

huángyòu 黄鼬 N. yellow weasel M: ge/[2]zhī

huàngyou 晃悠 V. wobble; stagger

huángyóuyóu 黄油油 V.P. <coll.> yellow and oily looking

huángyú* 黄鱼 N. ① yellow croaker M: ge/[1]tiáo ② <trad.> over-quota passengers whose fares are pocketed by the driver/etc.

huángyù 黄玉 N. topaz M: [2]kuài

huāngyuán 荒原 N. wasteland; wilderness M: [1]piàn

huángyuèqì 簧乐器[-樂-] N. reed instrument M: [2]jiàn

huāngzāi 荒灾[-災] N. famine; dearth M: [3]cháng/[1]cì

huángzāi* 蝗灾[-災] N. plague of locusts M: [3]cháng/[1]cì

Huángzé Sì 皇泽寺[-澤-] P.W. Huangze Temple (in Guangyuan, Sichuan)

huāngzhāng 慌张 V.P. flurried; flustered

huāngzhāngguǐ(r) 慌张鬼(儿) N. ① flustered person ② careless person

huāngzhāng qǐlai 慌张起来 R.V. become flustered

huāngzhāngzhāng 慌张张 V.P. flurried; flustered

huāngzhèng 荒政 V.O. neglect affairs of state ♦N. government famine relief

huàngzhe yǐba 晃着尾巴[-著--] V.O. <coll.> wag the tail

huāngzhì 荒置 V. throw sth. aside (as useless); discard

huángzhǐbǎn 黄纸板 N. paperboard; cardboard

huāngzhǒng 荒冢 N. abandoned grave; uncared-for grave M: ge/[4]zuò

huángzhōng 黄钟[-鐘] N. one of the notes in traditional Chinese music M: kǒu

huángzhǒng* 黄种[-種] N. yellow race

huángzhōnghuǐqì 黄钟毁弃[-鐘毀棄] F.E. Capable loyal officials are not retained.

huángzhǒngrén 黄种人[-種-] N. the yellow race

huángzhuó 黄浊[-濁] S.V. muddy

huāngzi 荒子 N. semifinished product

huángzǐ 皇子 N. prince M: ge/[1]míng/[2]wèi

huǎngzi* 幌子 N. ① shop sign; signboard ② pretense; cover; front M: ge/[1]miàn

huángzú* 皇族 N. imperial kin/kinsmen; people of imperial lineage M: ge/[1]míng/[2]wèi

huángzǔ 皇祖 N. pre-dynastic imperial ancestors M: ge/[2]wèi

huángzǔbǐ 皇祖妣 N. <trad.> one's deceased grandmother

huángzuǐyázi 黄嘴牙子 N. <topo.> immature young person M: ge/ [1]míng

huángzǔkǎo 皇祖考 N. one's deceased grandfather

huāngzuòyītuán 慌作一团[-團] F.E. be thrown into utter confusion

[1]**huánhǎi*** 环海[環-] N. within the seven seas; China

[2]**huánhǎi** 寰海 N. the whole world

huànhǎi 宦海 N. <trad.> officialdom; official circles

huànhǎifúchén 宦海浮沉 F.E. political ups and downs

huànhàn 涣汗[渙-] V.O. imperial edict

huánháng 环航[環-] N. round-the-world flight/voyage M: [3]cháng/[1]cì

huànháng* 换行[换-] V.O. ① change one's line ② change one's career

huánhé 环河[環-] ATTR. <geol.> along the river

huǎnhé* 缓和 V. relax; ease up; mitigate; appease ♦N. détente; calm; moderate; mild

huǎnhébùzhòu 缓和步骤 N. mitigating devices

huǎnhéqī 缓和期 N. on-glide

huānhū 欢呼[歡-] V. hail; acclaim

huànhuà 幻化 V. ① magically change ② die

huánhuán 桓桓 N. display of martial prowess

huǎnhuǎn* 缓缓 ADV. slowly; gradually; little by little

[1]**huànhuàn** 涣涣[渙渙] R.F. overflowing (of flood)

[2]**huànhuàn** 焕焕[煥煥] R.F. ① bright and shining; scintillating ② glorious; remarkable; prominent

huànhuàn kǒuwèi 换换口味[换换-] V.P. have a change in diet/environment

huánhuánwǔfū 桓桓武夫 F.E. ① heroic knight ② military man

huánhuánxiāngkòu 环环相扣[環環-] F.E. mutually linked

huānhuānxǐxǐ 欢欢喜喜[歡歡-] V.P. happy and joyful ♦ADV. joyfully; happily; delightedly

huānhuì 欢会[歡-] N. happy reunion M: ge/[3]cháng/[1]cì

huánhuì 阛阓 N. <trad.> market; business district

huànhuí 唤回[喚-] V. call sb. back

huànhuì* 换汇[換匯] V.O. convert money

huánhuì zhōng rén 阛阓中人 N. shopkeepers

huánhún 还魂[還-] V.O. ① revive after death ② <topo.> reprocess

huánhúnxiāng 还魂香[還-] N. incense believed to be able to revive a dead person M: [2]gēn/zhù

huànhuò 换货[換-] V.O. barter

huānhǔr 欢虎儿[歡-] N. <coll.> happy/energetic child

huānhūshēng 欢呼声[歡-聲] N. cheers M: [1]zhèn

huāní 花呢 N. fancy suiting

huání 滑泥 A.T. <pottery> slip

huánì* 滑腻 S.V. satiny; creamy (of skin)

huánián 华年[華-] N. youth

huāniáng 花娘 N. ① prostitute ② embroiderer M: ge/[1]míng/[2]wèi

huāniǎo 花鸟 N. flowers and birds

huāniǎohuà 花鸟画[-畫] N. flower-and-bird painting M: [10]fú

huāniú 花牛 N. ① spotted cow/bull M: [1]tiáo/ [1]tóu ② <topo.> a kind of beetle M: ge/[2]zhī

huánjī* 还击[還擊] V. fight back; return fire ♦N. <sport> riposte

huánjí 还籍[還-] V.O. return to one's native place

huánjì 鬟髻 N. woman's coiffure with topknot

huǎn-jí 缓急 V.P. of greater or lesser urgency ♦N. emergency

huànjì 换季[換-] V.O. ① change seasons ② change garments according to the season

huánjiā 还家[還-] V.O. come back home

huánjià* 还价[還價] V.O. make counter-offer/ bid; haggle

huǎnjiá 缓颊[-頰] V. <wr.> intercede for sb.

huànjiǎchígē 擐甲持戈 F.E. prepare to fight

huǎnjiàn* 缓建 V. postpone/delay construction

huànjiān 换肩[換-] V.O. shift the carrying-pole to the other shoulder

huǎnjiāng 缓缰[-韁] V.O. slacken the reins

huànjiānr 换肩儿[換-] V.O. switch the carrying-pole to the other shoulder

huánjiāo 环礁[環-] N. <geog.> atoll M: ge/[4]zuò

huǎnjiāo* 缓交 V. delay payment/etc.

huànjiǎzhíbīng 擐甲执兵[--執-] F.E. put on one's armor and take up arms

huánjié* 环节[環節] N. ① link ② <zoo.> segment

huǎnjiě 缓解 V. ① mitigate; alleviate; ease; relieve ② relax

huànjiè 换届[換屆] V.O. change a leader at the end of a fixed term

huánjié dòngwù 环节动物[環節動-] N. <zoo.> the annulosa

huànjiè xuǎnjǔ 换届选举[換屆選舉] N. periodic election

huànjīfàngyìng 换机放映[換-] V.P. change over

[1]**huánjìng*** 环境[環-] N. ① environment; surroundings; circumstances; situation ② context

[2]**huánjìng** 还敬[還-] V. return a bow/courtesy

huànjǐng 幻景 N. illusion; mirage

huànjìng 幻境 N. ① dreamland; fairyland M: ge/ [1]zhǒng ② <rel.> illusory world of mortals

huánjìng bǎohù 环境保护[環-護] N. environmental protection

huánjìng jìngyǔ 环境敬语[環-] N. <lg.> setting honorifics

huánjìng shēngtàixué 环境生态学[環--態-] N. environmental ecology

huánjìng wèishēng 环境卫生[環-衛-] N. environmental/general sanitation

huánjìng wūrǎn 环境污染[環-] N. environmental pollution

huánjìng xiànzhì 环境限制[環-] N. contextual restriction

huánjìng yǐngxiǎng 环境影响[環-響] N. environmental impact

huánjìng yīnyuè 环境音乐[環-樂] N. background music

huánjìng yǔjìng 环境语境[環-] N. <lg.> context of situation

huánjǐngzhì 环颈雉[環頸-] N. <zoo.> ring-necked pheasant M: ge/[2]zhī

huǎnjíxiāngzhù 缓急相助 F.E. help each other in case of need

huānjù 欢聚[歡-] V. have a happy reunion M: [3]cháng/[1]cì

huǎnjué 缓决[-決] V. stay an execution

huànjué* 幻觉[-覺] N. hallucination; delusion M: [1]zhǒng

huànjùhuàshuō 换句话说[換-] V.P. in other words

huānjùyītáng 欢聚一堂[歡-] F.E. happily gather under the same roof

huánkǒu 还口[還-] V.O. retort; talk back

huǎnkǒuqì 缓口气[-氣] V.O. have a respite

huànkǔ 患苦 N. distress; adversity; suffering

huānkuài 欢快[歡-] S.V. cheerful and lighthearted; lively

huánkuǎn 还款[還-] V.O. pay back money

huànlái 换来[換-] R.V. obtain/get (sth.) by exchange

huànlàn 焕烂[煥爛] V.P. very bright/luminous; shining and flourishing

huānlè 欢乐[歡樂] ATTR. happy; joyous; gay

huānlèchǎng 欢乐场[歡樂場] P.W. places where people seek carnal pleasure; place of entertainment

huānlè qìfēn 欢乐气氛[歡樂氣-] N. joyful atmosphere

huánlǐ 还礼[還禮] V.O. ① return a salute ② present a gift in return

huánliè 环列[環-] V. place in a circle

huánlín 环临[環臨] V. surround

hù'ànlín 护岸林[護-] N. forest belt for shore protection M: [1]piàn

huánliú* 环流[環-] N. circulation ♦V. flow in circles

huǎnliú 缓流 V. flow slowly

huānlóng 欢龙[歡-] N. <coll.> frolicsome/lively child

huánlù 环路[環-] N. ring/loop road M: [1]tiáo

huànmǎ 换码[換-] N. <lg.> transcoding

huǎnmàn 缓慢 S.V. slow

huànmáo 换毛[換-] V.O. molt

huānméidàyǎn 欢眉大眼[歡-] F.E. <coll.> cheery expression

huànmén 宦门 N. official family/pedigree/ background

huànmèng 幻梦[-夢] N. illusion; daydream M: [3]cháng

huànmiè 幻灭[-滅] V. vanish into thin air ♦N. disillusionment

huánmù 还目[還-] V.P. avoid looking sb. straight in the face from fear/respect

huànnàn 患难[-難] N. trials and tribulations; adversity

huànnàn fūqī 患难夫妻[-難--] N. husband and wife who have gone through difficult times together M: [1]duì

huànnáng 宦囊 N. personal savings from an official career

huànnànjiànqì 患难见弃[-難-棄] F.E. leave sb. to hold the bag

huànnànxiāngqì 患难相弃[-難-棄] F.E. fail sb. in his need

huànnànyǔgòng 患难与共[-難與-] F.E. go through thick and thin together

huànnànzhījiāo 患难之交[-難--] N. friend in adversity

huànnàn zhīzhōng 患难之中[-難--] N. be in sore distress; be in dire need

huānnào 欢闹[歡鬧] V.P. be cheerful and noisy (of children/etc.)

huàn nǎojīn 换脑筋[換腦-] V.O. view from a different perspective

huánnèi 寰内 N. ① domain of the empire ② the whole world

huànnéngqì 换能器[換-] N. <phy.> transducer

huànniàn 幻念 N. illusion M: [1]zhǒng

huànnǚ 浣女 N. a washerwoman M: ge/[1]míng/ [2]wèi

huānóng* 花农[-農] N. flower grower M: ge/ [1]míng/[2]wèi

huànóng 化脓[-膿] V.O. fester; suppurate

huànóngxìng 化脓性[-膿-] ATTR. <med.> pyogenic; purulent; suppurative

huánpán 还盘[還盤] N. counteroffer

huànpào 幻泡 N. vanishing dream; bursting bubble

huánpèi* 环佩[環-] N. ornaments worn at the waist M: tào

huǎnpèi 缓辔 V.O. slacken the reins

huǎnpō(r) 缓坡(儿) N. gentle slope M: ge/[2]kuài

huànpǔ 换谱[換-] V.O. exchange cards with personal and family details when becoming sworn brothers

huánqì 环泣[環-] V. surround (a corpse) and weep

huǎnqī 缓期 V.O. ① postpone a deadline ② suspend

huǎnqì(r) 缓气(儿)[-氣-] V.O. have a respite

huànqǐ* 唤起[喚-] R.V. ① arouse ② call; recall

huànqì 换气[換氣] V.O. ① aerate ② take a breath (in swimming) ③ change the air; ventilate

huānqià 欢洽[歡-] S.V. ① friendly ② congenial; harmonious

huánqián* 还钱[還錢] V.O. return money; pay back a debt

huànqián 换钱[換錢] V.O. ① change money/ bills ② sell for money

huǎnqī fùkuǎn 缓期付款 V.P. delay/defer payments

huànqīn 换亲[換親] V.O. exchange daughters in marriages between two families so that each becomes a daughter-in-law of the other family

huānqìng* 欢庆[歡慶] V. celebrate joyously

huánqīng 还清[還-] R.V. pay off; pay in full

huánqíng(r) 还情(儿)[還-] V.O. repay a favor

huànqìshàn 换气扇[換氣-] N. exhaust/ventilation fan

[1]**huánqiú** 环球[環-] V.O. circumnavigate the world ♦N. the earth; whole world

[2]**huánqiú** 寰球 N. the earth; whole world

huánqiú fēixíng 环球飞行[環-飛-] N. round-the-world flight M: [1]cì

Huánqiú xiǎojiě 环球小姐[環-] N. Miss Universe M: ge/[1]míng/[2]wèi

Huánqiú Yóubào 环球邮报[環-郵報] N. Globe and Mail (Toronto)

huǎnqī zhíxíng 缓期执行[--執-] V.P. <law> probate

huánqū 寰区[-區] N. all within the country

huànqǔ* 换取[換-] V. exchange sth. for; get in return

huánquān'érzuò 环圈而坐[環-] F.E. sit in a circle

[1]**huànrán** 焕然[煥-] V.P. shining

[2]**huànrán** 涣然[渙-] V.P. melt away; vanish; disappear

huànránbīngshì 涣然冰释[渙-釋] F.E. vanish; melt away

huànrányīxīn 焕然一新[煥-] F.E. take on an entirely new look/aspect

huánrào 环绕[環繞] V. ① surround; encircle ② revolve around

huánrào sùdù 环绕速度[環繞-] N. revolving speed

H

huānrè 欢热[歡熱] V.P. <topo.> hustling and bustling
huànrén 换人[换-] V.O. <sport> substitute
huán rénqíng 还人情[還-] V.O. return a favor
huānróngyuèsè 欢容悦色[歡-] F.E. a bright face; a pleased countenance
huànsàn 涣散[渙-] V. slacken ♦S.V. lax
huànsàn dòuzhì 涣散斗志[渙-鬥-] V.O. sap sb.'s morale or fighting will
huànshā 浣纱 V.O. <wr.> wash silk
huánshān 环山[環-] N. ① around a mountain ② be surrounded by mountains M: [4]zuò
huánshāndàishuǐ 环山带水[環-帶-] F.E. surrounded by hills and girdled by water
[1]**huànshàng** 换上[换-] R.V. change (clothes)
[2]**huànshàng** 患上 R.V. contract (a disease)
huàn shànglai 换上来[换-] R.V. substitute
huánshé 环蛇[環-] N. krait M: ge/[2]zhī
huānshēng 欢声[歡聲] N. cheer M: [1]zhèn
huānshēnggēchàng 欢声歌唱[歡聲-] F.E. sing with joy
huānshēngléidòng 欢声雷动[歡聲-動] F.E. cheers resound like rolls of thunder
huānshēngxiàoyǔ 欢声笑语[歡聲-] F.E. happy laughter and cheerful voices
huānshi 欢势/实[歡勢/實] V.P. <coll.> lively; spirited; vivacious
huánshī 还师[還師] V.O. return (of troops)
huánshí 环食/蚀[環-] N. <astr.> annular eclipse (of sun)
huánshì* 环视[環-] V. look around
huànshì 幻世 N. <Budd.> illusory world of the mortals
hù'ànshí 护岸石[護-] N. bank revetment stones M: [2]kuài/[1]pái
huàn shīyǔzhèng de 患失语症的 ATTR. <lg.> ① dyslexic ② aphasic
[1]**huánshǒu*** 还手[還-] V.O. strike/hit back
[2]**huánshǒu** 缳首 N. <trad.> death by hanging
huànshǒu 换手[换-] V.O. change hands; switch to another hand
huànshǔ 逭暑 V.O. get away from the summer heat
huànshù* 幻术[-術] N. magic; conjuring M: [1]zhǒng
huánsì 环伺[環-] V. <wr.> look around and wait for opportunities (to attack)
huānsòng 欢送[歡-] V. ① see/send off ② give a farewell party
huānsònghuì 欢送会[歡-] N. farewell meeting/party M: [3]cháng/[1]cì
huánsú 还俗[還-] V.O. <rel.> resume secular life
huànsuàn 换算[换-] V. convert from one system of measurement to another ♦N. conversion
huànsuànbiǎo 换算表[换-] N. conversion table M: [1]fèn/[1]zhāng
huàn tāng bù huàn yào 换汤不换药[换湯-换藥] F.E. change form but not content/essence
huàntáo 逭逃 V. flee
huānténg 欢腾[歡-] N. jubilation
huàntì 换替[换-] V. ① take turns ② replace
huāntiānxǐdì 欢天喜地[歡-] F.E. overjoyed
huàntiě 换帖[换-] V.O. become sworn brothers by exchange of papers containing personal data
huàntou 唤头[唤-] N. <trad.> sound-making devices used by itinerant peddlers/barbers/etc. to attract attention
huǎntú 缓图[-圖] V. plan slowly and carefully
huàntú* 宦途 N. official career
huàntuǐ 换腿[换-] V.O. change the position of the legs
huànuò 画诺[畫-] V.O. <trad.> sign; note approval
huánwǎnglù 环网路[環網-] N. ring network (of computers/etc.) M: ge/[1]tiáo
huānwèi 欢慰[歡-] V. be gratified
[1]**huán-wèi** 环卫[環衛] AB. environmental/general sanitation *See also* [3]*huánwèi*
[2]**huánwèi** 还味[還-] V. ponder what sb. has said
[3]**huánwèi** 环卫[環衛] N. imperial guards *See also* [1]*huán-wèi*
huànwèi* 换位[换-] N. <lg.> permutation; transposition; metathesis
huànwèifǎ 换位法[换-] N. transposition
huánwèi gōngrén 环卫工人[環衛-] N. environmental sanitation workers M: ge/[1]míng [2]wèi
huánwèijú 环卫局[環衛-] P.W. environmental-protection office
huànwèi zhuǎnhuàn 换位转换[换-轉换] N. <lg.> permutation transformation
huànwèi zuòyòng 换位作用[换-] N. <lg.> metathesis
huánwén 环纹[環-] N. circular grain/pattern
huànwén* 换文[换-] V.O. exchange diplomatic notes/letters
huánwǒhéshān 还我河山[還-] F.E. Let's restore our lost land!
huānxǐ* 欢喜[歡-] V. like; be fond of ♦S.V. happy; delighted
huánxí 还席[還-] V.O. ① give a return dinner ② vomit after being drunk
[1]**huànxǐ** 换洗[换-] V. change clothes (for washing)
[2]**huànxǐ** 浣洗 V. wash silk/clothes/etc.
huǎnxià 缓下 V. <Ch. med.> mild purging
huàn xiàlai 换下来[换-] R.V. be replaced
huánxiàn 环线[環-] N. circular route M: [2]gēn/[1]tiáo
huǎnxiàn* 缓限 V.O. postpone a deadline; suspend
huánxiāng 还乡[還鄉] V.O. return to one's native place
huànxiǎng* 幻想 N./V. illusion; fancy; fantasy M: [1]fèn/[1]zhǒng
huànxiàng 幻象 N. mirage; phantom; phantasm M: [1]zhǒng
huànxiǎngpòmiè 幻想破灭[-滅] F.E. disillusionment
huànxiàngqì 换向器[换-] N. commutator M: [1]tái
huànxiǎngqǔ 幻想曲 N. <mus.> fantasia M: [4]zhī
huánxiāngtuán 还乡团[還鄉團] N. ① homegoing legion ② landlord's restitution corps
huànxiàng yìshù 幻象艺术[-藝術] N. psychedelic art
huānxiào 欢笑[歡-] V. laugh heartily ♦N. jubilation; joy M: [1]zhèn
huānxiàoshēng 欢笑声[歡-聲] N. sound of joyful laughter M: [1]zhèn
huǎnxiè 缓泻[-瀉] V. prescribe a laxative
huǎnxièyào 缓泻药[-瀉藥] N. anti-diarrhea medicine M: [14]fù/[4]jì
huānxǐfó 欢喜佛[歡-] N. <Budd.> devas of pleasure (Lamaist representation of male and female deities embracing each other in love) M: [1]zūn
huānxǐfótiān 欢喜佛天[歡-] N. <Budd.> devas of pleasure
[1]**huānxīn*** 欢心[歡-] N. ① favor; liking; love ② jubilation; joy M: [1]piàn
[2]**huānxīn** 欢欣[歡-] S.V. elated
[1]**huànxīn** 换新[换-] V.O. change for new; renew
[2]**huànxīn** 换心[换-] V.O. intimate; understanding
huànxīn chéngběn 换新成本[换-] N. <acct.> renewal cost
huánxǐng 还醒[還-] R.V. come to; revive; regain consciousness
[1]**huánxíng** 环形[環-] ATTR. annular; ringlike
[2]**huánxíng** 环行[環-] V. circle ♦N. circumnavigation
huǎnxing 缓醒 R.V. revive; regain consciousness; come to
[1]**huǎnxíng*** 缓刑 V.O. <law> suspend sentence; reprieve
[2]**huǎnxíng** 缓行 V./N. amble
huànxíng 换型[换-] N. ① change of model (of a product, etc.) ② replacement of a product
huànxǐng 唤醒[唤-] V. wake up; awaken; rouse
huànxìng 换性[换-] V.O. change sex ♦ATTR. transsexual
huánxíng gōnglù 环形公路[環-] N. ring road; belt highway M: ge/[1]tiáo
huǎnxínglìng 缓刑令 N. reprieve M: ge/[2]dào
huánxínglù 环行路[環-] N. ring road M: ge/[1]tiáo
huánxíngshān 环形山[環-] N. lunar crater M: [4]zuò
huānxīngǔwǔ 欢欣鼓舞[歡-] F.E. elated
huánxíngxiàn 环行线[環-] N. circular route M: [1]tiáo
huánxíngyīzhōu 环行一周[環-] F.E. make a circuit
huànxióng 浣熊 N. raccoon M: ge/[2]zhī
huānxǐqiánr 欢喜钱儿[歡-錢-] N. tips given on happy occasions/events M: [1]fèn
huānxǐtiān 欢喜天 N. <Budd.> devas of pleasure (Lamaist representation of male and female deities embracing each other in love)
huànxiū 换休[换-] V.O. change the day-off
huānxǐyuānjia 欢喜冤家[歡-] F.E. quarrelsome lovers
huānxǐyùkuáng 欢喜欲狂[歡-] F.E. be rapt with joy
huānxù 欢叙[歡敘] V. meet joyously
huànxuě 浣雪 V. cleanse oneself of false charges
huànxuè* 换血[换-] V.O. ① transfuse blood ② recruit new members (into an athletic team)
huányā 还押[還-] V. return to custody pending trial or for further detention; remand
huànyá* 换牙[换-] V.O. grow permanent teeth
huānyán* 欢颜[歡-] N. happy looks/appearances M: [1]fù
huānyàn 欢宴[歡-] N. welcome banquet/feast M: [3]cháng[1]cì ♦V. entertain guests with a banquet
huányán 还言[還-] V. ① retort ② swear at sb. in return
huányáng 还阳[還陽] V.O. revive after death
huànyǎng* 豢养[-養] V. feed; groom; keep
huànyàng(r) 换样(儿)[换樣-] V.O. change the appearance/shape/fashion
huányǎng shùzhī 环氧树脂[環-樹-] N. <chem.> epoxy resin
huànyánzhī 换言之[换-] V.P. in other words
[1]**huànyào** 换药[换藥] V.O. change a bandage; use fresh dressing for a wound
[2]**huànyào** 焕曜[煥-] V.P. bright and luminous; shining and flourishing
[1]**huǎnyì*** 缓役 V. defer service/punishment
[2]**huǎnyì** 缓议[-議] V.O. defer the discussion
[1]**huànyī** 换衣[换-] V.O. change clothing
[2]**huànyī** 浣衣 V.O. <trad.> wash clothes
huànyì 换义[换義] N. <lg.> permutation
huànyījùhuà 换一句话[换-] V.P. in other words
huànyījùhuà shuō 换一句话说[换-] V.P. in other words
huǎn yī kǒu qì 缓一口气[-氣] V.O. get breathing-space
huānyíng* 欢迎[歡-] V. ① welcome; greet ~ ***Lǎo Zhào jiǎng jǐjù.*** Let's ask Zhao to say a few words. ② be well received
huányíng 桓楹 N. supports for a coffin in a grave
huànyǐng 幻影 N. imagined image
huānyíngcí 欢迎词[歡-] N. welcoming speech/address M: ge/[1]jù
huānyínghuà 欢迎话[歡-] N. welcoming speech/remarks M: [1]jù
huānyínghuì 欢迎会[歡-] N. welcoming party M: ge/[3]cháng/[1]cì
huānyóu 獾油 N. badger fat (for treating burns)
huányóu* 环游[環-] V. tour around (a place)
huànyóu 宦游 V. <wr.> ① serve away from home ② travel about to seek an office
huányóu shìjiè 环游世界[環-] V.O. take a round-the-world trip
[1]**huānyú** 欢娱[歡-] V.P. <wr.> happy; joyous; pleasurable ♦N. joy and pleasure
[2]**huānyú** 欢愉[歡-] V.P. delighted
[3]**huānyú** 欢虞[歡/驩-] V.P. brisk and cheerful
huányǔ* 寰/环宇[環-] N. the earth; whole world
huànyú 鲩鱼 N. <zoo.> herb carp M: ge/[1]tiáo
[1]**huànyǔ** 换羽[换-] V.O. molt

[2]**huànyǔ** 豢圉 N. pen for animals; animal barn/stable
huànyù 换喻[換-] N. <lg.> metonym
[1]**huányuán(r)*** 还原(儿)[還-] V.O. return to the original condition/shape; restore ♦N. ① <chem.> reduction ② <math.> inverse operation ♦ATTR. <lg.> recursive
[2]**huányuán** 轘辕 N. ① topographically inaccessible place M: chū/[1]piàn ② name of a mountain in Henan
huányuàn 还愿[還願] V.O. fulfill a promise/vow
huányuán chéng 还原成[還-] V.P. ① <chem.> reduce ② restore
huányuánfǎ 还原法[還-] N. reduction method
huányuànFóbēi 还愿佛碑[還願-] N. Buddhist votive stele/tablet M: ge/[4]zuò
huányuánjì 还原剂[還-劑] N. <chem.> reducing agent; reductant
huányuánméi 还原酶[還-] N. <chem.> reductase
huányuán sùdù 还原速度[還-] N. <mus.> tempo
huányuányàn 还原焰[還-] N. reducing flame
huányuán zuòyòng 还原作用[還-] N. <chem.> reduction
huànyù bīnyǔ 换喻宾语[換-賓-] N. <lg.> metonymic object
[1]**huānyuè*** 欢悦[歡-] N. joy and happiness ♦V.P. be happy/joyous/pleased
[2]**huānyuè** 欢跃[歡躍] V. jump for joy
huànyuē 换约[換-] V.O. exchange notes/letters/treaties; exchange ratification of a treaty
huànyù guānxi 换喻关系[換-關係] N. <lg.> metonymy
huányùn 环晕[環-] N. lunar/solar halo
huànyùn* 换韵[換韻] V.O. shift to another rhyme
huànyùxìng yìyì 换喻性意义[換-義] N. <lg.> metonymical meaning
huánzhài 还债[還-] V.O. repay a debt
huánzhàng 还帐[還-] V.O. repay a debt
huǎnzhào 缓召 V. defer the draft (for military service)
[1]**huànzhě** 患者 N. sufferer; patient M: ge/[1]míng/[2]wèi
[2]**huànzhě** 宦者 N. ① functionary ② eunuch M: ge/[1]míng/[2]wèi
huǎnzhēng 缓征[-徵] V. postpone a tax/levy
huánzhèngyúmín 还政于民[還-於-] V.P. ① return government power to the people ② return to parliamentary rule
huànzhìfǎ 换置法[換-] N. <lg.> hypallage
huànzhìhūtiān 患至呼天 F.E. start to prepare only at the last moment
huànzhǔ(zi) 换主(子)[換-] V.O. change ownership/owner
huánzhuàng 环状[環狀] ATTR. annular; ringlike ♦N. circularity
huànzhuāng* 换装[換裝] V.O. change clothes
huánzhuàng de 环状的[環狀-] ATTR. cricoid
huánzhuàng ruǎngǔ 环状软骨[環狀軟-] N. <phy.> cricoid cartilage
huànzhuāngzhàn 换装站[換裝-] P.W. transshipment station M: ge/[4]zuò
huànzhuó 浣濯 V. <trad.> wash; rinse
huánzi 环子[環-] N. ring; link
huánzuǐ 还嘴[還-] V.O. <coll.> answer/talk back; retort
huánzuò 环坐[環-] V. sit around sth.; sit in a circle
huànzuò* 唤作[喚-] V. be called as
huànzuo shénme 唤做什么[喚-麼] V.P. <topo.> What's it called?
huāpán 花盘[-盤] N. ① <bot.> flower disk M: ge/[2]zhī ② <mach.> faceplate
huāpào 花炮 N. fireworks M: ge/[1]chuàn/[1]guà
huāpén(r) 花盆(儿) N. flowerpot
huāpéng 花棚 N. flower trellis; pergola
huāpéngjià 花棚架 N. flower trellis; pergola
[1]**huàpí*** 画皮[畫-] N. evildoer's disguise/mask M: [1]zhāng
[2]**huàpí** 桦皮[樺-] N. birchbark M: [2]kuài/[1]piàn
huàpì 画僻[畫-] N. craze for painting
huāpiàn 花片 N. fallen petals M: [1]piàn
huàpiàn(r)* 画片(儿)[畫-] N. ① miniature reproduction of a painting ② picture postcard M: [1]zhāng
huàpiānr 话片儿 N. <topo.> record (of music/etc.)
huāpǐn* 花品 N. grade of flower
huàpǐn 画品[畫-] N. quality of paintings M: [1]pī/[1]xiē
huāpíng(r)* 花瓶(儿) N. ① flower vase ② secretary kept for her good looks rather than ability ③ useless gussy-upper ④ a pretty and coquettish woman M: ge/[2]zhī
huàpíng 画屏[畫-] N. painted screen M: [10]fú
huàpíngjiā 画评家[畫-] N. painting critic M: ge/[2]wèi
huápō 滑坡 N. landslide; landslip; downslide M: [3]cháng/[1]cì ♦V.O. <econ.> decline; slump
huápò* 划破 R.V. cut open
huà pōuxiàn 画剖线[畫-] V.O. crosshatch M: [1]tiáo
huāpǔ* 花圃 N. flower nursery/bed M: ge/[4]zuò
huàpǔ 画谱[畫-] N. ①picture copybook ②book/commentary on art of drawing/painting M: [1]běn/[1]fèn
huāqī 花期 N. flower season
huāqí* 花旗 N. United States; Star-Spangled Banner M: [1]miàn
huàqī 画漆[畫-] N. painted lacquer
huāqián* 花/化钱[-錢] V.O. spend/cost money
huàqián 化钱[-錢] V.O. ① get money by a special way ② burn paper money for the dead ③ spend money
[1]**huāqiāng*** 花腔 N. ① <opera> coloratura M: ge/[1]míng ② guileful talk
[2]**huāqiāng** 花枪[-槍] N. ① <hist.> short spear ② trickery M: ge/[4]zhī
huāqiáng(zi) 花墙(子)[-牆] N. crenelated/lattice wall M: [1]dǔ
huāqiāng nǚgāoyīn 花腔女高音 N. coloratura soprano; coloratura M: ge/[1]míng
huāqiānr 花扦儿 N. ① cut flowers ② artificial flowers for a vase M: [1]bǎ/[4]shù
huàqiányǐn 话前引 N. <lg.> pre-sequences
huāqiányuèxià 花前月下 F.E. an ideal setting for amorous dalliance
huāqiào 花俏 S.V. flowery; showy; very colorful
Huáqiáo* 华侨[華僑] N. overseas Chinese M: ge/[1]míng/[2]wèi
Huāqíguó 花旗国[-國] P.W. the United States
huāqīng 花青 N. ① flower blue; indigo ② <chem.> cyanine
huàqīng* 划清[劃-] R.V. make a clear distinction
huàqīngjièxiàn 划清界线[劃-] F.E. <PRC> make a clear class distinction
huāqīngsù 花青素 N. <chem.> anthocyanin
Huāqí Yínháng 花旗银行 N. First National City Bank
huāqù 花去 R.V. spend
huāquān* 花圈 N. wreath; garland
huāquán 花拳 N. exhibition boxing M: [1]fù/tào
huáquán 划/豁拳 V.O. play a finger-guessing game
huàquān(r) 画圈(儿)[畫-] V.O. ① draw a circle ② make a small circle to note perusal
huà quānquan 画圈圈[畫-] V.O. circle one's name on a document as read
huāquánxiùtuǐ 花拳绣腿[--繡-] F.E. ① showy but impractical martial arts ② any showy but impractical skill
[1]**huàr** 画儿[畫-] N. painting; drawing M: [10]fú/[1]zhāng
[2]**huàr** 话儿 N. talk; conversation M: [2]fān
huárán 哗然[嘩-] ADV. in an uproar; in commotion
huārdòngzi 花儿洞子 N. a hothouse half underground for growing flowers M: ge/[4]zuò
huārdú 花儿毒 N. poison from smallpox
Huárén 华人[華-] N. Chinese people M: ge/[1]míng/[2]wèi
huārféi 花儿肥 N. ① fertilizer applied to cotton/etc. during the flower season ② fertilizer for potted plants
huārjiàng 花儿匠 N. gardener; floriculturist M: ge/[1]míng
huāróng 花容 N. fair as a flower M: [1]fù
huāróngyuèmào 花容月貌 ID. fair as a flower and the moon (of women)
huārpù 花儿铺 N. florist M: ge/[1]jiā/[1]jiān
huárù 滑入 V.P. slip/slide into
huàrù* 划入[劃-] V.P. earmark (funds)
huāruǐ 花蕊 N. stamen; pistil M: [2]duǒ
huárùn 滑润 S.V. smooth; well-lubricated
huāryàngzi 花儿样子[--樣-] N. flower pattern to do embroidery work on
huārzhēn 花儿针 N. fine needle for embroidery M: [2]gēn
huāsè 花色 N. ① design and color ② a variety of designs/sizes/colors/etc.
huāsèfánduō 花色繁多 F.E. a great variety
huāsè pǐnzhǒng 花色品种[-種] N. a variety of colors and designs
huāsèqíquán 花色齐全[--齊-] F.E. have a full range of varieties
Huáshā 华沙[華-] P.W. Warsaw
huāshābù 花纱布 N. collective name for cotton, cotton yarn and cloth M: [2]kuài/[1]pǐ
Huáshā Gōngyuē 华沙公约[華-] N. the Warsaw Treaty
huāshān 花衫 N. ① flowered shirt M: [2]jiàn ② <opera> vivacious female role
Huà Shān* 华山[華-] P.W. Huashan (Mountain in Shaanxi)
huāshang 花上 R.V. <coll.> expend
Huáshāng* 华商[華-] N. Chinese merchant M: ge/[1]míng/[2]wèi
huàshāng 画商[畫-] N. painting dealer M: ge/[1]míng/[2]wèi
huàshàng 画上[畫-] V. draw on
huāshao* 花哨/稍 S.V. ① garish; gaudy ② full of flourishes; flowery ③ <coll.> ⓐ cunning ⓑ fond of opposite sex
huāshāo 花稍 S.V. <coll.> ① brightly colored; splashy ② cunning; crafty; shifty
huàshǎohuòshǎo 话少祸少[--禍-] F.E. The least said, the soonest mended.
huàshēn 化身 N. incarnation; embodiment; personification
huāshēng* 花生 N. peanut M: [2]kē/[3]lì
huàshēng 化生 V. <rel.> become sth. from nothing ♦N. evolutionary creation of life
huàshèng 画圣[畫聖] N. master artist (in painting) M: ge/[2]wèi
Huāshēngbǐng 花生饼 N. peanut cake M: [2]kuài/[1]zhāng
huāshēngdòu(r) 花生豆(儿) N. <coll.> peanut M: [1]kē/[3]lì
Huáshèngdùn 华盛顿[華-] P.W. Washington, D.C. ♦N. George Washington
huà-shēng-fàng zhànzhēng 化生放战争[-戰爭] N. chemical, biological, and nuclear warfare
huāshēngjiàng 花生酱[-醬] N. peanut butter M: píng
huāshēngké(r) 花生壳(儿)[--殼-] N. peanut shell
huāshēngmǐ 花生米 N. shelled peanut M: [1]kē/[3]lì
huāshēngrén(r) 花生仁(儿) N. shelled peanut M: [1]kē/[3]lì
huāshēngtáng 花生糖 N. peanut brittle M: [2]kuài
huāshēngyóu 花生油 N. peanut oil M: [2]dī/píng
huàshēn wéi 化身为 V.P. ① disguise as ② incarnate
huàshétiānzú 画蛇添足[畫-] ID. ruin the effect by adding sth. superfluous
huāshézi 花舌子 N. <topo.> sweet-talker; glib person
huāshí 花石 N. ① marble ② <geog.> porphyry M: [2]kuài

[1]**huāshì** 花市 N. flower market
[2]**huāshì** 花饰 N. ornamental design M: [1]*zhǒng*
[3]**huāshì** 花式 ATTR. fancy
huáshí 滑石 N. talcum; talc M: [2]*kuài*
huáshì 华饰[華-] N. beautiful decorations M: [1]*fù*
Huáshì 华氏[華-] N. Fahrenheit
huàshī 画师[畫師] N. <*court.*> painter M: *ge*/[1]*míng*/[2]*wèi*
[1]**huàshí** 化石 N. fossil M: *ge*/[2]*kuài*
[2]**huàshí** 化食 V.O. help/aid digestion
huàshǐ 画史[畫-] N. history of painting
[1]**huàshì*** 画室[畫-] N. studio M: *ge*/[1]*jiān*
[2]**huàshì** 画式[畫-] N. <*art*> form of painting M: [1]*zhǒng*
Huáshìbiǎo 华氏表[華-] N. <*loan*> Fahrenheit thermometer
huàshícéng 化石层[-層] N. <*geog.*> fossil bed
huàshídài 划时代[劃時-] V.O. mark an epoch ♦ATTR. epoch-making
huáshífěn 滑石粉 N. talcum powder
Huáshì hán-shǔbiǎo 华氏寒暑表[華-] N. Fahrenheit thermometer
huāshì huáshuǐ 花式滑水 N. trick water-skiing
huàshílín 化石林 N. fossil forest M: *ge*/[1]*piàn*
huāshì liūbīng 花式溜冰 N. figure skating
huāshì tiàoshuǐ 花式跳水 N. fancy diving
huāshìtú 花式图[-圖] N. floral diagram M: [1]*zhāng*
huàshíwán 化食丸 N. digestion-improving medicine M: [1]*kē*/[3]*lì*
Huáshì wēndùjì 华氏温度计[華-] N. Fahrenheit thermometer
huà shízì 画十字[畫-] V.O. ① mark a cross (by an illiterate on a document) ② <*rel.*> make the sign of the cross; cross oneself
huàshí zuòyòng 化石作用 N. fossilization
huáshǒu 华首[華-] N. <*wr./court.*> ① gray/white hair ② beauty's hair ③ an elderly person
huáshòu* 华寿[華壽] N. <*court.*> birthday
huàshǒu 画手[畫-] N. painter; draftsman; designer M: *ge*/[1]*míng*/[2]*wèi*
huāshǔ 花鼠 N. Siberian chipmunk; chipmunk M: *ge*/[2]*zhī*
huāshù* 花束 N. flower bouquet
huáshǔ 滑鼠 N. <*comp.*> mouse M: *ge*/[2]*zhī*
huàshù 桦树[樺樹] N. birch M: [2]*kē*
huáshuǎng 滑爽 S.V. smooth (of textiles)
[1]**huáshuǐ** 划水 V.O. <*sport*> flail the water in swimming ♦N. fish tail
[2]**huáshuǐ** 滑水 V.O. <*sport*> water skiing
huáshuǐbǎn 滑水板 N. water-skiing board M: *ge*/[2]*kuài*
huàshuō 话说 V.P. it is said (often at start of a story)
huāshuōliǔshuō 花说柳说 F.E. <*topo.*> ① engage in close conversation ② flatter; use sweet and insincere words
huāsī 花丝[-絲] N. ① <*bot.*> filament ② <*art*> filigree
huàsú 化俗 V.O. improve customs; civilize
huásuàn 划算 S.V. <*coll.*> be worth the price/expense ♦V. ①consider; deliberate ②calculate; weigh
huàsuīrúcǐ 话虽如此[-雖--] F.E. be that as it may
huāsùjiǎo 花素饺 N. vegetarian ravioli M: *ge*/[2]*zhī*
huātán* 花坛[-壇] N. ① flower terrace/bed ② acrobatic juggling of an earthen jar
huātǎn 花毯 N. ① colorful/patterned blanket ② dimity; tapestry M: *ge*/[2]*kuài*
[1]**huàtán** 画坛[畫壇] N. painting circles/world
[2]**huàtán** 化痰 V.O. <*Ch. med.*> reduce/eliminate phlegm
huàtáng 画堂[畫-] N. beautifully decorated room/house
huátángqiāng 滑膛枪[-槍] N. smoothbore (gun); musket M: *ge*/[4]*zhī*
huàtánzhǐké 化痰止咳 F.E. <*Ch. med.*> dissolve mucus and stop coughing
huátī 滑梯 N. (children's) sliding board
[1]**huàtí*** 话题 N. ① subject of a talk; topic of conversation ② <*lg.*> topic
[2]**huàtí** 画题[畫-] N. subject of a painting
huātiānjiǔdì 花天酒地 F.E. ① world of women and wine ②lead a life of luxury and debauchery
huátiānxiàzhīdàjī 滑天下之大稽 F.E. be the object of universal ridicule
huātiáo wénzi 花条蚊子[-條--] N. a white-striped mosquito M: *ge*/[2]*zhī*
huàtiè 画帖[畫-] N. book of model paintings/drawings M: *ge*/[14]*fù*
Huátiělú* 滑铁卢[-鐵盧] P.W. Waterloo
huàtiělú 化铁炉[-鐵爐] N. <*metal.*> iron-smelting furnace M: *ge*/[4]*zuò*
huàtǐlùn 化体论[-體-] N. <*rel.*> transubstantiation
huātīng 花厅[-廳] P.W. reception room; parlor M: *ge*/[1]*jiān*
huátǐng* 划艇 V.O. <*sport*> canoe
huàtíng 话亭 N. telephone booth M: *ge*/[1]*jiān*
huātíngr 花莛儿 N. flower stalk M: [2]*gēn*
huàtíyīzhuǎn 话题一转[-轉] F.E. change the topic of conversation
huàtí zhuǎnbiàn 话题转变[-轉變] N. <*lg.*> topic change
huātóng 花童 N. bridal page M: *ge*/[1]*míng*
huātǒng 花筒 N. flower-like fireworks; tube-shaped fireworks M: *ge*/[2]*zhī*
huàtǒng* 话筒 N. ①microphone ②telephone transmitter ③megaphone ④mouthpiece M: *ge*/[2]*zhī*
huātou 花头 N. <*topo.*> ① trick; ruse; artifice ② knack ③ decorative figure
huátóu 滑头 S.V. shifty; slick; foxy; cunning ♦N. slippery fellow; sly customer M: *ge*/[2]*wèi*
huàtóu(r)* 话头(儿) N. <*coll.*> ① topic of conversation ② tone of voice
huàtòu 化透 R.V. dissolve/melt completely
huátóuhuánǎo 滑头滑脑[-腦] F.E. crafty; artful
huātóur 花头儿 N. trouble; scandal
huàtóuzi 话头子 N. <*topo.*> words; conversation
huàtú 画图[畫圖] V.O. draw designs/maps/etc. ♦N. picture M: [10]*fú*
huātuánjǐncù 花团锦簇[-團--] F.E. ① rich; colorful ② a group of richly attired women
huātuō 花托 N. <*bot.*> thalamus
huátuō* 滑脱 V. slip away
Huà Tuó 华佗[華-] (?–220) N. <*Ch. med.*> a famous physician
huātuōr 花托儿 N. <*bot.*> receptacle (part of flower)
huàtuózàishì 华陀再世[華-] ID. a doctor with miraculous healing power
huàtúqì 画图器[畫圖-] N. drawing instruments
huàtúzhǐ 画图纸[畫圖-] N. drawing/sketch paper M: [1]*zhāng*
huàwài 化外 P.W. outside the pale of Chinese civilization
huàwàiyīn 画外音[畫-] N. offscreen voice; voice-over
huàwàizhīmín 化外之民 N. uncivilized people
huàwàizhīyì 话外之意 N. the meaning between the lines
huāwáng 花王 N. peony M: *ge*/[2]*wèi*
huàwéi 化为 V.P. change into; become
huàwéichén'āi 化为尘埃[--塵-] V.P. crumble to/into dust
huàwéipàoyǐng 化为泡影 V.P. disappear completely; come to nothing
huàwéiwūyǒu 化为乌有[--烏-] F.E. vanish; come to nothing
huāwén* 花纹 N. ① decorative pattern; figure ② wood grain M: [1]*tiáo*
Huáwén 华文[華-] N. Chinese language/script
huāwù* 花坞[-塢] N. sunken flower-bed
huáwū 华屋[華-] N. magnificent house M: *ge*/[4]*zuò*
huā wú bǎirìhóng 花无百日红 ID. Good times don't last long.
huàwùliàng 话务量[-務-] N. telephone-traffic volume
huáwūshānqiū 华屋山丘[華-] ID. the vagaries of fortune
huàwùyuán 话务员[-務-] N. (telephone/switchboard) operator M: *ge*/[1]*míng*/[2]*wèi*
huāxí(zi) 花席(子) N. patterned mat M: *ge*/[1]*zhāng*
huāxì 花细 N. <*trad.*> women's head ornaments
Huáxī* 华西[華-] P.W. West China
huáxià 滑下 R.V. slide down
Huáxià* 华夏[華-] P.W. <*hist.*> ① China ② Cathay
huàxià 画下[畫-] R.V. draw
huāxiàn 花线 N. ① colored thread ② <*elec.*> flexible cord M: [2]*gēn*/[2]*gēn*/*tuán*
huàxiān* 化纤[-纖] N. chemical fiber
[1]**huàxiàn** 划线[劃-] V.O. draw a line
[2]**huàxiàn** 画线[畫-] V.O. draw a line
huāxiāng 花香 N. fragrance of flowers M: [2]*gǔ*/[1]*zhèn*
huāxiàng 花项 N. <*topo.*> item of expense
huáxiáng 滑翔 V. glide
huàxiàng* 画像/象[畫-] V.O. draw a portrait ***gěi rén*** ~ draw a portrait of sb. ***ràng rén*** ~ sit for one's portrait ♦N. portrait; portrayal; designs engraved in stone M: *ge*/[10]*fú*
huáxiángjī 滑翔机 N. glider; sailplane M: *ge*/[1]*jià*
huàxiàng kōngxīnzhuān 画像空心砖[畫-磚] N. <*archeo.*> decorated hollow brick
huāxiāngniǎoyǔ 花香鸟语 F.E. an idyllic scene
huàxiàngshí 画像石[畫-] N. ① stone relief (on ancient Chinese tombs/shrines/etc.) ② carved stone M: *kuài*
huàxiāngshù 化香树[-樹] N. tree whose fruit can be used for black dye M: [2]*kē*
huáxiángyì 滑翔翼 N. hang-glider
huáxiáng yùndòng 滑翔运动[-運動] N. ① glider sports ② sailplaning; hang-Fgliding
huàxiànpáiduì 划线排队[劃-隊] F.E. categorize people politically
huàxiǎnwéiyí 化险为夷 ID. head off disaster; change danger into safety
huāxiao* 花消/销 N. ① <*coll.*> cost; expense ② <*trad.*> ⓐ commission ⓑ taxes and levies M: [3]*xiàng*
huáxiāo 哗嚣[嘩-] N. noisy commotion; tumult; uproar
huáxiào 哗笑[嘩-] N. uproarious laughter M: [1]*zhèn*
Huáxià wénhuà 华夏文化[華-] N. Chinese culture
Huáxiàyǔ 华夏语[華-] N. Sinitic language
Huáxià zhīzú 华夏支族[華-] N. Sinitic subfamily
huàxiázi 话匣子 N. <*topo.*> ① phonograph ② radio receiving set ③ chatterbox ***Tā de ~ yòu dǎkāi le.*** There she goes chattering away again.
huāxié* 花鞋 N. embroidered shoes M: *ge*/[2]*zhī*/[1]*duì*/[1]*shuāng*
huáxiè 滑泄 N. <*Ch. med.*> efflux diarrhea
huāxīn(r)* 花心(儿) N. center of a flower M: *ge*/[1]*kē*
huāxìn 花信 N. ① flower-blooming season ② 24th year (of a woman)
huāxìnfēng 花信风 N. wind in the flower season M: [2]*gǔ*/[1]*zhèn*
[1]**huáxíng*** 滑行 V. slide; coast ***Fēijī zhèng yánzhe pǎodào mànman ~.*** The plane is taxiing slowly along the runway.
[2]**huáxíng** 划行 V. paddle (a boat)
huàxíng 画行[畫-] V.O. write down the character [1]*xíng* on a document to show one's approval; write *O.K.* on an official document
huā xīnsī 花心思 V.O. think hard
huāxū 花须[-鬚] N. stamen of pistil
[1]**huāxù*** 花絮 N. tidbits of news; interesting sidelights M: *tuán*
[2]**huāxù** 花序 N. arrangement of flowers on a stem/axis; inflorescence

huáxū 华胥[華-] N. ① land of dreams ② utopia in Chinese mythology

huáxuān 华轩[華-] N. ① magnificent carriage of a high official ② worldly splendors

huáxuě 滑雪 V.O. ski

[1]huàxué* 化学 N. chemistry

[2]huàxué 画学[畫-] N. ① art school ② the art of painting

huáxuěbǎn 滑雪板 N. skis M: ge/[2]kuài

huàxué biànhuà 化学变化[--變-] N. chemical change M: [1]cì

huàxué bùduì 化学部队[-隊] N. chemical corps M: [4]zhī

huáxuěchǎng 滑雪场[-場] P.W. ski slope

huàxué dāngliàng 化学当量[--當-] N. chemical equivalent

huàxué fāngchéngshì 化学方程式 N. chemical equation/formula

huàxué fǎnyìng 化学反应[-應] N. chemical reaction M: [1]cì

huàxué féiliào 化学肥料 N. chemical fertilizer

huàxué fēnxi 化学分析 N. chemical analysis

huàxué gōngchǎng 化学工厂[-廠] P.W. chemical plant M: ge/[4]zuò

huàxué gōngchéng 化学工程 N. chemical engineering

huàxué gōngsī 化学公司 N. chemical company

huàxué gōngyè 化学工业[-業] N. chemical industry

huáxuějī 滑雪屐 N. skis M: [1]duì/[1]shuāng/[2]zhī

huàxuéjì* 化学剂[-劑] N. chemical reagent

huàxuéjiā 化学家 N. chemist

huàxuéjiàn 化学键 N. <chem.> chemical bond

huàxué liáofǎ 化学疗法[--療-] N. chemotherapy

huàxuénéng 化学能 N. chemical energy

huàxuépǐn 化学品 N. chemicals M: [2]jiàn/[1]zhǒng

huáxuěshān 滑雪衫 N. ski suit/wear M: [2]jiàn

huàxuéshì 化学式 N. chemical formula

huàxué wǔqì 化学武器 N. chemical weapon

huàxuéxiàn 化学线 N. ultraviolet rays

huàxué xiānwéi 化学纤维[--纖-] N. synthetic/chemical fiber

huáxuěxié 滑雪鞋 N. skiing boots M: [1]duì/[1]shuāng/[2]zhī

huàxuéxìng 化学性 N. chemical property

huàxué xìngzhì 化学性质[-質] N. chemical property

huàxué yuánsù 化学元素 N. <chem.> element

huàxuézhàn 化学战[-戰] N. chemical warfare M: [3]cháng/[1]cì

huáxuězhàng 滑雪杖 N. skiing poles M: [2]gēn

huàxué zhànzhēng 化学战争[-戰爭] N. chemical war M: [3]cháng/[1]cì

huàxué zhìliáo 化学治疗[-療] N. chemotherapy M: [1]cì

huáxuězhuāng 滑雪装[-裝] N. ski wear/apparel M: [2]jiàn/[1]shēn/tào

huàxué zuòyòng 化学作用 N. chemical action M: [1]zhǒng

huàxūn 花薰 N. jade vessel for perfume; jade perfumer

huāyā 花押 N. signature on documents

huāyá 花芽 N. (flower) bud

huàyā* 画押[畫-] V.O. make one's cross/mark; sign

huāyán 花颜 N. fair as a flower M: [1]fù

huāyǎn 花眼 N. ① presbyopia ② dimmed vision of old people M: [1]shuāng/[2]zhī ♦V. be dazzled

huáyán 华言[華-] N. impressive but insincere words M: [2]fān

huàyàn* 化验 N. chemical examination; laboratory test M: [1]cì ♦V. have/make a lab test

huàyàndān 化验单 N. laboratory test report M: [1]zhāng

huāyāng 花秧 N. vines that bear flowers

huāyàng(r)* 花样(儿)[-様-] N. ① pattern; variety ② embroidery pattern trick ③ variations in performance

huāyàngbǎichū 花样百出[-樣--] F.E. a great variety

huāyàngfánduō 花样繁多[-樣--] F.E. a great variety

huāyàngfānxīn 花样翻新[-樣--] F.E. ① constantly changing ② old things in a new guise

huāyàng huábīng 花样滑冰[-樣--] N. <sport> figure skating

huāyàng huáshuǐ 花样滑水[-樣--] N. <sport> figure/acrobatic water-skiing

huāyàng liūbīng 花样溜冰[-樣--] N. figure skating

huāyàngniánhuá 花样年华[-樣-華] F.E. flower of life

huāyāngr 花秧儿 N. flower sapling M: [2]kē

huàyángshù 桦杨树[樺楊樹] N. a kind of birch common in Northeast China M: ge/[2]kē

huāyānguǎn 花烟馆[-煙-] P.W. girlie opium den M: ge/[4]zuò

huāyàng yóuyǒng 花样游泳[-樣--] N. <sport> water ballet; synchronized swimming M: [1]zhǒng

huáyángzáchù 华洋杂处[華-雜處] F.E. Chinese and foreigners living together

huàyàngzi 画样子[畫樣-] N. rough draft ♦V.O. draw a model

Huáyánjīng 华严经[華嚴經] N. <Budd.> the Avatamsaka Sutra scripture

huāyánqiǎoyǔ 花言巧语 F.E. blandishments

huàyànshì 化验室 P.W. laboratory M: ge/[1]jiān

huàyànyuán 化验员 N. technician/assistant M: ge/[2]wèi

huāyào 花药[-藥] N. <bot.> anther

huáyào* 华耀[華-] V.P. glorious; splendid; magnificent

huāyāzi 花押字 N. <lg.> monogram

huāyè(r) 花叶(儿)[-葉-] N. flower petal/leaf M: [1]piàn

huàyè* 画页[畫-] N. page with illustrations M: [1]zhāng

huāyèbìng 花叶病[-葉-] N. <agr.> mosaic disease M: [1]zhǒng

huāyēcài 花椰菜 N. cauliflower M: ge/[2]kē

huāyī 花衣 N. ① flowered dress ② <trad.> ceremonial dress M: [2]jiàn/[1]shēn

huāyì 花艺[-藝] N. floriculture

Huáyì 华裔[華-] N. foreign citizen of Chinese origin M: ge/[1]míng/[2]wèi

[1]huàyī* 划一[劃-] V.P. ① standardized; uniform ② uniformity

[2]huàyī 画一[畫-] V.P. standardize

huàyì 画意[畫-] N. mood of a painting

huàyībù'èr 划一不二[劃-] F.E. ① fixed; unalterable ② uniform; stereotyped

huāyīfú 花衣服 N. colored clothes M: ge/[2]jiàn/[1]shēn/tào

huāyín 花银 N. silver M: [1]xiē

huáyīn 滑音 N. ① <lg.> glide ② <mus.> portamento

Huáyīn 华音[華-] N. <lg.> Chinese sound/pronunciation

huàyīn(r)* 话音(儿) N. ① one's speaking voice ② <coll.> tone; implication

huāyǐng 花影 N. shadow of a flower

huàyīngāngluò 话音刚落[--剛-] F.E. Hardly had one's voice faded away. . .

huàyǐng túxíng 画影图形[畫-圖-] N. drawing of a wanted criminal for posting in various places

huàyǐshuōjìn 话已说尽[-盡] F.E. I have said all that I wanted to say.

huàyī zǔzhī 画/划一组织[畫/劃-織] N. have a uniform organization

huāyòng 花用 V. spend; expend ♦N. expense; cost M: [2]bǐ/[3]xiàng

huáyóu 滑油 N. grease; unguent M: píng

huàyóuqì 化油器 N. <mach.> carburetor

huáyú 华腴[華-] N. ① luxurious life ② nobility; peerage

Huáyǔ 华语[華-] N. Chinese language

huáyù 华誉[華譽] N. insincere compliments

[1]huàyǔ* 话语 N. ① spoken language; speech ② <lg.> discourse; utterance

[2]huàyǔ 化雨 N. pervading good influence (of educators)

huàyù 化育 N. Nature's nurture (e.g., by sun/rain)

huāyuán(r/zi)* 花园(儿/子)[-園-] P.W. flower garden M: ge/[4]zuò

[1]huàyuán 化缘 V.O. <rel.> beg alms (as a means for favorable karma)

[2]huàyuán 画圆[畫-] V.O. draw circles

huàyuàn 画院[畫-] P.W. imperial art academy M: ge/[4]zuò

huāyuán chéngshì 花园城市[-園--] N. city with beautiful gardens/trees/etc. M: ge/[4]zuò

huāyuán-lùjìng-jù 花园路径句[-園-徑-] N. <lg.> garden path sentence

huàyuànpài 画院派[畫-] N. <hist.> Chinese painting style developed in the Song imperial art academy M: [4]zhī

huā yuānqián 花冤钱[-錢] V.O. spend money to no avail; waste money; not get one's money's worth

huā yuānwangqián 花冤枉钱[-錢] V.O. spend money to no avail; waste money; not get one's money's worth

huàyǔchǎng 话语场[-場] N. <lg.> field of discourse

huàyǔchūnfēng 化雨春风 ID. salutary influence of education

Huáyuē 华约[華-] N. Warsaw Treaty

huàyǔ fāngshì 话语方式 N. <lg.> mode of discourse

huàyǔ fànwéi 话语范围[-範圍] N. <lg.> field of discourse

huàyǔ fēnxi 话语分析 N. <lg.> discourse analysis

huàyǔ jiégòu 话语结构[-構] N. <lg.> discourse structure

huàyǔ jiézòu 话语节奏[--節-] N. <lg.> speech rhythm

huàyǔ nénglì 话语能力 N. <lg.> discourse competence

huàyǔ píngjūn chángdù 话语平均长度 N. mean length of utterance

huàyǔ qiēfēn 话语切分 N. <lg.> chunking

huàyǔ sùdù 话语速度 N. rate of speech/utterance

huàyǔ xíngdòng 话语行动[-動] N. <lg.> locutionary act

huàyǔ xìngzhì 话语性质[-質] N. <lg.> tenor of discourse

Huáyǔ xuéxiào 华语学校[華-] N. Chinese-language school M: ge/[1]suǒ/[4]zuò

huàyǔ yìzhǐ 话语意旨 N. <lg.> tenor of discourse

huàyǔ yǔyánxué 话语语言学 N. <lg.> textual linguistics

huàyǔ zhǐshìcí 话语指示词 N. <lg.> discourse deixis

huàyǔ zhōng rénjì guānxi 话语中人际关系[-際關係] N. <lg.> tenor of discourse

huàzàizuǐbiān 话在嘴边[-邊] F.E. on the tip of one's tongue

huázān 华簪[華-] N. <trad.> high official M: ge/[2]wèi

huázānzhījiā 华簪之家[華-] N. noble family

huázào 哗噪[嘩-] V.P. clamorous

huázé 滑泽[-澤] V.P. smooth and lustrous

huázéi 猾贼 N. a glib rascal M: ge/[1]míng

huázhā 华扎[華-] N. <wr./court.> your esteemed letter

huàzhāi 化斋[-齋] V.O. beg for food (of monks)

huāzhǎn 花展 N. flower show M: ge/[1]cì

huàzhǎn* 画展[畫-] N. art/paintings exhibition M: ge/[1]cì

[1]huāzhàng 花帐 N. padded accounts/bills M: [1]běn/[2]bǐ

[2]huāzhàng 花障 N. hedge-row with flowers M: [2]dào

huázhāng* 华章[華-] F.E. <court.> your beautiful/brilliant writing/work

[1]**huāzhāo(r)** 花招/着(儿)[-著-] N. ① showy movements in *wǔshù* ② trick; game
[2]**huāzhāo** 花朝 N. birthday of flowers on the twelfth of the second lunar month
huāzhāoyuèxī 花朝月夕 F.E. delightful circumstances/occasions
huāzhēn 花针 N. brooch; breast pin M: ge/[2]gēn
huàzhěngwéilíng 化整为零 F.E. ① break up the whole into parts ② take care of things one by one
huāzhī(r)* 花枝(儿) N. ① flower with stem ② a beautiful woman ③ cuttlefish
huāzhǐ 花纸 N. patterned/colorful paper M: [1]zhāng
huàzhī 画知[畫-] V.O. write the character [3]zhī 'know/acknowledged' at one's name on a list
huàzhǐ 画纸[畫-] N. drawing paper M: [1]zhāng
huàzhīlòubīng 画脂镂冰[畫-鏤-] ID. a futile undertaking
huāzhīzhāozhǎn 花枝招展 F.E. gorgeously dressed (of women)
huāzhǒng(r) 花种(儿)[-種-] N. flower-plant seeds M: ge/[3]lì
Huázhōng* 华中[華-] P.W. Central China
huázhòngqǔchǒng 哗众取宠[嘩眾-] F.E. cajole the public with claptrap
huàzhōngyǒucì 话中有刺 F.E. hidden barbs in one's words
huàzhōngyǒuhuà 话中有话 F.E. overtones in conversation
huàzhōngyǒushī 画中有诗[畫-] F.E. There is poetry in a painting.
huāzhóu 花轴 N. flower stalk M: [2]gēn
Huázhòu 华胄[華-] N. <wr.> ① the Han people ② descendants of nobles
huàzhóu* 画轴[畫-] N. scroll painting M: [10]fú
huāzhú* 花烛[-燭] N. fancy wedding candles M: [2]gēn/[2]zhī *See also huāzhú fūqī*
huāzhù 花柱 N. <bot.> style M: [2]gēn
huázhú 华烛[華燭] N. wedding candles M: [2]gēn/[2]zhī
huàzhú 桦烛[樺燭] N. torch of birch bark rolled around beeswax
huāzhuān 花砖[-磚] N. ornamental floor slab M: [2]kuài
huázhuāng 华妆[華妝] N. colorful apparel M: [2]jiàn/tào
[1]**huàzhuāng*** 化妆[-妝] V.O. apply makeup
[2]**huàzhuāng** 化装[-裝] V.O. ① <thea.> make up ② disguise oneself
huàzhuāngjù 化装剧[-裝劇] N. masque M: ge/[1]chū/[1]tái
huàzhuāngpǐn 化妆品[-妝-] N. cosmetics M: [1]fú/tào
huàzhuāngshī* 化装师[-裝師] N. makeup man M: ge/[2]wèi
huàzhuāngshì 化装/妆室[-裝/妝-] P.W. ① dressing room ② women's lavatory; toilet; W.C. M: ge/[1]jiān
huàzhuāngtái 化妆台[-妝臺] N. dresser (for makeup/etc.)
huàzhuāng wǔhuì 化装舞会[-裝--] N. fancy-dress ball; masked/costume ball; masquerade
huàzhuāngxiāng 化妆箱[-妝-] N. cosmetic case M: ge/[2]zhī
huàzhuāngyóu 化装油[-裝-] N. cosmetic oil M: píng
huāzhú fūqī 花烛夫妻[-燭--] N. legally married man and wife; husband and wife by the first marriage
huāzhúzhīyè 花烛之夜[-燭--] N. romantic night with one's spouse
huāzi 化/花子 N. beggar
huāzǐ(r)* 花籽/子(儿) N. ① flower seed ② <coll.> cottonseed M: [3]lì
huāzì 花字 N. signature ♦V.O. sign one's name
[1]**huázi** 划子 N. small rowboat M: ge/[2]zhī
[2]**huázi** 铧子[鏵-] N. plow blade
huázī 华滋[華-] V.P. luxuriant; flourishing
huàzì 画字[畫-] V.O. ① write laboriously ② <topo.> sign with an X/etc.
huāzìr 花字儿 N. added words in opera arias
huázōng 华宗[華-] N. one's own clan
huázǒu 滑走 R.V. skid
Huázú 华族[華-] N. ① Chinese people; people of Chinese ancestry ② descendents of nobles
huàzuò 化作/做 V. change into; become
húbà(r) 壶把(儿)[壺-] N. pot/kettle handle
hǔbāncǎo 虎斑草 N. tiger flower M: [2]kē
hǔbǎng 虎榜 N. <trad.> bulletin announcing successful candidates in the examinations for military officers M: ge/[1]zhāng
hùbānghùxué 互帮互学[-幫--] F.E. help and learn from each other
hùbǎo 互保 V. give a guarantee for each other
húbàofàn 胡爆饭 N. <topo.> scorched rice
Húběi 湖北 P.W. Hubei province
hǔbèixióngyāo 虎背熊腰 F.E. heavy and muscular body build
hǔbēn 虎贲 N. <wr.> brave and strong man; warrior M: ge/[2]wèi
hǔbēnzhīshì 虎贲之士 N. <wr.> warrior M: ge/[2]wèi
Húbǐ 湖笔[-筆] N. writing brush made in Huzhou M: ge/[4]zhī
[1]**hùbì*** 护庇[護-] V. <coll.> put (sb.) under one's protection; shelter; cover up
[2]**hùbì** 护壁[護-] N. <archi.> dado
[3]**hùbì** 扈跸[-蹕] V. <trad.> escort the emperor in travel
húbiān 胡编 V. recklessly concoct
húbiānluànzào 胡编乱造[--亂-] F.E. make up a story; fabricate; concoct
hǔbiāobiāo 虎彪彪 V.P. strong and vigorous; strapping
húbiǎojiàng 糊裱匠 N. <trad.> maker of paper/cloth decorations M: ge/[2]wèi
hùbìbǎn 护壁板[護-] N. wainscot M: [2]kuài
hūbìlèhǎn 呼毕勒罕[-畢--] N. <Mongol loan> a reincarnation
Hūbìliè 忽必烈 (1216–1294) N. Kublai Khan, first sovereign of the Mongol dynasty
húbīn 湖滨[-濱] N. lakeside
húbǐng 胡饼 N. baked cake of wheat flour usu. topped with sesame M: ge/[2]kuài/[1]zhāng
hùbīng* 护兵[護-] N. ① bodyguard ② military guards M: ge/[1]míng/[2]wèi
hǔbìngle 唬病了 V.P. <coll.> sickened with fright
húbó 湖泊 N. lake *See also húpō*
hūbù 忽布 N. <bot.> hop
húbǔ 糊补[-補] V. ① paste and mend (of paper/clothes/etc.) ② <coll.> patch up a rift; paper over difficulties
húbù 狐步 N. foxtrot (dance)
hǔbù 虎步 N. strutting gait
hùbǔ* 互补[-補] V. help each other; complement ♦ATTR. <lg.> complementary
Hùbù 户部 N. <hist.> Ministry of Revenue
hùbǔcí 互补词[-補-] N. <lg.> complementary
hùbǔ de fēnbù 互补的分布[-補---] N. <lg.> complementary distribution
hùbǔ fēnbù 互补分布[-補--] N. <lg.> complementary distribution
hùbùgānshè 互不干涉 N. mutual noninterference
hùbǔ guānxi 互补关系[-補關係] N. <lg.> complementary distribution
hùbǔ jiǎosè 互补角色[-補--] N. <soc.> complementary role
hǔbulā 虎不拉 N. <zoo.> shrike
hǔbuliǎo 唬不了 R.V. <coll.> be unflappable
hǔbùlóngxiāng 虎步龙骧 ID. martial gait
hùbùqīnfàn 互不侵犯 F.E. mutual non-aggression
hùbùqīnfàn tiáoyuē 互不侵犯条约[----條-] N. nonaggression treaty/pact
hùbǔsè 互补色[-補-] N. complementary colors
Hùbù shàngshū 户部尚书[-書] N. <trad.> minister of works M: ge/[1]míng/[2]wèi
hùbǔshì 互补式[-補-] N. <lg.> complementary structure/form/etc.
húbùwǔ 狐步舞 N. <loan> fox trot
hùbùxiāngràng 互不相让[-讓] F.E. not make mutual concessions
hùbǔxìng cíxiàng 互补性词项[-補---] N. <lg.> complementary terms
hùbǔ xūqiú 互补需求[-補--] N. <soc.> complementary need
hùbǔ yuánzé 互补原则[-補--] N. <lg.> complementarism
hùbǔ yǔduàn 互补语段[-補--] N. <lg.> vocative text
hǔbuzhù 唬不住 R.V. can't cow sb.
hùcān 互参[-參] N. <lg.> coreference
hùcān guīzé 互参规则[-參--] N. <lg.> rule of coreference
hùcè 户册[-冊] N. household/resident register M: [1]běn/[2]bù
húchà 湖岔 N. extended waters of a lake
húchán 胡缠[-纏] V. ① argue endlessly ② endlessly bother/harass others
hūchàng* 呼唱 V. sing/shout loudly
hǔchāng 虎伥 N. ① ghost of sb. eaten by a tiger who helps a tiger eat others ② a cruel person M: ge/[2]wèi
húchár 胡碴儿[鬍-] N. stubble M: [1]bǎ/[2]cuō
húchě 胡扯 V. ① talk nonsense ② chat
húchěbāliū 胡扯八溜 F.E. <coll.> twaddle
húchěgǒulā 狐扯狗拉 F.E. <topo.> run off at the mouth; talk too much
hǔchén 虎臣 N. brave ministers M: ge/[1]míng/[2]wèi
hùchéng háogōu 护城壕沟[護-溝] N. moat M: [2]dào/[1]tiáo
hùchénghé 护城河[護-] N. city moat M: ge/[2]dào/[1]tiáo
hūchī* 呼哧/蚩 ON. sound of breathing
hūchì(r) 呼叱/斥(儿) V. ① shout at (people) ② berate
hùchí 护持[護-] V. shield and sustain
hùchì 互斥 V.P. be mutually exclusive
húchīhǎisāi 胡吃海塞 F.E. <coll.> eat anything and everything
hūchihūchi 呼哧呼哧 ON. rapid breathing
húchīmēnshuì 胡吃闷睡 F.E. do nothing but eat and sleep like a fool
hūchīzhíchuǎn 呼哧直喘 V. <coll.> puff and blow
hùchǒng 怙宠 V.P. arrogant from having won the favors of sb. powerful
húchòu 狐/胡臭 N. ① body stench ② armpit odor
hūchū 呼出 R.V. exhale
hūchuǎn 呼喘 V. gasp for breath; be out of breath
húchuāng* 糊窗 V.O. paper a window
húchuáng 胡床 N. folding rope chair M: ge/[1]bǎ
húchuāngzhǐ 糊窗纸 N. window paper M: [1]zhāng
húchuànménzi 胡串门子 V.P. <coll.> gad about
hūchū de qìxī 呼出的气息[---氣-] N. <lg.> outgoing breath
húchuī 胡吹 V. brag; boast wildly; talk big
húchuīluànpěng 胡吹乱捧[--亂-] F.E. <coll.> be a blowhard
húchuīxiāshuō 胡吹瞎说 F.E. boast outrageously and talk rubbish
hū chūlai 呼出来 R.V. breathe out
hūcí 呼词 N. <lg.> interjective word
hūcǐhūbǐ 忽此忽彼 F.E. hither and thither
húcōng* 胡葱[-蔥] N. <bot.> Kashgar onion M: [2]kē
hùcóng 扈从[-從] N. <wr.> retinue; retainers; escort
hūda* 忽搭 V. <coll.> flap back and forth; flutter
hūdā 呼嗒//忽搭 ON. the sound of flapping
húdǎhǎishuāi 胡打海摔 F.E. <coll.> schooled in hard knocks; unpampered
húdài 鹄待 V. <wr.> attend upon respectfully
hùdān 护单[護-] N. covering (for furniture/etc.)
húdāogu 胡叨咕 V. <coll.> blabber
hū de 忽地 ADV. suddenly; unexpectedly
hǔ de yīlèng yīlèng de 唬得一愣一愣的 V.P. <topo.> dumbstruck with fright

húdí 胡狄 N. northern tribes

húdǐ(r/zi) 壶底(儿/子)[壺-] N. tea/etc. remaining in the bottom of a pot

húdì 鹄的 N. <wr.> target; goal; objective *See also* [2]*gǔdì*

hùdī* 护堤[護-] N. reinforcing dam; dike-dam M: [2]*dào*/[1]*tiáo*

húdié 蝴/胡蝶 N. butterfly M: *ge*/[2]*zhī*

húdiégǔ 蝴蝶骨 N. <phys.> sphenoid M: [2]*gēn*/[2]*kuài*

húdiéhuā 蝴蝶花 N. fringed iris; pansy M: [2]*duǒ*

húdiéjié(zi) 蝴蝶结(子) N. butterfly bow; bowknot

húdiékòur 蝴蝶扣儿 N. decorative butterfly knot M: *ge*/[2]*zhī*

húdiélán 蝴蝶蓝[-藍] N. iris

húdiémèng 胡蝶梦[-夢] N. dream; illusion M: *ge*/[3]*cháng*

húdiéxiā 蝴蝶虾[-蝦] N. butterfly shrimp M: *ge*/[2]*zhī*

hùdòng 互动[-動] V. interact ♦N. interaction; mutual engagement

hùdòng guānxi 互动关系[-動關係] N. <lg.> interaction

hùdòngxìng 互动性[-動-] N. interactive quality

húdòu 胡豆 N. <bot.> ① broad/lima bean ② indigo shrub M: [2]*kē*/[3]*lì*

hùdǒu* 戽斗 N. bailing bucket M: *ge*/[2]*zhī*

hūdú 呼读[-讀] V. read out loud

húdù* 弧度 M. <math.> radian

hùdù 互妒 V. be jealous of each other

hùduǎn 护短[護-] V.O. ① cover a shortcoming/fault ② side with a disputant who is in the wrong

hūduànhūxù 忽断忽续[-斷-續] F.E. by fits and starts

hǔ dú bù shí ér 虎毒不食儿 ID. Even cruel tigers don't devour their young.

hǔ dú bù shí zǐ 虎毒不食子 ID. Even cruel tigers don't devour their young.

hù dúzi 护犊子[護犢-] V.O. <coll.> protect one's own children

hù'èbùquān 怙恶不悛[-惡--] F.E. incorrigible

hù'èlíngrén 怙恶凌人[-惡--] F.E. intimidate and oppress others

hū'ér* 忽而 ADV. ① suddenly; unexpectedly ② by turns; in succession ♦CONS. ~ *A*, ~ *B* now A, now B

hù'ěr 护耳[護-] N. earflaps; earmuffs M: *ge*/[1]*duì*/[2]*zhī*

hǔ'ěrcǎo 虎耳草 N. <bot.> saxifrage M: [2]*kē*

húfà 鹄发[-髮] N. gray/white hair M: [2]*liǔ*

hùfǎ* 护法[護-] V.O. ① uphold the constitution/law ② protect and maintain the Buddha

Hùfǎjūn 护法军[護-] N. <hist.> Army of Law Protection (1917) M: [4]*zhī*

húfàn 壶范[壺範] N. paragon of feminine virtues

hùfǎng 互访 V. exchange visits

hūfāqíxiǎng 忽发奇想[-發--] F.E. suddenly get a wild idea

hùfàsù 护发素[護髮-] N. hair conditioner; creme rinse

húfěi* 胡匪[鬍-] N. <trad.> bandit; brigand M: *ge*/[1]*bang*/[1]*míng*/[1]*qún*

hùféi 瓠肥 V.P. obese; fat

húfěn 胡粉 N. ① whitewash ② Chinese/Paris white (for painting)

húfēng* 胡蜂 N. wasp; hornet M: *ge*/[2]*zhī*

Hú Fēng 胡风 (1902–1985) N. literary critic, poet, modern writer

hùfēng 护封[護-] N. book jacket; jacket M: [2]*jiàn* ♦ATTR. confidential (written on envelopes)

hūfēnghuànyǔ 呼风唤雨[--喚-] F.E. ① control the forces of nature ② stir up trouble

[1]**húfú** 狐蝠 N. fox bat M: *ge*/[2]*zhī*

[2]**húfú** 胡服 N. clothing of "northern barbarians" M: [2]*jiàn*/*tào*

[1]**hǔfú** 虎符 N. <hist.> general's tally authorizing troop movement

[2]**hǔfú** 虎伏 N. <sport> gyro wheel

hùfú* 护符[護-] N. ① amulet; charm for self-protection ② protector M: *ge*/[1]*zhāng*

hùfù 怙富 V.O. presume on one's wealth

hùfūshuāng 护肤霜[護膚-] N. face cream

hǔfù wú quǎnzǐ 虎父无犬子 ID. Blood will tell.

húgài(r) 壶盖(儿)[壺蓋-] N. pot/kettle cover

hùgàiwù 护盖物[護蓋-] N. cover M: [2]*jiàn*

hùgǎn 互感 N. mutual induction

hùgǎnyìng 互感应[-應] N. mutual induction

húgǎo 胡搞 V. ① mess things up ② be promiscuous

húgǎoyītōng 胡搞一通 F.E. make a mess of (things)

hūgé 呼格 N. <lg.> vocative case

hǔgǔ 虎骨 N. tiger bone M: [2]*gēn*

húguā 胡瓜 N. cucumber M: *ge*/[2]*gēn*

hùguān 护棺[護-] N. coffin guards at a funeral M: *ge*/*kǒu*

[1]**húguāng*** 弧光 N. arc light M: [2]*dào*

[2]**húguāng** 湖光 N. the natural beauty of lakes

Hú-Guǎng 湖广[-廣] P.W. <hist.> province covering parts of Hunan, Hubei, Guangdong, and Guangxi

húguāngdēng 弧光灯[-燈] N. arc lamp/light M: *ge*/[2]*zhī*

húguāngshānsè 湖光山色 F.E. natural beauty of lakes and mountains

hùguǐ 护轨[護-] V.O. guardrail; check rail

hǔgǔjiǔ 虎骨酒 N. tiger-bone liquor M: *ge*/*píng*

húguō* 煳锅[-鍋] V.O. burn in a pot M: *ge*/*kǒu*

hùguǒ 瓠果 N. <bot.> pepo

hùguò 怙过 V.P. unrepentant

hùguó'ānmín 护国安民[護國-] F.E. guard the state and pacify the people

Hùguójūn 护国军[護國-] P.W. <hist.> forces opposed to Yuan Shikai in 1916 M: [4]*zhī*

húhǎi 湖海 N. lakes and seas

húhǎiqì 湖海气[-氣] N. brave spirit M: [2]*gǔ*

húhǎizhīshì 湖海之士 N. man with a great mind M: *ge*/[2]*wèi*

hūhǎn 呼喊 V. call out; shout; yell

hùháng 护航[護-] V.O. ① escort another vessel; convoy a plane/ship ② help sb. illicitly in an exam

Hù-Hángcài 沪杭菜[滬-] N. Shanghai-Hangzhou cuisine M: [2]*dào*

hùhángduì 护航队[護-隊] P.W. convoy M: *ge*/[4]*zhī*

hùhángjī 护航机[護-] N. escort airplane M: *ge*/[1]*jià*

hùhángjiàn 护航舰[護-艦] N. escort ship M: *ge*/[1]*sōu*/[2]*zhī*

hùháng jiànduì 护航舰队[護-艦隊] P.W. convoy fleet M: *ge*/[4]*zhī*

Hù-Háng Tiělù 沪杭铁路[滬-鐵-] N. Shanghai-Hangzhou Railway M: [1]*tiáo*

hǔhànlǚxū 虎颔捋须[-鬚] F.E. do something to offend the powerful

Hú Hànmín 胡汉民[-漢-] (1879–1936) N. associate of Sun Yat-sen and leader of right wing of KMT

hūhào 呼号[-號] V. wail; cry out in distress ♦N. call sign (as in broadcasting)

hūhè 呼喝 V. cry out

Hūhéhàotè 呼和浩特 P.W. Huhhot; Huhehot (capital of Inner Mongolia Autonomous Region)

hùhèjiājié 互贺佳节[-節] F.E. exchange the compliments of the season

hūhǒu 呼吼 V. whistle; roar

húhóu* 狐猴 N. <zoo.> lemur M: *ge*/[2]*zhī*

húhòu 鹄候 V. <wr.> await respectfully; expect

hùhóu 护喉[護-] N. <trad.> protection worn in front of the throat in a battle M: *ge*/[1]*fù*

húhòuhuíyīn 鹄候回音 F.E. I am awaiting your reply.

[1]**hūhū*** 呼呼 ON. sound of wind or of a heavy sleeper

[2]**hūhū** 忽忽 R.F. ① fast ② restless ③ not well thought out

húhu 糊糊 N. ① mush; paste ② coarse gruel ③ trouble

hǔhǔ 虎虎 R.F. energetic; vigorous

[1]**hùhù** 户户 N. every household

[2]**hùhù** 扈扈 R.F. brightly colored

húhuā 胡花 V. spend money foolishly

húhuà* 胡话 N. ravings; wild talk M: [2]*fān*/[1]*jù*/[1]*piān*

hùhuā 护花[護-] V.O. protect a young woman

húhuāluànyòng 胡花乱用[--亂-] F.E. spend money extravagantly/recklessly

hūhuàn 呼唤[-喚] V. ① call; shout ② summon ③ give orders

hùhuàn* 互换[-換] V. exchange

hūhuàn gōngnéng 呼唤功能[-喚--] N. <lg.> vocative function

hùhuànxìng 互换性[-換-] N. <lg.> interchangeability

hūhuànyǔ 呼唤语[-喚-] N. <lg.> call

hùhuā shǐzhě 护花使者[護-] N. young woman's escort/bodyguard M: *ge*/[1]*míng*/[2]*wèi*

hūhūbùlè 忽忽不乐[-樂] F.E. ①be discouraged and unhappy ② be in low spirits

hūhūdàshuì 呼呼大睡 F.E. sleep soundly

hùhuì 互惠 V.P. mutually beneficial ♦N. reciprocity M: [1]*zhǒng*

hùhuì dàiyù 互惠待遇 N. reciprocal treatment M: [1]*zhǒng*

hùhuì guānshuì 互惠关税[--關-] N. mutually preferential tariff

hùhuì tiáoyuē 互惠条约[--條-] N. bilateral treaty with mutual favored-nation status M: [3]*xiàng*

húhùn 胡混 V. loaf around

hūhū ruòyǒusuǒshī 忽忽若有所失 F.E. look lost

húhútútú 胡胡涂涂[-塗塗] V.P. ① muddle; confused; bewildered ② stupid; foolish

hūhūyīnián 忽忽一年 F.E. Suddenly another year has come to an end.

hūhuyōu 忽忽悠 V. <topo.> flicker

hǔhǔ yǒu shēngqì 虎虎有生气[-氣] F.E. be full of vigor

hūhuyōuyōu 忽忽悠悠 V.P. <coll.> ① dazed; woozy ② indifferent to the passing of time

hūhūzhīmóu 忽忽之谋 N. ill-conceived plan

[1]**huī** 灰 N. ① ash ② dust ③ lime ♦S.V. ① gray ② disheartened

[2]**huī** 挥[揮] V. brandish ♦B.F. ① wipe off/away *huīlèi* ② direct *zhǐhuī* ③ command (an army) *huīshī* ④ scatter; disperse *huīfā* ⑤ squander (money/etc.)

[3]**huī** 辉[輝] B.F. ①brightness; splendor *guānghuī* ② shine *huīyìng*

[4]**huī** 晖[暉] B.F. sunshine; sunlight [1]*zhāohuī*

[5]**huī** 恢 B.F. ① extensive; vast *huīhóng* ② recover *huīfù*

[6]**huī** 徽 B.F. insignia *xiàohuī* ♦AB. *Ānhuī*

[7]**huī** 麾 N. flag; military pennant ♦V. <wr.> command; lead

[8]**huī** 㧑[撝] B.F. direct; manage *huīyì, huīsǔn*

[9]**huī** 翚 B.F. fly about; soar *huīfēiniǎogé*

[10]**huī** 诙[詼] B.F. ridicule *huīxié, cháohuī*

[11]**huī** 隳 V. <wr.> overthrow; destroy

[12]**huī** 虺 in *huītuí See also* [4]*huǐ*

[13]**huī** 咴 in *huīrhuīr*

[14]**huī** 袆 in [2]*huīyī*

[15]**huī** 豗 in *xuānhuī*

[1]**huí** 回/迴 V. ① circle; wind ② answer; reply ③ refuse; decline ④ return; go back ⑤ turn round ⑥ <trad.> report back ♦M. ① chapter ② times ♦N. ① Muslim ② Hui ethnic minority

[2]**huí** 鮰[鮰] N. ① sturgeon ② catfish

[3]**huí** 洄 B.F. ① whirl (in water); eddy *huífú* ② <zoo.> migrate *shēngzhí huíyóu, sùhuí*

[4]**huí** 茴 in [2]*huíxiāng*

[5]**huí** 蛔 in *huíchóng, qūhuīlíng*

[6]**huí** 徊 in *huíhuáng, dīhuí See also* [4]*huái*

[1]**huǐ** 毁[毀] V. ① destroy; ruin ② <topo.> refashion; make over ♦B.F. ①burn up ②defame; slander *huǐbàng*

[2]**huǐ** 悔 B.F. regret; repent *hòuhuǐ*

[3]huì 会[會] B.F. moment; brief period of time **huìr**, **yīhuì**, **děnghuìr** See also [1]huì, [4]kuài
[4]huì 虺 in **huǐfù**, **wéihuǐfúcuī**, **wánghuì** See also [12]huī
[1]huì* 会[會] V. ①get together; assemble ②meet; see ③understand; grasp ④pay/foot a bill ♦AUX. ①can; be able to ②be good at; be skillful in ③be likely/sure to ♦N. ① meeting; gathering; party; get-together; conference ②association; society; union ③ temple fair ④ mutual loan club ♦B.F. ① chief city; capital **shěnghuì** ② opportunity; occasion [1]**jīhuì** ③ <coll.> a while; a little while **yīhuì** See also [3]huì, [4]kuài
[2]huì 汇[匯] V. ① converge ② gather together ③ remit See also [3]huì
[3]huì 汇[彙] B.F. ① gather together; assemble **huìbiān** ② collection; list [1]**cíhuì** See also [2]huì
[4]huì 绘/缋[繪/繢] B.F. paint; draw [1]**huìhuà**, **huìtú**
[5]huì 慧 B.F. wisdom; intelligence [1]**zhìhuì**
[6]huì 惠 B.F. ① kind; benevolent; gentle **ēnhuì** ② benefit; profit; favor [1]**shīhuì**
[7]huì 烩[燴] V. ① braise ② cook (rice/meat/vegetables/etc. together)
[8]huì 讳[諱] B.F. taboo; avoid as taboo **jìhuì**
[9]huì 晦 N. <wr.> last day of the lunar month ♦B.F. ① dark night [4]**huìmíng** ② obscure; indistinguishable [2]**huìmíng** ③ unlucky [1]**huìqì**
[10]huì 秽[穢] B.F. ① dirty; vile [1]**wūhuì** ② ugly; mean **huìxíng** ③ debauchery **yínhuì** ④ weeds **huānghuì**
[11]huì 荟[薈] B.F. luxuriant growth (of plants) **huìcuì**
[12]huì 贿[賄] B.F. bribe **huìlù**
[13]huì 诲[誨] B.F. <wr.> teach; instruct [2]**jiàohuì**
[14]huì 彗 N. <wr.> broom ♦B.F. comet **huìxīng**
[15]huì 喙 B.F. (human) mouth **bǎihuìmòbiàn** ♦N. <wr.> beak; snout
[16]huì 卉 B.F. ① (various kinds of) grass ② flowers [1]**huāhuì**
[17]huì 蕙 B.F. orchid **huìlán**, **lánzhìhuìxīn**
[18]huì 恚 B.F. hate; bear a grudge **huìnù**, **fèihuì**
[19]huì 濊 B.F. vast **zhàn'ēnwānghuì**
[20]huì 篲 B.F. <wr.> broom **huìxiào**
[21]huì 溃/殨[潰/殨] in **huìnóng** See also [2]kuì
[22]huì 蟪 in **huìgū**
[23]huì 阓[闠] in **huánhuì**, **huánhuì zhōng rén**
Huì 桧[檜] in **Qín Huì** See also [8]guì
huǐ'ài 悔艾 A.T. decide to turn over a new leaf
huī'àn 灰暗 S.V. murky gray; gloomy
huì'àn* 晦暗 S.V. dark and gloomy
huībái* 灰白 ATTR. grayish white; ashen; pale
huíbài 回拜 V. pay a return visit
huǐbài 毁败[毀-] V. destroy; ruin
huì báihuāshér 会白花舌儿 V.P. <coll.> be able to talk well
huībáisè 灰白色 N. grayish white; pale M: [1]fú/[1]zhǒng
huībáizhì 灰白质[-質] N. <phys.> cinereum matter
huǐbàng 毁谤[毀-] V. slander; libel ♦N. slander
huǐbàngzuì 毁谤罪[毀-] N. the crime of slander
huíbào* 回报[-報] V./N. ①report back ②repay; reciprocate ③ retaliate
huìbào 汇/会报[彙報] V./N. ① report; give an account of ② collect information and report
huíbàolǜ 回报率[-報-] N. rate of return
huìbào sīxiǎng 汇报思想[彙報-] V.O. <PRC> report one's own thoughts
huìbào yǎnchū 汇报演出[彙報-] N. report-back performance M: ge/[2]chǎng/[1]cì
huí běnguó 回本国[-國] V.O. return from abroad; return to one's native land
huībǐ 挥笔[-筆] V.O. wield the brush; put pen to paper
huíbì* 回避 V. ① evade; dodge ② avoid (meeting sb.) ③ withdraw
huībiān 挥鞭 V.O. wave/swish a whip
huìbiān* 汇编[彙-] V. compile; collect ♦N. compilation; collection; corpus
huìbiān chéngxù 汇编程序[彙-] N. <comp.> assemble; assembly program M: tào
huìbiānqì 汇编器[彙-] N. <comp.> assembler M: ge/[1]tái
huìbiān yǔyán 汇编语言[彙-] N. <comp.> assembly language M: tào
huìbiāo 会标[-標] N. emblem/symbol of a sports meet or association/organization/etc.
huíbì cèlüè 回避策略 N. <lg.> avoidance strategy M: [1]zhǒng
huībié 挥别 V. say good-bye
huībīng* 挥兵 V.O. direct troop movements
huíbǐng 回禀[-稟] V. <hist.> report back (to one's superiors)
huībǐng 烩饼 N. shredded pancakes cooked with meat, vegetables, and gravy M: ge/[2]kuài
huíbì tiáokuǎn 回避条款[--條-] N. <lg.> escape clause M: [3]xiàng
huíbó* 回驳 V. refute
huìbō 汇拨[匯撥] V. transfer (a sum); give a draft on
huībùdā de 灰不搭的 V.P. <coll.> utterly dejected; despairing
huǐbùdāngchū 悔不当初[--當-] F.E. regret having done sth.
huǐbùgāi 悔不该 V.P. regret for having done sth.
huíbùguò bór lai 回不过脖儿来 V.P. <topo.> too ashamed to show one's face
huíbulái 回不来 R.V. be unable to come back
huībulājī 灰不啦唧 V.P. <coll.> dull gray
huībùliū 灰不溜 V.P. <coll.> gray
huībuliūdiū 灰不溜丢 V.P. <coll.> gray; dreary
huībuliūqiū 灰不溜秋 V.P. <topo.> dreary; gray; ash-gray
huíbuqù 回不去 R.V. be unable to go back
huícǎi 回采 V. <min.> stope
huìcān 会餐 V.O. dine together
huìcāo 会操 N. ① hold a grand parade; hold a joint drill exercise ②gather together for military drill M: ge/[1]cì
huīcáochángshí 灰曹长石 N. labradorite M: [2]kuài
huīcáozi 灰槽子 N. <trad.> wooden ash box for pipe tobacco
huìcè 汇策[彙-] V. collect, categorize, and arrange (of materials/data/etc.)
huíchá 回茬 N. the second crop in multiple cropping
huícháng 回肠[-腸] N. ileum ♦V.P. <wr.> worried; agitated
huìchǎng* 会场[-場] N. meeting place; conference/assembly hall M: ge/[4]zuò
huíchángdàngqì 回肠荡气[-腸蕩氣] F.E. soul-stirring
huíchángjiǔzhuǎn 回肠九转[-腸-轉] F.E. weighed down with grief
huìchángsānchǐ 喙长三尺 F.E. have a smooth tongue
huīchángshí 灰长石 N. anorthite
huícháo* 回潮 V.O. get damp again ♦N. resurgence; reversion M: [1]cì
huìchāo 会钞 V.O. ① pay a bill ② buy a friend a meal/drink
huíchē* 回车 V.O. ① turn a vehicle around ② <comp.> return; enter
huìchē 会车 V.O. pass each other side by side (of trains/bus/etc.)
huíchējiàn 回车键 N. <comp.> return/enter key
huīchén 灰尘[-塵] N. dust; dirt M: [3]lì
huīchénchén 灰沉沉 V.P. gloomy; leaden
huíchéng* 回程 N. ① return trip M: [1]cì/[1]tiáo ② <mach.> return/back stroke
huìchēng 讳称[諱稱] N. euphemism
[1]huìchéng 汇成[匯-] V.P. join together to form sth.
[2]huìchéng 绘成 V.P. depict
huíchēnzuòxǐ 回嗔作喜 F.E. cease to be angry and begin to smile; turn rage into joy
huīchì 挥斥 V.P. <wr.> free; untrammeled
huíchóng 蛔虫[-蟲] N. roundworm; ascarid M: ge/[1]tiáo
huíchóngbìng 蛔虫病[-蟲-] N. roundworm disease
huíchóngyào 蛔虫药[-蟲藥] N. medicine for roundworm disease M: [14]fù/[3]lì
huìchòu 秽臭[穢-] V.P. smelly
[1]huìchū 绘出 R.V. paint; draw
[2]huìchū 汇出[匯-] R.V. remit; send out
huīchùchù 灰处处[-處處] V.P. <topo.> gloomy; mournful; cheerless
huíchūn 回春 V.O. bring back to life ♦N. return of spring
huíchūnfáshù 回春乏术[-術] F.E. The sickness is too serious for human art to do anything.
huíchūnlíngyào 回春灵药[-靈藥] F.E. miraculous cure; wonderful remedy
huíchūn zuòyòng 回春作用 N. rejuvenation
huìcì 惠赐 F.E. <court.> be kind enough to give (me sth.); bestow graciously
huìcuì 荟萃 ID. ① assemble; come together (of distinguished people or exquisite objects) ② a distinguished assembly ③ flourishing/thriving
huìcuìyītáng 荟萃一堂 F.E. distinguished gathering in one place
huìcún 惠存 F.E. <court.> keep as a souvenir; presented to so-and-so (inscription by giver)
huídá 回答 N./V. answer; reply
huídá chūlai 回答出来 R.V. come up with an answer
huīdàn 恢诞 V.P. exaggerated; fantastic; absurd
huídān 回单 N. receipt M: ge/[1]zhāng
huìdān* 汇单[匯-] N. money-order; draft; bill of exchange; check M: ge/[1]zhāng
huídàng* 回荡[-蕩] V. resound; reverberate
huìdǎng 会党[-黨] N. <hist.> anti-Qing secret societies
huīdāo 挥刀 V.O. brandish a sword
huídào* 回到 R.V. return to; go back to
huìdào 诲盗[-盜] V. entice others to thieve
huìdàohuìyín 诲盗诲淫[-盜--] F.E. encourage theft by exposing one's valuables and lust by displaying one's charms
huì-dàomén 会道门 N. superstitious sects and secret societies
huìdé 秽德[穢-] N. debauched ways
huǐdǐ 毁诋[毀-] V. slander; libel
huídiàn* 回电[-電] V.O. wire back ♦N. reply (of telegrams) M: [1]fèn/[1]zhāng
huìdiǎn 会典 N. collection of laws and institutions M: [2]bù
Huīdiào 徽调 N. ① the Anhui musical style ② old name for **Huījù**
huǐdiào* 毁掉[毀-] R.V. destroy; cause to perish
huídiē 回跌 V. decline (of stock) after a rise
huīdǐng 灰顶 N. lime roof
huídìxìng 回递性[-遞-] N. feedback
huīdòng* 挥动[-動] R.V. brandish; wave
huídòng 回动[-動] V. <mach.> reverse
huídòng bùdìngshì 回动不定式[-動---] N. <lg.> retroactive infinitive
huǐduǎn 毁短[毀-] V.O. disparage; denounce
huìduì 汇兑[匯-] N. remittance; exchange (in commerce)
huìduì bǐlìjià 汇兑比例价[匯-價] N. <acct.> arbitrated rate for exchange
huìduìlǜ bǐlì 汇兑率比例[匯-] N. <acct.> arbitration of exchange M: [1]zhǒng
huì'érbùfèi 惠而不费 F.E. ①kindness that costs nothing ② sth. good but inexpensive
huīfā* 挥发[-發] V. volatilize
huīfà 灰发[-髮] N. gray hair (of older people) M: [2]liǔ
huífǎn* 回返 V. return
huìfàn 烩饭 V.O./N. cook rice with meat and vegetables M: [1]fèn/[1]pán/[1]wǎn
huífǎng 回访 V. pay a return visit
huífǎn zhǐlìng 回返指令 N. <comp.> return instructions M: [3]xiàng
huìfànzi 汇贩子[匯-] N. foreign-exchange dealer M: ge/[1]míng/[2]wèi

huīfāwù 挥发物[-發-] N. volatile matter M: [1]*zhǒng*
huīfāxìng 挥发性[-發-] N. volatility
huīfāyóu 挥发油[-發-] N. gasoline, naphtha, or other volatile oils; benzene
[1]**huìfèi** 会费 N. membership fee/dues M: [2]*bǐ*/[3]*xiàng*
[2]**huìfèi** 汇费[匯-] N. remittance fee M: [2]*bǐ*
huīfēiniǎogé 翚飞鸟革[-飛--] ID. graceful and handsome (of buildings)
huīfèn 灰分 N. ① <*bot.*> inorganic substance in a plant ② ashes M: [1]*bǎ*
huìfèn* 恚愤/忿 V. be indignant/furious
huífēng 回风 N. whirlwind M: [2]*gǔ*/[1]*zhèn*
huífèng 回奉 V. return a compliment
[1]**huìfēng*** 会风 N. ① the habit of holding too many meetings with no practical function ② general mood of a meeting
[2]**huìfēng** 惠风 N. gentle/soft breeze M: [1]*zhèn*
Huìfēng Yínháng 汇丰银行[匯豐-] N. Hongkong and Shanghai Banking Corporation
huīfù* 恢复[-復] V. ①resume; renew ②recover; regain ③ restore; reinstate; rehabilitate
huífú 洄洑 V.P. whirling (of water)
huífǔ 回府 V.O. <*trad.*> return home
[1]**huífù** 回复[-復] V. reply (to a letter)
[2]**huífù** 回覆 V. ① reply ② recover; restore
huīfù 虺腹 N. poisonous snake M: *ge*/[1]*tiáo*
huìfù 汇付[匯-] V. pay to
huīfù bāngjiāo 恢复邦交[-復--] V.O. resume diplomatic relations
huīfù guòlai 恢复过来[-復--] R.V. recover; restore
huīfù jiànkāng 恢复健康[-復--] V.O. restore one's health; recover from illness
huīfù míngyù 恢复名誉[-復-譽] V.O. rehabilitate a person's reputation
huīfùqī 恢复期[-復-] N. <*med.*> convalescence
huīfù qǐlai 恢复起来[-復--] R.V. restore
huīfù qīngchūn 恢复青春[-復--] V.O. be rejuvenated; regain youth
huīfù shēngjī 恢复生机[-復--] V.O. recover vitality
huīfù yuánqì 恢复元气[-復-氣] V.O. restore energy/strength
huīfù yuánzhuàng 恢复原状[-復-狀] V.O. return sth.to its the original condition
huīfùzhīxíng 虺蝮之行 N. sneaky contemptible ways
huīfù zhìxù 恢复秩序[-復--] V.O. restore order
huīfù zìyóu 恢复自由[-復--] V.O. regain freedom
huǐgǎi 悔改 V. repent and reform
[1]**huīgāo** 灰膏 N. <*med.*> plaster M: [1]*guǎn*
[2]**huīgāo** 灰羔 N. <*topo.*> despicable person; scoundrel
huìgǎo* 会稿 V. jointly draft
huīgē 挥戈 V.O. ① brandish weapons ② lead troops to battle
huìgēn 慧根 N. <*Budd.*> innate intelligence for enlightenment
huìgōng 会攻 N./V. joint attack M: [1]*cì*
huígòujià 回购价[-購價] N. buy-back price
huígù* 回顾[-顧] V. look back; review
huìgū 蟪蛄 N. a kind of cicada M: *ge*/[2]*zhī*
huìgù 惠顾[-顧] F.E. <*court.*> your patronage
huìguǎn 会馆 N. guild hall; provincial/county guild M: *ge*/[4]*zuò*
huīguāng 辉光 N. ① <*elec.*> glow ②brightness; luminosity; brilliance M: [2]*dào*/[4]*shù*
huíguāng 回光 N. reflected light M: *ge*/[2]*dào*/*sī*
huìguāng* 慧光 N. <*rel.*> darkness-piercing wisdom M: [2]*dào*
huíguāngfǎnzhào 回光返/反照 F.E. ① last glow before sunset ② momentary return to consciousness before death ③ spurt of activity before collapse ④ <*Budd.*> turn the light on oneself (and seek virtue)
huìgū bùzhī chūnqiū 蟪蛄不知春秋 ID. limited in experience

[1]**huīguǐ** 灰鬼 N. <*coll.*> detestable scoundrel
[2]**huīguǐ** 诙诡 V.P. grotesquely funny/hilarious
huíguī* 回归[-歸] V. ① regress ② return ③ draw/fall back ④ retreat; revert ⑤ recur ♦N. ① regression ② reversion
huìguī 会规 N. regulations/rules of an association or secret society M: *ge*/[1]*tiáo*/[3]*xiàng*
huíguīdài 回归带[-歸帶] N. the tropics M: [1]*tiáo*
huíguī fēnxi 回归分析[-歸--] N. <*lg.*> regressive analysis
huíguīnián 回归年[-歸-] N. <*astr.*> tropical/solar year
huíguīrè 回归热[-歸熱] N. <*med.*> relapsing fever
huíguīxiàn 回归线[-歸-] N. tropic M: [2]*dào*/[1]*tiáo*
huígù jiàoxué dàgāng 回顾教学大纲[-顧---綱] N. <*lg.*> retrospective syllabus M: [1]*fèn*/*tào*
huīgulūdū 灰骨碌嘟 V.P. <*topo.*> grayish
Huīgūniang 灰姑娘 N. ①Cinderella ②sudden rags-to-riches celebrity M: *ge*/[2]*wèi*
huíguō 回锅[-鍋] V.O. ① cook again ② heat up (a cooked dish)
huíguó* 回国[-國] V.O. return to one's country
huǐguò 悔过 V.O. repent
huíguōròu 回锅肉[-鍋-] N. twice-cooked pork M: *ge*/[1]*pán*/[1]*wǎn*
huǐguòshū 悔过书[-書] N. written statement of repentance M: [1]*fèn*/[1]*piān*
huǐguòzìxīn 悔过自新 F.E. repent and make a fresh start
huígùzhǎn 回顾展[-顧-] N. retrospective exhibition M: [1]*cì*
huǐhài* 毁害[毀-] V. injure; damage; destroy
huìhǎi 会海 N. a plethora of meetings
[1]**huīhàn*** 挥汗 V.O. sweat; perspire
[2]**huīhàn** 挥翰 V. <*wr.*> write a letter
huìhán 惠函 F.E. your esteemed letter M: [2]*fēng*
huīhànchéngyǔ 挥汗成雨 F.E. ① perspire profusely ② a crush of people
huíháng 回航 V.O. return to base/port
huīhànrúyǔ 挥汗如雨 F.E. ①perspire profusely ② be dripping with sweat
huīháo* 挥毫 V.O. <*wr.*> wield a writing brush; write or draw pictures (with a brush) with great ease
huīhào 徽号[-號] N. title of honor; good name
[1]**huīhè** 灰褐 N. grayish brown
[2]**huīhè** 灰鹤 N. gray crane M: *ge*/[2]*zhī*
[3]**huīhè** 辉赫 V.P. shining; brilliant; luminous
huíhé* 回合 N. ① round; bout ② encounter M: [1]*cì*
Huíhé 回纥 N. <*hist.*> Uygurs (Uyghurs)
[1]**huìhé** 汇/会合[匯-] V. join; meet; converge; assemble ♦N. fusion; confluence
[2]**huìhé** 汇核[匯-] V. examine collectively
huìhédiǎn 会合点[-點] N. <*mil.*> meeting/rallying point; rendezvous M: *ge*/*chù*
huīhēi 灰黑 ATTR. dark gray
huīhēisè 灰黑色 N. dark gray
huǐhèn* 悔恨 V. regret deeply
huìhèn 恚恨 V. hate
huǐhènjiāojí 悔恨交集 F.E. regret mingled with self-reproach
huǐhènjiāojiā 悔恨交加 F.E. regret mingled with self-reproach
huǐhènmòjí 悔恨莫及 F.E. cry over spilt milk
huīhèsè 灰褐色 N. taupe
huīhóng 恢宏/弘 V.P. ① extensive; broad ② magnanimous ♦V. develop; carry on/forward
huíhù 回护[-護] V. give unprincipled protection to; shield
huíhuà 回话 V.O. reply; answer (charges); bring back word; report ♦N. reply (usu. conveyed by a messenger)
[1]**huìhuà*** 绘画[-畫] V./N. draw; paint M: [10]*fú*/[1]*zhāng*
[2]**huìhuà** 会话 N./V.O. conversation (as in a language course) ♦ATTR. colloquial M: [1]*cì*
[3]**huìhuà** 汇划[匯劃] V. transfer/clear money
huìhuà cáiliào 绘画材料[-畫--] N. painting materials M: [1]*zhǒng*

huìhuà dàshī 绘画大师[-畫-師] N. <*art*> master painter M: *ge*/[1]*míng*/[2]*wèi*
huìhuà fēnxi 会话分析 N. <*lg.*> conversational analysis
huìhuà gédiào 会话格调 N. <*lg.*> colloquial style
huìhuà guànyòngyǔ 会话惯用语 N. <*lg.*> conversational routine M: [1]*jù*
huìhuà hányì 会话含义[-義] N. <*lg.*> conversational implicature
huìhuà huàyǔ 会话话语 N. <*lg.*> conversational discourse
huǐhuài 毁坏[毀壞] V. destroy; damage
huìhuà jiégòu 会话结构[-構] N. <*lg.*> conversational structure
huìhuà kāiduān 会话开端[--開-] N. <*lg.*> opening
huìhuà kāiduān bùfen 会话开端部分[--開--] N. <*lg.*> opening
[1]**huíhuán** 回还[-還] V. return; go back
[2]**huíhuán** 回环[-環] V.P. winding
huíhuán cèshì 回环测试[-環--] N. <*comp.*> loop testing M: [1]*cì*
[1]**huīhuáng*** 辉煌 V.P. brilliant; glorious
[2]**huīhuáng** 灰黄 N. grayish yellow
huíhuáng 徊徨 V. walk back and forth; not know which way to go; hesitate
huīhuángméisù 灰黄霉素 N. <*med.*> griseofulvin; grifulvin
huíhuángzhuǎnlǜ 回黄转绿[--轉-] F.E. ① succession of seasons ② vicissitudes of life
huìhuàshì 会话室 P.W. conversation room M: *ge*/[1]*jiān*
huìhuà tàoyǔ 会话套语 N. <*lg.*> conversational routine
huìhuàtǐ 会话体[-體] N. <*lg.*> colloquial style M: [1]*zhǒng*
huìhuàtǐ-yǔ 会话体语[--體-] N. <*lg.*> colloquial style
huīhuàtǔ 灰化土 N. incinerated dirt M: [1]*bǎ*
huìhuà wánjié 会话完结 N. <*lg.*> closing
huìhuà wánjié bùfen 会话完结部分 N. <*lg.*> closing
huìhuàyǔ 绘画语[-畫-] N. picture language
huìhuà zhǔnzé 会话准则[--準-] N. <*lg.*> conversational maxim M: [3]*xiàng*
[1]**huīhuī** 恢恢 R.F. <*wr.*> extensive; vast
[2]**huīhuī** 晖晖 R.F. clear and bright
Huíhui 回回 N. ① Muslim ② the Hui people
huíhuí(r)* 回回(儿) R.F. every time
huīhuī 虺虺 R.F. rumble (of thunder)
huìhuī 会徽 N. emblem of a sports meet, etc. M: *ge*/[4]*méi*
huíhuiqīng 回回青 N. Muhammedan blue; fine cobalt blue of certain Ming wares
huīhuī shǒu 挥挥手 V.P. wave the hand
huíhuisuàn 回回蒜 N. <*bot.*> buttercup
huīhuīxūxū 晖晖吁吁 R.F. be high and haughty
huīhuīyǒuyú 恢恢有余 F.E. spacious
huǐhūn 悔婚 V.O. annul a marriage engagement
[1]**huīhuò*** 挥霍 V. squander
[2]**huīhuò** 灰货 N. <*coll.*> a has-been
huíhuǒ 回火 V.O. <*mach.*> temper ♦N. backfire
huǐhuò 悔祸[-禍] V.O. wish disaster would not be repeated
huīhuò gōngkuǎn 挥霍公款 V.O. squander public funds
huīhuòwúdù 挥霍无度 F.E. spend without restraint
huīhuòyīkōng 挥霍一空 F.E. exhaust one's wealth
huījì 徽记 N. sign; mark M: *ge*/[3]*kuài*
huíjī 回击[-擊] V. fight back; counterattack
[1]**huìjí*** 汇/会集[彙/匯-] V. ① collect; compile ② come together; converge; assemble
[2]**huìjí** 会籍 N. membership (of an association)
[3]**huìjí** 惠及 V.P. extend (a favor/etc.) to . . .
huìjí 慧给 V.P. intelligent and eloquent
[1]**huìjì** 汇寄[匯-] V. remit
[2]**huìjì** 秽迹[穢跡] N. <*wr.*> abominable behavior; immoral conduct M: [3]*xiàng*

[3]**huìjì** 晦迹[-跡] V. retire into obscurity
huíjiā* 回家 V.O. return home
huìjià 汇价[匯價] N. exchange/conversion rate
huījiàn 挥剑 V.O. brandish a sword
huíjiàn 回见 F.E. see you later/again; cheerio
[1]**huìjiàn*** 会见 V. meet/see visitors
[2]**huìjiàn** 慧剑 N. <rel.> sword of wisdom which cuts away illusion M: [1]bǎ
[3]**huìjiàn** 惠鉴[-鑒] F.E. <court.> be kind enough to read (the following letter)
huījiāng* 灰浆[-漿] N. mortar (for masonry)
huíjiǎng 回讲[-講] V. <trad.> student oral presentation
huìjiàn zhǎn qíngsī 慧剑斩情丝[-絲] ID. cut the thread of carnal love with the sword of wisdom
huíjiāo 回交 V. <bio.> backcross
Huíjiào* 回教 N. Islam
Huíjiào dìguó 回教帝国[-國] N. Islamic empire
Huíjiàorén 回教人 N. Islamist; Muslim
Huíjiàotáng 回教堂 P.W. mosque M: ge/[4]zuò
Huíjiàotú 回教徒 N. a Muslim; Muhammedan M: ge/[1]míng/[2]wèi
Huíjiào xìntú 回教信徒 N. Islamist; Muslim M: ge/[1]míng/[2]wèi
huǐjiāshūnàn 毁家纾难[毀-難] F.E. give the family fortune to the state in time of crisis
huìjídiǎn 汇集点[匯-點] N. point of convergence; conflux M: ge/chù
huìjié 麾节[-節] N. flags; banners M: [1]miàn
huìjiě 汇解[彙-] N. collected expositions/discussions of a book/etc.
huìjiè* 惠借 F.E. <court.> be so kind as to lend (me)
huìjíjìyī 讳疾忌医[諱-醫] ID. ① conceal faults for fear of criticism ② refuse to face harsh reality
huījìn 灰烬[-燼] N. ashes M: [1]bǎ
huījīng 灰鲸 N. gray whale M: ge/[1]tiáo
huíjìng* 回敬 V. return a compliment; do/give sth. in return ♦N. tit for tat
huìjǐng 绘景 N. scenic painting M: [10]fú
huíjìngsài 回敬赛 N. return game/competition M: [3]chǎng/[1]cì
huíjìngyībēi 回敬一杯 F.E. drink a toast in return
huījīnrútǔ 挥金如土 F.E. spend money like water
Huījù 徽剧[-劇] N. opera native to Anhui M: [1]chū/[1]tái
huǐjù 悔惧[-懼] V. be repentant and fearful
[1]**huìjù*** 会/汇聚[匯-] V. assemble; flock together
[2]**huìjù** 绘具 N. drawing tools M: tào
[1]**huíjué*** 回绝[-絕] V. decline; refuse
[2]**huíjué** 蛔厥 N. <Ch. med.> roundworm contraversion
huìjué 惠/慧觉[-覺] <Budd.> the power of intelligence
huījūn 挥/麾军 V.O. lead an army
huìjù tòujìng 会聚透镜 N. convergent lens
huíka 回喀 V. <topo.> go back; return
[1]**huìkān** 会刊 N. ①proceedings of a conference/etc. ② journal of a society/etc. M: [2]qī
[2]**huìkān** 汇刊[彙-] N. ① collection of articles of similar nature ② publication of articles by an organization M: [2]qī
huìkǎo 会考 N. general examination for students from various schools M: [1]cì
huìkè 会客 V.O. receive a visitor/guest
huíkele 回克了 V.P. <coll.> dead
huìkèshì 会客室 P.W. reception room M: [1]jiān
huíkōng 回空 ATTR. make the return trip empty (of vehicles/ ships)
huíkǒu 回口 V.O. <coll.> answer back; retort
huíkòu* 回扣 N. sales commission; kickback M: ge/[2]bǐ
huīkǒutiě 灰口铁[-鐵] N. gray (pig) iron
huìkuǎn 汇款[匯-] V.O. remit money ♦N. remittance M: ge/[2]bǐ
huìkuǎndān 汇款单[匯-]N. money-order M: ge/[1]zhāng
huìkuǎn guò'é 汇款过额[匯-] N. overdraft
huìkuǎnrén 汇款人[匯-] N. remitter M: ge/[1]míng/[2]wèi
huìkuǎn tōngzhīdān 汇款通知单[匯-] N. remittance slip M: [1]fèn/[1]zhāng
huíkuì 回馈 V. feedback
huǐkuìjiāojiā 悔愧交加 F.E. be torn by self-recrimination and repentance
huǐkuìjiāozhī 悔愧交织[-織] F.E. be torn by self-recrimination and repentance
huīkuò 恢廓 V.P. ① broad-minded ② expand; spread; develop
huìlāhuìchàng 会拉会唱 F.E. ① know how to play a Chinese violin and to sing opera ② good at both playing instruments and singing
huílai* 回来 R.V. return; come/be back
huǐlài 悔赖 A.T. be repentant and fearful of the consequences
huì láishì 会来事 F.E. <slang> verbal smoothie
[1]**huílán*** 回栏[-欄] N. zigzag balustrade
[2]**huílán** 洄澜 N. eddies
huìlán 蕙兰[-蘭] N. orchid M: [2]kē
huíláng 回廊 N. winding corridor M: ge/[4]zuò
huīlánsè 灰蓝色[-藍-] N. grayish blue M: [1]piàn
huí lǎojiā 回老家 V.O. ① return to one's hometown ② <coll.> die
huīle 灰了 V.P. <coll> It's done for.
huīlèi* 挥泪[-淚] V.O. flick a tear
huǐlèi 悔泪[-淚] N. tears of regret M: [2]dī/[1]háng
huílǐ* 回礼[-禮] V.O. ① return a salute ② send/present a return gift
Huílì 回历[-曆] N. Muslim calendar M: [1]běn
huìlì 慧力 N. intelligence M: [1]fèn
huìlián 惠连 N. man of letters
huǐlín 毁林[毀-] V.O. deforest
huìlín* 惠临[-臨] F.E. <court.> your gracious presence
huīlǐng 灰领 N. gray collar M: ge/[2]zhī
huílìqiú 回力球 N. ① pelota; jai alai ② ball used in pelota and jai alai
huíliú* 回流 V. flow back
huìliú 汇流[匯-] N. convergence; flowing together M: ge/[4]zhī
huìliúdiǎn 会/汇流点[匯-點] N. junction (of a river) M: ge/chù
huīliūliū 灰溜溜 R.F. ① gloomy and grayish ② dejected; crestfallen
huìliúpái 汇流排[匯-] N. <comp.> bus
huílóng* 回笼 V.O. ① steam again ② withdraw (currency) from circulation
huìlǒng 汇拢[彙/匯-] V. ① come together ② collect; compile
huílóngjiào 回笼觉[-覺] N. fall asleep again after waking up in the morning M: ge/[1]cì
huílóng zījīn 回笼资金 V.O. recoup funds
huílú 回炉[-爐] V.O. ① melt down ② bake again ③ go back to school to receive remedial education/training ④ do sth. over again
huílù* 回路 N. <elec.> return circuit; loop M: ge/[1]tiáo
Huílù 回禄 N. ① God of Fire ② fire
huìlù 贿赂 V. bribe ♦N. bribery M: [2]bǐ/[1]cì
huīlǜ 灰绿 N. sage green
huìlǜ* 汇率[匯-] N. exchange rate
huíluán* 回銮[-鑾] V.O. return to the palace from a journey
huìluàn 秽乱[穢亂] V.P. debauched; wanton; licentious
huìlǜ chā'é 汇率差额[匯-] N. exchange rate differential M: [2]bǐ/[3]xiàng
huìlùchéngfēng 贿赂成风 F.E. Bribery has become a common practice.
huìlùgōngxíng 贿赂公行 F.E. ① practice open bribery; corruption is rife ② give and take bribes openly
huìlǜ jīzhì 汇率机制[匯-] N. exchange-rate mechanism
huīlùlù 灰渌渌 <coll.> R.F. gray (of sky) ♦ADV. stealthily
huíluò 回落 V. fall after a rise (of prices/etc.)
huīlǜsè 灰绿色 N. celadon
huìlǜ wěndìng 汇率稳定[匯-穩-] V.P./N. currency stability
Huílùzhīzāi 回禄之灾[-災] N. have one's house burned down; a fire disaster
huímà 回骂[-罵] V. answer back and scold in return
huìmǎi 贿买[-買] V. buy over; suborn
huìmáng 晦盲 V.P. see nothing because of darkness
huímǎqiāng 回马枪[-槍] N. backthrust; catch sb. off guard
huímǎzàizhàn 回马再战[-戰] F.E. turn back and fight again
huīméihuīliǎn 灰眉灰脸 F.E. <coll.> somber; grim
huímén* 回门 N./V.O. first visit by a bride to her parent's home M: [1]cì
huìmén 会门 N. superstitious sects and secret societies
huìménfǎhǎi 慧门法海 ID. the Buddhist faith
[1]**huìméng** 会盟 N. <hist.> meetings of sovereigns or their deputies to form alliances M: [1]cì
[2]**huìméng** 晦蒙 V.P. ① dark; obscure ② gloomy (of times)
huīmēngmēng 灰蒙蒙 R.F. dusky; overcast
huīměngyǎng 灰锰氧 N. potassium permanganate
huìmiàn 会面 V.O. meet; come together
huǐmiè 毁灭[毀滅] V. destroy; exterminate
huǐmièxìng 毁灭性[毀滅-] N. devastating
huǐmièxìng dǎjī 毁灭性打击[毀滅-擊] N. devastating blow
Huímín* 回民 N. the Huis; Hui ethnic minority M: ge/[2]wèi
huìmín 惠民 V.O. benefit the people
huìmǐn 慧敏 V.P. sagacious
huīmíng 灰名 N. <coll.> despicable reputation
huímìng 回命 V.O. return with a message
[1]**huìmíng*** 秽名[穢-] N. notorious reputation
[2]**huìmíng** 晦暝 V.P. dark and gloomy
[3]**huìmíng** 讳名[諱-] V.O. taboo the name of emperor/parents/seniors to show respect
[4]**huìmíng** 晦明 N. night and day
huìmìng 慧命 N. <Budd.> the life of wisdom
Huímín shítáng 回民食堂 P.W. Muslim cafeteria M: ge/[4]zuò
Huīmò 徽墨 N. inkstick produced in Huizhou M: [1]fú
huìmòrúshēn 讳莫如深[諱-] F.E. closely guard a secret
huìmù 慧目 N. discerning eyes M: [1]shuāng
huīmùkuàng 辉钼矿[-礦] N. <min.> molybdenite M: [2]kuài/[1]piàn
[1]**huīní(zi)*** 灰呢(子) N. gray wool M: [2]kuài/[1]pǐ
[2]**huīní** 灰泥 N. <archi.> plaster
huìnì 晦匿 V. retire into obscurity
huíniàn 回念 V. recall the past
huìniàn* 惠念 F.E. <court.> your gracious thoughts
huìnóng 溃/殨脓[殨膿] N./V.O. suppuration
huìnù 恚怒 V. be enraged
huínuǎn 回暖 N. Indian summer M: [1]cì ♦V.O. become warm again
huīpái 诙俳 V. joke; jest; ridicule
huīpéng(r) 灰棚(儿) N. hut with a mortar roof M: ge/[4]zuò
huípiàn(r) 回片(儿) N. thank-you card M: [1]zhāng
huìpiào 汇票[匯-] N. draft; bill of exchange; money order M: ge/[1]zhāng
huípìn 回聘 V. reemploy a retired person
huīpíqi 灰脾气[-氣] N. <coll.> vile disposition M: [1]fù
huīqí 恢奇 V.P. <wr.> magnificent and eminent (of persons/writings/etc.)
huīqì 灰气[-氣] N. unhappy mood; low spirits
huíqí 回棋 V.O. retract a chess move
huǐqí 悔棋 V.O. retract a chess move
[1]**huǐqì** 毁弃[毀棄] V. scrap; annul; abrogate
[2]**huìqì** 悔气[-氣] N. bad luck M: [2]gǔ
[3]**huìqì** 悔泣 N. cry of remorse

huìqī* 会期 N. ① time fixed for a conference ② duration of a meeting ~ *gǎi wéi wǔtiān.* The meeting is rescheduled to last five days.
¹huìqí 会齐[-齊] V. assemble
²huìqí 会旗 N. the banner of a meeting M: ¹*miàn*
¹huìqì 晦气[-氣] S.V. unlucky
²huìqì 秽气[穢氣] N. foul air M: ²*gǔ*
huìqiān 会签 V. countersign; sign jointly ♦N. countersignature
¹huìqián* 汇钱[匯錢] V.O. send money through the mail/bank
²huìqián 会钱[-錢] N. periodic assessment in a mutual-aid society
huīqīng 灰青 N. darker bluish gray (color of wood ash)
huíqīng 回青 V.O. <*topo.*> turn green (of winter crops) ♦N. Muhammedan blue (used in ceramics)
huíqǐng* 回请 V. return hospitality; give a return banquet
huìqìxīng 晦气星[-氣-] N. bringer of bad luck M: ¹*kē*
huíqu 回去 R.V. return; go/be back
huīquán 挥拳 V.O. throw a fist
huīquè 灰雀 N. bullfinch M: *ge*/²*zhī*
huíqùle 回去了 V.P. ① went back ② <*coll.*> be dead
huìr* 会儿 N. <*coll.*> moment *See also* huǐr
huǐr 会儿 N. <*coll.*> moment *See also* huìr
huīrán 辉然 V.P. bright; brilliant
huìràngzhàn 会让站[-讓-] P.W. passing/crossing station; siding (on a single-track line) M: *ge*/⁴*zuò*
huìránkěnlái 惠然肯来 F.E. <*court.*> be so kind as to come
huírào 回绕[-繞] V. ① turn around ② rewind
huìrénbùjuàn 诲人不倦 F.E. be tireless in teaching
huǐrénlú 毁人炉[毀-爐] N. den of iniquity M: *ge*/⁴*zuò*
huīrhuīr 咴儿咴儿 ON. neigh; whinny
huìrì 慧日 N. the wisdom of Buddha
huǐróng 毁容[毀-] V.O. disfigure one's face
huìruò 蕙若 N. people pure in heart
huīsǎ 挥洒[-灑] V. ① sprinkle; spray ② <*wr.*> write/paint freely
huīsàn 挥散 R.V. ①evaporate; vaporize ②waste; dissipate (wealth/strength/etc.)
huìsǎo 彗扫[-掃] V. sweep with a broom
huīsè* 灰色 N. ① gray; ashy ② pessimistic; gloomy ③ obscure; ambiguous
huìsè 晦涩[-澀] S.V. hard to understand; obscure
huīsèjì 灰色剂[-劑] N. <*loan*> whisky
huīsè rénshēngguān 灰色人生观[-觀] N. pessimistic attitude toward life M: ¹*zhǒng*
huīsè shìchǎng 灰色市场[-場] P.W. gray market
huīshā* 灰沙 N. sand and dust M: ¹*bǎ*
huíshà 回煞 V. return of a soul to its own home a few days after death
huīshàn 挥扇 V. fan oneself
huīshāng 挥觞[-觴] V.O. raise a glass to drink
huǐshāng 毁伤[毀傷] V. injure; damage
huìshāng* 会商 V. hold a conference/consultation; consult
huìshàngmǎixià 贿上买下[--買-] F.E. bribe men high and low
huīshāyàn 灰沙燕 N. sand martin M: *ge*/²*zhī*
huǐshé 虺蛇 N. poisonous snake M: *ge*/¹*tiáo*
huìshè* 会社 N. commercial firm M: *ge*/¹*jiā*
huíshēn 回身 V.O. turn (one's body) around
huìshěn* 会审[-審] V. make a joint checkup ♦N. joint hearing/trial M: ³*cháng*/¹*cì*
¹huíshēng* 回声[-聲] N. echo M: *ge*/¹*zhèn*
²huíshēng 回升 V. rise again (after a fall); pick up
³huíshēng 回生 V. ①bring back to life ②forget through lack of practice; get rusty
¹huìshēng 绘声[-聲] V.P. vivid
²huìshēng 惠声[-聲] N. reputation for kindness
huíshēng cèshì 回声测试[-聲--] N. echo-sounding M: ¹*cì*
huíshēng gǎntànjù 回声感叹句[-聲-嘆-] N. <*lg.*> echo exclamation
huìshēnghuìsè 绘声绘色[-聲--] F.E. vivid; lively; vividly described
huìshēnghuìyǐng 绘声绘影[-聲--] F.E. vivid; lively; vividly described
huíshēnzàizhàn 回身再战[-戰] F.E. turn back and fight again
huīshī 挥师[-師] V.O. ① march troops to war ② command an army
huīshí 灰石 N. limestone M: ²*kuài*
huíshī 回师[-師] V.O. ① return in triumph ② move back (of troops)
huíshì 回事 V.O. <*coll.*> report to a supervisor after an errand/etc. *See also* zěnme huí shì
huǐshì 毁誓[毀-] V.O. break one's promise
huìshī* 会师[-師] V.O. join forces; effect a junction
huìshǐ 秽史[穢-] N. records of scandalous acts M: ²*bù*
¹huìshì 会试 N. <*hist.*> ① doctoral exam preceding the imperial exam ② metropolitan examination M: *ge*/³*cháng*/¹*cì*
²huìshì 惠示 <*court.*> V. condescend to show/instruct ♦F.E. your esteemed letter
³huìshì 讳饰[諱-] V. dissimulate; disguise; conceal the truth
⁴huìshì 绘事 N. painting; drawing
⁵huìshì 绘饰 V. embellish
huíshìchù 回事处[-處] P.W. reception room M: ¹*jiān*
huīshīchūjī 挥师出击[-師-擊] F.E. send out an army to war
huìshíjǐn 烩什锦 N. assorted vegetables cooked in gravy M: *ge*/¹*pán*
huìshì zhìdù 会试制度 N. (imperial) examination system (initiated c. 140 B.C.) M: ³*xiàng*
huīshǒu 挥手 V.O. wave (one's hands)
huíshōu* 回收 V. retrieve; recover; reclaim; recycle
¹huíshǒu 回首 V. ① turn one's head; turn around ② <*wr.*> look back; recollect
²huíshǒu 回手 V.O. ① do sth. with the turn of one's hand ② hit back; return a blow
huìshǒu 会首 N. <*trad.*> head of a folk organization M: *ge*/²*wèi*
huīshǒugàobié 挥手告别 F.E. wave farewell
huíshōulǜ 回收率 N. percentage of recovery/recycle/etc.
huíshǒuqiánchén 回首前尘[-塵] F.E. remember past events; recall one's past
huíshōuzhàn 回收站 P.W. (waste materials) collection depot M: *ge*/¹*jiā*/⁴*zuò*
huīshǒuzhìyì 挥手致意 F.E. wave greetings to; wave to sb. in acknowledgment
huīshǔ* 灰鼠 N. squirrel M: *ge*/²*zhī*
huíshū 回书[-書] V.O. a letter in reply M: ²*fēng*
huíshú 回赎[-贖] V. redeem pawned articles
huíshù(r) 回数(儿)[-數-] N. number of times
huìshū 惠书[-書] F.E. <*court.*> your honored letter
huíshù bǔyǔ 回数补语[-數補-] N. <*lg.*> measure complement
huīshuǐ 灰水 N. lye
huíshuǐ* 回水 N. backwater
¹huìshuǐ 会水 V.O. know how to swim
²huìshuǐ 汇水[匯-] N. remittance charge
huìshuō* 会说 S.V. be a good talker
huìshuò 晦朔 N. last and first days of the lunar month
huì shuō duōzhǒng yǔyán de rén 会说多种语言的人[---種----] N. <*lg.*> polyglot
huísòng 回诵 V. recite; chant repeatedly
huísù 回溯 V. recall; look back upon
huìsuàn 汇算[匯-] V. settle accounts; wind up an account
huīsǔn 㧑损 V. humble
huǐsǔn* 毁损[毀-] V. damage; impair
huīsūnsūn 灰孙孙[-孫孫] N. <*topo.*> despicable person; scoundrel; reprobate
huīsūnzi 灰孙子[-孫-] N. <*coll.*> detestable son-of-a-bitch
huìsuǒ 会所 P.W. ①club building/office ②office of an association
huísùxìng zīliào 回溯性资料 N. <*soc.*> retrospective data M: ¹*fèn*
huítān 回滩[-灘] N. whirlpool; eddy
huìtán* 会谈 V./N. talks; conversation M: ¹*cì*
huītáng 灰膛 N. ashpit of a stove
huìtáng* 会堂 P.W. (assembly) hall M: *ge*/⁴*zuò*
huìtán gōngbào 会谈公报[-報] N. official publication of the result of a conference M: ¹*fèn*
huītáo 灰陶 N. gray pottery
huītātā 灰塌塌 R.F. <*coll.*> ① ashen; gray ② cheerless; mournful
huītì* 挥涕 V.O. wipe away tears
huítì(r) 回屉(儿)[-屜-] V.O. rewarm (cold food/dish)
huítiān* 回天 V.O. save a desperate situation
huítián 回填 V. <*archi.*> backfill
huítiānfáshù 回天乏术[-術] F.E. unable to save the situation
huítiānzhīlì 回天之力 N. power capable of saving a desperate situation
huítiáo(r) 回条(儿)[-條-] N. ① receipt ② note of reply M: *ge*/¹*zhāng*
huítiě 回帖 N. money-order receipt to be returned to the sender M: ¹*zhāng*
huītīkuàng 灰锑矿[-礦] N. gray antimony
¹huìtōng 会通 V.P. understand thoroughly; master
²huìtōng 贿通 V. buy over; buy off; bribe
huìtóng* 会同 V. handle jointly with other organizations concerned
huítóu(r)* 回头(儿) V.O. ① turn one's head; turn round ② repent ♦ADV. later; by and by ♦N. retrogress *zǒu ~ lù* retrogress
huìtóu 会头 N. initiator of mutual-aid society and first recipient of payment
huítóucǎo 回头草 N. <*coll.*> sth. already done *Bié chī ~* Don't try to reverse sth. already done.
huítóu jiàn 回头见 F.E. See you later/soon.
huítóulù 回头路 N. road back *Bié zǒu ~.* Don't retreat. M: ¹*tiáo*
huítóurén 回头人 N. <*topo.*> widow M: *ge*/²*wèi*
huítóushì'àn 回头是岸 ID. <*Budd.*> repent and be saved
huītóutǔliǎnr 灰头土脸儿 F.E. <*coll.*> ① head and face covered with dust ② dejected; despondent
huītóutǔmiàn 灰头土面 F.E. dusty and dirty in appearance
huītóutǔnǎo 灰头土脑[-腦] F.E. ① head covered with dust ② blockhead
huítóu yī kàn 回头一看 V.P. glance over one's shoulder; look back
huítóu yī xiǎng 回头一想 V.P. on second thought
huītǔ 灰土 N. dust; dirt; mud M: ¹*bǎ*
huìtú* 绘图[-圖] V.O. ①draw pictures ②prepare engineering drawings ♦N. drawings M: ¹⁰*fú*/¹*zhāng*
huìtǔ 秽土[穢-] N. ① rubbish; dirt; smudge; mud ② <*Budd.*> the human world
huìtúbǎn 绘图板[-圖-] N. drawing board M: ²*kuài*
huītuí 虺颓[-隤] V.P. ① diseased; ill; sick ② discouraged
huìtújī 绘图机[-圖-] N. plotter M: ¹*tái*
huìtuō 贿托 V. ask sb. to do sth. for a consideration
huìtú qiānbǐ 绘图铅笔[-圖-筆] N. sketch pencil
huìtúyuán 绘图员[-圖-] N. draftsman M: *ge*/²*wèi*
huìwǎngmínglái 晦往明来 F.E. as day follows night and night follows day
huīwěi 恢伟[-偉] S.V. great; vast; immense
huíwèi* 回味 N. aftertaste ♦V. recall sth. and ponder it; savor a dish/meal long after finishing it

huìwéi 汇为[匯-] V.P. converge; join
huìwěi 彗尾 N. tail of a comet
huìwèi 荟蔚 V.P. abundant (vegetation); massive (clouds)
huíwèiwúqióng 回味无穷[-窮] F.E. long-lasting aftertaste
huíwén* 回文 N. ①receipt ②<lg.> palindrome; anagram M: [1]piān *See also Huíwén*
Huíwén 回文 N. Arabic script (of Chinese Muslims) *See also huíwén*
huìwén 秽闻[穢-] N. <wr.> reputation for immorality
huíwénjǐn 回文锦 N. a kind of elaborately woven silk M: [10]fú
huíwénshī 回文诗 N. palindrome; palindromic verses M: [2]shǒu
huíwénzhēn 回纹针 N. paper clip
huíwō* 回窝[-窩] V.O. return to a nest/den/etc. (of birds/animals)
huìwò 惠渥 V. be enriched with favors
huìwǒliángduō 惠我良多 F.E. You have conferred very much kindness on me.
huīwǔ 挥舞 V. wield; brandish
huīwù 灰雾[-霧] N. gray frog M: [1]céng/[1]piàn
huǐwù 悔悟 V. realize one's error and repent
[1]**huìwù*** 会晤 V. meet
[2]**huìwù** 会务[-務] N. club/meeting affairs/etc. M: [3]xiàng
[3]**huìwù** 秽物[穢-] N. filth M: duī
[4]**huìwù** 会悟 V. realize (a truth)
huīxī 挥犀 V. converse desultorily
huíxì* 回戏[-戲] V.O. <thea.> cancel a performance because of an emergency
huīxià* 麾下 N. <wr./court.> ① general; commander; your excellency ② those under one's command M: ge/[1]míng
huìxiá 慧黠 V.P. <wr.> clever and artful; shrewd
huìxián 会衔 V. jointly sign an official document
huìxiǎn* 晦显[-顯] V.P. obscure and manifest ♦N. obscurity and manifestation
[1]**huíxiāng** 回乡[-鄉] V.O. return to one's home village/district
[2]**huíxiāng** 茴香 N. <bot.> ① fennel ② aniseed ③ giant hyssop M: [2]kē/[3]lì
huíxiáng 回翔 V. ① circle round; wheel (in flight) ② flow back
[1]**huíxiǎng*** 回想 V. think back; recollect; recall
[2]**huíxiǎng** 回响[-響] V. reverberate; echo
huíxiàng 回向 N. <lg.> back
huìxiàng 绘像 V.O. draw portraits
huíxiāngcài 茴香菜 N. fennel stalks and leaves (as a vegetable) M: [1]bǎ/[2]kē
huíxiǎng chū 回想出 R.V. recall
huíxiǎng dào 回想到 R.V. recollect
huíxiāngdòu 茴香豆 N. aniseed-flavored beans M: [3]lì
huíxiāngluòhù 回乡落户[-鄉--] F.E. go and settle in one's ancestral village
huíxiǎng qǐlai 回想起来 R.V. remember
huíxiǎng wènjù 回响问句[-響--] N. <lg.> echo question
huíxiāngzhèng 回乡证[-鄉證] N. home-return permit M: ge/[1]fèn
huíxiāng zhīqīng 回乡知青[-鄉--] AB. ~huíxiāng zhīshi qīngnián M: ge/[2]wèi
huíxiāng zhīshi qīngnián 回乡知识青年[-鄉-識--] N. educated youths who return to the countryside M: ge/[2]wèi
huíxiāo* 回销 V. resell (by state) to place of production
huìxiǎo 篲筱 N. thin bamboo
huīxié* 诙谐 S.V. humorous; jocular
huǐxiè 悔谢 V. regret and admit a fault
huìxiè 秽亵[穢褻] V.P. <wr.> ① obscene; pornographic ② filthy; foul
huīxiébǎichū 诙谐百出 F.E. very humorous
huīxiéhuà 诙谐话 N. humorous remarks M: [1]jù
huīxiéqǔ 诙谐曲 N. <mus.> humoresque M: [4]zhī
huīxīn* 灰心 S.V. lose heart; be discouraged
huíxīn 回心 V.O. come around
huíxìn 回信 V.O. ① write in reply *Wǒ gānggāng huíle [2]tā yī fēng xìn.* I just wrote her a reply. ② write back ♦N. letter in reply M: [2]fēng
huǐxīn 悔心 N. penitence
[1]**huìxīn** 会心 V.O. understand; know ♦N. ① understanding; knowing ② meeting of minds
[2]**huìxīn** 慧心 N. wisdom M: [1]kē
[3]**huìxīn** 蕙心 N. pure heart of a woman M: [1]kē
huīxīnduànniàn 灰心断念[--斷-] F.E. throw in one's cards
huǐxíng 毁形[毀-] V.O. deface
huìxīng* 彗星 N. <astr.> comet M: [1]kē
huìxíng 秽行[穢-] N. <wr.> immoral behavior
huìxìng 慧性 N. intelligence
huìxínghuìshēng 绘形绘声[-聲] F.E. vivid
huíxíngjiá 回形夹[-夾] N. (paper) clip
huǐxíngmièxìng 毁形灭性[毀-滅-] F.E. destroy/kill leaving no trace
huíxíngzhēn 回形针 N. (paper) clip M: ge/[2]zhī
huīxīnlǎnyì 灰心懒意 F.E. disheartened and languishing
huīxīnsàngqì 灰心丧气[-喪氣] F.E. be utterly disheartened; become discouraged; lose heart
huìxīnwēixiào 会心微笑 F.E. smile understandingly
huìxīnyīxiào 会心一笑 F.E. an understanding smile
huíxīnzhuǎnyì 回心转意[--轉-] F.E. change one's views; come around
huíxiū 回修 V. return sth. for repair
huìxù 惠恤 V. give relief to the poor or victims of disaster
huíxuán* 回旋 V. ① circle round ② have room to maneuver
huìxuǎn 贿选[-選] V. practice election bribery
huíxuán jiāsùqì 回旋加速器 N. <phy.> cyclotron
huíxuánqǔ 回旋曲 N. <mus.> rondo M: [4]zhī
huíxuán yúdì 回旋余地 N. room for freedom of action; latitude
huīxuè 诙谑 V. ① joke; jest ② ridicule
huìxùnbùjuàn 惠训不倦 F.E. never tire of teaching
huìxù qīlǎo 惠恤耆老 V.O. be kind and sympathetic toward the aged
huīyán 灰岩 N. limestone M: [2]kuài
huǐyán 毁言[毀-] V.O. break one's word
huìyán* 讳言[諱-] V. avoid speaking up
[1]**huìyǎn** 慧眼 N. <rel.> ① an all-seeing mind ② mental discernment/perception; insight; acumen M: [1]shuāng/[2]zhī
[2]**huìyǎn** 会/汇演[匯-] N. <thea.> joint performance M: [1]cì
huìyàn 会厌[-厭] N. <phys.> epiglottis
huìyǎndújù 慧眼独具[--獨-] F.E. can see what others cannot
huíyáng 回阳[-陽] V.O. <Ch. med.> have the *yáng* return
huìyàn ruǎngǔ 会厌软骨[-厭--] N. <phys.> cartilage of epiglottis
huìyǎnshírén 慧眼识人[-識-] F.E. develop a sharp eye for discovering able people
huìyǎn shí yīngxióng 慧眼识英雄[-識--] F.E. Discerning eyes can tell greatness from mediocrity.
huīyào 辉耀 V.P. bright; shining; luminous
huíyǎo 回咬 V. bite back
huìyào* 会要 N. record of social/institutional background of a dynasty
huīyè 晖夜 N. firefly
huìyè* 慧业[-業] N. <Budd.> intelligent but unpretentious
[1]**huīyī** 灰衣 N. <trad./coll.> plainclothes police M: ge/[2]wèi
[2]**huīyī** 袆衣[禕-] N. ceremonial dress of a queen M: [1]shēn/tào
huīyì 㧑挹 V. <trad.> be extremely modest/polite
[1]**huíyì** 回忆[-憶] V./N. recollect; recall
[2]**huíyì** 回译[-譯] N. <lg.> back translation
[1]**huǐyì** 悔意 N. regret M: [1]fèn
[2]**huǐyì** 虺蜴 N. ① lizard M: ge/[2]zhī ② a mean person
[1]**huìyì*** 会议[-議] N. meeting; conference; council; congress M: [1]cì
[2]**huìyì** 会意 V. understand; comprehend; know ♦N. ①understanding; knowing ②<lg.> associative compounds (one of the *liushu* characters) ③ combined ideas
huíyì cèshìfǎ 回译测试法[-譯---] N. <lg.> back translation
huìyìchù 会议处[-議處] P.W. <PRC> meetings department
huìyì de 会意的 ATTR. <lg.> ideographic
huíyìduìbǐ 回忆对比[-憶對-] F.E. recall the past and contrast it with the present
huìyì fānyìyuán 会议翻译员[-議-譯-] N. <lg.> conference translator M: ge/[1]míng/[2]wèi
huīyīhuī fángzi 灰一灰房子 V.P. <topo.> whitewash a house
huìyì jìlù 会议记录[-議-錄] N. records of a meeting; minutes M: ge/[1]fèn
huìyì kǒuyìyuán 会议口译员[-議-譯-] N. <lg.> conference interpreter M: ge/[1]míng/[2]wèi
huíyìlù 回忆录[-憶錄] N. reminiscences; memoirs; recollections M: [1]běn/[2]bù
huìyì lǚyóu 会议旅游[-議--] N. convention trip M: [1]cì
huìyìmí 会议迷[-議-] N. convention-goer M: ge/[1]míng
huíyīn* 回音 N. ① echo ② reply ③ <mus.> turn M: ge/shēng/[1]zhèn
[1]**huìyīn** 会阴[-陰] N. <phys.> perineum
[2]**huìyīn** 惠音 F.E. <court.> your esteemed letter
huìyín 诲淫 V.O. propagate/incite sex
huìyǐn 会饮 V. drink together
Huíyīnbì 回音壁 P.W. Echo Wall (in the Temple of Heaven) M: [4]zuò
huìyìnchéngshū 汇印成书[匯-書] F.E. collect articles on a given subject and publish them in book form
huīyìng* 辉/晖映 V. shine; reflect
huíyìng 回应[-應] N. response ♦V. respond
huìyǐng 绘影 V.O. draw contours
huìyǐnghuìshēng 绘影绘声[-聲] F.E. give vivid and lifelike description
huìyínhuìdào 诲淫诲盗[-盜] F.E. incite sex/violence
huíyì qǐ 回忆起[-憶-] R.V. recall
huìyìshì 会议室[-議-] P.W. meeting/conference room M: ge/[1]jiān
huìyìtīng 会议厅[-議廳] P.W. conference/assembly hall M: ge/[4]zuò
huìyì wénzì 会意文字 N. <lg.> semasiography
huìyìzì 会意字 N. <lg.> ①associative compound characters ②ideogram; ideographic character
huíyòng 回佣[-傭] N. <topo.> ① commission ② sales M: [2]bǐ/[1]fèn
huíyóu 回/洄游 N. <zoo.> migration
huǐyóu 悔尤 N. cause for self-reproach
huìyǒu* 会友 N. fellow member of an organization M: ge/[1]míng/[2]wèi ♦V.O. meet a friend
huíyóu xìnfēng 回邮信封[-郵--] N. self-addressed stamped envelope (SASE)
huíyú 茴鱼 N. grayling; umber M: [1]tiáo
[1]**huǐ-yù*** 毁誉[毀譽] V.O./N. praise or blame
[2]**huǐyù** 虺蜮 N. mean and vicious people
huìyǔ 秽语[穢-] N. obscene words; lewd speech M: [1]jù
huìyù 惠育 V. care for tenderly
huíyuán 回援 V. turn back to rescue
[1]**huìyuán*** 会员 N. member M: ge/[1]míng/[2]wèi
[2]**huìyuán** 会元 N. <hist.> first of the successful candidates in the civil service examination
huìyuàn 恚怨 V. <wr.> nurse bitter rancor
huìyuán dàhuì 会员大会 P.W. general assembly M: [3]cháng/[1]cì
huìyuánguó 会员国[-國] P.W. member state/nation
huìyuántuán 会员团[-團] P.W. member group
huìyuánzhèng 会员证[-證] N. membership card M: ge/[1]zhāng

huìyuán zīgé 会员资格 N. the status of a member; membership M: [3]*xiàng*
huìyùcānbàn 毁誉参半[毁譽參-] F.E. get a mixed reception
huǐyuē 毁约[毁-] V.O. break a promise/agreement
huīyún 灰云[-雲] N. gray cloud M: [2]*duǒ/tuán*
huìyún 慧云[-雲] N. clouds that look like dust swept by a broom M: [2]*duǒ*
huìyǔn* 惠允 F.E. be kind enough to allow one (to do sth.)
huǐyùshīdàng 毁誉失当[毁譽-當] F.E. inappropriate in criticism
huìyùtúlì 毁誉图利[毁譽圖-] F.E. prostitute one's honor for personal gain
huǐyúyīdàn 毁于一旦[毁於-] F.E. be destroyed in a moment
huìzàng 会葬 N. mass burial M: [1]*cì* ♦V. participate in a funeral ceremony
huìzé 惠泽[-澤] F.E. <*court.*> kindness; benevolence; favor
huízèng* 回赠 V. send a present in return
huìzèng 惠赠 F.E. <*court.*> give a gift
huīzhàměng 灰蚱蜢 N. <*zoo.*> cricket M: *ge/* [2]*zhī*
huìzhǎn 汇展[匯-] V. jointly exhibit; put on a joint exhibition
huìzhàn* 会战[-戰] V. <*mil.*> ① meet for a decisive battle ② join in a battle ③ launch a mass campaign
[1]**huīzhāng** 徽章 N. badge; insignia M: [4]*méi*
[2]**huīzhāng** 恢张 V. extend; expand
huízhǎng 回涨 V. rise again after a fall (of prices/etc.)
huìzhāng 会章 N. constitution/statutes/emblem of an association/society
huìzhǎng* 会长 N. president (of a club/society/etc.) M: *ge/*[2]*wèi*
huìzhàng 会帐/账 V.O. ① pay a bill ② buy a friend a meal/drink
huīzhāo 诙啁 V. banter; crack jokes
huīzhe 挥着[-著] V.P. wave
huìzhélánсuī 蕙折兰摧[--蘭-] F.E. the good and pure are destroyed
huìzhěn 会诊 V.O. consult a doctor ♦N. consultation of doctors; (group) consultation M: [1]*cì*
huìzhèng 惠政 N. benevolent rule/administration
huīzhī 灰汁 N. lye
[1]**huīzhì** 灰质[-質] N. <*phys.*> gray matter
[2]**huīzhì** 徽帜[-幟] N. symbol/design on a flag
huízhí 回执[-執] N. note acknowledging receipt of sth. M: *ge/*[1]*zhāng*
huízhǐ 回指 N. <*lg.*> anaphora; anaphoric
huìzhǐ 会址 N. site of an association/society conference/meeting M: *ge/chù*
[1]**huìzhì*** 绘制 V. draw (design/etc.)
[2]**huìzhì** 蕙质[-質] N. good and pure quality (of a person)
huīzhībùqù 挥之不去 F.E. cannot drive off
huīzhǐjia 灰指甲 N. <*med.*> ringworm of the nails
huízhǐ jiégòu 回指结构[-構] N. <*lg.*> anaphoric construction
huìzhìlánxīn 蕙质兰心[-質蘭-] F.E. beautiful and intelligent (of women)
huīzhīshǐqù 挥之使去 F.E. motion a person to go away
huǐzhīwǎnyǐ 悔之晚矣 F.E. It's too late to repent.
huǐzhīwújí 悔之无及 F.E. It's too late to repent.
huǐzhīwúyì 悔之无益 F.E. Repentance is of no avail.
huǐzhīyǐwǎn 悔之已晚 F.E. It is too late to repent.
huìzhōng 慧中 N. inner intelligence (usu. matched with outer beauty)
huìzhòng* 会众[-眾] N. ① participants in a meeting ② members of a sect or secret society M: [1]*qún*
huìzhōngxiùwài 慧中秀外 F.E. intelligent within and beautiful without
huīzhǔ 挥麈 V. converse desultorily
huízhù 回注 V. recycle
huìzhù* 汇注[彙註] N. collection of expository footnotes/remarks/etc.
huízhuǎn 回转[-轉] V. turn around
huízhuǎnlú 回转炉[-轉爐] N. rotary furnace; converter (for refining steel) M: *ge/*[4]*zuò*
huízhuǎn mùmǎ 回转木马[-轉--] N. merry-go-around; whirligig
huízhuǎnqì 回转器[-轉-] N. <*astr.*> gyroscope; gyro M: [1]*tái*
huízhuǎnshì 回转式[-轉-] ATTR. rotary
huízhuǎnshì zuànchuáng 回转式钻床[-轉-鑽-] N. <*mach.*> rotary drill
huízhuǎnyí 回转仪[-轉儀] N. <*astr.*> gyroscope; gyro M: [1]*tái*
huìzhuó 秽浊[穢濁] S.V. ① polluted ② base; unpresentable (of self)
huīzi 灰子 N. <*coll.*> opium
Huízi* 回子 N. Muhammedan; Muslim M: *ge/* [1]*míng*
huǐzi 毁訾[毁-] V. slander; malign; calumniate
huìzi 会子 N. <*coll.*> an interval of time
huìzǒng 汇总[彙/匯總] V. gather; collect; pool
huìzǒng zhànghù 汇总帐户[彙/匯總-] N. <*acct.*> summary of account M: *ge/*[2]*bǐ*
Huízú 回族 N. Hui ethnic minority
huízǔguīzōng 回祖归宗[--歸-] F.E. regress to one's forefathers
huízuǐ* 回嘴 V.O. answer/talk back; retort
huǐzuì 悔罪 V.O. show penitence
huìzuò 会作 V.P. can do; know how to do (sth.)
hūjī 呼机 N. <*slang*> pager; beeper
hùjí* 户籍 N. ① census register ② registered permanent residence
hùjì 互忌 V. be jealous of each other
hújiā 胡笳 N. <*hist.*> reed flute used by northern tribes M: *ge/*[2]*zhī*
[1]**hùjià*** 护驾[護-] V.O. guard/escort emperor
[2]**hùjià** 瓠架 N. trellis for gourds
[3]**hùjià** 扈驾 N. emperor's escort M: *ge/*[1]*míng*
hújiǎhǔwēi 狐假虎威 ID. bully people by flaunting one's powerful connections
hūjiàn 忽见 V. see suddenly
hùjiān 护肩[護-] N. shoulder pad/padding M: *ge/* [1]*fù*
hùjiàn* 互见 N. <*lg.*> ① cross-reference ② exist side by side (of two contrasting things)
hǔjiàng* 虎将[-將] N. brave general M: *ge/* [1]*míng/*[2]*wèi*
Hùjiāng 沪江[滬-] P.W. another name for Shanghai
hūjiào* 呼叫 V. call out; yell
[1]**hújiāo** 胡椒 N. pepper M: [2]*kē/*[3]*lì*
[2]**hújiāo** 糊焦 V. be burned/scorched
[1]**hújiǎo** 胡搅[-攪] V. ① pester ② wrangle
[2]**hújiǎo** 弧角 N. spherical angle
hújiāodiǎn 胡椒点[-點] N. <*art*> black-pepper dot (in painting)
hújiāodiāo 胡椒鲷 N. <*zoo.*> grunt M: *ge/*[1]*tiáo*
hújiāofěn 胡椒粉 N. pepper powder M: [1]*bǎ*
hùjiàohùxué 互教互学 F.E. teach and learn reciprocally
hújiǎománchán 胡搅蛮缠[-攪蠻纏] F.E. pester endlessly
hújiāomiànr 胡椒面儿[--麵-] N. ground pepper
hūjiàoqì 呼叫器 N. pager; beeper
hújiāoyóu 胡椒油 N. pepper oil M: *píng*
hūjiào zhǐlìng 呼叫指令 N. <*comp.*> call instructions M: *ge/*[2]*dào*
hūjiào zhǐshì-mǎ 呼叫指示码 N. <*comp.*> call-direction code
hùjíbù 户籍簿 N. documentary register M: [1]*běn/* [2]*bù*
hūjīháohán 呼饥号寒[--號-] F.E. cry out from hunger and cold
hùjìhuì 互济会[-濟-] N. mutual-aid team
hùjíjǐng 户籍警 N. police in charge of household registration M: *ge/*[1]*míng/*[2]*wèi*
hùjí jǐngchá 户籍警察 N. police in charge of household registration M: *ge/*[1]*míng/*[2]*wèi*
hǔjìn(r) 虎劲(儿)[-勁] ID. dauntless drive; dash M: [2]*gǔ*
hújīng* 糊精 N. dextrin
hùjìng 护胫[護脛] N. ① shinguard ② leggings
hújìshēng 槲寄生 N. mistletoe
hūjiù* 呼救 V. call for help
hújiu 胡揪 V. <*topo.*> barely able to hang on; in dire poverty
hùjù 护具[護-] N. protective equipment M: *ge/* [1]*fù*
Hùjù* 沪剧[滬劇] N. Shanghai opera M: [1]*chū/* [1]*tái*
hǔjùlóngpán 虎踞龙盘[-盤] ID. forbidding strategic point
hújūn 弧菌 N. <*bio.*> vibrio
hùjūn* 户均 N. family average
húkǎn 胡侃 N. <*topo.*> aimless conversation M: *tōng*
húkǎo 胡考 N. <*trad.*> the aged
hùké 护壳[護殼] N. protective case/or shell
[1]**húkǒu** 糊口 V.O. make a living
[2]**húkǒu** 壶口[壺-] N. mouth of a pot
hǔkǒu 虎口 N. ① jaws of death ② space between thumb and index finger
hùkǒu* 户口 N. ① number of households and total population ② registered permanent residence
hǔkǒubáyá 虎口拔牙 ID. dare the greatest danger
hùkǒuběn 户口本 N. permanent-residence booklet M: *ge/*[1]*běn*
hùkǒubù 户口簿 N. permanent-residence booklet M: *ge/*[1]*běn/*[2]*bù*
hùkǒucè 户口册[-冊] N. police record of residence M: [1]*běn/*[2]*bù*
hùkǒudiàochá 户口调查 F.E. census M: [1]*cì*
hū kǒuhào 呼口号[-號] V.O. shout slogans
hùkǒu jiǎnchá 户口检查 N. census M: [1]*cì*
hùkǒu míngbù 户口名簿 N. residence booklet M: [1]*běn*
hǔkǒumìshí 虎口觅食 ID. engage in a hazardous task
hùkǒu pǔchá 户口普查 N. census-taking; census M: [1]*cì*
hùkǒu qīngcè 户口清册[-冊] N. census record M: [1]*běn*
hùkǒu téngběn 户口誊本[--謄-] N. census register; family register M: [1]*běn/*[4]*cè*
hǔkǒuyúshēng 虎口余生 ID. have-narrow escape
hūkǔ 呼苦 V.O. complain of pain
hùkuī 护盔[護-] N. helmet
hǔkūlángwō 虎窟狼窝[-窩] F.E. a nest of tigers and wolves
hūla* 忽喇 ADV. <*coll.*> in a flash; suddenly
[1]**hūlā** 呼啦/喇 ON. flapping sound
[2]**hūlā** 呼拉 N. <*loan*> hula
húlái* 胡来 V. <*coll.*> ① bungle ② cause mischief ③ run wild ④ proceed recklessly without thought
hùlài 互赖 N. interdependence
hūláihūqù 忽来忽去 V.P. come and go
hūlālā 呼啦啦 ON. flapping sound
hùlán 护栏[護欄] N. guardrail; guard bar; rail M: *ge/*[2]*dào*
hǔláng 虎狼 N. ① tiger and wolf ② robber; bandit M: [1]*qún* ♦ID. cruel and ruthless
hǔlángzhīxìng 虎狼之性 N. violent nature
hūlǎohǎi 呼老海 V.O. <*topo.*> smoke opium
hūlāquānr 呼拉圈儿 N. hula hoop
hǔlàrén 虎辣人 N. <*topo.*> a peppery or short-tempered person M: *ge/*[1]*míng*
húlāyìngchě 胡拉硬扯 F.E. <*coll.*> chatter; gabble; talk of this and that
hǔlàzi píqì 虎辣子脾气[-氣] F.E. <*topo.*> fiery temper; explosive temperament

hūlěnghūrè 忽冷忽热[-熱] F.E. ① now hot, now cold ② sudden changes of temperature ③ sudden changes in one's affection/attitude/enthusiasm

húli 狐狸 N. ① fox M: *ge*/[2]*zhī* ② <*derog.*> a bewitching woman

[1]**húlì** 槲栎[-櫟] N. oriental white oak M: [2]*kē*

[2]**húlì** 鹄立 V. <*wr.*> ① stand erect ② stand on the outlook ③ impatiently await

hùlǐ* 护理[護-] V. ① nurse; tend and protect ② act for a senior official

hùlì 互利 V.P. mutually beneficial

húlián 胡联[-聯] V. <*topo.*> chatter; gabble; talk of this and that

húliǎn 瑚琏 N. ① vessels of grain at an ancestral temple ② a person of virtue and quality

hùlián* 互联[-聯] ATTR. mutually joined

hùliàng 互谅 V.P. mutual understanding

hùliánwǎng(luò) 互联网(络)[-聯網-] N. internet

húliǎnzhīqì 瑚琏之器 N. a high-caliber person

hūliāo 忽撩 V. <*coll.*> a flash; fast as lightning

húliáo* 胡聊 V. <*coll.*> chatter; gabble; talk of this and that

húliào 糊料 N. thickener

húlibātū 糊里八涂[-裡-塗] V.P. confused; muddle-headed

hǔlièlā 虎列拉 N. <*loan*> cholera

húligǒu 狐狸狗 N. spitz; Pomeranian M: *ge*/[2]*zhī*

hùlǐguān 护理官[護-] N. (army) nurse M: *ge*/[1]*míng*

hǔlihǔqì 虎里虎气[-裡-氣] F.E. strong and vigorous; strapping (of young men)

húlihútu 糊里糊涂[-裡-塗] V.P. ① muddled; confused ② thoughtless ③ slipshod

húlijīng 狐狸精 N. ① fox-spirit; vixen; witch ② enchantress ③ <*derog.*> vamp M: *ge*/[2]*zhī*

húlimahu 胡里马呼[-裡--] R.F. <*coll.*> approximately

hùlín 护林[護-] V.O. protect a forest

hūlíng 呼铃 V.O. ring a bell to summon sb.

hùlínyuán 护林员[護-] N. forest ranger M: *ge*/[1]*míng*/[2]*wèi*

hùlǐ rényuán 护理人员[護-] N. nursing staff M: *ge*/[1]*míng*/[2]*wèi*

hú liūda 胡溜达[-達] V. <*topo.*> walk aimlessly

húliùxiánchuàn 胡遛闲串 F.E. <*topo.*> gad about; gallivant

húli wěiba 狐狸尾巴 N. ① foxtail M: [1]*tiáo* ② giveaway ③ cloven hoof

hùlǐxué 护理学[護-] N. nursing

hùlǐyuán 护理员[護-] N. nurse; attendant M: *ge*/[1]*míng*

hūlóng 忽隆 A.T. <*coll.*> in a flash; in the twinkling of an eye

húlou 胡楼[-樓] V. <*topo.*> wipe; polish; sweep

[1]**hūlu** 呼噜 N. <*coll.*> snore *Tā shuìjiào dǎ ~.* He snores. *See also* *hūlū*

[2]**hūlu** 呼庐[-廬] A.T. <*topo.*> dizzy; mixed up; confused

hūlū 呼噜 ON. wheezy sound *See also* [1]*hūlu*

[1]**húlu(r)*** 葫芦(儿)[-蘆-] N. ① bottle gourd; calabash ② <*trad.*> sign of Chinese pharmacists/healers *Bù zhīdào tā ~ lǐ mài de shì shénme yào.* I don't know what he has got up his sleeve. ③ symbol of certain Daoist sages

[2]**húlu** 胡噜 V. ① soothe a child by rubbing where it hurts ② sweep/brush away

húlú 胡卢[-盧] N. <*wr.*> bursts of laughter

húlǔ 胡虏[-虜] N. <*derog.*> northern barbarians M: *ge*/[1]*míng*

hùlù 护路[護-] V.O. patrol and guard a road/railway ♦N. road maintenance

hūlǜ 忽律 N. crocodile; alligator

húlǜ* 湖绿 N. light green

húluàn 胡乱[-亂] ADV. ① carelessly; casually ② not choosy *Wǒ ~ chīle diǎnr.* I grabbed a quick bite. ③ at all events; for better or worse

húluàn cāicè 胡乱猜测[-亂--] V.P. make wild guesses

húlubātú 糊鲁八涂[-塗] V.P. <*coll.*> confused; muddle-headed

húlúdàxiào 胡卢大笑[-盧--] F.E. roar with laughter

hùlùduì 护路队[護-隊] N. ①road-maintenance crew ② crew that patrols and protects a road/railway M: *ge*/[4]*zhī*

hūlüè 忽略 V. neglect; overlook; lose sight of

hūlúhèzhì 呼卢喝雉[-盧--] F.E. shout for the top number to come up (in gambling)

húlúkē 葫芦科[-蘆-] N. <*bot.*> a plant of the gourd family M: [1]*zhǒng*

hùlùlín 护路林[護-] N. protective belt of trees along a road M: [1]*piàn*

hūlūlū 呼噜噜 ON. noise of eating/etc.

húlūn 胡抡 V. <*coll.*> blunder about; act impulsively

[1]**húlún*** 囫囵 V.P. whole; entire

[2]**húlún** 胡轮 V. <*topo.*> brag; talk big

húlungèr 囫囵个儿[--個-] ATTR. whole ♦V. sleep with one's clothes on

húlunjiào 囫囵觉[-覺] N. uninterrupted sleep; a good night's sleep M: *ge*/[1]*cì*

húlún tūnxià 囫囵吞下 V.P. ① swallow wholesale ② act without thought

húlúntūnzǎo 囫囵吞枣[-棗] ID. lap up information without digesting it

hùluò 瓠落 V.P. <*wr.*> ① flat and shallow (of vessels) ② large but useless

húluóbo 胡萝卜[-蘿-] N. carrot M: [2]*kē*/[2]*gēn*

húluóbosù 胡萝卜素[-蘿--] N. carotene

húlupiáo 葫芦瓢[-蘆-] N. gourd M: *ge*/[2]*zhī*

húlupíng 葫芦瓶[-蘆-] N. <*pottery*> ① vase in the shape of a gourd ② double-gourd vase M: *ge*/[2]*zhī*

húluzuǐ 葫芦嘴[-蘆-] N. pursed lips M: *ge*/[1]*zhāng*

húmá 胡麻 N. ①flax ②linseed ③sesame M: [2]*kē*

húmáihúhú 狐埋狐搰 F.E. hesitant; indecisive

húmàn 胡蔓 N. <*bot.*> poisonous sumac M: [2]*kē*

húmázǐyóu 胡麻子油 N. linseed oil M: *píng*

húmèi 狐媚 V. ① flatter ② bewitch

hǔménjiàngzǐ 虎门将子[--將-] F.E. brave son from a brave family M: *ge*/[1]*míng*/[2]*wèi*

húmiàn* 湖面 N. lake surface

hùmiǎn 互勉 V. encourage each other

hùmiàn 护面[護-] V.O. mask in fencing/etc.

húmiànjiūxíng 鹄面鸠形 ID. haggard; emaciated from hunger

hùmiànjù 护面具[護-] N. protective mask M: *ge*/[1]*fù*

hùmiáo 护苗[護-] V.O. seedling-protection

hūmiè 忽灭[-滅] ADV. now off (of light or flame)

hūmíng 忽明 ADV. now on (of light or flame)

hùmíng* 户名 N. name on an account

hūmínghū'àn 忽明忽暗 F.E. flickering

hūmínghūmiè 忽明忽灭[-滅] F.E. now appearing, now disappearing; flickering

hùmù 护幕[護-] N. curtain

hùmùjìng 护目镜[護-] N. goggles M: [1]*fù*

[1]**hūn** 昏 V. faint; swoon ♦B.F. ①dark; dim *hūn'àn* ②confused; muddled *hūnmí* ③dusk *huánghūn*

[2]**hūn** 荤[葷] N. ① meat or fish ② pungent foods *See also* *Xūn*

[3]**hūn** 婚 B.F. ① wed; marry *jiéhūn* ② marriage; wedding *hūnyīn*

[4]**hūn** 阍[閽] N. ① guard of a gate ② palace gate

[5]**hūn** 惛 B.F. muddled [2]*hūnbèi*, [2]*hūnhūn*

[1]**hún(r)** 魂(儿)[-(兒)] N. soul; spirit; mood

[2]**hún** 浑[渾] S.V. ① muddy; turbid ② stupid ③unsophisticated ♦B.F. entire; all over *húnshēn*

[3]**hún** 珲[琿] N. <*wr.*> a kind of jade

[4]**hún** 混 B.F. muddy; muddled *húndàn*, *nònghún* *See also* [1]*hùn*

[5]**hún** 馄[餛] in *húntun*, *húntunmiàn*

[1]**hùn*** 混 V. ①mix; confuse *Bié bǎ zhèxiē dōngxi ~ zài yīqǐ.* Don't mix these things up. ②pass for; pass off as ③ muddle/drift along ④ get along with sb. *Wǒ gēn tā ~ de hěn shóu.* I'm quite familiar with him. ♦ADV. thoughtlessly; recklessly *Bié ~ chū zhǔyi!* Stop making irresponsible suggestions! *See also* [4]*hún*

[2]**hùn** 诨[諢] V. joke; jest ♦B.F. nickname; sobriquet *hùnmíng*

[3]**hùn** 溷 B.F. ①mixed; muddled; impure *hùnzhuó* ② lavatory *hùncè*

Húnán 湖南 P.W. Hunan province

hūn'àn 昏暗 S.V. dim; dusky

Húnán èr yàng 湖南二样[-樣] N. two Hunanese dishes served on one plate

Húnán làròu 湖南腊肉[--臘-] N. thin-sliced Hunanese lean bacon stir-fried with leeks and chili peppers M: [1]*guà*/[2]*kuài*/[1]*wǎn*

húnào 胡闹[-鬧] V. horse around; run wild

hú nàoteng 胡闹腾[-鬧-] V.P. <*coll.*> blunder along; do in a slapdash way

[1]**hūnbèi** 昏惫[-憊] V.P. dog-tired

[2]**hūnbèi** 惛惫[-憊] V.P. muddleheaded

hūnbiàn 婚变[-變] N. marriage upheavals (e.g., divorce) M: [3]*cháng*/[1]*cì*

húnbùfùtǐ 魂不附体[-體] F.E. be frightened to death or out of one's senses

hùnbuguòqu 混不过去 R.V. be unable to fool others

hùnbushàng 混不上 R.V. <*coll.*> be unable to finagle/wangle/scrounge

húnbùshǒushè 魂不守舍 F.E. be scared out of one's wits

húnbusì 浑不似 N. ancient four-stringed instrument

hùnbuxiàqu 混不下去 R.V. be no longer able to muddle along on a job

hūncài 荤菜 N. ①meat dishes ②pungent foods M: [1]*fèn*/[1]*wǎn*/[1]*yangr*

hùncè 溷厕[-廁] P.W. lavatory; toilet

húnchē 魂车 N. hearse M: [3]*liàng*

hùnchē* 混车 <*coll.*> V.O. take a public bus without paying the fare

hūnchén 昏沉 V.P. ①murky ②dazed; befuddled ♦V. faint

hūnchénchén 昏沉沉 V.P. drowsy

húnchéng 浑成 V.P. merge into (sth. new) ♦ATTR. of highest artistic quality

hùnchéng* 混成 V.P. mix/blend together

hùnchéngcí 混成词 N. <*lg.*> portmanteau; blend

hùnchéngfǎ 混成法 N. <*lg.*> blending

hùnchénglǚ 混成旅 N. <*mil.*> mixed brigade

húnchóng* 混虫[-蟲] N. ① foolish/stupid person ② bastard M: *ge*/[2]*zhī* *See also* *hùnchóng*

hùnchōng 混充 V. pass oneself off as; palm sth. off as

hùnchóng 混虫[-蟲] N. scatterbrain; nitwit; muddlehead M: *ge*/[2]*zhī* *See also* *húnchóng*

hūndāi 昏呆 N. stupor ♦V. fall into a stupor

húndàn 浑/混蛋 N. <*derog.*> scoundrel; bastard M: *ge*/[1]*míng*

hūndǎo* 昏倒 V. faint; fall down in a faint

hùndao 混到 R.V. manage to get

hūn de 荤的 <*slang.*> ATTR. obscene; pornographic ♦N. obscene/abusive language; swear-word

húndelǔr 浑的鲁儿 N. <*topo./derog.*> brat

hūndìngchénxǐng 昏定晨省 F.E. care for one's parents day and night

húndōngxi 混东西 N. <*derog.*> ①foolish person ② bastard

hūnduì 婚对[-對] N. wedded partners; couple

húndùn 浑沌 N. chaos; mess M: [1]*piàn*

hùndùn* 混沌 N. primal chaos M: [1]*piàn* ♦V.P. ① innocent as a child ② unintelligible; chaotic

hùndùnchūkāi 混沌初开[-開] F.E. at the dawn of civilization

hùndùn zhuàngtài 混沌状态[-狀態] N. chaos M: [1]*piàn*

hún'è 浑噩 V.P. ① ignorant; muddle-headed ② honest; simple and sincere
hùnèi 户内 N. indoors
hùnèi yùndòng 户内运动[-運動] N. indoor sports/games M: [3]xiàng
hùnfàn 混饭 V.O. eat without paying/working
hùnfànchī 混饭吃 V.P. <coll.> ① cook up a little food ② scrape a living ③ engage in a job to make a living
hùnfǎng 混纺 N. <txtl.> ① blending ② mixture of natural and synthetic fibers M: [1]zhǒng
hùnfǎng zhīwù 混纺织物[--織-] N. blend fabric
húnfēidǎnliè 魂飞胆裂[-飛膽-] F.E. be frightened out of one's senses
húnfēidǎnsàng 魂飞胆丧[-飛膽喪] F.E. strike terror in one's heart
húnfēijiǔxiāo 魂飞九霄[-飛--] F.E. be frightened to death
húnfēipòsàn 魂飞魄散[-飛--] F.E. be frightened out of one's senses
húnfēipòsàng 魂飞魄丧[-飛-喪] F.E. make the soul of sb. almost leave his body in horror
húnfēitiānwài 魂飞天外[-飛--] F.E. ① be frightened out of one's senses ② be infatuated
hùngǒngfǎ 混巩法[-鞏-] N. <chem.> amalgamation
hūngòu 婚媾 N. marriage M: mén
húnguān(r) 浑倌(儿) N. adult prostitute M: ge/[1]míng
hùnguān* 混关[-關] V.O. smuggle through customs
húnguītàixū 魂归太虚[-歸-虛] F.E. be removed by death; die
hūn guòqu 昏过去 R.V. fall into a swoon
húnhán 浑涵 V. include; contain; embrace
hùnhán de 混含的 ATTR. vague
hùnhánxìng 混含性 N. vagueness
hùnhǎo 混好 R.V. <coll.> proceed well in one's career/etc.
hùnhào* 诨号[-號] N. nickname
hùnhé 混合 V. mix; blend; mingle ♦ATTR. mixed; contact; composite
hùnhécí 混合词 N. <lg.> composite word; hybrid word
hùnhé dòngcí 混合动词[--動-] N. composite verb
hùnhéfǎ 混合法 N. syncretic theories
hùnhé gēngzuò 混合耕作 N. mixed farming M: [3]xiàng
hùnhé hūnyīn 混合婚姻 N. mixed marriage M: mén
hūnhēi 昏黑 V.P. dusky; dark; darkened
hùnhéjī 混合机 N. concrete-mixer M: [1]tái
hùnhé jīngjì 混合经济[-經濟] N. mixed economy M: [1]zhǒng
hùnhé jìsuànjī 混合计算机 N. hybrid computer M: ge/[1]tái
hùnhé lièchē 混合列车 N. mixed train (with both freight cars and passenger coaches) M: [3]liàng
hùnhémiàn 混合面[-麵] N. flour mixed with adulterants M: [1]zhǒng
hùnhésè 混合色 N. secondary color M: [1]zhǒng
hùnhéshéyè de 混合舌叶的[---葉-] ATTR. apico-dorsal
hùnhé shéyèyīn 混合舌叶音[---葉-] N. <lg.> apico-dorsal sound
hùnhéshì yèwù xìtǒng 混合式业务系统[---業務--] N. <comp.> hybrid office system
hùnhé shòufěn 混合授粉 N. mixed pollination
hùnhé shuāngdǎ 混合双打[--雙-] N. <sport> mixed doubles M: ge/[3]cháng/[1]cì
hùnhétǐ 混和体[-體] N. mixture M: [1]zhǒng
hùnhéwù 混合物 N. mixture M: [1]zhǒng
hùnhéyè 混合液 N. mixed liquids M: [1]zhǒng
hùnhéyèyīn 混合叶音[--葉-] N. <lg.> palatal affricate/fricative M: [1]zhǒng
hùnhéyīn 混合音 N. <lg.> intermediate sound M: [1]zhǒng

hùnhéyǒng 混合泳 N. <sport> medley swimming M: [1]zhǒng
hùnhéyǔ 混合语 N. <lg.> creole; mixed/creolized language; lingua franca
hùnhé zāipéi 混合栽培 N. mixed cultivation
hùnhé zhàndòutuán 混合战斗团[-戰鬥團] N. <mil.> composite combat regiment M: [4]zhī
hùnhé zhànghù 混合帐户 N. <account.> mixed account M: [3]xiàng
hūnhòu 婚后[-後] N. after marriage
húnhòu* 浑厚 S.V. ①simple and honest ②simple and vigorous (of writing/etc.)
hūnhòu yìwù 婚后义务[-後義務] N. marriage responsibilities
hūnhuā* 昏花 V.P. dim-sighted; dull-eyed
hūnhuà 昏话 N. preposterous speech; ravings M: [2]fān
[1]húnhuà 浑话 N. impudent remark M: [2]fān
[2]húnhuà 浑化 V. totally transformed or merged
hūnhuáng 昏黄 ATTR. ① pale yellow ② dusky
hùnhuì 溷秽[-穢] V.P. sordid
[1]hūnhūn 昏昏 R.F. clouded (of mind); sleepy
[2]hūnhūn 惛惛 R.F. ① confused in mind ② absorbed ③ carried away; entranced
húnhún* 浑浑 R.F. pure and simple
hùnhùn(r) 混混(儿) N. <coll.> ① idler; loafer; bum; tramp ② rascal; scoundrel ③ <on.> sound of waves ♦R.F. ① idle; loaf; drift through life ② be confused/disturbed
hūnhūnchénchén 昏昏沉沉 R.F. drowsy; not fully conscious
hùnhùndùndùn 混混沌沌 R.F. dark and undifferentiated chaos
húnhún'è'è 浑浑噩噩 R.F. simple-minded; muddleheaded
hūnhūnhǎomèng 昏昏好梦[-夢] F.E. deep sleep with pleasant dreams M: [3]cháng
hūnhūnmímí 昏昏迷迷 R.F. be semi-conscious
hūnhūnrùshuì 昏昏入睡 F.E. sink into a deep sleep
húnhúnsǎsǎ 浑浑洒洒[-灑灑] R.F. simple and natural
hūnhūnyùshuì 昏昏欲睡 F.E. drowsy; sleepy
hǔnián* 虎年 N. Chinese year of the tiger
hùniǎn 扈辇 V. <trad.> escort the emperor in travel
hūniúhūmǎ 呼牛呼马 ID. It's all the same to me.
[1]hùnjì 混迹[-跡] V.P. <wr.> ① fake/con one's way into ② live aloof
[2]hùnjì 溷迹[-跡] V. conceal
[1]hūnjià* 婚嫁 V. marry ♦N. marriage
[2]hūnjià 婚假 N. marriage-leave M: ge/[1]cì
húnjiā 浑家 N. ① woman ② <humb./wr.> my wife ③ the whole family M: ge/[1]míng/[2]wèi
hùnjiānglóng 混江龙 N. dredging machine M: [1]tái
húnjiào 魂轿[-轎] N. hearse M: ge/[1]tái
hùnjiāolín 混交林 N. mixed forest M: [1]piàn
hūnjiàzhīshì 婚嫁之事 N. the matter of marriage M: [3]zhuāng
hùnjìn 混进[-進] R.V. infiltrate; sneak into
húnjīngdǎnsàng 魂惊胆丧[-驚膽喪] F.E. be frightened out of one's wits
húnjīnpúyù 浑金璞玉 ID. ①unadorned beauty ② diamond in the rough
hùnjítáijià 混级抬价[-價] F.E. pass off low-grade commodities as high-grade in order to raise the price
hūnjué 昏厥 V. faint; swoon
hūnjūn 昏君 N. fatuous and self-indulgent ruler M: ge/[2]wèi
hùnkēng 溷坑 N. cesspool
hūnkuì 昏聩/愦 S.V. dimwitted; muddleheaded
hūnkuìwúnéng 昏聩无能 F.E. decrepit and incompetent
húnkuò 浑括 V. include ♦ADV. finally; after all; on the whole
húnkuò yīqiè 浑括一切 V.O. include all
hùnlài 混赖 V. <topo.> pester; annoy
hùnláihùnqù 混来混去 V.P. jumble up

hūnlǐ 婚礼[-禮] N. wedding ceremony M: ge/[3]zhuāng
hūn-liàn 婚恋[-戀] N. love and marriage M: [3]cháng/[1]cì
hūnlíng* 婚龄[-齡] N. legally marriageable age
húnlíng(r) 魂灵(儿)[-靈-] N. ① <coll.> soul ② ghost
húnlíqūcún 魂离躯存[-離軀-] F.E. The spirit has already departed and only the body remains.
hūnluàn 昏乱[-亂] S.V. decrepit and muddleheaded
hùnluàn* 混乱[-亂] S.V. confused; chaotic ♦N. chaos; confusion; disorder
hùnluànbùkān 混乱不堪[-亂--] F.E. Utter disorder prevails.
hūnmào 惛耄 V.P. senile ♦N. senility
hūnmèi 昏昧 V.P. stupid
hūnměng 惛懵 V.P. dim-eyed
húnmèngbù'ān 魂梦不安[-夢--] F.E. be put on tenterhooks
húnmèngwéiláo 魂梦为劳[-夢-勞] F.E. be troubled with dreams
hūnmí 昏迷 N. stupor; coma M: [1]cì ♦V. ① faint ② lose one's head
hùnmiàn 混面[-麵] N. coarse flour
hùnmiáo 混描 N. <art> mixed (double-line) stroke (in painting) M: [1]zhǒng
hūnmíbùxǐng 昏迷不醒 F.E. remain unconscious
hūnmíng 昏明 N. night and day
húnmíng 浑名 N. nickname
hùnmíng* 诨名 N. nickname
húnmípòdàng 魂迷魄荡[-蕩] F.E. bewitched; fascinated
hūnmù 昏暮 N. dusk
hūnnáo 惛憹 N. turmoil; hubbub; tumult
hùnnào* 混闹[-鬧] V. make a racket/rumpus
hūnnèi shēngyùlǜ 婚内生育率 N. legitimate fertility rate
hùnníngjì 混凝剂[-劑] N. <chem.> coagulant M: [1]fù
hùnníngtǔ 混凝土 N. concrete M: [1]bāo
hùnníngtǔ zhuān 混凝土砖[-磚] N. concrete block M: [2]kuài
húnong 胡弄 V. <coll.> ① make do; muddle through ② fool; deceive
hùnong* 糊弄 V. ①fool; deceive ②do slipshod work ③tease; kid around ④hoodwink; humbug finagle ⑤ muddle through
húnòngjú* 胡弄局 N. <coll.> a fraud M: [3]cháng
hùnongjú 糊弄局 N. muddled work M: [3]cháng
hùnong rén 糊弄人 V.O. <coll.> hoodwink people
hūnpèi 婚配 V. get married ♦N. marriage
húnpíng 魂瓶 N. <archeo.> ancient burial objects, mostly jar-shaped celadon M: ge/[2]zhī
hùnpínguǎn 混频管 N. <elec.> mixer tube M: [4]zhī
húnpò 魂魄 N. soul; psyche
húnpǔ 浑朴[-樸] S.V. simple and honest
hūnqī 婚期 N. wedding day M: [1]duàn
hūnqián 婚前 N. before marriage
hūnqián jiǎnchá 婚前检查 N. medical examination before marriage M: [1]cì/[3]xiàng
húnqiānmèngrào 魂牵梦绕[-牽夢繞] F.E. be lost in a reverie
hūnqián xìngxíngwéi 婚前性行为 N. premarital sex
hùnqìn 混吣[-唚] V.P. <topo.> vulgar; foul-mouthed
hùnqìnjiāomáo 混吣浇毛[-唚澆-] F.E. <topo.> foul-mouthed; vulgar
húnqiú(r) 混/浑球(儿) N. <coll.> no-good bastard; blackguard; wretch
hūnqǔ 婚娶 V. get married; take a wife
húnrán* 浑然 ADV. ① completely ② without leaving a trace ♦V.P. integral and indivisible
hùnrán 混然 V.P. mixed and indistinguishable
húnránbùjué 浑然不觉[-覺] F.E. be completely unaware

húnrántiānchéng 浑然天成 F.E. exquisitely like nature

húnránwúchéng 浑然无成 F.E. without accomplishing anything

húnrányītǐ 浑然一体[-體] F.E. an integral whole

húnrányīxīn 浑然一新 F.E. everything made new

hūnrén 阍人 N. <trad.> doorman; gatekeeper M: ge/1míng

húnrén* 浑/混人 N. ① unreasonable fellow ② stupid, dumb person M: ge/1míng

hùn rìzi 混日子 V.O. ① muddle along ② get through life somehow ③ live hand to mouth

hùnrù 混入 V.P. sneak into

hūn-sāng-jià-qǔ 婚丧嫁娶[-喪--] N. marriages and funerals; important occasions for a family

hūn-sāngshì 婚丧事[-喪-] N. wedding and funeral M: 2jiàn/3zhuāng

hūnsāngxǐqìng 婚丧喜庆[-喪-慶] F.E. ceremonies and celebrations such as weddings and funerals

hùnshā 混杀[-殺] V. massacre indiscriminately

húnshēn 浑身 N. from head to foot; all over

húnshēndǎsàn 浑身打散 F.E. <topo.> The whole body prickles with fright.

hùnshēng héchàng 混声合唱[-聲--] V.P. mixed chorus

hūnshēng zǐnǚ 婚生子女 N. <law> children born in wedlock; legitimate children M: ge/1míng/2wèi

húnshēnjiěshù 浑身解数[-數] F.E. all one's skill

húnshēnshàngxià 浑身上下 F.E. all over the body

húnshēnshìdǎn 浑身是胆[-膽] F.E. be every inch a hero

húnshēnshìhàn 浑身是汗 F.E. be covered with sweat

húnshēnshìjìn 浑身是劲[-勁] F.E. alive in every fiber

húnshēnshītòu 浑身湿透[--濕-] F.E. like a drowned rat

húnshēn sūsū de 浑身苏苏的[--蘇蘇-] V.P. <topo.> entire body tingling with delight

1hūnshì* 婚事 N. marriage; wedding M: 2jiàn/3zhuāng

2hūnshì 婚室 P.W. nuptial chamber M: 1jiān/1jiān/4zuò

húnshi 浑实[-實] S.V. <topo.> winsome; lovable

hùnshì 混事 V.O. ① muddle/drift along ② work just to keep alive ③ work at a job

hùnshìmówáng 混世魔王 F.E. devil incarnate M: ge/1míng/2wèi

hùnshíyìxiāng 混食异乡[-異鄉] F.E. eke out a living in another country

hùnshóu 混熟 R.V. <coll.> get familiar with

hūnshū 婚书[-書] N. marriage contract/certificate M: 1fēn/1zhāng

hùnshuāng 混双[-雙] N. <sport> mixed doubles in ball games M: 1duì

hūnshuì* 昏睡 N. lethargic sleep; lethargy M: 3cháng/1cì

húnshuǐ(r) 混/浑水(儿) N. ① turbid water ② shady undertakings M: pēn

hūnshuìbìng 昏睡病 N. sleeping-sickness M: 1zhǒng

húnshuǐlāoyú 混水捞鱼[--撈-] ID. fish in troubled waters

húnshuǐmōyú 浑/混水摸鱼 ID. fish in troubled waters

húnshuō* 混说 V. talk nonsense

hùnshuō 溷说 V. use bad language

hūnsǐ* 昏死 R.V. faint; fall into a coma

húnsì 浑似 V.P. be very much like ♦ADV. as if; as though

hūnsù 荤素 N. meat food and vegetable food

húnsúhéguāng 浑俗和光 F.E. ① be in harmony with the rest of the world ② refrain from showing one's ability and vying with others

hùntāng 混汤[-湯] N. <topo.> sth. jumbled; mixed up

hūntānglàshuǐr 荤汤腊水儿[-湯臘--] F.E. leavings of a feast

hūntiān'àndì 昏天暗地 F.E. ① pitch-dark ② perverted

hūntiānhēidì 昏天黑地 F.E. ① be pitch-dark ② be dizzy ③ be perverted/decadent ④ lose consciousness ⑤ be crassly ignorant

hùntiānliáorì 混天撩日 F.E. <topo.> muddled; confused

húntiānyí 浑天仪[-儀] N. <astr.> ① armillary sphere ② celestial globe M: 1tái

hùntóng 混同 R.V. confuse; mix up; merge; combine

hūntóuhūnnǎo 昏头昏脑[--腦] F.E. <coll.> ① muddleheaded ② absentminded; scatterbrained

hūntóuzhuǎnxiàng 昏头转向[--轉-] F.E. confused and disoriented

hùntuī 混推 V. <topo.> place blame on another

húntun 馄饨 N. wonton; dumpling soup M: ge/1wǎn

húntunmiàn 馄饨面[-麵] N. wonton noodle soup M: 1wǎn

hūnwàiliàn 婚外恋[-戀] N. extra-marital affair M: 3cháng/1cì/3zhuāng

hūnwàiqíng 婚外情 N. extra-marital affair

hūnwài shēngyùlǜ 婚外生育率 N. illegitimate fertility rate

hùnwéi 混为 V.P. mix up

hùnwéiyītán 混为一谈 F.E. confuse sth. with sth. else

húnwéiyītǐ 混为一体[-體] F.E. merge into a single whole/entity

húnxiàng 浑象 N. <astr.> celestial globe

hùnxiǎng* 混响[-響] N. <phy.> reverberation

hūnxiǎo 昏晓[-曉] N. evening and morning; night and day

húnxiāo 魂销 V.P. spellbound; infatuated; bewitched

hùnxiáo* 混淆 V. blur; confuse; mix up ♦ATTR. mixed

hùnxiáobùqīng 混淆不清 F.E. confused

hùnxiáo dí-yǒu 混淆敌友[--敵-] V.O. confuse friend with foe

hùnxiáohēibái 混淆黑白 F.E. confound right and wrong

húnxiāopòsàn 魂销魄散 F.E. be frightened out one's wits

hùnxiáo shì-fēi 混淆是非 V.O. confuse right and wrong

hùnxiáoshìtīng 混淆视听[-聽] F.E. confuse public opinion

hūnxiǎoshuō 荤小说 N. obscene story/novel M: 1běn/2bù

húnxiǎozi 混/浑小子 N. <coll.> young hooligan (said teasingly); You stupid fool! M: ge/1míng

hùn xiàqu 混下去 R.V. muddle along

hūnxīn 荤辛 N. pungent/strong-smelling foods

1hūnxīng 荤腥 N. meat or fish

2hūnxīng 昏星 N. evening star M: 1kē

hūnxuàn 昏眩 V.P. dizzy; giddy

hùnxuè 混血 N. hybridization

hùnxuè'ér 混血儿 N. person of mixed blood M: ge/1míng/2wèi

hùnxuèzhǒng 混血种[-種] N. mixed race

hùnxúnhuán xiǎoshù 混循环小数[--環-數] N. <math.> mixed repeating decimal

hūnyán* 婚筵 N. wedding feast/reception M: zhuō

húnyán 浑言 N. nonsense M: 1jù

hùnyǎng 混养[-養] V. raise (different species) together

hùnyáo 溷肴 V.P. messy; confused; chaotic

húnyí* 浑仪[-儀] N. <astr.> ① armillary sphere ② celestial globe M: 1tái

hùnyī 混一 V.O. amalgamate ♦N. amalgamation; unification

hùnyīhùn 混一混 V.P. just to get along

hūnyīn 婚姻 N. ① marriage; matrimony M: 3zhuāng ② husband and wife

hūnyīn cáichǎn zhī shèdìng 婚姻财产之设定[---產---] F.E. marriage settlement

hūnyīnfǎ 婚姻法 N. marriage law M: xiàng

hūnyīn jièshàosuǒ 婚姻介绍所 P.W. dating service (for purpose of marriage) M: ge/4zuò

hūnyīn jiětǐ 婚姻解体[-體] N. disintegration of a marriage

hūnyīn jiětǐbiǎo 婚姻解体表[---體-] N. marriage-dissolution table M: ge/1zhāng

hūnyīn jiūfēn 婚姻纠纷 N. marital dispute M: 3cháng/1cì

hūnyīn shītiáo 婚姻失调 N. marital maladjustment

hūnyīn tiáoshì 婚姻调适[-適] N. marital adjustment

hūnyīnwúxiào 婚姻无效 F.E. <soc.> annulment

hūnyīn zhuàngkuàng 婚姻状况[-狀況] N. marital status

hūnyīn zìyóu 婚姻自由 N. freedom of marriage

hūnyīnzìzhǔ 婚姻自主 F.E. marry the partner of one's own choice

hūnyōng 昏庸 V.P. fatuous; stupid

hūnyóu 荤油 N. lard M: 2kuài/píng

hūnyóu mēngle xīn 荤油蒙了心 F.E. be befuddled; be in a haze

hūnyú* 昏愚 V.P. stupid

húnyù 浑欲 AUX. just about to

húnyuán* 浑圆 V.P. ① perfectly round ② tactful; sophisticated

hùnyuán 混元 N. primeval chaos

hùnyuányīn 混元音 N. schwa

hūnyuē 婚约 N. marriage contract; engagement M: 2jiàn/3zhuāng

hūnyūn 昏晕 V.P. dizzy; faint

hūnyùqī 婚育期 N. marriageable and child-bearing age/period

hùnzá 混杂[-雜] V. mix; mingle ♦V.P. ① motley; heterogeneous; mixed ② disorderly; chaotic; confused

hùnzá qǐlai 混杂起来[-雜--] R.V. mix

hùnzá Yīngyǔ 混杂英语[-雜--] N. Pidgin English

hūnzèng 婚赠 N. nuptial gift M: ge/2jiàn

hùnzhàn 混战[-戰] N. ① tangled warfare ② fierce battle M: 3cháng/1cì

hùnzhàng 混帐 N. <derog.> scoundrel; bastard

hùnzhànghuà 混帐话 N. impudent remark M: 2fān1

hūnzhě 阍者 N. <wr.> ① gatekeeper ② janitor M: ge/1míng/2wèi

hùnzhī 溷汁 N. ① dirty water; sewage ② liquid manure

hùnzhǒng 混种[-種] N. half-breed

hùnzhǒngcí 混种词[-種-] N. hybrid word

húnzhuó 浑浊[-濁] S.V. muddy; turbid

hùnzhuó* 混/溷浊[-濁] S.V. muddy; turbid

hùnzi* 混子 N. quack; imposter M: ge/1míng

hùnzì 混字 N. gibberish

hùn zīgé 混资格 V.O. study or undergo training merely for the diploma/certificate

hùnzuò 混作 N. <agr.> mixed planting

1huō 豁 V. ① split; crack ② risk one's life for *See also* 9huá, 8huò

2huō 嚄 INTJ. Oh! *See also* 9huò

3huō 攉 V. shovel coal/ore/etc.

4huō 耠 N./V. ① hoe ② (lightweight) plow

5huō 劐 V. <coll.> ① slit/cut with knife ② hoe

6huō 锪[鍃] V. enlarge a hole with a cutting tool

7huō 和 in *shǎshǎhuōhuō* *See also* 5hé, 1hé, 3hè, 10hú, 2huó, 7huò

1huó 活 V. ① live ② save (sb.'s life) ♦S.V. ① live; alive; living ② movable ③ moving ④ vivid; lively ♦ADV. exactly; simply ♦N. ① work; task ② product ③ livelihood M: 1fèn/2jiàn ④ <slang> sexual prowess

2huó 和 V. mix with water/etc.; knead *See also* 5hē, 1hé, 3hè, 10hú, 7huō, 7huò

[1]**huǒ(r)** 火(儿)[-(兒)] N. ①fire M: [1]*bǎ* ②firearms; ammunition ③ <*Ch. med.*> internal heat ④anger; temper ♦S.V. ①fiery; flaming ②urgent; pressing ③ <*slang*> hot; popular; prosperous; flourishing ♦V. get angry *Tā zhēnde ~ le.* He really flared up.

[2]**huǒ** 伙[-/夥] B.F. ① mess; board; meals [1]*huǒshi* ②partner; mate [1]*huǒbàn* ③partnership; company *héhuǒ* ♦M. *for groups/crowds/ bands* ♦V. combine; join ♦ADV. <*coll.*> in common; together *See also* [3]*huǒ*

[3]**huǒ** 夥 S.V. <*wr.*> many; much *See also* [2]*huǒ*

[4]**huǒ** 钬[鈥] N. <*chem.*> holmium

[1]**huò*** 或 ADV. perhaps; maybe; probably ♦CONJ. or; either or ♦PR. <*wr.*> someone; certain person ♦CONS. *~ X ~ Y* either X or Y *~ duō ~ shǎo* more or less

[2]**huò** 货[貨] N. goods; commodity M: [1]*pī* ♦V. <*wr.*> sell ♦B.F. ① money *huòbì* ② blockhead; idiot *chǔnhuò*

[3]**huò** 祸[禍] N. misfortune; disaster; calamity M: [2]*jiàn* ♦V. bring disaster to; ruin

[4]**huò** 获[獲] V. ① capture; catch ② obtain; win ③ <*wr.*> be able to *See also* [5]*huò*

[5]**huò** 获[穫] B.F. reap; harvest; gather in [1]*shōuhuò See also* [4]*huò*

[6]**huò** 惑 B.F. ① confuse; delude; mislead *míhuo* ② doubt; suspect [1]*yíhuò*

[7]**huò** 和 V. mix with water; thin ♦M. *for changes of water See also* [5]*hē*, [1]*hé*, [3]*hè*, [10]*hú*, [7]*huō*, [2]*huó*

[8]**huò** 豁 B.F. ①exempt *huòmiǎn* ②clear [1]*huòrán See also* [9]*huá*, [1]*huō*

[9]**huò** 嚄 INTJ. *expressing surprise* oh! *See also* [2]*huō*

[10]**huò** 霍 ADV. suddenly; quickly ♦in [1]*huòluàn* ♦N. Surname

[11]**huò** 藿 N. <*wr.*> leaves of pulse plants

[12]**huò** 镬[鑊] N. <*coll.*> ① pot ② cauldron

[13]**huò** 嚯 INTJ. *expressing surprise* ♦ON. sound of laughter

[14]**huò** 蠖 in *huòqū, chǐhuò*

huóbǎ 活靶 N. maneuvering target M: *ge*/[1]*fù*

huǒbǎ* 火把 N. torch M: [1]*bǎ*

[1]**huóbǎn** 活版 N. <*print.*> typography; letterpress M: *ge*/[1]*zhāng*

[2]**huóbǎn** 活板 N. trap (door)

huóbàn 活瓣 N. <*phys.*> valve

[1]**huǒbàn(r)*** 伙/火伴(儿) N. partner; companion M: *ge*/[1]*míng*

[2]**huǒbàn** 伙办[-辦] V. <*topo.*> work on sth. together; be partners

huòbān 获颁[獲-] V. be awarded

huǒbàng 火棒 N. ① lighted torch (used in acrobatics) ② fire poker M: *ge*/[2]*gēn*

huǒbàngcāo 火棒操 N. acrobatics performed with lighted torches M: *tào*

huóbǎn yìnshuā 活版印刷 N. typographic letterpress printing

huóbǎo 活宝[-寶] N. <*coll.*> buffoon; jester; cutup

huǒbào* 火暴/爆 S.V. <*topo.*> ① fiery ② flourishing ③ exuberant; lively

huóbàojù 活报剧[-報劇] N. ① living newspaper; skit; street performance M: *ge*/[2]*chǎng* ② guerrilla theater

huǒbào xìngzi 火爆性子 N. fiery temper M: [1]*fù*

huóbàozhǐ 活报纸[-報-] N. <*coll.*> sb. well-posted M: [1]*fèn*/[1]*zhāng*

huǒbǎqímíng 火把齐明[--齊-] F.E. Lighted torches sprang up on all sides.

huóbǎzi* 活靶子 N. live target

huǒbázi 火拔子 N. <*Ch. med.*> cupping

huóbèngluàntiào 活蹦乱跳[--亂-] F.E. ① be alive ② gambol; frolic

huóbèngxiāntiào 活蹦鲜跳 F.E. be alive/fresh

huòbì 货币[-幣] N. money; currency M: [1]*zhǒng*

huóbian 活便 S.V. ① <*coll.*> flexible ② convenient; easy; facilitative ③ nimble; agile

huóbiāoběn 活标本[-標-] N. living specimen

huóbiāozhǔn 活标准[-標準] N. living specimen

huòbì bàiwùjiào 货币拜物教[-幣---] N. money fetishism; mammonism

huòbì běnwèi zhìdù 货币本位制度[-幣----] N. monetary standard system

huòbì biǎnzhí 货币贬值[-幣--] N. currency devaluation/depreciation

huòbì dānwèi 货币单位[-幣--] N. the monetary unit

huòbì dìzū 货币地租[-幣--] N. money rent

huòbì gōngyìng 货币供应[-幣-應] N. money supply

huòbì gōngzī 货币工资[-幣--] N. money wages

huòbì gōngzīzhì 货币工资制[-幣---] N. salary system

huòbì gòumǎilì 货币购买力[-幣購買-] N. purchasing-power of money

huòbì huílóng 货币回笼[-幣--] N. withdrawal of currency from circulation

huòbì jījīnhuì 货币基金会[-幣---] P.W. monetary fund

huòbì jīngjì 货币经济[-幣經濟] N. money economy

huòbì liútōng sùdù 货币流通速度[-幣----] N. velocity of money in circulation

huǒbìng 火并[-併] V. start a factional fight

huòbì píngjià 货币平价[-幣-價] N. currency parity; par value of currency

huòbìsānjiā 货比三家 F.E. shop around and compare prices

huòbì shēngzhí 货币升值[-幣--] N. currency revaluation/appreciation

huòbì shìchǎng 货币市场[-幣-場] N. money market

huòbì wēijī 货币危机[-幣--] N. monetary crisis M: [1]*cì*

huòbì xuépài 货币学派[-幣--] N. monetarism

huòbìzhàn 货币战[-幣戰] N. currency war; monetary war M: [3]*cháng*

huòbì zhōuzhuǎn 货币周转[-幣-轉] N. money turnover

huòbìzhǔyì xuépài 货币主义学派[-幣-義--] N. economic ideas that surfaced in the US in the 1950s -1960s; monetarism

huōbízi 豁鼻子 <*topo.*> V. reveal; expose the inner workings ♦N. one who can't keep a secret

huòbì zīběn 货币资本[-幣--] N. money-capital

huǒbō 火钵[-缽] N. brazier; fire pan

huǒbōli 火玻璃 N. flint glass M: [2]*kuài*

huóbōshēngtūn 活剥生吞 F.E. ① make unimaginative use of ready-made ideas; plagiarize ② ferocious hatred

huòbù 货布 N. <*hist.*> currency introduced by Wang Mang

huóbuchéng 活不成 R.V. can't survive

huòbùdānxíng 祸不单行[禍-] F.E. misfortunes never come singly

huòbùduìlù 货不对路[--對-] F.E. unwanted goods

huóbuliǎo 活不了 R.V. be unlikely to survive

huòbùwàngzhì 祸不妄至[禍-] F.E. Woes never come without reason.

huó bu xiàqu 活不下去 R.V. lack the means/strength/will to live on

huòbùxuánzhǒng 祸不旋踵[禍-] F.E. disaster looms ahead

huòbùyuǎnyǐ 祸不远矣[禍-遠-] F.E. Misfortune is not far off.

huǒcǎir 火彩儿 N. <*thea.*> pyrotechnics evoking ghosts/flames/etc.

[1]**huòcāng** 货舱[-艙] N. cargo hold/bay

[2]**huòcāng** 货仓[-倉] N. warehouse; storehouse; depository M: *ge*/[4]*zuò*

huóchá(r)* 活茬(儿) N. <*coll.*> ① farmwork ② quality of work

huǒchā 火叉 N. fire tongs M: *ge*/[1]*bǎ*

huǒchái 火柴 N. match M: [2]*gēn*/[4]*hé*

huǒcháigān(r) 火柴杆(儿) N. matchstick M: *ge*/[2]*gēn*

huǒcháigùn(r) 火柴棍(儿) N. matchstick M: *ge*/[2]*gēn*

huǒcháihé(r) 火柴盒(儿) N. ① matchbox ② tiny article in a newspaper/magazine

huǒcháitóu(r) 火柴头(儿) N. tip of a matchstick

huǒchǎng* 火场[-場] P.W. scene of a fire M: *ge*/[4]*zuò*

huòchǎng 货场[-場] P.W. goods/freight yard M: *ge*/[4]*zuò*

huòchàngqíliú 货畅其流[-暢--] F.E. freely distribute goods among consumers

huǒchǎnr 火铲儿[-鏟-] N. small shovel for putting coal into a stove M: *ge*/[1]*bǎ*

huǒchē 火车 N. train M: *ge*/[1]*liè*

huòchē* 货车 N. ① goods/freight train/wagon/van/car ② truck; lorry M: [3]*liàng*/[1]*liè*

huǒchēfèi 火车费 N. train ticket price M: [2]*bǐ*

huòchēfū 货车夫 N. trucker; wagoner M: *ge*/[1]*míng*/[2]*wèi*

huǒchēlù 火车路 N. <*coll.*> railway M: [1]*tiáo*

huǒchē lúndù 火车轮渡 N. train ferry

huǒchéngyán 火成岩 N. <*geog.*> igneous rock

huǒchēpiào 火车票 N. railway ticket M: [1]*zhāng*

huǒchē shíjiānbiǎo 火车时间表[--時--] N. railway schedule M: [1]*fèn*

huǒchē shíkèbiǎo 火车时刻表[--時--] N. railway schedule M: [1]*fèn*

huǒchētóu 火车头 N. railway engine; locomotive

huǒchēxiāng 火车厢[-廂] N. train compartment M: [1]*jié*

huǒchēzhàn 火车站 P.W. railway station M: *ge*/[4]*zuò*

huǒchēzuò 火车座 N. booth (in a restaurant)

huǒchī 伙吃 V. <*topo.*> eat/share in common

huǒchì* 火炽[-熾] ① white-hot (fig.) ② lively; bustling with noise and excitement

huǒchóng(r) 火虫(儿)[-蟲-] N. firefly; glowworm M: *ge*/[1]*tiáo*

huōchū 豁出 R.V. <*coll.*> risk; wager; place a stake *~ yībǎi* [2]*kuài* [2]*qián* wager one hundred dollars

huòchuán 货船 N. freighter; cargo ship/vessel M: *ge*/[2]*zhī*

huōchū lǎomìng 豁出老命 V.O. (fight/work) to the end of one's limits

huōchū mìng 豁出命 V.O. <*coll.*> risk one's life

huōchu mìng gàn 豁出命干[-幹] V.P. work as hard as anything

huōchu mìng pīn 豁出命拼 V.P. fight tooth-and-nail

huōchún(r/zi) 豁唇(儿/子) N. <*med.*> harelip

huōchuqu 豁出去 R.V. <*coll.*> ① risk; go for broke ② be committed

huōchū xìngmìng 豁出性命 V.O. risk one's life

huócí 活词 N. polysemy

huòcǐhuòbǐ 或此或彼 F.E. either this or that; here and there

huòcóngkǒuchū 祸从口出[禍從-] F.E. careless talk may lead to trouble

huòcóngtiānjiàng 祸从天降[禍從-] F.E. unexpected disaster

huócún 活存 N. <*econ.*> current demand/deposit

huǒdà 火大 V.P. be in a bad temper

huòdá* 豁达[-達] S.V. ① open and clear ② open-minded; magnanimous ③ sanguine; optimistic

huòdádàdù 豁达大度[-達--] F.E. open-minded and magnanimous

huòdàhuòxiǎo 或大或小 V.P. irregular in size

huǒdān 火瘅 N. scarlet fever

huòdān(r/zi)* 货单(儿/子) N. manifest; way bill; shipping list M: [1]*fèn*/[1]*zhāng*

huòdàng 豁荡[-蕩] V.P. unrestrained; carefree

huǒdāo 火刀 N. steel (for flint) M: [1]*bǎ*

huòdào* 获到[獲-] R.V. obtain

huòdàofùkuǎn 货到付款 F.E. cash on delivery (COD)

huó dào lǎo xué dào lǎo 活到老学到老 F.E. pursuit of knowledge has no end

huòdàoxiànfù 货到现付 F.E. cash on arrival of goods

huó de 活的 ATTR. living; live; alive

huòdé* 获得[獲-] V. gain; acquire; win; achieve

huó de bù nàifán 活得不耐烦 V.P. *hyperbolic threat* So you're tired of living?!

huòdéxìng 获得性[獲-] N. <*bio.*> acquired character

huòdéxìng miǎnyì 获得性免疫[獲-] N. <*med.*> acquired immunity

huòdéxìngzhuàng 获得性状[獲-狀] N. acquired characteristic

huòdézhě 获得者[獲-] N. person who gets sth. M: *ge/*[1]*míng/*[2]*wèi*

huōdì* 耠地 V.O. hoe the ground/earth

huǒdǐ 火底 N. ashes, etc. after a fire

huòdì 霍地 ADV. suddenly; quickly

huǒdiàn 火电[-電] N. thermal-electricity

huòdiàn* 货店 P.W. <*coll.*> shop; store M: *ge/*[1]*jiā/*[4]*zuò*

huǒdiànzhàn 火电站[-電-] P.W. thermal-electric plant M: *ge/*[4]*zuò*

huódìyù 活地狱 N. hell on earth M: *ge/*[4]*zuò*

huòdǐzi 货底子 N. <*coll.*> remaining commodities/goods M: [1]*pī*

huódòng 活动[-動] V. ① move about; exercise ② use personal influence or irregular means ***Bāng wǒ ~ ~ ba.*** Please put in a word for me. ♦N. ① activity; maneuver ***Méiyǒu ~ yúdì le.*** No room for maneuver. ② flexibility ***Tā kǒuqì yǒu diǎnr ~.*** He sounds less adamant. ③ <*psy.*> behavior ♦ATTR. ①shaky; unsteady ②movable; mobile; flexible

huódòngbǎ* 活动靶[-動-] N. moving target

huódòngbà 活动坝[-動壩] N. movable dam M: [2]*dào/*[4]*zuò*

huódòng bānshǒu 活动扳手[-動--] N. <*mach.*> adjustable wrench/spanner M: *ge/*[1]*bǎ*

huódòngcí 活动词[-動-] N. <*lg.*> event word

huódòngfáng 活动房[-動-] P.W. ① mobile home ② prefabricated house ③ training room (for sports) M: *ge/*[1]*jiān/*[4]*zuò*

huódòngfèi 活动费[-動-] N. activities fee M: [2]*bǐ*

huódòng fènzǐ 活动分子[-動--] N. activist M: *ge/*[1]*míng/*[2]*wèi*

huódòng huòbì 活动货币[-動-幣] N. active money M: [1]*zhǒng*

huódòngjiā 活动家[-動-] N. ①activist ②public figure M: *ge/*[1]*míng/*[2]*wèi*

huódòng kǎtōng 活动卡通[-動--] N. animation; animated cartoons M: [2]*bù*

huódònglì 活动力[-動-] N. maneuvering ability; activity M: [1]*zhǒng*

huódòng míngcí 活动名词[-動--] N. <*lg.*> event noun

huódòngqiáo 活动桥[-動橋] N. movable bridge M: *ge/*[4]*zuò*

huódòngwū 活动屋[-動-] P.W. ①mobile home ② prefabricated house ③ training room (for sports) M: *ge/*[1]*jiān/*[4]*zuò*

huódōngxi 活东西 N. creature; a living thing

huódòngxìng 活动性[-動-] N. movability ♦ATTR. fluctuating

huódòng yìshù 活动艺术[-動藝術] N. kinetic art

huódòng zīběn 活动资本[-動--] N. liquid capital M: [2]*bǐ/*[3]*xiàng*

huǒdǒu 火斗 N. <*trad.*> charcoal-burning clothing iron

huǒdú* 火毒 N. <*Ch. med.*> ① toxic materials produced by fire-evil ② infection caused by burns

huòdú 豁渎[-瀆] V. flow freely

huòduān 祸端[禍-] N. <*wr.*> source/cause of disaster/ruin M: [1]*qǐ*

huǒduī 火堆 N. bonfire

huòduōhuòshǎo 或多或少 V.P. more or less; to a greater or lesser extent; in varying degrees

huó'érbùluàn 活而不乱[-亂] F.E. dynamic and orderly

huófan* 活泛 S.V. <*coll.*> quick; flexible; elastic

huǒfàn 伙犯 N. accomplice M: *ge/*[1]*míng*

huǒfáng 伙/火房 P.W. kitchen (in a school/etc.) M: *ge/*[1]*jiān/*[4]*zuò*

huófen 活分 S.V. <*coll.*> ① flexible; adaptable ② alert; quick-witted

huófó 活佛 N. <*rel.*> Living Buddha M: *ge/*[1]*míng/*[2]*wèi*

[1]**huǒfū*** 伙夫 N. <*trad.*> mess cook M: *ge/*[2]*wèi*

[2]**huǒfū** 火夫 N. <*trad.*> ①stoker; fireman ②mess cook M: *ge/*[1]*míng/*[2]*wèi*

huò-fú 祸福[禍-] N. misfortune and fortune

huòfúchúnchún 祸福淳淳[禍-] F.E. misfortune and happiness alternate

huòfúgòngzhī 祸福共之[禍-] F.E. be independent of good or evil fortune

huòfútóngdāng 祸福同当[禍-當] F.E. throw in one's lot with sb.

huòfútóngmén 祸福同门[禍-] F.E. good and bad fortune go together

huòfúwúmén 祸福无门[禍-] F.E. good and bad fortune are unpredictable

huòfúyǐfú 祸福倚伏[禍-] F.E. fortune and misfortune are interrelated

huòfúyóujǐ 祸福由己[禍-] F.E. Good or bad fortune depend on oneself.

huòfúyǔgòng 祸福与共[禍-與-] F.E. go through thick and thin together

huógāi 活该 INTJ. ① <*coll.*> serve sb. right ② deservedly be ③ be destined to ④ ought; should

huògǎichūzhì 或改初志 V.P. <*wr.*> Perhaps one should change one's original ideas.

huógāirúcǐ 活该如此 F.E. It serves you right.

huògēn(r) 祸根(儿)[禍-] N. bane; root/cause of misfortune/ruin/evil etc.

huǒgēng* 伙耕 V. cultivate the land jointly

huògēng 藿羹 N. <*wr.*> coarse food

huǒgēngshuǐnòu 火耕水耨 F.E. slash-and-burn farming

huǒgōng 火攻 V. ① launch a live-fire attack ② attack by setting fire to enemy ships/camps

huógōngzi 活工资 N. fluctuating/conditional wage M: [1]*fèn*

huógòu 活够[-夠] V.P. ①have lived long enough ② have reached the age of

huǒgōuzi 火钩子[-鈎-] N. fire-tongs M: *ge/*[1]*bǎ*

huǒguàn(r) 火罐(儿) N. <*Ch. med.*> cupping jar/glass M: *ge/*[2]*zhī*

huǒguāng(r) 火光(儿) N. flame; blaze M: [1]*piàn*

huǒguāngchōngtiān 火光冲天[--沖-] F.E. the flames lit up the sky

huǒguāngzhuótiān 火光灼天 F.E. the flames lit up the sky

huǒguànyìn 火罐印 N. mark made by a cupping-glass M: *ge/*[1]*fāng*

huǒguànzi 火罐子 N. cupping glass M: *ge/*[2]*zhī*

huóguǐ 活鬼 N. <*coll.*> living ghost; ghost who stays among the living

huògui* 货柜[-櫃] N. ①counter; bar ②container M: *ge/*[2]*zhī*

huòguìchē 货柜车[-櫃-] N. container car M: [3]*liàng*

huòguìchuán 货柜船[-櫃-] N. container ship M: *ge/*[1]*sōu/*[2]*zhī*

huòguì jísànchǎng 货柜集散场[-櫃--場] P.W. container terminal

huòguì yùnshū 货柜运输[-櫃運-] N. container shipment/transport

huóguò 活过 V.P. outlive

huǒguō(r)* 火锅(儿)[-鍋-] N. ① chafing dish ② hotpot; shabu-shabu M: *ge/*[2]*zhī*

huòguóyāngmín 祸国殃民[禍國-] F.E. bring calamity to the country and the people

huǒguōzi 火锅子[-鍋-] N. hotpot; shabu-shabu M: *ge/*[2]*zhī*

huǒhǎi* 火海 N. sea of fire M: [1]*piàn*

huòhai 祸害[禍-] N. disaster; curse; scourge ♦V. damage; destroy *See also* *huòhài*

huòhài 祸害[禍-] N. calamity *See also* *huòhai*

huǒhǎidāoshān 火海刀山 ID. extreme hazards

huǒhǎi zhànshù 火海战术[-戰術] N. use of intensive firepower to counter human-wave tactics

huǒhào 火耗 N. wastage of metal in minting coins

huǒhè 火鹤 N. flamingo M: *ge/*[2]*zhī*

huǒhóng 火红 ATTR. fiery; flaming

huǒhou* 火候 N. ①duration and degree of heat in cooking/etc. ②level of scholarship ③crucial moment ④ Daoist alchemy *See also* *huǒhòu*

huǒhòu 火候 N. <*pottery*> mode of fire *See also* *huǒhou*

huǒhouwèidào 火候未到 F.E. not yet up to requirement (of cooking time, training, etc.)

huǒhú 火狐 N. red fox M: *ge/*[2]*zhī*

[1]**huóhuà(r)** 活话(儿) N. equivocation; vague promise M: *ge/*[1]*jù*

[2]**huóhuà** 活化 N. activation ♦V. make (economic policy/plan) more flexible

huǒhuā(r)* 火花(儿) N. ① spark ② picture on a match box; match-box design M: [4]*shù*

huǒhuà 火化 V. ① cremate ② transform by fire ♦N. cremation

huǒhuàchǎng 火化场[-場] P.W. crematorium M: *ge/*[4]*zuò*

huǒhuàn 火患 N. fire hazards M: [3]*cháng/*[1]*cì*

huòhuàn* 祸患[禍-] N. disaster; calamity M: [3]*cháng/*[1]*cì*

huǒhuànbù 火浣布 N. asbestos cloth

huóhuàng 活晃 S.V. <*topo.*> ①flexible ②lively; active

huǒhuāsāi 火花塞 N. <*mach.*> spark-plug; ignition plug M: *ge/*[1]*fù/tào*

huóhuàshí 活化石 N. living fossil M: [2]*kuài*

huǒhuāsìjiàn 火花四溅[-濺] F.E. Sparks fly off in all directions.

huóhuì 活绘 V. illustrate vividly

huóhuó* 活活 ADV. while still alive

huóhuǒ 活火 N. live/blazing fire

huòhuò 霍霍 ON. sound of a sword being sharpened ♦ADV. ① brightly ② rapidly ♦R.F. flash

huóhuǒshān 活火山 N. active volcano M: *ge/*[4]*zuò*

huóhuó shāosǐ 活活烧死[--燒-] V.P. be burned alive

huóji 活计 N. ① handicraft work ② handiwork ③ needlework ④ one's way to make a living

huǒji 伙/火计 N. ① partner ② <*coll.*> fellow; mate ③ shop assistant ④ waiter; servant M: *ge/*[2]*wèi*

huǒjī* 火鸡[-雞] N. turkey M: *ge/*[2]*zhī*

huǒjí 火急 V.P. urgent; pressing

huòjī 货机 N. cargo aircraft/plane) M: [1]*jià*

huòjí 祸及[禍-] V.P. endanger; imperil

[1]**huòjià** 货价[-價] N. commodity price; price of goods M: [2]*bǐ/*[3]*xiàng*

[2]**huòjià** 货架 N. goods shelves

huójiǎn 活检 AB. <*med.*> *huózǔzhī jiǎnchá* biopsy

huójiàn 活件 N. a piece of work; a product

[1]**huǒjiǎn** 火碱[-鹼] N. caustic soda M: [2]*kuài*

[2]**huǒjiǎn** 火剪 N. ① fire-tongs ② curling irons M: *ge/*[1]*bǎ*

huǒjiàn* 火箭 N. rocket <[4]*méi/ge*>

huǒjiàn bùduì 火箭部队[-隊] P.W. rocket power M: [4]*zhī*

huǒjiàndàn 火箭弹 N. rocket projectile M: *fā*

huǒjiàn fāshèchǎng 火箭发射场[--發-場] P.W. rocket-launching site M: [4]*zuò*

huǒjiàn fāshètái 火箭发射台[--發-臺] N. rocket-launching pad M: [4]*zuò*

huǒjiàn fēijī 火箭飞机[--飛-] N. rocket-propelled plane M: *ge/*[1]*jià*

huòjiǎng 获奖[獲獎] V.O. win a prize

huǒjiàn gànbù 火箭干部[--幹-] N. <*coll.*> a fast riser M: *ge/*[1]*míng/*[2]*wèi*

huójiànguǐ 活见鬼 F.E. utter nonsense!

huǒjiànpào 火箭炮 N. rocket gun M: *ge/mén*

huǒjiàntǒng 火箭筒 N. rocket launcher

Huǒjiào 火教 N. Parsism; Zoroastrianism

huójiàocái 活教材 N. ① persons/things that can serve to educate people ② live teaching material M: [1]běn
huòjiàoliángduō 获教良多[獲-] F.E. <court.> have benefited much from sb.'s kind instruction
huòjiàzi 货架子 N. goods shelves
huójié(r) 活结(儿) N. slipknot
huǒjìn(r) 豁劲(儿)[-勁-] ADV. <coll.> with might and main; to the utmost
[1]**huǒjìn(r)*** 火劲(儿)[-勁-] N. <coll.> enthusiasm
[2]**huǒjìn** 火禁 N. fire-prevention rules
[1]**huǒjǐng*** 火警 N. fire alarm
[2]**huǒjǐng** 火井 N. <topo.> gas well M: ge/kǒu
huǒjìng(r) 火镜(儿) N. <topo.> magnifying glass M: [1]miàn
huǒjǐng jǐngbào 火警警报[-報] N. fire alarm M: ge/[1]cì
huǒjǐng xìnhào xìtǒng 火警信号系统[---號-] N. fire-alarm system
huǒjiǔ 火酒 N. <topo.> alcohol
[1]**huòjiù*** 获救[獲-] V.O. be rescued from death/disaster/etc.
[2]**huòjiù** 获咎[獲-] V.O. get the blame
huójù 活剧[-劇] N. real-life drama M: ge/[1]tái
[1]**huǒjù*** 火炬 N. torch M: [1]bǎ
[2]**huǒjù** 火具 N. igniter
huǒjū dàoshì 火居道士 N. married Daoist priest M: ge/[2]wèi
Huǒjù jìhuà 火炬计划[-劃] N. Torch Program (begun in 1988, chiefly for industrial development of high technological research) M: [3]xiàng
huǒjù sàipǎo 火炬赛跑 N. torch race M: [3]cháng/[1]cì
huǒjù yóuxíng 火炬游行 N. torchlight parade M: [1]cì
huójúzi 活局子 N. trap; swindle
huōkāi 劐开[-開] R.V. slit open
huòkāi* 豁开[-開] V. be suddenly enlightened
[1]**huǒkàng** 火炕 N. heated brick bed M: ge/[1]zhāng
[2]**huǒkàng** 火亢 N. <Ch. med.> hyperactivity of fire
huòkě 或可 ADV. may be possible; probably can
huǒkēng 火坑 N. ① fiery pit; pit of hell; abyss of suffering ② the life of prostitution
huōkǒu(r/zi)* 豁口(儿/子) N. opening; break; breach M: ge/chù
huókǒu(r) 活口(儿) N. ① survivor of a murder attempt ② prisoner who can furnish information ③ <coll.> loophole; way out ④ flexible tone; flexible words ♦V.O. ① feed/support one's family ② eke out an existence
huókòu(r/zi) 活扣(儿/子) N. <coll.> slipknot; knot that can be easily untied
huǒkǒu 火口 N. volcanic crater
huókǒumǐ 活口米 N. famine-relief rice M: [1]bǎ/[3]lì
huǒkuàizi 火筷子 N. ① fire-tongs ② tongs for curling hair M: [1]bǎ/[1]fù
huòkuǎn 货款 N. ① money for buying/selling goods ② payments for goods ③ commodity price M: [1]bǐ
huòkuǎnliǎngqīng 货款两清 F.E. collected and delivered
huòláihuòwǎng 或来或往 F.E. either coming or going; to and fro
huǒlālā 火辣辣 V.P. burning ***Wǒ xīnli ~ de.*** I'm burning with anxiety.
huòláng* 货郎 N. itinerant peddler; street vendor M: ge/[1]míng/[2]wèi
huòlǎng 豁朗 S.V. wide-open and clear (as of a vista); spacious
huòlángdàn 货郎担[-擔] N. street-vendor's load (carried on a shoulder pole) M: ge/[1]fù
huòláng dānzi 货郎担子[--擔-] N. <topo.> peddler's bundle of merchandise M: ge/[1]fù
huòlánggǔ 货郎鼓 N. drum-shaped rattle; rattle drum M: [1]miàn
huòlángzi 货郎子 N. <topo.> peddler; hawker M: ge/[1]míng
huóláodòng 活劳动[-勞動] N. <econ.> labor spent in production

huǒlǎoyā 火老鸦 N. <coll.> leaping flames (of a raging fire)
huòlāwǔ 霍拉舞 N. <loan> hora (Romanian and Israeli folkdance)
huǒle* 火了 V.P. <coll.> became angry
huòle 和了 V.P. <coll.> stir (coffee/trouble/etc.)
huólì 活力 N. vigor; vitality; energy
huǒlí 火犁 N. mechanical plow M: ge/[1]zhāng
huǒlì 火力 N. <mil.> firepower ♦ATTR. thermal
huòlì* 获利[獲-] V.O. obtain profit
huǒlián 火镰 N. steel (for flint) M: ge/[1]bǎ
huǒliàng 火亮 V.P. bright; illuminated
huòliang 豁亮 S.V. open and clear (of a home) *See also huòliàng*
huòliàng* 豁亮 S.V. ① roomy and bright ② sonorous; resonant ♦V. <coll.> understand *See also huòliang*
huǒlìdiǎn 火力点[-點] N. <mil.> firing-point M: ge/chù
huǒliè 火烈 N. passion; fire
huǒlièniǎo 火烈鸟 N. flamingo M: ge/[2]zhī
huǒlì fādiàn 火力发电[-發電] N. thermal power M: [1]zhǒng
huǒlì fādiànchǎng 火力发电厂[-發電廠] P.W. thermal power plant M: ge/[4]zuò
huǒlì fādiànzhàn 火力发电站[--發電-] P.W. thermal power plant M: ge/[4]zuò
huǒlì jízhōng 火力集中 N. concentration of fire
huólìlùn 活力论 N. vitalism
huòlín 获麟[獲-] ID. All affairs come to an end.
huólíng 活灵[-靈] S.V. <coll.> ① agile ② flexible in dealing with people
huólínghuóxiàn 活灵活现[-靈--] F.E. vivid; lifelike
huòlì niándù 获利年度[獲-] N. profit-making year
huǒlìquān 火力圈 N. area within the fire control
huólìsù 活力素 N. vitamin
huóliu 活溜 S.V. <coll.> ① shaky; unsteady ② nimble; agile; quick
huòliú* 货流 N. flow of goods
huǒliúxīng 火流星 N. <astr.> bolide; fireball M: [1]kē
huǒlìwǎng 火力网[-網] N. <mil.> network of fire; firenet M: [1]zhāng
huǒlì zhīyuán 火力支援 N. fire support
[1]**huǒlóng** 火龙 N. ① procession of lanterns/torches M: [1]tiáo ② <topo.> flue
[2]**huǒlóng** 火笼 N. <topo.> basket for steaming
huólónghuóxiàn 活龙活现 F.E. vivid; lifelike
huōlù 豁露 N. silk borders on a fur coat
huólu 活路 N. physical work
huólù(r) 活路(儿) N. ① means of subsistence ② way out ③ unblocked passage M: [1]tiáo
huǒlú(zi)* 火炉(子)[-爐-] N. stove M: ge/[4]zuò
huòlù 货赂 V. corrupt with money/etc.
[1]**huòluàn** 霍乱[-亂] N. ① <med.> cholera ② <Ch. med.> acute gastroenteritis M: [3]cháng
[2]**huòluàn** 祸乱[禍亂] N. turmoil; disastrous disorder M: [3]cháng/[1]cì
[3]**huòluàn** 惑乱[-亂] V. delude; mislead
huòluànjūn 霍乱菌[-亂-] N. cholera bacterium
huǒlún 火轮 N. ① steamship M: [1]sōu ② the sun
huòlún* 货轮 N. freighter; cargo ship M: [1]sōu/[2]zhī
huǒlúnchuán 火轮船 N. steamship; steamboat M: [1]sōu/[2]zhī
huóluò 活络 S.V. <topo.> ① loose ② noncommittal; indefinite ③ vigorous; active ④ clever; wise; smart ♦V. invigorate ♦V.O. <Ch. med.> activate the network (of vessels)
huǒmá 火麻 N. <bot.> hemp M: [2]lǚ
huómái* 活埋 V. bury alive
huómài 活卖[-賣] V. pawn; pledge; mortgage
huǒmǎi 伙买[-買] V. club together to buy sth.
[1]**huǒmào** 火帽 N. <mil.> detonating/percussion cap; primer M: ge/[1]dǐng/[2]zhī
[2]**huǒmào** 火冒 N. become enraged; blow one's top
huǒmàosānzhàng 火冒三丈 F.E. fly into a rage; flare up

huǒméi 火煤/媒 N. kindling
huōméijī 攉煤机 N. coal-shovel machine M: ge/[1]tái
huómén(r) 活门(儿) N. ① <mach.> valve ② way out; means of survival
huómiàn 和面[-麵] V.O. knead dough *See also* [2]*hémiàn*
huǒmián 火棉 N. guncotton
huòmiǎn* 豁免 V. exempt (from taxes/etc.); remit
huómiànjī 和面机[-麵-] N. flour-mixing machine M: ge/[1]tái
huòmiǎnjuānshuì 豁免捐税 F.E. exempt sb. from taxes; remit taxes
huòmiǎnquán 豁免权[-權] N. diplomatic immunity M: [1]zhǒng
huòmiǎn zhàiwù 豁免债务[-務] V.O. remit a debt M: [2]bǐ
huǒmiáo(r) 火苗(儿) N. (tongue of) flame M: [4]shù
huōmìng 豁命 V.O. risk one's life
huómìng* 活命 V.O. ① earn a bare living; scrape along ② <wr.> save sb.'s life ♦N. life
huòmíng 货名 N. name of a commodity/article
huòmínghuò'àn 或明或暗 V.P. either overt or covert
huómìng zhéxué 活命哲学 N. personal philosophy of survival at any cost
huómìngzhī'ēn 活命之恩 N. indebtedness to sb. for saving one's life
huǒmò 火磨 N. millstones driven by electric/mechanical power M: ge/[2]kuài
huóná 活拿 V. capture alive (of prisoners)
huónǎojīn 活脑筋[-腦-] N. quick witted M: ge/[1]fù
huóní* 和泥 V.O. mix and stir plaster/etc. *See also* [2]*hénì*
huǒní 火泥 N. fire-clay M: [1]bǎ/duī
huòní(r) 和泥(儿) V.O. <coll.> mediate
huònì 惑溺 A.T. ① led astray; misguided ② indulge in
huǒniǎn(zi) 火捻(子) N. ① kindling ② fuse ③ spill
huǒniú 火牛 N. <hist.> oxen with torches tied to their tails to overwhelm the enemy M: [1]tóu
huònong* 和弄 V. <topo.> ① delude ② stir up discord; make trouble ③ stir; agitate; mix
huònòng 惑弄 V. <topo.> delude
Huǒnúlǔlǔ 火奴鲁鲁 P.W. Honolulu
huǒpái 火牌 N. <trad.> urgent warrant ordering service to an imperial courier M: [1]zhāng
huǒpào 火炮 N. <mil.> cannon; gun; artillery M: ge/mén
huǒpén(r) 火盆(儿) N. fire pan; brazier; hibachi M: ge/[2]zhī
huòpēng 镬烹 N. <trad.> cook a criminal in a cauldron
huòpiào 货票 N. waybill M: [1]zhāng
huǒpīn 火拼 N. open fight between factions M: [1]cì
huòpǐn* 货品 N. types of goods/product M: [3]xiàng/[1]yàngr/[1]zhǒng
huópo 活泼[-潑] S.V. ① lively; vivacious; vivid ***Tā de wénzì shēngdòng ~.*** She writes in a lively style. ② <chem.> reactive
huópōpō 活泼泼[-潑潑] R.F. <coll.> lively (of children/etc.)
huópōpō de 活泼泼地[-潑潑-] ADV. animatedly
huópōqīngkuài 活泼轻快[-潑輕-] F.E. vivacious/lively and light-hearted; breezy
huópúsà 活菩萨[-薩] N. sb. as kindhearted as a Bodhisattva M: ge/[2]wèi/[1]zūn
huóqī 活期 ATTR. ① current ② due on demand
[1]**huóqì(r)** 活气(儿)[-氣-] N. vigorous atmosphere M: sī
[2]**huóqì** 活契 N. sale with power of redemption; revocable contract M: [1]fèn
huǒqī 火漆 N. sealing wax

[1]**huǒqì*** 火气[-氣] N. ① <Ch. med.> internal heat (as cause of disease) ② anger; temper M: [2]gǔ

[2]**huǒqì** 火器 N. <mil.> firearms M: [2]jiàn

huóqián(r) 活钱(儿)[-錢-] N. <coll.> ① circulating capital ② ready money; cash ③ extra income M: [1]fèn

huǒqiān 火签 N. <trad.> government warrant for the immediate arrest of a suspected criminal

huǒqián* 火钳 N. fire tongs M: ge/bǎ

huǒqiāng* 火枪[-槍] N. firelock M: ge/[4]zhī

huǒqiáng 火墙[-牆] N. wall with flues for heating M: [1]dǔ

huóqī cúnkuǎn 活期存款 N. <econ.> current/demand deposit M: ge/[2]bǐ/[3]xiàn

huóqī cúnkuǎn zhànghù 活期存款帐户 N. current account

huó qǐlai 活起来 R.V. recover

huǒqíng 火情 N. the condition of a fire

huǒqiú 火球 N. meteor; fireball M: ge/[2]zhī

huòqǐxiāoqiáng 祸起萧墙[禍-蕭牆] ID. There is internal strife.

huǒqìyíng 火器营[-營] N. <trad.> troops armed with torches/etc.

huòqū 蠖屈 V. humble oneself temporarily

huòqǔ* 获取[獲-] V. gain; obtain; win

huóquán* 活泉 N. living spring M: [1]yǎn

huòquán 货泉 N. <hist.> currency introduced by Wang Mang

huòquánxínglìng 豁拳行令 F.E. play rowdy drinking games

huór* 活儿 N. ① job; work; labor ② products M: [1]fèn

huǒr 火儿 N. ① fire M: [1]bǎ ② anger M: [2]gǔ

[1]**huòrán** 豁然 ADV. suddenly ♦V.P. open and clear

[2]**huòrán** 霍然 ADV. suddenly; quickly ♦V. <wr.> be cured quickly

[3]**huòrán** 或然 ATTR. probable

huòránguàntōng 豁然贯通 F.E. suddenly see everything in a clear light

huòránkāilǎng 豁然开朗[--開-] F.E. ①suddenly see the light ② open and clear ③ suddenly become extensive

huòránlǜ 或然率 N. <math.> probability

huòránlǜlùn 或然率论 <math.> probability

huòránlùn 或然论 N. probability

huǒránméijié 火燃眉睫 F.E. close at hand; very urgent; pressing

huòrán pànduàn 或然判断[-斷] N. judgment of probability

huòránxìng 或然性 N. probability

huòrányúnxiāo 霍然云消[-雲-] F.E. suddenly the clouds dispersed

huǒrè 火热[-熱] S.V. ① burning hot; fervent; fiery ② intimate; passionate; enthusiastic

huórén* 活人 N. a living person; sb. who is still alive M: ge/[2]wèi

huòrén 或人 N. someone

huórénqī 活人妻 N. <topo.> bigamous wife M: ge/[2]wèi

huórénwúsuàn 活人无算 F.E. have saved innumerable lives

huǒrle 火儿了 V.P. get mad/angry

huǒróng(zi) 火绒(子) N. tinder

huǒróng hézi 火绒合子 N. tinderbox M: ge/[2]zhī

huǒròu 火肉 N. <coll.> ① ham ② spit-roasted pig M: [2]kuài

huòrú 豁如 V.P. thoroughly clear

huóruǎnqì 活软气[-氣] N. <topo.> softness and pliancy

huósāi(zi) 活塞(子) N. <mach.> piston M: ge/[2]zhī

huósāigǎn 活塞杆 N. piston rod M: [2]gēn

huósāihuán 活塞环[-環] N. piston ring

huǒsǎn 火伞[-傘] N. white-hot summer sunshine

huǒsǎngāozhāng 火伞高张[-傘--] ID. scorching sunshine like an umbrella of fire

huǒsè 火色 N. <topo.> ①condition of fire (as for cooking) ~ *hái kěyi.* The fire is good enough. ② color of fire

huòsè* 货色 N. ① goods ② stuff; trash; rubbish ③ quality of goods; specification

huòsèqíquán 货色齐全[--齊-] F.E. goods of every description are available

huósèshēngxiāng 活色生香 F.E. The writing is lively and colorful.

huǒshān* 火山 N. volcano M: [4]zuò

huòshǎn 霍闪 N. lightning M: [2]dào

huǒshān bàofā 火山爆发[-發] N. volcanic eruption M: [1]cì

huǒshāndǎo 火山岛[-島] N. volcanic island M: ge/[4]zuò

huǒshān dìzhèn 火山地震 N. earthquake caused by a volcanic eruption M: ge/[1]cì

huōshang 豁上 R.V. <coll.> risk; stake all

huǒshāng* 火伤[-傷] N. burn (caused by fire) M: [1]cì/[2]kuài/[1]piàn

huǒshàngjiāoyóu 火上浇油[--澆-] F.E. pour oil on the fire/flames

huǒshàngjiāyóu 火上加油 F.E. add fuel to the flames

huōshang jìn(r) 豁上劲(儿)[--勁-] V.P. <topo.> do with might and main

huōshang sǐ 豁上死 V.P. <topo.> risk death

huǒshānhuī 火山灰 N. volcanic ash M: [1]bǎ/[1]céng

huǒshānkǒu 火山口 N. crater

huǒshānmài 火山脉[-脈] N. volcanic range M: [1]tiáo

huǒshān róngyán 火山熔岩 N. lava M: duī

huǒshānshí 火山石 N. lava M: [2]kuài

huǒshānxué 火山学 N. volcanology M: mén

huǒshānyán 火山岩 N. volcanic rocks; lava M: duī/[2]kuài

huǒshānzhuī 火山锥 N. volcanic cone

huǒshao 火烧[-燒] N. baked wheaten cake *See also huǒshāo*

huǒshāo* 火烧[-燒] V. ① burn ② destroy by fire ♦N. fire disaster *See also huǒshao*

huǒshāohuǒliǎo 火烧火燎[-燒--] F.E. ① feel terribly hot ② be restless with anxiety

huǒshāoméimao 火烧眉毛[-燒--] F.E. desperate/urgent situation

huǒshāoxīn 火烧心[-燒-] V.P. extremely anxious

huǒshāoyún 火烧云[-燒雲] N. resplendent sunset M: [3]lǚ/[1]piàn

[1]**huǒshé*** 火舌 N. tongues of fire M: ge/[2]zhī

[2]**huǒshé** 火蛇 N. firedrake M: ge/[2]zhī

huòshè 获赦[獲-] V.O. be pardoned

huǒshén 火神 N. the god of fire M: ge/[2]wèi

huǒshéng 火绳[-繩] N. twist burned as mosquito repellent M: [2]gēn/[1]tiáo

huòshēng 货声[-聲] N. crying of one's wares

huòshèng* 获胜[獲勝] V.O. win a victory; triumph

huóshēngshēng(r) 活生生(儿) R.F. ① real; living ② while still alive

huóshénxian 活神仙 N. living immortal M: ge/[2]wèi

huóshí(r) 活食(儿) N. living food (for animals)

[1]**huǒshi** 伙食 N. ① mess; food; meals ② food burned as an offering

[2]**huǒshi** 火势[-勢] S.V. <coll.> lively; flourishing; prosperous *See also huǒshì*

huǒshí 火石 N. flint M: [2]kuài

huǒshì 火势[-勢] N. condition of a fire *See also* [2]*huǒshi*

huòshí 藿食 N. <wr.> coarse food M: [1]fèn/[1]zhǒng

huòshǐ 祸始[禍-] N. source of a disaster

[1]**huòshì*** 或是 CONJ. or; perhaps ♦CONS. ~ *X yàobùrán Y* either (it is) X or (it is) Y

[2]**huòshì** 获释[獲釋] V.O. be released (from prison); be set free; get off

[3]**huòshì** 祸事[禍-] N. disaster; calamity; mishap M: [2]jiàn

[4]**huòshì** 惑世 V.O. mislead people

huǒshifáng 火食房 N. larder M: ge/[1]jiān

huǒshífèi 伙食费 N. boarding/mess fee/charge M: [2]bǐ

huǒshíkē 伙食科 N. catering office

huóshìshòurén 活世寿人[--壽-] F.E. benefit the world and humankind

huǒshítuán 伙食团[-團] N. mess

huǒshǒu 火首 N. sb. whose house is the first to catch fire

huòshǒu* 祸首[禍-] N. chief culprit/offender M: ge/[1]míng/[2]wèi

huóshòuzuì 活受罪 V.P. <coll.> have a hellish life

huóshù* 活树[-樹] N. a living tree M: [2]kē

huòshù 惑术[-術] N. guile; ruse; deceitful trick M: [1]zhǒng

huóshuān 活栓 N. bolt M: ge/[1]bǎ

huóshuǐ* 活水 N. flowing/running water

huòshuǐ 祸水[禍-] ID. <derog.> woman likened to a disastrous flood

huǒshùyínhuā 火树银花[-樹--] F.E. display of fireworks and lanterns

huósì 活似 V. look exactly alike; be an exact replica of

huósǐrén 活死人 N. ① living corpse ② useless person ③ a slow-witted/clumsy person

huósīxiǎng 活思想 N. enlivened ideology; modern, more realistic ideology

huǒsù 火速 ADV. at top speed; posthaste

huǒsù huídiàn 火速回电[-電] V.P. cable a reply immediately

huòsuì 祸祟[禍-] N. disasters brought about by ghosts

huǒsǔn 火损 N. fire damage

Huòsuǒ'ēn xiàoyìng 霍索恩效应[-應] N. Hawthorn effect

huǒsù sòngdào 火速送到 V.P. deliver immediately

huòtāi 祸胎[禍-] N. root/cause of a disaster

huótāisǐchǎn 活胎死产[-產] F.E. stillbirth

huōtán 豁痰 F.E. <Ch. med.> clear away phlegm

huǒtàn* 火炭 N. live charcoal; burning firewood M: duī/[2]kuài

huòtān 货摊[-攤] N. stall; stand

huǒtáng 火塘 N. <topo.> fire pit (usually at the center of the room)

huǒtàng* 火烫[-燙] V.P. very hot; scalding ♦V. have one's hair permed

huótao 活套 S.V. <coll.> ① flexible ② accommodating; sociable; agreeable

huótào(r/zi)* 活套(儿/子) N. slipknot

huótaorén 活套人 N. <coll.> affable/sociable person

huótǐ* 活体[-體] N. live body

huòtī 祸梯[禍-] N. <wr.> origin of a disaster

huòtǐ 或体[-體] N. <lg.> alternative style of Chinese characters; variant

huǒtián 火田 N. hunt game by burning a wooded area M: [2]kuài

huótǐ jiǎnchá 活体检查[-體--] N. <med.> biopsy

huótǐ jiěpōu 活体解剖[-體--] N. vivisection

huǒtóng 伙同 V. be in league with; collude with

huǒtǒngzi 火筒子 N. metal chimney

huótou(r)* 活头(儿) N. ① sth. worth living for ② will to live ③ pleasure in life

huǒtóu(r) 火头(儿) N. ①flame ②duration and intensity of heat in cooking/etc. ③anger *Bié gēn tā shuōhuà, tā zhèngzài ~ shàng.* Don't talk to him. He's beside himself with anger. ④ owner of the house where a fire started ⑤ person responsible for starting a fire ⑥ cook

huòtóu 祸头[禍-] N. one to be primarily blamed for trouble

huǒtóujūn 火头军 N. army cook M: ge/[1]míng

huǒtóushang 火头上 N. height of anger

huótǔcéng 活土层[-層] N. crust; surface layer of the earth

huǒtuǐ 火腿 N. ham M: ge/[2]zhī

huǒtuǐdàn 火腿蛋 N. ham and eggs M: [1]fèn

huǒtuǐ dōngguātāng 火腿冬瓜汤[-湯] N. ham and winter-melon soup M: [1]wǎn

huǒtuǐ sānmíngzhì 火腿三明治 N. ham sandwich

huótuō(r) 活脱(儿) ADV. remarkably/strikingly alike

hù'ōu 互殴[-毆] V. strike/hit each other

huǒwǎng 火网[-網] N. <mil.> network of fire M: [1]zhāng
Huǒwèi 火卫[-衛] N. <astr.> Martian satellites
[1]**huòwèi*** 货位 M. for one railway carriage of goods ♦N. place for temporary storage of goods
[2]**huòwèi** 或谓 F.E. some people say that. . .; it is said that. . .
huòwèn 或问 F.E. someone may ask
huòwènsānjiā 货问三家 F.E. shop around and compare prices
huówù(r) 活物(儿) N. live animal/etc.
huòwù* 货物 N. goods; commodity; merchandise M: [2]jiàn/[1]pī
huòwù cúndān 货物存单 N. inventory M: [1]fèn/[1]zhāng
huòwù liányùn 货物联运[-聯運] N. through freight traffic
huòwùshuì 货物税 N. commodity taxes M: [3]xiàng/[1]zhǒng
huòwùyúshì 货物于市[--於-] F.E. sell things at the market
huòxī 获悉[獲-] V. <wr.> learn (of an event)
huóxià 活下 R.V. survive; live
huó xiàlai 活下来 R.V. survive
huóxiān 活鲜 N. fresh aquatic food
huóxiàn 活现 V. ① appear vividly; come alive ② reveal ♦V.P. arrogant
huǒxiǎn 火险 N. fire insurance
huǒxiàn* 火线 N. ① battle/firing line ② <elec.> live wire M: [1]tiáo
huóxiàng* 活像 V. look exactly alike; be an exact replica of
huǒxiàng 火巷 N. fire lane M: [1]tiáo
[1]**huòxiāng** 货箱 N. packing box; container M: ge/[2]zhī
[2]**huòxiāng** 藿香 N. <bot.> wrinkled giant hyssop
huǒxiàn qiǎngjiù 火线抢救[--搶-] N. frontline first aid
huǒxiànrùdǎng 火线入党[-黨] F.E. <PRC> admit to the Party at the battle front
huóxiànshì 活现世 V.P. really disgraceful/shameful
huóxiànyǎn 活现眼 N. <coll.> showoff
huǒxiāo 火硝 N. <chem.> niter; saltpeter
huó xiàqu 活下去 R.V. survive
huǒxiázi 火匣子 N. <coll.> cheap small coffin M: ge/kǒu/[2]zhī
huóxīn 活心 V.O. <topo.> be moved by persuasion/etc.
huǒxīn 火心 V.O. <topo.> burn with desire; be consumed with enthusiasm
huòxīn* 祸心[禍-] N. evil intent M: ge/[1]kē
huóxìng* 活性 ATTR. <chem.> active; activated
huǒxìng 火性 N. <coll.> determination; drive
huǒxīng(r) 火星(儿) N. <coll.> spark M: [1]kē
Huǒxīng 火星 N. <astr.> Mars M: [1]kē
huǒxíng 火刑 N. execution by burning the condemned; death by fire M: [1]cì/[1]zhǒng
huǒxìng(zi) 火性(子) N. <coll.> bad/hot temper
huòxīng 惑星 N. planet
huóxìngjì 活性剂[-劑] N. <chem.> activator
huóxìng ránliào 活性燃料 N. active fuel
Huǒxīngrén 火星人 N. Martian M: ge/[2]wèi
huǒxīngsāi 火星塞 N. sparkplug
huóxìngtàn 活性碳 N. active carbon
Huǒxīng wèixīng 火星卫星[--衛-] N. Martian satellites
huò xīní 和稀泥 V.O. ① intervene impartially in a quarrel ② <coll.> sidestep an issue; gloss over
huóxīn qiānbǐ 活心铅笔[-筆] N. sharp pencil M: ge/[4]zhī
huǒxīnr 火心儿 V.O. be in a bad temper
huōxīnyǎn 豁心眼 V.O. <coll.> enlarge one's understanding
huòxǔ 或许 ADV. perhaps; maybe
huòxuǎn 获选[獲選] V.O. win the election
huóxuè* 活血 V.O. <Ch. med.> invigorate blood circulation
huǒxué 火穴 <coll.> N. profitable show/performance

huóxuéhuóyòng 活学活用 F.E. ① learn and apply in practice ② combine learning with usage ③ creatively study and apply
huóxuèqūyū 活血祛瘀 F.E. <Ch. med.> activate blood circulation and remove blood stasis
huóxuèzhǐtòng 活血止痛 F.E. <Ch. med.> activate blood circulation and relieve pain
huōyá* 豁牙 N. <coll.> ① gap between the teeth ② marks made by gnawing
huǒyā 火鸭 N. barbecued duck M: ge/[2]zhī
huóyǎn 活罨 N. valve on a pump/bellows/etc.
huǒyān 火烟[-煙] N. fire smoke
huǒyǎn 火眼 N. <med.> pinkeye M: ge/[2]zhī
huǒyàn* 火焰 N. flame M: tuán
huǒyànchōngtiān 火焰冲天[--沖-] F.E. flames mount to heaven
huòyāng 祸殃[禍-] N. disaster; calamity
huòyàng(r/zi)* 货样(儿/子)[-樣-] N. sample goods; sample M: ge/[2]jiàn
huóyàngbǎn 活样板[-樣-] N. the most realistic model
huǒyǎnjīnjīng 火眼金睛 F.E. ① fierce/awe-inspiring look ② discerning/sharp eyes ③ penetrating insight
huǒyàn pēnshèqì 火焰喷射器 N. flame-thrower M: ge/[2]zhī
huòyánquánjiā 祸延全家[禍-] F.E. bring disaster on the whole family
huóYánwang 活阎王 N. devil incarnate; tyrannical ruler M: ge/[2]wèi
huǒyànzhī 火焰枝 N. <art> flame branch (in painting)
huòyánzǐsūn 祸延子孙[禍-孫] F.E. disaster of one's own making that will be experienced by one's descendents
huǒyáo 火窑[-窯] N. kiln M: ge/[4]zuò
huǒyào* 火药[-藥] N. gunpowder M: [1]bāo/[1]pī
huòyāo 货腰 N. taxi dancer
huòyào 和药[-藥] V.O. <Ch. med.> mix/blend medicinal herbs
huǒyàokù 火药库[-藥-] N. powder magazine M: ge/[4]zuò
huǒyàomián 火药棉[-藥-] N. guncotton
huòyāo nǚláng 货腰女郎 N. taxi dancer M: ge/[2]wèi
Huǒyàorì 火曜日 N. Tuesday
huǒyàotǒng 火药桶[-藥-] N. powder keg M: ge/[2]zhī
huǒyàowèi 火药味[-藥-] N. ① smell of gunpowder ② powder keg (fig.) ③ views/articles with fierce militant content M: [2]gǔ
huōyázi 豁牙子 N. sb. with a missing tooth (usu. of children)
huóyè 活页 N. loose-leaf; detachable leaf M: [1]běn/[1]zhāng
huóyèběn 活页本 N. loose-leaf book M: ge/[1]běn
huóyèbù 活页簿 N. loose-leaf notebook M: ge/[1]běn
huóyèjiā 活页夹[-夾] N. loose-leaf/spring binder
huóyèzhǐ 活页纸 N. paper for loose-leaf notebook M: [1]zhāng
huǒyí 伙颐 A.T. very many
huòyì* 获益[獲-] V.O. get a profit
huòyìfěiqiǎn 获益匪浅[獲-淺] F.E. reap no little benefit
huǒyìn 火印 N. ① brand ② firemark M: ge/[2]kuài
huǒyǐnzi 火引子 N. kindling
huóyòng* 活用 V. ① make flexible use of; apply flexibly ② have multiple uses
huǒyòng 伙用 V. <coll.> use in common
huǒyóu* 火油 N. kerosene
huǒyǒu 伙友 N. ① comrade; pal ② restaurant waiter ③ store employee; clerk M: ge/[2]wèi
huòyǒufùzhài 或有负债 F.E. <acct.> contingent liability
huóyú 活鱼 N. live fish M: ge/[1]tiáo
huǒyuán 火源 N. source of a fire
huòyuán* 货源 N. source/supply of goods
huóyuè* 活跃[-躍] S.V. brisk; active; dynamic ♦V. enliven; animate; invigorate

huòyuē 或曰 F.E. someone says; some say
huòyuè 获月[穫-] N. harvest moon
huóyuè dìwèi 活跃地位[-躍--] N. active status
huóyuè fènzǐ 活跃分子[-躍--] N. activists M: ge/[2]wèi
huó Yú Gōng 活愚公 N. person with unswerving determination M: ge/[2]wèi
huǒyún 火云[-雲] N. red clouds of summer M: [1]piàn
huòyún 或云 F.E. <trad.> some people say. . .
huòyùn* 货运[-運] N. freight transport
huòyùndān 货运单[-運-] N. waybill M: [1]zhāng
huòyùnfèi 货运费[-運-] N. shipping cost; freight (charges) M: [2]bǐ
huòyùnliàng 货运量[-運-] N. volume of goods transported
huòyùn lièchē 货运列车[-運--] N. goods/freight train M: [3]liàng
huǒzāi 火灾[-災] N. fire disaster; conflagration M: [3]cháng/[1]cì
huǒzāi bǎoxiǎn 火灾保险[-災--] N. fire insurance
huǒzāixiǎn 火灾险[-災-] N. fire insurance
huǒzàng 火葬 V. cremate ♦N. cremation
huǒzàngchǎng 火葬场[-場] P.W. crematorium; crematory M: ge/[4]zuò
huǒzànglú 火葬炉[-爐] N. crematory M: ge/[4]zuò
huǒzào 火躁 S.V. <coll.> irascible; irritable
huòzǎohuòwǎn 或早或晚 V.P. sooner or later
huòzǎozāilí 祸枣灾梨[禍棗災-] ID. publish worthless writings
huǒzázá de 火杂杂的[-雜雜-] R.F. <topo.> all fired up; full of enthusiasm
huòzé 或则 CONJ. or; either. . .or. . .
huǒzhái 火宅 N. <Budd.> the world of troubles due to sensuality and ignorance M: [3]cháng/[1]cì
huǒzháisēng 火宅僧 N. married Buddhist monk M: ge/[2]wèi
huòzhàn 货栈[-棧] N. warehouse
huózhàng 活账 N. <econ.> current/demand account M: [1]běn
huózhāo 活招 V. ① skillful move (in chess) ② plan that can be adapted quickly to changing circumstances
huòzhào* 祸兆[禍-] N. evil omen/portent M: [1]zhǒng
huōzhe 豁着[-著] V.P. totally disregard risk; act irrationally
huǒzhe 伙着[-著] V.P. share in
huòzhě* 或者 ADV. perhaps; maybe ♦CONJ. or; either. . .or. . .
huōzhe gàn 豁着干[-著幹] V.P. <coll.> work with all one's might
huǒzhēnfǎ 火针法 N. <Ch. med.> acupuncture with heated needle M: [1]zhǒng
huòzhēnjiàshí 货真价实[-價實] F.E. ①genuine goods at fair price ② the genuine thing
huǒzhe xīn 火着心[-著-] V.P. <topo.> filled with desire to do sth. ~*yào qù bāngmáng* filled with desire to help
huǒzhe yòng 伙着用[-著-] V.P. share in the use of sth.
huózhī 活支 N. <econ.> current demand/deposit
huǒzhǐ 火纸 N. kindling paper M: [1]zhāng
huòzhī* 获知[獲-] V. learn (of)
huòzhí 货殖 V. <wr.> ①engage in trade ②hoard commodities to profiteer ③ accumulate money to generate interest ④ increase wealth
[1]**huòzhì** 获致[獲-] V. gain; obtain; achieve
[2]**huòzhì** 惑志 N. suspicion; doubt
huǒzhǐméir 火纸媒儿 N. spill for lighting a water pipe
huǒzhīzhū 火蜘蛛 N. <coll.> two-spotted spider mite M: ge/[2]zhī
huǒzhǒng* 火种[-種] N. ① kindling; tinder; kindling material ②live cinders kept for starting a new fire
[1]**huǒzhòng** 伙众[-衆] V.O. gather a crowd
[2]**huǒzhòng** 伙种[-種] V. club together in working the fields

huǒzhǒng 祸种[禍種] N. seeds of future trouble; bane
huòzhòng 惑众[-眾] V.O. delude/confuse the people
huǒzhōngqǔlì 火中取栗 ID. be a cat's-paw
huǒzhú 火烛[-燭] N. flammable material
huǒzhǔ 火主 N. ① owner of a house where a fire started ② person responsible for starting a fire M: ge/²wèi
¹**huǒzhù** 火柱 N. a column of flame M: ge/²gēn
²**huǒzhù** 火箸 N. <topo.> furnace tongs M: ge/²zhī
huòzhǔ(r)* 货主(儿) N. owner of a cargo M: ge/²wèi
huǒzhuān 火砖[-磚] N. firebrick M: ²kuài
huòzhǔn 获准[獲準] V.O. obtain permission
huózhuō 活捉 V. capture alive
huǒzhúxiǎoxīn 火烛小心[-燭--] F.E. be careful with fire
¹**huōzi*** 豁子 N. ① crack (in a vessel) ② harelip ③ a harelipped person ④ opening; breach
²**huōzi** 耠子 N. hoe M: ge/¹bǎ
huózì 活字 N. <print.> movable type/letters
huǒzi 伙子 N. partnership; company ♦M. group; crowd
huózìbǎn 活字版/板 N. <print.> typography; letterpress
huózìdiǎn 活字典 N. a walking dictionary M: ²bù
huózì héjīn 活字合金 N. type metal
huózì jīn 活字金 N. <print.> type metal
huózìpán 活字盘[-盤] N. type case; letter board
huózì yìnshuā 活字印刷 N. <print.> letterpress printing
huōzuǐ(r) 豁嘴(儿) <coll.> N. ① harelip ② harelipped person
huózuì 活罪 N. ① suffering; hardship ② living hell; living punishment M: ¹fèn
huòzuì* 获罪[獲-] V.O. ① offend ② receive punishment
huózǔzhī jiǎnchá 活组织检查[--織--] N. <med.> biopsy
hùpài 互派 V. send in exchange (as ambassadors between two countries)
húpàn 湖畔 N. lakeside
hú pánsuan 胡盘算[-盤-] V.P. <topo.> day-dream; fantasize
húpéng 糊棚 N. skylight pasted with paper
húpénggǒuyǒu 狐朋狗友 F.E. evil associates; disreputable gang; rabble M: ¹bāng/¹qún
hūpéngyǐnlèi 呼朋引类[-類] F.E. gang up
húpí 狐皮 N. fox skin M: ge/¹zhāng
hǔpí* 虎皮 N. ① tiger skin ② seeming bravery M: ¹zhāng
hùpí 护皮[護-] N. sheath
húpíng 壶瓶[壺-] N. <pottery> tall ewer with a spout M: ge/²zhī
húpíngshǔfú 狐凭鼠伏[-憑--] F.E. lie/hide in ambush
hǔpíxuān 虎皮宣 N. <art> a type of high-quality paper (for Chinese painting/calligraphy) marked with light-colored stripes M: ¹zhāng
húpō 湖泊 N. lakes See also húbó
hǔpò* 琥/虎珀 N. amber
hùpō 护坡[護-] N. slope protection
hǔpòsè 琥珀色 N. amber
hūqì* 呼气[-氣] V.O. expire; exhale; breathe ♦N. breath; egressive air
hùqǐ 鹄企 V. expect; anticipate
hùqí 护旗[護-] V.O. guard a flag (at a ceremony/etc.)
hǔqián 虎钳 N. vise; clamp
húqiáng* 糊墙[-牆] V.O. paste wallpaper; paper a wall
hùqiáng 护墙[護牆] N. defensive wall M: ge/¹dǔ
hùqiángbǎn 护墙板[護牆-] N. clapboard
húqiángzhǐ 糊墙纸[-牆-] N. wallpaper M: ¹zhāng
hùqíbīng 护旗兵[護-] N. <mil.> standard-bearer M: ge/¹míng/²wèi
hūqǐhūluò 忽起忽落 F.E. sudden rise and sudden fall
hūqīn 忽亲[-親] V. <trad.> get married while in mourning for parents (said of men)
húqín* 胡琴 N. two-string bowed instruments M: ¹bǎ
húqìn 胡吣[-唚] V. <coll.> talk provokingly/nonsensically
hùqīng 护青[護-] V.O. keep watch over ripening crops
hūqīnghūhóng 忽青忽红 F.E. be flustered; put to the blush
hūqì qíngzhuàng 呼气情状[-氣-狀] N. expiration
húqiú* 狐裘 N. fox-fur robe M: ²jiàn/¹shēn
hùqiū 护秋[護-] V.O. keep watch over the autumn harvest
húqiúgāoxiù 狐裘羔袖 F.E. good on the whole but not perfect
hūqì zuòyòng 呼气作用[-氣--] N. <lg.> expiration
húqū 湖区[-區] P.W. lake area M: ¹piàn
húquānqiú 弧圈球 N. loop drive in table tennis
húqū de 弧曲的 ATTR. curved
húqúngǒudǎng 狐群狗党[-黨] F.E. a gang of scoundrels M: ¹bāng
húqūxiàn 弧曲线 N. curved line M: ¹tiáo
hūr 忽儿 N. <coll.> short period of time
¹**húr*** 核儿 N. ①stone; pit; core ②sth. resembling a fruit stone See also hér
²**húr** 胡儿 N. <hist.> northern tribes
hūrán(jiān) 忽然(间) ADV. suddenly
hùràng 互让[-讓] V. make mutual accommodation
hùrànghùliàng 互让互谅[-讓--] F.E. be mutually yielding and tolerating
Húrén 胡人 N. <hist> the Northern tribes
hǔrén* 唬人 V.O. ①play a hoax on sb. ②cheat; deceive ③ intimidate people
húrìnòng 胡日弄 V.P. <coll.> behave foolishly
hǔrùyángqún 虎入羊群 ID. tiger among a flock of sheep
hùsāng 护丧[護喪] N. master of a funeral ceremony
¹**húsāo** 狐臊 N. body odor
²**húsāo** 狐骚 N. body stench ♦S.V. <derog.> sexy; sexually attractive
húsè 湖色 N. light/bluish green
hǔshā 虎鲨 N. bullhead shark M: ge/¹tiáo
¹**hūshan*** 忽闪 V. twinkle; flash; glisten See also hūshǎn
²**hūshan** 呼/忽扇 V. <coll.> ① shake; quiver ② fan
hūshǎn 忽闪 V. ① gleam; glitter ② flash See also ¹hūshan
húshān 縠衫 N. shirt of fine silk gauze
Hùshàng 沪上[滬-] P.W. (at) Shanghai
hūshànghūxià 忽上忽下 V.P. undergo sharp fluctuation
hūshào* 呼/忽/唿哨 N. whistle *Tā dǎle ge ~.* He gave a whistle.
húshào 胡哨 N. <wr.> a whistle (with the mouth) M: ge/²zhī
hùshēn 护身[護-] V.O. protect oneself ♦N. shield against harm/etc.
hùshēnfú 护身符[護-] N. ①protective talisman; amulet ② shield against punishment/censure
hūshēng* 呼声[-聲] N. cry; voice M: ¹zhèn
húshēng 胡笙 N. pipe wind instrument introduced from the non-Han peoples in the North and West
hùshēng 互生 N. <bio.> mutualism
hūshēngshèngāo 呼声甚高[-聲--] F.E. There is wide speculation.
hùshēngyè 互生叶[-葉] N. <bot.> alternate leaves M: ¹piàn
hūshì 忽视 V. ignore; overlook; neglect
húshì 鹄侍 V. attend upon respectfully
Hú Shì 胡适[-適] (1891–1962) N. leading intellectual, philosopher, exponent of vernacular writing
hǔshi 虎势[-勢] S.V. <coll.> strong; robust; husky
¹**hǔshì(r)** 唬事(儿) V. deceive; hoax
²**hǔshì** 虎士 N. brave warrior M: ge/²wèi
³**hǔshì** 虎视 N. covetous look
hùshi* 护士[護-] N. (hospital) nurse M: ge/¹míng/²wèi
hùshī 护失[護-] V.O. conceal one's faults
hùshǐ 楛矢 N. arrow-thorn wood arrow
¹**hùshì** 互市 V./N. ① mutual trade ② frontier trade
²**hùshì** 怙恃 N. ① those who rely on influential persons ② one's father and mother
³**hùshì** 怙势[-勢] V.O. presume on one's power
Hùshì 沪市[滬-] P.W. Shanghai; Shanghai stock market
hǔshìdāndān 虎视眈眈 ID. eye covetously
hú shìfēi 胡是非 V.O. <coll.> stir up rumors
hǔshíshébēi 虎石蛇杯 ID. imaginary fear
hùshìshì 护士室[護-] P.W. nurse's office M: ¹jiān
húshǐxíng 弧矢形 N. segment of a circle
hùshì xuéxiào 护士学校[護-] P.W. nursing school M: ge/¹suǒ/⁴zuò
hùshizhǎng 护士长[護-] N. head nurse M: ge/²wèi
¹**hùshǒu*** 护守[護-] V. guard; defend
²**hùshǒu** 护手[護-] N. metal handguard on a sword M: ge/²zhī
hùshòu 户售 N./V. sales by individual households
¹**hùshū** 护书[護書] N. folder for documents/letters
²**hùshū** 户枢[-樞] N. door pivot/hinge
húshuā 糊刷 N. <art> paste brush M: ¹bǎ
hùshūbùdù 户枢不蠹[-樞--] F.E. Use keeps human faculties sharp.
húshuǐ* 湖水 N. lake water
hùshuǐ 戽水 V.O. draw water with a bucket for irrigation
hùshuì 户税 N. household tax M: ³xiàng
hùshuǐjī 戽水机 N. water pump (for irrigation) M: ¹tái
húshuō 胡说 V. talk nonsense; drivel ♦N. drivel; nonsense M: tòng ♦INTJ. Nonsense!
húshuōbādào 胡说八道 V.P. talk nonsense ♦N. sheer nonsense; rubbish
húshuōluàndào 胡说乱道[--亂-] F.E. talk foolishly and wildly
Húshú Wénhuà 湖熟文化 N. <archeo.> Hushu Culture
húsīluànxiǎng 胡思乱想[--亂-] F.E. fantasize; indulge in flights of fancy
húsǐshǒuqiū 狐死首丘 F.E. sb. longing for home or mindful of his origin
húsǐtùqì 狐死兔泣 ID. one grieves for one's kind
hùsòng 护送[護-] V. escort; convoy
húsù 觳觫 V. <wr.> shiver/tremble from fear
húsuàn 胡蒜 N. garlic and leeks M: ²kē
húsuī 胡荽 N. <bot.> coriander M: ²kē
húsūn 猢狲[-猻] N. ① macaque ② monkey (lit./fig.) M: ge/¹qún/²zhī
húsūn rù bùdài 猢狲入布袋[-猻---] ID. submit to discipline reluctantly
húsūnwáng 猢狲王[-猻-] N. ① monkey king M: ge/²zhī ② teacher of small children (said teasingly) M: ge/²wèi
hútáo* 胡桃 N. walnut M: ²kē/¹kē
hùtào 护套[護-] N. protector M: ¹fù/²zhī
hútáoqián 胡桃钳 N. nutcracker M: ge/¹bǎ
hútī 胡梯 N. ladder
hútián 湖田 N. lake-reclaimed land M: ²kuài/¹piàn
hūtiānhuàndì 呼天唤地[--喚-] F.E. call to heaven and earth
hūtiānjiàodì 呼天叫地 F.E. desperate appeals
hùtiánlín 护田林[護-] N. trees planted to protect crops from wind damage; windbreak M: ¹piàn
hūtiānqiāngdì 呼天抢地[--搶-] F.E. utter cries of extreme anguish
hùtíng 户庭 N. entrance hall of a house
hūtòng 呼恸[-慟] V. cry out in pain

hútóng 胡桐 N. <*bot.*> a tree of the *Calophyllum* family M: [2]*kē*

hútòng(r) 胡同(儿)[衚衕-] N. <*loan*> lane; alley M: *ge*/[1]*tiáo*

hùtōng* 互通 V. interflow

hútòngchuànzi 胡同串子[衚衕-] <*coll.*> N. peddler; hawker M: *ge*/[1]*míng*

hútòngkǒur 胡同口儿[衚衕-] N. exit of a small/narrow street in a residential area

hùtōngxìng 互通性 N. ① communication ② reciprocity

hùtōng xìnxī 互通信息 V.O. communicate

hùtōngyīnxùn 互通音讯 F.E. communicate with each other

hùtōngyǒuwú 互通有无 F.E. help supply each other's needs

hǔtóu 虎头 ID. patrician/noble face

hùtóu(r)* 户头(儿) N. ① bank account ② householder ③ sb. who is nicely situated

hǔtóuhǔnǎo 虎头虎脑[-腦] ID. ① looking dignified and strong ② <*coll.*> acting rashly ③ looking strong and good-natured (of a baby)

hǔtóupái 虎头牌 N. *yamen* plaque warning loiterers away (Qing)

hǔtóupāiying 虎头拍蝇[-蠅] ID. unwise provocation

hǔtóushéwěi 虎头蛇尾 ID. fine start and poor finish

hǔtóu zhuā cāngying 虎头抓苍蝇[-蒼蠅] ID. unwise provocation

hǔtóuzhuōshī 虎头捉虱 ID. unwise provocation

[1]**hútu** 糊涂[-塗] S.V. ① muddled; confused; bewildered ②stupid; foolish ♦N. <*topo.*> coarse fried food of flour mixed with vegetables and water

[2]**hútu** 胡涂[-塗] S.V. ① muddled; confused; bewildered ② stupid; foolish

[3]**hútu** 囫突 S.V. muddled; confused; bewildered

hútuchóng 糊/胡涂虫[-塗蟲] N. blunderer; bungler M: *ge*/[2]*zhī*

hútudàn 糊涂蛋[-塗-] N. blunderer; bungler

hútu dōngxi 糊涂东西[-塗--] N. a fool; an idiot

hútuguǐ 胡涂鬼[-塗-] N. <*coll.*> stupid person

hútuǐ(r) 狐腿(儿) N. leg part of a fox skin (highly valued) M: [2]*kuài*

hùtuǐ* 护腿[護-] N. ① shinguard ② leggings M: *ge*/[1]*fù*

Hūtúkètú 呼图克图[-圖-圖] N. Khutukhtu (Mongolian Living Buddha)

hútupào 胡涂炮[-塗-] N. <*topo.*> unwise act/measure

hútuyīshí* 糊涂一时[-塗-時] F.E. play the fool for a moment

hútuyīshì 糊涂一世[-塗--] F.E. dream away one's life

hútuzhàng 糊涂帐[-塗-] N. chaotic accounts; mess M: [1]*bǐ*

hútùzhībēi 狐兔之悲 N. fellow-feeling; sympathy; empathy

hùwài 户外 P.W. outdoor; field

hùwài yùndòng 户外运动[-運動] N. outdoor games/exercises M: [3]*xiàng*

hùwàn 护腕[護-] N. arm/wrist guard/protector M: [2]*zhī*/[1]*fù*

húwàng 鹄望 V. <*wr.*> eagerly look forward to

hūwēi 忽微 ATTR. minute; minuscule

húwéi 胡为 V. act recklessly ♦ADV. <*wr.*> why; how

húwèi(r) 糊味(儿) N. burning smell

hǔwēi 虎威 N. fear-inspiring prowess

hǔwěi 虎尾 N. tiger's tail M: [1]*tiáo*

hùwèi* 护卫[護衛] V. protect; guard ♦N. bodyguard M: *ge*/[1]*míng*/[2]*wèi*

hǔwěichūnbīng 虎尾春冰 ID. in a precarious position

hùwèijiàn 护卫舰[護衛艦] N. escort vessel M: *ge*/[1]*sōu*

hùwèitǐng 护卫艇[護衛-] N. gunboat M: *ge*/[1]*sōu*

hùwéiyīnguǒ 互为因果 F.E. ① interact as both cause and effect ② interaction

hùwèizhě 护卫者[護衛-] N. escort; bodyguard M: *ge*/[1]*míng*

hūwén 忽闻 V. hear suddenly; learn of sth. unexpectedly

húwén 縠纹 N. ① ripples ② crepe wrinkles

hǔwén 虎纹 N. tiger stripe M: [2]*dào*/[1]*tiáo*

hùwěn* 互吻 V. kiss each other

hùwèn 互问 V. ask each other

hūxī* 呼吸 V. breathe; respire ♦N. breathing; inhalation and exhalation

[1]**hùxī** 护膝[護-] N. ① kneecap ② kneepad M: *ge*/[1]*fù*

[2]**hùxī** 瓠犀 N. <*trad.*> melon seeds

hǔxià* 唬吓[-嚇] V. <*coll.*> scare

hùxià 户下 N. family

hūxiàde 忽下的 ADV. <*coll.*> all of a sudden; unexpectedly

hǔxià liǎn 虎下脸 V.P. <*topo.*> present a stern face

húxiān 狐仙 N. fox-immortal; fairy fox M: *ge*/[2]*wèi*

húxiàn* 弧线 N. arc M: [1]*tiáo*

hùxiàn 户限 N. threshold

hùxiāng 互相 ADV. mutually; each other ♦N. <*lg.*> reciprocality

hùxiāng bāngzhù 互相帮助[-幫-] V.P. help each other

hùxiāng biāobǎng 互相标榜[--標-] V.P. eulogize each other

hùxiāng chěpí 互相扯皮 V.P. endless wrangling/haggling

hùxiāng dàimíngcí 互相代名词 N. <*lg.*> reciprocal pronoun

hùxiāng de shìyìng 互相的适应[-適應] N. <*lg.*> congruence

hùxiāng hūyìng 互相呼应[-應] V.P. ① work in concert ② <*lg.*> be in agreement

hùxiāng jiāndū 互相监督[--監-] V.P. check on each other

hùxiāng páichì 互相排斥 V.P. be mutually exclusive

hùxiāng pèihé 互相配合 V.P. work in coordination

hùxiāng pèitào 互相配套 V.P. support and complement each other

hùxiāngqiēcuō 互相切磋 F.E. improve each other by active discussion

hùxiāng tōngzhuǎn 互相通转[-轉] N. <*lg.*> mutual alternation

hùxiāng zhǐshè 互相指涉 V.P. <*lg.*> be coreferential

hùxiànwéichuān 户限为穿 F.E. many visitors

hūxiào* 呼啸[-嘯] V. whistle; scream; whiz

hǔxiào 虎啸[-嘯] N. tiger's roar M: *shēng*/ [1]*zhèn*

hùxiào 护校[護-] P.W. nursing school M: *ge*/[1]*suǒ*/[4]*zuò*

hǔxiàofēngshēng 虎啸风生[-嘯--] ID. Great men are evoked by the times.

hūxīdào 呼吸道 N. respiratory tract

hūxī de 呼吸的 ATTR. ①breathed ②respiratory

hūxī duànluò 呼吸段落 N. breath-group

húxiě 胡写[-寫] V. ① doodle ② write poorly

hūxǐhūyōu 忽喜忽忧[-憂] F.E. fluctuate between hopes and fears

húxīn 湖心 N. middle of a lake

hùxìn* 互信 N. mutual trust ♦V. trust each other

húxíng 弧形 N. arc; curve

húxīntíng 湖心亭 N. mid-lake pavilion M: *ge*/[4]*zuò*

hùxìnwúcāi 互信无猜 F.E. trust each other without suspicions

hùxiōng 护胸[護-] N. <*sport*> chest protector/plate

hūxiōnghuàndì 呼兄唤弟[--喚-] F.E. call each other brothers

[1]**hūxīqì** 呼吸气[-氣] N. <*phys.*> respiration

[2]**hūxīqì** 呼吸器 N. respirator M: *ge*/[1]*tái*

hūxī qìguān 呼吸器官 N. respiratory organ

hūxīqún 呼吸群 N. breath group

hūxīshēng 呼吸声[-聲] N. breath sounds M: [1]*zhèn*

hùxiù 护袖[護-] N. oversleeve M: [1]*fù*

hùxīwēilù 瓠犀微露 F.E. smile with the teeth showing slightly (of a beautiful woman)

hūxīxiāngtōng 呼吸相通 F.E. ① be bound together by common interests ② share feelings and sentiments

hūxī xìtǒng 呼吸系统 N. respiratory system

hūxīxué 呼吸穴 N. respiratory cavities

hūxī yùndòng 呼吸运动[-運動] N. respiratory exercises

hūxī zhōngshū 呼吸中枢[-樞] P.W. breath-control center

hūxī zuòyòng 呼吸作用 N. respiration

húxū* 胡须[鬍鬚] N. beard; moustache; whiskers M: [1]*bǎ*/[2]*gēn*

hǔxū 虎须[-鬚] N. tiger's whiskers [4]*lǚ* ~ twist a lion's tail M: [2]*gēn*

hùxuǎn 互选[-選] V. select within a group by members of the group

hùxuǎn de xiànzhì 互选的限制[-選---] N. <*lg.*> selectional restriction

hǔxué 虎穴 N. ① tiger's den ② hazardous spot; dangerous place

hǔxuélóngtán 虎穴龙潭 ID. a hazardous spot

hǔxuézhuīzōng 虎穴追踪[-蹤] F.E. track a tiger to its lair

hùxùn 互训 N. <*lg.*> mutual glossing; mutual commenting

húyā 湖鸭 N. duck M: *ge*/[2]*zhī*

hǔyá* 虎牙 N. <*coll.*> canine tooth M: *ge*/[1]*kē*

húyān 湖烟[-煙] N. mist on a lake M: [3]*lǚ*

húyán* 胡言 N. raving; nonsense M: [1]*piān* ♦V. talk nonsense

[1]**húyáng** 胡杨[-楊] N. <*bot.*> diversiform-leaved poplar M: [2]*kē*

[2]**húyáng** 湖羊 N. high-grade sheep raised in Zhejiang M: *ge*/[1]*tóu*/[2]*zhī*

[1]**hùyǎng*** 护养[護養] V. cultivate; nurse; rear

[2]**hùyǎng** 扈养[-養] N. <*trad.*> grooms and cooks

húyánluànyǔ 胡言乱语[--亂-] F.E. talk nonsense; rave

hǔyǎnshí 虎眼石 N. <*min.*> tigereye M: [2]*kuài*

Hú Yàobāng 胡耀邦 (1915–1989) N. first secretary, CCP 1981–1987

hūyāohèliù 呼幺喝六[-么--] F.E. ① shout for dice numbers to come up ② shout at people left and right ③ be arrogant

hùyè 瓠叶[-葉] N. <*trad.*> gourd leaves M: [1]*piàn*

húyí* 狐疑 V.P. be suspicious

húyǐ 胡以 F.E. <*wr.*> why

hùyī 怙依 N. things/persons that one relies on

hùyì 互异[-異] V.P. differ from each other

húyíbùjué 狐疑不决[-決] F.E. be wavering and indecisive

hūyìng* 呼应[-應] V. echo; work in concert with ♦N. <*lg.*> agreement

hùyíng 户营[-營] ATTR. managed by a household

hūyìng suǒzhǐ 呼应所指[-應--] N. <*lg.*> anaphoric reference

hūyìng yǔsù 呼应语素[-應--] N. <*lg.*> agreement morpheme (AGR)

hūyǐnhūxiàn 忽隐忽现[-隱--] F.E. flicker

hùyìqíqù 互异其趣[-異--] F.E. have different tastes/temperaments

hùyòng 互用 V. mutually use

hūyou* 忽悠 V. <*topo.*> flicker

[1]**hùyǒu** 互有 V. each has its own (weakness/strength/etc.)

[2]**hùyǒu** 户牖 N. door and window

hùyòu 护佑[護-] V. protect

hūyǒugǎnchù 忽有感触[-觸] F.E. unexpectedly moved/touched

hūyǒuhūwú 忽有忽无 F.E. suddenly appear and disappear

hūyouhūyou* 忽悠忽悠 ADV. in a leisurely manner/rhythm

hūyōuhūyōu 忽悠/幽忽悠/幽 R.F. <*coll.*> snapping; vibrating; quivering

húyōuhúyōu 糊悠糊悠 R.F. <topo.> confused; in a daze
hùyǒuquán 互有权[-權] N. shared right
hūyǒusuǒgǎn 忽有所感 F.E. have a sudden revelation/feeling/etc.
hūyǔ 呼语 N. <lg.> address; vocative; direct address; vocative address
[1]**hūyù*** 呼吁 V. appeal; call on; plead for
[2]**hūyù** 沕浴 V. <topo> have a bath; bathe
hūyuān 呼冤 V.O. cry out one's grievance (in court)
[1]**húyuè** 胡越 F.E. be widely separated
[2]**húyuè** 胡乐[-樂] N. music from northern non-Han peoples
hǔyuèlóngténg 虎跃龙腾[-躍--] F.E. a scene of bustling activity
hūyǔ gōngnéng 呼语功能 N. <lg.> vocative function
hùyùn 护运[護運] V. transport sth. under guard
hūyúnhuànyǔ 呼云唤雨[-雲喚-] F.E. control the forces of nature
hūyùshū 呼吁书[-書] N. letter of appeal M: [1]*fèn*
hūyùwúlíng 呼吁无灵[-靈] F.E. cry for aid in vain
hūzào 呼噪 V. make loud, confused noise
hùzàohùguǎn 户造户管 F.E. trees planted and managed by a household
húzé 湖泽[-澤] N. lakes and marshes M: [1]*piàn*
hùzèng 互赠 V. exchange (gifts)
hǔzhàng 虎帐 N. <wr.> ① general's tent ② military camp M: *ge/*[4]*zuò*
hùzhǎng* 户长 N. family head M: *ge/*[1]*míng/*[2]*wèi*
hǔzhàngtánbīng 虎帐谈兵 F.E. discuss strategy in the military camp
húzhǎo 湖沼 N. lakes and marshes M: *chù/*[1]*piàn*
hǔzhǎo 虎爪 N. tiger's paw M: *ge/*[2]*zhī*
[1]**hùzhào*** 护照[護-] N. passport M: *ge/*[1]*běn*
[2]**hùzhào** 护罩[護-] N. guard shield; hood shield
húzhǎoxué 湖沼学 N. limnology M: *mén*
hùzhe 护着[護著] V.P. <coll.> protect; guard; shield
hǔzhèng 虎政 N. tyrannical administration; misrule
hùzhèng* 户政 N. administration concerning residents and residency
hùzhēngxióngzhǎng 互争雄长[-爭--] F.E. fight for hegemonic leadership
hú zhēteng 胡折腾 V.P. <coll.> botch; bungle
hǔzhe xīnr 虎着心儿[-著--] ADV. <topo.> burning with desire; desiring with all one's heart
húzhī 胡支 V. <topo.> hem and haw; make excuses; speak evasively
húzhǐ* 糊纸 N. <med.> cachet
hūzhījílái 呼之即来 F.E. come at someone's call
hùzhìshù 互质数[-質數] N. <math.> prime numbers
húzhīwā 胡吱哇 V. <topo.> bark wildly
hūzhīyùchū 呼之欲出 F.E. ① be obvious; be almost certain ② be vividly portrayed
húzhīzi 胡枝子 N. <bot.> shrub lespedeza
hùzhōng 怙终 N. persevere in evil/wrong
hùzhōngbùgǎi 怙终不改 F.E. persist in wrongful ways
húzhōngwù 壶中物[壺-] N. wine; drinks
húzhōu* 胡诌[-謅] V. <topo.> ① talk nonsense; tell tall tales ② argue unreasonably
Húzhōu 湖绉[-縐] N. ripple-textured silk produced in Huzhou M: [2]*kuài/*[1]*pǐ*
hùzhǒu 护肘[護-] N. elbow pad M: *ge/*[1]*fù*
hǔzhù 唬住 R.V. <coll.> be scared stiff
hùzhǔ 户主 N. head of a household M: *ge/*[2]*wèi*
[1]**hùzhù*** 互助 V. help each other
[2]**hùzhù** 护住[護-] R.V. protect
[3]**hùzhù** 互注[-註] N. <lg.> cross-referring
húzhuǎn 胡转[-轉] N. <lg.> malapropism
hùzhuān* 护专[護專] N. nursing school M: *ge/*[4]*zuò*
húzhuǎnwén 胡转文[-轉-] N. <lg.> malapropism
hùzhù hézuò 互助合作 N. mutual aid and cooperation M: [1]*cì*
hùzhù jījīn 互助基金 N. mutual fund M: [2]*bǐ*
hùzhùzǔ 互助组 N. mutual-aid group/team
húzi* 胡子[鬍-] N. ① beard; moustache; whiskers M: [2]*gēn* ② bandit
hùzi 虎子 N. <archeo.> ① a burial object, usually celadon ② a chamber pot *See also hǔzǐ*
hǔzǐ 虎子 N. tiger's cub M: *ge/*[2]*zhī* *See also hǔzi*
hùzi 瓠子 N. gourd; calabash
húzibāchā 胡子八杈[鬍-] F.E. <coll.> stubbly beard
húzibāzī 胡子八/叭髭[鬍-] F.E. <topo.> ① whiskers ② old man
húzibīng 胡子兵[鬍-] N. bandits M: *ge/*[1]*míng*
húzichá(r) 胡子楂/碴(儿)[鬍-] N. stubbly beard
húzi gōngchéng 胡子工程[鬍-] N. ① constructions that proceed at a snail's pace ② prolonged project M: [3]*xiàng*
húzilāchā 胡子拉碴[鬍-] F.E. <coll.> stubbly beard
húzipái(r) 胡子牌(儿)[鬍-] N. commodities that remain for long periods in the testing stage
húzitóu 胡子头[鬍-] N. <topo.> bandit chief M: *ge/*[1]*míng*
húzuǐ(r) 壶嘴(儿)[壺-] N. pot spout
húzuòfēiwéi 胡作非为 F.E. commit all kinds of outrages; commit foolish/criminal actions
hūzuǒhūyòu 忽左忽右 V.P. now one extreme, now the other
hūzuòhūzhǐ 忽作忽止 F.E. by fits and starts
hùzuòyòng 互作用 N. mutual effect; interaction
H-xíngliáng H形梁 N. H-beam

J

[1]jī 机[機] B.F. ① machine jīqì ② airplane jīpiào ③ chance jīhuì ④ occasion [1]shíjī ⑤ crucial point; key link zhuǎnjī ⑥ organic [1]yǒujī
[2]jī 鸡[雞] N. ① chicken ② <slang> prostitute M: [2]zhī
[3]jī 击[擊] B.F. ① strike; hit; beat; knock dǎjī ② attack; assault [1]gōngjī ③ bump into zhuàngjī
[4]jī 积[積] V. amass; store up; accumulate ♦B.F. long-standing; long-pending; age-old jīxí ♦N. ① <med.> indigestion ② <math.> product
[5]jī 激 V. ① surge; dash ② fall ill from getting wet ③ <topo.> chill ♦B.F. ① arouse; stimulate; excite [2]jīdòng ② sharp; fierce; violent jīliè ③ extreme jīzēng
[6]jī 饥[飢/饑] B.F. ① hungry; starving [1]jī'è ② famine jīhuang
[7]jī 基 B.F. base; foundation [1]jīchǔ
[8]jī 肌 B.F. muscle; flesh [1]jīròu
[9]jī 讥[譏] B.F. mock; satirize; scoff [1]jīxiào
[10]jī 叽[嘰] ON. chirp
[11]jī 稽 B.F. ① investigate [1]jīchá ② hinder [3]jīliú ③ find fault with ♦N. Surname See also [9]qǐ
[12]jī 唧 V. spurt; squirt
[13]jī 奇/觭 B.F. ① odd number [2]jīshù ② <wr.> fraction èrshí yǒu ~ 20-odd See also [31]jī, [5]qí
[14]jī 畸 B.F. abnormal; lop-sided; deformed [1]jīxíng
[15]jī 姬 B.F. <trad.> ① imperial concubine ② woman ♦N. Surname
[16]jī 屐 B.F. wooden shoes; clogs [2]mùjī
[17]jī 跻[躋] V. go up; climb
[18]jī 乩 V. divine
[19]jī 畿 B.F. <wr.> area near the capital [2]jīnjī
[20]jī 几[幾] ADV. <wr.> nearly ♦B.F. jīhū See also [21]jī, [1]jǐ
[21]jī 几 B.F. small table [1]chájī See also [20]jī, [1]jǐ
[22]jī 期 B.F. ① completely [2]jīfú ② yearly/monthly [3]jīnián, [2]jīyuè See also [2]qī
[23]jī 缉[緝] B.F. ① arrest; seize jībǔ, tōngjīfàn, nájī ② <trad.> ⓐ twist hemp into thread ⓑ jīmá ⓒ brilliant ⓓ [2]jīxī See also [8]qī
[24]jī 矶[磯] B.F. rocks projecting into or over water ♦in Luòshānjī
[25]jī 箕 B.F. winnowing basket; dustpan bòjī, [2]jīfù, fēnjīzi
[26]jī 玑[璣] B.F. pearl/bead that is not round [1]zhūjī
[27]jī 笄 B.F. hairpin used in ancient times [6]jīzhī, [3]jījī
[28]jī 羁[羈/覊/羇] B.F. ① bridle wújīzhīmǎ ② restrain [1]jībàn, [1]bùjī ③ an inn; to lodge [2]jīlǚ, [4]jīxīn
[29]jī 赍[齎] B.F. harbor (as resentment); hold in one's heart jīhèn ♦in jīzī See also [23]zī
[30]jī 齑[齏] B.F. finely ground spices jīfěn
[31]jī 犄/觭 in [1]jījiǎo See also [13]jī, [5]qí
[32]jī 其 in zījī See also [1]qí
[33]jī 圾 in lājī See also [9]sè
[34]jī 剞 in [2]jījué
[35]jī 咭 in jīger, [2]bājī
[36]jī 墼 in tànjī, [4]tǔjī
[37]jī 芨 in báijī
[38]jī 禨[禨] in [2]bìjī
Jī 嵇 N. Surname
[1]jí 极[極] ADV. extremely ~ zhòngyào extremely important ♦B.F. ① extremity [2]zhōngjí ② utmost point jíduān ③ earth's pole Běijí ④ electrical/magnetic pole [1]zhèngjí, [1]fùjí ⑤ throne dēngjí ⑥ primary jíqiángyīn
[2]jí 及 CONJ. and ♦SUF. in; on; to Tā láixìn wèn~ nǐ de jiànkāng. He wrote asking about your health. ♦B.F. reach; come up to jígé ♦CMP. be in time for
[3]jí 急 B.F./ADV. ① impatient; anxious ② rapid; fast; violent ③ irritated; annoyed ④ urgent ⑤ hard-up ⑥ eager to help ⑦ <coll.> hot-tempered; hot-headed
[4]jí 级[級] N. ① level; rank; grade ② school grade/class/form ♦V.M. ① for steps/stages ② <lg.> degree
[5]jí 即 V. ① approach; reach; be near ② assume; undertake ③ <wr.> be; mean ♦B.F. prompted by the occasion jíjǐngshēngqíng ♦ADV. ① at present; in the immediate future; then ② <wr.> promptly; at once ③ namely ♦CONJ. even though/if
[6]jí 集 B.F. ① gather; collect shōují ② collection of writings [1]wénjí ♦N. country fair; market
[7]jí 籍 B.F. ① books; works [1]shūjí ② native place; birthplace jíguàn ③ membership guójí
[8]jí 吉 B.F. lucky; auspicious; propitious jíxiáng ♦N. Surname ♦AB. Jílín
[9]jí 疾 B.F. ① disease; illness [1]jíbìng ② suffering; difficulty jíkǔ ③ fast jízǒu ④ hate jí'èrúchóu
[10]jí 亟 ADV. <wr.> urgently; earnestly See also [10]qì
[11]jí 辑[輯] B.F. ① compile; collect; edit biānjí ② <wr.> peaceful ♦M. part; volume; division
[12]jí 汲 V. draw water from a well
[13]jí 笈 <wr.> N. book box
[14]jí 殛 <wr.> V. kill
[15]jí 革 B.F. perilous [2]shūjí, [3]bìngjí See also [4]gé
[16]jí 藉 B.F. trample; insult rényánjíjí, lángjí See also [7]jiè
[17]jí 嫉 B.F. envy; hatred dùjí, [2]jí'è
[18]jí 戢 B.F. restrain; bring under control jínù
[19]jí 棘 B.F. thorns; thorny jíchǔ, [3]qíjí
[20]jí 楫 B.F. oar jíshī, [2]jíjí
[21]jí 瘠 B.F. thin; weak jíbó, kūjí, dìjímínpín
[22]jí 踖 B.F. small steps [2]cùjí, jútiānjídì
[23]jí 佶 B.F. robust jíqū'áoyá
[24]jí 伋 in [8]jíjí
[25]jí 岌 in [2]jíjí, jíjíbùbǎo
[26]jí 蒺 in jílí
[27]jí 诘[詰] in jíqū'áoyá See also [15]jié
[28]jí 踖 in [1]cùjí See also [17]qì
[29]jí 鹡[鶺] in [2]jílíng, huángjílíng
[1]jǐ* 几[幾] NUM. ① how many? ② a few; several; some See also [20]jī, [21]jī
[2]jǐ 挤[擠] V. ① squeeze; press ② jostle; push against ③ crowd; cram Jǐ jiàn shì ~dào yīkuàir jiù nánbàn le. It'll be rough if several matters crop up at the same time.
[3]jǐ 己 B.F. oneself [1]zìjǐ ♦N. 6th of the 10 Heavenly Stems
[4]jǐ 脊 B.F. ① spine; backbone [1]jǐzhù ② mountain ridge shānjǐ
[5]jǐ 戟 N. halberd
[6]jǐ 麂 N. <zoo.> muntjac
[7]jǐ 给[給] B.F. give; provide; supply jǐyǔ, gōngjǐ See also gěi
[8]jǐ 济[濟] B.F. an area in the lower reaches of the Yellow River Jǐshuǐ, Jǐnán ♦in jǐjǐ See also [17]jì
[9]jǐ 掎 B.F. pull; hold fast jǐzhí, jǐjiǎo
[10]jǐ 虮[蟣] in [2]jǐzi
[1]jì 记[記] V. ① remember; bear in mind; commit to memory ② write down; record ♦B.F. ① notes; records jìlù ② classical works recording events Shǐjì ③ mark; sign biāojì ④ seal [1]tújì ♦N. birthmark ♦M. <topo.> for slaps
[2]jì 既 ADV. ① already ② then; later on ♦B.F. complete; full ♦CONS. ① ~ A jiù B since/if A then B ~ yào shàngxué, jiù děi zuò gōngkè. If you want to attend school, you have to do homework. ② ~ A yě/yòu/qiě B both A and B ~ bù shíyòng, yòu bù měiguān neither useful nor attractive
[3]jì 寄 V. ① send; post; mail ② entrust; deposit; place ♦B.F. ① lodge at; reside temporarily jìjū ② depend on; attach oneself to [1]jìshēng ③ adopted; foster [3]jì'ér
[4]jì 剂[劑] B.F. medicinal/chemical preparation yàojì ♦M. dose
[5]jì 计[計] V. count; compute; calculate ♦V./N. plot; plan ♦B.F. ① meter; gauge wēndùjì ② idea ♦N. Surname
[6]jì 季 B.F. ① season [1]chūnjì ② the yield in one season ③ last month of (the season) jìchūn ④ <trad.> fourth/youngest (brother) bó-zhòng-shū-jì ♦N. Surname
[7]jì 系[繫] V. tie; fasten; do/button up See also [3]xì, [4]xì, [5]xì
[8]jì 纪[紀] N. ① <hist.> period of 12 years ② geological period ③ Surname ♦B.F. ① historical record; annals; chronicles [3]jìshì ② century [1]shìjì ③ person's age niánjì ④ discipline jìlǜ ⑤ institutions; laws and regulations ♦V. ① write down; record ② arrange; put in order
[9]jì 继[繼] B.F. ① continue; succeed; follow [1]jìxù ② step- (father, mother, etc.) [1]jìfù ♦ADV. then; afterwards
[10]jì 际[際] B.F. ① border; boundary [1]biānjì ② between; among [1]guójì ③ inside nǎojì ④ duration of time; occasion ⑤ one's lot; circumstances [1]jìyù ⑥ crevice ♦ADV. on the occasion of
[11]jì 绩[績] B.F. ① twist hempen thread jìfǎng ② achievement; accomplishment [1]chéngjì
[12]jì 祭 V. ① offer sacrifice to ② <Budd.> wield ♦B.F. hold a memorial ceremony for jìdiàn
[13]jì 迹[跡] B.F. ① mark; trace hénjì ② remains; ruins; vestige [1]gǔjì ③ outward sign; indication jìxiàng
[14]jì 技 B.F. skill; ability [1]jìshù
[15]jì 忌 B.F. ① be jealous of; envy jìdu ② fear; dread [1]gùjì ③ taboo [1]jìhuì ④ anniversary of the death of an esteemed person [1]jìrì ♦V. ① avoid; shun ② quit; give up ~yān quit smoking
[16]jì 妓 B.F. ① prostitute [1]jìnǚ ② <trad.> female performer
[17]jì 济[濟] B.F. ① cross (a river) tóngzhōugòngjì ② aid; relieve; help [1]jiějì ③ be of help; benefit [5]jìshì See also [8]jǐ
[18]jì 冀 B.F. <wr.> hope; long for; look forward to [2]jìwàng ♦N. ① short name for Hebei province ② Surname
[19]jì 蓟[薊] N. ① thistles ② Surname
[20]jì 觊[覬] B.F. covet [1]jìyú, kuījì
[21]jì 霁[霽] <wr.> V. ① the rain ceases and the sky clears ② one's anger subsides
[22]jì 骥[驥] B.F. good horse jùnjì
[23]jì 哜[嚌] <wr.> V. taste
[24]jì 寂 B.F. quiet; lonely [1]jìmò, [2]chénjì
[25]jì 伎 B.F. ① singer; performer gējì, cáijìzhīshì ② talent; technique jìqiǎo

J

[26]**jì** 悸 B.F. trembling with fear *jìbù*, [1]*yújì*
[27]**jì** 暨 B.F. ① and ② until *jìjīn* ♦N. Surname
[28]**jì** 洎 B.F. up to; until *jìjīn*, *jìhū*
[29]**jì** 稷 B.F. harvest god [2]*shèjì*, *Hòujì*
[30]**jì** 芰 B.F. <trad.> water caltrop [6]*jīshí*
[31]**jì** 髻 B.F. bun/coil of hair on the top/back of the head [1]*jìzi*, [2]*fàjì*
[32]**jì** 鲫[鯽] B.F. carp; perch [2]*jìyú*, *hǎijì*
[33]**jì** 鲚[鱭] N. anchovy
[34]**jì** 荠[薺] in *jìcài*, *jìníng* See also [27]*qí*
[35]**jì** 偈 in *Chánjì*
jia 家 SUF. <coll.> indicates membership in a category (usually of persons) *xiǎoháizi*~ children See also [1]*jiā*, [1]*jie*
[1]**jiā*** 家 N. ①family; household; home ②Surname ♦SUF. ① -ist/-er/-ian/etc. *kēxué*~ scientist ②school of thought ③*forming reflexive pronouns* *zì*~ myself ♦M. *for families/businesses* ♦B.F. ①my (referring to family members older than oneself) *~fù* my father ② domesticated *~tù* domestic rabbit ③ belonging to a family *~pú* family servant See also *jia*, [1]*jie*
[2]**jiā** 加 V. ① increase; augment ② put in; add; append ③ confer ④ plus
[3]**jiā** 夹[夾] V. ① press from both sides; place in between ② mix; mingle; intersperse ③ hold or carry clamped under the arm ④ carry secretly ♦B.F. ① pincers [1]*jiāzi* ② folder *juànjiā* See also [4]*gā*, [1]*jiá*
[4]**jiā** 佳 <wr.> S.V. ①fine; beautiful ②distinguished
[5]**jiā** 枷 N. cangue; neck yoke
[6]**jiā** 痂 N. scab; crust M: *ge*/[2]*kuài*
[7]**jiā** 镓[鎵] N. <chem.> gallium
[8]**jiā** 嘉 B.F. excellent; praise *jiāgǔ*, [1]*kèjiā* ♦N. Surname
[9]**jiā** 茄 B.F. <trad.> lotus stem ♦in [2]*jiākè*, *kāngjiāwǔ*, *xuějiā* See also [1]*qié*
[10]**jiā** 葭 B.F. tender shoot of reed *jiāfú*, *jiāfúzhīqīn*
[11]**jiā** 浃[浹] B.F. penetrating; pervasive [2]*jiābèi*, *zhōujiā*
[12]**jiā** 筴 B.F. <trad.> chopsticks *zhújiāyú*
[13]**jiā** 铗[鋏] B.F. tongs [3]*jiāzi* See also [5]*jiá*
[14]**jiā** 傢 in *jiāhuo*, *jiāju*
[15]**jiā** 伽 in *Yújiā*, *jiāyēqín* See also [3]*gā*, [2]*qié*
[16]**jiā** 珈 in *Yújiāshù*
[17]**jiā** 袈 in *jiāshā*
[18]**jiā** 迦 *used in transliterations* in *jiālán*, *Shìjiā*, *Shìjiāmóuní*
[19]**jiā** 笳 in *jiāchuī*, *hújiā*, *xuějiāyān*
[20]**jiā** 跏 in *jiāfū*
[1]**jiá** 夹[夾/袷/裌] ATTR. double-layered; lined See also [4]*gā*, [3]*jiā*, [3]*qiā*
[2]**jiá** 颊[頰] B.F. cheek *liǎngjiá*
[3]**jiá** 荚[莢] N. pod
[4]**jiá** 戛 B.F. knock gently; tap *jiájī*
[5]**jiá** 铗[鋏] B.F. ① tongs; pincer; (ticket) punch *jiǎnpiàojiá* ② <trad.> sword *tánjiá'érgē* See also [13]*jiā*
[6]**jiá** 恝 B.F. unmoved [2]*jiárán*, *bùjiáyúhuái*
[7]**jiá** 蛱[蛺] in *jiádié*
Jiá 郏[郟] N. Surname
[1]**jiǎ** 假 S.V. ①false; fake; phony; artificial ②<law> conditional; tentative ♦B.F. ① borrow; avail of *jiǎjiè* ② if; supposing *jiǎshè* See also [4]*jià*
[2]**jiǎ** 甲 N. ① 1st of the 10 Heavenly Stems ② first in a series ③ indefinite person/thing ♦B.F. ①shell; carapace *guījiǎ* ②(finger/toe)nail *zhījia* ③ armor *kuījiǎ* ④ tithing ♦V. excel
[3]**jiǎ** 钾[鉀] N. potassium
[4]**jiǎ** 胛 B.F. shoulderblade [2]*jiǎgǔ*, [1]*jiānjiǎ*
[5]**jiǎ** 岬 B.F. point of land extending into the sea *jiǎjiǎo*, *hǎijiǎ*
[6]**jiǎ** 斝 B.F. <trad.> ancient wine vessel *fēigōngzǒujiǎ*
[7]**jiǎ** 槚[檟] B.F. <trad.> catalpa *wújiǎ*
[8]**jiǎ** 瘕 B.F. abdominal tumor *zhēngjiǎ*
Jiǎ 贾[賈] N. Surname See also [9]*gǔ*
[1]**jià** 架 V. ① put up; erect ② ward off; withstand ③ support; prop; help ♦B.F. ① frame; rack; shelf; stand *jiàzi* ② fight; quarrel [1]*dǎjià*, *chǎojià* ③ kidnap *bǎngjià* ♦M. *for planes/radios/etc.*
[2]**jià** 价[價] B.F. ① price *wùjià* ② value *jiàzhí* ♦N. <chem.> valence See also [2]*jie*, [12]*jiè*
[3]**jià** 嫁 V. marry (of a woman) ♦B.F. ① shift; transfer *zhuǎnjià* ② impute (blame/etc.) to another *jiàhuòyúrén*
[4]**jià** 假 N. ①holiday; vacation ②leave of absence; furlough M: *ge*/[1]*cì* See also [1]*jiǎ*
[5]**jià** 驾[駕] V. ① harness ② draw (a cart/etc.) ③ drive; pilot; sail ♦N. ① carriage; cart ② <court.> your honorable self
[6]**jià** 稼 B.F. ①to plant *gēngjià* ②crop [1]*zhuāngjia*
jià'àn 假案 N. phony case; case involving false charges M: *ge*/[1]*qǐ*
jià'áng 价昂[價-] ATTR. expensive; dear
jiá'ǎo 夹/袷袄[夾襖] N. lined jacket M: [2]*jiàn*
jiábáiniǎo 颊白鸟[頰-] N. <zoo.> bunting M: [2]*zhī*
jiābān(r)* 加班(儿) V.O. work overtime; work extra shifts
[1]**jiābǎn(r)** 夹板(儿)[夾-] N. ① boards for pressing things together ② <med.> splint ③rack *shàng* ~ put on the rack M: [1]*fù* ④ plywood M: [2]*kuài*
[2]**jiābǎn(r)** 枷板(儿) N. a fix; a difficult position
jiábǎn 颊板[頰-] N. ① cheek ② bib
jiǎbān 甲班 N. class A
jiǎbǎn 甲板 N. deck (of ship)
jiǎbàn 假扮 V. masquerade as
jiābānchē 加班车 N. extra bus/train M: [3]*liàng*/[1]*tàng*
jiábǎnchuán 夹板船[夾-] N. a big sailing vessel M: [1]*sōu*/[1]*tiáo*
jiābānfèi 加班费 N. overtime pay M: [2]*bǐ*
jiǎ-bǎng 甲榜 N. <trad.> third-level successful examination candidate
jiābānjiādiǎn 加班加点[-點] F.E. work extra shifts/hours
jiǎbǎnjiān 甲板间 P.W. between decks
jiābān jīntiē 加班津贴 N. overtime pay
jiābǎnqì 夹板气[夾-氣] N. criticism from both sides
jiābǎo 家宝[-寶] N. a family's most precious possession
[1]**jiābèi*** 加倍 V.O./ADV. double; redouble
[2]**jiābèi** 浃背[浹-] N. sweat-soaked back
jiábèi 夹被[夾/袷-] N. lined bed cover M: [1]*tiáo*
jiābèijǐngtì 加倍警惕 F.E. redouble one's vigilance
jiǎběn 甲苯 N. toluene; methylbenzene
jiàbēng 驾崩 N. <trad.> death of an emperor
[1]**jiābǐ** 加笔[-筆] V.O. add words to a completed writing
[2]**jiābǐ** 佳笔[-筆] N. fine writing
jiǎbì* 假币[-幣] N. counterfeit money
jiābiān 加鞭 V. whip
[1]**jiābīn** 嘉宾[-賓] N. ① honored/welcome guest ② guest of honor M: [2]*wèi*
[2]**jiābīn** 佳宾[-賓] N. honored/distinguished guest M: [2]*wèi*
jiǎbīng 甲兵 N. <wr.> ① armor and weaponry; military equipment/force ② soldier in armor
jiābìqiáng 夹壁墙[夾-牆] ID. predicament; between two fires
jiābō 家钵[-缽] N. family heritage
jiàbō* 价拨[價撥] V. sell at a lower price (to sb. or some unit)
jiǎbōli 钾玻璃 N. potassium-based glass
jiàbuzhù 架不住 R.V. <topo.> ① cannot sustain (weight); cannot stand (pressure) ② be no match for; cannot compete with
jiācái* 家财 N. family estate
jiācǎi 夹彩[夾-] N. porcelain with a second coating of color
jiācài 加菜 V.O. add a dish
jiācàijīn 加菜金 N. bonus M: [2]*bǐ*
jiācáiwànguàn 家财万贯[--萬-] F.E. riches; wealth
[1]**jiācān*** 加餐 N. snack M: [1]*fèn* ♦V.O. Help yourself to more. (said to a guest)
[2]**jiācān** 家餐 N. home food; simple meal M: [1]*dùn*
jiācán 家蚕[-蠶] N. silkworm M: [1]*tiáo*
jiācáng 夹藏[夾-] V. carry secretly
jiācéng 夹层[夾層] N. ①double layer ②secret compartment; false bottom (of trunk/etc.) ③ <archi.> mezzanine
jiācéng bōli 夹层玻璃[夾層-] N. double layered glass
jiāchǎn 家产[-產] N. family property M: [1]*fèn*
[1]**jiācháng** 家常 N. family routine/trivia
[2]**jiācháng** 加长 R.V. lengthen
jiāchángbiànfàn 家常便饭 F.E. ① home style food; simple meal ② common occurrence; routine
jiāchángbǐng 家常饼 N. home style pancake M: [1]*zhāng*/[2]*kuài*
jiāchángcài 家常菜 N. home cooking M: *ge*/[1]*fèn*
jiāchángfàn 家常饭 N. home style food; simple meal M: [1]*dùn*
jiāchánghuà 家常话 N. small talk; chitchat
jiāchánglǐduǎnr 家长里短儿 F.E. <coll.> family topics of conversation; domestic trivia
jiāchángshì 家常事 N. daily housework/chores
jiǎchāo 假钞 N. counterfeit money M: [2]*bǐ*
jiāchā shèjì 夹叉射击[夾-擊] N. <mil.> bracket
jiāchē 加车 N. added/extra buses/trains M: [2]*bù*/[3]*liàng*/[1]*liè*/[1]*bān*
jiáchē 颊车[頰-] N. <phys.> lower jaw
jiàchē* 驾车 V.O. drive a vehicle
jiàchēdàibù 驾车代步 F.E. take a car instead of walking
jiàchējì 驾车记 N. driving abstract; driver's record book
jiāchén* 家臣 N. ① household staff of nobles or high officials ② vassal
jiǎchén 甲辰 N. 41st year of the Sexagenary Cycle (1904, 1964, 2024 etc.)
[1]**jiāchéng** 加成 N. <chem.> addition
[2]**jiāchéng** 佳城 N. <trad.> tomb; grave M: [4]*zuò*
jiàchērén 驾车人 N. person who drives; driver M: *ge*/[2]*wèi*
jiàchēsàimǎ 驾车赛马 F.E. harness-race
[1]**jiāchí** 家匙 N. <coll.> eating utensils M: *tào*
[2]**jiāchí** 夹持[夾-] V. ①clamp; grip; grasp ②seize sb. on both sides by the arms ③ hold sb. under duress; kidnap
jiǎchībùdiān 假痴不癫 F.E. feign madness
jiǎchījiǎdāi 假痴假呆 F.E. pretend to be dull-witted
jiǎchōng 假充 V. pretend to be; pose as
jiǎchóng* 甲虫[-蟲] N. beetle M: [2]*zhī*/*ge*
jiǎchónglèi 甲虫类[-蟲類] N. <zoo.> Coleoptera
jiǎchōng nèiháng 假充内行 V.O. pretend to be an expert
jiāchǒu 家丑[-醜] N. family scandal/skeleton
jiāchǒu bùkě wàiyáng 家丑不可外扬[-醜--揚] F.E. don't wash your dirty linen in public
jiāchù 家畜 N. domestic animal; livestock; cattle
jiāchuán 家传[-傳] ATTR. handed down in a family ♦N. family traditions
jiàchuáng 架床 N. bunk
jiāchuán mìfāng 家传秘方[-傳--] N. a secret recipe handed down in the family
jiǎchuánshèngzhǐ 假传圣旨[-傳聖-] F.E. deliver a false order
jiāchuī 笳吹 N. reed flute used by northern nomads
jiǎchún 甲醇 N. <chem.> methyl alcohol; methanol; wood spirit
jiǎ-chūxuézhě 假初学者 N. false beginner
jiǎchūyù 假出狱 V.P. give provisional liberty
[1]**jiācí*** 家祠 N. ancestral temple; clan hall M: [4]*zuò*
[2]**jiācí** 家慈 N. <humb.> my mother
[3]**jiācí** 加词 N. <lg.> attributive
jiàcì 架次 M. sortie
jiā cízhuì 加词缀 V.O. add affix ♦N. <lg.> affixation
jiācū 加粗 R.V. make sth. wider/thicker/etc.
jiādà 加大 R.V. enlarge
jiādà chǐcun 加大尺寸 V.O. amplify

[1]**jiādài*** 夹带[夾帶] V. ① carry secretly; smuggle ② carry crib notes ♦N. ① contraband ② backpack strap M: [1]tiáo/[2]fù
[2]**jiādài** 夹袋[夾-] N. pockets on clothing
jiǎdài 假贷 V. ① borrow ② tolerate; pardon
jiādàicángyē 夹带藏掖[夾帶-] F.E. secretly carry sth.
jiādàiréncái 夹袋人才[夾-] F.E. talents on the waiting list whom one can implicitly trust
jiǎdàkōng 假大空 N. puffery; blowing up
jiādàng(r) 家当(儿)[-當-] N. <coll.> family belongings/property M: [1]fèn
[1]**jiādào(r/zi)*** 夹道(儿/子)[夾-] N. narrow lane; passageway M: [1]tiáo ♦V.O. line both sides of the road
[2]**jiādào** 家道 N. ① family financial situation ② principles of homemaking
[3]**jiādào** 加到 R.V. add to. . . until. . .
jiǎdào 假道 COV. via; by way of
jiàdào 驾到 N. your arrival; your esteemed presence
jiādàohuānyíng 夹道欢迎[夾-歡-] F.E. line the streets to welcome
jiādàoxiāngyíng 夹道相迎[夾-] F.E. line the streets to welcome
jiādàoxiǎokāng 家道小康 F.E. be comfortably off
jiǎdàoxué 假道学 N. hypocrite
jiādàozhōngluò 家道中落 F.E. suffer a decline in family fortunes
jiādár 加答儿 N. <med.> catarrh
jiādàyī 夹大衣[夾-] N. lined overcoat M: [2]jiàn
jiā de 家的 N. <topo.> wife
jiǎ de* 假的 ATTR. artificial; dummy; false; pseudo-
jiǎděng 甲等 N. first class
jiàdezhù 架得住 R.V. ① be able to parry/ward off (attack/etc.) ② be able to support/endure (pressure/etc.)
jiādǐ(r/zi) 家底(儿/子) N. <coll.> family wealth/finances; patrimony
jiādì 家弟 N. my younger brother
jiǎdǐ 假底 N. false bottom
jiǎdì* 甲第 N. ① mansion ② hall ③ ranking in government
jiàdǐ(r) 价底(儿)[價-] N. lowest price seller can afford
jiādiǎn 加点[-點] V.O. ① add a little ② work overtime or extra shift ③ correct
jiādiàn* 家电[-電] N. household electrical appliances
jià diànxiàn 架电线[-電-] V.O. put up electricity lines
jiādiànyè 家电业[-電業] N. household-appliance business
jiādiàn yòngpǐn 家电用品[-電--] N. home electrical appliances
jià-diànzǐ 价电子[價電-] N. valence electron
jiādǐ bó 家底薄 V.P. financially insecure
jiádié 蛱蝶[蛺-] N. a kind of butterfly harmful to crop plants; vanessa M: [2]zhī
jiàdiē* 价跌[價-] V.P. fall (of prices)
jiādīng 家丁 N. <trad.> retainer in a big family M: ge/[1]míng
jiǎdìng* 假定 V. suppose; assume; grant; presume ♦N. ① hypothesis ② <math.> postulate
jiǎdìngshì 假定式 N. <lg.> hypothetical form
jiǎdìngxìng 假定性 N. hypothetical nature
jiā dǐxiàn 加底线 V.O. underline
jiādōng 佳冬 N. good winter
jiǎdòngzuò 假动作[-動-] N. animation *See also* *tóushǒu fàngguī jiǎdòngzuò*
jiāduō 加多 R.V. add more
jiǎ'è 假颚 N. artificial/false palate
jiǎ'ètú 假颚图[-圖] N. palatogram
jiāfá 加罚 A.T. ① inflict ② infliction
[1]**jiāfǎ** 家法 N. ① domestic discipline ② rod for punishing children ③ method of doing sth. passed on generation after generation in a family ④ doctrine of a school
[2]**jiāfǎ** 加法 N. <math.> addition
jiǎfà* 假发[-髮] N. wig M: [1]fù
jiāfǎng* 家访 V./N. visit parents of schoolchildren or young workers
jiǎfāng 甲方 N. first party; Party A
jiàfǎnyáochí 驾返瑶池 ID. <wr.> mourn the death of a woman
jiāfānzháiluàn 家翻宅乱[-亂] F.E. There is no peace in the house.
jiǎféi* 钾肥 N. potash fertilizer
jiàfēi 嫁非 V.O. put the blame on others
jiǎfēn 甲酚 N. <chem.> cresol
jiǎfēn de 假分的 ATTR. <lg.> pseudo-cleft
[1]**jiāfēng** 家风 N. family tradition/customs
[2]**jiāfēng** 加封 V.O. ① paste a paper strip/seal (on doors/etc.) ② bestow a title
[1]**jiāfèng(r)*** 夹缝(儿)[夾-] N. narrow space between two adjacent things; crack; loophole M: [1]tiáo/ge
[2]**jiāfèng** 加俸 V.O. raise one's pay
jiāfēnr 加分儿 V.O. add to a score
jiǎfēnshù 假分数[-數] N. <math.> improper fraction
jiāfū 跏趺 V. sit cross-legged
jiāfú 葭莩 N. a tenuous relationship
jiāfù* 家父 N. <humb.> my father
jiáfǔ 颊辅[頰-] N. commissure of the lips
jiǎfùhé yuányīn 假复合元音[-複---] N. <lg.> false diphthong
jiāfúzhīqīn 葭莩之亲[-親] N. distant relatives
jiāgài 加盖[-蓋] V.O. ① seal ② cover
jiǎgān 甲肝 N. <med.> hepatitis A
jiāgāo 加高 R.V. increase in height
jiāgē 家鸽 N. pigeon M: [2]zhī
jiàgé* 价格[價-] N. price
jiàgébiǎo 价格表[價-] N. price list M: [1]zhāng
jiàgé bǔtiē 价格补贴[價-補-] N. price subsidies
jiàgéfǎ 价格法[價-] N. pricing law M: [2]bù
jiàgé fúdòng 价格浮动[價-動] N. price fluctuation
jiàgé gànggǎn 价格杠杆[價-] N. price level
jiàgěi 嫁给 V. marry off to (of women)
jiǎgēn 假根 N. <bot.> rhizoid
jiàgé shōuyìlǜ 价格收益率[價-] N. price-earnings ratio
jiàgézhàn 价格战[價-戰] N. price war M: [3]cháng
jiàgé zhīchí 价格支持[價-] N. price support
jiàgé zhǐshù 价格指数[價-數] N. price index
jiàgé zǒngzhǐshù 价格总指数[價-總-數] N. price index
[1]**jiāgōng** 加工 V.O. ① process ② rework; put finishing touches on ***Nǐ de lùnwén xūyào zài ~ yīxià.*** Your paper needs polishing. ③ work overtime ♦N. <mach.> machining; working
[2]**jiāgōng** 夹攻[夾-] V. attack from both sides
[3]**jiāgōng** 家公 N. ① father ② head of a family M: [2]wèi
jiāgōngchǎng 加工厂[-廠] P.W. processing plant M: [4]zuò/ge/[1]jiā
jiāgōng chéngběn 加工成本 N. processing cost
jiāgōng chūkǒu 加工出口 N. export processing
jiāgōng chūkǒuqū 加工出口区[-區] P.W. export-processing zone
jiāgōng dìnghuò 加工订货 N. orders placed for processed goods
jiāgōng gōngyè 加工工业[-業] N. the processing industry
jiǎgōngjìsī 假公济私[--濟-] F.E. use public office for private gain
jiāgōngpǐn 加工品 N. processed goods
jiā gōngqian 加工钱[-錢] V.O. raise wages
jiāgōngqū 加工区[-區] P.W. processing-industry area
jiāgōng shípǐn 加工食品 V.O. process food ♦N. processed food
jiāgōngyè 加工业[-業] N. processing industry
jiàgòu 架构[-構] N. structure; framework
jiàgǒusuígǒu 嫁狗随狗[--隨-] F.E. a woman follows her husband no matter what his lot
jiāgū 家姑 N. aunt
jiāgǔ 嘉谷[-穀] N. grains of all sorts
jiāgù* 加固 V. reinforce; consolidate
jiágǔ 颊骨[頰-] N. cheekbone
[1]**jiǎgǔ** 甲骨 N. tortoise shell M: [1]piàn/[2]kuài
[2]**jiǎgǔ** 胛骨 N. shoulderblade M: [2]kuài
jiāguān* 加官 V.O. ① hold a concurrent post ② be promoted to a higher position
jiāguǎn 家馆 P.W. <trad.> private/family school
jiāguàn 加冠 V.O. <trad.> cap a boy as he reaches adulthood
jiāguānjìnjué 加官进/晋爵[--進/晉-] ID. advance in rank/position; promotion
jiāguānjìnlù 加官进禄[--進-] F.E. advance in rank/position and salary
jiǎgǔ bǔcí 甲骨卜辞[-辭] N. oracular inscriptions on tortoise shells and bones
jiāguī 家规 N. family rules
jiǎgǔ kècí 甲骨刻辞[-辭] N. oracle-bone inscription
jiāgùn(r) 夹棍(儿)[夾-] N. leg-rack applied to criminals M: [1]fù
Jiāguó 加国[-國] P.W. Canada
jiáguǒ* 荚果[莢-] N. <bot.> pod; legume M: ge/[2]zhī
jiǎguǒ 假果 N. <bot.> pseudocarp; spurious fruit M: ge/[2]zhī
jiāguòrlǎo 家过儿老 N. <topo.> an old maid
jiǎgǔwén 甲骨文 N. oracle-bone inscriptions
jiǎgǔ wénzì 甲骨文字 N. oracle-bone inscriptions
jiāhài 加害 V. injure; do harm to
jiāhán 家寒 N. financial stringency of a family
[1]**jiāhào** 加号[-號] N. <math.> plus sign (+)
[2]**jiāhào** 枷号[-號] ID. <trad.> show a pilloried prisoner in public
jiāhé 嘉禾 N. <agr.> ear full of grains
jiā hé wànshì xīng 家和万事兴[--萬-興] F.E. Family harmony is the basis for success in any undertaking.
jiàhèxīguī 驾鹤西归[-歸] ID. <wr.> die
jiā hòuzhuì 加后缀[-後-] <lg.> V.O. add suffix ♦N. suffixation
jiā hòuzhuì gòucífǎ 加后缀构词法[-後-構--] N. <lg.> suffixation
[1]**jiāhù** 加护[-護] V. ① protect; bless (of gods) ② take special care of
[2]**jiāhù** 家户 N. ① door ② family; household
jiāhuà* 佳话 N. ① charming/much-told tale ② a deed worthy of widespread praise M: ge/[1]duàn
jiǎhuā 假花 N. artificial flower M: [2]duǒ/[5]zhī
jiǎhuà 假话 N. lie; falsehood M: [1]jù/[2]fān
jiāhù bìngfáng 加护病房[-護--] P.W. intensive-care unit (ICU) M: [1]jiān
[1]**jiāhuì** 家讳[-諱] N. tabooed names of father and ancestors
[2]**jiāhuì** 嘉会 N. ① auspicious occasion ② grand banquet
[3]**jiāhuì** 嘉惠 V. benefit
jiāhuìhòuxué 嘉惠后学[--後-] F.E. benefit students of the younger generation
jiāhuìshìlín 嘉惠士林 F.E. <wr.> benefit young students/scholars
jiāhuì xuézǐ 嘉惠学子 N. benefit students
jiāhuo* 家/傢伙 N. <coll.> ① implement; tool ② watcha-ma-call-it ③ pistol; gat; dagger ④ penis ⑤ dishes ⑥ guy; fellow; son-of-a-bitch
jiǎhuò 假货 N. fake merchandise
jiàhuò 嫁祸[-禍] V.O. shift the blame/misfortune onto sb. else
jiàhuòyúrén 嫁祸于人[-禍於-] F.E. shift blame/misfortune onto sb. else
[1]**jiājī** 夹击[夾擊] N. pincer attack ♦V. attack from both sides
[2]**jiājī** 家鸡[-雞] N. domestic chicken M: [2]zhī
[1]**jiājí** 加急 ATTR. urgent
[2]**jiājí** 加级 V. advance in grade
[1]**jiājǐ** 夹挤[夾擠] V. press or be pressed (between two things/people)
[2]**jiājǐ** 加给 V. give
[1]**jiājì*** 家计 N. <wr.> family livelihood
[2]**jiājì** 家祭 N. funeral service attended by the members of the bereaved family
[3]**jiājì** 佳绩 N. good results

jiájī 戛击[-擊] V. knock gently; tap
jiǎjī 甲基 N. methyl
jiǎjí 甲级 N. first grade/class
jiǎjì 假髻 N. chignon
jiàjī 驾机 V.O. pilot a plane
[1]jiājiā(r)* 家家(儿) R.F. every family/household
[2]jiājiā 浃浃[浹浹] R.F. wet; soaked
jiājià 加价[-價] V.O. raise/hike the price
jiájiá 戛戛 R.F. ① difficult; hard going ② original
jiájiádúzào 戛戛独造[--獨-] F.E. have great originality
jiājiāhùhù 家家户户 R.F. each and every family; every household
jiājiājiǎnjiǎn 加加减减[-减减] R.F. do a bit of addition and subtraction
[1]jiājiǎn* 加减[-減] V.P. add and subtract
[2]jiājiǎn 夹剪[夾-] N. tweezers; tongs M: [1]*bǎ*
jiǎjiǎn 钾碱[-鹼] N. potash
jiā-jiǎn-chéng-chú 加减乘除[-減--] N. addition, subtraction, multiplication, and division
jiājiǎnfǎ 加减法[-減-] N. addition and subtraction
jiājiǎng 嘉奖[-獎] V./N. commend; cite; citation
jiājiǎnglìng 嘉奖令[-獎-] N. citation M: [2]*dào*
jiājiǎnhào 加减号[-減號] N. <*math.*> ① symbols for add and subtract ② plus or minus sign
jiājiǎnlì 加减例[-減-] N. rules for increasing or mitigating punishment
jiājiānr 夹间儿[夾-] N. space between two things ♦V.O. poke/thrust/wedge in between
jiājiǎo 夹角[夾-] N. <*math.*> inclination
jiājiào* 家教 N. ① family education; upbringing ② private teacher; family-hired supplementary tutor M: *ge*/[1]*míng*/[2]*wèi*
jiǎjiǎo 岬角 N. cape; promontory
jiājiào yán 家教严[-嚴] V.P. be strict with one's children
jiǎjīchéng 甲基橙 N. <*chem.*> methyl orange
jiājídiàn 加急电[-電] N. urgent telegram/cable M: [2]*fēng*/[1]*fèn*
jiājí diànbào 加急电报[-電報] N. urgent telegram/cable M: [2]*fēng*/[1]*fèn*
jiǎjíduì 甲级队[-隊] N. <*sport*> one of the top teams (of basketball/football/etc.) M: [4]*zhī*/*ge*
jiājié* 佳节[-節] N. joyful festival
jiājiě 家姐 N. <*humb.*> my sister
jiǎjiè 假借 V. make use of ♦N. <*lg.*> ① phonetic loan (characters); homophonous substitution of one character for another ② phonetic loan principle
jiàjiē 嫁接 V. <*bot.*> graft
jiǎjiè bǐnǐ 假借比拟[-擬] N. <*lg.*> metaphorical extension
jiǎjiè lùntán 假借论谈 N. <*lg.*> figurative discourse
jiǎjièmíngyì 假借名义[-義] F.E. under false pretenses
jiǎjiè wàilì 假借外力 V.O. make use of outside forces
jiǎjiè yǎnshēn 假借衍伸 N. <*lg.*> figurative derivation
jiǎjiè yìhán 假借意含 N. <*lg.*> figurative sense
jiǎjièzì 假借字 N. phonetic loan characters; borrowed character
jiājǐhùzú 家给户足 F.E. Every household is well provided for.
[1]jiājǐn(r)* 加紧(r)[-緊] V. speed up; intensify
[2]jiājǐn 夹紧[夾緊] R.V. grip; clamp
jiājìn(r) 加劲(儿)[-勁-] V.O. <*coll.*> make greater effort
jiājǐng 佳景 N. fine landscape; beautiful view M: [1]*piàn*
[1]jiājìng* 家境 N. family financial situation
[2]jiājìng 佳境 N. <*wr.*> ① the most enjoyable stage ② scenic spot
jiǎjīng 假晶 N. <*min.*> pseudomorphism
jiājìng hǎo 家境好 V.P. have a well-to-do family
jiājìng kùnnan 家境困难[-難] V.P. have family financial difficulty
jiājǐn wěiba 夹紧尾巴[夾緊-] V.O. tucking one's tail between one's legs
jiājǐrénzú 家给人足 F.E. affluent society
jiàjīsuíjī 嫁鸡随鸡[-雞隨雞] F.E. be contented with the man a woman has married regardless of his lot
jiājiù 家舅 N. my maternal uncle
jiājì yánjiū 家计研究 N. family-budget study
jiājīyěwù 家鸡野鹜[-雞--] *See jiājīyězhì*
jiājīyězhì 家鸡野雉[-雞--] ID. ① wife and mistress ② extramarital relations
jiājíyú 加级鱼 N. <*zoo.*> genuine/red porgy M: [1]*tiáo*
jiājù* 家/傢具 N. furniture; house furnishings M: *tào*/[2]*jiàn*
jiājū 家居 V. <*wr.*> stay at home; be unemployed ♦N. domesticity
[1]jiājù 加剧[-劇] V.P. aggravate; intensify *Tā de bìngqíng ~ le.* His illness has taken a turn for the worse.
[2]jiājù 佳句 N. beautiful line; well-turned phrase M: [1]*jù*
[3]jiājù 夹具[夾-] N. clamping apparatus; jig M: *tào*/[1]*fù*
jiājuàn 家眷 N. ① wife and children; one's family ② wife
jiājūn 家君 N. <*humb.*> my father
jiājùxué 家具学 N. ① art of cabinet-making ② study of furniture design and manufacture
jiākāi 夹开[夾開] R.V. ① crack (the shell of sth.) with pliers/etc. ② take away from (with chopsticks/forceps/)etc.
jiàkāi* 架开[-開] V.P. ① ward off ② carry sb. away
[1]jiākè* 加课 V.O. add classes
[2]jiākè 茄克 N. <*loan*> jacket M: [2]*jiàn*
[3]jiākè 佳客 N. good/honored visitor/guest M: [1]*míng*/[2]*wèi*
jiākè 夹克[夾-] N. <*loan*> jacket M: [2]*jiàn*
jiǎké 甲壳[-殼] N. shell *See also jiǎqiào*
jiǎkè 甲克 N. <*loan*> jacket M: [2]*jiàn*
jiǎkélèi 甲壳类[-殼類] N. <*zoo.*> crustaceans
jiǎkēxué 假科学 N. pseudoscience
jiàkōng 架空 V. ① build on stilts ② make sb. a figurehead ③ imagine; fabricate out of nothing ♦ATTR. impractical
jiàkōng chēliàng 架空车辆 N. superterranean vehicle M: [2]*bù*/[3]*liàng*
jiākǒu 家口 N. family members; number of people in a family
jiǎkòuyā 假扣押 N. <*law*> attachment; garnishment
jiǎkǒuyúrén 假口于人[--於-] F.E. put words in sb.'s mouth
jiákù 袷裤 N. <*trad.*> lined pants M: [1]*tiáo*
jiǎkū* 假哭 V. pretend to cry
jiākuài 加快 V. speed up; accelerate
jiākuān 加宽[-寬] R.V. broaden; widen
jiàkuǎn* 价款[價-] N. money paid/received for a purchase; cost
[1]jiākuàng(r)* 加框(儿) V.O. frame (a picture/etc.)
[2]jiākuàng 嘉况[-況] N. valuable gifts
[3]jiākuàng 家况[-況] N. home situation
jiǎkuàng 钾矿[-礦] N. potash
jiālán 迦蓝[-藍] N. <*Budd.*> monastery garden
jiā lǎn wàitou qín 家懒外头勤 F.E. a loafer at home and a hustler outside
Jiālèbǐ Hǎi 加勒比海 P.W. Caribbean Sea
jiālěi 家累 N. family burden M: *duī*
jiālí 加厘[-釐] N. <*loan*> curry
[1]jiālǐ 家里[-裡] P.W. home; family ♦N. <*humb.*> (my) wife
[2]jiālǐ 加礼[-禮] V.O. show more than ordinary civility; be particularly warm to a guest
[3]jiālǐ 嘉礼[-禮] N. wedding; marriage ceremony
[4]jiālǐ 加里 N. <*chem.*> potassium
[1]jiālì* 佳丽[-麗] S.V. beautiful ♦N. beauty M: [2]*wèi*/*ge*
[2]jiālì 佳例 N. good example
jiàlǐ 嫁礼[-禮] N. dowry
jiàliánwùměi 价廉物美[價-] F.E. a bargain buy
jiàlián wùpǐn 价廉物品[價-] N. cheaper and better goods
jiāliányīn 加连音 N. <*lg.*> liaison
jiāliào 加料 V.O. feed in raw material ♦ATTR. reinforced
jiālǐde 家里的[-裡-] N. <*coll.*> wife
jiǎliè 假劣 ATTR. counterfeit and inferior
jiàlín 驾临[-臨] F.E. <*court.*> your esteemed presence
jiǎlìng 假令 CONJ. in case; in the event of
jiàlíng* 驾凌 V. place oneself above (sb. or an organization)
jiālǐ shì jiālǐ liǎo 家里事家里了[-裡--裡-] V.P. What happens in the family can be settled in the house.
jiāliúpào 加榴炮 N. <*mil.*> howitzer M: *mén*
jiǎlìyúrén 假力于人[--於-] F.E. depend on sb. else to do sth.
jiālóunà 迦楼那[-樓-] N. <*Budd.*> pity; compassion
jiālǜ 加率 N. surtax
jiālún 加仑 M. <*loan*> gallon
jiālúnà 迦卢那[-盧-] N. <*Budd.*> pity; compassion
jiāmǎ 加码 V.O. ① raise the price of commodities; overcharge ② raise stakes in gambling ③ raise the quota
[1]jiàmǎ(r)* 价码(儿)[價-] N. price (of a commodity)
[2]jiàmǎ 驾马 V.O. ① harness a horse ② ride on horseback ③ control
jiǎmǎimínxīn 假买民心[-買--] F.E. make a bid for popularity
jiāmǎn 加满 R.V. fill up
jiāmāo 家猫[-貓] N. domestic cat M: [2]*zhī*
jiǎmào* 假冒 V. ① pose as ② palm off (a fake as genuine)
jiǎmàowěiliè 假冒伪劣 F.E. fake and of poor quality
jiǎmào wěiliè chǎnpǐn 假冒伪劣产品[----產-] N. counterfeit and inferior-grade products
jiǎmàowěizào 假冒伪造 F.E. forged or illegally imitated
jiǎmàozhě 假冒者 N. imposter M: [1]*míng*/*ge*
jiǎmèi 假寐 V. <*wr.*> catnap; doze
jiǎméisāndào 假眉三道 F.E. <*topo.*> affected; phony; pretentious
jiāmén 家门 N. ① house door ② <*wr.*> family (viewed in the light of its social standing) ③ <*topo.*> a member of one's own clan/family ④ <*trad.*> noble family
jiāméng 加盟 V.O. ① align ② become a member of an alliance/union ③ <*coll.*> join; participate
jiāméngdiàn 加盟店 P.W. ① franchiser ② affiliated shop M: [1]*jiā*/[1]*jiān*/*ge*
jiāméng gònghéguó 加盟共和国[-國] N. aligned republic
jiāménkǒu(r) 家门口(儿) N. doorway; entrance
jiāmì 加密 V. encode
[1]jiāmiǎn 嘉勉 V. <*wr.*> praise and encourage
[2]jiāmiǎn 加冕 V.O. crown ♦N. coronation
[3]jiāmiǎn 加勉 V. make greater exertions
jiámiàn 颊面[頰-] N. cheek
jiǎmiàn* 假面 N. ① mask; false front M: *ge*/[1]*fù* ② pretension
jiǎmiànjù 假面具 N. mask; false front M: [1]*fù*/*ge*
jiāmiǎnlǐ 加冕礼[-禮] N. coronation
jiǎmiàn wǔhuì 假面舞会 N. masked ball; masquerade
jiāmiào 家庙[-廟] P.W. ancestral temple/shrine M: [4]*zuò*
[1]jiāmíng 嘉名 N. good name/reputation
[2]jiāmíng 佳茗 N. fine tea
jiǎmíng* 假名 N. ① pseudonym ② <*Jp.*> kana
jiǎmíngbiǎo 假名表 N. <*lg.*> syllabary
jiǎmìngtí 假命题 N. false statement/proposition
jiǎmíngtuōxìng 假名托姓 F.E. assume sb.'s name as one's own
jiǎ mínzhǔ 假民主 N. bogus/sham democracy
jiāmó 嘉谟 N. wise policy

jiāmǔ 家母 N. <humb.> my mother
jiàmù* 价目[價-] N. marked price
jiàmùbiǎo 价目表[價-] N. price list M: [1]*zhāng*/[1]*fèn*
jiàmùdān 价目单[價-] N. price list M: [1]*zhāng*/[1]*fèn*
[1]**jiān** 间[間] M. *for rooms* ♦B.F. ① room *fángjiān* ② locality; space *kōngjiān* ③ time (duration) [1]*shíjiān* ④ among; inter- *zhījiān* *See also* [16]*gān*, [17]*jiàn*
[2]**jiān(r)** 尖(儿)[-(兒)] N. ① point; tip; top ② <coll.> cream of the crop ③ roadside meal ♦S.V. sharp
[3]**jiān** 肩 N./V. shoulder
[4]**jiān** 兼 V. do concurrently ♦B.F. double; twice [1]*jiānchéng* ♦ADV. concurrently; both
[5]**jiān** 煎 V. ① fry in shallow oil ② simmer in water ③ decoct ④ be consumed with vexation
[6]**jiān** 歼[殲] B.F. annihilate; destroy [1]*wéijiān*
[7]**jiān** 坚[堅] B.F. ① hard; solid *jiānyìng* ② firm; strong [2]*jiāngù* ③ stronghold; fortification [1]*gōngjiān* ♦ADV. firmly; resolutely ♦N. Surname
[8]**jiān** 奸 S.V. ① evil; treacherous ② <coll.> self-seeking and wily ♦B.F. traitor *Hànjiān* *See also* [9]*jiān*
[9]**jiān** 奸[姦] B.F. ① illicit sexual relations; adultery [1]*tōngjiān* ② rape *qiángjiān* *See also* [8]*jiān*
[10]**jiān** 监[監] B.F. ① supervise; inspect; watch [1]*jiāndū*, *jiāngōng* ② inspector; supervisor [2]*jiānshǒu* ③ prison; jail *jiānyù* *See also* [18]*jiàn*
[11]**jiān** 笺[箋] B.F. <wr.> ① writing-paper *xìnjiān* ② letter [1]*jiānzhá* ③ annotate; annotation *jiānzhù* ④ commentary
[12]**jiān** 缄[緘] V. sealed (by); closed; silent
[13]**jiān** 搛 N. pick up sth. with chopsticks
[14]**jiān** 湔 B.F. ① wash *jiānxǐ* ② redress (a wrong) *jiānxuě*
[15]**jiān** 渐[漸] B.F. dip/soak in liquid *jiānzì* *See also* [6]*jiàn*
[16]**jiān** 艰[艱] B.F. difficult; arduous *jiānnán*, [1]*jiānkǔ*
[17]**jiān** 菅 B.F. <bot.> *villous themeda* *jiānmáo*, *cǎojiān*
[18]**jiān** 犍 B.F. steer; ox *jiānniú*, *wūjiān*
[19]**jiān** 缣[縑] B.F. fine silk [2]*jiānbó*
[20]**jiān** 鞬 B.F. horseback holster for bow and arrow [5]*gōngjiān*, *jiāngāogāngē*
[21]**jiān** 戋[戔] in [2]*jiānjiān*, *jiānjiānzhīshù*
[22]**jiān** 鞯[韉] in *ānjiān*
[23]**jiān** 鹣[鶼] in *jiāndié*, *diéjiān*
[1]**jiǎn** 拣[揀] V. ① select; pick out ② pick up; collect; gather
[2]**jiǎn** 减[減] V. ① subtract ② reduce; decrease; cut ③ lessen; diminish; deduct
[3]**jiǎn** 剪 V. cut (with scissors); clip; trim ♦B.F. ① scissors; shears; clippers *jiǎndāo* ② wipe out; exterminate [1]*jiǎnchú*
[4]**jiǎn** 碱/硷[鹼/鹻] N. ① alkali ② soda
[5]**jiǎn** 捡[撿] V. ① pick up ② collect; gather
[6]**jiǎn(r)** 茧(儿)[繭(兒)] N. ① cocoon M: [1]*zhī*/*ge* ② callus
[7]**jiǎn** 检[檢] B.F. ① check; inspect; examine *jiǎnyàn* ② restrain *jiǎndiǎn* ♦N. ① book-label ② form; pattern
[8]**jiǎn** 简[簡] B.F. ① simple; simplified; brief *jiǎndān* ② bamboo slips *zhújiǎn* ③ letter *xìnjiǎn* ④ <wr.> select; choose *jiǎnbá*
[9]**jiǎn** 俭[儉] B.F. ① frugal; economical [1]*jiǎnpǔ* ② meager ③ <trad.> poor harvest
[10]**jiǎn** 锏[鐧] N. mace (weapon)
[11]**jiǎn** 翦 B.F. scissors *jiǎnluò* ♦N. Surname
[12]**jiǎn** 柬 B.F. letter; card; invitation *jiǎntiě*, *hèjiǎn*, *píngjiǎnrùchǎng*
[13]**jiǎn** 戬[戩] B.F. ① cut off; exterminate ② good fortune [2]*jiǎngǔ*
[14]**jiǎn** 睑[瞼] B.F. eyelid [1]*yǎnjiǎn*, *jiǎnxiànyán*
[15]**jiǎn** 笕[筧] B.F. bamboo water pipe, eaves trough, etc. *jiǎnzuǐ*, *jiǎnqiáo*
[16]**jiǎn** 裥[襇] B.F. pleat *zhějiǎnjī*, *pàngjiǎn*
[17]**jiǎn** 謇 B.F. ① direct; forthright *jiǎn'è* ② stutter; difficulty in speech [3]*jiǎnjiǎn*
[18]**jiǎn** 谫[譾] B.F. shallow [4]*jiǎnlòu*
[19]**jiǎn** 蹇 B.F. lame *jiǎn'è*, [2]*yǎnjiǎn*
[20]**jiǎn** 趼 in [3]*jiǎnzi*, *lǎojiǎn*
[1]**jiàn*** 见[見] V. ① see; catch sight of ② meet with; be exposed to ③ appear to be ④ refer to; see; vide ⑤ meet; call on ♦B.F. view; opinion *zhǔjiàn* ♦PREF. *indicating passive* ~*xiào* be laughed at
[2]**jiàn** 件 M. *for articles/items/etc.* ♦B.F. correspondence; paper; document [1]*wénjiàn*
[3]**jiàn** 建 V. ① build; construct; erect ② establish; set up; found ♦B.F. ① propose; advocate *jiànyì* ② of Fujian province *jiànlán*
[4]**jiàn** 箭 N. arrow M: [4]*zhī*/[5]*zhī*/[1]*bǎ*
[5]**jiàn** 贱[賤] S.V. ① low-priced; inexpensive; cheap ② low-down; base; despicable ♦B.F. ① lowly; humble *pínjiàn* ② <humb.> my *jiànxìng*
[6]**jiàn** 渐[漸] ADV. gradually; by degrees *See also* [15]*jiān*
[7]**jiàn** 剑[劍] N. sword; saber M: [1]*bǎ*
[8]**jiàn** 溅[濺] V. splash; spatter
[9]**jiàn** 健 B.F. ① healthy; strong *jiànkāng* ② strong in; good at [1]*jiàntán* ③ strengthen; toughen; invigorate [1]*jiànshēn*
[10]**jiàn** 舰[艦] B.F. warship; naval vessel [1]*jūnjiàn* M: [1]*sōu*
[11]**jiàn** 荐[薦] B.F. ① recommend [1]*tuījiàn* ② <wr.> grass; straw ③ straw mat *cǎojiàn*
[12]**jiàn** 键[鍵] N. ① key (of a piano/computer/etc.) ② <chem.> bond ③ <wr.> bolt (of door)
[13]**jiàn** 涧[澗] B.F. ravine; gully; stream *shānjiàn*
[14]**jiàn** 践[踐] B.F. ① tread upon; trample *jiàntà* ② fulfill; carry out; perform [1]*shíjiàn*
[15]**jiàn** 谏[諫] B.F. admonish; remonstrate *fēngjiàn*
[16]**jiàn** 鉴[鑒] V. ① reflect; mirror ② inspect; examine ③ take as a lesson ④ <court.> peruse (a letter) ♦N. ① ancient bronze mirror ② warning; object lesson
[17]**jiàn** 间[間] V. thin out (seedlings) ♦B.F. ① separate *jiàngé* ② sow discord *líjiàn* ③ space in between; opening *jiànxiē* ④ crevice; leak *jiànxì* ⑤ mixed; commingled *jiànzá* *See also* [16]*gān*, [1]*jiān*
[18]**jiàn** 监[監] B.F. ① eunuch *tàijiàn* ② <trad.> government establishment *Guózǐjiàn* *See also* [10]*jiān*
[19]**jiàn(r)** 毽(儿)[-(兒)] B.F. <coll.> shuttlecock [1]*jiànzi* M: [2]*zhī*/*ge*
[20]**jiàn** 腱 N. <phys.> tendon
[21]**jiàn** 槛[檻] N. ① railing ② wooden cage *See also* [4]*kǎn*
[22]**jiàn** 饯[餞] B.F. give a farewell dinner [1]*jiànxíng*
[23]**jiàn** 僭 B.F. go beyond what is proper *jiànyuè*
[1]**jī'àn*** 积案[積-] N. <law> long-pending case M: *ge*/[1]*qǐ*
[2]**jī'àn** 几案 N. ① office desk ② small table M: [1]*zhāng*
jí'ān 即安 V.P. go take a rest
jí àn 极暗[極-] V.P. very dark
jiānà 嘉纳 V. <trad.> approve; accept advice/etc. with admiration
Jiānà* 加纳 P.W. Ghana
Jiānádà 加拿大 P.W. Canada
jiān'ài 兼爱[-愛] N. ① universal love ② fraternity
jiàn'ài* 见爱[-愛] F.E. <court.> thanks for your generosity
jiánáng 颊囊[頰-] N. <zoo.> cheek-pouch
Jiàn'ān qī zǐ 建安七子 N. the seven leading writers during the Jian'an period (196–219)
jiàn'ānsīmǎ 见鞍思马 ID. One thing leads to another.
Jiàn'ān wénxué 建安文学 N. literature of the Jian'an period (196–219)
jiān'áo* 煎熬 N./V. torture; torment *Tā zhèngzài jiānyù li shòu* ~. He's being tortured in prison.
jiǎn'ào 简奥[-奧] S.V. simple and profound
jiǎnbá 简拔 V. select and promote
jiànbá 荐拔[薦-] V. recommend and promote
jiànbǎ* 箭靶 N. target
jiànbái 建白 V. state one's opinion on public affairs
jiānbàn* 兼办[-辦] V. handle simultaneously
jiǎnbǎn 简板 N. wood/bamboo percussion clappers M: [1]*fù*
[1]**jiǎnbàn** 减半[減-] V.O. reduce by half
[2]**jiǎnbàn** 简办[-辦] V. simplify the ceremony
jiānbǎng(r)* 肩膀(儿) N. shoulder
jiānbàng 监谤[監-] V.O. <trad.> watch out for libelers/detractors
jiànbánǔzhāng 剑拔弩张 ID. at daggers drawn
[1]**jiǎnbào*** 简报[-報] N. ① bulletin; brief report ② briefing M: [1]*fèn*/[1]*zhāng*
[2]**jiǎnbào** 剪报[-報] N. newspaper cutting/clipping M: [1]*zhāng*/[1]*piān*
jiànbào 见报[-報] V.O. appear in a newspaper
jiǎnbào gōngsī 剪报公司[-報--] N. newspaper clipping service M: [1]*jiā*
jiànbàolǜ 见报率[-報-] N. the rate of appearing in a newspaper
jiǎnbàoshì 简报室[-報-] P.W. newsletter room M: [1]*jiān*
jiǎnbàoyuán 剪报员[-報-] N. newspaper-clipper M: [1]*míng*/[2]*wèi*
jiǎnbào zīliào 剪报资料[-報--] N. clipping reference M: [1]*fèn*/*tào*
jiānbǎshǒu 监靶手[監-] N. target monitor M: [1]*míng*
jiànbǎzi 箭靶子 N. archery target
[1]**jiānbèi*** 兼备[-備] V.P. have both. . .and. . .
[2]**jiānbèi** 肩背 N. shoulder and back
jiànbèi 见背 V.O. <wr.> pass away (of an elder)
jiǎnběn* 简本 N. abridged version; concise edition M: [2]*bù*
jiànběn 监本[監-] N. books published by the *Guózǐjiàn* M: [2]*bù*/*tào*
jiānbǐ 尖笔[-筆] N. stylus M: [4]*zhī*/[5]*zhī*
jiānbì* 坚壁[堅-] V.O. <coll.> hide; conceal; cache
jiànbì 间壁 P.W./ATTR. next-door (neighbor)
[1]**jiǎnbiān** 简编 N. ① short course ② concise edition
[2]**jiǎnbiān** 减编[減-] V.O. reduce staff; cut back personnel
jiǎnbiàn* 简便 S.V. simple and convenient; handy
jiànbiàn 渐变[-變] V./N. change gradually
jiànbiàn gāoyīnguǎn 渐变高音管[-變---] N. sliding-pitch pipe
jiǎnbié 拣别[揀-] V. discriminate; choose
[1]**jiànbié*** 鉴别[鑒-] V. distinguish; differentiate; discriminate
[2]**jiànbié** 饯别[餞-] V. give a farewell dinner
jiànbiélǜ 鉴别率[鑒-] N. discriminatory power
jiànbiéqì 鉴别器[鑒-] N. discriminator M: [1]*tái*/[2]*bù*
jiànbié wénwù 鉴别文物[鑒-] V.O. appraise cultural relics
jiǎnbǐhuà 简笔画[-筆畫] N. simple line-drawing M: [1]*zhāng*/[10]*fú*
jiānbing 煎饼 N. thin pancake M: [1]*zhāng*
[1]**jiānbīng*** 尖兵 N. trailblazer; pioneer; vanguard M: [1]*míng*/[2]*wèi*/*ge*
[2]**jiānbīng** 坚冰[堅-] N. solid/hard ice M: [2]*kuài*
jiānbìng 兼并[-併] V. annex (territory/property/etc.) ♦N. merger
jiànbīng 践冰[踐-] V.O. run a risk
jiànbǐng 剑柄 N. hilt
jiānbìngguó 兼并国[-併國] N. annexing state
jiānbīngqī 间冰期 N. <geol.> interglacial stage; interglacial M: [1]*duàn*
jiànbīngzhīlǜ 践冰之虑[踐-慮] N. <wr.> apprehension
jiānbìqīngyě 坚壁清野[堅-] F.E. strengthen defenses and clear fields
[1]**jiǎnbǐzì** 简笔字[-筆-] N. simplified Chinese character
[2]**jiǎnbǐzì** 减笔字[減筆-] N. ① simplified character ② abbreviation
[1]**jiānbó*** 尖薄 S.V. acrimonious; caustic
[2]**jiānbó** 缣帛 N. <wr.> fine silk M: [1]*pǐ*

[3]jiānbó 坚白[堅-] N. inflexible integrity
[1]jiǎnbō 蹇剥 V.P. suffering from unfavorable times or bad luck
[2]jiǎnbō 检波 N. <elec.> detection
jiǎnbó 俭薄 V.P. lacking the necessities of life
jiǎnbōqì 检波器 N. detector (for testing conductivity) M: [1]*tái*
jiǎnbù 蹇步 N. slow and clumsy steps
[1]jiànbù* 健步 N. vigorous strides ♦V. walk fast ♦S.V. able to walk far
[2]jiànbù 箭步 N. sudden big stride forward
jiànbudào 见不到 R.V. can't see/find (sth./sb.)
jiànbude 见不得 R.V. ① not be exposed to; unable to stand ② not fit to be seen
jiànbude rén 见不得人 V.P. ① too ashamed to show up in public ② be unpresentable
jiànbùjícǐ 见不及此 F.E. have not considered this point
jiānbùkěcuī 坚不可摧[堅-] F.E. impregnable
jiānbùróngfà 间不容发[-髮] F.E. ① very close; imminent ② precarious
jiānbùrónghuǎn 间不容缓 F.E. ① very close; imminent ② precarious
jiānbùróngxī 间不容息 F.E. in a split second
jiànbùrúfēi 健步如飞[-飛] F.E. walk as if on wings
jiānbùtǔshí 坚不吐实[堅-實] F.E. not breathe a word about the truth
jiànbuzháo 见不着[-著] R.V. be unable to meet/find sb.
jiāncǎi 缄彩 N. colored silk fabric M: [1]*duàn*/[1]*pǐ*
jiǎncái 剪裁 V. ① cut out (a garment); tailor ② prune writing
jiǎncǎi 剪彩 V.O. cut a ribbon ♦N. ribbon-cutting ceremony
[1]jiàncái* 建材 N. building materials
[2]jiàncái 荐才[薦-] V.O. recommend/present a talented person
jiàncài 间菜 V.O. thin out vegetable plants
jiàncáiháng 建材行 N. building-material store M: [1]*jiā*
jiàncáiqǐyì 见财起意 F.E. be moved to commit a crime at the sight of valuables
jiāncáng 缄藏 V. keep sth. secret
jiǎncǎo* 剪草 V.O. mow a lawn
jiàncáo 键槽 N. <mach.> keyway; key slot; key seat
jiǎncǎochúgēn 剪草除根 F.E. exterminate completely
jiǎncǎojī 剪草机 N. lawn mower M: [2]*bù*
jiāncè 监测[監-] V. monitor; supervise
[1]jiǎncè* 检测 V. examine; monitor
[2]jiǎncè 简册[-冊] N. books M: [2]*bù*/*běn*/*tào*
[3]jiǎncè 简策 N. <hist.> bamboo tablets for writing
jiāncèqì 监测器[監-] N. monitor M: [1]*tái*
jiānchá 监察[監-] V. supervise; control
[1]jiǎnchá* 检查 V. check; inspect; examine ♦N. ① self-criticism ② examination
[2]jiǎnchá 检察 V. prosecute ♦N. procuratorial work
jiànchá 鉴察[鑒-] V. supervise; control
jiǎncháchù 检察处[-處] P.W. procuratorate
jiǎnchádiǎn 检查点[-點] N. checkpoint
jiǎncháfǎ 检查/察法 N. censorship M: [2]*bù*
jiǎnchá gōngzuò 检查工作 V.O. check up on work ♦N. task of checking up
[1]jiǎncháguān 检察官 N. public prosecutor M: [1]*míng*/[2]*wèi*
[2]jiǎncháguān 检查官 N. inspection officer; censor M: [1]*míng*/[2]*wèi*
jiǎnchá hùzhào 检查护照[--護-] V.O. inspect sb.'s passport
jiānchāi 兼差 N. moonlighting; side job; concurrent post/job ♦V.O. hold two or more posts/jobs concurrently
jiānchán 奸馋[-饞] S.V. <coll.> picky about food; pampered in eating habits
jiǎnchǎn* 减产[減產] V.O. reduce output
jiānchǎng 监场[監場] V.O. proctor an examination ♦N. proctor M: [1]*míng*

jiǎnchǎng 检场[-場] <thea./trad.> V.O. set up or change stage scenery without closing the curtain
jiàncháng* 见长 V.P. be good at *See also* [1]*jiànzhǎng*
jiànchǎng 建厂[-廠] V.O. build a factory
jiǎnchǎnnián 减产年[減產-] N. lean/off year
jiānchǎo* 煎炒 V. fry in a small amount of oil
jiàncháo 建朝 V.O. found a dynasty
jiǎnchá qǐlai 检查起来 R.V. check up; inspect
jiāncháquán 监察权[監-權] N. supervisory power
jiāncharén 监察人[監-] N. <econ.> auditor M: [2]*wèi*
jiǎnchá rényuán 检查人员 N. inspector M: [2]*wèi*
jiǎncháshào 检查哨 N. checkpoint M: *ge*/[1]*suǒ*
jiǎncháshǔ 检查署 N. censorate; board of censors
jiǎnchátuán 检查团[-團] N. inspection party
jiānchá wěiyuán 监察委员[監-] N. member of a supervisory committee M: [1]*míng*/[2]*wèi*
Jiānchá Wěiyuánhuì 监察委员会[監-] P.W. Control Commission; supervisory committee
jiǎnchá xīnwén 检查新闻 V.O. censor the press
jiāncháyuán 监察员[監-] N. supervisor; controller M: [1]*míng*/[2]*wèi*
jiǎncháyuán 检查员 N. inspector M: [1]*míng*/[2]*wèi*
jiǎncháyuàn* 检察院 N. procuratorate
jiānchá yùshǐ 监察御史[監-] N. <trad.> official in charge of the discipline of public functionaries M: [2]*wèi*
jiǎncházhàn 检查站 P.W. checkpoint; inspection station M: [1]*suǒ*/*ge*
jiǎncházhǎng 检察长 N. chief procurator/prosecutor M: [1]*míng*/[2]*wèi*
jiànchē 槛车[檻-] N. <trad.> prisoner's van M: [3]*liàng*
jiānchén 奸臣 N. treacherous court official M: [1]*míng*/*ge*
jiānchéndāngdào 奸臣当道[--當-] F.E. Evil ministers rule the state.
jiānchēng 坚称[堅稱] V. assert positively; insist
[1]jiānchéng 兼程 V.P. travel at double speed
[2]jiānchéng 煎成 R.V. fry
jiǎnchēng 简称[-稱] N. abbreviated form of a name; abbreviation ♦V. be called sth. for short
jiǎnchéng 剪成 R.V. cut into
jiànchēng 见称[-稱] V. be known/famous for
[1]jiànchéng* 建成 R.V. construct; build; erect
[2]jiànchéng 箭程 N. distance that an arrow travels
jiǎnchēng guīlǜ 简称规律[-稱--] N. <lg.> abbreviation rule
jiànchéngqū 建成区[-區] P.W. well-developed community/zone
jiànchēngyúshì 见称于世[-稱於-] F.E. be well spoken of; be well-known
jiānchénnìzǐ 奸臣逆子 F.E. disloyal ministers and unfilial sons
jiānchénzéizǐ 奸臣贼子 F.E. treacherous court official
jiānchí* 坚持[堅-] V. persist in; insist on
jiǎnchī 蹇吃 V. speak indistinctly; stutter; lisp
jiānchíbùxiè 坚持不懈[堅-] F.E. unremitting
jiānchíbùyú 坚持不渝[堅-] F.E. persistent; persevering
jiànchǐhǔ 剑齿虎[-齒-] N. saber-toothed tiger M: [2]*zhī*
jiànchǐxiàng 剑齿象[-齒-] N. stegodon M: [1]*tóu*
jiānchǐyīn 尖齿音[-齒-] N. <lg.> apico-alveolar sound
jiǎnchóu 茧绸[繭-] N. pongee M: [1]*duàn*/[1]*pǐ*
jiānchóubìnggù 兼筹并顾[-籌併顧] F.E. plan and care for dual duties
jiānchú 尖锄 N. pick (tool) M: [1]*bǎ*
jiǎnchū 剪出 R.V. cut out
[1]jiǎnchú* 剪除 V. wipe out; annihilate
[2]jiǎnchú 减除[減-] V. deduct
[1]jiànchū 间出 V. ① find time for a private visit ② steal off
[2]jiànchū 见出 V.P. understand; see

jiànchù 见黜 V.P. be rejected/discharged/degraded
jiànchuán 舰船[艦-] N. ships; warships M: [1]*sōu*
jiǎnchuáng 剪床 N. <mach.> shearing machine M: [1]*tái*
jiànchūn 间春 V.O. bid farewell to spring
jiǎnchúncí 简纯词 N. <lg.> simple word
jiǎnchūnluó 剪春罗[-羅] N. an early pink (*Lychnis fulgens*) M: [2]*zhū*/[2]*kē*
jiāncì 尖刺 N. sharp-pointed object; prick
jiàncì* 渐次 ADV. <wr.> ① slowly; gradually ② one after another
jiàncǐwàngbǐ 见此忘彼 F.E. observe this and neglect that
jiàncún 健存 V. be still living and in good health (of sb. of advanced age)
jiāndài* 肩带[-帶] N. shoulder-band M: [1]*tiáo*
jiàndài 箭袋 N. quiver
jiāndàn 煎蛋 V.O. fry eggs
jiǎndān* 简单 S.V. ① simple; uncomplicated ② <derog.> commonplace; ordinary ③ oversimplified; casual
jiǎndàn 简淡 S.V. simple and plain
jiǎndāncí 简单词 N. <lg.> simple word
jiǎndāncūbào 简单粗暴 F.E. do things in slapdash way
jiǎndān de shuō 简单地说 V.P. to put it simply
jiǎndān duōshù 简单多数[-數] N. simple majority
jiāndǎng 奸党[-黨] N. a band of conspirators/traitors
jiǎndāng 简当[-當] S.V. <topo.> most convenient; handiest
jiàndǎng* 建党[-黨] V.O. found a party; build up the Party
jiàndàng 建档[-檔] V.O. put on record; put in a file; file
jiǎndān guòqùshí 简单过去时[-時] N. <lg.> simple past; preterit
jiǎndānhuà 简单化 V. oversimplify; simplification
jiàndānjiāohuò 见单交货 F.E. deliver goods against surrender of a document
jiǎndānjù 简单句 N. <lg.> simple sentence
jiǎndān láodòng 简单劳动[-勞動] N. simple labor M: [1]*zhǒng*
jiǎndānmíngliǎo 简单明了 F.E. simple and clear; concise
jiǎndān píngjūnfǎ 简单平均法 N. simple-average method
jiǎndān píngjūnshù 简单平均数[-數] N. simple average
jiǎndān qǐlai 简单起来 R.V. simplify
jiàndàn qiú xiāozhì 见弹求鸮炙 F.E. <trad.> seek eagerly
jiǎndān shēnghuó 简单生活 N. simple life M: [1]*zhǒng*
jiǎndānshuō 简单说 V.P. in brief; in short
jiǎndān xiézuò 简单协作[--協-] N. simple cooperation
jiǎndān xíngshì 简单形式 N. simple form
jiǎndān yuányīn 简单元音 N. <lg.> simple vowel
jiǎndān zàishēngchǎn 简单再生产[-產] N. <econ.> simple reproduction
jiǎndān zīběn jiégòu 简单资本结构[-構] N. simple capital structure
jiāndāo 尖刀 N. ① sharp knife/dagger ② <mil.> spearhead M: [1]*bǎ*
jiǎndāo* 剪刀 N. scissors; shears M: [1]*bǎ*
jiǎndào 捡到 R.V. pick up
[1]jiàndào 见到 R.V. see; meet; perceive
[2]jiàndào 间道 N. <wr.> bypath; shortcut M: [1]*tiáo*
[3]jiàndào 剑道 N. <Jp.> kendo; swordsmanship
[4]jiàndào 箭道 N. archery ground
jiǎndāochā 剪刀差 N. <econ.> price scissors
jiāndāolián 尖刀连 N. point company; spearhead
jiàndāshànggōng 箭搭上弓 F.E. ① ready to go ② imminent

jiàndàshìmiàn 见大世面 F.E. get a glimpse of the world of the great

jiāndé 兼得 V.P. have both at the same time

jiànde* 见得 V. ① seem; appear ② know; perceive *Zěnme ~?* How do you know?

jiàndeliǎo 见得了 R.V. be presentable

jiǎnděng 减等[減-] V.O. degrade; retrograde

jiǎndezháo 捡得着[-著] R.V. can find and pick up

jiàndezháo* 见得着[-著] R.V. be able to see/meet

[1]**jiāndí** 歼敌[殲敵] V.O. annihilate the enemy

[2]**jiǎndí** 湔涤[-滌] V. wash

jiǎndī* 减低[減-] R.V. reduce; lower; cut

jiǎndì 碱/硷地[鹼-] N. alkaline land M: [1]*kuài*/[1]*piàn*

[1]**jiàndì** 见地 N. insight; judgment

[2]**jiàndì** 建地 N. contribution; achievement

jiǎndiǎn* 检点[-點] V. ① carefully examine/check ② be cautious/restrained (in speech/deed)

jiàndiǎn 建点[-點] V.O. establish the base; settle down

jiǎndiànqì 检电器[-電-] N. rheoscope M: [1]*tái*

jiāndiāo 奸刁 S.V. crafty; deceitful

jiǎndiào* 剪掉 R.V. cut off

jiǎndī biāojià 减低标价[減-標價] V.O. <*acct.*> mark down

jiāndié 鹣鲽 N. a devoted couple

jiàndié* 间谍 N. spy; secret agent M: *ge*/[1]*míng*

jiàndié fēijī 间谍飞机[--飛-] N. spy plane

jiàndié huódòng 间谍活动[-動] N. espionage

jiàndiéwǎng 间谍网[-網] N. espionage network M: [1]*zhāng*

jiàndié wèixīng 间谍卫星[--衛-] N. spy satellite

jiàndiézhàn 间谍战[-戰] N. spy war M: [3]*cháng*

jiāndǐng 尖顶 N. top; tip; pinnacle

jiāndìng* 坚定[堅-] S.V. firm; staunch; steadfast ♦V. strengthen

jiǎndìng 检定 V. examine and certify (quality/etc.) ♦N. inspection

jiàndìng 鉴定[鑒-] V. appraise; identify; authenticate ♦N. appraisal

jiāndìngbùyí 坚定不移[堅-] F.E. resolute; unflinching; unswerving

jiāndìngbùyú 坚定不渝[堅-] F.E. unswervingly; steadfastly; unremittingly

jiāndìngchénzhuó 坚定沉着[堅-著] F.E. be steadfast and calm

jiàndìnghuì 鉴定会[鑒-] N. conference/meeting to appraise a product/person

jiǎndìng kǎoshì 检定考试 N. qualifying exam

jiàndìngrén 鉴定人[鑒-] N. <*law*> appraiser; expert examiner M: [1]*míng*/*ge*

jiàndìngshū 鉴定书[鑒-書] N. written appraisal by an expert M: [1]*běn*/[1]*fèn*

jiàndìng wéi 鉴定为[鑒-] V.P. appraise; identify

jiāndìngxìng 坚定性[堅-] N. firmness; staunchness

jiǎndī sùdù 减低速度[減-] V.O. lower/slacken speed; slow down

[1]**jiāndū*** 监督[監-] V. supervise; superintend; control ♦N. supervisor M: [1]*míng*

[2]**jiāndū** 煎督 V. harass; pester

jiāndú 笺牍[箋牘] N. <*wr.*> letters; correspondence

jiāndù 尖度 N. <*lg.*> stridency

jiǎndú 简牍[-牘] N. ① books and volumes ② letters/correspondence

jiǎndù 碱度[鹼-] N. degree of alkalinity

jiàndū 建都 V.O. found a capital

jiàndú 箭毒 N. curare

jiānduān 尖端 N. ① pointed end ② acme; peak ♦ATTR. most advanced; sophisticated

[1]**jiǎnduǎn*** 简短 S.V. brief; succinct; terse

[2]**jiǎnduǎn** 剪短 V. trim

jiǎnduàn 剪断[-斷] R.V. shear/cut off

jiànduàn 间断[-斷] V. be disconnected/interrupted/discontinuous

jiànduàn dānwèi 间断单位[-斷--] N. <*lg.*> discontinuous element

jiānduān jìshù 尖端技术[-術] N. sophisticated technology M: [3]*xiàng*

jiānduān kējì 尖端科技 N. most advanced science and technology

jiānduān kēxué 尖端科学 N. most advanced branches of science; frontiers of science M: *mén*

jiānduān lǐlùn 尖端理论 N. advanced theories

jiānduān wǔqì 尖端武器 N. sophisticated weapons M: [1]*zhǒng*

jiànduànxìng 间断性[-斷-] N. <*phil.*> discontinuity

jiànduàn yǔyán 间断语言[-斷--] N. <*lg.*> interruption

jiāndū chéngshì 监督程式[監-] N. <*comp.*> monitor program

jiāndū chéngxù 监督程序[監-] N. <*comp.*> monitor program

jiāndū dānyuán 监督单元[監-] N. <*comp.*> monitor unit

jiāndū diànhuà 监督电话[監-電-] N. complaint telephone number

jiāndūgǎng 监督岗[監-崗] N. supervision post

jiànduì 舰队[艦隊] N. fleet; naval force; armada M: [4]*zhī*/*ge*

jiànduìkōng dǎodàn 舰对空导弹[艦對-導-] N. <*mil.*> ship-to-air missile M: [4]*méi*/*ge*

jiànduì sīlìng 舰队司令[艦隊-] N. <*mil.*> squadron commander M: *ge*/[1]*míng*/[2]*wèi*

jiāndū láodòng 监督劳动[監-勞動] V.P. do penal labor under surveillance

jiànduōshíguǎng 见多识广[-識廣] F.E. experienced and knowledgeable

jiànduǒzi 箭垛子 N. ① battlements ② target for archery

jiāndūquán 监督权[監-權] N. authority to supervise

jiǎn'è 謇/蹇谔 V.P. outspoken; frank; candid

jiànèishuì 价内税[價-] N. taxes included in the calculated prices M: [2]*bǐ*

jiān'èjiǎozhà 奸恶狡诈[-惡--] F.E. malicious and cunning

jiàn'ér 健儿 N. ① valiant fighter ② good athlete M: *ge*/[1]*míng*/[2]*wèi*

jiǎn'éryánzhī 简而言之 F.E. in brief/short

jiān'éryǒuzhī 兼而有之 F.E. have both (at the same time)

jiǎnfá 剪伐 V. prune; cut; lop off (branches/etc.)

jiǎnfǎ* 减法[減-] N. subtraction

jiǎnfà 剪发[-髮] V.O. ① cut hair ② have one's hair cut

jiànfǎ 箭法 N. archery technique

jiànfā cuòwù 间发错误[-發--] N. intermittent error

jiānfàn* 监犯[監-] N. prison convict M: *ge*/[1]*míng*

jiànfàn 健饭 N. big eater

jiānfáng 监房[監-] N. prison cell M: [1]*jiān*

jiǎnfàng 简放 V. <*trad.*> be designated for a provincial post by imperial decree

jiànfāng* 见方 N. <*coll.*> square

jiànfǎng 见访 V. visit; call on

jiānfēi 奸非 N. ① treachery ② <*trad.*> adultery

jiānfěi 奸匪 N. treacherous bandit M: *ge*/[1]*míng*

jiǎnféi* 减肥[減-] V.O. lose weight

jiǎnféitiāoshòu 拣肥挑瘦[揀-] ID. be very particular/choosy

jiǎnféiwán 减肥丸[減-] N. diet pill M: [1]*kē*/[3]*lì*

jiǎnféizhě 减肥者[減-] N. dieter; weight-watcher M: *ge*/[1]*míng*/[2]*wèi*

jiǎnféi zhōngxīn 减肥中心[減-] N. health spa M: *ge*/[1]*suǒ*

jiǎnfèn 减份[減-] V.O. diminish

[1]**jiānfēng*** 缄封 V. seal

[2]**jiānfēng** 尖峰 N. peak

jiǎnfèng 减俸[減-] V.O. <*trad.*> reduce/lower salary

jiànfēng 箭风 N. destructive wind

jiànfèngchāzhēn 见缝插针 ID. make use of every bit of time/space

jiànfēngshǐchuán 见风使船 *See jiànfēngshǐduò*

jiànfēngshǐduò 见风使舵 F.E. ① act as the occasion dictates ② see how the wind blows

jiànfēngshìyǔ 见风是雨 F.E. ① conclude sth. from a sign/omen ② jump to hasty conclusions

jiànfēngzhǎng 见风长 F.E. grow/develop rapidly

jiànfēngzhuǎnduò 见风转舵[--轉-] F.E. act as the occasion dictates; see how the wind blows

jiǎnfēnshù 简分数[-數] N. <*math.*> simple fraction

jiàn fēnxiǎo 见分晓[-曉] V.O. become manifest (of results)

jiǎnfóshāoxiāng 拣佛烧香[揀-燒-] ID. curry favor with the right person

jiānfū 奸夫 N. male adulterer M: *ge*/[1]*míng*

jiānfú 笺幅[箋-] N. ornamental scrolls

[1]**jiānfù*** 肩负 V. undertake; bear *~ zhòngdàn* undertake heavy responsibility

[2]**jiānfù** 奸妇[-婦] N. female adulterer M: *ge*/[1]*míng*

jiǎnfú 减幅[減-] N. amount/rate of reduction

[1]**jiǎnfù** 俭腹 V.P. scanty of knowledge; ignorant

[2]**jiǎnfù** 检覆 N. report

jiànfù 见复/覆[-復] V.O. <*wr.*> receive a reply

jiānfū-yínfù 奸夫淫妇[-婦] N. male and female intrigants

jiānfù zhòngrèn 肩负重任 V.O. shoulder heavy responsibilities

[1]**jiāng*** 将[將] V. ① <*wr.*> take ② <*wr.*> handle ③ checkmate ♦COV. *introducing object of main verb ~ mén guānshang.* Close the door. ♦ADV. ① just; a short time ago *zuótiān ~ dào* came only yesterday ② about to ③ partly. . .partly. . . *~xìn-~*[5]*yí* half believing, half doubting *See also* [4]*jiàng*, [6]*qiāng*

[2]**jiāng** 江 N. ① river ② Yangtze ③ Surname

[3]**jiāng** 僵 S.V. ① stiff; numb ② deadlocked ♦V. set sb. on; dare sb.

[4]**jiāng** 姜 N. ① ginger ② Surname

[5]**jiāng** 浆[漿] N. ① thick liquid ② starch ♦V. starch *See also* [10]*jiàng*

[6]**jiāng** 缰[韁] B.F. ① reins *jiāngsheng* ② halter

[7]**jiāng** 疆 B.F. border *biānjiāng*

[8]**jiāng** 鳉[鱂] B.F. kind of fish *yǔjiāng*

[9]**jiāng** 礓 in *jiāngcā*, [2]*shājiāng*

[10]**jiāng** 螀[螿] in [2]*qióngjiāng*

[11]**jiāng** 豇 in *jiāngdòu*

[1]**jiǎng** 讲[講] V. ① speak; say; tell ② explain; make clear; interpret ③ discuss; negotiate ④ stress; pay attention to; be particular about ♦B.F. discourse; lecture *yǎnjiǎng* ♦COV. as far as sth. is concerned; as to/regards *~ tiàowǔ, tā bǐ shuí dōu xíng.* As for dancing, she's the best.

[2]**jiǎng** 奖[獎] N. award; prize; reward ♦V. give a prize/award ♦B.F. encourage; praise; reward *jiǎnglì*

[3]**jiǎng** 桨[槳] N. oar

[4]**jiǎng** 耩 V. sow with a drill

[5]**jiǎng** 膙 in [2]*jiǎngzi*

Jiǎng 蒋[蔣] N. Surname

[1]**jiàng** 降 V. fall; drop; lower *See also* [2]*xiáng*

[2]**jiàng** 酱[醬] N. thick sauce ♦V. cook/pickle in soy sauce

[3]**jiàng** 匠 B.F. craftsman; artisan *mùjiang*

[4]**jiàng** 将[將] N. ① commander-in-chief ② chess piece corresponding to the king ♦B.F. general *shàngjiàng* ♦V. <*wr.*> command; lead *See also* [1]*jiāng*, [6]*qiāng*

[5]**jiàng** 犟 S.V. obstinate; stubborn

[6]**jiàng** 糨 S.V. thick *See also* [10]*jiàng*

[7]**jiàng** 虹 N. <*coll.*> rainbow *See also* [2]*hóng*

[8]**jiàng** 绛[絳] B.F. deep-red color [2]*jiàngsè*

[9]**jiàng** 强[強] B.F. stubborn *jiàngyán, àojiàng See also* [1]*qiáng*, [2]*qiǎng*

[10]**jiàng** 浆/糨[漿/-] B.F. paste *jiànghu See also* [5]*jiāng*, [6]*jiàng*

[11]**jiàng** 洚 B.F. flood [2]*jiàngshuǐ*

jī'áng 激昂 S.V. excited and indignant; roused

jiāngǎi 监改[監-] V. jail and reform

jiāng'ài 将爱[將愛] N. take care of; attend to

jiàngǎn(r) 箭杆(儿) N. arrow shaft M: [2]*gēn*/[5]*zhī*/[4]*zhī*

jiāng'àn 江岸 N. river bank

jiàngào 见告 V. tell; inform

jiàn gāodī 见高低 V.O. see who's the better; compete with
jiāngāogāngē 鞬櫜干戈 F.E. turn to peaceful pursuits
jiāngba 僵巴 S.V. shriveled
[1]jiāngbǎn 浆板[漿-] N. pulp board M: [2]kuài
[2]jiāngbǎn 僵板 S.V. stubborn; hardboiled
jiàngbān* 降班 V.O. fail to advance to a higher grade (in school)
jiàng bànqí 降半旗 V.P. fly a flag at half mast
Jiāngběi 江北 P.W. area north of the Yangtze
jiāngbèi 姜被 N. harmony between brothers
jiǎngbēi* 奖杯[獎-] N. trophy cup
jiāngbèitóngmián 姜被同眠 F.E. harmony between brothers
jiāngběnqiúlì 将本求利[將-] F.E. earn interest from one's capital
jiāngbì 僵弊 F.E. dead and stiff
jiāngbiān* 江边[-邊] P.W. riverside
jiàngbiàn 将弁[將-] N. military officers in general
Jiāngbiǎo 江表 P.W. area south of the Yangtze
jiāngbǐng 姜饼 N. gingerbread; gingersnaps M: [2]kuài
jiàngbīng* 将兵[將-] V.O. command troops
jiāngbuchīr 僵不吃儿 V.P. ① stiffly ② grumpily
jiǎngbuchū kǒu 讲不出口[講-] V.P. be too embarrassed to speak
jiǎngbude 讲不得[講-] R.V. unmentionable; unspeakable
jiǎngbutōng 讲不通[講-] R.V. illogical; unreasonable
jiāngcā(r) 礓碴(儿) N. flight of steps/stairs
jiāngcái 将才[將-] ADV. <coll.> just now; recently
jiàngcái 将才/材[將-] N. talents of a top commander M: ge/[1]míng/[2]wèi
jiàngcài* 酱菜[醬-] N. vegetables pickled in soy sauce; pickles
jiāngcán 僵蚕[-蠶] N. ① medicinal silkworms ② silkworm dead before producing cocoon
jiāngchǎng 疆场[-場] N. battlefield
jiǎng-chàng 讲唱[講-] *See shuō-chàng*
jiāngcháo 江潮 N. tidal bore
jiǎng-chéng 奖惩[獎懲] V. reward and punish
jiāngchéng de 将成的[將-] ATTR. pre-
jiāngchéngjù 将成句[將-] N. <lg.> pre-sentence
jiǎng-chéng tiáolì 奖惩条例[獎懲條-] N. regulations regarding reward and punishment
jiǎng-chéng zhìdù 奖惩制度[獎懲-] N. system of reward and punishment
jiāngchí 僵持 V. be deadlocked
jiāngchíbuxià 僵持不下 F.E. be deadlocked
jiǎngchū 讲出[講-] R.V. tell
jiǎng chūlai 讲出来[講-] R.V. tell
jiàngchún 绛唇 N. red lips
jiāngcì 将次[將-] AUX. be going to; will; shall
jiǎngcí* 讲词[講-] N. text of a speech M: [1]piān/[1]fèn
jiǎngcì 奖次[獎-] N. class/rank of the prize/medal
jiàngcì 降赐 V. vouchsafe; bestow
jiǎngcí tíshìqì 讲词提示器[講-] N. teleprompter M: [1]tái/ge
jiāngcuòjiùcuò 将错就错[將-] F.E. accept the consequences of a mistake and make the best of it
jiǎngdǎo 讲倒[講-] R.V. argue sb. into silence; win a debate
[1]jiǎngdào* 讲道[講-] V. preach; give sermons
[2]jiǎngdào 讲到[講-] R.V. talk of/about
jiàngdào 降到 R.V. step down to
jiāngdàoqī fùzhài 将到期负债[將-] N. <acct.> maturing liabilities
jiǎng de huà 讲的话[講-] N. spoken language
jiāng de huāng 僵的慌 R.V. <coll.> dull/heavy (of atmosphere/situation)
jiàngděng 降等 V.O. degrade
jiǎng de xíngshì 讲的形式[講-] N. oral form
jiǎng de yǔyán 讲的语言[講-] N. spoken language
jiǎngdì 耩地 V.O. sow land with a drill
jiàngdī* 降低 R.V. reduce; cut down; drop; lower
jiāngdiàn 姜店 P.W. store selling liquor and dried food/fruit/etc. M: [1]jiā
jiàngdiào 降调 N. <lg.> falling tune/tone ♦V. transfer officials to lower positions
jiàngdī biāojiàfǎ 降低标价法[--標價-] N. mark-down method
jiàngdī de 降低的 ATTR. <lg.> flat
jiàngdī jiàgé 降低价格[--價-] V.O. lower prices
jiǎngdìng 讲定[講-] V. make an agreement
jiàngdī shēnfen 降低身份 V.O. lower one's social status/standing
jiàngdī shēngchǎn chéngběn 降低生产成本[---產--] V.O. reduce production costs
Jiāngdōng 江东 P.W. Jiangsu or lower Yangtze area
Jiāngdōng fùlǎo 江东父老 N. my countrymen
jiāngdòu 豇豆 N. <bot.> cowpea M: [2]gēn
jiàngdòufu 酱豆腐[醬-] N. fermented beancurd M: [2]kuài
jiǎngdú 讲读[講讀] N. explain and read
jiàngdúshì 降读式[-讀-] N. <lg.> decreasing stress
jiàngé 间隔 N. interval; intermission ♦V. be separated
jiàngé chéng 间隔成 R.V. separate into
jiàngéhào 间隔号[-號] N. <lg.> separation dot
jiǎngfa 讲法[講-] N. ① way of stating ideas/facts ② interpretation (of theory/etc.)
jiǎngfáfēnmíng 奖罚分明[獎-] F.E. keep strictly the rules for reward and punishment
jiàngfán 降凡 V.O. come into the world, as a divine incarnation
Jiāngfáng* 江防 N. defense/dike works along the Yangtze River
jiàngfáng 酱坊[醬-] P.W. brewery; distillery M: [1]jiān
[1]jiàngfú 降福 V. bless
[2]jiàngfú 降幅 N. range of discount
[3]jiàngfú 降服 N. year-long mourning *See also* [2]xiángfú
jiānggān 江干 N. <wr.> riverside
jiànggāng 酱缸[醬-] N. jar/vat/etc. for pickled vegetables or soybean sauce M: ge/[2]zhī
jiānggāo 江皋 N. ① river bank ② low land by the river
jiǎnggǎo* 讲稿[講-] N. draft of a speech; lecture notes M: [1]piān/[1]fèn
jiànggé 降格 V.O. <wr.> lower one's standard/status
jiànggēda 酱疙瘩[醬-] N. <coll.> a kind of preserved turnip/etc.
jiǎnggěi 讲给[講-] V.P. tell to
jiànggéxiāngqiú 降格相求 F.E. accept second-best
jiànggéyǐqiú 降格以求 F.E. accept second-best
jiānggōngbǔguò 将功补过[將-補-] F.E. atone for faults by good deeds
jiānggōngshúzuì 将功赎罪[將-贖-] F.E. expiate a crime by good deeds
jiānggōngzhézuì 将功折罪[將-] F.E. atone for mistakes by meritorious service
jiānggòu 将够[將夠] V.P. be just enough
jiānggù* 僵固 S.V. bigoted
jiǎnggǔ 讲古[講-] V.O. tell stories of the past
jiàngguā 酱瓜[醬-] N. pickled cucumbers M: [1]tiáo
jiàngguan 将官[將-] N. <coll.> high-ranking military officer; general M: ge/[1]míng/[2]wèi *See also* jiàngguān
jiàngguān* 将官[將-] N. general-rank officers M: ge/[1]míng/[2]wèi *See also* jiàngguan
jiāngguì 姜桂 N. ginger and cinnamon ♦ID. stubborn; unyielding; unshakable
jiāngguǒ 浆果[漿-] N. <bot.> berry M: ge/[1]kē
jiāng háishi lǎo de là 姜还是老的辣[-還----] ID. veterans are abler than recruits
[1]jiànghào 降号[-號] N. <mus.> flat
[2]jiànghào 降耗 V.O. cut down the consumption (of sth.)
jiānghé* 江河 N. ① rivers ② Yangtze and Yellow rivers
jiǎnghé 讲和[講-] V.O. make peace; become reconciled
jiānghérìxià 江河日下 ID. go from bad to worse; decline
jiānghéxíngdì 江河行地 ID. unalterable; immutable
jiànghóng 绛红 V.P. deep-red color
jiànghóngsè 绛红色 N. deep-red color
jiānghu 江湖 N. <trad.> ① itinerant entertainers/quacks/etc. ② the trade of such people *See also* jiānghú
jiānghú* 江湖 N. ① rivers and lakes ② all corners of the country ③ itinerants; wanderers ④ quack ⑤ retirement to the countryside ♦ATTR. ① sophisticated and shrewd ② bohemian *See also* jiānghu
jiānghù 将护[將護] V. <wr.> take good care of
jiànghu(r) 浆/糨糊(儿)[漿-] N. paste; starch
jiānghuà 僵化 V. ① become rigid; fossilize ② reach an impasse ♦N. fossilization
jiǎnghuà* 讲话[講-] V.O. speak; talk; address ♦N. ① speech; talk ② guide; introduction (in book titles)
jiǎnghuàdétǐ 讲话得体[講-體] F.E. speak in appropriate terms
Jiāng-Huái 江淮 P.W. ① Yangtze and Huai rivers ② Jiangsu and Anhui provinces
jiānghuáng 姜黄 N. <bot.> turmeric
jiānghuáng shìzhǐ 姜黄试纸 N. curcuma/turmeric (testing) paper M: [1]zhāng
jiānghuángzhǐ 姜黄纸 N. curcuma/turmeric (testing) paper M: [1]zhāng
jiānghuà sīxiǎng 僵化思想 N. fossilized/ossified ideas
jiānghúkè 江湖客 N. an itinerant M: ge/[1]míng/[2]wèi
jiānghú lángzhōng 江湖郎中 N. quack doctor M: ge/[1]míng/[2]wèi
jiànghuǒ 降火 V.O. rain down fire
jiànghuò* 降祸[-禍] V.O. send down calamities
jiānghúpài 江湖派 N. adventurers; vagabonds
jiānghú piànzi 江湖骗子 N. swindler; charlatan M: ge/[1]míng
jiānghúqì 江湖气[-氣] N. sly; sneaky personality
jiānghú qìgài 江湖气概[--氣-] N. personal sense of rough-and-tumble justice
jiānghú shang 江湖上 A.T. <coll.> fly-by-night; catch-as-catch can
jiānghúyìqì 江湖义气[-義氣] ID. personal sense of rough-and-tumble justice
jiānghú yìrén 江湖艺人[--藝-] N. itinerant entertainer M: ge/[1]míng/[2]wèi
jiānghú yīshēng 江湖医生[--醫-] N. quack; mountebank M: ge/[1]míng/[2]wèi
jiānghú yìshì 江湖义士[--義-] N. believer in brotherhood M: ge/[1]míng/[2]wèi
jiāngjī 江鸡[-雞] N. a kind of dragon-fly M: [2]zhī
jiàngjí* 降级 V.O. ① demote ② send (a student) to a lower grade
jiǎngjià 讲价[講價] V.O. ① bargain; haggle over price ② negotiate the terms/conditions
jiàngjiá 绛颊[-頰] N. rosy cheeks; flushed face
jiàngjià* 降价[-價] V.O. lower prices
jiàngjiàlǜ 降价率[-價-] N. mark-down percentage
jiāngjiāng(r)* 将将(儿)[將將-] ADV. <topo.> ① a moment ago; just now ② just; only; exactly
jiàngjiàng 将将[將將] V.O. lead a group of commanders
jiāngjiāng gòu 将将够[將將夠] V.P. <coll.> barely amount to; be just about enough
jiāngjiangjiùjiù 将将就就[將將-] ADV. just; barely
jiāngjiào 疆徼 N. <trad.> frontier; border
jiǎng jiāoqing 讲交情[講-] V.O. care about friendship

jiǎng jiàqian 讲价钱[講價錢] V.O. bargain; haggle over price
jiàngjià xiāoshòu 降价销售[-價--] N. markdown sale
jiàngjiāzǐ 将家子[將-] N. descendent of a general
jiāngjǐbǐrén 将己比人[將-] F.E. compare oneself to another
jiāngjiè 疆界 N. boundary; border
jiǎngjiě* 讲解[講-] V. explain; narrate
jiàngjiě 降解 V. degrade; decompose
jiàngjiécháng 降结肠[-腸] N. <*phys.*> descending colon
jiǎngjiě jiēduàn 讲解阶段[講-階-] N. presentation stage
Jiǎng Jièshí 蒋介石[蔣-] (1887–1975) N. Chiang Kaishek (Kuomingtang party leader and head of Nationalist Government in mainland China and Taiwan authorities)
jiǎngjiěyuán 讲解员[講-] N. ①guide ②narrator; commentator M: *ge*/[1]*míng*/[2]*wèi*
jiāngjìjiùjì 将计就计[將-] F.E. beat sb. at their own game
jiàngjíliúyòng 降级留用 F.E. degrade in rank but retain in office
jiāngjìn 将近[將-] ADV. close to; nearby; almost
jiǎngjīn* 奖金[獎-] N. money award; bonus; premium M: [2]*bǐ*/[1]*fèn*
jiǎngjìn 奖进[獎進] V. encourage to advance
jiàngjìn 犟劲[-勁] N. stubbornness
jiǎngjīng 讲经[講經] V.O. expound Buddhist sutras
Jiǎng Jīngguó 蒋经国[蔣經國] (1910–1988) N. Chiang Chingkuo (eldest son of Chiang Kaishek and his successor in Taiwan)
jiǎngjīnshuì 奖金税[獎-] N. tax on bonus-money M: [2]*bǐ*
jiǎngjīntou 讲斤头[講-] V.O. bargain
jiāngjiǒng 僵窘 V.P. tightened (of face); embarrassed
jiàngjíshù 降极数[-極數] N. <*math.*> descending series
jiāngjiu 将就[將-] V./ADV. make do; put up with *Wǎnfàn hěn jiǎndān, qǐng ~ yòng ba.* The dinner we have prepared is quite simple, please bear with us.
jiāngjiǔ 姜酒 N. ginger wine M: *bēi*/*píng*
jiǎngjiu* 讲究[講-] V. ① be particular about; pay attention to *Tā xiànglái ~ chī hé chuān.* He's always been fussy about food and clothing. ②stress; strive for ③backbite ④study; research ♦S.V. exquisite; tasteful ♦N. particularities; details for consideration ***See also*** *jiǎngjiū*
jiǎngjiū 讲究[講-] V. study; analyze; investigate thoroughly ***See also*** *jiǎngjiu*
jiàngjiù 降咎 V.O. send down disaster from heaven
jiāngjiǔxiāochóu 将酒消愁[將-] F.E. drown one's worries in drink
jiāngjú 僵局 N. deadlock; impasse; stalemate
jiāngjun* 将军[將-] N. ① general ② high-rank officer M: *ge*/[1]*míng*/[2]*wèi* ***See also*** *jiāngjūn*
jiāngjūn 将军[將-] V.O. ① check (in chess) ② put sb. on the spot; embarrass/challenge sb. ***Nà zhēn jiāngle tā yījūn.*** That sure put him on the spot. ♦N. general M: *ge*/[1]*míng*/[2]*wèi* ***See also*** *jiāngjun*
jiāngjūndù 将军肚[將-] N. beer-belly
jī'ángkāngkǎi 激昂慷慨 F.E. impassioned; vehement
jiǎngkè 讲课[講-] V.O. teach; lecture
jiāngkǒu 江口 N. river outlet (into the sea/lake/etc)
jiāngkuài 将快[將-] ADV. soon/shortly (of future event)
jiānglái 将来[將-] N. future ♦ADV. in the future *Nǐ ~ yǒu shénme jìhuà?* What's your plan for the future?
jiǎngláijiǎngqù 讲来讲去[講-講-] V.P. talk repeatedly
jiānglái jìnxíngshí 将来进行时[將-進-時] N. <*lg.*> future progressive
jiāngláipài 将来派[將-] N. futurists
jiāngláishí 将来时[將-時] N. <*lg.*> future (tense)
jiānglái shíjiān 将来时间[將-時-] N. future time
jiānglái wánchéngshì 将来完成式[將-] N. <*lg.*> future perfect
jiānglángcáijìn 江郎才尽[-盡] F.E. have used up one's literary talent/energy
jiānglí 将离[將離] N. <*zoo*> bullfinch
[1]**jiānglì** 僵立 V. stand motionless/rigidly
[2]**jiānglì** 疆吏 N. frontier official
jiǎnglǐ 讲理[講-] V.O. ① reason with sb.; argue ② listen to reason; be reasonable
jiǎnglì* 奖励[獎勵] V./N. encourage and reward; award
jiǎnglì gōngzī 奖励工资[獎勵-] N. premium wages M: [2]*bǐ*/[1]*fèn*
jiànglín 降临[-臨] V. <*wr.*> ① befall; arrive; come ② condescend to come
jiànglǐng* 将领[將-] N. high-ranking military officer; general M: *ge*/[1]*míng*/[2]*wèi*
jiànglìng 将令[將-] N. command; military order
jiāngliú 江流 N. river
jiǎnglì zhìdù 奖励制度[獎勵-] N. reward system
jiànglǘ 犟驴[-驢] N. <*derog.*> pig-head; mule M: [1]*tóu*
jiànglüè 将略[將-] N. military strategy
jiānglún* 江轮 N. river steamer M: [1]*tiáo*/[1]*sōu*
jiǎnglùn 讲论[講-] V. discuss; expound
jiàngluò 降落 V. ① descend; land ***Fēijī ~ zài pǎodào shang.*** The plane is landing on the runway. ② drop (in water level, etc.)
jiàngluóbo 酱萝卜[醬蘿-] N. turnip pickled in soy sauce M: *ge*/[1]*kē*
jiàngluòchǎng 降落场[-場] P.W. landing-field
jiàngluòfèi 降落费 N. landing-fee M: [2]*bǐ*
jiàngluòsǎn 降落伞[-傘] N. parachute M: [1]*bǎ*
jiàngluòsǎn bùduì 降落伞部队[--傘-隊] N. paratroopers; paratroop units M: [4]*zhī*
jiàngmén 将门[將-] N. the family of a general
jiàngménhǔzǐ 将门虎子[將-] F.E. capable young man from a distinguished family M: *ge*/[1]*míng*/[2]*wèi*
jiàngmén wú quǎnzǐ 将门无犬子[將-] F.E. A general's family will not produce bad offspring.
jiàngményǒujiàng 将门有将[將-將] F.E. The family of a general is bound to produce more generals.
jiàngménzhīzǐ 将门之子[將-] N. descend from a line of generals
jiāngmǐ* 江米 N. polished glutinous rice
jiàngmì 降幂[-冪] N. <*math.*> descending order
jiāngmiàn* 江面 N. surface of a river
jiǎngmiǎn 奖勉[獎-] V. award and encourage
jiǎng miànzi 讲面子[講-] V.O. care about reputation/face
jiāngmǐjiǔ 江米酒 N. fermented glutinous rice M: *bēi*/[3]*píng*
jiāngmǐmiàn 江米面[-麵] N. glutinous rice powder M: [1]*wǎn*
jiǎngmíng 讲明[講-] R.V. explain; make clear; state explicitly
jiāngmò 姜末 N. chopped ginger M: [1]*bǎ*
Jiāngnán 江南 P.W. area south of the Yangtze
Jiāngníng 江宁[-寧] P.W. ancient name of Nanjing
Jiāngníng Tiáoyuē 江宁条约[-寧條-] N. treaty of 1842 ending the Opium War
jiàngniú 犟牛 N. pighead; mule M: [1]*tóu*
jiāngōng* 监工[監-] N. overseer; supervisor; foreman M: *ge*/[1]*míng*/[2]*wèi* ♦V.O. supervise work; oversee
[1]**jiàngōng** 建功 V.O. complete a grand work
[2]**jiàngōng** 见工 V.O. have a job interview
[3]**jiàn-gōng** 建工 N. construction project
jiàngōnglìyè 建功立业[-業] F.E. make great contributions and accomplish great tasks
jiàngǒu 贱狗[賤-] N. pariah dog M: [1]*tiáo*
jiàngòu* 建构[-構] V.O. ① design; conceive ② construct
jiàng'ǒu 酱藕[醬-] N. lotus root pickled in soy sauce
jiàngòu de 建构的[-構-] ATTR. <*lg.*> artificial
jiàngòu yǔyán 建构语言[-構--] N. <*lg.*> artificial language
jiǎngpái 奖牌[獎-] N. prize medal M: [2]*kuài*
jiǎng páichang 讲排场[講-場] V.O. love ostentation
jiāngpàn 江畔 N. river bank; riverside
jiāngpiàn 姜片 N. ginger slices M: [1]*piàn*
jiāngpiànchóng 姜片虫[-蟲] N. intestinal parasite M: [1]*tiáo*
jiǎngpǐn 奖品[獎-] N. prize; award; trophy M: [1]*fèn*/[2]*jiàn*
jiǎngpíng 讲评[講-] V. comment on and appraise
jiàngpíqi 犟脾气[-氣] N. <*coll.*> stubborn disposition
jiǎngqí 奖旗[獎-] N. banner (as an award) M: [1]*miàn*
jiǎngqǐ 讲起[講-] R.V. ① mention ② at the mention of
[1]**jiàngqí*** 降旗 V.O. lower a flag ***See also*** *xiángqí*
[2]**jiàngqí** 将棋[將-] N. a chess-like game
jiàngqì 匠气[-氣] N. triteness in artistic work
jiàngqiézi 酱茄子[醬-] N. eggplant pickled in soy sauce M: *ge*/[1]*kē*
jiàngqíhào 降旗号[-號] N. retreat; flag-lowering signal
jiǎng qǐlai 讲起来[講-] R.V. begin to speak
jiāngqínbǔchù 将勤补绌[將-補-] F.E. make up for lack of skill by application
jiǎngqínfálǎn 奖勤罚懒[獎-] F.E. reward the diligent and punish the lazy
jiǎngqíng 讲情[講-] V.O. intercede; plead for sb.
jiǎng qīngchu 讲清楚[講-] R.V. make things clear
jiǎng qínglǐ 讲情理[講-] V.O. stand to reason
jiǎngqiú 讲求[講-] V. ① be particular about ② pay attention to; stress
jiǎngqiú shíxiào 讲求实效[講-實-] V.O. stress practical results
jiǎngqiú wàibiǎo 讲求外表[講-] V.O. pay special attention to appearance
jiǎngqiú zìwǒ 讲求自我[講-] V.O. be self-important
[1]**jiǎngquàn** 奖券[獎-] N. ① lottery/raffle ticket ② gift coupon M: [1]*zhāng*
[2]**jiǎngquàn** 奖劝[獎勸] V. ① recommend ② encourage ③ praise; promote
jiàngquè 绛阙 N. palace gate
jiǎngr 讲儿[講-] N. ① meaning; importance ② reason
jiàngrén 匠人 N. artisan; craftsman M: *ge*/[1]*míng*
jiàngròu 酱肉[醬-] N. braised pork; pork seasoned with soy sauce M: [2]*kuài*
[1]**jiàngsè** 酱色[醬-] N. dark reddish brown
[2]**jiàngsè** 绛色 N. deep-red color
jiāngshā 浆纱[漿-] V.O. <*txtl.*> size; sizing ♦N. sizing
jiāngshān 江山 N. ① rivers and mountains; land; landscape ② country; state power
jiāngshānduōjiāo 江山多娇[-嬌] F.E. beautiful mountains and rivers
jiǎngshǎng 奖赏[獎-] V./N. award; reward
jiǎngshǎngpǐn 奖赏品[獎-] N. prize; award M: [2]*jiàn*/[1]*fèn*/*ge*
jiāngshānměirén 江山美人 F.E. the throne and the beauty
jiāngshānrúhuà 江山如画[-畫] F.E. picturesque landscape
jiāngshè 将摄[將攝] V. rest in order to recuperate
jiàngshén 降神 V.O. sacrifice to the gods and beg their presence ♦N. incarnation
jiāngsheng 缰绳[韁繩] N. ① reins ② halter M: [2]*gēn*

J

[1]jiàngshēng* 降生 V. <wr.> ①be born (referring to the founder of a religion) ② be incarnated

[2]jiàngshēng 降升 N. falling-rising

jiàngshēngdiào 降升调 N. <lg.> falling-rising tone

jiāngshī 僵尸[-屍] N. ① corpse ② vampire; reanimated corpse

jiāngshí 将食[將-] V.O. take food; have a meal

[1]jiāngshì 僵事 V.O. create or stir up trouble

[2]jiāngshì 将事[將-] V.O. do in compliance with an order

[3]jiāngshì 将是[將-] V. will be

jiǎngshī* 讲师[講師] N. lecturer M: ge/[1]míng/[2]wèi

jiǎngshǐ 讲史[講-] N. <trad.> stories based on oral history

jiǎngshì 奖饰[獎-] V. <wr.> praise; give encouragement to

[1]jiàngshì 将士[將-] N. <wr.> officers and men

[2]jiàngshì 降世 V.O. <rel.> be born into the world (of sacred figures, etc.)

J

jiǎngshītuán 讲师团[講師團] N. teacher-training group

jiàngshìyòngmìng 将士用命[將-] F.E. Officers and soldiers perform assigned duties conscientiously.

[1]jiǎngshòu 讲授[講-] V. lecture; instruct; teach

[2]jiǎngshòu 奖售[獎-] V. ① reward those who surpass their sales quotas ② give a free item with a purchase

[3]jiǎngshòu 奖授[獎-] V. award; grant sth. as an award

jiǎngshòu zhèngcè 奖售政策[獎-] N. the policy of rewarding those who surpass their sales quotas

[1]jiǎngshū 讲书[講書] V.O. explain contents of textbook (to students)

[2]jiǎngshū 讲疏[講-] V. explain; explicate

jiǎngshù* 讲述[講-] V. tell about; narrate; relate

jiàngshù 绛树[-樹] N. ① coral ② name of an ancient beauty

jiàngshuài 将帅[將帥] N. general; commander-in-chief M: [1]míng/[2]wèi

jiàngshuāng 降霜 V.O. frost

jiàngshuāzi 糨刷子 N. pastebrush M: [1]bǎ

jiāngshuǐ* 江水 N. river water

[1]jiàngshuǐ 降水 N. <met.> precipitation

[2]jiàngshuǐ 洚水 N. floodwater; flood

jiàngshuǐliàng 降水量 N. precipitation

jiǎngshuō 讲说[講-] V. give a speech on; explain

[1]jiāngsǐ 僵死 V. become ossified; die

[2]jiāngsǐ 将死[將-] R.V. checkmate ♦V.P. be dying

Jiāngsū 江苏[-蘇] P.W. Jiangsu province

jiǎngtái 讲台[講臺] N. platform; dais; rostrum

jiǎngtán 讲坛[講壇] N. ① platform; rostrum ② forum M: [4]zuò/ge

jiāngtāng 姜汤[-湯] N. ginger soup/tea

jiǎngtáng* 讲堂[講-] N. lecture room; classroom M: [1]jiān

jiǎngtí 讲题[講-] N. topic (of discussion/lecture)

jiāngtiān 江天 N. spacious sky over a river

jiāngtiānbǐdì 将天比地[將-] F.E. like comparing heaven with a lump of dirt

jiǎng tiáojiàn 讲条件[講條-] V.O. bargain over terms

jiāngtǔ 疆土 N. territory

jiāngtún 江豚 N. black finless porpoise M: [2]zhī

[1]jiāngù* 兼顾[-顧] V. deal with two or more things

[2]jiāngù 坚固[堅-] S.V. firm; solid; sturdy

[1]jiǎngǔ 简古 S.V. laconic and archaic

[2]jiǎngǔ 戬谷[戩穀] N. <trad.> perfect goodness; complete excellence

[1]jiàngǔ 荐骨[薦-] N. <phys.> the sacrum

[2]jiàngǔ 谏鼓 N. <trad.> drum sounded at palace gate to register complaints M: [2]zhī/ge

jiànguài 见怪 V.P. mind; take offense

jiànguàibùguài 见怪不怪 F.E. face the fearful with no fear

jiānguān 间关[-關] N. ① sound of rolling carts ② sound of birds chirping ③ twists and turns ♦ATTR. crabbed (of style)

[1]jiānguǎn* 监管[監-] V. keep watch on (prisoners/etc.); take charge of ♦N. supervision

[2]jiānguǎn 兼管 V. also look after or have charge of

jiànguān 谏官 N. imperial censors M: ge/[1]míng/[2]wèi

jiànguǎn 建馆 V.O. set up an embassy

jiànguàn 见惯 R.V. be accustomed to seeing sth.

jiànguāng 见光 V.O. ① polish; rub and cause to shine ② be translucent ③ be exposed to light

jiānguānjié 肩关节[-關節] N. shoulder joints

jiànguànshuāngdiāo 箭贯双雕[--雙-] ID. kill two birds with one stone

jiānguǎn xìtǒng 监管系统[監-] N. <comp.> turnkey system

jiānguǎn zhìdù 监管制度[監-] N. supervisory system

jiāngùbùbá 坚固不拔[堅-] F.E. firm and indomitable

jiānguǐ 奸宄 N. <wr.> evildoers; malefactors

jiànguǐ* 见鬼 V.O. go to hell ♦A.T. fantastic; preposterous ♦INTJ. Damn it!

jiāngùnàiyòng 坚固耐用[堅-] F.E. sturdy and durable

jiāngùní 坚固呢[堅-] N. denim M: [2]kuài/[1]pǐ

jiānguó 监国[監國] N. regent

jiānguǒ 坚果[堅-] N. <bot.> nut M: ge/[1]kē

jiǎnguò 剪过 R.V. has been cut

jiànguó 建国[-國] V.O. found or build up a state

jiànguǒ 谏果 N. olive M: ge/[1]kē

jiànguò* 见过 V.P. have seen; have met

Jiànguó Dàgāng 建国大纲[-國-綱] N. *Fundamentals of National Reconstruction* by Sun Yat-sen M: [1]fèn

Jiànguó Fānglüè 建国方略[-國--] N. *Plans for National Reconstruction* by Sun Yat-sen

jiànguo shìmian 见过世面 V.O. have seen much of life

jiàngǔtou 贱骨头[賤-] N. wretched scamp

jiāngwān 江湾[-灣] N. river mouth

jiāngwǎn* 将晚[將-] V.P. toward evening

jiǎng wèishēng 讲卫生[講衛-] V.O. pay attention to hygiene

jiàngwēn 降温 V.O. ①lower the temperature (as in a workshop) ②cool off; curb the overgrowth ③ <met.> drop in temperature; cool down

jiàngwēnfèi 降温费 N. extra pay during hot weather M: [2]bǐ

jiāngwò 僵卧[-臥] V. lie stiff and motionless

jiǎngwǔ 讲武[講-] V.O. train in martial/military arts

jiǎngwǔtáng 讲武堂[講-] P.W. military academy M: [1]suǒ/[1]jiān

jiāngxī 将息[將-] V. rest; recuperate

Jiāngxī 江西 P.W. Jiangxi province

jiàngxǐ 浆洗[漿-] V. wash and starch

[1]jiǎngxí* 讲习[講習] V. ① lecture and study ② conduct training classes

[2]jiǎngxí 讲席[講-] N. place occupied by a lecturer; chair

jiàngxī 降息 V.O. reduce interest rates

jiàngxià 降下 R.V. descend; drop; decline

jiàngxiàn 降霰 V.O. sleet

jiāngxiāng 江乡[-鄉] N. river/lake district

jiàngxiāng 降香 V.O. offer prayers for rain ♦N. <bot.> dahlbergia; Acronychia pedunculata; lignaloes

jiàngxiáng 降祥 V.O. send down blessings from heaven ♦N. godsend

jiàngxiàng* 将相[將-] N. generals and ministers of state

jiàngxiàngqì 将相器[將-] N. makings of a general or a minister

jiàngxiào 将校[將-] N. general officers and field-grade officers; brass

jiǎng xiàohua 讲笑话[講-] V.O. tell jokes/stories

jiàngxiàoní 将校呢[將-] N. a kind of thick woolen fabric M: [2]kuài/[1]pǐ

jiǎng xiàqu 讲下去[講-] R.V. continue with one's speaking

jiǎngxíbān 讲习班[講習-] N. ① study group ② short-term course; seminar M: [2]qī

jiàngxǐfáng 浆洗房[漿-] N. a laundry M: [1]jiān

jiǎngxíhuì 讲习会[講習-] N. lecture meeting; seminar M: cì/ge/[2]chǎng

jiāngxīn 江心 N. middle of a river

jiàngxīn* 匠心 N. <wr.> ingenuity; craftsmanship

jiāngxīnbǐxīn 将心比心[將-] F.E. ① judge another's feelings by one's own ② be empathic

jiāngxīnbǔlòu 江心补漏[--補-] ID. try to avoid disaster when it's too late

jiàngxīndújù 匠心独具[--獨-] F.E. have great originality

jiàngxīndúyùn 匠心独运[-獨運] F.E. show ingenuity; have great originality

jiàngxìngzi 犟性子 N. stubborn personality

jiāngxīnhuànxīn 将心换心[將-換-] F.E. win other people's hearts by one's sincerity

jiāngxìnjiāngyí 将信将疑[將-將-] F.E. be half in doubt; be skeptical

jiàngxīnjīngyíng 匠心经营[-經營] F.E. handle in a creative way

jiǎng xīnlǐhuà 讲心里话[講-裡-] V.O. bare one's heart

jiàngxīnxiāngcóng 降心相从[-從] F.E. subject one's own will to the dictate of others

jiǎngxìnxiūmù 讲信修睦[講-] F.E. <wr.> cement peaceful relations by upholding good faith

jiǎngxísuǒ 讲习所[講習-] P.W. institute (for instruction/training) M: [1]jiā

jiǎngxǔ 奖许[獎-] V. praise; encourage

jiǎngxué 讲学[講-] V.O. give lectures; discourse on academic subjects ***Tā yìngyāo dào Zhōngguó ~ yīnián.*** He was invited to China as guest lecturer for a year.

jiǎngxuéjīn 奖学金[獎-] N. scholarship; stipend M: [2]bǐ

jiàngyā 降压[-壓] V.O. ① bring down high blood pressure ② decompress; depressurize ③ <elec.> reduce voltage

jiàngyā biàndiànzhàn 降压变电站[-壓變電-] N. step-down substation M: [1]jiā

jiǎngyán 讲筵[講-] N. teacher's seat

jiǎngyǎn* 讲演[講-] V./N. speech; lecture M: cì/[2]chǎng

jiàngyán 强颜[強-] V.P. shameless *See also qiángyán, qiǎngyán*

jiāngyāncáijìn 江淹才尽[-盡] ID. at the end of one's resources

jiāngyǎng 将养[將養] V. rest; recuperate

jiāngyángdàdào 江洋大盗[-盜] F.E. great robber; large-scale thief M: ge/[1]míng

jiǎngyǎnyuán 讲演员[講-] N. speaker; lecturer M: ge/[1]míng/[2]wèi

jiāngyáo 江珧/瑶 N. <zoo.> scallops (*Atrina japonica*)

jiāngyào* 将要[將-] AUX. be going to; will; shall

jiāngyáozhù 江珧/瑶柱 N. dried adductor of scallops (*Atrina japonica*)

jiàngyāpiàn 降压片[-壓-] N. hypertension pill M: [1]piàn/[3]lì

jiàngyāqì 降压器[-壓-] N. <elec.> step-down transformer M: [1]tái/ge

[1]jiàngyè 浆液[漿-] N. <txtl.> size; sizing

[2]jiāngyè 姜液 N. ginger juice

jiǎngyè* 奖掖[獎-] V. <wr.> reward and promote

jiāngyì 疆埸 N. ① national borders ② field borders

[1]jiǎngyì* 讲义[講義] N. ① mimeographed/printed teaching materials; class handouts M: [1]fèn/[1]běn ② commentaries on classics

[2]jiǎngyì 奖挹[獎-] V. reward and promote

jiàngyì 匠意 N. ingenuity

jiāng yīfu 浆衣服[漿-] V.O. starch clothes

jiàngyīn 降音 N. falling pitch

jiāngyìng 僵硬 S.V. ① stiff ② rigid; inflexible

jiǎngyònghuì 讲用会[講-] N. experience-exchange meeting M: cì/[2]chǎng

Jiāngyòu 江右 P.W. Jiangxi area

jiàngyóu* 酱油[醬-] N. soy sauce M: [3]píng

jiǎngyōufáliè 奖优罚劣[獎優-] F.E. reward the good and punish the bad

jiàngyóujīng 酱油精[醬-] N. solid soy sauce M: [2]kuài

jiāngyù 疆域 N. territory; domain

jiǎngyù 奖誉[獎譽] V. give recognition; commend

jiàngyǔ* 降雨 V.O. rain

jiàngyuán 酱园[醬園] N. sauce and pickle shop M: [1]jiā

jiàngyǔdiào 降语调 N. <lg.> falling intonation

jiāngyuè 江月 N. moon's reflection on a river

jiàngyǔliàng 降雨量 N. rainfall

jiàngyùliángcái 将遇良才[將-] ID. meet one's match

jiàngzé 绛帻 N. <trad.> red-turbaned imperial guards

jiǎngzhāng* 奖章[獎-] N. medal; decoration M: [4]méi/ge

jiàngzhàng 绛帐 N. <trad.> teacher's seat before a red curtain

Jiāng-Zhè 江浙 P.W. Jiangsu and Zhèjiang provinces

Jiāng-Zhè cài 江浙菜 N. Jiangsu and Zhejiang cuisine M: [2]dào/[1]xí

[1]jiāngzhī 浆汁[漿-] N. paste

[2]jiāngzhī 姜汁 N. ginger juice

jiāngzhí* 僵直 V.P. ① stiff ② rigid; inflexible

jiàngzhí 降职[-職] V.O. lower one's position

[1]jiàngzhǐ 降旨 V.O. issue an imperial decree

[2]jiàngzhǐ 将指[將-] N. ① middle finger ② big toe

[3]jiàngzhǐ 降祉 V.O. send down blessings from Heaven

jiàngzhì 降至 V.P. lower

jiāngzhī qìshuǐ 姜汁汽水 N. ginger ale M: [3]píng

jiàngzhìrǔshēn 降志辱身 F.E. lower one's aspirations and denigrate oneself

[1]jiàngzhǒng 犟种[-種] N. obstinate disposition

[2]jiàngzhǒng 将种[將種] N. a person born of military forbears

jiāngzhū 江猪[-豬] N. <zoo.> black finless porpoise M: [2]zhī

jiāngzhù 僵住 V. deadlock

jiǎngzhù* 奖助[獎-] V. provide with financial assistance

jiāngzhuàng 浆状[漿狀] N. thick fluid

jiǎngzhuàng* 奖状[獎狀] N. certificate of merit M: [1]zhāng/[1]fèn

jiǎngzhùjīn 奖助金[獎-] N. monetary academic prize M: [2]bǐ

jiǎngzhuō 讲桌[講-] N. lectern; podium M: [1]zhāng

jiāngzhuózhīxǐ 江酌之喜 N. feast at the birth of a child

[1]jiǎngzi 耩子 N. <topo./agr.> drill

[2]jiǎngzi 膙子 N. <coll.> callosity; callus

jiàngzi 浆/糨子[漿-] N. <coll.> paste

jiàngzǐ* 酱/绛紫[醬-] N. dark reddish purple

jiàngzǐsè 酱紫色[醬-] N. dark reddish purple color

jiàngzuǐ 强/犟嘴[強-] V.O. answer/talk back ***Zài jiù Zhōngguó, dàrén zěmà xiǎoháir, xiǎoháir shì bùxǔ ~ de.*** In old China, children were not allowed to talk back.

Jiāngzuǒ 江左 P.W. Jiangsu or lower Yangtze area

jiàngzuò 将作[將-] N. <trad.> architect of the imperial palaces

jiǎngzuò* 讲座[講-] N. ① course of lectures M: cì/ge ② professorship; chair

jiàngzuǒ 将佐[將-] N. <wr.> high-ranking military officers

jiàngzuòdàjiàng 将作大匠[將-] N. architect of the imperial palaces

jiànhánqiúchāi 荐函求差[薦-] F.E. give a letter of recommendation in seeking employment

jiānháo 兼毫 N. writing-brush made with a mixture of wolf's and goat's hair

jiǎnhào* 减号[減號] N. <math.> minus sign (-)

[1]jiànhǎo(r) 见好(儿) V.O. ① <med.> get better; mend ② curry favor

[2]jiànhǎo 建好 R.V. finish building

[1]jiànhào 剑号[-號] N. <lg.> dagger (symbol)

[2]jiànhào 箭号[-號] N. <lg.> arrow (as punctuation)

[3]jiànhào 件号[-號] N. piece/item number

[4]jiànhào 贱号[賤號] N. <humb.> my store

[5]jiànhào 僭号[-號] N. <trad.> ① usurp the title of king ② adopt an illegal title

jiànhǎojiùshōu 见好就收 F.E. stop when one is ahead; don't overdo it

jiānhè 肩荷 V. carry on the shoulders; shoulder

[1]jiǎnhé* 检核 V. check

[2]jiǎnhé 减河[減-] N. distributary

jiànhé 鉴核[鑒-] V. examine (a case/etc.); make a decision

jiànhè 涧壑 N. valley; ravine

[1]jiānhòu 坚厚[堅-] S.V. firm

[2]jiānhòu 监候[監-] V. <trad.> wait in prison (for confirmation of death sentence)

jiànhòu* 见后[-後] F.E. see after/below; vide post

jiānhù* 监护[監護] <law> V. ① act as a guardian of ② observe and tend (a patient) closely ♦N. guardianship

jiǎnhū 简忽 V.P. slight; treat coolly

jiànhú 箭壶[-壺] N. quiver M: [1]bǎ/ge

jiānhuá 奸滑/猾 S.V. treacherous; crafty

[1]jiǎnhuà* 简化 V. simplify ♦N. simplification

[2]jiǎnhuà 硷化 V. saponification

[3]jiǎnhuà 碱化[鹼-] V. alkalinize

jiǎnhuà Hànzì 简化汉字[--漢-] N. abbreviated/simplified characters ♦V.O. simplify characters

jiǎnhuǎn 减缓[減-] V.O. retard; slow down

jiǎnhuāng 碱荒[鹼-] N. alkaline wasteland

jiǎnhuàzì 简化字 N. abbreviated/simplified character

jiànhuì 见惠 V.P. be favored with a gift

[1]jiànhuò 间或 ADV. occasionally; sometimes

[2]jiànhuò 贱货[賤-] N. ① cheap things; things of inferior quality; bargain ② woman of indecent behavior; bitch; slut ③ miserable/contemptible wretch; tramp

jiānhùrén 监护人[監護-] N. guardian; custodian M: ge/[1]míng/[2]wèi

jiǎnǐ 假拟[-擬] ATTR. <lg.> pseudo

jiāniǎn 加捻 N. <txtl.> twist

[1]jiāniàng 嘉/佳酿[-釀] N. good wine

[2]jiāniàng 家酿[-釀] ATTR. home-brewed

jiāniàngměiyáo 佳酿美肴[-釀--] F.E. <wr.> vintage wine and choice food

jiānjī 歼击[殲擊] V. ① fight ② attack and wipe out

jiānjì 奸计 N. ① cunning trick ② treacherous plot; conspiracy M: [1]tiáo

jiǎnjí* 剪辑 N./V. ① montage; film-editing ② editing and rearrangement

jiǎnjì 减记[減-] N. <acct.> write-down

[1]jiànjī 见机 ADV. as opportunity arises; according to circumstances

[2]jiànjī 建基 V.O. lay the foundations

[3]jiànjī 荐饥[薦-] N. successive years of scarcity

[4]jiànjī 剑击[-擊] N. <sport> fencing

[1]jiànjí 建极[-極] V.O. <trad.> ascend the throne

[2]jiànjí 践极[踐極] V.O. <trad.> ascend the throne

jiànjì 贱伎[賤-] N. inferior/lowly arts

[1]jiānjiǎ 肩胛 N. shoulder-bone

[2]jiānjiǎ 尖岬 N. promontory

jiānjià 间架 N. ① structure of buildings/character/essays ② composition of a Chinese character

jiǎnjià(r)* 减价(儿)[減價-] V.O. reduce prices; mark down

jiànjià 贱价[賤價] N. low price

jiǎnjià chūshòu 减价出售[減價--] V.P. sell at a reduced price

jiānjiǎgǔ(r) 肩胛骨(儿) N. scapula; shoulderblade

jiānjiǎlìbīng 坚甲利兵[堅-] F.E. armed might

[1]jiānjiān 尖尖 R.F. pointed; sharp

[2]jiānjiān 戋戋[戔戔] R.F. <wr.> small; tiny; fragmentary

jiānjiǎn 监检[監-] N. monitor; monitoring

[1]jiǎnjiǎn 蹇蹇 R.F. difficult; hard

[2]jiǎnjiǎn 翦翦 R.F. glacial; piercing (of cold)

[3]jiǎnjiǎn 謇謇 R.F. faithful; loyal

jiànjiān 箭尖 N. arrowhead

jiànjiǎn 渐减[-減] V. gradually reduce

[1]jiànjiàn(r)* 渐渐(儿) ADV. gradually; by degrees; little by little

[2]jiànjiàn(r) 件件(儿) N. every one (of objects)

[3]jiànjiàn 溅溅[濺濺] ON. gurgling sound of flowing water

[4]jiànjiàn 建舰[-艦] V.O. build a warship

jiǎnjiǎndāndān 简简单单 R.F. in a simple/easy style

jiànjiàng 健将[-將] N. ① top-notch player ② expert M: ge/[1]míng/[2]wèi

jiānjiǎn jiǎshuō 监检假说[監-] N. monitor hypothesis

jiānjiānr 尖尖儿 R.F. pointed

jiānjiānzhīshù 戋戋之数[戔戔-數] N. <wr.> an insignificant amount of money

jiǎnjiǎnzhíyán 謇謇直言 F.E. be outspoken

[1]jiānjiāo 监交[監-] V. supervise the handover of duties between officials

[2]jiānjiāo 兼教 V. teach concurrently (at different institutions)

jiānjiǎo 奸狡 S.V. evil and sly

jiānjiào 尖叫 V. scream

jiǎnjiào 检校 V. ① collate and correct; examine ② evaluate (government officials/etc.)

jiànjiāo* 建交 V.O. establish diplomatic relations

jiànjiào 见教 F.E. <court.> favor me with your advice

jiàn-jiào hézuò 建教合作 V.P./N. <TW.> co-operative education (between school and employers); internship

jiān jīdàn 煎鸡蛋[-雞-] V.O. fry eggs ♦N. fried egg

jiǎnjiē 剪接 V. cut/edit film ♦N. film-editing; montage

[1]jiǎnjié 简洁[-潔] S.V. succinct; terse; to-the-point

[2]jiǎnjié 简捷 S.V. simple and direct; forthright

[3]jiǎnjié 减节[減節] V.P. be frugal

[4]jiǎnjié 剪截 V. cut

jiǎnjiè 简介 N. brief introduction; synopsis

jiànjiē* 间接 ATTR./ADV. indirect; secondhand

jiànjiě 见解 N. view; opinion; understanding

jiànjiè 鉴戒[鑒-] N. warning; object lesson

jiànjiē bǎohù 间接保护[-護] N. indirect protection

jiànjiē bīngé 间接宾格[--賓-] N. <lg.> dative case

jiànjiē bīnwèi 间接宾位[--賓-] N. <lg.> dative case

jiànjiē bīnyǔ 间接宾语[--賓-] N. <lg.> indirect object

jiànjiē bīnyǔ tíqián 间接宾语提前[--賓---] N. <lg.> dative movement

jiànjiē cáiliào 间接材料 N. indirect materials M: [1]fèn

jiànjiē chéngběn 间接成本 N. <acct.> indirect cost

jiànjiē fèiyòng 间接费用 N. <acct.> indirect expenses; overhead charges/expenses M: [2]bǐ

jiànjiē fèiyòng zhǔnbèi 间接费用准备[-準備] N. <acct.> reserve for overhead

jiǎnjié fēnxi 简捷分析 N. shortcut analysis

jiànjiē fùzé 间接负责 N. <acct.> indirect liabilities

jiànjiēgē 间接格 N. <lg.> dative/indirect case

jiànjiē jīngyàn 间接经验[--經-] N. indirect experience

jiànjiē màoyì 间接贸易 N. indirect trade

jiànjiē mínquán 间接民权[-權] N. civil rights exercised through representatives
jiànjiē qīnlüè 间接侵略 N. indirect aggression
jiànjiē réngōng 间接人工 N. indirect labor
jiànjī'érxíng 见机而行 F.E. act according to circumstances
jiànjī'érzuò 见机而作 F.E. take advantage of an opportunity that comes one's way
jiànjiē shòucí 间接受词 N. <lg.> indirect object
jiànjiē shòugé 间接受格 N. <lg.> ① dative case ② indirect object
jiànjiē shòumài 间接售卖[-賣] N. indirect selling
jiānjiēshuì 间接税 N. indirect tax *See also jiànjiēshuì*
jiànjiēshuì* 间接税 N. indirect tax M: [2]*bǐ* *See also jiānjiēshuì*
jiànjiē tǒngzhì 间接统治 N. indirect rule
jiànjiē tuīlǐ 间接推理 N. <log.> mediate inference
jiànjiē wènjù 间接问句 N. <lg.> indirect question
jiànjiē xiāofèi 间接消费 N. indirect consumption
jiànjiē xíngdòng 间接行动[-動] N. indirect action
jiànjiē xìnxī 间接信息 N. <lg.> indexical information
jiànjiē xuǎnjǔ 间接选举[-選舉] N. indirect election
jiànjiē yántán xíngdòng 间接言谈行动[-動] N. <lg.> indirect speech act
jiànjiē yányǔ xíngwéi 间接言语行为 N. <lg.> indirect speech act
jiànjiē yǐnyǔ 间接引语 N. <lg.> indirect speech
jiànjiē yǐnyǔ xíngwéi 间接引语行为 N. <lg.> indirect speech act
jiànjiē zhèngjù 间接证据[-證據] N. circumstantial evidence
jiānjījī 歼击机[殲擊-] N. fighter plane M: [1]*jià*
jiànjílǚjí 剑及履及 F.E. act incisively
[1]**jiānjīn** 兼金 N. high-grade gold
[2]**jiānjīn** 肩筋 N. <phys.> scapular muscles
jiānjìn 监禁[監-] V. take into custody; jail
jiǎnjīn 减金[減-] V.O. reduce one's salary
jiǎnjìn 简劲[-勁] S.V. <coll.> concise; plain and unadorned
jiànjìn* 渐进[-進] V. advance gradually
jiànjìn fāyīn liànxífǎ 渐进发音练习法[-進發-練習-] N. <lg.> progressive pronunciation drill
jiānjìng* 坚劲[堅勁] S.V. firm; constant; resolute
jiǎnjìng 剪径[-徑] N. highway robbery ♦V.O. rob a traveler
jiànjīng 贱荆[賤荊] N. <trad.> my humble wife
jiànjǐngshēngqíng 见景生情 F.E. stirred by the scene
jiǎnjīngtiāoféi 拣精挑肥[揀-] F.E. be picky and choosy
jiǎnjīnshǔ 碱金属[鹼-屬] N. <chem.> alkaline metals
jiànjìnxiàn 渐近线 N. <math.> asymptote
jiǎnjíshì 剪辑室 N. editing-room (of movie film) M: [1]*jiān*
jiànjiǔ 荐酒[薦-] V.O. offer wine
jiànjīxíngshì 见机行事 F.E. act according to circumstances
[1]**jiānjù** 艰巨[艱-] S.V. arduous; formidable
[2]**jiānjù** 坚拒[堅-] V. flatly refuse
[3]**jiānjù** 兼具 V.P. have both . . .and. . .
[4]**jiānjù** 间距 N. ① interval; separation; spacing ② space; range
jiǎnjǔ* 检举[-舉] V. report (an offense); inform against (an offender)
jiànjū 荐居[薦-] V.O. move from place to place in search of water and grass (of nomads)
jiànjǔ 荐举[薦舉] V. propose sb. for office; recommend
jiānjué* 坚决[堅決] S.V. firm; determined ♦ADV. firmly; resolutely
jiànjué 剑诀 N. the knack/art of fencing
jiànjùméimù 渐具眉目 F.E. gradually take shape
jiānjūn 监军[監-] N. <trad.> military inspector M: *ge/*[1]*míng/*[2]*wèi*
jiànjūn* 建军 V.O. found an army; build a fighting force
Jiànjūnjié 建军节[-節] N. Army Day (August 1)
jiǎnjǔrén 检举人[-舉-] N. accuser M: *ge/*[1]*míng/*[2]*wèi*
jiǎnjǔxiāng 检举箱[-舉-] N. complaint box M: *ge/*[2]*zhī*
jiǎnjǔxìn 检举信[-舉-] N. written accusation M: [2]*fēng*
jiǎnkai* 剪开[-開] R.V. cut open
jiǎnkāi 拣/捡开[揀開] R.V. choose; select; pick
jiànkāng 健康 S.V. healthy; sound ♦N. health; physique
jiànkāng diàochá 健康调查 N. health survey
jiànkāng jiàoyù 健康教育 N. health education
jiànkāngqì 健康器 N. body-building machine M: [1]*tái*
jiānkángshǒutí 肩扛手提 F.E. carry on one's shoulders or with one's both hands
jiànkāng zhěnduàn 健康诊断[-斷] N. medical examination
jiànkāng zhèngmíngshū 健康证明书[--證-書] N. health certificate M: [1]*zhāng/*[1]*fèn*
jiānkǎo 监考[監-] V.O. proctor an examination
jiānkǎoyuán 监考员[監-] N. proctor M: *ge/*[1]*míng/*[2]*wèi*
[1]**jiānkè*** 尖刻 S.V. acrimonious; caustic
[2]**jiānkè** 兼课 V.O. ① teach as a sideline ② hold two or more teaching jobs concurrently
[3]**jiānkè** 监课[監-] V.O. supervise a class
jiǎnké 茧壳[繭殼] N. cocoon crust
[1]**jiànkè** 剑客 N. swordsman; fencing master M: *ge/*[1]*míng*
[2]**jiànkè** 见客 V.O. meet/see a guest (of brothel prostitutes)
jiānkòng* 监控[監-] V. inspect and control
jiànkòng 键控 N. keyboard control
jiānkòng móshì 监控模式[監-] N. <lg.> monitor model (hypothesis)
jiānkòng móshì jiǎshuō 监控模式假说[監-] N. <lg.> monitor model hypothesis
jiānkǒu 缄口 V.O. <wr.> hold one's tongue
[1]**jiānkǔ** 艰苦[艱-] S.V. arduous; Herculean
[2]**jiānkǔ** 坚苦[堅-] S.V. adamant; steadfast and assiduous
jiànkuān 见宽[-寬] N. width
jiǎnkuàng 简况[-況] N. brief introduction
jiānkǔbèicháng 艰苦备尝[艱-備嘗] F.E. have suffered untold hardships
jiānkǔfèndòu 艰苦奋斗[艱-奮鬥] F.E. work diligently in spite of difficulties
jiānkùn 艰困[艱-] S.V. difficult
jiǎnkuò* 简括 V.P. brief but comprehensive; compendious
jiànkuò 间阔 V.P. have been separated for a long time
jiānkuòhào 尖括号[-號] N. angle brackets; <>
jiānkǔpǔsù 艰苦朴素[艱-樸] F.E. hard work and plain living
[1]**jiānkǔzhuójué** 艰苦卓绝[艱-絕] F.E. extraordinarily difficult/arduous
[2]**jiānkǔzhuójué** 坚苦卓绝[堅-絕] F.E. show utmost fortitude
jiànlán 建/剑兰[-蘭] N. <bot.> gladiolus
jiànlǎng 健朗 S.V. stocky
[1]**jiānláo** 监牢[監-] N. <coll.> prison; jail M: [4]*zuò*
[2]**jiānláo** 坚牢[堅-] S.V. firm and fast
jiànlǎo* 见老 V.P. aged
jiānláodù 坚牢度[堅-] N. firmness; fastness
jiānlèi* 兼类[-類] N. concurrent/multiple categories ***Yīngyǔ ~cí jiāngjìn bǎi fēnzhī jiǔ.*** In English, close to 9 percent of the words belong to more than one (grammatical) category.
jiǎnlèi 碱类[鹼類] N. <chem.> the alkalines
jiānléngjiànjiǎo 见棱见角 F.E. ① (object) having sharp edges and angles ② (person) tactless
jiānlǐ 监理[監-] V. inspect and control; manage
jiānlì 尖利 S.V. ① sharp; keen; cutting ② shrill; piercing
jiǎnlǐ 检理 V. examine; investigate
[1]**jiǎnlì** 简历[-歷] N. biographical notes; curriculum vitae; résumé M: [1]*fèn/*[1]*zhāng*
[2]**jiǎnlì** 茧栗[繭-] N. ① calf ② moral uprightness ③ bulb of flowers ④ young bamboo shoots
jiànlǐ 见礼[-禮] V.O. greet appropriately at the first meeting
[1]**jiànlì*** 建立 V. establish; set up; found
[2]**jiànlì** 健吏 N. capable/dynamic functionary
jiǎnlián 蹇连 V.P. <trad.> difficult to travel
jiǎnliàn* 简练[-練] S.V. terse; succinct
jiǎnliànchuǎimó 简练揣摩[-練--] F.E. select and examine thoroughly
jiānliang 间量 N. area of a room; floor-space
jiǎnliáng 拣粮[揀糧] V.O. glean after harvest
[1]**jiànliàng*** 见谅 F.E. <wr.> excuse/forgive me
[2]**jiànliàng** 鉴谅[鑒-] V. pardon
jiànlì chéng 建立成 V.P. establish; found
jiànlièxīnxǐ 见猎心喜[-獵--] F.E. thrill to see one's favorite sport and itch to have a go
jiānlín 监临[監臨] V. <trad.> supervise/proctor civil service examinations
jiànlín* 见临[-臨] V. approach; reach
jiànlíng 舰龄[艦齡] N. the age of a warship
jiǎnlìng xiàdáshì 简令下达室[---達-] N. briefing-room
jiǎnlìng zhǐshì 简令指示 N. briefing-directive
jiànlíngzi 箭翎子 N. arrow feathers M: [4]*zhī*
jiànlì qǐ 建立起 R.V. found; establish; set up
jiànlì qǐlai 建立起来 R.V. found; establish; set up
jiànlìsīyì 见利思义[-義] F.E. not let gain lead one astray
jiǎnliǔ 剪绺 N./V. pickpocket
jiànliú* 涧流 N. mountain stream; stream in a valley M: [1]*tiáo*
jiǎnliújì 检流计 N. galvanometer M: *ge/*[2]*zhī*
jiānliūliū 尖溜溜 V.P. <topo.> ① sharp ② thin (of voice)
jiǎnliúqì 检流器 N. galvanoscope M: [1]*tái/ge*
jiànlìwàngwéi 见利妄为 F.E. stop at nothing to gain a profit
jiànlìwàngyì 见利忘义[-義] F.E. forget integrity when tempted by gains
jiǎnlìxī 简利息 N. <math.> simple interest
jiàn lí xián 箭离弦[-離-] ID. The die is cast.
[1]**jiǎnlòu*** 简陋 S.V. simple and crude
[2]**jiǎnlòu** 检漏 V.O. repair a roof leak ♦N. <elec.> leak-hunting
[3]**jiǎnlòu(r)** 拣/捡漏(儿)[揀-] V.O. ① take advantage of ② seize on sb.'s mistakes
[4]**jiǎnlòu** 谫陋[譾-] S.V. shallow and ignorant
jiànlóu 箭楼[-樓] N. embrasured watchtower over a city gate M: [4]*zuò*
jiǎnlòuqì 检漏器 N. leak-detector M: [1]*tái/*[1]*jià/ge*
jiǎnlòuwúnéng 谫陋无能[譾-] F.E. inexperienced and incapable
jiǎnlù* 检录[-錄] V. ① check in ② <sport> call the roll of contestants
jiànlù 见录[-錄] V.P. be selected
jiǎnlǘ 蹇驴[-驢] N. lame donkey M: [1]*tóu*
jiànlǚ* 践履[踐-] V. keep/fulfill (pledge/etc.)
jiǎnlùchù 检录处[-錄處] P.W. <sport> sign-in place before a competition
jiǎnlüè 简略 S.V. ①simple; brief; sketchy ②<lg.> elliptical
jiǎnlüèjù 简略句 N. <lg.> elliptical sentence M: [1]*jù*
jiǎnlùn 简论 N. brief comment M: [1]*piān/*[1]*fèn* ♦V. comment briefly
jiǎnluò 翦/剪落 V. cut out ♦ID. become a monk
jiànluò* 溅落[濺-] V. splash down (of a space vehicle, etc.); ditch
jiànluòdiǎn 溅落点[濺-點] N. splash point

jiǎnmǎ 简码 N. <*comp.*> abbreviation code (e.g., *ds* for *dànshì*)

jiànmá* 剑麻 N. sisal hemp M: [2]*kē*

jiànmài 贱卖[賤賣] V. sell at low prices

jiànmǎiguìmài 贱买贵卖[賤買-賣] F.E. buy cheap and sell high

jiànmǎijiànmài 贱买贱卖[賤買賤賣] F.E. buy and sell at low prices

jiàn Mǎkèsī 见马克思 V.O. <*PRC*> go to see (Karl) Marx; die

[1]**jiǎnmàn** 减慢[減-] R.V. slow down

[2]**jiǎnmàn** 简慢 V. slight ♦S.V. negligent (in attending to one's guest)

jiānmáo 菅茅 N. grass

jiǎnmáo* 剪毛 V.O./N. shear; clip

jiànmàobiànsè 见貌辨色 ID. quick to see which way the wind blows

jiǎnmáojī 剪毛机 N. shearing machine M: [1]*tái*/[1]*jià*

jiǎnméi 茧眉[繭-] N. beautiful eyebrows M: [1]*duì*

jiànméi 剑眉 N. eyebrows slanting upward and outward M: [1]*duì*

jiànměi* 健美 S.V. ① strong and handsome (of men); healthy and pretty (of women) ②vigorous and graceful ♦N. body-building

jiànměicāo 健美操 N. aerobics; calisthenics

jiànměikù 健美裤 N. calisthenics M: [1]*tiáo*

jiànměi xiānsheng 健美先生 N. champion of a male bodybuilding competition M: *ge*/[1]*míng*/[2]*wèi*

jiànměi xiǎojiě 健美小姐 N. champion of a female bodybuilding competition M: *ge*/[1]*míng*/[2]*wèi*

jiànměi yùndòng 健美运动[-運動] N. bodybuilding

jiǎn méizhā 捡煤渣 V.O. pick out unburnt coal

jiānmén 监门[監-] N. prison; jail

jiānmì 缄密 V.P. concealable

jiǎnmiǎn 减免[減-] V. ① mitigate/annul (a punishment) ② reduce/remit (taxation/etc.)

jiànmiàn(r)* 见面(儿) V.O. meet; see

jiànmiànlǐ 见面礼[-禮] N. present given to sb. at first meeting M: [1]*fèn*

jiǎnmiànr 碱面儿[鹼麵-] N. alkaline powder

jiànmiànshóu 见面熟 V.P. hail-fellow-well-met

jiānmiáo 间苗 V.O. thin out seedlings

jiānmiè* 歼灭[殲滅] V. annihilate; destroy

jiǎnmiè 剪灭[-滅] V. exterminate

jiānmiè de 渐灭的[-滅-] ATTR. evanescent

jiānmiè shèjī 歼灭射击[殲滅-擊] N. annihilation fire

jiānmièzhàn 歼灭战[殲滅戰] N. ① war/battle of annihilation ② blitzkrieg

jiànmín 贱民[賤-] N. underclass; base people

jiǎnmíng* 简明 S.V. simple and clear; concise

jiǎnmìng 拣命[揀-] V.O. save a life

jiǎnmíng bàobiǎo 简明报表[--報-] N. <*acct.*> condensed statement M: [1]*fèn*/[1]*zhāng*

jiǎnmíng'èyào 简明扼要 F.E. brief and to the point; concise

jiǎnmíng sǔnyìbiǎo 简明损益表 N. <*acct.*> condensed profit-and-loss statement M: [1]*fèn*/[1]*zhāng*

jiǎnmíng xīnwén 简明新闻 N. news in brief M: [1]*tiáo*

jiǎnmíng zīchǎn fùzébiǎo 简明资产负责表 [---產---] N. <*acct.*> condensed balance-sheet M: [1]*fèn*/[1]*zhāng*

jiānmò* 缄默 V. keep silent; be reticent

jiǎnmó 减摩[減-] N. <*mach.*> antifriction

jiānmó 渐摩 V. change and influence unobtrusively

jiànmò 溅沫[濺-] V.O. spray out saliva when talking vehemently

jiānmógǔjī 肩摩毂击[-轂擊] F.E. crowded with people and vehicles

jiānmóu 奸谋 N. conspiracy

jiānmózhǒngjiē 肩摩踵接 F.E. crowded

jiānnán 艰难[艱難] S.V./N. difficult; hard

jiānnándùrì 艰难度日[艱難-] F.E. subsist in hardship; eke out one's livelihood

jiànnán'érshàng 见难而上[-難--] F.E. grasp the nettle

jiànnán'érzhǐ 见难而止[-難--] F.E. boggle at difficulties

jiànnáng 箭囊 N. quiver (for arrows)

jiānnánjiéjué 艰难竭蹶[艱難-] F.E. difficulties and destitution

jiānnánkùnkǔ 艰难困苦[艱難-] F.E. difficulties and hardships

jiānnánqūzhé 艰难曲折[艱難-] F.E. difficulties and setbacks

jiānnánxiǎnzǔ 艰难险阻[艱難-] F.E. difficulties and obstacles

jiànnèi 贱内[賤-] N. <*humb.*> my wife

jiànní 溅泥[濺-] V.O. splash mud

[1]**jiànnián** 见年 ADV. <*topo.*> every year

[2]**jiànnián** 践年[踐-] V.P. last . . . years

[3]**jiànnián** 贱年[賤-] N. year of drought

jiānníng 坚凝[堅-] S.V. ① solidified; hardened ② determined; resolute

jiānnìng* 奸佞 <*wr.*> S.V. crafty and fawning ♦N. crafty sycophant

jiānniú 犍牛 N. bullock M: [1]*tóu*

jiǎnnóng 茧农[繭農] N. silkworm keeper M: *ge*/[1]*míng*

jiànnú 剑奴 N. gladiator M: *ge*/[1]*míng*

jiànnuò 践诺[踐-] V. <*wr.*> fulfill a pledge

jiànòng 架弄 V. stir up (trouble/rumor/etc.)

jiānóngpào 加农炮[-農-] N. cannon; gun M: *mén*/[4]*zuò*

jiànpài 荐派[薦-] V. recommend for appointment

jiānpán 监盘[監盤] N. verification of accounts by officials at the time of transfer of power

jiànpán* 键盘[-盤] N. <*comp.*> keyboard

jiǎnpàng 减胖[減-] V.P. lose weight

jiànpán gōngnéngjiàn 键盘功能键[-盤---] N. <*comp.*> keyboard function keys

jiànpán suǒdìng 键盘锁定[-盤--] N. <*comp.*> keyboard lockout

jiànpán yuèqì 键盘乐器[-盤樂-] N. keyboard instrument M: [2]*jiàn*

jiànpào 舰炮[艦-] N. bow or stern chaser; missile-launcher (warship) M: [4]*zuò*/*mén*

jiānpī 尖劈 N. wedge

jiǎn piányi 拣/捡便宜[揀-] V.O. get a bargain; gain a small advantage

jiānpiào* 监票[監-] V.O. oversee balloting

jiǎnpiào 检/剪票 V.O. punch/check tickets

jiǎnpiàochù 检票处[-處] P.W. ticket checkpoint

jiǎnpiàojiá 剪票铗[-鋏] N. conductor's punch (of tickets)

jiànpiàojífù 见票即付 F.E. payable at sight; payable to bearer

jiǎnpiàokǒu 检/剪票口 P.W. ticket checkpoint

jiānpiàorén 监票人[監-] N. balloting observer M: *ge*/[1]*míng*/[2]*wèi*

jiǎnpíng* 简评 N. ① make a concise evaluation ② make a sketchy criticism

[1]**jiànpíng** 鉴评[鑒-] V. appraise; evaluate; find the value; identify the rate/class

[2]**jiànpíng** 建坪 N. floor-space of a building measured in [4]*píng*

jiǎnpíngyí 简平仪[-儀] N. armillary sphere M: [1]*tái*/[1]*jià*

jiànpízi 贱皮子[賤-] N. <*topo.*> shameless/despicable person

jiānpò 煎迫 N. torment and persecution

jiǎn pòlànr 拣/捡破烂儿[揀-爛-] V.O. <*coll.*> scavenge in refuse heaps

[1]**jiǎnpǔ** 俭朴[-樸] S.V. thrifty and simple; economical

[2]**jiǎnpǔ** 简朴[-樸] S.V. simple and unadorned; plain

[3]**jiǎnpǔ** 简谱 N. <*mus.*> numbered notation M: [1]*běn*/[1]*zhāng*

jiǎnpǔ shēnghuó 简朴生活[-樸--] N. plain living

Jiǎnpǔzhài 柬埔寨 P.W. Kampuchea; Cambodia

jiānqí 尖脐[-臍] N. ① triangular abdomen of a male crab ② male crab

jiānqǐ 肩起 R.V. shoulder (responsibilities/etc.)

jiǎnqí 剪齐[-齊] R.V. cut (hair/bush/etc.) to make (it) even

jiǎnqǐ* 捡起 R.V. pick up

Jiànqī 建漆 N. Fujian lacquerware

jiànqì 见弃[-棄] V.P. be rejected

jiànqián 见前 V.O. see before; vide ante

jiānqiáng 坚强[堅強] S.V. strong; firm; staunch ♦V. strengthen

jiānqiángbùqū 坚强不屈[堅強-] F.E. firm and inflexible; adamant

jiànqiángyīn 渐强音[-強-] N. <*mus.*> crescendo

jiànqiánxīndòng 见钱心动[-錢-動] F.E. be tempted by money

jiànqiányǎnhóng 见钱眼红[-錢--] F.E. greedy; avaricious

jiànqiányǎnkāi 见钱眼开[-錢-開] F.E. greedy for money

jiānqiào 尖峭 S.V. acute

jiǎnqiáo 笕桥[-橋] N. bamboo bridge M: [4]*zuò*/[1]*jià*

jiànqiáo* 舰桥[艦橋] N. bridge of a naval ship

Jiànqiáo 剑桥[-橋] P.W. Cambridge (England/Massachusetts)

[1]**jiànqiào** 剑鞘 N. scabbard

[2]**jiànqiào** 腱鞘 N. tendon sheath

[3]**jiànqiào** 见俏 V.P. sell well; be in large demand; be a hot item

Jiànqiáo Dàxué 剑桥大学[-橋--] P.W. Cambridge University

jiànqiàoyán 腱鞘炎 N. tenosynovitis

[1]**jiànqiè** 贱妾[賤-] N. <*humb.*> I; myself (of women)

[2]**jiànqiè** 僭窃[-竊] V. <*trad.*> usurp (the throne/etc.)

jiǎn qǐlai 捡起来 R.V. pick up (from the ground)

jiānqíng 奸情 N. adultery

jiǎnqīng* 减轻[減輕] R.V. lighten; ease; mitigate

jiǎnqǐng 柬请 V. invite by letter/card

jiànqīng 见轻[-輕] V.P. get better (of a patient's condition)

jiànqiú 毽球 N. shuttlecock

jiǎnqiūluó 剪秋罗[-羅] N. <*bot.*> a late pink (*Lychnis senno*)

jiānqú 奸渠 N. villain; miscreant

jiǎnqǔ 剪取 V. cut

[1]**jiǎnqù*** 减去[減-] R.V. subtract

[2]**jiǎnqù** 剪去 R.V. cut out

[3]**jiǎnqù** 拣去[揀-] R.V. pick (out)

jiànqū 贱躯[賤軀] N. <*humb.*> my body; the state of my health

jiànquán* 健全 V. strengthen; amplify; perfect ♦S.V. sound; perfect

jiànquàn 谏劝[-勸] V. dissuade from

jiànquán cáizhèng 健全财政 N. sound finances

jiānquánshújì 兼权熟计[-權--] F.E. give a matter careful consideration

jiànquányǎnkāi 见权眼开[-權-開] F.E. greedy for power

jiǎnquē 简缺 N. sinecure

jiǎnr* 茧儿[繭-] N. cocoon

jiànr 毽儿 N. <*coll.*> shuttlecock

[1]**jiànrǎn** 渐染 V. be imperceptibly influenced

[2]**jiànrǎn** 渐冉 ADV. <*wr.*> little by little; gradually

jiǎnràng 减让[減讓] V. concession; reduction

[1]**jiānrén** 奸人 N. villain M: *ge*/[1]*míng*

[2]**jiānrén** 兼人 N. a man worth two

jiānrěn 坚忍[堅-] S.V. steadfast and persevering

[1]**jiānrèn*** 兼任 V. hold a concurrent post ♦ATTR. part-time

[2]**jiānrèn** 坚韧[堅韌] S.V. ① firm and tenacious ② strong and durable

jiǎnrèn 简任 N. selected appointment rank (second highest of the four grades)

[1]**jiànrén** 见人 V.O. ① meet sb. ② live a public life

[2]**jiànrén** 贱人[賤-] N. slut M: *ge*/[1]*míng*

[1]**jiànrèn** 荐任[薦-] N. second of the three grades in the civil service of Republican China

[2]**jiànrèn** 鉴认[鑒認] V. identify; determine

J

jiānrěnbùbá 坚忍不拔[堅-] F.E. dauntless

jiānrènbùbá* 坚韧不拔[堅韌-] F.E. dauntless

jiànréng 荐仍[薦-] ADV. <wr.> several times; repeatedly

jiànrènguān 荐任官[薦-] N. official with *jiànrèn* rank M: *ge/[1]míng/[2]wèi*

jiànrénjiànzhì 见仁见智 F.E. opinions differ

jiānrèn jiàoshī 兼任教师[-師] N. part-time teacher M: *ge/[1]míng/[2]wèi*

jiānrénzhīliàng 兼人之量 N. have the capacity of two persons

[1]jiànrì 间日 ADV. every other day

[2]jiànrì 舰日[艦-] N. days spent at sea (of a ship)

jiānróng 兼容 S.V. compatible

jiānróngbìngbāo 兼容并包[--並-] F.E. all-embracing; all-inclusive

jiānróngbìngxù 兼容并蓄[--併-] F.E. tolerant; open-minded

jiānróngjī 兼容机 N. <comp.> compatible machine M: *[1]tái*

jiānróngxìng 兼容性 N. compatibility

jiànrú 贱儒[賤-] N. pedant M: *ge/[1]míng*

[1]jiànrù* 键入 V. key/type (in)

[2]jiànrù 渐入 V. get/move in gradually/slowly

[3]jiānrù 渐洳 V. soak

jiānruì 尖锐 S.V. ① sharp-pointed ② penetrating; incisive ③ shrill; piercing ④ intense; acute; sharp

jiānruìhuà 尖锐化 V. intensify; become more acute

jiànrùjiājìng 渐入佳境 F.E. get better and better

jiànrùmèngxiāng 渐入梦乡[-夢鄉] F.E. feel oneself carried away into a dreamland

jiǎnruò 减弱[減-] V. weaken; abate

jiānruògōngmèi 兼弱攻昧 F.E. annex and absorb weak countries

jiànruòyīn 渐弱音 N. <mus.> diminuendo

jiānrúpánshí 坚如磐石[堅-] F.E. ① solid as a rock ② flinty (heart)

jī'ànrúshān 积案如山[積-] F.E. long-pending cases have piled up like a mountain

jiànrútǔjū 贱如土苴[賤-] F.E. <wr.> dirt cheap

jiànrúyǔxià 箭如雨下 F.E. arrows shower down

jiānsǎngr 尖嗓儿 N. sharp/high-pitched voice

jiānsè* 艰涩[艱澀] S.V. ① involved and abstruse (writing) ② hard to traverse (roads) ③ bitter and harsh (food)

[1]jiǎnsè 减色[減-] V.O. ① lose luster; detract from ② fade; pale

[2]jiǎnsè 蹇涩[-澀] S.V. difficult; hard

jiànsè 间色 N. assorted colors

jiànsèbùluàn 见色不乱[-亂] F.E. see a beauty without lusting

jiǎnsèfǎ 减色法[減-] N. subtractive process (in movies)

jiǎnsè hùnhé 减色混合[減-] N. subtraction color mixture

jiānshā* 奸杀[-殺] V. rape and kill

jiǎnshā 减杀[減殺] V. weaken; reduce

jiànshā 见杀[-殺] V.O. be killed/murdered

jiānshān* 尖山 N. aiguille; sharp-pointed peak

[1]jiānshàn 兼善 V. benefit

[2]jiānshàn 笺扇[箋-] N. ornamental paper fan M: *[1]bǎ*

jiānshang 肩上 P.W. (on the) shoulder

jiānshāng 奸商 N. unscrupulous merchant; profiteer M: *ge/[1]míng*

jiànshang 舰上[艦-] P.W. on the boat/ship

jiànshǎng* 鉴赏[鑒-] V. appreciate

jiànshàng 见上 V.O. see above; vide supra

jiànshǎngjiā 鉴赏家[鑒-] N. connoisseur M: *ge/[1]míng/[2]wèi*

jiànshǎnglì 鉴赏力[鑒-] N. connoisseurship

jiānshàntiānxià 兼善天下 F.E. benefit everyone in the world

jiǎnshǎo* 减少[減-] V. reduce; decrease

jiànshǎo 见少 V.P. have seen little

jiānshè 监舍[監-] N. prison house/building M: *[1]suǒ/[4]zuò*

[1]jiànshè* 建设 V. build; construct ~ *yǒu Zhōngguó tèsè de shèhuìzhǔyì guójiā.* Build a socialist country with Chinese characteristics. ♦N. construction

[2]jiànshè 建社 V.O. set up a people's commune/cooperative

jiànshè chéng 建设成 R.V. build

jiànshè gōngsī 建设公司 N. public-works corporation M: *[1]jiā*

jiànshèjú 建设局 N. bureau of public works

jiānshēn 艰深[艱-] S.V. abstruse

[1]jiànshēn* 健身 V.O. keep fit

[2]jiànshēn 荐绅[薦-] V.O. high functionary; notable

jiànshēncāo 健身操 N. aerobics

jiànshēnfáng 健身房 N. gymnasium; gym M: *[1]jiān*

jiānshēng 尖声[-聲] N. sharp/high-pitched sound/voice

jiānshéng 缄绳[-繩] N. rope for tying up a coffin

[1]jiǎnshěng* 减省[減-] V. reduce waste; economize

[2]jiǎnshěng 俭省 S.V. frugal; thrifty

jiānshēng 监生[監-] N. student in the imperial academy M: *ge/[1]míng*

jiānshēngjiānqì* 尖声尖气[-聲-氣] F.E. in a shrill voice

jiànshēngjiànqì 贱声贱气[賤聲賤氣] F.E. in a degrading manner of speech

jiǎnshēngqì 减声器[減聲-] N. <mach.> muffler M: *[1]tái/ge*

jiànshēn qìxiè 健身器械 N. calisthenic/body-building apparatus M: *[2]jiàn*

jiànshēn tánhuángdiàn 健身弹簧垫[-墊] N. trampoline M: *[2]kuài*

jiànshēn yùndòng 健身运动[-運動] N. body-building

jiànshètīng 建设厅[-廳] P.W. provincial bureau of public works

jiànshè tīngzhǎng 建设厅长[--廳-] N. head of the bureau of public works M: *ge/[1]míng/[2]wèi*

jiànshè wěiyuánhuì 建设委员会 P.W. construction committee

jiànshèxìng 建设性 N. constructive nature

jiànshèxìng jiēchù 建设性接触[-觸] N. constructive engagement

[1]jiānshí 坚实[堅實] S.V. ① solid; substantial ② robust

[2]jiānshí 尖石 N. sharp-edged stone M: *[2]kuài*

[1]jiānshì 监视[監-] V. ① keep watch on; keep a lookout over ② monitor

[2]jiānshì 监事[監-] N. member of a supervisory board M: *ge/[1]míng/[2]wèi*

[3]jiānshì 监试[監-] V.O. proctor an exam

[1]jiǎnshī 减湿[減濕] V.O. dehumidify

[2]jiǎnshī 检尸[-屍] V.O. examine a corpse

[1]jiǎnshí 减食[減-] V.O./N. diet

[2]jiǎnshí 检拾 V. pick (up)

jiǎnshǐ 简史 N. concise/survey history M: *[1]běn/[2]bù/[4]cè/[1]fèn*

[1]jiǎnshì 简释[-釋] N. concise explanation

[2]jiǎnshì 简式 N. simple form

[3]jiǎnshì 检视 V. inspect

jiànshi* 见识[-識] N. experience; knowledge; sensibleness ♦V. widen one's knowledge/experience

jiànshī 溅湿[濺濕] R.V. spatter

[1]jiànshí 鉴识[鑒識] V. examine and determine; judge; discern; distinguish

[2]jiànshí 践石[踐-] N. steppingstone for mounting a horse M: *[2]kuài*

[3]jiànshí 箭石 N. <geol.> belemnite M: *[2]kuài*

jiànshǐ 箭矢 N. arrow M: *[4]zhī/[5]zhī*

[1]jiànshì 贱事[賤-] N. <humb.> my preoccupations

[2]jiànshì 贱视[賤-] V. regard with contempt

[3]jiànshì 贱室[賤-] N. <humb.> my wife

jiànshìbùmiào 见势不妙[-勢--] F.E. see that matters are in a bad way

jiānshìhuì* 监事会[監-] N. board of supervisors

jiǎnshíhuī 碱石灰[鹼-] N. soda lime

jiànshi jiànshi 见识见识[-識-識] V.P. experience; see

jiānshì jìshíqì 监视记时器[監--時-] N. <comp.> watchdog timer M: *[1]tái/ge*

jiānshìjūzhù 监视居住[監-] F.E. <law> live at home under surveillance

jiānshìkǒng 监视孔[監-] N. peephole

jiàn shìmiàn 见世面 V.O. see the world; enrich one's experience

jiānshìqì 监视器[監-] N. monitor M: *[1]tái/ge*

jiānshìshào 监视哨[監-] N. <mil.> lookout M: *chù/ge*

jiànshìshēngfēng 见事生风 F.E. stir up trouble with very little cause

jiānshìtǎ 监视塔[監-] N. watchtower M: *[4]zuò*

jiǎnshìyán 碱式盐[鹼-鹽] N. <chem.> basic salt

jiānshìyuán 监视员[監-] N. sb. who watches over; a monitor M: *ge/[1]míng/[2]wèi*

jiānshōu 兼收 V. admit/accept. . .as well

[1]jiānshǒu* 坚守[堅-] V. stick to; hold fast to ~ *nuòyán* keep one's promise

[2]jiānshǒu 监守[監-] V. have custody of; guard; take care of

jiānshòu 尖瘦 S.V. pointed and thin (of face/chin)

[1]jiǎnshōu 减收[減-] V./N. decrease in income/receipt/harvest

[2]jiǎnshōu 检收 V. check and accept; check up on delivery

jiǎnshòu 减瘦[減-] V.P. become emaciated

[1]jiànshǒu 剑手 N. fencer M: *ge/[1]míng/[2]wèi*

[2]jiànshǒu 舰首[艦-] N. bow (of a ship)

jiānshōubìngxù 兼收并蓄[--併-] F.E. ① incorporate anything ② be tolerant/open-minded

jiànshǒupào 舰首炮[艦-] N. bow chaser; ship with a gun mounted on the bow M: *[1]jià/[4]zuò*

jiānshǒushì 监守室[監-] N. (prison) ward M: *[1]jiān*

jiānshǒuzìdào 监守自盗[監-盜] F.E. ① embezzle ② steal sth. under one's guard

jiānshū 笺疏[箋-] N. commentaries on ancient texts

jiānshù 间数[-數] N. number of rooms

jiǎnshū 简书[-書] N. <hist.> books made of bamboo/wood tablets

[1]jiǎnshù 减数[減數] N. <math.> subtrahend

[2]jiǎnshù 检束 V. discipline; restrain

[3]jiǎnshù 简述 N. résumé ♦V. sketch; recapitulate

jiànshu 件数[-數] N. number/quantity of sth. countable

[1]jiànshū 谏书[-書] N. written admonition to the emperor M: *[1]fèn*

[2]jiànshū 箭书[-書] N. message sent by an arrow M: *[2]fēng*

[1]jiànshù* 建树[-樹] V. <wr.> ① make a contribution ② establish; found ♦N. contribution

[2]jiànshù 剑术[-術] N. <sport> fencing

jiànshuāiqī 渐衰期 N. autumn

jiànshù bù jiànlín 见树不见林[-樹---] F.E. not see the forest for the trees

[1]jiǎnshuǐ 碱水[鹼-] N. brine

[2]jiǎnshuǐ 硷水 N. alkali water

jiǎnshuì* 减税[減-] V.O. reduce taxes

[1]jiànshuǐ 溅水[濺-] V.O. splash water

[2]jiànshuǐ 涧水 N. mountain stream M: *[1]tiáo*

jiǎnshuǐhé 减水河[減-] N. discharge-channel M: *[1]tiáo*

jiànshuǐshēng 溅水声[濺-聲] N. sound of splashing

jiǎnshuì zhǔnbèi 减税准备[減-準備] N. <acct.> reserve for abatement of taxes

jiànshuō 见说 V.P. It is said that. . .

jiǎnsī 茧丝[繭絲] ID. ① taxes; levies ② exploit the people ♦N. silk strands made by a caterpillar

jiànsǐbùjiù 见死不救 F.E. see sb. in mortal danger without trying to help

jiànsǐbùjù 见死不惧[-懼] F.E. not be afraid of death

jiānsītāzhí 兼司他职[-職] F.E. also be in charge of other duties

jiànsòng 健讼 V.P. litigious

jiānsù 缣素 N. silk used for painting/calligraphy

[1]**jiǎnsù*** 减速[減-] V.O. slow down; retard

[2]**jiǎnsù** 简素 N. bamboo tablets and silk used for writing ♦S.V. simple and plain

[3]**jiǎnsù** 检肃[-肅] V. prosecute and eliminate

jiānsuān* 尖酸 S.V. acrimonious; tart

jiǎnsuàn 减算[減-] N. subtraction

jiānsuānkèbó 尖酸刻薄 F.E. bitterly sarcastic

jiǎnsùdù 减速度[減-] V.O. decelerate/ ♦N. deceleration

jiǎnsù huǒjiàn 减速火箭[減-] N. retro-rocket M: [4]méi/[4]zhī

jiǎnsùjì 减速剂[減-劑] N. <phy.> moderator

jiǎnsǔn* 减损[減-] N. depletion

jiànsǔn 箭笋[-筍] N. small bamboo shoots

[1]**jiǎnsuō*** 减缩[減-] V. reduce; retrench ♦N. reduction

[2]**jiǎnsuō** 简缩 V./N. shorten; abridge; simplify

jiǎnsuǒ 检索 V. ① retrieve; research ② refer to; look up; search

jiǎnsuō biànhuànlǜ 减缩变换律[減-變換-] N. <lg.> elliptical transformation

jiǎnsuō de 减缩的[減-] ATTR. <lg.> elliptical

jiànsuǒwèijiàn 见所未见 F.E. ① see what one has never seen before ② unprecedented

jiǎnsùqì 减速器[減-] N. reduction gear M: ge/[1]tái/[1]jià

jiǎnsùsǎn 减速伞[減-傘] N. drag/deceleration parachute M: [1]bǎ

jiànsùtáng 健素糖 N. sugar-coated yeast pills M: [1]kē/[3]lì

jiǎnsù yùndòng 减速运动[減-運動] N. <phy.> retarded motion

jiāntǎ 尖塔 N. steeple M: [4]zuò

jiàntǎ 舰塔[艦-] N. bridge (of a ship) M: [4]zuò

jiàntà* 践踏[踐-] V. ① tread on; trample underfoot ② abuse

jiàntái 建台[-臺] V.O. build an altar

[1]**jiàntán** 健谈 S.V. brilliant in conversation ***Tā shì yī ge hěn ~ de rén.*** He's a brilliant conversationalist.

[2]**jiàntán** 剑坛[-壇] N. fencing world

jiǎntǎo 检讨 V. ① discuss thoroughly ② self-criticize ♦N. self-criticism

jiǎntǎohuì 检讨会 N. conference held for reviewing past performance M: cì/ge

jiǎntǎoshū 检讨书[-書] N. written self-criticism M: [1]fèn

jiàntà rénquán 践踏人权[踐-權] V.O. violate, trample on human rights

jiǎntǐ* 简体[-體] N. simplified form (of Chinese characters)

jiàntǐ 健体[-體] V.O. ① build up the body; invigorate the physical constitution ② make/become healthy

jiàntiān(r) 见天(儿) ADV. <coll.> ① all day ② every day ③ all the time

jiàntiānjia 见天价[-價] ADV. <coll.> every day; daily

jiàn tiānrì 见天日 V.O. ① see justice prevail ② emerge from misery

jiāntiāo 兼祧 N. <wr.> heir to two branches of a family

jiāntiāobèifù 肩挑背负 F.E. carry on the shoulder and back

jiāntiāojiàomài 肩挑叫卖[-賣] F.E. carry wares around on a pole

jiǎntiē* 剪贴 V. ①clip and paste (for a scrapbook/etc.) ② cut out (as school-children's activity)

jiǎntiě 柬帖 N. ① note; short letter ② invitation

jiǎntiēbù 剪贴簿 N. scrapbook M: [1]běn/[4]cè

jiǎntiē chū 剪贴出 R.V. clip and paste

jiāntīng 监听[監聽] V. monitor

jiāntǐng 坚挺[堅-] S.V. strong; firm

jiàntǐng* 舰艇[艦-] N. naval vessel M: [1]tiáo/[1]sōu

jiāntīngqì 监听器[監聽-] N. monitor M: [1]tái/[1]jià/ge

jiāntīngtái 监听台[監聽臺] N. monitoring station

jiāntīng wúxiàndiàntái 监听无线电台[監聽-電臺] N. monitoring station

jiāntīngzémíng 兼听则明[-聽--] F.E. listen to both sides and you will be enlightened

jiāntīngzhàn 监听站[監聽-] P.W. monitoring station M: [1]jiā

jiāntīngzhě 监听者[監聽-] N. monitor M: ge/[1]míng/[2]wèi

jiǎntǐzì* 简体字[-體-] N. simplified characters

jiàntízi 贱蹄子[賤-] N. hussy; slut

[1]**jiāntōng*** 兼通 V. knowing subjects other than one's specialty

[2]**jiāntōng** 奸通 V. fornicate

jiàntǒng 箭筒 N. quiver (for arrows)

[1]**jiāntóu(r)*** 肩头(儿) N. shoulders

[2]**jiāntóu(r)** 尖头(儿) N. ① pointed/sharp end; tip; point ② toe ③ <phys.> oxycephalous; pyrgocephalic

[3]**jiāntóu** 奸头 N. sly/cunning person M: ge/[1]míng

jiǎntóu 剪头 V.O. cut one's hair; have one's hair cut

jiàntou 荐头[薦-] N. employment agent M: ge/[1]míng

jiàntóu(r/zi) 箭头(儿/子) N. ① arrowhead ② arrow (as sign)

jiàntóucí 间投词 N. <lg.> interjection

jiàntoudiàn 荐头店[薦-] P.W. employment agency M: [1]jiā

jiàntouháng 荐头行[薦-] N. employment agency M: [1]jiā

jiàntóu wénzì 箭头文字 N. cuneiform characters

jiàntóuzi 箭头子 N. arrowhead ♦ID. speedily; fast

jiāntú 奸徒 N. shyster M: ge/[1]míng

[1]**jiǎntú*** 简图[-圖] N. sketch; diagram M: [1]zhāng/[1]fèn

[2]**jiǎntú** 剪屠 V. eliminate; exterminate

jiǎntǔ 硷/碱土[鹼-] N. alkaline soil

jiǎntù 蹇兔 N. slow hare M: [2]zhī

jiàntuán 建团[-團] V.O. build up the (Communist Youth) League

jiāntuánxiè 尖团蟹[-團-] N. crabs M: ge/[2]zhī

jiāntuányīn 尖团音[-團-] AB. *jiānyīn* and *tuányīn*

jiāntuánzì 尖团字[-團-] N. <lg.> differentiated tz, ts and j, ch consonants

jiàntùgùquǎn 见兔顾犬[--顧-] ID. do the right thing to cope with a sudden new situation

jiǎntuì 减退[減-] V. ① drop; go down; recede ② decrease; lessen; diminish

jiǎntǔ jīnshǔ 碱土金属[鹼-屬] N. <chem.> alkaline-earth metal

jiānú 家奴 N. ① domestic servants ② slaves M: ge/[1]míng/

jiànǚ(r) 嫁女(儿) V.O. <coll.> marry off a daughter

jiànwài 见外 V.O. ①regard sb. as an outsider ***Bié ~.*** Don't consider yourself an outsider. ② act like a stranger; be ceremonious

jiānwàizhíxíng 监外执行[監-執-] F.E. <law> serve (a sentence) outside prison

[1]**jiànwàng** 健忘 S.V. forgetful; absent-minded

[2]**jiànwàng** 健旺 V.P. healthy and vigorous

[3]**jiànwàng** 僭妄 V.P. <trad.> ① presumptuous ② dictatorial

jiànwàngzhèng 健忘症 N. amnesia

jiànwǎngzhīlái 鉴往知来[鑒-] F.E. foresee the future by reviewing the past

jiānwēi 艰危[艱-] V.P. difficulties and dangers (confronting a nation)

Jiānwěi 监委[監-] AB. *Jiānchá Wěiyuánhuì*

jiǎnwèi 蹇卫[-衛] N. broken-winded ass

Jiànwěi 建委 AB. *Jiànshè Wěiyuánhuì*

[1]**jiànwèi*** 健胃 V.O. ① be good for the stomach ② helping to stimulate the appetite

[2]**jiànwèi** 践位[踐-] V.O. <trad.> ascend the throne

jiànwèijì 健胃剂[-劑] N. stomach tonic M: [14]fù

jiǎnwèijìng 检胃镜 N. gastroscope M: [1]tái/[1]jià

jiànwěipào 舰尾炮[艦-] N. stern chaser M: [4]zuò

jiànwèisǎn 健胃散 N. medicine to aid digestion

jiànwēishòumìng 见危授命 F.E. be ready to die for one's country when it is in danger

jiànwēizhìmìng 见威致命 *See jiànwēishòumìng*

jiànwēizhīzhù 见微知著 F.E. from one small clue one can see what is coming

jiānwěn 坚稳[堅穩] S.V. stable; steady (price, exchange rate, etc.)

jiǎnwēn 减温[減-] V.O. thermoreduction

jiànwén* 见闻 N. what one sees and hears; knowledge; information

jiànwénguǎngbó 见闻广博[--廣-] F.E. widely experienced and knowledgeable

jiǎnwēnqì 检温器 N. medical thermometer M: [1]tái/[1]jià/ge

jiànwényǒuxiàn 见闻有限 F.E. have limited experience/knowledge

jiānwō 肩窝[-窩] N. the hollow in the shoulder

jiānwū* 奸污 V. ① rape ② seduce

jiànwū 溅污[濺-] V. spatter (ink/etc.)

jiànwù 贱物[賤-] N. cheap and worthless thing

jiànwù bù jiànrén 见物不见人 F.E. consider things but not people; see only material factors

jiànwùshāngqíng 见物伤情[--傷-] F.E. The sight of familiar objects fills one with melancholy.

jiànwùsīrén 见物思人 F.E. Seeing the thing, one thinks of the person.

jiànwúxūfā 箭无虚发[-虛發] F.E. excellent marksmanship

jiānxì 奸细 N. ① spy ② intriguer M: ge/[1]míng

jiǎnxǐ 湔洗 V. wash

jiānxì 尖细 S.V. tapered

jiǎnxī 减息[減-] V.O. lower the interest rate

[1]**jiànxī** 涧溪 N. mountain stream; stream in a valley

[2]**jiànxī** 贱息[賤-] N. <trad./humb.> my son

jiànxí* 见习[-習] V. learn on the job; be on probation

jiànxì 间隙 N. ①interval; gap; space ②<mach.> clearance ③ animosity; discord

jiǎnxià 剪下 R.V. scissor out

[1]**jiànxiá*** 剑侠[-俠] N. knight-errant

[2]**jiànxiá** 涧峡[-峽] N. gorge

jiànxià 见下 V.O. see below; vide infra

jiǎn xiàlai 剪下来 R.V. scissor out

[1]**jiānxiǎn*** 艰险[艱-] N. hardships and dangers

[2]**jiānxiǎn** 奸险 S.V. treacherous; malicious

jiànxiān 剑仙 N. expert fencer M: ge/[1]míng/[2]wèi

jiànxián 荐贤[薦賢] V.O. recommend men of worth

jiànxiǎn 渐显[-顯] V. <cinema> fade in

[1]**jiànxiàn** 渐现 V. emerge gradually

[2]**jiànxiàn** 健羡 V. deeply admire

jiǎnxiàngjìng 检象镜 N. <photo.> view-finder

jiànxiánjǔnéng 荐贤举能[薦賢舉-] F.E. recommend talented people

jiànxiánsīqí 见贤思齐[-賢-齊] F.E. <wr.> emulate those better than oneself

jiǎnxiànyán 睑腺炎 N. <med.> sty

jiànxiánzìdài 荐贤自代[薦賢-] F.E. recommend one's own successor

jiānxiào 奸笑 N./V. sinister smile

jiǎnxiāo 减消[減-] V. cut

jiǎnxiǎo 减小[減-] R.V. reduce in size

[1]**jiànxiǎo** 渐小 V.P. diminish

[2]**jiànxiǎo** 见小 N. ability to see what others are apt to neglect ♦V.O. see only the details

[1]**jiànxiào*** 见效 V.O. ① produce a desired result ***Zhè yào chī xiàqu jiù ~.*** Taking this medicine will cure the disease. ② become effective

[2]**jiànxiào** 见笑 V.O. incur ridicule

jiànxiàodàfāng 见笑大方 F.E. incur the ridicule of experts

jiānxié 奸邪 S.V. <wr.> ① crafty and evil ② treacherous ♦N. crafty and evil person

jiǎnxiě 简写[-寫] V. ① write characters in simplified form ② simplify a book for beginners ♦N. shortening

jiànxiē* 间歇 N. intermission; pause

jiǎnxiěběn 简写本[-寫-] N. simplified edition M: 1běn/4cè
jiǎnxiěfǎ 简写法[-寫-] N. <*lg.*> contraction
jiànxiě fēnghóu 见血封喉 N. <*bot.*> upas (*Antiaris toxicaria*)
jiànxiēhé 间歇河 N. seasonal river M: 1*tiáo*
jiànxiē pēnquán 间歇喷泉 N. geyser
jiànxiēquán 间歇泉 N. geyser; intermittent spring
jiànxiēquán dìdài 间歇泉地带[-帶] N. geyser basin
jiànxiērè 间歇热[-熱] N. <*med.*> intermittent fever
jiànxiētòng 间歇痛 N. <*Ch. med.*> intermittent pain
jiànxiēxìng 间歇性 N. intermittence
jiànxiē yíchuán 间歇遗传[-傳] N. atavism occurring in every other generation
jiànxiēyǔ 间歇雨 N. intermittent rain M: 3*cháng*
jiǎnxié yùndòng 简谐运动[-運動] N. ① harmonic motion ② <*phy.*> simple harmonic motion
jiànxíguān 见习官[-習-] N. a probation official M: *ge*/1*míng*/2*wèi*
jiànxí jìshùyuán 见习技术员[-習-術-] N. probationary technician M: *ge*/1*míng*/2*wèi*
jiànxí lǐngshì 见习领事[-習--] N. consul-in-training M: *ge*/1*míng*/2*wèi*
1**jiānxīn*** 艰辛[艱-] N. hardships ♦S.V. arduous; difficult
2**jiānxīn** 兼薪 V.O. receive concurrent payments
jiānxìn 坚信[堅-] V. believe firmly
jiǎnxīn 减薪[減-] V.O. cut wages
1**jiànxīn** 见新 V.O. repair; restore
2**jiànxīn** 荐新[薦-] N. sacrificial offerings of new grains and vegetables
jiànxìn 见信 V.O. upon reading the letter
jiānxīnbìlù 奸心毕露[--畢-] F.E. reveal one's entire scheme
jiānxìnbùyí 坚信不疑[堅-] F.E. firmly believe; have not the slightest doubt
jiānxíng 兼行 V.P. make a forced march
jiǎnxíng* 减刑[減-] V.O. reduce/commute a sentence
jiǎnxìng 硷/碱性[鹼-] N. <*chem.*> alkalinity
1**jiànxíng** 饯行[餞-] V. give a farewell dinner
2**jiànxíng** 贱行[賤-] N. evil conduct
3**jiànxíng** 健行 V. hike
jiànxìng 贱姓[賤-] F.E. <*humb.*> my surname is. . .
jiǎnxìng fǎnyìng 碱性反应[鹼-應] N. <*chem.*> alkaline reaction
Jiànxīnshì 渐新世 N. Oligocene Epoch
jiānxióng 奸雄 N. very ambitious scoundrel; master plotter; arch-careerist
jiànxíshēng 见习生[-習-] N. ① probationer ② apprentice; in-service trainee M: *ge*/1*míng*/2*wèi*
jiānxiū 监修[監-] V. ① direct compilation (of books) ② supervise repair work
1**jiǎnxiū*** 检修 V. examine and repair; overhaul
2**jiǎnxiū** 蹇修 N. <*trad.*> matchmaker
jiànxiū 荐羞[薦-] N. sacrifices offered to the gods/ancestors
jiànxiù 箭袖 N. specially cut sleeves of an archer's dress
jiǎnxiūzhīzé 蹇修之责 N. duty of a matchmaker
jiànxìyīn 间隙音 N. <*lg.*> constrictive sound
jiànxí yīshēng 见习医生[-習醫-] N. intern M: *ge*/1*míng*/2*wèi*
jiǎnxuǎn 拣选[揀選] V. select; choose
jiānxuē 尖削 V.P. pointed
jiānxuě 湔雪 V. wipe away (a humiliation); redress (a wrong)
jiǎnxuē* 减削[減-] V. reduce; cut down
jiǎnxué 俭学 V.P. denying oneself comforts to save money for study
jiànxuè 溅血[濺-] V.O. splash drops of blood
jiānxún 兼旬 N. twenty days
jiǎnxùn* 简讯 N. news in brief M: 1*tiáo*
jiānyā* 监压/押[監壓] V. keep sb. in custody
jiānyá 尖牙 N. sharp tooth
jiǎnyā 减压[減壓] V.O. reduce pressure; decompress
jiǎnyācāng 减压仓[減壓倉] N. decompression chamber M: 4*zuò*
jiǎnyàn* 检验 V. test; examine; inspect *Yángé ~ chǎnpǐn de zhìliàng.* Strictly examine the quality of the product.
1**jiànyán** 谏言 N. admonition
2**jiànyán** 践言[踐-] V.O. <*trad.*> fulfill a promise
3**jiànyán** 建言 N. advice
jiǎnyànfèi 检验费 N. survey fees M: 2*bǐ*
jiǎnyàng* 剪样[-樣] V.O. cut a pattern/stencil
jiànyáng 槛羊[檻-] N. sb. at the mercy of others, like a caged lamb
jiànyàng 贱恙[賤-] N. <*humb.*> my illness
jiǎn yángmáo 剪羊毛 V.O. shear wool
jiǎnyàngōng 检验工 N. checker M: *ge*/1*míng*/2*wèi*
jiǎnyànjī 检验机 N. inspection machine M: 1*tái*
jiǎnyànlì 检验吏 N. <*trad.*> forensic pathologist
jiànyánshíxíng 践言实行[踐-實-] F.E. carry out a promise
jiǎnyànsuǒ 检验所 P.W. inspection office M: 1*jiā*
jiǎnyàntú 检验图[-圖] N. test pattern M: 1*zhāng*/1*fèn*
jiàn Yánwang 见阎王 V.O. die
jiǎnyànyuán 检验员 N. inspector; inspecting officer M: *ge*/1*míng*/2*wèi*
jiǎnyánzhī 简言之 F.E. in short; in a word; briefly
jiānyào 煎药[-藥] V.O. decoct Chinese medicine
jiǎnyāo 柬邀 V. invite by letter/card
jiǎnyào* 简要 S.V. concise and to the point; brief
jiǎnyāqì 减压器[減壓-] N. pressure reducer; decompresser M: 1*tái*/*ge*
jiǎnyā shuǐcáo 减压水槽[減壓-] N. decompressed cistern M: 1*tiáo*/*ge*
jiǎnyè* 碱液[鹼-] N. lye
jiànyè 贱业[賤業] N. ① low-status occupation ② prostitution
jiānyèchéngbāo 兼业承包[-業--] F.E. contract for a number of specialized operations to be done at the same time
jiānyèhù 兼业户[-業-] N. households with combined occupations M: 1*jiā*/1*hù*
jiānyèjīngyíng 兼业经营[-業經營] F.E. part-time business
jiānyì 坚毅[堅-] S.V. firm; with inflexible will
jiǎnyī 茧衣[繭-] N. rough outside of a cocoon
jiǎnyí 简仪[-儀] N. <*astr.*> abridged armillary sphere
1**jiǎnyì** 简易 S.V. ① simple and easy ② simply constructed; unsophisticated
2**jiǎnyì** 检疫 V. quarantine
jiànyī 箭衣 N. uniform for an archer M: 2*jiàn*
jiànyì* 建议[-議] V./N. propose; suggest; recommend M: 1*tiáo*
jiànyì'àn 建议案[-議-] N. parliamentary motion/proposal
jiǎnyì bìngfáng 简易病房 P.W. simply equipped ward M: 1*jiān*
jiànyì dàfū 谏议大夫[-議--] N. <*trad.*> official in charge of admonition and arbitration M: *ge*/1*míng*/2*wèi*
jiǎnyì dúwù 简易读物[--讀-] N. easy reading material; simplified reader M: 1*běn*/4*cè*
jiǎnyìfáng 简易房 P.W. simply constructed house M: 1*jiān*
jiǎnyǐfángkuì 俭以防匮 F.E. Waste not, want not.
jiǎnyì fànwéi 检疫范围[-範圍] N. quarantine range
jiǎnyì gélí 检疫隔离[-離] N. quarantine
jiǎnyì gōnglù 简易公路 N. simply built highway M: 1*tiáo*
jiǎnyì jīchǎng 简易机场[-場] N. airstrip M: 4*zuò*
jiǎnyìkē 简易科 N. short/snap course
jiànyì kǒuqì 建议口气[-議-氣] N. <*lg.*> imperative form
jiǎnyìlóu 简易楼[-樓] N. spare/economical building M: 4*dòng*/4*zuò*
jiānyīn 尖音 N. <*lg.*> ① dental sibilants ② sharp sound
jiānyín* 奸淫 V. ① rape ② seduce ♦N. illicit sexual relations; adultery
jiānyìn 监印[監-] N. keeper of the seal
jiànyín 建寅 N. first month of a lunar year
1**jiànyǐn** 渐隐[-隱] V. <*cinema*> fade out
2**jiànyǐn** 荐引[薦-] V. recommend; introduce
jiānyíng 兼营[-營] V. engage in concurrent operations
jiānyìng* 坚硬[堅-] S.V. hard; solid
jiǎnyǐng 剪影 N. ①paper-cut silhouette ②outline; sketch
jiǎnyìnglì 剪应力[-應-] N. <*mach.*> shearing stress
jiānyínlǔlüè 奸淫掳掠[--擄-] F.E. rape and loot
jiǎnyìqī* 检疫期 N. quarantine period
jiǎnyìqí 检疫旗 N. quarantine flag; yellow flag M: 1*miàn*
jiǎnyì shīfàn 简易师范[-師範] N. normal school for elementary teachers
jiànyìsīqiān 见异思迁[-異-遷] F.E. be inconstant/irresolute
jiǎnyìsuǒ 检疫所 P.W. quarantine office M: 1*jiā*/*ge*
jiǎnyǐyǎnglián 俭以养廉[--養-] F.E. frugality makes honesty
jiànyì yīlǎnbiǎo 建议一览表[-議-覽-] N. list of recommendations
jiànyìyǒngwéi 见义勇为[-義--] F.E. be ready to battle for a just cause
jiǎnyìyuán 检疫员 N. quarantine officer M: *ge*/1*míng*/2*wèi*
jiǎnyìzhàn 检疫站 P.W. quarantine station M: 1*jiā*
jiǎnyì zhèngmíngshū 检疫证明书[--證-書] N. quarantine certificate/vaccination certificate M: 1*zhāng*/1*fèn*
jiǎnyòng 俭用 V.P. ① skimp ② be frugal/thrifty
jiànyóu 见油 V.O. apply oil on the surface of sth. (for lubrication/protection/etc.)
1**jiānyú** 煎鱼 V.O. fry fish
2**jiānyú** 肩舆 N. sedan chair M: 1*fù*
3**jiānyú** 艰虞[艱-] N. difficulties; worries
jiānyù* 监狱[監-] N. prison; jail M: 4*zuò*
jiǎnyǔ 简语 N. abbreviated sentences/words
1**jiànyú** 鉴于[鑒於] CONJ. in view of; seeing that
2**jiànyú** 见于[-於] V.P. ① <*wr.*> see; refer to ② in view of
3**jiànyú** 剑鱼 N. dorado M: 1*tiáo*
jiānyuàn 监院[監-] N. jail M: 4*zuò*
1**jiǎnyuán*** 减员[減-] N. ① <*mil.*> depletion of numbers ② personnel reduction
2**jiǎnyuán** 简缘 V.O. moderate one's desires
1**jiànyuán** 建元 N. <*trad.*> establish the first month of the calendar year or of a new era
2**jiànyuán** 见原 V.P. ① be excused ② <*wr.*> please excuse me
3**jiànyuán** 谏垣 N. bureau of imperial censors
jiànyuàn 谏院 P.W. <*trad.*> office of imperial censors
jiǎnyuánzēngxiào 减员增效[減-] F.E. reduce personnel, increase efficiency
jiānyúdàibù 肩舆代步 F.E. use a sedan chair instead of walking
jiānyǔ de 兼语的 ATTR. <*lg.*> telescopic
1**jiǎnyuē** 简约 S.V. brief; concise; sketchy
2**jiǎnyuē** 俭约 S.V. thrifty and temperate
1**jiǎnyuè*** 检阅 V. review (troops/etc.) ♦N. military review
2**jiǎnyuè** 简阅 V. <*trad.*> ① inspect; examine ② review troops
jiànyuē 践约[踐-] V.O. keep a promise/appointment
jiànyuè 僭越 V. overstep one's authority
jiǎnyuèguān 检阅官 N. <*mil.*> inspector M: *ge*/1*míng*/2*wèi*
jiǎnyuètái 检阅台[-臺] N. reviewing stand M: 4*zuò*
jiānyǔshì 兼语式 N. <*lg.*> telescopic form
jiānyùzhǎng 监狱长[監-] N. prison warden M: *ge*/1*míng*/2*wèi*

jiànzá 间杂[-雜] V. be intermingled/mixed
jiǎnzāi 减灾[減災] N. disaster relief ♦V.O. reduce natural disasters
[1]**jiànzài*** 健在 V.P. <wr.> be still living and in good health
[2]**jiànzài** 舰载[艦-] ATTR. carrier-borne; ship-based
jiànzài dǎodàn 舰载导弹[艦-導-] N. ship-based missile M: [4]méi
jiànzài fēijī 舰载飞机[艦-飛-] N. shipboard aircraft; deck-landing aircraft M: [1]jià
jiànzàixiánshàng 箭在弦上 ID. everything's ready and there can be no turning back
jiānzào 监造[監-] V. supervise the manufacture of
jiǎnzào 减灶[減-] V.O. feint weakness/decline
jiànzào* 建造 V. build; construct; make
jiànzào chéng 建造成 R.V. build
[1]**jiǎnzé*** 简则 N. general regulations
[2]**jiǎnzé** 拣择[揀擇] V. select; choose
jiànzé 见责 V.P. <wr.> be blamed
jiǎnzébùquē 俭则不缺 F.E. Waste not, want not.
jiānzéi 奸贼 N. ① conspirator ② arch-careerist M: ge/[1]míng
jiànzēng 渐增 V. increase gradually
[1]**jiānzhá** 笺札[箋-] N. letter; epistle
[2]**jiānzhá** 缄札 N. letter
jiānzhà* 奸诈 S.V. crafty; treacherous
jiǎnzhá 简札 N. <wr.> letters; correspondence M: [1]fēn/[2]fēng
jiānzhǎn 监斩[監-] V. supervise the decapitation of criminals
jiānzhāng 肩章 N. ① shoulder loop ② epaulet M: [1]fù
jiǎnzhāng* 简章 N. ① general regulations ② briefing; brochure M: [1]fèn
jiànzhāng 荐章[薦-] N. written report to the emperor recommending sb. for an official post
[1]**jiànzhǎng** 见长 V. ① grow perceptibly ② improve *See also jiàncháng*
[2]**jiànzhǎng** 舰长[艦-] N. captain (of a warship) M: [1]míng/[2]wèi
jiànzhàngfu 贱丈夫[賤-] N. shameless and greedy person
jiànzhāngjiànzhì 建章健制 F.E. formulate and rationalize rules and regulations
jiānzhàyīnxiǎn 奸诈阴险[--陰-] F.E. deceitful and designing
[1]**jiānzhēn*** 坚贞[堅-] S.V. faithful; constant
[2]**jiānzhēn** 艰贞[艱-] V.P. keep one's integrity despite difficulties
jiǎnzhèn 减震[減-] V.O. absorb shock; dampen
jiànzhēn 荐臻[薦-] V.P. <wr.> repeatedly; many times
jiānzhēnbù'ē 坚贞不阿[堅-] F.E. be faithful to
jiānzhēnbù'èr 坚贞不贰[堅-] F.E. maintain rectitude and not serve two rulers
jiānzhēnbùqū 坚贞不屈[堅-] F.E. be faithful and unyielding
jiānzhēnbùyú 坚贞不渝[堅-] F.E. be loyal through thick and thin
jiānzhèng 监证[監證] N. check and affirm
[1]**jiǎnzhèng** 简政 V.O. streamline the administration
[2]**jiǎnzhèng** 检证[-證] N. confirmation
[3]**jiǎnzhèng** 简正 V.P. normal
[1]**jiànzhèng*** 见证[-證] N. ① witness ② testimony
[2]**jiànzhèng** 谏诤[-諍] V. <wr.> criticize/remonstrate a superior
[3]**jiànzhèng** 鉴证[鑒證] V. authenticate
[4]**jiànzhèng** 建政 V.O. ① establish political power ② build up a healthy government
jiǎnzhèng chéngxù 检证程序[-證--] N. <acct.> procedure of verification
jiǎnzhèngfàngquán 简政放权[-權] F.E. streamline administration and institute decentralization
jiànzhèngrén 见证人[-證-] N. witness M: ge/[1]míng/[2]wèi
jiǎnzhèngzhǔyì 减政主义[減-義] N. retrenchment policy
jiǎnzhènqì 减震器[減-] N. shock-absorber M: [1]tái/[1]jià/ge
jiànzhěnxí 荐枕席[薦-] V.O. offer to sleep with a man (of women)
jiānzhī 兼之 CONJ. <wr.> furthermore; besides
[1]**jiānzhí** 兼职[-職] V.O. ① hold two or more posts concurrently ② be heir to two branches of a family ♦N. concurrent post/job
[2]**jiānzhí** 坚执[堅執] V. insist on; persist in
jiānzhǐ 笺纸[箋-] N. letter paper M: [1]zhāng
[1]**jiānzhì** 监制[監製] V. supervise the manufacture of
[2]**jiānzhì** 坚致[堅-] S.V. solid and elegant; delicate; fine (e.g., cloth)
jiǎnzhī 剪枝 V.O. lop; cut; prune
[1]**jiǎnzhí*** 简直 ADV. simply; really ♦ATTR. ① straightforward ② honest; unaffected
[2]**jiǎnzhí** 减值[減-] V.O. decrease in value
[1]**jiǎnzhǐ** 剪纸 N. paper-cut; scissors-cut M: [1]zhāng
[2]**jiǎnzhǐ** 茧纸[繭-] N. silk fabric used for drawing/writing M: [1]zhāng
[1]**jiǎnzhì** 减至[減-] V.P. reduce; decrease
[2]**jiǎnzhì** 碱质[鹼質] N. alkali
[3]**jiǎnzhì** 蹇滞[-滯] V.P. not proceeding smoothly
[4]**jiǎnzhì** 硷质[-質] ATTR. alkaline
jiànzhī 舰只[艦隻] N. warships; naval vessels
jiànzhǐ 谏止 V. admonish against sth.
jiànzhì 建制 N. organizational system
jiǎnzhí húnào 简直胡闹[-鬧] V.P. Sheer foolishness!
jiǎn zhǐjia 剪指甲 V.O. trim one's nails
jiānzhí jiàoshī 兼职教师[-職-師] N. part-time teacher M: ge/[1]míng/[2]wèi
jiǎnzhǐpiàn 剪纸片 N. a kind of cartoon movie M: [2]bù
jiǎnzhǐpiānr 剪纸片儿 N. <coll.> a kind of cartoon movie M: [2]bù
jiānzhìrén 监制人[監製-] N. supervisor (in film/factory) M: ge/[1]míng/[2]wèi
jiànzhīshíshī 见之实施[--實-] F.E. <wr.> put into effect; carry out
jiànzhīyúshì 见知于世[--於-] F.E. <wr.> be recognized by society
jiànzhīyúxíngdòng 见之于行动[--於-動] F.E. translate knowledge/belief/etc. into action
jiǎnzhòngdú 碱中毒[鹼-] N. <med.> alkalosis
jiānzhǔ 煎煮 V. fry and boil
jiānzhù 笺注[箋註] N. <wr.> commentary on ancient texts
jiǎnzhú 剪烛[-燭] V.O. snuff a candle
jiànzhū 箭猪[-豬] N. <zoo.> porcupine M: [2]zhī
jiànzhú 箭竹 N. slender bamboo good for making arrows M: [5]zhī/[2]kē/[2]gēn
jiànzhǔ 荐主[薦-] N. ① employment agent ② recommender
jiànzhù* 建筑[-築] V. build; construct; erect ♦N. ① building; structure; edifice ② architecture
jiānzhuàng 坚壮[堅壯] S.V. strong; solid
jiǎnzhuāng 简装[-裝] S.V. ① plainly packed ② paperback
jiànzhuàng* 健壮[-壯] S.V. healthy and strong; robust
jiànzhuàngxìng 健壮性[-壯-] N. robustness
jiǎnzhuāng yìnshuāpǐn 简装印刷品[-裝---] N. pamphlet
jiànzhù gōngchéng 建筑工程[-築--] N. construction project
jiànzhù gōngchéngxué 建筑工程学[-築---] N. architectural engineering
jiànzhù gōngdì 建筑工地[-築--] P.W. building/construction site
jiànzhù hóngxiàn 建筑红线[-築--] N. property line M: [1]tiáo
jiànzhuī 荐椎[薦-] N. <phys.> sacrum
jiànzhùjià 建筑架[-築-] N. (construction) scaffold
jiànzhūmíngwén 见诸明文 F.E. <wr.> be expressed in writing
jiǎnzhuó 简擢 V. select and designate sb. for a post
jiànzhuó* 荐擢[薦-] V. recommend and employ
jiǎnzhuóxiáncái 简擢贤才[--賢-] F.E. <wr.> select and promote a person of preeminent ability
jiànzhù qǐlai 建筑起来[-築--] R.V. construct; set up
jiànzhùqī nèi zhéjiù 建筑期内折旧[-築---舊] N. <acct.> building-fund reserve
jiànzhùqún 建筑群[-築-] N. architectural complex
jiànzhùshāng 建筑商[-築-] N. builder M: ge/[1]míng/[2]wèi
jiànzhùshī 建筑师[-築師] N. architect M: ge/[1]míng/[2]wèi
jiànzhùwù 建筑物[-築-] N. building; structure M: [4]zuò/[4]dòng
jiànzhūxíngdòng 见诸行动[-動] F.E. translate into action
jiànzhùxué 建筑学[-築-] N. architecture
jiànzhùyè 建筑业[-築業] N. building industry
jiànzhùzhàng 建筑账[-築-] N. <acct.> construction account
jiānzi* 尖子 N. ① best of its kind M: ge/[1]míng/[2]wèi ② <opera> sudden rise in pitch ♦ATTR. top-notch
jiānzì 渐渍 V. soak *See also* [2]*jiànzì*
[1]**jiǎnzi** 剪子 N. scissors; shears; clippers M: [1]bǎ
[2]**jiǎnzi** 茧子[繭-] N. ① cocoon ② callus
[3]**jiǎnzi** 趼子 N. callus
jiǎnzī 减资[減-] V.O. reduce capital
[1]**jiǎnzì** 简字 N. ①simplified characters ②phonetic signs devised by Lao Naixuan in late Qing
[2]**jiǎnzì** 检字 V.O. ① look up words/characters ② censor/screen writings
[3]**jiǎnzì** 剪字 V.O. scissor/cut a character out
[1]**jiànzi** 毽子 N. <sport> shuttlecock
[2]**jiànzi** 腱子 N. tendon (of meat animals)
jiànzǐ 贱子[賤-] N. <humb.> myself
[1]**jiànzì** 见字 V.O. upon reading this letter
[2]**jiànzì** 渐渍 V. exert/undergo a gradual influence *See also jiānzì*
jiǎnzìbiǎo 检字表 N. character-lookup list; index of Chinese characters M: [1]zhāng/[1]fèn
jiǎnzìfǎ 检字法 N. character-indexing system
jiǎnzì yùndòng 简字运动[-運動] N. <lg.> character simplification movement
jiànzòu 间奏 N. intermezzo
jiànzòuqǔ 间奏曲 N. <mus.> ① entr'acte ② intermezzo M: [2]shǒu
jiānzǔ* 艰阻[艱-] N. irksome obstacles
jiǎnzū 减租[減-] V.O. reduce/cut/lower rent
[1]**jiànzú** 箭镞 N. metal arrowhead
[2]**jiànzú** 贱族[賤-] N. <trad.> inferior clan/tribe/race
jiānzuǐ* 尖嘴 N. ① a sharp tongue ② sb. picky about food
jiǎnzuǐ 笕嘴 N. gargoyle
jiǎnzuì 减罪[減-] V.O. palliate a crime
jiànzuì 见罪 V.O. <wr.> ①receive blame ②take offense
jiānzuǐbóshé 尖嘴薄舌 F.E. have a caustic and flippant tongue
jiānzuǐhóusāi 尖嘴猴腮 F.E. skinny/gaunt face; wretched appearance
jiānzuǐjiáoshé 尖嘴嚼舌 F.E. ① have a sharp tongue ② be fond of gossip
jiǎnzūjiǎnxī 减租减息[減-減-] F.E. reduction of rent/interest
jiānzuò 煎作 V. fry
[1]**jiànzuò*** 间作 V. <agr.> intercrop
[2]**jiànzuò** 践祚/阼[踐-] V.O. <wr.> ascend the throne
[1]**jiāo** 交 V. ① hand over; give up; deliver ② meet; intersect (of place/time) ③ reach (hour/season) ④ cross; intersect ⑤ associate with ⑥ have sexual intercourse; mate ⑦ fall ♦N. ① friendship; relationship ② business transaction; deal ♦ADV. ①mutually, reciprocally ② together; simultaneously

[2]jiāo 教 V. teach *See also [3]jiào*

[3]jiāo 浇[澆] V. ① pour liquid on; sprinkle water on ② irrigate; water ③ <print.> cast

[4]jiāo 娇[嬌] S.V. ① fragile; frail; delicate ②squeamish; finicky ♦B.F. tender; lovely; charming *jiāonen* ♦V. pamper; spoil

[5]jiāo 焦 S.V. burnt; scorched ♦B.F. worried; anxious *[1]jiāojí* ♦N. ① coke ② Surname

[6]jiāo 胶[膠] N. ①glue; gum ②rubber ③anything sticky ④ resin; sap ♦V. glue ♦S.V. ① gluey; sticky ② stubborn

[7]jiāo 礁 B.F. reef *jiāoshí*

[8]jiāo 郊 B.F. ①suburbs; outskirts *jiāoqū*②sacrifices to heaven and earth

[9]jiāo 骄[驕] B.F. ① proud; arrogant; conceited *jiāo'ào* ② <wr.> severe *jiāoyáng* ③ untamed

[10]jiāo 椒 B.F. pepper; spice plants *[1]hújiāo*

[11]jiāo 蛟 N. flood dragon

[12]jiāo 鲛[鮫] N. shark

[13]jiāo 蕉 B.F. plantain; banana *bājiāo, [1]xiāngjiāo*

[14]jiāo 姣 B.F. pretty (of a woman) *[2]jiāohǎo, [2]jiāoměi*

[15]jiāo 跤 B.F. ① stumble; fall down *shuāijiāo* ② wrestle *[2]jiāotán*

[16]jiāo 茭 B.F. wild rice; water oats *jiāomǐ, jiāobái*

[17]jiāo 艽 in *qínjiāo*

[18]jiāo 鸡[鵁] in *jiāojīng*

[19]jiāo 鷦[鷦] in *[1]jiāoliáo*

[1]jiáo 嚼 V. chew; munch *See also [12]jiào, [22]jué*

[2]jiáo 矫[矯] in *[1]jiáoqing See also [6]jiǎo*

[1]jiǎo 脚[腳] N. ①foot ②leg ③base ④ <topo.> dregs; residue ♦M. kick *See also [5]jué*

[2]jiǎo 角 N. ①horn ②bugle ③sth. horn-shaped ④corner ⑤<math.> angle ⑥cape; promontory ♦M. *for money* dime; 1/10th =[2]yuán= *sān ~ qián* thirty cents *See also [5]jué*

[3]jiǎo 搅[攪] V. ① stir; mix ② disturb; annoy

[4]jiǎo 缴[繳] V. ① pay; hand over/in ② capture *See also [10]zhuó*

[5]jiǎo 绞[絞] V. ① twist; wring; entwine ② wind ③ hang by the neck; strangle ④ <mach.> ream ⑤ <coll.> cut with scissors; shear ♦M. skein; hank

[6]jiǎo 矫[矯] B.F. ① straighten; correct; rectify *jiǎozhèng* ②falsify; forge; fake *[1]jiǎoshì* ③strong and powerful; vigorous *jiǎojiàn* ④ raise high ♦N. Surname *See also [2]jiáo*

[7]jiǎo 剿 V. extirpate *See also [6]chāo*

[8]jiǎo 铰[鉸] V. <coll.> ①cut with scissors ②ream

[9]jiǎo 饺[餃] B.F. dumpling *[1]jiǎozi*

[10]jiǎo 狡 B.F. crafty; cunning *jiǎohuá, jiānjiǎo*

[11]jiǎo 皎 B.F. bright and white *[3]jiǎolì, [1]jiǎojié, [2]míngjiǎo*

[12]jiǎo 佼 B.F. excellent *jiǎohǎo, [1]jiǎojiǎo*

[13]jiǎo 徼 B.F. seek *jiǎofú* ♦in *[1]jiǎoxìng See also [11]jiào*

[14]jiǎo 挢[撟] B.F. raise; projecting upward *[2]jiǎojié, jiǎoshé*

[15]jiǎo 湫 B.F. sunken; low-lying *jiǎo'ài See also [5]qiū*

[16]jiǎo 侥[僥] in *[1]jiǎoxìng*

[17]jiǎo 蹻[蹻] in *[4]jiǎojiǎo, jiǎojiǎorán See also [7]qiāo*

Jiǎo 敫 N. Surname

[1]jiào* 叫 V. ① cry; shout ② call; greet ③ hire; order ④ name; call ⑤ cause; make *Fēng néng ~ chuán zǒu.* The wind can make the ship go. *Zhǔrén ~ tā qù kāihuì.* The director wants him to go to the meeting. ♦PREF. <topo.> male (of certain farm animals) *jiàolǘ, jiàojī* ♦COV. by (in passive cons.) *Wǒ ~ tā dǎ le.* I was beaten by him.

[2]jiào 较[較] ADV. rather; quite; relatively; more ♦V. ① compare ② dispute ♦ADV. clearly; obviously

[3]jiào 教 B.F. ①teach *jiàodǎo* ②religion *zōngjiào* ♦V. cause/ask to *~ tā lái.* Tell him to come. *See also [2]jiāo*

[4]jiào 觉[覺] B.F. sleep *shuìjiào See also [3]jué*

[5]jiào 轿[轎] B.F. sedan chair *[1]jiàozi*

[6]jiào 校 V. ① check; proofread ② compare critically ③ collate ④ contest *See also [2]xiào*

[7]jiào 窖 N. storage cellar/pit ♦V. ①store in cellar/pit ② <slang> ⓐ stash away; hide; conceal ⓑ deposit (in the bank); save; store

[8]jiào 酵 B.F. ferment *[1]jiàomǔ, fājiào*

[9]jiào 醮 B.F. wedding ritual; various ancient rituals *[3]jiàoxí, dǎjiào*

[10]jiào 噍 B.F. chew; eat *[2]jiàolèi, zhōujiào*

[11]jiào 徼 B.F. border *jiàowài, hǎijiào See also [13]jiǎo*

[12]jiào 嚼 in *dǎojiào See also [1]jiáo, [22]jué*

[13]jiào 藠 in *jiàotou*

jiāo'ài* 骄爱[驕愛] N. indulgence

jiǎo'ài 湫隘 V.P. <wr.> narrow and low-lying

jiào'àn 教案 N. ①teaching/lesson plan ② <hist.> missionary case (an incident involving foreign missionaries)

jiǎo'ànlǐ 角暗里[-裡] P.W. <topo.> in a corner; in a remote place

jiāo'ào 骄傲[驕-] S.V. arrogant; conceited ♦V. be proud; take pride in ♦N. pride

jiāo'àobìbài 骄傲必败[驕-] F.E. Pride will cause a fall.

jiāo'àogǎn 骄傲感[驕-] N. self-satisfaction; pride

jiāo'ào qǐlai 骄傲起来[驕-] R.V. become swollen with pride

jiāo'àozìdà 骄傲自大[驕-] F.E. become swollen with pride

jiāo'àozìmǎn 骄傲自满[驕-] F.E. be conceited and arrogant

jiāobái 茭白 N. water-oat shoots M: *[2]gēn*

jiāobài* 交拜 V. exchange bows

jiǎobái 皎白 V.P. brightly white

jiāo báijuàn(r)* 交白卷(儿) V.O. ① hand in a blank examination paper ② flub/botch a task

jiǎo báijuàn 缴白卷 V.O. hand in a blank examination paper

jiāobān(r) 交班(儿) V.O. hand over to the next shift

[1]jiāobǎn 胶版[膠-] N. <print.> offset plate M: *[2]kuài*

[2]jiāobǎn 浇版[澆-] N. <print.> casting M: *[2]kuài*

jiǎobǎn(r) 脚板(儿)[腳-] N. <topo.> sole of the foot

jiǎobàn* 搅拌[攪-] V. stir; agitate; mix

jiàobān 轿班[轎-] N. chair bearers

jiàobǎn 叫板 N. <opera> call for music (a signal given by an actor)

jiāobǎn dǎyàngjī 胶版打样机[膠--樣-] N. offset proof press M: *[1]tái/[1]jià*

jiāobǎnjī 浇版机[澆-] N. <print.> casting machine M: *[1]tái/[1]jià*

jiǎobànjī* 搅拌机[攪-] N. mixer M: *[1]tái/[1]jià*

jiǎobànqì 搅拌器[攪-] N. blender M: *[1]tái/ge*

jiāobǎn yìnshuā 胶版印刷[膠-] N. offset printing/lithography

jiāobǎnzhǐ 胶版纸[膠-] N. <print.> offset paper M: *[1]zhāng*

jiāobǎo* 交保 V. release on bail

jiàobāo 觉包[覺-] N. <coll.> a perennial sleepy-head

jiǎobāozhēn 绞包针 N. big curved needle used to sew up gunnysacks M: *[2]gēn/[4]zhī*

jiǎobayār 脚巴丫儿[腳-] N. <coll.> toes

jiǎobèi(r) 脚背(儿)[腳-] N. instep

jiāobēijiǔ 交杯酒 N. <trad.> drinking from the nuptial cup by bride and groom

jiǎoběn* 脚本[腳-] N. script; scenario M: *[1]běn/[2]bù*

[1]jiàoběn 校本 N. incomplete edition with addition of words copied from the original version M: *[1]běn*

[2]jiàoběn 教本 N. textbook M: *[1]běn/[4]cè*

jiāobǐ 焦比 N. <metal.> coke ratio

jiāobì 交臂 V.P. very close/near

jiàobǐ* 较比 ADV. <topo.> comparatively; fairly; quite

jiǎobiàn* 狡辩 V. quibble; indulge in sophistry

[1]jiàobiān 教鞭 N. ① (teacher's) pointer M: *[2]gēn* ② teaching career

[2]jiàobiān 校编 V. revise and edit

jiāobiàn diànchǎng 交变电场[-變電場] N. alternative electric fields

[1]jiāobīng* 交兵 V.O. <wr.> be at war; wage war

[2]jiāobīng 骄兵[驕-] N. undisciplined/arrogant troops

jiāobǐng 椒饼 N. pepper bread/cake M: *[2]kuài*

jiàobīng 窖冰 V.O. keep ice in a cellar/vault/pit

jiàobǐng 较炳 V.P. clear; obvious; conspicuous

jiāobīngbìbài 骄兵必败[驕-] F.E. A cocksure army is doomed to defeat.

jiāobīnghànjiàng 骄兵悍将[驕-將] F.E. unruly commander and soldiers

jiāobìshīzhī 交臂失之 F.E. just miss a person/opportunity

jiāobó 浇薄[澆-] S.V. degenerate; depraved (of customs/morals/etc.)

jiāobózhīshì 浇薄之世[澆-] N. the age of demoralization

jiǎobózi 脚脖子[腳-] N. <coll.> the ankles

[1]jiāobù 胶布[膠-] N. ① rubberized fabric ② <coll.> adhesive plaster

[2]jiāobù 蕉布 N. cloth made from fibers of plantain

jiǎobǔ 剿捕 V. exterminate

jiǎobù(r)* 脚步(儿)[腳-] N. step; pace

jiāobuchū 交不出 R.V. be unable to provide/pay

jiāobùdài 胶布带[膠-帶] N. rubberized/adhesive tape M: *[1]tiáo*

jiáobudòng 嚼不动[-動] R.V. be unable to chew (sth. hard)

jiāobùgāo 胶布膏[膠-] N. adhesive plaster

jiǎobǔjìngjìn 剿捕净尽[-淨盡] F.E. exterminate totally

jiàobujuàn 教不倦 R.V. diligent/untiring in teaching

jiāobuliǎo* 交不了 R.V. be unable to hand in (the outcome of a task/etc.)

jiáobuliǎo 嚼不了 R.V. be unable to chew

jiāobuliǎo zhàng 交不了帐 V.P. be unable to justify oneself

jiāobushàng* 交不上 R.V. ① be unable to provide (rent/tax/etc.) ② be unable to hand in (report/etc.) ③ be unable to get (good luck, etc.)

jiàobushàng 叫不上 R.V. ① don't know (sb.'s name) ② can't bring up (sb's name)

jiǎobùshēng(r) 脚步声(儿)[腳-聲-] N. sound of footfalls/footsteps

jiāobuxià 交不下 R.V. ① be unable to hand in (a report/etc.) ② be unable to get (good luck)

jiàobuxǐng 叫不醒 R.V. cannot wake sb. up

jiǎobùyā(r/zi) 脚步鸭(儿/子)[腳-] N. <coll.> toes

jiǎocǎi 脚踩[腳-] V. pedal; trample

jiàocái* 教材 N. teaching material M: *[1]běn/[2]bù/[4]cè/tào*

jiàocài 叫菜 V.O. ① choose dishes from a menu ② order a dish

jiǎocǎi-liǎngzhīchuán 脚踩两只船[腳--隻-] F.E. opportunistic

jiǎocǎishí 脚踩石[腳-] N. stepping-stone

jiàocān 教参[-參] N. teacher's guidebooks

jiàocáng 窖藏 V. store in a cellar/pit

Jiàocāotāyǔzhě de 教操他语者的 ATTR. <lg.> TESOL (Teaching English to Speakers of Other Languages)

jiāochā 交叉 V. ① intersect; cross; crisscross ② overlap ③ alternate; stagger

jiāochā de yīnwèi 交叉的音位 N. <lg.> intersecting phonemes

jiāochādiǎn 交叉点[-點] P.W. intersection; junction

jiāochā huǒlìwǎng 交叉火力网[-網] N. crossfire

jiāochāi 交差 V.O. report to the leadership on completing a task

jiāochā jiāsuàn 交叉加算 V. <*acct.*> cross-footing
jiāochākǒu 交叉口 P.W. intersection
jiāochǎndìnggōng 交产定工[-產--] F.E. deliver the output and determine the workpoints
jiàochǎng 校/较场[-場] P.W. drill ground
jiǎochángshā 绞肠痧[-腸-] N. <*med.*> acute enteritis
jiāochāo 交钞 N. <*hist.*> paper money
jiāochā xuékē 交叉学科 N. interdiscipline
jiāochā yīnwèi 交叉音位 N. <*lg.*> overlapping phonemes
jiāochā zuòyè 交叉作业[-業] N. alternate operation
jiǎochē 绞车 N. winch; windlass M: [3]*liàng*
jiàochē* 轿车[轎-] N. ① (horse-drawn) carriage ② bus; car; coach; sedan; limousine M: [3]*liàng*
jiāochēn 娇嗔[嬌-] V. grumble coyly
jiàochéng 教成 R.V. teach
[1]**jiǎochéng** 脚程[腳-] N. ① distance ② walking speed
[2]**jiǎochéng** 缴呈 V. submit to a superior
jiàochéng* 教程 N. ① course of study ② (published) lectures
jiāochēnhánxiū 娇嗔含羞[嬌-] F.E. pout prettily and look shy
jiāochī 娇痴[嬌-] V.P. guileless; innocent
jiǎochǐ* 角尺 N. angle square
jiāochóu* 浇愁[澆-] V.O. drown sorrows with wine
jiàochóu 校雠 V. <*wr.*> collate
jiāochū* 交出 R.V. surrender; hand over
jiǎochū 缴出 R.V. hand over; hand in
jiǎochú 剿除 V. exterminate; destroy
jiàochū 叫出 R.V. shout; call out
jiāochuǎn 娇喘[嬌-] V. pant from physical weakness (of women)
jiāochuāng 交窗 N. windows
jiào chūlai 叫出来 R.V. ① shout ② ask sb. out
jiāocuì 焦脆 S.V. burned to a crisp
jiāocún* 交存 V. deposit; hand in for safekeeping
jiǎocún 缴存 V. hand in for safekeeping
jiāocuò 交错 V. <*wr.*> interlock; crisscross ♦ ATTR. <*mach.*> staggered
jiāocuòfǎ 交错法 N. <*lg.*> chiasmus
Jiāo-Dà 交大 AB. *Jiāotōng Dàxué*
jiǎodǎ 搅打[攪-] V. whip
jiàodà* 较大 V.P. more; greater; larger
[1]**jiāodài** 交代/待 V. ① hand over ② explain; make clear; brief; tell ③ account for; justify oneself ④ confess ⑤ <*coll.*> finish; complete
[2]**jiāodài** 胶带[膠帶] N. <*elec.*> rubberized/adhesive tape M: [1]*tiáo*
jiàodàihuì 教代会 N. teachers' congress
jiǎodànjī 搅蛋机[攪-] N. ① eggbeater M: [1]*tái*/[1]*jià* ② helicopter M: [1]*jià*
[1]**jiāodào** 交道 N. social intercourse; contacts
[2]**jiāodào** 交到 R.V. hand over
jiǎodāo 铰刀 N. <*mach.*> reamer; scissors; shears M: [1]*bǎ*
jiàodǎo* 教导[-導] V. instruct; give guidance ♦ N. teaching; guidance
jiàodào 叫到 R.V. be called
jiàodǎofǎ 教导法[-導-] N. instruction method
jiàodǎoyǒufāng 教导有方[-導--] F.E. skillful in teaching and providing guidance
jiàodǎoyuán 教导员[-導-] N. (battalion) political instructor M: *gè*/[1]*míng*/[2]*wèi*
jiàodǎo zhǔrèn 教导主任[-導--] N. head teacher or assistant principal (in elementary school) M: *gè*/[1]*míng*/[2]*wèi*
jiǎodāzi 脚搭子[腳-] N. ① footstool ② stirrup
jiàodé 教德 N. ① teaching conduct ② teacher's morals
jiáodedòng 嚼得动[-動] R.V. be able to chew sth.
jiǎodēng* 脚灯[腳燈] N. <*thea.*> footlights
jiǎodèng 脚凳[腳-] N. footstool; footrest
jiǎodēng-liǎngzhīchuán 脚蹬两只船[腳--隻-] F.E. opportunistic
jiǎodēngzi 脚蹬子[腳-] N. pedal; treadle
jiāodeqǐ 交得起 R.V. can afford to pay/provide
jiāodeshàng 交得上 R.V. be able to pay or hand in
jiāodí 骄敌[驕敵] N. cocksure enemy ♦ V.O. underestimate the enemy
jiāodǐ(r) 交底(儿) V.O. put all one's cards on the table
jiāodì 浇地[澆-] V.O. irrigate the fields
[1]**jiǎodǐ*** 脚底[腳-] N. soles (of feet)
[2]**jiǎodǐ** 角抵 V. wrestle ♦ N. wrestling *See also juédǐ*
[1]**jiāodiǎn*** 焦点[-點] N. focus; focal point
[2]**jiāodiǎn** 交点[-點] N. ① <*math.*> point of intersection ② <*astr.*> node
[1]**jiāodiàn** 交电[-電] ATTR. of transportation and household electric appliances
[2]**jiāodiàn** 郊甸 N. suburbs
[3]**jiāodiàn** 浇奠[澆-] V. pour out a libation
jiǎodiàn 脚垫[腳墊] N. callus on the sole of the foot
jiàodiǎn 校点[-點] V. proofread and punctuate
jiāodiǎn biāozhì 焦点标志[-點標-] N. <*lg.*> focus marker
jiāodiǎn fāngshì 焦点方式[-點--] N. focus device
jiāodiǎn fùcí 焦点副词[-點--] N. <*lg.*> focus adverb
jiǎodiànr 脚垫儿[腳墊-] N. shoe-pad; insole
jiāodiǎn xìnxī 焦点信息[-點--] N. <*lg.*> focus information
jiāodiǎn xùnxī 焦点讯息[-點--] N. <*lg.*> focus information
jiāodiǎnyuè 交点月[-點-] N. <*astr.*> draconic month
jiǎodiào 缴掉 R.V. seize; confiscate
jiǎodǐbǎn(r/zi) 脚底板(儿/子)[腳-] N. <*coll.*> sole of the foot
jiāodīdī 娇滴滴[嬌-] V.P. delicately pretty; affectedly sweet
jiāodié 交叠[-疊] V. pile up
jiǎodǐng 角顶 N. <*math.*> apex of a triangle
jiàodìng* 校订 V. check against the authoritative text; editorially revise
jiàodìngběn 校订本 N. revised edition M: [1]*běn*/[4]*cè*
jiǎodǐxia 脚底下[腳-] P.W. under/at/around one's feet
jiáodòng 嚼动[-動] R.V. chew
jiǎodòng* 搅动[攪動] R.V. ① mix; stir ② disturb ③ rouse
jiǎodòngliàng 角动量[-動-] N. <*phy.*> angular momentum
jiǎodù* 角度 N. ① angle; angular measure ② perspective
jiàodū 教督 V. teach; advise; supervise
jiàodú 校读[-讀] V. proofread
jiǎodùchǐ 角度尺 N. angle board M: [1]*bǎ*
jiàoduì 校对[-對] V. ① proofread; proof ② check against a standard; calibrate ♦ N. proofreader
jiàoduì fúhào 校对符号[-對-號] N. proofreader's marks
jiàoduìzhě 校对者[-對-] N. proofreader M: *gè*/[1]*míng*/[2]*wèi*
jiāoduò 娇惰[嬌-] S.V. effeminate and lazy
jiāo'è 交恶[-惡] V.P. lose favor with sb. *See also jiāowù*
[1]**jiāo'ér*** 娇儿[嬌-] N. a darling son
[2]**jiāo'ér** 骄儿[驕-] N. a beloved son
[1]**jiāo'ěr** 焦耳 M. <*loan*> joule
[2]**jiāo'ěr** 交耳 V. whisper in sb.'s ear
jiǎofǎ 脚法[腳-] N. kicking skill (in soccer)
[1]**jiàofǎ*** 教法 N. teaching methods; pedagogy
[2]**jiàofǎ** 叫法 N. how to call/name sth.
jiāofàn 焦饭 N. burned rice
[1]**jiàofàn*** 叫饭 V.O. order food/meals
[2]**jiàofàn** 教范[-範] N. <*mil.*> manual
jiāofáng 椒房 N. <*trad.*> private apartments of the empress M: [1]*jiān*
jiàofāng* 教坊 N. institution to train musicians and singers
jiāofèi 交费 V.O. pay a fee
jiǎofěi 剿匪 V.O. suppress bandits *See also chāofěi*
jiǎofèi* 缴费 *See jiāofèi*
jiàoféi 窖肥 <*topo.*> N. wet compost ♦ V.O. make compost
jiāofěn* 椒粉 N. pepper powder
jiǎofèn 狡愤 V. fly into a rage
jiàofěn 酵粉 N. ferment powder
[1]**jiāofēng** 交锋 V.O. ① cross swords ② wage war; engage in battle
[2]**jiāofēng** 浇风[澆-] N. degenerate ways
jiāofēngyēyǔ 蕉风椰语 F.E. tropical sights
jiāofú 浇浮[澆-] V.P. rash and faithless
[1]**jiāofù*** 交付 V. ① pay ② hand over; deliver; consign ***Zhè zuò xīn lóu míngnián kěyǐ ~ shǐyòng.*** This new building will be ready for use next year.
[2]**jiāofù** 胶附[膠-] V. adhere to; stick together
jiǎofū 脚夫[腳-] N. <*trad.*> ① porter ② owner of a donkey/horse who rents his stead to a rider and walks along with it M: *gè*/[1]*míng*
jiǎofú 徼福 V.O. pray for blessings
jiǎofù 缴付 V. pay out
jiàofū 轿夫[轎-] N. sedan-chair bearer M: *gè*/[1]*míng*
jiàofù 教父 N. godfather M: *gè*/[1]*míng*/[2]*wèi*
jiāofù biǎojué 交付表决[-決] V.P. put to the vote
jiāofù gěi 交付给 V.P. give over
jiāofù gǔyín 交付股银 V.O. <*acct.*> payment of shares
jiǎofǔjiānshī 剿抚兼施 F.E. use carrot and stick to suppress a rebellion
[1]**jiàogǎi** 校改 V. read and correct proofs
[2]**jiàogǎi** 教改 N. educational reform
jiāogǎn* 交感 N. <*lg.*> contamination
jiǎogǎn 脚杆[腳-] N. <*topo.*> leg
jiǎogāng 角钢[-鋼] N. angle iron
jiāogǎn shénjīng 交感神经[-經] N. <*phys.*> sympathetic nerve
jiāogǎn zuòyòng 交感作用 N. <*phys.*> adaptation
jiàogāo* 较高 V.P. higher; taller
jiàogǎo 校稿 V.O. proofread
jiāogē* 交割 V. complete a business transaction
[1]**jiāogé** 胶/交葛[膠-] N. ① quarrels ② complications; confusion; troublesome dispute/involvement; disorder
[2]**jiāogé** 蕉葛 N. linen made from fibers of plantain
jiàogēge 叫哥哥 N. <*topo.*> katydid M: [2]*zhī*
[1]**jiāogěi** 交给 V. hand/give to
[2]**jiāogěi** 教给 V. impart (knowledge/skill)
jiāogē jiàgé 交割价格[--價-] N. delivery price
jiǎogēn(r) 脚跟(儿)[腳-] N. ① heel ② footing
jiāogēr 娇哥儿[嬌-] N. over-pampered child
[1]**jiāogōng** 交公 V.O. hand over to the collective/state
[2]**jiāogōng** 交工 V.O. hand over a completed project
jiǎogōng 脚弓[腳-] N. arch
jiàogōng* 教工 N. teaching and administrative staff
jiāo gōngliáng 交公粮[-糧] V.O. pay the agricultural tax in grain
jiāogōu 礁沟[-溝] N. reef canal
jiāogòu* 交媾 V. have sexual intercourse
jiāogù* 胶固[膠-] S.V. ① sturdy; strong ② obstinate; stubborn
jiáogu 嚼咕 V./N. <*coll.*> gossip
jiāoguān 交关[-關] V. have to do with; involve
[1]**jiāoguǎn** 胶管[膠-] N. rubber tube/hose M: [2]*gēn*
[2]**jiāoguǎn** 教馆 V.O. teach private students; be a private tutor
[1]**jiāoguàn** 浇灌[澆-] V. ① water; irrigate ② pour
[2]**jiāoguàn** 娇惯[嬌-] S.V. pamper; coddle
jiǎoguān 角冠 N. Daoist pointed hat
jiàoguān* 教官 N. ① <*trad.*> schoolmaster; instructor ② military instructor M: *gè*/[1]*míng*/[2]*wèi*
jiǎoguāng 脚光[腳-] N. footlights
jiāoguǎnyuán 交管员 N. traffic controller M: *gè*/[1]*míng*/[2]*wèi*

jiāogui* 娇贵[嬌-] S.V. ① spoiled; pampered ② delicate and fragile
jiǎoguī 角规 N. angle gauge M: [1]*bǎ*
jiǎoguǐ 搅鬼[攪-] V.O. play underhand tricks
jiàoguī 教规 N. <rel.> canon; church rules M: [1]*tiáo*
jiào gūniang 叫姑娘 V.O. hire a prostitute
jiàoguō 叫聒 N. loud and shrill noises
jiáoguǒr 嚼裹儿 N. <topo.> living expenses *See also juéguǒr*
jiǎoguǒr* 缴裹儿 N. living expenses
jiàoguǒzi 窖果子 V.O. keep fruit in a cellar
jiáogur 嚼谷儿[-穀-] N. <coll.> grain storage or food supply
jiāohān 娇憨[嬌-] S.V. delicate and innocent
jiāohàn 骄悍[驕-] S.V. arrogant and imperious
jiàohǎn* 叫喊 V. shout; howl; scream
jiǎoháng* 脚行[腳-] N. <trad.> ① porter ②portage transportation company using coolies
jiàoháng 叫行 N. auction store/service
jiàohǎn qǐlai 叫喊起来 R.V. shout
[1]**jiāohǎo** 交好 V.P. be on friendly terms
[2]**jiāohǎo** 娇/姣好[嬌-] V.P. good-looking; pretty; pleasant
jiǎohǎo 佼好 V.P. pretty; pleasant
jiǎohào 脚号[腳號] N. subscript
jiàoháo 叫号[-號] V. howl; ululate *See also jiàohào*
[1]**jiàohǎo(r)*** 叫好(儿) V.O. applaud; shout "Bravo!"
[2]**jiàohǎo** 较好 V.P. fairly/quite good
jiàohào 叫号[-號] V.O. call out the numbers (of waiting patients, etc.) *See also jiàoháo*
jiàohào diànhuà 叫号电话[-號電-] N. station-to-station call
jiāo hǎoyùn 交好运[-運] V.O. have good luck; be lucky
[1]**jiāohé*** 胶合[膠-] V. glue together; veneer
[2]**jiāohé** 交合 N. sexual intercourse
jiǎohe 搅和[攪-] V. ① mix; stir ② mess up *See also jiǎohuo*
jiàohé 校核 V. check
jiāohébǎn(r) 胶合板(儿)[膠-] N. plywood; veneer board M: [2]*kuài*
jiāohēi 焦黑 V.P. burned black
jiāohèng* 骄横[驕-] S.V. overbearing
jiàohèng 叫横 V.P. yell/shout angrily
jiāohèngbáhù 骄横跋扈[驕-] F.E. be arrogant and overbearing; lordly and imperious
jiāohèngbùfǎ 骄横不法[驕-] F.E. be arrogant and unlawful
jiāohèngyīshì 骄横一世[驕-] F.E. be arrogant and imperious for a time
jiāohòng 交哄 V. wrangle; quarrel; brawl; squabble
jiāohóu 娇喉[嬌-] N. a pleasing singing voice
jiǎohòugēn(r) 脚后跟(儿)[腳後-] N. ① heel ② foothold
[1]**jiāohú** 焦糊 V.P. burnt; scorched
[2]**jiāohú** 礁湖 N. lake separated from the ocean by a sand bar
jiāohù* 交互 ADV. ① each other; mutual ② alternately; in turn ♦ATTR. <lg.> inter-; cross-; reciprocal
jiāo huā(r) 浇花(儿)[澆-] V.O. water flowers
jiāohuà 焦化 N. <chem.> coking
jiǎohuá 狡猾/滑 S.V. sly; cunning
jiǎohuà 角化 V. keratinize
jiàohuà* 教化 V./N. enlighten people by education ♦N. culture
jiǎohuáchuán 脚划船[腳-] N. boat powered by foot pedals M: [1]*tiáo*/[1]*sōu*/[2]*zhi*
jiàohuài* 教坏[-壞] R.V. instigate; abet; misguide
jiǎohuái 脚踝[腳-] N. ankle
jiāohuān 交欢[-歡] V.O. ①have cordial relations with each other ② have sexual intercourse
jiāohuán 交还[-還] V. hand back; return
jiāohuàn* 交换[-換] V. exchange; swap
jiǎohuán 缴还[-還] V. hand back
jiàohuan 叫唤[-喚] V. cry/call out

jiāohuàn chǐlún 交换齿轮[-換齒-] V.O. change gear
jiāohuànfǎ 交换法[-換-] N. commutation
jiāohuáng* 焦黄 V.P. ① sallow ② browned (of food)
jiàohuáng 教皇 N. pope; pontiff
jiàohuáng tōngyù 教皇通谕 N. papal encyclical
jiāohuànjī 交换机[-換-] N. switchboard; exchange M: [1]*tái*/[1]*jià*
jiāohuàn jiàzhí 交换价值[-換價-] N. <econ.> exchange value
jiāohuànlǜ 交换律[-換-] N. <math.> commutativity
jiāohuànsuǒ 交换所[-換-] P.W. exchange M: [1]*jiā*
jiāohuàn xìnxī wǎnglù 交换信息网路[-換--網-] N. <comp.> switched-message network
jiàohuà rénmín 教化人民 V.O. civilize people by teaching
jiǎohuàzhèng 角化症 N. <med.> deratosis
jiàohuāzi 叫花/化子 N. <coll.> beggar M: *ge*/[1]*míng*
jiàohuāzijī 叫花子鸡[-雞] N. a whole chicken roasted in caked mud M: [2]*zhī*
jiāohù fēnlèi 交互分类[-類] N. cross-classification
jiāohuí 交回 N. restoration ♦R.V. restore
[1]**jiāohuì** 交汇[-匯] V.P. communicate
[2]**jiāohuì** 交会 V. meet
jiǎohuí 缴回 R.V. return (government property)
jiàohuí 叫回 R.V. recall
[1]**jiàohuì*** 教会 N. (Christian) church
[2]**jiàohuì** 教诲 <wr.> V. teach; instruct; admonish ♦N. teaching; instruction; admonition
jiàohuì cānyù 教会参与[-參與] N. church participation
jiāohuìdiǎn 交汇点[-匯點] P.W. junction
jiàohuì luómǎzì 教会罗马字[--羅--] N. <lg.> missionary romanization
jiàohuì xuéxiào 教会学校 P.W. missionary school M: [1]*suǒ*/[1]*jiā*
jiāohuīyán 礁灰岩 N. reef limestone
jiāohù liánluò 交互联络[--聯-] N. <lg.> cross-association
jiǎohun* 搅混[攪-] R.V. <coll.> ① mix; blend; mingle; throw into disorder ② deliberately create confusion
jiǎohún 搅浑[攪-] R.V. mix up (lit./fig.)
jiàohún(r) 叫魂(儿) V.O. console the dead by invoking their names
jiāohuó 交活 V.O. turn in a finished item
jiāohuǒ 交火 V.O. ①wage war ②fight; exchange fire
jiāohuò 交货 V.O. deliver goods
jiǎohuo* 搅和[攪-] V. ① mix; blend; mingle ② mess up; spoil ③ confuse *See also jiǎohe*
[1]**jiǎohuò** 缴获[-獲] V. capture; seize
[2]**jiǎohuò** 剿获[-獲] V. seize
jiàohuò 叫货 V.O. order goods
jiāohuòbù 交货簿 N. delivery book M: [1]*běn*/[4]*cè*
jiāohuòfùkuǎn 交货付款 F.E. cash on delivery
jiāohuògǎng 交货港 N. port of delivery
jiāohuòqī 交货期 N. date of delivery
jiāohuò shōujù 交货收据[-據] N. delivery receipt M: [1]*zhāng*/[1]*fèn*
jiāohuòshōukuǎn 交货收款 F.E. <acct.> cash on delivery (C.O.D.)
jiāohuò shōukuǎn xiāoshòu 交货收款销售 N. <acct.> cash-on-delivery sales (C.O.D. sales)
jiāohù qǔdàixìng 交互取代性 N. <lg.> intersubstitutability
jiāohù tónghuà 交互同化 N. <lg.> reciprocal assimilation
jiāohùxìng diànxìn 交互性电信[---電-] N. interactive communication
jiāohù yìnzhèng 交互印证[-證] N. cross-validation
jiāohù zhōngchā 交互中插 N. <lg.> double insertion
jiāohù-zhǔguān de 交互主观的[---觀-] ATTR. <lg.> intersubjective

jiāohù zuòyòng 交互作用 N. interaction; interplay
[1]**jiāojí** 焦急 S.V. anxious; worried
[2]**jiāojí** 交集 V.P. have mixed feelings
[1]**jiāojì*** 交际[-際] N. social intercourse; communication
[2]**jiāojì** 浇季[澆-] N. decadent times
[1]**jiǎojì** 脚迹[腳跡] N. footprints; footmarks
[2]**jiǎojì** 狡计 N. clever scheme
jiàojī 叫鸡[-雞] N. <topo.> rooster; cock M: [2]*zhī*
jiàojí 教籍 N. membership of a religion
jiàojì 教绩 N. ① teaching effectiveness ② teacher's achievement
jiāojiā* 交加 V.P. <wr.> accompany each other; occur simultaneously
[1]**jiǎojià** 绞架 N. gallows M: [4]*zuò*
[2]**jiǎojià** 脚价[腳價] N. transportation charge (of porters/animals/etc.)
[3]**jiǎojià** 脚架[腳-] N. ① scaffold; staging ② footstool
jiǎojiān(r) 脚尖(儿)[腳-] N. tip of toe; tiptoe
jiǎojiàn* 矫健[矯-] S.V. strong and vigorous
jiāojiāo 骄骄[驕驕] R.F. <trad.> luxuriant and tall (of grass/etc.)
jiāojiǎo 交角 N. <math.> angle of intersection
jiǎojiāo* 缴交 V. deliver to; transmit
[1]**jiǎojiǎo** 佼佼 R.F. <wr.> ① handsome; beautiful ② above average; outstanding
[2]**jiǎojiǎo** 皎皎 R.F. clear and bright; glistening white
[3]**jiǎojiǎo** 矫矫[矯矯] R.F. ① martial-looking ② exalted; lofty; raised
[4]**jiǎojiǎo** 𫏋𫏋[蹻蹻] R.F. ① strong; brave ② haughty; overbearing
jiǎojiǎobùqún 矫矫不群[矯矯-] F.E. outstanding; peerless; remarkable
jiāojiāodīdī 娇娇滴滴[嬌嬌-] R.F. delicate and charming
jiǎojiǎorán 𫏋𫏋然[蹻蹻-] ADV. martially; bravely
jiǎojiǎozhě 佼佼者 N. outstanding person M: *ge*/[1]*míng*/[2]*wèi*
jiǎojiǎozhě yì wū 皎皎者易污 F.E. Virtue is easily sullied.
jiāojì cèlüè 交际策略[-際--] N. communication strategy
jiāojì chùzhǎng 交际处长[-際處-] N. head of the communications department M: *ge*/[1]*míng*/[2]*wèi*
jiāojiē* 交接 V. ① join; connect ② hand/take over ③ associate with ④ interchange
[1]**jiāojié** 交结 V. associate
[2]**jiāojié** 胶结[膠-] ATTR. glued; cemented
[3]**jiāojié** 焦竭 S.V. worried and exhausted
[4]**jiāojié** 交睫 V.O. close the eyes
jiāojiè 交界 V.O. have a common boundary
jiǎojiē 铰接 V. <mach.> join with a hinge; articulate
[1]**jiǎojié** 皎洁[-潔] S.V. bright and clear (of moonlight)
[2]**jiǎojié** 矫/挢捷[矯/撟-] S.V. vigorous and nimble; agile
jiàojiē 叫街 V. beg food by shouting along the street
jiàojiè 教诫 N. religious prohibitions ♦V. admonish
jiāo-jiēbān 交接班 V.O. change shifts
jiāojié cáiliào 胶结材料[膠-] N. cementing material
jiāojièchù 交界处[-處] P.W. interface
jiàojiē de 叫街的 N. street beggar
jiāojiéjì 胶结剂[膠-劑] N. cementing agent
jiāojièmiàn chéngxù 交界面程序 N. <comp.> interface program
jiāojiē mìdù 交接密度 N. <lg.> communication density
jiāojiéqì 交节气[-節氣] N. ①seasonal weather change ② relapse of chronic illness with seasonal change
jiāojì èryuántǐ 交际二元体[-際--體] N. <lg.> dyad

jiǎojiēshì 铰接式 ATTR. articulated
jiǎojiēshì dàchē 铰接式大车 N. articulated bus M: [3]liàng
jiāojìfèi 交际费[-際-] N. entertainment fee M: [2]bǐ
jiāojì fèiyong 交际费用[-際--] N. entertainment fee M: [2]bǐ
jiāojì gānrǎo 交际干扰[-際-擾] N. communicative interference
jiāojì gōngnéng 交际功能[-際--] N. <lg.> communicative function
jiāojìgōu 交际沟[-際溝] N. communication gap
jiāojìhuā(r) 交际花(儿)[-際--] N. social butterfly
jiāojì jiāoxuéfǎ 交际教学法[-際---] N. <lg.> communicative approach
jiāojì liànxí 交际练习[-際練習] N. communicative drill
jiāojì lǐlùn 交际理论[-際--] N. communication theory
jiāojīn 骄矜[驕-] S.V. <wr.> self-important; proud; haughty
jiǎojīn 角巾 N. hermit's garb
jiǎojǐn 绞紧[-緊] R.V. twist tight
[1]**jiǎojìn** 绞尽[-盡] V. rack (one's brains)
[2]**jiǎojìn** 脚劲[腳勁] N. <topo.> leg power
jiàojīn 醮金 N. money offering put on an altar
jiàojìn(r)* 叫/较劲(儿)[-勁-] V.O. <coll.> ① pit oneself against; match wits with; contest ② oppose; dispute ③ get/become harder
jiāojì nénglì 交际能力[-際--] N. communicative competence
jiāojīng 鵁鶄 N. <trad.> a kind of water bird (*Nycticorax prasinosceles*)
[1]**jiāojǐng*** 交警 N. traffic police
[2]**jiāojǐng** 交颈[-頸] V.O. neck; fondle each other
jiāojìng 浇竞[澆競] V.P. be eager for fame and power
jiǎojìng 脚胫[腳脛] N. shin; tibia
jiǎojìn nǎozhī 绞尽脑汁[-盡腦-] V.O. rack one's brains
jiǎojìnshājué 剿尽杀绝[-盡殺絕] F.E. exterminate once and for all
jiǎojīnsīdì 角巾私弟 F.E. lead a hermit's life
jiāojīnzìchí 骄矜自持[驕-] F.E. assume a superior air
jiāojiōng 郊坰 N. countryside; field; open space
jiāojiǔ 椒酒 N. wine infused with pepper
jiāojìwǔ 交际舞[-際-] N. ballroom/social dancing
jiāojìxìng tánhuà 交际性谈话[-際---] N. phatic communion
jiāojìyǔ 交际语[-際-] N. <lg.> ① language for communication ② vernacular ③ lingua franca
jiāojù 焦距 N. focal distance/length
jiǎojú 搅局[攪-] V.O. ① spoil others' pleasure (said of an unwelcome guest) ② upset a scheme/plan
jiàojú 叫局 V.O. order a performance (at a banquet)
jiàojù* 教具 N. teaching aids/materials
jiāojuān 交捐 V.O. pay a tax
jiāojuǎn(r)* 胶卷(儿)[膠-] N. unexposed (roll) film M: juǎn
jiāojuàn(r) 交卷(儿) V.O. ① hand in an exam paper ② fulfill one's task
jiǎojuān 缴捐 V.O. pay a tax
jiǎojuàn 缴卷 V.O. hand in exam paper
jiāojué 胶谲[膠-] V. cheat; swindle
[1]**jiǎojué** 剿绝[-絕] V. exterminate
[2]**jiǎojué** 绞决[-決] V. execute by strangling/hanging
jiàojué* 叫绝[-絕] V. <coll.> acclaim; applaud
jiǎokǎ 脚卡[腳-] N. foot manacle
jiàokān 校勘 V. collate; compare texts to establish the correct version
jiǎokàng 矫亢[矯-] V.P. affect superiority by distinctive mannerisms
jiàokānxué 校勘学 N. textual criticism *See also* *xiàokānxué*
jiāokě 焦渴 V.P. ① dying of thirst ② very anxious

[1]**jiāokè*** 教课 V.O. teach a lesson
[2]**jiāokè** 娇客[嬌-] N. ① son-in-law ② guest requiring delicate handling M: ge/[1]míng/[2]wèi
jiàokě 叫渴 V.O. call out one's thirst
jiàokēshū 教科书[-書] N. textbook; manual M: [1]běn/[4]cè/[2]bù/tào
Jiào-Kē-Wén Zǔzhī 教科文组织[-織] P.W. UNESCO
jiǎokǒng 铰孔 V.O. ream a hole
jiāokǒu* 交口 V.O. converse; chat ♦ADV. ① unanimously ② in unison
jiǎokòu 脚扣[腳-] N. spiked cleat for climbing; crampon
jiāokǒuchēngyù 交口称誉[-稱譽] F.E. unanimously praise
jiāokǒuchēngzàn 交口称赞[--稱-] F.E. unanimously praise
jiāokǒu xìnfēng 胶口信封[膠-] N. pre-gummed envelope
jiāokū 焦枯 V.P. be shriveled/withered (by heat)
jiāokǔ 焦苦 V.P. miserable; wretched
jiǎokù 缴库 V.O. turn over (revenues) to the treasury
jiàokǔ* 叫苦 V.O. complain of hardship; grumble
jiāokuā 骄夸[驕誇] V. boast; brag
jiāokuài 胶块[膠塊] N. rubber stick
[1]**jiǎokuài*** 脚快[腳-] V.P. ① quick in walking/running ② quick in action
[2]**jiǎokuài** 狡狯 V.P. <wr.> crafty
jiǎokuǎn 缴款 V.O. pay; make a money payment
jiàokǔbùdié 叫苦不迭 F.E. be full of complaints
jiāokuī 胶盔[膠-] N. plastic helmet
jiàokǔliántiān 叫苦连天 F.E. be full of complaints
jiāokùn 交困 V.O. be beset by difficulties
jiǎokuòhào 角括号[-號] N. <lg.> angle brackets (< >)
jiǎokuòhú 角括弧 N. angled brackets
jiáolà 嚼蜡[-蠟] ID. tasteless; dry; uninteresting; insipid
jiǎolài 狡赖 V. deny; prevaricate
jiāolán* 椒兰[-蘭] N. ① persons of low moral standing ② unprincipled person ③ relative of nobility
jiáolàn 嚼烂[-爛] R.V. crush with the teeth; macerate; chew thoroughly
jiāoláng 郊狼 N. coyote M: [2]zhī/[1]tóu
[1]**jiāoláo** 焦劳[-勞] V.P. worried and worn down by hard work
[2]**jiāoláo** 郊劳[-勞] V. go out from the city to comfort troops/etc.
jiāoléi 焦雷 N. thunderclap
[1]**jiàolèi*** 叫累 V.O. complain of fatigue ***Tā cóng bù jiàokǔ*** ~. He never complains of hardship or fatigue.
[2]**jiàolèi** 噍类[-類] N. <wr.> living human beings
jiāo lěngshuǐ 浇冷水[澆-] V.O. dampen enthusiasm; discourage
jiāolí 浇漓[澆灕] V. the deterioration of customs
[1]**jiǎolì*** 脚力[腳-] N. ① strength (of legs) ② <trad.> porter ③ messenger; errand-boy payment to porters; delivery fee
[2]**jiǎolì** 角立 V. ① stand out ② become stalemated
[3]**jiǎolì** 皎厉[-厲] V.P. proud
jiàolǐ 校理 V. revise and reorder (a book) ♦N. Tang secretarial rank
jiǎoliǎn 绞脸 V.O. <topo.> depilate the face (of women)
jiǎoliàn 铰链 V. hinge
jiàoliàn* 教练[-練] N. coach; instructor M: ge/[1]míng/[2]wèi ♦V. train; drill; coach
jiàoliànchē 教练车[-練-] N. learner-driven vehicle M: [3]liàng
jiàoliànchuán 教练船[-練-] N. training ship M: [1]tiáo/[1]sou
jiàoliàndàn 教练弹[-練-] N. practice/dummy projectile
jiàoliàng 较量 V.O. ① have a trial of strength/skill ② haggle; argue; dispute
jiàoliànjī 教练机[-練-] N. trainer aircraft; trainer M: [1]jià

jiǎoliànyè 铰链叶[-葉] N. hinge
jiàoliànyuán 教练员[-練-] N. coach; instructor; trainer M: ge/[1]míng/[2]wèi
[1]**jiāoliáo** 鷦鷯 N. <zoo.> wren M: [2]zhī
[2]**jiāoliáo** 椒聊 ID. <trad.> be prosperous
[1]**jiāoliào** 胶料[膠-] N. <chem.> sizing material; size
[2]**jiāoliào** 椒料 N. pepper
jiǎoliào* 脚镣[腳-] N. foot fetters/shackles M: [1]fù
jiǎoliào shǒukào 脚镣手铐[腳-] N. foot fetters and handcuffs
jiāoliáoyīzhī 鷦鷯一枝 ID. humble position/post
jiàoliè 校猎[-獵] V. hunt in enclosed grounds
jiāolijiāoqì 娇里娇气[嬌裡嬌氣] F.E. delicate; spoiled; not very healthy
jiàolíng* 教龄[-齡] N. years/length of teaching
jiàolìng 教令 N. ① commands of a ruler as distinct from law ② religious decree/proclamation
jiāolìr 椒粒儿 N. peppercorns
jiǎolìsài 角力赛 N. wrestling competition M: [2]chǎng
jiāoliú 交流 V. exchange; interflow; interchange ♦ATTR. <elec.> alternating ♦N. <lg.> alternate
jiāoliúdào 交流道 N. (traffic) interchange
jiāoliúdiàn 交流电[-電] N. alternating current (AC)
jiāoliú fādiànjī 交流发电机[--發電-] N. alternating-current dynamo M: [1]tái/[4]zuò
jiāoliúshēng 交流声[-聲] N. <elec.> hum
jiāoliú xuézhě 交流学者 N. exchange scholar
jiāoliú zuòyòng 交流作用 N. <lg.> interaction
jiǎolìzhě 角力者 N. wrestler M: ge/[1]míng/[2]wèi *See also* *juélìzhě*
jiāolóng 蛟龙 N. flood dragon M: [1]tiáo
jiāolóngdéshuǐ 蛟龙得水 ID. in the most congenial surroundings
jiāolóng dé yún-yǔ 蛟龙得云雨[---雲-] ID. A hero finds the occasion to display his prowess.
jiāolóngzhīzhì 蛟龙之志 N. great ambitions
jiǎolóu(r/zi) 角楼(儿/子)[-樓-] N. ① corner tower/turret ② attic
jiǎolú 脚炉[腳爐] N. foot-warmer M: ge/[2]zhī
jiāolǜ* 焦虑[-慮] S.V. anxious; apprehensive
jiàolǘ 叫驴[-驢] N. jackass M: [1]tóu
jiǎoluàn 搅乱[攪亂] R.V. confuse; throw into disorder
jiāolǜbù'ān 焦虑不安[-慮--] F.E. be on pins and needles
jiǎolüè 较略 V.P. generally speaking; in general
jiāolún* 胶轮[膠-] N. rubber tire
jiǎolún 脚轮[腳-] N. caster
jiāolúnchē 胶轮车[膠-] N. rubber-tired vehicle M: [3]liàng
jiāolún dàchē 胶轮大车[膠-] N. rubber-tired cart M: [3]liàng
jiǎoluò 角落 N. ① corner; nook ② secluded place
jiāomá 蕉麻 N. <bot.> abaca; Manila hemp M: [2]kē
jiǎomǎ 角马 N. <zoo.> gnu M: [1]pǐ
jiàomà* 叫骂[-罵] V. shout curses
jiàomài 叫卖[-賣] V. cry one's wares; hawk
jiàomàishēng 叫卖声[-賣聲] N. vendors' cries
jiāomàn 骄慢[驕-] S.V. ① complacent ② arrogant; haughty
jiǎomàn* 脚慢[腳-] V.P. ① slow in walking/running ② slow in action
jiāoméi 焦煤 N. coking coal M: [2]kuài
[1]**jiāoměi** 娇美[嬌-] V.P. <wr.> charming; beautiful
[2]**jiāoměi** 姣美 V.P. beautiful
jiāomèi* 娇媚[嬌-] S.V. ① coquettish ② sweet and charming
jiāomèn 焦闷 S.V. ① hot and humid ② worried and anxious; harassed; depressed
jiǎomén 角/脚门[腳-] N. side door/gate
[1]**jiàomén*** 叫门 V.O. call at the door to be let in
[2]**jiàomén** 轿门[轎-] N. entrance for a sedan chair

J

[3]**jiàomén(r)** 教门(儿) N. <rel.> ① Islam ② the door to Buddhism
jiāomǐ 茭米 N. fruit of *Zizania*
jiāomián 胶棉[膠-] N. collodion
jiāomiàn 椒面[-麪] N. ground pepper
jiǎomiàn* 脚面[腳-] N. instep
jiǎomiào 徼妙 S.V. mysterious
jiāomiè 浇灭[澆滅] R.V. douse a fire
jiǎomiè* 剿灭[-滅] V. exterminate; wipe out
jiàomín 教民 N. religious community; fellow believers M: *ge*/[1]*míng*
jiǎomíng 徼名 V.O. seek fame
jiǎomìng 矫命[矯-] V. <wr.> give false orders under sb' else's name
[1]**jiàomíng*** 教名 N. religious name
[2]**jiàomíng** 叫名 <topo.> N. name ♦ATTR. nominal; in name; titular
Jiāomínxiàng 交民巷 P.W. <hist.> Legation Quarter (in Peking)
jiāomò 椒末 N. the age of demoralization
jiǎomó* 角膜 N. <phys.> cornea
jiǎomóhùnzhuó 角膜混浊[-濁] F.E. opacity of the cornea
jiǎomóyán 角膜炎 N. <med.> keratitis
[1]**jiāomù** 胶木[膠-] N. Bakelite
[2]**jiāomù** 椒目 N. dark seeds of pepper fruit
[1]**jiàomǔ*** 酵母 N. yeast; leaven
[2]**jiàomǔ** 教母 N. godmother M: *ge*/[1]*míng*/[2]*wèi*
jiāomùbǎn 胶木板[膠-] N. Formica board M: [2]*kuài*
jiàomǔjūn 酵母菌 N. enzyme
jiāomǔtáng 胶姆糖[膠-] N. chewing gum M: [1]*tiáo*/[1]*kē*/[2]*kuài*
jiāonà 交纳 V. pay (to the state/etc.); hand in
jiǎonà* 缴纳 V. pay (taxes/fees/etc.) ***Suǒyǒu huìyuán dōu yīng ~ huìfèi.*** All members should pay their membership dues.
jiāonáng 胶囊[膠-] N. medical capsule
jiàonào 叫闹[-鬧] V. shout/yell angrily
jiāonáoshēngmù 教猱升木 ID. give support to an evildoer
jiāonǎoyóu 焦脑油[-腦-] N. naphthalene
jiǎo nǎozhī(r) 绞脑汁(儿)[-腦--] V.O. rack one's brains
jiǎonàzhèng 缴纳证[-證] N. duty memo M: [1]*zhāng*
jiāonen 娇嫩[嬌-] S.V. ① tender and lovely ② fragile; delicate
jiāonènyùdī 娇嫩欲滴[嬌-] F.E. extremely charming
jiāoní 胶泥[膠-] N. ① clay ② daub
jiāonián 胶粘[膠-] S.V. sticky; glutinous ♦N./V. gum; glue
jiāoniáng 娇娘[嬌-] N. beautiful woman M: *ge*/[1]*míng*
jiāoniánjì 胶粘剂[膠-劑] N. adhesive M: [1]*zhǒng*
jiāonībā(r) 胶泥巴(儿)[膠-] N. <coll.> clay
jiāoníng zuòyòng 胶凝作用[膠-] N. <chem.> gelation
jiǎoniǔ 绞扭 V. wring
jiāonóng 蕉农[-農] N. banana farmer M: *ge*/[1]*míng*
jiāonǚ* 娇女[嬌-] N. beloved daughter M: *ge*/[1]*míng*
jiàonǚ 教女 N. god-daughter M: *ge*/[1]*míng*/[2]*wèi*
jiāonuó 娇娜[嬌-] S.V. winsome; graceful
jiāopài 交派 V. <coll.> instruct; hand over to another
jiàopái 叫牌 V.O. make a bid at bridge; bid
jiàopài* 教派 N. religious sect; denomination
jiǎopán 绞盘[-盤] N. capstan
jiǎopào 脚泡[腳-] N. blisters on the feet
jiāopèi 交配 N./V. mating; copulation
jiāopèijì 交配季 N. mating season
jiāopèiqī 交配期 N. mating season
jiǎopén 脚盆[腳-] N. foot basin
jiāo péngyou 交朋友 V.O. make friends with sb.; be friends with
jiāopí* 胶皮[膠-] N. ① <topo.> (vulcanized) rubber ② rickshaw
jiǎopí 角皮 N. <bot.> cuticle; cutin
jiāopiàn* 胶片[膠-] N. film M: *juǎn*
jiǎopiàn 狡骗 V. cheat cunningly
jiǎopiānchà 角偏差 N. angular bias
jiāopiàn yuèdúqì 胶片阅读器[膠--讀-] N. microfilm reader M: [1]*tái*/[1]*jià*
jiǎopiào 角票 N. banknotes of one, two, or five *jiǎo* denominations M: [1]*zhāng*
jiǎopícéng 角皮层[-層] N. <bot.> cuticle; cutin
jiāopíchē 胶皮车[膠-] N. rubber-tired rickshaw M: [3]*liàng*
jiāopíchuō 胶皮戳[膠-] N. rubber stamp/seal
jiāopídài 胶皮带[膠-帶] N. rubber belt M: [1]*tiáo*/[2]*gēn*
jiāopí guǎnzi 胶皮管子[膠-] N. rubber hose/pipe M: [2]*gēn*
jiāopí gūlu 胶皮轱辘[膠-] N. <coll.> rubber-tired vehicle
jiāopíhuór 胶皮活儿[膠-] N. rubber product
jiāopílún(zi) 胶皮轮(子)[膠-] N. tire
jiāopíng 椒瓶 N. pepper caster/pot
jiǎopíng* 剿平 R.V. succeed in suppressing (a rebellion)
jiāopíngmiàn 焦平面 N. focal plane
jiāopítáng 胶皮糖[膠-] N. jelly M: [2]*kuài*
jiāopítàor 胶皮套儿[膠-] N. ① tire ② rubber cover/cap
jiāopíxié 胶皮鞋[膠-] N. rubber shoes; galoshes M: [1]*shuāng*
jiāopíxuē 胶皮靴[膠-] N. rubber boots M: [1]*shuāng*
jiāopò 交迫 V.O. be beleaguered/beset
jiǎopǔ 脚蹼[腳-] N. flippers
[1]**jiāoqī*** 娇妻[嬌-] N. beloved wife; pretty young wife M: *ge*/[1]*míng*/[2]*wèi*
[2]**jiāoqī** 胶漆[膠-] N. mutual attachment
jiāoqí 交齐[-齊] R.V. clear the board
[1]**jiāoqì** 娇气[嬌氣] S.V. ① fragile; delicate ② squeamish; finicky
[2]**jiāoqì** 骄气[驕氣] N. overbearing airs; arrogance
jiǎoqì 脚气[腳氣] N. ① beriberi ② <coll.> athlete's foot
jiàoqǐ 叫起 R.V. wake sb. up
jiāoqiān 骄骞[驕-] S.V. proud and disrespectful
jiāoqián 交钱[-錢] V.O. pay money
jiǎoqian* 脚钱[腳錢] N. <trad.> payment/fee to a porter or delivery man
jiǎoqiāngbùshā 缴枪不杀[-槍-殺] F.E. Hand over your weapons and we won't shoot.
jiāoqiǎnyánshēn 交浅言深[-淺--] F.E. intimate in conversation but not intimate in association
jiāoqiào 娇俏[嬌-] S.V. pretty; handsome
jiǎoqìbìng 脚气病[腳氣-] N. <med.> beriberi
jiāoqiē 交切 V. intersect
jiāoqiè* 焦切 V.P. anxious
jiào qǐlai 叫起来 R.V. cry out
jiāoqing* 交情 N. friendship; friendly relations
[1]**jiáoqing** 矫情[矯-] S.V. <topo.> be argumentative/contentious ***See also** jiǎoqíng*
[2]**jiáoqing** 嚼情 S.V. bothersome (of children)
jiǎoqíng 矫情[矯-] V.P. <wr.> act affectedly unconventional ***See also** [1]jiáoqing*
jiǎoqínglìyì 矫情立异[矯-異] F.E. set oneself apart by acting grandly
jiǎoqíngzhènwù 矫情镇物[矯-] F.E. pretend to be calm
jiàoqír 叫齐儿[-齊-] R.V. call everybody together (after a break/recess/etc.)
jiǎoqiú 蛟虬[-虯] V. coil like a dragon
jiǎoqiú* 角球 N. a corner (in soccer)
jiāoqīxiāngtóu 胶漆相投[膠-] F.E. complete meeting of minds
jiāoqū* 郊区[-區] P.W. suburban district; outskirts
jiáoqū 嚼蛆 V.O. talk nonsense ***See also** juéqū*
[1]**jiàoqū** 叫屈 V.O. protest an injustice
[2]**jiàoqū** 教区[-區] P.W. parish; diocese
jiāoquān 胶圈[膠-] N. rubber washer
jiàoquán* 教权[-權] N. magisterium
jiàoquánzhǔyì 教权主义[-權-義] N. clericalism
jiàoqūzhǎng 教区长[-區-] N. parson M: *ge*/[1]*míng*/[2]*wèi*
[1]**jiǎor** 角儿 N. corner ***See also** juér*
[2]**jiǎor** 脚儿[腳-] N. foot
jiàorán 较然 V.P. explicit; clear; obvious
jiǎorándúlì 矫然独立[矯-獨-] F.E. lofty and aloof
jiàorǎng 叫嚷 V. shout; howl; clamor
jiāoráo 娇娆[嬌嬈] S.V. charming; beautiful
jiǎorǎo* 搅扰[攪擾] V. disturb; annoy; cause trouble ***Qǐng bié qù ~ tā.*** Please don't disturb him.
jiǎorào 缴绕[-繞] V. importune; pester
jiāorè 焦热[-熱] V.P. burning/scorching hot
[1]**jiāorén*** 骄人[驕-] N. an arrogant person ♦V.O. try to impress people
[2]**jiāorén** 娇人[嬌-] N. a beauty
[3]**jiāorén** 鲛人 N. mermaid
jiǎorén 佼人 N. a beauty
jiàorén diànhuà 叫人电话[--電-] N. person-to-person phone call
jiào rén qué 叫人瘸 V.P. lame
jiào rén shànggōu 叫人上钩[-鉤] V.P. spread one's net for sb.
jiào rén wéinán 叫人为难[-難] V.P. cause difficulty for people
jiào rén zuì 叫人醉 V.P. intoxicate
[1]**jiāoróng** 交融 V. blend; mingle
[2]**jiāoróng** 娇容[嬌-] N. attractive/charming manner
jiāoróu 娇柔[嬌-] S.V. charming and gentle (of females)
jiǎoróu 矫揉[矯-] V. force nature
jiǎoròu* 绞肉 V.O. mince meat
jiǎoròujī 绞肉机 N. meat mincer/grinder M: [1]*tái*/[1]*jià*
jiǎoróuzàozuò 矫揉造作[矯-] F.E. affected; artificial
jiāorǔ 胶乳[膠-] N. <chem.> latex
jiāoruò 娇弱[嬌-] S.V. pretty but physically weak; delicate
jiǎoruòchénghú 狡若城狐 F.E. be as crafty as a fox
jiǎoruòyóulóng 矫若游龙[矯-] F.E. be as powerful as a dragon
jiǎorǔqì 搅乳器[攪-] N. churn
jiǎorúrìxīng 皎如日星 F.E. be as bright as the moon and stars
jiǎorútuōtù 矫如脱兔[矯-] F.E. be as swift of foot as a hare
jiǎorù yíngyú 缴入盈余 N. <acct.> paid-in surplus
jiǎorù zīběn 缴入资本 N. <acct.> paid-in capital
jiāosàn 浇散[澆-] V. disperse; dissipate (because of rain /etc.)
jiāosè 骄色[驕-] N. haughty look
jiǎosè* 角/脚色[腳-] N. ① role (in a play/etc.) ② function; position ③ star; celebrity ***See also** [1]juésè*
[1]**jiǎoshā*** 绞杀[-殺] V. strangle
[2]**jiǎoshā** 绞纱 V.O./N. skein
[3]**jiǎoshā** 角鲨 N. spiny dogfish
jiàoshā 噍杀[-殺] V.P. high and unpleasant (of voice)
jiàoshá-gànshá 叫啥干啥[--幹-] V.P. <topo.> do whatever is required
jiāoshàn 蕉扇 N. palm-leaf fan M: [1]*bǎ*
jiāoshàng 交上 R.V. ①present sth. (to a superior) ② make (friends/(good/bad) fortune)
jiǎoshǎnshí 角闪石 N. <min.> hornblende M: [2]*kuài*
jiǎoshā rǎnsè 绞纱染色 N. skein dyeing
jiāoshē 骄奢[驕-] N. pride and extravagance
[1]**jiāoshè*** 交涉 V. negotiate; make representations
[2]**jiāoshè** 郊社 N. <trad.> sacrifice for Heaven in winter and Earth in summer

jiáoshé 嚼舌 V.O. ① chatter; gossip ***Yǒu yìjian dāngmiàn tí, bié zài bèihòu ~.*** If you have suggestions, please make them public. Don't gossip behind people's back ② squabble ***See also*** *[1]juéshé*
jiǎoshé 挢舌[撟-] V.O. be tongue-tied
jiàoshè 教社 N. religious order
jiáo shégēn(r) 嚼舌根(儿) V.O. <*coll.*> gossip maliciously
[1]jiāoshēng 娇声[嬌聲] N. coquettish voice ♦ADV. speaking coquettishly
[2]jiāoshēng 娇生[嬌-] N. spoiled child
jiàoshēng* 叫声[-聲] N. ① sound of shouting/yelling ② sounds produced by birds/animals
jiāoshēngguànyǎng 娇生惯养[嬌-養] F.E. pampered since childhood
jiāoshēngjiāoqì 娇声娇气[嬌聲嬌氣] F.E. speak in a seductive voice
jiāoshēngnènyǔ 娇声嫩语[嬌聲-] F.E. in a sweet voice
jiàoshèngyīchóu 较胜一筹[-勝-籌] F.E. a little better
jiáo shétou 嚼舌头 V.O. <*coll.*> ① chatter; gossip ② squabble
jiāoshēyínyì 骄奢淫逸/佚[驕-] F.E. luxury-loving; dissipated
jiāoshī 浇湿[澆濕] R.V. sprinkle and dampen
jiāoshí 礁石 N. reef; rock M: [2]*kuài*
jiāoshì 浇世[澆-] N. degenerate age
[1]jiǎoshì 矫饰[矯-] V.O. dissemble
[2]jiǎoshì 角试 N. <*trad.*> martial arts contest
[3]jiǎoshì 矫世[矯-] V.O. reform/correct social customs by personal example
jiàoshī* 教师[-師] N. teacher; instructor M: *ge/[1]míng/[2]wèi*
[1]jiàoshì 教室 P.W. classroom; schoolroom M: [1]*jiān*
[2]jiàoshì 教士 N. priest; clergyman; Christian missionary M: *ge/[1]míng/[2]wèi*
Jiàoshījié 教师节[-師節] N. Teacher's Day (September 10)
jiǎoshì yányǔ 矫饰言语[矯-] N. <*lg.*> modified speech
jiàoshīyé 教师爷[-師爺] N. great master (esp. in martial arts) M: *ge/[1]míng/[2]wèi*
jiàoshī yǔyán 教师语言[-師--] N. <*lg.*> teacher talk
jiàoshī zàizhí jiàoyù 教师在职教育[-師-職--] N. in-service education for teachers
[1]jiāoshǒu 交手 V.O. fight hand to hand; come to grips
[2]jiāoshǒu 跤手 N. wrestler
[1]jiāoshòu 教授 V. teach ***See also*** *jiàoshòu*
[2]jiāoshòu 交售 V. sell (to the state)
[1]jiǎoshǒu 脚手[腳-] N. ① scaffold; staging ② feet and hands
[2]jiǎoshǒu 绞手 N. <*mach.*> drift holder
[3]jiǎoshǒu 绞首 V.O. gibbet
[4]jiǎoshǒu 矫首[矯-] V.O. go from one extreme to another
jiàoshòu* 教授 N. professor M: *ge/[1]míng/[2]wèi* ♦V. instruct; teach ***See also*** [1]*jiāoshòu*
jiǎoshǒu'ángshì 矫首昂视[矯-] F.E. pass by with head high and eyebrows raised; walk in a proud manner
jiàoshòudéfǎ 教授得法 F.E. have tact in teaching
jiàoshòufǎ 教授法 N. teaching methods; pedagogics
jiǎoshǒujià 脚手架[腳-] N. <*archi.*> scaffold M: [4]*zuò*
jiāoshǒuzhàn 交手战[-戰] N. hand-to-hand fighting; close combat
jiāoshū* 教书[-書] V.O. teach school; teach (usu. for a living)
jiǎoshǔ 角黍 N. triangular lump of glutinous rice wrapped in a leaf
jiàoshū 校书[-書] V.O. proofread books
[1]jiāoshuǐ 浇水[澆-] V.O. water plants/etc.
[2]jiāoshuǐ(r) 胶水(儿)[膠-] N. mucilage; glue
jiǎoshuǐ 绞水 V.O. winch water (from a well/etc.)
jiǎoshuì* 缴税 V.O. pay taxes
jiàoshuǐ 叫水 V.O. ask for water to drink
jiāoshūjiàng(r) 教书匠(儿)[-書--] N. <*derog.*> hack teacher M: *ge/[1]míng*
jiáoshuo 嚼说 V. grumble
jiāoshū xiānsheng 教书先生[-書--] N. school teacher M: *ge/[1]míng/[2]wèi*
jiāoshūyùrén 教书育人[-書--] F.E. impart knowledge and educate people
jiāosī 焦思 N. deep worry
[1]jiāosì 郊祀 V. offer sacrifice to heaven and earth
[2]jiāosì 骄肆[驕-] V.P. overbearing
jiǎosǐ* 绞死 R.V. hang (as punishment)
jiàosù 酵素 N. <*chem.*> yeast; ferment; enzyme
jiǎosùdù 角速度 N. <*phy.*> angular speed
jiāosuí 交绥 A.T. ① skirmish briefly and draw off ② fight
[1]jiǎosuì* 绞碎 R.V. mince
[2]jiǎosuì 搅碎[攪-] R.V. pulverize
jiǎosuǒ 绞索 N. (hangman's) noose M: [1]*tiáo*
jiàosuō* 教唆 V. instigate; abet
jiàosuōfàn 教唆犯 N. abettor; instigator M: *ge/[1]míng*
jiàosuōzuì 教唆罪 N. guilt of instigating a crime
jiāosù táizuàn 交速台钻[-檯鑽] N. variable-speed drilling machine M: [1]*tái*
jiǎotà 脚踏[腳-] N. pedal
jiǎotàbǎn 脚踏板[腳-] N. treadle (of a sewing machine, etc.); pedal M: [2]*kuài*
jiǎotàchē 脚踏车[腳-] N. <*topo.*> bicycle M: [3]*liàng*
[1]jiāotài* 娇态[嬌態] N. winsome manner M: [1]*fù*
[2]jiāotài 骄态[驕態] N. haughty/overbearing manner M: [1]*fù*
[3]jiāotài 胶态[膠態] N. <*phy.*> colloidal state
jiàotài 教态[-態] N. teacher's bearing; teaching manner
jiāotài xuánfú 胶态悬浮[膠態懸-] N. colloidal movement
jiǎo tà liǎng zhī chuán 脚踏两只船[腳--隻-] ID. ① have a foot in both camps ② be undecided
[1]jiāotán* 交谈 V. converse; chat
[2]jiāotán 跤坛[-壇] N. wrestling circles
jiāotàn 焦炭/碳 N. coke
[1]jiàotán 教坛[-壇] N. educational world/circles
[2]jiàotán 醮坛[-壇] N. altar for sacrifices to the gods or the deceased
jiāotáng 焦糖 N. caramel
jiàotáng* 教堂 N. church; cathedral; mosque; temple M: [4]*zuò*
jiāotán qǐlai 交谈起来 R.V. have a conversation
jiāotánshì zhēncuò 交谈式侦错 N. <*comp.*> interactive debugging
jiāo táohuāyùn 交桃花运[-運] V.O. have a romantic encounter
jiǎotàshídì 脚踏实地[腳-實-] F.E. earnest and down-to-earth
jiǎotà tuōlìjī 脚踏脱粒机[腳-] N. pedal thresher M: [1]*tái/jià*
jiǎotà yóutǐng 脚踏游艇[腳-] N. pedalboat M: [1]*tiáo*
jiàoténg 叫疼 V.O. complain about pain
jiāotǐ 胶体[膠體] N. <*chem.*> colloid
jiāotì* 交替 V. supersede; replace ♦ADV. alternately; in turn ♦N. alternation; gradation
jiǎotī 脚踢[腳-] V. kick
jiāotiān 郊天 N. imperial sacrifice to Heaven
jiàotiáo 教条[-條] N. dogma; doctrine; creed; tenet
jiàotiáozhǔyì 教条主义[-條-義] N. dogmatism; doctrinairism
jiàotiáozhǔyìzhě 教条主义者[-條-義-] N. dogmatist M: *ge/[1]míng*
jiào tiáozi 叫条子[-條-] V.O. <*trad.*> applaud performers
jiǎotiě 角铁[-鐵] N. angle iron M: [2]*kuài/[2]gēn*
jiāotì néngyuán dìzhìxué 交替能源地质学[-----質-] N. geology of alternative energy resources
jiāotíng 椒庭 P.W. imperial harem; royal court
jiàotīng* 校听[-聽] V. proof-listen; check audio material
Jiàotíng 教廷 P.W. Vatican; Holy See
Jiàotíng dàshǐ 教廷大使 N. nuncio M: [2]*wèi*
Jiàotíng gōngshǐ 教廷公使 N. internuncio M: [2]*wèi*
jiāotǐwù 胶体物[膠體-] N. colloid M: [1]*zhǒng*
jiāotì xíngshì 交替形式 N. <*lg.*> alternative
jiāotì xíngshì xìndù 交替形式信度 N. <*lg.*> alternative-form reliability
jiāotì zìrán néngyuán 交替自然能源 N. alternative natural energy sources
jiāotōng* 交通 N. ① traffic; communications; transportation ② liaison ♦V. ① be connected/linked ② cross (of streets/etc.) ♦ATTR. unobstructed
[1]jiāotóng 娇童[嬌-] N. handsome boy M: *ge/[1]míng*
[2]jiāotóng 焦桐 N. Ch. lute/lyre tree M: [2]*kē*
[1]jiǎotóng 狡童 N. ① crafty youth ② handsome but worthless youth M: *ge/[1]míng*
[2]jiǎotóng 佼童 N. handsome boy M: *ge/[1]míng*
jiǎotòng 绞痛 N. <*med.*> angina; acute/gripping pain
jiàotōng 叫通 R.V. put through (a phone call) ***Nǐ de diànhuà ~ le.*** Your phone call's been put through.
jiàotòng 叫痛 V.O. complain about pain
jiāotōng ānquán 交通安全 N. traffic safety
Jiāotōngbù 交通部 P.W. Ministry of Communications
jiāotōng bùzhǎng 交通部长 N. minister of communications M: [2]*wèi*
jiāotōng bǔzhù 交通补助[--補-] N. travel allowance
jiāotōngchē 交通车 N. commuter bus; special bus (service) M: [3]*liàng*
jiāotōngchù 交通处[-處] P.W. department of communications
jiāotōngdǎo 交通岛[-島] N. traffic-control stand
Jiāotōng Dàxué 交通大学 P.W. <*TW*> Jiaotong University; National Chiaotung university
jiāotōng fǎtíng 交通法庭 P.W. traffic court
jiāotōng gànxiàn 交通干线[--幹-] N. main line of communication; main communications artery M: [1]*tiáo*
jiāotōng gāofēng 交通高峰 N. traffic peak; rush hour
jiāotōng gōngjù 交通工具 N. conveyances
jiāotōnggōu 交通沟[-溝] N. <*mil.*> communication trench M: [1]*tiáo*
jiāotōngháo 交通壕 N. <*mil.*> communication trench M: [1]*tiáo*
jiāotōng jīguān 交通机关[-關] P.W. communications services
jiāotōngjǐng 交通警 N. traffic police M: *ge/[1]míng/[2]wèi*
jiāotōng jǐngchá 交通警察 N. traffic police M: *ge/[1]míng/[2]wèi*
jiāotōngjú 交通局 P.W. ① bureau of communications ② <*PRC*> bureau of transportation
jiāotōngliàng 交通量 N. volume of traffic
jiāotōng lǐlùn móxíng 交通理论模型 N. <*lg.*> communication theoretical model
jiāotōngshǐ 交通史 N. history of transportation M: [2]*bù/[1]běn*
jiāotōng shìgù 交通事故 N. traffic/road accident M: [3]*cháng/ge/cì*
jiāotōngtú 交通图[-圖] N. traffic map M: [1]*zhāng/[1]fèn*
jiāotōngwǎng 交通网[-網] N. network of communication lines M: [1]*zhāng*
jiāotōngxiàn 交通线 N. communication lines/routes M: [1]*tiáo*
jiāotōngxiàng 交通巷 N. <*lg.*> channel
jiāotōng xìnhào 交通信号[-號] N. traffic signal
jiāotōng yàodào 交通要道 N. vital communication line M: [1]*tiáo*
Jiāotōng Yínháng 交通银行 P.W. Bank of Communications M: [1]*jiā*

J

jiāotōngyuán 交通员 N. liaison man M: *ge*/[1]*míng*/[2]*wèi*
jiāotōng yùnshū 交通运输[--運-] N. transportation
jiāotōng zǔsè 交通阻塞 N. traffic jam/block
jiāotou 浇头[澆-] N. <*topo.*> sauce placed on top of noodles/etc.
jiáotou 嚼头 N. <*coll.*> nice chewy taste
jiàotou 藠头 N. Chinese onion (*Allium chinense*)
jiàotóu* 教头 N. ① <*trad.*> chief military instructor ② head instructor (of martial arts) ③ coach; trainer M: *ge*/[1]*míng*/[2]*wèi*
jiāotóu'élàn 焦头额烂[-爛] F.E. be in bad shape; be in a terrible fix
jiǎo tóufa 绞头发[-髮] V.O. <*coll.*> cut hair
jiāotóujiē'ěr 交头接耳 F.E. whisper in each other's ears
jiāotóulàn'é 焦头烂额[--爛-] F.E. in bad shape; in a terrible fix
jiāotǔ 焦土 N. war-ravaged land
jiǎotú 狡徒 N. swindler; crook; crafty person M: *ge*/[1]*míng*
jiǎotù 狡兔 N. cunning hare M: [2]*zhī*
jiàotú* 教徒 N. believer/follower of a religion M: *ge*/[1]*míng*/[2]*wèi*
jiàotuán 教团[-團] N. professoriate
jiāotǔkàngzhàn 焦土抗战[-戰] F.E. adopt a scorched-earth policy in fighting an invading enemy
jiāotuō* 交托 V. entrust
[1]**jiǎotuō** 狡脱 V. evade smartly
[2]**jiǎotuō** 矫脱[矯-] V. fake; take. . . as an excuse/pretext
jiǎotùsānkū 狡兔三窟 ID. take elaborate precautions for self-preservation
jiǎotù sǐ zǒugǒu pēng 狡兔死走狗烹 ID. Once a task is accomplished, get rid of those who accomplished it.
jiāotǔ zhèngcè 焦土政策 N. scorched-earth policy
jiā'ǒu 佳/嘉偶 N. <*wr.*> happily married couple
jiā'ǒutiānchéng 佳/嘉偶天成 F.E. ideal couple
jiāowá 娇娃[嬌-] N. cute young girl
jiāowài* 郊外 P.W. countryside around a city; outskirts
jiàowài 徼外 P.W. land beyond the frontiers/borders
jiāowǎng 交往 V. associate; contact ♦N. association; contact
jiǎowǎngguòzhèng 矫枉过正[矯-] F.E. overcorrect; hypercorrection
jiāowǎngzhīyì 交往之谊 N. have a visiting acquaintance with
jiǎowànzi 脚腕子[腳-] N. ankle
jiāowěi 交尾 V.O. mate; pair (of animal) ♦N. mating; pairing; coupling (of animal)
jiǎowěi 狡伪 V.P. deceitful; treacherous
jiàowei* 较为 ADV. ① rather; a little ② comparatively
Jiàowěi 教委 N. State Education Commission
Jiàowěihuì 教委会 N. State Education Commission
jiāowèir 焦味儿 N. smell of sth. burned
jiāowū 椒屋 N. private apartments of the empress M: [1]*jiān*
jiāowǔ 交午 N. noontime
jiāowù* 交恶[-惡] V.P. become hostile to each other *See also jiāo'è*
jiàowù 教务[-務] N. educational administration
jiàowùchù 教务处[-務處] P.W. dean's office
jiàowù huìyì 教务会议[-務-議] N. academic affairs meeting M: *cì*
jiàowùzhǎng 教务长[-務-] N. dean of studies M: *ge*/[1]*míng*/[2]*wèi*
jiàowù zhǔrèn 教务主任[-務--] N. academic dean M: *ge*/[1]*míng*/[2]*wèi*
jiǎoxí 剿袭 V. plagiarize *See also* [2]*chāoxí*
[1]**jiàoxí*** 教习[-習] V. teach; coach ♦N. <*trad.*> teacher; instructor
[2]**jiàoxí** 教席 N. teaching position/post
[3]**jiàoxí** 醮席 N. wedding feast

jiāoxiá 骄狎[驕-] V. treat with haughty disrespect
[1]**jiāoxià** 交下 V. ① assign ② make friends/acquaintances
[2]**jiāoxià** 浇下[澆-] R.V. pour
jiǎoxiá* 狡黠 S.V. <*wr.*> sly; cunning
jiǎoxià 脚下[腳-] P.W. ① place under the foot ② the present moment ♦ADV. near at hand
[1]**jiāoxiàn*** 郊县[-縣] P.W. suburb of a city
[2]**jiāoxiàn** 郊线 N. suburban bus line M: [1]*tiáo*
jiàoxián 教衔 N. teaching title/rank
jiāoxiānghuīyìng 交相辉映 F.E. set off each other
jiāoxiǎngqǔ 交响曲[-響-] N. <*mus.*> symphony M: [2]*shǒu*/[2]*bù*/[4]*zhī*
jiāoxiǎngshī 交响诗[-響-] N. symphonic/tone poem M: [2]*shǒu*
jiāoxiǎngyuè 交响乐[-響樂] N. <*mus.*> symphony M: [2]*bù*/[2]*shǒu*/[4]*zhī*/[3]*qǔ*
jiāoxiǎngyuèduì 交响乐队[-響樂隊] N. symphony unit (as part of a larger performance ensemble) M: [4]*zhī*
jiāoxiǎngyuètuán 交响乐团[-響樂團] N. symphony orchestra
jiāoxiǎngyuèzhāng 交响乐章[-響樂-] N. symphony movement
jiāoxiǎo 娇小[嬌-] S.V. petite; dainty
jiǎoxiāo 缴销 V. hand in for cancellation
jiàoxiāo* 叫嚣 N./V. clamor; raise a hue and cry
jiàoxiǎo 较小 V.P. less; lesser; smaller
jiāoxiǎolínglóng 娇小玲珑[嬌-] F.E. delicate and exquisite
jiāo xiàqu 教下去 R.V. continue teaching
[1]**jiāoxié** 胶鞋[膠-] N. ① rubber shoes; galoshes; rubbers ② rubber-soled/tennis shoes; sneakers M: [1]*shuāng*
[2]**jiāoxié** 交谐 N. <*lg.*> interchange
jiāoxiè 交卸 V. leave one's office to a successor
jiǎoxiè* 缴械 V.O. ① disarm ② surrender weapons
[1]**jiāoxīn*** 焦心 V.P. <*wr.*> worried; distressed
[2]**jiāoxīn** 交心 V.O. ① bare one's heart ② open one's mind (to sb.)
jiǎoxīn 脚心[腳-] N. arch of the foot
[1]**jiǎoxíng** 绞刑 N. death by hanging
[2]**jiǎoxíng** 矫形[矯-] V.O. <*med.*> practice orthopedics; fix/correct the shape
[3]**jiǎoxíng** 脚形[腳-] N. shape of the foot
[1]**jiǎoxìng*** 侥/徼幸[僥-] S.V. luckily; by a fluke; by luck
[2]**jiǎoxìng** 矫性[矯-] ATTR. mincing
jiàoxǐng 叫醒 R.V. wake up; awaken
jiǎoxíngshù 矫形术[矯-術] N. orthopedics
jiǎoxíng wàikē 矫形外科[矯-] N. orthopedic surgery
jiǎoxìng xīnlǐ 侥幸心理[僥-] N. (the idea of) trusting to luck
jiǎoxíng yīshēng 矫形医生[矯-醫-] N. orthopedist M: *ge*/[1]*míng*/[2]*wèi*
jiāoxīnkǔlǜ 焦心苦虑[-慮] F.E. be in deep anxiety
jiāoxiū 娇羞[嬌-] S.V. modest; reserved; coy (of women)
jiāoxù 胶续[膠續] V. remarry after one's wife's death
jiǎoxuǎn 脚癣[腳-] N. <*med.*> athlete's foot
jiāoxuē 胶靴[膠-] N. high rubber overshoes; galoshes M: [1]*shuāng*
jiāoxué 教学 V.O. teach *See also jiàoxué*
jiàoxué* 教学 N. ① teaching; education ② teaching and studying ③ teacher and student ♦V. teach and learn *See also jiāoxué*
jiàoxuébùjuàn 教学不倦 V.P. be tireless in teaching and learning
jiàoxué dàgāng 教学大纲[-綱] N. teaching program; syllabus M: [2]*bù*
jiàoxuéfǎ 教学法 N. teaching method; pedagogics
jiàoxué fāngzhēn 教学方针 N. principles of teaching
jiāo xuéfèi 交学费 V.O. pay tuition
jiàoxué gǎigé 教学改革 N. educational reform

jiàoxuéguān 教学观[-觀] N. <*lg.*> approach
jiàoxué jìshù 教学技术[-術] N. educational technology/skills
jiàoxué kǎpiàn 教学卡片 N. flashcard M: [1]*zhāng*
jiàoxué méijiè 教学媒介 N. medium of instruction
jiàoxué mùdì 教学目的 N. instructional objective
jiàoxuépiàn 教学片 N. educational film M: [2]*bù*
jiàoxuéxiāngzhǎng 教学相长 F.E. ① teaching benefits teacher and student alike ② learn while teaching
jiàoxué yǔfǎ 教学语法 N. pedagogic grammar
jiàoxun* 教训 V. chide; lecture sb. ♦N. lesson; moral
jiàoxún 徼巡 V. make the rounds of inspection
jiàoxun biéren 教训别人 V.O. lecture sb.
jiàoxùnshī 教训诗 N. didactic poetry M: [2]*shǒu*
jiāoyǎ 娇雅[嬌-] S.V. graceful
jiǎoyā(r/zi)* 脚丫(儿/子)[腳-] N. <*coll.*> foot
jiǎoyābar 脚丫巴儿[腳-] N. <*coll.*> toes
jiǎoyāfèngr 脚丫缝儿[腳-] N. <*coll.*> space between two toes
[1]**jiāoyán** 椒盐[-鹽] N. spiced salt
[2]**jiāoyán** 礁岩 N. reef; rock M: [4]*zuò*/[2]*kuài*
jiāoyàn 娇艳[嬌艷] S.V. delicate and charming
jiáoyān 嚼烟[-煙] N. chewing tobacco *See also juéyān*
jiǎoyán 角岩 N. <*min.*> hornstone M: [2]*kuài*
jiǎoyàn 缴验 V. hand in for inspection
jiàoyán* 教研 N. teaching and research
jiàoyàn 校验 V./N. check; inspect; proof test; verify
jiāoyáng 骄阳[驕陽] N. <*wr.*> blazing sun
jiāoyǎng 娇养[嬌養] V. spoil a child ♦N. soft and pampered life
jiàoyǎng* 教养[-養] N. breeding; upbringing; education; culture ♦V. bring up; train; educate
jiàoyàng 校样[-樣] N. <*print.*> proof sheet; proof
jiāoyǎng guànle 娇养惯了[嬌養-] V.P. be accustomed to a soft and pampered life
jiāoyángsìhuǒ 骄阳似火[驕陽-] F.E. scorching sun
jiàoyǎngyuán 教养员[-養-] N. nurse; teacher (of kindergarten/etc.) M: *ge*/[1]*míng*/[2]*wèi*
jiàoyǎngyuàn* 教养院[-養-] P.W. correctional; reformatory school M: [1]*suǒ*/[4]*zuò*
jiāoyànjuélún 娇艳绝伦[嬌艷絕-] F.E. delicate and charming beyond compare
jiàoyánshì 教研室 N. teaching and research section M: [1]*jiān*
jiàoyánzǔ 教研组 N. teaching and research group
jiǎoyāzi 脚丫/鸭子[腳-] N. <*topo.*> foot
jiāoyě 郊野 P.W. open spaces beyond a city
jiāoyèwén 蕉叶纹[-葉-] N. banana-leaf pattern; long leaf-shaped form
jiāoyī 胶衣[膠-] N. ① rubber coat M: [2]*jiàn* ② gelatin capsules
jiāoyǐ 交椅 N. ① ancient folding chair M: [1]*bǎ* ② <*topo.*> armchair M: [1]*bǎ* ③ position; post ④ first place
[1]**jiāoyì*** 交易 N./V. deal; trade; transaction
[2]**jiāoyì** 交谊 N. <*wr.*> friendship; friendly relations
[3]**jiāoyì** 骄佚[驕-] V.P. treat with disrespect
[4]**jiāoyì** 娇逸[嬌-] S.V. highborn and talented
jiǎoyì 绞缢 V. ① be hanged ② hang oneself
jiàoyǐ 轿椅[轎-] N. sedan chair M: [4]*zuò*/[1]*fù*
[1]**jiàoyì** 教义[-義] N. religious doctrine; creed
[2]**jiàoyì** 教益 N. <*wr.*> benefit gained from sb.'s wisdom; enlightenment
[3]**jiàoyì** 较议[-議] V. dispute; refute
jiāoyì dǎoxiàng xìtǒng 交易导向系统[--導---] N. <*comp.*> transaction-oriented system
jiāoyì dòngcí 交易动词[--動-] N. <*lg.*> verb of transaction
[1]**jiāoyìhuì** 交易会 N. trade fair M: *ge*/*cì*/*jiè*
[2]**jiāoyìhuì** 交谊会 N. ballroom-dancing party M: *ge*/*cì*

jiāoyījǐngbǎi 教一儆/警百 F.E. Teaching one man (by punishment) warns a hundred.
[1]jiāoyìn 交印 V. transmit power/authority
[2]jiāoyìn 胶印[膠-] V. <*print.*> offset
jiǎoyìn(r/zi)* 脚印(儿/子)[腳-] N. footprint; track
jiāoyīng 鹪莺[-鶯] N. <*zoo.*> wren warbler M: [2]*zhī*
[1]jiāoyíng* 骄盈[驕-] S.V. proud and confident; complacent
[2]jiāoyíng 郊迎 V. go beyond the town limits to welcome a guest (to show respect)
jiāoyìnjī 胶印机[膠-] N. offset machine/press M: [1]*tái*/[1]*jià*
jiāoyì qūdòng xìtǒng 交易驱动系统[--驅動--] N. <*comp.*> transaction-driven system
jiāoyìshuì 交易税 N. trade tax M: [2]*bǐ*
jiāoyìsuǒ 交易所 P.W. stock exchange M: [1]*jiā*
jiāoyìtīng 交谊厅[-廳] P.W. ballroom M: [1]*jiān*
jiāoyìwǎngluò 交易网络[--網-] N. trading network
jiāoyìwǔ 交谊舞 N. social/ballroom dancing M: [2]*chǎng*
jiāoyì wùpǐn 交易物品 N. barter M: [2]*jiàn*
jiàoyìyù 教义狱[-義-] N. religious inquisition
jiāoyǒng 跤勇 S.V. strong (of men)
jiāoyòng* 交用 V. ① open for use (of bridges/roads/etc.) ② turn over to the user
jiáoyòng 嚼用 N. <*coll.*> living expenses *See also juéyòng*
[1]jiāoyóu 郊游 N. outing; excursion M: *cì*
[2]jiāoyóu 交游 V. <*wr.*> ① make friends ② have friendly contact with ♦N. people with whom one has friendly contacts
[3]jiāoyóu 焦油 N. <*chem.*> tar
jiāoyǒu 交友 V.O. make friends
jiàoyǒu* 教友 N. religious friends; fellow believers M: *ge*/[1]*míng*/[2]*wèi*
jiàoyòu 教诱 V. <*law*> induce to crime
jiāoyóubùshèn 交游不慎 F.E. be unwary in making friends
jiāoyóuguǎngkuò 交游广阔[--廣-] F.E. have a large circle of friends
Jiàoyǒuhuì 教友会 N. Society of Friends; Quakers
jiàoyǒupàir 教友派儿 N. ① Christian spirit ② Society of Friends; Quakers
jiāoyú 鲛鱼 N. shark M: [1]*tiáo*
jiāoyǔ 交与[-與] V. give; hand over
[1]jiàoyù* 教育 V. teach; educate; inculcate ♦N. education
[2]jiàoyù 教谕 V. <*trad.*> official instructor in a public school
[1]jiāoyuán 郊原 N. open country outside a town
[2]jiāoyuán 蕉园[-園] P.W. banana field/plantation M: [4]*zuò*
jiàoyuán* 教员 N. teacher; instructor M: *ge*/[1]*míng*/[2]*wèi*
jiàoyuán xiūxishì 教员休息室 N. staff/common room M: [1]*jiān*
Jiàoyùbù 教育部 N. Ministry of Education
jiàoyù bùzhǎng 教育部长 N. minister of education M: [2]*wèi*
jiàoyù chéngdu 教育程度 N. level of education
jiàoyù chūlai 教育出来 R.V. breed
jiàoyù diànshì 教育电视[--電-] N. educational TV
[1]jiāoyuè 焦月 N. sixth lunar month
[2]jiāoyuè 椒月 N. 12th lunar month
jiǎoyuè 皎月 N. bright moon M: [1]*lún*
jiàoyuè* 校阅 V. ① read and revise ② review (troops)
jiǎoyuèdāngkōng 皎月当空[--當-] F.E. A bright moon hung in the sky.
jiàoyùfǎ 教育法 N. education law M: [2]*bù*
jiàoyù fāngzhēn 教育方针 N. educational principle/policy
jiàoyùfèi 教育费 N. education fee/expense; tuition M: [2]*bǐ*
jiàoyù fǔdǎo 教育辅导[-導] N. educational guidance
jiàoyù gǎigé 教育改革 N. educational reform
jiàoyù gémìng 教育革命 N. revolution in education
jiàoyùhuà 教育化 V. educationalize
jiàoyùhuì 教育会 N. educational association
jiàoyùjiā 教育家 N. educationist; educator M: *ge*/[1]*míng*/[2]*wèi*
jiàoyùjiè 教育界 N. educational circles
jiàoyù jīhuì 教育机会 N. opportunities of receiving an education
jiàoyù jījīn 教育基金 N. educational foundation M: [2]*bǐ*/[1]*fèn*
jiàoyùjīn 教育金 N. educational fund M: [2]*bǐ*/[1]*fèn*
Jiàoyùjú 教育局 P.W. Bureau of Education
jiàoyù júzhǎng 教育局长 N. director of the bureau of education M: [2]*wèi*
jiàoyùkē 教育科 P.W. education section
jiàoyù kēzhǎng 教育科长 N. chief of the education section M: *ge*/[1]*míng*/[2]*wèi*
jiāoyùn* 交运[-運] V.O. be favored by Lady Luck ♦N. traffic and transportation
jiǎoyún 搅匀[攪勻] R.V. mix evenly
jiàoyùshǐ 教育史 N. history of education M: [2]*bù*
jiàoyù shìyí 教育事宜 N. education affairs
Jiàoyùsī 教育司 P.W. Department of Education
Jiàoyùtīng 教育厅[-廳] P.W. Department of Education (of a city/provincial government)
jiàoyù tīngzhǎng 教育厅长[--廳-] N. head of the Department of Education M: *ge*/[1]*míng*/[2]*wèi*
Jiàoyù Wěiyuánhuì 教育委员会 P.W. State Education Committee
jiàoyùxì 教育系 N. department of education (in a college)
jiàoyùxìng 教育性 N. educative nature
jiàoyùxīngnóng 教育兴农[-興農] F.E. advance agriculture through education
jiàoyù xíngzhèng 教育行政 N. educational administration
jiàoyù xīnlǐxué 教育心理学 N. educational psychology
jiàoyùxué 教育学 N. pedagogy; education
jiàoyù xuéyuán 教育学员 N. trainee at a college of education M: *ge*/[1]*míng*
jiàoyù xuéyuàn* 教育学院 P.W. college of education M: [4]*zuò*/[1]*suǒ*
jiàoyù yǐngpiàn 教育影片 N. educational film M: [2]*bù*
jiàoyùyǒufāng 教育有方 F.E. teach well
jiàoyù yǔyánxué 教育语言学 N. <*lg.*> education linguistics
jiàoyùzhǎng 教育长 N. dean M: [2]*wèi*
jiàoyù zhìdù 教育制度 N. education system
jiǎozāng 缴赃[-贓] V.O. deliver up stolen property
jiāozǎo(r) 焦枣(儿)[-棗-] N. fire-dried stoned dates
jiāozào* 焦躁/燥/噪 S.V. fretful; impatient
jiàozé 教泽[-澤] N. influence of education
jiāozhǎ 焦砟 N. small piece of cake
jiǎozhá 脚闸[腳-] N. backpedaling/coaster brake
jiǎozhà* 狡诈 S.V. deceitful; crafty; cunning
jiǎozhǎi 绞窄 N. strangulation
[1]jiāozhàn* 交战[-戰] V. fight; wage war
[2]jiāozhàn 骄战[驕戰] V. ① fight fiercely ② rely on one's own force
jiàozhàn 教战[-戰] V.O. teach martial arts
jiāozhàng* 交帐 V.O. ① hand over accounts ② account for
jiǎozhǎng 脚掌[腳-] N. sole of the foot
jiàozhǎng 教长 N. <*rel.*> ① mullah; imam ② dean M: [2]*wèi*
jiàozhǎngguó 教长国[-國] N. <*rel.*> imamate
jiāozhànguó 交战国[-戰國] N. belligerent countries
jiǎozhǎngzi 脚掌子[腳-] N. foot sole (of animals)
jiāozhàntú 交战图[-戰圖] N. battle map; operation map M: [1]*zhāng*/[1]*fú*
jiāozhàn tuántǐ 交战团体[-戰團體] N. belligerent community; party to a war
jiāozháo 胶着[膠著] R.V. glue to *See also* [1]*jiāozhuó*
jiǎozhǎo* 脚爪[腳-] N. <*topo.*> paw; claw; talon *See also jiǎozhuǎ*
jiǎozhào 矫诏[矯-] V.O. forge an imperial decree
jiāozhār 焦渣儿 N. coke cinder; coke
jiāozhé 交谪 V. <*wr.*> blame/criticize each other
jiāozhěbìbài 骄者必败[驕-] F.E. Pride goes before a fall.
jiàozhēn(r) 较/叫真/针(儿) V.O. <*topo.*> ① be serious; take seriously; take to heart ② <*slang*> argue; wrangle
jiàozhèn* 叫阵 V.O. challenge an enemy to battle
jiáozhēng 嚼争[-爭] V. argue; debate
jiǎozhèng* 矫正[矯-] R.V. correct; rectify
[1]jiàozhèng 教正 V. <*wr.*> critique and correct (a painting/etc.)
[2]jiàozhèng 校正 V. proofread and correct; rectify
jiàozhèng bǔcháng zhuāngzhì 校正补偿装置[--補償裝-] N. correction and compensation device M: [1]*tái*
jiǎozhèng bù pà xié wāi 脚正不怕鞋歪[腳-] F.E. An upright man fears no gossip.
jiǎozhèngcāo 矫正操[矯-] N. corrective exercise/calisthenics
jiǎozhèng jiàoyù 矫正教育[矯-] N. remedial education
jiǎozhèng jīguān 矫正机关[矯-關] N. correctional institution M: [1]*jiā*
jiǎozhèng shìlì 矫正视力[矯-] V.O. correct one's eyesight
jiǎozhèngxué 矫正学[矯-] N. orthopedics
jiāozhī 交织[-織] V. interweave; intertwine; mingle
jiāozhǐ 胶纸[膠-] N. gummed paper M: [1]*zhāng*/*juǎn*
Jiāozhǐ 交趾 N. <*hist.*> region comprising present-day northern Viet Nam
[1]jiāozhì 胶质[膠質] ATTR. gluey; gelatinous
[2]jiāozhì 浇制[澆製] V. pour into a mold; cast
[3]jiāozhì 焦炙 V.P. terribly worried; on pins and needles
jiǎozhí 矫直[矯-] R.V. make straight; straighten
jiǎozhǐ 脚趾/指[腳-] N. toe
[1]jiǎozhì 角质[-質] N. horny substance
[2]jiǎozhì 矫制[矯-] V.O. fake orders from above
[3]jiǎozhì 矫治[矯-] V. <*med.*> correct (strabismus/stuttering/etc.)
jiàozhī* 较之 CONJ. in comparison with ~ *tā* compared to him
jiàozhí 教职[-職] N. teaching job
jiǎozhìcéng 角质层[-質層] N. <*phys.*> stratum corneum; cuticle
jiàozhígōng 教职工[-職-] N. teaching and administrative staff
jiǎozhìhuà 角质化[-質-] N. cornification
jiǎozhíjī 矫直机[矯-] N. straightening machine; straightener M: [1]*tái*
jiǎozhījia(r) 脚指/趾甲(儿)[腳-] N. toenail
jiǎozhǐjiān 脚指尖[腳-] N. tip of the toe
jiǎozhǐtou 脚指/趾头[腳-] N. <*coll.*> toe
jiàozhíyuán 教职员[-職-] N. teaching and administrative staff
jiàozhíyuángōng 教职员工[-職--] N. teaching and administrative staff
Jiāozhǐ Zhīnà 交趾支那 P.W. Cochin-China
jiǎozhǒng 脚踵[腳-] N. heel
[1]jiāozhù 浇铸[澆鑄] N. casting; pouring (of metallurgy)
[2]jiāozhù 浇筑[澆築] V. pour (concrete/etc.)
[3]jiāozhù 浇注[澆-] V. ① pour into a mold ② devote (one's energies/etc.) to
jiǎozhú 角逐 V. ① compete/struggle for ② compete for hegemony *See also juézhú*
[1]jiǎozhù 脚注[腳註] N. footnote
[2]jiǎozhù 角柱 N. <*math.*> prism
[3]jiǎozhù 较著 V.P. conspicuous; obvious *See also* [2]*jiàozhù*
jiàozhǔ* 教主 N. founder of a religion M: [2]*wèi*
[1]jiàozhù 叫住 R.V. stop; call back

[2]jiàozhù 较著 V.P. very obvious; conspicuous *See also* [3]*jiǎozhù*
jiǎozhuǎ 脚爪[腳-] N. paw *See also jiǎozhǎo*
jiāozhuàn 蛟篆 N. wriggly-shaped seal-type characters on bells/tripods
jiāozhuàng 胶状[膠狀] ATTR. gluey
jiāozhùgǔsè 胶柱鼓瑟[膠-] ID. stubborn; unadaptable to changing circumstances
jiǎozhuī 角锥 N. <*math.*> pyramid M: [1]*bǎ*
jiǎozhuītǐ 角锥体[-體] N. pyramid
jiāozhùjī 浇铸机[澆鑄-] N. casting machine M: [1]*tái*
jiàozhǔn 校准[-準] R.V. <*mach.*> calibrate
jiàozhǔnqì 校准器[-準-] N. calibrator M: [1]*jià/ge*
[1]jiāozhuó* 胶着[膠著] ATTR. deadlock; stalemate ***Zhànzhēng jìnrù ~ zhuàngtài.*** The war has become stalemated. ***See also jiāozháo***
[2]jiāozhuó 焦灼 V.P. <*wr.*> ①scorched ②worried; anxious; nervous
jiǎozhuó 脚镯[腳-] N. ankle bangle M: [1]*fù*/[1]*duì*
jiàozhuō 教桌 N. teacher's desk M: [1]*zhāng*
jiāozhuófǎ 胶着法[膠著-] N. <*lg.*> agglutination
jiāozhuóqū 焦灼区[-區] P.W. blast area
jiāozhuóyǔ 胶着语[膠著-] N. agglutinative language
jiāozhuó zhuàngtài 胶着状态[膠著狀態] N. deadlock; stalemate; impasse
jiǎozhùtǐ 角柱体[-體] N. prism
jiāozhùxìng yǔyán 胶著性语言[膠-] N. <*lg.*> agglutinative language
[1]jiāozi 交子 N. Song paper money
[2]jiāozi 焦子 N. ① <*bot.*> a kind of seedless loquat ② <*topo.*> coke
jiāozī 骄姿[驕-] V.P. proud and brazen
jiāozǐ 骄子[驕-] N. ① parent's pride; favorite son ② Heaven's chosen one
jiāozī 骄恣[驕-] V.P. proud and brazen
jiáozi 嚼子 N. bridle bit *See also* [1]*juézi*
[1]jiǎozi 饺子 N. dumplings; Chinese ravioli
[2]jiǎozi 角子 N. <*trad.*> ten-cent piece
[3]jiǎozi 绞子 N. <*topo.*> scissors
[1]jiàozi* 轿子[轎-] N. sedan chair; palanquin M: [1]*jià*/[1]*dǐng*
[2]jiàozi 酵子 N. <*topo.*> leaven; leavening dough
[3]jiàozi 叫子 N. <*topo.*> whistle
[4]jiàozi 窖子 N. storage cellar/pit
jiàozǐ 教子 N. godson ♦V.O. bring up children
jiàozìhao 叫字号[-號] V.O. provoke; challenge
jiǎozipí(r) 饺子皮(儿) N. <*coll.*> dumpling wrapping M: [1]*zhāng*
jiǎozixiàn(r) 饺子馅(儿) N. dumpling filling
jiàozǐyǒufāng 教子有方 F.E. bring up one's children properly
[1]jiāozòng 骄纵[驕縱] S.V. arrogant and willful
[2]jiāozòng 娇纵[嬌縱] V. indulge/pamper (a child)
jiǎozōng(r) 脚踪(儿)[腳蹤-] N. footprint
jiàozōng* 教宗 N. pope; pontiff M: [2]*wèi*
jiàozōngzhìshànglùn 教宗至上论 N. ultramontanism
jiāozū* 交租 V.O. pay rent (esp. of farming land)
jiāozú 交足 R.V. settle (e.g., a debt)
jiāozuǐquè 交嘴雀 N. crossbill M: [2]*zhī*
jiāozūn 椒樽 N. pepperbox
[1]jiàozuò 叫做/作 V. be called; be known as
[2]jiàozuò(r) 叫座(儿) V.O. draw a large audience ***Zhè chū xì fēicháng ~.*** This play has drawn a huge audience.
jiāozuò de 胶做的[膠-] ATTR. plastic
jiāpài 加派 V. send reinforcements
jiàpái* 价牌[價-] N. price tag M: [2]*kuài*
[1]jiápáo 夹袍[夾-] N. lined gown M: [2]*jiàn*
[2]jiápáo(zi) 袷袍(子) N. <*trad.*> lined gown M: [2]*jiàn*
jiāpéi 家培 ATTR. home-cultivated
Jiāpéng 加蓬 P.W. Gabon
jiǎpéngyou 假朋友 N. <*lg.*> false friend; *faux amis* M: *ge*/[1]*míng*
jiǎpí 假皮 N. imitation leather M: [2]*kuài*/[1]*zhāng*
jiāpiān 佳篇 N. good article M: [1]*piān*
jiǎpiào(r) 假票(儿) N. fake ticket M: [1]*zhāng*
jiǎpiàozi 假票子 N. fake money M: [1]*zhāng*
jiāpǐn 佳品 N. ①fine-quality goods ②fine work of art M: [2]*jiàn*
[1]jiāpíng 嘉评 V. be praised
[2]jiāpíng 嘉平 N. 12th lunar month
jiāpínrúxǐ 家贫如洗 F.E. be in extreme poverty
jiāpòrénwáng 家破人亡 F.E. One's family is broken up and its members are dispersed.
jiāpú 家仆[-僕] N. family servant M: *ge*/[1]*míng*
jiāpǔ* 家谱 N. family tree; genealogy M: [1]*běn*/[2]*bù*/[4]*cè*
jiāqī 佳期 N. wedding/tryst day
[1]jiāqì 佳器 N. a person of great potentiality
[2]jiāqì 佳气[-氣] N. auspicious atmosphere
jiǎqī 假漆 N. varnish
jiàqī* 假期 N. vacation; holiday
jiàqǐ 架起 R.V. build; put up
jiāqià 浃洽[浹-] V. <*wr.*> extend; spread everywhere
jiāqián 夹钳[夾-] N. clamp M: [1]*bǎ*
jiáqiān 颊嗛[頰-] N. cheek-pouch (of monkeys/etc.)
jiáqián 荚钱[莢錢] N. <*hist.*> Han coins shaped like elm samara
jiǎqián 假钱[-錢] N. fake money M: [1]*zhāng*
jiàqian* 价钱[價錢] N. price
jiāqiáng 加强[-強] V. strengthen; augment; reinforce
jiāqiángcí 加强词[-強-] N. <*lg.*> intensifier
jiāqiánglián 加强连[-強-] N. <*mil.*> reinforced company
jiā qiánzhuì 加前缀 <*lg.*> V.O. add a prefix ♦N. prefixation; prefixion; prefixing
jiāqiánzhuì gòucífǎ 加前缀构词法[---構--] N. <*lg.*> prefixation
jiǎqiào 甲壳[-殼] N. shell (of crustaceans) *See also jiǎké*
jiàqiáo* 架桥[-橋] V.O. build a bridge
jiǎqiào dòngwù 甲壳动物[-殼動-] N. crustacean M: [2]*zhī*/[1]*zhǒng*
jiàqiáopūlù 架桥铺路[-橋--] F.E. ① build a bridge and pave the road ② remove obstacles and facilitate a project
jiāqiǎor 家雀儿 N. <*topo.*> sparrow M: [2]*zhī*
jiāqì hùnníngtǔ 加气混凝土[-氣---] N. aerated concrete; aerocrete
jiāqījiābā 夹七夹八[夾-夾-] F.E. incoherent; confused
[1]jiā qǐlai 加起来 R.V. add together
[2]jiā qǐlai 夹起来[夾-] R.V. ① pick up (food with chopsticks) ② clip (papers)
jiāqín 家禽 N. domestic fowl; poultry M: [2]*zhī*
jiāqīng 加氢[-氫] N. <*chem.*> hydrogenization; hydrogenation
jiāqíng* 家情 N. family situation/condition
jiāqìng 家庆[-慶] N. happy family event
jiǎqíngjiǎyì 假情假义[-義] F.E. pretense of affection and goodness
jiàqīngjiùshú 驾轻就熟[-輕--] F.E. do a familiar job with ease
jiāqì shānghán 夹气伤寒[夾氣傷-] N. common term for typhoid
[1]jiāqù 佳趣 N. ① delightful flavor ② a matter of intense interest
[2]jiāqù 家去 V.P. <*topo.*> return home
jià-qǔ* 嫁娶 V. marry ♦N. marriage
jiāquán* 加权[-權] N./ADV. <*math.*> weight
jiǎquán 甲醛 N. <*chem.*> formaldehyde
jiāquánfǎ 加权法[-權-] N. method of weighting
jiāquán píngjūnzhí 加权平均值[-權---] N. <*math.*> weighted average
jiāquán zhǐshù 加权指数[-權-數] N. weighted index number
jiāquè 家雀 N. home bird M: [2]*zhī*
jiār 家儿 N. family
[1]jiárán 戛然 V.P. <*wr.*> ① be loud and clear ② stop abruptly (of a sound)
[2]jiárán 恝然 V.P. indifferent; unconcerned
jiárán'érzhǐ 戛然而止 F.E. stop abruptly (of a sound)
jiārè 加热[-熱] V. heat; warm
jiārèfǎ 加热法[-熱-] N. heating method
jiārèlú 加热炉[-熱爐] N. reheating furnace M: *ge*/[4]*zuò*/[1]*tái*
[1]jiārén* 家人 N. ① family members ② servant M: *ge*/[1]*míng*
[2]jiārén 佳人 N. <*wr.*> beautiful woman M: *ge*/[1]*míng*/[2]*wèi*
jiǎrén 假人 N. mannequin
jiàrén 嫁人 V.O. get married (of women)
jiǎrénjiǎyì 假仁假义[-義] F.E. hypocrisy
jiārényīděng 加人一等 F.E. be a cut above others
jiārèqì 加热器[-熱-] N. heater M: [1]*tái*/*ge*
jiārì 佳日 N. joyous day
jiàrì* 假日 N. holiday; day off
jiáròu miànbāo 夹肉面包[夾-麵-] N. sandwich M: *ge*/[1]*tiáo*/[2]*kuai*
jiārù* 加入 V.P. ① add; mix; put in ② join; accede to
jiārù 夹入[夾-] V.P. place in between
jiǎrú 假如 CONJ. if; supposing; in case
jiārùguó 加入国[-國] N. an acceding/adhering state
jiǎruò 假若 CONJ. if; supposing; in case
jiārùshū 加入书[-書] N. instrument of accession M: [1]*fèn*
jiǎrùyīn 假入音 N. <*lg.*> epenthesis
jiāsài 加赛 N. tie-breaking match
jiāsāir 加塞儿 V.O. <*coll.*> jump a queue; cut in line
jiǎsǎngzi 假嗓子 N. falsetto
jiāsǎo 家嫂 N. sister-in-law; wife of an older brother
jiàsè 稼穑[-穡] N. <*wr.*> sowing and reaping; farming; farm work
jiāsèfǎ 加色法 N. additive process (in cinematography)
jiāsèjì 加色剂[-劑] N. coloring agent
jiāshā 袈裟 N. <*Budd.*> kasaya; patchwork outer vestment; surplice M: [2]*jiàn*
jiāshān 家山 N. native country
jiáshān 袷衫 N. lined cotton jacket M: [2]*jiàn*
jiǎshān* 假山 N. ① rockery ② ornamental hill M: [4]*zuò*
jiāshāng 家商 N. household arts; home economics
[1]jiāshàng 加上 R.V. add into ♦CONJ. moreover; in addition
[2]jiāshàng 嘉尚 V. compliment; praise; celebrate
jiàshàng* 架上 R.V. put up
jiáshangtiānháo 颊上添毫[頰-] ID. add a punch line
jiāshāng zhíxiào 家商职校[--職-] N. home-economics vocational school M: [1]*suǒ*/[1]*jiā*
jiǎshānshí 假山石 N. artificial hill M: [2]*kuài*/[4]*zuò*
jiǎshè 假设 V. suppose; assume; grant; presume ♦N. hypothesis; postulate ♦CONJ. if; in case; supposing
jiàshè* 架设 V. erect (on stilts/posts)
jiǎshèfǎ 假设法 N. <*lg.*> subjunctive mood
jiǎshèfǎ xiànzàishì 假设法现在式 N. <*lg.*> subjunctive present
jiǎshèfǎ zǐjù 假设法子句 N. <*lg.*> subjunctive clause
jiǎshè jiǎnyàn 假设检验 N. hypothesis-testing
jiǎshèjù 假设句 N. <*lg.*> conditional
jiāshēn* 加深 V. deepen
jiǎshēn 甲申 N. 21st year of the Sexagenary Cycle (1884, 1944, 2004 etc.)
[1]jiāshēng* 夹生[夾-] V.P. <*coll.*> ① half-cooked ② half-baked ③ incompletely developed (of relationships)
[2]jiāshēng 家生 N. ①family routine ②household furnishings/furniture ♦ATTR. <*trad.*> born from parents who are domestic servants of a rich family
[3]jiāshēng 家声[-聲] N. family reputation
jiǎshēng 假声[-聲] N. falsetto
jiǎshēngdài 假声带[-聲帶] N. <*lg.*> ventricular folds

jiāshēngfàn 夹生饭[夾-] N. ① half-cooked rice M: *wǎn* ② a job not thoroughly done
jiāshēn lǐjiě 加深理解 V.O. get deeper understanding
Jiǎshēn zhī Yì 甲申之役 N. 1884 war with France over Viet Nam
jiǎshèshì 假设式 N. <*lg.*> subjunctive form
jiǎshè shùjù 假设述句 N. <*lg.*> hypothetical statement
jiǎshè xíngchéng 假设形成 N. hypothesis formation
jiǎshè yìyì 假设意义[-義] N. <*lg.*> hypothetical sense
jiǎshè yǔqì 假设语气[-氣] N. <*lg.*> hypothetical mood
jiāshi(r) 家什(儿) N. <*coll.*> ① utensils; implements ② tools of a trade/profession ③ musical instruments
jiāshí 家食 V.P. take one's meals at home
jiāshǐ 家史 N. family history M: [2]*bù*
[1]**jiāshì** 家事 N. ① housework ② family matters ③ <*topo.*> family financial situation
[2]**jiāshì** 家室 N. <*wr.*> ① one's dependents ② wife
[3]**jiāshì** 家世 N. <*wr.*> family background
[4]**jiāshì** 佳士 N. a scholar of virtue and ability
[5]**jiāshì** 枷示 V. put in a cangue as an example
jiāshì 夹室[夾-] N. room with tablets of distant ancestors M: [1]*jiān*
jiǎshǐ 假使 CONJ. if; in case; in the event that
jiǎshì 假释[-釋] V. <*law*> parole
jiàshi 架势/式[-勢] N. <*coll.*> demeanor; stance; behavior; manner
jiàshí 价实[價實] N. real/intrinsic value
jiàshǐ* 驾驶 V. drive (a vehicle); pilot (a ship/plane)
jiàshì 架式 N. <*lg.*> schema
jiāshìhánwēi 家事寒微 F.E. be of plebeian origin
jiàshǐpán 驾驶盘[-盤] N. steering wheel
jiāshīqì 加湿器[-濕-] N. humidifier; moisturizer M: [1]*tái/ge*
jiàshǐrén 驾驶人 N. driver M: *ge*/[1]*míng*/[2]*wèi*
jiàshǐshì 驾驶室 P.W. driver's cab; pilothouse; cabin M: [1]*jiān*
jiàshǐyuán 驾驶员 N. driver; pilot M: *ge*/[1]*míng*/[2]*wèi*
jiàshǐzhě 驾驶者 N. driver M: *ge*/[1]*míng*/[2]*wèi*
jiàshǐzhèng 驾驶证[-證] N. driver's license M: [1]*zhāng*
jiāshì zhíxiào 家事职校[--職-] N. professional school of home management M: [1]*suǒ*/[1]*jiā*
jiāshì zhíyè xuéxiào 家事职业学校[--職業--] N. professional school of home management M: [1]*suǒ*/[1]*jiā*
jiàshǐ zhízhào 驾驶执照[--執-] N. driver's license M: [1]*zhāng*
jiāshōu* 加收 V. charge an additional (fee)
jiǎshǒu 假手 V.O. make a cat's-paw/dupe/tool of sb. ♦N. artificial hand; hand prosthesis
jiǎshǒutārén 假手他人 F.E. make sb. else do the work
jiǎshǒuyúrén 假手于人[--於-] F.E. make sb. else do the work
[1]**jiāshū** 家书[-書] N. letter to/from home M: [2]*fēng*
[2]**jiāshū** 家叔 N. paternal uncle
jiāshú 家塾 N. <*trad.*> family school M: [1]*suǒ*
[1]**jiāshǔ*** 家属[-屬] N. family members/dependents M: *ge*/[2]*wèi*
[2]**jiāshǔ** 家鼠 N. domestic rat/mouse M: [2]*zhī*
[1]**jiāshù** 加数[-數] N. <*math.*> addend
[2]**jiāshù** 家数[-數] N. school (of thought); sect
jiāshuān 加闩 V.O. bolt (a door/etc.)
jiāshūbǎn 夹书板[夾書-] N. book brace M: [2]*kuài*
jiāshū dǐ wànjīn 家书抵万金[-書-萬-] F.E. A letter from home is worth ten thousand pieces of gold.
jiāshǔ gōngchǎng 家属工厂[-屬-廠] P.W. factory run by family members M: [1]*jiā*
jiǎshuì 假睡 V. pretend to sleep
jiāshùjī 加数机[-數-] N. adding machine M: [1]*tái/ge*
jiāshūjià 夹书架[夾書-] N. bookholder M: [1]*fù/ge*
jiǎshuō* 假说 N. hypothesis; postulate
jiàshuō 驾说 V. transmitted by tradition
jiāshùr 家数儿[-數-] N. number of households
jiāshǔ wěiyuánhuì 家属委员会[-屬---] P.W. <*PRC*> residential committee
jiāshǔzhèng 家属证[-屬證] N. next-of-kin card M: [1]*zhāng*
jiāsī* 家私 N. <*coll.*> family property M: [2]*jiàn*
jiǎsǐ 假死 N. <*med.*> suspended animation ♦V. play dead
jiāsòng 加送 V. give out for free
jiāsù 加速 V.O. quicken; accelerate; expedite
jiāsùbǎn 加速板 N. accelerator (of cars) M: [2]*kuài*
jiā sùdù 加速度 V.O. accelerate ♦N. <*phy.*> acceleration
jiāsù fǎnyìng 加速反应[-應] N. accelerated reaction
[1]**jiāsuì** 夹碎[夾-] R.V. fragment (with pliers/etc.)
[2]**jiāsuì** 嘉岁[-歲] N. year of bumper harvest
jiāsù lǎohuà 加速老化 N. accelerated aging
jiāsuǒ 枷锁 N. ① yoke; chains; fetters ② cangue and lock M: [1]*bǎ*
jiāsùqì 加速器 N. <*phy.*> accelerator (of weapons) M: [1]*tái/ge*
jiāsù yùndòng 加速运动[-運動] N. <*phy.*> accelerated motion
jiǎtánzhēndǎ 假谈真打 F.E. prate about peace while making attacks
jiātào 加套 V. cover; enseal; ensheath
jiātiān 加添 V. add; augment; increase
jiātiānjì 加添剂[-劑] N. an additive
jiātiānwù 加添物 N. an additive M: [1]*zhǒng*
jiātiānxià 家天下 F.E. rule the country like a family
jiǎtiānxià* 甲天下 F.E. number one in the world; the finest under heaven
jiàtiáo(r) 假条(儿)[-條-] N. ① application for leave ② leave permit
jiātíng 家庭 N. family; household
jiātíng bèijǐng 家庭背景 N. family background
jiātíng bìngchuáng 家庭病床 N. bed for a home-care patient M: [1]*zhāng*
jiātíng bìngfáng 家庭病房 N. patient's room in a doctor's private home M: [1]*jiān*
jiātíng chéngbāozhì 家庭承包制 N. household contract system
jiātíng chéngyuán 家庭成员 N. a family member M: *ge*/[2]*wèi*
jiātíng chūshēn 家庭出身 N. family class status/origin
jiātíng dìwèi 家庭地位 N. family status
jiātíng fùdān 家庭负担[-擔] N. family responsibility
jiātíng fùnǚ 家庭妇女[--婦-] N. housewife M: *ge*/[1]*míng*/[2]*wèi*
jiātíng fúwù 家庭服务[-務] N. domestic service
jiātíng fúwùyuán 家庭服务员[---務-] N. ① baby-sitter ② governess ③ housekeeper M: *ge*/[1]*míng*/[2]*wèi*
jiātíng fùyè 家庭副业[-業] N. household sideline production M: [1]*zhǒng*
jiātíng gōngyè 家庭工业[-業] N. household industry
jiātíng guānniàn 家庭观念[--觀-] N. attachment to one's family
jiātíng jiàoshī 家庭教师[-師] N. private teacher; tutor M: *ge*/[1]*míng*/[2]*wèi*
jiātíng jiàoyù 家庭教育 N. family/home education
jiātíng jiàoyùxué 家庭教育学 N. study-at-home education
jiātíng jiégòu 家庭结构[-構] N. family structure
jiātíng jiětǐ 家庭解体[-體] N. family disintegration; breakup of a family
jiātíng jìhuà 家庭计划[-劃] N. ① family financial plan/budgeting ② family planning (of birth-control)
jiātíng jìhuà fāng'àn 家庭计划方案[---劃--] N. family planning/budgeting program
jiātíng jīngjì tǐxì 家庭经济体系[--經濟體-] N. domestic economy system
jiātíng jiūfēn 家庭纠纷 N. domestic discord/dispute M: [2]*jiàn*/[1]*qǐ*
jiātíng jìyǎng 家庭寄养[-養] N. foster home care
jiātíng pǔchá 家庭普查 N. family census M: *cì*
jiātíng shǒugōngyè 家庭手工业[-業] N. domestic handicraft industry
jiātíng shuāngshōurù 家庭双收入[--雙--] N. dual-income family
jiātíng tǐxì 家庭体系[--體-] N. family system
jiātíng wēnnuǎn 家庭温暖 N. family love
jiātíngxué 家庭学 N. study of the family
Jiātíng Yòngpǐn Gōngsī 家庭用品公司 P.W. Home Depot
jiātíng yuányì 家庭园艺[-園藝] N. home gardening
jiātíng zhǔfù 家庭主妇[-婦] N. housewife M: *ge*/[1]*míng*/[2]*wèi*
jiātíngzhǔyì 家庭主义[-義] N. familism
jiātíng zìdònghuà 家庭自动化[---動-] N. home automation
jiātíng zuòyè 家庭作业[-業] N. homework
jiātóng 家童 N. young male domestic servant M: *ge*/[1]*míng*
jiǎtóngyuáncí 假同源词 N. <*lg.*> false cognate
jiātou 夹头[夾-] N. collet
jiǎtóufa 假头发[-髮] N. wig M: [1]*fù*
jiātù* 家兔 N. rabbit M: [2]*zhī*
jiǎtú 假途/涂[-塗] V.O. via; by way of
jiǎtúfáguó 假途伐虢 F.E. attack the enemy by thrusting through a common neighbor's territory
jiǎtuǐ 假腿 N. artificial leg
jiǎtuìyì 假退役 N. fake demobilization
jiātuō 家托 P.W. home-operated nursery
jiǎtuō* 假托 V. ① use as pretext/means/medium ② do sth. under sb. else' name
jiātúsìbì 家徒四壁 F.E. be utterly destitute; be extremely poor
jiàwàishuì 价外税[價-] N. taxes not included in the quoted prices M: [2]*bǐ*
jiǎwán 甲烷 N. <*chem.*> methane
[1]**jiāwěi** 加尾 N. <*lg.*> suffix
[2]**jiāwěi** 加委 A.T. <*trad.*> appoint
jiǎwèi 假位 ATTR. <*lg.*> dummy
jiàwèi* 价位[價-] N. ① price ② <*chem.*> valence
jiā wěibā 夹尾巴[夾-] V.O. act like a coward
jiǎwèi chéngfen 假位成分 N. <*lg.*> dummy element
jiāwēn* 加温 V.O. ① raise the temperature ② strengthen; intensify; reinforce
jiāwén 家蚊 N. house mosquitoes M: [2]*zhī*
jiāwèn 家问 N. <*wr.*> letter to/from one's family
jiāwēng 家翁 N. my father
jiǎwènjù 假问句 N. <*lg.*> nonreal interrogative sentence
jiáwō 颊窝[頰窩] N. dimple
jiāwù* 家务[-務] N. ① household duties ② family quarrel
jiǎwǔ 甲午 N. 31st year of the Sexagenary Cycle (1894, 1954, 2014 etc.)
jiàwū 架屋 V.O. build a house
jiāwúdànshí 家无儋/担石[--擔-] F.E. live from hand to mouth
jiāwú'èrzhǔ 家无二主 F.E. A house can't have two masters.
jiā wú géxiǔzhīliáng 家无隔宿之粮[-糧] F.E. live from hand to mouth
jiāwùhuó 家务活[-務-] N. housework
jiāwù láodòng 家务劳动[-務勞動] N. housework
jiāwùshì 家务事[-務-] N. housework; domestic affairs
jiāwūshuì 家屋税 N. house tax
jiāwùsuǒchán 家务所缠[-務-纏] F.E. be tied up/down with the care of one's family

J

jiāwùsuǒjī 家务所羁[-務--] F.E. be tied up/down with the care of one's family
jiāwúzhǎngwù 家无长物 F.E. have nothing of value in one's house; be utterly destitute
Jiǎwǔ Zhànzhēng 甲午战争[-戰爭] N. Sino-Japanese War of 1894–1895
Jiǎwǔ zhī Yì 甲午之役 N. Sino-Japanese War of 1894–1895
jiāxī 加息 V.O. raise interest rates
jiāxǐ* 加洗 V. make additional prints (of photos)
[1]jiāxì 家系 N. family line; genealogy; lineage; stock
[2]jiāxì 加细 V.P. be detailed ♦ADV. finely; minutely ♦N. refinement
jiāxia 家下 P.W. at home; in the family
jiāxià* 加下 A.T. <topo> be additional to
jiāxián 加衔 V.O. confer an honorary degree/title/etc.
[1]jiāxiàn(r)* 夹馅(儿)[夾-] V.O. stuffed (pastry/etc.)
[2]jiāxiàn 加线 N. ledger line
jiāxiāng* 家乡[-鄉] P.W. hometown; native place
jiáxiàng 夹巷[夾-] N. alley
jiǎxiǎng 假想 V. imagine; suppose ♦N. imagination; hypothesis; supposition ♦ATTR. imaginary; hypothetical; fictitious
jiǎxiàng 假象 N. ① semblance; appearance ② <geog.> pseudomorph
jiǎxiǎngdí 假想敌[-敵] N. imagined enemy M: ge/[1]míng
jiāxiānghuà 家乡话[-鄉-] N. native dialect
jiǎxiàngjìncí 假象尽辞[-盡辭] F.E. exhaustively describe and illustrate
jiāxiāngròu 家乡肉[-鄉-] N. a kind of spicy pork dish
jiǎxiàngyá 假象牙 N. ①false/fake ivory ②<coll.> celluloid
jiāxiǎo(r) 家小(儿) N. <coll.> ① wife and children ② wife
jiǎxiào* 假笑 N. feigned smile ♦V. pretend to smile
jiàxiào 驾校 N. driver's school
jiǎxiào yī fān 假笑一番 V.P. give a forced smile
jiǎxiǎozi 假小子 N. tomboy M: ge/[1]míng
jiāxiē(r/zi) 加楔(儿/子) V.O. ① insert a wedge ② squeeze oneself in
jiáxié* 夹鞋[夾-] N. lined shoes M: [1]shuāng
[1]jiāxīn* 加薪 V.O. raise sb.'s pay
[2]jiāxīn(r) 夹心(儿)[夾-] ATTR. filled; with filling
jiāxìn 家信 N. letter to/from home M: [2]fēng
jiāxīn bǐnggān 夹心饼干[夾-乾] N. sandwich biscuits; filled cookies M: [2]kuài
jiāxíng 加刑 V.O. <law> increase the penalty
jiǎxìng* 假性 ATTR. pseudo-
jiǎxìng fēnlièjù 假性分裂句 N. <lg.> pseudo-cleft sentence
jiǎxíng gānyán 甲型肝炎 N. hepatitis A
jiǎxìng jìnshì 假性近视 N. pseudomyopia
jiǎxīngxīng 假惺惺 V.P. hypocritical; unctuous
jiǎxīnjiǎyì 假心假意 F.E. pretend to
jiāxiōng 家兄 N. <humb.> my elder brother
jiāxìtú 家系图[-圖] N. genealogical tree M: [1]zhāng
jiǎxìzhēnzuò 假戏真做[-戲--] F.E. turn a joke into actuality
jiāxīzhuìyuān 加膝坠渊[-墜淵] ID. <wr.> appoint/dismiss a person at one's own will
jiāxǔ* 嘉许 V. <wr.> praise; approve
jiāxù 佳婿 N. good/favorite son-in-law M: ge/[1]míng/[2]wèi
jiáxū 颊须[頰鬚] N. whiskers
jiǎxū 甲戌 N. 11th year of the Sexagenary Cycle (1874, 1934, 1994 etc.)
jiāxuàn* 加楦 V.O. stretch new shoes with a foot-shaped object
jiǎxuǎn 甲癣 N. onychomycosis; ringworm of the nails
jiāxué 家学 N. <wr.> knowledge transmitted from father to son
jiāxuéyuānyuán 家学渊源[--淵-] F.E. (from) family of scholars
jiāxùjiāyì 夹叙夹议[夾敘夾議] F.E. narration interspersed with comments
jiāxùn 家训 N. family precepts
[1]jiāyā 加压[-壓] V.O. raise the pressure
[2]jiāyā 家鸭 N. domestic duck M: [2]zhī
jiǎyá* 假牙 N. false tooth; denture
jiāyācāng 加压舱[-壓艙] N. pressurized module M: [4]zuò
jiǎyǎfǎ 钾氩法[-氬-] N. potassium-argon dating (K-Ar)
jiāyāfú 加压服[-壓-] N. pressurized suit M: [2]jiàn/tào
[1]jiāyán* 家严[-嚴] N. <humb.> my father
[2]jiāyán 佳言 N. good words; quotable quote
[3]jiāyán 嘉言 N. good/useful advice
[1]jiāyàn 家宴 N. ① family feast ② family reunion feast M: [1]xí/ge
[2]jiāyàn 家燕 N. house swallow M: [2]zhī
jiǎyǎn 假眼 N. artificial/glass eye
jiǎyángguǐzi 假洋鬼子 N. <derog.> a Chinese aping foreigners (from Lu Xun's *Story of Ah Q*) M: ge/[1]míng
jiǎyán mìngtí 假言命题 N. <log.> hypothetical proposition
jiāyánr 加言/盐儿[-鹽-] V.O. spread slander against sb.
jiāyánshànxíng 嘉言善行 F.E. fine words and deeds
jiāyányìxíng 嘉言懿行 F.E. wise words and noble deeds
jiāyáo 佳肴 N. good/choice food; delicacies M: [1]fèn
jiāyáoměijiǔ 佳肴美酒 F.E. excellent spirits and delicious dishes
jiāyè* 家业[-業] N. family property/enterprise
jiǎyè 甲夜 N. 7–9 P.M.
jiāyēqín 伽倻琴 N. plucked stringed instrument used by the Korean ethnic minority M: [1]bǎ
jiāyī 加一 V.O. add one-tenth (to the original quantity)
jiāyǐ* 加以 V. handle; treat (used before polysyllabic verbs or verbal nouns) ***Wénzì bìxū zài yídìng tiáojiàn xià ~ gǎigé.*** The script must be reformed under certain conditions. ♦CONJ. in addition; moreover
jiāyì 加意 ADV. with special care; with close attention ♦V. ① pay special attention ② make additional effort
jiáyī 袷/夹衣[夾-] N. ① lined garments without padding ② lined shirt/jacket M: [2]jiàn
jiǎyì 假意 N. unction; insincerity; hypocrisy ♦ADV. pretend to
jiā yī bǎ jìn 加一把劲[-勁] V.O. make push (to. . .)
jiǎ-yǐ-bǐng-dīng 甲乙丙丁 N. A, B, C, D
jiǎyǐcísè 假以辞色[--辭-] F.E. speak to sb. expressively
jiǎyìfèngcheng 假意奉承 F.E. cheap flattery
jiāyīn* 佳音 N. welcome news; good tidings
jiāyìn 加印 V. make additional copies
jiǎyín 甲寅 N. 51st year of the Sexagenary Cycle (1914, 1974, 2034 etc.)
jiāyīndù 加音渡 N. <lg.> plus juncture
jiāyíng 家蝇[-蠅] N. housefly M: [2]zhī/ge
jiāyīshang* 夹衣裳[夾-] N. lined garments without padding M: [2]jiàn
jiáyīshang 袷衣裳 N. lined clothing M: [2]jiàn
jiǎyǐshírì 假以时日[--時-] F.E. gradually; given some time
[1]jiāyòng 家用 N. ① family expense ② housekeeping money ♦ATTR. domestic; household
[2]jiāyòng 夹用[夾-] N. <lg.> insertion
jiāyòng diànnǎo 家用电脑[-電腦] N. home personal computer M: [1]tái
jiāyòng diànqì 家用电器[-電-] N. electrical home appliances M: [2]jiàn
[1]jiāyóu 加油 V.O. ① oil; lubricate ② refuel ③ make an extra effort ♦F.E. Go!; Step on it!
[2]jiāyóu 嘉猷 N. <trad.> wise scheme
jiāyóuchē 加油车 N. gas truck M: [3]liàng
jiāyóujī 加油机 N. gasoline pump M: [1]tái
jiāyóutiāncù 加油添醋 F.E. add color to narration
jiāyóuzhàn 加油站 P.W. gas station; filling station M: [1]jiā
jiāyú 嘉鱼 N. <zoo.> barbel M: [1]tiáo
jiǎyú* 甲鱼 N. soft-shelled turtle
jiàyù 驾御/驭 V. ① drive (a cart/horse/etc.) ② control; master ***Zhè pǐ mǎ bù hǎo ~.*** It is very hard to control this horse.
jiāyuán* 家园[-園] N. home; homeland; native heath
jiàyuán 驾辕 V.O. pull a cart from between the shafts; be hitched up
jiàyuàn 嫁怨 V. impute blame/fault on others
Jiāyù Guān 嘉峪关[-關] P.W. pass and city in Gansu, at the western terminus of the Great Wall, at the Silk Road
jiāyùhùxiǎo 家喻户晓[-曉] F.E. become a household word; be known to every family/household
jiàyún 驾云[-雲] V.O. ride on a cloud (in fairy tales)
jiǎyútiānxià 甲于天下[-於--] F.E. be unequaled in the world
jiāzá 夹杂[夾雜] V. be mixed up or mingled with
jiā zài yīqǐ 加在一起 V.P. (add) altogether
jiǎzào 假造 V. ①forge; counterfeit ***Tā zhuānmén ~ hùzhào.*** He specializes in making fake passports. ② invent; fabricate
jiǎzàozuìmíng 假造罪名 F.E. frame-up
jiāzéi 家贼 N. an inside thief M: ge/[1]míng
jiāzéinánfáng 家贼难防[--難-] F.E. it's hard to guard against an inside thief/traitor
jiāzhái 家宅 N. home; homestead M: [4]zuò
jiāzhāng 佳章 N. elegant composition/work M: [1]piān
jiāzhǎng* 家长 N. ① head of a household ② parent of schoolchildren M: ge/[1]míng/[2]wèi
jiǎzhǎng 甲长 N. head of a group of households M: ge/[1]míng/[2]wèi
jiǎzhàng 假帐 N. false accounts
jiāzhǎnghuì 家长会 N. meeting of schoolchildren's parents M: cì/ge
jiāzhǎngquán 家长权[-權] N. the authority of the head of the family
jiāzhǎngshì 家长式 N. patriarchy
jiāzhǎngshì tǒngzhì 家长式统治 N. paternalism; arbitrary rule as by a patriarch
jiāzhǎng xuéxiào 家长学校 N. parenting classes M: [1]suǒ
jiāzhǎngzhì 家长制 N. patriarchal system
jiāzhǎng zuòfēng 家长作风 N. ① high-handedness ② patriarchal behavior
jiàzhào 驾照 N. driver's license M: [1]fèn/[1]zhāng
jiǎzhāozi 假招子 N. <coll.> pretense; sham; ruse; little game
jiāzhe 加着[-著] ADV. furthermore; in addition
jiāzhēn 家珍 N. family treasure/heirloom M: [2]jiàn
jiāzhèng* 家政 N. home management
jiǎzhèng 假证[-證] N. false evidence/testimony
jiǎzhèngjīng 假正经[-經] N. prudery
jiāzhèng kèchéng 家政课程 N. home-economics course M: mén
jiāzhèngxué 家政学 N. home economics
jiāzhèng zhuānkē xuéxiào 家政专科学校[--專---] N. home-economics college M: [1]suǒ
jiāzhī 加之 CONJ. in addition; besides; moreover
[1]jiāzhí 加值 V.O. add value
[2]jiāzhí 家职[-職] N. household responsibility
jiāzhì 家制[-製] ATTR. home-made; privately made
jiázhì 恝置 V. disregard; neglect
jiǎzhī 假肢 N. artificial limb
jiàzhí* 价值[價-] N. value; worth ♦V. cost
jiàzhí bōdòng 价值波动[價-動] N. price fluctuations
jiàzhíguān 价值观[價-觀] N. value system
jiàzhí guīlǜ 价值规律[價-] N. law of value

jiàzhíliánchéng 价值连城[價-] F.E. invaluable; priceless
jiàzhíliàng 价值量[價-] N. value
jiāzhíshuì 加值税 N. value-added tax M: [2]bǐ
jiāzhītiānyè 加枝添叶[-葉] ID. fabricate the details of a story
jiǎzhíxíng 假执行[-執-] N. <law> provisional enforcement
jiāzhōng* 家中 P.W. one's family/home
[1]jiāzhòng 加重 V.O. ① make/become heavier ② make/become more serious; aggravate
[2]jiāzhòng 家种[-種] ATTR. domestically cultivated
[3]jiāzhòng 嘉重 V. <trad.> praise; commend highly
jiǎzhǒng lìzǐ 甲种粒子[-種--] N. <phy.> alpha particle
jiāzhòngqìyǔ 加重气语[--氣-] ATTR. <lg.> intensive
jiāzhòng rènwu 加重任务[-務] V.O. add to one's tasks
jiǎzhǒng shèxiàn 甲种射线[-種--] N. <phy.> alpha ray
jiāzhòng yǔqì 加重语气[-氣] ATTR. <lg.> intensive
jiāzhòng yǔqì cí-jù 加重语气词句[---氣--] N. <lg.> intensive word or phrase
jiā zhōngzhuì de 加中缀的 ATTR. <lg.> infixed
jiǎzhòu 甲胄 N. <wr.> armor
jiāzhū 加诸 V. add
jiāzhǔ 家主 N. family head; householder
[1]jiāzhù* 加注[-註] V.O. annotate
[2]jiāzhù 夹住[夾-] R.V. clasp
[3]jiāzhù 夹注[夾註] N. interlinear notes
jiàzhù 架住 R.V. parry a sword/etc.
jiāzhuāng 家庄[-莊] N. village consisting of people from one family/clan
jiǎzhuāng* 假装[-裝] V. pretend; feign; simulate
jiǎzhuàng 甲状[-狀] N. thyroid
jiàzhuang 嫁妆[-妝] N. dowry; trousseau M: [1]fèn
jiǎzhuāngbùzhī 假装不知[-裝--] F.E. feign ignorance
jiàzhuāngfèi 嫁妆费[-妝-] N. money used for a trousseau M: [2]bǐ
jiǎzhuàngpángxiàn 甲状旁腺[-狀--] N. parathyroid gland
jiǎzhuàng ruǎngǔ 甲状软骨[-狀--] N. thyroid cartilage
jiǎzhuàngxiàn 甲状腺[-狀-] N. thyroid gland
jiǎzhuàng xiànsù 甲状腺素[-狀--] N. thyroxine
jiǎzhuàngxiànzhǒng 甲状腺肿[-狀-腫] N. goiter
jiāzhuàn húquānqiú 加转弧圈球[-轉---] F.E. <sport> high-spin loop drive
jiāzhuāntiānwǎ 加砖添瓦[-磚--] ID. make contributions to
jiǎzhǔcí 假主词 N. <lg.> dummy subject
jiāzhǔgōng 家主公 N. <topo.> husband
jiāzhùhào 夹注号[夾註號] N. parentheses used to mark off explanatory notes
jiāzhǔpó 家主婆 N. <topo.> wife
jiāzhútáo 夹竹桃[夾-] N. <bot.> ① oleander ② rosebay M: [2]kē
jiāzhǔwēng 家主翁 N. head of a family/clan M: [2]wèi
[1]jiāzi 夹子[夾-] N. ① clip ② tongs ③ folder ④ wallet ⑤ clamp
[2]jiāzi 家子 N. household; family
[3]jiāzi 铗子[鋏-] N. tongs
jiāzǐ 家姊 N. my sister M: ge/[2]wèi
[1]jiǎzǐ 甲子 N. ① 1st year of the Sexagenary Cycle (1864, 1924, 1984 etc.) ② sixty-year cycle
[2]jiǎzǐ 假子 N. ① adopted son ② stepson
[3]jiǎzǐ 甲紫 N. gentian violet
jiàzi* 架子 N. ① frame; stand; rack; shelf ② framework; skeleton; outline ③ airs; haughty manner ④ posture; stance
jiàzī 嫁资 N. dowry M: [1]fèn/[2]bǐ
jiàzichē 架子车 N. man-drawn cart M: [3]liàng
jiàzi dà 架子大 V.P. ① put on airs *Nèige rén jiàzi zhēn dà.* That guy is really puffed up. ② <coll.> insolent; overbearing
jiāzǐdì 佳子弟 N. honorable lineage
jiàzihuā 架子花 N. <opera> one type of *huāliǎn* male role with heavily painted face
jiàzishízú 架子十足 F.E. put on airs of greatness
jiàzizhū 架子猪[-豬] N. feeder pig M: [2]zhī/[1]tóu
jiàzǒu 架走 R.V. drag (sb.) away
jiāzū 加租 V.O. raise the rent
jiāzú* 家族 N. clan; family
jiāzǔ 家祖 N. ① my grandfather ② my ancestors M: [2]wèi
jiǎzú 甲族 N. ① noble family ② animals with shell or carapace
jiǎzǔ 甲组 N. <TW> science section of a college entrance exam
jiāzú gōngsī 家族公司 N. family company M: [1]jiā
jiǎzuìyángkuáng 假醉佯狂 F.E. pretend to be very drunk and act like a lunatic
jiàzuìyúrén 嫁罪于人[--於-] F.E. cast the blame on others
jiāzúmǎlì 加足马力 F.E. at full speed/steam
jiāzūn 家尊 N. my father
[1]jiāzuò* 佳作 N. fine piece of writing; excellent work
[2]jiāzuò 加座 V.O. add/insert a seat
[1]jiǎzuò 假座 V.O. ① take place in ② borrow (a place)
[2]jiǎzuò 假坐 CONJ. on the occasion of
[3]jiǎzuò 假作 V. feign
jiǎzuǒzhēnyòu 假左真右 F.E. appear to be Left but be Right in essence
jiāzú qǐyè 家族企业[-業] N. family company
jiāzú qúnjù 家族群聚 N. family/clan gathering
jiāzúshù lǐlùn 家族树理论[--樹--] N. <lg.> family tree theory
jiāzú zhìdù 家族制度 N. family system
jība 鸡巴[雞-] N. <vulg.> cock (penis)
jíbābā 急巴巴 V.P. <coll.> very tense/anxious
jībài* 击败[擊-] R.V. defeat; beat; vanquish
jìbài 祭拜 V. worship
[1]jībàn* 羁绊 N. <wr.> trammels; fetters; yoke ♦V. hinder; restrain
[2]jībàn 缉办[-辦] V. arrest and punish
[1]jíbǎn 极板[極-] N. <elec.> plate
[2]jíbǎn 急板 N. <mus.> presto
jìbàn de 寄伴的 ATTR. <lg.> syncategorematic
jìbàn yǔcí 寄伴语词 N. <lg.> syncategorematic term
[1]jībǎo* 饥饱 N. hunger or satiety
[2]jībǎo 机堡 N. revetment (for parking airplane)
jíbào 集报[-報] V.O. clip newspapers (as a hobby)
jìbào 季报[-報] N. quarterly reports M: [1]fèn
jíbàochúqiáng 戢暴除强[-強] F.E. overthrow the tyrants
jībǎoláolù 饥饱劳碌[--勞-] F.E. slave all day long with no assurance when the next meal will come
jíbèi 吉贝 N. kapok tree; silk-cotton tree
jǐbèi* 脊背 N. back (of a vertebrate)
jīběn* 基本 S.V./N. basic; fundamental; elementary; essential; main ♦ADV. in the main; on the whole
jíbēn 急奔 V. walk/run hurriedly
jīběncéng 基本层[-層] N. <lg.> substratum
jīběncí 基本词 N. <lg.> basic word
jīběn cíhuì 基本词汇[-彙] N. basic vocabulary; basic word-stock
jīběndiǎn 基本点[-點] N. the basic point
jīběn diànhè 基本电荷[--電-] N. the basic electric charge
jīběnfǎ 基本法 N. basic law
jīběngōng 基本功 N. basic training/skill; essential technique
jīběn gōngyè 基本工业[-業] N. key industries
jīběn gōngzī 基本工资 N. basic wages
jīběn guócè 基本国策[--國-] N. basic national policy; basic policy of a country
jīběn jiànshè 基本建设 N. ① capital construction ② major home furnishings
jīběn jiàoyù 基本教育 N. primary/basic education
jīběn jiégòu 基本结构[-構] N. primary structure
jīběnjīn 基本金 N. ① fund; endowment fund ② subscribed capital
jīběnjù 基本句 N. <lg.> kernel sentence
jīběn lìzǐ 基本粒子 N. <phy.> elementary particle
jīběn lùxiàn 基本路线 N. basic vocabulary; basic word-stock M: [1]tiáo
jīběn máodùn 基本矛盾 N. fundamental contradiction
jīběn mǔyīn 基本母音 N. <lg.> cardinal vowel
jīběn pínlǜ 基本频率 N. fundamental frequency
jīběn qúnzhòng 基本群众[-衆] N. the masses
jīběnshang 基本上 ADV. on the whole; in the main; basically
jīběn xíngshì 基本形式 N. <lg.> basic form
jīběn xuékē 基本学科 N. basic subjects M: mén
jīběn yīndiào 基本音调 N. <lg.> basic intonation
jīběn yìyì 基本意义[-義] N. <lg.> basic meaning
jīběn yuányīn 基本元音 N. <lg.> cardinal vowel
jīběn yuánzé 基本原则 N. basic principles
jīběn zhīshi 基本知识[-識] N. elementary knowledge
jīběn zhuǎnhuàn 基本转换[-轉換] N. <lg.> elementary transformation
[1]jībì 击毙[擊斃] R.V. shoot dead
[2]jībì 积弊[積-] N. age-old abuses
[1]jībiàn 激变[-變] N. cataclysm; violent change; upheaval ♦V. change violently
[2]jībiàn 畸变[-變] N. distortion; aberration
[3]jībiàn 机变[-變] V.P. ① flexible ② adaptable ③ crafty
[4]jībiàn 激辩 V. heated argument/debate
[5]jībiàn 机辩 V.P. ① tactful ② eloquent
[1]jíbiàn* 即便 CONJ. ① even though/if ② at this moment; forthwith
[2]jíbiàn 急变[-變] N. emergency; crisis
jībiànbǎichū 机变百出[-變--] F.E. have a thousand tricks up one's sleeve
jí biǎo tóngqíng 极表同情[極-] V.O. express deep sympathy
jíbié 级别 N. rank; level; grade; scale
jībìnánchú 积弊难除[積-難-] F.E. Long-standing evil practices are hard to remove.
jībìnánfǎn 积弊难返[積-難-] F.E. Long-standing evil practices are hard to uproot.
jībīng 积冰[積-] N. ice which has existed for a long time
jíbīng 戢兵 V.O. cease hostilities
[1]jíbìng* 疾病 N. disease; illness M: [1]zhǒng
[2]jíbìng 急病 N. ① acute disease/illness ② sudden illness M: [1]zhǒng
jíbīngbàzhàn 戢兵罢战[-罷戰] F.E. freeze weapons and cease hostilities
jíbìngchánshēn 疾病缠身[--纏-] F.E. be riddled with diseases
jībìngjiāojiā 饥病交加 F.E. suffer from hunger and disease
[1]jībō 激波 N. <phy.> shock wave
[2]jībō 机播 N. aerial seeding/sowing; machine planting ♦V. seed/sow by airplane/machine
jībó 羁泊 V. wander about; be without a fixed home
jíbó* 瘠薄 V.P. barren; unproductive
jìbó 系泊[繫-] V. moor (a boat)
jìbó fútǒng 系泊浮筒[繫-] N. mooring buoy
jībótíngjiāo 激薄停浇[-澆] ID. <wr.> use one's personality to influence others
jībǔ* 缉捕 V. seize; arrest
jībù 基部 N. base
[1]jíbù 疾步 ADV. at a fast pace
[2]jíbù 集部 N. literary works other than classics, history, and philosophy

3jíbù 急步 V. walk rapidly
jìbù 悸怖 V.P. alarmed; panic-stricken; terrified
jìbùbiǎo 计步表 N. pedometer M: ge/2zhī
jìbùchūcǐ 计不出此 F.E. fail to adopt the plan just described
jìbude 记不得 R.V. no longer remember
jìbùdéshòu 计不得售 F.E. fail to attain the projected objective
jǐbudòng 挤不动[擠-動] R.V. can't move sth. by pressing
jǐbujìn 挤不进[擠-進] R.V. can't squeeze into
jǐbukāi 挤不开[擠-開] R.V. can't widen sth. by squeezing/wedging
jíbùkědài 急不可待 F.E. too impatient to wait
jíbùkěnài 急不可耐 F.E. be too impatient to wait
jībùkěshī 机不可失 F.E. must not lose an opportunity
jìbuláo 记不牢 R.V. can't firmly memorize sth.
jībuqǐ 激不起 R.V. can't arouse (emotionally)
jìbùqì* 计步器 N. step-counter; pedometer M: ge/2zhī
jìbuqǐlai 记不起来 R.V. can't remember
jìbuqīng 记不清 R.V. can't remember clearly
jìbuquán 记不全 R.V. can't fully remember/memorize
jíbùrónghuǎn 急不容缓 F.E. brook no delay; be of great urgency
jìbùrúrén 技不如人 F.E. be inferior to others in skills
Jíbǔsàirén 吉卜赛人 N. Gypsy
jǐbushàng 挤不上[擠-] R.V. can't squeeze onto (a bus/etc.)
Jíbùtí 吉布提 P.W. Djibouti
jǐbuxià 挤不下[擠-] R.V. can't hold/accommodate (of space)
jībùxiāngnéng 积不相能[積-] F.E. be always at loggerheads
jíbùxiázé 急不暇择[-擇] F.E. be too hurried to choose carefully
jībùyùshēng 几不欲生 F.E. almost did not desire to live
jībùzéshí 饥不择食[--擇-] F.E. beggars can't be choosers
jìbuzhù 记不住 R.V. can't remember
jǐcā 挤擦[擠-] V. squeeze/wedge through a narrow place
jícái* 集材 V.O. <forest.> log; skid; yard
jìcài 荠菜[薺-] N. <bot.> shepherd's-purse
jìcáijìshí 济财济食[濟-濟-] F.E. give relief in cash and in kind
jícān 集餐 V.O. eat from a common pot ♦N. shared dinner; group dining
jīcāng 机舱/仓[-艙/倉] N. ① engine room (of a ship) ② passenger and cargo compartments (of aircraft) ③ cabin M: 1jiān/ge
jìcè 计策 N. stratagem; plan M: 1tiáo
jīcéng* 基层[-層] N. grass-roots unit; basic/primary level
jǐcéng 几曾 F.E. Was it ever so?; Has it ever happened?
jīcéng dānwèi 基层单位[-層--] N. grass-roots/base unit
jīcéngdiàn 基层店[-層-] N. neighborhood branch store/shop M: 1jiā
jīcéng gànbù 基层干部[-層幹-] N. grass-roots cadre M: ge/1míng/2wèi
jīcéng mínzhǔ 基层民主[-層--] N. grass-roots democracy
jīcéngyún 积层云[積層雲] N. <met.> cumulostratus
jīcéng zǔzhī 基层组织[-層-織] N. ① primary/grass-roots organization ② basic structure/constitution of an organization
1jīchá* 稽查/察 V. check (to prevent smuggling/etc.) ♦N. customs officer
2jīchá 讥察 V. interrogate closely
jíchá(r) 急茬(儿) N. <coll.> emergency; urgency
jìchà 记岔 V.P. <coll.> remember incorrectly
jīchá chéngshì 稽查程式 N. <comp.> an audit program
jíchā dìzū 级差地租 N. differential (land) rent
jīchǎn 机铲[-鏟] N. mechanical shovel M: 1bǎ
jīcháng 饥肠[-腸] N. <wr.> empty stomach
jīchǎng* 机场[-場] P.W. airport; airfield M: ge/4zuò
jíchǎng 即场[-場] V.P. be on the spot; show up at the scene; go to the spot
jīchánglùlù 饥肠辘辘[-腸--] F.E. <wr.> the stomach rumbles with hunger
jìchángpǐ 季常癖 N. hen-pecking
jìchángzhīpǐ 季常之癖 N. hen-pecked
jíchǎnzhǔyì 集产主义[-產-義] N. collectivism
1jīcháo 讥嘲 V. ridicule; satirize
2jīcháo 激潮 N. riptide
jīchǎo'édòu 鸡吵鹅斗[雞-鬥] F.E. fight noisily and incessantly
jīchá rényuán 稽查人员 N. inspector; customs officer
jīcháshǐ 讥察史 N. inspector whose duty is to ferret out criminal elements M: ge/1míng/2wèi
jīcháyuán 稽查/察员 N. customs officer M: ge/1míng/2wèi
jīchē 机车 N. ① locomotive M: 1liè ② engine M: 1tái ③ <TW> motorcycle M: 3liàng
jīchén* 击沉[擊-] R.V. (bombard and) sink
1jìchén 忌辰 N. anniversary of the death of a progenitor or sb. else held in esteem
2jìchén 计臣 N. <trad.> counselor
jīchéng 稽程 N. delay in presenting documents, formal reports, etc. ♦V.O. delay a journey
jíchéng 集成 ATTR. integrated ♦N. grand compendium
jǐchéng 挤成[擠-] V.P. be pressed into (a certain shape)
1jìchéng* 继承[繼-] V. ① inherit; succeed ② carry on/forward ***Wǒmen yīnggāi ~ yōuxiù de chuántǒng.*** We should carry forward our good traditions.
2jìchéng 计程 V.O./ATTR. calculated by mileage
3jìchéng 既成 ATTR. already done/completed
4jìchéng 绩成 N. achievements
jìchéngbiǎo 计程表 N. taximeter; meter
jìchéngchē 计程车 N. <TW> (metered) taxi M: 3liàng
jíchéng diànlù 集成电路[--電-] N. <elec.> integrated circuit
jìchéngfǎ 继承法[繼-] N. law of succession/inheritance
jíchéng guāngxué 集成光学 N. integrated optics
jìchéngqì 计程器 N. taxi meter
jìchéng qìchē 计程汽车 N. taxi M: 3liàng
jìchéngquán 继承权[繼-權] N. right of succession/inheritance
jìchéngrén 继承人[繼-] N. heir; successor; inheritor M: ge/1míng/2wèi
jìchéng shìshí 既成事实[-實] N. accomplished fact; fait accompli
jìchéng sījī 计程司机 N. taxi driver M: ge/1míng/2wèi
jìchéngxìng 继承性[繼-] N. succession
jìchéngxìng miǎnyì 继承性免疫[繼-] N. <med.> adoptive immunity
jìchéngyí 计程仪[-儀] N. (maritime) log
jìchéngzhě 继承者[繼-] N. successor M: ge/1míng/2wèi
jíchénqì 集尘器[-塵-] N. dust arrester; dust collector M: 1tái
jīchí 稽迟[-遲] V. delay
jīchǐ 屐齿[-齒] N. cleats of clogs/pattens
jíchí* 疾驰 V. speed along
jíchìbáiliǎn 急赤白脸 F.E. <topo.> ① furious; enraged ② hyperanxious
jíchí'érguò 疾驰而过 F.E. speed past
jì chǐshū 寄尺书[-書] V.O. send a letter
jīchóngdéshī 鸡虫得失[雞蟲-] ID. fight over trivialities
jīchóu 羁愁 N. traveler's depression/sorrow
jǐchǒu 己丑 N. 26th year of the Sexagenary Cycle (1889, 1949, 2009 etc.)
1jìchóu(r)* 记仇(儿) V.O. bear a grudge ***Tā kě bù ~.*** He's not the sort of person to bear a grudge.
2jìchóu 计酬 V.O. calculate payment
3jìchóu 寄愁 V.O. <wr.> express (in letter/poem/etc.) one's melancholy mood
jìchóutóngbù 技酬同步 F.E. pay according to skill
jīchū 击出[擊-] R.V. hit; strike
jīchú 鸡雏[雞雛] N. chick M: 2zhī
1jīchǔ* 基础[-礎] N. base; foundation; basis ♦ATTR. basic; fundamental
2jīchǔ 积储[積-] V. ① accumulate ② store/lay up; stockpile
3jīchǔ 激楚 N. voices that rend the heart and rouse the spirit
jíchǔ 棘楚 N. trouble; problem; thorn
jíchù 极处[極處] N. extremity
jǐchū 挤出[擠-] R.V. squeeze out (e.g., toothpaste)
1jìchū 寄出 R.V. send out
2jìchū 记出 R.V. remember
jīchuān* 击穿[擊-] R.V. ① puncture ② disrupt
jīchuán 机船 N. motor vessel M: 1tiáo/1sōu
jīchuāng 机窗 N. aircraft window
jīchuáng* 机床 N. machine-tool M: 1tái/4zuò
jīchuáng gōngyè 机床工业[-業] N. machine tool industry
jìchuánjù 系船具[繫-] N. moorings
jìchuánsuǒ 系船索[繫-] N. mooring rope/line M: 2gēn/1tiáo
jīchu bùfen 基础部分[-礎--] N. base component
jīchǔ dàixiè 基础代谢[-礎--] N. basal metabolism
jīchǔ fāngyán 基础方言[-礎--] N. <lg.> basic dialect/topolect
jīchǔ gōngyè 基础工业[-礎-業] N. basic industries
jīchǔ jiàocái 基础教材[-礎--] N. basal readers M: 1běn/2bù/4cè
jīchǔ jiàoyù 基础教育[-礎--] N. elementary education
jīchǔ jiégòu 基础结构[-礎-構] N. <lg.> basic structure
jīchǔkè 基础课[-礎-] N. basic/elementary courses M: mén/2táng
jīchǔ kēxué 基础科学[-礎--] N. ① basic science ② the study of basic theories
jǐ chūlai* 挤出来[擠-] R.V. ① squeeze; press; extrude ② find (time)
jì chūlai 记出来 R.V. remember
jīchǔ lǐlùn 基础理论[-礎--] N. basic theory
jìchūn 季春 N. last month of spring
jīchǔ shèshī 基础设施[-礎--] N. infrastructure M: tào
jìchūwànquán 计出万全[--萬-] F.E. make a perfectly safe plan
jīchǔ yánjiū 基础研究[-礎--] N. basic research
jīchǔyīn 基础音[-礎-] N. <mus.> fundamental note
Jīchǔ Yīngyǔ 基础英语[-礎--] N. Basic English
jīchǔyǔ 基础语[-礎-] N. <lg.> ① matrix ② primitive language
jīchǔ zhīshi 基础知识[-礎-識] N. rudimentary/elementary knowledge
1jīcì 讥刺 V. <wr.> ridicule; satirize
2jīcì 击刺[擊-] V. stab/fight with swords
3jīcì 激刺 V. ① stimulate ② irritate; provoke
jící 籍词 N. pretext; excuse
jící 即此 F.E. <wr.> That's it.
jǐ cì* 几次 N. ① several times; on several occasions ② how many times
jìcǐ 际此[際-] ADV. at a time like this
jìcì 计次 V.O. count
jǐcìsānfān 几次三番 F.E. again and again
jícōngcōng 急匆匆 V.P. in a hurry; hurriedly
jícù 急促 ADV. hastily; in a hurry ♦S.V. short (of time); pressing
jícuì 集萃/粹 N. treasury; collection of the best
jīcún 积存[積-] V. store/lay up; stockpile

jìcún* 寄存 V. deposit; leave with; check
jìcúnqì 寄存器 N. <comp.> storage devices
jìcuò 记错 R.V. remember incorrectly
jīdǎ 击打[擊-] V. pound
jí dà* 极大[極-] V.P. ① extremely big; huge; tremendous; extreme ② maximum
jǐda 挤搭[擠-] V. <coll.> crowd sb.
jídàchéng 集大成 V.O. ①epitomize ②synthesize; be the culmination of
jidageda 几打疙瘩 ON. sound of feet on stairs
jì dàgōng 记大功 V.O. record an outstanding service
jì dàguò 记大过 V.O. record a serious offense
jīdài 几殆 ADV. about
[1]**jídài*** 亟/急待 ADV. <wr.> urgently; promptly
[2]**jídài** 极带[極帶] P.W. polar regions/areas
jìdài 继代[繼-] ATTR. sub
jīdàihuì 积代会[積-] N. <Cult. Rev.> meeting for representatives of activists M: [1]*cì*
jīdàn* 鸡蛋[雞-] N. hen's egg M: *ge/*[2]*zhī/*[4]*méi*
jídàn 吉旦 N. ① auspicious day ② first day of the lunar month
jìdàn 忌惮 V. dread; fear
jīdànbái 肌蛋白 N. muscle proteins
jīdànbǐng 鸡蛋饼[雞-] N. waffle M: [2]*kuài*
jīdàng 激荡[-蕩] V. agitate; surge; rage
jīdàngāo 鸡蛋糕[雞-] N. sponge cake M: [2]*kuài*
jīdànhuáng(r) 鸡蛋黄(儿)[雞-] N. egg-yolk yellow
jīdànké(r) 鸡蛋壳(儿)[雞-殼-] N. egg shell
jīdàn lǐ tiāo gǔtou 鸡蛋里挑骨头[雞-裡---] ID. nitpick
jīdàn pèng shítou 鸡蛋碰石头[雞-] ID. attack sb. far stronger than oneself; court destruction
jīdànqīng(r) 鸡蛋清(儿)[雞-] N. egg-white
jīdǎo* 击倒[擊-] R.V. knock down
jīdào 缉盗[-盜] V.O. capture thieves
jídào 汲道 N. road/way to water
jǐdǎo 挤倒[擠-] R.V. crush/press down (by a crowd/etc.)
jǐdào 挤到[擠-] V. force one's way to; push to the front
[1]**jìdào** 寄到 R.V. send to
[2]**jìdào** 祭悼 V. hold a memorial ceremony for
jǐda rén 挤搭人[擠-] V.O. <topo.> push people around
jídàzhí 极大值[極-] N. maximal/maximum value
jīdé 积德[積-] V.O. ① incline to doing good deeds ② accumulate merit (by good works) ③ <Dao.> accumulate energy ♦F.E. ① behave yourself ② don't be so harsh
jìde* 记得 V. remember
jìdé 既得 ATTR. ① vested ② obtained
jí de duòjiǎo 急得跺脚[-腳] V.P. make sb. jump up with nervousness
jídehuāng 急得慌 R.V. very anxious and worried
jǐdehuāng* 挤得慌[擠-] R.V. very crowded
jìdé lìyì 既得利益 N. vested interest
jìdé lìyì jítuán 既得利益集团[-團] N. vested interests
jìdelìyìzhě 既得利益者 N. people with a vested interest
jíděng 急等 V. wait anxiously
jìdéquán 既得权[-權] N. <law> acquired rights
jìdé quánlì 既得权利[--權-] N. vested right
jí de tuántuánzhuàn 急得团团转[-團團轉] F.E. be as agitated as ants on a hot pan
[1]**jīdǐ** 基底 N. plinth; base ♦ATTR. <lg.> ① deep ② underlying
[2]**jīdǐ** 讥诋 V. satirize and slander
jīdì* 基地 P.W. base
[1]**jídì** 及第 V.O. pass the imperial examination
[2]**jídì** 极地[極-] P.W. polar regions
[3]**jídì** 瘠地 N. sterile/unproductive land
[4]**jídì** 吉地 N. ①suitable burial ground ②habitable place
[1]**jìdì** 迹地[跡-] N. <forest.> slash
[2]**jìdì** 寄递[-遞] V. send; mail
[3]**jìdì** 祭地 V.O. annual sacrifice to the earth
jīdiǎn 基点[-點] N. basic/cardinal/starting point; center
[1]**jīdiàn** 机电[-電] N. machinery and power-generating equipment
[2]**jīdiàn** 积淀[積澱] N. long-term accumulation of a society's cultural, ideological, and technological achievements
jídiǎn 极点[極點] N. farthest point; extremity
jídiàn 急电[-電] N. urgent telegram
jìdiǎn* 祭典 N. ① sacrificial rites ② memorial services
jìdiàn 祭奠 N./V. memorial ceremony; sacrificial rites
jīdiàn chǎnpǐn 机电产品[-電產-] N. mechanical and electronic products
jīdiàn chùzhǎng 机电处长[-電處-] N. head of the mechanical and electrical department M: *ge/*[1]*míng/*[2]*wèi*
jídiànhuán 集电环[-電環] N. <elec.> slip ring
jídiànjí 集电极[-電極] N. <elec.> collector
jìdiànqì 继电器[繼電-] N. <elec.> relay
jìdiànrúyí 祭奠如仪[-儀] F.E. offer sacrifices according to ritual
jīdiào 基调 N. ① fundamental key ② keynote ③ central theme ④ <photo.> key tone ⑤ <lg.> nucleus tone
jīdiào yīnjié 基调音节[-節] N. <lg.> nucleus tone syllable
jīdì gōngchǎng 基地工厂[-廠] P.W. depot M: [1]*jiā*
jīdǐ guīlǜ 基底规律 N. <lg.> base rules
jídì hángxíng 极地航行[極-] N. arctic/polar navigation
jīdǐ héjù 基底核句 N. <lg.> underlying kernel sentence
jīdǐ jiégòu 基底结构[-構] N. <lg.> base/deep structure
jīdīng 鸡丁[雞-] N. diced chicken meat
jídǐng 极顶[極-] N. zenith
jídìng 集订 N. block subscription
[1]**jìdìng*** 既定 ATTR. set; fixed; established
[2]**jìdìng** 寄碇 V.O. anchor temporarily
jìdìng fāngzhēn 既定方针 N. fixed policy
jìdìng zhèngcè 既定政策 N. fixed policy
jīdǐ xíngshì 基底形式 N. <lg.> underlying form
jīdì yīyuàn 基地医院[--醫-] P.W. base hospital M: [1]*jiā/*[1]*suǒ*
[1]**jīdòng*** 机动[-動] ATTR. ① power-driven; motorized ②flexible ③in reserve for emergency use ④ <mil.> mobile
[2]**jīdòng** 激动[-動] S.V. stirred; agitated ♦V. excite; stir; agitate
jídōng 极东[極-] P.W. the Far East
jìdōng 季冬 N. last month of winter
jìdòng 悸动[-動] V./N. palpitate from nervousness
jīdòng bùduì 机动部队[-動-隊] N. <mil.> mobile force M: [4]*zhī*
jīdòngchē 机动车[-動-] N. ① power-driven vehicle ② motor/automotive vehicle M: [3]*liàng*
jīdòngchuán 机动船[-動-] N. power-driven ship M: [1]*tiáo/*[1]*sōu*
jīdòngfèi 机动费[-動-] N. slush/contingency fund M: [2]*bǐ*
jidonggudong 唧咚咕咚 ON. sound of a railway engine
jīdònglì 机动力[-動-] N. <mil.> mobility
jīdònglínghuó 机动灵活[-動靈-] F.E. flexible
jīdòngquán 机动权[-動權] N. power to handle a task flexibly
jīdòngwànfēn 激动万分[-動萬-] F.E. be beside oneself with excitement
jīdòngxìng 机动性[-動-] N. ① flexibility; maneuverability ② <mil.> mobility
jīdòng yǔyīnxué 机动语音学[-動---] N. <lg.> motor phonetics
jīdòng zìxíngchē 机动自行车[-動---] N. moped M: [3]*liàng*
jīdǒu 箕斗 N. spiral and nonspiral lines on the fingertips
Jīdū 基督 N. Jesus; Christ
[1]**jīdú** 缉毒 V.O. ① investigate drug-smuggling ② capture drug-smugglers
[2]**jīdú** 机读[-讀] ATTR. machine-readable
[1]**jídù*** 极度[極-] ADV. extremely; exceedingly; to the utmost ♦N. extreme point/limit
[2]**jídù** 嫉妒 V. ① be jealous of; envy ② hate
jǐ dù 几度 N. ① many/several times ② several degrees ③ how many times ④ how many degrees
jìdu 忌妒 V. be jealous of; envy
jìdǔ 忌赌 V.O. quit gambling
[1]**jìdù** 季度 N. quarter of a year
[2]**jìdù** 济度/渡[濟-] V. <Budd.> provide salvation for the masses
jīduàn 机断[-斷] V. act promptly on one's own judgment (in an emergency)
jíduān* 极端[極-] S.V. extreme; exceedingly
jíduānchóushì 极端仇视[極-] F.E. show extreme hatred (for)
jíduānhuà 极端化[極-] N. extremity
jíduān mínzhǔhuà 极端民主化[極-] N. ultra-democracy
jíduānpài 极端派[極-] N. extremist; radical
jíduānzhǔyìzhě 极端主义者[極--義-] N. extremist M: *ge/*[1]*míng*
jìdù bàogào 季度报告[--報-] N. quarterly report M: [1]*fèn*
jǐdui* 挤兑[擠-] V. <topo.> ① embarrass (sb.) ② insult; belittle force to do sth. *See also* [1]*jǐduì*
[1]**jǐduì** 挤兑[擠-] V. <trad.> run on a bank *See also jǐdui*
[2]**jǐduì** 挤对[擠對] V. ① force into submission ② push aside; squeeze/elbow out ③ make fun of; poke fun at
jǐduì chūlai 挤兑出来[擠-] R.V. run on a bank
Jīdūjiào 基督教 N. Christianity
Jīdū Jiàohuì 基督教会 N. Christian Church
Jīdūjiàotú 基督教徒 N. a Christian M: *ge/*[1]*míng/*[2]*wèi*
jīdú mùlù 机读目录[-讀-錄] N. machine-readable catalogue M: [1]*fèn*
jīdùn* 几顿 A.T. in danger; in peril
jìdùn 寄顿 V. place in safekeeping
jí duō 极多[極-] V.P. very many; abundant
jǐduō* 几多 PR. <topo.> how many/much?
Jīdū shūyuàn 基督书院[--書-] N. Christian academy/college/etc. M: [1]*suǒ/*[1]*jiā*
Jīdūtú 基督徒 N. Christian M: *ge/*[1]*míng/*[2]*wèi*
jíduxīn 嫉妒心 N. jealousy
Jīdū xuéyuàn 基督学院 N. Christian college M: [1]*suǒ/*[1]*jiā*
[1]**jie** 家 B.F. *biéjie, zhěngtiānjie See also jia,* [1]*jiā*
[2]**jie** 价[價] B.F./SUF. *bùjie, biéjie See also* [2]*jià,* [12]*jiè*
[1]**jiē*** 接 V. ① come in contact with; come close to ② connect; join; put together ③ catch; take hold of ④ receive ⑤ meet; welcome ⑥ take over
[2]**jiē** 街 N. ①street ② <topo.> county fair; market
[3]**jiē** 阶[階/堦] B.F. ① steps; stairs *táijiē* ② rank *jiējí*
[4]**jiē** 揭 V. ① tear/take off ② uncover; lift (a lid/etc.) ③ expose; bring to light ④ proclaim
[5]**jiē** 结[結] V. bear (fruit) ♦B.F. ① firm; strong *jiēshi* ② stutter *jiēba See also* [2]*jié*
[6]**jiē** 皆 <wr.> PR. all; everyone
[7]**jiē** 嗟 B.F. sigh *jiēhuì, zījiē*
[8]**jiē** 秸 B.F. stubble; grain stalks after harvest *jiēgǎn, shújiē*
[9]**jiē** 节[節] in *jiēguyǎn See also* [1]*jié*
[10]**jiē** 喈 in [2]*jiējiē*
[11]**jiē** 疖[癤] in *jiēzi, chuāngjiē*
[1]**jié** 节[節] N. joint; node; knot ♦M. ① segment; part ② item ♦B.F. ① festival; holiday *Chūnjié* ② moral integrity; chastity [1]*jiécāo* ③ syllable *yīnjié* ④ economize; save *jiéshěng* ⑤ restrain; control [1]*jiézhì See also* [9]*jiē*
[2]**jié** 结[結] V. ①tie; knit; knot; weave ②congeal; form; forge; cement ③ join together ④ settle; conclude ♦N. ① knot ② written guarantee ③ <elec.> junction ④ <phys.> node *See also* [5]*jiē*

J

[3]**jié** 截 V. ① cut off; sever ② stop; check ♦COV. by (a specified time); up to ♦M. section; chunk; length

[4]**jié** 劫 <wr.> B.F. ① rob; plunder; raid [1]*qiǎngjié* ② coerce; compel *jiéchí* ③ disaster; misfortune [1]*hàojié*

[5]**jié** 杰[傑] B.F. ① outstanding person; hero *háojié* ② outstanding; prominent [1]*jiéchū*

[6]**jié** 竭 B.F. ① make the utmost effort [1]*jiélì* ② exhaust; use up *jiéjìn*

[7]**jié** 桀 B.F. cruel; tyrannical ♦N. name of last Xia ruler

[8]**jié** 洁[潔] B.F. clean [1]*qīngjié*

[9]**jié** 孑 B.F. alone [2]*jiérán*

[10]**jié** 捷 B.F. ① victorious ② fast; quick [1]*jiékǒu, mǐnjié*

[11]**jié** 拮 B.F. ① impecunious [1]*jiéjū* ② working hard *jiékàngjìn*

[12]**jié** 睫 B.F. eyelash [1]*jiémáo, yǎnjiémáo,* [2]*dàojié*

[13]**jié** 碣 B.F. tombstone; stele [5]*jiéshí,* [2]*mùjié*

[14]**jié** 讦[訐] B.F. expose others' misdeeds *jiézhí,* [2]*gàojié, gěngjiézhíyán*

[15]**jié** 诘[詰] B.F. investigate; interrogate *jiézé, bójié, jiūgēnjiédǐ* ***See also*** [27]*jí*

[16]**jié** 桔 in *jiégāo, jiégěng*

[17]**jié** 婕 in [4]*jiéyú*

[18]**jié** 蛣 in [2]*jiéjū, jiélíng*

[19]**jié** 衱 in [2]*yāojié*

[20]**jié** 颉[頡] *used in names* in ***Cāng Jié See also*** [12]*xié*

Jié 羯 B.F. ancient Xiongnu tribe *Jiégǔ, QiāngJié*

[1]**jiě** 解 V. ① untie; undo ② take off ③ dissolve ④ discharge (water/etc.) ♦B.F. ① separate; divide; cut apart *jiěkāi* ② dispel; dismiss *jiěchú* ③ explain; interpret [1]*jiěshì* ④ understand *liǎojiě* ⑤ relieve oneself *xiǎojiě* ⑥ ideas; views ⑦ interpretation ♦N. <math.> solution ***See also*** [4]*jiè,* [8]*xiè*

[2]**jiě** 姐 N. <coll.> (elder) sister ♦B.F. young woman *xiǎojie*

[1]**jiè** 界 B.F. ① boundary [1]*jièxiàn* ② scope; extent *yǎnjiè* ③ circles; group; division *kēxuéjiè* ***See also*** [8]*gā,* [2]*gà*

[2]**jiè** 借 V. ① borrow ② lend ③ make use of; take advantage of (an opportunity/etc.) ④ use as a pretext ♦CONJ. if; supposing ♦CONS. ~ *A zhī* [1]*biàn* take advantage of the convenient fact that A

[3]**jiè** 届[屆] M. year (of graduation); session (of conference/meeting) ***Tā shì Běi Dà dì-yī ~ de.*** He graduated in the first class from Peking University. ♦V. fall due

[4]**jiè** 解 V. send under guard ***See also*** [1]*jiě,* [8]*xiè*

[5]**jiè** 戒 B.F. ① guard against *jièbèi* ② exhort; admonish; warn [1]*gàojiè* ③ give up; drop; stop *jièyān* ④ (finger) ring *jièzhi* ♦N. ① <Budd.> monastic discipline ② prohibition

[6]**jiè** 介 B.F. ① be situated between; interpose *jièshào* ② take seriously; mind [1]*jièyì* ③ <wr.> upright *gěngjiè* ④ armor; shell *jièzhòu* ⑤ tiny ⑥ great and honorable ♦M. *for common people and scholars* ***yī ~ shūshēng*** a mere scholar

[7]**jiè** 藉 B.F. ① <wr.> underpad *zhěnjiè* ② padding; lining ♦V. ① make use of; take advantage of (an opportunity/etc.) ② use as a pretext ♦CONJ. if; supposing ♦CONS. ~ *A zhī* [1]*biàn* take advantage of the convenient fact that A ***See also*** [16]*jí*

[8]**jiè** 诫[誡] B.F. warn [1]*gàojiè*

[9]**jiè** 疥 B.F. scabies [2]*jièmǎn, xuǎnjiè*

[10]**jiè** 芥 B.F. mustard [1]*jièzǐ, jiècài* ***See also*** [6]*gài*

[11]**jiè** 玠 B.F. large jade *gui* tablet *kànshāwèijiè*

[12]**jiè** 价 B.F. servant *qiǎnjiè* ***See also*** [2]*jià,* [2]*jie,* [12]*jiè*

[13]**jiè** 蚧 in *géjiè*

[14]**jiè** 褯 in *jièzi*

jī'ě 积屙[積-] N. severe and lingering illness

[1]**jī'è*** 饥饿 S.V. hungry

[2]**jī'è** 积恶[積惡] V.O. commit many crimes

[1]**jí è** 极饿[極-] V.P. very hungry

[2]**jí'è** 嫉/疾恶[-惡] V.O. hate evil

[3]**jí è** 极恶[極惡] V.P. very evil

jì'è 济恶[濟惡] V.O. help an evil cause

jié'āi 节哀[節-] V.O. restrain one's grief

jié'āishùnbiàn 节哀顺变[節-變] F.E. restrain one's grief and accept the change (advice to bereaved)

[1]**jié'àn** 结案 V.O. wind up a (law) case

[2]**jié'àn** 劫案 N. a robbery case

jié'ào 桀骜 V.P. tyrannical and haughty

jié'àobùxùn 桀骜不驯 F.E. <wr.> wild; intractable

jiēba* 结巴 V. stammer; stutter ♦N. stammerer; stutterer

jiébā 结疤 V.O. ① form a scab ② become scarred ♦N. scab

jiēbái 揭白 V. draw a dead person's facial likeness

jiébái 洁白[潔-] S.V. spotlessly white

jiébài* 结拜 V. become sworn brothers/sisters

jiébáirúyù 洁白如玉[潔-] F.E. as pure as white jade

jiēbakēzi 结巴磕子 N. <coll.> stutterer; stammerer

jiēbān 接班 V.O. take one's turn of duty; succeed; carry on

jiēbàn 接办[-辦] V. continue sb.'s unfinished business; take up

jiébàn(r)* 结伴(儿) V.O. go with; form companionships

jiēbǎng 揭榜 V.O. publish the list of successful candidates

jiēbàng* 接棒 V.O. take over; relay; carry on

jiébāngjiépài 结帮结派[-幫--] F.E. gang up; band together

jiēbàngrén 接棒人 N. successor M: *ge/*[1]*míng/*[2]*wèi*

jiēbānrén 接班人 N. successor M: *ge/*[1]*míng/*[2]*wèi*

jiébàntóngxíng 结伴同行 F.E. travel in company with sb.

jiēbào 接报[-報] V.O. receive a report (of a criminal case)

jiébào* 捷报[-報] N. report of success/victory

jiěbǎo 解饱 V.O. <topo.> satisfy hunger (of food)

jiébàopínchuán 捷报频传[-報-傳] F.E. News of victory keeps pouring in.

jiēbā xiànxiàng 结巴现象 N. hesitation phenomena

jièbēi 界碑 N. boundary marker M: [2]*kuài*

jièbèi* 戒备[-備] V. guard; take precautions

jièbèisēnyán 戒备森严[-備-嚴] F.E. Tight security is in force.

jièbèi zhuàngtài 戒备状态[-備狀態] N. a state of vigilance

[1]**jiéběn** 节本[節-] N. abridged edition/version

[2]**jiéběn** 洁本[潔-] N. expurgated edition M: [1]*běn*

jiēbì 阶陛[階-] N. flight of steps leading to the throne

jièbì* 界壁 N. <coll.> next-door neighbors

jiēbiǎo 揭表 V. remount painting/calligraphy

jiébiāo 截标[-標] V.O. stop accepting bids

jiěbiǎo 解表 V.O. <Ch. med.> promote sweating

jièbiāo* 界标[-標] N. boundary marker

jiěbiǎoyào 解表药[-藥] N. <Ch. med.> diaphoretic M: [14]*fù*

jiè-bīn 介宾[-賓] N. <lg.> preposition and object

jiébīng 结冰 V.O. freeze; ice up/over

jiēbó* 接驳 V. transport train passengers between two sections of a railroad

jiébō 劫波 N. <Budd.> kalpa

jiébò 劫簸 N. <Budd.> kalpa

jièbǔ 借补[-補] V. borrow to reimburse sb. else

jièbudiào 戒不掉 R.V. can't quit/abstain from a bad habit (e.g., smoking)

jié bùjiěchóu 结不解仇 V.O. become a sworn enemy

jié bùjiěyuán 结不解缘 V.O. forge an iron-clad bond

jiěbukāi 解不开[-開] R.V. ① can't unfasten (a knot/etc.) ② can't solve (a problem/etc.)

jiēbukāi guō 揭不开锅[-開鍋] V.P. <coll.> have nothing to eat

jiébuliǎo 结不了 R.V. ① can't clear up (an account) ② can't yield (of fruit tree, etc.)

jiěbuliǎo* 解不了 R.V. can't solve (a math problem, etc.)

jiēbushàng 接不上 R.V. can't connect

jiécái 捷才 N. a quick wit

jiécǎi 结彩 V.O. adorn with festoons

jiěcài 解菜 V.O. abandon a vegetarian diet

jiècài* 芥菜 N. mustard greens; leaf mustard M: [2]*kē*

jiècài gēda 芥菜疙瘩 N. rutabaga

jiē cáishén 接财神 V.O. <topo.> kidnap for ransom

jiècàitóu 芥菜头 N. horseradish M: [1]*kē*

jiécáizhīshì 捷才之士 N. a nimble-witted scholar

[1]**jiécāo*** 节操[節-] N. <wr.> high moral integrity

[2]**jiécāo** 洁操[潔-] V.O. exercise self-control against immorality

jiécǎo 结草 ID. most sincere thanks and gratitude

jiécǎochóng 结草虫[-蟲] N. bagworm M: [2]*zhī*

jiécǎotúbào 结草图报[-圖報] F.E. repay a kindness

jiécǎoxiánhuán 结草衔环[-環] ID. most sincere thanks and gratitude

jiēcéng 阶层[階層] N. social stratum

jiēcénghuà 阶层化[階層-] V. <soc.> stratify

jiēcéng jiégòu 阶层结构[階層-構] N. <lg.> hierarchical structure

jiēchá(r) 接碴/茬(儿) <topo.> V.O. ① pick up the thread of a conversation ② do sth. else immediately ♦ADV. after that; and then

jiěchāi 解差 N. guards escorting a prisoner M: *ge/*[1]*míng* ♦V.O. send prisoners under escort

jiēchǎn 接产[-產] V.O. ① practice midwifery ② deliver animals of their young ③ accept a productive assignment

jiěchán* 解馋[-饞] V.O. satisfy a craving for good food

jiécháng 结肠[-腸] N. <phys.> colon

jiéchángbǔduǎn 截长补短[-補-] F.E. balance shortage with abundance or weakness with strength

jiéchángyán 结肠炎[-腸-] N. <med.> colitis

jiěcháo 解嘲 V.O. ① answer criticism ② find excuses

jièchár 借碴儿 V.O. <coll.> look for an excuse; invent a pretext

jiēchē 街车 N. trolley; streetcar M: [3]*liàng*

jiēchéng 阶乘[階-] N. <math.> factorial

[1]**jiéchéng*** 结成 V. form

[2]**jiéchéng** 竭诚 ADV. wholeheartedly; with all sincerity

[3]**jiéchéng** 劫城 V.O. loot a city

jiěchéng 解酲 V.O. neutralize the effect of alcoholic drinks

jiéchénghuānyíng 竭诚欢迎[--歡-] F.E. give a wholehearted welcome

jiēchí 阶墀[階-] N. flight of steps leading to the throne

jiéchí* 劫持 V. kidnap; hijack

[1]**jièchǐ** 戒尺 N. teacher's bastinado M: [1]*bǎ*

[2]**jièchǐ** 界尺 N. ungraduated ruler M: [1]*bǎ*

jiéchízhě 劫持者 N. kidnapper M: *ge/*[1]*míng*

jiēchōng 接充 V. replace (sb.)

[1]**jièchóng*** 疥虫[-蟲] N. <med.> sarcoptic mite M: [2]*zhī*

[2]**jièchóng** 介虫[-蟲] N. shelled aquatic animal; crustacean M: [2]*zhī*

jiēchǒu 揭丑[-醜] V.O. ① expose errors ② publicize scandals

jiéchóu* 结仇 V.O. become enemies

jiěchóu 解愁 V.O. relieve one's worries

jiěchòujì 解臭剂[-劑] N. deodorant

jiěchóupáinán 解愁排难[-難] F.E. help surmount obstacles and remove worries

jiěchóushìmèn 解愁释闷[--釋-] F.E. put an end to one's cares/worries

[1]**jiēchū** 接出 R.V. add as an annex

[2]**jiēchū** 揭出 R.V. expose; disclose; reveal

jiēchú 阶除[階-] N. steps in the yard

jiēchù* 接触[-觸] V. ① come into contact with; get in touch with ② engage ③ contact
[1]jiéchū 杰出[傑-] S.V. outstanding; remarkable; prominent
[2]jiéchū 结出 R.V. bear (fruit/etc.)
jiěchū 解出 R.V. figure out
jiěchú 解除 V. ① remove; relieve; get rid of ***Pànjūn yījīng bèi ~ wǔzhuāng.*** The rebel forces have been disarmed. ② fire (sb.) ③ cancel (of agreements/etc.)
jièchū 借出 R.V. loan; lend
jièchú 戒除 V. drop/stop (bad habit)
jiēchuān 揭穿 R.V. expose; lay bare
jièchuāng 疥疮[-瘡] N. <*med.*> scabies
jiē chuāngbā 揭疮疤[-瘡-] V.O. touch sb.'s sore spot
jiēchùbùliáng 接触不良[-觸--] F.E. loose contact
jiēchù chuánrǎn 接触传染[-觸傳-] N. <*med.*> contagion
jiěchú chūkǒu jìnlìng 解除出口禁令 V.P. remove an export ban
jiēchù dào 接触到[-觸-] R.V. come into contact with
jiēchùdiǎn 接触点[-觸點] N. ① <*elec.*> contact ② meeting-point
jiēchù diànzǔ 接触电阻[-觸電-] N. contact resistance
jiěchú dǐyā 解除抵押 V.O. release a mortgage
jiěchú hūnyuē 解除婚约 V.O. renounce an engagement
jiēchùjì 接触剂[-觸劑] N. catalyst
jiěchú jǐngbào 解除警报[-報] V.O. sound the all-clear
jiēchùmiàn 接触面[-觸-] N. interface
jiěchú wǔzhuāng 解除武装[-裝] V.O. disarm
jiēchù yǎnjìng 接触眼镜[-觸--] N. contact lens
jiēchùyǔ 接触语[-觸-] N. contact language
jiēcì 阶次[階-] N. official grades/ranks
[1]jiècí* 介词 N. <*lg.*> preposition; coverb
[2]jiècí(r) 借词(儿) N. <*lg.*> loan(word); borrowing
[3]jiècí 借/藉词 V.O. make an excuse
jiècǐ 借/藉此 CONJ. in order to; by means of
jiècí bīnyǔ 介词宾语[--賓-] N. prepositional object
jiècí dòngcí 介词动词[--動-] N. <*lg.*> ① prepositional verb ② verb and preposition
jiècí duǎnyǔ 介词短语 N. <*lg.*> prepositional phrase
jiècí jiégòu 介词结构[-構] N. <*lg.*> prepositional construction/phrase
jiècí piànyǔ 介词片语 N. <*lg.*> prepositional phrase
jiècí yǔzǔ 介词语组 N. <*lg.*> prepositional construction/phrase
jiècízǔ 介词组 N. <*lg.*> prepositional phrase
jiécún 结存 N. ① cash on hand; balance ② goods on hand; inventory
jiēcuò 接错 R.V. ① join/receive the wrong thing/person ② connect (wire/etc.) in a wrong way
jiědá 解答 V./N. answer; explain
jiēdàhuānxǐ 皆大欢喜[--歡-] ID. Everybody is happy.; be to the satisfaction of all
jiēdài* 接待 V. receive/admit a guest
[1]jièdài 借贷 V. borrow/lend money ***Xiàng yínháng ~ mǎi fángzi.*** Apply for a house loan from a bank. ♦N. debit and credit sides
[2]jièdài 借代 V. <*lg.*> substitute; replace
jiēdàichù 接待处[-處] N. reception desk
jiēdài dānwèi 接待单位 N. host organization M: [1]*jiā*/*ge*
jièdài de guānxi 借贷的关系[-關係] N. <*lg.*> borrowing
jiědàikuānyī 解带宽衣[-帶寬-] F.E. remove/loosen one's formal wear and be relaxed/casual
jiēdài rényuán 接待人员 N. receptionist M: *ge*/[1]*míng*/[2]*wèi*
jiēdàirì 接待日 N. reception day (a day when a responsible person of an organization receives visitors to answer questions)
jiēdàishì 接待室 N. reception room M: [1]*jiān*
jiēdài wàibīn 接待外宾[-賓] V.O. receive foreign guests
jièdàiwúmén 借贷无门 F.E. have no one to turn to for a loan
jiēdàiyuán 接待员 N. receptionist M: *ge*/[1]*míng*/[2]*wèi*
jiēdàizhàn 接待站 P.W. reception center M: [1]*jiā*
jièdài zīběn 借贷资本 N. loan capital
jiédàn* 诘旦 N. tomorrow/next morning
jièdàn 戒旦 V.P. call sb. to get up
jiédǎng 结党[-黨] V.O. form a clique
jiédǎngtóngmóu 结党同谋[-黨--] F.E. conspire
jiédǎngyíngsī 结党营私[-黨營-] F.E. form a clique to pursue selfish interests
[1]jiēdào* 接到 R.V. receive
[2]jiēdào(r) 街道(儿) N. ① street M: [1]*tiáo* ② residential district; neighborhood
[1]jiédào 劫盗[-盜] N. ① robbery ② robber; bandit
[2]jiédào 劫道 V.O. rob travelers on the road
jièdāo 戒刀 N. <*Budd.*> monk's self-defense knife M: [1]*bǎ*
jièdào 借道 V.O. ① invade a target country through the territory of a third ② steal into one house via another
jiēdào bànshìchù 街道办事处[--辦-處] P.W. <*pol.*> neighborhood committee office; subdistrict office
jiēdào gōngchǎng 街道工厂[-廠] P.W. neighborhood factory M: [1]*jiā*
jiēdào jūmín wěiyuánhuì 街道居民委员会 P.W. neighborhood residents' committee
jiēdào qǐyè 街道企业[-業] N. neighborhood enterprise
jièdāoshārén 借刀杀人[--殺-] F.E. destroy sb. by taking advantage of the conflict with a third party
jiēdàoshù 街道树[-樹] N. trees planted along streets M: [2]*kē*
jiēdào wěiyuánhuì 街道委员会 P.W. neighborhood committee
jiě dàshǒu 解大手 V.O. <*coll.*> defecate
jiědáshū 解答书[-書] N. how-to book M: [1]*běn*
jiè de 借的 ATTR. borrowed
jiēdēng 街灯[-燈] N. street lamp
jiēdēngzhù 街灯柱[-燈-] N. street lamppost M: [2]*gēn*
jiēdí 接敌[-敵] V.O. <*mil.*> close or make contact with the enemy
jiēdǐ 揭底 V.O. ① reveal the inside story ② <*coll.*> expose skeletons in sb. else's closet
[1]jiēdì* 接地 N. ① <*elec.*> ground connection; grounding ② touchdown; ground contact (of airplanes)
[2]jiēdì 阶地[階-] N. <*geog.*> terrace
jiédì 结缔 V. conclude; establish
jiědì 姐弟 N. brother and sister
[1]jièdì 芥蒂 N. <*wr.*> ① obstruction; barrier ② ill-feeling; grudge
[2]jièdì 介弟 N. <*court.*> your younger brother
[3]jièdì 借地 V.O. borrow a piece of land
jiēdiǎn 接点[-點] N. <*elec.*> contact
jiédiǎn 节点[節點] N. <*lg.*> node; nodule
jiédiàn* 节电[節電] V.O. use electricity economically
jièdiàn chángshù 介电常数[-電-數] N. <*phy.*> dielectric constant
jiē diànhuà 接电话[-電-] V.O. answer the phone
jiēdiào 揭掉 R.V. ① scrape off ② reveal; lay bare
[1]jièdiào* 借调 V. temporarily transfer; loan
[2]jièdiào 戒掉 R.V. give up; quit (a bad habit)
jièdié 戒牒 N. <*hist.*> clerical certificate; ordination diploma
jièdìng 界定 V. demarcate and define ♦N. defining; definition
jièdìnghuì 戒定慧 N. <*Budd.*> discipline, meditation, wisdom
jièdìng xìngzhēng 界定性征[-徵] N. defining characteristic
jiēdìxiàn 接地线 N. <*elec.*> earth lead
jiédì zǔzhī 结缔组织[-織] N. <*phys.*> connective tissue
jiědòng 解冻 V.O. ① thaw ② unfreeze (funds/etc.) ③ relax the confrontation (between two opposing countries/parties/etc.) ④ relax the restriction (over some activities)
jièdōngbǔxī 借东补西[--補-] F.E. rob Peter to pay Paul
jiēdù 阶度[階-] N. gradient
jiédú 结毒 N. <*Ch. med.*> syphilitic infection
jiédù 节度[節-] N. <*trad.*> official in charge of military supplies
[1]jiědú* 解毒 V.O. <*med.*> ① detoxify ② relieve internal heat/fever
[2]jiědú 解读[-讀] V. decipher
[1]jièdú 借读[-讀] V. attend school on a temporary basis
[2]jièdú 戒毒 V.O. kick a drug habit
jièdǔ 戒赌 V.O. give up gambling
jiēduǎn 揭短 V.O. rake up sb.'s faults
jiēduàn* 阶段[階-] N. ① stage; phase ② <*min.*> level
jiéduǎn 截短 N. <*lg.*> clipping
[1]jiéduàn 截断[-斷] R.V. ① cut off; block ② cut short; interrupt ③ divide; separate
[2]jiéduàn 结断[-斷] V. finish
jièduān 借/藉端 V. use as a pretext
jièduàn 界段 N. share/division/section/scope (of duty/responsibility)
jiēduàn cèshì 阶段测试[階-] N. formative test
jiéduǎnfǎ 截短法 N. <*lg.*> clipping
jiéduàn jiāotōng 截断交通[-斷--] V.O. disrupt communication
jièduānqiāozhà 借/藉端敲诈 藉端敲诈[借-] F.E. find a pretext to blackmail sb.
jièduānshēngshì 借端生事 F.E. find a pretext to make trouble
jiēduànshì xuéxí 阶段式学习[階-習] N. programmed learning
jiéduì 结队[-隊] V.O. gang together
jiéduìchéngqún 结队成群[-隊--] F.E. form groups
jié duìzi 结对子[-對-] V.O. form a cooperative association
jiědújì 解毒剂[-劑] N. antidote M: [14]*fù*
[1]jiéduó 劫夺[-奪] V. seize by force; plunder
[2]jiéduó 截夺[-奪] V. intercept and rob
jiédùshǐ 节度使[節-] N. <*trad.*> governor of one or more provinces M: *ge*/[1]*míng*/[2]*wèi*
jiědúyào 解毒药[-藥] N. detoxification medicine M: [14]*fù*
jiě'è 解饿 V.O. satisfy/appease hunger
jiè'érbùhuán 借而不还[-還] F.E. borrow without returning
jiē'èrliánsān 接二连三 F.E. one after another; in quick succession
jié'érnéngmì 捷而能密 F.E. pointed and cogent
jiēfā* 揭发[-發] V. expose; bring to light
jiēfá 皆伐 V. <*forest.*> clear fell
jiéfà 结发[-髮] <*trad.*> V.O. knot the hair upon reaching adulthood ♦N. first wife
jiěfá(r) 解乏(儿) V.O. recover from fatigue ♦S.V. refreshing
jiěfǎ(r) 解法(儿) N. <*math.*> solution
jié fǎchǎng 劫法场[-場] V.O. break into the execution ground and rescue a condemned person
jiéfà fūqī 结发夫妻[-髮--] N. husband and wife in a first marriage M: [1]*duì*
jiēfang 街坊 N. <*coll.*> neighbors ♦P.W. neighborhood
jiēfáng 接防 V.O. relieve a garrison
jiěfàng* 解放 V. liberate; emancipate ♦N. ① liberation ② <*PRC*> *~ qián* before liberation in 1949
[1]jièfāng 借方 N. debit (side); debtor
[2]jièfāng 戒方 N. ferrule
jiēfáng bùduì 接防部队[-隊] N. <*mil.*> relieving units M: [4]*zhī*
jièfāng chā'é 借方差额 N. <*acct.*> debit balance

J

jiěfàng chūlai 解放出来 R.V. liberate; emancipate
Jiěfàng gànbù 解放干部[--幹-] N. cadres who were promoted/nominated after the Liberation ♦V.O. rehabilitated cadres
Jiěfànghòu 解放后[-後] N. <PRC> after liberation in 1949
jiēfāngjiā 街坊家 P.W. neighborhood
jiěfàngjiǎo 解放脚[-腳] N. half-bound feet; bound feet unbound
jiěfàngjūn 解放军 N. ① liberation army ② Chinese People's Liberation Army (PLA) ③ PLA man
jiēfanglínlǐ 街坊邻里[--鄰-] F.E. all the neighbors
jiěfàngpái 解放牌 N. ① "liberation brand" ② open-minded person
Jiěfàng qián 解放前 N. <PRC> before liberation in 1949
jiěfàngqū 解放区[-區] P.W. liberated area
jiěfàng shénxué 解放神学 N. liberation theology

jiēfang-sìlín 街坊四邻[-鄰] N. neighbors; neighborhood
jiěfàng sīxiǎng 解放思想 V.O. emancipate the mind; free oneself from old ideas
jiěfàng zhànzhēng 解放战争[-戰爭] N. ① war of liberation ② China's War of Liberation (1945–1949)
jiěfàngzhě 解放者 N. liberator
jiěfàng zhènxiàn 解放阵线 N. liberation front
jiéfàshìxìn 截发示信[-髮--] F.E. cut off the hair as token of faithfulness (of a woman)
jiéfěi 劫匪 N. bandits M: ge/[1]míng
jiěfēn 解纷 V.O. mediate/resolve a dispute
[1]**jiēfēng*** 接风 V.O. give a dinner/reception for visitors
[2]**jiēfēng** 揭封 V.O. tear off a seal
jiēfèng 接缝 V.O. joining; juncture
jiéfèng 节缝[節-] N. <lg.> syllable division
jiēfēngjiǔ 接风酒 N. welcome feast
jiēfèngr 接缝儿 N. thin crack between two conjoined things
jièfēngshǐchuán 借风使船 F.E. achieve one's aims through sb. else's agency
jiēfēngxǐchén 接风洗尘[-塵] ID. treat a newly arrived visitor to dinner
[1]**jiéfù** 节妇[節婦] N. ①chaste woman ②woman adhering to widowhood ③ woman who commits suicide to protect her chastity M: ge/[1]míng
[2]**jiéfù** 洁妇[潔婦] N. faithful wife/widow M: ge/[1]míng
jiěfu* 姐夫 N. elder sister's husband; brother-in-law M: ge/[2]wèi
jièfū 介夫 N. men in armor; ancient warriors
jièfú 介福 N. great happiness; untold blessing
jièfùcí 介副词 N. <lg.> particle
jièfùcí dòngcí 介副词动词[---動-] N. <lg.> verb and particle
jiéfùjìpín 劫富济贫[--濟-] F.E. rob the rich and help the poor
jiēfùyǔ 接腹语 N. <lg.> infix
jiéfú yǔyán 截幅语言 N. <lg.> clipped speech
jiégài 节概[節-] N. principles; integrity; uprightness
jiē gàizi 揭盖子[-蓋-] V.O. uncover (the inside story)
jiēgān* 揭竿 V.O. revolt; rebel
jiēgǎn(r) 秸杆(儿) N. straw
jiēgān'érqǐ 揭竿而起 V.P. rise in rebellion
jiēgānjǔyì 揭竿举义[-舉義] F.E. rise in revolt
jiēgān qǐyì 揭竿起义[-義] V.P. start an uprising
jiēgānwéiqí 揭竿为旗 F.E. rise in revolt
jiēgāo 接羔 V.O. deliver lambs
jiégāo 桔槔 N. ①sth. withered; haggard ②well sweep
jiégǎo* 截稿 N. ① deadline for sending news copy to the composition room ② deadline for submitting an article for publication.
jiégǎoxiàn 截稿线 N. deadline for sending news copy to the composition room

jiě gēda 解疙瘩 V.O. get rid of a hang-up
jiègěi 借给 V. lend to
jiégěng 桔梗 N. Chinese bellflower
jiégěnghuā 桔梗花 N. bellwort flower M: [2]duǒ
jiē gēnzi 揭根子 V.O. disclose one's darkest secret/deed
jiègōngféisī 借公肥私 F.E. enrich oneself through public service
jiègōngjìsī 借公济私[--濟-] F.E. seek private interest through public service
jiégòu* 结构[-構] N. ①structure; composition; construction ② <geog.> texture
jiěgòu 解构[-構] V. ① stir up dissension ② deconstruct; analyze
jiégòu bǎocún 结构保存[-構--] N. <lg.> structure-preservation
jiégòu biànhuà 结构变化[-構變-] N. <lg.> structural change
jiégòu bǔcháng 结构补偿[-構補償] N. <lg.> structural compensation
jiégòu chéngfēn 结构成分[-構--] N. construct
jiégòu chóngfēnxi 结构重分析[-構---] N. <lg.> structure reanalysis
jiégòucí 结构词[-構-] N. structure word
jiégòu dàgāng 结构大纲[-構-綱] N. structural syllabus
jiégòu de tóngyīnyìyì 结构的同音异义[-構---異義] N. <lg.> constructional homonymy
jiégòuduàn 结构段[-構-] N. <lg.> syntagma
jiégòu fēnxi 结构分析[-構--] N. structural analysis
jiégòugāng 结构钢[-構鋼] N. structural steel
jiégòu géwèi 结构格位[-構--] N. <lg.> structural case
jiégòu kòngzhìtí 结构控制题[-構---] N. <lg.> structural response item
jiégòu lìxué 结构力学[-構--] N. <phy.> structural mechanics
jiégòu miáoxiě 结构描写[-構-寫] N. structural description
jiégòu mónǐ yǔyán 结构模拟语言[-構-擬--] N. structured modeling language
jiégòupài 结构派[-構-] N. structuralism
jiégòu piānjī 结构偏畸[-構--] N. irrational structure
jiégòushì 结构式[-構-] N. structural formula
jiégòutǐ 结构体[-構體] N. <lg.> construction; syntagma
jiégòu tiáozhěng 结构调整[-構--] N. restructuring
jiégòu tóngxíngxìng 结构同形性[-構---] N. <lg.> constructional homonymy
jiégòutú 结构图[-構圖] N. structural drawings
jiégòu xìnxī 结构信息[-構--] N. structured information
jiégòuxué gòucífǎ 结构学构词法[-構-構--] N. <lg.> structural morphology
jiégòu xùshù 结构叙述[-構敘-] N. <lg.> structural description
jiégòu yìyì 结构意义[-構-義] N. structural meaning
jiégòu yǔyánxué 结构语言学[-構---] N. <lg.> structural linguistics
jiégòu zhùcí 结构助词[-構--] N. structural auxiliary word; structural particle
jiégòuzhǔyì 结构主义[-構-義] N. <lg.> structuralism
jiégòuzhǔyì yǔfǎ 结构主义语法[-構-義--] N. <lg.> structural grammar
jiégòuzhǔyì yǔyánxué 结构主义语言学[-構-義---] N. <lg.> structuralist linguistics
jiēgǔ 接骨 V.O. <med.> set a fracture
Jiégǔ 羯鼓 N. <trad.> hourglass drum M: ge/[2]zhī
jiěgǔ 解诂 N. explanatory notes for the classics ♦V. explain the classics in modern language
[1]**jiěgù*** 解雇 V.O. discharge; dismiss
[2]**jiěgù** 解故 N. explanatory notes for the classics ♦V.O. ①explain one's conduct/etc.; find a pretext ② explain the classics in modern language
jiègù 借/藉故 V.O. find an excuse

jiēguān 街官 N. <coll.> police officer on the beat
jiēguǎn* 接管 V. take over management/control
jiéguān 结关[-關] N. customs clearance ♦V.O. clear through customs
jiěguān 解官 V.O. discharge; dismiss from office
jièguāng 借光 F.E. <coll.> ①Excuse me. ②Make way, please. ③ be given help/etc.
jiègǔbàngjīn 借古谤今 F.E. use the past to disparage the present
jiègǔfěijīn 借古诽今 F.E. use the past to disparage the present
jiègǔfěngjīn 借古讽今 F.E. use the past to disparage the present
jiēguǐ 接轨 V.O. link (rail) lines (lit./fig.)
jiēgǔjiàng 接骨匠 N. <Ch. med.> specialist in setting fractures
jiēgǔmù 接骨木 N. <bot.> ① elderberry; *Sambucus* ② bloodwort
jiégùn 结棍 A.T. <topo.> ① sturdy ② terrible; formidable
jiēguǒ 结果 V.O. bear fruit *See also* *jiéguǒ*
jiéguǒ* 结果 N. result; outcome; consequence ~ ***zěnmeyàng?*** How did it turn out? ***Tā shuō lái, ~ méi lái.*** He said he'd come but it turned out that he didn't. ♦V. <trad.> kill; finish off ***See also*** *jiēguǒ*
jièguò 借过 R.V. excuse me
jiéguǒ bīnyǔ 结果宾语[--賓-] N. <lg.> effected object; object of result
jiéguǒ bǔyǔ 结果补语[--補-] N. <lg.> resultative complement/verb
jiéguǒ bǔyǔcí 结果补语词[--補--] *See jiéguǒ bǔyǔ*
jiéguǒ "de" zì bǔyǔjù 结果得字补语句[----補--] N. <lg.> resultative *de* complement construction
jiéguǒ fùhé dòngcí 结果复合动词[--複-動-] N. <lg.> resultative verb compound (RVC)
jiéguǒgé 结果格 N. result(ative) case
jiē guòlai 接过来 R.V. receive; take over
jiéguǒ liáncí 结果连词 N. <lg.> resultative conjunction
jiéguǒtǐ de 结果体的[--體-] ATTR. resultative
jiéguǒ zǐjù 结果子句 N. <lg.> answer clause
jiégǔr 节股儿[節-] N. <topo.> ① section (of work/time/etc.) ② episode (in narration)
jiègùtuīcí 借/藉故推辞[-辭] F.E. find an excuse to refuse
jiègùtuītuō 借故推托 F.E. find an excuse to refuse
jiēguyǎn(r) 节骨眼(儿)[節-] N. <topo.> ① juncture; point; crux ② critical moment
jiègǔyùjīn 借古喻今 F.E. use the past to allude to the present
jièhāma 疥蛤蟆 N. toad M: [2]zhī
jiéhǎo 结好 V.P. befriend; be intimate with; collaborate with
jiēhé 接合 V. connect; assemble; link ♦N. ① <mach.> joint ② concrescence
[1]**jiéhé*** 结合 V. ①combine; unite; integrate; link ② be joined in wedlock ③ associate ♦N. fusion
[2]**jiéhé** 结核 N. ①tuberculosis ② <min.> nodule
jiěhé(r) 解和(儿) V. resolve a dispute; mediate
jièhé 界河 N. boundary river M: [1]tiáo
jiéhé biànhuànlǜ 结合变换律[--變換-] N. <lg.> conjoining transformation
jiéhé bǐlǜ 结合比率 N. <acct.> composite ratio
jiéhébìng 结核病 N. tuberculosis
jiéhé bìngyuàn 结核病院 P.W. T.B. hospital M: [1]suǒ/[1]jiā
jiéhécí 结合词 N. compound
jiēhédiǎn 接合点[-點] N. junction point
jiéhé fángzhì zhōngxīn 结核防治中心 P.W. T.B. prevention and treatment center
jiéhé gǎnjūn 结核杆菌 N. <med.> *Mycobacterium tuberculosis*
jiéhéjūn 结核菌 N. tubercle bacilli
jiéhéjūnsù 结核菌素 N. <med.> tuberculin
jiéhélǜ 结合率 N. rate of combination

jiēhémiàn 接合面 N. <min.> composition face/plane

jiéhémó 结合膜 N. conjunctiva

jiěhèn 解恨 V.O. get even with; vent one's hatred

jiēhé qǐlai 接合起来 R.V. join together

jiēhé shàng 接合上 R.V. join; link

jiéhétǐ 结合体[-體] N. complex

jiéhéxiàn 结合线 N. <mus.> slur; binding-note

jiéhéxìng fùmóyán 结核性腹膜炎 N. tuberculous peritonitis

jiéhé xíngshì 结合形式 N. combining form

jiéhéyīn 结合音 N. connecting sound

jiéhé yíngyú 结合赢余 N. <acct.> consolidated surplus

jiēhéyǔ 接合语 N. <lg.> agglutinating/agglutinative language

jiéhéyùn 结合韵[-韻] N. <lg.> ① combined finals ② yùn beginning with a medial sound

jiéhé yùnmǔ 结合韵母[--韻-] N. <lg.> combined final

jiéhóu 结喉 N. <phys.> Adam's-apple

jiéhòuyújìn 劫后余烬[-後-燼] F.E. signs/evidence of a disaster

jiéhòuyúshēng 劫后余/馀生[-後--] F.E. survive a disaster

Jiéhú 羯胡 N. <hist.> a branch of the Xiongnu

jièhū* 介/界乎 V. be/lie between

[1]jièhù(r) 借户(儿) N. borrower

[2]jièhù 戒护[-護] V. guard against

jiēhuà* 接话 V.O. ①receive a message ②interject remarks

jièhuà 界画[-畫] V. draw lines with a ruler

jièhuái 介怀[-懷] V.O. <trad.> mind; be unhappy with/about

jiēhuàn 接换[-換] N. <lg.> commutation

jiéhuān* 结欢[-歡] V.O. ① please; win favor ② woo ③ have a lover

jiēhuàn cèyàn 接换测验[-換--] N. <lg.> commutation test

jièhuáng 芥黄 N. mustard

jièhuāxiànfó 借花献佛[--獻-] F.E. offer presents provided by someone else

jiēhuǐ 嗟悔 V. <wr.> lament

[1]jiéhuī 劫灰 N. ravages of war

[2]jiéhuī 节徽[節-] N. festival emblem

[1]jiéhuì* 节汇[節匯] V.O. save foreign-exchange income

[2]jiéhuì 结汇[-匯] V.O. settle by money transfer

jiēhuǐwújí 嗟悔无及 F.E. be too late for regrets

jiěhuíyuánjí 解回原籍 F.E. deport a person to his own native place

jiéhuìzhèng 结汇证[-匯證] N. <econ.> marginal receipt M: [1]zhāng

jiéhūn* 结婚 V.O. marry; get married ♦N. marriage; wedding

jièhūn 戒荤 V.O. <Budd./med.> go on a vegetarian diet

jiéhūn dēngjì 结婚登记 N. marriage registration

jiéhūn diǎnlǐ 结婚典礼[-禮] N. wedding ceremony

jiéhūn jìniànrì 结婚纪念日 N. wedding anniversary

jiéhūnlǐ 结婚礼[-禮] N. wedding ceremony

jiéhūn niánlíng 结婚年龄[-齡] N. age to get married; age at marriage

jiéhūnzhèng 结婚证[-證] N. marriage certificate M: [1]zhāng/[1]fèn

jiéhūn zhèngshū 结婚证书[-證書] N. marriage certificate M: [1]zhāng/[1]fèn

jiēhuǒ(r) 接火(儿) V.O. ① <coll.> start to exchange fire ② <elec.> energize; hook up electric power

jiēhuò 接获[-獲] V. receive; get; obtain

jiéhuǒ 结伙 V.O. ① gang up; collude ② gather together

jiéhuò* 截获[-獲] V. intercept and seize

jiěhuò 解惑 V.O. remove doubts

jièhuǒ(r) 借火(儿) V.O. ask for a light

jiéhuǒqiǎngjié 结伙抢劫[--搶-] F.E. commit armed robbery

jiējí* 阶级[階-] N. ① steps; stairs ② <trad.> rank ③ social class

[1]jiējì 接济[-濟] V./N. give material assistance to

[2]jiējì 接继[-繼] V. succeed; continue

[1]jiéjī 劫机 V.O. hijack an airplane

[2]jiéjī 截击[-擊] V. intercept

[3]jiéjī 羯鸡[-雞] N. <trad.> castrated cock; capon

jiéjí 结集 V. ① concentrate; mass ② collect articles/etc. into a volume

[1]jiéjǐ 洁己[潔-] V.O. keep oneself clean (from immorality)

[2]jiéjǐ 捷给 V.P. glib; eloquent

jiéjì 结记 V. <coll.> worry about; be concerned; bear in mind; remember well

jièjī 借/藉机 V.O. seize an opportunity

[1]jièjì 戒忌 V. ① avoid; abstain from ② be wary of violating a taboo ♦N. taboos; don'ts

[2]jièjì 借记 N. <acct.> debit

jiējiā 接家 V.O. move one's family to one's workplace

jiējià* 接驾 V.O. <court./trad.> welcome/receive the emperor (now used humorously)

jiéjiā 结痂 V.O. form a scab

jiějiǎ 解甲 V.O. retire from military service

jiějiǎguītián 解甲归田[--歸-] F.E. be demobilized

jiējiàn* 接见 V. receive sb.; grant an interview to

[1]jiéjiǎn 节俭[節-] S.V. thrifty; frugal

[2]jiéjiǎn 节减[節減] V. ① reduce; decrease ② save and economize

jièjiàn 借鉴[-鑒] V. draw a lesson from sb.'s experience

jiējiāo 接交 V. make friends with

[1]jiējiǎo 街角 N. street corner

[2]jiējiǎo 接角 N. adjacent angle

jiéjiāo* 结交 V. make friends with; befriend

jiéjiǎo 截角 V.O. ① tear off a corner (of a ticket/etc.) ② truncate

jiějiào 解教 V.O. release from reeducation/remolding through labor

jièjiāojièzào 戒骄戒躁[-驕--] F.E. guard against arrogance/rashness

jié-jiàrì 节假日[節-] N. holidays and festivals

jiējí běnnéng 阶级本能[階-] N. class instinct

jiējí běnzhì 阶级本质[階-質] N. class nature

jiējí chōngtū 阶级冲突[階-衝-] N. class conflict

jiéjī dǎodàn 截击导弹[-擊導-] N. <mil.> interceptor; interception missile M: [4]méi

jiējí dòuzhēng 阶级斗争[階-鬥爭] N. class struggle

[1]jiējiē 嗟嗟 N. <intj.> ① Alas! ② Oh! Well!

[2]jiējiē 喈喈 ON. ① harmonious sounds ② the sounds of birds

jiējiè 接界 V.O. border on

[1]jiéjié 节节[節節] ADV. ① one after another; step by step ② successively; steadily

[2]jiéjié 结节[-節] N. <phys.> tubercle; node

[3]jiéjié 孑孑 R.F. ① outstanding; conspicuous; prominent ② tiny

[4]jiéjié 桀桀 F.E. <trad.> grow vigorously (of grass/etc.)

[5]jiéjié 捷捷 R.F. prompt; fast; alert; lively

jiějie* 姐姐 N. elder sister

jièjiè 介介 R.F. rancorous; uneasy

jiējiēbābā 结结巴巴 V.P. haltingly; with a stammer

jiéjiébàituì 节节败退[節節-] F.E. suffer successive defeats

jiéjiéchóng 结节虫[-節蟲] N. nodular worm M: [2]zhī

jiéjiéshènglì 节节胜利[節節勝-] F.E. win successive victories

jiéjiéwéiyì 孑孑为义[-義] F.E. petty favors

jiéjīfàn 劫机犯 N. hijacker M: ge/[1]míng

jiējí fāngyán 阶级方言[階-] N. <lg.> class dialect/topolect

jiéjǐfènggōng 洁己奉公[潔-] F.E. be self-disciplined in performing public duties

jiējí fēnhuà 阶级分化[階-] N. class polarization

jiējí fēnjiě 阶级分解[階-] N. class decomposition

jiéjījī 截击机[-擊-] N. interceptor (plane) M: [1]jià

jiējí jiégòu 阶级结构[階-構] N. class structure

jiējí làoyìn 阶级烙印[階-] N. class inheritance

jiējí liǎngjíhuà 阶级两极化[階--極-] N. class polarization

[1]jiējìn* 接近 V./S.V. ① be close to; be near; approach ② be on intimate terms with

[2]jiējìn 接进[-進] R.V. take in; make (income)

jiéjìn 竭尽[-盡] V. spare no effort

jiějìn 解禁 V.O. lift a ban

jiējǐng 街景 N. street scene

jiējìng 接境 V.O. border on

jiéjīng 结晶 V.O. crystallize ♦N. ① crystal ② crystallization

[1]jiéjìng* 捷径[-徑] N. shortcut M: [1]tiáo

[2]jiéjìng 洁净[潔淨] S.V. clean; spotless; untarnished

[3]jiéjìng 节敬[節-] N. presents sent on festivals

jièjìng 借镜 V.O. learn from others' experience

jiějìngfǎ 解痉法[-痙-] N. <Ch. med.> spasmolysis

jiējǐngjiāobì 接颈交臂[-頸--] F.E. neck; be very intimate with; make love with

jiéjīngshuǐ 结晶水 N. crystal water

jiéjīngtǐ 结晶体[-體] N. crystal object

jiéjīngxué 结晶学 N. crystallography

jiéjīngyán 结晶岩 N. crystalline rocks

jiē jìnlái 接进来[-進-] R.V. go to the door to receive (one's guests)

jiéjìnmiánbó 竭尽绵薄[-盡--] F.E. <humb.> do all one can

jiéjìnmiánlì 竭尽绵力[-盡--] F.E. <wr.> do one's best

jiéjìnquánlì 竭尽全力[-盡--] F.E. spare no effort; do all one can

jiējìpǐn 接济品[-濟-] N. supply

jiējí rèntóng 阶级认同[階-認-] N. class identification

jiējí shèhuì 阶级社会[階-] N. class society

jiējí shēnfèn 阶级身份[階-] N. class identity

jiējìshí 皆既蚀 N. <astr.> total eclipse

jiējí tuánjié 阶级团结[階-團-] N. class solidarity

jiéjiǔ 节酒[節-] V.O. ① abstain from alcohol ② drink moderately

jiějiǔ 解酒 V.O. alleviate a hangover

jiějiù* 解救 V. save; rescue; deliver

jièjiǔ 戒酒 V.O. abstain from alcohol

jiějiù chūlai 解救出来 R.V. save; rescue

jièjiǔjiāochóu 借酒浇愁[--澆-] F.E. drown one's worries in drink

jièjiǔzhuāngfēng 借酒装疯[--裝-] F.E. feign madness under the pretense of drunkenness

jiējí wénhuà 阶级文化[階-] N. class culture

jiějíwúshù 解急无术[-術] F.E. lack the means to relieve an urgent need

jiējí xíguànyǔ 阶级习惯语[階-習--] N. <lg.> ① idiomatic expressions used by members of a certain class ② class dialect

jiējíxìng 阶级性[階-] N. class character/nature

jiējí yìjǐ fènzǐ 阶级异己分子[階-異---] N. alien-class element; individual from an alien class

jiéjǐyǐjìn 洁己以进[潔-進] F.E. preserve one's integrity in order to make uplifting progress

jiējí yìshi 阶级意识[階-識] N. class consciousness

jièjíyòngrěn 戒急用忍 F.E. don't be urgent; be patient

jiéjīzhe 劫机者 N. aircraft hijacker M: ge/[1]míng

jiējí zhěnghé 阶级整合[階-] N. class integration

jiējí zhènxiàn 阶级阵线[階-] N. class alignment

[1]jiéjū 拮据[-據] S.V. short of money; hard up; in straitened circumstances

[2]jiéjū 蝍蛆 N. ① centipede ② cricket

jiéjú* 结局 N. ① final result; outcome; ending ② the last act (of a play)

[1]jiéjù 截句 N. four-line poem with the third line blank

[2]jiéjù 洁具[潔-] N. sanitary ware

jièjū 介居 V. live among
[1]jièjù 借据[-據] N. receipt for a loan; IOU M: [1]*zhāng*
[2]jièjù 戒惧[-懼] S.V. fearful and watchful
[3]jièjù 戒具 N. measures that help to give up a bad habit
[1]jiéjué 孑孓 N. ① larva ② wiggler; wriggler ♦A.T. short; small
[2]jiéjué 竭蹶 V.P. <*wr.*> destitute; impoverished ♦V. ① stagger; totter ② proceed with difficulty
jiějué* 解决[-決] V. ① solve; resolve; settle ② dispose of; finish off
jièjué 戒绝[-絕] V. get rid of (a bad habit) completely
jiějué bànfǎ 解决办法[-決辦-] N. solution (of a problem)
jiějuébuliǎo 解决不了[-決--] R.V. unable to solve
jiéjué'érqū 竭蹶而趋[-趨] F.E. <*wr.*> go in haste
jiějué wèntífǎ 解决问题法[-決---] N. problem-solving
jiēkāi* 揭开[-開] R.V. ① uncover; reveal; open ② pull apart; separate
jiékāi 截开[-開] R.V. cut/saw apart
jiěkāi 解开[-開] R.V. ① untie; undo; solve (a riddle) ② dissolve; melt ③ release
jiěkāi gēda 解开疙瘩[-開--] V.O. get rid of a hang-up
jiékàngjī 拮抗肌 N. <*med.*> antagonistic muscles
jiékàngjīn 拮抗筋 N. <*phys.*> counteracting muscles
jièkǎo 借考 V. take the College Entrance Examination in a place other than one's residence
jiēkě 皆可 F.E. both/all are acceptable/O.K. *Zhège gōngzuò, nán-nǚ ~.* For this job, men and women are equally acceptable.
jiēkè* 接客 V.O. ① receive (hotel) guests ② receive patrons (of prostitutes)
Jiékè 捷克 P.W. Czech
jiěkě 解渴 V.O. ① quench one's thirst ② satisfy one's desire ♦S.V. satisfying; pleasing
jièké 介壳[-殼] N. shell of insects/shellfish/etc. *See also jièqiào*
jièkéchóng 介壳虫[-殼蟲] N. scale insect M: [2]*zhī* *See also jièqiàochóng*
Jiékèsīluòfákè 捷克斯洛伐克 P.W. Czechoslovakia
jiěkěxiāoláo 解渴消劳[-勞] F.E. relieve thirst and fatigue
Jiékèyǔ 捷克语 N. Czech language
jiékǒng 节孔[節-] N. knothole
[1]jiēkǒu 接口 N. <*comp.*> interface; gateway ♦V.O. take over the talk
[2]jiēkǒu 街口 N. street entrance
[1]jiékǒu 捷口 N. sharp tongue ♦A.T. swift in response
[2]jiékǒu 结口 V.O. not say a word
jiěkòu(r) 解扣(儿) V.O. ① unbutton ② remove doubts, ill will, etc.
[1]jièkǒu* 借/藉口 V.O. use as excuse/pretext ♦N. excuse; pretext
[2]jièkǒu 戒口 V.O. follow a diet
jièkǒuduǒbì 借口躲避 F.E. take shelter in evasions
jièkǒuyǒubìng 借口有病 F.E. allege illness
jiékuài 结块[-塊] V.O. agglomerate; curdle
jiěkuǎn 解款 V.O. pay in/into; transfer funds *See also* [2]*jièkuǎn*
[1]jièkuǎn* 借款 V.O. borrow/lend money; ask for or offer loan ♦N. loan; debt M: [2]*bǐ*
[2]jièkuǎn 解款 V.O. transfer a large amount of money through a secure intermediary *See also jiěkuǎn*
jiěkuǎnbù huídān 解款簿回单 N. duplicate deposit ticket M: [1]*zhāng*
jiěkuǎndān 解款单 N. cash-remittance note M: [1]*zhāng*
jièkuǎn gǔfèn 借款股份 N. debenture stock
jièkuǎnrén 借款人 N. debtor M: *ge*/[2]*wèi*

jiěkùn 解困 V.O. overcome/eliminate difficulties; be free of difficulties
jiéla* 结啦 V.P. <*coll.*> be all done/settled
jiélà 结蜡[-蠟] V.O. paraffin precipitation (in petroleum)
jièlà 戒腊[-臘] N. the number of years a Buddhist monk has been ordained
jièlái 借来 R.V. borrow
jiēláishí 嗟来食 INTJ. Here! Come eat! (charity given grudgingly)
jiēláizhīshí 嗟来之食 N. ① food rudely offered; grudging handout ② help grudgingly
jiélán 截拦[-攔] V. intercept and block
jiělǎn* 解缆[-纜] V.O. weigh anchor; leave port
jièláncài 芥蓝菜[-藍-] N. a kind of broccoli M: [2]*kē* *See also gàilán*
jiélǎng 洁朗[潔-] S.V. clean and bright
[1]jiéláo 节劳[節勞] V.O. conserve one's energy
[2]jiéláo 劫牢 V.O. free prisoners by force
jiē lǎodǐ 揭老底 V.O. reveal the inside story; open a buried secret
jiélà shìgù 结蜡事故[-蠟--] N. paraffin trouble (in petroleum)
jiēlěi 街垒[-壘] N. street barricade
jiēlěizhàn 街垒战[-壘戰] N. street fighting M: [3]*cháng*
jiēlì* 接力 V.O. relay; work by relays
jiélí 结缡 V.O. marry
jiélǐ 节礼[節禮] N. presents given on festivals
[1]jiélì 竭力 V.O. do one's utmost
[2]jiélì 孑立 V. stand in isolation; be alone
[3]jiélì 结力 N. cohesion
jièlì 介立 V.P. unique; incomparable
jiēlián* 接连 V. join together; adjoin ♦ADV. ① in a row; in succession ② repeatedly
jiélián 洁廉[潔-] S.V. incorruptible; clean
jiēliánbùduàn 接连不断[-斷] F.E. ① in rapid succession ② incessantly
jiéliáng* 劫粮[-糧] V.O. ① forage ② strip of supplies
jièliáng 解粮[-糧] V.O. deliver grain
jiēlián qǐlai 接连起来 R.V. join; link
jiēlìbàng 接力棒 N. relay baton M: [2]*gēn*
jiéliè 节烈[節-] N. <*trad.*> chastity (of women)
jiēlǐjiēfang 街里街坊 F.E. neighborhood
jiēlì jìngzǒu 接力竞走[--競-] N. relay walking race
[1]jiēlín* 接邻[-鄰] V. border on; adjoin
[2]jiélín 结邻[-鄰] V. become neighbors
jièlín 届临[屆臨] F.E. Your presence is requested for the occasion.
jiélíng 蝍蛉 N. dragonfly
jiélìng* 节令[節-] N. ① seasonal changes ② festive day
jiélìng bù děngrén 节令不等人[節-] F.E. Don't miss the right season in farming.
jiě líng hái shì xì líng rén 解铃还是系铃人[--還-繫--] F.E. Initiators of trouble should end it.
jiě líng hái xū xì líng rén 解铃还须系铃人[--還-繫--] F.E. Initiators of trouble should end it.
jiělíngxìlíng 解铃系铃[--繫-] F.E. Whoever started trouble should end it.
jiēlìsài 接力赛 N. relay race M: [2]*chǎng*
jiēlì sàipǎo 接力赛跑 N. relay race M: [2]*chǎng*
[1]jiéliú 节流[節-] V.O. curtail expenditures ♦V./N. <*mach.*> throttle
[2]jiéliú 截留 V. ① withhold/keep sth. intended for others ② embargo
[3]jiéliú 截流 V.O. dam a river
jiéliúfá 节流阀[節-] N. throttle
jiéliújǐng 截流井 N. catch-basin M: *kǒu*
jiélìwúyī 孑立无依 F.E. <*wr.*> stand alone with no one to rely on
jiēlóng 接龙 V.O. build up a sequence (in cards/dominoes)
[1]jiēlù* 揭露 V. expose; unmask; ferret out
[2]jiēlù 街路 N. street; road
jiélú 结庐[-廬] V.O. ① build a house ② retire
[1]jiélù 节录[節錄] V./N. extract; excerpt *Zhè piān wénzhāng zhǐ néng ~ fābiǎo.* Only an excerpt from this article can be published.

[2]jiélù 劫路 V.O. hijack
[1]jiélǜ 竭虑[-慮] V. ponder deeply
[2]jiélǜ 节律[節-] ATTR. <*lg.*> prosodic ♦N. ① prosody ② rhythm and pace of moving things
jièlǜ* 戒律 N. <*Budd.*> religious discipline; commandment M: [1]*tiáo*
[1]jiélüè 劫掠 V. plunder; loot
[2]jiélüè 节略[節-] N. ① summary ② memorandum; aide-memoire ♦V. abridge
[3]jiélüè 劫略 V. ① coerce ② pillage
jiélüèyìkōng 劫掠一空 F.E. carry off everything
jiélùn 结论 N. ① <*log.*> conclusion (of a syllogism) ② conclusion; verdict
jiélǜxué 节律学[節-] N. <*lg.*> prosodics
jiélǜ yīnsù 节律因素[節-] N. <*lg.*> prosodic feature
jiélǜ yīnwèi 节律音位[節-] N. <*lg.*> prosodeme
jiěmǎ 解码 V.O. decipher; decode
jiémài 结脉[-脈] N. <*Ch. med.*> slow and intermittent pulse
jiémǎn 结满 R.V. ① grow all over a tree (of fruit) ② spread a net all over (of spiders)
[1]jièmǎn* 届满[屆-] V.P. expire (of the term of an office)
[2]jièmǎn 疥螨 N. itch mite
jiēmào 街貌 N. street outlook; town appearance
[1]jiémáo* 睫毛 N. eyelash
[2]jiémáo 结茅 V.O. build a cottage
[3]jiémáo 节旄[節-] N. tassels on a tally
jiémáoyóu 睫毛油 N. mascara
jiěmǎqì 解码器 N. <*comp.*> decoder M: [1]*tái*/*ge*
jiéméi 节煤[節-] V.O. save coal
jiěmèi* 姐妹 N. sisters
jiěmèichéng 姐妹城 N. sister cities
jiěmèi chéngfèn 姐妹成分 N. <*lg.*> co-constituents
jiěmèichuán 姐妹船 N. sister ships M: [1]*duì*
jiěmèihuā 姐妹花 N. beautiful sisters M: [1]*duì*
jiěmèihuì 姐妹会 N. sorority
jiéméijī 截煤机 N. coal-cutter; cutter M: [1]*tái*/[4]*zuò*
jiěmèimen 姐妹们 N. sisters
jiěmèipiān 姐妹篇 N. two literary works on the same theme
jiěmèishì 姐妹市 N. sister city
jiěmèi xuéxiào 姐妹学校 N. sister schools/universities
jiēmén 街门 N. ① neighborhood gate; a gate/door facing the street ② street entrance
jiémén 截门 N. pipe valve
jiěmèn(r)* 解闷(儿) V.O. divert oneself (from boredom); kill time
[1]jiéméng* 结盟 V.O. form an alliance; ally; align
[2]jiéméng 劫盟 V.O. sign a treaty under duress
jiěmèng 解梦[-夢] V.O. explain dreams (as in fortune telling)
jiēménkǒur 街门口儿 N. <*coll.*> street entrance; intersection
jiěmenr 姐们儿 N. <*coll.*> teasing way of addressing female friends
jiěmì 解密 V.O. ① decipher ② unlock secrets
jiēmiàn 接面 N. interface
jiémiàn 截面 N. section; cross-section
jièmiǎn 戒勉 V. admonish
jièmiàn* 界/介面 N. interface
jiēmiànfáng 街面房 N. houses facing the street M: [1]*jiān*
jiēmiànr 街面儿 N. <*coll.*> ① street ② society
jiēmiànrén 街面人 N. good mixer; social habitué
jiēmiànr shang 街面儿上 P.W. <*coll.*> in the street/neighborhood
jiémiàntú 截面图[-圖] N. sectional drawing; section M: [1]*zhāng*
jiěmíndàoxuán 解民倒悬[-懸] F.E. <*wr.*> rescue the people from misery
[1]jiēmíng* 街名 N. street name
[2]jiēmíng 揭明 V. bring to light
jièmíng 借名 V.O. assume sb. else's name/identity
jièmìng 诫命 N. commandment
jièmíng'ézhà 借名讹诈 F.E. cheat/extort in the name of sb. else

jiěmír 解迷儿 V.O. <coll.> guess a riddle
jiémó 结膜 N. <phys.> conjunctiva
jièmo* 芥末 N. mustard
jiémóyán 结膜炎 N. <med.> conjunctivitis
[1]jiēmù 揭幕 V.O. ① unveil (a monument/etc.); inaugurate ② <thea.> raise the curtain
[2]jiēmù 接木 <bot.> V.O. graft a tree ♦N. grafting
[1]jiémù* 节目[節-] N. program; item (on a program); number
[2]jiémù 结幕 N. last/final act; grand finale
jièmǔ 介母 N. <lg.> medial
jiémùbiǎo 节目表[節-] N. program; playbill M: [1]*zhāng*/[1]*fèn*
jiémùbù 节目部[節-] N. program department
jiémùdān 节目单[節-] N. program; playbill M: [1]*zhāng*/[1]*fèn*
jiēmùfǎ 接木法 N. <bot.> graft method
jiēmùjìng 接目镜 N. eyepiece; ocular M: [2]*kuài*/[1]*piàn*
jiēmùlǐ 揭幕礼[-禮] N. opening/unveiling ceremony
jiēmùshì 揭幕式 N. unveiling ceremony
jiémù zhǔchírén 节目主持人[節-] N. (TV) anchor; master of ceremonies M: *gè*/[1]*míng*/[2]*wèi*
jiēnà 接纳 V. admit (into an organization); accept (advice/etc.)
[1]jiénàn 劫难[-難] N. calamity; misfortune
[2]jiénàn 诘难[-難] V. question reproachfully; reprove
jiěnàn* 解难[-難] V.O. ① rescue sb. from danger/trouble ② resolve a crisis
jiěnáng 解囊 V.O. contribute money
jiěnángxiāngzhù 解囊相助 F.E. help generously with money
jiènèi 界内 P.W. within bounds
jiènèiqiú 界内球 N. <sport> ① in bounds ② fair ball
[1]jiénéng 节能[節-] V.O. save energy
[2]jiénéng 竭能 V.O. exhaust; spare no effort
jiéniàn 结念 V.O. be intent on; remember
jiěnìrúguān 解溺儒冠 F.E. despise scholars
jiě niǔzi 解纽子 V.O. unbutton
jiénǚ 节女[節-] N. chaste woman
jié'ǒu 结偶 V.P. mate (between animals)
jiēpái 揭牌 V.O. draw cards (in a card game/etc.) ♦N. notice board
jiépāi* 节拍[節-] N. <mus.> ① meter; rhythm ② a beat
jiépāijì 节拍计[節-] N. <mus.> metronome
jiépāiqì 节拍器[節-] N. <mus.> metronome M: [1]*tái*/*gè*
jiēpáng 街旁 P.W. side of the street
jiépǐ 洁癖[潔-] N. morbid preoccupation with cleanliness
jiēpiàn 接片 V.O. splicing (of film)
jiēpiànjī 接片机 N. splicer M: [1]*tái*/[1]*jià*
jiépǐ huànzhě 洁癖患者[潔-] N. mysophobiac M: *gè*/[1]*míng*
jiěpìn* 解聘 V.O. dismiss an employee
[1]jièpìn 介聘 V. be hired through an intermediary
[2]jièpìn 借聘 V. temporarily hire (sb. from a different work unit)
jiépíng zhànghù 结平帐户 V.O. <acct.> balance an account
jiēpò 揭破 R.V. expose (conspiracy/etc.)
jiěpōu 解剖 V. dissect
jiěpōudāo 解剖刀 N. scalpel M: [1]*bǎ*
jiěpōu máquè 解剖麻雀 V.O. analyze a typical case
jiěpōushì 解剖室 N. dissecting room M: [1]*jiān*
jiěpōu shītǐ 解剖尸体[-屍體] V.O. carry out an autopsy; perform a postmortem examination
jiěpōutú 解剖图[-圖] N. ① anatomical drawing ② sectional drawing M: [1]*zhāng*
jiěpōuxué 解剖学 N. anatomy
jiēqǐ 揭起 R.V. raise; lift up
jiēqì 接气[-氣] S.V. coherent
jiéqi 节气[節氣] N. ① solar terms/periods ② the day marking the beginning of a solar term
jiéqī 节期[節-] N. festival season
jiéqì 结契 V.O. be on close terms with
jiěqì 解气[-氣] V.O. work off anger; pacify; placate
jièqī* 届期[屆-] V.O. arrive at the appointed time ♦ADV. when the day comes
jiēqià 接洽 V. take up a matter with; arrange (a business/etc.) with
jiéqián 节钱[節錢] V.O. tips to servants on festivals
jiéqiàn 结欠 V. owe after settlement of accounts; continue in debt ~ ***de qián, xiàyuè huánqīng.*** I'll pay the remainder of the debt next month. ♦N. balance due
jièqián* 借钱[-錢] V.O. borrow money
jiēqiāng* 接腔 V.O. <coll.> answer; respond
jièqiáng 界墙[-牆] N. border wall M: [2]*dào*
jiēqiánshìshì 接钤视事 F.E. be sworn in for a new position of responsibility
jiēqiánwànlǐ 阶前万里[階-萬-] F.E. distance is no barrier to understanding/friendship
jièqiào 介壳[-殼] N. shell (of crustaceans) ***See also*** *jièké*
jièqiàochóng 介壳虫[-殼蟲] N. scale insect M: [2]*zhī* ***See also*** *jièkéchóng*
jiéqīn 结亲[-親] V.O. <coll.> ① marry; get married ② become related by marriage (of two families)
jiéqīng* 结清 R.V. settle; square up ***Zhè bǐ zhàng yǐjing ~ le.*** These accounts have been settled.
jiéqìng 节庆[節慶] N. ① festival celebration ② holiday
jié Qín-Jìnzhīhǎo 结秦晋之好[--晉--] ID. marriage between two families
jiēqìr 接气儿[-氣-] V.O. <coll.> breathe
jiēqiú 接球 V.O. ① catch the ball ② return a served ball
jiěqiúbuxià 解球不下 ID. <coll.> be damned incomprehensible
jiéqiú gānlán 结球甘蓝[-藍] N. cabbage M: [1]*kē*
jiēqiúyuán 接球员 N. <sport> catcher M: *gè*/[1]*míng*/[2]*wèi*
jiēqú 街衢 N. <wr.> streets/roads/lanes in a city/town
jiēqǔ 接取 V. take sth. held out to one
jiéqǔ* 截取 V. cut sth. into sections and take one
[1]jiéqù 截去 R.V. cut off
[2]jiéqù 劫去 R.V. plunder
jiěquàn 解劝[-勸] V. soothe; mediate (a dispute/etc.)
jiéquǎnfèiyáo 桀犬吠尧[-堯] ID. A fiend's henchman will attack anyone he is told to attack.
jiéqù yī duàn 截去一段 V.O. cut off a portion
[1]jiér 节儿[節-] N. ① node; joint; knot ② section; passage ③ festival
[2]jiér 截儿 M. section; portion; division
jiěr* 姐儿 N. <coll.> ① sisters ② young girl ③ teasing way of addressing a female friend ④ brothers and sisters
[1]jì'ér 继而[繼-] ADV. then; afterward
[2]jì'ér 既而 ADV. <wr.> afterward; later; subsequently
[3]jì'ér 寄儿 N. adopted son
jiērán 皆然 ADV. all like this
[1]jiérán* 截然 ADV. sharply; completely
[2]jiérán 孑然 V.P. <wr.> solitary; lonely; alone
jièrán 介然 V.P. steadfastly; uncompromisingly
jiéránbùtóng 截然不同 F.E. be completely different; be poles apart
jiērǎng 接壤 V.P. border on
jiērǎng dìqū 接壤地区[-區] P.W. contiguous areas
jiéránýīshēn 孑然一身 F.E. all alone in the world
jiěrè 解热[-熱] V.O. allay a fever
jiěrèjì 解热剂[-熱劑] N. fever-reducing medicine M: [14]*fù*
jiērèn* 接任 V. take over a job; succeed
jiěrén 解人 N. a person of intelligence
jiěrèn 解任 V.O. resign one's position/office
jiérénguīlù 截人归路[--歸-] F.E. cut sb.'s route of retreat
jiērénlǎodǐ 揭人老底 F.E. expose a person's fault
jiēréntòngchù 揭人痛处[-處] F.E. expose sb.'s weakness
jiērényǐnsī 揭人隐私[--隱-] F.E. expose sb.'s secret
jiérì 节日[節-] N. festival; holiday
jiěrliǎ 姐儿俩 N. <coll.> two sisters
jiěrmen 姐儿们 N. sisters
jiěrsā 姐儿仨 N. <coll.> three sisters
jiērù 接入 V. insert
jièrú 借如 CONJ. in case; if; supposing
[1]jièrù* 介入 V. intervene; interpose; get involved
[2]jièrù 借入 V.P. borrow into ~ ***Yīngyǔ de cíhuì*** words borrowed into English
jí'èrúchóu 疾/嫉恶如仇[-惡--] F.E. hate evil like an enemy
jièrùkuǎn 借入款 N. borrowed money
jièrù zīběn 借入资本 N. <acct.> borrowed/debenture capital
jí'éryánzhī 极而言之[極-] F.E. talk in extreme terms
jì'érzhǐcǐ 伎而止此 F.E. One's cleverness stops here.
jiēsān 接三 N. ceremony on the third day of a funeral
jiěsàn* 解散 R.V. ① dismiss ② dissolve; disband
jiěsànquán 解散权[-權] N. right to dissolve an organization/etc.
jièsè 戒色 V.O. abstain from sex
jiēshà 接煞 V.O. receive the soul of the newly deceased
jiēshān 接衫 N. <trad.> shirt for summer wear
jièshān* 界山 N. boundary mountain M: [4]*zuò*
jiēshang* 街上 P.W. in the street
jiēshāng 接墒 N. <agr.> rain-drenched fields
jiēshàng 接上 R.V. ① connect; join ② put through ③ continue
jiēshàngdàixià 接上带下[--帶-] F.E. link the preceding with the following
jiēshang huó(r) 接上活(儿) V.P. <coll.> continue work
jièshàng móulì 借上谋利 V.P. advance one's personal interests by ingratiating oneself with the boss
jiē shàngqu 接上去 R.V. link; continue
jiéshàngshēngzhī 节上生枝[節-] ID. one complication after another
jièshào 介绍 V. ① introduce; present ② recommend; suggest ③ let know; brief ④ serve as intermediary
jièshào chūlai 介绍出来 R.V. let know; give information
jièshào duìxiàng 介绍对象[--對-] V.O. find sb. a boy/girl friend
jièshào jīngyàn 介绍经验[--經-] V.O. pass on one's experience
jièshào qíngkuàng 介绍情况[-況] V.O. fill sb. in
jièshàorén 介绍人 N. ① one who introduces/recommends sb.; sponsor ② matchmaker M: *gè*/[1]*míng*/[2]*wèi*
jièshàoshū 介绍书[-書] N. letter of introduction; reference M: [1]*fèn*
jièshàosuǒ 介绍所 P.W. match-making center M: [1]*jiā*
jièshàoxìn 介绍信 N. letter of introduction; reference M: [2]*fēng*
jiéshé 结舌 V.O. be at a loss for words
jiéshè* 结社 V.O. form an association
jièshēchóngjiǎn 戒奢崇俭 F.E. refrain from high living
jiéshéjiānkǒu 结舌缄口 F.E. be tongue-tied and mouth-sealed
jiéshéjìnshēng 结舌禁声[-聲] F.E. control one's tongue and keep silent
jiēshén 接神 V.O. receive deities
[1]jiéshēn* 洁身[潔-] V.O. ① clean the body ② lead an upright life
[2]jiéshēn 孑身 ADV. all by oneself; all alone
[1]jièshèn 戒慎 V.P. guard against; be wary of

[2]jièshèn 借/藉甚 V.P. <trad.> exalted; great
jiēshēng 接生 V.O. deliver a child; practice midwifery
jiéshéng 结绳[-繩] V.O. ① tie knots ② tie knots as quipu
jiéshěng* 节省[節-] V. economize; save; cut down ♦S.V. frugal
jiěshéng 解绳[-繩] V.O. ① free sb.'s bonds ② lift restrictions
jiēshēngfèi 接生费 N. charges for delivering a baby M: [2]bǐ
jiéshěng fèiyòng 节省费用[節-] V.O. cut down expenses
jiéshéng jìshì 结绳记事[-繩--] N. quipu record-keeping (i.e., by tying knots)
jiēshēngpó 接生婆 N. midwife M: ge/[1]míng/[2]wèi
jiéshěng shíjiān 节省时间[節-時-] V.O. save time
jiēshēngshù 接生术[-術] N. midwifery
jiēshēngyuán* 接生员 N. midwife M: ge/[1]míng/[2]wèi
jiēshēngyuàn 接生院 P.W. maternity hospital M: [1]jiā
jiēshēngzhàn 接生站 P.W. simple child-birthing place M: [1]jiā
jiéshēnzì'ài 洁身自爱[潔-愛] F.E. ① lead an honest and clean life ② mind one's own business to keep out of trouble
jiéshēnzìhào 洁身自好[潔-] F.E. ① lead an honest and clean life ② mind one's own business to keep out of trouble
jiéshè zìyóu 结社自由 N. freedom of association
jiēshi 结实[-實] S.V. ① strong ② solid; durable *See also* [1]jiēshí, [4]jiéshí
[1]jiēshí 结实[-實] V.O. bear fruit *See also* jiēshi, [4]jiéshí
[2]jiēshí 阶石[階-] N. foundation stones M: [2]kuài
[1]jiēshì 揭示 V. ①announce; promulgate ②reveal; bring to light ③delineate (characters in novels/etc.)
[2]jiēshì 街市 N. downtown streets; shopping center
[3]jiēshì 接事 V.O. take over an office or official duties
[4]jiēshì 皆是 V. <wr.> all are
[1]jiéshí 结识[-識] V. get to know sb.
[2]jiéshí 结石 N. <med.> stone; calculus
[3]jiéshí 节食[節-] V.O. go on a diet
[4]jiéshí 结实[-實] V.O. produce fruit *See also* jiēshi, [1]jiēshí
[5]jiéshí 碣石 N. stone tablet M: [2]kuài
[1]jiéshì 节士[節-] N. a person with high moral principles
[2]jiéshì 截式 N. <lg.> contraction
[1]jiěshì* 解释[-釋] V. expound; interpret; analyze ♦N. ① analysis ② explanation; interpretation; representation
[2]jiěshì 解事 V.O. be experienced and understanding
[1]jièshí 届时[屆時] ADV. at the appointed time; on the occasion
[2]jièshí 界石 N. boundary stone M: [2]kuài
jièshì 介士 N. a person of principle M: ge/[1]míng/[2]wèi
jiēshìbǎn 揭示板 N. bulletin board M: [2]kuài
jiéshíbìng 结石病 N. lithiasis
jiěshì bùmén 解释部门[-釋--] N. <lg.> interpretive component
jièshìchéngquán 借势乘权[-勢-權] F.E. rely on sb.'s power and misuse his great influence
jiěshì chéngxù 解释程序[-釋--] N. interpretive program/routine
jièshīhuánhún 借尸还魂[-屍還-] F.E. ①revive in a new guise (of sth. evil) ② reincarnate in sb. else's body
jiēshìpái 揭示牌 N. notice board M: [2]kuài
jiěshìqì 解释器[-釋-] N. interpreter (machine) M: [1]tái/ge
jiěshì qīngchu 解释清楚[-釋--] R.V. interpret/explain clearly
jiéshíwán 节食丸[節-] N. diet pill M: [1]kē/[3]lì
jiěshìxìng 解释性[-釋-] N. explanatory; interpretative nature
jiěshìxìng biāotí 解释性标题[-釋-標-] N. subtitle
jiěshìxué 解释学[-釋-] N. hermeneutics
jiěshì yǔyìxué 解释语义学[-釋-義-] N. <lg.> interpretive semantics
jiēshìzhàn 街市战[-戰] N. street fighting M: [3]cháng
jiěshì zuò 解释做[-釋-] V.P. be interpreted as
jiēshōu 接收 V. ①receive ②take over (property/etc.); expropriate ③ admit
jiēshǒu 接手 V.O. take over (duties/etc.) ***Tā zǒu hòu, xì lǐ de gōngzuò yóu nǐ ~.*** After he leaves, you are to take over his work in the department. ♦N. assistants; aides
jiēshòu* 接受 V. accept; receive (honors/etc.)
jiěshǒu(r) 解手(儿) V.O. ① relieve oneself; go to the toilet ② let go; loosen the grip on sth. ③ separate
jiěshòu 解绶 V.O. resign from public office
jièshǒu 借/藉手 CONJ. by means of; using sb. else to do sth.
[1]jièshòu 借寿[-壽] V.O. ask the gods to cut short one's life to save sb. else's
[2]jièshòu 介寿[-壽] V.O. present birthday congratulations
jiēshòu chángyōng 接受常庸 V.O. make peace with mediocrity
jièshǒuchúdí 借手除敌[-敵] F.E. eliminate one's rival through a third party
jiēshòu dào 接受到 R.V. receive
jiéshǒu fǔyīn 节首辅音[節-] N. <lg.> onset
jiēshòuguó 接受国[-國] N. accepting/receiving state
jiēshōujī 接收机 N. receiver M: [1]tái/[1]jià
jiēshòu jiàoxùn 接受教训 V.O. learn a lesson from a bad experience
jiēshòu kǎoyàn 接受考验 V.O. face up to a test
jiēshòuqì 接受器 N. receiver; receptor M: [1]tái/[1]jià/ge
jiěshòuqùzhí 解绶去职[-職] F.E. resign
jiēshōurén 接收人 N. <lg.> receiver; recipient M: ge/[1]míng/[2]wèi
jiēshòushū 接受书[-書] N. instrument of acceptance M: [1]fèn
jiēshòu tiānxiàn 接受天线 N. receiving antenna/aerial M: [2]gēn
jiēshòu tiáokuǎn 接受条款[--條-] N. acceptance clause
jiēshòu xiàlai 接受下来 R.V. accept; take in
jiēshōuxìng jìnéng 接收性技能 N. receptive skills
jiēshōuxìng yǔyán zhīshí 接收性语言知识[-識] N. <lg.> receptive language knowledge
jiéshǒuyīn 节首音[節-] N. onset
jiēshòu yíshì 接受仪式[--儀-] N. takeover ceremony
jiēshōuzhě* 接收者 N. receiver M: ge/[1]míng/[2]wèi
jiēshòuzhě 接受者 N. recipient M: ge/[1]míng/[2]wèi
jiēshǔ 皆属[-屬] F.E. <wr.> all belong to
jiéshū 捷书[-書] N. report of victory M: [2]fēng
[1]jiéshù* 结束 V. end; conclude; close
[2]jiéshù 劫数[-數] N. <rel.> inexorable fate/doom
jiěshù 解数[-數] N. skill; art *See also* xièshù
jiéshuāng 结霜 V.O. form frost
jièshūchù 借书处[-書處] P.W. loan desk (of a library)
jiéshuǐ* 节水[節-] V.O. economize on water
jiéshuì 节税[節-] V.O. save taxes
jièshuǐxíngzhōu 借水行舟 F.E. achieve one's aims through sb. else's agency
jiěshuō* 解说 V. ① explain orally ② appease ♦N. ① caption ② narration
jièshuō 界说 <trad.> V. define ♦N. definition; explanation
jiěshuōcí 解说词 N. (oral) commentary; (written) caption
jiěshuōyuán 解说员 N. announcer; narrator; commentator M: ge/[1]míng/[2]wèi
jiéshùyǔ 结束语 N. concluding remarks
jiéshù zhànghù 结束帐户 V.O. close an account
jièshūzhèng 借书证[-書證] N. library card M: [1]zhāng
jiésìliánqí 结驷连骑 F.E. <wr.> carriage drawn by four horses
jiē-sòng* 接送 V. receive and send off (guests/visitors) ♦N. transportation to and from a certain place
jièsòng 解送 V. send under guard
jiěsōu 解溲 V.O. <wr.> urinate
jiésù 捷速 ADV. rapidly; quickly
jièsù* 借宿 V.O. put up for the night
jiésuàn 结算 V. settle/close an account
jiésuànrì 结算日 N. <acct.> settling day
jiésuàn zhànghù 结算帐户 N. balanced account
jiěsuàn zhuāngzhì 解算装置[--裝-] N. problem-solver
jiésuō zuòyòng 节缩作用[節-] N. <lg.> syncopation
jiētán 接谈 V. meet and talk with sb.
jiētàn 嗟叹[-嘆] V. <wr.> sigh with grief/regret
jiétān* 截瘫[-癱] N. paraplegia
jiètán 戒坛[-壇] N. a place for taking Buddhist vows M: [4]zuò
jiētànbùyǐ 嗟叹不已[-嘆--] F.E. sigh without ceasing
jiētàncí 嗟叹词[-嘆-] N. <lg.> interjection
jiētánxiàngyì 街谈巷议[-議] F.E. ① street gossip/rumor ② talk of the town
jiètè 介特 N. sb. helpless and friendless
jiētī 阶梯[階-] N. ① flight of stairs ② ladder ③ way/ladder to success
jiētì 接替 V. take over; replace
jiétǐ 结体[-體] N. form; structure (of Chinese characters)
jiětí 解题 V.O. solve a problem
jiětǐ* 解体[-體] V.O. disintegrate; break up; dismantle
jiètí 借题 V.O. make use of a subject as a pretext
jiètǐ 借体[-體] N. <lg.> written variant
jiètì 戒惕 V. be on guard; be vigilant
jiētiānyǔ 接添语 N. <lg.> affix
jiētiāo 揭挑 V. expose sb.'s weakness/etc.
[1]jiètiáo(r)* 借条(儿)[-條-] N. receipt for a loan; IOU M: [1]zhāng/ge
[2]jiètiáo 戒条[-條] N. <Budd.> discipline; commandments M: [1]tiáo
jiětiáoqì 解调器 N. <comp.> demodulator M: [1]tái/ge
jiētī chéngběn 阶梯成本[階-] N. <acct.> step costs
jiětǐchuán 解体船[-體-] N. scrapped vessel/ship M: [1]tiáo/[1]sōu
jiētiě 揭帖 V.O./N. ① put up a poster/etc. ② slanderous poster, pamphlet, or anonymous letter
jiètífāhuī 借题发挥[--發-] F.E. seize on sth. to beat own drum
jiētī jiàoshì 阶梯教室[階-] N. lecture theater M: [1]jiān/ge
jiētīng* 接听[-聽] V. answer (a phone call)
jiētíng 街亭 N. kiosk M: [4]zuò
jiētīng diànhuà fúwù 接听电话服务[-聽電--務] N. answering service
jiètīshànglóu 借梯上楼[-樓] F.E. advance oneself by making use of another's achievement
jiētīxìng fēnpèifǎ 阶梯性分配法[階-] N. step distribution method
jiētōng 接通 R.V. put/get through; connect
jiētòng chuāngbā 揭痛疮疤[--瘡-] V.P. touch sb. on a tender spot
jié tóngxīn 结同心 V.O. be of one mind
jiētǒngzi 街筒子 N. <coll.> street
[1]jiētóu* 街头 N. street (corner)

[2]**jiētóu(r)** 接头(儿) V.O. ① connect; join ② <coll.> contact; get in touch with; meet ③ have knowledge of; know about ♦N. ① joint ② <txtl.> piecing
jiétóu 截头 N. truncation
jiétóu biǎoyīnfǎ 截头表音法 N. <lg.> acrophony
jiétóu biǎoyīn wénzì 截头表音文字 N. <lg.> acrophonic writing
jiétóu huǒshān 截头火山 N. truncated volcano
jiētóujiē'ěr 接头接耳 F.E. whisper to each other
jiētóujù 街头剧[-劇] N. street (corner) performance M: [1]chū/[2]mù/ge
jiētóu liúlàng'ér 街头流浪儿 N. street Arab/gamin M: ge/[1]míng
jiētóuliúyīng 街头流莺[-鶯] ID. streetwalker; prostitute
jiētóumàichàng 街头卖唱[--賣-] F.E. sing as a street minstrel
jiētóumàiyì 街头卖艺[-賣藝] F.E. perform in the streets
jiētour 接头儿 N. <mach.> connection; joint
jiētóushī 街头诗 N. poems posted or circulated in the streets M: [2]shǒu
jiētóuxiàngwěi 街头巷尾 F.E. ① streets and lanes ② throughout the city ③ anywhere; everywhere
jiētóu xiǎofàn 街头小贩 N. street hawker/peddler/vender M: ge/[1]míng
jiētóu yīnyuè 街头音乐[-樂] N. street music
jiētóu yìrén 街头艺人[--藝-] N. streetcorner artists/performers M: ge/[1]míng/[2]wèi
jiētóuyǔ 接头语 N. <lg.> prefix
jiètú 戒涂/途[-塗] V.O. prepare for a trip
jiětuō 解脱 V. ①free/extricate oneself ②<Budd.> release from worldly cares
jièwài 界外 P.W. out of bounds
jièwàiqiú 界外球 N. <sport.> out-of-bounds
jiéwàishēngzhī 节外生枝[節-] F.E. ① new problems crop up unexpectedly; hit a snag ② raise obstacles; deliberately complicate an issue
jiè wàizhài 借外债 V.O. contract a foreign loan
jiéwǎng* 结网[-網] V.O. make a net
jiěwǎng 解网[-網] V.O. ① spare sb.'s life ② be merciful and lenient
jiéwéi 结为 V.P. enter into a specified relationship
jiéwěi 结尾 N. ① end; ending ② <mus.> coda
jiěwēi 解危 V.O. head off danger
[1]**jiěwéi*** 解围[-圍] V.O. ① raise a siege ② help sb. out of a predicament
[2]**jiěwéi** 解维 V.O. cast off the mooring lines
jièwèi 借位 V.O. borrow ten (in subtraction)
jiēwěicí 接尾词 N. ①suffix ②<lg.> end-bound
jiéwéifūqī 结为夫妻 F.E. be tied to each other in bonds of matrimony
jiēwěilìngr 接尾令儿 V.O. complete sb.'s unfinished work
jiéwéixiōngdì 结为兄弟 F.E. become sworn brothers
jiéwěiyīn 节尾音[節-] N. <lg.> coda
jiéwěi yīnjié 结尾音结 N. coda
[1]**jiēwěiyǔ** 结尾语 N. suffix
[2]**jiēwěiyǔ** 接尾语 N. <lg.> suffix
jiēwěn 接吻 V.O. kiss
jiéwén 节文[節-] V.O. ceremonial rites/forms
jiéwèn* 诘问 V. <wr.> closely question
jièwèn 借问 F.E. <court.> may I ask?
jiéwēnqì 节温器[節-] N. thermostat M: [1]tái/ge
jiēwěnyú 接吻鱼 N. kissing gourami M: [1]tiáo
jiēwǔ 接武 V.O. tread in sb's footsteps; follow closely
jiēwù* 接物 V.O. deal with affairs
jiěwù 解悟 V. realize; understand
jièwù 介物 N. medium
jiēwùdàirén 接物待人 F.E. attend to things and receive people
jiēwùjìng 接物镜 N. <phy.> objective (lens) M: [1]piàn/[2]kuài
jiēxī 接膝 V.O. sit close to each other
jiēxì 接戏[-戲] V.O. sign a contract for a movie role
jiéxí 结习[-習] N. immemorial custom
jiěxī* 解析 V./N. analyze
[1]**jiēxià*** 揭下 R.V. take off
[2]**jiēxià** 接下 R.V. ① accept ② continue with
jiéxia 节下[節-] N. the coming festival *See also* [2]*jiéxià*
[1]**jiéxiá** 桀黠 S.V. crafty and cruel
[2]**jiéxiá** 捷黠 S.V. <trad.> shrewd; cunning; crafty
[1]**jiéxià** 结下 R.V. form
[2]**jiéxià** 节下[節-] N. <trad.> polite way of addressing a general *See also jiéxia*
jiěxià 解下 R.V. untie; unfasten
jiéxiábàolì 桀黠暴戾 F.E. cruel and crooked/crafty
jiēxiàhàn 阶下汉[階-漢] N. beginner; apprentice; novice M: ge/[1]míng
jiēxiàlai 接下来 R.V. accept; take ♦ADV. then
jiēxiàn 接线 V.O. ① connect a wire ② make a (telephone/etc.) connection ♦N. <elec.> wiring
jiéxián 结嫌 V.O. develop suspicion/animosity
jiéxiàn 截线 N. <math.> transversal
[1]**jièxiàn*** 界限 N. ① limits; bounds; boundaries ② demarcation line M: [1]tiáo/ge
[2]**jièxiàn** 界线 N. ① boundary/dividing line ② limits; bounds M: [1]tiáo
jī'èxiàn 饥饿线 N. the verge of starvation
jiēxiàng* 街巷 N. streets and lanes
jiěxiǎng 解饷 V.O. deliver funds
jièxiàng 借项 N. loan; debit; debit items
jiěxiàngdù 解像度 N. resolution
jièxiàng tōngzhīdān 借项通知单 N. <acct.> debit memorandum M: [1]zhāng
jiēxiànshēng 接线生 N. switchboard operator M: ge/[1]míng
jiēxiàntú 接线图[-圖] N. wiring diagram M: [1]zhāng
jiēxiànxiāng 接线箱 N. junction box M: [2]zhī
jiēxiànyuán 接线员 N. switchboard operator M: ge/[1]míng/[2]wèi
jiēxiànzhù 接线柱 N. <elec.> terminal; binding post M: [2]gēn
jiēxiǎo* 揭晓[-曉] V. announce; publish *Bǐsài jiéguǒ míngtiān cáinéng ~.* The results of the competition will not be announced until tomorrow.
jiéxiào 节孝[節-] N. wifely fidelity and filial piety
jiěxiāo 解消 V. remove restrictions/etc.
jièxiào 借孝 V.O. replace mourning clothes with ordinary dress on a special occasion
jiéxiàofāng 节孝坊[節-] N. arch of chastity and filial piety M: [4]zuò
jiě xiǎoshǒu 解小手 V.O. <coll.> urinate
jiēxiàqiú 阶下囚[階-] N. prisoner; captive M: ge/[1]míng
jiē xiàqu 接下去 R.V. continue; go on (with) ♦CONJ. then
jièxìcí 介系词[-繫-] N. <lg.> preposition
jièxìcí cíjù 介系词辞句[-繫-辭-] N. <lg.> prepositional phrase
jiěxīdù 解析度 N. resolution
jiēxī'érxíng 接淅而行 ID. <wr.> depart in a hurry
jiěxīfǎ 解析法 N. analytic method
jiěxī hánshù 解析函数[-數] N. <math.> analytic function
jiēxījiāoyán 接膝交言 F.E. <wr.> have an intimate conversation
jiěxī jǐhé 解析几何 N. analytical geometry
jiěxī jǐhéxué 解析几何学 N. analytic geometry
jiēxīn 街心 N. center of (usu. spacious tree-lined) boulevards
jiēxìn 接信 V.O. receive a letter
jiéxīn 竭心 V.O. put one's heart and soul into
jièxīn* 戒心 N. vigilance; wariness
jiéxíng* 节行[節-] V. be moderate in behavior
jièxíng 戒行 N. <Budd.> austerity; asceticism
jièxíngchóng 介形虫[-蟲] N. mussel-shrimp M: [2]zhī
jiēxīn gōngyuán 街心公园[-園] P.W. small parks at/near intersections M: [4]zuò
jiēxīn huāyuán 街心花园[-園] P.W. small gardens at/near intersections M: [4]zuò
jiěxīqì 解析器 N. <comp.> resolver M: [1]tái/ge
jièxiǔr 借宿儿 V.O. sleep overnight as a guest
jiéxíwèijìn 结习未尽[-習-盡] F.E. Long standing practice still exists.
jièxì yǔzǔ 介系语组 N. <lg.> prepositional construction
jiēxù* 接续[-續] V. continue; follow ~ *dì-shíwǔ* [4]*yè* continued from page 15
jiéxù 节序[節-] N. order of seasons
jiéxuǎn 节选[節選] V. excerpt
jièxuǎn* 疥癣 N. mange
jièxuǎnchóng 疥癣虫[-蟲] N. scab mite; itch mite M: [2]zhī
jiēxùcí 接续词[-續-] N. <lg.> conjunction
jiéxué 结穴 V.O. central theme; main point
jiēxùxiāngyān 接续香烟[-續-煙] ID. continue the family line
jiéyán 结言 N. epilogue; afterword
[1]**jiěyán** 解严[-嚴] V.O. ① end martial law; lift a curfew ② remove restrictions; loosen control
[2]**jiěyán** 解颜 V.O. laugh; smile
jièyān 戒烟[-煙] V.O. give up smoking
jièyán* 戒严[-嚴] V.O. impose martial law; impose a curfew
jièyānchá 戒烟茶[-煙-] N. tea to counter the smoking habit M: bēi/[1]bāo
jièyán dìqū 戒严地区[-嚴-區] P.W. district under martial law
jièyánfǎ 戒严法[-嚴-] N. martial law
[1]**jiéyáng** 羯羊 N. castrated ram; wether M: [2]zhī
[2]**jiéyáng** 讦扬[-揚] V. expose sb.'s faults
jièyánlìng 戒严令[-嚴-] N. proclamation of martial law
jièyán shíqī 戒严时期[-嚴時-] N. martial-law period
jièyān xiāngyān 戒烟香烟[-煙-煙] N. cigarette for breaking the smoking habit M: [4]zhī/[1]bāo
jiēyánxiàngyǔ 街言巷语 F.E. street gossip/talk
jiěyào 解药[-藥] V.O. antidote
jiéyè 结业[-業] V.O. complete a course; wind up one's studies; graduate
jiéyè diǎnlǐ 结业典礼[-業-禮] N. commencement for completion of a non-degree training course
jiéyèshì 结业式[-業-] N. commencement (ceremony)
jiéyèzhèng 结业证[-業證] N. certificate of completion M: [1]zhāng
jiéyè zhèngshū 结业证书[-業證書] N. certificate of completion M: [1]zhāng
jiēyí 皆宜 V.P. fit for all
jiéyí 孑遗 N. sole survivor; few survivors
[1]**jiéyì** 结义[-義] V.P./ATTR. become sworn brothers/sisters
[2]**jiéyì** 节译[節譯] N. abridged translation
[3]**jiéyì** 节义[節義] N. integrity; fidelity; chastity
jiěyī 解衣 V.O. ① disrobe ② be generous to those in need
[1]**jiěyí** 解疑 N. <lg.> disambiguation
[2]**jiěyí** 解颐 V.O. laugh; smile
jiěyì 解译[-譯] V. interpret; decode
jièyǐ 借/藉以 COV. so as to; for the purpose of; by way of
[1]**jièyì*** 介意 V. take offense; mind
[2]**jièyì** 借意 N. metaphoric sense
[3]**jièyì** 借译[-譯] N. <lg.> loan translation
jiěyībāohuǒ 解衣包火 F.E. wrong/harmful way of solving a problem
jiéyì dìxiong 结义弟兄[-義--] N. sworn brothers
jiěyìmǎ 解译码[-譯-] N. <comp.> interpretive code
jiēyīn 皆因 ADV. only/just/all because
jiēyǐn* 接引 V. lead the way; guide
jiēyìn 接印 V.O. take over a public post
jiéyīn 节音[節-] N. <lg.> syncopation
jièyīn 介音 N. <lg.> ①onglide ②medial sounds; medial ③ *yùn* initial

jièyín 戒淫 V.O. abstain from sex
jiēyìng* 接应[-應] V. ① come to sb.'s aid; coordinate with; reinforce ② supply ♦N. <lg.> cohesion
jiéyíng 劫营[-營] V.O. raid the enemy camp
jiéyǐnggūdān 孑影孤单 F.E. all alone by oneself
jiēyìnshìshì 接印视事 F.E. <wr.> accept an appointment and attend to the business
jiè yīnyóur 借因由儿 V.O. use one excuse or another
jièyīnzì 借音字 N. <lg.> phonetic loan
jiěyìqì 解译器[-譯-] N. <comp.> interpreter M: [1]tái/ge
jiéyīsuōshí 节衣缩食[節-] F.E. live frugally
jiěyītuīshí 解衣推食 F.E. ① feed and clothe the needy ② be compassionate
jiéyì xiōngdì 结义兄弟[-義--] N. sworn brothers
jiěyīyìwǒ 解衣衣我 F.E. (He) took off his robe to clothe me.
jiéyòng 节用[節-] V. reduce expenses
jièyòng* 借用 V. ① borrow ② use sth. for another purpose ♦N. borrowing
jiéyóu* 节油[節-] V.O. economize on oil/gasoline
jiěyōu 解忧[-憂] V.O. relieve sorrows/worries
jièyóu 借/藉由 ADV. through; by
[1]**jiéyú*** 结余 N. (cash) surplus; balance
[2]**jiéyú** 节余[節-] N. surplus (from economizing) ♦V. save
[3]**jiéyú** 劫余 N. aftermath of a disaster
[4]**jiéyú** 婕妤 N. <hist.> title of an imperial concubine-*cum*-official
jiéyǔ 结语 N. concluding remarks
[1]**jiéyù** 节育[節-] V.O. practice birth control ♦N. planned parenthood
[2]**jiéyù** 劫狱 V.O. break into jail and rescue a prisoner
[3]**jiéyù** 节欲[節-] V.O. be ascetic/abstinent
jiěyǔ 解语 V.O. understand
jièyú 介于[-於] V.P. be situated in between
jièyǔ 借语 N. <lg.> loanword
[1]**jièyù** 借喻 N./ATTR. <lg.> simile; figurative ♦V.O. use an analogy
[2]**jièyù** 借寓 V. lodge at; be the guest of
[1]**jiēyuán** 阶缘[階-] V. ride on the coattails of a powerful person
[2]**jiēyuán** 接援 V.O. <mil.> reinforce
jiéyuān 结冤 V.O. contract animosity/enmity
jiéyuán 结缘 V.O. <Budd.> form ties (of affection/etc.)
jiéyuàn* 结怨 V.O. contract enmity
jiěyuàn 解怨 V.O. eliminate one's resentment
jièyuán 解元 N. <trad.> first-place candidate in provincial imperial examinations
jiěyùchúfán 解郁除烦 F.E. <Ch. med.> release stagnation and dissolve vexation
jiéyù cuòshī 节育措施[節-] N. contraceptive measures
jièyù de duǎnyǔ 借喻的短语 N. <lg.> figurative phrase
[1]**jiéyuē*** 节约[節-] V. ① economize; save ② conclude a treaty/etc.
[2]**jiéyuē** 结约 V.O. make a pact
jiéyuè 节钺[節-] N. <trad.> battle-axe as a symbol of a military commander's authority
jiěyuē 解约 V.O. terminate an agreement
jièyuē 界约 N. frontier agreement M: [1]fèn
jiéyuējiǎng 节约奖[節-獎] N. reward for saving resources
jiéyuēlǐng 节约领[節-] N. detached collar M: [1]tiáo
jiěyǔhuā 解语花 N. beautiful woman
jiéyùhuán 节育环[節-環] N. intrauterine device (IUD); the loop
jièyúliǎngnán 介于两难[-於-難] F.E. on the horns of a dilemma
jiēyùn 接运[-運] V. carry; transport
[1]**jiéyùn*** 劫运[-運] N. inexorable fate
[2]**jiéyùn** 捷运[-運] N. rapid-transit
jiěyùn 解愠 V.O. <wr.> dispel one's troubles
jiéyùn xìtǒng 捷运系统[-運--] N. rapid transit system
jiézā 结扎 V./N. <med.> ligate
[1]**jiēzài** 接载 V. carry; take on; transport
[2]**jiēzài** 揭载 V. publish in the press
jiézāshù 结扎术[-術] N. <med.> ligation; ligature
jiézé 诘责 V. <wr.> censure; rebuke
jiézé'éryú 竭泽而渔[-澤--] ID. kill the goose that lays the golden eggs
jiézhài 劫寨 V.O. raid a mountain fortress
jièzhāi 戒斋[-齋] V.O. break/end a fast
jièzhài* 借债 V.O. borrow money
jièzhàidùrì 借债度日 F.E. live by borrowing
jièzhāimùyù 戒斋沐浴[-齋--] F.E. <rel.> fast and bathe oneself
[1]**jiēzhàn** 接站 V.O. meet/welcome sb. at the station
[2]**jiēzhàn** 接战[-戰] V. meet in battle
jiēzhǎng 接掌 V. take over (duties); replace
jiézhàng* 结帐/账 V.O. settle/square accounts
jiězhàng 姐丈 N. husband of one's elder sister M: ge/[2]wèi
jiézhàngchù 结帐/账处[-處] P.W. checkout counter
jiézhàng fēnlù 结帐分录[-錄] N. <acct.> closing entries
jiézhāo 诘朝 N. tomorrow/next morning
jiēzhe* 接着[-著] V. ① catch ② follow; carry on ♦ADV. next; immediately after
jiézhé 结辙 N. busy traffic
jiēzhěn 接诊 V. receive a patient for treatment
[1]**jiēzhī** 皆知 F.E. everyone knows
[2]**jiēzhī(r)** 接枝(儿) V.O. <bot.> graft
jiēzhǐ 接旨 V.O. receive an imperial edict
[1]**jiézhī** 截肢 V.O./N. <med.> amputate
[2]**jiézhī** 节支[節-] V.O. cut down expenses
[3]**jiézhī** 节肢[節-] ATTR. <zoo.> arthropod
jiézhí 讦直 V. blame sb. bluntly for his faults
jiézhǐ* 截止 V. ①end; close ***Shēnqǐng ~ rìqī [1]wéi Sānyuè yī rì.*** The deadline for the application is March first. ② <elec.> cut off
[1]**jiézhì** 节制[節-] V. control; check; be moderate in ♦N. temperance; abstinence
[2]**jiézhì** 截至 V.P. by (a specified time); up to
[3]**jiézhì** 劫制 V. coerce/compel obedience
[4]**jiézhì** 竭智 V.O. use all of one's intelligence
[5]**jiézhì** 洁治[潔-] N. (dental) scaling
jiězhí 解职[-職] V.O. dismiss from office
jièzhi(r) 戒指(儿) N. ring (for the finger)
jièzhī 借支 V.O. ask for advance on pay
[1]**jièzhǐ** 界址 N. frontier
[2]**jièzhǐ** 界纸 N. lined paper M: [1]zhāng
[1]**jièzhì** 介质[-質] N. <phy.> medium
[2]**jièzhì** 借致 F.E. I avail myself of this opportunity to . . .
jiézhī dòngwù 节肢动物[節-動-] N. <zoo.> arthropod M: [1]zhǒng
jiézhìjìnlì 竭智尽力[--盡-] F.E. do one's utmost
jiézhìjìnlǜ 竭智尽虑[-盡慮] F.E. devote one's mental resources to the full
jiézhì mùqián wéizhǐ 截至目前为止 F.E. up to now
jiézhì shēngyù 节制生育[節-] V.O. practice birth control
jiézhǐshìlǚ 截趾适履[--適-] ID. do sth. in an impractical manner
jiézhìzhá 节制闸[節-] N. check-gate (in water conservancy)
jiézhì zīběn 节制资本[節-] V.O. restrict private capital
jiēzhǒng 接踵 V.O. <wr.> follow on sb.'s heels
jiēzhòng 接种[-種] V. <med.> inoculate; vaccinate
jièzhòng* 借/藉重 V. rely on for support; enlist sb.'s help
jiēzhǒng'érlái 接踵而来 F.E. come one after another
jiēzhǒng'érxíng 接踵而行 F.E. follow at sb's heels
jiēzhǒng'érzhì 接踵而至 F.E. come one after another
jiēzhòng yìmiáo 接种疫苗[-種--] V.O. be vaccinated
Jié-Zhòu* 桀纣 N. ① names of the last rulers of Xia and Shang ② tyranny
jièzhòu 介胄 N. armor
jiézhòuzhī'è 桀纣之恶[-惡] F.E. The devil is not as black as painted.
jiēzhū 揭橥[-櫫] V.O. announce/publish an objective/goal/etc.
jiēzhù 接住 R.V. catch (sth. thrown)
jiézhu 截住 R.V. ①obstruct; stop short ②intercept
jièzhǔ(r) 借主(儿) N. creditor
[1]**jièzhù*** 借助 V. have the aid of; draw support from
[2]**jièzhù** 借住 V.O. stay at sb. else's place
[3]**jièzhù** 借箸 V.O. draw up a plan for others
jiēzhuǎn 接转[-轉] V. transfer (a phone message, letter, etc.)
jiēzhuàn 接篆 V.O. take over a public post
jiézhuàn* 结撰 V.O. compose a report
jiězhuāng* 解装[-裝] V.O. take a rest
jièzhuāng 界桩[-樁] N. boundary marker
jièzhùdàichóu 借箸代筹[-籌] F.E. suggest plans for others
jièzhùdàimóu 借箸代谋 F.E. suggest plans for others
jièzhùyú 借助于[-於] V.P. by means of; with the help of; on the strength of
jiēzi* 疖子[癤-] N. ① <med.> furuncle; boil ② <bot.> knot (in wood)
[1]**jiézi** 结子 N. knot on a string/rope ***See also*** *jiézǐ*
[2]**jiézi** 节子[節-] N. gnarl; nodule
jiézī 节资[節-] V.O. economize the use of funds; use funds economically
jiézǐ 结子 V.O. ① produce seeds ② run to seed ***See also*** [1]*jiézi*
jiězì 解字 V.O. interpret the meaning of a word
jièzi 褯子 N. <topo.> diaper
jièzī 借/藉资 V.O. avail oneself of sth. in order to. . .
[1]**jièzǐ** 芥子 N. ① mustard seeds ② a tiny thing
[2]**jièzǐ** 介子 N. <phy.> meson; mesotron
[1]**jièzì** 借字 N. <lg.> borrowing; loan; loanword
[2]**jièzì** 介字 N. <lg.> preposition
jièzǐ dúqì 芥子毒气[-氣] N. <chem.> mustard gas
jièzǐní 芥子泥 N. mustard-powder poultice
jièzǐqì 芥子气[-氣] N. <chem.> mustard gas
jiēzǐr* 结子儿 V.O. yield seeds (of plants)
jièzìr 借字儿 N. borrowing receipt
jièzi wǎsī 芥子瓦斯 N. <chem.> mustard gas
jièzīyìzhù 借/藉资挹注 ID. make use of sth. to make good the deficits in sth. else
jiēzǒu 接走 R.V. pick up
jiézòu* 节奏[節-] N. rhythm; beat
jiézòugǎn 节奏感[節-] N. sense of rhythm
jiēzú* 街卒 N. <trad.> scavengers M: ge/[1]míng
jiězǔ 解组 V.O. ①free oneself of one's obligations/duties ② dissolve; disband
jiézú dòngwù 节足动物[節-動-] N. <zoo.> arthropod
jiězǔguītián 解组归田[--歸-] F.E. retire from public life
jiézūn 洁樽[潔-] F.E. I've washed the cups (formula for inviting to a banquet).
jiézūnhòujiào 洁樽候教[潔-] F.E. <court.> I am looking forward to your coming to dinner.
jiēzuò 接座 N. joint chair ♦V.O. add more chairs
jiézuò* 杰作[傑-] N. masterpiece M: [1]piān/[2]jiàn/[1]běn
jiězuò 解作 V.P. be interpreted as
jiézúxiāndé 捷足先得 F.E. The race is to the swift.
jiézúxiāndēng 捷足先登 F.E. The race is to the swift.
jiézǔzhī 结组织[-織] N. <phys.> connective tissue
[1]**jīfā*** 激发[-發] V. arouse; stimulate; set off ♦N. <phy.> excitation

[2]jīfā 击发[擊發] N. percussion ♦V. trigger
jīfǎ 基法 N. <math.> fundamental operations
jìfā 继发[繼發] ATTR. secondary
[1]jìfǎ 技法 N. technique and method
[2]jìfǎ 记法 N. mnemonics
jīfàn* 积犯[積-] N. habitual criminal
jìfàn 霁范[霽範] N. mild and moderate manner
jīfānchuán 机帆船 N. motor sailboat M: [1]tiáo/[1]sōu
jǐfānfēngyǔ 几番风雨 F.E. reversals caused by repeated buffeting
jīfāng 鸡坊[雞-] N. chicken farm; chicken coop M: [1]jiā/[4]zuò
jīfáng 机房 P.W. ① generator room ② engine-room (of a ship) M: [1]jiān
jífáng 吉房 N. house M: [1]jiān
jǐfāng 己方 N. one's own side
jīfǎng 绩纺 V. spin
jìfàng* 寄放 V. leave in care of
jīfànzi 鸡贩子[雞-] N. dealer in live poultry M: ge/[1]míng
jīfā qǐ 激发起[-發-] R.V. rouse up
jīfā qǐlai 激发起来[-發--] R.V. rouse up
jīfā tiānliáng 激发天良[-發--] V.O. arouse one's conscience
[1]jīféi* 积肥[積-] V.O. collect farmyard manure
[2]jīféi 基肥 N. base manure; fertilizer
[1]jìfèi 寄费 N. postage M: [2]bǐ
[2]jìfèi 计费 V.O. calculate the cost
jīfēichéngshì 积非成是[積-] F.E. get used to what is wrong and regard it as right
jīfēidàndǎ 鸡飞蛋打[雞飛-] ID. all is lost
jīfēigǒutiào 鸡飞狗跳[雞飛-] ID. be a chaos/mess/etc.
jīfēn* 积分[積-] N. ① total credits earned by student ② integral calculus
jīfěn 齑粉[齏-] N. <wr.> fine powder ♦V.O. be completely annihilated
[1]jīfèn 激愤 S.V. wrathful; indignant
[2]jīfèn 鸡粪[雞糞] N. chicken manure; fowl dung M: duī
[3]jīfèn 激奋[-奮] V. be roused to action
jǐfēn 几分 ATTR. a bit; somewhat; rather
[1]jìfēn 计分 V.O. calculate scores/points
[2]jìfēn(r) 记分(儿) V.O. ① keep score ② register student marks ③ record work points
[3]jìfēn 绩分 N. total credits
jìfēnbǎn 记分板 N. scoreboard M: [2]kuài
jìfēncè 计分册[-冊] N. pamphlet M: [1]běn
jīfēnfǎ 积分法[積-] N. ① <math.> integration ② classification by school grades/marks
jīfēn fāngchéngshì 积分方程式[積-] N. <math.> integral equation
[1]jīfēng 机锋 V.P. witty; sharp
[2]jīfēng 姬蜂 N. ichneumon flies
jīfěng 讥讽 V. ridicule; satirize
[1]jífēng 疾风 N. ① strong wind ② <met.> moderate gale M: [1]zhèn
[2]jífēng 极峰[極-] N. ① summit; highest peak ② highest office in the country
[3]jífēng 急疯 V.P. be crazed with anxiety
[4]jífēng 及锋 V.O. seize the opportunity
jìfēng* 季风 N. monsoon
jìfèng 寄奉 V. send as a gift
jífēngbàoyǔ 急风暴雨 F.E. violent storm
jīfēngbìyǔ 箕风毕雨[--畢-] ID. <wr.> There's no accounting for taste.
[1]jífēng'érshì 及锋而试 F.E. <wr.> Strike the iron while it's hot.
[2]jífēng'érshì 即锋而试 F.E. seize an opportunity by the forelock
jīfěnghuà 讥讽话 N. ridicule; satire M: [2]fān
jífēngjìngcǎo 疾风劲草[--勁-] ID. Adversity tests strength of character.
jìfēng qìhòu 季风气候[--氣-] N. monsoon climate
jífēng sǎo luòyè 疾风扫落叶[--掃-葉] ID. carry everything before one
jífēngxùnléi 疾风迅雷 F.E. as quick as gales and thunder
jìfēng yángliú 季风洋流 N. monsoon current
jìfēngyǔ 季风雨 N. monsoon rain M: [3]cháng
jífēng zhī jìncǎo 疾风知劲草[---勁-] ID. Adversity tests the strength of character.
jìfēnpái 记分牌 N. scoreboard M: [2]kuài
jīfēnqì 积分器[積-] N. integrator M: [1]tái/ge
jīfēnxué 积分学[積-] N. <math> integral calculus
jìfēnyuán 记分员 N. scorekeeper; scorer M: ge/[1]míng/[2]wèi
jǐ fēn zīsè 几分姿色 N. rather charming looks (of women)
jīfǒu 击缶[擊-] V.O. beat time with a clay percussion instrument
jīfū* 肌肤[-膚] N. <wr.> ① skin and muscle ② intimate relationship between a man and a woman
[1]jīfú 积福[積-] V.O. store up happiness by charitable deeds
[2]jīfú 期服 N. <trad.> one-year mourning for the death of a senior family member
jīfǔ 畿辅 N. the environs of a capital
[1]jīfù 机腹 N. the belly of an airplane
[2]jīfù 箕赋 V.O. levy excessive taxes on the people
[1]jí fù 极富[極-] V.P. very rich
[2]jífù 即付 V. pay on demand
[3]jífù 嫉富 V.O. envy the better-off
jǐfù 给付 V. give; deliver; remit *See also gěifù*
jìfú 祭服 N. robe worn for a religious rite M: [2]jiàn
[1]jìfù 继父[繼-] N. stepfather M: ge/[2]wèi
[2]jìfù 寄父 N. foster father M: ge/[2]wèi
[3]jìfù 寄附 V. depend on sb. for a living
jīfùbǎoyáng 饥附饱飏[-颺] F.E. <wr.> cling to sb. when needed and abandon him when no longer needed
jīfūjiǎcuò 肌肤甲错[-膚--] N. <Ch. med.> scaly dry skin; pellagra
jífùzhèng 急腹症 N. <med.> acute abdominal disease
jīfūzhīqīn 肌肤之亲[-膚-親] N. ① blood relations ② intimate relations between a man and a woman
jīgā 唧嘎 V. <topo.> cackle; giggle
jìgǎi 技改 N. technical transformation
jīgàn 基干[-幹] N. backbone; hard core
jìgāng 纪纲[-綱] N. ① <wr.> institutions; rules and regulations; law; moral standard ② <trad.> servant
jīgàn mínbīng 基干民兵[-幹--] N. core members of the militia M: ge/[1]míng
jígào 即告 V. notice immediately
jìgào* 祭告 V. sacrifice to the gods in a national crisis
jígāo'ébō 极高额波[極-] N. very high frequency (VHF)
jìgāoyīchóu 计高一筹[-籌] F.E. more skillful
jígé* 及格 V.O. pass (a test)
jǐgé 几阁 N. shelf beneath a small table (for books/etc.)
jǐ gè 几个[-個] N. ① a few; several ② how many
jìgěi 寄给 V. send to
jīgēng 机耕 N./V. tractor-plowing
jīgēng miànjī 机耕面积[-積] N. area plowed by tractors
jīgēngzhàn 机耕站 P.W. tractor station M: [1]jiā
jīger 咭咯儿 V. <topo.> badger sb.
jígésài 及格赛 N. qualifying event/round/trial M: [2]chǎng
jīgōng 机工 N. ① mechanic; machinist ② equipment operator M: ge/[1]míng
[1]jìgōng* 技工 N. ① skilled worker ② mechanic; technician M: ge/[1]míng
[2]jìgōng 记工 V.O. record workpoints
[3]jìgōng 记/纪功 V.O. record merit/accomplishment ***Gěi tā jì yīděng gōng.*** He was awarded a citation for Merit, First Class.
jīgōngchē 鸡公车[雞-] <topo.> N. single-wheeled cart M: [1]jià
jígōnghàoyì 急公好义[-義] F.E. public-spirited
jìgōng hétong 计工合同 N. piece-work agreement M: [1]fèn
jígōngjìnlì 急功近利 F.E. eager for quick success and instant benefit
jìgōngyuán 记工员 N. workpoint recorder M: ge/[1]míng/[2]wèi
[1]jīgòu 机构[-構] N. ① mechanism ② organization; organ ③ internal structure of an organization
[2]jīgòu 积垢[積-] N. <chem.>
[3]jīgòu 基构[-構] N. basic structure
jīgòuchóngdié 机构重叠[-構-疊] F.E. organizational overlapping
jīgū 叽/唧咕 V. ① talk in a low voice; whisper; mutter ② drip (of liquid) ③ grumble; mumble/mutter complaints
[1]jīgǔ 击鼓[擊-] V.O. beat a drum; drum
[2]jīgǔ 稽古 V.O. study ancient ways
[3]jīgǔ 肌骨 N. muscles and bones
[4]jīgǔ 鸡骨[雞-] N. chicken bones ♦V.P. skinny; emaciated; thin
[5]jīgǔ 积谷[積穀] N. stored grain from the past years ♦V.O. store grain
jīgù 稽固 V. sojourn; stop at a place
[1]jígǔ 集股 V.O. form a stock company *~ **jiàn gōngchǎng** generate capital to build a factory.*
[2]jígǔ 汲古 V.O. immerse oneself in the study of the past
jígù 籍故 A.T. allege; plead
jǐgu 挤咕[擠-] V. <topo.> wink; blink
jǐgǔ* 脊骨 N. spine; backbone
jíguā 及瓜 N. ① date of payment; when a bill matures or falls due ② when the time is ripe
jìguà* 记挂 V. <topo.> be concerned about; keep thinking about; miss ***Lái Měiguó hòu, tā yīzhí ~zhe zài Zhōngguó de fùmǔ.*** Since coming to America, he's had his parents constantly on his mind
[1]jīguān* 机关[-關] P.W. office; organ; body ♦N. ① mechanism ② stratagem; scheme; intrigue ♦ATTR. machine-operated
[2]jīguān(zi) 鸡冠(子)[雞-] N. cock's comb
[3]jīguān 笄冠 V. <trad.> have just attained maturity
[1]jíguān 及冠 N. come of age (of a young man)
[2]jíguān 极冠[極-] N. <astr.> polar cap
jíguàn 籍贯 N. native/birth place
jìguǎn 妓馆 P.W. brothel M: [1]jiā/[4]zuò
jìguàn 祭冠 N. cap worn in a major religious service
jīguānbào 机关报[-關報] N. official newspaper/organ M: [1]zhāng/[1]fèn
jīguānchē 机关车[-關-] N. locomotive; engine M: [3]liàng/[1]tái
jíguǎnfánxián 急管繁弦 F.E. <mus.> fast beat; quick rhythm
jīguāng 激光 N. laser
jíguāng* 极光[極-] N. <astr.> aurora; polar lights
jīguāng chàngjī 激光唱机 N. compact disc player M: [1]tái
jīguāng chàngpiàn 激光唱片 N. compact disc (CD) M: [1]zhāng
jīguāng dǎyìnjī 激光打印机 N. laser printer M: [1]tái
jīguāng lùxiàngpán 激光录相盘[--錄-盤] N. laser videodisc
jíguāngpiànyǔ 吉光片羽 F.E. fragments of ancient literary/artistic works
jīguāngqì 激光器 N. laser M: [1]tái/ge
jīguāng shìpán 激光视盘[-盤] N. laser disc (LD) M: [1]piàn/[1]zhāng
jīguāngshù 激光束 N. laser beam
jīguāngyàng 激光样[-樣] N. <print.> printout on a laser pager
jīguāng zhìdǎo zhàdàn 激光制导炸弹[---導-] N. laser-guided bombs
jīguānhuā 鸡冠花[雞-] N. cock's comb (flower) M: [2]duǒ
jīguān kānwù 机关刊物[-關--] N. official journal of an organization M: [1]běn/[1]fèn
jīguānpào 机关炮[-關-] N. rapid-fire cannon M: mén/[4]zuò/[1]tái

jīguānqiāng 机关枪[-關槍] N. machine gun M: [4]gǎn
jīguān rényuán 机关人员[-關--] N. ①personnel in a government institution ② office workers
jīguānshí 鸡冠石[雞-] N. realgar M: [2]kuài
jīguānsuànjìn 机关算尽[-關-盡] F.E. rack one's brain to . . .
jíguānzhīnián 及冠之年 N. <trad.> reach the age of 20 (of males)
jīguānzi 鸡冠子[雞-] N. cockscomb
jīgǔbèihuāng 积谷备荒[積穀備-] F.E. be prepared for rainy days
jīgūdúyuán 给孤独园[-獨園] N. <Budd.> estate given to orphans and widows
jīgǔfánghuāng 积谷防荒[積穀-] F.E. store up grain against lean year
jīguhāgu 挤咕哈咕[擠-] V. <topo.> blink (eyes)
jīguǐ 激诡 V.P. eccentric
jīgǔmíngyuān 击鼓鸣冤[擊-] F.E. <trad.> beat the *yamen* drum and appeal for justice
jīgùn 击棍[擊-] N. club; stick M: [2]gēn
jīguō 激聒 V. chatter incessantly
jǐguò 挤过[擠-] R.V. squeeze through
jìguò* 记过 V.O. record demerit
jǐgu yǎn(r) 挤咕眼(儿)[擠-] V.O. <coll.> ① flutter one's eyelashes; make eyes at; flirt ② wink
jǐhài 己亥 N. 36th year of the Sexagenary Cycle (1899, 1959, 2019 etc.)
jīhán* 饥寒 N. hunger and cold
Jì Hàn 季汉[-漢] *See Shǔ Hàn*
jīhánjiāopò 饥寒交迫 F.E. suffer hunger and cold; be poverty-stricken
jīhánshù 奇函数[-數] N. <math.> odd function
jīhánsuǒbī 饥寒所逼 F.E. be driven by hunger and cold (to do sth.)
jí hǎo 极好[極-] V.P. extremely good; excellent
jìhao(r)* 记号(儿)[-號-] N. ① mark; sign ② ideogram
jìhao gōngnéng 记号功能[-號--] N. sign functioning
jìhaoxué 记号学[-號-] N. semiology; semiotics
jìhao yòngfǎ 记号用法[-號--] N. notation
jīhé 稽核 V. check; examine and audit
[1]**jíhé*** 集合 V. gather; assemble; muster
[2]**jíhé** 辑合 <lg.> N. syncretism ♦V. syncretize
jǐhé 几何 N. geometry ♦PR. <wr.> how much/many?
jíhéchǎng 集合场[-場] P.W. resort (gathering place)
jíhédì 集合地 P.W. resort (gathering place)
jíhédiǎn 集合点[-點] N. rendezvous
jǐhé dìnglǐ 几何定理 N. geometrical theorem
jìhéfénzhōu 济河焚舟[濟-] ID. burn one's bridges
jíhéhào 集合号[-號] N. bugle call to fall-in; assembly
jǐhéhuà 几何画[-畫] N. geometric figure M: [10]fēu
jǐhé jíshù 几何级数[-數] N. geometric progression/series
jíhélùn 集合论 N. <math.> set theory
jíhé míngcí 集合名词 N. <lg.> collective noun
jīhèn 赍恨[齎-] V. harbor hatred; entertain a grudge
jíhèn* 嫉恨 V. envy and hate
[1]**jìhèn** 记恨 V. bear grudges
[2]**jìhèn** 忌恨 N. envy and hate
jīhènzhōngshēn 赍恨终身[齎-] F.E. <wr.> die without fulfilling one's ambitions
jíhé qǐlai 集合起来 R.V. gather; assemble
jíhétǐ 集合体[-體] N. <min.> ① aggregate ② bundle
jǐhétǐ* 几何体[-體] N. geometric form
jǐhé túxíng 几何图形[--圖-] N. geometric figure
jǐhéxué 几何学 N. geometry
jīhé zhàngmù 稽核账目 V.O. audit accounts
jìhòu 季候 N. season
jìhòufēng 季候风 N. ① seasonal wind ② monsoon
jǐhóu sāiyīn 挤喉塞音[擠-] N. <lg.> ejective
jǐhóuyīn 挤喉音[擠-] N. <lg.> ejective
jīhū* 几乎 ADV. almost; nearly
jīhù 机户 N. mechanized farming household
jíhū 疾呼 V. cry (out)
jìhū 洎乎 CONJ. until; till; up to
jīhuà 激化 V. sharpen; intensify; become acute
jíhuà 极化[極-] V./N. polarize
jìhuà* 计划/画[-劃/畫] N./V. plan; project; program
jìhuà'àn 计划案[-劃-] N. a plan
jìhuá cǎo'àn 计划草案 N. draft plan
jìhuà chéngběn 计划成本[-劃--] N. planned economy
jìhuàfǎ 计划法[-劃-] N. planning law
jìhuà gōngyìng 计划供应[-劃-應] N. planned supply
[1]**jí huài*** 极坏[極壞] V.P. very bad; the worst
[2]**jíhuài** 急坏[-壞] V. be extremely anxious and worried about
jìhuái 寄怀[-懷] V. consign one's emotions to (writing/etc.)
jìhuà jīngjì 计划经济[-劃經濟] N. planned economy
jīhuàn 羁宦 V. travel far to enter government service
jíhuàn* 疾患 N. <wr.> disease; illness
jīhuang 饥荒 N. ①famine; crop failure ② <coll.> debt ♦A.T. <coll.> be hard up
jìhuà shēngchǎn 计划生产[-劃-產] N./V.P. planned production; production according to plan
jìhuà shēngyù 计划生育[-劃--] N. family planning; birth control
jìhuàshū 计划书[-劃書] N. prospectus (of a business/factory/etc.) M: [1]fèn
jìhuà tǐzhì 计划体制[-劃體-] N. planning system
jìhuàtú 计划图[-劃圖] N. blueprint M: [1]zhāng
jìhuàwài shēngyù 计划外生育[-劃---] N. unplanned/additional birth
jìhuàwài tóuzī 计划外投资[-劃---] N. investments outside the plan
jìhuà wěiyuánhuì 计划委员会[-劃---] P.W. planning committee
jìhuà wèntí 计划问题[-劃--] N. programming
jìhuàxìng 计划性[-劃-] N. planned nature
jìhuà zhōng 计划中[-劃-] V.P. under consideration/contemplation
jìhuàzhōuxiáng 计划周详[-劃--] F.E. a plan that attends to minute details
jíhūhū 急乎乎 ADV. in a hurry
jīhuǐ 击毁[擊毀] R.V. smash; destroy
[1]**jīhuì*** 机会 N. chance; opportunity
[2]**jīhuì** 箕会 V. exploit/squeeze by ruthless taxation
[1]**jíhuì** 集会 N. assembly; rally; gathering
[2]**jíhuì** 级会 N. reunion of classmates
jǐ huí 几回 N. ① several times; on several occasions ② how many times?
jìhuí 寄回 R.V. mail/send back
[1]**jìhuì** 忌讳[-諱] V. ① avoid as a taboo *Lǎo Zhāng zuì ~ rénjiā jiào tā de xiǎomíngr.* Zhang doesn't like people to use his nickname. ② avoid as harmful; abstain from ♦N. ① taboo ② <topo.> vinegar
[2]**jìhuì** 际会[際-] N. ① chance meeting ② happenstance
jìhuìcí 忌讳词[-諱-] N. <lg.> taboo; four-letter word
jìhuìfēngyún 际会风云[際-雲] F.E. emerge into prominence in times of crisis
jíhuìjiéshè 集会结社 F.E. assemble and form an organization/society/etc.
jīhuìjūnděng 机会均等 F.E. equal opportunities
jīhuǐxiāogǔ 积毁销骨[積毀-] F.E. slander can destroy family ties
jīhuìzhǔyì 机会主义[-義] N. opportunism
jīhuìzhǔyì lùxiàn 机会主义路线[---義--] N. opportunist road
jíhuì zìyóu 集会自由 N. freedom of political assembly
jìhūjìnshì 洎乎近世 F.E. <wr.> until recent times
jīhuó 激活 V.O. activate
jīhuǒ 饥火 N. sharp hunger
jīhuò 缉获[-獲] V. arrest; capture
[1]**jíhuò*** 即或 CONJ. even; even if/though
[2]**jíhuò** 集货 V.O. store goods
jīhuòluàn 鸡霍乱[雞-亂] N. fowl cholera
jíhuǒr 急火儿 N. ① strong fire (for cooking) ② anxiety
jīhuǒzhōngshāo 饥火中烧[-燒] F.E. be very hungry
jījī 唧唧 ON. chirp ♦N. ①insect cries ② murmur; whispering
[1]**jījí*** 积极[積極] S.V. ① positive ② active; energetic; vigorous; dynamic
[2]**jījí** 击楫[擊-] V.O. <wr.> make an oath to recover lost land
[3]**jījí** 基极[-極] N. basic electrode
[1]**jíjī** 集积[-積] V. collect
[2]**jíjī** 急激 S.V. radical; vehement
[3]**jíjī** 及笄 N. reach the age of fifteen (of a girl)
[1]**jíjí** 汲汲 R.F. <wr.> anxious/avid (for) ~[1]**yú gèrén mínglì** crave personal fame and gain
[2]**jíjí** 岌岌 R.F. <wr.> ①precarious ②precipitous
[3]**jíjí** 亟亟 R.F. <wr.> in a hurry; in haste
[4]**jíjí** 籍籍 R.F. ① confusing; disorderly ② noisy; vociferous
[5]**jíjí** 急急 R.F. hurriedly; hastily; in a rush
[6]**jíjí** 即即 R.F. fill ♦ON. cry of wild geese
[7]**jíjí** 辑集 V.O. make up an anthology; gather sth. together to form a book
[8]**jíjí** 伋伋 R.F. deceptive
[9]**jíjí** 辑辑 ON. rustling
[10]**jíjí** 即吉 V.P. <trad.> take off mourning garments
jǐjǐ 济济[濟濟] R.F. ① multitudinous; numerous ② magnificent
jìjī 技击[-擊] N. ① boxing; pugilism ② martial arts attack and defense
[1]**jìjí** 寄籍 N./V. <law> ① domicile ② have one's home temporarily in another town/country/etc.
[2]**jìjí** 济急[濟-] V.O. give urgent relief
[3]**jìjí** 纪极[-極] N. the ultimate end
[1]**jìjì** 寂寂 R.F. solitary and sad *See also* [3]jìjì
[2]**jìjì** 继继[繼繼] R.F. uninterrupted; continuous
[3]**jìjì** 寂寂 R.F. quiet; still *See also* [1]jìjì
[4]**jìjì** 迹迹[跡跡] R.F. wander like a lost soul
[5]**jìjì** 寄迹[-跡] V. sojourn temporarily
[1]**jījià*** 基价[-價] N. base price
[2]**jījià** 基架 N. bed frame
[3]**jījià** 机架 N. mount
[4]**jījià** 鸡架[雞-] N. chicken roost
jí jiā 极佳[極-] V.P. very good
jǐjià 给假 V.O. grant a leave of absence *See also gěijià*
jìjià 计价[-價] V.O. valuate ♦N. valuation
jìjià guòdī 计价过低[-價--] V.P. undervaluation
jìjià guògāo 计价过高[-價--] V.P. overvaluation
jǐjǐ'āi'āi 挤挤挨挨[擠擠-] R.F. hustling and jostling
jījiān 鸡奸[雞-] N. sodomy; buggery
jījiǎn 激减[-減] V. decrease/lessen drastically
[1]**jījiàn*** 机件 N. parts; works
[2]**jījiàn** 击剑[擊-] N. <sport> fencing
[3]**jījiàn** 基建 N. ① capital construction ② fine furniture or major appliance in a home
[4]**jījiàn** 肌腱 N. <phy.> tendon
[5]**jījiàn** 击键[擊-] V.O. strike a key *jī rènhé jiàn* strike any key
[6]**jījiàn** 积渐[積-] ADV. gradually
[7]**jījiàn** 几谏 V. remonstrate with one's parents gently
jíjiān 及肩 V.O. come up to sb's shoulder
• [1]**jíjiàn** 急件 N. urgent document/dispatch M: [1]fèn/[2]fēng
[2]**jíjiàn** 即渐 ADV. gradually; little by little
[1]**jǐjiàn** 己见 N. one's own opinion
[2]**jǐjiàn** 给谏 N. <trad.> official rank roughly equivalent to a censor
jìjiǎn 纪检 N. disciplinary examination ♦V. inspect discipline
jìjiàn 计件 V.O. reckon by the piece

jījiàn bǐsài 击剑比赛[擊-] N. fencing competition M: [2]chǎng
jíjiānfēnlí 级间分离[-離] F.E. stage separation (in a space launch)
[1]jījiàng 激将[-將] V.O. give pep talk; prod
[2]jījiàng 机匠 N. ① mechanic ② weaver
jíjiāng* 即将[-將] ADV. about to; on the point of; soon
jíjiàng 急降 V. dive/drop sharply
jǐjiǎng 给奖[-獎] V.O. award prizes
jìjiǎng 计奖[-獎] V.O. issue bonuses on the basis of recorded work performance
jījiàngfǎ 激将法[-將-] N. goading; prodding
jìjiàn gōngzī 计件工资 N. piece-rate wage
jìjiàn gōngzīzhì 计件工资制 N. piece-rate wage system
jìjiàn gōngzuò 计件工作 N. piecework
jìjiànrén 寄件人 N. sender M: ge/[2]wèi
jìjiǎnwěi 纪检委 N. discipline-inspection commission
jījiao 犄角 N. <coll.> horn
[1]jījiǎo 犄/觭角 N. corner; angle
[2]jījiǎo 鸡脚[雞腳] N. chicken feet
jījiào 鸡叫[雞-] N. ① cock's crow ② cackle
jǐjiǎo 掎角 ID. <trad.> defeat the enemy
jìjiāo 寄交 V. send by mail
jìjiào 忌较 V. avoid as a taboo
jìjiào* 计较 V. ①haggle over; dispute ②discuss in minute detail ③ mind; care ④ think over
jījiǎocài 鸡脚菜[雞腳-] N. <bot.> edible red algae
jìjiào xiǎoshì 计较小事 V.O. be too particular about trifles
jījiǎozhīshì 犄角之势[-勢] N. <mil.> deployed in the shape of a cow's two horns
jījiǎozi 畸角子 N. corner
jíjibābā 急急巴巴 R.F. hastily; in a hurry
jíjíbùbǎo 岌岌不保 F.E. live precariously
jíjí bùkězhōngrì 岌岌不可终日 F.E. live precariously
jījicáocáo 哜哜嘈嘈[嚌嚌-] ON. <topo.> cacophonous
jǐjichāchā 挤挤插插[擠擠-] R.F. <topo.> jammed with people
jījí cíhuì 积极词汇[積極-彙] N. <lg.> active vocabulary
jíjícōngcōng 急急匆匆 ADV. hurriedly; in a hurry
jījí dǐkàng 积极抵抗[積極-] N./V.P. active resistance
jǐjǐduōshì 济济多士[濟濟-] F.E. a galaxy of talent
[1]jījié 击节[擊節] V.O. beat time
[2]jījié 机捷 S.V. witty; quick-witted
jíjiē 级阶[-階] N. rank scale
jíjié 集结 V. mass; concentrate; build up
jíjiě 集解 N. collected explanations/commentaries
jìjié* 季节[-節] N. season
jìjié biàndòng 击节变动[擊節變動] N. seasonal variation
jíjié chéng 集结成 R.V. collect
jījiéchēngshǎng 击节称赏[擊節稱-] F.E. beat time with one hand to show appreciation for song/etc.
jíjiédàimìng 集结待命 F.E. assemble and await orders
jíjié dìyù 集结地域 P.W. <mil.> assembly area
jìjiéfēng 季节风[-節-] N. seasonal wind; monsoon
jìjiégōng 季节工[-節-] N. seasonal worker M: ge/[1]míng
jìjié huíyóu 季节回游[-節--] N. seasonal migration
jìjiéxìng 季节性[-節-] ATTR. seasonal
jìjiéxìng gōngzuò 季节性工作[-節---] N. seasonal work/job M: [1]fèn
jījí fāyīn qìguān 积极发音器官[積極發-] N. <lg.> dynamic speech organ
jījí fènzǐ 积极分子[積極-] N. activist; active element M: ge/[1]míng/[2]wèi
jījí fènzǐ dàibiǎo dàhuì 积极分子代表大会[積極-] N. meeting for activist representatives M: [1]cì
jījigāgā 叽叽嘎嘎 ON. chirp-chirp; sound of cackling/creaking/giggling/etc.
jījigūgū* 唧唧咕咕 R.F. <coll.> yap; whisper; hum; murmur
jījigūgū 叽叽咕咕 R.F. <coll.> ①yap ②whisper
jíjìhóngcái 疾忌鸿才 F.E. be jealous of great talents
jījīhū 几几乎 ADV. almost
jījīhūhū 几几乎乎 ADV. almost
jǐjǐjìnì 己饥己溺 F.E. feel responsible for the welfare of the people
jíjíkěwēi 岌岌可危 F.E. in imminent danger
jījí lǐmào cèlüè 积极礼貌策略[積極禮-] N. <lg.> positive politeness strategies
[1]jíjímángmáng 急急忙忙 ADV. hurriedly; in a hurry ♦R.F. be in extreme haste
[2]jíjímángmáng 汲汲忙忙 ADV. in great haste
jījīn* 基金 N. ① fund; endowment ② reserve (bank) fund
jījǐn 饥馑 N. <wr.> famine; crop failure
[1]jījìn 激进[-進] S.V. radical
[2]jījìn 机近 N. secret and strategic position/place/etc.
[3]jījìn 羁禁 V. detain (a suspect)
[1]jíjīn 即今 ADV. right now; at this very moment
[2]jíjīn 吉金 N. metal sacrificial vase
jíjǐn 集锦 N. ① collection of choice specimens (usu. used in book titles) ② hodgepodge
[1]jíjìn 急进[-進] S.V. radical ♦V. forge ahead vigorously
[2]jíjìn 极尽[極盡] V. use to the utmost
jǐjìn 挤进[擠進] R.V. squeeze oneself into
jìjīn 洎/暨今 ADV. up to now
jìjìn 继进[繼進] V. go on; continue the process
jíjìndǎng 急进党[-進黨] N. radicals
jījìn fènzǐ* 激进分子[-進--] N. radicals; extremists M: ge/[1]míng
jíjìn fènzǐ 急进分子[-進--] N. radicals; extremists M: ge/[1]míng
[1]jījǐng* 机警 S.V. sharp-witted; vigilant
[2]jījǐng 机井 N. motor-pumped well M: kǒu
[1]jíjǐng 即景 V.O. <wr.> inspired by what one sees
[2]jíjǐng 急景 N. time that flies
jǐjīng 几经[-經] V.P. <wr.> experience many times ~ ***qǔzhé, shíyàn zhōngyú chénggōng le.*** After many trials and errors, the experiment finally succeeded. ♦ADV. several times; time and again
jìjìng 寂静[-靜] S.V. quiet; still; tranquil; calm
jíjǐngdiāoniān 急景凋年 F.E. Time slips away fast, and the year is approaching its end.
jíjīngfēng 急惊风[-驚-] N. <Ch. med.> acute infantile convulsions
jījǐngguòrén 机警过人 F.E. very alert
jíjǐngshēngqíng 即景生情 F.E. The scene brings back touching memories.
jíjǐngshī 即景诗 N. extempore verse M: [2]shǒu
jìjìngwúhuá 寂静无哗[-靜-嘩] F.E. silent and still; perfectly quiet
jìjìngwúshēng 寂静无声[-靜-聲] F.E. silent and still; perfectly quiet
jījīnhuì 基金会 N. ① foundation ② board of directors of a fund
jǐjìnjǐchū 挤进挤出[擠進擠-] V.P. squeeze in and out
jíjìnnéngshì 极尽能事[極盡-] F.E. spare no effort/trouble to . . .
jījinóngnóng 唧唧哝哝[-噥噥] R.F. whisper to one another
jījìnpài* 激进派[-進-] N. radicals; militant tendency
jíjìnpài 急进派[-進-] N. ① radicals ② people who press for rash advance
jìjìnpiāoqiè 迹近剽窃[跡-竊] F.E. verge on plagiarism
jíjìnr 急劲儿[-勁-] N. <coll.> anxiety
jījìnyú 几近於 V.P. almost equal to
jījìnyúlíng 几近于零[--於-] F.E. practically negligible
jìjìnzhìqióng 计尽智穷[-盡-窮] F.E. be at one's wits' end
jījìnzhǔyì 急进主义[-進-義] N. radicalism; extremism
jījīpiānpiān 缉缉翩翩 V. make a lisping noise
jījí pínghéng 积极平衡[積極-] V.P. balance actively
jíjírúlǜlìng 急急如律令 F.E. Let my order be carried out immediately.
jījiū 缉究 V. investigate and prosecute
jījiǔ 积久[積-] V.P. accumulate in course of time
jījiǔ 汲酒 V.O. draw liquor from a jar
[1]jíjiù* 急救 V.P. first aid; emergency treatment
[2]jíjiù 急就 V. urgently improvise
[1]jìjiǔ 忌酒 V.O. quit alcohol
[2]jìjiǔ 祭酒 N. <trad.> ① person who performs the libation before a banquet ② respectable elder; most senior and respected person of a profession
[3]jìjiǔ 既久 ADV. for a long time
jíjiùbāo 急救包 N. first-aid kit
jījiǔchéngxí 积久成习[積-習] F.E. form a habit/custom through long-repeated practice
jíjiùfǎ 急救法 N. first-aid method/technique
jíjiùfāng 急救方 N. prescription for an emergency case
jíjiùpiān 急就篇 N. hurriedly written essay; improvisation
jíjiù rényuán 急救人员 N. first-aid personnel
jíjiùxiāng 急救箱 N. first-aid kit M: ge/[2]zhī
jíjiù yàoxiāng 急救药箱[--藥-] N. first-aid kit M: ge/[2]zhī
jíjiùzhàn 急救站 P.W. first-aid center/station M: [1]jiā
jíjiùzhāng 急就章 N. hurriedly written essay; improvisation M: [1]piān
jījíxìng 积极性[積極-] N. zeal; initiative; enthusiasm
jījí yīnsù 积极因素[積極-] N. positive factors
jǐjǐyītáng 济济一堂[濟濟-] F.E. congregate in a hall
jíjíyú 汲汲于[-於] V.P. <topo.> be eager to
jījí yǔyán zhīshí 积极语言知识[積極-識] N. <lg.> active language knowledge
jījizhāzhā 叽叽/唧唧喳喳 ON. chirp; twitter
jíjīzhīnián 及笄之年 N. <trad.> be of the hairpin age (of a girl)
jījízhōngliú 击楫中流[擊-] F.E. vow to annihilate the rebels
jījū 羁居 V. sojourn in a foreign country
[1]jījù* 机具 N. machines and tools
[2]jījù 积聚[積-] V. gather; accumulate; build up
[3]jījù 箕踞 V. <wr.> sit (on the floor) with legs stretched out
[4]jījù 激剧[-劇] V.P. very excited; extremely agitated
[1]jíjù 急剧/遽[-劇] ADV. rapid; sharp; sudden; urgent
[2]jíjù 集聚 V. gather; collect; assemble
[3]jíjù 集句 N. poem made up of lines from various poets
[4]jíjù 极距[極-] N. <astr.> polar distance
Jíjù 吉剧[-劇] N. Jilin opera
jìjū 寄居 V. live away from home
jíjù chúzǔ 急剧除阻[-劇--] N. <lg.> sharp release
[1]jījué 肌觉[-覺] N. muscle sense
[2]jījué 剞劂 N. <wr.> ① carving/engraving knife ② carving block ③ book
jíjuécáipàn 即决裁判[-決--] F.E. summary justice
jìjuéfàn 既决犯[-決-] N. <law> convict; convicted prisoner M: ge/[1]míng
jìjué zuìfàn 既决罪犯[-決--] *See jìjuéfàn*
jìjūn 季军 N. <sport> third place
jìjūxiā 寄居虾[-蝦] N. hermit crab M: ge/[2]zhī
jìjūxiè 寄居蟹 N. hermit crab M: ge/[2]zhī
jíjùzhíxià 急遽直下 F.E. take a sharp turn for the worse

jǐkāi 挤开[擠開] R.V. squeeze through (a crowd/door/etc.)
jìkāi* 计开[-開] A.T. list as follows
jíkān 集刊 N. collected papers (of an academic institution) M: [1]běn
jìkān* 季刊 N. quarterly (publication) M: [1]běn/[2]qī
jīkǎo 稽考 V. <wr.> ascertain; verify
jīkě 饥渴 N. hunger and thirst
jīkè 羁客 N. ① lodger ② traveler M: ge/[2]wèi
jíkě 即可 V.P. That will do.
[1]jíkè* 即刻 ADV. at once; immediately
[2]jíkè 急客 N. unexpected visitor; self-invited guest M: ge/[2]wèi
jìkě 际可[際-] ATTR. receive with appropriate ceremony
jìkè 忌刻 V.P. jealous and malicious
jíkè jiāohuò 即刻交货 V.P. immediate delivery
jīkěluànzhēn 几可乱真[--亂-] F.E. good enough to pass for genuine
[1]jíkǒu 籍口 N. excuse
[2]jíkǒu 极口[極-] ADV. (praise/etc.) highly; strongly
jìkǒu* 忌口 V.O. avoid certain foods; be on a diet
jíkǒuchēngyù 极口称誉[極-稱譽] F.E. praise lavishly
jíkǒuchēngzàn 极口称赞[極-稱-] F.E. praise lavishly
jíkǒulìng 急口令 N. <topo.> tongue-twister
jīkǒuniúhòu 鸡口牛后[雞-後] ID. better a little-league power than a big-league nonentity
jìkǒushòuliáng 计口授粮[-糧] F.E. be put on rations according to the number of family members
jīkù 机库 N. hangar M: [4]zuò
jíkǔ* 疾苦 N. suffering; hardships
jíkuài 急快 V.P. quickly
jīkuì 击溃[擊-] V. ① rout; defeat ② knock to pieces
jīkùn* 饥困 V.P. be beset by hunger and poverty
jìkùn 济困[濟-] V.O. help the needy
jìkùnfúwēi 济困扶危[濟-] F.E. help those in distress/peril
jīkuò 机括 N. ① mechanism; mechanical contrivance ② catch; trigger
jílā 急拉 V. jerk
jīlagālár 几拉旮旯儿 F.E. <topo.> corners; hidden spots (in a house)
jìlai 寄来 R.V. send here
jí lái bào fójiǎo 急来报佛脚[--報-腳] ID. ① seek help in time of emergency ② do nothing until the last minute
jǐláijǐqù 挤来挤去[擠-擠-] V.P. ① mill about ② push about; jostle
jìláizhī-zé'ānzhī 既来之则安之 F.E. Since you're already (here) in this situation, take it easy.
jīlàng 激浪 N. ① surf; breakers ② turbulent waves ③ heaving breakers/billows
jīláo 积劳[積勞] V.O. <wr.> endure constant overwork
jìláo* 记牢 R.V. commit to memory firmly
jīláochéngbìng 积劳成病[積勞-] F.E. break down from overwork
jīláochéngjí 积劳成疾[積勞-] F.E. break down from overwork
jīlè 羁勒 V. tie; bind up; fetter
jíle* 极了[極-] SUF. extremely; very ***Nà hǎo ~!*** That's great!
jílè 极乐[極樂] N. blissful happiness
jīlěi* 积累[積-] V. accumulate
jīlèi 鸡肋[雞-] N. chicken ribs ♦ID. ① sth. of little value ② be physically weak
jílěi 疾雷 N. ① sudden thunderclap (lit./fig.) ② blitzkrieg ③ swift action
jílèi 急泪[-淚] N. sudden tears
jíléi bùjí yǎn'ěr 疾雷不及掩耳 ID. thunderclap so sudden one could not stop one's ears
jīleng 激楞 N. <coll.> sudden fright
jí lěng* 极冷[極-] V.P. very cold; extremely cold

jílèniǎo 极乐鸟[極樂-] N. bird of paradise M: [2]zhī
Jílè Shìjiè 极乐世界[極樂-] P.W. <Budd.> Sukhavati; Pure Land; Western Paradise
[1]jīlǐ 机理 N. mechanism
[2]jīlǐ 肌理 N. skin texture
[3]jīlǐ 缉理 V. set in order
[1]jīlì 激励[-勵] V. encourage; impel; urge ♦N. <elec.> drive; excitation
[2]jīlì 机力 ATTR./N. mechanical; power(ed)
[3]jīlì 击戾[擊-] V. give offense to sb.
jílí 蒺藜 N. <bot.> caltrop
jílǐ 吉礼[-禮] N. ceremonies
[1]jílì* 极力[極-] ADV. doing one's utmost; sparing no effort
[2]jílì(r) 吉利(儿) S.V. auspicious; propitious ♦N. good luck
[3]jílì 籍隶[-隸] V. <trad.> be a native of; hail from
jìlǐ 祭礼[-禮] N. ① sacrificial rite/offerings ② memorial ceremony
[1]jìlì 悸栗 V. tremble with fear
[2]jìlì 寂历[-歷] V.P. <wr.> calm; peaceful
[3]jìlì 计吏 N. <trad.> official in charge of accounts in a feudal principality
jīliǎn 箕敛 V. exploit/squeeze by ruthless taxation
[1]jíliǎn* 辑敛 V. gather up
[2]jíliǎn 籍敛 V. demand/collect illegal taxes
jīliáng 积粮[積糧] V.O. store food
jíliàng 极量[極-] N. <med.> maximum dose
jǐliang 脊梁 N. spine; backbone
jìliǎng* 伎/技俩 N. ① trick; intrigue; maneuver ② skill; dexterity; craft
[1]jìliàng 剂量[劑-] N. dosage; dose
[2]jìliàng 计量 N. measure ♦V. calculate; estimate
jǐliangbèi 脊梁背 N. back
jìliáng de 计量的 ATTR. quantitative
jìliáng de yǔcí 计量的语词 N. quantitative term
jǐlianggǔ 脊梁骨 N. spine; backbone
jìliàng jīngjì móxíng 计量经济模型[--經濟--] N. econometric models
jìliàng jīngjìxué 计量经济学[--經濟-] N. econometrics
jìliángsuǒ 济良所[濟-] N. <trad.> women's penitentiary
jìliàng wùchā 计量误差 N. measurement error
jìliàng xiàndìng 计量限定 N. quantitative limit
jìliàngxué 计量学 N. metrology
jìliàng yǔyánxué 计量语言学 N. <lg.> quantitative linguistics
jíliáo 疾寥 S.V. solitary; lonesome
jìliáo* 寂寥 S.V. <wr.> lonely; still; desolate
jíliǎor 吉了儿 N. <topo.> cicada
jílibèngtiào 急里蹦跳[-裡--] F.E. restless (upon hearing sth. exciting/etc.)
jìlǐbiǎo 记里表 N. mileage meter; odometer (of car/etc.) M: ge/[2]zhī
jīliè 激烈 S.V. intense; sharp; fierce; acute
jīliè chōngtū 激烈冲突[--衝-] N. sharp conflict
jīliè shǒuduàn 激烈手段 N. drastic actions/measures; violent means
jīliè yùndòng 激烈运动[-運動] N. strenuous exercise M: [2]chǎng
jīliè zhēnglùn 激烈争论[--爭-] N. heated argument M: [3]cháng
jīligālá(r) 叽里旮旯(儿)[-裡---] F.E. <coll.> in every corner; everywhere; high and low
jīliguālā 叽里呱啦[-裡--] ON. hullabaloo
jīligūlū 叽里/哩咕噜[-裡--] ON. ① gabble-gabble ② rumble-tumble (as a falling rock)
jīlì jīzhì 激励机制[-勵--] N. incentive mechanism
[1]jílín 棘林 N. ratchet wheel
[2]jílín 戢鳞 V.O. await an opportunity in seclusion
Jílín 吉林 P.W. Jilin province
jǐlǐn* 脊檩[-檁] N. ridgepole
jīling* 机/激灵/伶[-靈] S.V. clever; intelligent ♦A.T. give a start
jīlíng 奇/畸零 N. <wr.> ① fractional amount ② any number that is not a round figure
[1]jílíng 及龄[-齡] V.O. reach a required age

[2]jílíng 鹡鸰//脊令 N. <trad.> a wagtail
jílìng 即令 CONJ. even; even if/though ♦V. order immediately
jǐlìng 脊令 N. wagtail (symbol of brotherly friendship)
jílíng értóng 及龄儿童[-齡--] N. school-age children M: ge/[1]míng
jīlínggǒusuì(r) 鸡零狗碎(儿)[雞-] ID. in bits and pieces; fragmentary
jīlingguǐ(r) 机灵鬼(儿)[-靈--] N. clever person
jīlì shìqì 激励士气[-勵-氣] V.O. boost the morale (of an army/people)
jīliu 唧溜 ON. sound of slithering
[1]jīliú* 激流 N. torrent; rapids M: [1]tiáo
[2]jīliú 羁留 V. ① stay; stop over; be detained on business ② detain (a suspect)
[3]jīliú 稽留 V. <wr.> delay; detain
[4]jīliú 肌瘤 N. muscle tumor
[1]jíliú 急流 N. ① torrent; rapids M: [1]tiáo ② <met.> jet stream/flow
[2]jíliú 极流[極-] N. polar currents
jìliú 系留[繫-] V. moor (a balloon/airship)
jīliúrè 稽留热[-熱] N. <med.> continued fever
jìliútǎ 系留塔[繫-] N. mooring mast/tower M: [4]zuò
jīliúyǒngjìn 急流勇进[-進] F.E. ① forge ahead against a swift current ② press on against difficulties
jíliúyǒngtuì 急流勇退 F.E. resolutely retire at the peak of one's career
jīlǐ xìnì 肌理细腻 V.P. smooth fine skin
jīlizhālā 叽里喳拉[-裡--] F.E. <coll.> make a confused noise
jīlóng 鸡笼[雞-] N. cage for fattening chickens M: [2]zhī/ge
Jílóngpō 吉隆坡 P.W. Kuala Lumpur
[1]jílù 辑录[-錄] V. compile; edit
[2]jílù 集录[-錄] V. collect and compile
jìlù* 记/纪录[-錄] V. take notes; keep minutes ♦N. ① minutes; notes; record ② note-taker M: [1]fèn/[1]běn
[1]jīlǚ 屐履 N. shoes M: [1]shuāng
[2]jīlǚ 羁旅 <wr.> V. ① live abroad ② be traveling ♦N. lodger; traveler
[1]jīlǜ 几率 N. <math.> probability
[2]jīlǜ 机率 N. frequency; probability
jìlǜ* 纪律 N. ① discipline; morale ② laws and regulations
jīluǎn 鸡卵[雞-] N. egg (of chicken)
jìlùběn 记录本[-錄-] N. minute-book M: [1]běn/[4]cè
jìlùbù 记录簿[-錄-] N. minute-book M: [1]běn/[4]cè
jìlù cáiliào 记录材料[-錄--] N. protocol M: [1]fèn
jìlù chéngběn 记录成本[-錄--] N. <acct.> recorded cost
jīlǜ chōuyàng 几率抽样[-樣] N. probability sampling
jìlǜ chǔfèn 纪律处分[--處-] N. disciplinary measure
jílù chūlai 辑录出来[-錄--] R.V. compile
jìlù cuòwù 记录错误[-錄--] N. clerical error
jìlüè 计略 N. clever stratagem/device
jìlù guǎnlǐ 记录管理[-錄--] N. record management
Jìlǜ Jiǎnchá Wěiyuánhuì 纪律检查委员会 P.W. commission for inspecting discipline
jìlù jiàzhí 记录价值[-錄價-] N. <acct.> recorded value
jīlǜlùn 机率论 N. <math.> probability theory
jīlún 觭轮 N. a single wheel
jīlùn* 激论 N. heated discussion/comments
jílún 棘轮 N. <mach.> ratchet (wheel)
jīluò 击落[擊-] R.V. shoot down
jìlùpiàn 记/纪录片[-錄-] N. documentary film M: [2]bù
jìlùpiānr 记/纪录片儿[-錄--] N. documentary film; documentary M: [2]bù
jìlùqì 记录器[-錄-] N. <comp.> logger M: [1]tái/[1]jià/ge
jílùwúyú 即鹿无虞 ID. act without due consideration and end up in failure

jìlù xiàlai 记录下来[-錄--] R.V. record; keep minutes; put down in writing
jìlùyuán 记录员[-錄-] N. note-taker; stenographer; reporter M: *ge/*[1]*míng/*[2]*wèi*
jìlù yuánzé 记录原则[-錄--] N. recording principle M: [1]*tiáo*
jìlùzài'àn 记录在案[-錄--] F.E. go on record
jìlùzhě 记录者[-錄-] N. recorder M: *ge/*[1]*míng/*[2]*wèi*
jīlǚzhīchén 羁旅之臣 N. government official living in exile
jìlǜzhōumì 计虑周密[-慮--] F.E. plan and consider thoroughly
jīmá 缉麻 See *jìmá*
jìmá 绩麻 V.O. spin hemp
[1]**jìmǎ*** 系马[繫-] V.O. tether a horse *See also* [2]*xìmǎ*
[2]**jìmǎ** 蓟马 N. <*zoo.*> thrips M: [1]*pǐ*
jìmài 寄卖[-賣] V. consign for sale
jìmàiháng 寄卖行[-賣-] N. commission/secondhand shop M: [1]*jiā*
jímàihuǎnshòu 急脉缓受[-脈--] ID. take a tense situation calmly
jìmàipǐn 寄卖品[-賣-] N. consignment merchandise M: [2]*jiàn*
jìmài shāngdiàn 寄卖商店[-賣--] P.W. commission/secondhand shop M: [1]*jiā*
jǐmǎn 挤满[擠-] V.P. filled to overflowing
jīmáng 鸡盲[雞-] N. <*med.*> night blindness
jímáng* 急/疾忙 ADV. in haste; hurriedly
jīmángzhèng 鸡盲症[雞-] N. night-blindness
jīmáo* 鸡毛[雞-] N. chicken feather M: [2]*gēn* ♦ATTR. trivial
jímào 集贸 N. market fair; rural bazaar
jǐmǎo 己卯 N. 16th year of the Sexagenary Cycle (1879, 1939, 1999 etc.)
jīmáo dǎnzi 鸡毛掸子[雞-] N. (chicken) feather duster M: [1]*bǎ*
jīmáodiàn 鸡毛店[雞-] P.W. a simple inn with only chicken feathers to sleep on M: [1]*jiā*
jīmáo dǔzhe ěrduo 鸡毛堵着耳朵[雞--著--] F.E. close one's ears to
jīmáo fēishàng tiān 鸡毛飞上天[雞-飛--] ID. do sth. never done before
jìmàojiéhé 技贸结合 F.E. coordination between technology and trade
jīmáo néng shàngtiān 鸡毛能上天[雞-] ID. ① fantastic event ② wonderful deed
jímào shìchǎng 集贸市场[-場] N. county fair; trade and market center M: [1]*jiā*
jīmáosuànpí 鸡毛蒜皮[雞-] F.E. trifles; trivialities
jīmáoxìn 鸡毛信[雞-] N. <*trad.*> message with feather attached to signal urgency M: [2]*fēng*
jīmáozhǒu 鸡毛帚[雞-] N. <*topo.*> chicken-feather duster M: [1]*bǎ*
jìměi 济美[濟-] V.O. carry forward the work of one's ancestors
jǐméinòngyǎn(r) 挤眉弄眼(儿)[擠-] F.E. make eyes; wink
jímén* 及门 N. disciples
jǐmén 戟门 N. the door of a noble family
jìmén 忌门 A.T. deny entrance (for various reasons)
jímén dìzǐ 及门弟子 N. <*wr.*> disciples directly taught by a master M: *ge/*[1]*míng*
jīmí 羁縻 V.P. <*wr.*> ① be tied up; be occupied ② stay on (in a post) ③ detain; take into custody ④ control; bridle
jīmǐ 机米 N. ① machine-processed rice ② polished long-grained non-glutinous rice ③ polished *indica* rice
jīmì* 机密 N./S.V. top-secret
jìmiǎn 计免 V. immunize according to plan ♦N. planned immunity
jìmiè 寂灭[-滅] N. <*Budd.*> calmness; extinction; nirvana
jīmì fēnlèizhàng 机密分类账[---類-] N. <*acct.*> private ledger
jīmín* 饥民 N. famine victim/refugee
jīmǐn 机敏 S.V. alert; resourceful
jīmíng 鸡鸣[雞-] V.P. The cock is crowing.
[1]**jìmíng*** 记名 V.O. sign (one's name); register *wú ~ tóupiào* secret ballot
[2]**jìmíng** 寄名 V.O. ① adopt the surname of the adopting family ② adopt a religious name (of monks/nuns)
jìmíngbèishū 记名背书[-書] F.E. full endorsement
jīmínggǒudào 鸡鸣狗盗[雞-盜] ID. minor skill and tricks
jīmínggǒufèi 鸡鸣狗吠[雞-] ID. populous/animated village
jīmíngkěshì 饥名渴势[-勢] F.E. greedy for honor and power
jìmíngqiězhé 既明且哲 F.E. both intelligent and wise
jīmíngquǎnfèi 鸡鸣犬吠[雞-] F.E. country sounds
jīmíngr 鸡鸣儿[雞-] N. cock-crow
jìmíngtóupiào 记名投票 F.E. vote with a signed/open ballot
jīmíngzhěn 鸡鸣枕[雞-] N. pillow for the dead
jìmíng zhèngquàn 记名证券[--證-] N. <*econ.*> registered securities M: [1]*zhāng*
jīmì wénjiàn 机密文件 N. classified files M: [1]*fèn*
jīmì xiāoxi 机密消息 N. classified information M: [1]*tiáo/ge*
[1]**jímò** 即墨 V. extemporize in writing/painting
[2]**jímò** 籍没 V. inventory sb.'s property and confiscate it
[1]**jìmò*** 寂寞 S.V. ① cold and still ② lonely; lonesome
[2]**jìmò** 寂默 S.V. silent; still
jīmóu 机谋 N. <*wr.*> ① stratagem; scheme; artifice ② quick-witted and full of tricks; tricky
jìmóu* 计谋 N. scheme; stratagem
[1]**jīmù** 积木[積-] N. toy building blocks/bricks
[2]**jīmù** 缉穆 V.P. at peace with each other
[1]**jímù** 极目[極-] ADV. as far as one can see
[2]**jímù** 辑睦/穆 S.V. tranquil; harmonious
[1]**jìmǔ*** 继母[繼-] N. stepmother M: *ge/*[1]*míng/*[2]*wèi*
[2]**jìmǔ** 寄母 N. foster mother M: *ge/*[2]*wèi*
[3]**jìmǔ** 季母 N. wife of the youngest paternal uncle M: *ge/*[2]*wèi*
jìmù 祭墓 V.O. pay respects to a dead person at his/her tomb
jímùliǎowàng 极目了望[極-] F.E. look afar
jímùsìshū 极目四舒[極-] F.E. <*wr.*> survey all that is spread before sb.
jímùwàngqù 极目望去[極-] F.E. look afar
jīmù xìtǒng 积木系统[積-] N. modular system
jímùyuǎntiào 极目远眺[極-遠-] F.E. gaze into the distance
[1]**jīn** 斤 M. *of weight (equal to 1/2 kilogram or one catty)*
[2]**jīn** 金 B.F. ① metals *jīnshǔ* ② gold *jīnzi* ③ money *jīnqián* ④ ancient metal percussion instruments *jīngǔqímíng* ⑤ golden ⑥ precious ⑦ durable ♦N. ① Jin (Jurchen) dynasty (1115–1234) ② Surname
[3]**jīn(r)** 今(儿)[-(兒)] N. <*topo.*> today
[4]**jīn** 筋 N. ① muscle ② <*coll.*> tendon; sinew ③ obtrusive veins ④ fiber
[5]**jīn** 襟 B.F. ①front of a garment *duìjīn* ②aspiration; mental outlook *jīnhuái* ③ husbands of sisters *jīnxiōng*
[6]**jīn** 巾 B.F. a cloth designed for a special use *máojīn*
[7]**jīn** 禁 V. endure; stand *Zhèiběn shū ~ kàn.* This book is worth reading (without being boring). ♦S.V. durable *See also* [6]*jìn*
[8]**jīn** 津 N. <*wr.*> ①ferry crossing; ford ②short for Tianjin ♦B.F. ① saliva [2]*jīnyè* ② sweat ③ moist; damp
[9]**jīn** 矜 B.F. ① pity; commiserate *āijīn* ② brag; boast *jiāojīn* ③ (show) self-respect *jīnchí See also* [9]*guān*
[10]**jīn** 衿 B.F. ① front of a garment ② cloth band
[1]**jǐn** 紧[緊] S.V. ① tight; taut ② close at hand ③ urgent; tense ④ strict; stringent ⑤ hard up ♦V. tighten
[2]**jǐn** 尽[儘] ADV. ①to the greatest extent ②utmost ♦V. ① give priority to ② <*topo.*> keep on doing sth. ♦COV. within the limits of *See also* [4]*jìn*
[3]**jǐn** 仅[僅] ADV. only; merely; barely
[4]**jǐn** 锦[錦] B.F. ① brocade *Shǔjǐn* ② bright and beautiful *jǐnxiù*
[5]**jǐn** 谨[謹] S.V./ADV. ① careful; cautious; circumspect ② solemnly; sincerely
[6]**jǐn** 瑾 N. nice jade
[7]**jǐn** 槿 N. <*bot.*> rose of Sharon
[8]**jǐn** 堇 N. <*bot.*> violet
[9]**jǐn** 卺 B.F. wine vessel used in ancient wedding ceremonies *héjǐn, héjǐnjiǔ*
[10]**jǐn** 廑 B.F. only; exclusively [2]*jǐnzhù, jǐnniàn*
[11]**jǐn** 馑[饉] in *jījǐn, niánjǐn*
[1]**jìn*** 进[進] V. ①advance ②enter; come/go into ③receive ④eat; drink; take ⑤submit; introduce ♦M. row of rooms separating courtyards ♦B.F. personal ranking [1]*jìnshì* ♦ADV. into; in
[2]**jìn** 近 S.V. ① near; close ② similar/close to ③intimate; closely related ④easy to understand ⑤ recent ♦V. approach
[3]**jìn(r)** 劲(儿)[勁(兒)] N. <*coll.*> ①vigor; energy; strength; interest ② air; manner; expression *See also* [8]*jìng*
[4]**jìn** 尽[盡] ADV. ① to the utmost/limit ② always ♦V. ① end ② use up; exhaust ③ try one's best; put to best use ♦PR. all *See also* [2]*jǐn*
[5]**jìn** 浸 V. soak; steep; immerse ♦ADV. gradually
[6]**jìn** 禁 V. prohibit ♦B.F. ① arrest *qiújìn* ② taboo [1]*jìnjì* ③ royal residence *Zǐjìnchéng* ④ sorcery *See also* [7]*jīn*
[7]**jìn** 烬[燼] B.F. cinders *huījìn*
[8]**jìn** 噤 B.F. ① keep silent [3]*jìnshēng* ② shiver *hánjìn*
[9]**jìn** 觐[覲] B.F. ① present oneself before (a monarch) [2]*jìnjiàn* ② go on a pilgrimage
[10]**jìn** 缙[縉] N. red silk
[11]**jìn** 赆[贐] N. gift at parting
[12]**jìn** 靳 B.F. reluctant to part with [2]*jìngù*, [2]*jìnlìng* ♦N. Surname
[13]**jìn** 妗 B.F. ① wife of mother's brother *jìnmǔ* ② wife of one's wife's brother [2]*jìnzi*
[14]**jìn** 搢 B.F. insert *jìnhù*
[15]**jìn** 荩[藎] B.F. loyal [3]*jìnchén* ♦in [2]*jìncǎo*
Jìn 晋[晉] N. ① Jin dynasty (265–420) ② short name for Shanxi province ③ Surname ♦V. ① enter; advance ② promote
jīná* 缉拿 V. seize; arrest
jīnà 几那 N. <*loan*> quinine
jínà 集纳 V. put/gather together ♦N. galaxy
jīnáguī'àn 缉拿归案[--歸-] F.E. bring to justice
jǐnǎi 挤奶[擠-] V.O. milk (of animals)
jǐn'āi 紧挨[緊-] V. be next to closely
jǐnǎijī 挤奶机[擠-] N. milking machine; milker M: [1]*tái/*[1]*jià*
jínàn* 急难[-難] N. ①misfortune; grave danger ② emergency ♦V.O. help in a crisis
Jǐnán 济南[濟-] P.W. Jinan city (capital of Shandong)
jìnán 妓男 N. male prostitute M: *ge/*[1]*míng*
jìn'ān 金安 N. conventional close in letters to parents/grandparents
jìn'àn* 近岸 ATTR. off-shore; coastal
jīnàshù 几纳/那树[-樹] N. <*bot.*> cinchona
jīnàshuāng 几纳霜 N. <*med.*> quinine
jǐnba 紧巴[緊-] S.V. <*coll.*> short of or pinched for money
jǐnbābā 紧巴巴[緊-] R.F. ① tight ② hard up; short of money
Jīnbābùwéi 津巴布韦[-韋] P.W. Zimbabwe
jīnbǎng* 金榜 N. <*trad.*> placard announcing successful civil-service candidates
jīnbàng 金镑 N. pound sterling
jìnbàng 近傍 ATTR. adjacent to; nearby
jīnbǎngtímíng 金榜题名 F.E. <*trad.*> emerge successful from a comprehensive examination
jīnbào 襟抱 N. ambition; aspiration

jīnbǎoluó 金宝螺[-寶-] N. apple snail
jīnbēi 金杯 N. golden cup; championship
jīnbèifěizhuó 谨备菲酌[-備--] F.E. prepare a simple dinner
jīnběn 今本 N. <lg.> current version
jìn běnfèn 尽本分[盡-] V.O. play the proper role
jǐnbēng 紧绷[緊繃] V. stretch taut
jǐnbēngbēng 紧绷绷[緊繃繃] R.F. tight; taut
jīnběnwèi 金本位 N. gold standard
jīnběnwèizhì 金本位制 N. gold standard
jīnbǐ 金笔[-筆] N. gold-tipped fountain pen M: [4]zhī
[1]**jīnbì** 金币[-幣] N. gold coin M: [2]kuài
[2]**jīnbì** 金碧 N. rich/splendid colorfulness
jǐnbī 紧逼[緊-] V. press hard; close in on
jǐnbì* 紧闭[緊-] V. shut tightly
jìnbī 进逼[進-] V. advance on; press on towards
jìnbì 禁闭 V. confine sb. (as punishment) ♦N. confinement
Jīnbiān 金边[-邊] P.W. Phnom Penh
jīnbiǎn 金匾 N. ornamental/memorial board inscribed with golden characters M: [2]kuài
jìnbian* 近便 S.V. conveniently close
jīnbiān yǎnjìng 金边眼镜[-邊--] N. gold-rimmed spectacles M: [1]fù
jīnbiān zhèngquàn 金边证券[-邊證-] N. gilt-edged securities M: [1]zhāng
jīnbiǎo 金表[-錶] N. gold watch/clock
jǐnbiāo* 锦标[-標] N. prize; title
jǐnbiāosài 锦标赛[-標-] N. championship contest M: [2]chǎng
jǐnbiāozhǔyì 锦标主义[-標-義] N. trophies mania
jǐnbī fángshǒu 紧逼防守[緊-] N. press defense (in basketball)
jǐnbìguà 锦壁挂 N. <art> decorative wall hangings
jīnbìhuīhuáng 金碧辉煌 F.E. resplendent and magnificent (of buildings/etc.)
Jīnbīng 金兵 N. <hist.> troops/soldiers from the State of Jin (in Song Dynasty)
jǐnbǐng 谨禀[-稟] F.E. "yours respectfully" (in letters)
[1]**jìnbīng*** 进兵[進-] V.O. march troops forward
[2]**jìnbīng** 禁兵 N. palace guards
jīnbì shānshuǐ 金碧山水 N. gold-and-green landscapes
jìnbìshì 禁闭室 N. confinement cell; guardhouse M: [1]jiān
jīnbō 金波 N. moonlight
jīnbó* 金箔 N. gold leaf/foil M: [1]zhāng
jìnbù 进步[進-] V.O. progress; advance; improve ♦N. progress; advance; improvement ♦S.V. (politically) progressive
jìnbù dào 进步到[進-] R.V. progress to
jīnbuhuàn 金不换[-換] ID. invaluable; priceless ♦N. ① <Ch. med> *Gynura pinnaatifida* ② India ink
jìnbù jiàoyù 进步教育[進-] N. progressive education
jìnbulái 进不来[進-] R.V. be unable to come in
jìnbùnéngyán 噤不能言 F.E. have lost one's tongue
jìnbuqǐ 禁不起 R.V. be unable to endure
jìnbuqù 进不去[進-] R.V. be unable to go in
jīnbùrúxī 今不如昔 F.E. The present is not as good as the past.
jìnbù shìlì 进步势力[進-勢-] N. progressive forces
jìnbutòu 浸不透 R.V. impervious to water
jìnbuzhù 禁不住 R.V. ① be unable to endure ② can't help (doing sth.); can't refrain from...
jǐncài 堇菜 N. <bot.> violet M: [2]kē
jīncáishǐqì 矜才使气[-氣] F.E. be self-conceited and insolent
jìncān 进餐[進-] V.O. have a meal
jīncàncàn 金灿灿[-燦燦] R.F. golden-bright and dazzling
jīncǎo 今草 N. a type of cursive hand
[1]**jìncǎo*** 劲草[勁-] N. ① tough grass ② indomitable person *See also jìngcǎo*
[2]**jìncǎo** 荩草[藎-] N. <bot.> arthraxon
jīnchāi 金钗 N. <trad.> gold hairpin
jīnchāishí'èr 金钗十二 ID. many concubines
jìnchāng 禁娼 V.O. ban prostitution
jìnchǎng* 进场[進場] V.O. march into an arena ♦N. approach (of airplanes)
jīnchántuōqiào 金蝉脱壳[-殼] F.E. slip out of a predicament
Jìn Cháo 晋朝[晉-] N. Jin dynasty (265–420 A.D.)
jīnchē 金车 N. golden car M: [3]liàng
jīnchén 今晨 N. this morning
[1]**jìnchén*** 浸沉 V. immerse; steep
[2]**jìnchén** 近臣 N. favorite courtiers M: ge/[1]míng/[2]wèi
[3]**jìnchén** 荩臣[藎-] N. <trad.> loyal official/minister M: ge/[1]míng/[2]wèi
jīnchéng 金城 N. impregnable city M: [4]zuò
jǐnchéng 谨呈 F.E. "yours respectfully" (in letters)
[1]**jìnchéng*** 进程[進-] N. course; process; progress
[2]**jìnchéng** 进城[進-] V.O. ① go to town ② enter a big city (to live and work)
[3]**jìnchéng** 近程 N. short range
[4]**jìnchéng** 进呈[進-] V. present (sth. to a superior/elder)
Jìnchéng 禁城 P.W. the forbidden city; the imperial palace
jìnchéng dǎodàn 近程导弹[--導-] N. short-range missiles M: [4]méi
jìnchénghuàbǐng 尽成画饼[盡-畫-] ID. in vain
jīnchéngtāngchí 金城汤池[--湯-] ID. impregnable fortress
jìnchéngzéguó 尽成泽国[盡-澤國] F.E. All the land is inundated.
jǐnchenlìluo 紧称俐落[緊稱-] F.E. <coll.> neat and tidy
jīnchí* 矜持 S.V. restrained; reserved
jǐnchì 谨饬 V.P. prudent; careful; cautious
jìnchǐ 进尺[進-] N. <min.> drilling footage
jīnchìquè 金翅雀 N. <zoo.> green finch; goldfinch M: [2]zhī
jīnchǒng 矜宠 V.O. presume on favors
jìn-chū* 进出[進-] V. go in and out ♦N. (business) turnover
[1]**jìnchù** 近处[-處] P.W. nearby places; vicinity; neighborhood
[2]**jìnchù** 尽处[盡處] P.W. farthest point of sight
jìnchuān 禁穿 V.P. ① forbid to wear (certain clothes/etc.) ② barricade
jīnchuāng 金疮/创[-瘡/創] N. <Ch. med.> metal-inflicted wound
jīnchuāngyào 金疮药[-瘡藥] N. medicine for knife wounds M: [14]fù
jìnchūkǒu 进出口[進-] N. ① imports and exports ② entrances and exits
jìnchūkǒu dàilǐzhì 进出口代理制[進-] N. agent system in foreign trade
jìnchūkǒu gōngsī 进出口公司[進-] P.W. import-export trading company M: [1]jiā
jìnchūkǒu màoyì 进出口贸易[進-] N. import and export trade; foreign trade
jìnchūkǒushāng 进出口商[進-] N. importer-exporter M: ge/[1]míng/[2]wèi
jìnchūkǒu yèwù 进出口业务[進-業務] N. imports and exports
jìnchūkǒu yínháng 进出口银行[進-] P.W. export-import bank; Ex-Im Bank
jīnchūn 今春 N. this spring
jīncì* 今次 N. this time
jìncì 近刺 <mil.> N. short thrust/lunge
jǐncíguìbài 谨辞跪拜[-辭--] F.E. polite notice that mourners need not kowtow to the deceased
jǐn cìyú 仅次于[僅-於] V.P. second only to
jǐncòu 紧凑[緊湊] S.V. ①compact; terse ②fast-paced and absorbing (of entertainment)
jǐncù 紧促[緊-] S.V. pressing; urgent
jǐncùhuātuán 锦簇花团[-團] N. gay multi-colored decorations
jìncuì 尽瘁[盡-] V.P. exhaust one's mental energy; spare no effort
jìncuì'érsǐ 尽瘁而死[盡-] F.E. slave oneself to death
jǐncún* 仅存[僅-] N. the only existing/surviving one(s)
jìncūn 近村 P.W. nearby village
jìncùntuìchǐ 进寸退尺[進-] F.E. lose more than one gets
jīndà 矜大 V.P. arrogant; boastful
[1]**jīndài** 襟带[-帶] N. strategic point ♦ATTR. close (in kinship)
[2]**jīndài** 衿带[-帶] N. cloth band/ribbon/belt M: [1]tiáo
[3]**jīndài** 津逮 <wr.> V. access by ferry ♦N. gateway to (learning)
jǐndài 锦带[-帶] N. brocade band/ribbon/belt M: [1]tiáo
[1]**jìndài*** 近代 N. recent/modern times
[2]**jìndài** 禁带[-帶] N. forbidden zone
jìndài Hànyǔ 近代汉语[--漢-] N. Modern Chinese/Sinitic language
jìndàishǐ 近代史 N. modern history M: [2]bù
jìndài sīxiǎng 近代思想 N. modern thought
jīndàiwéi 金带围[-帶圍] N. <bot.> a variety of peony
jìndàiyǔ 近代语 N. modern language
jīndān 金丹 N. <Dao.> pill of immortality M: [1]kē/[3]lì
jīndao 筋道 S.V. <coll.> sinewy; tough
jìndāo 进刀[進-] N. <mach.> a feed
[1]**jìndào(r)*** 近道(儿) N. shortcut
[2]**jìndào** 尽到[盡-] R.V. ① try one's best ② put to the best use
jìndāo zhuāngzhì 进刀装置[進-裝-] N. <mach.> feed arrangement; feeder M: [1]tái
jǐn de 紧的[緊-] ATTR. <lg.> tense; tight
jǐnděngzhe 紧等着[緊-著] V.P. mark time until
jìndeqǐ 禁得起 R.V. be able to endure *Yìzhì jiānqiáng de rén ~ jiānkǔ huánjìng de kǎoyàn.* People with strong will can stand the test of great hardship.
jìndéxiūyè 进德修业[進-業] F.E. improve one's virtue and refine one's achievements
jìndezhù 禁得住 R.V. be able to endure
jīndì 襟弟 N. husband of wife's younger sister M: ge/[2]wèi
jìndí* 劲敌[勁敵] N. formidable adversary M: ge/[1]míng *See also jìngdí*
jìndǐ 进抵[進-] V. <wr.> reach a destination
jìndì 禁地 N. forbidden/restricted area
[1]**jīndiàn** 金店 P.W. jeweler's/goldsmith's shop M: [1]jiā
[2]**jīndiàn** 金殿 N. magnificent palace M: [4]zuò
[3]**jīndiàn** 金钿 N. golden hairpin
jīndiāo 金貂 N. <trad.> attendants/retainers of rich families
jìndìdiǎn 近地点[-點] N. <astr.> perigee
jīndìng 金锭 N. bullion
jǐndǐxia* 紧底下[緊-] P.W. <coll.> very lowest point
jìndǐxia 尽底下[盡-] P.W. the very bottom
jīndōng* 今冬 N. this winter
Jìndōng 近东 P.W. <loan> Near East
jīndōng míngchūn 今冬明春 N. this winter and next spring
[1]**jīndǒu*** 筋/斤斗 N. ① somersault ② fall; tumble (over)
[2]**jīndǒu** 金斗 N. ① an iron ② somersault
jīndòu 筋豆 S.V. tough and hard to chew (of food)
jīndòuzi 金豆子 N. gold grain (in a fairy tale)
Jīndū 金都 P.W. capital of Jin dynasty (1115–1234)
jīndú 今读[-讀] N. <lg.> modern pronunciation
[1]**jīndù** 襟度 N. ① mental outlook ② generosity of spirit
[2]**jīndù** 津渡 N. <wr.> ferry crossing
[3]**jīndù** 筋肚 N. inflammation of a muscle

jìndú 禁毒 V.O. ban drugs
jìndǔ 禁赌 V.O. prohibit gambling
jìndù* 进度[進-] N. ①rate of advance ②planned speed; schedule
jìnduàn 锦缎 N. brocade M: ¹pǐ
jìndù bàogào 进度报告[進-報-] N. progress report
jìndùbiǎo 进度表[進-] N. progress chart M: ¹zhāng
jìndù cèshì 进度测试[進-] N. progress test
jǐndú jìyìběn 仅读记忆本[僅讀-憶-] N. <comp.> read-only memory (ROM)
jīndùkuānhóng 襟度宽宏[--寬-] F.E. broad-minded
jīndùn 金盾 N. golden shield symbolizing the power of police M: ¹miàn
jīndùxiáxiǎo 襟度狭小[--狹-] F.E. narrow-minded
jīn'é* 金额 N. <wr.> amount/sum of money
jìn'è 禁遏 V. prohibit/ban and contain
jīnèi 畿内 P.W. inside a capital city
jīnèijīn 鸡内金[雞-] N. membranes of chicken gizzards
Jīnèiyà 几内亚[-亞] P.W. Guinea
Jīnèiyà Bǐshào 几内亚比绍[--亞--] P.W. Guinea-Bissau
jīnéng* 机能 N. function
jìnéng 技能 N. ① technical ability; mastery of a skill/technique ② skills
jīnéng fēnpèi 机能分配 N. functional distribution
jìnéngkē 技能科 N. division of technical support
jìn'ér 进而[進-] V.P. ① proceeding to the next step ② and then; after that
¹jīnfá 矜伐 V. be puffed up by one's accomplishments
²jīnfá 津筏 N. ① ferry raft ② guide to doing things
jīnfà 金发[-髮] N. blond hair
jìnfā* 进发[進發] V. set out; start
jīnfān 今番 N. this time
jìnfàn* 进犯[進-] V. intrude into; invade
jǐnfáng* 谨防 V. guard against; beware of
jìnfāng 禁方 N. secret medical prescription
jǐnfáng ànjiàn 谨防暗箭 V.O. guard against a hidden arrow
jǐnfáng jiǎmào 谨防假冒 V.O. Beware of imitations.
jǐnfáng páshǒu 谨防扒手 V.O. Beware of pickpockets!
jīnfà nǚláng 金发女郎[-髮--] N. a blonde M: ge/¹míng/²wèi
jīnfànwǎn 金饭碗 N. well-paid sinecure M: ge/²zhī
jìnfēiqū 禁飞区[-飛區] P.W. no-fly zone
jīnfēixībǐ 今非昔比 F.E. no comparison between past and present
jīnfěn 金粉 N. ①women's face-powder ②gold-dust
jīnfēng 金风 N. autumn wind
¹jìnfēng* 劲风[勁-] N. gale; blast M: ¹zhèn See also jìngfēng
²jìnfēng 晋封[晉-] V. <hist.> bestow higher ranks on relatives of meritorious officials
jīnfēnghuā 金凤花[-鳳-] N. buttercup M: ²duǒ
¹jǐnfù 谨覆/复[-復] F.E. "respectfully reply" (to your letter)
²jǐnfù 紧缚[緊-] R.V. tie up tightly
jìnfùdōngliú 尽付东流[盡-] ID. all in vain
jìnfùquèrú 尽付阙如[盡-] F.E. <wr.> All are exhausted.
¹jīng 经[經] N. ① <txtl.> warp ② <Ch. med.> channels ③ <geog.> longitude ④ scripture; canon; classics ⑤menses; menstruation ⑥ Surname ♦V. ① manage; deal/engage in ② pass through; undergo ③ stand; bear; endure ♦B.F. constant; regular jīngcháng ♦COV. as a result of; through; after
²jīng 惊[驚] V. ① startle; alarm ② be startled/shy; stampede ♦S.V. violent; fierce
³jīng 鲸[鯨] N. whale
⁴jīng 精 S.V. ① refined ② perfect; excellent ③ meticulous; precise ④ sharp; clever; shrewd ⑤ skilled; conversant; proficient ⑥ unclad ♦N. ① essence ② <Ch. med.> essence of life ♦B.F. ① energy; spirit jīngshén ② semen; seed jīngzǐ ③ spirit; demon yāojing ♦ADV. extremely; very
⁵jīng 茎[莖] N. plant stem/stalk
⁶jīng 晶 B.F. ① crystal shuǐjīng ② clear; brilliant; radiant ²jīngyíng
⁷jīng 京 B.F. capital of a country ¹jīngchéng ♦N. ① short for Beijing ② ten million
⁸jīng 荆[荊] N. ① chaste tree ② brambles ③ Surname
⁹jīng 兢 B.F. cautious and conscientious jīngjīngyèyè
¹⁰jīng 睛 B.F. eyeball yǎnjing, dìngjīng
¹¹jīng 菁 B.F. ①lush; luxuriant ⁴jīngjīng ②essence; cream ¹jīnghuá
¹²jīng 旌 B.F. ancient type of banner hoisted on a feather-decked mast ²jīngqí
¹³jīng 粳 B.F. round-grained glutinous rice jīngmǐ, yùjīng
¹⁴jīng 腈 B.F. acrylic ²jīnglún
¹⁵jīng 鹋[鶄] in jiāojīng
¹⁶jīng 鼱 in qújīng
Jīng 泾[涇] B.F. river in Ningxia and Shaanxi Jīng-Wèi, yángjīngbāng
¹jǐng 井 N. ①well ②Surname ♦B.F. neat; orderly ¹jǐngrán
²jǐng 景 B.F. ① view; scene ¹fēngjǐng ② situation; condition qíngjǐng ③ <thea.> scenery; scene bùjǐng ④ admire; esteem jǐngmù ⑤ great; grand ²jǐngfú ♦N. Surname
³jǐng 颈[頸] B.F. neck jǐngzi See also ⁶gěng
⁴jǐng 警/儆 B.F. ① warn jǐnggào ② guard against ¹jǐngbèi ③ alarm ¹huǒjǐng ④ police jǐngchá ⑤ alert; vigilant jǐngjué
⁵jǐng 刭[剄] B.F. cut the throat zìjǐng
⁶jǐng 憬 B.F. wake up to reality ⁴jǐngwù
⁷jǐng 阱 B.F. trap; pitfall; pit xiànjǐng
⁸jǐng 肼 N. <chem.> hydrazine
¹jìng* 竟 N. <wr.> frontier; limit ♦ADV. ① in the end; eventually ② unexpectedly; actually ♦B.F. ① throughout; whole jìngrì ② go to the length of ③ finish; complete ²wèijìng
²jìng 静[靜/竫] S.V. still; quiet; calm
³jìng 净[凈/淨] B.F. ① clean gānjìng ② net (price/weight/etc.) ²jìngzhòng ♦ADV. ① completely ②only; merely; nothing but ♦N. <opera> painted-face role
⁴jìng 镜[鏡] B.F. ① mirror jìngzi ② lens; glass yǎnjìng
⁵jìng 境 B.F. ①border; boundary guójìng ②place; area; territory ¹chūjìng ③ condition; situation; circumstances chǔjìng
⁶jìng 敬 V. ① respect ② offer politely ♦ADV. respectfully
⁷jìng 径/迳[徑/逕] B.F. ① path; track xiǎojìng ② diameter zhíjìng ♦ADV. directly; straight
⁸jìng 劲[勁] B.F. strong; powerful; sturdy qiángjìng See also ³jìn
⁹jìng 胫[脛] <phys.> B.F. ①lower leg; shin jìnggǔ ② stiff ²jìngjìng
¹⁰jìng 痉[痙] B.F. convulsion; spasm ¹jìngluán
¹¹jìng 靖 B.F. ①pacify jìngluàn ②peace; tranquility ²ānjìng
¹²jìng 竞[競] B.F. compete; contest jìngzhēng
¹³jìng 靓[靚] B.F. make up jìngzhuāng See also ⁸liàng
¹⁴jìng 獍 B.F. a mythical animal that eats its mother as soon as it is born ²xiāojìng
¹⁵jìng 弪[弳] M. <math.> radian
jìng'ài 敬爱[-愛] V. respect and love ♦ATTR. esteemed and beloved
jīngāng 金刚[-剛] N. ① Buddha's warrior attendant ② hard metal ③ diamond <topo.> pupa of certain insects
jìngǎng* 进港[進-] V.O. make/enter port
jīngāngchǔ 金刚杵[-剛-] N. <Budd.> ① the weapon brandished by Indra signifying thunder ②the weapon symbolizing the power of wisdom
Jīngāngjīng 金刚经[-剛經] N. <Budd.> the Diamond Sutra M: ¹běn/²bù
jīngāngnùmù 金刚怒目[-剛--] F.E. be fierce of visage
jīngāngshā 金刚砂[-剛-] N. emery; corundum; carborundum
jīngāngshí 金刚石[-剛-] N. diamond M: ²kuài
jīngāngshíhūn 金刚石婚[-剛--] N. diamond wedding
jìngǎngshuì 进港税[進-] N. port charges M: ²bǐ
jīngāngtiěhàn 金刚铁汉[-剛鐵漢] F.E. very powerfully built man M: ge/¹míng/²wèi
jīngāngzuàn(r) 金刚钻(儿)[-剛鑽-] N. diamond drill M: ¹bǎ
jīngāo 金糕 N. haw jelly M: ²kuài
jìngāo* 浸膏 N. <med.> extract
jīngbái* 精白 V.P. ① pure white ② very pure
Jīngbái 京白 N. <opera> spoken parts in the Beijing dialect
jìngbài 敬拜 V. respectfully make an obeisance
jīngbáimǐ 精白米 N. polished white rice
jǐngbáliáng 井拔凉[-涼] N. cool water newly drawn from a well
jīngbàn 经办[經辦] V. handle; deal with
jīngbāng 经邦[經-] V.O. govern a country *Tā yǒu ānguó~ zhī cái.* He has the ability to govern and give peace to the country.
Jīngbào 京报[-報] N. official gazette of the Qing dynasty M: ¹fèn/¹zhāng
jǐngbào* 警报[-報] N. alarm; warning; alert M: ¹fèn
jǐngbàoqì 警报器[-報-] N. siren; alarm M: ge/¹tái/¹jià
jǐngbàowǎng 警报网[-報網] N. warning/alarm network M: ¹zhāng
jǐngbào xìnhào 警报信号[-報-號] N. warning/alarm signal
¹jǐngbèi 警/儆备[-備] N. guard; garrison ♦V. be prepared for emergencies
²jǐngbèi 颈背[頸-] N. nape
jǐngbèi bùduì 警备部队[-備-隊] N. garrison force M: ⁴zhī
jǐngbèichē 警备车[-備-] N. garrison vehicle M: ³liàng
jǐngbèiduì 警备队[-備隊] N. garrison team M: ⁴zhī
jǐngbèiqū 警备区[-備區] P.W. garrison command
jǐngbèi sīlìngbù 警备司令部[-備---] P.W. garrison headquarters
jǐngbèi zǒngbù 警备总部[-備總-] P.W. garrison headquarters
jǐngbèi zǒngsīlìng 警备总司令[-備總--] N. garrison commander-in-chief M: ²wèi
jìngběn 净本[淨-] N. neat copy of an original work M: ¹běn
jīngbì 经闭[經-] N. <Ch. med.> amenorrhea
¹jǐngbì* 井壁 N. wall of a well
²jǐngbì 警跸[-蹕] N. <wr.> herald preceding the emperor
jīngbiān 经编[經-] N. <txtl.> warp knitting
jǐngbiān 井边[-邊] P.W. ①edge of a well ②area around a well
¹jìngbiān 靖边[-邊] V.O. pacify/safeguard the border
²jìngbiān 静鞭[靜-] N. <trad.> whip cracked to enforce silence at the passage of the emperor
jìngbian* 净/静便[淨/靜-] S.V. <coll.> clean; neat; tidy (of people); agreeable; pleasant (of a place)
jǐngbiān tiāoshuǐ jǐngbiān mài 井边挑水井边卖[-邊---邊賣] ID. carry coals to Newcastle
jīngbiān zhēnzhīwù 经编针织物[經--織-] N. warp-knitted fabric M: ²jiàn
jīngbiǎo* 旌表 N. imperial honor conferred on the virtuous and meritorious ♦V. confer such honor
jǐngbiāo 警标[-標] N. beacon; lighthouse; lightship; buoy
jìngbiāo 竞标[競標] N. competitive bidding/tender

jīngbīng* 精兵 N. crack troops M: [4]zhī
jīngbìng 痉病[痙-] N. <*Ch. med.*> febrile disease with symptoms such as convulsions/etc.
jīngbīngjiǎnzhèng 精兵简政 F.E. crack troops and streamlined administration
jīngbīngqiángjiàng 精兵强将[-強將] F.E. crack troops and brilliant generals
jīngbǐngzhě 敬禀者[-稟-] N. <*court.*> self-address at the beginning of a letter
jīngbīngzhì 精兵制 N. picked/crack-troops system
jīngbìyuǎnzǒu 惊避远走[驚-遠-] F.E. hide from fear and go far away
jīngbízi 净鼻子[淨-] V.O. blow the nose
jīngbō* 鲸波 N. <*wr.*> ocean waves
jīngbó 精薄 S.V. <*topo.*> very thin
jīngbōli 镜玻璃 N. looking glass M: [1]*miàn*/[2]*kuài*
[1]**jīngbù*** 经部[經-] N. classics (first of the four traditional categories of literature)
[2]**jīngbù** 荆布[荊-] V.P. simply dressed/adorned (of woman)
jǐngbù 颈部[頸-] N. neck
jīngbuqǐ 经不起[經-] R.V. can't stand
jīngcǎi 精彩/采 S.V. brilliant; splendid; wonderful
Jīngcài* 京菜 N. Beijing cuisine M: [2]*dào*/[1]*xí*
jìngcāi 竞猜[競-] N. guessing competition ♦V. compete in guessing ability
jìngcài 敬菜 N. a dish on the house
jīngcǎifēnchéng 精彩纷呈 F.E. unusually brilliant
jīngcǎijuélún 精采绝伦[--絕-] F.E. brilliant; wonderful; unsurpassed; peerless
jīngcàilèi 茎菜类[莖-類] N. stem vegetables
jìngcánzhí 净残值[淨殘-] N. <*acct.*> net salvage
jīngcáo* 京曹 N. <*hist.*> officials in the capital
jìngcǎo 劲草[勁-] N. ① tough grass ② indomitable person ***See also*** [1]*jìncǎo*
jǐngcè 警策 <*wr.*> N. an enlivening passage (of writing) ♦A.T. pithy ♦V. whip a horse on
jīngchà 惊诧[驚-] S.V. <*wr.*> surprised; amazed
jǐngchá* 警察 N. police; policeman M: *ge*/[1]*míng*/[2]*wèi*
jìngchá 敬茶 V.O. serve tea
jǐngcháduì 警察队[-隊] N. police team M: [4]*zhī*
jǐngchá fēnjú 警察分局 P.W. police precinct headquarters
jǐngchá guǎngbō diàntái 警察广播电台[--廣-電臺] N. police broadcast station M: [4]*zuò*
jǐngchá guójiā 警察国家[--國-] N. police state
jīngchái 荆柴[荊-] N. destitute household
jīngchāibùqún 荆钗布裙[荊-] F.E. ① poor woman's clothing ② modest and virtuous woman
jǐngchá jīguān 警察机关[-關] N. police office
jǐngchájú 警察局 P.W. police bureau; headquarters
jǐngchá júzhǎng 警察局长 N. director of the police bureau M: [2]*wèi*
jīngchǎnfù 经产妇[經產婦] N. multipara; woman who has borne a child
jīngcháng* 经常[經-] ADV. ① day-to-day; everyday; daily ② frequently; constantly; regularly; often
jǐngcháng 颈长[頸-] N. length of the neck
jǐngchǎng 井场[-場] N. well site
jìngchǎng 静场[靜場] V.O. clear the theater after the end of a performance
jìngchàng 竞唱[競-] N. singing competition ♦V. compete in singing
jīngcháng bōkuǎn 经常拨款[經-撥-] N. recurrent appropriation
jīngcháng chéngběn 经常成本[經-] N. recurring costs
jīngcháng dìngdān 经常定单[經-] N. standing order
jīngchángfèi 经常费[經-] N. ordinary/routine expenditure
jīngchánghuà 经常化[經-] V. become a regular practice
jīngcháng lìrùn 经常利润[經-] N. recurring profits
jīngcháng lìyì 经常利益[經-] N. recurring gains
jīngcháng shōuyì 经常收益[經-] N. constant returns
jīngcháng sǔnyì 经常损益[經-] N. <*acct.*> current profits and losses
jīngchángxìng 经常性[經-] N. constancy; regularity
jīngchángxìng fèiyòng 经常性费用[經-] N. recurrent cost
jīngchángxìng yùsuàn 经常性预算[經-] N. regular budget
jīngcháng zhànghù 经常帐户[經-] N. current account M: [1]*jiā*
jīngcháng zhīchū 经常支出[經-] N. ordinary expenditures
jìngchǎnzhí 净产值[淨產-] N. net productivity; net output value
jīngcháo 精巢 N. testis; testicle
jǐngchá pàichūsuǒ 警察派出所 P.W. police substation
jǐngcháquán 警察权[-權] N. <*law*> police powers
jǐngchátīng 警察厅[-廳] N. police department
jǐngchá xuéxiào 警察学校 N. police school/academy M: [1]*suǒ*
Jǐngcházhīyǒu 警察之友 N. <*TW*> Friends of the Police (a police support group)
jǐngchē 警车 N. police car/van; paddy wagon M: [3]*liàng*
jìngchén 敬陈 F.E. <*court.*> state respectfully
[1]**jīngchéng*** 京城 P.W. capital of a country
[2]**jīngchéng** 精诚 N. <*wr.*> absolute sincerity
jìngchēng 敬称[-稱] N. honorific (appellation)
[1]**jìngchéng** 敬呈 F.E. <*court.*> present with respect
[2]**jìngchéng** 竟成 V. end up as; turn into
jīngchéngsuǒzhì 精诚所至 F.E. That is where one's absolute sincerity lies.
jīngchéngtuánjié 精诚团结[--團-] F.E. unite with gung ho spirit
jìngchénshǐmò 敬陈始末 F.E. make a detailed explanation respectfully
jìngchǐ 径尺[徑-] N. caliber ruler
jīngchóng 精虫[-蟲] N. spermatozoa
Jīng Chǔ 荆楚[荊-] P.W. <*hist.*> Zhou dynasty Chu state in the Jingzhou area of Hubei
jīngchuān 经穿[經-] S.V. durable (of clothes)
jīngchuáng 经幢[經-] N. Buddhist stone pillar M: [4]*zuò*
jìngchuī 劲吹[勁-] V. blow hard (of wind)
jìngchūkǒu 净出口[淨-] N. <*econ.*> net export
[1]**jīngchún** 精纯 S.V. pure; unalloyed; unmixed ♦V. refine
[2]**jīngchún** 精醇 S.V. high-quality (of liquor)
[1]**jìngcí** 敬辞[-辭] N. term of respect; polite expression
[2]**jìngcí** 静词[靜-] N./ATTR. <*lg.*> adjective; nominal
jìngcíhuà 静词化[靜-] N. <*lg.*> nominalization
jīngcū 精粗 N. fineness and coarseness of things
[1]**jīngcuì** 精粹 S.V. succinct; pithy; terse ♦N. essence/essentials
[2]**jīngcuì** 精萃 N. cream; pick; essence
[1]**jìngcún*** 竞存[競-] N. competition for survival
[2]**jìngcún** 净存[淨-] N. net balance
jìngcùn 径寸[徑-] N. circle/sphere with a diameter of one inch
jīngdǎ 经打[經-] N. come/bear down on economic offenses
jīngdǎguāng 精打光 V.P. <*topo.*> with nothing left
jīngdāi 惊呆[驚-] V. be stupefied; be struck dumb
jīngdàng 精当[-當] S.V. precise and appropriate
jīngdǎo* 惊倒[驚-] R.V. collapse from fright
[1]**jīngdào** 精到 S.V. precise and penetrating
[2]**jīngdào** 粳稻 N. round-grained nonglutinous rice
jīngdǎxìsuàn 精打细算 F.E. careful calculation and strict budgeting
jìngde 静的[靜-] ATTR. inactive
jīngdeqǐ 经得起[經-] R.V. can stand; endure
jìng de qìguān 静的器官[靜-] N. <*lg.*> inactive/static organ
Jǐngdézhèn 景德镇 P.W. Jiangxi pottery center
jīngdezhù 经得住[經-] R.V. can stand/endure
jǐngdí 警笛 N. ① police whistle ② siren
jǐngdǐ 井底 P.W. ① well bottom ② <*min.*> shaft bottom
jǐngdì 井地 N. <*hist.*> well-field system
jìngdí 劲敌[勁敵] N. strong enemy/opponent; formidable adversary M: *ge*/[1]*míng* ***See also*** *jìndí*
jìngdì* 境地 N. ① condition; circumstances; plight ② territory; region
jīngdiǎn* 经典[經-] N. ① classics ② scriptures ③ text ♦ATTR. classical
jǐngdiǎn 景点[-點] N. scenic spots
jìngdiàn 静电[靜電] N. static electricity
jìngdiànchǎng 静电场[靜電場] N. electrostatic field
jìngdiàn fùyìn 静电复印[靜電復-] N. photocopy; Xerox
jìngdiàn gǎnyìng 静电感应[靜電-應] N. electrostatic precipitator
jìngdiànhè 静电荷[靜電-] N. <*elec.*> static charge
jìngdiànjì 静电计[靜電-] N. electrometer
jìngdiàn jiànkāngqì 静电健康器[靜電-] N. static health machine M: [1]*tái*/*ge*
jìngdiànlì 静电力[靜電-] N. <*elec.*> static electricity
jīngdiǎn lǐlùn 经典理论[經-] N. classical theory
jīngdiǎn zhùzuò 经典著作[經-] N. classical works M: [1]*běn*/[2]*bù*
jīngdiǎn zuòjiā 经典作家[經-] N. author of a classic; classic M: *ge*/[1]*míng*/[2]*wèi*
Jīngdiào 京调 N. Beijing style of music/singing/etc.
jīngdiāoxìkè 精雕细刻 F.E. work at sth. meticulously
jīngdiāoxìlòu 精雕细镂[-鏤] F.E. work at sth. meticulously
jìngdìng 静定[靜-] V. keep still and calm; sit in meditation
jǐngdíshēng 警笛声[-聲] N. siren sound; sound of a police whistle M: [1]*zhèn*
jǐngdǐwā 井底蛙 N. narrow-minded person M: *ge*/[2]*zhī*
jǐngdǐzhīwā 井底之蛙 N. person with a very limited outlook M: *ge*/[2]*zhī*
jīngdòng 惊动[驚動] V. ① alarm; disturb ② alert
jǐngdòngmài 颈动脉[頸動脈] N. carotid
jǐngdòngmài-dòu 颈动脉窦[頸動脈竇] N. <*phys.*> carotid sinus
jìngdòu 竞斗[競鬥] N./V. combat; fight
jīngdòuzi 精豆子 N. <*topo.*> a bright and clever child
jīngdū* 京都 N. ① capital of a country ② Kyoto (Jp.)
jīngdú 精读[-讀] V. ① read carefully and thoroughly ② read intensively ♦N. intensive reading
[1]**jīngdù** 精度 N. precision
[2]**jīngdù** 经度[經-] N. longitude
jìngdù 竞渡[競-] N. boat/swimming race
jīngduàn 经断[經斷] N. <*Ch. med.*> menopause
jìngduó 竞夺[競奪] V. compete to get/win (sth.)
jīngé 金革 N. military hardware; arms
jīng'é 菁莪 ID. educate promising talents
jīng'è* 惊愕[驚-] S.V. <*wr.*> stunned; stupefied
jìng'é 净额[淨-] N. net amount
jīngēda 筋疙瘩 N. <*coll.*> scrofula; swelling of lymphatic glands
jǐngēn 紧跟[緊-] V. follow closely; keep in step with
jǐngēnzhe 紧跟着[緊-著] ADV. then; afterward ♦V. follow closely
Jīng'èrhú 京二胡 N. Beijing opera violin M: [1]*bǎ*

jìng'éryuǎnzhī 敬而远之[--遠-] F.E. stay at a respectful distance from sb./sth.
jīngētiěmǎ 金戈铁马[--鐵-] F.E. <trad.> ① symbol of war; warfare ② weapons
jìngfán 敬烦 F.E. please take the trouble to. . .
jīngfàng 经放[經-] V. can be stored for some time (of food/etc.)
jǐngfāng* 警方 N. the police
jǐngfáng 井房 N. wellhouse M: [1]jiān
jǐngfāng diàochá 警方调查 N. police investigation
jīngfèi 经费[經-] N. funds; outlay; expenses M: [2]bǐ
jīngfèi cúnkuǎn 经费存款[經-] N. <acct.> expense/expenditure-fund deposit
jǐngfěigōujié 警匪勾结 F.E. cops and criminals collaborate
jǐngfěipiàn 警匪片 N. cops-and-robbers film M: [2]bù
jīngfèi yúchù 经费余绌[經-] N. <acct.> surplus or deficit of annual expenditures
jīngfēng 惊风[驚-] N. ① <Ch. med.> infantile convulsions ② furious winds
[1]jǐngfēng 警风 N. police conduct
[2]jǐngfēng 景风 N. ① gentle breeze ② southern wind
jìngfēng 劲风[勁-] N. a strong wind M: [1]zhèn *See also* [1]jìnfēng
jìngfèng* 敬奉 V. piously worship ♦F.E. ① respectfully offer/present ② respectfully act/do according to
jīngfēng'àoshuāng 惊风傲霜[驚-] ID. become toughened by hard knocks
jīngfēnghàilàng 惊风骇浪[驚-] F.E. fearful winds and terrific billows
jīng fēngyǔ, jiàn shìmiàn 经风雨,见世面[經--,---] F.E. face the world and stand its tests
jīngfú 惊服[驚-] V. be overawed
jīngfù 荆妇[荊婦] N. <court.> my wife
[1]jǐngfú 警服 N. police uniform M: [2]jiàn/tào
[2]jǐngfú 景福 N. great blessings
[1]jìngfú* 敬服 V. greatly esteem/admire
[2]jìngfú 净福[淨-] N. <Budd.> pure happiness
jìngfùzhě 敬覆者 N. <humb.> self-referral in letter-ending
jīnggàn 精干[-幹] S.V. ① crack (troops/etc.) ② keen-witted and capable
jìnggǎn* 竟敢 V. dare to
jǐnggǎng 警岗[-崗] N. police kiosk
Jǐnggāng Shān 井冈山[-岡-] P.W. Jinggang Mountains (in Jiangxi)
jǐnggào* 警告 V. warn; caution; admonish ♦N. (disciplinary) warning
jìnggāo 净高[淨-] N. <archi.> clear height
jìnggào 敬告 F.E. <court.> respectfully inform
jǐnggào xìnhào 警告信号[-號] N. <traf.> warning signal
jīnggé 晶格 N. <phy.> lattice (crystal)
jǐnggěng 颈梗[頸-] N. neck stem/stalk
jīnggēngxìzuò 精耕细作 F.E. intensive cultivation
jīnggōng 精工 N. ① delicate and painstaking work; exquisite craftsmanship ② skilled worker
jīnggōng miàopǐn 精工妙品 N. article made with exquisite workmanship M: [2]jiàn
jīnggōngzhīniǎo 惊弓之鸟[驚-] N. an easily frightened person M: [2]zhī
jìnggòu 竞购[競購] V. rush to buy
jìnggǔ 胫骨[脛-] N. shinbone; tibia
[1]jīngguài 精怪 N. demons; ghosts
[2]jīngguài 惊怪[驚-] V. marvel; be amazed and puzzled
jīngguān(r) 京官(儿) N. <hist.> officials in the capital M: ge/[1]míng/[2]wèi
jīngguǎn 经管[經-] V. be in charge of
[1]jǐngguān* 警官 N. police officer M: ge/[1]míng/[2]wèi
[2]jǐngguān 景观[-觀] N. <geog.> landscape
jǐngguàn 井灌 N. well irrigation
jìngguān 静观[靜觀] V. observe quietly
[1]jīngguāng* 精光 V.P. ① stark naked ② with nothing left
[2]jīngguāng 晶光 V.P. glittering; shiny (of surface/etc.)
jǐngguāng 景光 N. ① light that brings good fortune ② conditions; circumstances
jìngguāng 净光[淨-] V.P. ① with nothing left ② bright and clean
Jīng-Guǎng xiàn 京广线[-廣-] N. Beijing-Guangzhou rail line
jìngguānqíbiàn 静观其变[靜觀-變] F.E. wait and see sth.'s/sb.'s change
jǐngguān xuéxiào 警官学校 P.W. police academy M: [1]suǒ
jìngguānzìdé 静观自得[靜觀-] F.E. Everything comes to one who waits.
jīngguī 惊闺[驚-] N. small drum sounded by peddlers
jìng guǐshén ér yuǎn zhī 敬鬼神而远之[----遠-] F.E. avoid sb./sth. like the plague
jīngguīyè 惊闺叶[驚-葉] N. string of small metal sheets sounded by knife-sharpeners
jǐnggùn 警棍 N. baton; truncheon M: [2]gēn
jīngguò* 经过[經-] V. ① pass; go through; undergo ② stop at ♦N. ① process; course ② sb.'s antecedents
jìngguó 靖国[-國] V.O. pacify the nation
jīngguò liánghǎo 经过良好[經-] V.P. have completed doing sth. satisfactorily
jìngguòqíngqiān 境过情迁[-遷] F.E. When the situation changes, feelings change.
jīnghài 惊骇[驚-] S.V. <wr.> become panic-stricken
jīnghàibùyǐ 惊骇不已[驚-] F.E. be constantly frightened
[1]jīnghàn 精悍 S.V. ① capable ② vigorous; intrepid ③ pithy and poignant
[2]jīnghàn 惊汗[驚-] N. cold sweat
jǐnghào 警号[-號] N. warning signal
jǐnghào biāozhì 警号标志[-號標-] N. cautionary mark
[1]jīnghé 精核 N. careful and intensive examination
[2]jīnghé 晶核 N. <phy.> crystal nucleus
jìnghè* 敬贺 F.E. <court.> respectfully congratulate
jìnghèzài 静荷载[靜-] N. <archi.> dead load
jīnghóng 惊鸿[驚-] N. a graceful beauty
jīnghóngyīpiē 惊鸿一瞥[驚-] ID. fleeting glimpse of a beauty
jīnghóngyóulóng 惊鸿游龙[驚-] ID. perform graceful motions
[1]jìnghòu 静候[靜-] V. await quietly
[2]jìnghòu 敬候 V. ① inquire after respectfully ② await respectfully
jīnghū* 惊呼[驚-] V. cry out in alarm
Jīnghú 京胡 N. Beijing-opera violin M: [1]bǎ
jīnghuā 京花 N. silk flower M: [2]duǒ
[1]jīnghuá* 精/菁华[-華] N. cream; quintessence
[2]jīnghuá 京华[-華] N. <wr.> ① national capital ② Beijing
jīnghuà 晶化 V. crystallize ♦N. crystallization
Jīnghuà 京话 N. Beijing dialect M: kǒu
jǐnghuā 警花 N. policewoman
jìnghuà 净化[淨-] V. purify; purge
jìnghuà chéngdu 净化程度[淨-] N. degree of purification
jìnghuàjì 净化剂[淨-劑] N. purification agent/substance/etc.
jīnghuāng* 惊慌[驚-] S.V. alarmed; scared
jīnghuáng 惊惶[驚-] S.V. become alarmed/panic-stricken ♦N. trepidation
jīnghuāngbù'ān 惊慌不安[驚-] F.E. jittery
jīnghuāngshīcuò* 惊慌失措[驚-] F.E. panic-stricken
jīnghuángshīcuò 惊惶失措[驚-] F.E. be panic-stricken
jīnghuángshīsè 惊惶失色[驚-] F.E. turn pale with fright
jìnghuāshuǐyuè 镜花水月 ID. an illusion
jìnghuà zuòyòng 净化作用[淨-] N. catharsis
Jīnghùhuì 经互会[經-] N. Council of Mutual Economic Assistance; Comecon
jǐnghuī 警徽 N. police insignia M: [4]méi
jīnghūn 晶婚 N. crystal (15th) wedding anniversary
jīnghún* 惊魂[驚-] N. fright
jīnghúnduópò 惊魂夺魄[驚-奪-] F.E. be frightened out of one's wits
jīnghúnfāngdìng 惊魂方定[驚-] F.E. recover from one's surprise/fear/confusion
jīnghūn jìniàn 晶婚纪念 N. crystal (15th) wedding anniversary
jīnghúnwèidìng 惊魂未定[驚-] F.E. still badly shaken/startled
jīngjī 京畿 N. <wr.> capital city and its environs
[1]jīngjí 荆棘[荊-] N. ① thistles and thorns; brambles ② difficult situation
[2]jīngjí 经籍[經-] N. ① Confucian classics ② books generally (with special reference to ancient texts)
[1]jīngjì* 经济[經濟] N. ① economy ② financial condition; income ♦S.V. ① economical; thrifty ② of economic value
[2]jīngjì 经纪[經-] V. manage (a business) ♦N. manager; broker M: ge/[1]míng/[2]wèi
[3]jīngjì 惊悸[驚-] V. <wr.> shake with fear
[1]jìngjì 竞技[競-] N. athletic contests/competitions; sports
[2]jìngjì 静寂[靜-] S.V. quiet; tranquil ♦N. tranquility
[3]jìngjì 径迹[徑跡] N. ① path; track ② way; means ③ diameter ♦ADV. directly; straightway
[4]jìngjì 迳寄[逕-] V. mail directly to
jīngjiá 精荚[-莢] N. <zoo.> spermatophore
jīngjià 惊驾[驚-] V.O. <court.> disturb the emperor
jǐngjià 井架 N. ① derrick ② <min.> pithead frame ③ well head M: [4]zuò
jìngjiǎ 胫甲[脛-] N. greaves; leg armor
[1]jìngjià* 镜架 N. eyeglasses/spectacles frame M: [1]fù
[2]jìngjià 净价[淨價] N. net price
[3]jìngjià 竞价[競價] N. price competition ♦V.O. compete price-wise
jīngjiāgōng 精加工 N. <mach.> finish machining; precision work
jīngjiǎn* 精简 V. retrench; simplify; reduce
jīngjiàn 经建[經-] N. economic development
jìngjiàn 镜鉴[-鑒] N. ① reference ② mirror
jīngjiǎng 精讲[-講] N. concise and incisive explanation ♦V. explain incisively
jīngjiǎngduōliàn 精讲多练[-講-練] F.E. teach only essentials and ensure plenty of practice
jīngjiǎn jīgòu 精简机构[-構] V.O. streamline government/management organizations
jīngjiǎn zhígōng 精简职工[--職-] V.O. cut down the labor force
Jīngjiāo 京郊 P.W. suburbs of Beijing
jīngjiào* 惊叫[驚-] V. cry in fear; scream
jǐngjiǎo 警角 N. military bugle
Jǐngjiào 景教 N. Nestorianism
Jìngjiào 净教[淨-] N. Buddhism
jīngjì bàochóu 经济报酬[經濟報-] N. economic returns
jīngjì bēngkuì 经济崩溃[經濟-] N. economic collapse
jīngjì bōdòng 经济波动[經濟-動] N. economic fluctuations
jīngjìbù 经济部[經濟-] P.W. branches of the economy
jīngjì bùmén 经济部门[經濟-] P.W. branches of the economy
jīngjìbùyǐ 惊奇不已[驚-] F.E. be endlessly surprised/amazed
jīngjì bùzhǎng 经济部长[經濟-] N. minister of economy M: [2]wèi
jīngjìcái 经济财[經濟-] N. economic goods
jīngjìcāng 经济舱[經濟艙] N. economy class
jīngjì cānshìchù 经济参事处[經濟參-處] P.W. office of the economic counselor
jīngjì chājù 经济差距[經濟-] N. economic gap

jìngjìchǎng 竞技场[競-場] N. sports arena
jīngjì chéngbāo zérènzhì 经济承包责任制[經濟-] N. responsibility system with contracted jobs
jīngjì chéngfèn 经济成分[經濟-] N. economic sector
jīngjì chōngjī 经济冲击[經濟衝擊] N. economic impact
jīngjì dàguó 经济大国[經濟-國] N. economic powerhouse
jīngjié 旌节[-節] N. <trad.> ① insignia of a high official ② envoy's credentials
jīngjiě 经解[經-] N. ① commentaries on the classics ② name of a chapter in *the Book of Rites*
[1]**jīngjiè** 经界[經-] N. farmland boundary marks
[2]**jīngjiè** 惊戒[驚-] V. be alert; be on guard
[3]**jīngjiè** 荆芥[莉-] N. <bot.> *Schizonepeta tenuifolia*
[1]**jǐngjiè** 警/儆戒/诫 V. ① warn; admonish; caution ② guard against; keep close watch on
[2]**jǐngjiè** 警界 N. police circles
jìngjiē 净/静街[淨/靜-] V.O. ① close a street ② clear the streets of people and traffic
[1]**jìngjiè*** 境界 N. ①boundary ②extent reached; plane attained ③ state; realm
[2]**jìngjiè** 净界[淨-] N. <Budd.> sacred place
[3]**jìngjiè** 镜戒 N. lesson; warning
jǐngjiè bùduì 警戒部队[-隊] N. security force M: [4]*zhī*
jǐngjièsè 警戒色 N. warning coloration
jǐngjiè shuǐwèi 警戒水位 N. warning water level; warning stage
jǐngjièxiàn 警戒线 N. cordon; security line M: [1]*tiáo*
jīngjì fǎguī 经济法规[經濟-] N. economic statutes M: [2]*bù*/[1]*tiáo*
jīngjìfàn 经济犯[經濟-] N. economic criminal M: *ge*/[1]*míng*
jīngjì fēngsuǒ 经济封锁[經濟-] N. economic blockade
jīngjì gémìng 经济革命[經濟-] N. economic revolution
jīngjì gōngsī 经纪公司[經-] P.W. broker; brokerage M: [1]*jiā*
jīngjì guāndiǎn 经济观点[經濟觀點] N. an economic perspective
jīngjì hésuàn 经济核算[經濟-] N. economic/business accounting
jīngjìhuà 经济化[經濟-] V. turn into an economic matter
jīngjì jiànshè wěiyuánhuì 经济建设委员会[經濟-] P.W. economic construction committee
jīngjì jīchǔ 经济基础[經濟-礎] N. economic basis/base
jīngjìjiè 经济界[經濟-] N. economic circles
jīngjì jiégòu 经济结构[經濟-構] N. economic structure
jīngjì jìhuà 经济计划[經濟-劃] N. economic plan M: [1]*fèn*
jīngjì jīngyīng 经济精英[經濟-] N. economic elite M: *ge*/[1]*míng*/[2]*wèi*
jīngjì jìshù kāifāqū 经济技术开发区[經濟-術開發區] P.W. economic and technological development zone
jīngjì juédìnglùn 经济决定论[經濟決-] N. economic determinism
jīngjì juéjiāo 经济绝交[經濟絕-] N. economic boycott
jīngjì kāifàngqū 经济开放区[經濟開-區] P.W. open economic region
jīngjì kǒnghuāng 经济恐慌[經濟-] N. economic panic
jīngjì kuānyù 经济宽裕[經濟寬-] V.P. well-off; well-to-do
jīngjì kuòzhāng 经济扩张[經濟擴-] V.P./N. economic expansion
jīngjìlín 经济林[經濟-] N. economic forests
jīngjì lìyì 经济利益[經濟-] N. economic interests
jīngjì lüèduó 经济掠夺[經濟-奪] N. economic plunder
jīngjì mìngmài 经济命脉[經濟-脈] N. economic lifeline; key branches of the economy M: [1]*tiáo*
[1]**jīnjīn** 精金 N. refined gold
[2]**jīngjīn** 经今[經-] CONJ. up to now; by now
jīngjìn* 精进[-進] V.P. ①enterprising ②energetic ♦N. <Budd.> willingness to progress
jǐngjīn 颈筋[頸-] N. neck muscles
jìngjǐn 敬谨 F.E. <court.> with respect (in letter-ending, etc.)
[1]**jìngjìn** 竞进[競進] V. advance side by side
[2]**jìngjìn** 净尽[淨盡] ADV. completely; utterly
[1]**jīngjīng** 兢兢 R.F. ① careful; cautious ② strong
[2]**jīngjīng** 京京 R.F. <trad.> intense (of sorrow)
[3]**jīngjīng** 晶晶 R.F. bright and brilliant
[4]**jīngjīng** 菁菁 R.F. ① richly growing (of vegetation) ② <wr.> lush; luxuriant
jǐngjǐng 警警 R.F. uneasy; disturbed
[1]**jìngjìng(r)*** 静静(儿)[靜靜-] R.F. ① quiet; silent ② calm; peaceful
[2]**jìngjìng** 胫胫[脛脛] R.F. stiff
jìngjìngmài 颈静脉[頸靜脈] N. <phys.> jugular veins
jìngjìngrán 胫胫然[脛脛-] V.P. with erect bearing
jīngjīngyèyè 兢兢业业[-業業] R.F. cautious and conscientious
jǐngjǐngyǒutiáo 井井有条[-條] F.E. shipshape; methodical
jīngjīnliángyù 精金良玉 ID. virtuous and tolerant
jǐngjīnzhíbào 颈筋直暴[頸-] F.E. The veins on the neck swelled with anger.
jīngjì pínghéng 经济平衡[經濟-] N. economic equilibrium
jīngjì qǐfēi 经济起飞[經濟-飛] N./V.P. economic takeoff
jīngjì qīnlüè 经济侵略[經濟-] N./V.P. economic invasion
[1]**jīngjìrén** 经纪人[經-] N. broker; middleman; agent M: *ge*/[1]*míng*/[2]*wèi*
[2]**jīngjìrén** 经济人[經濟-] N. economic man M: *ge*/[1]*míng*/[2]*wèi*
jīngjì rénkǒuxué 经济人口学[經濟-] N. economic demography
Jīngjì Rìbào 经济日报[經濟-報] N. *Economic Daily* M: [1]*zhāng*/[1]*fèn*
jīngjìshāng 经纪商[經-] N. broker; agent; dealer M: *ge*/[1]*míng*/[2]*wèi*
jīngjì shēnghuó 经济生活[經濟-] N. economic life
jīngjì shèntòu 经济渗透[經濟滲-] N. economic infiltration
jīngjì shǐguān 经济史观[經濟-觀] N. economic interpretation of history
jīngjì shītiáo 经济失调[經濟-] N. dislocation of economy
jīngjì shuāituì 经济衰退[經濟-] N. economic recession
jìngjísīdòng 静极思动[靜極-動] F.E. When idle for too long, one thinks of resuming active life.
jīngjì tèqū 经济特区[經濟-區] P.W. special economic zone (SEZ)
jīngjì tèshǐ 经济特使[經濟-] N. economic mission M: *ge*/[1]*míng*/[2]*wèi*
jìngjì tǐcāo 竞技体操[競-體-] N. gymnastics
jīngjì tíngzhì 经济停滞[經濟-滯] N. economic stagnation
jīngjiǔ 经久[經-] S.V. ① prolonged ② durable; lasting
jǐngjiù 井臼 N. housework
jìngjiǔ* 敬酒 V.O. propose/drink a toast
jìngjiǔ bù chī chī fájiǔ 敬酒不吃吃罚酒 ID. be constrained to do what one at first declined
jīngjiǔbùxī 经久不息[經-] F.E. prolonged
jīngjiǔnàiyòng 经久耐用[經-] F.E. durable
jǐngjiùqīncāo 井臼亲操[--親-] F.E. do one's own domestic chores
jǐngjiùzìcāo 井臼自操 F.E. do one's own domestic chores
jīngjì wēijī 经济危机[經濟-] N. economic crisis M: [3]*cháng*
jīngjì wěisuō 经济萎缩[經濟-] N. economic contraction
Jīngjì Wěiyuánhuì 经济委员会[經濟-] P.W. Economic Commission
jīngjìxì 经济系[經濟-] N. department of economics
jīngjì xiāotiáo 经济萧条[經濟蕭條] N. economic depression/slump
jīngjì xiàoyì 经济效益[經濟-] N. economic benefits/profits/efficiency/performance
jīngjì xīn zhìxù 经济新秩序[經濟-] N. new economic order
jīngjìxué 经济学[經濟-] N. economics
jīngjìxuéjiā 经济学家[經濟-] N. economist M: *ge*/[1]*míng*/[2]*wèi*
jīngjìxuérén 经济学人[經濟-] N. economist
jīngjìxuézhě 经济学者[經濟-] N. economist M: *ge*/[1]*míng*/[2]*wèi*
jīngjì xúnhuán 经济循环[經濟-環] N. business cycles
jīngjìyè 经纪业[經-業] N. brokerage
jīngjì yītǐhuà 经济一体化[經濟-體-] N. economic integration
jīngjì yuánzhù 经济援助[經濟-] N. economic aid
jīngjì yùnzuò 经济运作[經濟運-] N. economic performance
jīngjízàidào 荆棘载道[莉-] F.E. path beset with difficulties
jīngjízàitú 荆棘载途[莉-] F.E. path beset with difficulties
jīngjì zájiāo 经济杂交[經濟雜-] N. commercial crossbreeding
jīngjìzhàn 经济战[經濟戰] N. economic war M: [3]*cháng*
jīngjì zhèngcè 经济政策[經濟-] N. economic policy
jīngjì zhéxué 经济哲学[經濟-] N. economic philosophy
jīngjì zhǐbiāo 经济指标[經濟-標] N. economic indicator
jīngjì zhìcái 经济制裁[經濟-] N. economic sanctions
jīngjì zhìgāodiǎn 经济制高点[經濟-點] N. commanding heights of the economy
jīngjízhīguàn 荆棘之冠[莉-] N. crown of thorns
jìngjì zhuàngtài 竞技状态[競-狀態] F.E. athlete's condition
jīngjì zhuānkē xuéxiào 经济专科学校[經濟專-] P.W. professional school of economics M: [1]*suǒ*
jīngjìzhǔyì 经济主义[經濟-義] N. economism
jīngjì zuòwù 经济作物[經濟-] N. industrial/cash crop M: [1]*zhǒng*
jīngjù* 惊惧[驚懼] S.V. scared; fearful
Jīngjù 京剧[-劇] N. Beijing opera M: [2]*chǎng*
jǐngjú 警局 P.W. police station
jǐngjù 警句 N. admonition; aphorism; epigram M: [1]*jù*
jìngjù 静句[靜-] N. <lg.> nominal sentence
jīngjuàn 经卷[經-] N. volumes of classics M: *juǎn*
[1]**jīngjué** 惊厥[驚-] V. faint from fear ♦N. <med.> convulsions
[2]**jīngjué** 惊觉[驚覺] V. awake with a start
[3]**jīngjué** 精绝[-絕] S.V. exquisite to the very last detail
jǐngjué* 警觉[-覺] N. ① vigilance; alertness ② exclamation
jìngjué(r) 净角(儿)[淨-] N. <opera> painted-face role
jīngjué dào 惊觉到[驚覺-] V.P. be surprised to learn that/of
jǐngjué dào* 警觉到[-覺-] R.V. be on the alert
jǐngjuéxìng 警觉性[-覺-] N. vigilance; alertness
[1]**jìngjūn** 净君[淨-] N. broom
[2]**jìngjūn** 敬军 V.O. respect the army
jìngjūsīguò 静居思过[靜-] F.E. live in seclusion and introspect

Jīngjù yǎnyuán 京剧演员[-劇--] N. a Beijing opera actor M: *ge*/¹*míng*/²*wèi*
jìngkǎo 镜考 V. <*wr.*> examine oneself in the light of the past
Jīng Kē 荆轲[荊-] (d. 227 B.C.) N. failed assassin of king of Qin
jīngkōng 精空 V.P. exhausted; with nothing lift
jīngkǒng* 惊恐[驚-] S.V. terrified; panic-stricken
jìngkōng 净空[淨-] N. clearance; space under a car
jīngkǒngshīsè 惊恐失色[驚-] F.E. be pale with fear
jīngkǒngwànzhuàng 惊恐万状[驚-萬狀] F.E. convulsed with fear
jǐngkǒu 井口 N. ① <*min.*> pithead ② mouth of a well ③ wellhead
jīngkuàng 精矿[-礦] V.O. <*min.*> concentrate
jǐngkuàng* 景况[-況] N. situation; circumstances
¹**jìngkuàng** 境况[-況] N. condition; circumstances
²**jìngkuàng(r)** 镜框(儿) N. picture/spectacles frame
jìngkuàngbùjiā 境况不佳[-況--] F.E. in straitened circumstances
jīngkuàngfěn 精矿粉[-礦-] N. <*min.*> concentrated ore powder
jìngkuī 净亏[淨虧] N. net loss/deficiency
jīnglà 鲸蜡[-蠟] N. spermaceti
jǐnglán 井栏[-欄] N. ① railing around a well M: ²*dào* ② <*mil.*> framework for scaling enemy walls
jìnglǎo 敬老 V.O. respect the old
jìnglǎo'àiyòu 敬老爱幼[--愛-] F.E. respect the aged and cherish the young
jìnglǎofǔyòu 敬老抚幼 F.E. respect the aged and protect the young
jìnglǎoyuàn 敬老院 P.W. old-people's home M: ¹*jiā*/¹*suǒ*
jìnglǎozūnxián 敬老尊贤[-賢] F.E. respect the aged and honor the wise/worthy
jīngléi 惊雷[驚-] N. a sudden clap of thunder
jīnglèi* 鲸类[-類] N. whales
jīnglǐ* 经理[經-] N. manager; director M: *ge*/¹*míng*/²*wèi* ♦V. ① handle; manage ② <*mil.*> logistics
¹**jīnglì** 经历[經歷] V. go through; undergo; experience ♦N. ① experience ② <*trad.*> frontier security chief ③ curriculum vitae
²**jīnglì** 精力 N. energy; vigor
³**jīnglì** 晶粒 N. <*phys.*> crystalline grain
jǐnglì 警力 N. police strength/force
jìnglǐ 敬礼[-禮] V.O. ① salute; give a salute ② extend one's greetings ③ <*court.*> respectfully yours (letter closure) ④ present; gift ⑤ religious cult
¹**jìnglì** 净利[淨-] N. net profit
²**jìnglì** 静立[靜-] V. stand still
³**jìnglì** 静力[靜-] N. static
¹**jīngliàn*** 精炼[-煉] V. refine; purify ♦S.V. smart and capable
²**jīngliàn** 精练/炼[-練/煉] S.V. ① concise; succinct; terse ② well-trained
³**jīngliàn** 经练[經練] A.T. experienced; keen and sharp
jǐnglián 颈联[頸聯] N. 5th and 6th lines forming a couplet (in an 8-line poem)
jìnglián 镜奁[-奩] N. woman's dressing case with mirror
jīngliànchǎng 精炼厂[-煉廠] P.W. refinery M: ¹*jiā*
¹**jīngliáng*** 精良 V.P. excellent; superior
²**jīngliáng** 粳粮[-糧] N. <*trad.*> plain fare
jīngliàng 晶亮 V.P. bright; shiny (of reflection/etc.)
jìngliàng 净量[淨-] N. net weight
jīngliàng bōzhòng 精量播种[-種] N. <*agr.*> precision drilling
jīngliàng bōzhǒngjī 精量播种机[---種-] N. precision seed-planter/drill M: ¹*tái*/¹*jià*
jīngliào 精料 N. concentrated feed
jīnglìbùzú 精力不足 F.E. be deficient in energy
jìnglì cèshì 静力测试[靜-] N. static testing
jīnglìchōngpèi 精力充沛 F.E. full of vigor
jīnglìguòrén 精力过人 F.E. exceptional vitality
jìnglǐ jùlí 敬礼距离[-禮-離] N. <*mil.*> saluting distance
jīnglíng 精灵[-靈] N. spirit; demon ♦S.V. <*topo.*> clever; smart (of a child)
jǐnglíng* 警铃 N. alarm (bell)
jìnglíng 静聆[靜-] V. quietly listen to
jìnglǐng 敬领 V. accept with respect
jīnglǐrén 经理人[經-] N. agent M: *ge*/¹*míng*/²*wèi*
jīngliú 精馏 N. rectification
jìngliú* 径流[徑-] N. runoff
jīngliú jiǔjīng 精馏酒精 N. rectified alcohol
jīngliútǎ 精馏塔 N. rectifying column; fractionating tower M: ⁴*zuò*
jīnglìwàngshèng 精力旺盛 F.E. be full of vitality
jìnglìxué 静力学[靜-] N. <*phy.*> statics
jìnglǐzhàn 敬礼站[-禮-] N. <*mil.*> saluting station
jīnglǐ zhùlǐ 经理助理[經-] N. assistant manager M: *ge*/¹*míng*/²*wèi*
jīnglú 精庐[-廬] N. ① house decorated with refined taste ② study; reading room
jìnglù* 径路[徑-] N. byway; narrow path
jìnglǚ 劲旅[勁-] N. strong contingent; crack force M: ⁴*zhī* ***See also** jìnlǚ*
¹**jìngluán*** 痉挛[痙攣] N. convulsion; spasm
²**jìngluán** 镜鸾[-鸞] ID. lose one's spouse
jìngluàn 靖乱[-亂] V.O. put down a rebellion
jīnglüè 经略[經-] A.T. ① administer ② plan and operate ♦N. <*trad.*> an official rank
¹**jīnglún** 经纶[經-] N. <*wr.*> ① silk threads combed and well-arranged ② statecraft; statesmanship
²**jīnglún** 腈纶 N. acrylic fibers
jīnglúntiānxià 经纶天下[經-] V.O. <*wr.*> regulate the affairs of the state
jīngluò 经络[經-] N. <*Ch. med.*> ① energy channels ② circulation system of human body
jīngluò liáofǎ 经络疗法[經-療-] N. <*Ch. med.*> channel-collateral therapy
jìngluoluo 静落落[靜-] ADV. ① silently; calmly ② alone
jīngluòxué 经络学[經-] N. <*Ch. med.*> science of channels and collaterals
jīngmài 经脉[經脈] N. <*Ch. med.*> blood vessels
¹**jìngmài*** 静脉[靜脈] N. <*phys.*> vein
²**jìngmài** 竞卖[競賣] N. sale to the highest bidder; auction
jìngmài diǎndī 静脉点滴[靜脈點-] N. intravenous drip
jìngmàiliú 静脉瘤[靜脈-] N. vein tumor
jìngmài qūzhāng 静脉曲张[靜脈-] N. <*med.*> varix; varicosity
jìngmàixuè 静脉血[靜脈-] N. veinal blood
jìngmài xuèshuānzhèng 静脉血栓症[靜脈-] N. <*med.*> phlebothrombosis
jìngmàiyán 静脉炎[靜脈-] N. phlebitis
jìngmài zhùshè 静脉注射[靜脈-] N. intravenous injection
jìngmài zhùshèyè 静脉注射液[靜脈-] N. intravenous injection solution
jìngmài zuìgāojià 竞卖最高价[競賣-價] N. highest bid
Jīngmán 荆蛮[荊蠻] N. <*hist.*> ① collective name of four counties in Hunan ② rough and primitive places
jīngmào 经贸[經-] AB. *jīngjì* and *màoyì* economy and trade
JīngMàobù 经贸部[經-] AB. *Duìwài Jīngjì Màoyìbù* Ministry of Foreign Economics and Trade
jīngměi* 精美 S.V. exquisite; elegant
jìngměi 静美[靜-] V.P. static beauty
jīngmén 旌门 N. placarded door (of family cited for special merit)
jīngmèng 惊梦[驚夢] V.O. wake from a dream with a start
jīngmǐ 粳米 N. polished round-grained nonglutinous rice
¹**jīngmì*** 精密 S.V. precise; accurate; exact ♦N. precision
²**jīngmì** 经密[經-] N. <*txtl.*> warp density; ends per inch
jìngmì 静谧[靜-] S.V. <*wr.*> quiet; still; tranquil
¹**jìngmiàn** 镜面 N. mirror surface
²**jìngmiàn** 净面[淨-] V.O. wash the face
jìngmiànní 镜面呢 N. a kind of shining woolens M: ¹*pǐ*
jīngmiào 精妙 S.V. ① skillfully contrived ② exquisite
jīngmìdù 精密度 N. precision
jīngmì gōngyè 精密工业[-業] N. sophisticated industry
jīngmì jīqì 精密机器 N. precision machine M: ¹*tái*/¹*jià*
jīngmì jīxiè 精密机械 N. precision machinery M: ²*jiàn*
jīngmín 精民 N. good/honest people
jīngmǐn* 精敏 S.V. sharp and alert
¹**jīngmíng*** 精明 S.V. astute; shrewd
²**jīngmíng** 旌铭 N. flag marking the death of a meritorious person
jǐngmìng 景命 N. <*hist.*> ruling power of the emperor
jǐngmíngòngjiàn 警民共建 F.E. police and civilians jointly build a society with a high cultural and ideological level
jīngmíngqiánggàn 精明强干[-強幹] F.E. sagacious and efficient; intelligent and capable
jīngmíngxiángmì 精明详密 F.E. smart and cautious
jīngmíngxíngxiū 经明行修[經-] F.E. <*wr.*> be good in both character and scholarship
jīngmì táocí 精密陶瓷 N. fine ceramics
jīngmì yíqì 精密仪器[--儀-] N. precision instrument M: ¹*tái*/¹*jià*/²*jiàn*
jīngmǐzhōu 粳米粥 N. porridge made from nonglutinous rice M: *wǎn*
jìngmò 静默[靜-] V. ① become silent ② mourn in silence
jìngmócā 静磨擦[靜-] N. static friction
jìngmócālì 静摩擦力[靜-] N. static friction
jìngmòzhì'āi 静默致哀[靜-] F.E. mourn in silence
jǐngmù 景慕 V. esteem; revere
¹**jìngmù*** 静穆[靜-] S.V. solemn and quiet
²**jìngmù** 敬慕 V. respect and admire
jīngmù dòngwù 鲸目动物[--動-] N. cetacean
jìngnàn 靖难[-難] V.O. stabilize a dangerous situation
jīngnáng 精囊 N. <*phys.*> seminal vesicle
jīngnànlìjié 经难历劫[經難歷-] F.E. be through the harshest trials
jìngnèi 境内 P.W. within a country's borders
jīngní* 鲸鲵 N. ① male and female whales ② bully ③ executed person
jìngnì 靖逆 V.O. quell a rebellion
jīngnián 经年[經-] ADV. for a whole year; for years
jīngniánlěiyuè 经年累月[經-] F.E. for years; year in year out
jìngnǚ 静女[靜-] N. ① chaste girl ② reserved/retiring girl
¹**jīngōng** 金工 N. ① metal craftsman ② goldsmith M: *ge*/¹*míng*/²*wèi* ③ metalworking ④ goldsmith's trade
²**jīngōng** 矜功 V.O. claim credit and become arrogant
¹**jìngōng*** 进攻[進-] V. attack; assault
²**jìngōng** 进宫[進宮] V.O. <*coll.*> be put in prison; be taken into custody
jìngòng 进贡[進-] V.O./V. ① pay tribute (to a suzerain) ② grease sb.'s palm
jǐngōngcānkǎo 仅供参考[僅-參-] F.E. for reference only
jìngōng mìnglìng 进攻命令[進-] N. <*mil.*> order to attack

J

jìngōngxìng 进攻性[進-] N. attacking nature; aggressiveness
jìngōngxìng wǔqì 进攻性武器[進-] N. offensive weapon M: 2jiàn
jìngōngzìfá 矜功自伐 F.E. fond of showing off one's contributions
jīngōu 金钩[-鉤] N. <topo.> ① dried shrimp ② golden hook M: 4zhī ③ metal hook M: 1bǎ
1**jǐngòu*** 仅够[僅夠] V.P. barely enough
2**jǐngòu** 尽够[儘夠] V.P. ample
jīngōudiào'áo 金钩钓鳌[-鉤--] ID. dangle tempting bait to hook sb.
jīngpà 惊怕[驚-] V. be scared/fearful/frightened
Jīngpài 京派 N. <opera> Beijing style of singing
jìngpéi 净赔[淨-] V. net a loss
jìngpèi* 敬佩 V. esteem; admire
jìngpéimòzuò 敬陪末座 F.E. take an inconspicuous seat (to show humbleness)
jǐngpēn 井喷 N./V. blowout (of oil wells)
jīngpì* 精辟 S.V. penetrating; incisive
jìngpì 静僻[靜-] S.V. <wr.> quiet or out-of-the-way
jīngpiàn 晶片 N. wafer; thin slice of a semiconductor; chip
jǐngpiàn 景片 N. stage scenery/flat
jìngpiàn* 镜片 N. lens M: 1piàn
Jīngpiànzi 京片子 N. ① sb. who speaks with a heavy Beijing accent ② Beijing dialect
jīngpílìjié 精疲力竭 F.E. exhausted; worn-out; spent
jīngpílìjìn 精疲力尽[-盡] F.E. exhausted; worn-out; spent
jīngpǐn 精品 N. ① top quality article; fine work (of art) ② rare and fine goods M: 2jiàn
jīngpíng 京平 M. <trad.> unit of weight for measuring silver
1**jìngpíng*** 镜屏 N. mirror screen M: 2kuài
2**jìngpíng** 净瓶[淨-] N. <Budd.> ① washing bowl ② bowl with potable water
jīngpǐnwū 精品屋 P.W. boutique M: 1jiā/1jiān
Jǐngpōzú 景颇族 N. Jingpo (Chingpo) ethnic minority (in Yunnan)
jīngpú 荆璞[荊-] N. unpolished precious jade
jīngqī 经期[經-] N. menstrual period
1**jīngqí** 惊奇[驚-] V. wonder; be surprised/amazed
2**jīngqí** 旌旗 N. banners and flags M: 1miàn
jīngqǐ 惊起[驚-] R.V. startle
jīngqì 精气[-氣] N. vitality
jǐngqì* 景气[-氣] N. ① boom; prosperity ② state of the economy ③ scene; landscape ♦S.V. booming
jìngqǐ 敬启[-啟] F.E. (I) respectfully report
jìngqián 敬虔 V.P. pious; devout
Jīngqiāng 京腔 N. ① Beijing/Peking pronunciation ② Beijing style of music/singing/etc.
jìngqiánzhǔyì 敬虔主义[-義] N. pietism
jīngqiǎo 精巧 S.V. exquisite
jìngqiāoqiāo 静悄悄[靜-] V.P. very quiet
jīngqíbìkōng 旌旗蔽空 F.E. enormous army
jīngqíbìrì 旌旗蔽日 F.E. enormous army
jīngqín 精勤 S.V. devoted and industrious
Jīngqīng 荆卿[荊-] N. another name for Jīng Kē
1**jìngqíng** 静擎[靜-] V. hold sth. quietly
2**jìngqíng** 径情[徑-] ADV. at one's will/fancy
jìngqǐng* 敬请 V. <court.> respectfully invite
jīngqīngwèizhuó 泾清渭浊[涇-濁] F.E. clear distinction between good and bad
jìngqǐngzhǐjiào 敬请指教 F.E. <court.> Please give me your advice.
jìngqíngzhísuì 径情直遂[徑-] F.E. as smoothly as one would wish
jīng-qì-shén 精气神[-氣-] N. energy
jìngqǐshěncún 敬乞哂存 F.E. <court.> please have the goodness to accept
jīng-qì-shénr 精气神儿[-氣--] N. one's energy and spirit
jīngqísuǒzhǐ 旌旗所指 F.E. Wherever the army goes (the enemy is crushed).

jīngqiú 睛球 N. eyeball; pupil
jìngqiúmòbǎo 敬求墨宝[-寶] F.E. <court.> request sb.'s calligraphy/handwriting
jīngqiúzuò 睛球座 N. posterior chamber of the eye
jīngqíwòxuán 经其斡旋[經-] F.E. through one's good offices
jìngqǐzhě 敬启者[-啟-] F.E. ① To whom it may concern ② I beg to state (stock opening phrase in a letter) ③ <court.> self-address as letter opening
jǐngqū 颈区[頸區] P.W. neck area
jǐngquǎn 警犬 N. police dog M: 2zhī/1tiáo/ge
jīngquè 精确[-確] S.V. accurate; exact; precise ♦N. accuracy
jīngquèdù 精确度[-確-] N. accuracy
jīngquè tiáncífǎ 精确填词法[-確---] N. <lg.> exact word method
jīngquèxìng 精确性[-確-] N. precision; accurateness
jǐngqújiéhé 井渠结合 F.E. wells connected by canals
jīngqún 晶群 N. crystal group
jǐngr 景儿 N. <coll.> appearance; conditions; circumstance
1**jǐngrán** 井然 S.V. <wr.> tidy; methodical
2**jǐngrán** 憬然 V.P. aware; knowing
jìngrán* 竟然 ADV. unexpectedly; to one's surprise; actually
jìngránbùlǐ 竟然不理 F.E. surprisingly inattentive
jìngránrúcǐ 竟然如此 F.E. So that's how it is! (in surprise/anger)
jǐngrányǒuxù 井然有序 F.E. in order; orderly
jīngrǎo 惊扰[驚擾] V. alarm; agitate; disturb
1**jīngrén*** 惊人[驚-] S.V. astonishing; amazing; alarming
2**jīngrén** 荆人[荊-] N. <trad./humb.> my wife
jǐngrén 警人 N. extraordinary; fascinating
jīngrénhàishì 惊人骇世[驚-] F.E. spring a surprise on people
jīngrénzhībǐ 惊人之笔[驚-筆] N. telling/forceful phrases
jīngrénzhījǔ 惊人之举[驚-舉] N. an amazing/shocking act; masterstroke
jìngrì 竟日 ADV. the whole day; throughout the day
jǐngróng 警容 N. professional appearance of police
jìngrónggòuhé 靖戎媾和 F.E. cease hostilities and negotiate for peace
jīngròu 精肉 N. <topo.> lean meat M: 2kuài
jìngrúchùzǐ 静如处子[靜-處-] F.E. quiet as a mouse
jīngruì 精锐 S.V. crack; picked (of troops)
jīngruì bùduì 精锐部队[-隊] N. crack/picked troops M: 4zhī
jìngruòshénmíng 敬若神明 F.E. worship sb./sth.; make a fetish of sth.
jìngrúsǐtán 静如死潭[靜-] F.E. as quiet as a stagnant pool
1**jìngsài** 竞赛[競-] N./V. contest; competition M: 2chǎng
2**jìngsài** 径赛[徑-] N. <sport> track
jìngsàihuì 径赛会[徑-] N. track events M: 2chǎng
jìngsàizhě 竞赛者[競-] N. competitor M: ge/1míng/2wèi
jǐngsè 景色 N. view; scene; landscape
jǐngsèrúhuà 景色如画[-畫] F.E. picturesque landscape
jīngshā 经纱[經-] N. <txtl.> ① warp ② end
jǐngshān 景山 N. high hill ♦P.W. Jingshan (hill in Beijing)
jīngshāng* 经商[經-] V.O. engage in trade/business
jìngshàng 敬上 F.E. respectfully (letter closure after signature)
jīngshè* 精舍 N. ① a study ② villa ③ <Budd.> monastery; nunnery M: 4zuò
jìngshè 静舍[靜-] N. ① Buddhist temple ② quiet house M: 4zuò

jīngshen 精神 N. vigor ♦S.V. animated *See also* jīngshén
jīngshēn 精深 V.P. profound; penetrating
jīngshén* 精神 N. ① spirit; mind; consciousness ② essence; gist *See also* jīngshen
jǐngshēn 景深 N. <photo.> depth of field
jìngshēn 净身[淨-] V.O. castrate
jìngshén 敬神 V.O. hold a worshipping ceremony for a god/goddess
jīngshén āndìngjì 精神安定剂[-劑] N. tranquilizer
jīngshénbǎibèi 精神百倍 F.E. be full of energy
jīngshénbǎomǎn 精神饱满 F.E. be full of vigor
jīngshénbìng 精神病 N. mental disorder M: 1zhǒng
jīngshénbìngxué 精神病学 N. psychiatry
jīngshénbìngxuéjiā 精神病学家 N. psychiatrist M: ge/1míng/2wèi
jīngshénbìng yīshēng 精神病医生[---醫-] N. psychiatrist M: ge/1míng/2wèi
jīngshénbìng yīshī 精神病医师[-醫師] N. psychiatrist M: ge/1míng/2wèi
jīngshénbìngyuàn 精神病院 P.W. psychiatric hospital; mental institution M: 1jiā/1suǒ
jīngshénbùsǐ 精神不死 F.E. the spirit will never die (of martyrs/etc.)
jīngshéncáifù 精神财富 F.E. spiritual wealth M: 2bǐ
jīngshén chǎnpǐn 精神产品[--產-] N. intellectual products M: 2jiàn
jīngshéncuòluàn 精神错乱[-亂] F.E. be mentally deranged; be insane
jīngshéndǒusǒu 精神抖擞[-擻] F.E. be in high spirits; be in excellent form
jīngshén fēnliè 精神分裂 N. <med.> schizomania
jīngshén fēnlièzhèng 精神分裂症 N. schizophrenia M: 1zhǒng
jīngshén fēnxī 精神分析 N. psychoanalysis
jīngshén fùdān 精神负担[-擔] N. load on one's mind M: 1zhǒng
jīngshēng 经生[經-] N. master of the classics
jǐngshéng* 井绳[-繩] N. rope for lifting water from a well M: 1tiáo/2gēn
jìngshèng 净剩[淨-] ADV. only
jīngshén gǎnyìng 精神感应[-應] N. telepathy
jīngshéngǎnzhào 精神感召 F.E. be moved to emulate a noble example
jīngshén guānnéngzhèng 精神官能症 N. neurosis M: 1zhǒng
jīngshénguànzhù 精神贯注 F.E. concentrate one's attention on
jīngshén guìzú 精神贵族 N. intellectual aristocrats M: ge/1míng/2wèi
jīngshén gǔlì 精神鼓励[-勵] N. moral encouragement
jīngshénhuànfā 精神焕发[-煥發] F.E. be in high spirits
jīngshénhuǎnghū 精神恍惚 F.E. be absent-minded
jīngshén jiàoyù 精神教育 N. moral education
jīngshén jiāsuǒ 精神枷锁 N. spiritual/mental shackles M: 1bǎ
jīngshén jìngjiè 精神境界 N. mental/spiritual outlook M: 1zhǒng
jīngshénkē 精神科 N. psychiatry department
jīngshén kēxué 精神科学 N. ① psychology ② psychiatry ③ the humanities
jīngshén láodòngzhě 精神劳动者[--勞動-] N. mental worker M: ge/1míng/2wèi
jīngshén liáofǎ 精神疗法[--療-] N. psychotherapy M: 1zhǒng
jīngshén lǐngxiù 精神领袖 N. spiritual leader
jīngshén miànmào 精神面貌 N. mental attitude/outlook
jīngshén shàng de 精神上的 ATTR. psychic
jīngshén shēnghuó 精神生活 N. spiritual/moral life
jīngshén shènglìfǎ 精神胜利法[--勝--] N. an Ah Qism

jīngshén shīcháng 精神失常 N. mental disorder/derangement

jīngshén shìjiè 精神世界 N. inner/mental world

jīngshén shíliáng 精神食粮[-糧] N. nourishment for the mind M: [1]fèn

jīngshén shízhì 精神实质[-實質] N. spiritual essence

jīngshénsònggui 敬神送鬼 F.E. appease the gods and drive away the demons

jīngshentóu(r) 精神头(儿) N. <coll.> morale; spirit

jīngshén wèishēng 精神卫生[--衛-] N. mental health

jīngshén wénmíng 精神文明 N. intellectual/spiritual civilization

jīngshén wūrǎn 精神污染 N. spiritual pollution/contamination

jīngshén xùnhuà 精神训话 N. pep talk

jīngshén yāpiàn 精神鸦片 N. ideological opium M: [1]zhǒng

jīngshényìyì 精神奕奕 F.E. be in high spirits

jīngshén zhèndìngjì 精神镇定剂[-劑] N. tranquilizer M: [14]fù

jīngshén zhìliáo 精神治疗[-療] N. psychotherapy

jīngshén zhīzhù 精神支柱 N. spiritual prop/pillar

jīngshén zhuàngtài 精神状态[-狀態] N. state of mind; mental outlook M: [1]zhǒng

jīngshén zhǔnbèi 精神准备[-準備] N. psychological preparation M: [1]zhǒng

jīngshérùcǎo 惊蛇入草[驚-] ID. write cursive characters in a vigorous and nimble style

[1]jīngshī 京师[-師] P.W. <wr.> capital of a country

[2]jīngshī 经师[經師] N. ① teacher of Confucian/Buddhist classics ② teacher concerned only with imparting book-learning (as opposed to human affairs)

[3]jīngshī 精湿[-濕] V.P. <coll.> thoroughly wet; soaking wet

jīngshí 晶石 N. spar M: [2]kuài

[1]jīngshǐ 经史[經-] N. ① Confucian classics and history ② history of Confucian classics

[2]jīngshǐ 经始[經-] N. <mil.> ① laying out the groundplan of a fortified work ② undertake

[1]jīngshì 经世[經-] V.O. <wr.> manage affairs ♦ADV. for a generation

[2]jīngshì 京室 N. imperial household

[3]jīngshì 荆室[荊-] PR. <court.> my wife

[4]jīngshì 惊视[驚-] V. look at in surprise

[1]jǐngshì 颈饰[頸-] N. neck ornament

[2]jǐngshì 警世 V.O. caution against impending disasters

[3]jǐngshì 警士 N. security guard M: ge/[1]míng

[4]jǐngshì 警示 N. ① warning ② inspiration

jìngshī 敬师[-師] V.O. respect teachers

[1]jìngshì* 竟是 V.P. turn out to be

[2]jìngshì 净是[淨-] V.P. be nothing but

[3]jìngshì 敬事 V.O. handle a matter with respectful attention

[4]jìngshì 静室[靜-] N. ① quiet room ② <Dao.> sacred area for ritual petitions M: [1]jiān

jīngshīdòngzhòng 惊师动众[驚師動衆] F.E. alert many people

jīngshìhàisú 惊世骇俗[驚-] F.E. astound the world with sth. extraordinary

jīngshìjìmín 经世济民[經-濟-] F.E. govern and benefit the people

jìngshījīn 敬师金[-師-] N. <trad.> money offered to a teacher as a token of respect M: [2]bǐ

jǐngshìmíngyán 警世名言 F.E. aphorism; golden saying

Jīngshīrén 京师人[-師-] N. ① Beijingness ② Beijing residents M: ge/[1]míng

jīngshìzhīcái 经世之才[經-] N. great statesman/statesmanship

jīngshìzhīxué 经世之学[經-] N. studies on the public affairs of the government

jǐngshì zhuāngzhì 警示装置[--裝-] N. <comp.> attention device M: [1]tái

jīng-shǐ-zǐ-jí 经史子集[經-] N. <trad.> classics, history, philosophers, literary collections (four divisions of Chinese bibliography)

jìngshīzūnzhǎng 敬师尊长[-師--] F.E. respect one's teachers and elders

jīngshóu 精熟 V.P. very familiar with; very skillful at *See also* *jīngshú*

jīngshǒu* 经手[經-] V.O. handle; deal with

[1]jìngshòu 经售[經-] V. sell on commission

[2]jīngshòu 精瘦 V.P. <coll.> wiry

[3]jīngshòu 经受[經-] V. undergo; experience; withstand; stand

jìngshǒu 净手[淨-] V.O. ① wash one's hands ② relieve oneself

jīngshǒurén 经手人[經-] N. person handling a particular task M: ge/[1]míng/[2]wèi

jìngshōurù 净收入[淨-] N. net income/receipts/revenue M: [2]bǐ

jīngshōuxìdǎ 精收细打 F.E. careful reaping and threshing

jīngshòuzhù 经受住[經-] R.V. experience; undergo; withstand

[1]jīngshū* 经书[經書] N. Confucian classics M: [2]bù

[2]jīngshū 精梳 N. <txtl.> combing

jīngshú 精熟 V.P. highly proficient *See also* *jīngshóu*

jīngshù 经术[經術] N. study/knowledge of the classics

jǐngshǔ 警署 P.W. police station M: ge/[1]jiā

jīngshuǎng 精爽 S.V. <coll.> full of vitality; very active

jīngshuǐ 经水[經-] N. menstrual flow

jǐngshuǐ 井水 N. well-water

[1]jìngshuǐ* 净水[淨-] N. treated/purified water

[2]jìngshuǐ 静水[靜-] N. still/stagnant water

jǐngshuǐ bù fàn héshuǐ 井水不犯河水 ID. I'll mind my own business, you mind yours.

jìngshuǐchǎng 净水厂[淨-廠] P.W. water-treatment plant M: [1]jiā

jìngshuǐqì 净水器[淨-] N. water purifier

jīngshū máoshā 精梳毛纱 N. worsted yarn

jìngshuōbùgàn 净说不干[淨-幹] F.E. all talk, no action

jīngsī 经司[經-] A.T. erudite; learned

jìngsī* 静思[靜-] V. meditate

jīngsìliào 精饲料 N. concentrated feed; concentrate

jìngsōng* 劲松[勁-] N. sturdy pines M: [2]kē

jìngsòng 敬颂 F.E. <court.> respectfully (in letter)

jìngsù 竞速[競-] N. speed contest; race ♦V.O. compete in speed

jīngsuàn 精算 V. accurately calculate

jìngsuàn 竞算[競-] N. competitive bidding

jīngsuǐ 精髓 N. marrow; pith; quintessence; essence

jìngsǔn 净损[淨-] N. <acct.> net loss

jǐngsuǒ 警所 P.W. police station M: [1]jiā

jǐngtái 井台[-臺] N. raised platform beside a well

jìngtái 镜台[-檯] N. ① dressing table M: [1]zhāng ② mirror stand

jìngtài* 静态[靜態] N. <phy.> static state

jìngtài bàobiǎo 静态报表[靜態報-] N. static statement M: [1]fèn/[1]zhāng

jìngtài bǐlǜ 静态比率[靜態-] N. static ratio

jìngtài dòngcí 静态动词[靜態動-] N. <lg.> stative verb

jìngtài jìyìtǐ 静态记忆体[靜態-憶體] N. <comp.> static memory

jǐngtàilán 景泰蓝[-藍] N. cloisonné

jìngtài pínghéng 静态平衡[靜態-] N. static equilibrium

jīngtàn 惊叹[驚嘆] V. exclaim with admiration

[1]jǐngtàn* 警探 N. police detective M: ge/[1]míng/[2]wèi

[2]jǐngtàn 井探 N. <min.> underground drilling exploration

jīngtànbùyǐ 惊叹不已[驚嘆-] F.E. perpetually wonder at (sth.)

jīngtàncí 惊叹词[驚嘆-] N. <lg.> interjection

jīngtáng 精糖 N. refined sugar

jīngtángmù 惊堂木[驚-] N. judge's gavel

jīngtànhào 惊叹号[驚嘆號] N. exclamation mark

jīngtāo* 惊涛[驚濤] N. terrifying waves

jīngtáo 荆桃[荊-] N. cherry M: [1]kē/ge/[2]zhī

jīngtāohàilàng 惊涛骇浪[驚濤-] F.E. ① terrifying waves ② situation/life full of peril

jīngtǐ 晶体[-體] N. crystal

jǐngtì* 警惕 V. be on guard against

jǐngtiān 景天 N. ① <bot.> red-spotted stonecrop ② firefly

jǐngtián 井田 N. <hist.> well-field system

jìngtián* 静恬[靜-] V.P. quiet; peaceful (of mind/etc.)

jīng tiāndì 惊天地[驚-] V.O. shake heaven and earth; be world-shaking

jīng tiāndì dòng guǐshén 惊天地动鬼神[驚--動--] F.E. startle the universe and move the gods (of heroism)

jīngtiāndòngdì 惊天动地[驚-動-] F.E. shake heaven and earth

jìngtiānjia 竞天家[競-] N. <coll.> the whole day

jīngtiānwěidì 经天纬地[經-緯-] F.E. ①capable of governing the universe ② have great ability

jǐngtiánzhì 井田制 N. <hist.> well-field system

jǐngtián zhìdù 井田制度 N. <hist.> well-field system

[1]jīngtiáo 荆条[荊條] N. chaste-tree twigs (used for weaving)

[2]jīngtiáo 精调 N. delicate/fine adjustment/regulation

jīngtiào* 惊跳[驚-] V. startle

jīngtiāoxìxuǎn 精挑细选[-選] F.E. be very choosy

jīngtǐ bōli 晶体玻璃[-體--] N. crystal glass M: [2]kuài

jǐngtì dào 警惕到 R.V. watch out for; be on guard against

jīngtǐ diǎnzhèn 晶体点阵[-體點-] N. space/crystal lattice

jīngtǐguǎn 晶体管[-體-] N. transistor

jīngtǐguǎn diànlù 晶体管电路[-體-電-] N. <comp.> transistor circuit

jīngtǐguǎn shōuyīnjī 晶体管收音机[-體----] N. transistor radio M: [1]tái/ge

jīngtǐ jiégòu 晶体结构[-體-構] N. <phy.> crystal structure

jīngtíng 经停[經-] V. stop over

jǐngtīng 警厅[-廳] P.W. police headquarters

jǐngtíng 警亭 N. police box M: [4]zuò

jìngtīng* 静听[靜聽] V. listen quietly

jìngtíng 径/迳庭[徑/逕-] V.P. <wr.> very unlike

jīngtǐ shōuyīnjī 晶体收音机[-體---] N. transistor radio M: [1]tái/ge

jǐngtìxìng 警惕性 N. vigilance

jīngtǐxué 晶体学[-體-] N. crystallography

jīngtōng* 精通 V. be proficient in; master *Tā ~ hǎo jǐ guó yǔyán.* He has mastered several foreign languages.

jīngtòng 经痛[經-] N. painful menstruation

jǐngtǒng 井筒 N. <min.> pit shaft

jìngtǒng 净桶[淨-] N. urinal; commode M: ge/[2]zhī

jǐngtǒng juéjìn 井筒掘进[-進] N. <min.> shaft excavation

jīngtōngshìgù 精通世故 F.E. be well versed in the ways of the world; be worldly wise

jīngtōngshúliàn 精通熟练[-練] F.E. have sth. at one's fingertips

jìngtóu 镜头 N. ① camera lens ② shot; scene

jìngtóu kòngzhì 镜头控制 N. lens control

jìngtóu shèjì 镜头设计 N. lens design

jìngtóuzhǐ 镜头纸 N. lens-cleansing paper M: [1]zhāng

Jìngtǔ 净土[淨-] N. <Budd.> Sukhavati; Pure Land M: [1]piàn

jīngtuì 惊退[驚-] R.V. scare sb. away/back

jīngtūn 鲸吞 F.E. gobble up

jīngtūncánshí 鲸吞蚕食[--蠶-] F.E. nibble or gobble up (as of land/etc.)

Jìngtǔzōng 净土宗[淨-] N. <*Budd.*> Pure Land sect

jīngū 金箍 N. gold band

jīngǔ(r) 筋骨(儿) N. ①physique ②<*coll.*> muscles and bones ③strength; energy ④courage; fiber

jìngǔ 近古 N. period between the Song dynasty and 1840

[1]**jìngù*** 禁锢 V. ①<*trad.*> bar from office ②confine; imprison

[2]**jìngù** 靳固 V.P. stingy and stubborn

jīnguā 金瓜 N. pumpkin M: *ge*/[2]*zhī*

[1]**jīnguān** 津关[-關] N. check point

[2]**jīnguān** 金棺 N. ①gilded coffin ②coffin; casket M: *ge*/*kǒu*

jīnguàn 金冠 N. gold crown M: [1]*dǐng*

jǐnguǎn* 尽管[儘-] ADV. ①always; all the time ②freely; unhesitatingly ♦CONJ. even though; despite

jìnguān 进关[進關] V.O. enter a pass

jìn guāncai 进棺材[進-] V.O. die

jīnguāng 金光 N. golden light/rays

jīnguāngdàdào 金光大道 F.E. golden road; bright broad highway M: [1]*tiáo*

jīnguāngdǎng 金光党[-黨] N. swindlers; racketeers

jīnguāngshǎnshǎn 金光闪闪 F.E. glittering; resplendent

jīngūbàng 金箍棒 N. Monkey King's golden cudgel M: [2]*gēn*

jìngǔ Hànyǔ 近古汉语[--漢-] N. medieval Chinese; Middle Chinese

[1]**jīnguī*** 金龟[-龜] N. ①tortoise ②emblem worn by Tang officials M: [2]*zhī*

[2]**jīnguī** 金闺 N. ①boudoir ②imperial court

[1]**jīnguì** 金柜[-櫃] N. strongbox; safe M: *ge*/[2]*zhī*

[2]**jīnguì** 金贵 S.V. precious; valuable

[3]**jīnguì** 金桂 N. <*bot.*> cassiabark tree M: [2]*kē*

[4]**jīnguì** 金匮 N. metal bookcase

[5]**jīnguì** 矜贵 V.O. ①boast of one's blue blood, etc. ②be self-important; conceited ③be precious/valuable

jīnguì-shìshì 金匮石室 N. <*hist.*> places used for storing up documents

jīnguìxù 金龟婿[-龜-] N. fine rich son-in-law M: *ge*/[2]*wèi*

jīnguīzǐ 金龟子[-龜-] N. <*zoo.*> scarab; tumblebug M: [2]*zhī*

jīnguó* 巾帼[-幗] N. ①<*wr.*> woman's headdress ②women

Jìnguó 晋国[晉國] N. <*hist.*> Jin state during Spring and Autumn period

jìnguǒ 禁果 N. forbidden fruit M: *ge*/[1]*kē*

jīnguóxūméi 巾帼须眉[-幗--] F.E. courageous, frank woman M: *ge*/[2]*wèi*

jīnguóyīngxióng 巾帼英雄[-幗--] F.E. heroine M: *ge*/[1]*míng*/[2]*wèi*

jīngǔqíguān 今古奇观[--觀] F.E. unheard-of fantastic story

jīngǔqímíng 金鼓齐鸣[--齊-] F.E. accompanied by beating of gongs and drums

jìngǔ shídài 近古时代[--時-] N. <*PRC*> medieval period

jìngǔ yǔyīn 近古语音 N. <*lg.*> medieval pronunciation

jǐngūzhòu 紧箍咒[緊-] N. device/charm/incantation for controlling sb.

jǐngwā 井蛙 N. person with limited outlook M: [2]*zhī*

jìngwài 境外 P.W. outlands

jìngwài jīnróng zhōngxīn 境外金融中心 P.W. external financial/banking center

jīngwài qíxué 经外奇穴[經--] N. <*Ch. med.*> extraordinary nerve points

[1]**jìngwǎn** 敬挽 F.E. <*wr.*> present with deep condolences (used on funeral scrolls)

[2]**jìngwǎn** 净碗[淨-] N. ①clean bowl ②bowls used for sacrificial offerings

jīngwēi 精微 V.P. profound; deeply thought out

[1]**jīngwěi** 经纬[經緯] N. ①longitude and latitude ②warp and woof ③logical planning ④main points

[2]**jīng-wěi** 经委[經-] AB./P.W. *Jīngjì Wěiyuánhuì* Economic Commission

Jīngwèi 精卫[-衛] N. mythical bird trying to fill up the sea with pebbles

Jīng-Wèi 泾渭[涇-] N. two rivers in Shaanxi Province ♦ID. entirely different

jǐngwèi* 警卫[-衛] N. (security) guard M: *ge*/[1]*míng* ♦V. guard against

jìngwèi 敬畏 V. ①revere ②hold in awe

jīngwèibùfēn 泾渭不分[涇-] ID. be unable to distinguish between good and bad

jīngwěidù 经纬度[經緯-] N. longitude and latitude

jīngwèifēnmíng 泾渭分明[涇-] ID. ①be clearly distinguished between good and bad ②be entirely different

jìngwěihuì 竞委会[競-] N. committee in charge of competitions

jǐngwèijūn 警卫军[-衛-] N. guards unit M: [4]*zhī*

jǐngwèishì 警卫室[-衛-] N. guardroom M: [1]*jiān*

jīngwèitiánhǎi 精卫填海[-衛--] F.E. dogged determination

jīngwéitiānrén 惊为天人[驚-] F.E. be so amazed as to consider sb. god-like

jīngwěiwànduān 经纬万端[經緯萬-] F.E. <*wr.*> very complicated

jīngwěiwǎng 经纬网[經緯網] N. net of verticals and horizontals M: [1]*zhāng*

jīngwěixiàn 经纬线[經緯-] N. ①longitude and latitude ②warp and woof

jīngwěiyí 经纬仪[經緯儀] N. theodolite; transit M: [1]*tái*

jǐngwèiyuán 警卫员[-衛-] N. bodyguard M: *ge*/[1]*míng*

[1]**jīngwén*** 经文[經-] N. classical text M: [1]*běn*/[2]*bù*/[4]*cè*/[1]*juàn*

[2]**jīngwén** 惊闻[驚-] V. be startled to hear

jǐngwén 颈纹[頸-] N. ①wrinkles on the neck ②<*archeo.*> decoration on the neck of pottery; cervical stripes

jīngwénwěiwǔ 经文纬武[經-緯-] F.E. handle civil and military affairs

jǐngwōzi 井窝子[-窩-] P.W. <*trad.*> a place in Beijing where water-peddlers lived

[1]**jǐngwù*** 景物 N. scenery; landscape

[2]**jǐngwù** 警务[-務] N. police affairs

[3]**jǐngwù** 警悟 V. be quick to understand

[4]**jǐngwù** 憬悟 V. wake up to reality

jìngwù 静物[靜-] N. immobile object; still life (art/photo.)

jǐngwù bùzhǎng 警务部长[-務--] N. police minister M: *ge*/[1]*míng*/[2]*wèi*

jǐngwùchù 警务处[-務處] N. police division

jìngwùhuà 静物画[靜-畫] N. still life M: [10]*fú*

jǐngwù júzhǎng 警务局长[-務--] N. director of a police station M: *ge*/[1]*míng*/[2]*wèi*

jìngwù shèyǐng 静物摄影[靜-攝-] N. still-life photography M: [1]*zhāng*

jìngwù xiěshēng 静物写生[靜-寫-] V.P. paint still life M: [10]*fú*/[1]*zhāng*

jǐngwùyījiù 景物依旧[-舊] F.E. The landscape/scenery has remained unchanged.

jǐngwùyírén 景物宜人 F.E. delightful scenery

jīngxī 惊悉[驚-] V. be shocked to learn

jīngxǐ* 惊喜[驚-] V./S.V. be pleasantly surprised

[1]**jīngxì** 精细 S.V. ①meticulous; fine ②careful and attentive; thorough

[2]**jīngxì** 晶系 N. <*phy.*> crystal system

Jīngxì 京戏[-戲] N. Beijing opera M: *chū*/[2]*bù*/[2]*chǎng*

[1]**jìngxī** 敬悉 F.E. <*court.*> (your letter) has come to hand

[2]**jìngxī** 竟夕 N. all night

[1]**jīngxià*** 惊吓[驚嚇] V./N. scare ***Háizi shòule ~, [2]wā de yīshēng kūle qǐlai.*** The child was frightened and began to bawl.

[2]**jīngxià** 旌夏 N. <*trad.*> a great flag

jǐngxià 井下 P.W. <*min.*> in the pit

jìngxiá 镜匣 N. dressing/toilet case M: *ge*/[2]*zhī*

jìng xiàlai 静下来[靜-] R.V. quiet/calm down

jīngxiǎn* 惊险[驚-] S.V. breathtaking; thrilling

jīngxiàn 经线[經-] N. ①<*txtl.*> warp ②<*geog.*> meridian (line)

jǐngxián 警衔 N. ranks of police

jìngxiàn 敬献[-獻] F.E. <*court.*> present with great respect

jīngxiǎnbù'ān 惊险不安[驚-] F.E. be troubled about an imminent danger

jīngxiǎn dòngzuò 惊险动作[驚-動-] N. astounding feat

[1]**jǐngxiàng*** 景象/像 N. ①scene; sight; picture ②prospects

[2]**jǐngxiàng** 颈项[頸-] N. neck

[1]**jìngxiāng** 敬香 V.O. offer incense (to ancestors/deities)

[2]**jìngxiāng** 竞相[競-] ADV. compete; vie

[3]**jìngxiāng** 镜箱 N. vanity case

jìngxiáng 竞翔[競-] N. flight contest

[1]**jìngxiàng** 径向[徑-] N. <*phy.*> radial

[2]**jìngxiàng** 镜像/象 N. <*phy.*> mirror image

jìngxiāng chū gāojià 竞相出高价[競-價] F.E. bid up; bid against each other

jìngxiàng wǎngzhàn 镜像网站[--網-] P.W. mirror/image site

jìngxiāngzànměi 竞相赞美[競-] F.E. vie in singing the praises of sb.

jìngxiánlǐshì 敬贤礼士[-賢禮-] F.E. respect wisdom and revere scholarship

jīngxiǎnpiàn 惊险片[驚-] N. thrilling movies M: [2]*bù*

jīngxiǎn xiǎoshuō 惊险小说[驚-] N. fictional thriller M: [2]*bù*/[1]*běn*

jīngxiànyí 经线仪[經-儀] N. chronometer M: [1]*jià*/[1]*tái*/*ge*

jīngxiāo* 经销[經-] V. sell on commission; sell

jǐngxiào 警校 N. police school M: [1]*suǒ*

jìngxiāo 竞销[競-] V. competitive sales

jīngxiāobù 经销部[經-] N. sales department

jīngxiāoshāng 经销商[經-] N. dealer; broker; agent M: *ge*/[1]*míng*/[2]*wèi*

jīngxiāowǎng 经销网[經-網] N. sales network M: [1]*zhāng*/*ge*

jìngxiàoyòng 净效用[淨-] N. net utility

jīngxiāozhàn 经销站[經-] N. agency

jìng xiàqu 静下去[靜-] R.V. quiet down

jǐngxié 井斜 N. well deflection/deviation

jìngxiè* 敬谢 V. thank with respect

jìngxièbùmǐn 敬谢不敏 F.E. ①decline a request politely ②I beg to be excused; I'm sorry but I can't do it.

[1]**jīngxīn*** 精心 ADV. meticulously; painstakingly

[2]**jīngxīn** 经心[經-] S.V. careful; conscientious

[3]**jīngxīn** 惊心[驚-] V.P. be astounding/frightening

jìngxīn 静心[靜-] N. peaceful mind ♦V.O. calm one's mind

jīngxīndòngpò 惊心动魄[驚-動-] F.E. soul-stirring; breath-taking; hair-raising

jīngxing 惊醒[驚-] S.V. sleep lightly *See also* *jīngxǐng*

jīngxíng 晶形 N. crystal shape

jīngxǐng* 惊醒[驚-] V. wake (up) with a start *See also jīngxing*

jǐngxīng 景星 N. auspicious star

jǐngxíng 景行 N. noble character

jǐngxǐng 警醒 V. be on the alert ♦S.V. sleep lightly

jìngxíng 径/迳行[徑/逕-] V. proceed at one's own discretion

jīngxīnjiégòu 精心结构[-構] F.E. made with meticulous care

jīngxīn jiézuò 精心杰作[--傑-] N. masterpiece

jīngxīn páozhì 精心炮制[-製] V.P. elaborately concoct

jīngxīnpòdǎn 惊心破胆[驚-膽] F.E. be extremely frightened

jīngxīn shèjì 精心设计 V.P. meticulously design

jīngxīnxìshōu 精心细收 F.E. carefully reap and thresh

jìngxīnxiūshēn 净心修身[淨-] F.E. cleanse one's heart and order one's behavior

jīngxīnxìxī 精心细析 V.P. point-by-point explanation

jīngxīn zhìzào 精心制造[--製-] V.P. meticulously make

jìngxiū 静修[靜-] V. discipline oneself not to be disturbed by what's going on outside

jìngxī zìzhǐ 敬惜字纸 V.O. cherish paper with writing on it

jīngxū* 鲸须[-鬚] N. baleen; whalebone

jīngxù 旌恤 N. <trad.> posthumous rewards for distinguished service

jīngxuǎn 精选[-選] V. choose carefully; handpick ♦N. <min.> concentration

jìngxuǎn* 竞选[競選] V./N. campaign (for office); run for ~ *zǒngtǒng* run for the presidency

jìngxuǎnrén 竞选人[競選-] N. campaigner M: *ge/*[1]*míng/*[2]*wèi*

jīngxué* 经学[經-] N. study of the Confucian classics; classical learning

jīngxuè 经血[經-] N. menses; menstruation

jīngxuéxué 经穴学[經-] N. <Ch. med> doctrines of meridian channels and acupuncture points

jīngxùn* 经训[經-] N. teachings derived from the classics

jǐngxùn 警讯 N. warning message; alarm; alert

jīngyǎ 精雅 S.V. elegant and delicate

jīngyà* 惊讶[驚-] S.V. amazed; astounded

jìngyālì 静压力[靜壓-] N. static pressure

[1]**jīngyán** 精盐[-鹽] N. refined/table salt

[2]**jīngyán** 精研 V. study intensively

[3]**jīngyán** 经筵[經-] N. <trad.> place where the emperor listened to lectures

jīngyàn* 经验[經-] N. experience ♦V. go through; experience

jǐngyán 井盐[-鹽] N. salt from wells

jǐngyǎn 警眼 N. spyhole

jìngyān 敬烟[-煙] V.O. offer cigarettes

jìngyán 靖言 N. insincere words; sweet talk; flattery

jìngyǎn 净眼[淨-] N. eyes which can see gods and deities

jīngyàn dào 经验到[經-] R.V. have experienced

jīngyàn diàochá 经验调查[經-] N. empirical investigation

jīngyàn fēngfù 经验丰富[經-豐-] V.P. well-experienced

jīngyǎng 精养[-養] V. breed/feed with care

jǐngyǎng 景仰 V. respect and admire ~ ***mínzú yīngxióng.*** Honor national heroes.

[1]**jìngyǎng*** 敬仰 V. revere; venerate

[2]**jìngyǎng** 静养[靜養] V. convalesce in peace ***Shǒushù zhīhòu, xūyào ~.*** One needs to convalesce after surgery.

jīngyàn jiàoxun 经验教训[經-] N. experience and lessons

jīngyànlùn 经验论[經-] N. <lg.> empiricism

jīngyànlùnzhě 经验论者[經-] N. empiricist M: *ge/*[1]*míng*

jīngyànmào 经验貌[經-] N. <lg.> experimental aspect

jīngyàn-pīpànzhǔyì 经验批判主义[經-義] N. empirio-criticism

jīngyàn shàng de 经验上的[經-] ATTR. empirical

jīngyàn shàng de fēizhèng 经验上的非证[經-證] N. empirical disconfirmation

jīngyàn shàng de jiǎnzhèng 经验上的检证[經-證] N. empirical confirmation

jīngyàn shìshí 经验事实[經-實] N. <lg.> empirical evidence

jīngyàn xiàodù 经验效度[經-] N. empirical validity

jīngyàn xīnlǐxué 经验心理学[經-] N. experimental psychology

jīngyàn yǔfǎ 经验语法[經-] N. experimental syntax

jīngyànzhěgé 经验者格[經-] N. <lg.> experiencer case

jīngyàn zhèngjù 经验证据[經-證據] N. <lg.> empirical evidence

jīngyàn zhéxué 经验哲学[經-] N. empiricism

jīngyàn zhīshi 经验知识[經-識] N. <lg.> heuristics

jīngyànzhītán 经验之谈[經-] N. words of wisdom M: [1]*zhǒng*

jīngyànzhǔyì 经验主义[經-義] N. empiricism

jīngyànzhǔyìzhě 经验主义者[經--義-] N. empiricist M: *ge/*[1]*míng/*[2]*wèi*

jīngyào 精要 N. essentials; fundamentals

jīngyàwúcè 惊讶无策[驚-] F.E. be stunned into inaction

jīngyè* 精液 N. <phys.> seminal fluid; semen

[1]**jìngyè** 静夜[靜-] N. silent night; silence of night

[2]**jìngyè** 竟夜 ADV. the whole night; throughout the night

[3]**jìngyè** 敬业[-業] V.O. respect work

jìngyè jīngshén 敬业精神[-業--] N. the spirit of respecting work

jìngyèlèqún 敬业乐群[-業樂-] F.E. respect work and enjoy company

jīngyī 精一 V.P. ① dedicated; devoted ② single-minded

jīngyí 惊疑[驚-] S.V. surprised and bewildered/suspicious

[1]**jīngyì** 惊异[驚異] S.V. surprised; astounded

[2]**jīngyì** 经意[經-] V. pay close attention; be careful ♦N. true meanings of the classics

[3]**jīngyì** 精义[-義] N. ① quintessence; essential significance ② essential ideas; essentials

[4]**jīngyì** 经义[經義] N. true meanings of the classics ♦A.T. expound on a quotation from the classics in the civil-service examinations

[1]**jìngyī** 靓衣 N. beautiful dresses/jewels/etc. M: [2]*jiàn*

[2]**jìngyī** 胫衣[脛-] N. <trad.> calf-length legging

jìngyì* 敬意 N. respect; tribute

jīngyíbùdìng 惊疑不定[驚-] V.P. be anxious and doubtful

jīngyìn* 精印 V. make a deluxe print

jìngyīn 静音[靜-] N. tranquil sound

[1]**jīngyīng** 精英 N. ① essence ② quintessence ③ (the) elite M: *ge/*[2]*wèi*

[2]**jīngyīng** 菁英 N. essence

[1]**jīngyíng*** 经营[經營] V. ① manage; run; engage in ② construct

[2]**jīngyíng** 晶莹[-瑩] S.V. glittering and translucent

[3]**jīngyíng** 晶荧[-熒] V.P. radiant; brilliant; shining

jǐngyíng 警营[-營] P.W. barracks for the armed police

jīngyīng fènzǐ 精英分子 N. the elite M: *ge/*[1]*míng/*[2]*wèi*

jīngyíng guǎnlǐ 经营管理[經營-] N. operations and management

jīngyíng qíngkuàngbiǎo 经营情况表[經營-況-] N. statement of operations M: [1]*fèn/*[1]*zhāng*

jīngyíng qǐyè 经营企业[經營-業] V.O. manage a business

jīngyíngquán 经营权[經營權] N. power of management; managerial authority

jīngyíng sīxiǎng 经营思想[經營-] N. ideology of management M: [1]*zhǒng*

jīngyíng tèdiǎn 经营特点[經營-點] N. operational characteristics M: *ge/*[1]*zhǒng*

jīngyíngtītòu 晶莹剔透[-瑩--] F.E. sparkling and crystal-clear; glittering and translucent

jīngyíngxué 经营学[經營-] N. management science

jīngyíngzhě 经营者[經營-] N. manager M: *ge/*[2]*wèi*

jīngyíng zījīn 经营资金[經營-] N. <acct.> floating capital M: [2]*bǐ*

jīngyìqiújīng 精益求精 F.E. keep improving

jīng yī shì, zhǎng yī zhì 经一事,长一智[經--, ---] F.E. A fall in a pit, a gain in your wit.

jìngyǐzhìdòng 静以制动[靜-動] F.E. beat action by inaction

jīngyòng 经用[經-] S.V. durable; lasting

[1]**jīngyóu*** 经由[經-] COV. via; by way of

[2]**jīngyóu** 鲸油 N. whale oil; blubber

[3]**jīngyóu** 精油 N. refined oil

jìngyǒu 净友[淨-] N. lotus flower

jìngyǒucǐshì 竟有此事 F.E. To everyone's surprise, such a thing happened.

Jīngyóuzi 京油子 N. ① <coll.> Pekingese ② <derog.> Beijing slicker

[1]**jīngyú** 精于[-於] V.P. be proficient in

[2]**jīngyú** 鲸鱼 N. whale M: [1]*tiáo*

jǐngyú 井鱼 N. ignoramus M: [1]*tiáo*

jǐngyǔ 警语 N. aphorism; epigram M: [1]*jù*

jǐngyù 景遇 N. <wr.> circumstances; one's lot

[1]**jìngyú** 净余[淨-] N. remainder; surplus

[2]**jìngyú** 径逾[徑-] V. <wr.> trespass

[3]**jìngyú** 镜鱼 N. silvery pomfret; butterfish M: [1]*tiáo*

jìngyǔ 敬语 N. <lg.> honorific/polite address/language

[1]**jìngyù*** 境遇 N. circumstances; one's lot

[2]**jìngyù** 境域 N. ① condition; circumstances ② area; realm

[3]**jìngyù** 净域[淨-] N. <Budd.> pure lands (abode of Buddhas)

jīngyuán* 经援[經-] N. economic aid

jǐngyuán 警员 N. policeman; cop M: *ge/*[1]*míng*

jìngyuán 静园[靜園] V.O. clear the park (after the closing hour)

jìngyuàn 净院[淨-] P.W. Buddhist temple M: [4]*zuò*

jīngyuántuōtù 惊猿脱兔[驚-] ID. flee in disorder

jīngyuàn zhéxué 经院哲学[經-] N. scholasticism

jīngyúcǐdào 精于此道[-於--] F.E. be proficient in the knowledge of

jìngyuē 敬约 F.E. respectfully invite

jǐngyún 景云[-雲] N. bright clouds of many colors

jīngyùndàgǔ 京韵大鼓[-韻-] F.E. storytelling in the Beijing dialect with drum accompaniment

jīngzǎi 鲸仔 N. whale calf

jīngzàng 经藏[經-] N. <Budd.> the *sutrapitaka* (collection of sutras) M: [2]*bù*

jìngzēng 净增[淨-] N. net increase/growth

jìngzèng* 敬赠 F.E. <wr.> offer respectfully

jīngzhá 精轧 N. <metallurgy> finish rolling

jìngzhái 净宅[淨-] V.O. exorcise evil spirits from the house

jīngzhájī 精轧机 N. finishing mill; finisher M: [1]*tái*

jīngzhàn 精湛 S.V. consummate; exquisite

jǐngzhāng 警章 N. police regulation

jǐngzhǎng* 警长 N. police chief M: *ge/*[1]*míng/*[2]*wèi*

jìngzhǎng 敬长 V.O. respect elders/seniors

jìngzhǎngfǔyòu 敬长抚幼 F.E. respect elders and care for youngsters

jīngzhàoyǐn 京兆尹 N. <trad.> mayor of the national capital

Jīngzhé 惊蛰[驚蟄] N. Waking of Insects (3rd Solar Term)

Jīngzhéjié 惊蛰节[驚蟄節] N. Waking of Insects (third Solar Term)

jǐngzhěn 警枕 N. wooden pillow to keep one from sleeping too soundly

jīngzhěng 精整 ATTR. <metallurgy> finishing

jǐngzhèng 警政 N. police administration

jìngzhēng* 竞争[競爭] V./N. compete; competition

jìngzhèng 净挣[淨掙] N. net income

jìngzhēng jiàgé 竞争价格[競爭價-] N. competitive price

jìngzhēnglì 竞争力[競爭-] N. competitive power

jìngzhēng nénglì 竞争能力[競爭-] N. competitive power

jìngzhēng shāngjiā 竞争商家[競爭-] N. a rival business

jǐngzhèngshǔ 警政署 P.W. police station

jǐngzhèng shǔzhǎng 警政署长 N. director of the police station M: *ge/*[1]*míng/*[2]*wèi*

jìngzhēngxīn 竞争心[競爭-] N. competitive spirit; spirit to excel

jìngzhēngxìng 竞争性[競爭-] N. competitiveness

jìngzhēngxìng fèilǜ 竞争性费率[競爭-] N. competitive rate

jìngzhēngxìng shèhuìzhǔyì 竞争性社会主义[競爭-義] N. competitive socialism
jìngzhēngxìng tóubiāo 竞争性投标[競爭-標] N. competitive bids
jìngzhēng yōushì 竞争优势[競爭優勢] N. competitive edge
jìngzhēngzhě 竞争者[競爭-] N. competitor M: *ge/¹míng/²wèi*
jīngzhī 精汁 N. extract; essence (of liquids)
¹jīngzhì* 精致[-緻] S.V. fine; exquisite; delicate
²jīngzhì 精制[-製] V. make with extra care; refine
³jīngzhì 晶质[-質] ATTR. crystalloid
jǐngzhì(r) 景致(儿) N. view; scenery; scene
¹jìngzhí 净值[淨-] N. net worth/value
²jìngzhí 径直[徑-] ADV. straight; directly; straight-away
³jìngzhí 劲直[勁-] V.P. tough and honest; upright *See also ²jìnzhí*
⁴jìngzhí 迳直[逕-] ATTR. direct ♦ADV. directly
jìngzhǐ 静止[靜-] V.P./N. static; motionless
jìngzhì 竟至 V.P. ① end up as ② actually go so far as to
jīngzhì dàimǎ 精制代码[-製--] N. <lg.> elaborated code
jīngzhìjī 精制机[-製-] N. refiner M: *¹tái/¹jià*
jīngzhì piànyán 晶质片岩[-質--] N. <min.> crystalline schist M: *²kuài*
jīngzhìpǐn 精制品[-製-] N. highly finished products M: *²jiàn*
jìngzhǐ rénkǒu 静止人口[靜-] N. stationary population
jīngzhìyán 晶质岩[-質-] N. <geol.> crystalline rock M: *²kuài*
jīngzhīyíngzhī 经之营之[經-營-] F.E. devote painstaking efforts to an undertaking
jīngzhìyóu 精制油[-製-] N. refined oil
jīngzhì yǔmǎ 精制语码[-製--] N. <lg.> elaborated code
jìngzhǐ zhuàngtài 静止状态[靜-狀態] N. static condition
jīngzhōng 精忠 ADV. utterly/unreservedly loyal
jǐngzhōng 警钟[-鐘] N. alarm bell
jǐngzhòng 警众[-眾] V.O. alert the public
jìngzhōng 镜中 N. in the mirror
¹jìngzhòng* 敬重 V. revere; honor
²jìngzhòng 净重[淨-] N. net weight
jīngzhōngbàoguó 精忠报国[-報國] F.E. serve the country with unreserved loyalty
jīngzhóu 经轴[經-] N. <txtl.> warp beam
jīngzhū 睛珠 N. eyeball; pupil
jìngzhú 竞逐[競-] N. competition ♦V. compete
jìngzhù* 敬祝 F.E. respectfully wish (used at the end of a letter)
jīngzhuān 精专[-專] S.V. be proficient in; have a good command of
jīngzhuàn 经传[經傳] N. classics and their commentaries
¹jìngzhuàn* 净赚[淨-] V. have as net earnings; clear
²jìngzhuàn 净馔[淨-] N. vegetarian diet
jīngzhuāng* 精装[-裝] ATTR. clothbound; hardcover (of books)
jīngzhuàng 精壮[-壯] S.V. able-bodied; strong
jǐngzhuàng 景状[-狀] N. appearance; circumstances; prospects
jìngzhuāng 靓妆[-妝] N. gorgeously dressed (of a woman)
jīngzhuāngběn 精装本[-裝-] N. deluxe/hard-back edition M: *¹běn/⁴cè/²bù*
jīngzhuāngpǐn 精装品[-裝-] N. articles in deluxe packing M: *²jiàn*
jīngzhuàngtǐ 晶状体[-狀體] N. <phy.> crystalline lens
jǐngzhuī 颈椎[頸-] N. cervical vertebra
jǐngzhuī shénjīng 颈椎神经[頸-經] N. cervical nerves
jīngzhǔn 精准[-準] V.P. accurate; exact; precise
jìngzhùshè 净住舍[淨-] N. <Budd.> monastery
jīngzǐ 精子 N. <phys.> sperm; spermatozoon
jǐngzi 颈子[頸-] N. neck
jìngzi* 镜子 N. ①mirror; glass ②<coll.> glasses; spectacles M: *¹miàn*
¹jìngzì 径/迳自[徑/逕-] ADV. without leave; without consulting anyone
²jìngzì 静字[靜-] N. an adjective
³jìngzì 竟自 ADV. ① to one's surprise; after all ② unexpectedly
jìngzīchǎn 净资产[淨-產] N. net assets
jīngzǐkù 精子库 N. sperm bank M: *¹jiā/⁴zuò*
jǐngzǒng 警总[-總] N. police commander-in-chief M: *ge/¹míng/²wèi*
jīngzǒu 惊走[驚-] V. ① run away in fright ② scare away
jìngzǒu* 竞走[競-] N. heel-and-toe walking race
jìngzǒulù 竞走路[競-] N. road; track; course
Jīngzú 京族 N. Jing (Ching) ethnic minority (in Guangxi Zhuang Autonomous Region)
jìngzuì 净罪[淨-] N. purgation (from sin)
jìngzūn 敬遵 V. obey respectfully
jīngzuò 惊座[驚-] V.O. amaze fellow guests; cause raised eyebrows among those present
jìngzuò* 静坐[靜-] V. ① sit quietly (as therapy) ② sit-in
jìngzuò bàgōng 静坐罢工[靜-罷-] V.P./N. conduct a sit-down strike
jìngzuò kàngyì 静坐抗议[靜-議] N. sit-in demonstration/protest
jìngzuò shìwēi 静坐示威[靜-] N./V.P. sit-in demonstration/protest
jìnhǎi 近海 N. coastal waters
jìnhǎi yúyè 近海渔业[-業] N. inshore fishery
jìnhángqū 禁航区[-區] P.W. restricted navigation zone
jīnhéhuān 金合欢[-歡] N. <bot.> sponge tree M: *²kē*
jīnhēijia 今黑价[-價] N. <topo.> tonight
jīnhéng 金衡 N. ①measuring system for precious metals ② troy weight; troy
jīnhóng 金红 N. golden red
jīnhóngsè 金红色 N. golden red
jīnhóngshí 金红石 N. rutile M: *²kuài*
jīnhóu 襟喉 N. very vital/strategic points
jīnhòu* 今后[-後] N. henceforth; hereafter
jǐnhòutou 尽后头[儘後-] P.W. <coll.> at the back
jīnhú 金壶[-壺] N. ① clepsydra ② wine jug M: *¹bǎ*
jìnhu(r) 近乎(儿) S.V./N. <coll.> intimate; friendly
jìnhū* 近乎 V. get close (to); be little short of
jìnhù 搢笏 V.O. insert an official tablet into one's girdle
jìnhuā 禁花 V. can last quite a while (of money)
jìnhuà* 进化[進-] V. evolve ♦N. evolution
jīnhuācài 金花菜 N. <bot.> toothed bur clover M: *²kē*
jīnhuái 襟怀[-懷] N. <wr.> ①bosom ②breadth of mind ③ ideals
jīnhuáitǎnbái 襟怀坦白[-懷--] F.E. ① open-hearted; unselfish and magnanimous ② honest and straightforward
jìnhuàlùn 进化论[進-] N. theory of evolution
jǐnhuán* 锦还[-還] V. return home with glory
jìnhuān 尽欢[盡歡] V.O. enjoy oneself to the full
jìnhuān'érsàn 尽欢而散[盡歡-] F.E. leave only after a surfeit of pleasure
jīnhuáng 金黄 ATTR. golden yellow
jīnhuānghuāng 金晃晃 R.F. golden; shining
jīnhuángsè 金黄色 N. golden yellow
jīnhuánshí 金环蚀[-環-] N. annular solar eclipse
jìnhuàshǐ 进化史[進-] N. history of evolution
jīnhuìduì běnwèi 金汇兑本位[-匯---] N. <econ.> gold exchange standard
jīnhūn 金婚 N. golden wedding
jìnhuǒ 禁火 V.O. ①prohibit cooking (on certain days) ② prohibit fire
jìnhuò* 进货[進-] V.O. stock (a shop) with goods; replenish one's stock
jìnhuòbù 进货簿[進-] N. <acct.> bought book; purchase daybook M: *¹běn/⁴cè*
jìnhuò dàilǐrén 进货代理人[進-] N. purchasing agent M: *ge/¹míng/²wèi*
jìnhuò fēnlèizhàng 进货分类帐[進--類-] N. <acct.> a bought ledger M: *¹běn*
jìnhuòjià 进货价[進-價] N. buying price (of a dealer)
jìnhuò tuìhuí 进货退回[進-] V.P. return purchases
jìnhuò yùnfèi 进货运费[進-運-] N. shipping and handling fee for purchases M: *²bǐ*
jīnì* 饥溺 N. extreme hunger; famine
jìnì 济溺[濟-] V.O. <trad.> help/relieve others in great difficulty
¹jīnián 积年[積-] ADV. <wr.> for many years
²jīnián 鸡年[雞-] N. year of the rooster
³jīnián 期年 N. first anniversary; a complete year
⁴jīnián 笄年 N. <trad.> beginning of maturity
jīniǎn 畿辇 N. <trad.> the capital
jǐ nián 几年 N. ① a few years; several years ② how many years?
jìnián 纪年 V.O. record chronologically ♦N. ① chronological record of events ② a way of numbering the years
jìniàn* 纪/记念 V. commemorate; mark ♦N. souvenir
jìniànbēi 纪念碑 N. monument; memorial M: *⁴zuò/²kuài*
jìniàncè 纪念册[-冊] N. autograph book/album M: *¹běn*
jìniàncí 纪念祠 N. memorial temple M: *⁴zuò*
jìniàn dàhuì 纪念大会 N. commemorative meeting/conference
jìniànfēng 纪念封 N. commemorative envelope (stamp collecting) M: *¹zhāng*
jìniáng 寄娘 N. adoptive mother M: *ge/²wèi*
jìniànguǎn 纪念馆 N. memorial hall/museum M: *⁴zuò/¹suǒ*
jìniànhuì 纪念会 N. commemorative meeting/rally; memorial service M: *cì/ge*
jīniánlěiyuè 积年累月[積-] F.E. for years on end; year after year
jìniàn lùnwénjí 纪念论文集 N. Festschrift M: *¹běn/²bù/⁴cè*
jìniànmén 纪念门 N. memorial arch M: *⁴zuò*
jìniànpǐn 纪念品 N. souvenir; keepsake; memento M: *²jiàn*
jìniànrì 纪念日 N. commemoration/memorial day
jìniàntǎ 纪念塔 N. memorial tower; monument M: *⁴zuò*
jìniàntáng 纪念堂 P.W. memorial/commemoration hall M: *⁴zuò*
jìniànwén 纪念文 N. written memorial M: *¹piān*
jìniànwù 纪念物 N. memorial object; souvenir M: *²jiàn*
jìniànxìng 纪念性 N. commemoration
jìniàn yīyuàn 纪念医院[--醫-] P.W. memorial hospital M: *¹jiā/¹suǒ*
jìniàn yóuchuō 纪念邮戳[--郵-] N. commemoration postmark
jìniàn yóupiào 纪念邮票[--郵-] N. commemorative stamps M: *¹zhāng/tào*
jìniànzhāng 纪念章 N. ① souvenir badge ② commemoration badge/medal M: *ge/⁴méi*
jìniànzhōu 纪念周 N. Monday meeting commemorating Sun Yat-sen
jīniào 挤尿[擠-] V.O. urinate with difficulty
jíníng* 辑宁[-寧] V.P. peaceful; harmonious
jìníng 荠宁[薺寧] N. <bot.> Chinese mosla
jīniǔ 机钮 N. ① button that controls a machine ② a key point
jīnjī 金鸡[-雞] N. golden pheasant M: *²zhī*
jǐnjī 锦鸡[-雞] N. golden pheasant M: *²zhī*
¹jǐnjí* 紧急[緊-] S.V. urgent; critical
²jǐnjí 仅及[僅-] V. only reach to
jǐnjì 谨记 V. remember with reverence
¹jìnjī 进击[進擊] V. advance to attack
²jìnjī 近畿 N. area around the capital

jìnjí 晋/进级[晉/進-] V.O. <wr.> ① rise in rank ② be promoted

[1]jìnjì 禁忌 N. ① <lg.> taboo ② <med.> contraindication ♦V. avoid; abstain from

[2]jìnjì 浸剂[-劑] N. <med.> infusion

jìnjiǎ 金甲 N. armor (worn by a warrior)

jīnjià* 金价[-價] N. gold price

jìnjiǎ 浸假 ADV. <wr.> gradually

jīnjiǎchóng 金甲虫[-蟲] N. golden beetle M: [2]zhī

jīnjiǎlìbīng 金甲利兵 F.E. well-equipped army

jīnjiàn 筋腱 N. <phys.> sinews

jǐnjiān 锦笺[-箋] N. fancy stationery

jǐnjiàn 仅见[僅-] ATTR. rarely seen

[1]jìnjiàn* 进/晋见[進/晉-] V. have an audience with

[2]jìnjiàn 觐见 V. <wr.> present oneself before (a sovereign); have an audience with

[3]jìnjiàn 进谏[進-] V. remonstrate with a monarch

[4]jìnjiàn 浸渐 ADV. <wr.> gradually

[5]jìnjiàn 劲健[勁-] V.P. full of energy

jīnjiāng 金浆[-漿] N. wine of the best quality

jīnjiǎng* 金奖[-獎] N. gold award/medal

jīnjiàng 金匠 N. goldsmith M: ge/[1]míng/[2]wèi

jīnjiàng jìyì 金匠技艺[-藝] N. goldsmith's technique/skill

jīnjiāngyùlǐ 金浆玉醴[-漿--] ID. ① good wine ② marvelous medicine; panacea

jìnjiānr 尽尖儿[盡-] N. the very top/summit/tip/etc.

jìnjiànzhīlǐ 进见之礼[進-禮] N. gift at the first meeting

jǐnjiào 尽教[儘-] CONJ. even if

jìnjiāo* 近郊 P.W. city suburbs/environs

jìnjiǎo 进剿[進-] V. attack rebels/bandits

jìnjiào 进教[進-] V.O. embrace a religion

jǐnjí chǔfèn 紧急处分[緊-處-] N. urgent punishment

jǐnjí cuòshī 紧急措施[緊-] N. emergency measures

jǐnjí dòngyì 紧急动议[緊-動議] N. urgent/emergent motion (in parliament/etc.)

jīnjīdúlì 金鸡独立[-雞獨-] F.E. standing on one leg like a cock (a posture in Chinese boxing)

jīnjié(r) 筋节(儿)[-節-] N. ① muscles and joints ② forceful transition of ideas

jǐnjiē* 紧接[緊-] V. follow close behind ♦ATTR. close

jǐnjiè 谨戒 V. prevent with the utmost care/caution

jìnjiē 晋接[晉-] V. receive (visitors/etc.); welcome

jìnjié 尽节[盡節] V.P. die for chastity

jìnjiè 禁戒 V. ① warn ② be on alert against; guard against

jǐnjiē hūyìng huàlún 紧接呼应话轮[緊--應-] N. <lg.> adjacency pair

jìnjiē kǎoshì 进阶考试[進階-] N. grade test M: [1]cì

jǐnjiē tóngwèiyǔ 紧接同谓语[緊-] N. <lg.> close appositive

jǐnjiēzhe 紧接着[緊-著] ADV. immediately/right after

jīnjièzhi 金戒指 N. gold ring

jǐnjí fǎlìng 紧急法令[緊-] N. emergency act

jīnjī-héjīn 金基合金 N. gold-base alloy

jǐnjí huìyì 紧急会议[緊-議] N. emergency meeting M: [1]cì/ge

Jīnjī Jiǎng 金鸡奖[-雞獎] N. <Ch. cinema> Golden Rooster Award

jǐnjí jíhé 紧急集合[緊-] N. emergency muster

jǐnjí jìhuà 紧急计划[緊-劃] N. emergency plan/program

jǐnjí jǐngbào 紧急警报[緊-報] N. emergency alarm (in war/etc.)

jìnjí kǎoshì 晋级考试[晉-] N. promotion test M: [1]cì

jǐnjí mìnglìng 紧急命令[緊-] N. urgent order

[1]jīnjīn 津津 R.F. ① tasteful; delicious (lit./fig.) ② overflowing (of water)

[2]jīnjīn 斤斤 ADV. be particular (about small matters)

[3]jīnjīn 矜矜 R.F. vigorous-looking

[1]jǐnjǐn* 紧紧[緊緊] R.F. closely; tightly

[2]jǐnjǐn 仅仅[僅僅] ADV. only; merely; barely

jīnjī'nà 金鸡纳[-雞-] N. <bot.> cinchona

jīnjīnàjiǎn 金鸡纳硷[-雞--] N. <chem.> quinine

jīnjīnàshuāng 金鸡纳霜[-雞--] N. cinchona; quinine

jǐnjǐnbābā(r) 紧紧巴巴(儿)[緊緊-] R.F. barely/hardly enough

jìnjìnchūchū 进进出出[進進-] R.F. shuttle in and out

jǐnjǐn dīngzhe 紧紧盯着[緊緊-著] V. watch closely

jīnjìng 金镜 N. bronze mirror M: [1]miàn ♦ID. perspicacious

jìnjīng 晋/进京[晉/進-] V.O. proceed to the national capital

jìnjǐng* 近景 N. <photo.> close shot; close-up

jìnjìng 尽净[盡淨] ADV. completely; all together

jìnjǐnián lái 近几年来 ADV. in recent years

jīnjìnjiāojué 金尽交绝[-盡-絕] F.E. friendship lasts as long as money does

jīnjīnjiàoliàng 斤斤较量 F.E. haggle over every ounce; be calculating

jīnjīnjìjiào 斤斤计较 F.E. haggle over every ounce; be calculating

jīnjīnlèdào 津津乐道[--樂-] F.E. dwell upon with relish; take delight in talking about

jīnjīnqímíng 斤斤其明 F.E. discerning; keen

jǐnjǐnshènshèn 谨谨慎慎 R.F. very cautious/careful

jǐnjǐnxiānglián 紧紧相连[緊緊-] F.E. closely linked

jīnjīnyǒuwèi(r) 津津有味(儿) F.E. ① do sth. with gusto ② be appetizing

jǐnjí qǐshì 紧急启事[緊-啟-] N. emergency notice/announcement

jǐnjí shìjiàn 紧急事件[緊-] N. emergency

[1]jìnjiǔ 进酒[進-] V.O. urge alcohol on a guest

[2]jìnjiǔ 禁酒 V.O. prohibit alcoholic drinks

jīnjiūshōuliáo 矜纠收缭 F.E. <wr.> arrogant and irascible

jǐnjí xìnhào 紧急信号[緊-號] N. emergency signal

jìnjìyǔ 禁忌语 N. <lg.> taboo word; taboo

jǐnjí yùbèifèi 紧急预备费[緊--備-] N. emergency reserve M: [2]bǐ

jǐnjìzàixīn 谨记在心 F.E. bear in mind

jǐnjízhá 紧急闸[緊-] N. emergency brake

jǐnjí zhuàngtài 紧急状态[緊-狀態] N. state of emergency

jǐnjí zhuólù 紧急着陆[緊-著陸] N./V.P. emergency landing

jīnjú(r)* 金橘(儿) N. <bot.> kumquat M: [2]zhī/ge

jǐnjù 谨具 F.E. respectfully prepared/signed by

Jìnjù 晋剧[晉劇] N. Shanxi local opera M: [1]chū/[2]bù/[2]chǎng

jìnjuānqiánxián 尽捐前嫌[盡-] F.E. forget all the past ill will

jīnjúbǐng 金橘饼 N. crushed kumquat preserved with sugar M: [2]kuài

[1]jìnjué 禁绝[-絕] V. completely ban

[2]jìnjué 晋/进爵[晉/進-] V.O. rise in rank (of nobles)

jìnjùlí 近距离[-離] N. short distance/range ♦ATTR. at close range

[1]jìnjūn 进军[進-] V.O. march; advance (as of troops)

[2]jìnjūn 禁军 N. imperial guards M: [4]zhī

jìnjūnhào 进军号[進-號] N. bugle call to advance

jǐnkào 紧靠[緊-] V. ① lean closely against ② be closely connected ③ closely rely on for support

jǐnkě 仅可[僅-] ADV. only for (a specific situation); barely enough for

jīnkéláng 金壳郎[-殼-] N. <topo.> scarab

jǐnkěnéng 尽可能[儘-] ADV. as far as possible; to the best of one's ability ~ *duō* as much/many as possible

jīnkérbiǎo 金壳儿表[-殼-錶] N. gold watch

jīnkēyùlǜ 金科玉律 F.E. golden rule; immutable precept

jīnkǒu 金口 N. ① the Buddha's mouth ② utterances that carry weight

[1]jìnkǒu* 进口[進-] V.O. enter a port ♦V. import ♦N. entrance

[2]jìnkǒu 噤口 V.O. keep silent

jìnkǒu bìlěi 进口壁垒[進-壘] N. import barrier M: [2]dào

jìnkǒu bǔtiē 进口补贴[進-補-] N. import subsidy

jìnkǒubùyán 噤口不言 F.E. be tongue-tied

jìnkǒugǎng 进口港[進-] P.W. port of entry M: chù/ge

jìnkǒuhuò 进口货[進-] N. imported goods; imports M: [2]jiàn/[1]zhǒng/ge

jìnkǒu jiǎnyì 进口检疫[進-] N. import quarantine

jìnkǒu màoyì 进口贸易[進-] N. import trade

jīnkǒu-mùshé 金口木舌 N. metal bell with a wooden clapper

jìnkǒu pèi'é 进口配额[進-] N. import quota

jìnkǒushāng 进口商[進-] N. importer M: ge/[1]míng/[2]wèi

jìnkǒu shǒuxù 进口手续[進-續] N. import formalities

jìnkǒushuì 进口税[進-] N. import duty M: [2]bǐ

jìnkǒu shuìlǜ 进口税率[進-] N. import tariff

jìnkǒu xiàn'é 进口限额[進-] N. import quotas

jìnkǒu xǔkězhèng 进口许可证[進-證] N. import license M: [1]zhāng/[1]fèn

jīnkǒuyùyán 金口玉言 F.E. ① utterances that carry weight ② be close-mouthed

jìnkǒu zìyóuhuà 进口自由化[進-] N. import liberalization

jīnkù 金库 N. ① national/state treasury; exchequer ② coffers M: [4]zuò

jīnkuā 矜夸[-誇] V.P. conceited and boastful

jīnkuài(r) 金块(儿)[-塊-] N. gold bullion M: [2]kuài

jǐnkuài 尽快[儘-] *See jìnkuài*

jìnkuài* 尽快[盡-] ADV. as quickly/soon as possible

jīnkuài běnwèizhì 金块本位制[-塊---] N. gold bullion standard

jìnkuǎn 进款[進-] N. <coll.> income; receipts

jīnkuàng 金矿[-礦] N. gold mine M: [4]zuò

jìnkuàng* 近况[-況] N. recent developments; how things stand

jǐnkuí 锦葵 N. <bot.> high mallow M: [2]kē

jìnlai 进来[進-] R.V. come in; enter

jìnlái* 近来 ADV. recently; lately; of late

jīnlán 金兰[-蘭] N. harmonious friendship; sworn brotherhood

jīnlánzhījiāo 金兰之交[-蘭--] N. intimate friendship; sworn brotherhood

[1]jīnlì 筋力 N. physical strength

[2]jīnlì 津吏 N. minor official in charge of a bridge/ferry

[1]jìnlǐ 浸礼[-禮] N. <rel.> baptism; immersion

[2]jìnlǐ 尽礼[盡禮] V.O. very polite

[3]jìnlǐ 近理 S.V. reasonable; fair; just

[4]jìnlǐ 觐礼[-禮] N. rituals performed during audience (with chief of state)

[1]jìnlì* 尽力[盡-] V.O. try one's best

[2]jìnlì 近利 N. immediate gain

[3]jìnlì 禁例 N. prohibitory regulations; prohibitions

[4]jìnlì 劲力[勁-] N. strength; energy

[1]jīnlián* 金莲 N. "golden lilies"; bound feet

[2]jīnlián 矜怜[-憐] V. <wr.> pity

jīnliàn 金链 N. gold necklace M: [1]tiáo

jīnliáng 津梁 N. ① bridge ② springboard ③ help; aid

jīnliǎng 斤两 N. weight

jǐnliàng(r)* 尽量(儿)[盡-] ADV. ① to the best of one's ability ② (drink/eat) to the full

jīnliánhuā(r) 金莲花(儿) N. <bot.> nasturtium; canary-creeper M: [2]duǒ

jǐnlián yīnjì 紧连音际[緊-際] N. <lg.> close juncture

jìnliào 进料[進-] V.O. stock with material
jǐnlǐbiān(r) 尽里边(儿)[儘裡邊-] P.W. <coll.> the innermost
jìnlǐchí 浸礼池[-禮-] N. baptistery
jìnliè 禁猎[-獵] V.O. prohibit hunting
jìnlièqū 禁猎区[-獵區] P.W. game refuge
jìnlì'érwéi 尽力而为[盡-] F.E. do one's best
Jìnlǐhuì 浸礼会[-禮-] N. Baptist Church; Baptists
jīnlín 金鳞 N. gold/golden scale (of fish/dragon/ etc.)
jǐnlín* 紧邻[緊鄰] N. close neighbor
jìnlín 近邻[-鄰] N. near neighbor
jīnlíng 金铃 N. golden bell
Jīnlíng 金陵 P.W. Nanjing
jǐnlǐng 谨领 F.E. receive with respect
[1]**jìnlìng*** 禁令 N. prohibition; ban
[2]**jìnlìng** 靳令 A.T. rigorously enforce the laws
jīnlíngzi 金铃子 N. ①a cricket-like insect ②fruit of *Melia azedarach*
jìnlín jièyòng 近邻借用[-鄰--] N. <lg.> intimate borrowing
jǐnlǐtóu 尽里头[儘裡-] N. <coll.> the innermost
jīnliùzi 金镏子 N. <coll.> gold ring M: [1]*tiáo*
jīnlóng 金龙 N. golden dragon M: [1]*tiáo*
[1]**jìnlù** 近路 N. shortcut M: [1]*tiáo*
[2]**jìnlù** 进路[進-] N. avenue of approach M: [1]*tiáo*
jìnlǚ 劲旅[勁-] N. powerful army; crack troops M: [4]*zhī* *See also jìnglǚ*
jìnlǜ* 禁律 N. prohibition M: [1]*tiáo*
jìnluán 禁脔[-臠] N. ① one's exclusive domain ② a precious thing
jīnluándiàn 金銮殿[-鑾-] N. main building of the imperial palace; throne room M: [4]*zuò*
jīn-lǜ bǎoshí 金绿宝石[--寶-] N. <min.> chrysoberyl M: [2]*kuài*
jīnlún 金轮 N. moon
jǐnlún* 锦纶 N. <txtl.> polyamide fiber
jīnluó 金锣[-鑼] N. golden gong M: [1]*miàn*
jīnluò* 筋络 N. main and collateral tendons and muscles
jǐnluómìgǔ 紧锣密鼓[緊鑼-] F.E. mount intense publicity for an undertaking
jīnlǚyī 金缕衣[-縷-] N. <archeo.> clothes sewn with gold thread M: [2]*jiàn*
jīnlǚyùyī 金缕玉衣[-縷--] N. <archeo.> jade clothes sewn with golden thread (a funerary suit) M: [2]*jiàn*
Jīn-Mǎ 金马 P.W. Jinmen and Mazu islands
jìnmǎ* 禁码 N. forbidden/improper code
jīnmài 筋脉[-脈] N. <Ch. med.> passages through which vital energy circulates
jīnméisù 金霉素 N. <med.> aureomycin
jīnmén 津门 N. ①checkpoint at a ferry ②another name for Tianjin
jìnmén* 进门[進-] V.O. enter a door/gate
Jīnmén Dǎo 金门岛[-島] P.W. Jinmen (Quemoy) Island
jīnménxiùhù 金门绣户[--繡-] F.E. home of sb. extremely rich
jǐnmì 紧密[緊-] S.V. ① close together; inseparable ② rapid and intense ③ precise; concise
jīnmiǎn* 矜免 V. pity; sympathize; feel compassionate
jìnmiǎn 浸湎 V. wallow in
jìnmiàoqīshén 近庙欺神[-廟--] ID. Familiarity breeds contempt.
jīnmǐn 矜悯 V. take pity on; have compassion for
jìnmíng 近名 V.O. seek to make a name for oneself
jìnmìng* 尽命[盡-] V.O. sacrifice one's own life
jīnmízhìzuì 金迷纸醉 F.E. life of luxury and dissipation
jìnmòfǎ jiàochéng 浸没法教程 N. <lg.> submersion program
jìnmòzéhēi 近墨则黑 F.E. one takes on the color of one's company
jìnmǔ 妗母 N. <topo.> aunt; wife of mother's brother
jīn-mù-shuǐ-huǒ-tǔ 金木水火土 N. metal, wood, water, fire, and earth - the five elements of Chinese philosophy
jǐnnáng 锦囊 N. silk bag
jǐnnángjiājù 锦囊佳句 F.E. fine verses
jǐnnángmiàojì 锦囊妙计 ID. advice for handling an emergency; wise counsel M: [1]*tiáo*
jìnnèi 禁内 P.W. forbidden area
jǐnnéngzìjǐ 仅能自给[僅-] F.E. barely enough to support oneself
jīnní 金猊 N. incense burner shaped like a lion's head
jīnnián* 今年 N. this year
jǐnniàn 廑念 N. <trad.> eager attention/concern
[1]**jìnnián** 近年 N./ADV. in recent years
[2]**jìnnián** 尽年[盡-] V.O. live out a natural lifespan
jìnniánlái 近年来 F.E./ADV. in recent years
jìnnián yǐlái 近年以来 ADV. in recent years
Jīnniúgōng 金牛宫[-宮] N. <astr.> Taurus
Jīnniúzuò 金牛座 N. <astr.> Taurus
jīnnóng 金农[-農] N. gold-mining peasants; rural gold-miner
jīnnuò 金诺 F.E. <court.> your esteemed pledge/ permission
jīnong 唧哝[-噥] V. talk in a low voice; whisper
jīn'ōu 金瓯[-甌] N. ①gold/metal cup ②national territory
jīn'ōuwúquē 金瓯无缺[-甌--] F.E. The national territory remains intact.
jīnpà 巾帕 N. ① napkin; kerchief ② head-wrapper M: [2]*kuài*
jīnpái 金牌 N. gold medal M: [2]*kuài*
jīnpáijiǎng 金牌奖[-獎] N. gold award
jìnpáng 近旁 N./ADV. nearby; near
jìnpángzhuǎn 近旁转[-轉] N. neighboring alternation
jīnpányùshí 金盘玉食[-盤--] F.E. luxurious food
[1]**jīnpáo** 金袍 N. golden gown/robe M: [2]*jiàn*
[2]**jīnpáo** 衿袍 N. gown/robe with a band/ribbon/ belt M: [2]*jiàn*
jìnpào* 浸泡 V. soak; immerse
jīnpílìjié 筋疲力竭 F.E. be burned out; be completely exhausted
jīnpílìjìn 筋疲力尽[-盡] F.E. exhausted; played-out
jìnpǐn 禁品 N. contraband M: [2]*jiàn/ge*
jīnpíngjià 金平价[-價] N. gold parity
Jīn Píng Méi 金瓶梅 N. Gold Vase Plum (a famous vernacular novel)
jǐnpò 紧迫[緊-] S.V. pressing; imminent
jǐnpòdīngrén 紧迫盯人[緊-] F.E. <sport> full press
jǐnpògǎn 紧迫感[緊-] N. sense of urgency M: [1]*zhǒng*
jìnpò zuòyè 近迫作业[-業] N. <mil.> construction under fire; sapping
Jīn-Pǔ Tiělù 津浦铁路[--鐵-] N. Jin-Pu Railway (Tianjin-Pukou)
[1]**jīnqī** 金漆 N. <art> gold lacquer
[2]**jīnqī** 襟期 N. one's feelings
[1]**jīnqì** 金器 N. gold things; gold vessel
[2]**jīnqì** 襟契 N. bosom friend
jǐnqí 锦旗 N. silk banner (as an award) M: [1]*miàn*
jǐnqǐ 谨启[-啟] F.E. "respectfully yours" (in letters)
jìnqī* 近期 N./ADV. near future
jìnqì 尽弃[盡棄] V./V.P. ① all wasted; all in vain ② all forgotten
jīnqián* 金钱[-錢] N. money; wealth
[1]**jìnqián** 近前 N./ADV. <topo.> nearby; close to
[2]**jìnqián** 进钱[進錢] N. income; proceeds
jīnqiánbào 金钱豹[-錢-] N. <zoo.> spotted leopard M: [2]*zhī*/[1]*tóu*
jīnqiāngyú 金枪鱼[-槍-] N. <zoo.> tuna M: [1]*tiáo*
jǐnqiántou 尽前头[儘-] P.W. <coll.> at the farthest front
jīnqián wànnéng 金钱万能[-錢萬-] V.P. Money is almighty.
jīnqiánzhǔyì 金钱主义[-錢-義] N. Mammonism
jǐnqiào 紧俏[緊-] S.V. in high demand (of merchandise)
jǐnqiào chǎnpǐn 紧俏产品[緊-產-] N. products that sell well and are in short supply M: [2]*jiàn/ge*
jǐnqiàohuò 紧俏货[緊-] N. scarce commodity; commodity in short supply M: [1]*zhǒng*/[2]*jiàn*
jǐnqiào shāngpǐn 紧俏商品[緊-] N. scarce commodity; commodity in short supply M: [2]*jiàn/ ge*
jìnqíběnfèn 尽其本分[盡-] F.E. do one's part
jǐnqiè 紧切[緊-] S.V. urgent (of a situation)
jǐnqīn 锦衾 N. brocade quilt M: [1]*tiáo*/[1]*chuáng*
jìnqīn* 近亲[-親] N. close relative; near relation M: *ge*/[2]*wèi*
jìnqīn fánzhí 近亲繁殖[-親--] N. inbreeding
jìnqíng 襟情 N. deep-seated emotions
[1]**jìnqíng*** 尽情[盡-] ADV. as much as one likes ♦V.O. manifest one's complete gratitude
[2]**jìnqíng** 近情 S.V. reasonable; sensible
jìnqǐng 近顷 N. recently; of late
jìnqíng huānlè 尽情欢乐[盡-歡樂] V.P. feel great joy
jìn qínglǐ 近情理 V.O. be reasonable/rational
jìnqíng liúlù 尽情流露[盡-] V.P. give free vent to . . .
jǐnqīngshí 堇青石 N. <min.> cordierite M: [2]*kuài*
jìnqíng wánlè 尽情玩乐[盡-樂] V.P. play and enjoy heartily
jìnqíng xiānggào 尽情相告[盡-] V.P. unbosom oneself to sb.
jìnqíng xiǎngshòu 尽情享受[盡-] V.P. enjoy to one's heart's content
jìnqīn hūnyīn 近亲婚姻[-親--] N. consanguineous marriage
jìnqīn jiéhūn 近亲结婚[-親--] N. marriage between close family relatives
jìnqísuǒcháng 尽其所长[盡-] F.E. give one's best
jìnqísuǒyǒu 尽其所有[盡-] F.E. give it all one has
jìnqī yùbào 近期预报[-報] N. short-term forecast (of weather)
jìnqízàiwǒ 尽其在我[盡-] F.E. do all one can
[1]**jīnqǔ** 金曲 N. <mus.> great hit M: [2]*shǒu*/[4]*zhī*
[2]**jīnqǔ** 襟曲 N. innermost feelings
jìnqu* 进去[進-] R.V. go in; enter
jìnqū 禁区[-區] P.W. ① forbidden/restricted zone ② (wildlife/plant) preserve; reserve; natural park ③ penalty/restricted area (in soccer/basketball/etc.)
jìnqǔ 进取[進-] ATTR. keep forging ahead; be enterprising
jīnquán 矜全 V. pity and help
jīnquán zhèngzhì 金权政治[-權--] N. plutocracy
jìnqǔ dòngjī 进取动机[進-動-] N. motivation to achieve
jīnquē 金阙 N. imperial palace/abode M: [4]*zuò*
jǐnquē* 紧缺[緊-] S.V. in short supply; badly needed
jīnquèhuā 金雀花 N. <bot.> ①furze ②cytisus; bean-trefoil M: [2]*duǒ*/[2]*kē*
jǐnquē shāngpǐn 紧缺商品[緊-] N. commodities in short supply M: [1]*zhǒng*/[2]*jiàn*
jìnqǔ qíngjié 进取情节[進-節] N. achievement complex
jìnqǔ shèhuì 进取社会[進-] N. a competitive society
jìnqǔxīn 进取心[進-] N. ① initiative; push ② aggressiveness
jìnqǔ xūqiú 进取需求[進-] N. achievement need
jīnr 今儿 N. <coll.> today
jìnr* 劲儿[勁-] N. strength; energy; enthusiasm
jìnrán 尽然[盡-] V. be (entirely) so **bù** ~ not entirely so
jìnrǎn* 浸染 V. be contaminated; be gradually influenced
jǐnràng 尽让[儘讓] V. <topo.> let others take precedence
[1]**jīnrén*** 今人 N. moderns; contemporaries

[2]**jīnrén** 津人 N. ferryman

[3]**jīnrén** 金人 N. ① metal image/statue ② statue of Buddha ③ the Nǚzhēn

[4]**jīnrén** 矜人 N. <*wr.*> men in a pitiable state

jìnrén 近人 N. ① modern person ② an intimate

jīnrénjiānkǒu 金人缄口 F.E. careful in speech

jìnrénjiēzhī 尽人皆知[盡-] F.E. be known to all; be common knowledge

jìn rénqíng 尽人情[盡-] V.O. do what decency dictates

jīnrén sānjiānqíkǒu 金人三缄其口 F.E. remain tight-lipped

jìn rénshì 尽人事[盡-] V.O. do all that is humanly possible

jìn rénshì tīng tiānmìng 尽人事听天命[盡--聽--] F.E. do one's best and leave the rest to Heaven

jīnrge 今儿个[-個] N. <*coll.*> today

jīnrì* 今日 N. ① today ② the present; now

[1]**jìnrì** 近日 N./ADV. ① recently; in the past few days ② within the next few days

[2]**jìnrì** 尽日[盡-] N. the whole day

jìnrìdiǎn 近日点[-點] N. <*astr.*> perihelion

jìnrìlái 近日来 N. recently

jìnrìlǐ 近日里[-裡] N. in the past few days; in recent days

jìnrì yǐlái 近日以来 N. recently

jīnróng* 金融 N. finance; banking

jìnróng 浸融/溶 V. ① soak ② infiltrate

jīnróng diàochá 金融调查 N. financial investigation

jīnróng gōngjù 金融工具 N. monetary means

jīnróng gōngsī 金融公司 N. finance company M: [1]*jiā*

jīnróng guǎnlǐ 金融管理 N. financial management

jīnróng guǎtóu 金融寡头 N. financial oligarch/magnate M: *ge/*[1]*míng/*[2]*wèi*

jīnróngjiā 金融家 N. financier M: *ge/*[1]*míng/*[2]*wèi*

jīnróng jiānguǎn lìdu 金融监管力度[--監---] N. strength of financial supervision

jīnróngjiè 金融界 N. financial circles

jīnróng jīgòu 金融机构[-構] N. ① finance house ② national banking system ③ financial institutions M: [1]*jiā*

jīnróng jīguān 金融机关[-關] N. institutions (banks/etc.) involved in circulation of money M: [1]*jiā*

jīnróng jùtóu 金融巨头 N. financial magnate/tycoon M: *ge/*[1]*míng/*[2]*wèi*

jīnróng kǒnghuāng 金融恐慌 N. monetary crisis; financial panic

jīnróng shìchǎng 金融市场[-場] N. money market

jīnróng tǐzhì 金融体制[--體-] N. banking system

jīnróng tóuzī 金融投资 N. financial investment

jìnróngxuánmǎ 仅容旋马[僅-] F.E. narrow space

jīnróngyè 金融业[-業] N. finance; banking

jīnróng zhōngxīn 金融中心 N. financial center

jīnróng zīběn 金融资本 N. financial capital

jīnróng zīběnzhǔyì 金融资本主义[-義] N. financial capitalism

jīnróng zīchǎn 金融资产[-產] N. financial assets

jīnròu 筋肉 N. muscles

jīnròusōngchí 筋肉松弛[-鬆-] F.E. relaxed muscle

jīnròu zǔzhī 筋肉组织[-織] N. muscular tissue

[1]**jìnrù** 进入[進-] V. enter; get into

[2]**jìnrù** 浸入 V. penetrate; permeate; immerse

jìnruǎn 浸软 V. macerate

jìnruìtuìsù 进锐退速[進-] F.E. He who advances with precipitation will retire with speed.

jìnrù juésè 进入角色[進-] V.O. get inside the character that one is playing; live one's part

jìnrùn 津润 V.P. juicy and nourishing ♦V. moisten

jìnrùn* 浸润 V. soak; infiltrate ♦N. <*med.*> infiltration ♦ADV. gradually

jìnruòhánchán 噤若寒蝉 ID. keep quiet out of fear

jìnrúrényì 尽如人意[盡-] F.E. things develop as wished

jìnsài 禁赛 V.O. disqualify sb. from participation in a sports match

jīnsǎngzi 金嗓子 N. golden/beautiful voice

Jīnsānjiǎo 金三角 P.W. Golden Triangle

jīnsè* 金色 N. gold color

[1]**jǐnsè** 堇色 N. violet (color)

[2]**jǐnsè** 锦瑟 N. <*trad.*> a 50-string instrument

jīnshāndàihé 襟山带河[--帶-] F.E. girded by mountains and rivers

jīnshàng 今上 F.E. <*trad.*> the present emperor; His Majesty

jǐnshàng* 谨上 F.E. "respectfully yours" (in letters)

jǐnshàngtiānhuā 锦上添花 F.E. make perfection still more perfect

jǐnshàngtou 尽上头[儘-] P.W. the uppermost/highest spot

jìnshànjìnměi 尽善尽美[盡-盡-] F.E. be the acme of perfection

jìnshè 劲射[勁-] V. score a strong goal

jīnshēn 金身 N. Buddha's gilded image

jǐnshen(r) 紧身(儿)[緊-] N. close-fitting undergarment ♦S.V. <*coll.*> snug; tight-fitting

jǐnshèn* 谨慎 S.V. cautious; circumspect

jìnshen 进深[進-] N. distance from the entrance to the rear (of a house/room)

jìnshēn 缙绅[縉-] N. ① gentry ② government official; retired government official M: [2]*wèi*

[1]**jīnshēng*** 今生 N. this life

[2]**jīnshēng** 金声[-聲] N. metallic sound

[1]**jìnshēng** 晋升[晉-] V. promote to higher office

[2]**jìnshēng** 劲升[勁-] V. ① rise quickly and forcefully (of flying objects) ② rise quickly in rank (of persons)

[3]**jìnshēng** 噤声[-聲] V.O. keep silent

jīnshēngjīnshì 今生今世 F.E. this present life

jīnshèngyúxī 今胜于昔[-勝於-] F.E. The present is superior to the past.

jīnshēngyùzhèn 金声玉振[-聲--] ID. gather the best of various schools of thought and form a complete whole

jìnshēnjiē 晋/进身阶[晉/進-階] N. stepping-stone (in one's official career)

jìnshēnlù 缙绅录[縉-錄] N. social register M: [1]*běn/*[4]*cè/*[2]*bù*

jǐnshēnshān 紧身衫[緊-] N. form-fitting/close-fitting sweater M: [2]*jiàn*

jǐnshēnyī 紧身衣[緊-] N. tight clothing M: [2]*jiàn*

jìnshēnzhījiē 进身之阶[進-階] N. stepping-stone to higher status

jīnshí* 金石 N. ① <*wr.*> metal and stone; sth. firm/hard ② <*hist.*> bronze vessels and stone tablets; ancient inscriptions ③ gold and precious stones ④ weapons; arms

[1]**jīnshì** 今世 N. ① this life ② contemporary age

[2]**jīnshì** 金饰 N. gold ornaments/jewelry M: [2]*jiàn*

[3]**jīnshì** 矜式 V. emulate/pattern after; respect as a model

[4]**jīnshì** 矜饰 V. brag and pretend

jǐnshì 仅是[僅-] V.P. only

jìnshi 近视 N. myopia; nearsightedness

jìnshī 浸湿[-濕] R.V. soak

[1]**jìnshí** 进食[進-] V.O. have a meal

[2]**jìnshí** 浸蚀 N. erosion ♦V. erode

[3]**jìnshí** 禁食 N. (religious) fast

[1]**jìnshì** 进士[進-] N. <*trad.*> successful candidate in the highest imperial examination M: *ge/*[1]*míng/*[2]*wèi*

[2]**jìnshì** 尽是[盡-] V.P. be full of; be entirely

[3]**jìnshì** 近世 N. modern times

[4]**jìnshì** 近侍 N. personal attendant M: *ge/*[1]*míng*

[5]**jìnshì** 禁试 V.O. institute a nuclear test ban; ban nuclear tests/testing

jīnshíjiā 金石家 N. student of ancient inscriptions M: *ge/*[1]*míng/*[2]*wèi*

jīnshíjiāo 金石交 N. durable friendship

jìnshìjìng 近视镜 N. glasses for a short-sighted person M: [1]*fù*

jìnshí liáofǎ 禁食疗法[--療-] N. fasting treatment; starvation cure

jìnshìnán 近世男 N. <*Budd.*> pious male laic who has embraced the Three Joys and the Five Precepts

jìnshìnǚ 近世女 N. pious female laic who has embraced the Three Joys and the Five Precepts

jǐnshípímáo 仅识皮毛[僅識-] F.E. have a superficial knowledge

jìnshìqiánxián 尽释前嫌[盡釋-] F.E. entirely forget old grudges

jǐnshíqímào 仅识其貌[僅識-] F.E. know sb. by sight

jīnshíshēng 金石声[-聲] N. (writing) ringing with force and clarity

jìnshìshǐ 近世史 N. modern history

jīn-shí-sī-zhú 金石丝竹[--絲-] N. musical instruments made of various materials

jīnshítóngméng 金石同盟 F.E. alliance in perpetuity

jīnshíwéikāi 金石为开[-開] F.E. sincerity can make metal and stone crack

jīnshíxué 金石学 N. epigraphy

jìnshiyǎn 近视眼 N. myopia; nearsightedness; shortsightedness

jìnshi yǎnjìng 近视眼镜 N. glasses for a nearsighted person M: [1]*fù*

jīnshízhījiāo 金石之交 N. close and intimate friendship

jīnshìzuófēi 今是昨非 F.E. ① turn over a new leaf ② correct today, wrong before

jìnshòu 禁受 V. bear; stand; endure

jǐnshǒu* 谨守 V. ① guard with care ② follow faithfully *Qǐng dúzhě ~ túshūguǎn guīzé.* Readers: Please follow library rules.

[1]**jìnshòu** 晋授[晉-] V. confer further honors upon

[2]**jìnshòu** 禁售 V.O. forbid the sale (of some commodity)

jìnshōuyǎndǐ 尽收眼底[盡-] F.E. have a panoramic view

jīnshū 筋书[-書] N. calligraphy characterized by slim but strong strokes

jīnshǔ* 金属[-屬] N. metals in general

jìnshū 禁书[-書] N. banned book M: [1]*běn/*[4]*cè/*[2]*bù*

[1]**jìnshù** 尽述[盡-] V. tell completely; give a full account

[2]**jìnshù** 尽数[盡數] ADV. totally; wholly

jīnshǔbǎn 金属板[-屬-] N. metal board/plank/plate M: [2]*kuài*

jīnshǔbàng 金属棒[-屬-] N. metal stick/club M: [2]*gēn*

jīnshǔgān 金属杆[-屬-] N. metal rod/pole M: [2]*gēn*

jīnshǔ gōngyìpǐn 金属工艺品[-屬-藝-] N. metal handicrafts M: [2]*jiàn*

jīnshǔguàn 金属罐[-屬-] N. metal tin/jar/pot

jīnshǔ guāngzé 金属光泽[-屬-澤] N. metallic luster

jīnshǔhuán 金属环[-屬環] N. ferrule

jīnshǔ huòbì 金属货币[-屬-幣] N. metal money M: [1]*zhǒng*

[1]**jìnshuǐ** 进水[進-] V.O. get flooded (of a house)

[2]**jìnshuǐ** 浸水 V.O. immerse/dip in water; inundate

jìnshuǐlóutái 近水楼台[-樓臺] F.E. ① waterfront pavilion ② favorable position; point of vantage

jìnshuǐlóutái xiān dé yuè 近水楼台先得月[--樓臺---] F.E. ① favorable location ② be favorably positioned

jìnshuǐzhá 进水闸[進-] N. intake/entry lock; intake work

jīnshǔ jiāgōng 金属加工[-屬--] N. metal processing; metalworking

jīnshǔjuān 金属圈[-屬-] N. metal ring

[1]**jīnshǔmó** 金属模[-屬-] N. metal pattern

2jīnshǔmó 金属膜[-屬-] N. metal film/coating M: 1céng
jīnshǔpiàn 金属片[-屬-] N. metal slice/piece M: 1piàn
jīnshǔ qìmǐn 金属器皿[-屬--] N. metalware
jīnshǔtī 金属锑[-屬-] N. <*chem.*> antimony; stibium
jīnshǔ tòujìng 金属透镜[-屬--] N. metal lens M: 1piàn
jīnshǔxiàn 金属线[-屬-] N. wire M: 2gēn/1tiáo
jīnshǔ xiāngqiàn 金属镶嵌[-屬--] N. filigree
jīnshǔyè 金属叶[-屬葉] N. foil M: 1piàn
jīnshǔ yuánsù 金属元素[-屬--] N. metallic elements M: 1zhǒng
jīnsī(r) 金丝(儿)[-絲-] N. gold/golden hair/thread/etc. M: 2gēn
jìnsǐ 浸死 V. drown
jìnsì* 近似 V.P. approximate; be similar to
jìnsì dúshù 近似读数[-讀數] N. approximate reading
jīnsīhóu 金丝猴[-絲-] N. golden/snub-nosed monkey M: 2zhī
jìnsì huòbì 近似货币[-幣] N. scrip/token used as money
jìnsìlǜ 近似律 N. approximate rule
jīnsīniǎo 金丝鸟[-絲-] N. canary M: 2zhī
jìnsì pǐpèi 近似匹配 N. <*lg.*> approximate match
jīnsīquè 金丝雀[-絲-] N. canary M: 2zhī
jīnsīróng 金丝绒[-絲-] N. velvet M: 2kuài
jìnsìshāng 近似商 N. <*math.*> approximate quotient
jīnsītáo 金丝桃[-絲-] N. <*bot.*> St. John's wort M: 1kē/ge/2zhī
jīnsī xiāngqiàn 金丝镶嵌[-絲--] N. gold filigree
jìnsì xìtǒng 近似系统 N. approximative system
jīnsīyàn 金丝燕[-絲-] N. <*zoo.*> esculent swift M: 2zhī
jìnsìyīn 近似音 N. <*lg.*> approximant; frictionless continuant
jīnsīzǎo 金丝枣[-絲棗] N. a variety of Chinese dates M: 1kē/ge
jìnsìzhí 近似值 N. approximate value; approximation
jìnsìzhí cìxù 近似值次序 N. order of approximation
jìnsìzhí cìxù móxíng 近似值次序模型 N. order of approximation model
jǐnsònglì'ān 谨颂俪安[--儷-] F.E. <*wr.*> With my compliments to you and your wife.
jǐnsù 尽速[儘-] ADV. as quick as possible
jīnsuì 今岁[-歲] N. this year
jǐnsuí 紧随[緊隨] V. follow closely
jìnsuì* 近岁[-歲] N. recent years
jǐnsuō 紧缩[緊-] V. reduce; retrench
jǐnsuōjù 紧缩句[緊-] N. <*lg.*> contracted/compressed sentence M: 1jù
jǐnsuǒshuāngméi 紧锁双眉[緊-雙-] F.E. knit the brows
jǐnsuō xíngshì 紧缩形式[緊-] N. contraction
jǐnsuōyīn 紧缩音[緊-] N. continuant sound
jǐnsuō zhèngcè 紧缩政策[緊-] N. retrenchment policy
jìntàijíyán 尽态极妍[盡態極-] F.E. beauty shown to the best advantage
jīntāng* 金汤[-湯] N. impregnable fortress
jǐntáng 锦堂 N. richly decorated hall M: 4zuò
jīntǐ 今体[-體] N. modern style (of writing)
jīntiān 今天 N. ① today ② the present; now
jīntiáo* 金条[-條] N. gold bar M: 2gēn/1tiáo
jìntiáo 禁条[-條] N. prohibited item M: 1tiáo
jīntiē* 津贴 V. subsidize ♦N. subsidy; allowance M: 1fèn
jǐntiē 紧贴[緊-] V. closely stick/connect to
jǐntīng 谨听[-聽] V. listen attentively
jìntǐshī 近体诗[-體-] N. "modern style" poetry of Tang M: 2shǒu
jìntǐxué 近体学[-體-] N. <*lg.*> proxemics
jīntíyùxiè 金题玉躞 F.E. <*wr.*> beautifully designed and bound book
jīntóngyùnǚ 金童玉女 F.E. young boys and girls attending upon an immortal
jīntou 筋头 N. somersault *See also jīntóu*
jīntóu 筋头 N. ① somersault ② fall *See also jīntou*
1jìntóu(r)* 尽头(儿)[盡-] N. end; extremity
2jìntóu(r) 劲头(儿)[勁-] N. <*coll.*> ① strength; energy ② vigor; drive; enthusiasm
jìntòu 浸透 R.V. soak through; saturate
jīntoumǎnǎo(r) 筋头马脑(儿)[---腦-] F.E. <*coll.*> low-grade; second-rate; inferior; trashy
jǐntóur 尽头儿[儘-] P.W. the very top; topmost *See also 1jìntóu*
jìntú 禁屠 V.O. forbid the slaughter of animals
Jīntuǐ 金腿 N. ham produced in Jinhua, Zhejiang
jìn-tuì* 进退[進-] V. ① advance and retreat ② remain in a job or be dismissed ♦N. sense of propriety
jìntuìliǎngnán 进退两难[進-難] F.E. in a dilemma
jìntuìmòjué 进退莫决[進-決] F.E. irresolute
jìntuìshījù 进退失据[進-據] F.E. ① in a dilemma ② in a hopeless position
jìntuìwéigǔ 进退维谷[進-] F.E. caught in a dilemma
jìntuìwúlù 进退无路[進-] F.E. have no alternative
jìntuìyìngduì 进退应对[進-應對] F.E. handle various situations
jìntuìyǔgòng 进退与共[進-與-] F.E. cast one's lot with another person
jìntuìzìrú 进退自如[進-] F.E. have room to maneuver
jīntuò 金柝 N. night watchman's bell
jīnù* 激怒 V. enrage; infuriate; exasperate
jínù 戢怒 V. restrain one's anger; become placated
1jìnǚ 妓女 N. prostitute M: ge/1míng
2jìnǚ 继女[繼-] N. stepdaughter M: ge/1míng
3jìnǚ 寄女 N. adopted daughter M: ge/1míng
4jìnǚ 季女 N. youngest daughter M: ge/1míng
5jìnǚ 绩女 N. spinning woman
jìnǚ'ér 寄女儿 N. adopted daughter M: ge/1míng
Jīnuòzú 基诺族 N. the Jino ethic minority in Yunnan
jǐnwàitou 尽外头[儘-] P.W. <*coll.*> at the farthest end of the outside
jīnwǎn 今晚 N. this evening; tonight
jìnwǎng 禁网[-網] N. the network of prohibitions
jīnwáwa 金娃娃 N. ① golden doll ② great achievement; big success ③valuable possession
jìnwèi 进位[進-] V.O. <*math.*> carry (a number, as in adding)
jìnwèiduì 禁卫队[-衛隊] N. guard; security corps M: 4zhī
1jìnwèijūn 近卫军[-衛-] N. ① imperial household guard ② <*mil.*> guards (in European countries) ③ old guard; conservatives M: 4zhī
2jìnwèijūn 禁卫军[-衛-] N. imperial guards M: 4zhī
1jīnwén* 金文 N. <*hist.*> inscriptions on bronze objects
2jīnwén 今文 N. modern script (another name for *lìshū*)
jǐnwèn 紧问[緊-] V. question closely
Jìn Wéngōng 晋文公[晉-] (696–628 B.C.) N. Prince Wen of Jin
jǐnwò 紧握[緊-] V. hold/grasp tight
jǐnwò zhù 紧握住[緊-] R.V. hold (sth.) firmly
1jīnwū* 金屋 N. luxurious chamber (for women) M: 1jiān
2jīnwū 金乌[-烏] N. <*wr.*> the sun
jīnwú 金吾 N. ① rod held by an official as a symbol of imperial authority ② official of the imperial guards
jìnwù 进坞[進塢] V.O. enter a dockyard
jīnwúbùjìn 金吾不禁 F.E. <*trad.*> lift a curfew (to celebrate the Lantern Festival, etc.)
jīnwūcángjiāo 金屋藏娇[-嬌] F.E. magnificent house for a beloved woman
Jìn Wǔdì 晋武帝[晉-] N. Martial Emperor, founder of the Jin dynasty (265–420 A.D.)
jīnwūyùtù 金乌玉兔[-烏-] ID. sun and moon
1jīn-xī* 今昔 N. present and past; today and yesterday
2jīnxī 矜惜 V. value; treasure
3jīnxī 今夕 N. this evening; tonight
jìnxǐ 浸洗 V. soak and wash
jǐnxiá 锦匣 N. brocade box
jǐnxiàbian 尽下边[儘-邊] P.W. <*coll.*> at the lowest
jīnxiān 金仙 N. ① a fairy ② the Buddha
jīnxiàn 金线 N. gold thread M: 2gēn
jǐnxiān 尽先[儘-] F.E. give first priority to
jìnxián* 进贤[進賢] V.O. employ the virtuous and capable
jìnxiàn 进献[進獻] V. present sth. (to a superior)
jīnxiāng 巾箱 N. box for napkins/handkerchiefs
jìnxiang 进项[進-] N. income; receipts
jìnxiāng* 进香[進-] V.O. ① go on a pilgrimage ② offer incense; worship in a temple
jīnxiāngběn 巾箱本 N. ① pocket-size book ② condensed version of a book M: 1běn/4cè
jìnxiāngkè 进香客[進-] N. Buddhist pilgrim M: ge/1míng/2wèi
jìnxiāngqíngqiè 近乡情怯[-鄉--] F.E. feel anxious when approaching one's native place after many years of absence
jìnxiàng shuì'é 进项税额[進-] N. amount of taxes on purchases
jìnxiāngtuán 进香团[進-團] N. a group of worshippers
jìnxiánguān 进贤冠[進賢-] N. <*trad.*> black hat of literati
jīnxiàngxué 金相学 N. metallography
jīnxiàngyùzhì 金相玉质[-質] ID. ① immortal literary work ② nobility of character ③ very fine and durable material
jīnxiànwā 金线蛙 N. <*zoo.*> green frog M: 2zhī
jīnxiànyú 金线鱼 N. <*zoo.*> red coat
jǐnxiànyú* 仅限于[僅-於] V.P. be limited to
jīnxiāo 今宵 N. tonight
jìnxiào* 尽孝[盡-] V.O. do one's filial duty
jīnxiǎofēng 金小蜂 N. tiny golden wasp M: 2zhī
jǐnxiǎoshènwēi 谨小慎微 F.E. overcautious
jīnxīduìbǐ 今昔对比[--對-] F.E. contrast the past with the present
jìnxīn 尽心[盡-] ADV. with all one's heart
jīnxīng(r) 金星(儿) N. ① gold star ② flashes of light that one seems to see (from blow on the head, etc.)
Jīnxīng 金星 N. <*astr.*> Venus
jìnxíng* 进行[進-] V. ① be in progress; go on ② carry on/out; conduct ③ be on the march; march; advance ♦ATTR. <*lg.*> progressive
1jìnxìng 尽兴[盡興] S.V. enjoying to the full *Tāmen jīntiān wánr de hěn ~.* They're having a great time today.
2jìnxìng 尽性[盡-] V.O. fulfill one's nature
3jìnxìng 近幸 N. favorites at the imperial court
jìnxíng bèidòngshì 进行被动式[進--動-] N. <*lg.*> progressive passive
jǐnxìngdémiǎn 仅幸得免[僅-] F.E. narrow escape
jìnxíngmào 进行貌[進-] N. <*lg.*> progressive aspect
jìnxíngqǔ 进行曲[進-] N. <*mus.*> march M: 2shǒu
jìnxíngshí* 进行时[進-時] N. <*lg.*> progressive tense
jìnxíngshì 进行式[進-] N. <*lg.*> progressive aspect
jìnxíngshì xíngshì 进行式形式[進-] N. <*lg.*> progressive form
jìnxíngshì yǔcí 进行式语词[進-] N. <*lg.*> progressive phrase
jìnxíngtài 进行态[進-態] N. <*lg.*> progressive aspect
jìnxíngtǐ 进行体[進-體] N. <*lg.*> progressive aspect

jǐnxíng wú hǎobù 紧行无好步[緊-] F.E. Haste makes waste.

jìnxíngzhōng gōngzuò 进行中工作[進-] N. <*acct.*> jobs in operation

Jìnxìnhuì 浸信会 N. Baptist Church

jìnxīnjiélì 尽心竭力[盡-] F.E. put one's heart and soul into sth.

jìnxīnjìnlì 尽心尽力[盡-盡-] F.E. with all one's heart and might

jìnxìn shū bùrú wú shū 尽信书不如无书[盡-書---書] F.E. to believe everything in books is worse than to have no books at all

jǐnxīnxiùkǒu 锦心绣口[--繡-] F.E. elegant and refined (of writing)

jīnxiōng 襟兄 N. husband of wife's elder sister M: *ge/[1]míng/[2]wèi*

jǐnxiù 锦绣[-繡] V.P. as beautiful as brocade; splendid

jìnxiū* 进修[進-] V. ① engage in advanced studies *Xǔduō jiàoshī xǐhuan bùduàn ~.* Many teachers like to keep taking courses. ② take refresher course

jìnxiūbān 进修班[進-] N. ① training class ② class for advanced studies M: *[2]qī*

jǐnxiùhéshān 锦绣河山[-繡--] F.E. land of charm and beauty

jǐnxiùqiánchéng 锦绣前程[-繡--] F.E. glorious future

jǐnxiùshānhé 锦绣山河[-繡--] F.E. beautiful land

jìnxiūshēng 进修生[進-] N. non-degree student seeking advanced training M: *ge/[1]míng/[2]wèi*

jǐnxiùwénzhāng 锦绣文章[-繡--] N. an embroidered piece of literature; beautiful writing

jīnxīzhīgǎn 今昔之感 N. feelings of nostalgia

jīnxù 矜恤 V. sympathize/empathize with

Jīnxué 金学 N. study of *Jīn Píng Méi* (*The Golden Lotus* or *Gold Vase Plum*)

jìnxué* 进学[進-] V.P. ① progress in one's studies ② pass the lowest level of civil-service examinations

jìnxún 浸寻[-尋] ADV. gradually

[1]jīnyá 金牙 N. gold-capped teeth

[2]jīnyá 津涯 N. shore; waterside

jīnyán 金言 N. maxim; adage; sage advice

jǐnyán 谨严[-嚴] V.P. precise; cogent

jìnyān* 禁烟[-煙] V.O. ① ban smoking ② ban opium ③ prohibit cooking

[1]jìnyán 进言[進-] V.O. offer advice

[2]jìnyán 尽言[盡-] V.O. speak out/up

jìnyānjié 禁烟节[-煙節] N. non-smoking day

jìnyánpànduàn 尽言判断[盡-斷] N. <*log.*> exhaustive disjunctive judgment

jǐnyánshènxíng 谨言慎行 F.E. be discreet in word and deed

[1]jīnyào 津要 N. ① key place/location ② key post/office

[2]jīnyào 金曜 N. <*Jp.*> Friday

[3]jīnyào 襟要 N. strategic position

jǐnyào* 紧要[緊-] S.V. crucial; vital

jìnyào 禁药[-藥] N. banned drug

jǐnyào guāntóu 紧要关头[緊-關-] N. critical juncture

jīnyàorì 金曜日 N. <*Jp.*> Friday

jīnyàoshi 金钥匙[-鑰-] N. ① golden key ② the almighty solution; the best solution to a problem M: *[1]bǎ*

[1]jīnyè* 今夜 N. tonight

[2]jīnyè 津液 N. ① saliva ② <*Ch. med.*> body fluid

[3]jīnyè(zi) 金叶(子)[-葉-] N. gold foil M: *[1]piàn*

[1]jìnyè 晋/进谒[晉/進-] V. <*wr.*> have an audience with

[2]jìnyè 禁夜 N. night curfew

[3]jìnyè 覲谒 V. present oneself before (a monarch)

[1]jīnyì 今译[-譯] N. modern-language version

[2]jīnyì 襟翼 N. flap (of wings)

jǐnyī 锦衣 N. brocade clothes M: *[2]jiàn*

jǐnyì 谨议[-議] V. keep in mind

jìnyí 赆仪[贐儀] N. farewell presents

[1]jìnyì* 尽意[盡-] V.O. fully express one's ideas ♦ADV. to one's heart's content

[2]jìnyì 进益[進-] N. <*wr.*> progress

jìnyībù 进一步[進-] V.O. go a step further

jìnyìcí 近义词[-義-] N. near-synonym

jǐnyǐfèngwén 谨以奉闻 F.E. <*court.*> I beg to inform you. . .

jǐnyǐhúkǒu 仅以糊口[僅-] F.E. live from hand to mouth

jǐnyīhúqiú 锦衣狐裘 F.E. beautiful and costly dress

jìnyì liánxiǎng 近义联想[-義聯-] N. <*lg.*> association by similarity

jīnyīn 今音 N. <*lg.*> ① modern (vs. ancient) pronunciation of language ② sounds of the Sui and Tang dynasties

jīnyín 金银 N. gold and silver

jǐnyīn 紧音[緊-] N. <*lg.*> contraction ♦ATTR. <*lg.*> tense

jìnyīn* 近因 N. immediate cause

jìnyín 浸淫 V. ① <*wr.*> stain gradually ② be familiar with

jīnyínbó 金银箔 N. gold and silver foil/leaf

jīnyíncáibǎo 金银财宝[-寶] N. gold, silver, treasures, and jewels; riches

jìnyīncí wùyòng 近音词误用 N. <*lg.*> malapropism

jīnyīng 金莺[-鶯] N. oriole M: *[2]zhī*

jīnyīnghuā 金英花 N. poppy M: *[2]duǒ*

jīnyīngzi 金樱子 N. <*Ch. med.*> fruit of Cherokee rose

jīnyínhuā 金银花 N. <*bot.*> honeysuckle M: *[2]duǒ*

jìnyínqúnjí 浸淫群籍 F.E. read extensively

jīnyín shìpǐn 金银饰品 N. gold and silver ornaments

jīnyìnwénliǎn 金印纹脸 F.E. <*hist.*> brand sb.'s forehead as punishment

jīnyínzhūbǎo 金银珠宝[-寶] N. gold, silver, pearls, and other treasures

jīnyìnzǐshòu 金印紫绶 F.E. high government posts

jǐnyǐshēnmiǎn 仅以身免[僅-] F.E. have a narrow escape

Jǐnyīwèi 锦衣卫[-衛] N. Ming storm troopers; imperial guards M: *ge/[1]míng/[2]duì*

jìn yìwù 尽义务[盡義務] V.O. ① do one's duty ② work for no reward

jìn yīyán 进一言[進-] V.O. give a word of advice

jǐnyīyùshí 锦衣玉食 F.E. live in luxury

jīnyòng 今用 ATTR. modern

[1]jìnyòng* 进用[進-] N. wealth

[2]jìnyòng 晋用[晉-] V. promote to a higher office

jīnyòng yīnbiāo 今用音标[-標] N. <*lg.*> modern phonetic symbol

jǐnyǒu* 仅有[僅-] V. have only. . .; there are only. . .

jìnyōu 近忧[-憂] N. a matter of immediate concern

jìnyòubian 尽右边[儘-邊] P.W. <*coll.*> at the farthest right

jǐnyǒujuéwú 仅有绝无[僅-絕-] F.E. ① the only ② the best

jīnyú 金鱼 N. goldfish M: *[1]tiáo*

[1]jīnyǔ 今雨 N. <*trad.*> ① changeful human relationship ② new friends

[2]jìnyǔ 禁语 N. <*lg.*> taboo

jīnyù* 金玉 N. <*wr.*> ① gold and jade; precious stone and metals; treasures ② <*court.*> your response (in letters)

jǐnyú 瑾瑜 N. a fine piece of jade

[1]jìnyú 近于[-於] V.P. border on; be little short of

[2]jìnyú 烬余[燼-] N. cinders; debris (left by fire/calamity)

[3]jìnyú 禁渔 V.O. prohibit fishing

[4]jìnyú 浸于[-於] V.P. soak/steep (sth.) in

[1]jìnyù 禁欲 V.O. be ascetic

[2]jìnyù 浸浴 V. bathe

jīnyuán* 金元 N. gold/U.S. dollar M: *[2]kuài*

jǐnyuàn 谨愿[-願] N. sincerity; honesty

jìnyuàn 禁苑 N. imperial garden M: *[4]zuò*

Jīnyuánguó 金元国[-國] N. a nickname for the United States

Jīnyuánquàn 金圆券 N. KMT paper money issued in 1948 M: *[1]zhāng*

jīnyuán wàijiāo 金元外交 N. checkbook/bribery diplomacy

Jīnyuán wángguó 金元王国[-國] N. the United States

jǐnyuányīn 紧元音[緊-] N. <*lg.*> tense vowel

jìnyuányīnxìng 近元音性 N. <*lg.*> close vocality

jīnyúcǎo 金鱼草 N. <*bot.*> snapdragon

jīnyúchí 金鱼池 N. goldfish pond M: *[4]zuò*

jīnyúchóng 金鱼虫[-蟲] N. water flea M: *[1]tiáo*

jìnyuèdiǎn 近月点[-點] N. <*astr.*> perilune

jīnyuè fúwù 金钥服务[-鑰-務] N. gold-key service (in a hotel/motel/etc.)

jìnyuēqīnméng 晋约亲盟[晉-親-] F.E. enter into a matrimonial contract

jìnyuèyuǎnlái 近悦远来[--遠-] F.E. satisfy people near and far

jīnyúgāng 金鱼缸 N. goldfish bowl M: *ge/[2]zhī*

jìnyúhuāngtáng 近于荒唐[-於--] F.E. bordering on the absurd

jīnyùliángyán 金玉良言 F.E. ① invaluable advice ② maxim; aphorism

jīnyùliángyuán 金玉良缘 F.E. perfect marriage

jīnyùmǎntáng 金玉满堂 F.E. have one's house filled with riches

[1]jīnyùn 今韵[-韻] N. <*lg.*> modern final

[2]jīnyùn 襟韵[-韻] V.P./N. even-tempered; laid back

jìnyùn* 禁运[-運] V. embargo ♦ATTR. embargoed

jǐnyúnìxiá 瑾瑜匿瑕 F.E. flaws hidden in a beautiful gem

jīnyúnmǔ 金云母[-雲-] N. <*min.*> phlogopite

jìnyùnpǐn 禁运品[-運-] N. contraband M: *[2]jiàn*

jīnyùnxué 今韵学[-韻學] N. <*lg.*> ① phonology of the Sui and Tang dynasties ② Chinese phonology

jīnyùqíwài 金玉其外 F.E. ① polish only the exterior ② polished exterior not conforming to reality

jīnyúzǎo 金鱼藻 N. <*bot.*> hornwort

jīnyùzhīlùn 金玉之论 N. valuable advice

jìnyùzhǔyì 禁欲主义[-義] N. asceticism

jìnyùzhǔyìzhě 禁欲主义者[---義-] N. asceticist; ascetic M: *ge/[1]míng/[2]wèi*

jìnzàiméijié 近在眉睫 F.E. as if right before one's eyes

jìn zài shǒubiān 近在手边[-邊] V.P. close/near at hand

jìn zài yǎnqián 近在眼前 V.P. right under one's nose

jìnzàizhǐchǐ 近在咫尺 F.E. be well within reach

[1]jīnzǎo(r) 今早(儿) N. this morning

[2]jīnzǎo(r) 金枣(儿)[-棗-] N. oval kumquat M: *[1]kē*

jǐnzǎo* 尽早[盡-] ADV. as early as possible

jīnzǎoshang 今早上 N. this morning

jīnzé* 巾帻 N. head wrapper/kerchief

jìnzé 尽责[盡-] V.O. do one's duty; discharge one's responsibility

jìnzéi 进贼[進-] V.O. be burglarized (of a house/etc.)

jǐnzèng 谨赠 F.E. <*court.*> with the compliments of *Zhōngguó Dàshǐguǎn ~* with the compliments of the Chinese Embassy

jìnzèng* 晋赠[晉-] V. bestow further posthumous honors

jìn zérèn 尽责任[盡-] V.O. do one's duty

jīnzhǎn 金盏[-盞] N. gold wine cup M: *[1]bǎ*

jìnzhǎn* 进展[進-] V. make progress/headway ♦N. progress; advance

[1]jìnzhàn 进站[進-] V.O. enter a station

[2]jìnzhàn 进占[進-] V. enter and occupy (a city/etc.)

[3]jìnzhàn 近战[-戰] N. close combat

[4]jìnzhàn 进栈[進棧] V.O. push on

jīnzhǎncǎo 金盏草[-盞-] N. <*bot.*> marigold

jǐnzhāng* 紧张[緊-] S.V. ① nervous; keyed up ② tense; intense; strained ③ <PRC> scarce; in short supply
jǐnzhàng 锦帐 N. brocade curtain
jìnzhàng 进账[進-] N. income; receipts
jǐnzhāngbìng 紧张病[緊-] N. nervousness
jǐnzhānghuà 紧张化[緊-] V. intensify
jǐnzhāng júshì 紧张局势[緊-勢] N. tense situation
jǐnzhāngqī 紧张期[緊-] N. period of retention
jǐnzhāng qǐlai 紧张起来[緊-] R.V. be keyed up
jǐnzhāng zuòyòng 紧张作用[緊-] N. <lg.> closing
jīnzhǎnhuā 金盏花[-盞-] N. pot marigold M: [2]duǒ
jīnzhāo* 今朝 N. <wr.> ① today ② the present; now ③ this morning
jìnzhào 近照 N. recent photograph (of an author, etc.)
jīnzhāo yǒu jiǔ jīnzhāo zuì 今朝有酒今朝醉 F.E. enjoy while one can
[1]jǐnzhe 尽着[儘著] V.P. <coll.> ① give way to ② to the greatest possible extent
[2]jǐnzhe 紧着[緊著] V.P. <coll.> press on with; hurry
jīnzhēn 金针 N. <Ch. med.> ① acupuncture needle ② dried day-lily flower
jīnzhēncài 金针菜 N. dried day lily (food)
jīnzhēnchóng 金针虫[-蟲] N. wireworm M: [1]tiáo
jīnzhēndùrén 金针度人 F.E. teach others tricks of the trade
jīnzhī 金汁 N. ① molten gold ② excrement used as fertilizer
jīnzhì 巾栉[-櫛] N. <wr.> ① towel and comb ② lowly service a woman renders a man
jǐnzhǐ 仅只[僅-] ADV. only
jǐnzhì 谨志/识[-識] F.E. <humb.> written respectfully by. . .
jìnzhī 近支 N. related families of clans
[1]jìnzhí 尽职[盡職] V.O. fulfill one's duty
[2]jìnzhí 劲直[勁-] V.P. tough and honest; upright *See also* [3]jìngzhí
jìnzhǐ* 禁止 V. prohibit; ban
[1]jìnzhì 尽致[盡-] ADV. thoroughly; completely
[2]jìnzhì 禁制 V. prohibit; forbid; ban
jìnzhìchǎn 禁治产[-產] N. <law> deprivation of the right to manage or dispose of one's property
jìnzhìchǎnrén 禁治产人[--產-] N. a person deprived of his right to manage his property
jìnzhǐ dào lājī 禁止倒垃圾 F.E. Do not leave garbage here.
jīnzhìjiǎng 金质奖[-質獎] N. gold medal
jìnzhìlìng 禁制令 N. prohibition of manufacture
jìnzhìpǐn 禁制品[-製-] N. banned products M: [2]jiàn
jìnzhǐ rùnèi 禁止入内 V.P. No Admittance.
jìnzhǐ shètān 禁止设滩[-灘] V.P. Do not set up stands here.
jìnzhǐ tíngchē 禁止停车 V.P. No parking
jǐnzhìxièyì 谨致谢意 F.E. Please accept my sincere thanks.
jìnzhǐxìng guānshuì 禁止性关税[---關-] N. prohibitive tariff
jìnzhǐ xīyān 禁止吸烟[-煙] V.P. No smoking
jìnzhǐyōngróng 进止雍容[進-] F.E. dignified in carriage
jīnzhīyùyè 金枝玉叶[-葉] ID. member of the royal family
jìnzhǐ zhāotiē 禁止招贴 V.P. Post no bills.
jīnzhōng(r) 金钟(儿)[-鐘-] N. a kind of cricket
jīnzhòng 矜重 V.P. dignified ♦N. self-control; reserve
[1]jìnzhōng* 尽忠[盡-] V.O. ① do one's duty as a subject ② be utterly loyal ③ be faithful unto death
[2]jìnzhōng 禁中 N. emperor's living quarters
jìnzhǒng 浸种[-種] N. <agr.> seed-soaking
jìnzhòng 禁种[-種] V.P. prohibit cultivation (of drugs)
jìnzhōngbàoguó 尽忠报国[盡-報國] F.E. be loyal and patriotic
jīnzhōngr 金钟儿[-鐘-] N. <bot.> calendula
jīnzhōngzhào 金钟罩[-鐘-] N. magic ability to sustain the thrusts of sharp weapons on one's bare skin
[1]jǐnzhù 锦注 F.E. <court.> your solicitude
[2]jǐnzhù 廑注 N. <trad.> eager attention/concern
[1]jìnzhù* 进驻[進-] V. enter and garrison or be stationed
[2]jìnzhù 禁住 R.V. <topo.> silence; force to stop speaking
jīnzhuān 金砖[-磚] N. gold brick/bar M: [2]kuài
jīnzhuāng 金装[-裝] N. overlaid with gold
jìnzhuàng* 近状[-狀] N. the present situation
jǐnzhuī 紧追[緊-] V. chase closely; be in hot pursuit
jǐnzhuībùshě 紧追不舍[緊-捨] F.E. chase closely without giving up
jìnzhūjìnmò 近朱近墨 F.E. You are whom you associate with.
jīnzhuó(zi) 金镯(子) N. gold bracelet
jìnzhūzhěchì 近朱者赤 F.E. You are whom you associate with.
jìnzhūzhěchì jìnmòzhěhēi 近朱者赤近墨者黑 *See jìnzhūjìnmò*
jīnzi* 金子 N. gold
jīnzī 今兹[-茲] N. <wr.> ① this year; the present time ② at present
jīnzì 金字 N. gilt character
jǐnzi 尽/紧自[儘/緊-] ADV. <topo.> ① constantly; repeatedly; over and over again ② always; all the time
[1]jǐnzì 尽自[儘-] ADV. without consulting anyone; as one pleases
[2]jǐnzì 锦字 N. characters embroidered on brocade/tapestry
[1]jìnzi 禁子 N. jailer
[2]jìnzi 妗子 N. <coll.> ① wife of one's mother's brother; aunt ② wife of one's wife's brother
jìnzì 浸渍 V. soak; macerate
jīnzìtǎ 金字塔 N. pyramid M: [4]zuò
jīnzìtǎ tǐxì 金字塔体系[---體-] N. <soc.> pyramid system
jìnzìyè 浸渍液 N. maceration extract
jīnzì zhāopai 金字招牌 N. ① gold-lettered signboard M: [2]kuài ② vainglorious title ③ reputation; high prestige
jìnzú* 禁足 V.O. <mil.> punish by forbidding leave from the barracks on holidays
jìnzǔ 禁阻 V. hamper; prevent. . .from doing sth.
jǐnzuàn 紧攥[緊-] V. hold tightly in the hand
jìnzú hūnyīn 近族婚姻 N. consanguineous marriage
jìnzuìfāngxiū 尽醉方休[盡-] F.E. stop drinking only when one gets good and drunk
jǐnzūntáimìng 谨尊台命 F.E. <court.> I obey your instructions.
[1]jìnzuò 近作 N. recent works (of a writer/etc.)
[2]jìnzuò 禁坐 N. the throne
jǐnzuǒbiān 尽左边[儘-邊] P.W. <coll.> at the farthest left
[1]jiōng 坰 B.F. the wilds; uninhabited areas far outside the city *jiāojiōng*
[2]jiōng 扃 B.F. bolt/hook for fastening a door from the outside
[1]jiǒng* 窘 S.V. ① hard-up; poor ② awkward; ill at ease ♦V. embarrass; disconcert
[2]jiǒng 迥 <wr.> B.F. ① far away *jiǒngyuǎn* ② widely different *jiǒngránbùtóng*
[3]jiǒng 炯 B.F. bright; shining *[1]jiǒngjiǒng*
[4]jiǒng 泂 B.F. distant *[3]jiǒngjiǒng*
[5]jiǒng 䌹[絅] B.F. single-layer outer garment; smock *yìjǐnshàngjiǒng*
jiǒngbá 迥拔 V.P. standing tall; eminent
jiǒngbài 窘败 V.P. embarrass
jiǒngbí 迥鼻 N. great difference ♦V.P. vastly different
jiǒngbié 迥别 V.P. totally different
jiǒngbù 窘步 V. walk hurriedly
jiǒngbùnéngyán 窘不能言 F.E. at loss as to what to say
jiǒngcù 窘促 S.V. <wr.> ① hard-pressed; urgent ② poverty-stricken
jiǒng'è 窘厄 V.P. embarrass
jiǒngfá 窘乏 V.P. embarrass
jiǒngfēixībǐ 迥非昔比 F.E. incomparably different from the past
jiōngguān 扃关[-關] N. door bolt/bar
jiǒnghū 迥乎 ADV. <wr.> utterly; entirely
jiǒnghuáng* 窘惶 V.P. embarrassing and anxious
jiǒnghuǎng 炯晃 V.P. bright and clear
jiǒngjí 窘急 V.P. in great difficulty; hard-pressed
jiōngjiàn 扃键 V.O. lock ♦N. door bolt
jiǒngjiàn* 炯鉴[-鑒] N. clear understanding
jiǒngjiè 炯戒 N. clear warning
jiǒngjièxiàoyóu 炯戒效尤 F.E. clear warning to imitators
jiǒngjìng 窘境 N. dilemma; predicament; plight
jiōngjiōng 扃扃 R.F. <trad.> discerning; discriminating
[1]jiǒngjiǒng* 炯炯 R.F. <wr.> bright; shining (of eyes)
[2]jiǒngjiǒng 迥迥 R.F. faraway
[3]jiǒngjiǒng 泂泂 R.F. clear and deep
jiǒngjiǒngyǒushén 炯炯有神 F.E. bright and piercing
jiǒngjú 窘局 N. awkward situation; predicament
jiōngjué 扃鐍 N. hasp
jiǒngkōng 迥空 ADV. utterly; entirely; completely
jiǒngkǒuwúyán 窘口无言 F.E. too embarrassed to say anything
jiǒngkuàng 窘况[-況] N. predicament; plight
jiǒngkuì 窘匮 <wr.> V.P. destitute; impoverished
jiǒngkùn 窘困 S.V. hard-pressed; very poor
jiǒngkùnliáodǎo 窘困潦倒 F.E. be miserably poor and greatly disappointed
jiōngmén 扃门 V.O. bolt the door
jiōngménxièkè 扃门谢客 F.E. bolt the door and decline visitors
jiǒngpò 窘迫 S.V. ① poverty-stricken ② hard-pressed; in a predicament
jiǒngpògǎn 窘迫感 N. down-and-out feeling
[1]jiǒngrán 迥然 ADV. utterly; entirely
[2]jiǒngrán 炯然 ADV. bright
jiǒngránbùtóng 迥然不同 F.E. utterly different
jiǒngrányǒubié 迥然有别 F.E. utterly different
jiǒngruòliǎngrén 迥若两人 F.E. be quite a different person
jiǒngsè 窘色 N. embarrassing look
jiǒngshū 迥殊 V.P. <wr.> vastly different
jiǒngtài 窘态[-態] N. embarrassed look
jiǒngtàibìlù 窘态毕露[-態畢-] F.E. a look of misery
jiǒngxiàng 窘相 N. look of misery; embarrassed look ♦ADV. far away
jiǒngxīn 炯心 N. clear conscience
jiǒngyì 迥异[-異] V.P. widely different
jiǒngyuǎn 迥远[-遠] V.P. far/away; remote
jiǒngzhù 窘住 V. embarrass
jī'ǒu 奇偶 N. odd and even numbers
jípāi 急拍 N. <mus.> allegro or presto
jípàn* 亟盼 V. earnestly hope
jìpàn 际畔[際-] P.W. along the border; bordering on
jìpànlì 既判力 N. <law> the power of sth. judged
jìpèi 继配[繼-] N. second wife (taken after death of first wife)
jīpéng 鸡棚[雞-] N. chicken house
jīpí* 鸡皮[雞-] N. ① chicken skin ② wrinkled face of old people
jǐpí 麂皮 N. chamois M: [1]zhāng
jīpiào* 机票 N. plane/passenger ticket M: [1]zhāng
jìpiào 季票 N. season ticket (for a bus/etc.) M: [1]zhāng
jípí dòngwù 棘皮动物[--動-] N. <zoo.> echinoderm M: [1]zhǒng
jīpí gēda 鸡皮疙瘩[雞-] N. <coll.> goose pimples M: [1]zhèn
jīpíhèfà 鸡皮鹤发[雞-髮] F.E. be advanced in age

jīpín 基频 N. <lg.> ① fundamental frequency (of sound) ② pitch
jípǐn 极品[極-] N. ① best quality; highest grade ② highest official rank
jìpín 济贫[濟-] V.O. aid/relieve the poor
jìpǐn* 祭品 N. sacrificial offerings
jīpíng 讥评 V. make jeering comments
jìpínsuǒ 济贫所[濟-] P.W. relief center M: [1]jiā
jìpínyuàn 济贫院[濟-] P.W. almshouse M: [1]suǒ
jīpó 鸡婆[雞-] N. <topo.> hen M: [2]zhī
jīpò 击破[擊-] R.V. destroy; defeat
jípò* 急迫 S.V. urgent; pressing; imperative
[1]**jǐpò** 挤破[擠-] R.V. break by pressing
[2]**jǐpò** 挤迫[擠-] V. ① push against ② be packed tight
[1]**jípǔ** 吉普 N. <loan> Jeep
[2]**jípǔ** 极谱[極-] N. <phy.> polarogram
jípǔchē 吉普车 N. <loan> Jeep M: [3]liàng
jìpǔfǎ 记谱法 N. <mus.> musical notation
Jípǔsài 吉普赛 N. <loan> Gypsy
[1]**jīqī** 基期 N. base period
[2]**jīqī** 鸡栖[雞棲] N. chicken farm/roost
[3]**jīqī** 羁栖[-棲] V. sojourn transiently abroad
jīqǐ 激起 R.V. arouse; stir up
jīqì* 机器 N. machine; machinery; apparatus M: [1]tái/[1]jià/[2]bù
[1]**jíqī** 吉期 N. <trad.> wedding day
[2]**jíqī** 即期 ADV. immediately; on the spot; on demand
[3]**jíqī** 及期 V.O. reach the time limit (of bonds/etc.)
[4]**jíqī** 集期 N. market day
[1]**jíqí** 极其[極-] ADV. extremely; exceedingly
[2]**jíqí** 及其 CONJ. and (its/their/his/her)
jíqì 吉器 N. sacrificial vessels
jǐqí 脊鳍 N. dorsal fin
jìqī 忌妻 N. jealous wife
[1]**jìqǐ** 记起 R.V. recall; recollect
[2]**jìqǐ** 继起[繼-] R.V. continue; succeed
jìqì 祭器 N. sacrificial utensil
jīqiān 羁牵[-牽] V. restrain; bind
[1]**jīqiàn*** 积欠[積-] V. amass debts ♦N. outstanding debts; arrears
[2]**jīqiàn** 饥歉 N. famine; scarcity
jǐqiān 几千 NUM. several thousands
jǐqián 挤钱[擠錢] V.O. spend sparingly
jìqián 寄钱[-錢] V.O. send money
jīqiāng 机枪[-槍] N. machine gun M: [1]bǎ
jīqiāngshǒu 机枪手[-槍-] N. machine gunner M: ge/[1]míng
jīqiàngǔlì 积欠股利[積-] F.E. dividends in arrears
jíqiángyīn 极强音[極強-] N. <lg.> primary stress
jīqiǎo 机巧 S.V. ①deft; adroit; ingenious ②tactful; clever
jīqiào 讥诮 V. <wr.> sneer at; deride
jìqiǎo* 技/伎巧 N. ① technique; skill; craftsmanship; dexterity ② acrobatic gymnastics
jìqiǎo yùndòng 技巧运动[-運動] N. acrobatic gymnastics
jíqīchéngduì 即期承兑 F.E. immediate acceptance
jìqíchénggōng 冀其成功 F.E. look forward to success of sb./sth.
jīqìchuí 机器锤 N. mechanical hammer
jīqì dǎoxiàng yǔyán 机器导向语言[-導---] N. <comp> machine-oriented language
jìqǐ de 继起的[繼-] ATTR. successive
[1]**jīqiè** 姬妾 N. concubine M: ge/[1]míng
[2]**jīqiè** 激切 V.P. <wr.> impassioned; outspoken
jíqiè* 急切 S.V. ① eager; impatient ② in a hurry; in haste
jíqiènánbàn 急切难办[-難辦] F.E. hard to do in a hurry
jīqì fānyì 机器翻译[-譯] N. machine translation
jíqī fùkuǎn 即期付款 N. immediate payment
jíqī fùxiàn 即期付现 N. immediate/prompt cash payment
jīqǐ gōngfèn 激起公愤 V.O. arouse public indignation
jīqì gōngyè 机器工业[-業] N. machine industry
jíqī huìpiào 即期汇票[--匯-] N. <econ.> a demand draft M: [1]zhāng
jīqìjiàng 机器匠 N. machinist M: ge/[1]míng
jíqī jiāohuò 即期交货 V.P. prompt delivery
jīqì jiǎotàchē 机器脚踏车[--腳--] N. motorcycle M: [3]liàng
jíqī jiāoyì 即期交易 N. spot transactions
jǐqǐjǐluò 几起几落 F.E. repeated rises and falls
jì qǐlai 记起来 R.V. recall; remember
jīqì lǐjiě 机器理解 N. machine perception
jīqì luójí 机器逻辑[-邏-] N. <comp> machine logic
jīqìmǎ 机器码 N. machine code
jīqíng* 激情 N. fervor; passion; enthusiasm
jíqīng 棘卿 N. <trad.> president of the supreme court
jíqǐng 亟请 V. <wr.> insistently request *Qíngkuàng jǐnjí, ~ huífù.* The situation is urgent, your speedy response is requested.
jíqìng(r) 吉庆(儿)[-慶-] S.V. auspicious; propitious; happy
jìqíng 寄情 V.O. ① express feelings (through writing/etc.) ② find spiritual sustenance
jíqìnghuàr 吉庆话儿[-慶--] N. lucky words
jīqīngjīzhòng 畸轻畸重[-輕-] F.E. inconsistent
jìqíngshānlín 寄情山林 F.E. be secluded and free from care
jìqíngshānshuǐ 寄情山水 F.E. abandon oneself to nature
jìqíngshījiǔ 寄情诗酒 F.E. express one's feelings in poetry and wine
jíqìngyǒuyú 吉庆有余[-慶--] F.E. auspicious happiness in over-abundance
[1]**jìqióng** 技穷[-窮] V.P. ① exhausted of skills ② unable to find a way out ③ at the end of one's rope
[2]**jìqióng** 计穷[-窮] V.P. at wits' end
jìqióngcáijié 计穷才竭[-窮--] F.E. be at the end of one's resources; be at one's wits' end
jìqiónglìjié 计穷力竭[-窮--] F.E. come to the end of one's tether
jìqiónglǜjí 计穷虑极[-窮慮極] F.E. be helpless and in the greatest straits
jìqióngzhìjié 计穷智竭[-窮--] *See jìqióngcáijié*
jīqìrén 机器人 N. ① robot ② tireless worker ③ emotionless person M: ge/[1]míng
jīqìrén jìshù 机器人技术[-術] N. robotics
jīqìrénwǔ 机器人舞 N. dance that imitates the actions, steps, and gestures of the robot
jīqì shèbèi 机器设备[-備] N. machinery facilities; plant
[1]**jīqiú*** 击球[擊-] V.O. bat; hit a ball (in tennis/etc.)
[2]**jīqiú** 箕裘 V.O. <trad.> carry on father's trade
jìqiū 季秋 N. last month of autumn
[1]**jìqiú** 冀求 V. <wr.> hope to get
[2]**jìqiú** 系囚[繫-] V.O. <trad.> be imprisoned
jīqiúyuán 击球员[擊-] N. <sport> batter; hitter (of a ball) M: ge/[1]míng/[2]wèi
jǐqìyīn 挤气音[擠氣-] N. <lg.> egressive sound
jīqìyóu 机器油 N. machine oil
jīqì yuèjuàn 机器阅卷 N. machine scoring
jīqì yǔyán 机器语言 N. <comp.> machine language
jīqì zhǐlìng 机器指令 N. <comp.> machine instructions
jíqī zhīpiào 即期支票 N. <account.> demand check; immediate check M: [1]zhāng
jíqǐzhízhuī 急起直追 F.E. do one's utmost to overtake
jíqīzhuāngyùn 即期装运[-裝運] F.E. immediate shipment
jīqū 饥驱[-驅] V.P. driven by famine
jíqǔ* 汲取 V. draw; derive
jìqu 寄去 R.V. send (away)
jìqǔ 记取 V. remember; bear in mind
jīquán 击拳[擊-] V.O. throw a fist at
jīquàn 激劝[-勸] V. excite and encourage; arouse and persuade
jíquān 极圈[極-] N. <geog.> polar circle
[1]**jíquán*** 集权[-權] N./V.O. dictatorship; totalitarianism; centralization of state power
[2]**jíquán** 极权[極權] N. totalitarianism
jìquán 计权[-權] N. <lg.> weighting
jīquǎnbùjīng 鸡犬不惊[雞-驚] F.E. complete tranquility
jīquǎnbùliú 鸡犬不留[雞-] F.E. ruthless mass slaughter
jīquǎnbùníng 鸡犬不宁[雞-寧] F.E. pandemonium; general turmoil
[1]**jíquán guójiā** 集权国家[-權國-] N. totalitarian nation
[2]**jíquán guójiā** 极权国家[極權國-] N. totalitarian nation
jìquán píngfēn 计权评分[-權--] N. <lg.> weighted scoring
jīquǎnshēngtiān 鸡犬升天[雞-] ID. unabashed nepotism
jīquǎnxiāngwén 鸡犬相闻[雞-] ID. live cheek by jowl
[1]**jíquánzhǔyì** 集权主义[-權-義] N. centralism
[2]**jíquánzhǔyì** 极权主义[極權-義] N. totalitarianism; dictatorship
jíqū'áoyá 佶/诘屈聱牙 ID. full of difficult, unpronounceable words
jíquē 急缺 V. need badly/urgently
jīqún 机群 N. ① a group of planes ② air armada
jìqúnzhījiāo 纪群之交 N. <wr.> friendship for many generations
jí qúnzhòng zhī suǒ jí 急群众之所急[--眾---] F.E. be eager to meet the needs of the masses
jīr 鸡儿[雞-] N. chicken
jǐr* 几儿 PR. <coll.> which day of the month? *Jīnr shì ~?* What's the date today?
jìr 季儿 N. <coll.> season (of fruit/etc.)
[1]**jìrán** 既然 CONJ. since; as; now that ♦CONS. *~ A jiù/nàme B* since A then B
[2]**jìrán** 寂然 <wr.> ADV. ① silently ② calmly ♦V.P. quiet; still; silent
jìránbùdòng 寂然不动[-動] F.E. keep silent without moving
jīrǎng 击壤[擊-] ID. live in peace and comfort
jíràng* 急让[-讓] V. urgently yield; urgently give way
jì ránméizhījí 济燃眉之急[濟-] F.E. relieve a pressing need
jìránrúcǐ 既然如此 F.E. since it is so; such being the case
jìránwúshēng 寂然无声[-聲] F.E. quiet; still; silent
jí rè 极热[極熱] V.P. extremely hot
[1]**jīrén** 畸人 N. ① odd/idiosyncratic person ② extraordinary/unique person M: ge/[1]míng/[2]wèi
[2]**jīrén** 姬人 N. concubines M: ge/[1]míng
[1]**jírén** 吉人 N. virtuous person
[2]**jírén** 棘人 N. self-reference during mourning for one's parent
jírèn 级任 N. teacher in charge of a grade
jǐrén 挤人[擠-] V.O./S.V. jostle against sb.
jǐrèn 己任 N. one's own responsibility/task
jìrèn* 继任[繼-] V. succeed sb. in a post
jírèn dǎoshī 级任导师[-導師] N. grade counselor M: ge/[1]míng/[2]wèi
jírénféijǐ 瘠人肥己 F.E. exhaust others to enrich oneself
jírèn lǎoshī 级任老师[-師] N. classroom teacher M: ge/[1]míng/[2]wèi
jìrénlíxià 寄人篱下[--籬-] F.E. live under another's roof
jírénsuǒjí* 急人所急 F.E. be anxious about what others are anxious about
jìrénsuǒjí 济人所急[濟-] F.E. relieve sb. in need
jíréntiānxiàng 吉人天相 F.E. Heaven helps a good person.
jìrènzhě 继任者[繼-] N. successor in a job M: ge/[1]míng/[2]wèi
jìrénzhījí 济人之急[濟-] F.E. relieve sb. in need
jìrénzhīkùn 济人之困[濟-] F.E. save men from their difficulties

J

jírénzhīnàn 急人之难[-難] F.E. be eager to help those in need
jírénzìyǒutiānxiàng 吉人自有天相 F.E. God helps/protects the good.
jǐrge 几儿个[-個] PR. <coll.> which day?; when?
[1]**jírì*** 即日 ADV. <wr.> ① the very day ② immediately ③ within the next few days ***Běn jiémù ~ bōyìng.*** The program will be shown (on TV)within a few days.
[2]**jírì** 吉日 N. ① an auspicious day ② first day of a lunar month
[3]**jírì** 集日 N. market/county-fair day
[1]**jìrì** 忌日 N. ① anniversary of the death of a progenitor or sb. else held in esteem ② day of mourning
[2]**jìrì** 祭日 N. the day of a memorial ceremony
jìrìchénggōng 计日程功 V.P. estimate the time needed to complete a project
jìrì'érdài 计日而待 F.E. be able to attain/achieve the goal according to schedule
jìrì gōngzī 计日工资 N. daily wages
jìrì gōngzuò 计日工作 N. day-wage work
jírìliángchén 吉日良辰 F.E. auspicious day and hour
[1]**jīròu** 肌肉 N. muscle
[2]**jīròu** 鸡肉[雞-] N. chicken-meat
jīròu fādá 肌肉发达[-發達] V.P. muscular
jīròu huódòng 肌肉活动[-動] N. kinesthetic
jīròupù 鸡肉铺[雞-] P.W. chicken meat shop M: [1]*jiā*
jīròu wěisuōzhèng 肌肉萎缩症 N. <med.> muscular dystrophy
jīròuxué 肌肉学 N. <med.> myology
jīròu zhǒngliú 肌肉肿瘤[--腫-] N. muscle tumor
jīròu zhùshè 肌肉注射 N. intramuscular injection
jīrǔ 积辱[積-] N. accumulated humiliation
jírú 即如 ADV. as if
jǐrù 挤入[擠-] V.P. squeeze into
jìrù* 记入 V. <acct.> log; post; enter in
jìrù jièfāng 记入借方 V.P. <acct.> debit
jīruò* 积弱[積-] N. long-standing weakness
[1]**jíruò** 即若 CONJ. <wr.> even; even if/though
[2]**jíruò** 瘠弱 V.P. sickly
jí ruò de 极弱地[極-] ADV. <mus.> pianissimo
jìruòfúqīng 济弱扶倾[濟-] F.E. champion the cause of underdogs
jírúránméi 急如燃眉 F.E. extremely urgent
jírúxīnghuǒ 急如星火 F.E. ①extremely pressing; most urgent ② posthaste
jísàn 集散 V.P. collect and distribute
jísàndì 集散地 P.W. collecting and distributing center
jísànzhàn 集散站 P.W. collecting and distributing station
jìsǎo 祭扫[-掃] V. clean and offer sacrifices at the ancestral tomb
[1]**jīsè*** 基色 N. primary colors
[2]**jīsè** 饥色 N. hungry look
jìsè 霁色[霽-]N. ①mild and pleasant expression ② clear and blue (of sky after rain)
jísèguǐ 急色鬼 N. woman-chaser; rake M: *ge*/[1]*míng*
jíshā 急煞/杀[-殺] V. be worried but helpless
jíshāchē 急刹车[-剎-] V.P. ①slam on the brakes ② bring to halt
jīshāchéngtǎ 积沙成塔[積-] F.E. great things rise from small beginnings
jīshàn 积善[積-] V.O. ① practice philanthropy (for religious reasons) ② accumulate merit (by good works)
jīshāng* 击伤[擊傷] V. damage; wound
[1]**jīshǎng** 激赏 V. <wr.> praise highly; greatly admire
[2]**jīshǎng** 击赏[擊-] V. show appreciation by clapping hands
jíshàng 集上 P.W. countryside market/fair
jǐshàng 挤上[擠-] R.V. squeeze onto (a bus/etc.)
[1]**jìshang** 系上[繫-] R.V. tie up
[2]**jìshang** 寄上 V. communicate (thanks/etc.) via mail
jīshang dǎodàn 机上导弹[--導-] N. air-launched guided missile M: [4]*méi*
jíshàngpǐn 极上品[極-] N. superfine quality M: [2]*jiàn*
jīshǎng qíwén 激赏奇文 F.E. appreciate a wonderful essay tremendously
jǐ shàngqu 挤上去[擠-] R.V. squeeze oneself up (onto a crowded bus/etc.)
jìshàngxīnlái 计上心来 F.E. A plan comes to mind.
jíshànrúchóu 疾善如仇 F.E. hate goodness as much as one hates enemies
jīshànyúqìng 积善余庆[積-慶] F.E. If one does enough good deeds, one will have more blessings to spare.
jīshànzhījiā 积善之家[積-] N. a family given to kindness and charity
jīshānzhīzhì 箕山之志 N. the desire to live the life of a recluse
jí shǎo 极少[極-] V.P. be very/extremely few/little/etc.
jīshǎochéngduō* 积少成多[積-] F.E. many a little makes a lot
jíshǎochéngduō 集少成多 F.E. many a little makes a lot
jíshǎoshù 极少数[極-數] N. tiny minority; only a few; handful
jīshè 鸡舍[雞-] N. chicken coop; hen house M: [4]*zuò*
jíshè* 急射 V. quick fire
[1]**jīshēn*** 跻身[躋-] V.O. <wr.> ① ascend; mount ~ ***shàngliú shèhuì*** manage to enter high society ② be ranked among; be placed in ③ work up to a higher class/position
[2]**jīshēn** 机身 N. fuselage
[1]**jíshèn** 疾甚 V.P. be seriously ill
[2]**jíshèn** 籍甚 V.P. <trad.> far-reaching (of reputation)
jǐshēn 己身 N. one's self
jìshēn 寄身 V.O. reside temporarily ~ ***hǎiwài*** reside temporarily abroad
jìshén 祭神 V.O. offer sacrifices to the gods
[1]**jīshēng** 鸡声[雞聲] N. sounds made by chickens
[2]**jīshēng** 跻升[躋-] V. go up; mount
jíshèng 极盛[極-] N. heyday; zenith; acme
[1]**jìshēng*** 寄生 N. <bio.> parasitism ♦ATTR. parasitic
[2]**jìshēng** 计生 N. planned birth; birth control; family planning
jìshēngchóng 寄生虫[--蟲] N. parasite M: *ge*/[2]*zhī*
jìshēngchóngbìng 寄生虫病[--蟲-] N. parasitic disease
jìshēngchóng gǎnrǎn 寄生虫感染[--蟲--] N. <med.> parasitic infection
jìshēnggēn 寄生根 N. parasitic root
jìshēngjūn 寄生菌 N. <bio.> parasite; parasitic bacteria
jìshēng kūnchóng 寄生昆虫[-蟲] N. parasitic insect
jì shēng-lěng 忌生冷 V.O. avoid cold and uncooked food
jìshēngmù 寄生木 N. woody parasitic plant
jìshēngpò 既生魄 N. <trad.> from the eighth or ninth to the fourteenth or fifteenth of the lunar month
jíshèng shíqī 极盛时期[極-時-] N. heyday; zenith; acme
jìshēngwěi 计生委 P.W. family-planning commission
jìshēngwù 寄生物 N. parasitic animal M: [1]*zhǒng*
jìshēngyíng 寄生蝇[-蠅] N. parasite of a caterpillar/grub M: *ge*/[2]*zhī*
jìshēng zhíwù 寄生植物 N. parasitic plant M: [1]*zhǒng*
jǐshénjīng 脊神经[-經] N. spinal nerve
jìshēnlǜyuǎn 计深虑远[-慮遠] F.E. The plan is deep-laid in terms of the distant future.
jí shénme 急什么[-麼] V.P. ①What's the hurry? ② No need to hurry.
jīshéxiāng 鸡舌香[雞-] N. <bot.> cloves M: [2]*kē*
[1]**jīshī** 机师[-師] N. ① engineer ② (air) pilot M: *ge*/[1]*míng*/[2]*wèi*
[2]**jīshī** 鸡虱[雞-] N. chicken lice
[1]**jīshí** 基石 N. foundation/cornerstone M: [2]*kuài*
[2]**jīshí** 积食[積-] V.O. suffer indigestion
[3]**jīshí** 鸡食[雞-] N. chicken feed
[4]**jīshí** 机时[-時] N. ① machine working hours ② operation period (of a machine)
[5]**jīshí** 鸡什[雞-] N. giblet
jīshǐ 激使 V. challenge
jīshì 几事 N. details
jíshī 楫师[-師] N. boatman; ferryman
[1]**jíshí** 及时[-時] ADV. ①timely; in time ②promptly
[2]**jíshí** 即时[-時] ADV. immediately; forthwith
[1]**jíshǐ*** 即使 CONJ. even; even if/though ♦CONS. ~ *A yě B* even though A (yet) B
[2]**jíshǐ** 疾驶 V. drive swiftly away
[3]**jíshǐ** 急驶 V. drive at high speed
[1]**jíshì(r)** 急事(儿) N. urgent matter
[2]**jíshì** 集市 N. county fair/market
[3]**jíshì** 吉事 N. lucky thing
[4]**jíshì** 嫉/疾视 V. glare at
[5]**jíshì** 即事 ATTR. writing out of inspiration ♦V.O. attend to one's duties ♦N. present/actual situation
[6]**jíshì** 即世 V.O. leave the world; die
[1]**jǐshí** 几时[-時] PR. what time?; when?
[2]**jǐshí** 几十 NUM. dozens; several tens
[1]**jìshī** 技师[-師] N. technical expert; technician M: *ge*/[1]*míng*/[2]*wèi*
[2]**jìshī** 祭师[-師] N. <trad.> officiant at a religious service; high priest
[1]**jìshí** 计时[-時] V.O. reckon by time
[2]**jìshí** 纪实[-實] N. record of actual events; on-the-spot report
[3]**jìshí** 记时[-時] N. <astr.> chronograph
[4]**jìshí** 记实[-實] V.O. put down in writing
[5]**jìshí** 寄食 V. sponge off (sb.)
[6]**jìshí** 芰实[-實] N. water caltrop
[1]**jìshì(r)** 记事(儿) V.O. record events
[2]**jìshì** 既是 CONJ. since; as; now that
[3]**jìshì** 纪事 V.O./N. chronicle
[4]**jìshì** 济世[濟-] V.O. benefit society; benefit the world
[5]**jìshì** 济事[濟-] V.O. be of help ***Rén shǎo bù ~.*** Just having a few people won't help much.
[6]**jìshì** 继室[繼-] N. new wife (following deceased) M: *ge*/[1]*míng*
[7]**jìshì** 技士 N. technician M: *ge*/[1]*míng*
[8]**jìshì** 记室 N. secretary; clerk
[9]**jìshì** 季世 N. ① declining years of a dynasty ② period of decadence
jìshì'ānmín 济世安民[濟-] F.E. assist one's generation and bring comfort to the common people
jìshìbǎn 记事板 N. bulletin board M: [2]*kuài*
jí shí bào Fó jiǎo 急时抱佛脚[-時--腳] ID. ① seek help in time of emergency ② do nothing until the last minute
jìshí bàogàodān 记时报告单[-時報--] N. time report M: [1]*zhāng*/[1]*fèn*
jìshìbēi 纪事碑 N. monument M: [4]*zuò*/[2]*kuài*
jìshìběn 记事本 N. notebook M: [1]*běn*/[4]*cè*
jìshìběnmò 纪事本末 N. chronological history
jìshìběnmòtǐ 纪事本末体[-體] N. <trad.> history presented in separate accounts of important topics
jìshíbiǎo 计时表[-時-] N. chronometer
jìshíbù 计时簿[-時-] N. time book M: [1]*běn*/[4]*cè*
jìshìbù* 记事簿 N. notebook M: [1]*běn*/[4]*cè*
jíshí chǔlǐ xìtǒng 即时处理系统[-時處---] N. <comp.> real-time processing system
jìshí gōngzī 计时工资[-時--] N. time wage; payment by the hour
jìshí gōngzīzhì 计时工资制[-時---] N. system of paying by the hour
jìshí gōngzuò 计时工作[-時--] N. timework

jíshìhuǎnchù 急事缓处[-處] F.E. make haste slowly
jíshí huìbào 及时汇报[-時匯報] V.P. report without delay
jìshíjiǎnféi 忌食减肥[--減-] F.E. fast
jíshì màoyì 集市贸易 N. country-fair trade; open market
jíshímiàn 即食面[-麵] N. instant noodles
jīshīniúcóng 鸡尸牛从[雞屍-從] ID. better to lead in a small position than to take a back seat under a great leader
jíshí nǔlì 及时努力[-時--] V.P. press to make great efforts; try hard promptly
jìshìpái 记事牌 N. blackboard listing of things to be done on certain days M: [2]kuài
[1]**jìshíqì** 记时器[-時-] N. <comp.> timer M: ge/[2]zhī
[2]**jìshíqì** 计时器[-時-] N. timer M: ge/[2]zhī
jìshìr 记事儿 N. account; chronicle ♦V.O. begin to remember things (of a child)
jíshǐ rúcǐ 即使如此 V.P. even so
jìshísài 记时赛[-時-] N. time trial (of cycling); time race (of swimming/etc.) M: [2]chǎng
jìshìshì 继事式[繼-] N. consecutive form
jíshí sùdù 即时速度[-時--] N. present speed
jìshìwén 记事文 N. narration M: [1]piān
jìshí wénxué 纪实文学[-實--] N. documentary writing
jìshí xiǎoshuō 记/纪实小说[-實--] N. fiction based on actual events; documentary novel M: [1]běn/[2]bù
jìshí xìjù 纪实戏剧[-實戲劇] N. docudrama
jíshíxínglè 及时行乐[-時-樂] F.E. enjoy life while you may
jìshíyí 记时仪[-時儀] N. <astr.> chronograph M: [1]tái/[1]jià/ge
jíshíyǔ 及时雨[-時-] N. timely rain M: [3]cháng
jìshíyuán 计时员[-時-] N. <sport> timekeeper M: ge/[1]míng/[2]wèi
jìshìzhěngdào 济世拯道[濟-] F.E. save society from becoming degraded
jìshìzhīcái 济世之才[濟-] N. person endowed with the talent to govern and serve M: ge/[1]míng/[2]wèi
jìshí zuìjiāhuà 计时最佳化[-時---] N. timing optimization
jīshǒu 机手 N. farm-machinery operator M: ge/[1]míng
[1]**jíshǒu*** 棘手 S.V. thorny; troublesome
[2]**jíshǒu** 疾首 V.P. infuriated ♦N. headache caused by anger
[3]**jíshǒu** 籍手 A.T. thanks to
jíshòu 瘠瘦 V.P. ① barren, unproductive (of land) ② skinny; lanky; emaciated
jǐshǒu 戟手 ID. <trad.> point at sb. and scold him
jìshòu 寄售 V. consign for sale
jíshǒucù'é 疾首蹙额 F.E. ① with aching head and knitted brows ② frowning in disgust
jìshòu fāpiào 寄售发票[--發-] N. consignment invoice M: [1]zhāng
jīshǔ 鸡黍[雞-] N. dishes for guests
[1]**jīshù** 基数[-數] N. <math.> cardinal/base number
[2]**jīshù** 奇数[-數] N. ① odd number ② <wr.> fractional amount
[3]**jīshù** 积数[積數] N. <math.> product
[4]**jīshù** 羁束 V. control; restrain
[1]**jíshū** 疾书[-書] V. write swiftly
[2]**jíshū** 辑书[-書] V.O. edit/compile a book
[1]**jíshù** 级数[-數] N. <math.> progression; series
[2]**jíshù** 集束 ATTR. ① bound; tied-up ② collected; assembled
[1]**jìshù*** 技术[-術] N. ① technology ② skill; technique
[2]**jìshù** 计数[-數] V.O. count; tally
[3]**jìshù** 记述 V. record and narrate
[4]**jìshù** 纪述 N. objective reporting
jìshù biāozhǔn 技术标准[-術標準] N. technical criterion/standard
jìshùbīng 技术兵[-術-] N. <mil.> specialist M: ge/[1]míng
jìshù bīngzhǒng 技术兵种[-術-種] N. technical arms/troops
jìshù bùmén 技术部门[-術--] N. technical department
jìshù céngxù 技术层序[-術層-] N. skill hierarchy
jìshùcí 基数词[-數-] N. <lg.> cardinal number
jìshù dānwèi 技术单位[-術--] N. technical unit/institute M: [1]jiā
jìshùfǎ 记数法[-數-] N. the scale of notation
jìshù fànguī 技术犯规[-術--] N. <sport> technical foul
jìshù fúwù 技术服务[-術-務] N. technical service
jìshù gǎizào 技术改造[-術--] N. technical/technological transformation
jìshù gāochāo 技术高超[-術--] V.P. in possession of superb skills/techniques
jìshù gémìng 技术革命[-術--] N. technological revolution
jìshù géxīn 技术革新[-術--] N. technological innovation
jìshù gōngrén 技术工人[-術--] N. skilled worker M: ge/[1]míng
jìshùguān 技术关[-術關] N. technical obstacle
jìshù guānliáo 技术官僚[-術--] N. technocrat
jìshù guīfàn 技术规范[-術-範] N. technical/technological specification
jìshù hézuò 技术合作[-術--] N. technical cooperation
[1]**jīshuǐ*** 积水[積-] N./V.O. stagnant/accumulated water; flood
[2]**jīshuǐ** 击水[擊-] V.O. <sport> ① row; stroke ② swim
[1]**jíshuǐ** 汲水 V.O. draw water
[2]**jíshuǐ** 集水 N. catchment
[1]**jǐshuǐ** 挤水[擠-] V.O. wring out water
[2]**jǐshuǐ** 给水 N. water supply ♦V.O. <mach.> feed water *See also* gěishuǐ
Jǐshuǐ 济水[濟-] P.W. old name for part of the Yellow River (Huáng Hé) in Hebei and Shandong
jíshuǐjī 汲水机 N. device for drawing water M: [1]tái/[1]jià
jíshuǐ jītǒng 汲水唧筒 N. pump
jíshuǐkēng 集水坑 N. collection sump
jíshuǐ miànji 集水面积[-積] N. catchment area
jíshuǐqū 集水区[-區] P.W. drainage/catchment area/basin
jíshuǐtǒng 汲水桶 N. bucket for drawing water M: ge/[2]zhī
jíshuǐxī 急水溪 N. rushing stream M: [1]tiáo
jìshù jīdǎo 技术击倒[-術擊-] V.P./N. <sport> technical knockout (TKO)
jìshù jīngjì 技术经济[-術經濟] N. techno-economics
jìshù jīngjì fēnxī 技术经济分析[-術經濟--] N. techno-economic analysis
jìshù kēxué 技术科学[-術--] N. applied science
jìshù lǎohuà 技术老化[-術--] N. technological aging
jìshù mìjí 技术密集[-術--] ATTR. technology-intensive
jìshù mìjí chǎnpǐn 技术密集产品[-術--產-] N. technology-intensive product M: [1]zhǒng/[2]jiàn
jìshù míngcí 技术名词[-術--] N. technical term
jìshùqì 计数器[-數-] N. (number) counter M: ge/[2]zhī
jìshùrè 技术热[-術熱] N. technomania
jìshù rényuán 技术人员[-術--] N. technical personnel
jìshù shuǐzhǔn 技术水准[-術-準] N. technological standards
jìshùtǐ 记述体[-體] N. narration
jìshùtǐ xiǎoshuō 记述体小说[--體--] N. novella M: [1]běn/[2]bù
jìshù tǒngzhì 技术统治[-術--] N. technocracy
jìshù tuīguǎngzhàn 技术推广站[-術-廣-] P.W. technical advice station M: [1]jiā/ge
jìshù tuīguǎng zhōngxīn 技术推广中心[-術-廣--] P.W. technical advice center M: [1]jiā/ge
jìshù wéihù 技术维护[-術-護] N. engineering service; maintenance support
jìshù wéixiū 技术维修[-術--] N. technical maintenance
jìshùwén 记述文 N. narrative; narrative essay M: [1]piān
jìshù wénxué 记述文学 N. non-fictional literature; reportage
jìshùxìng 技术性[-術-] N. technical nature ♦ATTR. technical *Zhè huór ~ hěn qiáng.* This job is highly technical.
jìshù xuéxiào 技术学校[-術--] P.W. technical school M: [1]suǒ/[1]jiā
jìshù xuéyuàn 技术学院[-術--] P.W. technical college M: [1]suǒ/[1]jiā
jìshùyuán 技术员[-術-] N. technician M: ge/[1]míng/[2]wèi
jìshù yǔyán 技术语言[-術--] N. technical language
jìshù yǔyánxué 记述语言学 N. descriptive linguistics
jíshù zhàdàn 集束炸弹 N. cluster bomb
jìshù zhíchēng 技术职称[-術職稱] N. titles for technical personnel
jìshù zhǐdǎo 技术指导[-術-導] N. ① technological/technical guidance ② technical adviser M: ge/[1]míng/[2]wèi
jìshù zhuānkē xuéxiào 技术专科学校[-術專---] P.W. technical professional training school M: [1]suǒ/[1]jiā
jìshù zhuǎnràng 技术转让[-術轉讓] N. technology transfer
jìshùzhǔyì 技术主义[-術-義] N. technocracy
jìshù zīxún 技术咨询[-術--] N. technical advice
jìshù zōnghéqì 计数综合器[-數---] N. totaling meter M: [1]tái/[1]jià/ge
jìshù zuòwù 技术作物[-術--] N. industrial/cash crop
jīsī* 缉私 V.O. seize smugglers or smuggled goods; suppress smuggling
jísǐ 急死 R.V. be extremely anxious; be worried to death ♦N. sudden death
jǐsǐ 挤死[擠-] R.V. ① squeeze/press to death ② be very crowded
jǐsì 己巳 N. 6th year of the Sexagenary Cycle (1869, 1929, 1989 etc.)
[1]**jìsī** 济私[濟-] V.O. benefit one's own end; serve a selfish purpose
[2]**jìsī** 祭司 N. <trad.> officiant at a religious service; high priest
[1]**jìsì** 祭祀 V. offer sacrifices to the gods/ancestors
[2]**jìsì** 继嗣[繼-] V. ① succeed to ② adopt a son ③ continue the family line; produce a male heir
jīsīchuán 缉私船 N. coast-guard vessel M: [1]tiáo/[1]sōu
jísīfánzhú 急丝繁竹[-絲--] ID. discordant fanfare
jísīguǎngyì 集思广益[--廣-] F.E. pool wisdom
jísìliúxīng 疾似流星 F.E. swift as a shooting star; very quick
jīsī rényuán 缉私人员 N. anti-contraband personnel
jīsītǐng 缉私艇 N. revenue cutter; anti-smuggling patrol boat M: [1]tiáo/[1]sōu
jìsīzhǎng 祭司长 N. high priest
jīsòng 赍送[齎-] V. present; offer
[1]**jìsòng*** 记诵 V. memorize and be able to recite; learn by heart
[2]**jìsòng** 寄送 V. send; mail
jīsōu 唧嗖 ON. rasping; grating
[1]**jīsù** 激素 N. hormone
[2]**jīsù** 积塑[積-] N. plastic toy blocks (for children to make varied designs)
[1]**jísù*** 急速 S.V./ADV. very fast; at high speed; rapidly
[2]**jísù** 即速 ADV. ① as soon as possible ② immediately
[3]**jísù** 集宿 V. put up in a group; lodge collectively
jìsù 寄宿 V. lodge

jìsuàn 计算 V. count; calculate; compute ♦N. consideration; planning
jìsuànbiǎo 计算表 N. work/working sheet M: [1]*zhāng*
jìsuànchǐ 计算尺 N. slide rule M: [1]*bǎ*
jìsuàn cídiǎn biānzuǎnxué 计算词典编纂学 N. <lg.> computational lexicography
jìsuàncí yǔyìxué 计算词语意学 N. <lg.> computational lexical semantics
jìsuàn fēnggéxué 计算风格学 N. <lg.> computational stylistics
jìsuànjī 计算机 N. ① computer M: [1]*tái*/[1]*jià* ② calculating machine; calculator M: *ge*/[2]*zhī*
jìsuànjī bǎomì 计算机保密 N. computer privacy
jìsuànjī bìngdú 计算机病毒 N. computer virus
jìsuànjī chéngxù 计算机程序 N. computer program
jìsuànjī dàimǎ 计算机代码 N. computer code
jìsuànjī de zhǔjī 计算机的主机 N. computer mainframe
jìsuànjī fǎngzhēn 计算机仿真 N. computer simulation
jìsuànjī fànzuì 计算机犯罪 N. computer crime
jìsuànjī fǔzhù jiàoxué 计算机辅助教学 N. computer-assisted instruction (CAI)
jìsuànjī guǎnlǐ jiàoxué 计算机管理教学 N. <lg.> computer-assisted instruction (CAI)
jìsuànjīhuà páizìfǎ 计算机化排字法 N. computerized composition
jìsuànjī jiàoxué 计算机教学 N. computer-based instruction (CBE)
jìsuànjī jiàoyù 计算机教育 N. computer-based education (CBE)
jìsuànjī jìshù 计算机技术[-術] N. computer technology
jìsuànjīmáng 计算机盲 N. computer illiterate
jìsuànjī mìmǎshù 计算机密码术[-術] N. computer cryptography
jìsuànjī mónǐ duìcè 计算机模拟对策[----擬對-] N. computer simulation game
jìsuànjī móxíng 计算机模型 N. computer simulation
jìsuànjī nénglì 计算机能力 N. computer capacity
jìsuànjī qíngbào jiǎnsuǒ 计算机情报检索[----報--] N. information retrieval by computer
jìsuànjīrè 计算机热[-熱] N. computer craze
jìsuànjī ruǎnjiàn 计算机软件 N. computer software
jìsuànjī shǒubiǎo 计算机手表 N. calculator watch
jìsuànjī wǎngluò 计算机网络[---網-] N. computer network
jìsuànjī yìngjiàn 计算机硬件 N. computer hardware
jìsuànjī yìngyòng 计算机应用[---應-] N. computer application
jìsuànjī yuánjiàn 计算机元件 N. computer components
jìsuànjī yǔyán 计算机语言 N. computer language
jìsuànjī yǔyánxué 计算机语言学 N. computational linguistics
jìsuànjīzhàn 计算机站 P.W. computer installation
jìsuànjī zhěnduàn 计算机诊断[-斷] N. computer diagnosis
jìsuànjī zhǐlìng 计算机指令 N. computer instruction
jìsuànjī zhìtúxué 计算机制图学[---製圖-] N. computer graphics
jìsuànjī zhōngxīn 计算机中心 P.W. computer center
jìsuàn jùfǎxué 计算句法学 N. <lg.> computational syntax
jìsuànlì 计算力 N. capacity of calculation
jìsuànqì 计算器 N. calculating device (abacus/etc.); electronic calculator
jìsuàn shēngyùnxué 计算声韵学[-聲韻-] N. <lg.> computational phonology
jìsuàn yǔyánxué 计算语言学 N. <lg.> computational linguistics
jìsuàn yǔyìxué 计算语意学 N. <lg.> computational semantics
jìsuàn yǔyòngxué 计算语用学 N. <lg.> computational pragmatics
jìsuàn zhōngxīn 计算中心 P.W. computation center M: [1]*jiā*
jīsuì 击碎[擊-] R.V. knock/smash to pieces
jǐsuǐ* 脊髓 N. spinal cord
jǐsuì 挤碎[擠-] R.V. break by pressing
jìsuì 既遂 V.P. already done/completed
jǐsuǐ huīzhìyán 脊髓灰质炎[---質-] N. poliomyelitis; polio
jǐsuǐ shénjīng 脊髓神经[-經] N. spinal nerves
jīsuìtuòhú 击碎唾壶[擊-壺] ID. <wr.> bestow high praise on sb.'s literary works
jīsuǒ* 羁所 P.W. lockup for prisoners
jǐsuǒ 脊索 N. <zoo.> notochord
jǐsuǒ dòngwù 脊索动物[--動-] N. <zoo.> Chordata M: [1]*zhǒng*
jìsùqì 计速器 N. speedometer M: *ge*/[2]*zhī*
jìsùshè 寄宿舍 N. dormitory M: [4]*zuò*
jìsùshēng 寄宿生 N. resident student; boarder M: *ge*/[1]*míng*
jìsù xuéxiào 寄宿学校 N. boarding school; residential college M: [1]*jiā*/[1]*suǒ*
jítā 吉他 N. <loan> guitar M: [1]*bǎ*
jītái* 机台[-臺] N. radio station
[1]**jītài** 基态[-態] N. <phy.> ground state
[2]**jītài** 畸态[-態] N. abnormality; oddity
jītāixué 畸胎学 N. teratology
jītán 讥弹 V. censure someone strictly; impeach
jítān 急滩[-灘] N. rapids
[1]**jìtán*** 技坛[-壇] N. acrobatic sportsmen circles/world
[2]**jìtán** 祭坛[-壇] N. sacrificial altar M: [4]*zuò*
jītāng 鸡汤[雞湯] N. chicken soup
jítāshè 吉他社 P.W. guitar society
[1]**jītí** 鸡啼[雞-] N. cock crow
[2]**jītí** 奇蹄 N. <zoo.> perissodactyl
[1]**jītǐ** 机体[-體] N. ① organism ② airframe
[2]**jītǐ** 肌体[-體] N. human body; organism
[3]**jītǐ** 基体[-體] N. base
[4]**jītǐ** 积体[積體] N. ① organism ② airframe
jítǐ* 集体[-體] ATTR. collective; social ♦N. team
jítián 瘠田 N. barren land
jǐ tiān 几天 N. ① a few days ② how many days?
jìtiān* 祭天 V.O. offer sacrifice to Heaven
jìtián 祭田 P.W. fields set apart for maintaining annual sacrifices
jìtiānqíinián 祭天祈年 F.E. offer sacrifices to the gods and pray for rich harvests
jítǐ ānquán 集体安全[-體--] N. collective security
jìtiānsìzǔ 祭天祀祖 F.E. thanksgiving sacrifice offered to heaven and to the ancestors
jí tiānxiàzhīgōng 极天下之工[極-] F.E. use all the artistry in the world
jítǐ chǎnpǐn 集体产品[-體產-] N. group products
jítǐ chuàngzuò 集体创作[-體創-] N. collective creation (of literature/art/etc.)
jītǐ diànlù 积体电路[積體電-] N. integrated circuit
jítǐ fǎngwèn 集体访问[-體--] N. group visit/interview
jítǐgōng 集体工[-體-] N. worker in a collective-owned enterprise M: *ge*/[1]*míng*
jítǐ guǎnlǐ 集体管理[-體--] N. mass management
jítǐhù 集体户[-體-] N. collective households
jítǐhuà 集体化[-體-] N. collectivization ♦V. collectivize
jítǐ hùkǒu 集体户口[-體--] N. collective registered residence
jítǐ hūnlǐ 集体婚礼[-體-禮] N. group wedding
jítǐ jīngjì 集体经济[-體經濟] N. collective economy
jítǐ juédìng 集体决定[-體決-] N. group decision
jítǐ lǐngdǎo 集体领导[-體-導] N. collective leadership
jítǐ míngcí 集体名词[-體--] N. <lg.> collective noun
jítǐ nóngchǎng 集体农场[-體農場] P.W. collectively owned farm; kolkhoz M: [1]*jiā*/[4]*zuò*
jítǐ nóngzhuāng 集体农庄[-體農莊] P.W. collectively owned farm; kolkhoz M: [1]*jiā*/[4]*zuò*
jítǐ qǔxiàng 集体取向[-體--] N. collective orientation
jítǐ suǒyǒuzhì 集体所有制[-體---] N. <PRC> collective ownership
jítǐ sùshè 集体宿舍[-體--] P.W. dormitory M: [4]*zuò*
jítǐ xīnlǐxué 集体心理学[-體---] N. collective psychology
jítǐ xuéxífǎ 集体学习法[-體-習-] N. group language learning
jítǐ yánjiū 集体研究[-體--] N. team research
jítǐ yìjià 集体议价[-體議價] N. collective bargaining
jítǐ yìjian 集体意见[-體--] N. consensus
jítǐ zérèn 集体责任[-體--] N. collective responsibility
jítǐ zhìdù 集体制度[-體--] N. collective system
jítǐzhǔyì 集体主义[-體-義] N. collectivism
jītǐ zìmǔ 机体字母[-體--] N. symbolic alphabet
jítǐ zìyóu tǎolùn 集体自由讨论[-體----] N. brainstorming
jītǒng* 唧筒 N. pump
[1]**jītòng** 肌痛 N. muscle pain
[2]**jītòng** 饥痛 N. hunger pain
[3]**jītòng** 激痛 V.P. very painful; painfully excited/stimulated ♦N. extreme pain
jǐtòng 挤痛[擠-] R.V. be jostled painfully
jìtóng 忌同 N. <lg.> dissimilation
[1]**jītóu** 机头 N. (aircraft) nose
[2]**jītóu** 鸡头[雞-] N. Gorgon euryale *Euryale ferox*
jītóumǐ 鸡头米[雞-] N. Gorgon fruit
jītóupào 机头炮 N. nose gun (of a fighter) M: [1]*jià*/[4]*zuò*
jītóuròu 鸡头肉[雞-] N. <topo.> young woman's breasts
jítú 急图[-圖] N. urgent matter ♦V. try quickly
jítǔ* 瘠土 N. poor soil
jítuān 急湍 N. swift current
jítuán* 集团[-團] N. ① group; clique; circle; bloc ② community
jítuán biānmǎ 集团编码[-團--] N. cluster coding
jítuán jiéhūn 集团结婚[-團--] N. mass wedding
jítuánjūn 集团军[-團-] N. group army M: [4]*zhī*
jítuánshì zuìxíng 集团式罪行[-團---] N. syndicated crime
jítuán zhèngzhì 集团政治[-團--] N. bloc politics
jītuǐ 鸡腿[雞-] N. chicken leg; drumstick
jītuì* 击退[擊-] R.V. beat back; repel
jítuì 急退 V. retreat quickly
jītuò 击柝[擊-] V.O. beat the watches
jìtuō* 寄托 V. ① entrust to the care of ② place (one's hope/etc.) on
[1]**jiū** 揪 V. ① hold tight; seize ② pull; tug; drag
[2]**jiū** 究 B.F. study carefully; look into; investigate ***yánjiū*** ♦ADV. <wr.> actually; really; after all
[3]**jiū** 纠[糾] B.F. ① correct; rectify ***jiūzhèng*** ② entangle [1]***jiūfēn*** ③ denounce ④ (re)unite; bring together [1]***jiūhé*** ⑤ surveil; probe [1]***jiūchá***
[4]**jiū(r)** 阄(儿)[鬮(兒)] B.F. lot; ticket ***zhuā~*** draw lots
[5]**jiū** 鬏 N. bun; knot; chignon
[6]**jiū** 鸠[鳩] B.F. <zoo.> turtledove ***bānjiū***
[7]**jiū** 樛 B.F. twisted; drooping [3]***jiūjié, jiūmù***
[8]**jiū** 啾 in [1]***jiūjiū, gūjiu***
[9]**jiū** 赳 in [2]***jiūjiū***
[1]**jiǔ** 九 NUM. nine ♦B.F. many; numerous ***sānwǎnjiǔzhuàn***
[2]**jiǔ** 酒 N. wine; liquor; spirits
[3]**jiǔ** 久 S.V. ① for a long time ② of specified duration
[4]**jiǔ** 灸 V. <Ch. med.> cauterize; use moxibustion

[5]**jiǔ** 玖 NUM. nine (form used on checks/etc.)

[6]**jiǔ** 韭 B.F. <bot.> ① fragrant-flowered garlic; leek [1]*jiǔcài* ② (Chinese) chive

[1]**jiù*** 就 V. ① move towards ② undertake; engage in ③ accomplish; make ④ accommodate oneself to; suit ⑤ go with ♦COV. with regard to; concerning ~ *A lái shuō* with regard to A ~ *A ér yán* with regard to A ♦ADV. ① then ② at once; right away ③ exactly; precisely ④ only; merely; just ♦CONJ. even if

[2]**jiù** 旧[舊] S.V. ① past; bygone; old ② used; worn; old ③ former; onetime ♦N. old friendship/friend

[3]**jiù** 救 V. rescue; save; salvage ♦B.F. help; relieve [1]*jiùjì*

[4]**jiù** 舅 N. ① mother's brother; uncle ② <wr.> husband's father ♦B.F. wife's brother; brother-in-law *jiùzi*

[5]**jiù** 臼 N. mortar ♦B.F. ① resembling a mortar in shape *jiùchǐ* ② joint (of bones)

[6]**jiù** 鹫[鷲] N. vulture

[7]**jiù** 疚 B.F. <wr.> remorse *nèijiù*

[8]**jiù** 柩 B.F. coffin (containing a corpse) *guānjiù*

[9]**jiù** 咎 <wr.> V. censure; punish; blame ♦N. fault; blame

[10]**jiù** 厩[廄] B.F. stable; cattle-shed; pen *mǎjiù*

[11]**jiù** 僦 B.F. rent [2]*jiùjū*

[12]**jiù** 桕 B.F. Chinese tallow tree *wūjiù*

jiù'àn 旧案[舊-] N. <law> ① court case of long standing ② old regulations; former practice

jiù'ànchóngtí 旧案重提[舊-] F.E. bring up an old case; rake up old matters

jiǔbā 酒巴/吧 P.W. bar (for alcoholic drinks)

jiǔbǎi 九百 NUM. nine hundred

jiǔbājiān 酒巴/吧间 P.W. bar; barroom M: [1]jiān

jiūbàn* 究办[-辦] V. investigate and deal with

jiùbàn(r) 就伴(儿) V.O. accompany sb.; travel together ♦ADV. <coll.> in common; as partners/comrades

jiùbāng 旧邦[舊-] N. ancient kingdom

jiǔbānǚ 酒吧女 N. bar girl; barmaid M: ge/[1]míng

jiǔbǎo(r) 酒保(儿) N. bartender M: ge/[1]míng

jiǔbēi 酒杯 N. wine cup/glass

jiùbiàn 就便 ADV. at sb.'s convenience; while you're at it

jiǔbiānxíng 九边形[-邊-] N. nonagon

jiū biànzi 揪辫子 V.O. seize on sb.'s shortcomings

jiǔbiē 酒鳖 N. <trad.> leather flask for liquor

jiǔbié* 久别 ATTR. separated for a long time

jiǔbiéchóngféng 久别重逢 F.E. meet after long separation

jiǔbìng 久病 N. long illness

jiùbīng 救兵 N. relief troops; reinforcements

jiùbìng* 旧病[舊-] N. old/chronic complaint

jiǔbìngchéngyī 久病成医[-醫] F.E. Prolonged illness makes a doctor of a patient.

jiǔbìng chuáng qián wú xiàozǐ 久病床前无孝子 F.E. In cases of chronic sickness, there are no dutiful children at the bedside.

jiùbìngfùfā 旧病复发[舊-復發] F.E. ① have a relapse; have a recurrence of an old illness ② relapse into one's old bad habits

jiùbīng rú jiùhuǒ 救兵如救火 F.E. <mil.> Reinforcements are urgently needed.

jiùbù 旧部[舊-] N. former subordinates M: ge/[1]míng

jiùbùcáiyī 就布裁衣 ID. make do

jiùbuliǎo 救不了 R.V. be unable to save

jiǔbùzhānchún 酒不沾唇 F.E. not touch a drop of alcohol

jiǔcái 酒材 N. grain/fruit used to make alcohol

[1]**jiǔcài*** 韭菜 N. <bot.> ① Chinese leeks; chives ② fragrant-flowered garlic

[2]**jiǔcài(r)** 酒菜(儿) N. ① food and drink ② food to go with liquor ③ hors-d'oeuvre

jiùcài 就菜 V.O. have a vegetable/meat dish (with rice)

jiǔcàihuā(r) 韭菜花(儿) N. Chinese-leek flowers

jiǔcàimiáo 韭菜苗 N. tender stalks of *jiǔcài* M: [2]gēn

jiǔcàixiànr 韭菜馅儿 N. filling for dumplings made with chives and pork

jiùcān 就餐 V.O. <wr.> go to a restaurant or dining hall for one's meal

jiǔcáobí 酒槽鼻 N. acne rosacea; brandy nose

[1]**jiūchá** 纠察 V. maintain order at a public gathering ♦N. ① picket ② disciplinary officer M: ge/[1]míng

[2]**jiūchá** 究查 V. investigate; probe *Zhè shì shífēn yánzhòng, bìxū ~ dàodǐ.* This matter is very serious and must be thoroughly investigated.

jiūcháduì 纠察队[-隊] N. pickets; disciplinary patrol M: [4]zhī

jiūchán 纠缠[-纏] V. ① tangle ② nag; worry; pester

jiūchánbùqīng 纠缠不清[-纏--] F.E. entangle and involve; be too tangled up to unravel

jiūchánbùxiū 纠缠不休[-纏--] F.E. squabble endlessly over trivialities

jiǔcháng 久常 ATTR. lasting; permanent; enduring

jiǔchǎng* 酒厂[-廠] P.W. brewery; winery; distillery M: [1]jiā

jiùchǎng 救场[-場] V.O. go onstage as a last-minute understudy

jiùchángzhài jījīn 旧偿债基金[舊償-] N. <acct.> old sinking fund

jiǔchángzhīcè 久长之策 N. long-range plan

jiūchá rényuán 纠察人员 N. picketer

jiūcháxiàn 纠察线 N. picket line M: [1]tiáo

jiūcháyuán 纠察员 N. disciplinary officer; inspector M: ge/[1]míng

[1]**jiùchē** 旧车[舊-] N. used/old/second-hand car M: [3]liàng

[2]**jiùchē** 柩车 N. hearse M: [3]liàng

jiùchēháng 旧车行[舊-] N. used-car dealer M: [1]jiā

jiǔchéng 九成 N. ① 90 percent ② <mus.> nine movements

jiùchēng* 旧称[舊稱] N. old name ♦V. be known formerly as

jiùchǐ 臼齿[-齒] N. molar

jiǔchíròulín 酒池肉林 F.E. debauchery on a grand scale

jiǔchónggé 九重葛 N. <bot.> bougainvillea

jiǔchóngtiān 九重天 N. the nine layers of the celestial sphere

jiǔchóngxiāo 九重霄 N. heaven

jiǔchóngzòu 九重奏 N. <mus.> nonet (nine-part composition)

jiǔchóu* 酒筹[-籌] N. token/scrip used to record drinks M: [2]gēn

jiǔchòu 酒臭 N. <derog.> smell of a drunkard

jiùchóusùyuàn 旧仇宿怨[舊-] F.E. old grudge/feuds

jiūchū 揪出 R.V. uncover; ferret out

jiùchū* 救出 R.V. rescue (sb.) from

jiùchǔ 臼杵 N. pestle and mortar

jiùchuāng 旧创[舊創] N. old wound

jiū chūlai 揪出来 R.V. ferret out

jiù chūlai* 救出来 R.V. rescue (sb.) from

[1]**jiǔcì** 酒刺 N. pimples; acne

[2]**jiǔcì** 灸刺 N. cautery and acupuncture

jiùcǐ* 就此 ADV. at this point; here and now; thus

jiùcǐdǎzhù 就此打住 F.E. stop at this point; stop here and now

jiǔcún 久存 V. exist for a long time

jiūcuò 纠错 V.O. rectify mistakes; correct errors

jiǔdài* 酒袋 N. wine bag; wineskin

jiùdǎi 就逮 V. be arrested

Jiù-dàlù 旧大陆[舊-陸] P.W. the Old World (Asia, Africa, Europe)

jiùdào 就道 V.O. embark on a journey

jiù dàodé 旧道德[舊-] N. old morality

jiùdàrén 舅大人 N. wife's elder brother M: ge/[2]wèi

jiǔ dà xíngxīng 九大行星 N. the nine planets of the solar system

jiǔdé* 酒德 N. decorum in drinking

jiùdé 旧德[舊-] N. ancestral virtues

jiùděi 就得 V.P. must; should

jiùdeliǎo 救得了 R.V. be able to save

jiǔděng 久等 V. wait for a long time *Duìbuqǐ, ràng nǐ ~ le.* Sorry to have kept you waiting.

jiǔdǐ(r/zi) 酒底(儿/子) N. wine dregs

[1]**jiùdì*** 旧地[舊-] N. a once-visited place

[2]**jiùdì(r)** 就地(儿) ADV. on the spot

jiǔdiǎn 灸点[-點] N. <Ch. med.> moxa-treatment points

jiǔdiàn* 酒店 P.W. ① wine shop; public house ② liquor store ③ hotel ④ restaurant M: [1]jiā

jiǔdiànchéngyè 久佃成业[-業] F.E. long-term tenants regard the land as theirs

jiǔdiànyè 酒店业[-業] N. restaurant/hotel business

jiùdiàochóngtán 旧调重弹[舊-] F.E. sing the same old tune

jiùdìchóngyóu 旧地重游[舊-] F.E. revisit old haunts

jiùdì jiějué 就地解决[-決] V.P. settle/solve right on the spot

jiǔdǐng 九鼎 N. nine grand ministers

jiǔdǐngdàlǚ 九鼎大吕[-呂] ID. <wr.> weighty words/advice

jiùdì qǔcái 就地取材 V.P. draw on local resources

jiùdì shìchá 就地视察 V.P./N. on-site inspection

jiùdì zhèngfǎ 就地正法 V.P. execute on the spot

jiūdòu 揪斗[-鬥] V. seize and struggle against *"Wéngé" qījiān, hěn duō zhīshifènzǐ bèi ~.* During the "Cultural Revolution", many intellectuals were struggled against.

jiùdū 旧都[舊-] P.W. former/ancient capital

jiùdú* 就读[-讀] V. attend school

jiùdù 救度 N. salvation

jiǔ dǔ shénxiān shū 久赌神仙输 F.E. At steady gambling even the gods and immortals lose.

jiù'è 旧恶[舊惡] N. old grievance/wrong

jiù'ēn 旧恩[舊-] N. past kindness/favor

jiū ěrduo 揪耳朵 V.O. hold sb. by the ear

jiǔ'érjiǔzhī 久而久之 F.E. in the course of time; as time passes

jiǔfǎ 灸法 N. the method of moxibustion

jiùfǎ* 旧法[舊-] N. ① old way/method ② old law

jiǔ-fàn(r)* 酒饭(儿) N. food and drink

jiùfàn 就范[-範] V.O. submit; give in

jiǔfáng 酒坊 P.W. ① tavern; bar ② distillery

jiǔfànzhāodài 酒饭招待 F.E. wine and dine

jiùféi 厩肥[廄-] N. <agr.> barnyard manure

[1]**jiūfēn** 纠纷 N. dispute; issue

[2]**jiūfēn** 阄分[鬮-] V. divide property/loot by drawing lots

jiǔfēng(r) 酒疯(儿) N. drunken high-jinks

jiǔ féng zhījǐ qiān bēi shǎo 酒逢知己千杯少 F.E. Everything is enjoyable when one is together with a bosom friend.

[1]**jiùfù** 舅父 N. mother's brother; uncle M: ge/[2]wèi

[2]**jiùfù** 救复[-復] V. set right; repair

jiǔfùshèngmíng 久负盛名 F.E. have long enjoyed a good reputation

jiǔgāng 酒缸 N. liquor jar

jiǔgāo 九皋 N. marsh; swamp

jiùgǎo* 旧稿[舊-] N. old manuscript draft M: [1]fèn

jiūgé 纠葛 N. entanglement; dispute

jiūgēnjiédǐ 究根诘底 F.E. get to the root of . . .

jiūgēnr 究根儿 V.O. get to the bottom of sth.

jiūgēnwèndǐ 究根问底 F.E. get to bottom of sth.

jiù gètǐ ér yán 就个体而言[-個體--] F.E. considering/taking each individually

jiūgōng 鸠工 V.O. assemble workers

[1]**jiǔgōng** 酒工 N. vintner; brewer M: ge/[1]míng

[2]**jiǔgōng** 九宫[-宮] N. modes of ancient Chinese music

jiùgōng* 舅公 N. mother's brother M: ge/[2]wèi

jiǔgōnggé(r) 九宫格(儿)[-宮--] N. squared paper for practicing calligraphy

jiūgōngpǐcái 鸠工庀材 F.E. assemble workmen and procure materials

jiùgū 舅姑 N. a woman's parents-in-law M: ge/[1]míng/[2]wèi

jiùgù* 旧故[舊-] N. old friend
jiǔguǎn(r)* 酒馆(儿) P.W. tavern M: [1]*jiā*
jiùguān 旧观[舊觀] N. former appearance; old look
[1]**jiùguǎn** 旧管[舊-] N. what one used to be in charge of
[2]**jiùguǎn** 就馆 V.O. <*trad.*> serve as a private tutor/secretary
jiùguàn 旧贯[舊-] N. former system/habit/custom
jiù guānniàn 旧观念[舊觀-] N. old ideas
jiǔguī 九归[-歸] N. abacus division rules
jiǔguǐ* 酒鬼 N. drunkard; toper; alcoholic M: *ge*/[1]*míng*
jiǔguì 酒柜[-櫃] N. bar; liquor cabin (in a home)
[1]**jiùguó** 救国[-國] V.O. save the nation/country
[2]**jiùguó** 旧国[舊國] N. former/old capital
jiùguójiùmín 救国救民[-國--] F.E. save the country and the people
jiǔguòsānxún 酒过三巡 F.E. after three rounds of drinks
jiǔguòshùxún 酒过数巡[--數-] F.E. after a few rounds of drinks
jiùguótuán 救国团[-國團] N. the national salvation corps
jiǔhān 酒酣 F.E. the drinking is at its height
jiǔhànbùyǔ 久旱不雨 F.E. not rain for a long time
jiǔhān'ěrrè 酒酣耳热[-熱] F.E. flushed with wine
jiǔhānfànbǎo 酒酣饭饱 F.E. wined and dined to satiety
jiǔ hàn féng gānlín 久旱逢甘霖 ID. satisfy a long-felt need
jiǔ hàn féng gānyǔ 久旱逢甘雨 ID. satisfy a long-felt need
jiǔhánggāodù 久航高度 F.E. altitude for maximum endurance (in aviation)
jiǔhànwúyǔ 久旱无雨 F.E. not rain for a long time
jiùhǎo 旧好[舊-] N. old friend/friendship
[1]**jiūhé*** 纠/鸠合 V. band together *Tā ~le yī pī dǎshǒu.* He gathered together a bunch of thugs.
[2]**jiūhé** 纠劾 V. censure and impeach
jiùhe 就合/和 V. <*coll.*> ① go along with (sb.'s wishes/etc.); yield; compromise ② tangle
jiùhènsùyuàn 旧恨宿怨[舊-] F.E. old scores
jiùhènxīnchóu 旧恨新仇[舊-] F.E. new hatred piled on old
jiǔhóngdēnglǜ 酒红灯绿[--燈-] F.E. indulge in debauchery
[1]**jiǔhòu** 酒后[-後] V.P. after drinking; under the influence of alcohol
[2]**jiǔhòu** 久候 V. wait for a long time
[3]**jiǔhòu** 久后[-後] N. ① long afterwards ② in the future
jiǔhòu kāichē 酒后开车[-後開-] V.P. drunk driving
jiǔhòu shītài 酒后失态[-後-態] V.P. forget oneself in one's cups
jiǔhòu shīyán 酒后失言[-後--] V.P. say sth. wrong when drunk
jiǔhòu tǔ zhēnyán 酒后吐真言[-後---] F.E. wine in, truth out
jiǔhòuyúyǒng 酒后余勇[-後--] F.E. be brave after a few drinks
jiǔhú 酒壶[-壺] N. flagon M: [1]*bǎ*
jiǔhù 酒户 N. ① capacity for liquor ② tavern
jiùhù* 救护[-護] V. give first-aid; rescue; relieve
[1]**jiǔhuā** 韭花 N. flower of leeks/scallions
[2]**jiǔhuā** 酒花 N. <*bot.*> hops
jiǔhuà* 酒话 N. drunken maundering
jiùhuà 旧话[舊-] N. old tale
jiùhuái 疚怀[-懷] V.P. ashamed
jiùhuān 旧欢[舊歡] N. former sweetheart
jiǔhuāng 酒荒 N. ①alcoholic addiction ②shortage of alcoholic drinks
jiǔhuáng* 韭黄 N. hotbed chives
jiùhuāng 救荒 V.O. ① send relief to a famine area ② help tide over a crop failure
jiǔhuār 九花儿 N. chrysanthemum
jiùhùchē 救护车[-護-] N. ambulance M: [3]*liàng*
jiùhùchuán 救护船[-護-] N. ambulance ship M: [1]*tiáo*/[1]*sōu*
jiùhùduì 救护队[-護隊] N. ambulance corps M: [4]*zhī*
jiùhùfǎ 救护法[-護-] N. first aid methods
jiǔhuì* 酒会 N. cocktail party
jiùhuí 救回 R.V. rescue/recover (from the enemy/etc.)
jiùhùjī 救护机[-護-] N. ambulance airplane M: [1]*jià*
jiǔhúlu 酒葫芦[-蘆] N. gourd liquor container
jiùhuó 救活 V.O. bring sb. back to life; resuscitate; revive
jiùhuǒ* 救火 V.O. fight fire
jiùhuò 旧货[舊-] N. secondhand goods; junk
jiùhuǒchē 救火车 N. fire engine M: [3]*liàng*
jiùhuòdiàn 旧货店[舊-] P.W. secondhand/junk shop M: [1]*jiā*
jiùhuǒduì 救火队[-隊] N. fire brigade; fire department M: [4]*zhī*
jiùhuòhuànxīn 旧货换新[舊-換-] F.E. trade in
jiùhuǒhuì 救火会 N. fire brigade
jiùhuǒjī 救火机 N. fire extinguisher; fire engine M: [1]*jià*/*ge*
jiùhuòshāng 旧货商[舊-] N. junk dealer M: *ge*/[1]*míng*/[2]*wèi*
jiùhuò shāngdiàn 旧货商店[舊-] P.W. secondhand/junk shop M: [1]*jiā*
jiùhuò shìchǎng 旧货市场[舊-場] P.W. flea-market M: [4]*zuò*
jiùhuòtān(r) 旧货摊(儿)[舊-攤-] N. flea market stand
jiūhuǒxíngjié 纠伙行劫 F.E. band together and commit robbery
jiùhuǒyángfèi 救火扬沸[--揚-] F.E. attack a problem without plumbing its roots
jiùhuǒyuán 救火员 N. fireman M: *ge*/[1]*míng*/[2]*wèi*
jiùhùsuǒ 救护所[-護-] P.W. medical aid station M: [1]*jiā*
jiùhù yīyuàn 救护医院[-護醫-] P.W. first-aid hospital M: [1]*jiā*/[1]*suǒ*
jiùhùzhàn 救护站[-護-] P.W. first-aid station M: [1]*jiā*
jiǔhǔzi 酒虎子 N. drunkard; heavy drinker
jiūjī 啾唧 ON. the chirping of birds; the buzzing of insects
jiūjí 纠/鸠集 V. ① <*derog.*> gang together ② get together; muster; draw in
jiǔjī 久稽 V. <*wr.*> delay a long time
jiǔjì 久计 N. long-range plan
jiùjī 救饥 V.O. relieve the starving
[1]**jiùjí** 救急 V.O. help meet urgent needs
[2]**jiùjí** 旧疾[舊-] N. old/chronic complaint
[3]**jiùjí** 旧籍[舊-] N. old books
[1]**jiùjì*** 救济[-濟] V. relieve; succor
[2]**jiùjì** 旧迹[舊跡] N. old trail/etc.
jiǔjiā* 酒家 P.W. ① tavern ② restaurant M: [1]*jiā*
jiùjiā 旧家[舊-] N. clan that lives in a place for many years
jiùjià 救驾 V.O. ① help rescue the emperor ② come to the rescue
jiǔjiǎbùguī 久假不归[-歸] F.E. fail to return sth. long borrowed
jiùjiān 就歼[-殲] V.P. be destroyed
jiǔjiànchéngchóu 久谏成仇 F.E. make an enemy by constant criticism
jiǔjiāng 酒浆[-漿] N. ① alcohol ② wine
jiǔjiānǚ 酒家女 N. ①barmaid; bargirl ②Chinese counterpart of the Japanese geisha M: *ge*/[1]*míng*
jiūjiào 啾叫 V. chirp
jiǔjiào 酒窖 N. wine cellar M: [4]*zuò*
jiùjiāo 旧交[舊-] N. old acquaintance/friend M: *ge*/[1]*míng*/[2]*wèi*
jiùjiào* 就教 V.O. ① receive instruction ② ask for advice
Jiùjiào 旧教[舊-] N. Catholicism
jiùjiàotú 旧教徒[舊-] N. Catholic M: *ge*/[1]*míng*/[2]*wèi*
jiùjíbāo 救急包 N. emergency medicine bag
jiùjí bù jiùqióng 救急不救穷[-窮] F.E. Help people in emergencies but not if they are perennially in need.
[1]**jiūjié** 纠结 V. collaborate; band together
[2]**jiūjié** 究诘 V. interrogate; cross-examine
[3]**jiūjié** 樛结 V.P. twisted; entangled
jiǔjièbùguī 久借不归[-歸] F.E. fail to return sth. long borrowed
jiǔjiélí 九节狸[-節-] N. <*zoo.*> zibet; large Indian civet
jiùjífǎ 救急法 N. emergency aid
jiǔjífēng 九级风 N. <*met.*> force-9 wind; strong gale
jiùjífùfā 旧疾复发[舊-復發] F.E. have a recurrence of an old illness; have a relapse
jiùjìjīn 救济金[-濟-] N. relief funds M: [2]*bǐ*
jiùjìkuǎn 救济款[-濟-] N. relief funds M: [2]*bǐ*/[1]*fèn*
jiùjìliáng 救济粮[-濟糧] N. relief grain/food M: [1]*fèn*
jiǔjìn 酒禁 N. prohibition of liquor
jiùjìn* 就近 ADV. close at hand; nearby
jiǔjìnfǎ 九进法[-進-] N. the nonary scale
jiūjìng* 究竟 ADV. ① actually; exactly ② after all; in the end ♦N. outcome; what actually happened
[1]**jiǔjīng** 酒精 N. alcohol
[2]**jiǔjīng** 久经[-經] V. have long experienced sth. *Tā shì ge ~ zhànchǎng de lǎo zhànshì.* He's a veteran with a lot of battle experience. ♦ADV. long ago
[3]**jiǔjīng** 酒经[-經] N. books about alcoholic drinks
jiǔjīngbiǎo 酒精表 N. alcoholometer; alcohol meter
jiǔjīng bǐzhòngjì 酒精比重计 N. spirit gauge
jiùjǐngchóngxiàn 旧景重现[舊-] F.E. evocation of the past
jiǔjīngdēng 酒精灯[-燈] N. spirit lamp; alcohol burner
jiǔjīngduànliàn 久经锻炼[-經-煉] F.E. <*sport*> have undergone long-term physical training
jiǔjīngfēngshuāng 久经风霜[-經--] F.E. experience all sorts of hardships
jiǔjīngjì 酒精计 N. alcoholometer; alcohol meter
jiǔjīnglèi 酒精类[-類] N. liquor (generally)
jiǔjīnglú 酒精炉[-爐] N. alcohol heater
jiǔjīng pēndēng 酒精喷灯[-燈] N. spirit/alcohol blowlamp
jiǔjīng qìyóu 酒精汽油 N. gasohol
jiǔjìngsīdòng 久静思动[-靜-動] F.E. grow weary of being quiet
jiùjīngyǐnzú 救经引足[-經--] F.E. be more hindrance than help
jiǔjīng zhòngdú 酒精中毒 N. alcohol poisoning
jiǔjīngzhǔn 酒精准[-準] N. (carpenter's) spirit level
jiǔjīnhuángjī 九斤黄鸡[-雞] N. a breed of Chinese chicken famous for its meat and size M: [2]*zhī*
Jiùjīnshān 旧金山[舊-] P.W. San Francisco
jiùjìpǐn 救济品[-濟-] N. relief goods
jiùjìquán 救济权[-濟權] N. <*law*> secondary right
jiūjiu 揪揪 R.F. <*topo.*> creased; crumpled
[1]**jiūjiū** 啾啾 ON. ① chirp chirp ② a piteous cry
[2]**jiūjiū** 赳赳 R.F. valiant; gallant
[3]**jiūjiū** 纠纠 R.F. ① interwoven ② brave; gallant ③ loose
[1]**jiǔjiǔ*** 久久 ADV. for a long, long time
[2]**jiǔjiǔ** 九九 N. ① the ninth nine-day period of the Winter Solstice, supposed to be the end of winter ② multiplication table
jiùjiu 舅舅 N. <*coll.*> mother's brother; uncle M: *ge*/[2]*wèi*
jiùjiǔ 就酒 V.O. have food with liquor
jiǔjiǔbiǎo 九九表 N. multiplication table M: [1]*zhāng*
jiǔjiǔchéngfǎ 九九乘法 N. multiplication
jiǔjiǔchéngfǎbiǎo 九九乘法表 N. multiplication table M: [1]*zhāng*

jiǔjiǔchóngyáng 九九重阳[-陽] F.E. the 9th day of the 9th lunar month
jiǔjiǔguīyī 九九归一[--歸-] F.E. in the final analysis; after all
jiǔjiǔguīyuán 九九归原[--歸-] F.E. go back to the original; return to where it started
jiūjiūwǔfū 赳赳武夫 F.E. a stalwart; a martial man M: ge/[1]*míng*
jiùjìyuàn 救济院[-濟-] P.W. institution for the poor; poorhouse M: [1]*jiā*/[1]*suǒ*
jiūjū 鸠居 F.E. my humble home
jiūjǔ 纠举[-舉] V. censure; impeach (officials)
jiūjù 鸠聚 N. <*wr.*> my humble home
jiǔjū 久居 V. long occupy a lowly position (said of a talented person)
jiǔjù 酒具 N. drinking set/setting M: *tào*
[1]**jiùjū*** 旧居[舊-] N. former residence; old home
[2]**jiùjū** 僦居 V. rent a house/etc.
jiǔjūrénxià 久居人下 F.E. remain long in a subordinate position
[1]**jiǔkè** 酒客 N. ① bar customer ② heavy drinker M: *ge*/[1]*míng*
[2]**jiǔkè** 久客 V.O. be a guest for an extended period of time; be a wanderer away from home for a long time
jiǔkǒng 九孔 N. nine holes ♦ ATTR. nine-arched
jiǔkù 酒库 N. wine cellar M: [4]*zuò*
jiǔkuáng 酒狂 N. ①drunken delirium ②drunken man M: *ge*/[1]*míng*
jiù kuàngkuang 旧框框[舊-] N. convention; routine
jiùkǔjiùnàn 救苦救难[-難] F.E. help the needy and relieve the distressed
jiǔkùn 久困 V. be mired in an unpleasant situation or at a lowly job
jiǔkuò 久阔 V. <*wr.*> be long separated
jiǔláihuàkāi 酒来话开[-開] F.E. Wine loosens one's tongue.
jiǔláng 酒廊 P.W. restaurant
jiǔlánrénsàn 酒阑人散 F.E. liquor is running out and guests are departing
jiùlǎoyé 舅老爷[-爺] N. ① father's or mother's maternal uncle; granduncle ② wife's maternal uncle ③ master's maternal uncle ④ wife's brother M: [2]*wèi*
jiǔlèi 酒类[-類] N. alcoholic drinks
jiūlǐ 究理 V. go deeply into; investigate; trace sth. to its source
jiǔlì 酒力 N. ① strength of an alcoholic drink ② capacity for drink
jiùlǐ 就里[-裡] N. inside story
[1]**jiùlì*** 旧历[舊曆] N. lunar calendar
[2]**jiùlì** 旧例[舊-] N. old practice/precedent
[3]**jiùlì** 咎戾 N. ① fault ② disaster from heaven
jiūliǎn 鸠敛 V. assemble people and collect taxes
jiǔlián* 酒帘 N. flag-like tavern sign
jiǔliànchénggāng 九炼成钢[-煉-鋼] F.E. practice makes perfect
jiǔliàng(r) 酒量(儿) N. capacity for liquor
jiǔliánhuán 九连环[-環] N. toy consisting of nine interlocking links
jiǔlièsānzhēn 九烈三贞 F.E. <*trad.*> have a sharp sense of honor
jiǔlìfēngchén 久历风尘[-歷-塵] F.E. have had a life of sin for a long time (of a woman)
jiù lǐjiào 旧礼教[舊禮-] N. old concepts of propriety
jiǔlìng* 酒令 N. drinkers' forfeit game
jiùlìng 就令 CONJ. even if; even though
jiùlìnián 旧历年[舊曆-] N. lunar New Year
[1]**jiǔliú** 久留 V. stay for a long time
[2]**jiǔliú** 九流 N. <*trad.*> the nine schools of thought
jiǔliúsānjiào 九流三教 F.E. the three religions and the nine schools of thought
Jiǔlóng 九龙 P.W. <*geog.*> Kowloon
jiǔlóu* 酒楼[-樓] P.W. tavern; bar; restaurant M: [4]*zuò*
jiǔlǒu 酒篓[-簍] N. liquor container made of bamboo/etc. lined with special paper
jiùlǚ 旧侣[舊侶] N. old friend/partner/etc.

jiùmā 舅妈 N. <*coll.*> aunt; wife of mother's brother M: *ge*/[2]*wèi*
jiùmèng 旧梦[舊夢] N. old dream M: [3]*cháng*
jiùmèngchóngwēn 旧梦重温[舊夢-] F.E. renew the sweet experiences of bygone days
jiǔmiàntǐ 九面体[-體] N. enneahedron
jiūmín 鸠民 V.O. assemble people peacefully
jiùmín* 救民 V.O. save the people
jiùmìng 救命 V.O. save sb.'s life ♦ INTJ. Help!; Save me!
jiùmìngdàocǎo 救命稻草 F.E. straw to clutch at M: [2]*gēn*
jiùmìng'ēnrén 救命恩人 F.E. savior of one's life M: *ge*/[2]*wèi*
jiùmínzhǔzhǔyì 旧民主主义[舊-義] N. democracy of the old type
jiùmínzhǔzhǔyì gémìng 旧民主主义革命[舊---義--] N. democratic revolution of the old type
jiūmiù 纠谬 V.O. correct a mistake/blunder/evil
jiǔmó 酒魔 N. drunkard; alcoholic
jiūmù 樛木 N. <*trad.*> tree with hanging branches
jiǔmǔ* 酒母 N. distiller's yeast
jiǔmù 久慕 V. <*court.*> have heard of you for a long time
jiùmu 舅母 N. wife of mother's brother; aunt M: *ge*/[2]*wèi*
jiùmù 就木 V.O. die
jiǔmùdàmíng 久慕大名 F.E. <*court.*> I have desired to know you for a long time.
jiùnǎinai 舅奶奶 N. ① wife of one's father's maternal uncle ② wife of one's master's maternal uncle M: [2]*wèi*
jiùnàn 救难[-難] V.O. help out of distress
jiùnànchē 救难车[-難-] N. wrecking-truck; wrecker; tow-truck M: [3]*liàng*
jiùnànchuán 救难船[-難-] N. rescue boat M: [1]*tiáo*/[1]*sōu*
jiǔnángfàndài 酒囊饭袋 ID. a good-for-nothing
jiùnànyīngxióng 救难英雄[-難--] F.E. white knight M: *ge*/[1]*míng*/[2]*wèi*
jiù nǎojīn 旧脑筋[舊腦-] N. sb. with an old mind-set
jiùnì 救溺 V.O. save the life of sb. drowning
jiǔnián 酒黏 N. drunkard
jiùnián* 旧年[舊-] N. ① lunar New Year ② <*topo.*> last year
jiǔniàng 酒酿[-釀] N. fermented glutinous rice
jiūniǔ 揪扭 V. grab and clutch each other (in fighting)
jiǔniú'èrhǔ 九牛二虎 ID. animals/people of great strength
jiǔniú'èrhǔ zhī lì 九牛二虎之力 N. tremendous effort
jiǔniúyīmáo 九牛一毛 ID. a drop in the ocean
jiūpánchá 鸠盘茶[-盤-] N. ① evil spirit ② hag
jiùpào 臼炮 N. <*mil.*> a mortar M: [4]*zuò*
jiūpī 揪批 V. single sb. out for denunciation
jiǔpǐ* 酒癖 N. dipsomania
jiūpiān 纠偏 V.O. rectify a deviation; correct an error
[1]**jiǔpǐn** 九品 N. <*hist.*> the nine grades of official rank
[2]**jiǔpǐn** 酒品 N. decorum in drinking
jiǔpíng(r) 酒瓶(儿) N. wine bottle
jiǔpíng bǎolíngqiú 九瓶保龄球[---齡-] N. ninepins (in bowling)
jiùpíng zhuāng xīnjiǔ 旧瓶装新酒[舊-裝--] F.E. new wine in old bottles
jiùpínjìlǎo 救贫济老[--濟-] F.E. help the poor and the old
jiùpínjìruò 救贫济弱[--濟-] F.E. help the poor and relieve the needy
jiǔpù 酒铺 P.W. tavern; bar; pub M: [1]*jiā*
jiǔqí 酒旗 N. tavern sign in the form of a streamer M: [1]*miàn*
[1]**jiǔqì** 酒气[-氣] N. the smell of alcohol
[2]**jiǔqì** 酒器 N. drinking vessel
jiùqǐ* 救起 R.V. rescue (sb.) from

jiǔqian* 酒钱[-錢] N. ① money for liquor ② tip; gratuity
jiǔqiān 九千 NUM. nine thousand
jiǔqiào 九窍[-竅] N. the orifices of the body
jiūqígēnyuán 究其根源 F.E. trace sth. to its source
jiū qǐlai 揪起来 R.V. pull out
jiùqīn 就亲[-親] V.O. hold a marriage ceremony at a place convenient to both families
jiùqín 就擒 V. be caught/captured
jiùqǐn* 就寝[-寢] V. <*wr.*> retire for night; go to bed
jiǔqīng 九卿 N. <*hist.*> the nine great ministers of state
jiùqíng* 旧情[舊-] N. ① former friendship ② former condition
jiùqíngmiánmián 旧情绵绵[舊-] F.E. Former friendship continues.
jiùqióng 救穷[-窮] V.O. relieve the poor
jiǔqìpēnpēn 酒气喷喷[-氣--] F.E. smell heavily of liquor (of drunkards)
jiūqíshí 究其实[-實] ADV. in reality/fact
jiǔqìxūnrén 酒气熏人[-氣--] F.E. smell strongly of liquor
[1]**jiǔqū** 酒曲 N. distiller's yeast
[2]**jiǔqū** 久屈 V. be in a lowly position (of a talented person)
jiǔquán* 九泉 N. <*wr.*> ① nether world; Hades ② grave
jiùquán 舅权[-權] N. <*anthropology*> avunculate
jiǔquánzhīxià 九泉之下 P.W. ① in the nether regions ② after death
jiǔqūqiáo 九曲桥[-橋] N. a zigzag bridge M: [4]*zuò*
jiūr 阄儿[鬮-] N. lots *zhuā*~ draw lots
jiùràng 就让[-讓] CONJ. <*coll.*> even if
jiǔrén 酒人 N. drunkard
[1]**jiùrén** 救人 V.O. rescue sb.
[2]**jiùrén** 旧人[舊-] N. old lover
jiùrèn* 就任 V. take up one's post
jiùrénr 旧人儿[舊-] N. old lover/friend/etc.
jiǔrì 九日 N. ninth day of the ninth moon
jiùrì* 旧日[舊-] N. former/old days
jiǔròuhéshang 酒肉和尚 F.E. worldly/depraved Buddhist priest M: *ge*/[1]*míng*
jiǔròupéngyou 酒肉朋友 F.E. fair-weather friends M: *ge*/[1]*míng*
jiǔrú 九如 N. nine best wishes
jiǔrùn 酒润 A.T. red-faced (after drinking alcohol)
jiùsǎo 舅嫂 N. <*coll.*> sister-in-law; wife of wife's brother M: *ge*/[1]*míng*/[2]*wèi*
jiǔsè 酒色 N. ① wine and women; sensual pursuits ② flush (from drinking)
jiǔ-sè-cái-qì 酒色财气[-氣] N. wine, women, wealth, and power
jiǔsèguǐ 酒色鬼 N. libertine M: *ge*/[1]*míng*
jiǔsèguòdù 酒色过度 F.E. debauchery
jiǔsèzhītú 酒色之徒 N. libertine; debauchee M: *ge*/[1]*míng*
jiūshā 揪痧 V.O. <*Ch. med.*> treat for sunstroke
jiùshāngchuáng 救伤床[-傷-] N. stretcher for the sick/wounded M: [1]*zhāng*
jiù shèhuì 旧社会[舊-] N. <*PRC*> old society; former times (before 1949)
Jiǔshén 酒神 N. God of Wine; Bacchus; Dionysus M: *ge*/[1]*míng*/[2]*wèi*
jiūshéng 纠绳[-繩] V.O. correct; discipline
jiǔshēng 久声[-聲] N. <*lg.*> continuant sound
jiǔshèng 酒圣[-聖] N. ① prodigious drinker M: *ge*/[1]*míng*/[2]*wèi* ② high-alcohol wine
[1]**jiùshēng*** 救生 V.O. save a life ♦ ATTR. life-saving
[2]**jiùshēng** 舅甥 N. <*TW*> cousin on one's mother's side M: *ge*/[1]*míng*
jiùshēngchē 救生车 N. ambulance M: [3]*liàng*
jiùshēngchuán 救生船 N. lifeboat M: [1]*tiáo*/[1]*sōu*
jiùshēngdài 救生带[-帶] N. life belt M: [1]*tiáo*
jiùshēngduì 救生队[-隊] N. ambulance corps M: [2]*zhī*
jiùshēngfá 救生筏 N. life raft
jiùshēng fúdài 救生浮袋 N. life preserver
jiùshēngqì 救生器 N. life preserver

jiùshēngquān 救生圈 N. life buoy
jiùshēng shèbèi 救生设备[-備] N. lifesaving unit; life preserver
jiùshēngtǐng 救生艇 N. lifeboat M: 1tiáo/1sōu
jiùshēngyī 救生衣 N. lifejacket M: 2jiàn
jiùshēngyuán 救生员 N. lifeguard; lifesaver M: ge/1míng/2wèi
1jiǔshī 灸师[-師] N. master of acupuncture and moxibustion M: ge/1míng/2wèi
2jiǔshī 酒失 N. mistakes made while drunk
1jiǔshí 九十 NUM. ninety; 90
2jiǔ-shí 酒食 N. food and drink
3jiǔshí 酒石 N. tartar; argol
1jiǔshì 酒市 P.W. liquor market M: 4zuò/ge
2jiǔshì 久视 N. eternal vision; immortality
jiùshī 旧诗[舊-] N. old-style/classical poetry M: shǒu
1jiùshí 旧时[舊時] N. old times/days
2jiùshí 就时[-時] V.O. take advantage of a favorable moment
3jiùshí 救时[-時] V.O. save the age (from degeneration)
jiùshǐ 就使 CONJ. even though
1jiùshì* 就是 V.P. be ***Zhè bù ~ nǐ yào de shū ma?*** Isn't this the book you want? ♦ADV. ① quite right; exactly; precisely ② only; merely; just; simply ♦CONJ. even if; even ♦CONS. *~ A yě B* even if/though A still/nevertheless B
2jiùshì 旧事[舊-] N. old matter M: 2jiàn
3jiùshì 旧式[舊-] N. old type/style
4jiùshì(r) 就势(儿)[-勢-] ADV. making use of momentum
5jiùshì 救世 V.O. save mankind; save the world
6jiùshì 舅氏 N. maternal uncle
7jiùshì 旧市[舊-] N. old market
8jiùshì 就事 V.O. take up an office; assume a post
9jiùshì 救世 N. ① save the world/humanity ② die
jiùshìchóngtí 旧事重提[舊-] F.E. rehash the past
jiùshì hūnyīn 旧式婚姻[舊-] N. old-style marriage
jiùshì jiātíng 旧式家庭[舊-] N. old-style family
jiùshìjiè 旧世界[舊-] N. ① former society ② the Old World
Jiùshìjūn 救世军 N. the Salvation Army M: 4zhī
jiùshìle 就是了 V.P. that's all; that's it precisely; that's that
jiùshìlùnshì 就事论事 F.E. consider sth. as it stands
jiùshíqì 旧石器[舊-] N. Old Stone Age tool
Jiùshíqì Shídài 旧石器时代[舊--時-] N. Old Stone Age; Paleolithic
jiùshìshuō 就是说 V.P. that is to say; in other words; namely
jiǔshísuān 酒石酸 N. tartaric acid
jiùshìwù 旧事物[舊-] N. old things M: 2jiàn
jiùshìzhǔ 救世主 N. <rel.> savior; redeemer M: ge/1míng/2wèi
jiùshǒu(r) 就手(儿) F.E. while you're at it
jiǔshù 灸术[-術] N. method of moxibustion
jiùshū* 旧书[舊書] N. ① secondhand book ② classical works M: 1běn/4cè/2bù
jiùshú 救赎[-贖] V. rescue and redeem (sb.)
jiùshǔ 旧属[舊屬] N. former/old subordinates M: ge/1míng/2wèi
jiūshuài 鸠率 V. assemble and lead
jiùshuāi* 就衰 V. become weak/frail
jiùshūdiàn 旧书店[舊書-] P.W. used/antique bookstore M: 1jiā
jiǔshuǐ 酒水 N. beverage M: 1xí
jiùshūpù 旧书铺[舊書-] P.W. used/antique book store M: 1jiā
jiùshūtān 旧书摊[舊書攤] N. used/antique book stand/stall M: 1jiā
jiǔshūyīnwèn 久疏音问 F.E. <wr.> have been negligent in correspondence
jiǔsì 酒肆 N. tavern; wine shop M: 1jiā
jiùsǐ* 救死 V.O. rescue the dying
jiùsǐfúshāng 救死扶伤[-傷] F.E. rescue the dying and heal the wounded
jiùsīxiǎng 旧思想[舊-] N. old-fashioned ideas; archaic thinking M: 1zhǒng
jiǔsǐyīshēng 九死一生 F.E. narrow escape from death
jiùsú 旧俗[舊-] N. ① old/trad. custom; tradition ② folklore M: 1zhǒng
jiùsuàn 就算 CONJ. <coll.> even if; granted that
jiǔsùzi 酒嗉子 N. wine pot
jiùtài 旧态[舊態] N. old/previous appearance/state/etc.
jiūtán* 纠弹 V. censure and impeach (officials)
jiǔtán(zi) 酒坛(子)[-罈-] N. large jar for liquor
jiùtào 旧套[舊-] N. old stuff; a threadbare plan/suggestion/etc.
jiǔtí 酒提 N. wine dipper
jiǔtiān 九天 N. Ninth (highest) Heaven ♦ATTR. sky-high
jiǔtiānzhīwài 九天之外 P.W. beyond the highest heavens
jiùtífāhuī 就题发挥[--發-] F.E. talk to the point
jiùtǐshī 旧体诗[舊體-] N. old-style/classical poetry M: 2shǒu
jiùtǐzhì 旧体制[舊體-] N. ancient regime/system
jiǔtǒng 酒桶 N. wine/alcohol barrel
jiǔtóuniǎo 九头鸟 N. ① nine-headed bird (a fabulous bird of bad omen) ② a crafty fellow ③ the nine degrees of relationship in the paternal/maternal line
jiǔtú 酒徒 N. wine-drinker; toper; tippler; drunkard M: ge/1míng
jiǔwàn 九万[-萬] NUM. ninety thousand
jiǔwàng 酒望 N. flag-like tavern sign
jiùwáng* 救亡 V.P. save the nation from extinction
jiùwángtúcún 救亡图存[--圖-] F.E. save the nation from extinction
jiùwáng yùndòng 救亡运动[-運動] N. national salvation movement M: 3cháng
jiǔwéi* 久违[-違] F.E. <court.> I haven't seen you for ages.
jiǔwèi(r) 酒味(儿) N. <coll.> the smell of alcohol M: 2gǔ
jiùwèi 就位 V.O. take one's place
jiǔwěihú 九尾狐 N. a crafty and villainous person
jiǔwéi-jiǔwéi 久违久违[-違-違] R.F. <court.> I haven't seen you for ages.
jiūwèn 究问 V. cross-examine; dig into
jiǔwén* 久闻 V. have long heard of
jiùwén 旧闻[舊-] N. past events; old matters
jiǔwéndàmíng 久闻大名 F.E. <court.> I've long heard of your great name.
jiǔwēng 酒翁 N. brewer M: ge/1míng/2wèi
jiǔwèng* 酒瓮 N. large wine jar
jiǔwō(r) 酒窝/涡(儿)[-窩/渦-] N. dimple
jiùwǒsuǒzhī 就我所知 F.E. so far as I know
jiùwù 旧物[舊-] N. ① old stuff ② past heritage ③ lost territory M: 2jiàn
jiǔwǔzhīzūn 九五之尊 N. imperial throne
jiǔxí* 酒席 N. feast
1jiùxí 旧习[舊習] N. old habit/custom M: 1zhǒng
2jiùxí 就席 V.O. be seated at a table
jiùxì 旧戏[舊戲] N. old-style drama M: 1chū
jiǔxiān* 酒仙 N. "The Immortal Inspired by Wine" (the Tang poet Li Bo) M: ge/1míng/2wèi
jiùxiǎn 救险 V.O. rescue from danger
jiùxiǎnchē 救险车 N. tow-truck M: 3liàng
jiǔxiāng* 酒香 N. aroma of alcohol M: 1zhèn
jiùxiāng 旧乡[舊鄉] N. one's native town
jiù xiāngshí 旧相识[舊-識] N. old acquaintance M: ge/1míng/2wèi
jiǔxiāo 九霄 N. highest heavens
jiū xiǎobiànzi 揪小辫子 V.O. seize upon sb.'s mistakes
jiǔxiāoyún 九宵云[-雲] N. highest heavens
jiǔxiāoyúnwài 九霄云外[--雲-] P.W. beyond the highest heavens
jiù xíguàn 旧习惯[舊習-] N. old habit/custom/etc. M: 1zhǒng/ge
jiūxīn* 揪心 S.V. <topo.> ① anxious; worried ② heartrending; agonizing
jiùxīn 疚心 V.P. ashamed
jiūxīnbāgān 揪心扒肝 F.E. be very sad; be heartbroken
jiǔxíng 九刑 N. <trad.> the nine punishments
jiǔxǐng 酒醒 V.P. awake from a drunken sleep/stupor
1jiǔxìng 酒性 N. ① alcoholic strength ② proof (of liquor)
2jiǔxìng 酒兴[-興] N. euphoria from drinking
jiùxīng* 救星 N. liberator; emancipator M: ge/1míng/2wèi
jiūxínghúmiàn 鸠形鹄面 ID. gaunt and emaciated
jiūxīnqián 揪心钱[-錢] N. money grudgingly spent
jiù-xīn xùnxī qūfēn 旧新讯息区分[舊---區-] N. <lg.> theme-rheme distinction
jiūxiōng 鸠胸 N. pigeon breast
jiùxiōng* 舅兄 N. wife's elder brother M: ge/2wèi
jiūxìr 究细儿 V.O. dig into; scrutinize
jiùxù 就绪 V.P. be in order; be ready ***Yīqiè zhǔnbèi ~.*** Everything is ready.
1jiùxué 就学 V. attend school
2jiùxué 旧学[舊-] N. ① classical learning ② old Ch. learning
jiǔyán 酒筵 N. feast; banquet M: 1xí
jiǔyàn* 酒宴 N. feast; banquet M: 1xí
jiùyán 旧言[舊-] N. old words
jiǔyǎng 久仰 F.E. <court.> pleased to meet you
jiùyǎng* 就养[-養] V. ① support one's parents ② live with one's children as a dependent
jiǔyánjiǔyǔ 酒言酒语 F.E. maunder when drunk
jiǔyāo 久要 N. an old promise/engagement
jiǔyáo 酒肴 N. liquor and delicacies
jiǔyào 酒药[-藥] N. yeast for brewing/fermenting
1jiùyào* 就要 AUX. be about to; be on the point of
2jiùyào 救药[-藥] V.P. remedy; cure; rectify abuses; redress
jiǔyè 酒靥[-靨] N. <topo.> dimple
jiùyé 舅爷[-爺] N. maternal uncle; mother's brother M: 2wèi
1jiùyè* 就业[-業] V.O. get or take up a job
2jiùyè 旧业[舊業] N. ① former profession ② estate inherited from ancestors ③ family fortune
jiùyè ānquán 就业安全[-業--] N. employment security
jiùyèbùzú 就业不足[-業--] F.E. underemployment
jiùyè fǔdǎo 就业辅导[-業-導] N. ① employment training ② placement/appointment service
jiùyè fúwù 就业服务[-業-務] N. employment service
jiùyè jìnéng péixùn 就业技能培训[-業----] N. pre-job training
jiùyèlǜ 就业率[-業-] N. employment rate
jiùyè ménlu 就业门路[-業--] N. job opportunities
jiùyè shìchǎng 就业市场[-業-場] N. employment market
jiǔyǐ 久已 V.P. long since
1jiǔyì 酒意 N. tipsy feeling
2jiǔyì 九亿 NUM. nine hundred million; 900,000,000
1jiùyī* 就医[-醫] V. seek medical advice; undergo medical treatment
2jiùyī 旧衣[舊-] N. used/old clothes M: 2jiàn
jiùyì 就义[-義] V.O. die a martyr
Jiǔ-Yībā 九一八 *See Jiǔ-Yībā Shìbiàn*
Jiǔ-Yībā Shìbiàn 九一八事变[-變] N. Mukden Incident of September 18th, 1931
jiùyīfu 旧衣服[舊-] N. used clothes M: 2jiàn
jiǔyīn 久音 N. <lg.> continuant sound; fricative
jiǔyín 九垠 N. the utmost limits of the sky
jiǔyǐn* 酒瘾[-癮] N. alcohol addiction
jiùyìng 救应[-應] V. aid and support; reinforce
jiù yíngyú 旧盈余[舊-] N. <acct.> old surplus

jiǔyīnluó 九音锣[-鑼] N. nine-toned gong M: [1]*miàn*
jiǔyīsì 九一四 N. <*med.*> "914"; Neosalvarsan; neoarsphenamine
jiǔyōu 九幽 N. the nether world; hell
jiǔyǒu(r)* 酒友(儿) N. drinking-companion M: *ge/*[1]*míng/*[2]*wèi*
jiùyǒu 旧友[舊-] N. old friend M: *ge/*[1]*míng/*[2]*wèi*
jiùyǒuyīngdé 咎有应得[--應-] F.E. deserve the blame
jiùyǒuyōuguī 咎有攸归[--歸] F.E. <*wr.*> The fault is imputed to the proper person.
jiùyóuzhīdì 旧游之地[舊-] N. one's former haunts
jiùyóuzìqǔ 咎由自取 F.E. have only oneself to blame
jiǔyù* 九域 N. <*hist.*> the nine regions of China
jiùyǔ 旧雨[舊-] N. <*wr.*> old friend
jiǔyuān 九渊[-淵] N. abyss; deep chasm
jiǔyuán 九原 N. cemetery; graveyard
jiǔyuǎn 久远[-遠] S.V. far back; ages ago
[1]**jiùyuán*** 救援 V. rescue; come to sb.'s help ~ *de bùduì hái méi dào.* The rescue force has not arrived yet.
[2]**jiùyuán** 救员 V.O. lifeguard; lifesaver
jiùyuàn 旧怨[舊-] N. old grievance
jiùyuánduì 救援队[-隊] N. rescue team M: [4]*zhī*
jiùyuán tóushǒu 救援投手 N. relief pitcher (in baseball) M: *ge/*[1]*míng/*[2]*wèi*
Jiǔyuè 九月 N. ① September ② ninth lunar month/moon
Jiùyuē* 旧约[舊-] N. <*rel.*> Old Testament M: [1]*běn/*[2]*bù*
jiùyuè 救月 V.O. save the moon (by making noise in an eclipse)
Jiùyuē Quánshū 旧约全书[舊-書] N. the Old Testament M: [1]*běn/*[2]*bù*
jiǔyùn 酒晕 N. flush (from drinking)
jiùyǔxīnzhī 旧雨新知[舊-] F.E. old friends and new acquaintances
jiùzāi 救灾[-災] V.O. provide disaster relief
jiǔzāo 酒糟 N. distiller's grains
jiǔzāobí(zi) 酒糟鼻(子) N. <*coll.*> bulbous/brandy nose
jiùzé 咎责 V. be blamed for one's faults
jiǔzhā 酒渣 N. wine dregs
jiǔzhābí 酒渣鼻 N. <*coll.*> bulbous/brandy nose
jiùzhài 旧债[舊-] N. old debt/loan M: [2]*bǐ*
jiǔzhǎn* 酒盏[-盞] N. wine cup
jiǔzhàn 酒战[-戰] N. drinking bout
jiūzhàng 鸠杖 N. a staff with a pigeon-like handle M: [2]*gēn/*[1]*bǎ*
jiùzhāng 旧章[舊-] N. old regulations
jiùzhàng* 旧账[舊-] N. old bills/debts M: [1]*běn*
jiūzhànquècháo 鸠占鹊巢 ID. usurp what is others'
jiǔzhé* 九折 N. ten-percent discount
jiùzhe 就着[-著] V.P. <*coll.*> be next/near to; be hard by
jiǔzhébì 九折臂 N. <*trad.*> experienced doctor
[1]**jiùzhěn** 就诊 V.O. seek medical advice; go to a doctor
[2]**jiùzhěn** 就枕 V.O. go to bed
jiūzhèng* 纠正 V. correct; redress
jiùzhēng 咎征[-徵] N. portents of disaster from Heaven
jiùzhèng 就正 V.O. solicit comments (on one's writing)
jiūzhèng bùzhèngzhīfēng 纠正不正之风 F.E. check unhealthy tendencies and malpractices
jiùzhèng yú dúzhě 就正于读者[--於讀-] F.E. solicit readers' criticism
jiǔzhésīdòng 久蛰思动[-蟄-動] F.E. seek the limelight after long inactivity
jiǔzhì 灸治 V. treat by moxibustion
jiùzhī 旧知[舊-] N. old friend M: *ge/*[1]*míng/*[2]*wèi*
jiùzhí* 就职[-職] V.O. assume office
jiùzhǐ 旧址[舊-] N. ① old site ② former address
[1]**jiùzhì** 救治 V. treat and cure
[2]**jiùzhì** 旧制[舊-] N. ① old system ② old system of weights/measures
jiùzhí diǎnlǐ 就职典礼[-職-禮] N. inaugural ceremony; inauguration
jiùzhīxīnjiāo 旧知新交[舊-] F.E. old friends and new acquaintances
jiùzhí yǎnshuō 就职演说[-職--] N. inaugural speech M: [1]*piān*
[1]**jiūzhòng*** 纠众[-眾] V.O. incite a mob
[2]**jiūzhòng** 鸠众[-眾] V.O. assemble a big crowd
jiǔzhōng(r) 酒盅/钟(儿) N. small handleless wine cup
jiùzhōng 就中 ADV. ① as intermediary ② among/between us/them/etc.
Jiǔzhōu 九州 P.W. ① poetic name for China ② Kyushu (Jp.) ③ <*hist*> the nine divisions of China
jiǔzhōusìhǎi 九州四海 F.E. the whole country
jiūzhù* 揪住 R.V. grab; seize
jiùzhǔ 旧主[舊-] N. former master M: *ge/*[1]*míng/*[2]*wèi*
Jiùzhǔ 救主 N. the Savior/Messiah M: *ge/*[1]*míng/*[2]*wèi*
[1]**jiùzhù** 救助 V. succor; aid
[2]**jiùzhù** 旧著[舊-] N. old work (of a writer)
jiūzhùbùfàng 揪住不放 F.E. hold on tight; grip
jiūzhuō 鸠拙 F.E. <*humb.*> my stupid self
jiùzhùzhě 救助者 N. rescuer M: *ge/*[1]*míng/*[2]*wèi*
jiǔzī 酒资 N. charges for drinks
jiǔzǐ 酒滓 N. lees
jiùzi* 舅子 N. <*coll.*> wife's brother; brother-in-law M: *ge/*[2]*wèi*
jiǔzú* 九族 N. the nine degrees of kinship
[1]**jiùzú** 旧族[舊-] N. ancient family/clan
[2]**jiùzú** 厩卒[廄-] N. groom (in charge of horses)
jiùzǔ 舅祖 N. brother of one's paternal grandmother M: [2]*wèi*
jiǔzúfànbǎo 酒足饭饱 F.E. drink and eat to one's heart's content
jiǔzuì 酒醉 V. become drunk
jiǔzuìxūnxūn 酒醉醺醺 F.E. dead drunk
jiūzuǒ 纠左 V.O. correct "Left" mistakes
[1]**jiǔzuò** 久坐 V. sit for a long while
[2]**jiǔzuò** 酒坐 N. banquet; feast
[1]**jiùzuò*** 就座 V.O. take a/one's seat
[2]**jiùzuò** 就坐 V. sit down
[3]**jiùzuò** 旧作[舊-] N. old works (of literature and art) M: [1]*piān/*[1]*běn/*[2]*bù*
jiūzuòyītuán 揪作一团[-團] F.E. twist up into a lump
jǐwǎ 脊瓦 N. ridge tile M: [2]*kuài*
jíwān 急弯[-彎] N. abrupt/sharp turn
jǐ wàn* 几万[-萬] NUM. tens of thousands
jìwǎng* 既往 N. ① in or of the past; formerly; previously ② what one has done in the past
[1]**jìwàng** 寄望 V. place hopes on
[2]**jìwàng** 冀望 V. hope for; long for
[3]**jìwàng** 既望 N. 16th day of the lunar month
jìwǎngbìng 既往病 N. past/previous illness
jìwǎngbùjiū* 既往不究 F.E. forgive sb.'s past misdeeds; let bygones be bygones
jìwǎngbùjiù 既往不咎 F.E. forgive sb.'s past misdeeds; let bygones be bygones
jìwǎngkāilái 继往开来[繼-開-] F.E. carry forward the (revolutionary) cause and forge ahead into the future
[1]**jīwēi** 几微 N. omen; portent; augury
[2]**jīwēi** 积威[積-] V.O. authority accruing over time
jīwéi 讥为 N. satirize; ridicule; sneer at
[1]**jīwěi** 鸡尾[雞-] N. cocktail
[2]**jīwěi** 机尾 N. aircraft tail
Jīwěi 箕尾 N. <*astr.*> constellations Sagittarius and Scorpio
jīwèi 机位 N. ① camera location ② plane seat
jí wēi 极微[極-] V.P. infinitely small; infinitesimal
[1]**jíwéi*** 极为[極-] ADV. extremely; exceedingly
[2]**jíwéi** 即为 V. ① be ② mean
[3]**jíwéi** 棘围[-圍] P.W. <*trad.*> examination hall
jíwèi 即位 V.O. <*wr.*> ① take one's seat ② ascend the throne ③ enthrone
jǐwèi 己未 N. 56th year of the Sexagenary Cycle (1919, 1979, 2039 etc.)
[1]**jìwēi** 济危[濟-] V.O. aid the endangered/needy
[2]**jìwēi** 霁威[霽-] V.P. stop being angry; stop anger
[1]**jì-wěi** 计委 N. planning commission
[2]**jì-wěi** 纪委 N. commission for inspecting discipline
[3]**jìwěi** 骥尾 N. coattails of a great man
jìwèi 继位[繼-] V.O. succeed to the throne
jíwéi dòngrén 极为动人[極-動-] V.P. be very tempting
jìwēifúkùn 济危扶困[濟-] F.E. relieve the less privileged and help the endangered
jìwēifúqīng 济危扶倾[濟-] F.E. relieve the distressed
jīwěijiǔ 鸡尾酒[雞-] N. <*loan*> cocktail M: *bēi*
jīwěijiǔhuì 鸡尾酒会[雞-] N. cocktail party M: [1]*xí*
jīwěijiǔhuì lǐfú 鸡尾酒会礼服[雞---禮-] N. a cocktail dress M: [2]*jiàn*
jīwēiniǎo 几微鸟 N. <*loan*> kiwi (bird) M: [2]*zhī*
jīwěisuō 肌萎缩 N. muscular dystrophy; amyotrophy
jíwéi zhòngyào 极为重要[極-] V.P. be of the utmost importance
jīwēn 鸡瘟[雞-] N. chicken pest/plague M: [3]*cháng*
jíwén 吉闻 N. good news/tidings
jìwén* 祭文 N. funeral oration; elegiac address M: [1]*piān*
jǐ wén qián 几文钱[-錢] N. a few cents
jìwēnxué 计温学 N. thermometry
jìwènzhīxué 记问之学 N. rote teaching of undigested classics
jīwō 鸡窝[雞窩] N. chicken coop; hen house
[1]**jīwù** 机务[-務] N. ① machine maintenance ② important matters
[2]**jīwù** 机悟 V.P. quick-witted
[3]**jīwù** 鸡鹜[雞-] ID. petty/mean persons
jíwū 吉屋 N. "auspicious house" (for sale/rent)
[1]**jíwù*** 急务[-務] N. urgent task/matter
[2]**jíwù** 及物 ATTR. <*lg.*> transitive
jìwǔ 继武[繼-] ID. <*wr.*> carry on unfinished tasks of the deceased
jìwù 祭物 N. sacrifices M: [2]*jiàn*
jìwùchù 寄物处[-處] P.W. checkroom
jíwū chūzū 吉屋出租 V.P. house for rent
jíwù dòngcí 及物动词[--動-] N. <*lg.*> transitive verb
jīwùduàn 机务段[-務-] N. maintenance section
jíwùqiónglǐ 即物穷理[--窮-] F.E. <*phil.*> search for ultimate ideas through concrete phenomena
jīwù rényuán 机务人员[-務--] N. ① maintenance personnel ② ground crew
jìwúsuǒchū 计无所出 F.E. unable to think of a way
jìwúsuǒshòu 计无所售 F.E. fail to attain a goal
jíwùxìng 及物性 N. <*lg.*> transitivity
jíwù xíngdòng dòngcí 及物行动动词[---動動-] N. <*lg.*> transitive action verb
jíwùxìng xuǎnzé 及物性选择[-選擇] N. <*lg.*> transitivity
jíwū zhāozū 吉屋招租 V.P. house for rent
[1]**jīxī** 几希 V.P. slight; little; not much
[2]**jīxī** 缉熙 V.P. bright; brilliant
jīxí 积习[積習] N. inveterate habits
jīxì 羁系[-繫] V. restrain; bind
jíxī 吉夕 N. wedding night
[1]**jíxí*** 即席 ADV. ① impromptu ② extemporaneously ③ in the course of a banquet
[2]**jíxí** 急袭 V. rapid attack/raid
jǐxí 几席 N. small table with only a few seats
[1]**jìxià** 记下 R.V. note down
[2]**jìxià** 季夏 N. last month of summer
jì xiàlai 记下来 R.V. write down; make a note of
jīxiān 机先 V. take the initiative; take steps in advance
[1]**jīxiàn** 基线 N. <*sur.*> base line
[2]**jīxiàn** 奇羡 N. net profit
jíxián 嫉贤[-賢] V.O. envy sb. worthier than oneself
jíxiàn* 极限[極-] N. limit/maximum

jīxiàn 挤陷[擠-] V. harm intentionally

jìxiàn 祭献[-獻] V. sacrifice

jíxiándùnéng 嫉贤妒能[-賢--] F.E. be envious of people of worth and ability

jíxiānfēng 急先锋 N. ①daring vanguard ②most aggressive henchman M: *ge/*[1]*míng/*[2]*wèi*

jíxiáng 吉祥 S.V. lucky; auspicious; propitious

jíxiàng 急相 N. anxious expression/manner M: [1]*fú*

jìxiàng* 迹象[跡-] N. sign; indication M: [1]*zhǒng/ge*

jíxiánghuà(r) 吉祥话(儿) N. lucky words

jíxiángrúyì 吉祥如意 F.E. fortunate and happy

jíxiángwù 吉祥物 N. good-luck object; mascot M: [2]*jiàn*

jíxiánhàinéng 嫉贤害能[-賢--] F.E. detest the good and undermine the capable

jīxiānwéi 肌纤维[-纖-] N. muscle fibers

jìxiànyí 纪限仪[-儀] N. sextant M: [1]*tái/*[1]*jià/ge*

jīxián yuèqì 击弦乐器[擊-樂-] N. hammered string instrument M: [2]*jiàn*

[1]**jīxiào*** 讥笑 V./N. ridicule; jeer M: [1]*zhèn*

[2]**jīxiào** 积效[積-] N. cumulative effect

jí xiǎo 极小[極-] V.P. minute; minimum; minimal

jìxiāo 寄销 V. consign; sell on consignment ♦N. consignment sale

[1]**jìxiào** 绩效 N. results; effect; achievements

[2]**jìxiào** 技校 N. technical school M: [1]*jiā/*[1]*suǒ*

jìxiāo fèiyòng 寄销费用 N. consignment expenses M: [2]*bǐ*

jìxiào jiǎngjīn 绩效奖金[--獎-] N. achievement bonus M: [2]*bǐ*

jìxiāopǐn 寄销品 N. consignment sales M: [2]*jiàn*

jìxiāorén 寄销人 N. consignor M: *ge/*[1]*míng/*[2]*wèi*

jìxiāo shāngdiàn 寄销商店 P.W. consignment store M: [1]*jiā*

jí xiǎo shèjì 极小设计[極-] N. minimal design

jīxiàoshēng 讥笑声[-聲] N. ridiculing sound M: [1]*zhèn*

jíxiǎozhí 极小值[極-] N. minimum value

jǐxiàzi 几下子 N. several times/occurrences

jīxíchéngxìng 积习成性[積習-] F.E. Deep-rooted habits have become second nature.

jīxiě 鸡血[雞-] N. chicken blood

[1]**jīxiè*** 机械 N. machine; machinery; mechanism ♦ATTR. mechanical

[2]**jīxiè** 羁绁 N. bridles and reins

jìxié 记协[-協] N. journalist's association

jīxièbiǎo 机械表[-錶] N. mechanical watch M: [2]*kuài/ge/*[2]*zhī*

jì xiédài(r) 系鞋带(儿)[繫-帶-] V.O. tie shoelaces

jīxiè dònglìxué 机械动力学[--動--] N. mechanical kinetics

jīxiègōng 机械功 N. mechanical work

jīxiè gōngchǎng 机械工厂[-廠] P.W. machine shop M: [1]*jiā*

jīxiè gōngchéng 机械工程 N. mechanical engineering M: [3]*xiàng*

jīxiè gōngchéngxué 机械工程学 N. mechanical engineering

jīxiè gōngyè 机械工业[-業] N. machine industry

[1]**jīxièhuà** 机械化 V./N. mechanize

[2]**jīxièhuà** 机械画[-畫] N. industrial design

jīxièhuà bùduì 机械化部队[-隊] N. mechanized force/troops/unit M: [4]*zhī*

jīxiè jiāgōng 机械加工 N. machining

jīxièjiàng 机械匠 N. mechanic M: *ge/*[1]*míng*

jīxièlì 机械力 N. mechanical force

jīxiè liànxí 机械练习[-練習] N. mechanical drill

jīxièlùn 机械论 N. <*phil.*> mechanism

jīxiènéng 机械能 N. <*phy.*> mechanical energy

jīxièrén 机械人 N. robot

jīxièshī* 机械师[-師] N. ①machinist ②engineer M: *ge/*[1]*míng/*[2]*wèi*

jīxièshì 机械式 N. mechanic

jīxièshǒu 机械手 N. <*mach.*> manipulator; mechanical arm

jīxiè wéiwùlùn 机械唯物论 N. mechanical materialism

jīxiè wéiwùzhǔyì 机械唯物主义[-義] N. mechanical materialism

jīxièxìng 机械性 ATTR. of a mechanical nature; mechanical

jīxièxué 机械学 N. mechanics

jīxièyóu 机械油 N. lubricants for machines

jīxiè yùndòng 机械运动[-運動] N. mechanical movement

jīxièzhǎn 机械展 N. machinery exhibition

jīxiè zhìhuà 机械制画[-製畫] N. mechanical drawing

jīxiè zhìtú 机械制图[-製圖] N. mechanical drawing

jíxífāyán 即席发言[--發-] F.E. speak impromptu

jíxífùshī 即席赋诗 F.E. improvise a poem

jìxīhòu jìngshōuyì 计息后净收益[--後淨--] N. <*acct.*> net income after interest charges

[1]**jīxīn** 机心 N. ① clock/watch movement ② devious/shrewd/cunning mind ③ diabolical scheme

[2]**jīxīn** 鸡心[雞-] N. ① heart-shaped ornament ② chicken heart ♦ATTR. heart-shaped

[3]**jīxīn** 积薪[積-] N. a pile of firewood

[4]**jīxīn** 羁心 N. melancholy feeling during travel

jíxīn 棘心 N. <*trad.*> son's self-reference when speaking of his deceased parents

jìxīn 忌心 A.T. jealousy; envy

jìxìn* 寄信 V.O. post/mail letter

jīxínánchú 积习难除[積習難-] F.E. Deep-rooted habits are hard to give up.

jīxínánfǎn 积习难返[積習難-] F.E. Old habits die hard.

jīxínángǎi 积习难改[積習難-] F.E. Old habits die hard.

[1]**jīxíng** 畸形 N. <*med.*> deformity; malformation ♦ATTR. lopsided; unbalanced; abnormal

[2]**jīxíng** 机型 N. ① aircraft type ② machine model

jīxǐng 激醒 R.V. stimulate

Jíxīng 极星[極-] N. <*astr.*> Pole Star

[1]**jíxíng** 急行 V. ① walk hurriedly ② start doing sth. immediately

[2]**jíxíng** 疾行 V. rapid march/walk

[3]**jíxíng** 极刑[極-] N. capital punishment; death penalty

[4]**jíxíng** 极行[極-] N. the best deed

[1]**jíxìng** 即兴[-興] ATTR./ADV. impromptu; extemporaneous

[2]**jíxìng** 急性 ATTR. ①acute (of diseases) ②quick-tempered

[3]**jíxìng** 极性[極-] N. polarity

jìxìng(r)* 记性(儿) N. memory

[1]**jìxíng** 纪行 N. travel notes

[2]**jìxíng** 剂型[劑-] N. form of a drug (e.g., liquid/etc.)

[1]**jìxìng** 寄兴[-興] V.O. turn one's interest to

[2]**jìxìng** 觊幸[覬-] V.P. hope to get sth. by good luck

jíxìng biǎoyǎn 即兴表演[-興--] N. extemporaneous performance M: [2]*chǎng/ge*

jíxìngbìng 急性病 N. ① <*med.*> acute disease ② impetuosity M: [3]*cháng/*[1]*zhǒng*

jìxìng chā 记性差 V.P. have a poor memory

jíxìng chuánrǎnbìng 急性传染病[--傳--] N. <*med.*> acute infectious disease M: [3]*cháng/*[1]*zhǒng*

jīxíng'ér 畸形儿 N. abnormal person/animal M: *ge/*[1]*míng*

jīxíng fāzhǎn 畸形发展[--發-] N. abnormal development

jíxìngfùshī 即兴赋诗[-興--] F.E. write an impromptu poem

jíxīnggāozhào 吉星高照 F.E. be blessed by a lucky star

jìxìng huài 记性坏[-壞] V.P. have a poor memory

jíxíngjūn 急行军 V.O. make a rapid/forced march

jíxìng lánwěiyán 急性阑尾炎 N. <*med.*> acute appendicitis

jíxìngrén 急性人 N. quick-tempered person M: *ge/*[1]*míng/*[2]*wèi*

jíxìngshī 即兴诗[-興-] N. extempore verse M: [2]*shǒu*

jíxíngtiàoyuǎn 急行跳远[-遠] F.E. run fast and leap far

jíxìng wèiyán 急性胃炎 N. <*med.*> acute nephritis

jíxìng yǎnshuō 即兴演说[-興--] N. impromptu speech M: [2]*fān/*[2]*chǎng/ge*

jíxìngzhīzuò 即兴之作[-興--] N. improvisation M: [1]*piān*

jíxìngzi* 急性子 N. impetuous person M: *ge/*[1]*míng/*[2]*wèi* ♦S.V. of impatient disposition; impetuous *See also jíxìngzǐ*

jíxìngzǐ 急性子 N. <*Ch. med.*> seed of garden balsam *See also jíxìngzi*

jīxīnlǐng 鸡心领[雞-] N. V-neck garment

jìxìnrén 寄信人 N. sender (of letter) M: *ge/*[1]*míng/*[2]*wèi*

jīxiōng 鸡胸[雞-] N. ① pigeon/chicken breast ② <*med.*> keeled chest

jí-xiōng* 吉凶 N. good or bad luck

jīxiōngpúr 鸡胸脯儿[雞-] N. ① chicken breast (as food) ② pigeon breast (person)

jíxiōngwèibǔ 吉凶未卜 F.E. one's fate is in the balance; fate unknown

jīxiū* 机修 N. machinery maintenance

jīxiù 机绣[-繡] N. machine-made embroidery

Jīxiù 箕宿 N. <*astr.*> one of the traditional 28 constellations

jīxiūchǎng 机修厂[-廠] P.W. machine repair shop M: [1]*jiā*

jíxí yǎnzòu 即席演奏 N. improvisation M: [2]*chǎng*

jīxù 积蓄[積-] V. put aside; save ~ *tǐlì zhǔnbèi bǐsài* build up strength in order to participate in the competition ♦N. savings M: [2]*bǐ*

[1]**jíxū** 急需 V. ① urgently require (sth.) ② be badly in need of ♦N. urgent need

[2]**jíxū** 急须 V. have to do (sth.) urgently

[3]**jíxū** 亟需 V. urgently need

jǐxǔ 几许 PR. <*wr.*> how much/many?

[1]**jìxù*** 继续[繼續] V./ADV. continue; go on

[2]**jìxù** 记叙[-敘] V. narrate

[3]**jìxù** 纪序 N. order; succession

jīxuán* 激旋 V. whirl

jíxuǎn 极选[極選] N. the best choice

jìxùbùduàn 继续不断[繼續-斷] F.E. go on (for a long time) without a break

jìxù de zhuàngtài 继续的状态[繼續-狀態] N. continuous/progressive mood

jīxuě* 积雪[積-] N. snowpack

jìxué 绩学 N. <*wr.*> erudite learning

jīxuèjiǔ 鸡血酒[雞-] N. liquor mixed with chicken blood M: *bēi*

jìxuézhīshì 绩学之士 N. erudite scholar M: *ge/*[1]*míng/*[2]*wèi*

jìxùfàn 继续犯[繼續-] V. <*law*> recidivist

jìxù jiàoyù 继续教育[繼續-] N. continuous learning/education

jíxūjiūzhèng 亟须纠正 F.E. must be speedily put right

jíxùn 集训 V. assemble for training ♦N. ①training camp ② group training

jíxùnduì 集训队[-隊] N. training team M: [4]*zhī*

jìxùtǐ 记叙体[-敘體] N. style of narration

jìxùwén 记叙文[-敘-] N. narration; narrative M: [1]*piān*

jìxùxìng 继续性[繼續-] N. continuity

[1]**jīyā*** 积压[積壓] V. ① keep long in stock ② overstock ③ put off; delay

[2]**jīyā** 羁押 V. <*wr.*> detain; take into custody

jǐyā 挤压[擠壓] V. extrude; press ♦N. extrusion; pressing

jìyā 寄押 V. leave sth. with sb. as a security deposit

jìyá 际涯[際-] N. margin; outer limit

jǐ yágāo 挤牙膏[擠-] V.O. ①squeeze toothpaste out of tube ② be forced to tell truth bit by bit

jīyājī 挤压机[擠壓-] N. extrusion press; extruder M: [1]*tái/*[4]*zuò*

[1]jīyán 基岩 N. bedrock
[2]jīyán 齑盐[齏鹽] N. vegetable diet
[3]jīyán 稽延 V. ①postpone ②delay; procrastinate
jīyǎn* 鸡眼[雞-] N. <med.> corn; bunion
jíyán 极言[極-] V. emphatically express
jíyǎn 急眼 V.O. ① be angry ② be taken aback; feel anxious
jǐyǎn(r) 挤眼(儿)[擠-] V.O. blink the eyes (as a signal); wink
jìyān 忌烟[-煙] V.O. quit smoking
[1]jìyán 记言 N. record of lectures/sayings/etc.
[2]jìyán 霁颜[霽-] V.O. be mollified
jīyáng 激扬[-揚] V. ① flush away mud and bring in fresh water ② drive out evil and usher in good ③ encourage; urge
jǐyǎng 给养[-養] N. ① provisions; victuals ② allowance
jǐyàng 几样[-樣] PR. ① several kinds/sorts ② how many kinds/sorts?
[1]jìyǎng* 寄养[-養] V. ① entrust one's child to sb.'s care *Tā cóng xiǎo bèi ~ zài shūshu jiā.* He was raised by his uncle from childhood. ② depend on others for a living
[2]jìyǎng 技痒[-癢] V.P. itching to show off one's skill
jǐyǎngchōngzú 给养充足[-養--] F.E. be abundantly provisioned
jǐyǎngpǐn* 给养品[-養-] N. ① provisions; food ② allowance
jì yàngpǐn 寄样品[-樣-] V.O. send a sample
jīyáng shìqì 激扬士气[-揚-氣] V.O. boost morale
jíyánjùsè 疾言遽色 F.E. harsh words and ruffled looks
jíyánlìsè 疾言厉色[--厲-] F.E. harsh words and stern looks
jīyánshírì 稽严时日[-嚴時-] F.E. be considerably delayed
[1]jīyào* 机要 ATTR. confidential ♦N. confidential and important matters
[2]jīyào 基要 ATTR. fundamental
jíyào 辑要 N./V.O. summary; abstract
jǐyào 给药[-藥] N. <med.> dose
jìyào 纪/记要 N. ① summary (of minutes) ② recording of important facts
jīyào jiāotōngjú 机要交通局 P.W. <PRC> confidential circulation department
jīyào mìshū 机要秘书[-書] N. confidential secretary M: ge/[1]míng/[2]wèi
jīyào shūjì 机要书记[--書-] N. confidential clerk M: ge/[1]míng/[2]wèi
jīyàoyuán 机要员 N. confidential personnel M: ge/[1]míng/[2]wèi
jīyāyúròu 鸡鸭鱼肉[雞-] F.E. all kinds of meat
jīyè 基业[-業] N. ① foundation; base (of an enterprise) ② family estate
[1]jíyè 即夜 ADV. on the very night; within the night; immediately
[2]jíyè 极夜[極-] N. polar night
jìyè* 绩业[-業] N. outstanding achievement
jíyèchéngqiú 集腋成裘 F.E. many a little makes a lot
[1]jīyí 机宜 N. principles of action; guidelines
[2]jīyí 稽疑 V. solve doubt by means of divination; examine by divination
jīyì 机翼 N. aircraft wing
[1]jíyì 辑佚 V.O. gather rare and scattered writings
[2]jíyì 集议[-議] V.O. hold a meeting to exchange views
[3]jíyì 戢翼 V.O. ①fold the wings (of birds) ②retire
jǐyì 挤抑[擠-] V. keep sb. down/out
jìyǐ 继以[繼-] V.P. follow; be after
[1]jìyì* 技艺[-藝] N. ① skill; artistry ② craft ③ mechanical arts
[2]jìyì 记忆[-憶] V. remember; recall ♦N. memory; memorization
[3]jìyì 计议[-議] V. ①deliberate; consult ②<coll.> plan; calculate ③ negotiate
[4]jìyì 寄意 V.O. send one's regards
[5]jìyì 伎艺[-藝] N. ① mechanical arts ② expert skill

jìyì fùdān 记忆负担[-憶-擔] N. <lg.> memory burden
jìyìhuà 记忆画[-憶畫] N. drawing from memory M: [1]fú
jìyì huànjué 记忆幻觉[-憶-覺] N. déju vu
jìyìlì 记忆力[-憶-] N. (faculty of) memory
jìyìlì bǎochílì 记忆力保持力[-憶----] N. retention
jìyìlì qiáng 记忆力强[-憶-強] V.P. have a good memory
jìyìlì shuāituì 记忆力衰退[-憶---] V.P. one's memory is failing
jīyǐměngzhǎng 击以猛掌[擊-] F.E. give a sharp warning
[1]jīyīn* 基因 N. <loan> gene
[2]jīyīn 基音 N. fundamental tone/pitch
jīyǐn 机引 ATTR. tractor-drawn
jíyǐn 汲引 V. employ people of talent
jíyìn 辑印 V. compile and print
jìyīn 记音 N. <lg.> phonetic notation
jíyìnchéngshū 辑印成书[-書] F.E. compile/edit and print a book
jīyíng* 奇赢 N. small profit
Jī-Yǐng 箕颍 N. recluse's secluded abode (literally, near Jī Mountain and Yǐng River)
jíyǐng 戢影 V.O. retire (from active life)
jīyīng'èhǔ 饥鹰饿虎 F.E. as greedy as hungry vultures and tigers
jīyīn gōngchéngxué 基因工程学 N. genetic engineering
jīyīngshìzhōng 肌鹰侍中 ID. rapacious functionary
jíyǐng zhàopiàn 即影照片 N. candid photo M: [1]zhāng
jīyīn tūbiàn 基因突变[--變] N. gene mutation
jíyìn xiàngpiàn 即印相片 N. instant photo M: [1]zhāng
jīyīnxué 基因学 N. genetics
jíyìn zhàoxiàngjī 即印照相机 N. instant camera; Polaroid camera M: [1]jià/ge/[2]zhī
jìyìqì 记忆器[-憶-] N. <comp.> memory (chip)
jìyìqū 记忆区[-憶區] N. memory area
jìyì quēshīzhèng 记忆缺失症[-憶---] N. amnesia
jìyìsuǒjí 记忆所及[-憶--] F.E. insofar as one can recollect
jìyìtǐ 记忆体[-憶體] N. <comp./TW> memory (chip)
jìyìtǐ huìliúpái 记忆体汇流排[-憶體匯--] N. <comp.> memory
jìyìtǐ róngliàng 记忆体容量[-憶體--] N. memory capacity
jǐyìtóngyín 挤抑同寅[擠-] F.E. keep down a colleague
jìyìyóuxīn 记忆犹新[-憶猶-] F.E. remain fresh in one's memory
jíyòng* 急用 N. urgent need
jìyòng 绩用 V. use ♦N. utility
jīyóu 机油 N. engine oil; lubricant
jíyóu* 集邮[-郵] V.O. collect stamps ♦N. stamp-collecting; philately
jíyòu 极右[極-] V.P./ATTR. ultra-rightist
jǐyǒu 己酉 N. 46th year of the Sexagenary Cycle (1909, 1969, 2029 etc.)
jìyǒu 计有 V. there is/are
jíyóubù 集邮簿[-郵-] N. stamp album M: [1]běn
jíyóucè 集邮册[-郵冊] N. stamp album M: [1]běn
jīyōuchéngjí 积忧成疾[積憂-] F.E. poor health due to chronic stress/worry
jíyòu fènzǐ 极右分子[極-] N. ultra-rightist M: ge/[1]míng
jíyóujiā 集邮家[-郵-] N. philatelist; stamp collector M: ge/[1]míng/[2]wèi
jíyóumí 集邮迷[-郵-] N. ardent stamp collector M: ge/[1]míng/[2]wèi
jíyòupài 极右派[極-] N. ultra-rightist M: ge/[1]míng
jíyóurè 集邮热[-郵熱] N. stamp-collecting fever M: [3]cháng
[1]jīyú 基于[-於] COV. on the basis of; in view of; because of

[2]jīyú 几于[-於] ADV. almost; at the point of; very nearly
jīyǔ 积雨[積-] V.O. rain for a long time
[1]jīyù 机遇 N. <wr.> opportunity; favorable circumstances
[2]jīyù 积郁[積鬱] N. pressure/worry/etc. accumulated in one's mind
[1]jíyú 急于[-於] V.P. eager/anxious to (do sth.)
[2]jí yú 极愚[極-] V.P. most stupid/dumb
[1]jíyǔ 急雨 N. sudden and heavy rain M: [1]zhèn/[3]cháng
[2]jíyǔ 疾雨 N. torrential rain M: [1]zhèn/[3]cháng
jíyù 亟欲 V.P. very anxious to do sth.
jǐyǔ* 给予 V. <wr.> render; give *See also gěiyǔ*
[1]jìyú 觊觎[覬-] V. <wr.> covet; eye greedily
[2]jìyú 鲫鱼 N. crucian carp M: [1]tiáo
[1]jìyǔ 寄予 V. ① place (hope/etc.) on ② show; give; express
[2]jìyǔ 寄语 V.O. <wr.> send a message by word of mouth
[1]jìyù 际遇[際-] N. <wr.> ① spells of good or bad fortune ② opportunity; chance ③ what one has experienced/encountered in one's life
[2]jìyù 寄寓 V.O. <wr.> lodge in a temporary residence
[3]jìyù 系狱[繫-] V.O. ① imprison ② imprisoned
[1]jīyuán 机缘 N. ① good luck; lucky chance ② <Budd.> predestined situation
[2]jīyuán 机员 N. member of an aircraft crew
jīyuàn 积怨[積-] N. <met.> accumulated rancor; piled-up grievances
jíyuàn 棘院 P.W. <trad.> examination site
jìyuán* 纪元 N. ① beginning of a reign/era ② epoch; era
[1]jìyuàn 妓院 P.W. brothel M: [1]jiā
[2]jìyuàn 寄怨 V.O. take advantage of a situation to satisfy one's grievance
jīyuáncòuqiǎo 机缘凑巧[--湊-] F.E. by chance; by lucky coincidence
jìyuánhòu 纪元后[-後] N. A.D. (Anno Domini); C.E. (Common Era)
jìyuánqián 纪元前 N. B.C. (Before Christ); B.C.E. (Before the Common Era)
jīyuànshènduō 积怨甚多[積-] F.E. incur widespread resentment
jíyúbiǎotài 急于表态[-於-態] F.E. be impatient to state one's position
jīyǔchénzhōu 积羽沉舟[積-] F.E. ① tiny things may gather into a mighty force ② minor offenses unchecked may bring disaster
[1]jīyuè* 激越 V.P. ①intense; vehement ②sonorous
[2]jīyuè 期月 N. <trad.> ①one year ②one month
jíyuē 集约 ATTR. <agr.> intensive
[1]jìyuè 季月 N. the last month of each season
[2]jìyuè 霁月[霽-] N. ① clear moon after rain; unclouded moon ② open-minded
jìyuē fēnshù 既约分数[-數] N. <math.> simplified fraction
jìyuèguāngfēng 霁月光风[霽-] F.E. open and aboveboard
jíyuēhuà 集约化 N./V. intensify; intensification
jíyuēhuà shēngchǎn 集约化生产[-產] N. intensive production
jíyuē nóngyè 集约农业[-農業] N. intensive agriculture
jīyuèqì 击乐器[擊樂-] N. percussion instrument M: [1]zhǒng/[2]jiàn
jìyuèqīngfēng 霁月清风[霽-] F.E. bright moon and fine breeze
jǐ yùlì ér lìrén 己欲立而立人 F.E. <wr.> help others along while striving to be successful oneself
jīyún 积云[積雲] N. <met.> cumulus
jīyùn 机运[-運] N. a spell of good fortune; luck
jíyùn* 集运[-運] V. transport sth. containerized
jíyúqiúchéng 急于求成[-於--] F.E. impatient for success/results
jǐyǔtǐ 给予体[-體] N. donor; donator
jǐyǔtóngqíng 给予同情 F.E. show sympathy for
jìyǔxīwàng 寄予希望 F.E. place one's hope on

jīyúyìfèn 激于义愤[-於義-] F.E. be aroused by one's sense of justice
jīyù yīnsù 机遇因素 N. chance factors
jíyúyīshēn 集於一身 F.E. gather . . . to one person
jīyǔyún 积雨云[積-雲] N. cumulonimbus (cloud)
jíyú zhōngxīn 集于中心[-於--] N. centralization
jīzá 鸡杂[雞雜] N. chicken giblets
jīzài 机载 ATTR. airborne (on an aircraft)
jǐzài 挤在[擠-] V.P. be pressed between/among others
jìzǎi* 记载 V. put down in writing; record ♦N. record; account
jìzǎi xiàlai 记载下来 R.V. go on record
jīzǎizi 鸡崽子[雞-] N. <coll.> chick
jīzǎn* 积攒[積-] V. collect/save bit by bit ♦N. savings
jízǎn 集攒 V. accumulate; save
jīzāo 齑糟[齏-] V.P. fragmented and complicated
[1]**jízǎo(r)*** 及早(儿) ADV. at an early date; as soon as possible
[2]**jí zǎo** 极早[極-] ADV. very early
[3]**jízǎo(r)** 即早(儿) ADV. as soon as possible
jízào 急躁 S.V. ①irritable; irascible ②impetuous; rash; impatient
jìzào 祭灶 V.O. worship the kitchen god
jízǎohuítóu 及早回头 F.E. mend one's ways without delay
jízàomàojìn 急躁冒进[-進] F.E. rush things through
jìzàoqífú 祭灶祈福 F.E. sacrifice to the kitchen god and pray for blessings
jīzé 唧啧 N. chirping of insects
jīzēng* 激增 V. increase sharply; soar
jìzèng 寄赠 V. send as a gift
jízéshēngbiàn 急则生变[-變] F.E. Hastiness upsets careful plans.
[1]**jīzhà** 机诈 S.V. tricky; treacherous
[2]**jīzhà** 鸡栅[雞柵] N. chicken pen
jīzhābùduàn 叽喳不断[-斷] F.E. continuously chirp/twitter
jīzhàn* 激战[-戰] V. fight fiercely ♦N. fierce battle/fighting
jǐzhàn 挤占[擠-] V. overrun; infringe on
jīzhāng 箕张 V. fan out
[1]**jīzhǎng** 机长 N. aircraft commander M: ge/[1]míng/[2]wèi
[2]**jīzhǎng** 击掌[擊-] V.O. smack palms together; clap (in martial arts/etc.)
[1]**jízhǎng** 级长 N. grade leader (in school) M: ge/[1]míng/[2]wèi
[2]**jízhǎng** 及长 V. grow up; reach adulthood
[1]**jìzhàng*** 记帐 V.O. ①keep accounts ②charge to an account
[2]**jìzhàng** 祭幛 N. inscribed pennant
jìzhàng píngzhèng 记账凭证[-憑證] N. bookkeeping/accounting vouchers M: [1]fèn/[1]zhāng
jīzhǎngwéidìng 击掌为定[擊-] F.E. swear sth. to sb. palm-against-palm
jīzhǎngwéihào 击掌为号[擊-號] F.E. clap hands as a signal
jìzhàngyuán 记账员 N. bookkeeper M: ge/[1]míng/[2]wèi
jīzhǎngzòupāi 击掌奏拍[擊-] F.E. clap one's hands to give the tempo
jīzhǎnwéihào 击盏为号[擊盞-號] F.E. let fall a cup as a signal
jīzhǎo 鸡爪[雞-] N. chicken feet
[1]**jīzhào** 机罩 N. aircraft cowling
[2]**jīzhào(r)** 鸡罩(儿)[雞-] N. chicken-incubator
[3]**jīzhào** 几兆 N. omen; portent; augury
jízhào(r)* 吉兆(儿) N. good omen; propitious sign
jìzhào 寂照 N. <Budd.> the illumination of nirvana
jízhe 急着[-著] ADV. hurriedly; urgently
jìzhe 记着[-著] V.P. remember
jìzhě* 记者 N. (news) reporter; correspondent M: ge/[1]míng/[2]wèi
jīzhěgānshí 饥者甘食 F.E. All food tastes delicious to those who are hungry.
jìzhě gōnghuì 记者公会 N. newsmen's association/federation
jìzhěhuì 记者会 N. press conference M: cì
Jìzhějié 记者节[-節] N. Journalist's Day
[1]**jízhēn** 棘针 N. buckthorns
[2]**jízhēn** 即真 V. be appointed after a period as acting
jízhěn* 急诊 N. ①emergency call/treatment ②emergency case
jízhèn 集镇 N. <agr.> town; market town M: [4]zuò
jízhěn bìngrén 急诊病人 N. emergency case M: ge/[1]míng/[2]wèi
jízhěnchù 急诊处[-處] P.W. emergency department
jīzhēng 稽征[-徵] V. examine goods and collect duty
jízhēng 吉征[-徵] N. good omen
[1]**jízhèng*** 急症 N. ①acute disease; sudden attack (of illness) ②emergency
[2]**jízhèng** 即政 V.O. take charge
jìzhèng 技正 N. ①senior specialist ②engineer
jīzhēngān(r) 鸡胗肝(儿)[雞-] N. chicken gizzard
jīzhēngchù 稽征处[-徵處] P.W. office of auditing accounts and levying taxes
jízhěnshì 急诊室 N. emergency ward/room M: [1]jiān
jìzhěxí 记者席 N. press gallery
jìzhě xiéhuì 记者协会[--協-] N. journalists' association
jīzhě yì wéishí 饥者易为食 F.E. Starvelings would eat anything edible.
jízheyùféi 棘者欲肥 F.E. <trad.> apply manure to make barren land fertile
jìzhě zhāodàihuì 记者招待会 N. press conference
jìzhězhèng 记者证[-證] N. press card M: [1]zhāng
[1]**jīzhī** 鸡汁[雞-] N. broth prepared by steaming chicken
[2]**jīzhī** 机织[-織] N. machine weaving
jīzhǐ 基址 N. ①remains; vestiges ②base of a building
[1]**jīzhì*** 机智 S.V. quick-witted; resourceful ♦N. quick-wittedness
[2]**jīzhì** 机制[-製] ATTR. machine-processed ♦N. mechanism
[3]**jīzhì** 基质[-質] N. base quality
[4]**jīzhì** 羁滞[-滯] V. ①detain (an offender) ②delay; hold up
[5]**jīzhì** 赍志[齎-] V.O. cherish unfulfilled ambitions
[6]**jīzhì** 笄蛭 N. <zoo.> bipalium (an earth-worm)
jízhí 极值[極-] N. <math.> extreme value
[1]**jízhì** 及至 CONJ. up to; until
[2]**jízhì** 急智 N. quick-wittedness
[3]**jízhì** 极致[極-] N. ultimate attainment; highest achievement
[4]**jízhì** 极至[極-] CONJ. till; up to
jǐzhí 掎摭 V. ①find fault with ②gather
jǐzhǐ 戟指 V. point a finger at sb. and revile him
[1]**jìzhí** 计值 N. evaluation
[2]**jìzhí** 技职[-職] N. titles for technical personnel
jìzhǐ 季指 N. the little finger
jìzhì 继志[繼-] V.O. carry on from the deceased
jìzhì de 计质的[-質-] ATTR. qualitative
jìzhì de yǔzhì 计质的语质[-質--質] N. qualitative term
jīzhì'érmò 赍志而没/殁[齎-歿] F.E. die without fulfilling one's ambitions
jīzhīgēzhī 咭吱咯吱 ON. creak; cackle
[1]**jīzhǒng** 机种[-種] N. type of machine
[2]**jīzhǒng** 箕踵 ID. wide in the front and narrow in the rear
jīzhòng 击中[擊-] R.V. hit the point/target
jízhōng* 集中 V. ①concentrate; assemble ②centralize ③focus ④put together; gather
jìzhǒng 继踵[繼-] V.O. follow close on sb.
jízhōng gōngrè 集中供热[-熱] N. central heating
jízhōng hōngzhà 集中轰炸[--轟-] N. mass bombing
jízhōnghuà 集中化 N. centralization
jīzhòngnánfǎn 积重难返[積-難-] F.E. Bad habits die hard.
jízhōng qūshì 集中趋势[-趨勢] N. central tendency
jízhōngshēngzhì 急中生智 F.E. show resourcefulness in an emergency
jízhōngshì zīliào chǔlǐ 集中式资料处理[-----處-] N. <comp.> centralized data-processing
jīzhòng yàohài 击中要害[擊-] V.O. hit the nail on the head; hit home
jízhōngyíng 集中营[-營] N. concentration camp M: [4]zuò
jìzhōngyuè 季中月 N. mid-season month
jīzhóu 机轴 N. shaft (in a machine)
jīzhǒu 箕帚 N. ①dustpan and broom M: [1]bǎ ②wife ③concubine
jízhóu 极轴[極-] N. <math.> polar axis
jízhòu* 急骤 V.P. rapid; very fast; hurried
jīzhǒuqiè 箕帚妾 N. ①wife ②concubine
[1]**jīzhù** 基柱 N. base post/pillar
[2]**jīzhù** 积贮[積貯] N. savings ♦V. store up
[3]**jīzhù** 机杼 N. ①loom shuttle ②ideas in writing
[4]**jīzhù** 击筑[擊築] V.O. <trad.> play the *zhù* (a 13-string instrument)
jízhù 集注 V. focus ♦N. collected commentaries; variorum (edition)
[1]**jǐzhù** 脊柱 N. spinal column
[2]**jǐzhù** 挤住[擠-] R.V. press and hold sth./sb. firmly
jìzhu* 记住 R.V. remember; learn by heart; bear in mind
[1]**jìzhǔ** 祭主 N. officiant at a religious rite/service M: ge/[1]míng/[2]wèi
[2]**jìzhǔ** 寄主 N. <bio.> host of a parasite M: ge/[1]míng/[2]wèi
[1]**jìzhù** 济助[濟-] V. relieve and help
[2]**jìzhù** 寄住 V. live/stay in sb's home temporarily
jízhuā* 急抓 V. obtain with effort what is needed to meet an emergency
jízhuǎ 棘爪 N. <mach.> pawl
jízhuǎn* 急转[-轉] V. sharp turn
[1]**jìzhuàn** 记传[-傳] N. historical memoir
[2]**jìzhuàn** 纪传[-傳] N. biography M: [1]běn
jīzhuàng* 击撞[擊-] V. strike; knock; dash against
jízhuāng 急装[-裝] V. dress hurriedly
jǐzhuàng 戟状[-狀] N. a shape combining spear and dagger-axe
jízhuāngdài 集装袋[-裝-] N. standard-size storage/shipping bags
jízhuāngxiāng 集装箱[-裝-] N. shipping container
jízhuāngxiāngchuán 集装箱船[-裝--] N. container ship M: [1]tiáo/[1]sōu
jízhuāngxiāng yùnshū 集装箱运输[-裝-運-] N. containerized traffic
jìzhuàntǐ 纪传体[-傳體] N. <trad.> annals and biographies style of history
jízhuǎnwān 急转弯[-轉彎] V.P. ①take a sudden turn ②make a radical change ♦N. zigzag
jízhuǎnzhíxià 急转直下[-轉--] F.E. ①take a sudden turn and then develop rapidly (of events/etc.) ②go into a precipitous decline
jīzhuǎzi 鸡爪子[雞-] N. chicken feet
jízhùběn 集注本 N. variorum edition M: [2]bù/[1]běn
jīzhù fānyì 机助翻译[-譯] N. machine-aided translation
jǐzhuī 脊椎 N. vertebra(e)
jǐzhuī dòngwù 脊椎动物[--動-] N. vertebrate M: [1]zhǒng
jǐzhuīgǔ 脊椎骨 N. vertebra(e); spine; backbone
jǐzhuī shénjīng 脊椎神经[-經] N. <phys.> spinal nerve
jǐzhuī tiáozhěng gōngnéng 脊椎调整功能 N. chiropractic

jīzhūlěicùn 积铢累寸[積-] F.E. accumulate bit-by-bit
jīzhūn 鸡肫[雞-] N. chicken gizzard
jīzhǔn* 基准[-準] N. ① <sur.> standard criterion ② <math.> postulate ③ <sur.> datum
jīzhǔnbīng 基准兵[-準-] N. <mil.> guide; base marker M: *ge/[1]míng*
jīzhǔnmiàn 基准面[-準-] N. base level; datum plane
jīzhǔnxiàn 基准线[-準-] N. base line M: *[1]tiáo*
jīzhuóyángqīng 激浊扬清[-濁揚-] F.E. ① drive out evil and usher in good ② eliminate the bad and exalt the good
[1]**jīzi** 鸡子[雞-] N. <topo.> chicken
[2]**jīzi** 机子 N. ① loom ② small machine ③ trigger
jīzī 赍咨[齎-] N. exclamation
jīzǐ 激子 N. <phy.> exciton
jízi 集子 N. collection; collected works; anthology
jízī* 集资 V.O. ① raise funds; collect money ② pool resources
[1]**jǐzi** 麂子 N. <zoo.> muntjac
[2]**jǐzi** 虮子 N. eggs of louse/nit
[1]**jìzi** 髻子 N. hair worn in bun/coil
[2]**jìzi** 剂子[劑-] N. small pieces of dough for making *jiǎozi*/etc.
[1]**jìzǐ** 继/寄子[繼-] N. adopted heir/son
[2]**jìzǐ** 季子 N. youngest son
jízībànxué 集资办学[--辦-] F.E. raise money for school
jízī fèiyòng 集资费用 N. <acct.> capital expense
jìzǐlóngwén 骥子龙文 F.E. outstanding children of a family
jīzǐr 鸡子儿[雞-] N. <topo.> chicken egg
jízǒng 集总[-總] ATTR. <elec.> lumped
jízǒu 疾走 V. flee swiftly
jīzǔ* 机组 N. ① unit; set ② flight crew
jǐzú 给足 V.P. plentiful; sufficient *See also gěizú*
jìzú 骥足 N. great talent
jìzǔ 祭祖 V.O. offer sacrifices to ancestors
jìzuǐ 忌嘴 V.O. avoid certain foods; be on a diet
jìzuìqiěbǎo 既醉且饱 F.E. have had enough of both wine and food
jìzǔmǔ 季祖母 N. concubine of paternal grandfather M: *ge/[2]wèi*
jízūn 极尊[極-] N. <trad.> parents
[1]**jīzuò** 基座 N. base; foundation
[2]**jīzuò** 机座 N. machine base/foundation
[3]**jīzuò** 积作[積-] V. do good deeds
[4]**jīzuò** 箕坐 V. sit with legs sprawled out
jízuǒ* 极左[極-] V.P./ATTR. ultra-leftist
jìzuǒ 技佐 N. junior specialist
jìzuò 记作 V. write down as; record as
jízuòbiāo 极坐标[極-標] N. <math.> polar coordinates
jízuǒ fènzǐ 极左分子[極-] N. ultra-leftist M: *ge/[1]míng*
jízuǒpài 极左派[極-] N. ultra-leftist M: *ge/[1]míng*
jǐzuòyītuán 挤做一团[擠-團] F.E. be packed like sardines
jízúxiāndēng 疾足先登 F.E. One who acts fast will succeed first.
jì zǔzōng 祭祖宗 V.O. pay respect to one's ancestors
[1]**jū** 居 V. ① <wr.> reside; dwell; live ② occupy (a position/place) ③ claim; assert ④ store up; lay by ⑤ stay put; be at a standstill ♦B.F. residence; house *gùjū* ♦N. Surname
[2]**jū** 驹[駒] N. ① colt ② foal
[3]**jū** 车[車] N. ① <wr.> chariot ② Ch. chess piece *See also [1]chē*
[4]**jū** 拘 B.F. ① arrest; detain *[1]jūliú* ② restrain; restrict; constrain ③ inflexible; restrained *jūnì*
[5]**jū** 鞠 V. <wr.> rear; bring up ♦B.F. make a bow *[1]jūgōng*
[6]**jū** 掬 V. hold with both hands
[7]**jū** 锔/锯[鋦/鋸] V. mend crockery with clamps ♦B.F. clamp/staple for mending crockery *[2]jūzi See also [4]jú, [9]jù*
[8]**jū** 疽 N. <Ch. med.> deep-rooted ulcer
[9]**jū** 狙 N. <wr.> a kind of monkey ♦B.F. snipe at *[2]jūjī*
[10]**jū** 琚 <hist.> N. a kind of jade worn as a pendant
[11]**jū** 苴 N. rush; hemp; sackcloth *jūbù, [2]bùjū*
[12]**jū** 裾 B.F. front, or front and back panels of a Chinese gown *[2]jūjū, juéjū*
[13]**jū** 鞫 B.F. investigate *jūshí, xùnjū*
[14]**jū** 矩 B.F. *guīguijūjū See also [4]jǔ*
[15]**jū** 据[據] in *[1]jiéjū See also [6]jù*
[16]**jū** 蛆 in *[2]jiéjū See also [7]qū*
[17]**jū** 痀 in *jūlóubìng*
[18]**jū** 趄 in *zījū See also [5]qiè*
[19]**jū** 雎 in *jūjiū*
[1]**jú** 局 N. ① bureau; office ② situation; condition; state ③ pattern (of events) ④ moral character ⑤ tolerance ⑥ gathering ⑦ chessboard ♦M. game; set; innings ♦V. limit; confine
[2]**jú** 橘 B.F. tangerine; orange *[1]júzi*
[3]**jú** 菊 B.F. chrysanthemum *júhuā*
[4]**jú** 锔[鋦] N. <chem.> curium *See also [7]jū*
[5]**jú** 焗 B.F. <topo.> steam-bake *júyóu, yánjújī*
[6]**jú** 跼 in *jújí, jútiānjídì*
[7]**jú** 踘 in *cùjú*
[8]**jú** 鶪[鶪/鵙] in *quèjú*
[1]**jǔ** 举[舉] V. ① lift; raise; hold up ② nominate; choose ③ cite ♦B.F. ① act; move; deed *yījǔliǎngdé* ② start; initiate *jǔbàn* ③ praise *táiju* ④ propose *jǔbēi* ⑤ give birth to *jǔfā* ⑥ whole; entire; all *jǔguó*
[2]**jǔ** 咀 B.F. chew *jǔjué*
[3]**jǔ** 沮 B.F. <wr.> ① stop; prevent *jǔ'è* ② dispirited *jǔsàng See also [21]jù*
[4]**jǔ** 矩/榘 B.F. ① carpenter's square *jǔchǐ* ② rules; regulations *guījǔ See also [14]jū*
[5]**jǔ** 柜 in *jǔliǔ See also [3]guì*
[6]**jǔ** 枸 in *jǔyuán, jǔyuánsuān See also [6]gōu, [4]gǒu*
[7]**jǔ** 榉[櫸] in *shānmáojǔ*
[8]**jǔ** 蒟 in *jǔjiàng*
[9]**jǔ** 踽 in *jǔjǔ, jǔjǔdúxíng*
[10]**jǔ** 龃[齟] in *jǔyǔ*
Jǔ 莒 B.F. place in Shandong *wúwàngzàijǔ*
[1]**jù*** 巨 ATTR. huge; gigantic ♦ADV. extremely; exceedingly
[2]**jù** 句 B.F. sentence *[1]jùzi* ♦M. sentence; line of poetry/song
[3]**jù** 具 B.F. ① utensil; tool; implement *[1]gōngjù* ② talent *cáijù* ♦V. ① possess; have ② provide; furnish ♦M. *for tools/corpses* ♦ADV. fully; completely
[4]**jù** 剧[劇] N. theatrical work; drama; play; opera ♦B.F. acute; severe; intense *jùliè*
[5]**jù** 惧[懼] B.F. fear; dread *kǒngjù*
[6]**jù** 据[據] COV. according to; on the grounds of ♦B.F. ① occupy; seize *[1]zhànjù* ② rely/depend on *yījù* ③ evidence; certificate; proof *[1]zhèngjù See also [15]jū*
[7]**jù** 距 V. ① be apart/away from ② oppose ♦B.F. distance *jùlí* ♦N. spur (of a rooster/etc.) ♦ATTR. huge
[8]**jù** 聚 V. assemble; gather; get together
[9]**jù** 锯[鋸] N./V. saw *See also [7]jū*
[10]**jù** 拒 B.F. ① resist; repel *kàngjù* ② refuse; reject *jùjué*
[11]**jù** 俱 ADV. completely; entirely
[12]**jù** 炬 B.F. ① torch *[1]huǒjù* ② fire
[13]**jù** 踞 B.F. crouch; squat; sit *pánjù*
[14]**jù** 钜[鉅] <wr.> ATTR. great; huge ♦N. ① hard iron ② hook
[15]**jù** 遽 B.F. frightened; alarmed *huángjù* ♦ADV. hurriedly; hastily
[16]**jù** 倨 B.F. <wr.> haughty; arrogant *jù'ào*
[17]**jù** 窭[窶] B.F. <wr.> poor *pínjù*
[18]**jù** 醵 B.F. <wr.> collect; save up (money) *[2]jùjīn*
[19]**jù** 讵[詎] ADV. <wr.> how could
[20]**jù** 椇 M. *for animal power, as in pulling plows/etc.*
[21]**jù** 沮 in *jùrù, jùzé See also [3]jǔ*
[22]**jù** 瞿 B.F. startle; look about in a startled way *jùjù, [2]jùrán See also [2]qú*
[23]**jù** 屦[屨] B.F. straw sandals *yèjù, kǔnjù*
[24]**jù** 秬 B.F. black millet *jùjiǔ, jùchàng*
[25]**jù** 虡 B.F. columns supporting beam for hanging bells *sǔnjù*
[26]**jù** 飓[颶] B.F. storm; cyclone *jùmǔ, qiángjùfēng*
[27]**jù** 苣 in *jùshèng, wōjù See also [5]qǔ*
jǔ'āi 举哀[舉-] F.E. ① wail in mourning ② go into mourning
[1]**juān** 娟 B.F. beautiful *juānxiù*
[2]**juān** 涓 N. <wr.> tiny stream
[3]**juān** 捐 V. ① relinquish; abandon ② contribute; subscribe ♦N. tax
[4]**juān** 圈 V. ① pen in ② <coll.> lock up; put in jail *See also [2]juàn, [1]quān*
[5]**juān** 镌[鐫] V. carve; engrave
[6]**juān** 蠲 B.F. ① deduct *juānchú* ② show
[7]**juān** 朘 B.F. exploit *juānxuē*
[8]**juān** 鹃[鵑] in *dùjuān, dùjuānhuā*
juǎn(r)* 卷(儿)[-/捲(兒)] N. roll ♦V. ① roll up ② sweep off; carry along ♦M. roll; spool; reel *See also [1]juàn, [13]quán*
[1]**juàn** 卷 M. volume ♦B.F. ① examination paper *kǎojuàn* ② file; documents; dossier *juànzōng* ③ roll; rolled document or picture *[1]huàjuàn* ④ book *See also juǎn, [13]quán*
[2]**juàn** 圈 N. pen; fold; sty *See also [4]juān, [1]quān*
[3]**juàn** 倦 S.V. weary; tired
[4]**juàn** 眷 B.F. ① family dependent *jiājuàn* ② have tender feelings for *juànniàn*
[5]**juàn** 绢[絹] N. thin, tough silk
[6]**juàn** 狷 B.F. ① impetuous *juànjí, kuángjuàn* ② upright; incorruptible *juànjiè*
[7]**juàn** 隽[雋] B.F. handsome; talented *juànyǒng*
[8]**juàn** 睊 in *[2]juànjuàn*
Juàn 鄄 N. Surname
jù'àn 巨案 N. sensational case
juān'āi 涓埃 V.P. <wr.> insignificant; negligible
[1]**juàn'ài*** 眷爱[-愛] V. regard with affection
[2]**juàn'ài** 狷隘 V.P. narrow-minded; parochial; narrow
juǎnba* 卷巴 V. <topo.> roll up
juànbá 隽拔[雋-] V.P. ① handsome (of people) ② graceful (of calligraphy) *See also jùnbá*
juǎnbǎi 卷柏 N. <bot.> selaginella
juānbān 捐班 V.O. <trad.> sb. who purchased a title or official rank
juānbàn* 捐办[-辦] V. contribute money to initiate (sth.)
juǎnbànr 卷伴儿[捲-] V.O. <coll.> abduct a woman
juǎnbāor 卷包儿[捲-] V.O. <coll.> abscond with money and property
juānbēi 镌碑[鐫-] V.O. engrave a stone tablet
juānbèi* 捐背 V. desert
juànběn 绢本 N. silk scroll
juànbiǎo 绢裱 N. silk mounting
juǎnbǐdāo 卷笔刀[捲筆-] N. pencil sharpener M: *[1]bǎ*
juànbó 绢帛 N. silk M: *[1]pǐ/[2]kuài*
juānbù 捐簿 *See juāncè* M: *[1]běn*
juànbù* 绢布 N. cotton-like lustring
juàncái 隽材[雋-] N. talent M: *ge/[1]míng/[2]wèi*
juāncè 捐册[-冊] N. book recording donors and donations M: *[1]běn*
juǎncéngyún 卷层云[捲層雲] N. <met.> cirrostratus
juānchén 涓尘[-塵] N. tiny fragments; particles ♦ID. insignificant; negligible
juǎnchǐ 卷尺[捲-] N. tape measure M: *[1]bǎ*
juànchóu 绢绸 N. a kind of silk fabric; lustring; lutestring M: *[2]kuài/[1]pǐ*
juānchū* 捐出 R.V. donate
juānchú 蠲除 V. <wr.> remove; abolish
juānchù 镌黜[鐫-] V. <wr.> dismiss an official
juànchǔ 隽楚[雋-] V.P. outstanding; extraordinary; preeminent
juānchùguānjiē 镌黜官阶[鐫-階] F.E. be degraded from official rank as punishment
juānchú kēzhèng 蠲除苛政 F.E. alleviate oppressive administration
juàncūn 眷村 N. military dependents' village
juàndài 倦怠 S.V. ① tired; worn out ② languid; sluggish

J

1juǎndān 卷丹 N. tiger lily
2juǎndān 卷单[捲-] V.O. leave the monastery all together (of monks/etc.)
juàndēng 绢灯[-燈] N. gauze lantern
juāndī* 涓滴 N. <wr.> tiny drop; driblet
juāndí 蠲涤[-滌] V. wash; cleanse
juāndīguīgōng 涓滴归公[--歸-] F.E. turn in every cent of public money
juǎn dìpí 卷地皮[捲-] V.O. <coll.> practice graft and corruption (of public officials)
juǎndòng 卷动[-動] R.V. revolve; roll
juànduò 倦惰 S.V. lazy; indolent; slothful
juǎn'ér 卷儿 N. roll
juānfá 镌罚[鐫-] V. dismiss an official
juǎnfà* 卷发[捲髮] N. curly/wavy hair ♦V.O. curl the hair
juànfǎng 绢纺 N. silk-spinning
juǎnfàqì 卷发器[捲髮-] N. hair curler
juànfēi 倦飞[-飛] V.P. withdraw from active life
juànféi* 圈肥 N. <agr.> barnyard manure
juànfèn 狷忿 V.P. easily impatient and angry
juānfù 蠲赋 V.O. remit levies
juàngǎn 倦感 N. tired feeling
juāngěi 捐给 V. make a donation to; donate
juàngù 眷顾[-顧] V. <wr.> have tender feelings for
juānguān* 捐官 V.O. purchase an official rank/title
juānguǎn 捐馆 V.O. die
juān guǎnshè 捐馆舍 V.O. die
juǎnguǒ 卷裹 V. roll up (sth.) in a wrapper
jù'āngùpàn 据鞍顾盼[據-顧-] F.E. be a fence-sitter
juānháo 涓毫 N. modicum; drop; grain
juànhuā* 绢花 N. silk flower
juànhuà 绢画[-畫] N. classical Chinese painting on silk M: 10fú
juànhuái 眷怀[-懷] V. cherish the memory of
1juānjí 涓/蠲吉 V.O. choose an auspicious day
2juānjí 镌级[鐫-] V.O. degrade an official
juànjí* 狷急 V.P. ① <wr.> impetuous; rash ② impatient; irritable; anxious; fretful
juǎnjiǎ 卷甲[捲-] V.O. stop fighting
juànjiā* 卷夹[-夾] N. file folder
juānjiǎn 蠲减[-減] V. remove/lighten (a tax/etc.)
juànjiān* 绢笺[-箋] N. fancy paper made of thin silk
1juānjié* 涓洁[-潔] S.V. neat and clean
2juānjié 蠲洁[-潔] V. cleanse; clean; purify
juànjiè 狷介 V.P. upright; incorruptible
juǎnjìn 卷进[-進] R.V. be drawn into
juǎnjīyún 卷积云[捲積雲] N. cirrocumulus
1juānjuān* 涓涓 R.F. <wr.> trickling sluggishly
2juānjuān 娟娟 R.F. lovely; elegant; beautiful
1juànjuàn 眷眷 <wr.> R.F. ① bear in mind constantly ② remember with tender feelings ♦ADV. longingly; yearningly
2juànjuàn 睊睊 R.F. <wr.> look (askance) at
juānkē 蠲苛 V.O. remove an oppressive law/tax/etc.
juānkè* 镌刻[鐫-] V. <wr.> engrave
juànkǒu 眷口 N. family; dependents
juānkuǎn 捐款 V.O. contribute money ♦N. contribution; donation; subscription
juǎnkuǎnqiántáo 卷款潜逃[--潛-] F.E. abscond with the money
juānkuǎn shōurù 捐款收入 N. contribution receipts M: 2bǐ
juànlì 绢丽[-麗] S.V. delicate in colors
juǎnlián 卷帘[捲簾] V.O. roll up a screen/curtain
juànliàn* 眷恋[-戀] V./S.V. <wr.> be sentimentally attached to (a person/place)
juànliáng 眷粮[-糧] N. food allowances for dependents of public functionaries
juǎnliángé 卷帘格[捲簾-] N. riddle written in verse which read backwards provides its answer
juǎnliánmén 卷帘门[捲簾-] N. curtained door M: 1shàn

juānliú* 涓流 N. small stream; rivulet; brook
juànliǔ 绢柳 N. <bot.> Salix viminalis M: 2kē
juǎnmà 卷骂[捲罵] V. rebuke; abuse and insult
juǎnmáo(r)* 卷毛(儿)[捲-] N. ① curly hair; curls ② person with curly hair
juànmào 隽茂[雋-] V.P. <wr.> of outstanding talent
juǎnmén 卷门 N. roll-up door
juānmiǎn 蠲免 V. <wr.> remit (taxes/etc.); exempt from (an obligation)
juānmiǎnzájuān 蠲免杂捐[--雜-] F.E. remit miscellaneous levies
juànmiào 隽妙[雋-] S.V. superfine
juànmǐn 隽敏[雋-] S.V. refined and smart
juānmìng 捐命 V.O. die
juànmòzhù 卷末注[-註] N. endnotes
juānnà 捐纳 V. buy a government appointment with grain/money
juànniàn 眷念 V. <wr.> think fondly of
juànniànbùshě 眷念不舍[-捨] F.E. have an unceasing affection for sb.
juànniǎozhīfǎn 倦鸟知返 F.E. return home after long wanderings
juǎnpán 卷盘[捲盤] N. reel
juǎnpéng 卷棚[捲-] N. covering that can be rolled up
juànpǐn 隽品[雋-] N. outstanding work
juǎn pūgai 卷铺盖[捲-蓋] V.O. ① be fired from a job ② abandon a job
juānqì* 捐弃[-棄] V. <wr.> relinquish; abandon
juǎnqǐ 卷起[捲-] R.V. ① roll up (sleeves/etc.) ② cause (an accident/etc.)
juānqián 捐钱[-錢] V.O. contribute money
juānqì chéngjiàn 捐弃成见[-棄--] V.O. cast away all prejudices
juǎn qǐlai 卷起来[捲-] R.V. roll up
jǔ'ànqíméi 举案齐眉[舉-齊-] F.E. treat one's spouse with respect
juànqín 倦勤 V.O. be weary of duties
juānqìqiánxián 捐弃前嫌[-棄--] F.E. <wr.> overcome previous alienation
juānqū 捐躯[-軀] V.O. sacrifice one's life *wèi guó* ~ sacrifice one's life for one's country
juǎnqū* 卷曲[捲-] V.P. crimp
juànqū 眷区[-區] P.W. <TW> resident area for military dependents
juānqūfùyì 捐躯赴义[-軀-義] F.E. die for a just cause
juǎnqūjī 卷曲机[捲-] N. <txtl.> crimping machine M: 1tái
juǎnrǎnjī 卷染机[捲-] N. <txtl.> crimping machine M: 1tái
juǎnrào 卷绕[捲繞] V. wind
juānrén 涓人 N. <trad.> cleaner in the palace
juǎnrèn(r)* 卷刃(儿)[捲-] V.O. bend a blade edge (by hitting a hard object)
juànróng 倦容 N. tired look
juǎnrù 卷入[捲-] V.P. be drawn into; be involved in
juǎnrù xuánwō 卷入旋涡[捲-渦] V.P. get involved in conflict/trouble/etc.
juànsè 倦色 N. a tired look
juànshàn 绢扇 N. silk fan M: 1bǎ
juǎnshé 卷舌[捲-] V.O. ① curl back the tongue ② keep silent ♦N. <lg.> retroflex
juǎnshé biānyīn 卷舌边音[捲-邊-] N. <lg.> retroflex lateral
juǎnshé bíyīn 卷舌鼻音[捲-] N. <lg.> retroflex nasal sound
juǎnshé cāyīn 卷舌擦音[捲-] N. <lg.> retroflex fricative
juǎnshé fǔyīn 卷舌辅音[捲-] N. <lg.> retroflex consonants
juānshēng 捐生 V.O. sacrifice one's life
juǎnshé sāiyīn 卷舌塞音[捲-] N. <lg.> retroflex occlusive sound
juǎnshé shēngmǔ 卷舌声母[捲-聲-] N. <lg.> retroflex initials
juǎnshéyīn 卷舌音[捲-] N. <lg.> cacuminal sound; cerebral sound; inverted sound; retroflex sound; supradental sound

juǎnshé yuányīn 卷舌元音[捲-] N. <lg.> retroflex vowel
juǎnshé yùnmǔ 卷舌韵母[捲-韻-] N. <lg.> retroflex final
juānshū 捐输 V. <wr.> donate; contribute
juǎnshū 卷舒[捲-] V. roll and unroll
juànshǔ* 眷属[-屬] N. family dependents M: ge/1míng/2wèi
juānshuì 捐税 N. taxes and levies
juānshuō 镌说[鐫-] V. urgently/earnestly exhort
juànsī 绢丝[-絲] N. spun-silk yarn
jū'ānsīwēi 居安思危 F.E. be vigilant in peace-time
juànsī zhīwù 绢丝织物[-絲織-] N. spun-silk fabric
juànsù 绢素 N. white silk for painting/calligraphy
juǎnsuō 卷缩 V. huddle
juāntài 镌汰[鐫-] V. eliminate useless/incompetent officials
juàntài* 倦态[-態] N. signs of fatigue
juǎntáng 卷堂[捲-] V.O. ① boycott classes (of students) ② leave a monastery all together (of monks/etc.)
juǎntáo 卷逃[捲-] V. abscond with valuables
juǎnténg 卷腾 S.V. <coll.> curling upward; mounting to the sky
juāntǐ 蠲体[-體] V.O. cleanse the body; clean oneself
juǎntǒng 卷筒[捲-] N. reel; windlass
juǎntǒngjī 卷筒机[捲-] N. rotary printing machine M: 1tái
juǎntǒngzhǐ 卷筒纸[捲-] N. web; reel of paper for a rotary press
juǎntóufa 卷头发[捲-髮] V.O. curl one's hair ♦N. curly hair
juǎntǔchónglái 卷土重来[捲-] F.E. stage a comeback
juànwǎng yìnhuā 绢网印花[-網--] <txtl.> N. screen-printing
juànwǎng yìnhuāfǎ 绢网印花法[-網---] N. silkscreen printing process
juànwǎng yìnshuājī 绢网印刷机[-網---] N. screen-printing machine M: 1tái
juǎnwěihóu 卷尾猴[捲-] N. (weeping) capuchin; weeping monkey M: 2zhī
juǎnxí 卷席[捲-] V.O. move away; take off
juànxiá 狷狭[-狹] V.P. narrow-minded
juānxiàn 捐献[-獻] V. contribute (to an organization)
juānxiàng 捐项 N. donation
juānxiě 捐血 V.O. donate one's blood ***See also*** *juānxuè*
juǎnxīncài 卷心菜[捲-] N. <topo.> cabbage M: 1kē
juānxiù* 娟秀 S.V. <wr.> beautiful; graceful
juǎnxiù 卷袖[捲-] V.O. roll up the sleeves
juǎnxū 卷须[捲鬚] N. <bot.> tendril
juānxuē 朘削 V. <wr.> exploit
juānxuè* 捐血 V.O. donate blood ***See also*** *juānxiě*
juānxuèzhě 捐血者 N. blood donor M: ge/1míng/2wèi
juǎnyān 卷烟[捲煙] N. ① cigarette ② cigar M: 4zhī ♦V.O. roll a cigarette
juànyǎng 圈养[-養] V. rear livestock in pens
juǎnyángjī 卷扬机[捲揚-] N. hoist; hoister; windlass M: 1tái
juǎnyān gōngyè 卷烟工业[捲煙-業] N. cigarette industry
juǎnyángtǎ 卷扬塔[捲揚-] N. lifting device in construction M: 4zuò
juǎnyánr 卷檐儿 N. upturned eaves
juǎnyānzhǐ 卷烟纸[捲煙-] N. cigarette paper M: 1zhāng
juǎnyècài 卷叶菜[-葉-] N. kale M: 1kē
juǎnyèchóng 卷叶虫[捲葉蟲] N. <topo.> leaf-roller M: 1tiáo
juǎnyè'é 卷叶蛾[捲葉-] N. <zoo.> leaf-roller M: ge/2zhī
juànyì 倦意 N. drowsiness; tiredness
juānyìn 镌印[鐫-] V. engrave and print

juànyǒng 隽永[雋-] V.P. <wr.> meaningful (of literature)
juànyóu* 倦游 V.O. <wr.> ① be travel-weary ② be weary of official duties
juànyòu 眷佑 V. <wr.> care for and assist
juànyóubù 绢油布 N. oiled silk
juānyù 镌喻[鐫-] V. <wr.> urgently/earnestly exhort
juànyú* 倦于[-於] V.P. be tired of
juànyǔ 隽语[雋-] N. <lg.> epigram
juànyù 隽誉[雋譽] N. high fame; good reputation
juǎnyún 卷云[捲雲] N. <met.> cirrus
juānzèng 捐赠 V. contribute (as a gift); donate; present
juānzèng dìchǎn 捐赠地产[-產] V.O. donate land
juānzèng gǔfèn 捐赠股份 V.O. donate stock/shares
juānzèng yíngyú 捐赠盈余 N. <acct.> donated surplus; surplus from donation
juànzhì 卷帙 N. <wr.> books
jù'ānzhǐ 聚氨酯 N. polyurethane
juànzhìhàofán 卷帙浩繁 F.E. ① voluminous work ② vast collection of books
juànzhóu 卷轴 N. <wr.> ①scroll ②reel ③book
juànzhóushì 卷轴式 N. scroll-type object
juànzhóuzhuāng 卷轴装[-裝] N. a book in the form of a scroll
juānzhù* 捐助 V. offer assistance; contribute; donate
juǎnzhù 卷住 R.V. get stuck being rolled up
juànzhù 眷注 V. <wr.> think of with tenderness
juānzhuó 镌琢[鐫-] V. engrave
juānzhùrén 捐助人 N. donor; donator M: ge/[1]míng/[2]wèi
juānzhù yíngyú 捐助盈余 N. <acct.> contributed surplus
juānzī 捐资 V.O. donate one's property ~ ***bàn xué*** contribute money to run schools
juǎnzi 卷子[捲-] N. ① steamed roll ② roll; scroll ***See also*** [1]*juànzi*
[1]**juànzi*** 卷子 N. examination paper ***See also*** *juǎnzi*
[2]**juànzi** 圈子 N. <coll.> threshing-ground ***See also*** *quānzi*
[3]**juànzi** 绢子 N. <topo.> ① thin, tough silk ② handkerchief
juānzī bànxué 捐资办学[--辦-] V.P. donate money for a school
juànzōng 卷宗 N. ① folder ② file; dossier
juǎnzǒu 卷走 R.V. sweep away
juānzū 蠲租 V.O. remit rentals/taxes
jù'ào 倨傲 V.P. <wr.> haughty; arrogant
jù'àozìdà 踞傲自大 F.E. swollen with pride; conceited and arrogant
jūban 拘板 ATTR. <topo.> stiff; formal
júbǎn 局板 N. Tongzhi (1862–1875) edition (book)
jǔbàn* 举办[舉辦] V. conduct; hold; run; sponsor
jǔbào 举报[舉報] V. ① report (sth.) to the authorities ② inform against; turn sb. in
jùbǎo 具保 V. ① sign a guarantee ② complete all arrangements for release on bail
[1]**jùbào*** 据报[據報] V.P. according to reports
[2]**jùbào** 具报[-報] V.O. prepare a complete report
jùbàodǎo 据报导[據報導] ADV. according to reports
jǔbào diànhuà 举报电话[舉報電-] N. complaint phone
jùbǎopén 聚宝盆[-寶-] N. place rich in natural resources; cornucopia
jǔbào xìnxiāng 举报信箱[舉報-] N. complaint mailbox M: ge/[2]zhī
jǔbēi 举杯[舉-] V.O. propose a toast
[1]**jùbèi*** 具备[-備] V. possess; have; be provided with ***Tā ~ shēnqǐng zīgé.*** He has the qualifications to apply.
[2]**jùbèi** 俱备[-備] V.P. all made ready; all complete
jùběn(r) 剧本(儿)[劇-] N. ① drama; play ② script
jùběnyǐxī 聚本乙烯 N. <chem.> polystyrene
[1]**jùbiàn** 剧变[劇變] N. tremendous/violent changes ♦V. suddenly change
[2]**jùbiàn** 巨变[-變] N. tremendous changes M: [3]cháng
[3]**jùbiàn** 聚变[-變] N. <phy.> fusion
jùbiàn fǎnyìng 聚变反应[-變-應] N. <phy.> fusion reaction
jùbiàn fǎnyìngduī 聚变反应堆[-變-應-] N. <phy.> fusion reactor
júbǐng 桔/橘饼 N. orange cake M: [2]kuài
jǔbīng* 举兵[舉-] V.O. mobilize troops; start hostilities
jùbǐngxī 聚丙烯 N. <chem.> polypropylene
jùbō* 巨波 N. high seas
jùbò 巨擘 N. <wr.> ① thumb ② ace; star (of a profession/etc.); authority
jūbǔ 拘捕 V. arrest
jūbù 苴布 N. sackcloth
júbù* 局部 N. part ♦ATTR. partial; local
[1]**jǔbù** 举步[舉-] V.O. <wr.> take strides ♦N. a person's gait
[2]**jǔbù** 矩步 N. regular pace; dignified walk
jùbǔ 拒捕 V.O. resist arrest
[1]**jùbù** 拒不 V. refuse to do sth.
[2]**jùbù** 遽步 V. walk hastily/hurriedly
júbù cuòwù 局部错误 N. <lg.> local error
júbù dìqū 局部地区[-區] N. some areas; parts of an area
jùbùfúcóng 拒不服从[-從] F.E. refuse to obey
júbù fúcóng zhěngtǐ 局部服从整体[---從-體] F.E. subordinate the interests of a part to the whole
jùbùfúshū 拒不服输 F.E. refuse to admit defeat
jùbùjiēshòu 拒不接受 F.E. refuse to accept
júbù lìyì 局部利益 N. sectional interests
júbù mázuì 局部麻醉 N. local anesthesia
júbù mócā 局部摩擦 N. local friction
jǔbùshèngjǔ 举不胜举[舉-勝舉] F.E. too numerous to mention/cite
júbù tónghuà 局部同化 N. partial assimilation
jǔbùwéijiān 举步维艰[舉-艱] F.E. have difficulty in carrying out a cause/plan/project/etc.
júbùxìng 局部性 N./ATTR. local
júbùxìng guīzé 局部性规则 N. <lg.> ad hoc rule
júbù yìhuà 局部异化[--異-] N. partial dissimilation
júbù zhànzhēng 局部战争[-戰爭] N. local war M: [3]cháng
jùcáijíxián 聚才集贤[-賢] F.E. collect and keep men of talent
jùcān 聚餐 V.O. have a dinner party; dine together
jùcānhuì 聚餐会 N. dinner party M: cì
jùcǎo 具草 V.O. make a draft of a document
jūcháng 居常 ADV. ordinarily; usually
jùchǎng* 剧场[劇場] P.W. theater M: [4]zuò
jùchàng 秬鬯 N. <trad.> sacrificial liquor made from millet and fragrant herbs, and given as an imperial favor
jùcháng jìsuàn 句长计算 N. sentence length count
jūchě 锯扯 V. ① irresolute; undecided ② cut with a blunt knife
jūchéng 掬诚 V.O. be sincere
jùchēng* 据称[據稱] V.P. ① according to reports/assertions ② it is said; allegedly
jūchǐ 驹齿[-齒] N. youth
jǔchǐ 矩尺 N. ① carpenter's square ② rules; regulations M: [1]bǎ
jǔchì 举翅[舉-] V.O. fly
jùchǐ(r)* 锯齿(儿)[-齒-] N. sawteeth
jùchì 拒斥 V. exclude; reject; repel
jùchǐcǎo 锯齿草[-齒-] N. <bot.> alpine yarrow M: [2]kē
jùchǐxíng 锯齿形[-齒-] N. zigzag ♦ATTR. jagged; uneven
jùchǐzhuàng 锯齿状[-齒狀] N. sawtoothed shape; jagged shape
jūchù 居处[-處] V. live (in a place) ♦P.W. residence; dwelling
jǔchū* 举出[舉-] R.V. ① enumerate; itemize ② cite (as an example)
jūchuán 拘传[-傳] V. <law> summon sb. for detention
jùchuán* 据传[據傳] V.P. according to rumor
jùchuáng 锯床 N. sawing machine M: [1]tái/[4]zuò
jūcì 居次 V.O. be in the second place/position
jùcǐ* 据此[據-] F.E. on these grounds; accordingly
júcù 局促 S.V. ① narrow; cramped ② <topo.> short (of time) ③ feel/show constraint
júcùbù'ān 局促不安 F.E. feel ill at ease
jǔcuò* 举措[舉-] N. ①move; act ②deportment; conduct; manner
jùcuò 剧挫[劇-] N. drastic setback
jǔcuòshīdàng 举措失当[舉-當] F.E. make ill-advised move
júcùyīyú 局促一隅 F.E. <wr.> confined in a small place
[1]**jùdà** 巨大 ATTR. huge; gigantic
[2]**jùdà** 钜大 ATTR. great; huge
jūdàihuì 居代会 N. residents' congress M: cì
[1]**jùdào** 巨盗[-盜] N. notorious bandit/villain M: ge/[1]míng
[2]**jùdào** 据道[據-] V.P. it is said
jūdì 居第 N. residence
júdì 局地 ATTR. local
jùdí* 拒敌[-敵] V.O. ward off the enemy
[1]**jùdiǎn** 句点[-點] N. period (punctuation)
[2]**jùdiǎn** 据点[據點] N. fortified point; stronghold M: chù/ge
jùdiànqì 聚电器[-電-] N. <elec.> condenser
[1]**jùdiào** 句调 N. <lg.> sentence intonation
[2]**jùdiào** 锯掉 R.V. cut (sth.) off with a saw
jūdié 苴绖 N. hemp for the deepest mourning (for a parent)
jùdiē* 剧跌[劇-] V.P. drop sharply (of prices/output/etc.)
jǔdǐngjuébìn 举鼎绝膑[舉-絕臏] F.E. shoulder heavy responsibilities with limited strength
jùdīngxī 聚丁烯 N. <chem.> polybutylene
jǔdòng* 举动[舉動] N. movement; act; activity; deportment
jùdōng 拒冬 <bot.> N. euphorbia
jùdòng 巨洞 N. giant void
jǔdònghuǎnmàn 举动缓慢[舉動-] F.E. be slow in movement
jùdòu 句读[-讀] N. ① periods and commas ② sentences and phrases ***See also*** [2]*jùdú*
júdù 局度 N. tolerance; forbearance
jǔdù 举度[舉-] N. behavior; manner; style
[1]**jùdú** 剧毒[劇-] N. deadly poison
[2]**jùdú** 句读[-讀] N. punctuation ***See also*** *jùdòu*
[3]**jùdú** 拒毒 V.O. oppose/fight drugs
jùdǔ* 聚赌 V. assemble for gambling
jùdù 巨蠹 N. public enemy number 1
jǔduǎn 沮短 V.O. slander; gossip; backbite
[1]**jùduàn*** 锯断[-斷] R.V. saw off
[2]**jùduàn** 句段 N. <lg.> syntagma
[3]**jùduàn** 句断[-斷] V. segment text
jūduō 居多 V.P. be in the majority
jùdú zhòngyīn 句读重音[-讀--] N. <lg.> sentence stress
[1]**juē** 撅 V. ①stick up (as an animal's tail) ②<coll.> break (sth. long and narrow); snap ③ attack
[2]**juē** 噘 V. pout
[3]**juē** 屩[屫/屩] B.F. straw sandals ***nièjuēdāndēng***
[1]**jué*** 决[決] B.F. ① decide; determine ***juédìng*** ② execute sb. ***chǔjué*** ③ bid farewell to ④ sever relations ***juéliè*** ⑤ be breached; burst (of dikes/etc.) [1]***juékǒu*** ⑥ dredge ♦ADV. definitely; certainly

[2]jué 绝[絕/絶] B.F. ① cut off; sever *duànjué* ② desperate; hopeless ③ uncompromising ♦S.V. ① exhausted; used up; finished ② unique; superb; matchless ③ <*coll.*> heartless; merciless ♦V. <*coll.*> refuse; reject ♦ADV. ① extremely; most ② absolutely; at the least; by any means; on any account
[3]jué 觉[覺] V. ① sense; feel ② wake (up) ③ become aware/awakened; discover ♦B.F. feeling; sensation *gǎnjué See also* [4]*jiào*
[4]jué 掘 V. dig
[5]jué 角/脚[-/腳] N. ① role; part; character ② actor; actress ③ three-legged wine cup ④ <*mus.*> third note of the pentatonic scale (*wǔyīn*) ⑤ <*lg.*> one of the *wǔyīn* used to denote ancient alveolar initials ♦B.F. contend [2]*juédòu See also* [1]*jiǎo*, [2]*jiǎo*
[6]jué 抉 <*wr.*> B.F. pick out; single out *juézé*
[7]jué 诀[訣] B.F. ① rhymed mnemonic formula [1]*kǒujué* ② knack; tricks of the trade *mìjué* ③ bid farewell; part [1]*yǒngjué*
[8]jué 镢[钁] N. pickax
[9]jué 爵 B.F. rank of nobility; peerage [2]*gōngjué* ♦N. ancient wine vessel with three legs and a loop handle
[10]jué 噱 <*wr.*> B.F. laugh *xiàojué See also* [4]*xué*
[11]jué 谲[譎] V. <*wr.*> cheat; swindle
[12]jué 攫 B.F. seize; grasp *juéqǔ*
[13]jué 蹶 B.F. ① fall down ② suffer a reverse *yījuébùzhèn See also juě*
[14]jué 蕨 N. <*bot.*> brake (fern)
[15]jué 橛 B.F. wooden stake/pin/peg *mùjué*
[16]jué 厥 <*wr.*> PR. its; their; his; her ♦V. faint; lose consciousness; fall into a coma
[17]jué 觖 <*wr.*> B.F. unsatisfied [2]*juéwàng*
[18]jué 桷 <*wr.*> N. square rafter
[19]jué 爝 B.F. torch; small fire *juéhuǒ*
[20]jué 崛 B.F. rise abruptly [1]*juéqǐ*
[21]jué 鴃[鴂/鴃] N. <*wr.*> shrike ♦in *tíjué*
[22]jué 嚼 B.F. chew; think over *juélà, jǔjué See also* [1]*jiáo*, [12]*jiào*
[23]jué 矍 B.F. startled [2]*juéjué*, [4]*juérán*
[24]jué 镭[鐍] B.F. hasp for a lock *jiōngjué*
[25]jué 倔 in [1]*juéqí, juéjiàng See also juè*
[26]jué 劂 in [2]*jījué*
[27]jué 孓 in [1]*jiéjué*
[28]jué 獗 in *chāngjué*
[29]jué 梏 B.F. upright; fair-minded *juédé, juézhí See also* [6]*gù*
[30]jué 駃[駃] in *juétí*
juě 蹶 in *juěwō, liào juězi See also* [13]*jué*
juè 倔 S.V. gruff; surly; stubborn *See also* [25]*jué*
jǔ'è 沮遏 V. prevent
jù'é* 巨额 N. huge sum/amount
[1]jué'àn 觉岸[覺-] N. <*Budd.*> enlightenment
[2]jué'àn 决案[決-] N. resolution (of an assembly) ♦V.O. resolve/settle a lawsuit
juèba 倔巴 S.V. <*topo.*> gruff; blunt
juèba gùnzi 倔巴棍子 N. rude fellow
juébǎn 绝版[絕-] V.O. go out of print
juébēi 爵杯 N. wine cup
juébǐ 绝笔[絕筆] N. ① last words written before death ② last work of an author/painter ♦V.O. discontinue writing
juébì* 绝壁[絕-] N. precipice M: [2]*dào*
juébiàn 爵弁 N. ceremonial cap in the Zhou dynasty
juébiāo 决标[決標] V.O. award a bid; decide on the bid winner
juébié 诀别 V. bid farewell; part forever
juébó 攫博 V. snatch with the claw/paw
[1]juébǔ 攫捕 V. seize; catch
[2]juébǔ 谲捕 V. seize; grab
juébù* 绝/决不[絕/決-] ADV. never; absolutely/definitely not
juébùbàxiū 决不罢休[決-罷-] F.E. one will never be reconciled to
juébuchū 觉不出[覺-] R.V. can't feel/sense
juébudào 觉不到[覺-] R.V. can't realize
juébùkuāndài 决不宽贷[決-寬-] F.E. on no account will leniency be shown
juébùshíyán 绝/决不食言[絕/決-] F.E. never break one's word
juébùxiānggān 绝不相干[絕-] F.E. no concern whatever
juébùzhìyú 决不至于[決-於] F.E. will certainly not be so
[1]juécái* 绝才[絕-] N. incompatible talent/capability
[2]juécái 绝财[絕-] V.O. renounce wealth
juécài 蕨菜 N. bracken M: [2]*kē*
juécè 决策[決-] V.O. make policy ♦N. policy decision
juécè chéngxù 决策程序[決-] N. policy-making procedure
juécè dāngjú 决策当局[決-當-] N. policy-making authority
juécè jiēcéng 决策阶层[決-階層] N. decision-making level
juécè jīgòu 决策机构[決-構] P.W. policy-making body
juécè mínzhǔhuà 决策民主化[決-] N. democratic approach to policy-making
juécèrén 决策人[決-] N. policy maker; decision-maker M: *ge*/[1]*míng*/[2]*wèi*
juécèzhě 决策者[決-] N. policy maker M: *ge*/[1]*míng*/[2]*wèi*
juéchá 觉察[覺-] V. detect; perceive; discover
juéchá chū 觉察出[覺-] R.V. find out
juéchá dào 觉察到[覺-] R.V. detect; feel; find out
juéchǎn 绝产[絕產] N. ① crop failure ② property left without an inheritor
juéchàng 绝唱[絕-] N. peak of poetic perfection
juéchángbǔduǎn 绝长补短[絕-補-] F.E. supplement insufficiency with surplus
juéchén 绝尘[絕塵] V.O. move very fast
[1]juéchū 觉出[覺-] R.V. realize
[2]juéchū 决出[決-] R.V. ① decide the victors ② contest (prizes); fight for
[3]juéchū 掘出 R.V. dig out
juéchuān 掘穿 R.V. dig through
juéchùféngshēng 绝处逢生[絕處-] F.E. be unexpectedly rescued from a desperate situation
jué chūlai 掘出来 R.V. dig out
jué cíxióng 决雌雄[決-] V.O. determine ascendency
juédà 绝大[絕-] ATTR. most of
juédài 绝代[絕-] V.P. <*wr.*> ① peerless ② in times immemorial
juédàifēnghuá 绝代风华[絕-華] F.E. <*wr.*> unrivalled elegance and talent
juédàijiārén 绝代佳人[絕-] F.E. a matchless beauty M: *ge*/[1]*míng*/[2]*wèi*
[1]juédǎo 绝倒[絕-] V.P. <*wr.*> ① roar with laughter ② admire exceedingly ③ faint on account of deep grief
[2]juédǎo 绝岛[絕島] N. isolated island
juédào* 觉到[覺-] R.V. feel; sense; realize
juéde* 觉得[覺-] V. ① feel ② think
juédé 梏德 N. great virtue
juédechū 觉得出[覺-] R.V. can realize/feel/sense
juéděng 绝等[絕-] ATTR. peerless
juédī* 决堤[決-] V.O. break a dike/dam (for irrigation/etc.)
juédǐ 角抵 V. <*sport*> wrestle *See also* [2]*jiǎodǐ*
[1]juédì 掘地 V.O. dig the earth
[2]juédì 绝地[絕-] N. ① extremely dangerous area ② dead end; end of one's rope ③ precipice
juédiào 绝调[絕-] N. incomparable tune
juédǐng 绝顶[絕-] N. mountain peak ♦ADV. extremely; utterly
juédìng* 决定[決-] V. ① decide; resolve; make up one's mind ② determine; decide; govern ♦N. decision; resolution
juédìng chéngxù 决定程序[決-] N. decision procedure
juédìngcí 决定词[決-] N. <*lg.*> determinate
juédǐngcōngming 绝顶聪明[絕-聰-] F.E. extremely clever/intelligent
juédìnglùn 决定论[決-] N. determinism
juédìngquán 决定权[決-權] N. decision-making power
juédìngxìng 决定性[決-] N. decisiveness
juédìngxíng yǎnsuànfǎ 决定型演算法[決-] N. <*lg.*> deterministic algorithm
juédìngxíng yǔfǎ pōuxīqì 决定型语法剖析器[決-] N. <*lg.*> deterministic parser
juédìng xìshù 决定系数[決-係數] N. <*lg.*> coefficient of determination
juédòng 掘洞 V.O. make a hole/cave
[1]juédòu 决斗[決鬥] V. duel ♦N. decisive struggle/battle
[2]juédòu 角斗[-鬥] V. wrestle
juédòuchǎng 角斗场[-鬥場] N. wrestling ring M: [4]*zuò*
juédòushì 角斗士[-鬥-] N. wrestler M: *ge*/[1]*míng*
[1]juéduàn 决断[決斷] S.V. firm in making decisions ♦N. decisiveness; resolution ♦V. make a decision
[2]juéduàn 绝断[絕斷] V. sever; cut off
juéduànlì 决断力[決斷-] N. decisiveness; ability to decide and act accordingly
juéduì 绝对[絕對] S.V. absolute; perfect; definite
juéduì chéngfèn 绝对成分[絕對-] N. absolute form
juéduì dàimíngcí 绝对代名词[絕對-] N. <*lg.*> absolute pronoun
juéduì dānwèi 绝对单位[絕對-] N. absolute unit
juéduì dānwèizhì 绝对单位制[絕對-] N. absolute unit system
juéduì de pǔbiànxìng 绝对的普遍性[絕對-] N. <*lg.*> absolute universals
juéduì gāodù 绝对高度[絕對-] N. absolute height
juéduì guānniàn 绝对观念[絕對觀-] N. <*phil.*> absolute idea
juéduì jīmì 绝对机密[絕對-] N. top secret
juéduì língdù 绝对零度[絕對-] N. absolute zero
juéduìlùn 绝对论[絕對-] N. absolutism
juéduìmǎ 绝对码[絕對-] N. <*comp.*> absolute code
juéduì miǎnyì 绝对免疫[絕對-] N. absolute immunity
juéduì mínzhǔ 绝对民主[絕對-] N. absolute democracy
juéduì píngjūnzhǔyì 绝对平均主义[絕對-義] N. absolute equalitarianism
juéduìquán 绝对权[絕對權] N. <*law*> absolute right
juéduì shīdù 绝对湿度[絕對濕-] N. absolute humidity
juéduì shǔgé 绝对属格[絕對屬-] N. <*lg.*> absolute genitive
juéduì shǔgé dàimíngcí 绝对属格代名词[絕對屬-] N. <*lg.*> absolute possessive pronoun
juéduì suǒyǒu dàimíngcí 绝对所有代名词[絕對-] N. <*lg.*> absolute possessive pronoun
juéduì wèizhǐ 绝对位址[絕對-] N. <*comp.*> absolute address
juéduì wēndù 绝对温度[絕對-] N. absolute temperature
juéduìxìng de 绝对性的[絕對-] ATTR. absolute
juéduì xíngróngcí 绝对形容词[絕對-] N. <*lg.*> absolute adjective
juéduì xíngshì 绝对形式[絕對-] N. absolute form
juéduì yīngāo 绝对音高[絕對-] N. absolute pitch
juéduì yǔyán 绝对语言[絕對-] N. <*comp.*> absolute language
juéduì zhēnlǐ 绝对真理[絕對-] N. <*phil.*> absolute truth
juéduìzhí 绝对值[絕對-] N. absolute value
juéduì zhǐlìng 绝对指令[絕對-] N. absolute instructions
juéduì zhìsǐ jìliàng 绝对致死剂量[絕對--劑-] N. absolute lethal dose (in environment/etc.)

juéduì zhìsǐ wēndù 绝对致死温度[絕對-] N. absolute fatal temperature
juéduìzhǔyì 绝对主义[絕對-義] N. <*phil.*> absolutism
juéduó 攫夺[-奪] V. seize; grab
jué'érbùzhèng 谲而不正 F.E. <*wr.*> be crafty and far from upright
juéfá 绝乏[絕-] V.P. ①extremely scarce ②lacking
juéfáng 决防[決-] N. breach/rupture of a dike
juéfēi 绝非[絕-] ADV. ① absolutely wrong ② absolutely not/no
juéfēi'ǒurán 决非偶然[決-] F.E. be by no means accidental
juéfú* 爵服 N. rank and costume of nobility
juéfù 厥父 N. his/her father
juégǎng 绝港[絕-] N. seaport without river link to the interior
juégāozhě yōu shēn 爵高者忧深[---憂-] F.E. The higher one's position, the greater one's worries.
juégēnr 绝根儿[絕-] F.E. May you have no offspring!
juégōngqìlì 绝功弃利[絕-棄-] F.E. work for neither money nor prestige
juégōngshènwěi 厥功甚伟[-偉] F.E. make a great contribution to the successful conclusion of a task
juégū 谲觚 V.P. cunning; wily; crafty; tricky
juéguǐ 谲诡 V.P. unpredictable; changing constantly
juéguó 绝国[絕國] N. isolated/remote country
juéguǒr 嚼裹儿 N. food and clothing *See also jiáoguǒr*
juéhǎi 觉海[覺-] N. <*Budd.*> the ocean of enlightenment
juéháo 掘壕 V.O. entrench; dig in
juéhǎo* 绝好[絕-] V.P. extremely good
juéháojùshǒu 掘壕据守[--據-] F.E. dig oneself in; entrench oneself
[1]**juéhòu** 绝后[絕後] V.O. ① be without issue/sequel ② never to be seen again
[2]**juéhòu** 厥后[-後] V.P. thereafter; afterwards
juéhu* 绝户[絕-] V.O. be without offspring/issue ♦N. childless person
juéhū 觉乎[覺-] V. feel/sense
juéhuà 绝话[絕-] N. strong words; unchangeable declaration
juéhuó(r)* 绝活(儿)[絕-] N. <*coll.*> unique/unrivaled technique/skill; unsurpassed performance
juéhuǒ 爝火 N. torch light
juéhuò 掘获[-獲] V. unearth; excavate
[1]**juéjì** 绝迹[絕跡] V.O. ① vanish; be stamped out ② break relations
[2]**juéjì** 绝技[絕-] N. ① unique/consummate skill ② feat; stunt
[3]**juéjì** 决计[決-] V. decide; make up one's mind ♦ADV. definitely; certainly
juéjiā 绝佳[絕-] V.P. extremely good
juéjiàn 谲谏 V. admonish by hints
juéjiàng 倔强[-強] S.V. stubborn; unbending
juéjiāo* 绝交[絕-] V.O. break off relations
juéjiǎo 厥角 ID. <*trad.*> kowtow
juéjiāogēxí 绝交割席[絕-] F.E. break off relations
juéjīn 掘金 V.O. dig for gold
juéjìn* 掘进[-進] R.V. <*min.*> tunnel
juéjīng 绝经[絕經] V.O. <*phys.*> undergo menopause
[1]**juéjǐng** 掘井 V.O. dig a well
[2]**juéjǐng** 绝景[絕-] N. excellent view/landscape
juéjìng* 绝境[絕-] N. ① hopeless situation; impasse ② inaccessible place; secluded spot ③ incomparable realm ④ isolated condition
jué jīn shì ér zuó fēi 觉今是而昨非[覺-] F.E. <*wr.*> realize now that one has been wrong in the past
juéjīnzhě 掘金者 N. ① gold-digger ② opportunist; adventurer M: *ge/*[1]*míng*
juéjū 绝裾[絕-] N. go ahead with determination disregarding any obstruction
[1]**juéjù*** 绝句[絕-] N. quatrain M: [2]*shǒu*
[2]**juéjù** 绝据[絕據] V. forge ahead regardless of obstruction
[1]**juéjué** 决绝[決絕] V. ① break/cut off; sever ② part forever
[2]**juéjué** 矍矍 R.F. look without paying attention
juējuezhe 撅撅着[-著] V.P. protruding
juékāi 掘开[-開] R.V. unearth; dig open
juékēng 掘坑 V.O. dig/make a pit
[1]**juékǒu** 决口[決-] V.O. be breached; burst (of dike/etc.)
[2]**juékǒu** 绝口[絕-] V.O. ① stop talking ② keep one's mouth shut ③ never mention again
juékǒubùtí 绝口不提[絕-] F.E. avoid all mention of
juélà 嚼蜡[-蠟] *See jiáolà*
juéle 绝了[絕-] V.P. be superb
juélèi 蕨类[-類] N. <*bot.*> brake; fern
juélèi zhíwù 蕨类植物[-類--] N. <*bot.*> pteridophyte M: [1]*zhǒng/*[2]*kē*
juélěng 觉冷[覺-] V.O. feel cold
[1]**juélì** 角力 V.O. have a trial of strength; wrestle
[2]**juélì** 绝粒[絕-] V.O. ① take no food ② run out of food ③ go on a hunger strike
juéliáng 绝粮[絕糧] V.O. run out of food
juéliè 决裂[決-] V. ① break with; rupture ② burst open; suffer a rupture
juéliú 绝流[絕-] V.O. cross a stream/river
juélìzhě 角力者 N. wrestler M: *ge/*[1]*míng* *See also jiǎolìzhě*
[1]**juélù(r)** 绝路(儿)[絕-] N. blind alley; impasse; dead end ♦V.O. block the way out; leave no way out
[2]**juélù** 爵禄 N. <*wr.*> rank and emolument of nobility
juélùféngshēng 绝路逢生[絕-] F.E. rescue in desperate circumstances
juélún 绝伦[絕-] V.P. <*wr.*> unsurpassed; peerless
juéméi diànchǎn 掘煤电铲[-電鏟] N. <*min.*> electric coal shovel M: [1]*bǎ*
jué méiyǒu 决没有[決-] V.P. never
juémén 掘门 N. cave gate made of stone
juémì 绝密[絕-] ATTR. top-secret
juémiào 绝妙[絕-] S.V. ① extremely clever; ingenious ② perfect
juémiàohǎocí 绝妙好辞[絕-辭] F.E. ①quotable quotes ② the last say
juémiè 绝灭[絕滅] V. die out
juémìjiàn 绝密件[絕-] N. top-secret document M: [1]*fèn*
juémíng 决明[決-] N. <*bot.*> the cassia
juémìng* 绝命[絕-] V.O. kill oneself
juémìngcí 绝命词[絕-] N. ① poem written before anticipated death M: [2]*shǒu* ② testament
juémìngshū 绝命书[絕-書] N. suicide or pre-execution note M: [2]*fēng*
[1]**juémù** 绝目[絕-] ADV. as far as one can see
[2]**juémù** 抉目 V.O. gouge out an eye
juémùbiānshī 掘墓鞭尸[-屍] F.E. open sb.'s grave and publicly flog the corpse
juémùdàoshī 掘墓盗尸[-盜屍] F.E. break into tombs to rob the dead
juémùrén 掘墓人 N. gravedigger M: *ge/*[1]*míng*
juéná 攫拿 V. scramble for
[1]**juépèi** 绝配[絕-] V.P. be perfectly matched
[2]**juépèi** 绝辔[絕-] V.P. ① fast (of a horse) ② elegant (of a person)
juépǐn 绝品[絕-] N. incomparable/unexcelled goods
juéqí 崛崎 V.P. steep
[1]**juéqǐ*** 崛/倔起 V.P. <*wr.*> ① rise abruptly; suddenly appear on the horizon ② rise (as a political force)
[2]**juéqǐ** 掘起 R.V. dig out
juéqiào 诀窍[-竅] N. secret of success; knack
juéqímìngmài 绝其命脉[絕-脈] F.E. cut the lifeline of (an army/country/etc.)
juéqíng 绝情[絕-] S.V. heartless; cruel
juéqíngjuéyì 绝情绝义[絕-絕義] F.E. break off all relations
juéqū 嚼蛆 V.O. talk incoherently/nonsense *See also jiáoqū*
juéqǔ* 攫取 V. seize; grab
juéqù 攫去 R.V. seize; grab
juéqún 绝群[絕-] V.P. unmatched; peerless
juér 角儿 N. <*thea.*> role; part *See also* [1]*jiǎor*
jù'ěr 遽尔 ADV. ① hastily; hurriedly ② suddenly; unexpectedly
[1]**juérán** 决然[決-] ADV. <*wr.*> resolutely; decidedly
[2]**juérán** 绝然[絕-] ADV. perfectly; completely
[3]**juérán** 蹶然 V.P. <*wr.*> start from fright
[4]**juérán** 矍然 V.P. looking around in fear
jù'érbùnà 拒而不纳 F.E. refuse to receive
[1]**juérè** 绝热[絕熱] V.O. <*phy.*> create heat insulation ♦ATTR. insulated against heat
[2]**juérè** 觉热[覺熱] V. feel hot
juérè cáiliào 绝热材料[絕熱-] N. <*phy.*> heat-insulating material
juérè lěngquè 绝热冷却[絕熱-卻] N. <*phy.*> adiabatic cooling
juěrén 撅人 V.O. <*coll.*> make a person look foolish; show sb. in a bad light
juérén 绝人[絕-] V.O. put sb. in a hopeless situation
juèrén* 倔人 N. stubborn person
jù'érjiānzhī 聚而歼之[--殲-] F.E. encircle and annihilate
juésā 决撒[決-] V. ① fail ② be ruptured
[1]**juésài** 决赛[決-] N. <*sport*> finals M: [2]*chǎng*
[2]**juésài** 绝塞[絕-] N. the remote border ♦V. deny passage
juésàiquán 决赛权[決-權] N. <*sport*> qualification for finals
[1]**juésè** 角/脚色[腳-] N. role; part *See also jiǎosè*
[2]**juésè** 绝色[絕-] V.P. <*wr.*> extremely beautiful (of a woman) ♦N. continence; sexual abstinence
juésè bànyǎn 角色扮演 N. role-playing/acting
juésè bànyǎn huódòng 角色扮演活动[-動] N. role playing/acting
juésè biǎoxiàn 角色表现 N. role performance
juésè chōngtū 角色冲突[--衝-] N. role conflict
juésè guānxi 角色关系[-關係] N. role relationship
juésèjiālì 绝色佳丽[絕-麗] F.E. strikingly beautiful young lady M: *ge/*[1]*míng/*[2]*wèi*
juésè xiéshāng 角色协商[--協-] N. role negotiation
juésèxù 角色序 N. role sequence
juéshé 撅折 R.V. break; snap off
[1]**juéshé*** 嚼舌 V.O. ① gossip ② argue meaninglessly *See also jiáoshé*
[2]**juéshé** 鴂舌[鴃-] N. <*trad.*> languages of barbarians
juéshèng 决胜[決勝] V.O. ① determine victory ② be certain to bring victory
juéshèngdiǎn 决胜点[決勝點] N. goal
jué shèng-fù 决胜负[決勝-] V.O. struggle for supremacy
juéshèngjú 决胜局[決勝-] N. <*sport*> the deciding game
juéshèngqī 决胜期[決勝-] N. time for determining the final victory
juéshèngqiānlǐ 决胜千里[決勝-] F.E. a good plan
juéshèngqìzhì 绝圣弃智[絕聖棄-] F.E. resort to obscurantism
juéshèngxiàn 决胜线[決勝-] N. <*sport*> the finishing line
juéshī 蹶失 V. stumble down
[1]**juéshí*** 绝食[絕-] V.O. ①fast ②go on a hunger strike
[2]**juéshí** 觉识[覺識] N. consciousness
[3]**juéshí** 抉拾 N. devices used by archers to facilitate drawing a bow
[1]**juéshì** 爵士 N. ① knight ② sir ③ <*loan*> jazz M: *ge/*[1]*míng/*[2]*wèi*
[2]**juéshì** 绝世[絕-] V.O. die ♦V.P. ① unmatched in one's generation ② without posterity; heirless
[3]**juéshì** 掘室 N. basement

J

juéshíbàgōng 绝食罢工[絕-罷-] F.E. go on a hunger strike
juéshìchāolún 绝世超伦[絕-] F.E. absolutely matchless
juéshìdúlì 绝世独立[絕-獨-] F.E. hold on to one's views in spite of a world of objection
juéshìjiārén 绝世佳人[絕-] F.E. an incomparable beauty M: ge/¹míng/²wèi
juéshì yīnyuè 爵士音乐[-樂] N. <loan> jazz
juéshìyuè 爵士乐[-樂] N. <loan> jazz
juéshì yuèduì 爵士乐队[-樂隊] N. jazz band M: ⁴zhī
juéshìyuèmí 爵士乐迷[--樂-] N. jazz buff M: ge/¹míng/²wèi
juéshìzhīzī 绝世之姿[絕-] N. a paragon of beauty
juéshōu 绝收[絕-] N. total crop failure ♦V. have no yield/harvest
¹juéshǒu* 抉首 V.O. decapitate
²juéshǒu 绝手[絕-] N. a deadly move
juéshū* 觉书[覺書] N. memorandum (in diplomacy)
juéshù 觉树[覺樹] N. <Budd.> the tree of enlightenment
juéshuò 矍铄[-鑠] V.P. <wr.> hale and hearty
juéshuòlǎowēng 矍铄老翁[-鑠--] F.E. a man in his ripe old age M: ge/¹míng/²wèi
juěshùxiǎorén 撅树小人[-樹--] F.E. a mean fellow
juésǐ* 决死[決-] ATTR. life-and-death
juésì 绝嗣[絕-] V.O. <wr.> be without posterity/heir
juésǐzhàn 决死战[決-戰] N. life-and-death battle M: ³cháng
juésú 绝俗[絕-] V.O. sever oneself from worldly matters
juésuàn 决算[決-] N. final account/accounting
juésuànbiǎo 决算表[決-] N. <acct.> final/financial statement M: ¹zhāng
juésuànbiǎo fēnxi 决算表分析[決-] N. <acct.> analysis of a financial statement; statement analysis
juésuànshū 决算书[決-書] N. <acct.> annual/final report M: ¹fèn
juésuàn zhànghù 决算帐户[決-] N. <acct.> final account
juétī* 抉剔 V. sort out; choose
juétí 駃騠 N. mule; offspring of a male donkey and a female horse
juétòng 觉痛[覺-] V.O. feel pain
juétou* 镢头[钁-] N. ① a kind of hoe ② pick; pickax
juètóu 倔头 N. <coll.> intransigent person
juètóujuènǎo 倔头倔脑[-腦] F.E. blunt of manner and gruff of speech
juétǔ 爵土 N. land conferred along with a title of nobility; fief
juétǔjī 掘土机 N. excavator; power shovel M: ¹tái
juéwáng 觉王[覺-] N. <Budd.> the king of enlightenment
¹juéwàng* 绝望[絕-] S.V. give up all hope; despair
²juéwàng 觖望 V.P. dissatisfied and resentful
juéwèi 爵位 N. noble rank/title
juē wěiba 撅尾巴 V.O. stick up the tail (of bird/animal)
juéwéijǐyǒu 攫为己有 F.E. seize; appropriate
juéwèn 绝问[絕-] V.O. have no communication
juěwō 蹶窝[-窩] V.P. skinny; very lean; emaciated
juéwú 决/绝无[決/絕-] V.P. definitely lack
¹juéwù* 觉悟/寤[覺-] V. come to understand; realize ♦N. consciousness; awareness; understanding; enlightenment
²juéwù 绝物[絕-] N. cut off relations with the world
juéwúcǐlǐ 绝无此理[絕-] F.E. This is outrageous.
juéwújǐnyǒu 绝无仅有[絕-僅-] F.E. only one of its kind; unique
juéxián 抉弦 V.O. draw a bow
juéxiǎng 绝响[絕響] N. <wr.> anything (art/skill/etc.) lost to the modern world; lost/inimitable art
juéxīn 决心[決-] N. determination; resolution ♦V.O. be determined to; make up one's mind to
juéxǐng 觉醒[覺-] V. awaken; wake up
juéxīnshū 决心书[決-書] N. written pledge M: ²fēng/¹fèn
juéxīnyǎnzi 绝心眼子[絕-] F.E. <coll.> vicious plan; despicable idea
¹juéxù 绝绪[絕-] V.P. heirless; without posterity
²juéxù 绝续[絕續] A.T. continue or discontinue; survive or perish
juéxuǎn 决选[決選] N. runoff election; runoff
juéxué 绝学[絕-] N. ① a lost body of knowledge ② a rare science
juéyān* 嚼烟[-煙] V.O. chew tobacco *See also jiáoyān*
juéyǎn 抉眼 V.O. gouge out the eye(s)
juéyǎng 觉痒[覺癢] V.O. feel itchy
juéyào 诀要 N. knack; tricks of the trade; secret; occult art
¹juéyè 蕨叶[-葉] N. <bot.> frond
²juéyè 绝业[絕業] N. a career/endeavor/etc. cut short
juéyí 决疑[決-] V.O. settle doubtful points; dispel doubts
¹juéyì* 决议[決議] N. resolution; decision ♦V. pass a resolution
²juéyì 决意[決-] V.O. have one's mind made up; be determined
³juéyì 绝艺[絕藝] N. consummate art/skill
⁴juéyì 绝诣[絕-] V.P. profoundly well-versed
juéyì'àn 决议案[決議-] N. resolution (reached at a meeting) M: ²jiàn
juéyì cǎo'àn 决议草案[決議-] N. draft resolution
juéyīcíxióng 决一雌雄[決-] F.E. fight for ascendency
juéyín 绝垠[絕-] N. remote/outlandish places; very distant land
juéyīn de 绝音的[絕-] ATTR. soundproof
juéyǐn'érchí 绝靷而弛[絕-] F.E. have a brilliant career after getting a break
juéyīng 角鹰 N. falcon M: ²zhī
juéyīshèngfù 决一胜负[決-勝-] F.E. fight it out
juéyīsǐzhàn 决一死战[決-戰] F.E. fight a life-and-death battle
juéyòng 嚼用 N. daily family expenditure *See also jiáoyòng*
¹juéyù 绝育[絕-] N. <med.> sterilization
²juéyù 决狱[決-] V.O. decide a penal case
³juéyù 绝域[絕-] P.W. <wr.> out-of-the-way places
juéyuán 绝缘[絕-] V.O. ① be cut off or isolated from ② <elec.> insulate
juéyuántǐ 绝缘体[絕-體] N. insulator
juéyuánwù 绝缘物[絕-] N. insulation material
juéyuánxiàn 绝缘线[絕-] N. insulated wire M: ²gēn
juéyuánzǐ 绝缘子[絕-] N. insulator
juézàng 掘藏 V.O. sack a tomb for treasure
juézǎo 绝早[絕-] ADV. ① very early ② soonest
juézé 抉择[-擇] V. <wr.> choose ♦N. decision
juézé chéngxù 抉择程序[-擇--] N. decision procedure
juézhà 谲诈 V.P. cunning; crafty
juézhāi 抉摘 V. choose; select; pick
juézhàn 决战[決戰] N. decisive engagement/battle M: ³cháng
juézhāng 爵章 N. badges of nobility conferred on noblemen in Mongolia, Tibet and Muslim areas after establishment of the Republic of China
juézhànjuéshèng 决战决胜[決戰決勝] F.E. determine to fight and win
juézhāo(r) 绝招/着(儿)[絕著-] N. ① unique skill; masterstroke ② unexpected tricky move (as last resort)
juézhe 觉着[覺著] V. ① feel ② realize
juézhèng 绝症[絕-] N. incurable/fatal disease
juézhí 梏直 V.P. straightforward in disposition
¹juézhì* 决志[決-] A.T. have one's mind made up; be determined
²juézhì 蹶踬[-躓] V. <wr.> stumble and fall
¹juézhǒng 绝种[絕種] V.O. become extinct; die out
²juézhǒng 掘冢 V.O. dig/prepare a grave
juézhǒngdàobǎo 掘冢盗宝[-盜寶] F.E. excavate a tomb for treasure
juézhú* 角逐 V. ① contend; compete/vie for ② struggle for hegemony *See also jiǎozhú*
juézhǔ 爵主 N. heir-apparent to a title of nobility
juézhù 攫住 R.V. seize; grab
¹juézi* 嚼子 N. the bit of a bridle *See also jiáozi*
²juézi 橛子 N. wooden stake/pin/peg
juézì 决眦[決眥] V. glare angrily
juězi 蹶子 N. horse's backward kicks with hind feet
juézǐjuésūn 绝子绝孙[絕-絕孫] F.E. One's posterity may be cut off.
juēzuǐ(r) 撅/噘嘴(儿) V.O. pout
juézúlèi 掘足类[-類] N. <zoo.> scaphopoda
jǔfā* 举发[舉發] V. ①expose (a secret) ②report (an offender); inform against
jùfǎ 句法 N. <lg.> ①syntax ②sentence structure
jùfǎ chéngfen 句法成分 N. <lg.> syntactic component
jùfǎ gōngnéng 句法功能 N. <lg.> tactical function
jùfǎ gòucífǎ 句法构词法[--構--] N. <lg.> syntactic morphology
jùfǎ jiégòu 句法结构[-構] N. <lg.> syntactic construction; structure
jǔfán 举凡[舉-] ADV. <wr.> all without exception
jùfǎndàoshān 遽返道山 F.E. die suddenly/unexpectedly
júfāng 局方 N. <trad.> official prescription
jùfāng* 剧坊[劇-] N. theater workshop
jǔ fǎnzhèng 举反证[舉-證] V.O. disprove
jùfǎxué 句法学 N. <lg.> syntax
jùfāzuì 俱发罪[-發-] N. concurrent offence
jǔfěi* 沮诽 V. denigrate; calumniate
jùfèi 钜费 N. a large amount of money
jùfěisuǒliào 讵非所料 F.E. be unexpected
jùfēng 飓风 N. hurricane; typhoon M: ¹zhèn
jùfēng lùjìng 飓风路径[-徑] N. hurricane track
jūfú 狙伏 V. lie in ambush
¹jùfú* 巨幅 ATTR. huge (of paintings)
²jùfú 踞伏 V. crouch; squat; sit
¹jùfù 巨/钜富 N. ① immense wealth ② a man of immense wealth M: ge/¹míng/²wèi
²jùfù 拒付 V. refuse payment; dishonor (a check)
jùfù piàojù 拒付票据[-據] N. <acct.> dishonored notes
jù fǔshí 拒腐蚀 V.O. repel corrupting influences
jùgǎi 剧改[劇-] N. opera reform
júgān 橘柑 N. <topo.> tangerine
jūgāobùxià 居高不下 F.E. stay in a high position without going down
jūgāolínxià 居高临下[--臨-] F.E. occupy a commanding position/height
jùgāozhèng 惧高症[懼-] N. <med.> acrophobia
jǔgé 沮格 V. prevent
jùgè* 俱各 N. all/each
¹jūgōng* 鞠躬 V./N. bow (to sb.) ♦ADV. <wr.> discreetly
²jūgōng 居功 V.O. claim credit for oneself
³jūgōng 狙公 N. monkey
¹jùgōng 巨工 N. mammoth project
²jùgōng 钜公 N. ① the emperor ② venerable sir; sir
jūgōngjìncuì 鞠躬尽瘁[--盡-] F.E. spare no effort in one's duty
jūgōngjuéwěi 居功厥伟[-偉] F.E. claim great credit
jūgōnglǐ 鞠躬礼[-禮] N. a bow (bending of the body)
jūgōngzhìxiè 鞠躬致谢 F.E. bow one's thanks
jūgōngzì'ào 居功自傲 F.E. monopolize credit and become arrogant

jùgòu 巨构[-構] N. great work (literary/etc.); colossal production (movie/etc.)
jùgǔ 巨贾 N. business tycoon M: *ge*/[1]*míng*/[2]*wèi*
jūguān* 居官 V.O. hold government office
jūguǎn 拘管 V. ① restrain; control ② keep in custody
jūguāng 驹光 N. fleeting time
jùguāng* 聚光 V.O. spotlight
jùguāngdēng 聚光灯[-燈] N. spotlight
jùguāngjìng 聚光镜 N. condensing lens M: [1]*jià*/[2]*kuài*
jūguānshǒufǎ 居官守法 F.E. be a law-abiding official
jùguìnàwēi 拒贵纳微 F.E. reject the worthy and accept the worthless
jǔguó 举国[舉國] N. the whole nation
jǔguóhuānténg 举国欢腾[舉國歡-] F.E. The whole nation is jubilant.
jǔguóshàngxià 举国上下[舉國-] F.E. the entire nation regardless of class
jǔguóyīzhì 举国一致[舉國-] F.E. national unanimity
jǔguózhīlì 举国之力[舉國-] N. the whole nation's strength/power/capability
jǔhài 沮骇 V. intimidate
jùhào(r) 句号(儿)[-號-] N. full stop; period
jǔhé 举劾[舉-] V. impeach ♦N. impeachment
jùhé* 聚合 V. get together ♦N. <*chem.*> polymerization
jùhé qǐlai 聚合起来 R.V. get together
jùhétǐ 聚合体[-體] N. ① polymer ② paradigm
jùhéwù 聚合物 N. polymers
júhóng 橘红 N. <*Ch. med.*> dried tangerine peel ♦ATTR. tangerine color; reddish orange
júhóngsè 橘红色 N. orange color
jūhòu 居后[-後] V.O. stay behind
júhuā(r)* 菊花(儿) N. <*bot.*> chrysanthemum M: [2]*duǒ*
[1]**jùhuá** 巨滑 V.P. very sly/evil
[2]**jùhuá** 巨猾 N. a great scoundrel M: *ge*/[1]*míng*
júhuāchá 菊花茶 N. infusion made from dried chrysanthemum M: *bēi*
jǔhuài 沮坏[-壞] A.T. ruined; damaged
júhuājiǔ 菊花酒 N. chrysanthemum wine M: *bēi*
júhuáng 橘黄 ATTR. orange (color)
júhuángsè 橘黄色 N. orange (color)
júhuàwéizhǐ 橘化为枳 F.E. things will turn out differently in different surroundings
[1]**jùhuì** 聚会 V. get together; meet ♦N. get-together; gathering
[2]**jùhuì** 拒贿 V.O. reject a bribe
jùhuìsuǒ 聚会所 P.W. place for a meeting; gathering place
jǔhuǒ 举火[舉-] V.O. <*wr.*> ① light a fire ② light a kitchen fire; light a stove ③ cook
[1]**jùhuǒ** 炬火 N. torch flames
[2]**jùhuǒ** 拒火 N. fire resistance
[1]**jùhuò*** 俱获[-獲] V. net altogether
[2]**jùhuò** 巨祸[-禍] N. a great calamity
jǔhuǒwéihào 举火为号[舉-號] F.E. light a beacon (to signal)
[1]**jūjī** 居积[-積] V. accumulate (wealth)
[2]**jūjī** 狙击[-擊] V. snipe at; attack from ambush
jūjì 拘忌 V. ① be restricted by cares and worries ② be restrained by superstitions
jújí 踽踖 V.P. confined
jùjī 聚积[-積] V. accumulate; collect; build up
[1]**jùjí*** 聚集 V. gather; assemble; collect
[2]**jùjí** 剧集[劇-] N. drama series
[3]**jùjí** 巨集 N. a great collection of (books)
jūjiā* 居家 V.O. ① be at home ② run a household
jǔjiā 举家[舉-] N. the whole family
jǔjià 举架[舉-] N. <*topo.*> the height of a house
jùjiā 俱佳 V.P. well-rounded
jūjiān* 居间 ADV. as intermediary
jūjiǎn 拘检 V.P. restricted and restrained
jǔjiàn 举荐[舉薦] V. recommend (a person)
[1]**jùjiān** 聚歼[-殲] V. round up and annihilate
[2]**jùjiān** 巨奸 N. ① a big swindler ② a person of many evils
jùjiǎn 剧减[劇減] V. decrease rapidly
[1]**jùjiàn** 拒谏 V.O. reject a warning
[2]**jùjiàn** 巨舰[-艦] N. large warship M: [1]*sōu*/[1]*tiáo*
[3]**jùjiàn** 拒见 V. refuse to see (sb.)
jùjiāndàhuá 巨奸大滑 F.E. an arrant swindler M: *ge*/[1]*míng*
jǔjiàng 蒟酱[-醬] N. betel pepper
jùjiàng* 巨匠 N. <*wr.*> consummate craftsman M: *ge*/[1]*míng*/[2]*wèi*
jūjiānren 居间人 N. ① go-between ② intermediary; mediator M: *ge*/[1]*míng*/[2]*wèi*
jùjiànshìfēi 拒谏饰非 F.E. conceal one's faults and reject counsel
jūjiān tiáojiě 居间调解 V.P. mediate
jūjiāo 裾礁 N. fringing/shore reef M: [4]*zuò*
jùjiāo* 聚焦 N. <*phy.*> focusing
jùjiǎo 拒缴 V. refuse to pay (tax/etc.)
jǔjiáo chū 咀嚼出 R.V. ① mull over; ruminate; chew the cud ② chew; masticate
jùjiāodiǎn 聚焦点[-點] N. ① focal point; focus ② central issue; point at issue
jùjiāo dǐpiàn 聚焦底片 N. focusing negative
jùjiāo tòujìng 聚焦透镜 N. focusing lens M: [2]*kuài*
jùjiāo zhàoxiàngjī 聚焦照相机 N. focusing camera M: [1]*jià*/*ge*/[2]*zhī*
jùjiāo zhuāngzhì 聚焦装置[--裝-] N. focusing device/unit M: [1]*tái*
jùjiǎquán 聚甲醛 N. <*chem.*> polyformaldehyde
jūjībīng 狙击兵[-擊-] N. sniper M: *ge*/[1]*míng*
jùjiē 苴秸 N. straw mat
jūjiè 拘介 V.P. clean and virtuous
[1]**jùjié*** 聚结 V. gather; assemble; collect
[2]**jùjié** 具结 V.O. ① underwrite an undertaking ② enter into a bond; sign an affidavit
jùjiéshū 具结书[-書] N. affidavit M: [1]*fèn*
jǔjiè wàizhài 举借外债[舉-] V.P. borrow large sums of money from foreign powers
jūjǐn 拘谨 S.V. overcautious; reserved
jūjìn* 拘禁 V. take into custody
[1]**jùjīn** 距今 ADV. to date
[2]**jùjīn** 醵金 N. a pool money
jùjìn 俱尽[-盡] V. be all finished
jùjīnghuìshén 聚精会神 F.E. concentrate one's attention
jūjīnjīgǔ 居今稽古 F.E. <*wr.*> live in the present and search for the past
jǔ jìnshì 举进士[舉進-] V.O. succeed in the imperial examination
jūjīshǒu 狙击手[-擊-] N. sniper M: *ge*/[1]*míng*
jūjiū* 雎鸠 N. ① <*zoo.*> male and female fish hawks ② conjugal fidelity ③ a waterfowl mentioned in ancient texts
jùjiǔ 秬酒 N. liquor made from black millet
jùjīwéi 聚积为[-積-] V.P. build up to; accumulate to
jūjīzhàn 狙击战[-擊戰] N. sniping action M: [3]*cháng*
[1]**jūjū** 拘拘 R.F. ① sticking to form; formalistic ② hunchbacked
[2]**jūjū** 裾裾 ADV. in full dress; in rich attire
júju 橘橘 N. orange (baby language)
jújù 菊苣 N. chicory
jǔjǔ 踽踽 ADV. <*wr.*> alone (walking)
jùjū* 聚居 V. inhabit (a region) ***Hěn duō Huárén ~ zài Zhōngguóchéng.*** Many Chinese live in Chinatown.
jùjù 瞿瞿 R.F. stand in awe
jùjūdiǎn 聚居点[-點] N. settlement
jǔjǔdúxíng 踽踽独行[-獨-] F.E. walk alone
jǔjué 咀嚼 V. ① chew ② mull over ③ ruminate
jùjué* 拒绝[-絕] V. ① refuse ② reject; decline
jùjué láiwǎng 拒绝来往[-絕--] V.O. sever communications/relations
jǔjǔ'érxíng 踽踽而行 F.E. walk alone; walk in solitude
jùjué wǎnglái 拒绝往来[-絕--] V.O. sever communication/relations
jùjué wǎngláihù 拒绝往来户[-絕---] N. ① a client with very poor credit standing and thus denied banking service ② dishonored account
jùjué zhīpiào 拒绝支票[-絕--] N. rejected check M: [1]*zhāng*
jùjùshíhuà 句句实话[--實-] F.E. What is said is all true.
jùjùshìjiǎ 句句是假 F.E. The statement is entirely inconsistent with facts.
jùjùshìxū 句句是虚[-虛] F.E. not a word of truth
jūjūsuōsuō 拘拘缩缩 R.F. ① restricted and shrinking ② shy and timid ③ uneasy and awkward
jùjūyīfāng 聚居一方 F.E. dwell together in the same region
jùjùyǒulǐ 句句有理 F.E. Every word sounds reasonable.
jūjū yú 拘拘于[-於] V.P. <*wr.*> be restrained in
jùkāi 锯开[-開] R.V. saw asunder
júkē 菊科 N. <*bot.*> composite family
jùké* 剧咳[劇-] V. cough badly
jùkǒu* 锯口 N. teeth of a saw
jùkòu 剧寇[劇-] N. gangster; brigand
[1]**jùkuǎn** 巨款 N. a huge sum of money M: [2]*bǐ*
[2]**jùkuǎn** 钜款 N. a huge sum of money M: [2]*bǐ*
jùlàng 巨浪 N. billow; surge; mountainous wave; very rough sea
jùlèbù 俱乐部[-樂-] N. <*loan*> (social) club
jūlǐ 拘礼[-禮] V.O. be punctilious
Jūlǐ 居里 N. ① Pierre Curie (1859–1906) ② Marie Curie (1867–1934) ③ <*loan*> curie (unit of radioactivity)
jǔlì 举例[舉-] V.O. give an example
jùlí* 距离[-離] V. be apart/away from ♦N. distance
jùlǐ 据理[據-] ADV. reasonably; justly
jùliǎn 聚敛 V. amass wealth by heavy taxation or immorally/illegally
júliàng 局量 N. capacity for forgiveness; tolerance
[1]**jùliàng*** 巨量 N. tremendous amount; great deal
[2]**jùliàng** 钜量 N. huge amount
júliàng bùnéng róngwù 局量不能容物 F.E. not tolerant toward others
jù-liánjiēcí 句连接词 N. <*lg.*> ① clause conjunction ② sentence connector
jùliǎnmíncái 聚敛民财 F.E. amass wealth by taxing people heavily
jùliào 讵料 F.E. who could have expected that; unexpectedly
jù liǎojiě 据了解[據-] V.O. according to one's understanding of
jùlǐdáfù 据理答复[據-復] F.E. give a reasonable answer
jùliè 剧烈[劇-] S.V. violent; fierce; strenuous; intense
jùliè yùndòng 剧烈运动[劇-運動] N. strenuous exercise
jùlǐlìzhēng 据理力争[據-爭] F.E. argue on the basis of reason
jùlíng 巨灵[-靈] N. ① monster spirit ② a river-god
jùlínyú 锯鳞鱼 N. big-eyed soldierfish M: [1]*tiáo*
jǔlìshuōmíng 举例说明[舉-] F.E. illustrate with examples
jūliu(r) 拘溜(儿) N. <*coll.*> coil; curled object
[1]**jūliú*** 拘留 V. detain; intern
[2]**jūliú** 居留 V. reside
jǔliǔ 柜柳 N. ① tree of the willow family ② large tree good for making furniture/etc. M: [2]*kē*
jùliú 巨流 N. mighty current
jūliúdì 居留地 P.W. place of residence
jūliúquán 居留权[-權] N. right of residence
jūliúsuǒ 拘留所 P.W. jailhouse; lockup M: [1]*jiā*
[1]**jūliúzhèng** 拘留证[-證] N. detention warrant M: [1]*zhāng*
[2]**jūliúzhèng** 居留证[-證] N. residence permit M: [1]*zhāng*
jùlóng 巨龙 N. gigantic dragon M: [1]*tiáo*
jùlǒng* 聚拢 V. gather together
jūlóubìng 痀偻病[-僂-] N. rickets
jūluán(r) 拘挛(儿)[-攣-] N. cramps; spasms ♦V.P. rigidly adhere
jùlún* 巨轮 N. ① large wheel ② huge vessel

jùlùn 剧论[劇-] N. lively/hot discussion
júluò 橘络 N. <*Ch. med.*> tangerine pith
jùluò* 聚落 N. ① dwelling place ② village; town
jūmá 苴麻 N. female plant of common hemp M: [2]*kē*
júmá* 局麻 F.E. local anesthesia
jùmǎ 拒马 N. <*mil.*> abatis
jùmǎng 巨蟒 N. huge boa/python M: [1]*tiáo*
jūmí 拘靡 V.P. feel restricted; have one's hands tied; be strait-jacketed
júmiàn 局面 N. ① aspect; phase; situation ② scope; scale
jūmín 居民 N. resident; inhabitant M: *ge*/[1]*míng*/[2]*wèi*
jūmíndiǎn(r) 居民点(儿)[--點-] P.W. residential area
jùmíng 具名 V.O. ① affix a signature ② publish with a byline
jūmínqū 居民区[-區] P.W. residential area
jūmín shēnfènzhèng 居民身份证[-證] N. resident's identification card M: [1]*zhāng*
jūmín wěiyuánhuì 居民委员会 P.W. neighborhood/residents' committee
jùmó 锯磨 V. saw and grind
jùmò(r/zi)* 锯末(儿/子) N. sawdust
jùmò de 句末的 ATTR. <*lg.*> sentence final
jùmòzhù 句末注[-註] N. note at the end of a sentence
jǔmù* 举目[舉-] V.O. <*wr.*> raise the eyes; look
jùmǔ 飓母 N. colored halo, warning of cyclone
[1]**jùmù** 剧目[劇-] N. theatrical program; repertoire
[2]**jùmù** 锯木 V.O. saw wood
jùmùchǎng 锯木厂[-廠] P.W. sawmill; lumber mill M: [1]*jiā*
jǔmùkějiàn 举目可见[舉-] F.E. can see by looking around
jù mùtou 锯木头 V.O. saw wood/log/etc.
jǔmùwúqīn 举目无亲[舉-親] F.E. ① have no one to turn to ② be a stranger in a strange land
jùmùxiè 锯木屑 N. sawdust
jùmùyè 锯木业[-業] N. lumber industry
[1]**jūn*** 军[軍] B.F. ① armed forces; troops ***jūnduì*** ② military ***lùjūn, jūnrén*** ♦N. army (largest organizational unit, consisting of several divisions)
[2]**jūn** 均 B.F. ① equal; even; uniform ***jūnyún*** ② average ***píngjūn*** ♦ADV. ① without exception; all ② evenly ♦N. potter's wheel
[3]**jūn** 君 <*wr.*> N. ①monarch; sovereign; supreme ruler ② gentleman; sir
[4]**jūn** 菌 N. ① bacterium; germ ② fungus ***See also*** [2]*jùn*
[5]**jūn** 钧[鈞] M. <*hist.*> *unit of weight (30* [1]*jīn)* ♦PR. ① <*wr./court.*> you; your ② potter's wheel ♦S.V. <*wr.*> equal
[6]**jūn** 皲[皸] B.F. chap (of lips/skin/etc.) [2]***jūnliè***
[7]**jūn** 龟[龜] B.F. chap; chapped [1]***jūnliè, bù jūnshǒu See also*** [3]*guī*, [2]*Qiū*
[1]**jùn** 俊 S.V. handsome ♦B.F. talented [1]***jùnjié***
[2]**jùn** 菌 B.F. mushroom; gill fungus ***jùnzi, xiāngjùn See also*** [4]*jūn*
[3]**jùn** 峻 B.F. high (mountain) ***xiǎnjùn***
[4]**jùn** 竣 B.F. finish; complete ***jùngōng***
[5]**jùn** 骏[駿] B.F. a good horse [1]***jùnmǎ***
[6]**jùn** 郡 N. <*hist.*> prefecture
[7]**jùn** 浚 V. dredge
[8]**jùn** 捃 V. <*wr.*> pick up
[9]**jùn** 腘 B.F. muscle ***tuōrǒupòjùn***
jūná 拘拿 V. arrest; take into custody
jūn'ān 钧安 F.E. <*court.*> May you enjoy peace (letter closure).
jūnáng 疽囊 N. ulcer
jùnbá 俊拔 V.P. outstandingly talented ***See also*** *juànbá*
jùnbǎn 峻坂[-阪] N. steep mountain slope
jūnbèi 军备[-備] N. armament; arms; military preparations
jūnbèi jìngsài 军备竞赛[-備競-] N. arms race M: [3]*cháng*
jūnbèi kòngzhì 军备控制[-備--] N. arms control
jùnbēn 骏奔 V. speed; rush
jūnbì 军壁 N. <*mil.*> fort
jūnbiànfú 军便服 N. <*mil.*> undress uniform M: [2]*jiàn*
jùnbǐng 菌柄 N. mushroom stalks
Jūnbó 军博 P.W./AB. *Jūnshì Bówùguǎn* Military Museum of the Chinese People's Revolution
jūnbù 军部 P.W. ① army headquarters ② war ministry; defense department
jūnbùjiàn 君不见 V.P. can't you see?
[1]**jùncái** 俊才 N. talented person M: *ge*/[1]*míng*/[2]*wèi*
[2]**jùncái** 俊材 N. handsome and outstanding person M: *ge*/[1]*míng*/[2]*wèi*
jūncāo 军操 N. military drill
jūncáo* 军曹 N. sergeant; noncom
jūnchǎn 均产[-產] N. equalization of properties
jūnchē* 军车 N. military vehicle M: [3]*liàng*
jūnchě 均扯 V. <*coll.*> divide evenly
[1]**jùnchéng** 郡城 N. prefectural city; town
[2]**jùnchéng** 郡丞 N. deputy to the chief of a prefecture
jūndàibiǎo 军代表 N. army official representatives M: *ge*/[1]*míng*/[2]*wèi*
jūndǎngwěi 军党委[-黨-] N. <*PRC*> the Party Committee of a military division
jūndāo 军刀 N. soldier's sword; saber M: [1]*bǎ*
jùndé 俊/峻德 N. great virtue
jūnděng 均等 V.P. equal; impartial; fair
jūn-dì liǎngyòng réncái 军地两用人材 N. PLA men trained for both military and civilian service
jūnduì 军队[-隊] N. armed forces; army; troops M: [4]*zhī*
jūnduì biāohào 军队标号[-隊標號] N. military symbols
júnèi* 局内 P.W. inside ♦ATTR. internal
jùnèi 惧内[懼-] S.V. <*wr.*> henpecked
júnèirén 局内人 N. insider M: *ge*/[1]*míng*/[2]*wèi*
jūnfá 军阀 N. warlord; military clique; militarist M: *ge*/[1]*míng*
jūnfǎ* 军法 N. military law
jùnfā 骏发[-發] N. swift success in life
jùnfǎ 峻法 N. severe/harsh/rigorous law
jūnfǎ cáipàn 军法裁判 N. court-martial
jūnfǎ cáipànsuǒ 军法裁判所 P.W. military court; court-martial
jūnfǎchù 军法处[-處] P.W. military-law enforcement office
jūnfǎcóngshì 军法从事[--從-] F.E. punish by military law
jūnfágējù 军阀割据[-據] F.E. carving up of a country by warlords
jūnfǎguān 军法官 N. <*mil.*> judge advocate M: *ge*/[1]*míng*/[2]*wèi*
jūnfǎ huìshěn 军法会审[-審] N. court martial
jūnfǎ huìyì 军法会议[-議] N. court-martial sitting session
jūnfāng 军方 N. the military
jūnfǎ shěnpàn 军法审判[--審-] N. court-martial
Jūnfǎ Wěiyuánhuì 军法委员会 P.W. <*mil.*> Judicial Council
jūnfázhǔyì 军阀主义[-義] N. warlordism
jūnféi 菌肥 N. bacterial manure
jūnfèi* 军费 N. military expenditures
jūnfēn 均分 V. divide equally
jūnfēngjì 军风纪 N. soldier's bearing and discipline
jūnfēnqū 军分区[-區] P.W. military sub-area
jūnfú* 军服 N. military uniform M: [2]*jiàn*
[1]**jūnfù** 均富 V.P. equalized wealth
[2]**jūnfù** 均赋 V.O. assess duties equally
jūnfúní 军服呢 N. army coat/material M: [2]*kuài*/[1]*pǐ*
jūngǎng 军港 N. naval port
[1]**jūngē** 军歌 N. military/martial song M: [2]*shǒu*
[2]**jūngē** 军鸽 N. army pigeon M: [2]*zhī*
[1]**jūngōng** 军功 N. military exploit
[2]**jūngōng** 军工 N. ① war industry ② military project ③ worker in the war and munitions industry M: *ge*/[1]*míng*
jùngōng* 竣工 V.O. complete; finish ***Zhège gōngchéng jíjiāng ~.*** This construction will be completed soon.
jūngōngchǎng 军工厂[-廠] P.W. ordnance factory M: [1]*jiā*
jūngōngzhāng 军功章 N. medal for military merit M: [4]*méi*
jūngǔ* 军鼓 N. military drum
jùngǔ 骏骨 N. ① talented person ② fine horse
jūnguān* 军官 N. officer M: *ge*/[1]*míng*/[2]*wèi*
jūn-guǎn 军管 N. military control ***Wèile píngxī bàoluàn, zhèngfǔ shíxíng ~.*** In order to put down the riot, the government is exercising military control.
jūnguǎnhuì 军管会 N. military control commission
jūnguǎnqū 军管区[-區] P.W. military organization on the provincial level
jūnguāntuán 军官团[-團] N. officer group
jūnguān xuéxiào 军官学校 P.W. academy for training officers M: [1]*jiā*/[1]*suǒ*
Jūnguān Yùbèi Xuéxiào 军官预备学校[---備--] P.W. Officer Candidate School (OCS) M: [1]*jiā*/[1]*suǒ*
jūnguī 军规 N. military discipline M: [1]*tiáo*
jūngùn 军棍 N. <*mil.*> ① club used in defense ② club/cane used for corporal punishment M: [2]*gēn*
jùnguó 郡国[-國] N. system of political zoning
jūnguó dàshì 军国大事[-國--] N. affairs of national defense and administration
jūnguómín jiàoyù 军国民教育[-國---] N. national military education
jūnguózhǔyì 军国主义[-國-義] N. militarism
jūnguózhǔyìhuà 军国主义化[-國-義-] N. militarization
jūnhàn 军汉[-漢] N. <*trad.*> privates/ordinary soldiers
jūnhào 军号[-號] N. bugle
[1]**jūnhéng** 均衡 V. balance ♦S.V. balanced; proportionate; harmonious; even
[2]**jūnhéng** 钧衡 V. evaluate a person's ability
jūnhéng lìlǜ 均衡利率 V.O. equilibrium rate of interest
jūnhénglùn 均衡论 N. theory of equilibrium
jūnhóu 君侯 N. title of respect for feudal lords or high officials
jūnhù 军户 N. military registered residence
jùnhuá 捃华[-華] V.O. select the most essential points
jūnhuī* 军徽 N. army emblem M: [4]*méi*
jùnhuì 骏惠 N. great favor; unbounded generosity
jùnhuìnánwàng 骏惠难忘[--難-] F.E. your great favor is hard to forget
jūnhūn 军婚 N. marriage between military personnel and civilians or within the military
jūnhuǒ 军火 N. munitions; arms and ammunition
jūnhuǒ fànzi 军火贩子 N. munitions merchant; arms dealer; merchant of death M: *ge*/[1]*míng*
jūnhuǒ gōngchǎng 军火工厂[-廠] P.W. munitions plant M: [1]*jiā*
jūnhuǒ gōngyè 军火工业[-業] N. munitions industry; armaments industry
jūnhuǒkù 军火库 N. arsenal M: [4]*zuò*
jūnhuǒshāng 军火商 N. arms dealer M: *ge*/[1]*míng*/[2]*wèi*
jūnì 拘泥 V./S.V. ① be a stickler for (form/etc.) ② rely only on
jùniǎo 巨鸟 N. big bird M: [2]*zhī*
jūnìbùtōng 拘泥不通 F.E. stubborn and stupid
jūnìxiǎojié 拘泥小节[-節] F.E. be tied down by trifles
jūnìyú xìjié 拘泥于细节[--於-節] F.E. very punctilious
jūnì zìxíng 拘泥字形 V.O. <*lg.*> rely only on the form of a character

jūnjī* 军机 N. ① military plan/secret ② military air-plane M: [1]jiā
jūnjí 军籍 N. ① military status ② one's name on an army roll; military register
[1]**jūnjì** 军纪 N. military discipline
[2]**jūnjì** 军妓 N. military prostitute M: ge/[1]míng
jùnjí 峻急 V.P. ① flowing swiftly ② intolerant and impetuous
jùnjì 骏骥 N. <trad.> fine horse
[1]**jūnjiàn** 军舰[-艦] N. warship; naval vessel M: [1]tiáo/[1]sōu
[2]**jūnjiàn** 钧鉴[-鑒] F.E. <court.> please be informed hereby (in letters)
jūnjiàng 军将[-將] N. commanding general
jūnjiāngzhēn 菌浆针[-漿-] N. <med.> vaccine injection
Jūnjīchù 军机处[-處] N. Qing ministry of defense
jūnjī dàchén 军机大臣 N. Qing minister of defense M: ge/[1]míng/[2]wèi
jūnjiē* 军阶[-階] N. (military) rank; grade
jūnjiè 军界 N. military circles; the military
[1]**jùnjié** 俊杰[-傑] N. person of outstanding talent; hero M: ge/[1]míng/[2]wèi
[2]**jùnjié** 峻节[-節] N. <wr.> noble principle
jūnjǐng 军警 N. military and police M: ge/[1]míng
jùnjù 峻拒 V. sternly reject
jūnjuàn 军眷 N. military dependents
jūnkě* 均可 F.E. all/also can; either will do; All is permissible.
jùnkè 峻刻 V.P. stern and exacting
jūnkěn 军垦[-墾] N. military reclamation of wasteland
jūnkěn nóngchǎng 军垦农场[-墾農場] P.W. military reclamation farm M: [4]zuò
jūnkòng 军控 N. army control
jūnkòngdiǎn 军控点[-點] N. control point for military use
jūnkòng tiáoyuē 军控条约[--條-] N. arms-control agreements
jùnkù 峻酷 V.P. severe; relentless
jūnlěi 军垒[-壘] N. barriers around a fort; fort
jūnlèi* 菌类[-類] N. fungi
jūnlǐ 军礼[-禮] N. military salute
jūnlì* 军力 N. military strength
[1]**jùnlì** 俊丽[-麗] S.V. pretty; beautiful
[2]**jùnlì** 峻厉[-厲] V.P. severe; merciless
[3]**jùnlì** 浚利 V.P. unobstructed (of waterway)
jūnliáng 军粮[-糧] N. army provisions; grain for army
jūnliángkù 军粮库[-糧-] P.W. military grain depot; army granary M: [4]zuò
[1]**jūnliè** 龟裂[龜-] V. ① fissure (of parched earth) ② chap (of skin)
[2]**jūnliè** 皲裂 V. chap (of skin)
[3]**jūnliè** 军列 N. army train; train for military use
jūn-lièshǔ 军烈属[-屬] N. military dependents and widows/etc. of deceased military personnel
jūnlǐfú 军礼服[-禮-] N. <mil.> dress uniform M: [2]jiàn
jūnlíng 军龄[-齡] N. length of military service
jūnlìng* 军令 N. military order
jùnlǐng 峻岭[-嶺] N. lofty range (of mountains)
jūnlìngrúshān 军令如山 F.E. Military orders are unalterable and must be obeyed.
jūnlìngzhuàng 军令状[-狀] N. ① pledge to obey military orders ② a promise to get a job done, failing which one is willing to accept a severe penalty *See also zérènzhuàng*
jūnlíntiānxià 君临天下[-臨--] F.E. reign over the world
jūnlínwànbāng 君临万邦[-臨萬-] F.E. become emperor of a vast empire
jūnlǚ* 军旅 N. troops; armies
[1]**jūnlǜ** 军绿 N. army green
[2]**jūnlǜ** 军律 N. military discipline
jūnlüè 军略 N. military strategy
jùnlùn 峻论 N. closely argued discussion
jūnlǚzhīshì 军旅之事 N. military matters
jūnmǎ 军马 N. army horse M: [1]pǐ
[1]**jùnmǎ*** 骏马 N. excellent steed M: [1]pǐ
[2]**jùnmǎ** 郡马 N. husband of a princess
jūnmǎchǎng 军马场[-場] P.W. army horse-breeding farm M: [4]zuò
jùnmài 俊迈[-邁] V.P. <wr.> eminent; remarkable
jūnmǎijūnmài 均买均卖[-買-賣] F.E. fair dealing in business
jūnmào 军帽 N. army/service cap M: [1]dǐng
jùnměi 俊美 S.V. pretty; good-looking; handsome
jūnmén 军门 N. <trad.> ① entrance to a military camp ② commander-in-chief
jùnmì 峻密 V.P. strict; stern; rigid
jūnmiáo 菌苗 N. <med.> vaccine
jūnmín 军民 N. soldiers and civilians
jūnmìng 钧命 F.E. <court.> your esteemed instructions
jùnmìng* 骏命 N. great appointment; Heaven's will
jūnmíngòngjiàn 军民共建 F.E. joint effort of PLA men and civilians for cultural progress and spiritual purity
jūnmín guānxi 军民关系[--關係] N. relationship between soldiers and civilians
jūnmín hézuò 军民合作 N. cooperation between soldiers and civilians
jūnmín tuánjié 军民团结[--團-] N. soldiers and civilians united
jūnmínyījiā 军民一家 F.E. army-people relations are very close
jùnníchuán 浚泥船 N. dredger M: [1]tiáo/[1]sōu
jùnníjī 浚泥机 N. dredge M: [1]tái
jūnnóng 军农[-農] N. war agriculture
jūnpài 均派 V. apportion fairly
jūnpiào 军票 N. bank notes used by military personnel in war zones; scrip M: [1]zhāng
jūnpín* 均贫 V.P. equally poor
jūnpǐn 军品 N. military products
jūnpíng 均平 V.P. on an average; even
[1]**jūnqí*** 军旗 N. army flag; colors M: [1]miàn
[2]**jūnqí** 军棋 N. chess game based on military strategies M: [1]fù
jūnqǐ 钧启[-啟] F.E. <court.> to be opened by. . .(on envelopes)
jūnqì 军器 N. military equipment
jùnqi 俊气[-氣] S.V. pretty
jùnqì 俊器 N. men of eminent ability
jūnqiānzǐ 君迁子[-遷-] N. <Ch. med.> fruit of the dateplum persimmon
[1]**jùnqiào** 俊俏 S.V. pretty and charming; elegant
[2]**jùnqiào** 峻峭 S.V. ① high and steep ② severe; strict; unkind
jùnqiè 峻切 V.P. severe and urgent
jūnqílǐ 军旗礼[-禮] N. colors salute
jūnqíng 军情 N. military/war situation
jūnqū* 军区[-區] P.W. military region
jùnqú 浚渠 V.O. dredge a canal
[1]**jūnquán*** 军权[-權] N. ① power over military matters ② military leadership
[2]**jūnquán** 君权[-權] N. monarchical power; royal prerogative
[3]**jūnquán** 均权[-權] N. equality of rights
jūnquǎn 军犬 N. military dogs M: [1]tóu
jūnquánshénshòu 君权神授[-權--] F.E. divine right of kings
jūnquánzhì 均权制[-權-] N. political system envisioned by Sun Yat-sen
jūnrén 军人 N. soldier; serviceman; army man M: ge/[1]míng/[2]wèi
jūnrénhún 军人魂 N. soldier's willingness to die rather than surrender
jūnrén jiāshǔ 军人家属[-屬] N. dependents of military personnel
Jūnrénjié 军人节[-節] N. Armed Forces Day
jūnróng 军容 N. soldier's discipline and bearing
jūnsǎn 菌伞[-傘] N. mushroom top
jūnshàng 君上 N. His Majesty the Emperor
jūnshī 军师[-師] N. military counselor; army adviser
jūnshí 军实[-實] N. military supplies and arms
[1]**jūnshǐ** 军史 N. history of the People's Liberation Army M: [2]bù
[2]**jūnshǐ** 军使 N. military envoy
[1]**jūnshì*** 军事 N. ① military affairs ② the military
[2]**jūnshì** 均势[-勢] N. balance of power; parity
[3]**jūnshì** 军士 N. noncommissioned officer (NCO) M: ge/[1]míng/[2]wèi
jùnshí 捃拾 V. collect (samples/etc.)
[1]**jùnshì** 竣事 V.O. complete (a task)
[2]**jùnshì** 俊士 N. distinguished/eminent personage M: ge/[1]míng
jūnshì dìlǐ 军事地理 N. military geography
jūnshìfàn 军事犯 N. military offender M: ge/[1]míng
jūnshì fǎtíng 军事法庭 N. military tribunal/court; provost court M: [4]zuò
jūnshì fēnjièxiàn 军事分界线 N. military demarcation line M: [1]tiáo
jūnshì guǎnzhì 军事管制 N. military control
jūnshì guǎnzhìfǎ 军事管制法 N. martial law
jūnshì guòyìng 军事过硬 V.P. militarily competent
jūnshì gùwèn 军事顾问[--顧-] N. military adviser/consultant M: ge/[1]míng/[2]wèi
jūnshìhuà 军事化 V./N. militarize; place on a war footing
jūnshì huìyì 军事会议[-議] N. war council M: cì
jūnshìjiā 军事家 N. military scientist M: ge/[1]míng/[2]wèi
jūnshì jīdì 军事基地 P.W. military base M: [4]zuò
jūnshì lìliàng duìbǐ 军事力量对比[----對-] N. military balance
jūnshì shílì 军事实力[--實-] N. military strength
jūnshì sùzhì 军事素质[-質] N. military qualities
jùnshìwángōng 竣事完工 F.E. complete and finish sth.
jūnshì wěiyuánhuì 军事委员会 P.W. military committee
jūnshì wénxué 军事文学 N. military literature
jūnshì xíngdòng 军事行动[-動] N. military operations
jūnshìxué 军事学 N. military science
jūnshì xuéxiào 军事学校 N. military school M: [1]suǒ
jūnshì xuéyuàn 军事学院 N. military academy/institute M: [1]suǒ
jūnshì xùnliàn 军事训练[-練] N. military training
jūnshì yǎnxí 军事演习[-習] N. military maneuvers/exercises; war games M: [3]cháng
jūnshì zhèngbiàn 军事政变[-變] N. military coup d'état M: [3]cháng
jūnshì zhìcái 军事制裁 N. military sanctions
jūnshòu 军售 N. military equipment for export
jùnshǒu* 郡守 N. magistrate of a prefecture
jūnshū* 军书[-書] N. military correspondence
jūnshǔ 军属[-屬] N. ① soldier's dependents ② <mil.> auxiliary services
jùnshuǎng 俊爽 V.P. <wr.> ① handsome and bright (of a person) ② powerful and creative (of writing)
jūnshūpángwǔ 军书旁午[-書--] F.E. very busy with directing military operations (of commanders/etc.)
jūnsī* 菌丝[-絲] N. <bot.> mycelium
jùnsì 钧驷 N. <trad.> a team of four same-color horses
jūntái 军台[-臺] N. <trad.> station for transmission of military intelligence/messages/etc.
jūntān* 均摊[-攤] V. share equally *Liǎng rén hézū yītào fáng, fángzū hé shuǐdiànfèi ~.* The two of them have rented an apartment, sharing rent and utilities.
jūntǎn 军毯 N. army blanket M: [2]kuài/[1]tiáo
jūntáo 钧陶 ID. <wr.> train men of talent
jūntǐ 军体[-體] N. military sports
Jūntiān 钧天 N. the Center of Heaven (title of a famous song)
jūntián* 均田 N. equal land
jūntiánzhì 均田制 N. ① land equalization policy ② <hist.> Equal Fields System
jūntiě 军帖 N. military proclamation M: [1]zhāng
jūntuán 军团[-團] N. army group

J

jūntuánbìng 军团病[-團-] N. Legionaires' disease
jūnǚ 拘女 N. <trad.> girls employed by the imperial household who were not allowed to marry
jūnwáng* 君王 N. monarch; sovereign M: *ge/[2]wèi*
jùnwáng 郡王 N. rank of nobility next to prince M: *ge/[2]wèi*
jùnwàng 郡望 N. influential families of a prefecture
jūnwēi 军威 N. military prestige/might
Jūnwěi* 军委 P.W. Military Commission of the CCP Central Committee
jùnwěi 俊伟[-偉] V.P. eminent
jūnwén 军文 N. civilian employees in the armed forces
jūnwù 军务[-務] N. military affairs; military administrative matters
jūnwúxìyán 君无戏言[--戲-] F.E. The king's words are to be taken seriously.
jùnxià 郡下 P.W. capital city of a prefecture where the magistrate resides
jūnxián(r)* 军衔(儿) N. military rank
jùnxián 俊贤[-賢] N. excellent person
jùnxiàn 郡县[-縣] N. prefectures and counties
jūnxiǎng* 军饷 N. pay and allowances for soldiers; military payroll M: *[1]fèn*
jùnxiáng 郡庠 N. <trad.> prefectural academy
jùnxiànzhì 郡县制[-縣-] N. <hist.> the system of prefectures and counties
jūnxián zhìdù* 军衔制度 N. the system of military ranks
jùnxiàn zhìdù 郡县制度[-縣--] N. <hist.> the system of prefectures and counties
jūnxiào 军校 N. military academy/school M: *[1]suǒ*
jūnxiào xuéshēng 军校学生 N. military cadet M: *ge/[1]míng*
jūnxiào yīniánjíshēng 军校一年级生 N. plebe M: *ge/[1]míng*
jūnxié 军鞋 N. military footwear M: *[1]shuāng*
jūnxiè* 军械 N. ordnance; armament M: *[2]jiàn*
jūnxièchù 军械处[-處] P.W. <mil.> ordnance department
jūnxièjú 军械局 P.W. armory
jūnxièkù 军械库 N. ordnance/arms depot; armory M: *[4]zuò*
jūnxièyuán 军械员 N. armorer M: *ge/[1]míng/[2]wèi*
jūnxīn 军心 N. soldier's morale
jūnxīng 军兴[-興] A.T. <trad.> ① requisition property for the army ② outbreak of hostilities
jùnxíng* 峻刑 N. severe punishment
jùnxiù 俊秀 S.V. ① pretty; of delicate beauty ②talented and superior ③elegant; distinguished
jūnxū 军需 N. ① military supplies ② quartermaster ③ <mil.> supply
jūnxuānduì 军宣队[-隊] AB. *Jiěfàngjūn Máo Zédōng sīxiǎng xuānchuán duì* M: *[4]zhī*
jūnxū bǔjǐ 军需补给[--補-] N. military supplies
jūnxūchù 军需处[-處] P.W. department of war materials
jūnxūchuán 军需船 N. <mil.> storeship M: *[1]tiáo/[1]sōu*
jūnxūduì 军需队[-隊] N. quartermaster corps M: *[4]zhī*
jūnxuē 军靴 N. combat boots M: *[1]shuāng*
jūnxūguān 军需官 N. <mil.> officer in charge of military supplies; commissary M: *ge/[1]míng/[2]wèi*
jūnxūkù 军需库 P.W. military supply depot M: *[4]zuò*
jūnxùn 军训 N. military training
jūnxùn jiàoguān 军训教官 N. military training officer M: *ge/[1]míng/[2]wèi*
jūnxūpǐn 军需品 N. military supplies/stores
jùnyǎ 俊雅 S.V. <wr.> elegant and distinguished
jùnyào 峻药[-藥] N. drastic remedy
jūnyè 菌液 N. bacterial fluid
jùnyè* 骏业[-業] N. great undertaking
[1]jūnyī* 军医[-醫] N. medical officer; military surgeon M: *ge/[1]míng/[2]wèi*
[2]jūnyī 军衣 N. military uniform M: *[2]jiàn*
[3]jūnyī 均一 V.P. even; uniform; homogeneous
jūnyì 军役 N. military service
[1]jùnyì 俊逸 V.P. distinguished; outstanding
[2]jùnyì 骏逸 <wr.> V. gallop at full speed ♦ V.P. free and easy
jūnyīchù 军医处[-醫處] N. military medical office
jūnyīduì 军医队[-醫隊] N. military medical corps M: *[4]zhī*
jūnyīguān 军医官[-醫-] N. military medical officer M: *ge/[1]míng/[2]wèi*
jūnyíng 军营[-營] N. military camp; barracks M: *[4]zuò*
jūnyī shǔzhǎng 军医署长[-醫--] N. surgeon general M: *ge/[1]míng/[2]wèi*
jūnyīxìng 均一性 N. <chem.> homogeneity
jūnyī zǒngjiān 军医总监[-醫總監] N. surgeon general M: *ge/[1]míng/[2]wèi*
jūnyòng 军用 ATTR. for military use; military
jūnyòngchē 军用车 N. military vehicle M: *[3]liàng*
jūnyòng diànhuà 军用电话[--電-] N. military telephone M: *[1]jià/[2]bù*
jūnyòng dìtú 军用地图[--圖] N. military map M: *[1]zhāng*
jūnyòng fēijī 军用飞机[--飛-] N. aircraft for military use M: *[1]jià*
jūnyòng jīchǎng 军用机场[-場] P.W. military airport M: *[4]zuò*
jūnyòngpiào 军用票 N. coupon/ticket issued for the military M: *[1]zhāng*
jūnyòngpǐn 军用品 N. military supplies and equipment; war materials; materiel M: *[2]jiàn*
jūnyòngquǎn 军用犬 N. army dog M: *[1]tiáo*
jūnyòng wùzī 军用物资 N. military supplies/materials
[1]jūnyóu* 军邮[-郵] N. army postal service
[2]jūnyóu 军油 N. military gasoline
jùnyóu 俊游 N. <trad.> excellent companion
jūnyǔ* 军语 N. <lg.> military language/terms
jūnyù 钧谕 F.E. <court.> your esteemed instructions
jùnyǔ 峻宇 N. great edifice
[1]jūnyuán 军员 N. army manpower; soldiers; troops
[2]jūnyuán 军援 N. military aid
jūnyuè 军乐[-樂] N. martial/military music
jūnyuèduì 军乐队[-樂隊] N. military band M: *[4]zhī*
jūnyún* 均匀[-勻] S.V. even; well-distributed; homogeneous
jūnyùn 军运[-運] N. military transportation
jūnzhān 均沾 V. share benefits equally
jūnzhǎng 军长 N. corps/army commander M: *ge/[1]míng/[2]wèi*
jūnzhě 菌褶 N. lamella
jùnzhé* 浚哲 N. profound wisdom
jūn-zhèng 军政 N. ① army and government ② military affairs and politics ③ military administration
Jūnzhèngbù 军政部 P.W. Ministry of War
jūnzhèng bùzhǎng 军政部长 N. minister of war M: *[2]wèi*
jūnzhèngfǔ 军政府 N. military government; junta
jūnzhèngquán 军政权[-權] N. military regime
jūnzhèng shíqī 军政时期[--時-] N. (during) the time of the military regime
jūnzhí* 军职[-職] N. official army post; military appointment
[1]jūnzhì 均质[-質] ATTR. homogenized; homogeneous
[2]jūnzhì 军制 N. military system
[1]jùnzhí 峻直 V.P. lofty and upright (of personality)
[2]jùnzhí 捃摭 V. collect (sample/etc.)
jūnzhōng* 军中 A.T. in the armed forces
[1]jūnzhǒng 军种[-種] N. (armed) services
[2]jūnzhǒng 菌种[-種] N. ①bacterial seed ②type of bacteria
jūnzhōng fúwù 军中服务[--務] N. service in the army
jūnzhōng lèyuán 军中乐园[-樂園] N. entertainment institution for the army M: *[4]zuò*
jūnzhōng wú xìyán 军中无戏言[---戲-] F.E. Military orders must be carried out.
jūnzhǔ* 君主 N. monarch; sovereign M: *ge/[2]wèi*
jùnzhǔ 郡主 N. princess M: *ge/[2]wèi*
jūnzhuāng* 军装[-裝] N. military uniform M: *[2]jiàn/tào*
jūnzhuàng 菌状[-狀] N. bacteria form
jūnzhuǎn gànbù 军转干部[-轉幹-] N. cadres transferred to civilian work units from the army M: *ge/[1]míng/[2]wèi*
jūnzhuǎnmín 军转民[-轉-] F.E. <pol.> change from military to civilian
jūnzhǔguó 君主国[-國] N. monarchical state; monarchy
jūnzhǔ lìxiàn 君主立宪[-憲] N. constitutional monarchy
jūnzhǔquán 君主权[-權] N. monarchical authority
jūnzhǔ zhèngtǐ 君主政体[-體] N. monarchy; monarchical regime
jūnzhǔzhì 君主制 N. monarchy
jūnzhǔ zhuānzhèng 君主专政[--專-] N. autocratic/absolute monarch
jūnzhǔ zhuānzhì 君主专制[--專-] N. autocratic/absolute monarch
jūnzhǔzhǔyì 君主主义[-義] N. monarchism
jūnzī 军姿 N. soldier's stance/presentation/image
jūnzǐ* 君子 N. ① man of noble character; gentleman ② sovereign M: *ge/[2]wèi*
jùnzi 菌子 N. <topo.> fungi; mushroom
jūnzǐ bù niàn jiù'è 君子不念旧恶[-舊惡] F.E. Gentleman do not bear grudges.
jūnzǐ chéngrénzhīměi 君子成人之美 F.E. A gentleman is always ready to help others attain their goals.
jūnzǐguó 君子国[-國] N. the (imaginary) land of the virtuous
jūnzǐ hé'érbùtóng 君子和而不同 F.E. A gentleman gets along with others, but does not necessarily agree with them.
jūnzǐhuā 君子花 N. lotus M: *[2]duǒ*
jūnzǐhuáidé 君子怀德[--懷-] F.E. A princely man cherishes virtue.
jūnzǐlán 君子兰[-蘭] N. <bot.> kaffir lily M: *[2]kē*
jūnzǐ xiédìng 君子协定[--協-] N. gentlemen's agreement M: *[1]fèn*
jūnzǐzhījiāo 君子之交 N. gentlemen's relationship
jūnzǐzhījiāo dàn rú shuǐ 君子之交淡如水 F.E. True friendship is as simple and pure as water.
jūnzǐzìzhòng 君子自重 F.E. A gentleman takes care of his reputation.
jùnzú 骏足 N. ① fine horse ② talented person
jūnzuǒ* 军佐 N. noncombatant member of a military unit with officer rank M: *ge/[1]míng*
jūnzuò 钧座 F.E. Your Excellency
jùpà 惧怕[懼-] V. fear; dread
júpí 橘皮 N. orange peel
júpiàn 局骗 N. racketeering; swindling ♦ V. cheat; swindle
jūpiào 拘票 N. arrest warrant M: *[1]zhāng*
jùpìn 拒聘 V.O. decline an invitation/appointment (for a position/job/etc.)
jùpíng 剧评[劇-] N. dramatic criticism; review M: *[1]piān*
jūqí 居奇 V.P. hoard scarce goods for speculation
júqì 局气[-氣] N. fairness; justice
jǔqǐ* 举起[舉-] R.V. raise; lift
jùqí 聚齐[-齊] R.V. ① call everyone together ② be all present at a gathering
jūqiān 拘牵[-牽] V. restrain; confine
jūqián* 居前 V.P. be in front of
jǔqiāng 举枪[舉槍] V.O. <mil.> present arms in salute
jǔqíbùdìng 举棋不定[舉-] F.E. vacillate; shilly-shally
jǔqíchéngxíng 沮其成行 F.E. stop sb. from going

jùqiè 惧怯[懼-] V.P. <wr.> timid; afraid
jùqiē chéng 锯切成 V.P. saw sth. into
jūqímóulì 居奇牟利 F.E. hoard scarce things in the hope of profit
[1]**jùqíng*** 剧情[劇-] N. story line; plot
[2]**jùqíng** 据情[據-] ADV. according to circumstances
jùqìng 具庆[-慶] V. be blessed to have both parents living
jùqíngbànlǐ 据情办理[據-辦-] F.E. judge by the circumstances
jùqíng jiǎnjiè 剧情简介[劇-] N. synopsis
jùqíngpiàn 剧情片[劇-] N. feature film M: [2]bù
jūqiú 拘囚 V. imprison
jùqǔ 剧曲[劇-] N. music in drama
jùquán 俱全 V.P. complete in all varieties
jù qūbiéxìng de chāyì 具区别性的差异[-區----異] N. <lg.> emic difference
jùquè 拒却[-卻] V. refuse; reject; turn down
jūqún 居群 N. population
jūrán* 居然 ADV. ① unexpectedly; to one's surprise ② calmly; quietly ③ going so far as to
[1]**jùrán** 遽然 ADV. <wr.> suddenly; abruptly
[2]**jùrán** 瞿然 V.P. alarmed
jùránbiànsè 遽然变色[--變-] F.E. suddenly change countenance
jǔrén 举人[舉-] N. successful candidate in provincial imperial examination M: ge/[1]míng/[2]wèi
[1]**jùrén*** 巨人 N. giant; colossus M: ge/[1]míng/[2]wèi
[2]**jùrén** 遽人 N. <trad.> ①postman ②messenger
jùrén qiānlǐzhīwài 拒人千里之外 F.E. ① be extremely indifferent and cold ② be arrogant and unapproachable
jūrényóuyì 居仁由义[-義] F.E. <wr.> tread the straight and narrow path
jùrénzhèng 巨人症 N. gigantism
jùrénzǐ 窭人子[窶-] N. a son from an impoverished family
jūrú* 拘儒 N. pedant
jùrú 钜儒 N. <trad.> great scholar M: ge/[1]míng/[2]wèi
jùrù 沮洳 N. <wr.> damp, low-lying land
jùsàn 聚散 V. meet and part
jūsāng 居丧[-喪] V.P. <wr.> be in mourning
jǔsàng* 沮丧[-喪] S.V. depressed; disheartened
jùsǎn huāxù 聚伞花序[-傘--] N. <bot.> cyme
jùsànwúcháng 聚散无常 F.E. meeting and parting are irregular.
júsè* 橘色 N. orange color
[1]**jùsè** 惧色[懼-] N. a look of fear
[2]**jùsè** 遽色 N. a harried look
jùshà 巨厦[-廈] N. large building M: [4]zuò
jùshāchéngtǎ 聚沙成塔 ID. Tall trees from little acorns grow.
jūshàng 居上 V.P. be ahead of
jǔshānggòngyǐn 举觞共饮[舉觴-] F.E. take a glass of wine with sb.
jùshǎochéngduō 聚少成多 F.E. tall trees from little acorns grow
jūshè 居摄[-攝] V. act as regent
jǔshé 举舌[舉-] N. <lg.> raised tongue
jǔshè 沮舍 N. dilapidated house
jùshè* 剧社[劇-] N. opera troupe M: [1]jiā
jūshēn 居身 N. one's way of life
jūshěn 拘审[-審] V.P. detain for questioning
jùshén* 聚神 V.O. concentrate one's attention
jùshèng 苣胜[-勝] N. <bot.> sesame
Jùshèzōng 俱舍宗 N. <Budd.> *Abhidharma kosa*, introduced into China in sixth cent.
jūshí 鞫实[-實] V.O. make a thorough inquiry about a case
[1]**jūshì** 居士 N. ①retired scholar ②lay Buddhist M: ge/[1]míng/[2]wèi
[2]**jūshì** 居室 N. house; room M: [1]jiān ♦V.O. ① cohabit ② live together (of husband and wife)
júshí 菊石 N. <geol.> ammonite M: [2]kuài
júshì* 局势[-勢] N. situation
[1]**jǔshì** 举世[舉-] N./ADV. throughout the world; universally
[2]**jǔshì** 举事[舉-] V.O. <wr.> stage an uprising
[3]**jǔshì** 举士[舉-] V.O. recommend learned men for public service
[1]**jùshí** 巨石 N. huge rock/stone M: [2]kuài
[2]**jùshí** 据实[據實] ADV. according to the facts; in reality
[1]**jùshì** 句式 N. <lg.> ① sentence-type ② syntax; construction
[2]**jùshì** 巨室 N. ① powerful/influential family ② big house/palace M: [1]jiān
jùshíbàogào 据实报告[據實報-] F.E. report the facts; give a factual report
jùshí'érbào 据实而报[據實-報] F.E. give a matter-of-fact account
jùshí'éryán 据实而言[據實-] F.E. speak the truth
jǔshìfēngcóng 举世风从[舉-從] F.E. The whole world follows the example.
jùshí wénhuà 巨石文化 N. megalithic culture
jǔshìwénmíng 举世闻名[舉-] F.E. world-famous
jǔshìwúpǐ 举世无匹[舉-] F.E. be unrivaled/matchless
jǔshìwúshuāng 举世无双[舉-雙] F.E. be unrivaled/matchless
jùshíxiānggào 据实相告[據實-] F.E. tell according to the facts
jùshì xiūshì chéngfen 句式修饰成分 N. <lg.> sentence modifier
jùshíyǐbào 据实以报[據實-報] F.E. report the truth
jùshízhāogòng 据实招供[據實-] F.E. confess truthfully
jǔshìzhǔmù 举世瞩目[舉-矚-] F.E. attract worldwide attention
[1]**jūshǒu** 居首 V.P. ① head; lead ② rank first
[2]**jūshǒu** 拘守 V. ① hold fast to (conventions/etc.) ② imprison
[1]**jǔshǒu*** 举手[舉-] V.O. ① raise one's hand(s) ② make a military salute
[2]**jǔshǒu** 举首[舉-] V.O. raise one's head
jùshōu 拒收 V.O. refuse to accept
[1]**jùshǒu** 聚首 V.O. <wr.> gather; meet
[2]**jùshǒu** 据/踞守[據-] V. guard; be entrenched in
jùshòu 巨兽[-獸] N. giant animal M: [1]tóu
jǔshǒu biǎojué 举手表决[舉-決] V.P. vote by raising hands
jǔshǒulǐ 举手礼[舉-禮] N. salute with the hand(s); hand salute
jūshǒuqíngtiān 掬手擎天 F.E. manage the affairs of the country
jù-shòushìcí 句受事词 N. <lg.> sentence-object
jù-shòushìcí de dòngcí 句受事词的动词[-----動-] N. <lg.> object verb
jǔshǒutóuzú 举手投足[舉-] F.E. every action/move
jùshǒuyītáng 聚首一堂 F.E. gather together (in a hall)
jǔshǒuzhīláo 举手之劳[舉-勞] N. sth. needing only slight effort
jūshù* 拘束 S.V. ① restrained; restricted ② constrained; ill-at-ease ♦V. restrain; restrict
[1]**júshù** 局数[-數] N. number of games
[2]**júshù** 橘树[-樹] N. orange tree M: [2]kē
[1]**jùshù** 句数[-數] N. number of sentences
[2]**jùshù** 巨树[-樹] N. big tree M: [2]kē
jūshuāng* 居孀 V.O. <wr.> remain widowed
jùshuāng 拒霜 N. <bot.> hibiscus
jūshuǐ 掬水 V.O. scoop up water with the hands
jùshuǐzhèng 惧水症[懼-] N. <med.> hydrophobia
jūshùlì 拘束力 N. restriction
jùshuō 据说[據-] V.P. it is said that. . .
jūsì 狙伺 V. spy; reconnoiter in secret
jùsī* 惧思[懼-] V.P. circumspect
jùsòng 聚讼 V.O. hold different views
jùsòngfēnyún 聚讼纷纭 F.E. hold different views
jūsuō 拘缩 V. shrink; quail
jūsuǒ* 居所 P.W. residence M: chù
júsuǒ 局所 P.W. office
jǔsuǒ 沮索 V.P. <wr.> dispirited; listless
jǔtán 举坛[舉壇] N. weight-lifting circles
[1]**jùtán*** 剧坛[劇壇] N. theatrical circles
[2]**jùtán** 剧谈[劇-] V. converse enthusiastically ♦N. comments about theater
jùtànsuānzhī 聚碳酸脂 N. <chem> polycarbonate
jūtí 拘提 V. <law> forcibly summon defendant for trial
jùtǐ* 具体[-體] S.V. concrete; specific; particular
jútiānjídì 跼天蹐地 F.E. confined; restricted
jùtiáo 锯条[-條] N. saw blade M: [2]gēn/[1]tiáo
jùtǐ cāozuò jiēduàn 具体操作阶段[-體--階-] N. concrete operational stage
jùtǐ chǎnghé 具体场合[-體場-] N. situation
jùtǐ de yīn 具体的音[-體--] N. <lg.> concrete sound
jùtǐ'érwēi 具体而微[-體--] F.E. ①scaled-down ② miniature
jùtǐhuà 具体化[-體-] V. concretize ♦N. <lg.> realization
jùtǐhuà qǐlai 具体化起来[-體---] R.V. start to be concrete
jùtǐ láodòng 具体劳动[-體勞動] N. <econ.> concrete labor
jùtǐ míngcí 具体名词[-體--] N. <lg.> concrete noun
jūtíng 居停 V. reside; stay (at a place when traveling) ♦N. <wr.> one's landlord/employer
jūtíng zhǔrén 居停主人 N. one's landlord M: ge/[2]wèi
jùtǐ wèndátí 具体问答题[-體---] N. specific question M: [2]dào
jùtǐwù 具体物[-體-] N. concrete matter/material/substance
jùtǐxìng 具体性[-體-] N. concreteness
jùtòng 剧痛[劇-] N. severe pain M: [1]zhèn
jǔtóu 举头[舉-] V.O. raise the head
[1]**jùtóu*** 巨头 N. ① magnate; tycoon ② national leader; big chief M: ge/[1]míng/[2]wèi
[2]**jùtóu** 聚头 N. get together
jùtóu huìyì 巨头会议[-議] N. summit conference; meeting of chiefs M: [1]cì
jǔtóu sān chǐ yǒu shénmíng 举头三尺有神明[舉-] F.E. There is a witness everywhere.
jùtuán 剧团[劇團] N. theatrical company; opera troupe M: [1]jiā/ge
jùtuǐ 锯腿 V.O. amputate a leg
júwài 局外 P.W. outside (an event/group/etc.)
júwàirén 局外人 N. outsider M: ge/[1]míng/[2]wèi
jūwǎn 锔/锯碗 V.O. mend crockery
jùwàn* 巨/钜万[-萬] N. millions; myriads; a huge amount (of money)
jūwǎnr de 锔/锯碗儿的 N. crockery-mender
jùwěi 句尾 N. end of a sentence
jūwěihuì 居委会 N. neighborhood committee
jūwéijǐgōng 居为己功 F.E. take credit to oneself
jùwéijǐyǒu 据为己有[據-] F.E. arrogate to oneself; appropriate
jùwěi xūzì 句尾虚字[--虛-] N. <lg.> final particle
jùwěi zhùcí 句尾助词 N. <lg.> sentence-final particle
jūwén 拘文 V.O. adhere to the letter of the law/etc.
jūwèn 鞫问 V. <wr.> question suspects
[1]**jùwén*** 具文 N. ① mere formality; dead letter ② prepare a document to present to higher authorities
[2]**jùwén** 遽闻 N. suddenly hear; be told suddenly
jùwénchéngléi 聚蚊成雷 ID. Many small things can cause much disturbance.
jù wǒ kàn 据我看[據-] V.P. as I see it; in my opinion
jùwǒsuǒwén 据我所闻[據-] F.E. as I am told
jùwǒsuǒzhī 据我所知[據-] F.E. as far as I know
[1]**jùwù** 剧务[劇務] N. ① stage management ② stage manager
[2]**jùwù** 巨物 N. huge object/body

jùwúbà 巨无霸 N. ① giant ② invincible person ③ Big Mac
[1]jūxì 拘系[-繫] V. take into custody; detain
[2]jūxì 驹隙 N. fleeting time
jùxī* 据悉[據-] F.E. it is reported that. . .
jù-xì 巨细 V.P. big and small
jūxià* 居下 V.P. be content to follow
jùxià 遽下 V. suddenly go/send down
jū xiàfēng 居下风 V.O. be in a disadvantageous position
jùxià jiélùn 遽下结论 V.O. pass judgment hastily
jūxiān 居先 V.P. be in the lead
jūxiàn 拘限 V. restrain
júxiàn* 局限 V./S.V. limit; confine ♦N. restriction
jùxiǎn 据险[據-] V.O. hold strategic positions
jùxī'àn 聚醯胺 N. <chem.> polyamide
jǔxiánchùchù 举贤黜绌[舉賢-] F.E. <wr.> promote men of ability and dismiss men who are incapable
jùxiǎng* 巨响[-響] N. loud sound M: [1]shēng
jùxiàng 巨像 N. large portrait M: [10]fú
jùxiǎngùshǒu 据险固守[據-] F.E. take advantage of a natural barrier to put up at strong defense
jùxiàng yìshù 具像艺术[-藝術] N. figurative art
jǔxiánràngnéng 举贤让能[舉賢讓-] F.E. recommend the worthy and give way to the able
jùxiǎnwánkàng 据险顽抗[據-] F.E. resist stubbornly at a strong position
júxiànxìng 局限性 N. limitations
júxiànyú 局限於 V.P. be limited to
jǔxiányuánnéng 举贤援能[舉賢-] F.E. recommend properly qualified person for service
júxiàn yǔmǎ 局限语码 N. <lg.> restricted code
jùxiào 剧校[劇-] N. drama school/college M: [1]suǒ/[1]jiā
jǔxiè 沮泄 V. leak (of secrets/etc.)
jùxiè* 锯屑 N. sawdust
jùxìmǐyí 巨细靡遗 F.E. leave out no detail
jūxīn 居心 V.O. harbor (usu. evil) intentions ♦N. a tranquil heart/mind
jūxīnbùliáng 居心不良 F.E. harbor evil intentions
[1]jǔxíng* 举行[舉-] V. hold (a meeting/etc.) ~ *shìwēi yóuxíng* hold a demonstration
[2]jǔxíng 矩形 N. <math.> rectangle
[1]jùxīng 巨星 N. <astr.> ① giant star ② a giant M: [1]kē
[2]jùxīng 聚星 N. <astr.> multiple star(s)
[1]jùxíng 巨型 ATTR. gigantic in size ♦N. large model
[2]jùxíng 句型 N. <lg.> sentence pattern; construction
[3]jùxíng 聚形 N. <min.> combination form
jùxìng 拒性 N. <phy.> impenetrability
jùxíng chāojí shìchǎng 巨型超级市场[-場] N. supermarket M: [4]zuò/[1]jiā
jùxíng dàxué 巨型大学 N. megaversity M: [1]suǒ
jǔxíng diǎnlǐ 举行典礼[舉-禮] V.O. hold a ceremony
jùxíng diànzǐ jìsuànjī 巨型电子计算机[--電---] N. super computer M: [1]tái/[4]zuò
jùxíng gōngyuán 巨型公园[-園] N. megapark M: [4]zuò
jùxíng jiégòu 句形结构[-構] N. <lg.> syntactic structure
jùxíng liànxí 句型练习[-練習] N. pattern practice
jǔxíng wénzì 矩形文字 N. <comp.> rectangular characters
jùxíng xùliè 句形序列 N. <lg.> string
jūxīnhézài 居心何在 F.E. What are you (really) up to?
jūxīnpǒcè 居心叵测 F.E. ① can't tell sb.'s real intentions ② with hidden intent
jūxīnxiǎn'è 居心险恶[-惡] F.E. be vicious in one's motives
jūxiōng 鞠胸 N. serious disaster/calamity
jūxū 拘虚[-虛] V.P. provincial; shortsighted and narrow-minded
jūxùn 鞫讯 V. interrogate/question a prisoner
jūyā 拘押 V. take into custody; detain
jùyà'ànzhǐ 聚亚胺酯[-亞--] <chem.> polyurethane
jūyǎng 鞠养[-養] V. <wr.> rear (children)
jǔyāo 举要[舉-] V.O. make a summary
jùyào* 剧药[劇藥] N. strong medicine
jǔyè 举业[舉業] N. <trad.> literary studies as preparation for civil service exams
[1]jūyì* 拘役 N. short detention
[2]jūyì 居易 V.P. lead a plain and simple life
jǔyì 举义[舉義] V.O. take up arms in a just cause
jùyǐ 据以[據-] ADV. on the basis of
[1]jùyì 惧意[懼-] N. feeling/sense of fear
[2]jùyì 讵意 F.E. who could have expected that; unexpectedly
[3]jùyì 钜亿[-億] N. hundred millions
jǔyīfǎnsān 举一反三[舉-] F.E. draw inferences from one instance
jǔyīfèibǎi 举一废百[舉-廢-] F.E. focus on only one aspect and neglect all the others
jǔyīgāibǎi 举一赅百[舉-] F.E. draw inferences from one instance
jùyīn* 俱因 CONJ. all because
jùyǐn 剧饮[劇-] V. carouse
jūyǐng 驹影 N. fleeting time
jùyǐqíbèi 俱已齐备[-齊備] F.E. Everything is ready.
jùyǐxī 聚乙烯 N. <chem.> polyethylene
jūyōu 居忧[-憂] V.O. be in mourning
[1]jūyòu 居右 V.O. be at the right
[2]jūyòu 拘囿 V. ① rigidly adhere to (formalities/etc.) ② restrain
júyóu 焗油 N. ① treatment of hair with a cream to make it soft and shiny ② hair-treatment cream
[1]jùyǒu* 具有 V. possess; have; be provided with *Zhōngguó ~ yōujiǔ hé cànlàn de lìshǐ.* China has a long and glorious history.
[2]jùyǒu 据有[據-] V. appropriate
jūyú 居于[-於] V.P. ① be (in a certain position) ② occupy (a certain position)
jūyù 鞠育 V. raise/rear children
júyú 菊芋 N. <bot.> Jerusalem artichoke
jǔyǔ* 龃龉[齟齬] N. <wr.> disagreement; discord
jǔyù 举喻[舉-] N. <lg.> synecdoche
júyuán 局员 N. staff of a bureau M: ge/[1]míng/[2]wèi
jǔyuán 枸橼 N. citron
jùyuán 拒援 V.O. reject support/help from others
jùyuàn* 剧院[劇-] P.W. theater M: [1]jiā
jǔyuánsuān 枸橼酸 N. citric acid
jūyùchéngrén 鞠育成人 F.E. rear to manhood
júyuè 菊月 N. chrysanthemum season/month
jǔyuē* 矩约 N. rules; regulations
jùyuè 距跃[-躍] V. jump
jǔyúfǎ 举隅法[舉-] N. <lg.> synecdoche
jūyú lǐjié 拘于礼节[-於禮節] V.P. stand on ceremony
jùyún 据云[據-] F.E. according to hearsay; it is said that
jùyùn* 拒运[-運] V. refuse to transport/carry
jū yú zǔmǔ 鞠于祖母[-於--] V.P. be brought up by one's grandmother
jùzài 俱在 V. be completely present/available *Zuìzhèng ~*. All the evidence of the crime is available.
jùzé 沮泽[-澤] N. <wr.> marsh; swamp
jùzéi 剧贼[劇-] N. gangster; brigand M: ge/[1]míng
jùzēng 剧增[劇-] V. increase rapidly/tremendously
jūzhà 狙炸 N. trick; ruse; wile
júzhà* 局诈 N. a swindle ♦V. swindle; cheat
jūzhái 居宅 P.W. dwelling M: [1]suǒ/[4]zuò
jǔzhài 举债[舉-] V.O. go into debt; borrow money
jùzhài* 巨债 N. huge amount of debt M: [2]bǐ
jùzhǎn 剧展[劇-] N. opera exhibition
jùzhàn* 剧战[劇戰] N. bitter struggle
jūzhǎng 居长 V.P. be the first-born or the eldest
jūzhàng 苴杖 N. mourner's staff
júzhǎng* 局长 N. director (of. . .) M: ge/[1]míng/[2]wèi
[1]jùzhào 剧照[劇-] N. stage photo; still M: [1]zhāng
[2]jùzhào 巨照 N. large photo M: [1]zhāng
jūzhe 拘着[-著] A.T. ① submissive ② stiff; stilted ♦V.P. be inflexible
júzhěn 菊枕 N. <Ch. med.> pillow stuffed with dried flowers
júzhèn 局阵 N. disposition; order; arrangement
jǔzhèn* 矩阵 N. ① <math.> matrix ② <comp./TW> dot matrix
jūzhèng 居正 V.P. practice upright conduct
jǔzhèng* 举证[舉證] V. put to the proof
jūzhí 拘执[-執] V. ① detain; imprison ② be tied down by conventions ♦S.V. rigid; inflexible
jūzhǐ 居止 V. stay and live (in a place)
[1]jūzhì 鞫治 V. interrogate and judge
[2]jūzhì 鞫治 V. interrogate sb. in court and punish him
júzhī(r) 橘汁(儿) N. orange juice
[1]jǔzhǐ* 举止[舉-] N. bearing; manner; mien
[2]jǔzhǐ 沮止 V. halt; stop; put an end to
jùzhī 讵知 F.E. who could have expected that; unexpectedly
jùzhǐ 聚酯 N. polyester
jūzhībùyí 居之不疑 F.E. have no hesitation in undertaking a high office
jǔzhícuòwǎng 举直错枉[舉-] ID. replace bad officials by good ones
jǔzhǐdàfang 举止大方[舉-] F.E. have a dignified air
jùzhǐlùzhǒng 举趾露踵[舉-] F.E. <wr.> be down at the heels
jùzhīménwài 拒之门外 F.E. shut the door against sb.
jǔzhǐ shéntàixué 举止神态学[舉--態-] N. kinesics
jùzhǐ sùliào 聚酯塑料 N. <chem.> polyester plastics
jǔzhǐ-xíngdòng 举止行动[舉-動] N. deportment; conduct; manner
jǔzhǐyántán 举止言谈[舉-] F.E. one's behavior and conversation
jǔzhǐzhuāngzhòng 举止庄重[舉-莊-] F.E. carry oneself with dignity
jūzhōng* 居中 V.P. be in the middle ♦ADV. as intermediary
jǔzhǒng 举踵[舉-] V.O. <wr.> be on tiptoe (in anticipation)
jǔzhòng 举重[舉-] V.O./N. <sport> lift weights
[1]jùzhōng 剧终[劇-] N. <thea.> end; finale; curtain
[2]jùzhōng 剧中[劇-] P.W. in a play/opera
jùzhǒng 剧种[劇種] N. type/genre of drama
jùzhòng 聚众[-眾] V.O. assemble a crowd; gather a mob
jùzhōngcí 句终词 N. <lg.> punctuation word
jùzhòngnàoshì 聚众闹事[-眾鬧-] F.E. assemble and create a disturbance
jùzhòng'ōudòu 聚众殴斗[-眾毆鬥] F.E. assemble crowds for a fight
jǔzhòngqì 举重器[舉-] N. jack-apparatus for practicing weight-lifting M: [1]tái/ge/[1]jià
jùzhōngrén 剧中人[劇-] N. dramatis personae M: ge/[1]míng/[2]wèi
jūzhōngtiáotíng 居中调停 F.E. mediate
jūzhōngwòxuán 居中斡旋 F.E. mediate
jùzhòngyīn 句重音 N. <lg.> sentence stress
jūzhòu 咀咒 V. curse; imprecate
[1]jūzhù* 居住 V. live; reside
[2]jūzhù 拘住 R.V. seize; restrain
júzhú 局躅 V. <wr.> advance with difficulty
jǔzhú 举烛[舉燭] V.O. light a candle
jǔzhǔ 举主[舉-] N. patron
jǔzhù 举箸[舉-] V.O. start eating (with chopsticks)
[1]jùzhù 巨著 N. monumental work M: [2]bù
[2]jùzhù 钜著 N. monumental work M: [2]bù

jùzhuāng* 剧装[劇裝] N. stage costume M: ²jiàn/tào

jùzhuàng 具状[-狀] V.P. put a charge against sb. in writing

jùzhuàng dānwèi 句状单位[-狀--] N. <lg.> sentence-sized unit

jūzhù miànji 居住面积[-積] N. living/floor space

jūzhù qīxiàn 居住期限 N. length of residence

jūzhù tiáojiàn 居住条件[--條-] N. housing conditions

jūzhù xiǎoqū 居住小区[-區] P.W. residential district

jūzhù yú dìqiú shàng de rén 居住于地球上的人[--於-----] N. earthnik

jūzhùzhèng 居住证[-證] N. residence permit M: ¹zhāng

¹jūzi 驹子 N. foal M: ¹tóu

²jūzi 锔子 N. clamp for mending crockery M: ¹bǎ

jūzǐ 鞠子 N. *<trad.>* little child; young boy

¹júzi* 橘/桔子 N. tangerine M: ge/²zhī

²júzi 局子 P.W. *<topo.>* ①police station ②bureau; agency ***See also júzǐ***

júzǐ 局子 N. checker-game piece ***See also ²júzi***

jǔzǐ 举子[舉-] N. ① *<trad.>* candidate for the imperial examinations M: ge/¹míng/²wèi ② bring a child into the world ③ raise a child

¹jùzi 句子 N. sentence M: ¹jù

²jùzi 锯子 N. saw M: ¹bǎ

¹jùzī 巨资 N. huge amount of funds/capital M: ²bǐ

²jùzī 醵资 N. pool money (for a feast/etc.)

jùzǐ 巨/钜子 N. ① business tycoon ② master M: ge/¹míng/²wèi

jùzi chéngfèn 句子成分 N. <lg.> sentence element; member of a sentence

jùzi de gōngnéng fēnbùguān 句子的功能分布观[-觀] N. <lg.> functional sentence perspective

jùzi fǒudìng 句子否定 N. <lg.> sentential negation

jùzi fùcí 句子副词 N. <lg.> sentential adverb

jùzi jiégòu 句子结构[-構] N. <lg.> sentence structure

jùzi qǔxiàng 句子取向 ATTR. <lg.> sentence-oriented

jùzi qǔxiàngyǔ 句子取向语 N. <lg.> sentence-oriented languages

jùzi shēngdiào 句子声调[--聲-] N. <lg.> phrasal intonation

jùzi shēngjiàngdiào 句子升降调 N. <lg.> final rising-falling intonation

jùzishì bǐjiào 句子式比较 N. <lg.> sentential comparison

júzishuǐ 橘子水 N. orangeade M: ¹bēi/²píng

jùzi xiūshìyǔ 句子修饰语 N. <lg.> sentence modifier

júzizhī(r) 橘子汁(儿) N. orange juice M: ¹bēi/²píng

jùzi zhòngyīn 句子重音 N. <lg.> phrase accent

jùzi zǔhé 句子组合 N. <lg.> sentence combining

jùzú 具足 V.P. complete; entire

jùzǔ* 剧组[劇-] N. ① theatrical unit/group ② staff/crew of a play

jùzú'érjū 聚族而居 F.E. people of the same group/clan/etc. coming to live together

jūzuǒ 居左 V.P. be at the left side

jǔzuò* 举座[舉-] N. all those present

jùzuò 剧作[劇-] N. drama M: ²bù/¹běn

jǔzuòbùhuān 举座不欢[舉-歡] F.E. All those present were unhappy.

jùzuòjiā 剧作家[劇-] N. playwright; dramatist M: ge/¹míng/²wèi

jùzuòzhě 剧作者[劇-] N. librettist M: ge/¹míng/²wèi

jǔzúqīngzhòng 举足轻重[舉-輕-] F.E. play a decisive role

J

K

[1]**kā** 揢 V. scrape; scrape with a knife ♦in *kāyóu*, [2]*kāchi*
[2]**kā** 咖 in *kāfēi* *See also* [2]*gā*
[3]**kā** 咔 in *kādā*, *kāchā* *See also* [3]*kǎ*
[4]**kā** 喀 ON. sound of coughing/vomiting
[5]**kā** 刮 in [1]*kāchi* *See also* [1]*guā*, [2]*guā*
[1]**kǎ*** 卡 V. ① block; check ② strangle ♦M. calorie ♦N. ① card M: [1]*zhāng* ② customs barrier M: [2]*dào* ③ guardhouse M: [4]*zuò* ♦B.F. transliteration of *ka, ca* in loanwords *kǎpiàn, kǎchē, kǎqí, kǎlùlǐ* *See also qiǎ*
[2]**kǎ** 咯 V. cough up; spit *See also* [9]*gē, lo,* [9]*luò*
[3]**kǎ** 咔 *used in transcriptions in kǎjī See also* [3]*kā*
[4]**kǎ** 胩 N. <chem.> isocyanide; carbamine
kābā 喀吧 ON. sound of crackling (in shooting arrows, clenching one's fists; breaking stick/etc.)
kǎbīnqiāng 卡宾枪[-賓槍] N. <loan> carbine rifle M: [4]*zhī*/[5]*zhī*
kǎ bózi 卡脖子 V.O. strangle *See also qiǎ bózi*
kācā 喀嚓 V. <coll.> snap; break in two
kāchā 喀/咔嚓 ON. noise of breaking/snapping
kǎchē 卡车 N. truck; lorry M: [2]*bù*/[3]*liàng*
[1]**kāchi** 刮吃 V. <coll.> ① scrape ② sponge on
[2]**kāchi** 揢哧 <coll.> V. dismiss; fire; replace
kǎchǐ* 卡尺 N. (sliding) calipers M: [1]*bǎ*
kādā 咔哒[-噠] ON. click
kǎdài 卡带[-帶] N. cassette tape; audio/video tape M: [1]*pán*
kǎdàijī 卡带机[-帶-] N. cassette recorder M: [1]*jià*/[2]*bù*
kǎdāshēng 卡搭声[-聲] N. sound of clicking
kādēng 喀噔 <topo.> V. thump ♦N. thumping sound
Kā'ěrbāqiān Shān 喀尔巴阡山 N. Carpathian Mountains
kǎfāng 卡方 N. <math.> chi-square
kāfēi 咖啡 N. <loan> coffee
kāfēi bànlǚ 咖啡伴侣[-侶] N. Coffeemate; coffee creamer
kāfēibēi 咖啡杯 N. coffee cup
kāfēichá 咖啡茶 N. coffee tea
kāfēidiàn 咖啡店 P.W. coffee shop M: [1]*jiā*
kāfēidòu 咖啡豆 N. coffee bean M: [3]*lì*
kāfēiguǎn(r) 咖啡馆(儿) P.W. café M: [1]*jiā*
kāfēihú 咖啡壶[-壺] N. coffee pot M: [1]*bǎ*
kāfēijiǎn 咖啡碱[-鹼] N. caffeine
kāfēijīng 咖啡精 N. instant coffee
kāfēisè 咖啡色 N. coffee color
kāfēishì 咖啡室 P.W. café; coffee house M: [1]*jiā*
kāfēitáng 咖啡糖 N. ① sugar (for coffee) M: [5]*dài*/[2]*kuài* ② coffee candy M: [2]*kuài*
kāfēitīng 咖啡厅[-廳] P.W. café; coffee house M: [1]*jiā*/[1]*jiān*
kāfēiwū 咖啡屋 N. café; coffee house M: [1]*jiā*/[1]*jiān*
kāfēi xiǎochī 咖啡小吃 N. café; coffee shop
kāfēiyīn 咖啡因 N. <loan> caffeine
[1]**kāi*** 开[開] V. ① open ② open up; reclaim (land) ③ open out ④ come loose ⑤ start; begin; operate ⑥ drive ⑦ turn on (a light) ⑧ run a (business) ⑨ hold a (meeting/etc.) ⑩ eliminate ⑪ divide into ⑫ reveal ⑬ boil *Shuǐ ~ le, kuài qù chōngchá.* The water's boiling. Hurry and make tea. ⑭ <topo./slang> dismiss; fire (an employee) ⑮ pay (wages/fares/etc.) ⑯ <coll.> eat up ♦ADV. ① open ② (indicating the beginning and continuation of an action) ♦N. ① <print.> size of a book page; -mo ② Surname ③ carat ♦SUF. ① *added to verbs to express "away; off; out; etc." Zhèi wū tài xiǎo, wǒmen zuòbu~.* The room is not big enough to seat all of us. ② *added to two digits to express a ratio between the two considered as parts of ten qī sān ~ 7:3*
[2]**kāi** 揩 V. wipe
[3]**kāi** 锎[鐦] N. <chem.> californium
[1]**kǎi** 楷 B.F. ① model; pattern *kǎimó* ② regular script *kǎishū* ♦ATTR. <lg.> regular
[2]**kǎi** 慨 B.F. ① indignant *fènkǎi* ② generous *kǎiyǔn* ③ sigh with emotion *gǎnkǎi, kǎixī*
[3]**kǎi** 垲[塏] B.F. high and dry (land) *shuǎngkǎi*
[4]**kǎi** 凯[凱] B.F. victorious in battle *kǎigē, kǎixuán*
[5]**kǎi** 恺[愷] B.F. happy; joyous *kǎicè, shòukǎi*
[6]**kǎi** 铠[鎧] B.F. good iron *kǎijiǎ, tiěkǎi*
[7]**kǎi** 剀[剴] in *kǎiqiè*
[8]**kǎi** 蒈 N. <chem.> carane
[1]**kài** 愒 B.F. covet; hanker for *kàirì, wánkài*
[2]**kài** 忾[愾] B.F. hatred *kàifèn, díkài*
[3]**kài** 欬 B.F. cough *qìngkài*
kāibá 开拔[開-] V. <mil.> move; set out; march
kāibáishuǐ 开白水[開-] N. plain boiled water
kāibálìng 开拔令[開-] N. <mil.> order to march M: [2]*dào*
kāibān 开班[開-] V.O. open a class; offer a course
kāibàn* 开办[開辦] V. open; set up; start (business/etc.)
kāibàn dēngjìfèi 开办登记费[開辦-] N. <acct.> organization tax
kāibànfèi 开办费[開辦-] N. funds needed for starting a school, new organization, etc. M: [2]*bǐ*
kāibǎng 开榜[開-] V.O. <trad.> announce examination scores
[1]**kāibāo(r)*** 开包(儿)[開-] V.O. <topo.> land (cargo/fish/etc.)
[2]**kāibāo** 开苞[開-] V.O. <topo.> deflower a virgin
kāibǎo 开宝[開寶] V.O. shake out dice (in gambling)
kāibèi 揩背 V.O. scrub a customer's back for a fee (at an old-fashioned public bath)
kāiběn 开本[開-] M. *for book size*
kāibǐ* 开笔[開筆] V.O. start writing
kāibì 开闭[開-] V. open and close
[1]**kāibiān** 开边[開邊] V.O. expand territory, esp. by force
[2]**kāibiān** 开编[開-] V.O. begin to compile (usu. a book)
kāibiàn* 开遍[開-] V. bloom everywhere
kāibiāo 开标[開標] V.O. open sealed tenders/bids
kāibìxìng 开闭性[開-] N. opening
kāibíyīn 开鼻音[開-] N. <lg.> open nasal
kāibíyīn de biānyīn 开鼻音的边音[開---邊-] N. <lg.> lateral nasal
kāibō 开播[開-] V.O. begin to broadcast
kāibù 开埠[開-] V.O. build a city
kāibuchéng 开不成[開-] R.V. can't carry out (meeting/etc.)
kāibudòng 开不动[開-動] R.V. be unable to get to move (of stalled vehicle)
kāibukāi 开不开[開-開] R.V. be unable to open
kāibuliǎo 开不了[開-] R.V. ① can't open ② can't get started
kāibù zǒu 开步走[開-] V.P. stride
[1]**kāicǎi** 开采[開-] V. mine; extract; exploit
[2]**kāicǎi** 开彩[開-] V.O. announce a lottery
kāicǎiquán 开采权[開-權] N. mining rights
kāicāng 开仓[開倉] V.O. open a granary to provide relief
kāicāngjìpín 开仓济贫[開倉濟-] F.E. <trad.> open the granaries to relieve the poor
kǎicè 恺恻[愷-] N. graciousness
kāichà(r) 开衩(儿)[開-] V.O. open slits in gown/dress
kāi cháguǎn 开茶馆[開-] V.O. run a tea shop
kāichāi 开差[開-] V.O. ① resign one's position ② dispatch troops on a mission
[1]**kāichǎng*** 开场[開場] V.O. ① begin (performance) ② open a gambling house ♦N. curtain-raiser; prelude
[2]**kāichǎng** 开敞[開-] V. open wide
kāichàng 开畅[開暢] V.P. free from worry; happy
kāichǎngbái 开场白[開場-] N. ① opening remarks ② prologue to a play M: [1]*piān*/[1]*duàn* ③ <lg.> gambit
kāichángdù 开长度[開-] N. degree of aperture
kāichǎng yòngyǔ 开场用语[開場-] N. <lg.> gambit
kāichē 开车[開-] V.O. ① drive/start car/train ② get a machine going
kāichēbiǎo 开车表[開-] N. bus/train schedule M: [1]*zhāng*
kāichéng* 开城[開-] V.O. open the city gates
kāichèng 开秤[開-] V.O. start purchasing seasonal commodities (of a purchasing station)
kāichéngbùgōng 开诚布公[開-] F.E. speak frankly and sincerely
kāichéngxiāngjiàn 开诚相见[開-] F.E. be frank and open
[1]**kāichū** 开出[開-] R.V. ① open up (a road); clear up (a way) ② leave (of bus/train)
[2]**kāichū** 开初[開-] N. <topo.> beginning; outset
[1]**kāichú*** 开除[開-] V. expel; discharge
[2]**kāichú** 开锄[開-] V.O. <agr.> beginning the hoeing period of the year
kāichuán 开船[開-] V.O. set sail; sail
kāichuàng 开创[開創] V. ① start; initiate ② found
kāichuàngzhě 开创者[開創-] N. founder M: [2]*wèi*
kāichūn(r)* 开春(儿)[開-] N. beginning of spring
kāichún 开唇[開-] V.O. ① delabialize ② open
kāichún shéjiān yuányīn 开唇舌尖元音[開-] N. <lg.> open apical vowel
kāichún yānghòu yuányīn 开唇央后元音[開--後--] N. <lg.> open neutral back vowel
kāichúnyīn 开唇音[開-] N. <lg.> open sound
kāichún yuányīn 开唇元音[開-] N. <lg.> open vowel; unrounded vowel
kāidǎ 开打[開-] V. <opera> perform (acrobatic) fighting
kāidà* 开大[開-] R.V. open wide(ly)
kāidān(r/zi) 开单(儿/子)[開-] V.O. ① write a permit/receipt/etc. ② make a list
kāidāngkù 开裆裤[開襠-] N. open-seat pants for children M: [1]*tiáo*
kāidāo* 开刀[開-] V.O. ① perform/have an operation ② behead; decapitate ③ make sb. the first target of attack *Bié ná wǒ ~.* Don't make me out as an object lesson. ④ fire; sack (an employee)
kāidǎo 开导[開導] V. ① enjoin; straighten out ② enlighten
kāidào 开道[開-] V.O. clear/make way

[1]**kāi dàochē** 开倒车[開-] V.O. ① turn back wheels of history; regress ② back a car/train, etc.

[2]**kāidàochē** 开道车[開-] N. vehicles leading the way M: [3]*liàng*; [2]*bù*

kāidàoluó 开道锣[開-鑼] N. propaganda/warning to carry out sth.

kāi de 开的[開-] ATTR. initial

kāideliǎo 开得了[開-] R.V. be able to open/start

kāidēng 开灯[開燈] V.O. turn on light

kāi de yīnzhuì 开的音缀[開-] N. <*lg.*> syllable without a nasal final

kāidì 开地[開-] V.O. ① turn up the soil; plow; till ② <*topo.*> open up (or reclaim) wasteland

kāidiàn 开店[開-] V.O. open a shop; run a store

[1]**kāidiào** 开掉[開-] R.V. <*coll.*> fire; dismiss from employment

[2]**kāidiào** 开吊[開-] V.O. <*trad.*> hold a memorial service; hold funeral rites

kāi dǐngfēngchuán 开顶风船[開-] V.O. ① sail against the wind ② forge ahead in spite of all kinds of difficulties

kāidōng 开冬[開-] N. early winter

[1]**kāidòng*** 开动[開動] R.V. ①start; set in motion ② move; march

[2]**kāidòng** 开冻[開-] V.O. thaw; unfreeze

kāidòng nǎojīn 开动脑筋[開動腦-] V.O. use one's brains

kāidù 开度[開-] ATTR. <*lg.*> open

kāiduān 开端[開-] N. beginning; start

kāiduì 开队[開隊] V.O. start to advance (of military group/etc.)

kāi'ēn 开恩[開-] V.O. show mercy; bestow favors

Kǎi'ēnsī 凯恩斯[凱-] N. Keynes

kāi'ěr 开耳[開-] S.V. <*coll.*> music to the ears; satisfying to hear

kāi'ěr shòuxùn 开耳受训[開-] V.P. open the ears and receive instruction

kāifa 开发[開發] V. ① pay (money) ② instruct (the young) ***See also** kāifā*

kāifā* 开发[開發] V. develop; open up; exploit ***See also** kāifa*

kǎifǎ 楷法 N. techniques of standard handwriting

kāifā bùzú 开发不足[開發-] V.P. under-exploitation (of natural resources)

kāifā chéngběn 开发成本[開發-] N. <*com.*> development cost

kāi fádān 开罚单[開-] V.O. write a traffic citation

kāifā guòdù 开发过度[開發-] V.P. over-exploitation (of natural resources)

kāifā jiàoshòu 开发教授[開發-] N. active method of teaching

kāifājú 开发局[開發-] N. department/division/office of development

kāifàn* 开饭[開-] V.O. serve a meal ~ ***le*** Meal's ready!

kǎifàn 楷范[-範] N. model for others; paragon M: [2]*wèi*

kāifāng 开方[開-] V.O. <*math.*> extract root

kāifàng* 开放[開-] V. ①come into bloom ②lift a ban/etc. ③open to traffic or public use; open to the world ④ be turned on; be in operation ⑤hand over a government monopoly to private operations

kāifàng chéngshì 开放城市[開-] N. city empowered to make decisions regarding trading and communicating with foreign countries

kāifàng cílèi 开放词类[開-類] N. <*lg.*> open word-class

kāifàngdài 开放带[開-帶] N. area empowered to make trading decisions

kāifàng diànlù 开放电路[開-電-] N. <*elec.*> open circuit

kāifàng dǐyā 开放抵押[開-] N. open-end mortgage

kāifàng gǎohuó 开放搞活[開-] V.P. open up toward foreign countries and enliven the domestic economy

kāi fángjiān 开房间[開-] V.O. ① book a hotel room ② bring a sexual partner into a hotel

kāifàng jiàoyù 开放教育[開-] N. liberalized education

kāifàng jíhé 开放集合[開-] N. <*lg.*> open set

kāifànglèi cí 开放类词[開-類-] N. <*lg.*> open-class word

kāifàng ménhù zhèngcè 开放门户政策[開-] N. open-door policy

kāifàngqū 开放区[開-區] N. zone empowered to make trading decisions

kāi fāngr 开方儿[開-] V.O. write a prescription

kāifàngshì 开放式[開-] N. open style/fashion

kāifàngshì tímù 开放式题目[開-] N. open-ended question

kāifàngshì wèndá 开放式问答[開-] N. <*lg.*> open-ended response

kāifàngxíng* 开放型[開-] N. open operation; aiming at the outside world

kāifàngxìng 开放性[開-] N. openness

kāifàngxìng cílèi 开放性词类[開-類] N. <*lg.*> open class; open set

kāifàngxìng dāpèi 开放性搭配[開-] N. <*lg.*> open collocation

kāifàng zhèngcè 开放政策[開-] N. open-door policy

kāi fāngzi 开方子[開-] V.O. write a prescription

kāi fāpiào 开发票[開發-] V.O. ① write an invoice ② write a receipt

kāifāqū 开发区[開發區] P.W. open economic zone; new investment and development zones

kāifāshǔ 开发署[開發-] N. department of development

kāi fātiáo 开发条[開發條] V.O. wind a spring

kāifāxìng chéngbāo 开发性承包[開發-] N. contract between state and farmers for development of unexploited resources

kāifāxìng shēngchǎn 开发性生产[開發-產] V.P. open up new productive territory

kāifā yínháng 开发银行[開發-] P.W. development bank

kāifāzhě 开发者[開發-] N. ① pioneer M: [2]*wèi* ② developer M: [2]*wèi/ge*

kāifāzhōng guójiā 开发中国家[開發-國-] N. developing country

kāi fēijī 开飞机[開飛-] V.O. pilot a plane

kǎifèn 慨愤 S.V. indignant; angry

kàifèn* 忾愤[愾-] V. angry; show wrath

kāifēng* 开封[開-] V.O. break/open a seal ***See also** Kāifēng*

Kāifēng 开封[開-] P.W. Kaifeng (old capital of Henan) ***See also** kāifēng*

kǎifēng 凯风[凱-] N. <*wr.*> a south wind

[1]**kāifù** 开赴[開-] V. head toward

[2]**kāifù** 开付[開-] V. defray; pay

[3]**kāifù** 开复[開復] V. ① recover (lost territory, etc.) ② reinstate an official's in his former position

kāigàir 开盖儿[開蓋-] V.O. remove a bottle cap/cork/etc.

kāigān 开杆[開-] V.O. begin a billiard game

kāi gānjìng 揩干净[-乾淨] R.V. wipe clean

kāi gàofādān 开告发单[開-發-] V.O. <*trad.*> serve a ticket for a traffic violation

kāigē 开割[開-] V. <*med.*> operate

kāigé 开革[開-] V. <*trad.*> dismiss; fire

kǎigē* 凯/恺歌[凱/愷-] N. song of triumph; paean M: [3]*qǔ*

[1]**kāigōng** 开工[開-] V.O. start up (construction/etc.)

[2]**kāigōng** 开弓[開-] V.O. pull/draw a bow

kāigōng bùzú 开工不足[開-] V.P. operate below capacity

kāigōnglǜ 开工率[開-] N. utilization of capacity

kāi gōngsī 开公司[開-] V.O. launch or set up a company

kāigōu 开沟[開溝] V.O. dig ditch/trench

kāigōujī 开沟机[開溝-] N. ditch-digging machine; trench machine M: [2]*bù*

[1]**kāiguān*** 开关[開關] N. ① <*elec.*> switch ② cock; tap ♦V. open and close; turn on and off ♦V.O. open the city gate

[2]**kāiguān** 开棺[開-] V.O. open the coffin (for forensic examination)

kāiguǎn 开馆[開-] V.O. open a hall/museum/library/etc.

kāiguāng 开光[開-] V.O. ① dedicate a Buddhist statue ② swab the eyes of a corpse

kāiguǎng* 开广[開廣] V. widen; expand

kāiguànqì 开罐器[開-] N. can opener M: [1]*bǎ/ge*

kāiguān yànshī 开棺验尸[開-屍] V.P. open the coffin and examine the corpse therein

kāi guǎnzi 开馆子[開-] V.O. run a restaurant

kāiguō 开锅[開鍋] V.O. <*coll.*> ①boil ②remove the lid from a cooking pot

kāiguó* 开国[開國] V.O. found a state

kāiguó dàdiǎn 开国大典[開國-] N. founding ceremony (for a state); inauguration

kāiguó jìniànrì 开国纪念日[開國-] N. founding anniversary of a nation; national day

kāi guójì wánxiào 开国际玩笑[開國際-] <*coll.*> V.O. ① make a big joke; kid ② act without thinking

kāi guòqu 开过去[開-] R.V. drive over

kāiguó yuánxūn 开国元勋[開國-] N. founding father (of a state) M: [2]*wèi*

kāihàn 揩汗 V.O. wipe sweat

kāiháng 开航[開-] V.O. ① open for navigation ② set sail

kāihángrì 开航日[開-] N. sailing day

[1]**kāihé** 开合[開-] V. open and close

[2]**kāihé** 开河[開-] V.O. ① construct a canal ② thaw (of a river)

kǎihèn 慨恨 S.V. indignant; angry

kāi-héqiáo 开合桥[開-橋] N. folding bridge M: [1]*jià*/[4]*zuò*

kāihóng 开红[開-] V. be popular (of singers/etc.) ♦S.V. popular

kāi hóngdēng 开红灯[開-燈] V.O. ① give the red light to a project ② create obstacles ③ get a grade of F

kāi hòumén(r) 开后门(儿)[開後-] F.E. go through the back door

kāihù 开户[開-] V.O. open an account

kāihua 开化[開-] V./S.V. blossom; mature; reach fruition ***See also** kāihuà*

kāihuā(r)* 开花(儿)[開-] V.O. ① blossom; bloom; flower ② feel elated ③ break/split apart; explode ④ <*topo.*> ⓐ take a turn for the worse; degenerate ⓑ use foul language ⑤ open (oneself) to civilization

kāihuà 开化[開-] V. become civilized ***See also** kāihua*

kāihuādàn 开花弹[開-] N. ① fragmentation bomb ② high-explosive shell M: [1]*kē*/[3]*lì*

kāihuái(r) 开怀(儿)[開懷-] V.P. to one's heart's content ♦V.O. give birth to one's first child

kāihuáichàngyǐn 开怀畅饮[開懷暢-] F.E. drink to one's heart's content

kāihuā jiēguǒ 开花结果[開-] V.P. yield positive results

kāihuāng* 开荒[開-] V.O. cultivate virgin land

Kāihuáng 开皇[開-] N. ① first reign title of the Sui Dynasty ② <*Dao.*> the name of a *kalpa* (a period of time)

kāi huāngdì 开荒地[開-] V.O. open up wasteland

kāi huángqiāng 开黄腔[開-] V.O. <*topo.*> make lewd utterances

kāihuāqī 开花期[開-] N. ① period of blooming ② florescence

kāihuàr 开化儿[開-] V. start to melt (of snow/etc.)

kāihuàshǐ 开化史[開-] N. history of human civilization

kāi huàxiázi 开话匣子[開-] V.O. keep on talking without stop; be like starting a talking machine

kāi huāzhàng 开花账[開-] V.O. make a false report on expenditures

kāihuì 开会[開-] V.O. hold/attend a meeting ***Zhùyì la! Xiànzài ~.*** May I have your attention! Let's start the meeting.

kāihuìlǐ 开会礼[開-禮] N. ceremony for opening a meeting
kāihūn 开荤[開-] V.O. give up meatless diet
kāihuó 开活[開-] V. <topo.> begin work; set to work
[1]kāihuǒ(r)* 开火(儿)[開-] V.O. open fire
[2]kāihuǒ 开伙/火[開-] V.O. ① manage/supply a cafeteria ②cook a meal ③start the management of a cafeteria
kāihuò 开豁[開-] S.V. ①open and clear; opened up; broadened (in outlook) ②carefree; without a worry
kǎihūyánzhī 慨乎言之 F.E. say it with a sigh
kāihù yínháng 开户银行[開-] N. bank where one's account has been opened M: [1]jiā
[1]kāijī* 开机[開-] V.O. ①start a machine/engine ② begin the photographic work of a film/play
[2]kāijī 开基[開-] V. found an enterprise
kāijí 开集[開-] V.O. start trading; open the market ♦N. <math.> opener; open set
[1]kāijià* 开价[開價] V.O. ① ask the price; make a quotation ② make a quotation ♦N. asking/bid price
[2]kāijià 开架[開-] ATTR. ① open-shelf ② <lg.> open ♦V. open the shelves to customer (of bookstore/library)
kǎijiǎ 铠甲[鎧-] N. (suit of) armor M: [1]fù
kāijià jiégòu 开架结构[開-構] N. <lg.> open texture
kāijiān 开间[開-] N. <trad.> ① standard room width ② room width
kāijiàn* 开建[開-] V. start to build/establish
kāijiāng 开疆[開-] V.O. expand national boundaries
[1]kāijiǎng* 开奖[開獎] V.O. ① draw lottery ② call out winning numbers
[2]kāijiǎng 开讲[開講] V. begin lecturing or storytelling
kāijiāo* 开交[開-] V. resolve a problem
kāijiǎo 开脚[開腳] V. start
kāijià xiāoshòu 开架销售[開-] N. self service (in a store)
kāijià yuèlǎn 开架阅览[開-覽] N. open shelves to (library) readers
kāijiě* 开解[開-] V. remonstrate; admonish; straighten out
kāijiè 开戒[開-] V.O. end abstinence; break vows
kāi jīhuāng 开饥荒[開-] V.O. <coll.> pay off debt
kāijīn 开金[開-] N. karat gold *shíbā* ~ 18 karat gold
[1]kāijìn* 开禁[開-] V.O. lift a ban
[2]kāijìn 开进[開進] R.V. move in
kāijǐng 开井[開-] V.O. dig /drill a well
kāijǐngjī 开井机[開-] N. well-boring/drilling machine M: [1]jià
kāijìnglǐ 开镜礼[開-禮] N. pre-shooting ceremony (for film, TV series, etc.)
kāijú* 开局[開-] N. beginning of a match ♦V.O. the match begins
kāijù 开具[開-] N. (bottle/etc.) opener ♦V. draw up; write out
kāijuàn(r) 开卷(儿)[開-] V.O. open a book; read
kāijuàn kǎoshì 开卷考试[開-] N. open-book test
kāijuànyǒuyì 开卷有益[開-] F.E. reading is always profitable
kāijué 开掘[開-] V. ① dig; start digging ② discover and represent (a subject/character/event/etc.)
kāijùn 开浚[開-] V. dredge
kāijù qīngdān 开具清单[開-] V.O. draw up a clear statement/list
kāikāiguānguān 开开关关[開開關關] V.P. turn on and off or open and close alternatively
kǎikǎijūnzǐ 恺恺君子[愷愷-] N. a delighted worthy M: [2]wèi
kāikāi wánxiào 开开玩笑[開開-] V.P. make fun of
kāikāi xīn 开开心[開開-] V.P. relax and enjoy oneself
kāikǎo 开考[開-] V.O. begin an examination/test
kāikè 开课[開-] V.O. ① school begins ② give a course; teach a subject *Xià xuéqī wǒ kāi sān mén kè.* I'll give three courses next semester.
kāikěn 开垦[開墾] V.O. reclaim wasteland
kāikēqǔshì 开科取士[開-] F.E. <hist.> enlist talent through the civil-service examination system
kāikǒu 开口[開-] V.O. ① open one's mouth; start to talk ② sharpen a knife ③ laugh out loud ④ breach a dam ⑤ eat
kāikǒubìkǒu 开口闭口[開-] V.P. ① whenever one speaks ② say the same thing again and again
kāikǒudù 开口度[開-] N. <lg.> aperture
kāikǒuhū 开口呼[開-] N. <lg.> ①open mouth *yùn* ② onset zero
kāikǒuhū hóngyīn 开口呼洪音[開-] N. <lg.> ① open mouth *yùn* ② onset zero
kāikǒuhū xìyīn 开口呼细音[開-] N. <lg.> ① even teeth ② *yùn* onset
kāikǒu mǔyīn 开口母音[開-] N. <lg.> open vowel
kāikǒutiào 开口跳[開-] N. clown skilled in martial arts
kāikǒuxiāo 开口销[開-] N. <mach.> split pin
kāikǒuxiào* 开口笑[開-] N. ①an open-mouth smile ② a kind of pastry
kāikǒuyīn 开口音[開-] N. <lg.> open oral sound
kāi kǒuzi 开口子[開-] V.O. ① break; burst ② chap; become cracked or rough ③ open a loophole ④ give illegal permission
kāi kuàichē 开快车[開-] V.O. ① open the throttle ② speed up (a machine) ③ hurry through one's work
[1]kāikuàng 开矿[開礦] V.O. open up or exploit a mine
[2]kāikuàng 开旷[開曠] S.V. ① expansive; spacious; vast ② broad-minded; generous in thought
kāikuò 开阔[開闊] S.V. ①expansive ②tolerant; generous in thoughts ♦V. widen
kāikuòdì 开阔地[開闊-] N. open/unenclosed ground M: [1]piàn
kāikuò shìyě 开阔视野[開闊視-] V.O. broaden one's horizon
kāikuò yǎnjiè 开阔眼界[開闊-] V.O. broaden one's outlook/horizons
kāilái 开来[開-] V. drive up/over
kāilǎng 开朗[開-] S.V. ① open and clear ② sanguine; optimistic ③ broadminded and outspoken ♦V. clear up (of weather)
kāile 开了[開-] V.P. ① completed action of [1]kāi ② <topo.> eaten; consumed ③ injured; hurt (especially in the head)
kāilèi 开擂[開-] V.O. announce the challenge game open
kāilí 开犁[開-] V.O. ① start the year's plowing ② plowing the first furrow as a guideline
kāilǐ 开里[開裡] N. positive side; easy side *Wǎng ~ xiǎng.* Think of the bright side; don't be sad.
[1]kāilì* 开例[開-] V.O. create a precedent
[2]kāilì 开立[開-] V. found; originate
kāilián* 开镰[開-] V.O. start harvesting (with sickles)
[1]kāiliǎn 开脸[開-] V.O. ① <trad.> change one's hairstyle at marriage (of women) ② carve a face (by craftsman)
[2]kāiliǎn 揩脸 V.O. <coll.> wipe the face
kāiliàn 开练[開練] <coll.> V. ① start working ② fight; scuffle; come to blows
kāi liánzhūpào 开连珠炮[開-] V.O. chatter away; rattle on
[1]kāiliè 开裂[開-] V. crack; fracture
[2]kāiliè 开列[開-] V. itemize; make a list
kāilièrúxià 开列如下[開-] F.E. as listed below
kāilìfāng 开立方[開-] N. <math.> extraction of cubic root
kāilǐngshān 开领衫[開-] N. open-necked shirt M: [2]jiàn
kāiliū 开溜[開-] V. <topo.> take French leave; slink off
kāilì zhànghù 开立帐/账户[開-] V.O. open an account
kāilì zhànghù shēnqǐngshū 开立帐户申请书[開-書] N. new-account application
kāilóu 开耧[開耬] V.O. start the year's sowing
kāilú 开炉[開爐] V.O. open a stove/furnace (when contents are ready)
kāilù* 开路[開-] V.O. ① open a way; blaze a trail ② open a circuit ③ lead the way; pioneer
kāi lǜdēng 开绿灯[開-燈] V.O. give the green light
kāilùhèdào 开路喝道[開-] *See kāiluóhèdào*
kāilùjī 开路机[開-] N. bulldozer M: [1]jià/[2]bù
kāiluó 开锣[開鑼] V.O. ① <thea.> begin a performance ② begin a project
Kāiluó* 开罗[開羅] P.W. Cairo
kāiluóhèdào 开锣喝道[開鑼-] F.E. beat gongs and shout to clear the way for an official
kāilùshén 开路神[開-] N. divinity that leads the way (image carried at the head of a funeral procession) M: [2]wèi
kāi lùtiáo 开路条[開-條] V.O. issue a permit to travel
kāilù xiānfēng 开路先锋[開-] N. pathbreaker; pioneer
kǎimǎ 铠马[鎧-] N. ① armor and war-horses ② horse protected by a coat of mail M: [1]pǐ
kāimàilā 开麦拉[開麥-] N. <loan> camera M: [1]jià
kāimǎn 开满[開-] V. bloom all over
kāimáojī 开毛机[開-] N. <txtl.> wool-opener; tenterhook willow M: [1]tái
kāi màozi gōngchǎng 开帽子工厂[開-廠] V.O. frequently pin labels on people
kāimén 开门[開-] V.O. ① open a door (lit./fig.) ② begin a day's business (of a store)
kāimén bànguǎn 开门办馆[開-辦-] V.P. run a library as a community service
kāimén bànxué 开门办学[開-辦-] V.P. open-door schooling
kāiméng 开蒙[開-] V.O. initiate children to learning
kāimén hóng 开门红[開-] F.E. get off to a good start
kāiménjiànshān 开门见山[開-] F.E. come straight to the point
kāimén qījiànshì 开门七件事[開-] F.E. the seven necessities of life (i.e., firewood, rice, oil, salt, soysauce, vinegar, and tea)
kāiménshòutú 开门受徒[開-] F.E. take a disciple/apprentice/student
kāiményīdào 开门揖盗[開-盜] F.E. invite disaster by associating with evildoers
kāimén zhěngdǎng 开门整党[開-黨] V.P. <PRC> non-Party participation in rectification of the Party
kāimén zhěngfēng 开门整风[開-] V.P. <PRC> carry out public rectification
kāimiàn 揩面 V.O. wipe the face
kāimiào 开庙[開廟] N. (date of a) fair held in a Buddhist temple
kāimíng 开明[開-] S.V. enlightened; open-minded ♦N. enlightenment
kāimíng rénshì 开明人士[開-] N. open-minded/liberal-minded persons
kāimíng shēnshì 开明绅士[開-] N. liberal-minded gentlemen
kǎimó 楷模 N. model; pattern; example M: [2]wèi/ge
kāimù 开幕[開-] V.O. ① <thea.> raise the curtain ② open; inaugurate (meeting/etc.)
kāimùcí 开幕词[開-] N. opening address M: [1]piān
kāimù diǎnlǐ 开幕典礼[開-禮] N. inauguration; opening ceremony

kāimùlǐ 开幕礼[開-禮] N. inauguration; opening ceremony
kāimùshì 开幕式[開-] N. inauguration; opening ceremony
kāinián 开年[開-] N. ① beginning of the year ② <*coll.*> next year
kǎinuò 慨诺 N. generously promise; readily consent
kāipāi* 开拍[開-] V. start shooting (a film)
[1]**kāipái** 开牌[開-] V.O. begin a card game
[2]**kāipái** 开排[開-] V.O. start to rehearse (for a performance)
kāipán(r) 开盘(儿)[開盤-] N. ① opening quotation (on the stock exchange) ② <*coll.*> begin to perform a play/etc.
kāipǎng 开嗙[開-] V.O. <*topo.*> brag; boast
kāipán huìlǜ 开盘汇率[開盤匯-] N. <*com.*> opening rate
kāipánjià 开盘价[開盤價] N. opening price
kāipánjiàgé 开盘价格[開盤價-] N. opening price
kāipào 开炮[開-] V.O. ① open fire with artillery ② aim criticism at sb.
kāipī 开坯[開-] V.O. <*metal.*> cogging; blooming
kāipì* 开辟[開-] V. ① open/set up; start ② build (a road) ③ create (the world)
kāipiān* 开篇[開-] N. introductory song in **tánci**
kāipiàn 开片[開-] N. <*art*> crackle in ceramic glaze
kāipiāo 开漂[開-] V. start rafting down a stream
kāipiào* 开票[開-] V.O. ① count votes at a poll ② make up an invoice
kāipiáor 开瓢儿[開-] V.O. <*topo.*> have a cut on one's head
kāipiàosuǒ 开票所[開-] P.W. place for counting ballots M: [1]*jiā*
kāipì chūlai 开辟出来[開-] R.V. open up; develop; start
kāipījī* 开坯机[開-] N. <*metal.*> cogging mill; bloomer M: [1]*tái*
kāipìjì 开辟记[開-] N. record of opening up or development
[1]**kāipíng** 开瓶[開-] V.O. open/uncork a bottle
[2]**kāipíng** 开屏[開-] V.O. spread its tail (of a peacock)
kāipíngfāng 开平方[開-] N. <*math.*> extraction of the square root
kāipíngfèi 开瓶费[開-] N. corkage
kāipíngqì 开瓶器[開-] N. (bottle) opener
kāipì shìchǎng 开辟市场[開-場] V.O. open up or develop a market
kāipì xīn cáiyuán 开辟新财源[開-] V.O. open up new sources of income
kāipōu 开剖[開-] V. rupture; split
kāiqǐ 开启[開啟] V. open
[1]**kāiqiāng** 开枪[開槍] V.O. fire (a gun); shoot
[2]**kāiqiāng** 开腔[開-] V.O. begin to speak
kāiqiào(r) 开窍(儿)[開竅] V.O. ① get set straight ② begin to acquire understanding ③ become sexually aware ④ reach puberty ⑤ extend one's mental horizon ***Tā lǎo bù ~.*** He's slow on the uptake.
kǎiqiè 剀/恺切[剴/愷-] S.V. ① true and pertinent ② earnest and sincere
kǎiqiè jiàodǎo 剀切教导[剴-導] V.P. teach earnestly
kǎiqièxiángjìn 剀切详尽[剴-盡] F.E. true and clear in every detail
kǎiqièxiángmíng 剀切详明[剴-] F.E. true and clear in every detail
kǎiqièxiǎoyù 凯切晓谕[凱-曉-] F.E. <*wr.*> Let it be known to all.
kāiqǐ pào lái 开起炮来[開-] V.P. ① start firing cannon ② start criticizing
kāiqiú 开球[開-] V.O. <*sport*> start; kick off
kāiqú 开渠[開-] V.O. dig a ditch
kāiqǔ 开取[開-] V. <*min.*> mine
kāiqù* 开去[開-] V. remove sb. from office
kāiquē 开缺[開-] V.O. <*trad.*> quit a post and leave it vacant (of an official)

kǎirán* 慨然 ADV. ① with deep feeling ② generously
kàirán 忾然[愾-] V.P. sigh with deep feelings
kǎiránxiāngzèng 慨然相赠 F.E. give generously
kāirèn(r) 开刃(儿)[開-] V.O. put the first edge on a knife
kāi rén wánxiào 开人玩笑[開-] V.P. play a joke on sb.
kàirì 愒日 V.O. idle away (time)
kāisài 开赛[開-] V.O. <*sport*> begin a match
[1]**kāishān** 开山[開-] V.O. ① cut into mountain (for quarrying/etc.) ② <*Budd.*> build the first temple on a famous mountain
[2]**kāishān** 开衫[開-] N. sweater jacket M: [2]*jiàn*
kāishānbízǔ 开山鼻祖[開-] F.E. the first person to do sth.; earliest founder M: [2]*wèi*
kāishāng 开墒[開-] V.O. *See* kāilǐ
kāishàng* 开上[開-] R.V. drive up to
kāishān zǔshī 开山祖师[開-師] N. founder of religious sect, school of thought, etc.
kāishè 开设[開-] V. open (shop/etc.); offer (course/etc.)
kāishěn 开审[開審] V. start a trial
kāi shēnghuāng 开生荒[開-] V.O. <*topo.*> cultivate virgin lands
kāishè zhànghù 开设帐户[開-] V.O. open an account
[1]**kāishǐ*** 开始[開-] V. begin; start ***Zánmen ~ gàn ba.*** Let's get down to work. ♦N. initial stage; beginning
[2]**kāishǐ** 开驶[開-] V. start to move (of vehicle)
[1]**kāishì** 开市[開-] V.O. ① reopen (a shop) after cessation of business ② make the first transaction of the day
[2]**kāishì** 开释[開釋] V. release (a prisoner); set free
[3]**kāishì** 揩拭 V. clean; wipe
[4]**kāishì** 开示[開-] V. ① point out; demonstrate ② reveal; lay bare ③ enlighten; inspire ④ instruct; direct
kàishí 愒时[-時] V.O. idle away time
kāishǐ jiēduàn 开始阶段[開-階-] N. onset
kāishǐ jìlù 开始记录[開-錄] N. <*acct.*> opening entry
kāishìmǐ 开士米[開-] N. <*loan*> cashmere
kāishǐtǐ 开始体[開-體] N. <*lg.*> ingressive aspect
kāishǐ yíngyè 开始营业[開-營業] V.O. start a business
[1]**kāishǒu** 开首[開-] N. beginning; start ♦ATTR. <*lg.*> initial
[2]**kāishǒu(r)** 开手(儿)[開-] V.O. put one's hand to a task; start a job
kāishǔ 开曙[開-] N. dawn; beginning of a new day
kǎishū* 楷书[-書] N. ① regular/model script ② <*lg.*> regular style
kāishuàn 开涮[開-] <*coll.*> V. make fun of; make a fool of; play a trick on
kāishuǐ 开水[開-] N. <*topo.*> boiling/boiled water ♦V.O. turn on the water
kāisīmǐ 开司米[開-] N. <*loan*> cashmere
kāisuì 开岁[開歲] N. beginning of a year
kāisuǒ 开锁[開-] V.O. unlock
kāitái 开台[開臺] V.O. <*thea.*> begin a performance
kāitài* 开泰[開-] V.P. go well/auspiciously
kāitái luó-gǔ 开台锣鼓[開臺鑼-] N. <*thea.*> ① introductory flourish of gongs and drums ② curtain-raiser
kǎitàn 慨叹[-嘆] V. sigh with regret
[1]**kāitáng** 开膛[開-] V.O. disembowel (pig/etc.)
[2]**kāitáng** 开堂[開-] V.O. hold a court session
kāi tánpàn 开谈判[開-] V.O. negotiate; start negotiations
kǎitǐ* 楷体[-體] N. ① regular script ② standard style of writing ③ block letter
kǎitì 恺悌/弟[愷-] S.V. happy and easygoing; friendly

kāi tiānchuāng 开天窗[開-] V.O. ① leave blanks in a publication to protest censorship/policies/etc. ② start festering (of a syphilitic nose) ③ open up a skylight ♦N. erosion of the nose-bone due to syphilitic infection
kāitiānpìdì 开天辟地[開-] F.E. ① creation of the world ② since the beginning of time ③ open or develop
kāitiáo(r/zi) 开条(儿/子)[開條-] V.O. <*coll.*> write a note/slip requesting sth.
kǎitìjūnzǐ 恺悌君子[愷-] F.E. amiable gentleman
kāitíng 开庭[開-] V.O. <*leg.*> open a court session; call a court to order
kāitīngdāo 开听刀[開聽-] N. can opener M: [1]*bǎ*
kāitong 开通[開-] S.V. open-minded; liberal *See also* kāitōng
kāitōng* 开通[開-] V. ① remove obstacles from; clear ② open a communication line ③ enlighten; instruct ♦R.V. open up; inaugurate *See also* kāitong
kāitōng diǎnlǐ 开通典礼[開-禮] N. ribbon-cutting ceremony
kāitóu(r) 开头(儿)[開-] V.O. begin; start ***zhǐ kāile yī ge tóu(r)*** merely made a beginning ♦N. beginning
kāitǔ 开土[開-] V.O. <*Budd.*> open the way (by sb. who has achieved awakening)
kāitǔjī 开土机[開-] N. bulldozer M: [1]*tái*
kāituō 开脱[開-] R.V. exonerate; vindicate ***Bié lǎo tì tā ~.*** Don't always stick up for him.
kāituò* 开拓[開-] V. open up; develop; enlarge/expand (territory/etc.); pioneer
kàituòchéngzhū 欬唾成珠 F.E. ① each word a gem when one talks ② words flow from the mouth as from the pen of a master
kāituò jīngshén 开拓精神[開-] N. pioneering spirit
kāituòshǐ 开拓史[開-] N. history of pioneering/development M: [2]*bù*
kāituò shìchǎng 开拓市场[開-場] V.O. open up new markets; expand a market
kāituòxíng 开拓型[開-] N. pioneering type/spirit
kāituòzhě 开拓者[開-] N. pioneer M: [2]*wèi*
kāiwā 开挖[開-] V. excavate
kāiwài 开外[開-] SUF. <*coll.*> more than; in excess of
kāiwǎng 开往[開-] V. leave for; be bound for (of ship/train/etc.)
kāi wánxiào 开玩笑[開-] V.O. joke; make fun of; jest
kāiwěi 开尾[開-] ATTR. <*lg.*> free
kāiwèi* 开胃[開-] V.O. whet the appetite ♦S.V. ① appetizing ② <*topo.*> amuse oneself at sb.'s expense ③ tease
kāiwèijiǔ 开胃酒[開-] N. aperitif M: [1]*zhǒng*
kāiwùchéngwù 开物成务[開-務] F.E. <*wr.*> handle affairs in an informed way
kāixì* 开戏[開戲] V.O. start a performance; raise the curtain
kǎixī 慨惜 V. regret
kāixiàn 开线[開-] V.O. burst at the seams; come unsewn
kāixiǎng* 开饷[開-] V.O. pay a salary (usu. of soldier/police)
kǎixiǎng 慨想 V. <*wr.*> think of sb. with emotion
kāixiāngdǎolóng 开箱倒笼[開-] F.E. search thoroughly
kāi xiānlì 开先例[開-] V.O. create a precedent; set an example
kāixiao 开销[開-] V. pay expenses ♦N. ① expense ② expense account M: [2]*bǐ*
kāi xiǎochāi(r) 开小差(儿)[開-] V.O. ① <*mil.*> desert one's unit/post ② be absent-minded ***Shàngkè bié ~.*** Don't wool-gather in class.
kāi xiǎozào 开小灶[開-] V.O. give favored treatment

K

kāixīn* 开心[開-] V.O. ① feel happy; rejoice ② make fun of sb. ***Bié ná wǒ ~.*** Don't make fun of me. ③ be sincere to others ④ enlighten ♦S.V. happy
kāixìn 开衅[開釁] V. start trouble; provoke
kāixīndǎo 开心岛[開-島] N. island of fun; entertainment arena M: [4]*zuò*
kāixíng 开行[開-] V. start a car/train/etc.
kāixīnguǒ 开心果[開-] N. pistachio M: [1]*kē*/[3]*lì*
kāixīnjiànchéng 开心见诚[開-] F.E. be frank and sincere
kāixīn qǐlai 开心起来[開-] V.P. begin to cheer up
kāixīnwán(r) 开心丸(儿)[開-] N. comforting remarks M: [1]*kē*
kāixīn yīkè 开心一刻[開-] N. a moment of fun
kǎixuán 凯旋[凱-] V. return triumphant
kǎixuánmén 凯旋门[凱-] N. M: [4]*zuò* ① triumphal arch ② Arc de Triomphe (in Paris); Arch of Triumph
kāixué 开学[開-] V.O. start school; begin a term
kāixué diǎnlǐ 开学典礼[開-禮] N. school-opening ceremony
kāixùn 开训[開-] V.O. begin training (usu. military/sports)
[1]**kāiyán** 开颜[開-] V.O. ① smile; laugh ② beam
[2]**kāiyán** 开言[開-] V.O. begin to speak
[3]**kāiyán** 开筵[開-] V.O. give a feast
[1]**kāiyǎn*** 开演[開-] V. begin (movie/business/etc.)
[2]**kāiyǎn** 开眼[開-] V.O. ① open one's eyes; broaden one's mind; extend one's mental horizon ② see sth. for the first time
kāiyánchàngyǐn 开颜畅饮[開-暢-] F.E. smile and drink heartily (with guests)
[1]**kāiyáng** 开洋[開-] N. <*topo.*> dried, shelled shrimps
[2]**kāiyáng** 开阳[開陽] N. ① dried shrimp meat ② <*astr.*> Mizar
kāi yánghūn 开洋荤[開-] V.P. taste foreign food; experience sth. exotic
kāi yǎnjiè 开眼界[開-] V.O. expand horizons
kāi yǎnlèi 揩眼泪[-淚] V.O. wipe away tears
kāiyào 开药[開藥] V.O. prescribe; write out a prescription
kāiyè 开业[開業] V.O. start business
kāi yèchē 开夜车[開-] V.O. <*coll.*> burn midnight oil
kāiyì 开议[開議] V. ① hold a meeting ② initiate/enter negotiations
kāiyìn 开印[開-] V. ① resume using the official seal after the New Year holidays ② go into print
kāiyīn de 开音的[開-] ATTR. <*lg.*> open
kāiyīndù 开音度[開-] N. <*lg.*> open juncture
kāiyíng 开营[開營] V.O. ① open a summer/winter camp ② open a business; start operations
kāiyìng* 开映[開-] V.O. ① show motion pictures ② begin to be shown in public cinemas
kāiyīnjié 开音节[開-節] N. <*lg.*> open syllable
Kǎiyīnsī 凯因斯[凱-] N. Keynes ***See also*** *Kǎi'ēnsī*
kāiyóu* 揩油 V.O. ① freeload ② get petty advantages; scrounge some outside gains not included in a deal (usu. small) ③ touch a woman without her knowledge or when she cannot offer resistance
kāiyòu 开诱[開-] V. teach step by step
kāi yóushuǐ 揩油水 V.O. <*coll.*> skim profits; make a percentage
kāiyuán 开源[開-] V.O. broaden sources of income
kāiyuánjiéliú 开源节流[開-節-] F.E. increase income and decrease expenditures
kāiyuányīn 开元音[開-] N. <*lg.*> open vowel
kǎiyuè 凯/恺乐[凱/愷樂] N. triumphal music
kāiyùn* 开运[開運] V.O. start shipping
kǎiyǔn 慨允 V. readily consent; generously permit/promise
kāiyúnjiànrì 开云见日[開雲-] F.E. from obscurity to clarity
kāizáo 开凿[開鑿] V. cut (canal/tunnel/etc.)
kǎizé 楷则 N. <*wr.*> model; norm
kāizhá 开闸[開-] V.O. open a sluice gate
kāizhāi 开斋[開齋] V.O. ① resume a meat diet ② <*Islam*> come to the end of Ramadan
Kāizhāijié 开斋节[開齋節] N. <*Islam*> Festival of Fast-breaking; 'Id al-Fitr
kāizhǎn 开展[開-] V. ① develop; launch; unfold ② clear up (of weather) ③ open an exhibition ♦S.V. ① open-minded ② politically progressive
[1]**kāizhàn*** 开战[開戰] V.O. ① make war ② battle against ***Tāmen xiàng dàzìrán ~.*** They're battling the elements.
[2]**kāizhàn** 开绽[開-] V. come unsewn
[3]**kāizhàn** 开站[開-] V.O. put a new bus/railway station into operation
kāizhǎndù 开展度[開-] N. <*lg.*> degree of opening
kāizhāng* 开张[開-] V.O. ① open a business ② first transaction of the day ③ begin(certain activities); start ④ expand, spread out; develop
[1]**kāizhàng** 开仗[開-] V.O. begin war
[2]**kāizhàng** 开帐/账[開-] V.O. ① make out a bill ② pay a bill ③ <*wr.*> be open (to the outside world) ♦V.P. <*wr.*> grand and wide
kǎizhàng 铠仗[鎧-] N. armor and weapons M: [1]*fù*
kāizhāngdàjí 开张大吉[開-] F.E. auspicious beginning of a new enterprise
kāizhāngjùnfā 开张骏发[開-發] F.E. <*wr.*> At this inauguration of business, may it speedily prosper.
kāizhàpíng 开炸瓶[開-] N. <*topo.*> grenade M: [1]*kē*
kāizhěn 开诊[開-] V. begin to treat patients
kāizhēng 开征[開徵] V. begin to levy/collect taxes
kāi zhěntouhuì 开枕头会[開-] V.O. <*topo.*> talk privately between husband and wife
kāizhī 开支[開-] V. pay (expenses/wages/etc.) ♦N. expenses M: [2]*bǐ*
kāizhī biāozhǔn 开支标准[開-標準] N. spending standards
kāizhī chāyì 开支差异[開-異] N. spending variance
kāizhī dānwèi 开支单位[開-] N. spending unit
kāi zhīpiào 开支票[開-] V.O. write a check
kāizhī zhànghù 开支帐户[開-] N. expense account
kāizhù 开筑[開築] V. start to build or set up
kǎizhuāng 铠装[鎧裝] N. armor M: [1]*fù*
kǎizhuāng diànlǎn 铠装电缆[鎧裝電纜] N. armored cable M: [1]*tiáo*/[2]*gēn*/*kǔn*
kǎizi 凯子[凱-] N. <*slang*> a prodigal
kǎizì* 楷字 N. ① regular script ② block letter
kāizōngmíngyì 开宗明义[開-義] F.E. make one's purpose clear from the outset
kāizǒu 开走[開-] R.V. ① drive away/off (of vehicle) ② move away (of army)
kāizuān 开钻[開鑽] V.O. ① <*min.*> spud in; start drilling ② start a major project
kāizuì 开罪[開-] V. offend; displease
kāizúmǎlì 开足马力[開-] F.E. go full steam ahead; put into high gear
kǎjī* 咔叽 N. <*loan*> khaki cloth M: [1]*pǐ*
kǎjì 卡计 N. calorimeter
kǎjībù 卡叽布 N. khaki fiber M: [1]*pǐ*
kǎjièmiáo 卡介苗 N. <*med.*> BCG vaccine (Bacille Calmette-Guerin)
kǎjīkù 卡叽裤 N. khaki trousers M: [1]*tiáo*
kǎlā OK 卡拉OK N. <*loan*> karaoke M: [1]*jiā*
kǎlàtè 卡剌特 N. carat
kālí 咖喱 N. <*loan*> curry
kālífàn 咖喱饭 N. <*loan*> curry rice
kālízhī 咖喱汁 N. <*loan*> curry sauce/dressing
kǎlùlǐ 卡路里 M. <*loan*> calorie
kǎlún 卡伦 N. Mongolian border post
Kāmàilóng 喀麦隆[-麥-] P.W. Cameroon
[1]**kān** 看 V. ① look after; tend ② keep under surveillance ***See also*** [1]*kàn*
[2]**kān** 堪 AUX. may; can ♦V. bear; endure
[3]**kān** 刊 B.F. ① print; publish ***kānxíng*** ② delete or correct [2]***kānwù*** ③ publication [1]***kānwù*** ④ periodical ***qīkān*** ♦V. <*wr.*> inscribe on stone/wood
[4]**kān** 戡 B.F. suppress ***kānluàn***
[5]**kān** 勘 B.F. compare; investigate ***kāncè***
[6]**kān** 龛[龕] B.F. niche or small shrine for a religious statue ***kānyǐng***, ***bìkān***
[1]**kǎn** 砍 V. ① cut; chop; hack ***Wǒ de lùnwén bèi ~diàole yī bàn.*** My paper was cut down to half its length. ② <*topo.*> throw sth. at
[2]**kǎn(r)** 坎/侃(儿)[-/-(兒)] N. ① <*wr.*> pit; hole; depression ② one of the Eight Trigrams in the *Book of Changes* ③ <*coll./topo.*> enigmatic/insinuating language; professional jargon; underworld argot ♦B.F. ① ridge ***tǔkǎn*** ② snare; danger; crisis ♦ON. sound of percussion ***See also*** [3]*kǎn*
[3]**kǎn** 侃 V. <*slang*> ① shoot the breeze ② brag; boast ***See also*** [2]*kǎn*
[4]**kǎn** 槛[檻] B.F. threshold ***ménkǎn*** ***See also*** [21]*jiàn*
[5]**kǎn** 欿 B.F. dissatisfied; unhappy ***kǎnrán***
[6]**kǎn** 轗 in ***kǎnkě***
[7]**kǎn** 莰 N. <*chem.*> camphane
[1]**kàn*** 看 V. ① see; look at; watch ② read ③ think; consider ④ look upon; regard ⑤ treat ⑥ look after ⑦ call on; visit ⑧ depend on ⑨ mind; watch out ⑩ present (tea/wine/etc.) ⑪ . . .and see ***Wǒ bù zhīdào xiándàn, nǐ chángcháng ~.*** I don't know whether it's salty enough. Taste it and see. ⑫ Look! (expressing surprise/rebuke) ***Nǐ ~ nǐ!*** Look at yourself! ***See also*** [1]*kān*
[2]**kàn** 瞰 B.F. look down from high above ***kànlín***, ***fǔkàn***, ***fùkàntú***
Kàn 阚[闞] N. Surname
kàn'ǎi 看矮 V. look down upon
kànbǎn 看板 N. bulletin board M: [2]*kuài*
kànbào 看报[-報] V.O. read a newspaper
kānbēilìshí 刊碑立石 F.E. carve and set up stone tablets
kānběn 刊本 N. woodblock edition
kànbiǎn 看扁 V. <*coll.*> ① look down on; hold in low esteem ② underestimate (a person)
kànbìng 看病 V.O. ① see a patient ② see a doctor
kānbō 刊播 V. carry (in a newspaper/magazine) and broadcast (on a radio/TV)
[1]**kānbù** 刊布 V. <*wr.*> publish
[2]**kānbù** 堪布 N. <*loan*> ① lama in charge of religious discipline ② head lama ③ religious official in Tibetan local government
kànbuchū 看不出 R.V. be unable to discern/foresee
kànbuchūlai 看不出来 R.V. cannot discern; cannot figure out
kànbudào 看不到 R.V. can't see
kànbudào dǐ 看不到底 V.P. can't see the bottom (of sth. very deep)
kànbude 看不得 R.V. ① be unpresentable ② be not worth seeing
kànbudǒng 看不懂 R.V. can't discern/understand (sth. visible)
kànbufèn(r) 看不忿(儿) R.V. <*coll.*> resent; feel indignant
kànbuguàn 看不惯 R.V. ① can't bear the sight of ② disdain
kànbuguò 看不过 R.V. <*coll.*> ① can't stand idly by and watch ② can't see sth. to its brutal end
kànbujiàn 看不见 R.V. ① can't see ② be invisible
kànbukàn de 看不看的 ADV. whether visible or not
kànbulái 看不来 R.V. don't like (sb.'s behavior/etc.)
kànbuqǐ 看不起 R.V. scorn; despise
kànbuqīng 看不清 R.V. can't see clearly
kànbuqīngchǔ 看不清楚 R.V. can't see clearly
kànbushàng 看不上 R.V. ① dislike; be dissatisfied with (usu. sb.) ② can't stand the sight of

kànbushàngyǎn 看不上眼 V.P. ① not to one's preference ② detest; disdain
kànbushùnyǎn 看不顺眼 V.P. disgusting; unpleasant to the eyes
kànbutòu 看不透 R.V. ① unable to see through; unable to understand/assess fully ② unable to face with resignation
kànbuwán 看不完 R.V. unable to finish reading/watching/etc.
kànbuxià 看不下 R.V. can't bear seeing anymore
kànbuxiàqu 看不下去 F.E. ① unable to continue seeing/reading ② cannot help ③ ugly, utterly not worth seeing
kànbuzhòng 看不中 R.V. dislike; be unsatisfied with (usu. sb.)
kànbuzhǔn 看不准[-準] R.V. can't see precisely
kàncàichīfàn 看菜吃饭 F.E. fit the appetite to the dishes
kàncáinú 看财奴 N. miser
kàncái tóngzǐ 看财童子 N. wealth-watching youth
kāncè 勘测 V. survey
kānchá* 勘察/查 V. ① reconnoiter; prospect ② investigate; inspect ♦N. <geog.> prospecting
kànchá 看茶 V.O. <trad.> bring a cup of tea to the guest
kǎnchái 砍柴 V.O. cut firewood
kǎncháidǎcǎo 砍柴打草 F.E. cut/chop firewood
kànchǎng 看场[-場] V.O. guard a threshing ground
kānchēng 堪称[-稱] V. can be rated as
[1]**kànchéng*** 看成 V. ① take for/as; regard as ***Nǐ bǎ tā ~ shénme rén le?*** What do you take her for? ② be able to see/watch
[2]**kànchéng** 看承 V. <wr.> look after; attend to
kānchēng diǎnfàn 堪称典范[-稱-範] V.P. be exemplary
kānchēng jiāzuò 堪称佳作[-稱--] V.P. may be rated as an excellent piece of writing or a fine work of art
kǎnchéng ròujiàng 砍成肉浆[-漿] V.P. make mincemeat of
kānchū 刊出 R.V. publish (of newspaper/etc.)
kànchū* 看出 R.V. make out; see
kǎnchuán 砍传[-傳] V. <topo.> ① cut off one's heirs ② masturbate ③ flim-flam; bamboozle ④ talk rot
kànchuān* 看穿 R.V. ① see through (a trick) ② penetrate
kànchūlai 看出来 R.V. make out (by looking)
kànchū miáotou 看出苗头 V.O. have discovered some clues; have seen a sign (of sth.)
kàncuò 看错 V. ① mistake ② misjudge
kān dà 刊大 AB. *kānshòu dàxué* correspondence-course university
kāndáhǎn 堪达罕[-達-] N. <topo.> elk; moose
kàndāi 看呆 V. be completely absorbed in viewing sth.
kàndài* 看待 V. look upon; regard; treat ♦N. treatment
kàndāile 看呆了 V.P. watch intensely
kǎndàn 坎窗 N. cellar; underground vault
kāndāngzhòngrèn 堪当重任[-當--] F.E. be able to shoulder important tasks
kǎndāo 砍刀 N. chopper M: [1]*bǎ*
kǎndǎo 砍倒 R.V. cut down
kǎndào 砍到 R.V. cut; hack
kàndào* 看到 R.V. ① catch sight of; see ② notice; note; be aware
kǎndàshān 侃/砍大山 V.O. <coll.> ① chatter away; shoot the breeze ② brag; boast
kǎn dàshù 砍大树[-樹] V.O. ① cut down a big tree ② fell a landlord
kàndechū 看得出 R.V. be able to discern/tell
kàndechūlai 看得出来 R.V. ① be able to see through ② be visible/noticeable/understandable
kàndedào 看得到 R.V. ① be able to see ② be visible/noticeable
kàndeguò(r) 看得过(儿) S.V. <coll.> presentable; passable
kàndeguòqu 看得过去 R.V. <coll.> passable; just presentable
kàndeguò yǎnr 看得过眼儿 V.P. look agreeable; pleasant
kàndejiàn 看得见 R.V. ① be able to see ② be visible/noticeable
kàndejiàn de huà 看得见的话 N. <lg.> visible speech
kàndejiàn de yǔyán 看得见的语言 N. <lg.> visible speech
kàndelái 看得来 R.V. be able to perceive (implied meaning/etc.)
kāndēng 刊登 V. publish in a periodical
kāndēngrén 看灯人[-燈-] N. sb. in charge of lights M: [2]*wèi/ge* ***See also kàndēngrén***
kàndēngrén* 看灯人[-燈-] N. lamp-festival viewers M: [2]*wèi/ge* ***See also kāndēngrén***
kàndeqǐ 看得起 R.V. think highly of
kàndeshàng 看得上 R.V. like; be satisfied with (usu. sb.)
kàndetòu 看得透 R.V. be able to see through (scheme/etc.)
kàndezhù 看得住 R.V. be able to keep under control
kàndī 看低 V. <coll.> look down on; belittle
kāndiàn 看店 V.O. take care of (a shop)
kǎndiào 砍掉 R.V. cut off
kàndiē 看跌 V.P. be expected to fall (of market prices)
[1]**kāndìng** 戡定 V. suppress; pacify
[2]**kāndìng** 刊定 V. publish a definitive edition
kàndǒng 看懂 R.V. understand (by looking/reading)
kǎnduàn 砍断[-斷] R.V. ① cut down ② cut sth. in two
kānduīr 看堆儿 <coll.> V.O. keep an eye on sth.
kānfā 刊发[-發] V. carry; publish
kǎnfá 砍伐 V. fell (trees)
kànfǎ(r)* 看法(儿) N. ① way of looking at sth.; view ***Nǐ duì tā de ~ zěnyàng?*** What's your opinion of him? ② an unfavorable or a critical view of sb. ***Wǒ duì nàge hòuxuǎnrén yǒu ~.*** I'm critical of that candidate. M: [1]*diǎn/ge/*[1]*zhǒng*
kànfǎ cuòwù 看法错误 N. misconception
kànfǎnle 看反了 V.P. see sth. contrariwise
kānfén de 看坟的[-墳-] N. grave/graveyard caretaker M: [2]*wèi/ge*
kàn fēngsè 看风色 V.O. see which way the wind blows; see how things stand
kànfēngshǐduò 看风使舵 F.E. <derog.> steer according to the wind; trim one's sails
kàn fēngshui 看风水 V.O. practice geomancy in selecting site for tomb/house/etc.
kàn fēngtou 看风头 V.O. watch the situation (to decide how to act)
kànfēngzhuǎnduò 看风转舵[--轉-] F.E. trim one's sails
kānfùzhòngrèn 堪负重任 F.E. be able to shoulder heavy responsibilities
kang 槺 in *lángkang*
[1]**kāng** 糠 N. chaff; bran; husk ♦S.V. dry and spongy (usu. of vegetables) ♦V. shiver
[2]**kāng** 康 B.F. ① healthy ***jiànkāng*** ② peaceful ***kāngníng*** ③ abundant ***kāngnián*** ④ easy ♦N. Surname
[3]**kāng** 慷 in ***kāngkǎi***
[4]**kāng** 閌[閌] in ***kāngláng***
káng 扛 V. ① carry on one's shoulders ② <coll.> stand; bear; tolerate ***See also*** [10]*gāng*
[1]**kàng*** 抗 B.F. ① resist; fight ***dìkàng*** ② defy ***kàngmìng*** ③ contend with; be a match for ***kànghéng***
[2]**kàng** 炕 N. brick bed warmed by fire underneath M: [1]*zhāng* ♦V. bake/dry by heat of fire
[3]**kàng** 钪[鈧] N. <chem.> scandium
[4]**kàng** 亢 B.F. high; haughty ***gāokàng, kàngfèn*** ♦N. 2nd of the 28 constellations
[5]**kàng** 伉 in [1]***kànglì***
kàng'ái 抗癌 V.O. anticancer
kàngāo 看高 V.P. estimate/expect the price of sth. will rise
kāngbàiyīn 康拜因 N. <loan/agr.> combine; harvester
[1]**kàngbào** 抗暴 V.O. fight against tyranny
[2]**kàngbào** 抗爆 V.O. <chem.> antiknock
kàngbào qìyóu 抗爆汽油 N. antiknock gasoline
kāngbǐ 糠秕 N. ① chaff ② worthless stuff
kàngbiàn 抗辩 V. ① contradict ② speak in one's own defense; refute ♦N. counter-plea; demurrer M: [2]*chǎng*
kàngbìng 抗病 V.O. resist disease
kàngbìngdú 抗病毒 ATTR. virus-resistant
kàngbǔ 抗捕 V. resist arrest
kāng-cài bàn nián liáng 糠菜半年粮[-糧] F.E. ① eat chaff and herbs for half the year ② lead a life of semi-starvation
kāngcǎi'ēn 康采恩 N. <econ./loan> concern
kángchāde 扛叉的 N. person protecting prostitutes M: [2]*wèi/ge*
káng chánggōng 扛长工 V.O. <coll.> work long-term as a hired hand
káng chánghuó 扛长活 V.O. work as farm laborer on a yearly basis
kàngchénzǒusú 抗尘走俗[-塵--] F.E. preoccupied with personal fame and gain
kàngchuán 抗传[-傳] V. <law> refuse to obey a summons
kàngchuán bù dào 抗传不到[-傳--] V.P. <law.> disobey a summons
kàngchuáng 炕床 N. brick bed warmed by fire underneath M: [1]*zhāng*
kàngcíxìng 抗磁性 N. diamagnetism
Kàngdà 抗大 AB. *Kàng-Rì Jūnzhèng Dàxué*
káng dàgè(r) 扛大个(儿)[--個-] <coll.> V.O. work as a coolie ♦N. sb. who does heavy work
káng dàhuó 扛大活 V.O. <coll.> work as an adult farmhand; work as a farm hand for full pay
káng dàliáng 扛大梁 V.O. take up the main task
kàngdānr 炕单儿 N. bed sheet M: [1]*tiáo*
kàng dǎofú 抗倒伏 V.O. <agr.> resistant to lodging; lodging-resistant
kàngdí 抗敌[-敵] V.O. ① resist the enemy ② treat as equals; equal; match
kángdǐng 扛鼎 V.O. ① be powerful enough to lift a tripod ② struggle for supremacy ③ be gifted for high office
kàngdīng* 抗丁 V.O. fight against press-ganging
kàngdīng kàngliáng 抗丁抗粮[-糧] V.P. resist press-ganging and the grain levy
kàngdòng(zi) 炕洞(子) N. flue of a brick bed
kàngdú 抗毒 V.O. resist toxicity; be antitoxic
kàngdúsù 抗毒素 N. <med.> antitoxin
kàngdú xuèqīng 抗毒血清 N. antitoxin serum
kàngebǎo 看个饱[-個-] V.P. see/watch to one's heart's content
kàngegòu 看个够[-個夠] V.P. see/watch to one's heart's content
kāngēng 看更 V.O. beat the night watch ♦N. night watchman
kàngféi 炕肥 N. fertilizer from a dismantled brick bed M: *duī*
kàngfèn 亢奋[-奮] S.V. stimulated; excited
[1]**kāngfù*** 康复[-復] V. restore to health; recover ♦N. recovery (from illness)
[2]**kāngfù** 康阜 V.P. peaceful and prosperous (place)
kángfū 扛夫 N. porter; worker employed to carry loads on his shoulders M: [2]*wèi/ge*
kāngfùchē 康复车[-復-] N. regular bus service for disabled persons M: [3]*liàng*
kāngfù gōngchéng 康复工程[-復--] N. rehabilitation engineering
kàngfǔshí de 抗腐蚀的 ATTR. non-corrodible
kāngfù yīxué 康复医学[-復醫-] N. medical science of rehabilitation
kāngfù zhōngxīn 康复中心[-復--] P.W. rehabilitation center
kánggān 扛竿 N. acrobatics with/on a bamboo pole
kànggānrǎo 抗干扰[-擾] N. anti-interference; anti-jam

kànggào 抗告 V. sue sb. in court
kāng guójiāzhīkǎi 慷国家之慨[-國---] F.E. be generous at the expense of the state
kànghán 抗寒 V.O. resist cold
[1]kànghàn* 抗旱 V.O. combat drought ♦ATTR. drought-resistant
[2]kànghàn 亢旱 N. severe drought
kànghànxìng 抗旱性 N. drought resistance
kānghé 糠核 N. very coarse fare
kànghéng 抗衡 V. contend with; match; compete
kànghóng 抗洪 V.O. fight/combat a flood; anti-flood
kànghuā 炕花 N. fancy papercuts posted on the wall bordering a heatable brick bed
kànghuàixuè-suān 抗坏血酸[-壞--] N. ascorbic acid; vitamin C
kànghūn 抗婚 V.O. refuse to marry
kánghuó(r) 扛活(儿) V.O. work as a farm laborer for a landlord
kánghuóde 扛活的 N. <coll.> farm hands; hired hands M: [2]wèi/ge
kàngjī 抗击[-擊] V. resist; beat back
kàngjià 抗嫁 V.O. refuse to marry an arranged fiancé

K

kāngjiàn 康健 S.V. healthy; in good health
kàngjiǎn qiángdù 抗剪强度[--強-] N. <mach.> shearing strength
kángjiānrde 扛肩儿的 N. porter who carries a heavy load on his back M: [2]wèi/ge
kāngjiāwǔ 康茄舞 N. <loan> conga dance M: [3]qǔ
kàngjié 抗节[-節] V.P. firmly maintain one's integrity
kàngjiébùfù 抗节不附[-節--] F.E. maintain moral integrity and not depend on others
kàngjìn 亢进[-進] <med.> N. hyperfunction
kāngjīng 糠精 N. extract of rice bran
Kāngjū 康居 N. <hist.> Sogdiana
kàngjù* 抗拒 V. resist; defy
kàngjuān 抗捐 V.O. refuse to pay levies and taxes
kàngjùcóngyán 抗拒从严[-從嚴] F.E. refusal to confess brings harsher punishment
kāngjué 康爵 N. <wr.> empty wine cups
kàngjūnsù 抗菌素 N. antibiotic
kāngkǎi 慷慨 S.V. ① vehement; fervent ② generous *See also kāng tārénzhīkǎi*
kāngkǎibēifèn 慷慨悲愤 F.E. impassioned by lamentation and indignation
kāngkǎibēigē 慷慨悲歌 F.E. sing with solemn fervor
kāngkǎibēiyín 慷慨悲吟 F.E. ① chant verses in a mournful tone ② give vent to one's feelings
kāngkǎichéncí 慷慨陈词 F.E. present one's views vehemently
kāngkǎichéngrén 慷慨成仁 F.E. ① sacrifice one's life heroically for justice ② die heroically in battle
kāngkǎidàfang 慷慨大方 F.E. openhanded; generous
kāngkǎihàoshī 慷慨好施 F.E. be liberal in giving
kāngkǎijī'áng 慷慨激昂 F.E. impassioned; vehement; rousing
kāngkǎijiěnáng 慷慨解囊 F.E. make generous money contributions
kāngkǎijiùyì 慷慨就义[-義] F.E. die a hero's death
kāngkǎijuānqū 慷慨捐躯[-軀] F.E. sacrifice one's life heroically for justice
kāngkǎilèzhù 慷慨乐助[--樂-] F.E. volunteer to contribute money
kāngkǎishūjiāng 慷慨输将[-將] F.E. make liberal contributions
kāngkǎizhàngyì 慷慨仗义[-義] F.E. act in a just and generous manner
kángkángtáitái 扛扛抬抬 V.P. carry on the shoulder(s) and in the hands alternatively
kāngkāngwǔ 康康舞 N. <loan> cancan dance M: [3]qǔ
kàngláng 闶阆 <arch.> N. open court in a building
kànglào 抗涝[-澇] V.O. fight/combat waterlogging ♦ATTR. anti-waterlogging; waterlogging-resistant
kànglǎojì 抗老剂[-劑] N. <chem.> antiager
kànglā qiángdù 抗拉强度[--強-] N. <mach.> tensile strength
kānglè 康乐[-樂] S.V. peaceful and happy ♦N. wholesome recreation
kānglè huódòng 康乐活动[-樂-動] N. recreation; recreational activities
kàngléng(r) 炕楞(儿) N. <topo.> the edge of a [2]kàng M: [1]tiáo
kānglèqiú 康乐球[-樂-] N. <sport> billiards
kānglè zhōngxīn 康乐中心[-樂--] P.W. recreational center
kànglǐ 抗礼[-禮] V. treat each other as equals
[1]kànglì* 伉俪[-儷] N. <wr.> married couple; husband and wife M: [1]duì
[2]kànglì 抗力 N. resistance force
kàngliáng 抗粮[-糧] V.O. <hist.> refuse to hand in grain
kànglìqíngdǔ 伉俪情笃[-儷--] F.E. They are so happily married.
kànglìqíngshēn 伉俪情深[-儷--] F.E. married couple very much in love
kānglizhàyóu 糠里榨油[-裡--] F.E. squeeze water out of stone
kànglìzhīqíng 伉俪之情[-儷--] N. <wr.> affection between husband and wife
kànglùn 抗论 N. straightforward statement ♦V. ① retort; argue against ② make frank criticism
kàngměiyuáncháo 抗美援朝 F.E. Resist America Support Korea (1950)
kāngmí 糠糜 N. coarse food
kángmǐ* 扛米 V.O. carry rice bags on the shoulders
kàngmìng 抗命 V.O. defy orders; disobey
kàngmìngjùdí 抗命拒敌[-敵] F.E. defy orders and engage the enemy
kàngmó 抗磨 ATTR. wear-resistant
kāngnián 康年 N. a year of good crops
Kāngnièdígé 康涅狄格 P.W. Connecticut
kāngníng 康宁[-寧] N. good health ♦S.V. healthy and free from worry
kàngòu 看够[-夠] R.V. see enough; have a good look
kāngqiáng 康强[-強] S.V. healthy and strong
kàngqiángmǐnruò 抗强悯弱[-強--] F.E. oppose the strong, but be gentle with the weak
kàng qilai 抗起来 R.V. <topo.> hide away
kāngqú 康衢 N. level and easy highway
kāngquán 糠醛 N. <chem.> furfural
kāngquán shùzhī 糠醛树脂[--樹-] N. <chem.> furfural resin
kàngrè 抗热[-熱] V.O. combat/resist heat ♦ATTR. heat resistant
kàngrè héjīn 抗热合金[-熱--] N. heat-resisting alloy
Kàng-Rì 抗日 V.O. Resist Japan
kàng-Rì gēnjùdì 抗日根据地[---據-] P.W. <hist.> anti-Japanese base areas
Kàng-Rì Jūnzhèng Dàxué 抗日军政大学 P.W. Anti-Japanese Military and Political College
Kàng-Rì Tǒngyī Zhànxiàn 抗日统一战线[----戰-] N. Anti-Japanese United Front
Kàng-Rì Zhànzhēng 抗日战争[-戰爭] N. War of Resistance against Japan (1937–1945)
kàngshàng 抗上 V. contradict one's superior
kàngshāo 炕梢 N. <coll.> end of a brick bed
kàngshèn 抗渗[-滲] V.O. <water conservancy> be impervious
Kāng Shēng 康生 (1898–1975) N. early member of CCP, later became prime culprit of Lin Biao's group and Gang of Four
kàngshēngjūnféi 抗生菌肥 N. antibiotic fertilizer
kàngshēngsù 抗生素 N. antibiotic
kāngshì 糠市 N. slums; shantytowns
Kāng Shīfu 康师傅[-師-] <coll.> N. ① a brand of instant noodles M: [1]bāo ② weakling
kàngshīzhǐ 抗湿纸[-濕-] N. water-proof paper M: [1]zhāng
kàngshǔ 抗属[-屬] N. family dependents of military personnel in the liberated areas during the War of Resistance against Japan (1937–1945)
kàngshuāng 抗霜 V.O. frost-resistant
kàngshuì 抗税 V.O. refuse to pay taxes
kàngshuǐxìng 抗水性 N. water-resistance
kàngsù 抗诉 V.O. <leg.> ① protest ② appeal against a judgment
kàngsùshū 抗诉书[-書] N. <leg.> written protest M: [2]fēng/[1]fèn
kāngtài* 康泰 S.V. healthy and carefree
kàngtái 抗台[-颱] V.O. fight against typhoons
kāng tārénzhīkǎi 慷他人之慨 N. be generous at others' expense; be liberal with other people's possessions *Nǐ bù néng ~.* You shouldn't be generous at the expense of others.
kàngtǐ 抗体[-體] N. antibody
kāngtóng 康铜 N. constantan (alloy)
kángtóu 扛头 N. <coll.> ① arrogant/high-handed person ② prostitute M: [2]wèi
kàngtóu(r)* 炕头(儿) N. edge or warmer end of a brick bed
kàngtǔ 炕土 N. dismantled brick bed (used as fertilizer)
kàngù 看顾[-顧] V. look after; nurse
kànguā 看瓜 V.O. <slang> haze a boy/man by pulling off his pants to expose his genitals
kānguǎn* 看管 V. ①look after; attend to ②guard; watch; safeguard ♦N. custodian M: [2]wèi
kànguān 看官 N. ① dear reader/audience (in old novels) ② audience
kànguàn 看惯 R.V. be accustomed to the sight of; get used to the sight of
kǎnguāng 砍光 R.V. <forest.> log bare; deforest completely
kǎnguāqiēcài 砍瓜切菜 F.E. very easy
kàn guòqu 看过去 R.V. see through (glass/etc.)
kàngwéi 抗违[-違] V. disobey (order/etc.)
kàngwèi* 抗卫[-衛] V. fight to defend
Kāngxī* 康熙 N. reign period of emperor Shengzu (1662–1723)
kàngxí 炕席 N. mat of a brick bed M: [1]zhāng/juǎn
kāngxiā 糠虾[-蝦] N. a variety of grayish inch-long freshwater shrimp M: [2]zhī
kàngxíng 抗行 V. rival sb.; vie with sb. ♦N. <wr.> high degree of virtue
Kāngxī Zìdiǎn 康熙字典 N. 42-fascicle dictionary compiled in the Kangxi period M: [1]běn/[2]bù
kàngyán(r) 炕沿(儿) N. <coll.> edge of a brick bed
kàngyáng 亢阳[-陽] N. ① <Ch. med.> excess of *yáng* energy as a cause of illness ② drought
kàngyàoxìng 抗药性[-藥-] N. resistance to action of a drug
kàngyā qiángdù 抗压强度[-壓強-] N. <phy.> compressive strength
kàngyì 抗议[-議] V./N. protest
káng yī nián huó 扛一年活 V.P. <coll.> work as a farmhand for a year
kàngyìshū 抗议书[-議書] N. written protest M: [2]fēng/[1]fèn
kàngyì zhàohuì 抗议照会[-議--] N. note of protest
kāngyóu 糠油 N. oil extracted from rice husks
Kāng Yǒuwéi 康有为 (1858–1927) N. prominent scholar of Confucian classics and leader of the reform movement that culminated in the Hundred Days' Reform in 1898
kàngyù 抗御[-禦] V. combat; fight
kàngyuán 抗原 N. antigen
kàngzāi 抗灾[-災] V.O. fight natural calamities
káng zài jiān shàng 扛在肩上 V.P. carry on the shoulder; shoulder
kàngzàoshēng 抗噪声[-聲] N. anti-noise
kàngzhàn 抗战[-戰] N. war of resistance ♦AB. *Kàng-Rì Zhànzhēng* war of Resistance againt Japan (1937–1945)

kàngzhèn 抗震 ATTR. anti-seismic; quake-proof ♦V.O. ① take precautions against an earthquake ② fight against tyranny
kàngzhēng 抗争[-爭] V. make a stand against; resist
káng zhěnghuó 扛整活 V.O. <coll.> work as an adult farmhand; work as a farmhand for full pay
[1]**kàngzhí** 亢直 V.P. <wr.> straightforward and upright; not servile; righteous
[2]**kàngzhí** 抗直 S.V. of inflexible integrity
kàngzhìbùqū 抗志不屈 F.E. maintain moral integrity
Kāngzhōu 康州 P.W. Connecticut
kàngzhòu* 抗皱[-皺] ATTR. anti-wrinkle; relieving/removing wrinkles on a person's face
kāngzhuāng 康庄[-莊] S.V. vigorous; in good health
kāngzhuāng dàdào 康庄大道[-莊--] N. broad/main road; most propitious path
kàngzhuō(r) 炕桌(儿) N. short-legged [2]*kàng* table M: [1]*zhāng*
kān háizi 看孩子 V.O. take care of children
kānhǎo* 看好 V.P. keep an eye on *See also kànhǎo*
kānhào 刊号[-號] N. official registration number for publications
kànhǎo 看好 V. ① anticipate improvement ② have a good prospect (of winning/gaining/etc.) ③ look to further increase *See also kānhǎo*
kànhóngle yǎn 看红了眼 V.P. be jealous; covet
kānhù 看护[-護] V. nurse; look after ♦N. hospital nurse M: [2]*wèi*
kǎnhuài 砍坏[-壞] R.V. destroy by cutting/chopping/hacking
kānhùfǎ 看护法[-護-] N. method of nursing and taking care of a patient
kānhùfù 看护妇[-護婦] N. nurse M: [2]*wèi*
kānhuī 刊徽 N. logo of a publication
kānhùrén 看护人[-護-] N. guardian M: [2]*wèi*
kānjiā* 看家 V.O. ① mind the house ② keep secret ♦N. ① special skill ② house guard ③ sth. saved for rainy days
kǎnjià(r) 砍/侃价(儿)[-價-] <coll.> V.O. beat down the price
kānjiā běnlǐng 看家本领 N. one's special skill
kānjiāgǒu 看家狗 N. ① watchdog ② agent for a landlord/etc. M: [1]*tiáo*/[2]*zhī*
kǎnjiān(r) 坎肩(儿) N. sleeveless jacket; cape; vest; waistcoat M: [2]*jiàn*
kànjian* 看见 R.V. catch sight of; see
kānjiàojīngjí 勘校经籍[--經-] F.E. compare classics and correct errors
kānjiāquǎn 看家犬 N. mastiff; guard dog M: [1]*tiáo*/[2]*zhī*
kānjiāxì 看家戏[-戲] N. the most successful repertoire (of an actor) M: [1]*tái*
kānjiēde 看街的 N. <coll.> an old policeman M: [2]*wèi*
kānjièlìbiāo 勘界立标[-標] F.E. conduct a boundary survey and erect boundary markers
kàn jīhuì 看机会 V.O. look for a chance/opportunity
kǎnjìn 坎进[-進] N. <lg.> embedding
kǎnjǐng 坎阱 N. snare; trap
kānjiǔ 看酒 V.O. serve wine
kànkāi 看开[-開] R.V. accept (or resign oneself to) an unpleasant fact or situation
kānkān 堪堪 ADV. be about to
[1]**kǎnkǎn** 侃侃 ADV. candidly; with assurance
[2]**kǎnkǎn** 坎坎 N. ① sounds produced by beating a drum, chopping wood, and in complaining ② <topo.> ⓐ depression; sunken place ⓑ covered trap in the ground
kànkan 看看 A.T. <coll.> pretty soon ♦V. take a look *See also kànkàn*
kànkàn* 看看 R.F. ① take a look at ② examine and survey ③ visit or call on ④ see the sights ⑤ thumb through (a book, etc.) *See also kànkan*
kǎnkǎn'értán 侃侃而谈 F.E. talk with ease and confidence
kānkè 刊刻 V. engrave; inscribe
kǎnkě 坎坷[--//轗-] S.V. ① bumpy; rough ② move with difficulty (of vehicles) ③ down on one's luck; frustrated; disappointed
kànkè* 看客 N. watcher; onlooker M: [2]*wèi*
kǎnkěbùyù 坎坷不遇 F.E. have met with many difficulties but few opportunities
kǎnkēng 坎坑 N. pit in the ground
kǎnkěyīshēng 坎坷一生 F.E. lifetime of frustrations
kànlai 看来 V.P. it seems; it looks as if
kǎnlǎn 坎壈[-壈] V.P. <wr.> meeting hard luck; full of frustrations
kānliáng 勘量 V. survey
kàn liǎnsè 看脸色 V.O. ① depend on another's favor ② observe facial expressions ♦V.P. that depends on how sb. reacts
kàn liǎnzi 看脸子 <coll.> *See kàn liǎnsè*
kànlín 瞰临[-臨] V. overlook; watch from above
kānlínrén 看林人 N. forester M: [2]*wèi*
kànlòu 看漏 V. overlook; neglect
kānluàn 戡/勘乱[-亂] V.O. suppress rebellion
kānluànpíngfǎn 戡乱平反[-亂--] F.E. put down a rebellion
kānluàn shíqī 戡乱时期[-亂時-] N. period of rebellion suppression
kānluò 刊落 V. ① <wr.> strike out; delete ② <print.> drop words/lines
kānmǎ 看马 V.O. tend horses; look after horses
kànmài 看脉[-脈] V.O. ① take pulse ② consult doctor (esp. of trad. med.)
kàn méiyǎn 看眉眼 V.O. depend on sb. else's favor
kānmén(r) 看门(儿) V.O. ① guard door ② look after the house ♦N. door/gate keeper; watchman M: [2]*wèi*
kānméngǒu 看门狗 N. ① watchdog ② agent for a landlord/etc. M: [1]*tiáo*/[2]*zhī*
kàn miànzi 看面子 V.O. for sake of sb.'s face
kàn míngbai 看明白 R.V. understand (by watching/reading)
kānmiù 勘谬 V.O. <print.> correct errors
kānmiùbǔquē 刊谬补缺[--補-] F.E. errata and supplements
kànnìle 看腻了 <coll.> V.P. be sick of seeing/reading
kānniú 看牛 V.O. herd or take care of cattle ♦N. cowherd M: [2]*wèi*
kǎnóng 卡农[-農] N. <mus.> canon
kānpíng 戡平 V. <wr.> bring order by force
kànpò 看破 R.V. ① see through sth. ② be resigned to what is inevitable
kànpòhóngchén 看破红尘[-塵] F.E. <Budd.> see through the vanity of life (and become monk/nun)
kǎnqí 砍旗 V.O. ① fell a banner ② <PRC> oppose Mao Zedong Thought (during the Cultural Revolution)
kànqí* 看齐[-齊] R.V. ① dress; arrange in a line ② keep up with; emulate ***Xiàngyòu ~!*** Face right!
kànqǐ 看起 R.V. treat with respect
kàn qilai 看起来 V.P. It seems (or appears); It looks as if
kānqīng 看青 V.O. keep watch over ripening grain
[1]**kànqīng*** 看清 R.V. distinguish ***Guāngxiàn tài àn, kànbuqīng.*** The light (coming in) is too dim to see clearly. ***Nǐ ~ tā de qìtú le ma?*** Do you realize his intention?
[2]**kànqīng** 看轻[-輕] V. underestimate; look down upon ***Bié ~ tā de zuòyong.*** Don't underestimate her role.
kàn qīngchǔ 看清楚 R.V. see clearly
kānqīngde 看青的 N. <coll.> guardian of growing grain
kàn qíngkuàng 看情况[-況] V.P. depending on circumstances
kàn qíngmiàn 看情面 V.O. do favor (for saving sb.'s face)
kānqīngr 看青儿 V.O. <topo.> watch field crops for sb.
kàn qíngxíng 看情形 F.E. (it) depends on circumstances ♦V.O. decide depending on circumstances
kǎnqù* 砍去 R.V. cut off/away from
kànqu 看去 V.P. look likely; most probably
kànqǔ 看取 V.P. Let's see. . .
kǎnr 坎儿 N. ① ruggedness of the road ② uneven surface ③ <coll.> ⓐ barrier; obstacle ⓑ inexorable doom ⓒ code; enigmatic language M: [2]*dào*/*ge*
kǎnrán 欿然 V.P. ① dissatisfied; discontented ② without elation
kǎnrén 砍人 V.O. <slang> exploit a person; take unfair advantage of a person
kànrén* 看人 V.O. ① follow sb. else's lead ② consider sb.'s status ③ it depends on the person
kàn rènao 看热闹[-熱鬧] V.O. ① go where crowds are (for fun/excitement) ② watch other's failure with secret delight
kànrénméijié 看人眉睫 F.E. be subservient as a yes-man
kànrén shuōhuà 看人说话 V.P. tailor one's words to the person addressed
kànrén xiàcài 看人下菜 V.P. be snobbish
kànrén xiàcàidiér 看人下菜碟儿 V.P. be snobbish
kànrénxíngshì 看人行事 F.E. treat people differently according to preferment
kānrèn zhòngzhí 堪任重职[-職] V.P. be worthy to fill an important post
kànrénzuìliǎn 看人嘴脸 F.E. live on another's favor
kǎnrjǐng 坎儿井 N. <loan> karez (irrigation system based on connected wells) M: [1]*yǎn*
kǎnrù 坎入 N. <lg.> embedding
Kānsàsī 堪萨斯[-薩-] P.W. Kansas
kǎnshā 砍杀[-殺] V. hack to death; hack and kill
kǎnshān 侃山 V.O. <slang> ① shoot the breeze ② brag; boast
kǎnshāng 砍伤[-傷] V. wound by hacking or cutting; slash; gash; slit
kànshang* 看上 R.V. take fancy to; settle on; favor; be satisfied with
kànshànglái 看上来 V.P. it seems; it looks as if
kànshangqu 看上去 V.P. it seems; it looks as if
kànshāwèijiè 看杀卫玠[-殺衛-] F.E. greatly admire a handsome young man
kàn shēnlùr 看深路儿 V.O. <topo.> size up a situation; see how the land lies
kànshì 看视 V. look at steadily; gaze
kàn shí róngyì zuò shí nán 看时容易做时难[-時---時難] V.P. It is easy to look at sb. else doing the job, but difficult when one starts to do it oneself.
kànshìxíngshì 看事行事 F.E. act/react according to the situation; be flexible
kànshìzuòshì 看事做事 F.E. take appropriate actions as the situation warrants
kānshǒu* 看守 V. ① watch; guard ② detain ♦N. turnkey; warder M: [2]*wèi*
kānshòu 刊授 V. teach by newspaper/magazine ♦N. correspondence course ~ ***dàxué*** correspondence university ~ ***xuéxiào*** correspondence school
kànshóu 看熟 V. be familiar with (because of seeing often)
kānshòu dàxué 刊授大学 N. correspondence-course university
kānshǒu nèigé 看守内阁 N. caretaker cabinet
kānshǒusuǒ 看守所 P.W. lockup for prisoners awaiting trial; house of detention M: [1]*jiān*
kàn shǒuxiàng 看手相 V.O. practice palmistry
kānshǒuzhǎng 看守长 N. warden M: [2]*wèi*
kānshǒuzhě 看守者 N. gate keeper; warden M: [2]*wèi*
kānshǒu zhèngfǔ 看守政府 N. caretaker government
kànshū 看书[-書] V.O. ① read a book ② study

K

kànshūrùmí 看书入迷[-書--] V.P. be rapt in a book
kǎnsǐ 砍死 R.V. hack to death
kànsǐ* 看死 V.P. ① take a static view of people; form an unchangeable opinion of a person ② see things in a rigid way; have a conservative outlook
kànsì 看似 V. look like; look as if
kāntái 看台[-臺] V.O. look after a platform/stage/station ***See also kàntái***
kàntái* 看台[-臺] N. bleachers; stand/deck for observers/spectators; grandstand M: [4]*zuò* ***See also kāntái***
kāntàn 勘探 V. explore; prospect
kāntàn dìzhènxué 勘探地震学 N. exploration seismology
kāntànduì 勘探队[-隊] N. exploration/prospecting team/group M: [4]*zhī*
kàntiāntián 看天田 N. paddies without dependable irrigation water M: [2]*kuài*
kāntóu 刊头 N. masthead
kǎntóu 砍头 V.O. behead
kàntou(r)* 看头(儿) N. <*coll.*> sth. worth seeing/reading
kàntòu 看透 R.V. ① see through (trick, conspiracy, etc.) ② understand thoroughly ③ be resigned to what is inevitable
kǎntóuchuāng 砍头疮[-瘡] N. carbuncle on the neck
kǎntǔmàn 坎土曼 N. kind of mattock used by the Uygurs (Uyghurs) M: [1]*bǎ*
kàntú shízì 看图识字[-圖識-] V.P. learn to read with aid of pictures
kǎnwā 砍挖 V. ① chop and dig ② harvest a crop ③ cut down landlords and dig out their wealth
kànwán 看完 R.V. finish reading/watching
[1]**kànwàng** 看望 V. call on; visit; see
[2]**kànwàng** 看旺 V. be expected to be a best seller
[3]**kànwàng** 瞰望 V. overlook; observe from above
[1]**kānwù** 刊物 N. publication; periodical M: [1]*běn*
[2]**kānwù** 勘/刊误 V.O. <*print.*> correct errors
kānwùbiǎo 勘/刊误表 N. errata; corrigenda M: [1]*zhāng*
kànxì 看戏[-戲] V.O. watch a play
kǎnxià* 砍下 R.V. cut off
kànxià 看下 R.V. look down
kǎn xiàlai 砍下来 R.V. chop or cut down
kànxiàng 看相 V.O. ① practice physiognomy ② visit a physiognomist or fortuneteller
kàn xiàohua(r) 看笑话(儿) V.O. watch the fun; have good laugh at
kàn xiàqu 看下去 R.V. keep looking down to(ward) the bottom
kānxíng* 刊行 V. print and publish
kǎnxīng 侃星 <*coll.*> N. a great boaster M: [2]*wèi*
kàn xīyángjìng 看西洋镜 <*coll.*> V.O. get a glimpse into sb.'s personal life/secrets
kǎnxué 坎穴 N. cave; underground hole M: [1]*yǎn*
kānyā 看押 V. take into custody; detain
kānyàn 勘验 V. examine on the spot (of judicial workers); hold an inquest ♦N. inquisition
kānyáng 看羊 V.O. shepherd
kànyàng(r)* 看样(儿)[-樣-] V.O. it seems; it looks as if
kānyáng de 看羊的 N. shepherd M: [2]*wèi*
kànyàngzi 看样子[-樣-] V.O. it seems; it looks as if
kàn yǎnsè 看眼色 V.O. ready to take a hint
kǎnyé 侃爷[-爺] N. windbag M: [2]*wèi*
kānyí 戡夷 V.O. subdue barbarian tribes
kànyīkàn 看一看 V.P. take a look
kānyìn 刊印 V. ① publish; print for publication; compose and print ② cut blocks and print
kānyǐng 龛影 N. niche; shrine
kàn yīshēng 看医生[-醫-] V.O. see a doctor; consult a doctor
kānyǐwěirèn 堪以委任 F.E. be suitable for appointment to a post
kānyòng 堪用 V.P. good enough for use; usable
kānyōu 堪忧[-憂] V.P. <*wr.*> be worth serious consideration
[1]**kānyú** 堪舆 N. <*wr.*> ① geomancy ② professional geomancer ③ heaven and earth
[2]**kānyú** 堪虞 V.P. precarious; distressing; dangerous
kānyújiā 堪舆家 N. professional geomancer M: [2]*wèi*
kānzāi 勘灾[-災] V.O. inspect a disaster area
kānzǎi 刊载 V. publish (in newspaper/magazine)
kān zài 刊在 V.P. publish in (newspapers/journals/books/etc.)
kànzài* 看在 V.P. ① see; witness ~ ***yǎnlǐ, jìzài xīnli.*** Memorize after seeing sth. ② be for the sake of . . . ~ ***nǐ bà de miànzi shàng, wǒ yuánliàng nǐ.*** For the sake of your father's face, I forgive you.
kànzài xīnli 看在心里[-裡] V.P. make a mental note of. . .
kànzài yǎn lǐ 看在眼里[-裡] V.P. notice/watch. . .out of the corner of one's eye
kǎnzáqì 砍砸器 N. <*archeo.*> chopper; chopping tool
kànzhǎng 看涨 V.P. look to price rise (in market)
kànzhǎng gǔpiào 看涨股票 N. long-term gain stock
kànzháo 看着[-著] V.P. see
kànzhe bàn 看着办[-著辦] V.P. size up a situation and act accordingly; do as one sees fit
kānzhèng 勘/刊正 V. proofread and correct
kànzheyǎnchán 看着眼馋[-著-饞] F.E. give a wistful look
kǎnzhí 侃直 S.V. resolute and honest
kànzhí* 看直 V. gaze at; fix one's eyes on
[1]**kànzhòng** 看中 R.V. ① take a fancy to; settle on ② choose
[2]**kànzhòng** 看重 V. value; set store by
kànzhuàn 看赚 V.P. appear to be profitable (of business)
kànzhūchéngbì 看朱成碧 F.E. be dazzled/confused
kànzhǔn 看准[-準] R.V. ① aim at. ② be certain (about sth.)
kǎnzi 坎子 N. point/area higher than surrounding ground; mound; rise M: [2]*dào*
kǎnzilǐ(r) 坎子礼(儿)[--禮-] N. <*topo.*> secret recognition signals
kān zǒuyǎn 看走眼 V.P. see/view/identify mistakenly
kànzú 看足 R.V. see enough
[1]**kànzuò** 看做/作 V.P. look upon as; regard as ***Tā bǎ nǐ ~ péngyou.*** He considers you a friend.
[2]**kànzuò** 看座 V.O. <*trad.*> find a seat for the guest (said to a servant/waiter/etc.)
kānzuòrde 看座儿的 N. steward in a Chinese opera theater M: [2]*wèi*
kāo 尻 B.F. rump; buttocks ***kāogǔ, yāokāotòng***
[1]**kǎo** 考 V. ① give/take test ***Wǒmen yào ~ tāmen de Zhōngwén.*** We'll examine their Chinese. ② check; inspect ③ study; investigate; verify ♦N. one's deceased father
[2]**kǎo** 烤 V. ① bake; roast; toast ② warm (hands/feet) near fire
[3]**kǎo** 拷 B.F. ① corporal punishment; torture ***kǎodǎ*** ② copy <*English loan*> ***kǎobèi*** ♦V. copy
[4]**kǎo** 栲 B.F. varnish tree; mangrove ***kǎolǎo, kǎoshù***
[1]**kào*** 靠 V. ① lean against ② keep to; get near; come up to ③ near; by ④ depend/rely on ♦N. make-believe armor
[2]**kào** 铐[銬] V. handcuff ***bǎ fànrén ~ qǐlai*** handcuff the prisoner ♦B.F. handcuffs ***shǒukào***
[3]**kào** 犒 B.F. fete ***kàojūn***
kào'àn 靠岸 V.O. pull/draw into shore
kàobǎ 靠把 N. <*thea.*> make-believe armor
kàobàng 靠傍 V. depend/rely on
kǎobèi* 拷贝 N. <*loan*> copy M: [1]*fèn*; [1]*zhāng*
kàobèi 靠背 N. ① back of a chair M: [1]*bǎ* ② <*opera*> make-believe armor
kàobèi'érzuò 靠背而坐 F.E. sit back-to-back with sb.
kàobèilún 靠背轮 N. <*mach.*> clutch
kàobèiyǐ 靠背椅 N. high-back chair M: [1]*bǎ*
kǎobèizhǐ 拷贝纸 N. copy (or copying) paper M: [1]*zhāng*
kǎobǐ 考妣 N. deceased father and mother
kǎobiān 拷边[-邊] V.O. hem (a skirt/dress); lockstitch a hem
kàobiān(r)* 靠边(儿)[-邊-] V.O. ① keep to one's side; step aside ② side with; favor ③ be pretty near the truth ④ be near the edge of ⑤ be deprived of authority
kàobiān zhàn 靠边站[-邊-] V.P. stand/step aside
kàobó 靠泊 V. anchor along shore
kàobude 靠不得 R.V. ① can't rely on ② can't lean against
kǎobuqǔ 考不取 R.V. fail in an examination (for admission to a school/employment/etc.)
kǎobushàng 考不上 R.V. can't pass an admission exam
kǎobuzhòng 考不中 R.V. can't pass an admission exam
kàobuzhù 靠不住 S.V. unreliable; undependable
[1]**kǎochá** 考察 V. ① inspect; make on-the-spot investigation ② observe and study
[2]**kǎochá** 考查 V. examine; check
kǎocháduì 考察队[-隊] N. investigation team M: [4]*zhī*
kǎochǎng 考场[-場] N. examination hall/room
kàochángr 靠常儿 S.V. ① last long; be durable ② keep on for a long time ♦ADV. ① directly; straightly ② constantly; often
kǎochátuán 考察团[-團] N. ① commission of inquiry ② field-study group
kǎocházhě 考察者 N. observer M: [2]*wèi*
kǎocházǔ 考查组 N. study/investigation group
kǎochéng 考成 V.O. check the work of subordinates at fixed times
kǎochóu 拷绸 N. gambiered Guangdong silk
kǎodǎ 拷打 V. flog; beat; torture a (prisoner)
kǎo dàxué 考大学 V.O. take the university entrance examination
kàodezhù 靠得住 R.V. be reliable; trustworthy
kǎodiǎn(r) 考点(儿)[-點-] N. examination place
kǎodiàn 烤电[-電] <*med.*> V.O. treat with heat ♦N. diathermy
kàodiàn(r)* 靠垫(儿)[-墊-] N. cushion; back cushion
kǎodìng 考订 V. ① examine and correct ② do textual research ♦ATTR. established
kǎofēn(r) 考分(儿) N. examination grade
kǎofū 烤麸[-麩] N. red-cooked deep-fried bran dough
kǎogān 烤干[-乾] R.V. roast dry
kàogǎng 靠港 V.O. reach port; touch at a port
kàogěi 靠给 V.P. <*topo.*> depend on; rely on
kǎogōng 考工 V.O. test workers on their special knowledge and technical ability
kāogǔ 尻骨 N. coccyx
kǎogǔ* 考古 V.O. engage in archeological studies ♦N. archeology
kǎoguān 考官 N. examination officer; examiner M: [2]*wèi*
kǎogǔ shǔxìng 考古属性[--屬-] N. <*archeo.*> archeological classification
kǎogǔ tànxiǎnduì 考古探险队[-隊] N. archeological exploring team
kǎogǔtí 考古题 N. a topic dealing with archeology M: [2]*dào*
kǎogǔxué 考古学 N. archeology
kǎogǔxuéjiā 考古学家 N. archeologist M: [2]*wèi*
kǎogǔxué wénhuà 考古学文化 N. <*archeo.*> archeological cultures
kàohǎichīhǎi 靠海吃海 F.E. those living near the sea live off the sea
kǎohé 考核 V. examine; check; assess (sb.'s proficiency)
kǎohé zhìdù 考核制度 N. examination system
kàohòu(r) 靠后(儿)[-後-] V.O. be in the rear
kǎohú 烤糊 V. burn by over-toasting/roasting
[1]**kǎohuā** 拷花 N. <*txtl.*> embossing

[2]**kǎohuā** 烤花 ATTR. fired-on (addition to ceramics/etc.)
kǎohuābù 拷花布 N. <*txtl.*> embossed cloth M: [1]*pǐ*
kǎohuáng 烤黄 V. brown
kǎohuǒ 烤火 V.O. warm oneself by the fire
kǎohuǒfèi 烤火费 N. heating subsidy M: [2]*bǐ*
kǎojī 烤鸡[-雞] N. roast chicken M: [2]*zhī*
kǎojì* 考绩 V.O. check achievement ♦N. ① merit ② grade; mark; score
kàojǐ 靠己 N. <*coll.*> intimate friend
kǎojià 烤架 N. grill M: [4]*zuò*
kàojiǎng 靠耩 V. extend the sowing area (by plowing the edges of the field)
[1]**kǎojiāo*** 烤焦 R.V. burn by over toasting/roasting
[2]**kǎojiāo** 栲胶[-膠] N. tannin extract
kǎojiào 考较 V. examine/check closely (to verify/etc.)
kǎojìn 考进[-進] R.V. be admitted by passing the examinations
kàojìn* 靠近 V. ① be nearby; be close to ② draw near; approach
kǎojiu 考究 V. ① investigate carefully ② be fastidious/particular (about) ***Tā xiězuò hěn ~ wénzì.*** He pays fastidious attention to style in his writing. ♦S.V. tasteful; elegant
kǎojù 考据[-據] N./V. (do) textual research M: [1]*tiáo*
kǎojuàn(r) 考卷(儿) N. examination paper M: [1]*fèn*
kàojūn 犒军 V.O. entertain/welcome troops
kǎojùpǐ 考据癖[-據-] N. extraordinary fondness for textual studies
kǎojùxué 考据学[-據-] N. textual criticism
kǎokè 考课 V.O. assess the service of an official
kǎolán 烤蓝[-藍] N. enamel
kǎolǎo 栲栳 N. wicker basket
kàolao* 犒劳[-勞] N./V. ① reward with food and drink ② comfort; soothe
kǎoliáng 考量 V. ① inspect and judge ② consider and discuss
kàoliào 铐镣 N. shackles M: [1]*fù*
kàolǒng 靠拢 V. ① draw close; close up ② sit/stand closer ③ shift allegiance
kàolóu 靠耧[-耬] V. extend the sowing area (by plowing the edges of the field)
kǎolú 烤炉[-爐] N. oven M: [2]*zhī*
kǎolǜ 考虑[-慮] V. think over; consider ***Nǐ ~ yīxià zài dáfù wǒ.*** Think it over before you give me an answer.
kǎolǜ dào 考虑到[-慮-] R.V. take into consideration
kǎolüè 拷掠 V. <*wr.*> flog; beat; torture
kǎolǜqiànzhōu 考虑欠周[-慮--] F.E. lack of thorough consideration
kǎomiànbāo 烤面包[-麵-] N. toast
kǎomiànbāojī 烤面包机[-麵--] N. ① toaster ② bread-baking oven
kàomó 靠模 N. profiling; modeling
kàopánr 靠盘儿[-盤-] V.P. <*topo.*> quite true; reasonable
kǎopíng 考评 V. ① test and assess ② evaluate
kǎoqī* 考期 N. date of an examination
kàoqí 靠旗 N. <*opera*> general's triangular flag
kǎoqín 考勤 V.O. check on work attendance
kǎoqínbù 考勤簿 N. attendance record M: [1]*běn*
kǎoqínzhōng 考勤钟[-鐘] N. time clock M: [4]*zuò*
kǎoqiú 考求 V. study (causes/conditions/etc.)
kǎoqū* 考区[-區] P.W. examination area/space
kǎoqǔ 考取 V. pass an entrance examination
kǎorè 烤热[-熱] R.V. heat near a fire
kǎorèn 考任 V.O. appoint/engage sb. through examination
kǎoròu 烤肉 V.O./N. roast; barbecue meat
kǎoròuchā 烤肉叉 N. spit; skewer M: [1]*bǎ*
kǎoròuchuàn(r) 烤肉串(儿) N. kabob
kǎorù 考入 V.P. gain admittance by examination
kǎorǔzhū 烤乳猪[-豬] N. roast sucking pig M: [2]*zhī*
kǎoshā 拷纱 N. gambiered Guangdong gauze
kàoshan(r) 靠山(儿) N. ① backer; patron ② backing
kàoshān* 靠山 N. ① backer; patron ② backing ♦V.O. be close to a mountain
kàoshānbàngshuǐ 靠山傍水 F.E. with the hill at the back and overlooking the river/sea
kàoshānchīshān 靠山吃山 F.E. those living on a mountain live off the mountain
kǎoshang 考上 R.V. pass an entrance examination
kàoshǎng* 犒赏 N./V. reward with money/gifts
kàoshǎngsānjūn 犒赏三军 F.E. reward the troops
kǎoshēng 考生 N. examinee M: [2]*wèi*
[1]**kǎoshì*** 考试 N./V.O. examination; test
[2]**kǎoshì** 考释[-釋] V./N. make philological studies of ancient texts
kàoshī 犒师[-師] V.O. <*wr.*> reward the army with food and drink
kàoshí 靠实[-實] ADV. <*topo.*> indeed; really ♦S.V. <*topo.*> ① dependable; reliable; trustworthy ② feel relieved; be at ease
kǎoshìjuàn(r/zi) 考试卷(儿/子) N. answer-sheet of exam M: [1]*zhāng*
Kǎoshìyuàn 考试院 P.W. <*TW*> Examination Yuan
kǎoshì yuànzhǎng 考试院长 N. <*TW*> minister of Examination Yuan
kǎoshóu 烤熟 R.V. toast; roast
kǎoshǒu 烤手 V.O. warm one's hands at fire
kàoshǒu* 靠手 N. armrest M: [1]*bǎ*
kǎoshū* 考书[-書] V.O. examine on books studied
kǎoshù 栲树[-樹] N. evergreen chinquapin M: [2]*kē*
kǎotí 考题 N. examination questions/paper M: [2]*dào*
kàotiān 靠天 V.O. entrust one's fate to heaven
kàotiān chīfàn 靠天吃饭 V.P. ① live at the mercy of the elements ② scrounge for food
kàotou(r) 靠头(儿) N. <*coll.*> ① backing; support ② sth./sb. to fall back on
kǎowán 考完 R.V. finish an examination
[1]**kǎowèn** 考问 V. examine orally; question
[2]**kǎowèn** 拷问 V. interrogate with torture ♦N. third degree
kǎoxiàn 考献[-獻] N. reference document/literature
kǎoxiāng 烤箱 N. oven
kǎoxiǎozhū 烤小猪[-豬] N. roasted whole piglet M: [2]*zhī*
kǎoxuǎn 考选[-選] V. select by examination
kǎo xuéxiào 考学校 V.O. take a school entrance examination
kǎoxùn 拷讯 V. interrogate with torture
kǎoyā(zi) 烤鸭(子) V.O./N. ① roast duck ② Peking duck M: [2]*zhī*
kǎoyādiàn 烤鸭店 P.W. roast-duck restaurant M: [1]*jiā*
kǎoyān 烤烟[-煙] N. flue-cured tobacco M: *kǔn*
kǎoyàn* 考验 N./V. test; trial
kǎo yángròuchuàn 烤羊肉串 N. roast mutton cubes; shish kebab
kǎoyànguān 考验官 N. probation officer M: [2]*wèi*
kǎoyànjú 考验局 P.W. probation office
kǎoyì 考异[-異] V.O. collate variants in textual research
kàoyǐ* 靠椅 N. easy chair; lounge; arm-chair M: [1]*bǎ*
kǎoyǔ 考语 N. comments based on inspection/examination
kàozài 靠在 V.P. lean against/on
kàozhe 靠着[-著] V.P. <*topo.*> cohabit; live with illicitly
kàozhěn 靠枕 N. back cushion/pillow M: [2]*zhī*
kǎozhèng 考证[-證] V. ① try to verify a point ② do textual research ♦N. textual criticism M: [1]*piān*
kǎozhèngxué 考证学[-證-] N. evidential learning
kǎozhōng 考终 V. die a natural death at an advanced age
kǎozhòng* 考中 R.V. pass an examination
kào zhōngdiǎn 靠钟点[-鐘點] V.O. loaf on the job
kàozhù 靠住 R.V. lean on/against
kǎozhùle 考住了 V.P. stump
kàozhǔn 靠准[-準] S.V. <*topo.*> reliable; dependable; trustworthy
kàozhǔnr 靠准儿[-準-] S.V. <*coll.*> quite likely; maybe
[1]**kàozi** 靠子 N. support; prop; rest
[2]**kàozi** 铐子 N. handcuffs M: [1]*fù*
kào zǒuláng zuòwèi 靠走廊坐位 N. aisle seat M: [1]*zhāng*
kǎpiàn 卡片 N. card M: [1]*zhāng*
kǎpiàndié 卡片叠[-疊] N. a deck of cards
kǎpiàn fēnlèijī 卡片分类机[---類-] N. card-sorter M: [1]*tái*
kǎpiànguì 卡片柜[-櫃] N. file cabinet
kǎpiànshì fēnlèizhàng 卡片式分类帐[----類-] N. <*acct.*> card ledger
kǎpiàn suǒyǐn 卡片索引 N. card index
kǎqí 卡其 ATTR. <*loan*> khaki
kǎqián 卡钳 N. calipers M: [1]*bǎ*
kǎqíbù 卡其布 N. <*loan*> khaki cloth
kāqiūshā 喀秋莎 N. <*loan/mil.*> Katyusha
kārǎng 喀嚷 V. <*topo.*> make an uproar; bawl; brawl
kǎ rén bózi 卡人脖子 V.P. strangle/take someone by the neck
kǎshàng 卡上 R.V. ① obstruct; prevent from going through ② bolt; lock **See also** *qiǎshàng*
kǎshì 卡式 ATTR. cassette-type ♦ATTR. card-operated
kǎshì diànhuà 卡式电话[--電-] N. card-operated telephone
kǎshì lùfàngyǐngjī 卡式录放影机[--錄---] N. videocassette recorder
kǎshì lùxiàngdài 卡式录像带[--錄-帶] N. video cassette
kǎshì lùyǐngdài 卡式录影带[--錄-帶] N. video cartridge; video cassette
kǎshì lùyīnjī 卡式录音机[--錄--] N. cassette tape recorder
kǎshì yīnyuèdài 卡式音乐带[-樂帶] N. music cassette
kāsītè 喀斯特 N. <*loan/geol.*> karst
kǎtā 卡他 N. <*loan/med.*> catarrh
Kǎtǎ'ěr 卡塔尔 P.W. Qatar
kǎtán 咯痰 V.O. cough up phlegm
kǎtè'ěr 卡特尔 N. <*econ./ loan*> cartel
kǎtōng 卡通 N. <*loan*> cartoon M: [2]*bù*; [1]*zhāng*
kǎtōng yǐngpiàn 卡通影片 N. <*loan*> cartoon movie M: [2]*bù*
kǎtóu 卡头 V.O. <*coll.*> throttle to death
kǎxiě 咯血 V.O. spit blood
kāyóu 揩油 <*coll.*> V.O. take advantage of sb.
kǎzhǐ 卡纸 N. cardboard M: [1]*zhāng*
kǎzhù 卡住 R.V. ① jam; clog; choke ② clutch; catch hold of **See also** *qiǎzhù*
[1]**kǎzuò** 卡座 N. ① carrel ② seat in a restaurant
[2]**kǎzuò** 咔唑 N. <*chem.*> carbazole
[1]**kē*** 颗[顆] M. *of things small and roundish* ♦B.F. grain; small round object [1]***kēlì***
[2]**kē(r)** 棵(儿)[-(兒)] M. *for trees/cabbages/etc.* ♦N. ① size (of plants) ② <*slang*> one hundred yuan (RMB)
[3]**kē** 科 B.F. branch of study ***wénkē*** ♦N. ① administrative section ② <*bio.*> family (in biological taxonomy) ③ <*thea.*> stage directions ④ rules; laws ♦V. mete out (punishment); levy (taxes/etc.); fine sb.
[4]**kē** 磕 V. ① knock (against sth. hard) ② knock sth. out of sth. ③ <*slang*> ⓐ stand up to ⓑ go all out
[5]**kē** 苛 B.F. severe; exacting ***kēkè***
[6]**kē** 颏[頦] B.F. chin ***xiàbakē*** **See also** [3]*ké*
[7]**kē** 窠 N. nest; burrow
[8]**kē** 柯 B.F. branch ***zhīkē*** ♦N. Surname ♦*used in transcriptions in* ***gǔkējiǎn***

[9]kē 嗑 B.F. talk; gab **làokē** ***See also*** [5]kè
[10]kē 珂 B.F. a jade-like stone [2]**kēlí, kēfēn**
[11]kē 疴[痾] B.F. illness **chénkē**
[12]kē 轲[軻] B.F. axletree **kē'é** ♦*used in names* in **Mèng Kē, Jīng Kē** ***See also*** [4]kě
[13]kē 坷 in **kēla** ***See also*** [3]kě
[14]kē 瞌 in **kēshuì, dǎ kēshuì**
[15]kē 稞 in **kēmài, qīngkē**
[16]kē 蝌 in **kēdǒu**
[17]kē 匼 in **kēzā, Kēhé Wénhuà**
[18]kē 砢 in [1]**kēchen**
[19]kē 钶[鈳] N. <chem.> columbium
[20]kē 髁 N. <phys.> condyle
[1]ké(r) 壳(儿)[殼(兒)] N. ① shell ② housing; casing; case ***See also*** [3]qiào
[2]ké 咳 V. cough ***See also*** [1]hāi
[3]ké 颏[頦] B.F. throat (of a bird) **hóngdiǎnké, lándiǎnké** ***See also*** [6]kē
[1]kě 渴 S.V. thirsty
[2]kě 可 V. ① can; may ② need ③ be worth; be worthy of ④ approve ⑤ fit; suit ⑥ be estimated at ♦CONJ. but; yet ♦PREF. able ♦ADV. ① in contrast to before ***Zhè huí nǐ ~ cāizhòng le.*** This time you've guessed right. ② actually; on the contrary ***Wǒ ~ méi qù.*** Actually, I didn't go. ***Zhè ~ bù shì nàozhe wánr de.*** This is no joke. ③ <coll.> all; entire; full; throughout ***~ yī jiē*** the entire street ♦CONS. ***~ A ~ B*** sometimes A, sometimes B; either A or B (where AB forms an antithetical expression) ***~zuǒ~yòu*** either left or right ***See also*** [10]kè
[3]kě 坷 in **kǎnkě** ***See also*** [13]kē
[4]kě 轲[軻] in **kǎnkě** ***See also*** [12]kē
[1]kè 课[課] N. ①subject; course; class ②suboffice ③ session of divination ♦M. lesson ♦B.F. tax **kèshuì**
[2]kè 刻 V. ① carve; engrave; cut ② set a time ♦M. ① quarter of an hour ② moment ③ edition ♦B.F. ① edition **kèshū** ② mean; petty **kèbó**
[3]kè 客 N. visitor; guest ♦B.F. ①traveler; passenger **lǚkè** ②traveling merchant **kèshāng** ③customer **gùkè** ④ person engaged in a particular pursuit [1]**jiànkè** ⑤ settle/live in a strange place; be a stranger **kèjū** ⑥ objective [1]**kèguān**
[4]kè 克[剋/尅] B.F. ① overcome **kèfú** ② subdue; capture (city/etc.) [2]**gōngkè** ③ restrain **kèjǐ** ④ digest [2]**kèshí** ⑤ set a time limit [1]**kèqī** ⑥ can; be able to ♦V. <coll.> bully ♦M. gram ***See also*** kēi
[5]kè 嗑 V. crack sth. between the teeth ***See also*** [9]kē
[6]kè 氪 N. <chem.> krypton
[7]kè 恪 B.F. respectful; reverential [2]**kèqín**, [2]**qiánkè**
[8]kè 溘 B.F. sudden [2]**kèkè, kèrán**
[9]kè 骒[騍] B.F. mare; female horse/ mule **kèmǎ**
[10]kè 可 in **kèhán** ***See also*** [2]kě
[11]kè 缂[緙] in [1]**kèsī, kèxiù**
[12]kè 锞[錁] in **kèzi**
kě'āi 可哀 S.V. pity; sorrowful
[1]**kě'ài*** 可爱[-愛] S.V. lovable; likable; lovely
[2]**kě'ài** 渴爱[-愛] V. adore
kè'ān 刻安 F.E. <wr.> Peace be with you now.
kēba 磕巴 S.V. stutter; stammer
kēbái 科白 N. <opera> dialogue parts
kēbān 科班 N. ① trad. opera school ② professional training
kěbàn 可办[-辦] S.V. can be done; doable
[1]**kèbǎn*** 刻板 V.O. cut blocks for printing ♦ATTR. ①mechanical; stiff; inflexible ②dull, stereotyped
[2]**kèbǎn** 刻版 V.O. cut blocks for printing
kēbānchūshēn 科班出身 F.E. be a professional by training
kèbāng 客帮[-幫] N. <trad.> ① association of merchants working abroad ② peddlers thronging in from outside the district ③ merchants traveling in a group/caravan
kèbǎn yìnshuā 刻版印刷 N. block printing
kěbǎo 可保 S.V. insurable
kěbǎo jiàzhí 可保价值[--價-] <com.> N. insurable value
kěbēi 可悲 S.V. lamentable
kěbēi kěxiào 可悲可笑 V.P. both pitiable and ridiculous
kěbēi kězhòu 可悲可咒 V.P. pitiable and execrable
kě bèi yǐnyòng 可被引用 V.P. quotable
[1]**kèběn(r)** 课本(儿) N. textbook M: [1]běn
[2]**kèběn** 刻本 N. block-printed edition M: [1]běn
[1]**kěbǐ** 可比 ATTR. <math.> comparable aggregate
[2]**kěbǐ** 可鄙 S.V. despicable; mean
[3]**kěbǐ** 渴笔[-筆] N. landscape painting done with a dry brush
kěbiàn 可变[-變] ATTR. variable
kěbiàn chéngběn 可变成本[-變--] N. <com.> variable cost
kěbiàn chéngfen 可变成分[-變--] N. <lg.> variable
kěbiàn diànróngqì 可变电容器[-變電--] N. variable capacitor/condenser
kěbiàndòng biāozhǔn 可变动标准[-變動標準] N. variable standard
kěbiàndòng fèiyòng 可变动费用[-變動--] N. <com.> variable expenses
kěbiàndòng yùsuàn 可变动预算[-變動--] N. <com.> variable budget
kěbiàn fúhào 可变符号[-變-號] N. <lg.> variable symbol
kěbiàn guīzé 可变规则[-變--] N. variable rule
kěbiàn lǜguāngjìng 可变滤光镜[-變濾--] N. variable color filter
kěbiàn míngcí 可变名词[-變--] N. <lg.> variable noun
kèbiānrén 客边人[-邊-] N. new settler; outsider; temporary inhabitant M: [2]wèi
kěbiàn suǒshǔ guānxi 可变所属关系[-變-屬關係] N. <lg.> alienable possession
kěbiànxìng 可变性[-變-] N. variability; flexibility; mobility
kěbiàn zīběn 可变资本[-變--] N. <econ.> variable reserves/capital
kèbiǎo 课表 N. school/class schedule; syllabus M: [1]zhāng
kěbǐ chǎnpǐn 可比产品[--產-] N. comparable products
kěbǐ chéngxù jìsuànqì 可比程序计算器 N. programmable calculator
kēbié 科别 N. subject classification/category
kěbǐ jiàgé 可比价格[--價-] N. <econ.> fixed/constant price
kěbǐ jīngjì zhǐbiāo 可比经济指标[--經濟-標] N. comparable economic targets
kěbìng 渴病 N. diabetes
kěbǐ yīnshù 可比因数[-數] N. comparable factors
kěbǐ zhǐshù 可比指数[-數] N. comparative index
kèbó 刻薄 S.V. unkind; harsh; mean
kèbóguǎ'ēn 刻薄寡恩 F.E. treat harshly; rarely deal with generously
kèbóhua 刻薄话 N. mean words M: [2]fān/[1]jù
kěbu 可不 V.P. You're absolutely right!; Isn't that so?
kěbù* 可怖 S.V. horrible
kě bùdéliǎo 可不得了 V.P. What a mess!
kěbùgǎn 可不敢 F.E. <topo.> must be . . . ~ [1]**shì tùxuě** must be spitting up blood
kěbùkěyǐ 可不可以 V.P. Can?; May?
kèbùrónghuǎn 刻不容缓 F.E. without a second's delay; without wasting any time
kěbushì 可不是 F.E. ① to be sure it is; certainly is ② You don't say!
kěcǎi chǔliàng 可采储量 N. recoverable reserves (of petroleum)
kècāng 客舱[-艙] N. passenger cabin M: [1]jiān
kěcāozuǒquàn 可操左券 ID. be very likely to succeed
kěcè 可测 ATTR. measurable (process)
kěcéng 可曾 ADV. ever
kěcè xiàoyìng 可测效应[-應] N. measurable effect
kēchá 苛察 N. relentless faultfinding
kěchá* 可查 ATTR. having evidence or referent sources
kěchāi 可拆 ATTR. removable; detachable
kěchāi zhuāngzhì 可拆装置[--裝-] N. detachable device
kēchǎng 科场[-場] N. site of imperial examination
kèchǎng* 客场[-場] P.W. unfamiliar sports field
kèchāngjuéhòu 克昌厥后[-後] ID. <wr.> competent to promote posterity
kěchángkěduǎn 可长可短 V.P. changeable/collapsible/elastic in length
kēcháo 窠巢 N. nest of a bird
kèchē 客车 N. ①passenger train ②bus M: [3]liàng
[1]**kēchen** 砢碜[-磣] S.V. ① ugly; unsightly ② shabby ♦V. ridicule
[2]**kēchen** 苛忱 S.V. <topo.> disgraceful; odious; disreputable
kèchén* 客尘[-塵] N. ① the dust of travel ② <Budd.> contamination caused by contact with the world
[1]**kèchéng** 课程 N. course; curriculum M: mén
[2]**kèchéng** 刻成 V.P. carve/engrave into (certain shape/etc.)
kèchéng ānpái 课程安排 N. curriculum
kèchéng biānzhì 课程编制 N. curriculum development
kèchéngbiǎo 课程表 N. school/class timetable M: [1]zhāng
kèchéng biāozhǔn 课程标准[-標準] N. criterion for curriculum
kèchénglùn de 课程论的 ATTR. methodological
kèchéng mìdù 课程密度 N. course density
kèchéng ruǎnti 课程软体[-體] N. <lg.> courseware
kèchéng shèjì 课程设计 N. curriculum design; course
kěchéngzhījī 可乘之机 N. opportunities to exploit
kěchéngzhīxì 可乘之隙 N. openings to exploit
kěchénwànhú 渴尘万斛[-塵萬-] F.E. think of one deeply
kěchī 可吃 ATTR. edible
kěchǐ* 可耻[-恥] S.V. shameful; disgraceful
kěchíxù fāzhǎn 可持续发展[--續發-] N. sustainable development
kěchíxù zēngzhǎng 可持续增长[--續--] N. sustainable growth
kēchù 科处[-處] V. impose a punishment; pass a sentence
kèchū* 刻出 R.V. cut; carve
kèchuán 客船 N. passenger boat M: [1]sōu/[1]tiáo
kèchuàn(r)* 客串(儿) V. <thea.> ① perform (by amateurs) with professionals ② be a guest performer
kěchǔn 可蠢 S.V. <topo.> shameful; disgraceful
kēchǔ túxíng 科处徒刑[-處--] V.P. sentence to imprisonment
kècí 刻瓷 N. carved porcelain M: [2]jiàn
kècì* 客次 N. residence abroad
kěcuòxìng 可错性 N. fallibility
kēda* 磕打 V. knock sth. out of a vessel/container/etc.
Kēdá 柯达[-達] N. <loan> Kodak M: juǎn
Kē Dà 科大 AB. kējì dàxué university of science and technology
kědá 可达[-達] ATTR. attainable; accessible; within reach
kēdài 苛待 V. treat harshly
kědàiyīn 可待因 N. <pharm./loan> codeine
kědàkěxiǎo 可大可小 V.P. ① may be treated as major or minor ② flexible; elastic
kèdāng 克当[-當] V. be worthy of
kèdāngliàng 克当量[-當-] N. <chem.> gram equivalent
kèdāngyīmiàn 克当一面[-當--] F.E. have the qualifications to head up an office
kèdāo 刻刀 N. carving knife; burin; graver M: [1]bǎ
kēda yá(r) 磕打牙(儿) V.O. <coll.> gossip
kě de hěn 渴得很 V.P. very thirsty
kě de huāng 渴得慌 R.V. <coll.> be very thirsty

kēdì 科第 N. placement in imperial examinations
kèdí* 克敌[-敵] V.O. defeat/beat enemy
kèdì 客地 P.W. ① a place far away from home; an alien land ② a stranger
kèdiàn 客店 P.W. inn; hotel M: [1]jiā/[1]jiān
kědìsōng 可的松 N. <pharm./loan> cortisone M: [4]zhī
kèdízhìshèng 克敌制胜[-敵-勝] F.E. vanquish the enemy
kědǒngdù 可懂度 N. <lg.> ① intelligibility ② readability
kědòng guānjié 可动关节[-動關節] N. movable joint
kědòngxìng 可动性[-動-] N. movability; mobility
kēdǒu* 蝌蚪//科斗 N. tadpole M: [2]zhī/[1]tiáo
kédǒu 壳斗[殼-] See qiàodǒu
kēdǒuwén 蝌蚪//科斗文 N. tadpole-like Zhou characters
kědú* 可读[-讀] N. readability; comprehensibility
[1]**kèdú** 刻毒 S.V. venomous; spiteful
[2]**kèdú** 课读[-讀] V. <wr.> supervise a pupil's study
kèdù 刻度 N. graduated markings (on a vessel/instrument) M: [1]tiáo/[2]dào
[1]**kēduàn** 科断[-斷] V. pass sentence
[2]**kēduàn** 科段 N. the method of doing sth.
kěduànxìng 可锻性 N. <metal.> malleability; forgeability
kěduàn zhùtiě 可锻铸铁[-鑄鐵] N. <metal.> malleable (cast) iron
kèdùchǐ 刻度尺 N. graduated ruler M: [1]bǎ
kèduì 客队[-隊] N. visiting team M: [4]zhī
kěduìhuàn 可兑换[-換] ATTR. convertible
kěduìhuàn zhèngquàn 可兑换证券[--換證-] N. convertible bonds M: [1]zhǒng
kěduō kěshǎo 可多可少 V.P. the amount/quantity doesn't matter
kèdùpán 刻度盘[-盤] N. graduated disk; dial M: [1]zhāng
kèdùpíng 刻度瓶 N. graduated bottle
kědúxìng 可读性[-讀-] N. readability
kē'é 轲峨 V.P. lofty
kě'ér 可儿 N. charming/pretty girl
Kē'ěrkèzīzú 柯尔克孜族 N. Kirghiz ethnic minority (in Xinjiang)
kēfá* 苛罚 N. severe punishment
kēfǎ 苛法 N. harsh law M: [2]bù
kèfàn 客饭 N. ① meal specially prepared for visitors ② set meal; table d'hôte M: [1]cān/[1]fèn
kèfáng 客房 N. ① guest room ② hotel/motel room M: [1]jiān
kěfǎngxìng 可纺性 N. <txtl.> spinnability; weavability
kēfēn* 珂纷 N. shell white
kēfěn 珂粉 N. shell white
kěfēn 可分 ATTR. <lg.> separable
kěfēnděng de 可分等的 ATTR. <lg.> gradable
kěfēn děngjíxìng 可分等级性 N. <lg.> gradability
kěfēn fùhé dòngcí 可分复合动词[--複-動-] N. <lg.> separable compound verb
kěfēng 可风 A.T. exemplary
kěfēnlíxìng de 可分离性的[--離--] ATTR. separable
kěfēnpèi jiànjiē fèiyòng 可分配间接费用 N. <com.> assignable indirect charges
kěfēnxìng 可分性 N. <math.> divisibility
kěfēnxīxìng 可分析性 N. <lg.> analyzability
kèfēnzǐ 克分子 N. <chem.> gram molecule
kèfēnzǐ nóngdù 克分子浓度[---濃-] N. <phy.> gram-molecular condensity
kěfǒu 可否 V. can or can't ♦N. affirmative or negative comment ♦ADV. whether it's possible or not
kěfǒuzhèng de 可否证的[--證-] ATTR. <lg.> falsifiable
kèfū 克夫[剋-] V.O. be fated to mourn one's husband's death
kèfú* 克服 V. ① surmount; conquer ② put up with (hardship/etc.)
kèfù 克复[-復] V. retake; recover
Kègébó 克格勃 N. KGB
kěgēkěqì 可歌可泣 F.E. very moving; move one to song and tears
kěgēkěsòng de 可歌可颂的 ATTR. laudable
kěgēngdì 可耕地 N. arable land M: [1]piàn/[2]kuài
kěgēngxīn zīyuán 可更新资源 N. renewable resources
kěgēsòng de 可歌颂的 ATTR. laudable
kěgònghuànnàn 可共患难[-難] F.E. can be trusted in times of trouble; can go through thick and thin together
kěgōngkěshǒu 可攻可守 F.E. equally valuable as a stepping stone for offense or a strong point for defense
kègǔ 刻骨 V.P. deep-rooted
kěguài 可怪 S.V. strange
kěguān 可观[-觀] S.V. ① considerable; impressive; sizable ② worth seeing ***Běijīng dàyǒu ~ zhī chù.*** Beijing has a lot of places that are well worth seeing.
[1]**kèguān*** 客观[-觀] N. objectivity ♦S.V. objective
[2]**kèguān** 客官 N. <trad./court.> Mr.; Sir M: [2]wèi
kèguān cúnzài 客观存在[-觀--] N. <phil.> objective existence/reality
kěguàng 可逛 V.P. <coll.> worth a visit/tour
kèguān guīlǜ 客观规律[-觀--] N. objective law
kèguānhuà 客观化[-觀-] N. objectification
kèguān pīpíng 客观批评[-觀--] N. objective criticism
kèguān shìjiè 客观世界[-觀--] N. objective world
kèguān shìwù 客观事物[-觀--] N. objective things/reality
kèguān shízài 客观实在[-觀實-] N. objective reality
kèguān shùjù 客观述句[-觀--] N. <lg.> objective statement
kèguān tiáojiàn 客观条件[-觀條-] N. objective condition
kèguān wéixīnzhǔyì 客观唯心主义[-觀---義] N. objective idealism
kèguānxìng 客观性[-觀-] N. objectivity
kèguānxìng cèshì 客观性测试[-觀---] N. <lg.> objective test
kèguānxìng cèshì tíxiàng 客观性测试题项[-觀-----] N. <lg.> objective test item
kèguān zhēnlǐ 客观真理[-觀--] N. objective truth
kèguānzhǔyì 客观主义[-觀-義] N. objectivism
kè guāzǐr 嗑瓜子儿 V.O. crack melon seeds
kègǔ chóuhèn 刻骨仇恨 N. deep-seated hatred
kěguì 可贵 S.V. valuable; praiseworthy
kègǔlòuxīn 刻骨镂心[--鏤-] N. deep-felt gratitude
kègǔmíngxīn 刻骨铭心 N. deep-felt gratitude
kègǔxiāngsī 刻骨相思 F.E. deep love and remembrance of lovers
kěhǎile 可海了 V.P. <coll.> have become very numerous
kèhán 可汗 N. <loan> khan M: [2]wèi
kěháng shuǐdào 可航水道 N. navigable waters M: [1]tiáo
kěhǎo 可好 V.P. <coll.> by chance; just in time
kèhé 克核[剋-] V.P. cruel; hard; demanding
kěhèn* 可恨 ATTR. hateful; detestable
kèhén 刻痕 N. notch; scratch/mark by cutting/carving M: [2]dào
Kēhé Wénhuà 匼河文化 N. <archeo.> Kehe/Keho Culture
kèhòu 课后[-後] N. after class/school
kèhòu jiàoxué dàgāng 课后教学大纲[-後---綱] N. posteriori syllabus
kèhù 客户 N. client; customer M: [2]wèi/ge
kèhuā 刻花 N. engraved/carved designs M: [2]duǒ
[1]**kèhuà*** 刻画/划[-畫/劃] V. ① depict; portray ② characterize
[2]**kèhuà** 克化[剋-] N. <topo.> digest (food)
kèhuàchū 刻画/划出[-畫/劃-] R.V. depict; portray
kē-huàn 科幻 N. science fiction; sci-fi M: [1]piān
kēhuàn diànyǐng 科幻电影[--電-] N. science-fiction film
kěhuàn gǔfèn 可换股份[-換--] N. convertible stock
kēhuàn xiǎoshuō 科幻小说 N. science fiction M: [1]piān
kěhuányuánxìng 可还原性[-還--] N. <lg.> recoverability
kèhuàrùwēi 刻画入微[-畫--] F.E. realistic portrayal of character
kèhù dìngyín 客户定银 N. <com.> customer's deposit
kěhùhuànxìng 可互换性[--換-] N. <lg.> commutability
kèhù jiédān 客户结单 N. <com.> customer's statement M: [1]zhāng
kèhúlèiwù 刻鹄类骛[--類-] ID. aim reasonably high and you won't fall far short
kēhùn 科诨 N. comic interlude/relief
kè-huòchuán 客货船 N. passenger-cargo vessel M: [1]sōu/[1]tiáo
kè-huò liǎngyòngchuán 客货两用船 N. passenger-cargo vessel
kè-huò liǎngyòngjī 客货两用机 N. passenger-cargo plane
kèhù zhànghù 客户帐户 N. <com.> customer's account
kēi 剋/尅/克 V. <coll.> reprimand; scold ***See also*** [4]kè
kēijià 剋架 V.O. <dial.> come to blows; fight; scuffle
kèisi 剋斯 V./N. <loan> kiss
kējí 苛疾 N. severe illness
[1]**kējì*** 科技 N. science and technology
[2]**kējì** 科际[-際] ATTR. interdisciplinary
kèjī 客机 N. passenger plane; airliner M: [1]jià
[1]**kèjí** 客籍 N. ① settler from another province ② province into which settlers move
[2]**kèjí** 刻即 ADV. immediately; at once
kèjǐ 克己 V.O. ① practice self-restraint ② claim to undersell ♦V.P. economic; frugal
kèjì 刻技 N. engraving technique
kējiǎ 科甲 N. <trad.> official examinations
kējià 柯驾 N. <wr.> respectful reference to the marriage go-between
[1]**kějiā*** 可嘉 S.V. commendable; worth the compliment
[2]**kějiā** 可加 N. <bot.> coca
kèjiā 克家 V.O. ① maintain a family fortune ② manage a household
Kèjiā 客家 N. Hakka
kějiā dǐyā 可加抵押 N. <com.> open mortgage
kějiāgōngxìng 可加工性 N. <mach.> machinability
Kèjiāhuà 客家话 N. Hakka topolect
kèjiālìngzǐ 克家令子 F.E. an efficient son to take charge of the family affairs
kějiàn* 可见 V.P. it can be seen that ♦S.V. visible; visual
kèjiān 课间 N. class interval; break
kèjiǎn 克俭 N. thrift; economy
kèjiāncān 课间餐 N. a break-time snack (for pupils)
kèjiāncāo 课间操 N. calisthenics exercises during the break between classes; recess exercise
kějiàndù 可见度 N. visibility
kějiànguāng 可见光 N. visible light
kějiǎn sǔnshī 可减损失[-減--] N. <com.> deductible loss
kějiǎnsuǒ de 可检索的 ATTR. retrievable
kějiànxìng tiáojiàn 可见性条件[---條-] N. <lg.> visibility condition
kèjiān xiūxi 课间休息 N. (class) break; recess
kējiān yánjiū 科间研究 N. interdisciplinary research
kějiàn yǔyán 可见语言 N. <lg.> visible speech
kějiànzhèng pànzhǔn 可见证判准[--證-準] N. <lg.> verifiability criterion

kějiànzhèngxìng 可见证性[-證-] N. <lg.> verifiability

kējiào* 科教 N. science education

kějiāo 可交 S.V. worth making friends with (sb. honest/etc.)

kějiǎo 可脚[-腳] S.V. <coll.> fitting the feet

kějiāohuànxìng 可交换性[--換-] N. interchangeability

kējiàopiàn 科教片 N. popular science film M: [2]bù

kējiàopiānr 科教片儿 N. <coll.> popular science film; science and educational film M: [2]bù

kējiàozǔ 科教组 N. science and educational section/division

Kèjiārén 客家人 N. a Hakka M: [2]wèi

kējìcí 科技词 N. <lg.> technical word

kèjǐdàirén 克己待人 F.E. self-sacrificing

kējì dàxué 科技大学 N. university of science and technology M: [1]suǒ

kějiē 可街 A.T. <topo.> throughout the street

kějiēshòu-cí píngfēnfǎ 可接受词评分法 N. <lg.> clozentropy

kějiēshòu tiáncífǎ 可接受填词法 N. <lg.> acceptable word method

kějiēshòuxìng 可接受性 N. <lg.> acceptability

kějiēshòu xuǎnzé tiáncífǎ 可接受选择填词法[---選擇---] N. <lg.> acceptable alternative method

kějiēshòu yuánlǐ 可接受原理 N. <com.> the acceptable principle

kējì fānyì 科技翻译[-譯] N. <lg.> technical translation

kējì fānyìyuán 科技翻译员[---譯-] N. <lg.> technical translator M: [2]wèi

kèjǐfènggōng 克己奉公 F.E. work selflessly for the public interest

kējìgōngguān 科技攻关[-關] F.E. tackling of key scientific and technical problems

kējìguǎn 科技馆 N. scientific and technical research establishment M: [4]zuò

kējìhù 科技户 N. agricultural-scientific household

kējìjiè 科技界 N. scientific and technological circles

kējì jièqǔ 科技借取 N. technological borrowing

kèjíkèzhǔ 刻棘刻褚 ID. remarkable skill in crafting characters (in writing)

kējì kǒngjùzhèng 科技恐惧症[---懼-] N. technophobia

kējìkuáng 科技狂 N. technomania M: [2]wèi

kējì lǐngxiān 科技领先 V.P. technological lead

kèjīlòugǔ 刻肌镂骨[--鏤-] F.E. be deeply touched

kějìn(r) 可劲(儿)[-勁-] ADV. <coll.> vigorously; forcefully

kějīng 可惊[-驚] S.V. ① surprising; startling ② terrible; frightening

kějìng* 可敬 S.V. worthy of respect; respected

kějìn jiēcéng 可近阶层[-階層] N. <lg.> accessibility hierarchy

kèjìnjuézhí 克尽厥职[-盡-職] F.E. perform fully the functions of an office

kějìn kětuì 可进可退[-進--] V.P. (where) one can either advance or withdraw; an advantageous position

kējì shìfànhù 科技示范户[---範-] N. sci-tech model agricultural household

kējì shùyǔ 科技术语[-術-] N. <lg.> scientific and technical term/terminology

kējì tànjiū 科际探究[-際--] V.P. interdisciplinary approach

kējiù 窠/科臼 N. ① set pattern ② stereotype

kějiù* 可就 V.P. surely

kějiùshì* 可就是 V.P. <coll.> you are right; yes *See also* *kějiùshì*

kějiùshì 可就是 CONJ. but; however *See also* *kějiùshì*

kējì wénhuà 科技文化 N. science and technology and culture

kējì wénxiàn 科技文献[-獻] N. <lg.> technical text M: [1]piān

kējì xìngguó 科技兴国[-興國] V.P. revitalize China by applying scientific and technological advances

kējì yánjiū 科际研究[-際--] N. interdisciplinary research

Kējì Yīngyǔ 科技英语 N. <lg.> English for Science and Technology (EST)

kējì yìshi 科技意识[-識] N. awareness of the importance of science and technology

kējì yìyì 科技意义[-義] N. <lg.> technical meaning

kējì zhěnghé 科际整合[-際--] N. interdisciplinary integration

kējǔ* 科举[-舉] N. imperial civil-service examination system

kèjū 客居 V. ① sojourn; stay in a strange land ② live abroad

kèjuàn 课卷 N. (student's) written exercises

kējuānzáshuì 苛捐杂税[--雜-] F.E. ①exorbitant taxes and levies ② fees

kějué 可决[-決] V. adopt; pass; vote acceptance

kèjūyìdì 客居异地[--異-] F.E. sojourn in a strange land

kējǔ zhìdù 科举制度[-舉--] N. <trad.> the imperial civil examination system

kèkǎ 克卡 N. <phys.> gram calorie

kěkān 可堪 V.P. how can one endure; cannot endure

kěkàn* 可看 V.P. worth seeing

kēkǎo 科考 N. scientific investigation

kěkào* 可靠 S.V. reliable; trustworthy

kē-kǎo duì 科考队[-隊] AB. *kēxué kǎocháduì*

kěkào xiāoxi 可靠消息 N. reliable information

kěkàoxìng 可靠性 N. reliability

kěkǎyīn 可卡因 N. <loan> cocaine

kēkè* 苛刻 S.V. ① harsh ② pitiless

kěkě 可可 N. <loan> cocoa

[1]kèkè 刻刻 ADV. at every moment

[2]kèkè 溘溘 ON. splashing of water against rocks

kēkebābā 磕磕巴巴 V.P. stutter

kēkebànbàn 磕磕绊绊 V.P. ① bumpy; rough (of a road) ② limping (of a person)

kěkěchá 可可茶 N. cocoa

kěkěndì 可垦地[-墾-] N. reclaimable land M: [2]kuài/[1]piàn

kèkeqìqì 客客气气[-氣氣] V.P. <coll.> courteous; polite

kěkě'r de 可可儿的 ADV. <coll.> just

kékesousou 咳咳嗽嗽 V.P. <coll.> cough

kēkezhuàngzhuàng 磕磕撞撞 F.E. ① walk unsteadily; reel ② slip and stumble

kěkězǐr 可可子儿 N. cocoa beans

kěkònggui 可控硅 N. <elec.> silicon control

kěkǒu(r)* 可口(儿) S.V. tasty; palatable

kèkòu 克扣[剋-] V. embezzle part of what should be issued ~ *fēnliang* give short measure

kèkòujūnxiǎng 克扣军饷[剋-] F.E. take an illegal cut of a soldier's pay

Kěkǒukělè 可口可乐[-樂] N. <loan> Coca Cola

kěkū 可哭 V.P. pathetic

[1]kèkǔ* 刻苦 S.V. ① assiduous; hardworking; painstaking ② simple and frugal

[2]kèkǔ 克苦[剋-] ADV. <coll.> bully; go hard on; treat harshly

kèkǔchéngjiā 刻苦成家 F.E. build up a family by hard work and frugality

kèkǔgōngguān 刻苦攻关[-關] F.E. ① storm strongholds in defiance of difficulties ② study very hard

kèkǔnàiláo 刻苦耐劳[-勞] F.E. work hard without complaint

kēla 坷拉/垃 N. <topo.> clod; lump

kèlā* 克拉 N. <loan> carat

kèláikèwǎng 客来客往 F.E. ①customers come and go ② be thronged with customers

kèláisǎodì 客来扫地[--掃-] F.E. do sth. too late

Kèláisīlā 克莱斯拉 N. <loan> Chrysler

kēlàn 苛滥[-濫] V.P. improperly severe or lenient

kèlángqiú 克郎球 N. ① billiards ② (billiards) caroms

kélangzhū* 壳郎猪[殼-豬] N. <topo.> feeder pig M: [2]zhī

kélángzhū 壳狼猪[殼-豬] N. <coll.> shoat M: [2]zhī

Kělánjīng 可兰经[-蘭經] N. the Koran M: [2]bù/[1]běn

kèlāshēng 克啦声[-聲] N. <lg.> click

kělè 可乐[-樂] N. <loan> cola ♦S.V. laughable; funny; amusing

kēlesù 颏勒嗉 N. <topo.> Adam's apple

[1]kēlǐ 苛礼[-禮] N. excessive ceremony/formality

[2]kēlǐ 珂里 N. <court.> your hometown

[1]kēlì* 颗粒 N. ① things small and roundish ② grain ③ pellet

[2]kēlì 苛吏 N. a cruel official M: [2]wèi

kèlì 课吏 N. <TW> the assessment/evaluation of an official

kēliǎn 苛敛 V. impose/levy excessive taxation; tax to the bone

kělián* 可怜[-憐] S.V. ①pitiable; poor ②meager; wretched; pitiful ♦V. have pity on; pity

kěliánbābā 可怜巴巴[-憐--] F.E. <coll.> extremely pitiful

kěliánchóng 可怜虫[-憐蟲] N. pitiful creature; wretch M: [1]tiáo

kěliánjiàn 可怜见[-憐-] V.P. pitiful; poor

kěliánwújǐ 可怜无几[-憐--] F.E. pitifully few

kěliánxiàng 可怜相[-憐-] N. pitiable look M: [1]fù

kě liǎobude 可了不得 V.P. <coll.> How wonderful! How marvelous!

kèlǐ'ào'ěrhuà 克里奥耳化[--奧--] N. <loan> creolization

Kèlǐ'ào'ěryǔ 克里奥尔语[--奧--] N. <loan> Creole (language)

kèlǐ'ào'ěryǔ hòuqī 克里奥耳语后期[--奧--後-] N. post-creole continuum

kěliǎor de 可了儿的 INTJ. <coll.> what a pity/waste

kèlǐ'àoyǔ 克里奥语[--奧-] N. <lg.> creole

kělièbiàn wùzhì 可裂变物质[--變-質] N. <phy.> fissionable material

kēlì féiliào 颗粒肥料 N. granulated/pellet fertilizer

Kèlìfūlán 克利夫兰[-蘭] P.W. Cleveland

kēlìguīcāng 颗粒归仓[-歸倉] F.E. Every grain should be sent to the granary.

kělǐjiě de 可理解的 ATTR. <lg.> intelligible

kělǐjiěxìng 可理解性 N. <lg.> intelligibility

kělǐjiěxìng shūrù 可理解性输入 N. comprehensible input

kèlǐkōng 客里空[-裡-] N. ① deceptive news reporting ② people who are flashy but have no substance

kèlímǐ 克厘米[-釐-] N. a gram-centimeter

Kèlǐmǔlín Gōng 克里姆林宫[-宮] P.W. Kremlin

[1]kēlìng 苛令 N. harsh orders/regulations M: [2]dào

[2]kēlìng 科令 N. laws and regulations M: [2]dào/[1]tiáo

kèliú 客流 N. passenger flow M: [2]gǔ

kèliú gāofēng 客流高峰 N. peak passenger season

kèliúliàng 客流量 N. volume of commuters

kěliúzéliú 可留则留 F.E. If you think you can stay on, then stay on. (Otherwise, you may quit as you please.)

kēlìwúshōu 颗粒无收 F.E. Not a single grain was reaped.

kēlì wùzhì 颗粒物质[-質] N. particulate matter

kēlì xìbāo 颗粒细胞 N. granular cell

kēlìxìng jiémóyán 颗粒性结膜炎 N. <med.> trachoma

kèlízhǔ'ān 客离主安[-離--] F.E. The host gets some rest after the guests have left.

kèlóng 克隆 V. <loan> clone

kēlǒu 坷篓[-簍] N. <topo.> earthen hovels; mud houses

kèlòu* 刻漏 N. clepsydra M: [4]zuò

kélòuzi 壳漏子[殼--] N. <Budd.> the human body

kělǜ 可虑[-慮] S.V. worrisome

kèlún 客轮 N. passenger ship M: [1]sōu/[1]tiáo

kēluóbǎn 珂罗版[-羅-] N. collotype

kēluóbǎn yìnshuā 珂罗版印刷[-羅---] N. collotype printing

Kēluóláduō 科罗拉多[-羅--] P.W. Colorado

Kèluómǎníwēngrén 克罗马尼翁人[-羅----] N. *<archeo.>* Cro-Magnon Man M: [2]*wèi*

kèluómǐ 克罗米[-羅-] N. *<loan>* chromium

kèmǎ 骒马 N. mare M: [1]*pǐ*

kēmài 稞麦[-麥] N. highland barley

kèmǎn 客满 V.P. ① sold out; full house ② no vacancy (in a hotel)

kēmáng* 科盲 N. science illiteracy M: [2]*wèi/ge*

kěmáng 可忙 V.P. ① very busy ② worth being busy at

kèmǎnlǜ 客满率 N. rate of occupancy by hotel guests

kēmì 磕蜜 V.O. *<slang>* ①chase women ②look for a girlfriend

kěmiǎn 可免 V.P. be exemptible from

kēmíng 科名 V. *<hist.>* establish one's name and position under the civil-service examination system

Kēmóluó 科摩罗[-羅] P.W. Comoros

kēmù* 科目 N. ① school subject/course ② headings in account books ③ category of subjects

kěmù 渴慕 V./S.V. ① thirst for ② think of sb. with respect; admire

kèmù 课目 N. ① topic of study ② course title

kēmùbiǎo 科目表 N. list of subjects/courses M: [1]*zhāng*

[1]**kěn*** 肯 V./AUX. be willing/ready to

[2]**kěn** 啃 V. ① gnaw; nibble ② *<slang>* kiss

[3]**kěn** 垦[墾] B.F. cultivate; reclaim (wasteland) ***kāikěn***

[4]**kěn** 恳[懇] B.F. sincere ***kěnqiè***, ***chéngkěn***

[1]**kèn** 掯 B.F. press down; suppress ***lèkèn***, ***lēikèn***

[2]**kèn** 裉 B.F. panel/seam attaching sleeve to shoulder of a garment ***kènjié***

kěnài 可奈 V.P. how can one endure; cannot endure

kènàn 克难[-難] V.O. overcome difficulties

kénáng(zi) 壳囊(子)[殼-] N. *<coll.>* shoat; small pig M: [2]*zhī*

kěnǎo 可恼[-惱] S.V. irritable; provoking

kěnbudòng 啃不动[-動] R.V. ①be unchewable (of sth. hard/etc.) ② can't overcome

kěnbùkěn 肯不肯 V.P. willing to do sth. or not

kěn chī kǔtou 肯吃苦头 V.P. steeled to endure hardship

kěncí 恳辞[懇辭] V. try earnestly to beg off

Kěndéjī 肯德基 P.W. Kentucky ♦N. Kentucky Fried Chicken

Kěndéjī Zhájī 肯德基炸鸡[-雞] N. Kentucky Fried Chicken M: [2]*kuài*

kěndì 垦地[墾-] V.O. cultivate land

kěndiào 啃掉 R.V. ①eat up ②finish/accomplish with great exertion

kěndìng 肯定 V. affirm; approve; regard as positive ♦S.V. positive; affirmative ♦ADV. *<PRC>* definitely; surely

kěndìng fànwéi 肯定范围[-範圍] N. scope of affirmation

kěndìngjù 肯定句 N. *<lg.>* affirmative sentence

kěndìng pànduàn 肯定判断[-斷] N. affirmative judgment

kěndìngshì 肯定式 N. affirmative status

kěndìng yíwènjù 肯定疑问句 N. *<lg.>* affirmative question

kěndìng zhíshùjù 肯定直述句 N. *<lg.>* affirmative statement

kènèi 课内 N. within/during a class

kěn'ēn 恳恩[懇-] F.E. beg a favor

kěnéng 可能 S.V. possible; probable ♦AUX. probably; maybe ♦N. ① possibility ② *<lg.>* contingency

kěnéng de jiǎshè 可能的假设 N. *<lg.>* future possible/potential

kěnéng fùyǔ 可能复语[--複-] N. *<lg.>* potential complement

kěnéngshì 可能式 N. *<lg.>* potential mood

kěnéng wèilái 可能未来 N. *<lg.>* future-possible

kěnéngxìng 可能性 N. possibility

kěnfǒu 肯否 V.P. willing to do sth. or not

kěnfù 垦复[墾復] V. *<agr.>* ①reclaim (deserted land/garden/etc.) ② cultivate anew

[1]**kēng(r)** 坑(儿)[-(兒)] N. ① hole; pit; hollow ② tunnel ♦V. ① bury alive ② entrap; cheat

[2]**kēng** 吭 V. utter a sound ***See also*** [4]*háng*

[3]**kēng** 铿[鏗] ON. clang; clatter

[4]**kēng** 硁[硜] ON. sound of striking a stone ♦B.F. obstinate [2]***kēngkēng***, ***kēngkēngzìshǒu***

kěngàn 肯干[-幹] V. be willing to do hard work

kēngchi 吭哧 V. *<coll.>* ①puff and blow ②hem and haw ③ whimper

kēngdào 坑道 N. ① gallery ② tunnel M: [1]*tiáo*

kēngdàozhàn 坑道战[-戰] N. *<mil.>* fight a tunnel war M: [3]*cháng*

kēngdòng 坑洞 N. pit; hole in the ground

kēnghài 坑害 V. entrap; frame

kēngji 吭唧 V. *<coll.>* whine; snivel

kēngjǐng 坑井 N. a mine pit M: [4]*zuò*

[1]**kēngkēng** 铿铿[鏗鏗] ON. clang; clatter

[2]**kēngkēng** 硁硁[硜硜] R.F. stubborn; obstinate

kēngkengwāwā 坑坑洼洼[-窪窪] V.P. bumpy; rough

kēngkēngzìshǒu 硁硁自守[硜硜-] F.E. shallow and obstinate

kēngkǒu 坑口 N. tunnel exit

kēngkǔ 坑苦 V.O. *<coll.>* inflict pain upon; cause grief

kēngmēngguǎipiàn 坑蒙拐骗 F.E. swindle

kēngmù 坑木 N. *<min.>* pit prop; mine timber M: [1]*tiáo*/[2]*gēn*

kēngpiàn 坑骗 V. swindle; entrap

[1]**kēngqì(r)** 吭气(儿)[-氣-] V.O. *<coll.>* utter a sound/word

[2]**kēngqì** 坑气[-氣] N. marsh gas

kēngqiāng 铿锵[鏗鏘] ON. clanging

kēngqiāngshēng 铿锵声[鏗鏘聲] N. sound of clanging

kēngr 坑儿 N. a pit

kēngrán 铿然[鏗-] V.P. loud and clear

kēngrén 坑人 V.O. ①cheat/entrap sb. ② *<topo.>* be upset (by a heavy loss)

kēngrénbùqiǎn 坑人不浅[-淺] F.E. *<coll.>* harm a person grievously

kēngrú 坑儒 V.O. *<hist.>* bury Confucian scholars alive

kēngshā 坑杀[-殺] V. bury alive

kēngshēng(r) 吭声(儿)[-聲-] V.O. utter a sound/word; speak

kēngsǐ 坑死 R.V. *<coll.>* harry to death

kěn gǔtou 啃骨头 V.O. pick out the residual meat on bones with the teeth

kēngyán 坑沿 N. edge of a pit

kēngyo 吭唷 ON. heave-ho; yo-ho

kēngzi 坑子 N. *<coll.>* ① pit; hole ② lavatory set up over an open pit

kěnhuāng 垦荒[墾-] V.O. open up virgin soil

kěnhuāngduì 垦荒队[墾-隊] N. team formed to cultivate wasteland M: [4]*zhī*

kěnì 可逆 V.P. reversible

[1]**kěniàn** 渴念 V. long/yearn for; miss sb. very much

[2]**kěniàn** 可念 S.V. ① worthy of remembrance ② to be pitied

kěnì biànhuà 可逆变化[--變-] N. *<chem.>* reversible change

kěnì fǎnyìng 可逆反应[--應] N. *<chem.>* reversible reaction

kěnìxìng 可逆性 N. *<lg.>* reversibility

kěnjiàn 恳谏[懇-] V.O. admonish earnestly

kènjié(r) 裉节(儿)[-節-] N. *<coll.>* critical juncture/moment

kěnkè qióngrén 啃刻穷人[--窮-] V.O. *<topo.>* bully the poor

kěnliú 恳留[懇-] V. sincerely entreat sb. to stay

kěnmín 垦民[墾-] N. people who reclaim land M: [2]*wèi/ge*

Kěnníyà 肯尼亚[-亞] P.W. Kenya

kěnpì 垦辟[墾-] V. cultivate; reclaim

[1]**kěnqǐ** 恳乞[懇-] V. *<wr.>* entreat

[2]**kěnqǐ** 恳启[懇啟] V. draw up a written appeal for assistance

kěnqiè 恳切[懇-] S.V. earnest; sincere

kěnqīng 啃青 V.O. ①nibble spring grass ②harvest crops unripe

[1]**kěnqǐng*** 恳请[懇-] V. earnestly request

[2]**kěnqìng** 肯綮 N. *<wr.>* ① place where muscle and bone link ② crux; critical juncture

kěnqīnhuì 恳亲会[懇親-] N. parent-teacher association/meeting; (PTA) M: [3]*chǎng*

kěnqiú 恳求[懇-] V. implore; entreat

kěnqiújù 肯求句 N. *<lg.>* request sentence

kěnqū 垦区[墾區] P.W. reclamation area

kěnquè 肯确[-確] ADV. indeed; truly; surely

kěnshāng 恳商[懇-] V. ask for a favor earnestly; seek consent sincerely

kěnshí 啃蚀 V. gnaw; erode; eat up slowly

kěnshū 啃书[-書] V.O. *<coll.>* study hard

kěn shūběn 啃书本[-書-] V.O. delve into books

Kěntǎjī 肯塔基 P.W. Kentucky

kěntán 恳谈[懇-] V. talk earnestly

kěntángkěngòu 肯堂肯构[-構] F.E. *<wr.>* ① carry on the unfinished work of one's father ②be willing to carry on one's father's profession

kěntánhuì 恳谈会[懇-] N. ① problem-solving talks ② frank discussion meeting M: [3]*chǎng*

kěntián 垦田[墾-] V.O. till land

kěntuō 恳托[懇-] V. make a sincere request; earnestly ask

kēnüè 苛虐 V. treat cruelly; maltreat

kěnyǎo 啃咬 V. gnaw

kěnyú 肯于[-於] V.P. be willing to

kěnzhí* 垦殖[墾-] V. reclaim and cultivate wasteland

kěnzhì 恳挚[懇摯] S.V. *<wr.>* earnest; sincere

kěnzhòng 垦种[墾種] V. reclaim and cultivate

kěnzhǔn 恳准[懇準] V. beg for your kind permission

kěpà 可怕 S.V. fearful; terrible

kēpài 科派 V./N. request payment or labor service; apportion levies officially

kěpàn 渴盼 V. eagerly look forward to; earnestly hope

kěpèi 可佩 S.V. admirable

kēpèng 磕碰 V. ① knock against; collide with ② clash; squabble

kēpèngr 磕碰儿 N. *<topo.>* ① crack (in cups, etc.) caused by impact ② setback; reverse

kèpiào 客票 N. passenger ticket M: [1]*zhāng*

kēpíng 苛评 N. harsh criticism

kēpò 磕破 R.V. break up

kēpǔ 科普 N. popularization of science

kēpǔ dúwù 科普读物[--讀-] N. popularized science reading M: [1]*běn*

[1]**kěqī** 可欺 S.V. ① gullible ② easily cowed

[2]**kěqī** 可期 V.P. can be expected; one may look forward to

kěqí 可奇 V.P. unique; rare

kěqì 可气[-氣] S.V. annoying; exasperating

kèqi* 客气[-氣] V. be polite ♦S.V. ① polite; courteous ② stand on ceremony ③ modest

[1]**kèqī** 克/刻期[剋-] V.O. set a time limit ♦ADV. by the end of the time limit

[2]**kèqī** 克妻[剋-] V.O. be fated to mourn one's wife's death

kěqián(r) 可钱(儿)[-錢-] ADV. *<topo.>* at great expense

kéqiàng* 咳呛[-嗆] V. cough; choke

kèqiáng 克强[-強] V.O. conquer the strong

kěqiǎo* 可巧 ADV. it happened that; as luck would have it; by happy coincidence

kèqiào 刻峭 V.P. ① rugged ② cruel; relentless; ruthless

kèqihuà 客气话[-氣-] N. ① words (possibly insincere) of politeness/courtesy ② polite remarks M: [2]*fān*

kěqīn* 可亲[-親] S.V. kindly; amiable

[1]**kèqín** 克勤 N. diligence; industry

[2]**kèqín** 恪勤 V.P. cautious; industrious

K

kèqīng 客卿 N. ① <hist.> person from one feudal state serving in another ② guest worker in an organization
kěqìngkěhè 可庆可贺[-慶--] F.E. worthy of congratulations
kèqínkèjiǎn 克勤克俭 F.E. be industrious and frugal
kěqīnkějìng 可亲可敬[-親--] F.E. inspiring both affection and respect
kēqiú* 苛求 V. make excessive demands; be over-critical
kěqiú 渴求 V. ① earnestly demand/require ② be eager for
kēqiúwúyàn 苛求无厌[-厭] F.E. make excessive demands; be over-critical
Kèqiūyàyǔ 克丘亚语[--亞-] N. Quechua (language)
kěqǔ 可取 S.V. desirable; worth having
kěquānkědiǎn 可圈可点[-點] F.E. ① very good (of writing) ② very laudable (of demeanor)
kěqǔzhīchù 可取之处[-處] N. a saving grace
kér 壳儿[殼-] N. ① nutshell ② hard covering ③ outer surface
kěrán* 可燃 ATTR. <chem.> combustible
kèrán 溘然 V.P. suddenly; unexpectedly
kèránchángshì 溘然长逝 F.E. pass away; die unexpectedly/suddenly
kèrán'érshì 溘然而逝 F.E. pass away, die unexpectedly/suddenly
kěrán fèiwù 可燃废物[--廢-] N. combustible rubbish/waste
kěrán lājī 可燃垃圾 N. combustible rubbish/waste
kěránwù 可燃物 N. combustible substance
kěránxìng 可燃性 N. <chem.> flammability; combustibility
kērèn 科任 N. teacher of a specific subject
kěrén 可人 N. person worth recommending ♦S.V. ① satisfactory; satisfying ② charming
kèren* 客人 N. ① visitor; guest ② traveling trader M: ²wèi
kērèn jiàoyuán 科任教员 N. teacher of a specific subject (as opposed to a general educator) M: ²wèi
kērèn lǎoshī 科任老师[-師] N. subject teacher M: ²wèi
kěrénmen 可人们 N. <coll.> all of the people
kěrényì 可人意 V.O. respond favorably to others' opinion/view ♦S.V. satisfactory; satisfying
kèrì 克/刻日[剋-] <wr.> N. the very day ♦V.O. set a date; set a time limit
kěróng 可容 V.P. capable of accommodating/holding
kěróngxìng 可溶性 N. solubility
kēsāng 苛丧[-喪] S.V. <topo.> mean; nasty; surly
kěsǎngzi 可嗓子 ADV. <coll.> at full voice
kèshānbìng 克山病 N. <med.> Keshan disease
kěshǎng 渴赏 V.O./S.V. eager for a reward
kèshang 刻上 R.V. carve; cut; engrave
kèshāng* 客商 N. visiting businessman; traveling trader/merchant M: ²wèi
kèshàojiqiú 克绍箕裘 ID. able to follow in one's father's footsteps
kèshè 客舍 N. guest house M: ⁴zuò/¹jiān
kěshēn(r)* 可身(儿) S.V. <topo.> well-fitting (of clothing)
kèshèn 恪慎 V.P. respectful; cautious; careful; reverent
Kèshěngzhuāng Èrqī Wénhuà 客省庄二期文化[--莊----] N. <archeo.> second period of Keshengzhuang/Keshengchuang Culture
kēshì 科室 N. administrative/technical offices M: ¹jiān
kěshí 可食 ATTR. edible
¹kěshì* 可是 CONJ. but; yet; however ♦V. ① Is it that...? ② be indeed
²kěshì 可恃 V. ① be reliable ② have the means/resources
¹kèshí 课时[-時] N. class hour/period
²kèshí 克食[剋-] V.O. help digestion
³kèshí 刻石 V.O. engrave (writings) on stone ♦N. engraved stone slabs M: ²kuài
¹kèshì 客室 N. guest room M: ¹jiān
²kèshì 课室 N. classroom M: ¹jiān
³kèshì 溘逝 V. die suddenly
kěshì diànhuà 可视电话[--電-] N. videophone; picturephone M: ²bù/¹tái
Kèshímǐ'ěr 克什米尔 N. <loan> Kashmir
kèshìyǐjiǔ 溘世已久 F.E. died a long time ago
kěshì yǔyán 可视语言 N. <lg.> visible language
kěshì zhōngduān 可视终端 N. video terminal
kěshǒu* 可手 S.V. easy to use; convenient
kèshǒu 恪守 V. scrupulously abide by (a treaty/promise)
kèshǒu běnfèn 恪守本分 V.O. scrupulously abide by one's duty
kèshǒubùyú 恪守不渝 F.E. strictly abide by (a promise/agreement/etc.)
kěshōuhuí chéngběn 可收回成本 N. <com.> recoverable cost
kěshōuhuí zhīchū 可收回支出 N. <com.> reimbursable expenditures
kěshòuxìng 可售性 N. salability
kēshù 柯树[-樹] N. <bot.> *Pasania cuspidata* M: ²kē
kèshū* 刻书[-書] V.O. ① engrave books ② carve the words of a book on wood blocks for printing; publish a book
kěshǔ de 可数的[-數-] ATTR. countable
kēshuì 瞌睡 N./V. ① nap ② doze off while sitting
kěshuì 渴睡 V.O. be very sleepy
kèshuǐ 客水 N. river running into the local area from the outside
kèshuì* 课税 V.O. levy tax on sth. ♦N. taxes
kēshuì chénchén 瞌睡沉沉 V.P. be dozing
kēshuì chóngchóng 瞌睡重重 V.P. nod drowsily; be heavy with sleep
kěshǔ míngcí 可数名词[-數--] N. <lg.> countable/count noun
kěshuō 可说 V.P. worth saying; needing saying
kěshuōmíngxìng 可说明性 N. <lg.> accountability
kěshuō ne 可说呢 V.P. <coll.> no wonder; that's why; I see
kěshǔxìng 可数性[-數-] N. <lg.> countability
kěsǐ 渴死 V.P. extremely thirsty
¹kèsī* 缂/刻丝[-絲] N. tapestry of cut silk
²kèsī 克私 V.O. overcome selfishness/desires
kèsǐ 客死 V. die in a strange place
kèsī qián(zi) 克丝钳(子)[-絲--] N. wire-nippers M: ¹bǎ
kèsǐtāxiāng 客死他乡[-鄉] F.E. die away from home
késou 咳嗽 V. cough
késoutáng 咳嗽糖 N. cough drop
késou tángjiāng 咳嗽糖浆[-漿] N. cough syrup
késou tánglì 咳嗽糖粒 N. cough drops
kēsú 苛俗 N. taxing/severe customs
kěsù* 可溯 ATTR. <lg.> recursive
kēsuì 苛碎 V.P. rigorous and troublesome
kèsuì* 客岁[-歲] N. last year
kěsuíyì de 可随意的[-隨--] ATTR. <lg.> arbitrary
kèsuízhǔbiàn 客随主便[-隨--] F.E. a guest should act according to the convenience of the host
kěsùxìng 可塑性 N. plasticity
kētán 科坛[-壇] N. scientific world
kětán 咳痰 V.O. cough up phlegm
kětàn* 可叹[-嘆] ATTR. It's a pity...; Alas! What a pity!
¹kètáng 课堂 N. classroom M: ¹jiān
²kètáng 客堂 N. living/reception room M: ¹jiān
kètáng jiàoxué 课堂教学 N. classroom teaching
kètáng tǎolùn 课堂讨论 N. classroom discussion
kètáng zǔzhī 课堂组织[-織] N. classroom management
kètào 客套 N. polite formula; civilities ♦V. exchange greetings ***Wǒmen ~le jǐ jù, jiù tán ²zhèngshì le.*** After an exchange of greetings, we got down to business.
kètàohuà 客套话 N. polite formula; civilities
kětǐ 可体[-體] S.V. well-fitting
kètí* 课题 N. ① question for study/discussion ② problem; task
kètǐ 客体[-體] N. <lg.> object
kētiáo 科条[-條] N. statutes
kětiáo* 可调 ATTR. adjustable
kětīng* 可听[-聽] ATTR. ① nice-sounding ② <lg.> audible
kètīng 客厅[-廳] N. drawing/living room; parlor M: ¹jiān
kètīngbìng 克汀病 N. cretinism
kètīng yǔyán 客厅语言[-廳--] N. <lg.> anteroom language
kětǒngzhì chéngběn 可统制成本 N. <com.> controllable cost
kětǒngzhì fèiyòng 可统制费用 N. <com.> controllable expense
¹kētóu 磕头 V.O. kowtow
²kētóu 科头 V.O. ① <trad.> wear the hair coiled on the top of the head ② be bareheaded
kētóuchóng 磕头虫[-蟲] N. ① click/snapping beetle ② toady
kētóude 磕头的 N. <topo.> sworn brothers
kētóulǐbài 磕头礼拜[--禮-] F.E. make obeisance and perform the rites of courtesy
kētóupéizuì 磕头赔罪 F.E. give sb. a grand kowtow and apologize
kētóupèngnǎo 磕头碰脑[-腦] F.E. bump against things/people on every side
kētóu rú dǎosuàn 磕头如捣蒜[---搗-] F.E. kowtow again and again to beg for pardon
kētóuxiǎnzú 科头跣足 F.E. bareheaded and barefooted
kètǔ 客土 N. ① soil moved in to improve the original ② <wr.> foreign land; strange land
kétuò 咳唾 N./V. spittle
kétuòchéngzhū 咳唾成珠 F.E. <wr.> words uttered by a talented person become pearls
kè túzhāng 刻图章[-圖-] V.O. carve a chop; engrave a seal
kèwài 课外 N. extracurricular; outside class; after school
kèwài dúwù 课外读物[--讀-] N. extracurricular reading materials M: ¹piān/¹běn
kèwài huódòng 课外活动[-動] N. extracurricular activities M: ³chǎng
kèwài huódòngzǔ 课外活动组[---動-] N. extracurricular activity groups
kèwài zuòyè 课外作业[-業] N. homework
kěwàng 渴望 V. thirst/long for
kě wàng ér bùkě jí 可望而不可及/即 F.E. within sight but beyond reach; unattainable
kěwàngxiāngjiàn 渴望相见 F.E. dying to see each other
Kē-Wěi 科委 AB. *Kēxué Jìshù Wěiyuánhuì*
¹kěwèi* 可畏 S.V. dreadful; horrible
²kěwèi 可谓 V.P. <wr.> one may well say; it may be called
kèwèi 客位 N. seats for guests
kěwéifēngfàn 可为风范[-範] F.E. may serve as a model for others
Kēwēitè 科威特 P.W. Kuwait
kèwén(r) 课文(儿) N. text M: ¹piān
kéwù 壳物[殼-] *See qiàowù*
kěwù* 可恶[-惡] S.V. hateful; abominable
kěwūzi 可屋子 N. <coll.> a roomful (of people/etc.)
kēxī 磕膝 N. <topo.> knee
¹kēxì 科系 N. section and department
²kēxì 苛细 V.P. <wr.> severe and exacting
kěxī* 可惜 V.P./S.V. unfortunately; It's a pity!
kěxǐ 可喜 S.V. gratifying; heartening
kèxí 客席 N. guest seat
kèxià 刻下 N. at present; at the moment
kèxiāng 珂乡[-鄉] N. <court.> your hometown
kěxiǎng 渴想 V. yearn for

kèxiāng* 客乡[-鄉] N. non-native place
kèxiǎng 克享 V. can enjoy
kěxiǎng'érzhī 可想而知 F.E. One can well imagine.
kěxiào* 可笑 S.V. ridiculous; funny
kèxiāo 刻削 V. exploit ruthlessly
kěxiào bù zìliàng 可笑不自量 F.E. ridiculously overrate oneself
kěxiào de wùyòng 可笑的误用 N. <lg.> malapropism
kē-xié 科协[-協] N. association/organization of scientists
kéxiě 咳血 V.O. spit blood; cough up blood ♦N. hemoptysis
kèxiě* 刻写[-寫] V. carve; inscribe
kèxiè 溘谢 V. die suddenly
kēxīgài(r) 磕膝盖(儿)[--蓋-] N. <topo.> kneecap
kěxǐkěhè 可喜可贺 F.E. Congratulations!
kěxīn 可心 S.V. satisfying
kěxìn* 可信 S.V. trustworthy; reliable; credible
kěxìndù 可信度 N. confidence level
[1]**kēxíng** 苛刑 V. inflict ♦N. infliction
[2]**kēxíng** 科刑 V. mete out punishment; sentence
kēxìng 苛性 <chem.> N. causticity
kěxíng* 可行 S.V. feasible; practical
[1]**kèxīng** 克星[剋-] N. ① unbeatable rival ② powerful remedy
[2]**kèxīng** 客星 N. <wr.> nova
kèxìng 客姓 N. a surname different from that of most of the families in a village
kēxìngjiǎ 苛性钾 N. <chem.> caustic potash
kēxìngjiǎn 苛性碱[-鹼] N. <chem.> caustic alkali
kēxìngnà 苛性钠 N. <chem.> caustic soda
kēxìng sūdá 苛性苏达[-蘇達] N. caustic soda
kěxíngxìng 可行性 N. feasibility
kěxíngxìng yánjiū 可行性研究 N. feasibility study
kēxìngyán 苛性盐[-鹽] N. caustic salts
kěxīnrén 可心人 N. <coll.> a person one finds compatible M: [2]*wèi*
kěxīnsi 可心思 V.O. be satisfying
kěxìn xiàndù 可信限度 N. confidence limit
kèxiù 缂绣[-繡] N. cut embroidery
kèxí zhǐhuī 客席指挥 N. guest/invited conductor
kěxuǎnzé de 可选择的[-選擇-] ATTR. <lg.> alternative
[1]**kēxué** 科学 N. science; scientific knowledge ♦S.V. ① scientific ② <PRC> rational
[2]**kēxué** 窠穴 N. nest
kēxué céngcì 科学层次[--層-] N. scientific hierarchy
kēxuéchéng 科学城 P.W. city district with concentration of scientific research institutions M: [4]*zuò*
kēxué fāngfǎ 科学方法 N. scientific methods/ways/approaches
kēxué fānyì 科学翻译[-譯] N. <lg.> scientific translation
kēxué fānyì gōngzuòzhě 科学翻译工作者[---譯---] N. <lg.> scientific translator M: [2]*wèi*/[1]*míng*
kēxué gémìng 科学革命 N. scientific revolution M: [3]*cháng*
kēxué gòngchǎnzhǔyì 科学共产主义[---產-義] N. scientific communism
kēxué gòngtóngtǐ 科学共同体[-體] P.W. scientific community
kēxué gōngyè yuánqū 科学工业园区[-業園區] N. science and industry quarter
kēxué guǎnlǐ 科学管理 N. scientific management
kēxuéhuà 科学化 V./N. make scientific; scientize
kēxuéhuà guǎnlǐ 科学化管理 V.P./N. scientific management
kēxué huànxiǎng 科学幻想 N. science fiction; sci-fi
kēxuéjiā 科学家 N. scientist M: [2]*wèi*/[1]*míng*
kēxué jiàoyù 科学教育 N./V.P. science education
Kēxué Jiàoyù Diànyǐng Zhìpiànchǎng 科学教育电影制片厂[----電---廠] P.W. Science Education Film Studios
kēxué jiàoyù yǐngpiàn 科学教育影片 N. popular science film; science and educational film M: [2]*bù*
kēxuéjiè 科学界 N. scientific circles
kēxué jīngshén 科学精神 N. scientific spirit
kēxué jīngyīng 科学精英 N. scientific elite
kēxué jìshù 科学技术[-術] N. science and technology
Kēxué Jìshù Wěiyuánhuì 科学技术委员会[---術---] P.W. Science and Technology Committee
kēxué juécè 科学决策[--決-] N. scientific decision making
kēxué kǎocháduì 科学考察队[-隊] P.W. scientific investigation team
kēxué lǐlùn 科学理论 N. scientific theory
kēxué lǐxìng 科学理性 N. scientific rationality
kēxué měixué 科学美学 N. scientific aesthetics
kēxué shèhuìxué 科学社会学 N. sociology of science
kēxué shèhuìzhǔyì 科学社会主义[-義] N. scientific socialism
kēxué shídài 科学时代[--時-] N. the age of science
kēxué shùyǔ 科学术语[--術-] N. <lg.> scientific term
kēxué wànnéng 科学万能[--萬-] V.P. There is nothing science cannot accomplish.
kēxué wénxiàn 科学文献[-獻] N. <lg.> scientific text M: [1]*piān*
kēxuéxìng 科学性 N. scientific nature
kēxuéxué 科学学 N. study of science; science of sciences
kēxué yánjiū 科学研究 V.P./N. scientific research
kēxué yíqì 科学仪器[--儀-] N. scientific instrument M: [1]*jià*/[1]*tái*
kēxuéyòng xìtǒng 科学用系统 N. <comp.> the scientific system
kēxuéyuán 科学园[-園] N. science park
kēxuéyuàn* 科学院 P.W. academy of science
kēxué yù'ér 科学育儿 N. scientific childrearing
kēxué zhīshí 科学知识[-識] N. scientific knowledge
kēxué zhòngtián 科学种田[-種-] N. scientific farming
kēxué zīliào chǔlǐ 科学资料处理[----處-] V.P. <comp.> scientific data processing
kēyá* 磕牙 V.O. jabber
kèyá 嗑牙 V.O. <topo.> jabber; chat
kéyǎ hóulóng 咳哑喉咙[-啞--] V.P. cough oneself hoarse
kēyán* 科研 N. scientific research
kěyàn 可厌[-厭] S.V. disgusting
kěyǎng 渴仰 V. greatly admire; look up to
kēyán jīgòu 科研机构[-構] N. scientific institution
kěyánxìng 可言性 N. <lg.> codability
kěyànzhèng de 可验证的[--證-] ATTR. verifiable
kěyànzhèngxìng 可验证性[--證-] N. verifiability
kěyào 可要 V.P. be worth having; may have
kèyè 课业[-業] N. lessons; schoolwork
[1]**kěyí** 可疑 S.V. suspicious; dubious
[2]**kěyí** 可移 S.V. movable; portable
kěyǐ* 可以 AUX. can; may ♦S.V. ① passable; pretty good; not bad ② <coll.> awful; terrible *Tā nà zhāng zuǐ zhēn ~!* What a sharp tongue she has! ③ be worth (doing)
kěyì 可意 S.V. gratifying; satisfactory
kèyì 刻意 ADV. painstakingly; sedulously
kěyí de jiǎshè 可疑的假设 N. <lg.> future unlikely
kěyídòng suíjī cúnqǔ 可移动随机存取[--動隨---] N. <comp.> movable random access
kěyǐ duànyán 可以断言[--斷-] V.P. it can be asserted that; one may predict that
kě yī ér bùkě zài 可一而不可再 F.E. Once is enough.
kēyǐ fájīn 科以罚金 V.O. impose a fine on sb.
kèyǐ fájīn* 课以罚金 V.O. impose a fine on sb.
kěyí fènzǐ 可疑分子 N. suspect M: *ge*/[1]*míng*
kèyǐ gòngfù 课以贡赋 V.P. lay a tribute on. . .; lay under tribute
kēyǐ jíxíng 科以极刑[--極-] V.P. sentence someone to capital punishment
kèyìn 刻印 V. carve a chop; engrave a seal
kēyǐng 科影 N. scientific education film
Kē-Yǐng-Chǎng 科影厂[-廠] AB. *Kēxué Jiàoyù Diànyǐng Zhìpiànchǎng*
kèyìqiúgōng 刻意求工 F.E. painstakingly seek perfection
kěyǐwéijiàn 可以为鉴[-鑒] F.E. may be taken as a warning
kěyí wèilái 可疑未来 N. <lg.> future unlikely
kěyìxìng 可译性[-譯-] N. <lg.> translatability
kěyǐxiūyǐ 可以休矣 F.E. enough of it; time to stop
kěyí zhàiwù 可疑债务[-務] N. <com.> doubtful debt
kèyǐ zhòngshuì 课以重税 V.P. levy heavy taxes
kěyòng 可用 V.P. available; usable
kěyòng biànhuànlǜ 可用变换律[--變換-] N. <lg.> optional transformation
kěyòng guīlǜ 可用规律 N. <lg.> optional rule
kěyòng shōurù 可用收入 N. disposable income
kěyòng shōuyì 可用收益 N. <com.> available income
kěyòngxìng 可用性 N. applicability
kěyòng yú'é 可用余额 N. <com.> available balance
kěyòng zīchǎn 可用资产[-產] N. <com.> available assets
kěyǒukěwú 可有可无 F.E. not essential
kěyǔ 渴雨 V.P. (land) thirsty for rain
kěyù 渴欲 V. wish very much
kèyú* 课余 N. after school/class
[1]**kèyù** 克欲 V.O. overcome desires
[2]**kèyù** 客寓 N. inn M: [4]*zuò* ♦V. live in a place other than one's hometown; stay in a strange land
kēyuán(r)* 科员(儿) N. ① section member ② junior government employee M: [2]*wèi*/[1]*míng*/*ge*
[1]**kèyuán** 客源 N. source of tourists
[2]**kèyuán** 课员 N. office employee M: [2]*wèi*/[1]*míng*
kěyuànzi 可院子 ADV. <topo.> a courtyard-full (of people/ etc.)
kě yù bùkě qiú 可遇不可求 F.E. sth. that can only be found by accident, and not through seeking
kě yù ér bùkě qiú 可遇而不可求 F.E. sth. that can only be found by accident, and not through seeking
kèyùn 客运[-運] N. passenger transport/traffic
kèyùn lièchē 客运列车[-運--] N. passenger train
kèyùxiūxíng 克欲修行 F.E. subdue the passions and cultivate moral conduct
kēzā 匼匝 V.P. <wr.> surround; encircle
kēzá* 苛杂[-雜] N. exorbitant levies
kězàozhīcái 可造之才 N. person suitable for training; promising/hopeful young person M: [2]*wèi*
[1]**kēzé** 苛责 V. criticize severely; excoriate
[2]**kēzé** 科则 N. classifications in taxation and compulsory services, etc.
kězēng 可憎 S.V. disgusting; hateful
[1]**kèzhàn** 客栈[-棧] P.W. inn M: [1]*jiā*
[2]**kèzhàn** 客站 P.W. ① railway station ② bus stop
kēzhǎng* 科长 N. section chief M: [2]*wèi*
kèzhǎng 课长 N. office/bureau head M: [2]*wèi*
kèzhàng dàiyú 客帐贷余 N. <com.> customer's credit balance
kèzhàng jiédān 客帐结单 N. <com.> a statement of account
kězhe 可着[-著] V.P. <coll.> manage to make do
kězhédié 可折叠[-疊] ATTR. collapsible; foldable

K

kězhěgānyǐn 渴者甘饮 F.E. All drink is sweet to a thirsty person.
kēzhèng* 苛政 N. tyranny
kèzhēng 课征[-徵] V. levy/impose taxation
kēzhèngbàoliǎn 苛政暴敛 F.E. extort heavy taxes and levies
kēzhèng měng yú hǔ 苛政猛于虎[---於-] F.E. Tyranny is more cruel than a tiger.
kězhe tóu zuò màozi 可着头做帽子[-著----] F.E. <coll.> cut one's coat according to one's cloth
kězhī 可知 ATTR./ADV. ① knowable ② evidently
[1]**kèzhì*** 克制 V. restrain; exercise restraint; control
[2]**kèzhì** 刻志 N. inscription
kězhīpèi shōurù 可支配收入 N. <econ.> disposable income
kězhīxìng 可知性 N. knowability
[1]**kèzhōng** 刻钟[-鐘] M. quarter-hour
[2]**kèzhōng** 客中 ADV. away from the place of family origin; on the road
kèzhōuqiújiàn 刻舟求剑 ID. take measures without regard to changes in circumstances; stupid/useless action
kězhuǎnhuànxìng 可转换性[-轉換-] N. interchangeability
kězhuǎnràng zhèngquàn 可转让证券[-轉讓證-] N. <com.> negotiable instruments (bonds/stocks/etc.)
kèzhuō 课桌 N. classroom desk M: [1]*zhāng*
kězhuōzi 可桌子 ADV. <topo.> all over a table/desk
kē zhǔrèn 科主任 N. department head M: [2]*wèi*
[1]**kēzi** 棵子 N. <topo.> plant stem; stalk; stem
[2]**kēzi** 蝌子 N. <coll.> tadpole M: [1]*tiáo*
kézi 壳子[殼-] N. ① shell ② packaging case ③ the outer surface (as opposed to the contents or substance)
kèzi 锞子 N. gold/silver ingot
kèzǐ 客子 N. alien resident
kèzì* 刻字 V.O. carve characters on seals/etc.
kězījiànjiè 可资鉴戒[--鑒-] F.E. can serve as a warning
kèzìshè 刻字社 N. seal-engraving shop M: [1]*jiā*/[1]*jiān*
kě-zìyóuduìhuàn huòbì 可自由兑换货币[----换-幣] N. convertible currency
kēzuì 科罪 V. mete out punishment
kèzūn 恪遵 V. carefully obey (laws/etc.)
kězuò* 可作 S.V. (sth.) needing to be done
kèzuò 客座 N. guest seat/position
kèzuò jiàoshòu 客座教授 N. visiting/adjunct professor M: [2]*wèi*
kèzuò zhǐhuī 客座指挥 N. a guest conductor
Kiril zìmǔ Kiril字母 N. <lg.> Cyrillic alphabet
[1]**kōng*** 空 S.V. ① empty; hollow; void ② high and vast ③ fictitious; unreal; impractical ④ vain and useless ♦B.F. sky; space ***tiānkōng*** ♦N. <Budd.> sunyata; emptiness; void ♦V. ① empty; exhaust ② leave empty *See also* [1]*kòng*
[2]**kōng** 悾 B.F. guileless [2]***kōngkōng***, ***kōngkuǎn***
[3]**kōng** 倥 in ***kōngtóng*** *See also* [3]*kǒng*
[4]**kōng** 箜 in ***kōnghóu***
[1]**kǒng** 孔 N. ① hole; aperture ② Surname ♦M. *for holes/pits* ♦ADV. ① badly ② very
[2]**kǒng** 恐 B.F. ① fear, dread ***kǒngjù*** ② terrify; intimidate ***kǒnghè*** ♦ADV. perhaps; I'm afraid that. . .
[3]**kǒng** 倥 in ***kǒngzǒng***, ***róngmǎkǒngzǒng*** *See also* [3]*kōng*
[1]**kòng(r)** 空(儿)[-(兒)] N. ① leisure; free/spare time ② chance ③ room; space ***Xiāngzi li hái yǒu ~ ma?*** Is there still room in the suitcase? ♦S.V. ① blank ② spacious ③ wanting *See also* [1]*kōng*
[2]**kòng** 控 B.F. ① accuse; charge ***kònggào*** ② control; dominate ***kòngzhì*** ♦V. turn a container/vessel upside down; pour out
kōngbǎ 空靶 N. airborne target
kòngbái 空白 N. ① blank space ② the sky
kòngbáidài 空白带[-帶] N. blank tape M: [1]*pán*
kòngbáidiǎn 空白点[-點] N. blank; blank spot
kòngbàn 控办[-辦] <coll.> ATTR. government-controlled (of office-use purchases)
kōngbāodàn 空包弹 N. blank cartridge M: [1]*kē*
kòngbiān 控编 V.O. limit the number of staff
kǒngbìgǔwén 孔壁古文 F.E. ancient texts discovered in the wall of Confucius's home in the Han dynasty
kōngbō 空播 N. aerial sowing
kǒngbù 恐怖 S.V. fearful; horrible ♦N. terror
kǒngbùbìng 恐怖病 N. phobia
kǒngbù fànzi 恐怖贩子 N. terrormonger
kǒngbù fènzǐ 恐怖分子 N. terrorist
kǒngbùgǎn 恐怖感 N. sense of fear
kǒngbùpiānr 恐怖片儿 N. horror films M: [2]*bù*
kǒngbù shídài 恐怖时代[--時-] N. age of terror
kǒngbùzhèng 恐怖症 N. <med.> phobia
kǒngbùzhǔyì 恐怖主义[--義] N. terrorism
kōngcāngfèi 空仓费[-倉-] N. dead freight (in transportation)
kōngcháng 空肠[-腸] N. ① <phys.> jejunum ② <bot.> skull cap; *scutellaria*
kōngchǎngr 空场儿[-場-] N. ① empty square/area ② open area M: [2]*kuài*/[1]*piàn*
[1]**kōngchéng** 空城 N. deserted city M: [4]*zuò*
[2]**kōngchéng** 空乘 N. plane attendant
kōngchénghuàbǐng 空成画饼[--畫-] F.E. be but a sham
kōngchéngjì 空城计 N. undefended city stratagem; bluff
kōngchuán 空船 N. deserted boat M: [1]*sōu*/[1]*tiáo*
kōngchuànliè 空串列 N. <comp.> null/empty string
kòngcí 控词 N. charge; complaint M: [1]*piān*
kōngdàicí 空代词 N. <lg.> null pronoun
[1]**kōngdàng** 空挡[-擋] N. ① neutral (gear) ② vacancy in cinema schedule ③ free/spare time
[2]**kōngdàng** 空荡[-蕩] N. deserted; empty
kòngdāng(r)* 空当(儿)[-當-] N. break; interval
kōngdàngdàng 空荡荡[-蕩蕩] V.P. empty; deserted
kòngdāngzi 空当子[-當-] N. <coll.> gap; break
kōngdào 空道 N. deserted way/road M: [1]*tiáo*
kǒngdào* 孔道 N. ① thoroughfare ② a narrow passage; channel M: [1]*tiáo* ③ Confucian teachings
Kǒng Déchéng 孔德成 (1920–) N. 77th-generation lineal descendant of Confucius; scholar and KMT official
kōng de huāng 空得慌 V.P. very empty (of stomach)
kōngděng 空等 V. wait in vain
kòngdì(r) 空地(儿) N. open ground/space M: [2]*kuài*/[1]*piàn*
kōngdòng* 空洞 ATTR. ① empty, hollow; devoid of content; shallow ② abstract; purely speculative ♦N. cavity; void
kǒngdòng 孔洞 N. opening/hole in a utensil/etc.
kōngdòngwúwù 空洞无物 F.E. utterly lack substance; be devoid of content
kòngdù 空肚 V.O. empty stomach
kōngduìdì 空对地[-對-] ATTR. air-to-ground
kōngduìdì fēidàn 空对地飞弹[-對-飛-] N. <mil.> air-to-ground guided missile
kōngduìkōng 空对空[-對-] ATTR. ① air-to-air ② impractical; vague and general; devoid of content
kōngduìkōng fēidàn 空对空飞弹[-對-飛-] N. <mil.> air-to-air guided missile
kōngduìkōng jīguāng xìtǒng 空对空激光系统[-對-----] N. air-to-air laser system
kòng'é 空额 N. vacancy
kōngfá 空乏 S.V. ① poverty-stricken; destitute ② impoverished
kōngfān 空翻 V./N. somersault; flip
kōngfàn* 空泛 S.V. ① vague and general; not specific ② hollow
kōngfànchóu yuánlǐ 空范畴原理[-範疇--] N. <lg.> empty category principle
kōngfáng* 空防 N. air defense
kòngfáng(r/zi) 空房(儿/子) N. ① vacant room M: [1]*jiān* ② deserted/haunted house M: [4]*zuò*
kōngfáng biànshíquān 空防辨识圈[---識-] F.E. air-defense identification zone
kǒngfāngxiōng 孔方兄 N. money; cash
kòngfāng zhèngrén 控方证人[--證-] N. <law> prosecution witness M: [2]*wèi*
kǒngfāngzhīlì 孔方之力 N. the power of money
kōngfèi 空费 V. waste (time/money)
kōngfù* 空腹 ADV. on an empty stomach
Kǒngfù 孔父 N. Confucius
kōngfùgāoxīn 空腹高心 F.E. poor in talent but very ambitious
Kǒng fūzǐ 孔夫子 N. Confucius
kōnggǎng 空港 N. airport M: [4]*zuò*
kònggào 控告 V. charge; accuse ♦N. accusation
kònggàoxìn 控告信 N. letter of complaint M: [2]*fēng*
kǒnggāozhèng 恐高症 N. acrophobia
kònggé(r) 空格(儿) N. blank space (on a form) ♦V.O. leave space
kònggéjiàn 空格键 N. spacebar
kònggòu 控购[-購] V.O. control the purchase (of goods in short supply)
kònggòubàn 控购办[-購辦] N. office for controlling institutional purchasing
kōnggǔ 空谷 N. deep valley
kònggǔ* 控股 ATTR. <econ.> holding
kònggǔ gōngsī 控股公司 N. <econ.> holding company
kōnggǔ huíyīn 空谷回音 N. echo in a deep valley
kōngguīdúshǒu 空闺独守[--獨-] F.E. lead the lonely life of a widow/deserted wife
kònggǔquán 控股权[-權] N. control right to shares
kōnggǔzúyīn 空谷足音 F.E. sth. rare and unexpected, esp. words/speech
kōnghán 空函 N. ① envelope without a letter ② letter asking for sth. without enclosing return postage M: [2]*fēng*
kōnghǎn* 空喊 V. pontificate without action
kōnghào 空耗 V. waste
kōnghàocí 空号词[-號-] N. <lg.> empty categories
kōnghào cílèi 空号词类[-號-類] N. <lg.> empty category
kōnghào cílèi yuánzé 空号词类原则[-號-類--] N. <lg.> empty category principle (ECP)
kōnghào fànchóu 空号范畴[-號範疇] N. <lg.> empty category
kōnghào jiédiǎn hénjì 空号节点痕迹[-號節點-跡] N. <lg.> empty node trace
kōnghào jiédiǎn yuánzé 空号节点原则[-號節點--] N. <lg.> empty node principle
kōnghào míngcízǔ 空号名词组[-號---] N. <lg.> empty/null noun phrase
kōnghào tiánbǔcí 空号填补词[-號-補-] N. <lg.> null expletive
kōnghào yùnfú 空号运符[-號運-] N. <lg.> null operator
kōnghào yǔsù 空号语素[-號--] N. <lg.> zero morpheme
kōnghào zhàoyìngcí 空号照应词[-號-應-] N. <lg.> null anaphor
kōnghào zhǔtí 空号主题[-號--] N. <lg.> null topic
kōnghào zhǔyǔ 空号主语[-號--] N. <lg.> null subject
kǒnghè 恐吓/赫[-嚇] V. threaten; intimidate ♦N. threat
kōnghé fēngyǔbiǎo 空盒风雨表 N. <phy.> aneroid barometer
kōnghé qìyājì 空盒气压计[--氣壓-] F.E. aneroid barometer
kǒnghèxìn 恐吓信[-嚇-] N. blackmailing/threatening letter M: [2]*fēng*
kǒnghèzuì 恐吓罪[-嚇-] N. an offense of blackmail/intimidation
kōnghóu 箜篌 N. ancient harp
kōnghuà 空话 N. empty/idle talk

kōnghuái* 空怀[-懷] V.P. <zoo.> non-pregnant; barren
kǒnghuái 孔怀[-懷] V. think very much of each other
kōnghuáidàzhì 空怀大志[-懷--] F.E. have unrealizable ambitions
kōnghuàliánpiān 空话连篇 F.E. pages and pages of empty verbiage
kōnghuàn 空幻 S.V. visionary; illusory
kǒnghuāng* 恐慌 S.V./N. panic M: [1]*zhèn*
kǒnghuáng 恐惶 S.V. fear; be afraid/frightened
kǒnghuāngwànzhuàng 恐慌万状[-萬狀] F.E. panic-stricken
kōng huānxǐ 空欢喜[-歡-] V. rejoice too soon; be/feel let down
kōnghuí 空回 N. backlash
kǒnghuǒzhèng 恐火症 N. pyrophobia
[1]**kōngjì*** 空际[-際] ADV. in the sky/air
[2]**kōngjì** 空寂 S.V. quiet and deserted
kǒngjí 孔急 V.P. urgent
Kǒngjiādiàn 孔家店 N. <derog.> Confucianism as official Chinese ideology ***Dǎdǎo ~!*** Down with Confucius and Sons!
kōngjiān 空间 N. open air/sky/space
kōngjiān de zhìrèn 空间的指认[-認] N. spatial identity
kōngjiān diǎnzhèn 空间点阵[--點-] N. <phy.> space lattice; crystal lattice
kōngjiān dùchuán 空间渡船 N. spaceship
kōngjiàng 空降 V. drop from the sky; land from the air ♦ATTR. airborne
kōngjiāngǎn 空间感 N. sense of space
kōngjiàngbīng 空降兵 N. airborne force; paratroops M: [4]*zhī*
kōngjiàng bùduì 空降部队[-隊] N. <mil.> airborne troops
kōngjiān guānxìxué 空间关系学[--關係-] N. proxemics
kōngjiàng zhèndì 空降阵地 N. <mil.> airhead
kōngjiān hángkōng kēxué 空间航空科学 N. aerospace science
kōngjiān huāyuán 空间花园[-園] N. hanging garden
kōngjiān jìshù 空间技术[-術] N. space technology
kōngjiān shēngmìngxiàn 空间生命线 N. (spaceship) umbilical cord
kōngjiān shíyànshì 空间实验室[--實--] N. skylab
kōngjiān tànsuǒqì 空间探索器 N. space probe
kōngjiān tiānwéntái 空间天文台[-臺] N. space observatory
kōngjiān yǔfǎ 空间语法 N. <lg.> space grammar
kōngjiānzhàn 空间站 N. space station M: [4]*zuò*
kōngjiān zhījué 空间知觉[-覺] N. <psy.> space perception
Kǒngjiào 孔教 N. Confucianism; Confucian teachings
kǒngjiǎoshòu 恐角兽[-獸] N. <zoo.> dinoceras M: [2]*zhī*
kōngjiàzi 空架子 N. bare outline; mere skeleton; empty frame/facade
kōngjié 空劫 N. <Budd.> the empty kalpa (eon)
kōngjiě(r)* 空姐(儿) N. <slang> stewardess; female flight attendant M: [2]*wèi*/[1]*míng*
kōngjiè 空界 N. <Budd.> the realm of emptiness
kōngjíhé 空集合 N. <math.> empty/null set
kǒngjìng 孔径[-徑] N. aperture; bore diameter
kōngjìngtóu 空镜头 N. empty scene
kōngjíshìsè* 空即是色 F.E. <Budd.> The immaterial is the material. (Sunyata is rupa.)
kōngjìshìsè 空既是色 F.E. <Budd.> The immaterial is the material. (Sunyata is rupa.)
kǒngjù 恐惧[-懼] V. fear; dread; be afraid of
kǒngjùbù'ān 恐惧不安[-懼--] F.E. be frightened and perturbed
kǒngjùgǎn 恐惧感[-懼-] N. feeling/sense of fear
kōngjūn 空军 N. air force
kōngjūn dàduì 空军大队[-隊] N. <mil.> air force group
kōngjūn guānxiào 空军官校 N. air-force academy
kōngjūn jīdì 空军基地 N. <mil.> air base
kōngjūnjié 空军节[-節] N. <TW> air-force holiday
kōngjūn jīxiào 空军机校 N. air-force technical school
kōngjūn jīxiè xuéxiào 空军机械学校 N. air-force technical school
kōngjūn jūnguān xuéxiào 空军军官学校 N. air-force academy
kōngjūn liánduì 空军联队[-聯隊] N. <mil.> a wing (air force)
kōngjūn shàngjiàng 空军上将[-將] N. <mil.> general of the air force
kōngjūn wǔguān 空军武官 N. <mil.> air attaché M: [2]*wèi*/[1]*míng*
kōngjūn yīyuàn 空军医院[--醫-] N. air-force hospital
kōngjūn zhīchí 空军支持 N. <mil.> air support
kōngjūn zhōngduì 空军中队[-隊] N. <mil.> (air-force) squadron
kǒngjùzhèng 恐惧症[-懼-] N. phobia
[1]**kōngkōng** 空空 R.F. <coll.> empty ♦A.T. <Budd.> unreality of unreality
[2]**kōngkōng** 悾悾 R.F. ①sincere; candid ②simple minded
kōngkōngdòngdòng 空空洞洞 V.P. ① insubstantial (speech/etc.) ② bare (room)
kōngkōngr 空空儿 ADV. bringing nothing; with empty hands (of guest/etc.)
kōngkōngrúyě 空空如也 F.E. absolutely empty
kōngkōngtángr 空空膛儿 F.E. <topo.> empty-headed
kōngkǒu 空口 V.O. ① eat without drinking or drink without eating ② prattle
kōngkǒu báihuà 空口白话 V.P. make empty promises; pay (mere) lip service ♦N. empty promise without substance; empty words
kōngkǒu chī 空口吃 V.P. ① eat dishes without rice/wine ② eat rice or drink wine with nothing to go with it
kōngkǒunánpíng 空口难凭[-難憑] F.E. have only verbal statements without any proof; Mere verbal statements cannot be taken as proof.
kōngkǒu shuō báihuà 空口说白话 F.E. make empty promises; pay mere lip service
kōngkǒuwúpíng 空口无凭[-憑] F.E. mere verbal statement is no guarantee
kōngkuǎn 悾款 V.P. sincere; candid
kōngkuàng 空旷[-曠] S.V. open; spacious; expansive
kōngkuì 空匮 V.P. scarce; poor
kōngkuò 空廓/阔 S.V. <wr.> open; spacious
kōnglǎnglǎng 空朗朗 V.P. empty; deserted
Kǒng-Lǎo 孔老 N. Confucius and Laozi
Kǒnglín 孔林 N. the tomb of Confucius in Shandong
kōnglíng 空灵[-靈] S.V. lovely; lyrical; artistic
kǒnglóng 恐龙 N. dinosaur M: [1]*tiáo*
kōnglùn 空论 N. empty talk
kōngluōluō 空落落 V.P. ① absolutely nothing left ② open/spacious and desolate
kòngmǎ 控马 V.O. rein in a horse
[1]**kōngmáng** 空忙 V. make fruitless efforts
[2]**kōngmáng** 空茫 V.P. empty and limitless
kǒng-Měi-zhèng 恐美症 N. Americaphobia
kōngmén* 空门 N. ① Buddhism ② school of unreality
Kǒngmén 孔门 N. disciples of Confucius
kōngméng 空濛 V.P. <wr.> hazy; misty
Kǒng-Mèng* 孔孟 N. Confucius and Mencius
Kǒng-Mèng xuéhuì 孔孟学会 N. association of Confucius and Mencius
Kǒng-Mèng zhī dào 孔孟之道 N. doctrines of Confucius and Mencius
Kǒngmiào 孔庙[-廟] P.W. Confucian temple M: [4]*zuò*
[1]**kōngmíng*** 空名 N. ① empty title, empty name ② undeserved reputation
[2]**kōngmíng** 空明 S.V. effulgent
Kǒngmíng 孔明 N. name of Zhuge Liang on reaching manhood
kǒngmíngdēng 孔明灯[-燈] N. paper lamp capable of flight M: [1]*zhǎn*
kōngmíng'é 空名额 N. open/vacant position
kǒngmù 孔目 N. ① clauses of an agreement ② <trad.> title of archivist
kōngnàn 空难[-難] N. airplane/space disaster
kōngnàn shìjiàn 空难事件[-難--] N. air disaster; airplane crash/collision
kǒngpà 恐怕 V. fear ♦AUX. ① I'm afraid; I fear ② perhaps; probably; maybe
kōngpán 空盘[-盤] N. ① buying long or selling short; speculation ② nominal prices ③ blank disk
kōngpǎo* 空跑 V. hurry in vain
kōngpào 空炮 V. fire blindly
kōngpàodàn 空炮弹 N. aimless shelling M: [1]*kē*
kōngpǎo yī tàng 空跑一趟 V.P. take the trip without achieving the purpose
kōngpì 空僻 S.V. empty and quiet (of a place)
kōngpíng 空瓶 N. empty bottle
kōngqì* 空气[-氣] N. ① air ② atmosphere
kǒngqí 恐其 A.T. possibly; probably
kōngqián 空前 V.P. unprecedented
kōngqiánchūzhòng 空前出众[-眾] F.E. unprecedentedly outstanding
kōngqiánjuéhòu 空前绝后[-絕後] F.E. unprecedented and unrepeatable; unique; unparalleled
kōngqiánwèiyǒu 空前未有 F.E. unprecedented; without parallel
kōngqiáo 空桥[-橋] N. air bridge M: [4]*zuò*
kǒngqiào* 孔窍[-竅] N. crevice; opening
kōngqì chuánrǎn 空气传染[-氣傳-] N. airborne infection
kōngqìchuí 空气锤[-氣-] N. pneumatic hammer; air hammer
kōngqì dàndào 空气弹道[-氣--] N. aeroballistic/atmospheric trajectory
kōngqìdiàn 空气垫[-氣墊] N. air mattress M: [1]*zhāng*
kōngqì jiāshīqì 空气加湿器[-氣-濕-] N. humidifier
kōngqìliútōng 空气流通[-氣--] F.E. air ventilation/circulation
kōngqìmén 空气门[-氣-] N. <mach.> choke
kōngqín 空勤 N. air duty
kōngqìnáng 空气囊[-氣-] N. air bag
kōngqín rényuán 空勤人员 N. aircraft/flight crew M: [2]*wèi*/[1]*míng*
kōngqìqiāng 空气枪[-氣槍] N. air gun M: [1]*bǎ*/[4]*gǎn*
kōngqì qīngxīnjī 空气清新机[-氣---] N. air purifier
kōngqì tiáojié 空气调节[-氣-節] N. air-conditioning
kōngqì tiáojiéqì 空气调节器[-氣-節-] N. air-conditioner
Kǒng Qiū* 孔丘 (551–479 B.C.) N. Confucius
kòngqiú 控球 V.O. <sport> control the ball
kōngqì wūrǎn 空气污染[-氣--] N. air pollution
kōngqì wūrǎn jǐngbào 空气污染警报[-氣---報] N. air pollution alert
kōngqì wūrǎn zhì'áixìng 空气污染致癌性[-氣-----] N. air pollution carcinogenesis
kōngqì xúnhuán 空气循环[-氣-環] N. air circulation
kōngqì yāsuōjī 空气压缩机[-氣壓--] N. air compressor
kōngqìyù 空气浴[-氣-] N. air bath
kōngqì zhìdòngjī 空气制动机[-氣-動-] N. air brake
kōngqì zǔlì 空气阻力[-氣--] N. air drag/resistance
kōngqù 空阒 V.P. <wr.> empty and quiet
kōngquán 空拳 V.P. bare-handed ♦N. <trad.> bow without arrow

kǒngquè* 孔雀 N. peacock; peafowl; peahen M: ^{2}zhī
kòngquē 空缺 N. ① vacant position; vacancy ② <lg.> gapping
kǒngquè kāipíng 孔雀开屏[--開-] V.P. ① A peacock spreads its tail. ② be beautiful
kǒngquèlán 孔雀蓝[--藍] N. peacock blue
kǒngquèlǜ 孔雀绿 N. peacock/malachite green
kǒngquèshí 孔雀石 N. ① malachite M: ^{1}kē ② <art> mineral green pigment
kǒngquèyú 孔雀鱼 N. a kind of tropical fish M: ^{1}tiáo
kōngqúnzhīxuǎn 空群之选[-選] N. pick of the bunch/best
kòngr 空儿 N. ① empty space ② free time
kǒngshè 恐慑[-懾] V. <wr.> fear; dread
kōngshēn(r) 空身(儿) N. ① person without luggage ② unarmed person
Kǒngshèng 孔圣[-聖] N. Confucius the Sage
kōngshǐ 空驶 V. go without carrying anything (of a vehicle)
kōngshǒu(r)* 空手(儿) ADV. ① empty-handed ② unarmed ③ without copy/model ♦N. empty hand(s)
kǒngshòu 恐兽[-獸] N. a scary animal M: ^{2}zhī
kōngshǒuchéngjiā 空手成家 F.E. build up one's fortune from scratch
kōngshǒudào 空手道 N. <Jp. loan> karate
kōngshǒu'érhuí 空手而回 F.E. return empty-handed
kōngshǒuqǐjiā 空手起家 F.E. make a fortune starting from nothing
kōngshǒushàngmén 空手上门 F.E. visit sb. without bringing presents
kōngshū 空疏 V.P. <wr.> shallow; superficial
kǒngshuǐbìng 恐水病 N. <med.> rabies
kōngshuō* 空说 V. talk speciously without action
kǒngshuò 孔硕 V.P. huge; immense
kōngshuō wúyòng 空说无用 V.P. Empty boasts are useless.
kòngsù 控诉 V./N. accuse; denounce; make complaint against
kòngsùhuì 控诉会 N. <PRC> meeting for placing charges against oppressors M: ^{2}chǎng
kòngsùrén 控诉人 N. accuser M: ^{2}wèi/ge
kòngsùzhuàng 控诉状[-狀] N. written appeal M: ^{1}zhāng
kōngtán 空谈 V./N. prattle
kōngtánwùguó 空谈误国[-國] F.E. Empty talk jeopardizes national interests (usually said of intellectuals).
kōngtánwúyì 空谈无益 F.E. It's useless to make empty talk.
kōngtánzhǔyì 空谈主义[-義] N. phrase-mongering
kōngtiáo 空调 N. ① <PRC> air-conditioner; air-conditioning ② <slang> empty promise/pledge
kōngtóng 倥侗 V.P. <wr.> ignorant; unenlightened
^{1}kōngtǒng* 空桶 N. empty barrel
^{2}kōngtǒng 空筒 N. ① empty tube-shaped container ② empty-headed person
kōngtóngshù 空桐树[-樹] N. dove tree M: ^{2}kē
kōngtǒngzi 空桶子 N. ① empty barrel ② a know-nothing
^{1}kōngtóu 空头 N. <econ.> bear; short-seller ♦ATTR. nominal; phony
^{2}kōngtóu 空投 V. air-drop
kōngtóubǎo 空头堡 N. <mil.> airhead
kōngtóuchǎng 空投场[-場] N. air-drop area
kōngtóur 空头儿 N. empty title (without power)
kōngtóu tèwu 空投特务[-務] N. air-dropped spies
kōngtóu zhèngzhì 空头政治 N. empty politicking
kōngtóu zhīpiào 空头支票 N. ① rubber check ② empty promise M: ^{1}zhāng
kǒngwàizhèng 恐外症 N. xenophobia
Kōngwáng 空王 N. Buddha
kòngwèi(r/zi) 空位(儿/子) N. vacant seat/position
kōngwén 空文 N. ineffective law/rule/etc.
kòngwēnqì 控温器 N. thermostat M: ^{1}tái
kōngwū* 空屋 N. vacant/unoccupied room M: ^{4}zuò/^{1}jiān
kōngwú 空无 N. unreality
kōngwúyīrén 空无一人 F.E. without any one there
kǒngwǔyǒulì 孔武有力 F.E. very strong and brave; herculean
kōngxī 空吸 N. suction
kōngxí 空袭 V./N. air raid
kǒngxì 孔隙 N. small opening
kòngxì* 空隙 N. gap; loophole; interval
kòngxiá 空暇 N. free/spare time
kòng xiàlai 空下来 R.V. leave vacant; vacate
^{1}kòngxián 空闲 N. free/spare time; leisure
^{2}kòngxián 控弦 V.O. draw a bow
kōngxiǎng 空想 V./N. fantasy; daydream
kōngxiǎngjiā 空想家 N. dreamer; visionary M: ^{2}wèi/ge
kōngxiǎng shèhuìzhǔyì 空想社会主义[-義] N. utopian socialism
Kǒng Xiángxī 孔祥熙 (1881–1967) N. banker, businessman, high KMT official
kǒngxìdù 孔隙度 N. porosity
kǒngxié 恐胁[-脅] V. frighten and threaten
kōngxí jǐngbào 空袭警报[-報] N. air-raid alarm
kōngxīn(r) 空心(儿) ATTR. ① hollow ② having nothing in mind ③ on an empty stomach *bié hē ~ jiǔ* Don't drink on an empty stomach.
kōngxīncài 空心菜 N. water spinach M: ^{2}kē/kǔn
kōngxīn chángsī 空心长丝[-絲] N. <chem.> fibber; hollow filament
kōngxīn dàlǎoguān 空心大老倌 N. <topo.> a stuffed shirt
kǒngxíng* 孔型 N. (mining) a pass
kǒngxìng 孔性 N. porosity
kōngxīn jiàzi 空心架子 N. be sth.in form only; pretend
kōngxīn jiǔ 空心酒 N. alcohol drunk on an empty stomach
kōngxīn lǎodà 空心老大 N. <coll.> pretentious person
kōngxīn luóbo 空心萝卜[--蘿-] N. <coll.> one without genuine talent
kōngxīnmiàn 空心面[-麵] N. macaroni
kōngxīn tāngtuán 空心汤团[-湯團] N. <topo.> pipe-dream; bubble
kōngxīnzhuān 空心砖[-磚] N. hollow brick M: ^{2}kuài
kōngxǐ yī cháng 空喜一场[-場] V.P. dream of happiness
kōngxū 空虚[-虛] S.V. hollow; void; devoid of meaning
kōngxué 空穴 N. hole
kǒngxué* 孔穴 N. hole; cavity
Kǒngxué 孔学 N. Confucianism
kōngxuéláifēng 空穴来风 F.E. lay oneself open to criticism
kōngxūshòuyì 空虚受益[-虛--] F.E. One is benefited by being humble.
kōngyán 空言 N. empty verbiage
kōngyánwúbǔ 空言无补[-補] F.E. Empty talk is of no avail.
kǒngyǎnxiàn 孔眼线 N. perforated line
kǒng-Yīng-bìng 恐英病 N. Anglophobia
kōngyóu 空邮[-郵] N. airmail
kōngyǒu* 空有 N. <Budd.> existence and non-existence ♦V. vainly possess
kōngyǒuxíngshì 空有形式 F.E. form without content; all show and no content
kōngyù 空域 N. airspace
kòngyú* 空余 ATTR. ① spare; extra ② free; vacant; unoccupied
kòngyù 控御 V. control and direct
^{1}kōngyùn 空运[-運] V./N. air transport
^{2}kōngyùn 空韵[-韻] N. <lg.> empty ^{5}yùn
kōngyūnbìng 空晕病 N. airsickness
kōngyùn huòwù 空运货物[-運--] N. air freight/cargo
kōngzài 空载 N. weight empty (in space)
kōngzàng 空葬 N. aerial funeral (spreading the ashes of the dead over a land spot)
kōngzhà 空炸 N. airburst
kōngzhàn 空战[-戰] N. air battle M: ^{2}chǎng
kōngzhāopai 空招牌 N. ① mere signboard ② figure-head M: ^{2}kuài
kōngzhejìngr 空着镜儿[-著--] F.E. <topo.> hungry
kòngzhì 控制 V./N. control; dominate; command
kòngzhìbǎn 控制板 N. control plate M: ^{2}kuài
kòngzhì bùmén 控制部门 N. control section/unit
kòngzhìgǎn 控制杆 N. control rod M: ^{2}gēn
kòngzhì hé jiānkòng xìtǒng 控制和监控系统[---監---] N. control and monitoring system
kòngzhìjiàn 控制键 N. control key
kòngzhì jiégòu 控制结构[-構] N. <lg.> control structure
kòngzhì jìsuànjī 控制计算机 N. control computer
kòngzhìlì 控制力 N. control force/power
kòngzhì liánxiǎng 控制联想[--聯-] N. <psy.> controlled association
kòngzhìlùn 控制论 N. cybernetics
kòngzhìqì 控制器 N. controller
kòngzhìquán 控制权[-權] N. power/right of control
kòngzhìshì 控制室 N. control room M: ^{1}jiān
kòngzhì shùzì 控制数字[--數-] N. <econ.> control figure
kòngzhìtái 控制台[-臺] N. <automation> console M: ^{4}zuò
kòngzhìxìng 控制性 N. controllability
kòngzhì yīzhì yuánlǐ 控制一致原理 N. <lg.> control agreement principle
kòngzhìyùrú 控制裕如 F.E. have easy control of the matter; be restrained or lenient, as it suits one
kòngzhìzhàn 控制站 P.W. control center/station
kòngzhì zhōngxīn 控制中心 P.W. control center
kòngzhì zhù 控制住 V. bring under control; take control of
kòngzhìzǔ 控制组 N. <lg.> control group
kòngzhì zuòwén 控制作文 N. <lg.> controlled composition
kōngzhong 空钟[-鐘] N. <coll.> diabolo (a game using a spinning top)
kōngzhōng* 空中 N. in the sky; in the air; a erial; overhead
kōngzhòng 空重 N. empty weight (in transportation)
kōngzhōng bǎolěi 空中堡垒[-壘] N. flying fortress M: ^{1}jià
kōngzhōng dàxué 空中大学 N. on-line college/university; university of the air
kōngzhōng fēirén 空中飞人[--飛-] N. flying trapeze artist M: ^{2}wèi/ge
kōngzhōng gōnggòng qìchē 空中公共汽车 N. ① airbus; skylounge ② cable car M: ^{2}bù/^{3}liàng
kōngzhōng guǎnggào 空中广告[--廣-] N. skywriting (usu. for advertising)
kōngzhōng jiàndié 空中间谍 N. spy in space
kōngzhōng jiāotōng guǎnzhì 空中交通管制 N. air-traffic control
kōngzhōng jiàoyù 空中教育 N. education through broadcast media
kōngzhōng jiéchí 空中劫持 N. aerial hijacking/piracy
kōngzhōng jìnqū 空中禁区[-區] N. no-fly zone; restricted airspace
kōngzhōng kèchē 空中客车 N. airbus; skybus
kōngzhōng lǎnchē 空中缆车[--纜-] N. cable car
kōngzhōng lóugé 空中楼阁[--樓-] N. castle in the air
kōngzhōng páxíng dòngwù 空中爬行动物[----動-] N. <bio.> flying reptiles
kōngzhōng xiǎojie 空中小姐 N. air-stewardess M: ^{2}wèi/^{1}míng
kōngzhōng yōushì 空中优势[-優勢] N. strategic advantage in the air

kōngzhōng yùjǐng fēijī 空中预警飞机[----飛-] N. air warning plane
kōngzhōng zhēnchá 空中侦察 N. skyscout
kōngzhōng zǒuláng 空中走廊 N. air corridor in and out of a country M: [1]*tiáo*
kōngzhú 空竹 N. diabolo (a game using a spinning top)
kōngzhuàn 空转[-轉] V. idle; race (a machine)
Kǒngzǐ 孔子 N. Confucius
kòngzi* 空子 N. ① gap; opening ② chance; opportunity
kǒngzǒng 倥偬[-傯] V.P. <*wr.*> ① pressing; urgent ② poverty-stricken; destitute
kòngzuì 控罪 V.O. charge; accuse
kòngzuòr 空座儿 N. vacant seat
[1]**kōu** 抠[摳] V. ① dig/pick out ② carve; cut ③ delve into; study meticulously ④ lift one's garment ♦S.V. stingy; miserly
[2]**kōu** 眍[瞘] V. sink in; become sunken (of eyes)
[3]**kōu** 芤 B.F. <*trad.*> onion; scallion ***kōumài***
kǒu(r)* 口(儿)[-(兒)] N. ① mouth ② opening; entrance ③ Great Wall gateway ④ hole; cut ⑤ knife edge ⑥ age of draft animal ♦M. *for mouthfuls/people/wells/etc.* ***Wǒmen jiā jiù yǒu liǎng ~ rén.*** There are only two people in our family. ♦ATTR. <*lg.*> oral; buccal
[1]**kòu** 扣 V. ① button/buckle/tie up ② cover with concave object ③ detain; arrest ④ deduct; discount ⑤ smash or spike (a ball) ♦N. ① discount ***Wǒ gěi nǐ dǎ bā ~.*** I'll give you a 20 percent discount. ② knot; button; buckle ♦M. *for bundles/bunches/etc.*
[2]**kòu** 寇 B.F. ① bandit ***kòufěi*** ② invader; enemy ***díkòu*** ③ invade; harass ***rùkòu*** ♦N. Surname
[3]**kòu** 叩 B.F. ①knock ***kòumén*** ②kowtow [1]***kòutóu*** ③ ask ***kòuwèn***
[4]**kòu** 筘 N. reed
[5]**kòu** 蔻 B.F. cardamom ***dòukòu*** ♦in ***kòudān***
[6]**kòu** 彀[鷇] B.F. newly hatched bird; fledgling ***kòushí, kòuyīn***
kǒu'àn* 口岸 N. port
kòu'ān 叩安 V. send greetings
kǒubái 口白 N. spoken parts in an opera
kòubài* 叩拜 V. kowtow (in letter to superiors)
kòu bānjī 扣扳机 V.O. pull the trigger
kǒubēi* 口碑 N. public praise
Kǒuběi 口北 P.W. area north of Zhangjiakou
kǒubēizàidào 口碑载道 F.E. known and praised widely
kǒubiàn* 口辩 V.P. skilled in repartee
kòubiān 扣边[-邊] V.O. demand passage at the frontier
kòubǐng 叩禀[-稟] V. bow in salute (in letter to superiors)
kǒubù* 口布 N. napkin M: [2]*kuài*
kòubù 扣布 N. locally made cloth M: [2]*kuài*
kǒubù de 口部的 ATTR. <*lg.*> oral
kǒubùzéyán 口不择言[--擇-] F.E. talk recklessly
kǒucái 口才 N. eloquence
kǒuchén* 口沉 V.P. <*topo.*> like/prefer salty/spicy food
kǒuchěn 口碜[-磣] S.V. vulgar in one's speech
kǒuchēng 口称[-稱] V. claim to be; say; profess
kōuchi 抠哧[摳-] V. <*coll.*> pick at sth.; scratch/dig sth. out with finger or thin object; probe; dig out facts
kǒuchī 口吃 N. stuttering; stammering
kǒuchǐ* 口齿[-齒] N. ① enunciation ② ability to talk
kòuchǐ 叩齿[-齒] V.O. clicking the teeth (a method of dental care)
kǒuchǐ bù qīng 口齿不清[-齒--] V.P. speak with a lisp
kǒuchǐlínglì 口齿伶俐[-齒--] F.E. glib and suave
kǒuchǐliúxiāng 口齿留香[-齒--] F.E. delightful to the taste buds
kǒuchǐ qīngchǔ 口齿清楚[-齒--] V.P. talk distinctively ♦N. clear enunciation
kǒuchǐ qīngxī 口齿清晰[-齒--] V.P. talking distinctly ♦N. clear enunciation
kǒuchòu* 口臭 N. halitosis; bad breath
kòuchóu 寇仇 N. enemy
kōuchū 抠出[摳-] R.V. dig out
kòuchū 叩出 R.V. knock out
kòuchú* 扣除 V. deduct
kǒuchuán 口传[-傳] V. ①instruct orally ②pass on by word of mouth ♦N. hearsay
kǒuchuāng 口疮[-瘡] N. canker
kǒuchuánxīnshòu 口传心授[-傳--] F.E. oral teaching inspires true understanding
kǒuchūbùxùn 口出不逊[-遜] F.E. ① make impertinent remarks ② talk harshly
kǒuchū dàyán 口出大言 V.P. brag; boast; talk wildly
kǒuchún 口唇 N. lips
kōu chūqu 抠出去[摳-] R.V. <*topo.*> fire; discharge from employment
kòucí 叩辞[-辭] V.O. <*court.*> decline politely
kòudǎ 叩打 V. knock; tap; rap
kǒudai(r) 口袋(儿) N. bag; sack; pocket *See also kǒudài*
kǒudài(r)* 口袋(儿) N. pocket *See also kǒudai*
Kǒudài Guàishòu 口袋怪兽[-獸] N. Pokémon
kǒudàiwēixiào 口带微笑[-帶--] F.E. A smile plays on one's lips.
kòudān 蔻丹 N. <*loan*> Cutex; nail polish
[1]**kǒudào** 口到 V.P. make an oral promise
[2]**kǒudào(r)** 口道(儿) N. <*topo.*> flavor; taste
kòudào* 寇盗[-盜] N. insurgents
kǒudé 口德 N. propriety in speech; discretion
kōu de jǐn 抠得紧[摳-緊] R.V. be very stingy
kǒudí* 口笛 N. whistle
kòudǐ 扣抵 V. withhold money or goods from a debtor as payment of his debt
kòudiào 扣掉 R.V. deduct
kǒuduìkǒu fùsū 口对口复苏[-對-復蘇] N. <*med.*> mouth-to-mouth resuscitation
kǒu'ěrxiāngchuán 口耳相传[-傳] F.E. teach orally
kǒu'ěrzhīxué 口耳之学 N. knowledge from hearsay; second-hand knowledge
kǒufá 口伐 V. attack verbally
kòufā gōngzī 扣发工资[-發--] V.O. garnish wages
kòufěi 寇匪 N. robber; bandit
kòufēn 扣分 V.O. deduct points (e.g., in grading exams)
kǒufēng 口风 N. intentions as revealed by speech
[1]**kǒufú*** 口服 V. ① profess to be convinced ② <*med.*> take orally
[2]**kǒufú** 口福 N. arrival just in time for a culinary treat
kǒufù 口腹 N. appetite (for food)
kǒufú bìyùnyào 口服避孕药[-藥] N. oral contraceptive; the pill M: [1]*piàn*/[3]*lì*
kǒufúbùqiǎn 口福不浅[-淺] F.E. have the luck to have good food
kǒufú xīn bùfú 口服心不服 F.E. pretend to be convinced
kǒufúyào 口服药[-藥] N. oral medication
kǒufúyè 口服液 N. oral liquids
kǒufùzhīyù 口腹之欲 N. the desire for good food
kǒugài 口盖[-蓋] N. <*coll.*> ① lid; cover ② palate
kǒugàigǔ 口盖骨[-蓋-] N. palatal bones
kǒugān* 口干[-乾] S.V. thirsty
kǒugǎn 口感 N. taste (of foods); flavor
kǒugānshézào 口干舌燥[-乾--] F.E. mouth parched and tongue scorched
kōugēn(r) 抠根(儿)[摳-] V.O. search for root reason of sth.
kǒugòng 口供 N. deposition; testimony; confession
kǒugòngcí 口供词 N. affidavit M: [1]*fèn*/[1]*piān*
kǒugòngzhuàng 口供状[-狀] N. testimonial M: [1]*zhāng*
kòuguān 叩关[-關] V.O. ① request passage at the frontier ② knock at the door
kǒuguò 口过 N. mistake in speech; slip of the tongue
kǒuhào* 口号[-號] N. ① slogan; watchword ② password
kòuhǎo 扣好 R.V. button up
kǒuhóng 口红 N. lipstick M: [4]*zhī*
kǒuhuà(r) 口话(儿) N. oral message
kǒuhuì 口惠 N. lip service; empty promise
kǒuhuì ér shíbùzhì 口惠而实不至[---實--] F.E. make a promise and not keep it; pay lip service
kǒuhuìwúshí 口惠无实[-實] F.E. make a promise and not keep it
kòuhūn 叩阍 V.O. <*wr.*> lodge a complaint with the imperial court
kǒují 口给 V.P. <*topo.*> facile/fluent in speech
kǒujì* 口技 N. vocal mimicry; ventriloquism
kòujiǎn 扣减[-減] V. deduct
kòujiàn* 叩见 V. pay a courtesy visit
kǒujiǎngzhǐhuà 口讲指画[-講-畫] F.E. gesticulate; explain by mouth and gesticulation
kǒujiǎo(r)* 口角(儿) N. ① corner of the mouth ② quarrel; dispute
kòujiǎo 扣缴 V. withhold
kǒujiǎochūnfēng 口角春风 F.E. ① praise by word of mouth ② intercede for sb.
kòujiǎo'é 扣缴额 N. deductible amount; tax write-off
kǒujiǎoshēngfēng 口角生风 F.E. speak fluently
kǒujiǎoyán 口角炎 N. <*med.*> angular stomatitis; commissural cheilities
kǒujiáo yānyè 口嚼烟叶[-煙葉] V.O. chew tobacco
kǒujǐn 口紧[-緊] S.V. closemouthed; tight-lipped
kǒujìn 口噤 N. <*Ch. med.*> lockjaw
kòujǐn* 扣紧[-緊] R.V. tie tight
kǒujìnbùyǔ 口噤不语 F.E. <*Ch. med.*> clenched jaw and inability to speak
kǒujìng 口径[-徑] N. ①bore; caliber ②requirements; specifications ③ line of action ***Fùmǔ ~ yào yīzhì.*** Parents should adopt the same approach. ④ <*lg.*> degree of opening
kǒujìngbùhé 口径不合[-徑--] F.E. The things that people say are not in agreement.
[1]**kǒujué** 口诀 N. ① pithy formula ② instruction in rhyme M: [1]*piān*/[1]*tiáo*
[2]**kǒujué** 口角 N. quarrel; bicker; wrangle
kǒukǎ 口卡 N. residence registration card M: [1]*zhāng*/[1]*piàn*
kōukāi 抠开[摳開] R.V. <*topo.*> dismiss; discharge from employment
kǒukě* 口渴 S.V. thirsty
kòukè 扣克[-剋] V. deduct; cut off (part of funds/etc.)
[1]**kòukòu** 叩叩 ADV. earnestly; sincerely
[2]**kòukòu** 蔻蔻 N. cocoa
kǒukoushēngshēng 口口声声[-聲聲] V.P. <*derog.*> repeat over and over again
kōukousuōsuō 抠抠唆唆[摳摳--] V.P. stingy; miserly
kǒukǒuxiāngchuán 口口相传[-傳] F.E. go from mouth to mouth
kǒukǒuxiāngchuán xiàlai de 口口相传下来的[---傳---] ATTR. <*lg.*> oral tradition
kōukouzhe 眍眍着[瞘瞘著] V.P. <*coll.*> sunken (of eyes/etc.)
kòu kòuzi 扣扣子 V.O. button (up)
kǒukǔ 口苦 N. <*Ch. med.*> bitter feeling in the mouth
kǒukuài 口快 S.V. ① careless in speech ② forthright in speech
kǒukuàixīnzhí 口快心直 F.E. frank and outspoken
kòulán 扣篮[-籃] V.O. dunk shot; over-the-rim shot (in basketball)
kòuláo 扣牢 R.V. tie securely
kǒuliáng 口粮[-糧] N. grain ration
kǒuliángtián 口粮田[-糧-] N. patch of field on which a farmer's grain food is grown M: [2]*kuài*
kǒuli bǎi càidier 口里摆菜碟儿[-裡擺---] V.P. <*coll.*> pay lip service

kǒulìng 口令 N. ①(oral) command ②password; watchword; countersign M: [2]*dào*
kǒulíngchǐlì 口伶齿俐[--齒-] F.E. gifted with a quick tongue
kǒulìng wèn-dá 口令问答 N. challenge and reply
kòuliú 扣留 V. detain; arrest
kǒuliūzi 口溜子 N. <*coll.*> whistle
kōulou 眍䁖[瞘瞜] V. <*topo.*> be in sunken/depressed shape (of eyes)
kōulōu* 抠搂[摳摟] *See kōulou*
kòulüè 寇掠/略 V. loot; plunder
kǒulúnjīn 口轮筋 N. <*phys.*> orbiculary muscle of the lips
kǒumǎ 口马 N. Mongolian horse M: [1]*pǐ*
kòumǎ* 扣马 V.O. rein in a horse
kòumǎ'érjiàn 扣马而谏 F.E. admonish a person just before he makes a reckless move
kōumài 芤脉[-脈] N. <*Ch. med.*> hollow pulse
kòu màozi 扣帽子 V.O. label sb.; stigmatize sb. with crime/offense
kòumén 叩/扣门 V.O. knock on the door
kōuménr 抠门儿[摳-] S.V. stingy; miserly
kǒumí 口糜 N. <*med.*> thrush
kǒumìfùjiàn 口蜜腹剑 F.E. hypocritical and malicious
Kǒumó* 口蘑 N. dried mushrooms from Zhangjiakou
kǒumò 口沫 N. saliva; spittle
kǒunèiyán 口内炎 N. <*med..*> stomatitis
kòuniǔ 扣纽 V.O. button up
kòupàn 扣襻 N. button loop
kòupánménzhú 扣盘扪烛[-盤-燭] ID. understand a fact superficially/erroneously
kōupò 抠破[摳-] R.V. damage/injure by scratching
kōupò liǎn 抠破脸[摳-] V.P. (take action/measure) in disregard of the "face" of the other party
kǒuqi(r) 口气(儿)[-氣-] N. tone/expressiveness of speech *See also* [1]*kǒuqì*
[1]**kǒuqì(r)*** 口气(儿)[-氣-] N. ① tone; note ② manner of speaking; tone of voice ***Nǐ de ~ zhēn dà.*** You sure talk big. ③ implication *See also kǒuqi*
[2]**kǒuqì** 口器 N. mouthparts (of an insect)
kòuqián 扣钱[-錢] V.O. deduct money
kǒuqiāng* 口腔 N. oralbuccal cavity
kǒuqiáng 口强[-強] S.V. argumentative
kǒuqiāng de kǒngdào 口腔的孔道 N. <*lg.*> Ansatzrohr
kǒuqiāng wèishēng 口腔卫生[--衛-] N. oral hygiene
kǒuqiāngxué 口腔学 N. stomatology
kǒuqiāngyán 口腔炎 N. <*med.*> stomatitis
kǒuqiāngyīn 口腔音 N. <*lg.*> oral
kǒuqiāng yīyuàn 口腔医院[--醫-] N. stomatological hospital M: [4]*zuò*
kǒuqiāng yuányīn 口腔元音 N. <*lg.*> oral vowel
kǒuqiǎoshǒuzhuō 口巧手拙 F.E. glib in tongue and clumsy in hands
kòu qǐlai 扣起来 R.V. ①button up ②take (sb.) into custody
kǒuqín 口琴 N. harmonica; mouth organ M: [2]*zhī*
kǒuqīng 口轻[-輕] S.V. ① not highly seasoned (of food) ② fond of food that is not too salty ③ young (of animals)
[1]**kòuqiú** 扣球 V.O. <*sport.*> hit a ball with a downward stroke
[2]**kòuqiú** 叩求 V. humbly request
kòuqíxìngmíng 叩其姓名 F.E. ask his name
kòuqù 扣去 R.V. deduct
kǒur* 口儿 N. cut; wound; split
kòur 扣儿 N. button; knot; buckle
kòurǎng 寇攘 V. rob and steal
kòurén 蔻仁 N. <*Ch. med.*> ① nutmeg apple ② cardamom seeds
kòurénxīnxián 扣人心弦 F.E. exciting; thrilling
kòuròu 扣肉 N. richly seasoned steamed pork

kǒuruòxuánhé 口若悬河[--懸-] F.E. glib; eloquent
kòushā 扣杀[-殺] V. smash or spike (a ball)
kòushang 扣上 R.V. ① button up ② put on a lid ③ close (a book)
kǒushàngrǔxiù 口尚乳臭 F.E. young and inexperienced
kǒushào(r) 口哨(儿) N. whistle (instrument and sound)
kǒushé 口舌 N. ① quarrel; dispute ***Bié gēn tā fèi ~ le.*** Don't waste any more breath on him. ② persuasion
kòushěn 扣审[-審] V. detain and question
kǒushēng 口声[-聲] N. <*phy.*> voice; vocal sound
kǒushēngliánhuā 口生莲花 F.E. a lotus bloomed from the mouth of the monk Shandao
kǒushí* 口实[-實] N. <*wr.*> ① cause for gossip ② excuse; pretext
kǒushì 口试 V./N. oral examination
kòushí 彀食 V. live on the help of others (like fledglings)
kǒushìxīnfēi 口是心非 F.E. ① hypocritical ② say one thing and mean another
kǒushòu* 口授 V. dictate; instruct orally ♦N. oral instruction
[1]**kòushǒu** 叩首 V.O. kowtow
[2]**kòushǒu** 扣手 N. (volleyball) a spiker M: [2]*wèi*/[1]*míng*
kǒushòubǐlù 口授笔录[-筆錄] F.E. ① take down from dictation ② dictate
kǒushòu dǎzìjī 口授打字机 N. phonetic typewriter
kǒushòuxīnchuán 口授心传[-傳] F.E. teach orally
kǒushòu yǔyīn jiàoxuéfǎ 口授语音教学法 N. <*lg.*> oral method of teaching language
kǒushù 口述 V. ① recount orally ② dictate ♦ATTR. oral
kǒushùbǐlù 口述笔录[-筆錄] F.E. record what someone said
kǒushù chūlai 口述出来 R.V. give an oral account
kǒushuǐ 口水 N. saliva
kǒushù lìshǐ 口述历史[--歷-] N. oral history
kǒushuō bùrú shēnlín 口说不如身临[-臨] F.E. Hearing is not equal to experiencing.
kǒushuō de 口说的 ATTR. oral
kǒushuōwúpíng 口说无凭[-憑] F.E. oral agreement is not binding
kǒusòng 口诵 V. recite; read aloud
kǒusòngxīnwéi 口诵心惟 F.E. read sth. while pondering its meaning
kōusou 抠搜[摳-] V. ① dig/pick out ② dawdle ③ <*coll.*> economize; skimp ♦S.V. miserly; stingy
kǒusuàn 口算 V. chant out results while mentally doing sums
kōusuo 抠唆[摳-] S.V. <*coll.*> ① dig or dig out with a finger or sth. pointed; scratch ② be stingy ③ move slowly; dawdle
kǒután 口谈 V. state orally
kǒutiánxīnlà 口甜心辣 F.E. honey on the lips and viciousness in the heart
kǒutiáo 口条[-條] N. pig/ox tongue (as food) M: [2]*gēn*
kǒutíyì 口蹄疫 N. foot-and-mouth disease
kǒutōng de 口通的 ATTR. <*lg.*> vocalic
kǒutou 口头 N. <*coll.*> taste; flavor *See also kǒutóu*
kǒutóu* 口头 ATTR. oral; in words; verbal ♦N. <*topo.*> flavor/taste (of fruit/etc.) *See also kǒutou*
kòutou(r) 扣头(儿) N. ① button; hook; buckle ② rebate; reduction in price
[1]**kòutóu** 叩头 V.O. kowtow
[2]**kòutóu** 扣头 N./V.O. discount
kǒutóu bàodào 口头报道[-報-] N. on-the-spot broadcast; live broadcast
kǒutóu biǎojué 口头表决[-決] N. an oral vote
kǒutóuchán 口头禅 N. ① pet phrase; platitude ② vain promises M: [1]*jù*

kòutóuchóng 叩头虫[-蟲] N. click/snapping beetle M: [2]*zhī*
kǒutóu fānyì 口头翻译[-譯] N. oral interpretation
kǒutóu gémìngpài 口头革命派 N. lip-service revolutionary; revolutionist in word only
kǒutóujiāo 口头交 N. a casual acquaintance
kǒutóu jiàoxuéfǎ 口头教学法 N. <*lg.*> oral approach
kǒutóu jiěshì 口头解释[-釋] N. <*lg.*> oral explanation
kǒutóu shēngmíng 口头声明[--聲-] N. oral statement
kǒutóu wénhuà 口头文化 N. <*lg.*> oral culture
kǒutóu wénxué 口头文学 N. folk tales; oral literature
kǒutóu Yīngyǔ 口头英语 N. <*lg.*> spoken English
kǒutóuyǔ(r) 口头语(儿) N. ① speech mannerism ② pet phrase ③ regularly/constantly used expression
kǒutóuzhījiāo 口头之交 N. surface friendship that is merely of words
kǒutǔdúyàn 口吐毒焰 F.E. speak daggers
kǒutǔliánhuá 口吐莲华[-華] F.E. have the gift of gab
Kǒuwài 口外 P.W. area beyond Great Wall
kǒuwàn 口腕 N. <*zoo.*> oral arm
kǒuwèi(r) 口味(儿) N. ① a person's taste in food ② flavor of food
kǒuwěn* 口吻 N. ① muzzle; snout ② lips ③ tone of voice; note (revealing attitude)
kòuwèn 叩/扣问 V. inquire politely
kǒuwènshǒuxiě 口问手写[-寫] V.P. ask questions and take notes (personally)
kǒuwù 口误 V. make a slip of the tongue ♦N. a slip of the tongue
kǒuwúzéyán 口无择言[--擇-] F.E. talk recklessly/thoughtlessly
kòuxià 扣下 R.V. withhold; detain; hold in custody
kǒuxián 口涎 N. saliva
kǒuxiāngtáng 口香糖 N. chewing gum M: [2]*kuài*
kǒuxiǎo 口小 V.P. young(of a horse/donkey/etc.)
kòuxiè 叩谢 V. courteously thank sb.
kǒuxìn(r)* 口信(儿) N. oral message
kòuxīn 扣薪 V.O. deduct from an employee's pay
[1]**kǒuxíng** 口形 N. ①shape of the mouth ②<*lg.*> degree of lip-rounding ***See also** duì kǒuxíng*
[2]**kǒuxíng** 口型 N. the shape of the mouth as one speaks or produces a sound
kǒuxīnrúyī 口心如一 F.E. mean what one says
kǒuxiōngxīnruǎn 口凶心软 F.E. The bark is worse than the bite.
kǒuxuèwèigān 口血未干[-乾] ID. ① before the ink is dry ② promise has scarcely been made (before it is broken)
[1]**kòuyā** 扣押 V. detain; hold in custody
[2]**kòuyā** 扣压[-壓] V. ①pigeonhole ②withhold
kǒuyán 口炎 N. stomatitis
kòuyǎnr 扣眼儿 N. buttonhole
kǒuyǎnwāixié 口眼歪斜 F.E. <*Ch. med.*> facial paralysis
kǒuyè* 口业[-業] N. <*Budd.*> ① speech ② karma produced by speech
kòuyè 叩谒 V. <*wr.*> pay courtesy call
kǒuyì* 口译[-譯] N./V. oral interpretation
kòuyī 扣衣 V.O. button up a garment
kǒuyin(r)* 口音(儿) N. ① voice ② local/regional accent ③ oral speech sounds
kòuyīn 彀音 N. divergent opinions
kǒuyīn kāiyīnjié 口音开音节[--開-節] N. <*lg.*> oral open syllable
kōuyīshēngtáng 抠衣升堂[摳-] F.E. lift up one's skirt/dress as a sign of respect when one enters the hall
kǒuyìyuán 口译员[-譯-] N. <*lg.*> interpreter M: [2]*wèi*/[1]*míng*
kǒuyǔ* 口语 N. ①spoken/vernacular language; colloquial speech ② gossip ③ slander

kǒuyù 口谕 N. <*trad.*> verbal instructions (from one's superior) M: [2]*dào*

kǒuyuányīn 口元音 N. <*lg.*> buccal/oral vowel

kǒuyuányīnhuà 口元音化 N. <*lg.*> buccal vocalization

kǒuyǔcí 口语词 N. <*lg.*> colloquial word

kǒuyǔ de xíngshì 口语的形式 N. <*lg.*> spoken form

kǒuyuē 口约 V. make an appointment orally

kǒuyǔfǎ 口语法 N. oral approach

kǒuyǔ fānyì 口语翻译[-譯] N. <*lg.*> speech/voice translation

kǒuyǔ fānyì xìtǒng 口语翻译系统[---譯--] N. <*lg.*> voice translation system

kǒuyǔ fēnggé 口语风格 N. <*lg.*> colloquial style

kǒuyǔhuà 口语化 V. colloquialize ♦N. colloquialization

kǒuyǔ nénglì 口语能力 N. <*lg.*> articulateness; oral ability

kǒuyǔtǐ 口语体[-體] N. <*lg.*> colloquial speech

kǒuyǔ Yīngyǔ 口语英语 N. <*lg.*> colloquial English

kǒuyǔ yìyì 口语意义[-義] N. <*lg.*> colloquial meaning

kǒuyǔ yǔduàn 口语语段 N. <*lg.*> colloquial/spoken text

kǒuzàochúngān 口燥唇干[-乾] F.E. (talk until) the lips are dry and the mouth is parched

kòuzéi 寇贼 N. enemy; rebel M: [1]*qún*

[1]**kǒuzhàn** 口战[-戰] N. oral fight; quarrel; debate M: [2]*chǎng*

[2]**kǒuzhàn** 口占 V. <*wr.*> ① dictate ② improvise (a poem)

kǒuzhào 口罩 N. antiseptic/surgical/breathing mask M: [2]*zhī/ge*

kòuzhēn* 扣针 N. safety pin

kòuzhěn 叩诊 N. <*med.*> percussion

kòuzhěnchuí 叩诊锤 N. percussion hammer M: [1]*bǎ/ge*

kōuzhe shǐyòng 抠着使用[摳著-] V.P. <*coll.*> skimp in using

kǒuzhíxīnkuài 口直心快 F.E. talk bluntly; be frank

kǒuzhōng 口中 ADV. in the mouth

kǒuzhòng* 口重 V.P. ① salty ② fond of salty food

kǒuzhōngcíhuáng 口中雌黄 F.E. make irresponsible remarks; criticize without careful thought

kòuzhù 扣住 R.V. ① hook ② cover with a concave object ③ hold back by force

kǒuzhūbǐfá 口诛笔伐[--筆-] F.E. denounce orally and in writing

kǒuzhuō 口拙 V.P. <*wr.*> not good at speaking

kǒuzi* 口子 N. ① opening; cut; tear ***Xiǎotōur zài mén shang zákāi ge ~.*** Thieves cut an opening in the door. ***Shì nǐ xiān kāi de ~.*** It's you who set such a precedent. ② <*coll.*> spouse ♦M. *for persons*

kòuzi 扣子 N. ① knot; button ② bottleneck ③ break in a story to create suspense ④ hindrance to sb.'s understanding

kōu zìyǎn(r) 抠字眼(儿)[摳-] V.O. nit-pick sb.'s phrasing

[1]**kū*** 哭 V. cry; weep

[2]**kū** 枯 S.V. ① withered (of plants/etc.) ② dried (of wells/etc.) ③ emaciated ♦B.F. dull; uninteresting ***kūzào***

[3]**kū** 窟/堀 B.F. ① hole ***kūlong*** ② cave ***shíkū*** ③ den ***kūzhái***

[4]**kū** 刳 B.F. cut open; carve/scrape out ***kūmùwéizhōu***

[5]**kū** 骷 in ***kūlóu***

[6]**kū** 矻 in ***kūkū***

[1]**kǔ** 苦 S.V. ① bitter ② excessive ♦N. hardship; suffering; pain ♦V. ① cause sb. suffering ② suffer from; be troubled by ♦ADV. painstakingly

[2]**kǔ** 楛 B.F. coarse; unrefined ***yǔkǔ*** *See also* [8]*hù*

[1]**kù** 裤/绔/袴[褲/絝/-] B.F. trousers; pants ***kùzi***

[2]**kù** 库[庫] N. ① warehouse; storehouse ② Surname ♦B.F. treasury ***guókù***

[3]**kù** 酷 B.F. ① cruel ***cánkù*** ② to an extreme degree ***kù'ài*** ♦S.V. <*loan/TW*> cool

[1]**kuā** 夸[誇] V. ① exaggerate; overstate; boast ② praise ♦S.V. ① big ② lavish

[2]**kuā** 姱 B.F. fine; excellent ***kuānǔ***

[1]**kuǎ** 垮 V. collapse; fail; break down

[2]**kuǎ** 侉 S.V. ① accented (of speech) ② big and clumsy; unwieldy

[1]**kuà*** 跨 V. ① step; stride ② bestride; straddle ③ cut across; go beyond

[2]**kuà** 挎 V. carry the on arm, over the shoulder, or at the side

[3]**kuà** 胯 N. ① hip ② groin

kuàbāo 挎包 N. ① satchel ② <*coll.*> shoulder bag M: [2]*zhī/ge*

[1]**kuàbù** 跨步 V.O. step

[2]**kuàbù** 胯部 N. crotch

kuàchū 跨出 R.V. step forward

kuādà 夸大[誇-] V. exaggerate; magnify

kuǎdàgè(r) 侉大个(儿)[--個-] N. big and clumsy person

kuàdài 跨代 N. <*lg.*> diachronic

kuādàkuáng 夸大狂[誇-] N. megalomania; a megalomaniac

kuādàn 夸诞[誇-] V.P. <*wr.*> boastful

kuàdǎng 跨党[-黨] V.O. be a member of two political parties at the same time

kuàdāo 挎刀 V.O. ① carry a knife at the belt ② <*opera*> play a supporting role

kuādàqící 夸大其词[誇-] F.E. exaggerate

kuādàzhīcí 夸大之词[誇-] N. exaggeration

Kuǎdiào de yī dài 垮掉的一代 N. the Beat Generation

kuà dìqū 跨地区[-區] V.O. transcend the regional limit

kuàdōu* 挎兜 N. satchel

kuàdǒu 挎斗 N. sidecar

kuàdù 跨度 N. span

kuāduōdòumǐ 夸多斗靡[誇-鬥-] F.E. show off one's learning

kuàfū 胯夫 N. coward

kuāfùzhuīrì 夸父追日[誇-] F.E. overestimate one's own ability

kuà gāngyào 跨纲要[-綱-] V.O. <*PRC*> exceed the grain production targets set for 1956 to 1967

kuāgōng 夸功[誇-] V.O. boast of one's achievement

[1]**kuàgǔ** 胯骨 N. hipbone M: [2]*gēn*

[2]**kuàgǔ** 胯股 N. hip

kuāguān 夸官[誇-] N. <*hist.*> the highest achiever in the imperial civil-service examination

kuàguó* 跨国[-國] ATTR. transnational; multinational

kuàguò 跨过 R.V. step/cross over

kuàguó fànzuì 跨国犯罪[-國--] N. transnational criminality

kuàguó gōngsī 跨国公司[-國--] N. transnational/multinational corporation M: [1]*jiā*

kuàguó jīngyíng 跨国经营[-國經營] V.P. manage transnationally

kuàguó qǐyè 跨国企业[-國-業] N. transnational enterprise/business

kuàguó yánjiū 跨国研究[-國--] N. cross-national study

kuàgǔ shàng de qīnqi 胯骨上的亲戚[----親-] N. <*topo.*> distant relatives

kuàgǔ zhóur 胯骨轴儿 N. hipbone joint

kuàhǎi 跨海 V.O. cross the sea

kuā hǎikǒu 夸海口[誇-] V.O. boast; talk big

kuàháng 跨行 N. enjambment

kuà hángyè 跨行业[-業] V.O. transcend trades and professions; be trans-sectoral

kuàhángyè gōngsī 跨行业公司[--業--] N. conglomerate M: [1]*jiā*

kuàhè 跨鹤 ID. become immortal; die

[1]**kuǎi** 㧟[擓] V. <*coll.*> rub; scratch

[2]**kuǎi** 蒯 B.F. wool grass ***kuǎicǎo*** ♦N. Surname

[1]**kuài*** 快 S.V./ADV. ① fast; quick ② soon ③ quick-witted; ingenious ④ sharp (of knives) ⑤ straightforward ⑥ pleased; elated

[2]**kuài** 块[塊] M. ① piece; lump; chunk ② Ch. "dollar" ♦B.F. piece ***tǔkuài*** ♦N. <*comp.*> block

[3]**kuài** 筷 B.F. chopsticks ***kuàizi***

[4]**kuài** 会[會] B.F. accounts ***kuàijì***, ***cáikuài*** *See also* [3]*huǐ*, [1]*huì*

[5]**kuài** 侩[儈] B.F. agent; middleman ***shìkuài***

[6]**kuài** 哙[噲] B.F. swallow ***yǔkuàiwéiwǔ***

[7]**kuài** 浍[澮] B.F. ditch between fields ***quǎnkuài***

[8]**kuài** 狯[獪] B.F. cunning ***kuàihuá***, [2]***jiǎokuài***

[9]**kuài** 脍[膾] B.F. slice (meat/fish) very thin ***kuàilǐ***, [2]***yúkuài***

[10]**kuài** 鲙[鱠] in ***kuàiyú***

Kuài 郐[鄶] N. ① Zhou-period kingdom ② Surname

kǔ'ài 苦艾 N. absinthe

kù'ài* 酷爱[-愛] V. ardently love

kuàibān 快班 N. class composed of students of stronger academic foundation

kuàibǎn(r)* 快板(儿) N. ① clappertalk (a kind of oral performance) ② <*mus.*> allegro M: [1]*fù*

kuàibǎnshū 快板书[-書] N. story recited to clapper accompaniment

kuàibào 快报[-報] N. ① (wall) bulletin ② news flash M: [1]*fèn*

kuàibù 快步 N. ① <*mil.*> half-step; trot ② walk at a quick pace

kuàibùliúxīng 快步流星 F.E. walk fast

kuàibùwǔ 快步舞 N. quickstep (dance)

kuàicān 快餐 N. quick meal; snack; fast food

kuàicānbù 快餐部 N. quick-lunch/snack counter M: [1]*jiān*

kuǎicǎo 蒯草 N. <*bot.*> wool grass

kuàichē 快车 N. ① express train/bus M: [1]*liè* ② vehicle traveling at high speed M: [3]*liàng*

kuàichēdào 快车道 N. fast traffic lane M: [1]*tiáo*

kuàichōng jiāojuǎn 快冲胶卷[-沖膠-] N. fast-processing film

kuàidang 快当[-當] S.V. quick; prompt

kuàidāo 快刀 N. sharp knife M: [1]*bǎ*

kuàidāo zhǎn luànmá 快刀斩乱麻[---亂-] F.E. cut the Gordian knot; quickly get to the core of things

kuàidì 快递[-遞] N. express delivery; fast mail M: [2]*jiàn*

kuàidiàn 快电[-電] N. urgent cable M: [2]*fēng*/[1]*fèn*

kuàidianr 快点儿[-點-] V.P. Make it snappy!; Hurry up!

kuàidìjiàn 快递件[-遞-] N. quick dispatch M: [2]*fēng*

kuàidì yóujiàn 快递邮件[-遞郵-] N. express mail

kuàidú 快读[-讀] N./V.P. speed reading

kuàifàn 脍饭 N. rice with fancy meat/fish/etc.

kuàigān 快干[-乾] ATTR. quick-drying *See also* *kuàigàn*

kuàigǎn* 快感 N. pleasant sensation; delight; arousal

kuàigàn 快干[-幹] V.P. do quickly *See also* *kuàigān*

kuàigānqī 快干漆[-乾-] N. quick-drying paint

kuàigān yóuqī 快干油漆[-乾--] N. quick-drying paint

kuàigēn 块根[塊-] N. <*bot.*> root tuber

kuàigōng 快攻 N./V. quick attack (in ball games)

kuàiguī 块规[塊-] N. a kind of length-measuring tool M: [1]*bǎ*

kuàiguō 快锅[-鍋] N. pressure cooker

kuàihuá 狯猾 S.V. cunning

kuàihuáshí 块滑石[塊-] N. steatite; soapstone M: [2]*kuài*

kuàihuo* 快活 S.V. ① happy; cheerful ② thrilled

kuàihuò 快货 N. quick-selling merchandise; goods in great demand; popular goods M: [1]*pī*

kuàihuo qǐlai 快活起来 R.V. cheer up; become delighted

kuàihuorén 快活人 N. happy-go-lucky person M: [2]*wèi*

K

kuàijì 会计 N. ① accounting ② bookkeeper; accountant M: [2]wèi
kuàijiàn 快件 N. express mail; package, etc. M: [2]fēng/ge
kuàijì bàobiǎo 会计报表[--報-] N. <acct.> accounting statement
[1]**kuàijìbù** 会计部 N. accounting department
[2]**kuàijìbù** 会计簿 N. accounting book M: [1]běn
kuàijìchù 会计处[-處] P.W. accounting office
kuàijié 快捷 S.V. speedy; fast
kuàijīng 块茎[塊莖] N. <bot.> stem tuber
kuàijìng pāishè 快镜拍摄[-攝] N./V.P. snapshot
kuài jìngtóu 快镜头 N. snapshot
kuàijì niándù 会计年度 N. <acct.> financial/fiscal year
kuàijìshī* 会计师[-師] N. certified accountant M: [2]wèi
kuàijìshì 会计室 N. accounting office M: [1]jiān
kǔ'àijiǔ 苦艾酒 N. absinthe
kuàijìxué 会计学 N. accounting
kuàijìyuán 会计员 N. accountant; bookkeeper M: [2]wèi
kuàijǔ 快举[-舉] N. praiseworthy action
kuàikuài 快快 ADV. soon; quickly
kuàikuàidāngdāngr 快快当当儿[--當當-] ADV. <coll.> very fast
kuàikuaihuóhuó 快快活活 ADV. happily; lighthearted
kuài lái 快来 V.P. Come quick!
kuàilǎn 快览[-覽] N. directory
kuàilè 快乐[-樂] S.V./N. happy; cheerful
kuàilěi 块垒[塊壘] N. <wr.> ① indignation ② gloom; depression
kuàilèshuō 快乐说[-樂-] N. hedonism
kuàilèzhǔyì 快乐主义[-樂-義] F.E. hedonism
kuàilǐ 脍鲤 N. minced carp M: [1]tiáo
kuàilimǎsā 快里马撒[-裡--] F.E. <coll.> quickly and efficiently
kuàiliur 快溜儿 ADV. <coll.> quickly; swiftly
kuàilóng 筷笼 N. chopsticks receptacle/holder
kuàimǎ 快马 N. fast horse M: [1]pǐ
kuàimǎjiābiān 快马加鞭 F.E. post haste
kuàimàn 快慢 N. rate of speed
kuàimànjī 快慢机 N. <coll.> Mauser pistol
kuàimànzhēn 快慢针 N. regulator (in a clock or watch)
kuàiméi 块煤[塊-] N. lump coal M: [2]kuài/duī
kuàimén(r) 快门(儿) N. camera shutter
kuàimén kāiguān 快门开关[-開關] N. shutter release/switch
kuàiníng shuǐní 快凝水泥 N. fast-setting cement
kuàipǎo* 快跑 V. run fast; On the double!
kuàipào 快炮 N. quick-firing gun M: mén
kuàipò 㧟破[擓-] R.V. break by scratching
kuàipú 脍脯 N. dried meat M: [1]tiáo
kuàiqiāng 快枪[-槍] N. <coll.> ① gun that can load more than one bullet M: [1]bǎ ② quick shot
kuài qǐlai 快起来 R.V. ① become faster; speed up ② get up quickly
kuàir 块儿[塊-] N. ① piece; chunk ② department; region ③ share of duty ④ <topo.> place ♦S.V. physically strong
kuàirán 块然[塊-] V.P. sole; solitary; alone
kuàirbāmáo 块儿八毛[塊-] N. <coll.> small change
kuàirén 快人 N. <wr.> a straightforward person
kuàirénkuàishì 快人快事 F.E. heroic deed performed by a straightforward person
kuàirénkuàiyǔ 快人快语 F.E. ① straight talk from an honest person ② quick decision
kuàisǎomiáo diànshì 快扫描电视[-掃-電-] N. fast-scan TV
kuàisháozi 快勺子 N. <coll.> sb. who adjusts quickly
kuàishēngdiào 快升调 N. <lg.> quickly rising tone
[1]**kuàishì** 快事 N. joyful event; pleasure M: [2]jiàn
[2]**kuàishì** 快适[-適] S.V. happy and contented; pleased and satisfied
kuàishǒu 快手 N. ① quick worker; deft hand M: [2]wèi ② <trad.> yamen bailiff
kuàishǒukuàijiǎo 快手快脚[-腳] F.E. quick in doing things
kuàishū 快书[-書] N. clappertalk (a kind of oral performance)
kuàishuō 快说 V.P. ① Speak up! ② speak quickly
kuàisù 快速 N. fast; high-speed
kuàisù cúnchǔqì 快速存储器 N. rapid memory
kuàisù cúnqǔ 快速存取 N. <comp.> rapid access
kuàisù cúnqǔ jìyì 快速存取记忆[-憶] N. <comp.> rapid-access memory
kuàisù gōnglù 快速公路 N. highway; freeway
kuàisù kòuqiú 快速扣球 V.P./N. <sport> smash (a ball)
kuàisùmiàn 快速面[-麵] N. instant noodles M: [1]bāo
kuàisù yuèdú 快速阅读[-讀] N. speed reading; rapid reading
kuàitáng 块糖[塊-] N. loaf sugar; lump sugar M: [2]kuài
kuàitǐng 快艇 N. speedboat; motor boat M: [1]sōu
kuàitǒng 筷筒 N. tubular chopsticks holder
kuài(r)tóu 块(儿)头[塊-] N. <topo.> size; stature; build
kuàiwán 快完 V.P. nearly completed/finished; almost set
kuàiwèi 快慰 S.V. feel pleased (with sth.)
kuàiwǒduǒyí 快我朵颐 F.E. please my palate
kuàixiàng 快相 N. Polaroid snapshot M: [1]zhāng
kuàixiē 快些 V.P. Hurry! be a bit faster/quicker
kuàixīn 快心 S.V. be pleased; feel happy
kuàixìn* 快信 N. express letter M: [2]fēng
kuàixìngzi 快性子 N. <coll.> quick temperament
kuàixù 快婿 N. intelligent and promising son-in-law M: [2]wèi
kuàixùn 快讯 N. news flash; express news; bulletin
kuǎi yǎngyangr 㧟痒痒儿[擓癢癢-] V.O. scratch an itchy spot
kuàiyào 快要 ADV. soon; in no time; on the verge of
kuàiyì 快意 S.V. pleased; elated
kuàiyìdāngqián 快意当前[--當-] F.E. enjoy a moment of pleasure
kuàiyìng shuǐní 快硬水泥 N. <archi.> quick-hardening cement
kuàiyóu 快邮[-郵] N. express mail; special delivery M: [1]jiā
kuàiyóudàidiàn 快邮代电[-郵-電] F.E. official correspondence between government agencies having no superior- subordinate relationship
kuàiyú 鲙鱼 N. Chinese herring M: [1]tiáo
kuàizāi 快哉 F.E. How pleasant!
kuàizào 块皂[塊-] N. cake soap; block soap M: [2]kuàn
kuàizhào 快照 N. Polaroid snapshot; candid photo M: [1]zhāng
kuàizhàojī 快照机 N. Polaroid camera M: [1]jià
kuàizhì 脍炙 V.P. ① minced and roasted ② very tasty
kuàizhìrénkǒu 脍炙人口 F.E. universally appreciated
kuàizhìyīshí 脍炙一时[-時] F.E. very popular for a time
kuàizhōngzǐ 快中子 N. <phy.> fast/high-speed neutron
kuàizhuàng 块状[塊狀] N. lump
kuàizi 筷子 N. chopsticks M: [1]shuāng/[1]fù
kuàizǒu 快走 V.P. Hurry, let's go; Beat it!
kuàizuǐ 快嘴 N. ① blabbermouth ② one who is quick to articulate his ideas; a straight person M: [1]zhāng
kuàizuǐkuàishé 快嘴快舌 F.E. prone to talk rashly
kuǎjià 垮架 V. collapse
kuājiǎng 夸奖[誇獎] V./N. praise; commend
kuàjiè 跨界 V.O. cross a boundary; go out of bounds
[1]**kuàjìng** 跨径[-徑] N. span; length of a bridge/arch/etc. between two supports
[2]**kuàjìng** 跨境 ATTR. cross-border
kuàjìng hūnyīn 跨境婚姻 N. cross-cultural marriage; marriage of a native with a foreigner
kuàkēxué yánjiū 跨科学研究 N. interdisciplinary research
kuàkōng fēnpèi 跨空分配 N. divide all of the profit among the staff members without reserving a part for further production/investment
kuākǒu 夸口[誇-] V.O. brag; talk big
kuākuāqítán 夸夸其谈[誇誇-] F.E. indulge in exaggeration
kuàlán sàipǎo 跨栏赛跑[-欄--] N. <sport> hurdle race; the hurdles
kuàlèi 跨类[-類] ATTR. cross-categorical
kuàlèi fānyì 跨类翻译[-類-譯] N. <lg.> transmutation
kuàlèi héxié 跨类和谐[-類--] N. <lg.> cross-categorical harmony
kuàmǎ 跨马 V. sit astride on a horse; mount a horse
kuàmíng'ér 跨名儿 F.E. hold an empty title; nominally; titular
[1]**kuān*** 宽[寬] S.V. ① wide; broad ② generous; lenient ③ comfortably off; well-off ♦N. width; breadth ♦V. ① relax; relieve ② extend
[2]**kuān** 髋[髖] in *kuāngǔ*
[1]**kuǎn** 款 N. ① a sum of money; fund M: [2]bǐ ② item; clause (in document) M: [1]tiáo ③ signature on inscription ④ <slang> person of wealth; moneybags ♦B.F. ① sincere ***kuǎnliú*** ② receive with hospitality; entertain ***kuǎndài*** ♦ADV. leisurely; slow
[2]**kuǎn** 窾 B.F. ① hollow; cavity; gap; joint; opening ② method; knack ***kuǎnyào, pīxìdǎokuǎn***
kuān'ài 宽爱[寬愛] S.V. tolerant and kindhearted
kuānbiān 宽边[寬邊] N. broad brim M: [2]dào
kuānbiānmào 宽边帽[寬邊-] N. broad-brimmed hat M: [1]dǐng
kuǎnbù 款步 V.O. walk at a deliberate pace
kuānchang* 宽敞[寬-] S.V. spacious; roomy
kuānchàng 宽畅[寬暢] S.V. free from worry; happy
kuǎnchéng 款诚 N. sincerity; earnestness
kuānchí 宽弛[寬-] S.V. relaxed
kuānchuo 宽绰[寬-] S.V. ① commodious ② well-off ③ composed; unhurried ④ relax; relieve
kuāndà 宽大[寬-] S.V. ① spacious; roomy ② lenient; magnanimous
kuāndàbāoróng 宽大包容[寬-] F.E. be broad-minded and tolerant
kuāndàfàngzòng 宽大放纵[寬-縱] F.E. be permissive
[1]**kuāndài** 宽待[寬-] V. treat with leniency
[2]**kuāndài** 宽贷[寬-] V. pardon; forgive
kuǎndài* 款待 V. treat cordially; entertain
kuǎn dào bù fùhuò 款到不付货 V.P. pay money before goods are delivered
kuāndàrén'ài 宽大仁爱[寬-愛] F.E. be generous and merciful
kuāndàshìfàng 宽大释放[寬-釋-] F.E. release as an expression of leniency
kuāndàshūchàng 宽大舒畅[寬-暢] F.E. with broad and enlightened mind; cheerful
kuāndàwéihuái 宽大为怀[寬-懷] F.E. be forgiving/lenient
kuāndàwúbiān 宽大无边[寬-邊] F.E. err on the side of mercy
kuāndàyǒuyú 宽大有余[寬-] F.E. abundance and wealth; well-to-do
kuāndǎzhǎiyòng 宽打窄用[寬-] F.E. budget liberally and spend sparingly
kuǎndōng 款冬/东 N. <bot.> coltsfoot
kuāndù 宽度[寬-] N. width; breadth
kuǎnduàn 款段 ATTR. slowly proceeding (of horses)
kuāndù yōuxiān sōusuǒ 宽度优先搜索[寬-優---] N. <lg.> breadth-first search

kuǎn'é 款额 N. a sum of money
kuānfàn 宽泛[寬-] S.V. covering a wide range (of meaning)
kuǎnfèi 款费 N. expenditure; expenses
kuānfú* 宽幅[寬-] N. span of width
[1]**kuǎnfú** 款服 V. <wr.> sincerely pay homage to
[2]**kuǎnfú** 款伏 V. admit one's crime; plead guilty
kuǎnfù 款附 V. <wr.> sincerely submit as vassal state
[1]**kuāng** 筐 N./M. basket
[2]**kuāng** 诓[誆] V. deceive; hoax
[3]**kuāng** 哐 ON. crash; bang
[4]**kuāng** 匡 B.F. ① correct (an error) ***kuāngmiù*** ② assist ***kuāngzhù***, ***kuāngfù***
[5]**kuāng** 劻 in ***kuāngráng***
[1]**kuáng** 狂 S.V. ① mad; crazy ② violent; wild; unrestrained ③ arrogant; overbearing ♦N. mania; insanity
[2]**kuáng** 诳[誑] B.F. deceive; cheat ***kuángdàn***, ***qīkuáng***
kuǎng 夼 N. <topo.> low-lying land
[1]**kuàng*** 矿[礦] N. M: [4]zuò ① mineral deposit; ore ② mine
[2]**kuàng(r)** 框(儿)[-(兒)] N. frame; circle ♦V. ① draw a frame round ② restrict
[3]**kuàng** 旷[曠] S.V. ① vast; spacious ② free from worries ③ emancipated ♦V. ① neglect (one's duties) ② waste
[4]**kuàng** 眶 B.F. eye socket ***yǎnkuàng***
[5]**kuàng** 况[況] B.F. ① circumstances ***qíngkuàng*** ② furthermore ***kuàngqiě***
[6]**kuàng** 圹[壙] B.F. ① open grave; coffin pit [2]***kuàngxué*** ② open country ***shēngkuàng***
[7]**kuàng** 纩[纊] B.F. silk ***kuàngzhōngyìnxiàn***
[8]**kuàng** 贶[貺] B.F. make a present of ***kuànglín***, ***chǒngkuàng***
Kuàng 邝[鄺] N. Surname
kuáng'ào 狂傲 S.V. haughty; domineering
kuángbào 狂暴 S.V. violent; wild
kuángbàobùxùn 狂暴不驯 F.E. wild and untamed
kuángbèi 狂悖 S.V. <wr.> arrogant and unreasonable; presumptuous
kuángbēn 狂奔 V.P. run wild; run about madly
kuángbiāo 狂飙 N. ① hurricane ② violent movement/force
kuángbiāo qī 狂飙期 N. storm-and-stress period
Kuángbiāo Yùndòng 狂飙运动[-運動] N. <hist.> Sturm und Drang Movement (in Germany around the 1870s)
kuāngcài 筐菜 N. crated vegetables
kuàngcáng 矿藏[礦-] N. mineral resources *See also* ***kuàngzàng***
kuàngcángliàng 矿藏量[礦-] N. (ore) reserves
kuángcǎo 狂草 N. wild scribble; excessively free cursive style (of calligraphy)
kuàngcéng 矿层[礦層] N. <min.> ore bed/horizon; seam
kuàngchǎn 矿产[礦產] N. mineral products; minerals
kuàngchǎng 矿场[礦場] P.W. mine/mining area
kuángcháo 狂潮 N. surging/turbulent tide
kuàngchē 矿车[礦-] N. mine car; tub; tram M: [3]liàng
kuàngchén 矿尘[礦塵] N. mine dust
kuàngchéng 矿城[礦-] N. mining town M: [4]zuò
kuàngchū 框出 R.V. frame; enclose in a frame
kuāngchuáng 筐床 N. square bed M: [1]zhāng
kuàngchuáng* 矿床[礦-] N. (mineral) deposit; (ore) bed
kuàngchuáng kāntàn 矿床勘探[礦-] N. mineral prospecting
kuángchuī 狂吹 V. blow violently/wildly
kuàngcìhòuyí 贶赐厚仪[-儀] F.E. give a liberal present
kuàngdá 旷达[曠達] S.V. <wr.> broad-minded; big-hearted
kuàngdài 旷代[曠-] ATTR. <wr.> unequaled by one's contemporaries
kuángdàn 诳诞 V. deceive; delude
kuángdàng* 狂荡[-蕩] S.V. ① dissipated ② debauched
kuàngdàng 旷荡[曠蕩] V.P. ① boundless (space) ② unrestrained; free
kuàngdēng 矿灯[礦燈] N. miner's lamp M: [1]zhǎn
kuàngdì 旷地[曠-] N. open space/land M: [2]kuài
kuàngdiǎn 旷典[曠-] N. <wr.> obsolete ritual/rite
kuángdiē 狂跌 V.P. <econ.> ① slump (in economy) ② drop precipitously
kuàngdú* 矿毒[礦-] N. poisonous gas/slag in mines
kuàngdù 旷度[曠-] N. magnanimity
kuǎngē 款哥 N. <slang> moneybags
kuángfàng* 狂放 S.V. unruly; unrestrained
kuàngfàng 旷放[曠-] S.V. free-and-easy; composed
kuángfèi* 狂吠 V.P. ① bark furiously ② speak nonsense
[1]**kuàngfèi** 旷废[曠廢] V. neglect or waste
[2]**kuàngfèi** 旷费[曠-] V. waste
kuángfèn 狂奋[-奮] S.V. wildly excited; elated
kuángfēng 狂风 N. gale-force wind M: [1]zhèn
kuángfēngbàoyǔ 狂风暴雨 F.E. violent storm
kuángfēngdàzuò 狂风大作 F.E. A fierce gale sprang up.
kuángfēng'èlàng 狂风恶浪[--惡-] F.E. ①violent winds and fierce waves ② grave perils; great hazards
kuángfēnglàngdié 狂蜂浪蝶 F.E. lascivious men
kuángfēngnùháo 狂风怒号[-號] F.E. blow violently (of wind)
kuángfēngnùhǒu 狂风怒吼 F.E. blow violently (of wind)
kuángfēngzhòuqǐ 狂风骤起 F.E. A fierce gale sprang up.
kuāngfù 匡复[-復] V. <wr.> save the state; restore (lost territory)
kuángfū* 狂夫 N. ①nonconformist ②bohemian M: [2]wèi
[1]**kuàngfū** 旷夫[曠-] N. <wr.> bachelor
[2]**kuàngfū** 矿夫[礦-] N. miner
kuāngfúshèjì 匡扶社稷 F.E. help the country
kuánggē 狂歌 V. sing boisterously
kuánggēhānwǔ 狂歌酣舞 F.E. sing and dance rapturously
[1]**kuànggōng** 矿工[礦-] N. miner M: [2]wèi/[1]míng/ge
[2]**kuànggōng** 旷工[曠-] V.O. skip work
kuánggǔ 狂瞽 N. <wr.> my humble remarks
kuànggǔ* 旷古[曠-] N. ①from time immemorial ② unprecedented
kuàngguān 旷官[曠-] N. negligent official
kuànggǔjuéjīn 旷古绝今[曠-絕-] F.E. unprecedented in the past or the present
kuànggǔwèiwén 旷古未闻[曠-] F.E. unheard-of; unprecedented
kuànggǔwèiyǒu 旷古未有[曠-] F.E. unprecedented in history
kuángháo 狂号[-號] V. ① make a loud noise (of storm/etc.) ② cry/shout madly (of animal/people)
kuānghǒng 诓哄 V. deceive
kuánghōnglànzhà 狂轰滥炸[-轟濫-] F.E. bomb indiscriminately
kuánghū 狂呼 V. scream hysterically
kuānghuà 诓话 N. lie; false words
kuánghuà* 狂话 N. ①bombast ② crazy words M: [1]jù
kuánghuān 狂欢[-歡] V. revel ♦N. revelry; carnival M: [2]chǎng
kuánghuānjié 狂欢节[-歡節] N. carnival
kuánghuān qǐlai 狂欢起来[-歡--] R.V. begin to exult
kuánghūluànjiào 狂呼乱叫[--亂-] F.E. scream and shout
[1]**kuāngjì** 匡济[-濟] V. relieve distress; help over a difficulty
[2]**kuāngjì** 匡计 V. calculate roughly; estimate
kuàngjià 框架 N. frame(work)
kuàngjià lǐlùn 框架理论 N. <lg.> frame theory
kuàngjiān 况兼[況-] CONJ./ADV. <wr.> moreover; besides; in addition
kuàngjiāng 矿浆[礦漿] N. ore pulp; pulp
kuàngjià sǐbǎn 框架死板 N. confining rigid, confining structure
kuàngjiàxìng 框架性 ATTR. framework
[1]**kuàngjǐng** 矿井[礦-] N. mine; pit M: [1]yǎn
[2]**kuàngjǐng** 框景 N. frame decoration; frame scene
kuāngjìshíjiān 匡济时艰[-濟時艱] F.E. <wr.> relieve the problems of the times
kuāngjiù 匡救 V. save; redress
kuàngjiǔ* 旷久[曠-] V.P. lasting; long-time
kuàngjú 矿局[礦-] P.W. mine office/department
kuángjuàn 狂狷 N. <wr.> radicals and ultraconservatives
kuángkè 狂客 N. <wr.> ① bohemian M: [2]wèi ② poplar catkins ③ peach blossoms
kuàngkè* 旷课[曠-] V.O. play truant; skip class; cut school
kuàngkēng 矿坑[礦-] N. <min.> pit
kuàngkǒu fādiànzhàn 矿口发电站[礦-發電-] N. mine-mouth power plant
kuàngkuang* 框框 N. ① frame; circle ② restriction; convention; set pattern
kuàngkuàng 旷旷[曠曠] V.P. ①broad; spacious; open ② bright
kuāngkuīkuāngjǔ 筐窥筐举[-舉] F.E. <wr.> limited outlook and experience
kuánglán 狂澜 N. raging waves
kuānglāng* 哐啷 ON. sound of crushing
kuànglǎng 旷朗[曠-] S.V. bright and spacious (of a room)
kuànglàng 圹埌[壙-] V.P. <wr.> boundless
kuàngliàng 旷亮[曠-] S.V. open and light; vast and bright
kuángliè 狂烈 S.V. violent; intense; angry; strong
kuànglín 贶临[-臨] V. be honored by your presence
kuànglí zhíshǒu 旷离职守[曠離職-] V.O. desert one's post
kuānglóng 筐笼 N. bamboo cage
kuángluàn 狂乱[-亂] S.V. frenzied; frantic; mad
kuàngmài 矿脉[礦脈] N. mineral vein; lode M: [1]tiáo
kuàngmián 矿棉[礦-] N. mineral wool
kuàngmiáo 矿苗[礦-] N. outcropping
kuāngmiù 匡谬 V.O. correct mistakes
kuàngnán 旷男[曠-] N. <wr.> unmarried men of marriageable age
kuángnào 狂闹[-鬧] V. revel
kuàngní 矿泥[礦-] N. sludge; slurry
kuángnù 狂怒 N. raving fury
kuángnúgùtài 狂奴故态[-態] F.E. conceited scholar's old way of life
kuángpāo 狂抛[-拋] V. recklessly sell (goods/shares/etc.) in large quantities
kuángpǎo* 狂跑 V. dash; run wildly
kuāngpiàn* 诓骗 V. deceive; dupe
kuángpiàn 诳骗 V. swindle; defraud; deceive
kuángpiàntóngsǒu 诳骗童叟 F.E. cheat/swindle the young and aged
kuángqì 狂气[-氣] N. arrogance; conceit
kuāngqíbùjí 匡其不及 F.E. <wr.> make up for any deficiencies
kuāngqiè 筐箧[-篋] N. rectangular box/chest
kuàngqiě* 况且[況-] CONJ. moreover; besides; in addition
kuāngqièzhōngwù 筐箧中物[-篋--] N. commonplace thing
kuàngqū 矿区[礦區] P.W. mining area
kuàngquán 矿泉[礦-] N. mineral spring M: [1]yǎn
kuángquǎnbìng 狂犬病 N. rabies
kuángquǎnfèirì 狂犬吠日 F.E. make futile efforts
kuàngquán liáoyǎngdì 矿泉疗养地[礦-療養-] N. spa with a mineral spring
kuàngquánshuǐ 矿泉水[礦-] N. mineral water
kuāngr 筐儿 N. bamboo chest; wicker

kuàngr* 框儿 N. <coll.> ① (eyeglasses) frame ② framework (lit./fig.)

kuāngráng 劻勷 V.P. <wr.> in haste and agitation

kuángrè 狂热[-熱] S.V. fanatical; feverish

kuángrén 狂人 N. ① madman; maniac ② <derog.> unbalanced/conceited person M: [2]wèi/ge

kuángrényìyǔ 狂人呓语[--囈-] F.E. ravings of a madman

kuángrèxìng 狂热性[-熱-] N. fanaticism

kuángrè yìshù 狂热艺术[-熱藝術] N. Funk Art

kuángrèzhě 狂热者[-熱-] N. fanatic M: [2]wèi/ge

kuàngrìchíjiǔ 旷日持久[曠---] F.E. long-drawn-out; protracted; prolonged

kuángsānzhàsì 诳三诈四 F.E. high-handed

kuàngshā 矿砂[礦-] N. <min.> ore sand

kuàngshān 矿山[礦-] N. mine M: [4]zuò

kuàngshān kāicǎiquán 矿山开采权[礦-開-權] N. mining concession

kuángshēng* 狂生 N. unconventional youth M: [2]wèi/ge

kuángshèng 狂胜[-勝] V. win by an obvious margin

kuāngshí 匡时[-時] V.O. remedy evils of the times

kuángshī 狂诗 N. rhapsody M: [2]shǒu

kuángshì 狂士 N. conceited scholar M: [2]wèi/ge

kuàngshí* 矿石[礦-] N. ore M: duī/[1]zhǒng

[1]**kuàngshì** 旷世[曠-] ATTR. <wr.> unequaled by one's contemporaries/time; unrivaled; unique

[2]**kuàngshì** 旷士[曠-] N. <wr.> broad-minded/open-minded person

kuàngshìbùjī 旷世不羁[曠---] F.E. unprecedentedly/extraordinarily uninhibited

kuàngshíjī 矿石机[礦-] N. common name for crystal receiver/radio M: [1]tái

kuāngshíjìshì 匡时济世[-時濟-] F.E. guide the country over a crisis and do good for the people

kuàngshírìjiǔ 旷时日久[曠時-] F.E. long-drawn-out; protracted; prolonged

kuàngshí shōuyīnjī 矿石收音机[礦-] N. crystal receiver/radio M: [2]bù

kuàngshìyìcái 旷世逸才[曠-] F.E. man of brilliance unequaled by contemporaries

kuàngshìzhīcái 旷世之才[曠-] See kuàngshìyìcái

kuàngshuǐ 矿水[礦-] N. mineral water

kuángsīluànxiǎng 狂思乱想[--亂-] F.E. indulge in fantasy

kuāngsuàn 匡算 V. calculate roughly

kuàngsuān* 矿酸[礦-] N. mineral acid

kuángtài 狂态[-態] N. ① scandalous scene; display of wild manners ② insolent/conceited manners

kuángtāojùlán 狂涛巨澜[-濤--] F.E. angry waves; raging ride

kuàngtǐ 矿体[礦體] N. ore body

kuàngtián 矿田[礦-] N. ore field M: [1]piàn

kuángtóng 狂童 N. juvenile delinquent M: [2]wèi/ge

kuàngtú 框图[-圖] N. <mach.> block diagram

kuàngtǔ* 旷土[曠-] N. wilderness; wasteland M: [1]piàn

kuāngǔ 髋骨[髖-] N. hipbone M: [2]kuài

kuānguǎng 宽广[寬廣] S.V. broad; extensive; vast

kuānguǎngbódà 宽广博大[寬廣-] F.E. vast in scope of knowledge

kuānguǐ 宽轨[寬-] N. broad gauge M: [1]tiáo

kuānguǐ tiělù 宽轨铁路[寬-鐵-] N. broad-gauge railway

[1]**kuángwàng** 狂妄 S.V. wildly arrogant; presumptuous

[2]**kuángwàng** 诳妄 A.T. deceive/cheat by telling falsehood; falsify/swindle and treat unjustly

kuángwàngwúzhī 狂妄无知 F.E. conceited and ignorant

kuángwàngzìdà 狂妄自大 F.E. arrogant and conceited

kuàngwèi 况味[況-] N. <wr.> ① flavor ② circumstances and sentiment

kuàngwǒduōzhēn 贶我多珍 F.E. your handsome gift

[1]**kuàngwù** 矿物[礦-] N. mineral M: [1]zhǒng/duī

[2]**kuàngwù** 矿务[礦務] N. mining affairs/business

kuàngwù féiliào 矿物肥料[礦-] N. mineral fertilizer

kuàngwùjiè 矿物界[礦-] N. mineral world

kuàngwùjú 矿务局[礦務-] P.W. ① mining bureau ② state mining enterprise

kuàngwùxué 矿物学[礦-] N. mineralogy

kuàngwùxuéjiā 矿物学家[礦-] N. mineralogist M: [2]wèi/[1]míng

kuàngwùyóu 矿物油[礦-] N. mineral oil

kuàngwùzhì 矿物质[礦-質] N. mineral M: [1]zhǒng

kuàngwù zǔchéng chéngfèn 矿物组成成份[礦-] N. mineralogical constituents

kuángxǐ 狂喜 V.P. wild with joy

kuángxiǎng* 狂想 V. fantasize ♦N. fantasy

kuángxiàng 狂相 N. display of excessive frivolity

kuángxiǎngqǔ 狂想曲 N. <mus.> ① fantasia ② rhapsody M: [2]bù

kuángxiàngr 狂相儿 N. braggadocio

[1]**kuángxiào** 狂笑 V. laugh wildly/boisterously

[2]**kuángxiào** 狂啸[-嘯] V. ① gather a crowd and make trouble ② roar/howl wildly/violently

[1]**kuángxiè** 狂泻[-瀉] V. slump (in the market)

[2]**kuángxiè** 狂泄 V. drop precipitously

[1]**kuàngxué** 旷学[曠-] V.O. neglect studies; play truant

[2]**kuàngxué** 圹穴[壙-] N. open grave; coffin pit M: [1]yǎn

kuāngyán 诓言 N. lie; false words

[1]**kuángyán*** 狂言 N. ① ravings ② bragging M: pài/[1]piān ③ <thea.> farce; comic interlude

[2]**kuángyán** 诳言 N. lie; false words

kuàngyàng 矿样[礦樣] N. sample ore

kuàngyánshírì 旷延时日[曠-時-] F.E. procrastination

kuángyán-wàngyǔ 诳言妄语 N. wild talk and lies

kuángyào 狂药[-藥] N. alcoholic beverages

[1]**kuàngyě** 旷野[曠-] N. wilderness; prairie; open space M: [1]piàn

[2]**kuàngyě** 矿冶[礦-] N. mining and metallurgy

kuàngyè* 矿业[礦業] N. mining industry

kuàngyèfǎ 矿业法[礦業-] N. mining law M: [2]bù

kuàngyèjiè 矿业界[礦業-] N. mining world/trade

kuàngyèquán 矿业权[礦業權] N. mining concession

kuàngyì 旷逸[曠-] V.P. unrestrained

kuángyǐn 狂饮 V. drink hard

kuàngyóu* 矿油[礦-] N. mineral oil

kuàngyòu 况又[況-] CONJ. furthermore

kuángyǔ 诳语 N. lies; falsehood

[1]**kuàngyuán** 矿源[礦-] N. mineral resources

[2]**kuàngyuán** 旷原[曠-] N. wild plains

kuàngyuǎn* 旷远[曠遠] S.V. ① long and far-reaching ② far back; ages ago; remote

kuàngyuǎnzhīshì 旷远之士[曠遠-] N. a profound scholar

kuángyuè 狂悦 V. be overjoyed/possessed

kuángyù jīngshénbìng 狂郁精神病[-鬱---] N. <psy.> manic-depressive psychosis

kuàngzàng 矿藏[礦-] N. mineral resources M: [4]zuò See also kuàngcáng

kuángzào 狂躁/燥 S.V. manic

kuàngzhā 矿渣[礦-] N. slag M: duī

kuàngzhǎng 矿长[礦-] N. president of a mine M: [2]wèi

kuāngzhèng 匡正 V. ① rectify; correct; reform ② rescue the country from danger

kuàngzhī 矿脂[礦-] N. <chem.> petrolatum

kuàngzhí 旷职[曠職] V.O. ①skip duty ②neglect official duties

kuàngzhì* 矿质[礦質] N. mineral M: [1]zhǒng

kuàngzhì féiliào 矿质肥料[礦質-] N. mineral fertilizer

kuàngzhōngyǐnxiàn 纩中引线[纊-] F.E. <wr.> bring order from chaos

kuāngzhù 匡助 V. help; assist

kuàngzhù* 矿柱[礦-] N. <min.> ore pillar M: [2]gēn

kuāngzi* 筐子 N. small basket; bamboo chest; wicker

kuángzì 狂恣 V.P. <wr.> unbridled

kuàngzi 框子 N. frame

kuàngzishì 框子式 N. <lg.> framing

kuángzìzūndà 狂自尊大 F.E. proud as Lucifer; self-conceited

kuángzǒu 狂走 V. run about wildly

kuānhǎidàliàng 宽海大量[寬-] F.E. be broad-minded and magnanimous

kuānhé 宽和[寬-] S.V. ①big enough ②suitable ③ tolerant and tender

[1]**kuānhóng** 宽宏[寬-] S.V. large-minded; magnanimous

[2]**kuānhóng** 宽洪[寬-] S.V. resonant (voice)

kuānhóngdàliàng 宽宏/洪大量[寬-] F.E. magnanimous

kuānhòu 宽厚[寬-] S.V. ① generous; kind; magnanimous ② thick and broad

kuānhuái 宽怀[寬懷] V.O. set one's mind at rest; rest assured; feel relieved

kuānhuǎn 宽缓[寬-] V.O. ① grant a delay/reprieve ② relax severity; be indulgent

kuànián(dù) 跨年(度) V.O. straddle old and new years; go beyond the year

kuàniándù yùsuàn 跨年度预算 F.E. carry-over budget

kuānjiǎ* 宽假[寬-] V. <wr.> excuse magnanimously ***See also*** *kuānjià*

kuānjià 宽假[寬-] N. prolonged leave/vacation *See also kuānjiǎ*

kuǎnjiāo 款交 N. <wr.> true friendship

kuānjiě* 宽解[寬-] V. ease sb.'s anxiety

kuǎnjiē 款接 V. entertain; receive (visitors)

kuǎnjiě 款姐 N. <slang> female moneybags M: [2]wèi/ge

kuǎnjīn 款襟 V. talk to one's heart's content

kuǎnkè 款客 V.O. entertain guests

kuānkuān* 宽宽[寬寬] R.F. <coll.> ① wide ② spacious enough

kuǎnkuǎn 款款 R.F. <wr.> ① sincere; faithful ② leisurely; slowly

kuānkuàng 宽旷[寬曠] S.V. extensive; vast

kuānkuò 宽阔[寬-] S.V. broad; spacious

kuānlǐ 宽里[寬裡] N. <coll.> width

kuānliàng 宽谅[寬-] V./N. excuse; forgive

kuǎnliú 款留 V. cordially urge sb. to stay

kuǎnmén 款门 V.O. knock at a door

kuānměngbìngjì 宽猛并济[寬-並濟] F.E. severity tempered with gentleness

kuānměngxiāngjì 宽猛相济[寬-濟] F.E. use a proper mixture of severity and gentleness

kuǎnmì 款密 S.V. intimate

kuānmiǎn 宽免[寬-] V. ① exempt (taxes) ② pardon (offenses)

kuǎnmù 款目 N. ① item in a contract ② a sum of money M: [3]xiàng

kuǎnqǐ 款启[-啟] N. limited views; provincialism

kuǎnqià 款洽 S.V. cordial and harmonious

kuǎnqiào 窾窍[-竅] N. main points/crux of a matter

kuānqīxiàn 宽期限[寬-] N. grace period; day of grace

kuǎnqǔ 款曲 N. <wr.> heartfelt feelings

kuǎnr 款儿 <coll.> N. ① signature plus added comment (on scroll/etc.) ② signature/inscription on a scroll/bronze/stone ③ item (of a list of statements) ♦S.V. well-made; satisfactory

kuānràng 宽让[寬讓] V. be tolerant/lenient

kuānráo 宽饶[寬饒] V. forgive; show mercy

kuānróng 宽容[寬-] S.V. tolerant; lenient ♦V. pardon

kuānróng zhèngcè 宽容政策[寬-] N. tolerant policy M: [1]zhǒng/ge

kuānróngzhǔyì 宽容主义[寬-義] N. permissivism

kuānshè 宽赦[寬-] V. magnanimously remit; pardon; forgive

kuānshì 宽式[寬-] ATTR. loose-fitting (of clothing/etc.); broad form (of screen/etc.)

kuǎnshi 款式 N./S.V. elegance; good taste *See also kuǎnshì*

kuǎnshí 款实[-實] N. ① sincerity, simplicity ② truth

kuǎnshì* 款式 N. pattern; style; design M: [1]*zhǒng* *See also kuǎnshi*

kuānshì biāoyīn 宽式标音[寬-標-] N. <*lg.*> broad transcription

kuānshì yīnbiāo 宽式音标[寬-標] N. <*lg.*> broad transcription

kuānshū 宽舒[寬-] S.V. ① content; free from worry ② spacious and smooth (of terrain)

kuānshù* 宽恕[寬-] V. forgive ♦N. forgiveness

kuānshùgūxī 宽恕姑息[寬-] F.E. forgiving and tolerant

kuānsōng 宽松[寬鬆] S.V. ① loose and comfortable ② not crowded ③ relieved; free from worry ④ comfortably-off ⑤ favorable; free; peaceful; domestic

kuānsōngbáokù 宽松薄裤[寬鬆-] N. loose pajamas M: [1]*tiáo*

kuāntǎn 宽坦[寬-] S.V. ① broad and level ② big-hearted; magnanimous

kuāntào 宽套[寬-] S.V. <*coll.*> roomy; spacious

kuāntǐ 宽体[寬體] N. <*print.*> expanded letter

kuāntuǐr 宽腿儿[寬-] N. wide trousers legs

kuānǚ 姱女 N. a beauty M: [2]*wèi*

kuānwèi 宽慰[寬-] V. comfort; console

kuānxiá 宽狭[寬狹] N. <*wr.*> width; breadth; size

kuānxiàn 宽限[寬-] V.O. extend the time limit ~ *jǐtiān xíng ma?* Can the deadline be extended a few days? ♦N. moratorium

kuǎnxiàng 款项 N. ① a sum of money; fund ② sections and items (in a legal document, etc.)

kuānxiànrì 宽限日[寬-] N. grace period

kuānxīn 宽心[寬-] S.V. feel relieved/relaxed

kuānxīnwán(r) 宽心丸(儿)[寬-] N. soothing/reassuring words M: [3]*lì*

kuān-yán* 宽严[寬嚴] N. leniency and severity

kuǎnyán 款言 N. empty words

kuānyánbìngjì 宽严并济[寬嚴並濟] F.E. temper justice with mercy

kuānyánbìngjǔ 宽严并举[寬嚴並舉] F.E. temper justice with mercy

kuānyánr 宽沿儿[寬-] N. ① wide brim (of hat) ② wide edge

[1]**kuǎnyào** 款要 N. the facts; the reality

[2]**kuǎnyào** 窾要 N. main points or crux of a matter

kuǎnyé 款爷[-爺] N. <*slang*> ① moneybags ② very rich person M: [2]*wèi/ge*

kuānyī 宽衣[寬-] V.O. <*court.*> take off your coat (and make yourself comfortable) ♦N. loose garment M: [2]*jiàn*

kuānyǐdàirén 宽以待人[寬-] F.E. treat others liberally

kuānyījiědài 宽衣解带[寬-帶] F.E. undress

kuānyǐjìměng 宽以济猛[寬-濟-] F.E. temper justice with mercy

kuānyǐlǜrén 宽以律人[寬-] F.E. treat others liberally

kuǎnyǐn 款引 V. confess; admit

kuānyínmù 宽银幕[寬-] N. wide screen M: [2]*kuài*

kuānyínmù diànyǐng 宽银幕电影[寬--電-] N. CinemaScope M: [2]*bù*

kuānyínmù lìtǐ diànyǐng 宽银幕立体电影[寬---體電-] N. Cinerama

kuānyòu 宽宥[寬-] V. <*wr.*> excuse; forgive

kuānyú 宽余[寬-] S.V. ① broad-minded and cheerful ② spacious and comfortable ③ comfortably-off

kuānyù* 宽裕[寬-] S.V. comfortably-off

kuǎnyǔ 款语 N. <*wr.*> intimate talk

kuānyù shùliàngcí 宽域数量词[寬-數--] N. <*lg.*> wide scope quantifier

kuǎnyǔyíshí 款语移时[-時] F.E. <*wr.*> talk intimately and slowly

kuānzhǎi(r) 宽窄(儿)[寬-] N. width; breadth; size

kuānzhǎn 宽展[寬-] S.V. <*topo.*> ① happy; entirely free from worry ② broad; wide

kuānzhèng 宽政[寬-] N. liberal policies

kuǎnzhì 款识[-識] N. inscription (on bronze/etc.)

kuānzhuàng 宽壮[寬壯] S.V. large and strong (of a human body)

kuǎnzi 款子 N. <*coll.*> a sum of money M: [2]*bǐ*

kuānzòng 宽纵[寬縱] V. indulge

kǔ'áo 苦熬 V. endure years of suffering and hardship

kuàqúntǐ jiāojì 跨群体交际[--體-際] N. <*lg.*> intergroup communication

kuàrì 跨日 V.O. extend into the next day

kuà shàngqu 跨上去 R.V. mount; board

kuàshěng 跨省 ATTR. trans-provincial

[1]**kuāshì** 夸示[誇-] V. show off

[2]**kuāshì** 夸饰[誇-] V. give an exaggerated account

kuǎtái 垮台[-臺] V.O. fall from power; come to grief

kuātè 夸特[誇-] M. <*loan*> quart

kuātuō 夸脱[誇-] M. <*loan*> quart

kuàwénhuà chuányì 跨文化传意[---傳-] N. <*lg.*> intercultural communication

kuàwénhuà fānyì 跨文化翻译[---譯] N. <*lg.*> intercultural translation

kuàwénhuà yánjiū 跨文化研究 F.E. cross-cultural study

kuàxià 胯下 N. space between the legs

kuāxiàhǎikǒu 夸下海口[誇-] F.E. have boasted; have made the boast that. . .

kuǎ xiàlai 垮下来 R.V. fall down; collapse; break down

kuàxiànqiáo 跨线桥[-橋] N. overpass; flyover M: [4]*zuò*

kuàxiào 跨孝 V.O. wear mourning armband

kuàxiàrǔ 胯下辱 ID. grossest insult

kuàxiàzhīrǔ 胯/跨下之辱 N. grossest insult

[1]**kuāxǔ** 夸许[誇-] V. speak favorably of; praise; commend

[2]**kuāxǔ** 夸诩[誇-] V. boast; exaggerate

kuàxuékē 跨学科 ATTR. interdisciplinary

kuāyáng 夸扬[誇揚] V. speak highly of; praise; commend

kuàyángguòhǎi 跨洋过海 F.E. cross ocean and sea; go abroad

kuāyào 夸耀[誇-] V. brag about; flaunt

kuàyè gōngsī 跨业公司[-業--] N. conglomerate company

kuàyuàn(r) 跨院(儿) N. side courtyard M: [4]*zuò*

[1]**kuàyuè** 跨越 V. stride across; leap over

[2]**kuàyuè** 跨月 V.O. extend into next month

kuàyuèzhí 跨越值 N. spanning value

kuāzàn 夸赞[誇-] V. speak highly of; commend

kuàzào 跨灶 V.O. excel one's father

kuàzàozhīcái 跨灶之才 N. <*wr.*> sb. who excels one's father in knowledge and ability

kuāzhāng 夸张[誇-] V. exaggerate; overstate ♦N. hyperbole

kuāzhāng de yǔyán 夸张的语言[誇-] N. inflated language; exaggeration

kuāzhāngfǎ 夸张法[誇-] N. <*lg.*> hyperbole

kuāzhāng yǐnshēn 夸张引伸[誇-] N. catachresis

kuàzhōu 跨洲 ATTR. intercontinental

kuǎzi 侉子 N. <*coll.*> ① sb. who speaks with an accent ② hick; rube; country bumpkin

kuàzichē 跨子车 N. sidecar M: [3]*liàng*

kuāzuǐ 夸嘴[誇-] V.O. boast; talk big

kǔbākǔ'ái 苦巴苦挨 F.E. <*coll.*> bearing great suffering; sustaining one hardship after another

kūbǐng 枯饼 N. oil cake

kùbīng* 库兵 N. <*hist.*> soldiers guarding the national treasure M: [2]*wèi*

kū bízi 哭鼻子 V.O. <*coll.*> cry; wail; whimper

kùbù 库部 N. <*hist.*> a department under the Defense Ministry, in charge of arms and supplies

kūbuchéngshēng 哭不成声[-聲] F.E. weep too bitterly to speak; break down completely

kūbude 哭不得 R.V. can't cry

kǔbujīr 苦不唧儿 V.P. <*coll.*> bitter (of taste)

kǔbùkānyán 苦不堪言 F.E. suffer unspeakable misery

kǔcài 苦菜 N. <*bot.*> sow-thistle M: *tuán*

kùcáng 窟藏 N. cellar containing treasures

kùcáng* 库藏 V. have in storage ♦N. storeroom contents *See also kùzàng*

kūcǎo 枯草 N. withered grass M: [1]*bǎ*

kūcǎorè 枯草热[-熱] N. hay fever

kùchǎ(r) 裤衩(儿) N. <*coll.*> underpants; undershorts M: [1]*tiáo*

kǔchāi 苦差 N. hard and unprofitable job

kūcháimiáo 枯柴描 N. <*art*> brushwood/kindling stroke (in painting)

kǔchāishì 苦差事 N. M: [2]*jiàn* ① drudgery ② unpleasant/tedious job/task

kūchán 枯禅 N. <*Budd.*> sit in meditation

kūcháng 枯肠[-腸] N. impoverished mind

kùchǎr 绔叉儿 N. <*coll.*> pants or trousers reaching just above the knees; short pants; shorts M: [1]*tiáo*

kūchū 哭出 R.V. cry; sob

kǔchu 苦处[-處] N. suffering; hardships; difficulty

kǔchǔ* 苦楚 N. suffering; misery ♦A.T. persecute

kū chūlai 哭出来 R.V. cry; sob out

kùcún 库存 V. stock; reserve

kùcún gǔfèn 库存股份 N. <*com.*> treasury stock

kùcún gǔfèn yíngyú 库存股份盈余 N. <*com.*> treasury-stock surplus

kùcún gǔpiào 库存股票 N. <*com.*> treasury stock

kùcúnliàng 库存量 N. inventory; amount of stock

kùcún xiànjīn 库存现金 N. <*com.*> cash in treasury

kùcún zhàiquàn 库存债券 N. <*com.*> treasury bonds

kǔdàchóushēn 苦大仇深 F.E. suffer bitterly and nurse deep hatred

[1]**kùdài** 裤带[-帶] N. trousers belt M: [2]*gēn*

[2]**kùdài** 裤袋 N. trousers pocket

kǔdǎn 苦胆[-膽] N. gall bladder

kùdāng 裤裆[-襠] N. crotch of trousers

Kùdé'ěr Chálǐdé 库德尔查理德 N. Kader-Richardson Reliability

kūdiāo 枯凋 V.P. withered

kūdiēkūniáng 哭爹哭娘 F.E. whine excessively

kūdòng 窟洞 N. ① hole M: [1]*yǎn* ② basement; cellar

kǔdòu 苦斗[-鬥] V. fight hard

kùdōu(r)* 裤兜(儿) N. trousers pocket

kǔdú 苦读[-讀] V. study hard

kùduàn 库缎 N. superior Zhejiang satin M: [1]*pǐ*

kǔdúhánchuāng 苦读寒窗[-讀--] F.E. persevere in one's studies in spite of hardships

kǔ'èniǎo 苦恶鸟[-惡-] N. <*zoo.*> white-breasted water rail M: [2]*zhī*

Kù'ěrdéyǔ 库尔德语 N. Kurdish language

kùfáng 库房 P.W. storehouse; storeroom M: [1]*jiān*/[4]*zuò*

kùfèng(r) 裤缝(儿) N. seams of trouser legs M: [1]*tiáo*

kūgān 枯干[-乾] S.V. dried-up; withered; wizened

kǔgān 苦甘 N. sweetness and bitterness experienced in life; hardship and difficulties experienced in work

kǔgǎn 苦感 N. taste/sense of bitterness

kǔgàn* 苦干[-幹] V. work hard

kūgān yǎnlèi 哭干眼泪[-乾-淚] V.P. cry until one had no more tears to shed

kūgǎo 枯槁 S.V. ① withered ② haggard ③ languid; without energy

kǔgēn 苦根 N. source/cause of one's suffering

kǔgērmen(r) 苦哥儿们(儿) N. <*coll.*> fellow sufferers M: [1]*qún*/[2]*huǒ*

K

kū ge tòngkuai 哭个痛快[-個--] V.P. cry one's heart out

[1]**kǔgōng*** 苦工 N. ① hard manual work ② a person doing hard/manual work; coolie

[2]**kǔgōng** 苦功 N. hark work; painstaking effort ***Yào xué hǎo Zhōngwén, fēi xià ~ bùkě.*** You have to work hard to master Chinese. M: [2]fān

kùgōng 库工 N. warehouseman M: [2]wèi/ge

kǔgōngfu 苦功夫 N. painstaking effort M: [2]fān

kūgǔ 枯骨 N. skeleton; dry bones M: [2]gēn/[2]kuài/[1]bǎ

kǔguā 苦瓜 N. ① balsam pear ② bitter melon M: [1]tiáo/[2]gēn/ge

kùguǎn 裤管 N. trouser legs M: [2]zhī

kùguàr 裤褂儿 N. traditional shirt and pants M: [2]jiàn

kūgǔchóngshēng 枯骨重生 F.E. revival of the dead

kǔguǒ 苦果 N. ① dire consequences; painful result ② insult and injury

kǔhāhā 苦哈哈 V.P. with difficulty/hardship (of living)

kūhái 枯骸 N. dry bones M: [1]fù

kǔhǎi* 苦海 N. sea of woes M: [1]piàn

kǔhài 苦害 V. make others suffer ♦N. <topo.> harm; damage

kǔhǎiwúbiān 苦海无边[-邊] F.E. <Budd.> the endless sea of suffering

kǔháizi 苦孩子 N. children living in misery

kūhǎn 哭喊 V. wail; cry loudly

kǔhán 苦寒 N. bitter cold

kǔhàn 苦旱 N. severe drought M: [3]cháng

kùhán* 酷寒 N. bitter cold

kūháo* 哭号[-號] V. cry and shout ♦N. loud lamentation M: [1]zhèn

kùhào 酷好 V. have a yen for; be very keen on

kūhé* 枯涸 V.P. dry; waterless (of wells/rivers)

kǔhé 苦河 N. <Budd.> human existence

kūhēi 枯黑 V.P. withered and black

kǔhòu 枯候 V. wait interminably

kūhuáng 枯黄 V.P. withered and yellow

kǔhuór 苦活儿 N. ① poorly paid living ② a hard and unprofitable job ③ arduous toil M: [2]jiàn

[1]**kuī*** 亏[虧] V. ① lose (money/etc.); have a deficit ② treat unfairly ***Wǒ cónglái méiyǒu ~guo tā.*** I've never been unfair to him. ③ wane ④ lack ♦S.V. deficient; short ♦ADV. fortunately; luckily; thanks to (sometimes mockingly) ***Zhè [2]shì(r) ~ nǐ tíxǐng tā.*** It's fortunate that you reminded him of the matter.

[2]**kuī** 盔 N. helmet M: [1]dǐng/ge

[3]**kuī** 窥[窺] B.F. peep; spy ***kuīsì***

[4]**kuī** 岿[巋] B.F. towering; lofty ***kuīrán, kuīwēi***

Kuī 悝 used in names

[1]**kuí** 奎 N. one of the 28 zodiacal constellations ♦*used in transcriptions in* ***kuíníng, lùkuí***

[2]**kuí** 葵 B.F. ① sunflower ***xiàngrìkuí*** ② plants of the mallow family ③ Chinese fan palm

[3]**kuí** 魁 B.F. pre-eminent; of imposing stature ***kuíwú, dàkuí***

[4]**kuí** 夔 B.F. mythical beast similar to dragon but with only one foot ***[2]kuíkuí, yīkuíyìzú***

[5]**kuí** 揆 B.F. ① consider; calculate ***kuíduó*** ② premier ***kuíxí*** ③ manage; control ***zǒngkuí***

[6]**kuí** 睽/暌 B.F. separated; isolated ***kuígé***

[7]**kuí** 馗 B.F. road ♦*used in names in* ***Zhōng Kuí***

[8]**kuí** 蝰 in ***kuíshé***

[9]**kuí** 隗 in ***qīngzìkuíshí***

[10]**kuí** 喹 in ***kuílín***

[1]**kuǐ** 跬 B.F. single step ***kuǐbù, kuǐbùbùlí***

[2]**kuǐ** 傀 in ***kuǐlěi*** *See also* [10]guī

[1]**kuì** 愧 B.F. be ashamed/conscience-stricken ***cánkuì***

[2]**kuì** 溃[潰] <wr.> B.F. ① burst (dam) ***kuìjué*** ② break through (encirclement) ***kuìwéi*** ③ be routed ***kuìbài*** ④ fester; ulcerate ***kuìyáng*** *See also* [21]huì

[3]**kuì** 喟 B.F. sigh ***kuìrán,*** [1]***gǎnkuì***

[4]**kuì** 馈[饋] B.F. give as a present ***kuìlù, fǎnkuì***

[5]**kuì** 匮[匱] B.F. lack ***kuìfá,*** [2]***bùkuì*** *See also* [3]guì

[6]**kuì** 愦[憒] B.F. muddled [2]***kuìkuì, hūnkuì***

[7]**kuì** 篑[簣] B.F. basket for collecting dirt ***yīkuìzhīgōng, gōngkuīyīkuì***

[8]**kuì** 聩[聵] B.F. deaf ***kuìhūn, hūnkuì***

kuí'àn 魁岸 N. <wr.> big and tall; stalwart

kuìbà 溃坝[-壩] N. dam break M: [2]dào/[1]duàn

kuìbài 溃败 V. ① be defeated/routed ② fester

kuíbànwǎn 葵瓣碗 N. <pottery> mallow-petal bowl

kuībàoyībān 窥豹一斑 F.E. have only a limited view

kuīběn(r)* 亏本(儿)[虧-] V.O. lose money in business; lose one's capital

kuìbēn 溃奔 V. take flight

kuīběn chūshòu 亏本出售[虧-] V.P. sell at a loss

kuīběn shēngyì 亏本生意[虧-] N. losing proposition

Kuíbiāo 魁杓 N. second star of the Dipper M: [1]kē

kuíbié 睽别 V. <wr.> leave each other; part

kuíbǐng 魁柄 N. reins of government

kuìbīng* 溃兵 N. routed troops M: [1]qún/[4]zhī

kuǐbù 跬步 N./V.O. <wr.> take a small step

kuǐbùbùlí 跬步不离[-離] F.E. <wr.> follow sb. closely

kuìbùchéngjūn 溃不成军 F.E. be utterly routed

kuìbùgǎndāng 愧不敢当[-當] F.E. embarrassed as undeserving

kuǐbùnánxíng 跬步难行[--難-] F.E. <wr.> difficult even to move a short step

kuīcāng 亏仓[虧倉] V.O. broken stowage

kuīcāng yùnfèi 亏仓运费[虧倉運-] N. shortfall freight

kuīcè* 窥测 V. spy out; watch and assess

kuícè 揆测 V. calculate; guess; estimate

kuīcè fāngxiàng 窥测方向 V.O. see which way the wind blows

kuīcè shíjī 窥测时机[--時-] V.O. bide one's time

kuīchá 窥察 V. spy on; watch

kuīchǎn 亏产[虧產] V.O. fail to fulfill a production target/quota

kuīchèng 亏秤[虧-] V.O. give short weight

kuīchù 亏绌[虧-] N. ① deficit ② deficiency

kuīchù zhànghù 亏绌帐户[虧-] N. overdrawn account

kuìcuàn 溃窜[-竄] V. be defeated and dispersed; flee helter-skelter (of troops)

kuīdài 亏待[虧-] V. treat shabbily

kuīde 亏得[虧-] ADV. fortunately; luckily; thanks to (sometimes mockingly)

kuìdí 溃敌[-敵] V. defeat the enemy; to put the enemy to rout

[1]**kuìdiàn** 馈电[-電] N. <elec.> feedback

[2]**kuìdiàn** 馈奠 V. make a sacrificial offering

kuìdiànxiàn 馈电线[-電-] N. <elec.> feed line; feeder M: [2]gēn

kuīduǎn 亏短[虧-] V.O. lack; be short of

kuíduó 揆度 V. <wr.> observe and estimate; conjecture

kuìfá 匮乏 S.V. <wr.> deficient; short (of supplies)

kuīfù* 亏负[虧-] V. ① let sb. down ② be deficient ③ fail ④ owe

kuìfú 愧服 V. humbly admire

kuígé 睽隔 V. <wr.> be parted/separated/apart

kuígū 睽孤 V.P. <wr.> eccentric; unsociable

kuìhàn 愧汗 V. <wr.> sweat with shame

kuīhào 亏耗[虧-] V. ① lose money ② deteriorate; lose by natural process ③ be consumed; depleted

kuíhé 睽合 V. separate and gather ♦N. separation and gathering

kuìhèn 愧恨 V. be ashamed and remorseful

kuìhènjiāojí 愧恨交集 F.E. overcome with shame and remorse

kuíhuā 葵花 N. sunflower M: [2]duǒ

kuíhuāniǎo 葵花鸟 N. cockatoo M: [2]zhī

kuíhuāxiàngrì 葵花向日 F.E. The loyal always look to their masters.

kuíhuāyóu 葵花油 N. sunflower oil

kuíhuāzǐ 葵花子 N. sunflower seeds M: [3]lì/[1]kē

kuìhuǐ 愧悔 S.V. mortified and regretful

kuìhūn 聩昏 S.V. ignorant

kuíhuò 葵霍 N. <humb.> I; we

kuījì 窥觊[-覬] V. covet; eye greedily

kuījiǎ* 盔甲 N. suit of armor M: [1]fù

kuíjiǎ 魁甲 N. <hist.> top candidate in the national civil-service examination

kuījiàn 窥见 V. catch glimpse of; detect

kuìjié 匮竭 V.P. exhausted

kuìjiù 愧疚 S.V. feel guilt; be conscience-stricken

kuìjué 溃决[-決] V. burst (dam)

kuìjūn 溃军 N. a routed army M: [4]zhī

kuīkàn 窥看 V. ① peer at ② spy on

kuīkong* 亏空[虧-] V. be in debt ♦N. debt; deficit

kuīkǒng 窥孔 N. ① sight ② peep/spy hole

kuīkonggōngkuǎn 亏空公款[虧-] F.E. embezzle public money

kuīkong tōngzhīshū 亏空通知书[虧-書] N. deficiency letter; notification of overdraft

[1]**kuíkuí*** 睽睽 R.F. stare; gaze

[2]**kuíkuí** 夔夔 R.F. awe-struck; in fear

[1]**kuìkuì** 溃溃 R.F. dispersion; confusion

[2]**kuìkuì** 愦愦 R.F. confused; muddleheaded

[3]**kuìkuì** 聩聩 R.F. stupid; unreasonable

kuìlàn 溃烂[-爛] V.P. fester; ulcerate

kuīlěi 亏累[虧-] V. show repeated deficits *See also* ***kuīlèi***

kuīlèi 亏累[虧-] V. ① suffer loss ② involve others in loss *See also* ***kuīlěi***

kuǐlěi* 傀儡 N. puppet M: [2]wèi

kuǐlěixì 傀儡戏[-戲] N. puppet show/play M: [2]bù/[2]chǎng

kuǐlěi zhèngquán 傀儡政权[-權] N. puppet regime

kuǐlěi zhǔcí 傀儡主词 N. <lg.> dummy subject

kuīlǐ* 亏理[虧-] S.V. unreasonable; in the wrong

kuílí 睽/暌离[-離] <wr.> V. leave each other; part ♦N. long separation

kuílì 葵笠 N. crude palm-leaf hat M: [1]dǐng

kuìliáng 馈粮[-糧] V.O. send provisions

kuìliè 溃裂 V. ① fester; ulcerate; burst; rupture ② collapse; break down; fall apart

kuílín 喹啉 N. <chem.> quinoline

kuílóng 夔龙 N. figures of two animals in ancient bronzes

kuìlòu 溃漏 V. leak (water)

kuìlù 馈路 N. route for military supplies M: [1]tiáo

[1]**kuìluàn** 溃乱[-亂] V.P. crumble and disperse

[2]**kuìluàn** 愦乱[-亂] V.P. dazed and confused; befuddled

kuìmào 愦眊 V.P. muddleheaded; dull-witted

kuìméng 溃盟 V.O. violate agreement/treaty ♦N. breach of faith

kuìmiè 溃灭[-滅] V. crumble and fall (of a regime, etc.)

kuìnǎn 愧赧 S.V. blush from shame

kuìnǎnhànyán 愧赧汗颜 F.E. <wr.> blush with shame

kuìnánjiànrén 愧难见人[-難--] F.E. ashamed to be seen in public

kuíníng 奎宁[-寧] N. <loan> quinine

kuìnù 愧恧 S.V. <wr.> be ashamed

kuìpínliáng 馈贫粮[-糧] N. ① food for the poor ② knowledge for the ignorant

kuìpò 溃破 R.V. be shattered/defeated

kuīqì 窥器 N. <med.> speculum

kuīqiàn 亏欠[虧-] V. have a deficit; be in arrears ♦N. ① deficit ② deficiency

kuíqīng 葵倾 V. look to; admire; lean toward

kuíqíngduólǐ 揆情度理 F.E. appraise circumstances

kuìquē 匮缺 V.P. <wr.> deficient; short (of supplies)

kuīrán* 岿然[巋-] V.P. towering; lofty

kuìrán 喟然 ADV. <wr.> sighing deeply

kuīránbùdòng 岿然不动[巋-動] F.E. stand firm

kuìránchángtàn 喟然长叹[-嘆] F.E. heave a deep sigh

kuīrándúcún 岿然独存[巋-獨-] F.E. stand firm by itself

kuìránxīngtàn 喟然兴叹[-興嘆] F.E. draw a deep breath and sigh
kuīrén* 亏人[虧-] V.O. <*topo.*> harm/wrong a person
kuìrén 馈人 N. cook
kuī rén bíxī 窥人鼻息 V.P. cater to sb.'s whims and pleasures
kuīruò 亏弱[虧-] S.V. weak; debilitated
kuìsàn 溃散 V. be defeated and dispersed
kuìsè 愧色 N. look of shame
kuīshā* 亏杀[虧殺] CONJ. fortunately; luckily; owing greatly to
kuìshà 愧煞 V. feel very much ashamed
kuíshàn 葵扇 N. palm-leaf fan M: [1]*bǎ*
kuīshé* 亏折[虧-] V. lose money in business ♦N. deficit
kuíshé 蝰蛇 N. viper M: [1]*tiáo*
kuīshébùzī 亏折不资[虧-] F.E. lost a big amount of money
kuīshí 亏蚀[虧-] V. lose (money) in business ♦N. ① loss; wear and tear ② solar/lunar eclipse
kuīshì* 窥视 V. ① peep at ② spy on
kuíshì 魁士 N. eminent scholar M: [2]*wèi*/[1]*míng*
kuìshí 馈食 V.O. <*Ch. hist.*> offer cooked food as sacrifice
kuīshídàijìn 亏蚀殆尽[虧-盡] F.E. suffer a complete loss
kuīshìjìng 窥视镜 N. peephole (in a door)
kuíshǒu 魁首 N. ① chief; head ② the brightest and best M: [2]*wèi*
kuíshuài 魁帅[-帥] N. general M: [2]*wèi*
kuīsì 窥伺 V. lie in wait for; be on watch for
kuìsòng 馈送 V. present (a gift)
kuīsǔn 亏损[虧-] V. ① lose ② enfeeble ♦N. ① deficit ② general debility
kuīsǔn bāogān 亏损包干[虧-乾] N. <*PRC*> responsibility system implemented toward deficit enterprises
kuīsǔnlěilěi 亏损累累[虧-] F.E. ① suffer great loss ② deficit-ridden; loss-making
kuīsǔn qǐyè 亏损企业[虧-業] N. enterprise in the red; loss-making enterprise
kuísuǒ 暌索 V. <*wr.*> separated from each other
kuītàn* 窥探 V. spy upon; pry into
kuìtàn 喟叹[-嘆] V. <*wr.*> sigh with deep feeling
kuìtáo 溃逃 V. flee pell-mell
kuītiānjìng 窥天镜 N. telescope
kuìtiānzuòrén 愧天怍人 F.E. feel shame before Heaven and fellow human beings
kuītīng 窥听[-聽] V. eavesdrop
kuìtòng 愧痛 V.P. feel remorse; shame
kuītóu 盔头 N. <*opera/trad.*> caps worn by actors M: [1]*dǐng*
kuìtuì 溃退 V. beat precipitous retreat
kuīwàng 窥望 V. peep at; spy on; watch searchingly
kuīwēi 岿巍[巋-] V.P. <*wr.*> towering; lofty
kuíwéi 暌/睽违[-違] V. <*wr.*> separate; part
kuíwěi* 魁伟[-偉] S.V. big and tall; stalwart
kuìwéi 溃围[-圍] V.P. <*wr.*> break through an encirclement
kuíwén 夔纹 N. **kuí** pattern; animal motif in early bronze design
kuíwú* 魁梧 S.V. big and tall; stalwart
kuíwǔ 魁武 S.V. of great stature
kuíwúqíwěi 魁梧奇伟[-偉] F.E. gigantic in stature; tall and broad-shouldered
kuìwúyǐbào 愧无以报[-報] F.E. ashamed of one's inability to repay a favor
kuíxí 揆席 N. prime minister; premier
[1]**kuìxiàn** 馈献[-獻] N./V. present (a gift) to one's senior/superior
[2]**kuìxiàn** 馈线 N. <*elec.*> feeder M: [2]*gēn*
kuíxiàng 葵向 V. look to; admire; lean toward
kuìxiǎng* 馈饷 N. food supplies for military units
kuíxié 暌携[-攜] V. ① betray ② separate; deviate, depart from
kuīxīn* 亏心[虧-] V.O. have a guilty/bad conscience ♦S.V. ① remorseful ② ungrateful
kuìxīn 愧心 N. feeling of shame
Kuíxīng 魁星 N. ① stars in the Big Dipper ② God of Literature
kuíxīng gé 奎星阁 N. temple to the god of literature M: [4]*zuò*
kuīxíngmào 盔形帽 N. helmet-shaped cap M: [1]*dǐng*
kuīxīnshì 亏心事[虧-] N. unconscionable act M: [2]*jiàn*
kuìyáng 溃疡[-瘍] N. ulcer ♦V. ulcerate
kuìyáng chuānkǒng 溃疡穿孔[-瘍--] N. <*med.*> perforated ulcer
kuíyí 睽疑 V. <*wr.*> suspect; feel sth. is strange
kuíyì 睽异[-異] V.P. be in disagreement (of views)
kuìyí* 馈遗 N./V. present (a gift); make a present of sth.
kuīyíng 亏盈[虧-] N. ① losses and gains (in gambling); defeat or victory (in a game, etc.) ② ups and downs; rise and fall
[1]**kuīyú** 窥觎 V. covet; lust for
[2]**kuīyú** 窥窬 V. watch for weakness (in an adversary)
kuìyú* 愧于[-於] V.P. fail to live up to
kuīyuán 窥园[-園] V.O. lack concentration while studying
kuíyuán* 魁元 N. ① a person who is head and shoulders above others ② the brightest and best ③ the first in civil-service examinations
kuīyuè 亏月[虧-] N. waning moon
kuìzèng 馈赠 V. <*wr.*> make a present of sth. ♦N. gift
kuīzhī 窥知 V. find out by inquiry
kuìzhuàn 馈馔 V. offer food (to a superior)
kuízhūshíjì 揆诸实际[-實際] F.E. <*wr.*> as a matter of fact
kuīzi* 盔子 N. helmet M: [1]*dǐng*
kuízǐ 葵子 N. sunflower seeds M: [1]*kē*
kuìzǒu 溃走 V. scatter and run for life (of a defeated army)
kuìzuò 愧怍 V. <*wr.*> feel ashamed
kūjí 枯瘠 S.V. withered; dry and lean
kūjì* 枯寂 S.V. ① bored and lonely ② dull and boring
kǔjiàn 苦谏 N./V. earnest admonition
kūjiāo 枯焦 V.P. ① withered ② scorched
[1]**kūjiào*** 哭叫 V. shout and cry
[2]**kūjiào** 窟窖 N. cellar; vault M: [1]*yǎn*
kùjiǎo(r) 裤脚(儿)[-腳(兒)] N. ① bottom of a trouser leg ② trouser legs M: [2]*zhī*
kūjié* 枯竭 S.V. dried up; exhausted
kǔjié 苦节[-節] N. integrity maintained through hardship
kùjǐn 库锦 N. embroidery using colorful materials
kǔjīnbálì 苦筋拔力 F.E. <*coll.*> poverty-stricken; beggarly
kūjǐng* 枯井 N. dried well M: [1]*yǎn*
kǔjìng 苦境 N. hard and difficult circumstances; morass
kǔjìngānlái 苦尽甘来[-盡--] F.E. after suffering comes happiness
kūjǐng dǎshuǐ 枯井打水 V.P. work to no avail
kūjiǒng 枯窘 S.V. ① hard; dried-up ② poverty-stricken
kǔjiǔ 苦酒 N. a bitter wine implies a sad experience
kūjū 窟居 V.P. live in caves
kǔkōu 苦抠[-摳] V. <*topo.*> scrabble for a living
kǔkǒu* 苦口 S.V. ① in earnest ② bitter to the taste
kǔkǒupóxīn 苦口婆心 F.E. remonstrate with good intentions
kǔkǒuxiāngquàn 苦口相劝[-勸] F.E. earnestly advise
kūkū 矻矻 R.F. <*wr.*> diligent; industrious; assiduous
kǔkǔ* 苦苦 ADV. strenuously; hard; persistently
kǔkǔ'āiqiú 苦苦哀求 F.E. entreat piteously; implore urgently
kǔkuàng 苦况[-況] N. hardship
kūkutítí 哭哭啼啼 V.P. blubber
kǔkǔxiāngbī 苦苦相逼 F.E. compel; force persistently
kǔkǔxiāngqiú 苦苦相求 F.E. entreat; urge persistently
kūkūxiàoxiào 哭哭笑笑 V.P. cry and laugh alternatively
kǔlabājī 苦剌吧叽 F.E. <*coll.*> bitter
kǔláo 苦劳[-勞] N. ① credit for hard work (versus good work) ② toil; back breaking work; exhausting labor
kǔ-lè 苦乐[-樂] N. sorrow and joy
kǔlèbùjūn 苦乐不均[-樂--] F.E. joy and sorrow are not balanced
kǔlèi 苦累 N. toil; hardship; privation; trials; adversity
kùléiwén 库雷蚊 N. <*zoo.*> culex M: [2]*zhī*
kǔlì* 苦力 N. ① coolie; laborer ② strenuous effort; hard work
kùlì 酷吏 N. oppressive official M: [2]*wèi*
kūliǎn 哭脸 N. tear-stained face M: [1]*zhāng*
kǔliǎn 苦脸 N. look of misery M: [1]*zhāng*
[1]**kǔliàn*** 苦练[-練] V. practice diligently
[2]**kǔliàn** 苦恋[-戀] N. unrequited love
kǔliànzǐ 苦楝子 N. <*Ch. med.*> chinaberry
kùliè 酷烈 V.P. <*wr.*> ① cruel; fierce ② strong (smell)
kǔliguājī 苦里呱叽[-裡--] F.E. bitter
kūlíng 哭灵[-靈] V.O. cry mournfully over sb.'s death
kǔliú 苦留 V. entreat sb. to stay
kùlìzāngguān 酷吏赃官[--贓-] F.E. cruel and greedy officials
kūlong 窟窿 N. ① hole; cavity ② deficit; debt
kūlongdòng 窟窿洞 N. hole
kūlónghù 窟窿户 N. rural household with very low income which must frequently borrow money or live on handouts M: [1]*hù*
kūlongyǎn(r) 窟窿眼(儿) N. small hole
kūlóu 骷髅[-髏] N. ①human skeleton ②human skull; death's head M: [7]*jù*/*ge*
kūlóucūn 骷髅皴[-髏-] N. <*art*> skeleton wrinkle (in painting)
[1]**kùlún*** 库伦 N. (Mongolian) enclosed pasture (usu. used as part of a place name) ***See also*** *Kùlún*
[2]**kùlún** 库仑 N. <*phy.*> coulomb
Kùlún 库伦 P.W. <*hist.*> Urga (now Ulaan Baatar) ***See also*** [1]*kùlún*
kūluòwù 枯落物 N. litter
kǔmaicài 苦荬菜[-蕒-] N. <*bot.*> perennial European sow thistle; gutweed M: [1]*kē*
kǔmǎimai 苦买卖[-買賣] N. hard business with low profit
kǔmèn 苦闷 S.V. depressed; dejected
kǔmìng 苦命 N. miserable fate; hard lot
kǔmìngrén 苦命人 N. sb. fated to a life of misery
kūmù 枯木 N. dead tree M: [1]*duàn*/[2]*gēn*
kūmùféngchūn 枯木逢春 F.E. get new lease on life
kūmùsǐhuī 枯木死灰 F.E. living corpse
kūmùwéizhōu 刳木为舟 F.E. hollow out a log to make a boat
kūmù-xiǔzhū 枯木朽株 N. ① withered tree ② senile/sick person ③ weak and powerless persons ♦V.P. get a new lease on life
[1]**kūn** 坤 N. one of the Eight trigrams and second hexagram in *Yijing* ♦B.F. female ***kūnbiǎo***
[2]**kūn** 鲲[鯤] N. ① legendary giant fish ② fish roe; spawn; fry
[3]**kūn** 昆 B.F. ① a style of Chinese poetry ***xīkūntǐ*** ② elder brother ③ descendant ***hòukūn*** ♦in ***kūnchóng***
[4]**kūn** 髡 B.F. shave the head as punishment ***kūnqián***, ***liúkūn***
[5]**kūn** 裈[褌] B.F. trousers ***kūnyī***, ***dúbíkūn***
[6]**kūn** 鹍[鵾] in ***kūnjī***
[7]**kūn** 崑 in ***Kūnlún*** ♦B.F. short for Kūnlún ***Kūnyù***
[8]**kūn** 醌 B.F. <*chem.*> quinone ***běnkūn***, [2]***kūnshì***
[1]**kǔn(r)*** 捆(儿)[-(兒)] V. tie; truss; bundle ♦M. bundle
[2]**kǔn** 悃 B.F. heartfelt sincerity ***kǔnbì***, ***hèkǔn***

[3]**kǔn** 阃[閫] B.F. threshold; women's quarters; women *kǔndé, guīkǔn*
[4]**kǔn** 壸[壼] B.F. paths within the palace *kǔnfàn*
[1]**kùn** 困 ① <wr.> V. surround ♦B.F. ① hard-pressed; stranded *kùnnan* ② poor; hard-up *pínkùn See also* [2]*kùn*
[2]**kùn** 困[睏] S.V. sleepy; tired *See also* [1]*kùn*
kǔnàn 苦难[-難] N. suffering; misery; distress
kǔnànshēnzhòng 苦难深重[-難--] F.E. be in deep distress
kūnào 哭闹[-鬧] V. cry and scream; throw a tantrum
kǔnǎo* 苦恼[-惱] S.V. vexed; worried *Ràng wǒ ~ de* [1]*shì. . .* What's troubling me is that. . .
kǔn'ào 阃奥[-奧] N. ① inner part of a large building ② essence of learning
kǔnbǎng 捆绑 V. truss up; bind
kǔnbǎng fūqī 捆绑夫妻 N. forced/unwilling collaboration
kūnbāo(r) 坤包(儿) N. woman's bag/purse M: [2]*zhī/ge*
kùnbèi 困惫[-憊] S.V. <wr.> exhausted
kǔnbì 悃愊 V.P. <wr.> complete sincerity
kūnbiǎo 坤表 N. woman's watch M: [2]*zhī*
kǔnbìwúhuá 悃愊无华[-華] F.E. <wr.> sincere and honest
kūnbù 昆布 N. <Ch. med.> kelp
kūnchē 坤车 N. sedan/cart for ladies M: [3]*liàng*
kǔnchéng 悃诚 N. <wr.> sincerity
kūnchóng 昆虫[-蟲] N. insect M: [2]*zhī*
kūnchóngxué 昆虫学[-蟲-] N. entomology
kùnchǔ 困处[-處] N. difficult position; predicament; straits ♦V.P. be stranded in; be in a fix
kūndāng 裈裆[-襠] N. crotch of pants
kūndé* 坤德 N. <trad.> ① woman's virtue ② exemplary woman
kǔndé 阃德 N. feminine virtues
kūndì 昆弟 N. elder and younger brothers; brothers
kǔndiào 捆吊 V. tie and hang up
kùndòu 困斗[-鬥] V. fight desperately
kùndùn 困顿 V. ① be tired out; be exhausted ② be in financial straits
kùn'è 困厄 V.P./N. ① in dire straits ② poverty-stricken
kùn'érxuézhī 困而学之 F.E. be motivated to learn by a setback
kùnfá 困乏 S.V. ①tired; fatigued ②impoverished
kūnfàn* 坤范[-範] N. woman's virtue; exemplary woman
kǔnfàn 阃/壸范[壼範] N. <wr.> ① paragon of feminine virtue ② code of conduct for women
kǔnfù 捆缚 V. bind; tie up; bound
kǔnhǎo 捆好 S.V. tie up, bundle up
kùnhuò 困惑 S.V. perplexed; puzzled ♦N. difficult problem; perplexity
kùnhuòbùjiě 困惑不解 F.E. feel puzzled
kūnjī 鹍鸡[-雞] N. ①a crane-like bird ②phoenix M: [2]*zhī*
kūnjì* 昆季 N. <trad.> brothers
kǔnjì 阃寄 V. <wr.> appoint a commanding officer with full authority to act according to his discretion
kùnjiào 困觉[-覺] V.O. <topo.> go to bed
kùnjié 困竭 S.V. exhausted; used-up
kǔnjǐn* 捆紧[-緊] R.V. bind tight; fasten
kùnjìn(r) 困劲(儿)[-勁-] N. <coll.> weariness; fatigue
kùnjìng 困境 N. difficult position; predicament; straits
kùnjiǒng 困窘 S.V. ① in distress; embarrassed ② poverty-stricken; destitute
kǔnjù 捆屦[-屨] V.O. make sandals
kùnjū 困居 V. be stranded; be hard pressed
kùnjú* 困局 N. predicament; difficult situation/position; straits
kùnjuàn 困倦 S.V. sleepy; fatigued
kùnjuàn qǐlai 困倦起来 R.V. feel sleepy/fatigued
kūnjué(r) 坤角(儿) N. <opera> female actor M: [2]*wèi*
kùnkǔ 困苦 N./S.V. privation
kǔnkuǎn 悃款 V.P. ① single-minded ② sincere
kùnkǔ nánkān 困苦难堪[--難-] V.P. suffering unbearable hardships
kùnlèi 困累 S.V. tired; fatigued
[1]**kūnlíng*** 坤灵[-靈] N. divinities of the earth
[2]**kūnlíng** 坤伶 N. female actor M: [2]*wèi*
kǔnlìng 阃令 N. <wr.> a woman's orders to her henpecked husband
kùn lóng yě yǒu shàngtiān shí 困龙也有上天时[-時] F.E. Every dog has his day.
Kūnlún 昆仑[-//崑崙] P.W. ① Kunlun Mountains (on Xinjiang border) ② <Dao.> a fabulous mountain-range, location of the Hill of Longevity and Palace of Queen Mother of the West
Kūnmíng 昆明 P.W. Kunming (in Yunnan)
kùnnan 困难[-難] N. ① difficulty; problem ② straitened circumstances; dire straits ③ <slang> ugly (in appearance)
kùnnanchóngchóng 困难重重[-難--] F.E. be beset with difficulties
kùnnanhù 困难户[-難-] N. ① hard-up families ② <slang> ⓐ sb. bad looking ⓑ a hag
kùnnǎo 困恼[-惱] S.V. be annoyed/vexed ♦N. vexation; worry
kūnpéng 鲲鹏 N. roc
kùnpò 困迫 S.V. hard-pressed; embarrassed; in a predicament
kǔnqǐ 捆起 R.V. tie up; bundle up
kūnqián 髡钳 N. <trad.> punishments of shaving the head and chaining the neck
Kūnqiāng 昆腔 N. <opera> melodies originating in Kunshan, Jiangsu
kǔn qǐlai 捆起来 R.V. tie up
kùnqióng 困穷[-窮] S.V. impoverished
Kūnqǔ 昆曲 N. ① Kunqu opera ② melodies for Kunqu opera
kǔnr 捆儿 M. bundle; bunch
kùnrǎo 困扰[-擾] V./S.V. ① perplex; puzzle ② disturb; vex; worry
kùnrén 困人 S.V. tiring ♦V.O. oppressive; close (of weather)
kūnsǎn 坤伞[-傘] N. umbrella for females M: [1]*bǎ*
kǔnshàng 捆上 R.V. bind up
kūnshānpiànyù 昆山片玉 ID. outstanding figure
[1]**kūnshì*** 坤式 ATTR. female style
[2]**kūnshì** 醌式 N. <chem.> quinonoid formula
kǔnshí 悃实[-實] S.V. simple and sincere
kùnshǒu* 困守 V. withstand a siege
kùnshòu 困兽[-獸] N. cornered beast M: [2]*zhī*
kùnshòuyóudòu 困兽犹斗[-獸猶鬥] F.E. Cornered beasts fight desperately.
kùnshòuzhīdòu 困兽之斗[-獸-鬥] N. fight desperately like a cornered beast
kùnsǐ 困死 R.V. ① die besieged ② be stranded without help
kūnsūn 昆孙[-孫] N. sixth-generation descendent
kǔnsuǒ 捆锁 V. chain; fetter
kùntuì 困退 V. <PRC> be excused from being sent down to the countryside because of family difficulties
kùnüè 酷虐 S.V. ruthless and vicious; tyrannical
kǔnwàizhīrèn 阃外之任 N. <wr.> the full authority given to a commanding general
kǔnwēi 阃威 N. <wr.> overwhelming authority of a shrewish wife
kǔnwéi 阃围[-圍] N. <wr.> boudoir; women's quarters
kùnwèi* 困畏 S.V. timid
kūnxì 坤戏[-戲] N. <opera> ① female acting part ② play with an entirely female cast M: [2]*bù*
kūnxié 坤鞋 N. woman's shoes M: [1]*shuāng*
kùnxīnhénglǜ 困心衡虑[-慮] F.E. great pains taken in working out a scheme
kùnxué 困学 V. <wr.> study assiduously
kǔnyā 捆押 V. tie up and escort (a criminal)
kùnyǎnbājī de 困眼巴唧的 ADV. <coll.> sleepily
kūnyī* 裈衣 N. underwear M: [2]*jiàn*
kūnyì 昆裔 N. offspring; progeny
kūnyú 坤舆 N. <wr.> the earth
Kūnyù* 昆/崑玉 N. ① jade from the Kunlun Mountains ② <court.> brother(s) of other people
kǔnzā 捆扎 V. tie/bind up
kūnzào 坤造 N. <trad.> ① female horoscope ② wife; bride
kūnzhái 坤宅 N. <trad.> bride's family
kūnzháiqiánzhái 坤宅乾宅 F.E. <trad.> bride's and groom's families respectively
kūnzhòng 昆仲 N. brothers
kūnzhóu 坤轴 N. axis of earth
kǔnzhù 捆住 R.V. tie; bind up; fasten
kùnzhù* 困住 ① strand; isolate ② surround
kǔnzhuāng 捆装[-裝] ATTR. in bundles; bundled
kǔnzhuāng huòwù 捆装货物[-裝--] N. cargo in bundles
kǔnzi(r) 捆子(儿) N. bundle
[1]**kuò** 阔[闊] S.V. ① wide; broad; vast ② wealthy; rich ③ separated; living apart
[2]**kuò** 扩[擴] B.F. expand; enlarge; extend [1]*kuòdà*
[3]**kuò** 括 V. draw together; contract ♦B.F. include *bāokuò*
[4]**kuò** 廓 B.F. broad; expand; outline [3]*kuòdà, lúnkuò*
[5]**kuò** 蛞 in *kuòyú, kuòlóu*
kuòbiān 扩编[擴-] V. enlarge an establishment (of an army unit)
kuòbié 阔别 V. long separated/parted
kuòbù 阔步 N./V.O. stride; take big strides
kuòbùgāoshì 阔步高视 F.E. swagger; put on airs
kuòbùgāotán 阔步高谈 F.E. walk and speak pretentiously
kuòbùqiánjìn 阔步前进[-進] F.E. advance with giant strides
kuòchōng 扩充[擴-] V. expand; strengthen; augment
kuòchōng de biāozhǔn lǐlùn 扩充的标准理论[擴--標準--] N. <lg.> extended standard theory
kuòchōngqì 扩充器[擴-] N. expander M: [1]*tái*
kuòchōng zhuǎnyí wǎngluò 扩充转移网络[擴-轉-網-] N. <lg.> augmented transition network
kuòchuò 阔绰 S.V. ostentatious; liberal with money
kuòcífǎ 扩词法[擴-] N. <lg.> diction-amplification
kuòdá 阔达[-達] S.V. broad-minded; not caring for trifles
[1]**kuòdà*** 扩大[擴-] V. ①enlarge; expand; extend ② swell; dilate
[2]**kuòdà** 阔大 S.V. capacious; spacious; broad (space/viewpoint)
[3]**kuòdà** 廓大 S.V. broad; spacious
kuòdàhuà 扩大化[擴-] V. broaden scope; magnify
kuòdà huìyì 扩大会议[擴-議] N. enlarged meeting
kuòdàjī 扩/阔大机[擴-] N. amplifier; enlarger M: [1]*tái*
kuòdà jiātíng 扩大家庭[擴-] N. extended family ♦V.O. extend a family
kuòdàjìng 扩/廓大镜[擴-] N. magnifying glass M: [1]*miàn*
kuòdàqì 扩大器[擴-] N. amplifier; enlarger M: [1]*tái*/[2]*bù*
kuòdàshì 扩大式[擴-] N. <lg.> extension
kuòdàyé 阔大爷[-爺] N. rich man who lives like one M: [2]*wèi*
kuòdà zàishēngchǎn 扩大再生产[擴-產] N. <econ.> expanded reproduction
kuò de hěn 阔得很 V.P. loaded; very rich
kuòdù 阔度 N. width; degree of width
kuòfà 括发[-髮] V.O. tie up one's hair with hemp as a symbol of mourning
kuòfǔ 阔斧 N. broad ax M: [1]*bǎ*
kuòfú bù 阔幅布 N. broadcloth

kuòfú píngbù 阔幅平布 N. sheeting

kuògànhuì 括干会[-幹-] N. enlarged meeting of cadres

kuòhào 括号[-號] N. brackets; parentheses; braces

kuòhàofǎ 括号法[-號-] N. <lg.> bracketing

kuòhú(r) 括弧(儿) N. parentheses

kuòjiàn 扩建[擴-] V. extend/expand (factory/mine/etc.)

kuòjiàn gōngchéng 扩建工程[擴-] N. extension (project)

kuòjūn 扩军[擴-] V.O./N. <mil.> expand arms

kuòjūnbèizhàn 扩军备战[擴-備戰] F.E. expand arms and prepare for war

kuòkǒng 扩孔[擴-] N. reaming

kuòlǎo 阔老/佬 N. ① rich man ② sugar daddy M: [2]wèi

kuòlóu 蛞蝼[-螻] N. mole cricket M: [2]zhī

[1]kuòluò 阔落 S.V. coarse

[2]kuòluò 廓落 S.V. <wr.> ① spacious and quiet ② big; spacious

kuòniè 阔蹑[-躡] V. <wr.> stride

kuòqi 阔气[-氣] S.V. luxurious; extravagant; lavish ♦N. wealth

kuòqīng 廓清 R.V. sweep away; clean up

kuòquán 扩权[擴權] V.O. extend one's power/authority

kuòrán 廓然 V.P. ①unrestricted; free ②unbiased

kuòrén(r) 阔人(儿) N. rich person; the rich M: [2]wèi/ge

kuòrénjiā 阔人家 N. rich people M: [1]jiā

kuòróng 扩容[擴-] V.O. enlarge the capacity (of a storage facility; reservoir; etc.)

kuòsàn 扩散[擴-] V. ①spread; diffuse ②scatter about ♦N. diffusion

kuòsàn chūlai 扩散出来[擴-] R.V. diffuse; spread out

kuòshào 阔少 N. sons of rich families M: [2]wèi/ge

kuòshàoye 阔少爷[-爺] N. sons of rich families M: [2]wèi

kuòshè 扩社[擴-] V.O. expand/enlarge an organization

kuòshēngqì 扩声器[擴聲-] N. ①audio amplifier M: [1]tái/[2]bù ② microphone; megaphone M: [4]zhī/ge

kuòshì 阔事 N. elaborate ceremony/event

kuòshǒu 阔手 S.V. with a free hand; generous

kuòshū 扩疏[擴-] V. disperse; scatter

kuòtǔ 廓土 N. open ground

kuòwài 扩外[擴-] V. <topo.> overspend

kuòxì 扩戏[擴戲] V.O. expand a drama

kuòxiàn 括线 N. <math.> vinculum; straight line over figures/terms/etc.

kuòxiāo 扩销[擴-] V. expand the market

kuòxiě 扩写[擴寫] V. expand a written article

kuòxiōngqì 扩胸器[擴-] N. chest expander/developer

kuòyèlín 阔叶林[-葉-] N. broadleaf forest M: [1]piàn

kuòyèshù 阔叶树[-葉樹] N. broadleaf tree M: [2]kē

kuòyìcí 扩意词[擴-] N. <lg.> amplifier

kuòyīn* 扩音[擴-] V.O. amplify

kuòyìn 扩印[擴-] V. make enlargements from a 135 (esp. color) film ♦N. magnification print

kuòyīnchē 扩音车[擴-] N. audio amplifier M: [3]liàng

kuòyīnjī 扩音机[擴-] N. audio amplifier M: [1]tái

kuòyīnqì 扩音器[擴-] N. ①megaphone M: [4]zhī/ge ② audio amplifier M: [1]tái/[2]bù

kuòyú 蛞蝓 N. <zoo.> slug M: [2]zhī

kuòyuējī 括约肌 N. <phys.> sphincter

kuòyuējīn 括约筋 N. <phys.> sphincter

kuòzhǎn 扩展[擴-] V. expand; spread; extend ♦N. expansion

kuòzhǎn dào 扩展到[擴-] R.V. expand/spread/extend to or as far as

kuòzhǎnfǎ 扩展法[擴-] N. expansion

[1]kuòzhāng 扩张[擴-] V. ① expand; enlarge; extend ② dilate ♦N. dilation

[2]kuòzhāng 廓张 V. <wr.> expand; enlarge; extend; spread

kuòzhāng kāilái 扩张开来[擴-開-] R.V. expand out; extend/spread over

kuòzhāngqì 扩张器[擴-] N. <med.> dilator; expander

kuòzhāngzhànguǒ 扩张战果[擴-戰-] F.E. <mil.> exploitation of success

kuòzhāng zhèngcè 扩张政策[擴-] N. expansionist policy

kuòzhāngzhǔyì 扩张主义[擴-義] N. expansionism

kuòzhǎnhòu de biāozhǔn lǐlùn 扩展后的标准理论[擴-後-標準--] N. <lg.> extended standard theory

kuòzhǎnjù 扩展句[擴-] N. <lg.> extended sentence

kuòzhǎnkù 扩展库[擴-] N. <comp.> expanded memory bank

kuòzhǎn nèicún 扩展内存[擴-] N. <comp.> extended memory

kuòzhāo 扩招[擴-] V. extend admission ♦N. extension admission

kuòzhù 括注[-註] N. an explanatory note in brackets

kùpíng 库平 N. <trad.> scale used by the national treasury as a standard in taxation

kūqì 哭泣 V. cry; weep; sob

kū qǐlai 哭起来 R.V. begin to cry

kǔqíng 苦情 N. grievance

kūqióng* 哭穷[-窮] V.O. cry poverty

kǔqióng 苦穷[-窮] S.V. desperately poor

kūqiú 哭求 V. beg tearfully

kùqìzhēngrén 酷气蒸人[-氣--] F.E. stifling/stuffy air

kǔqù 苦趣 N. touch of bitterness; sense of misery

kùqū* 库区[-區] N. size of a reservoir; reservoir

kǔquàn* 苦劝[-勸] V. earnestly advise

kùquàn 库券 N. government reserve notes; treasury notes

kǔquē 苦缺 V. lack badly; be very short of

kùqún 裤裙 N. culottes M: [1]tiáo

kǔrè 苦热[-熱] V.O. suffer from heat

kùrè* 酷热[-熱] N./V.P. extremely hot (weather)

kǔrén 苦人 N. ① sb. who leads a wretched life ② poor man ③ hard laborer M: [2]wèi

kǔrìzi 苦日子 N. ① a wretched life ② days of hardship

kūróng* 枯荣[-榮] N. ups and downs; rise and fall

kùróng 库容 N. storage capacity

kǔròujì 苦肉计 N. ①confidence game ②feigning self-sacrifice to win confidence

kūsāng 哭丧[-喪] V. wail at a funeral

kūsāngbàng 哭丧棒[-喪-] N. <trad.> cane (stick that son in mourning leans on) M: [2]gēn/[1]tiáo

kūsangzhe liǎn 哭丧着脸[-喪著-] V.O. put on a long face

kūsè 枯涩[-澀] S.V. dull and heavy; turgid

kǔsè* 苦涩[-澀] S.V. ① bitter and astringent ② pained; agonized

kǔsēng 苦僧 N. ascetic monk M: [2]wèi

kǔshàngjiākǔ 苦上加苦 F.E. bring additional pain

kǔshēn 苦参[-參] N. <bot.> *Sophora flavescens* (a plant used as insecticide) M: [2]zhī

kūshēng(r) 哭声(儿)[-聲-] N. crying M: [1]zhèn

kǔshēngyi 苦生意 N. hard business with low profit

kūshēngzàidào 哭声载道[-聲--] F.E. Cries of misery were heard the whole length of the way.

kūshēngzhèn'ěr 哭声震耳[-聲--] F.E. The sound of crying is earsplitting.

kūshì 窟室 N. underground room/chamber; cellar

kǔshì* 苦事 N. ① unpleasant task ② profitless assignment M: [2]jiàn

kūshǒu 窟守 V. never leave one's hometown

kūshòu 枯瘦 S.V. emaciated; skinny

kǔshǒu 苦守 V. ① firmly abide by (a promise) ② firmly hold (a fortress)

kùshōu* 库收 N. treasury receipts

kūshù* 枯树[-樹] N. withered tree M: [2]kē

kùshǔ 酷暑 N. intense heat of summer

kūshuǐ 枯水 N. low water (in dry season)

kǔshuǐ* 苦水 N. ① hard/bitter water ② bile rising to the mouth ③ suffering ④ grievance; complaint; gripe ⑤ <topo.> pep; vim; energy

kūshuǐqī 枯水期 N. dry season

kūshuǐwèi 枯水位 N. low water

kūshùshēnghuā 枯树生花[-樹--] ID. miraculous rejuvenation

kūsǐ* 枯死 R.V. wither; dry up and die

kǔsī 苦思 V. think hard

kǔsǐ 苦死 V.P. ① regardless; despite everything ② very miserable

kùsì 酷似 V. be exactly like; strongly resemble

kǔsīmíngxiǎng 苦思冥想 F.E. wrack one's brains

kūsù 哭诉 V. complain tearfully

kūsuǒ 枯索 S.V. withered and lifeless

kūtiānmǒlèi 哭天抹泪[-淚] F.E. wail and whine

kǔtòng* 苦痛 N. pain; suffering

kùtǒng(r/zi) 裤筒(儿/子) N. trouser legs M: [2]zhī

kǔtou(r)* 苦头(儿) N. suffering; hardship ***See also*** *kǔtóu*

kǔtóu(r) 苦头(儿) N. ① bitter taste ② affliction; trouble ***See also*** *kǔtou*

kǔtǔ 苦土 N. <chem.> magnesia

kùtuǐ(r/zi) 裤腿(儿/子) N. trouser legs M: [2]zhī/[1]tiáo

kūtún 窟臀 N. <topo.> buttocks

kùwà 裤袜[-襪] N. ①pantyhose ②tights M: [1]tiáo

kūwěi* 枯萎 ATTR. withered

kǔwèi(r) 苦味(儿) N. bitter taste

kǔwèidào 苦味道 N. bitter taste

kǔwèisuān 苦味酸 N. picric acid

kùwén 库蚊 N. <zoo.> culex M: [2]zhī

kǔxì 苦戏[-戲] N. tragedy M: [2]bù/[2]chǎng

kǔxià 苦夏 N. suffer from summer heat

kùxiàn 裤线 N. crease (of trousers) M: [1]tiáo

kǔxiǎng 苦想 V. think hard

kǔxiàng* 苦相 N. face of misery M: [1]fù

kǔxiào* 苦笑 V./N. forced/bitter smile

kùxiào 酷肖 V. closely resemble

kūxiàobùdé 哭笑不得 F.E. not know whether to laugh or cry

kūxiàogēngdié 哭笑更迭 F.E. weep and laugh alternately

kūxiàowúcháng 哭笑无常 F.E. weeping and laughing hysterically

kūxiè 枯谢 V. wither

[1]kǔxīn 苦心 N. trouble taken; pains M: [1]kē/[1]piàn

[2]kǔxīn 苦辛 V.P. toil; hardship ♦N. suffering; adversity M: [2]fān

kǔxīnchuǎimó 苦心揣摩 F.E. painstakingly progress through trial and error

[1]kǔxíng 苦行 N. ascetic practices

[2]kǔxíng 苦刑 N. torture

kùxíng* 酷刑 N. cruel torture

kǔxíngsēng 苦行僧 N. ascetic monk M: [2]wèi

kǔxīngūyì 苦心孤诣 F.E. ① make painstaking efforts ② work hard and get good results

kǔxíngzhě 苦行者 N. an ascetic M: [2]wèi

kǔxíngzhǔyì 苦行主义[-義] N. asceticism

kǔxīnjīngyíng 苦心经营[-經營] F.E. take great pains to build up (an enterprise, etc.)

kǔxīnrén 苦心人 N. people who try their best

kǔxīnzhìzhì 苦心致志 F.E. faithful devotion and constancy of purpose

kūxiǔ* 枯朽 S.V. withered and rotten

kǔxiū 苦修 V. practice asceticism strictly

kūxué 窟穴 N. ①cave M: [1]yǎn ②cellar; basement

kǔxué* 苦学 V. study under adversity; study hard

kǔxuéshēnsī 苦学深思 F.E. study hard and think deeply

kūyǎ 枯哑[-啞] S.V. hoarse; husky; raucous

[1]kǔyán 苦言 N. bitter truth; harsh reality

[2]kǔyán 苦颜 N. look of distress

kūyángshēngtí 枯杨生稊[-楊--] F.E. ① beget a child at an advanced age (of a man) ② marry a young wife at an advanced age
kǔyào 苦药[-藥] N. bitter medicine
kùyāo* 裤腰 N. waist of trousers
kùyāodài 裤腰带[-帶] N. waistband M: [1]*tiáo*
kǔyàoliángzhēn 苦药良针[-藥--] F.E. salutary advice
kūyǎ sǎngmén 哭哑嗓门[-啞--] V.O. cry oneself hoarse
kūyè* 枯叶[-葉] N. dried leaves M: [1]*piàn*
kǔyè 苦业[-業] N. <*Budd.*> behavior/conduct that causes suffering
kūyè'é 枯叶蛾[-葉-] N. lappet moth M: [2]*zhī*
kǔyì 苦役 N. hard labor; penal servitude
kǔ yī bèizi 苦一辈子 V.P. toil hard all one's life
kùyín 库银 N. silver money minted by the government
kǔyinyinr de 苦阴阴儿的[-陰陰--] ATTR. <*topo.*> slightly bitter in taste
kǔyìtúxíng 苦役徒刑 F.E. imprisonment with hard labor

kūyú 枯鱼 N. dried fish M: [1]*tiáo*
kǔyú* 苦于[-於] V.P. suffer from *Wǒ ~ bù shízì.* It pains me that I'm illiterate.
[1]**kǔyǔ** 苦雨 N. continuous rain; too much rain M: [3]*cháng*
[2]**kǔyǔ** 苦窳 V.P. poorly made; of poor quality
kǔyǔqīfēng 苦雨凄风 F.E. bitter and hard life
kùzàng 库藏 N. <*wr.*> warehouse *See also kùcáng*
kūzào 枯燥 S.V. dull and dry; uninteresting
kūzàowúwèi 枯燥无味 F.E. dry as dust; absolutely boring
kūzhái 窟宅 N. bandits' lair; underground chamber M: [4]*zuò*
kǔzhàn 苦战[-戰] V. struggle hard ♦N. bitter battle
kūzhī* 枯枝 N. withered tree branch M: [2]*gēn*
kǔzhī 苦汁 N. <*chem.*> bittern
kūzhī-bàiyè 枯枝败叶[-葉] N. withered twigs and dead leaves

kūzhì liáofǎ 枯痔疗法[--療-] N. <*Ch. med.*> the necrotizing therapy of hemorrhoids
kūzhǒng 哭肿[-腫] V. become swollen from crying (of eyes)
kǔzhōng* 苦衷 N. ① bottled-up pain ② real intentions
kǔzhōngzuòlè 苦中作乐[-樂] F.E. enjoy life despite hardships
kūzhòu 枯皱[-皺] S.V. wizened and wrinkly
kūzhú* 枯竹 N. dried bamboo M: [4]*zhī*
kǔzhú 苦竹 N. <*bot.*> bitter bamboo M: [2]*kē*
kǔzhǔ 苦主 N. ①family of the victim in a murder case ② victim of robbery M: [2]*wèi*
kùzhuāng 裤装[-裝] N. garments covering the legs M: [2]*jiàn*/*tào*
kǔzhuī 苦追 V. try hard to catch up with
kǔzi 苦子 N. misery
kùzi* 裤子 N. trousers; pants M: [1]*tiáo*
kūzuò 枯坐 V. sit in boredom
kūzuòdāiděng 枯坐呆等 F.E. ① sit idly without anything to do ② wait interminably

K

L

la* 啦 M.P. *indicating excitement/doubt See also* [2]*lā*, [2]*lá*

[1]lā 拉 V. ① pull; draw; tug; drag ② haul ③ move (troops) ④ play (bowed instruments) ⑤ drag out ⑥ help ⑦ implicate ⑧ win over ⑨ press-gang ⑩ solicit (business) ⑪ empty the bowels ⑫ <*slang*> ⓐ seduce; play with ⓑ overcharge; rip off ♦AB. *Lādīng Měizhōu* Latin America *See also* [1]*lá*, [2]*lǎ*, [8]*là*

[2]lā 啦 in *lālāduì, huālā, hūlālā See also la*, [2]*lá*

[3]lā 辣 in *rèlālā, huǒlālā See also* [1]*là*

[4]lā 垃 in *lājī, kēla See also* [6]*lè*

[5]lā 喇 in *lāla, huālā See also* [3]*lá*, [1]*lǎ*

[6]lā 剌 in *rèlālā, dàlāla de See also* [6]*là*

[7]lā 邋 in *lāta*

[8]lā 瘌 in *bābalālā See also* [7]*là*

[1]lá 拉 V. ① slash; slit; cut; gash ② chat; gossip *See also* [1]*lā*, [2]*lǎ*, [8]*là*

[2]lá 啦 in *lálá, láguā See also la*, [2]*lā*

[3]lá 喇 in *hālázi, zhālá See also* [5]*lā*, [1]*lǎ*

[4]lá 旯 in *gāgalálár*

[5]lá 砬 in [1]*lázi*

[6]lá 揦 in [2]*lázi, yánglázi*

[1]lǎ 喇 *used in transcriptions* in *lǎma, lǎba* ♦N. <*slang*> prostitute *See also* [5]*lā*, [3]*lá*

[2]lǎ 拉 in *lǎhū, bànlǎ See also* [1]*lā*, [1]*lá*, [8]*là*

[1]là 辣 S.V. ① peppery; hot ② sharp; spicy; biting (of smell/taste) ③ vicious; ruthless *See also* [3]*lā*

[2]là 落 V. ① leave out; omit; be missing ② leave behind; forget sth. somewhere ③ lag behind *Wǒ ~kè le.* I'm behind with my lessons. *See also* [1]*luò*, [2]*lào*, [2]*luō*

[3]là 蜡[蠟] N. ① wax ② candle M: [4]*zhī* ③ polish ♦B.F. yellowish; sallow *làhuáng*

[4]là 腊[臘] B.F. ① solar year-end sacrifice to the gods ② 12th lunar month *làyuè* ③ cured (fish/meat/etc., usu. prepared in 12th moon) *làròu*

[5]là 镴[鑞] B.F. solder *làbó, xīla*

[6]là 剌 in [3]*lázi, cūlàlà, bālà See also* [6]*lā*

[7]là 瘌 in *làlì See also* [8]*lā*

[8]là 拉 in *làlagū See also* [1]*lā*, [1]*lá*, [2]*lǎ*

[9]là 蝲 in [2]*làgǔ*

lāba 拉巴 V. <*topo.*> ① nurture; rear; bring up ② help; support; promote

lābá 拉拔 V. ① help (a protégé) advance ② <*mach.*> drawing

lǎba* 喇叭 N. <*mus.*> ① *suǒnà* ② brass wind instrument; trumpet ③ loudspeaker M: [2]*zhī/ge*

làbā(r) 腊八(儿)[臘-] N. a festival on the 8th day of the 12th lunar month

lā bǎba 拉㞎㞎 V.P. <*coll.*> defecate (of a baby)

lāba dà 拉巴大 V.P. <*coll.*> rear to maturity

làbādòu 腊八豆[臘-] N. fermented soybeans

lǎbaguǎn 喇叭管 N. <*phys.*> fallopian tube M: [2]*zhī*

lǎbahuā 喇叭花 N. white-edged morning glory M: [2]*duǒ*

lǎbakǒu 喇叭口 N. mouth of a wind instrument

lǎbakù 喇叭裤 N. bell-bottom trousers M: [1]*tiáo*

làbalàba 辣巴辣巴 ADV. <*topo.*> (walk) with dragging feet

làbāmǐ 腊八米[臘-] N. glutinous rice, mixed grains and cereal, and dried fruit for *làbāzhōu*

làbǎn 蜡版/板[蠟-] N. <*print.*> mimeograph stencil plate (already cut) M: [2]*kuài*

lābāng 拉帮[-幫] V. <*coll.*> ① consort with; enter into league with ② nurture; rear

lābāngjiéhuǒ 拉帮结伙[-幫--] F.E. gather accomplices to form a faction

lābāngjiépài 拉帮结派[-幫--] F.E. ① form a personal-interest clique ② recruit people to form a faction

lā bāngtào 拉帮套[-幫-] V.P. <*coll.*> ① work for others ② be lovers

làbànrjiàng 辣瓣儿酱[-醬] N. hot bean paste with chilies

làbǎnshù 蜡版术[蠟-術] N. cerography

lǎbāqún 喇叭裙 N. flared skirt M: [1]*tiáo*

làbārì 腊八日[臘-] N. the 8th of the 12th month in the lunar calendar as a traditional festival

làbārzhōu 腊八儿粥[臘-] *See làbāzhōu*

lǎba sǎngzi 喇叭嗓子 N. loud voice; high-pitched voice

lǎbashǒu 喇叭手 N. bugler M: [1]*míng*/[2]*wèi/ge*

lǎbatǒng 喇叭筒 N. megaphone

làbāzhōu 腊八粥[臘-] N. rice porridge with nuts and dried fruit M: [1]*wǎn*

làbǐ 蜡笔[蠟筆] N. color crayon M: [4]*zhī*/[5]*zhī*/[4]*hé*

làbǐhuà(r) 蜡笔画(儿)[蠟筆畫-] N. crayon paintings/drawings M: [1]*zhāng*/[10]*fú*

lābír 拉鼻儿 V.O. <*coll.*> sound a siren

làbó 镴箔 N. thin foil to make paper money for the dead

làbù 蜡布[蠟-] N. cerecloth M: [2]*kuài*

lābuchūlai 拉不出来 R.V. ① be unable to pull sth. out ② <*coll.*> be unable to defecate

lābuchū shétou lai 拉不出舌头来 V.P. <*coll.*> very astringent tasting; extremely puckering

lābudòng 拉不动[-動] R.V. be unable to make sth. move by pulling

lābuduàn-chěbuduàn 拉不断扯不断[--斷--斷] ID. ① keep nagging ② be loquacious/talkative

làbujīr 辣不唧儿 V.P. <*coll.*> hot (of taste)

lābukāi 拉不开[-開] R.V. cannot pull open (of drawers/etc.)

làbùkěyán 辣不可言 F.E. hot beyond words

lābushàng 拉不上 R.V. can't find enough (passengers) to carry

lābuxià liǎn lai 拉不下脸来 V.P. can't do sth. for fear of hurting another's feelings

lābuzháo 拉不着[-著] R.V. can't draw/attract customers

làcài 辣菜 N. hot pickled vegetables M: [2]*kuài*

làcài gēnzi 辣菜根子 N. shrewish/rude/unreasonable/hot-tempered woman

lāchā* 拉叉 V.P. extend in all directions

lāchà 拉岔 N. a kind of card gamble

lācháng* 拉长 R.V. prolong; elongate; lengthen; add; expand

làcháng(r) 腊肠(儿)[臘腸-] N. sausage M: [1]*jié*/[1]*tiáo*

làchǎng 落场[-場] V.O. fail to attend; be absent

lācháng ěrduo 拉长耳朵 V.P. prick up one's ears

làchánggǒu 腊肠狗[臘腸-] N. dachshund

lāchángr 拉长儿 V.O. <*coll.*> chat; talk

lāchǎngxì 拉场戏[-場戲] N. a song-and-dance duet popular in the Northeast

lā chángxiàn 拉长线 V.O. leave sth. for future decision

lā chǎngzi 拉场子[-場-] V.O. perform in the open at fairs or in marketplaces

lāche 拉扯 V. <*coll.*> ① drag; pull ② bring up (a child) *Shì tā bǎ wǒ ~ dà de.* It was she who brought me up. ③ implicate; drag in ④ chat ⑤ borrow; drum up ⑥ contract for ⑦ help

lāchē* 拉车 V.O. pull/haul a cart/rickshaw

lāche dà 拉扯大 V.P. <*coll.*> rear; bring up; raise

lāchē de 拉车的 N. rickshaw puller M: *ge/wèi*

lāche háizi 拉扯孩子 V.O. <*coll.*> rear children

lāchéng 拉成 R.V. pull/draw into (certain shape/form)

lāchí 拉持 V. <*topo.*> bring someone up

làchóng 腊虫[臘蟲] N. wax-secreting insect

lā chōuti 拉抽屉[-屜] V.O. ① pull out a desk drawer ② go back on one's word

lāchū 拉出 R.V. ① pull/draw out ② <*coll.*> defecate

lāchuáng 拉床 N. <*mach.*> broaching machine M: [1]*tái*

lā chūqu 拉出去 R.V. pull out; drag out

làcōng 辣葱[-蔥] N. <*topo.*> prude; stiff-necked person

lāda 拉搭 V. <*topo.*> chat; converse; talk

lādá 拉答 S.V. awkward; clumsy

lādà* 拉大 V.P. bring up (a child)

lā dàběnr 拉大本儿 V.O. <*coll.*> cheat (in an examination)

lā dàbiàn 拉大便 V.O. have a bowel movement

lādàmù 拉大木 N. <*coll.*> lumberjack

lādāo 拉刀 N. <*mach.*> broach

lādǎo* 拉倒 F.E. <*coll.*> forget about it; drop it ♦R.V. pull down

lā dàpiān 拉大片 V.O. give a peep show accompanied by singing commentary

lā dà qí zuò hǔpí 拉大旗作虎皮 F.E. ride on sb.'s coattails

là de huāng 辣得慌 V.P. very hot (of taste)

làdiāo 蜡雕[蠟-] N. wax carving M: [4]*zuò*

làdiào* 落掉 R.V. leave out; omit

Lādīng 拉丁 N. Latin

Lādīng cíyǔ 拉丁词语 N. <*lg.*> Latinism

Lādīnghuà 拉丁化 V. Latinize

Lādīnghuà Xīn Wénzì 拉丁化新文字 N. Latinxua Sin Wenz (Latinized New Writing), a system created by Qu Qiubai and others widely used in 30s and early 40s

Lādīnghuà yùndòng 拉丁化运动[-運動] N. <*lg.*> Latinization movement M: [3]*cháng*

Lādīng Měizhōu 拉丁美洲 P.W. Latin America

Lādīng mínzú 拉丁民族 N. Latin people

Lādīngrén 拉丁人 N. Latin person

Lādīngwén 拉丁文 N. Latin (language)

Lādīngyǔ 拉丁语 N. <*lg.*> Latin

Lādīng yǔxì 拉丁语系 N. <*lg.*> Romance language family

Lādīng zìmǔ 拉丁字母 N. Latin/Roman alphabet

lādír 拉笛儿 V.O. sound the siren (of train/ship/etc.)

lādòng 拉动[-動] R.V. pull; drag; haul

lāduì 拉队[-隊] V.O. stand/proceed in formed lines

làduì* 落队[-隊] V.O. fall behind; become backward

lā duìwu 拉队伍[-隊-] V.O. raise a force; form a band

lā dùzi 拉肚子 V.O. <*coll.*> have diarrhea

lāfángqiàn de 拉房纤的[--縴-] N. <*coll.*> real-estate agent M: *ge/wèi*

làfáng yìnhuā 蜡防印花[蠟-] N. <*txtl.*> batik M: [2]*kuài*

lā fēngxiāng 拉风箱 V.O. work the bellows

lāfū 拉夫 V.O. press-gang

lāgàishì guàntou 拉盖式罐头[-蓋---] N. pull-top can

lāgān 拉杆 N. <*mach.*> pull rod; drag link; draw bar; tension link
lāgān tiānxiàn 拉杆天线 N. telescope antenna M: [2]*gēn*
lāgāo* 拉高 R.V. pull up
làgāo 蜡膏[蠟-] N. wax paste
lāgāo sǎngménr 拉高嗓门儿 V.P. raise one's voice
làgēn 辣根 N. <*bot.*> horseradish
lāgōng 拉弓 V.O. pull/draw a bow
[1]**lāgōu** 拉钩[-鉤] V.O. <*coll.*> seal a commitment with a handshake
[2]**lāgōu** 拉勾 V. <*coll.*> go back on one's word; renege on a promise
[1]**làgǔ** 腊鼓[臘-] N. drumbeat on the eighth day of the twelfth month
[2]**làgǔ** 蝲蛄 N. crayfish M: [1]*tiáo*
lāguā 啦呱 V. <*topo.*> chat; gossip
lāguǎn 拉管 N. trombone M: [1]*bǎ*
lā guǎnggào 拉广告[-廣-] V.O. solicit advertisements for business firms
làguāngzhǐ 蜡光纸[蠟-] N. glazed paper M: [1]*zhāng*
lā guānxi 拉关系[-關係] V.O. ① cotton up to ② make use of connections
lāguǎr 拉呱儿 V.O. <*topo.*> chat; gossip; jaw
lāguò* 拉过 R.V. pull/draw sth./sb. over
làguǒ 蜡果[蠟-] N. wax fruit
lā guòlai 拉过来 R.V. drag over to here
làgǔpíncuī 腊鼓频催[臘-] F.E. approach of New Year
lāhǎo 拉好 R.V. stretch/pull sth. into a proper shape
làhāohāo 辣蒿蒿 V.P. <*topo.*> smarting; stinging; very peppery
làhāohāor 辣蒿蒿儿 V.P. <*topo.*> having a rasping pain (after running/etc.)
lāhòu 拉后[-後] V. <*coll.*> lag behind; bring up the rear
lā hòutuǐ 拉后腿[-後-] V.O. be a drag on sb.
lǎhu 喇糊 S.V. blockheaded; half-witted
lāhū 拉忽 S.V. <*topo.*> ① negligent ② unintelligent; limited
lāhuā 拉花 V.O. garland
lāhuà* 拉话 V.O. <*coll.*> chat; talk; jaw
làhuā 蜡花[蠟-] N. snuff (of a candlewick)
[1]**làhuà** 蜡画[蠟畫] N. encaustic painting M: [1]*zhāng*
[2]**làhuà** 落话 V.O. <*coll.*> forget to say sth.
lāhuài 拉坏[-壞] R.V. ① damage/destroy by pulling ② weaken by diarrhea
lāhuáng 拉簧 N. extension spring M: *gè*/[2]*zhī*
làhuáng* 蜡黄[蠟-] S.V. wax yellow; waxen; sallow
lāhuánshì guàntou 拉环式罐头[-環---] N. ring-pull tin; pop-top can
làhūhū 辣乎乎 V.P. <*topo.*> hot; peppery
lāhuí 拉回 R.V. pull back
lāhuǒ 拉火 N. <*mil.*> lanyard M: [2]*gēn*
lāhuǒshéng 拉火绳[-繩] N. <*mil.*> lanyard M: [2]*gēn*
lā húqin(r) 拉胡琴(儿) V.O. play the two-string Ch. violin
Lāhùzú 拉祜族 N. Lahu ethnic minority (in Yunnan)
[1]**lái*** 来[來] V. ① come; arrive ② crop up; take place ③ bring ④ do (specific meaning depending on context) ***Ràng wǒ*** ~. Let me do it. ~ ***diǎnr chī de.*** Bring sth. to eat. ♦SUF. ① ability ***zuòbu~*** don't know how to do it ② worthwhile effort/expense ***huáde~*** worth the money ③ beginning of an action ***tíqǐ bǐ*** ~ pick up a pen to write ④ hypothetical action ***xiǎng~/shuō~ hǎoxiào*** funny to think/speak of ⑤ direction toward speaker ***zǒuguò~*** come over here ⑥ -ly (after numerals) ***yī~*** firstly ***èr~*** secondly ⑦ time (since) ***duōnián~*** for many years ♦B.F. ① future; later ***jiānglái, hòulái*** ② coming ***láilín*** ③ since ***shēnglái, běnlái*** ♦ADV. over; and more ***sānshí ~ suì*** over 30 years old ♦CONJ. (in order) to ***chàng ge gēr ~ còu rènao*** sing a song to liven things ♦CONS. ① *V ~ V qù* V back and forth ***zǒu~zǒuqù*** walk back and forth ② *wǒ(men) ~ V* let me/us V ③ *cóng A ~ jiǎng/kàn/shuō* speaking/viewing/speaking from consideration of A ***cóng wǒ ~ shuō, . . .*** in my view, . . . ***See also*** *láizhe*
[2]**lái** 莱[萊] B.F. fallow fields ♦in ***láifú, cǎolái, Hǎoláiwù***
[3]**lái** 铼[錸] N. <*chem.*> rhenium
[4]**lái** 徕[徠] in ***làolái, [2]zhāolái***
[5]**lái** 梾[棶] in ***láimù, máolái***
[1]**lài** 赖[賴] V. ① rely; depend ② hang/hold on to a place ③ drag out; procrastinate ④ repudiate; deny error/responsibility ⑤ renege; shirk ⑥ blame ***Zhè shìr ~ tā.*** He's to blame for this. ♦S.V. ① no good; poor ② shameful; unsportsmanlike ♦N. Surname
[2]**lài** 癞[癩] N. ① leprosy ② favus of the scalp
[3]**lài** 濑[瀨] B.F. rapids ***[2]làiyú, tuānlài***
[4]**lài** 睐[睞] B.F. look askance at ***pànlài, miànlài***
[5]**lài** 籁[籟] B.F. ① ancient musical pipe ② sound; noise ***wànlàijùjì, rénlài***
[6]**lài** 赉[賚] in ***làipǐn, xīlài***
lái bā quān 来八圈 V.O. let's play eight rounds (of mahjongg)
láibīn 来宾[-賓] N. guest; visitor M: [2]*wèi*
làibìng 癞/赖病 N. <*topo.*> ① leprosy ② syphilis
láibīnxí 来宾席[-賓-] N. seats reserved for guests
láibude 来不得 R.V. won't do; be impermissible
làibudiào 赖不掉 R.V. cannot be denied/repudiated
láibují 来不及 R.V. be too late to do sth.
láicài 来菜 V.O. <*coll.*> ① do business; have sth./business to do ② have a stroke of luck
[1]**láicháo** 来潮 V.O. tides/waves rise
[2]**láicháo** 来朝 V.O. come to court; come to pay tribute (to the emperor) ***See also*** *láizhāo*
láichí 来迟[-遲] R.V. come/arrive late
láichù 来处[-處] N. source; origin
làichuāng* 癞疮[-瘡] N. <*med.*> ① leprosy ② scabies
làichuáng 赖床 V.O. feel too lazy to get out of bed
láichūn 来春 N. next spring
láicǐ 来此 V.O. come here
làicír 赖词儿 N. false accusation
làidai 赖歹 S.V. <*topo.*> shoddy; poor in quality
láidào 来到 R.V. arrive; come
láide 来得 V.P. <*coll.*> ① be competent or equal to ② emerge; come out; develop ***Zhè shìr ~ hěn tūrán*** This came about quite suddenly.
láidejí 来得及 R.V. ① there's still time to do sth.; be in time ② be able (to do sth.)
lái de róngyì qù de kuài 来得容易去得快 F.E. Easy come, easy go.
lài de yīgān'èrjìng 赖得一干二净[---乾-淨] F.E. deny/repudiate completely
láidiàn 来电[-電] N. ① incoming telegram ② your telegram/message M: [2]*fēng* ♦V.O. ① send telegram here ***Qǐng ~ gàozhī.*** Please inform me by telegram. ② <*TW/slang*> have instant attraction to sb.
làidiào 赖掉 R.V. deny; repudiate
lái'érbùwǎng fēi lǐ yě 来而不往非礼也[-----禮-] F.E. one should return as good as one receives
láifàn 来犯 V. come to attack us; invade our territory
láifǎng 来访 V. come to visit/call
láifú 莱菔//来服 N. radish; turnip
[1]**láifù*** 来复[-復] N. ① <*loan*> rifle M: [4]*gǎn* ② <*wr.*> seven-day cycle (in *the Book of Changes*)
[2]**láifù** 来附 V. flock/submit to
láifúqiāng* 来福枪[-槍] N. <*loan*> rifle M: [4]*gǎn*
láifùqiāng 来复枪[-復槍] N. <*loan*> rifle M: [4]*gǎn*
láifúxiàn* 来福线 N. rifling; spiral grooves (as on a rifle)
láifùxiàn 来复线[-復-] N. rifling; spiral grooves (as on a rifle)
láifúzǐ 莱菔子 N. <*Ch. med.*> radish seed
láigǎo 来稿 N. contribution received (by an editor) M: [1]*fèn*/[1]*piān*
láigōng 来攻 V. come and attack
làiguā 癞瓜 N. <*topo.*> bitter melon M: *gè*/[2]*zhī*
láiguī 来归[-歸] V. ① submit to the authority of another ② join a man in marriage (of a woman)
làihámá 癞蛤蟆 N. toad M: [2]*zhī*
láihán* 来函 N. <*wr.*> ① your letter ② incoming correspondence
láihàn 来翰 N. <*wr.*> letter received
láihēngjī 来亨鸡[-雞] N. <*loan*> leghorn (chicken) M: [2]*zhī*
láihóng 来鸿 N. <*wr.*> letter from far away
láihuí(r) 来回(儿) V. ① make a round trip ② go to and fro ♦N. round/return trip ♦ADV. repeatedly; time after time
láihuí fēixíng 来回飞行[--飛-] N./V.P. round-trip flight
láihuíhuà 来回话 N. tedious talk; repetition
láihuíláiqù 来回来去 V.P. repeatedly; over and over
láihuípiào 来回票 N. round-trip ticket M: [1]*zhāng*
làihūn 赖婚 V.O. repudiate a marriage engagement
láihuǒ 来火 V.O. flare up; get angry
láihuò* 来货 N. goods sent here M: [1]*pī*
làihuò 赖货 N. <*coll.*> shoddy merchandise M: *gè*/[1]*pī*
láijiàn 来件 N. communication/parcel received M: [1]*fèn*
láijiàn jiāgōng 来件加工 V.P. process raw materials supplied by other firms
láijiàn zhuāngpèi 来件装配[--裝-] V.P. assemble imported parts
láijīn 来今 F.E. from now on
láijìn(r)* 来劲(儿)[-勁] S.V. <*topo.*> ① full of enthusiasm; in high spirits ② exhilarating; exciting; thrilling ♦V.O. jest with; annoy; offend ***Shǎo ~.*** Stop pestering me.
láikè 来客 N. guest; visitor M: [1]*míng*/*wèi* ♦V.P. a guest has arrived
láilai 来来 V.P. try to do sth.
láiláiwǎngwǎng 来来往往 V.P. ① come and go in great numbers ② see each other frequently
láilì 来历[-歷] N. origin; background; career
làiliǎn 赖脸 V.O. be shameless
láiliào jiāgōng 来料加工 V.P. ① process imported materials ② accept customers' materials for processing
láilì bùmíng 来历不明[-歷--] V.P. origins/antecedents unknown
láilì kěyí 来历可疑[-歷--] V.P. a person of shady antecedents
láilín 来临[-臨] V. arrive; come; approach ♦N. arrival; advent
láilóng 来龙 N. the center area of undulating mountains as optimum site for a building (in geomancy)
láilóngqùmài 来龙去脉[-脈] F.E. ① origin and development; cause and effect ② the entire process
láilu 来路 N. background; antecedents ***See also*** *láilù*
láilù* 来路 N. ① entrance (road) ② origin; antecedents ***See also*** *láilu*
láilu bùmíng 来路不明 V.P. ① unidentified ② of questionable origin
láilu bùzhèng 来路不正 V.P. of questionable origin
láilùhuò 来路货 N. imported goods M: [1]*pī*
láimóu 来牟 N. <*wr.*> wheat and barley
làimózi 赖磨子 N. <*topo.*> a sly and shameless person
láimù 梾木[棶-] N. large-leaved dogwood
láinián 来年 N. coming/next year(s)
láinuò páiyìnjī 来诺排印机 N. linotype M: [1]*tái*
láipài 来派 N. onsets; first symptoms (of disease)

làipí 赖皮 S.V. *<topo.>* rascally; shameless; unreasonable ♦V.O. cheat (in a game)

làipíbìng 赖皮病 N. *<med.>* pellagra

làipíchányǎn 赖皮馋眼[--饞-] F.E. *<topo.>* look at greedily

làipígǒu 癞皮狗 N. ① mangy dog ② loathsome creature M: [1]*tiáo*

làipílàiliǎn 赖皮赖脸 F.E. cheeky; shameless

làipíliǎn 赖皮脸 N. *<coll.>* shameless person

làipǐn 赉品 N. article/item/gift/etc. bestowed by a superior

làipútao 癞葡萄 N. *<bot.>* wild cucumber; *momordica*

láiqián 来钱[-錢] V.O. get/win money

láiqíng 来情 N. ① reason ② future matter

láiqīngqùbái 来清去白 F.E. One's coming and going are aboveboard.

láiqíngqùyì 来情去意 F.E. mutual expression of affection

láiqù 来去 N. ① round trip ② distance between two places ③ friendly contact

láiqùfēnmíng 来去分明 F.E. There is no secret about one's movements.

láiqùwújī 来去无羁 F.E. come and go of one's own free will

láiqùwúzōng 来去无踪[-蹤] F.E. come and go without leaving a trace

láiqùzìrú 来去自如 F.E. come and go freely

láiqù zìyóu 来去自由 V.P. enjoy the freedom of going abroad and coming back

láirén* 来人 N. ① bearer; messenger ② incoming envoy; etc. ③ arrivals ④ an intermediary

làirén 赖人 V.O. ① impute (a fault/etc.) to another ② rely on sb.

láirénr 来人儿 N. *<trad.>* middleman in business deals or employment service

láirì 来日 N. ① coming days; future ② tomorrow

láirìdànàn 来日大难[-難] F.E. Difficult days are ahead.

láirìfāngcháng 来日方长 F.E. there will be ample time

lái ruǎn de 来软的 V.O. *<coll.>* use a gentle approach; treat with kid gloves

láisài 莱塞 N. *<loan>* laser

láisān 来三 *<coll.>* S.V. smart and capable

láishār 来沙儿 N. *<med./loan>* lysol

láishén 来神 S.V. full of enthusiasm; in high spirits

láishēng 来生 N. next life; incarnation

láishǐ 来使 N. messenger; envoy M: [2]*wèi*/[1]*míng*/*ge*

[1]**láishì*** 来势[-勢] N. ① force with which sth. breaks out; onset ② oncoming force ③ condition; situation; appearance

[2]**láishì** 来世 N. ① next life ② later generation

[3]**láishì** 来事 V.O. ① deal with people ② be all right; will do

[4]**láishì** 来示 N. *<court.>* your letter

làishì 赖事 N. *<coll.>* vile deeds; shameless acts

láishìxiōngxiōng 来势汹汹[-勢洶洶] F.E. bear down menacingly

láishū 来书[-書] V.O. send a letter here ♦N. your letter

láisū 来苏[-蘇] N. *<loan>* lysol

láisuì 来岁[-歲] N. next year

Láisuǒtuō 莱索托 P.W. Lesotho

láitái 来台[-臺] F.E. come from Mainland China to Taiwan

láitou(r)* 来头(儿) N. ① connections; backing *Cǐ rén dàyǒu~.* This man has influential backing. ② motive behind (sb.'s words/etc.) ③ force with which sth. breaks out ④ *<coll.>* interest; fun ⑤ position; standing ⑥ profit; benefit

làitóu 癞头 N. scabies on the head

làitóuchuāng 癞头疮[-瘡] N. scabies on the head

láitou dà 来头大 F.E. *<coll.>* be very influential socially

làitóuyuán 癞头鼋[-黿] N. sea turtle M: [2]*zhī*/*ge*

láiwang 来往 N. social intercourse ♦V. have contacts/dealings *See also* *láiwǎng*

láiwǎng* 来往 V. come and go ♦N. ① coming and going ② dealings; contact *See also* *láiwang*

láiwǎngbùjué 来往不绝[-絕] F.E. ceaseless coming and going

láiwǎng chēliàng 来往车辆 N. vehicles coming and going

láiwǎng cúnkuǎn 来往存款 N. current accounts M: [2]*bǐ*

láiwǎngrén 来往人 N. passers-by

láiwǎng wénjiàn 来往文件 N. documents transferred between agencies M: [1]*fèn*

láiwén 来文 N. document received

láiwú 莱芜 N. field with dense growth of wild weeds

láixiàng 来项 N. income M: [2]*bǐ*

láixìn 来信 V.O. send a letter here ♦N. incoming letter M: [2]*fēng*

láixìn-láifǎng 来信来访 N. incoming letters and complaints

làixuǎn 癞癣 N. favus; ringworm M: [2]*kuài*/[1]*piàn*

làixué 赖学 V.O. *<topo.>* play truant; cut class

láixùn 来讯 N. ① letters received ② news

láiyàng jiāgōng 来样加工[-樣--] V.P. process according to a customer's specimen

láiyī 莱衣 N. *<trad.>* filial piety

láiyì* 来意 N. purpose in coming

làiyǐ 赖以 V.P. *<wr.>* rely; depend on

láiyìbùshàn 来意不善 F.E. come with evil intentions

làiyīlàishí 赖衣赖食 F.E. depend on others for a living

lái yìng de 来硬的 V.O. *<coll.>* use force; get tough

làiyǐwéishēng 赖以为生 F.E. live off/on

làiyǐwéizhǔ 赖以为主 F.E. rely on sth./sb. for a living

láiyóu 来由 N. ① reason; cause ② origin; antecedents

[1]**làiyú** 赖于[-於] V.P. rely/depend on

[2]**làiyú** 濑鱼 N. *<zoo.>* wrasse M: [1]*tiáo*

[1]**láiyuán** 来源 N. source; origin

[2]**láiyuán** 来缘 N. *<Budd.>* action/cause that will bear fruit in another life

láiyuángé 来源格 N. *<lg.>* source case

láiyuányú 来源于[-於] V. originate; stem from

láiyuè 来月 N. the following month; months to come

láizhá 来札 N. *<wr.>* your/incoming letter

làizhài 赖债 V.O. repudiate a debt

láizhǎn 来展 N. foreign exhibition held in China

[1]**làizhàng** 赖帐 V.O. ① repudiate a debt ② go back on one's word ③ disclaim responsibility

[2]**làizhàng** 赖仗 V.O. be dependent on sb. for support

láizhāo 来朝 N. tomorrow *See also* [2]*láicháo*

láizhe 来着[-著] SUF. ① *indicating continuing or completed action* ② *indicating the answer is on the tip of one's tongue. **Tā jiào shénme míngzi** ~?* What was his name again?

láizhě* 来者 N. ① whoever/whatever comes M: [2]*wèi*/*ge* ② anything in the future

láizhěbùjù 来者不拒 F.E. refuse nobody or no request/offer

làizhe bù zǒu 赖着不走[-著--] V.P. continue to stay on

láizhěkězhuī 来者可追 F.E. the future can yet be shaped

láizhě yóukězhuī 来者犹可追[--猶--] F.E. the future can yet be shaped

láizhībùyì 来之不易 F.E. be hard-earned

làizhù 赖住 R.V. *<derog.>* stick to sb. and refuse to let go

láizī 来兹[-茲] N. *<wr.>* future; coming years

láizì* 来自 V.P. come/stem/originate from

[1]**làizi** 赖子 N. a rogue

[2]**làizi** 癞子 N. *<topo.>* ① person with scabby head ② favus

láizìyú 来自于[-於] R.V. come/originate from

láizōngqùjì 来踪去迹[-蹤-跡] F.E. traces of sth.'s/sb.'s whereabouts

lājī* 垃/拉圾 N. refuse; garbage M: [1]*tān*/*duī*

làjī 蜡屐[蠟-] V.O. *<wr.>* wax clogs

làjì 蜡祭[蠟-] N. year-end sacrifice

lājià 拉架 V.O. mediate in a street-fight

lā jiācháng 拉家常 V.O. *<coll.>* chat about domestic trivia

lājiādàikǒu 拉家带口[--帶-] F.E. have a heavy family burden

làjiān 蜡笺[蠟箋] N. waxed letter paper M: [1]*zhāng*

làjiàng 辣酱[-醬] N. thick chili paste M: [3]*píng*/[3]*guàn*

làjiàngyóu 辣酱油[-醬-] N. Worcestershire-like sauce M: [3]*píng*

[1]**lājiǎo** 拉脚[-腳] V.O. ① cart persons/goods at a charge ② *<coll.>* work as a coolie

[2]**lājiǎo** 拉角 V.O. hire employees/actors/etc. from rivals by offering higher incentives

làjiāo* 辣椒 N. hot pepper; chili; capsicum

làjiāofěn 辣椒粉 N. chili powder M: [1]*bāo*/[5]*dài*

làjiāohú 辣椒糊 N. chili paste M: [3]*píng*/[3]*guàn*

làjiāojiàng 辣椒酱[-醬] N. Chinese chili sauce M: [3]*píng*/[3]*guàn*

làjiāomiàn(r) 辣椒面(儿)[--麵-] N. Chinese chili powder M: [1]*bāo*/[5]*dài*

lā jiāoqing 拉交情 V.O. cotton up to; pal up with

làjiāoshuǐ 辣椒水 N. chili water M: [3]*píng*

làjiāoyóu 辣椒油 N. chili oil M: [3]*píng*/[3]*guàn*

làjiāzi 蜡夹子[蠟夾-] N. (candle) snuffer

lājīchē 垃圾车 N. garbage/refuse truck M: [3]*liàng* *See also* *lèsèchē*

lājīchóng 垃圾虫[-蟲] N. litterbug M: [2]*zhī*

lājī chǔlǐ 垃圾处理[--處-] N. waste treatment

lājīdài 垃圾袋 N. trash/garbage bag

lājī dìngdiǎn shōují 垃圾定点收集[---點--] N. the collection of refuse at specified places

lājīduī 垃圾堆 N. refuse/garbage heap/dump *See also* *lèsèduī*

lājī fénhuàlú 垃圾焚化炉[-爐] N. refuse incinerator

lājī fēnlèi shōují 垃圾分类收集[---類--] N. collection of sorted refuse

lā jīhuang 拉饥荒 V.O. *<coll.>* run into debt

lājī hùnhé shōují 垃圾混合收集 N. collection of unsorted refuse

lājīkēng 垃圾坑 N. garbage pit/dump

lājǐn 拉紧[-緊] R.V. ① pull tight ② hang on firmly

[1]**lājìn*** 拉近 R.V. draw close/near

[2]**lājìn** 拉进[-進] R.V. pull/draw sth./sb. into

làjìnchūnshǐ 蜡尽春始[蠟盡-] F.E. end of winter and beginning of spring

làjìndōngcán 腊尽冬残[臘盡-殘] F.E. toward the end of the lunar year

làjīng 蜡晶[蠟-] N. *<min.>* yellow quartz

lā jìnhu 拉近乎 V.P. *<coll.>* become close to or friendly with

làjìnr 辣劲儿[-勁-] N. degree of hotness (of chili/etc.)

lājītǒng 垃圾桶 N. refuse bin; trash can; waste basket

lājīxiāng 垃圾箱 N. ash/garbage can

lājī yóujiàn 垃圾邮件[--郵-] N. junk mail

lājù* 拉锯 V.O. ① work a two-handed saw ② fight a seesaw battle ③ come and go

làjù 蜡炬[蠟-] N. candle

lājù dìdài 拉锯地带[-帶] N. scene of a seesaw battle

lājùzhàn 拉锯战[-戰] N. seesaw battle; stalemate

lākai 拉开[-開] R.V. ① pull open ② draw back ③ space out ④ *<coll.>* begin to chat

lākāi xiánhuà 拉开闲话[-開--] V.O. *<coll.>* begin to chat

lākè* 拉客 V.O. ① solicit guests/diners (of inns, small restaurants, etc.) ② take on passengers (of taxi drivers, pedicab riders, etc.) ③ solicit patrons (of prostitutes/etc.)

làkè 蜡克[蠟-] N. varnish spray paint

lā kèhù 拉客户 V.O. canvass/solicit for customers

lākōng 拉空 R.V. ① run into debt ② miss an opportunity

lākuà 拉跨 V.O. stretch hip as exercise
lā kuīkong 拉亏空[-虧-] V.O. borrow money
lā kūlong 拉窟窿 V.O. <coll.> go into debt
lāla* 喇喇 R.F. <topo.> drip (water/etc.)
lālá 啦啦 R.F. <topo.> chat; gossip; jaw
lālachěchě 拉拉扯扯 V.P. ①pull/drag sb. about ② exchange flattery and favors ③ importune ④ talk in a rambling way; drag in irrelevant matters
lālà de 辣辣的 V.P. hot; spicy
lālāduì 拉拉//啦啦队[--//--隊] N. cheerleading squad; rooters
lālāduìyuán 啦啦队员[--隊-] N. rooter M: [1]míng/ge
lālāduìzhǎng 啦啦队长[--隊-] N. cheerleader M: [2]wèi/ge
lālagū 拉拉蛄 N. <topo.> mole-cricket M: [2]zhī
lālái 拉来 R.V. pull/draw sth./sb. toward oneself
lālàng 辣浪 N. gallant
lālazázá 拉拉杂杂[-雜雜] V.P. badly organized and without a central theme (of writing/etc.)
lāle 拉了 V.P. <topo.> gave up; was not equal to the task
lālèi 蜡泪[蠟淚] N. wax guttering
lālì* 拉力 N. ①pulling power (of horses/tractors/etc.) ② stretching endurability (of rope/etc.)
lālì 瘌痢 N. <topo.> favus of the scalp
lāliǎn 拉脸 V.O. have/show a long face (when angry)
[1]lāliàn(r)* 拉链(儿) N. zipper M: [1]tiáo
[2]lāliàn 拉练[-練] N. <PRC/pol.> camp and field training
lāliàn gōngchéng 拉链工程 N. zipper project (a project that has to be done and undone a number of times because of poor planning)
lāliáo 蜡疗[蠟療] N. wax therapy
lālilātā 邋里邋遢[-裡--] V.P. messy; sloppy; slovenly
lālilāzā 拉里拉杂[-雜] S.V. rambling
lālìqì 拉力器 N. chest-developer; chest-expander M: ge/[1]tái
lālìsài 拉力赛 N. <sport> ① rally ② endurance race M: [3]cháng
lālì shíyàn 拉力实验[--實-] N. <mach.> pull/tension test
lālì tǐngxiōngqì 拉力挺胸器 N. <sport> chest weight
lālìtóu 瘌痢头 N. ① person affected with favus ② head made bald by favus
lālong 拉拢 V. ① draw sb. over to one's side; rope in ②make persons/parties become friends
lālong qǐlai 拉拢起来 R.V. draw/woo sb. over to one's side
lālong shōumǎi 拉拢收买[-買] V.P. woo and buy over sb.
lāluóbu 辣萝卜[-蘿-] N. horseradish
lāmǎ 拉马 V.O. act as a pimp
lǎma* 喇嘛 N. <rel.> lama M: [2]wèi
Lāmǎ gǔyuán 拉玛古猿 N. <archeo.> Ramapithecus
lā mǎimai 拉买卖[-買賣] V.O. ① draw customers; promote sales; solicit business ②act as a broker; solicit business
Lǎmajiào 喇嘛教 N. Lamaism
Lāmǎkè xuéshuō 拉马克学说 N. Lamarckism
lāmǎn 拉满 R.V. stretch fully (of bow/etc.)
lāmáo wéijīn 拉毛围巾[--圍-] N. scarf made of fluffed woven fabric
lǎmasì 喇嘛寺 P.W. lama temple M: [4]zuò
Lā-Měi* 拉美 N. Latin America
làméi 腊/蜡梅[臘/蠟-] N. <bot.> wintersweet; *Calyamthus* M: [5]zhī
làméihuā 腊梅花[臘-] N. <bot.> flower of *Calyamthus* M: [5]zhī
làmèizi 辣妹子 <coll.> N. vixen; virago
lāmén 拉门 N. sliding door M: [1]shàn
lāmiàn 拉面[-麵] N. noodles made by pulling the dough M: [1]wǎn
làmiáor 蜡苗儿[蠟-] N. candle flame
lāmiè 拉灭[-滅] R.V. turn off

lāmò 拉磨 V.O. pull/turn the millstone (for grounding grain/etc.)
lāmú 拉模 N. <mach.> drawing die
lān 烂[爛] in **lànlānr** *See also* [1]**làn**
[1]lán* 蓝[藍] S.V. blue ♦N. ① indigo plant ② Surname
[2]lán 拦[攔] V. ① bar; block; hold back ② flag down; stop
[3]lán 兰[蘭] N. ① orchid ② fragrance ③ moral excellence
[4]lán 篮[籃] B.F. ① basket **lánzi** ② basketball goal/basket ***tóulán*** ♦M. basketful; basket
[5]lán 栏[欄] B.F. ① fence; railing; hurdle [1]**lángān** ② pen; shed [1]***yánglán*** ③ column ***zhuānlán***
[6]lán 澜[瀾] B.F. large waves ***lánfān, bōlán***
[7]lán 婪 B.F. ①greedy ***tānlán***, [2]***ānlán*** ②gluttonous ***lánhān***
[8]lán 谰[讕] B.F. slander ***láncí, dǐlán***
[9]lán 阑[闌] B.F. railing; balustrade; fence ***lánrù, yèlán, yè lánshān***
[10]lán 镧[鑭] N. <chem.> lanthanum
[11]lán 岚[嵐] B.F. mist; haze ***lánqì, yānlán***
[12]lán 斓[斕] in ***bānlán***
[13]lán 褴[襤] in ***lánlǚ***
[1]lǎn 懒[懶] S.V. ① lazy ***Tā bàba guòqù rènwéi tā hěn ~.*** His father used to think he was lazy. ② sluggish; languid
[2]lǎn 揽[攬] V. ① take into ones arms ② fasten with rope/etc. ③ take on; take upon oneself ④ canvass ⑤ grasp
[3]lǎn 缆[纜] N. hawser; cable; thick rope
[4]lǎn 览[覽] B.F. look at; display; exhibit ***lǎngǔ, zhǎnlǎn, bólǎnhuì***
[5]lǎn 榄[欖] B.F. olive ***gǎnlǎnlǚ, wūlǎn***
[6]lǎn 漤[灠] B.F. ① mix salt or spices with meat/fish/etc. ② soak (persimmons) in lime water to remove astringency ***lǎn shìzi***
[7]lǎn 罱 B.F. ① a kind of fish net ② use such a net to catch fish or to dredge river sludge ***lǎn héní, lǎnníchuán***
[8]lǎn 壈[壈] in ***kǎnlǎn***
[1]làn 烂[爛] V. rot; fester ♦S.V. ①mushy ②sodden; mashed ③rotten; decayed ④dissolute ⑤brilliant *See also* **lān**
[2]làn 滥[濫] B.F. overflow; flood ***fànlàn*** ♦S.V. ① immoderate ② unscrupulous ③ trite ④ superfluous
lán'ài 兰艾[蘭-] N. ① orchids and artemisias ② the noble and the mean
lán'àitóngfén 兰艾同焚[蘭-] F.E. impose the same destiny on the noble and the mean alike
lánbáisè 蓝白色[藍-] N. blue and white color
[1]lánbǎn 篮板[籃-] N. <sport> backboard; bank M: [2]kuài
[2]lánbǎn 栏板[欄-] N. raves; blocking plank M: [2]kuài
lánbǎnqiú 篮板球[籃-] N. <sport> rebound (of basketball)
lànbǎo 滥保[濫-] V.P. be guarantors for others without consideration
lánbǎoshí 蓝宝石[藍寶-] N. sapphire M: [2]kuài/ge
lánbǎoshíhūn 蓝宝石婚[藍寶-] N. sapphire wedding anniversary (45th wedding anniversary)
lánběn(r) 蓝本(儿)[藍-] N. ① model for copying ②blueprint ③chief source ④original version (of a literary work)
lǎnbǐ 揽笔[攬筆] V.O. <wr.> take up one's pen; write
lánbù* 蓝布[藍-] N. blue cloth M: [2]kuài/[1]pǐ
lànbǔ 滥捕[濫-] V. fish without restraint
lánbù dàguà 蓝布大褂[藍-] N. traditional long blue-cloth gown worn by men M: [2]jiàn
lǎnbùjī de 懒不唧的 ADV. <coll.> indolently; languidly; carelessly
lànbǔlànshā 滥捕滥杀[濫-濫殺] F.E. catch and kill (fish) indiscriminately/excessively
lánbuzhù 拦不住[攔-] R.V. can't stop (sb./etc.)
[1]láncài 蓝菜[藍-] N. cabbage; kale
[2]láncài 兰菜[蘭-] N. Chinese broccoli

láncǎo 兰草[蘭-] N. ① fragrant thoroughwort ② orchids M: [2]kē
lǎn chánggōng 揽长工[攬-] V.O. <coll.> work as a hired hand
lànchángwēn 烂肠瘟[爛腸-] N. rinderpest; cattle plague
lànchángzi 烂肠子[爛腸-] N. rotten animal intestines M: [1]jié
lánchē 拦车[攔-] V.O. stop a vehicle
lǎnchē* 缆车[纜-] N. cable car M: [2]bù
lǎnchéng 揽承[攬-] V. agree/contract to do a job
lànchéng* 烂成[爛-] V.P. ① deteriorate into ② wear out
lǎnchē tiědào 缆车铁道[纜-鐵-] N. cable railway M: [1]tiáo
lǎnchēxiàn 缆车线[纜-] N. cableway; cable car line M: [1]tiáo
lǎnchóng 懒虫[-蟲] N. <coll.> lazybones M: [1]tiáo/ge
lánchóugǔ 蓝筹股[藍籌-] N. blue-chip stock
lánchū 阑出 R.V. ① leave impulsively ② send out (merchandise) without authorization
láncí 谰辞[-辭] N. calumny; fabrication
láncuīyùzhé 兰催玉折[蘭-] F.E. die a hero's death
Lán Dà 兰大[蘭-] AB./P.W. *Lánzhōu Dàxué* Lanzhou University
lǎndai* 懒怠 S.V. <coll.> ① lazy; idle; indolent ② not in the mood to ③ too lazy to
lǎndài 懒待 AUX. be disinclined to; be not in the mood to
lándān 阑殚 V.P. tired and exhausted
lǎndàn* 懒蛋 N. lazybones
lándǎng 拦挡[攔擋] V. block; obstruct; hinder
lándǎng zhù 拦挡住[攔擋-] R.V. block; hold back
lándào* 拦道[攔-] <coll.> V. waylay; hold up
lǎndào 缆道[纜-] N. cableway M: [1]tiáo
lándàomù 拦道木[攔-] N. road block M: [2]gēn
lǎnde 懒得 V.P. not feel like (doing sth.); lethargic ***Wǒ ~ gēn tā shuōhuà.*** I'm in no mood to talk with him.
lǎnde dòng 懒得动[-動] V.P. don't feel like doing sth.
lǎndèng 懒凳 N. <trad.> bench inside the main entrance of a house M: ge/[1]tiáo
lǎn de yàomìng 懒得要命 V.P. lethargic; disinclined to move
lándezhù 拦得住[攔-] R.V. be able to stop (sb./etc.)
lándiàn 蓝靛[藍-] N. indigo
lándiǎnké 蓝点颏[藍點-] N. <zoo.> bluethroat M: [2]zhī
làndiao* 烂掉[爛-] R.V. rot away
làndiào(r) 滥调(儿)[濫-] N. hackneyed tune/theme/expression
làndiàochénqiāng 滥调陈腔[濫-] F.E. clichés; hackneyed and stereotyped expressions
lánduì 篮队[籃隊] N. basketball team M: ge/[4]zhī
lǎnduò 懒惰 S.V. lazy; indolent
lǎnduòchéngxìng 懒惰成性 F.E. be habitually lazy
lǎnduòchóng 懒惰虫[-蟲] N. lazybones; a lazy person M: [2]zhī/[1]tiáo/ge
làn'è 滥恶[濫惡] V.P. be evil
lǎn'érzéshuāi 懒而则衰 F.E. Laziness leads to decay.
lànfā 滥发[濫發] V. issue in excess (of bank notes, invitations, etc.)
[1]lànfá* 滥伐[濫-] V. denude; fell trees excessively
[2]lànfá 滥罚[濫-] V. punish excessively
lànfā chāopiào 滥发钞票[濫發-] V.O. issue banknotes recklessly
lánfān 澜翻 V.P. with numerous turns and twists (of fiction plot/etc.)
lánfán 蓝矾[藍礬] N. <chem.> blue vitriol; cupric sulfate
lànfàn* 烂饭[爛-] N. soft rice
lánfáng 兰房[蘭-] N. ① refined/elegant room/house ② <trad.> room for a woman M: [1]jiān

lànfá sēnlín 滥伐森林[濫-] V.O. over-log a forest
lànfā wénjiàn 滥发文件[濫發-] V.O. issue documents indiscriminately
lànfā wénpíng 滥发文凭[濫發-憑] V.O. issue diplomas indiscriminately
lànfèi 滥费[濫-] V. spend excessively; waste money
lánfēng 阑风 N. continuous blowing of the wind
lāng 啷 in *huālangbàng, dānglāng*
[1]**láng** 狼 N. ① wolf ② greedy and cruel person M: [2]*zhī*/[1]*tiáo*
[2]**láng** 廊 B.F. porch; corridor *zǒuláng*
[3]**láng** 郎 SUF. <court.> young man *Lǐ ~* Master Li; Young Mr. Li ♦B.F. ① man; "-boy" *niúláng* ② <hist.> an official title *shìláng* ♦N. Surname *See also* [2]*làng*
[4]**láng** 琅 B.F. a kind of jade *lánggān* ♦in [2]*fǎláng*
[5]**láng** 稂 B.F. grass; weeds *lángyǒu, bùlángbùyǒu*
[6]**láng** 榔 in *lángtou, bīnglang*
[7]**láng** 螂/蜋 in *lángtiáo, tángláng, gèláng See also* [9]*liáng*
[8]**láng** 锒[鋃] in *lángdāng*
[9]**láng** 阆[閬] in *kāngláng See also* [5]*làng*
lǎng 朗 B.F. bright; clear *qínglǎng, lǎngsòng* ♦in *Bùlǎngzú*
[1]**làng*** 浪 N. ① wave; billow; breaker ② unrestrained; dissolute ③ frivolous; flighty (of women) ④ stroll; wander
[2]**làng** 郎 in *shìkelàng See also* [3]*láng*
[3]**làng** 埌 in *kuànglàng*
[4]**làng** 莨 in [2]*làngdàng See also* [8]*liáng*
[5]**làng** 阆[閬] in [2]*lànglàng, làngyuàn See also* [9]*láng*
[1]**lángān(r)** 栏杆/干(儿)[欄-] N. ① railing; banister M: [1]*pái*/[1]*fú* ② silk trimming for girls
[2]**lángān** 阑干 V.P. <wr.> ① crisscross ② tearful ♦N. ① railing; banister ② eye sockets
lángbǎcǎo 狼把草 N. bur beggar-ticks
làngbǎn 浪板 N. plastic roofing board M: [2]*kài*
lángbèi 狼狈 S.V. ①helplessly dependent ②in an awkward situation ③complicit ④disorientated; distracted ♦N. <derog.> Scoundrel! Scum!
lángbèibùkān 狼狈不堪 F.E. in dire straits
lángbèi'érqù 狼狈而去 F.E. hurry off in confusion
lángbèishījù 狼狈失据[-據] F.E. helpless and with nothing to fall back upon
lángbèitáocuàn 狼狈逃窜[-竄] F.E. flee helter-skelter
lángbèiwéijiān 狼狈为奸 F.E. act in collusion
lángbèixiàng 狼狈相 N. a sorry figure M: [1]*fù*
lángbèizhōuzhāng 狼狈周章 F.E. terror-stricken; panic-stricken
lángbēnshǐtū 狼奔豕突 F.E. tear about like wild beasts
lángcáinǚmào 郎才女貌 F.E. a perfect match between a man and a woman
làngcháo 浪潮 N. ① tide; wave ② tendency ③ major social movement
làngchī'èrhē 浪吃二喝 F.E. <topo.> eat and drink ravenously
làng chuán 浪船 N. <sport> swing boat M: [1]*tiáo*
lángchuāng* 狼疮[-瘡] N. <med.> lupus
làngchuǎng 浪闯 V. beat about pointlessly
làngcuī 浪催 S.V. <topo.> debauched; dissipated
lángdāng(r) 锒铛//郎当(儿)[鋃鐺//-鐺] ON. clank; clang ♦N. iron chains ♦V.P. ① good-for-nothing (of a man); worthless ② loose-fitting; oversized (of clothing) ③ <coll.> deflated; depressed
[1]**làngdàng*** 浪荡[-蕩] V. loiter/loaf about ♦V.P. dissolute; dissipated
[2]**làngdàng** 莨菪 N. <bot.> (black) henbane
làngdàngbùjī 浪荡不羁[-蕩--] F.E. dissipated and unrestrained
lángdāngrùyù 锒铛入狱[-鐺--] F.E. be chained and thrown into prison
làngdàngzǐ shì 浪荡子式[-蕩--] N. prodigal/wastrel living style
lángdào 廊道 N. gallery M: [1]*tiáo*
làngdéxūmíng 浪得虚名[--虛-] F.E. have an unearned reputation
lángdiān 狼癫 N. lycanthropy; delusion of being a wolf
làngdòng 浪动[-動] N. undulating movement; wave
làngdòng jìlùqì 浪动记录器[-動-錄-] N. kymograph M: [1]*tái*
lángdú 狼毒 S.V. brutal; cruel; heartless ♦N. a poisonous plant
lǎngdú* 朗读[-讀] V. read aloud; read loudly and clearly ♦N. oral reading
lángduōròushǎo 狼多肉少 ID. too many looters for the limited loot
lángechǔchǔ 蓝格楚楚[藍-] F.E. <coll.> brilliant blue
lángfáng* 廊房 N. porch M: [1]*jiān*
làngfàng 浪放 S.V. uninhibited; unrestrained
làngfèi 浪费 V. waste; squander *Búyào ~ shíjiān.* Don't waste time. ♦S.V. extravagant
lánggān 琅玕 N. <wr.> pearl-like stone
lánggāozi 狼羔子 N. young wolf M: [1]*tóu*
lánggǒu 狼狗 N. wolfhound; German Shepherd M: [1]*tiáo*
lánggù 狼顾[-顧] S.V. very suspicious ♦N. sinister look; frightening appearance
lánghái(r) 狼孩(儿) N. wolf child
lánghán 琅函 N. ① bookcase ② <court.> your letter
[1]**lángháo** 狼嚎 N./V. howling of a wolf
[2]**lángháo** 狼毫 N. writing brush of wolf/weasel hair M: [4]*zhī*/[5]*zhī*
lángháoguǐjiào 狼嗥/嚎鬼叫 F.E. blood-curdling shrieks
lánghóng 郎红 N. sang-de-boeuf; ruby red
lànghuā(r)* 浪花(儿) N. ①spray (from waves); spindrift ② episodes in one's life ③ flower that does not bear fruit
lànghuà 浪话 N. flirtatious words
lánghuān* 狼獾 N. glutton M: *ge*/[2]*zhī*
lánghuán 琅嬛 N. <wr.> place where the Lord of Heaven stores his books
lánghuánfúdì 琅嬛福地 F.E. a scenically beautiful place
lànghuò 浪货 N. <coll.> slut; "hot number"
lángjí 狼籍/藉 V.P. ① in disorder ② notorious
làngjì* 浪迹[-跡] V. wander; roam
lángjiānruìshū 琅简蕊书[-書] F.E. Daoist scriptures
làngjìjiānghú 浪迹江湖[-跡--] F.E. wander about (all corners of the country)
làngjìtiānyá 浪迹天涯[-跡--] F.E. roam all over
lángjiù 郎舅 N. a man and his wife's brother
lángjūn 郎君 N. <trad.> ① a wife's way of addressing her husband ② a gentleman
lángkang* 榔槺 S.V. bulky; cumbersome
lángkàng 狼抗 S.V. ① cantankerous; perverse ② greedy; voracious; gluttonous ③ heavy and clumsy
lángkuáng 狼狂 N. lycanthropy; delusion of being a wolf
lǎngkuò 朗阔 S.V. open and vast
lángláng 琅琅 ON. ① sound of reading aloud ② tinkling/jingling sound
lǎnglǎng* 朗朗 ON. sound of reading aloud ♦V.P. ① bright; light ② clear; distinct
[1]**lànglàng** 浪浪 R.F. flowing
[2]**lànglàng** 阆阆 R.F. lofty and spacious
lánglángshàngkǒu 琅琅上口 F.E. easy to pronounce
lǎnglǎngshàngkǒu* 朗朗上口 F.E. easy to read aloud
lánglángshūshēng 琅琅书声[-書聲] F.E. the sound of reading aloud
lànglánzhuàngkuò 浪澜壮阔[--壯-] F.E. surging like a tidal wave; unfolding on a magnificent scale
lánglì 狼戾 S.V. <wr.> ① abundant ② ruthless; cruel; without mercy
lánglìbùrén 狼戾不仁 F.E. be vicious and cruel; ruthlessly cruel
lànglilàngdàng 浪里浪荡[-裡-蕩] F.E. lead an idle life; loaf about
lánglìwúqīn 狼戾无亲[-親] F.E. without natural affection
làngmàn 浪漫 S.V. ① <loan> romantic ② dissolute; debauched
làngmǎng 浪莽 S.V. unrestrained
làngmànpài 浪漫派 N. romanticist; the Romantics
làngmànshǐ 浪漫史 N. <loan> romance M: [2]*bù*
làngmànzhǔyì 浪漫主义[-義] N. romanticism
lángmāo 郎猫[-貓] N. <coll.> tomcat
làngmèng 浪孟 S.V. ① discouraged; dejected ② aloud
lángmiào 廊庙[-廟] P.W. the imperial court M: [4]*zuò*
lángmiàoqì 廊庙器[-廟-] N. capacity for administering the affairs of state
lángmiàozhīzhì 廊庙之志[-廟--] N. political aspiration/ambition
làngmù 浪木 N. <sport> ① swing bridge ② seesaw
lángpīyángpí 狼披羊皮 F.E. a wolf in sheep's clothing
làngqiáo 浪桥[-橋] N. <sport> swing bridge M: [1]*jià*/[4]*zuò*
lángquǎn 狼犬 N. German shepherd dog; police dog M: [1]*tiáo*
lángrén 狼人 N. wolf man
làngrén* 浪人 N. ①vagrant ②dismissed courtier ③ unemployed/jobless person ④ <Japanese> ronin
lǎngshēng 朗声[-聲] ADV. in a clear loud voice
làngshì 浪士 N. debauchee
lángshū 琅书[-書] N. Daoist scriptures
lǎngshuǎng 朗爽 S.V. hearty
lǎngsòng 朗诵 V. read aloud with expression; declaim
lǎngsòngshī 朗诵诗 N. poems written for public reading M: [2]*shǒu* ♦V.O. read poems aloud with expression
lángtān 狼贪 S.V. greedy; avaricious
lángtānhǔshì 狼贪虎视 F.E. avaricious; covetous
làngtāo 浪涛[-濤] N. wave
làngtāohuā 浪涛花[-濤-] N. spray (from waves)
lángtiáo 螂/蜋蜩 N. cicada
lángtou* 榔/狼头 N. hammer
làngtou 浪头 N. <coll.> ① tide; wave ② trend *See also làngtóu*
làngtóu 浪头 N. crest of a wave *See also làngtou*
lángtūnhǔyàn 狼吞虎咽 F.E. wolf down (food/etc.)
lǎngǔ 览古[覽-] V.O. <wr.> visit historic sites
lǎnguànle 懒惯了 V.P. be perennially lazy
lànguānwūlì 滥官污吏[濫-] F.E. covetous and corrupt officers
lánguī 兰闺[蘭-] N. <wr.> boudoir
[1]**lánguì*** 兰桂[蘭-] N. ① orchids and cassia ② beautiful progeny
[2]**lánguì** 栏/拦柜[欄/攔櫃] N. shop counter
lǎnguǐ 懒鬼 N. lazybones M: *ge*/[1]*míng*
lǎngǔtou 懒骨头 N. lazybones
lángwěicǎo 狼尾草 N. Chinese pennisetum M: [2]*gēn*/[2]*kē*
làngwénjì 浪纹计 N. <lg.> kymograph M: [1]*tái*/[1]*jià*
lángxià 廊下 N. corridor; portico; hallway
làngxìn 浪信 V. be gullible; unwisely believe
lángxīngǒufèi 狼心狗肺 F.E. ① cruel and unscrupulous ② ungrateful
làngxìn rényán 浪信人言 V.O. unwisely believe in another's words
lángyá 狼牙 N. ① wolf fang ② <bot.> cryptotaeneous cinquetoil
lángyábàng 狼牙棒 N. <trad.> spiked club M: [2]*gēn*
lángyān* 狼烟[-煙] N. smoke signal M: [2]*dào*
lángyán 廊檐 N. eaves of a veranda
lángyānsìqǐ 狼烟四起[-煙--] F.E. alarms raised at all border posts

lángyāo 廊腰 N. corner of a corridor
lǎngyīn 朗音 N. <lg.> sonant
làngyíngyíng 浪盈盈 V.P. <topo.> overflowing with joy
lǎngyǒng 朗咏[-詠] V. chant (verses)
làngyǒng* 浪涌 ATTR. <elec.> surge
làngyǒng fàngdiànqì 浪涌放电器[---電-] N. <elec.> surge arrester M: [1]tái/[1]jià
lángyǒu* 稂莠 N. weeds and grass
làngyóu 浪游 V. ① roam for pleasure ② loaf about
làngyǔ 浪语 N. ① nonsensical talk/joke ② obscene words ♦V. make irresponsible remarks; gossip
làngyuàn 阆苑 N. land where immortals dwell; paradise
lǎngyuè 朗月 N. bright moon M: [1]lún
lángzǎizi 狼崽子 N. <coll.> ingrate; greedy and cold-blooded s.o.b.
lǎngzhào 朗照 V. shine brightly
làngzhě 浪者 N. prodigal; wastrel
làngzhí 浪职[-職] V.O. neglect one's duty
lángzhōng 郎中 N. ① <topo.> herbal doctor ② <hist.> secretary-general of a ministry ③ trickster M: ge/[1]míng/[2]wèi
lángzhuóyángpí 狼着羊皮[-著--] F.E. a wolf in sheep's clothing
lángzi 廊子 N. veranda; corridor
làngzǐ* 浪子 N. prodigal; wastrel M: ge/[1]míng
làngzǐhuítóu 浪子回头 F.E. return of a prodigal son
làngzǐhuítóu jīnbuhuàn 浪子回头金不换[-換] F.E. A prodigal who returns is more precious than gold.
lángzǐyěxīn 狼子野心 N. cruel person with wild ambition
làngzuǐ 浪嘴 N. idle talker; prattler M: [1]zhāng
lánhān 婪酣 V.P. gluttonous
lánhàn 澜汗 N. a vast expanse of water ♦V.P. immense; limitless (of seas/water)
lǎnhàn* 懒汉[-漢] N. idler; lazybones; sluggard M: ge/[1]míng
lánhànhóngtāo 澜汗洪涛[-濤] F.E. rise/roll in billows
lǎnhànxié 懒汉鞋[-漢-] N. loafers M: [1]shuāng
lànhàogōngtǎng 滥耗公帑[濫-] F.E. spend public funds without restraint
lànhǎorén 滥/烂好人[濫/爛-] N. <topo.> a goody-goody M: ge/[1]míng/[2]wèi
lánhébà 拦河坝[攔-壩] N. a dam across a river M: [4]zuò/[2]dào
lǎn hénî 罱河泥 V.O. dredge up river sludge
lánhóng 拦洪[攔-] V.O. hold back a flood
lánhóngbà 拦洪坝[攔-壩] N. regulating dam M: [4]zuò/[2]dào
lánhóng shuǐkù 拦洪水库[攔-] N. reservoir for flood control M: [4]zuò
lǎnhóu 懒猴 N. slender loris; loris M: [2]zhī
lànhu 烂糊[爛-] S.V. mushy; overcooked; overripe (of food)
lánhuā(r)* 兰花(儿)[蘭-] N. cymbidium; orchid M: [2]duǒ/[4]shù/[5]zhī
lànhuá 烂滑[爛-] S.V. <coll.> slippery
lànhuà 烂化[爛-] ATTR. well-cooked
lánhuādòu 兰花豆[蘭-] N. a bean similar to the broad bean M: [1]kē
lánhuāzhǐ 兰花指[蘭-] N. <opera> female hand gesture with joined thumb and forefinger touching and the other three fingers raised
lǎnhuó(r) 揽活(儿)[攬-] V.O. <coll.> ① take on work ② seek customers
[1]lǎnhuò 揽货[攬-] V.O. undertake to ship/market goods
[2]lǎnhuò 懒货 N. lazybones
lànhuò* 烂货[爛-] N. ① fast woman; slut ② worthless goods
lāniào 拉尿/溺 V.O. urinate; pass water
lánjī 拦击[攔擊] V. ① <sport> volley ② <mil.> intercept and attack
lánjià 栏架[欄-] N. railing stand/frame
lánjiàn 阑槛[-檻] N. railing; fence *See also lánkǎn*
lánjiāo 兰交[蘭-] N. harmonious friendship
lànjiāo* 滥交[濫-] V. make friends indiscriminately
[1]lánjié 拦截[攔-] V. intercept and attack
[2]lánjié 拦劫[攔-] V. intercept and rob; mug
lánjiēhǔ 拦街虎[攔-] N. <coll.> street robber M: [2]zhī/ge
lánjiéjī 拦截机[攔-機] N. <mil.> interceptor M: [1]jià
lánjīng 蓝鲸[藍-] N. blue whale M: [1]tiáo
lánjīngjīng 蓝晶晶[藍-] V.P. shining blue
lánjīngshí 蓝晶石[藍-] N. <min.> kyanite; disthene M: [2]kuài
lǎnjìngzìzhào 揽镜自照[攬-] F.E. look at oneself in the mirror
lánjú 蓝菊[藍-] N. <bot.> China aster M: [2]duǒ/[5]zhī/[4]shù
lánkāi 拦开[攔開] R.V. break off (a battle)
lànkāishùmù 滥开数目[濫開數-] F.E. charge excessive amounts
lánkǎn 阑槛[-檻] N. railing; banisters M: [2]dào *See also lánjiàn*
lànkǎn* 滥砍[濫-] V.P. deforest; cut lavishly
lànkǎnlànfá 滥砍滥伐[濫-濫-] F.E. cut/fell (trees) lavishly; cut and chop indiscriminately
lànkǎnluànfá 滥砍乱伐[濫-亂-] F.E. over-log a forest
lánkē* 兰科[蘭-] N. the orchid family
lánkè 兰客[蘭-] N. <wr.> good friend
lànkěn 滥垦[濫墾] V. farm land where soil conservation should be maintained
lánkuàng 篮框[籃-] N. rim of a basket
lǎnkuí 览揆[覽-] N. <wr.> birthday
lánkuī rényuán 蓝盔人员[藍-] N. blue helmet personnel (personnel in UN peace-keeping force)
[1]lánlán 澜澜 R.F. ① overflowing; inundating ② dripping wet; wet through ③ sprightly; carefree
[2]lánlán 婪婪 R.F. insatiable; greedy
lànlàn* 烂烂[爛爛] R.F. bright; brilliant
lǎnlǎnr* 懒懒儿 R.F. <coll.> in a lazy manner
lànlānr 烂烂儿[爛爛-] R.F. <coll.> ① shabby; broken ② soft (of sth. over-cooked)
lǎnlǎnsǎnsǎn 懒懒散散 V.P. indolent and sluggish
lánleyǎnrle 蓝了眼儿了[藍-] V.P. <coll.> in dire straits; in great distress
lànliào 烂料[爛-] N. worthless material
lánlǐng 蓝领[藍-] N. blue collar M: ge/[1]míng
lánlǐng gōngrén 蓝领工人[藍-] N. <loan> blue-collar workers M: ge/[1]míng
lánlù 拦路[攔-] V.O. block the way
lánlǚ* 褴/蓝褛[襤/藍褸] V.P. ragged; shabby
lánlǜ 蓝绿[藍-] N. blue and green
lǎnlǘchóu 懒驴愁[-驢-] N. a stiff and short whip used by donkey drivers
lánlùhǔ 拦路虎[攔-] N. ① obstacle; stumbling block ② highway robber M: ge/[2]zhī
lánlùqiǎngjié 拦路抢劫[攔-搶-] F.E. intercept and rob
lánlǜzǎo 蓝绿藻[藍-] N. <bot.> blue-green alga
lánmàn 澜漫 S.V. ① dissipated; bohemian ② steeped; imbued
lànmàn* 烂漫[爛-] S.V. ① confused; scattered about ② glittering; brilliant ③ ingenuous; naive ④ fast asleep ⑤ dissipated; debauched
lánmǎqiángr 拦马墙儿[攔-牆-] N. <coll.> ① horse stall ② hindrance; restraint; preventive measure
lánméi 蓝莓[藍-] N. blueberry M: [1]kē/ge
lánmén 拦门[攔-] V.O. deny admittance
lánmèng 兰梦[蘭夢] N. foretell the birth of a son
lánménqiángr 拦门墙儿[攔-牆-] F.E. <topo.> not talk seriously
lánmù 栏目[欄-] N. heading/title of a column
lànní 烂泥[爛-] N. mud; slush; mire
lǎnníchuán 罱泥船 N. boat used in collecting river sludge for fertilizer M: [1]tiáo/[1]sōu/[2]zhī
lànníjiāng 烂泥浆[爛-漿] N. mud slurry
lànníkēng 烂泥坑[爛-] N. muddy pit
lànnítáng 烂泥塘[爛-] N. muddy pond
lànnǚrén 烂女人[爛-] N. woman of loose morals
lānong 拉弄 V. pull apart ♦N. wear and tear
lǎnpèi 揽辔[攬-] V.O. hold the reins
lǎnpèichéngqīng 揽辔澄清[攬-] F.E. aspire to bring perfect order to the nation when one enters upon a political career
lánpén 兰盆[蘭-] N. ① <Budd.> feast of All Souls ② <trad.> basin; bathtub
Lánpénhuì 兰盆会[蘭-] N. <Budd.> Ghost Festival (on the 15th of the seventh lunar month)
lánpíshū 蓝皮书[藍-書] N. blue book M: [1]fèn/[1]běn
lánpǔ 兰谱[蘭-] N. ① genealogies exchanged by sworn brothers ② books on cultivating/painting orchids M: [1]běn
lánqì 岚气[-氣] N. mountain vapor; mist
lànqián 滥钱[濫錢] N. wasted money
lánqīng* 蓝青[藍-] ATTR. ① indigo blue; blue-green ② non-standard; corrupt (of speech)
lànqíng 滥情[濫-] N. excessive/overflowing emotion
lánqīng guānhuà 蓝青官话[藍-] N. Mandarin spoken with a provincial accent
lánqiū 兰秋[蘭-] N. seventh lunar month
lánqiú* 篮球[籃-] N. basketball
lánqiúchǎng 篮球场[籃-場] N. basketball court
lánqiúduì 篮球队[籃-隊] N. basketball team M: [4]zhī
lánqiújià 篮球架[籃-] N. basketball stands
lánqiú kuāngzi 篮球筐子[籃-] N. basketball basket
lánqiúsài 篮球赛[籃-] N. basketball match M: [2]chǎng
lánqiú xiéhuì 篮球协会[籃-協-] N. basketball association
lánqiúyuán 篮球员[籃-] N. basketball player M: ge/[1]míng
lǎnqǔ* 揽取[攬-] V. take hold of
lànqǔ 滥取[濫-] V.P. take what one does not deserve
lánquān 篮圈[籃-] N. basketball ring/hoop
lánquàn 拦劝[攔勸] V. dissuade from
lǎnquán* 揽权[攬權] V.O. seize/monopolize power
lànquán 滥泉[濫-] N. gushing spring
lánqún 襕裙 N. (kitchen) apron
lánr 篮儿[籃-] N. basket
lànrán 烂然[爛-] V.P. bright; brilliant
lǎnrén 懒人 N. lazy person; sluggard M: ge/[1]míng
lánrù 阑入 V.P. <wr.> ① trespass ② mix; mingle
lánruò 兰若[蘭-] N. ① <bot.> Chinese/Japanese thoroughwort ② <Budd.> monastery
lánsài 篮赛[籃-] N. basketball game
lǎnsǎn 懒散 S.V. negligent; indolent
lánsè 蓝色[藍-] N. blue (color)
lánsè néngyuán 蓝色能源[藍-] N. blue energy source (energy developed from the seas and oceans)
lánshā 蓝纱[藍-] N. blue gauze M: [2]kuài
lànshā* 滥杀[濫殺] V. kill at random; kill indiscriminatingly
lánshābà 拦沙坝[攔-壩] N. a check dam M: [4]zuò/[2]dào
[1]lánshān 阑珊 V.P. <wr.> coming to an end; waning
[2]lánshān 蓝/澜衫[藍-] N. blue gown worn by scholars M: [2]jiàn
lǎnshàng 揽上[攬-] R.V. <coll.> round up; gather people
lànshāng* 滥觞[濫觴] N. <wr.> start; source; fountainhead
lànshāwúgū 滥杀无辜[濫殺-] F.E. massacre and slaughter the innocent at will
lánshè 兰麝[蘭-] N. fragrant thoroughwort and musk
lǎnshé 懒蛇 N. lazybones; lazy fellow; idler M: [1]tiáo

lànshè* 滥射[濫-] V. shoot indiscriminately
lànshē'ètǎo 烂赊恶讨[爛-惡-] F.E. indiscriminate borrowing
lànshégēn 烂舌根[爛-] V.O. tell tales; be fond of gossip ♦N. talebearer; gossip; scandalmonger
lǎnshéng 缆绳[纜繩] N. cordage; thick rope M: [1]*tiáo*
lǎnshèng* 揽/览胜[攬/覽勝] V.O. enjoy the scenery; see scenic sights
lànshétou 烂舌头[爛-] V.O. tell tales; be fond of gossip ♦N. talebearer; scandalmonger; gossip
lánshì 兰室[蘭-] N. ① Buddhist temple/monastery ② <court.> your residence
lǎnshì* 揽事[攬-] V.O. take on (tasks/etc.)
lànshīhōngzhà 滥施轰炸[濫-轟-] F.E. indiscriminate/wanton bombing
lǎnshì tài duō 揽事太多[攬-] V.P. have too many irons in the fire
lánshìzhǐ 蓝试纸[藍-] N. litmus paper M: [1]*tiáo*/[1]*zhāng*
lǎn shìzi 漤柿子[灠-] V.O. treat persimmons with hot/lime water to remove astringency
lànshōu 滥收[濫-] V. ① take what one should not ② charge too much
lànshú 烂熟[爛-] V.P. ① thoroughly cooked ② sound asleep ③ thoroughly familiar ④ very ripe; over-ripe
lánshuǐzhá 拦水闸[攔-] N. dam lock/gate M: [4]*zuò*/[2]*dào*
lánshǔn 栏楯[欄-] N. railing; balustrade
lànsù 滥诉[濫-] N. indiscriminate lawsuits
lánsūn 兰孙[蘭孫] N. <court.> your fine grandchild
lǎnsuǒ 缆索[纜-] N. thick rope; cable; hawser M: [2]*gēn*/[1]*tiáo*
lǎnsuǒ tiědào 揽索铁道[攬-鐵-] N. funicular railway; funicular
lántái 兰台[蘭臺] N. alternative title for the Han dynasty
lántán 篮坛[籃壇] N. basketball circles
làntānzi 烂摊子[爛攤-] N. shambles; awful mess
làntàozi 滥套子[濫-] N. platitudes; hackneyed expressions and formulae; clichés
lántiān 蓝天[藍-] N. blue sky
Lántiánrén 蓝田人[藍-] N. <archeo.> Lantian Man
lántiánshēngyù 蓝田生玉[藍-] F.E. Superior parents produce superior offspring.
lántiánzhòngyù 蓝田种玉[藍-種-] F.E. make pregnant
làntiě 烂铁[爛鐵] N. scrap iron
lántóngkuàng 蓝铜矿[藍-礦] N. <min.> azurite; chessylite M: [4]*zuò*
lántóu 阑头 N. lintel; architrave
lǎntóu* 揽头[攬-] N. ① contractor ② shipping company ♦V.O. take full responsibility to manage a task
làntóucùn 滥头寸[濫-] N. idle money in the bank
lántú 蓝图[藍圖] N. blueprint; project outline M: [1]*zhāng*
lánwǎng 拦网[攔網] V.O. block
lánwāngwāng 蓝汪汪[藍-] V.P. dazzling blue
lánwāwā 蓝瓦瓦[藍-] V.P. dazzling blue
lánwěi 阑尾 N. <phys.> appendix
lánwěichūn 婪尾春 N. <bot.> the peony
lánwěijiǔ 婪尾酒 N. the three glasses of liquor that the last to be toasted should drink
lánwěi qiēchúshù 阑尾切除术[-術] N. appendectomy
lánwěiyán 阑尾炎 N. appendicitis
lánwén 篮纹[籃-] N. <art> basket pattern
[1]**lànwū** 烂污[爛-] V.P. disorder; mess
[2]**lànwū** 滥污[濫-] V.P. ①dirty; tricky ②unchaste
lànwǔxiǎorén 滥伍小人[濫-] F.E. hang out with low-down people
lánwūzhà 拦污栅[攔-柵] N. <topo.> grate/grating/enclosing trash
lǎnxiàn 缆线[纜-] N. cable M: [2]*gēn*/[1]*tiáo*
lánxiāng* 兰香[蘭-] N. sweet basil

lǎnxiàng(r) 懒象(儿) N. <coll.> sickly/feeble appearance
lànxiǎorén 烂小人[爛-] N. <topo.> mean person
lánxié 篮协[籃協] N. basketball association
lánxiéhuì 篮协会[籃協-] N. basketball association
lánxìgōng 篮细工[籃-] N. basketry
lánxīn 兰心[蘭-] N. refined nature
lànxíng 滥刑[濫-] N. excessive punishment
lánxíngjíxīn 兰形棘心[蘭-] F.E. appearances are deceptive
lánxiù 兰臭[蘭-] N. <wr.> ① agreeable conversation ② complete harmony
lǎnxiù* 揽秀[攬-] V.O. <wr.> take in a beautiful panorama
lánxù 拦蓄[攔-] V. retain (flood waters, etc.); impound
lánxùn 兰讯[蘭-] N. <wr.> letter
lánxūnguìfù 兰薰桂馥[蘭-] F.E. ① prosperous descendants ② lasting moral influence
lányān 蓝烟[藍煙] N. bluish smoke
[1]**lányán** 谰言 N. calumny; slander
[2]**lányán** 兰言[蘭-] N. ① compatible speech ② <court.> what you have so well said ♦A.T. be too lavish of one's tongue
lànyán* 滥言[濫-] V. talk nonsense
lányānbōyǐng 岚烟波影[-煙--] F.E. the hazy atmosphere of the mountains and the shimmering light of the lake
lǎnyángtóu 懒羊头 N. official title wantonly conferred upon unworthy person
lànyángtóu* 烂羊头[爛-] N. <topo.> distinction/honor that loses its value when overpraised
lǎnyāngyāng 懒洋洋 R.F. languid; indolent
lǎnyángyáng* 懒洋洋 R.V. <coll.> languid; indolent
lányāo* 拦腰[攔-] ADV. by the waist; around the middle ♦V.O. ① cut across in the middle ② <topo.> take unawares; do the unexpected
lǎnyāo 懒腰 N. stretch *Tā shēnle yīgè ~*. He stretched.
lǎnyé 揽爷[攬爺] <coll.> N. ① hotel tout ② agent; a middleman
lányí 阑遗 N. articles left unclaimed
lànyì* 滥溢[濫-] V.P. overflow
lányǐnghúguāng 岚影湖光 F.E. hazy atmosphere of the mountains and shimmering light of the lake
lányíngyíng 蓝盈盈[藍-] V.P. <topo.> bright blue
lányīnxùguǒ 兰因絮果[蘭-] F.E. ① the vicissitudes of life ②the effects of predestination
lànyòng 滥用[濫-] V. abuse; misuse
lànyòng gōngkuǎn 滥用公款[濫-] V.O. irregularities in the use of public funds
lànyòng jīngfèi 滥用经费[濫-經-] V.O. squander funds
lànyòng tèquán 滥用特权[濫-權] V.O. abuse privilege/power
lànyòng wēiquán 滥用威权[濫-權] V.O. abuse one's power/authority
lànyòngwúdù 滥用无度[濫-] F.E. use without limit
lànyòng yàowù 滥用药物[濫-藥-] V.O. take medicine carelessly
lànyòng zhíquán 滥用职权[濫-職權] V.O. abuse one's authority/power/position
lányóu 兰莸[蘭蕕] N. ① orchids and noisome grasses ② good and evil; virtue and vice
[1]**lányú** 篮舆[籃-] N. bamboo sedan chair M: [1]*fù*
[2]**lányú** 拦舆[攔-] V.O. stop the chair of an official
[1]**lányù** 兰玉[蘭-] N. ①jade orchid/tree ②your distinguished children ③ feminine chastity
[2]**lányù** 蓝玉[藍-] N. aquamarine M: [2]*kuài*
lǎnyú 懒于[-於] V.P. be too lazy to do sth.; be not enthusiastic about sth.
lànyú* 滥竽[濫-] N. filling with inferior personnel/goods just to make up the number
lànyǔ 滥与[濫與] V. lavish upon

lányúchéngbǐng 拦舆呈禀[攔-稟] F.E. stop an official's palanquin to present a petition
lànyúchōngshù 滥竽充数[濫-數] ID. fill a position just to make up the number
lányuè 兰月[蘭-] N. seventh lunar month
lányùn 篮运[籃運] N. basketball
lányúzhà 拦鱼栅[攔-柵] N. fish screen
lǎnzǎizi 懒崽子 N. <coll.> lazy boy
[1]**lánzǎo** 兰藻[蘭-] N. elegant/ornate style
[2]**lánzǎo** 蓝藻[藍-] N. blue-green algae
lànzào* 滥造[濫-] V. make indiscriminately and poorly
lánzhà 栏栅[欄柵] N. <topo.> barrier; railing
lánzhāng 兰章[蘭-] N. <wr.> ① beautiful writings ② your letters
lànzhàng* 烂帐[爛-] N. ① uncollected debts ② messy accounts
lánzhào 兰兆[蘭-] N. dream foretelling the birth of a son
lánzhī* 兰芝[蘭-] N. wise men and beautiful women
lánzhǐ 兰芷[蘭-] N. <bot.> fragrant thoroughwort and Dahurian angelica
lànzhī 滥支[濫-] N. lavish expenditures
lànzhǐ 烂纸[爛-] N. wastepaper
lánzhìhuìxīn 兰质蕙心[蘭質-] F.E. pure heart and spirit
lánzhōngwù 篮中物[籃-] N. basket
Lánzhōu 兰州[蘭-] P.W. Lanzhou (capital of Gansu)
Lánzhōu Dàxué 兰州大学[蘭-] P.W. Lanzhou University
lánzhu* 拦住[攔-] R.V. ①block ②stop sb. from doing sth.
lǎnzhù 缆柱[纜-] N. cable post
lánzhuāng 篮装[籃裝] N. basket load
lánzhuàng* 篮状[籃狀] N. basket-like shape
lánzi 篮子[籃-] N./M. basket
lǎnzǒng 揽总[攬總] V. assume total responsibility
lánzǔ 拦阻[攔-] V. obstruct; impede
lànzuì 烂醉[爛-] V.P. dead drunk
lànzuìrúní 烂醉如泥[爛-] F.E. dead drunk
lāo 捞[撈] V. ① drag for; dredge up ② get by improper means
[1]**láo** 牢 N. ① pen; fold ② sacrifice ③ prison; jail ♦S.V. firm
[2]**láo** 劳[勞] V. put sb. to the trouble of. . . *~ nín dàjiā.* Would you please give me a hand? ♦B.F. ① express one's appreciation to ***dàoláo*** ② work ***láodòng*** ③ accomplishment ***gōngláo*** ④ hard; wearisome ***láolèi*** ♦N. Surname ***See also*** [7]*lào*
[3]**láo** 痨[癆] B.F. <Ch. med.> tuberculosis ***láobìng, fèiláobìng***
[4]**láo** 醪 B.F. ① wine with dregs ***láozāo*** ② mellow wine ***chúnláo***
[5]**láo** 铹[鐒] N. <chem.> lawrencium
[6]**láo** 侼[僗] in ***dāiláo***
[7]**láo** 唠[嘮] in ***láonu, láodao See also*** [4]*lào*
[1]**lǎo*** 老 S.V. ① old; aged ② of long standing ③ outdated ④ tough; overgrown ***Ròu zuò ~ le. Yǎobudòng.*** The meat's overdone. It's too tough. ⑤ dark (of colors) ♦N. ① old people ② parents ♦PREF. ① *with numbers to designate order of birth* ② *with man's family name to indicate familiarity/friendship* ♦ADV. ① very ② always (doing sth.) ③ for a long time
[2]**lǎo** 佬 SUF. man (often derogatory) ***chì~*** devil ♦in ***Gēlǎozú***
[3]**lǎo** 铑[銠] N. <chem.> rhodium
[4]**lǎo** 潦 B.F. heavy rain ***hànlǎozhīzāi, nílǎo See also*** [10]*liáo*
[5]**lǎo** 姥 in ***lǎolao,*** [2]***lǎoye***
[6]**lǎo** 唠[嘮] in ***gūlǎoròu See also*** [3]*lū*
[7]**lǎo** 栳 in ***kǎolǎo***
[1]**lào** 烙 V. ①brand; iron ②bake in pan ③ burn ***See also*** [6]*luò*
[2]**lào** 落 V. ① fall; drop ② go down; decline; set (of the sun); ebb (of tide) ③ remain where one is; stay behind ④ turn over to ⑤ belong to; rest with ⑥ obtain; receive ***See also*** [1]*luò,* [2]*là,* [2]*luō*

[3]lào 涝[澇] V. waterlog ♦B.F. flood *làozāi*
[4]lào 唠[嘮] V. <coll.> chat *See also* [7]*láo*
[5]lào 酪 B.F. ① cheese *rǔlào*junket ② thick fruit juice; fruit jelly ③ sweet nut paste
[6]lào 耢[耮] N. farm tool used to level land ♦V. level land with a *lào*
[7]lào 劳[勞] B.F. encourage; console *làolái*, *yànlào See also* [2]*láo*
[8]lào 络[絡] in [1]*làozi*, *guàlào See also* [3]*luò*
lào'àiren 老爱人[-愛-] N. old husband/wife
lào'ānsuān 酪氨酸 N. <chem.> tyrosine
lǎo'ǎo 老媪 N. an old woman M: *ge*/[1]*míng*
lǎobà 老爸 N. <coll.> dad M: *ge*/[1]*míng*/[2]*wèi*
lǎobābǎnr 老八板儿 N. old fogy; mossback; conservative
lǎobābèizi 老八辈子 ATTR. stale; outworn; hackneyed; old-fashioned
lǎobāgǔ 老八股 N. the same old stuff
lǎobǎixìng 老百姓 N. <coll.> common people; civilians
lǎoBālù 老八路 N. Eighth Route Army veteran M: *ge*/[1]*míng*/[2]*wèi*
lǎobǎn* 老板[-闆] N. ①shopkeeper; proprietor; boss M: *ge*/[1]*míng*/[2]*wèi* ② old woodcut edition
lǎobàn(r) 老伴(儿) N. <coll.> one's spouse; my wife; my husband M: *ge*/[1]*míng*/[2]*wèi*
lǎobǎnbǎn 老板板 V.P. <topo.> set in one's ways; old-fashioned
lǎobāngké 老梆壳[-殼] N. <topo.> old rascal/devil/son-of-a-gun
lǎobàngshēngzhū 老蚌生珠 F.E. son born in one's old age
lǎobāngzi 老帮/梆子[-幫-] N. <coll.> old rascal/devil/fogy/son-of-a-gun
lǎobǎnniáng 老板娘 N. ① shopkeeper's wife ② proprietress M: *ge*/[1]*míng*/[2]*wèi*
lǎobàntiān 老半天 N. long time
lǎobǎnzi 老板子 N. <topo.> horse cart/carriage driver
láobǎo* 劳保[勞-] N. labor insurance; labor welfare
[1]lǎobǎo(r/zi) 老鸨(儿/子) N. procuress; madam M: *ge*/[1]*míng*
[2]lǎobǎo 老保 N. old conservatives (Cult. Rev.)
láobǎojú 劳保局[勞-] P.W. department of labor insurance
lǎobǎshi 老把势/式[-勢] N. old hand; expert
lǎobǎxì 老把戏[-戲] N. old trick
[1]lǎobèi(r/zi) 老辈(儿/子) N. one's elders/seniors; old folks
[2]lǎobèi 老悖 V.P. in one's dotage; senile
lǎobèihuì 老背晦 N. doddering old man
lāoběn(r) 捞本(儿)[撈-] V.O. <coll.> ① win back lost wagers ② recoup one's losses
lǎoběn(r)* 老本(儿) N. <coll.> ①business capital ②old edition of a book ③past reputation/glory
lǎobeng 老绷[-繃] N. <topo.> scab *See also lǎobēng*
lǎobēng* 老绷[-繃] N. an experienced and prudent person *See also lǎobeng*
lǎoběnháng 老本行 N. one's own profession/specialty/business
lǎobì 老婢 N. old housemaid M: *ge*/[1]*míng*
lǎobiǎo 老表 N. ① male cousin (on maternal side or paternal aunt's side) ② <topo.> ⓐ old pal; buddy ⓑ polite form of address to a male stranger M: *ge*/[1]*míng*
láobìng 痨病[癆-] N. tuberculosis
lǎobīng* 老兵 N. old soldier; veteran M: *ge*/[1]*míng*
lǎobìng(r) 老病(儿) N. ① old ailment; chronic illness ② aging and declining; old and ailing
[1]làobǐng 烙饼 N. baked wheat pancake M: [1]*zhāng*/[2]*kuài* ♦V.O. make pancake or flat bread in pan
[2]làobǐng 酪饼 N. cheese M: [1]*zhāng*/[2]*kuài*
lǎobìng bù jūlǐ 老病不拘礼[-禮] F.E. The old and the sick need not observe the conventions.
lǎobìnghào 老病号[-號] N. ① be on the sick list ② long-standing patient of a doctor M: *ge*/[1]*míng*/[2]*wèi*
lǎobìnglì 老病例 N. old case
láobìng qiāngzi 痨病腔子[癆-] <coll.> N. tubercular person ♦ATTR. rickety; wobbly
lǎobìngqīnxún 老病侵寻[-尋] F.E. aging and ailing
lǎobízi 老鼻子 <coll.> S.V. numerous; countless; myriad; beyond measure ♦N. long time ago; remote past
lǎobó 老伯 N. ① <court.> uncle ② friends of one's father ③ father and his friends M: *ge*/[1]*míng*/[2]*wèi*
lǎobóbo 老伯伯 N. <court.> granddad M: *ge*/[2]*wèi*
láobù 劳步[勞-] F.E. <court.> pay a visit
lǎobù* 老布 N. hand-woven/hand-loomed cloth; homespun cloth M: [2]*kuài*
láo bùkě pò 牢不可破 V.P. unbreakable; indestructible
lào bùshi 落不是 V.P. <coll.> turn out badly; fail *See also luò bùshi*
lǎobusǐ 老不死 N. <coll.> old bastard; debauchee
làobuxià 落不下 R.V. ① can't drop (of prices/etc.) ② can't gain (profits/etc.)
lǎobuxiū 老不修 N. old lecher
lǎobuyàoliǎn 老不要脸 S.V. aged but shameless
làobuzháo 落不着[-著] R.V. can't receive (benefit/etc.)
lǎobùzhèngjing 老不正经[-經] S.V. old but still licentious
lǎocái* 老财 N. <topo.> ①moneybags; landlord ② large fortune
lǎocài 老菜 N. ① old vegetable ② old-style cooking
lǎocang 老苍[-蒼] N. graying
lǎocánzuòjiǎn 老蚕作茧[-蠶-繭] F.E. toil for a living in one's old age
làocǎo(r) 落草(儿) V.O. be born (of a baby)
lǎochā 老插 N. <PRC/coll.> school graduates forced to settle in the countryside (1966–1976)
lǎochán 老馋[-饞] V.P. gluttonous; greedy
lǎo chǎng gǎizào 老厂改造[-廠--] V.P. modernize the existing plant
lǎocháo* 老巢 N. nest; den; lair (of robbers/etc.)
làocháo 落潮 V.O. retreat (of tide) *See also luòcháo*
làochě 唠扯[嘮-] V. <topo.> chat; talk; speak; jaw
láochéng 牢城 P.W. jail; prison M: [4]*zuò*
lǎochéng* 老成 S.V. experienced; steady
lǎochèng 老秤 N. <trad.> steelyard M: [1]*bǎ*
làochéng 烙成 V.P. bake
lǎochéngchízhòng 老成持重 F.E. experienced and prudent
lǎochéngdiāoxiè 老成凋谢 F.E. <court.> an experienced and accomplished person has passed away
láochóng 痨虫[癆蟲] N. <med.> tubercle bacillus
láochóu 牢愁 V.P. sad; unhappy; sorrowful
lǎochōu* 老抽 N. thick soy sauce
láochóumòqiǎn 牢愁莫遣 F.E. <wr.> be chronically melancholy
láochuāng 痨疮[癆瘡] N. <med.> cold abscess
láochúnfáshé 劳唇乏舌[勞-] F.E. waste one's words
lǎochǔnǚ 老处女[-處-] N. old maid; spinster
lǎocōng 老葱[-蔥] N. thick green onion M: [2]*gēn*
lǎocū(r)* 老粗(儿) N. <coll.> uneducated/uncouth person M: *ge*/[1]*míng*
lǎocù 老醋 N. old vinegar M: *píng*
láocuì 劳瘁[勞-] V.P. <wr.> exhausted from excessive work
lǎodà 老大 N. ① old ② eldest child (in a family) *Tā shì tā jiā ~.* He's the eldest child in the family. ③ <topo.> master of a sailing vessel ④ leader of a gang M: *ge*/[1]*míng* ♦ADV. greatly; very ***Wǒ xīnli ~ bù tòngkuai.*** I'm very disturbed.
lǎodàbuxiǎo 老大不小 F.E. grow up; come of age
lǎodādàng 老搭档[-檔] N. old partner M: *ge*/[1]*míng*/[2]*wèi*
lǎodàdì 老大地 ADV. <topo.> vastly; extremely
lǎodàgē 老大哥 N. <court.> elder brother M: *ge*/[2]*wèi*
lǎodāi 老呆 N. old fool
lǎodàjiě 老大姐 N. <court.> elder sister M: *ge*/[2]*wèi*
lǎodàmā 老大妈 N. auntie; granny (courtesy address for an elderly woman) M: *ge*/[2]*wèi*
Lǎodān 老聃 *See Lǎo Zǐ*
lǎodàn* 老旦 N. <opera> role of an old female
lǎo-dà-nán 老大难[-難] N./V.P. long-standing, big, and difficult (problem)
lǎo-dà-nán dānwèi 老大难单位[--難--] N. <PRC> large state-owned businesses/institutions that are very difficult to manage
lǎodāngyìzhuàng 老当益壮[-當-壯] F.E. gain vigor with age
lǎodàniáng 老大娘 N. <coll.> ①auntie ②granny M: *ge*/[2]*wèi*
lāodào 捞到[撈-] R.V. <coll.> get; lay hands on
láodao* 唠叨[嘮-] V. <coll.> ① chatter; be garrulous ② nag
lǎodao 老到 S.V. <topo.> expert; reliable; very experienced; mature
lǎodào 老道 N. <coll.> Daoist priest M: *ge*/[1]*míng*/[2]*wèi*
láodaobùxiū 唠叨不休[嘮-] V.P. chatter incessantly
lāo dàocǎo 捞稻草[撈-] V.O. ① (try to) take advantage of sth. ② clutch at straws ③ try desperately; make a final effort
lǎodàren 老大人 N. <court.> ① your honor (to a senior official) ② father M: *ge*/[2]*wèi*
lǎodà tú shāngbēi 老大徒伤悲[---傷-] F.E. vainly regret in old age one's laziness when young
lǎodàye 老大爷[-爺] N. <coll.> ① uncle ② grandpa ③ polite address to an older man M: *ge*/[2]*wèi*
lǎodàyīxiē 老大一歇 F.E. <topo.> a very long time
làode 落得 V. <coll.> make a paltry gain *See also luòde*
lǎoděng* 老等 V.P. wait patiently ♦N. <zoo> heron
làodēng 落灯[-燈] V.O. <coll.> close in the evening (of shops/etc.)
lǎoder 老的儿 N. <coll.> the old ones; your parents
lǎodǐ(r/zi) 老底(儿/子) N. ① sb's. past ② patrimony
lǎodì* 老弟 N. ①young fellow; my boy ②one's junior of equal standing ③ my dear student/disciple
làodì 落地 V.O. <coll.> ①fall to the ground ②be born (of babies) *See also* [1]*luòdì*
lǎodiàn 老店 N. old store M: [1]*jiā*
lǎodiànxīnkāi 老店新开[-開] F.E. ① store reopened after suspension ②marriage of couple who have already had sexual intercourse
lǎodiāo 老叼 N. <coll.> <mach.> crane
lǎodiào(zi)* 老调(子) N. hackneyed theme; platitude
lǎodiàochóngtán 老调重弹 F.E. play the same old tune
lǎodiàoyá 老掉牙 V.P. old and shabby; obsolete; antediluvian
làodì bāngzi 落地梆子 N. <topo.> ① a good-for-nothing ② a hoodlum
lǎodiē 老爹 N. <topo.> ①old father ②grandpa M: *ge*/[2]*wèi*
lāodǐr 捞底儿[撈-] V.O. gain the biggest benefit
lǎodǐzi 老底子 N. ① an inherited fortune ② ancestry; pedigree ③ unpublicized seamy side of one's life
láodong 劳动[勞動] V. <coll./court.> bother; trouble (sb.) *See also láodòng*
láodòng* 劳动[勞動] V. work; labor ♦N. physical/manual labor *See also láodong*

láodòng bǎohù 劳动保护[勞動-護] N. labor protection/safety

láodòng bǎoxiǎn 劳动保险[勞動-] N. labor insurance

láodòngbù 劳动布[勞動-] N. denim M: [2]*kuài*/[1]*pǐ*

láodòngdǎng 劳动党[勞動黨] N. labor party

láodòng dìng'é 劳动定额[勞動-] N. labor quota; work norm

láodòng duànliàn 劳动锻炼[勞動-煉] V.P. <*PRC*> temper oneself through manual labor

láodòng duìxiàng 劳动对象[勞動對-] N. object/target of labor

láodòng fǎ 劳动法[勞動-] N. labor law

láodòng fúwù gōngsī 劳动服务公司[勞動-務--] P.W. <*PRC*> employment social agency M: [1]*jiā*

láodòng gǎizào 劳动改造[勞動-] N. reform through labor

láodòng guāndiǎn 劳动观点[勞動觀點] N. attitude toward labor/working

láodòng hàozi 劳动号子[勞動號-] N. work song

láodòng hétóngzhì 劳动合同制[勞動-] N. labor contract system

láodònghuà 劳动化[勞動-] N. <*PRC*> ① laborization of intellectuals (slogan of Mao's time) ② integration with the working people

láodōngjia 老东家 N. <*court.*> landlord M: *ge*/[2]*wèi*

láodòng jiàoyǎng 劳动教养[勞動-養] N. <*PRC*> reeducation through labor (as punishment)

láodòng jiàoyǎng duì 劳动教养队[勞動-養隊] N. <*PRC*> reeducation-through-labor camp

láodòng-jiàzhíshuō 劳动价值说[勞動價-] N. labor theory of value

Láodòngjié 劳动节[勞動節] N. Labor Day (May 1)

láodòng jiēji 劳动阶级[勞動階-] N. the working class

láodòng jīngjìxué 劳动经济学[勞動經濟-] N. labor economics

láodòng jìngsài 劳动竞赛[勞動競-] N. competition in work M: [3]*cháng*

láodōnglǎohuǒ 老东老伙 N. <*trad.*> landlord and tenants/employees

láodònglì 劳动力[勞動-] N. ① labor force; labor ② capacity for physical labor ③ able-bodied person

láodòngliàng 劳动量[勞動-] N. amount of labor

láodòng lìfǎ 劳动立法[勞動-] N. labor legislation

láodòng mìdù 劳动密度[勞動-] N. labor intensity

láodòng mìjíxíng 劳动密集型[勞動-] ATTR. labor-intensive

láodòng mìjíxíng hángyè 劳动密集型行业[勞動-業] F.E. labor-intensive professions

láodòng mófàn 劳动模范[勞動-範] N. model worker M: *ge*/[1]*míng*/[2]*wèi*

láodòng qiángdù 劳动强度[勞動強-] N. labor intensity

láodòng qìyuē 劳动契约[勞動-] N. labor contract M: [1]*fèn*

láodòngquán 劳动权[勞動權] N. right to work

láodòng rénmín 劳动人民[勞動-] N. laboring/working people

láodòng rénshì bùmén 劳动人事部门[勞動-] N. <*PRC*> personnel departments

láodòngrì 劳动日[勞動-] N. workday; working day

láodòng shēngchǎnlǜ 劳动生产率[勞動-產-] N. labor productivity; productivity

láodòng shǒucè 劳动手册[勞動-冊] N. work-point recording notebook; time-sheet (of a collective farming team) M: [1]*běn*/[4]*cè*

láodòng shǒuduàn 劳动手段[勞動-] N. means/instruments of labor

láodòng tàidu 劳动态度[勞動態-] N. labor attitude

láodòng tiáojiàn 劳动条件[勞動條-] N. working condition

lǎodōngxi 老东西 N. ①old stuff/thing ②<*derog.*> aged person

láodòng yīngxióng 劳动英雄[勞動-] N. <*PRC*> honorary title for an outstanding worker M: *ge*/[1]*míng*/[2]*wèi*

láodòngzhě 劳动者[勞動-] N. laborer; worker M: *ge*/[1]*míng*/[2]*wèi*

láodòngzhìfù 劳动致富[勞動-] F.E. become rich by working hard

láodòng zhìfùhù 劳动致富户[勞動-] N. <*PRC*> households that have prospered through hard work M: [1]*jiā*

láodòng zhòngcái zhìdù 劳动仲裁制度[勞動-] N. labor arbitration system

láodòng zīliào 劳动资料[勞動-] N. means/instruments of labor

lǎodǒu 老斗 N. <*trad.*> ① intimate friend of an actor/actress ② professional actor

lǎodòufu 老豆腐 N. hardened/processed bean curd M: [2]*kuài*

láodù 牢度 N. solidity; substantiality

Lǎo Dù* 老杜 *See* Dù Fǔ

láodùn 劳顿[勞-] S.V. <*wr.*> fatigued; exhausted

lǎoduō 老多 V.P. <*coll.*> quite many/much

lǎodúzhě 老读者[-讀-] N. library/journal/magazine patron M: *ge*/[1]*míng*/[2]*wèi*

lǎo'èr 老二 N. ① second oldest of two or more (male) siblings ② <*vulg.*> penis

lǎo'érbùsǐ 老而不死 F.E. old and useless person

lǎo'érmídǔ 老而弥笃[--彌-] F.E. The older one gets, the deeper one's love.

lǎo'érmíjiān 老而弥坚[-彌堅] F.E. become more firm as one grows old

láo'érwúgōng 劳而无功[勞-] F.E. labor in vain

lǎo'érzi 老儿子 N. <*coll.*> youngest-son

láofá 劳乏[勞-] S.V. fatigued; exhausted

lāofàn 捞饭[撈-] N. <*coll.*> dried cooked rice; rice that has been cooked and then dried, requiring only steaming to make it edible

láofán* 劳烦[勞-] V. trouble (sb. to do sth.)

láofāng 劳方[勞-] N. labor (as opposed to capital/management)

láofáng* 牢房 N. jail; prison cells M: [1]*jiān*/[4]*zuò*

lǎofāngzi 老方子 N. an old prescription M: [1]*zhāng*

lǎofǎzi 老法子 N. old method

láofèi 劳费[勞-] V.O. cost much effort and expenditure

lǎofèiwu 老废物[-廢-] N. ① waste matter/material ② a good-for-nothing

lǎofóye 老佛爷[-爺] N. ① <*court.*> Buddha ② <*hist.*> title of respect for the queen mother or the emperor's father (in Manchu usage)

lǎofū* 老夫 N. <*trad.*> ① old fellow like me; I (used by an old man) ② old husband

[1]**lǎofù** 老妇[-婦] N. old woman M: *ge*/[1]*míng*/[2]*wèi*

[2]**lǎofù** 老父 N. father

lǎofǔbài 老腐败 N. corrupt old fellow

lǎofū-lǎoqī 老夫老妻 N. an old married couple

lǎofùrén 老妇人[-婦-] N. an old woman M: *ge*/[1]*míng*/[2]*wèi*

lǎofū-shàoqī 老夫少妻 N. old man with a young wife

lǎofùtái 老父台 N. <*trad.*> local magistrate

lǎofūzǐ 老夫子 N. <*trad.*> ① private school tutor ② impractical scholar M: *ge*/[1]*míng*/[2]*wèi*

láogǎi 劳改[勞-] N. reform through labor

láogǎiduì 劳改队[勞-隊] N. group sentenced to reform through labor M: [4]*zhī*/*ge*

láogǎifàn 劳改犯[勞-] N. prisoner serving a sentence of reform through labor M: *ge*/[1]*míng*

láogǎi nóngchǎng 劳改农场[勞-農場] P.W. reform-through-labor farm M: [4]*zuò*/[1]*suǒ*

láogǎisuǒ 劳改所[勞-] P.W. reform-through-labor institution

láogǎiyíng 劳改营[勞-營] P.W. reform-through-labor prison M: [4]*zuò*

lāogān* 捞干[撈乾] R.V. dredge out

lǎogān 老干[-乾] N. plain and simple (of one's dress/appearance/etc.)

lǎogǎn 老赶/杆[-趕/桿] <*coll.*> N. ① country bumpkin; rube; hick ② amateur; nonprofessional person; layman ♦ S.V. ignorant; benighted; inexperienced; green

lǎogànbù 老干部[-幹-] N. veteran cadre M: *ge*/[1]*míng*/[2]*wèi*

làogānr 酪干儿[-乾-] N. a kind of dry dairy product

lǎogāo 老高 V.P. <*coll.*> fairly tall

lǎogē 老哥 N. my dear friend (used among males)

lào ge bùshi 落个不是[-個--] V.O. get blamed in the end

lǎogēda 老疙瘩 N. <*topo.*> the youngest son/child

lǎogēmenr 老哥们儿 N. (elderly) brothers

lǎogémìng 老革命 N. old revolutionary soldier M: *ge*/[1]*míng*/[2]*wèi*

lǎogēn(r/zi) 老根(儿/子) N. ① old root(s) ② one's native place ③ sb.'s unsavory past

lǎo gēnjùdì 老根据地[--據-] P.W. <*PRC*> old revolutionary base area

láogōng* 劳工[勞-] N. laborer; worker

lǎogong 老公 N. <*coll.*> eunuch *See also* *lǎogōng*

lǎogōng 老公 N. <*topo.*> ① husband ② old man *See also* *lǎogong*

láogōng bǎoxiǎn 劳工保险[勞-] N. labor insurance

láogōng bǎoxiǎnjú 劳工保险局[勞-] P.W. department of labor insurance

láogōngdǎng 劳工党[勞-黨] N. labor party

lǎogōnggong 老公公 N. <*topo.*> ① grandpa ② husband's father ③ eunuch M: *ge*/[2]*wèi*

Láogōngjié 劳工节[勞-節] N. Labor Day

láogōng jiūfēn 劳工纠纷[勞-] N. labor dispute

láogōng péicháng 劳工赔偿[勞-償] N. compensation for labor injuries/etc.

lǎogōngrén 老工人 N. veteran worker M: *ge*/[1]*míng*/[2]*wèi*

láogōng shìchǎng 劳工市场[勞-場] N. labor market

láogōng wèntí 劳工问题[勞-] N. labor problem

láogōng xiéyuē 劳工协约[勞-協-] N. labor agreement M: [1]*fèn*

láogōng yùndòng 劳工运动[勞-運動] N. labor movement M: [3]*cháng*

lǎogōu 老沟[-溝] N. a long-existing ditch M: [1]*tiáo*

lǎogǒu* 老狗 N. ① old dog ② old son of a bitch M: [1]*tiáo*

láogù 牢固 S.V. firm; secure

lǎogua 老鸹 N. <*coll.*> crow M: [2]*zhī*

lǎoguān(r) 老官(儿) N. <*topo.*> ① the elder ② one's husband

lǎo guāncai rángzi 老棺材瓤子 N. <*topo.*> a matter long since laid to rest

lǎoguāng 老光 ATTR. presbyopic ~ *yǎnjìng* presbyopic glasses

lǎoguānggùn(r) 老光棍(儿) N. <*coll.*> old bachelor M: *ge*/[1]*míng*/[1]*tiáo*

lǎoguānhuà 老官话 N. Ancient Mandarin

lǎoguānxi 老关系[-關係] N. long-kept relationship/connection

lǎo guǎn xiánshì 老管闲事 V.P. be always meddling

lǎogua wō lǐ chū fènghuáng 老鸹窝里出凤凰[--窩裡-鳳-] F.E. Mediocre parents give birth to extraordinary offspring.

lǎogǔbǎn 老古板 N. old fogy; conservative M: *ge*/[1]*míng*/[2]*wèi*

lǎogǔdǒng 老古董 N. ① old-fashioned article ② antique ③ <*derog.*> old fogy

lǎoguīju 老规矩 N. old rules and regulations; convention; established custom/practice M: [1]*tiáo*

lǎoguīnǚ 老闺女 N. ① youngest unmarried daughter ② old spinster M: *ge*/[1]*míng*

lǎogūniang 老姑娘 N. ① old maid ② youngest daughter M: *ge*/[1]*míng*

lǎoguóyīn 老国音[-國-] N. national standard pronunciation adopted in 1913.

lǎogūr 老姑儿 N. <topo.> the youngest aunt M: ge/[2]wèi

lǎogǔtou 老骨头 N. <coll.> ① old bones ② old person's physical condition ③ old person

làohài 涝害[澇-] N. flood disaster; waterlogging

lǎohān 老憨 N. <coll.> hick; rube; country bumpkin

lǎohàn* 老汉[-漢] N. ① old man M: ge/[1]míng/[2]wèi ② old fellow like me ③ I (used by an old man)

làohàn 落汗 V.O. stop sweating

lǎohángjia 老行家 N. expert; old hand M: ge/[1]míng/[2]wèi

lǎohángshǒu 老行手 N. an experienced hand; an expert M: ge/[1]míng/[2]wèi

lǎohǎo 老好 V.P. <coll.> very good

lǎohǎor 老好儿 *See lǎohǎorén*

làohǎor* 落好儿 V.O. receive good comments/rewards

lǎohǎorén 老好人 N. one who tries never to offend anybody M: ge/[1]míng/[2]wèi

lǎohǎozi 老好子 *See lǎohǎorén*

lǎohēi 老黑 <coll.> N. black person; Black; Negro

làohēir 落黑儿 N. dusk

L

lǎohóngjūn 老红军 N. honorary address for the Long March participants M: ge/[1]míng/[2]wèi

lǎohǔ 老虎 N. ① tiger M: [2]zhī ② person (or a group of people) engaged in corruption/extortion ③ machine that consumes a great deal of energy

lǎohuā 老花 N. <med.> presbyopia

lǎohuá 老滑 N. crafty person

[1]**lǎohuà*** 老化 V. ① age; grow older ② become outdated (of knowledge/etc.) ③ decay ♦ATTR. aging; old

[2]**lǎohuà** 老话 N. ① old saying; adage ② reminiscences; remarks about the old days

làohuā 烙花 N. <art> designs/patterns ironed on fans and wooden/bamboo furniture

lǎohuājìng 老花镜 N. presbyopic glasses M: [1]fù

lǎohuájùjiān 老滑巨奸 F.E. be very cunning/crafty M: ge/[1]míng

lǎohuánglì 老皇历[-曆] N. ①last year's calendar M: [1]běn ② old history; obsolete practice

lǎohuángniú 老黄牛 N. ① old willing ox M: [1]tóu ② sb. who serves the people wholeheartedly

lǎohuàr 老话儿 N. <topo.> old/often-repeated remarks

làohuāshēng 落花生 *See luòhuāshēng*

lǎohuátóu 老滑头 N. cunning old fellow M: ge/[1]míng

lǎohuà xiàoying 老化效应[-應] N. aging effects

lǎohuāyǎn 老花眼 N. presbyopia

lǎohuāyàng 老花样[-樣] N. the same old stuff/trick

lǎohuā yǎnjìng 老花眼镜 N. presbyopic glasses M: [1]fù

lǎohuāzi 老花子 N. old beggar M: ge/[1]míng

lǎohǔ dàifu 老虎大夫 N. quack doctor; a high-priced doctor M: ge/[1]míng/[2]wèi

lǎohǔdèng 老虎凳 N. torture-rack M: [1]tiáo

lǎohúli 老狐狸 N. ① old fox ② crafty scoundrel M: ge/[1]tiáo/[2]zhī

lǎohúndàn 老混蛋 N. old son of a bitch

lǎohuǒ 老火 V.P. ① serious; critical ② difficult to do; tough

lǎohuò* 老货 N. <derog.> an old fellow

lǎohǔpí 老虎皮 N. tiger's skin M: [1]zhāng

lǎohǔ pìgu 老虎屁股 N. <coll.> sth. tetchy

lǎohǔ pìgu mōbude 老虎屁股摸不得 F.E. as tetchy as a tiger's butt

lǎohǔqián 老虎钳 N. ① vice ② pincer pliers M: [1]bǎ

lǎohǔtān 老虎摊[-攤] N. store/vender that deals in faked goods

lǎohǔ tóu shàng cèng yǎng 老虎头上蹭痒[-癢] ID. court disaster

lǎohǔ tóu shàng pāi cāngying 老虎头上拍苍蝇[-蒼蠅] ID. dangerous

lǎohútu 老糊涂[-塗] N. dotard M: ge/[1]míng

lǎohǔzào 老虎灶 N. <topo.> ① big stove used to boil water ② place that sells hot/boiled water M: ge/[4]zuò

lǎohǔ zuǐ lǐ sòng shí 老虎嘴里送食[---裡--] ID. court death

[1]**láojì*** 牢记 V. keep firmly in mind

[2]**láojì** 劳绩[勞-] N. merit; accomplishment

lǎojǐ 老几 N. <coll.> ①ranking ②seniority order among siblings ***Nǐ zàijiā páiháng ~?*** Where do you come in the family? ③ a nobody ***Tā suàn ~.*** He's a nobody.

láojià 劳驾[勞-] V.O./V./INTJ. <court.> Excuse me; May I trouble you (to do sth.) ~ ***bǎ nàběn zìdiǎn dì gěi wǒ.*** Would you mind passing me that dictionary? ♦A.T. your kind visit

lǎojiā* 老家 N. ① native place; old home; one's original home ② hell

làojià(r) 落价(儿)[-價] V.O. <coll.> come down in price *See also luòjià*

lào jiācháng 唠家常[嘮-] V.O. <coll.> talk of daily trifles

láojià láojià 劳驾劳驾[勞-勞-] V.P. ① Please (help)! ② Thank you so much!

láojiān 牢监[-監] P.W. prison; jail M: [4]zuò/[1]jiān

lǎojiǎn* 老趼/茧[-繭] N. <coll.> callosity; callus

lǎojiāng 老姜 N. ginger M: [2]kuài

lǎojiàng* 老将[-將] N. ① veteran ② old-timer ③ old general M: ge/[1]míng/[2]wèi

làojiāng 酪浆[-漿] N. buttermilk

lǎojiānghú 老江湖 N. well-traveled/worldly-wise person M: ge/[1]míng/[2]wèi

lǎojiàngǔtóu 老贱骨头[-賤--] N. <coll.> rascal; scum; low-life (middle age or older)

lǎojiānjùhuá 老奸巨猾/滑 F.E. be very cunning

láojiào* 劳教[勞-] V. reeducate by physical labor

làojiǎo(r) 落脚(儿)[-腳] V.O. <coll.> ① rest when weary ② settle down to live

lǎojiāoqing 老交情 N. ① long-standing friendship ② old friend

láojiào rényuán 劳教人员[勞-] N. person subjected to reeducation through labor M: ge/[1]míng

láojiàosuǒ 劳教所[勞-] P.W. reeducation unit/center M: [1]jiā

lǎojiāqīn 老家亲[-親] N. <topo.> family relative

lǎojiār 老家儿 N. <topo.> parents

lǎojiāzéi 老家贼 N. <topo.> sparrow M: ge/[1]míng

láojì bùwàng 牢记不忘 V.P. bear in mind

láojié 劳结[勞-] N. <Budd.> the bonds of passion

lǎojiēfang 老街坊 N. long-time/old neighbor M: ge/[1]míng/[2]wèi

lǎo jiěfàngqū 老解放区[-區] P.W. <hist.> old liberated area

lǎojiējiùlín 老街旧邻[-舊鄰] F.E. an old neighbor

lǎojiěr 老姐儿 N. <coll.> dear old sister M: ge/[1]míng/[2]wèi

láojīfǎ 劳基法[勞-] N. basic laws regarding labor

lǎojìfúlì 老骥伏枥[-驥-櫪] ID. An old warhorse cherishes further exploits.

láojīn 劳金[勞-] N. <trad.> ① cash reward ② payment to workers

lǎojǐng* 老景 N. one's lot in old age

lǎojìng 老境 N. ①late years of one's life ②one's circumstances in old age ③ old age

lǎojītóu 老鸡头[-雞-] N. <bot.> the fruit of *Euryale ferox*

[1]**lǎojiǔ*** 老九 N. <derog.> intellectuals (9th, i.e. lowest in PRC social structure) M: ge/[1]míng/[2]wèi

[2]**lǎojiǔ** 老酒 N. aged alcohol/wine/liquor M: bēi/píng

lǎojiù 老旧[-舊] S.V. old-styled; old and worn-out; old-fashioned

lāo jiùmìng dàocǎo 捞救命稻草[撈-] F.E. be like a drowning man catching at a straw

láojìxīntóu 牢记心头 F.E. keep firmly in mind

láojìzàixīn 牢记在心 F.E. keep firmly in mind

láojuàn 劳倦[勞-] S.V. tired-out; exhausted

lǎojuéhù 老绝户[-絕-] N. childless old couple

[1]**láojūn*** 劳军[勞軍] V.O. take greetings and gifts to army units, entertain troops

[2]**láojūn** 劳均[勞-] N. average per worker (of income/etc.)

Lǎojūn 老君 N. respectful title of Laozi

láojūn yìsài 劳军义赛[勞-義-] N. charity game for the military

làokāi 唠开[嘮開] V. <coll.> start to speak

láokao 牢靠 S.V. ① firm; strong; sturdy ② dependable; reliable

làokē(r) 唠嗑//落科(儿)[嘮-//---] V.O. <topo.> talk; chat; jaw

láokèhuì 唠嗑会[嘮-] N. <coll.> talk sessions

làokōng 落空 V.O. <coll.> fail to get sth. expected; be fruitless *See also luòkōng, luòkòng*

láokǔ 劳苦[勞-] N./V.O. toil

lǎokuǎ 老侉 N. <topo.> farmer; hick; rube

lǎo kuàngkuang 老框框 N. old/out-of-date conventions; old ways of doing things

láokǔgōnggāo 劳苦功高[勞-] F.E. work hard and perform valuable service

láokǔyǔgòng 劳苦与共[勞-與-] F.E. sharing hard work and trouble together

lǎolà 老辣 S.V. ① experienced ② determined; drastic; ruthless ③ incisive; penetrating (of writing)

lǎolái* 老来 ADV. in one's old age

làolái 劳来/徕[勞-] V. encourage sb. and lead him on

lǎoláibǎo 老来宝[-寶] N. Old age should be prized.

lǎoláihóng 老来红 N. person getting popular in old age

lǎoláiqiào 老来俏 F.E. <coll.> look/act young while growing older

lǎolái rìzi kuài 老来日子快 F.E. Old age comes on apace.

lǎoláishào 老来少 N. ① one who is old in age but young in spirit ② <bot.> Joseph's coat

lǎoláizǐ 老来子 N. son born in one's old age

lǎolángshén 老郎神 N. a god worshiped for release of worry; god worshiped by actors

láolao 唠唠[嘮嘮] N. hubbub *See also làolao*

láoláo 牢牢 ADV. <coll.> ① firmly ② safely

lǎolao* 姥姥//老老 <coll.> N. ① maternal grandmother; grandma ② midwife M: ge/[1]míng/[2]wèi ♦INTJ. Oh yeah?; We'll see.

lǎolǎo 老佬 N. <topo.> ①maternal grandmother ② midwife M: ge/[1]míng/[2]wèi

làolao 唠唠[嘮嘮] R.F. <topo.> chat; jaw *See also láolao*

láolaodāodāo 唠唠叨叨[嘮嘮-] V.P. <coll.> chatter; be garrulous

lǎolao de 姥姥的 INTJ. <vulg.> Fuck you!

lǎolaojiā 姥姥家 N. grandma's home (on mother's side)

làolaokē 唠唠嗑[嘮嘮-] V. <coll.> chat; jaw; chew the rag

láoláolùlù 劳劳碌碌[勞勞--] V.P. toil; work hard

lǎolǎoshàoshào 老老少少 N. ① old and young ② one's dependents

lǎolaoshíshí 老老实实[-實實] V.P./ADV. honest; conscientious; earnest

lǎole 老了 V.P. <coll.> ① getting old ② carried to excess; overdone ③ died of old age

láolèi* 劳累[勞-] S.V. tired; overworked ♦V. tire sb.

lǎoléi 老羸 S.V. old and weak

lǎolèi 老泪[-淚] N. tears of an elderly person

lǎolèihéngliú 老泪横流[-淚--] F.E. be in tears (of an elderly person)

lǎolèizònghéng 老泪纵横[-淚縱-] F.E. tearful (of an elderly person)

láolì* 劳力[勞-] N. ① labor (force) ② able-bodied person ♦V.O. labor physically

[1]**lǎolì(r)** 老例(儿) N. old practice/habit/example

2lǎolì 老吏 N. <trad.> old official M: ge/1míng/2wèi

làolì 落俐 S.V. <topo.> capable; able to do things

lǎoliǎn 老脸 S.V. shameless; brazen ♦N. ① <opera> actor with a painted face ② face; prestige (of old people)

lǎoliàn* 老练[-練] S.V. ① seasoned; experienced ② <zoo.> long-tailed flycatcher

lǎoliǎngkǒu(r/zi) 老两口(儿/子) N. old husband and wife; old couple

lǎoliǎnpí 老脸皮 S.V. thick-skinned M: 1zhāng

lǎolìduànyù 老吏断狱[--斷-] F.E. decide a legal case promptly and correctly

láolìláodao 唠里唠叨[唠裡唠-] F.E. ① garrulous ② nagging

láolì mìjí 劳力密集[勞-] ATTR. labor-intensive

lǎolín 老林 N. virgin forest

lǎolíng 老龄[-齡] N. ① aging ② elderly people

Lǎolíng Dàxué 老龄大学[-齡--] P.W. university for the elderly M: 1suǒ/4zuò

lǎolínggōng 老伶工 N. <trad.> old skilled actor M: ge/1míng/2wèi

lǎolínghuà 老龄化[-齡-] V./N. age (of a society)

Lǎolíngwěi 老龄委[-齡-] P.W. committee for the study of aging

láolì suǒdé 劳力所得[勞-] N. income from labor

lǎoliúlí 老琉璃 N. popular name for a dragonfly

láolóng 牢笼 N. ① cage ② bonds ③ trap; snare ♦V. ① cover ② captivate ③ <wr.> draw sb. over to one's side

láolóngjì 牢笼计 N. a scheme to entrap; trick

láolù 劳碌[勞-] S.V. tiring; drudge

lǎolù* 老路 N. old road; beaten track M: 1tiáo

láolùmìng 劳碌命[勞-] N. ① person born to a hard lot ② workaholic

láoluò 牢落 S.V. ① dispersed; scattered ② silent ③ unsociable

láoluòbùqún 牢落不群 F.E. keep oneself aloof

lǎomā 老妈 N. mother

lǎomài 老迈[-邁] S.V. ① aged ② senile

lǎomàiwúnéng 老迈无能[-邁--] F.E. old and powerless/useless

1lǎomāma 老妈妈 N. ① auntie ② granny M: ge/2wèi

2lǎomāma 老嬷嬷[-嬤嬤] N. old housemaid M: ge/2wèi

lǎomāmalùnr 老妈妈论儿 N. a set of mostly superstitious rules handed down from generation to generation

1lǎomào(r) 老帽(儿) N. <coll.> hick

2lǎomào 老耄 N. dim sight of the aged ♦ATTR. doddering; senile

lǎomáobìng 老毛病 N. old trouble/weakness

lāomáode 捞毛的[撈-] N. <trad.> man servant in a brothel

lǎomáozi 老毛子 N. <slang> ① Europeans ② Russians

lǎomáoziguó 老毛子国[-國] N. <slang> Russia

lǎomǎshítú 老马识途[--識-] ID. An old hand is a good guide.

lǎomāzi 老妈子 N. amah; maidservant M: ge/1míng

Lǎo Měi 老美 N. <coll.> people from the United States; Americans

lǎomèimei 老妹妹 N. elderly younger sister M: ge/2wèi

làoméisù 酪霉素 N. tyrotoxin

lǎomèizi 老妹子 N. <coll.> youngest sister M: ge/2wèi

láomén 牢门 N. prison door M: 2dào/1shàn

lǎoménkǎn 老门槛[-檻] N. an old hand; an expert at the game

lǎomǐ 老米 N. thick-skinned rice; rice shipped from the south

lāomiàn 捞面[撈麵] N. seasoned mixed noodles ♦V.O. take noodles out of water

lǎomiànkǒng 老面孔 N. ① old face; weather-beaten face M: 1zhāng ② the same old thing

lǎomiànpí 老面皮 S.V. shameless; brazen

lǎomiànzi 老面子 N. ① old friendship ② respect for the aged

lǎomíhu 老迷糊 S.V. be in one's dotage ♦N. dotage

láomín* 劳民[勞-] V.O. ① impose labor on the people ② conciliate the people *See also* làomín

làomín 劳民[勞-] V.O. <TW> conciliate the people *See also* láomín

lǎomìng 老命 N. ① (my) old life ② one's dear life M: 1tiáo

lào míngzi 落名字 V.O. <topo.> sign a name

láomínshāngcái 劳民伤财[勞-傷-] F.E. waste money/manpower

lāomo 捞摸[撈-] V. <coll.> ① grope for ② try to gain some unfair advantage ③ search underwater for

láomó* 劳模[勞-] N. model worker M: ge/1míng/2wèi

LǎoMò 老莫 <coll.> P.W. the Moscow Restaurant in Beijing

lǎomóu 老谋 V. ripen; fine-tune (plans/etc)

lǎomóushēnsuàn 老谋深算 F.E. shrewd and astute

lǎomǔ* 老母 N. old mother

làomǔ 酪母 N. dregs of wine

lǎomǔjī 老母鸡[-雞] N. old hen M: ge/2zhī

lǎonà 老衲 N. <wr.> ① old Buddhist monk M: ge/1míng/2wèi ② an old monk like me

lǎonǎinai 老奶奶 N. granny M: ge/1míng/2wèi

lǎo nǎojīn 老脑筋[-腦-] N. outdated mentality; old way of thinking; a stubborn old brain

lǎonián 老年 N. old age ♦ADV. previously; of old

lǎoniánbìng 老年病 N. senility M: 1zhǒng

lǎonián dàxué 老年大学 P.W. college/institute for senior citizens M: 1suǒ

lǎoniang 老娘 N. ① <trad./coll.> midwife ② <topo.> maternal grandmother *See also* lǎoniáng

lǎoniáng* 老娘 N. ① old mother ② <trad.> midwife ③ <topo.> ⓐ self-address of a middle-aged or older woman ⓑ grandmother *See also* lǎoniang

lǎoniángmenr 老娘们儿 N. a teasing way of referring to an adult/married women

lǎonián gōngyù 老年公寓 N. apartments for the elderly M: 4zuò

lǎoniángpó 老娘婆 N. midwife

lǎoniángrmen 老娘儿们 N. <coll.> old women

lǎoniánjiān 老年间 N. old times; many years ago

lǎoniánrén 老年人 N. old people; the aged M: ge/1míng/2wèi

lǎonián shíqī 老年时期[--時-] N. old age

lǎoniánxìng chīdāizhèng 老年性痴呆症 N. <med.> senile dementia

lǎoniánxué 老年学 N. gerontology

lǎonián yīxué 老年医学[--醫-] N. geriatrics

láo nín jià 劳您驾[勞-] F.E. <coll.> sorry to bother you; May I ask for your help?

lǎoniú (lā)pòchē 老牛(拉)破车 F.E. make slow progress

lǎoniúshìdú 老牛舐犊[-犢] ID. indulgent parental love

lǎoniútuōchē 老牛拖车 F.E. make slow progress

láonóng 劳农[勞農] N. workers and peasants

lǎonóng* 老农[-農] N. old farmer; experienced peasant M: ge/1míng/2wèi

làonóngchǎng 酪农场[-農場] P.W. dairy farm M: 4zuò

làonóngyè 酪农业[-農業] N. dairy industry

láonóng zhèngfǔ 劳农政府[勞農-] N. power to workers and peasants

láonu 唠呶[唠-] V. make a hubbub

lǎonú* 老奴 N. ① old servant (self-reference) ② <derog.> an aged man M: ge/1míng

làonú 酪奴 N. drinking tea

lǎonǚpái 老女排 N. elderly Chinese women's volleyball team

lǎopái(r/zi) 老牌(儿/子) N. ① old brand ② veteran actor

lǎopàir 老派儿 S.V. old fashioned; conservative

lǎopái tèwu 老牌特务[-務] N. an old hand at espionage M: ge/1míng

lǎopái yóuzi 老牌油子 N. <coll.> expert card player

lǎopào(r) 老泡(儿) N. <slang> homebody

lǎopéngyou 老朋友 N. old friend M: ge/1míng/2wèi

làopíng 烙平 R.V. iron to make (clothes/etc.) smooth

lǎopo 老婆 N. <coll.> ① wife ② old woman

lǎopópo 老婆婆 N. <topo.> ① granny ② husband's mother; mother-in-law M: ge/1míng/2wèi

lǎopór 老婆儿 N. old biddy

lǎopózi 老婆子 N. <coll.> ① old biddy ② my old woman; my wife ③ old maid

lǎopú* 老仆[-僕] N. old servant M: ge/1míng

1lǎopǔ 老圃 N. ① old vegetable grower ② vegetable gardener

2lǎopǔ(r) 老谱(儿) N. old rule/practice M: 1běn

lǎopù(zi) 老铺(子) N. an old store M: 1jiā

lāoqǐ 捞起[撈-] R.V. recover from the river/sea/etc.

lǎoqì* 老气[-氣] N. grave air ♦S.V. ① dark; somber ② old-fashioned; looking older than one's years

lāoqián* 捞钱[撈錢] V.O. ① make money ② <coll.> get hold of some money

1lǎoqiān 老悭[-慳] N. old miser

2lǎoqiān 老千 N. swindler

lǎoqiánbèi 老前辈 N. one's senior/elder M: ge/1míng/2wèi

1lǎoqiāng 老腔 N. old story; one's reminiscences

2lǎoqiāng 老枪[-槍] N. ① heavy smoker ② veteran opium smoker M: ge/1míng

lǎoqiānggǔ 老枪榖[-槍-] N. <bot.> amaranth

lǎoqiānglǎodiào 老腔老调 F.E. old tunes and melodies

lǎoqiāngr 老抢儿[-搶-] N. robber; bandit

lǎoqiānr 老千儿 N. <coll.> ① a playing-card with a bright red stripe across its face ② a red face

lǎoqiānr shìde 老千儿似的 V.P. <coll.> red in the face (esp. from drinking)

lǎoqìhéngqiū 老气横秋[-氣--] ID. ① <derog.> presume on the prerogatives of the aged; exhibit much sophistication though young ② lack youthful vigor

lǎoqīn 老亲[-親] N. old parents/relatives

lǎoqīnjiùlín 老亲旧邻[-親舊鄰] F.E. old relations

lāoqǔ* 捞取[撈-] V. ① fish for; gain ② scoop up from a liquid

lǎoqū 老区[-區] P.W. old liberated area

lǎoqù 老去 V. grow old

lǎoquán 老拳 N. fist

lǎor* 老儿 N. <coll.> ① humorous reference to an old man ② one's husband

làor 落儿 N. <topo.> assured source of life; means of support

láorè 劳热[勞熱] N. <Ch. med.> exhaustion heat

láorén 劳人[勞-] N. person who does hard labor

lǎorén* 老人 N. ① old man/woman ② the aged/old ③ one's aged parents/grandparents ④ <court.> Sir ⑤ senior/original members of an organization M: ge/1míng/2wèi

làorěn 落忍 S.V. <topo.> be impenitent

lǎorénbìngxué 老人病学 N. <med.> geriatrics

láoréncǎocǎo 劳人草草[勞-] F.E. Those who toil physically often have to worry mentally.

láorénfèimǎ 劳人费马[勞-] F.E. waste manpower and money

lǎorenjia 老人家 N. ① <court.> old person; parents ② <slang> Chairman Mao Zedong

lǎorénjìnr 老人劲儿[--勁-] N. stubbornness over trifling things

lǎorén tǒngzhì 老人统治 N. gerontocracy

Lǎorénxīng 老人星 N. <astr.> Canopus

lǎorén yīxué 老人医学[--醫-] N. <med.> gerontology

lǎorén zhèngzhì 老人政治 N. gerontocracy

LǎoRì 老日 <coll.> N. Japanese Yen

lǎoruò 老弱 N. the old and the weak

lǎo-ruò-bìng-cán 老弱病残[-殘] N. the old, weak, sick, and disabled

lǎoruòcánbīng 老弱残兵[--殘-] N. ① military remnants made up of the old and weak ② those lacking youthful vigor ③ incompetent workers

lǎorúrén 老孺人 N. <trad.> wife

lǎosāndiǎnr 老三点儿[-點-] N. <topo.> a girl's game

lǎosānjiè 老三届[-屆] N. Chinese students who graduated from high school in 1966, 1967, and 1968

láosāo 牢骚 N. discontent; complaint ♦V. complain; grumble

lǎosēng 老僧 N. <Budd.> old monk M: ge/[1]míng/[2]wèi

lǎosēngrùdìng 老僧入定 ID. very calm and without worldly passions

làoshǎi 落色 V.O. <topo.> discolor; fade *See also luòshǎi*

lǎoshān* 老山 N. <topo.> deep mountains

làoshān 落山 V.O. <coll.> set (of sun/moon) *See also luòshān*

láoshāng 劳伤[勞傷] N. <Ch.med.> internal lesion caused by overexertion

lāoshāo 捞稍[撈-] V.O. get the last or remaining few (of sth. on sale/etc.)

lǎoshǎo 老少 V.P. <topo.> very few; very slight *See also lǎoshào*

lǎoshào* 老少 N. the old and the young *See also lǎoshǎo*

lǎoshàoliángbàn 老少良伴 F.E. good companions for children as well as adults

lǎoshàonián 老少年 N. ① <bot.> red amaranth ② youth who behaves like an adult ③ oldster with the air of a young person

lǎoshàopíng'ān 老少平安 F.E. All are well

lǎoshàowúqī 老少无欺 F.E. ① cheat neither the old nor the young ② we are honest with our customers

lǎoshàoxiányí 老少咸宜 F.E. suitable/good for both the old and the young

lǎoshào yémen 老少爷们[--爺-] N. <coll.> elders and brethren

Lǎo Shě 老舍 *See Shū Qìngchūn*

láoshén* 劳神[勞-] V.O. ① be concerned ② bother; trouble ③ tire the mind

lǎoshēn 老身 N. <humb.> self-reference of an old man/woman

láoshénfèilì 劳神费力[勞-] F.E. tax one's mind and strength

lǎoshēng 老生 N. ① <opera> role of an old man ② aged student/scholar M: ge/[1]míng/[2]wèi

lǎoshēngchángtán 老生常谈 F.E. platitude; cliché

lǎoshēng'ér 老生儿 N. <topo.> the youngest son

lǎoshēnglǎoqì 老声老气[-聲-氣] N. sound and look of an old person

lǎoshēngnǚ 老生女 N. <topo.> the youngest daughter

lāoshī 捞尸[撈屍] V.O. recover the body of a drowned person

láoshi 牢实[-實] S.V. <coll.> firm; solid *See also láoshí*

láoshī 劳师[勞師] V.O. <wr.> ① tire troops ② take greetings and gifts to army units *See also làoshī*

láoshí 牢实[-實] S.V. firm and solid; secure and steady *See also láoshi*

[1]lǎoshi 老实[-實] S.V. ① honest; frank ~ *shuō* frankly (speaking) ② well-behaved; nice ③ simple-minded; naive

[2]lǎoshi 老是 ADV. always

lǎoshī* 老师[-師] N. teacher ***Zhāng*** ~ Teacher Zhang M: ge/[1]míng/[2]wèi

[1]lǎoshì 老式 ATTR. old-fashioned; outdated

[2]lǎoshì(r) 老事(儿) N. earlier event; old matter

làoshī 劳师[勞師] V.O. entertain troops *See also láoshī*

làoshì(r) 落事(儿) V.O. <coll.> suffer a mishap

lǎoshibājiāo* 老实巴交/焦[-實--] F.E. <coll.> honest; good-natured

lǎoshibājiǎo 老实巴脚[-實-腳] F.E. <coll.> simple; open-faced; good-natured

láoshīdòngzhòng 劳师动众[勞師動眾] F.E. ① waste manpower; over-staff; mobilize too many people ② involve too many people

lǎoshīfu 老师傅[-師-] N. <court.> master craftsman; experienced worker M: [2]wèi

lǎoshigēda 老实圪塔[-實--] N. <topo.> simpleton

lǎoshíhou 老时候[-時-] N. <coll.> a time to die; the time of death

lǎoshíhuà 老实话[-實-] N. truth; honest remarks

lǎoshìjiāo 老世交 N. families on friendly terms for generations

lāo shìjiè 捞世界[撈-] V.O. profiteer

lǎoshìniánjiān 老世年间 N. <coll.> in the past; many years ago

lǎoshìqū 老市区[-區] P.W. old urban district

lǎoshirén 老实人[-實-] N. honest person M: [2]wèi

lǎoshīsùrú 老师宿儒[-師--] F.E. respectable old scholar

lǎoshitóu(r) 老实头(儿)[-實--] N. <coll.> honest and simple-minded person

lǎoshìyǎn 老视眼 N. <med.> presbyopia

láoshīyuǎnzhēng 劳师远征[勞師遠-] F.E. tire the troops on a long expedition

Lǎoshìzhīliú 老氏之流 N. followers of Lao Zi; the Daoist school

lāoshizi 捞什子[撈-] N. <topo.> ① nuisance ② eyesore

láoshízi* 牢/劳什子[勞-] N. <topo.> ①nuisance ② eyesore

lǎoshǒu(r) 老手(儿) N. ① old hand; veteran ② very experienced/skillful person in a field M: ge/[1]míng/[2]wèi

Lǎoshòuxing 老寿星[-壽-] N. ① God of Longevity ② <court.> venerable old man/woman M: ge/[1]míng/[2]wèi

[1]lǎoshū 老书[-書] N. old book; books written in the past M: [1]běn

[2]lǎoshū 老叔 N. old uncle

lǎoshǔ* 老鼠 N. mouse; rat M: [2]zhī/ge

lǎoshù 老树[-樹] N. old tree M: [2]kē

lǎoshuài 老帅[-帥] N. veteran marshal M: [2]wèi

lǎoshǔdòng 老鼠洞 N. mouse hole

lǎoshǔhuì 老鼠会 N. mutual-loan/credit society with members of doubtful trustworthiness

lǎoshǔ lā mùxiān 老鼠拉木锨[-杴] ID. <coll.> bigger things are on the way

lǎosǐ 老死 V.P. die of old age ♦ATTR. stubborn; obstinate

lǎosǐ bùxiāngwǎnglái 老死不相往来 F.E. never be in contact with each other

lǎosìdàjiàn 老四大件 N. four old-time luxuries

lǎosǐyǒuxià 老死牖下 F.E. live an insignificant life without any accomplishment

lǎoSòngtǐ 老宋体[-體] N. Song typeface

lǎosǒu 老叟 N. ①old man ②<court.> venerable sir

lǎosù 老宿 N. ① aged monk/priest ② aged scholar

làosū* 酪酥 N. cream cheese

làosù 酪素 N. casein

làosuān 酪酸 N. butyric acid

làosùjiāo 酪素胶[-膠] N. casein glue

láosǔn 劳损[勞-] V. <med.> strain

làosù xiānwéi 酪素纤维[--纖-] N. casein fiber

lǎotāi 老胎 N. the youngest person among blood relations

lǎotái 老台 N. the youngest person among blood relations

lǎotài* 老态[-態] N. ① one's old way ② appearance/manner of the aged

lǎotàilóngzhōng 老态龙钟[-態--] F.E. senile; doddering

lǎotàipó 老太婆 N. old woman

lǎotàitai 老太太 N. <court.> ①old lady ②your (my/his/etc.) mother M: [2]wèi

lǎotàiyé 老太爷[-爺] N. <court.> ① elderly gentleman ② your (my/his/etc.) father M: [2]wèi

lǎotāng 老汤[-湯] N. ①soup used repeatedly to boil chicken/duck/etc. ② sauce used to pickle vegetables/etc.

lǎotāo 老饕 N. glutton M: ge/[1]míng/[2]wèi

lǎotào(zi)* 老套(子) N. old stuff/ways

lǎotiān 老天 N. Heaven

lǎotiānbádì 老天拔地 F.E. too old to move about with ease

lǎotiānyé 老天爷[-爺] N. God; Heavens

làotie 烙铁[-鐵] N. flat soldering/branding iron; iron M: [1]bǎ

lǎotóngshēng 老童生 N. <hist.> old man who repeatedly flunked the civil-service exams M: ge/[1]míng/[2]wèi

láotóu 牢头 N. jailer M: ge/[1]míng

lǎotóu(r)* 老头(儿) <coll.> N. ①old man/chap ② one's father ③ husband ♦CONS. *lǎo X tóu(r)* old X ***lǎo Wáng tóu(r)*** Old Wang

làotou 落头 N. <coll.> ① gain; earnings; profit ② bonus; reward

làotóu 络头 N. halter *See also luòtóu*

lǎotóurlè 老头儿乐[-樂] N. ① a kind of mushy muskmelon ② a kind of cotton shoe

lǎotóurpiào 老头儿票 N. <coll.> a hundred-yuan note

lǎotóuzi 老头子 N. ①old fogy/codger ②<coll.> my old man

lǎotūwēng 老秃翁[-禿-] N. old baldhead

làowādì 涝洼地[澇窪-] N. waterlogged lowland

lǎowài 老外 N. <coll.> ① foreigner (PRC/TW); furrier (PRC) ② <slang> layman M: ge/[1]míng

lāo wàikuài 捞外快[撈-] V.O. get extra income

lǎowǎn 老晚 S.V. <coll.> very late

lāowǎng* 捞网[撈網] N. a kind of fishing net

làowǎng 落网[-網] V.O. <coll.> get caught (of criminals/etc.) *See also luòwǎng*

lǎowángù 老顽固 N. old diehard/fogy

láowèizhì 劳卫制[勞衛-] N. labor and defense system

láowěn 牢稳[-穩] S.V. <coll.> stable; safe; secure

lǎowēng 老翁 N. <wr.> ① old man; graybeard ② father ③ venerable sir M: ge/[2]wèi

Lǎowō 老挝[-撾] P.W. Laos

lǎowōgua 老窝/倭瓜[-窩-] N. <topo.> old pumpkin; cushaw

lǎowōr 老窝儿[-窩-] N. one's old home or original domicile

Lǎowōyǔ 老挝语[-撾-] N. Laotian language

láowù* 劳务[勞務] N. service

lǎowù 老物 N. <derog.> old person

láowù chūkǒu 劳务出口[勞務-] V.P. export labor/service

láowùfèi 劳务费[勞務-] N. labor wage; service fee M: [2]bǐ

láowù hézuò 劳务合作[勞務-] N. service/business cooperation

láowù jiàgé 劳务价格[勞務價-] N. price of labor service

láowǔjiéhé 劳武结合[勞-] F.E. engage in production and perform militia duties

lǎo wǔ piān 老五篇 N. five key articles of Mao Zedong

láowù shìchǎng 劳务市场[勞務-場] P.W. labor market

láowù shūchū 劳务输出[勞務-] V.P. service/labor export

lǎoxī(r) 老西(儿) N. <coll.> person from Shanxi Province

lǎoxì* 老戏[-戲] N. old plays M: [1]chū

lǎoxián 老弦 N. a thick string used on a *jīnghú* or *èrhú*

lǎoxiāng* 老乡[-鄉] N. ① fellow villager; folk M: ge/[1]míng/[2]wèi ② friendly address for a male villager M: ge/[1]míng/[2]wèi ③ <derog.> country bumpkin

lǎoxiàng 老相 N. appearance of the aged ♦S.V. looking older than one's age
lǎo xiǎngbùkāi 老想不开[-開] V.P. cannot put out of one's mind
lǎoxiānghǎo 老相好 N. ① intimate friends ② old lover M: ge/[1]míng/[2]wèi
lǎoxiāngshí 老相识[-識] N. old friend/acquaintance M: ge/[1]míng/[2]wèi
lào xiánkè 唠闲嗑[嘮-] V.O. <coll.> chat idly; pass the time talking
lǎo xiānsheng 老先生 N. <court.> ① old gentleman ② venerable sir
lào xiántán 唠闲谈[嘮-] V.O. <topo.> pass the time talking; chew the rag/fat
lǎo xiànxiàng 老现象 N. long-existing situation
lǎo-xiǎo 老小 N. grown-ups and children; one's family
lǎoxiē 老些 ATTR. <topo.> vast amount
láoxīn 劳心[勞-] V.O. ① work with one's mind/brains ② be worried
láoxíng 劳形[勞-] A.T. physically fatiguing
láoxīn gōngzuòzhě 劳心工作者[勞-] N. mental laborer M: ge/[1]míng/[2]wèi
lǎoxiōng 老兄 N. ① brother ② old chap
lǎoxiōngdì 老兄弟 N. <coll.> dear old brothers/chaps
lǎoxiǔ 老朽 V.P. old and useless ♦PR. <humb.> self-reference of an old man
lǎoxiūchéngnù 老羞成怒 F.E. be shamed into anger
lǎoxuéjiū 老学究 N. old pedant M: ge/[1]míng/[2]wèi
lǎoyā 老鸦 N. <topo.> crow M: [2]zhī
lǎoyǎn 老眼 N. week eyes of the elderly
láoyànfēnfēi 劳燕分飞[勞-飛] F.E. part; separate; go separate ways
lǎoyáng(r) 老阳(儿)[-陽-] N. <coll.> sun
lǎoyàng(r)* 老样(儿)[-樣-] N. <coll.> old ways
lǎoyānguā 老腌瓜 N. snake melon
lǎoyǎnguāng 老眼光 N. old views; out-dated views
lǎoyàngzi 老样子[-樣-] N. old appearance; the way things/people used to look like
lǎoyǎnhūnhuā 老眼昏花 F.E. blurred vision of an old person
lǎoyǎnjing 老眼睛 N. elderly people's eyes
lǎoyānr 老腌儿 N. ① anything salted and preserved ② salted egg
lǎoyāo* 老幺/妖[-么] N. ① the youngest child of a family ② the youngest one in a group
lǎoyáo 老谣 N. rumor; hearsay; gossip
lǎoyātou 老丫头 N. <coll.> youngest daughter
[1]**lǎoye** 老爷[-爺] N. ①master; lord; sir ②<topo.> maternal grandfather; grandpa M: [2]wèi
[2]**lǎoye** 姥爷[-爺] N. maternal grandfather M: ge/[2]wèi
lǎoyebīng 老爷兵[-爺-] N. pampered soldier M: ge/[1]míng
lǎoyémenr 老爷们儿[-爺--] N. <coll.> man; male; men; gentlemen
lǎoyér 老爷儿[-爺-] N. <topo.> the sun
lǎoyéye 老爷爷[-爺爺] N. ① great-grandfather ② <court.> grandpa M: ge/[2]wèi
lǎoyézi 老爷子[-爺-] N. ① <topo.> one's father ② <court.> an elderly man ③ "Dad" (respectful address)
[1]**láoyì** 劳役[勞-] N. ① penal servitude; forced labor ② corvée
[2]**láoyì** 劳逸[勞-] N. labor and rest
lāo yī bǎ 捞一把[撈-] V.O. make/reap a profit
lǎoyībèi 老一辈 N. older generation
láoyìbùjūn 劳逸不均[勞-] F.E. unequal distribution of work
láoyì dìzū 劳役地租[勞-] N. rent paid by labor
láoyìjiéhé 劳逸结合[勞-] F.E. strike a balance between work and rest
làoyìn 烙印 N./V. brand; mark
lǎoyīng* 老鹰 N. <coll.> ①hawk ②eagle M: [2]zhī
lǎoyíng(r) 老营(儿)[-營-] N. <trad.> ①barracks ② bandits' den M: [4]zuò
làoyīnr 落音儿 V.O. end/stop a sentence/speech
lāo yī piào 捞一票[撈-] V.O. make money, legally or otherwise
lǎoyītào 老一套 N. same old stuff/story
lǎoyīyàng 老一样[-樣] V.P. consistent
lǎoyǒu* 老友 N. old friend M: ge/[2]wèi
[1]**lǎoyòu** 老幼 N. old and young
[2]**lǎoyòu** 老右 N. old rightist M: ge/[1]míng/[2]wèi
lāo yóushui 捞油水[撈-] V.O. line one's pockets with squeeze; reap some profit
lǎoyǒusuǒyǎng 老有所养[-養] F.E. The elderly will be looked after properly.; provide for the elderly
lǎoyóutiáo(r) 老油条(儿)[--條-] N. <coll.> ① twisted dough fritter ② skilled hand; experienced person ③ smooth operator; slick person
lǎoyóuzi 老油子 N. ① wily old bird; old campaigner ② <coll.> fast talker; smooth operator; slick person
lāoyú 捞鱼[撈-] V.O. net/catch fish
láoyù* 牢狱 P.W. prison; jail M: [4]zuò
lǎoyù 老妪[-嫗] N. <wr.> old woman M: ge/[1]míng
lǎoyuǎn 老远[-遠] V.P. far away
lǎoyúcǐdào 老于此道[-於--] F.E. be well-experienced in this matter
lǎoyùmi 老玉米 N. maize; Indian corn M: [1]kē
lǎoyùn 老运[-運] N. one's lot in old age
lǎoyùndòngyuán 老运动员[-運動-] N. ① veteran athletes/sportsmen ② seasoned political survivors M: ge/[1]míng/[2]wèi
lǎoyùnéngjiě 老妪能解[-嫗--] F.E. ①intelligible even to an old woman ② easy to understand
lǎoyúshìgù 老于世故[-於--] F.E. worldly-wise
lāoyúwǎng 捞鱼网[撈-網] N. fishing net
láoyùzhīzāi 牢狱之灾[-災] N. the calamity of imprisonment
làozāi 涝灾[澇災] N. crop damage from waterlogging
láozāo 醪糟 N. ① fermented glutinous rice ② unstrained liquor
lǎozǎo* 老早 ADV. <coll.> very early; long ago
lǎozāotóuzi 老糟头子 N. old duffer
láozhài 痨瘵[癆-] N. <Ch. med.> tuberculosis; consumption
làozhàn 落栈[-棧] V.O. ① make a rest stop at a hotel ② put sth. into storage *See also luòzhàn*
[1]**lǎozhàng** 老帐 N. ① old/long-standing debts M: [2]bǐ ② old scores ③ checkered past
[2]**lǎozhàng** 老丈 N. <wr.> Sir M: [2]wèi
lǎozhǎngbèi 老长辈 N. <court.> an older generation M: [2]wèi
lǎozhàngren 老丈人 N. a man's father-in-law M: [2]wèi
lǎozhànyǒu 老战友[-戰-] N. old comrade-in-arms M: ge/[1]míng/[2]wèi
lāozháo 捞着[撈著] R.V. <coll.> have an opportunity; get; lay hands on
lǎozhě 老者 N. old people (esp. men) M: ge/[1]míng/[2]wèi
láozhèchěnà 唠这扯那[嘮這-] V.P. <topo.> talk of one thing and another
lǎozhe liǎnpí 老着脸皮[-著--] V.O. unabashedly; unblushingly
làozhěn 落枕 N. <Ch. med.> stiff neck ♦V.O. get a stiff neck from a bad sleeping position
láozhèng 痨症[癆-] N. <med.> tuberculosis
[1]**lǎozhí(r)** 老侄(儿) N. nephew
[2]**lǎozhí** 老直 N. <coll.> honest and righteous person
lào zhīxīnkè 唠知心嗑[嘮-] V.O. <topo.> talk intimately; have a heart-to-heart talk
Lǎo Zhōng 老中 N. <TW> a Chinese
lǎo-zhōng-qīng 老中青 N. the old, middle-aged, and young
lǎo-zhōng-qīng sān jiéhé 老中青三结合 N. <PRC> the leadership structure of joining together the old, middle-aged and young
Lǎo-Zhuāng 老庄[-莊] N. Lao Zi and Zhuang Zi; the Daoist school of philosophy
lǎozhǔgù 老主顾[-顧] N. old customer/client M: ge/[1]míng/[2]wèi
lǎozhǔnr 老准儿[-準-] N. boldness of determination
lǎozhuō 老拙 V.P. <humb.> old and stupid (self-reference of an old person)
lǎozhuólún 老斫轮 N. old stager; veteran ♦ATTR. expert; skilled; experienced
láozī* 劳资[勞-] N. labor and capital/management
lǎozi 老子 N. <coll.> ①father ②I (used jocularly or in anger) *See also Lǎo Zǐ*
Lǎo Zǐ 老子 N. founder of Daoism *See also lǎozi*
[1]**làozi** 络子 N. ①string bag ②small net ③spindle *See also luòzi*
[2]**làozi** 落子 N. <topo.> North and Northeast China folk entertainment leading to [2]**píngjù** *See also* [3]*làozi, luòzǐ*
[3]**làozi** 落子 N. means of living *See also* [2]*làozi, luòzǐ*
lǎozìbèi 老字辈 N. ①veteran ②elder generation
lāo zīběn 捞资本[撈-] V.O. <derog.> dredge for capital; seek basis for attaining private objectives.
lǎozidǎng 老子党[-黨] N. <coll.> paternalistic/hegemonic party (among international communist parties)
lǎozīgé 老资格 N. old-timer; veteran M: ge/[1]míng/[2]wèi
làoziguǎnr 落子馆儿 N. <topo.> tea house with performances of Northeast local opera
láozī guānxi 劳资关系[勞-關係] N. labor-capital relations
lǎoziguó 老子国[-國] N. patriarchal state (a state ruled/controlled only by men)
lǎozìhào 老字号[-號] N. long-established store or brand of merchandise
láozī jiūfēn 劳资纠纷[勞-] N. labor dispute/trouble
lǎozi tiānxià dì-yī 老子天下第一 F.E. think of oneself as the most important person in the world
lǎozi yīngxióng ér hǎohàn 老子英雄儿好汉[-漢] F.E. The son of a hero must be a stout fellow too.; Like father, like son.
láozī zhēngyì 劳资争议[勞-爭議] N. labor dispute
lǎozǒng(r) 老总(儿)[-總-] N. ① address to soldiers/police ② leader; head M: ge/[1]míng/[2]wèi
láozú 牢卒 N. jailer M: ge/[1]míng
lǎozǔ* 老祖 N. ancestor; forefather M: [2]wèi
láozuò 劳作[勞-] V./N. manual work/training
lǎozǔzōng 老祖宗 N. ancestor; forefather M: [2]wèi
lāpāxia 拉趴下 R.V. defeat (in wrestling/etc.)
lāpéng 拉蓬 V.O. haul up the sail; set sail
lāpí* 拉皮 V.O. have a face-lift ♦N. pasta in sheet form
làpí 蜡皮[蠟-] N. <Ch. med.> wax coating for a big pill
lā piānjià 拉偏架 V.O. pretend fairness in stopping a fight but actually help one side
lāpiào 拉票 V.O. solicit votes; canvass
lāpíng 拉平 R.V. bring to the same level; even up
lā pítiáo 拉皮条[-條] V.O. pimp
lā pízi 拉皮子 V.O. <coll.> be thick-skinned
lāpò 拉破 R.V. <coll.> pull open/apart
làpóniáng 辣婆娘 N. an impetuous and overbearing woman; a bitch
lāqǐ 拉起 V. pull up; draw back
lāqiàn* 拉纤[-縴] V.O. ① tow (a boat) ② act as a go-between
làqiān(r) 蜡扦/签(儿)[蠟-] N. candlestick
lāqiànchěpéng 拉纤扯蓬[-縴--] F.E. do odd jobs for people
làqiāngtóu 蜡枪头[蠟槍-] N. coward who pretends to be bold
làqiānr 蜡千儿[蠟-] N. candlestick
lāqín 拉琴 N. accordion ♦V.O. play a string instrument
lāqù 拉去 R.V. pull/draw away

làrǎn 蜡染[蠟-] N. <*txtl.*> ① wax printing ② batik

làrǎnbù 蜡染布[蠟-] N. <*txtl.*> waxed printed fabric M: [2]*kuài*

làrǎnhuà 腊染画[臘-畫] N. wax-printed painting/picture M: [10]*fú*

làrén 蜡人[蠟-] N. ① waxwork ② wax figure/image/doll

làrì 腊日[臘-] N. 8th day of the 12th lunar month

lāróng 拉绒 N. woven nap; pile

làròu 腊肉[臘-] N. cured meat; bacon M: [1]*tiáo*/[2]*kuài*

lāsā 拉撒 N. refuse; garbage

Lāsà* 拉萨[-薩] P.W. Lhasa

lāsānchěsì 拉三扯四 F.E. wander from the subject

lāshàng 拉上 R.V. draw up; close (a curtain/etc.)

lāshàngbǔxià 拉上补下[--補-] F.E. even things up

lā shànglai 拉上来 R.V. pull/draw up

lā shāntóu 拉山头 V.O. form a faction

lāshēn 拉伸 V. <*txtl.*> draw out; stretch

lā shēngyi 拉生意 V.O. <*coll.*> solicit business

lāshēn jiāniǎnjī 拉伸加捻机 N. <*txtl.*> stretch twister M: [1]*tái*

lāshēn shíyàn 拉伸实验[--實-] N. tensile test

lāshēnxíngbiàn 拉伸形变[--變] F.E. <*mach.*> stretch forming

lā shétou 拉舌头 V.O. <*coll.*> gossip; slander

lāshǐ* 拉屎 V.O. <*coll.*> move the bowels; shit

làshi 辣实[-實] S.V. <*coll.*> ① pungent; hot; peppery and acrid ② bitter; cruel

làshí 蜡石[蠟-] N. <*min.*> ①steatite ②soapstone M: [2]*kuài*

lāshì xuǎnxiàngbiǎo 拉式选项表[--選--] N. <*comp.*> pull-down menu

lāshou 拉手 N. <*coll.*> knob; handle (of a door/window/drawer/etc.)

lāshǒu(r)* 拉手(儿) V.O. ① hold/shake/join hands ② pull by the hands ♦N. handle

làshǒu 辣手 S.V. ① vicious; ruthless ② <*coll.*> thorny; troublesome; knotty ♦N. ①cruel/drastic/ruthless means/device ② ruthless person

làshǒucuīhuā 辣手摧花 F.E. mercilessly destroy flowers (fig.)

làshū 蜡书[蠟書] N. confidential message hidden inside a wax ball M: [2]*fēng*

làshù* 蜡树[蠟樹] N. white wax tree M: [2]*kē*

lāsī 拉丝[-絲] V.O./N. <*mach.*> wire drawing

lāsījī 拉丝机[-絲-] N. <*mach.*> drawbench M: [1]*tái*

lāsīr 拉丝儿[-絲-] V.O. make sth. thread-like (in cooking)

làsīsī 辣丝丝[-絲絲] V.P. hot; peppery

lāsīzhuàituó 拉丝拽柁[-絲--] F.E. roundabout; not brief

lāsuǒ(r) 拉锁(儿) N. zipper M: [1]*bǎ*

làsūsū 辣酥酥 S.V. hot; peppery

lāta* 邋/拉遢 S.V. <*coll.*> slovenly; sloppy

làta 辣挞[-撻] S.V. <*coll.*> slovenly; sloppy

lātaguǐ 邋/拉遢鬼 N. slovenly person

làtái 蜡台[蠟臺] N. candlestick M: [4]*zuò*

làtāng 辣汤[-湯] N. hot/spicy soup M: *wǎn*

lātào 拉套 V.O. ①help pull/drag a cart ② <*coll.*> help others complete a task

lātayàngr 邋遢样儿[--樣-] N. slovenly appearance

lātiáo 拉条[-條] V.O. <*mach.*> brace; stay

lā tíqín 拉提琴 V.O. play a violin/cello/viola

lā tìshēnr 拉替身儿 V.O. The ghost of sb. who died because of injustice must cause the death of another to seek his own reincarnation.

lātour 拉头儿 N. <*coll.*> knob/handle (on door/etc.)

làtóur* 蜡头儿[蠟-] N. candle stub/stump

làtuó(r/zi) 蜡坨(儿/子)[蠟-] N. lump of wax

Lātuōwéiyà 拉脱维亚[-亞] P.W. Latvia

làwán(r) 蜡丸(儿)[蠟-] N. wax-coated pill; wax ball M: [1]*kē*

lāwǎng 拉网[-網] V.O. pull a fishing net

lāwǎnr 拉晚儿 V.O. ① be a night owl ② work at night (of rickshaw pullers, etc.)

[1]làwèi(r) 腊味(儿)[臘-] N. cured/dried meat/fish/etc.

[2]làwèi(r) 辣味(儿) N. <*topo.*> hot taste; pungency

làwèifàn 腊味饭[臘-] N. Cantonese dish of steamed rice and salted meat/sausage/etc. M: *wǎn*

lāxī 拉稀 V.O. <*coll.*> ① have diarrhea ② be exhausted/pooped

lāxia 拉下 R.V. <*coll.*> ① lag behind; bring up the rear ② pull down

làxia* 落下 V. <*coll.*> ①fall/lag behind ②leave behind ***See also** luòxia*

lāxià jīhuang 拉下饥荒 V.O. <*coll.*> be hopelessly in debt

lā xiàlai 拉下来 R.V. ① pull down ② lag/fall behind

lāxia liǎn 拉下脸 V.O. <*coll.*> ①pull a long face ② not spare sb.'s sensibilities ③ not care about one's face

lāxià mǎ 拉下马 V.O. depose; overthrow

lāxiàn 拉线 V.O. ① infiltrate a spy ② act as a go-between

lāxiàndāqiáo 拉线搭桥[-橋] F.E. be a go-between; serve as a link

làxiàng 蜡像[蠟-] N. wax figure; waxwork M: [4]*zuò*/[1]*zūn*/*ge*

làxiàngguǎn 蜡像馆[蠟-] P.W. wax museum M: [4]*zuò*

lāxiàn kāiguān 拉线开关[-開關] N. pull-switch

lā xiánpiān(r) 拉闲篇(儿) <*coll.*> V.O. chat endlessly

lāxiāo 拉削 V.O. <*mach.*> broaching

lāxia shuǐ 拉下水 V.O. make an accomplice of sb.; corrupt sb.

làxīn(r) 蜡芯(儿)[蠟-] N. candle wick

làxíng 蜡形[蠟-] N. wax molding

làxīnyǎn 辣心眼 N. <*topo.*> sb./sth. vicious/malicious

lā xuǎnpiào 拉选票[-選-] V.O. canvass votes

làxuě 腊雪[臘-] N. snow in the 12th lunar month

làyā 腊鸭[臘-] N. salted and dried duck M: *ge*/[2]*zhī*

lāyán 拉延 V. pull; expand

lāyāng 拉秧 V.O. uproot a plant

lā yángpiān 拉洋片 V.O. ①conduct peep-show with narrator changing pictures by pulling a cord ② talk big

lāyè 拉曳/拽 拉拽/曳 V. pull; drag

lāyǐn 拉引 V. draw and lead

làyìn* 蜡印[蠟-] V. wax seal

lā yìnggōng 拉硬弓 V.O. force sb. to do sth.

lā yī pìgu zhài 拉一屁股债 V.P. owe a mountain of debts

[1]làyóu 辣油 N. oil flavored with chili pepper

[2]làyóu 蜡油[蠟-] N. melted candle

làyú 腊鱼[臘-] N. salted and dried fish M: [1]*tiáo*

làyuè 腊月[臘-] N. 12th lunar month/moon

lāyùn 拉运[-運] V. pull a cart; transport

lāzá 拉杂[-雜] S.V. ① rambling; ill-organized ② messy (of a room/etc.)

làzào 辣燥 S.V. hot-tempered and ruthless

làzhā(zi) 蜡渣(子)[蠟-] N. molten candles; candle drippings

lāzhàng* 拉帐 V.O. ① buy on credit ② run into debt

làzhàng 落账 V.O. keep accounts sloppily

lāzhì 拉制 V. pull; expand

làzhǐ* 蜡纸[蠟-] N. ① wax paper ② stencil paper; stencil M: [1]*zhāng*

làzhì 蜡质[蠟質] N. waxiness

lāzhù 拉住 R.V. grab (sb.)

làzhū 蜡珠[蠟-] N. candle drippings M: [1]*kē*

làzhú* 蜡烛[蠟燭] N. candle M: [2]*gēn*

lā zhǔgù 拉主顾[-顧] V.O. solicit customers

làzhūròu 腊猪肉[臘豬-] N. smoked pork; bacon M: [2]*kuài*/[1]*tiáo*

làzhútái 蜡烛台[蠟燭臺] N. candle holder; candlestick M: [4]*zuò*/[1]*duì*

[1]lázi 砬子 N. <*topo.*> rock (often used in place names)

[2]lázi 揦子 N. <*topo.*> glass bottle

[1]làzi* 辣子 N. <*coll.*> ① cayenne pepper; chili ② impetuous and overbearing person

[2]làzi 蜡子[蠟-] N. ① nest made by wax insects for laying eggs ② <*min.*> deep red or purple precious stone ***See also*** [2]*làzǐ*

[3]làzi 剌子 N. ① person hard-hearted by nature ② ruby

[1]làzǐ 蜡滓[蠟-] N. molten candles; candle drippings

[2]làzǐ 蜡子[蠟-] N. ① wax deposit in which chochineal insect places its eggs ② <*min.*> amber ***See also*** [2]*làzi*

làzijī 辣子鸡[-雞] N. chicken cooked with chilies

làzuǐquè 蜡嘴雀[蠟-] N. hawfinch M: [2]*zhī*

[1]le* 了 M.P. *indicating a new situation* ***Hǎo ~.*** It's O.K. now. ♦A.M. *indicating completed action* ***Wǒ zhǐ qǐng~ yī wèi kèren.*** I invited only one guest. ***See also*** [3]*liāo*, [1]*liǎo*, [3]*liào*, [12]*liǎo*

[2]le 饹[餎] in ***héle***

[1]lē 肋/褦 in ***lēde, lēte, lēdebīng See also*** [5]*lèi*, [5]*nài*

[2]lē 嘞 in ***xiālēle See also*** *lei*

[1]lè 乐[樂] V. ①be glad to; enjoy ***Wǒ xīnli ~kāi le huā.*** My heart burst with joy. ② <*topo.*> laugh; be amused ♦S.V. happy; joyful ♦N. Surname (not the same name as Yuè) ***See also*** [5]*yuè*

[2]lè 鳓[鰳] N. ① shad ② Chinese herring

[3]lè 勒 B.F. ①bridle ***mǎlèzi*** ②rein in ***lèmǎ*** ③force ***lèsuǒ*** ♦in ***kēlesù, bīlè See also*** [1]*lēi*

[4]lè 仂 B.F. remainder ***lèyǔ***

[5]lè 泐 B.F. write ***lèbù, shǒulè***

[6]lè 垃 in ***lèsè See also*** [4]*lā*

lèbēi 勒碑 V.O. inscribe on a stone tablet

lèbī 勒逼 V. force; coerce

lèbīng 勒兵 V.O. ① halt advancing troops ② command troops

lèbù 泐布 V. <*wr.*> report by letter

lèbùkězhī 乐不可支[樂-] F.E. overjoyed

lèbùsīshǔ 乐不思蜀[樂-] F.E. indulge in pleasure and forget home and duty

lècǎo 勒草 N. <*bot.*> wild hop M: [1]*kē*

lèchāngzhījìng 乐昌之境[樂-] N. the union of husband and wife after separation

lèchéng 乐成[樂-] A.T. enjoy accomplishment

lèchù 乐处[樂處] N. source of delight; pleasures; happiness

lècǐ 泐此 V.P. <*wr.*> concluding expression used at the end of letter

lècǐbùjuàn 乐此不倦[樂-] F.E. always enjoy sth.

lècǐbùpí 乐此不疲[樂-] F.E. never be bored (with sth.)

lècóng 乐从[樂從] S.V. willing to obey/follow; obedient

lèdá 泐达[-達] V. <*wr.*> notify/report by letter

lèdào 乐道[樂-] V.P. delight in talking about sth.

lēde 肋脦 S.V. untidy (of clothes) ***See also*** *lēte*

lèdé* 乐得[樂-] V.P. be only too glad to

lēdebīng 褦襶兵 N. person in untidy/ill-fitting dress or overburdened with accessories

lè de xīnyǎng nánshòu 乐得心痒难受[樂--癢難-] V.P. tickled to death with joy or happiness

lèdiānlexiàn(r) 乐颠了馅(儿)[樂-] F.E. <*coll.*> ecstatic; overjoyed

lè'érbùyín 乐而不淫[樂-] F.E. pleasant but not obscene

lè'érwàngfǎn 乐而忘返[樂-] F.E. ① too overjoyed to remember to return ② be a slave of pleasure

lè'érwàngyōu 乐而忘忧[樂-憂] F.E. Mirth dissipates care.

lèfù 泐覆 V. <*wr.*> reply by letter

lèguān 乐观[樂觀] S.V. optimistic; hopeful; sanguine

lèguānpài 乐观派[樂觀-] N. optimist M: *ge*/[1]*míng*/[2]*wèi*

lèguānzhě 乐观者[樂觀-] N. optimist M: *ge/[1]míng/[2]wèi*

lèguānzhǔyì 乐观主义[樂觀-義] N. optimism

lèguānzhǔyìzhě 乐观主义者[樂觀-義-] N. optimist M: *ge/[1]míng/[2]wèi*

lèguó 乐国[樂國] N. paradise

lèguǒ* 乐果[樂-] N. <*chem.*> dimethoate

lèhāha 乐哈哈[樂-] V.P. joyful; cheerful

lèhe 乐呵/和[樂-] S.V. <*topo.*> happy; joyous

lèhēhē 乐呵呵[樂-] V.P. buoyant; happy and gay

lèhuái 乐怀[樂懷] N. delight; joy

lèhuàile 乐坏了[樂壞-] V.P. very happy

lèhuò 乐祸[樂禍] V.O. delight in other's disasters

lè hútu 乐糊涂[樂-塗] R.V. be overwhelmed with joy

lei 嘞 M.P. *calling attention to a situation* ***See also*** *[2]lē*

[1]lēi 勒 V. tie/strap sth. tight ***See also*** *[3]lè*

[2]lēi 擂 V. hit; beat ***See also*** *[2]léi, [3]lèi*

[1]léi 雷 N. ①thunder ②<*slang*> disaster; calamity ③ Surname ♦B.F. mine ***dìléi***

[2]léi 擂 V. pound ♦N. pestle ***See also*** *[2]lēi, [3]lèi*

[3]léi 羸 B.F. thin and weak ***[1]léijí, lǎoléi***

[4]léi 镭[鐳] N. <*chem.*> radium

[5]léi 罍 B.F. ancient wine vessel ***zūnléi***

[6]léi 累[纍] in ***léizhui, léiléi See also*** *[1]lěi, [3]lěi, [2]lèi*

[7]léi 檑 in ***léimù***

[8]léi 礌 in ***léishí***

[9]léi 缧[縲] in ***léixiè***

[10]léi 蘲 in ***pénglěi***

Léi 嫘 N. Surname

[1]lěi 垒/累[壘/-] V. build by piling up ***See also*** *[6]léi, [2]lěi, [3]lěi, [2]lèi*

[2]lěi 垒[壘] N. ① rampart ② baseball base ***See also*** *[1]lěi*

[3]lěi 累 B.F. ① pile up; accumulate ***jīlěi*** ② involve ***lěijí See also*** *[6]léi, [1]lěi, [2]lèi*

[4]lěi 蕾 B.F. flower bud ***huālěi***

[5]lěi 磊 B.F. rampart ***lěiluò***

[6]lěi 耒 B.F. handle of a plow ***lěisì, lěinòu***

[7]lěi 诔[誄] B.F. eulogy ***mínglěi***

[8]lěi 儡 in ***kuǐlěi***

[1]lèi* 类[類] N./M. ① kind; type; class; category; genus ② <*lg.*> form class ♦B.F. resemble; be similar to ***lèisì*** ♦ADV. generally

[2]lèi 累 S.V. ①tired; weary ②<*coll.*> overcautious; too restrained ♦V. ①tire; strain; wear out ②work hard; toil ***Nǐ ~le yītiān le, xiē huìr ba.*** You've been working hard all day, rest a while. ***See also*** *[6]léi, [1]lěi, [3]lěi*

[3]lèi 擂 V. beat (a drum) ♦B.F. ring (for martial contests); arena ***lèitái See also*** *[2]lēi, [2]léi*

[4]lèi 泪[淚] B.F. tear; teardrop ***yǎnlèi, qīlèi***

[5]lèi 肋 B.F. ① rib ***lèigǔ*** ② costal region ***lèimóyán See also*** *[1]lē*

[6]lèi 酹 B.F. pour wine on the ground in a ritual ceremony ***lèidì, lèidiàn***

lèibagǔ 肋巴骨 N. <*coll.*> rib

lěibàng* 垒棒[壘-] N. <*sport*> bat (of baseball/softball)

lèibǎng 肋膀 N. side; flank

léibào 雷暴 N. thunderstorm

léibàoyǔ 雷暴雨 N. thunderstorm rain M: *[3]cháng*

lèibashànr 肋巴扇儿 N. <*coll.*> ribs

léibèi 羸惫[-憊] S.V. tired out; exhausted

lēibì 勒毙[-斃] V. strangle; throttle

lèibǐ* 类比[類-] N. analogy ♦V. compare

lèibǐ chéngfǎqì 类比乘法器[類-] N. analog multiplier M: *ge/[1]jià/[1]tái*

lèibǐ de yǎnbiàn 类比的演变[類-變] N. analogous change

[1]lèibié 类别[類-] N. <*log.*> ① classification; category ② class ③ selection

[2]lèibié 泪别[淚-] N. tearful farewell

lèibié chéngfèn 类别成分[類-] N. <*lg.*> classifier

lèibiécí 类别词[類-] N. <*lg.*> classifier; generic term

lèibié dānwèi 类别单位[類-] N. <*lg.*> generic unit

lèibié fānyì 类别翻译[類-譯] N. <*lg.*> generic translation

lèibié shēnggé 类别生格[類-] N. <*lg.*> classifying generic

lèibiéwài dòngcí 类别外动词[類--動-] N. <*lg.*> classificatory transitive verb

lèibìngle 累病了 V.P. become sick from overwork

lèibǐ shūchū 类比输出[類-] N. analog output

lèibǐ shūrù 类比输入[類-] N. analog input

lèibǐ tuīlǐ 类比推理[類-] N. analog inference

lèibǐ wǎngluò 类比网络[類-網-] N. analog network

lèibǐ xiànxiàng 类比现象[類-] N. analogy

lèibǐ zhuāngzhì 类比装置[類-裝-] N. analog device M: *ge/[1]tái*

lèibǐ zīliào 类比资料[類-] N. analog data

lèibǐ zuòyòng 类比作用[類-] N. analogy

léibō 擂钵[-缽] N. mortar and pestle

lèibukuǎ 累不垮 R.V. won't be exhausted (from working/etc.)

lèibuliǎo 累不了 R.V. won't be tiring

lèibuqǐ 累不起 R.V. can't stand heavy work

lèicéncén 泪涔涔[淚-] V.P. weep copiously

lèichāzi 肋叉子 N. <*coll.*> ribs

léichén 累臣[纍-] N. vassal/subject in captivity

Léichí 雷池 N. limit; boundary ***bù gǎn yuè ~ yī bù*** not dare go a step beyond the limit ♦P.W. name of a lake in Anhui

léichízhījìn 雷池之禁 N. the utmost limit

léichízhīxiàn 雷池之限 N. the utmost limit

léichuí 擂槌 N. ① drumstick ② pestle

lěicì* 累次 ADV. often; regularly; repeatedly

lèicǐ 类此[類-] ATTR. similar/analogous to

lèicì 类次[類-] V. arrange according to a logical order

lěicìsānfān 累次三番 F.E. repeatedly; time and again

lèicízhuì 类词缀[類-] N. <*lg.*> affixoid

léidá* 雷达[-達] N. <*loan*> radar

léidǎ 雷打 V. be struck by lightning

léidábīng 雷达兵[-達-] N. radar operator M: *ge/[1]míng*

léidǎbùdòng 雷打不动[-動] F.E. ①unshakable; determined; unyielding ②final; inviolate (of an arrangement)

léidá cāozòngyuán 雷达操纵员[-達-縱-] N. radarman M: *ge/[1]míng*

léidá gānrǎo 雷达干扰[-達-擾] N. radar jamming

lěidài 累代 N. generation after generation; many generations

léidá lǐngháng 雷达领航[-達--] N. radar navigation

lèidǎo 累倒 R.V. become sick from overwork or hard work

léidáwǎng 雷达网[-達網] N. radar network

léidá yíngguāngmù 雷达荧光幕[-達熒--] N. radar screen

léidàyǔxiǎo 雷大雨小 F.E. big beginning with a small ending; much talk but little action

léidázhàn 雷达站[-達-] P.W. radar station M: *[4]zuò*

léidá zhuāngzhì 雷达装置[-達裝-] N. radar installation M: *[1]tái/[4]zuò*

léidá zhuīzōng 雷达追踪[-達-蹤] N. radar following

lèi de gòujìn 累得够劲[-夠勁] V.P. <*coll.*> extremely tired

lèi de gòuqiáo de 累得够瞧的[--夠--] V.P. <*coll.*> unbelievably tired

lēi de huāng 勒的慌 R.V. be bound/tied uncomfortably (with a belt/wire/etc.)

lèi de huang* 累得慌 R.V. <*coll.*> dead tired

lèidī* 泪滴[淚-] N. teardrop

lèidì 酹地 V.O. pour wine in a libation

léidiàn* 雷电[-電] N. thunder and lightning

lèidiǎn 泪点[淚點] N. teardrop

lèidiàn 酹奠 V. pour a libation

léidiànjiāojiā 雷电交加[-電--] F.E. lightning accompanied by peals of thunder

léidiànjiāozuò 雷电交作[-電--] F.E. lightning accompanied by peals of thunder

léidìng 镭锭 N. <*chem.*> radium

lèidìxíngxīng 类地行星[類-] N. <*astr.*> terrestrial planet

léidòng 雷动[-動] V.P. thunderous

lěidúliánpiān 累牍连篇[-牘--] F.E. long and tiresome; redundant; verbose (of writing)

léidùn 羸顿 S.V. <*wr.*> ① feeble and wasted; thin and exhausted ② tired out; exhausted

lèidúsù 类毒素[類-] N. <*med.*> toxoid

lèifá 累乏 S.V. tired; fatigued

lěifàn 累犯 V. practice recidivism ♦N. recidivist M: *ge/[1]míng*

Léi Fēng 雷锋 N. <*pol.*> Lei Feng, a youth canonized in 1963 as a model of self-sacrifice

Lei Fēng jīngshen 雷锋精神 N. the spirit of Lei Feng

lèifēngshīxìng guānjiéyán 类风湿性关节炎[類-濕-關節-] N. <*med.*> rheumatoid arthritis

lèifú 类符[類-] N. <*lg.*> classifier

lèigàiniàn 类概念[類-] N. taxonomical concept

lèigānchángduàn 泪干肠断[淚乾腸斷] F.E. weeping one's eyes out and heart-broken

Léigōng* 雷公 N. Thunder God

léigǒng 镭/雷汞 N. <*chem.*> fulminating mercury

Léigōng dǎ dòufu 雷公打豆腐 ID. <*topo.*> bully the weak; victimize the helpless

[1]léigǔ 擂鼓 V.O. ① hit/beat a drum ② make a fuss

[2]léigǔ 雷鼓 N. a kind of big drum

lèigǔ* 肋骨 N. rib

léiguǎn* 雷管 N. detonating cap; primer

lèiguǎn 泪管[淚-] N. <*med.*> lacrimal duct; dacryosolen

léiguāng 雷光 N. thunder and lightning

lèiguāng* 泪光[淚-] N. glistening teardrops

lèigùchún 类固醇[類-] N. steroid

léigǔjìnbīng 擂鼓进兵[--進-] F.E. The rolling drums gave the signal to advance.

léigǔshāiluó 擂鼓筛锣[-篩鑼] F.E. make a fuss about trifles

léihài 雷害 N. damage caused by a thunderstorm

[1]lèihé 泪河[淚-] N. very sad/sorrowful tears

[2]lèihé 类合[類-] N. selection

lèihén 泪痕[淚-] N. ① tear stains ② <*art*> tear-stain effect (in glaze design)

lèihénbānbān 泪痕斑斑[淚-] F.E. bathed in tears; tear-stained

lèihénmǎnmiàn 泪痕满面[淚-] F.E. face covered with the evidence of tears

lèihénwèigān 泪痕未干[淚-乾] F.E. tears are not dry yet

lèihu 类乎[類-] V.P. ① be similar to ② seem; be like

lèihuā* 泪花[淚-] N. tears in one's eyes

lèihuà 类化[類-] N. ① <*psy.*> apprehension ② <*phil.*> assimilation ③ analogy

lèihuāhuā 泪花花[淚-] V.P. tearful; weepy

lèihuài 累坏[-壞] R.V. exhaust

lèihúluóbosù 类胡萝卜素[類-蘿--] N. <*chem.*> carotenoid

léihuǒ 雷火 N. fire caused by lightening

lèihuó(r)* 累活(儿) N. tiring/heavy work

lèihūshénhuà 类乎神话[類-] F.E. like a fairy tale

léijī 雷击[-擊] V. be struck by lightning

[1]léijí 羸瘠 S.V. emaciated and weak

[2]léijí 羸疾 N. ① illness due to feebleness/weakness ② chronic and stubborn illness

[3]léijí 雷殛 V. be killed by lightning

lěijī 累积[-積] V. accumulate ♦N. accumulation

lěijí 累及 V. involve; drag in

lěijì* 累计 V. add up ♦N. accumulative/grand total

lěijiā 累加 V. add up; accumulate; increase; keep adding up

lěijiǎn 累减[-減] V. subtract consecutively

lèijiān* 肋间 ATTR. intercostal

lèijiānjī 肋间肌 N. intercostal muscle

lěijiànqígōng 累建奇功 F.E. repeatedly score signal successes

lèijiān shénjīng 肋间神经[-經] N. <phys.> intercostal nerves

lěijiǎnshuì 累减税[-減-] N. regressive taxation

lèijiǎo 勒脚[-腳] N. <archi.> plinth

lěijiàobùgǎi 累教不改 F.E. refuse to reform despite repeated warnings/admonitions

lěijībiǎo 累积表[-積-] N. <acct.> accumulation schedule M: [1]zhāng

lěijī bǐjiào 累积比较[-積--] N. <acct.> cumulative comparison

lěijièbùgǎi 累戒不改 F.E. refuse to reform despite repeated warnings/admonitions

lèijiērúcǐ 类皆如此[類-] F.E. similar in kind; in like manner

lěijī gǔlì 累积股利[-積--] N. cumulative dividend

léijīhuǒ 雷击火[-擊-] N. fire caused by lightening

lěijī kuīchù 累积亏绌[-積虧-] N. <acct.> accumulated surplus

lèi jíle 累极了[-極-] V.P. be dead-tired/exhausted

lēijǐn* 勒紧[-緊] R.V. fasten

léijīn 雷巾 N. Daoist priest's hat

lěijìn 累进[-進] ATTR. progressive

lēijǐn kùdài 勒紧裤带[-緊-帶] V.O. tighten one's belt

lěijìnlǜ 累进率[-進-] N. graduated rates

lěijìnshì píngjūnshù 累进式平均数[-進---數] F.E. <acct.> progressive averages

lěijìnshuì 累进税[-進-] N. progressive tax/taxation M: [2]bǐ

lēijǐn yāodài 勒紧腰带[-緊-帶] V.O. tighten one's belt

lěijīqì 累积器[-積-] <comp.> N. accumulator

lěijí tārén 累及他人 V.O. involve/implicate others

lěijí wúgū 累及无辜 V.O. involve the innocent

lěijī xiàlai 累积下来[-積--] R.V. accumulate for some time

lěijī yíngyú 累积盈余[-積--] N. <acct.> accumulated surplus

lěijī zhéjiù 累积折旧[-積-舊] N. <acct.> accumulated depreciation

lèijù 类聚[類-] V.P. Birds of a feather flock together.

lèikèn* 勒掯 V. ① force sb. to do sth ② make things difficult for sb. *See also* lēkèn

lèiken 累掯 V. <topo.> ① curb; rein in; restrain ② force; coerce

lèikuǎ 累垮 V.P. collapse from fatigue

lěikuài 垒/磊块[壘塊] N. grievances ♦ATTR. ① stony; flinty ② animated

lèilà 泪蜡[淚蠟] N. guttering of candle

léiléi 累累[纍纍] R.F. <wr.> ① haggard; hangdog ② in clusters/bunches ③ strung together *See also* [1]lěilěi

[1]lěilěi* 累累 R.F. countless ♦ADV. again and again *See also* léiléi

[2]lěilěi 磊磊 R.F. ① innumerable (of stones) ② rolling (of stones)

lěilěilǚlǚ 累累屡屡[-屢屢] V.P. repeatedly; innumerably; time and again

lěilěiluòluò 磊磊落落 V.P. ① clear; distinct ② open-hearted; candid; unaffected; free and easy

lěilì 累利 N. compound interest

léiliáo 镭疗[-療] N. <med.> radiotherapy

léilìfēngxíng 雷厉风行[-厲--] F.E. vigorously and speedily; resolutely

lěilíng 蕾铃 N. cotton buds and bolls

lèiliúmǎnmiàn 泪流满面[淚-] F.E. tears running down the face

léilóng 雷龙 N. <paleo.> brontosaurus

lèilǒngduàn 类垄断[類-斷] N. quasi monopoly

lěiluǎn 累卵 ID. precarious ♦N. stacked eggs

lěiluǎnzhīwēi 累卵之危 N. great imminent danger

lěiluò 磊落 S.V. ① open and upright ② continuous; repeated; running ③ imposing and elegant

lěiluòbùqún 磊落不群 F.E. superior to the general run

lěiluòdàfāng 磊落大方 F.E. open-hearted and easy

léiménbùgǔ 雷门布鼓 F.E. dare not to show off before a great authority

léimíng* 雷鸣 V.P. thunderous ♦N. ① very loud sounds ② thunder; thunder-peal

lèimíng 类名[類-] N. <lg.> name for a category of entities

lèimó 肋膜 N. <phys.> pleura

lèimóyán 肋膜炎 N. pleurisy

léimù 檑木 N. <hist.> big logs pushed down from a high place to kill the enemy

[1]lèimù* 类目[類-] N. entity

[2]lèimù 肋木 N. <sport> stall bars

lèiMù xíngxīng 类木行星[類-] N. <astr.> a Jovian planet

lèináng 泪囊[淚-] N. lachrymal sac

lěinián 累年 ADV. year after year; consecutive years

léiniǎo 雷鸟 N. white partridge

lěinòu 耒耨 V. till; plow; cultivate

[1]léipī* 雷劈 V. be struck by lightning

[2]léipī 雷霹 N. thunderbolt

lěipī 垒坯[壘-] V.O. <topo.> have a temporary mental block; be momentarily confused

léipītiāndǎ 雷劈天打 F.E. be killed by lightning

léiqǐ 擂起 R.V. begin beating (a drum)

lěiqiān* 累迁[-遷] N. ① repeated removal (of residence) ② successive promotion (of officials)

lěiqiàn 垒堑[壘-] N. ramparts and moat

léiqiú 累囚[纍-] N. prisoner M: ge/[1]míng

lěiqiú* 垒球[壘-] N. ① softball game ② softball M: ge/[2]zhī

[1]lèirén 累人 V.O./S.V. be demanding/tiring

[2]lèirén(r) 泪人(儿)[淚-] N. weeping Niobe; person whose face is covered with tears

lèirényuán 类人猿[類-] N. anthropoid

lěirì 累日 ADV. for a number of days in succession

lèiróngmǎnmiàn 泪容满面[淚-] F.E. tearful countenance

lèirú 类如[類-] CONJ. such as; for example

lèiruǎngǔ 肋软骨 N. costal cartilage; *cartilago costalis*

lèirúbùgān 泪濡不干[淚-乾] F.E. be drowned in tears

léiruò 羸弱 S.V. thin and weak; frail

lèirúquányǒng 泪如泉涌[淚-] F.E. tears gushing from one's eyes

lèirúyǔxià 泪如雨下[淚-] F.E. tears falling like rain

lèishānshān 泪潸潸[淚-] V.P. tears flowing incessantly

léishè 雷/镭射 N. <loan> laser

léishè chàngjī 雷射唱机 N. CD player M: [1]jià/[1]tái

léishè chàngpiàn 雷射唱片 N. compact disc (CD) M: [1]zhāng

léishèguāng 镭射光 N. <loan> laser M: [4]shù

léishēng 雷声[-聲] N. thunder(clap) M: [1]zhèn

léishēng dà yǔdiǎn xiǎo 雷声大雨点小[-聲--點-] F.E. much talk but little action

léishēngdàzuò 雷声大作[-聲--] F.E. the roaring and rumbling of thunder

léishēnglónglóng 雷声隆隆[-聲--] F.E. the rumbling of thunder

léishēngyǐnyǐn 雷声隐隐[-聲隱隱] F.E. In the distance thunder rumbles.

lèishénjīng wǎnglù móxíng 类神经网路模型[類-經網---] N. <lg.> connectionist model

léishèqì 镭射气[-氣] N. <chem.> radium emanation

léishèqiāng 雷射枪[-槍] N. laser gun M: [1]bǎ

léishèxiàn 镭射线 N. radium radiation

léishī 雷师[-師] N. thunder god

léishí 礌石 N. <hist.> huge rocks pushed from high places to kill the enemy

lěishí 累时[-時] ADV. for a long time

lěishì* 累世 ADV. for many generations

lèishì 累事 N. drudgery; toil

lěishìbùdì 累试不第 F.E. <trad.> fail to pass the imperial exam year after year

léishòu 羸瘦 S.V. emaciated

léishòuxūruò 羸瘦虚弱[--虛-] F.E. emaciated and weak

lěishǔ 累黍 N. very small quantity

lèishū 类书[類書] N. reference works arranged by category; encyclopedias

lèishǔ* 类属[類屬] N. group; classification

lèishǔ chéngfèn 类属成分[類屬-] N. <lg.> classifier

lèishǔ cídiǎn 类属词典[類屬-] N. thesaurus M: [1]běn/[4]cè/[2]bù

lèishuǐ 泪水[淚-] N. tear; tear-drops M: [2]dī

lēisǐ 勒死 R.V. strangle to death *See also* lēsǐ

lěisì 耒耜 N. <wr.> plow

lèisǐ 累死 R.V. die from overwork (lit./fig.)

lèisì* 类似[類-] V. be similar to ♦N. <phil.> analogy

lèisìdiǎn 类似点[類-點] N. similar points; similarities

lèisì guānxi 类似关系[類-關係] N. <lg.> affinity

lèisǐlèihuó 累死累活 F.E. work oneself to death

léisuāngǒng 雷酸汞 N. fulminating mercury

lěisuì 累岁[-歲] N. year after year

lèitái 擂台[-臺] N. ring; arena M: [4]zuò

lèitáisài 擂台赛[-臺-] N. ① martial-arts contest ② open challenge match M: [2]chǎng

lèitiáo 肋条[-條] N. <topo.> ① rib ② pork ribs; spareribs

lèitiáogu 肋条骨[-條-] N. ribs

léitíng 雷霆 N. ① thunderclap; thunderbolt ② towering rage ♦ID. overwhelming; overpowering

léitíngwànjūn 雷霆万钧[--萬-] F.E. overwhelming; overpowering

léitíngwànjūn zhī shì 雷霆万钧之势[--萬--勢] N. overwhelming power/force

léitóng* 雷同 V.P. ① echoing others ② duplicate; identical

lèitóng 类同[類-] V.P. ① identical; same ② similar; alike ♦N. analogy

lèitòu 累透 R.V. be worn out; be fatigued

léitóufēng 雷头风 N. initial severity of a new boss which often eases up as time goes by

lèituī 类推[類-] V. analogize; reason by analogy ♦N. analogy

lèituī zuòyòng 类推作用[類-] N. <lg.> analogy

lěiwài 垒外[壘-] N. <sport> foul ball

léiwán 雷丸 N. <Ch.med.> omphalia; omphalia lapialia

lèiwāngwāng(r) 泪汪汪(儿)[淚-] V.P. brimming with tears

léiwánjūn 雷丸菌 N. omphalia lapidescens

léiwén 雷纹 N. thunder pattern

lèiwō 肋窝[-窩] N. armpit

lèixiàn 泪腺[淚-] N. <phys.> lachrymal gland

lèixiàzhānjīn 泪下沾襟[淚-] F.E. cry/weep with abundant tears

léixiè 缧/累绁[纍-] N. <wr.> ① rope for trussing up a prisoner ② bonds

lèixīn 累心 V.O. be tiring (mentally/emotionally)

lèixíng 类型[類-] N. type; category; typology

lèixíng biāojì bǐlǜ 类型标记比率[類-標---] N. type-token ratio

lěixíngfàn 累行犯 N. recidivist; repeated offender M: ge/[1]míng

lèixīngtǐ 类星体[類-體] N. <astr.> quasi-stellar object; quasar M: ge/[1]zhǒng

lèixíng xiāngsì 类型相似[類-] N. <lg.> typological similarity

lèixíngxué 类型学[類-] N. typology

lèixíngxué fēnlèifǎ 类型学分类法[類---類-] N. typological classification

lèixíng yǔyán 类型语言[類-] N. typological linguistics; linguistic typology

lèixíng yǔyánxué 类型语言学[類-] N. <lg.> typological linguistics
lèiyǎn 泪眼[淚-] N. tearful eyes M: [1]*duì*
lèiyǎnmóhu 泪眼模糊[淚-] F.E. eyes blurred by tears
lèiyè 泪液[淚-] N. tear
lèiyì cídiǎn 类义词典[類義-] N. lexicon; thesaurus M: [1]*běn*/[4]*cè*/[2]*bù*
léiyīn 雷音 N. Buddha's saying
léiyīn Fóyǔ 雷音佛语 N. Buddha's saying
lèiyíngyíng 泪盈盈[淚-] V.P. brimming with tears; tearful
léiyǔ* 雷雨 N. thunderstorm M: [3]*cháng*
lèiyǔ 泪雨[淚-] N. tears running down like rain
lèiyuán 类猿[類-] N. half-ape
lěiyuè 累月 ADV. month by month
lěiyuèjīngnián 累月经年[--經-] F.E. for months and years
léiyún 雷云[-雲] N. thundercloud
léiyǔyún 雷雨云[-雲] N. <met.> thundercloud
lěizāobàiběi 累遭败北 F.E. suffer many reverses
lěizēng 累增 V. increase progressively
lěizhàn 累战[-戰] N. one battle after another
lěizhànjiēbèi 累战皆北[-戰--] F.E. lose in every battle
lěizhànjiējié 累战皆捷[-戰--] F.E. one victory after another
[1]**léizhèn** 雷震 N. thunderclap
[2]**léizhèn** 雷阵 N. rolling thunder
léizhènyǔ 雷阵雨 N. thunder shower M: [3]*cháng*
lèizhǐ 类指[類-] N. <lg.> generic reference
lěizhòng 累重 N. dependents and property
lēizhù 勒住 R.V. halt by pulling in the rein; rein in; tighten *See also* *lèzhu*
lèizhū(r)* 泪珠(儿)[淚-] N. teardrop M: [1]*kē*
lèizhú 泪竹[淚-] N. speckled bamboo M: [2]*kē*/[5]*zhī*
lèizhǔ 擂主 N. ring master M: *ge*/[1]*míng*/[2]*wèi*
lèizhūgǔngǔn 泪珠滚滚[淚-滾滾] F.E. Pearly tears roll down the cheeks.
léizhui 累赘/坠[-墜] S.V. ① burdensome ② verbose ♦N. encumbrance ♦V. tie down; fetter; encumber
léizi 雷子 <coll.> N. cop; policeman
lèizú* 类族[類-] N. species; kinds; etc.
lèizǔ 类组[類-] N. <lg.> cohort
lěizuò 累坐 V. become involved in a crime and suffer the consequences
lèjiāo 勒交 V. order the surrender of; force sb. to hand over sth.
lèjiè 勒借 V. borrow by threats
lèjièsuǒ 勒借所 P.W. clinic where addicts are detoxified
lèjìng 乐境[樂-] N. (state of) happiness
lèjíshēngbēi 乐极生悲[樂極-] F.E. Extreme joy begets sorrow.
[1]**lèjuān** 乐捐[樂-] V.P. donate voluntarily
[2]**lèjuān** 勒捐 V.O. extort contributions
lè kāihuā 乐开花[樂開-] V.O. be very happy
lèkèn 勒掯 V. extort; blackmail *See also* *lēikèn*
lèkèsī 勒克司 M. <phy./loan> lux; meter-candle
lèlehēhē 乐乐和和[樂樂-] V.P. <coll.> joyous; happy
lèlì 乐利[樂-] V.O. bring happiness/benefit
lèlìng 勒令 V. compel; order (officially)
lèlìngtuìxué 勒令退学 F.E. suspend indefinitely (of students)
lèmǎ 勒马 V.O. rein in a horse
lèmìng 乐命[樂-] V.O. be content with one's lot
[1]**lēng** 棱 in *cīlēng*, *huābulēngdēng* *See also* [1]*léng*
[2]**lēng** 楞 in *èrbulēng*, *shǎbulēngdēng* *See also* [2]*léng*, *lèng*
[3]**lēng** 愣 in *līgērlēng* *See also* *lèng*
[1]**léng** 棱 N. ① arris; edge ② corrugation ③ ridge *See also* [1]*lēng*
[2]**léng** 楞 B.F. edge; corner joining two plane surfaces [2]*sìléngzi*, *dìléng* *See also* [2]*lēng*, *lèng*
[3]**léng** 塄 B.F. raised slope at the edge of a level field *dìléng*
[4]**léng** 薐 in *bōléng*, *bōléngcài*
[5]**léng** 崚 in *léngcéng*
lěng* 冷 S.V. ① cold ② frosty (in manner) ③ <topo.> cool ♦B.F. ① unfrequented; deserted; out-of-the-way *lěngpì* ② strange; rare ③ shot from hiding *lěngqiāng* ♦N. Surname
lèng 愣/楞 S.V. <coll.> ① distracted; stupefied ② rash; reckless ♦ADV. ① definitively ② surprisingly *See also* [2]*lēng*, [3]*lēng*, [2]*léng*
lěngbá 冷拔 N. <mach.> cold-drawing
lèngbābā 愣巴巴 V.P. <coll.> in a daze
lèngbābàn 楞八瓣 V.P. <coll.> misshapen
lěngbǎndèng 冷板凳 N. ① post/office of no consequence ② cold reception [2]*zuò* ~ get a cold-shoulder
léngbǎo 棱堡 N. bastion
lěngbèi 冷背 S.V. unsalable; unmarketable
lěngbèi shāngpǐn 冷背商品 N. unsalable goods M: [2]*jiàn*/[1]*zhǒng*
lěngbīngbīng 冷冰冰 R.F. ① ice-cold; icy; frosty ② cold in manner
lěngbù 冷布 N. cotton gauze
lěngbudīng 冷不丁 ADV. suddenly; by surprise
lěngbufáng 冷不防 ADV. unawares; suddenly
lěngcài 冷菜 N. cold dish M: [2]*dào*
lěngcān 冷餐 N. ① cold meal ② buffet
lěngcáng 冷藏 N. refrigeration; cold storage
lěngcángchē 冷藏车 N. refrigerated truck M: [3]*liàng*
lěngcángfǎ 冷藏法 N. refrigeration
lěngcángkù 冷藏库 N. cold storage; freezer M: [4]*zuò*
lěngcángqì 冷藏器 N. freezer M: [1]*tái*
lěngcáng qìchē 冷藏汽车 N. cold-storage truck M: [3]*liàng*
lěngcángshì 冷藏室 N. ① cold storage M: [1]*jiān* ② refrigerator compartment
lěngcángxiāng 冷藏箱 N. refrigerator M: *ge*/[2]*zhī*
lěngcān zhāodàihuì 冷餐招待会 N. buffet reception M: *cì*
léngcéng 崚嶒 V.P. <wr.> steep; rugged
lěngcháng 冷肠[-腸] S.V. uninterested in worldly affairs
lěngchǎng* 冷场[-場] N. ① awkward silence on stage when an actor enters late or forgets lines ② awkward silence at a meeting
lèngchǎo 楞吵 V. <coll.> argue persistently
lěngcháorèfěng 冷嘲热讽[--熱-] F.E. freezing irony and burning satire
lěngchègǔsuǐ 冷彻骨髓[-徹--] F.E. chilled to the bone
lěngchuáng 冷床 N. <agr.> cold bed/frame
lěngchǔlǐ 冷处理[-處-] N. <mach.> cold treatment
lèngcōng 楞葱[-蔥] N. <topo.> dolt; dim-wit
lěngcuìxìng 冷脆性 N. <mach.> black shortness; low-temperature brittleness
lěngdài 冷待 V.P. treat coldly; cold-shoulder; slight
lěngdàn 冷淡 S.V. ① cheerless; desolate ② cold; indifferent ③ dull; lusterless ♦V. treat coldly; cold-shoulder; slight *Bié ~ le tā.* Don't give her a cold reception.
lěng de huāng 冷得慌 V.P. very cold
lěng de xiéhuo 冷得邪活 V.P. <coll.> unusually cold
lěng de zīyáliězuǐ 冷得龇/呲牙裂嘴[--齜---] V.P. <coll.> unbearably cold
lěngdiǎn 冷点[-點] N. things that have not yet attracted popular attention
lěngdiào 冷调 N. cool color-tone; cool tone
lěngdié(r) 冷碟(儿) N. a cold dish
lěngdīng 冷丁 ADV. suddenly; all of a sudden
lěngdīngdīng 冷丁丁 R.F. <coll.> suddenly; like a bolt out of the blue
lěngdīyā 冷低压[-壓] N. cold cyclone
lěngdòng 冷冻 V. freeze
lěngdòng gānzàofǎ 冷冻干燥法[--乾--] N. freeze-drying method
lěngdòngjī* 冷冻机 N. refrigerator; freezer M: [1]*tái*
lěngdòngjì 冷冻剂[-劑] N. refrigerant
lěngdòng jīngyè 冷冻精液 N. frozen semen
lěngdòngkù 冷冻库 N. freezer; refrigerated storage room M: [4]*zuò*
lěngdòngshì 冷冻室 N. freezer compartment (in a refrigerator); freezer
lěngdòng shípǐn 冷冻食品 N. frozen foods
lěngduàn 冷锻 N. <mach.> cold forging/hammering
léngfèng(r) 棱缝(儿) N. <topo.> ① seam in a wall ② loophole; the way out of a problem; solution to a problem ③ opportunity; chance
[1]**lěngfēng*** 冷风 N. ① cold breeze/wind ② rumor; gossip M: [1]*zhèn*
[2]**lěngfēng** 冷锋 N. <met.> cold front
lěngfēngmiàn 冷锋面 N. <met.> cold front
lěngfēngqì 冷风器 N. air-conditioner M: [1]*tái*
lěngfū 冷敷 <med.> N. cold compress ♦V. apply a cold compress
lènggàn 愣干[-幹] V. <coll.> do things recklessly
lěnggāoyā 冷高压[-壓] N. cold anticyclone
lěnggōng 冷宫[-宮] N. limbo
lěngguān 冷官 N. functionary not very occupied
lěngguāng 冷光 N. ① <phy.> cold light ② cold/stern look
lěngguāngdēng 冷光灯[-燈] N. cold-light bulb
lěng guō lǐ mào rèqì 冷锅里冒热气[-鍋裡-熱氣] ID. <topo.> unexpectedly; all of a sudden; by surprise
lěnghài 冷害 N. cold-damage to plants
[1]**lěnghàn** 冷汗 N. ① cold sweat ② <Ch.med.> clammy perspiration
[2]**lěnghàn** 冷焊 N. <mach.> cold welding
lěnghuà 冷话 N. cold/negative/bitter words; biting remarks
lěnghūn 冷荤 N. cold meat/buffet
lěnghuò 冷货 N. goods not much in demand
[1]**lěngjì** 冷寂 S.V. quiet and lonely; cold and still
[2]**lěngjì** 冷剂[-劑] N. freezing mixture
lěngjiāgōng 冷加工 N. <mach.> cold working
lèngjiāhuo 愣家伙 N. <coll.> nitwit; simpleton; dolt
lěngjiàn 冷箭 N. ① arrow shot from hiding ② sniper's shot M: [4]*zhī*
lěngjiānbǎng 冷肩膀 N. cold shoulder
lěngjiànhēiqiāng 冷箭黑枪[-槍] F.E. stab in the back
léngjiǎo 棱角 N. ① edges and corners ② edge; pointedness
lěngjié 冷节[-節] N. eve of the spring festival
lěngjīn 冷金 N. ① letter paper sprinkled with gold ② light yellow
lěngjìn* 冷噤 N. shiver (from cold)
léngjìng 棱镜 N. <phy.> prism
lěngjìng* 冷静[-靜] S.V. sober; calm
léngjìng fēnguāng 棱镜分光 N. prismatic decomposition
lěngjìng xiàlai 冷静下来[-靜--] R.V. calm down
lèngjìnr 愣劲儿[-勁-] N. <topo.> dash; pep; vigor
lěngjìntián 冷浸田 N. low-yield fields soaked year-round by water from cold springs (usu. in mountain valleys)
lěngjué 冷觉[-覺] N. sensation of cold; sense of cold
lěngjùn 冷峻 S.V. cold; frosty (of looks); grave and stern ♦ADV. scathingly
lèngkēkē 愣磕磕 R.F. <coll.> blankly; like a fool
[1]**lěngkù** 冷酷 S.V. cruel and cold; unfeeling; callous
[2]**lěngkù** 冷库 N. refrigerated storage; freezer M: [4]*zuò*
lěngkùwúqíng 冷酷无情 F.E. unfeeling; cold-blooded
lěnglā 冷拉 N. <mach.> cold-drawing
lènglebājī 愣了巴叽 F.E. <topo.> hotheaded
lèngle bàntiān 愣了半天 V.P. <coll.> gaped for a long time
lèngle lèng 愣了愣 V.P. be temporarily at a loss
léngléng 棱棱 R.F. open (eyes) wide
lěnglěng 冷冷 R.F. coldly
lènglèng* 愣愣 R.F. blankly; numbly
[1]**lènglèng de** 愣愣地 ADV. blankly; in a daze

L

2lèngleng de 楞楞地 ADV. intently; insistently; unflinchingly
léngleng jiǎojiǎo 棱棱角角 N. <coll.> edges and corners
lěnglěngqīngqīng 冷冷清清 V.P. cold and cheerless; desolate
lènglengr 愣愣儿 R.F. go momentarily blank
léngléngzhēngzhēng 棱棱睁睁[-睜睜] V.P. rude; forbidding in manner
lěnglì 冷痢 N. <Ch.med.> cold type dysentery
lěngliǎnzi 冷脸子 N. cold face; severe expression
lěngliáofǎ 冷疗法[-療-] N. <Ch.med.> frigotherapy; cold therapy
lěngliú 冷流 N. <phy.> cold flow
lěngluò 冷落 S.V. unfrequented; desolate ♦V. treat coldly; cold-shoulder; leave out in the cold
lěngmǎo 冷铆 N. <mach.> cold riveting
lěngméi 冷媒 N. Freon
lěngmén(r) 冷门(儿) N. ① profession, commodity, academic course, etc. not in popular demand ② unexpected winner ***Tā pǎole dìyī. Zhēn shì bàole ge ~.*** He won the race. That was an upset.
lěngménhuò 冷门货 N. goods in low demand M: 2jiàn/1zhǒng
lěngmiàn 冷面 N. ① poker face ② <met.> cold front
lěngmiànkǒng 冷面孔 N. cold/emotionless face M: 1zhāng
lěngmò 冷漠 S.V. cold and detached; unconcerned; indifferent
lěngníng 冷凝 N. <phy.> condensation
lěngníngdiǎn 冷凝点[-點] N. condensation point
lěngníngqì 冷凝器 N. condenser M: 1tái
lěngnuǎn 冷暖 N. ① changes in temperature ② degree of cold or heat ③ daily life
lěngnuǎnzìzhī 冷暖自知 F.E. know sth. without being told
lěngpái 冷排 N. <print.> cold type
lěngpán(r) 冷盘(儿)[-盤-] N. cold dish; hors d'oeuvres
lěngpào 冷炮 N. sniper's shot
lěngpì 冷僻 S.V. ① deserted; out-of-the-way ② rare; unfamiliar; obscure
lěngqì 冷气[-氣] N. <topo> air conditioning
lěngqiāng 冷枪[-槍] N. sniper's shot
lěngqiào 冷峭 S.V. ① severely cold ② harsh and biting; stern; scathing
lěngqìjī 冷气机[-氣-] N. air-conditioner M: 1tái
lěngqing* 冷清 S.V. cold and cheerless; desolate; deserted
lèngqīng 愣青 V.P. <topo.> dark blue
lěngqīngqīng 冷清清 R.F. cold and cheerless; desolate; deserted
lěngqì shèbèi 冷气设备[-氣-備] N. refrigeration facility/equipment
lěngqìtuán 冷气团[-氣團] N. cold air mass
lěngquán 冷泉 N. cold spring
lěngquè 冷却[-卻] V. cool off
lěngquè dǎoguǎn 冷却导管[-卻導-] N. cooling duct
lěngquèjì 冷却剂[-卻劑] N. coolant; cooler
lěngquèqì 冷却器[-卻-] N. refrigerator M: 1tái
lěngquè xìtǒng 冷却系统[-卻--] N. cooling system
léngr 棱儿 N. edge (of furniture/etc.)
lèngr* 愣儿 A.T. dumbfounded
lěngrán 冷然 V.P. ① cold (of expression) ② unexpectedly; suddenly
lěng-rèbìng 冷热病[-熱-] N. <topo.> ①malaria ② capricious changes in mood
lěngrèbùdìng 冷热不定[-熱--] F.E. changes in temperature/mood
lèngrén 楞人 N. simpleton; dolt
lěngruòbīngshuāng 冷若冰霜 F.E. aloof
1lěngsè 冷色 N. cold/cool color
2lěngsè 冷涩[-澀] S.V. ① chilly (of water/air) ② cold and dull (of expression) ③ dull (of sound) ④ obscure and rarely used (of wording)
lěngsēnsēn 冷森森 V.P. ① cold and cheerless; chilly ② impressive; striking
lěngshān 冷杉 N. <bot.> fir M: 2kē
lěngshānmù 冷杉木 N. fir; fir wood/timber M: 2gēn
lěngshè 冷射 V. make a sudden shot for the goal
lèngshénr 愣神儿 V.O. <coll.> stare blankly; be in a daze
lěngshí* 冷食 N. cold drinks and snacks
lèngshi 楞是 ADV. <coll.> unflinchingly; decisively
lèngshì 愣是 ADV./V. insist; allege; assert
lěngshíbù 冷食部 P.W. cold-drink and snack counter
lěngshuāng 冷霜 N. cold cream
lěngshuǐ 冷水 N. ① cold water (lit./fig.) ② unboiled water
lěngshuǐjiāotóu 冷水浇头[--澆-] ID. rude disappointment
lěngshuǐyù 冷水浴 N. cold bath/shower M: cì
lèngshuō 愣说 V. <coll.> insist; say flatly
lěngsīsī 冷丝丝[-絲絲] R.F. a bit chilly
lěngsōusōu 冷飕飕 R.F. chilling; chilly (of wind)
léngtái 棱台[-臺] N. frustum of a pyramid
lěngtán 冷痰 N. <Ch.med.> cold type phlegm-syndrome
lěngtàng 冷烫[-燙] N. cold wave/perm
lěngtàngjīng 冷烫精[-燙-] N. cold wave/perm solution
lěngtiān 冷天 N. cold weather
lěngtòng 冷痛 N. <Ch.med.> painful regions with a cold feeling
lèngtóukēnǎo 楞头磕脑[-腦] F.E. ① stupid looking; stupid; in a stupor ② rash
lèngtóulèngnǎo 愣头愣脑[-腦] F.E. rash; impetuous; reckless
lèngtóu(r)qīng 愣头(儿)青 N. ① <topo.> hothead ② <coll.> blunderer; lunkhead
lěngxià 冷夏 N. unusually cool summer
lěng xiàlai 冷下来 R.V. cool down; become cold
léngxiàn* 棱线 N. crest line
lěngxiàn 冷线 N. cold line
lěngxiàng 冷巷 N. deserted alleyways
lěngxiào 冷笑 V./N. sneer; laugh grimly
lèngxiǎozi 楞小子 N. <coll.> rash person; bungler; young hothead M: ge/1míng
lěngxīn 冷心 S.V. apathetic; discouraged ♦N. indifference
lěngxīncháng 冷心肠[-腸] S.V. coldhearted; heartless
lěngxìng féiliào 冷性肥料 N. cold manure
lěngxuè 冷血 N. cold blood (of cold-blooded animals)
lěngxuè dòngwù 冷血动物[--動-] N. ① cold-blooded animal M: ge/1zhǒng ② unfeeling/coldhearted person
lěngyā 冷压[-壓] <mach.> N. cold-press
lěngyǎn* 冷眼 N. ① cool detachment ② cold shoulder ♦ADV. look on as a disinterested bystander
lèngyán 楞严[-嚴] N. <Budd.> one who surmounts all obstacles (Skt. surangama)
lèngyǎn 愣眼 V. <coll.> stare
lèngyǎnbājī de 愣眼巴唧的 F.E. <topo.> blink blankly/dumbly
lěngyǎnfǎ 冷罨法 N. <med.> cold-compress method
lěngyánfěngyǔ 冷言讽语 F.E. sarcastic/ironical remarks
lěngyánlěngyǔ 冷言冷语 F.E. sarcastic/ironical remarks
lěngyǎnpángguān 冷眼旁观[-觀] F.E. ① look on coldly; stay aloof ② look on with a critical eye
lěngyǎnrèxīn 冷眼热心[--熱-] F.E. affected indifference
lèngyào 楞要 V. insistently demand
lěngyǐn 冷饮 N. cold drink
lěngyǐndiàn 冷饮店 P.W. cold-drink bar/shop M: 1jiā
lěngyù 冷遇 V. give sb. the cold shoulder ♦N. cold reception
lěngyǔqīnrén 冷语侵人 F.E. offend by sarcastic talk
lěngzàn 冷錾 N. cold chisel
lěngzào 冷灶 N. ① cold stove ② person out-of-office ③ difficult situation
lěngzhá 冷轧 N. <metal.> cold rolling
lěngzhágāng 冷轧钢[-鋼] N. cold-rolled steel
lěngzhájī 冷轧机 N. cold-rolling mill M: 1tái/4zuò
1lěngzhàn 冷战[-戰] N. ① cold war M: 3cháng ② <coll.> shiver
2lěngzhàn(r) 冷颤(儿) N. <coll.> shiver
lěngzhànhòu 冷战后[-戰-] ATTR. post-cold war
lěngzhàn zhèngcè 冷战政策[-戰--] N. cold-war policy
lèngzhe 愣/楞着[-著] V.P. not moving; in a daze
léngzhēng 棱睁[-睜] A.T. ① rash; rude ② very cold
lèngzheng* 愣怔/睁[-睜] V. <coll.> ① dazed; dumbstruck ② lost in thought/reverie ③ stare blankly
léngzhēng xìngzi 棱睁性子[-睜--] <coll.> N. dolt; bumbler
lěngzhù 冷铸[-鑄] N. chill casting
lèngzhù* 愣住 R.V. ① look distracted; stare blankly ② become stunned
lěngzhuāngzi 冷庄子[-莊-] P.W. <topo.> restaurant serving mainly cold food
léngzhuī 棱锥 N. pyramid M: 1bǎ
léngzhuītái 棱锥台[-臺] N. <math.> frustum of a pyramid
léngzhuītǐ 棱锥体[-體] N. <math.> pyramid
léngzhùtǐ 棱柱体[-體] N. <math.> prism
léngzi* 棱子 N. ① angle; right angle ② corner
lěngzi 冷子 A.T. all of a sudden ♦N. <topo> hail; hailstone
lěngzì 冷字 N. rare/unfamiliar word
lèngzuò 愣作 V. <coll.> persist in doing
lěngzuògōng 冷作工 N. construction steel
lèpài 勒派 V. force sb. to pay levies or do corvée
lèqù 乐趣[樂-] N. delight; pleasure; joy
lèqún 乐群[樂-] V.O. get along well with one's friends; be sociable
lèr 乐儿[樂-] N. ① fun; pleasure ② happy laughter ③ laughing-stock
lèróngróng 乐融融[樂-] V.P. happy and harmonious
lèrúzhīquè 乐如枝鹊[樂-] F.E. happy/merry as a lark
lèsè 垃圾 N. <TW> refuse; garbage; rubbish ***See also*** ***lājī***
lèsèchǎng 垃圾场[-場] P.W. <TW> (refuse) dump M: chù
lèsèchē 垃圾车 N. <TW> garbage/refuse collection truck M: 3liàng ***See also lājīchē***
lèsèduī 垃圾堆 N. <TW> dump M: 4zuò ***See also lājīduī***
lèshàn 乐善[樂-] S.V. charitable; benevolent
lèshànhàoshī 乐善好施[樂-] F.E. charitable; benevolent
lèshī 乐施[樂-] S.V. charitable; generous
1lèshí 勒石 V.O./N. inscribe on a stone tablet
2lèshí 泐石 V.O. ①carve on a rock ②split; break up (of rocks)
lèshì* 乐事[樂-] N. pleasure; delight ***Bāngzhù tārén yěshì yījiàn ~.*** Helping others is a pleasure. M: 2jiàn
lèshū 乐输[樂-] V. be willing to contribute
lèshú* 勒赎[-贖] V.O. kidnap a person for ransom
lèsǐ 勒死 R.V. strangle ***See also lēisǐ***
lèsuǒ 勒索 V. extort; blackmail
lèsuǒzhě 勒索者 N. blackmailer M: ge/1míng
lètáotáo 乐陶陶[樂-] V.P. <wr.> cheerful; happy; joyful
lète 肋脦 S.V. untidy (of clothes) ***See also lēde***
lètiān 乐天[樂-] A.T. happy-go-lucky

lètiānpài 乐天派[樂-] N. optimist; happy-go-lucky person M: ge/[1]míng/[2]wèi
lètiānzhīmìng 乐天知命[樂-] F.E. be content with what one is
lètiānzhǔyì 乐天主义[樂-義] N. optimism
lètǔ 乐土[樂-] N. paradise M: [1]piàn
lèwén 乐闻[樂-] V. be happy to hear about
lèwénr 乐纹儿[樂-] N. dimple
lèxiàn 勒限 V. give a time limit to
lèxīxī de 乐嘻嘻的[樂-] V.P. pleased; delighted; glad; joyous
lèyángyáng 乐洋洋[樂-] V.P. joyful; cheerful
lèyè 乐业[樂業] V.O. like one's job/trade
[1]lèyì 乐意[樂-] V. be willing/ready to ***Wǒ ~ [2]jiè tā qián.*** I wanted to lend him money. ♦S.V. pleased; happy
[2]lèyì 乐易[樂-] S.V. pleasant; agreeable
[3]lèyì 勒抑 V. force sb. to reduce the price; extort and suppress
lèyǐwàngyōu 乐以忘忧[樂-憂] F.E. seek pleasure to forget one's worries
[1]lèyú* 乐于[樂於] V.P. be happy to; take delight in
[2]lèyú 勒鱼 N. <zoo> shad-like fish; *ilisha elongata*
lèyǔ 仂语 N. phrase
lèyù 乐育[樂-] V. be happy in teaching
lèyuán 乐园[樂園] N. ①paradise ②playground M: [4]zuò
lèyúcóngmìng 乐于从命[樂於從-] F.E. be happy to obey
lèyúzhùrén 乐于助人[樂於-] F.E. be happy/willing to help
lèzàiqízhōng 乐在其中[樂-] F.E. enjoy; take delight in
lèzhà 勒诈 V. defraud
lèzhu* 勒住 R.V. halt by reining in ***See also*** *lēizhù*
lèzhù 乐助[樂-] V. be willing to help
lèzi 乐子[樂-] N. <topo.> ①joy; fun ②awkward predicament ③ <coll.> laughing-stock
lèzīzī 乐滋滋[樂-] S.V. <coll.> contented
li 哩 M.P. *①for continued state or action ②<topo.> used in enumeration* ***Yīngwén ~, Déwén ~, Fàwén ~, tā dōu huì shuō.*** He can speak English, German, and French. ♦B.F. *inserted in two-syllable compound between first syllable and its repetition, to the effect of '-ish' or 'good and...':* ***hú~hútu*** good and muddled ***See also*** [9]*lǐ*
[1]lí 离[離] V. ① leave; part from; be away from ② separate ③ defy; go against ♦COV. distant/apart from
[2]lí 梨 N. ① pear ② Surname
[3]lí 厘[釐] M. *① of length equal to 1/3 millimeter ② of weight equal to 0.05 gram ③ of area equal to 2/3 square meter ④ of money equal to 0.001 of a yuán ⑤ of monthly interest equal to 0.27 percent ⑥ of annual interest equal to 1 percent* ♦B.F. a fraction; the least ***See also*** [4]*xǐ*
[4]lí 犁 N./V. plow
[5]lí 篱[籬] B.F. fence; barrier; hedge [1]***líba, fānlí***
[6]lí 罹 B.F. suffer misfortune; encounter disaster ***línàn, lí'è, zāolí***
[7]lí 蠡 B.F. gourd dipper ***yílícèhǎi, lícè***
[8]lí 嫠 B.F. widow ***lífù, qiónglí***
[9]lí 缡[縭] B.F. bridal veil ***jiélí***
[10]lí 醨 B.F. weak wine ***chúnlí***
[11]lí 黎 B.F. black; dark ***límíng*** ♦in ***Bōduōlígè, Bālí***
[12]lí 黧 B.F. black; brownish black ***líhēi***
[13]lí 骊[驪] B.F. black horse ***lígē,*** [2]***qīnglí***
[14]lí 丽[麗] in ***Gāolí, Gāolízhǐ See also*** [11]*lì*
[15]lí 鲡[鱺] in ***mánlí***
[16]lí 璃 in ***bōli, liúliwǎ***
[17]lí 狸 in ***húli, lídé***
[18]lí 喱 in ***gālí***
[19]lí 漓 in ***línlí See also Lí***
[20]lí 蜊 in [2]***gélí***
[21]lí 蓠[蘺] in ***líbāzi***
[22]lí 藜 in ***líkē, jílí***
[23]lí 鹂[鸝] in ***huánglí***
Lí 漓[灕] B.F. ***Lí Jiāng See also*** [19]*lí*
[1]lǐ* 里[裡/裏] N. lining; inside ♦B.F. internal; interior; inside ***lǐtou*** ♦SUF. in; inside ***See also*** [2]*lǐ*

[2]lǐ 里 N. ① neighborhood ② hometown; native place ③ Surname ♦M. Chinese mile (1/2 kilometer or about 1/3 mile); tricent (300 paces) ***See also*** [1]*lǐ*
[3]lǐ 理 B.F. ① texture; grain (in wood/etc.) [2]***wénlǐ*** ② reason; logic; truth ***hélǐ*** ③ natural science (esp. physics) ***wùlǐ*** ④ law; principle; doctrine; theory ***dàolǐ*** ⑤ manage; run ***guǎnlǐ*** ♦V. ① put in order; tidy up ② take notice; acknowledge ③ administer; govern; operate
[4]lǐ 礼[禮] B.F. ① ceremony; rite; ritual ***hūnlǐ*** ② courtesy; etiquette; manners [1]***lǐmào*** ♦N. gift; present
[5]lǐ 李 B.F. plum ***lǐzi*** ♦N. Surname
[6]lǐ 锂[鋰] N. lithium
[7]lǐ 俚 B.F. vulgar [2]***lǐsú, lǐyǔ***
[8]lǐ 鳢[鱧] B.F. snakehead mullet ***wūlǐ***
[9]lǐ 哩 ***See*** *yīnglǐ* ***See also*** *li*
[10]lǐ 鲤[鯉] B.F. carp ***lǐyú, luǒlǐ***
[11]lǐ 醴 B.F. sweet wine/water ***lǐquán,*** [2]***fānglǐ***
[12]lǐ 娌 in ***zhóuli***
[13]lǐ 逦[邐] in [1]***lǐyǐ, yǐlǐ***
[1]lì 力 N. ① <phy.> force ② Surname ♦B.F. ① power; strength; ability [1]***nénglì*** ② physical strength ***lìliang*** ③ energy ***lìqi*** ④ do all one can; make every effort ***nǔlì*** ⑤ vigorously; earnestly ***lìzhēng***
[2]lì 立 V. ①stand ②erect; set up ♦B.F. ①exist; live [1]***dúlì***②upright; erect; vertical ***lìguì***③immediate; instantaneous [1]***lìkè*** ♦ADV. <wr.> immediately
[3]lì 粒 B.F. grain; granule; pellet [1]***mǐlì*** ♦M. *for sth. grain-like*
[4]lì 利 N. ① profit; interest ② advantage; benefit ③ Surname ♦B.F. ① sharp [2]***fēnglì*** ② favorable ***shùnlì*** ③ do good (to); be beneficial (for) ***lìyú***
[5]lì 例 N. ①example; instance ②precedent ③case; instance ♦B.F. rule; regulation; law ***tiáolì***
[6]lì 历[歷] B.F. ① experience [1]***jīnglì*** ② era; age ***lìdài*** ③ last [1]***lìshí*** ♦N. Surname ♦COV. through; throughout ***See also*** [7]*lì*
[7]lì 历[曆] B.F. calendar [1]***rìlì*** ♦V. calculate; count ***See also*** [6]*lì*
[8]lì 厉[厲] B.F. ① harsh; severe; serious [1]***yánlì*** ② oppressive; cruel ***lìhai*** ③ evil ♦N. Surname
[9]lì 鬲 N. <archeo.> cauldron for meat and cereals ***See also*** [13]*gé*
[10]lì 笠 B.F. bamboo/straw hat [1]***cǎolì***
[11]lì 丽[麗] B.F. beautiful ***měilì, lìdū See also*** [14]*lí*
[12]lì 励[勵] B.F. encourage [1]***gǔlì,*** [2]***lìcí***
[13]lì 栗 B.F. chestnut [2]***lìzi See also*** [14]*lì*
[14]lì 栗[慄/溧] B.F. tremble [2]***zhànlì See also*** [13]*lì*
[15]lì 隶[隸] B.F. ①belong to ②slave ***núlì***③"scribe" style of Chinese characters ***Lìshū***
[16]lì 沥[瀝] B.F. drip ***dīlì*** ♦in ***lìqīng***
[17]lì 吏 B.F. <trad.> official; low-level official; clerk [1]***guānlì***
[18]lì 戾 B.F. crime; offense [4]***lìqì, bàolìzìsuī,*** [5]***dúlì***
[19]lì 痢 B.F. dysentery ***lìji, làlì***
[20]lì 砾[礫] B.F. pebble; gravel [3]***lìshí,*** [1]***shālì***
[21]lì 荔 B.F. lichee ***lìzhī,*** [4]***bìlì***
[22]lì 俪[儷] B.F. matched; paired; husband and wife [1]***kànglì,*** [1]***lìcí,*** [2]***pèilì***
[23]lì 枥[櫪] B.F. horse trough [2]***lìmǎ,*** [6]***fúlì***
[24]lì 栎[櫟] B.F. oak [1]***húlì, lìchū***
[25]lì 沴 B.F. inauspicious [5]***lìqì,*** [2]***zāilì***
[26]lì 砺[礪] B.F. grindstone; whetstone [4]***lìshí, dǐlì***
[27]lì 粝[糲] B.F. unpolished rice ***lìfàn,*** [2]***cūlì***
[28]lì 莅[蒞] B.F. arrive; be present ***lìlín,*** [2]***lìhuì,*** [3]***lìrèn***
[29]lì 轹[轢] B.F. run over; oppress ***yàlì,*** [2]***línlì***
[30]lì 詈 B.F. scold; curse ***lìmà,*** [3]***fènlì***
[31]lì 疠[癘] B.F. disease; epidemic ***cīlì,*** [4]***dúlì***
[32]lì 疬[癧] in ***luǒlì***
[33]lì 俐 in ***lìluo,*** [1]***línglì***
[34]lì 唳 in [2]***hèlì***
[35]lì 莉 in ***mòlì, mòlìhuā***
[36]lì 溧 in [1]***lìliè,*** [2]***lìliáng***
[37]lì 呖[嚦] in [5]***lìlì***
[38]lì 蝶 in [4]***dīlì***
[39]lì 篥 in [5]***bìlì***
[40]lì 蛎[蠣] in ***mǔlì, lìnú, hǎilìzi***

[41]lì 轹[轢] in [3]***lìlù***
[42]lì 雳[靂] in [1]***pīlì***
[43]lì 猁 in ***shēlì***
[44]lì 鸿[鴻] in [3]***xiàolì***
[1]Lì 傈 in ***Lìsùzú***
[2]Lì 郦[酈] N. Surname
liǎ 俩[倆] PR. <coll.> ① two ② some; several ***zhí ~ qiánr.*** (it's) worth some money. ***See also*** [2]*liǎng*
liǎgèqián 俩个钱[-個錢] F.E. <coll.> not much money; a little money
[1]lián 连[連] V. join; link; connect ♦N. <mil.> ①company ②Surname ♦B.F. endless succession [1]***liánxù*** ♦ADV. in succession; one after another ♦CONS. ① ~ *N dōu V* even V N [2]***Tā ~ mǐfàn dōu bù huì zhǔ.*** She can't even cook rice. ② ~ *A dài B* both A and B ♦CONJ. including
[2]lián 联[聯] B.F. ① antithetical couplet ***duìlián*** ② allied (forces/etc.); joint (effort/etc.); mutual (guaranty/etc.) [1]***liánhé*** ③ ally oneself with; unite ***liánméng***
[3]lián 莲[蓮] N. lotus; water lily ♦B.F. Buddhist sect ***Liánzōng***
[4]lián 镰[鐮] N. sickle
[5]lián 帘[簾] B.F. curtain ***chuānglián See also*** [6]*lián*
[6]lián 帘 B.F. flag as a shop sign ***jiǔlián See also*** [5]*lián*
[7]lián 廉 B.F. ①honest and upright [3]***liánjié*** ②low-priced; cheap ***liánjià***
[8]lián 怜[憐] B.F. sympathy; pity ***kělián, liánxī***
[9]lián 涟[漣] B.F. ripples raised on water surface by wind ***liánrù,*** [2]***yīlián***
[10]lián 奁[奩] B.F. <trad.> women's makeup case ***liánjìng, péilián***
[11]lián 鲢[鰱] B.F. silver carp [1]***liányú, báilián***
[12]lián 蠊 in ***fěilián***
[13]lián 裢[褳] in ***dālian***
[14]lián 梿[槤] in ***liánjiā***
[15]lián 臁 B.F. lower leg; shank ***liánchuāng***
[16]lián 鬑 B.F. long hair and beard [3]***liánlián***
[17]lián 嗹[嗹] in ***liánlóu***
[18]lián 謰[謰] in [2]***liányǔ***
[1]liǎn* 脸[臉] N. ① face; countenance ***Xǐxi ~.*** Wash your face. ***Tā yī shēngqì, ~ jiù hóng.*** When he gets angry his face gets red. ***Tā méi~ jiànrén la.*** She feels too ashamed to face anyone. ② <topo.> front
[2]liǎn 敛/裣[斂/襝] V. ① hold back; restrain ② collect ③ <trad.> prepare a body for the coffin ***See also*** [6]*liàn*
[3]liǎn 琏[璉] B.F. vessel used to hold grain at temple sacrifices ***húliǎn***
[4]liǎn 蔹[蘞] in ***wūliǎnméi***
[1]liàn 炼[煉] V. ①smelt; refine ②temper ③train ④ <Ch. med.> stew herbs/etc.
[2]liàn 练[練] V. ① boil and scour raw silk ② practice; train; drill ③ <coll.> ⓐ challenge; have a competition ⓑ beat; thrash ⓒ work; engage in something ♦N. ①white silk ②<coll.> beating; thrashing ♦B.F. skilled; experienced ***shúliàn***
[3]liàn 链[鏈] N. ① chain ② cable length
[4]liàn 恋[戀] B.F. ① love ***liàn'ài*** ② be attached to ***liúliàn***
[5]liàn 楝 B.F. chinaberry ***liànshù, kǔliànzǐ***
[6]liàn 殓[殮] B.F. encoffin a body [2]***liànjù, rùliàn***
[7]liàn 潋[瀲] B.F. overflowing ***liànyàn,*** [2]***liànliàn***
[8]liàn 浰 in ***qīliàn***
lí'àn 离岸[離-] ATTR. offshore ♦V.O. leave the dock
lì'àn 俪安[儷-] F.E. wish a couple's health (a letter ending)
[1]lì'àn* 立案 V.O. ①register; put on record ②file a case for investigation and prosecution
[2]lì'àn 例案 N. precedent
lián'ài 怜爱[憐愛] V. love tenderly
liàn'ài* 恋爱[戀愛] V./N. love; romantic attachment
liàn'àijiǎo 恋爱角[戀愛-] N. lovers' corner

liàn'àishǐ 恋爱史[戀愛-] N. history of one's love life M: [2]bù
liǎnba 敛巴 V. <coll.> gather things together; clean up
liánbái 廉白 S.V. immaculate
liánbài* 连败 V. defeat or be defeated repeatedly ♦N. repeated defeats
liánbàn 联办[聯辦] V. cooperate in some undertaking
[1]**liánbāng** 联邦[聯-] N. federation; union; commonwealth
[2]**liánbāng** 莲邦 N. <Budd.> lotus land; Pure Land of Amitabha
Liánbāng Chǔbèi 联邦储备[聯-備] P.W. Federal Reserve
Liánbāng Chǔbèi Wěiyuánhuì 联邦储备委员会[聯-備---] P.W. Federal Reserve Board
Liánbāng Diàochájú 联邦调查局[聯-] P.W. F.B.I. (U.S.)
liánbāng gònghéguó 联邦共和国[聯-國] P.W. a federal republic
Liánbāng Kuàidì 联邦快递[聯-遞] P.W. Federal Express
liánbāngshuì 联邦税[聯-] N. federal tax
liánbāng zhèngfǔ 联邦政府[聯-] P.W. federal government
liánbāngzhì 联邦制[聯-] N. federal system; federalism
liànbānshǒu 链扳手 N. <mach.> chain wrench M: [1]bǎ
liánbànwén 莲瓣纹 N. <art> lotus-petal design
liánbǎo 联保[聯-] N. mutual guarantee (of proper conduct, etc.)
liàn bǎshi 练把式[練-] V.O. practice Chinese pugilism
liánběn 联苯[聯-] N. <chem.> benzidine
liánběn'àn 联苯胺[聯-] N. <chem.> benzidine
liánběndàilì 连本带利[--帶-] F.E. total sum including interest; both principal and interest
liánbèngdàitiào 连蹦带跳[--帶-] F.E. hop and skip
liánbǐ 连比 N. <math.> continued proportion
liánbì 连/联璧[聯-] N. ① a set of jades ② a fine couple
liànbǐ* 练笔[練筆] V.O. practice writing/calligraphy
liánbiāobìngzhěn 连镳并轸[--並-] F.E. <wr.> keep abreast
liánbǐlì 连比例 N. <math.> continued proportion
liànbīng 练兵[練-] V.O. train troops
liànbīngchǎng 练兵场[練-場] P.W. drill/parade ground M: chù/[4]zuò
liànbīng xiàngmù 练兵项目[練-] N. <mil.> training courses
liánbìnhúzi 连鬓胡子[-鬢--] N. full beard
liánbō 联播[聯-] V. broadcast over a radio network ♦N. radio hookup
liánbō jiémù 联播节目[聯-節-] N. network show
liánbō jiémù shíjiān 联播节目时间[聯-節-時-] N. network time
[1]**liánbù** 连部 P.W. <mil.> company office
[2]**liánbù** 莲步 N. ladylike steps
[3]**liánbù** 帘布[簾-] N. cord fabric (in tires)
[1]**liǎnbù*** 脸部 N. facial part
[2]**liǎnbù** 敛步 V.O. hesitate to advance further
liǎnbù ànmó 脸部按摩 N. facial massage
liánbudào 联不到[聯-] R.V. can't get connected with
liǎnbùgǎisè 脸不改色 F.E. not turn a hair
liánbushàng 连不上 R.V. lack sequence
liáncái 怜才[憐-] V.O. have sympathy for unrecognized talent
liǎncái* 敛财 V.O. amass wealth by unfair means
liàncāo 练操[練-] V.O. drill (of troops/etc.)
[1]**liánchá(r)** 连茬(儿) N. <agr.> continuous cropping
[2]**liánchá** 廉察 V. inspect; investigate
liánchǎn 联产[聯產] V. ① link output to sth.; set sb. an output quota ② produce sth. jointly
liánchǎnchéngbāo 联产承包[聯產-] F.E. a contract with remuneration linked to output
liánchǎn chéngbāo zérènzhì 联产承包责任制[聯產-] N. contract system with remuneration linked to output
liánchǎndàohù 联产到户[聯產-] F.E. production-related household contract system
liánchǎndàoláo 联产到劳[聯產-勞] F.E. production-related laborer contract system; contracting tasks to laborers
liánchǎndàorén 联产到人[聯產-] F.E. production-related individual contract system
liánchǎndàozǔ 联产到组[聯產-] F.E. linking output quotas to each group
liánchàng 联唱[聯-] V. sing together
liánchǎnjìchóu 联产记/计酬[聯產-] F.E. calculate remuneration in relation to output
liánchǎnpǐn 连产品[-產-] N. <account.> joint products
liáncháodàimà 连嘲带骂[-帶罵] F.E. taunt and jeer
[1]**liánchéng*** 联/连成[聯-] R.V. connect into (a certain form)
[2]**liánchéng** 连乘 V. ① take connecting buses/trains/etc. ② <math.> multiply continuously
[3]**liánchéng** 连城 ID. very valuable
liànchéng 练成[練-] R.V. perfect through practice/training
liánchéngbì 连城璧 N. gem of inestimable value M: [2]kuài
liánchéngjī 连乘积[-積] N. <math.> continued product
liánchéngyīzǔ 联成一组[聯-] F.E. link/associate/incorporate into one group
liánchéngzhībì 连城之璧 N. sth. very valuable and rare
liánchí 莲池 N. lotus pond M: [4]zuò
liánchǐ* 廉耻[-恥] N. sense of honor/shame
liànchǐlún 链齿轮[-齒-] N. chain gear
liánchú 连除 V. <math.> divide continuously
liánchuán 莲船 N. ① tiny boats for collecting lotus seeds M: [1]tiáo/[2]zhī ② <derog.> large feet of women
liánchuàn(r)* 连串(儿) V.O. string together ♦N. string/succession (of events/etc.)
liánchuāng 臁疮[-瘡] N. <Ch. med.> ulcer on the shank
liànchuí 链锤 N. <sport> hammer
liàn chūlai 练出来[練-] R.V. perfect through practice/training
liǎnchún'érhū 敛唇而呼 F.E. <lg.> ① closed mouth ② yùn onset u
liáncí 连/联词[聯-] N. <lg.> conjunction; connective; copula
liáncí shūrùfǎ 连词输入法 N. <comp.> word-based (not character-based) input method
Lián-Dà* 联大[聯-] N. U.N. General Assembly
liǎndà 脸大 V.P. ① be bold (usu. of a woman); be immodest; be unabashed ② have prestige; command respect
liàndá 练达[練達] S.V. <wr.> experienced and worldly-wise
liándǎdàimà 连打带骂[-帶罵] F.E. beat and scold at the same time
liándài 连/联带[聯帶] V. be related; involve
liándài chǔfèn 连带处分[-帶處-] V.P. punish jointly
liándài'érlái 连带而来[-帶--] F.E. come together
liándài guānxi 连带关系[-帶關係] N. interrelation
liǎndàixiàoróng 脸带笑容[-帶--] F.E. have a smile on one's face.
liándài xūqiú 连带需求[-帶--] N. joint demand
liándài zérèn 连带责任[-帶--] N. joint responsibility; responsibility incurred owing to personal/official involvement
liándài zhàiquán 连带债权[-帶-權] N. joint credit
liándān 联单[聯-] N. document in multiple copies
liǎndàn(r/zi)* 脸蛋(儿/子) N. <coll.> ①cheeks; face ② pretty face (of children/women)
liàndān 炼丹[煉-] V.O. concoct pills of immortality
liándāngkù 连裆裤[-襠-] N. ① child's pants with no slit in the seat ② <topo.> collude; band together; gang up M: [1]tiáo
liàndānjiā 炼丹家[煉-] N. alchemist M: ge/[1]míng/[2]wèi
liàndān mìshù 炼丹秘术[煉-術] N. secret art of refining pills of immortality
liàndānshù 练丹术[練-術] N. alchemy
liándāo 镰刀 N. sickle M: [1]bǎ
lián dǎo shāzhōu 连岛沙洲[-島--] N. tombolo
liándāozhuàng 镰刀状[-狀] N. sickle shape
liándéqíqíng 廉得其情 F.E. find out the real facts
liándiàobiànhuà 连调变化[--變-] N. <lg.> tone sandhi
liándòng 连动[-動] N. verb-sequence
liándòng jiégòu 连动结构[-動-構] N. <lg.> verb-sequence construction
liándòngjù 连动句[-動-] N. <lg.> serial-verb construction
liándòngshì 连动式[-動-] N. <lg.> multiverbal form; verbal expression in series
liándú* 连读[-讀] V./N. <lg.> ① read connectedly ② liaison
liàndù 炼度[煉-] V. <Dao.> purify and save oneself (prayer for salvation)
liánduànsīqiān 莲断丝牵[-斷絲牽] F.E. lingering affection/friendship after a formal break-up
liándú biànyīn 连读变音[-讀變-] N. <lg.> sandhi
liándúfǎ 连读法[-讀-] N. <lg.> liaison
[1]**liánduì*** 连队[-隊] N. <mil.> company
[2]**liánduì** 联队[聯隊] N. ① <mil.> wing (of air force) ② sports team composed of players from different units/regions
liànduì 练队[練隊] V.O. drill in formation
liǎnduīxiàoróng 脸堆笑容 F.E. be all smiles
[1]**liánduìzhǎng** 联队长[聯隊-] N. commander of a joint force of two or more wings M: ge/[1]míng/[2]wèi
[2]**liánduìzhǎng** 连队长[-隊-] N. wing commander M: ge/[1]míng/[2]wèi
liǎn'é 脸额 N. forehead
lián'ér 涟洏 N. <wr.> continual flow (of tears)
lián'èrzào 连二灶 N. kitchen range with two connected openings for coal efficiency
liánfā* 连发[-發] <mil.> N. running fire ♦V. fire a weapon rapidly
liǎnfǎ 敛法 N. <trad.> tax law
liánfān 连番 ADV. repeatedly
[1]**liánfáng*** 联防[聯-] N. ①joint defense ②joint defense command ♦V. jointly defend
[2]**liánfáng** 莲房 N. <Ch. med.> lotus seedpod
liánfǎng 廉访 V. <trad.> investigate
liánfáng xiédìng 联防协定[聯-協-] N. joint-defense treaty M: [1]fèn
liánfānhècǎi 连番喝采 F.E. round after round of cheers
liànfǎnyìng 链反应[-應] N. <chem.> chain reaction
liánfāqiāng 连发枪[-發槍] N. repeating rifle; machine gun M: [1]bǎ
liánfā shèjī 连发射击[-發-擊] N. burst (of gun fire)
liánfā wǔqì 连发武器[-發--] N. repeating firearm
liǎnfèizhǐké 敛肺止咳 F.E. <Ch. med.> keep lung-energy and relieve a cough
liánfèng 廉俸 N. extra allowances paid to government officials in the Qing dynasty
liánfēnshù 连分数[-數] N. <math.> a continued fraction
liàn fù qíngjié 恋父情节[戀-節] N. Electra complex
liǎnfúxiàoróng 脸浮笑容 F.E. be all smiles

1**liáng** 凉[涼] S.V. ① cool; cold ② discouraged; disappointed ③ thin; deficient ♦N. Surname *See also* 5*liàng*
2**liáng** 粮[糧] N. grain; food; provisions ♦B.F. grain tax in kind **gōngliáng**
3**liáng** 量 V. measure ♦B.F. consider **shāngliang** *See also* 2*liàng*
4**liáng** 梁[-/樑] N. roof beam ♦B.F. ① bridge **qiáoliáng** ② ridge **shānliáng** *See also Liáng*
5**liáng** 良 B.F. ① good; fine **liánghǎo** ② instinctive; inborn; innate **liángxīn** ③ very; very much 1**liángjiǔ** ④ good people **chúbào'ānliáng**
6**liáng** 粱 B.F. millet **gāoliang**
7**liáng** 椋 in **liángniǎo**
8**liáng** 莨 in **liángchóu**, **shǔliáng** *See also* 4*làng*
9**liáng** 蜋 in **qiāngliáng** *See also* 7*láng*
10**liáng** 輬[輬] in 2**wēnliáng**
11**liáng** 踉 in 2**tiàoliáng** *See also* 9*liàng*
Liáng 梁 N. ① name adopted by the State of Wei (403–255 BC) after 361 BC. ② Liang dynasty (502–577) ③ Later Liang dynasty (907–923) ④ Surname *See also* 4*liáng*
1**liǎng*** 两[兩] NUM. ① two ② both (sides); either (side) ③ a few; some ♦M. ① ounce ② tael
2**liǎng** 俩[倆] in **jìliǎng** *See also liǎ*
3**liǎng** 魉[魎] in **wǎngliǎng**
1**liàng** 亮 S.V. ① bright; light ② loud and clear; sonorous ③ enlightened ♦V. ① shine ② show
2**liàng** 量 N. quantity; amount; volume ♦B.F./SUF. capacity 1**róngliàng** ♦V. estimate; measure *See also* 3*liáng*
3**liàng** 辆[輛] M. *for vehicles*
4**liàng** 晾 V. ① dry in the air/sun; air; sun ② <coll.> snub; ignore
5**liàng** 凉[涼] V. make/become cool *See also* 1*liáng*
6**liàng** 谅[諒] B.F. ① forgive **yuánliàng** ② understand **liàngjiě** ③ honest; sincere **yǒuzhíyǒuliàng** ♦V. ① think; suppose; expect ② conjecture; guess; assume; presume
7**liàng** 悢 B.F. sorrowful 2**liàngliàng**, **chuàngliàng**
8**liàng** 靓[靚] B.F. **liàngnǔ**, 2**liàngzi** *See also* 13*jìng*
9**liàng** 踉 in **liàngqiàng**, **qiàngliàng** *See also* 11*liáng*
liángǎn(r) 连杆(儿) N. <mach.> connecting rod
liáng'àn 凉暗[涼-] V.P. <trad.> in mourning; royal mourning
liǎng'àn* 两岸 N. ① two sides (of a river) ② two sides (of the Taiwan Straits)
liàngāng 炼钢[煉鋼] N. steelmaking
liàngāngchǎng 炼钢厂[煉鋼廠] P.W. steel mill; steelworks M: 1*jiā*/4*zuò*
liàngāng gōngrén 炼钢工人[煉鋼-] N. steelworker M: *ge*/1*míng*/2*wèi*
liàngānglú 炼钢炉[煉鋼爐] N. steelmaking furnace M: 4*zuò*
liàngāngyè 炼钢业[煉鋼業] N. steel industry
liǎngbǎi 两百 NUM. two hundred
liǎngbàijùshāng 两败俱伤[-傷] F.E. both sides suffer/lose; neither side gains
liángbáikāi 凉白开[涼-開] N. <topo.> cold boiled water
liángbǎn 量板 N. template M: 2*kuài*
1**liángbàn** 凉拌[涼-] V. cold and dressed with sauce (of food)
2**liángbàn** 良伴 N. good companion
liǎngbàn(r)* 两半(儿) N. two halves ♦ADV. in half/two
liángbànmiàn 凉拌面[涼-麵] N. noodles in sauce M: *wǎn*
liángbàn qiézi 凉拌茄子[涼-] N. salad of cold steamed eggplant
liángbàn sānsī 凉拌三丝[涼-絲] N. shredded three-ingredient cold plate
liángbàn shēngcài 凉拌生菜[涼-] N. tossed salad
liǎngbǎoyīdǎo 两饱一倒 F.E. <coll.> (only interested) in eating and sleeping ***Chúle ~, tā shénme dōu bùguǎn.*** He's not interested in anything but eating and sleeping.
liǎngbàoyīkān 两报一刊[-報--] F.E. <pol.> two newspapers, one periodical: People's Daily, PLA Daily, and Red Flag
liángbēi 量杯 N. measuring glass/cup; graduate
liángběn 粮本[糧-] N. certificate to purchase staple food and edible oil M: 1*běn*
1**liángbì** 良币[-幣] N. good money/currency
2**liángbì** 良弼 N. good assistants
liàngbì* 谅必 ADV. probably; maybe; most likely
liǎngbiān(r)* 两边(儿)[-邊-] N. ① both sides/directions/places ② both parties/sides ♦V.P. go Dutch
liǎngbiàn 两便 V.P. be convenient to both ***Nǐ chī miàntiáo, wǒ chī mǐfàn, zánmen ~.*** You eat noodles, I'll eat rice. That might be more convenient for both of us.
liàngbiàn 量变[-變] N. <phil.> quantitative change
liǎngbiāndǎo 两边倒[-邊-] F.E. waver between sides
liǎngbiān tǎohǎo 两边讨好[-邊--] V.P. ingratiate oneself with both sides
liàngbiǎo 量表 N. <lg.> scale M: *ge*/2*zhī*
liàngbiǎocí 量表词 N. <lg.> scale word
liǎngbìn 两鬓[-鬢] N. hair on the temples
liǎngbìncāngcāng 两鬓苍苍[-鬢蒼蒼] F.E. graying at the temples
liángbīng 良兵 N. good troops
liángbīngbīng 凉冰冰[涼-] V.P. ice-cold; icy
liàngbìrúcǐ 谅必如此 F.E. I think it must be so.
liángbòkàndài 凉薄看待[涼-] F.E. treat with coolness
liǎng bù jiàgé zhìdù 两部价格制度[--價---] N. system of two categories of prices
liángbùsīr 凉不丝儿[涼-絲-] V.P. <coll.> cool
liǎngbùwù 两不误 V.P. neglect neither one
liǎngbùxiāngzhào 两不相照 F.E. give no heed to each other
liǎngbùzhǎo 两不找 V.P. no need to give change; give the exact amount
liǎngbùzháoshí 两不着实[-著實] F.E. fall between two stools
1**liángcái** 良才 N. able person
2**liángcái** 良材 N. ① good timber ② an able person
liángcài* 凉菜[涼-] N. ① cold dish ② vegetable eaten uncooked
liàngcáidùdé 量才度德 F.E. estimate one's own moral qualities and ability
liàngcáilùyòng 量才录用[--錄-] F.E. assign jobs according to abilities
liàngcáiqǔyòng 量才取用 F.E. assign jobs according to abilities
liàngcáishǐqì 量才使器 F.E. put sb. in a position which he is fit for
liángcāng 粮仓[糧倉] N. granary; barn M: 4*zuò*
liángcǎo* 粮草[糧-] N. army provisions; rations and fodder
liǎngcáo 两曹 N. both parties/sides; two aspects
liángcè* 良策 N. good plan; sound strategy
liǎngcè 两侧 N. ① two sides ② <bio.> bilateral
liángchá* 凉茶[涼-] N. <Ch. med.> ① herbal drink to reduce body heat ② cold tea M: *bēi*
liàngchá 谅/亮察 V. <wr.> ① ask sb. to understand and forgive ② please examine this (used in letters)
liàngchǎn 量产[-產] N. output
liǎngchānr 两掺儿[-攙-] N. mixture of two things
liángchèfèifǔ 凉彻肺腑[涼徹-] F.E. chilling sb. to the heart
liángchén 良辰 N. pleasant time/day
liángchéng 量程 N. range of a survey instrument
liángchénjírì 良辰吉日 F.E. ① auspicious and happy time/day/occasion (esp. good for a wedding) ② good chance
liángchénměijǐng 良辰美景 F.E. ① beautiful scene in bright weather ② favorable circumstances
liángchényuēhuì 良辰约会 F.E. have a heavy date
liǎngchóng 两重 ATTR. double; dual; twofold
liǎngchóng réngé 两重人格 N. dual personality
liǎngchóngxìng 两重性 N. <phil.> dual nature; duality
liángchóu 莨绸 N. <txtl.> gambiered Guangdong silk
liàngchǒu* 亮丑[-醜] V.O. make one's defects public
liángchū 量出 R.V. measure
liàngchù* 亮处[-處] N. bright place/spot
liángchuán 粮船[糧-] N. boats for transporting grain M: 1*tiáo*/1*sōu*
liángchuáng 凉床[涼-] N. bamboo couch (for summer use) M: 1*zhāng*
liǎngchún 两唇 ATTR. <lg.> bilabial
liǎngchún qìyīn 两唇气音[--氣-] N. <lg.> bilabial spirant
liàngchū zhēnxiàng 亮出真相 V.O. show one's true colors
liàngcí* 量词 N. <lg.> ① classifier; measure word ② partitive
liàngcì 辆次 N. total number of trips made by a vehicle
liàngcí jiégòu 量词结构[-構] N. <lg.> partitive construction
liǎngcìsānfān 两次三番 F.E. again and again; repeatedly
liǎng cì yùnqiú 两次运球[--運-] N./V.P. <sport> double dribble (in basketball)
liàng dà 量大 V.P. be numerous; be large in quantity
liángdài 粮袋[糧-] N. grain sack/bag
liǎngdàn 两弹 N. atomic and hydrogen bombs
liǎngdǎngzhì 两党制[-黨-] N. two-party system
liǎngdànyīxīng 两弹一星 F.E. atom bombs, hydrogen bombs and man-made satellites
liángdào 粮道[糧-] N. ① road for transportation of food ② <hist.> official in charge of land taxes
liángdǎotǐ 良导体[-導體] N. <phy.> good conductor
liángdé 凉德[涼-] N. (of) very little virtue
liǎngdéqíbiàn 两得其便 F.E. to the convenience of both
liàng de zhǔnzé 量的准则[--準-] N. <lg.> quantity maxim
liángdì 量地 V.O. measure land area
liǎngdǐ 两抵 V.P. balance/cancel each other
liàngdǐ* 亮底 V.O. ① disclose one's plan/stand/etc. ② reveal the whole story
liángdiàn 粮店[糧-] P.W. grain shop M: 1*jiā*
liǎngdiǎnlùn 两点论[-點-] N. ① dialectical materialist way of thinking ② <phil.> the doctrine that everything has two aspects
liǎng diǎnzhōng 两点钟[-點鐘] N. two o'clock
liǎngdìbēnbō 两地奔波 F.E. shuttle back and forth between two places
liángdié(r) 凉碟(儿)[涼-] N. cold dish
liǎngdìfēnjū 两地分居 F.E. live in two places (of husband and wife)
liǎngdìngyījiǎng 两定一奖[-獎] F.E. fixed quotas on work and production, and bonuses for exceeding the quotas
liàng dǐpái 亮底牌 V.O. reveal the truth; present the details
liǎngdìxiāngsī 两地相思 F.E. longing of parted lovers
liǎngdōng 两冬 N. bamboo shoots and black mushrooms
liángdù* 量度 V. measure; estimate ♦N. ① measurement ② quantity
liàngdù 亮度 N. <phy.> luminosity; brightness; brilliance
liǎngduān* 两端 N. ① from end to end ② the two extremities ③ excess and insufficiency ④ vacillation; indecision
liàngduǎn 亮短 V.O. expose one's own shortcomings
liàngdù dānwèicí 量度单位词 N. <lg.> measure partitive
liǎngduì zhāngfǎ 两对章法[-對--] N. structural device of juxtaposing two episodes

liángdùn 粮囤[糧-] N. grain bin
liángduō 良多 V.P. very much; numerous
liángdù piànyǔ 量度片语 N. <*lg.*> measure phrase
liàngdù shēnggé 量度生格 N. <*lg.*> genitive of measure
liàngē 恋歌[戀-] N. love songs M: [2]*shǒu*/[4]*zhī*
liángèn 连亘 V.P. <*wr.*> continuous
lián gēn bá 连根拔 V.P. tear up by the roots; uproot
lián gēn báchū 连根拔出 V.P. tear up by the roots; uproot
liángēn(r)làn 连根(儿)烂[-爛] V.P. completely corrupt
liǎng'ěr 两耳 N. both ears
liǎng'ěr bù wén 两耳不闻 V.P. shut one's ears
liǎng'ěr bù wén chuāng wài shì 两耳不闻窗外事 F.E. ① not care what is going on beyond one's own surroundings ② concentrate on one's study/business without paying attention to anything else
liǎng'ěrfēntīng 两耳分听[-聽] N. <*lg.*> dichotic listening
liǎng'ěrsāidòu 两耳塞豆 F.E. turn a deaf ear
liángfǎ 凉法[涼-] N. <*Ch. med.*> cooling (therapy) pattern
liángfàn 凉饭[涼-] N. cold meal M: *wǎn*
liángfāng 良方 N. ① effective prescription; good recipe M: [1]*zhāng* ② good plan; sound strategy
liángfèiqì 量肺器 N. spirometer M: [1]*jià*/[2]*tái*
liángfěn(r)* 凉粉(儿)[涼-] N. bean jelly
liǎngfēn 两分 N. dichotomy
liǎngfēnfǎ 两分法 N. <*Maoism*> one divides into two
liángfēng(r) 凉风(儿)[涼-] N. cold/cool wind/breeze
liángfēngxíxí 凉风习习[涼-習習] F.E. A cool breeze is blowing.
liángfúshètǐ 良辐射体[-體] N. a good radiator or radiant body
liànggān 晾干[-乾] R.V. dry by airing
liánggǎng* 良港 N. good harbor M: *chù*
liànggāng 量纲[-綱] N. <*phy.*> dimension
liànggāng fēnxi 量纲分析[-綱--] N. <*phy.*> dimensional analysis
liànggānròu 晾干肉[-乾-] N. dried meat M: [2]*kuài*/[1]*tiáo*
liǎng gǎnzi 两杆子 N. two barrels (referring to pen and gun, i.e., public opinion and armed forces)
liánggāo* 凉糕[涼-] N. cake made of glutinous rice, served cold in summer M: [2]*kuài*
Liǎng-gāo 两高 N. two supreme organs (the Supreme People's Court and the Supreme People's Procuratorate)
liànggé 亮隔 N. boards for partitioning a house into rooms
liǎng ge fánshì 两个凡是[-個--] F.E. <*pol.*> two whatevers: whatever Mao directed or ordered
liǎng ge gūjì 两个估计[-個--] N. two negative assessments of the period of 1949–1966 made in the Cultural Revolution
liǎng ge jījíxìng 两个积极性[-個積極-] N. <*PRC*> two initiatives (of cadre leaders and masses)
liǎng ge líbukāi 两个离不开[-個離-開] N. mutual inseparability (of the Han and minority peoples)
liǎng ge wénmíng 两个文明[-個--] N. <*PRC*> material and spiritual civilizations of socialism
[1]**liánggōng** 良弓 N. ① good archer ② fine bow
[2]**liánggōng** 良工 N. skilled worker
liánggōngkǔxīn 良工苦心 F.E. work embodying one's utmost effort
liánggōng-qiǎojiàng 良工巧匠 N. skilled/clever workmen
liánggōngxīnkǔ 良工心苦 F.E. expert craftsmanship entails long practice and exacting work
liǎnggù 两顾[-顧] V. take both sides into consideration
liàng guāndiǎn 亮观点[-觀點] V.O. declare one's position
Liǎng-Guǎng 两广[-廣] P.W. Guangdong and Guangxi provinces
liàngguāng(r)* 亮光(儿) N. light; flash M: [1]*diǎn*/[2]*dào*
liàngguāngguāng 亮光光 V.P. glittering
liàngguāngqī 亮光漆 N. lacquer polish
liáng-guǎn-suǒ 粮管所[糧-] N. grain-management office
liángguī 量规 N. gauge M: [1]*bǎ*
liǎngguólùn 两国论[-國-] N. two-Chinas theory
liǎnggǔxiāngfú 两瞽相扶 F.E. ① Two blind men support each other ② be equally handicapped
liǎng gū zhījiān nánwéi fù 两姑之间难为妇[----難-婦] F.E. It's difficult to serve under two bosses.
liǎng hài xiāng quán qǔ qí qīng 两害相权取其轻[---權--輕] F.E. If faced with two disadvantageous options, one should choose the lighter one.
liánghàn 凉汗[涼-] N. cold sweat
Liǎng-Hàn* 两汉[-漢] N. <*hist.*> Former and Later Han dynasties
liángháng 粮行[糧-] P.W. grain shop M: [1]*jiā*
liǎnghángshī 两行诗 N. couplet M: [2]*shǒu*
liánghǎo 良好 V.P. good; well; desirable
liánghé 粮涸[糧-] N. lack of grain
liǎnghé gōngsī 两合公司 N. ① limited partnership ② joint-stock company
liàng hóngdēng 亮红灯[-燈] V.O. show one's disapproval
liánghù 粮户[糧-] N. <*topo.*> rich landlord
Liǎng-Hú 两湖 P.W. Hunan and Hubei
liǎng-hù* 两户 AB. *zhuānyèhù* and *zhòngdiǎnhù*
[1]**liànghuà** 亮话 N. frank remarks; outspoken speech
[2]**liànghuà** 量化 N. quantization
liànghuàcí cízǔ 量化词词组 N. <*lg.*> quantifier phrase (QP)
Liǎng-Huái 两淮 P.W. areas north and south of the Huai River
liánghuāng 粮荒[糧-] N. grain shortage; food scarcity
liànghuǎnghuǎng 亮晃晃 V.P. dazzling; brilliant; glittering
liànghuà wùchā 量化误差 N. quantization error
Liǎng-huì 两会 N. National People's Congress and Chinese People's Political Consultative Congress
liǎng huí shì(r) 两回事(儿) N. two entirely different things/matters
liángjī 良机 N. <*wr.*> good/golden opportunity
[1]**liángjì** 良计 N. good plan/scheme
[2]**liángjì** 粮季[糧-] N. crop harvesting season
liǎngjí* 两极[-極] N. ① the two poles (of the earth or a magnet/battery) ② two extremes
liángjiā 良家 N. <*trad.*> good people; respectable family
liángjià* 粮价[糧價] N. price of food grains
liǎngjiá 两颊[-頰] N. both cheeks
liángjià bǔtiē 粮价补贴[糧價補-] N. grain subsidy
liángjiā fùnǚ 良家妇女[--婦-] N. women from good families M: *ge*/[1]*míng*/[2]*wèi*
liángjiàn 良贱[-賤] N. the different social classes; high and low
liǎngjiānbàn 两间半 A.T. <*coll.*> paltry (of real estate)
liángjiàng* 良将[-將] N. brilliant general
Liǎng-Jiāng 两江 P.W. area encompassing Jiangsu, Anhui, and Jiangsi
liǎngjiàntào 两件套 N. two-piece dress
liángjiā nǚzǐ 良家女子 N. woman from a respectable family; respectable woman M: *ge*/[1]*míng*/[2]*wèi*
liángjiǎo 量角 V.O. measure an angle
liángjiǎoguī* 量角规 N. protractor M: [1]*bǎ*
liǎngjiǎoguī 两脚规[-腳-] N. ① compasses ② dividers M: [1]*bǎ*
liángjiǎoqì 量角器 N. angle-measuring instrument; protractor M: [1]*bǎ*/*ge*
liǎngjiǎoshūchú 两脚书橱[-腳書櫥] F.E. bookworm
liángjiāzǐ 良家子 N. children from a respectable family M: *ge*/[1]*míng*
liángjiā zǐdì 良家子弟 N. sons of good families
liángjiā zǐnǚ 良家子女 N. children of good parentage
liǎngjié(r) 两截(儿) N. two pieces
liàngjié 亮节[-節] N. integrity; uprightness
liàngjiě* 谅解 V. understand; make allowance for
liǎngjí fēnhuà 两极分化[-極--] N. polarization ♦V.P. polarize
liǎngjí géjú 两级格局 N. bipolar structure of the world (a world dominated by two superpowers each leading a bloc)
liǎngjíguǎn 两极管[-極-] N. <*phy.*> diode
liǎngjíhuà 两极化[-極-] N. polarization ♦V. polarize
Liǎng-Jìn 两晋[-晉] N. <*hist.*> Western Jin and Eastern Jin dynasties
liàngjīngjīng 亮晶晶 V.P. glittering; sparkling
liángjīnměiyù 良金美玉 F.E. elegant calligraphy and writing
[1]**liángjiǔ** 良久 N. <*wr.*> a good while; a long time
[2]**liángjiǔ** 凉酒[涼-] N. cold wine M: *bēi*
liángjīwùshī 良机勿失 F.E. Don't let the chance slip.
liǎngjí xíngróngcí 两极形容词[-極---] N. <*lg.*> bipolar adjective
liángjù 量具 N. measuring tool
liángjù-rènjùchǎng 量具刃具厂[-廠] P.W. measuring and cutting tool factory M: [1]*jiā*
liàngkāi 晾开[-開] R.V. spread out to dry
liángkāishuǐ 凉开水[涼開-] N. cold boiled water M: *bēi*
liǎngkě* 两可 V.P. both/either will do ***Nàběn shū wǒ kànbùkàn ~.*** It doesn't matter to me whether I read that book or not.
liàngkě 谅可 AUX. assume that sth. is possible
liǎngkě cóngshǔ liáncí 两可从属连词[--從屬--] N. <*lg.*> borderline subordinator
liǎngkězhījiān 两可之间 F.E. ① be torn two ways ② Both are possible.; maybe, maybe not
liǎngkǒu(r/zi) 两口(儿/子) N. <*coll.*> husband and wife; couple
liángkù 粮库[糧-] P.W. grain depot M: [4]*zuò*
liángkuai 凉快[涼-] S.V. pleasantly cool ♦V. cool off
liánglaguāji 凉喇呱唧[涼-] F.E. <*coll.*> nice and cool
liànglán 亮蓝[-藍] V.P. light blue; transparent blue
liángláng 凉廊[涼-] N. <*archi.*> loggia
liǎnglǎo 两老 N. <*coll.*> pop and mom
liǎngláo rényuán 两劳人员[-勞--] N. <*PRC*> those under labor reform and those under labor education
liángle bànjiér 凉了半截儿[涼-] F.E. ① taken aback; stunned ② greatly disappointed/discouraged
liǎnglèichādāo 两肋插刀 F.E. help (a friend) at the cost of one's own life
liǎnglèijiāoliú 两泪交流[-淚--] F.E. with two streams of tears running down one's face
liǎng lèi máodùn 两类矛盾[-類--] N. <*PRC*> contradiction between the Communist Party and its enemy and contradiction within the Communist Party
liǎnglèiwāngwāng 两泪汪汪[-淚--] F.E. brimming with tears
[1]**liánglì** 良吏 N. good official; virtuous public servant
[2]**liánglì** 梁丽[-麗] N. ① roof beams ② small boat
[1]**liǎnglì** 两立 V. coexist ♦N. coexistence
[2]**liǎnglì** 两利 V.P. be good for both sides; benefit both

[1]liànglì* 量力 V.O. know/estimate one's own ability/strength
[2]liànglì 亮丽[-麗] S.V. pretty; beautiful
liángliáng 凉凉[涼涼] R.F. cool *See also [1]liàngliàng*
liǎngliǎng 两两 ADV. in twos
liàngliáng* 晾凉[-涼] R.V. allow to cool (naturally)
[1]liàngliàng 凉凉[涼涼] R.F. cool; make cool *See also liángliáng*
[2]liàngliàng 悢悢 R.F. ① be sad ② think fondly of; feel nostalgic about
liángliáng kàn 量量看 V.P. try to measure
liàngliàngqiāngqiāng 踉踉跄跄[-蹌蹌] R.F. stumble along; stagger about
liǎngliǎnzízhàng 两脸紫胀 F.E. Both cheeks turned purple (with anger).
liànglì'érwéi 量力而为 V.P. act according to one's capability
liànglì'érxíng 量力而行 F.E. act according to one's capability
liánglóng 梁龙 N. <paleo> diplodocus (a dinosaur)
liǎnglùnzhe 两论着[-著] V.P. <coll.> another manner; sth. different
liángmǎ 良马 N. fine horse M: [1]pǐ
liángmào 凉帽[涼-] N. straw/summer hat M: [1]dǐng
liǎng mǎ shì 两码事 N. two entirely different things/matters
liángméi 良媒 N. an able matchmaker
liǎngméngqílì 两蒙其利 F.E. both benefit from it
liángmǐ 粮米[糧-] N. grain; food supply
liángmiàn* 凉面[涼麵] N. cold noodles in sauce M: wǎn
liǎngmiǎn 两免 V.P. Both sides are excused.
liǎngmiàn(r) 两面(儿) N. ① two/both sides/aspects ② duplicity ♦ATTR. having dual/double character; dual; double
liǎngmiàn dǎo 两面倒 V.P. double-dealer
liǎngmiànguāng 两面光 N. person who always pleases both sides/parties ♦V.P. two-faced
liǎngmiànhuáng 两面黄 N. noodles or beancurd pan-browned with scallions and garlic M: [1]pán
liǎngmiàn jiāgōng 两面夹攻[--夾-] V.P. close in from both sides; make a pincer attack
liǎngmiànpài 两面派 N. ① double-dealer ② double-faced behavior
liǎng miàn qízi 两面旗子 N. be double-faced
liǎngmiànsāndāo 两面三刀 F.E. double-dealing; opportunistic
liǎngmiànshòudí 两面受敌[-敵] F.E. be between two fires
liǎngmiànshǒufǎ 两面手法 F.E. double-dealing
liǎngmiànxìng 两面性 N. dual character
liǎng miàn zuòzhàn 两面作战[-戰] V.P. fight on two fronts
liángmín 良民 N. <trad.> ① good people/citizens ② loyal subjects
liángmǐpù 粮米铺[糧-] P.W. store selling rice/flour/etc. M: [1]jiā
liángmò 粮秣[糧-] N. rations and fodder; army provisions
liángmòkù 粮秣库[糧-] P.W. ration depot M: [4]zuò
liǎngmùjiān 两幕间 N. break between two acts
liángmùqíhuài 梁木其坏[-壞] F.E. death of a virtuous person
liǎngnán 两难[-難] V.P. face a difficult choice; be in a dilemma
liángnéng 良能 N. <phil.> innate ability
liáng néngjiàndù 良能见度 N. good visibility
liàngnéng kèshuì yuánzé 量能课税原则 N. the ability-to-pay taxation principle
liángniǎo 椋鸟 N. <zoo.> starling M: [2]zhī
liángnóng 粮农[糧農] N. grain-growing farmer M: ge/[1]míng
liàngnǚ 靓女 N. <topo.> pretty girl M: ge/[1]míng
liàngōng 练功[練-] V.O. practice acrobatic/ballet/etc. skills
liángǒngbà 连拱坝[-壩] N. multiple-arch dam; multiarch dam M: [4]zuò
liàngōngfáng 练功房[練-] N. dance studio; practice room M: [1]jiān
liàn gōngfu 练功夫[練-] V.O. practice one's skill
liángǒngqiáo 连拱桥[-橋] N. multiple-arch bridge M: [4]zuò
liángōu 莲钩[-鉤] N. slender (esp. bound) feet
liàngōu* 链钩[-鉤] N. <mach.> chain hook; sling
liángòuliánxiāo 联购联销[聯購聯-] F.E. joint purchasing and marketing
liàngpāi 亮拍 V.O. participate in a ball game
liàngpái* 亮牌 V.O. ① lay one's cards on the table ② have a show-down
liàngpán(r) 亮盘(儿)[-盤-] N. <topo.> simplest funeral in which there is no covering for the coffin
liǎngpáng 两旁 N. both sides; either side
liàngpánr 亮盘儿[-盤-] <topo.> N. lidless coffin ♦V. sleep without covers
liángpáo 良庖 N. <trad.> a good cook
[1]liángpéng 凉棚[涼-] N. mat awning/shelter M: [4]zuò
[2]liángpéng 良朋 N. <wr.> a good friend M: ge/[1]míng/[2]wèi
liángpéngmìyǒu 良朋密友 F.E. bosom friends
liángpéngyìyǒu 良朋益友 F.E. bosom friends
liǎngpiànzuǐ 两片嘴 N. gift of gab (said teasingly)
liángpiào* 粮票[糧-] N. food/grain coupon M: [1]zhāng
liàngpiào 亮票 V.O. show a ticket
liángpǐn 良品 ATTR. non-defective
liángpíng 量瓶 N. graduated flask
liángpíngzhīzhì 良平之智 N. great political sagacity
liǎngpīnzhe 两拼着[-著] A.T. with two parts/components
liángqī 良妻 N. good/virtuous wife
[1]liángqì* 量器 N. measuring instrument
[2]liángqì 凉气[涼氣] N. cold/chilly air
liǎngqī 两栖[-棲] V.P. ① amphibious ② dual-talented; able to work in two different lines
liǎngqí 两歧 V.P. <wr.> ① be different (of views/opinions/etc.) ② be inconsistent; not tally (of two things)
liǎngqì 两讫 V.P. <econ.> goods are delivered and bill is cleared
liàngqī 亮漆 N. enamel
liàngqǐ 亮起 R.V. display; light up
liǎngqiān 两千 NUM. two thousand
liàngqiàng 踉跄[-蹌] V. stagger
liàngqiàng'érxíng 踉跄而行[-蹌--] F.E. stagger along; walk unsteadily
liàngqiànggèzi 踉跄个子[-蹌個-] N. <topo.> a near-tumble; a slip caught before falling
liángqiáo 梁桥[-橋] N. beam bridge M: [4]zuò
liǎngqī bùduì 两栖部队[-棲-隊] N. <mil.> amphibious forces/units M: [4]zhī
Liáng Qǐchāo 梁启超[-啟-] (1873-1929) N. pupil of Kang Youwei and an intellectual leader of the first decades of 20th cent.
liǎngqī dòngwù 两栖动物[-棲動-] N. <zoo.> amphibious animals M: [1]zhǒng
liǎngqī gōngjī 两栖攻击[-棲-擊] N. amphibious attack
liǎngqīlèi 两栖类[-棲類] N. amphibians
liǎngqīng* 两清 V.P. paid and delivered; cleared on both sides (of an account)
liàngqīng 亮青 V.P. <topo.> bright blue ~ *de tiānkōng* bright-blue sky
liàngqīngfāluò 量轻发落[-輕發-] F.E. give sb. a light sentence
liǎngqíngqiǎnquǎn 两情缱绻 F.E. deeply in love with each other
liǎngqíngxiāngyuè 两情相悦 F.E. deeply attracted and attached to each other
liáng qín zémù'érqī 良禽择木而栖[--擇--棲] ID. Capable men choose the right leader to serve.
liǎngqī zhíwù 两栖植物[-棲--] N. amphibious plants
liǎngqī zuòzhàn 两栖作战[-棲-戰] N./V.P. amphibious warfare/operations
liǎngquán 两全 V.P. ① have regard for both sides ② be satisfactory to both parties
liǎngquánfēnlì 两权分立[-權--] F.E. system of independent legislative and executive branches
liǎngquánqíměi 两全其美 F.E. satisfy both sides or rival claims
liàngr 亮儿 N. <coll.> light
liǎngrbāqián 两儿八钱[-錢] M. <coll.> about/roughly one *liǎng*
liángrèbiǎo 量热表[-熱-] N. calorimeter M: [4]zhī/ge
liángrén 良人 N. ① my husband ② my wife good person
liángrèqì 量热器[-熱-] N. calorimeter M: [1]jià/ge
liángrì 良日 N. pleasant day/time
liángrìyí 量日仪[-儀] N. <astr.> heliometer M: [1]tái
liángròu 梁肉 N. <wr.> choice food
liàngrùwéichū 量入为出 F.E. live within one's means
liǎngsāi 两腮 N. cheeks
liángsǎn 凉伞[涼傘] N. sunshade; parasol M: [1]bǎ
liǎngsānrìnèi 两三日内 F.E. within two or three days
liángsēnsēn 凉森森[涼-] V.P. piercingly cold
liàngshā 亮纱 N. transparent gauze
liàngshài 晾晒[-曬] V. dry in the sun
liángshàn* 良善 S.V. good; fine
liǎngshān 两山 N. <PRC> two mountains (privately-owned mountain and the contract-responsibility mountain)
liángshàn fēngsú 良善风俗 N. good custom/practice
liáng shàng jūnzǐ 梁上君子 N. cat burglar M: ge/[1]míng
liàngshǎnshǎn 亮闪闪 V.P. shiny; bright
liàngshǎozhìchā 量少质差[--質-] F.E. be lacking both in quantity and quality
liángshēn 良深 ADV. deeply; very
liángshènshenr 凉渗渗儿[涼滲滲-] V.P. <coll.> a little cold; cool (at night/etc.)
liángshi* 粮食[糧-] N. grain; cereals; food
liángshī 良师[-師] N. <wr.> good teacher M: ge/[1]míng/[2]wèi
liángshǐ 良史 N. ① good history book ② good historian
liángshì 良士 N. good man; person of good moral standing
liángshi chǎnliàng 粮食产量[糧-產-] N. grain yield
liángshi chǔbèi 粮食储备[糧-備] N. grain reserves/stocks
liángshi chǔbèi zhìdù 粮食储备制度[糧--備--] N. grain-reserve system
liángshi dìngliàng 粮食定量[糧-] N. monthly quota of food grain for an individual
liángshidùn 粮食囤[糧-] N. grain storage M: [4]zuò
liángshi gōngyìng 粮食供应[糧-應] N. staple food supply
liángshi gōngyìngzhě 粮食供应者[糧--應-] N. provisioner M: ge/[1]míng/[2]wèi
liángshi guǎnlǐsuǒ 粮食管理所[糧-] N. grain management office
liángshi jiāgōng 粮食加工[糧-] N./V.P. grain processing
liángshijú 粮食局[糧-] P.W. ① grain bureau ② commissary
liǎngshì-pángrén 两事旁人 N. <topo.> stranger; an outsider
liángshi pèijǐ 粮食配给[糧-] N./V. grain ration

Liáng Shíqiū 梁实秋[-實-] (1902–1987) N. literary critic, teacher, translator of Western literature, outstanding lexicographer; a leading figure in the Crescent Moon Society

liǎngshìwéirén 两世为人 F.E. be lucky to have escaped death

liángshīxīngguó 良师兴国[-師興國] F.E. good teachers can elevate a nation

liángshīyìyǒu 良师益友[-師--] F.E. good teacher and helpful friend; scholarly mentor and friend

liángshi zuòwù 粮食作物[糧-] N. cereal/grain crops

liángshǒu 梁首 N. <*archi.*> head

liǎngshǒu* 两手 N. ①both hands ②dual tactics ③ expertise

liǎngshǒubīngliáng 两手冰凉[-涼] F.E. one's hands turn icy cold

liǎngshǒuchābèi 两手叉背 F.E. with one's hands behind one's back

liàng shǒudiàn 亮手电[-電] V.O. <*coll.*> shine a flashlight

liǎngshǒujiāobì 两手交臂 F.E. fold one's arms

liǎng shǒu kōngkōng 两手空空 V.P. be left empty-handed

liǎngshǒuyītān 两手一摊[-攤] F.E. spread one's hands in despair

liǎngshǒuzhǔnbèi 两手准备[-準備] F.E. have two/many strings to one's bow

liǎng shǒu zuàn kōngquán 两手攥空拳 V.P. <*coll.*> empty-handed; penniless, poor

liángshǔ 凉薯[涼-] N. <*topo.*> yam bean

liǎngshú* 两熟 ATTR. two crops a year

liàngshù 辆数[-數] N. number of vehicles

liángshuǎng 凉爽[涼-] S.V. pleasantly cool

liángshuǐ* 凉水[涼-] N. ①cold water ②unboiled water

liángshuì 粮税[糧-] N. grain tax

liǎngshuìzhì 两税制 N. Dual Taxation System

Liáng Shùmíng 梁漱溟 (1893–1988) N. philosopher; prominent leader in rural construction movement

liáng shū nǎi yìyǒu 良书乃益友[-書---] F.E. A good book is a great friend.

liángsǐ 良死 V. die a natural death without suffering illness/etc.

liàngsī* 亮私 V.O. bare one's selfish thoughts (for criticism)

Liáng Sīchéng 梁思成 (1901–1972) N. second son of Liang Qichao; architect and authority on the history of Chinese architecture

liángsīsī 凉丝丝[涼絲絲] V.P. coolish

liàng sīxiǎng 亮思想 V.O. bare one's innermost thoughts in public

Liáng Sīyǒng 梁思永 (1904–1954) N. youngest son of Liang Qichao; a leading archeologist

liángsōusōu(r) 凉飕飕(儿)[涼-] V.P. chilly (of wind)

liángsuàn 良算 N. good plan; well-conceived project

[1]**liángtái*** 凉台[涼臺] N. balcony; veranda

[2]**liángtái** 粮台[糧臺] N. <*trad.*> field commissariat

[1]**liàngtái** 晾台[-臺] N. sun terrace (for drying clothes) ♦V.O. <*coll.*> ① fail to appear for a performance ② be unable to bring to fruition; let sb. down

[2]**liàngtái** 亮台[-臺] V.P. let sb. down *See also* [1]*liàngtái*

liàngtang 亮堂 S.V. ① light; bright ② clear; enlightened ③ cheerful; bright and gay ④ loud and clear (of voice) ⑤ understand; see the light

liàngtāngtāng 亮堂堂 R.F. brightly lit; brilliant

liángtián 良田 N. good/fertile farmland M: [1]*piàn*/[2]*kuài*

liǎngtiān* 两天 N. a few days (Compare liǎng tiān =two days)

liángtiānchǐ 量天尺 N. <*astr.*> sextant

liǎngtiánzhì 两田制 N. <*PRC*> the system of contracting grain-ration fields and responsibility fields separately

liǎngtiào 两跳 N. <*TW*> double bounce (in basketball)

liǎng tiáo dàolù 两条道路[-條--] N. <*PRC*> the two paths of socialism and capitalism

liǎng tiáo lùxiàn 两条路线[-條--] N. <*PRC*> two lines (the correct and erroneous lines within the CP)

liǎng tiáo tuǐ zǒulù 两条腿走路[-條---] V.P. ① walk on two legs ② adopt a two-pronged approach

liǎng tiáo tuǐ zǒulù fāngzhēn 两条腿走路方针[-條-----] N. the policy of "walking on two legs"

liǎng tiáo xīn 两条心[-條-] N. in fundamental disagreement; not of one mind

liàngtǐcáiyī 量体裁衣[-體--] F.E. act according to actual circumstances

liángtíng 凉亭[涼-] N. ① wayside pavilion ② summer house ③ kiosk M: [4]*zuò*

liángtǒng 量筒 N. graduated/volumetric measuring cylinder; graduate

liángtòu 凉透[涼-] V.P. thoroughly disappointed/discouraged

liǎngtóu(r)* 两头(儿) N. ① <*coll.*> both ends; either end ② both parties/sides

liǎngtóuluòkōng 两头落空 F.E. ①fall between two stools ② pursue two and catch neither

liǎngtóushé 两头蛇 N. ① two-headed snake M: [1]*tiáo* ② one who tries to hurt or please either of two contending parties when it suits his purpose

liǎngtóuwéinán 两头为难[-難] F.E. be in a dilemma

liǎngtóuzàiwài 两头在外 F.E. the policy of importing raw and semi-finished materials from abroad

liángtú 良图[-圖] N. good plan/scheme ♦V. <*wr.*> plan deliberately

liǎng tuǐ 两腿 N. two/both legs

liángtúyí 量图仪[-圖儀] N. map measurer M: [1]*bǎ*/*ge*

liánguān 涟官 N. <*trad.*> officials in charge of the civil-service examination

[1]**liánguàn*** 连/联贯[聯-] V. link up; piece/hang together ♦S.V. ① coherent; consistent ② connected; linked ♦N. coherence

[2]**liánguàn** 连/联冠[聯-] N. successive championships ♦V. win successive championships

liánguàn fāyīn 连惯发音[--發-] N. <*lg.*> connected speech

liánguǎnjié 联管节[聯-節] N. <*mach.*> pipe union/coupling; union joint

liánguànjù 连惯句 N. <*lg.*> linked phrase

liánguàn qǐlai 连贯起来 R.V. cohere; link up

liánguànshì 连惯式 N. <*lg.*> linked form

liánguǎnxiāng 联管箱[聯-] N. <*mach.*> header

liánguānxìng 连关性[-關-] N. relevance

liánguànxìng* 连/联贯性[聯-] N. continuity; coherence

liànguǐ 链轨 N. tread/track on a tank/etc.

liángǔndàipá 连滚带爬[-滾帶-] F.E. <*derog.*> scramble away

lián guō duān 连锅端[-鍋-] V.P. remove/destroy lock, stock, and barrel

liángūxùguǎ 怜孤恤寡[憐-] F.E. show solicitude for orphans and widows

liǎngwàn 两万[-萬] NUM. twenty thousand

liángwò 良沃 N. fertile land

liángwù 良晤 N. pleasant meeting/encounter

liángxí 凉席[涼-] N. summer sleeping mat M: [1]*zhāng*

liángxià 凉下[涼-] A.T. <*Ch. med.*> cooling purging

liǎngxiàli 两下里[-裡] N. both parties/sides

liángxiǎng 粮饷[糧-] N. army provisions/funds

liángxiàng 良相 N. a wise prime minister

[1]**liǎngxiāng** 两相 ATTR. ① mutual ② <*mach.*> two-phase

[2]**liǎngxiāng** 两厢[-廂] N. ① wing-rooms of a one-story house ② both sides

liàngxiàng(r)* 亮相(儿) V.O. ① strike a pose on stage; perform ② declare one's position; state one's views

liǎngxiāngdǐxiāo 两相抵消 F.E. cry quits

liǎngxiānghǎo 两相好 N. two lovers

liǎngxiàng jiāoliúdiàn 两相交流电[-電] N. <*elec.*> two-phase alternating-current circuit

liǎngxiāngqíngyuàn 两相/厢情愿[-廂-願] F.E. both parties are willing

liángxiāo 良宵 N. enjoyable night

liàngxiǎolìwēi 量小力微 F.E. small in number and weak in strength

liángxiāoshènghuì 良宵盛会 F.E. a festive evening gathering

liǎngxiǎowúcāi 两小无猜 F.E. be innocent playmates (of a boy and a girl)

liǎngxiàzi 两下子 N. ① a few tricks of the trade ② <*coll.*> ⓐ two strings to one's bow ⓑ versatility ⓒ a few times; a few minutes

liángxié 凉鞋[涼-] N. sandals M: [1]*shuāng*

liángxīn 良心 N. conscience

liángxīn fāxiàn 良心发现[--發-] V.P. The conscience is moved.

liángxìng* 良性 ATTR. ① positive ② <*med.*> benign

liǎngxìng 两性 N. both sexes ♦ATTR. <*chem.*> amphiprotic; amphoteric; bisexual

liàngxíng 量刑 N. measurement of penalty ♦V.O. fit the penalty to the crime

liǎngxìng guānxi 两性关系[-關係] N. sexual relations

liǎngxìnghuā 两性花 N. <*bot.*> hermaphrodite flower

liǎngxìngrén 两性人 N. hermaphrodite

liǎngxìng shēngzhí 两性生殖 N. bisexual reproduction

liángxìng xúnhuán 良性循还[-還] N. ①positive succession/change/etc. ②self-sustained growth ③ beneficent cycle

liángxìngyào 凉性药[涼-藥] N. <*Ch. med.*> drug of a cool nature M: [14]*fù*

liángxìng zhǒngliú 良性肿瘤[--腫-] N. benign tumor

liángxīnhézài 良心何在 F.E. have no conscience

liángxīnhuà 良心话 N. absolutely honest speech *shuō* ~ in all fairness

liángxīnqiǎnzé 良心谴责 F.E. have a guilty conscience

liángxīnsàngjìn 良心丧尽[-喪盡] F.E. utterly conscienceless

liǎngxīnyǎn(r) 两心眼(儿) V.P. <*coll.*> two-faced; insincere

liǎng xióng bù jù lì 两雄不俱立 F.E. Two great powers cannot exist at the same time.

liǎngxiùqīngfēng 两袖清风 F.E. have clean hands; remain uncorrupted (of an official)

liángxuè 凉血[涼-] ATTR. cold blood (of animals) ♦V.O. <*Ch. med.*> cool the blood

liángxuěchǐ 量雪尺 N. snow scale M: [1]*bǎ*

liángxuè dòngwù 凉血动物[涼-動-] N. ① <*zoo.*> cold-blooded animals M: *ge*/[1]*zhǒng* ② heartless person

liángxuěqì 量雪器 N. <*met.*> snow gauge M: *ge*/[2]*zhī*/[1]*tái*

liǎngyǎn* 两眼 N. ① both eyes ② a couple of glimpses

liàngyān 晾烟[-煙] N. ① air-curing of tobacco ② air-cured tobacco

liǎngyǎn cháole tiān 两眼朝了天 F.E. drop dead

liǎngyàng(r) 两样(儿)[-樣] N. ① two kinds ② difference ***Shuōbùshuō méi shénme*** ~. It wouldn't make any difference whether or not I give my opinion.

liǎng yàng dōngxi 两样东西[-樣--] N. different things

liàngyǎnrén 亮眼人 N. <*topo.*> people who have no trouble with their eyesight

liǎngyǎnwàngchuān 两眼望穿 F.E. wear out one's eyes watching for sb.

liǎngyǎnyuánzhēng 两眼圆睁[-睜] F.E. with wide-open eyes; with eyes nearly starting from the head.
liǎngyǎnzhídīng 两眼直盯 F.E. fix one's eyes on; keep one's eyes glued to
[1]liángyào 良药[-藥] N. good medicine
[2]liángyào 凉药[涼藥] N. <Ch. med.> antipyretic
liángyàokǔkǒu 良药苦口[-藥--] F.E. ① good medicine tastes bitter ② good advice grates the ears
liángyě 良冶 N. a fine metalist
liángyè* 良夜 N. ① pleasant night ② late at night
liángyī 良医[-醫] N. good doctor M: ge/[1]míng/[2]wèi
liángyì 凉意[涼-] N. ① feeling of coldness ② slight chill in the air
Liǎng-Yī 两伊 AB. *Yīlǎng* and *Yīlākè* (Iran and Iraq)
[1]liǎngyí 两姨 ATTR. of two maternal cousins (whose mothers are sisters)
[2]liǎngyí 两仪[-儀] N. the *yin* and the *yang*; the two polarities
[1]liǎngyì* 两翼 N. <mil.> both wings/flanks
[2]liǎngyì 两意 N. ① disloyalty ② duplicity ③ disagreement ④ ambiguity
[3]liǎngyì 两亿[-億] NUM. two hundred million; 200,000,000
liàngyǐ 谅已 F.E. <wr.> I presume you (he/she/they) must already have...; Presumably it must have been...
liǎngyídì 两姨弟 N. younger male cousin whose mother is one's mother's sister
liǎngyí dìxiong 两姨弟兄 N. male cousins whose mothers are sisters
liàng yīfu 晾衣服 V.O. air clothes
liàngyījià 晾衣架 N. clothes-rack
liǎngyí jiěmèi 两姨姐妹 N. female cousins whose mothers are sisters
liángyīliáng* 量一量 V.P. take a measurement; measure
liàngyiliàng 晾一晾 V.P. dry in the air
liángyīn 凉阴[涼陰] N. royal mourning
liǎngyíqīn 两姨亲[-親] N. maternal cousins (whose mothers are sisters)
liàngyīshéng 晾衣绳[-繩] N. clothesline M: [2]gēn
liǎngyòng 两用 V. serve dual purposes
liǎngyònglú 两用炉[-爐] N. dual-purpose stove M: [1]tái
liǎngyòng réncái 两用人材 N. <PRC> persons with ability in both military service and socialist construction
liǎngyòngshān 两用衫 N. ① shirts that can be worn with collars open or closed ② jacket for spring and autumn wear M: [2]jiàn
[1]liángyǒu 良友 N. good friend M: ge/[1]míng/[2]wèi
[2]liángyǒu 凉友[涼-] N. fan
liángyǒubùqí 良莠不齐[-齊] F.E. some good, some bad
liáng-yóu bǔtiē 粮油补贴[糧-補-] N. grain and oil subsidy
liángyóuchǐ 量油尺 N. oil dip rod; dipstick M: [1]bǎ
liáng-yóu guānxi 粮油关系[糧-關係] N. <PRC> grain and oil supply to an individual
liángyù 凉浴[涼-] N. cool bath
liángyuán 良缘 N. harmonious union; happy match
liǎngyuànzhì 两院制 N. two-chamber/bicameral system; bicameralism
liángyǔbiǎo 量雨表 N. rain gauge M: ge/[2]zhī
liángyuè 良月 N. tenth lunar month
Liǎng-Yuè* 两粤[-粵] P.W. Guangdong and Guangxi
liángyǔtǒng 量雨筒 N. precipitation gauge M: ge/[2]zhī
liàngzǎi 靓仔 N. <topo.> handsome young man
liàng zài yībiān 凉在一边[涼-邊] V.P. <coll.> put out of one's mind; ignore
liǎngzào 两造 N. ① both parties in a lawsuit; plaintiff and defendant ② <topo.> two crops

[1]liángzhàn 粮站[糧-] P.W. grain-distribution/supply center M: [1]jiā
[2]liángzhàn 粮栈[糧棧] N. ① wholesale grain store ② grain depot M: [1]jiā
liàngzhāng 亮张 V. start doing business before formal inauguration
liǎngzhě* 两者 N. both sides/parties
Liǎng-Zhè 两浙 P.W. eastern and western areas of Zhejiang province
liǎngzhě bùkě jiāndé 两者不可兼得 F.E. can't eat one's cake and have it too
liángzhele 凉着了[涼著-] V.P. have caught cold
liángzhěn 凉枕[涼-] N. summer pillow of porcelain or woven split bamboo
liàngzhèng jīngyíng 亮证经营[-證經營] N. display authorization to do business
liàngzhēngzhēng 亮铮铮[-錚錚] V.P. shining; splendid
liǎngzhě quēyībùkě 两者缺一不可 F.E. one can't do without the other
liǎngzhěqǔyī 两者取一 F.E. choose one or the other of the two
liángzhī 良知 N. ① <phil.> intuitive knowledge; conscience ② understanding friend
liángzhīliángnéng 良知良能 F.E. <phil.> intuitive knowledge and ability
liángzhōng 良终 N. peaceful death
liángzhǒng* 良种[-種] N. ① <agr.> improved variety ② <liv.> fine breed
liángzhǒngchǎng 良种场[-種場] N. seed-multiplication farm
liǎng zhǒng jiàoyù zhìdù 两种教育制度[-種----] N. two-tier educational system (of full-time and part-times schooling)
liǎng zhǒng shìchǎng 两种市场[-種-場] N. two kinds of markets (domestic and international)
liǎng zhǒng wénzì 两种文字[-種--] N. bilingual writing
liángzhǒngyā 良种鸭[-種-] N. improved breed of ducks M: [2]zhī
liǎng zhǒng zérènzhì 两种责任制[-種---] N. <PRC> two-tier responsibility systems of agricultural production and planned human reproduction
liǎng zhǒng zìtǐ bìngcún 两种字体并存[-種-體並-] N. <lg.> digraphia
liángzhù 梁柱 N. column; beam
liàngzhuàngyuan 粮状元[糧狀-] N. number one in grain production M: ge/[1]míng/[2]wèi
Liángzhǔ Wénhuà 良渚文化 N. <archeo.> Liangzhu/Liangchu Culture
liàngzi 亮子 N. transom (window); fanlight
[1]liàngzǐ* 量子 N. <phy.> quantum
[2]liàngzǐ 靓子 <coll.> N. good-looking man; handsome young man
liàngzǐchǎnglùn 量子场论[--場-] N. quantum field theory
liàngzǐ huàxué 量子化学 N. quantum chemistry
liǎngzìjiēduàn 两字阶段[--階-] N. <lg.> two-word stage
liàngzǐ lìxué 量子力学 N. <phy.> quantum mechanics
liàngzǐlùn 量子论 N. <phy.> quantum theory
liàngzǐ shēngwùxué 量子生物学 N. <bio.> quantum biology
liàngzǐshù 量子数[-數] N. <phy.> quantum number
liàngzǐ xuéshuō 量子学说 N. <phy.> quantum theory
liàngzuìshīxíng 量罪施刑 F.E. fit the punishment to the crime
liángzuò 粮作[糧-] N. grain crops
liǎnhānpíhòu 脸憨皮厚 F.E. shameless
liánhào 连/联号[聯號] N. ① consecutive serial numbers ② business chain ③ hyphen
[1]liánhé 联合[聯-] V. unite; ally ♦N. ① alliance; union; coalition ② <phys.> symphysis ♦ATTR. <lg.> composite; connective; copulative
[2]liánhé 连合 V. ①join together; connect ②piece together

[3]liánhé 莲荷 N. lotus
liánhé bàngōng 联合办公[聯-辦-] V.P. cooperate in handling official business
liánhé bīngzhǒng 联合兵种[聯-種] N. <mil.> combined arms
liánhé cǎiméijī 联合采煤机[聯-] N. <min.> shearer loader M: [1]tái
liánhé chéngbāoshāng 联合承包商[聯-] N. co-contractor M: ge/[1]míng/[2]wèi
liánhé chéngběn 联合成本[聯-] N. <acct.> joint cost
liánhé cízǔ 联合词组[聯-] N. <lg.> coordinative word group
liánhé dàxué 联合大学[聯-] P.W. associated university M: [1]suǒ
liánhé dǐzhì 联合抵制[聯-] N. boycott
liánhé fùjù 联合复句[聯-複-] N. <lg.> coordinate composite sentence
liánhé gōngbào 联合公报[聯-報] N. joint communiqué M: [1]fèn
liánhé gǔfèn gōngsī 联合股份公司[聯-] N. joint-stock company M: [1]jiā
Liánhéguó 联合国[聯-國] P.W. United Nations
Liánhéguó Ānquán Lǐshìhuì 联合国安全理事会[聯-國-----] P.W. U.N. Security Council
Liánhéguó Dàhuì 联合国大会[聯-國--] N. U.N. General Assembly
Liánhéguó kāifāshǔ 联合国开发署[聯-國開發-] P.W. United Nations development program
Liánhéguórì 联合国日[聯-國-] N. United Nations Day
Liánhéguó Wénjiào Zǔzhī 联合国文教组织[聯-國---織] P.W. United Nations Educational, Scientific, and Cultural Organization (UNESCO)
Liánhéguó Xiànzhāng 联合国宪章[聯-國憲-] N. U.N. Charter M: [2]bù
liánhéhuì 联合会[聯-] N. federation; union M: cì
liánhéjī 联合机[聯-] N. combine; harvester M: [1]tái
liánhé jiātíng 联合家庭[聯-] N. joint family
liánhé jīngyíng 联合经营[聯-經營] N. joint venture
liánhéjù 联合句[聯-] N. conjunctive sentence
liánhé juésuànbiǎo 联合决算表[聯-決--] N. <acct.> combined statements M: [1]zhāng
liánhé láowù 联合劳务[聯-勞務] N. joint services
liánhé liáncí 联合连词[聯-] N. copulative conjunction
liánhémó jìshù 联合膜技术[聯-術] N. combined film technique
liánhé nèigé 联合内阁[聯-] N. coalition cabinet
liánhéng 连横 N. <hist.> confederation to serve Qin
liánhé piànyǔ 联合片语[聯-] N. <lg.> associative phrase
liánhé qǐyè 联合企业[聯-業] N. incorporated business enterprise
liánhé shēngmíng 联合声明[聯-聲-] N. joint statement/communiqué M: [1]fèn
liánhéshì 联合式[聯-] ATTR. joint; combined
liánhé shōugējī 联合收割机[聯-] N. combine (harvester) M: [1]tái
liánhé sùsòngrén 联合诉讼人[聯-] N. partner in a lawsuit M: ge/[1]míng/[2]wèi
liánhétǐ 联合体[聯-體] N. coalition; association; combination; complex
Liánhé Wángguó 联合王国[聯-國] P.W. United Kingdom
liánhé xiédìng 联合协定[聯-協-] N. joint agreement M: [1]fèn
liánhé xíngdòng 联合行动[聯-動] N. joint/concerted action
liánhé xuānyán 联合宣言[聯-] N. joint declaration M: [1]fèn
liánhé yǎnxí 联合演习[聯-習] N. <mil.> joint maneuvers/exercises
liánhé yīnbiàn 联合音变[聯-變] N. <lg.> combinatory change

liánhé yùsuàn 联合预算[聯-] N. combination budget
liánhé zhànxiàn 联合战线[聯-戰-] N. united front M: [1]tiáo
liánhé zhèngfǔ 联合政府[聯-] N. coalition government
liánhé zuòzhàn 联合作战[聯-戰] N. <mil.> joint operation
liánhé zǔzhī 联合组织[聯-織] N. federal organization
liǎnhóng 脸红 V.P. ① blush with shame/embarrassment ② flush with anger ③ get worked up
liǎnhóng bózi cū 脸红脖子粗 F.E. flush with agitation; be furious/mad
liánhǒngdàipiàn 连哄带骗[--帶-] F.E. ① cajolingly ② hoodwink
liánhū* 连呼 V. shout continuously
liánhù 联户[聯-] N. joint households (in managing a business/etc.)
liánhuā* 莲花 N. lotus flower; lotus
liànhuà 炼话[煉-] N. <topo.> rich and vivid expressions found in a local dialect
liánhuābàn 莲花瓣 N. lotus petal
liànhuáchē 链滑车 N. chain block M: [1]jià/[3]liàng
liánhuāchí 莲花池 N. lotus flower pond M: [4]zuò
liánhuādēng 莲花灯[-燈] N. lantern shaped like a lotus flower M: [1]zhǎn
Liánhuālào 莲花落 N. folk ballad popular in North China M: [2]shǒu
liánhuān 联欢[聯歡] V. have a get-together
liánhuán* 连环[-環] N. chain of rings; interlocked rings
liánhuánbǎo 连环保[-環-] N. collective responsibility
liánhuánhuà 连环画[-環畫] N. picture-story book M: [1]běn/[4]cè
liánhuānhuì 联欢会[聯歡-] N. gathering; get-together M: cì
liánhuánjì 连环计[-環-] N. interlocked stratagems M: [1]tiáo
liánhuānjié 联欢节[聯歡節] N. festival
liánhuán túhuà 连环图画[-環圖畫] N. serialized pictorial story; comics; comic strip M: tào
liánhuān wǎnhuì 联欢晚会[聯歡-] N. gathering; party M: cì
liánhuāshì 莲花式 N. lotus-flower shape
liánhuāshǒu 莲花手 N. <Budd.> Skt. Padmapani, a manifestation of Avalokitesvara
liánhuāwén 莲花纹 N. lotus design
Liánhuāzōng 莲花宗 N. <Budd.> The Lotus Sect, alternative name for the Pure Land Sect
[1]liánhuāzuò 莲花座 N. <Budd.> Skt. padmasana; the lotus throne upon which the Buddha sits
[2]liánhuāzuò 莲花坐 V. <Budd.> sit cross-legged
liánhuī 莲灰 N. pale pinkish gray
liánhuì* 联会[聯-] N. ① association ② <bio.> synapsis
liànhuǒ 恋火[戀-] N. passion; passionate love
[1]liánjī* 联机[聯-] N./V.O. <elec.> network; on-line
[2]liánjī 连击[-擊] N. <sports> double hit
liánjí 联集[聯-] V. unite; combine
liǎnjí 脸急 V.P. <coll.> quick-tempered
liǎnjì 敛迹[-跡] V.O. ① lie low ② control one's behavior
liánjiā 梿/连枷 N. <agr.> flail
liánjià* 廉价[-價] ATTR. low-priced; cheap
liǎnjiá 脸颊[-頰] N. cheeks
liànjiā 恋家[戀-] V.O. ① be homesick ② be attached to one's home
liánjiàbù 廉价部[-價-] N. bargain counter
liánjià chūshòu 廉价出售[-價--] V.P. bargain sale
liánjiǎdàizhēn 连假带真[--帶-] F.E. ① fake or genuine ② all (together)
lí'àn jiàgé 离岸价格[離-價-] N. <econ.> free on board (FOB)
liánjiàhuò 廉价货[-價-] N. cheap goods M: [2]jiàn
liánjià huòwù 廉价货物[-價--] N. cheap goods; bargain M: [1]pī
liánjiājù 联加句[聯-] N. <lg.> conjunct
liánjià láodòng 廉价劳动[-價勞動] N. cheap labor
liánjiǎn 连蹇 V.P. ① hesitant (of gait/step) ② stuttering; stammering
liànjiānqíngrè 恋奸情热[戀-熱] F.E. have an illicit and passionate love affair
liànjiāo 炼焦[煉-] N. <chem.> coking; coke-making
liànjiāochǎng 炼焦厂[煉-廠] P.W. coking plant; cokery M: [1]jiā
liánjiǎokù 连脚裤[-腳-] N. infant's footed pants M: [1]tiáo
liànjiāolú 炼焦炉[煉-爐] N. coke oven M: [4]zuò
liànjiāoméi 炼焦煤[煉-] N. coking coal
liánjiàpǐn 廉价品[-價-] N. cheap goods; bargain M: [2]jiàn
liánjià shāngdiàn 廉价商店[-價--] P.W. bargain shop/store M: [1]jiā
liánjià xiǎoshuō 廉价小说[-價--] N. dime novel M: [1]běn
liànjiāzi 练家子[練-] N. <coll.> sb. who is martial arts adept
liánjiē* 连/联接[聯-] V. ①join; link ②catenate; conjoin ♦ADV. continuously ♦N. conjunction; linking
[1]liánjié 联结[聯-] V. ① bind; tie; join ② form an alliance ♦N. association
[2]liánjié 连结 V. join; link
[3]liánjié 廉洁[-潔] S.V. honest and clean; incorruptible
[4]liánjié 廉节[-節] S.V. frugal; thrifty
liánjiè 廉介 V.P. incorruptible and uncompromising
liànjiē 链接 N. <comp.> link
liánjiēbùduàn 连接不断[-斷] F.E. successively; incessantly; continuously
liánjiēchē 连结车 N. train/bus connection
liánjiē chéng 连接成 R.V. link up/together; connect
liánjiē chéngfèn 连接成分 N. <lg.> connective; conjunctive
liánjiēcí 连接词 N. <lg.> conjunction; connector
liánjiē císù 连接词素 N. <lg.> linking morpheme
liánjiē dàicí 连接代词 N. <lg.> conjunctive pronoun
liánjiēdiǎn* 连接点[-點] N. junction
liánjiédiǎn 联结点[聯-點] N. point of contact; linkage point
liánjiēdiàobiàn 连接调变[-變] N. <lg.> tone sandhi
liánjiē dòngcí 连接动词[--動-] N. <lg.> linking verb
liánjiēfǎ 连接法 N. <lg.> conjunction
liánjiéfènggōng 廉洁奉公[-潔--] F.E. honest in performing official duties
liánjiē fùcí 连接副词 N. conjunctional adverb
liánjiēgǎn 连接杆 N. <mach.> connecting rod M: [2]gēn
liánjiēhào 连接号[-號] N. hyphen (-)
liánjiéhuán 连结环[-環] N. shackle bar (between cars)
liánjiējù 连接句 N. <lg.> connected statement
liánjiékěfēng 廉洁可风[-潔--] F.E. exemplary honesty
liánjiēqì 联接器[聯-] N. ① articulator; unitor; connecting box ② coupling (in engineering)
liánjiē qǐlai* 连接起来 R.V. link up/together; connect
liánjié qǐlai 连结起来 R.V. link up/together; connect
liánjié shānlüè 联结删略[聯-刪-] N. <lg.> conjunction reduction
liánjiēxiàn 连接线 N. <mus.> tie M: [1]tiáo
liánjiēxìng 连接性 N. <lg.> cohesion
liánjiēxìng céngcì 连接性层次[---層-] N. <lg.> cohesive level
liánjiēxìng qíngtài dòngcí 连接性情态动词[----態動-] N. <lg.> connective modal
liánjiēxìng zhuàngyǔ 连接性状语[---狀-] N. <lg.> conjunct
liánjiēyīn 连接音 N. <lg.> linking sound
liánjiē yīnbiàn 连接音变[-變] N. <lg.> sandhi
liánjiē yǔfǎ 连接语法 N. <lg.> connective grammar
liánjīfǎ 连击法[-擊-] N. concatenation
liánjìfǎ* 连记法 N. a system of booking accounts in parallel columns
liánjīn* 连襟/衿 N. husbands of sisters
liànjīn 炼金[煉-] V.O. melt to refine gold
Liánjīng* 莲经[-經] N. Lotus Sutra
liánjìng 奁敬[奩-] N. gifts to a bride
liánjìngguǎyù 廉静寡欲[-靜--] F.E. pure and modest
liànjīnshù 炼金术[煉-術] N. alchemy
liànjīn shùshì 炼金术士[煉-術-] N. alchemist M: ge/[1]míng/[2]wèi
liànjīnyào 炼金药[煉-藥] N. elixir
liánjì qǐlai 连记起来 R.V. <acct.> book accounts in parallel columns
liánjī qíngbào jiǎnsuǒ 联机情报检索[聯--報--] N. information retrieval network
liánjī shùjù shūrù 联机数据输入[聯-數據-] N. <comp.> on-line digital computer
liánjì tóupiào 连记投票 V.P. voting by proportional representation or by lists
liànjiù 恋旧[戀舊] V.O. yearn for the past, old friends, or places previously visited
[1]liánjù* 联句[聯-] N. ① poems made by participants chanting alternate lines ② parallel phrases; couplet
[2]liánjù 连句 N. <lg.> compound sentence
[3]liánjù 莲炬 N. ornamental candles in the shape of lotus flowers
liǎnjú 敛局 V.O. gather people together for gambling
[1]liànjù 炼句[煉-] V.O. hone a sentence
[2]liànjù 殓具 N. articles for preparing a body for the coffin
[3]liànjù 链锯 N. <mach.> chain saw M: [1]bǎ/[1]jià/[1]tái
liánjuan 连卷 V.P. crooked; winding
liánjué 联觉[聯覺] N. synesthesia
liánjūn 联军[聯-] N. allied forces M: [4]zhī
liánkān 莲龛 N. niche for a statue of Buddha M: [4]zuò
liánkǎo 联考[聯-] N. jointly-given entrance exam M: cì ♦V. jointly give an entrance exam (of several colleges/universities/etc.)
liǎnkǒng 脸孔 N. face M: [1]zhāng
liǎnkǒngtiěbǎn 脸孔铁板[--鐵-] F.E. keep a deadpan face
liánkùwà 连裤袜[-襪] N. panty hose M: [1]shuāng
liánlěi 连累 V. implicate; involve; get sb. into trouble
liánlèi'érjí 连类而及[-類--] F.E. <wr.> by analogy
liánlǐ* 连理 N. ①trees with interlocking branches ② a couple very much in love
liánlì 廉吏 N. incorrupt official
[1]liánlián* 连连 ADV. <coll.> ①repeatedly; again and again; one after another ② slowly; quietly
[2]liánlián 涟涟 R.F. weeping
[3]liánlián 鬑鬑 R.F. have sparse hair on the temples
[1]liànliàn 恋恋[戀戀] R.F. passionately attached
[2]liànliàn 潋潋 R.F. overflowing; inundating
liànliànbùshě 恋恋不舍[戀戀-捨] F.E. hate to let go of
liànliànbùwàng 恋恋不忘[戀戀-] F.E. strongly attached to and unforgettable
liánlì fāngchéng 联立方程[聯-] N. <math.> simultaneous equations
liánlì fāngchéngshì 联立方程式[聯-] N. <math.> simultaneous equations
liánlì fāngchéngzǔ 联立方程组[聯-] N. <math> system of simultaneous equations
liánlì fángwū 联立房屋[聯-] N. row houses

liánlǐzhī 连理枝 N. ① trees with interlocking branches ② a couple very much in love

liánlóng 涟栊 N. windows; doors and screens

liánlóu 哖喽[-嘍//-謱] V.P. talk vaguely and aimlessly

liànlǚ 炼铝[煉-] V.O. make aluminum

liànlún 链轮 N. <mach.> chain wheel; sprocket (wheel)

liánluò 联/连络[聯-] V. contact ♦N. ① association ② liaison

liánluòbàn 联络办[聯-辦] P.W. liaison office

liánluòbù 联络部[聯-] P.W. liaison department

liánluòchù 联络处[聯-處] P.W. liaison office

liánluòguān 联络官[聯-] N. liaison officer M: ge/[1]míng/[2]wèi

liánluò gǔquán 联络股权[聯-權] N. affiliated interests

liánluòjī 连络机 N. <mil.> liaison aircraft M: [1]jià

liánluò kǒuyì 联络口译[聯-譯] N. <lg.> liaison interpretation/interpreting

liánluòtú 联络图[聯-圖] N. liaison map M: [1]zhāng

liánluòwǎng 联络网[聯-網] N. liaison net M: [1]zhāng

liánluò xiǎozǔ 联络小组[聯-] P.W. contact group

liánluòyuán 联络员[聯-] N. liaison man M: ge/[1]míng/[2]wèi

liánluòzhàn 联络站[聯-] P.W. liaison station M: [1]jiā

liànmǎchǎng 练马场[練-場] P.W. equestrian practice area M: [4]zuò

liánmài 廉卖[-賣] V. sell at a low price

liànmái* 殓埋 V. shroud and bury

liánmáng 连忙 ADV. promptly; at once

liánmèi 联/连袂[聯-] V. <wr.> get married ♦ADV. side by side; together; jointly ♦N. husbands of one's sisters

liánmèi'érlái 联袂而来[聯-] F.E. come together as a group

liànméisù 链霉素 N. <med.> streptomycin

liánméng 联盟[聯-] N. alliance; coalition; league; union

liánmēngdàihǔ 连蒙带唬[--帶-] F.E. <coll.> befuddle in order to take advantage of

liánmián* 连/联绵[聯-] V.P. continuous; unbroken; uninterrupted

liǎnmiàn 脸面 N. ① face ② self-respect ③ sb.'s feelings

liánmiánbùjué 连绵不绝[-絕] F.E. in endless succession

liánmiáncí 连绵词 N. alliterative two-syllable terms

liánmiánzì 连/联绵字[聯-] N. <lg.> ① alliterative characters ② binomial ③ disyllabic roots ④ compound word

liánmǐn 怜悯/闵/愍[憐-] V. pity; have compassion for

[1]liánmíng 联名[聯-] V.O. jointly sign

[2]liánmíng 连名 N. joint signatures

[3]liánmíng 廉明 S.V. incorruptible and intelligent

liánmíng fāqǐ 联名发起[聯-發-] V.P. jointly initiate in supporting sb./sth.

liánmíng shàngbào 联名上报[聯-報] V.P. write a joint report to higher authorities

liánmíng shàngshū 联名上书[聯-書] V.P. submit a joint letter/petition

liánmǐnxīn 怜悯心[憐-] N. sympathy

liǎnmór 脸模儿 N. facial appearance

liánmù* 帘幕[簾-] N. heavy curtain

liànmù 恋慕[戀-] V. ① lose one's heart to ② pine for

liànmǔqíngjié 恋母情结[戀-] N. Oedipus complex

liánnèiliánwài 帘内帘外[簾-簾-] F.E. private and public

liǎnnèn 脸嫩 V.P. be bashful/shy

liánnián 连年 ADV. in successive years; for years running

liánnǔ 连弩 N. quick-firing crossbow

lián'ǒu 莲藕 N. lotus plant/root M: ge/[5]zhī/[4]zhī/

liánpái shēngchǎn 联牌生产[聯-產] V.P. a brand of products made by several manufacturers

liǎnpán(r) 脸盘(儿)[-盤-] N. the cast of one's face

liǎnpáng 脸庞 N. face

liánpǎodàitiào 连跑带跳[--帶-] V.P. run and skip

liǎnpén(r) 脸盆(儿) N. washbasin; washbowl

liánpeng 莲蓬 N. lotus seedpod

liánpenglǒur 莲蓬篓儿[--簍-] N. ① basket for picking up lotus seeds ② ragged or worn-out clothes

liánpengtóu 莲蓬头 N. shower nozzle

liánpengzǐr 莲蓬子儿 N. lotus seeds

liǎnpénjià(r/zi) 脸盆架(儿/子) N. washstand

liánpí 连皮 ATTR. gross; including the packing (of weight)

liǎnpí(r)* 脸皮(儿) N. ① face ***Zhèige rén de ~ hěn hòu.*** This person is thick-skinned. ② cheek

[1]liánpiān 连篇 V.P. throughout a piece of writing; page after page ♦N. multitude of articles

[2]liánpiān 联/连翩[聯-] ADV. ① in close succession ② successively

liánpiān'érzhì 联翩而至[聯-] F.E. <wr.> arrive in close succession

liánpiānlěidú 连篇累牍[-牘] F.E. lengthy and tedious; at great length

[1]liánpiào* 联票[聯-] N. ① interline/through ticket M: [1]zhāng ② original and duplicate (invoice/etc.) ③ bills in a set

[2]liánpiào 连票 N. coupon M: [1]zhāng

liànpiǎo 练漂[練-] V. <txtl.> scouring and bleaching

liǎnpí báo 脸皮薄 V.P. shy; sensitive

liánpídàigǔ 连皮带骨[--帶-] F.E. <coll.> entirely

liǎnpí hòu 脸皮厚 V.P. be thick-skinned/shameless

liánpín* 怜贫[憐-] V.O. pity the poor

liànpín 练贫[練-] V.O. <coll.> prattle

liánpínxīlǎo 怜贫惜老[憐-] F.E. feel compassion for the aged and the poor

liánpǔ 连谱 V.O. consider similarly-surnamed families to be of the same clan despite having different ancestors

liánpù 连铺 N. a series of beds ***Jīnwǎn wǒmen dǎ ~.*** Tonight we'll sleep with our beds all jammed next to each other.

liǎnpǔ* 脸谱 N. types of theatrical makeup

liánpǔhào 连谱号[-號] N. <mus.> accolade; brace

liǎnpǔhuà 脸谱化 V./N. ① stereotype ② make all the same

liànqì 炼气[煉氣] V.O. <Dao.> practice regulation of breathing

liǎnqián 敛钱[-錢] V.O. <coll.> amass/collect money by unfair means

liánqiáo 连翘[-翹] N. <bot.> forsythia

liàn qìgōng 练气功[練氣-] V.O. do breathing exercises; practice *qìgōng*

lián qǐlai 连起来 R.V. link up/together

Liánqín* 联勤[聯-] P.W. <TW> Department of General Logistics

liǎnqīn 敛衾 N. cover for a corpse in a coffin M: [2]jiàn

liànqíng 恋情[戀-] N. love affair; romantic love

Liánqín Zǒngbù 联勤总部[聯-總-] P.W. <TW> Department of General Logistics

liánqìr 连气儿[-氣-] ADV. (finish multiple tasks) without stopping in a fit of determination

[1]liànqiú 练球[練-] V.O. <sport> practice a ball game

[2]liànqiú 链球 N. <sport> hammer

liànqiújūn 链球菌 N. <med.> streptococcus

liànqǔ 恋曲[戀-] N. love song/music M: [4]zhī

liánquán 连拳/蜷 V.P. crooked; winding

liànquán* 练拳[練-] V.O. practice boxing

liánquè 连雀 N. waxwing M: [2]zhī

liànquè* 练鹊[練-] N. long-tailed flycatcher M: [2]zhī

liǎnr 脸儿 N. face

liǎnrán 敛然 V.P. gathered; assembled

liánràng 廉让[-讓] V. sell (property) at low price

liánrèn* 连任 V. renew one's term of office

liǎnrèn 敛衽 V.O. <wr.> pull the lapels of one's garment together in respectful salute

liànrén 恋人[戀-] N. lover; sweetheart M: ge/[1]míng/[2]wèi

liánréndàimǎ 连人带马[--帶-] V.P. including both men and their horses

liánrì* 连日 ADV. for days on end; day after day

liànrì 练日[練-] V.O. select a date

liánrìlái 连日来 V.P. for the last few days

[1]liǎnróng 脸容 N. facial features/expression; face

[2]liǎnróng 敛容 V.O. <wr.> assume serious expression

liánróngzòng 莲蓉粽 N. Chinese tamale filled with lotus seed paste M: [2]zhī/ge

liánròu 莲肉 N. lotus-seed kernel

liánrù 涟洳 V.P. weeping

liànrǔ* 炼乳[煉-] N. condensed milk

liǎnruǎn 脸软 V.P. kind-hearted; good-natured

liǎnrúhuánglà 脸如黄蜡[-蠟] F.E. face turned waxen/ashen

liànruò 练若[練-] N. <Budd.> monastery

liǎnrúsǐhuī 脸如死灰 F.E. face turned ashen

liánsài 联赛[聯-] N. <sport> league matches M: [2]chǎng/cì

liánsānbìngsì 连三并四[--併-] F.E. time and again; repeatedly

liánsāndàisì 连三带四[--帶-] F.E. time and again; repeatedly

[1]liǎnsè 脸色 N. ① complexion; look ② facial expression

[2]liǎnsè 敛色 V.O. <wr.> assume a serious expression

liǎnsèyīchén 脸色一沉 F.E. give sb. a black look.

liánshān* 连山 N. long chain of mountains

liànshān 炼山[煉-] V.O. burn mountain cover for afforestation

liánshàng 连上 R.V. link up; connect

liǎnshàng* 脸上 P.W. (on/in) one's face

liǎnshàngtiējīn 脸上贴金 F.E. <coll.> ① blow one's own trumpet ② extol/over-praise sb.

liánshānguǎn 帘栅管[簾柵-] N. <elec.> screen grid

liǎnshàngwúguāng 脸上无光 F.E. lose face

liánshānjí 帘栅极[簾柵極] N. <elec.> screen grid

[1]liánshè 连射 V. <mil.> running fire

[2]liánshè 莲社 N. ① gathering of scholars/Buddhists ② <hist.> White Lotus Sect

[3]liánshè 联社[聯-] ***See*** *gòuxiāo liánshè*

liánshēn 连身 ATTR. one-piece (garment)

liánshēng* 连声[-聲] ADV. say sth. repeatedly

liánshèng 连胜[-勝] V. win repeatedly; score one victory after another

liǎnshēngbǐngqì 敛声屏气[-聲-氣] F.E. hold one's breath

liánshēngdàoqiàn 连声道歉[-聲--] F.E. say thanks repeatedly to show earnest gratitude

liánshí 莲实[-實] N. lotus-seeds

[1]liánshì* 廉士 N. man of principle M: ge/[1]míng/[2]wèi

[2]liánshì 连市 V.O. keep shop open on holidays

liànshī 炼师[煉師] N. Daoist master M: ge/[1]míng/[2]wèi

liànshíbǔtiān 炼石补天[煉-補-] F.E. have supernatural power to remedy a situation

liànshì fǎnyìng 链式反应[-應] N. <chem.> chain reaction

liánshǐzhǐ 连史纸 N. fine paper made from bamboo M: [1]zhāng/[1]juàn

liánshǒu* 联/连手[聯-] V.O. join hands with sb.; gang up

liánshòu 廉售 V. sell at low price

liǎnshǒu 敛手 V.O. refrain/abstain from doing sth.

liànshǒu 练手[練-] V.O. try one's hand (at some skill); practice one's skill

liánshū 连书[-書] V. write syllables together to form words

[1]**liánshǔ*** 联署[聯-] V. sign jointly ♦N. joint signature

[2]**liánshǔ** 联属[聯屬] ATTR. continuous; connected

liànshù 楝树[-樹] N. <bot.> chinaberry M: [2]kē

liǎnshuǐ 脸水 N. water to wash the face

liánshuōdàixiào 连说带笑[--帶-] V.P. talking and laughing

lián shuō duìbuqǐ 连说对不起[--對--] V.P. say sorry repeatedly

liánshǔrén 连署人 N. joint signer M: gè/[1]míng/[2]wèi

liànsījūnshǔ 链丝菌属[-絲-屬] N. streptomyces

liánsuǒ 连锁 N. ① chain; interlocked elements ② concatenation

liánsuǒdiàn 连/联锁店[聯-] P.W. chain store M: [1]jiā

liánsuǒ fǎnyìng 连锁反应[-應] N. <phy.> chain reaction

liánsuǒ jīgòu 联锁机构[聯-構] N. <mach.> interlocking mechanism

liánsuǒ tíjià 连锁提价[-價] V.P. chain-reaction price-rises

liánsuǒ tuīlǐ 连锁推理 N. <log.> sorites

liánsuǒxìng 连锁性 N. chain nature/property

liánsuǒxìng qiānyí 连锁性迁移[---遷-] N. <soc.> chain migration

[1]**liántái** 连台[-臺] ATTR. in succession (of performance) *See also dǎ liántái*

[2]**liántái** 莲台[-臺] N. Buddha's seat in the form of lotus flower; lotus throne

liántái běnxì 连台本戏[-臺-戲] N. serialized theatrical performance

liántáihǎoxì 连台好戏[-臺-戲] F.E. many successive brilliant theatrical performances

liàntān(r) 练摊(儿)[練攤-] V. <slang> set up a stall to do private business

liǎntáng(r) 脸膛(儿) N. <topo.> facial contour/shape

liàntángchǎng 炼糖厂[煉-廠] P.W. sugar refinery M: [1]jiā

liàntào 链套 N. chain case (of a bicycle)

liántǐ 联/连体[聯體] ATTR. joined

liántiān 连天 V.O. ① touch the sky ② extend to the horizon ♦ADV. ① continuously; incessantly ② for several days in a row

liàntiáo 链条[-條] N. chain M: [2]gēn/[1]tiáo

liántīdàidǎ 连踢带打[--帶-] V.P. beat with both hands and feet

liàntiě 炼铁[煉鐵] N. iron-smelting

liàntiěchǎng 炼铁厂[煉鐵廠] P.W. ironworks M: [1]jiā

liàntiělú 炼铁炉[煉鐵爐] N. steel-making furnace M: [4]zuò

liàntīng 链烃[-烴] N. chain hydrocarbon

liántǐ shuāngshēng 连/联体双生[聯體雙-] N. Siamese twins

liántǐyīng(r) 连体婴(儿)[-體--] N. Siamese twins M: [1]duì

liántōng 连/联通[聯-] R.V. be connected; lead to ♦N. connection

liántóng* 连同 CONJ. together/along with

liàntóng 炼铜[煉-] N. copper metallurgy

liántōngqì 连通器 N. connected containers M: gè/[2]zhī

liàntóngzhèng 恋童症[戀-] N. <med.> pedophilia

liántōudàipá 连偷带扒[--帶-] V.P. steal by all means

liánwǎng 联网[聯網] N. network

liánwèishì 连谓式 N. <lg.> sentence with consecutive predicates

liánwù 莲雾[-霧] N. wax apple

liànwǔ* 练武[練-] V.O. practice martial arts

liànwùpǐ 恋物癖[戀-] N. <psy.> fetishism

liǎnwúrénsè 脸无人色 F.E. One's face was pale as death.

liánxī 怜惜[憐-] V. ① have pity for ② feel tenderness toward

liánxí 联席[聯-] V.O. meet jointly

liánxì 联系[聯繫] V. integrate; relate; link; get in touch with *Nǐ gēn tā ~ yīxià.* Please get in touch with him. ♦N. contact; touch; connection; relation

liànxí* 练习[練習] V. ① practice ② exercise ♦N. drill

liánxià 怜下[憐-] V.O. be kind to one's inferiors

liánxián 联衔[聯-] V./N. act/appear together

[1]**liánxiàn** 连线 ATTR. unbroken; continuous

[2]**liánxiàn** 联线[聯-] N. on line

liánxiàn chǔlǐ xìtǒng 连线处理系统[--處---] N. on-line processing system

liánxiǎng* 联想[聯-] V. associate; connect in one's mind ♦N. ① <comp.> input method where a string of pinyin evokes the appropriate characters ② association; suggestion

liánxiàng 联项[聯-] N. <log.> copula

liǎnxiàng 脸相 N. appearance; looks; facial expression

liánxiǎng cíyuánxué 联想词源学[聯-] N. <lg.> associative etymology

liánxiǎng dào 联想到[聯-] R.V. associate; think of; suggest

liánxiǎnglì 联想力[聯-] N. associative ability/power

liánxiǎng qǐ 联想起[聯-] R.V. associate; think of

liánxiǎng sīwéi 联想思维[聯-] N. associative thinking

liánxiǎngxìng 联想性[聯-] N. <lg.> availability

liánxiǎng xīnlǐxué 联想心理学[聯-] N. associative psychology

liánxiāngxīyù 怜香惜玉[憐-] F.E. have tender feeling for the fair sex

liánxiǎng xuéxí 联想学习[聯-習] N. <lg.> associative learning

liánxiǎng yìyì 联想意义[聯-義] N. <lg.> associative meaning

liánxiǎng yìyì de yùnyòng 联想意义的运用[聯-義-運-] N. <lg.> associative engineering

liánxiàn zuòyè 连线作业[-業] N. continuous operation

[1]**liánxiāo*** 联销[聯-] V. sell sth. jointly

[2]**liánxiāo** 连宵 ADV. all night

liǎnxiǎo 脸小 V.P. ① be bashful/shy (of a woman) ② have little or no prestige; be a nobody

liánxìbāng 联系邦[聯繫-] N. associated state

liànxíběn(r) 练习本(儿)[練習-] N. exercise-book

liànxíbù(zi) 练习簿(子)[練習-] N. exercise-book M: [1]běn

liánxì dòngcí 连系动词[-繫動-] N. <lg.> linking/copulative verb

liánxiě 连写[-寫] V. <lg.> join syllables in phonetic transcription

liánxiěfǎ 连写法[-寫-] N. <lg.> way to join syllables

liànxífǎ 练习法[練習-] N. drill

liánxí huìyì 联席会议[聯-議] N. joint conference/meeting M: cì

liànxíjiàn 练习舰[練習艦] N. training ship M: [1]sōu

liànxí jiēduàn 练习阶段[練習階-] N. practice stage

liánxìjù 连系句[-繫-] N. <lg.> copular sentence

[1]**liánxīn** 连心 V.O. ① be mutually concerned; mutually trust ② deeply attached to each other

[2]**liánxīn** 莲心 N. heart of a lotus seed

liǎnxíng* 脸型 N. cast of one's face

liànxíng 炼形[煉-] V.O. <Dao> physical asceticism

liánxīnhuā 莲馨花 N. <bot.> early spring flower M: [2]duǒ

liànxíqǔ 练习曲[練習-] N. <mus.> étude M: [2]shǒu

liánxìrén 联系人[聯係-] N. liaison man; person to contact M: gè/[1]míng/[2]wèi

liànxíshēng 练习生[練習-] N. ① apprentice ② trainee M: gè/[1]míng/[2]wèi

liànxísuǒ 练习所[練習-] P.W. training school/place/etc.

liànxítí 练习题[練習-] N. exercises; exercise problems M: [2]dào

liànxí xiàoguǒ 练习效果[練習-] N. practice effect

[1]**liánxù** 连续[-續] ATTR. ① continuous; successive; running ② liaison

[2]**liánxù** 怜恤[憐-] V. pity; have compassion for

[3]**liánxù** 连叙[-敘] V. treat consecutively

liánxuǎn 连选[-選] V.P. ① seek reelection ② be reelected

liánxuǎn liánrèn 连选连任[-選--] V.P. be reelected and serve another term

liánxù bùduàn 连续不断[-續-斷] ADV. continuously; successively; incessantly

liánxùfàn 连续犯[-續-] N. <law> ① repeated offenses of the same kind ② repeating offender/criminal M: gè/[1]míng/[2]wèi

liánxù fānyì 连续翻译[-續-譯] N. <lg.> consecutive interpretation

liánxù guāngpǔ 连续光谱[-續--] N. <phy.> continuous spectrum

liánxù hángcì 连续航次[-續--] N. consecutive voyages

liánxùhuà 连续化[-續-] V./N. ① serialize ② continue

liánxùjù 连续剧[-續劇] N. TV series M: [2]bù

liánxù kǒuyì 连续口译[-續-譯] N. <lg.> consecutive interpretation

liánxùpiān 连续片[-續-] N. serial movie M: bù

liánxùtǐ 连续体[-續體] N. continuum

liánxùxìng 连续性[-續-] N. continuity; continuance

liánxùyīn 连续音[-續-] N. <lg.> continuant sound

liánxù yǔyīn shíbié 连续语音识别[-續--識-] N. <lg.> continuous speech recognition

liányā 帘押[簾-] N. curtain ballast

liányán* 连延 V. extend; spread out (of mountains range)

liányǎn 联演[聯-] N. perform jointly

liànyàn 潋滟[-灩] V.P. <wr.> ① shining and calm (of liquids) ② billowing; wavy ③ flooding; overflowing

liànyào 炼药[煉藥] V.O. make medicine

[1]**liányè** 连夜 ADV. ① the same night; that very night ② all night ③ for nights on end

[2]**liányè** 莲叶[-葉] N. lotus leaf

liányī* 涟漪 N. <wr.> ripples

liányí 廉宜 V.P. cheap; inexpensive

liányì 联谊[聯-] N. friendship ties

liǎnyì 敛翼 V.O. ① fold the wings ② flinch

liànyī 殓衣 N. graveclothes M: [2]jiàn

liányìhuì 联谊会[聯-] N. ① friendship association ② gathering

liányì huódòng 联谊活动[聯-動] N. activities for promoting fellowship

liányīkù 连衣裤 N. ① playsuit ② one-piece suit M: [2]jiàn

[1]**liányīn** 联/连姻[聯-] V.O. form a marriage between two families

[2]**liányīn** 连音 N. <lg.> ① sandhi ② connecting sound; juncture; liaison

liányīn biànhuà 连音变化[--變-] N. <lg.> contextual sound change; fusion; sandhi

liányīndìqīn 联姻缔亲[聯-親] F.E. unite in marriage

liányīnfú 连音符 N. <lg.> hyphen

liányíng* 联营[聯營] V. operate jointly ♦N. joint venture

liǎnyìng 脸硬 V.P. flinty; ruthless

liányíng gōngsī 联营公司[聯營-] P.W. affiliated company M: [1]jiā

liányínghù 联营户[聯營-] N. joint-management households

liányíng shìyè 联营事业[聯營-業] N. enterprise formed by joint investment

liányīntiān 连阴天[-陰-] N. cloudy/rainy weather for several days running

liányīnyǔ 连阴雨[-陰-] N. unbroken spell of wet weather

liányīqún 连衣裙 N. ① bodice linked to skirt ② one-piece dress M: [1]*tiáo*

liányīwēiyàng 连漪微漾 F.E. <*wr.*> ripples; riffles

liányòng* 连用 V. use consecutively/together

liànyǒng 练勇[練-] N. militiaman; militia force

liányòngshì 连用式 N. <*lg.*> in series

liànyóu 炼油[煉-] V.O. ① refine oil ② extract oil by heat ③ heat edible oil

liànyóuchǎng 炼油厂[煉-廠] N. (oil) refinery M: [1]*jiā*

liànyóu shèbèi 炼油设备[煉-備] N. refining equipment M: *tào*

liǎnyǒuxǐsè 脸有喜色 F.E. have a happy expression on one's face

[1]**liányú** 鲢鱼 N. silver carp M: [1]*tiáo*

[2]**liányú** 连舆 N. sedan chair for a woman

[3]**liányú** 廉隅 V.P. punctilious; scrupulous

[4]**liányú** 镰鱼 N. <*zoo.*> Moorish idol (a fish) M: [1]*tiáo*

[1]**liányǔ** 连语 N. <*lg.*> compound word

[2]**liányǔ** 谜语 N. <*lg.*> combination of two characters closely related in meaning which forms an inseparable thought unit, such as *cuīwēi*

liànyù* 炼狱[煉-] N. <*rel.*> purgatory M: [4]*zuò*

liǎnyuàn 敛怨 V.O. accumulate hatred

liányuǎntánggāo 廉远堂高[-遠--] F.E. dignified (of a monarch)

liányùn 联运[聯運] N. through transport/traffic; joint transportation

liányùnhuì 联运会[聯運-] N. <*TW*> national games (of high schools or colleges and universities) M: *cì*

liányùnpiào 联运票[聯運-] N. through ticket M: [1]*zhāng*

liányùnshī 联韵诗[聯韻-] N. poems made by participants chanting alternate lines M: [2]*shǒu*

liányùn tídān 联运提单[聯運-] N. through bill of lading M: [1]*zhāng*

liányǔtiān 连雨天 N. <*coll.*> a streak of rainy weather

liánzǎi 连载 V. publish in installments; serialize

liànzàng 殓葬 V. shroud and bury

liánzāobàijì 连遭败绩 F.E. suffer successive defeats

liánzāobùxìng 连遭不幸 F.E. A succession of misfortunes has befallen sb.

liánzhǎn* 联展[聯-] N. joint exhibition

liànzhàn 恋栈[戀棧] V.O. be reluctant to give up a post

liánzhǎng* 连长 N. <*mil.*> company commander M: *ge*/[1]*míng*/[2]*wèi*

liánzhàng 帘帐[簾-] N. curtain; screen

liǎnzhàngfēihóng 脸涨绯红 F.E. turn red with embarrassment

liánzhànjiēběi 连战皆北[-戰--] F.E. suffer successive defeats

liánzhànjiējié 连战皆捷[-戰--] F.E. win victories one after another

liánzhànliánshèng 连战连胜[-戰-勝] V.P. win one victory after another

liánzhāo* 联招[聯-] V. co-operatively enroll students (of several colleges/universities/ etc.)

liànzhào 链罩 N. chain guard/cover

Liánzhāohuì 联招会[聯-] N. <*TW*> Committee of National Entrance Examinations

liánzhe* 连着[-著] ADV. in succession; continuously ♦V.P. be linked

liànzhe 链着[-著] V.P. chained; in chains

liànzhěn 恋枕[戀-] V.O. laze in bed

[1]**liánzhèng** 廉政 N. honest and clean government

[2]**liánzhèng** 廉正 S.V. honest and upright

[3]**liánzhèng** 帘政[簾-] N. regency of an empress-dowager

liánzhèngwúsī 廉正无私 F.E. honest and unselfish

liánzhī 连枝 N. ① brothers ② close relatives

liánzhí 廉直 S.V. honest and upright

liànzhǐ 炼指[煉-] N. <*Budd.*> finger-burning

liànzhì* 炼制[煉製] V. <*chem.*> refine

liánzhòng 连种[-種] N. <*agr.*> continuous cropping

liánzhòngsānyuán 连中三元 F.E. get the three highest literary degrees in succession

liánzhóujié 联轴节[聯-節] N. <*mach.*> shaft coupling; coupling

liánzhóuzhuàn 连轴转[-轉] V.P. <*coll.*> work without pause; work day and night; work round the clock

liánzhū* 连珠 V.P. in rapid succession; continuous ♦N. linked verse

liánzhǔ 连属[-屬] V. join; link

liànzhǔ 恋主[戀-] V.O. feel an attachment for one's master

liánzhuāng* 连庄[-莊] V. remain the banker (of mahjongg)

liánzhuàng 镰状[-狀] N. sickle shape

liànzhuàng fēnxīfǎ 链状分析法[-狀---] N. <*lg.*> chain analysis

liànzhuàng guānxi 链状关系[-狀關係] N. <*lg.*> chain relationship

liánzhuāngpào 联装炮[聯裝-] N. multiple gun M: [4]*zuò*/[1]*jià*

liánzhuì 连缀 V. <*lg.*> ① join together ② cluster

liánzhūjiàn 连珠箭 N. continuous shooting of arrows

liánzhūpào 连珠炮 N. ① continuous firing; drumfire ② rapid fire gun

liánzi* 帘子[簾-] N. <*coll.*> hanging screen; curtain

liánzǐ 莲子 N. lotus seeds

liánzì 连字 N. <*lg.*> ligature

liǎnzi 脸子 N. <*coll.*> ① facial expression ② a pretty face

liànzi 链子 N. ① chain ② <*coll.*> roller chain (of a bicycle) M: [1]*tiáo*

[1]**liànzì** 练字[練-] V.O. practice calligraphy

[2]**liànzì** 炼字[煉-] V.O. rack one's brains for the right word

liánzibù 帘子布[簾-] N. curtain fabric

"lián" zì chéngfèn 连字成分 N. <*lg.*> *lián* constituent

"lián" zì cízǔ 连字词组 N. <*lg.*> *lián* phrase/ constituent

liánzìfú 连字符 N. <*lg.*> hyphen (-)

liánzǐgēng 莲子羹 N. lotus-seed soup M: *wǎn*

liánzìhào 连字号[-號] N. hyphen (-)

liánzìjù 连字句 N. <*lg.*> *lián. . .dōu/yě* construction

liánzǐtāng 莲子汤[-湯] N. lotus-seed soup

liánzì zhǔtící 连字主题词 N. <*lg.*> *lián* topic

liánzōng* 连/联宗[聯-] V.O. join persons of different ancestors and make them bear the same family name

Liánzōng 莲宗 N. <*Budd.*> Pure Land Sect

liánzòu 连奏 N. <*mus.*> legato

liánzǔ 联组[聯-] N. sequence

liǎnzúbùqián 敛足不前 F.E. <*wr.*> hesitate to advance; hold one's steps and refuse to go further

liánzǔhuì 联组会[聯-] N. multiple-group conference

[1]**liánzuò** 连坐 V.P. suffer guilt by association

[2]**liánzuò** 莲座 N. lotus pedestal of a Buddha statue

[3]**liánzuò** 连作 N. <*agr.*> continuous cropping

liánzuòfǎ 连坐法 N. guilt by association

liánzǔ yǔdiào 联组语调[聯-] N. intonational sequence

[1]**liāo** 撩 V. ① lift; hold up (a curtain/skirt/etc. from the bottom) ② sprinkle (with one's hand) ③ arouse; tease *See also* [8]*liáo*, [2]*liào*

[2]**liāo** 蹽 V. <*topo.*> ① walk swiftly; stride rapidly ② flee; scamper away ~ ***dào Xiānggǎng*** flee to Hong Kong

[3]**liāo** 了 in ***wēiwēiliaoliāo*** *See also* [1]*le*, [1]*liǎo*, [3]*liào*, [12]*liáo*

[1]**liáo** 聊 V. ① rely/depend on ② <*coll.*> chat ③ endure ♦ADV. ① just; merely ② a little; slightly ③ somehow; somewhat ④ for the time being

[2]**liáo** 燎 V. burn *See also* [2]*liǎo*

[3]**liáo** 缭[繚] B.F. entangle ***liáoluàn*** ♦V. sew with slanting stitches

[4]**liáo** 疗[療] B.F. treat (illness); recuperate ***zhìliáo***, [1]***liáoyǎng***

[5]**liáo** 辽[遼] B.F. distant ***liáoyuǎn*** ♦N. ① short name for Liaoning ② Liao (Khitan) dynasty (907–1125)

[6]**liáo** 僚 B.F. official; colleague [1]***liáojì***, ***guānliáo***

[7]**liáo** 寥 B.F. ① scanty; sparse [1]***liáoluò*** ② silent; deserted ***jìliáo***

[8]**liáo** 撩 B.F. tease; provoke ***liáobō*** *See also* [1]*liāo*, [2]*liào*

[9]**liáo** 寮 B.F. ① small house; hut ***cháliáo*** ② Laos ***Liáoguó***

[10]**liáo** 潦 B.F. hasty; roughly executed ***liáocǎo***, ***tíngliáo*** *See also* [4]*lǎo*

[11]**liáo** 嘹 in ***liáogāor***, ***liáoliàng***

[12]**liáo** 了 in ***liáogāor*** *See also* [1]*le*, [3]*liāo*, [1]*liǎo*, [3]*liào*

[13]**liáo** 獠 in ***liáoyá***

[14]**liáo** 鹩[鷯] in ***liáogē***, [1]***jiāoliáo***

[1]**liǎo*** 了 V. end; finish; settle; dispose of ♦B.F. know clearly; understand ***liǎojiě*** ♦CMP. *used with* de *and* bu *to indicate possibility* ***chīde~*** can eat ♦ADV. <*wr.*> entirely *See also* [1]*le*, [3]*liāo*, [3]*liào*, [12]*liáo*

[2]**liǎo** 燎 V. singe *See also* [2]*liáo*

[3]**liǎo** 钌[釕] N. <*chem.*> ruthenium *See also* [6]*liào*

[4]**liǎo** 蓼 B.F. <*trad.*> bamboo container for sacrificial meat ***liǎohuā***, ***túliǎo*** *See also* [17]*lù*

[1]**liào** 料 B.F. ① (raw) material ***yuánliào*** ② stuff; makings ***cáiliào*** ③ grain feed ***sìliào*** ♦V. ① expect; anticipate ② infer; foresee ③ consider; calculate

[2]**liào** 撂/撩 V. <*coll.*> ① put down; leave behind ② throw/knock/shoot down ③ die *See also* [1]*liāo*, [8]*liáo*

[3]**liào** 瞭/了 B.F. observe; look out over ***liàowàng***, ***liàowàngtǎ*** *See also* [1]*le*, [1]*liǎo*, [3]*liāo*, [12]*liáo*

[4]**liào** 镣[鐐] B.F. fetters ***jiǎoliào***

[5]**liào** 尥 in ***liào juězi***, ***liàoda***

[6]**liào** 钌[釕] in ***liàodiàor*** *See also* [3]*liǎo*

Liào 廖 N. Surname

liǎo'àn 了案 V.O. settle/close a case

Liáoběi 辽北[遼-] P.W. ① name of an ancient political division ② northern part of Liaoning province

liáobèi'ěr'ěr 聊备尔耳[-備--] F.E. <*wr.*> just as a matter of form; just from a sense of good form

liáobèiyīgé 聊备一格[-備--] F.E. <*wr.*> may serve as a specimen

liǎobì 了毕[-畢] V. finish

liáobiǎo 聊表 F.E. give a small token of. . .; just to show. . .

liáobiǎowēichén 聊表微忱 F.E. just to show a little of my feeling

liáobiǎoxièyì 聊表谢意 F.E. just to show gratitude

liáobiǎoxīnyì 聊表心意 F.E. just to express one's gratitude/respect/goodwill

liáobìng 疗病[療-] V.O. treat/heal/cure a disease

liáobō 撩拨[-撥] V. ① tease; tantalize ② provoke; stir up; incite

liáobóyīxiào 聊博一笑 F.E. just for your entertainment

liàobudào 料不到 R.V. can't predict

liǎobude 了不得 S.V. ① terrific; extraordinary ② terrible; awful ~ ***la! Zháohuǒ le!*** Oh, my god! Fire! ♦CONS. *X* [3]***de*** ~ extremely X ***gāoxìng de*** ~ extremely happy

liǎobuliǎo 了不了 R.V. can't be brought to an end

liǎobuqǐ 了不起 S.V. amazing; terrific; extraordinary

liáocǎo 潦草 S.V. ① hasty and careless; illegible (of writing) ② sloppy; slovenly

liáocǎobǐjì 潦草笔迹[-筆跡] F.E. illegible handwriting; scrawl

liáocǎosèzé 潦草塞责 F.E. do a duty perfunctorily
liàochē 料车 N. <metal.> skip car M: [3]liàng
liáochéng 疗程[療-] N. course of treatment
Liào Chéngzhì 廖承志 (1908–1983) N. PRC official concerned with foreign friendship and overseas Chinese
liáochényújiàn 聊陈愚见 F.E. <humb.> merely express my opinion
liǎocǐcánshēng 了此残生[--殘-] F.E. end this miserable life
liǎocǐyīshēng 了此一生 F.E. end one's life
liàoda 尥嗒 V. <coll.> wriggle/undulate/churn (the buttocks/etc.); prance
liàodài 料袋 N. traveling bag for food/money
liǎodàng 了当[-當] V.P. ① appropriate ② frank; straightforward; forthright ③ settled; in order ♦V. <trad.> handle; manage
liáodǎo 潦倒 R.V. be frustrated; be down and out
liàodǎo 撂倒 R.V. ① knock down ② <coll.> kill
liàodào* 料到 R.V. foresee; expect
liáodǎo bāngzi 潦倒梆子 N. <topo.> a good-for-nothing; villain; scoundrel
liáodǎobùkān 潦倒不堪 F.E. have gone down in the world
liáodǎoqióngtú 潦倒穷途[--窮-] F.E. be in straitened circumstances
liǎode 了得 S.V. ① outrageous; terrible *Zhè hái* ~ Oh, this is outrageous! ② unbelievably extraordinary/etc.
liǎodeliǎo 了得了 R.V. can be solved/settled
liàodí* 料敌[-敵] V.O. foresee the enemy's intentions
liàodì 撂地 V.O. <topo.> be relieved from worry/etc.
liàodiàor 钌铞儿 N. hasp and staple
liàodìng 料定 V. be sure/certain that . . .
liào dìtān(r) 撂地摊(儿)[--攤-] V.O. <coll.> spread a mat on the ground and offer goods for sale
Liáodōng* 辽东[遼-] P.W. area east of the Liao River
liáodòng 撩动[-動] V. provoke; stir up
liáodōngbáishǐ 辽东白豕[遼-] F.E. naivité
Liáodōng Bàndǎo 辽东半岛[遼-島] P.W. the Eastern Liaoning peninsula
liáodòng chūnqíng 撩动春情[-動--] V.O. ① stir up love in a young person ② arouse sb. sexually
liáodònggānhuǒ 撩动肝火[-動--] F.E. provoke agitation
Liáodōngshǐ 辽东豕[遼-] N. naivité
liáodòu* 撩逗 V. provoke; entice; tease
liàodǒu 料斗 N. <metal.> charging hopper
liàodòu(r) 料豆(儿) N. soy/black beans
liáodú* 疗毒[療-] V.O. remove poison from the human body
liáodù 疗妒[療-] V.O. cure jealousy
liàodù 料度 V. ① calculate; evaluate ② estimate; surmise *See also* [1]*liàoduó*
liǎoduàn 了断[-斷] V./N. ① settle (a case) ② commit suicide
[1]**liàoduó** 料度 V. surmise; estimate *See also liàodù*
[2]**liàoduó** 撂夺[-奪] V. throw down and take away
liáo'érbùdǎo 潦而不倒 F.E. down but not out
liáofǎ* 疗法[療-] N. therapy; treatment
liǎofà 燎发[-髮] ID. be easy to do
liáofèngr 缭缝儿 V.O. sew up seams
liáofēngtìxiē 撩蜂剔蝎 F.E. stir up a wasps' nest
liáofù'ěr'ěr 聊复尔尔[-復--] F.E. <wr.> It is impossible to do otherwise.
liáofūpǐn 疗肤品[療膚-] N. medicines for skin diseases
liáogāor 嘹/了高儿 V.O. <topo.> watch from a high spot
liáogē 鹩哥 N. hill myna M: [2]zhī
liáogé* 辽隔[遼-] V.P. distantly apart
liào gēndou 撂跟斗 V.O. <coll.> trip and send sprawling
liàogū 料估 V. estimate; conjecture; calculate
Liáoguó 寮国[-國] P.W. <trad.> Laos
liǎohuā 蓼花 N. smartweed
liàohuāng 撂荒 V. let a piece of farmland go to waste
liàohuò 料货 N. synthetic jade/glass
[1]**liáojī** 僚机 N. <mil.> wing plane; wingman M: [1]jià
[2]**liáojī** 疗饥[療-] V.O. <wr.> relieve/allay hunger
liáojì 寥寂 S.V. ① still; silent ② lonely; desolate
liàojí* 料及 V. <wr.> ① reckon; imagine; suppose; guess; conjecture ② expect; foresee
liáojiàn 僚舰[-艦] N. <mil.> navel consort M: [1]sōu
liáojiāngpào 燎浆泡[-漿-] N. <coll.> burn blister
[1]**liàojiànzi** 尥腱子 V.O. <topo.> run away; dash off
[2]**liàojiànzi** 撂件子 V.O. <topo.> pay by piecework
liàojiànzi huó(r) 料件子活(儿) F.E. tailor work paid by the piece
liàojiāo 撂跤/交 V.O. <coll.> ① wrestling match ② trip and fall
liǎojié 了结 V. ① finish; settle; wind up; bring to an end ② be deceased
liǎojiě* 了解 V. ① understand; comprehend ② find out; acquaint oneself with ♦N. understanding; comprehension; conception
liǎojiě dào 了解到 R.V. find out
liǎojiělì 了解力 N. understanding; comprehension
liáojìnrénshì 聊尽人事[-盡--] F.E. do the minimum required
liáojiū 聊啾 V.P. buzzing in the ears
liàojiǔ* 料酒 N. cooking-wine M: píng
liáojù 燎炬 N. torch
liǎojú* 了局 V.O. end ♦N. solution; settlement
liào juězi 尥蹶子 V.O. <coll.> ① kick backward; kick the hind feet ② defy ③ stir up trouble
liáokai* 撩开[-開] R.V. <coll.> cast/put aside; forsake
liàokāi 撂开[-開] R.V. ①leave/put aside ②throw away; discard ③ quit an involvement
liáokāngàowèi 聊堪告慰 F.E. This may be a comfort for you to know.
liàokào 镣铐 N. shackles; fetters and handcuffs M: [1]fù
[1]**liáokuò** 辽阔[遼-] S.V. vast; extensive
[2]**liáokuò** 寥廓 S.V. <wr.> ① boundless; vast ② solitary; peaceful; quiet
liáolài 聊赖 N. sth. to live for or rely upon
liǎolán 蓼蓝[-藍] N. <bot.> indigo plant
liáolǎng* 燎朗 S.V. bright; luminous
liáolàng 聊浪 S.V. unrestrained; dissipated
liǎole* 了了 <coll.> V.P. be over; end; finish; settle *See also liǎoliǎo*
liàole 撂了 V.P. <topo.> died
liàole bù gàn 撂了不干[-幹] V.P. <coll.> down tools; give up a job
liáolì 撩栗 V.P. dreary; dismal; cold
liàolǐ* 料理 V. arrange; manage; attend to; take care of ♦N. Japanese cuisine
liáoliàng* 嘹亮 V.P. resonant; loud and clear
liǎoliàng 了亮 S.V. clear; distinct; obvious
liàoliàng 料量 V. calculate
liáoliao 聊聊 R.F. <coll.> chat
[1]**liáoliáo*** 寥寥 R.F. ① few; scanty ② empty; deserted
[2]**liáoliáo** 辽辽[遼遼] R.F. distant
liǎoliǎo 了了 <wr.> R.F. ① clearly understand sth. ② settle (a debt/etc.) ③ be intelligent; clever *See also liǎole*
liáoliáokěshǔ 寥寥可数[--數] F.E. be just a few; be scarce
liáoliáoshùyǔ 寥寥数语[-數-] F.E. a few words; in a nutshell
liáoliáotiān 聊聊天 V.P. have a chat; gab
liáoliáowújǐ 寥寥无几 F.E. be very few
liáoliao yǎnpí 撩撩眼皮 V.P. <coll.> flutter the eyelids
liáoliè 燎猎[-獵] V. hunt by setting fire in the field
liàolǐ hòushì 料理后事[--後-] V.O. make arrangements for a funeral
liáoluàn 缭/撩乱[-亂] S.V. confused; in a turmoil
[1]**liáoluò** 寥落 S.V. ① sparse; scattered ② solitary; silent
[2]**liáoluò** 辽落[遼-] S.V. open and spacious
liǎomáo 燎毛 V.O. singe the hair ♦ID. be easily done
liáomiàn 獠面 N. terrifying looks
liàomò 料莫 V. suppose; guess; conjecture
liǎoniǎo 了鸟 ID. ragged; untidy ♦N. window prop
Liáoníng 辽宁[遼寧] P.W. Liaoning province
liáopào 燎泡 N. burn/scald blister
liáopéng 寮棚 N. shed; hut M: [4]zuò
liáopín 疗贫[療-] V.O. <wr.> relieve the poor
liǎoqǐ* 撩起 R.V. raise/lift up (a curtain/skirt/etc.)
liàoqì 料器 N. glassware
liàoqiào 料峭 V.P. <wr.> chilly; cold
liáoqiě 聊且 ADV. ① tentatively; for the moment ② somewhat ③ might as well
liáo qǐlai 聊起来 R.V. start chatting
liáoqíng 撩情 V.O. flirt; tease
liǎoqīng* 了清 R.V. settle (accounts)
liǎoquè 了却[-卻] V. settle; solve
liǎor 了儿 N. the end
liàor* 料儿 N. cloth; fabric; material
liǎorán 了然 V.P. understand; be clear
liáorào 缭绕[-繞] V. curl up; wind/hang around
liáorě 撩惹 V. provoke; incite
liáorén* 撩人 V.P. stirring; exciting
liàorén 撂人 V.O. <coll.> forsake a person
liáoruòchénxīng 寥若晨星 F.E. few and far between
liǎorúzhǐzhǎng 了如指掌 F.E. know sth. like the palm of one's hand
liáoshāng 疗伤[療傷] V.O. heal/treat a wound
liàoshào de 了/瞭哨的 N. sentinel; guard
liáoshēng* 聊生 V.O. make a living
liàoshēng 撂生 V.O. <coll.> not well done; half cooked
liǎo shēngkou 了牲口 V.O. <topo.> look after the livestock
liáoshèngyīchóu 聊胜一筹[-勝-籌] F.E. surpass by only a little
liáoshèngyúwú 聊胜于无[-勝於-] F.E. better than nothing
liǎoshì 了事 V.O. dispose of a matter; get sth. over with
liǎoshìrén 了事人 N. arbitrator; mediator
liàoshìrúshén 料事如神 F.E. predict like a prophet
liǎoshǒu 了手 N. completion/ending (of task/etc.)
liàoshǒu* 撂手 V.O. ① lay aside what one is doing ② throw up one's job
liáoshǔ 僚属[-屬] N. subordinates; staff M: ge/[1]míng
liáoshuǐ 撩水 V.O. scatter/sprinkle water with the hand
liàosuàn 料算 V. reckon; estimate
liàotái 撂台[-臺] V.O. <coll.> resign an unfinished task in a huff
[1]**liáotiān(r)** 聊天(儿) V.O. <coll.> chat; gossip
[2]**liáotiān** 寥天 N. <wr.> celestial space
liáotiānshì 聊天室 P.W. chat room
liào tiāozi 撂挑子 V.O. ① quit a job in disgust ② <coll.> die
liàowàng 瞭/了望 V. watch; keep a lookout
liàowàngshào 瞭/了望哨 N. watchtower; lookout post
liàowàngtǎ 瞭/了望塔 N. watchtower; observation tower M: [4]zuò
liǎowù 了悟 V. comprehend; wake up to; realize
liǎowúhénjì 了无痕迹[-跡] F.E. without a trace
liǎowújùsè 了无惧色[--懼-] F.E. show no trace of fear

liǎowùqiányuán 了悟前缘 F.E. accept fate as caused by a previous incarnation
liǎowúshēngqù 了无生趣 F.E. lose all interest in life
liǎowúzhǎngjìn 了无长进[-進] F.E. make no progress whatsoever
Liáoxī 辽西[遼-] P.W. area west of the Liao River
liàoxia 撂下 R.V. ① throw/put down ② leave behind
liàoxia gémìng 撂下革命 V.O. <coll.> forsake the revolution
liàoxia gōngzuò 撂下工作 V.O. <coll.> down tools; quit work
liàoxiǎng 料想 V. expect; think; presume ***Zhè*** [1]***shì kěyǐ ~ dào de.*** This could have been predicted.
liàoxiǎngbùdào 料想不到 V.P. not expect
liáo xiánpiān(r) 聊闲篇(儿) V.O. <coll.> shoot the breeze
liáo xiántiān 聊闲天 V.O. chat idly
liáoxiào 疗效[療-] N. curative effect; treatment efficacy
liáoxiào shípǐn 疗效食品[療-] N. foods with curative medicinal properties
liáoxù 僚婿 N. husbands of one's sisters
liáoyá 獠牙 N. long, sharp, protruding teeth
[1]**liáoyǎng** 疗养[療養] V. recuperate; convalesce
[2]**liáoyǎng** 撩痒[-癢] V.O. tickle
liáoyǎngsuǒ 疗养所[療養-] P.W. sanitarium; convalescent home/hospital M: [1]*jiā*
liáoyǎngyuán 疗养员[療養-] N. patients in a convalescent hospital/home M: *ge*/[1]*míng*/[2]*wèi*
liáoyǎngyuàn* 疗养院[療養-] P.W. sanitarium; convalescent hospital/home M: [1]*suǒ*/[1]*jiā*/*ge*
liāoyī 撩衣 V.O. hold up the lower part of a garment
liáoyǐjiěcháo 聊以解嘲 V.P. brush off derogatory comments
liáoyǐjiěyōu 聊以解忧[-憂] V.P. a crumb of comfort
liáoyǐsèzé 聊以塞责 V.P. (do sth.) just to avoid the charge of dereliction of duty
liáoyǐzhùxìng 聊以助兴[-興] V.P. (do sth.) just for entertainment
liáoyǐzìwèi 聊以自慰 V.P. (do sth.) just to console oneself
liáoyǐzúsuì 聊以卒岁[-歲] V.P. (do sth.) just to tide over the year
liáoyǒu 僚友 N. colleagues (in the same government office) M: *ge*/[1]*míng*/[2]*wèi*
liáoyuán* 燎原 V.O. ① set the prairie ablaze ② get out of control like a prairie fire
liáoyuǎn 辽远[遼遠] S.V. distant; far away
liǎoyuàn 了愿[-願] V.O. ① fulfill a wish/promise/vow ② realize one's desire
liàoyuán 料源 N. source of materials; resource
liáoyuánlièhuǒ 燎原烈火 F.E. blazing prairie fire
liǎoyuánzhīhuò 燎原之祸[-禍] N. extensive disaster
liǎozhài 了债 V.O. settle a debt
liǎozhàng 了帐 V.O. settle accounts
liáozhì 疗治[療-] V. treat (disease)
liàozhòng 料中 R.V. guess correctly
Liào Zhòngkǎi 廖仲恺[-愷] (1877–1925) N. a "leftist" founding member of the KMT
liǎozhù 了住 R.V. <topo.> keep one's eyes on
liàozi 料子 N. ① clothing material ② wood; timber ③ <topo.> ⓐ woolen fabric ⓑ heroin ④ <coll.> makings; material ⑤ person with a talent for doing sth.
liàozifú 料子服 N. woolen clothing M: [2]*jiàn*
liáozuǒ 僚佐 N. <trad.> assistant in a government office M: *ge*/[1]*míng*
liǎqián(r) 俩钱(儿)[-錢] N. <coll.> a small sum of money
liǎrén(r) 俩人(儿) N. <coll.> two people
liǎyuè 俩月 N. a couple of months
[1]**líba*** 篱笆[籬-] N. bamboo/twig fence M: [2]*dào*
[2]**líba** 犁耙 N. plow and harrow
lìba(r) 力巴/把(儿) N. <topo.> non-professional; outsider ♦A.T. do unskillfully

Lǐ Bái 李白 *See Lǐ Bó*
lǐbài* 礼拜[禮-] N. ① religious service ② <coll.> week ③ day of the week ④ weekend; Sunday ***Míngrge ~, zánmen shàng gōngyuánr ba.*** Tomorrow's Sunday. Let's go to the park.
lǐbài'èr 礼拜二[禮-] N. Tuesday
lǐbàifú 礼拜服[禮-] N. light dress/wear M: [2]*jiàn*
lǐbàiliù 礼拜六[禮-] N. Saturday
lǐbàirì 礼拜日[禮-] N. Sunday
lǐbàisān 礼拜三[禮-] N. Wednesday
lǐbàishì 礼拜式[禮-] N. worship ceremony
[1]**lǐbàisì** 礼拜四[禮-] N. Thursday
[2]**lǐbàisì** 礼拜寺[禮-] P.W. mosque M: [4]*zuò*
lǐbàitáng 礼拜堂[禮-] P.W. church M: [4]*zuò*
lǐbàitiān 礼拜天[禮-] N. <coll.> Sunday
lǐbàiwǔ 礼拜五[禮-] N. Friday
lǐbàiyī 礼拜一[禮-] N. Monday
lìbǎn 犁板 N. <agr.> plow plate M: [2]*kuài*
lìbàn* 离瓣[離-] ATTR. <bot.> polypetalous; choripetalous
Líbānèn 黎巴嫩 P.W. Lebanon
lìbàngbìhù 蠡蚌闭户 ID. The wise man retires within himself.
lìbàngtóngliáo 詈谤同僚 F.E. slander colleagues
lìbàn huāguān 离瓣花冠[離-] N. <bot.> floral corolla divided into distinct petals
lǐbǎo* 里保 N. <hist.> head of a neighborhood consisting of 25 families
lìbāo 栗苞 N. chestnut burr
lìbào 栗暴 N. ① knuckles of the clenched fist ② knock on the head with the knuckles
líbaqiáng 篱笆墙[籬-牆] N. bamboo/twig fence M: [2]*dào*
líbāshǒu 离八手[離-] <topo.> N. greenhorn; unskilled person ♦ID. inexperienced; unskilled; not versed
líbātóu* 离八头[離-] <topo.> N. a greenhorn; unskilled person ♦ID. inexperienced; unskilled; not versed
lìbatóu(r) 力把头(儿) N. <topo.> amateur; non-professional
lìbāzi 蓠巴子[蘺-] N. <topo.> jail
lìbēi 立碑 V.O. erect a monument
lìběn 历本[曆-] N. <trad.> almanac; calendar M: [1]*běn*
lìbènrtóu 力笨儿头 N. <topo.> greenhorn; layman; amateur
lìbì 犁壁 N. moldboard
lìbī 立逼 V. force immediate action
[1]**lì-bì*** 利弊 N. pros and cons
[2]**lìbì** 力臂 N. <phy.> arm of force
[3]**lìbì** 力避 V. try hard to avoid/avert
lǐbian* 里边[裡邊] P.W. inside; interior ***Wǒ juéde zhè ~ bù duìjìnr.*** I feel something is wrong here.
lìbiàn 利便 S.V. convenient; handy
lì biāobīng 立标兵[-標-] V.O. make sb. a model
líbié 离别[離-] V. take leave of (for a longish period)
lìbìjiānjù 利弊兼具 F.E. there are both pros and cons
lìbìjiānwù 篱壁间物[籬-] F.E. garden stuff
Lìbǐlǐyà 利比里亚[-亞] P.W. Liberia
lǐbīn 礼宾[禮賓] N. protocol; official etiquette
lìbǐng 犁柄 N. plowstick
lìbìng* 罹病 V.O. fall ill
lìbìng 利病 N. advantages and disadvantages
lìbīngmòmǎ 厉兵秣马[厲-] F.E. get ready for battle
lǐbīnsī 礼宾司[禮賓-] N. protocol department
lǐbīnsī sīzhǎng 礼宾司司长[禮賓-] N. chief of protocol M: *ge*/[1]*míng*/[2]*wèi*
Lìbǐyà 利比亚[-亞] P.W. Libya
Lǐ Bó 李白 (699–762 A.D.) N. most widely celebrated poet of China *See also Lǐ Bái*
lìbócáishū 力薄才疏 F.E. feeble strength and scanty learning
Lǐbù 礼部[禮-] P.W. <hist.> Ministry/Board of Rites
Lìbù* 吏部 P.W. <hist.> Ministry of Civil Appointment

lìbùcóngxīn 力不从心[--從-] F.E. ability not equal to one's ambition
líbukāi 离不开[離-開] R.V. ① cannot do without; be unable to separate from ② be too busy to get away
líbukāi rén(r) 离不开人(儿)[離-開--] V.P. always need sb. to care for one; must be guarded/looked after all the time
líbukāi shēn(r) 离不开身(儿)[離-開--] V.P. cannot afford to get away for a moment
líbukāi shǒur 离不开手儿[離-開--] V.P. be too busy to get away from the job at hand
líbuliǎo 离不了[離-] R.V. can't separate oneself from; can't do without
lìbùnéngzhī 力不能支 F.E. can't hold out/up
Lǐbù shàngshū* 礼部尚书[禮-書] N. <trad.> minister of rites
Lìbù shàngshū 吏部尚书[-書] N. <trad.> minister of personnel
lǐbùshèngcí 理不胜辞[-勝辭] F.E. content is no more important than diction
lìbùshèngrèn 力不胜任[--勝-] F.E. be unequal to one's task
lǐbùshì 礼部试[禮-] N. <trad.> general civil-service examinations
lǐbùxiánduō 礼不嫌多[禮-] F.E. No one is offended by too much politeness.
lǐ bù xià shùrén 礼不下庶人[禮-] F.E. Rites do not extend to the common people.
lǐ bùzhí 理不直 V.P. waver in one's principals
lǐbùzi 礼簿子[禮-] N. gift register M: [4]*cè*/[1]*běn*
lǐcái* 理财 V.O. manage money matters
lǐcǎi 理睬 V. pay attention to; heed
lǐcáijiā 理财家 N. expert in financial management; financier M: *ge*/[1]*míng*/[2]*wèi*
lǐcái zhuānjiā 理财专家[--專-] N. expert in financial management M: *ge*/[1]*míng*/[2]*wèi*
lǐcāng 理舱[-艙] V.O. stow
lǐcāngfèi 理仓费[-倉-] N. stowage charges M: [2]*bǐ*
lícè 蠡测 V. <wr.> have shallow understanding of a person/subject
lǐcéng 里层[裡層] N. inner layer
lìchāndiānwēi 力搀颠危[-攙-] F.E. try one's best to support the feeble and the doddering
[1]**lìchǎng** 立场[-場] N. position; stand(point)
[2]**lìchǎng** 力场[-場] N. <phy.> field of force
[3]**lìchǎng** 莅场[蒞場] V.O. <wr.> be present (at a meeting/etc.)
lìchǎngr 立场儿[-場-] ADV. <topo.> at once; immediately; on the spot
lícháo* 离巢[離-] V.O. leave the nest (of birds)
[1]**lìcháo** 历朝[歷-] N. successive/past dynasties
[2]**lìcháo** 立朝 V.O. serve as a courtier
líchén 离尘[離塵] N. robe of a Buddhist monk
lìchén* 沥陈[瀝-] V. state honestly in detail
lìchénbǐjiàn 沥陈鄙见[瀝-] F.E. state my humble view in detail
[1]**lǐchéng** 里程 N. ① mileage ② course (of development)
[2]**lǐchéng** 礼成[禮-] F.E. The ceremony is over. (said by master of ceremonies)
lìchéng* 历程[歷-] N. course; process
lǐchéngbēi 里程碑 N. milestone M: [4]*zuò*/[2]*kuài*
lǐchéngbiǎo 里程表 N. odometer M: *ge*/[2]*zhī*
lìchētāi 力车胎 N. hand-cart tire
lìchí 力持 V. persist in; insist on
líchóu 离愁[離-] N. sadness at separation
líchóubiéhèn 离愁别恨[離-] F.E. grief at parting
líchú 犁锄 N. plow and hoe
lǐchū 理出 R.V. put in order; get into shape
lìchū 栎樗[櫟-] N. ① useless timber ② useless person
lìchǔ 立储 V.O. designate a crown prince
lìchù* 力畜 N. draught animal; beast of burden
líchuán 离船[離-] V.O. disembark
líchuáng 藜床 N. pigweed bed
Lìchūn 立春 N. Beginning of Spring (1st solar term)
lǐchūwàijìn 里出外进[裡-進] F.E. ① be uneven ② go in and out

L

[1]lìcí 俪辞[儷辭] N. writing where sentences/words come in pairs
[2]lìcí 励磁[勵-] N. <*phy.*> excitation
lìcì* 历次[歷-] N. all previous occasions/events/etc.
lìcǐcúnzhào 立此存照 F.E. An agreement is hereby concluded and filed for future reference.
lícǐhàojié 罹此浩劫 F.E. suffer such a great calamity
lìcíjī 励磁机[勵-] N. <*elec.*> exciter M: [1]*tái*
lìcǐwéipíng 立此为凭[-憑] F.E. sign this as a written guarantee
lìcù 力促 V. ① persuade/urge forcefully ② make every effort to promote
lìcuò 力挫 V. go all out to defeat
Lǐ Dá 李达[-達] (1890–1966) N. scholar, founding member of the CCP and a leading spokesman on Marxist ideology
lìdá* 利达[-達] S.V. lucky; crowned by success
lǐdài 里带[裡帶] N. <*coll.*> tire inner tube
lìdài* 历代[歷-] N. successive/past dynasties/generations ♦ATTR. historical
lídàiguāncè 离带观测[離帶觀-] N. off-band observation
lǐdàitáojiāng 李代桃僵 F.E. ① substitute one thing for another ② sacrifice oneself for another
lídàn 犁旦 N. dawn; day-break
lǐdān* 礼单[禮-] N. list of presents M: [1]*zhāng*/[1]*fèn*
lìdǎn 沥胆[瀝膽] V.O. show one's loyalty
lídǎng 离党[離黨] V.O. withdraw from a political party
[1]lǐdāng* 理当[-當] AUX. should
[2]lǐdāng 礼当[禮當] N. <*topo.*> social custom/etiquette
lǐdāngrúcǐ 理当如此[-當--] F.E. That's just as it should be.
lìdǎngwèigōng 立党为公[-黨--] F.E. build a party serving the interest of the people
lìdǎngwèisī 立党为私[-黨--] F.E. establish a party for private gain
lìdǎnpīgān 沥胆披肝[瀝膽-] F.E. absolutely sincere and loyal
lídāo 犁刀 N. plow blade M: [1]*bǎ*
lìdǎo* 利导[-導] N. effectively guide
lìdàwúbǐ 力大无比 F.E. without a match in physical prowess
Lǐ Dàzhāo 李大钊 (1889–1927) N. founding member of the CCP; Marxist theoretician
lídé 狸德 N. greediness like that of fox
[1]lìdé* 立德 V.O. achieve virtue
[2]lìdé 利得 N. <*law*> profits
lì de héchéng 力的合成 N. composition of forces
lídekāi 离得开[離-開] R.V. be able to leave
lídeliǎo 离得了[離-] R.V. ① be able to do without ② be able to leave
lìdēng 立灯[-燈] N. floorlamp M: [4]*zuò*
lìděng* 立等 V. wait on the spot ♦ADV. immediately; at once
lìděngkěqǔ 立等可取 F.E. ready while you wait
lídì* 离地[離-] V.O. rise from the ground ♦ADV. above ground
lìdì 立地 ADV. immediately; at once; instantly
lìdiǎn 力点[-點] N. ① pressure point ② <*phy.*> force (on a lever)
lídǐcéng 犁底层[-層] N. <*agr.*> plow sole/pan
lìdìchéngfó 立地成佛 F.E. become a Buddha immediately
lídì jiànxì 离地间隙[離-] N. road/ground clearance (of a car)
lídìng 厘定[釐-] N. <*wr.*> collate and stipulate (rules/regulations)
lìdìng* 立定 F.E. halt; Halt!
lìdìng guīfèi 例定规费 N. <*acct.*> customary dues
lìdìng tiàoyuǎn 立定跳远[-遠] N. <*sport*> standing long jump
lìdìng zhǔyì 立定主意 V.P. make up one's mind

lìdíwànfū 力敌万夫[-敵萬-] F.E. matchlessly brave/powerful; too powerful to be defeated
Lìdōng 立冬 N. Beginning of Winter (19th solar term)
lídòu 黎豆 N. <*bot.*> cowhage
lǐdōur 里兜儿[裡-] N. inside pocket
lǐdù 礼度[禮-] N. rules of decorum
[1]lìdu* 力度 N. ① strength ② <*mus.*> dynamics
[2]lìdu 粒度 N. <*min.*> grain size; granularity
lìdū 丽都[麗-] V.P. beautiful; fine
lìdú 栗犊[-犢] N. a calf
lǐduǎn 理短 V.O. be on the wrong side; have no justification
líduì 离队[離隊] V.O. drop out of the ranks; leave one's post
lìdùn 利钝 V.P. ① sharp or blunt ② smooth or troublesome ♦N. fortune or misfortune
lǐduōbìzhà 礼多必诈[禮-] F.E. full of courtesy, full of guile
lǐ duō rén bù guài 礼多人不怪[禮-] F.E. Nobody blames excessive politeness.; Civility costs nothing.
lie* 咧 M.P. <*topo.*> *expressing exclamation/interrogation/etc.* **See also** *liē*, [1]*liě*
liē 咧 in **liēlie**, **dàliēliē** **See also** *lie*, [1]*liě*
[1]liě 咧 V. grin **See also** *lie*, *liē*
[2]liě 裂 V. <*topo.*> crack open **See also** [2]*liè*
[1]liè 列 V. ① arrange; line up ② list; enter in a list ♦M. *of rows/files/ranks/etc.* ♦B.F. ① various; each and every **lièwèi** ② (railroad) train **lièchē** ♦N. kind; sort
[2]liè 裂 V. ① split; crack ② divide up (profits) ③ rend; rip open ④ sever (a relationship) **See also** [2]*liě*
[3]liè 劣 S.V. bad; inferior; of low quality
[4]liè 烈 B.F. ① strong; violent; intense **měngliè** ② staunch; upright; stern; just **lièxìng** ③ sacrificing oneself for a just cause [1]**lièshì** ④ merits; achievements **gōngliè** ♦N. Surname
[5]liè 猎[獵] B.F. hunt; chase [1]**dǎliè**
[6]liè 洌/冽 B.F. clear (of water or wine) **hánliè**, **língliè**, **lièquán** **See also** [7]*liè*
[7]liè 冽 B.F. cold [1]**lìliè**, **lǐnliè** **See also** [6]*liè*
[8]liè 捩 B.F. twist; turn about; reverse direction **lièzhuǎn**, **guānlièzi**, **zhuǎnliè**
[9]liè 鬣 B.F. mane; ruff **mǎliè**, [2]**liègǒu**
[10]liè 躐 B.F. overstep; skip over **lièjí**
[11]liè 䴕[鴷] B.F. woodpecker **yìliè**, **wēngliè**
[12]liè 趔 in **lièqie**
[13]liè 茢 in **táoliè**
[14]liè 蛚 in [2]**qīngliè**
lí'è 罹厄 V.O. <*wr.*> suffer from a disaster/misfortune/adversity
lièba 劣巴 S.V./N. <*coll.*> green; amateurish; inexperienced
lièbài 劣败 V.P. The weak are defeated.
lièbào 猎豹[獵-] N. <*zoo.*> cheetah M: [2]*zhī*
lièbatóu 劣巴头 N. greenhorn; layman
lièbì 劣币[-幣] N. base/counterfeit coin
lièbiàn 裂变[-變] V./N. ① <*phy.*> fission ② great changes
lièbiànwù 裂变物[-變-] N. fission product (of atomic energy)
lièbiàn wǔqì 裂变武器[-變--] N. fission type of weapon (of atomic energy)
lièbiǎo 列表 V.O. tabulate (facts/figures/etc.)
lièbiǎojī 列表机 N. printer M: [1]*tái*
lièbīng 列兵 N. <*mil.*> private M: *ge*/[1]*míng*
lièbó 裂帛 N. ① a sound like splitting silk ② ancient books ♦V.O. <*trad.*> cut silk into pieces for writing letters
lièbǔ 猎捕[獵-] V. hunt
lièchǎng 猎场[獵場] P.W. hunting-ground/field
lièchē 列车 N. ① train ② <*mil.*> convoy
lièchē diàodùyuán 列车调度员 N. train dispatcher M: *ge*/[1]*míng*/[2]*wèi*
lièchéng 列成 V.P. list; arrange
lièchē shíkèbiǎo 列车时刻表[--時--] N. train schedule/timetable M: [1]*zhāng*
lièchēyuán 列车员 N. train attendant M: *ge*/[1]*míng*/[2]*wèi*

lièchē yùnxíngtú 列车运行图[--運-圖] N. train schedule/timetable M: [1]*zhāng*
lièchēzhǎng 列车长 N. train-crew captain M: *ge*/[1]*míng*/[2]*wèi*
lièchǐ 裂齿[-齒] N. carnassial tooth (of certain carnivores)
lièchū 列出 R.V. ① list ② provide a list of
lièchū liánjiājù 列出联加句[--聯--] N. <*lg.*> listing conjunct
lièchún 裂唇 N. cleft lip; harelip
lièdān* 列单 V.O. make out a list (of goods/etc.)
lièdǎn 裂胆[-膽] V.P. extremely scared/grieved
lièdāng 列当[-當] N. <*bot.*> broomrape
lièdāo 猎刀[獵-] N. hunting-knife M: [1]*bǎ*
lièdǎo* 列岛[-島] N. archipelago
lièdào 猎到[獵-] R.V. hunt; capture in hunting
[1]lièděng 劣等 ATTR. low-grade; poor
[2]lièděng 躐等 V.O. skip over the normal steps
lièděnghuò 劣等货 N. goods of inferior quality M: [2]*jiàn*
lièděngpǐn 劣等品 N. goods of inferior quality M: [2]*jiàn*
lièděngshēng 劣等生 N. dull student M: *ge*/[1]*míng*
lièdiǎn 劣点[-點] N. defect; demerit
lièdǐng 列鼎 N. a great feast
lièdù 烈度 N. intensity
[1]lièduì 列队[-隊] V.O. arrange people in line; line up
[2]lièduì 猎队[獵隊] N. a team of hunters M: [4]*zhī*
liè'è 裂颚 N. hard palate
lièfēng 烈风 N. strong gale
lièfèng(r)* 裂缝(儿) N. rift; crevice; crack; fissure M: [1]*tiáo*/[2]*dào*
lièfū 裂肤[-膚] V.P. <*wr.*> extremely cold
lièfù* 烈妇[-婦] N. woman who kills herself after her husband's death or dies to defend her chastity M: *ge*/[1]*míng*/[2]*wèi*
liègēnxìng 劣根性 N. deep-rooted/congenital bad traits
liègōngjiùqì 劣工咎器 F.E. A bad workman often blames his tools.
liègōngxiánqì 劣工嫌器 F.E. A bad workman often blames his tools.
[1]liègǒu 猎狗[獵-] N. hunting dog; hound M: [1]*tiáo*/[2]*zhī*
[2]liègǒu 鬣狗 N. striped hyena M: [1]*tiáo*/[2]*zhī*
liègǔ 裂谷 N. <*geog.*> rift valley
lièguō 裂锅[-鍋] V.O. sever relations
lièguó* 列国[-國] N. various countries/states/kingdoms
lièguǒ 裂果 N. <*bot.*> dehiscent fruit
lièhé* 裂合 V.P. <*topo.*> open; ajar
lièhé 咧合 A.T. <*topo.*> disdainful; scornful; contemptuous
lièhén 裂痕 N. ① rift; crack; fissure ② rupture; quarrel M: [1]*tiáo*/[2]*dào*
lièhóu 列侯 N. feudal lords
lièhú 劣弧 N. <*math.*> minor arc
lièhù* 猎户[獵-] N. ① hunter M: [1]*jiā* ② <*astr.*> Orion
lièhuà 裂化 V./N. cracking (in distillation of petroleum)
lièhuàlú 裂化炉[-爐] N. cracking still/furnace/heater M: [1]*tái*/[4]*zuò*
[1]lièhuàqì 裂化气[-氣] N. <*chem.*> cracked gas
[2]lièhuàqì 裂化器 N. <*chem.*> cracking equipment M: [1]*jià*/[1]*tái*/*ge*
lièhuà ránliào 裂化燃料 N. cracked fuel
lièhuǒ* 烈火 N. ① raging fire/flames ② burning anger
[1]lièhuò 猎获[獵獲] V. capture/kill in hunting; bag
[2]lièhuò 劣货 N. products/goods of poor quality M: [2]*jiàn*
lièhuǒgānchái 烈火干柴[--乾-] F.E. ① blazing fire and dry firewood ② sth./sb. easily gets out of control
lièhuǒhōnglèi 烈火轰雷[--轟-] F.E. quick-tempered; violent; ferocious

lièhuǒ jiàn zhēnjīn 烈火见真金 F.E. trials test character
lièhuǒpēngyóu 烈火烹油 F.E. pour oil on the flames
lièhuòwù 猎获物[獵獲-] N. bag; prey M: [2]jiàn/ge
Lièhù Xīngzuò 猎户星座[獵-] N. <astr.> Orion
lièjí 躐级 V.O. skip over the normal steps
lièjì* 劣迹[-跡] N. misdeed; evil doing
[1]**lièjié** 烈节[-節] N. loyalty and integrity; righteous dignity
[2]**lièjié** 猎捷[獵-] V.P. successive; continuous
lièjiě* 裂解 V. <chem.> splitting decomposition; splitting
lièjiě zuòyòng 裂解作用 N. splitting action
lièjīn* 裂筋 V.P. <topo.> have a falling-out; split up
lièjìn 躐进[-進] V. wr. advance by skipping necessary steps
[1]**lièjiǔ** 烈酒 N. strong drink; spirits M: bēi/píng
[2]**lièjiǔ** 劣酒 N. inferior liquor M: [1]zhǒng/píng
lièjǔ* 列举[-舉] V. enumerate; list; cite item by item
lièjù 猎具[獵-] N. hunting equipment
lièjué 烈倔 S.V. <topo.> willful; intractable
lièjǔshèngyú 列举剩余[-舉--] F.E. <lg.> residue of listing
liěkāi 咧开[-開] R.V. <coll.> open the mouth (in smiling/crying/etc.)
lièkāi* 裂开[-開] R.V. split open; rend
lièkǒng 裂孔 N. crack; split
lièkǒu(r/zi) 裂口(儿/子) V.O./N. ① breach; gap; split ② wound ③ <geog.> vent
lièkǒu huǒshānzhuī 裂口火山锥 N. breached volcanic cone
lièle 裂了 V.P. <topo.> split up; become divorced
lièle guō le 裂了锅了[--鍋-] V.P. <coll.> break up (of a marriage)
lièle wèn le 裂了璺了 V.P. <topo.> The weather seems to be improving.
liēlie 咧咧 ON. ① crying of a child ② cheeping of birds ♦V. <coll.> talk nonsense; blabber
[1]**lièliè*** 烈烈 R.F. ① majestic and imposing ② sad ③ severe
[2]**lièliè** 猎猎[獵獵] R.F. <on.> sound of wind or a fluttering flag
[3]**lièliè** 列列 R.F. ① clearly shown in order ② tall and big in stature ③ blowing hard (of the wind)
lièlièhōnghōng 烈烈轰轰[-轟轟] V.P. ① flourishing; prospering ② imposing; majestic
lièlíng 鬣羚 N. <zoo.> serow M: [2]zhī
lièlù 猎鹿[獵-] V.O. hunt deer
lièlùrén 猎鹿人[獵-] N. deer hunter M: ge/[1]míng/[2]wèi
[1]**lièmǎ** 烈马 N. spirited horse M: [1]pǐ
[2]**lièmǎ** 劣马 N. ① inferior horse; nag ② vicious horse; fiery steed M: [1]pǐ
lièmào 猎帽[獵-] N. hunter's cap/hat M: [1]dǐng
lièmín 猎民[獵-] N. hunter (sb. who lives by hunting animals)
[1]**lièmíng** 猎名[獵-] V.O. seek fame
[2]**lièmíng** 列名 V.O. make a list of persons
[3]**lièmíng** 烈名 N. brilliant fame
lièniǎo 猎鸟[獵-] V.O. hunt birds
Lièníng 列宁[-寧] (1870–1924) N. Vladimir Ilych Lenin
Lièníngzhǔyì 列宁主义[-寧-義] N. Leninism
liènǚ 烈女 N. women who die defending their honor or follow husbands in death M: ge/[1]míng/[2]wèi
lièpiàn 裂片 N. ① <bot.> lobe (of a leaf) ② splinter
lièpǐn 劣品 N. inferior commodities; poor products
lièqí 猎奇[獵-] V.O. seek novelty ♦N. record of what is strange/uncommon
lièqiāng 猎枪[獵槍] N. shotgun; hunting rifle M: [1]bǎ
lièqiáng* 列强[-強] N. great powers
lièqiánjiàn 猎潜舰[獵潛艦] N. <mil.> submarine chaser M: [1]sōu/[1]tiáo
lièqiántǐng 猎潜艇[獵潛-] N. <mil.> submarine chaser M: [1]sōu/[1]tiáo
lièqie 趔趄 V. ① stagger; reel ② fall behind ③ be awkward ♦N. staggering jolt
liè qīngdān 列清单 V.O. list in detail
lièqū 猎区[獵區] P.W. hunting field
lièqǔ* 猎取[獵-] V. ① hunt; bag ② pursue; seek; hunt for
lièquán 洌/冽泉 N. crystal-clear fountain/spring
lièquǎn* 猎犬[獵-] N. hunting dog M: [1]tiáo/[2]zhī
Lièquǎnzuò 猎犬座[獵-] N. <astr.> Canis
lí'èr 离贰[離-] V.P. harbor a rebellious heart
Lǐ'ěr* 李耳 N. Laozi
lièrén 猎人[獵-] N. hunter M: ge/[1]míng/[2]wèi
Lièrénzuò 猎人座[獵-] N. <astr.> Orion
lièrì 烈日 N. burning/scorching sun
lièrìdāngkōng 烈日当空[--當-] F.E. scorching sun high in the sky
lièrìyányán 烈日炎炎 F.E. The sun is shining fiercely.
lièrù 列入 V.P. be listed/placed/included in
lièshā 猎杀[獵殺] V. hunt and kill
lièshāng 裂伤[-傷] N. lacerated wound; laceration
lièshè 猎涉[獵-] V. study haphazardly; browse
lièshèbùjīng 猎涉不精[獵-] F.E. read widely without intensive study
lièshēn 劣绅 N. evil gentry; intellectual bully M: ge/[1]míng
lièshī 猎师[獵師] N. ① good hunter M: ge/[1]míng/[2]wèi ② <Budd.> hypocritical monk who violates the commandments
lièshí 猎食[獵-] V.O. hunt for food
[1]**lièshì*** 烈士 N. ① martyr ② person of high endeavor M: ge/[1]míng/[2]wèi
[2]**lièshì** 劣势[-勢] N. inferior strength/position
Lièshì hánshǔbiǎo 列氏寒暑表 N. Reaumur thermometer M: [4]zhī/ge
lièshì jiāshǔ 烈士家属[-屬] N. family members of a martyr M: ge/[1]míng/[2]wèi
lièshì jìniànbēi 烈士纪念碑 N. monument to revolutionary martyrs M: [4]zuò/[2]kuài
lièshì língyuán 烈士陵园[-園] P.W. revolutionary martyrs' cemetery; martyrs' park M: [4]zuò
lièshìmào 猎式帽[獵-] N. hunter's style cap/hat M: [1]dǐng
lièshìmù 烈士墓 N. revolutionary martyr's grave M: [4]zuò
Lièshì wēndùjì 列氏温度计 N. Reaumur thermometer M: [4]zhī/ge
lièshìxùnmíng 烈士殉名 F.E. An upright man dies in defense of his name.
lièshǒu 猎手[獵-] N. hunter M: ge/[1]míng/[2]wèi
[1]**lièshǔ** 烈属[-屬] N. members of a revolutionary martyr's family M: ge/[1]míng/[2]wèi
[2]**lièshù** 列数[-數] V. enumerate; list
[3]**lièshǔ** 烈暑 N. summer at its hottest
lièsì 列肆 N. <trad.> rows of shops/stalls/stands
liètóu 猎头[獵-] ATTR. <loan> head-hunting; job-placement
liètóu gōngsī 猎头公司[獵-] P.W. head-hunter firm
liètǔfēnjiāng 列土分疆 F.E. enfeoff the chief lieutenants (of a dynastic founder)
lièwéi* 列为 V.P. be classified as
lièwèi 列位 N. everyone; all those present
lièwén(r)* 裂纹(儿) N. ① crackle (on porcelain/etc.) ② crack ③ dimple ④ <geol.> cleavage
lièwèn 裂璺 N. crack; fissure
lièwén tàncèyí 裂纹探测仪[-儀] N. <metal.> crack detector M: [1]tái
lièwù 猎物[獵-] N. quarry; bag M: [2]jiàn
[1]**lièxí*** 列席 V.O. attend as a nonvoting delegate
[2]**lièxí** 躐席 V.O. take a seat to which one is not entitled
lièxì 裂隙 N. crack; crevice; fracture M: [1]tiáo
lièxià 裂罅 N. crack; opening (in the ground/rock/etc.) M: [1]tiáo
lièxiān 列仙 N. immortals
lièxí dàibiǎo 列席代表 N. nonvoting delegate M: ge/[1]míng/[2]wèi
lièxīncǎo 裂心草 N. bursting heart
lièxīng 列星 N. constellation
lièxìng* 烈性 ATTR. ① spirited ② strong
lièxìng chuánrǎnbìng 烈性传染病[--傳--] N. epidemic infectious disease
lièxìng dúyào 烈性毒药[--藥] N. deadly poison
lièxìng hànzi 烈性汉子[--漢-] N. man of character M: ge/[1]míng/[2]wèi/[1]tiáo
lièxìng mǎ 烈性马 N. a horse hard to train/tame M: [1]pǐ
lièxìng zhàyào 烈性炸药[--藥] N. high explosive M: [1]bāo
lièxìngzi 烈性子 N. ① fiery disposition ② spitfire
lièxìshuǐ 裂隙水 N. crevice water
lièyǎn 裂眼 N. angry look
[1]**lièyàn*** 烈焰 N. raging flames
[2]**lièyàn** 猎艳[獵艷] V.O. ① pursue pretty women ② rack one's brains for ornate diction
lièyànténgkōng 烈焰腾空 F.E. raging fire leaps to the sky
lièyào 劣药[-藥] N. inferior-quality medicine
lièyīng 猎鹰[獵-] N. falcon M: [2]zhī
lièyìnjī 列印机 N. <comp.> printer M: [1]tái
lièzhǎn 劣展 N. display of counterfeit and low-quality goods
liězhe zuǐ 咧着嘴[-著-] V.P. be open-mouthed (when smiling/etc.)
lièzhī 列支 V.O. list as an expenditure
lièzhǐ 列指 N. denotation ♦V. denote
lièzhì* 劣质[-質] N. inferior quality
lièzhìdījià 劣质低价[-質-價] F.E. poor quality and low price
Lièzhīdūnshìdēng 列支敦士登 P.W. Liechtenstein
lièzhíjūn 裂殖菌 N. <bio.> schizomycete
lièzhǒng 劣种[-種] N. inferior strain/breed/stock
lièzhū 劣株 N. a plant of poor quality
lièzhuǎn 捩转[-轉] V. turn round
lièzhuàn* 列传[-傳] N. <trad.> biographies
lièzhuāng 猎装[獵裝] N. hunting dress
lièzǐ* 劣子 N. bad son
lièzì 裂眦[-眥] V.P. open one's eyes wide in extreme anger; glare
lièzōng 鬣鬃 N. mane
lièzǔ 烈祖 N. an illustrious ancestor
liězuǐ 咧嘴 V.O. ① grin ② make a face
lièzǔlièzōng 列祖列宗 F.E. successive generations of ancestors
[1]**lǐfǎ** 礼法[禮-] N. ① law and rites ② decorum; rules of politeness
[2]**lǐfǎ** 理法 N./V.O. <phil.> canon
lǐfà 理发[-髮] N./V. haircut; hairdressing
[1]**lìfǎ*** 立法 N./V.O. legislation
[2]**lìfǎ** 历法[曆-] N. <astr.> calendar system
lǐfàbù 理发部[-髮-] P.W. barbershop
lǐfàchù 理发处[-髮處] P.W. barber's shop
lǐfàdiàn 理发店[-髮-] P.W. barber shop M: [1]jiā
lǐfàguǎn 理发馆[-髮-] P.W. barbershop; hairdresser's M: [1]jiā
Lìfǎhuì 立法会 P.W. Legislative Council (LegCo)
lǐfàjiàng(r) 理发匠(儿)[-髮--] N. <trad.> barber; hairdresser M: ge/[1]míng
lìfǎ jīguān 立法机关[-關] N. legislative body; legislature
lìfàn 粝饭[糲-] N. cooked unpolished rice
lǐfáng 礼防[禮-] V. <wr.> prevent excesses through rituals
lìfāng* 立方 N. ① cube ② cubic meter ♦V.O. <Ch. med.> set up a formula
[1]**lìfáng** 栗房 N. chestnut shell/burr
[2]**lìfáng** 蛎房[蠣-] N. oyster shells
lìfāngchǐ 立方尺 N. cubic foot
lìfāngcùn 立方寸 N. cubic inch
lìfānggēn 立方根 N. <math.> cube root
lìfāng gōngchǐ 立方公尺 N. cube meter
lìfāng gōngfēn 立方公分 N. cube centimeter
lìfāng límǐ 立方厘米[--釐-] M. cubic centimeter
lìfāngmǐ 立方米 M. cubic meter
lìfāngshù 立方数[-數] N. cube number
lìfāngtǐ 立方体[-體] N. cube

lìfāngxíng 立方形 N. cuboid shape
Lǐfānyuàn 理藩院 P.W. <*hist.*> Ministry of Minority Affairs
lǐfánzhìjù 理繁治剧[-劇] F.E. manage difficulties and regulate troubles
lìfǎquán 立法权[-權] N. legislative power
lǐfàshī 理发师[-髮師] N. barber; hairdresser M: *ge/*[1]*míng/*[2]*wèi*
lǐfàtīng 理发厅[-髮廳] P.W. barbershop M: [1]*jiān/*[1]*jiā*
lìfǎ wěiyuán 立法委员 N. legislator; lawmaker M: *ge/*[1]*míng/*[2]*wèi*
lǐfà xiǎojie 理发小姐[-髮--] N. woman barber M: *ge/*[1]*míng/*[2]*wèi*
lǐfàyuán* 理发员[-髮-] N. barber; hairdresser M: *ge/*[1]*míng/*[2]*wèi*
lǐfàyuàn 理发院[-髮-] P.W. barber shop M: [1]*jiā*
Lìfǎyuàn 立法院 P.W. <*TW*> Legislative Yuan/House
lìféi 粒肥 N. granulated fertilizer
Lǐ Fèigān 李芾甘 (1904–) N. writer better known as Ba Jin
lìfěn 蛎粉[蠣-] N. lime obtained by burning oyster shells
lǐfēng* 礼封[禮-] N. title page
lìfēng 丽风[麗-] N. northwest wind
lǐFó 礼佛[禮-] V.O. venerate the Buddha
lìFó* 立佛 N. standing Buddha
lífù 嫠妇[-婦] N. <*wr.*> widow M: *ge/*[1]*míng*
lǐfú* 礼服[禮-] N. ceremonial robe/dress; formal attire M: [2]*jiàn*
lìfū 力夫 N. porter
lìfú 丽服[麗-] N. beautiful dress
lǐfùlǎo 里父老 N. village elders
lǐfúní 礼服呢[禮-] N. woolen cloth for formal clothing M: [2]*kuài/*[1]*pǐ*
lígǎi 厘改[釐-] V. revise; correct
lǐgāi* 理该 AUX. be duty-bound; ought to; should
lìgǎishuì 利改税 F.E. <*pol.*> change from delivering profits to paying taxes
lìgàitǔ 栗钙土 N. chestnut soil
lǐgǎng 里港[裡-] P.W. inland port
lìgānjiànyǐng 立竿见影 F.E. get instant results
lígānr 梨干儿[-乾-] N. dried pears
[1]**lígāo*** 梨膏 N. <*Ch. med.*> pear syrup (for cough relief)
[2]**lígāo** 梨糕 N. malt-sugar hard sesame candy M: [2]*kuài*
lìgāo 立高 N. standing height
lígāotáng 梨膏糖 N. pear syrup/candy
lígē 骊歌[驪-] N. farewell song
[1]**lígé(r)*** 离格(儿)[離-] V.O. <*coll.*> go beyond what is proper; be out of place ♦N. <*lg.*> ablative
[2]**lígé** 厘革[釐-] V. <*wr.*> rectify and reform
lǐgē 俚歌 N. folk songs M: [4]*zhī/*[2]*shǒu*
lígēn 篱根[籬-] N. lower part or base of a fence
lígēng 藜羹 N. coarse food
lígēngtǐ 犁耕体[-體] ATTR. <*lg.*> boustrophedon
lìgēngzāipéi 砾耕栽培[礫-] F.E. <*agr.*> gravel culture
lǐgērlēng 哩咯儿愣 <*coll.*> V.P./N. pretend not to know; act dumb
lígōng 离宫[離宮] N. ① temporary imperial palace away from the capital ② name of a constellation
lǐ-gōng 理工 N. science and engineering
[1]**lìgōng*** 立功 V.O. render meritorious service
[2]**lìgōng** 力工 N. physical laborer
lìgōng jiǎngzhuàng 立功奖状[-獎狀] N. certificate of merit
lǐ-gōngkē 理工科 N. department/field of science and engineering
lì gōngláo 立功劳[-勞] V.O. render meritorious service
lìgōngpòsī 立公破私 F.E. foster devotion to the public interest and eliminate selfishness
lìgōngshúzuì 立功赎罪[--贖-] F.E. expiate a crime by meritorious service
lǐ-gōng xuéyuàn 理工学院 P.W. college of science and engineering M: [4]*zuò*
lígōu 犁沟[-溝] N. furrow
lǐgōuwàilián 里勾外连[裡-] F.E. stir up trouble within and join with those outside
líguǐ 离轨[離-] V.O. leave the right/normal track; stray/deviate from the right path
lìguī 例规 N. ① convention; usual practice ② rules; regulations
lìguǐ 厉鬼[厲-] N. ① ferocious ghost ② evil spirit M: *ge/*[1]*míng*
lìguì* 立柜[-櫃] N. ① clothes-closet; wardrobe ② hanging cupboard
lì guīju 立规矩 V.O. set up rules
lìgǔnlì 利滚利[-滾-] V.P. at compound interest
líguǒ 梨果 N. <*bot.*> pome
lìguó* 立国[-國] V.O. found a state
lìguǒ 栗果 N. acorn
lìguólìmín 利国利民[-國--] F.E. benefit the nation and the people
lìguózhīběn 立国之本[-國--] N. foundation underlying all our efforts to build the country
lígǔr 离股儿[離-] V.O. become cracked/loose/unstable/etc.
Lǐ Hǎi 里海[裡-] P.W. Caspian Sea
lìhai* 厉/利害[厲-] S.V. ① terrible; devastating ② tough; capable ③ sharp ④ severe; fierce
lìhài 利害 N. advantages and disadvantages
lìhài chōngtū 利害冲突[--衝-] N. conflict of interest
lìhài guānxi 利害关系[-關係] N. concerns about one's vital interests
lìhàiyōuguān 利害攸关[--關] F.E. concern one's vital interests
lǐhán 里寒[裡-] N. <*Ch. med.*> internal cold
lǐháo 里豪 N. village bully
líhé* 离合[離-] N. separation and reunion
lǐhé 理合 AUX. good reasons dictate that. . .; ought to. . .; be duty-bound to. . .
líhébēihuān 离合悲欢[離-歡] F.E. the sorrows and joys of partings and meetings
líhécí 离合词[離-] N. <*lg.*> separated-united words (i.e., verb-object expressions which have at least one component that cannot stand alone and which can occur either together or with an object. *bìyè* 'graduate', *bìle yèle* has graduated)
líhēi 黎/黧黑 ATTR. dark (of complexion)
líhèn 离恨[離-] N. parting grief
líhéqì 离合器[離-] N. <*mach.*> clutch M: [1]*jià/ge/*[1]*tái*
líhétǐshī 离合体诗[離-體-] N. acrostic M: [2]*shǒu*
lì hétong 立合同 V.O. conclude a contract
[1]**lìhòu** 立候 V. wait for an imminent happening
[2]**lìhòu** 立后[-後] V.O. adopt an heir
lìhòu huíyīn 立候回音 V.O. your immediate reply is awaited.
lìhù 立户 V.O. ① register for a household residence card ② open a bank account
líhuā(r) 梨花(儿) N. pear blossom M: [2]*duǒ*
líhuá 犁铧[-鏵] N. plowshare
[1]**lǐhuā** 礼花[禮-] N. fireworks display
[2]**lǐhuā** 李花 N. plum blossom M: [2]*duǒ*
[1]**lǐhuà*** 理化 N. physics and chemistry ♦V. govern and educate
[2]**lǐhuà** 礼化[禮-] N. rites and education ♦V. educate by rites
lìhuà 例话 N. systematic exemplification of moral teaching
líhuā dàgǔ 梨花大鼓 N. ① Shandong folk song accompanied by drums and percussion instruments ② castanets
líhuājiǎn 梨花简 N. crescent brass pieces used in **líhuā dàgǔ**
líhuàn 罹患 V. <*wr.*> suffer from a (serious) disease
[1]**lìhuáng** 蛎黄[蠣-] N. edible part of oysters
[2]**lìhuáng** 栗黄 N. chestnut
líhuāqiāng 梨花枪[-槍] N. <*trad.*> combat techniques featuring use of spears
lǐhuàyānhú 里画烟壶[裡畫煙壺] N. inside-painted snuff bottle M: *ge/*[2]*zhī*
lǐhuì* 理会 V. ① understand; comprehend ② take notice of; pay attention to ***Tā bù ~ zhèxiē xiǎoshì.*** He pays no attention to such trifles. ③ <*trad.*> ⓐ argue; debate ⓑ take care of; deal with
[1]**lìhuì** 例会 N. regular meeting
[2]**lìhuì** 莅会[蒞-] V.O. <*wr.*> be present at a meeting
líhūn* 离婚[離-] V.O. divorce
líhún 离魂[離-] N. ecstasy; rapture
líhūnlǜ 离婚率[離-] N. divorce rate
líhūnshū* 离婚书[離-書] N. certificate of divorce M: [1]*fèn*
lì hūnshū 立婚书[-書] V.O. draw up a marriage contract
líhūn xiéyìshū 离婚协议书[離-協議書] N. divorce agreement M: [1]*fèn*
líhūnzhe 离婚者[離-] N. divorcée; divorcé M: *ge/*[1]*míng/*[2]*wèi*
[1]**líhuò*** 罹祸[-禍] V.O. meet disaster
[2]**líhuò** 藜藿 N. <*wr.*> coarse food
lǐhuò 理货 N. freight forwarding; customs brokerage
lǐhuòdān 理货单 N. tally sheet M: [1]*fèn*
líhúr 梨核儿 N. <*coll.*> pear seeds
líjī 离机[離-] V.O. deplane
lǐji 里脊/肌[裡-] N. pork tenderloin
Lǐjì 礼记[禮-] N. *Book of Rites*
lìji 痢疾 N. dysentery
[1]**lìjí*** 立即 ADV. immediately; at once; promptly
[2]**lìjí** 厉疾[厲-] N. <*trad.*> infectious disease ♦ADV. with the speed of light
lìjǐ 利己 V.O. be selfish
líjiā* 离家[離-] V.O. leave home
líjià 骊驾[驪-] V. drive a two-horse carriage
lǐjiā 理家 V.O. manage a household
lìjià 例假 N. ① official/legal holiday ② menstrual period
líjiāchūzǒu 离家出走[離-] F.E. run away from home
líjiàn* 离间[離-] V.O. sow discord; drive a wedge between
lǐjiān(r) 里间(儿)[裡-] P.W. inner room
[1]**lìjiàn** 力荐[-薦] V. recommend (sb.) strongly
[2]**lìjiàn** 利剑 N. sharp sword M: [1]*bǎ*
[3]**lìjiàn** 立见 V. can be seen immediately
Lí Jiāng 漓江[灕-] P.W. Li River (in Guangxi)
lìjiàngōngxiào 立见功效 F.E. have an immediate effect
Lìjiāngrén 丽江人[麗-] N. <*archeo.*> Lijiang/Lichiang Man
líjiànjì 离间计[離-] N. intrigue setting one party against another M: [1]*tiáo*
lǐjiānshì 理监事[-監-] N. members of a board of directors/advisers M: *ge/*[1]*míng/*[2]*wèi*
lǐjiào* 礼教[禮-] N. Confucian ethical code
Lǐjiào 理教 N. a religious sect founded by Yang Lairu in the Qing dynasty
lìjiāo 立交 AB. *lìtǐ jiāochā*
lìjiǎo 立脚[-腳] V.O. ① have a foothold ② base oneself upon
lìjiǎodì 立脚地[-腳-] N. a place where one can settle down
lìjiǎodiǎn 立脚点[-腳點] N. ① foothold; footing ② standpoint; stand
lìjiāo gōngchéng 立交工程 N. grade separation engineering
lìjiāoqiáo 立交桥[-橋] N. ① overpass; overleaf bridge/intersection ② motorway interchange M: [4]*zuò*
lìjiàrì 例假日 N. official/legal holiday
lìjíbēnzǒu 力疾奔走 F.E. run about despite illness
lìjícónggōng 力疾从公[-從-] F.E. perform official duties despite illness
lìjí cúnqǔ 立即存取 V.P./N. <*comp.*> immediate access
lìjǐ de rén 利己的人 N. egoist M: *ge/*[1]*míng*
lìjí diànfù chéngduì 立即电复承兑[--電復--] F.E. subject to immediate acceptance by telegram

lìjié 嫠节[-節] N. <*trad.*> chastity of a widow
líjiě 离解[離-] N. <*chem.*> dissociation
lǐjié 礼节[禮節] N. etiquette; protocol; ceremony
lǐjiě* 理解 V. understand; comprehend ♦N. comprehension; uptake
lìjiē 厉阶[厲階] N. stepping-stone to disorder/disaster
[1]**lìjié** 力竭 V.P. exhausted
[2]**lìjié** 历劫[歷-] V.O. ① experience many misfortunes ② pass through many years of difficulties
lìjiě 例解 N. <*lg.*> exemplification
[1]**lìjiè** 历届[歷屆] N. all previous sessions, etc.
[2]**lìjiè** 力戒 V. strictly avoid; guard against
[3]**lìjiè** 立界 V.O. erect boundary markers
lǐjiě cèlüè 理解策略 N. <*lg.*> perceptual strategy
lǐjiě cuòwù 理解错误 N. interpretive error
lǐjié de 礼节的[禮節-] ATTR. <*lg.*> formulaic
lǐjiěfǎ 理解法 N. comprehension approach
lǐjiě fāngfǎ 理解方法 N. <*lg.*> comprehension approach
lǐjié fùjiāyǔ 礼节附加语[禮節-] N. <*lg.*> formulaic adjunct
lǐjiě kùnnan 理解困难[-難] N. <*lg.*> perceptual difficulty
lǐjiělì 理解力 N. faculty of understanding; understanding; comprehension
lǐjiě shàng de 理解上的 ATTR. <*lg.*> interpretive
lìjiéshēngsī 力竭声嘶[--聲-] F.E. shout oneself hoarse
lǐjiě wànsuì 理解万岁[-萬歲] V.P. Mutual understanding is the most valuable thing.
lǐjié wéi zhìshìzhīběn 礼节为治事之本[禮節-] F.E. <*trad.*> (the Confucian) ethical code and etiquette are the foundation for peace and order
lǐjiéxìng bàifǎng 礼节性拜访[禮節-] N. protocol visit
lǐjiéxìng fǎngwèn 礼节性访问[禮節-] N. ceremonial visit
lǐjié yòngyǔ 礼节用语[禮節-] N. <*lg.*> ceremonial speech
lǐjiě yǔyìxué 理解语义学[---義-] N. <*lg.*> interpretive semantics
lìjí fúcóng 立即服从[-從] V.P. be prompt to obey
lìjí fùkuǎn 立即付款 N. prompt cash payment
lìjǐhàirén 利己害人 F.E. benefit oneself at the expense of others
lǐjíhòuzhòng 里急后重[裡-後-] F.E. <*Ch. med.*> tenesmus
lìjí jiāohuò 立即交货 V.P. <*acct.*> prompt/immediate delivery
lìjǐlìrén 利己利人 F.E. benefit others as well as oneself
líjīn 厘金[釐-] N. <*hist.*> provincial transit duty
[1]**lǐjīn*** 礼金[禮-] N. cash gift M: [1]*fèn*/[2]*bǐ*
[2]**lǐjīn** 里襟[裡-] N. inside lapel of a dress
lìjīn 利金 N. interest; income M: [2]*bǐ*
[1]**lìjìn** 历尽[歷盡] V. have extensively experienced
[2]**lìjìn** 厉禁[厲-] V. strictly forbid
[3]**lìjìn** 力尽[-盡] V. exhaust; wear out
lìjìncāngsāng 历尽沧桑[歷盡滄-] F.E. have experienced many vicissitudes of life
líjīng 离经[離經] V.O. ① punctuate a classical text ② deviate from orthodoxy
[1]**líjìng** 离境[離-] V.O. leave a country/place
[2]**líjìng** 犁镜 N. moldboard
lìjīng* 历经[歷經] V. have often experienced
lìjīngcāngsāng 历经沧桑[歷經滄-] F.E. go through all the vicissitudes of life
líjīngpàndào 离经叛道[離經-] F.E. ①depart from the classics and rebel against orthodoxy ② repudiate socialist directions
líjìng qiānzhèng 离境签证[離-證] N. exit visa
lìjīngtúzhì 励精图治[勵-圖-] F.E. exert oneself to make the country prosperous
líjìng xǔkězhèng 离境许可证[離-證] N. exit visa M: [1]*zhāng*
lìjìnjiānnán 历尽艰难[歷盡艱難] F.E. have gone through all kinds of hardship and difficulties
lìjìnjiānxīn 历尽艰辛[歷盡艱-] *See lìjìnjiānnán*
lìjìnjīngpí 力尽精疲[-盡--] F.E. be exhausted, worn out, dog-tired
lìjìnjīnpí 力尽筋疲[-盡--] F.E. be exhausted, worn out, dog-tired
lìjìnshénwēi 力尽神危[-盡--] F.E. be completely exhausted
lǐjìnwàichū 里进外出[裡進-] F.E. too many people going in and out
lǐjíròu* 里脊肉[裡-] N. tenderloin
lǐjīròu 里肌肉[裡-] N. tenderloin
Lǐ Jìshēn 李济深[-濟-] (1886–1959) N. military leader during the Northern Expedition; first vice-president of the PRC
lǐjisī 里脊丝[裡-絲] N. sliced tenderloin
líjiǔ 梨酒 N. pear liquor M: *bēi/píng*
líjiù 罹咎 V.O. incur punishment
lǐjiǔ 礼酒[禮-] N. sweet liquor
[1]**lìjiǔ*** 历久[歷-] V.P. lasting
[2]**lìjiǔ** 沥酒[瀝-] V.O. strain liquor
lìjiǔbùshuāi 历久不衰[歷-] F.E. long-lasting (of intellectual matters)
lìjiǔchángxīn 历久常新[歷-] F.E. everlastingly new; unfading
lìjiǔmíjiān 历久弥坚[歷-彌堅] F.E. unshakable and ever firmer (in one's faith/etc.)
lìjiǔmíxīn 历久弥新[歷-彌-] F.E. unfading; everlastingly new
líjiǔqíngshū 离久情疏[離-] F.E. Out of sight, out of mind.
lìjǐzhǔyì 利己主义[-義] N. egoism
lìjǐzhǔyìzhě 利己主义者[---義-] N. egoist M: *ge*/[1]*míng*
líjū 骊驹[驪-] N. ① a black horse ② title of a farewell poem
líjú 篱菊[籬-] N. chrysanthemum planted by a fence M: [2]*kē*
lǐjū 里居 N. one's address ♦V. live in the country or in retirement
lǐjù 理据[-據] N. <*lg.*> motivation
lìjǔ 力矩 N. <*phy.*> moment of force; moment
[1]**lìjù*** 例句 N. illustrative/example sentence M: [1]*jù*
[2]**lìjù** 力距 N. <*phy.*> moment of force; moment
[3]**lìjù** 俪句[儷-] N. parallel sentences
lìjuān 厘捐[釐-] N. <*hist.*> transportation tax
lìjué 藜蕨 N. coarse food
lìjué* 立决[-決] V. sentence and execute summarily
líkǎ 厘卡[釐-] N. secondary office of internal customs *See also líqiǎ*
líkāi* 离开[離開] R.V. leave; depart/deviate from
lǐkāi 理开[-開] R.V. put in order; straighten out
líkē 藜科 N. <*bio.*> chenopodiaceae; chenopod
líkè 厘克[釐-] M. centigram
lǐkē 理科 N. ① science department ② science (as a school subject)
[1]**lìkè*** 立刻 ADV. immediately; at once
[2]**lìkè** 力克 V. overcome with effort
lìkěbáshān 力可拔山 F.E. be so strong as to be able to lift a mountain
lìkěn 沥恳[瀝懇] V. beseech
Lìkètè liàngbiǎo 力克特量表 N. <*lg.*> Likert scale theory M: [1]*zhāng*
lìkǒu 利口 S.V. ① glib ② tasty and refreshing
lìkǒujiégěi 利口捷给 F.E. have a glib tongue; have a ready answer
lǐkuī 理亏[-虧] S.V. be in the wrong
lǐkuīxīnqiè 理亏心怯[-虧--] F.E. be in the wrong
lǐkuīxīnxū 理亏心虚[-虧-虛] F.E. be in the wrong
lǐkuīyǔsāi 理亏语塞[-虧--] F.E. lack words to reply when in the wrong
lìlā 里拉 N. <*loan*> lira
lìlái 历来[歷-] ADV. ① always; constantly; all through the ages ② hitherto; till now
lìláirúcǐ 历来如此[歷-] F.E. This has always been the case.
lìlǎn 历览[歷覽] V. observe in travel
[1]**lílǎo*** 黎老 N. aged person
[2]**lílǎo** 犁老 N. <*wr.*> old weatherbeaten man
lìlào 沥涝[瀝澇] V. waterlog
lílí 离离[離離] R.F. <*wr.*> ① luxuriant ② not attend personally
[1]**lìlì*** 历历[歷歷] ADV. distinctly; clearly
[2]**lìlì** 沥沥[瀝瀝] ON. sound of wind or flowing water
[3]**lìlì** 立例 V.O. make regulations/rules
[4]**lìlì** 栗栗 R.F. ① timorous; fearful; terrified ② cold; chilly
[5]**lìlì** 呖呖[嚦嚦] ON. warbling of birds
[6]**lìlì** 莅莅[蒞蒞] ON. murmur of flowing water
lìliàn 历练[歷練] N. practice and experience
lìliang* 力量 N. ① physical strength ② power; force ③ ability ④ financial resources
[1]**lìliáng** 粝粱[糲-] N. <*wr.*> coarse food
[2]**lìliáng** 溧凉[-涼] V.P. chilly
lìliàng 俐亮 S.V. simple and effective
lìliang duìbǐ 力量对比[--對-] N. contrast in strength/power
lǐliáo 理疗[-療] N. <*med.*> physiotherapy
lǐliáokē 理疗科[-療-] P.W. department of physiotherapy
lǐliáoyí 理疗仪[-療儀] N. physiotherapy device M: [1]*tái*
[1]**lìliè** 栗/溧冽 V.P. piercingly cold; bone chilling
[2]**lìliè** 栗烈 V.P. <*wr.*> glacial
lìlì jiē xīnkǔ 粒粒皆辛苦 F.E. Every single grain is the fruit of hard work.
lìlìkějiàn 历历可见[歷歷-] F.E. come clearly into view; leap up before the eyes
lǐlilālā* 哩哩啦啦 ON. <*coll.*> scattered; sporadic
lílilālā 离离拉拉[離離-] V.P. <*coll.*> ragtag; disconnected; disjointed; in dribs and drabs; in fits and starts ~ [1]*xià zhe* [2]*yǔ* rain in fits and starts
lǐlilālā 里里拉拉 ON. sound of rain/etc.
lìlilālā 沥沥拉拉[瀝瀝-] V.P. <*coll.*> ① disconnected; disjointed ② in dribs and drabs
lǐlilūlū 哩哩噜噜 ON. sound of boiling/rumbling/etc.
lǐliluōluō* 哩哩罗罗[-羅羅] ON. sound of boiling/rumbling/etc.
lìliluòluò 历历落落[歷歷-] V.P. confused; disorderly
lìlín 莅临[蒞臨] V. <*wr.*> arrive; be present
lìlìngzhìhūn 利令智昏 F.E. be blinded by lust for gain
lìlínzhǐdǎo 莅临指导[蒞臨-導] F.E. sb's presence and guidance
lìlìrúhuì 历历如绘[歷歷-] F.E. narrate vividly/distinctly
Lǐ Lìsān 李立三 (1899–1967) N. early labor leader of the CCP
lìlìsǎsǎ 利利洒洒[-灑灑] R.F. <*coll.*> completely; fully; totally
lìlìsōusōu 利利嗖嗖 V.P. <*coll.*> joyful; ecstatic
lìlisuōsuō 利利索索 <*coll.*> V.P. quick and efficient ♦ADV. smartly; smoothly and efficiently; briskly; nimbly
lǐliuwāixié 哩溜歪斜 F.E. ① tottering; unstable ② untidy; crooked (of handwriting)
lǐlǐwàiwài 里里外外[裡裡-] N. inside and outside
lìlìwēijù 栗栗危惧[-懼] F.E. tremble with fear
lìlìyǒushēng 沥沥有声[瀝瀝-聲] F.E. low whispering sound
lìlìzàimù 历历在目[歷歷-] F.E. come clearly into view
lílóng 骊龙[驪-] N. black dragon
lìlòng* 里弄 N. <*topo.*> lanes and alleys; neighborhood *See also lǐnòng*

Lǐ Lóngjī 李隆基 (685–762) N. Tang emperor whose reign started brilliantly and ended disastrously
līlū 哩噜 V. <*coll.*> grumble; mutter
lílú 藜芦[-蘆] N. <*bot.*> black false hellebore
[1]lǐlù(r) 礼路(儿)[禮-] N. <*coll.*> social etiquette
[2]lǐlù 理路 N. ① logical thinking; logic; truth; line of reasoning ② presentation ③ orderliness ④ <*topo.*> reason; sense
[1]lìlù* 利禄 N. wealth and official post
[2]lìlù 栗碌 V.P. busy; pressing (of official duties)
[3]lìlù 枥辘[櫪-] N. ① pulley for drawing water ② rails for vehicles
lìlǜ 利率 N. <*econ.*> interest rate
líluàn 离乱[離亂] N. separation and war
lǐluàn 理乱[-亂] V.O. bring about order ♦N. orderliness and confusion; peace and turmoil
lìluàn* 历乱[歷亂] V.P. in turmoil; chaotic
lǐluànjiěfēn 理乱解纷[-亂--] F.E. manage and settle confusion
lǐlùn* 理论 N. ① theory ② -ism
lìlùn 立论 V.P. set forth one's views; present one's arguments ♦N. argument; position; line of reasoning
lǐlùnjiā 理论家 N. theoretician; theorist M: *ge*/[1]*míng*/[2]*wèi*
lǐlùn kēxué 理论科学 N. theoretical/pure science
lǐlùnshang 理论上 N. in theory; theoretically
lǐlùn shùjù 理论述句 N. <*lg.*> theoretical statement
lǐlùn wài 理论外 ATTR. <*lg.*> theory-external
lǐlùnxìng 理论性 N. theory; theorization
lǐlùn yǔcí 理论语词 N. theoretical term
lǐlùn yǔ shíjì 理论与实际[-與實際] N. theory and reality
lǐlùn yǔyánxué 理论语言学 N. <*lg.*> theoretical linguistics
lǐlùnzhìshàng 理论至上 F.E. theory in command; over-emphasis on the importance of theory
líluò 篱落[籬-] N. bamboo/twig fence
lìluo* 利/俐落 S.V. ① agile; nimble; dexterous ② neat; orderly ③ settled; finished
lìluò 历落[歷-] S.V. ① noisy ② disorderly ③ dashing and elegant (of manner/deportment/etc.)
lìluohuà 利落话 N. straightforward remarks
lǐluwāixié 哩噜歪斜 F.E. <*coll.*> ① tottering; unstable ② untidy; crooked (of handwriting)
lìlùxūnxīn 利禄薰心 F.E. be eager for wealth and emolument
[1]lìmǎ(r)* 立马(儿) V.O. stop or rein in a horse ♦ADV. <*coll.*> at once; immediately
[2]lìmǎ 枥马[櫪-] N. stablehorse
lìmà 詈骂[-罵] V. <*wr.*> scold; abuse
lìmǎdòu 利马豆 N. butter bean; bush lima; lima bean
Lì Mǎdòu* 利马窦[-竇] N. Matteo Ricci (1552–1610)
lìmàihuòyuē 立卖货约[-賣--] F.E. <*acct.*> bargain
lìmǎjiān 立马间 ADV. <*coll.*> at once; in an instant; all of a sudden
límāo 狸猫[-貓] N. ① leopard cat ② tabby cat M: [2]*zhī*
[1]lǐmào* 礼貌[禮-] N. courtesy; politeness; manners
[2]lǐmào 礼帽[禮-] N. hat that goes with formal dress M: [1]*dǐng*
lǐmào gōngshìyǔ 礼貌公式语[禮-] N. <*lg.*> politeness formula
lǐmào yǔyán 礼貌语言[禮-] N. <*lg.*> polite speech
lìméidèngyǎn 立眉瞪眼 F.E. get angry
lìméilìyǎn 立眉立眼 F.E. get angry
lìméishùyǎn 立眉竖眼[--豎-] F.E. get angry
[1]lǐmén 里门 N. ① village gate ② villages; rural communities
[2]lǐmén(r) 理门(儿) N. <*trad.*> organization against opium and drinking
lìméng 莅盟[蒞-] V. ① attend a meeting for concluding treaties between countries ② keep a rendezvous
lǐményìlù 礼门义路[禮-義-] F.E. decorum is obligatory for everyone
límǐ* 厘米[釐-] M. centimeter
lìmǐ 立米 M. cubic meter
lǐmiàn(r) 里面(儿)[裡-] N. inside; interior
lìmiàntú 立面图[-圖] N. <*archi.*> elevation (drawing) M: [1]*zhāng*
límiáo 黎苗 N. people; commoners
límín 黎民 N. <*wr.*> common people; masses
lǐmín 里民 N. <*TW*> residents of an administrative district under a city/town
[1]lìmín* 利民 V.O. benefit the people
[2]lìmín 厉民[厲-] V.O. oppress the people
[3]lìmín 莅民[蒞-] V.O. <*trad.*> govern the people
límínbǎixìng 黎民百姓 F.E. common people
lǐmín dàhuì 里民大会 N. <*TW*> meeting of the residents of an administrative district under a city/town
límíng* 黎明 N. dawn; daybreak
lìmíng 立名 V.O. gain distinction
lìmìng 立命 V.O. be content with one's lot
límíngjíqǐ 黎明即起 F.E. rise with the dawn
lìmín huódòng 利民活动[-動] N. people-benefiting activities
lìmóu 力谋 V. try hard to; strive to
lìmóutúbào 力谋图报[-圖報] F.E. do one's utmost to show one's gratitude
[1]lìmù 栗木 N. chestnut
[2]lìmù 吏目 N. <*trad.*> government clerk; minor officer
[3]lìmù 立目 V.P. handle as an entry (in a word list)
lìmù'érshì 厉目而视[厲-] F.E. glare at
límùshī 梨木虱 N. pear-leaf sucker
lì mǔyǔ shuāngyǔ fāzhǎn 利母语双语发展[---雙-發-] N. <*lg.*> additive bilingualism
[1]līn 拎 V. <*topo.*> carry; lift
[2]lín 淋 in *xiělínlín, shīlínlín* *See also* [3]*lín*, [2]*lìn*
[1]lín* 林 B.F. ① forest; woods; grove ***shùlín*** ② forestry [1]***línyè*** ③ circle; group ④ collection of literary works ⑤ many; numerous; a great body of [1]***línlì*** ♦N. Surname
[2]lín 临[臨] B.F. ① face; overlook; be near to ***miànlín*** ② arrive; be present ***guānglín*** ③ copy (a model of calligraphy/painting) ***línmó*** ♦ADV. on the point of; just before; be about to ♦COV. ① facing ② about to; just prior to
[3]lín 淋 V. pour; drench *See also* [2]*lín*, [2]*lìn*
[4]lín 磷 N. <*chem.*> phosphorus
[5]lín 邻[鄰] B.F. ①neighbor ***línjū*** ②neighborhood; community ***línlǐ*** ③ neighboring; near; adjacent [2]***línjìn*** ♦N. basic community unit
[6]lín 鳞[鱗] N. scales (of fish/etc.) ♦B.F. scale-like ***línshāng***
[7]lín 琳 B.F. a variety of jade [3]***línyǔ, mǎnmùlínláng***
[8]lín 霖 B.F. unceasing rain [2]***línyǔ, gānlín***
[9]lín 麟[-/驎] B.F. mythical beast (commonly translated as unicorn) ***qílín, língé***
[10]lín 遴 B.F. carefully select [2]***línjí, líncái***
[11]lín 瞵 B.F. stare; look steadily at ***línpàn***
[12]lín 嶙 in [5]***línlín***
[13]lín 粼 in [1]***línlín***
[14]lín 辚[轔] in [2]***línlì***, [2]***línlín***
[15]lín 啉 in [2]***bùlín, kuílín***
[1]lǐn 凛[凜] B.F. ① severe cold ***lǐnliè*** ② obey ***qígèlǐnzūn***
[2]lǐn 懔[懍] B.F. feel/inspire awe ***lǐnlǐ***, [2]***lǐnlǐn***
[3]lǐn 廪[廩] B.F. granary; stored grain ***lǐnsù, xīlǐn***
[4]lǐn 檩[檁] B.F. ridgepole; roof joist ***lǐnzi, jīlǐn***
[1]lìn 赁[賃] V. rent; hire
[2]lìn 淋 V. strain; filter *See also* [2]*lín*, [3]*lín*
[3]lìn 吝 B.F. stingy ***lìnkè, qiānlìn***
[4]lìn 躏[躪] B.F. abuse; oppress ***lìnjí, róulìn***
[5]lìn 蔺[藺] in ***lìnshí, mǎlìn***
[6]lìn 膦 N. <*chem.*> phosphine; hydrogen phosphide
línǎi 离奶[離-] V.O. wean
línàn 罹难[-難] V.O. <*wr.*> ① die or fall victim in a disaster/accident ② be murdered
línànzhě 罹难者[-難-] N. victim (of an accident/disaster/etc.) M: *ge*/[1]*míng*/[2]*wèi*
línbā 淋巴 N. <*bio./loan*> lymph
línbāguǎn 淋巴管 N. lymph vein
línbājié 淋巴结 N. <*med.*> lymph node/gland
[1]línbān 鳞斑 N. fish-scale; fleck scale
[2]línbān 林班 N. forest divisions
línbāng 邻邦[鄰-] N. neighboring country
līnbāo* 拎包 N. handbag; shopping bag; bag M: *ge*/[2]*zhī*
línbāo 鳞苞 N. <*bot.*> a scale
línbáo 林薄 N. jungle *See also línbó*
línbāqiú 淋巴球 N. <*bio.*> ① lymph corpuscles ② lymphocyte
línbāxiàn 淋巴腺 N. <*med.*> lymph node/gland
línbā xìbāo 淋巴细胞 N. lymph cells
línbāyè 淋巴液 N. <*med.*> lymph
línběn 临本[臨-] N. copy (of a painting/etc.) M: [4]*cè*/[1]*běn*
[1]línbǐ 邻比[鄰-] N. neighbor ♦ATTR. next to
[2]línbǐ 鳞比 V.P. like fish scales; in tight rows; row upon row
[1]línbiān 邻边[鄰邊] N. adjacent sides (of a polygon)
[2]línbiān 林边[-邊] P.W. edge/fringe of a forest
Lín Biāo* 林彪 (1907–1971) N. veteran Communist military leader and Mao Zedong's designated successor until his death (during Cultural Revolution)
línbiǎo 林表 N. forest edge
línbié 临别[臨-] V.P. at parting; just before parting
línbiéyīyī 临别依依[臨-] F.E. hard to depart/detach from each other
línbiézèngyán 临别赠言[臨-] F.E. parting advice
línbìng 淋病 N. gonorrhea
línbìngjūn 淋病菌 N. gonorrhea virus
línbō* 鳞波 N. ripples
línbó 林薄 N. <*wr.*> dense growth of plants and trees *See also línbáo*
líncái 遴才 V.O. choose talented men
lǐncāng 廪仓[廩倉] N. public granary M: [4]*zuò*
[1]línchǎn 临产[臨產] ATTR. about to give birth; parturient
[2]línchǎn 林产[-產] N. forest products
[1]línchǎng 林场[-場] P.W. ① forestry center ② tree farm; wooded land M: [4]*zuò*
[2]línchǎng 临场[臨場] V.O. ① appear on the scene ② attend an examination or participate in a contest
línchǎngchāitái 临场拆台[臨場-臺] F.E. pull the rug out from under (sb.)
línchǎng shíjiān 临场时间[臨場時-] N. curtain time (for a performance/etc.)
línchǎnpǐn 林产品[-產-] N. forest product
línchǎnwù 林产物[-產-] N. forest product
línchǎn zhèntòng 临产阵痛[臨產-] N. labor pains; birth pangs
líncháo 临朝[臨-] V.O. ① sit on the throne and govern the nation ② govern (by the empress dowager as regent) ③ hold a court audience
línchí 临池[臨-] V.O. <*wr.*> diligently practice calligraphy
línchìlèi 鳞翅类[-類] N. <*zoo.*> Lepidoptera
línchìmù 鳞翅目 N. <*bio.*> Lepidoptera
línchōng* 淋冲[-沖] V. take a shower
línchóng 鳞虫[-蟲] N. creatures with shells/scales (fish/reptiles/etc.) M: [2]*zhī*/[1]*zhǒng*
línchuáng 临床[臨-] <*med.*> ATTR. clinical
línchuáng biǎoxiàn 临床表现[臨-] N. clinical manifestation/effect
línchuáng jiǎnchá 临床检查[臨-] N. clinical examination
línchuáng jīngyàn 临床经验[臨-經-] N. clinical experience
línchuángshì fǎngwèn 临床式访问[臨-] N. clinical interview
línchuáng shíyàn 临床实验[臨-實-] N. clinical experiment
línchuángxué 临床学[臨-] N. clinical medicine

línchuáng yìngyòng 临床应用[臨-應-] N. clinical practice
línchuáng yīshēng 临床医生[臨-醫-] N. clinician M: *ge/[1]míng/[2]wèi*
línchuáng yǔyánxué 临床语言学[臨-] N. <*lg.*> clinical linguistics
líncì 鳞次 V.P. <*wr.*> arranged in order
líncìzhìbǐ 鳞次栉比[--櫛-] ID. row upon row (of houses/buildings/etc.)
líncóngdì 林丛地[-叢-] N. brushland
líncuì 鳞萃 V.P. <*wr.*> herd/flock together
líncūn 邻村[鄰-] P.W. neighboring village
líndài 林带[-帶] P.W. forest belt
líndào 临到[臨-] V. ① come to; be on point of ② befall; happen to
líndí 邻敌[鄰敵] N. hostile neighboring country
líndì* 林地 P.W. woodland; timberland
líndié 麟牒 N. genealogy of the royal household
lín'ér 麟儿 N. a fine son
línféi* 磷肥 N. <*agr.*> phosphate fertilizer
lìnfèi 赁费 N. rent; rental
línféiliào 磷肥料 *See línféi*
línfēn 林分 N. <*forest.*> standing forest; (forest) stand
[1]**línfēng*** 临风[臨-] ADV. <*wr.*> facing/against the wind
[2]**línfēng** 邻封[鄰-] N. neighboring district
línfèng 麟凤[-鳳] N. rare treasures
línfèngguīlóng 麟凤龟龙[-鳳龜-] ID. worthy men
línfènglán 麟凤兰[-鳳蘭] N. <*bot.*> yucca
línfēngsǎlèi 临风洒泪[臨-灑淚] F.E. sob out one's sorrow to the wind
línfēngzhǎozhǎn 临风招展[臨-] F.E. be streaming in the wind
ling 零 in *gūlīnglīng, dīnglīnglīng See also* [2]*líng*
[1]**líng** 〇 NUM. zero
[2]**líng** 零 NUM. ①zero ②naught; nil ♦B.F. ①odd; a little extra *língtóu* ② fractional; part *língshù* ③ small change [1]*língqián* ④ (mechanical) part [1]*língjiàn* ⑤ wither and fall [1]*língluò See also ling*
[3]**líng** 铃[鈴] N. bell ♦B.F. ① sth. bell-shaped *gànglíng* ② bud *miánlíng*
[4]**líng** 灵[靈] S.V. ① quick; clever; sharp ② efficacious; effective ③ mysterious; divine ♦B.F. ① spirit; intelligence *shénlíng* ② fairy; sprite; elf *língguài* ③ coffin *língjiù*
[5]**líng** 陵 B.F. ① hill; mound *qiūlíng* ② imperial tomb; mausoleum *língmù*
[6]**líng** 凌 N. ① ice ② Surname ♦B.F. ① insult; maltreat; bully *qīlíng* ② soar *língyún* ③ just before *língchén* ④ intrude; traverse
[7]**líng** 鲮[鯪] N. dace; carp
[8]**líng** 翎 B.F. plume; tail feather; quill *língmáo*
[9]**líng** 菱 B.F. <*bot.*> water chestnut/caltrop *língjiao*
[10]**líng** 龄[齡] B.F. age; years *yùlíngqī, niánlíng*
[11]**líng** 伶 B.F. ① <*trad.*> performer *yōulíngxì* ② clever [1]*línglì, jīlíng*
[12]**líng** 泠 B.F. cool; clear and cool *línglìè*, [3]*qīnglíng*
[13]**líng** 羚 B.F. antelope; gazelle; antelope horn *língyáng, mílíng*
[14]**líng** 聆 B.F. listen; hear *língqǔ, bàilíng*
[15]**líng** 棂[欞] B.F. latticework for a window *chuānglíng*
[16]**líng** 瓴 B.F. water jar *gāowūjiànlíng* ♦in *língpì*
[17]**líng** 绫[綾] B.F. a thin silk fabric [1]*língzi, xìlíng*
[18]**líng** 舲 B.F. small boat; boat with windows *wùlíng*
[19]**líng** 玲 in *línglóng, dīnglíng*
[20]**líng** 苓 in *líng'ěr*, [2]*fúlíng*
[21]**líng** 蛉 in *mínglíng'é, báilíng*
[22]**líng** 囹 in [1]*língyǔ*, [3]*yōulíng*
[23]**líng** 笭 in [2]*língxīng*
[24]**líng** 醽 in *línglù*
[25]**líng** 鸰/令[鴒/-] in [2]*jílíng See also* [3]*lǐng*, [2]*lìng*
[26]**líng** 轸[軨] in [2]*língjī*
[1]**lǐng** 领[領] B.F. ① neck *lǐngdài* ② collar *lǐngzi* ③ neckband *lǐngjīn* ④ outline; main point *gānglǐng* ⑤ have jurisdiction over; be in possession of *lǐngyǒu* ⑥ territory *lǐngtǔ* ⑦ understand; comprehend; grasp *lǐnghuì* ♦V. ① lead; usher ② receive; draw; get ♦M. <*wr.*> *for dresses/mats/etc.*
[2]**lǐng** 岭[嶺] B.F. ① mountain range *Qínlǐng* ② mountain; ridge *shānlǐng*
[3]**lǐng** 令 M. ream (of paper) *See also* [25]*líng*, [2]*lìng*
[1]**lìng*** 另 PR./ADV. ① other; another; separate; extra ② in addition; besides
[2]**lìng** 令 B.F. ① command; decree *mìnglìng* ② season *shílìng* ③ drinking game ④ short lyric ⑤ <*wr.*> good ♦PREF. <*court.*> your ♦V. make; cause *See also* [3]*lǐng*, [25]*líng*
[3]**lìng** 呤 in *piàolìng*
lìng'ài 令爱/嫒[-愛/嬡] N. <*court.*> your daughter
lìng'àn 另案 N. another/separate case/file
lìng'ànbànlǐ 另案办理[--辦-] F.E. be handled as a separate case
lǐngbān(r)* 领班(儿) N. <*trad.*> foreman
lǐngbàn 领办[-辦] V. take the lead in initiating (an enterprise/etc.)
língbǎotiānzūn 灵宝天尊[靈寶-] F.E. symbol of the primordial spirit
Lǐngběi 岭北[嶺-] P.W. the area north of the Five Ridges (in the south of China)
língbī 凌逼 V. persecute; force
língbian* 灵便[靈-] S.V. ①nimble; agile ②easy to handle; handy *See also língbiàn*
língbiàn 灵便[靈-] S.V. ① resourceful; adroit ② manageable; handy *See also língbian*
lǐngbiānr 领边儿[-邊-] N. collar edge
língbiǎo* 绫裱 N. <*art*> front mounting of thin silk (of scrolls)
Lǐngbiǎo 岭表[嶺-] N. the front or southern side of the Five Ridges
líng biǎodá 零表达[-達] N. <*lg.*> zero expression
língbiāozhì 零标志[-標-] N. <*lg.*> zero morpheme
lǐngbīng 领兵 V.O. lead troops ♦N. military officer M: *ge/[2]wèi*
língbō* 凌波 V.O. ride the waves ♦N. <*wr.*> ① dashing waves ② graceful way of walking (like treading the waves)
língbó 铃钹 N. bell cymbals
língbō xiānzǐ 凌波仙子 N. ① fairies walking over ripples ② daffodils
líng bùdìngshì 零不定式 N. <*lg.*> zero infinitive
língbùjiàn 零部件 N. components and parts
língcǎo 灵草[靈-] N. <*trad.*> a kind of fungus regarded as an elixir
lìngcè 另册[-冊] N. "other" register listing disreputable people
lǐngchàng 领唱 V. lead a chorus ♦N. leading singer (in a chorus)
lǐngchàngrén 领唱人 N. leading singer (in a chorus) M: *ge/[1]míng/[2]wèi*
lǐngchàngzhě 领唱者 N. leading singer (in a chorus) M: *ge/[1]míng/[2]wèi*
língchē 灵车[靈-] N. funeral carriage M: [3]*liàng*
língchén* 凌晨 N. before dawn
língchèn 灵榇[靈櫬] N. coffin containing a corpse
lìngchén 令辰 N. ripples on the surface of the water
língchéngfèn 零成分 N. zero element
língchī(r)* 零吃(儿) N. <*coll.*> between-meal nibble; snack
língchí 凌/陵迟[-遲] V.P. ①kill by dismembering ② deteriorate; fall into decadence
língchóng 铃虫[-蟲] N. bollworm M: [2]*zhī*
língchuáng 灵/棂床[靈/欞-] N. ① bier ② bed kept as it was when the deceased was alive M: [1]*zhāng*
língchuí 铃锤 N. bell clapper
lìngchūrúshān 令出如山 F.E. orders must be obeyed implicitly
lìngchūtóuxù 另出头绪 F.E. begin a new narrative section from scratch
língcíwěi 零词尾 N. <*lg.*> zero ending
língcízhuì 零词缀 N. <*lg.*> zero affix
língcúnzhěngfù 零存整付 F.E. deposit periodic sums and in due time withdraw the principal and interest
língcúnzhěngqǔ 零存整取 F.E. deposit periodic sums and in due time withdraw the principal and interest
lǐngdài 领带[-帶] N. necktie; tie M: [1]*tiáo*/[2]*gēn* ♦V. lead
língdàicí 零代词 N. <*lg.*> zero/null pronoun; pro
língdàihào 零代号[-號] N. <*lg.*> pro
lǐngdàijiā 领带夹[-帶夾] N. tie clip M: *ge/[2]zhī*
lǐngdài kòuzhēn 领带扣针[-帶--] N. tiepin M: [4]*zhī*/[2]*zhī/ge*
lǐngdàiqiǎ 领带卡[-帶-] N. tie clasp/clip/pin M: [2]*zhī/ge*
lǐngdàizhēn 领带针[-帶-] N. tiepin M: [4]*zhī/ge*
língdān 灵丹[靈-] N. miraculous cure; panacea M: [1]*kē*
[1]**língdàn*** 零蛋 N. <*humb.*> nought; zero
[2]**língdàn** 零担[-擔] N. less-than-carload freight
lǐngdān 领单 N. paper entitling bearer to get sth. M: [1]*zhāng*
língdang 铃铛[-鐺] N. small bell M: [2]*zhī/ge*
lìngdāngbiélùn 另当别论[-當--] F.E. horse of another color; sth. that should be regarded as a different matter
língdāngrmài 铃铛儿麦[-鐺-麥] N. <*topo.*> oat
língdàn huòwù 零担货物[-擔--] N. ① package freight ② shipper
língdānmiàoyào 灵丹妙药[靈-藥] F.E. miraculous cure; panacea M: [14]*fù*
lǐngdǎo* 领导[-導] V. ①lead; exercise leadership ② guide ♦N. leadership; leader M: *ge/[1]míng/[2]wèi*
[1]**lǐngdào(r)** 领道(儿) V.O. <*topo.*> lead the way
[2]**lǐngdào** 领到 R.V. receive; draw; get
lǐngdǎo bānzi 领导班子[-導--] N. leadership ranks
lǐngdǎo dìwèi 领导地位[-導--] N. position of leadership; status as a leader
lǐngdǎo duōtóu 领导多头[-導--] V.P. duplication of leadership
lǐngdǎo fāngfǎ 领导方法[-導--] N. method of leadership
lǐngdǎo fēnggé 领导风格[-導--] N. leadership style
lǐngdǎo gànbù 领导干部[-導幹-] N. leading cadre M: *ge/[1]míng/[2]wèi*
lǐngdǎo gǔgàn 领导骨干[-導-幹] N. leadership backbone M: *ge/[1]míng/[2]wèi*
lǐngdǎo héxīn 领导核心[-導--] N. leading nucleus/core
lǐngdǎo jìchéng 领导继承[-導繼-] N. leadership succession
lǐngdǎo jīguān 领导机关[-導-關] N. leading body
lǐngdǎo jítǐ 领导集体[-導-體] N. leading group
lǐngdǎo kēxué 领导科学[-導--] N. leadership science
lǐngdǎoquán 领导权[-導權] N. political/guiding power
lǐngdǎorén 领导人[-導-] N. leader M: *ge/[1]míng/[2]wèi*
lǐngdǎo tóngzhì 领导同志[-導--] N. leading comrade M: *ge/[1]míng/[2]wèi*
lǐngdǎoxìng 领导性[-導-] N. leadership
lǐngdǎoyǒufāng 领导有方[-導--] F.E. lead wisely
lǐngdǎo yuánzé 领导原则[-導--] N. leadership principle
lǐngdǎozhě 领导者[-導-] N. leader M: *ge/[1]míng/[2]wèi*
lǐngdǎo zhíwù zhōngshēnzhì 领导职务终身制[-導職務---] N. life tenure in leading posts
lǐngdǎo zuòfēng 领导作风[-導--] N. workstyle of the leadership

L

lǐngdǎo zuòyòng 领导作用[-導--] N. leading role

língdǎsuìqiāo 零打碎敲 F.E. do sth. bit by bit or off and on

lìng dǎ zhǔyi 另打主意 V.O. cook up new schemes; seek other ways

lìngdé 令德 N. <trad.> excellent virtue

lǐngdì* 领地 N. ① <trad.> manor ② territory under one's jurisdiction

lìngdì 令弟 N. <court.> your younger brother

língdiǎn* 零点[-點] N. ① zero point ② 00:00 hour; zero hour; midnight

lìngdiǎn 令典 N. legal code

língdiǎn fāng'àn 零点方案[-點--] N. zero option

língdiǎn rénkǒu zēngzhǎng 零点人口增长[-點----] N. zero population growth

[1]**língdīng*** 伶仃//零丁 V.P. left alone without help; lonely

[2]**língdīng** 玲玎 ON. ① tinkling of jade pendants ② sound of waves pounding on rocks

lìngdìng 另订 V. order/arrange sth. separately

língdīnggūkǔ 零丁孤苦 F.E. solitary; lonely

língdòng 灵动[靈動] V.P. have a brainwave; be quick-witted

língdòngcí 零动词[-動-] N. <lg.> zero verb

lǐngdòngcí* 领动词[-動-] N. <lg.> superordinate verb

língdù* 零度 N. ① zero ② <math.> nullity

lǐngdú 领读[-讀] V. read aloud (by a teacher for students to imitate)

lǐngduì 领队[-隊] V.O. lead a group ♦N. leader of a group/team/etc. M: ge/[1]míng/[2]wèi

lǐngduìjī 领队机[-隊-] N. lead(ing) aircraft M: [1]jià

[1]**língduó** 铃铎[-鐸] N. bells under palace eaves; wind bells

[2]**língduó** 凌泽[-澤] <topo.> icicle

línggē* 林鸽 N. pigeon M: [2]zhī

línggé 麟阁 N. place where images of meritorious subjects were displayed during the Han dynasty

líng'ěr 苓耳 N. <bot.> cocklebur

língfan 零翻 S.V. <topo.> ① handy; versatile ② lively; supple; elastic

língfān* 灵幡[靈-] N. <trad.> funeral banner M: [1]miàn/[10]fú

lìngfāngmiàn 另方面 N. on the other hand

língfanr 灵翻儿[靈-] S.V. <topo.> easy (to use)

língfēi 灵妃[靈-] N. a female immortal

língfēn(r) 零分(儿) N. score of zero; scoreless

língfú* 灵符[靈-] N. <Dao.> magic figure to invoke or expel spirits and bring good or ill fortune M: [2]dào

língfǔ 灵府[靈-] N. mind; faculties

língfùjiā chéngfèn 零附加成分 N. zero affix

líng fùshù 零复数[-複數] N. <lg.> zero plural

línggǎn 灵感[靈-] N. inspiration

lǐnggǎng 领港 V.O. pilot a ship into or out of harbor; pilot ♦N. (harbor) pilot

lǐnggǎngfèi 领港费 N. pilotage M: [2]bǐ

lǐnggǎngshī 领港师[-師] N. harbor pilot M: ge/[1]míng/[2]wèi

lǐnggǎngyuán 领港员 N. harbor pilot M: ge/[1]míng/[2]wèi

lǐng gānxīn 领干薪[-乾-] V.O. <coll.> draw unearned pay; have a sinecure

lìng gǎo yī tào 另搞一套 V.P. go one's own way

[1]**línggē*** 灵歌[靈-] N. <mus.> a spiritual M: [2]shǒu/[4]zhī

[2]**línggē** 菱歌 N. songs of water-caltrop pickers M: [2]shǒu/[4]zhī

línggé 铃阁 N. general's abode

lǐnggé 领格 N. <lg.> genitive case

línggēn 灵根[靈-] N. ① morality; virtue ② body ③ tongue

línggōng* 零工 N. ① odd job; short-term hired labor ② casual laborer

lǐnggōng 领工 N. headman; foreman M: ge/[1]míng/[2]wèi

lǐnggōu 领钩[-鉤] N. hook and eye on the collar

línggòuxíng 零构形[-構-] N. <lg.> zero-formation

[1]**línggǔ** 铃鼓 N. <mus.> tambourine

[2]**línggǔ** 零股 N. ① fragmented stock-market shares ② guerrillas separated from the main force

[3]**línggǔ** 陵谷 N. ① hills and valleys ② changes of worldly affairs

língguài 灵怪[靈-] N. elf; goblin ♦V.P. mystical; strange; unusual

língguàncí 零冠词 N. <lg.> zero article

língguāng 灵光[靈-] N. ① <Budd.> natural inclination for goodness ② strange/divine light; nimbus around the head of a deity image ♦S.V. <topo.> wonderful; excellent

Língguāngdiàn 灵光殿[靈-] N. ① Han imperial hall that survived many calamities ② sb./sth. that survives repeated disasters

líng guānxicí 零关系词[-關係-] N. <lg.> zero relative

línggǔbiànqiān 陵谷变迁[-變遷] F.E. changes of worldly affairs

línggūbīguǎ 凌孤逼寡 F.E. ill-treat orphans and oppress widows

línggǔ rèngǔquán zhèng 零股认股权证[-認-權證] N. fractional stock warrant

línggǔtǎ 灵骨塔[靈-] N. pagoda-shaped ossuary M: [4]zuò

línggǔyìchù 陵谷易处[-處] F.E. great changes between periods

lǐnghǎi 领海 N. territorial waters

lǐnghǎixiàn 领海线 N. boundary marking territorial waters M: [1]tiáo

lìnghán 另函 N. separate letter ♦V.O. write another letter

lǐngháng 领航 V./N. navigate; pilot

lǐnghángfèi 领航费 N. pilotage M: [2]bǐ

lǐngháng fēijī 领航飞机[--飛-] N. pathfinder aircraft M: [1]jià

lǐnghángfèi jiàmùbiǎo 领航费价目表[---價-] N. pilotage tariff M: [1]fèn/[1]zhāng

lǐnghángjī 领航机 N. pathfinder aircraft M: [1]jià

lǐnghángtú 领航图[-圖] N. pilotage chart M: [1]zhāng

lǐnghángyuán 领航员 N. navigator; pilot M: ge/[1]míng/[2]wèi

línghé 灵盒[靈-] N. cinerary casket; ash urn M: [2]zhī/ge

línghé bǐsài 零和比赛 N. zero-sum game

línghébóyì 零和博弈 F.E. zero-sum game

línghù 陵户 N. guardians of imperial tombs

línghuā 零花 V. spend for incidental expenses ♦N. <coll.> pocket money

línghuán 零还[-還] V. repay in a number of payments

línghuāqián 零花钱[-錢] N. pocket money

línghuār 零花儿 N. pocket money

línghuāshì 菱花式 N. water chestnut-flower shape

línghuāxíng 菱花形 N. rhombus shape

línghuì 灵慧[靈-] S.V. very intelligent/clever

lǐnghuí 领回 V. get/take/bring back (sb./sth.)

lǐnghuì* 领会 V. understand; comprehend; grasp ♦N. uptake

lǐnghuì dào 领会到 R.V. understand; grasp; catch

línghún 灵魂[靈-] N. soul; spirit

línghúnchūqiào 灵魂出窍[靈-竅] F.E. One's spirit has freed itself from one's body.

línghún gōngchéngshī 灵魂工程师[靈-師] N. "engineers of the soul"; teachers M: ge/[1]míng/[2]wèi

línghúnlùn 灵魂论[靈-] N. animism

línghúnshēnchù 灵魂深处[靈-處] F.E. place in one's innermost soul

[1]**línghuó*** 灵活[靈-] S.V. ① nimble; agile ② flexible; elastic

[2]**línghuó(r)** 零活(儿) N. odd jobs ♦S.V. nimble; agile; quick

línghuò(r) 零货(儿) N. small store selling odds and ends

lǐnghuòdān 领货单 N. stock requisition M: [1]zhāng/[1]fèn

línghuómǐnjié 灵活敏捷[靈-] F.E. active and intelligent; vivacious; flexible and quick-minded

línghuóxìng 灵活性[靈-] N. flexibility; adaptability; mobility

[1]**língjī*** 灵机[靈-] N. sudden inspiration; brainwave

[2]**língjī** 钤积[-積] V. assemble; accumulate

língjí 凌籍 V. bully

lìngjì 另寄 V. post/mail separately

língjià 凌驾 V. place oneself above; override

[1]**língjiàn(r)*** 零件(儿) N. spare parts; spares; components

[2]**língjiàn** 翎箭 N. feathered arrow M: [5]zhī/[4]zhī/[2]gēn

lìng jiàn 另见 V. see also

[3]**lìngjiàn** 令箭 N. <trad.> arrow-shaped token of military authority M: [5]zhī/[4]zhī/[2]gēn

lǐngjiāng 领江 V.O. navigate a river ♦N. river pilot

lǐngjiǎng* 领奖[-獎] V.O. receive reward/prize

lǐngjiǎngtái 领奖台[-獎臺] N. awards platform/podium M: [4]zuò

lìngjiàn héhuā 令箭荷花 N. <bot.> nopalxochia M: [2]duǒ

língjiao 菱角 N. water chestnut/caltrop

língjiào 聆教 V.O. listen to sb's instruction/advice

lǐngjiào* 领教 F.E. ① <court.> thanks; much obliged ② <wr.> ask advice ③ <derog.> experience; encounter *Tā de jìliǎng wǒ zǎojiù ~guo le* I long ago had a taste of his tricks.

lǐngjiārde 领家儿的 N. <trad.> brothel owner

língjiǎshè 零假设 N. <lg.> null hypothesis

língjié 灵捷[靈-] S.V. prompt

língjiè 灵界[靈-] N. <Budd.> realm of departed spirits

lǐngjié(r)* 领结(儿) N. ① bow tie ② loop of a necktie ③ lavaliere

lǐngjiě 领解 V. comprehend; grasp

lìngjié 令节[-節] N. festival days

língjiècí 零介词 N. <lg.> null preposition

língjiēwěibù 零接尾部 N. <lg.> zero ending

lìngjiéxīnhuān 另结新欢[-歡] F.E. throw sb. over for sb. else

língjīgu 零唧咕 ADV. <coll.> little by little; a little at a time

língjǐn 绫锦 N. silk and brocade

lǐngjīn 领巾 N. scarf; neckerchief

lǐngjìn* 领进[-進] R.V. usher into; lead to; introduce into

língjīng* 灵精[靈-] S.V. smart; intelligent

língjìng 菱镜 N. mirror with a lotus pattern on the frame

língjiù* 灵柩[靈-] N. coffin with a corpse; bier M: [1]tái

lìngjiù 另就 V. leave for new job

língjīyīdòng 灵机一动[靈-動] F.E. think up a good idea; suddenly have a brainwave

lìngjìyóu 另寄邮[-郵] V. post/mail separately

[1]**língjū*** 灵驹[靈-] N. intelligent and strong colt/foal

[2]**língjū** 陵居 V. live on a highland

[1]**lǐngjù** 领句 N. <lg.> superordinate clause

[2]**lǐngjù** 领据[-據] N. receipt for goods M: [1]zhāng

língjuàn 绫绢 N. thin silk for mounting paintings M: [2]kuài

Língjūn 灵均[靈-] N. another name for Qu Yuan

lìngkāi 另开[-開] V. <coll.> leave the old homestead to set up a household of one's own

língkān 灵龛[靈-] N. cinerary niche M: [4]zuò

língkōng 凌空 V.O. be high up in the air; soar/tower aloft

lǐngkōng* 领空 N. territorial airspace

língkōng chuánqiú 凌空传球[--傳-] N. <sport> volley pass (in soccer)

lǐngkǒu(r)* 领口(儿) N. ① neckband ② the place where the two ends of a collar meet

lǐngkòu 领扣 N. collar button/stud

língkuài 灵快[靈-] S.V. nimble; agile

lǐngkuǎn 领款 V.O. draw money
lǐngkuǎnrén 领款人 N. payee M: ge/[1]míng/[2]wèi
lǐngkǔn 令阃 N. <wr.> your wife
língkǔtǔ 菱苦土 N. magnesite
língkǔtǔkuàng 菱苦土矿[-礦] N. magnesite M: [4]zuò
línglán 铃兰[-蘭] N. lily of the valley M: [2]kē
línglǎng* 玲琅 ON. tinkling of jade
lìnglǎng 令郎 N. <court.> your son
lǐngle 领了 V.P. <coll.> I am grateful to you (a polite term used in declining proffered help or gifts).
línglǐ 鲮鲤 N. pangolin M: [1]tiáo
[1]**línglì*** 伶俐 S.V. clever; bright; quick-witted
[2]**línglì** 凌厉[-厲] S.V. swift and fierce; relentless
[3]**línglì** 灵利[靈-] S.V. clever; bright; quick-witted
[4]**línglì** 灵力[靈-] N. mana; spiritual power
[5]**línglì** 凌/陵轹[-轢] V. <wr.> ① oppress; conflict ② push/squeeze out
língliào 零料 N. scattered raw materials in small quantities
lǐngliàodān 领料单 N. material-requisition form M: [1]zhāng/[1]fèn
lǐngliào rìjìzhàng 领料日记账 N. stores-requisition journal M: [1]běn
lǐngliào shēnqǐngshū 领料申请书[-書] N. stores requisition M: [1]fèn
lǐngliè 泠冽 S.V. cool and refreshing; pleasantly cool
lìng lì hùtóu 另立户头 V.O. open another bank account
línglìjìn(r) 伶俐劲(儿)[--勁-] N. <coll.> alertness; quick-mindedness
lìnglìménhù 另立门户 F.E. set up a separate sect
[1]**línglíng** 铃铃 N. rumble (of earthquakes/etc.)
[2]**línglíng** 玲玲 ON. <wr.> tinkling of pieces of jade
[3]**línglíng** 泠泠 R.F. ① cool; chilly ② clear (of voice)
línglínglìlì 伶伶俐俐 V.P. cleverly; agilely
línglíngluòluò 零零落落 V.P. bits here and there; odds and ends; in piecemeal fashion
línglingsǎnsǎn 零零散散 V.P. spattering
línglingsuìsuì 零零碎碎 V.P. fragmented
línglíngxīngxīng 零零星星 V.P. odd; piecemeal; fragmentary
línglóng 玲珑 S.V. ① delicately wrought; exquisite (of things) ② clever and nimble (of people) ③ bright (of moon) ♦N. tinkling of jade ornaments
línglóngshì 玲珑饰 N. rice-grain decoration
línglóngtītòu 玲珑剔透 F.E. ① exquisitely wrought ② very bright (of persons)
línglù 醽醁 N. a kind of green-colored liquor
[1]**lǐnglù*** 领路 V.O. lead the way
[2]**lǐnglù** 领陆[-陸] N. territory
língluàn 凌/零乱[-亂] S.V. in disorder; in a mess
língluànbùkān 凌乱不堪[-亂--] F.E. chaotic mess
lǐnglüè 领略 V. have a taste of; realize; appreciate
lǐnglüè chū 领略出 R.V. come to realize/appreciate
lǐnglüè lǐnglüè 领略领略 V.P. find out through personal experience
língluó* 绫罗[-羅] N. silk gauze
[1]**língluò** 零落 S.V. ① withered and fallen ② decayed ③ scattered; sporadic; fragmentary ④ desolate; wretched
[2]**língluò** 苓落 V. ① wither; shrivel ② fall (of leaves)
língluóchóuduàn 绫罗绸缎[-羅--] F.E. silks and satins
língluójǐnxiù 绫罗锦绣[-羅-繡] F.E. expensive clothes; expensive dress materials
lǐnglùrén 领路人 N. guide M: ge/[1]míng/[2]wèi
língmǎi 零买[-買] V. buy piecemeal (rather than in bulk)
língmài* 零卖[-賣] V. ① (sell) retail ② sell by the piece
língmǎilíngmài de 零买零卖的[-買-賣-] N. retail dealer
língmài shēngyì 零卖生意[-賣--] N. retail business
língmāo* 灵猫[靈貓] N. <zoo.> civet cat M: [2]zhī
língmáo 翎毛 N. ① plume M: [2]gēn ② classical painting featuring birds and animals M: [10]fú
língmáohuāhuì 翎毛花卉 F.E. birds and flowers (in painting) M: [10]fú
língméi 灵媒[靈-] N. ① spirit medium ② psychic
lìngmèi* 令妹 N. <court.> your younger sister (or cousin of the same name)
língměikuàng 菱镁矿[-礦] N. magnesite M: [4]zuò
lǐngmén 领门 N. front part of a collar
língměngkuàng 菱锰矿[-礦] N. <min.> rhodochrosite M: [4]zuò
língmiàntǐ 菱面体[-體] N. rhombohedron
[1]**língmiào** 陵庙[-廟] N. tomb and ancestral shrine M: [4]zuò
[2]**língmiào** 灵妙[靈-] S.V. miraculous
língmǐn 灵敏[靈-] S.V. sensitive; keen; agile; acute
língmǐndù 灵敏度[靈-] N. ① sensitivity ② response rate
lǐngmìng* 领命 V.O. receive/take orders
lìngmíng 令名 N. <wr.> good name; reputation
língmǐnxìng 灵敏性[靈-] N. sensitivity; sensibility
língmǐn zhàdàn 灵敏炸弹[靈-] N. smart bomb M: [1]kē
lìngmóugāojiù 另谋高就 F.E. resign and land a better job
lìngmóushēngjì 另谋生计 F.E. look for other means of livelihood
língmù* 陵墓 N. mausoleum; tomb M: [4]zuò
lìngmǔ 令母 N. <court.> your mother
lǐngnà 领纳 V. accept
Lǐngnán 岭南[嶺-] P.W. Guangdong and Guangxi
língniú 羚牛 N. takin M: [1]tóu
língnüè 凌虐 V. <wr.> maltreat; tyrannize
línggōng 琳宫[-宮] N. Daoist monastery M: [4]zuò
língpái(r) 灵牌(儿)[靈-] N. spirit tablet M: [2]kuài
lìngpái* 令牌 N. <trad.> wooden token of authority M: [2]kuài
líng-pàishēng 零派生 N. <lg.> zero derivation
língpèijiàn(r) 零配件(儿) N. spare parts; spares and fittings
língpì 瓴甓 N. brick M: [2]kuài
língpiào 零票 N. small change M: [1]zhāng
língpīng 伶俜 V.P. <wr.> lonely; solitary
lìngpìxījìng 另辟蹊径[-徑] F.E. open/find a new path/way
língqí 灵祇[靈-] N. gods; deities
língqì* 灵气[靈氣] N. ① spiritual influence (of mountains/etc.) ② ingeniousness; cleverness
lìngqī 令妻 N. good/virtuous wife
lìngqí 令旗 N. <mil./hist.> flag of command M: [1]miàn
[1]**língqián(r)** 零钱(儿)[-錢-] N. ① small change ② pocket money
[2]**língqián** 灵前[靈-] ADV. before the tablet of the deceased
língqiǎo* 灵巧[靈-] S.V. ① dexterous; nimble; skillful; ingenious ***Tā de shǒu zhēn ~.*** What skillful hands! ② cute; lovable
[1]**língqiào** 灵俏[靈-] S.V. <coll.> ① nimble; dexterous ② quick-witted; smart; clever
[2]**língqiào** 灵窍[靈竅] N. cleverness; wit; intelligence
língqiāosuìdǎ 零敲碎打 F.E. do sth. bit by bit; adopt a piecemeal approach
língqībālā 零七八拉 F.E. <topo.> trivial; inconsequential; petty
língqībāsuì(r) 零七八碎(儿) F.E. ① scattered and disorderly ② miscellaneous and trifling things; odds and ends ***Tā chéngtiān máng xiē ~ de shì.*** He's busy all day long with trifles.
língqìbīrén 凌气逼人[-氣--] F.E. treat others rudely through arrogance
lìngqǐlúzào 另起炉灶[--爐-] ID. make a fresh start
[1]**língqǐn*** 陵寝[-寢] N. <wr.> emperor's/king's resting place; mausoleum M: [4]zuò
[2]**língqǐn** 灵寝[靈寢] N. <trad.> seat/location of a bier
lìngqīn 令亲[-親] N. <court.> your parents
lǐngqíng 领情 V.O. feel grateful to sb.; appreciate a kindness
lìng qǐng gāomíng 另请高明 V.P. find sb. better qualified
língqìsuǒzhōng 灵气所钟[靈氣-] F.E. spiritual influence of beautiful mountains on the people of a place
língqiū 陵丘 N. grave mound; tumulus
lìng qǐ zàohuo mén 另起灶火门 *See lìngkāi*
língqǔ 聆取 V. <wr.> listen to sb.
lǐngqǔ* 领取 V. draw; receive
língquēdiǎn 零缺点[-點] N. zero defects (quality control that strives for a perfect production process)
[1]**língr** 零儿 N. <topo.> ① zero ② oddments
[2]**língr** 翎儿 N. plume; tail feather
lǐngrán 泠然 V.P. ① gentle and charming ② cool ♦V. understand; realize ♦N. clear and crisp sound
[1]**língrén** 灵人[靈-] N. <coll.> ① smart person ② immortal being
[2]**língrén** 伶人 N. <trad.> ① actor ② musician M: ge/[1]míng
[3]**língrén** 凌人 V.O. insult; humiliate
lìngrén* 令人 V.O. cause/make one to. . . ♦N. a virtuous man; a sage
lìngrénchìlěng 令人齿冷[--齒-] F.E. arouse scorn
lìngrénfàzhǐ 令人发指[--髮-] F.E. make one's blood boil; get one's hackles up; make one bristle with anger
lìngrénjīnghài 令人惊骇[--驚-] V.P. to one's great shock/astonishment
lìngrénmǎnyì 令人满意 V.P. give satisfaction
lìngrénpēnfàn 令人喷饭 V.P. side-splitting; screamingly funny
lìngrénpěngfù 令人捧腹 F.E. set people roaring with laughter
lìngrénqièchǐ 令人切齿[-齒] F.E. odious; execrable
lìngrénquèbù 令人却步[--卻-] F.E. give one pause
lìngrénshénwǎng 令人神往 F.E. fire one's imagination; have a strong appeal
lìngrénzuò'ǒu 令人作呕[-嘔] V.P. make one sick; be revolting
língrì 凌日 N. <astr.> transit
lìngrì* 另日 N. another day/time
língròu 灵肉[靈-] N. soul and flesh
língrǔ 凌辱 V. ① insult; humiliate ② assault a woman
língsǎn 零散 S.V. scattered
lìngsè 令色 N. ① welcoming look ② pleasing appearance
língshān* 灵山[靈-] N. <Budd./Dao.> immortals' abode
língshàn 翎扇 N. feather fan M: [1]bǎ
língshǎng 聆赏 V. listen to a compliment
língshàng* 零上 ATTR. above zero
lǐngshǎng 领赏 V.O. receive a reward
língshēng* 铃声[-聲] N. tinkling/ringing of a bell
lìngshēng 令甥 N. <court.> your nephew; your sister's son
língshēngmǔ 零声母[-聲-] N. <lg.> zero initial consonant
[1]**língshí*** 零时[-時] N. zero hour
[2]**língshí(r)** 零食(儿) N. between-meal nibbles; snacks
lǐngshì 领事 N. consul M: ge/[1]míng/[2]wèi
lìngshī 令师[-師] N. <court.> your teacher
lǐngshì cáipànquán 领事裁判权[-權] N. consular jurisdiction
lǐngshìchù 领事处[-處] P.W. consular section
lǐngshìguǎn 领事馆 P.W. consulate M: [1]jiā
lǐngshì tiáolì 领事条例[--條-] N. consular act

lǐngshìtuán 领事团[-團] N. consular corps
lǐngshì wěirènshū 领事委任书[-書] N. certificate of consular appointment; consular commission M: [1]fèn/[2]fēng
lǐngshì xiédìng 领事协定[--協-] N. consular agreement M: [1]fèn
língshòu* 零售 V. ① (sell) retail ② sell by the piece or in small quantities
lǐngshòu 领受 V. accept (a kindness/etc.); receive
língshòubù 零售部 N. retail department/shop
língshòu cúnhuò 零售存货 N. retail inventory
lǐngshòudào 领受到 R.V. receive; experience
língshòudiàn 零售店 P.W. retail shop/store M: [1]jiā
língshòu'é 零售额 N. <com.> turnover (from retail trade)
língshòujià 零售价[-價] N. retail price
língshòujiàgé 零售价格[--價-] N. retail price
língshòu jiàgé zhǐshù 零售价格指数[--價--數] N. index of retail prices
língshòu jiàmù 零售价目[--價-] N. retail-price list
língshòu jiàpán cúnfǎ 零售价盘存法[--價盤--] N. <account.> retail method of inventory
língshòushāng 零售商 N. retail trader/dealer; retailer M: ge/[1]míng/[2]wèi
língshòu shēngyì 零售生意 N. retail trade/business
língshòu wùjià zhǐshù 零售物价指数[---價-數] N. retail-price index
língshòuyè 零售业[-業] N. retail business
língshòu zǒng'é 零售总额[--總-] N. total value of retail sales
língshù(r)* 零数(儿)[-數-] N. remainder; fractional amount
lǐngshǔ 领属[-屬] ATTR. superior-subordinate ♦V. possess and control; have dominion over ♦N. <lg.> genitive
lìngshū 令叔 N. your uncle
lǐngshuài 领率 V. lead; exercise leadership
língshuǎng 灵爽[靈-] S.V. shrewd; quick ♦N. gods and deities
lǐngshǔ biāozhì shānchú 领属标志删除[-屬標-刪-] N. <lg.> genetive (marker) deletion
lǐngshǔcí 领属词[-屬-] N. <lg.> genitive; possessive
lǐngshǔgé 领属格[-屬-] N. <lg.> genitive/possessive case
lǐngshǔ guānxi 领属关系[-屬關係] N. <lg.> attribution
lǐngshuǐ 领水 N. ① inland waters ② territorial waters
lǐngshuǐyuán 领水员 N. pilot; navigator M: ge/[1]míng/[2]wèi
lìngsì 令嗣 N. <court.> your heir/son
língsuì(r) 零碎(儿) S.V. scrappy; fragmentary; piecemeal ♦N. ① odds and ends; oddments; bits and pieces; miscellaneous ② <slang> swear word; abusive language
língsuìhuó(r) 零碎活(儿) N. odd jobs
língsuì zásè 零碎杂色[--雜-] N. <coll.> small task; minor role
lìngsūn 令孙[-孫] N. <court.> your grandson
líng-suǒyǒugé 零所有格 N. <lg.> zero genitive
língtái 灵台[靈臺] N. ①place where one's spirit resides ② terrace where emperors watched heavenly phenomena ③ platform on which a coffin or cinerary casket is placed M: [4]zuò ④ <wr.> mind; heart
língtán* 灵坛[靈壇] N. ① sacrificial altar ② altar to pray for rain M: [4]zuò
lìngtǎn 令坦 N. your son-in-law
língtáng 灵堂[靈-] N. mourning hall M: [4]zuò
lìngtáng* 令堂 N. <court.> your mother
língtí 灵提[靈-] N. greyhound
língtì* 陵/凌替 N. <wr.> ① breakdown of law and order ② decline
[1]**língtiáo** 零条[-條] N. null-string
[2]**língtiáo** 陵笤 N. <bot.> *Tecoma grandiflora*
lǐngtiáor 领条儿[-條-] N. ① written permit for receiving sth. ② <trad.> edge of a collar in a Chinese dress
lǐngtiē 领帖 N. receive condolences (of a bereaved family)
língtiěkuàng 菱铁矿[-鐵礦] N. <min.> siderite M: [4]zuò
língtīng 聆听[-聽] V. <wr.> listen respectfully
língtōng* 灵通[靈-] S.V. having quick access to information; well-informed ♦V. <topo.> ① be of use/help ② spread fast
língtóng 灵童[靈-] N. <Dao.> immortal boy M: ge/[1]míng/[2]wèi
língtóu(r) 零头(儿) N. ①odd amount ②remnant (of cloth); leavings; tag end
língtòu 灵/伶透[靈-] S.V. ① very clever ② energetic and lovable
lǐngtóu* 领头 V.O. <coll.> take the lead; be the first to do sth.
lǐngtóurén 领头人 N. leader M: ge/[1]míng/[2]wèi
lǐngtǔ* 领土 N. territory
lìngtú 令徒 N. <court.> your disciple/apprentice
lǐngtǔ bùkěqīnfànxìng 领土不可侵犯性 N. territorial inviolability
lǐngtǔ kuòzhāng 领土扩张[--擴-] N. territorial expansion/aggrandizement
lǐngtǔ wánzhěng 领土完整 V.P. territorial integrity
lǐngtǔ yāoqiú 领土要求 N. territorial claim
línguān 林冠 N. <forest.> crown canopy/cover
línguāng 磷光 N. phosphorescence
línguāngtǐ 磷光体[--體] N. phosphor
línguó* 邻国[鄰國] N. neighboring country
línguǒ 林果 N. timber trees and fruit trees
línguówéihè 邻国为壑[鄰國-] F.E. seek personal advantage at another's expense
línguǒyè 林果业[-業] N. forestry and fruit farming
lìngwài 另外 ADV. in addition; moreover; besides ***Wǒmen ~ zhǎo ge dìfang tán ba.*** Let's find another place to talk.
lǐngwān 领湾[-灣] N. territorial gulf/bay
língwèi* 灵位[靈-] N. tablet (inscribed with the name of the deceased)
[1]**lǐngwèi** 领味 V.O. ① have a taste of; get some idea of ② comprehend; appreciate
[2]**lǐngwèi** 领位 N. <lg.> possessive/genitive case
língwèiyuán 零位元 N. <comp.> zero bit
lǐngwèiyuán* 领位员 N. usher M: ge/[1]míng/[2]wèi
lìngwén 令闻 N. <wr.> good name/reputation
lìngwénguǎngyù 令闻广誉[-廣譽] F.E. good reputation and extensive praise
lǐngwōr 领窝儿[-窩-] N. hole cut for collar in Chinese dress; collar
língwù 灵物[靈-] N. spiritual beings; supernatural beings
lǐngwǔ 领舞 V.O. lead a dance ♦N. leading dancer
lǐngwù* 领悟 V. comprehend; grasp; understand
lǐngwù chū 领悟出 R.V. come to comprehend/grasp/understand
lǐngwù dào 领悟到 R.V. come to comprehend/grasp/understand
[1]**língxī*** 灵犀[靈-] N. ①quick-wittedness ②tacit understanding/comprehension
[2]**língxī** 聆悉 V. learn; hear
lǐngxī 领悉 V. <wr.> have learned
lǐngxǐ 领洗 V. be baptized
[1]**língxià*** 零下 ATTR. subzero
[2]**língxià** 铃下 N. <trad.> ① sir (in addressing a general) ② bodyguard
lǐngxiá 领峡[-峽] N. territorial strait
lǐngxiān* 领先 V. be in the lead; lead (in competition) ♦N. the lead; first place/position
lǐngxián 领衔 V.P. ① head the list of signers (of a document) ② head the list of actors
lǐngxiǎng 领饷 V.O. receive compensation (of soldiers)
lìng xiǎng bànfǎ 另想办法[--辦-] V.P. think of some other way
[1]**língxiāo*** 凌霄 V.O. reach the clouds
[2]**língxiāo** 陵霄 V.P. exalted; noble
língxiào 灵效[靈-] N. unbelievable efficacy ♦S.V. effective; efficacious
língxiāohuā 凌霄花 N. Chinese trumpet creeper M: [2]duǒ
língxiàorúshén 灵效如神[靈-] F.E. magically efficacious
lǐngxiè 领谢 V. receive with thanks ♦N. acknowledgment
[1]**língxīng** 零星 ATTR. ① fragmentary; odd; piecemeal ② scattered; sporadic
[2]**língxīng** 笭箵 N. <wr.> bamboo basket
língxíng(r) 菱形(儿) N. rhombus; lozenge
língxǐng 灵醒[靈-] S.V. <coll.> lively; active; clever; smart
língxìng(r) 灵性(儿)[靈-] N. intelligence (of animals)
lìngxíng* 另行 V. do/act/etc. separately or at another time
lìngxíng ānpái 另行安排 V.P. make separate arrangements
língxīng chǔxù cúnkuǎn 零星储蓄存款 N. <acct.> small savings account
língxíng duìxíng 菱形队形[--隊-] N. <mil.> diamond formation
lìngxíngjìnzhǐ 令行禁止 V.P. strict enforcement of orders/prohibitions
língxíngnǎo 菱形脑[-腦] N. rhombencephalon; hindbrain
língxíngtài dānwèi 零形态单位[--態--] N. zero morpheme
língxīng xiǎoyǔ 零星小雨 N. sporadic rain
língxīnhuìxìng 灵心慧性[靈-] F.E. intelligent and talented
língxīnkuàng 菱锌矿[-礦] N. <min.> smithsonite M: [4]zuò
lǐngxīnrì 领薪日 N. pay day
lǐng xīnshuǐ 领薪水 V.O. receive pay/salary
lìngxiōng 令兄 N. your elder brother
língxiū 灵修[靈-] N. <trad.> the king
língxiù 灵秀[靈-] S.V. beautiful (of scenery)
lǐngxiù* 领袖 N. leader M: ge/[1]míng/[2]wèi
lǐngxiù qìzhì 领袖气质[-氣質] N. charisma
lǐngxiùxì 领袖戏[-戲] N. play/film about a country's leader(s)
lǐngxiùxiàng 领袖像 N. portrait of a leader M: [10]fú/[1]zūn
lǐngxiùyù 领袖欲 N. drive/desire to be a leader
língxīxiāngtōng 灵犀相通[靈-] F.E. Extremes meet.
lǐngxīzhǒngqiè 领悉种切[--種-] F.E. received and all contents noted
língxū 凌/陵虚[-虛] V.P. <wr.> reach up to heaven
lìngxuǎn 另选[-選] V. select sb. or sth. else
língxuē* 零削 V. exploit bit by bit
língxué 灵学[靈-] N. parapsychology
[1]**língxùn** 聆讯 V.P. hear ♦N. hearing
[2]**língxùn** 凌汛 N. spring flood caused by melting river ice
[3]**língxùn** 零讯 N. some odd bits of news
língyálìchǐ 伶牙利/俐齿[-齒] F.E. have a glib tongue
língyàn* 灵验[靈-] S.V. ① efficacious; effective ② accurate; right (of predictions/etc.)
lìngyǎn 另眼 ADV. with different eyes/perspective
língyáng 羚羊 N. antelope; gazelle M: [2]zhī
lǐngyǎng* 领养[-養] V. adopt (a child)
Língyāngé 凌烟阁[-煙-] N. a Tang hall of fame
língyángguàjiǎo 羚羊挂角 ID. transcendental charm (of poetry)
língyángjiǎo 羚羊角 N. antelope horn
lìngyǎnkàndài 另眼看待 F.E. regard. sb. with favor
lìngyǎnxiāngkàn 另眼相看 F.E. see sb. in a new light
língyào 灵药[靈藥] N. wonderful drugs
língyí 凌/陵夷 V.P. <wr.> decline; decay
língyì 灵异[靈異] V.P. strange; mysterious; occult
lìngyī 另一 ATTR. another

lìngyì* 另议[-議] V.P. be discussed/negotiated separately
lìngyīfāngmiàn 另一方面 F.E. on the other hand
lìngyílìngsè 令仪令色[-儀--] F.E. of good deportment and appearance
lǐngyīn* 领音 N. <lg.> ① syllabic; sonant ② syllable carrier
lìngyǐn 令尹 N. <trad.> district magistrate
lǐngyīn fǔyīn 领音辅音 N. <lg.> syllabic consonant
língyìng 灵应[靈應] S.V. ① unbelievably accurate; authenticated (of prediction/etc) ② effective; efficacious (of drugs/etc.)
língyòng 零用 V. spend money in small sums ♦N. pocket money
língyòngfèi 零用费 N. petty cash M: [2]bǐ
língyòngjīn 零用金 N. pocket money M: [2]bǐ/[1]xiē
língyòngqián 零用钱[-錢] N. pocket money M: [2]bǐ/xiē
língyòng xiànjīn 零用现金 N. <acct.> petty cash/fund M: [2]bǐ/[1]xiē
língyòng xiànjīnbù 零用现金簿 N. <acct.> petty-cash book M: [1]běn/[4]cè
língyòng xiànjīn zhànghù 零用现金账户 N. <acct.> petty-cash book/account
língyòngzhàng 零用帐 N. <acct.> petty-cash book/account
língyòu 伶鼬 N. <zoo.> weasel M: [2]zhī
lǐngyǒu 领有 V. possess; own
[1]**lìngyǒu*** 另有 V. have other (plans/etc.)
[2]**lìngyǒu** 令友 N. <court.> your friend
lìngyǒudòngtiān 另有洞天 ID. an altogether different world
lìngyǒugāojiù 另有高就 F.E. have found better employment elsewhere
lìngyǒushìqing 另有事情 V.P. have other fish to fry; have sth. else to do
lìngyǒusuǒ'ài 另有所爱[-愛] F.E. have another sweetheart
lìngyǒutāgù 另有他故 F.E. There are other reasons.
língyú 鲮鱼 N. <zoo.> dace M: [1]tiáo
[1]**língyǔ** 囹圄 N. <wr.> prison; jail
[2]**língyǔ** 灵雨[靈-] N. timely rain
[3]**língyǔ** 陵雨 N. storms; torrential rains
lǐngyù* 领域 N. ① territory; domain; realm ② field; sphere
lìngyù 令誉[-譽] N. good reputation
língyuán* 陵园[-園] P.W. ① cemetery; funerary park ② imperial mausoleum M: [4]zuò
lìngyuán 令媛 N. <court.> your daughter
[1]**lìngyuè** 令岳 N. <court.> your father-in-law
[2]**lìngyuè** 令月 N. auspicious month
língyún 凌云[-雲] V.O. <wr.> reach the clouds
língyúnzhì 凌云志[-雲-] N. <wr.> ambition
língyǔsù 零语素 N. <lg.> zero morpheme
lǐngyù yīcún guānxi 领域依存关系[-關係] N. <lg.> domain dependency
lǐngyù yīcúnxìng 领域依存性 N. <lg.> domain dependency
língyǔzǐ 零语子 N. <lg.> zero morph
[1]**língzá** 零杂[-雜] N. odds and ends
[2]**língzá** 凌杂[-雜] S.V. in disorder/disarray
língzēngzhǎng 零增长 N. zero growth
lǐngzhāng 领章 N. collar badge/insignia
língzhǎnglèi 灵长类[靈-類] N. primates
língzhǎngmù 灵长目[靈-] N. primates
lǐngzhēn 领针 N. necktie pin M: [4]méi/[2]zhī/ge
lìngzhèng 令正 N. <court.> your wife
língzhī* 灵芝[靈-] N. <Ch. med.> glossy ganoderma M: [1]kē
língzhí 零值 N. zero
lìngzhí 令侄 N. your nephew
língzhīcǎo 灵芝草[靈-] N. ① <bot.> *Ganoderma lucidum* M: [2]kē ② <trad.> dark-brown fungus credited with miraculous powers
lìngzhǐ dàicí 另指代词 N. <lg.> obviative
língzhǐshù 零指数[-數] N. <math.> zero exponent
lìngzhòng 令重 N. ream weight (of paper)

língzhòngyīn 零重音 N. <lg.> zero stress
lǐngzhǔ 领主 N. feudal lord; suzerain
língzhuī 凌锥 N. icicle M: [2]gēn/[1]tiáo
língzhǔtí 零主题 N. <lg.> null topic
lìngzhùxiāngcháo 另筑香巢[-築--] ID. keep a mistress at a separate residence
língzhǔyǔ 零主语 N. <lg.> null subject
[1]**língzi** 绫子 N. damask silk M: [2]kuài
[2]**língzi** 翎子 N. ① peacock feathers on a mandarin's hat ② <opera> pheasant tailfeathers on warriors' helmets
lǐngzi* 领子 N. collar
[1]**lìngzǐ** 令子 N. distinguished son
[2]**lìngzǐ** 令姊 N. <court.> your elder sister
lǐngzǒu 领走 R.V. receive; claim; draw; take
língzú* 零族 N. <chem.> zero group
lìngzǔ 令祖 N. <court.> your grandfather
língzuǐ(r)* 零嘴(儿) N. <topo.> snacks; between-meal nibbles
lǐngzuì 领罪 V.O. admit one's guilt; plead guilty
língzǔjiàn 零组件 N. parts; spare parts (of machines)
lìngzūn 令尊 N. <court.> your father
[1]**língzuò** 灵座[靈-] N. spirit tablet of the deceased
[2]**língzuò** 零座 N. <coll.> small-paying customer (e.g., short-distance taxi rider)
lǐngzuòyuán 领座员 N. usher in a theater or concert hall M: ge/[1]míng
línhǎi 林海 N. immense forest
línhé* 临河[臨-] ATTR. by a river
línhè 林壑 N. <wr.> ① woods and ravines ② tranquillity of trees and valleys
línhóng 鳞鸿 N. <wr.> letters; epistles
línhuā 淋花 V.O. sprinkle water on flowers
lín huà* 临画[臨畫] V.O. copy a painting
línhuī 淋灰 V.O. slake lime
línhuīshí 磷灰石 N. <min.> apatite M: [2]kuài
línhuīshíkuàng 磷灰石矿[-礦] N. <min.> apatite ore M: [4]zuò
[1]**línhuǒ** 林火 N. forest fire
[2]**línhuǒ** 磷火 N. will-o'-the-wisp; phosphorescent light
lǐniàn* 理念 N. <phil.> ① idea ② rational concept
lìnián 历年[曆-] N. ① over the years ② <astr.> calendar year
líniángfàn 离娘饭[離-] N. groom's dinner paid for as a gift to the bride's family by the groom's family on the wedding day
lìniánlái 历年来[曆-] V.P. over these years
lìniào 利尿 V.P. diuresis
lìniàojì 利尿剂[-劑] N. <med.> diuretic
lìniè 沴孽 N. evil spirit
líniú 犁牛 N. ① farm draft-cattle ② cattle not of one color ③ yak M: [1]tóu
líniúzhīzǐ 犁牛之子 N. a worthy son
línjī* 临机[臨-] ADV. <wr.> as the occasion requires
[1]**línjí** 临急[臨-] ADV. in an emergency
[2]**línjí** 遴/鳞集 V. <wr.> gather/flock together; assemble
línjí 躏籍 V. <wr.> oppress; ravage
línjiā* 邻家[鄰-] N. neighbor; next door family
línjiǎ 鳞甲 N. ① scale and shell ② cunning
línjiān* 林间 N. (in) the woods/forest
línjiǎn 临检[臨-] V. ① <law> visit the scene (of a crime) ② come/go personally to inspect ③ inspect on the spot
línjiāng 临江[臨-] ATTR. facing/overlooking a river; close to/by a river ♦V. face or look out or over look a river
línjiān xuéxiào 林间学校 N. simple school in mountain/forest area
[1]**línjiǎo** 邻角[鄰-] N. <math.> adjacent angles
[2]**línjiǎo** 麟角 N. ① unicorn horns ② rarities; rare things
línjiǎofèngmáo 麟角凤毛[--鳳-] F.E. precious/rare things
línjiǎofèngzuǐ 麟角凤嘴[-鳳觜] F.E. precious/rare things.

línjiǎofèngzuǐ wénzì 麟角凤嘴文字[--鳳---] N. extraordinary literary effects
línjīchǔyí 临机处宜[臨-處-] F.E. make an emergency decision; rise to the occasion
[1]**línjiē*** 临街[臨-] V.O. facing the street
[2]**línjiē** 邻接[鄰-] V. border on; be next/contiguous to; adjoin; juxtapose
[1]**línjiè** 临界[臨-] ATTR. <phy.> critical
[2]**línjiè** 邻界[鄰-] N. frontier; boundary
[3]**línjiè** 鳞介 ATTR. ① numerous as fish scales ② resembling scales; scaly ♦N. fishes and mollusks; fishery products
lìnjiè 赁借 V. lend
línjièdiǎn 临界点[臨-點] N. <phy.> critical point
línjièjiǎo 临界角[臨-] N. <phy.> critical angle
línjiètài 临界态[臨-態] N. critical state
línjiē tiáojiàn 邻接条件[鄰-條-] N. <lg.> adjacency condition
línjiè tǐjī 临界体积[臨-體積] N. critical size
línjiē tónghuà 邻接同化[鄰-] N. <lg.> contiguous assimilation
línjiè wēndù 临界温度[臨-] N. <phy.> critical temperature
línjiē yìhuà 邻接异化[鄰-異-] N. <lg.> contiguous dissimilation
línjiē yuánzé 邻接原则[鄰-] N. <lg.> adjacency principle
[1]**línjìn*** 临近[臨-] V.P. close
[2]**línjìn** 邻近[鄰-] ATTR. near; close/adjacent to ♦N. neighborhood; vicinity
lìnjīn 赁金 N. rental fee; rent
[1]**línjīng** 鳞茎[-莖] N. <bot.> bulb
[2]**línjīng** 麟经[-經] N. *Spring and Autumn Annals See also chūnqiū*
línjǐng 林警 N. forest ranger
línjìng* 邻境[鄰-] N. vicinity; neighborhood
lǐnjìng 凛兢[凜-] V.P. <wr.> shiver (from cold)
línjìn liánxiǎng 邻近联想[鄰-聯-] N. association by contiguity
línjìn límíng 临近黎明[臨-] V.P. be close to daybreak
línjiǔ 淋酒 V.O. strain wine
línjīyìngbiàn 临机应变[臨-應變] F.E. ① decide on the spot ② adapt to changing circumstances
línjū 邻居[鄰-] N. neighbor M: ge/[1]míng/[2]wèi
línjūn 淋菌 N. <med.> gonococci
línjū yízhuǎn 邻居移转[鄰-轉] N. <lg.> neighboring alternation
lìnkè 吝刻 V.P. stinging
línkēhù 林科户 N. <PRC> scientific-forestry household
línkějuéjǐng 临渴掘井[臨-] ID. not make timely preparations
línkěn 林垦[-墾] N. forest cultivation; forest and land reclamation
Línkěn* 林肯 N. Abraham Lincoln (1809–1865)
línkuàngfěn 磷矿粉[-礦] N. <agr.> ground phosphate rock
línláng 琳琅 N. ① beautiful jade; gem ② people of outstanding talent
línlángmǎnmù 琳琅满目 F.E. feast for the eyes
línlí 淋漓 V.P. ① dripping wet ② uninhibited (of writing/speech)
línlǐ 邻里[鄰-] N. ① neighborhood ② neighbors
[1]**línlì*** 林立 V. stand in great numbers
[2]**línlì** 辚轹[-轢] V. ① be run over by a wheeled vehicle ② oppress
lǐnlì 懔厉[懍厲] V.P. filled with awe; terrified
lìnlì 躏轹[-轢] V. ride roughshod over
línliǎo(r) 临了(儿)[臨-] V.P. <coll.> finally; in the end
lǐnliè 凛冽[凜-] S.V. piercingly cold
línlíjìnzhì 淋漓尽致[-灕盡-] F.E. incisively and vividly; thoroughly
[1]**línlín** 粼粼//磷磷 R.F. clear; crystalline (of water/etc.)
[2]**línlín** 辚辚 R.F. rattle
[3]**línlín** 林林 R.F. numerous; multitudinous
[4]**línlín** 淋淋 R.F. dripping
[5]**línlín** 嶙嶙 R.F. <wr.> jagged (of peaks)

[6]línlín 鳞鳞 R.F. <wr.> ripples

[7]línlín 霖霖 R.F. incessant rain

[8]línlín 麟麟 R.F. bright; brilliant

[1]lǐnlǐn* 凛凛[凜凜] R.F. cold *See also* [2]*lǐnlǐn*

[2]lǐnlǐn 凛凛//懔懔[凜凜//懍懍] R.F. ① awe-struck; filled with awe ② stern; awe-inspiring; inspiring fear

[1]línlíng 林龄[-齡] N. <forest.> age of a stand

[2]línlíng 淋铃 N. sound of splattering rain

lǐnlǐnrúshēng 凛凛如生[凜凜-] F.E. as if alive (of a portrait/etc.)

línlínzǒngzǒng 林林总总[-總總] V.P. multitudinous

línlǐxiāngdang 邻里乡党[鄰-鄉黨] F.E. one's neighborhood and native folks

línlìzǐ 邻粒子[鄰-] N. neighbor

línlù 淋漉 V.P. dripping wet; pouring (of rain/etc.)

línlún 鳞沦 V.P. <wr.> ripple-like

línmǎng 林莽 N. jungle

línmáo 鳞毛 N. (representations of) animals of all kinds

línmén 临门[臨-] V.O. ①<wr.> arrive ②<sport> facing the goal (soccer)

línményījiǎo 临门一脚[臨-腳] F.E. <sport> go for the goal

línmiǎo 林杪 N. edge of a forest

línmín 临民[臨-] V.O. rule the people

línmìng 临命[臨-] ADV. on the verge of death

línmó* 临摹[臨-] V. copy (a model of calligraphy/painting)

línmò 临末[臨-] V.P. in the end; finally

[1]línmù 林木 N. ① forest; woods ② forest tree

[2]línmù 邻睦[鄰-] V.P. on friendly terms

línmùcāntiān 林木参天[--參-] F.E. sky-high forest blotting out the sunlight

línmùcōngyù 林木葱郁[-蔥鬱] F.E. densely wooded

línmùsēnrán 林木森然 F.E. thickly wooded with tall trees; densely wooded

línmùsēnsēn 林木森森 F.E. densely wooded

línmù yùzhǒng 林木育种[-種] N. forest genetics

línnàn 临难[臨難] V.O. be beset by disasters/troubles

línnànbùjù 临难不惧[臨難-懼] F.E. calm in the face of a danger/crisis

línnèi 林内 P.W. in the forest

línnián 临年[臨-] ADV. in advanced age ♦V.P. nearing New Year's

línnóng 林农[-農] N. forest farmer; forester

lǐnòng* 里弄 <coll.> N. ① alley; lane ② neighborhood; residential district *See also lǐlòng*

lìnóng 栗农[-農] N. chestnut grower

línpài 遴派 V. dispatch/appoint a person after careful selection

línpàn 瞵盼 V. look around

línpén 临盆[臨-] V.O. be in labor

[1]línpiàn 鳞片 N. ①scales (of fish/etc.) ② <bot.> bud scale

[2]línpiàn 林片 N. forest break

línpiànzhuàng 鳞片状[-狀] N. scale-like

līnqǐ 拎起 R.V. lift off the ground with the hands

línqī* 临期[臨-] V.O. approach the right time; mature

línqí 临歧[臨-] V.O. accompany sb. to a branch in the road

lìnqián 赁钱[-錢] N. loan

línqín 林檎 N. <wr.> wedding gift

línqīng chóngzhěng 临氢重整[臨氫-] N. <chem.> hydroforming

lǐnqiū 凛秋[凜-] N. <wr.> the sadness of autumn

línqī zhīpiào 临期支票[臨-] N. mature bill M: [1]*zhāng*

línqū* 林区[-區] P.W. forest region

línqù 临去[臨-] V.P. just about to leave/go; on the point of leaving

[1]línquán 林泉 N. secluded place; ideal spot for retirement

[2]línquán 林权[-權] N. ownership of a forest

línquánzhèng 林权证[-權證] N. certificate of forest rights M: [1]*zhāng*/[1]*fèn*

línquánzhīshì 林泉之士 N. a recluse M: *ge*/[1]*míng*/[2]*wèi*

línqùqiūbō 临去秋波[臨-] F.E. give sb. a memento before parting

lǐnrán 凛/懔然[凜/懍-] V.P. ① stern; awe-inspiring ② forbidding of manner

lín-ránshāodàn 磷燃烧弹[--燒-] N. phosphorous bomb M: [1]*kē*

línrén* 邻人[鄰-] N. neighbor

lǐnrén 廪人[廩-] N. <trad.> official in charge of government granaries

línróng 淋溶 V. leaching; eluviation

línróngcéng 淋溶层[-層] N. leached horizon; eluvial horizon; eluvium

línrù 临蓐[臨-] N. time just before giving birth

lǐnruòbīngshuāng 凛若冰霜[凜-] F.E. look severe; have a forbidding manner

línsǎ 淋洒[-灑] V.P. successively; continuously

lìnsè 吝啬[-嗇] S.V. stingy; miserly

lìnsèguǐ 吝啬鬼[-嗇-] N. miser; skinflint M: *ge*/[1]*míng*

Lín Sēn 林森 (1868–1943) N. anti-Manchu revolutionary and veteran KMT leader who chaired the National Government 1932–1943

lǐnshàn 廪膳[廩-] N. government-supplied meals

línshāng 鳞伤[-傷] N. a mass of bruises

línshāo 林梢 N. forest tip/top; treetop

línshè 邻舍[鄰-] N. <topo.> neighbor

línshěng* 邻省[鄰-] N. neighboring province

lǐnshēng 廪生[廩-] N. <wr.> scholars who live on government grants; salaried *xiùcai*

línshēnlǚbó 临深履薄[臨-] F.E. proceed with extreme caution

línshī 淋湿[-濕] R.V. be soaked/drenched

línshí* 临时[臨時] ADV. at time when sth. happens ♦ATTR. temporary; provisional

línshì 临视[臨-] V. investigate sth. in person

lǐnshí 廪食[廩-] N. government-supplied foodstuffs

lìnshí 蔺石 N. <hist.> rocks used in catapults M: [2]*kuài*

línshí bànfǎ 临时办法[臨時辦-] N. temporary arrangement; makeshift

línshí bào fójiǎo 临时抱佛脚[臨時-腳] F.E. seek help at the last moment

línshìcānghuáng 临事仓惶[臨-倉-] F.E. be alarmed at a crisis

línshící 临时词[臨時-] N. <lg.> nonce word

línshí cuòshī 临时措施[臨時-] N. stopgap measure

línshí dàibàn 临时代办[臨時-辦] N. chargé d'affaires ad interim M: *ge*/[1]*míng*/[2]*wèi*

línshí dòngyì 临时动议[臨時動議] N. extraordinary/extempore motion

línshí fǎtíng 临时法庭[臨時-] N. provisional court M: [4]*zuò*

línshífèi 临时费[臨時-] N. temporary expenditure

línshí fèiyòng 临时费用[臨時-] N. temporary expenditure M: [2]*bǐ*/[1]*xiē*

línshí fúwù zhōngxīn 临时服务中心[臨時-務--] P.W. drop-in center M: *ge*/[1]*jiā*

línshígōng 临时工[臨時-] N. temporary worker M: *ge*/[1]*míng*

línshí gùyuán 临时雇员[臨時-] N. temporary employee M: *ge*/[1]*míng*

línshí hétong 临时合同[臨時-] N. provisional contract M: [1]*zhāng*/[1]*fèn*

línshíhuì 临时会[臨時-] N. unscheduled meeting

línshí hùkǒu 临时户口[臨時-] N. temporary residence permit

línshí jiàndìng 临时鉴定[臨時鑒-] N. provisional validation M: [1]*fèn*

línshí jiěgù 临时解雇[臨時-] N. temporary layoff

línshí kāizhī 临时开支[臨時開-] N. interim charges

línshí liàngcí 临时量词[臨時-] N. temporary measure word

línshí shìgù 临时事故[臨時-] N. unforeseen matter; incident; accident

línshí shōujù 临时收据[臨時-據] N. interim receipt; scrip M: [1]*zhāng*

línshíxìng 临时性[臨時-] N. temporary

línshí yǎnyuán 临时演员[臨時-] N. <thea.> extra M: *ge*/[1]*míng*/[2]*wèi*

línshí yìhuì 临时议会[臨時議-] N. provisional assembly/parliament M: *cì*

línshí yǔfǎ 临时语法[臨時-] N. <lg.> interim grammar

línshí zào de xíngshìcí 临时造的形式词[臨時-] N. <lg.> nonce word

línshí zhèngfǔ 临时政府[臨時-] N. provisional/interim government

línshí zhèngshū 临时证书[臨時證書] N. temporary credentials/papers M: [1]*zhāng*/[1]*fèn*

línshí zhízhào 临时执照[臨時執-] N. temporary/provisional license M: [1]*zhāng*/[1]*fèn*

línshí zhízhèng 临时执政[臨時執-] N. provisional government

línshí zhǔxí 临时主席[臨時-] N. interim chairman M: *ge*/[1]*míng*/[2]*wèi*

Lín Shū* 林纾 (1852–1924) N. first major translator of Western fiction and one of the last important prose writers in the classical style

lìnshū 赁书[-書] V.O. rent a book to read ♦N. hired writer

línshuì 临睡[臨-] V. be about to go to bed

línsǐ 临死[臨-] V.P. on one's deathbed

línsǒu 林薮[-藪] N. <wr.> woods and marshes

lǐnsù 廪粟[廩-] N. government-supplied millet

línsuān 磷酸 N. <chem.> phosphoric acid

línsuān'ǎn 磷酸铵 N. <chem.> ammonium phosphate

línsuānyán 磷酸盐[-鹽] N. <chem.> phosphate

Líntái 麟台[-臺] N. Tang imperial library

líntāo 林涛[-濤] N. soughing of the wind in forest trees

līn tā yī bǎ 拎他一把 V.P. lend him a hand

líntiào* 临眺[臨-] V. <wr.> ascend a height and enjoy a distant view

lǐntiáo 檩条[檁條] N. <archi.> purlin; crossbeam

líntiè 临帖[臨-] V.O. practice calligraphy after a model

líntóngdòubǎo 临潼斗宝[臨-鬥寶] F.E. show off one's wealth

líntóu* 临头[臨-] V.O. ① befall; happen ② be imminent

líntòu 淋透 R.V. be soaked through by rain

línú* 狸奴 N. <wr.> cat

lìnú 蛎奴[蠣-] N. hermit crab

línwǎng 林网[-網] N. forest network (for earth protection, etc.); crisscross forest belts

línwánliǎor 临完了儿[臨-] P.W. <coll.> in the end

línwēi* 临危[臨-] V.O. ① face death or deadly peril ② be dying

línwèi 邻位[鄰-] N. ① <lg.> juxtaposition ② <chem.> ortho-position

línwēibùgù 临危不顾[臨-顧] F.E. leave sb. in the lurch

línwēibùjù 临危不惧[臨-懼] F.E. face danger fearlessly

[1]línwēishòumìng 临危受命[臨-] F.E. be entrusted with a mission at a critical moment

[2]línwēishòumìng 临危授命[臨-] F.E. assign sb. an important duty in an emergency

[1]línwén* 鳞纹 N. ripple

[2]línwén 临文[臨-] ADV. when writing/composing (an article/etc.)

línwèn 临问[臨-] V. visit/comfort in person (of a dignitary)

línwǔ 邻伍[鄰-] N. next-door neighbors

línwù* 林务[-務] N. forest business/administration

línwùguān 林务官[-務-] N. forester M: *ge*/[1]*míng*/[2]*wèi*

Línwùjú 林务局[-務-] P.W. (American) Forest Service; forestry administration

línxī 临溪[臨-] V.O. face/overlook a river/stream

línxǐ 淋洗 V. drip washing

línxì 廪饩[廩餼] N. government-supplied foodstuffs

lìnxī* 吝惜 V. stint; be miserly

línxiā* 磷虾[-蝦] N. <*bio.*> euphausiid shrimp M: [2]*zhī*

línxià 林下 N. <*wr.*> sylvan life after retirement from official life

línxiàfēngfàn 林下风范[-範] F.E. ① a well-behaved and dignified lady ② refined culture of a hermit

línxiàguàncóng 林下灌丛[-叢] F.E. underbrush

līn xiàlai 拎下来 R.V. carry/take down

[1]línxiàn 邻县[鄰縣] P.W. neighboring counties

[2]línxiàn 林线 N. timberline; forest line

línxiāng gǎiliáng 林相改良 N. forest conversion

línxiě 临写[臨寫] V. copy (a model of calligraphy/painting)

línxiè* 鳞屑 N. scales of skin that peel off

línxièxuǎn 鳞屑癣 N. <*med.*> ringworm

[1]línxíng* 临行[臨-] P.W. before leaving; on departure

[2]línxíng 临刑[臨-] P.W. before carrying out a death sentence

[3]línxíng 鳞形 N. scalelike shape

línxìng 临幸[臨-] N. personal visit by the emperor

línxū 邻虚[鄰虛] N. <*Budd.*> smallest possible particle; atom

línxuǎn 遴选[-選] V. <*wr.*> select (sb. for a position)

línxuǎn chūlai 遴选出来[-選--] R.V. select sb. from/among (for a position)

línxué 林学 N. forestry

línxún 嶙峋 V.P. <*wr.*> ① jagged; rugged; craggy (of terrain) ② bony; skinny (of people) ③ upright (of people)

línyá 鳞芽 N. <*bot.*> scaly bud

línyálèmǎ 临崖勒马[臨-] F.E. practice self-restraint at a crucial moment

línyě 林野 N. forest wilderness

[1]línyè* 林业[-業] N. forestry; forest industry

[2]línyè 鳞叶[-葉] N. <*bot.*> scale

línyèjú 林业局[-業-] N. bureau of forestry

línyè zhuānyèhù 林业专业户[-業專業-] N. forestry specialty households

línyì 林猗 N. lynx

línyīn 林阴/荫[-陰/蔭] N. tree shade

línyīn dàdào 林阴/荫大道[-陰/蔭--] N. avenue/boulevard lined with shady trees M: [1]*tiáo*

línyīndào 林阴/荫道[-陰/蔭-] N. boulevard; tree-shaded avenue M: [1]*tiáo*

línyīnlù 林阴/荫路[-陰/蔭-] N. tree-shaded road M: [1]*tiáo*

lìnyīnxùguǒ 蔺因絮果 F.E. The union in marriage of two people is predestined.

línyòu 邻右[鄰-] N. neighbors; neighboring family

[1]línyǔ 淋雨 V.O. get wet in the rain

[2]línyǔ 霖雨 N. ① continuous downpour ② widespread favors

[3]línyǔ 琳宇 N. Daoist monastery

línyù* 淋浴 N. shower bath; shower

[1]línyuán* 林园[-園] P.W. ①wooded land ②park of trees and vegetation M: [4]*zuò*

[2]línyuán 邻援[鄰-] N. neighborhood

línyuàn 林苑 P.W. hunting park (for emperors)

línyuānlǚbó 临渊履薄[臨淵-] F.E. very cautious/careful

línyuānxiànyú 临渊羡鱼[臨淵-] ID. better practical steps than wishful thinking

línyǔcāngshēng 霖雨苍生[--蒼-] F.E. <*wr.*> the good administration of a superior

línyuè(r) 临月(儿)[臨-] N. month when childbirth is due

línyùshì 淋浴室 N. shower room M: [1]*jiān*

Lín Yǔtáng 林语堂 (1895–1976) N. linguist, lexicographer, writer, journalist, and writer of popular books in English about China

lǐnyúyuǎnxíng 凛于远行[凜於遠-] F.E. be afraid of going on a long journey

Lín Zéxú 林则徐 (1785–1850) N. Canton viceroy who tried to halt the opium trade

línzhá 琳札 N. valuable letters

línzhàn 临战[臨戰] N. just before going into battle

línzhǎng 邻长[鄰-] N. head of a basic community unit

línzhǎo 鳞爪 N. <*wr.*> ① fragments; odd scraps ② limited aspect of a question

línzhèn 临阵[臨-] ADV. ① just before going into battle ② at a critical juncture

[1]línzhèng 临症[臨-] N. <*Ch. med.*> clinical (experience)

[2]línzhèng 林政 N. forestry administrative management

Línzhèng zhǐnán 临症指南[臨-] N. <*Ch. med.*> *Clinical Guideline*

línzhènhuànjiàng 临阵换将[臨-換將] F.E. change horses in midstream

línzhènmóqiāng 临阵磨枪[臨-槍] F.E. start to prepare only at the last moment

línzhèntuìsuō 临阵退缩[臨-] F.E. retreat

línzhèntuōtáo 临阵脱逃[臨-] F.E. desert at a critical juncture; flee instead of fighting

línzhènyùbào 临震预报[臨-報] N. prediction of an impending earthquake

línzhī* 磷脂 N. <*chem.*> phosphatide

línzhǐ 麟趾 N. accomplished children

línzhǐchéngxiáng 麟趾呈祥 ID. May you have many good sons!

[1]línzhōng 临终[臨-] V.P. approaching death; on one's deathbed

[2]línzhōng 林钟[-鐘] N. <*mus.*> 8th of the 12 musical pitches

línzhòngdú 磷中毒 N. phosphorism

línzhōngyíyán 临终遗言[臨-] F.E. deathbed testament; last words

línzhuó 淋浊[-濁] V.P. <*Ch. med.*> strangury and turbid (of urine)

línzi* 林子 N. <*coll.*> woods; grove; forest

lǐnzi 檩子[檁-] N. <*archi.*> purlins; crossbeams

línzǒu 临走[臨-] V.P. on departure

línzú 鳞族 N. <*zoo.*> the scaly family

lǐnzūn 凛遵[凜-] V. strictly abide by

lì'ǒu 力偶 N. <*phy.*> couple

lìpáizhòngyì 力排众议[-眾議] F.E. prevail over all dissent

lípàn 离叛[離-] V. rebel; turn one's back to

lǐpào 礼炮[禮-] N. gun salute; salvo

lǐpéi 理赔 N. settlement of a claim ♦V.O. settle a claim

lípī 离披[離-] V.P. scattered; dispersed

lǐpǐn* 礼品[禮-] N. gift; present M: [2]*jiàn*

lǐpìn 礼聘[禮-] V. enlist sb.'s service with great ceremony

lìpīn 力拼 V. try hard; make every effort

lìpǐn 立品 V.O. form one's character

lǐpǐnbù 礼品部[禮-] N. gift and souvenir department/counter

lǐpǐndiàn 礼品店[禮-] P.W. gift shop/store M: [1]*jiā*

lǐpǐn diànbào 礼品电报[禮-電報] N. telegram accompanied by a gift M: [2]*fēng*/[1]*fèn*

lìpínghéng 力平衡 N. equilibrium of forces

lǐ píngtóu 理平头 V.O. have a crew cut ♦N. crew cut

lǐpǐnquàn 礼品券[禮-] N. gift certificate/coupon M: [1]*zhāng*

lípǔ(r) 离谱(儿)[離-] S.V. <*coll.*> beyond reasonable limits; excessive; irregular

[1]líqí 离奇[離-] S.V. odd; bizarre

[2]líqí 黎祁 N. beancurd

líqì 离弃[離棄] V. ① leave ② abandon; cast aside

[1]lǐqì 理气[-氣] V.O. <*Ch.med.*> regulate the flow of vital energy

[2]lǐqì 礼器[禮-] N. equipment for sacrificial ceremonies; ritual vessels

lìqi* 力气[-氣] N. physical strength; effort

[1]lìqì 利器 N. ①sharp weapon; cutting instrument ② efficient instrument ③ military power ④ the élite

[2]lìqì 立契 V.O. make a contract; conclude an agreement

[3]lìqì 利气[-氣] V.O. <*Ch. med.*> stimulate the flow of vital energy

[4]lìqì 戾气[-氣] N. perversity; disharmony; irregularity

[5]lìqì 沴气[-氣] N. miasmas; poisonous vapor

líqiǎ 厘卡[釐-] N. office in charge of the internal transit tax *See also* ***lǐkǎ***

lìqian* 利钱[-錢] N. interest (on an investment, as distinct from principal)

lìqiān 戾愆 N. sin; crime; guilt

lìqián 力钱[-錢] N. <*trad.*> payment to a porter

líqiáng 篱墙[籬牆] N. wattled wall

lìqiáng de 力强的[-強-] ATTR. intense

líqiāngzǒudiào 离腔走调[離-] F.E. sing out of key/tune

lìqiáo 丽谯[麗-] N. magnificent tower

líqígǔguài 离奇古怪[離-] F.E. quaint

lǐqìhézhōng 理气和中[-氣--] F.E. <*Ch. med.*> regulate vital energy and middle [5]*jiāo*

lìqihuó(r) 力气活(儿)[-氣--] N. heavy/strenuous work

líqíng 离情[離-] N. feelings/emotions on parting

lìqīng* 沥青[瀝-] N. ① pitch; asphalt; bitumen ② resin

lìqǐng 力请 V. entreat earnestly

líqíngbiéxù 离情别绪[離-] F.E. parting sorrow

lìqīngkuàng 沥青矿[瀝-礦] N. <*min.*> pitchblende M: [4]*zuò*

lìqīnglù 沥青路[瀝-] N. bituminous/asphalt road M: [1]*tiáo*

lìqīngméi 沥青煤[瀝-] N. pitch coal

lìqīng pūdǐng 沥青铺顶[瀝-] N. asphalt roofing

lǐ qīng qíngyì zhòng 礼轻情意重[禮輕-] F.E. a small gift with much feeling

lǐ qīng rényì zhòng 礼轻仁义重[禮輕-義-] F.E. small gift but much feeling

lìqīngshí 沥青石[瀝-] N. <*min.*> asphaltite M: [2]*kuài*

lǐqīngsīlù 理清思路 F.E. get/put one's ideas into shape

lìqīngyán 沥青岩[瀝-] N. pitchstone

lǐqīngyìzhòng 礼轻谊重[禮輕-] F.E. a small gift given with a sincere wish

lìqīng yóukuàng 沥青铀矿[瀝-礦] N. uraninite; pitchblende M: [4]*zuò*

lìqīng yóuzhān 沥青油毡[瀝-氈] N. asphalt felt M: [2]*kuài*

lìqīng yóuzhī 沥青油脂[瀝-] N. asphalt sludge

lìqǐ shēn 立起身 V.P. <*coll.*> spring to one's feet; stand up/erect

lǐqìshènshī 理气渗湿[-氣滲濕] F.E. <*Ch. med.*> regulate vital energy and eliminate dampness

líqíshīzōng 离奇失踪[離-蹤] F.E. disappear mysteriously

Lìqiū* 立秋 N. Beginning of Autumn (13th solar term)

lìqiú 力求 V. ① do one's best to; strive for ② insistently demand

lìqiúshàngjìn 力求上进[-進] F.E. strive vigorously to improve oneself

lìqiúyīchěng 力求一逞 F.E. make every possible effort to succeed

líqù 离去[離-] V. leave

lǐqū* 理屈 S.V. ① unreasonable; tendentious (argument) ② find oneself bested in argument

lǐqǔ 俚曲 N. popular/pop music

lǐquān 里圈[裡-] N. <*sport*> inner lane (of a running track)

lǐquán 礼/醴泉[禮-] N. sweet spring/fountain; source of sweet water

lǐquàn* 礼券[禮-] N. gift coupon M: [1]*zhāng*

[1]lìquán 利权[-權] N. ① economic rights; one's right to share profit ② financial power
[2]lìquán 立泉 N. waterfall; cascade
lìquàn 力劝[-勸] V. make every effort to advise/persuade
lìquánwàiyì 利权外溢[-權--] F.E. loss of economic rights (esp. to foreigners)
lǐqūcíqióng 理屈词穷[-窮] F.E. ① fall silent on being bested in argument ② not have a leg to stand on
líqún 离群[離-] V.O. be in solitude
líqúnsuǒjū 离群索居[離-] F.E. live in solitude
lír 梨儿 N. pear
[1]lǐr 理儿 N. reason
[2]lǐr 里儿[裡-] N. lining of a garment/etc.
lìr* 粒儿 N. ① a grain ② a pill; a bead
lìrán 栗然[慄-] V.P. trembling
lǐràng 礼让[禮讓] V. give precedence to sb.
lǐràngwéiguó 礼让为国[禮讓-國] F.E. a land of propriety and compliance
lǐrè 里热[裡熱] N. <Ch. med.> internal heat
[1]lírèn 离任[離-] V.O. leave one's post
[2]lírèn 犁刃 N. plowshare
[1]lìrén 丽/俪人[麗/儷-] N. a beautiful woman; a beauty M: ge/[1]míng/[2]wèi
[2]lìrén 利人 N. altruist
[3]lìrén 立人 V.P. behave ♦V.O. help others ♦N. ① "standing man" radical ② <Ch.med.> center, vertical groove in upper lip
[4]lìrén 隶人[隸-] N. ① convicts ② petty officials
lìrěn 历稔[歷-] ADV. down through the years
[1]lìrèn* 历任[歷-] V.P. ① have served successively as ② successive ♦N. all previous incumbents
[2]lìrèn 利刃 N. sharp knife/dagger; cutlery M: [1]bǎ
[3]lìrèn 莅任[蒞-] V. assume office
lìrénlìjǐ 利人利己 F.E. benefit other people as well as oneself
lìrénzhǔyì 利人主义[-義] N. altruism
[1]lìrì 历日[曆-] N. <astr.> calendar day
[2]lìrì 丽日[麗-] N. bright sun
lìrìguāngtiān 丽日光天[麗-] F.E. beautiful and bright day
lìróng 立绒 N. cut velvet
lǐróngshī 理容师[-師] N. beauty specialist/culturist M: ge/[1]míng/[2]wèi
lìrú* 例如 CONJ. for instance/example; e.g.; such as
lìrǔ 詈辱 V. scold and insult
lìrùn 利润 N. profit
lìrùn biànchǎn 利润变产[-變產] N. <acct.> realization of a profit
lìrùn fēnchéng 利润分成 N. retained/shared proportion of the profit
lìrùnguàshuài 利润挂帅[-帥] F.E. profits in command
lìrùn liúchéng 利润留成 N. ① retained/shared proportion of the profit ② keep part of the profit one has made
lìrùnlǜ 利润率 N. profit margin
lìrùnshuì 利润税 N. profits tax
lìrùn tíchéng 利润提成 N. retained/shared proportion of the profit
lìrùn yòuyīn 利润诱因 N. profit incentive
lìruò de 力弱的 ATTR. weak
lìrǔxièfèn 詈辱泄愤 F.E. scold to vent one's indignation
lìsa 利洒[-灑] <topo.> ADV. completely; totally; in detail ♦S.V. neat; smart; active
lìsǎ de nǚrén 利洒的女人[-灑---] N. <coll.> an active woman
lǐsāi 理塞 V.P. be in the wrong; have no excuse
lísàn* 离散[離-] ATTR. dispersed; scattered about
lìsàn 栎散[櫟-] N. useless material
lǐsāncéng-wàisāncéng 里三层外三层[裡-層--層] F.E. ① crowds of people ② layers of clothing
lǐsāng 理丧[-喪] V.O. manage a funeral ceremony
lísàn zīliào 离散资料[離-] N. <comp.> discrete data
Lí Sāo 离骚[離-] N. *Encountering Sorrow* (part of *Chu Ci*)
[1]lìsè 厉色[厲-] V.P. angry-looking ♦V. look angry ♦N. stern countenance
[2]lìsè 栗色 N. chestnut brown
lìsèzhèngyán 厉色正言[厲-] F.E. speak with a stern countenance
lìshànggǔnlì 利上滚利[--滾-] V.P. yield of compound interest
lìshàngjiālì 利上加利 V.P. yield of compound interest
lǐshàngwǎnglái 礼尚往来[禮-] F.E. ① courtesy demands reciprocity ② pay sb. back in their own coin
Líshān Lǎomǔ 骊山老母[驪-] N. name of a female immortal
lìshǎobìduō 利少弊多 F.E. more harm than good
[1]lǐshè* 里舍 N. residence
[2]lǐshè 里社 N. village shrine/temple
lìshè 立射 N. <mil.> fire from a standing position
líshēn* 离身[離-] V.O. be apart from the body; depart from the body
lìshēn 立身 V.O. establish oneself in society
[1]lìshēnchǔshì 立身处世[--處-] F.E. establish oneself in dealing with society
[2]lìshēnchǔshì 立身处事[--處-] F.E. establish oneself in dealing with affairs
líshēng 厘升[釐-] M. centiliter
lǐshēng 礼生[禮-] N. master of ceremonies
lìshēng* 厉声[厲聲] N. stern voice
lìshēngchìzé 厉声斥责[厲聲-] F.E. scold shrilly
lǐshēngwàishóu 里生外熟[裡-] F.E. ① adobe wall with brick facing ② half-baked ③ half digested (of learning)
lìshēnyángmíng 立身扬名[--揚-] F.E. gain fame and position
líshì 离世[離-] V.O. ① cut oneself off from the world ② depart this life; pass away
lǐshí 里实[裡實] N. <Ch. med.> internal repletion
lǐshì 理事 N. ① council member ② director ③ board of directors of an organization/etc. ♦V.O. manage/administer affairs
lǐshī 利湿[-濕] V.P. <Ch. med.> free moist heteropathy
[1]lìshí 历时[歷時] V. last; take (a period of time) *Huìyì yǐjing ~ wǔ tiān le.* The meeting has been going on for five days. ♦ATTR. <lg.> diachronic
[2]lìshí 立时[-時] ADV. immediately; at once
[3]lìshí 砾石[礫-] N. gravel
[4]lìshí 砺石[礪-] N. <wr.> whetstone
[5]lìshí 粝食[糲-] N. coarse fare
lìshǐ* 历史[歷-] N. history; past records
[1]lìshì 力士 N. ① muscleman; strong man ② warrior; guardian
[2]lìshì 立誓 V. take an oath; vow
[3]lìshì 立式 ATTR. vertical; upright
[4]lìshì 例释[-釋] N. ① explanation with examples ② exemplification
[5]lìshì 例示 N. <lg.> instantiation
[6]lìshì 利市 <coll.> N. ① profit ② prediction/omen of business prosperity ③ money given to children as festival gift ④ red envelope; bonus ⑤ amulet
[7]lìshì 立室 V.O. take a wife
lìshǐ bǐjiàofǎ 历史比较法[歷-] N. historical-comparative method
lìshǐ bǐjiào yǔyánxué 历史比较语言学[歷-] N. <lg.> historical-comparative linguistics
lìshǐ cháoliú 历史潮流[歷-] N. tide of history; historical trend
lìshìchéngjiā 立室成家 F.E. take a wife and establish a family
lìshǐ cíyǔ 历史词语[歷-] N. <lg.> historism
lìshǐ de yánjiū 历史的研究[歷-] N. historical research
lìshǐ de yánjiūfǎ 历史的研究法[歷-] N. historical method
lìshǐ de zhēnshíxìng 历史的真实性[歷---實-] N. historicity
lìshǐ dìlǐ 历史地理[歷-] N. historical geography
lìshǐ dìtú 历史地图[歷-圖] N. historical map/atlas M: [1]zhāng/[1]běn
lìshǐ dìwèi 历史地位[歷-] N. historical position/status
lìshǐ fǎngémìng 历史反革命[歷-] N. <PRC> pre-liberation counterrevolutionaries
lìshífēng 梨实蜂[-實-] N. pear fruit sawfly
lìshì gāngqín 立式钢琴[--鋼-] N. upright piano M: [4]zuò/[1]jià
lìshǐguān 历史观[歷-觀] N. view/conception of history
lǐshìguó 理事国[-國] N. council member state
lìshǐhuà 历史画[歷-畫] N. historical painting M: [10]fú
lǐshìhuì 理事会 N. council; board of directors
lìshí hùnníngtǔ 砾石混凝土[礫-] N. gravel concrete
lìshǐjiā 历史家[歷-] N. historian M: ge/[1]míng/[2]wèi
lìshǐ jīngyàn 历史经验[歷-經-] N. historical experience/lessons/etc.
lìshǐjù 历史剧[歷-劇] N. historical play M: [1]chū/[2]mù
lìshǐ juédìnglùn 历史决定论[歷-決--] N. historical determinism
lìshǐ júxiànxìng 历史局限性[歷-] N. historical limitation
lìshǐ kēxué 历史科学[歷-] N. historical science
lìshí lǜqì 砾石滤器[礫-濾-] N. gravel screen
Lǐ Shìmín 李世民 (?–649 A.D.) N. leader of insurrection against the Sui dynasty who founded the Tang dynasty; reigned 626–649 as Tang Taizong
lìshǐ qīngbái 历史清白[歷-] V.P. have a clean record/slate
lìshìsānbèi 利市三倍 F.E. make enormous profits (in trade)
lìshǐshang 历史上[歷-] N. in history; historically
lìshǐ shǐmìng 历史使命[歷-] N. historical commitment/obligation/responsibility/etc.
lìshǐ shùyǔ 历史术语[歷-術-] N. <lg.> historical term
lìshǐ wéiwùlùn 历史唯物论[歷-] N. historical materialism
lìshǐ wéiwùzhǔyì 历史唯物主义[歷-義] N. historical materialism
lìshǐ wéixīnlùn 历史唯心论[歷-] N. historical idealism
lìshǐ wéixīnzhǔyì 历史唯心主义[歷-義] N. historical idealism
lìshǐ wǔtái 历史舞台[歷-臺] N. historical stage
lìshǐxì 历史系[歷-] P.W. department of history
lìshǐ xiànzàishí 历史现在时[歷-時] N. <lg.> historical present tense
lìshǐ xiǎoshuō 历史小说[歷-] N. historical fiction M: [2]bù/[1]běn
lìshǐxìng 历史性[歷-] ATTR. historic; of historic significance
lìshǐxìng xiànzài shítài 历史性现在时态[歷-時態] N. <lg.> historic present
lìshǐxué 历史学[歷-] N. the study of history; historiography
lìshǐxuéjiā 历史学家[歷-] N. historian M: ge/[1]míng/[2]wèi
lìshǐ xúnhuánlùn 历史循环论[歷--環-] N. historicism
lìshǐ yǎnguāng 历史眼光[歷-] N. historical perspective
lìshǐ yánjiūfǎ 历史研究法[歷-] N. historical method of investigation
lìshǐ yíchǎn 历史遗产[歷-產] N. legacy of history; historical heritage M: [2]bǐ
lìshǐ yīnyùnxué 历史音韵学[歷--韻-] N. <lg.> historical phonetics
lìshǐ yìyì 历史意义[歷-義] N. historical significance
lìshǐ yǔfǎ 历史语法[歷-] N. <lg.> historical grammar
lìshí yǔyánxué 历时语言学[歷時-] N. <lg.> diachronic linguistics

lìshǐ yǔyánxué* 历史语言学[歷-] N. <lg.> historical linguistics

lìshǐ yǔyánxuéjiā 历史语言学家[歷-] N. historical linguist M: ge/[1]míng/[2]wèi

lǐshìzhǎng 理事长 N. council chairperson; board chair M: ge/[1]míng/[2]wèi

lìshǐzhǔyì 历史主义[歷-義] N. historicity; historicism

lìshì zuànchuáng 立式钻床[--鑽-] N. <mach.> upright drill; vertical drill M: [1]tái/[4]zuò

lìshǐ zuìgāo shuǐpíng 历史最高水平[歷-] N. record high; all-time high

líshǒu 黎首 N. multitude; common people

[1]lǐshǒu* 里手[裡-] N. ① left-hand side (of a machine) ② <topo.> expert; old hand

[2]lǐshǒu 里首[裡-] N. <topo.> inside; interior

lìshǒu 利手 N. handedness

[1]líshù 梨树[-樹] N. pear tree M: [2]kē

[2]líshù 黎庶 N. common people; the multitude

[1]lǐshū 礼书[禮書] N. ① etiquette; protocol ② documents exchanged between families involved in a marriage

[2]lǐshū 理书[-書] V.O. revise a book

[1]lǐshù 李树[-樹] N. plum tree M: [2]kē

[2]lǐshù 礼数[禮數] N. <coll.> courtesy; etiquette

lìshū 历书[曆書] N. almanac M: [1]běn

Lìshū 隶书[隸書] N. official script; Han style of calligraphy

[1]lìshǔ* 隶属[隸屬] V. be subordinate to

[2]lìshǔ 历数[歷數] V. count one by one; enumerate ♦N. Heaven's will

[3]lìshǔ 栗鼠 N. <zoo.> squirrel M: [2]zhī

lìshù 栎树[櫟樹] N. oak M: [2]kē

lǐshùbēi 里数碑[-數-] N. milestone M: [2]kuài

líshùhuānlè 黎庶欢乐[-歡樂] F.E. The people are happy.

[1]lìshuǐ 沥水[瀝-] N. waterlogging

[2]lìshuǐ 利水 V.O. <Ch. med.> free urination

lìshuì* 利税 N. profit and tax M: [2]bǐ

lìshuǐtōnglín 利水通淋 F.E. <Ch. med.> promote diuresis

lǐshùn 理顺 R.V. put in good order; rationalize

[1]lìshuō 例说 N. examples

[2]lìshuō 立说 V.O. establish one's theory

Lǐ Shūtóng 李叔同 (1880–1942) N. pioneered modern music and drama; later became celebrated Buddhist cleric

lìshǔ yú 隶属於[隸屬-] V.P. be subordinate to

lìsī 栗斯 V.P. act in an obsequious manner

lìsì* 立嗣 V.O. adopt an heir

Lǐ Sìguāng 李四光 (1889–1971) N. minister of geology; well-known geologist

lìsou 俐/利嗖/飕 S.V. ① skillful; smooth and efficient ② neat; tidy ③ unfettered; unencumbered ♦ADV. ①briskly; nimbly; smartly ② with dispatch ③ completely; to the full

lísú 离俗[離-] V.O. withdraw from the world

[1]lǐsú* 礼俗[禮-] N. etiquette and custom

[2]lǐsú 俚俗 V.P. vulgar; unrefined

lǐsù 鲤素 N. <trad.> letters

lǐsuàn 理算 V. adjust ♦N. adjustment

lísuǒ 离索[離-] S.V. desolate and lonely

lìsuo* 利/俐索 S.V. ① agile; nimble; dexterous ② neat; orderly; well-executed ③ settled; finished ④ unrestricted

lìsuǒbùjí 力所不及 F.E. beyond one's strength/ability

lǐsuǒdāngrán 理所当然[--當-] F.E. of course; naturally; Etiquette requires it.

lìsuǒnéngjí 力所能及 F.E. within one's power

Lìsùzú 傈僳族 N. Lisu ethnic minority (in Yunnan)

lìtā 利他 V.O. put others' interest first; be unselfish

lǐtāi 里胎[裡-] N. tire inner tube

lǐtáng* 礼堂[禮-] P.W. assembly hall; auditorium M: [4]zuò

lìtáng 蛎塘[蠣-] N. oyster bed

lìtánzhījiān 立谈之间 N. in a moment/jiffy

Lìtáowǎn 立陶宛 P.W. Lithuania

lìtāzhǔyì 利他主义[-義] N. altruism

lǐtī 厘剔[釐-] V. expunge (sth. superfluous)

lítí 离题[離-] V.O. digress; depart from the topic

lìtí 例题 N. example

lìtǐ* 立体[-體] N. a solid (body) ♦ATTR. three-dimensional; stereoscopic

lítián* 犁田 V.O. plow a field

lìtián 力田 ADV. diligently ♦V.O. farm diligently

lìtiáo 例条[-條] N. rule; regulation

lǐtiāowàijuē 里挑外撅[裡-] F.E. <coll.> sail under false colors; be an enemy within

lìtǐ diànyǐng 立体电影[-體電-] N. stereoscopic/three-dimensional film M: [2]bù

lǐtiě 礼帖[禮-] N. formal invitation card M: [1]zhāng/[1]fèn

Lǐ Tiěguǎi 李铁拐[-鐵-] N. <Dao.> Iron Crutch Li, the Daoist immortal, an emaciated, deformed figure, leaning on a crutch and carrying a gourd

lìtǐgǎn 立体感[-體-] N. stereoscopy; three-dimensional effect

lìtǐhuà 立体化[-體-] N. solidification

lìtǐ jiāochā 立体交叉[-體--] N. grade separation; cloverleaf/elevated intersection

lìtǐ jiāochāqiáo 立体交叉桥[-體--橋] N. overpass; (grade separation) viaduct M: [4]zuò

lìtǐ jǐhé 立体几何[-體--] N. solid geometry

lìtǐ móxíng 立体模型[-體--] N. space model M: [4]zuò/ge

lǐtíng 鲤庭 ID. <trad.> receive instruction from one's father

lítíngsǎoxué 犁庭扫穴[--掃-] ID. annihilate the enemy

lǐtíngzhīxùn 鲤庭之训 N. father's advice/instructions

lìtǐpài 立体派[-體-] N. cubism

lìtǐpài yìshùjiā 立体派艺术家[-體-藝術-] N. cubist M: ge/[1]míng/[2]wèi

lìtǐshēng 立体声[-體聲] N. stereo; stereophony

lìtǐ sīkǎo 立体思考[-體--] N. three-dimensional thinking

lìtǐ tíngchēchǎng 立体停车场[-體--場] P.W. multistory parking area

lìtǐtú 立体图[-體圖] N. three-dimensional picture; hologram

lìtǐ túxiàng 立体图象[-體圖-] N. stereopicture

lìtǐ túxiàng diànshìjī 立体图象电视机[-體圖-電--] N. stereoscopic television set M: [1]jià/[1]tái

lìtǐ túxíng 立体图形[-體圖-] N. three-dimensional picture; hologram

lítíwànlǐ 离题万里[離-萬-] F.E. digress far

lìtǐ xiǎnshì 立体显示[-體顯-] N. three-dimensional display

lìtǐ xiǎnwēijìng 立体显微镜[-體顯--] N. stereoscopic microscope; stereomicroscope M: [1]jià/[1]tái

lìtǐ yǎnjìng 立体眼镜[-體--] N. 3–D glasses; stereoscopic glasses M: [1]fù

lìtǐ yīnxiǎng 立体音响[-體-響] N. stereo; stereo component system

lìtǐ yìshù 立体艺术[-體藝術] N. plastic/three-dimensioned arts

lìtǐ zhànzhēng 立体战争[-體戰爭] N. triphibious warfare

lìtǐ zhàoxiàngjī 立体照相机[-體---] N. stereoscopic camera; stereo camera M: [1]jià/[1]tái

lìtǐzhǔyì 立体主义[-體-義] N. cubism

lǐtōngwàiguó 里通外国[裡-國] F.E. have illicit relations with a foreign country

lítou 犁头 N. ① plow; plowshare ② a variety of small pear

lǐtou* 里头[裡-] P.W. inside; interior

lǐtóu 理头 V.O. ① have a hair cut ② cut hair

lìtóu 历头[曆-] N. ① beginning of the calendar; new year ② calendar

lǐ tóufa 理头发[-髮] V.O. ① have a haircut ② cut hair

lìtòuzhǐbèi 力透纸背 F.E. calligraphy so forceful that it seems to penetrate the paper

lìtū 立突 M. <loan> liter

[1]lìtú* 力图[-圖] V. try hard to; strive to

[2]lìtú 例图[-圖] N. illustration

lìtǔ 砾土[礫-] N. gravel soil

lítuán 离团[離團] V.O. withdraw from the Communist Youth League

lí tǔ bù lí xiāng 离土不离乡[離-離鄉] F.E. leave the land but not the home

lítuìrényuán 离退人员[離-] N. retiree

lítuìxiū 离退休[離-] V.P. leave/retire from office

lítuìxiū rényuán 离退休人员[離-] N. retired personnel; the retired

lìtuō(r) 立脱(儿) M. <loan> liter

[1]liū 溜/遛 V. ① slide; glide ② sneak off; slip away ♦B.F. ① stroll **liūda** ② smooth **liūguāng** *See also* [2]liū, [6]liú, [2]liù, [3]liù

[2]liū 熘/溜 V. quick fry *See also* [1]liū, [3]liù

[1]liú 流 V. flow ♦B.F. ① drift; wander **liúlàng** ② spread; circulate **[1]liúchuán** ③ degenerate **liúyúxíngshì** ④ banish **liúfàng** ⑤ stream **[1]héliú** ⑥ current; flow **diànliú** ⑦ class; rate; grade **shàngliú**

[2]liú 留 V. ① remain; stay ② ask sb. to stay ③ reserve; keep; save ④ (let) grow ⑤ accept; take ⑥ leave (sth.)

[3]liú 硫 N. sulfur

[4]liú 瘤 N. tumor

[5]liú 榴 N. pomegranate ♦B.F. pomegranate-like object; grenade **[2]liúdàn, shǒuliúdàn**

[6]liú 遛 B.F. idle about **dòuliú** *See also* [1]liū, [2]liù

[7]liú 馏[餾] B.F. distill **liúfèn, jīngliútǎ, zhēngliú** *See also* [5]liù

[8]liú 旒 B.F. ① streamer; pennant **chénliú** ② pendant on a crown **miǎnliú**

[9]liú 浏[瀏] B.F. ① clear flowing water ② browse; scan (publications) **liúlǎn, liúlǎnqì**

[10]liú 镏/鎏[鎦/-] B.F. gold/silver plating **liújīn, liúyínqì** *See also* [8]liù

[11]liú 骝[騮] B.F. reddish horse with black mane and tail **Huáliú**

[12]liú 飗[飀] in **sōuliú**

[13]liú 琉 in **liúliwǎ, bìliúli**

[14]liú 鹠[鶹] in **xiūliú**

Liú 刘[劉] N. Surname ♦in **liúhǎi, [2]qiánliú**

[1]liǔ 柳 B.F. willow **liǔshù** ♦N. Surname

[2]liǔ 绺[綹] M. tuft; lock; skein

[3]liǔ 锍[鋶] N. matte ~ **yěliàn** matte smelting

[1]liù* 六 NUM. six

[2]liù 遛/蹓 V. ① saunter; stroll ② fill (fissure/etc.) *See also* [1]liū, [6]liú

[3]liù 溜 N. ① swift current ② rainwater from the roof ③ roof gutter ♦M. ① row ② surroundings; neighborhood ♦S.V. dexterous; adept; skillful; fluent *See also* [1]liū, [2]liū

[4]liù 陆[陸] NUM. six (form used on checks/etc.) *See also* [5]lù

[5]liù 馏[餾] V. heat in a steamer *See also* [7]liú

[6]liù 鹨[鷚] B.F. pipits **quèliù, shùliù**

[7]liù 碌 in **liùzhou** *See also* [2]lū, [8]lù

[8]liù 镏[鎦] in **[1]liùzi** *See also* [10]liú

liǔ'ān* 柳桉 N. <bot.> lauan

liù'ān 六安 N. a kind of tea

liǔ'ànhuāmíng 柳暗花明 F.E. ① enchanting spring sight ② a gleam of hope in a desperate situation

liǔ'ànhuāmíng yòu yī cūn 柳暗花明又一村 F.E. Every cloud has a silver lining.

liú'ànsù 硫胺素 N. <chem.> thiamin

liùbǎi 六百 NUM. six hundred

liúbān 留班 V.O. <topo.> fail to be promoted in (school) grade; stay down

Liú Bāng 刘邦[劉-] (256–195 B.C.) N. founder of Han Dynasty, reigned as Gaozu

liùbànwǎn 六瓣碗 N. <pottery> six-lobed bowl M: ge/[2]zhī

liúbèi 流辈 N. people of the same rank/generation/class

Liú Bèi* 刘备[劉備] (161–223 A.D.) N. founder of Han kingdom in the Three Kingdoms era

liúběn jījīn 留本基金 N. <acct.> endowment fund

liúbì 流弊 N. corrupt practices; abuses

liūbiān(r) 溜边(儿)[-邊-] V.O. ① <topo.> keep to the edge (of a road/etc.) ② <coll.> slip away; disappear

liúbiàn* 流变[-變] N. later developments
liǔbiān 柳编 N. wickerwork
liùbiānxíng 六边形[-邊-] N. <math.> hexagon
[1]**liúbié** 流别 N. branch; school; division
[2]**liúbié** 留别 V. give a gift or write a poem for a parting friend
liúbié jìniàn 留别纪念 N. souvenir; keepsake
liūbīng 溜冰 V.O. ① ice-skate ② <topo.> roller-skate
liūbīngchǎng 溜冰场[-場] P.W. roller-skating court; skating rink M: [4]*zuò*
liūbīngxié 溜冰鞋 N. ① skating shoes ② roller skates M: [1]*shuāng*
liú bítì 流鼻涕 V.O. run at the nose
[1]**liúbō** 流波 N. ① flirting with the eyes (of women) ② billowing water; current
[2]**liúbō** 流播 V. <wr.> spread; circulate
Liú Bóchéng 刘伯承[劉-] (1892–1986) N. Communist general known for his expertise in mobile warfare; one of the Ten Great Marshals
liúbū 流逋 V. be exiled
[1]**liúbù*** 留步 F.E. <court.> don't bother to see me out
[2]**liúbù** 流布 V. transmit; spread; disseminate
Liùbù 六部 N. <hist.> the Six Ministries: Administration, Finance, Rites, War, Punishments, Public Works
liúbuzhù 留不住 R.V. unable to detain; unable to make sb. stay
liúbuzhù qián 留不住钱[-錢] V.P. burn a hole in one's pocket
liūcáo 溜槽 N. chute
liúchǎn 流产[-產] N. <med.> abortion; miscarriage ♦V. miscarry; fall through
liúchāng 流娼 N. streetwalker M: *ge*/[1]*míng*
liúchàng* 流畅[-暢] S.V. ① easy and smooth *Lǐ xiānsheng wénbǐ* ~. Mr. Li is a facile writer. ② fast-selling (of merchandise)
liúchǎng jiùyè 留厂就业[-廠-業] V.P. forced job placement
liúchàng xìngzhì 流畅性质[-暢-質] N. fluidity
liúchàng zhuàngtài 流畅状态[-暢狀態] N. fluidity
Liù Cháo 六朝 N. Six Dynasties (222–589)
Liù Cháo jīnfěn 六朝金粉 N. gaiety and splendor of Six Dynasties aristocratic life
Liùcháo wén 六朝文 N. Six Dynasties prose M: [1]*piān*
[1]**liùchén** 六尘[-塵] N. <Budd.> the six blemishes/blots
[2]**liùchén** 六陈 N. the six grains (rice, wheat, barley, soybean, small bean, sesame)
[1]**liúchéng*** 流程 N. ① manufacturing/technological process/workflow ② course (of a river/etc.) ③ <min.> circuit
[2]**liúchéng** 留呈 V.O. <court.> leave a written message for an elder/superior
[3]**liúchéng** 留成 V.O. ① preserve; keep ② remain ③ retain (a portion of the profits/etc.)
liǔchéng 柳橙 N. orange M: [1]*zhī*/*ge*
liúchéng kòngzhì 流程控制 N. <comp.> flow control
liúchéngtú 流程图[-圖] N. flow chart/diagram M: [1]*zhāng*
liúchéng wàihuì 留成外汇[-匯] N. retained a portion of earned foreign exchange
liǔchéngzhī 柳橙汁 N. orange juice M: *bēi*
liúchéng zhuīzōng 流程追踪[-蹤] N. <comp.> flow tracing
liùchénháng 六陈行 P.W. grain shop
liúchǐ 榴齿[-齒] N. even teeth like the seeds of a pomegranate
liùchǐzhīgū 六尺之孤 N. orphaned boys and girls under 15 years of age
liùchǐzhīqū 六尺之躯[-軀] N. adult male body (usu. referring to he-mannishness)
liùchóngzòu 六重奏 N. <mus.> sextet M: [2]*bù*
liūchū 溜出 R.V. <coll.> sneak out
[1]**liúchū*** 流出 R.V. run out; discharge
[2]**liúchū** 留出 R.V. set apart/aside; keep out
liùchù 六畜 N. the six domestic animals: pig, ox, goat, horse, fowl, dog
[1]**liúchuán** 流传[-傳] V. spread; circulate; hand down
[2]**liúchuán** 留传[-傳] V. pass down through generations
liúchuánshènguǎng 流传甚广[-傳-廣] F.E. spread far and wide
liúchuán xiàqu 流传下去[-傳--] R.V. pass down through generations
liǔchuānyú 柳穿鱼 N. <bot.> *linaria bipartita*
liùchùbù'ān 六畜不安 F.E. Even the domestic animals have no peace.
liū chūlai 溜出来 R.V. <coll.> slip/steal away/out
liú chūlai* 流出来 R.V. overflow; flow out
liū chūqu 溜出去 R.V. <coll.> slip/steal away/out
liùchùxīngwàng 六畜兴旺[--興-] F.E. The domestic animals are all thriving.
liúchūyóu 馏出油 N. <chem.> distilled oil
liúcìwǎng 流刺网[-網] N. drift net
liúcuàn 流窜[-竄] V. ① flee hither and thither ② roam about; flee to
liúcuànfàn 流窜犯[-竄-] N. criminal on the run who commits crimes as he goes M: *ge*/[1]*míng*
liúcún 留存 V. ① preserve; keep ② remain; be extant
liúcún yíngyú 留存盈余 N. retained earning (R.E.)
liūda 溜/遛达[-達] V. <coll.> ① stroll; saunter; take a walk ② leave; be on one's way
liúdài 留待 V. keep sth. till. . .; wait till later
liù dàjiē 遛大街 V.O. stroll
liūdaliūda 溜/遛达溜/遛达[-達-達] F.E. <coll.> strolling; ambling
[1]**liúdàn** 流弹 N. ① stray bullet ② grenade M: [1]*kē*
[2]**liúdàn** 榴弹 N. <mil.> high-explosive shell M: [1]*kē*
[1]**liúdàng** 流荡[-蕩] V. ① roam about; rove ② flow; float
[2]**liúdàng** 流宕 V.P. fluent and uninhibited (of writing) ♦V. loaf about
[3]**liúdàng** 流当[-當] V. fail to reclaim pawned articles within the specified time
liúdǎngchákàn 留党察看[-黨--] F.E. <PRC> on probation within the Party
liúdàngpǐn 流当品[-當-] N. unclaimed/unredeemed articles in a pawnshop
liúdànpào 榴弹炮 N. howitzer M: [4]*zuò*
liúdào* 流到 R.V. flow to
liùdào 六道 N. <Budd.> the six "paths" that can be taken by beings in the cycle of existence
liùdàolúnhuí 六道轮回 F.E. the six great divisions in the wheel of karma
liùdàzhōu 六大洲 N. the six continents of the world
liúdǐ(r) 留底(儿) V.O. keep a copy for the record
liúdiǎn* 留点[-點] N. <astr.> stationary point
liúdiàn 流电[-電] N. ① lightning speed ② <elec.> loss of current
liūdiào* 溜掉 R.V. slip away; vanish; decamp
liúdiào 流掉 V. drain away
liú dìbù 留地步 V.O. not push an advantage too far
liǔdīng 柳丁/橙 N. <TW> orange M: [2]*zhī*/*ge*
liǔdīngzhī 柳丁/橙汁 N. orange juice M: *bēi*
liúdǐ zǒng'é 留底总额[--總-] N. total reserved capital
liúdòng 流动[-動] V. ① flow ② go from place to place ♦ATTR. ① mobile ② liquid (assets)
liúdòng bǐlǜ 流动比率[-動--] N. current ratio
liúdòng diànhuà 流动电话[-動電-] N. mobile telephone
liúdòng diànyǐngduì 流动电影队[-動電-隊] N. mobile movie-projection team M: [4]*zhī*
liúdòng fúwù 流动服务[-動-務] N. mobile service
liúdòng fùzé 流动负责[-動--] N. circulating liabilities
liúdòng hóngqí 流动红旗[-動--] N. <PRC> passed-around red flag awarded for superior achievers M: [1]*miàn*
liúdòng hùkǒu 流动户口[-動--] N. registered temporary domicile
liúdòng huòchē 流动货车[-動--] N. shop-on-wheels M: [3]*liàng*
liúdòngjīn 流动金[-動-] N. revolving funds; working capital M: [2]*bǐ*
liúdòng juānxuèchē 流动捐血车[-動---] N. bloodmobile
liúdòng lìxué 流动力学[-動--] N. hydrodynamics
liúdòng qíngkuàngbiǎo 流动情况表[-動-況-] N. <acct.> statement of current position M: [1]*zhāng*
liúdòng rénkǒu 流动人口[-動--] N. floating population
liúdòng shāngdiàn 流动商店[-動--] P.W. mobile shop M: [1]*jiā*
liúdòngshào 流动哨[-動-] N. patrol
liúdòng shòuhuò 流动售货[-動--] N. mobile vending
liúdòng tóuzī 流动投资[-動--] N. current investment
liúdòng túshūguǎn 流动图书馆[-動圖書-] P.W. traveling library
liúdòngxìng 流动性[-動-] N. mobility; fluidity; fluctuation
liúdòng xuānchuányuán 流动宣传员[-動-傳-] N. <hist.> flying pickets M: *ge*/[1]*míng*/[2]*wèi*
liúdòng xūchǎn 流动虚产[-動虛產] N. <acct.> current intangibles
liúdòng zhìquán 流动质权[-動質權] N. <acct.> floating charges
liúdòng zhùzhái 流动住宅[-動--] N. motor home; recreation vehicle (R.V.) M: [4]*zuò*
liúdòng zīběn 流动资本[-動--] N. circulating/floating/liquid capital M: [2]*bǐ*
liúdòng zīchǎn 流动资产[-動-產] N. current/liquid/floating assets M: [2]*bǐ*
liúdòng zīchǎn jìng'é 流动资产净额[-動-產淨-] N. net current assets
liúdòng zījīn 流动资金[-動--] N. circulating/operating/revolving fund M: [2]*bǐ*
liǔdǒu 柳斗 N. round-bottomed wicker basket
liúdū 留都 N. old capital of a country
liúdú* 流毒 N. baneful influence ♦V.O. exert a baneful influence
liùdù 六度 F.E. six perfections; six virtues
liùfǎ 六法 N. ① the six laws (constitution, code of criminal procedure, code of civil procedure, criminal law, civil law, and commercial law) ② six fundamental principles of painting formulated by Xie He c. 500 A.D.
liúfàn 留饭 V.O. ① save food for sb. ② ask sb. to stay for a meal
liúfāng 流/留芳 V.O. <wr.> leave a good name
liúfàng* 流放 V. ① banish; exile ② float logs downstream
liùfāng 六方 N. hexagon ♦ATTR. hexagonal
liúfāngbǎishì 流/留芳百世 F.E. leave a lasting reputation
liúfāngqiāngǔ 流芳千古 F.E. leave a lasting reputation
liùfāngzhuī 六方锥 N. hexagonal pyramid M: [1]*bǎ*
liúfèn 硫分 N. <chem.> sulfur content
liúfěn* 硫粉 N. sulfur flour/powder
liúfèn 馏份 N. <chem.> fraction; cut
liúfēng 流风 N. ① traditional customs ② current social conduct ♦V.O. prevail; be in vogue
liúfēngyúyùn 流风余韵[-韻] ID. lasting influence (of former worthies)
liùfēnyí 六分仪[-儀] N. <astr.> sextant M: [1]*jià*
liùfǔ 六腑 N. <Ch. med.> the six receptacles
liúgài 流丐 N. vagrant beggar; vagabond M: *ge*/[1]*míng*
liūgān 溜干[-乾] V.P. used up; depleted; totally exhausted
liúgǎn* 流感 N. flu

liū gānjiānr 熘肝尖儿 V.O. quick-fry animal liver slices
liú ge bùzhǐ 流个不止[-個--] V.P. flow without stopping
liúgěi 留给 V. reserve for
liùgēn 六根 N. <Budd.> the six roots of sensation (eye, ear, nose, tongue, body and mind)
liùgēnqīngjìng 六根清静[-靜] F.E. <Budd.> free from human desires/passions
liù ge yōuxiān 六个优先[-個優-] N. <PRC> six priorities to guarantee the development of light industries
liūgōng 溜工 V.O. sneak away during work hours
liùgōng* 六宫[-宮] N. the imperial harems
liùgǒu* 遛狗 V.O. walk a dog
liùgòu(r) 六够(儿)[-夠-] N. <topo.> plenty; lots; more than enough
liūgōuzi 溜勾/沟子[-溝-] N. <topo.> flatterer; toady
liùgǔ 六谷[-穀] N. maize; corn
liǔguǎizibìng 柳拐子病 N. <med.> Kaschin-Beh disease
[1]**liúguān*** 留观[-觀] V. keep in the hospital for observation
[2]**liúguān** 流官 N. Qing centrally-appointed non-hereditary official
liǔguàn 柳罐 N. willow/wicker basket
liūguāng* 溜光 V.P. <topo.> ① very smooth; sleek; glossy ② totally bare; not a bit left; all gone
liúguang 流光 V. lead an idle life, without a serious occupation ***See also** liúguāng*
liúguāng 流光 N. <wr.> ① time ② moonlight reflected on flowing water ***See also** liúguang*
liūguāngshuǐhuá 溜光水滑 F.E. <topo.> very clean; tidy; natty
liúguāngyìshì 流光易逝 F.E. Time flies.
liúguò* 流过 R.V. flow past; traverse
Liùguó 六国[-國] N. the Six Kingdoms annexed by Qin
liū guòqu 溜过去 R.V. sneak by
liūgǔsuǐ 溜骨髓 V.O. <coll.> indulge in sex
liúhǎi(r)* 刘海(儿)[劉-] N. <topo.> bangs; fringe
Liú Hǎi 刘海[劉-] N. <Dao.> an immortal represented as sporting with a string of cash and a three-legged toad
liùhài 六害 N. the six evils (prostitution, pornography, traffic in women/children, illicit drugs, gambling, and superstitious practices)
liú hālázi 流哈喇子 V.O. <topo.> salivate
liúhàn 流汗 V.O. perspire; sweat
liūhào(r) 溜号(儿)[-號-] V.O. ① <topo.> sneak away; slink off ② <coll.> take French leave; desert a military unit
liù hǎo qǐyè 六好企业[-業] N. <PRC> a state-managed enterprise that has done well in the six requirements
liù hǎo zhígōng 六好职工[--職-] N. <PRC> a worker in the commercial sector who has done well in six key areas M: ge/[1]míng/[2]wèi
liùhé 六合 N. <wr.> the six directions; the whole wide world
liùhécǎi 六合彩 N. lottery
liūhōng 溜哄 V. flatter; please
liúhòu 留后[-後] V.O. ① leave descendants ② remain behind to take care of unfinished work
liú hòubù 留后步[-後-] V.O. leave ground for retreat
liú hòulù 留后路[-後-] V.O. leave a way out
liú hòumén 留后门[-後-] V.O. leave oneself a way out
liú hòushǒu 留后手[-後-] V.O. leave room for maneuver
liúhù 流户 N. homeless families
liūhuá 溜滑 V.P. ① skidding; slippery ② sly; slick
[1]**liúhuá** 流滑 S.V. ① slippery ② cunning; crafty ③ fluent
[2]**liúhuá** 硫华[-華] N. <chem.> flower of sulfur
[1]**liúhuà(r)*** 留话(儿) V.O. leave a message
[2]**liúhuà** 硫化 N. <chem.> vulcanization; vulcanizing
liǔhuā 柳花 N. willow blossom
liúhuàjī* 留话机 N. message machine M: [1]jià
liúhuàjì 硫化剂[-劑] N. <chem.> vulcanized agent; curing agent
liūhuang 溜晃 V. <coll.> wander; stray
liúhuáng* 硫磺/黄 N. sulfur; brimstone
liúhuángkuàng 硫磺矿[-礦] N. <min.> sulfur/brimstone mine M: [4]zuò
Liúhuáng Lièdǎo 硫黄列岛[-島] P.W. Iwo Jima (Jp.)
liúhuángquán 硫磺泉 N. <min.> sulfur spring
liúhuà rǎnliào 硫化染料 N. sulfur content
liū huátī 溜滑梯 V.O. play on a slide
liúhuàwù 硫化物 N. <chem.> sulfide M: [1]zhǒng
liúhuà xiàngjiāo 硫化橡胶[-膠] N. <chem.> vulcanized rubber; vulcanizate
liúhuí* 流回 R.V. flow back
liúhuì 流会 V.O. fail to be convened for lack of a quorum
[1]**liúhuǒ** 流火 N. ① filariasis ② <Ch. med.> erysipelas on the leg
[2]**liúhuǒ** 榴火 N. fiery red of pomegranate blossoms
liū huókǒur 溜活口儿 V.O. <coll.> keep all options open
liú húzi 留胡子 V.O. grow a moustache/beard
liújí 留级 V.O. fail to advance in school grade
liùjiǎ 六甲 ID. be pregnant ♦N. cyclical characters indicating a date
liǔjiān 柳肩 N. drooping/sloping shoulders
liū jiānbǎng(r) 溜肩膀(儿) N. ① <coll.> sloping shoulders ② <topo.> irresponsible
liūjiāng 溜缰[-韁] V.O. bolt (of horses)
Liǔjiāngrén 柳江人 N. <archeo.> Liujiang Man
liùjiǎo 六角 ATTR. hexagonal
liùjiǎo chēchuáng 六角车床 N. <mach.> turret lathe M: [1]tái
liùjiǎoxíng 六角形 N. <math.> hexagon
liùjiē 遛街 V.O. stroll in the streets
liùjiēsānshì 六街三市 F.E. many streets and marketplaces
liùjífēng 六级风 N. <met.> force-6 wind; strong breeze
liùjígōng 六级工 N. skilled workers of the sixth level M: ge/[1]míng/[2]wèi
liújīn* 镏/鎏金 N. gold-plating ♦ATTR. ① gilded ② gold-plated
[1]**liújìn** 流尽[-盡] V.P. end a flow; drain away
[2]**liújìn** 流进[-進] R.V. flow into
liùjīng 六经[-經] N. ① <trad.> the Six Books of Chinese Classics ② <Ch. med.> the six warps
liújìngāo 流浸膏 N. <Ch. med.> liquid extract (prepared from medicinal herbs)
liújīngzhīdì 流经之地[-經--] N. basin (of a river)
liújīnshuòshí 流金铄石[--鑠-] ID. scorching summer heat
liújū* 留居 V. settle down in a place
liújù 流聚 V. come together from diverse origins
liújúdàilǐng 留局待领 F.E. poste restante; general delivery
liújúhòulǐng 留局候领 F.E. post restante; general delivery
Liùjūnzǐ 六君子 N. the Six Heroes (executed 1896)
liūkāi 溜开[-開] R.V. slip/sneak/shy away/off
liúkāidézǐ 榴开得子[-開--] F.E. <trad.> be blessed with many children
liúkè 留客 V.O. ask a guest to stay
liúkòng 留空 V.O. leave blank; leave a space in writing
liūkǒu 溜口 N. slip of the tongue ♦V.O. blurt out
liúkòu* 流寇 N. roving bandits/rebels
liú kǒushuǐ 流口水 V.O. make one's mouth water
liúkòuzhǔyì 流寇主义[-義] N. <hist.> proclivity for a hit-and-run strategy
liúkǔ 硫苦 N. sulfate of magnesium
liúkuàng 硫矿[-礦] N. sulfur ore/mine M: [4]zuò
liúkūn 留髡 V.O. ask a patron to stay for the night (of prostitutes)
liùláiliùqù 遛来遛去 V.P. <coll.> walk back and forth
liúlǎn 浏/流览[瀏覽] V. skim through; browse; survey ***Tā bǎ wǒ de lùnwén ~le yī biàn.*** He glanced at my thesis. ♦N. scanning
liúlàng 流浪 V.O. lead a vagrant life; rove
liúlàng'ér 流浪儿 N. waif; street urchin M: ge/[1]míng
liúlànghàn 流浪汉[-漢] N. tramp; vagrant M: ge/[1]míng
liúlàngrén 流浪人 N. tramp; vagrant M: ge/[1]míng
liúlàngzhě 流浪者 N. tramp; vagrant M: ge/[1]míng
liúlǎnqì 浏览器[瀏覽-] N. <comp.> network/internet browser M: [1]jià/[1]tái
liúlánxiāng 留兰香[-蘭-] N. <bot.> spearmint
liúlèi 流泪[-淚] V.O. shed tears
liúle yī shǒu 留了一手 V.P. have/keep sth. in reserve; hold back a trick or two (in teaching a trade/skill)
liúli 琉璃 N. ① colored glaze ② glass ③ glass-like substance ④ glossy gems
liúlí 流离[-離] V. wander about
[1]**liúlì*** 流利 S.V. fluent; smooth ♦N. fluency
[2]**liúlì** 留利 V.O. retain a portion of the profits
[3]**liúlì** 流丽[-麗] S.V. smooth and beautiful (of poem/calligraphy/etc.)
liùlǐ 六礼[-禮] N. ① the six ceremonies of betrothal and marriage ② the ancient six ceremonies in the classics (capping, wedding, funeral, sacrifice, communal festival, presentation)
[1]**liúlián*** 流/留连 V. be reluctant to leave or part with
[2]**liúlián** 榴莲//留连 N. <bot.> durian
liúliàn 留恋[-戀] V. ① be reluctant to leave (sb./place) ② recall with nostalgia
[1]**liúliàng** 流量 N. rate of flow/discharge
[2]**liúliàng** 留量 N. <mach.> allowance
[3]**liúliàng** 浏亮[瀏-] S.V. bright (of sky)
liúliàngjì 流量计 N. flowmeter M: [2]zhī/ge
liúliánwàngfǎn 流/留连忘返 F.E. enjoy oneself so much as to forget about home
liúliánzhuǎnxǐ 流连转徙[--轉-] F.E. wander from place to place
liúlícǎo 琉璃草 N. forget-me-not grass
liúlì de fāyīn 流利的发音[---發-] N. fluent pronunciation
liúlídēng 琉璃灯[-燈] N. glazed lamp M: [1]zhǎn
liúlídiānpèi 流离颠沛[-離--] F.E. wander about in a desperate plight
liúlǐliúqì 流里流气[-裡-氣] F.E. ① rascally ② <coll.> sly; crafty
liúlílú 琉璃炉[-爐] N. <pottery> censer of glazed pottery M: [4]zuò
liúlímāo 琉璃猫[-貓] <coll.> N. glaze cat M: [2]zhī
liùlínglìù 六零六 N. <med.> Salvarsan; "606"; arsphenamine
liúliqiúr 琉璃球儿 N. ① small glazed ball; marble ② miser; skinflint ③ smoothie ④ bright/clever child
liúlì shīcháng 流利失常 N. <lg.> dysfluency
liúlíshīsuǒ 流离失所[-離--] F.E. become destitute and homeless
liúlítǎ 琉璃塔 N. glazed pagoda M: [4]zuò
liúlǐtái 流理台[-臺] N. a set of kitchen units (e.g. kitchen sink, range, etc.)
liùliu 遛遛//溜溜 V.P. take a walk
liūliūdādā 溜溜//遛遛达达[--//--達達] V.P. <coll.> strolling; ambling
liùliujiē 溜溜街//遛遛街 V.P. <coll.> tramp the streets; stroll
liūliū qù 溜溜去 V.P. <coll.> go for a walk
liūliūr 溜溜儿 <topo.> ADV. quietly ♦ATTR. whole; entire
liūliūshìshì 溜溜舐舐 R.F. <topo.> toady; sycophantic
liūliūzhuàn 溜溜转[-轉] V.P. turn round and round (of a round object)

liúliwǎ(r) 琉璃瓦(儿) N. glazed tile M: [2]*kuài*
liúlízhuǎnxǐ 流离转徙[-離轉-] F.E. wander from place to place
liúlù 流露 V. betray/reveal unintentionally
liǔlǜ 柳绿 N. willow green
liúlù chū 流露出 R.V. betray/reveal unintentionally
liǔlǜhuāhóng 柳绿花红 F.E. spring splendor
liúluò 流落 V. wander about destitute
liúluòjiānghú 流落江湖 F.E. live a vagabond life
liúluòtāxiāng 流落他乡[-鄉] F.E. wander destitute far from home
liúmǎ 流马 N. device for hauling supplies invented by Zhuge Liang
liùmǎ* 遛马 V.O. walk a horse
liù mǎlù 遛马路 V.O. go for a stroll
liúmáng 流氓 N. ① hoodlum; hooligan; gangster ② hooliganism; indecency M: *ge*/[1]*míng*
liúmáng jítuán 流氓集团[-團] N. gang of hooligans/hoodlums; criminal gang
liúmáng tuánhuǒ 流氓团伙[--團-] N. hoodlum gangs
liúmáng wúchǎnzhě 流氓无产者[---產-] N. lumpen proletariat M: *ge*/[1]*míng*
liúmáng xíngwéi 流氓行为 N. indecent behavior; hooliganism M: [1]*zhǒng*
liúmáng xíqì 流氓习气[-習氣] N. hooliganism
liǔmáozi 柳毛子 N. clumps of willow trees; willow catkins
liúMěi 留美 V.O. study in the U.S.
liǔméi* 柳眉 N. beautiful arched eyebrows M: [1]*duì*
liǔmèi 柳媚 V.P. beautiful but not virtuous
liǔméidàoshù 柳眉倒竖[-豎] F.E. look angry (said of a girl)
liǔméishuāngsuǒ 柳眉双锁[--雙-] F.E. She knit her beautiful eyebrows.
liǔméixìngyǎn 柳眉杏眼 F.E. graceful eyebrows and big eyes
liǔméiyīyáng 柳眉一扬[-揚] F.E. She raised her willowy eyebrows.
liúmén 留门 V.O. leave the door unlocked
liūménqiàosuǒ 溜门撬锁 F.E. be a sneak thief; burgle; burglarize
liū ménzi 溜门子 V.O. <*topo.*> break into (a house) to steal
liū ménzi de 溜门子的 N. <*topo.*> sneak thief
liúmǐ 流靡 V.P. romantic and voluptuous
[1]**liúmiǎn** 流眄 V. ① glance shiftily ② ogle
[2]**liúmiǎn** 流湎 V. <*wr.*> ① be addicted to (liquor/etc.) ② indulge
liùmiànguāng 六面光 V.P. suave
liùmiàntǐ 六面体[-體] N. <*math.*> hexahedron
liú miànzi 留面子 V.O. save face
liúmín 流民 N. refugees
[1]**liúmíng*** 留名 V.O. leave a good reputation
[2]**liúmíng** 流明 N. <*phy.*> lumen; unit of luminous flux
liúmìng 留命 V.O. spare someone's life
liūmíngzhǎnliàng 溜明崭亮 F.E. very shiny and bright
liúmò 流沫 N. foam; froth
liúmù 流目 V.O. ① turn the eyes ② look here and there
liǔmù* 柳木 N. willow wood
liúmùgùpàn 流目顾盼[--顧-] F.E. amorous glances
liúnàn 留难[-難] V. make things hard for sb.
liúnǎo 流脑[-腦] N. <*med.*> epidemic cerebrospinal meningitis
liúnián 流年 N. <*wr.*> ① fleeting time ② fortune-teller's prediction of a person's luck in a given year
liúniàn* 留念 V. accept/keep as a souvenir ♦N. keepsake; souvenir
liúniánbùlì 流年不利 F.E. unlucky year
liùniánjí 六年级 N. sixth grade
liúniánsìshuǐ 流年似水 F.E. Time passes swiftly like flowing water.
liúniǎo 留鸟 N. <*zoo.*> stationary/resident bird
liùniǎo(r)* 遛鸟(儿) V.O. <*topo.*> take a bird on a stroll
liúniú 瘤牛 N. <*zoo.*> zebu; *Bos indicus*
liūpāi 溜拍 V. <*coll.*> fawn on; flatter; toady
liūpài 溜派 N. <*coll.*> ① artful dodger ② toady
liúpài* 流派 N. ① school; sect ② tributary
liúpàn 流盼 V.O. cast loving/lingering glances
liū pàngtuǐ 溜胖腿 V.O. <*topo.*> exercise fat legs
liūpǎo 溜跑 V. run away secretly
liúpèi 流配 V. banish; exile
liùpèizàishǒu 六辔在手 F.E. hold all the trump cards
liúpǐn 流品 N. social status
liūpíng 溜平 V.P. <*topo.*> smooth and flat
liùpó 六婆 N. <*trad.*> the six classes of professional women (slave trader, matchmaker, priestess, thief, herb woman, and midwife)
liúqǐ 留起 R.V. keep/lay aside (for future use)
liúqì* 流气[-氣] N. hooliganism ♦ATTR. rascally
liùqì 六气[-氣] N. <*Ch.med.*> the six natural factors that influence people's health (wind, cold, heat, humidity, dryness, and fire)
liùqiān 六千 NUM. six thousand
liǔqín* 柳琴 N. plucked stringed instrument M: [1]*jià*/[1]*bǎ*
liùqīn 六亲[-親] N. the six relations (father, mother, elder brothers, younger brothers, wife, children); one's kin
liùqīnbùrèn 六亲不认[-親-認] F.E. ① refuse to have anything to do with all one's relatives ② be cold and arrogant
liúqíng* 留情 V.O. show mercy/forgiveness
liùqíng 六情 N. the six emotions/feelings (joy, anger, sorrow, happiness, love and hatred)
liùqīnwúkào 六亲无靠[-親--] F.E. have no relatives or friends to depend on
liūqiu 溜湫/瞅 <*topo.*> A.T. stare; gawk ♦ADV. on the sly; stealthily; sneakingly
liūqiuqiu(r) 溜湫湫(儿) ADV. in a low voice; with a rustling sound
Liúqiú Qúndǎo 琉球群岛[-島] P.W. Ryukyu Archipelago (Jp.)
liūqiuzhe yǎnr 溜瞅着眼儿[--著--] F.E. <*topo.*> with furtive glance
liūqù* 溜去 V. slip away
liúqǔ 留取 V. preserve; leave
liùqù 六趣 N. <*Budd.*> the six destinies in the cycle of reincarnation
liúquán 硫泉 N. sulfur spring
liūr 溜儿 N. <*topo.*> vicinity; locale; district *See also liùr*
liǔr* 绺儿 N. <*coll.*> bandit gang
liùr 溜儿 N. row; column *See also liūr*
liúrén 流人 N. ① person living in exile; exile ② refugee
liúrèn* 留任 V. retain a post; remain in office
liū rén de gōuzi 溜人的沟子[---溝-] V.P. <*topo.*> flatter a person
liúrǒng 流冗 N. the unemployed
liūròupiàn 熘肉片 N. quick-fried pork slices
liúrù 流入 V.P. flow/drift into
liúsàn 流散 V. scatter
liúsǎndàn 榴霰弹 N. shrapnel; canister shot M: [1]*kē See also liúxiàndàn*
liù sǎngzi 溜嗓子 V.O. <*coll.*> rehearse/exercise the voice
liúsàn rénkǒu 流散人口 N. drifting population
liúshā 流沙 N. ① drift/shifting sand ② quicksand ③ sediment
liǔshān 柳杉 N. <*bot.*> cryptomeria M: [2]*kē*
liǔshānhú 柳珊瑚 N. gorgonians
liǔshāo 柳梢 N. tip of a willow branch
Liú Shàoqí 刘少奇[劉-] (1898–1969) N. early labor leader; theoretician and specialist on Party organization and PRC president until dethroned by Mao
liúshén* 留神 V.O. be careful; take care; mind
liùshén 六神 N. source of energy controlling the six organs
[1]**liúshēng** 流声[-聲] N. <*lg.*> glide
[2]**liúshēng** 流生 N. ① school dropout ② drop out (of school)
liúshēngjī 留声机[-聲-] N. gramophone; phonograph M: [1]*jià*/[1]*tái*
liùshénwúzhǔ 六神无主 F.E. ① be shocked; stunned out of one's wits ② be at a loss what to do
liūshì 溜舐 V. <*topo.*> toady; flatter obsequiously
[1]**liúshī*** 流失 V. run off; be washed away ♦ATTR. eroding; sliding
[2]**liúshī** 流师[-師] N. change profession (of school teachers)
liúshí 流食 N. liquid diet/food
[1]**liúshǐ** 流矢 N. stray arrow
[2]**liúshǐ** 流驶 V. pass; elapse
[1]**liúshì** 流逝 V. pass; elapse (of time)
[2]**liúshì** 流势[-勢] N. force and velocity of a current
liùshī 六诗 N. six principles of poetry based on the *Book of Poetry*
liùshí 六十 NUM. sixty
liùshí fēnfǎ 六十分法 N. the sexagesimal method
Liú Shīfù 刘师复[劉師復] (1884–1915) N. founded first anarchist society in China; publisher of *Minsheng (Voice of the People)*
Liú Shīpéi 刘师培[劉師-] (1884–1919) N. classical scholar; republican revolutionary
liūshír 溜/遛食儿 V.O. take a walk after a meal
liúshīshēng 流失生 N. school drop-out
liùshísì kāi 六十四开[-開] N. <*print.*> sixty-fourmo; 64mo
liúshǒu 留守 V. ① <*mil.*> stay behind to take care of things ② <*hist.*> run the government in absence of the emperor
liúshǒuchù 留守处[-處] P.W. rear liaison office
liúshǒu rényuán 留守人员 N. rear personnel
liúshǒu yèwù 留守业务[-業務] N. rear-echelon administration
liǔshù* 柳树[-樹] N. willow tree M: [2]*kē*
liùshū 六书[-書] N. the six categories of Chinese characters
liúshuǐ 流水 N. ① flowing/running water ② turnover (in business)
liúshuǐbù 流水簿 N. ① chronological records ② <*account.*> journal M: [1]*běn*
liúshuǐbùfǔ 流水不腐 F.E. Activity keeps one in good health.
liúshuǐgāoshān 流水高山 ID. bosom friends
liúshuǐhào 流水号[-號] N. serial number
liúshuǐluòhuā 流水落花 F.E. ① be utterly routed ② be swept completely away
liúshuǐrénqíng 流水人情 F.E. mercurial relationship
liúshuǐwúqíng 流水无情 F.E. things go their own way independently of man's will
liúshuǐxí 流水席 N. dinner at which guests arrive at staggered intervals and are served whenever they arrive
liúshuǐxiàn 流水线 N. assembly line M: [1]*tiáo*
liúshuǐxíngyún 流水行云[-雲] F.E. disappear/vanish quickly like running water or floating clouds ♦N. natural and graceful style of writing
liúshuǐzhàng 流水帐 N. day-to-day/current account M: [1]*běn*
liúshuǐ zhàngbù 流水账簿 N. running-account book M: [1]*běn*
liúshuǐ zuòyè 流水作业[-業] N. ① conveyor system ② assembly-line method
liúshuǐ zuòyèfǎ 流水作业法[---業-] N. ① conveyor system ② assembly-line method
liùshùn 遛顺 v.p. <coll.> limber;supple;smooth and flowing
liúshuō 流说 N. heretical assertion
liǔshùyuán 柳树园[-樹園] N. salicetum M: [4]*zuò*
liǔsī 柳丝[-絲] N. fine willow branches
Liù-Sì* 六四 N. June 4 (1989 Tiananmen Incident)
liùsou 溜溲 v.p.<coll.>limber;supple;smooth and flowing
liúsū 流苏[-蘇] N. tassels

liúsú 流俗 N. <*derog.*> prevalent custom/fashion
[1]liúsù* 留宿 V. ① put up a guest for the night ② stay overnight
[2]liúsù 流速 N. <*mach.*> velocity of flow; current velocity
liúsuān* 硫酸 N. sulfuric acid
liǔsuān 柳酸 N. salicylic acid
liúsuāngài 硫酸钙 N. <*chem.*> calcium sulfate
liúsuān huàhéwù 硫酸化合物 N. <*chem.*> sulfates
liúsuāntóng 硫酸铜 N. <*chem.*> copper sulfate
liúsuānyán 硫酸盐[-鹽] N. <*chem.*> sulfate
liúsùjì 流速计 N. <*phy.*> flowmeter M: *[2]zhī/ge*
liūsuǒ 溜索 N. overhead cable
liúsùyí 流速仪[-儀] N. current meter M: *[1]tái/[1]jià*
liútǎng 流淌 V. flow
liútí 留题 V.O. leave one's comments
liútǐ* 流体[-體] N. fluid
liútì 流涕 V.O. shed tears
Liǔ-tǐ 柳体[-體] N. style of calligraphy originated by Liu Zongyuan (Song dynasty)
liǔtiáo(r/zi) 柳条(儿/子)[-條-] N. ① willow branches/twig ② stripes; lines (in cloth)
liǔtiáo jiājù 柳条家具[-條--] N. wicker furniture
liǔtiáokuāng 柳条筐[-條-] N. wicker basket M: *ge/[2]zhī*
liǔtiáolán 柳条篮[-條籃] N. osier basket; willow basket M: *ge/[2]zhī*
liǔtiáomào 柳条帽[-條-] N. safety helmet made of wicker M: *[1]dǐng*
liǔtiáoxiāng 柳条箱[-條-] N. wicker suitcase/trunk M: *ge/[2]zhī*
liù tiáo zhèngzhì biāozhǔn 六条政治标准[-條--標準] N. <*PRC*> six political standards enunciated by Mao Zedong
liǔtiáo zhìpǐn 柳条制品[-條製-] N. wickerwork; wicker M: *[2]jiàn*
liútǐ dònglìxué 流体动力学[-體動--] N. hydrokinetics; hydrodynamics
liútiěcáo 流铁槽[-鐵-] N. <*metal.*> iron runner
liǔtìhuāyuàn 柳啼花怨 F.E. desolate
liútǐ jìnglìxué 流体静力学[-體靜--] N. hydrostatics
liútìlánglì 流涕狼戾 F.E. Tears suffuse the face.
liútǐ lìxué 流体力学[-體--] N. hydromechanics; fluid mechanics
liútǐ yālìjì 流体压力计[-體壓--] N. manometer M: *ge/[2]zhī*
liútǐ yějīnshù 流体冶金术[-體--術] N. fluid metallurgy
liútōng 流通 R.V. circulate ♦ATTR. distribution
liútōng fèiyòng 流通费用 N. <*com.*> circulation costs
liútōng-guǎn 流通管 N. <*mach.*> runner pipe M: *[2]gēn*
liútōng huòbì 流通货币[-幣] N. currency; active money
liútōng kōngqì 流通空气[-氣] N. ventilation ♦V.P. ventilate
liútōng lǐngyù 流通领域 N. circulation domain
liútōngquàn 流通券 N. limited-circulation provincial paper money M: *[1]zhāng*
liútōng tǐzhì gǎigé 流通体制改革[--體---] N. reform of the distribution of commodities
liútōng zhèngquàn 流通证券[--證-] N. negotiable instrument M: *[1]zhāng*
liútōng zīběn 流通资本 N. circulating/revolving/operating fund M: *[2]bǐ*
liútōng zījīn 流通资金 N. circulation/revolving/operating fund M: *[2]bǐ*
liútóu 留头 V.O. allow the hair to grow
liú tóufa 留头发[-髮] V.O. allow the hair to grow
liùtuǐ(r) 遛腿(儿) V.O. exercise one's legs
liú tuìbù 留退步 V.O. leave ground for retreat
liùwàn 六万[-萬] NUM. sixty thousand
liúwáng* 流亡 V. ① go into exile ② wander without fixed residence
liúwǎng 流网[-網] N. drift net
liúwángzhě 流亡者 N. person in exile M: *ge/[1]míng/[2]wèi*
liúwáng zhèngfǔ 流亡政府 N. government-in-exile
liùwānr 遛弯儿[-彎-] V.O. <*topo.*> go for a stroll
liū wánzi 熘丸子 V.O. fry meatballs
liúwèi 瘤胃 N. <*bio.*> rumen
liùwèi* 六味 N. the six tastes/flavors
liú wěiba 留尾巴 V.O. ① leave loose ends ② leave sth. half done
liúwèigǔzhàng 瘤胃鼓胀 F.E. bloat
liǔwén 绺纹 N. <*art*> silk mark (in glaze design)
liùwènsāntuī 六问三推 F.E. grill a prisoner
liúwényán 流纹岩 N. <*geol.*> rhyolite M: *[2]kuài*
liúxǐ 流徙 V. exile; banish; float/drift/wander about
liúxiá 流霞 N. flowing vapor
[1]liúxià* 留下 R.V. ① stay behind; remain *Qǐng ~ zhùzhǐ.* Would you please leave your address with us? ② leave behind; entail
[2]liúxià 流下 R.V. flow down
liú xiàlai 留下来 R.V. ① stay behind; remain ② leave behind; entail
liúxia lèi lái 流下泪来[--淚-] V.P. tears run down
liúxián* 流涎 V.O. slaver; slobber; drivel; drool
liǔxiàn 柳线 N. slender willow branches
liúxiàndàn 榴霰弹 N. shrapnel M: *[1]kē* *See also liúsǎndàn*
liúxiàng* 流向 N. ① direction of a current ② direction of the flow of personnel/commodities/etc.
liǔxiàng 柳巷 P.W. "red light" district
liǔxiànghuājiē 柳巷花街 F.E. "red-light" district
liùxiánqín 六弦琴 N. <*mus.*> guitar M: *[1]bǎ*
liúxiànxíng 流线型 N. streamlined style
liúxiányāntuò 流涎咽唾 F.E. ① slaver and swallow saliva ② slaver (after/over); covet/crave
liùxiānzhuō(r) 六仙桌(儿) N. medium-sized square table M: *[1]zhāng*
liúxiào 留校 V.O. ① be kept in school ② stay at school during vacation ③ be assigned to work at alma mater after graduation; retain to work in a college
liúxiàochákàn 留校察看 F.E. be kept in school under surveillance
liúxiě* 流血 V.O. bleed *See also liúxuè*
liúxiè 流泻[-瀉] V. emit (light/heat/etc.); discharge (liquid) in a jet
liúxīn 留心 V.O. be careful; take care *~ kānzhe xíngli.* Keep your eyes on your luggage.
liúxīng 流星 N. ① <*astr.*> meteor; shooting star ② <*hist.*> weapon composed of two iron balls fixed on a long iron chain ③ meteors (an acrobatic performance)
[1]liúxíng* 流行 V. spread; rage (of contagious disease) ♦S.V. prevalent; popular; fashionable; in vogue
[2]liúxíng 流刑 N. <*hist.*> banishment/exile as punishment
liúxíngbìng 流行病 N. epidemic disease M: *[1]zhǒng*
liúxíngbìngxué 流行病学 N. epidemiology
liúxīngchén 流星尘[-塵] N. <*astr.*> meteoric dust
liúxīngchuí 流星锤 N. ancient weapon composed of two iron balls fixed on a long iron chain
liúxīnggǎnyuè 流星赶月[--趕-] F.E. move with great speed
liúxínggē 流行歌 N. pop song/music M: *[2]shǒu*
liúxíng gēqǔ 流行歌曲 N. popular songs M: *[2]shǒu*
liúxíng gēxīng 流行歌星 N. popular singer M: *ge/[1]míng/[2]wèi*
liúxíng qǐlai 流行起来 R.V. become popular; come into fashion
liúxíngsè 流行色 N. fashionable color
liúxíng shìwù 流行事物 N. in thing; current fad; hot item; craze
liúxíngshū 流行书[-書] N. popular book; best-seller M: *[1]běn*
liúxíng wénhuà 流行文化 N. pop culture
liúxíngxìng 流行性 N. <*med.*> epidemic
liúxíngxìng gǎnmào 流行性感冒 N. influenza; flu
liúxíngxìng sāixiànyán 流行性腮腺炎 N. <*med.*> mumps
liúxíngxué 流行学 N. study of consumer trends
liúxíng yīnyuè 流行音乐[-樂] N. popular music
liúxíng yìshùjiā 流行艺术家[--藝術-] N. pop artist M: *ge/[1]míng/[2]wèi*
liúxīngyǔ 流星雨 N. <*astr.*> meteor/meteoric shower M: *[3]cháng*
liúxíngyǔ* 流行语 N. <*lg.*> catchword
liúxīng yújì 流星余迹[-跡] N. <*astr.*> meteoric trail/train
liúxíng zìyǎn 流行字眼 N. vogue word; in-word
Liú Xiù 刘秀[劉-] (4 B.C.-57 A.D.) N. founder of Later Eastern Han dynasty; reigned as Guangwu Di
liúxiǔr 留宿儿 V. stay/sleep somewhere for a night
liūxū 溜须[-鬚] ID. flatter; play up to
liúxū 留须[-鬚] V.O. grow a beard
liǔxù* 柳絮 N. willow catkin
[1]liúxué 留学 V. study abroad
[2]liúxué 流学 V.O. stop going to school; leave school
liúxuè* 流血 V.O. bleed; shed blood *See also liúxiě*
liúxuéshēng 留学生 N. student studying abroad; returned student M: *ge/[1]míng/[2]wèi*
liūxūnéngshǒu 溜须能手[-鬚--] F.E. <*coll.*> a master flatterer M: *ge/[1]míng*
liūxūpāimǎ 溜须拍马[-鬚--] ID. <*topo.*> fawn on; shamelessly flatter
liūxūpěngshèng 溜须捧胜/盛[-鬚-勝] ID. <*coll.*> flatter obsequiously
liúyà 流亚[-亞] N. persons of the same class
liūyán 溜严[-嚴] V.P. <*coll.*> very tight
[1]liúyán* 留言 V.O. leave message/comments ♦N. short message
[2]liúyán 流言 N. rumor; gossip
liúyánbù 留言簿 N. visitors' book M: *[1]běn*
liúyánfēiyǔ 流言蜚/飞语[--飛-] F.E. rumors and slanders
liúyáng* 留洋 V.O. study abroad/overseas
liúyǎng 留养[-養] V. stay home to tend one's parents
liúyánjī 留言机 N. answering machine M: *[1]jià/[1]tái*
liúyánr 流沿儿 V.P. <*topo.*> full; overflowing
liùyánshī 六言诗 N. classical poem with six characters in each line M: *[2]shǒu*
liúyántiáo 留言条[-條] N. message M: *[1]zhāng*
liúyán zhìyú zhìzhě 流言止于智者[---於--] F.E. Rumors find no credence with a wise man.
liǔyāo 柳腰 N. willowy/slender waist
liǔyár 柳芽儿 N. willow buds/sprouts
Liǔ Yàzǐ 柳亚子[-亞-] (1887-1958) N. last outstanding poet of the traditional school; scholar and founder of the Nan She (Southern Society)
liǔyè(r) 柳叶(儿)[-葉-] N. willow leaves M: *[1]piàn*
liǔyècài 柳叶菜[-葉-] N. <*bot.*> willow herb M: *[2]kē*
liǔyèdāo 柳叶刀[-葉-] N. lancet M: *[1]bǎ*
liǔyèmiáo 柳叶描[-葉-] N. <*art*> willow-leaf-shaped stroke (in painting)
[1]liúyī 留医[-醫] V. stay in a hospital to receive medical treatment
[2]liúyī 流医[-醫] N. <*derog.*> traveling/floating/wandering doctor
liúyì* 留意 V. be careful; look out; pay attention to
liùyì 六亿[-億] NUM. six hundred million; 600,000,000
Liù Yì 六艺[-藝] N. <*trad.*> ① the Six Arts: Rites, Music, Archery, Charioteering, Calligraphy, Mathematics ② the Six Classics
liúyì dào 留意到 R.V. notice; pay attention to
Liù-Yī Értóngjié 六一儿童节[-節] N. Children's Day (June 1)

Liù-Yī Guójì Értóngjié 六一国际儿童节[--國際--節] N. International Children's Day (June 1)
liúyīn 流音 N. <lg.> ① liquid sound ② glide
liǔyīn* 柳阴/荫[-陰/蔭] N. shade of willow trees
liùyín 六淫 N. <Ch. med.> the six factors in nature that cause diseases (wind, heat, humidity, fire, dryness, and cold)
liúyīng 流莺[-鶯] N. streetwalker M: ge/1míng
liúyíng 流萤[-螢] N. firefly M: ge/2zhī
liúyǐng* 留影 V.O. take a photo as a memento
liǔyīng 柳莺[-鶯] N. willow warbler M: 2zhī
liǔyíng 柳营[-營] N. <trad.> barracks
liúyínqì 镏银器 N. gilded silverware M: 2jiàn
liú yīshǒu 留一手 V.O. hold back a trick or two (in teaching a trade/skill)
1**liúyòng** 留用 V. ① continue to employ; keep on ② keep for one's use
2**liúyòng** 流用 V. put sth. to unintended use
liúyòng chákàn 留用察看 N. disciplinary probation
liúyòng rényuán 留用人员 N. personnel (of the old regime) who were kept on after 1949 M: ge/1míng/2wèi
liúyóu(r)* 流油(儿) V.O. <coll.> sweat heavily
liúyǒu 留有 V. reserve; save; keep
liúyǒuyúdì 留有余地 F.E. allow for unforeseen circumstances
liúyú 流于[-於] V.P. remain in or restrict to a particular state
1**liúyù*** 流域 P.W. valley; river basin; drainage area
2**liúyù** 留寓 V.O. be long absent from home
3**liúyù** 流寓 V.O. have no permanent home
liùyù 六欲 N. <Budd.> the six desires
liūyuán 溜圆 V.P. <coll.> ① perfectly round ② smooth; glossy
liúyuàn zhěnzhì 留院诊治 N. hospitalization
liú yúdì 留余地 V.O. leave room/margin/leeway
liúyuè 榴月 N. the fifth lunar month
Liùyuè* 六月 N. ① June ② sixth lunar month
liúyúxíngshì 流于形式[-於--] F.E. become a mere formality
liùzàng 六脏[-臟] N. the six organs (heart, lungs, liver, kidneys, spleen, and gallbladder)
liùzǎor 遛早儿 V.O. take a morning stroll
liúzéi* 流贼 N. roving bandits M: ge/1míng
liùzéi 六贼 N. <Budd.> the six organs by which contact is made with the sensate world
liǔzhà 柳栅[-柵] N. wattles M: 2dào
liúzhācáo 流渣槽 N. <metal.> slag trough/spout
liùzháibù'ān 六宅不安 F.E. successive family misfortunes
liúzhěn 留诊 N. hospitalization
liúzhí 留职[-職] V.P. remain on the roster of one work unit although occupied elsewhere
1**liúzhì*** 留置 V. <wr.> detain; lock up; put aside
2**liúzhì** 流质[-質] N. liquid
3**liúzhì** 留滞[-滯] V.P. ① remain at a standstill; stay ② <wr.> be detained; be held up
liǔzhī 柳枝 N. <bot.> withy; willow branch; osier M: 5zhī/2gēn
liùzhǐ(r) 六指(儿) N. ① a person with six fingers ② a six-fingered hand
liūzhīdàjí 溜之大吉 F.E. sneak away; slink off
liūzhīhūyě 溜之乎也 F.E. run/slip away
liúzhíliúxīn 留职留薪[-職--] F.E. fully paid furlough/leave
liúzhìquán 留置权[-權] N. <law> lien
liǔzhīr 柳枝儿 N. willow branch M: 5zhī/2gēn
liúzhì shànshí 流质膳食[-質--] N. liquid diet
liúzhì shíwù 流质食物[-質--] N. liquid food
liúzhítíngxīn 留职停薪[-職--] F.E. retain a job but stop the salary (when one is on long leave)
liúzhǒng 留种[-種] V.O. <agr.> reserve seed for planting
liúzhōngbùfā 留中不发[-發] F.E. be kept at the imperial palace without an answer; be shelved (of a memorial)
liúzhǒngdì 留种地[-種-] N. seed-crop field

Liǔzhōu* 柳州 P.W. ① city in Guangxi ② far distant place
liùzhou 碌碡/遛轴 N. <agr.> stone roller
liùzhougǔn 碌碡磙 N. <agr.> stone roller
1**liúzhù** 留住 R.V. ① keep (a guest/etc.) ② stay for the night
2**liúzhù** 留驻 V. ① be/remain stationed/based ② stay behind to take care of things
3**liúzhù** 流注 V. flow into the sea/lake ♦N. <Ch. med.> multiple abscesses
liúzhuǎn 流转[-轉] V. ① wander about; roam ② spread; transmit ③ flow smoothly (of style) ♦N. <Budd.> samsara; succession of existences ♦ATTR. fluctuating
liúzhuǎnshuì 流转税[-轉-] N. turnover tax M: 2bǐ
liúzhuǎn zījīn 流转资金[-轉--] N. <acct.> working capital fund M: 2bǐ
liūzi 溜子 N. <topo.> hoodlum *See also* 2liùzi
liúzi* 瘤子 N. <topo.> tumor
liúzì 留字 V.O. write down characters
liǔzi 柳子 N. clumps of willow trees *See also* *Liǔzixì*
1**liùzi** 镏子 N. <topo.> ring (finger)
2**liùzi** 溜子 N. <min.> scraper-trough conveyer *See also* *liūzi*
Liǔzixì 柳子戏[-戲] N. local opera popular in western Shandong, northern Jiangsu, and eastern Henan
Liǔ Zōngyuán 柳宗元 (773–819) N. celebrated Tang poet
liūzǒu 溜走 R.V. sneak away; slink off
liúzú* 留足 V. <wr.> halt; stop
Liùzǔ 六祖 N. <Budd.> the Six Patriarchs of Zen
liúzuò 留作 V. keep as
lǐ-wài 里外[裡-] N. inside and out
lìwài* 例外 N. exception
lǐwàibùshìrén 里外不是人[裡-] F.E. be ostracized inside and out
lǐwàijiāgōng 里外夹攻[裡-夾-] F.E. attack from within and without
lǐwàilǐ 里外里[裡-裡] ADV. <topo.> ① in any case; anyway ② taken all together
lǐwàishòudí 里外受敌[裡-敵] F.E. face opposition inside and out
lìwài tiáokuǎn 例外条款[--條-] N. an escape clause M: 1tiáo
líwáng 离亡[離-] V. abandon one's home (due to war/etc.); be in exile
lìwǎnkuánglán 力挽狂澜 F.E. make vigorous efforts to turn the tide
1**lìwěi** 历尾[曆-] N. end of an almanac; end of a year
2**lìwěi** 栗尾 N. Chinese writing brush
Lìwěi* 立委 AB. <TW> Legislation Committee
Lǐ Wéihàn 李维汉[-漢] (1896–1984) N. Communist administrator; headed CCP's United Front department in 1948
lǐwén 礼文[禮-] N. etiquette; protocol; rites
1**lìwén*** 例文 N. <lg.> text
2**lìwén** 丽文[麗-] N. elegant writing
líwō 梨涡[-渦] N. dimples
lǐwū 里屋[裡-] P.W. inner room
lǐwù* 礼物[禮-] N. ① gift; present ② cultural products M: 2jiàn
lǐwúbùdá 礼无不答[禮-] F.E. Courtesy must be reciprocated.
lǐwùzhuāng 礼物庄[禮-莊] P.W. gift shop
líxī 离析[離-] V. <wr.> disintegrate (of a regime/etc.)
líxí 离席[離-] V.O. ① leave a banquet ② leave one's seat in protest
1**lìxī*** 利息 N. interest M: 2bǐ
2**lìxī** 枥㯕[櫪-] N. wooden finger-clamp used to torture criminals
líxià 篱下[籬-] P.W. under a fence/hedge
lìxià 立下 V. set up; establish
Lìxià* 立夏 N. Beginning of Summer (7th solar term)
lǐ xià bù zhěng guān 李下不整冠 F.E. avoid suspicion

lǐxiàguātián 李下瓜田 F.E. be liable to lay oneself open to suspicion
lìxià guījù 立下规矩 V.O. draw up a set of rules
líxiàn 离线[離-] ATTR. off-line
lǐxián 里弦[裡-] N. thicker inner string on **húqin**
lìxiǎn* 历险[歷-] V.O. experience adventures; have a narrow escape
1**lìxiàn** 立宪[-憲] V.O. establish a constitution ♦N. constitutionalism
2**lìxiàn** 力线 N. <phy.> line of force
líxiàn chǔlǐ 离线处理[離-處-] N. <comp.> off-line processing
líxiāng 离乡[離鄉] V.O. leave one's native place
lǐxiǎng* 理想 N./S.V. ① ideal ② ideas; thought
lǐxiàng 里巷 N. lanes and alleys
1**lìxiàng** 立项 N. topic; item ♦V.O. list the items (of a project)
2**lìxiàng** 立像 N. standing statue M: 4zuò
3**lìxiàng** 历象[曆-] V. calculate the movement of heavenly bodies
líxiāngbèijǐng 离乡背井[離鄉-] F.E. leave one's native place
lǐxiǎng de shuōhuàrén 理想的说话人 N. <lg.> ideal speaker M: ge/1míng/2wèi
lǐxiǎng de tīnghuàrén 理想的听话人[---聽--] N. <lg.> ideal hearer M: ge/1míng/2wèi
lǐxiǎngguó 理想国[-國] N. utopia
lǐxiǎnghuà 理想化 V./S.V. idealize
lǐxiǎngjiā 理想家 N. idealists; dreamers M: ge/1míng/2wèi
lǐxiǎng jiàoyù 理想教育 N. education in ideals
lǐxiǎng jìngjiè 理想境界 N. ideal M: ge/1zhǒng
lǐxiǎngnéng 理想能 N. ideal energy
lǐxiǎng qìtǐ 理想气体[-氣體] N. <phy.> ideal gas
lìxiànguó 立宪国[-憲國] N. constitutional state/country
lǐxiǎng wénhuà 理想文化 N. idealistic culture
lǐxiàngzhītán 里巷之谈 N. alley gossip
lǐxiǎngzhǔyì 理想主义[-義] N. idealism
lìxiǎnjì 历险记[歷-] N. records of adventure M: 2bù
Lǐ Xiānniàn 李先念 (1907–1992) N. Communist guerrilla leader; PRC president 1983–1988
líxiàn shèbèi 离线设备[離-備] N. <comp.> off-line equipment
lǐxiánxiàshì 礼贤下士[禮賢-] F.E. treat the wise courteously and cultivate the scholarly (of a ruler)
lìxiàn zhèngtǐ 立宪政体[-憲-體] N. constitutional government
lìxiàn zhìdù 立宪制度[-憲--] N. constitutionalism
líxiánzǒubǎn 离弦走板[離-] ID. deviate from the (generally) accepted norm; be off the beam
líxiàn zuòyè 离线作业[離-業] N. <comp.> off-line working
lìxiào 立效 V. ① have the desired effect immediately ② render meritorious service
lǐxiàzhīxián 李下之嫌 N. be found in suspicious circumstances
lìxī chéngběn 利息成本 N. interest cost
lìxī fèiyòng 利息费用 N. <acct.> interest expense M: 2bǐ
lìxī jījīn 利息基金 N. <acct.> interest fund M: 2bǐ
líxīn 离心[離-] V.P. ① centrifugal ② at odds with ♦ATTR. <lg.> exocentric
líxīnbèng 离心泵[離-] N. <mach.> centrifugal pump M: 1tái
líxīn fēnlíqì 离心分离器[離--離-] N. centrifugal separator M: 1jià/1tái
líxíng 梨形 N. pear shape
lǐxìng* 理性 N. reason; rationality ♦ATTR. rational
1**lìxíng** 例行 V. do as a routine
2**lìxíng** 力行 V. practice/perform energetically; act with force
3**lìxíng** 厉行[厲-] V. ①rigorously enforce ②strive to conduct oneself well
4**lìxíng** 励行[勵-] V. enforce/practice with determination
lìxíngbùdài 力行不怠 F.E. do sth. persistently

lìxíng chéngxù 例行程序 N. routine
lìxíng gōngshì 例行公事 N. ① routine business; official routine ② mere formality
lìxíngjiéyuē 厉行节约[厲-節-] F.E. practice strict economy
lìxíng juécè 例行决策[--決-] N. routine policy decision
lìxìngpài 理性派 N. rationalists
lìxìng rènshi 理性认识[-認識] N. rational knowledge/knowledge
lìxìng shídài 理性时代[--時-] N. the age of reason
lìxìngzhǔyì 理性主义[-義] N. rationalism; idealism
líxīn jiégòu 离心结构[離-構] N. <lg.> exocentric construction
líxīnlì 离心力[離-] N. <phy.> ① centrifugal force ② factors that give rise to disloyalty
líxīnlídé 离心离德[離-離-] F.E. dissension and discord
líxīnqì 离心器[離-] N. centrifuge M: [1]jià/[1]tái/ge
líxīn qīngxiàng 离心倾向[離-] N. separatist tendency
líxīn tiáojiéqì 离心调节器[離--節-] N. <mach.> centrifugal governor M: [1]jià/[1]tái/ge
líxīn yǔzǔ 离心语组[離-] N. <lg.> exocentric construction
líxīn zuòyòng 离心作用[離-] N. centrifugal effect
lìxīqiūháo 利析秋毫 F.E. astute in conducting financial affairs
lìxī shōurù 利息收入 N. interest income M: [2]bǐ
lìxī shōuyì 利息收益 N. <acct.> interest income M: [2]bèi
líxiū 离休[離-] V. retire with special honors
lìxīzànjì 利息暂记 N. <acct.> interest suspense
lìxīzhàng 利息账 N. interest account
lìxī zhīchū 利息支出 N. interest disbursement M: [2]bǐ
lìxī zhǔnbèi 利息准备[-準備] N. <acct.> interest reserve
lǐxū 里胥 N. village head
lìxuǎn 粒选[-選] N. grain-by-grain seed selection
lǐxué* 理学 N. ① Confucian school of idealist philosophy ② natural science
lǐxuè 理血 V.O. <Ch. med.> regulate the blood condition
lìxué 力学 N. mechanics ♦V. <wr.> study hard
[1]lìxuě 粒雪 N. granular snow; firn
[2]lìxuě 立雪 ID. be deferential toward one's teacher and study hard
lìxuè 沥血[瀝-] V.O. ① drip blood ② draw blood to seal an oath
lǐxué bóshì 理学博士 N. doctor of science (D.Sc.) M: ge/[1]míng/[2]wèi
lǐxuéjiā 理学家 N. scholar devoted to the study of the classics with a philosophic approach M: ge/[1]míng/[2]wèi
lǐxuéshì 理学士 N. bachelor of science M: ge/[1]míng/[2]wèi
lìxuèshìméng 沥血誓盟[瀝-] F.E. drip blood and take an oath of alliance
lǐxuéyuàn 理学院 P.W. college of science M: [1]suǒ
lǐyán 俚言 N. vulgar speech; rustic language; argot
lǐyàn 里谚 N. proverbs
[1]lìyán* 立言 V.O. ① write to express one's ideas ② achieve glory/immortality from one's writing
[2]lìyán 例言 N. ① introductory remarks ② notes on the use of a book
[3]lìyán 砾岩[礫-] N. <geol.> conglomerate M: [2]kuài
líyāng 罹殃 V.P. meet with a disaster
lì yǎnjing 立眼睛 V.O. <topo.> glare
[1]lìyè 立业[-業] V.O. establish a business; have a respectable career
[2]lìyè 沥液[瀝-] N. trickle
líyí 离移[離-] N. excursion
líyì 离异[離異] V. divorce
[1]lǐyī 里衣[裡-] N. underwear
[2]lǐyī 俚医[-醫] N. folk physician; unlicensed physician M: ge/[1]míng
lǐyí 礼仪[禮儀] N. etiquette; rite; protocol; decorum
[1]lǐyǐ 逦迤[邐-] S.V. sprawl out in all directions (of mountains/etc.)
[2]lǐyǐ 逦倚[邐-] S.V. uneven; rolling; rough; rugged (of terrain)
lǐyì 礼义[禮義] N. ① propriety and righteousness/justice ② etiquette; rite; protocol
[1]lìyì* 利益 N. interest; benefit; profit
[2]lìyì 立意 V.O. be determined to; make up one's mind ♦N. conception; approach
[3]lìyì 立异[-異] V.P. dissent; differ; take an uncommon stand
[4]lìyì 力役 N. ① exactions of personal service ② corvée
lìyì chōngtū 利益冲突[--衝-] N. conflict of interest
lǐyí diànbào 礼仪电报[禮儀電報] N. greeting/welcoming telegram M: [1]fèn
lìyì fēnpèifǎ 利益分配法 N. profit-sharing method
lìyì fēnpèi zhǔnbèi 利益分配准备[-準備] N. <acct.> profit sharing reserve
lìyì jítuán 利益集团[-團] N. interest group
lìyìjūnzhān 利益均沾 F.E. let everybody share the pie
lǐ-yì-lián-chǐ 礼义廉耻[禮義-恥] N. propriety, righteousness, honesty, and a sense of shame
lǐyīng* 理应[-應] AUX. ought to; should *Nǐ ~ bāngzhù tā.* You should give her a hand.
lìyǐng 俪影[儷-] N. ① heart-warming sight of a couple in love ② photograph of a couple
lǐyìngwàihé 里应外合[裡應-] F.E. collaborate from within with forces from without
lìyì tuántǐ 利益团体[-團體] N. interest group
lǐyìzhībāng 礼义之邦[禮義-] N. a land of propriety and righteousness
lì yízhǔ 立遗嘱[-囑] V.O. make a will
lìyòng 利用 V. ① use; utilize ② take advantage of; exploit
lìyònghòushēng 利用厚生 F.E. <wr.> make proper use of resources and enrich the lives of the people
lìyònglǜ 利用率 N. utilization ratio
lìyòng wàizī 利用外资 V.O. utilize foreign funds
lìyòng xìshù 利用系数[-係數] N. utilization coefficient/factor
lǐyóu(r)* 理由(儿) N. reason; grounds; argument *Tā méi ~ bàoyuàn nǐ.* He has no grounds for complaining about you.
lìyòu 利诱 V. lure by promise of gain
lǐyóu fùcí zǐjù 理由副词子句 N. <lg.> adverbial of reason; reason adverbial clause
lǐyóu fùyǔ 理由副语 N. <lg.> adverbial of reason
lìyǒuniánsuǒ 历有年所[歷-] F.E. It has been many years (since a certain event)
lǐyóushū 理由书[-書] N. <law> statement of grounds for a certain action M: [1]fèn
lìyǒuwèidài 力有未逮 F.E. beyond one's power
lǐyú 鲤鱼 N. carp M: [1]tiáo
lǐyǔ 俚语 N. <lg.> slang; vulgar expressions
[1]lǐyù* 礼遇[禮-] N. courteous reception/treatment
[2]lǐyù 理喻 V. ① appeal to reason ② reason with sb.
lìyú 利于[-於] V.P. be beneficial for/to
[1]lìyǔ 例语 N. <lg.> illustrative phrase; example word/phrase
[2]lìyǔ 隶圉[隸-] N. servants; underlings
[1]lìyù 利欲 N. cupidity
[2]lìyù 立愈 V. be cured immediately
[1]líyuán* 梨园[-園] P.W. ① pear orchard M: [4]zuò ② operatic circles/world
[2]líyuán 篱垣[籬-] N. fence; hedge M: [2]dào
[1]lìyuán 利源 N. source of profit
[2]lìyuán 历元[曆-] N. epoch
[3]lìyuán 吏员 N. minor official
Lìyuàn 立院 N. <TW> Legislative Yuan
líyuánfùyù 黎元富裕 F.E. The masses are prosperous
líyuánháng 梨园行[-園-] N. the operatic profession
Lí Yuánhóng 黎元洪 (1864–1928) N. twice president of the republican government at Peking (1916–1917, 1922–1923)
líyuánxì 梨园戏[-園戲] N. opera M: [1]chū
líyuán zǐdì 梨园子弟[-園--] N. operatic players M: ge/[1]míng
lìyú bùbàizhīdì 立于不败之地[-於----] F.E. establish oneself in an unassailable position
lǐyuē 里约 N. <TW> agreement between the residents of a *lǐ*, an administrative district under a city or town
lǐyuè* 礼乐[禮樂] N. rites and music
lìyuē 立约 V.O. establish/sign a contract/agreement
[1]lìyuè 历月[曆-] N. calendar month
[2]lìyuè 丽月[麗-] N. second lunar month
lǐyuèlóngmén 鲤跃龙门[-躍--] F.E. ① win promotion ② <trad.> succeed in the imperial civil-service examination
lìyuērén 立约人 N. persons entering into a agreement M: ge/[1]míng/[2]wèi
lǐ-yuè-shè-yù-shū-shù 礼乐射御书数[禮樂-書數] N. <trad.> rites, music, archery, chariot-driving, calligraphy, and mathematics (the six arts that scholars were supposed to master)
lǐyuèzhībāng 礼乐之邦[禮樂-] N. a land of propriety and music
lǐyúqián 鲤鱼钳 N. slip-joint pliers M: [1]bǎ
lǐyú tiào lóngmén 鲤鱼跳龙门 F.E. gain literary advancement
lìyùxūnxīn 利欲熏心 F.E. be blinded by greed
lìyǔyuànwéi 力与愿违[-與願違] F.E. be unable to do what one wishes
lízāi* 罹灾[-災] V.O. be stricken by a calamity
lìzài 立在 V.P. stand at
lǐzàn 礼赞[禮-] V. praise; worship; idolize
lǐzàng 礼葬[禮-] V. bury with pomp
[1]lízǎo* 梨枣[-棗] N. ① pear and date ② printing blocks made from such wood
[2]lízǎo 狸藻 N. bladderwort
lìzǎo 丽藻[麗-] N. fine language/words
lǐzé 理则 N. <TW> logic
lìzé* 丽泽[麗澤] N. benefits derivable from mutual contact between friends
lǐzéxué 理则学 N. logic
lìzhàn 力战[-戰] V. fight hard
[1]lízhàng 犁杖 N. plow M: [2]gēn
[2]lízhàng 藜杖 N. pigweed staff M: [2]gēn
lǐzhǎng 里长 N. ① <hist.> head of a neighborhood of 25 families ② precinct head
lǐzhàng 理障 N. <Budd.> hindrances to truth
lìzhàng* 立帐 V.O. open an account
lìzhǎo 利爪 N. sharp paw
lízhé 离辙[離-] V.O. be off the track/beam/point
lízhēng 黎蒸 N. <wr.> the lower/working classes
lízhèng 厘正[釐-] V. <wr.> correct; revise
[1]lǐzhèng 里证/症[裡證] N. <Ch. med.> interior symptom-complex
[2]lǐzhèng 里正 N. <trad.> village head
lìzhēng* 力争[-爭] V. ① work hard for; do all one can to ② argue strongly; contend vigorously
[1]lìzhèng 立正 V./INTJ. ① stand at attention ② <slang> teach a lesson; punish ③ <mil.> Attention!
[2]lìzhèng 例证[-證] N. ① illustration; example; case in point ② proof
[3]lìzhèng 力证[-證] N. strong evidence; convincing proof
[4]lìzhèng 莅政[蒞-] V.O. administer the government
lìzhènglǐ 立正礼[-禮] N. <mil.> standing at attention in salute
lìzhēngshàngliú 力争上流[-爭--] F.E. strive for progress; aim high
lìzhēngshàngyóu 力争上游[-爭--] F.E. strive for progress; aim high

lìzhèngshū-rén 立证书人[-證書-] N. drafter/signatory of a document M: ge/[1]míng/[2]wèi
lízhí 离职[離職] V.O. ① take leave ② leave office *Tā bèi tōngzhī ~.* He was sacked.
lǐzhí 理直 V. <coll.> straighten out; take care of; arrange
[1]**lǐzhì*** 理智 N. reason; intellect ♦S.V. rational
[2]**lǐzhì** 礼制[禮-] N. code of etiquette
lìzhī 荔枝 N. lychee M: [1]kē/ge
[1]**lìzhǐ** 莅止[蒞-] V. <wr.> arrive; be present
[2]**lìzhǐ** 戾止 V. <wr.> stop; arrive
[1]**lìzhì** 立志 V.O. resolve; be determined
[2]**lìzhì** 吏治 N. ① workstyle and achievements of officials ② local administration
[3]**lìzhì** 励志[勵-] V.P. be determined to fulfill one's aspirations
[4]**lìzhì** 丽质[麗質] N. beauty (of a woman)
[5]**lìzhì** 莅治[蒞-] V. administer the government
lízhíbùgàn 离职不干[離職-幹] F.E. quit office; quit one's job
lǐzhíqìzhuàng 理直气壮[-氣壯] F.E. do sth. with the assumption that justice is on one's side
lìzhīshù 荔枝树[-樹] N. lychee tree M: [2]kē
lìzhīsuǒzài 利之所在 F.E. opportunity for enrichment
lìzhìtiānshēng 丽质天生[麗質-] F.E. natural beauty
lǐzhōng 理中 V.O. <Ch. med.> regulate the functions of the stomach and spleen
lízhōng qūshì 离中趋势[離-趨勢] N. <statistics> dispersion
lìzhòngyīn 力重音 N. <lg.> stress accent
lìzhóu 立轴 N. ① vertical scroll ② vertical/upright shaft
lízhū 骊珠[驪-] N. a pearl supposedly held under the jaw of a black dragon
lízhú 篱竹[籬-] N. fence formed by living bamboo
[1]**lìzhǔ*** 力主 V. advocate forcefully
[2]**lìzhǔ** 丽瞩[麗矚] S.V. pleasing in appearance; good-looking
[1]**lìzhù** 立柱 N. upright post; column M: [2]gēn
[2]**lìzhù** 立住 R.V. stand firmly
lìzhuàn 立传[-傳] V.O. glorify sb. by writing his biography
[1]**lìzhuàng** 粒状[-狀] ATTR. granular
[2]**lìzhuàng** 力壮[-壯] S.V. strong (of people)
lìzhuīzhīdì 立锥之地 N. tiny bit of land
lìzhù jiǎogēn 立住脚跟[--腳-] V.O. establish oneself firmly
lì zhǔnǎo 立主脑[-腦] V.O. set up the central conception/character
lìzhuōcáixiǎn 力拙才鲜 F.E. weak in strength and lacking in ability
[1]**lízi** 梨子 N. <topo.> pear
[2]**lízi** 狸子 N. ① raccoon dog ② leopard cat M: [2]zhī
lízī 厘孳[釐-] N. twins
lízǐ 离子[離-] N. <phy.> ion
[1]**lǐzi** 李子 N. plum M: [2]zhī
[2]**lǐzi** 里子[裡-] N. lining
[1]**lìzi*** 例子 N. example; case; instance *gěi yī ge ~* give an example
[2]**lìzi** 栗子 N. chestnut M: [1]kē/ge
[3]**lìzi** 粒子 N. grain; granule; pellet *See also* [1]lìzǐ
lìzī 立姿 N. <mil.> standing position
[1]**lìzǐ** 粒子 N. <phy.> particle *See also* [3]lìzi
[2]**lìzǐ** 利子 N. interest (on capital)
[3]**lìzǐ** 荔子 N. lychee M: [1]kē/ge
[1]**lìzì(r)** 立字(儿) V.O. sign an agreement/contract/receipt/etc.
[2]**lìzì** 隶字[隸-] N. official script; Han style (of calligraphy)
Lǐ Zìchéng Qǐyì 李自成起义[-義] N. <hist.> rebellion that ended the Ming dynasty
lízǐhuà 离子化[離-] N. <chem.> ionize
lízǐ jiāohuàn 离子交换[離-換] N. <chem.> ion exchange
lìzisè 栗子色 N. maroon; sorrel (color)
lízǐshù 离子束[離-] N. ion beam
lǐzishù* 李子树[-樹] N. plum trees M: [2]kē
lìzishù 栗子树[-樹] N. chestnut tree M: [2]kē
lìzǐ wùlǐxué 粒子物理学 N. particle physics
lìzǐ xuéshuō 粒子学说 N. particle theories
Lǐ Zōngrén 李宗仁 (1890–1969) N. important KMT figure; became a rival of Chiang Kai-shek and acting president in 1949
Lízú 黎族 N. Li ethnic minority (in Guangdong)
lìzū 力租 N. rent paid in labor
[1]**lìzú*** 立足 V.O. ① have a footing ② stand ③ base oneself upon
[2]**lìzú** 隶卒[隸-] N. ① servants ② slaves ③ government office runners M: ge/[1]míng
lìzúdì 立足地 N. foothold; footing
lìzúdiǎn 立足点[-點] N. ① foothold; footing ② basic principle ③ standpoint; point of view
lìzuǐ 利嘴 N. a sharp tongue
lìzuǐdúshé 利嘴毒舌 F.E. a sharp tongue
lìzuǐhuāyá 利嘴花牙 F.E. a ready tongue
lìzǔlìzōng 历祖历宗[歷-歷-] F.E. ancestors
lízuò 离座[離-] V.O. leave one's seat
[1]**lìzuò*** 力作 N. masterpiece; best work
[2]**lìzuò** 莅阼[蒞-] V. assume the throne
lìzúyúdǎ 立足于打[--於-] F.E. be prepared every minute to fight
lìzúzhīdì 立足之地 N. anchor point; foothold; footing
lo 咯 M.P. *indicating obviousness* ***See also*** [9]*gē*, [2]*kǎ*, [9]*luò*
lōng 隆 in ***hōnglōng, hōnglōnglōng See also*** [4]*lóng*
[1]**lóng*** 龙[龍] N. ① dragon ② Surname ♦B.F. ① imperial ***lóngpáo*** ② dinosaur ***kǒnglóng***
[2]**lóng** 笼[籠] B.F. ① cage; coop [1]***lóngzi*** ② basket; container ***yuánlóng*** ③ food steamer ***zhēnglóng*** ♦V. <topo.> put each hand in the opposite sleeve ***See also*** [3]*lǒng*
[3]**lóng** 聋[聾] S.V. deaf; hard of hearing
[4]**lóng** 隆 B.F. ① prosperous; flourishing; brisk; booming ***lóngzhòng*** ② lofty; eminent; glorious ***xīnglóng*** ③ abundant; ample ***lóngshèng*** ④ generous and kind ***lóngqínghòuyì*** ⑤ rumbling [1]***lónglóng*** ⑥ bulge ***lóngqǐ See also*** *lōng*
[5]**lóng** 砻[礱] V. hull rice ♦N. rice huller
[6]**lóng** 窿 B.F. hole ***kūlong*** ♦N. <topo.> mine shaft
[7]**lóng** 栊[櫳] B.F. ① window ***fánglóng*** ② animal pen ***lóngjiàn***
[8]**lóng** 癃 B.F. ① weak and ill ***dǔlóng*** ② urinary blockage [2]***lóngbì***
[9]**lóng** 胧[朧] in [1]***ménglóng***, [2]***lónglóng***
[10]**lóng** 眬[矓] in [2]***ménglóng***
[11]**lóng** 咙[嚨] in ***hóulóng***
[12]**lóng** 珑[瓏] in [2]***lóngcōng, línglóng***
[13]**lóng** 茏[蘢] in [1]***lóngcōng, cōnglóng***
[14]**lóng** 昽[曨] in [2]***tónglóng***
[1]**lǒng** 拢[攏] V. ① hold/gather together ② approach; reach ③ add/sum up ④ comb the hair
[2]**lǒng** 垄/垅[壟/壠] B.F. ① ridge in a field ***lǒnggōu*** ② raised path between fields ***tiánlǒng*** ③ ridged ***wǎlǒngbǎn***
[3]**lǒng** 笼[籠] V. envelop; cover ♦B.F. large box/chest; trunk ***xiānglǒng See also*** [2]*lóng*
Lǒng 陇[隴] N. short name for Gansu province
lòng 弄 B.F. lane; alley ***lòngtáng, lǐlòng See also*** *nòng*
lóng'ài 隆爱[-愛] N. ① great love ② great cordiality
lǒng'àn 拢岸 V.O. come alongside the shore
lóngbí* 隆鼻 V.O. make a flat nose long and high by means of plastic surgery
[1]**lóngbì** 龙币[-幣] N. silver dollar coin
[2]**lóngbì** 癃闭 N. <Ch.med.> retention of urine; difficulty in urination
lóngbùlítán 龙不离潭[--離-] ID. mind one's own business
lóngchāng 隆昌 S.V. flourishing; prosperous
lóngchuán 龙船 N. dragon boat M: [1]tiáo/[2]zhī
lóngchuáng 龙床 N. emperor's bed M: [1]zhāng
lóngchuángkuàixù 龙床快婿 F.E. ideal son-in-law (usu. of a high social or official position) M: ge/[1]míng/[2]wèi
[1]**lóngcōng** 茏葱[-蔥] S.V. verdant; luxuriantly green
[2]**lóngcōng** 珑璁 ON. tinkling sound of metal striking against metal or jade striking against jade ♦V.P. verdant; luxuriantly green
lóngdǎn 龙胆[-膽] N. <bot.> rough gentian
lóngdǎncǎo 龙胆草[-膽-] N. <bot.> gentian
lóngdǎnzǐ 龙胆紫[-膽-] N. gentian violet
lǒngdào 垄道 N. ridge/path in a field M: [1]tiáo
lóngdé 隆德 N. high virtue
lóng de chuánrén 龙的传人[--傳-] N. descendants of the dragon; the Chinese nation M: ge/[1]míng/[2]wèi
lóngdēng 龙灯[-燈] N. dragon lantern M: [1]zhǎn
lǒngdezhù 拢得住 R.V. be able to keep together
lóngdǐ 龙邸 P.W. emperor's abode prior to his accession
lóngdōng* 隆冬 N. midwinter
lóngdòng 龙洞 N. cave; cavern M: ge/[4]zuò
lǒngduàn 垄断[-斷] V. monopolize
lǒngduàn jiàgé 垄断价格[-斷價-] N. monopoly price
lǒngduàn jítuán 垄断集团[-斷-團] N. monopoly group
lǒngduàn zīběn 垄断资本[-斷--] N. monopoly capital
lǒngduàn zīběnjiā 垄断资本家[-斷---] N. monopoly capitalist M: ge/[1]míng/[2]wèi
lǒngduàn zīběnzhǔyì 垄断资本主义[-斷---義] N. monopoly capitalism
lóngdùn 龙盾 N. dragon shield M: [2]kuài
lóng'ēn 隆恩 N. great kindness/favor/grace
lǒngfà 拢发[-髮] V.O. comb the hair (with the fingers)
lóngfēi 龙飞[-飛] V. ascend the throne
lóngfēibǎng 龙飞榜[-飛-] N. the first list of officials selected after an emperor's accession
lóngfēifèngwǔ 龙飞凤舞[-飛鳳-] F.E. bold cursive calligraphy
lóngfèng 龙凤[-鳳] N. ① fine offspring ② men of wisdom ③ noble look ④ man and woman ⑤ dragon and phoenix
lóngfèngbǐng 龙凤饼[-鳳-] N. cake presented to the bride's family by the bridegroom's M: [2]kuài
lóngfèngchéngxiáng 龙凤呈祥[-鳳--] F.E. have extremely good fortune
lóngfèngtiě 龙凤帖[-鳳-] N. betrothal cards M: [1]zhāng
lóngfèngxiāngpèi 龙凤相配[-鳳--] F.E. union of dragon and phoenix (i.e., marriage)
lónggàir 笼盖儿[-蓋-] N. cover of a cage or food steamer, etc.
lónggānbàotāi 龙肝豹胎 ID. rare delicacies
lónggānfèngdǎn 龙肝凤胆[-鳳膽] ID. rare delicacies
lónggānfèngsuǐ 龙肝凤髓[--鳳-] ID. rare delicacies
lónggānfèngxīn 龙肝凤心[--鳳-] ID. rare delicacies
lǒnggǎng 垄岗[-崗] N. mound
lónggōng* 龙宫[-宮] N. palace of the sea god M: [4]zuò
lǒnggòng 拢共 ADV. altogether; all told; in all
lǒnggōu 垄沟[-溝] N. field ditch; furrow M: [1]tiáo
[1]**lónggǔ** 龙骨 N. ① bird's sternum ② <Ch. med.> fossil fragments ③ keel
[2]**lónggǔ** 隆古 N. prosperous reign in ancient times
[3]**lónggǔ** 砻谷[-穀] N. hull grain
lóngguà 龙挂 N. ① tornado ② waterspout
lónggǔchē 龙骨车 N. <agr.> square-pallet chain-pump
lóngguì 隆贵 S.V. ① <wr.> very noble; lofty in position ② sumptuous (way of life)
lónggǔjī 砻谷机[-穀-] N. <agr.> rice huller M: [1]tái
lónggǔn 龙衮[-袞] N. imperial emblem
lónghán 隆寒 N. <wr.> winter at its coldest
lónghòu 隆厚 S.V. profound; deep; generous (of friendship/etc.)

lónghǔdòu 龙虎斗[-鬥] N. fierce struggle between evenly-matched opponents M: [3]*cháng*
lónghuǒ* 笼火 V.O. <*topo.*> make a fire
lǒnghuǒ 拢火 V.O. <*coll.*> kindle a fire
[1]**lóngjí** 隆极[-極] N. <*wr.*> apogee of grandeur
[2]**lóngjí** 癃疾 N. ① humping of the back in old age ② anuria
lǒngjǐ* 垄脊 N. ridge M: [2]*dào*/[1]*tiáo*
lóngjiàn 栊槛[-檻] N. pen/cage for animals
lóngjiǎomiáo 龙角描 N. <*art*> dragon-horn stroke (in painting)
lóngjiè 龙介 N. <*zoo.*> *Serpula constortuplicata*
Lóngjǐngchá 龙井茶 N. name of a famous green tea M: *bēi*
lóngjīngyú 龙睛鱼 N. dragon-eyes (goldfish with prominent eyes and large tail) M: [1]*tiáo*
lóngjū* 龙驹 N. ① fine horse ② talented youth
Lǒngjù 陇剧[-劇] N. Gansu opera M: [1]*chū*
lóngjuǎn 龙卷[-捲] <*met.*> N. spout
lóngjuǎnfēng 龙卷风[-捲-] N. tornado; cyclone; twister M: [3]*cháng*/[1]*zhèn*
lóngjūfèngchú 龙驹凤雏[-鳳雛] ID. young talented scholar
lǒngkǎn 垄坎 N. ridge between fields M: [2]*dào*
lóngkāng 砻糠 N. rice chaff
lǒngkè 陇客 N. <*wr.*> parrot
lóngkǒuduóliáng 龙口夺粮[-奪糧] F.E. speed up summer harvesting before the storm breaks
lóngkuí 龙葵 N. <*bot.*> black nightshade M: [2]*kē*
lóngkuì* 聋聩 V.P. ① deaf ② ignorant
lǒngkuò 笼括 V. <*topo.*> encompass
[1]**lónglì** 笼利 V.O. amass gains; make a profit
[2]**lónglì** 龙利 N. flounder; sole
lónglín 龙鳞 ID. ① coattails of a great person ② neatly arranged
lónglíng 珑玲 V.P. ① exquisitely wrought (of things) ② clever and nimble (of people) ③ bright; shining ♦ON. <*wr.*> tinkling sound of metal striking against metal or of jade striking against jade
[1]**lónglóng** 隆隆 ON. rumble; boom ♦R.F. flourishing
[2]**lónglóng** 胧胧 N. brightness of the moon
lónglóngshēng 隆隆声[-聲] N. roaring; booming sound
lónglóngxiǎng 隆隆响[-響] V.P. make a roaring/booming sound
lónglóufènggé 龙楼凤阁[-樓鳳-] F.E. imperial palace
lǒngluò 笼/拢络 V. win sb. over; draw over; rope in
lǒngluò rénxīn 拢络人心 V.O. cultivate people's good will (by dispensing charity/favors/etc.)
lóngluòzǐ 龙落子 N. sea horse
lóngmǎ 龙马 N. aged but vigorous; old but strong
lóngmài 龙脉[-脈] N. winding mountain range
lóngmǎ jīngshén 龙马精神 N. vigorous (old age)
lóngmáng 聋盲 N. deafness and blindness
lóngméifèngmù 龙眉凤目[--鳳-] F.E. have long eyebrows and long slit eyes
lóngmén 龙门 N. ① gateway to success M: [4]*zuò* ② fame; glory ③ influential/powerful person
lóngménbào 龙门刨 N. <*mach.*> double housing planer M: [4]*zuò*/[1]*tái*
lóngméndiào 龙门吊 N. <*mach.*> gantry crane M: [4]*zuò*
lóngmén qǐzhòngjī 龙门起重机 N. <*mach.*> gantry crane M: [4]*zuò*/[1]*jià*
Lóngmén Shíkū 龙门石窟 P.W. Longmen Grottoes (in Luoyang)
lóngmén xǐchuáng 龙门铣床 N. <*mach.*> planer-type milling machine M: [4]*zuò*
Lóngmén zàoxiàng 龙门造像 N. stone images of Buddha in the Longmen Grottoes
lóngmǐ 砻米 V.O. sift rice
lóngmíng 胧明 N. the moon's brightness
lóngmù 龙目 N. ① emperor's eyes ② <*bot.*> longan
lǒngmǔ* 陇/垄亩[-畝] N. rural community; farm
lóngnǎo 龙脑[-腦] N. <*chem.*> borneol; borneo camphor
lóngnián 龙年 N. the year of the dragon
lóngniǎo 笼鸟 N. cageling; cage bird M: [2]*zhī*
lóngnǚ 龙女 N. <*trad.*> daughter of the Dragon King
lóngpái 龙牌 N. imperial tablet to which students and officials were required to pay respect
lóngpánfèngyì 龙蟠凤逸[--鳳-] ID. exceedingly talented
lóngpánhǔjù 龙盘虎踞[-盤--] ID. forbidding strategic point
lóngpáo 龙袍 N. imperial robe M: [2]*jiàn*
lóngqǐ 隆起 R.V. swell; bulge
lóngqián 龙潜[-潛] V. wait for accession
lóngqíng 隆情 N. profound affection; intense feeling
lóngqínghòuyì 隆情厚谊 F.E. hospitality and friendship
lóngqióng 隆穹 N. top of a vehicle ♦V.P. <*wr.*> high; soaring
Lóngquányáo 龙泉窑[-窯] P.W. <*art*> a Song ceramic kiln (in Longquan, Zhejiang)
lóngrén 龙人 N. the Chinese people
lóngrǔ 隆乳 V.O. raise the breasts by plastic surgery
lǒngshang 拢上 R.V. <*coll.*> tie; bind; fetter
Lóngshān Wénhuà 龙山文化 N. Longshan Culture (late Neolithic)
lóngshé 龙蛇 N. ① flourishes in calligraphy ② eminent person
lóngshéfēidòng 龙蛇飞动[-飛動] F.E. swift movement in calligraphy
lóngshéhùnzá 龙蛇混杂[-雜] F.E. mingling of good and evil
lóngshélán 龙舌兰[-蘭] N. <*bot.*> century plant M: [2]*kē*
lóngshèng 隆盛 N. abundance ♦V.P. flourishing; prosperous
lóngshēngjiǔzǐ 龙生九子 F.E. Brothers born of the same parents differ from each other.
lóngshī 龙虱 N. a water beetle; predacious diving beetle M: [2]*zhī*
lóngshǔ 隆暑 N. <*wr.*> summer at its hottest
lǒngshū* 拢梳 N. comb
lǒngtái 垄台[-臺] N. <*topo.*> ridge of a furrow
lóngtán 龙潭 N. dragon pond/pool M: [4]*zuò*
lòngtáng 弄堂 N. <*topo.*> lane; alley(way) M: [1]*tiáo*
lòngtángkǒu 弄堂口 N. entrance of a lane/alley
lóngtán-hǔxué 龙潭虎穴 N. danger spot
lóngtào 龙套 N. ① actor's robe with a dragon design ② actor so garbed ③ a bit role
lóngténghǔyuè 龙腾虎跃[-躍] F.E. scene of bustling activity
lóngtǐ 龙体[-體] N. emperor's body/health
[1]**lóngtì*** 笼屉[-屜] N. food steamer
[2]**lóngtì** 隆替 N. rise and fall (of a reign/etc.)
lóngtián 隆田 N. field in a mountain area
lóngtiàohǔwò 龙跳虎卧[-臥] F.E. free and vigorous style of writing
lóngtíng 龙庭 N. ① imperial court ② facial features of a noble man
lóngtóng 胧朣 N. sound of a drum
lǒngtǒng* 笼统 S.V. general; sweeping
lóngtou 笼头 N. ① headstall; halter ② leader of jail inmates
lóngtóu* 龙头 N. ① tap; faucet ② <*topo.*> bicycle handlebar ③ leader of a sect, secret society, etc. ④ beginning (of a queue/etc.)
lǒngtóu 拢头 V.O. <*topo.*> comb the hair
lóngtóu dìwèi 龙头地位 P.W. leading position
lóngtóu-fèngwěi 龙头凤尾[--鳳-] N. sth. good from beginning to end
lóngtóu qǐyè 龙头企业[-業] P.W. key enterprises
lóngtóu-shéwěi 龙头蛇尾 N. a beginning with no end; dwindling away to nothing after an initial display of greatness
[1]**lóngtóuyú** 龙头鱼 N. Bombay duck
[2]**lóngtóuyú** 隆头鱼 N. <*zoo.*> wrasse M: [1]*tiáo*
lǒngtóuzi 垄头子 N. <*topo.*> furrow of land
lóngtuí 隆颓 V.P. <*wr.*> craggy
Lóngwáng 龙王 N. Dragon King (God of Rain)
Lóngwangmiào 龙王庙[-廟] P.W. temple of the Dragon King M: [4]*zuò*
Lóngwangyé 龙王爷[-爺] N. Dragon King M: [2]*wèi*
lóngwěi 龙尾 N. dragon tail
lóngwén 龙文 N. ① fine horse ② fine writing ③ fine son
lóngwǔ 龙舞 N. dragon dance
lóngxiā 龙虾[-蝦] N. lobster M: [2]*zhī*/*ge*
lóngxián 龙涎 N. ambergris
lóngxiángfèngwǔ 龙翔凤舞[--鳳-] F.E. a swirling dance
lóngxiānghǔbù 龙骧虎步 F.E. imposing manner
lóngxiānghǔshì 龙骧虎视 F.E. cherish great ambitions
lóngxiánxiāng 龙涎香 N. ambergris
lóngxīng 隆兴[-興] S.V. flourishing; prosperous
lóngxíng* 隆刑 N. <*wr.*> strict/severe punishment
lóngxìng 龙性 N. recalcitrance; intractability
lóngxínghǔbù 龙行虎步 F.E. dignified manner of an emperor
lóngxū 龙须[-鬚] N. <*bot.*> rush (used for making mats)
lóngxūcài 龙须菜[-鬚-] N. ① <*topo.*> asparagus ② a kind of edible algae ③ motherwort
lóngxūcǎo 龙须草[-鬚-] N. <*bot.*> Chinese alpine rush
lóngxué 龙穴 N. ideal grave site
lóngxuèshù 龙血树[-樹] N. <*bot.*> dragon tree M: [2]*kē*
lóngxūmiàn 龙须面[-鬚麵] N. long, thin noodles M: *wǎn*
lóngyǎ 聋哑[-啞] N. deaf-mute
lóngyácǎo 龙牙草 N. <*bot.*> hairyvein agrimony
lóngyán 龙/隆颜 N. face/countenance of the emperor
lóngyǎn* 龙眼 N. <*bot.*> longan
lóngyánbùyuè 龙颜不悦 F.E. <*trad.*> The emperor looks displeased/unhappy/angry.
lóngyándàyuè 龙颜大悦 F.E. The emperor is greatly pleased.
lóngyáng 龙洋 N. dragon dollar (late Qing)
lóngyǎng* 笼养[-養] V. raise (poultry) in coops/cages/etc.
lóngyángjūn 龙阳君[-陽-] N. catamite
lóngyángpǐ 龙阳癖[-陽-] N. homosexuality
lóngyǎrén 聋哑人[-啞-] N. deaf-mute
lóngyǎ xuéxiào 聋哑学校[-啞--] N. school for deaf-mutes M: [1]*suǒ*
lóngyǎzhèng 聋哑症[-啞-] N. deaf-mutism
lóngyǎ zìmǔ 聋哑字母[-啞--] N. deaf-and-dumb alphabet
lóngyín 龙银 N. <*trad.*> ① silver currency ② Han-dynasty silver dollar
lóngyínhǔxiào 龙吟虎啸[-嘯] ID. awe-inspiring roar (of wind/waves/etc.)
lóngyuèfèngmíng 龙跃凤鸣[-躍鳳-] ID. brilliant (of intellect)
lóngyùshàngbīn 龙驭上宾[-賓] F.E. The emperor has passed away.
lóngzhāng 龙章 N. ① imperial emblem ② emperor's calligraphy
lóngzhāng-fèngzhuàn 龙章凤篆[--鳳-] N. engraved with animals and seal characters
lóngzhāng-fèngzī 龙章凤姿[--鳳-] N. noble and handsome appearance
lǒngzhào 笼罩 V. envelop; shroud
lóngzhǎohuái 龙爪槐 N. <*bot.*> Chinese pagoda tree M: [2]*kē*
lóngzhēnghǔdòu 龙争虎斗[-爭-鬥] F.E. fierce struggle between two evenly-matched opponents
lóngzhōng 龙钟 V.P. <*wr.*> decrepit; senile
lóngzhǒng 龙种[-種] N. descendants of an emperor

lóngzhòng* 隆重 S.V. grand; solemn; ceremonious
lǒngzhǒng 陇种[-種] V.P. senile; decrepit
lóngzhōnglǎotài 龙钟老态[-態] F.E. signs of senility
lóngzhōngniǎo 笼中鸟 N. one who is restricted and confined M: [2]zhī
lóngzhōngzhīniǎo 笼中之鸟 N. one who is restricted and confined M: [2]zhī
lóngzhōu 龙舟 N. ① dragon boat ② imperial boat M: [1]tiáo
lóngzhōu jìngdù 龙舟竞渡[--競-] N. dragon-boat race
lóngzhū 龙珠 N. *Tubocapsicum anomalum*
lóngzhǔn 隆准[-準] N. <*wr.*> prominent nose
[1]lóngzi* 笼子 N. ① large box/chest; trunk ② cage; coop ③ basket; container M: [2]zhī
[2]lóngzi 聋子 N. deaf person
lóngzǐ 龙子 N. <*trad.*> son of the Dragon King
lǒngzi 拢子 N. fine-toothed comb
lóngzifàngpào 聋子放炮 ID. <*coll.*> like a bolt out of the blue
lǒngzǒng 拢总[-總] ADV. <*coll.*> all in all; altogether
lóngzuǐ 笼嘴 N. muzzle (put over the mouth of an animal)
lǒngzuò 垄作 N. <*agr.*> ridge culture
lou 喽[嘍] M.P. *calling attention to, or mildly warning of, a situation* ***See also*** **[6]lóu**
[1]lōu 搂[摟] V. ①gather up; rake together ②hold/tuck up ③ extort money ④ <*topo.*> pull ***See also*** **[1]lǒu**
[2]lōu 瞜[瞜] V. <*topo.*> look at ♦in **kōulou**
[1]lóu* 楼[樓] N. ① storied building ② Surname ♦N./M. story; floor ♦B.F. superstructure **zhōnglóu**
[2]lóu 耧[耬] N. animal-drawn seed plow; drill barrow; drill
[3]lóu 蝼[螻] B.F. mole cricket **lóugū, kuòlóu**
[4]lóu 娄[婁] in **[1]lóuzi**
[5]lóu 偻[僂] in **lóuluó, gōulóuyāo, yǔlóu** ***See also*** **[9]lǚ**
[6]lóu 喽[嘍] in **chū lóuzi, pālou** ***See also*** **lou**
[7]lóu 蒌[蔞] in **lóuhāo, guālóu**
[8]lóu 髅[髏] in **lóugū, dúlóu**
[1]lǒu 搂[摟] V. hold in one's arms; hug ***See also*** **[1]lōu**
[2]lǒu 篓[簍] B.F. a deep basket **lǒur, lǒuzi**
[1]lòu 漏 V. ①leak out ②divulge; leak ③be missing; leave out ♦B.F. ① water clock; hourglass **lòuhú** ② funnel **lòudǒu** ③ <*rel.*> depravity
[2]lòu 露 B.F. <*coll.*> reveal; show; appear **lòu mǎjiǎo** ***See also*** **[2]lù**
[3]lòu 陋 B.F. ①narrow and small **[1]lòuxiàng** ②ugly **chǒulòu** ③ vile; mean **lòuxí** ④ ignorant; crude; simple-minded **yúlòu** ⑤poor (of performances/etc.); inferior **[1]jiǎnlòu** ⑥ stingy
[4]lòu 镂[鏤] B.F. engrave; carve **[1]lòukè**
[5]lòu 瘘[瘺] B.F. fistula **[2]lòuguǎn, sāilòu**
lōuba 搂巴[摟-] V. <*topo.*> pilfer; filch
lòubái 露白 V.O. show one's valuables unintentionally ***See also*** **lùbái**
lóubǎn* 楼板[樓-] N. floor; floorboard M: [2]kuài
lòubǎn 镂版[鏤-] N. engraved plate
lǒubào* 搂抱[摟-] V. hug; embrace
lòubào 漏报[-報] V. ① fail to include sth. in a report (intentionally or not) ② fail to declare (dutiable goods)
lōubāorjiàng 搂包儿匠[摟-] N. ① sb. who solicits business ② transporter of heavy loads
lòubīng 镂冰[鏤-] ID. labor in vain
lóubō 耧播[耬-] V. sow with a drill
[1]lòucái 露财 V.O. reveal wealth unintentionally
[2]lòucái 露才 V.O. display one's talent/knowledge
[3]lòucái 漏财 V.O. suffer financial loss
lòucáizhīyuán 漏财之源 N. ways of squandering money/property
lōucǎojī 搂草机[摟-] N. rake M: [1]jià/[1]tái
lóucéng 楼层[樓層] N. floor; story
[1]lóuchē 耧车[耬-] N. animal-drawn seed plow M: [3]liàng
[2]lóuchē 楼车[樓-] N. chariot with a turret M: [3]liàng
lòuchénchuīyǐng 镂尘吹影[鏤塵-] ID. make futile efforts
lòuchéng 漏乘 V. miss one's train
lòuchǐ 露齿[-齒] V.O. show one's teeth
lòuchǒu 露丑[-醜] V.O. make a fool of oneself in public
[1]lòuchū 露出 R.V. expose; show ***See also*** **lùchū**
[2]lòuchū 漏出 R.V. leak (out)
lóuchuán 楼船[樓-] N. large turreted boat M: [1]tiáo/[1]sōu
lóuchuāng* 楼窗[樓-] N. window (on upper floors) M: [1]shàn
lòuchuāng 漏疮[-瘡] N. <*topo.*> hemorrhoids; piles; anal fistula
[1]lòu chūlai 露出来 R.V. reveal: expose; betray
[2]lòu chūlai 漏出来 R.V. leak out
lòuchū mǎjiǎo 露出马脚[-腳] V.O. ① reveal one's true character ② reveal holes in one's story
lòuchū pòzhàn 露出破绽 V.O. belie
lòuchu tóuzi 露出头子 V.O. <*topo.*> provide a clue; give a hint
lòuchū zhēnxiàng 露出真相 V.O. betray oneself
lǒu chǔzǐ 搂处子[摟處-] V.O. kidnap/abduct a young girl
lòu dàféi 露大肥 V.O. get rich; gain a big profit
lóudào 楼道[樓-] N. corridor; passageway M: [1]tiáo
[1]lòudǐ(r) 露底(儿) V.O. reveal the inside story
[2]lòudǐ 漏底 V.O. leak in the bottom of a vessel
lòudiàn 漏电[-電] V.O. leak electricity
lòudiāo 镂雕[鏤-] N. <*art*> perforation; open-work; fret-work
lòudiào* 漏掉 R.V. ① be missing or left out ② leave out
lóudǐng(r) 楼顶(儿)[樓-] N. top of a building
lóudǐngcéng 楼顶层[樓-層] N. loft
lóudǐxià 楼底下[樓-] P.W. downstairs
lòudòng 漏洞 N. ①leak ②flow; hole; loophole
lòudòngbǎichū 漏洞百出 F.E. be full of loopholes
lòudōu 漏兜 V.O. <*coll.*> reveal a secret
lòudǒu(r)* 漏斗(儿) N. funnel
lòudǒuhù 漏斗户 N. <*PRC/coll.*> peasant households that remain in poverty despite repeatedly receiving aid M: [1]jiā
lòudǒuzhuàng huāguān 漏斗状花冠[--狀--] N. funnel-shaped corolla
lóufáng 楼房[樓-] N. building of two or more stories M: [4]zuò
lòufāyīn 漏发音[-發-] N. <*lg.*> haplology
[1]lòufēng* 漏风 V.O. ① leak air ② speak indistinctly owing to missing front teeth ③ leak out (of secrets/etc.)
[2]lòufēng 露风 V.O. divulge; become known
lòufèng(r) 漏缝(儿) N. crack; leak
lòu fēngmáng 露锋芒 V.O. make one's aggressiveness or talent felt
lòu fēngshēng 漏风声[-聲] V.O. disclose/leak a secret
lòufù 露富 V.O. show one's riches
lòufǔchōngjī 漏脯充饥 F.E. care only for the present regardless of future consequences
lóugē 楼鸽[樓-] N. pigeons nesting in buildings M: [2]zhī
lóugé* 楼阁[樓-] N. tower M: [4]zuò
lóugéshì tǎ 楼阁式塔[樓-] N. pagoda of a multi-storied pavilion type M: [4]zuò
lóugū* 蝼/髅蛄[螻/髏-] N. <*bio.*> mole cricket
lòugǔ 漏鼓 N. <*trad.*> drum used to beat watches
[1]lòuguǎn 漏管 N. <*med.*> ①anal fistula ②ulcer that does not real easily
[2]lòuguǎn 瘘管[瘺-] N. <*med.*> fistula
lòuguāng 漏光 V.O. leak light ♦R.V. leak out completely
lòuguī* 陋规 N. objectionable practices; venality M: [1]tiáo
lòuguǐ 镂簋[鏤-] N. <*trad.*> engraved round-mouthed food vessel with two or four loop handles
lòuguì 漏柜[-櫃] N. theft of goods in a store by its own clerks
lòuguībìxí 陋规鄙习[-習] F.E. corrupt practices and stupid customs
lòugǔmíngxīn 镂骨铭心[鏤-] F.E. remember forever with gratitude
lóuguō 蝼蝈[螻蟈] N. frog
lòuguō* 漏锅[-鍋] N. colander M: [2]zhī
lóuhāo 蒌蒿[蔞-] N. <*bot.*> *Artemisia vulgaris*; an edible water plant
lòuhú 漏壶[-壺] N. watch clock; clepsydra; hourglass M: [1]bǎ/[2]zhī
lòuhuā* 镂花[鏤-] N./V.O. <*mach.*> ① ornamental engraving ② engrave a design
lòuhuà 漏划[-劃] V. escape a bad political classification
lòuhuà dìzhǔ 漏划地主[-劃--] N. <*PRC*> rich landlords who escaped being classified as "landlord elements" in the land reform of the 1950s M: ge/[1]míng
lōuhuǒ(r) 搂火(儿)[摟-] V.O. <*coll.*> fire a small weapon; pull the trigger
lōuhuò* 搂货[摟-] V.O. act as a commission agent in selling goods
[1]lòujiàn 陋见 N. shallow/superficial views
[2]lòujiàn 漏箭 N. arrow/needle for indicating time in a clepsydra M: [5]zhī/[4]zhī
lòujiànqiǎnshí 陋见浅识[-淺識] F.E. scratch the surface
lòujiē 漏接 N. passed ball (of basketball)
lǒujǐn* 搂紧[摟緊] R.V. embrace tightly
lòujìn 漏尽[-盡] ID. night has run its course
lòujīncuòcǎi 镂金错彩[鏤-] F.E. exquisitely wrought
lòujīndiāoyù 镂金雕玉[鏤-] ID. a fine piece of writing
lòujīng 漏精 V.O. involuntary emission of semen; spermatorrhea
lòujìngēngcán 漏尽更残[-盡-殘] F.E. The night is waning.
[1]lòukè 镂刻[鏤-] V. ①engrave; carve ②impress deeply
[2]lòukè 漏刻 N. water clock; clepsydra
[1]lòukōng* 镂空[鏤-] V. hollow out ♦N. <*art*> open-work; reticulation
[2]lòukōng 露/漏空 V.O. lay oneself open to attack
lòukǒng 漏孔 N. hole leaking air/water
lòukōngtàopíng 镂空套瓶[鏤-] N. <*art*> vase with reticulated envelope enclosing a container
lòukǒur 漏口儿 N. leak
lǒukuāng 篓筐[簍-] N. basket M: [2]zhī/ge
lōulǎn 搂揽[摟攬] V. take over everything; monopolize
lòuledōu 漏了兜 V.O. <*coll.*> reveal the actual situation
lòule lǎodǐ 漏了老底 V.P. <*coll.*> inadvertently leak personal secrets
lòuliǎn(r) 露脸(儿) V.O. bask in honors
[1]lòuliè 漏列 V.O. overlook a listing
[2]lòuliè 陋劣 S.V. vile; detestable; sordid; vulgar
lǒulǒubàobào 搂搂抱抱[摟摟-] V.P. cuddle and embrace
lóulǔ 楼橹[樓-] N. watchtower; donjon
lòulù* 漏露 V. reveal (secret/etc.)
lóuluó* 喽/偻罗[嘍/僂羅] N. ① outlaw rank and file ② underling; lackey
lòuluò 漏落 V. leave out by mistake; miss out
lòu mǎjiǎo 露马脚[-腳] V.O. give oneself away *Tā de kǒuyīn shì tā lòule mǎjiǎo.* His accent gave him away.
lóumiàn 楼面[樓-] N. <*archi.*> floor
lòumiàn(r)* 露面(儿) V.O. put in an appearance
lòumiáo(r) 露苗(儿) V.O. ① sprout; put forth ② be imminent
lòupái 漏排 V.O. carelessly omit some words/passages in printing
lòupiào 漏票 V.O. evade the buying of a ticket

lòuqì 漏气[-氣] V.O. ① leak air ② <topo.> accidentally reveal sth. embarrassing
lōuqián 搂钱[摟錢] V.O. <coll.> extort money
lòuqiè 露怯 V.O. <topo.> make a fool of oneself
lóuqún 楼群[樓-] N. building complex; cluster of buildings
lǒur 篓儿[簍-] N. basket
lòurú 陋儒 N. ignorant scholar M: ge/1míng
lóushà 楼厦[樓廈] N. tall/big building/edifice M: 4zuò
lóushàng 楼上[樓-] P.W. upstairs
lóushàngxià 楼上下[樓-] P.W. upstairs and downstairs
lòusháo 漏勺/杓 N. strainer; colander M: 1bǎ
lòushēn 镂身[鏤-] V.O. tattoo the body
1lòushī 漏失 V. leave/leak out
2lòushī 漏师[-師] V.O. leak military secrets
3lòushī 露尸[-屍] N. exposed corpse
lòushí 陋识[-識] N. <humb.> (my) superficial views; shallow learning
lòushì* 陋室 N. <humb.> my plain little room M: 1jiān
lòushī diào 漏失掉 R.V. leave/leak out
lòushōu 漏收 V. fail to include; omit
lòushuǐ 漏水 V.O. leak water
lòushuì* 漏税 V.O. evade taxation
lòusú 陋俗 N. undesirable/vulgar customs
lōusuàn 搂算[摟-] V. calculate; audit; check an account
lóutái 楼台[樓臺] N. ① high building; tower ② <topo.> balcony M: 4zuò
lóutáitínggé 楼台亭阁[樓臺-] F.E. ① tower and pavilion ② general reference to elaborate Chinese architecture
lóutángguǎnsuǒ 楼堂馆所[樓-] F.E. office buildings; large halls; guest houses
lóuténg 蒌藤[蔞-] N. <bot.> a kind of vine M: 2kē
lóutī* 楼梯[樓-] N. stairs; staircase M: 4zuò
lóutǐ 楼体[樓體] N. main structure of a building
lòutiān 漏天 N. ① rainy days ② crack/hole letting light pass through
lóutījiān 楼梯间[樓-] N. staircase M: 1jiān
lóutīng 楼厅[樓廳] N. balcony M: 1jiān
lóutíng* 楼亭[樓-] N. Chinese-style pavilion M: 4zuò
lóutī píngtái 楼梯平台[樓-臺] N. landing (of stairs)
lōutóu 搂头[摟-] ADV. <topo.> head-on; directly
lòutóu(r)* 露头(儿) V.O. ① appear; emerge ② become notorious *See also* 1lùtóu
lōutóugàiliǎn 搂头盖脸[摟-蓋-] F.E. right in the face
lòutuō 漏脱 V. leave out by mistake
lòuwǎng 漏网[-網] V.O. slip through the net; escape unpunished
lòuwǎngzhīyú 漏网之鱼[-網--] N. sb. who escapes punishment; fugitive; runaway M: 1tiáo
1lòuwū* 陋屋 N. hovel M: 1jiān
2lòuwū 漏屋 N. house with a leaking roof M: 1jiān
lòuwù 漏误 N. mistake/error due to an omission/deletion
lòuxí 陋习[-習] N. corrupt customs; bad habits M: 1zhǒng
lóuxià 楼下[樓-] P.W. downstairs
1lòuxiàn(r) 露馅(儿) V.O. <coll.> give the game away
2lòuxiàn 漏现 V. be exposed to public view
lóuxiāng 楼厢[樓廂] N. <thea.> second-floor box
1lòuxiàng* 陋巷 N. narrow, dirty alley; slums M: 1tiáo
2lòuxiàng 露相 V.O. <topo.> unmask
lòuxiè 漏泄 V. ① leak out; filter ② let out; leak; divulge; give away
lòuxiè chūnguāng 漏泄春光 V.O. let out a secret
lòuxīnkègǔ 镂心刻骨[鏤-] F.E. inscribe a debt of gratitude in one's heart
lòuxuànr 漏楦儿 V.O. <coll.> be disclosed; be exposed (of a plot/etc.)
lóuyāosuōbèi 偻腰缩背[僂-] F.E. slouch
lòuyè 漏夜 N. in the dead of night
lóuyǐ 蝼蚁[螻蟻] N. ① mole crickets and ants ② nobodies; nonentities
lòu yī bízi 露一鼻子 V.P. <topo.> show off; make a big splash; be lavish
lōu yīshang 搂衣裳[摟-] V.O. hold up the lower part of one's gown
lóuyǐ shàngqiě tōushēng 蝼蚁尚且偷生[螻蟻-] ID. Even the lowly cricket and ant cling to life, (let alone human beings).
lòu yīshǒu 露一手 V.O. show off
lóuyǔ 楼宇[樓-] N. building; storied house M: 4dòng
lóuyù 蝼蜮[螻-] N. mole cricket
lòuyǔ* 漏雨 V.O. leak rain (of a roof)
lóuyuàn 楼院[樓-] N. a courtyard with a house of more than one story
lòuyuècáiyún 镂月裁云[鏤-雲] F.E. ① ingeniously wrought ② a skilled work of art/literature
lǒuzhe 搂着[摟著] V. embrace; press to one's chest
lòuzhī 漏卮 <wr.> N. leaking wine cup ♦ID. loss of economic rights to foreigners
lóuzhōnglóu 楼中楼[樓-樓] N. building within a building
lǒuzhù 搂住[摟-] R.V. hold in one's arms; embrace
lǒuzhu bózi 搂住脖子[摟-] V.O. fall on sb.'s neck
1lóuzi 娄子[婁-] N. <coll.> trouble; blunder ***Tā chū ~ la.*** He's gotten into some trouble.
2lóuzi 楼子[樓-] N. building
lǒuzi* 篓子[簍-] N. basket
lòuzi 漏子 N. ① <topo.> funnel ② flaw; hole ③ loophole
lòuzuǐ 漏嘴 V.O. let slip a remark; make a slip of the tongue
lóuzuò 楼座[樓-] N. balcony
1lu 轳[轤] in ***lùlu, 1gūlu***
2lu 氇[氌] in ***pǔlu***
1lū 撸[擼] V. <coll.> ① rub one's palm along sth. ***~ qǐ xiùzi*** roll up one's sleeves ② dismiss sb. from a post; fire; sack sb. ③ reprimand; rebuke
2lū 碌 in ***pūlūlū, huīgulūdū See also*** 7liù, 8lù
3lū 噜[嚕] in ***lūsu, hūlūlū, 2gūlu See also*** 6lǎo
4lū 漉 in ***shuīlūlū See also*** 14lù
1lú 炉[爐] B.F. stove; furnace ***lúzi*** ♦M. *for fires in stoves (for heating)* ***Tài lěng le, 1shēng liǎng ~ 1huǒ ba.*** It is too cold, let's have two fires.
2lú 颅[顱] N. <archeo.> cranium ♦B.F. cranium; skull ***lúgǔ, tóulú***
3lú 卢[盧] B.F. gourd ***gūlú*** ♦N. Surname ♦*used in transliterations* in ***lúbǐ, lúbù, jiālúnà***
4lú 庐[廬] B.F. hut; cottage ***lúmù, ānlú***
5lú 芦[蘆] B.F. ① reed ***lúxí*** ② gourd ***1húlu***
6lú 垆[壚] B.F. ① black soil; loam ② wine shop; wine ***lúdǐ, 2dānglú***
7lú 胪[臚] B.F. display; set out ***lúliè, lúchén***
8lú 舻[艫] B.F. bow (of a boat/ship); boat ***zhúlú***
9lú 鲈[鱸] B.F. perch ***lúfú, hǎilú***
10lú 栌[櫨] in ***lúbó, bólú***
11lú 鸬[鸕] in ***lúcí***
Lú 泸[瀘] B.F. river name; place name ***Lúzhōu***
1lǔ 鲁[魯] B.F. ① stupid; dull ***yúlǔ*** ② vulgar ***1cūlǔ*** ③ rash; impetuous; blunt ***lǔmǎng*** ♦N. ① short name for Shandong ② Surname
2lǔ 卤[鹵] B.F. ① bittern ***yánlǔ*** ② <chem.> halogen ***lǔsù*** ③ rude; unrefined ***lǔmǎng*** ♦V. stew in soy sauce
3lǔ 橹[櫓] N. scull; sweep
4lǔ 虏/掳[虜/擄] B.F. ① capture; prisoner ***lǔhuò, fúlǔ*** ② loot; capture ***lǔlüè***
5lǔ 镥[鑥] N. <chem.> lutecium
1lù* 路 N. ① road; path; way ② journey; distance ③ way; means ④ sequence; logic; line ⑤ region; district ⑥ route ⑦ sort; grade; class ⑧ Surname
2lù 露 B.F. ① dew ***lùshui*** ② syrup ***guǒzilù*** ♦N. Surname ♦V. show; reveal; betray ***See also*** 2lòu
3lù 鹿 N. deer
4lù 录[錄/録] B.F. ① record; write down; copy ***jìlù*** ② employ; hire ***lùqǔ*** ③ tape-record ***lùyīn*** ④ record; register; collection ***1yǔlù***
5lù 陆[陸] B.F. land ***1lùdì*** ♦N. Surname ***See also*** 4liù
6lù 鹭[鷺] B.F. egret; heron ***lùsī, báilù***
7lù 绿[綠/緑] B.F. green ***lùlínhǎohàn, 2lùyíng, Yālù Jiāng See also*** 1lǜ
8lù 碌 B.F. ① ordinary; undistinguished ***2lùlù*** ② busy ***mánglù See also*** 7liù, 2lū
9lù 禄[祿] B.F. official salary; emolument of office ***lùdù, fú-lù-shòu***
10lù 戮 B.F. ① slay; execute ***3dàlù*** ② unite ***1lùlì***
11lù 赂[賂] B.F. ① give valuable gifts ② bribe ***huìlù, 2lùwèi***
12lù 麓 B.F. foot of a mountain ***shānlùqiūlíng, nánlù***
13lù 渌[淥] B.F. ① wet ***4lùlù, shīlūlù*** ② river name
14lù 漉 B.F. seep through; filter ***2lùwǎng, shīlūlù, 2pūlū See also*** 4lū
15lù 璐 B.F. fine jade ***sàilùluò***
16lù 簏 B.F. bamboo chest ***2lùsù, 2shūlù***
17lù 蓼 B.F. tall trees/vegetation ***6lùlù See also*** 4liǎo
18lù 辂[輅] B.F. <trad.> carriage pull bar; large carriage ***pínglù***
19lù 辘[轆] in ***lùlu, 1gūlu***
20lù 醁 in ***línglù***
21lù 箓 in ***2fúlù, 3dàolù***
22lù 潞 *used in names of rivers*
Lù 逯 N. Surname ♦in ***2lùlù, 3lùsù***
1lǘ 驴[驢] N. donkey; ass ♦S.V. stupid and obstinate
2lǘ 闾[閭] B.F. lane entrance; neighborhood ***lǘlǐ***
3lǘ 榈[櫚] in ***zōnglǘshù, huālǘmù***
1lǚ 铝[鋁] N. aluminum
2lǚ 旅 B.F. ① travel; stay away from home ***1lǚxíng*** ② troops; force ***jūnlǚ*** ♦N. <mil.> brigade
3lǚ 缕[縷] M. ① thread ② wisp; strand ♦B.F. detailed; in detail ***lǚshù***
4lǚ 捋 V. smooth out with the fingers; stroke ***See also*** 1luō
5lǚ 屡[屢] ADV. repeatedly; frequently
6lǚ 履 B.F. ① shoes ***gélǚ*** ② step/tread on; follow ***bùlǚ*** ③ carry out ***2lǚxíng***
7lǚ 侣[侶] B.F. companion ***bànlǚ, qínglǚ***
8lǚ 膂 B.F. spine; backbone ***2lǚlì***
9lǚ 偻[僂] B.F. bent; stooped ***yǔlǚ, niánlǎoyǔlǚ See also*** 5lóu
10lǚ 褛[褸] in ***lánlǚ, yīshānlánlǚ***
Lǚ 吕[呂] N. Surname ♦in ***lǚlǚ***
1lǜ* 绿[綠/緑] S.V. green ***See also*** 7lù
2lǜ 率 SUF. rate; proportion; ratio ***See also*** 1shuài
3lǜ 滤[濾] V. strain; filter
4lǜ 氯 N. chlorine
5lǜ 虑[慮] B.F. ① consider; think over ***kǎolǜ*** ② worry ***yōulǜ***
6lǜ 律 B.F. ① law; rule; regulation; statute ***fǎlǜ*** ② standard pitch-pipes ***lǜlǚ*** ③ a poetic form popular since Tang ***2lǜshī*** ④ discipline ***jìlǜ***
7lǜ 菉 in ***lǜsǔn***
8lǜ 葎 in ***2lǜcǎo***
1luán 栾[欒] B.F. <bot.> goldenrain tree ***luánshù*** ♦N. Surname
2luán 鸾[鸞] N. phoenix-like mythical bird
3luán 孪[孿] B.F. twin ***luánshēng, yīluǎnluánshēng***
4luán 峦[巒] B.F. mountain; mountain range ***shānluán***
5luán 挛[攣] B.F. ① cramped; crooked ***luánqū*** ② spasm ***1jìngluán***
6luán 娈[孌] B.F. pretty; attractive ***luánměi***
7luán 脔[臠] B.F. meat cut into small slices ***luángē, jìnluán***
8luán 銮[鑾] B.F. carriage bells; imperial carriage ***luányú, huíluán***
9luán 圞[圞] B.F. round; complete ***2tuánluán***
Luán 滦[灤] N. ① name of a river in Hubei ② Surname
luǎn 卵 N. ovum; egg; spawn ♦B.F. fish roe ***yúluǎn***

luàn* 乱[亂] S.V. ①in disorder/confusion ②confused; in a turmoil ③ indiscriminate; random; arbitrary ♦V. confuse; mix up; jumble ♦ADV. rashly; carelessly ♦N. disorder; upheaval; chaos ♦B.F. promiscuous sexual behavior *yínluàn*
luàn'ài 乱爱[亂愛] V. <*slang*> love promiscuously, without commitment
luǎnbái 卵白 N. albumen; egg white
luànbāng 乱邦[亂-] V.O. endanger the country ♦N. country in disorder
luànbèngluàntiào 乱蹦乱跳[亂-亂-] V.P. bounce and jump wildly
luànbīng 乱兵[亂-] N. mutinous/undisciplined troops
luàncāi 乱猜[亂-] V. guess wildly
luàncāocāo 乱嘈嘈[亂-] V.P. <*coll.*> haphazard; jumbled
luànchàchà 乱岔岔[亂-] V.P. <*topo.*> haphazard, jumbled
luǎncháo* 卵巢 N. ovary
luànchǎo 乱吵[亂-] V. quarrel/talk noisily (of a crowd)
luánchē 銮车[鑾-] N. imperial carriage M: [3]*liàng*
luànchě* 乱扯[亂-] V. ① talk nonsense ② chat idly ③ talk irresponsibly
luànchén 乱臣[亂-] N. ① minister capable of restoring order ② seditious minister
luànchéngyīpiàn 乱成一片[亂-] V.P. in great confusion
luànchéngyītuán 乱成一团[亂-團] F.E. in great confusion
luànchénzéizǐ 乱臣贼子[亂-賊-] F.E. ministers/generals who collaborate with enemy
luànchī 乱吃[亂-] V. eat without caution
luànchuǎng 乱闯[亂闖] V. dash about pell-mell
luàn chuī yī dùn 乱吹一顿[亂-] V.P. behave as a brazen-faced braggart
luàncì 乱刺[亂-] V. stab/prick randomly/blindly
luàncuàn 乱窜[亂竄] V. flee pell-mell; run helter-skelter
luándài 鸾带[鸞帶] N. <*opera*> broad belt worn by some male players M: [1]*tiáo*
luàndǎluànshā 乱打乱杀[亂-亂殺] F.E. beating and killing without discrimination
luǎndànbáisù 卵蛋白素 N. ovalbumin
luàndǎng 乱党[亂黨] N. rebel party/faction
luándāo 鸾刀[鸞-] N. sword adorned with bells M: [1]*bǎ*
luàndào* 乱道[亂-] V. ① say/speak carelessly ② lie ③ spread subversive ideas
luàndǎyītōng 乱打一通[亂-] F.E. shower/inflict blows on . . .
luàndēng 乱蹬[亂-] V. kick blindly
luàndiǎnyuānyang 乱点鸳鸯[亂點-] ID. ①mistakenly identify people as a couple ②misallocate personnel
luàndiǎnyuānyangpǔ 乱点鸳鸯谱[亂點-] *See luàndiǎnyuānyang*
luàndiū 乱丢[亂-] V. throw pell-mell/helter-skelter
luàndòng 乱动[亂動] V. ① move/act indiscreetly/randomly ② move and leave things out of place
luànfá 乱罚[亂-] V. mete out unjustified punishment
luànfā jiǎngjīn 乱发奖金[亂發獎-] V.O. indiscriminately issue bonuses
luànfān 乱翻[亂-] V. search randomly
luàn fānfān shū 乱翻翻书[亂-書] V.P. <*coll.*> flip through a book
luànfānyīqì 乱翻一气[亂-氣] V.P. paw/rummage through (e.g., luggage)
luànfēi 乱飞[亂飛] V. fly about haphazardly
luànfēnfēn 乱纷纷[亂-] V.P. disorderly; confused; chaotic
luánfèng* 鸾凤[鸞鳳] ID. ① husband and wife ② <*trad.*> distinguished talents ③ handsome; gallant
luànfēng 乱风[亂-] N. degenerate social customs/practices
luànféngǎng 乱坟岗[亂墳崗] N. unmarked common graves M: [4]*zuò*
luánfènghémíng 鸾凤和鸣[鸞鳳-] ID. be a happy couple
luàngàn 乱干[亂幹] V. act recklessly; do in a haphazard fashion
luàngǎo yī qì 乱搞一气[亂-氣] V.P. do sth. without knowing how
luángē 脔割[臠-] V. <*wr.*> slice/carve up
luǎnguǎn 卵管 N. <*phys.*> oviduct
luàngǔn 乱滚[亂滾] V. roll in all directions
luànguó 乱国[亂國] N. country in disorder ♦V.O. throw the country into disorder
luàngūrang 乱咕攘[亂-] V. <*topo.*> disturb
luànhǎnluànjiào 乱喊乱叫[亂-亂-] F.E. clamor; talk wildly
luánhè 鸾鹤[鸞-] N. phoenix-like mythical bird and crane
luǎnhé* 卵核 N. egg nucleus
luànhong 乱哄[亂-] V. be noisy
luànhōnghōng 乱哄哄//烘烘[亂--//--] V.P. tumultuous
luànhu 乱糊/乎[亂-] S.V. be in mess/disorder
luànhuā 乱花[亂-] V. spend money recklessly/carelessly
luànhuà* 乱画[亂畫] V. scribble; scrawl
luànhuāluànyòng 乱花乱用[亂-亂-] F.E. spend money recklessly
luǎnhuáng 卵黄 N. yolk
luànhuānghuāng 乱慌慌[亂-] V.P. disordered; chaotic
luànhuāqián 乱花钱[亂-錢] V.P. spend money recklessly
luànhūn 乱婚[亂-] N. incestuous marriage
luànjǐ 乱挤[亂擠] V. jostle
luánjià 銮驾[鑾-] N. ①imperial carriage ②the emperor
luánjiān 鸾笺[鸞箋] N. tinted letter paper
luànjiǎng yī qì 乱讲一气[亂講-氣] V.P. speak indiscreetly
luànjiāo 乱交[亂-] V. ① choose friends indiscriminately ② promiscuity
luànjiáo 乱嚼[亂-] V. chew away at sth.
luànjiào* 乱叫[亂-] V. call/yell without thought of others
luánjiāofèngyǒu 鸾交凤友[鸞-鳳-] F.E. a couple deeply in love
luànjìnr 乱劲儿[亂勁-] N. <*coll.*> disorder; bedlam
luànjízī 乱集资[亂-] V.P. indiscriminately collect funds from other departments
luànkǎnlànfá 乱砍滥伐[亂-濫-] F.E. ① fell trees indiscriminately ②excessive deforestation; destructive lumbering
luǎnké 卵壳[-殼] N. eggshell
luǎnkuài 卵块[-塊] N. roe
luànlái 乱来[亂-] V. act foolishly/recklessly
luànlā zījīn 乱拉资金[亂-] V.O. misuse specified funds
luànleshǒujiǎo 乱了手脚[亂-腳] F.E. be thrown into a panic
luànle yíng 乱了营[亂-營] V.P. <*topo.*> be thrown into confusion; be in disarray
luànlí 乱离[亂離] V. be separated or rendered homeless by war
luánlíng 銮铃[鑾-] N. tinkling bells on a carriage
luǎnlínzhī 卵磷脂 N. lecithin
luànliú 乱流[亂-] N. turbulent flow
luánluán 挛挛[攣攣] R.F. intimately united
luànluanhōnghōng 乱乱哄哄[亂亂-] R.F. in noisy disorder
luànlún 乱伦[亂-] V. ①commit incest ②violate natural laws
luànmá 乱麻[亂-] N. mess; hodgepodge
luànmà* 乱骂[亂罵] V. curse/swear aimlessly ♦N. foul abuse
luànmāmā 乱麻麻[亂-] R.F. <*coll.*> messy; disorderly
luánmáo 挛毛[攣-] N. frizzled hair
luánměi 娈美[孌-] V.P. effeminate
luànmín 乱民[亂-] N. ① rioters; mobsters ② rebels ♦V.O. incite to riot
luànmìng 乱命[亂-] N. instructions given when non compos mentis
luànmō 乱摸[亂-] V. grope blindly
luànnào 乱闹[亂鬧] V. ① cause trouble ② nag (of child)
luànnòng 乱弄[亂-] V. do/make recklessly
luǎnpāo 卵泡 N. <*phys.*> follicle
luànpǎo* 乱跑[亂-] V. run helter-skelter
luànpēngpēng 乱蓬蓬[亂-] V.P. disheveled; tangled; jumbled
luánpiāofèngbó 鸾飘凤泊[鸞-鳳-] ID. ① A couple becomes separated from one another ② write with a natural and unrestrained penmanship
luànpīshè 乱批设[亂-] V.P. engage in unauthorized establishing of enterprises
luànpūpū 乱扑扑[亂撲撲] V.P. distracted
luánqí 鸾旗[鸞-] N. an imperial flag
luànqībāzāo 乱七八糟[亂-] F.E. at sixes and sevens; in a mess/muddle
luǎnqīng 卵青 N. egg blue
luánqíshǒuzú 挛其手足[攣-] F.E. crooked of hands and feet
luǎnqiú 卵球 N. <*bot.*> egg cell of a plant
luánqū 挛曲[攣-] ATTR. twisted; bent
luànquán 乱权[亂權] V.O. abuse one's power/authority
luànrǎng 乱嚷[亂-] V. clamor
luànrǎngluànjiào 乱嚷乱叫[亂-亂-] F.E. make a fuss/ballyhoo
luànrāngrang 乱嚷嚷[亂-] R.F. argue/talk noisily
luánruò 挛弱[攣-] S.V. gnarled/crooked and weak
luànshā 乱杀[亂殺] V. kill without discrimination
luánshēng* 孪生[孿-] N. twin
luǎnshēng 卵生 N. oviparity
luǎnshēng dòngwù 卵生动物[--動-] N. <*bio.*> oviparous animal; ovipara M: [1]*zhǒng*
luánshēng'ér 孪生儿[孿-] N. twin M: [1]*duì*
luánshēng xiōngdì 孪生兄弟[孿-] N. twin brothers M: [1]*duì*
luánshēngzǐ 孪生子[孿-] N. twin M: [1]*duì*
luǎnshí* 卵石 N. cobble; pebble; shingle M: [2]*kuài*
[1]**luànshì** 乱世[亂-] N. troubled time
[2]**luànshì** 乱视[亂視] N. <*med.*> astigmatism
[3]**luànshì(r)** 乱事(儿)[亂-] N. miscellaneous chores
luànshì yīngxióng 乱世英雄[亂-] N. heroes in troubled times
luánshù 栾树[欒樹] N. <*bot.*> goldenrain tree
luànshǔ* 乱数[亂數] V. account/calculate carelessly/mistakenly ***See also luànshù***
luànshù 乱数[亂數] N. <*comp.*> random number ***See also luànshǔ***
luànshuō 乱说[亂-] V. ① speak carelessly/irresponsibly; gossip ② lie
luànshuōluàndòng 乱说乱动[亂-亂動] F.E. talk and act in a wholly irresponsible way
luànshuō yī tōng 乱说一通[亂-] V.P. rattle on . . .
luànsǐgǎng 乱死岗[亂-崗] N. deserted burial area
luànsú 乱俗[亂-] V.O. corrupt good customs/mores
luánsuō 挛缩[攣-] N. contracture; contraction
luǎntāishēng 卵胎生 N. <*bio.*> ovoviviparity
luàntán 乱弹[亂-] N. <*opera*> general name for opera styles other than *kūnqiāng* and *yíyángqiāng* during part of the Qing dynasty
luàn tānpài 乱摊派[亂攤-] V. ① arbitrarily impose production quotas ② arbitrarily apportion expenses/work/etc.
luàntánqín 乱弹琴[亂-] V.P. <*topo.*> talk nonsense
luàntānzi 乱摊子[亂攤-] N. a hopeless mess
luàntào 乱套[亂-] V.O. <*topo.*> muddle things up ***Shìqing quán ~ le.*** Everything's in a muddle.

luànteng 乱腾[亂-] S.V. in confusion/disorder
luànténg qǐlai le 乱腾起来了[亂-] V.P. <coll.> began to riot
luàntēngtēng 乱腾腾[亂-] V.P. confused; upset
luàntiào 乱跳[亂-] V. ① beat rapidly (of the heart) ② jump up and down
luántóng 娈童[孌-] N. ①handsome boy ②kept man; gigolo
luàntuī 乱推[亂-] V. push recklessly
luánwǎn 挛踠[攣-] N. <med.> disease of a joint
luànxiǎng 乱想[亂-] V. think aimlessly; daydream
luánxiángfèngjí 鸾翔凤集[鸞-鳳-] F.E. gathering of talented persons
luánxiángfèngzhù 鸾翔凤翥[鸞-鳳-] F.E. fine calligraphy
luǎnxìbāo 卵细胞 N. egg cell; ovum
luànxiě 乱写[亂寫] V. scribble; dash off; scrawl ♦N. scrawl
luǎnxíng* 卵形 N. egg-shape(d); ovoid
luànxíng 乱行[亂-] V. act foolishly/recklessly
luànxìng 乱性[亂-] V.O. confuse mentally/morally
luányāo 挛腰[攣-] N. bent/crooked back
luǎnyì 卵翼 ID. ① <derog.> cover with the wings; shield ② nourish; raise ♦N. protective wings
luànyíng 乱营[亂營] <topo.> V.O. be in chaos
luǎnyòngjī 卵用鸡[-雞] N. <agr.> layer (hen) M: [2]zhī
luányú 銮/鸾舆[鑾/鸞-] N. <trad.> imperial carriage or sedan chair
luányuánsù 孪元素[孿-] N. <chem.> twin elements
luǎnyuánxíng 卵圆形 N. oval
luànyúncūn 乱云皴[亂雲-] N. <art> turbid-cloud wrinkle (in painting)
luànzá 乱杂[亂雜] S.V. chaotic; messy
luànzànggǎng 乱葬岗[亂-崗] N. unmarked common graves M: [4]zuò
luànzàng gǎngzi 乱葬岗子[亂-崗-] N. unmarked common graves M: [4]zuò
luànzāozāo 乱糟糟[亂-] V.P. chaotic; confused; perturbed
luànzéi 乱贼[亂-] N. rebel
luàn zhǎngjià 乱涨价[亂-價] V.P. unjustifiably/arbitrarily increase prices
luànzhàn lànzhàn gēngdì 乱占滥占耕地[亂-濫---] F.E. arbitrarily appropriate farmland
luànzhēn 乱真[亂-] V.P. ① genuine-looking (of imitations) ② <phy.> spurious
luànzhēngshuì 乱征税[亂徵-] V.P. levy taxes recklessly
luànzhēnxiù 乱针绣[亂-繡] N. embroidery with overlapping threads in different directions
luàn zhēteng 乱折腾[亂-] F.E. <coll.> flip/range back and forth; toss and turn; maneuver
luànzhǐ 乱纸[亂-] N. waste paper
luànzhōngyǒuxù 乱中有序[亂-] F.E. order in the midst of disorder
luánzhǒu 鸾帚[鸞-] N. a kind of broom M: [1]bǎ
luánzhú 鸾躅[鸞-] N. itinerary of the emperor on tour
luànzhuāluànpèng 乱抓乱碰[亂-亂-] F.E. go about one's work blindly and haphazardly
luànzhuàn 乱转[亂轉] V. walk around blindly
luànzhuàng 乱撞[亂-] V. rush around blindly
luánzǐ 孪子[孿-] V.O. ①be born as twins ②bear twins
luànzi 卵子 N. <coll.> testes; testicles *See also* *luǎnzǐ*
luǎnzǐ 卵子 N. <phys.> ovum; egg *See also* *luǎnzi*
luànzi* 乱子[亂-] N. disturbance; trouble; disorder
luànzuòjuédìng 乱作决定[亂-決-] F.E. decide arbitrarily
luàn zuò yī tuán 乱作一团[亂-團] V.P. become a scene of chaos
lùbà 路霸 N. road hog/tyrant
lùbái 露白 V.O. ① flash one's money (in a manner that attracts thieves) ② dawn *See also* *lòubái*
lǚbàilǚzhàn 屡败屡战[屢-屢戰] F.E. fight on despite repeated setbacks
Lǔ Bān* 鲁班 N. famous technician, perhaps contemporary with Confucius, honored as God of Carpentry
lùbàn 路拌 N. road mix
lǚbàn 旅伴 N. traveling companion; fellow traveler; mate M: ge/[1]míng/[2]wèi
lǔbānchǐ 鲁班尺 N. <hist.> carpenter's square M: [1]bǎ
lùbàn lùmiàn 路拌路面 N. road-mix pavement
Lǔ Bān mén qián nòng dà fǔ 鲁班门前弄大斧 ID. overestimate oneself
lùbànqiú 陆半球[陸-] N. <geog.> ① land hemisphere ② Northern Hemisphere
lǜbǎoshí 绿宝石[-寶-] N. emerald M: [2]kuài
lùběi 路北 P.W. north side of a road
lúbǐ 卢比[盧-] N. <loan> rupee
lúbì 炉箅[爐-] N. stove grill
Lǔbì 鲁壁 N. walls of Confucius' home
lùbì* 路毙[-斃] V. die on the roadside
lúbiān 炉边[爐邊] P.W. fireside; hearth; area beside a stove
lùbiānr 路边儿[-邊-] P.W. roadside
lùbiānshè xiāoxi 路边社消息[-邊---] N. hearsay; grapevine
lúbiān tánhuà 炉边谈话[爐邊-] N. fireside chat
[1]lùbiāo 路标[-標] N. ① road sign ② <mil.> route marking/sign
[2]lùbiāo 陆标[陸標] N. landmark
lúbǐng* 炉饼[爐-] N. a kind of baked cake M: [2]kuài
lùbīng 陆冰[陸-] N. land ice/floes
lǚbīng 履冰 ID. ① cautious ② remain vigilant ③ dangerous situation
lǜbìnzhūyán 绿鬓朱颜[-鬢--] F.E. dark hair and ruddy complexion
lúbìzi 炉箅子[爐-] N. fire grate
lúbó 栌薄[櫨-] N. crow's nest
lùbō* 录播[錄-] V. record a broadcast
lǚbó* 铝箔 N. aluminum foil M: [1]zhāng
lǜbō 滤波[濾-] N. <elec.> wave filtering
lǜbōqì 滤波器[濾-] N. <elec.> wave filter M: ge/[2]zhī/[1]jià
lúbù* 卢布[盧-] N. <loan> ruble
lǔbù 卤簿[鹵-] N. ①procession ②components/elements of a procession
lùbù 露布 N. ① unsealed letter or imperial edict ② message reporting military victory ③ <trad.> war proclamation ④ <topo.> notice; bulletin; playbill
lǚbù 缕布[縷-] V. state item by item
lùbùshíyí 路不拾遗 F.E. a time of great security in society
lùbùtōngxíng 路不通行 F.E. No thoroughfare.
lǔcài* 卤菜[鹵-] N. pot-stewed meat/fowl
Lǔcài 鲁菜 N. Shandong cuisine
lǚcāilǚzhòng 屡猜屡中[屢-屢-] ID. The judgment always turns out to be right.
lùcáiyángjǐ 露才扬己[--揚-] F.E. be fond of showing off
lǜcāngying 绿苍蝇[-蒼蠅] N. green fly M: [2]zhī
[1]lǜcǎo 绿草 N. green grass
[2]lǜcǎo 葎草 N. <bot.> scandent hop
lǜcǎodì 绿草地 N. lawn M: [1]piàn
lǜcǎorúyīn 绿草如茵 F.E. The green grass looks like a velvet carpet.
lùcè 路侧 N. roadside
lǜchá 绿茶 N. green tea M: bēi
lúchái 芦柴[蘆-] N. reed stems
lǚchāifèi 旅差费 N. business traveling expenses M: [2]bǐ
lǚcháng 履长 N. <wr.> winter solstice
lǚchǎng* 铝厂[-廠] P.W. aluminum plant M: [1]jiā
lùchē 露车 N. topless cart M: [3]liàng
lǘchē 驴车[驢-] N. donkey cart M: [3]liàng
lúchén 胪陈[臚-] V. <wr.> report in detail
lúchèn* 炉衬[爐襯] N. lining (of a furnace)
lùchén 陆沉[陸-] N. ① sinking of land ② upheavals; social chaos
lǚchén 缕陈[縷-] V. <wr.> state in detail
lùchéng 路程 N. distance traveled; journey
lǚchéng 旅程 N. route; itinerary
lùchǐ'érxiào 露齿而笑[-齒--] F.E. grin
lǜchóngr 绿虫儿[-蟲-] N. a green caterpillar M: [2]zhī
lùchū 露出 R.V. show; reveal; appear *See also* *[1]lòuchū*
lǜchú 滤除[濾-] V. filter out
lǔchuán 橹船 N. boat with a long sweep M: [2]zhī/[1]tiáo
lúchuáng 炉床[爐-] N. (stove) grate
lǚchuāngkuàng 铝窗框 N. aluminium window sash
lǚchuānzhǒngjué 履穿踵决[-決] F.E. <wr.> ① shoes worn-out and heels worn down ② wretchedly poor
lùchū húli wěiba 露出狐狸尾巴 ID. give oneself away
lùchū mǎjiǎo 露出马脚[-腳] *See* *lòuchū mǎjiǎo*
lǘchún bù duì mǎzuǐ 驴唇不对马嘴[驢-對--] ID. incongruous; irrelevant
lúcí* 鸬鹚[鸕鷀] N. cormorant M: [2]zhī
[1]lùcì 路次 ADV. en route; along the way
[2]lùcì 露次 V. station (troops/etc.) in the open air
[1]lǚcì 屡次[屢-] ADV. time and again; repeatedly
[2]lǚcì 旅次 N. ① traveler's stopovers ② one's trip/tour
lǚcìsānfān 屡次三番[屢-] F.E. again and again; many times
lǚcìxíngjūn 旅次行军 F.E. <mil.> march without taking security measures
lúcóng* 芦丛[蘆叢] N. reed
lùcōng 鹿葱[-蔥] N. <bot.> autumn licorice
lǜcōngcōng 绿葱葱[-蔥蔥] V.P. green and luxuriant
lǜcuì 绿翠 N. emerald-green jadeite
lǘdǎgǔn(r) 驴打滚(儿)[驢-滾-] ID. <topo.> ① snowballing usury ② soft layered sweet roll
lǚdài* 履带[-帶] N. <mach.> Caterpillar tread; track
lǜdài 绿带[-帶] N. green belt
lǚdàichē 履带车[-帶-] N. Caterpillar (machine) M: [3]liàng
lǚdàishì tuōlājī 履带式拖拉机[-帶----] N. Caterpillar tractor M: [3]liàng
lǔdàn* 卤蛋[鹵-] N. stewed hard-boiled eggs M: ge/[2]zhī
lùdān 路单 N. permit to pass M: [1]zhāng
lúdàng 芦荡[蘆蕩] N. reed marshes
[1]lùdào 路道 N. <topo.> ① way; approach ② behavior
[2]lùdào 陆稻[陸-] N. upland rice; dry rice
lǜdǎo gōngchéng 绿岛工程[-島--] N. traffic-island beautification project
lǜde 绿的 N. <slang> US dollars
lùdēng 路灯[-燈] N. street/road lamp M: [1]zhǎn
lǜdēng 绿灯[-燈] N. green light (lit./fig.)
[1]lúdí 芦笛[蘆-] N. reed M: [4]zhī
[2]lúdí 芦荻[蘆-] N. a variety of reed
lúdǐ 垆邸[壚-] N. wine shop
lǔdì 卤地[鹵-] N. salt-producing area/place
lùdī 路堤 N. embankment
[1]lùdì* 陆地[陸-] N. dry land
[2]lùdì 露地 N. ① <wr.> open field/country ② open/uncovered vegetable plot ♦V.O. show above ground (of roots/etc.)
lǜdì 绿地 N. green field/patches
lùdiǎn* 露点[-點] N. dew-point
lùdiàn 露电[-電] N. <met.> dew point
lǚdiàn 旅店 P.W. inn; tavern M: [1]jiā
lǔdiànlíngguāng 鲁殿灵光[--靈-] ID. ① sole remaining embodiment of past glory ② sole survivor among distinguished elder scholars/statesmen
lùdìmián 陆地棉[陸-] N. <bot.> upland cotton

lúdīng 芦丁[蘆-] N. ① <med./loan> rutin ② person whose job is to cut grass
[1]lúdǐng* 颅顶[顱-] N. <phys.> crown of the head
[2]lúdǐng 炉顶[爐-] N. furnace top/roof
lùdǐng(r) 鹿顶(儿) N. terraces on the sides of a main hall
lǚdìng 铝锭 N. aluminum ingot M: [2]kuài
lúdǐnggǔ 颅顶骨[顱-] N. <phys.> calvaria; skull cap
lǜdīng xiàngjiāo 氯丁橡胶[-膠] N. <chem.> chloroprene rubber
Lù Dìngyī 陆定一[陸-] (1906-1996) N. a leading CCP propagandist
lùdìxíngzhōu 陆地行舟[陸-] F.E. attempt the impossible; an impossibility
lùdōng 路东 P.W. the east side of a road
lǜdòng 律动[-動] V. beat rhythmically ♦N. rhythm; regular movements
Lǚ Dòngbīn 吕洞宾[呂-賓] N. <Dao.> an immortal appearing as a dignified elderly figure with a sword
lǜdǒu 滤斗[濾-] N. filter
lǜdòu* 绿豆 N. mung bean; green gram M: [3]lì/[1]kē
lǜdòugāo 绿豆糕 N. pastry made of mung-bean flour M: [2]kuài
lǜdòushā 绿豆沙 N. mung-bean paste
lùdōushù 露兜树[-樹] N. <bot.> a kind of palm; *Pandanus tectorius* M: [2]kē
lǜdòutāng 绿豆汤[-湯] N. mung/green bean soup M: wǎn
lǜdòu xīfàn 绿豆稀饭 N. congee/rice porridge cooked with green beans M: [1]wǎn
lǜdòuyá 绿豆芽 N. mung beansprouts M: [2]gēn
lǜdòuyíng 绿豆蝇[-蠅] N. a kind of fly M: [2]zhī
lǜdòuzhōu 绿豆粥 N. congee/rice porridge cooked with green beans M: wǎn
lùdù 禄蠹 N. <wr.> sinecurist
lǜdù 律度 N. ① laws and institutions ② meter
lùduàn 路段 N. section of a highway/railway
lǚduān 履端 N. <wr.> ① beginning of the year; first day of the first lunar month ② beginning of an emperor's reign ③ beginning
lǜdúguàn 滤毒罐[濾-] N. <mil.> gas mask filter
lùduì 路队[-隊] N. column; file
lǔdùn 鲁/卤钝[鹵-] S.V. dull-witted; obtuse; stupid
lüě 掠 V. ① sweep/brush past ② snatch away *See also* [2]lüè
[1]lüè* 略 B.F. ① brief; sketchy **lüètú** ② summary; brief account; outline **yàolüè** ③ strategy; plan; scheme **cèlüè**④omit; delete; leave out **shěnglüè** ⑤ overlook **hūlüè** ⑥ invade **qīnlüè** ⑦ capture; seize **gōngchénglüèdì**⑧supervise ♦ADV. slightly; cursorily; somewhat ***Zhè shìr wǒ ~zhī yī-èr.*** I know a little something about the matter.
[2]lüè 掠 B.F. ① take by force; plunder **lüèduó** ② whip; flog **kǎolüè** ♦V. brush past ♦N. long left-slanting calligraphy stroke *See also* **lüě**
lüèbiǎocùnxīn 略表寸心 F.E. just to show my gratitude
lüèchēng 略称[-稱] N. ① abbreviated term of address ② abbreviation; shortened form
lüèchénguǎnjiàn 略陈管见 F.E. <humb.> offer a few of one's opinions; pass a remark
lüèdài 略带[-帶] ADV. mention briefly
lüè dàyú 略大于[-於] V.P. a little bigger than
lüè děngyú 略等于[-於] V.P. approximately equal to
[1]lüèdì 掠地 V.O. seize and plunder land
[2]lüèdì 略地 V.O. ① invade territory ② inspect the frontier
lüèdì fēixíng 掠地飞行[--飛-] N./V.P. minimum-altitude flight; treetop flight; hedgehopping
lüèdīyú 略低于[-於] V.P. slightly lower than
lüèdú 略读[-讀] V. browse
lüèduó 掠/略夺[-奪] V. plunder; rob; pillage
lüèduózhě 掠夺者[-奪-] N. plunderer; robber M: ge/[1]míng
lüè'érbùtán 略而不谈 F.E. omit to mention
[1]lüèguò 掠过 R.V. sweep/brush past
[2]lüèguò 略过 R.V. pass over; skip
lüèjiā 略加 ADV. slightly
lüèjiànyībān 略见一斑 F.E. glimpse; get a rough idea of
lüèjìnmiánbó 略尽绵薄[-盡--] F.E. do all one can
lüèjìyuánqíng 略迹原情[-跡--] F.E. forget and forgive sb.'s past error
lüèjùguīmó 略具规模 F.E. begin to take shape
lüèkě 略可 V.P. generally acceptable
lüèlì 略历[-歷] N. brief personal record; biographical sketch
lüèlüè 略略 ADV. slightly; briefly
[1]lüèmài 掠卖[-賣] V. loot and traffic in (possessions of other people/countries)
[2]lüèmài 略卖[-賣] V. sell kidnapped/ensnared women/children
lüèměi 掠美 V.O. claim credit due another
lǜ'èméi 绿萼梅 N. <bot.> *prunus mume* M: [2]kē
lüèměishì'ēn 掠美市恩 F.E. purloin popularity by claiming the good deeds of others as one's own
lüèqǔ* 掠/略取 V. seize; plunder
lüèqù 略去 V. omit; delete
lüèqùbùtí 略去不提 F.E. make no mention of
lù'ěr* 禄饵 N. official pay as bait (for talent)
Lù'ěr 绿饵/耳 N. name of a legendary swift horse
Lù'er Dǎo 鹿儿岛[-島] P.W. Kagoshima (island in Japan)
lüèrénzhīměi 掠人之美 N. take credit for sb. else's deeds
lüèshā 掠杀[-殺] V. ①torture to death ②plunder and slaughter/massacre
lüèshèngyīchóu 略胜一筹[-勝-籌] F.E. slightly superior
lüèshì 略释[-釋] V. paraphrase
lüèshízhīwú 略识之无[-識--] N. only slightly literate
lüèshū 略抒 V. briefly express
lüèshù* 略述 V. describe briefly; outline
lüèshuō 略说 V. say a few words about
lüètǐ 略体[-體] N. <lg.> contraction
lüètóng 略同 V.P. about the same; similar
lüètú 略图[-圖] N. sketch-map; sketch; plan M: [1]zhāng
lüèwēi* 略微 ADV. slightly; a little; somewhat ~ ***chī yīdiǎnr ba.*** Have a bite, please.
lüèwéi 略为 ADV. slightly; a little; somewhat
lüè xiǎoyú 略小于[-於] V.P. slightly smaller than
lüèxùnyīchóu 略逊一筹[-遜-籌] F.E. slightly superior
lüèyángěngài 略言梗概 F.E. just tell the main points
lüèyánzhī 略言之 F.E. state briefly; in short
lüèyīguòmù 略一过目 F.E. run over/through. . .
lüèyīn 略音 N. <lg.> syncopation
lüèyǐng 掠影 N. ① glimpse ② written sketches of visits or trips
lüèyǐngfúguāng 掠影浮光 F.E. superficial
lüèyòu 略诱 V. <law> abduct a minor ♦N. kidnapping
lüèyǒuménjìng 略有门径[-徑] F.E. have some rough understanding of a subject
lüèyǒuqǐsè 略有起色 F.E. There are some indications of improvement.
lüèyǒusuǒsī 略有所思 F.E. have half a mind to (do). . .
lüèyǒusuǒwén 略有所闻 F.E. have heard sth. (about it)
lüèyǔ 略语 N. ① abbreviation ② portmanteau word (e.g. Běidà)
lüèzhīpímáo 略知皮毛 F.E. know only a little bit about sth.
lüèzhīyī'èr 略知一二 F.E. know only a little about sth.
lüèzhuàn 略传[-傳] N. biographical sketch
lüèzì 略字 N. abbreviation
lüèzuò 略做 V. do sth. briefly/roughly
lǜfǎ 律法 N. laws and decrees
lúfān 芦藩[蘆-] N. reed fence/hedge
lǜfán 绿矾[-礬] N. <min.> green vitriol
lùfàng 录放[錄-] V. record and play back
lǜfǎng 氯仿 N. chloroform
lùfàngjī 录放机[錄-] N. cassette-tape recorder M: [1]tái/[1]jià
lùfàngxiàngjī 录放像机[錄-] N. videocassette recorder M: [1]tái/[1]jià
lùfàngyǐngjī 录放影机[錄-] N. videocassette recorder M: [1]tái/[1]jià
lúfèi 芦篚[蘆篚] N. <topo.> reed mat
lùfèi* 路费 N. traveling expenses M: [2]bǐ
lǚfèi* 旅费 N. traveling expenses M: [2]bǐ
lǜféi 绿肥 N. green manure
lǜféihóngshòu 绿肥红瘦 F.E. <wr.> devastated condition of a flower garden after a rainstorm
lǜféi zuòwù 绿肥作物 N. green manure crop
[1]lùfēng 陆风[陸-] N. land breeze
[2]lùfēng 露封 N. unsealed letter
[3]lùfēng 路风 N. style of transportation workers; quality of railway service
lùfèng* 禄俸 N. official pay
lúfù 鲈鲋[鱸-] N. ruff; freshwater perch
lǔfū* 橹夫 N. oarsman
lùfú 路服 N. uniform for railway workers M: [2]jiàn
lǜfù 律赋 N. couplets of an identical number of characters neatly paired off word for word M: [1]piān
lǘgān-fèi 驴肝肺[驢-] ID. <coll.> maliciousness; evil intent
lúgānshí 炉甘石[爐-] N. <Ch. med.> calamine M: [2]kuài
lùgāo 鹿羔 N. baby deer M: [2]zhī
lǚgàobùtīng 屡告不听[屢-聽] F.E. be deaf to repeated advice
lǚgēbo 捋胳膊 V.O. pull up one's sleeves to intimidate ***See also*** **luō gēbo**
lúgēn 芦根[蘆-] N. reed root
lǜgeyīnyīnr 绿个荫荫儿[-個蔭蔭-] R.F. <topo.> apple green
lùgòng 录供[錄-] V.O. <law> record testimony during an interrogation
Lúgōuqiáo Shìbiàn 芦沟桥事变[蘆溝橋-變] N. Marco Polo Bridge Incident (1937)
lúgǔ 颅骨[顱-] N. <phys.> skull
lùgǔ* 露骨 S.V. thinly veiled; undisguised; barefaced
lúguǎn(r)* 芦管(儿)[蘆-] N. reed pipe M: [2]gēn
lùguān 陆官[陸-] N. army officer M: ge/[1]míng/[2]wèi
lùguàn 录灌[錄-] V. make a phonograph record; cut a disc
lǚguǎn* 旅馆 P.W. hotel M: [1]jiā
lǜguǎn 滤管[濾-] N. catheter M: [2]gēn
lǜguāng bōli 滤光玻璃[濾-] N. tinted glass M: [2]kuài
lùguāngjì 露光计 N. <photo.> exposure meter M: ge/[2]zhī
lùguī* 路规 N. road regulations M: [1]tiáo
lùguǐ 路轨 N. ① rail ② track M: [1]tiáo
lùguò 路过 R.V. pass by/through (a place)
lǜguò 滤过[濾-] V. filter
lǜguòxìng 滤过性[濾-] N. filtering function
lǜguòxìng bìngdú 滤过性病毒[濾-] N. <med.> filterable virus
lǜguòxìngdú 滤过性毒[濾-] N. filterable virus
lúgǔ qiēkāishù 颅骨切开术[顱-開術] N. <med.> craniotomy
lúgǔxué 颅骨学[顱-] N. <med.> craniology
lúgǔ yìnghuà 颅骨硬化[顱-] N. <med.> craniosclerosis
lùhài 鹿骇 V.P. frightened like a deer
lùhǎijūn 陆海军[陸-] N. land and navy force
lùhǎikōng 陆海空[陸-] N. land, sea, and air
lùhǎikōng sānjūn 陆海空三军[陸-] N. army, navy, and air force; armed forces
lùhǎipānjiāng 陆海潘江[陸-] ID. erudite; learned; much talented
lǚhéjīn 铝合金 N. aluminum alloy
lǜhèsè 绿褐色 N. greenish brown
lǔhú 卤湖[鹵-] N. salt lake

lúhuā* 芦花[蘆-] N. reed catkins
lǔhuà 卤化[鹵-] N. <chem.> halogenate
lùhuá 露华[-華] N. dew
lǜhuà 绿化 V./N. make (a place) green; afforest
lǜhuà'àn 氯化胺 N. <chem.> ammonium chloride
lǜhuàdài 绿化带[-帶] N. greenbelt
lǜhuà dìdài 绿化地带[-帶] P.W. greenbelt
lǜhuàgài 氯化钙 N. <chem.> calcium chloride
lúhuā gōngjī 芦花公鸡[蘆-雞] N. a rooster with predominately brown feathers M: [2]zhī
lǜhuàjiàngzào 绿化降噪 F.E. ① grow plants and reduce noise ② tree plantation and noise reduction
lúhuān 胪欢[臚歡] V. express joy
lǜhuàn 虑患[慮-] V.P. apprehensive of trouble
lǜhuànà 氯化钠 N. <chem.> sodium chloride
lǔhuàwù 卤化物[鹵-] N. <chem.> halogenide; halide
lǜhuàwù 氯/绿化物 N. <chem.> chloride
lúhuāxù 芦花絮[蘆-] N. reed-catkin tassel
lǜhuāyēcài 绿花椰菜 N. cauliflower M: [1]kē
lǜhuàyín 氯化银 N. <chem.> chloride silver
lúhuī* 炉灰[爐-] N. ashes from a stove
lúhuì 芦荟[蘆-] N. <bot.> aloe
lúhuìlù 芦荟露[蘆-] N. aloe essence
lúhuīzhā(r/zi) 炉灰渣(儿/子)[爐-] N. cinder; slag
lúhuǒ* 炉火[爐-] N. stove fire
lǔhuò 虏/掳/卤获[虜/擄/鹵獲] V. capture ♦N. men and arms captured
lúhuǒchúnqīng 炉火纯青[爐-] F.E. high degree of technical/professional proficiency
lǚ húxū 捋胡须[-鬚] V.O. stroke one's beard
lǚ húzi 捋胡子 V.O. stroke one's beard
lǔjī 卤鸡[鹵雞] N. pot-stewed chicken M: [2]zhī
lùjī* 路基 N. ① roadbed ② land base
lùjí 禄籍 N. good fortune and reputation
lùjì 路祭 V. offer sacrifices along the way of a funeral procession
lǜjǐ 律己 V.O. discipline oneself ♦N. self-restraint
lújià* 炉架[爐-] N. stove stand/support
lùjià 陆架[陸-] N. continental shelf
lǔjiǎn 卤硷[鹵-] N. alkali
lùjiān* 路肩 N. road shoulder M: [2]dào
lǚjiànbùxiān 屡见不鲜[屢-] F.E. common occurrence; nothing new
lǚjiàn gōngláo 屡建功劳[屢-勞] V.O. have distinguished oneself many times
lǚjiànqígōng 屡建奇功[屢-] F.E. repeatedly score signal successes
lùjiǎo 鹿角 N. ① deer horn; antler ② <mil.> abatis
lújiào* 驴叫[驢-] N. ① loud and unpleasant shout ② braying
lǚjiāo 铝胶[-膠] N. alumina gel
lǚjiàobùgǎi 屡教不改[屢-] F.E. impenitent
lùjiǎocài 录角菜[錄-] N. <bot.> siliquose pelvetia
lújiàocǎo 驴叫草[驢-] F.E. <topo.> whinny with sexual desire
lújiàoshēng 驴叫声[驢-聲] N. bray
lǔjié 掳劫[擄-] V. plunder; rob
lùjié* 路劫/截 V. ① waylay travelers ② commit highway robbery
lǚjiě 屡/缕解[屢/縷-] V. explain in detail; go into particulars
lǚjièbùgǎi 屡诫不改[屢-] F.E. fail to mend one's ways after repeated admonition
lǚjíjiànjí 履及剑及 F.E. perform a task with full vigor and urgency
lùjǐjīng 露脊鲸 N. <bio.> right whale M: [1]tiáo
[1]**lùjīn** 鹿筋 N. deer's sinew (regarded as a delicacy)
[2]**lùjīn** 鹿巾 N. deerskin hat
lǚjìnbùjué 屡禁不绝[屢-絕] F.E. continue (misdeeds) despite repeated warnings
lǚjìnbùzhǐ 屡禁不止[屢-] F.E. despite repeated bans can't be stopped
[1]**lùjǐng** 路警 N. railway/highway police M: ge/[1]míng
[2]**lùjǐng** 露井 N. uncovered well M: kǒu
[3]**lùjǐng** 录井[錄-] N. logging (petroleum)
lùjìng* 路径[-徑] N. ① route; way ② method; ways and means M: [1]tiáo
lǚjìnlǚtuì 旅进旅退[-進--] F.E. ① have no views of one's own ② work in concert
lùjiǔ 露酒 N. punch; liquor mixed with fruit juice M: bēi/píng
lùjū* 陆居[陸-] V. dwell/live on the land
lùjú 路局 P.W. railway administration; road bureau
lǚjū* 旅居 V. reside abroad; sojourn ♦N. temporary lodging
Lǚjù 吕剧[呂劇] N. Shandong opera M: [1]chū
lùjuàn 鹿圈 N. deer pen
lùjūn 陆军[陸-] N. ground/land force; army
lùjūnbù 陆军部[陸-] P.W. army department
lùjūn guānxiào 陆军官校[陸-] P.W. army academy M: [1]suǒ
lùjūn jūnguān xuéxiào 陆军军官学校[陸-] N. military academy of land force M: [1]suǒ
lùjūn shàngjiàng 陆军上将[陸-將] N. <mil.> (full) army general M: ge/[1]míng/[2]wèi
lùjūn shàngwèi 陆军上尉[陸-] N. <mil.> army captain M: ge/[1]míng/[2]wèi
lùjūn shàojiàng 陆军少将[陸-將] N. army major general M: ge/[1]míng/[2]wèi
lùjūn wǔguān 陆军武官[陸-] N. military attaché M: ge/[1]míng/[2]wèi
lùjūn zhōngjiàng 陆军中将[陸-將] N. <mil.> army lieutenant general M: ge/[1]míng/[2]wèi
lùjūn zǒngsīlìng 陆军总司令[陸-總--] N. <mil.> commander-in-chief of the army M: ge/[1]míng/[2]wèi
lújūzi 驴驹子[驢-] N. young donkey M: [1]tóu
lǜkǎ 绿卡 N. green card (U.S. Permanent Residence Card) M: [1]zhāng
Lǔkǎi 鲁凯[-凱] N. the Rukai tribe (Taiwan aborigines)
lǚkān 履勘 N. on-the-spot investigation
lùkǎo 路考 N. road test M: cì
lǚkè* 旅客 N. hotel guest; traveler; passenger M: ge/[1]míng/[2]wèi
lǜkē 律科 N. an article of the law
lǚkè dēngjìbù 旅客登记簿 N. hotel register M: [1]běn
lúkēng 炉坑[爐-] N. ① stove chamber ② space for collecting ashes underneath a stove
lǚkèqiáo 旅客桥[-橋] N. pedestrian overpass M: [4]zuò
lùkǒu 路口 N. ① crossing; intersection ② entrance to a road/street
lǔkǒutiáo 卤口条[鹵-條] N. stewed animal tongues (in soy sauce)
lùkuài 陆块[陸塊] N. continental plate
lùkuān 路宽[-寬] N. width of a road/street ♦F.E. <topo.> have a lot of social connections
[1]**lùkuàng** 路况[-況] N. road conditions
[2]**lùkuàng** 路矿[-礦] N. railways and mines
lǚkuàng 铝矿[-礦] N. aluminum ore/mine M: [4]zuò
lǜkuí 氯奎 N. <chem.> chloroquine
lǜlánsè 绿蓝色[-藍-] N. turquoise color
lùlí 陆离[陸離] V.P. ① varied and numerous ② varicolored ♦N. a kind of fine jade
[1]**lùlì** 戮力 V. <wr.> join hands; unite
[2]**lùlì** 露立 V. ① stand outdoors ② be without a place to live in
lǘlǐ 闾里 N. ① <wr.> alley entrance ② native village; hometown
[1]**lǚlì*** 履历[-歷] N. curriculum vitae; antecedents
[2]**lǚlì** 膂力 N. physical strength; brawn
[3]**lǚlì** 旅力 N. ① the common effort of all ② one's muscular strength
lǜlí 绿篱[-籬] N. hedgerow; hedge M: [2]dào/[1]tiáo
lǜlì 律例 N. laws/statutes and procedures/precedents
lùliǎn 露脸 <coll.> V.O. ① show up; appear ② do credit to; win honor for ♦S.V. glorious; honorable
lúliǎn 驴脸[驢-] N. <derog.> hateful/long face; a donkey's face M: [1]zhāng
lùliándǎo 陆连岛[陸-島] N. land-tied island; tombolo
lǜliánshí 绿帘石[-簾-] N. epidote M: [2]kuài
lúliào 炉料[爐-] N. furnace charge
lǚlìbiǎo 履历表[-歷-] N. biographical sketch; curriculum vitae M: [1]zhāng/[1]fèn
lúliè 胪列[臚-] V. <wr.> enumerate; list
lǚliè 缕列[縷-] V. itemize
lǚlìguòrén 膂力过人 F.E. possess extraordinary strength
lūlilūsū 噜哩噜苏[-蘇] F.E. talk unnecessarily/annoyingly; talk endlessly
lùlín 绿林 N. forest outlaws
lǜlín 绿林 N. greenwood See lùlín
lǜlìndìng 氯磷锭 N. pyraloximi methylchloridum
lúlíng 炉龄[爐齡] N. <metal.> furnace life
lǜlìng 律令 N. ① laws and regulations ② Daoist incantation
lùlínhǎohàn 绿林好汉[-漢] N. ① forest outlaws ② bandits entrenched in a mountain stronghold M: ge/[1]míng/[2]wèi
lùlínzhōngrén 绿林中人 N. brigands M: ge/[1]míng/[2]wèi
lǚlìshū 履历书[-歷書] N. résumé M: [1]fèn
lùlìtóngxīn 戮力同心 F.E. make concerted efforts
lùliǔqiánghuā 路柳墙花[--牆-] ID. prostitutes
lùlóngjuǎn 陆龙卷[陸-捲] N. twister; tornado
lùlóngjuǎnfēng 陆龙卷风[陸-捲-] N. twister; tornado
lùlu 辘轳[-轤] N. windlass; winch; well-pulley
[1]**lùlù*** 陆路[陸-] N. land route ♦V. travel by land
[2]**lùlù** 碌碌//逯逯 R.F. ①mediocre; commonplace ② busy with miscellaneous work
[3]**lùlù** 辘辘 ON. rumble
[4]**lùlù** 渌渌 R.F. damp and wet
[5]**lùlù** 录录[錄錄] R.F. ① very distinct/clear ② sheep-like; easily lead
[6]**lùlù** 蓼蓼 R.F. ① high ② great; huge
[1]**lǚlǚ*** 屡屡[屢屢] R.F. <wr.> time and again; repeatedly
[2]**lǚlǚ** 缕缕[縷縷] R.F. continuously; bit by bit
lǜlǚ 律吕[-呂] N. <mus.> ① bamboo pitch-pipes ② temperament
lǚlǚchénshù 缕缕陈述[縷縷-] F.E. narrate in detail
lǔlüè 掳/虏掠[擄/虜-] V. pillage; loot; plunder
lǜlún 氯纶 N. polyvinyl chloride fiber
lúluó 驴骡[驢-] N. hinny
lǚlǚqīngsī 缕缕青丝[縷縷-絲] F.E. long black locks of women's hair
lùlùtōng 路路通 F.E. versed in everything
lùlùwúnéng 碌碌无能 F.E. unendowed; incompetent; mediocre
lùlùwúwéi 碌碌无为 F.E. ① be incompetent/ineffectual ② lead a vain and humdrum life
lùlùwúwén 碌碌无闻 F.E. lead a mediocre life without much of note
lùlùxùxù 陆陆续续[陸陸續續] ADV. one after another
lù mǎjiǎo 露马脚[-腳] See lòu mǎjiǎo
lǔmǎng 鲁/卤莽[鹵-] S.V. crude and rash
lǔmǎngmièliè 鲁莽灭裂[--滅-] F.E. rash and careless
lǜmào 绿帽 N. cuckold
lǜmàozi 绿帽子 N. cuckold M: [1]dǐng
lǚMěi* 旅美 ATTR. (Chinese) living in America
lǜméi 绿霉 N. <med.> green mold; penicillium
lǜméisù 氯/绿霉素 N. <med.> chloromycetin; chloramphenicol
lúmén(r) 炉门(儿)[爐-] N. coal-input door of stove; draft of a stove
lúménghǔpí 驴蒙虎皮[驢-] F.E. empty show of strength
lǔmiàn 卤面[鹵麵] N. a kind of noodles served with gravy M: wǎn
[1]**lùmiàn(r)*** 露面(儿) See lòumiàn
[2]**lùmiàn** 路面 N. road surface; pavement
lùmín 戮民 N. prisoners

L

lùmìng 禄命 N. person's lot through life

lǘmínggǒufèi 驴鸣狗吠[驢-] F.E. poor style of writing; poor composition (of articles)

lǘmíngquǎnfèi 驴鸣犬吠[驢-] F.E. poor style of writing; poor composition (of articles)

lùmíngyàn 鹿鸣宴 N. <*trad.*> party celebrating success in the local examination

lúmǔ 垆坶[壚-] N. loam

lúmù* 庐墓[廬-] <*trad.*> V.O. ① mourn for one's deceased parent by dwelling in a hut by the grave ② tend the grave ♦N. grave and hut for those tending it M: [4]*zuò*

lūn 抡[掄] V. ①brandish; swing ②<*coll.*> ⓐslap sb's face; hit; beat ⓑ talk nonsense ③ <*slang*> ⓐ brag ⓑ shoot the breeze ***See also*** [7]*lún*

[1]**lún** 轮[輪] V. take turns ♦M. round ***Tāmen zhèngzài jìnxíng dì-èr ~ tánpàn.*** They're holding the second round of talks. ♦N. wheel ♦B.F. ① sth. like a wheel; disk; ring ***yuèlún*** ② steamboat; steamer ***jùlún, jiānglún***

[2]**lún** 沦[淪] B.F. sink into oblivion/ruin/etc.; be engulfed ***lúnxiàn*** ♦N. ripples; eddying water

[3]**lún** 伦[倫] B.F. human relations ***lúnlǐ, dàlún*** ♦*used in transcriptions in* ***Gēlúnbù***

[4]**lún** 论[論] B.F. discourse (special pronunciation for *Lǔnyǔ* only) ***Lúnyǔ See also lùn***

[5]**lún** 纶[綸] B.F. ①silk ribbon [2]***jīnglún*** ②synthetic fibers ***wéilúnbù*** ③ fishing line ***See also*** [10]***guān***

[6]**lún** 仑[侖] B.F. order; coherence ***měilúnměihuàn*** ♦in ***jiālún***

[7]**lún** 抡[掄] B.F. select ***lúncái, lúnkuí See also*** *lūn*

[8]**lún** 囵[圇] in [1]***húlún***

[9]**lún** 崙 in ***Kūnlún***

lùn* 论[論] V. ① discuss; talk about; discourse ② decide on; determine ③ mention; regard; consider ***Nà*** [1]***yòu lìngdāngbié~.*** That's a different story. ♦COV. by; in terms of ♦B.F. ① view; statement; opinion ***lùndiǎn*** ②dissertation; essay ***lùnwén*** ③ theory ***lǐlùn See also*** [4]***lún***

lùnán 路南 P.W. the south of a road/street/etc.

lǔnánzǐ 鲁男子 N. men unmoved by feminine charms

lúnbài 沦败 V. collapse (of a nation)

lúnbān(r) 轮班(儿) V.O. be on duty by turns

lúnbān gōngzuò 轮班工作 V.P. work in relays; shift work

lúnbào* 轮暴 V. gang-rape ♦N. gang rape

lùnbāo 论包 ADV. by the bag

lúnbāwǔ 伦巴舞 N. <*loan*> rumba

lúnbǐ 伦比 V. <*wr.*> rival; equal ♦N. class; category

lùnbiàn 论辩 V. debate; discuss

lúnbō(r) 轮拨(儿)[-撥-] ADV. by groups (in doing sth.)

lúnbù 轮埠 N. port

lúncái 抡才/材 V.O. select men of ability

lúncháng* 伦常 N. normal human relationships as defined by Confucianism

lúnchàng 轮唱 V. <*mus.*> sing a round ♦N. round

lùnchánglùnduǎn 论长论短 F.E. talk about sb.'s merits and demerits

lúnchè 轮掣 N. brakes of wheels

lúnchǐ 轮齿[-齒] <*mach.*> N. teeth of a cogwheel

lúnchōng* 轮充 V. take turns

lúnchóng 轮虫[-蟲] N. <*bio.*> wheel animalcule; rotifer M: [2]*zhī*

lùnchǔ 论处[-處] V.P. decide on sb.'s punishment; punish

lúnchuán 轮船 N. steamer; steamship M: [1]*sōu*

lūnchuí 抡棰 V.O. swing at with a fist/hammer/etc.

[1]**lúncì*** 轮次 N. ① order of turns ② number of turns/rounds

[2]**lúncì** 伦次 N. coherence; logical sequence

lùncì 论次 V.O. settle the order of priority/seniority/etc.

lùncóng 论丛[-叢] N. collection of commentaries/essays M: *tào*

lūnda 抡搭 V. <*coll.*> take hard knocks; bear some hardship

lūndǎ* 抡打 V. take turns beating

lúndài 轮带[-帶] N. ①belt (in a machine) ②tire

lūndāo 抡刀 V.O. swing a knife (in cutting/fighting/etc.)

lúndào* 轮到 R.V. take turns; be one's turn

lùndí 论敌[-敵] N. opponent in debate

lùndiǎn 论点[-點] N. argument; thesis; point at issue

lúndiào 轮调 V. switch posts

lùndiào* 论调 N. <*derog.*> view; argument

lùndìng 论定 V. give a definitive judgment

lūndòng 抡动[-動] R.V. swing (a pick/shovel/etc.)

lúndù 轮渡 N. (steam) ferry M: [1]*sōu*/[1]*tiáo*

lùnduàn 论断[-斷] N. inference; judgment; thesis

Lúndūn 伦敦 P.W. London

lúnèiyā 颅内压[顱-壓] N. <*med.*> intracranial pressure

lǜnèizhàng 绿内障 N. glaucoma

lúnfān 轮番 ADV. in/by turns

lúnfāngōnglái 轮番攻来 F.E. attack wave after wave

lúnfānshàngzhǎng 轮番上涨 F.E. spiral upward (of prices)

lúnfáqī 轮伐期 N. cyclical period in lumbering

lúnfēi 纶扉 N. palace

lúnfēngjú 轮峰菊 N. <*bot.*> scabious M: [2]*duǒ*/[2]*kē*

lúnfú 轮辐 N. spokes of a wheel

lúngài 轮盖[-蓋] N. wheel cap

lūngǎo 抡镐 V.O. <*coll.*> swing a pick

lùngè(r) 论个(儿)[-個-] ADV. <*coll.*> by the piece

lúngēng 轮耕 N. crop rotation

lùngōngjìchóu 论工计酬 F.E. pay according to one's work

lùngōngshòushǎng 论功受赏 F.E. be rewarded in recognition of one's service

lùngōngxíngshǎng 论功行赏 F.E. reward according to merit

lúngū* 轮箍 N. tire

lúngǔ 轮毂[-轂] N. hub; (wheel) boss; nave

lúnguàn 轮灌 V. irrigate by turns

lūngùn 抡棍 V.O. swing a stick

lúnguō 轮郭 N. contour; profile; silhouette

lúnhuá 轮滑 N. roller-skating

lúnhuán 轮环[-環] V. circulate

[1]**lúnhuàn*** 轮换[-換] V. rotate; take turns; alternate

[2]**lúnhuàn** 轮奂[-奐] V.P. stately; majestic (of building/etc.)

lúnhuànchéng 轮换成[-換-] V.P. rotate; alternate

lúnhuàn cìxù 轮换次序[-換--] N. <*math.*> cyclic order

lúnhuàn páiliè 轮换排列[-換--] N. <*math.*> cyclic permutation

[1]**lúnhuí** 轮回 N. <*Budd.*> samsara; transmigration ♦V. recur successively

[2]**lúnhuí** 沦回 N. an eddy

lúnhuí-zhuǎnshìshuō 轮回转世说[--轉--] N. reincarnation

lǘniǎn 驴辇[驢-] N. donkeys as draft animals

lǘniánmǎyuè 驴年马月[驢-] F.E. impossible date; a time that will never come.

lǚniǎo 旅鸟 N. migrant bird M: [2]*zhī*

lǜníshí 绿泥石 N. chlorite M: [2]*kuài*

lúnjī 轮机 N. ① turbine ② ship engine M: [1]*tái*

lúnjì 伦纪 N. moral order; social code/discipline

lùnjí* 论及 V.P. touch upon

lùnjià 论价[-價] V.O. negotiate prices

lúnjiān* 轮奸 N. gang rape

lùnjiàn 论件 V.O. reckon by the piece

lùnjiànjìchóu 论件计酬 F.E. payment by the piece

lùnjiāo 论交 V. ①talk and argue ②make friends

lùn jiāoqing 论交情 V.O. take friendship into consideration

lúnjījiāsuì 沦肌浃髓[--浹-] F.E. be deeply touched

lùnjīnbāiliǎng 论斤掰两 F.E. argue about little details

lùnjīngshùdiǎn 论经数典[-經數-] F.E. discuss the arts and the classics

lùnjīnmài 论斤卖[-賣] V.P. sell by the catty

lúnjīshì 轮机室 N. engine room M: [1]*jiān*

lúnjīyuán 轮机员 N. engineer M: *ge*/[1]*míng*

lúnjīzhǎng 轮机长 N. chief engineer M: *ge*/[1]*míng*/[2]*wèi*

lúnjù 轮距 N. track; tread

lùnjù* 论据[-據] N. grounds of an argument

lúnkōng 轮空 V.O. <*sport*> draw a bye

lúnkuí 抡魁 V.O. head the list of successful candidates in the imperial civil-service exam

lúnkuò 轮廓 N. outline; contour; rough sketch

lúnkuòxiàn 轮廓线 N. outline; contour; rough sketch M: [1]*tiáo*

lúnlǐ* 伦理 N. ethics; moral principles

lùnlǐ 论理 V.P. normally; as things should be ♦N. logic ♦V.O. have it out

lùnliè 论列 V.O. ① expound ② discuss point-by-point

lúnlǐguān 伦理观[-觀] N. ethic

lúnlǐ jiàoyù 伦理教育 N. education in ethics; ethical education

lùn lìqì 论力气[-氣] V.P. as far as strength is concerned

lúnliú 轮流 ADV. by turns; in turn

lúnliú fāhuà 轮流发话[--發-] N. <*lg.*> turn-taking

lúnliú fāyán 轮流发言[--發-] N. <*lg.*> turn-taking

lúnlǐxué* 伦理学 N. ethics

lùnlǐxué 论理学 N. logic

lùnlǐxuéjiā 论理学家 N. logician M: *ge*/[1]*míng*/[2]*wèi*

lúnlún 沦沦 N. ripples

lúnluò 沦落 V. ①come down in the world ②be stranded in a foreign land

lúnluòjiētóu 沦落街头 F.E. be reduced to beggary/vagrancy/etc.

lúnmiè 沦灭[-滅] V.P. totally disintegrated

lúnmò 沦没 V. ① sink; submerge ② die (of humans); perish

lúnmù 轮牧 N. <*liv.*> rotation grazing

lùnnàn 论难[-難] V.O. debate; argue against an opponent's viewpoint

lùn niánjì 论年纪 V.P. <*coll.*> on the basis of age

Lúnníbógē jiǎshuō 伦尼博格假说 N. <*lg.*> Lenneberg (critical period) hypothesis

lúnpán 轮盘[-盤] N. <*topo.*> steering wheel

lúnpándǔ 轮盘赌[-盤-] N. roulette

lúnpī* 轮批 V. take turns in batches; do sth. batch-by-batch

lúnpǐ 伦匹 N. an equal/match

lùnpíng 论评 V. comment ♦N. commentary

lúnqì 沦弃[-棄] V.P. rejected and discarded; abandoned

Lúnqín shèxiàn 伦琴射线 N. <*phy.*> Roentgen rays

lūnquán* 抡拳 V.O. swing a fist

lúnquān 轮圈 N. rim section

lúnr 轮儿 N. ① wheel ② (one's) turn

lúnrén 轮人 N. wheelwright

lúnrù 沦入 V.P. fall into

lúnrùfēngchén 沦入风尘[-塵] F.E. fall into a disreputable profession (of women)

lúnsàng 沦丧[-喪] V. be lost/ruined

lúnshēng 轮生 ATTR. <*bot.*> verticillate

lúnshéng* 纶绳[-繩] N. fishing line M: [1]*tiáo*

lúnshēngyè 轮生叶[-葉] N. <*bot.*> verticillate/whorled leaves M: [1]*piàn*

lúnshì tuōlājī 轮式拖拉机 N. wheeled tractor M: [1]*tái*

lùnshù 论述 V. discuss; expound ♦N. discourse

lùnshuō 论说 N. exposition and argumentation; treatise; essay ♦CONJ. normally

lùnshuōwén 论说文 N. argumentation; argumentative treatise M: [1]*piān*

lúnsòng 轮送 V. deliver in turn

lúntāi 轮胎 N. tire

lúntāi liánzixiàn 轮胎帘子线[--簾--] N. tire cord

lúntāi yālìjì 轮胎压力计[--壓--] N. tire pressure gauge M: *gè*/[2]*zhī*

[1]**lùntán** 论坛[-壇] N. forum; tribune

[2]**lùntán** 论谈 N. discourse

[1]**lúntì** 轮替 V. rotate; take turns

[2]**lúntì** 沦替 V. gradually weaken and disintegrate

lùntí* 论题 N. ① topic ② <*lg.*> proposition; thesis

lǚnuò 履诺 V.O. keep one's word; fulfill one's promise

[1]**lúnwáng*** 沦亡 V. be subjugated (of a country)

[2]**lúnwáng** 轮王 Buddha considered as the spiritual king of the world

lúnwǎng 轮辋 N. wheel rim

lúnwéi 沦为 V.P. <*wr.*> be reduced to

lùnwén 论文 N. thesis; dissertation; treatise; paper M: [1]*piān*

lùnwén dábiàn 论文答辩 V.P./N. thesis defense

lùnwénjí 论文集 N. collection of essays M: [1]*běn*

lùnwénshì cèshì 论文式测试 N. <*lg.*> essay test

lúnxì 轮系 N. <*mach.*> gear operation system

lúnxiàn 沦陷 V. ①fall into enemy hands ②<*wr.*> submerge; flood; drown

lúnxiànqū 沦陷区[-區] P.W. enemy-occupied area

lúnxiàyuānguǐ 轮下冤鬼 F.E. victim of a traffic accident

lúnxié 轮鞋 N. roller skate M: [1]*shuāng*

lúnxíng 轮形 N. wheel-shape

lúnxiū 轮休 V. ① rotate days off ② lie fallow in rotation (of land)

lúnxū 沦胥 V. be involved in ruin together

lúnxuān 轮轩 N. carriage of a nobleman

lúnxuǎn* 抡选[-選] V. select (competent persons, adequate materials, etc.)

lúnxuánqǔ 轮旋曲 N. <*mus.*> rondo M: [2]*shǒu*

lúnxùn 轮训 V./N. train in rotation

lúnxùnbān 轮训班 N. rotating training classes M: [2]*qī*

lúnxún jìshù 轮询技术[-術] N. polling technique

lúnyǎng 轮养[-養] V. cultivate different kinds of fish each year

lúnyǐ 轮椅 N. wheelchair

lúnyīn 纶音 N. <*trad.*> imperial edict

lúnyīnfóyǔ 纶音佛语 F.E. imperial edicts and the Buddha's sayings

[1]**lúnyú** 沦于[-於] V.P. degenerate to

[2]**lúnyú** 轮舆 N. wheelwright

Lúnyǔ* 论语 N. *The (Confucian) Analects*

lūnyuán* 抡圆 V. flourish (an arm/stick/etc.)

lùnyuán 抡元 V. come out first in examinations

lùnyuán 论元 N. argument

lùnyuán jiégòu 论元结构[-構] N. <*lg.*> argument structure

lùnyuán kějiànxìng 论元可见性 N. <*lg.*> argument visibility

lūnyuánle 抡圆了 <*coll.*> V.P. swing one's arms with all one's might; flail

lùnyuán wèizhì 论元位置 N. <*lg.*> A-position

lùnyuán yuēshù 论元约束 N. <*lg.*> A-binding

lúnzāi 轮栽 N. crop rotation/succession

lúnzāifǎ 轮栽法 N. <*agr.*> crop rotation/succession

lùnzàn 论赞 N. appraising remarks at the end of a biography

lùnzhàn 论战[-戰] N./V. polemic; debate

lùn zhǎngyòu 论长幼 F.E. as far as age is concerned

lúnzhe* 轮着[-著] ADV. take turns

lùnzhě 论者 N. those holding different opinions; critics

lùnzhēng 论争[-爭] N./V. argument; debate; controversy

[1]**lùnzhèng*** 论证[-證] V. expound and prove ♦N. ① grounds of argument; argument ② demonstration; proof

[2]**lùnzhèng** 论政 V.O. discuss politics; make comments on politics

lúnzhí* 轮值 V. go on duty in turn

lúnzhì 轮制[-製] ATTR. <*pottery*> wheel-made

lùnzhǐ 论旨 N. thesis; gist (of proposition/essay/argument/etc.)

lùnzhì 论治 V. <*Ch. med.*> determine treatment

lùnzhǐ zhǔtí 论旨主题 N. <*lg.*> theme (topic)

lúnzhí zhǔxíguó 轮值主席国[-國] P.W. rotating national chairman

lúnzhòng 轮种[-種] V. rotate crops

lúnzhóu 轮轴 N. ① wheel and axle ② wheel axle

lùnzhù 论著 N. treatise; work; book M: [1]*piān*/[1]*běn*/[2]*bù*

lūnzhuǎn 抡转[-轉] V. wave; flourish

lúnzhuàn* 轮转[-轉] V. ① rotate ② recur successively; move in a cycle

lúnzhuàng 轮状[-狀] N. wheel shape

lúnzhuànjī 轮转机[-轉-] N. rotary press (in printing) M: [1]*tái*

lúnzhuǎn yìnshuājī 轮转印刷机[-轉---] N. rotary press M: [1]*tái*

lúnzi 轮子 N. wheel

lùnzīpáibèi 论资排辈 F.E. assign jobs by seniority and qualifications

lùnzuì 论罪 V.O. determine guilt

lúnzuò 轮作 N. <*agr.*> crop rotation

lúnzuòfǎ 轮作法 N. <*agr.*> crop rotation

[1]**luō** 捋 V. rub one's palm along sth. ***Tā ~qǐ xiùzi jiù gànkāi le.*** He rolled up his sleeves and started to work. ***See also*** [4]*lǚ*

[2]**luō** 落 in ***kōngluōluō, dàdaluōluō See also*** [1]*luò*, [2]*là*, [2]*lào*

[3]**luō** 罗[羅] in ***luōsuo, lìliluōluō See also*** [2]*luó*

[4]**luō** 啰 in ***hāluō***

[1]**luó** 锣[鑼] N. gong

[2]**luó** 罗[羅] B.F. ①net for catching birds ***luówǎng*** ② a kind of silk gauze ***luóyī*** ♦N. Surname ♦V. ①net birds ②collect; gather together ③display; spread out ④ sieve; sift ♦M. twelve dozen; a gross ***See also*** [3]*luō*

[3]**luó** 骡[騾] B.F. mule ***luózi***

[4]**luó** 箩[籮] N. square-bottomed bamboo basket

[5]**luó** 螺 B.F. ① spiral shell; snail; conch ***luósī*** ② fingerprint whorl [1]***luówén***

[6]**luó** 逻[邏] B.F. patrol ***xúnluójǐ*** ♦in ***luóji***, [1]***sīluó***

[7]**luó** 萝[蘿] B.F. ① vine ***téngluó*** ② turnip/carrot/radish/etc. ***luóbo, húluóbo*** ♦in ***bōluó***

[8]**luó** 椤[欏] in ***suōluó***

[9]**luó** 猡[玀] in ***zhūluó***

[10]**luó** 覙[覶/覼] in ***luólǚ***

[1]**luǒ** 裸/倮/羸/臝 B.F. naked ***luǒtǐ, chìluǒluǒ***

[2]**luǒ** 瘰 in ***luǒlì***

[3]**luǒ** 蠃 in ***guǒluǒ***

[1]**luò*** 落 V. ①fall; drop ②go down; set ③lower ④ decline; come down; sink ***Shìqing ~dào zhèzhǒng dìbù.*** Things have come to such a pass. ⑤ fall/leave/stay behind ⑥ get; receive; have ⑦ fall onto; rest with ♦M. pile; heap; stack ♦B.F. ① settle (in a given place) ***luòhù*** ② whereabouts ***xiàluò See also*** [2]*là*, [2]*lào*, [2]*luō*

[2]**luò** 摞 V. pile up; stack ♦M. *for piles* ***yī~ shū*** a stack of books

[3]**luò** 络[絡] V. ① enmesh ② twine; wind ♦B.F. ① net ***wǎngluò*** ② vein ***màiluò*** ③ threads of thought ④ make contact ***liánluò See also*** [8]*lào*

[4]**luò** 骆[駱] B.F. camel ***luòtuo*** ♦N. Surname

[5]**luò** 荦[犖] B.F. obvious [2]***luòluò***, [2]***bóluò***

[6]**luò** 烙 in ***pàoluò See also*** [1]*lào*

[7]**luò** 珞 in ***Luòbāzú***, [1]***yīngluò***

[8]**luò** 跞[躒] in [2]***zhuóluò***

[9]**luò** 咯 in ***bìluò See also*** [9]*gē*, [2]*kǎ*, *lo*

[1]**Luò** 洛 B.F. river name ***Luò Hé*** ♦*used in transcriptions in* ***Mólùogē***

[2]**Luò** 雒 N. Surname

luóbái 萝白[蘿-] N. long white radish

luóbài 罗拜[羅-] V. surround and bow to

luòbài* 落败 V. fail in an examination; fail to be admitted

luóbáibǐng 萝白饼[蘿-] N. griddle-fried flat bun with shredded-turnip filling M: [2]*kuài*

luóbáigāo 萝白糕[蘿-] N. turnip pudding (steamed, then sliced and pan-fried) M: [2]*kuài*

luòbǎng 落榜 V.O. flunk a competitive exam for a job or school admission

Luòbāzú 珞巴族 N. Lhoba (Lopa) ethnic minority (in Tibet)

luóbēi 螺杯 N. cup made of spiral shell

luóbèi* 螺贝 N. spiral shell

luǒbēn 裸奔 V. streak (run naked)

luòbǐ 落笔[-筆] V.O. start to write/draw ♦N. pen mark

[1]**luòbiāo** 落膘 V.O. become thin (of livestock)

[2]**luòbiāo** 落标[-標] V.O. fail in a tender

luóbo* 萝卜[蘿-] N. radish; turnip M: *gè*/[2]*zhī*

luòbó 落泊 ID. <*wr.*> ① in dire straits; down and out ② bold and generous; unconstrained

luóbogān(r) 萝卜干(儿)[蘿-] N. preserved/dried radish M: [2]*gēn*/[1]*tiáo*

luóbogāo 萝卜糕[蘿-] N. turnip cake M: [2]*kuài*

luóbo sūbǐng 萝卜酥饼[蘿-] N. deep-fried flaky pastry filled with shredded pork and giant radish M: [2]*kuài*

luóbotóu(r) 萝卜头(儿)[蘿-] N. ① head of a radish ② turnip ③ nonentity; a nobody ④ a little kid

luóbǔ 罗捕[羅-] V. seek and arrest criminals

luóbù* 罗布[羅-] V. arrange/display over a wide space

luóbùmá 罗布麻[羅-] N. <*bot.*> bluish dogbane

luò bùshi 落不是 V.O. be blamed (for failure) ***See also*** *lào bùshi*

luòcáo 落槽 V.O. ① fall (of a river) ② decline (in wealth and position) ③ fit a tenon into a mortise ④ feel at ease

luòcǎo* 落草 V.O. ① become an outlaw ② <*topo.*> be born (of babies) ③ <*Budd.*> decline; decay

luòcǎowéikòu 落草为寇 F.E. become an outlaw; turn to banditry

luóchá 逻察[邏-] V. cruise

luóchà 罗刹[羅剎] N. rakshas/rakshasa (in Hindu mythology); demon

luòchā* 落差 N. ① drop in level (of water) ② head drop (in hydroelectric power plants)

luòcháo 落潮 V.O./N. ebb (of tide) ***See also*** *làocháo*

luóchē 骡车 N. mule cart M: [3]*liàng*

luòchén 落尘[-塵] N. falling dust; fallout

luǒchéng 裸裎 V. ① become naked; undress ② expose

luòchéng* 落成 V.P. be completed (of a building/etc.)

luòchéng diǎnlǐ 落成典礼[-禮] N. dedication ceremony of a project

luóchuí 锣槌[鑼-] N. gong hammer

luòchuí* 落锤 N. <*mach.*> drop hammer

luòcì 络刺 N. <*Ch. med.*> collateral puncture

luódài 螺黛 N. eyebrow liner

luòdān* 落单 V.O. ① exhausted and weak ② lonely

luòdǎn 落胆[-膽] V.O. be scared stiff

luòdàn 落弹 V.O. land at a place; hit an area (of bullets/shells/etc.)

luòde 落得 V.P. get; end/result in ♦ADV. as a result ***See also*** *làode*

Luódé'àilán 罗得爱兰[羅-愛蘭] P.W. Rhode Island

Luódédǎo 罗得岛[羅-島] P.W. Rhode Island

luò de qīngjìng 落得清净[-淨] V.P. be glad to be left alone

Luódéxīyà 罗得西亚[羅-亞] P.W. Rhodesia

luòdǐ 落底 N. end of the year/month ♦V.O. feel at ease; have one's mind set at rest

[1]**luòdì*** 落地 V.O. ① fall to the ground ② be born (of babies) ♦ATTR. touching the ground ***See also*** *làodì*

[2]**luòdì** 落第 V.O. fail in an imperial examination

luódiàn 螺钿 N. ①mother-of-pearl inlay ②inlay of polished conches

luòdiǎn* 落点[-點] N. ① <sport> placement (of a ball) ② point of fall (of rockets/satellites/etc.); impact point

luódiàn qīpán 螺钿漆盘[-盤] N. lacquer tray inlaid with mother-of-pearl

luòdiǎnzhǔn 落点准[-點準] N. accuracy in placement

luòdìchuāng 落地窗 N. French window M: [1]shàn

luòdìdēng 落地灯[-燈] N. floor lamp M: [1]jià/[1]tái/[1]zhǎn

luódīng* 螺钉 N. screw

luòdǐng 落顶 V.O. <min.> caving

luòdìshàn 落地扇 N. electric fan with adjustable stand M: [1]tái

luòdì shēnggēn 落地生根 N. <bot.> air plant; life plant ♦F.E. have one's abode wherever one goes

luòdìshì 落地式 N. standing style (of lamps/etc.)

luòdìshì shōuyīnjī 落地式收音机 N. console (radio) set M: [1]tái

luòdìzákēngr 落地砸坑儿 F.E. <topo.> inevitable; unavoidable.

luóduàn 罗缎[羅-] N. faille; bengaline; tussore M: [2]kuài/[1]pǐ

luóduò 罗垛[羅-] A.T. <topo.> one on top of the other; layer on layer

luóduòzi 骡驮子 N. hinny/mule pack *See also luótuózi*

luòfà 落发[-髮] V.O. <Budd.> become a monk/nun

luòfà wéi sēng 落发为僧[-髮--] V.P. <Budd.> become a monk/nun

luófū 骡夫 N. muleteer M: ge/[1]míng

luófúmù 罗芙木[羅-] N. <bot.> devilpepper M: [2]kē

luófūyǒufū 罗敷有夫[羅-] ID. a married woman

luógǎn 螺杆 N. screw; spiral; screw stem M: [2]gēn

luō gēbo 捋胳膊 V.O. be eager to start *See also lǚgēbo*

luó-gǔ 锣鼓[鑼-] N. ① gong and drum ② percussion instruments ③ percussion ensemble

luó-gǔdiǎnr 锣鼓点儿[鑼-點-] N. beat of drumming

luóguo 罗锅[羅鍋] ATTR. bend (the back); hunch up *See also luóguō*

luóguō* 罗锅[羅鍋] ATTR. arched *See also luóguo*

luòguǒ 落果 N. <agr.> premature drop

luóguōqiáo 罗锅桥[羅鍋橋] N. arched bridge M: [4]zuò

luóguōr 罗锅儿[羅鍋-] N./V. <coll.> hunchback

luóguōrqiáo 罗锅儿桥[羅鍋-橋] N. <topo.> stone-arch bridge M: [4]zuò

luóguōyāo 罗锅腰[羅鍋-] V.O. <topo.> hunch; bend over sth.; stoop

luóguōzi 罗锅子[羅鍋-] N. <coll.> hunchback

luógǔshēng 锣鼓声[鑼-聲] N. sound of drumming M: [1]zhèn

luógǔxuāntiān 锣鼓喧天[鑼-] F.E. deafening sound of gongs and drums

luógǔzhèntiān 锣鼓振天[鑼-] F.E. deafening sound of gongs and drums

luōhàn 捋汗 V.O. do a hard job; do with great effort

luóhàn* 罗汉[羅漢] N. <Budd.> arhat (saint)

luóhànbǎi 罗汉柏[羅漢-] N. <bot.> arbor vitae M: [2]kē

luóhànbìng 罗汉病[羅漢-] N. <med.> snail fever; schistosomiasis

luóhànchuáng 罗汉床[羅漢-] N. <art> arhat bed; divan M: [1]zhāng

luóhàndòu 罗汉豆[羅漢-] N. <topo.> broad bean M: [1]kē

luóhànguǒ 罗汉果[羅漢-] N. <bot.> mangosteen M: [2]zhī/[1]kē

luóhàn shēnzi 罗汉身子[羅漢-] N. barren woman

luóhànsōng 罗汉松[羅漢-] N. <bot.> yew podocarpus M: [2]kē

luóhào 螺号[-號] N. conch; shell trumpet

luòhé 络合 N. <chem.> complexing

Luò Hé* 洛河 N. river in Shanxi and Henan

luòhé fǎnyìng 络合反应[-應] N. <chem.> complex reaction

luòhēi 落黑 N. <coll.> nightfall; twilight

luòhóng 落红 V.O. bleed during one's first sexual intercourse (of a virgin)

luòhòu(r) 落后(儿)[-後-] S.V. backward ♦V.O. fall/lag behind

luòhòu dìqū 落后地区[-後-區] P.W. underdeveloped area

luòhòu fènzǐ 落后分子[-後--] N. backward elements M: ge/[1]míng

luòhòuzhě 落后者[-後-] N. laggard M: ge/[1]míng

luòhù 落户 V.O. settle down

luǒhuā 裸花 N. <bot.> flower without petals/calyxes

luòhuā* 落花 N. fallen flowers

luòhuāliúshuǐ 落花流水 ID. ① be utterly routed; be in a sorry plight ② unrequited love

luòhuāng 落荒 V.O. flee into the wilderness; take to the wild

luòhuāng'értáo 落荒而逃 F.E. take flight

luòhuāshēng 落花生 N. peanut M: [1]kē/ge

luòhuāyǒuzhǔ 落花有主 F.E. be/become betrothed

luòhuī 落晖 N. setting sun

luòhuò 落货 V.O. ship goods/merchandise

luō hǔxū 捋虎须[-鬚] V.O. run great risks

luójí* 逻辑[邏-] N. <loan> logic ***Zhè shì shénme ~?*** What sort of logic is that?

luójì 螺髻 N. spiral headdress

luòjí 落籍 V.O. ① be discharged from military service ② get married (of prostitutes) ③ settle down

luòjià(r) 落价(儿)[-價-] V.O. fall/drop in price *See also làojià*

luójiǎng 螺桨[-槳] N. propeller

[1]luòjiǎo 落脚[-腳] V.O. stop over; put up

[2]luòjiǎo 落角 N. <math.> angle of fall

luòjiǎochù 落脚处[-腳處] P.W. temporary lodging

luòjiǎodiǎn 落脚点[-腳點] N. stopover

luòjiār 落家儿 V.O. <coll.> go home; be at home

luójídàng 逻辑档[邏-檔] N. <comp.> logical files

luójí diànlù 逻辑电路[邏-電-] N. logical circuit

luójiē 螺阶[-階] N. spiral staircase

luójí fēnxī 逻辑分析[邏-] N. logical analysis

luójí fúhào 逻辑符号[邏-號] N. logical symbol

luójí jīngyànlùn 逻辑经验论[邏-經--] N. logical empiricism/positivism

luójí jùfǎ 逻辑句法[邏-] N. <lg.> logical syntax

luójí kěnéngxìng 逻辑可能性[邏-] N. logical possibility

luójí liánxìyǔ 逻辑联系语[邏-聯繫-] N. <lg.> logical connector

luójí liúchéngtú 逻辑流程图[邏-圖] N. <comp.> logical flowchart M: [1]zhāng

luójīng 罗经[羅經] N. navigation compass

luòjǐngxiàshí 落阱/井下石 ID. hit a person when he's down

luójí qiántí 逻辑前提[邏-] N. <lg.> logical presupposition

luójí sīwéi 逻辑思维[邏-] N. logical thinking

luójí wèiyǔ 逻辑谓语[邏-] N. <lg.> logical predicate

luójí xíngshì 逻辑形式[邏-] N. <lg.> logical form

luójíxué 逻辑学[邏-] N. logic

luójíxuéjiā 逻辑学家[邏-] N. logician M: ge/[1]míng/[2]wèi

luójí yuánjiàn 逻辑元件[邏-] N. <comp.> logic element

luójí yǔfǎ 逻辑语法[邏-] N. <lg.> logical syntax

luójí yùnsuàn 逻辑运算[邏-運-] N. logical operation

luójí zhòngyīn 逻辑重音[邏-] N. <lg.> logical accent/stress

luójí zhǔyǔ 逻辑主语[邏-] N. <lg.> logical subject

luójí zuòyòng cí 逻辑作用词[邏-] N. <lg.> logical operator

luójù 螺距 N. <mach.> pitch (of screw); thread pitch

luójué 罗掘[羅-] ID. <wr.> ① try by all means to raise money ② contrive ways and means to live when in straits

luójuéjùqióng 罗掘俱穷[羅-窮] F.E. All sources of raising funds and material have been exhausted.

luóké 螺壳[-殼] N. shell of a shellfish

luòkōng* 落空 V.O. come to nothing; fail; fall through *See also làokōng, luòkòng*

luòkòng 落空 V. omit; neglect *See also làokōng, luòkōng*

luókǒu* 罗口[羅-] N. ① screw-top; screwed-on cap ② <txtl.> rib cuff/collar ③ rib top (of socks)

luókòu 螺扣 N. screw thread

luókǒu dēngpào 罗/螺口灯泡[羅-燈-] N. screw socket M: [2]zhī/ge

luókǒu dēngtóu 罗/螺口灯头[羅-燈-] N. screw socket

luòkuǎn(r) 落款(儿) V.O. inscribe (a gift/etc.)

luókuāng 箩筐[籮-] N. large bamboo/wicker basket M: [2]zhī/ge

luòkuí 落葵 N. <bot.> redvine spinach M: [2]kē

luólā 罗拉[羅-] N. <mach.> ① roller ② roller on a loom

luólè 罗勒//萝勒[羅-//蘿-] N. sweet basil

luòléi 落雷 N. thunderbolt; thunderclap

luòlèi* 落泪[-淚] V.O. shed tears; weep

luǒlǐ 裸鲤 N. naked carp

luǒlì* 瘰疬[-癧] N. <Ch. med.> scrofula

luóliè 罗列[羅-] V. ① spread/set out ② enumerate

luōliluōsuo 罗哩罗嗦[羅-羅-] V./S.V. garrulous; long-winded

luòlíng 落铃 V.O. <agr.> premature dropping/shedding of cotton bolls

luòlìng* 落令 V.P. be out of season

luòlízǐ 络离子[-離-] N. <chem.> complex ion

luǒlù 裸露 V. uncovered; exposed

luólǚ 觌缕[覼縷] <wr.> V. narrate in detail

luólún 螺轮 N. screw gear

luóluo 罗罗[羅羅] R.F. scattered ♦N. old name, now considered pejorative, of Yi ethnic minority

[1]luòluò* 落落 R.F. ① natural and graceful ②standoffish; aloof; unsociable ③rare; scattered

[2]luòluò 荦荦[犖犖] R.F. <wr.> conspicuous; apparent; obvious

luòluòdàduān 荦荦大端[犖犖-] F.E. major items; salient points

luòluòdàfang 落落大方 F.E. natural and graceful; natural and at ease

luòluòdàzhě 荦荦大者[犖犖-] F.E. major items; salient points

luòluòguǎhé 落落寡合 F.E. unsociable; aloof

luòluòguǎhuān 落落寡欢[-歡] F.E. disheartened and unhappy

luòluòguǎjiāo 落落寡交 F.E. keep to oneself; keep aloof

luòluòmùmù 落落穆穆 F.E. ① be introverted ② turn a cold shoulder to sb.

luōluosuōsuō 罗罗嗦嗦[羅羅-] V.P. talk boringly; be wordy

luǒlù tǔdì 裸露土地 N. land with no vegetation

luó-mǎ 骡马 N. mule and horse

Luómǎ* 罗马[羅-] P.W. <geog.> Rome

[1]luòmǎ 落马 V.O. be eliminated in a match

[2]luòmǎ 骆马 N. <zoo.> llama M: [1]pǐ

luómǎchē 骡马车 N. cart M: [3]liàng

luó-mǎ dàdiàn 骡马大店 P.W. carter's inn M: [1]jiā

luómǎdiàn 骡马店 P.W. inn with sheds for carts and animals; carter's inn M: [1]jiā

Luómǎfǎ 罗马法[羅-] N. Roman law

Luómǎ Gōngjiào 罗马公教[羅-] N. Catholicism

Luómǎhuà 罗马化[羅-] N. Romanization
luǒmài 裸麦[-麥] N. <agr.> naked/highland barley
[1]**luòmài*** 络脉[-脈] N. <Ch.med.> collaterals; branches of channels
[2]**luòmài** 落脉[-脈] N. the "lode" of a dragon descending from the heights (geomancy)
Luómǎjiào 罗马教[羅-] N. Roman Catholicism
Luómǎ Jiàohuáng 罗马教皇[羅-] N. ① the Pope ② pontiff
Luómǎ Jiàohuì 罗马教会[羅-] N. Roman Catholic Church
luómàndìkè 罗曼蒂克[羅-] S.V. <loan> romantic
Luómǎníyà 罗马尼亚[羅-亞] N. Romania
luómànshǐ 罗曼史[羅-] N. romantic story M: [2]bù
luómànsī 罗曼司[羅-] N. <loan> romance
Luómànyǔ 罗曼语[羅-] N. Romance languages
luómào 螺帽 N. (screw) nut
luòmáo bùliào 骆毛布料 N. camel-hair cloth M: [2]kuài/[1]pǐ
luómǎshì 骡马市 P.W. ① market for mules and horses ② flea market
Luómǎ shùzì 罗马数字[羅-數-] N. Roman numeral
Luómǎ Tiānzhǔjiàotú 罗马天主教徒[羅-] N. a Roman Catholic M: ge/[1]míng/[2]wèi
Luómǎxì de 罗马系的[羅-] ATTR. Romance
Luómǎxì de yǔyán 罗马系的语言[羅-] N. <lg.> Romance language
Luómǎyǔ 罗马语[羅-] N. <lg.> the Romance group of languages; Romance languages
Luómǎ yǔzú 罗马语族[羅-] N. <lg.> the Romance group of languages; Romance languages
Luómǎzì 罗马字[羅-] N. roman letters
Luómǎ zìmǔ 罗马字母[羅-] N. roman letters; roman alphabet
Luómǎ zìtǐ 罗马字体[羅-體] N. <print.> roman type
Luómǎzìzhì 罗马字制[羅-] N. Romic
luòmíng 落名 V.O. sign one's signature to
[1]**luòmò** 落寞/漠/莫 S.V. lonely; desolate
[2]**luòmò** 落墨 V.O. start writing/painting
luómǔ* 螺母 N. (screw) nut
luòmù 落幕 V.O. The curtain falls.; lower the curtain
luómǔ diànquān 螺母垫圈[--墊-] N. nut collar
luōnǎi 捋奶 V.O. milk
luònàn 落难[-難] V.O. meet with misfortune
luópán 罗盘[羅盤] N. compass
luǒpǎo 裸跑 N./V. streaking
luòpìn 落聘 V.O. fail to be engaged; be turned down for a job/position
luòpò 落魄 S.V. ① down on one's luck ② casual; unconventional
luòpòjiānghú 落魄江湖 ID. ① a vagrant ② a disheartened person
luòpòliáodǎo 落魄潦倒 F.E. fall on evil days
luóqí 逻骑[邏-] N. mounted patrol
luóqīng 螺青 N. dark blue color
[1]**luóquān(r)** 罗圈(儿)[羅-] N. sieve; sifter ♦ATTR. bowlegged
[2]**luóquān** 螺圈 N. <math.> helicoidal
luóquānryī 罗圈儿揖[羅-] N. bows made with clasped hands to people on all sides
luò quāntào 落圈套 V.O. be trapped/swindled
luóquāntuǐ 罗圈腿[羅-] N. bowlegs; bandy legs M: [1]tiáo
luóquānyǐ 罗圈椅[羅-] N. easy chair M: [1]bǎ
luòquè 荦确[犖確] V.P. rugged; craggy (of mountains)
luóquèjuéshǔ 罗雀掘鼠[羅-] ID. strain to scrape money together
luóquèjùshǔ 罗雀据鼠[羅-據-] ID. strain to scrape money together
luóqún 罗裙[羅-] N. thin silk skirt M: [1]tiáo
luórdà de tiān 罗儿大的天[羅-] N. <topo.> ① the sky ② the great dome of the heavens
luòrénkǒushí 落人口实[-實] F.E. give grounds for talk
luòrì 落日 N. setting sun
luòrìyúhuī 落日余晖 F.E. lingering light of the setting sun
Luó Rónghuán 罗荣桓[羅榮-] (1902–1963) N. Communist general, one of the Ten Great Marshals
luòrù 落入 V. drop into
Luó Ruìqīng 罗瑞卿[羅-] (1906–1978) N. political commissar of the Communist military porces
luòsāihúzi 络/落腮胡子 N. full beard
luóshā 罗纱[羅-] N. silk gauze M: [2]kuài
Luóshà cèyàn 罗厦测验[羅廈-] N. Rorschach test
luòshǎi 落色 V.O. fade (of color) *See also* làoshǎi
luòshājī 落纱机 N. <txtl.> a doffer M: [1]tái
luóshàn* 罗扇[羅-] N. silk-gauze fan M: [1]bǎ
luòshān 落山 V.O. set behind the mountains (of the sun) *See also* làoshān
Luòshānjī 洛杉矶 P.W. Los Angeles
luǒshēn* 裸身 N. naked body
Luòshén 洛神 N. goddess of the Luo River
luóshēng* 锣声[鑼聲] N. the sound of gongs
luòshēng 落生 V. be born (of a baby)
[1]**luòshí*** 落实[-實] V. ① fix/decide in advance; ascertain; make sure ② fulfill; implement; put into effect ③ <topo.> feel at ease ♦S.V. practicable; workable
[2]**luòshí** 络石 N. <bot.> star-jasmine
luòshì 落市 V.O. be out of season
luòshí zhèngcè 落实政策[-實--] V.O. ① implement policies ② <PRC> rectify mistaken judgments
luòshū 洛书[-書] N. characters associated with the legendary Emperor Yu
luóshuān 螺栓 N. screw bolt
luòshuāng 落霜 V.O. frost
luòshuǐ 落水 V.O. ①fall into the water ②become a prostitute ③ go astray; sink into; degenerate
luòshuǐgǒu 落水狗 N. ① a drowning dog ② sb. who is in trouble ③ a bad person who is down M: [1]tiáo
luòshuǐguǎn 落水管 N. roof gutter M: [2]gēn
luósī 螺蛳[-螄] N. spiral shell; snail
luósī* 螺丝[-絲] N. <topo.> screw
luósī bǎnyá 螺丝板牙[-絲--] N. screw die; threading die
luósī bānzi 螺丝扳子[-絲--] N. wrench; spanner M: [1]bǎ
luósīdāo 螺丝刀[-絲-] N. screwdriver M: [1]bǎ
luósīdīng 螺丝钉[-絲-] N. <coll.> ① a screw M: [1]kē/[4]méi/ge/[2]zhī ② low-ranking but active person
luósīkǒu 螺丝口[-絲-] N. screw-socket
luósīkòu* 螺丝扣[-絲-] N. <coll.> thread (of a screw)
luósīmào 螺丝帽[-絲-] N. screw nut
luósīmǔ 螺丝母[-絲-] N. <coll.> (screw) nut
luòsīniáng 络丝娘[-絲-] N. a cricket
luósī níngzi 螺丝拧子[-絲擰-] N. <coll.> screwdriver M: [1]bǎ
luósīqián 螺丝钳[-絲-] N. wrench M: [1]bǎ
luósī qǐzhòngjī 螺丝起重机[-絲---] N. screw jack; jackscrew M: [1]tái
luósī qǐzi 螺丝起子[-絲--] N. screwdriver M: [1]bǎ
luósīzuàn 螺丝钻[-絲鑽] N. screwdriver M: [1]bǎ
luòsòng 洛诵 V. read repeatedly to memorize
luósòngtāng 罗宋汤[羅-湯] N. Russian beef soup; borscht/borsch M: wǎn
luòsú 落俗 V.O. show poor taste
luòsuì 落穗 N. grain leavings (after harvest)
luōsuo* 罗/啰嗦[羅-] S.V. ① long-winded; wordy ② troublesome
luòsuǒ 落索 S.V. desolate and lonely; spiritless and discouraged
luòtāi 落胎 V.O. abort
luǒtǎn 裸袒 V. naked; bare
luòtāngjī 落汤鸡[-湯雞] N. ① person who looks drenched and bedraggled ②deep distress M: [2]zhī
luòtāngpángxiè 落汤螃蟹[-湯--] ID. at a loss as to what to do
luòtào 落套 V.O. conform to a conventional pattern (of writing); get into a rut
luǒtǐ* 裸体[-體] ATTR. naked
luòtǐ 落体[-體] N. <phy.> falling body
luótiāndàyuàn 罗天大愿[羅-願] F.E. a wish for big things
luǒtǐhuà 裸体画[-體畫] N. nude painting M: [10]fú
luǒtǐ sèqíng diànyǐng 裸体色情电影[-體--電-] N. skin flick M: [2]bù
luǒtǐxiàng 裸体像[-體-] N. nude figure/statue; nude M: [4]zuò/[1]zūn
luǒtǐyíng 裸体营[-體營] P.W. nudist colony M: [4]zuò
luǒtǐ yùndòng 裸体运动[-體運動] N. nudist movement
luǒtǐzhǔyì 裸体主义[-體-義] N. nudism
luòtǒngjī 络筒机 N. <txtl.> cone winder; winding machine M: [1]tái
luòtóu 络头 N. halter *See also* làotóu
luòtuo* 骆驼 N. ① camel ② <coll.> blockhead; ninny M: [1]tóu
luòtuō 落托 V.P. ① in dire straits; down and out ② bold and generous; unconstrained
luòtuò 落拓 V.P. ①<wr.> down and out ②casual; unconventional
luòtuòbùjī 落拓不羁 F.E. unconventional and uninhibited
luòtuocǎo 骆驼草 N. camel thorn
luòtuocì 骆驼刺 N. camel thorn
luòtuoduì 骆驼队[-隊] N. camel train; caravan M: [4]zhī
luòtuofū 骆驼夫 N. camel driver M: ge/[1]míng
luótuóqiáo 骡驮桥[-橋] N. sedan chair carried by two mules M: [1]jià/[1]fù
luòtuoqiáo* 骆驼桥[-橋] N. arch bridge (with two or more arches) M: [4]zuò
luòtuo qíbīng 骆驼骑兵 N. cameleer; camelry; camel corps M: ge/[1]míng
luòtuoróng 骆驼绒 N. camel hair cloth M: [2]kuài/[1]pǐ
luótuózi 骡驮子 N. mule used to carry a heavy load M: [1]tóu *See also* luóduòzi
luówǎng 罗网[羅網] N. net; trap
luòwǎng* 落网[-網] V.O. be captured (of a criminal) *See also* làowǎng
luówàngzǐ 罗望子[羅-] N. <bot.> tamarind
luówéi* 罗帷/帏[羅幃] N. gauze curtain
luòwěi 络纬 N. a cricket
[1]**luówén** 螺纹 N. ① fingerprint whorl ② screw thread
[2]**luówén** 罗纹[羅-] N. ① grain (of wood) ② fingerprint
luówén dāojù 螺纹刀具 N. threading tool; screw tool M: tào
luówénjī 罗纹机[羅-] N. <txtl.> rib-knitting machine; ribber M: [1]tái
luówényā 罗纹鸭[羅-] N. falcated teal; falcated duck M: [2]zhī
luówénzuàn 螺纹钻[-鑽] N. twist drill M: [1]bǎ
luòwǔ 落伍 V.O. ① straggle; drop out ② be outdated ♦S.V. backward; over-conservative
luòwǔ sīxiǎng 落伍思想 N. backward thinking/idea
luòxia* 落下 R.V. ① fall down; descend; drop ② leave behind ③ omit; forget *See also* làxia
luòxiá 落霞 N. colorful sunset clouds
luò xialai 落下来 R.V. drop down; fall (as leaves from a tree)
luóxiàn 螺线 N. screw thread
luǒxiǎn 裸跣 V. barely clothed (due to poverty)
luǒxiàn* 裸线 N. bare wire M: [2]gēn
luòxiàn 落线 V. <mil.> line of fall
luóxiànguǎn 螺线管 N. <phy.> solenoid
luòxià wéimù 落下帷幕 V.O. drop/lower the curtain; close; end
luòxīnfù 络新妇[-婦] N. a spider
luǒxiōng 裸胸 N. naked (to the) breast
luòxù 落絮 N. willow catkins
luóxuán 螺旋 N. ① spiral; helix ② screw

luòxuǎn* 落选[-選] V.O. lose an election/competition

luóxuán bānshǒu 螺旋扳手 N. spanner M: [1]bǎ

luóxuán gǎnjūn 螺旋杆菌 N. <med.> spirillum; spirobacteria

luóxuánjiǎng 螺旋桨[-槳] N. propeller M: [4]zhī

luóxuán jiǎng-yè 螺旋桨叶[-槳葉] N. propeller blade

luóxuán jiàoxuéfǎ 螺旋教学法 N. spiral approach

luóxuánjūn 螺旋菌 N. spiral-shaped bacterium

luòxuǎnsài 落选赛[-選-] N. ① consolation match ② preliminary competition M: [2]chǎng

luóxuánshì 螺旋式 N. spiral

luóxuán tánhuáng 螺旋弹簧 N. spiral spring

luóxuántǐ 螺旋体[-體] N. spiral-shaped object

luóxuán tiānxiàn 螺旋天线 N. spiral antenna M: [1]jià

luóxuán tuījìnjī 螺旋推进机[---進-] N. screw propeller M: [1]tái

luóxuánxiàn 螺旋线 N. helix; helical line; spiral

luóxuán xìbāo 螺旋细胞 N. spiral cell

luóxuánxíng lóutī 螺旋形楼梯[---樓-] N. spiral staircase M: [4]zuò

luóxuán xīngxì 螺旋星系 N. <astr.> spiral galaxy

luóxuánzuān 螺旋钻[-鑽] N. screwdriver M: [1]bǎ

luòxué 络穴 N. <Ch. med.> collateral point

luòxuě* 落雪 V.O./N. snow

luǒyá 裸芽 N. <bot.> naked bud

luóyājī 螺压机[-壓-] N. screw press M: [1]tái

luòyán 络盐[-鹽] N. <chem.> complex salt

luòyàn* 落雁 N. a kind of medicinal plant

Luòyáng 洛阳[-陽] P.W. Luoyang (in Henan)

Luòyángchǎn 洛阳铲[-陽鏟] N. <archeo.> Luoyang spade (iron tool used to search underground accumulations) M: [1]bǎ

Luòyánghuā 洛阳花[-陽-] N. white peony M: [2]duǒ

luòyángzhǐguì 洛阳纸贵[-陽--] ID. become a best-seller

luòyè 落叶[-葉] N. ① fallen leaves M: [1]piàn ② <bot.> deciduous leaf

luòyèguīgēn 落叶归根[-葉歸-] ID. revert to one's origin

luòyèlín 落叶林[-葉-] N. deciduous forest M: [4]zuò

luòyè qiáomù 落叶乔木[-葉喬-] N. deciduous arbor/tree M: [1]zhǒng

luòyèshù 落叶树[-葉樹] N. deciduous tree M: [2]kē/[1]zhǒng

luòyèsōng 落叶松[-葉-] N. <bot.> larch M: [2]kē

luóyī 罗衣[羅-] N. thin silk garment M: [2]jiàn

luòyì* 络绎[-繹] V.P. come and go in a continuous stream

luòyìbùjué 络绎不绝[-繹-絕] F.E. in an endless stream; continuous

luòyīn 落音 V.O. stop; come to a pause (of speaking/singing/etc.)

luóyíng 螺萦[-縈] N. rayon

luòyīng* 落英 N. <wr.> ① fallen/falling flowers ② flowers just in bloom

luòyīngbīnfēn 落英缤纷[--繽-] F.E. flower petals flying about like snow flakes

luòyìyútú 络绎于途[-繹於-] F.E. busy road/way

luǒyǒng 裸泳 N. skinny-dipping ♦V. swim naked; skinny-dip

luòyǔ 落雨 V.O. <topo.> be raining

luòyuè 落月 N. setting moon

luòyuètíngyún 落月停云[-雲] ID. think of/about old friends

luòyuèwūliáng 落月屋梁 ID. thinking of a friend

luòyǔtiān 落雨天 N. rainy day

luòzài 落在 V.P. fall to

luǒzàng 裸葬 N. naked burial

luózào 罗唣[羅-] S.V. noisy ♦V. pick/seek a quarrel; provoke

luòzhàn 落栈[-棧] V.O. lodge at an inn *See also* làozhàn

luózhàng* 罗帐[羅-] N. thin silk curtain M: [1]dǐng

luòzhàng 落帐 V.O. enter sth. in an account

Luózhānuòfū-fǎ 罗扎诺夫法[羅-] N. <lg.> Lozanov method

luòzhào 落照 N. glow of the setting sun

Luó Zhènyù 罗振玉[羅-] (1866–1940) N. classical scholar, archeologist, bibliographer

luózhī* 罗织[羅織] V. <wr.> frame (sb.)

luózhì 罗致[羅-] V. ① enlist the services of ② collect; gather together

luòzhí 落职[-職] V.O. remove from office; demote

luózhīchéngyù 罗织成狱[羅織-] F.E. convict sb. on trumped-up charges

luózhì réncái 罗致人才[羅-] V.O. enlist the services of able people

luózhīwūxiàn 罗织诬陷[羅織-] F.E. frame sb.

luózhī zuìmíng 罗织罪名[羅織-] V.O. cook up charges

luǒzhuāng 裸装[-裝] V. load cargo without protective covering

luòzhuó 落着[-著] N. solution; conclusion

luózi* 骡子 N. ① mule ② stubborn person M: [1]tóu

luòzi 络子 N. a fine thread basket *See also* [1]làozi

luòzǐ 落子 V.O. make a move (in a go game) *See also* [2]làozi, [3]làozi

luǒzǐ zhíwù 裸子植物 N. <bot.> gymnosperm; plant with exposed seeds

luózú 逻卒[邏-] N. patrolman M: ge/[1]míng

luòzuò 落座 V.O. <coll.> sit down; take a seat

lùpái(r) 路牌(儿) N. street signs M: [2]kuài

lúpán 炉盘[爐盤] N. stone/metal plate under a stove

lùpáng 路旁 P.W. roadside; sides of a road

lùpángdào 路旁道 N. sidewalk M: [1]tiáo

lùpéng 陆棚[陸-] N. <geog.> continental shelf

lùpí 鹿皮 N. deerskin M: [1]zhāng

lǘpíjiāo 驴皮胶[驢-膠] N. <Ch. med.> donkey-hide gelatin

lùpìn 录聘[錄-] V. employ sb. after a test

lǚpíng 捋平 R.V. smooth (clothes/paper/etc. with the hands)

lùpíyī 鹿皮衣 N. deerskin jacket M: [2]jiàn

lǘpíyǐng 驴皮影[驢-] N. leather-silhouette show; shadow play

lùqī 陆栖[陸棲] N. land animals

lǚqí 捋齐[-齊] R.V. arrange neatly (cards/etc.)

[1]lǜqì* 滤器[濾-] N. filter M: [2]zhī/ge

[2]lǜqì 氯/绿气[-氣] N. <chem.> chlorine gas

lùqiǎ 路卡 N. poll booth M: [2]dào

lùqiān 路签 N. <traf.> train staff; staff

lùqiàn* 路堑 N. cutting (for railway/highway)

lúqiāng 颅腔[顱-] N. <phys.> cranial cavity

lúqiángōng 炉前工[爐-] N. blast-furnace man; furnaceman M: ge/[1]míng

lǜqiānkuàng 绿铅矿[-礦] N. <min.> pyromorphite M: [4]zuò

lúqiáo 炉桥[爐橋] N. <topo.> grate M: [4]zuò

lùqiáo* 陆桥[陸橋] N. ① pedestrian overpass ② land bridge M: [4]zuò

lǚqiē 缕切[縷-] V. cut into fine shreds

lùqín 鹭禽 N. <zoo.> crane M: [2]zhī

lúqíng 胪情[臚-] V.P. state one's case/situation/predicament

[1]lǜqīng 滤清[濾-] V. filter

[2]lǜqīng 绿青 N. <min.> green malachite

lǜqìpào 绿气炮[-氣-] N. <mil.> chlorine-gas shell

lùqiú 录囚[錄-] V.O. review the case of a condemned person

lǚqiú 铝球 N. aluminum ball

lùqǔ 录取[錄-] V. enroll; recruit; admit

lǜqù 滤去[濾-] R.V. filter

lùquān 陆圈[陸-] N. continental sphere

lǚquànbùgǎi 屡劝不改[屢勸-] F.E. persist in doing wrong despite repeated advice

lǚquànbùtīng 屡劝不听[屢勸-聽] F.E. persist in one's own way despite repeated advice

lùqǔlǜ 录取率[錄-] N. enrollment rate/percentage

lùqǔ tōngzhīshū 录取通知书[錄-書] N. admission notice M: [2]fēng/[1]fèn

lùqǔxiàn 录取线[錄-] N. minimum passing score for admission M: [1]tiáo

lùr 路儿 N. ① method; way ② a kind

lǘr 驴儿[驢-] N. ass; donkey M: [1]tóu

lùrán 逯然 V.P. aimlessly

lǚrèjì 铝热剂[-熱劑] N. thermite

lǚrèjì ránshāodàn 铝热剂燃烧弹[-熱劑-燒-] N. <chem.> thermite M: [1]kē

Lǔrén 鲁人 N. ①dullard ②a native of Shandong

lùrén* 路人 N. passerby; stranger M: ge/[1]míng

lǚrén 旅人 N. traveler; one who lives away from home M: ge/[1]míng

lǚrèn* 履任 V. take/assume one's new office/post

lǔrénlèshú 掳人勒赎[擄-贖] F.E. hold captives for ransom

lǚRì 旅日 V.O. travel in/to Japan; reside in Japan

[1]lùróng 鹿茸 N. <Ch. med.> pilose antler (of young stags)

[2]lùróng 路容 N. appearance of a street

lǜróngróng 绿茸茸 V.P. lush dark green

lǔròu* 卤肉[鹵-] N. pot-stewed meat M: [2]kuài

lùròu 鹿肉 N. venison M: [2]kuài

lǘròu 驴肉[驢-] N. donkey meat M: [2]kuài

lùrù 录入[錄-] V. <comp.> enter

lùrù shùjù 录入数据[錄-數據] V.O. <comp.> logging data

lǜsāitóng 氯塞酮 N. <chem.> chlorthalidone

lùsè 露色 V.O. reveal one's feelings

lǜsè 绿色 N. green color

lǜsèchángchéng 绿色长城 F.E. ① large-scale forest belt to ward off wind and sand ② green "Great Wall" M: [2]dào

lǜsè gémìng 绿色革命 N. green revolution

Lǜsèhépíng 绿色和平 P.W. Greenpeace

lǜsèjìng 滤色镜[濾-] N. color filter M: [1]piàn

Lúsēnbǎo 卢森堡[盧-] P.W. Luxembourg

lǜsēnsēn 绿森森 V.P. deep green

lǜsè shípǐn 绿色食品 N. organic food

lǜsè wànlǐ chángchéng 绿色万里长城[--萬--] N. large-scale forest belt to ward off wind and sand

lǜsèyínháng 绿色银行 ID. mountain forestry resources

lǜsè zhíwù 绿色植物 N. green plants

lùshā 戮杀[-殺] V. slay

lǜshā 绿纱 N. green gauze M: [2]kuài

lùshang* 路上 P.W. ① on the road ② en route

lùshàng 陆上[陸-] N. land

lùshànglùxià 路上路下 F.E. <topo.> passing by; going back and forth

lùshàng yóutián 陆上油田[陸-] N. onshore oil field

Lú Shān zhēn miànmù 庐山真面目[廬-] F.E. the truth about a person/matter

lúshè 庐舍[廬-] P.W. <wr.> house; farmhouse M: [4]zuò

[1]lǚshè 旅社 P.W. hotel; hostel M: [1]jiā

[2]lǚshè 旅舍 P.W. inn; hotel M: [1]jiā

lúshēn 炉身[爐-] N. shaft (of furnace); furnace stack

lúshēng* 芦笙[蘆-] N. reed-pipe wind instrument M: [4]zhī/[2]zhī

lùshēng 录声[錄聲] N. sound recording

lǚshēng 旅生 V. grow spontaneously (of wild plants)

lùshēng dòngwù 陆生动物[陸-動-] N. terrestrial animals

lǜshēngshēng 绿生生 V.P. fresh and green

lúshēngzhīmèng 卢生之梦[盧-夢] N. evanescent dream

lùshī* 戮尸[-屍] V.O. chop up a corpse (as punishment)

lùshí 禄食 N. official pay

lùshǐ 鹿豕 N. boorish; ignorant

lùshì 录事[錄-] N. document clerk; copyist

lǚshí 旅食 V. ① stay at one place as a visitor ② mess for a large group of people

[1]**lǜshī*** 律师[-師] N. lawyer; attorney M: *ge*/[1]*míng*/[2]*wèi*
[2]**lǜshī** 律诗 N. (prosodically) regulated verse M: [2]*shǒu*
lǜshǐ 虑始[慮-] V.P. be concerned about making a start
lǜshì 虑事[慮-] V.O. ① make plans for a matter ② have misgivings about a matter
lǚshìbùshuǎng 屡试不爽[屢-] F.E. time-tested
lǜshī gōnghuì 律师公会[-師--] N. bar association
lǚshìlǚzhì 屡试屡踬[屢-屢躓] F.E. fail at each trial
lǜshī shìwùsuǒ 律师事务所[-師-務-] P.W. lawyer's office M: [1]*jiā*
lǚshíwéijiān 旅食维艰[-艱] F.E. difficulties in finding lodging
lùshīxiāoshì 戮尸枭示[-屍梟-] F.E. execute a criminal and exhibit his head as a warning
Lǜshízì Xiéhuì 绿十字协会[---協-] P.W. Green Cross Society
[1]**lùshù(r)** 路数(儿)[-數-] N. ① a martial-arts movement ② exact details; inside story ③ special approach
[2]**lùshù** 路树[-樹] N. roadside trees M: [2]*kē*/[1]*pái*
lǚshù 缕述[縷-] V. state in detail
lǜshù* 绿树[-樹] N. green tree M: [2]*kē*
lùshùbùduì 路数不对[-數-對] F.E. <*coll.*> ① something wrong with one's behavior ② unfavorable situation
lǔshuǐ 卤水[鹵-] N. ① bittern ② brine
lùshui* 露水 N. <*coll.*> ① dew ② ephemeral things
[1]**lǜshuǐ** 绿水 N. ① crystal-clear water ② green river
[2]**lǜshuǐ** 氯水 N. <*chem.*> chlorine; chlorine gas
lǜshuǐchí 滤水池[濾-] N. settling pond; depositing reservoir; filter bed M: [4]*zuò*
lùshui fūqī 露水夫妻 N. unmarried couple living together M: [1]*duì*
lǜshuǐqì 滤水器[濾-] N. water strainer M: [1]*tái*/[1]*jià*/*ge*/[2]*zhī*
lùshuizhūr 露水珠儿 N. dewdrop M: [1]*kē*
Lǚ Shūxiāng 吕叔湘[呂-] (1904–1998) N. one of the founders of the scientific study of Chinese grammar and a supporter of fundamental language reform
lùsī 鹭鸶[-鷥] N. heron; egret; bittern M: [2]*zhī*
lǚsī 旅思 N. thoughts during travel
lù sǐ bù zéyīn 鹿死不择音[---擇-] ID. A desperate man will resort to anything.
lùsǐshuíshǒu 鹿死谁手 F.E. who will win
Lǚsòng 吕宋[呂-] P.W. Luzon
lǜsōngshí 绿松石 N. <*min.*> turquoise M: [2]*kuài*
Lǚsòngyān 吕宋烟[呂-煙] N. cigar (esp. from the Philippines)
lūsu 噜苏[-蘇] S.V. <*topo.*> ① long-winded; wordy ② troublesome ③ over-elaborate ♦V. talk at length
lúsù 芦粟[蘆-] N. <*bot.*> sweet sorghum
lǔsù 卤素[鹵-] N. <*chem.*> halogen
[1]**lùsù*** 露宿 V. sleep in the open
[2]**lùsù** 簏簌 V.P. <*wr.*> hanging down; drooping
[3]**lùsù** 逯溯 V. <*wr.*> go away
lǜsuān 氯酸 N. <*chem.*> chloric acid
lǚsuāngài 铝酸钙 N. <*med.*> aluminate calcium
lǜsuānyán 氯酸盐[--鹽] N. <*chem.*> chlorate
lùsùfēngcān 露宿风餐 F.E. hardships of a traveler
lúsǔn 芦笋[蘆筍] N. ① asparagus ② edible young sprouts of reeds
lùsǔn 菉笋[-筍] N. greenish bamboo shoots
lútái(r/zi) 炉台(儿/子)[爐檯-] N. ① mantel ② stove top
[1]**lùtái*** 露台[-臺] N. <*topo.*> ① balcony ② flat roof ③ terrace
[2]**lùtái** 陆台[陸臺] N. tableland; table
lútàn 炉炭[爐-] N. charcoal
lùtǎn* 露袒 V. exposed; uncovered; naked
lútáng 炉膛[爐-] N. stove/furnace chamber
lùtǐ 露体[-體] ATTR. naked

lútián 芦田[蘆-] N. reed marshes
lùtiān* 露天 ATTR. in the open air; outdoors
lùtián 陆田[陸-] N. dry fields (as distinct from rice fields)
lùtiān diànyǐng 露天电影[--電-] N. movie shown in open place
lùtiān diànyǐngyuàn 露天电影院[--電--] N. open-air movie theater M: [1]*jiā*
lùtiāndìr 露天地儿 N. open place
lùtiān duīzhàn 露天堆栈[--棧] N. open-air repository; open-air depot M: [1]*jiā*/[4]*zuò*
lùtiān jùchǎng 露天剧场[-劇場] N. open-air theater M: [1]*jiā*/[4]*zuò*
lùtiān kāicǎi 露天开采[--開-] N. opencast mining
lùtiānkuàng 露天矿[-礦] N. opencut; opencast; open-pit; strip mine M: [4]*zuò*
lùtiān méikuàng 露天煤矿[-礦] N. opencut coal mine M: [4]*zuò*
lùtiānr 露天儿 V.O. have a leaking roof
lùtiān shìchǎng 露天市场[-場] N. open-air market M: [1]*jiā*
lùtiānxì 露天戏[-戲] N. drama performed in an open court
lùtiān xuéxiào 露天学校 N. open-air school M: [1]*suǒ*/[1]*jiā*
lútiáo 炉条[爐條] N. ① fire grate ② grill in stove/oven
lùtiáo* 路条[-條] N. <*hist.*> travel permit; pass M: [1]*zhāng*
lǚtiáo 铝条[-條] N. aluminum bar M: [2]*gēn*
[1]**lùtóu*** 露头 N. <*min.*> outcrop; outcropping *See also lòutóu*
[2]**lùtóu** 路头 N. <*coll.*> ① road; way ② social connections
Lùtòu 路透 P.W. Reuters
lù tóujiǎo 露头角 V.O. begin to show talent
Lùtòushè 路透社 N. Reuter's News Agency
lǜtóuyā 绿头鸭 N. mallard M: [2]*zhī*
lùtú 路途 N. ① road; path ② way; journey
lǚtú 旅途 N. journey; trip; route
lǘtuīmò 驴推磨[驢-] F.E. <*coll.*> grind away at; keep doggedly at
lǚtǔkuàng 铝土矿[-礦] N. <*min.*> bauxite M: [4]*zuò*
lǜwán 绿丸 N. greenie (amphetamine tablet taken by some athletes as stimulant)
[1]**lùwǎng** 路网[-網] N. pattern of road distribution
[2]**lùwǎng** 漉网[-網] N. vat-net (used in paper making)
Lúwàngdá 卢旺达[盧-達] P.W. Rwanda
lúwěi* 芦苇[蘆葦] N. reed
lǔwèi(r) 卤味(儿)[鹵-] N. spiced pot-stewed fowl/meat/etc.
[1]**lùwèi** 禄位 N. official rank and salary
[2]**lùwèi** 赂遗 <*wr.*> V. give costly presents; bribe ♦N. costly presents given as bribes; bribes
lùwěicángtóu 露尾藏头 F.E. ①act clandestinely ② the more one tries to cover, the more one reveals
lúwěidàng 芦苇荡[蘆葦蕩] N. reed marshes M: [1]*piàn*
lǜwěihuì 绿委会 P.W. greening committee
Lǔ-Wèi zhī zhèng 鲁卫之政[-衛--] N. things very much alike
lúwēn 炉温[爐-] N. furnace temperature
lǘwǔ 闾伍 N. neighbors; neighborhood
lúxí 芦席[蘆-] N. reed mat M: [1]*zhāng*
lǚxī 缕析[縷-] V. make a detailed analysis
lǔxiā 卤虾[鹵蝦] N. stewed shrimp M: [2]*zhī*
lùxià* 录下[錄-] R.V. record; note down
lùxiàn 路线 N. ① route; itinerary ② line
lùxiàndòuzhēng 路线斗争[-鬥爭] F.E. <*PRC*> struggle between lines within the Communist Party
[1]**lùxiàng** 录像[錄-] V.O. <*PRC*> videorecord; videotape
[2]**lùxiàng** 陆相[陸-] N. <*geol.*> land facies
lǘxiàng 闾巷 N. <*wr.*> alley; lane; alleyway

lùxiàng chénjī 陆相沉积[陸-積] N. <*geol.*> continental deposit
lùxiàngdài 录像带[錄-帶] N. <*PRC*> ① video cassette ② videotape ③ videotape recording M: [1]*pán*/*hé*
lùxiàngjī 录像机[錄-] N. <*PRC*> video recorder M: [1]*jià*/[1]*tái*
lùxiàngpiàn 录像片[錄-] N. movie or TV program recorded on video tape M: [2]*bù*
lùxiàngshī 录像师[錄-師] N. video recording engineer M: *ge*/[1]*míng*/[2]*wèi*
lùxiàngtīng 录像厅[錄-廳] N. video playhouse M: [1]*jiā*
lǚxiǎnrúyí 履险如夷 F.E. handle a crisis without difficulty
lùxiào 陆校[陸-] P.W. military academy M: [1]*suǒ*/[1]*jiā*
lǔxiāyóu 卤虾油[鹵蝦-] N. shrimp sauce
lǚxìjiāocuò 履舄交错 F.E. have a large number of guests/visitors/etc.
lǚxījìncún 缕息仅存[縷-僅-] F.E. hang by a thread
lǚxīn 履新 V.O. <*wr.*> ① assume a new post ② celebrate New Year
lúxíng* 炉型[爐-] N. a kind of furnace/stove
Lùxīng 禄星 N. <*Dao.*> Star God of Rank and Affluence
[1]**lǚxíng*** 旅行 V. travel; journey; tour
[2]**lǚxíng** 履行 V. perform; fulfill; carry out ***Wǒmen bìxū ~ fǎlǜ shǒuxù.*** We must follow legal procedures.
lǚxìng 旅兴[-興] N. urge to travel
lǚxíng bāo 旅行包 N. traveling bag
lǚxíngbēi 旅行杯 N. telescoping travel glass/cup
lǚxíngchē 旅行车 N. station wagon M: [3]*liàng*
lǚxíngdài 旅行袋 N. traveling bag
lǚxíngjiǎn 旅行剪 N. small travel scissors M: [1]*bǎ*
lǚxíng jiéhūn 旅行结婚 N. marriage initiated by a trip
lǚxíng jìlùpiàn 旅行记录片[---錄-] N. travel documentary M: [2]*bù*
lǚxíng nàozhōng 旅行闹钟[-鬧鐘] N. traveling clock M: *ge*/[2]*zhī*
lǚxíng píng'ān bǎoxiǎn 旅行平安保险 N. travel accident insurance
lǚxíng shāngrén 旅行商人 N. commercial traveler; traveling salesman; roadman M: *ge*/[1]*míng*/[2]*wèi*
lǚxíngshè 旅行社 N. travel service/agency M: [1]*jiā*
lǚxíng shěnjìyuán 旅行审计员[--審--] N. <*acct.*> traveling auditor M: *ge*/[1]*míng*/[2]*wèi*
lǚxíngshì 履行式 N. <*lg.*> obligative form
lǚxíngtuán 旅行团[-團] N. tour group; touring party
lǚxíngzhě 旅行者 N. tourist; traveler M: *ge*/[1]*míng*/[2]*wèi*
lǚxíng zhǐnán 旅行指南 N. guidebook M: [1]*běn*
lǚxíng zhīpiào 旅行支票 N. traveler's check M: [1]*zhāng*
lǚxíngzhuāng 旅行装[-裝] N. traveling clothing/dress M: *tào*
[1]**lùxù** 陆续[陸續] ADV. one after another; in succession
[2]**lùxù** 鹭序 N. order of seniority in officialdom
lǚxù 缕续[縷續] ADV. continuously; one after another
Lǔ Xùn 鲁迅 (1881–1936) N. pen name of Zhōu Shùrén, China's foremost writer of the 20th cent. and strong advocate of writing reform
lúyā 炉鸭[爐-] N. roast duck M: [2]*zhī*
lǔyā* 卤鸭[鹵-] N. stewed duck/marinated duck M: [2]*zhī*
lǜyá 绿芽 N. green bud/sprout
lúyǎn* 炉眼[爐-] N. ① small stove openings for cinders to drop through ② stove opening on which wok/etc. sits
lǔyán 卤盐[鹵鹽] N. alkali
lùyǎn 露演 V. be staged (of a play)
lǘyán 闾阎 N. <*wr.*> ① district inhabited by the common people ② common people

lùyǎng 禄养[-養] V. support dependents/etc. with official pay
lùyáozhīmǎlì 路遥知马力 F.E. Quality is tested over the long run.
lúyě 炉冶[爐-] N. metallurgical works
lùyě 绿野 N. green field
[1]**lǜyè(r)*** 绿叶(儿)[-葉-] N. green leaves M: [1]piàn
[2]**lǜyè** 滤液[濾-] N. filtrate
lǜyèchéngyīn 绿叶成阴/荫[-葉-陰/蔭] ID. become the mother of many children
lǜyèchéngyīn zǐ mǎn zhī 绿叶成阴/荫子满枝[-葉-陰/蔭---] ID. a young mother of many children
lǜyè gānlán 绿叶甘蓝[-葉-藍] N. Chinese kale
lùyǐ 路椅 N. roadside bench
lǜyī* 绿衣 N. green clothes (of postman/etc.) M: [2]jiàn
lǜyì 绿意 N. awakening/beginning of spring
lǜyì'àngrán 绿意盎然 F.E. Spring is everywhere.
lùyīn* 录音[錄-] V.O. record sound ♦N. sound recording
lùyǐn 路引 N. <trad.> pass; travel permit
[1]**lǜyīn** 绿阴/荫[-陰/蔭] N. shade of a tree
[2]**lǜyīn** 绿茵 N. lawn; greensward
[3]**lǜyīn** 律音 N. <mus.> note
lùyīn bàogào 录音报告[錄-報-] N. tape-recorded speech
lùyīnběn 录音本[錄-] N. taped book M: [1]běn/[4]cè
lǜyīnchǎng 绿茵场[-場] N. football field M: [4]zuò
lùyīnchē 录音车[錄-] N. recording van/car M: [3]liàng
lùyīndài 录音带[錄-帶] N. magnetic tape M: [1]pán/hé
lùyīn dǎzì 录音打字[錄-] V.P. audiotyping
lùyīn diànhuàjī 录音电话机[錄-電--] N. telephone answering machine M: [1]jià/[1]tái
lùyīng 鹭鹰 N. a secretary bird
[1]**lùyíng** 露营[-營] V. camp out; encamp; bivouac
[2]**lùyíng** 绿营[-營] N. <hist.> Chinese troops identified by green banners, as distinguished from Manchu troops identified by white, yellow, red, and blue banners
lùyǐng* 录影[錄-] V.O. video-tape
lùyǐngdài 录影带[錄-帶] N. <TW> video tape M: [1]pán/hé
lùyǐngjī 录影机[錄-] N. <TW> video player; VCR M: [1]jià/[1]tái
lùyǐng shèyǐngjī 录影摄影机[錄-攝--] N. video camera M: [1]jià/[1]tái
lǜyīngyīng 绿莹莹[-瑩瑩] V.P. green and lush
lùyíng zhuāngbèi 露营装备[-營裝備] N. camping outfit M: tào
lùyīnjī 录音机[錄-] N. tape-recorder M: [1]jià/[1]tái
lùyīn jiāopiàn 录音胶片[錄-膠-] N. recording film M: [1]juàn
lǜyīnliáng(r) 绿阴凉(儿)[-陰涼-] N. shade under a tree
lùyīn shèyǐngjī 录音摄影机[錄-攝--] N. sound camera M: [1]jià/[1]tái
lùyīnshì 录音室[錄-] N. recording room M: [1]jiān
lùyīn tiáozi 录音条子[錄-條-] N. <topo.> cassette tape

lǜyīnyīn 绿阴阴//荫荫//茵茵[-陰陰//蔭蔭//--] V.P. verdant green
lǜyīrén 绿衣人 N. postman; mailman M: ge/[1]míng/[2]wèi
lǜyī shǐzhě 绿衣使者 N. ① mail carrier; mailman; postman ② parrot M: ge/[1]míng/[2]wèi
Lùyìsī'ānnà 路易斯安那 P.W. Louisiana
lǜyǐxī 氯乙烯 N. vinyl chloride
lǜyǐzhòngdiǎn 律以重典 F.E. punish severely by law
lùyòng 录用[錄-] V. employ; take on; engage
lǚyóu* 旅游 V./N. tour; tourism
lǜyóu 绿油 N. anthracene oil
lǚyóuchuán 旅游船 N. cruise ship; excursion boat M: [1]sōu/[1]tiáo
lǚyóu jīngjìxué 旅游经济学[--經濟-] N. tourism economics
lǚyóumí 旅游迷 N. travel buff; perpetual traveler M: ge/[1]míng/[2]wèi
lǜyóunǎo 绿油脑[-腦] N. anthracene
lǚyóupiàn 旅游片 N. travel film M: [2]bù
lǚyóuqū 旅游区[-區] P.W. tourism/tourist area
lǚyóu shìyè 旅游事业[-業] N. tourist industry; tourism
lǚyóutú 旅游图[-圖] N. tour map M: [1]zhāng
lǚyóuxié 旅游鞋 N. sneakers; jogging/hiking/walking shoes M: [1]shuāng
lǚyóuyè 旅游业[-業] N. tourist industry; tourism
lǜyōuyōu 绿油油 V.P. bright/fresh green
lúyú* 鲈鱼[鱸-] N. ① perch ② sea bass M: [1]tiáo
lùyǔ 鹭羽 N. egret's feather
lùyù 路域 N. land area; terrain
lǜyù 绿玉 N. emerald; green jade M: [2]kuài
lùyuán 路缘 N. curb
lùyuǎn* 路远[-遠] N. great distance
lùyuàn 鹿苑 N. deer park M: [4]zuò
lǜyuǎn 虑远[慮遠] V.O. plan for the distant future
lǚyuē 履约 V.O. <wr.> ① honor an agreement ② keep an appointment
lǚyuē'érlái 履约而来 F.E. come to keep an appointment
lǚyuèjīngnián 屡月经年[屢-經-] F.E. month after month and year after year; for a long time
lǔyúhàishǐ 鲁鱼亥豕 ID. copying/typographical errors
lùyùn 陆运[陸運] N. land transportation
lǜyún 绿云[-雲] N. hair of a beautiful girl
lúzào 炉灶[爐-] N. ① kitchen/cooking range M: [4]zuò ② a start; an enterprise
lǜzǎo 绿藻 N. green algae
lǚzāobàiběi 屡遭败北[屢-] F.E. suffer many reverses
lǚzāobùcè 屡遭不测[屢-] F.E. A succession of misfortunes has occurred.
lúzhā 炉渣[爐-] N. slag; cinder
lùzhài 鹿砦/寨 N. <mil.> abatis
lùzhàn 陆战[陸戰] N. <mil.> land battle
lùzhànduì 陆战队[陸戰隊] N. <mil.> marine corps; marines M: [4]zhī
lùzhànduì sīlìng 陆战队司令[陸戰隊-] N. <mil.> marine-corps commandant M: [2]wèi

lúzhǎng 炉长[爐-] N. head furnace worker M: ge/[1]míng/[2]wèi
lúzhàng 庐帐[廬-] N. tent used as a dwelling M: [1]dǐng/[4]zuò
lùzhàng* 路障 N. road block M: [2]dào
lǚzhǎng 旅长 N. brigade commander M: ge/[1]míng/[2]wèi
lǚzhànlǚběi 屡战屡北[屢戰屢-] F.E. suffer repeated defeats
lǚzhànlǚshèng 屡战屡胜[屢戰屢勝] F.E. win every battle
lùzhèn 陆震[陸-] N. continental earthquake
lùzhèng 路政 N. administration of land transportation; road administration
lúzhí 垆埴[壚-] N. black clay
lǔzhī 卤汁[鹵-] N. marinade
lǔzhí 鲁直 S.V. indiscreetly straightforward
lǔzhì 卤质[鹵質] N. alkali
lùzhǐ 露止 V. sleep outdoors
[1]**lùzhì*** 录制[錄製] V. ① record and produce ② make audio/video tapes
[2]**lùzhì** 禄秩 N. official rank and pay
lǜzhǐ 滤纸[濾-] N. filter paper M: [1]zhāng
lǚzhì zìxíngchē 铝制自行车[-製---] N. aluminum bike M: [3]liàng
lùzhōng 路中 ADV. ① on the way; en route ② Double Surname
Lúzhōu* 泸州[瀘-] P.W. Luzhou (in Sichuan)
lùzhóu 辘轴 N. windlass shaft
lǜzhōu 绿洲 N. oasis
lúzhú 芦竹[蘆-] N. a variety of edible bamboo; *Arundo donax*
lǔzhǔ 卤煮[鹵-] V. stew in soy sauce
[1]**lùzhū(r)*** 露珠(儿) N. dewdrop M: [1]kē
[2]**lùzhū** 戮诛 V. slay
lùzhù 碌柱 N. <topo.> stone roller
lǜzhú 绿竹 N. green bamboo M: [5]zhī/[2]gēn
lǚzhuāng 旅装[-裝] N. traveling dress/attire
Lú Zhuàngzhāng 卢戆章[盧-] (1854–1928) N. pioneer writing reformer who created alphabetic spelling systems for Mandarin, Amoy, and other varieties of Chinese
lǜzhùshí 绿柱石 N. <min.> beryl M: [2]kuài
Lūzi 撸子 N. <topo.> small pistol
lúzi 炉子[爐-] N. ① stove; oven; furnace; kiln ② <slang> indecent woman
Lǔzi 橹子 N. <topo.> Luger pistol
lùzi* 路子 N. ① way; method; means; approach ② personal connections
lǘzi* 驴子[驢-] N. <topo.> donkey; ass M: [1]tóu
lǚzī 旅资 N. traveling expenses M: [2]bǐ
lùzi yě 路子野 <coll.> V.P. be well-connected *Tā lùzi hěn yě.* He's very well-connected.
Lǜzōng 律宗 N. <Budd.> the School of Vinaya
lǔzú 卤族[鹵-] N. <chem.> halogen family
lǜzuǐ 滤嘴[濾-] N. filter tip
lǜzuǐ xiāngyān 滤嘴香烟[濾-煙] N. filter-tipped cigarette M: [4]zhī/[2]gēn
lǚzuǒ 闾左 N. <trad.> ① district inhabited by the poor ② the poor

M

[1]**ma*** 吗[嗎] M.P. *calling for agreement or disagreement* ***Nǐ xìn tā ~?*** Do you believe him? ***See also*** [1]*má*, [6]*mǎ*

[2]**ma** 嘛 M.P. ① *used to persuade sb. to do sth.* ***Lái ~, bùyào tài rènxìng.*** Come on, don't be so stubborn. ② *used to emphasize the obvious* ***Shì xīngqīrì ~. Bàngōngshì dāngrán guān le.*** It's Sunday. Of course offices are closed. ***See also*** [1]*má*

[1]**mā** 妈[媽] N. ma; mom; mother ♦SUF. *forming part of address for aunt or female servants* ***gū~*** father's sister ***nǎi~*** wet nurse ***Wáng~*** female servant Wang

[2]**mā** 抹 V. ① <*coll.*> wipe ② slip sth. off ***See also*** *mǒ*, [10]*mò*

[3]**mā** 麻 in ***māmahēi, luànmāmā See also*** [2]*má*

[4]**mā** 摩 in ***māsa See also*** [6]*mó*

[5]**mā** 蚂[螞] in ***mālang See also*** [3]*mǎ*, [3]*mà*

[6]**mā** 嬷[嬤] in [2]***māma***, [2]***lǎomāma See also*** [12]*mó*

[1]**má** 吗/嘛/么[嗎/-/麼] PR. <*coll.*> What? ***Jīnr xiàwǔ gàn~?*** What will we do this afternoon? ***See also*** [1]*ma*, [2]*ma*, [6]*mǎ*, *me*, [10]*mó*, [6]*yāo*

[2]**má** 麻 N. ① hemp ② Surname ♦S.V. ① pockmarked; pitted ② numbed; tingling ***See also*** [3]*mā*

[3]**má** 蟆 in ***háma***

[1]**mǎ** 马[馬] N. ① horse ② horse chess piece ③ Surname

[2]**mǎ** 码[碼] M. *for cloth/happenings/etc.* ***sān~ bù*** three yards of cloth ***Nà shì liǎng ~ shì.*** That's quite a different matter. ♦V. <*coll.*> pile up; stock ♦N. ① sth. indicating number ② code

[3]**mǎ** 蚂[螞] in ***mǎyǐ***, [2]***zàomǎr, hàshimǎ See also*** [5]*mā*, [3]*mà*

[4]**mǎ** 玛[瑪] in ***mǎnǎo***

[5]**mǎ** 犸[獁] in ***mèngmǎ, mèngmǎxiàng***

[6]**mǎ** 吗[嗎] in ***mǎfēi See also*** [1]*ma*, [1]*má*

[1]**mà** 骂[罵] V. ① abuse; curse; call names ② condemn; reprove; scold ♦CONS. ~ . . . *gǒuxiě pēntóu* savagely revile ***Tā bèi ~le ge gǒuxiě pēntóu.*** He was savagely reviled.

[2]**mà** 祃[禡] B.F. ancient ritual performed when an army encamps at a new location ***màjì, màyá***

[3]**mà** 蚂[螞] in ***màzha See also*** [5]*mā*, [3]*mǎ*

mǎ'ān(zi) 马鞍(子) N. saddle

mǎ'ānjiàng 马鞍匠 N. saddler M: *ge*/[1]*míng*

mǎ'ānxíng 马鞍形 N. ① dip between two peaks ② saddle-shape

mǎbāng* 马帮[-幫] N. caravan; train of horses carrying goods

mǎbàng 马棒 N. short club for driving a horse M: [2]*gēn*

mábāo* 麻包 N. burlap bag; gunnysack; sack

mǎbǎo 马宝[-寶] N. <*Ch. med.*> horse bezoar

mǎbèi 马背 N. horseback

mábì 麻/麻痹 V. ① benumb; blunt ② slacken vigilance ♦N. ① paralysis ② palsy ③ numbness

mǎbiān(zi)* 马鞭(子) N. horse whip M: [2]*gēn*

mǎbiàn 马弁 N. <*trad.*> officer's bodyguard M: *ge*/[1]*míng*

mǎbiāncǎo 马鞭草 N. <*bot.*> European verbena

[1]**mǎbiǎo** 马表 N. ① stopwatch ② large pocket watch M: [2]*kuài*/*ge*/[2]*zhī*

[2]**mǎbiǎo** 码表 N. timer M: *ge*/[2]*zhī*

mábìdàyì 麻痹大意 F.E. lower one's guard

mǎbiē 马鳖 N. leech

mǎbíjū 马鼻疽 N. <*liv.*> glanders

mǎbīng 马兵 N. cavalry

mábìzhèng 麻痹症 N. paralysis

mǎbó 马勃 N. <*bot.*> puffball

mǎbójùn 马勃菌 N. <*bot.*> puffball

mǎbóliù 马伯六 N. <*topo./derog.*> ① matchmaker ② procurer

mābù* 抹布 N. rag for wiping M: [2]*kuài* ***See also*** *mǒbù*

mábù 麻布 N. ① sackcloth; burlap ② linen M: [2]*kuài*

mǎbù 马步 N. prancing ballet step

màbùhuíkǒu 骂不回口[罵-] F.E. remain silent when verbally abused

màbùjuékǒu 骂不绝口[罵-絕-] F.E. curse unceasingly

mǎbùtíngtí 马不停蹄 F.E. go non-stop

mābuxià 抹不下 R.V. be ashamed; be unwilling to lose face/dignity

mābuxià liǎn 抹不下脸 V.P. <*coll.*> be unable to lose face

mǎcáo(zi) 马槽(子) N. manger

máchahēir 麻察黑儿 N. <*topo.*> dusk

mǎchǎng 马场[-場] P.W. horse ranch M: [4]*zuò*

mǎ chángchéng 码长城 V.O. <*coll.*> play mahjongg

mǎchē 马车 N. (horse-drawn) carriage/cart M: [3]*liàng*

mǎchēfū 马车夫 N. groom; cart driver M: *ge*/[1]*míng*

mǎchēsài 马车赛 N. cart race M: [2]*chǎng*

mǎchǐ 马齿[-齒] N. ① horse dentition ② <*humb.*> my age

mǎchǐrìzēng 马齿日增[-齒--] ID. become older day by day

mǎchǐtúzēng 马齿徒增[-齒--] ID. accomplished nothing despite advanced years

mǎchǐxiàn 马齿苋[-齒-] N. <*bot.*> purslane

mǎchǐyǐzhǎng 马齿已长[-齒--] ID. be already old

mǎcì 马刺 N. spur

mácìgǎn 麻刺感 N. tingle; tingling

māda 抹搭 V. <*topo.*> half close (of eyelids); droop ***See also*** *mādā*

mādā 抹搭 V. <*topo.*> wipe ***See also*** *māda*

mādā 麻搭 V. <*topo.*> droop; hang down

mǎdá* 马达[-達] N. <*loan*> motor M: [1]*tái*

mǎdàhā 马大哈 N. scatterbrain ♦S.V. careless; forgetful

mádài 麻袋 N. gunnysack M: [2]*zhī*/*ge*

mádàipiàn(r) 麻袋片(儿) N. a piece of gunnysacking

Mǎdájiāsījiā 马达加斯加[-達---] P.W. Madagascar

mà dàjiē 骂大街[罵-] V.O. <*coll.*> curse everyone and everything

māda liǎn(r) 抹搭脸(儿) V.O. <*topo.*> pull a long face

mà dǎngzi 骂档子[罵檔-] N. target of scolding

mádao 麻刀 N. ① hemp/hair to strengthen plaster ② trouble; vexation ♦S.V. troublesome; annoying; vexatious

mádǎo 麻捣[-搗] N. <*wr.*> hemp; hair

mǎdāo* 马刀 N. ① saber M: [1]*bǎ* ② mussel-like shellfish

mǎdào 马道 N. ① bridle path M: [1]*tiáo* ② ground for training horses

mǎdàochénggōng 马到成功 ID. win instant success

mǎdàogōngchéng 马到功成 ID. succeed easily

mádāo huīní 麻刀灰泥 N. hemp-fiber plaster

mǎdàsǎo 马大嫂 N. <*coll./topo.*> woman/man who does housework M: *ge*/[1]*míng*/[2]*wèi*

mǎdàtóu 马大头 N. <*topo.*> dragonfly

mǎdāzi 马褡子 N. saddle-bag

mā de 妈的 INTJ. <*vulg.*> Fuck!; Shit; Damn!

Mǎdélǐ 马德里 P.W. Madrid

mǎdēng* 马灯[-燈] N. barn/storm lantern M: [1]*zhǎn*

mǎdèng 马镫 N. stirrup M: [1]*fù*

mádiǎn* 麻点[-點] N. pitting; mottling; pockmark

mǎdiàn 马店 N. inn for cargo-horse caravans M: [1]*jiā*

mǎdiào 马吊 N. a kind of card game

màdiē 骂爹[罵-] V.O. curse one's father

Mǎdīnglú 马丁炉[-爐] N. <*metal.*> Martin furnace M: [1]*jià*/[1]*tái*

mǎdīngní 马丁尼 N. <*loan*> martini

mǎdíshì 马的士 N. <*loan*> a type of decorated horse-drawn cart used to carry people and goods

mádòufu 麻豆腐 N. edible residue from making cooking starch

mǎdōulíng 马兜铃 N. <*bot.*> birthwort M: [2]*kē*

mádòuyíng 麻豆蝇[-蠅] N. a kind of fly M: [2]*zhī*

mǎdùdài 马肚带[-帶] N. girth (for horses/etc.) M: [1]*tiáo*

mǎduì 马队[-隊] N. ① caravan ② cavalry M: [4]*zhī*

mǎduò 码垛 V.O. stack neatly

Mǎ'ěrdàifū 马尔代夫 P.W. Maldives

mǎ'ěrdōngfēng 马耳东风 ID. pay heed to

Mǎ'ěrjiāshí 马尔加什 P.W. Malagasy

Mǎ'ěrsàsī 马尔萨斯[--薩-] N. Malthus

Mǎ'ěrsàsīzhǔyì 马尔萨斯主义[--薩--義] N. Malthusianism

Mǎ'ěrtā 马耳/尔他 P.W. Malta

Mǎ'ěrwéinàsī Qúndǎo 马尔维纳斯群岛[-島] P.W. Malvinas (Falkland) Islands

Mǎ'ěr xuépài 马尔学派 N. <*lg.*> Marrism

máfan 麻烦 S.V. troublesome; inconvenient ♦N. trouble ♦V. trouble sb.; bother

máfǎng 麻纺 N. hemp fiber weaving

mǎfáng* 马房 P.W. a stable M: [1]*jiān*

mǎfàng 码放 V. put/place in proper sequence

mǎfānrényǎng 马翻人仰 F.E. utter defeat

mǎfànzi 马贩子 N. horse trader M: *ge*/[1]*míng*

mǎfēi 吗啡 N. <*loan*> morphine

mǎfèn 马粪[-糞] N. horse dung

mǎfēng 马/蚂蜂 N. hornet; wasp M: [2]*zhī*

máfēngbìng 麻风病 N. leprosy

máfēngbìngrén 麻风病人 N. leper M: *ge*/[1]*míng*

mǎfēngwō 马/蚂蜂窝[-窩] N. ① hornet's nest ② person whom no one dares provoke ③ things that may cause trouble/controversy

máfēngyuàn 麻疯院 P.W. leprosarium; leper house M: [1]*jiā*/[1]*suǒ*

mǎfènzhǐ 马粪纸[-糞-] N. very coarse brown paper M: [1]*zhāng*

mǎfū 马夫 N. groom M: *ge*/[1]*míng*

mágǎn* 麻杆 N. flax/hemp stem M: [2]*gēn*

mǎgān 马竿 N. blind man's staff M: [2]*gēn*

mǎgéguǒshī 马革裹尸[-屍] ID. die in battle

mágēn 麻根 N. oakum

Mágū 麻姑 N. Song Daoist nun venerated as a protector of elderly women

mǎguà(r) 马褂(儿) N. men's short coat; mandarin jacket; jacket M: [2]*jiàn*

mǎguān(r)* 马倌(儿) N. horse groom M: *ge*/1*míng*
Mǎguān 马关[-關] P.W. Shimonoseki (Jp.)
Mǎguān Tiáoyuē 马关条约[-關條-] N. Treaty of Shimonoseki (1895)
mǎguōtóu 马锅头[-鍋-] N. <*topo.*> leader of a caravan
mǎhǎimáo 马海毛 N. <*txtl.*> mohair
mǎhǎiní 马海呢 N. mohair M: 2*kuài*/1*pǐ*
mǎhào 马号[-號] N. ① parking area for horses ② cavalry signals ③ stable in a courier station ④ long-tubed bugle (used by cavalry)
Mǎhèshù 马赫数[-數] N. <*phy.*> Mach number
mǎhòukè 马后课[-後-] N. lesson learned after a loss
mǎhòupào 马后炮[-後-] ID. belated action/advice ♦INTJ. "I told you so" remark
mǎhòupì 马后屁[-後-] ID. <*slang*> lock the barn after the horse has been stolen; be too late to act
máhū 麻乎 S.V. as in slipshod (work)
máhú 麻胡[-鬍] N. ① pockmarked/bearded man ② a goblin often mentioned to scare children
mǎhu* 马虎/糊 V./S.V. ① be careless/casual ***Zhè shìr nǐ kě bié xiǎng ~ guòqu.*** Don't think you can handle this matter in a slapdash manner. ② be confused/indistinct
máhuā(r) 麻花(儿) N. ① fried dough twist ② over-worn clothes ③ <*topo.*> worn smooth and shiny (of dress/pants)
máhualiàng 麻花亮 N. <*coll.*> daybreak; at first light
máhuáng* 麻黄 N. ephedra; mahuang; Ch. ephedra
mǎhuáng 蚂蟥 N. leech
máhuángjiǎn 麻黄碱[-鹼] N. <*med.*> ephedrine
máhuángsù 麻黄素 <*med.*> ephedrine
máhuāzuàn 麻花钻[-鑽] N. <*mach.*> twist drill M: 1*bǎ*
mǎhuyǎn 马虎眼 N. <*coll.*> trick; ruse; subterfuge
máhǔzi 麻虎子 N. goblin
mǎhǔzi* 马虎子 N. tiger
mai 荬[蕒] in ***kǔmaicài, qǔmaicài***
1**mái** 埋 V. bury ***See also*** 5*mán*
2**mái** 霾 B.F. haze; sky darkened by haze, etc. ***yīnmái, wùmái, máihuì***
mǎi* 买[買] V. ① buy; purchase ② hire
1**mài** 卖[賣] V. ① sell ***Nà běn shū ~ duōshǎo qián?*** How much is that book? ***Zhè běn shū bù ~.*** This book isn't for sale. ② betray; sell out ③ exert to the utmost; not spare ④ show off; parade ⑤ make living by/at
2**mài** 迈[邁] V. step; stride *~ yī dà bù* make a giant step forward ♦B.F. old *lǎomài* ♦M. <*loan*> mile
3**mài** 麦[麥] N. ① wheat ② Surname
4**mài** 脉[脈] N. ① arteries and veins ② pulse ③ vein of leaves or insect wings ***See also*** 18*mò*
5**mài** 霢[霢] in ***màimù***
Mài'āmì 迈阿密[邁-] P.W. Miami
mài'àn 脉案[脈-] N. medical record
mǎibàn 买办[買辦] N. ① comprador ② person responsible for making purchases M: *ge*/1*míng*
mǎibàn zīchǎn jiējí 买办资产阶级[買辦-產階-] N. comprador bourgeoisie
mài běnshi 卖本事[賣-] V.O. show off one's skills/etc.
màibǐng 麦饼[麥-] N. wheaten cake M: 2*kuài*/1*zhāng*
màibó 脉搏[脈-] N. ① pulse ② current trend of a society
màibó tíngzhǐ 脉搏停止[脈-] V.P. cessation of pulsation
màibǔ 卖卜[賣-] V.O. practice divination for a living; be a fortune-teller
màibù(r)* 迈步(儿)[邁-] V.O. stride/step forward
màibǔcèzì 卖卜测字[賣-] V.P. tell fortunes
mǎibuchéng 买不成[買-] R.V. be unable to buy
màibuchūqu 卖不出去[賣-] R.V. cannot be sold
mǎibudào 买不到[買-] R.V. be unable to buy (because unavailable)
màibùdiào 卖不掉[賣-] R.V. cannot be sold
màibudòng 卖不动[賣-動] R.V. not sell well; be unsalable
màibuguāng 卖不光[賣-] R.V. be unable to sell out
màibuguò 卖不过[賣-] R.V. be unable to outsell others
màibukāi 迈不开[邁-開] R.V. can't proceed because of obstacles
màibukāi bù 迈不开步[邁-開-] V.P. be unable to take a step
mǎibulái 买不来[買-] R.V. ① cannot be bought with money ② not be for sale ③ be unable to buy (for lack of money)
màibuliǎo 卖不了[賣-] R.V. cannot be sold
mǎibuqǐ 买不起[買-] R.V. cannot afford
màibuqīng 卖不清[賣-] R.V. cannot sell out
mǎibushàng* 买不上[買-] R.V. cannot buy (due to shortage/expense)
màibushàng 卖不上[賣-] R.V. can't make a desirable sale
màibǔwéishēng 卖卜为生[賣-] F.E. practice fortune-telling for a living
mǎibuxià 买不下[買-] R.V. can't buy (due to insufficient money)
mǎibuzháo 买不着[買-著] R.V. ① cannot buy (because of unavailability) ② be sold out (don't know where to buy it
mǎicàiqiúyì 买菜求益[買-] ID. be excessively mean in one's dealings
máicáng 埋藏 V. ① bury; hide away ② secretly amass
màichá(r) 麦茬(儿)[麥-] N. wheat stubble
màichá báishǔ 麦茬白薯[麥-] N. sweet potatoes grown in a wheat field after the harvest
màichádì 麦茬地[麥-] N. field with wheat stubble
màichǎng 麦场[麥場] P.W. wheat-threshing ground M: 4*zuò*
màichàng* 卖唱[賣-] V.O. sing for a living
màichāo 买超[買-] N. trade deficit
màichár 麦碴儿[麥-] N. sweet potatoes grown in a wheat field after the harvest
màichénchí 脉沉迟[脈-遲] V.P. <*Ch. med.*> sunken and slow pulse
mǎichéng 买成[買-] R.V. succeed in buying
màichìlèi 脉翅类[脈-類] N. <*zoo.*> *Neuroptera*; the family of four-winged insects
màichōng 脉冲[脈衝] N. <*phy./elec.*> pulse
màichōng diànliú 脉冲电流[脈衝電-] N. <*phy.*> pulsating current
màichōngjì 脉冲剂[脈衝劑] N. pulsimeter
màichōngxīng 脉冲星[脈衝-] N. <*astr.*> pulsar
1**màichū** 卖出[賣-] R.V. (actually) sell
2**màichū** 迈出[邁-] R.V. stride forward
mǎichūn 买春[買-] V. <*wr.*> buy wine/drinks
màichūn* 卖春[賣-] V.O. engage in prostitution
mài chūqu 卖出去[賣-] R.V. sell-out
màidá 迈达[邁達] S.V. open-minded
mài dàbāo 卖大包[賣-] V.O. <*topo.*> markdown/discount sale; inventory clearance sale
mài dàhào 卖大号[賣-號] V.O. sell wholesale
mài dàhù 卖大户[賣-] V. profiteer by selling wholesale to small retailers
màidāi(r) 卖呆(儿)[賣-] V.O. ① <*topo.*> gaze idly ② pretend to be naive/stupid
máidān 埋单 ***See*** *mǎidān*
mǎidān* 买单[買-] <*coll./loan from Cantonese*> V.O. pay a (restaurant) bill ♦N. bill M: 1*zhāng*
Màidāngláo 麦当劳[麥當勞] P.W. <*loan*> McDonald's
mǎidào 买到[買-] R.V. (have) bought
màidāomǎidú 卖刀买犊[賣-買犢] ID. ① give up the sword for the plow ② mend one's ways
màidāomǎiniú 卖刀买牛[賣-買-] ***See*** *màidāomǎidú*
mài dàtóu de 卖大头的[賣-] N. silver-money dealer
mǎidechū 买得出[買-] R.V. be able to find (sth. rare) to buy
màidechū* 卖得出[賣-] R.V. be able to sell
mǎideqǐ 买得起[買-] R.V. can afford
màidǐ 卖底[賣-] V.O. sell a secret
màidì* 麦地[麥-] N. wheat field M: 1*piàn*
màidiào 卖掉[賣-] R.V. sell out; sell off
Màidìnà 麦地那[麥-] P.W. Medina
mǎidìng 买定[買-] V. have decided to buy; settle a purchase
Màidíxùn 麦迪逊[麥-遜] P.W. Madison
mǎidòng 买动[買動] R.V. <*derog.*> get sb. to do sth. by offering money
màidōng 麦冬/东[麥-] N. <*Ch. med.*> the tuber of dwarf lilyturf *Liriope graminifolia*
màidòng* 脉动[脈動] N. ① pulsation ② trends and places
màidòng diànliú 脉动电流[脈動電-] N. pulsating current
màidòngxīng 脉动星[脈動-] N. <*astr.*> pulsating star
mǎiduàn* 买断[買斷] V. buy completely; buy out
màiduàn 卖断[賣斷] V. sell outright (without any chance of buying back); sell off
mǎidúhuánzhū 买椟还珠[買櫝還-] ID. show lack of judgment
mǎiduō shìchǎng 买多市场[買-場] N. long market
mài'é* 麦蛾[麥-] N. gelechiid moth M: 2*zhī*
mài'è 卖恶[賣惡] V.O. shift the blame to others
mài'ēn 卖恩[賣-] V.O. do sb. a favor with an ulterior motive
mài'éryùnǚ 卖儿鬻女[賣-] F.E. sell one's children
màifàndòugēng 麦饭豆羹[麥-] F.E. coarse meals of a farming family
mǎifāng 买方[買-] N. buyer
màifāng* 卖方[賣-] N. seller
màifàng 卖放[賣-] V. receive a bribe and set free a prisoner
mài fāngbù 迈方步[邁-] V.O. walk slowly; walk with measured steps
mǎifāng shìchǎng* 买方市场[買-場] N. buyer's market
màifāng shìchǎng 卖方市场[賣-場] N. seller's market
màifěn 麦粉[麥-] N. flour; oatmeal
mài fēngliú 卖风流[賣-] V.O. flirt; act coquettishly
máifu* 埋伏 V. hide; lie low ♦N. ambush
màifū 麦麸[麥麩] N. wheat bran
màifú 脉浮[脈-] N. <*Ch. med.*> floating pulse
máifu bīngmǎ 埋伏兵马 V.O. place soldiers in ambush
mǎifú rénxīn 买服人心[買-] V.O. buy popular support
màigǎnchóng 麦杆虫[麥-蟲] N. skeleton shrimp M: 2*zhī*/*ge*
màigǎnr 麦秆儿[麥稈-] N. wheat stalk M: 2*gēn*
mài gāoyào 卖膏药[賣-藥] V.O. ① make propaganda ② palm things off on others ③ sell snake oil
mǎigěi 买给[買-] V.P. buy (sth.) for (sb.)
màigěi* 卖给[賣-] V.P. sell to
mài ge jiāoqing 卖个交情[賣個-] V.P. do someone a special favor
máigēn 埋根 V.O. lay the foundation of the future
màigěng 麦梗[麥-] N. wheat stem/stalk M: 2*gēn*
mài ge pòzhàn 卖个破绽[賣個-] V.P. ① feint ② spot sb.'s weak point
màigōng 卖功[賣-] V.O. show off one's contribution; boast of
mài gōngfu 卖功夫[賣-] V.O. show off one's contribution; boast of
màigòu 卖够[賣夠] R.V. sell a certain amount of sth.
mài gǒupí gāoyao 卖狗皮膏药[賣-藥] V.O. sell quack remedies; palm things off on others

[1]máigǔ* 埋骨 V.O. ① bury one's remains ② die
[2]máigǔ 埋蛊[-蠱] V.O. bury poison in the ground of sb.'s house (so as to incriminate him)
mǎigǔ 买骨[買-] V.O. make a fervent quest for talent
màiguāi 卖乖[賣-] V.O. ①flaunt one's cleverness ② <coll.> trade on charm or personality
mǎiguān* 买官[買-] V.O. buy an official title
[1]màiguǎn 脉管[脈-] N. artery
[2]màiguǎn 麦管[麥-] N. straw M: [2]gēn/[4]zhī
mǎiguāng 买光[買-] R.V. buy up/out
màiguāng* 卖光[賣-] R.V. sell out all of sth.
mǎiguāngūjué 买官沽爵[買-] F.E. purchase an official position/promotion
mǎi guānjié* 买关节[買關節] V.O. offer a bribe
mài guānjié 卖关节[賣關節] V.O. request a bribe
màiguǎnyán 脉管炎[脈-] N. <med.> vasculitis
màiguānyùjué 卖官鬻爵[賣-] F.E. sell offices and titles
mài guānzi 卖关子[賣關-] V.O. ① do sth. reluctantly ② keep people on tenterhooks ③ hold in suspense (in storytelling)
máigǔ gùxiāng 埋骨故乡[-鄉] V.P. have one's bones buried in one's native district
mǎiguì 买贵[買-] V.O. buy expensive things
màiguó 卖国[賣國] V.O. betray one's country
màiguóqiúróng 卖国求荣[賣國-榮] F.E. seek power and wealth by betraying one's country
mài guoqu 迈过去[邁-] R.V. pass over; stride/pass by
màiguó tiáoyuē 卖国条约[賣國條-] N. traitorous treaty M: ge/[1]fèn
màiguó xíngwéi 卖国行为[賣國-] N. treasonable act M: [1]zhǒng
màiguózéi 卖国贼[賣國-] N. traitor (to one's country) M: ge/[1]míng
màiguózhǔyì 卖国主义[賣國-義] N. treason; sedition
màiguózuì 卖国罪[賣國-] N. the crime of treason
máigǔshāchǎng 埋骨沙场[-場] F.E. die on the battlefield
mǎihǎo* 买好[買-] R.V. ① get ready by buying what is needed ② try to win sb.'s favor; play up to
màihǎo(r) 卖好(儿)[賣-] V.O. curry favor with; fawn on
mǎihǎor 买好儿[買-] V.O. play up to
màihóngxījiāngchóng 麦红吸浆虫[麥-漿蟲] N. wheat midge M: [2]zhī
màihú 麦糊[麥-] N. oatmeal
mǎihuàn 买换[買換] V. deal in currencies for profit
màihuānǚ 卖花女[賣-] N. flower sales girl M: ge/[1]míng
máihuì 霾晦 V.P. darkened by a sandstorm
mǎihuí* 买回[買-] R.V. buy back
mǎihuò 买货[買-] V.O. buy goods/merchandise
mǎihuòdān 买货单[買-] N. <com.> a bought note M: [1]zhāng/[1]fèn
mǎihuòyuán 买货员[買-] N. buyer M: ge/[1]míng
[1]màijì 卖技[賣-] V.O. ① sell skills ② be a professional artist
[2]màijì 迈迹[邁跡] V. follow the examples of ancient sages
mǎijià(r) 买价(儿)[買價-] N. buying price
Màijiā 麦加[麥-] P.W. Mecca
màijià(r)* 卖价(儿)[賣價-] N. selling price
màijiāngtúgǒu 卖浆屠狗[賣漿-] F.E. people in low professions
màijiànmǎiniú 卖剑买牛[賣-買-] F.E. turn swords into plowshares
màijiǎo 麦角[麥-] N. <agr.> ergot
màijiǎobìng 麦角病[麥-] N. <agr.> ergot
màijiǎojūn 麦角菌[麥-] N. <agr.> ergot
mǎijià tiáozhěng zhànghù 买价调整账户[買價-] N. <acct.> a purchase-price adjustment account
màijiē(r) 麦秸(儿)[麥-] N. wheat straw M: [2]gēn/duī
màijiēhuà 麦秸画[麥-畫] N. woven straw patchwork M: [10]fú
máijìn 埋进[-進] R.V. nuzzle
mǎijìn* 买进[買進] R.V. buy in (goods); purchase; buy up
màijìn 脉津[脈-] N. <phy.> maser
[1]màijìn 迈进[邁進] R.V. stride forward; forge ahead
[2]màijìn(r) 卖劲(儿)[賣勁] V.O. spare no effort
màijìndàngguāng 卖尽当光[賣盡當-] F.E. have nothing more to sell/pawn
màijīng 麦精[麥-] N. malt extract
màijīng yúgānyóu 麦精鱼肝油[麥-] N. cod-liver oil with malt extract M: píng
màijiǔ 麦酒[麥-] N. beer; ale M: bēi/píng
mǎijué 买爵[買-] V.O. buy an official or noble title
màijué* 卖绝[賣絕] R.V. clear out (merchandise)
màikāi 迈开[邁開] R.V. stride
màikāng 麦糠[麥-] N. wheat bran M: duī
Màikǎxīzhǔyì 麦卡锡主义[麥-義] N. McCarthyism
mǎikè 买客[買-] N. buyer; customer M: ge/[1]míng/[2]wèi
màikèfēng 麦克风[麥-] N. <loan> microphone; mike
màikōng 卖空[賣-] V.O. sell short (of stocks/etc.)
mǎikōngcāng 买空仓[買-倉] V.P. buy standing crops dirt cheap
mǎikōngmàikōng* 买空卖空[買-賣-] V.P. ① speculate (in stocks/etc.) ② cheat by empty talk
màikōngmǎikōng 卖空买空[賣-買-] *See mǎikōngmàikōng*
màikuàng 脉矿[脈礦] N. fissure filling
mài kǔlìqi 卖苦力气[賣-氣] V.O. make a living by hard physical work
mǎilái 买来[買-] V. buy (in)
màilàng 麦浪[麥-] N. billowing wheat (fields)
màilǎo 卖老[賣-] V.O. flaunt one's seniority
mǎilè 买乐[買樂] V.O. spend money for entertainment
màile* 卖了[賣-] V.P. <topo.> shattered; broken (of china/pottery/etc.)
[1]màilǐ 脉礼[脈禮] N. <court.> doctor's fee
[2]màilǐ 脉理[脈-] N. ①<wr.> proper arrangement of thoughts ② principles of Chinese medicine
[1]màilì* 卖力[賣-] V.O. ①spare no effort ②work as a laborer
[2]màilì(r) 麦粒(儿)[麥-] N. a grain of wheat M: [1]kē
mǎiliǎn 买脸[買-] V.O. <derog.> flatter/bribe to gain favor
màiliǎn* 卖脸[賣-] V.O. ① shamelessly beg favors ② entertain a customer but not sell herself
màiliǎn bù màishēn 卖脸不卖身[賣--賣-] F.E. entertain a customer but not sell herself
mǎilín 买邻[買鄰] V.O. select neighbors before moving to a new place
mài línggōngfu 卖零工夫[賣-] V.O. <topo.> work at odd jobs
mài lìqi 卖力气[賣-氣] V.O. ① exert all one's strength ② live by one's muscles
màilìzhǒng 麦粒肿[麥-腫] N. <med.> sty
màilǐzuānhé 卖李钻核[賣-鑽-] F.E. a mean trick
màilòng 卖弄[賣-] V. show off *See also* màinong
mǎilǜ 买率[買-] N. the bid rate
màiluò 脉络[脈-] N. ① <Ch. med.> arteries and veins ② vein (of leaves/etc.) ③ sequence of ideas ④ context
màiluòmó 脉络膜[脈-] N. <phys.> choroid
màiluòxiānglián 脉络相连[脈-] F.E. The veins and arteries are connected.F
mǎilùqián 买路钱[買-錢] N. ① road toll ② passage money paid to highway robbers ③ paper money thrown to a funeral cortege
mǎimai 买卖[買賣] N. (small) merchant enterprise *See also mǎimài*
mǎimài* 买卖[買賣] N. buying and selling; business deal/transaction *See also mǎimai*
màimai 卖买[賣買] N. commercial transaction
mǎimàibùgōng 买卖不公[買賣-] F.E. buy and sell at unreasonable prices
mǎimài gōngpíng 买卖公平[買賣-] V.P. buy and sell at reasonable prices
mǎimài hétong 买卖合同[買賣-] N. ① a bargain ② contract note
mǎimài hūnyīn 买卖婚姻[買賣-] N. mercenary marriage
mǎimaijiā 买卖家[買賣-] N. trader; businessman M: ge/[1]míng/[2]wèi
mǎimairén 买卖人[買賣-] N. trader; businessman M: ge/[1]míng/[2]wèi
mǎimài rénkǒu 买卖人口[買賣-] V.O. deal in human beings; engage in white slavery
mǎimài tiáojiàn 买卖条件[買賣條-] N. <acct.> terms/conditions of sale
mǎimài tōngzhīshū 买卖通知书[買賣-書] N. <acct.> memoranda M: [1]fèn/[2]fēng
mǎimàiyè 买卖业[買賣業] N. the business of buying and selling
màimáng 麦芒[麥-] N. beard/awn of grain
mǎimáténg 买麻藤[買-] N. sweetberry jointfir
màimén 脉门[脈-] N. location near the wrist for feeling the pulse
màiméndōng 麦门东/冬[麥-] N. mountain sedge
mǎi miànzi 买面子[買-] V.O. accommodate oneself to sb.'s wants; defer to sb.
mài miànzi* 卖面子[賣-] V.O. be pretentious (in doing favors)
màimiáo 麦苗[麥-] N. wheat seedling M: [2]kē
máimíng 埋名 V.O. conceal one's identity
mǎimíng 买名[買-] V.O. seek fame
màimíng 卖名[賣-] V.O. profit from one's own fame
màimìng* 卖命[賣-] V.O. ① exhaust oneself for sb. ② die unworthily for
mài míngqi 卖名气[賣-氣] V.O. capitalize on one's reputation/prestige
máimíngyǐnxìng 埋名隐姓[--隱-] F.E. conceal one's name; live incognito
máimò 埋没 V. ① bury; cover up (with earth/snow/etc.) ② overlook; ignore ③ stifle ④ submerge
máimò réncái 埋没人材 V.O. hide one's light under a bushel
máimò yīngxióng 埋没英雄 V.O. hide one's light under a bushel
màimù 霡霂[霢-] N. <wr.> light rain; drizzle
màinong 卖弄[賣-] V. show off; parade *See also* màilòng
màinong bǐmò 卖弄笔墨[賣-筆-] V.O. throw fancy words around
màinong fēngqíng 卖弄风情[賣-] V.O. coquet; flirt
màinongfēngqíngzhě 卖弄风情者[賣-] N. a flirt M: ge/[1]míng
màinong kǒushé 卖弄口舌[賣-] V.O. show off one's glibness/wit
màinong xiǎocōngming 卖弄小聪明[賣--聰-] V.O. show off one's foxiness/cleverness/slyness
màinong xuánxū 卖弄玄虚[賣-虛] V.O. make a mystery of sth.
màinong xuétóu 卖弄噱头[賣-] V.O. play to the gallery; try tricks
màipài 卖派[賣-] V. show off
màipí 麦皮[麥-] N. oatmeal
màipiàn 麦片[麥-] N. oatmeal
mǎi piányi 买便宜[買-] V.P. ① buy sth. inexpensively ② take advantage of a chance to make a profit
màipiànzhōu 麦片粥[麥-] N. oatmeal porridge M: wǎn

M

mǎi pòlàn de 买破烂的[買-爛-] N. ① ragman ② junk dealer
mài pòzhan 卖破绽[賣-] V.O. <*trad.*> feign an opening in order to hoodwink the opponent (in a fight/combat)
màiqì 卖契[賣-] N. bill/contract of sale M: [1]*zhāng*/[1]*fèn*
[1]**màiqián** 卖钱[賣錢] V.O. sell for money
[2]**màiqián** 脉钱[脈錢] N. doctors' fee for a visit
màiqiào 卖俏[賣-] V.O. flirt; coquet
màiqīng 卖青[賣-] V.O. use growing crops as loan collateral
màiqiū 麦秋[麥-] N. wheat-harvest season
màiqiūjià 麦秋假[麥-] N. wheat-harvest vacation (for village schools)
màiqīyùnǚ 卖妻鬻女[賣-] F.E. sell one's wife and daughter (in a famine/etc.)
màiqīyùzǐ 卖妻鬻子[賣-] F.E. sell one's wife and son (in a famine/etc.)
mǎiqù* 买去[買-] R.V. be bought
màiqū 麦曲[麥-] N. yeast
mài rāngrangr 卖嚷嚷儿[賣-] V.P. <*topo.*> be noisy
mài rénqíng 卖人情[賣-] V.O. do sth. to buy gratitude
mǎi rénxīn 买人心[買-] V.O. win people's hearts through favors
mǎirù* 买入[買-] V.P. buy
màirú 脉濡[脈-] F.E. <*Ch. med.*> floating and soft pulse
màirù 迈入[邁-] V.P. stride into
màirǔjīng 麦乳精[麥-] N. extract of malt and milk M: *píng*
màishǎ 卖傻[賣-] V. act stupidly
mǎishān 买山[買-] V.O. retire form public life
mǎishàng 买上[買-] R.V. buy
mǎishànggàoxià 买上告下[買-] F.E. bribe all the way through the bureaucracy to exonerate criminals from charges
máishè* 埋设 V. install underground
màishé 卖舌[賣-] V.O. make sensational statements for the sake of publicity
màishēn 卖身[賣-] V.O. ① sell oneself or one's family member ② prostitute oneself
máishēnlǒngmǔ 埋身垅亩[-畝] F.E. retire from official life
màishēnqì 卖身契[賣-] N. indenture for sale of oneself or a family member M: [1]*zhāng*/[1]*fèn*
màishēntóukào 卖身投靠[賣-] F.E. bootlick a bigwig; join the enemy camp for sheer profit
màishí 脉石[脈-] N. <*min.*> gangue; veinstone M: [2]*kuài*
màishí kuàngwù 脉石矿物[脈-礦-] N. <*min.*> gangue mineral
máishǒu 埋首 V.O. bury/immerse oneself in
màishōu* 麦收[麥-] N. wheat harvest
mǎishū 买书[買書] V.O. buy book(s)
mǎishūrè 买书热[買書熱] N. book-buying spree
mǎisī 买私[買-] V.O. buy smuggled goods
mài sìfāngbù(r) 迈四方步(儿)[邁-] F.E. <*coll.*> walk at a snail's pace
mài sǐjìn 卖死劲[賣-勁] V.O. <*coll.*> with all one's might; single-mindedly
màisuì(r) 麦穗(儿)[麥-] N. ear of wheat M: [5]*zhī*/[4]*zhī*
máitai 埋汰 <*topo.*> V. vilify; insult; ridicule ♦S.V. slovenly; dirty
máitai dǐzi 埋汰底子 N. <*coll.*> murky past
máitaihuò 埋汰货 N. <*topo.*> ① good-for-nothing; low-life; scum of the earth ② filthy person
mài táng de 卖糖的[賣-] N. candy/sugar seller
màitián 麦田[麥-] N. wheat field; wheatland M: [1]*piàn*/[2]*kuài*
màitíng(r) 麦莛(儿)[麥-] N. stalks of wheat
mǎitōng 买通[買-] R.V. bribe; buy over/off
máitóu 埋头 V.O. immerse oneself up to one's ears in ***Liú xiānsheng*** [1]***zhèng*** ~ ***gōngzuò.*** Mr. Liu is up his ears in work.
máitóufú'àn 埋头伏案 F.E. be absorbed in one's studies
máitóukǔgàn 埋头苦干[-幹] F.E. be immersed in work; be dedicated to one's task
màitóumàijiǎo 卖头卖脚[賣-賣腳] F.E. ① show one's face in public ② be a prostitute
máitóu mǎodīng 埋头铆钉 N. countersunk rivet M: [1]*kē*/*ge*
máitóuyèwù 埋头业务[-業務] F.E. bury oneself in one's profession
máitóuyònggōng 埋头用功 F.E. be buried in study
mài wàihuì 卖外汇[賣-匯] V.O. sell foreign exchange
màiwán 卖完[賣-] R.V. sell out; be sold out
màiwǎng 迈往[邁-] V.P. forge ahead dauntlessly
màiwén 卖文[賣-] V.O. make a living by writing
màiwéndùrì 卖文度日[賣-] F.E. write for a living
màiwénwéishēng 卖文为生[賣-] F.E. write for a living
màixī 脉息[脈-] N. pulse
máixià 埋下 R.V. bury; hide
mǎixià* 买下[買-] R.V. decide to buy
mǎi xiàlai 买下来[買-] R.V. settle/contract a purchase
máixiāng 埋香 N. funeral of a beauty
[1]**màixiàng*** 迈向[邁-] V.P. march toward
[2]**màixiàng** 脉象[脈-] N. <*Ch. med.*> pulse condition/type
[3]**màixiang** 卖相[賣-] N. <*coll.*> ① outward appearance; exterior; surface ② demeanor; bearing; manner
máixiāngzàngyù 埋香葬玉 ID. bury a beautiful woman; lay a beauty to rest
máixiàn liáofǎ 埋线疗法[--療-] N. ① <*med.*> thread-burial therapy ② <*Ch. med.*> suture-burying acupuncture
mài xiánxì 脉弦细[脈-] V.P. <*Ch. med.*> a taut and weak pulse
mǎixiào 买笑[買-] V.O. frequent brothels
màixiào* 卖笑[賣-] V.O. prostitute oneself
mǎixiàogōulán 买笑勾栏[買-欄] F.E. frequent brothels
mǎixiàozhuīhuān 买笑追欢[買-歡] F.E. abandon oneself to pleasure
máixià tóu 埋下头 V.P. immerse oneself in
màixìnfēng 麦信风[麥-] N. northeast wind in the 5th lunar month
màixiùliǎngqí 麦秀两歧[麥-] F.E. ①prosperous harvest ② an omen of good/government/officials
màixiùshǔyóu 麦秀黍油[麥-] ID. The wheat and corn grow but the fatherland is no more.
màixīwēiruò 脉息微弱[脈-] F.E. <*Ch. med.*> have a weak pulse
[1]**màiyá(r)** 麦芽(儿)[麥-] N. ① malt ② <*Ch. med.*> germinated barley
[2]**màiyá** 麦蚜[麥-] N. wheat aphid M: [2]*zhī*
màiyáchóng 麦蚜虫[麥-蟲] N. wheat aphid M: [2]*zhī*
màiyá jiàosù 麦芽酶素[麥-] N. maltase
mǎiyàn 买宴[買-] V.O. throw a fund-raising banquet
màiyán* 脉岩[脈-] N. <*min.*> vein rock
màiyào 卖药[賣藥] V.O. sell medicine
màiyátáng 麦芽糖[麥-] N. malt-sugar candy; maltose
màiyě 麦野[麥-] N. wheat fields
mài yěréntóu 卖野人头[賣-] V.O. <*topo.*> exaggerate
mài yě yào de 卖野药的[賣-藥-] N. <*topo.*> south China herbalists who sell herbs to farmers in Shandong M: *ge*/[1]*míng*
màiyì 卖艺[賣藝] V.O. make one's living as a performer
màiyì bù màishēn 卖艺不卖身[賣藝-賣-] F.E. be an entertainer but not offer sexual services
màiyín 卖淫[賣-] V.O. prostitute oneself ♦N. prostitution
màiyìrén 卖艺人[賣藝-] N. one who makes a living as a performer M: *ge*/[1]*míng*
mǎiyīsòngyī 买一送一[買-] F.E. buy one item and get another free
màiyìzhě 卖艺者[賣藝-] N. street-performer M: *ge*/[1]*míng*
[1]**máiyōu** 埋忧[-憂] V.O. hide one's distress
[2]**máiyōu** 埋幽 V. bury
màiyǒu* 卖友[賣-] V.O. betray one's friend
màiyǒuqiúróng 卖友求荣[賣-榮] F.E. gain power and wealth by betraying a friend
máiyù 埋玉 ID. funeral of a beauty
mǎiyù* 买誉[買譽] V.O. seek fame
máiyuàn 埋怨 *See mányuàn*
máiyuàn qǐlai 埋怨起来 R.V. start complaining
màiyuèchángliú 迈越常流[邁-] F.E. far surpass ordinary people
màiyúzi 麦萸子[麥-] N. wheat bran
máizàng 埋葬 V. bury (a dead person)
mǎizhàng 买帐[買-] V.O. defer to; show respect for ***wǒ bù mǎi tā de zhàng.*** I won't curry favor with him.
mǎizhào 买棹[買-] V.O. rent a boat for a trip
mài zhāopai 卖招牌[賣-] V.O. sell merchandise on the strength of its well-known brand name
màizhěn 脉诊[脈-] N. <*Ch. med.*> diagnosis by feeling the pulse
mǎizhōu 买舟[買-] V.O. rent a boat for a trip
màizhōu* 麦粥[麥-] N. wheat gruel
[1]**mǎizhǔ(r)*** 买主(儿)[買-] N. buyer; customer M: *ge*/[1]*míng*/[2]*wèi*
[2]**mǎizhǔ** 买嘱[買囑] V. bribe sb. to perform sth. on one's behalf
màizhǔ(r) 卖主(儿)[賣-] N. seller M: *ge*/[1]*míng*/[2]*wèi*
màizhǔqiúróng 卖主求荣[賣-榮] F.E. seek high position and great wealth by betraying one's master
màizi* 麦子[麥-] N. ① wheat ② barley
màizì 卖字[賣-] V.O. sell calligraphy
mǎizǒu 买走[買-] R.V. bought
mǎizuì* 买醉[買-] V.O. ① buy liquor and drink one's fill ② buy drinks
màizuǐ 卖嘴[賣-] V.O. <*coll.*> talk big
mǎizuìjiǔsì 买醉酒肆[買-] F.E. drink at a bar without constraint
mài zuǐshé 卖嘴舌[賣-] V.O. <*topo.*> quarrel
màizuò 卖座[賣-] S.V. draw a large attendance
mǎjì 祃祭[禡-] N. sacrifices to the god of war on the eve of a battle
mǎjiǎ* 马甲 N. ① armor for a horse ② <*topo.*> vest
mǎjià 马架 N. <*topo.*> ① small shack/shed/etc. ② triangular wooden frame for carrying things on one's back
màjià 骂架[罵-] V.O. quarrel; wrangle
[1]**májiàng** 麻将[-將] N. ① mahjongg; mahjong ② mahjongg tiles
[2]**májiàng** 麻酱[-醬] N. sesame paste
májiàngpái 麻将牌[-將-] N. ① mahjongg ② mahjongg tiles M: [1]*fù*
mǎjiāngshéng 马缰绳[-韁繩] N. leading rein M: [2]*gēn*
mǎjiǎo 马脚[-腳] N. sth. that gives the game away
mǎjiāoyú 马鲛鱼 N. Spanish mackerel M: [1]*tiáo*
Mǎjiāyáo Wénhuà 马家窑文化[--窯--] N. <*archeo.*> Majiayao/Machiayao Culture
mǎjiàzi 马架子 N. <*topo.*> ① small shack/shed/etc. ② triangular wooden frame for carrying things on one's back
májie 麻秸 N. hemp stalks M: [2]*gēn*/*duī*
màjiē* 骂街[罵-] V.O. ① shout abuse in public ② <*coll.*> curse everyone and everything
májīn 麻巾 N. <*topo.*> mourning hat M: [2]*kuài*
[1]**májīngr** 麻经儿[-經-] N. <*coll.*> nerves which when pressed cause a sensation of numbness
[2]**májīngr** 麻精儿 N. hemp fiber (for weaving)
májìnr 麻劲儿[-勁-] N. the feeling/degree of numbness
mǎjiù 马厩[-廄] N. stable M: [4]*zuò*

mǎjù 马具 N. horse riding gear M: *tào*/[1]*fù*
mǎjuàn 马圈 P.W. stable
mǎjūzi 马驹子 N. <coll.> colt; pony; filly; foal M: [1]*pǐ*
mǎkè 马克 N. <loan> ① mark ② markka
Mǎkèsī 马克思 N. Karl Marx (1818–1883)
Mǎkèsī-Lièníngzhǔyì 马克思列宁主义[----寧-義] N. Marx-Leninism
Mǎkèsīzhǔyì 马克思主义[-義] N. Marxism
mǎkǒutiě 马口铁[-鐵] N. ① tinplate ② galvanized iron M: [2]*kuài*
mǎkù 马裤 N. riding breeches; jodhpur M: [1]*tiáo*
mǎkuài 马快 N. <trad.> police agent; detective
mǎkùní 马裤呢 N. <txtl.> cavalry twill; whipcord M: [2]*kuài*/[1]*pǐ*
málà 麻辣 S.V. peppery and spicy
mālagebī 妈拉个屄[--個-] V.P. <vulg.> fuck
mālage chòu de 妈拉个臭的[--個--] V.P. <vulg.> fuck
Mǎlái 马来 P.W. ① Malay ② Malay Archipelago ③ Malaysia
Mǎlái Bàndǎo 马来半岛[-島] P.W. Malay Peninsula
Mǎlái Bōlíníxīyà yǔxì 马来波利尼西亚语系[------亞--] N. <lg.> Malayo-Polynesian
mǎláigāo 马来糕 N. sweet flaky pastry M: [2]*kuài*
mǎlái shùjiāo 马来树胶[-樹膠] N. guttapercha
Mǎláixīyà 马来西亚[-亞] P.W. Malaysia
málàlà 麻辣辣 R.F. ① numb and sore ② searing (of pain) ③ hot and peppery
mǎlālí 马拉犁 N. <agr.> horse-drawn plow M: [1]*jià*
[1]**mǎlán** 马兰[-蘭] N. <bot.> aster
[2]**mǎlán** 马蓝[-藍] N. <bot.> scanthaceous indigo
mālang(r) 蚂螂(儿) N. <topo.> ① dragonfly ② preying mantis M: [2]*zhī*
mǎláozi 马牢子 N. <coll.> stableboy
mǎlāsōng 马拉松 N. <loan> marathon
mǎlāsōng sàipǎo 马拉松赛跑 N. <loan> marathon M: *cì*/[2]*chǎng*
mǎlāsōngshì tánpàn 马拉松式谈判 N. marathon negotiations
Mǎlāwéi 马拉维 P.W. Malawi
málà yāohuā 麻辣腰花 N. fancy-cut pork kidney slices in chili and brown pepper sauce
mǎlè 马勒 N. the bit of a horse
málèi 麻类[-類] N. hemp, flax, etc.
máléizi 麻雷子 N. large firecrackers
mǎlèzi 马勒子 N. bridle
máli 麻利/俐/力 S.V. <coll.> swift; agile; dexterous; quick-witted
Mǎlǐ 马里 P.W. Mali
mǎlì* 马力 M. horsepower
māliǎn 抹脸 V.O. <coll.> ① wipe one's face ② become stern ***Wǒ zhēn mābùxià liǎn pīpíng tā.*** I can't harden myself to criticize her. ③ change one's countenance to hostility
máliǎn* 麻脸 N. pockmarked face M: [1]*zhāng*
máliǎnpó 麻脸婆 N. pockmarked woman M: *ge*/[1]*míng*
mǎliào 马料 N. horse fodder
mǎliè 马鬣 N. mane
Mǎ-Liè* 马列 *See* ***Mǎkèsī*** *See* ***Lièníng***
màlièle 骂裂了[罵-] V.P. <topo.> curse till the air turns blue
Mǎ-Lièzhǔyì 马列主义[-義] N. Marxism-Leninism
Mǎ-Lièzhǔyì lǎotàitài 马列主义老太太[---義---] N. old woman cadre steeped in Communist jargon
Mǎlǐlán 马里兰[-蘭] P.W. Maryland
mǎlimǎhu 马里马虎 R.F. careless
mǎlìn 马蔺 N. <bot.> Chinese small iris M: [2]*kē*
mǎlíngguā 马铃瓜 N. <bot.> a long-shaped melon M: *ge*/[2]*zhī*
mǎlíngshǔ 马铃薯 N. potato; Irish potato M: *ge*/[2]*zhī*
Mǎlìqiúnà 马力求那 N. <loan> marijuana
málìr de 麻利儿地 <coll.> ADV. quickly; promptly; at once; immediately
máliu(r)* 麻溜(儿) S.V. <coll.> swift; quick; rapid
Mǎliú 马留 N. descendants of Chinese left behind by Ma Yuan after his A.D. 42 conquests in Viet Nam
Máliùjiǎ 麻六甲 P.W. Malacca
Mǎliùjiǎ Hǎixiá 马六甲海峡[-峽] P.W. Strait of Malacca
mǎlóngtóu 马笼头 N. bridle; halter
[1]**mǎlù** 马路 N. road; street M: [1]*tiáo*
[2]**mǎlù** 马鹿 N. <zoo.> red deer M: [2]*zhī*/[1]*tóu*
[3]**mǎlù** 马陆[-陸] N. <zoo.> millipede
máluàn 麻乱[-亂] S.V. confused; chaotic
mǎluó 马骡 N. mule M: [2]*zhī*/[1]*tóu*
mǎluóbo 马萝卜[-蘿-] N. <bot.> horseradish M: *ge*/[1]*kē*/[2]*zhī*
mǎlù rú hǔkǒu 马路如虎口 F.E. Beware of traffic accidents!
mǎlù xīnwén 马路新闻 N. street-gossip; hearsay M: [1]*tiáo*
[1]**māma** 妈妈 N. <coll.> mama; mother
[2]**māma** 嬷嬷[嬤嬤] N. <topo.> ① wet nurse ② a form of address for an elderly woman M: *ge*/[1]*míng*/[2]*wèi* *See also* [2]*mómo*
Māma Dàquán 妈妈大全 N. *Mothers' Guide* (a how-to book)
māma de 妈妈的 V.P. <vulg.> fuck; damn; shit
māmahēi 麻麻黑 N. <topo.> dusk
mǎmahūhū 马马虎虎 R.F. ① careless; casual ② fair; so-so
māmaliàng(r) 麻麻亮(儿) N. <topo.> daybreak
màmaliēliē 骂骂咧咧[罵罵-] R.F. be foul-mouthed
māmalùnr 妈妈论儿 N. obsolete saying/idea
mámámùmù 麻麻木木 R.F. be indifferent toward life
mámásūsūr 麻麻苏苏儿[--蘇蘇-] R.F. having a slight physical sensation
mǎmén* 马门 N. doors in Chinese houseboats, connecting cabins
Mǎmén 玛门 N. <loan> Mammon
māmi* 妈咪 N. <loan> mummy
mámì 麻密 S.V. thick; dense
mámiàn 麻面 N. pockmarked face
mǎmiàntún 马面魨 N. <zoo.> black scraper
Mǎmíng 马鸣 N. <Budd.> Ásvaghosa (great Indian poet of 1st and 2nd cent. A.D.)
màmíng* 骂名[罵-] N. bad name; infamy
mámù 麻木 S.V. ① numb ***Wǒ juéde quánshēn*** ~. I feel numb over my whole body. ② apathetic; insensitive
mámùbùrén 麻木不仁 F.E. ① numbed; paralyzed ② apathetic; insensitive
mān 颟[顢] in ***mānhān***
[1]**mán** 瞒[瞞] V. deceive; hide truth from ***Bù ~ nǐ shuō.*** . . To be frank with you,. . .
[2]**mán** 蛮[蠻] B.F. barbaric; fierce ***yěmán*** ♦ADV. quite; very ♦N. <hist.> southern "barbarians"
[3]**mán** 谩[謾] B.F. cheat; deceive ***mányǔ, mántiānmándì*** *See also* [7]*màn*
[4]**mán** 鳗[鰻] B.F. eel ***mányú, hémán***
[5]**mán** 埋 in ***mányuàn*** *See also* [1]*mái*
[6]**mán** 馒[饅] in ***mántou***
[7]**mán** 蔓 in ***mánjing*** *See also* [6]*màn*, [3]*wàn*
[1]**mǎn*** 满[滿] S.V. full; complete ♦B.F. ① satisfied ***mǎnyì*** ② conceited ***zìmǎn*** ♦ADV. ① entirely; wholly ② very ♦N. ① Surname ② Manchus ♦V. ① fill ② reach the limit; expire; be over ***Tāmen dōu shì bù ~ qī suì de értóng.*** All of them are children under seven.
[2]**mǎn** 螨[蟎] N. mite
[1]**màn** 慢 S.V. slow ♦B.F. supercilious; rude ***àomàn*** ♦V. postpone; defer ***~ yīdiǎnr gàosu tā.*** Don't let her know yet. ♦N. <wr.> variant pattern of [1]*cí* and [3]*qǔ*
[2]**màn** 漫/熳 V. overflow; brim over; flood; inundate ♦B.F. ① all over the place; everywhere ***màntiān*** ② free; unrestrained; casual ***sǎnmàn***
[3]**màn** 墁 V. ① pave ② <topo.> coat; plaster
[4]**màn** 幔 B.F. curtain; screen [1]***mànzi***
[5]**màn** 曼 B.F. ① graceful ② extend; prolong [1]***mànyán*** ♦*used in transcriptions in* ***luómànsī, Āmàn***
[6]**màn** 蔓 B.F. climbing vines ***màncǎo***, [1]***mànyán*** *See also* [7]*mán*, [3]*wàn*
[7]**màn** 谩[謾] B.F. impolite; rude [1]***mànmà*** *See also* [3]*mán*
[8]**màn** 嫚 B.F. scorn; humiliate [4]***mànyì, bèimàn*** *See also* [7]*yuān*
[9]**màn** 缦[縵] B.F. plain unpatterned silk [3]***mànbù, mànyī***
[10]**màn** 镘[鏝] B.F. <wr.> trowel [2]***mànzi, màndāo***
mǎnǎi 马奶 N. mare's milk M: *bēi*
mǎnǎo 玛瑙 N. agate M: [2]*kuài*/[1]*kē*/[3]*lì*
mǎnǎojiù 玛瑙臼 N. onyx mortar
mànbā 曼巴 N. mamba (an African snake) M: *tiáo*
mǎnbǎi 满百 V.P. reach one hundred
mànbān* 慢班 N. class composed of students of low intelligence
mànbǎn 慢板 N. ① <opera> slow movement ② <mus.> adagio
mánbào 瞒报[-報] V. ① give a false report ② conceal the truth from higher authorities
mǎnbēi 满杯 N. a full cup
mànbǐ 漫笔[-筆] N. informal essay; literary notes
Mǎnbīng 满兵 N. Manchu troops/soldiers
[1]**mànbù** 漫步 V.O. stroll; ramble
[2]**mànbù** 慢步 V.O. ① jog ② walk slowly
[3]**mànbù** 缦布 N. plain thin silk M: [2]*kuài*
mánbùguò 瞒不过 R.V. cannot hide (sth.) from
mánbùjiǎnglǐ 蛮不讲理[蠻-講-] V.P. be utterly unreasonable
mànbùjīngxīn 漫不经心[--經-] F.E. careless; casual; negligent
mànbùjīngyì 漫不经意[--經-] V.P. be unconcerned/heedless
mánbuliǎo 瞒不了 R.V. be unable to cover up (a secret/etc.)
mánbuliǎo rén 瞒不了人 V.P. be unable to cover up (a secret/etc.)
mǎnbùtīngtí 满不听提[-聽-] V.P. pay no attention at all
mǎnbùzàihu 满不在乎 V.P. not care in the least
màncánghuìdào 慢藏诲盗[-盜] F.E. Letting valuables lie about invites burglary.
màncǎo 蔓草 N. trailing plant; twiner; creeper; vine
màncǎo fèngcǎowén 蔓草凤草纹[--鳳--] N. <art> entwining vines and phoenix pattern
mánchán* 蛮缠[蠻纏] V. pester unconscionably
mánchǎn 瞒产[-產] V.O. falsely report output
mǎnchǎn 满产[-產] V.P. produce at full capacity
mǎnchǎng 满场[-場] N. the whole audience/crowd
màncháng* 漫长 S.V. very long; endless
mànchángsuìyuè 漫长岁月[--歲-] F.E. endless time
mǎnchǎngsùjìng 满场肃静[-場肅靜] F.E. All is silent.
[1]**mǎncháo** 满潮 N. full/high tide; high water
[2]**mǎncháo** 满朝 N. the whole (imperial) court
mǎncháowénwǔ 满朝文武 F.E. all the ministers and generals in the imperial court
mànchē 慢车 N. slow/local train/bus
mànchēdào 慢车道 N. slow (traffic) lane (on a street); inside lane M: [1]*tiáo*
mǎnchéngfēngyǔ 满城风雨 F.E. talk of the town
mǎnchù(r) 满处(儿)[-處-] N. everywhere; all over the place
mánchùzhīzhēng 蛮触之争[蠻觸-爭] N. a death struggle over trifles
[1]**màncí** 慢词 N. long [1]*cí* lyric
[2]**màncí** 曼辞[-辭] N. <wr.> magnificent words; ornate language
mǎndǎ 满打 CONJ. <coll.> if
màndài 慢待 V. ① slight; snub ② fail to treat properly

M

mǎndǎmǎnsuàn 满打满算 F.E. take everything into account
mǎndang 满当[-當] S.V. full to the brim
mǎndàng* 满档[-檔] N. <mach.> top gear
màndāo 镘刀 N. trowel M: [1]*bǎ*
màndào* 漫/慢道 CONJ. ① let alone; to say nothing of ② do not say/talk
Mǎndàrén 满大人 N. Manchu officials; mandarins
mǎndǎsuàn 满打算 V.P. had hoped to; was going to
mándeguò 瞒得过 R.V. be able to cover up (a secret/etc.)
mǎndēngdēng 满登登 R.F. <coll.> full to the brim
mándí 蛮狄[蠻-] N. <hist.> non-Han nationalities living in the north, west, and south
mǎndì* 满地 N. the entire floor/ground
mǎndiǎn 满点[-點] V.O. complete the required hours of work
màndiǎn(r)* 慢点(儿)[-點-] INTJ. Slow down!
màndiào(r) 慢调(儿) N. <mus.> slow movement
mǎndìzhǎoyá 满地找牙 <coll.> F.E. be badly beaten; be seriously battered
màndòngzuò 慢动作[-動-] N. slow motion
mǎndùzi 满肚子 V. one's whole mind/belly
mǎn'é 满额 V.O. fulfill a quota
mǎn'ěr 满耳 P.W. filling one's ears
mǎn'érbùyì 满而不溢 F.E. ① full without flowing over ② have talent but not display it ③ have wealth but not squander it
mǎnfān 满帆 N. full sails
mànfǎnshè 漫反射 N. <phy.> diffuse reflection
mǎnfēn(r) 满分(儿) N. perfect score; full marks/credit
mánfēng 蛮风[蠻-] N. <hist.> customs of southern nationalities
mǎnfú 满服 V.O. <trad.> be at the expiration of a mourning period
mǎnfù* 满腹 P.W. one's full mind/belly
mǎnfùhè gōngzuòfǎ 满负荷工作法 N. method of operating at full capacity
mǎnfùhúyí 满腹狐疑 F.E. be filled with suspicion
mǎnfùjīnglún 满腹经纶[--經-] F.E. encyclopedic mind
mǎnfùláosāo 满腹牢骚 F.E. constant complaining
mǎnfùwénzhāng 满腹文章 F.E. full of learning; profoundly learned
mǎnfùyítuán 满腹疑团[-團] F.E. be filled with suspicion
mǎnfùyíyún 满腹疑云[-雲] F.E. be full of suspicion
mǎnfùzhūjī 满腹珠玑 F.E. be full of sparkling ideas
māng 牤 in *māngniú*
[1]**máng*** 忙 S.V. busy; fully occupied ♦V. hurry; hasten; make haste
[2]**máng** 芒 N. beard/awn of wheat ♦B.F. ① spike; sharp point *fēngmáng* ② radiant *guāngmáng*
[3]**máng** 盲 S.V. blind ♦B.F. unable to distinguish *sèmáng, wénmáng*
[4]**máng** 茫 B.F. vast; borderless (as an expanse of water) [1]*mángmáng, miǎománg*
[5]**máng** 尨 B.F. ① long-haired dog; shaggy *mángméi* ② variegated *mángzá*
[6]**máng** 氓 in *liúmáng See also* [4]*méng*
[7]**máng** 硭 in *mángxiāo*
[8]**máng** 杧 in *mángguǒ*
[1]**mǎng** 蟒 N. boa; python
[2]**mǎng** 莽 B.F. ① densely growing grass ② crude and impetuous; rude *mǎngzhuàng, lǔmǎng*
[3]**mǎng** 漭 B.F. borderless expanse *míngmǎng, yāngmǎngwújì*
mángàn 蛮干[蠻幹] V. ① be foolhardy ② act rashly
mǎn gāoxìng 满高兴[-興] V.P. <coll.> thoroughly happy
mángbān 盲斑 N. <anat.> zone of retina devoid of visual cells
mángbudié 忙不迭 ADV. in a hurry
mángbuguòlai 忙不过来 R.V. be too busy to manage/handle
mǎngcāng 莽苍[-蒼] V.P. blurred; misty (of scenery) ♦N. open country
mángcǎo 芒草 N. <bot.> ① awn ② *Miscanthus sinensis*
mǎngcǎo* 莽草 N. *Illicium anisatum*; a kind of poisonous shrub
mángcháng 盲肠[-腸] N. <phys.> appendix; caecum
mángcháng gēchú shǒushù 盲肠割除手术[-腸---術] N. <med.> appendectomy
mángchángyán 盲肠炎[-腸-] N. appendicitis
mángchūnxiàng 盲椿象 N. a plant bug M: [2]*zhī*
mángcì 芒刺 N. prickle M: [2]*gēn*
mángcìzàibèi 芒刺在背 F.E. feel nervous and uneasy
mángcóng 盲从[-從] V. follow blindly
mángdǎ 盲打 V. touch-type
mǎngdàng 莽荡[-蕩] S.V. ①vast and wild; extensive and undeveloped ②limitless ③unrealistic; impractical ④ shocking
mángdàngr 忙当儿[-當-] N. busy time
mángdao 忙叨 S.V. <coll.> ① helter-skelter; frenzied; in disarray ② preoccupied/busy with
máng de bùkěkāijiāo 忙得不可开交[----開-] V.P. as busy as one can possibly be
máng de hěn 忙得很 V.P. be very busy
máng de huāng 忙得慌 R.V. be very busy
máng de xiēhu 忙得蝎虎 V.P. <coll.> be terribly busy
mángdiǎn 盲点[-點] N. <phys.> blind spot; scotoma
mángdòng 盲动[-動] V. act blindly/rashly
mángdòngzhǔyì 盲动主义[-動-義] N. putschism
mángfǎr 忙法儿 N. busy manner
mǎngfū 莽夫 N. boorish fellow M: *ge*/[1]*míng*
mánggàn 盲干[-幹] V. ① act blindly/rashly ② be foolhardy
mánggōng 忙工 N. hired temporary farm hand
mánggōngzhú 盲公竹 N. blind-man's cane M: [2]*gēn*
mánggǔ 盲谷 N. <geol.> blind valley
mángguǒ 芒/杧果 N. mango M: *ge*/[2]*zhī*
mǎnghàn 莽汉[-漢] N. boorish fellow; boor M: *ge*/[1]*míng*
mánghe 忙合/和 S.V. <coll.> be busy; bustle about
mánghu 忙乎 S.V. <topo.> be busy
mánghuo* 忙活 V.O. be busy/swamped
mánghuó(r) 忙活(儿) N. urgent work
mánghuo qǐlai 忙火起来 R.V. <coll.> begin to be busy; start a flurry of activity
mángjiǎo 芒角 N. <mil.> salient (angle)
mángjǐng 盲井 N. <min.> blind shaft; winze
mángláimángqù 忙来忙去 V.P. be on the run
mánglǐmángwài 忙里忙外[-裡--] F.E. bustle around
mǎnglín 莽林 N. jungle
mánglǐtōuxián 忙里偷闲[-裡--] F.E. snatch a little leisure from a busy life
mángliú 盲流 N. unchecked flow of population; country-to-city migrant without definite prospects M: *ge*/[1]*míng*/[1]*qún*
máng-lóng xuéxiào 盲聋学校 P.W. school for the blind and the deaf(-mute) M: [1]*suǒ*/[1]*jiā*
máng-lóng-yǎ 盲聋哑[-啞] N. blind-deaf-mute
mánglù 忙碌 S.V. be busy; bustle about
mángluàn 忙乱[-亂] S.V. ① slapdash ② busy and hurried
mángmán 盲鳗 N. hagfish M: [1]*tiáo*
[1]**mángmáng*** 茫茫 R.F. boundless and indistinct; vast
[2]**mángmáng** 忙忙 R.F. very busy
[3]**mángmáng** 芒芒 R.F. ① tired; weary ② stupid ③ vast; extensive ④ abundant
mǎngmǎng 莽莽 R.F. ① luxuriant; rank ② vast; boundless
mángmángdàhǎi 茫茫大海 F.E. boundless ocean
mángmangdāodāo 忙忙叨叨 R.F. ① in a hasty manner ② busy and flustered
mángmángjíjí 忙忙急急 R.F. in a hurry
mángmángluànluàn 忙忙乱乱[-亂亂] R.F. rush and dash about
mángmánglùlù 忙忙碌碌 R.F. busy; be busy all the time
mángmángrán 茫茫然 ADV. utterly ignorant; in the dark; at a loss
mángmángyānshuǐ 茫茫烟水[--煙-] F.E. great expanse of hazy water
mángméi 尨眉 N. long white eyebrows
mángmèi* 茫昧 V.P. <wr.> ① indistinct; vague ② confused; uncomprehending; ignorant
mángmíng 盲明 N. the blind and the seeing
mángmò 茫漠 V.P. open; spacious
mángmù 盲目 S.V. ① blind ② lacking insight or understanding ③ reckless; aimless
mángmù bù mángxīn 盲目不盲心 F.E. blind in the eyes but not in the mind
mángmù fāzhǎn 盲目发展[--發-] V.P./N. haphazard/unchecked expansion
mángmù fēixíng 盲目飞行[--飛-] V.P./N. blind flight; instrument flying
mángmù gùyōng 盲目雇佣[-傭] N. buy a pig in a poke
mángmù hōngzhà 盲目轰炸[--轟-] V.P. blind bombing
mángmù jiànshè 盲目建设 N./V.P. ill-planned construction
mángmùxìng 盲目性 N. blindness
mángmù yǐnjìn 盲目引进[-進] V.P. introduce/import unnecessary things
mángmù zhuólù 盲目着陆[-著陸] V.P. blind landing
māngniú 牤牛 N. <topo.> bull
mángnǚ 盲女 N. blind girl/woman M: *ge*/[1]*míng*
mǎngòng 满共 ADV. <topo.> all in all; in total
màngōng chū xìhuó 慢工出细活 F.E. slow/deliberate work yields fine products
mǎngpáo 蟒袍 N. official robes embroidered with gold designs of pythons M: [2]*jiàn*
mǎngpí 蟒皮 N. skin of a boa/python M: [2]*kuài*/[1]*zhāng*
mángpò 忙迫 S.V. ①extremely urgent ②pressed with work
mángqī 忙期 N. busy period
mángqí* 盲棋 N. chess played without looking at the board M: [1]*pán*
mángqū 盲区[-區] P.W. <radio> blind area
mángrán 茫然 S.V. ① boundless and indistinct; vast ② ignorant; in the dark ③ at a loss
mángránbùzhī 茫然不知 F.E. not know about sth.; be completely in the dark
mángránjìngdì 茫然境地 F.E. quandary
mángránruòshī 茫然若失 F.E. lose oneself in reverie
mángránwúcuò 茫然无措 F.E. be at one's wit's end
mángránzìshī 茫然自失 F.E. stupefied; dazed; bewildered
[1]**mángrén*** 盲人 N. blind person M: *ge*/[1]*míng*/[2]*wèi*
[2]**mángrén** 忙人 N. busy person M: *ge*/[1]*míng*/[2]*wèi*
mángrèn 芒刃 N. sharp blade
mángrén jiàoyù 盲人教育 N. education of the blind
mángrénmōxiàng 盲人摸象 F.E. ① take a part for the whole ② draw conclusions from incomplete data
mángrén qí xiāmǎ 盲人骑瞎马 F.E. rushing headlong into disaster
mángrénshīzhàng 盲人失杖 F.E. lose sth. one relies on
mángrénxiāmǎ 盲人瞎马 F.E. rush headlong into disaster
mángsāndiésì 忙三迭四 F.E. very hurriedly
mǎngshé 蟒蛇 N. boa; python M: [1]*tiáo*

mángshēng 盲生 N. blind student M: ge/[1]míng/[2]wèi
máng shénme 忙什么[-麼] V.O. ① What are you busy about? ② Why so rushed?
mángshǔ 盲鼠 N. <zoo.> zokor M: [2]zhī
Màngǔ 曼谷 P.W. Bangkok
mǎnguàn* 满贯 V.P. reach the limit ♦N. perfect score
mànguàn 漫灌 N. ①flood irrigation ②overflow into an area (of a flood)
mángwèi 茫味 V.P. <wr.> indistinct
mángwén 盲文 N. ①Braille ②Braille publication M: [1]piān
mángwútóuxù 茫无头绪 F.E. ① without a clue ② be all in a jumble
mángxiàn 忙线 N. engaged line
mángxiāo 芒/硭硝 N. <chem.> mirabilite; Glauber's salt
mángxiào* 盲校 N. school for the blind M: [1]suǒ/[1]jiā
mángxié 芒鞋 N. straw sandals M: [1]shuāng
mángxìn 盲信 V. believe blindly; believe too strongly
máng-yǎ 盲哑[-啞] N. the blind and the deaf-mute
máng-yǎ jiàoyù 盲哑教育[-啞--] N. education for the blind and the deaf-mute
máng-yǎ-lóng 盲哑聋[-啞-] N. deaf-blind-dumb
máng-yǎ xuéxiào 盲哑学校[-啞--] P.W. school for the blind and the mute M: [1]jiā/[1]suǒ
mǎngyī 蟒衣 N. mandarin ceremonial robe M: [2]jiàn
mángyīn 忙音 N. busy signal (on the phone); busy tone
mángyú 忙于[-於] V.P. be busy with
mǎngyuán 莽原 N. wilderness overgrown with grass
mángyuè 忙月 N. <agr.> ① busy months ② helper at busier times
mángzá 尨杂[-雜] V.P. mixed; variegated
máng zài diǎnzi shang 忙在点子上[-點--] V.P. make tireless efforts at key points
mǎngzào 莽躁 S.V. sudden
mángzhe* 忙着[-著] V.P. be busy
mángzhě 盲者 N. blind person M: ge/[1]míng/[2]wèi
mángzhīzhū 盲蜘蛛 N. <zoo.> daddy longlegs M: [2]zhī/ge
Mángzhòng 芒种[-種] N. ① Grain in Ear (9th solar term) ② the day marking the beginning of the 9th solar term
mángzhōngchūcuò 忙中出错 F.E. Haste makes waste.
mángzhōngyǒucuò 忙中有错 F.E. Haste makes waste.
mǎngzhuàng 莽撞 S.V. ① impetuous; rash ② rough; uncultured
mángzì 盲字 N. Braille
mānhān* 颟顸 V.P. ① muddleheaded and careless ② ignorant and stupid ♦N. <trad.> big face
mánhān 蛮憨[蠻-] S.V. rough and honest
mánhàn 蛮悍[蠻-] S.V. fierce and petulant
Mǎn-Hàn 满汉[-漢] N. Manchus and Chinese
mànhàn 漫汗 V.P. vast; boundless
Mǎn-Hàn quánxí 满汉全席[-漢--] N. the complete Manchu and Chinese banquet, featuring numerous dishes and lasting as long as two days
mánhǎo 蛮好[蠻-] V.P. pretty good
mánhèng 蛮横[蠻-] S.V. overbearing; arbitrary
mánhèngwúlǐ 蛮横无理[蠻-] F.E. rude and unreasonable; arbitrary
mánhǒng 瞒哄 V. ① pull the wool over sb.'s eyes ② deceive
[1]mànhuà(r) 漫画(儿)[-畫-] N. caricature; cartoon M: [10]fú/[1]běn/[4]cè
[2]mànhuà 漫话 V. have an informal talk
[3]mànhuà 慢化 V. ①slow up; moderate ②<phy.> degrade
mǎnhuái 满怀[-懷] N. ①be imbued with ②All are pregnant with young (of a flock of sheep/etc.); be expectant ♦N. chest
mànhuàjiā 漫画家[-畫-] N. cartoonist; caricaturist M: ge/[1]míng/[2]wèi
mànhuàn 漫漶 V.P. blurred; illegible; indistinct (of pictures/writing/etc.)
mánhuāng 蛮荒[蠻-] V.P. savage and wild ♦N. <wr.> uncivilized region
mànhuāng* 漫荒 N. wilderness
mànhuàshū 漫画书[-畫書] N. cartoon M: [1]běn/[4]cè
mànhuǒ(r) 慢火(儿) N. slow fire; gentle heat
mǎnián 马年 N. the year of the horse
mànián 骂娘[罵-] V.O. call sb. an s.o.b.
Mǎnílā 马尼拉 P.W. Manila
mǎniújīnjū 马牛襟裾 ID. people without manners
mànjì 漫记 N. random jottings
[1]mǎnjià 满架 N. shelfful
[2]mǎnjià 满假 V.O. expire (of leave)
mànjiàn 慢件 N. regular freight M: [2]jiàn
mǎnjiānghóng 满江红 N. ①a kind of flowerless plant, *Azolla imbricata* ②a form of classic poem
mǎnjiē 满街 N. all over the street
mánjìn(r) 蛮劲(儿)[蠻勁-] N. <coll.> ①ferocity ② sheer animal strength
mánjing 蔓菁 N. ① turnip ② <bot.> wild cabbage
mànjīngfēng 慢惊风[-驚-] N. <Ch. med.> ① recurrence of convulsive seizures in an asthenic infant ② tubercular meningitis
mànjìngtóu 慢镜头 N. slow motion (in movies)
mǎnjiǔ 满酒 V.O. <coll.> pour liquor
mànjuǎn 漫卷 V. freely flutter in the breeze (of flags/etc.)
mànkè 慢客 V.O. give a cold reception to a guest
mǎnkēngmǎngǔ 满坑满谷 F.E. exceedingly numerous
mǎnkǒu 满口 P.W. ① wholly (with regard to the mouth) *Tā ~ shì xiě.* Her mouth was full of blood. *Ta ~ Shànghǎi huà* . She speaks pure Shanghainese . ② volubly; glibly
mǎnkǒu chēngzàn 满口称赞[--稱-] V.P. praise unreservedly
mǎnkǒu dāying 满口答应[--應] V.P. promise with great readiness
mǎnkǒu huǎngyán 满口谎言 V.P. spout lies
mǎnkǒu húchě 满口胡扯 V.P. talk nonsense
mǎnkǒu húshuō 满口胡说 V.P. talk nonsense
mǎnkǒu húshuōbādào 满口胡说八道 V.P. talk nonsense; rubbish
mǎnkǒu húyán 满口胡言 V.P. be full of stupid talk
mǎnkǒukuánglán 满口诳谰 F.E. tell a pack of lies
mǎnkǒu yìngchéng 满口应承[--應-] V.P. make profuse promises
mánláishēngzuò 蛮来生作[蠻-] F.E. do by coercion
mànlàng 漫浪 V.P. morally reckless/loose
mǎnlebāoduī 满了包堆 V.P. <coll.> each and every; all
mǎnlěi 满垒[-壘] N. <sport> bases loaded; full bases
mánlí 鳗鲡[-鱺] N. eel M: [1]tiáo
mánlì* 蛮力[蠻-] N. sheer animal strength
mànlì 曼丽[-麗] V.P. delicately beautiful
mǎnliǎn* 满脸 N. entire face
mànliǎn 慢脸 N. full and beautiful face
mǎnliǎnfēngchén 满脸风尘[-塵] F.E. face marked by suffering/hardship
mǎnliǎnfēngshuāng 满脸风霜 F.E. a weather-worn face
mǎnliǎnhéngròu 满脸横肉 F.E. look ferocious
mǎnliǎn huā 满脸花 F.E. a bloody nose and a swollen face; badly battered
mǎnliǎnhuìqì 满脸晦气[-氣] F.E. look very depressed
mǎnliǎnjiànzhū 满脸溅朱[--濺-] F.E. turn red in the face
mǎnliǎn jiējí dòuzhēng 满脸阶级斗争[--階-鬥爭] V.P. <slang> look serious and suspicious of everything
mǎnliǎn jiù shèhuì 满脸旧社会[--舊--] V.P. <slang> have a sad expression of bitterness
mǎnliǎn pǎo méimao 满脸跑眉毛 <coll.> V.P. have an animated facial expression
mǎnliǎn shāqì 满脸杀气[-殺氣] V.P. have a murderous look
mǎnliǎnshēnghuā 满脸生花 F.E. smile all over
mǎnliǎn shuāngyǎnpí 满脸双眼皮[--雙--] <coll.> V.P. a face full of wrinkles
mǎnliǎn súqì 满脸俗气[-氣] V.P. vulgar look/appearance
mǎnliǎntōnghóng 满脸通红 F.E. suffused face
mǎnliǎnzǐzhàng 满脸紫胀 F.E. flushed a hot crimson.
mānlimānhan 颟里颟顸[-裡--] R.F. ① stupid and confused ② negligent
mánlìqi 蛮力气[蠻-氣] N. great strength
mànliú 漫流 V. ① run irregularly ② overflow
mànlù 漫录[-錄] N. casual notes
mànlùn 漫论 N. desultory remarks
[1]mànmà 谩骂[-罵] V. ① gibe; jeer ② hurl invective/abuse
[2]mànmà 漫骂[-罵] V. curse; rail against
mǎnmǎn 满满 R.F. filled up; full of
[1]mànmàn(r)* 慢慢(儿) ADV. slowly; gradually
[2]mànmàn 漫漫 R.F. ① very long; boundless; vast; limitless ② unrestrained; carefree
[3]mànmàn 曼曼 R.F. ① long (of time/space) ② distant
[4]mànmàn 缦缦 R.F. slow-moving (of clouds)
mànmànchángyè 漫漫长夜 F.E. endless night
mǎnmǎndāngdāng 满满当当[-當當] R.F. <coll.> filled to capacity
mǎnmǎn de 满满的 V.P./ATTR. full to the brim; brimful
mǎnmǎndèngdèng 满满蹬蹬 R.F. <coll.> overcrowded; jam-packed
mànmàn lái 慢慢来 F.E. Take your time.
mǎnmǎntángtáng 满满堂堂 R.F. <coll.> filled to capacity; overcrowded
mǎnmǎnténgténg 满满腾腾 R.F. <topo.> filled to capacity; overcrowded; jampacked
mànmantēngtēng(r)* 慢慢腾腾(儿) R.F. unhurriedly; slowly; leisurely
mànmantūntūn 慢慢吞吞 R.F. exasperatingly slow
mǎnméitīngtí 满没听提[--聽-] F.E. pay no attention at all
mǎnmén 满门 P.W. whole family
mǎnménchāozhǎn 满门抄斩 F.E. exterminate a whole family and confiscate its property
mǎnméntáolǐ 满门桃李 F.E. many pupils/disciples
mànmí 曼靡 V.P. softly appealing
mǎnmiàn 满面 P.W. entire face
mǎnmiànchūnfēng 满面春风 F.E. be radiant with happiness
mǎnmiànhóngguāng 满面红光 F.E. be glowing with health
mǎnmiànnùróng 满面怒容 F.E. be red with anger
mǎnmiànshāqì 满面杀气[-殺氣] F.E. have a murderous look on one's face
mǎnmiànxiàoróng 满面笑容 F.E. look happy and cheerful; be all smiles
mànmiào 曼妙 V.P. <wr.> lithe and graceful
mànmiè 漫灭[-滅] V.P. ① be blurred/illegible (of writing/etc.) ② wear away
mánmò 蛮貊[蠻-] N. barbarian tribes
mánmòzhībāng 蛮貊之邦[蠻-] N. country of barbarians
mǎnmù 满目 P.W. meet the eye on every side
mǎnmùchuāngyí 满目疮痍[--瘡-] F.E. Devastation is everywhere.
mǎnmùhuāngliáng 满目荒凉[--涼] F.E. Desolation is everywhere.
mǎnmùlínláng 满目琳琅 F.E. Magnificent objects are everywhere.

mǎnmùxiāorán 满目萧然[--蕭-] F.E. Desolation spreads as far as the eye can reach.
mǎn nǎozi 满脑子[-腦-] P.W. one's whole mind *Tā ~ huài zhǔyi.* His head is full of bad thoughts.
mǎnnǐ 满拟[-擬] V. have had the intention of
mǎnnǐng(zi) 满拧(子)[-擰-] V.P. <*coll.*> all wrong; totally awry
mánniú 蛮牛[蠻-] N. a stubborn/unreasonable person M: [1]*tóu*
mǎnpán 满盘[-盤] N. ① plateful; dishful ② highest price; largest sum ③ sumptuous hospitality
mǎn pánzi mǎn wǎn 满盘子满碗[-盤---] F.E. <*coll.*> to the best of one's ability; fully and completely
mànpǎo 慢跑 V./N. jog; go jogging
mánpiàn 瞒骗 V. deceive and lie
mànpíng 漫评 N. commentary based on deep reflection
mǎn píng bù dòng bàn píng yáo 满瓶不动半瓶摇[---動---] ID. The most knowledgeable are the quietest, the least knowledgeable the most bombastic.
mànpō(r) 慢/漫坡(儿) N. gentle slope
mǎnqī 满期 V.O. come due; expire
mǎnqiāng 满腔 P.W. entire bosom
mǎnqiāngchóumèn 满腔愁闷 F.E. be full of worries
mǎnqiāngnùhuǒ 满腔怒火 F.E. be filled with ardor and sincerity
mǎnqiāngrèchén 满腔热忱[--熱-] F.E. be filled with ardor and purpose
mǎnqiāngrèqíng 满腔热情[--熱-] F.E. be full of enthusiasm
mǎnqiāngrèxuè 满腔热血[--熱-] F.E. be full of patriotic fervor
mǎnqiāngtóngqíng 满腔同情 F.E. brim over with sympathy
mǎnqín 满勤 V.O. work full hours ♦N. perfect work-attendance record
Mǎnqīng 满清 N. ① the Manchus ② the Qing Dynasty (1644–1911)
Mǎnqīng mònián 满清末年 N. the last years of the Qing dynasty
mànqǔ 慢曲 N. a type of *qǔ* with soft and slow tune popular in the Tang and Song dynasties, M: [4]*zhī*/[2]*shǒu*
mànr 漫儿 N. blank side of a coin
mànrán 漫然 ADV. very casually
mánrén 蛮人[蠻-] N. barbarians
Mǎnrén 满人 N. a Manchu
mǎnrèn* 满任 V.O. have completed one's term of office
mánrén'ěrmù 瞒人耳目 F.E. pull the wool over sb.'s eyes
mànsàn 漫散 S.V. disperse
mánsānyuànsì 埋三怨四 F.E. <*topo.*> complain about this and that
mànshānbiànyě 漫山遍野 F.E. ① all over the hills and dales ② in large numbers
mánshàngqīxià 瞒上欺下 F.E. hoodwink superiors and bully inferiors
mànshè 漫射 N. <*phy.*> diffusion
mànshè bōli 漫射玻璃 N. diffusing glass M: [2]*kuài*
mànshèguāng 漫射光 N. diffused light
mǎnshēn 满身 N. entire body
[1]**mànshēng** 曼声[-聲] V.O. vocalize in lengthened sounds
[2]**mànshēng** 蔓生 V. grow haphazardly
mànshēngbiàndiào 慢声变调[-聲變-] F.E. <*mus.*> reprise and variation
mànshēngxìyǔ 慢声细语[-聲--] F.E. in a slow, soft voice
mànshēng zhíwù 蔓生植物 N. trailing plant
mánshénnònggui 瞒神弄鬼 F.E. play tricks
mánshéngì 蛮神气[蠻-氣] V.P. very cockily
mǎnshēnshìhàn 满身是汗 F.E. sweat all over
mǎnshēntóngchòu 满身铜臭 F.E. be filthy rich
mǎnshēn yóunì 满身油泥 V.P. be covered with grime
mànshèxiàn 漫射线 N. diffused rays
mǎnshī* 满师[-師] V.O. serve out an apprenticeship
mǎnshì 满是 V.P. be all; cover
[1]**mànshì** 慢世 V.O. ①disregard social conventions and common practices ② be cynical
[2]**mànshì** 幔室 N. tent chamber M: [1]*jiān*
mǎnshìjiè* 满世界 N. <*topo.*> ① everywhere; all over; high and low ② entirely; completely
mǎnshìjiē 满市街 N. all over the city; everywhere
mánshǒu 馒首 N. <*wr.*> steamed bun
mànshǒu* 慢手 N. a slow hand/worker M: *ge*/[1]*míng*
mànshòu 曼寿[-壽] N. longevity
mànshǒumànjiǎo 慢手慢脚[-腳] F.E. slow in doing things
mànshǒur 慢手儿 N. a laggard
mànshū 曼殊 V.P. <*Budd.*> beautiful; marvelous
mánshuì 瞒税 V.O. conceal the facts to avoid the proper taxation
[1]**mànshuō** 慢说 V.P. ① speak slowly ② let alone; say nothing of
[2]**mànshuō** 漫说 V. let alone; say nothing of
[3]**mànshuō** 蔓说 N. windy talk
mànsù 慢速 N. low speed; idling
mǎnsuì 满岁[-歲] N. child's first birthday
màntān 漫滩[-灘] V.O. flood land/plain
[1]**màntán*** 漫谈 V. have informal discussion
[2]**màntán** 漫坛[-壇] N. cartoon circles
mǎntáng 满堂 S.V. filled to capacity
mǎntángcǎi 满堂彩 N. unanimous applause
mǎntáng guàn 满堂灌 V.P. cram-teach
mǎntánghóng 满堂红 N. ① red decorations on an auspicious occasion ② all-round success ③ crape myrtle
màntánhuì 漫谈会 N. informal discussion meeting
mǎnténg 满腾 S.V. <*coll.*> filled to capacity; jampacked
mànténg* 蔓藤 N. hanging vine
màntēngtēng 慢腾腾 V.P. unhurriedly
mǎntiān* 满天 P.W. the whole sky
màntiān 漫天 V.P. ① filling the whole sky; all over the sky ② boundless; limitless
màntián 缦田 N. farm land not partitioned by ditches
màntiānchèdǐ 漫天彻底[--徹-] F.E. everywhere
mántiāndàhuǎng* 瞒天大谎 F.E. monstrous lie
màntiāndàhuǎng 漫天大谎 F.E. monstrous lie
màntiāndàwù 漫天大雾[-霧] V.P. dense fog obscuring the sky
màntiāndàxuě 漫天大雪 V.P. snow falls in soft flakes
mǎntiān fēi 满天飞[-飛] V.P. exist everywhere
màntiān fēngxuě 漫天风雪 V.P. wind and snow everywhere
mántiānguòhǎi 瞒天过海 F.E. practice deception
màntiānkāijià 漫天开价[-開價] F.E. ask/demand an exorbitant price
mántiānmándì 谩天谩地 F.E. deceive everybody
màntiāntǎojià 漫天讨价[-價] F.E. ask an exorbitant price
mǎntiānxià 满天下 N. all over the world; everywhere
mǎntiānxīng 满天星 N. ①<*bot.*> *Serissa foetida* ② a sky full of stars
mǎntiānxīngdǒu 满天星斗 V.P. sky full of stars
màntiānyàojià 漫天要价[-價] F.E. ask exorbitant prices; raise prices sky-high
màntiānzhēdì 漫天遮地 F.E. Both earth and heaven are blotted out.
màntiáosīlǐ(r) 慢条斯理(儿)[-條---] F.E./ADV. <*coll.*> deliberately; sedately
màntíng 幔亭 N. tent pavilion M: [4]*zuò*
mántíxiǎnyào 漫提显要[--顯-] F.E. name-drop
mántou* 馒头 N. steamed bun M: [2]*zhī*/*ge*
mǎntóu 满头 N. the entire head
mǎntóudàhàn 满头大汗 F.E. brow beaded with perspiration
mántoupù 馒头铺 P.W. steamed-bun shop M: [1]*jiā*
mǎntóuwùshuǐ 满头雾水[--霧-] ID. be unable to make head or tail of sth.
màntúluó 曼荼罗[-羅] <*Budd./loan*> mandala
màntūntūn 慢吞吞 R.F. irritatingly slow; sluggish
màntuólín 曼陀林 N. <*loan*> mandolin
màntuóluó 曼陀罗[-羅] N. ① <*bot.*> datura ② <*Budd.*> mandala ③ Mandra (6th cent. Cambodian monk-translator)
mànwéi 幔帷 N. heavy curtain M: [2]*dào*
Mǎnwén 满文 N. Manchu script
mànwúbiānjì 漫无边际[-邊際] F.E. ① boundless ② straying far from the subject; rambling; discursive
mànwúbiāozhǔn 漫无标准[-標準] F.E. lack consistent standards
mànwúmùbiāo 漫无目标[-標] F.E. aimless; random
mànwúmùdì 漫无目的 F.E. hit-and-miss; aimless
mànwúxiànzhì 漫无限制 F.E. with no restrictions whatsoever
mànwúzhǐjìng 漫无止境 F.E. limitless; endless
mànwúzhōngxīn 漫无中心 V.P. ramble
màn xiàlai 慢下来 R.V. slow down
mǎnxiàn* 满限 V.O. reach the deadline
mànxiàn 漫羡 V. extend endlessly
mǎnxiàng 满像 V.P. be very similar/alike
mǎnxiāo* 满销 V.P. sell everything in stock
mǎnxiào 满孝 V.O. be at the expiration of a mourning period
mànxiē 慢些 V.P. slow down a bit; not so fast
mǎn xiěyì 满写意[-寫-] V.P. <*topo.*> perfectly delightful
mǎnxīn 满心 P.W. whole heart
mánxíng 蛮行[蠻-] N. act recklessly/blindly/rashly
mànxíng* 慢行 V.
mànxìng 慢性 ATTR. ① chronic ② slow (in taking effect)
mànxìngbìng 慢性病 N. chronic disease M: [1]*zhǒng*
mánxìngbùgǎi 蛮性不改[蠻-] F.E. One's wild disposition is unalterable.
mànxìng niàodúzhèng 慢性尿毒症 N. <*med.*> chronic uremia
mànxìngr 慢性儿 <*topo.*> *See mànxìngzi*
mànxìng zhīqìguǎnyán 慢性支气管炎[---氣-] N. <*med.*> chronic bronchitis
mànxìngzi 慢性子 N. ① phlegmatic temperament ②slowpoke ③easy-going/mellow person M: *ge*/[1]*míng*/[2]*wèi*
mánxīnmèijǐ 瞒心昧己 F.E. ① deceive oneself ② unconscionable
mǎnxīnxǐhuān 满心喜欢[-歡] F.E. be filled with joy
mǎnyǎn 满眼 N. ① eyeful ② have one's eyes filled with
[1]**mànyán*** 蔓/曼延 V. ① spread out; extend; sprawl ② be limitless/endless infest ♦N. infestation
[2]**mànyán** 曼/漫延 V. stretch out
[3]**mànyán** 漫言 V. ramble (in speech)
mànyǎn 蔓/曼/漫衍 V. spread out far and wide
mǎnyǎnhóngsī 满眼红丝[-絲] F.E. eyes are bloodshot
mànyán xiàlai 蔓延下来 R.V. spread to
mànyánxìng 蔓延性 N. the tendency to spread
mǎnyāozhuàn 满腰转[-轉] N. <*topo.*> money belt
mányě* 蛮野[蠻-] R.V. wild; uncivilized
mànyě 漫野 N. be found throughout open country
mányí 蛮夷[蠻-] N. <*hist.*> the non-Han nationalities in the north, west, and south
mǎnyì* 满意 S.V. satisfied; pleased
mànyī 缦衣 N. Buddhist monk's robe M: [2]*jiàn*
[1]**mànyì** 漫溢 V. overflow; flood
[2]**mànyì** 漫译[-譯] N. <*lg.*> free translation

[3]mànyì 慢易 V.P. inconsiderate
[4]mànyì 熳易 ADV. slowly and idly
mǎnyíng 满盈 V.P. filled to capacity
mǎnyīngmǎnxǔ 满应满许[-應--] F.E. promise anything and everything
mànyǐnxiàn 慢隐现[-隱-] N. <cinema> slow fade-in
mán-yí-róng-dí 蛮夷戎狄[蠻-] N. all kinds of barbarians
mǎn yǐwéi 满以为 V.P. expected sth. to happen (but it didn't)
mányǒng 蛮勇[蠻-] N. reckless bravery
mànyóu 漫游 V. go on a pleasure trip; roam
mán yǒu dàolǐ 蛮有道理[蠻-] V.P. It makes sense; It sounds quite reasonable.
mǎn yǒu pǔ(r) 满有谱(儿) V.P. <coll.> have a clearcut idea; have firm guidelines; have confidence; be sure/certain
mànyóushìjiè 漫游世界 F.E. knock about the world
mán yǒu yìsi 蛮有意思[蠻-] V.P. It's quite interesting.
mànyōuyōu 慢悠悠 V.P. unhurriedly
mányú* 鳗鱼 N. eel M: [1]*tiáo*
mányǔ 谩语 N. deceitful words; lies
Mǎnyǔ 满语 N. Manchu language
mànyǔ 漫语 N. ①irrelevant bragging ②<humb.> rambling words/language (used in titles of books/etc.)
mányuàn* 埋怨 V./N. blame; complain; grumble *Bié hùxiāng ~ le!* Stop your mutual recriminations! *See also máiyuàn*
[1]mǎnyuán 满员 V.P. ①be at full strength ②have a full house; have all seats taken
[2]mǎnyuán 满园[-園] V.P. entire garden
mǎnyuánchūnsè 满园春色[-園--] F.E. spring is everywhere
mǎnyuè* 满月 V.O. be one month old (of babies) ♦N. full moon
mànyuè 缦乐[-樂] N. harmonious music played with various instruments
mányúmiáo 鳗鱼苗 N. baby eel; elver
mǎnyúxiànzhuàng 满于现状[-於-狀] F.E. be content with things as they are
mǎnzài 满载 V. be loaded to capacity
mǎnzài'érguī 满载而归[-歸] F.E. return from a rewarding journey
mànzé 曼泽[-澤] V.P. gorgeous; resplendent
mànzhàng 幔帐 N. curtain; screen; canopy M: [2]*dào*
mǎnzhāngluo 满张罗[-羅] V.P. be very thoughtful in receiving guests
mǎnzhāosǔn 满招损 V.P. one loses by pride
mǎnzhāosǔn-qiānshòuyì 满招损谦受益 V.P. One loses by pride and gains by modesty.
mánzhe 瞒着[-著] V.P. hold out on
mànzhe* 慢着[-著] F.E. Go slow! Wait a minute!
mǎnzhǐ* 满纸 N. all over a page/paper
mǎnzhì 满志 V.P. be fully content; be completely satisfied
mànzhōngzǐ 慢中子 N. <phy.> slow neutron; low-speed neutron
Mǎnzhōu 满洲 P.W. Manchu; Manchuria
Mǎnzhōu Bāqí 满洲八旗 N. the Eight Banners, Manchu army divisions in the Qing dynasty
Mǎnzhōuguó 满洲国[-國] P.W. Manchukuo (puppet state established by the Japanese. in N.E. China)
Mǎnzhōuhuà 满洲话 N. Manchu language
Mǎnzhōurén 满洲人 N. a Manchu
Mǎnzhōu wénzì 满洲文字 N. written Manchu language
mánzhù 瞒住 R.V. conceal; hide; hold back
mǎnzhuāng* 满装[-裝] V. be filled with *See also Mǎnzhuāng*
Mǎnzhuāng 满装[-裝] N. Manchu clothing *See also mǎnzhuāng*
mǎnzhuō 满桌 N. tableful
mánzi 蛮子[蠻-] N. <derog.> southerners
mǎnzi 满子 N. <coll.> the youngest child
[1]mànzi* 幔子 N. <topo.> curtain; screen
[2]mànzi 镘子 N. trowel M: [1]*bǎ*
mànzǒu 慢走 F.E. <court.> ① don't go yet; stay ② good-bye; take care
mánzú 蛮族[蠻-] N. barbarian tribes; primitive people
mǎnzú* 满足 S.V. ① be satisfied/contented ② satisfy; meet
Mǎnzú 满族 N. Manchu ethnic minority
mǎnzuǐ 满嘴 N. mouthful ♦ADV. ① constantly asserting ② completely
mǎnzuǐ dōu shì 满嘴都是 V.P. <derog.> have one's mouth filled with. . .
mǎnzuò 满座 V.P. ① full/capacity house ② all the people/audience present
mǎnzuòfēngshēng 满座风生 F.E. all the guests are enjoying the talk
mǎnzuògāopéng 满座高朋 F.E. The whole audience consists of distinguished guests.
mǎnzú yú 满足于[-於] V.P. be satisfied with
māo 猫[貓] N. cat ♦V. <topo.> hide away *Tā zhěngtiān ~ zài wūzi lǐ.* He stays in his room all day. *See also* [7]*máo*
[1]máo* 毛 N. ① hair; feather; down; wool ② mildew; mold ③ Surname ♦B.F. ① semifinished (product) ***máotiě*** ② gross (profit) ***máolì*** ③ little; small ***máomaoyǔ*** ④ careless; crude; rash ***máoshǒumáojiǎo*** ⑤ alarmed; scared ♦S.V. <coll.> depreciated (of currency) ♦M. dime; 1/10th *yuan*
[2]máo 矛 N. lance; pike; spear
[3]máo 锚[錨] N. anchor
[4]máo 茅 B.F. straw; thatch ***máocǎo, máowū*** ♦N. Surname
[5]máo 髦 B.F. long hair ***máoniú*** ♦in ***shímáo***
[6]máo 蟊 B.F. vermin that eat the roots of young rice sprouts [2]***máozéi***
[7]máo 猫[貓] in ***máoyāo See also māo***
[8]máo 旄 in ***máochē***, [3]***jiémáo See also*** [7]***mào***
[9]máo 牦[氂] in ***máoniú, máozhēn***
[10]máo 酕 in [2]***máotáo***
[11]máo 蝥 in ***bānmáo***
[1]mǎo 铆[鉚] V. rivet
[2]mǎo 卯 N. ① 4th of the the 12 Earthly Branches ② 5:00–7:00 A.M. ③ mortise
[3]mǎo 昴 N. one of the 28 signs of the zodiac
[1]mào 冒 V. ① emit ② risk; brave ③ falsely claim/etc. ♦N. Surname ♦B.F. ① rash; careless ***màomèi*** ② stupid ③ inexperienced ④ feel (angry/etc.)
[2]mào(r) 帽(儿)[-(兒)] N. ① headgear; hat; cap ② cap-like cover
[3]mào 貌 B.F. appearance; aspect ***miànmào***
[4]mào 贸[貿] B.F. commerce; trade ***màoyì, jīmào***
[5]mào 茂 B.F. luxuriant; profuse ***màoshèng, màomì***
[6]mào 懋 B.F. diligent ***màojī***
[7]mào 耄/旄 B.F. aged; in one's 80s or 90s ***hūnmào, màoqī See also*** [8]***máo***
[8]mào 袤 B.F. distance [1]***yánmào, guǎngmào***
[9]mào 瞀 B.F. ① dizzy; confused ***mènmào*** ② ignorant ***mèimào***
[10]mào 眊 B.F. blurred vision ***kuìmào***
[11]mào 瑁 in ***dàimào***
máobáiyáng 毛白杨[-楊] N. Chinese white poplar M: [2]*kē*
máobāo 毛包 <coll.> S.V. bristling; prickly ♦N. simple/unpolished person
máobǐ 毛笔[-筆] N. writing brush M: [4]*zhī*
máobiān(r)* 毛边(儿)[-邊-] N. <txtl.> raw edge
màobiān 帽边[-邊] N. hat rim/brim
máobiānzhǐ 毛边纸[-邊-] N. writing paper made from bamboo M: [1]*zhāng*/[1]*juàn*
máobǐhuà 毛笔画[-筆畫] N. picture done with a writing brush M: [10]*fú*
máobìji 毛哔叽[-嗶-] N. <txtl.> gross grenadine; woolen serge M: [2]*kuài*/[1]*pǐ*
máobìng* 毛病 N. ① trouble; mishap; breakdown ② defect; shortcoming; fault; mistake ③ <topo.> illness
máobīng 矛兵 N. lancer; pikeman
máobìng bǎichū 毛病百出 F.E. be glitch-filled
máobǐzì 毛笔字[-筆-] N. characters written with a brush
máobó 锚泊 N. anchorage; anchoring ♦V. ① lie at anchor ② drop anchor
máobōli 毛玻璃 N. frosted glass M: [2]*kuài*
máobù 毛布 N. coarse cotton cloth/calico M: [2]*kuài*
màobùjīngrén 貌不惊人[--驚-] F.E. unimpressive in appearance
máobùlènglèng 毛不愣愣 V.P. <coll.> unruffled; composed
màocái 茂才 N. a talented person; a *xiùcai*
[1]máocao 毛糙 S.V. ① crude; coarse ② careless
[2]máocao 毛草 S.V. careless
máocǎo* 茅草 N. <bot.> cogon grass (for thatching)
máocǎopéng 茅草棚 N. straw shed M: [4]*zuò*
máocè 毛/茅厕[-廁] N. <topo.> latrine; toilet M: [1]*jiān*
máocháchá 毛楂楂 R.F. <topo.> covered with stubble
màochǎng 冒场[-場] V.O. <thea.> make an entrance too soon
máochē 旄车 N. an ancient war chariot M: [3]*liàng*
màochēng 冒称[-稱] V. be/act in sb. else's name
màochǐ 茂齿[-齒] N. prime of life
máochìmù 毛翅目 N. *Trichoptera*, an order of winged insects
máochóng 毛虫[-蟲] N. ① caterpillar ② wild beast M: [1]*tiáo*/[2]*zhī*/*ge*
màochōng* 冒充 V. pass sb./sth. off as
màochǒu 貌丑[-醜] V.P. ugly; ill-looking
màochū 冒出 R.V. ooze out
máochuán 锚船 N. anchored boat M: [1]*tiáo*/[2]*zhī*/[1]*sōu*
mào chūlai 冒出来 R.V. <coll.> ① issue forth ② ooze/stand out
máocì 毛刺 N. <mach.> burr
máocítǔjiē 茅茨土阶[-階] ID. ① a simple building ② a simple life
Mào-Cù-huì 贸促会 AB. *Guójì Màoyì Cùjìnhuì*
mào dàbùwěi 冒大不韪[-韙] V.O. disregard universal condemnation
máodǎchá 猫打镲[貓-] ID. <coll.> piddling; trivial
[1]màodài 帽带[-帶] N. chin strap M: [2]*gēn*
[2]màodài 冒贷 N. illegal loan under a false name
máodào 茅道 N. country path
[1]máodì 毛地 N. fallow land
[2]máodì 锚地 N. anchorage
máodiàn 茅店 N. thatched shop/store M: [1]*jiā*
màodiǎn 懋典 N. grand occasion
[1]màodiàn* 帽店 N. hat shop M: [1]*jiā*
[2]màodiàn 帽垫[-墊] N. cap/hat pad M: [2]*kuài*
màodié 耄耋 N. <wr.> aged person (above 70)
màodiézhīnián 耄耋之年 N. <wr.> old age (esp. from 70 to 90)
máodìhuáng 毛地黄 N. <med.> digitalis
mǎodīng* 铆钉 N. rivet M: [1]*kē*/*ge*/[2]*zhī*/[4]*méi*
màodǐng 冒顶 V. take another's place by assuming his name ♦V.O. <min.> roof fall
mǎodīngqiāng 铆钉枪[-槍] N. riveting gun M: [1]*bǎ*
máodòu 毛豆 N. young soybean M: [1]*kē*
máodòujiǎo 毛豆角 N. young soybean
máodǔ 毛肚 N. bovine third stomach
màodú* 冒渎[-瀆] V. <wr.> bother/annoy a superior
máodùn* 矛盾 S.V. contradictory ♦N. contradiction M: *ge*/[1]*zhǒng*
Máo Dùn 茅盾 N. pen name of Shen Yanbing (internationally known realist novelist)
Màodùn 冒顿 N. name of Xiongnu ruler during Western Han *See also Bātúlǔ*
máodùnbǎichū 矛盾百出 F.E. be full of contradictions
máodùn fāngchéngshì 矛盾方程式 N. <math.> incompatible/inconsistent equations

máodùn jīhuà 矛盾激化 V.P. aggravate/intensify contradictions

máodùnlǜ 矛盾律 N. <log.> law of contradiction

máodùn qíngxù 矛盾情绪 N. ambivalence

máodùn shàngjiāo 矛盾上交 V.P. <pol.> pass the buck upwards

máodùn xiūcí 矛盾修辞[-辭] N. <lg.> oxymoron

máodùn xiūshìfǎ 矛盾修饰法 N. oxymoron

máodùn zhuǎnhuà 矛盾转化[--轉-] N. transformation of contradiction

máo'é 毛额 N. gross amount

mào'ěr 帽耳 N. hat earflaps

māo'ěrdòng 猫耳洞[貓-] N. air-raid/bomb shelter

māo'ěrduocài 猫耳朵菜[貓-] N. <topo.> a kind of edible weed

máo'ergūjī 毛儿咕叽 V.P. <coll.> flustered; tense; scared

máofà 毛发[-髮] N. hair (on the human body and head)

máofàdàoshù 毛发倒竖[-髮-豎] F.E. ① full of anger ② panicky ③ terrified

màofàn 冒犯 V. offend; affront (a superior/etc.)

máofáng* 茅房 N. <coll.> ① toilet; latrine ② thatched hut/house M: [1]jiān/[4]zuò

máofǎng 毛纺 N. wool-spinning

máofǎngchǎng 毛纺厂[-廠] P.W. woolen mill M: [1]jiā

máofàsǒngrán 毛发悚/耸然[-髮聳-] F.E. be very scared

máofàzhīgōng 毛发之功[-髮--] N. tiny deeds; small contributions

mào fēngxiǎn 冒风险 V.O. run risks

máofěnshì 毛粉饰 N. stucco

màofù 冒富 N. sudden wealth ♦V.O. become rich

màofù dàshū 冒富大叔 N. Uncle Maofu (villagers who have prospered through labor)

máogàizi 毛盖子[-蓋-] N. <topo.> short hair not long enough to be braided

máogǎn 毛感 N. the feel of wool

máogāocài 茅膏菜 N. <bot.> a kind of hazelnut

máogāogāozi 毛羔羔子 N. <topo.> young domestic animal

máogé 毛葛 N. <txtl.> poplin

máogèn 毛茛 N. <bot.> buttercup

máogènkē 毛茛科 N. <bot.> buttercup family

máogēntou 毛跟头 N. somersault

mǎogōng* 铆工 N. ① riveting ② riveter M: ge/[1]míng

[1]**màogōng** 冒功 V.O. claim credit due to others

[2]**màogōng** 懋功 N. great achievement/contribution

máogōngdǐng 毛公鼎 N. bronze tripod cooking vessel made in late Western Zhou

màogōu 帽钩[-鉤] N. hatrack M: ge/[2]zhī

máogu 毛咕 S.V. nervous; fearful

máogū* 毛估 ADV. at a rough estimate

màogūr 帽箍儿 N. the ribbon around a cap

máogǔsǒngrán 毛骨悚/耸然[--聳-] F.E. absolutely terrified

máohái(r) 毛孩(儿) N. child born with hair all over the body M: ge/[1]míng

máoháizi 毛孩子 N. <coll.> infant M: ge/[1]míng

máohān 毛蚶 N. <topo.> blood clam M: ge/[2]zhī

mǎohàn 铆焊 V. rivet and solder

màohàn* 冒汗 V.O. ooze sweat

màohào(r) 冒号(儿)[-號-] N. colon (:)

màohéshénlí 貌合神离[-離] F.E. seemingly united, actually alienated

màohéxīnlí 貌合心离[-離] F.E. be in harmony in appearance but at variance in heart

máohōnghōng 毛烘烘 R.F. hairy; shaggy

màohuā 帽花 N. ornaments at the front of a hat M: [2]duǒ

màohuài 冒坏[-壞] V.O. cook up a crooked plan; play pranks

mào huàishuǐr 冒坏水儿[-壞--] V.O. <coll.> make mischief; play pranks

máohuāng 毛荒 N. uncultivated land

màohuār 帽花儿 N. <topo.> insignia on a cap M: [2]duǒ

màohuī 帽徽 N. insignia on cap M: [1]kē/ge/[2]zhī

màohuìxīndú 貌慧心毒 F.E. have the semblance of an angel and the heart of a devil

máohuó 毛活 N. <coll.> knitting work

màohuǒ(r)* 冒火(儿) V.O. ① flare up ② get worked up

máojǐ* 矛戟 N. lance and spear

máojì 毛髻 N. bangs; hair trimmed across the forehead

mǎojī 铆机 N. riveter M: [1]tái

màojí 冒籍 V.O. assume a false identity

màojì 懋绩 N. great achievement/contribution

máojià* 毛价[-價] N. <acct.> gross price

màojià 帽架 N. hatstand M: [4]zuò

máojiān 矛尖 N. spearhead

máojiàn 锚件 N. anchor

màojiān(r)* 冒尖(儿) V.O. ① be piled high above the brim ② be a little over or more than ③ stand out; be conspicuous ***Tā jiù ài ~.*** She's fond of the limelight. ④ begin to crop up

màojiānfànxiǎn 冒艰犯险[-艱--] F.E. run risks to (do sth.)

máojiāng* 毛姜 N. <topo.> ① Jerusalem artichoke ② rash/restless person

máojiàng 锚匠 N. anchor-smith M: ge/[1]míng

màojiàng 帽匠 N. hatter M: ge/[1]míng

màojiānrduì 冒尖儿队[-隊] N. stand-out production teams M: [4]zhī

màojiānrhù 冒尖儿户 N. notable family M: [1]jiā

māojiào 猫叫[貓-] N. meowing of a cat

máojiāohuǒlà 毛焦火辣 F.E. burning with impatience; be in a nervous state

máojiǎojī 毛脚鸡[-腳雞] ID. <coll.> flighty; like a decapitated chicken

mǎojiē 铆接 V. rivet joint

máojīn* 毛巾 N. ① towel ② woolen muffler M: [2]kuài

mǎojìn(r) 铆/卯劲(儿)[-勁-] V.O. <coll.> mount a swift all-out effort

màojìn 冒进[-進] N. rash advance ♦S.V. rash; adventurous

máojīnbèi 毛巾被 N. terry cloth coverlet M: [1]tiáo

máojīnbù 毛巾布 N. terry cloth M: [2]kuài

máojīnjià 毛巾架 N. towel rack

mǎojìnr 铆劲儿[-勁-] V.O. <coll.> exert all one's strength

máojīnshān 毛巾衫 N. terrycloth shirt; toweling shirt M: [2]jiàn

máojīntǎn 毛巾毯 N. toweling coverlet M: [1]tiáo

mào jīnxīng(r) 冒金星(儿) V.O. see stars; become giddy (of eyes)

máojǔ 毛举[-舉] V. ① cite at random ② list/cite trifles

máojùn 髦俊 N. a man of talent

máojùnzhīshì 髦俊之士 N. eminent person

máojǔxìgù 毛举细故[-舉--] F.E. enumerate in picky detail; bring up trifling matters

máokēng 茅/毛坑 N. ① <coll.> latrine pit ② <topo.> latrine

máokǒng(r) 毛孔(儿) N. <phys.> pore

máokǒu* 毛口 N. <mach.> burr

màokǒu 冒口 N. <mach.> rising head; riser

máokù 毛裤 N. ① long woolen underwear ② woolen pants M: [1]tiáo

māokūhàozi 猫哭耗子[貓-] ID. fake/false mercy; shed crocodile tears

māokūhàozi jiǎ cíbēi 猫哭耗子假慈悲[貓-] F.E. hypocritical sorrow

màokuī(r) 帽盔(儿) N. skullcap M: [1]dǐng/ge

māokūlǎoshǔ 猫哭老鼠[貓-] ID. shed crocodile tears

máolā 毛拉 N. <loan> mullah; mollah

máolái 毛梾[-棶] N. <bot.> long-petioled dogwood

máolán* 毛蓝[-藍] N. darkish blue

máolǎn 锚缆[-纜] N. anchor cable M: [2]gēn

máolánbù 毛蓝布[-藍-] N. blue nankeen M: [2]kuài/[1]pǐ

máolán tǔbù 毛蓝土布[-藍--] N. dyed nankeen; blue nankeen M: [2]kuài/[1]pǐ

máole 毛了 V.P. <coll.> ① became angry/frayed ② backed down; gave in; weakened

máolegūjī 毛了咕叽 V.P. <coll.> flustered; tense; scared

māolí 猫狸[貓-] N. wildcat M: [2]zhī

máolì* 毛利 N. gross profit

màolì 懋力 V.O. encourage to exert effort

màoliàng 冒亮 V.O. become bright (of early morning) ♦N. <coll.> at dawn; at sunrise

máoliào 毛料 N. woolen cloth; woolens M: [2]kuài/[1]pǐ

máolìlǜ 毛利率 N. <acct.> rate of margin; rate of gross profit

màolín 茂林 N. dense forest

màolíng 耄龄[-齡] N. old age; eighties and nineties

màolǐng* 冒领 V. falsely claim as one's own

màolínxiūzhú 茂林修竹 F.E. thick forest of trees and tall bamboos

Máolǐqiúsī 毛里求斯 P.W. Mauritius

Máolǐtǎníyà 毛里塔尼亚[-亞] P.W. Mauritania

máolóu(r) 茅楼(儿)[-樓-] N. <coll.> toilet; outhouse

máolú 茅庐[-廬] N. thatched cottage M: [4]zuò

máolǘ(r/zi) 毛驴(儿/子)[-驢-] N. ① donkey ② young donkey M: [1]tóu

māolùn 猫论[貓-] N. the theory that a cat is a good one so long as it can catch mice

máoluòpídān 毛落皮单 ID. Without protection, one is in danger.

máomǎ 髦马 N. horse with a flying mane M: [1]pǐ

māomāo 猫猫[貓貓] *See duǒ māomāo*

máomao 毛毛 N. <topo.> baby

màomào* 贸贸 R.F. thoughtlessly; inconsiderately

máomaochóng 毛毛虫[-蟲] N. caterpillar M: [1]tiáo

máomaogǒur 毛毛狗儿 N. <topo.> the spike of plants such as cattail/etc.

máomaogūgu 毛毛咕咕 R.F. <topo.> be filled with fear/disgust

máomaogūjī 毛毛咕唧 V.P. careless; thoughtless

máomaojiǎo 毛毛脚[-腳] V.P. <topo.> hurried; very busy

máomáolènglèng 毛毛楞楞 R.F. <topo.> flurried

máomaor 毛毛儿 N. lint

màomàorán 贸贸然 ADV. rashly; hastily

máomaoróngróng 毛毛茸茸 R.F. covered with soft hair; shaggy

màomaoshīshī 冒冒失失 R.F. thoughtless; careless ♦ADV. recklessly and abruptly; rashly and unceremoniously

máomaotēngtēng 毛毛腾腾 R.F. <coll.> excited; tense; nervous

máomaoyǔ 毛毛雨 N. ① drizzle ② sth. not very important/serious

màoměi 貌美 V.P. beautiful (of women)

màomèi* 冒昧 S.V. <court.> presumptuous ♦V. <humb.> make bold; venture

màomèichéncí 冒昧陈辞[-辭] F.E. venture an opinion; make bold to assert

màomèi liángxīn 冒昧良心 V.O. be against one's conscience

màomèixíngshì 冒昧行事 F.E. make bold to do sth.; rush thoughtlessly into an affair

màomèizhījǔ 冒昧之举[-舉] N. a rash act; a leap in the dark

màoměng 冒猛 ADV. suddenly; unexpectedly

māomī* 猫咪[貓-] N. kitten

màomì 茂密 S.V. dense; thick (of vegetation)

[1]**màomíng** 冒名 V.O. assume another's name

[2]**màomíng** 贸名 V.O. seek to make a name for oneself

màomíngdǐngtì 冒名顶替 F.E. take another's place by assuming his name

màomíngmàolì 贸名贸利 F.E. buy fame and seek gain

mào mòzi 冒沫子 V.O. <coll.> spew words of hate; talk acidly
máonáng 毛囊 N. hair follicle
Máonánzú 毛难族[-難-] N. Maonan ethnic minority (in Guangxi)
máoní* 毛呢 N. woolen; woolen cloth; wool suiting
màoní 旄倪 N. <wr.> old and young
màonián 茂年 N. prime of one's life
māoniào 猫尿[貓-] N. <derog.> alcohol; wine
máoniú 牦/犛牛[氂-] N. yak M: [1]tóu
máonǚ 毛女 N. young virgin
máonǚ'ér 毛女儿 N. <topo.> virgin
màopái(r) 冒牌(儿) V.O./N. counterfeit a trademark; imitate; fake
màopáihuò 冒牌货 N. imitation; fake M: [2]jiàn
màopàn 帽襻 N. hatband
màopào 冒泡 N. ① bubbling ② the first transaction of a business ♦V.O. <coll.> have business; have a deal
máopéng 茅棚/蓬 N. thatched shed M: [4]zuò
máopéngpéng 毛蓬蓬 R.F. dishevelled (of hair/etc.)
máopī 毛坯 N. ① semifinished product ② <mach.> blank
máopí* 毛皮 N. fur; pelt M: [2]kuài
máopiān(r) 毛片(儿) <coll.> N. pornographic video/movie
máopiào(r) 毛票(儿) N. <coll.> banknotes of one, two, or five [2]**jiǎo** denominations M: [1]zhāng
máopíshòu 毛皮兽[-獸] N. furred animal M: [1]tóu/[1]zhǒng
máopíyī 毛皮衣 N. furs M: [2]jiàn
máopú 茅蒲 N. broad-brimmed rain hat
màopù* 帽铺 P.W. hat/cap shop M: [1]jiā
màoqī 旄/耄期 N. have reached the age of eighty or ninety
màoqǐ 冒起 R.V. ① burn up ② ooze out; send up
màoqì* 冒气[-氣] V.O. give off steam
máoqián(r)* 毛钱(儿)[-錢-] N. <trad.> coins of 10/20 cent denominations
màoqiān 懋迁[-遷] N. trade; commerce
máoqiāng 矛枪[-槍] N. spear and javelin
màoqiānyǒuwú 贸迁有无[-遷--] F.E. Each supplies what the other needs through trade.
màoqīn* 貌侵 V.P. ugly; homely
màoqǐn 貌寝[-寢] V.P. ugly; homely
màoqǐnbùyáng 貌寝不扬[-寢-揚] F.E. very ugly face
máoqú 毛渠 N. sublateral canal
māor* 猫儿[貓-] N. kitten M: [2]zhī
máor 毛儿 N. hair
màor 冒儿 <slang> S.V. stupid ♦N. immature person; hick; moron
[1]**màorán** 贸然 ADV. rashly; hastily
[2]**màorán** 冒然 ADV. abruptly
máorèhuǒlà 毛热火辣[-熱--] F.E. in great anxiety; on pins and needles
máorén 毛人 N. hairy man
māor gàishí 猫儿盖食[貓-蓋-] ID. cover up defects
màorgudong 冒儿咕咚 V.P. <topo.> suddenly; unexpectedly
māornì 猫儿腻[貓-] N. <slang.> ① tricks; nuisance; annoyance; cause of trouble ② underhanded activity
máoróng 毛茸 N. fine hair on a plant
máorōngrōng 毛茸茸 R.F. hairy; downy
máoróngxiàn 毛绒线 N. worsted
máorqiba 毛儿七八 N. small change
māorshí 猫儿食[貓-] N. a small eater
máorxì 髦儿戏[-戲] N. <trad.> drama played by women M: [1]chū
māoryǎn 猫儿眼[貓-] N. ①peep hole ②<min.> cat's eye M: [1]kē
màoryé 冒儿爷[-爺] N. <slang> stupid/uncouth person; hick; moron; idiot
máosè 茅塞 N. obstacle
máosèdùnkāi 茅塞顿开[-開] F.E. suddenly see the light
Máosèqiāng 毛瑟枪[-槍] N. <mil./loan> Mauser M: [1]bǎ
máoshā 毛纱 N. <txtl.> wool yarn
mǎoshàng 卯上 V. stick to
màoshǎng* 懋赏 V. reward in order to encourage ♦N. big reward/compensation
máoshānr 毛衫儿 N. a traditional shirt M: [2]jiàn
máoshānrcháng 毛衫儿长 V.P. <topo.> be lucky
mào shǎqì 冒傻气[-氣] V.O. <coll.> be/look foolish
máoshè* 茅舍 N. <wr.> ① thatched cottage ② my humble cottage M: [4]zuò
màoshé 帽舌 N. peak of a cap; visor
máoshéng(r) 毛绳(儿)[-繩-] N. wool rope M: [2]gēn
màoshèng* 茂盛 S.V. luxuriant; flourishing; exuberant
māoshí 猫食[貓-] <coll.> N. cat food ♦V. eat like a cat; eat little but often
máoshī 毛虱 N. crab louse M: [2]zhī
máoshí 毛石 N. ① rubble ② unrefined stone M: [2]kuài
máoshì 髦士 N. man of talent or superior character
Máoshì 毛式 N. Mao suit
mǎoshí 卯时[-時] N. 5:00–7:00 A.M.
màoshi* 冒失 S.V. rash; abrupt
màoshì 茂士 N. virtuous and capable man
màoshiguǐ 冒失鬼 N. harum-scarum M: ge/[1]míng
máoshí hùnníngtǔ 毛石混凝土 N. rubble concrete
máoshikēng 毛屎坑 N. <topo.> latrine (pit)
máoshǒumáojiǎo 毛手毛脚[-腳] F.E. ① hamhanded ② restless; uneasy ③ too familiar/offhanded (esp. toward women)
máoshōurù 毛收入 N. gross income M: [2]bǐ
màoshǒuzhīchóu 贸首之仇 N. bitter/inveterate hatred
máoshù 毛数[-數] N. approximate number
máoshuā 毛刷 N. hairbrush M: [1]bǎ
màoshǔbiēhán 冒暑憋寒 F.E. put up with cold and heat
māoshǔtóngmián 猫鼠同眠[貓-] F.E. ① act in collusion ② turn a blind eye
máosi 茅厕/司[-廁] N. <coll.> latrine; toilet; outhouse M: [4]zuò/[1]jiān
máosī 毛丝[-絲] N. broken filament
màosī 耄思 V.P. be upset/disturbed
màosǐ 冒死 V.O. risk one's life
màosì* 貌似 ADV. seemingly; in appearance; looking like
màosì gōngzhèng 貌似公正 V.P. put on an appearance of impartiality
máosikēng 茅厕坑[-廁-] N. <topo.> latrine (pit)
màosì qiángdà 貌似强大[--強-] V.P. be seemingly powerful; be outwardly strong
màosì yǒulǐ 貌似有理 V.P. be apparently reasonable (but actually not)
máosuìzìjiàn 毛遂自荐[-薦] F.E. volunteer one's services
[1]**máosǔn*** 毛笋[-筍] N. shoot of [1]**máo** bamboo
[2]**máosǔn** 毛损 N. gross loss
mǎo-sǔn 卯榫 N. mortise and tenon
máotáijiǔ 茅台酒 N. maotai (liquor) M: bēi/píng
máotàizhǐ 毛太纸 N. a kind of paper produced in Fujian M: [1]zhāng/[1]juàn
máotǎn 毛毯 N. woollen blanket M: [1]tiáo
[1]**máotáo(r)** 毛桃(儿) N. wild peach M: ge/[2]zhī
[2]**máotáo** 酕醄 V.P. <wr.> drunken; tipsy
máoténgsīhuǒ 毛腾厮火[--廝-] F.E. <topo.> rash; reckless
Máotǐ 毛体[-體] N. Mao Zedong's calligraphy style
mào tiānxià zhī dàbùwěi 冒天下之大不韪[-韙] F.E. risk universal condemnation
máotiáo 毛条[-條] N. tea made from unprocessed black/green leaves
máotiáo dǎyàng 毛条打样[-條-様] N. galley proof
máotiáo jiàoyàng 毛条校样[-條-樣] N. galley proof
máotiě 毛铁[-鐵] N. semifinished iron product
máotíng 茅亭 N. thatched pavilion M: [4]zuò
[1]**máotóu*** 矛头 N. spearhead
[2]**máotóu** 毛头 N. youngster; child
[1]**màotóu** 冒头 V.O. begin to crop up
[2]**màotóu(r)** 帽头(儿) N. skullcap
máotóu gūniang 毛头姑娘 N. a saucy miss M: ge/[1]míng
máotóumáonǎo 毛头毛脑[-腦] F.E. ① rash; impetuous ② anxious; nervous
máotour 毛头儿 N. <topo.> gross quantity
máotóuxiàngshàng 矛头向上 F.E. direct the attack toward the higher levels
máotóu xiǎozi 毛头小子 N. <derog.> the young
māotóuyīng 猫头鹰[貓-] N. owl M: [2]zhī
máotóuzhǐ 毛头纸 N. <coll.> fibrous paper M: [1]zhāng
máotǔ 茅土 V.O. confer land to vassals
máotuán 毛团[-團] N. feathered animals
máowà(zi) 毛袜(子)[-襪-] N. wool socks/stockings M: [1]shuāng
máowázi 毛娃子 N. <coll.> infant; pet name for a small child
máowèi 锚位 N. anchorage
máowěiyú 矛尾鱼 N. <bio.> latimeria M: [1]tiáo
máowō 毛窝[-窩] N. ① warm padded shoes ② alveolus
máowū 茅屋 N. thatched cottage M: [1]jiān/[4]zuò
máoxī 毛息 N. <econ.> gross interest
máoxiā 毛虾[-蝦] N. shrimp M: [2]zhī
máoxiàn 毛线 N. knitting wool M: tuán
màoxiǎn(r)* 冒险(儿) V.O. take risks/chances
màoxiǎnfànnán 冒险犯难[-難] F.E. do sth. despite the dangers/difficulties
máoxiāng 茅香 <bot.> sweet grass
máoxiàng 毛象 N. mammoth
màoxiàng* 貌相 N. appearance ♦V.O. judge sb. from appearance
màoxiǎnjiā 冒险家 N. adventurer M: ge/[1]míng/[2]wèi
màoxiǎn xíngdòng 冒险行动[-動] N. a leap in the dark
máoxiànyī 毛线衣 N. knitted woolen garment; sweater; wool M: [2]jiàn
màoxiǎn yī shì 冒险一试 V.P. chance it
máoxiànzhēn 毛线针 N. knitting needle M: [2]gēn
màoxiǎnzhǔyì 冒险主义[-義] N. adventurism
máoxiè 毛蟹 N. small crab; baby crab M: ge/[2]zhī
máoxiguǎn 毛细管 N. capillary
Mǎoxīng 昴星 N. <astr.> the Pleiades
màoxìng* 冒姓 V.O. take sb. else's surname
màoxínggǔguài 貌形古怪 F.E. look strange
māoxióng 猫熊[貓-] N. giant panda M: [2]zhī
màoxiū 懋修 N. earnest efforts to reform
máoxì xiànxiàng 毛细现象 N. <phy.> capillary action
máoxì xuèguǎn 毛细血管 N. <phys.> blood capillary
Máoxuǎn 毛选[-選] AB. *Máo Zédōng Xuǎnjí*
máoxùn* 茅蕈 N. <bot.> a kind of edible mushroom
màoxūn 懋/茂勋 N. great exploit/contribution
māoyǎn(r) 猫眼(儿)[貓-] N. <topo.> peephole (in a door); spyhole
máoyán 茅檐 N. straw eaves
máoyǎn 毛眼 N. pore
mǎoyǎn 卯/铆眼 N. mortise
màoyān* 冒烟[-煙] V.O. ① belch smoke ② <topo.> get angry; flare up
màoyán(r) 帽檐/沿(儿) N. hat brim
máoyàng 毛样[-樣] N. <print.> galley proof
máoyānr 毛烟儿[-煙-] V.P. be restless
māoyǎnshí 猫眼石[貓-] N. <min.> cat's eye M: [1]kē/[2]kuài
màoyāntūhuǒ 冒烟突火[-煙--] F.E. dash through fire and smoke

máoyāo 毛/猫腰[貓-] V.O. ① <topo.> stoop; crouch ② arch one's back

māo yǎo niàopāo kōng huānxǐ 猫咬尿泡空欢喜[貓----歡-] ID. an empty dream

máoyātou 毛丫头 N. <coll.> young girl M: ge/[1]míng

máoyī 毛衣 N. woollen sweater M: [2]jiàn

màoyì* 贸易 N. trade

màoyì bǎohùzhǔyì 贸易保护主义[---護-義] N. trade protectionism

màoyì bìlěi 贸易壁垒[-壘] N. trade barrier

màoyìbù 贸易部 P.W. ministry of trade

màoyì chā'é 贸易差额 N. balance of trade

màoyìcí 贸易瓷 N. trade porcelain

màoyì dàilǐrén 贸易代理人 N. commission agent M: ge/[1]míng/[2]wèi

màoyì'é 贸易额 N. volume of trade; turnover

màoyìfēng 贸易风 N. trade winds

màoyìgǎng 贸易港 P.W. trading/commercial port

màoyì gōngsī 贸易公司 P.W. trading company/firm M: [1]jiā

màoyì guānxi 贸易关系[-關係] N. trading relationship

màoyì huǒbàn 贸易伙伴 N. trade partner M: ge/[1]míng/[2]wèi

màoyì huòzhàn 贸易货栈[-棧] P.W. commercial warehouse M: [1]jiā

màoyì lìdé 贸易利得 N. trade gain

máoyǐng 毛颖 N. writing brush

màoyīng* 帽缨 N. ribbon to hold the hat

màoyì nìchā 贸易逆差 N. unfavorable balance of trade

màoyì pínghéng 贸易平衡 N. balance of trade

màoyìqū 贸易区[-區] N. trade area

màoyì qúdào 贸易渠道 N. trade channels M: [1]tiáo

màoyìshāng 贸易商 N. trader; importer; exporter M: ge/[1]míng/[2]wèi

màoyì shōu-zhī 贸易收支 N. accounts of trade

màoyì shùnchā 贸易顺差 N. favorable balance of trade

màoyì wǎnglái 贸易往来 N. trade contacts; commercial intercourse

màoyì wēixiǎn 贸易危险 N. trade hazard

màoyì xiédìng 贸易协定[--協-] N. trade agreement M: ge/[1]fèn

màoyì xiédìngshū 贸易协定书[--協-書] N. trade protocol M: [1]fèn

màoyì yīcúndù 贸易依存度 N. trade disposition

màoyì yǔyán 贸易语言 N. trade language

màoyìzhàn 贸易战[-戰] N. trade war M: [3]chǎng

màoyìzhàng 贸易账 N. merchandise trading account M: [1]bǐ

máoyīzhēn 毛衣针 N. knitting needles M: [2]gēn/[1]fù

màoyì zhōngxīn 贸易中心 P.W. trading center M: [1]jiā/[4]zuò

màoyì zìyóuhuà 贸易自由化 N. liberalization of trade

Màoyì Zǒngxiédìng 贸易总协定[--總協-] N. GATT

màoyōng 懋庸 V.O. reward the meritorious

màoyòng 冒用 V. illegally use (a credential/certificate/etc.); infringe (on a trademark/patent)

màoyòng shāngbiāo 冒用商标[-標] V.O. infringe on a trademark

máoyòu 毛蚴 N. miracidium

māoyǒujiǔmìng 猫有九命[貓-] F.E. A cat has nine lives.

māoyú(r) 猫鱼(儿)[貓-] N. small fish as cat's food M: [1]tiáo

máoyǔ 毛羽 N. ① feather ② <wr.> bird ③ fur and feathers

màoyǔ* 冒雨 V.O. brave the rain

màoyù 茂郁[-鬱] V.P. lush (of vegetation)

māozǎi 猫仔[貓-] N. kitten

māo zài jiālǐ 猫在家里[貓-裡] V.P. <coll.> hide at home

máozao 毛躁 S.V. ① short-tempered; irritable ② rash and careless

Máo Zédōng 毛泽东[-澤-] (1893–1976) N. CCP leader and founder of the PRC

Máo Zédōng Sīxiǎng 毛泽东思想[-澤---] N. Mao Zedong Thought

Máo Zédōng Xuǎnjí 毛泽东选集[-澤-選-] N. <PRC> *Mao's Selected Works* M: tào

[1]**máozéi** 毛贼 <coll.> N. petty thief M: ge/[1]míng ♦A.T. careless; slovenly

[2]**máozéi** 蟊贼 N. ① plant pest ② social vermin M: ge/[1]míng

Máo Zémín 毛泽民[-澤-] (1895–1943) N. brother of Mao Zedong; an economic expert

máozhān 毛毡[-氈] N. ① felt ② woolen carpet M: [2]kuài/[1]tiáo

màozhāng 帽章 N. badge on a hat/cap M: ge/[4]méi/[2]zhī

máozhāntái 毛毡苔[-氈-] N. felty mosses

màozhe 冒着[-著] V. brave ♦COV. at the risk of

máozhēn 牦针[氂-] N. needle broader at one end

màozhēn* 帽针 N. hatpin

màozhēr 帽遮儿 N. brim of a cap/hat

máozhī 毛织[-織] N. wool fabric

màozhī* 冒支 V.O. withdraw/obtain money under a false name

máozhībù 毛织布[-織-] N. woolen cloth M: [2]kuài

máozhīpǐn 毛织品[-織-] N. ① wool fabric; woollens ② woollen knitwear M: [2]jiàn/[1]zhǒng

máozhīwù 毛织物[-織-] *See máozhīpǐn*

máozhīyè 毛织业[-織業] N. woolen business

máozhòng 毛重 N. gross weight

máozhū 毛猪[-豬] N. live pig; pork on the hoof M: [2]zhī

máozhú* 毛竹 N. [1]máo bamboo M: [2]gēn/[5]zhī

Máozhù 毛著 N. the works of Mao Zedong

màozhú 茂竹 N. luxuriant bamboo

máozhuǎ 锚爪 N. fluke of anchor

máozhuāng 毛装[-裝] N. binding books without trimming M: [2]jiàn

máozhuàng* 毛状[-狀] N. woolly

māozhuǎzi 猫爪子[貓-] N. ① cat's claws ② hands

máozhuī(zi) 毛锥(子) N. writing brush M: [1]bǎ

máozi 毛子 N. ① <derog./trad.> Westerner ② <topo.> bandit ③ tuft of hair on a child's head

màozi* 帽子 N. ① headgear; hat; cap ② label; tag M: [1]dǐng

mǎozigōng 卯子工 N. job paid by the day

màozi gōngchǎng 帽子工厂[-廠] P.W. <PRC> person/organization that falsely labels an other person/organization M: [1]jiā

mǎozihuó 卯子活 N. job paid by the day

máoziké(r) 毛子壳(儿)[--殼-] N. <topo.> sunflower

mǎozú 卯足 R.V. pluck up

mǎozú jìnr 卯足劲儿[--勁-] V.O. use full force

máozúlèi 毛足类[-類] N. <zoo.> *Chaetopod*

mǎpā 马趴 N. a fall flat on one's face

mǎpǎo 马跑 V. trot

mǎpéng 马棚 N. stable M: [4]zuò

mǎpǐ* 马匹 N. horses

mǎpì 马屁 N. horse's buttocks *pāi* ~ lick sb.'s boots

mǎpiào 马票 N. pari-mutuel ticket M: [1]zhāng

mápícūn 麻皮皴 N. <art> hemp fiber

mǎpì dàwáng 马屁大王 N. sycophant; flatterer M: ge/[1]míng

mǎpífēng 马脾风 N. <Ch. med.> whooping cough

mǎpìguǐ 马屁鬼 N. flatterer; toady M: ge/[1]míng

mǎpìjīng 马屁精 N. flatterer; toady M: ge/[1]míng

mǎpì pāi dào mǎ tuǐ shang 马屁拍到马腿上 F.E. flatter sb. without achieving the desired purpose

mápó dòufu 麻婆豆腐 N. stir-fried tofu in hot sauce

[1]**mǎqián** 马前 ATTR. posthaste; very speedily

[2]**mǎqián** 马钱[-錢] N. <trad.> fee for a doctor's visit

mǎqiāng 马枪[-槍] N. ① carbine M: [4]zhī/[1]bǎ ② spear used by horsemen M: [4]zhī

mǎqiánzǐ 马钱子[-錢-] N. <bot.> vomiting nut; nux vomica

mǎqiánzú 马前卒 N. ① pawn ② cat's-paw M: ge/[1]míng/

Mǎqídùnyǔ 马其顿语 N. <lg.> Macedonian language

mǎ qǐlai 码起来 R.V. <coll.> pile up

mà qǐlai* 骂起来[罵-] R.V. start to abuse/curse

mǎqiú 马球 N. polo

máquè 麻雀 N. ① sparrow M: [2]zhī ② mahjong

máquèzhàn 麻雀战[-戰] N. sparrow/guerrilla warfare

mǎqún 马群 N. horse herd

márén(r) 麻仁(儿) N. hemp seed

màrén* 骂人[罵-] V.O. swear/curse (at people)

mànénhuà 骂人话[罵-] N. abusive language

màrénqǔlè 骂人取乐[罵-樂] F.E. criticize others as a pastime

mārmār 妈儿妈儿 N. <slang.> boobs; women's breasts

Mǎ Róng 马融 (79–186) N. author of many commentaries on the Classics

māsa* 摩挲/撒 V. ① gently stroke ② smooth; rub; massage ③ <coll.> do sth. in a slapdash way

másā 麻撒 <topo.> V. do sth. quickly ♦S.V. quick

Mǎsài 马赛 P.W. Marseilles

mǎsàikè 马赛克 N. <loan> mosaic

Mǎsàiqǔ 马赛曲 N. *La Marseillaise*

Mǎsàzhūsài 马萨诸塞[-薩--] P.W. Massachusetts

máshā 麻纱 N. ① yarn of ramie/flax/etc. ② cambric; hair-cord

Máshāběn 麻沙本 N. books printed from softwood plates at Masha in Fujian

mǎshāng 马商 N. horse trader M: ge/[1]míng

mǎshàng* 马上 ADV. ① at once; right away ② in the near future; soon ③ on horse back ④ <trad.> by military force

mǎsháo(zi) 马勺(子) N. ladle M: [1]bǎ

mǎshào* 马哨 N. <trad.> horse soldier on guard; cavalry patrol M: ge/[1]míng

máshéng(r)* 麻绳(儿)[-繩-] N. hemp cord M: [2]gēn

Máshěng 麻省 P.W. Massachusetts

màshēng 骂声[罵聲] N. swearing/cursing voices

mǎshēngjiǎo 马生角 N. impossibility ♦ADV. never

Máshěng Lǐgōng Xuéyuàn 麻省理工学院 P.W. Massachusetts Institute of Technology (MIT)

máshéng zhuān zài xìchù duàn 麻绳专在细处断[-繩專--處斷] ID. A chain is no stronger than its weakest link.

mǎshézi 马蛇子 N. a kind of lizard M: [2]zhī

mǎshì 马市 N. horse market M: [1]jiā/[4]zuò

mǎshīqiántí 马失前蹄 ID. suffer an unexpected reversal

mǎshǒushìzhān 马首是瞻 ID. follow sb.'s lead

mǎshù 马术[-術] N. horsemanship

máshuāzi 麻刷子 N. brush made of hemp M: [1]bǎ

mǎsīshēng 马嘶声[-聲] N. horse neigh

másūsū 麻酥酥 R.F. tingling

mátáng 麻糖 N. sesame candy M: [2]kuài

mǎtí* 马蹄 N. ① horse's hoof ② horseshoe ③ <topo.> water chestnut

màtí 骂题[罵-] N. ① contents disagreeing with the topic/title ② acting against what one preaches ③behavior not matching the situation or one's social standing

mátián 麻田 N. hemp/flax field

mǎtíbiǎo 马蹄表 N. desk/table clock; alarm clock M: [2]zhī

mǎtígāo 马蹄糕 N. water-chestnut pudding M: [2]kuài

mǎtílián 马蹄莲 N. calla lily M: [2]kē/[5]zhī

mǎtíluó 马蹄螺 N. top shell; trochid M: [2]zhī

mǎtíshēng 马蹄声[-聲] N. sound of horse hooves M: 1zhèn

mǎtítiě 马蹄铁[-鐵] N. ① horseshoe ② horseshoe magnet M: 2kuài

mǎtíxíng 马蹄形 N. the shape of a horseshoe or the letter U

mǎtíxiù 马蹄袖 N. sleeve ending in the shape of a hoof

mǎtíyín 马蹄银 N. horseshoe-shaped silver ingots

mǎtóng 马童 N. <trad.> young groom M: ge/1míng

mǎtǒng* 马桶 N. ① nightstool; commode *chōushuǐ* ~ flush toilet ② toilet M: 2zhī

mǎtǒngbāo 马桶包 N. <coll.> leather bag with a round flat bottom and curved sides M: ge/2zhī

mǎtou 码头 N. ① wharf; dock M: 4zuò ② <topo.> port city; commercial/transportation center1

mǎtoufèi 码头费 N. wharfage; dockage M: 2bǐ

mǎtou gōngrén 码头工人 N. docker; stevedore; longshoreman M: ge/1míng/2wèi

mǎtoujiāohuò 码头交货 F.E. delivery at the wharf/pier/quay

mǎtóuqín 马头琴 N. <mus.> Mongol stringed instrument M: 1bǎ

mǎtouqū 码头区[-區] P.W. pier area

mǎtoushuì 码头税 N. wharfage; quayage; pier dues M: 2bǐ

mátuán 麻团[-團] N. fried glutinous rice dumpling covered with sesame seeds

mǎwěi 马尾 N. ① horsetail ② horsehair ③ (girl's) ponytail ♦P.W. harbor in Fujian

mǎwěiba 马尾巴 N. ① horsetail ② ponytail (hair style)

mǎwěifēng 马尾蜂 N. <zoo.> long-tailed wasp M: 2zhī

mǎwěisōng 马尾松 N. masson pine M: 2kē

mǎwěizǎo 马尾藻 N. <bot.> sargasso weed

mǎwényuánhuái 蚂蚊缘槐 ID. little people inflated with pride.

mǎxì 马戏[-戲] N. circus M: 2chǎng

mǎxiàliǎn 抹下脸 V.P. become angry

máxiàn 麻线 N. flaxen/linen thread M: 2gēn

mǎxìbān 马戏班[-戲-] N. circus M: ge/1jiā

mǎxì biǎoyǎn 马戏表演[-戲--] N. circus show/performance M: 2chǎng

mǎxìchǎng 马戏场[-戲場] N. circus M: 4zuò

máxié 麻鞋 N. hempen sandals M: 1shuāng

mǎxióng 马熊 N. brown bear M: 2zhī

mǎxìtuán 马戏团[-戲團] N. circus troupe M: ge/1jiā

mǎxuē 马靴 N. riding boots; jackboots M: 1shuāng

Mǎ Xùlún 马叙伦[-敘-] (1885–1970) N. Communist educator, philosopher, functionary

màyá 祃牙[禡-] ID. <trad.> sacrifices to the army banner before a battle

mǎyácūn 马牙皴 N. <art> horse-tooth wrinkle (in painting)

mǎyǎngrénfān 马仰人翻 F.E. thrown into confusion; utterly defeated in battle

máyào 麻药[-藥] N. anesthetic

Mǎyǎrén 玛雅人 N. the Maya people

Mǎyǎwén 玛雅文 N. Mayan writing

máyī 麻衣 N. ① gunny mourning garments ② hemp garment M: 2jiàn

1**mǎyī** 马衣 N. horse covering; caparison M: 2jiàn

2**mǎyī** 马医[-醫] N. horse veterinarian M: ge/1míng/2wèi

mǎyǐ* 蚂蚁[-蟻] N. ant M: 2zhī

mǎyǐ bān Tài Shān 蚂蚁搬泰山[-蟻---] ID. Mass action can accomplish mighty projects.

mǎyǐ kěn gǔtou 蚂蚁啃骨头[-蟻---] ID. attack a big job bit by bit

Mǎ Yínchū 马寅初 (1882–1982) N. Western-trained economist best known for his applied economics and population theory

máyíng* 麻蝇[-蠅] N. hemp rope M: 2zhī

mǎyíng 马蝇[-蠅] N. a horse fly M: 2zhī

mǎyīngdān 马缨丹 N. <bot.> lantana M: 2kē

mǎyīnghuā 马樱花 N. <bot.> silk-tree flower M: 2duǒ

mǎyǐpánwō 蚂蚁盘窝[-蟻盤窩] ID. <topo.> numerous; myriad; crowded

mǎyǐr 马尾儿 N. <coll.> horsetail

mǎyǐrluó 马尾儿箩[-籮] N. a kind of strainer

mǎyǐshàngshù 蚂蚁上树[-蟻-樹] N. a Beijing dish of spicy ground beef sauce poured over deep-fried bean curd skin

mǎyǐwō 蚂蚁窝[-蟻窩] N. anthill

Máyī xiàngfǎ 麻衣相法 N. physiognomy technique attributed to Mayi of Song

mǎyǐyuánhuái 蚂蚁缘槐[-蟻--] ID. little people inflated with pride

máyóu* 麻油 N. sesame oil

mǎyóu 马蚰 N. <zoo.> black, shiny myriapode that curls up when touched

màyǔ 骂语[罵-] N. abusive language

Mǎ Yuán 马援 (14 B.C.- A.D.49) N. conqueror of northern Viet Nam (A.D.42)

māzǎo 抹澡 V.O. <topo.> rub oneself down with a wet towel; take a sponge bath

mǎzéi 马贼 N. <trad.> mounted brigands M: ge/1míng

mázhā 麻渣 N. residue of sesame seeds after being processed for oil

mǎzhá 马扎/劄 N. campstool; folding stool

màzha(r)* 蚂蚱(儿) N. <topo.> locust M: ge/2zhī

Mǎzhā'ěryǔ 马扎尔语 N. <lg.> Magyar

mǎzhǎng 马掌 N. horseshoe

mázhànggǎn 麻胀感 N. sense of numbness and distention

màzhě 骂者[罵-] N. a reviler; railer M: ge/1míng

mázhěn* 麻疹 N. measles

màzhèn 骂阵[罵-] V.O. ① <wr./trad.> provoke to battle with abuse ② shout abuse in the street

mǎzhèng 马政 N. horse administration

mázhī* 麻织[-織] N. fabrics of flax/hemp/etc.; linen

mǎzhì 马蛭 N. a horseleech M: ge/2zhī

mázhīpǐn 麻织品[-織-] N. flax/linen/etc. fabric M: 2jiàn

Mázhōu* 麻州 P.W. Massachusetts

mǎzhǒu 马帚 N. <bot.> iris

mǎzhuāng 马桩[-樁] N. hitching post

mázi* 麻子 N. ① pockmarks ② pockmarked person ③ seeds of an oil plant

1**mǎzi** 码子 N. ① numeral ② chip; token; counter ③ <trad.> money managed by financial circles ④ <lg.> code

2**mǎzi** 马子 N. <coll.> ① nightstool ② bandit; brigand ③ gambling chip

mázikēng 麻子坑 N. facial pockmarks

mǎzōng 马鬃 N. horse's mane

màzǒu 骂走[罵-] R.V. curse (sb.) away

Māzǔ* 妈祖 N. Goddess of the Sea, worshiped by most fishermen in Fujian and Taiwan

Mǎzǔ 马祖 N. *See Mǎzǔ See Mǎzǔ Dǎo*

Mǎzǔ Dǎo 马祖岛[-島] P.W. Matsu/Mazu Island (between TW and Mainland)

mázuì 麻醉 V. ① anesthesize ② poison; drug ♦N. anesthesia; narcosis

mázuìjì 麻醉剂[-劑] N. anesthesia; narcotic

mázuìpǐn 麻醉品 N. narcotic; drug

mázuìqī 麻醉期 N. <med.> anesthetic stage

mázuìshī 麻醉师[-師] N. anesthesiologist M: ge/1míng/2wèi

mázuìxué 麻醉学 N. anesthesiology; narcology

mázuìyào 麻醉药[-藥] N. anesthetic; narcotic; chloroform

mázuìyòng-mí 麻醉用醚 N. anesthetic ether

màzuò 骂座[罵-] V.O. curse fellow guests

me 么/末[麼/-] SUF. *for interrogatives and adverbs* ♦M.P. *separates topical first clause from conclusive second clause in a sentence* ***Yào qù me, jiù gǎnkuài qù.*** Well if we're going, let's go right away. ***See also*** 1*má*, 10*mó*, 1*mò*, 6*yāo*

1**méi*** 没[沒] ADV. not ♦AB. *méiyǒu* ♦CONS. ① ~ *A* ~ *B* i. not AB (where A,B are similar) ii. neither A nor B (where A,B are opposites) *See méiwánméiliǎo See méidàméixiǎo* ② *X* ~ *Y s.v.* X is not as s.v. as Y. ***Wǒ ~ tā cōngming.*** I'm not as clever as he is. ***See also*** 5*mò*

2**méi** 煤 N. coal

3**méi** 眉 B.F. ① eyebrow; brow ***méimao*** ② top margin of page 1***shūméi***

4**méi** 枚 M. *for coins/etc.* ♦B.F. <hist.> stick used as a mouth gag for soldiers on stealthy maneuvers ***xiánméi*** ♦N. Surname

5**méi** 酶 N. enzyme; ferment

6**méi** 霉 N. mold; mildew

7**méi** 梅 N. ① plum ② Surname

8**méi** 媒 B.F. ① matchmaker; go-between ***méiren*** ② serve as matchmaker ***zuòméi*** ③ intermediary; vehicle; medium ***méijiè***

9**méi** 莓 N. certain kinds of berries

10**méi** 镅[鎇] N. <chem.> americium

11**méi** 楣 B.F. lintel 2***méishì, héngméizi*** ♦in ***dǎoméi***

12**méi** 鹛[鶥] B.F. babbler; thrush ***zàoméi***

13**méi** 玫 in ***méigui***

14**méi** 縻 in 2***méizi*** *See also* 6*mí*

15**méi** 猸 in 3***méizi***

16**méi** 嵋 in ***Éméi Shān***

1**měi** 每 PR. every; each ♦ADV. frequently; often; whenever

2**měi** 美 S.V. ① beautiful; pretty ② <coll.> self-satisfied ♦N. ① beauty; perfection ② America; United States ③ Surname ♦B.F. good; virtue ***měidé*** ♦V. praise

3**měi** 镁[鎂] N. magnesium

4**měi** 浼 B.F. ① contaminate ***měiwò, měiwū*** ② entrust

1**mèi** 妹 B.F. younger sister ***mèimei***

2**mèi** 昧 V. hide; conceal ♦B.F. ① confused; muddled 1***yúmèi*** ② obscure ***yōumèi*** ③ color-blind ④ rash

3**mèi** 媚 B.F. ① enchant ***wǔmèi*** ② curry favor ***mèidí***

4**mèi** 寐 B.F. sleep ***rùmèi, wùmèi zhōng***

5**mèi** 袂 B.F. <wr.> sleeve ***bàmèi***

6**mèi** 魅 B.F. ① demon; evil spirit ***chīmèi*** ② attractive; enchanting ***mèilì***

7**mèi** 谜[謎] in ***mèir, pòmèir, cāimèi*** *See also* 2*mí*

8**mèi** 沬 in ***mèixiè***

méi ān hǎoxīnyǎnr 没安好心眼儿 V.P. <coll.> be up to no good

méi'ǎo 媒媪 N. marriage broker

méi áo guòlai 没熬过来 V.P. didn't pull through; died

méibǎbí 没把鼻 V.O. <coll.> groundless; without a basis

méibǎbì* 没把臂 V.O. <topo.> be without basis

méi bǎbǐng 没把柄 V.O. <coll.> be without evidence

méi bǎibù 没摆布[-擺-] V.O. be impossible to arrange

méi bànfǎ 没办法[-辦-] V.O./S.V. have no solution; have no way out

méibǎnméiyǎn 没板没眼 F.E. <coll.> ① unrhythmical; unsystematic ② contrary to accepted ways

méi bǎwo* 没把握 V.O. ① have no way (to do sth.) ② have no assurance of success *See also méi bǎwò*

méi bǎwò 没把握 V.O./S.V. not sure; uncertain *See also méi bǎwo*

měibèi 美备[-備] V.P. good in all respects; perfect

méi běnshi de 没本事的 ATTR. incapable; incompetent

méibǐ 眉笔[-筆] N. eyebrow pencil M: 4zhī

méibiàn 霉变[-變] V. become mildewy; go moldy; mildew

méibiānr 没边儿[-邊-] V.O./S.V. no restriction; boundless

méibiānrméiyánr 没边儿没沿儿[-邊----] F.E. boundless; endless

méibǐng 煤饼 N. honeycomb briquette

méibìng* 霉病 N. <agr.> mildew

méibìngméizāi 没病没灾[-災] F.E. good health and good luck

méibǔ 枚卜 V. choose ministers by lot; submit ministers to the trial of divination
měibùshèngshōu 美不胜收[--勝-] F.E. too much beauty to absorb; more beauty than one can absorb
měibùshèngyán 美不胜言[--勝-] F.E. too beautiful for words
méicài* 梅菜 N. a kind of mustard green
měicái 美才 N. good talent
měicān 美餐 N. feast; good food/meal M: *dùn* ♦V. eat and drink one's fill; have an excellent dinner; feast
méicāng 煤仓[-倉] N. coal bunker M: [4]*zuò*
měicǎo 美草 N. lantern; fairy lantern
méicéng 煤层[-層] N. coal seam/bed
měichāi 美差 N. cushy job; pleasant task
méi chákǒur 没茬口儿 V.O. <*topo.*> lack a point of departure
méi chàkǒur* 没岔口儿 V.O. <*topo.*> lack the means to get started
méichǎn(zi) 煤铲(子)[-鏟-] N. coal shovel M: [1]*bǎ*
méichǎng(zi)* 煤场(子)[-場-] P.W. coal yard M: [4]*zuò*
měicháng 每常 ADV. habitually in the past
méicháo 霉潮 V.P. moldy and moist
Měichāo* 美钞 N. United States bank notes M: [1]*zhāng*
méichē 煤车 N. coal car M: [3]*liàng*
méichén 煤尘[-塵] N. coal dust
méichén bàozhà 煤尘爆炸[-塵--] N. coal-dust explosion
měichēng 美称[-稱] N. laudatory title; good name
měichǐ 美齿[-齒] N. beautiful teeth
méi chǐcùn 没尺寸 V.O. ① not marked as to size ② unprincipled
méichīméichuān 没吃没穿 V.P. have neither food nor clothing
měi-chǒu 美丑[-醜] N. beauty and ugliness
měi chù 每处[-處] N. everywhere
měichuán 美传[-傳] N. appreciatory chronicle of person/event
méi chūxi 没出息 S.V./V.O. <*coll.*> ① lack good prospects ② lack vitality ③ be feckless ④ be unpromising ♦INTJ. Shame on you! (to children)
měi cì 每次 ADV. every time
méicír 没词儿 V.O. <*coll.*> be at loss for words
méicuò(r) 没错(儿) V.O. ① I'm quite sure.; You can rest assured. ② can't go wrong
měidà 美大 V.P. ① grandiose; imposing ② well versed (in sth.)
[1]**méidài** 煤袋 N. coal sack
[2]**méidài** 煤带[-帶] N. coal vein
[3]**méidài** 眉黛 N. painted/pretty eyebrows
méidàméixiǎo 没大没小 F.E. fail to treat elders appropriately
mèidàn 昧旦 N. dawn; daybreak
mèidànchénxīng 昧旦晨兴[-興] F.E. rise before dawn; hardworking; industrious
měidāng 每当[-當] ADV. whenever; every time
měidào* 每到 ADV. ① whenever; every time ② wherever
mèidào 媚道 N. ① flattery; toadyism ② magic practices to seduce people
méi dàoli 没道理 V.O. be unreasonable/unjustified
méi de 没的 CONS. ~ *V.* have or there is nothing to V. *Jiālǐ ~ chī.* There is nothing to eat in the house.
měidé* 美德 N. virtue; moral excellence
měi de shòubùde 美得受不得 V.P. <*topo.*> insufferably self-satisfied
méideshuō 没得说 V.P. <*coll.*> ① of course ② be excellent
měidéwújià 美德无价[-價] F.E. Virtue is priceless.
méi déxing 没德行 V.O. be mean/nasty/immoral
méidǐ(r)* 没底(儿) V.O. ① be unsure ② be endless/bottomless
Měidì 美帝 N. American imperialist
mèidí 媚敌[-敵] V.O. curry favor with or toady to the enemy
měidiǎn 美点[-點] N. good features/quality; advantages
méidìr 没地儿 V.O. not have space/room for sth./sb.
méidǒu(zi) 煤斗(子) N. coal scuttle
[1]**méidú*** 梅/霉毒 N. syphilis
[2]**méidú** 煤毒 N. carbon monoxide poisoning
méidù 霉蠹 V. ① become mildewed and worm-eaten (of books) ② mildew and rot
méiduān 眉端 N. ① tip of the brow; the space between the eyebrows ② top of page; top margin
méiduǎn 没短 V.P. incessant; continuous
méiduàn* 没断[-斷] V.P. incessant; continuous
méiduìr 没对儿[-對-] V.P. matchless
méidújūn 梅毒菌 N. syphilis spirochete
měidūn 美吨[-噸] M. short ton
méi duōdà nóngshuǐr 没多大浓水儿[---濃--] V.P. <*coll.*> have little money; have scant prospects/hope
méi duōshǎo 没多少 V.O. not much/many
mèidúqīngtīng 渎渎清听[-瀆-聽] F.E. importune
méi'é* 眉额 N. eyebrow and forehead
měi-è 美恶[-惡] ATTR. right and wrong; good and evil
měi'érxián 美而贤[-賢] F.E. beautiful and virtuous (of women)
méi ěrxìng 没耳性 V.O. not remembering good advice/warning
méifǎ(r) 没法(儿) V.O. ① can do nothing about it ② have no alternative
měifà* 美发[-髮] V.O. have one's hair done
méifǎméitiān 没法没天 F.E. run wild; become absolutely lawless
měifànbùwàng 每饭不忘 F.E. remember all the time
Měifāng 美方 N. the US side; the part of the Americans
méifǎr 没法儿 V.O./S.V. <*coll.*> ① incomparable; without equal ② impossible; unbelievable
měifàtīng 美发厅[-髮廳] P.W. beauty shop M: [1]*jiā*
méi fǎzi 没法子 V.O./S.V. can do nothing about it; can't help it
méifēisèwǔ 眉飞色舞[-飛--] F.E. exuberant; enraptured; exultant
méifěn 煤粉 N. pulverized coal
méifèn* 没份 V.O. not have a share
měifēn 美分 N. cent
méifēng 眉峰 N. eyebrows
měiféng* 每逢 ADV. whenever; every time
měi féng jiājié bèi sīqīn 每逢佳节倍思亲[---節--親] F.E. On festive occasions more than ever we think of our dear ones far away.
méifèngr 没缝儿 V.O. without a crack/loophole
méi fēnxiǎo 没分晓[-曉] V.O. ① foolish ② without outcome yet (of match/competition/etc.)
měifù 美富 V.P. beautiful and abundant
mèifu* 妹夫 N. younger sister's husband; brother-in-law M: *gè*/[1]*míng*/[2]*wèi*
méifúxiāoshòu 没福消受 F.E. have not the luck to enjoy. . .
méigàirshāobing 没盖儿烧饼[-蓋-燒-] ID. <*topo.*> priceless; of inestimable value
měigǎn 美感 N. aesthetic feeling/perception
méigāncài 霉干菜[-乾-] N. preserved dried cabbage
méigānshí 煤矸石 N. gangue M: [2]*kuài*
méigāoyǎndī 眉高眼低 F.E. ① an expression on the face ② adopt different attitudes and measures under different circumstances
méi gǎozi 没稿子 V.O. ① have no draft/prepared script ② have no preconceived ideas
měigé 每隔 ADV. every other *Tāmen ~ sāntiān jiàn yīcì.* They see each other once every three days.
méigēn(r) 没根(儿) V.O. have no set plan
méi gēnjī 没根基 V.O. <*coll.*> ① lacking foundation/principles ② cheapskate; moocher
méi ge zhuānong 没个抓弄[-個--] V.P. <*coll.*> have no hope/prospects
měigōng 美工 N. ① art designing ② art designer M: *gè*/[1]*míng*/[2]*wèi* ③ work of art
méigǔ 眉骨 N. brow ridge
mèigǔ* 媚骨 N. obsequiousness
měiguān 美观[-觀] S.V. ① pleasing to the eye ② artistic; pretty
měiguāndàfāng 美观大方[-觀--] F.E. beautiful and dignified
měiguāng 镁光 N. magnesium light
měiguāngdēng 镁光灯[-燈] N. magnesium lamp M: [1]*zhǎn*
měiguāng zhàomíngdàn 镁光照明弹 N. magnesium flare M: [1]*kē*
méi guānxi 没关系[-關係] V.O. have no relation/relevance ♦INTJ. it doesn't matter; never mind
méigui 玫瑰 N. ① rosebush ② rose M: [2]*duǒ*/[5]*zhī*/[2]*kē*
méiguihóng 玫瑰红 N. rose-red
méiguihuā(r) 玫瑰花(儿) N. rose M: [2]*duǒ*
méi guīju 没规矩 V.O. have no manners; be impolite ♦S.V. unmannerly; improper; inappropriate
méiguilù 玫瑰露 N. mild **gāoliang** wine
méiguīméiju 没规没矩 F.E. be ill-bred
méiguisè 玫瑰色 N. rosy color
méiguishuǐ 玫瑰水 N. sweetbriar juice
méiguiyóu 玫瑰油 N. attar of roses
méiguizhěn 玫瑰疹 N. <*med.*> rose rash
méiguizǐ 玫瑰紫 N. dark red; rose purple
Měiguó 美国[-國] P.W. United States
Měiguó Biāozhǔn Jiāohuànmǎ 美国标准交换码[-國標準-換-] N. American Standard Code for Information Interchange (ASCII)
Měiguó cíyǔ 美国词语[-國--] N. <*lg.*> an Americanism
Měiguó Guǎngbō Gōngsī 美国广播公司[-國廣---] P.W. American Broadcasting Co. (ABC)
Měiguóhuà 美国化[-國-] V. Americanize
Měiguólǎo 美国佬[-國-] N. <*derog.*> an American M: *gè*/[1]*míng*
Měiguómèng 美国梦[-國夢] N. the American Dream M: [3]*cháng*
Měiguórén 美国人[-國-] N. an American M: *gè*/[1]*míng*/[2]*wèi*
Měiguó shǒushìyǔ 美国手势语[-國-勢-] N. Ameslan; American Sign Language
Měiguó Tōngyòngyīn 美国通用音[-國---] N. <*lg.*> General American
Měiguó wénxué 美国文学[-國--] N. American literature
Měiguó Xīnwénchù 美国新闻处[-國--處] N. United States Information Service (USIS)
Měiguó xuépài 美国学派[-國--] N. the American School
Měiguó Yīngyǔ 美国英语[-國--] N. <*lg.*> American English
Měiguó Zàixiàn 美国在线[-國--] P.W. America Online (AOL)
Měiguó Zhī Yīn 美国之音[-國--] P.W. Voice of America (VOA)
Měiguó Zhōngyāng Qíngbàojú 美国中央情报局[-國---報-] N. Central Intelligence Agency (CIA)
méi gǔqì 没骨气[-氣] V.O./S.V. be spineless/chicken-hearted
méigǔ shānshuǐ 没骨山水 N. a style of traditional Chinese landscape painting
méi gǔtou 没骨头 V.O. be weak-kneed/spineless; have no backbone ♦N. a spineless person
méihào 煤耗 N. coal consumption
měihǎo* 美好 S.V. fine; happy; glorious
méihǎolìluo 没好利落 V.P. <*coll.*> not entirely recovered; not completely well
méi hǎoqì(r) 没好气(儿)[--氣-] V.O. <*coll.*> be sulky/grumpy/angry

méi hǎoyìsi 没好意思 V.P. <humb.> hesitated to bother sb.
méihé 媒合 V. make a match
méihēi 煤黑 N. <min.> coal blackening
méihēiyóu 煤黑油 N. coal tar
méihēizi 煤黑子 N. <coll.> ① coal miner ② maker of coal briquettes
méihéqì 梅核气[-氣] N. <Ch. med.> *globus hystericus*
méihér 煤核儿 N. reburnable part of coal cinders
méihóng 梅红 N. light red color
méihóngsè 梅红色 N. plum (color)
méihú(r) 煤核(儿) N. partly-burnt briquette; coal cinder
méihuā(r) 梅花(儿) N. ①plum blossom M: ²*duǒ*/²*kē*/⁵*zhī* ② clubs (on playing cards) ③ <topo.> wintersweet
méihuà 煤化 V. carbonize
měihuà* 美化 V. beautify; embellish
Méihuā dàgǔ 梅花大鼓 N. monologue story-telling accompanied by drumbeats
méihuādīng 梅花疔 N. venereal sores
méihuāgǔshòu 梅花骨瘦 F.E. thin and emaciated
méihuàkěshuō 没话可说 V.P. ① have nothing to say ② not be on speaking terms
méihuālù 梅花鹿 N. sika deer M: ²*zhī*
méi huángshuǐ 没黄水 V.O. <topo.> be shameless
měihuànměilún 美奂美轮[-奐--] F.E. magnificent; sumptuous (of dwelling)
méihuānyǎnxiào 眉欢眼笑[-歡--] F.E. be all smiles
méihuāquè 梅花雀 N. <zoo.> linnet M: ²*zhī*
méihuāshù 梅花树[-樹] N. plum tree M: ²*kē*
méihuāwén 梅花纹 N. <art> prunus-blossom design
méihuāzhuāng 梅花桩[-樁] N. ① stakes a place in the ground as defense ②picket (fence)
méihuī* 煤灰 N. coal ash
měi huí 每回 N. every time
méihuǒ 煤火 N. coal fire
Měihuò 美货 N. American merchandise; U.S. products
mèihuò* 魅/媚惑 V. seduce; tempt
méijí 眉急 N. dire emergency
méijǐ 眉脊 N. <archeo.> supraorbital ridge; brow ridge
Měijī 美机 N. American planes M: ¹*jià*
Měijí* 美籍 ATTR. of American nationality
méijiāméishè 没家没舍 F.E. homeless
méijiān* 眉尖 N. eyebrows
¹**méijiǎn** 眉茧[-繭] V.P. pensive; sad; worried
²**méijiǎn** 媒柬 N. betrothal papers
méijiàn 梅见 N. plum-blossom viewing
Měijiàn 美舰[-艦] N. American naval ship M: ¹*sōu*/¹*tiáo*
méi jiǎngjiū 没讲究[-講-] V.O./S.V. ① nothing particular to think about ② discard formalities
méi jiànguò shìmiàn 没见过世面 V.P. green and inexperienced; unsophisticated
méi jiànshi 没见识[-識] V.O./S.V. inexperienced and ignorant; unlearned and provincial
méijiāo 煤焦 N. coking coal
méijiǎoxiè 没脚蟹[-腳-] N. a person without support
méijiāoyóu 煤焦油 N. coal tar
méijié 眉睫 N. ① eyebrows and eyelashes ② close proximity
méijiè* 媒介 N. intermediary; medium; vehicle
méijiéméiwán 没结没完 F.E. incessant; continuous; endless
méijièshuō 媒介说 N. <lg.> mediation theory
méijiètǐ 媒介体[-體] N. <phy.> medium
méijièwù 媒介物 N. <phy> medium
méijièyīn 媒介音 N. <lg.> intermediate sound
méijièyǔ 媒介语 N. intermediary language
méi jiézhì de 没节制的[-節--] ATTR. immoderate
méijiézhījiān 眉睫之间 N. in close proximity
méijiézhīlì 眉睫之利 N. immediate interests
méijiézhīnèi 眉睫之内 N. in close proximity
Měijí Huárén 美籍华人[--華-] N. Chinese-American; American citizen of Ch. origin M: *ge*/¹*míng*/²*wèi*
mèijǐmánxīn 昧己瞒心 F.E. do evil against one's conscience
méijīn 煤斤 N. coal
méijìn 没劲[-勁] S.V./V.O. <coll.> boring; meaningless ***See also** měijìnr*
Měijīn* 美金 N. U.S. dollar
měijǐn 美锦 N. beautiful brocade
méijīng 煤精 N. black amber
méijǐng 煤井 N. coal pit M: *kǒu*
měijǐng* 美景 N. beautiful scenery
méijīngdǎcǎi 没精打采 F.E. listless; in low spirits
měijǐngliángchén 美景良辰 F.E. enjoyable scenery and time
méi jīnliǎng 没斤两 V.O./S.V. <topo.> commonplace; worthless
méijìnr* 没劲儿[-勁-] S.V./V.O. exhausted; lacking energy ***See also** méijìn*
měijìnr 美劲儿[-勁-] N. ① outward expression of joy/delight ② joy; delight
mèijìnr 媚劲儿[-勁-] N. <derog.> flattering manner
méi jìntuì 没进退[-進-] V.O. not know when to advance and when to stop
méijiù 没救 S.V./V.O. incurable; incorrigible; beyond remedy/hope
měijiǔ* 美酒 N. good liquor M: *bēi*/*píng*
měijiǔjiāyáo 美酒佳肴 F.E. good liquor and food
měijiǔliángyáo 美酒良肴 F.E. good liquor and delicious dishes
měijiǔzhēnzhuàn 美酒珍馔 F.E. good wine and savory dishes
méi jìxing 没记性 S.V./V.O. fail to learn a lesson
méijǔ* 枚举[-舉] V. <wr.> enumerate
měijǔ 美举[-舉] N. praiseworthy deed
měijuàn 美眷 N. female members of a family
méijūméishù 没拘没束 F.E. act off-handedly/naturally
¹**méijūn*** 霉菌 N. mold
²**méijūn** 酶菌 N. ferment
Měijūn 美军 N. American troops; U.S. forces M: ⁴*zhī*
méijūnbìng 霉菌病 N. mycosis
méikāi'èrdù 梅开二度[-開--] ID. marry for the second time
méi kāiguo yǎn 没开过眼[-開--] V.P. rustic; unsophisticated
méikāiyǎnxiào 眉开眼笑[-開--] F.E. beam with joy
méikàngr 没抗儿 V.P. be matchless
méikēng 煤坑 N. coal pit
méi kēngqì 没吭气[-氣] V.O. <coll.> did not utter a sound
méi kēngshēng(r) 没吭声(儿)[--聲-] V.O. <coll.> did not speak
méikuàir 煤块儿[-塊-] N. lump coal
méikuāng 煤筐 N. coal scuttle
méikuàng* 煤矿[-礦] N. coal mine; colliery M: ⁴*zuò*
méikuàng gōngren 煤矿工人[-礦--] N. coal miner/worker M: *ge*/¹*míng*/²*wèi*
měikuàngyùxià 每况愈下[-況--] F.E. go from bad to worse
méi la 没啦 V. <coll.> ① not have; there is not ② run out
méilái 没来 V. didn't come; failed to show up
méi láitou 没来头 V.O./S.V. <topo.> ①no backing ② without motive behind ③ no interest; no fun
méiláiyǎnqù 眉来眼去 F.E. make eyes at each other
méi láiyóu 没来由 V.O./S.V. without any cause; for no reason
méilàn 霉烂[-爛] V. mildew and rot
Méi Lánfāng 梅兰芳[-蘭-] (1894–1961) N. leading opera star
Měilánníxīyà 美拉尼西亚[-亞] P.W. Melanesia
méilǎohǔ 煤老虎 N. abusers of power over supply of coal M: ²*zhī*
méilǎoméishào 没老没少 F.E. impolite to an elder
méilàor 没落儿 V.O./S.V. be helpless; have no way out
méi làozi 没落子 V.O./S.V. <topo.> have no secure livelihood; be poverty-stricken
méile 没了 V.P. ① have disappeared/vanished ② be without ③ be lacking/minus ④ died
méile hún(r) 没了魂(儿) V.O. <coll.> ① under a spell; bewitched ② tarnished; spoiled
méiléng 眉棱 N. superciliary ridge
méiléngǔ 眉棱骨 N. superciliary ridge
méilǐ 没理 V.P. be guilty/unreasonable
měilì* 美丽[-麗] S.V. beautiful
mèilì 魅力 N. glamor; charm; enchantment
méiliǎn 没脸 V.O./S.V. lose face; be too ashamed to
mèiliǎn* 媚脸 N. <derog.> seductive face
Měiliánchǔ 美联储[-聯-] P.W. Federal Reserve
mèiliáng 昧良 V.O. blind one's conscience
méi liángxīn* 没良心 V.O./S.V. unconscionable; ungrateful
mèi liángxīn 昧良心 V.O. ignore/disregard one's conscience
Měiliánshè 美联社[-聯-] P.W. Associated Press (AP)
méiliǎoqī 没了期 V.P. be endless
¹**měilìdòngrén** 美丽动人[-麗動-] F.E. beautiful and charming
²**měilìdòngrén** 美丽冻人[-麗--] F.E. <slang> dress up without regard for the weather in order to look good
Měilìjiān 美利坚[-堅] P.W. America
Měilìjiān Hézhòngguó 美利坚合众国[--堅-眾國] P.W. the United States of America
méilín 梅林 N. plum-tree forest/grove M: ⁴*zuò*
Měilǐngguǎn 美领馆 P.W. U.S. consulate
méilíngméizhěng 没零没整 F.E. <coll.> exactly; precisely
méilínzhǐkě 梅林止渴 F.E. satisfy one's desires by imagining them satisfied
méilǐrméimiànr 没里儿没面儿[-裡----] F.E. <coll.> lack feeling/affection/etc.
méiliùr 没溜/六儿 S.V. <coll.> silly; ridiculous
méiliùrdāsān 没六儿搭三 V.P. <coll.> silly; ridiculous
méiliùr-shǎoqī 没六儿少七 V.P. <coll.> silly; ridiculous
méiliùr-zhǎoliùr 没六儿找六儿 V.P. <coll.> silly; ridiculous
méi lóngtou de mǎ 没笼头的马 ID. volatile person M: ¹*pǐ*
méilú(zi)* 煤炉(子)[-爐-] N. coal stove M: *ge*/²*zhī*/¹*tái*
méilù(zi) 没路(子) V.O. ①have no road ②have no way out
méilùkězǒu 没路可走 V.P. have no way out
méilún 煤轮 N. collier; ship for carrying coal M: ¹*tiáo*/¹*sōu*/²*zhī*
měilúnměihuàn 美轮/仑美奂[-奐] F.E. magnificent mansion; sumptuous house
měimǎn 美满 S.V. happy; harmonious (of a family)
měimáng 美盲 N. esthetically ignorant person
měimǎn jiātíng 美满家庭 N. good/perfect family
měimǎn yīnyuán 美满姻缘 N. happy marriage
méimao* 眉毛 N. eyebrow; brow
měimào 美貌 N. beautiful appearance; good looks ♦S.V. pretty; beautiful
mèimào 昧瞀 N. stupid and ignorant
méimaodàoshù 眉毛倒竖[-豎] F.E. raise the eyebrows
méimao húzi yībǎzhuā 眉毛胡子一把抓[--鬍----] F.E. try to attend to big and small matters all at once
méiméi 枚枚 R.F. <wr.> complete in minute detail
měiméi 浼媒 V. engage a matchmaker

M

[1]**měiměi** 每每 ADV. often; invariably
[2]**měiměi** 浼浼 R.F. water flowing
mèimei* 妹妹 N. younger sister
mèimèi 昧昧 R.F. ① dark; obscure ② stupid; ignorant ③ deep and profound
méimén(r) 没门(儿) V.O. <topo.> ① have no means of doing sth. ② no go; nothing doing; no way
měimèng 美梦[-夢] N. fond dream M: [3]*cháng*
měimiǎn 美眄 N. captivating glance
měimiào 美妙 S.V. beautiful; splendid; wonderful
méimìng 没命 V.O. lose one's life; die ♦ADV. recklessly; desperately
měimíng* 美名 N. good name/reputation
méimò(r) 煤末(儿) N. coal dust
mèimòtiānliáng 昧没天良 F.E. blot out one's conscience
měimóuzhébài 每谋辄败 F.E. fail in every scheme
méimu 眉目 N. ① prospect of a solution ***Nà jiàn shì gānggāng yǒudiǎnr ~.*** That matter is just beginning to come into focus. ② order of things ***See also*** *méimù*
méimù* 眉目 N. ① features; looks ② logic; sequence of ideas ③ essential ♦ATTR. near ***See also*** *méimu*
měimù 美目 N. beautiful eyes
méimùbùqīng 眉目不清 ID. not well organized (of writing); unmethodical
méimùchuánqíng 眉目传情[--傳-] F.E. flash amorous glances at; make eyes at sb.
méimùqīngxiù 眉目清秀 F.E. have delicate features
méimùrúhuà 眉目如画[-畫] F.E. as pretty as a picture
méi nàihé 没奈何 V.O. have no choice ***See also*** *mònàihé*
měinánzǐ 美男子 N. handsome man M: *gè*/[1]*míng*/[2]*wèi*
méinàor 没闹儿[-鬧-] V.O. <topo.> hopeless; impossible to do
méi náshǒu 没拿手 V.P. be unsure; lack confidence
méiní 煤泥 N. peat
měi nián 每年 N. every year
méiniǎo 媒鸟 N. decoy
méinièqíduǎn 媒孽其短 F.E. point out sb.'s mistakes/shortcomings
měiniū(r) 美妞(儿) <coll.> N. beautiful girl
měinǚ 美女 N. beautiful woman; a beauty M: *gè*/[1]*míng*/[2]*wèi*
měinǚzānhuā 美女簪花 F.E. be polished/graceful/etc.
měipàn 美盼 N. charming glance
méipǎo(r) 没跑(儿) V.P. <coll.> be certain; be bound to win through
méipī 眉批 N. comments at the top of the page
méipílàiliǎn 没皮赖脸 F.E. thick-skinned; shameless
méipíméiliǎn 没皮没脸 F.E. be shameless
méipíng 梅瓶 N. <pottery> prunus vase
méi píqi* 没脾气[-氣] V.O./S.V. <slang> have no control over sth. and let it go its own way ***See also*** *méi píqì*
méi píqì 没脾气[-氣] <coll.> V.O. be at the end of one's rope ***See also*** *méi píqi*
méipó(r/zi) 媒婆(儿/子) N. female matchmaker M: *gè*/[1]*míng*
méipǔ(r)* 没谱(儿) V.O./S.V. ① <topo.> be unsure; have no idea ② lack bounds or limits ③ be irrelevant/unsettled
méipù 煤铺 P.W. shop selling coal briquettes M: [1]*jiā*
[1]**méiqì*** 煤气[-氣] N. coal gas
[2]**méiqì** 霉气[-氣] N. ① smell of dampness; mustiness ② bad luck
[3]**méiqì** 没气[-氣] V.O./S.V. <topo.> did not utter a sound
měiqì 美气[-氣] S.V. comfortably off
mèiqì 媚气[-氣] N. charming/coquettish posture/carriage
méiqián* 没钱[-錢] N. be poor/destitute
měiqiān 美迁[-遷] V. be promoted to a good post
méi qiánchéng 没前程 V.O./S.V. have no future
Měiqiáo 美侨[-僑] N. overseas American M: *gè*/[1]*míng*/[2]*wèi*
méiqìbiǎo 煤气表[-氣-] N. gas meter M: *gè*/[2]*zhī*
méiqìchǎng 煤气厂[-氣廠] P.W. gasworks; gashouse M: [1]*jiā*
méiqìdēng 煤气灯[-氣燈] N. gas lamp/light M: [1]*zhǎn*/*gè*/[2]*zhī*
měiqiè 美妾 N. beautiful concubine M: *gè*/[1]*míng*
méiqì gōngchǎng 煤气工厂[-氣-廠] P.W. gashouse M: [1]*jiā*
méiqì gōngsī 煤气公司[-氣--] P.W. gas company M: [1]*jiā*
méiqìguǎn 煤气管[-氣-] N. gaspipe M: [2]*gēn*
méiqìguàn* 煤气罐[-氣-] N. ① gas pipe ② sealed bottle for liquefied petroleum gas (LPG) M: *gè*/[2]*zhī*
méiqīhèzǐ 梅妻鹤子 ID. ① a lofty scholar ② life of a hermit
méiqìhuà 煤气化[-氣-] N. utilization of gas
méiqìjī 煤气机[-氣-] N. gas engine M: [1]*tái*
mèi qǐlai 昧起来 R.V. ① hide another person's things ② receive/hide stolen goods
méiqìlú 煤气炉[-氣爐] N. gas stove/furnace M: [4]*zuò*
měiqímíng 美其名 F.E. call sth. by a fine name
měiqímíngyuē 美其名曰 F.E. whitewash; gloss over; give sth. a fine-sounding name
měiqíng 美情 N. esthetic sense
méiqīngméizhòng 没轻没重[-輕--] F.E. (speak) tactlessly/indiscreetly; without manners; rash and rude
méiqīngmùxiù 眉清目秀 F.E. have delicate features; have finely chiseled features
méiqìtàn 煤气炭[-氣-] N. gas carbon
méiqiú(r)* 煤球(儿) N. coal balls/briquettes
měiqiú 浼求 V. implore
méiqìzào 煤气灶[-氣-] N. gas range/cooker M: [4]*zuò*
méiqì zhòngdú 煤气中毒[-氣--] N. carbon monoxide poisoning; gas poisoning
méiqì zhuāngzhì 煤气装置[-氣裝-] N. gas fittings M: *tào*/[1]*tái*
méi qǐzi 没起子 <coll.> V.O. good-for-nothing; hopelessly stupid
méiqì zǒngguǎn 煤气总管[-氣總-] N. gas main M: [2]*gēn*
méiqū 煤区[-區] P.W. coal field
[1]**méiqù(r)*** 没趣(儿) S.V. ① uninteresting; insipid ② feel put out; feel snubbed ♦N. rebuke; rebuff
[2]**méiqù** 没去 V. didn't go; hasn't left
mèi quánshì 媚权势[-權勢] V.O. truckle to men of prestige
měiquē 美缺 N. an ideal vacancy; a well-paid post
mèir 谜儿 N. <coll.> riddle
méirǎn 媒染 N. mordant dyeing
měirán* 美髯 N. <wr.> beautiful beard
měirángōng 美髯公 N. beautifully-bearded gentleman M: *gè*/[1]*míng*/[2]*wèi*
méirǎnjì 媒染剂[-劑] N. <chem.> mordant
méirǎn rǎnliào 媒染染料 N. mordant dye
méiren 媒人 N. matchmaker; go-between M: *gè*/[1]*míng*/[2]*wèi*
[1]**měirén*** 每人 N. everybody; each person
[2]**měirén(r)** 美人(儿) N. ① beautiful woman; a beauty ② a person of virtue M: *gè*/[1]*míng*/[2]*wèi*
[1]**mèirén** 魅人 S.V. charming; bewitching
[2]**mèirén** 媚人 S.V. sugary; honeyed
měirénchímù 美人迟暮[--遲-] F.E. a faded beauty/has-been/etc.
měirénjì 美人计 N. sex trap; sexual entrapment M: [1]*tiáo*
měirénjiāo 美人蕉 N. <bot.> canna M: [2]*kē*
měirénjú 美人局 N. feminine decoys
měirénshuōxiàng 浼人说项 F.E. request sb. to say a good word
měiréntāizi 美人胎子 F.E. a beauty
méi rénwèi(r) 没人味(儿) V.O./S.V. <coll.> lacking in human character
měirénxiāngcǎo 美人香草 ID. king and his good courtiers
mèi rényì 媚人意 V.O. seek to please another
měirényú 美人鱼 N. mermaid M: [1]*tiáo*
měirénzhīyí 美人之贻 N. gift from a beauty
měirì 每日 N. everyday; every day
měirì duìzhàngdān 每日对帐单[--對--] N. <acct.> daily statement of account
měirì lìxī 每日利息 N. daily interest
méirìméiyè 没日没夜 F.E. day and night
méi rìzi 没日子 V.O. ① a date not set yet ② in the near future ③ have no hope
měiróng 美容 V.O. improve one's looks ♦N. cosmetology
měiróngshī 美容师[-師] N. beautician M: *gè*/[1]*míng*/[2]*wèi*
měiróngshǒu 美容手 N. cosmetician; beautician
měiróngshù 美容术[-術] N. ① cosmetology; beauty culture ② calisthenics
měiróngyuàn 美容院 P.W. beauty parlor/shop M: [1]*jiā*
měirúguānyù 美如冠玉 F.E. handsome young man
měirútiānxiān 美如天仙 F.E. an incredible beauty
měirúyù 美如玉 F.E. as beautiful as jade
méisǎnr 没散儿 V.P. <topo.> be uncompromising
méisào 没臊 S.V. <coll.> shameless
měisè 美色 N. woman's beauty
měishā 镁砂 N. <metal.> magnesia; magnesite
měishàn 美善 N. the beautiful and the good
méishāng 煤商 N. coal dealer; coalman M: *gè*/[1]*míng*/[2]*wèi*
Měishāng* 美商 N. American businessman/merchant M: *gè*/[1]*míng*/[2]*wèi*
mèishàngjiāoxià 媚上骄下[--驕-] F.E. fawn on superiors and patronize inferiors
méi shāngliang(r) 没商量(儿) V.O. irretrievable; irredeemable; irrevocable
méishāo(r)* 眉梢(儿) N. outside tip of an eyebrow
méishǎo 没少 ADV. often; frequently
měishēngchàngfǎ 美声唱法[-聲--] N. <mus.> bel canto
méi shénme 没什么[-麼] V.O. ① It doesn't matter.; Never mind. ② It's not important/difficult.
méishēnméiqiǎn 没深没浅[-淺] F.E. impudent and thoughtless
méishǐ 眉史 N. prostitute
[1]**méishì(r)*** 没事(儿) V.O. ① have nothing to do; be free ② it doesn't matter; it's nothing; never mind
[2]**méishì** 楣式 N. <archi.> the lintel style (of a gate/door)
měishí 美食 N. delicious food; table delicacies
[1]**měishì** 美事 N. ① pleasant thing/event ② laudable act; worthy deed
[2]**měi shì** 每事 N. everything
Měishì 美式 N. American style
[1]**mèishì** 媚世 V.O. ① try to play please the public ② play to the gallery
[2]**mèishì** 昧视 V. secretly watch/inspect
měishíchéng 美食城 N. large establishment where delicious foods of different tastes are served M: [4]*zuò*
Měishì fānbùtǐng 美式帆布艇 N. kayak M: [1]*tiáo*/[2]*zhī*
měishígānqǐn 美食甘寝[-寢] F.E. eat well and sleep well
měishíjiā 美食家 N. ① gastronome; gourmet ② food critic ③ dietician M: *gè*/[1]*míng*/[2]*wèi*
měishíjiē 美食街 N. road lined with shops/stalls selling different kinds of food and drink M: [1]*tiáo*
měishíměirì 每时每日[-時--] F.E. every day and every minute/hour ♦ADV. daily and hourly

méishìrén(r) 没事人(儿) N. sb. uninvolved/indifferent
měishíxuéjiā 美食学家 N. gastronome M: ge/[1]míng/[2]wèi
méishìzhǎoshì 没事找事 F.E. ① ask for trouble/it ② cavil
měishízhǔyì 美食主义[-義] N. gormandism
Měishì zúqiú 美式足球 N. American football
méishòu 眉寿[-壽] N. longevity
méishǔ 枚数[-數] V. enumerate
[1]**méishù(r)** 没数(儿)[-數-] S.V. ① be innumerable ② not know exactly how to proceed
[2]**méishù** 梅树[-樹] N. plum tree M: [2]kē
měishù* 美术[-術] N. ① fine arts; art ② painting
mèishuǎng 昧爽 N. <wr.> dawn; daybreak
měishù biānjí 美术编辑[-術--] N. art director/editor M: ge/[1]míng/[2]wèi
měishùgé 美术革[-術-] N. fancy leather
měishùguǎn 美术馆[-術-] P.W. art gallery M: [4]zuò
měishùjiā 美术家[-術-] N. artist M: ge/[1]míng/[2]wèi
měishùjiè 美术界[-術-] P.W. art circles
měishù míngxìnpiàn 美术明信片[-術---] N. picture postcard M: [1]zhāng
méishūmùzhǎn 眉舒目展 F.E. feel happy; have a pleased expression
méishuò 媒妁 N. <wr.> matchmaker
méi shuō de 没说的 V.O. ① be really good; be perfect ② it goes without saying
méishuòzhīyán 媒妁之言 N. matchmaker's remarks (leading to an arranged marriage); the good offices of a match-maker
měishùpiàn(r) 美术片(儿)[-術--] N. <cinema> cartoons; puppet films; etc. M: [2]bù
měishùpǐn 美术品[-術-] N. art work (esp. painting) M: [2]jiàn
měishùshāng 美术商[-術-] N. art dealer M: ge/[1]míng/[2]wèi
měishù shèjì 美术设计[-術--] N. artistic design
měishù shèyǐng 美术摄影[-術攝-] N. artistic photography
měishù xuéyuàn 美术学院[-術--] N. fine-arts institute
měishùzì 美术字[-術-] N. artistic calligraphy; art lettering
mèisǐ 昧死 V.O. <trad.> deserve death for daring to speak to Your Majesty this way
Měi-Sū* 美苏[-蘇] ATTR. U.S.-Soviet
měisú 美俗 N. excellent customs
mèisú 媚俗 V.O. appeal to vulgar taste
méisuàn 没算 V. ① didn't carry out (one's promise) ② didn't include/count sth.
méisǔn 霉损 V.P. become mildewed and spoiled
méitǎ 煤溚 N. coal tar
méitāi 莓苔 N. <Ch. med.> moss coating
méitái 煤炱 N. coal soot; soot
mèitài* 媚态[-態] N. ① charming manner ② obsequiousness; fawning manner ③ coquetry
méitàn 煤炭 N. coal
měitán* 美谈 N. ① instructive anecdote ② a story passed on with approval
méitàndiàn 煤炭店 P.W. shop selling coal/firewood/etc. M: [1]jiā
méitāng 梅汤[-湯] N. sweet-sour plum punch
méitàn gōngyè 煤炭工业[-業] N. coal industry
méitànxiāng 煤炭箱 N. coal bin M: [2]zhī
méitǐ 媒体[-體] N. ① media ② information ③ news brief
méitiān 霉/梅天 N. early summer rains; rainy season
méitián* 煤田 N. coalfield M: [1]piàn
měitiān 每天 N. every day; daily
méitiāo(r) 没挑(儿) S.V. <coll.> faultless; flawless
méitiáoméilǐ 没条没理[-條--] F.E. ① be in disorder ② be illogical
méitīngtí 没听提[-聽-] V.P. take no notice of; pay no attention to
méitóngyú 梅童鱼 N. <zoo.> baby croaker M: [1]tiáo
[1]**méitóu(zi)** 眉头(子) N. ① brows ② space between the eyebrows
[2]**méitóu(r)** 没头(儿) V.O. <coll.> ① have no one in charge ② be without hope
[3]**méitóu** 霉头 N. <topo.> bad luck
méitóu ànzi 没头案子 N. a criminal case without a clue to work on M: [2]jiàn
méitóubǎijié 眉头百结 F.E. brows furrowed from ennui
méitóubùzhǎn 眉头不展 F.E. have a worried expression
méitóucāngying 没头苍蝇[-蒼蠅] ID. sb.. who does things aimlessly M: [2]zhī
méitóujǐnsuǒ 眉头紧锁[--緊-] F.E. knitted brows
méitóuméinǎo 没头没脑[-腦] F.E. ① abruptly ② illogically; without rhyme or reason ③ completely at a loss
méitóuméiwěi 没头没尾 F.E. boundless; limitless
méi tóunǎo 没头脑[-腦] V.O./S.V. be brainless/silly
méitóurén 没头人 N. <topo.> a nobody; a low-life; one of the common herd
méitóutiē 没头帖 N. an unsigned/unnamed card M: [1]fèn
méitóuzi 眉头子 N. <coll.> eyebrows
měituō 浼托 V. ask a kindness (of)
mèiwài 媚外 V.O. fawn on foreign powers
méiwán* 没完 V.P. ① be endless (of speech/etc.) ② not going to give up (in a dispute/etc.)
měiwǎn 美婉 V.P. pretty and gentle
méi wángfǎ 没王法 S.V./V.O. ① be lawless ② be unafraid of the law
méiwánméiliǎo 没完没了 F.E. be endless
měiwèi 美味 N. delicious food; delicacy ♦ ATTR. delicious; dainty
méi wèikǒu 没胃口 V.O. have no appetite/interest
[1]**méiwèir** 没味儿 V.O. be tasteless/uninteresting
[2]**méiwèir** 霉味儿 N. moldy smell
měiwèixiāngtián 美味香甜 F.E. palatable taste
měiwén 美文 N. belles-lettres M: [1]piān
méiwō(r)* 没窝(儿)[-窩-] V.O. <coll.> have no home of one's own
měiwǒ 浼我 V.O. defile me
měiwū 浼污 V. soil; besmirch (sb.'s reputation)
[1]**méixì** 没戏[-戲] V.O. be hopeless
[2]**méixì** 煤系 N. <geol.> coal measures
mèixià 昧下 V. hide another person's things
[1]**méixiāng** 煤箱 N. coal scuttle/hod M: [2]zhī
[2]**méixiāng** 梅香 N. <trad.> common name for a maid servant
méi xiǎngdào 没想到 V.P. have not expected or thought of
méixiǎngr 没想儿 V.O. <coll.> hopeless
mèixiào 媚笑 N. obsequious/ingratiating smile
méi xiàshāo 没下梢 V.O. have a tragic end
měixiàyùkuàng 每下愈况[-況] F.E. progressively/steadily worsen; get worse and worse
méi xì chàng 没戏唱[-戲-] F.E. no way to go about sth.
méixiè 煤屑 N. coal dust/splinters
měixié* 美协[-協] N. association of art workers
mèixiě 沬血 N. bleeding face
[1]**méixīn*** 没心 V.O. ① do not intend to; be uninterested in ② be mindless/thoughtless ③ be insincere ④ not mean it
[2]**méixīn** 眉心 N. space between the eyebrows
mèixīn 昧心 V.O. ignore one's conscience
méi xīncháng 没心肠[-腸] V.O./S.V. ① be heartless ② be inattentive
méixíng 眉形 N. eyebrow shape
méi xīngān 没心肝 S.V./V.O. heartless; ungrateful
méixìng de 没性的 ATTR. neuter
měi xīngqī 每星期 N. every week
méixīnméifèi 没心没肺 F.E. <coll.> ① inattentive ② heartless ③ nitwitted ④ shiftless ⑤ tolerant; broad-minded
mèixīnqián 昧心钱[-錢] N. money obtained by dishonest/evil means M: [2]bǐ
méi xīnyǎn(r) 没心眼(儿) V.O./S.V. <coll.> be insensitive/imperceptive/tactless/thoughtless
méixiū* 没羞 S.V. unabashed ♦ V.O. have no shame
měixiù 美秀 V.P. <wr.> ① fine and delicate ② handsome and brilliant ♦ N. outstanding people of talent
méixiūméisào 没羞没臊 F.E. be unabashed
méixiūr 没羞儿 S.V. shameless
mèixù 妹婿 N. <wr.> younger sister's husband; brother-in-law M: ge/[1]míng/[2]wèi
měixué 美学 N. aesthetics
měixué gōngnéng 美学功能 N. <lg.> aesthetic function
měixuéguān 美学观[-觀] N. aesthetic point of view
měixuéshǐ 美学史 N. history of aesthetics M: [2]bù
Měi-Yà hùnxuè'ér 美亚混血儿[-亞---] N. an Amerasian M: ge/[1]míng
méiyān 煤烟[-煙] N. ① smoke from burning coal ② soot
méiyán 梅言 N. maxim
méi-yǎn* 眉眼 N. ① eye and brow ② looks; features
měiyán 美言 N. ① fine words ② commending remarks ♦ V. put in a good word
měiyàn 美艳[-艷] S.V. beautiful and alluring; gorgeous
mèiyǎn(r) 媚眼(儿) N. charming/coquettish eyes/glances
méiyǎnchuánqíng 眉眼传情[--傳-] F.E. ogle; make eyes at sb.
méiyàng(r) 没样(儿)[-樣-] V.O. <coll.> be ill-mannered
méiyǎngāodī 眉眼高低 F.E. an expression on the face
měiyànjuélún 美艳绝伦[-艷絕-] F.E. extremely beautiful
méi yánsè 没颜色 S.V. inconsiderate ♦ V.O. be colorless
méiyān wūrǎn 煤烟污染[-煙--] N. coal-smoke pollution
méiyáo* 煤窑[-窯] N. coal pit M: [4]zuò
mèiyào 媚药[-藥] N. aphrodisiac
měiyáojiācān 美肴佳餐 F.E. delicious dishes
méi yàojǐn 没要紧[-緊] V.P. doesn't matter; not be serious
méiyè 煤业[-業] N. coal industry/business
měiyí 美仪[-儀] N. graceful bearing
měiyì* 美意 N. ① kindness ② satisfaction; contentment
méiyǐng(r) 没影(儿) V.O. ① be out of sight ② be groundless/fantastic ③ disappear without a trace
Méi Yíqí 梅贻琦 (1889–1962) N. engineer and educator; president of Qinghua University 1931–1949
méiyìsi 没意思 S.V./V.O. ① boring; dull ② bored ③ petty (of a person)
měiyìyánnián 美意延年 F.E. carefree life insures longevity
méiyòng 没用 S.V./V.O. useless
méiyóu 煤油 N. kerosene
méiyǒu* 没有 V. not have; there is not; be without ♦ ADV. less than; not more than
méiyǒu de huà 没有的话 V.P. it's not true; nothing of the sort
méiyóudēng 煤油灯[-燈] N. kerosene lamp M: [2]zhī/ge/[1]zhǎn
méiyǒu de shì(r) 没有的事(儿) V.P. nothing of the sort; it's impossible
méiyóuguàn 煤油罐 N. kerosene can/container M: ge/[2]zhī
méiyǒu guānxi 没有关系[-關係] V.O. It doesn't matter.
méiyǒu héngxìng 没有恒性[--恆-] V.O. be inconstant
méiyǒu jiāodiǎn de chéngfèn 没有焦点的成份[---點---] N. unfocused element
méiyóulú 煤油炉[-爐] N. kerosene stove M: [4]zuò
méiyóuméiyán 没油没盐[-鹽] F.E. be tasteless

M

méiyǒu nǐ de fènr 没有你的份儿 V.P. of no concern to you; none of your business
méiyǒu rén huó de fènr 没有人活的份儿 V.P. <coll.> leave no room for sb./etc. to survive
méiyǒu shénme 没有什么[-麼] V.O. nothing the matter; nothing wrong
méiyǒu shénme liǎobuqǐ 没有什么了不起[---麼---] V.P. nothing to be impressed by
méiyǒu shì zuò 没有事做 V.P. be at loose ends
méiyǒu shuō de 没有说的 V.O. ① really good *Lùn gōngzuò, tā shì ~.* As to his work, it's really good. ② it goes without saying *~, nǐ shì zuì héshì de rénxuǎn.* Without question, you are the most suitable person.
méiyǒu shuōhuà de fèn 没有说话的份 V.P. <coll.> in no position to speak
méiyǒu tóunǎo 没有头脑[-腦] V.P. dead above the ears
méiyǒu yìsi 没有意思 *See méiyìsi*
méiyǒu yìyì 没有意义[-義] V.O./S.V. be meaningless
méiyǒu zhāor 没有招儿 V.O. <coll.> no way out; up against the impossible
méiyǒuzhǒng 没有种[-種] S.V. <coll.> gutless; cowardly
méiyǒu zhǔjiàn de rén 没有主见的人 N. a person without definite views of his own M: *ge/[1]míng*
[1]**méiyǔ** 梅/霉雨 N. rainy season
[2]**méiyǔ** 眉宇 N. <wr.> ①forehead ②appearance; air
[3]**méiyǔ** 眉语 V. make a sign with the eyebrows
méiyù 煤玉 N. black amber; jet M: *[2]kuài*
Měiyǔ 美语 N. American English
[1]**měiyù*** 美玉 N. fine jade M: *[2]kuài*
[2]**měiyù** 美育 N. ① aesthetic/art education ② moral education
[3]**měiyù** 美誉[-譽] N. good name/reputation
mèiyú 昧于[-於] V.P. be ignorant of; fail to understand; be blind to
mèiyǔ 媚语 N. sweet talk
[1]**méiyuán** 没缘 V.O. fate has decided against; have no opportunity
[2]**méiyuán** 酶原 N. <chem.> zymogen; fermentogen
méiyuàn 媒怨 V. excite sb. by hatred
[1]**Měiyuán*** 美元 N. American/U.S. dollar
[2]**Měiyuán** 美援 N. American/U.S. aid
měi-yuàn 美院 AB. *měishù xuéyuàn*
Měiyuán jítuán 美元集团[-團] N. the dollar bloc
[1]**méiyuè** 眉月 N. ① crescent moon ② lady's fine brows
[2]**méiyuè** 梅月 N. fourth month of the lunar year
měi yuè* 每月 N. every month
mèiyuè 媚悦 V. butter up sb.
měi yuè duìzhàngdān 每月对帐单[--對--] N. <acct.> monthly statement of account
méiyǔ jìjié 梅雨季节[-節] N. the rainy season, usu. in May, in the middle and lower reaches of the Yangtze
méiyǔmùchuán 眉语目传[-傳] F.E. hint with one's eyes and eyebrows
méiyùn 霉运[-運] N. bad/lousy luck
méiyǔqī 梅雨期 N. rainy season
mèiyúshìlǐ 昧于事理[-於--] F.E. lack reason/judgment/etc.
méiyǔxíng 梅雨型 N. rainy-season meteorological conditions
méiyǔzhījiān 眉宇之间 N. forehead
mèizào 媚灶 N. seek the favor of a powerful minister
méizàohuà 没造化 V.O./S.V. be unlucky; out of luck
méizǎoméiwǎn 没早没晚 F.E. day and night; regardless of time
méizèn 媒谮 V. ① backbite ② trump up a charge against sb.
méizhā(r) 煤渣(儿) N. coal cinder
méizhālù 煤渣路 N. cinder road M: *[1]tiáo*
měizhǎn 美展 N. fine-arts exhibition
mèizhàng 妹丈 N. husband of one's younger sister M: *ge/[1]míng/[2]wèi*
méi zhāngcheng 没章程 V.O. have no standards/principles
méizháoméilào 没着没落[-著--] F.E. <coll.> ① unsteady; unsure; anxious ② unsettled; unresolved
méizhā pǎodào 煤渣跑道 N. cinder track M: *[1]tiáo*
méizhāzi(r) 煤渣子(儿) N. small piece of coal
méizhé 没辙 V.O./S.V. <topo.> can find no way out
mèizhe liángxīn 昧着良心[-著--] V.P. go against one's conscience
méizhēméilán 没遮没拦[-攔] F.E. be straightforward/blunt
méi zhènghángr 没正行儿 V.O. <derog.> be desultory
méizhī 梅枝 N. plum branch
[1]**méizhì*** 没治 S.V./V.O. ① hopeless; incurable ② too bad ③ <slang> wonderful
[2]**méizhì** 媒质[-質] N. <phy.> medium
měizhì 美质[-質] N. fine character/quality
Měizhì 美制[-製] ATTR. U.S.-made; made in U.S.
méi zhìqi 没志气[-氣] S.V./V.O. ① be without ambition ② be marked by defeatism
méi zhǐwàng 没指望 V.O. be hopeless
[1]**méizhǒng*** 没种[-種] S.V. <coll.> yellow-bellied; cowardly
[2]**méizhǒng** 煤种[-種] N. a variety of coal
Měi-Zhōng 美中 ATTR. U.S.-China
měizhōngbùzú 美中不足 F.E. blemish in sth. otherwise perfect
měi zhōu* 每周 N. every week
Měizhōu 美洲 P.W. (continental) America
Měizhōubào 美洲豹 N. cougar; puma
Měizhōu Guójiā Zǔzhī 美洲国家组织[--國--織] N. Organization of American States (OAS)
měizhōuhǔ 美洲虎 N. jaguar M: *[2]zhī*
Měizhōumán 美洲鳗 N. <zoo.> (American) eel M: *[1]tiáo*
méi zhòu niàn 没咒念 <coll.> V.P. have no solution
měizhōushān 美洲杉 N. <bot.> sequoia M: *[2]kē*
měizhōushī 美洲狮[-獅] N. cougar; puma M: *[2]zhī*
méizhǔ 没主 <coll.> V.O. ① belong to nobody ②have no boyfriend; be unmarried (of women)
méizhuān* 煤砖[-磚] N. (brick-shaped) briquette M: *[2]kuài*
měizhuān 镁砖[-磚] N. magnesia brick M: *[2]kuài*
měizhuàn 美馔 N. sumptuous meal M: *[2]dào*
méizhǔn(r) 没准(儿)[-準-] <topo.> ADV. not sure; maybe ♦V.O. have no definite idea
méi zhǔnpǔ(r) 没准谱(儿)[-準--] V.O. <coll.> inconsistent; not dependable
méizhuóméiluò 没着没落[-著--] *See méizháoméilào*
méizhúxiānchūn 梅竹先春 F.E. plum and bamboo ushering in the spring
méi zhǔyi 没主意 V.O. ① can't make up one's mind ② have no idea
[1]**méizi*** 梅子 N. plum M: *[1]kē/ge/[2]zhī*
[2]**méizi** 糜子 N. broom corn millet
[3]**méizi** 猸子 N. <zoo.> crab-eating mongoose
Měizi 美子 <coll.> N. US dollar; buck
měizī 美姿 N. good-looks; graceful appearance
mèizi 妹子 N. <topo.> ①younger sister ②young woman
méizìbēi 没字碑 N. ①stele without an inscription ② an ignoramus M: *[4]zuò*
méizǐchuāng 梅子窗 N. latticed window M: *[1]shàn*
měizīzī 美滋滋 R.F. <coll.> elated; very happy
méizuǐhúlu 没嘴葫芦[-蘆] ID. taciturn person
men 们[們] SUF. plural for pronouns and human nouns
mēn 闷[悶] S.V. ① muffled (of sound) ② stuffy; cut off from air circulation ♦V. ① cover tightly; seal ② shut indoors *See also [1]mèn*
[1]**mén*** 门[門] N. ①opening; door; gate; doorway; gateway ② <bio.> phylum ③ Surname ♦B.F. ① valve; switch *fámén, diànmén* ② way to do sth.; knack *ménlu* ③ family; house *Wáng ~ Lǐ [13]shì* Mrs.Wang, née Li ④ (religious) sect; school (of thought) *Fómén* ⑤ class; category ♦M. ① *for courses, branches of science, etc.* ② *in artillery, for canon, howitzers, etc.*
[2]**mén** 扪[捫] B.F. touch; stroke *ménshé, ménxīnwúkuì*
[3]**mén** 钔[鍆] N. <chem.> mendelevium
[1]**mèn** 闷[悶] S.V. ①bored; depressed ②sealed; tightly closed *See also mēn*
[2]**mèn** 焖[燜] V. braise
[3]**mèn** 懑[懣] B.F. unhappy; resentful; depressed *[1]fènmèn, fánmèn*
ménbà(r) 门把(儿) N. door knob/handle
mēnbǎn 闷板 N. bad silver coins
ménbǎn* 门板 N. ① door planks ② shutter M: *[2]kuài*
ménbǎng 门榜 N. notice hung at a gateway
ménbǎnliào 门板镣 N. door chain
ménbāo 门包 N. tip for gatekeepers for passing messages
Ménbāzú 门巴族 N. Moinba (Monba) ethnic minority (in Tibet)
ménbí(r) 门鼻(儿) N. (door) bolt staple
ménbiǎn 门匾 N. plaque on the gate of a house M: *[2]kuài*
mènbiǎndòu 焖扁豆 N. braised string beans
ménbǐng* 门柄 N. door handle
mènbǐng 焖饼 N. braised flat bread
ménbó 门钹 N. door clapper
ménbùtíngbīn 门不停宾[-賓] F.E. receive guests courteously
mènbuzhù 闷不住 R.V. can't stand boredom
mēnchá 闷茶 V.O. brew tea in a closed container
ménchāguānr* 门插关儿[--關-] N. <topo.> door bar/bolt
ménchāguǎnr 门插管儿 N. <topo.> door bar/bolt
mēnchénchén 闷沉沉 R.F. ① oppressive (of weather) ② muffled ③ depressed; gloomy
ménchǐ 门齿[-齒] N. ① front tooth; incisor ② <archeo.> molar
mēnchú 闷锄 V. loosen the soil to let seeds germinate
mén-chuāng 门窗 N. door and window
ménci 门刺 N. <wr.> visiting card; calling card
méndānghùduì 门当户对[-當-對] F.E. be well-matched in social and economic status (for marriage)
méndao* 门道 N. <coll.> ① the way to do sth.; solution; plan ② social connections; contacts ③ real facts; inner reason *See also méndào*
méndào 门道 N. ①gateway; doorway ② <coll.> way to do sth.; knack *See also méndao*
méndàomén 门到门 V.P. door to door
méndāzi 门搭子 N. <topo.> door-latch
mēn de hěn 闷得很 R.V. <coll.> be very stuffy
mēn de huāng 闷得慌 *See also mèn de huang*
mèn de huang* 闷得慌 R.V. <coll.> ① be very stuffy ② be depressed; bored *See also mēn de huāng*
méndēng 门灯[-燈] N. light for the outside of a door M: *[1]zhǎn*
méndèngr 门凳儿 N. bench built at some traditional gates
méndì 门第/地 N. <trad.> family status
méndiàn 门店 N. shop; salesroom M: *[1]jiā*
méndiào(r) 门吊(儿) N. ① hasp and staple ② <mach.> gantry crane
méndìlěngluò 门第冷落 F.E. The family is on the decline.
[1]**méndīng** 门钉 N. ① door nail ② long nail M: *[1]kē/[4]méi/ge/[2]zhī*
[2]**méndīng** 门丁 N. <trad.> gatekeeper; doorman
méndìzhīrǔ 门第之辱 N. a disgrace to the family
méndōng 门冬 N. <bot.> asparagus M: *[2]kē*
méndòng(r)* 门洞(儿) N. gateway; doorway

méndǒu 门斗 N. ① the axis of a door ② lintel ③ <trad.> servants of an upper-class public school

mèndǔ 闷堵 V.P. ① depressed ② suffocated ③ pressed

méndúgūzhū 扪椟估珠[-櫝--] ID. buy a pig in a poke

ménduì(r) 门对(儿)[-對-] N. couplets pasted on either side of a door frame

méndūn(r) 门墩(儿) N. wooden/stone block supporting the axle of a door

ménduǒ(r/zi) 门垛(儿/子) N. ornamental stones at an entrance gate

mén'é 门额 N. horizontal inscribed board over a door

ménfá 门阀 N. <trad.> influential family

ménfǎ* 门法 N. ① family code of conduct ② <lg.> a set of phonological rules adopted by Song phonologists

mènfàn 焖饭 V.O. cook rice over a slow fire

ménfáng(r) 门房(儿) N. ① gate house; porter's lodge ② gatekeeper; doorman; janitor ③ distant relatives

ménfēi 门扉 N. door leaf M: [1]*shàn*

ménfēng(r/zi) 门风(儿/子) N. <trad.> ① family principles ② family reputation

ménfèng(r)* 门缝(儿) N. crack between a door and its frame

ménfèng lǐ kàn rén 门缝里看人[--裡--] ID. look down upon sb.

mēng 蒙 V. ① cheat; dupe ***Béng ~ wǒ!*** Don't kid me. ② make a wild guess ♦B.F. unconscious; senseless ***fāmēng See also*** [1]*méng*, *Měng*

[1]**méng** 蒙 V. cover ♦B.F. ① receive ***méngshòu*** ② encounter ***méngnàn*** ③ ignorant; illiterate ***méngmèi See also*** *mēng*, *Měng*

[2]**méng** 盟 B.F. alliance; pact ***liánméng*** ♦N. (Mongol) league ***See also*** [6]*míng*

[3]**méng** 虻 N. horsefly; gadfly

[4]**méng** 氓 B.F. the common people [2]***ménglì***, [2]***yǔméng See also*** [6]*máng*

[5]**méng** 萌 B.F. sprout; germinate ***méngfā***

[6]**méng** 濛 B.F. fine rain [1]***méngméng***, ***kōngméng***

[7]**méng** 甍 B.F. ridge of a roof ***zhūméngbìwǎ***, ***chīméng***

[8]**méng** 矇 B.F. ① lose one's sight; go blind ***méngkuì*** ② obscure [2]***méngzhù***

[9]**méng** 瞢 B.F. unable to see clearly ***méngmèi***, ***méngrán***

[10]**méng** 朦 in [1]***ménglóng***, [2]***fāméng***

[11]**méng** 檬 in [1]***méngméng***, ***níngméng***

[12]**méng** 蠓 in [3]***méngméng***, ***píngméng***

[13]**méng** 曚 in [1]***míngméng***

[14]**méng** 艨 in ***méngchōng***

[1]**měng*** 猛/勐 S.V. ① fierce; valiant ② fearsome; severe ♦ADV. suddenly; abruptly

[2]**měng** 蠓 N. midge

[3]**měng** 锰[錳] N. manganese

[4]**měng** 懵 B.F. muddled; ignorant [2]***měngrán***, ***dàměng***

[5]**měng** 獴 B.F. mongoose ***xiěměng***

[6]**měng** 艋 in ***zéměng***

[7]**měng** 蜢 in ***zhàměng***

Měng 蒙 B.F. Mongol ***Měnggǔ See also*** *mēng*, [1]*méng*

[1]**mèng** 梦[夢] N. dream ♦B.F. to dream ***mèngjian***

[2]**mèng** 孟 B.F. ① first month of the season ② eldest among brothers ♦N. Surname ♦in ***làngmèng***, ***Mèngjiālāyǔ***

mēngài 闷盖[-蓋] V. stifle

méngǎng* 门岗[-崗] N. gate sentry

méngàng 门杠 N. door bolt/bar

méngbāng 盟邦 N. allied country; ally

Měngbāo 蒙胞 N. Mongolian compatriot

méngbì 蒙蔽 V. hoodwink; deceive

mèngbǐshēnghuā 梦笔生花[夢筆--] F.E. begin to show one's literary brilliance

mèngbǔ 梦卜[夢-] N. divining from sb.'s dreams

měngbufáng 猛不防 ADV. unexpectedly; unawares; suddenly

méngchén 蒙尘[-塵] V.O. flee the capital or be taken prisoner (of an emperor)

měngchī 猛吃 V. devour

měngchīměnghē 猛吃猛喝 F.E. eat and drink one's fill

měng chī yī jīng 猛吃一惊[-驚] V.P. be startled

méngchōng 艨艟 N. <hist.> war vessel

měngchōng* 猛冲[-衝] V. charge forward

měngchóng 蠓虫[-蟲] N. a kind of midge M: [2]*zhī*

měngchōngměngdǎ 猛冲猛打[-衝--] F.E. go at it hammer and tongs

mèngchūn 孟春 N. first month of spring

měngchuō 猛戳 V. jab; drive (the elbow/etc.)

měngcùshēngchǎn 猛促生产[-產] V.P. vigorously stimulate the growth of production

měngdǎ 猛打 V. hit hard

měngdǎměngchōng 猛打猛冲[-衝] F.E. go full-blast ahead

Méngdàná 蒙大拿 P.W. Montana

mèngdào 梦到[夢-] R.V. dream of/about

méngdǎofǎ 蒙导法[-導-] N. <bio.> mentor method

měngde 猛地 ADV. suddenly; abruptly; without warning

Mèngdé'ěrzhǔyì 孟德尔主义[-義] N. Mendelism

méngdì 盟弟 N. sworn brother M: *ge*/[1]*míng*/[2]*wèi*

měngdiē 猛跌 V. fall precipitously (e.g., stocks)

méngdòng 萌动[-動] V. ① sprout ② start an action; initiate

měngdǒng* 懵懂 V.P. muddled; ignorant

mèngdōng 孟冬 N. first month of winter

méng'ēn 蒙恩 V.O. ① receive favor (form the emperor) ② be indebted

méngfā 萌发[-發] V. sprout; germinate

Mèngfēisī 孟菲斯 P.W. Memphis

méngfǔ 盟府 N. <trad.> place for safekeeping records of an alliance

měnggǎn 猛赶[-趕] V. push away/forward with great speed and force

měnggàn* 猛干[-幹] V. do sth. with all one's might

měnggāng 锰钢[-鋼] N. manganese steel

měnggōng* 猛攻 V. storm; attack violently

měnggǒng 猛汞 N. bichloride of mercury

měnggōngměngdǎ 猛攻猛打 F.E. storm (a city/etc.)

ménggòu 蒙垢 V.O. <wr.> be subjected to humiliation; be humiliated

Měnggǔ 蒙古 P.W. Mongolia

méngguǎn 蒙馆 P.W. <trad.> private primary school

Měnggǔbāo 蒙古包 N. yurt; ger M: [4]*zuò*

Měnggǔ dàifu 蒙古大夫 N. <coll.> medical quack M: *ge*/[1]*míng*

měnggudīng 猛孤丁 ADV. <topo.> abruptly; suddenly

měnggūdīng* 猛咕叮//孤仃 ADV. <topo.> all of a sudden; unexpectedly

Měnggǔ niúròu 蒙古牛肉 N. Mongolian beef (quick-fried with scallions)

méngguó* 盟国[-國] N. allied country; ally

méngguǒ 檬果 N. mango M: *ge*/[2]*zhī*

Měnggǔ rénzhǒng 蒙古人种[-種] N. Mongolian/yellow race

Měnggǔwén 蒙古文 N. the Mongolian language

Měnggǔyǔ 蒙古语 N. Mongol/Mongolian (language)

ménggǔzhèng 蒙古症 N. <med.> mongolism

ménggǔzhèng huànzhě 蒙古症患者 N. <med.> mongoloid M: *ge*/[1]*míng*

Měnggǔzú 蒙古族 N. ① Mongol ethnic minority ② the Mongolians/Mongols

měnghàn 猛悍 V.P. ① bold and vigorous ② violent; ferocious

Měng-Hàn* 蒙汉[-漢] ATTR. Mongolian and Han

ménghànyào 蒙汗药[-藥] N. anesthetic; knockout drops M: [14]*fù*

ménghóng 濛鸿 N. ① the state of the primeval world ② drunken state

ménghǒng* 蒙哄 V. ① hoodwink; swindle ② make a fool of sb.

měnghǔ 猛虎 N. ferocious tiger M: [2]*zhī*

mènghuà 梦话[夢-] N. ① words uttered in sleep ② daydream; nonsense

mènghuàn 梦幻[夢-] N. illusion; dream; reverie

mènghuànpàoyǐng 梦幻泡影[夢-] F.E. pipe-dream; bubble; illusion

mènghuànqǔ 梦幻曲[夢-] N. <mus.> rhapsody M: [2]*shǒu*

ménghuì 盟会 V. meet to form an alliance

měnghǔlíshān 猛虎离山[--離-] ID. move with tremendous speed

ménghùn 蒙/朦混 V. deceive/mislead people

mènghúndiāndǎo 梦魂颠倒[夢-] F.E. be infatuated; lose one's head

ménghùnguòguān 蒙混过关[-關] F.E. get by under false pretenses

měnghuǒ 猛火 N. fierce fire

měnghǔpūshí 猛虎扑食[--撲-] ID. with quick and ferocious speed

měnghǔxiàshān 猛虎下山 F.E. move with tremendous speed

méngjī 盟机 N. allied warplanes M: [1]*jià*

měngjī* 猛击[-擊] V. strike/hit hard; bash; smash

Mèngjiālā 孟加拉 P.W. Bengal

Mèngjiālāguó 孟加拉国[-國] P.W. Bangladesh

Mèngjiālāyǔ 孟加拉语 N. <lg.> Bengali

mèngjian 梦见[夢-] R.V. dream about sb./sth.

měngjiàng 猛将[-將] N. valiant general M: *ge*/[1]*míng*/[2]*wèi*/[1]*yuán*

měngjiàngrúyún 猛将如云[-將-雲] F.E. a great many brave warriors

měngjié 猛捷 V.P. ① bold and powerful ② swift and agile

měngjiéhé 锰结核 N. <geol.> manganese nodule

[1]**měngjìn*** 猛进[-進] V. push ahead vigorously

[2]**měngjìn(r)** 猛劲(儿)[-勁-] N. <coll.> ① spurt of energy; dash ② great vigor

mèngjìn 孟晋[-晉] V.P. make oneself advance

mèngjīng 梦惊[夢驚] N. night terror; nightmare

mèngjǐng 梦景[夢-] N. dreamscape

mèngjìng* 梦境[夢-] N. dreamworld; dreamland; dream

měngjìnr 猛劲儿[-勁-] ADV. put on a spurt ♦N. ① spurt of energy; dash ② great vigor

měngjiǔ 猛酒 N. strong drink/wine M: *bēi*

méngjūn 盟军 N. allied forces M: [4]*zhī*

měngkǎn 猛砍 V. slash

měngkě 猛可 ADV. suddenly

Mèng Kē* 孟轲 (372–289 B.C.) N. Mencius

méngkuì 矇聩 V.P. ① stupid and ignorant ② blind and deaf

měnglā 猛拉 V. yank; give a sharp pull

mènglán 梦兰[夢蘭] ID. become pregnant

měnglàng 猛浪 N. high seas

mènglàng* 孟浪 S.V. ① rash; impetuous; impulsive ② vague; imprecise

mènglàngzhīyán 梦浪之言[夢-] N. reckless talk

ménglǎoxiā 蒙老瞎 N. tag (children's game)

ménglí 萌黎 N. the people; the masses

[1]**ménglì** 萌隶[-隸] N. the people; the masses

[2]**ménglì** 氓隶[-隸] N. people engaged in laborious work

[1]**měnglì*** 猛力 ADV. vigorously; with sudden force

[2]**měnglì** 猛厉[-厲] S.V. fierce; vigorous; violent

měngliè 猛烈 S.V. fierce; vigorous; violent

měngliè qǐlai 猛烈起来 R.V. become fierce

ménglíjíkǔ 萌黎疾苦 F.E. the suffering of the masses

[1]**ménglóng** 朦/蒙胧 S.V. ① dim; hazy (of moonlight) ② obscure ③ half asleep; drowsy; somnolent

[2]**ménglóng** 蒙胧 S.V. half asleep; drowsy; somnolent

[3]**ménglóng** 蒙茏 V.P. luxuriant (of plants)

ménglóngshī 朦胧诗 N. obscure poems M: [2]*shǒu*

Mènglùzhǔyì 孟禄主义[-義] N. Monroe Doctrine

měngmǎ 猛犸 N. mammoth

Mèngmǎi 孟买[-買] P.W. Bombay

měngmǎxiàng 猛犸象 N. <zoo.> mammoth; woolly mammoth

méngmèi 蒙/瞢昧 V.P. ① barbaric; uncivilized ② ignorant; benighted

mèngmèi* 梦寐[夢-] N. dream; sleep

méngmèibùchá 蒙昧不察 F.E. lack clearness of mind

mèngmèibùwàng 梦寐不忘[夢-] F.E. never forget; remember always

mèngmèinánwàng 梦寐难忘[夢-難-] F.E. be hard to forget

méngmèi shídài 蒙昧时代[--時-] N. primitive age

méngmèiwúzhī 蒙昧无知 F.E. be unenlightened; be childishly ignorant

mèngmèiyǐqiú 梦寐以求[夢-] F.E. ① dream of a long-cherished goal; be eager to ② crave sth. even in sleep

méngmèizhǔyì 蒙昧主义[-義] N. obscurantism

[1]**méngméng*** 蒙蒙//檬檬//濛濛 R.F. drizzly; misty

[2]**méngméng** 矇矇 R.F. indistinct; blurred

[3]**méngméng** 幪幪 R.F. lush; luxuriant (of vegetation)

měngměng 懵懵 R.F. muddled; ignorant

mèngmèng 梦梦[夢夢] R.F. muddled; stupid and confused

mēngmēnghēi 蒙蒙黑 N. dusk; twilight

méngméngliàng(r) 蒙蒙//朦朦亮(儿) V.P. <coll.> at first light; hazily bright

méngménglónglóng 朦朦胧胧 R.F. obscure; hazy (of moon/etc.)

[1]**měngměngrán** 懵懵然 ADV. confusedly; ignorantly

[2]**měngměngrán** 猛猛然 ADV. suddenly; abruptly

měngměngwúzhī 懵懵无知 F.E. unenlightened; childishly ignorant

méngméng xìyǔ 蒙蒙细雨 N./V. drizzle

méngméngyǔ 朦朦雨 N. drizzle

méngmiàn 蒙面 V.O. mask one's face ♦ATTR. masked

méngmiàndào 蒙面盗[-盜] N. masked bandit/robber/burglar M: ge/[1]míng

mèngmó 梦魔[夢-] N. nightmare

mèngmǔsānqiān 孟母三迁[-遷] ID. A wise mother would try to find a good environment for her children's best education.

méngnàn 蒙难[-難] V.O. ① die in a disaster ② be confronted by danger ③ fall into the clutches of the enemy

méngōng 门公 N. <trad.> eunuch

méngōu 门钩[-鉤] N. door latch

měngpāi 猛拍 V. clap/beat fiercely

méngpí 蒙皮 N. envelope; covering; skin

mēngpiàn* 蒙骗 V. deceive; cheat; hoodwink

měngpiān 猛片 N. kungfu film

mèngpó 孟婆 N. the goddess of wind

měngpū 猛扑[-撲] V. charge; dash forward

méngqí 盟旗 N. ①alliance flag/banner ②league and banner (administrative divisions in the Nei Menggu Autonomous Region) M: [1]miàn

méngqǐ* 萌起 R.V. emerge; come into being

méngqì 蒙气[-氣] N. atmosphere

mēngqián 蒙钱[-錢] V.O. make money by deceit

měngqín 猛禽 N. bird of prey M: [2]zhī

mèngqiū 孟秋 N. the first month of autumn

měngquǎn 猛犬 N. fierce/vicious dog M: [1]tóu

méngrán 瞢然 V.P. dark and obscure

[1]**měngrán*** 猛然 ADV. suddenly; abruptly

[2]**měngrán** 懵然 ADV. confusedly; ignorantly

měngránjiān 猛然间 ADV. suddenly; abruptly

méngránwǎngjué 瞢然罔觉[-覺] F.E. darkened; seeing nothing

mēngrén 蒙人 V.O. cheat; deceive; dupe

méngróng 蒙茸/戎 V.P. ①fluffy; puffy ②jumbled; all mixed up

měngruì 猛锐 V.P. bold; forceful; dashing

méngshàng 蒙上 V.O. ① deceive one's elders ② cover sth. up

méngshēng 萌生 V. <wr.> burgeon; produce; conceive

mēngshì 蒙事 A.T. <topo.> ①cheat ②counterfeit

méngshī 蒙师[-師] N. ① teacher who first introduces student to a certain field ② teacher of young children M: [2]wèi

méngshì 盟誓 N. oath of alliance ♦V.O. <coll.> take an oath; make a pledge

měngshì* 猛士 N. brave warrior M: ge/[1]míng/[2]wèi

Mèngshíwéikè 孟什维克 N. Menshevik

Mèngshíwéizhǔyì 孟什维主义[-義] N. Menshevism

méngshǒu 盟首 N. leader of an alliance M: ge/[1]míng/[2]wèi

méngshòu 蒙受 V. ① suffer; sustain ② <court.> receive

měngshòu* 猛兽[-獸] N. beast of prey M: [1]tóu

méngshòuchǐrǔ 蒙受耻辱[--恥-] F.E. be subjected to humiliation; be humiliated

méngshū* 盟书[-書] N. treaty of alliance M: [1]fèn

méngshú 蒙塾 N. <trad.> private school

méngsōngyǔ 濛松雨[-鬆-] N. drizzle

méngsú 氓俗 N. folkways

měngsuānjiǎ 锰酸钾 N. <chem.> potassium manganate

méngtàiqí 蒙太奇 N. <loan> montage

méngténg 瞢腾 V.P. ①half drunk ②unconscious

měngtiě 锰铁[-鐵] N. ferromanganese

méngtóng 蒙童 N. ignorant child M: ge/[1]míng

méngtóu 蒙头 V.O. cover up the head

méngtóugàiliǎn 蒙头盖脸[--蓋-] F.E. cover one's head and face

mēngtóuzhuànxiàng 蒙头转向[--轉-] F.E. ①lose one's bearings ②be disoriented ③<coll.> be muddle-headed

měngtuī 猛推 V. thrust; give a push

měngtuō 猛拖 N. haul

méngtuōshí 蒙脱石 N. <loan> montmorillonite

ménguǎn 门馆 P.W. <trad.> ① private school ② private tutor ③ VIP guestroom

mènguànchē 闷罐车 N. boxcar M: [3]liàng/[1]liè

ménguānr 门官儿 N. door keeper

ménguǎn xiānsheng 门馆先生 N. resident private tutor M: ge/[1]míng/[2]wèi

mènguànzi 闷罐子 <coll.> N. ①sealed pot ②a puzzle ③ a person of few words; a clam

mèngùn 闷棍 N. staggering blow (with a cudgel)

mēnguòqu 闷过去 R.V. ①become unconscious ② be choked

mén gǔxiàng 扪骨相 V.O. divine by palpating the head

méngwěi 盟委 N. league (i.e., administrative division of the Inner-Mongolia Autonomous Region) committee of the Communist Party of China

méngwù 濛雾[-霧] N. mist; fog

měngxí 猛袭 V. wage a vigorous offensive

mèngxià 孟夏 N. the first month of summer

mèngxiāng 梦乡[夢鄉] N. dreamland

mèngxiǎng* 梦想[夢-] V. dream of; vainly hope ♦N. fond dream

mèngxiǎngbùdào 梦想不到[夢-] R.V. one would never have thought

mèngxiángyìshi 梦祥意识[夢-識] N. dreamy state

méngxīn 盟心 V.O. swear mutual devotion

méngxǐng 萌醒 V. awaken; revive; regain life

měngxǐng* 猛醒/省 V. ① suddenly realize ② suddenly wake up

[1]**mèngxíng** 梦行[夢-] N. <med.> somnambulism; night-walking

[2]**mèngxíng** 孟行 N. arbitrary action

méngxiōng 盟兄 N. sworn brother M: ge/[1]míng/[2]wèi

méngxiōngdì 盟兄弟 N. sworn brothers

mèngxióngzhīxǐ 梦熊之喜[夢-] N. the birth of a boy

méngxiū 蒙羞 V.O. suffer shame/insult

méngxué 蒙学 P.W. private school

méngyá 萌芽/牙 V.O./N. ①sprout (lit./fig.); bud; germinate ② the initial stage of sth.

mèngyǎn 梦魇[夢魘] N. sleep paralysis; dream that sth. is pressing down upon oneself

méngyǎng 蒙养[-養] V. educate young children

méngyào 蒙药[-藥] N. narcotic; anesthetic M: [14]fù

měngyáo 猛摇 V. shake; wrench

měngyǎo* 猛咬 V. snap at

Měngyī 蒙医[-醫] N. ① Mongolian traditional medicine ② doctor of Mongolian traditional medicine M: ge/[1]míng/[2]wèi

mèngyí 梦遗[夢-] N. nocturnal emission; wet dream

mèngyì* 梦呓[夢囈] N. ① somniloquy ② rigmarole

měngyǐjìkuān 猛以济宽[-濟寬] F.E. use strictness mixed with leniency

měngyǐnbàoshí 猛饮暴食 F.E. eat and drink too much at one meal

měngyǒng 猛勇 S.V. full of vigor and valor

méngyǒu* 盟友 N. ally M: ge/[1]míng/[2]wèi

mèngyóu 梦游[夢-] N. sleepwalking

mèngyóugùxiāng 梦游故乡[夢-鄉] F.E. dream of home

mèngyóu huànzhě 梦游患者[夢-] N. somnambulist M: ge/[1]míng

mèngyóuzhèng 梦游症[夢-] N. sleepwalking

méngyù 萌育 V. conceive; about to produce

mèngyǔ* 梦语[夢-] N. sleep-talking

méngyuān 蒙冤 V.O. be wronged

méngyuán* 盟员 N. league member M: ge/[1]míng/[2]wèi

méngyuē* 盟约 N. oath/treaty of alliance

mèngyuè 孟月 N. the first month of a season

méngzàigǔlǐ 蒙/朦在鼓里[-裡] ID. <coll.> in the dark; unaware

měngzēng 猛增 V. increase sharply; shoot up; skyrocket

měngzhà 猛乍 ADV. <topo.> all of a sudden; unexpectedly

mèngzhàn 梦占[夢-] N. divination by means of dreams; oneiromancy

Méngzhǎng 盟长 N. the chief of a Mongol league composed of several tribes M: ge/[1]míng/[2]wèi

měngzhǎng* 猛涨 V. soar; rise rapidly

[1]**méngzhào*** 蒙罩 V. shroud; cover

[2]**méngzhào** 萌兆 N. <coll.> omen; presage; harbinger

mèngzhào 梦兆[夢-] N. <wr.> dream omen

mèngzhàoxióngpí 梦兆熊罴[夢-羆] F.E. a sign of giving birth to a baby boy

měngzhèng 猛政 N. oppressive government

méngzhì 蒙稚 V.P. ① childish; naive; ignorant ② infantile

měngzhì* 猛鸷[-鷙] N. hawk; eagle M: [2]zhī

mèngzhōng 梦中[夢-] P.W. in a dream

mèngzhòngjì 孟仲季 N. the first, second, and third sons or daughters respectively

mèngzhōngmèng 梦中梦[夢-夢] N. empty dreams M: [3]cháng

mèngzhōngrén 梦中人[夢-] N. sweetheart that one dreams of M: ge/[1]míng/[2]wèi

mèngzhōngshuōmèng 梦中说梦[夢-夢] F.E. speak hazily as if in a dream

mēngzhu 蒙住 R.V. be momentarily stumped *See also* [1]méngzhù

méngzhǔ* 盟主 N. leader of an alliance M: ge/[1]míng/[2]wèi

[1]**méngzhù** 蒙住 R.V. cover *See also* mēngzhu

[2]**méngzhù** 朦住 R.V. ① dupe; deceive ② be distracted

měngzhù 猛住 R.V. ① momentarily stump ② <topo.> catch unawares; baffle

měngzhuàng 猛撞 V. crash; smash; collide

měngzhuī 猛追 V. follow in hot pursuit; chase

méngzhuó 萌茁 V.P. <coll.> sprout; germinate

méngzi* 蒙子 N. ① glass covering of a dial ② <topo.> dial

měngzi 猛子 *See* zhā měngzi

Mèng Zǐ 孟子 (c. 372–289 B.C.) N. Mencius (philosopher who expounded on Dao or Way of Life)

mèngzōngzhú 孟宗竹 N. famous bamboo south of the Yangtze

měngzòu* 猛揍 V. tear into; smash

mèngzōu 孟陬 N. first month of the lunar year

Měngzú 蒙族 N. Mongol ethnic minority

ménhù 门户 N. ① door ② strategic gateway ③ faction; sect ④ family status; family

ménhuán 门环[-環] N. a ring as door-knocker

ménhuánzi 门环子[-環-] N. knocker

ménhù jǐnbì 门户紧闭[--緊-] V.P. tightly closed door

ménhù kāifàng 门户开放[--開-] V.P. open door

Ménhù Kāifàng Zhèngcè 门户开放政策[--開---] N. <his.> Open Door policy (U.S. policy toward China, 1899)

mènhúlu 闷葫芦[-蘆] N. ① closed gourd ② <coll.> mystery; puzzle

mènhúlu guànr 闷葫芦罐儿[--蘆--] N. piggy bank; earthenware money box

mēnhuǒ 闷火 N. smoldering fire

ménhù rénjiā 门户人家 N. brothers

ménhùzhījiàn 门户之见 N. sectarian bias; sectarianism

ménhùzhīzhēng 门户之争[-爭] N. sectarian controversies

ménjǐ 门戟 N. <trad.> spears displayed at the door of a wealthy family

ménjiàng 门将[-將] N. <sport> goalkeeper; goalie M: ge/[1]míng/[2]wèi/[1]yuán

ménjiē 门阶[-階] N. doorstep

ménjìn 门禁 N. entrance control/guard; check point at the gate

ménjǐng* 门警 N. police guard at an entrance M: ge/[1]míng

[1]**ménjìng** 门镜 N. door peep-hole

[2]**ménjìng** 门径[-徑] N. access; key; way M: [1]tiáo

ménjìngmài 门静脉[-靜脈] N. <phys.> portal vein

ménjìnsēnyán 门禁森严[-嚴] F.E. The gate is strictly guarded.

ménjiù 门臼 N. door socket

mènjiǔ* 闷酒 N. alcohol consumed when one is unhappy (usu. alone)

mènjuàn 闷倦 V.P. bored and listless

ménkǎn(r) 门坎/槛(儿)[-檻-] N. ① threshold M: [2]dào ② <topo.> way to do sth.; knack

ménkǎnjīng 门槛精[-檻-] S.V. <topo.> be as shrewd as a fox

ménkǎnshènjīng 门槛甚精[-檻--] F.E. sharp in business ways and methods

ménkè 门客 N. <trad.> ① parasitic guest ② mentor-advisor of a powerful person at his residence ③ family tutor M: ge/[1]míng

ménkěluóquè 门可罗雀[--羅-] F.E. few callers/customers

mènkérbiǎo 闷壳儿表[-殼-錶] N. tightly closed watch

ménkǒu(r) 门口(儿) P.W. entrance; doorway

mènkòur 闷扣儿 N. snap (e.g., the fingers)

ménkuàng 门框 N. door frame

ménláng 门廊 N. porch; portico M: [4]zuò

ménlāshǒu 门拉手 N. catch (on a door)

ménlèi* 门类[-類] N. class; kind; category

mènléi 闷雷 N. ①muffled thunder ②unpleasant surprise; shock

[1]**ménlì** 门吏 N. ① gatekeeper ② servant of a powerful family M: ge/[1]míng

[2]**ménlì** 门隶[-隸] N. porter at the gate M: ge/[1]míng

[1]**ménlián(r)*** 门帘(儿)[-簾-] N. door curtain; portière M: [1]shàn/[2]dào

[2]**ménlián(r)** 门联(儿)[-聯-] N. doorway couplet scrolls M: [1]duì/[1]fù

ménliǎn(r) 门脸(儿) N. <topo.> ① vicinity of the city gate ② shop front

ménliàn 门链 N. door chain

ménlǐchūshēn 门里出身[-裡--] F.E. <topo.> born in a family with a certain traditional skill; come from a craft family

ménlíng 门铃 N. doorbell

ménlóu(zi) 门楼(子)[-樓-] N. arch over a gateway M: [4]zuò

ménlu(r) 门路(儿) N. ① knack; way M: [1]tiáo ② connections/pull (for securing jobs/etc.)

Ménluózhǔyì 门罗主义[-羅-義] N. Monroe Doctrine

ménmài 门脉[-脈] N. <phys.> portal vein

mènmào 闷瞀 V.P. blurring of vision accompanied by restlessness

ménméi 门楣 N. ① (door) lintel ② family status

mènmènbùlè 闷闷不乐[-樂] F.E. depressed; in low spirits

ménmian* 门面 N. ①shop front ②appearance; facade

mènmiàn 焖面[-麵] N. braised noodles

ménmianhuà 门面话 N. formal and insincere remarks; lip service

ménniǔ 门钮 N. door knob

mèn niúròu 焖牛肉 V.O. braise beef

ménpái(r)* 门牌(儿) N. ① (house) number plate ② house number

ménpài 门派 N. sect

ménpái hàomǎ 门牌号码[--號-] N. house number

ménpiào 门票 N. entrance/admission ticket M: [1]zhāng

ménpiào shōurù 门票收入 N. gate money M: [2]bǐ

mēnqì 闷气[-氣] S.V. stuffy

mènqì* 闷气[-氣] N. the sulks; angry silence

mén qián 门前 P.W. the area in front of a door/gate/house

ménqiáng 门墙[-牆] N. invisible boundaries of a school/sect founded by the master

mēnqiāngr 闷腔儿 N. taciturn person

ménqiángtáolǐ 门墙桃李[-牆--] F.E. one's pupils; one's teacher's reputation

ménqiánqīng 门前清 <coll.> V.P. down one's liquor during a meal

ménqiáo 门桥[-橋] N. <mil.> raft of pontoons; boat raft

ménqiú 门球 N. <sport> ①croquet ②goal ball (served by the goal keeper)

ménquàn 门券 N. entrance ticket M: [1]zhāng

ménr* 门儿 N. ① door; gate ② way to do sth.; knack

mènr 闷儿 N. boring time

mēnrè 闷热[-熱] S.V. sultry; muggy

mēnrén 闷人 S.V. stifling

ménrén* 门人 N. <trad.> ①disciple ②hanger-on/advisor of an aristocrat

mènròu 焖肉 V.O. boil meat in a covered pot

ménrqīng 门儿清 V.P. well-informed; completely aware

ménshàn 门扇 N. door leaf

mén shàng 门上 P.W. on a door

mēnshāo 闷烧[-燒] V. smoulder

ménshé 扪舌 V.O. hold one's tongue

ménshén 门神 N. door-god

ménshēng 门生 N. pupil; disciple; follower M: ge/[1]míng

mēnshēngbùxiǎng 闷声不响[-聲-響] F.E. remain silent

ménshēnggùlì 门生故吏 F.E. disciples and old followers or minor officials; one's intimate party-followers and students

mènshēngmènqì 闷声闷气[-聲-氣] F.E. muffled

ménshényé 门神爷[-爺] N. door-god

ménshì 门市 N. retail sales

ménshìbù 门市部 N. retail sales department; salesroom

ménshī'értán 扪虱而谈 F.E. converse in complete informality

ménshī'éryán 扪虱而言 F.E. converse in complete informality

ménshǒu 门首 N. in front of the door

ménshū* 门枢[-樞] N. ① door hinge ② crux; essential point

ménshú 门塾 N. family school

ménshuān 门闩/栓 N. (door) bolt/bar

mènshuì 闷睡 R.V. sleep soundly

mēnsǐ 闷死 R.V. choke to death; die of suffocation; suffocate *See also* mènsǐ

mènsǐ* 闷死 R.V. be bored to death *See also* mēnsǐ

ménsūn 扪搎 V. feel about; grope

ménsuǒ 门锁 N. gate lock M: [1]bǎ

mèntánzi 闷坛子[-罈-] N. <coll.> ①stoppered jug ② taciturn person; "sphinx"

méntiě 门帖 N. ①couplet pasted on either side of a door ②poster put up in a public place (for rent/etc.) M: [1]zhāng/[1]fèn

méntīng 门厅[-廳] P.W. entrance hall; vestibule

méntíng* 门庭 N. ① area fronting the entrance ② front entrance and courtyard ③ family status

méntíngruòshì 门庭若市 F.E. ① much-visited house ② The shop is doing booming business. ③ The courtyard is like a fair.

mēntóu(r) 闷头(儿) ADV. diligently; with absorbed concentration ♦N. sb. holed up

mēntóumēnnǎo 闷头闷脑[-腦] F.E. be dumb/dimwitted

méntú 门徒 N. disciple; adherent; follower M: ge/[1]míng

mén wài 门外 P.W. outside the door

ménwàihàn 门外汉[-漢] N. layman M: ge/[1]míng

ménwàng 门望 N. family reputation/prestige

ménwèi 门卫[-衛] N. entrance guard; doorkeeper; gatekeeper M: ge/[1]míng

ménwúzábīn 门无杂宾[-雜賓] F.E. ① never associate with bad companions; don't have persons of dubious character come to the family ② cautious in making friends

ménxì 门隙 N. crack in a door or between a door and its frame

ménxià 门下 N. <trad.> ① hanger-on of an aristocrat ② disciple

ménxiàkè 门下客 N. parasitic guest M: ge/[1]míng

ménxiàn 门限 N. <wr.> threshold

mènxiāng 闷香 N. narcotic incense burned to paralyze victims

ménxiànwèichuān 门限为穿 F.E. with the threshold being worn smooth; having numerous guests/customers

ménxiàshì 门下士 N. <trad.> advisors/etc. employed by a powerful family M: ge/[1]míng

ménxīnwúkuì 扪心无愧 F.E. examine oneself and find nothing to be ashamed of

ménxīnzìwèn 扪心自问 F.E. examine one's conscience

ménxù 门婿 N. son-in-law; daughter's husband

ményá 门牙 N. front tooth; incisor M: [1]kē

ményè 门业[-業] N. trade handed down from generation to generation

ményì 门役 N. <trad.> doorkeeper M: ge/[1]míng

ményìn 门荫[-蔭] N. patronage worthy of the respect gained by a family

mènyù 闷郁[-鬱] S.V. gloomy; depressed

mēnzhe* 闷着[-著] V.P. ①refrain from speaking out ② stew

ménzhě 门者 N. doorkeeper; gatekeeper M: ge/[1]míng

[1]**ménzhěn** 门诊 N. outpatient service

[2]**ménzhěn** 扪诊 N. <med.> palpation

ménzhěn bìngrén 门诊病人 N. outpatient; clinic patient M: ge/[1]míng

ménzhěnbù 门诊部 P.W. clinic; outpatient department

ménzhěnshì 门诊室 P.W. clinic; outpatient department; consultation room M: [1]jiān

mènzhì 闷窒 S.V. stuffy; suffocating; stifling; close

[1]**ménzhōng** 门中 P.W. the middle of a door

[2]**ménzhōng** 门钟[-鐘] N. doorbell

ménzhóu 门轴 N. door axle

[1]**ménzhù** 门柱 N. doorpost

[2]**ménzhù** 扪住 R.V. touch; stroke

ménzi 门子 N. ① <trad.> doorman ② hanger-on of an aristocrat ③ knack ④ door
mènzichē 闷子车 N. boxcar M: [3]*liàng*
ménzihuò 门子货 N. <coll.> sb. who gets a job because of connections rather than knowledge
ménziyìng 门子硬 V.P. <topo.> have influential connections
mēnzuìhúlu 闷嘴葫芦[-蘆] F.E. silent person
ménzuò 门祚 N. family fortune
[1]**mī** 眯/瞇 V. ① squint ② <topo.> nap ③ <slang> embezzle *See also* [3]*mí*
[2]**mī** 咪 in *mīmī, māmī*
[1]**mí** 迷 V. ① enchant; become enchanted with ② lose one's bearings ♦B.F. fan; enthusiast *qiúmí*
[2]**mí** 谜[謎] N. ① riddle; conundrum ② enigma; mystery *See also* [7]*mèi*
[3]**mí** 眯/瞇 V. get sth. in one's eye *Tā ~le yǎn le.* He got sth. in his eye. *See also* [1]*mī*
[4]**mí** 弥[彌] ADV. more; even more ♦B.F. fully; all-inclusive [1]*mímàn* ♦in *Ēmítuófó, shāmí*
[5]**mí** 靡 B.F. waste [1]*mífèi, fúmí See also* [2]*mǐ*
[6]**mí** 糜 B.F. ① gruel; porridge ② spoiled; ruined *mílàn See also* [14]*méi*
[7]**mí** 醚 B.F. ether *yǐmí, mázuìyòng-mí*
[8]**mí** 麋 B.F. elk [2]*mílí, kǒumí*
[9]**mí** 猕[獼] in *míhóu, míhóutáo*
[10]**mí** 蘼 in *mílàn,* [1]*túmí*
[11]**mí** 醾 in [2]*túmí*
Mí 祢[禰] N. Surname
[1]**mǐ*** 米 N. ① rice ② Surname ♦B.F. shelled/husked grain, etc. *gāoliangmǐ, huāshēngmǐ* ♦M. <loan> meter
[2]**mǐ** 靡 B.F. blown over by the wind [2]*mǐlì, pīmǐ See also* [5]*mí*
[3]**mǐ** 弭 B.F. stop; suppress; put down *mǐchú, xiāomǐ*
[4]**mǐ** 敉 B.F. pacify; soothe *mǐníng, mǐpíng*
[5]**mǐ** 脒 N. <chem.> amidine
[1]**mì** 密 S.V. ① dense; thick ② intimate; close ③ fine; meticulous ♦B.F. secret [1]*mìmì* ♦N. <txtl.> density
[2]**mì** 蜜 N. honey ♦B.F. sweet [1]*tiánmì*
[3]**mì** 觅[覓] B.F. seek *xúnmì*
[4]**mì** 秘 B.F. ① secret [1]*mìmì* ② secretary *mìshū See also Bì*
[5]**mì** 幂[冪] N. ① <wr.> cloth cover ② <math.> power ♦V. <wr.> cover with cloth
[6]**mì** 泌 B.F. secrete [1]*fēnmì, mìniào*
[7]**mì** 谧[謐] B.F. quiet; peaceful [3]*mìmì, ānmì*
[8]**mì** 嘧 in *mìdìng*
[1]**Mì** 汨 *river name* in *Mìluó*
[2]**Mì** 宓 N. Surname
[1]**mián** 棉 N. cotton ♦B.F. cotton-padded *mián'ǎo*
[2]**mián** 眠 B.F. ① sleep *shuìmián* ② dormancy *dōngmián* ♦V. enter a dormant state
[3]**mián** 绵[綿] B.F. ① silk *miánshā* ② continuous *liánmián*
[4]**mián** 瞑 in *miánxuàn See also* [8]*míng*
[1]**miǎn** 免 V. ① exempt; excuse ② dismiss; fire ③ avoid; refrain from ④ be not allowed
[2]**miǎn** 勉 B.F. ① strive to; do with considerable effort *miǎnqiǎng* ② exhort to [1]*miǎnlì*
[3]**miǎn** 缅[緬] B.F. remote *yǒumiǎn, wǎngshì-miǎnhuái* ♦in *Miǎndiàn, miǎnqié*
[4]**miǎn** 偭 B.F. ① toward ② face toward ③ violate *miǎnguīyuèjǔ*
[5]**miǎn** 冕 B.F. crown; official cap *miǎnfú, jiāmiǎnlǐ*
[6]**miǎn** 娩 B.F. give birth *fēnmiǎn See also* [6]*wǎn*
[7]**miǎn** 湎/沔 B.F. sunk/mired in [2]*miǎnyú, chénmiǎn, dānmiǎn See also Miǎn*
[8]**miǎn** 眄 in *ēnmiǎn, gùmiǎn See also* [3]*miàn*
[9]**miǎn** 腼[靦] in *miǎntian See also* [4]*tiǎn*
Miǎn 沔 B.F. *river name Miǎnshuǐ See also* [7]*miǎn*
[1]**miàn*** 面 B.F. ① face *miànkǒng* ② "face"; personal esteem *miànzi* ③ to face *miànduì* ④ surface; top *shàngmian* ⑤ cover; outside *biǎomiàn* ⑥ side; aspect *fāngmiàn* ⑦ superficial *miànyǒu* ♦SUF. ① used on terms of localization or direction *qiánmian, wàimian* ② extent; range; scale; scope *quánmiàn, piànmiàn, shíyànmiàn* ♦M. *for mirrors/flags/etc. See also* [2]*miàn*
[2]**miàn** 面[麵] N. ① noodles (made with wheat flour) ② (wheat) flour ♦B.F. ① foods made with wheat flour *miànbāo* ② powder-like *hújiāomiànr* ♦S.V. <topo.> ① soft and floury ② weak; lax; slow *See also* [1]*miàn*
[3]**miàn** 眄 B.F. look askance at [5]*miànshì, miànnì, miànlài See also* [8]*miǎn*
mí'àn 迷岸 N. <Budd.> the shore of delusion
miàn'àn 面案[麵-] N. preparation of food from flour
mián'ǎo 棉袄[-襖] N. cotton-padded/quilted jacket M: [2]*jiàn*
miánbáitáng 绵白糖 N. powdered sugar
miǎnbàn 免办[-辦] V. dispense with (doing sth.)
miànbǎn* 面板 N. <mach.> ① panel board; front panel ② surface veneer
miánbāo 棉包 N. bale of cotton
miànbāo* 面包[麵-] N. bread M: *ge/*[2]*zhī*
miànbāochē 面包车[麵-] N. minibus; van M: [3]*liàng*
miànbāodāo 面包刀[麵-] N. bread knife M: [1]*bǎ*
miànbāodiàn 面包店[麵-] N. bakery M: [1]*jiā*
miànbāo díshì 面包的士[麵-] N. taxi van M: [3]*liàng*
miànbāofáng 面包房[麵-] N. bakery M: [1]*jiā*
miànbāogān 面包干[麵-乾] N. rusk M: [2]*kuài*
miànbāoguǒ 面包果[麵-] N. <bot.> breadfruit
miànbāo huì yǒu de 面包会有的[麵-] <coll.> ID. be likely to improve (of one's life)
miànbāolú 面包炉[麵-爐] N. bread oven M: [4]*zuò*
miànbāopiàn(r) 面包片(儿)[麵-] N. bread slices M: [1]*piàn/*[2]*kuài*
miànbāopír 面包皮儿[麵-] N. bread crust
miànbāoquān(r) 面包圈(儿)[麵-] N. doughnut; fried bread ring
miànbāoshī 面包师[麵-師] N. baker M: *ge/*[1]*míng/*[2]*wèi*
miànbāo shīfu 面包师傅[麵-師-] N. baker M: *ge/*[1]*míng/*[2]*wèi*
miànbāoshù 面包树[麵-樹] N. <bot.> breadfruit tree M: [2]*kē*
miànbāoxiè 面包屑[麵-] N. breadcrumb
miànbāozhār 面包渣儿[麵-] N. bread crumbs; scraps of bread
miánbèi 棉被 N. quilt with cotton wadding M: [1]*tiáo*
miánbèiduàn 棉背缎 N. black sateen
miánbèixīn 棉背心 N. winter vest filled with cotton M: [2]*jiàn*
miànbì 面壁 V.O. engage in pursuing sth. difficult
miànbìgōngshēn 面壁功深 F.E. profound wisdom obtained from lengthy meditation/concentration
[1]**miànbǐng** 面饼[麵-] N. cake M: [2]*kuài*
[2]**miànbǐng** 面禀[-稟] V. report face to face (to superior)
miànbìsīguò 面壁思过 F.E. criticize oneself
miánbó 绵/棉薄 F.E. <humb.> (my) meager strength/effort
miànbó* 面薄 V.P. thin-skinned; shy; sensitive
miánbówēilì 绵薄微力 F.E. <humb.> my puny efforts
miánbù* 棉/绵布 N. cotton cloth M: [2]*kuài*
miànbù 面部 N. face
miànbù biǎoqíng 面部表情 N. facial expression/gesture
miǎnbude 免不得 R.V. have to; can't avoid
miǎnbudiào 免不掉 R.V. can't be avoided/waived
miànbùgǎisè 面不改色 V.P. not bat an eyelid
miǎnbuliǎo 免不了 R.V. be unavoidable
miànchá 面茶[麵-] N. seasoned millet mush
miáncháng 绵长 V.P. continuous; prolonged
miǎnchángzhàiwù 免偿债务[-償-務] V.O. forgive a debt
miànchén 面陈 V. <wr.> state face-to-face; deliver/report to a superior in person
miànchéng 面呈 V. deliver personally (to a superior)
miànchì 面斥 V. reprimand to one's face
miánchóu 绵绸 N. fabric made from waste silk
miǎnchū 娩出 R.V. be delivered of (a child); give birth to
miǎnchú* 免除 V. ① prevent; avoid ② remit; exempt; relieve
miǎnchù 免黜 V. ① dismiss; fire ② degrade
miǎnchū sǐtāi 娩出死胎 V.O. abort
miàncí 面辞[-辭] V. go to say good-bye to sb.; take leave of sb.
miàncóng 面从[-從] V. <wr.> agree in a superior's presence but grumble behind his back
miàncónghòuyán 面从后言[-從後-] F.E. compliant to sb.'s face but carping behind his back
miàncóngxīnwéi 面从心违[-從-違] F.E. <wr.> agree in superior's presence but grumble behind his back
miándài 绵代 N. successive generations
miàndài* 面带[-帶] V. wear (on the face)
miàndài bìngróng 面带病容[-帶--] V.P. look sick
miàndài chóuróng 面带愁容[-帶--] V.P. look worried
miàndàir 面袋儿[麵-] N. bags for flour
miàndài wēixiào 面带微笑[-帶--] V.P. with a smiling face
miàndài xiàoróng 面带笑容[-帶--] V.P. with a smile on one's face
miàndài xiàoyì 面带笑意[-帶--] V.P. with the hint of smile
miǎnde 免得 CONJ. so as not to; so as to avoid
miàndī 面的[麵-] N. taxi van
Miǎndiàn* 缅甸 P.W. Burma
miàndiàn 面店[麵-] P.W. noodle shop/restaurant M: [1]*jiā*
Miǎndiànyǔ 缅甸语 N. Burmese language
miàndì-cíchéng 面递辞呈[-遞辭-] V.P. personally hand in a request to resign
miàndòu 面豆 N. <med.> smallpox
miànduì 面对[-對] V. face; confront
miànduìkōng 面对空[-對-] ATTR. surface-to-air
miànduìmiàn 面对面[-對-] V.P. face-to-face
miànduìmiàn jiāojì 面对面交际[-對--際] N. face-to-face communication
miànduìmiàn jiāowǎng 面对面交往[-對---] N. <lg.> face-to-face interaction
miànduìmiàn xiānghù zuòyòng 面对面相互作用[-對-----] N. <lg.> face-to-face interaction
miándùn 绵顿 V.P. seriously ill
miǎn'é 免额 N. exempted amount; exemption
miàn'é* 面额 N. ① denomination (of banknotes) ② forehead
miàn'è 面恶[-惡] N. ferocious look
miàn'èr 面二[麵-] N. <coll.> kitchen helper in a noodle restaurant
Mián'ěrtōng 眠尔通 N. <loan> Miltown (a medicine)
miǎnfá 免罚 N. impunity
miànfàn 面泛 A.T. extensive
miánfǎng* 棉纺 N. cotton spinning
miànfáng 面坊[麵-] N. noodle factory M: [4]*zuò/*[1]*jiā*
miànfǎng 面访 V. interview ♦N. face-to-face talk
miánfǎngchǎng 棉纺厂[-廠] P.W. cotton mill M: [1]*jiā*
miánfǎngjī 棉纺机 N. cotton-spinning machine M: [1]*tái*
miànfāngrútián 面方如田 ID. wish sb. wealth and honor
miánfǎngzhī 棉纺织[-織] N. ① cotton fabrics/textiles ② cotton spinning and weaving

miánfǎng zhīpǐn 棉纺织品[--織-] N. cotton fabrics/textiles M: [2]*jiàn*

miánfǎng zhīyè 棉纺织业[-織業] N. cotton-textile industry

miǎnfèi* 免费 V.O. be free of charge; be gratis

miànféi 面肥[麵-] N. ① leavening dough; leaven ② <agr.> topdressing

miànfěn 面粉[麵-] N. wheat flour

miànfěnchǎng 面粉厂[麵-廠] P.W. flour mill M: [1]*jiā*

miánfú 棉凫[-鳧] N. <zoo.> cotton teal

miǎnfú 冕服 N. official costume M: [2]*jiàn*

miànfù* 面缚 V. tie the hands behind the back

miǎnfúbīngyì 免服兵役 F.E. be exempt from military service

miánfǔchóu 棉府绸 N. cotton poplin

miànfùyúchèn 面缚舆榇[-櫬] F.E. give up resistance and ask for punishment

miàngào 面告 V. tell in person

miàngé 面革 N. upper leather

miàngēda 面疙瘩[麵-] N. doughball

miángèn 绵亘 V. stretch in an unbroken chain (e.g., mountains)

miǎngēngfǎ 免耕法 N. <agr.> method of plowless farming

miǎngēng nóngyè 免耕农业[-農業] N. no-tillage farming

miàngòu 面垢 N. ① dirt on one's face ② <Ch. med.> unhealthy complexion

miànguā 面瓜 ID. <coll.> good-for-nothing

[1]**miǎnguān** 免冠 V.O. doff a hat (in salutation) ♦ATTR. bareheaded

[2]**miǎnguān** 免官 V.O. be removed from an official position

miànguǎng 面广[-廣] S.V. extensive

miǎnguān-xiàng 免冠相 N. hatless picture (for a passport/etc.)

miǎnguān xiàngpiàn 免冠相片 N. hatless picture (for a passport/etc.) M: [1]*zhāng*

miǎnguì 免贵 V. don't be (so) formal *Nín guìxìng?. . . ~, xìng Liú.* What's your (honorable) surname?. . . Don't be so formal, my surname is Liu.

miǎnguīyuèjǔ 偭规越矩 F.E. violate the rules

miànhǎi 面海 V.O. face the sea

miànhǎibèishān 面海背山 F.E. face the sea with hills for a background

miánhé 绵和 V.P. mild; gentle

miàn hé xīn bù hé 面和心不和 F.E. remain friendly in appearance but estranged at heart; be a friend only on the surface

miànhóng 面红 V.P. blush

miànhóng'ěrchì 面红耳赤 F.E. be flushed with anger

miànhóng'ěrrè 面红耳热[-熱] F.E. be red in the face; be flushed

miànhóngguò'ěr 面红过耳 F.E. flush up to one's ears

miánhónglíngchóng 棉红铃虫[-蟲] N. pink bollworm M: [2]*zhī*

miánhóngzhīzhū 棉红蜘蛛 N. two-spotted spider mite M: [2]*zhī*

miánhóu(r)* 棉猴(儿) N. hooded cotton-padded coat; knee-length parka M: [2]*jiàn*

miǎnhòu 娩后[-後] F.E. puerperium

miànhu* 面糊[麵-] S.V. <topo.> soft and floury *See also miànhù*

miànhù 面糊[麵-] N. ① cooked flour paste (as food) ② flour paste; batter *See also miànhu*

miánhua 棉花 N. cotton

miánhuābù 棉花布 N. cotton cloth M: [2]*kuài*/[1]*pǐ*

miánhuádání 棉华达呢[-華達-] N. cotton gabardine M: [2]*kuài*/[1]*pǐ*

miánhua huǒyào 棉花火药[-藥] N. gun cotton

miǎnhuái 缅怀[-懷] V. cherish the memory of

miànhuángjīshòu 面黄肌瘦 F.E. emaciated and haggard

miánhuaqiān(r) 棉花签(儿) N. cotton swab

miánhuāqū 棉花蛆 N. <topo.> pink bollworm M: [1]*tiáo*

miánhuāsùliǔ 眠花宿柳 ID. visit prostitutes; go whoring

miánhuatāi 棉花胎 N. <topo.> cotton batting M: [1]*tiáo*

miánhuātào(zi) 棉花套(子) N. cotton wadding (for a quilt)

miánhuaxiàn 棉花线 N. cotton thread M: [2]*gēn*

miánhuayào 棉花药[-藥] N. pesticide for cotton fields

miánhuāzǐ 棉花子 N. cottonseed

miànhuì 面会 V. meet

miánhūn 棉婚 N. second wedding anniversary

miánhuó 棉活 N. work of unpicking and washing cotton-padded clothes

miánhuǒyào 绵火药[-藥] N. pyroxyline

miànhútuán 面糊团[麵-團] N. simpleton

miànjī 面积[-積] N. surface area

miànjiá 面颊[-頰] N. cheek

miǎnjiǎn 免检 V. exempt from inspection

miánjiǎnchóu 棉茧绸[-繭-] N. cotton-silk fabric M: [2]*kuài*/[1]*pǐ*

miànjiàng 面酱[麵醬] N. fermented flour paste

miǎnjiǎo 免缴 V. exempt from payment/taxation

miànjiāo* 面交 V. deliver sth. in person ♦N. an acquaintance

miánjiǎobān 棉角斑 N. angular leaf spot of cotton

miǎnjiāo suǒdéshuì 免交所得税 V.O. free of income tax

miànjiāozhīyǒu 面交之友 N. know each other by chance M: *ge*/[1]*míng*/[2]*wèi*

miànjin 面筋[麵-] N. gluten

miànjīn* 面巾 N. <topo.> towel; facecloth; washcloth

miǎnjìn lìliang 勉尽力量[-盡--] V.O. do one's best

miànjìnr shìde 面劲儿似的[麵勁-] ATTR. <topo.> sheeplike; unassertive; timid

miànjīnzhǐ 面巾纸 N. facial tissues M: [1]*zhāng*/*hé*

miànjù 面具 N. mask

miánjuǎn(r) 棉卷(儿) N. <txtl.> lap

miǎnkāizūnkǒu 免开尊口[-開--] F.E. ① No comments, please. ② Please keep your mouth shut.

miànkǒng 面孔 N. face M: [1]*zhāng*

miànkòngzhì 面控制 N. area traffic control

miánkù 棉裤 N. cotton-padded pants M: [1]*tiáo*

miànkuān 面宽[-寬] N. width; breadth

miànkuī 面盔 N. visor

miánkūwěibìng 棉枯萎病 N. fusarium wilt of cotton

miànlài 眄睐 V. <wr.> ① glance sideways ② cast loving glances

miànlǎowōguā 面老倭瓜 F.E. <topo.> wizened; shriveled and decrepit

[1]**miánlì** 绵力 N. <humb.> limited strength

[2]**miánlì** 绵历[-歷] N. <wr.> continuous flow of time

miǎnlǐ 免礼[-禮] V.O. don't stand on ceremony

[1]**miǎnlì*** 勉励[-勵] V. encourage; urge

[2]**miǎnlì** 勉力 ADV. make an effort to; try hard

miánlián 绵联[-聯] V.P. continuous; unbroken

miànliào 面料 N. material to make clothing M: [2]*kuài*

miánlǐcángzhēn 绵里藏针[-裡--] ID. iron hand in a velvet glove

miǎnlì'érwéi 勉力而为 F.E. try one's best

miànlín 面临[-臨] V. be faced with; be up against

miànlín dào 面临到[-臨-] R.V. face; be faced with; be confronted with

miánlíng* 棉铃 N. cotton boll

miànlíng 面聆 V. <court.> hear sb.'s words of wisdom in person

miánlíngchóng 棉铃虫[-蟲] N. bollworm M: [2]*zhī*

miànlíng jiàoyì 面聆教益 V.O. benefit from your advice

miǎnliú 冕旒 N. ceremonious hat of the emperor and high officials with jade tassels

miǎnlìwéizhī 勉力为之 F.E. do one's best

miǎnlìxiàngxué 勉力向学 F.E. strive in one's studies

miánlǐzhēn 绵里针[-裡-] N. cruelty hidden behind a friendly appearance

miànlùbù'ān 面露不安 F.E. An anxious expression came into sb's face.

miànlùbùyuè 面露不悦 F.E. The face became clouded.

miànmào 面貌 N. ①face; features ②appearance; look; aspect

miánmáojī 棉毛机 N. interlock (knitting) machine M: [1]*tái*

miánmáokù 棉毛裤 N. knitted cotton trousers M: [1]*tiáo*

miánmáoshān 棉毛衫 N. knitted cotton jersey M: [2]*jiàn*

miánmáoshānbù 棉毛衫布 N. cotton interlock (fabric) M: [2]*kuài*

miànmàoyīxīn 面貌一新 F.E. take on a completely new look

miànmǎr 面码儿[麵-] N. vegetables mixed with noodles when served

miànmén 面门 N. ① face <Budd.> ② mouth

miánménlián 棉门帘[-簾] N. padded door curtain M: [2]*kuài*/[2]*dào*

miánmì 绵密 V.P. thoughtful and meticulous; detailed; circumspect

miánmián* 绵绵 R.F. continuous; unbroken

[1]**miànmiàn** 面面 ADV. in every side/aspect

[2]**miànmiàn** 眄眄 R.F. ①looking askance ② dull-looking

miánmiánbùduàn 绵绵不断[-斷] F.E. continuously; endlessly

miánmiánbùjué 绵绵不绝[-絕] F.E. continuously; endlessly

miánmián de 绵绵地 ADV. ① continuously ② softly

miánmiánguādié 绵绵瓜瓞 ID. have prosperous descendants

miànmiànguān 面面观[-觀] N. comprehensive analysis

miànmiànjùdào 面面俱到 F.E. attend to every aspect of a matter

miǎnmiǎnqiǎngqiáng 勉勉强强[-強強] R.F. ① reluctantly; with half a heart; unwillingly ② barely; narrowly

miànmiànxiāngqù 面面相觑 F.E. look at each other in blank dismay

miánmiánxìyǔ 绵绵细语 F.E. whisper continually

miánmiánxùyǔ 绵绵絮语 F.E. whisper continually

miánmiǎo* 绵邈 <wr.> V.P. far back in time; faraway; remote

miǎnmiǎo 缅邈 V.P. far; remote

miànmìng 面命 V. personally give orders

miànmó 面膜 N. face-pack; mask

miànmù 面目 N. ① face; features; visage ② appearance; look; aspect ③ self-respect; honor; sense of shame; face

miànmùjiēfēi 面目皆非 F.E. change completely in appearance

miànmùkězēng 面目可憎 F.E. be repulsive in appearance

miànmùquánfēi 面目全非 F.E. be changed/distorted beyond recognition

miànmùquánxīn 面目全新 V.P. change beyond recognition; undergo a complete change

miànmùyīxīn 面目一新 F.E. assume a new aspect

miànmùzhēngníng 面目狰狞[-猙獰] F.E. ferocious features; a vile visage

miànnánchēngwáng 面南称王[--稱-] F.E. act like a king

miànnánzuòběi 面南坐北 F.E. facing the south and with the north at one's back

miànnèn 面嫩 V.P. ① younger-looking ② shy

miànnì 眄睨 V. look askance

miǎnniàn 缅念 V. miss; cherish the memory of

miánnóng 棉农[-農] N. cotton grower M: *ge*/[1]*míng*

M

miànpán 面般 N. facial configuration
miànpáng(r) 面庞(儿) N. contours of the face; face
miánpáo(r)* 棉袍(儿) N. cotton-wadded gown M: ^{2}jiàn
miànpào 面疱[-皰] N. pimple on the face
miánpáozi 棉袍子 N. cotton-wadded gown M: ^{2}jiàn
miànpén 面盆 N. ① <topo.> washbasin ② bowl for kneading dough M: ge/^{2}zhī
miànpí 面皮 N. ① facial skin; complexion ② feelings; sensitivity ③ <topo.> flour wrappings for meat fillings ④ upper surface/skin of a military drum ⑤ fine leather as exterior covering for bags/etc.
miǎnpiào* 免票 N. free pass/ticket ♦V.O. be free of charge
miànpiào 面票[麵-] N. wheat flour coupon
miànpí báo 面皮薄 V.P. have a strong sense of shame
miànpí hòu 面皮厚 V.P. be shameless/thick-skinned
miànpīr 面坯儿[麵-] N. <coll.> cooked noodles before adding sauce
miànqià 面洽 V. discuss with sb. face to face
miánqiān* 棉签 N. cotton swab
miǎnqiān 免签 V.P. visa exemption
miànqián 面前 N. in the face of; in front of; before; facing
miǎnqiǎng* 勉强[-強] V. ① force sb. to do sth. ② do with difficulty ♦S.V. unconvincing; strained ♦ADV. ① reluctantly; grudgingly *Tā ~ xiàole yīxià.* He forced a smile. ② barely enough *Tā ~ néng shuō jǐ jù Fǎyǔ.* She can speak only a little French.
miànqiáng 面墙[-牆] V.O. ① face a wall ② be unlearned
miànqiáng'érlì 面墙而立[-牆--] F.E. stand facing the wall ♦ID. be ignorant because of not attending to learning
miǎnqiǎng yī xiào 勉强一笑[-強--] V.P. force a smile
miànqǐbǐng 面起饼[麵-] N. a kind of wheat-flour bun/cake
miǎnqié 缅茄 N. <bot.> Shan pahudia; *Pahudia xylocarpa*
miànqǐng* 面请 V. request in person
miànqìng 面罄 N. <wr.> explain in detail personally
miánqiú 棉球 N. cotton ball/puff
miànqǐzi 面起子[麵-] N. yeast
miǎnqù 免去 R.V. ① dismiss from an official position ② void
miànr 面儿 N. ① face ② surface; the exterior
miǎnrán 缅然 V.P. distant; remote
miànrén(r) 面人(儿)[麵-] N. dough figurine
miánróng 棉绒 N. cotton velvet
miànróng* 面容 N. facial features; face
miánruǎn 绵软 S.V. ① soft ② weak
miànruǎn 面软 V.P. over-sensitive
miànrúcàisè 面如菜色 F.E. greenish coloring of a starveling
miànrúchóngzǎo 面如重枣[-棗] F.E. a face redder than dates
miànrúfāngtián 面如方田 F.E. ① square-faced ② a face presaging good fortune
miànrúguānyù 面如冠玉 F.E. be very handsome
miánruò 绵弱 V.P. soft; weak
miànrúqíxīn 面如其心 F.E. One's face reveals one's heart.
miànrúsǐhuī 面如死灰 F.E. be deathly pale
miànrútǔsè 面如土色 F.E. look ashen/pale
miǎnsāng 免丧[-喪] V.O. remove mourning dress
miànsè 面色 N. ① complexion ② facial expression
miànsècāngbái 面色苍白[--蒼-] F.E. look pale
miànsèrúshēng 面色如生 F.E. look as if still alive
miànsèzhòubiàn 面色骤变[-變] F.E. One's countenance suddenly changes.
miánshā* 棉/绵纱 N. cotton yarn
miànshā 面纱 N. veil
miánshāchǎng 棉纱厂[-廠] P.W. cotton textile mill M: ^{1}jiā
miànshàn 面善 S.V. ① familiar-looking ② benign
miànshànbùshú 面善不熟 F.E. Sb.'s face looks familiar but one is not acquainted with him/her.
miànshang 面上 P.W. overall; general
miànshāng* 面商 V. discuss with sb. face to face
miànshàngwúguāng 面上无光 F.E. lose face
miànshànxīn'è 面善心恶[-惡] F.E. have the semblance of an angel but the heart of a devil; be a wolf in sheep's clothing
miànshànxīnxiǎn 面善心险 F.E. have the semblance of an angel but the heart of a devil; be a wolf in sheep's clothing
miànshànxīnzhà 面善心诈 F.E. look honest but actually be full of cunning and deceit
miánshātóu 棉纱头 N. (cotton) waste
miǎnshēn 免身 V.O. give birth to a baby
miánshéng 棉绳[-繩] N. cotton cord M: ^{2}gēn
miànshēng* 面生 S.V. unfamiliar-looking
miànshēngxǐsè 面生喜色 F.E. wear a happy expression; look happy
miànshénjīng 面神经[-經] N. facial nerve
miǎnshì 免试 V.O. be excused from an exam
miànshí* 面食[麵-] N. cooked wheaten food
^{1}**miànshì** 面试 V.O./N. interview; audition
^{2}**miànshì** 面世 V.O. ① reach public attention ② be published
^{3}**miànshì** 面饰 N. ① facial ornament ② <archi.> outside decoration M: ^{2}jiàn
^{4}**miànshì** 面市 V.O. come on the market
^{5}**miǎnshì** 眄视 V. <wr.> give a sidelong glance
miǎnshìshēngxué 免试升学 F.E. enter a school without taking an entrance examination
miǎnshōu 免收 V. void (payment/etc.)
miànshǒu 面首 N. <trad.> ① gigolo ② catamite
miànshòu* 面授 V. instruct personally
miànshòu jīyí 面授机宜 V.O. give a confidential briefing
miànshú 面熟 S.V. familiar-looking
miànshuāng 面霜 N. cosmetic cream
miànshúbùxiáng 面熟不详 F.E. That person looks familiar but I can't place him.
Miǎnshuǐ 沔水 P.W. section of the Han River in Shaanxi
miǎnshuì* 免税 V.O. exempt from taxation ♦ATTR. tax-free; duty-free
miǎnshuì fàngxíng 免税放行 V.P. release without payment of duty
miǎnshuì kǒu'àn 免税口岸 N. duty-free port
miǎnshuì lìyì 免税利益 N. <acct.> tax-free profit
miǎnshuì màoyì bànfǎ 免税贸易办法[----辦-] N. non-tariff trade measures
miǎnshuì shāngdiàn 免税商店 P.W. duty-free shop M: ^{1}jiā
miánsīmèngxiǎng 眠思梦想[--夢-] F.E. long for sb. even in dreams
miànsìtáohuā 面似桃花 ID. have rosy cheeks; have a pretty face
miǎnsǐzhuàng 免死状[-狀] N. <trad.> reprieve from the death penalty M: ^{1}zhāng
miǎnsú 免俗 V.O. ignore etiquette/formality
miǎnsù* 免诉 N. <law> no grounds to prosecute
miànsù 面塑[麵-] N. dough modelling
miántǎn 棉毯 N. cotton blanket M: ^{1}tiáo
miǎntán 免谈 V. Let's not talk about (sth.); You might just as well save your breath.
miàntán* 面谈 V./N. discuss face to face
miàntāng 面汤[麵湯] N. ① water in which noodles have been boiled ② <topo.> ⓐnoodles in soup ⓑ hot water to wash face
miántànjūbìng 棉炭疽病 N. anthracnose of cotton
miántáo(r)* 棉桃(儿) N. cotton boll
miántào 棉套 N. cotton-padded covering
^{1}**miántián*** 棉田 N. cotton field M: ^{2}kuài/^{1}piàn
^{2}**miántián** 绵甜 V.P. moderately sweet
miǎntian 腼腆[靦-] S.V. shy; bashful
miántiáo 棉条[-條] N. <txtl.> sliver
miàntiáo(r)* 面条(儿)[麵條-] N. noodles M: wǎn/^{2}gēn
miǎntòng 娩痛 N. labor pains
miàntuán(r) 面团(儿)[麵團-] N. dough
miàntuántuán 面团团[麵團團] R.F. fat (of face)
^{1}**miàntuō** 面托 V. ask sb. to do sth. in person
^{2}**miàntuō** 面脱 N. emaciated face
miǎnwéiqínán 勉为其难[-難] F.E. undertake to do a difficult job as best one can
miànwén 面纹 N. facial wrinkles
miànwù 面晤 V. ① interview ② formally exchange views
miànwúbiǎoqíng 面无表情 F.E. poker-faced; expressionless
miànwúrénsè 面无人色 F.E. look ghastly pale
miànwúxiěsè 面无血色 F.E. look ghastly pale
miǎnxī 娩息 N. propagate; breed
miánxiàn* 棉线 N. cotton thread M: ^{2}gēn
miànxiàn 面线[麵-] N. wheat-flour vermicelli
miánxiāng 绵香 V.P. mildly scented/flavored
miǎnxiǎng 缅想 V. think of (past events)
^{1}**miànxiàng*** 面向 V. ① face toward ② be geared to the needs of; cater to
^{2}**miànxiàng** 面相 N. <topo.> ① face; aspect ② facial features; looks; appearance
miànxiàng èrshíyī shìjì 面向二十一世纪 V.O. gear to the 21st century
miànxiàng jīqì de yǔyán 面向机器的语言 N. <comp.> machine-oriented language
miànxiàng nóngcūn 面向农村[--農-] V.O. take rural villages as the point of departure for certain tasks
miànxiàng qúnzhòng 面向群众[-眾] V.O. face in the direction of the masses
miànxiàngxué 面相学 N. physiognomy
miǎnxǐcānjù 免洗餐具 N. disposable dishes
miánxié* 棉鞋 N. cotton-padded shoes M: ^{1}shuāng
miánxiè 棉屑 N. cotton rags; cotton waste
miànxiè 面谢 V. personally thank
miǎnxíng 免刑 V.O. exempt from punishment
miànxíng* 面形/型 N. shape of the face
miànxīn lìfāngtǐ 面心立方体[-體] N. face-centered cubic structure
miǎnxiū 免修 V.O. exempt from taking (a course)
^{1}**miánxù*** 棉絮 N. cotton fiber/batting
^{2}**miánxù** 绵续[-續] V. continue; succeed ♦ADV. endlessly; in a row; continuously; in close succession
miànxù 面叙[-敘] V. chat face-to-face
miánxuàn 瞑眩 <wr.> V. feel dizzy and upset ♦N. medicine with side effects
miányá(chóng) 棉蚜(虫)[-(蟲)] N. cotton aphid M: ^{2}zhī
miányán* 绵延 V.P. be continuous; stretch long and unbroken
miǎnyàn 免验 V. exempt from inspection
miànyán 面颜 N. ① face ② appearance; looks
miányánbùjìn 绵延不尽[-盡] F.E. stretch endlessly
miǎnyànfàngxíng 免验放行 F.E. pass without examination (P.W.E.)
miányáng 绵羊 N. sheep M: ^{2}zhī
miányángmáo 绵羊毛 N. sheep wool
miányángpí 绵羊皮 N. sheepskin M: ^{1}zhāng
miǎnyànzhèng 免验证[-證] N. *laissez-passer*
miányào 棉药[-藥] N. cotton charge
miànyāo* 面邀 V. invite in person
miànyè 面谒 V. call on a superior/elder
miányī 棉衣 N. cotton-padded clothes M: ^{2}jiàn
^{1}**miǎnyì*** 免疫 <med.> ATTR. immune ♦N. immunity
^{2}**miǎnyì** 免役 V.O. exempt from service
miànyì 面议[-議] V. negotiate face-to-face; discuss
miǎnyìlì 免疫力 N. immunity (from disease)

miǎnyì liáofǎ 免疫疗法[--療-] N. immunotherapy
Miǎnyīn 缅因 P.W. Maine
miànyǐng 面影 N. shape of the face
miǎnyìtǐ 免疫体[-體] N. immune body
miǎnyìxìng 免疫性 N. <med.> immunity
miǎnyì xìtǒng 免疫系统 N. immunity system
miǎnyìxué 免疫学 N. <med.> immunology
miǎnyì xuèqīng 免疫血清 N. immune serum
miǎnyòngcí 免用词 N. limited-use word
miànyǒu 面友 N. ① acquaintance ② superficial friend M: ge/[1]míng/[2]wèi
miànyǒucàisè 面有菜色 F.E. look famished
miànyǒunánsè 面有难色[--難-] F.E. show signs of reluctance/embarrassment
miànyǒunísè 面有忸色 F.E. look shy/ashamed
miànyǒuyōusè 面有忧色[--憂-] F.E. look worried
[1]**miǎnyú*** 免于[-於] V.P. avoid; avert
[2]**miǎnyú** 湎于[-於] V.P. indulge
miànyú 面谀 V. flatter before one's face
[1]**miànyù** 面谕 N. <court.> instructions given in person
[2]**miànyù** 面誉[-譽] V. praise sb. in his presence
miányuǎn 绵远[-遠] V.P. remote (in time/space)
miànyùbèihuǐ 面誉背毁[-譽-毀] F.E. praise sb. to his face and abuse him behind his back
miǎnyújiǔ 湎于酒[-於-] V.P. be addicted to alcohol
miányún 眠云[-雲] ID. live in the mountains (as a hermit)
miǎnyú qǐsù 免于起诉[-於--] V.P. be exempt from prosecution (by the court)
miànzào 面皂 N. black face
miànzé 面责 V. scold sb. to his face
miànzhàng 面杖[麵-] N. rolling pin M: [2]gēn
miǎnzhànpái 免战牌[-戰-] N. <hist.> "white flag" of surrender M: [2]kuài
miànzhào 面罩 N. face guard; visor; screen
miànzhàohánshuāng 面罩寒霜 ID. A cloud passes over one's face.
miànzhé 面折 V. scold sb. to his face
miǎnzhēng 免征[-徵] V.O. exempt from state tax(es)
miànzhérénguò 面折人过 F.E. scold sb. to his face
miànzhétíngzhēng 面折廷争[-爭] F.E. debate/argue before the emperor in court
miánzhī 棉织[-織] N. cotton textiles/fabrics
miánzhǐ 绵纸 N. ① tissue paper M: [1]zhāng ② a kind of thin paper burned in old oil lamps
miánzhì 棉质[-質] N. cotton material
miǎnzhí* 免职[-職] V.O. remove sb. from office
miànzhí 面值 N. ① face/nominal value ② denomination
miànzhǐ 面纸 N. facial tissue
miànzhí gǔfèn 面值股份 N. par-value stock
miǎnzhìhòuhuàn 免致后患[--後-] F.E. avoid causing future trouble
miǎnzhílìng 免职令[-職-] N. order to remove sb. from an official position
miánzhīpǐn 棉织品[-織-] N. cotton goods/fabrics/textiles M: [2]jiàn
miánzhīwù 棉织物[-織-] N. cotton goods/fabrics/textiles M: [2]jiàn
miánzhīyè 棉织业[-織業] N. cotton-weaving industry
miànzhǔ 面瞩[-矚] V. personally tell/advise a subordinate/junior
miànzhuān 面砖[-磚] N. <archi.> face brick M: [2]kuài
miánzi 绵子 N. <topo.> silk floss; wadding
miánzǐ 棉籽 N. cottonseed M: [3]lì
miànzi* 面子 N. ① outer part; outside; face ② reputation; prestige; face ③ feelings; sensibilities ④ <coll.> powder
miánzǐbǐng 棉籽饼 N. cottonseed cake M: [2]kuài
miànzi gōngchéng 面子工程 N. ① work to maintain outward appearance ② work for quick success and instant profits M: [3]xiàng
miànzi gōngzuò 面子工作 N. <lg.> face-work
miánzǐróng 棉籽绒 N. (cotton) linters
miànzi shìr 面子事儿 N. perfunctory action
miánzǐyóu 棉籽油 N. cottonseed oil
miànzòu 面奏 V. report to the emperor in person
miǎnzuì 免罪 V.O. exempt from punishment
miāo 喵 ON. mew; meow
[1]**miáo** 苗 N. ① young plant; seedling ② Miao (Hmong) ethnic minority (in SW China) ③ Surname
[2]**miáo** 瞄 V. concentrate gaze on; aim
[3]**miáo** 描 V. ① trace; copy ② touch up; retouch ♦B.F. describe *miáoshù*
[4]**miáo** 鹋[鶓] in *érmiáo*
[1]**miǎo*** 秒 M. second (1/60th minute)
[2]**miǎo** 渺/藐/眇 B.F. tiny; insignificant *miǎoxiǎo* *See also* [3]*miǎo*, [4]*miǎo*, [6]*miǎo*, [8]*miǎo*
[3]**miǎo** 渺/缈[-/緲] B.F. indistinct *piāomiǎo* *See also* [2]*miǎo*, [6]*miǎo*
[4]**miǎo** 藐 B.F. disdain; slight *miǎoshì*, *miǎofǎ* *See also* [2]*miǎo*
[5]**miǎo** 邈 B.F. distant; remote [2]*miǎorán*, *miánmiǎo*
[6]**miǎo** 淼/渺 B.F. vast expanse (of water) *miǎománg*, *hàomiǎo* *See also* [2]*miǎo*, [3]*miǎo*
[7]**miǎo** 杪 B.F. ① tip of a branch/twig ② end of year/season/month *miǎomò*, *línmiǎo*, *niánmiǎosuìzú*
[8]**miǎo** 眇 B.F. blind *See also* [2]*miǎo*
[1]**miào** 庙[廟] N. ① temple; shrine ② temple fair
[2]**miào** 妙 S.V. ① wonderful; excellent; fine *Qíngkuàng bù ~.* The situation isn't encouraging. ② ingenious; clever; subtle ♦N. mystery; charm
Miào 缪[繆] N. Surname *See also* [2]*miù*, [5]*móu*
mì'ào 秘奥[-奧] N. profound mystery
miǎobǎi 秒摆[-擺] N. pendulum for second hand
miǎobiǎo 秒表 N. stopwatch
miàobǐshēnghuā 妙笔生花[-筆--] F.E. write like an angel
miàobùkěyán 妙不可言 F.E. ① indescribably beautiful/ingenious ② marvelous (said ironically)
miǎobùzúdào 渺不足道 F.E. not worth mentioning
miàocái 妙才 N. extraordinary talent
[1]**miàocè** 妙策 N. ingenious plan
[2]**miàocè** 庙策[廟-] N. planning done at the imperial court
miǎochājù 秒差距 N. <astr.> parsec
miàochǎn 庙产[廟產] N. <rel.> temple estate
miáochéng 描成 R.V. trace out
miáochū 描出 R.V. portray; depict
miàochù* 妙处[-處] N. ① pleasant place ② <wr.> subtlety
miáochuáng 苗床 N. seedbed
miáo chūlai 描出来 R.V. trace out
miàocí 妙辞[-辭] N. witty remark
miáocuò 瞄错 R.V. aim at the wrong target
miàodiǎn 妙典 N. Mahayana texts
Miàodǐgōu Èrqī Wénhuà 庙底沟二期文化[廟-溝----] N. <archeo.> Miaodigou/Miaotikou Culture second period
miáo'érbùxiù 苗而不秀 F.E. ① crop that doesn't mature ② unfulfilled promise; show great potentialities but fail to fulfil
miǎofǎ 藐法 V.O. disregard the law
miàofǎ* 妙法 N. ① ingenious expedient ② <Budd.> doctrine of profound argumentation
Miàofǎ Liánhuájīng 妙法莲华经[-華經] N. <Budd.> Lotus Sutra M: [2]bù
miàofāng 妙方 N. miraculous prescription M: [1]zhāng
miǎogōngfāng 秒公方 M. cubic meters per second (of water flowing speed)
miǎogū 藐孤 N. small orphan
miàohào 庙号[廟號] N. posthumous title of an emperor
miáohóng 描红 V.O. trace in black ink over characters printed in red
miáohóngzhǐ 描红纸 N. calligraphy-practice paper M: [1]zhāng
Miáohù* 苗户 N. naturalized Miao people
[1]**miǎohū** 藐忽 V. disregard
[2]**miǎohū** 秒忽 N. infinitesimal number
miáohuā 描花 V.O. make a flower design; portray a flower
miáohuà* 描画[-畫] V. draw; paint; depict; describe
miáohuì 描绘 V. depict; describe; portray
[1]**miàohuì*** 庙会[廟-] N. (temple) fair
[2]**miàohuì** 庙讳[廟諱] N. name of a deceased emperor
miáohuì chéng 描绘成 R.V. draw/depict/describe (sth.) as
miáohuì chū 描绘出 R.V. draw; depict; describe
miáohuì de zì 描绘的字 N. <lg.> pictorial writing
miáohuìshì 描绘式 ATTR. <lg.> graphic
miǎohūqíwēi 渺乎其微 F.E. infinitesimal
miǎohūqíxiǎo 眇乎其小 F.E. infinitesimal
miào jí 妙极[-極] V.P. supreme; wonderful; excellent
miàojì* 妙计 N. brilliant scheme; wonderful idea M: [1]tiáo
miàojiàn 庙见[廟-] V. <trad.> ① meet one's ancestors' spirits ② a visit to her original family temple (of a bride)
miào jíle 妙极了[-極-] V.P. wonderful; most enjoyable
miáojīn 描金 <art> V.O. draw in gold ♦N. gold tracery
miàojìng 妙境 N. ① totally pleasurable place ② fairyland; wonderland ③ profound understanding
miàojìr 庙季儿[廟-] N. period of the temple fair
miáojù 苗距 N. <agr.> distance between sprouts
miàojù* 妙句 N. ① punch line ② well-turned phrase ③ exquisite quote M: [1]jù
[1]**miàojué** 妙诀 N. knack; clever way of doing sth.
[2]**miàojué** 妙绝[-絕] V.P. uniquely fine/wonderful
miàojuégǔjīn 妙绝古今[-絕--] F.E. an unparalleled wonder in both ancient and modern times
miàojuéshírén 妙绝时人[-絕時-] F.E. unparalleledly wonderful in one's time
miàoláng 庙廊[廟-] P.W. the imperial court
miàolǐ 妙理 N. subtle wisdom
miàolì* 妙丽[-麗] <wr.> V.P. beautiful ♦N. beautiful female
miǎo lìfāngmǐ 秒立方米 M. cubic meters per second (of water flow)
miàolíng 妙龄[-齡] N. late adolescent girl
miàolíng nǚláng 妙龄女郎[-齡--] N. a young girl/maiden M: ge/[1]míng/[2]wèi
miàolíng nǚzǐ 妙龄女子[-齡--] N. young lady M: ge/[1]míng/[2]wèi
miáolóngxiùfèng 描龙绣凤[-繡鳳] F.E. do fine needlework
[1]**miàolüè** 妙略 N. very clever strategy
[2]**miàolüè** 庙略[廟-] N. decision made at court
miàolùn 妙论 N. ① very clever remark ② intriguing opinion ③ speaking discourse M: [1]piān
miǎomàn* 渺漫 V.P. endlessly long/vast
miàomàn 妙曼 V.P. graceful
miǎománg 渺/淼茫 S.V. ① distant and indistinct; vague ② uncertain ③ stretch as far as the eye can see (of an expanse of water)
miáoméi 描眉 V.O. paint the brows
miǎoméng 渺蒙 A.T. vast expanse of water
miǎomí 渺瀰 V.P. ① limitless ② vague; imprecise; indistinct
miǎomǐ* 秒米 M. meters per second
[1]**miǎomiǎo** 渺渺//眇眇 R.F. <wr.> ① of remote/distant past ② blurred; indistinct
[2]**miǎomiǎo** 藐藐 R.F. ① contemptuous (of manner) ② high and distant; mysterious ③ grand; magnificent

M

3miǎomiǎo 淼淼 R.F. <wr.> vast (of an expanse of water)
4miǎomiǎo 邈邈 R.F. <wr.> far away; remote
5miǎomiǎo 杪杪 R.F. very tiny
miǎomiǎohūhū 眇眇忽忽 R.F. elusive; hardly discernible
miǎomiǎomángmáng 渺渺茫茫 R.F. remote and uncertain (of the future/target/etc.)
miǎomíngmíng 邈冥冥 R.F. far off; distant
miáomó* 描摹 V. ① depict; portray; delineate ② copy
miǎomò 杪末 N. endpoint; tip
miáomójìnzhì 描摹尽致[--盡-] F.E. imitate/describe to the last detail
miáomó shēnshì 描摹身势[-勢] V.O. <lg.> describe a body gesture
miáomù 苗木 N. nursery stock
miàonián 妙年 N. adolescence
miàopǐn 妙品 N. ① fine-quality goods ② fine work of art
miáopǔ 苗圃 N. <agr.> ① nursery ② seedbed M: 4zuò
miáoqī 苗期 N. <agr.> seedling stage
miàoqí* 妙棋 N. a clever (chess) move M: ge/zhuó
miáoqín 苗禽 N. fledgling poultry
miàoqǐn* 庙寝[廟寢] N. imperial ancestral temple
miáoqíng 苗情 N. <agr.> stage of growth of cereal crop seedlings
Miào Quánsūn 缪荃孙[-孫] (1844–1919) N. leading bibliographic scholar who founded several libraries
miàoqùhéngshēng 妙趣横生 F.E. very witty
miáor 苗儿 N. ①young plant; seedling ②positive clue/sign ③ <topo.> symptom of a trend; suggestion of a new development
1miǎorán 渺然 V.P. ① vast; boundless ② infinitesimal; imperceptible
2miǎorán 邈然 V.P. distant; remote
Miáorén 苗人 N. Miao nationality
miàorénmiàoshì 妙人妙事 F.E. an interesting person and his amusing stories
miǎoruòyānyún 渺若烟云[-煙雲] F.E. as vague as mist
miáoshàng 描上 R.V. trace
miàoshénkān 庙神龛[廟-] N. shrine; niche in a temple M: 4zuò
miǎoshì* 藐视 V. despise
miàoshí 庙食[廟-] N. deceased worshiped in a temple
miǎoshì yīqiè 藐视一切 V.O. look down upon everything
miàoshǒu 妙手 N. excellent skill
miàoshǒudānqīng 妙手丹青 F.E. skillful painter
miàoshǒuhuíchūn 妙手回春 ID. ① admirable medical skill ② miraculous cure
miàoshǒukōngkōng 妙手空空 F.E. petty/sneak thief; pilferer; a pickpocket
miáoshù 描述 V. ① describe ② characterize ♦N. <lg.> characterization; description
miáoshù biāotí 描述标题[--標-] N. <lg.> descriptive title
miáoshùcí 描述词 N. <lg.> descriptive word
miáoshù "de" zì bǔyǔjù 描述的字补语句[----補--] N. <lg.> descriptive *de* complement construction
miáoshù gōngnéng 描述功能 N. descriptive function
miáoshùjù 描述句 N. descriptive sentence M: 1jù
miáoshù nénglì 描述能力 N. <lg.> expressive power
miáoshùshì 描述式 N. <lg.> representative
miáoshùxìng de 描述性的 ATTR. <lg.> descriptive
miáoshùxìng duìděngcí 描述性对等词[---對--] N. <lg.> descriptive equivalent
miáoshù yǔduàn 描述语段 N. <lg.> descriptive text
miáosì 苗嗣 N. descendants; posterity
miàosī* 妙思 N. good idea
miàosuàn 妙算 N. ① excellent stratagem ② accurate calculations
miàotáng 庙堂[廟-] N. ① <rel.> imperial temple ② imperial court
miàotáng wénxué 庙堂文学[廟-] N. court literature
miàotián 庙田[廟-] N. <rel.> temple field
miáotiao 苗条[-條] S.V. svelte
miáotiao shūnǚ 苗条淑女[-條--] N. willowy female
miáotou(r) 苗头(儿) N. symptom of a trend; clue *Tāmen zǎojiù yǒu líhūn de ~ le.* They long ago showed signs of splitting up.
miáotú* 描图[-圖] V.O. trace
miàotǔ 妙土 N. <Budd.> paradise
miáotújī 描图机[-圖-] N. tracing machine M: 1tái
miáotúzhǐ 描图纸[-圖-] N. tracing paper M: 1zhāng
miáowāi 瞄歪 R.V. miss a target
miàowǔ 妙舞 N. graceful dance
miǎowúrénjì 渺无人迹[-跡] F.E. remote and uninhabited
miǎowúrényān 渺无人烟[-煙] F.E. remote and uninhabited
miǎowúyīnxìn 渺无音信 F.E. never been heard of since
miǎowúzōngjì 渺无踪迹[-蹤跡] F.E. disappear without a trace
miàoxiàng 妙相 N. <Budd.> majestic air
miàoxiǎngtiānkāi 妙想天开[-開] F.E. have fantastic ideas; fantasize
miǎoxiǎo 渺/藐/眇小 S.V. paltry; negligible
miáoxiě 描写[-寫] V. describe; depict; portray ♦N. <lg.> description
miáoxiě chūlai 描写出来[-寫--] R.V. describe; depict
miáoxiě de yánjiūfǎ 描写的研究法[-寫----] N. <lg.> descriptive method
miáoxiě de yǔyánxué 描写的语言学[-寫----] N. <lg.> descriptive linguistics
miáoxiě de yǔyīnxué 描写的语音学[-寫----] N. <lg.> descriptive phonetics
miáoxiějù 描写句[-寫-] N. <lg.> descriptive sentence M: 1jù
miáoxiěxìng huàyǔ 描写性话语[-寫---] N. <lg.> descriptive discourse
miáoxiě yǔfǎ 描写语法[-寫--] N. <lg.> descriptive grammar
miáoxiě yǔyánxué 描写语言学[-寫---] N. <lg.> descriptive linguistics
Miáoxiù 苗绣[-繡] N. Miao embroidery
1miáoxù 描叙[-敘] V. describe
2miáoxù 苗绪 N. descendents; posterity
miàoxuǎn réncái 妙选人才[-選--] N. the elite; the pick of a group
miàoyán 妙言 N. wisecrack; witticism
miáoyǎnbǐ 描眼笔[-筆] N. eyeliner M: 4zhī
miàoyào 妙药[-藥] N. panacea; wonder drug
miáoyì 苗裔 N. <wr.> progeny; descendants
miàoyì* 庙议[廟議] N. deliberation at a temple
miáoyìn 苗胤 N. descendants; posterity
miàoyòng 妙用 N. magical/subtle effect
1miàoyǔ 庙宇[廟-] N. temple M: 4zuò
2miàoyǔ 妙语 N. witticism; wisecrack
miǎoyuǎn 渺/邈远[-遠] V.P. distantly remote
miàoyǔjiěyí 妙语解颐 F.E. be humorous (in style of language)
miàoyǔjīngrén 妙语惊人[--驚-] F.E. skewer verbally
miàoyǔliánzhū 妙语连珠 F.E. pour out scintillating witticisms
miàoyǔ néngshǒu 妙语能手 N. a wit M: ge/1míng/2wèi
miàoyùqǔpì 妙喻取譬 F.E. expound with apt analogy
miàoyǔrúzhū 妙语如珠 F.E. scintillating witticisms
miàoyǔshuāngguān 妙语双关[-雙關] F.E. a very clever pun
miàozāi 妙哉 INTJ. excellent; wonderful; fine
miào zài bù yán zhōng 妙在不言中 F.E. The charm lies in what is left unsaid.
miàozāimiàozāi 妙哉妙哉 ID. Ah! That is excellent indeed!
miàozhāo 妙着/招[-著] N. clever move
miǎozhēn 秒针 N. second hand (of a timepiece) M: 2gēn
miàozhìlì 妙智力 N. <Budd.> marvelous wisdom
miáozhòng 瞄中 R.V. aim accurately; hit the target
miǎozhōng* 秒钟[-鐘] M. second (of time)
miàozhǔ 庙主[廟-] N. <rel.> head abbot M: ge/1míng/2wèi
miàozhù* 庙祝[廟-] N. <rel.> ① temple attendant ② attendant charged with keeping incense burning
miáozhuàng 描状[-狀] V.O. describe; portray
miáozhǔn 瞄准[-準] V. take aim at
miáozhǔn bǎxīn 瞄准靶心[-準--] V.O. aim at the bull's eye
miáozhǔn dào 瞄准到[-準-] R.V. aim at
miáozhǔndiǎn 瞄准点[-準點] N. aiming point
miáozhǔnhuán 瞄准环[-準環] N. ring sights
miáozhǔnjù 瞄准具[-準-] N. sighting device; (gun) sight
miáozhǔnqì 瞄准器[-準-] N. sighting device M: 1jià
miáozhǔnshǒu 瞄准手[-準-] N. pointer M: ge/1míng/2wèi
miáozi* 苗子 N. <topo.> ① young plant; seedling ② young successor ③ symptom of a trend; suggestion of a new development
miáozì 描字 V.O. imitate a sample character (of calligraphy)
Miáozú 苗族 N. Miao (Hmong) ethnic minority (in SW China)
mǐbàng 弭谤 V. <wr.> stop a slander
1mìbǎo 秘宝[-寶] N. rare treasure
2mìbǎo 觅保 V.O. find a guarantor
mìbào* 密报[-報] V. report secretly ♦N. secret report M: 1fèn
mìběn 秘本 N. ① treasured private copy of a rare book ② secret book M: 1běn
mǐbì 靡敝 V.P. decline; get weak; become emaciated
mìbì* 密闭 ATTR. airtight; hermetic
mìbìcāng 密闭舱[-艙] N. capsule (of a space ship) M: 4zuò/1jiān
mìbì guǎndào 密闭管道 N. closed conduit
mǐbīng 弭兵 V.O. <wr.> stop a war; have a truce
mǐbīngzhīhuì 弭兵之会 N. cease-fire meeting; armistice talks
mǐbō 米波 N. metric (radio) wave
míbǔ* 弥补[彌補] V. make up; remedy; make good
mìbǔ 密捕 V. arrest secretly
mìbù 密布 V.P. densely spread/covered
míbǔ bùzú 弥补不足[彌補-] V.O. cover the shortage; make up for the deficiency
mìbùkěfēn 密不可分 F.E. too close to be separated
mìbùkějiě 秘不可解 F.E. be wrapped in mystery
mìbùtōngfēng 密不通风 F.E. be airtight
mìbùtòufēng 密不透风 F.E. be airtight; hermetically sealed
míbǔ wèilái 弥补未来[彌補-] V.O. mend one's ways with the future in mind
mǐbùyǒuchū 靡不有初 F.E. good in the beginning (but usually bad/unfinished/etc. in the end
míbùzhīfǎn 迷不知返 F.E. go astray not knowing how to return
mícǎi 迷彩 ATTR. camouflage
mícǎifú 迷彩服 N. camouflage clothing M: 2jiàn
mícǎi wěizhuāng 迷彩伪装[-装] N. <mil.> camouflage painting
mícáng* 迷藏 N. hide-and-seek
mǐcāng 米仓[-倉] N. rice storehouse M: 4zuò
mìcáng 秘藏 V. stash away
mìcáo 蜜槽 N. <bot.> nectar

mìchén lìhài 密陈利害 V.O. send a secret memorial concerning gains and losses
mǐchǐ 米尺 N. meterstick M: [1]*bǎ*
mìchóng 蜜虫[-蟲] N. <*topo.*> aphid; aphis M: [2]*zhī*
mǐchú 弭除 V. <*wr.*> eliminate; dispel; remove; clear up
mìchuán 秘传[-傳] N. esoterica ♦V. transmit from generation to generation exclusively within a family/craft/shop/etc.
mìcóng 密丛[-叢] N. <*bio.*> thicket
mǐcù 米醋 N. rice vinegar M: *píng*
mǐdàizi 米袋子 N. ①rice bag M: [2]*zhī*/*ge* ②supply of grain for the public
mídàng 迷荡[-蕩] A.T. in a fantasy/daydream
mìdào 觅到 R.V. have found
mǐdào'ānliáng 弭盗安良[-盜--] F.E. repress bandits and give peace to the law-abiding
mìdé 觅得 V. find; obtain
mídeng 迷瞪 S.V. <*topo.*> ① be puzzled/bewildered/confused ② become infatuated with sth.
mídènggui 迷瞪鬼 N. <*topo.*> lecher; sensualist
mídǐ 谜底 N. ① answer/solution to a riddle ② truth
mǐdiàn* 米店 P.W. a shop selling rice/etc. M: [1]*jiā*
mìdiàn 密电[-電] N. cipher telegram M: [2]*fēng*/[1]*fèn* ♦V. secretly telegraph sb.
mìdiànmǎ 密电码[-電-] N. cipher code
mídiéxiāng 迷迭香 N. <*bot.*> rosemary M: [2]*kē*
mìdìng 嘧啶 N. <*chem.*> pyrimidine
mídìqún 迷地裙 N. <*loan*> midiskirt M: [1]*tiáo*
mìdù 密度 N. density; thickness
mìdùjì 密度计 N. densimeter M: [2]*zhī*/*ge*
mǐdùn 米囤 N. rice vat M: [4]*zuò*
mīdǔnr 眯盹儿 V.O. <*topo.*> doze off; take a nap
[1]**miē** 咩 ON. baa; bleat
[2]**miē** 乜 B.F. squint; eyes heavy-lidded with sleepiness ***miēxie, xiémiē***
[1]**miè*** 灭[滅] V. ① extinguish; exterminate; put/go out ② <*slang*> defeat; beat
[2]**miè** 篾 N. ① thin bamboo strip ② rind of reed/sorghum
[3]**miè** 蔑 B.F. disdain; scorn ***mièshì, wūmiè***
[4]**miè** 蠛 in ***mièměng***
mièchá 灭茬[滅-] V.O. <*agr.*> clear the stubble (in fields)
mièchóngjì 灭虫剂[滅蟲劑] N. insecticide; pesticide
mièchóngníng 灭虫宁[滅蟲寧] N. bephenium
mièczǐzhāoshí 灭此朝食[滅-] F.E. be anxious to finish off the enemy
mièdēng 灭灯[滅燈] V.O. turn off the light
mièdiǎn 灭点[滅點] N. vanishing point
mièdiào 灭掉[滅-] R.V. destroy; ruin
mièdīlíng 灭滴灵[滅-靈] N. <*med.*> metronidazole; flagyl
mièdǐng 灭顶[滅-] V.O. be drowned
mièdǐngzhīzāi 灭顶之灾[滅-災] N. ① flood disaster ② death by drowning ③ a great calamity
Mièdù 灭度[滅-] V. <*Budd.*> Nirvana
mièhù 灭户[滅-] V.O. exterminate a family
mièhuáng 篾黄 N. inner skin of a bamboo stem
mièhuǒ 灭火[滅-] V.O. ① put out a fire ② cut out an engine
mièhuǒdàn 灭火弹[滅-] N. fire extinguisher M: [1]*kē*
mièhuǒjì 灭火剂[滅-劑] N. fire-extinguishing chemical/agent
mièhuǒqì 灭火器[滅-] N. fire extinguisher M: *ge*/[2]*zhī*/[1]*jià*
mièhuǒshā 灭火沙[滅-] N. sand for extinguishing fires
mièjì 灭迹[滅跡] V.O. destroy evidence
mièjiàn 蔑贱[-賤] V.P. humble; lowly
mièjiàng 篾匠 N. bamboo craftsman M: *ge*/[1]*míng*
mièjìfénshī 灭迹焚尸[滅跡-屍] F.E. burn a corpse to destroy evidence
mièjìntiānliáng 灭尽天良[滅盡-] F.E. be utterly without conscience
mièjué 灭绝[滅絕] V. ① become extinct; die out; exterminate ② completely lose
mièjuéjìngjìn 灭绝净尽[滅絕淨盡] F.E. be totally exterminated
mièjué rénxìng 灭绝人性[滅絕-] V.O. be totally inhuman
mièjué zhǒngzú 灭绝种族[滅絕種-] V.O. commit genocide
mièjūn 灭菌[滅-] N. sterilization; disinfection
mièkǒu 灭口[滅-] V.O. do away with a witness/accomplice
miè liángxīn 灭良心[滅-] V.O. go against one's conscience
mièliè 灭裂[滅-] <*wr.*> V. ① be slapdash ② destroy; break
mièlǒu 蔑篓[-簍] N. bamboo basket
mièlún 灭伦[滅-] V.O. destroy proper moral relations
mièmén 灭门[滅-] V.O. kill off an entire family
mièmén dàhuò 灭门大祸[滅-禍] N. the calamity of exterminating a family
mièméng* 蔑蒙 V. fly past rapidly; hurtle
mièměng 蠛蠓 N. midge; biting midge
mièménjuéhù 灭门绝户[滅-絕-] F.E. the extinction of a whole family
mièmén xiè'àn 灭门血案[滅-] N. murder case involving the extermination of a whole family M: [2]*jiàn*
mièménzhīhuò 灭门之祸[滅-禍] N. the calamity of an entire family being exterminated M: [2]*jiàn*
miēmiēxiéxié 乜乜斜斜 R.F. ①squinting ②half-closed (of eyes)
mièmò 灭没[滅-] V. vanish; disappear
mièpiàn 篾片 N. ① thin bamboo strip M: [1]*piàn* ② <*trad.*> sycophant
mièqì 蔑弃[-棄] V. despise and cast away; abandon; disregard
mièqīng 篾青 N. outer cuticle of a bamboo stem
mì'ěr 密迩[-邇] V.P. near; adjacent
mièránwúyán 蔑然无言 F.E. not utter a word
mí'érbùfǎn 迷而不返 F.E. be unrepentant
mì'érbùxuān 秘而不宣 F.E. keep sth. secret
miè rén wēifēng 灭人威风[滅-] V.O. run sb. down
mièrú 蔑如 V. slight; belittle
Mì'ěrwòjī 密尔沃基 P.W. Milwaukee
mièshā 灭杀[滅殺] V. kill; exterminate
[1]**mièshī** 灭尸[滅屍] V.O. destroy a corpse so as to leave no traces of a crime
[2]**mièshī** 灭失[滅-] V. loss
mièshì* 蔑视 V. ignore; scorn; despise; flout
mièshì fǎtíng 蔑视法庭 V.O. <*law*> contempt of court
mièshīmièjì 灭尸灭迹[滅屍滅跡] *See* [1]*mièshī*
miètiáo 篾条[-條] N. thin bamboo strip M: [2]*gēn*
mièwáng 灭亡[滅-] V. be destroyed; die out
mièwén 灭蚊[滅-] N. mosquito eradication ♦V.O. eradicate mosquito
mièxí 篾席 N. mat of thin bamboo strips M: [1]*zhāng*
mièxiāng 篾箱 N. bamboo box M: [2]*zhī*
miēxie 乜斜 V. ①look askance ②squint ③half-closed (of eyes)
miēxiéjuànyǎn 乜斜倦眼 F.E. <*topo.*> squint weary eyes
mièxiěxīn 灭血心[滅-] V.O. <*topo.*> kill one's conscience; blind the mind
mièxīn 灭心[滅-] V.O. be conscienceless
mièxìng 灭性[滅-] V.O. <*wr.*> lose one's life (due to excessive grief over the death of one's parents)
mièyǐfùjiā 蔑以复加[--復-] F.E. can't be surpassed
mièyíng 灭蝇[滅蠅] N. fly eradication ♦V.O. eradicate flies
mièyīnqì 灭音器[滅-] N. muffler (of an engine) M: [1]*jià*/*ge*/[2]*zhī*/[1]*tái*
mièzhǒng 灭种[滅種] V.O. ① commit genocide ② become extinct; die out ♦N. extinction of a race
mièzhǒngzhīyú 灭种之虞[滅種-] N. anxiety about the extinction of a race
mièzhǒngzuì 灭种罪[滅種-] N. <*law*> genocide
mièzi 篾子 N. bamboo strips for weaving M: [1]*tiáo*/[2]*gēn*
mièzīxīngwú 灭资兴无[滅-興-] F.E. <*PRC*> eradicate what is bourgeois and foster what is proletarian
mièzú 灭族[滅-] V.O. <*trad.*> ① exterminate a clan (as punishment) ② commit genocide
mǐfàn 米饭 N. cooked rice M: *wǎn*
mìfāng* 秘方 N. secret recipe/formula M: [1]*zhāng*
mìfáng 密房 P.W. honeycomb
mìfǎng 密访 V. pay a secret visit; make an investigation by traveling incognito
[1]**mífèi** 糜/靡费 V. waste; spend extravagantly
[2]**mífèi** 糜/糜沸 V.P. in a turmoil
mífèizhīluàn 糜沸之乱[-亂] N. social or political turmoil
mǐfěn 米粉 N. ① rice flour ② rice-flour noodles
mīfeng 眯缝 V.O. ① squint ② narrow one's eyes
mífēng 弥封[彌-] V. seal (the examinee's name on an exam paper so as to prevent fraud)
míféng(r) 弥缝(儿)[彌-] V.O. ① plug up holes; patch up ② gloss over faults ③ cover up mistakes
[1]**mìfēng(r)*** 蜜蜂(儿) N. honeybee; bee M: [2]*zhī*
[2]**mìfēng** 密封 V. ① seal up ② seal hermetically
mìfēngcāng 密封舱[-艙] N. airtight cabin M: [4]*zuò*/[1]*jiān*
mìfēng diànquān 密封垫圈[--墊-] N. <*mach.*> sealing washer
mìfēng jīshēn 密封机身 N. closed fuselage
mìfēng wénjiàn 密封文件 N. sealed documents M: [1]*fèn*
mìfēng yāgài 密封压盖[-壓蓋] N. <*mach.*> sealing gland
mīfengyǎnr 眯缝眼儿 V.O. half close one's eyes
mǐfěnròu 米粉肉 N. pork steamed with ground glutinous rice M: [1]*pán*
[1]**mìfǔ** 秘府 P.W. <*trad.*> ① imperial library of rare books ② secret repository ③ secretariat
[2]**mìfǔ** 蜜脯 N. sugar-preserved fruit
mìgān 蜜柑 N. mandarin orange; tangerine M: *ge*/[2]*zhī*
mǐgānshuǐ 米泔水 N. water in which rice has been washed
mǐgāo 米糕 N. rice cake/pudding M: [2]*kuài*
mìgào* 密告 V. report secretly; inform against sb.; tip off
mìgé 秘阁 N. ① imperial palace depository for confidential files ② armrest (used when writing)
mígōng* 迷宫[-宮] P.W. labyrinth; maze M: [4]*zuò*
mìgòng 蜜供 N. <*rel.*> candied cake offered to gods
mìguā 蜜瓜 N. honeydew melon M: *ge*/[2]*zhī*
míguǎi 迷拐 V. drug and kidnap
mìguān 蜜官 N. honeybee
mìguànzi 蜜罐子 N. honey jar
mǐguǒ 米果 N. rice cake
mìhán 密函 N. secret/confidential letter M: [2]*fēng*/[1]*fèn*
míháng* 迷航 V. drift off course; get lost (in flight)
mǐháng 米行 N. <*trad.*> wholesale grain shop M: [1]*jiā*
mìháng 密航 N. navigate secretly
mìhángàozhī 密函告之 F.E. inform sb. by means of confidential letters
míhé 弥合[彌-] V. close; bridge
míhóu 猕猴[獼-] N. macaque; rhesus monkey M: [2]*zhī*
míhóutáo 猕猴桃[獼-] N. Chinese gooseberry; kiwi fruit M: [2]*zhī*/*ge*/[1]*kē*
míhóutáojiǔ 猕猴桃酒[獼-] N. Chinese gooseberry liquor M: *bēi*/*píng*

míhu* 迷糊 S.V. ① misted; blurred ② dazed; confused ③ muddleheaded
mìhù 密户 N. a room used for secret purposes M: [1]jiān
míhuàn* 迷幻 ATTR. half-conscious
mǐhuàn 弭患 V. remove the source of trouble
mǐhuáng 米黄 N. cream color
mǐhuángsè 米黄色 N. cream color
míhuàn lìchéng 迷幻历程[--歷-] N. <slang> acid trip
míhuànshù 迷幻术[-術] N. sorcery
mǐhuànwèiméng 弭患未萌 F.E. nip trouble in the bud
míhuànyào 迷幻药[-藥] N. hallucinogenic M: [14]fù
míhuàn yáobǎiyuè 迷幻摇摆乐[-擺樂] N. acid rock
míhuàn yǐnzhě 迷幻瘾者[--癮-] N. <slang> acidhead M: ge/[1]míng
míhūhū 迷忽忽 R.F. ① muddleheaded ② unconscious
mìhuì 密会 V. meet secretly with sb. ♦N. secret meeting
míhūn 迷昏 V.P. ① be muddleheaded ② be misled
míhún* 迷魂 V.O. be confused; feel perplexed
míhúntāng 迷魂汤[-湯] N. ① magic potion ② enticing words ③ flattery
míhúnyào 迷魂药[-藥] *See míhúntāng*
míhún yáogǔnyuè 迷魂摇滚乐[-滾樂] N. acid rock
míhúnzhèn 迷魂阵 N. maze; trap; decoy
míhūn zhuàngtài 迷昏状态[-狀態] N. comatose state
míhuo* 迷惑 V. puzzle; confuse; baffle; mislead
míhuò 蘼藿 N. coarse vegetable
míhuo shìtīng 迷惑视听[-聽] V.O. confuse/hoodwink the public
[1]**mìjí*** 密集 S.V. concentrated; crowded together; intensive
[2]**mìjí** 秘笈 N. extraordinary book M: [2]bù/[1]běn
[3]**mìjí** 秘籍 N. ①rare book ②secret book M: [1]běn/[2]bù
mìjì 秘计 V. secretly scheme
mījiā 咪家 PR. <topo.> we; us
mǐjià* 米价[-價] N. price of rice
[1]**mìjiàn** 蜜饯[-餞] N. candied/preserved fruit
[2]**mìjiàn** 密件 N. confidential/classified paper/letter/material M: [1]fèn/[2]fēng
mìjiàn pīshuāng 蜜饯砒霜[-餞--] N. sugar-coated poison
Mìjiào 密教 N. <rel.> Esoteric Buddhism
mìjíduì 密集队[-隊] <mil.> tight formation
mìjí duìxíng 密集队形[--隊-] N. close/tight formation
mìjiē 密接 V. adjoin; be contiguous to
mìjié* 秘结 A.T. constipated
mìjiē de yíjiè 密接的移借 N. <lg.> intimate borrowing
mìjí fángshǒu 密集防守 N. <sport> tight/close defense
mìjí hōngzhà 密集轰炸[--轟-] N. mass bombing
míjīn* 迷津 N. ① <wr.> labyrinth ② <psy.> maze ♦V.O. stray from the right path
mìjìn 蜜浸 A.T. honey-soaked; in sweet syrup
mǐjìng 弥敬[彌-] F.E. <court.> phrase written on the gift for a one-month-old baby
[1]**mìjìng*** 密径[-徑] N. hidden/concealed path M: [1]tiáo
[2]**mìjìng** 谧静[-靜] S.V. <wr.> quiet; still; tranquil
mìjìnpīshuāng 蜜浸砒霜 ID. poisonous sweet words
mìjí pàohuǒ 密集炮火 N. massed fire; drumfire
mìjíqū 密集区[-區] P.W. high-density area
[1]**mìjíshù** 密集数[-數] N. <math.> the most frequent number; mode
[2]**mìjíshù** 幂级数[冪-數] N. <math.> power series
mǐjiǔ 弥久[彌-] N. much longer (time)
mǐjiǔ* 米酒 N. rice wine M: bēi/píng
mǐjiù 米臼 N. rice mortar
mìjiǔ 蜜酒 N. sweetened wine/liquor
mìjiǔ huǒtuǐ 蜜炙火腿 N. honey-glazed ham
mìjí xìnxī 密级信息 N. security information
mìjí zāizhífǎ 密集栽植法 N. <agr.> close planting
mìjú* 蜜橘 N. tangerine M: ge/[2]zhī
[1]**mìjù** 觅句 V.O. <wr.> seek a telling line (for a poem)
[2]**mìjù** 密炬 N. candle
mìjué(r) 秘诀(儿) N. secret of success; knack M: [2]dào
mǐkāng 米糠 N. rice bran
mǐkāngyóu 米糠油 N. rice-bran oil
mǐké 米壳[-殼] N. hull of rice
Mìkèluóníxīyà 密克罗尼西亚[--羅--亞] P.W. Micronesia
mìkuǎn 密款 N. ① <wr.> sincere feelings/intentions ② secret article/provision M: [1]tiáo
mìkuì 蜜溃 N. fruit crystallized in honey
mìla 蜜蜡[-蠟] N. amber *See also mìlà*
mìlà* 蜜蜡[-蠟] N. beeswax *See also mìla*
mìlà hǔpò 蜜蜡琥珀[-蠟--] N. cloudy amber
mìlái'ànwǎng 密来暗往 F.E. secretly communicate with each other
mílàn* 糜/靡烂[-爛] S.V. ① dissipated; debauched ② cooked to shreds ♦V. ruin; devastate ♦N. <med.> erosion
mǐlán 米澜 N. rice water
mílànxìng dújì 糜烂性毒剂[-爛--劑] N. <mil.> vesicant agent; blister agent
Mǐlǎoshǔ 米老鼠 N. Mickey Mouse M: [2]zhī
Mílè 弥勒[彌-] N. <Budd.> Maitreya
Mílèfó 弥勒佛[彌-] N. <Budd.> Maitreya
míle xīn 迷了心 V.P. be thoroughly infatuated
[1]**mílí** 迷离[-離] S.V. blurred; misted
[2]**mílí** 糜黎 A.T. old; aged
mílì 糜丽[-麗] A.T. extravagant
[1]**mǐlì(r)*** 米粒(儿) N. grain of rice
[2]**mǐlì** 靡丽[-麗] V.P. <wr.> ① magnificent; resplendent ② luxurious; extravagant
míliàn 迷恋[-戀] V. ① be enamored of ② love blindly
mǐliáng 米粮[-糧] N. grain
mǐliángchuān 米粮川[-糧-] N. rich rice-producing area
míliàn háigǔ 迷恋骸骨[-戀--] V.O. be infatuated with the old and decayed; stick to old things
mílímǎhūr 迷离马糊儿[-離---] F.E. <coll.> indifferent; unconcerned
mìlín 密林 N. dense forest; jungle; vegetation M: [4]zuò
mílíng 麋羚 N. hartebeest M: [2]zhī/[1]tóu
mìlìng* 密令 V. give secret orders/instructions ♦N. secret order M: [2]dào/ge
mílípūshuò 迷离扑朔[-離撲-] ID. ① be confused and unable to make distinctions ② complicated and confusing
mílítǎnghuǎng 迷离惝恍[-離--] F.E. indistinct; blurred; bewildering; confusing to the eye
mìlitiáoyóu 蜜里调油[-裡--] F.E. ① be deeply attached to each other ② be very sweet to each other
míliú 弥留[彌-] V. <wr.> be dying
míliúzhījì 弥留之际[彌-際] N. moment just before death
mílóu 迷楼[-樓] N. labyrinth M: [4]zuò
[1]**mílù** 迷路 V.O. ① lose one's way; get lost ② go astray ♦N. <phys.> inner ear; labyrinth
[2]**mílù** 麋鹿 N. ①David's deer M: [1]tóu/[2]zhī ②rude person
míluàn* 迷乱[-亂] S.V. be bewildered/dazed/befuddled
mǐluàn 弭乱[-亂] V.O. <wr.> put down a rebellion; stop a civil war
mílún 弥纶[彌-] V.P. known to all
Mìluó 汨罗 P.W. ① a river in Jiangxi and Hunan ② a county in Hunan
mìluójǐngǔ 密锣紧鼓[-鑼緊-] F.E. intense publicity campaign
mìmǎ(r) 密码(儿) N. cipher/secret code
mìmǎ diànbào 密码电报[-電報] N. cipher telegram M: [1]fèn/[2]fēng
mìmǎ fēnxi 密码分析 N. cryptanalysis
mìmǎhuà 密码化 N. encipherment
mìmǎjī 密码机 N. cipher machine; cryptograph M: [1]jià
mímǎn 弥满[彌-] V. be full
[1]**mímàn*** 弥漫[彌-] V. fill the air; spread everywhere
[2]**mímàn** 迷漫 V.P. boundless and indistinct; hazy
mímáng 迷茫 S.V. ①vast and hazy ②perplexed; dazed
mìmǎshù 密码术[-術] N. cryptography; cryptology
mìmǎ wénjiàn 密码文件 N. cryptogram M: [1]fèn
mìmǎxué 密码学 N. cryptography
mìmǎyuán 密码员 N. cryptographer M: ge/[1]míng/[2]wèi
mìmǎzi 密码子 N. <bio.> codon
[1]**míméng** 迷蒙 S.V. ① hazy ② dazed
[2]**míméng** 弥蒙[彌-] V. ① be present all over ② fill the air
mímèng* 迷梦[-夢] N. pipe-dream; fond illusion
míméngjīng 迷蒙精 N. <med.> chloroform
míméngyào 迷蒙药[-藥] N. anesthetics M: [14]fù
mīmī 咪咪 ON. meow ♦ADV. smilingly
mímí 迷迷 R.F. ①unclear ②stupid and ignorant
mǐmǐ 靡靡 R.F. ① decadent ② lewd; licentious ③ delayed; procrastinating ♦ADV. slowly
[1]**mìmì*** 秘密 ATTR./N. secret; confidential
[2]**mìmì** 密密 R.F. thick; dense
[3]**mìmì** 谧谧 R.F. quiet; tranquil; serene; still
mímiàn 谜面 N. ① conundrum ② hint for answering a riddle
mǐmiàn* 米面[-麵] N. ① rice and noodles ② rice flour; rice-flour noodles
mìmicéngcéng 密密层层[-層層] R.F. packed closely layer upon layer
mìmicóngcóng 密密丛丛[-叢叢] R.F. dense; thick
mímidǎodǎo 迷迷倒倒 R.F. <topo.> bewildered; confused
mímidèngdèng 迷迷瞪瞪 R.F. <coll.> as though in a stupor
mímíhūhū 迷迷糊糊 R.F. ① semi-consciously; half awake and half asleep ② in a daze; difficult to make out
mìmì huìyì 秘密会议[-議] N. secret meeting/conference; conclave M: cì
mìmì huódòng 秘密活动[-動] N. secret activity
mīmī jiào 咪咪叫 N. <on.> meow
mìmì jiéhūn 秘密结婚 N. secret wedding
mìmì jiéshè 秘密结社 V.P. form a secret society
mìmì jǐngchá 秘密警察 N. secret police M: ge/[1]míng
mìmimámá 密密麻麻 R.F. <coll.> densely packed; thick; dense
mímímángmáng 迷迷茫茫 R.F. vast and hazy
mímíméngméng 迷迷朦朦 R.F. unclear; hazy
mīmīr 眯眯儿 R.F. <topo.> nap
mìmìr* 密密儿 ADV. finely/closely (of needle work, etc.)
mìmì tiáoyuē 秘密条约[--條-] N. secret treaty M: [1]fèn/ge
mìmì tóupiào 秘密投票 N./V.P. secret ballot
mímiù 迷谬 V.P. false; erroneous
mìmì wàijiāo 秘密外交 N. secret diplomacy
mìmì wénjiàn 秘密文件 N. secret/confidential document M: [1]fèn
mìmì xiāoxi 秘密消息 N. secret/confidential information
mìmizāzā 密密匝匝 R.F. thick; dense
mímízhēngzhēng 迷迷怔怔 R.F. dazed; confused
mǐmǐzhīyīn 靡靡之音 N. decadent music
mìmì zhǔnbèijīn 秘密准备金[--準備-] N. <acct.> hidden/secret reserve M: [2]bǐ
mìmóu 密谋 V. conspire; plot; scheme
mímùfēiyáng 眯目飞扬[-飛揚] F.E. foreign body in the eyes

[1]mín* 民 B.F. ① people *[1]rénmín* ② humanity; the masses *mínzhòng* ③ citizen *gōngmín* ④ civilian *mínyòng* ⑤ privately owned and operated *mínyíng* ♦N. Surname

[2]mín 旻 B.F. ① autumn *mínxù* ② the heavens *[2]cāngmín*

[3]mín 珉/玟 B.F. a jade-like stone *mínyùzáxiáo*

[4]mín 苠 S.V. (of crops:) slow-growing and late-ripening

[5]mín 缗[緡] <wr.> N. string for ancient coins ♦M. *for strings of 1000 coins each*

[1]mǐn 抿 V. ① smooth (the hair/etc.) with a brush ② close lightly ③ purse (lips); tuck in ④ sip

[2]mǐn 敏 B.F. sharp; quick; perceptive *mǐnjié*, *língmǐn*

[3]mǐn 悯/闵/愍[憫/閔/-] B.F. sympathy; pity *mǐnxù*, *liánmǐn*

[4]mǐn 泯 B.F. vanish; die out *mǐnmò*, *xiāomǐn*

[5]mǐn 皿 B.F. vessel; container *qìmǐn*

[6]mǐn 黾[黽] in *[2]mǐnmiǎn*, *shuǐmǐn*

Mǐn 闽[閩] N. ① short name for Fujian province ② Surname

mín'ānwùfù 民安物阜 F.E. The people are well-off in a prosperous society.

mínbàn 民办[-辦] ATTR. run by local people; nongovernmental

mínbàngōngzhù 民办公助[-辦--] F.E. be run by local people and subsidized by the state

mínbàn jiàoshī 民办教师[-辦-師] N. teacher not on the government payroll

mínbàn kēyán jīgòu 民办科研机构[-辦---構] N. research institutions run by local people

mínbāowùyǔ 民胞物与[-與] F.E. be kind to people and animals

Mǐnběihuà 闽北话 N. Northern Fujian topolect

Mǐnběiyǔ 闽北语 N. <lg.> Northern Min

mínběnzhǔyì 民本主义[-義] N. democracy

mínbiàn 民变[-變] N. popular revolt

mínbīng 民兵 N. ① people's militia ② militiaman M: *ge/[1]míng/[2]wèi*

mínbīng gōngzuò sānluòshí 民兵工作三落实[-實] F.E. <PRC> three "solid implementations" for militia work (organizationally, politically, and militarily)

mínbīngshī 民兵师[-師] N. a contingent of people's militia

mínbīng zìwèiduì 民兵自卫队[-衛隊] N. the militia M: *[4]zhī*

mínbùkānmìng 民不堪命 F.E. the people cannot stand the burden imposed by the government

mínbùliáoshēng 民不聊生 F.E. The people have no means of livelihood.

mǐncè 悯恻 V. <wr.> feel compassion for; pity

mínchū* 民初 N. early years of the Republic of China

mǐnchú 泯除 V. clear up; dispel

mínchuán 民船 N. junk/small boat for civilian use; privately-owned boat M: *[1]tiáo/[2]zhī*

míncuìzhǔyì 民粹主义[-義] N. populism

mǐndá 敏达[-達] V.P. quick; nimble; agile

míndàiguóchǔ 民代国储[--國-] V.P. people instead of the State store grain

mǐndù 敏度 N. acuity

mǐn'ěr 抿耳 V.O. <coll.> prick up the ears; listen intently

mǐn'érhàoxué 敏而好学 F.E. be bright and fond of studying

mínfǎ* 民法 N. civil law

mǐnfà 抿发[-髮] V.O. brush the hair

mínfǎdiǎn 民法典 N. civil code M: *[2]bù*

[1]mínfáng 民房 N. privately-owned house M: *[1]jiān/[4]zuò*

[2]mínfáng 民防 N. civil defense

mínfèn 民愤 N. popular indignation/wrath

mínfēng 民风 N. ① social mood ② social/popular customs ③ folkways; local traits

mínfū* 民夫 N. ① laborer drafted for government service M: *ge/[1]míng* ② <trad./law> my husband (spoken to judges)

mínfú 民服 N. civilian clothes M: *[2]jiàn*

[1]mínfù 民妇[-婦] N. ordinary woman M: *ge/[1]míng*

[2]mínfù 民负 N. people's burden/load

mínfùguóqiáng 民富国强[-國強] F.E. The people live in plenty and the country is strong.

[1]míng* 名 B.F. ① name; personal name *[1]míngzi* ② fame; reputation *[1]míngyù* ③ number; order of selection *[1]míngcì* ④ famous *[1]míngyī* ⑤ name; describe *mòmíngqímiào* ♦M. *for persons*

[2]míng 明 B.F. ① bright *[1]míngliàng* ② clear; distinct *míngbai* ③ open; obvious; overt *míngxiǎn* ④ sense of vision; sight *[1]shīmíng* ⑤ sharp-eyed; clear-sighted *[1]jīngmíng* ⑥ understand *míngbai* ⑦ next (day/year) *míngtiān* ♦N. ① clearness; brightness ② Ming dynasty (1368–1644) ③ Surname

[3]míng 鸣[鳴] N./V. ① cry (of birds/animals) ② ring; sound ③ voice

[4]míng 铭[銘] B.F. ① engrave; carve *míngkè* ② engrave in one's memory *[1]míngxīn* ♦N. <hist.> inscription

[5]míng 冥 B.F. ① netherworld *Míngfǔ* ② dark; obscure *[1]yōumíng* ③ deep; abstruse *míngsīchūshén* ④ dull; stupid *míngwán*

[6]míng 盟 B.F. *old pronunciation for [2]méng in certain compounds [3]míngshì See also [2]méng*

[7]míng 暝 B.F. sunset; dusk; night *[3]míngsè*, *ànmíng*

[8]míng 瞑 B.F. close the eyes *[2]míngmù See also [4]mián*

[9]míng 茗 B.F. tea *[2]míngjù*, *[2]jiāmíng*

[10]míng 螟 B.F. larva of snout moth *míngchóng*, *[2]dàmíng*

[11]míng 溟 B.F. the ocean *míngchí*, *cāngmíng*

mǐng 酩 in *mǐngdǐng*

mìng 命 N. ① life ② lot; fate; destiny ♦B.F. order; instruction *mìnglìng* ♦V. ① order; command ② assign (a title/etc.)

míngǎi 民改 N. democratic reform

mǐngǎn 敏感 S.V. ① sensitive; susceptible ② allergic

[1]míng-àn 明暗 N. light and shade

[2]míng'àn 冥暗 V.P. dim; gloomy

mìng'àn* 命案 N. homicide case M: *[2]jiàn*

mǐngǎndù 敏感度 N. susceptibility

míng-àn duìbǐ 明暗对比[--對-] N. <art> chiaroscuro; strong contrasts of light and dark

míng-àn duìzhàofǎ 明暗对照法[--對--] N. <art.> chiaroscuro

mǐngǎnxìng 敏感性 N. sensibility

mǐngǎn yuánjiàn 敏感元件 N. <radio> sensitive element; sensor

míngāomínzhī 民膏民脂 F.E. product of the sweat of the people

míngbai 明白 V. ① understand; realize; know ② bribe sb; satisfy sb.'s personal demand ♦S.V. ① clear; obvious; plain *Zhè shì dàjiā dōu ~ de.* This is plain to everybody. ② sensible; reasonable *Nǐ shì ge ~rén.* You're a sensible person. ③ frank; unequivocal; explicit ④ clever and bright ♦N. <Dao.> illumination

míngbaibiǎoshì 明白表示 F.E. clear expression

míngbaifèi 明白费 N. money bribe; favor fee M: *[2]bǐ*

míngbailiǎodàng 明白了当[-當] F.E. straightforward

míngbairén 明白人 N. sensible/perceptive person M: *ge/[1]míng/[2]wèi*

míngbairúhuà 明白如话 F.E. as plain as ordinary speech; plain and easy to understand

míngbai shìlǐ 明白事理 V.O. know what's what

míngbǎizhe 明摆着[-擺著] V.P. obvious; clear; plain

míngbào 冥报[-報] N. ① retribution executed by unseen hands ② return sb's kindness in Hades

míngbáo* 命薄 N. bad luck; misfortune

míngbǐ* 名笔[-筆] N. masterpiece of (literature/painting/etc)

mìngbǐ 命笔[-筆] V.O. <wr.> set pen to paper

míngbiān 鸣鞭 V.O. crack a whip ♦N. whip cracked to impose silence

míngbiàn* 明辨 V. discern/distinguish clearly

míngbiàn shì-fēi 明辨是非 V.O. clearly distinguish right and wrong

míngbiàn zhēn-wěi 明辨真伪 V.O. can tell true from false

mìngbǐjíshū 命笔疾书[-筆-書] F.E. write down as inspiration dictates

mìngbǐzhíshū 命笔直书 F.E. write down as inspiration dictates

mìngbórúhuā 命薄如花 F.E. short life of a woman

mìngbórúzhǐ 命薄如纸 F.E. extremely unlucky in one's life

míngbǔ 明补[-補] N. living-cost subsidy given by the State

míngbù* 名簿 N. roster; roll

míngbùfúshí* 名不符实[-實] F.E. be unworthy of a name/title

míngbùfùshí 名不副实[-實] F.E. be unworthy of a name/title

mìngbùgāijué 命不该绝[-絕] F.E. not be destined to die; be fated not to die at this time

míng bùjiànjīngzhuàn 名不见经传[-經傳] F.E. not be a well-known figure

míng bùpíng 鸣不平 V.O. protest injustice

míngbùxūchuán 名不虚传[-虛傳] F.E. have a well-deserved reputation

mìngbùyóurén 命不由人 F.E. as sure as fate

míng bù zhèng zé yán bù shùn 名不正则言不顺 F.E. If the name is not correct, the words will not ring true.

míngcài 名菜 N. famous dishes; specialty dishes

míngcàncàn 明灿灿[-燦燦] R.F. exceptionally bright

míngcè 名册[-冊] N. register; roll M: *[1]běn*

[1]míngchá 名茶 N. famous tea

[2]míngchá 明察 V. be sharp and perspicacious

[3]míngchá 茗茶 N. <wr.> tea M: *bēi*

míngchá ànfǎng 明察暗访 F.E. conduct a thorough investigation

míngchán 明蟾 N. the moon

míngchǎn* 名产[-產] N. famous product

míngchāng 明娼 N. open/avowed prostitutes M: *ge/[1]míng*

[1]míngchǎng 名场[-場] N. locale of a competition for fame/honors (esp. via examinations)

[2]míngchǎng 名厂[-廠] N. famous manufacturer M: *[1]jiā*

[1]míngchàng* 明畅[-暢] S.V. lucid and smooth

[2]míngchàng 鸣唱 V. chirp (of birds/insects)

míngchǎngshīyì 名场失意[-場--] F.E. be disappointed in an examination for a degree

míngchāo 冥钞 N. joss paper (ceremonial paper money) to be burned for the dead M: *[1]zhāng*

Míngcháo* 明朝 N. the Ming dynasty *See also míngzhāo*

míngchá qiūháo 明察秋毫 V.O. perceive the minutest details

míngchè 明澈 S.V. bright and limpid; transparent

míngchēng(r)* 名称(儿)[-稱-] N. ① name (of a thing/organization) ② designation ③ term

[1]míngchéng 名城 N. famous city M: *[4]zuò*

[2]míngchéng 明澄 S.V. bright and limpid

míngchēngxué 名称学[-稱-] N. onomasiology

míngchèrújìng 明澈如镜 F.E. be like a mirror; transparent

míngchí 溟池 N. the northern sea

míngchǐjiàozhàn 明耻教战[-恥-戰] F.E. teach people to defend the national honor

míngchíxiá'ěr 名驰遐迩[-邇] F.E. One's fame spread far and wide.

míngchóng 螟虫[-蟲] N. snout moth's larva M: *[2]zhī*

mìngchóuxiàolǚ 命俦啸侣[-儔嘯侶] F.E. <wr.> call people friends and companions

míngchú 名厨[-廚] N. famous chef M: *ge/[1]míng/[2]wèi*

míngchù* 明处[-處] N. ① where there is light ② in the open; in public

míngchuāngjìngjī 明窗净几[--淨-] F.E. exceptionally clean (of rooms)

míngchuánhòushì 名传后世[-傳後-] F.E. hand down one's name to posterity
míngchuíbùxiǔ 名垂不朽 F.E. one's name is immortal
míngchuíqiāngǔ 名垂千古 F.E. go down in history
míngchuíqīngshǐ 名垂青史 F.E. go down honored in history
míngchuízhúbó 名垂竹帛 F.E. leave a name in history
míngchūn 明春 N. next spring
míngchúshī 名厨师[-廚師] N. a famous chef M: *ge/[1]míng/[2]wèi*
míngcí* 名词 N. ① noun; substantive; nominal ② term; phrase ③ name
[1]**míngcì** 名次 N. position in a name list; place in a competition
[2]**míngcì** 名刺 N. calling/name card M: *[1]zhāng*
mìngcí 命辞[-辭] N. <*lg.*> proposition
míngcí biànhuà 名词变化[--變-] N. <*lg.*> declension of nouns
míngcí cíjù 名词辞句[--辭-] N. <*lg.*> noun expression
míngcí cízǔ 名词词组 N. <*lg.*> noun group
míngcí cóngjù 名词从句[--從-] N. <*lg.*> noun clause
míngcí dàiyòngyǔ 名词代用语 N. <*lg.*> noun substitute
míngcí de děngjiàcí 名词的等价词[----價-] N. <*lg.*> noun phrase equivalent
míngcí de xiāngdāng yǔjù 名词的相当语句[----當--] N. <*lg.*> noun phrase equivalent
míngcí duǎnyǔ 名词短语 N. <*lg.*> noun phrase
míngcí fùshù xíngshì 名词复数形式[--複數--] N. <*lg.*> noun plural
míngcíhuà 名词化 N. <*lg.*> nominalization
míngcíhuà biànhuànlǜ 名词化变换率[---變換-] N. <*lg.*> nominalization transformation
míngcíhuà de shùyǔ 名词化的述语 N. <*lg.*> nominalized predicate
míngcíhuà de zǐjù 名词化的子句 N. <*lg.*> nominalized clause
míngcí jiā míngcí 名词加名词 N. <*lg.*> noun-noun compound
míngcí jiā míngcí yǔcí 名词加名词语辞[-辭] N. <*lg.*> noun-noun phrase
míngcí jiégòu 名词结构[-構] N. <*lg.*> nominal construction
míngcíjù 名词句 N. <*lg.*> nominal sentence
míngcílèi 名词类[-類] N. <*lg.*> nominal expressions
míngcí pàishēng de 名词派生的 ATTR. <*lg.*> denominal
míngcí pàishēng xíngróngcí 名词派生形容词 N. <*lg.*> denominal adjective
míngcí piànyǔ 名词片语 N. <*lg.*> noun phrase
míngcí shǔgé 名词属格[--屬-] N. <*lg.*> noun possessive
míngcí tiāncí 名词添词 N. <*lg.*> noun adjunct
míngcí wèiyǔ 名词谓语 N. <*lg.*> noun predicate
míngcí wèiyǔjù 名词谓语句 N. <*lg.*> sentence with a nominal predicate
míngcíxìng chéngfèn 名词性成分 N. <*lg.*> nominal structure
míngcíxìngcí 名词性词 N. nominal
míngcíxìng cóngjù 名词性从句[---從-] N. nominal clause
míngcíxìng de cí 名词性的词 N. <*lg.*> nominal
míngcíxìng guānxi cóngjù 名词性关系从句[---關係從-] N. <*lg.*> nominal relative clause
míngcí xiūshìyǔ 名词修饰语 N. <*lg.*> noun modifier
míngcí yǔcí 名词语辞[-辭] N. <*lg.*> noun phrase
míngcí zhuǎnlèi 名词转类[-轉類] N. <*lg.*> conversion of subclasses
míngcí zǐjù 名词子句 N. <*lg.*> noun clause
míngcízǔ 名词组 N. <*lg.*> noun phrase (NP)
míngcízǔ bìngrù 名词组并入[---併-] N. <*lg.*> NP-incorporation

míngcízǔ hénjì 名词组痕迹[-跡] N. <*lg.*> NP-trace
míngcízǔ hénjì lǜchú 名词组痕迹滤除[----跡濾-] N. <*lg.*> NP-trace filter
míngcízǔ kòngzhì 名词组控制 N. <*lg.*> NP-control
míngcízǔ xiànzhì 名词组限制 N. <*lg.*> NP-constraint
míngcízǔ yíwèi 名词组移位 N. <*lg.*> NP-movement
míngcóngzhǔrén 名从主人[-從--] F.E. name after an originating person/place
míngcúnshíwáng 名存实亡[--實-] F.E. exist in name only
míngdá* 明达[-達] V.P. ① sensible; understanding; showing understanding ② intelligent and broad-minded
mìngdà 命大 V.P. lucky
Míngdài 明代 N. the Ming dynasty (1368–1644)
míngdǎmíng 明打明 V.P. <*topo.*> clear; obvious; plain
míngdān* 名单 N. name list; roster; roll M: *[1]fèn*
míngdàn 明旦 N. tomorrow
mìngdàndan 命蛋蛋 N. <*coll.*> sweetheart; darling; dearly loved one
míngdǎo 溟岛[-島] N. an island in the sea M: *[4]zuò*
míngdào* 明道 N. bright way M: *[1]tiáo*
míngdé 明德 N. illustrious virtue; highest virtue
míngdēng 明灯[-燈] N. bright lamp; beacon M: *[1]zhǎn*
[1]**míngdí*** 鸣笛 V.O. blow a whistle
[2]**míngdí** 鸣镝 N. <*trad.*> whistling arrow
mìngdì 命蒂 N. <*Ch. med.*> the placenta cord
míngdiǎn 茗点[-點] N. teas; refreshments
mǐngdǐng 酩酊 V.P. dead drunk
mìngdìng* 命定 ATTR. predestined
mǐngdǐngdàzuì 酩酊大醉 F.E. dead drunk
míngdízhì'āi 鸣笛志哀 F.E. sound a siren in mourning
míngdōng 明冬 N. next winter
míngdōu(r) 明兜(儿) N. patch pocket
míngdù 明度 N. brightness
míngduàn 明断[-斷] N./V. <*wr.*> pass fair judgment
míngē* 民歌 N. folk song M: *[4]zhī/[2]shǒu*
Mín-Gé 民革 AB. *Zhōngguó Guómíndǎng Gémìng Wěiyuánhuì*
[1]**míng'é** 名额 N. quota of people
[2]**míng'é** 螟蛾 N. snout moth M: *[2]zhī*
míngfá 名阀 N. illustrious family of many generations
míngfàhuā 明珐花[-琺-] N. Ming cloisonné-style decoration
míngfán 明矾[-礬] N. alum
míngfāng 茗坊 N. tea shop; teahouse M: *[1]jiā*
míngfàng* 鸣放 V. ① fire (a gun) ② air views
míngfánshí 明矾石[-礬-] N. alumite M: *[2]kuài*
míngfásīguò 明罚思过 F.E. discover one's faults and reflect on one's errors
[1]**míngfèn** 名分/份 N. a person's status
[2]**míngfèn** 明分 N. obvious duty/obligation
míngfèng 鸣凤[-鳳] N. sth. of rare beauty/value
míngfú 冥福 N. good fortune in the nether world
Míngfǔ* 冥府 P.W. the underworld; Hades; nether world
mìngfù 命妇[-婦] N. <*trad.*> woman given a title/rank by emperor
mìngfùhuángquán 命赴黄泉 F.E. be dying
míngfúqíshí 名符其实[-實] *See míngfùqíshí*
míngfùqíshí* 名副其实[-實] F.E. ① name matches reality ② be worthy of the name
míngfútiānxià 名孚天下 F.E. One's fame has filled the world.
míngfúzhòngwàng 名孚众望[--眾-] F.E. enjoy high popular respect
mínggài 名盖[-蓋] V.P. dominate; stand out (in reputation)
mìnggāirúcǐ 命该如此 F.E. be determined by fate; be predestined
mínggǎn 铭感 V. be deeply grateful

mínggǎnwǔnèi 铭感五内 F.E. be deeply held in one's grateful remembrance
mínggǎnwǔzhōng 铭感五中 F.E. be deeply held in one's grateful remembrance
mínggǎnzhōngshēn 铭感终身 F.E. remain eternally grateful
míngē 名歌 N. famous song M: *[2]shǒu*
mìnggēn(zi) 命根(子) N. ① one's very life; lifeblood ② darling; dearly loved one
míng ge qiánshǎng 明个前晌[-個--] N. <*coll.*> tomorrow morning; later
mínggōng* 明公 F.E. <*trad./court*> Sir; Gentlemen
mìnggōng 命宫[-宮] N. ① constellation under which one is born ② place where the eyebrows meet
mínggōngqiǎojiàng 名工巧匠 F.E. famous and skillful craftsman M: *ge/[1]míng/[2]wèi*
mínggōu 明沟[-溝] N. open drain M: *[4]zuò/[2]dào*
mínggōu páishuǐ 明沟排水[-溝--] N. <*agr.*> open-ditch drainage
[1]**mínggǔ** 鸣鼓 V.O. beat a drum
[2]**mínggǔ** 铭骨 V.O. be engraved on one's mind/memory
míngguǎn* 鸣管 N. syrinx (of birds)
míngguàn 名贯 N. name and place of origin
mìngguān 命官 N. <*trad.*> officials appointed by the imperial court
mìngguǎn 命馆 N. fortune-teller's office
míngguāngguāng 明光光 R.F. shining (of physical objects)
míngguāngzhèngliàng 明光铮亮[--錚-] F.E. <*coll.*> gleaming
míngguànyīshí 名冠一时[-時] F.E. well known in one's time
míngǔ'érgōng 鸣鼓而攻 F.E. publicly attack sb.
míngǔ ér gōngzhī 鸣鼓而攻之 F.E. make a scathing indictment; sound the call for attack
míngguì 名贵 S.V. ① precious/rare (object) ② famous and distinguished
míngguòqíshí 名过其实[-實] F.E. have an undeserved/exaggerated reputation
Mínggǔwū 名古屋 P.W. Nagoya (Jp.)
mínghǎi* 溟海 N. a dark sea
mínghài 螟害 N. <*agr.*> infestation of snout-moth larvae
[1]**mínghào** 名号[-號] N. ① name ② title ③ fame
[2]**mínghào** 鸣号[-號] V.O. trumpet; sound the bugle
[1]**Mínghé*** 冥河 N. the Styx
[2]**Mínghé** 明河 N. <*wr.*> the Milky Way
mínghè 鸣鹤 N. whooping crane M: *[2]zhī*
mínghér 茗荷儿 N. <*zoo.*> limpet; barnacle
mínghòushǎng 明后晌[-後-] N. <*coll.*> tomorrow afternoon
mínghòutiān 明后天[-後-] N. tomorrow or the day after tomorrow
mínghuā 名花 N. ①famous courtesan ②famous flower M: *[2]duǒ* ③ a beauty
mínghuà* 名画[-畫] N. famous painting M: *[10]fú*
[1]**mínghuàn** 冥幻 V.P. obscure and perplexing
[2]**mínghuàn** 名宦 N. distinguished official M: *ge/[1]míng/[2]wèi*
mínghuǎnghuǎng 明晃晃 R.F. gleaming; shining
[1]**mínghuì** 名讳[-諱] N. name of a respected person
[2]**mínghuì** 明慧 S.V. <*wr.*> clever; intelligent; wise
[3]**mínghuì** 冥晦 N. dark and gloomy
[4]**mínghuì** 冥会 N. silent comprehension
mínghūn 冥婚 N. marriage ceremony for persons already dead
mínghuǒ 明火 N. ① <*archeo.*> fire set by a bronze mirror used in sacrifices and divination ② blazing fire; flame ③ armed robbery ♦V.O. carry torches (esp. in a robbery)
mínghuǒdǎjié 明火打劫 F.E. open robbery
mínghuǒzhízhàng 明火执仗[--執-] F.E. conduct evil activities openly
míngjí 名籍 N. roll; register; list

1míngjì* 铭记 V. engrave on one's mind; always remember
2míngjì 名迹[-跡] N. ① famous historic place ② <wr.> fame and achievement
míngjiā* 名家 N. ①School of Logicians ②person of academic/artistic distinction ③ illustrious family
míngjià 明价[-價] N. ① clearly marked prices ② <coll.> tomorrow
mìngjià 命驾 V. get the carriage ready
míngjiājùbò 名家巨擘 F.E. celebrated masters
míngjiān(r) 明间(儿) P.W. outer room; room directly open to the outside
míngjiàn* 明鉴[-鑒] N. ① bright mirror ② explicit example for reference ③ <court.> incisive/brilliant perception
mìngjiǎn 命蹇 F.E. <wr.> suffer many a setback during one's life
míngjiǎng* 明讲[-講] V. speak frankly
1míngjiàng 名将[-將] N. famous general; great soldier M: ge/1míng/2wèi
2míngjiàng 名匠 N. famous artisan M: ge/1míng/2wèi
míngjiānglìsuǒ 名缰利锁/索[-韁--] F.E. the fetters of fame and wealth; be a slave of fame and wealth
mìngjiǎnshíguāi 命蹇时乖[--時-] F.E. The time and fates are unfavorable.
míngjiànwànlǐ 明见万里[--萬-] F.E. be capable to foresee the situation
míngjiāo 明胶[-膠] N. gelatin
1míngjiǎo(r) 名角/脚(儿)[-腳-] N. famous actor/actress
2míngjiǎo 明皎 V.P. clear and bright
1míngjiào* 名叫 V. call
2míngjiào 鸣叫 V. ① call (of animals) ② emit a sound (of horn/siren/etc.) ③ <elec.> beep
3míngjiào 名教 N. ① Confucian ethical code ② body of teachings on morality and ethics
4míngjiào 明教 N. ① <court.> wise comment/advice ② Manichaeism
míngjiào zuìrén 名教罪人 N. violator of Confucian etiquette
míngjíbù 名籍簿 N. roster M: 1běn
1míngjié 名节[-節] N. reputation and integrity
2míngjié 明洁[-潔] S.V. clear and bright
míngjīlòugǔ 铭肌镂骨[--鏤-] F.E. engraved on one's mind forever
míngjīn 鸣金 V.O. beat a gong
1míngjīng 铭/明旌 N. funeral streamer bearing the titles of the deceased
2míngjīng 明经[-經] N. ① person well versed in Chinese classics ② a title for winners in the Qing imperial examinations
1míngjìng(r)* 明镜(儿) N. ① bright mirror ② perspicacious M: 2kuài
2míngjìng 明净[-淨] S.V. bright and clear
míngjìnggāoxuán 明镜高悬[-懸] F.E. ① fair/just trial ②an impartial and perspicacious judge
míngjīnjīgǔ 鸣金击鼓[--擊-] F.E. beat gongs and drums
míngjīnshōubīng 鸣金收兵 F.E. call off a battle; sound the retreat
míngjiū 鸣鸠 N. pigeon; dove M: 2zhī
míngjiǔ* 名酒 N. vintage/well-known spirits/wine M: bēi/píng
míngjìyúxīn 铭记于心[--於-] F.E. be engraved on one's heart
míngjū 名驹 N. famous horse M: 1pǐ
1míngjù* 名句 N. well-known phrase M: 1jù
2míngjù 茗具 N. tea set/service M: tào
míngjuānyúxīn 铭镌于心[-鐫於-] F.E. engraved on
1míngjué(r) 名角(儿) N. famous/popular actor M: ge/2wèi
2míngjué 明决[-決] A.T. ① wise and resolute; decisive ② <wr.> wise decision
míngjūn 明君 N. wise monarch M: 2wèi
míngkào'àntóu 明靠暗投 F.E. attach oneself openly (to sb.) and secretly (to another)
míngkè 铭刻 N. inscription ♦V. engrave on one's mind
míngkèxué 铭刻学 N. epigraphy
mìngkǔ 命苦 S.V. suffer from a hard lot
míngkuài 明快 S.V. ①sprightly ②straightforward ③ <topo.> bright
míngkuǎn 名款 N. <art> artist's signature on painting/calligraphy
mínglái'ànwǎng 明来暗往 F.E. have overt and covert contacts with sb.
míngláng 鸣榔 V.O. strike the bulwarks with a wooden clapper to chase fish into a net
mínglǎng* 明朗 S.V. ① bright ② clear; obvious ③ forthright; bright and cheerful; open-minded
mínglǎnghuà 明朗化 S.V. clear
mínglěi 铭诔 N. <wr.> tribute to a deceased person
míngli 明里[-裡] N. a public occasion
1mínglǐ(r) 明理(儿) V.O. understand the reason(ing) ♦N. obvious reason(ing)/truth/fact ♦S.V. sensible; reasonable
2mínglǐ 明礼[-禮] V.P. refined and courteous
1mínglì* 名利 N. fame and wealth
2mínglì 明丽[-麗] S.V. bright and beautiful
1míngliàng 明亮 S.V. ① well-lit; bright ② bright; shining
2míngliàng 名量 N. <lg.> noun/nominal measure word
míngliàngcí 名量词 N. noun/nominal measure-word
míngliàngdòngrén 明亮动人[--動-] F.E. bright and charming
míngliǎo 明了 V. understand; be clear about ♦S.V. clear; plain
míngliè 名列 V. list the name among
míngliè'áotóu 名列鳌头 F.E. lead the list
mínglièbǎngshǒu 名列榜首 F.E. rank first
mínglièqiánmáo 名列前茅 F.E. be among the best of successful candidates
mínglìkè 名利客 N. a person seeking fame and wealth M: ge/1míng
1mínglíng 名伶 N. <trad.> famous actor M: ge/2wèi
2mínglíng 螟蛉 N. ① corn earworm M: 2zhī ② adopted son M: ge/1míng
Mínglíng 明陵 P.W. the Ming Tombs
mínglìng 明令 N. explicit order; decree M: ge/2dào
mìnglìng* 命令 V./N. order; command M: 2dào ♦N. ① directive ② <lg.> imperative
mínglíng'é 螟蛉蛾 N. *Heliothis armigera* (a kind of moth) M: 2zhī
mìnglìng jīngjì 命令经济[-經濟] N. command economy
mìnglìngjù 命令句 N. imperative/command sentence M: 1jù
mìnglìngshì 命令式 N. <lg.> imperative mood/sentence/form
mìnglìngxíng jīngjì 命令型经济[-經濟] N. command economy
mìnglìng xìtǒng 命令系统 N. command system
mínglíng yìnǚ 螟蛉义女[--義-] N. a adopted daughter M: ge/1míng
mìnglìng yǔqì 命令语气[-氣] N. <lg.> imperative form/mood
mínglíngzhīzǐ 螟蛉之子 N. a adopted son; son by adoption
mìnglìngzhǔyì 命令主义[-義] N. <pol.> commandism
mínglíngzǐ 螟蛉子 N. ① corn earworm M: 2zhī ② adopted son M: ge/1míng
míng lǐpào 鸣礼炮[-禮-] V.O. fire a salute
mínglìshuāngshōu 名利双收[--雙-] F.E. win fame and fortune
mínglì sīxiǎng 名利思想 N. desire for personal fame and gain
míngliú 名流 N. distinguished personages; celebrities
míngliúhòushì 名留后世[--後-] F.E. leave to future ages a fine reputation
mínglóu 明楼[-樓] N. <topo.> observation post; gun tower M: 4zuò
mínglù 名录[-錄] N. directory M: 2bù
míngluán 鸣銮[-鑾] V.O. emperor's journey
mínglù fúwù 名录服务[-錄-務] N. directory service
mínglùn 名论 N. ① famous opinion/comment ② reputation
mínglùnbùkān 名论不刊 F.E. <wr.> have an unalterable reputation
mínglúnchuán 明轮船 N. paddle-wheel steamer M: 1tiáo/1sōu/2zhī
míngluójīgǔ 鸣锣击鼓[-鑼擊-] F.E. beat gongs and drums
míngluójùzhòng 鸣锣聚众[-鑼-眾] F.E. beat gongs to assemble people
míngluókāidào 鸣锣开道[-鑼開-] F.E. ① beat gongs to clear the way (for officials) ② prepare the public for a coming event
míngluóléigǔ 鸣锣擂鼓[-鑼--] F.E. beat gongs and drums
míngluòsūnshān 名落孙山[--孫-] ID. fail in a competitive examination
mínglúrǔzhū 明炉乳猪[-爐-豬] N. roast suckling pig
1míngmǎ(r) 明码(儿) N. ① plain/open code ② clearly marked prices
2míngmǎ 名马 N. well-known horse M: 1pǐ
míngmǎ biāojià zhìdù 明码标价制度[--標價--] N. system requiring marking of commodity prices
míngmǎ diànbào 明码电报[-電報] N. open/uncoded telegram M: 1fèn/2fēng
mìngmài 命脉[-脈] N. lifeblood; lifeline
míngmǎng 溟漭 N. boundless; vast
míngmǎntiānxià 名满天下 F.E. be world-renowned
míngmàoshíyì 名貌实易[--實-] F.E. be similar in appearance but essentially different
míngmǎ shòuhuò 明码售货 N. sell sth. with the price clearly marked
míngmèi 明媚 S.V. bright and beautiful
míngméizhèngqǔ 明媒正娶 F.E. formal/legal marriage
míngmén* 名门 N. influential/illustrious/eminent family
mìngmén 命门 N. ① temple (on the head) ② space between the kidneys
1míngméng 瞑朦 V.P. obscure
2míngméng 溟蒙 V.P. ① drizzling ② gloomy; dim; obscure
míngménguīxiù 名门闺秀 F.E. daughter of an illustrious family
míngménwàngzú 名门望族 F.E. ① good family pedigree ② family with special privileges
míngménzhīhòu 名门之后[--後] N. descendant of an eminent/notable family M: ge/2wèi
míngmiàn 明面 N. surface ♦ADV. in the open; in public
míngmiè 明灭[-滅] V. flicker ♦V.P. now in view, now hidden; appearing and vanishing
míngmǐn 明敏 V.P. bright and quick (of people)
1míngmíng(r) 明明(儿) ADV. obviously; plainly ~ ***shì tā cuò le.*** It's obvious that he's made a mistake.
2míngmíng 冥冥 R.F. <wr.> ① dim; dusky ② ignorant; benighted ③ high and far ♦N. netherworld
3míngmíng 溟溟 R.F. ① drizzling ② gloomy; dim; dark
4míngmíng 瞑瞑 R.F. look but see nothing
mìngmíng* 命名 V.O. name (sb./sth.) ♦N. denomination
míngmíngbáibái 明明白白 R.F. obvious; crystal clear
mìngmíngfǎ 命名法 N. nomenclature
míngmíngzhīzhōng 冥冥之中 P.W. ① imperceptible by the senses ② in the unseen world
míngmíngzhōng 冥冥中 P.W. in the dark; in the nether world

míngmó* 名模 N. famous model M: ge/[2]wèi
Míngmò 明末 N. end of the Ming dynasty
míngmóuhàochǐ 明眸皓齿[-齒] F.E. ① bright eyes and white teeth ② woman's beautiful face
míngmóushànlài 明眸善睐 F.E. bright alluring glances of a beauty
míngmóuxiùméi 明眸秀眉 F.E. shining eyes and slender eyebrows
[1]**míngmù** 名目 N. ① names of things ② items ③ the idea behind sth. ④ famous/celebrated things
[2]**míngmù** 瞑目 V.O. ① die content ② close the eyes
[3]**míngmù** 明目 V.O. <*Ch. med.*> improve the eyesight
míngmùchángmián 瞑目长眠 F.E. rest in peace (said of a dead man)
míngmùchángshì 瞑目长逝 F.E. closed one's eyes forever
míngmùdàibì 瞑目待毙[-斃] F.E. close one's eyes and wait for death
míngmù'érshì 瞑目而逝 F.E. closed the eyes and passed away
míngmùfánduō 名目繁多 F.E. multitude of names/items
míngmùjiǔquán 瞑目九泉 F.E. May one's soul rest in peace (underground).
míngmùzhāngdǎn 明目张胆[-膽] F.E./ADV. brazenly; flagrantly

Míngní'ābōlìsī 明尼阿波利斯 P.W. Minneapolis
míngnián 明年 N. next year
míngniánge 明年个[-個] N. <*coll.*> next year
míngniǎo 鸣鸟 N. finch M: [2]zhī
Míngnísūdá 明尼苏达[-蘇達] P.W. Minnesota
míngnǚrén 名女人 N. famous woman M: ge/[2]wèi
[1]**míngōng** 民工 N. ①laborer working on a public project; civilian worker ②peasant worker M: ge/[1]míng
[2]**míngōng** 民功 N. farm work; farming
míngōngcháo 民工潮 N. tide of migrant workers
míngōng liúdòng 民工流动[-動] N. migration of workers
[1]**míngpái(r)** 名牌(儿) N. ① famous brand ② nameplate; name tag
[2]**míngpái** 铭牌 N. <*mach.*> data plate; nameplate M: [2]kuài
[3]**míngpái** 明牌 N. open deal
míngpáihuò 名牌货 N. famous-brand goods M: [2]jiàn/ge
míngpán 明盘[-盤] N. <*trad.*> negotiated price; price openly agreed upon by the seller and purchaser
míngpào 鸣炮 V.O. fire a gun
míngpàoshìjìng 鸣炮示敬 F.E. fire cannons in salute
míngpèi 铭佩 V. remember with admiration
míngpiān 名篇 N. famous literary piece M: [1]piān
míngpiàn(r)* 名片(儿) N. visiting/calling card; namecard M: [1]zhāng
míngpiàncè 名片册[-冊] N. name-card holder/album M: [1]běn
míngpǐn 名品 N. name product
míngpǔ 茗圃 P.W. tea plantation M: [4]zuò
míngpū'àngài 明铺暗盖[-蓋] F.E. <*coll.*> be under covers in bed in plain view; fornicate more or less openly with slight regard for public opinion
míngpūyègài 明铺夜盖[-蓋] V.P. <*topo.*> fornicate more or less openly with slight regard for public opinion
míngqi* 名气[-氣] N. <*coll.*> reputation; fame; name
[1]**míngqì** 明/冥器 N. burial/funerary objects
[2]**míngqì** 冥契 N. tacit understanding; implicit agreement
[3]**míngqì** 名器 N. <*trad.*> ranks and proper accoutrements
[1]**míngqián** 冥钱[-錢] N. paper money to be burned for the dead M: [1]zhāng
[2]**míngqián** 明前 N. a kind of green tea picked before Pure Brightness
míngqiāng* 鸣枪[-槍] V.O. fire rifles into the air; fire a shot
[1]**míngqiǎng** 明抢[-搶] V. rob openly
[2]**míngqiǎng** 冥镪 N. paper money to be burned for the dead
míngqiāng'ànjiàn 明枪暗箭[-槍--] F.E. overt and covert attack
míngqiāngjiāozhàn 明枪交战[-槍-戰] F.E. attack by overt means
míngqiāngshìjǐng 鸣枪示警[-槍--] F.E. fire a warning shot
míngqì'ànqǔ 明弃暗取[-棄--] F.E. give away openly and take in secretly
míngqiè 明切 S.V. clear and definite; clear-cut
[1]**míngqín** 鸣禽 N. songbird M: [2]zhī
[2]**míngqín** 鸣琴 V.O. play a string instrument
míngqín'érzhì 鸣琴而治 F.E. govern/rule with minimum interference of the people
míngqíng 明情 V.O. understand ♦ADV. <*topo.*> obviously
míngqínlèi 鸣禽类[-類] N. songbirds
míngqú 明渠 N. open ditch M: [1]tiáo/[2]dào
míngqǔ* 名曲 N. a great musical composition; a masterpiece in music M: [2]shǒu
míngqù'ànlái 明去暗来 F.E. have overt and covert contacts with sb.
míngquè 明确[-確] S.V. clear-cut; explicit; unequivocal ♦V. make clear/definite
míngquè yǔfǎ 明确语法[-確--] N. <*lg.*> generative grammar
[1]**míngr** 明儿 N. <*coll.*> ① tomorrow ② one of these days; some day
[2]**míngr** 名儿 N. ① name ② fame
míngr bù liàng tiān 明儿不亮天 N. <*coll.*> tomorrow before dawn
[1]**míngrén** 名人 N. ① famous/eminent person; celebrity; notable M: ge/[2]wèi ② one of the most coveted titles among professional *go* players in Japan
[2]**míngrén** 明人 N. ①honest person ②discerning person
míngrén bù zuò ànshì 明人不做暗事 V.P. honest people don't do shady things
míngrénlù 名人录[-錄] N. a list of celebrities; *Who's Who* M: [1]běn/[2]bù
míngrén-míngyán 名人名言 N. well-known saying of a famous person
míngrén xiàoyìng 名人效应[-應] N. celebrity charm
míngrge 明儿个[-個] N. <*coll.*> tomorrow
míngrì 明日 N. ① tomorrow ② the near future
míngrìhuánghuā 明日黄花 ID. (out)dated; obsolete
míngrú 名儒 N. famous traditional scholar M: ge/[2]wèi
[1]**míngruì** 明锐 S.V. ①bright and sharp ②piercing
[2]**míngruì** 明睿 V.P. sage; wise
míngruìzhījǔ 明睿之举[-舉] N. an act of wisdom
míngrùn 明润 A.T. photopic vision
míngruòguānhuǒ 明若观火[--觀-] F.E. crystal clear
mìngruòxuánsī 命若悬丝[-懸絲] F.E. Life hangs by a thread.
míngrúqínjìng 明如秦镜 F.E. see clearly the rights and wrongs of the case
[1]**míngsè** 名色 N. ①name; designation ②<*trad.*> famous beauty/prostitute
[2]**míngsè** 明色 N. light color
[3]**míngsè** 暝色 N. dusk
[4]**míngsè** 明瑟 N. fresh and clear
míngshā 鸣沙 N. tinkling stones (in running water)
míngshān 名山 N. famous mountain M: [4]zuò
míngshāndàchà 名山大刹[-刹] F.E. famous mountains and magnificent temples M: [4]zuò
míngshāndàchuān 名山大川 F.E. famous mountains and great rivers
míngshǎnshǎn 明闪闪 R.F. shining (of objects)
míngshānshìyè 名山事业[-業] ID. an author's works destined for posterity
míngshě'ànqǔ 明舍暗取[-捨--] F.E. profess to spurn, but secretly take sth.
[1]**míngshēng** 名声[-聲] N. reputation; repute; renown
[2]**míngshēng** 鸣声[-聲] N. cry (of birds/etc.)
míngshèng* 名胜[-勝] N. place famous for its scenery or historic interest; scenic spot
míngshēng'ànjiàng 明升暗降 F.E. ostensibly promote but actually demote; kick sb. upstairs
míngshēngdàzhèn 名声大振[-聲--] V.P. achieve sudden fame
míngshènggǔjì 名胜古迹[-勝-跡] F.E. places of historic interest and scenic beauty; scenic spots and historic sites
míngshēngshíjiàng 名升实降[--實-] F.E. kick sb. upstairs
míngshī* 名师[-師] N. ① famous teacher/master ② army famous for its exploits M: [2]wèi
[1]**míng-shí** 名实[-實] N. ① name and reality ② <*log.*> concept and objective being
[2]**míngshí** 铭石 N. monolith bearing an inscription
[3]**míngshí** 明时[-時] N. a time of peace or good government
Míngshǐ 明史 N. *Ming History*
[1]**míngshì** 名士 N. ① <*trad.*> literary celebrity ② celebrity with no official post ③ bohemian M: [2]wèi
[2]**míngshì** 明示 V. express clearly; explicitly instruct
[3]**míngshì** 盟/明誓 V. <*coll.*> take an oath
[4]**míngshì** 名世 V.P. <*wr.*> well known to one's contemporaries
[5]**míngshì** 明室 N. ① well-lighted room ② Ming royal family
[6]**míngshì** 名氏 N. given name and family name
mìngshì 命世 V.O. enjoy universal renown
míngshī chū gāotú 名师出高徒[-師---] F.E. ① Great teachers produce brilliant students. ② Accomplished disciples owe their success to great teachers.
míngshìfēngliú 名士风流 F.E. unconventional ways of scholars
míngshìpài 名士派 N. unconventional intellectual
míngshìqì 名士气[-氣] N. scholar's eccentricities
míngshīrén 名诗人 N. a renowned poet M: ge/[2]wèi
míngshìshūyuán 名士淑媛 F.E. famous men and accomplished women
míngshíxiāngfú* 名实相符[-實--] F.E. in deed as well as in name
míngshíxiāngfù 名实相副[-實--] F.E. be worthy of the name
mìngshìzhīcái 命世之才 N. great talent capable of governing the world
míngshǒu* 名手 N. famous artist/player/etc.
míngshòu 冥寿[-壽] N. birthday anniversary of the dead
míngshū 名姝 N. well-known beauty M: ge/[2]wèi
míngshù 名数[-數] N. ①<*math.*> concrete number ② numeral-measure compound ***sāncùn*** three inches
mìngshù* 命数[-數] N. destiny; fate; lot ♦ATTR. <*math.*> numeral; number
míngshuǎng 明爽 V.P. ①bright and clear ②full of light ③ optimistic and refreshed
mìngshùfǎ 命数法[-數-] N. <*math.*> numeration
míngshuō 明说 V. speak frankly/openly
mìngshù xìtǒng 命数系统[-數--] N. <*math.*> numeral system
mìngshùyǐjìn 命数已尽[-數-盡] F.E. One's hour has come/struck.
míngsì 茗肆 N. tea shop; teahouse
míngsīchūshén 冥思出神 F.E. be in a brown study
míngsīhuànxiǎng 冥思幻想 F.E. dark and illusory thoughts

míngsīkǔsuǒ 冥思苦索 F.E. rack one's brains
míngsīkǔxiǎng 冥思苦想 F.E. rack one's brains
míngsōng'ànjǐn 明松暗紧[-鬆-緊] F.E. To all appearances, relaxed; in reality quite the opposite.
míngsù 名宿 N. well-known literatus M: ge/[2]wèi
míngsuì 明邃 V.P. glistening and piercing
míngtàiyú 明太鱼 N. <zoo.> walleye pollack
míngtang* 名堂 N. ①name; designation ②result; achievement; activity *Wǒ xiāngxìn nǐmen néng gǎochū ~.* I believe that you'll accomplish something. *Nǐ jìnlái gǎo xiē shénme ~?* What have you been busying yourself with lately? ③ reason ④ variety (of events in a show/etc.)
míngtáng 明堂/唐 N. ① <topo.> courtyard ② ground for drying grain ③ <trad.> place where emperor issued governmental instructions and carried out large ceremonies ④place where water flows in before a grave (a geomantic term)
míng-tè chǎnpǐn 名特产品[--產-] N. famous local specialties
míng-tè-yōu 名特优[-優] ATTR. brand-name, special, and high-quality
mìngtí 命题 V.O./N. ① assign a topic; set a question ②<math./log.> proposition; statement; thesis
míngtiān 明天 N. ① tomorrow ② the near future
míngtiān jiàn 明天见 INTJ. see you tomorrow
míngtiáo 鸣蜩 N. a kind of cicada
míngtiē 明贴 N. visible subsidy
míngtiě* 名帖 N. ① name card M: [1]zhāng/[1]fèn ② <topo.> fame
mìngtí nèiróng 命题内容 N. <lg.> propositional content
mìngtí yìyì 命题意义[-義] N. <lg.> propositional meaning
mìngtí yùnyǎn 命题运演[--運-] N. <lg.> propositional calculus
mìngtí zuòwén 命题作文 N. composition with assigned subject
míngtou 名头 N. <topo.> reputation; repute; renown
mìngtú 命途 N. the course of one's life; one's destiny
mìngtúduōchuǎn 命途多舛 F.E. suffer many setbacks during one's life
míngtuó 明驼 N. camel M: [1]tóu
Mínguó 民国[-國] N. Republic of China (1912–)
míngwǎ 明瓦 N. transparent/translucent tiles
míngwán 冥顽 V.P. <wr.> thickheaded; stupid
míngwǎn* 明晚 N. tomorrow evening
míngwánbùlíng 冥顽不灵[-靈] F.E. impenetrably thickheaded
míngwáng 明王 N. ① enlightened ruler ② <Budd.> rajas or fierce spirits who guard temples/etc.
míngwàng* 名望 N. fame; renown
Míngwángxīng 冥王星 N. <astr.> Pluto
míngwéi* 名为 V.P. be known as
míngwèi 名位 N. ①fame and position ②official rank
[1]**míngwén** 明文 N. ① precise/formal text ② explicit terms ♦ATTR. proclaimed in writing
[2]**míngwén** 铭文 N. inscription; epigraph M: [1]piān
míngwén de pànzhǔn 明文的判准[-準] N. <lg.> explicit criterion
míngwén guīdìng 明文规定 N./V.P. expressly provide; stipulate explicitly
míngwényúshì 名闻于世[--於-] F.E. be world-famous
míngwén zhǐdìng 明文指定 N. <lg.> formalization
míngwénzhōngwài 名闻中外 F.E. well known both at home and abroad
míngwù 名物 N. ① name and description of a thing; nominal ② famous thing
míngwùhuà 名物化 N. <lg.> nominalization
míngxī 明晰 S.V. distinct; clear ♦N. <lg.> explicitness
[1]**míngxì*** 明细 S.V. definite and detailed
[2]**míngxì** 明戏[-戲] A.T. <slang> understand; know; be clear about
míngxiā* 明虾[-蝦] N. prawn M: [2]zhī/ge
míngxià 名下 N. ① under one's name/account *Suǒyǒu fèiyong dōu jì zài wǒ de ~.* Charge all the expenses to my account. ② belonging/related to sb.
[1]**míngxián** 名衔 N. title
[2]**míngxián** 名贤[-賢] N. well-known sages; men of great virtue and wisdom
míngxiǎn* 明显[-顯] S.V. clear; obvious; evident *Fēicháng ~, . . .* It's quite obvious that. . .
míngxiàn 明线 N. <elec.> open-wire line; open wire M: [1]tiáo
[1]**míngxiǎng*** 冥想 N./V. deep thought; meditation
[2]**míngxiǎng** 鸣响[-響] V. ① tingle (in the ears) ② peal; boom (of bells/guns/etc.)
míngxiàng 名相 N. famous minister
mìngxiàng 命相 N. fate and physiognomy
mìngxiàngguǎn 命相馆 P.W. fortune-teller's office M: [1]jiā
mìngxiàngjiā 命相家 N. fortune-teller; physiognomist M: ge/[1]míng/[2]wèi
míngxiàn guāngpǔ 明线光谱 N. bright-line spectrum
mìngxiàngxué 命相学 N. horoscope studies
míngxiǎn jiānghuà de yǐnyù 明显僵化的隐喻[-顯---隱-] N. <lg.> transparent dead metaphor
míngxiào 明效 N. obvious results; telling/marked effects
míngxiào-dàyàn 明效大验 N. clinching proof of effectiveness; telling/marked effects
míng xiǎode 明晓得[-曉-] V.P. knowingly; knowing the consequences of doing sth.; well aware of
míngxiàwúxū 名下无虚[-虛] F.E. The reputation is justified.
[1]**míngxiè** 鸣谢 V. thank formally
[2]**míngxiè** 铭谢 V. <wr.> be deeply grateful
míngxièhuìgù 铭谢惠顾[-顧] F.E. <wr.> be deeply grateful for your presence
míngxì fēnlèizhàng 明细分类帐[---類-] N. <acct.> detailed supporting statement
[1]**míngxīn** 铭心 V.O. imprint on one's mind ♦N. inscription ♦V.P. remembered with gratitude
[2]**míngxīn** 明心 V.O. express one's idea ♦N. <rel.> introspection or self-questioning
Míngxīng* 明星 N. ① <astr.> Venus ② (movie/etc.) star ③ <trad.> society lady; social butterfly
mìngxīng 命星 N. luck; fate
míngxīng biàn liúxīng 明星变流星[-變--] N. tendency of Chinese song, sports, science stars to go abroad to live and work
míngxíngbìjiào 明刑弼教 F.E. integrate punishment with education
míngxīngduì 明星队[-隊] N. all-star team M: [4]zhī
míngxíngmángsuǒ 冥行盲索 F.E. work in an unclear situation
míngxīngxiàng 明星像 N. (movie/sport) star portrait M: [1]zhāng/[10]fú
míngxíngzhìzhí 冥行掷埴[--擲-] F.E. like a blind man groping his way in the dark
míng xīnjì 明心迹[-跡] V.O. tell what's on one's mind; get sth. off one's chest
míngxīnjiànxìng 明心见性 F.E. understand sb.'s disposition
míngxīnkègǔ 铭心刻骨 F.E. bear in mind forever
míngxīnlòugǔ 铭心镂骨[--鏤-] F.E. be engraved on one's mind/heart
míngxìnpiàn(r) 明信片(儿) N. postcard M: [1]zhāng
míngxiù 明秀 V.P. bright and beautiful
míngxìzhàng 明细帐 N. subsidiary ledger
míngxuàn 瞑眩 A.T. <Ch. med.> dizziness/nausea/etc. as a side-effect of drugs
míngxué 名学 N. <log.> logic
[1]**míngyán*** 名言 N. celebrated dictum/remark
[2]**míngyán** 明言 V. express frankly
[1]**míngyàn** 明艳[-艷] V.P. bright and beautiful
[2]**míngyàn** 鸣雁 N. wild goose crying
míngyángsìhǎi 名扬四海[-揚--] F.E. become famous all over the world
míngyǎnrén 明眼人 N. discerning person M: ge/[2]wèi
míngyǎnyuán 名演员 N. a famous actor/actress M: ge/[2]wèi
míngyànzhàorén 明艳照人[-艷--] F.E. look bright and beautiful
míngyào 明耀 V.P. bright and dazzling
míngyè 冥夜 N. dark night
[1]**míngyī** 名医[-醫] N. famous doctor M: ge/[2]wèi
[2]**míngyī** 冥衣 N. paper clothes to be burned for the dead M: [2]jiàn
[3]**míngyī** 明衣 N. ① undershirts donned after taking a bath before ceremonial offerings ② graveclothes; shroud M: [2]jiàn
míngyì* 名义[-義] N. ①name ②outward reason for doing sth. ③ signification ♦ATTR. nominal; titular; in name *~ shang cáijūn* disarmament in name
mìngyì 命意 V.O. determine the topic of a piece of poetry/painting ♦N. implication
míngyì chéngběn 名义成本[-義--] N. nominal costs
míngyì fùzhài 名义负债[-義--] N. nominal liability
míngyì gōngzī 名义工资[-義--] N. <econ.> nominal wages
míngyì gǔdōng 名义股东[-義--] N. nominal partner/share-holder (in a business)
mìngyìhézài 命意何在 F.E. Where is the meaning?
míngyì huìjià 名义汇价[-義匯價] N. <econ.> nominal rate of exchange
míngyì lìlǜ 名义利率[-義--] N. nominal rate of interest
míngyì lìrùn 名义利润[-義--] N. nominal profit
míngyìlǜ 名义率[-義-] N. <acct.> nominal contract price
míngyíng 明莹[-瑩] V.P. bright and lustrous
míngyǐnlìyòu 名引利诱 F.E. lure sb. by the promise of fame and fortune
míngyīpù 冥衣铺 P.W. graveclothes shop M: [1]jiā
míngyìshang 名义上[-義-] ADV. nominally
míngyì shuìlǜ 名义税率[-義--] N. nominal tariff rate
míngyīshùshǒu 名医束手[-醫--] F.E. Famed physicians are powerless against some diseases.
míng yī tào àn yī tào 明一套暗一套 F.E. act one way in the open and another way in secret; be double-dealing
míngyì yuēdìng jiàgé 名义约定价格[-義--價-] N. <acct.> nominal contract price
míngyì zhànghù 名义账户[-義--] N. nominal account
míngyì zuòjià 名义作价[-義-價] N. <acct.> nominal allowed price
míng-yōu* 名优[-優] ATTR. ①famous ②of fine quality ♦N. <opera> famous actor M: ge/[2]wèi
míngyóu 明油 N. varnish
míngyòu 冥佑 N. protection of the gods
míng-yōu chǎnpǐn 名优产品[-優產-] N. famous-quality products M: [2]jiàn
míngyǔ 名语 N. <lg.> substantive expression
[1]**míngyù*** 名誉[-譽] N. fame; reputation ♦ATTR. honorary
[2]**míngyù** 明喻 N. simile
míngyuān* 鸣冤 V.O. voice grievances; complain of unfairness
míngyuán 名媛 N. young lady of note M: ge/[2]wèi
míngyuānjiàoqū 鸣冤叫屈 F.E. voice grievances/discontent
míngyuānzhāoxuě 明冤昭雪 F.E. right a wrong (for sb.)
míngyù bóshì 名誉博士[-譽--] N. honorary doctorate M: ge/[2]wèi
míngyù dānbǎo 名誉担保[-譽擔-] V.P. on one's honor

míngyù dǒngshìzhǎng 名誉董事长[-譽---] N. honorary board chairman M: ge/²wèi
míngyuè 明月 N. ① moon M: ¹lún ② <wr.> legendary luminous pearl
míngyuèzhīyè 明月之夜 N. moonlit night
míngyù gōngmín 名誉公民[-譽--] N. honorary citizen M: ge/²wèi
míngyù huìzhǎng 名誉会长[-譽--] N. honorary president/chairman M: ge/²wèi
míngyù jiàoshòu 名誉教授[-譽--] N. honorary professor/emeritus professor M: ge/²wèi
míngyù lǐngshì 名誉领事[-譽--] N. honorary consul M: ge/²wèi
mìngyùn 命运[-運] N. destiny; fate; lot
mìngyùncuōtuó 命运蹉跎[-運--] F.E. a long spell of bad fortune
míngyùsǎodì 名誉扫地[-譽掃-] F.E. fall into disrepute; be discredited
míngyù shang de wūdiǎn 名誉上的污点[-譽---點] N. a blot on one's escutcheon
míngyù xuéwèi 名誉学位[-譽--] N. honorary degree
míngyùyōuguān 名誉攸关[-譽-關] F.E. affect/jeopardize one's reputation
míngyùzhí 名誉职[-譽職] N. purely honorific office
míngyù zhǔxí 名誉主席[-譽--] N. honorary president M: ge/²wèi
mìngzàidànxī 命在旦夕 F.E. be on one's deathbed
míngzǎo 明早 N. ① tomorrow morning ② tomorrow
míngzàoyīshí 名噪一时[-時] F.E. ① gain considerable fame among contemporaries ② enjoy fleeting fame
míngzhāo 明朝 N. tomorrow morning *See also Míngcháo*
míngzhé* 明哲 N. wise and virtuous person
míngzhě 鸣者 N. <lg.> N. Trigault's term for consonants and vowels
míngzhébǎoshēn 明哲保身 F.E. play it safe
míngzhēng 明征[-徵] N. evident signs
míngzhèng* 明证[-證] N. clear proof
míngzhēng'àndòu 明争暗斗[-爭-鬥] F.E. both open strife and veiled struggle
míngzhèngdiǎnxíng 明正典刑 F.E. punish according to law
míngzhèngyánshùn 名正言顺 F.E. perfectly justified/deserved
míngzhènhuánhǎi 名震寰海 F.E. One's name has spread over the whole earth.
míngzhī 明知 V. be fully aware; know perfectly well
míngzhǐ 冥纸 N. paper money to be burned for the dead M: ¹zhāng
¹**míngzhì*** 明智 S.V. sagacious; wise; good sense
²**míngzhì** 明志 V.O. show one's aspirations/ideals
³**míngzhì** 铭志 V.O. commemorate with an engraved inscription
míngzhīgùfàn 明知故犯 F.E. knowingly violate (the law/etc.)
míngzhīgùwèn 明知故问 F.E. ask while knowing the answer
mìngzhīsuǒzhāo 命之所招 F.E. be caused by fate
Míngzhì Wéixīn 明治维新 N. Meiji Restoration
míngzhìzhījǔ 明智之举[-舉] N. wise move; intelligent/sensible act
míngzhīzuòyòu 铭之座右 F.E. engrave a motto on a tablet and put it on the desk so as to always look at it
míngzhōng 鸣钟[-鐘] V.O. toll
mìngzhòng* 命中 R.V. hit a target/mark
míngzhōngjīgǔ 鸣钟击鼓[-鐘擊-] F.E. strike a bell and beat a drum
mìngzhònglǜ 命中率 N. percentage of hits
mìngzhōngzhùdìng 命中注定[--註-] V.P. decreed by fate
míngzhū* 明珠 N. bright pearl; jewel M: ¹kē
míngzhǔ 明主 N. enlightened ruler M: ge/²wèi
¹**míngzhù** 名著 N. famous book/work; classic M: ¹běn/²bù
²**míngzhù** 明柱 N. outside pillar
¹**míngzhuàn** 铭篆 V. remember with deep gratitude
²**míngzhuàn** 铭传[-傳] N. inscription
³**míngzhuàn** 鸣啭[-囀] V. <wr.> twitter; sing (of birds)
míngzhuàng 名状[-狀] V.O. describe a shape/pattern
míngzhū'àntóu 明珠暗投 ID. ① cast pearls before swine ② good person fallen among bad company ③ a person of talent or a thing of value unrecognized
míngzhū chū lǎobàng 明珠出老蚌 ID. an old couple blessed with the birth of a child
míngzhūfèifǔ 铭诸肺腑 ID. <wr.> be engraved on one's mind/memory; be borne firmly in mind
míngzhūnímái 明珠泥埋 ID. fail to bring sb.'s talent to public notice
míngzhūrùbào 明珠入抱 ID. congratulation for a friend on the birth of a daughter
míngzhūtánquè 明珠弹雀 ID. The game is not worth the candle.
¹**míngzi*** 名字/子 N. name
²**míngzi** 明子 N. pine torch
míngzì 名字 N. <lg.> substantive
míngzòu 鸣奏 V. sound rhythmically
míngzǔ 名祖 N. eponym
míngzuò 名作 N. literary masterpiece
míngzuòjiā 名作家 N. a famous writer M: ge/²wèi
mínhài 民害 N. calamity to the people
mínháng 民航 N. civil aviation
mínhángjī 民航机 N. civil aircraft/airplane M: ¹jià
mínhángjú 民航局 N. bureau of civil aviation
mǐnhuà 敏化 N. <phys.> sensitization
mǐnhuì 敏慧 S.V. perceptive and wise; intelligent; clever
mínǐ 迷你 ATTR. <loan> mini; micro
mínián 弥年[彌-] N. the completion of one whole year
mīniángrmen 咪娘儿们 N. <topo.> our womenfolk
mìniào 泌尿 V.O. secrete urine
mìniàoguǎn 泌尿管 N. <med.> urinary canal
mìniàokē 泌尿科 N. urological department
mìniàoliàng 泌尿量 N. amount of urine secreted
mìniàoqì 泌尿器 N. urinary organs
mìniào qìguān 泌尿器官 N. <phys.> urinary organs
mìniàoxué 泌尿学 N. urology
mínǐ diànnǎo 迷你电脑[-電腦] N. minicomputer M: ¹tái
mínǐ gōngyuán 迷你公园[-園] P.W. minipark M: ⁴zuò
mǐníng 敉宁[-寧] V. give peace; pacify
míníqún 迷你裙 N. miniskirt M: ¹tiáo
¹**mínjí** 民籍 N. <trad> civilians
²**mínjí** 民极[-極] N. a paragon of the people
Mínjiā 民家 N. ① sinicized Dai ethnic minority (in SW China) ② old name for Bai ethnic minority
mínjiān* 民间 ATTR. ① among the people; popular; folk ② nongovernmental; people-to-people ③ <lg.> common; vulgar
Mín-Jiǎn 民柬 AB. *Mínzhǔ Jiǎnpǔzhài* Democratic Kampuchea
mínjiān chuánshuō 民间传说[--傳-] N. popular/folk legend; folklore
mínjiān chuántǒng yīxué 民间传统医学[--傳-醫-] N. folk medicine
mínjiān cíyuán 民间词源 N. folk etymology
Mǐn Jiāng 闽江 P.W. Min River (in Fujian province)
mínjiān gùshi 民间故事 N. folktale; folk story
mínjiān jíkǔ 民间疾苦 N. hardships of the people
mínjiān màoyì bànshìchù 民间贸易办事处[----辦-處] N. non-governmental trade office
mínjiān měishù 民间美术[-術] N. folk arts and crafts
mínjiān shīrén 民间诗人 N. folk bard M: ge/²wèi
mínjiān tuántǐ 民间团体[-團體] N. private/non-government organization
mínjiān wǎnglái 民间往来 N. nongovernmental contact/exchange
mínjiān wénhuà 民间文化 N. folk culture
mínjiān wénxué 民间文学 N. folk literature
mínjiān wǔdǎo 民间舞蹈 N. folk dance
mínjiān yànfāng 民间验方 N. folk remedy; folk recipe
mínjiān yīnyuè 民间音乐[-樂] N. folk music
mínjiān yìrén 民间艺人[--藝-] N. folk artist M: ge/²wèi
mínjiān yìshù 民间艺术[-藝術] N. folk art
mǐnjié 敏捷 S.V. quick; nimble; agile
Mín-jìn 民进[-進] AB. *Zhōngguó Mínzhǔ Cùjìnhuì*
Mínjìndǎng 民进党[-進黨] N. <TW> Democratic Progressive Party
mínjǐng 民警 P.W. people's police/policeman M: ge/²wèi
mínjū* 民居 N. local-style dwelling houses M: ⁴dòng/⁴zuò
Mǐnjù 闽剧[-劇] N. Min (Fujian) opera M: ¹chū
mǐnjué 泯绝[-絕] V. be lost for ever; extinguish
mínkāngwùfù 民康物阜 F.E. The people are well-off in a prosperous society.
mǐnkuài 敏快 S.V. quick; agile
¹**mínlì*** 民力 N. ① resources of the people ② people's labor
²**mínlì** 民利 N. people's profit
mǐnlì 敏力 V.O. apply oneself diligently
mǐnlián 愍怜[-憐] V. pity (for)
mínmào shìchǎng 民贸市场[-場] N. non-government trade market M: ⁴zuò
mínméng 民萌/氓 N. <wr.> ① the people ② the common herd
Mín-méng* 民盟 AB. *Zhōngguó Mínzhǔ Tóngméng* China Democratic League
¹**mǐnmiǎn** 闵免/勉 V. apply/devote oneself to
²**mǐnmiǎn** 黾勉[黽-] V. <wr.> exert oneself
mǐnmiǎncóngshì 黾勉从事[黽-從-] V.P. <wr.> exert oneself; try hard; strive
mǐnmiè 泯灭[-滅] V. die out; vanish
¹**mǐnmǐn** 泯泯 R.F. ① vague and gloomy; poorly visible ② clear (of water) ③ tumultuous; confusing and disorderly
²**mǐnmǐn** 闵闵 R.F. ① worried and scared ② grieved; sad
mǐnmǐnfēnfēn 泯泯纷纷 R.F. all in confusion
mínmìng 民命 N. life of the people
mínmò 民瘼 N. <wr.> hardships/suffering of the people
mǐnmò* 泯没 V. pass away; expire; vanish
mínmǔ 民母 PR. ① the queen ② <humb.> my mother (when speaking to a judge)
Mǐnnán 闽南 P.W. southern Fujian
Mǐnnánhuà 闽南话 N. Southern Fujian topolect
Mǐnnányǔ 闽南语 N. <lg.> Southern Min
mínnǚ 民女 N. girl from an ordinary family
mínpǐn 民品 N. civilian products
mínqī 民妻 PR. <humb.> my wife (when speaking to a judge)
mínqì* 民气[-氣] N. ① will and spirit of the people ② popular morale
mínqiángguófù 民强国富[-強國-] F.E. The people are strong and the land is fruitful.
mínqíng 民情 N. ① condition of the people ② popular/public feeling
mínqióngcáijìn 民穷财尽[-窮-盡] F.E. impoverishment of the people and exhaustion of the nation's resources
mínqióngguóbì 民穷国敝[-窮國-] F.E. The people suffer privation and the country has depleted its resources.

M

mǐnqìsùyuàn 泯弃宿怨[-棄--] F.E. disregard old grievances
mǐnqiú 敏求 N. pursue diligently/earnestly
mínquán 民权[-權] N. civil rights/liberties; democratic rights
mínquán chūbù 民权初步[-權--] N. a first step toward people's rights
mínquán yùndòng 民权运动[-權運動] N. civil-rights movement
Mínquánzhǔyì 民权主义[-權-義] N. Principle of the People's Rights (one of the *Three Principles of the People*)
mǐnruì 敏锐 S.V. sharp; acute; keen
mǐnshāng 悯伤[-傷] V. pity; sorrow
[1]**mínshēng** 民生 N. people's livelihood
[2]**mínshēng** 民声[-聲] N. the voice of the people
mínshēngdiāobì 民生凋敝 F.E. The people live in destitution.
mínshēng wèntí 民生问题 N. problems of the people's livelihood
mínshēng wùzī 民生物资 N. daily necessities
mínshēngzàiqín 民生在勤 F.E. Good life relies on diligence.
Mínshēngzhǔyì 民生主义[-義] N. Principle of the People's Livelihood (one of Three Principles of the People)
mínshī 民师[-師] N. model/teacher of the people
[1]**mínshí** 民食 N. food and drink of the people
[2]**mínshí** 民时[-時] N. farming season
mínshì* 民事 <*law*> N. ①civil case ②agricultural affairs ♦ATTR. civil
mínshì ànjiàn 民事案件 N. civil case M: [2]*jiàn*
mínshì fànzuì 民事犯罪 N. civil offense
mínshì fǎtíng 民事法庭 P.W. civil court
mínshì quánlì 民事权利[--權-] N. <*law*> civil rights
mínshì shěnpàntíng 民事审判庭[--審--] P.W. <*law*> civil court
mínshì sùsòng 民事诉讼 N. <*law*> civil action/process/lawsuit
mínshì sùsòngfǎ 民事诉讼法 N. law of civil litigation M: [2]*bù*
mínsú 民俗 N. folk custom; folkways
mínsúlùn 民俗论 N. folklore
mínsúxué 民俗学 N. folklore
mínsú yīnyuè 民俗音乐[-樂] N. folk music
mínsú yìshù 民俗艺术[-藝術] N. folk art
[1]**míntiān** 旻天 N. ① autumn ② the heavens
[2]**míntiān** 民天 N. cereal; grain
míntián* 民田 N. people's farmland
míntiáo 民调 N. civil mediation
míntíng 民庭 P.W. <*law*> civil court
mǐntóu 抿头 V.O. smooth one's hair
míntuán 民团[-團] N. <*trad.*> civil corps (organized by landlords)
mínwàng 民望 N. <*wr.*> ① people's hope ② people's role model
Mín-wěi 民委 AB./P.W. *Mínzú Shìwù Wěiyuánhuì* Nationalities Affairs Commission
mínwéibāngběn 民为邦本 F.E. The people are the foundation/basis of the state/country.
mín wéi guì, jūn wéi qīng 民为贵,君为轻[--,--輕] F.E. The interest of the people is higher than that of a ruler.
mǐnwù 敏悟 V. understand quickly
mǐnxī 悯惜 N. take pity on; have pity for
mínxiǎng 民享 N. (government) for the people
mínxiào 民校 N. ① sparetime school for adults ② school run by local people M: [1]*suǒ*/[1]*jiā*
mínxīn* 民心 N. popular sentiments
mínxìn 民信 N. ① people's trust ② nongovernmental/civilian letters
mínxìng 民性 N. people's nature
mínxīnsuǒxiàng 民心所向 F.E. where the popular will inclines; the common aspiration of the people
mínxīnxiàngbèi 民心向背 F.E. popular support or the lack of it
mǐnxiōng 闵凶 N. ① sorrow; affliction ② death of one's parents
mínxū* 民需 ATTR. of civilian demand
mínxù 旻序 N. autumn festivals
mǐnxù 悯/闵/愍恤 V. feel compassion for; pity
mínxuǎn 民选[-選] ATTR. popularly elected
mínxuǎn jīguān 民选机关[-選-關] N. elected body
mínyàn 民谚 N. folk/common proverb
mínyáo 民谣 N. folk songs/rhymes
mínyáo gēshǒu 民谣歌手 N. folk singer M: *ge*/[2]*wèi*
[1]**mínyì** 民意 N. popular will
[2]**mínyì** 民艺[-藝] N. folk art
mínyì cèyàn 民意测验 N. public-opinion poll M: *cì*
mínyì dàibiǎo 民意代表 N. people's representative; parliamentarian M: *ge*/[2]*wèi*
mínyì diàochá 民意调查 N. public-opinion poll
mínyì jīguān 民意机关[-關] N. people's representative body
mínyǐn 民隐[-隱] N. <*wr.*> people's sufferings unknown to the authorities
mínyíng 民营[-營] ATTR. ① privately run (of enterprises) ② run by the local people
mínyīnguófù 民殷国富[--國-] F.E. The people live in plenty and the country prospers.
mín yǐshíwéitiān 民以食为天 F.E. The masses regard food as their prime want.
mínyìsuǒguī 民意所归[-歸] F.E. public sentiment favors. . .
mínyòng 民用 ATTR. civil; for civil use ♦N. the property of the people
mínyòng bùmén 民用部门 P.W. civilian departments
mínyòng chǎnpǐn 民用产品[--產-] N. products for civilian use
mínyòng hángkōng 民用航空 N. civil aviation
mínyòng jīchǎng 民用机场[-場] P.W. civil airport M: [4]*zuò*
mínyòng sān biǎo 民用三表 N. three meters for citizens' use (for electricity, water, and gas)
mínyòng wénzì 民用文字 N. demotic writing
mínyòngzì 民用字 N. demotic writing
mínyǒu 民有 ATTR. privately owned
Mǐnyǔ 闽语 N. <*lg.*> Min dialect/topolect; Fukienese
[1]**mínyuàn** 民怨 N. popular resentment/discontent
[2]**mínyuàn** 民院 P.W. institute for minority nationalities
mínyuànfèiténg 民怨沸腾 F.E. Popular discontent is seething.
mínyuànyíngtú 民怨盈途 F.E. Public resentment is seething
mínyuē 民约 N. ①nongovernmental regulations ② folk law
mínyuè* 民乐[-樂] N. <*mus.*> folk instrumental music
mínyuèduì 民乐队[-樂隊] N. traditional instruments orchestra M: [4]*zhī*
mínyùn 民运[-運] N. ①civil transport ②movement aimed at the masses ③ democracy movement
mínyùn fēnzǐ 民运分子[-運--] N. democratic activists
mínyùn rénshì 民运人士[-運--] N. democratic activists
mǐn yú shì ér shèn yú yán 敏于事而慎于言[-於---於-] F.E. be diligent and circumspect
mǐn yú shì shèn yú yán 敏于事慎于言[-於--於-] F.E. be diligent and circumspect
mínyùzáxiáo 珉玉杂淆[--雜-] ID. scholars of various talents
mínzéi 民贼 N. traitor to the people
mínzhái 民宅 P.W. residential houses M: [4]*zuò*/[4]*dòng*
mínzhèng 民政 N. civil administration
Mínzhèngbù 民政部 P.W. Ministry of Civil Affairs
mínzhèng jīguān 民政机关[-關] P.W. civil administration organ
Mínzhèngjú 民政局 P.W. municipal Bureau of Civil Affairs
Mínzhèngtīng 民政厅[-廳] P.W. provincial Department of Civil Affairs
[1]**mínzhì** 民治 N. government by the people
[2]**mínzhì** 民智 N. <*trad.*> ① popular knowledge ② intelligence of the people
mínzhīmíngāo 民脂民膏 F.E. flesh and blood of the people; fruits of the people's toil
mínzhòng 民众[-眾] N. the masses
mínzhòng bǔxiào 民众补校[-眾補-] P.W. sparetime school for adults M: [1]*suǒ*/[1]*jiā*
mínzhòng dàibiǎo 民众代表[-眾--] N. people's representatives M: *ge*/[2]*wèi*
mínzhòng fúwùshè 民众服务社[-眾-務-] P.W. public service center
mínzhòng jiàoyù 民众教育[-眾--] N. education of the masses
mínzhòng tuántǐ 民众团体[-眾團體] N. people's/mass organization
mínzhòng yùndòng 民众运动[-眾運動] N. mass movement
mínzhǔ* 民主 N. democracy; democratic rights ♦S.V. democratic
mǐnzhù 抿住 V. close (the lips) lightly
mínzhǔ bànshè 民主办社[--辦-] V.P. democratic management of the communes
mínzhǔ cháoliú 民主潮流 N. the tide of democracy
mínzhǔdǎng 民主党[--黨] N. democratic party
mínzhǔdǎng dǎngyuán 民主党党员[--黨黨-] N. democratic party member M: *ge*/[2]*wèi*
mínzhǔ dǎngpài 民主党派[--黨-] N. democratic parties
mínzhǔ duìhuà 民主对话[--對-] N. democratic dialogue
mínzhǔ gǎigé 民主改革 N. democratic reform
mínzhǔ gémìng 民主革命 N. democratic revolution M: [3]*cháng*
mínzhǔ gònghéguó 民主共和国[-國] P.W. democratic republic
mínzhǔ guǎnlǐ 民主管理 N. <*PRC*> democratic management
mínzhǔguó 民主国[-國] N. democratic country; a democracy
mínzhǔ guójiā 民主国家[--國-] P.W. democratic country
mínzhǔhuà 民主化 V./N. democratize
Mínzhǔ Jiǎnpǔzhài 民主柬埔寨 N. Democratic Kampuchea
Mínzhǔ Jìnbùdǎng 民主进步党[--進-黨] P.W. Democratic Progressive Party
mínzhǔjízhōngzhì 民主集中制 N. democratic centralism
Mínzhǔ Qiáng 民主墙[-牆] N. <*pol.*> Democracy Wall (1978–1979)
mínzhǔ rénshì 民主人士 N. democratic personages M: *ge*/[2]*wèi*
mínzhǔ shèhuìzhǔyì 民主社会主义[-義] N. democratic socialism
mínzhǔ shēnghuó 民主生活 N. democratic life
mínzhǔ shēnghuóhuì 民主生活会 N. <*PRC*> small-scale meetings convened within a class or a section of an organization M: *cì*
mínzhǔshì jiātíng 民主式家庭 P.W. democratic family
mínzhǔ xiéshāng 民主协商[--協-] N. democratic consultation
mínzhǔ xìnggé 民主性格 N. democratic personality
mínzhǔ xuǎnjǔ 民主选举[-選舉] N. democratic election
mínzhǔ zhèngfǔ 民主政府 N. democratic government
mínzhǔ zhèngtǐ 民主政体[-體] N. democratic government
mínzhǔ zhèngzhì 民主政治 N. democratic politics
mínzhǔzhǔyì 民主主义[-義] N. democracy
mínzhǔzhǔyì gémìng 民主主义革命[---義--] N. democratic revolution
mínzhǔ zuòfēng 民主作风 N. democratic working style

mǐnzi 抿子 N. small hairbrush
mínzú 民族 N. ① ethnic minority/group ② <PRC> nation; nationality
mínzú biāozhǔnyǔ 民族标准语[--標準-] N. <lg.> national standard speech
mínzú chuántǒng 民族传统[--傳-] N. ethnic tradition
mínzú dàjiātíng 民族大家庭 N. <PRC> the great family of ethnic groups or nationalities
mínzú fēnggé 民族风格 N. ethnic style
mínzú fēnlièzhǔyì 民族分裂主义[-義] N. ethnic separatism
mínzú fùxīng 民族复兴[-復興] N. national revival
mínzú géhé 民族隔阂 N. estrangement among ethnic groups
mínzú gémìng 民族革命 N. national revolution
mínzú gòngtóngyǔ 民族共同语 N. common national language
mínzú guójiā 民族国家[--國-] N. nation-state
mǐnzuǐ 抿嘴 V.O. purse one's lips
mǐnzuǐrěnxiào 抿嘴忍笑 F.E. purse one's lips to suppress laughter
mǐnzuǐ xiào 抿嘴笑 V.P. smile with the mouth closed
mínzú jiěfàng 民族解放 N. national liberation
mínzú jīngshénbìngxué 民族精神病学 N. ethnoscience
mínzú kēxué 民族科学 N. ethnoscience
mínzú lǐlùn 民族理论 N. ethnic theory
mínzú lìyì 民族利益 N. national interest
mínzú qìjié 民族气节[-氣節] N. national integrity
mínzú qīngxǐ 民族清洗 N. ethnic cleansing
mínzú qūyù zìzhì 民族区域自治[--區---] N. regional national autonomy
mínzú sècǎi 民族色彩 N. national style
mínzúshǐ 民族史 N. ethnohistory M: ^{2}bù
Mínzú Shìwù Wěiyuánhuì 民族事物委员会 P.W. Nationalities Affairs Commission
mínzú sùzhì 民族素质[-質] N. quality of a nation
mínzú tèdiǎn 民族特点[-點] N. national characteristics
mínzú tónghuà 民族同化 N. national assimilation
mínzú wénhuà 民族文化 N. ethnic culture
mínzúxiāng 民族乡[-鄉] P.W. minority town
mínzúxìng 民族性 N. national characteristics/nature
mínzú xíngshì 民族形式 N. national style/form
mínzú xīnlǐxué 民族心理学 N. folk psychology
mínzúxué 民族学 N. ethnology
mínzúxuépài yǔyánxué 民族学派语言学 N. ethnolinguistics
mínzú xuéyuàn 民族学院 P.W. national minority institutes M: ^{1}suǒ/^{1}jiā
mínzú yíchǎn 民族遗产[-產] N. national heritage M: ^{2}bǐ
mínzú yīngxióng 民族英雄 N. national hero M: ge/^{2}wèi
mínzú yìshí 民族意识[-識] N. national consciousness
mínzú yīxué 民族医学[-醫-] N. ethnic medicine
mínzú yīyào 民族医药[-醫藥] N. ethnomedicine
mínzúyǔ 民族语 N. national language
mínzú yǔfǎ 民族语法 N. national grammar
mínzú yùndòng 民族运动[-運動] N. national movement
mínzú yǔyán 民族语言 N. <lg.> national/vulgar language
mínzú yǔyánxué 民族语言学 N. <lg.> ethnolinguistics
mínzú zhèngcè 民族政策 N. ethnic policy
mínzúzhì 民族志 N. ethnography M: ^{2}bù
mínzúzhìshàng 民族至上 F.E. the nation above all (as a slogan)
mínzúzhǔyì 民族主义[-義] N. nationalism
mínzúzhǔyì yùndòng 民族主义运动[-義運動] N. nationalist movement M: ^{3}cháng
mínzú zīběn 民族资本 N. national (financial) capital
mínzú zīchǎn jiējí 民族资产阶级[---產階-] N. national bourgeoisie
mínzú zìjué 民族自决[-決] N. national self-determination
mínzú zìjuéquán 民族自决权[-決權] N. the right of national self-determination
mínzú zìxìnxīn 民族自信心 N. national confidence
mínzú zìzhì 民族自治 N. national autonomy; autonomy of minority nationalities
mínzú zìzūnxīn 民族自尊心 N. national self-respect/pride
mǐpiào 米票 N. rice coupon M: ^{1}zhāng
mǐpíng 敉/弭平 V. <wr.> ① pacify; put down (a revolt) ② get rid of; remove
mǐpíng shèjì 敉平社稷 V.O. tranquilize the state
mǐpù 米铺 P.W. grain store M: ^{1}jiā
Mǐqí 米奇 N. Mickey
mìqiè 密切 S.V. close; intimate ♦ADV. carefully; intently; closely ♦V. build/forge/establish close relations (between two parties)
mìqiè de guānxi 密切的关系[-關係] N. affinity
mìqiè pèihé 密切配合 V.P./N. act in close coordination
mìqiè zhùyì 密切注意 V.P./N. pay close attention; watch closely
mìqīn 密亲[-親] N. close relatives
mìqínjú 密勤局 N. secret service
mìqǔ 觅取 V. look for; hunt for; seek
mǐrán 靡然 V.P. leaning to one side
mírén 迷人 S.V. charming; enchanting
mírén yǎnmù 迷人眼目 V.P. throw dust in people's eyes; cheat/fool others
mìrú 谧如 N. peace; repose; tranquility
mìrúzhūwǎng 密如蛛网[-網] F.E. ① as fine as a spider's web ② meshes of the law
mísa 弥撒[彌-] N. <loan> Catholic Mass M: ^{3}cháng
mísàn 弥散[彌-] V. spread/diffuse in all directions
mǐsè* 米色 N. cream color; millet-colored; straw-colored; beige
^{1}mìsè 蜜色 N. light yellow
^{2}mìsè 秘色 N. <art> olive green
míshàng* 迷上 R.V. be enchanted/fascinated by/with
mìshāng 密商 V. hold private/secret talks
míshī* 迷失 V. lose (one's way, etc.)
mǐshí 米食 N. rice diet
mìshí 密实[-實] S.V. closely knit; dense; thick
mìshí 觅食 V.O. forage (of animals)
^{1}mìshǐ 秘史 N. ① (dynastic) secret history M: ^{2}bù ② inside story
^{2}mìshǐ 密使 N. secret emissary/envoy
^{1}mìshì 密室 N. room used for secret purposes; secret chamber M: ^{1}jiān
^{2}mìshì 秘事 N. ① secret ② private affair M: ^{2}jiàn
^{3}mìshì 秘室 N. meeting room used by administrators/bureaucrats M: ^{1}jiān
míshī fāngxiàng 迷失方向 V.O. lose one's bearings; get lost
mǐshìmǐjiā 靡室靡家 ID. put the nation before one's family
míshǒu* 迷手 N. expert guesser of riddles
mǐshòu 米寿[-壽] N. 88th birthday (from the characters *bāshíbā*, combined to form *mǐ*)
mǐshòu lǎorén 米寿老人[-壽--] N. a person who has passed the 88th birthday M: ge/^{2}wèi
mìshu* 秘书[-書] N. secretary M: ge/^{2}wèi *See also mìshū*
mìshū 秘书[-書] N. secret book M: ^{1}běn *See also mìshu*
mìshūchù 秘书处[-書處] P.W. secretariat
míshuì 迷睡 V. be in a lethargic doze ♦N. lethargy
mìshūjú 秘书局[-書-] P.W. secretariat
mìshūshěng 秘书省[-書-] P.W. emperor's secretariat
mìshūtīng 秘书厅[-書廳] P.W. secretariat
mìshūzhǎng 秘书长[-書-] N. secretary-general M: ge/^{1}míng/^{2}wèi
mìsī 密斯 N. <loan> Miss
mìsītuō 密司脱 N. <loan> Mr.
Mìsūlǐ 密苏里[-蘇-] P.W. Missouri
mìsuǒ 觅索 V. seek; search for
mìsuǒ cíjù 觅索词句 V.O. grope for words
mìsuǒ yǔjù 觅索语句 V.O. grope for phrases and sentences
mìtán* 密谈 V. talk behind closed doors
mìtàn 密探 N. secret agent; spy M: ge/^{1}míng
mítāng 迷汤[-湯] N. flattery; honeyed words
mǐtang 米汤[-湯] N. ① water in which rice has been cooked ② thin rice/millet gruel ③ flattering words
mìtáng* 蜜糖 N. honey and sugar
mìtáo 蜜桃 N. honey peach; juicy peach M: ge/^{2}zhī
mīteng 咪腾 <coll.> A.T. have a nap
mítí 谜题 N. riddle; conundrum M: ^{2}dào
mítiān* 弥天[彌-] V.P./ATTR. be all over the universe; be vast
mìtián 蜜甜 S.V. as sweet as honey; very sweet
mítiāndàhuǎng 弥天大谎[彌-] F.E. monstrous lie
mítiāndàzuì 弥天大罪[彌-] F.E. heinous crime
mítiāngèndì 弥天亘地[彌-] F.E. fill the heavens and cover the earth
mìtiē 密贴 A.T. closely fitting
mìtōng 密通 N./V. illicit connection with (the enemy/etc.)
mìtōngshēngxī 密通声息[--聲-] F.E. secretly communicate
mìtōngxìnxī 密通信息 F.E. secretly communicate with each other
mítóu 迷头 V.O. be perplexed/bewildered
mítú* 迷途 N. wrong path ♦V.O. lose one's way
mǐtū 米突 N. shelled/husked seed
mítuán 谜团[-團] N. ① doubts and suspicions ② enigma; mystery; puzzle
mǐtūchǐ 米突尺 N. metric ruler M: ^{1}bǎ
Mítuó 弥陀[彌-] N. <Budd.> Amida; Amitabha
mìtuósēng 密陀僧 N. <chem.> litharge; yellow lead
mǐtūzhì 米突制 N. metric system
mítúzhīfǎn 迷途知返 F.E. realize one's errors and mend one's ways
^{1}miù 谬[謬] B.F. false; wrong; grossly erroneous ***miùlùn, huāngmiù***
^{2}miù 缪[繆] in ***miùqiǎo, pīmiù See also Miào, ^{5}móu***
miù'ài 谬爱[-愛] F.E. <humb.> undeserved kindness
miùcǎixūshēng 谬采虚声[-虛聲] F.E. believe mistakenly in sb.'s false reputation
miùchéng 谬承 F.E. <humb.> receive undeservedly
miùchuán 谬传[-傳] V. falsely report
miùjiàn 谬见 N. false idea/opinion ♦F.E. <humb.> my absurd opinion
miùjiǎng 谬奖[-獎] F.E. <court.> overpraise (me)
miùlì 谬戾 V.P. stubbornly unreasonable
miùlùn 谬论 N. fallacy; absurd theory
miùmào 谬耄 V.P. feeble-minded and senile
miùqiǎo 缪巧 N. tricks; wiles; ruses
miùshuō 谬说 N. ①absurd statement ②fallacious argument
miùtuō 谬托 ADV. on the pretext of ♦V. pass oneself off as
miùtuōzhījǐ 谬托知己 F.E. falsely claim sb. as one's bosom friend
miùwàng 谬妄 V.P. absurd and reckless
miùwù 谬误 N. falsehood; error
miùwùbǎichū 谬误百出 F.E. There are hundreds of errors.
miùyīngzhòngjì 谬膺重寄 F.E. have fallaciously assumed a great capacity
miùyōu 谬悠 V.P. <wr.> fantastic; absurd

miùzhǒng 谬种[-種] N. ① error; fallacy ② <derog.> scoundrel

miùzhǒngliúchuán 谬种流传[-種-傳] F.E. fallacy is disseminated through the ages

míwǎng* 迷惘/罔 V.P. be at a loss; be perplexed

míwàng 弥望[彌-] V. <wr.> fill the eyes ~ *chūnsè.* Spring is everywhere.

mǐwàng 弭忘 V. <wr.> forget

mìwǎng 密网[-網] N. severe and exacting laws

míwàngwújì 弥望无际[彌-際] F.E. boundless horizon

mìwánzi 蜜丸子 N. <Ch. med.> bolus made of powdered medicine and honey

[1]**mìwén** 秘闻 N. ① secret/exclusive news ② undisclosed secret; unknown story

[2]**mìwén** 密文 N. ciphered text

[3]**mìwén** 秘文 N. secret writing/book

mìwén chàngpiàn 密纹唱片 N. long-playing/microgroove record; LP M: [1]*zhāng*

míwú 蘼芜 N. <bot.> *Gracilaria confervoides* (a fragrant herb)

[1]**míwù*** 迷雾[-霧] N. ① dense fog ② sham; chicanery

[2]**míwù** 迷误 N. ① fault ② unintended mistake

mìwù dàchén 密勿大臣 N. <trad.> minister of the privy council

mīxi 眯唏 V. narrow one's eyes

mǐxiā 米虾[-蝦] N. small shrimp M: *ge*/[2]*zhī*

mǐxiàn* 米线 N. <topo.> rice-flour noodles

mìxiàn 蜜腺 N. <bot.> nectary

mǐxiàng(chóng) 米象(虫)[-(蟲)] N. <zoo.> rice weevil

míxiào 迷笑 N. cajoling/coaxing smile

mìxiě 密写[-寫] V. encode; encipher

mìxiě mòshuǐ 密写墨水[-寫--] N. secret/invisible ink M: *píng*

mìxiě qíngbào 密写情报[-寫-報] N. intelligence written in invisible ink, etc. M: [1]*fèn*

Mìxīgēn 密西根 P.W. Michigan

míxìn* 迷信 N. superstition; blind faith/worship ♦V. have blind faith in; make fetish of

mìxìn 密信 N. secret letter M: [2]*fēng*

míxíng 迷行 N. ① superstition ② aberration

míxi rén 迷戏人[-戲-] V.O. <topo.> swindle a person

mìxìtú 秘戏图[-戲圖] N. pornographic pictures M: [1]*zhāng*

Mìxīxībǐ 密西西比 P.W. Mississippi

mìxún* 觅寻[-尋] V. search; look for

mìxùn 密讯 N. secret news M: [2]*jiàn*

mìyā 密押 N. ① authentication ② test

mīyǎn 眯眼 V.O. narrow one's eyes

míyàng 谜样[-樣] ATTR. enigmatic

míyǎnnìlǐ 靡眼腻理 F.E. beautiful and fair-skinned

mìyánshì tǎ 密檐式塔 N. pagoda of the multi-eaves type M: [4]*zuò*

mǐyánsuǒxiè 米盐琐屑[-鹽--] F.E. small household details; minor occupations

míyào* 迷药[-藥] N. knockout drops

[1]**mìyào** 秘药[-藥] N. <Ch. med.> secret prescription recipe

[2]**mìyào** 秘要 N. classified documents/etc.

mìyī 密医[-醫] N. unlicensed/quack doctor M: *ge*/[1]*míng*

mìyì* 密议[-議] V. confer secretly

mǐyǐchéngchuī 米已成炊 ID. reversal impossible; accomplished fact

mǐyītōushí 靡衣偷食 F.E. extravagant clothing and luxurious food

míyǒu 谜友 N. fellow riddle fan M: *ge*/[1]*míng*

mìyǒu* 密友 N. close/bosom friend M: *ge*/[1]*míng*/[2]*wèi*

mǐyǒujiéyí 靡有孑遗 F.E. All have died off with no survivor.

míyǔ* 谜语 N. riddle; conundrum M: [1]*tiáo*

[1]**mìyǔ** 密语 N. ciphered/coded words ♦V. talk secretly

[2]**mìyǔ** 蜜语 N. ① sweet words used to please/cheat sb. ② <lg.> secret language

[1]**mìyù** 密谕 N. secret engagement/appointment M: [2]*dào*

[2]**mìyù** 密育 N. ① short intervals between births ② frequent births

mìyuán 蜜源 N. nectar source

mìyuánqū 蜜源区[-區] N. (bee) pasture

mìyuán zhíwù 蜜源植物 N. nectariferous/bee/honey plant

míyuè 弥月[彌-] N. <wr.> baby's first full month

mìyuē 密约 N. secret agreement/treaty

[1]**mìyuè*** 蜜月 N. honeymoon

[2]**mìyuè** 密钥[-鑰] N. cipher; simple code

mìyuè lǚxíng 蜜月旅行 N. honeymoon tour

míyuèzhījìng 弥月之敬[彌-] N. present for a baby just one month old

míyún* 迷云[-雲] N. clouds of confusion (in the mind)

mìyún 密云[-雲] N. dense clouds

mìyúnbùyǔ 密云不雨[-雲--] ID. trouble is brewing

mìyǔ sīqíng 密语私情 V.O. confidentially discuss private feelings

mìyǔ tōngxìn 密语通信 N. crypto-communication

mǐzāi 弭灾[-災] V.O. end/stop a disaster

mìzǎo(r)* 蜜枣(儿)[-棗-] N. candied date/jujube

mìzào 密造 N. illicit manufacture

mìzāzā 密匝匝 R.F. thick; dense

[1]**mìzhào** 密召 V. recall secretly

[2]**mìzhào** 密诏 N. secret imperial edict

mìzhāzhā 密楂楂 R.F. <coll.> crowded; congested; thick; dense

mǐzhé 弭辄 A.T. travel very fast

mízhèn 迷阵 N. maze

mīzhe yǎn xiào 眯着眼笑[-著--] V.P. smile at someone with half-closed eyes

mǐzhǐ 米纸 N. rice paper M: [1]*zhāng*

mǐzhì 米制 N. metric system

mìzhí 密植 N./V. close planting

mìzhǐ* 密旨 N. secret imperial decree M: [2]*dào*

[1]**mìzhì** 密致 V.P. ① <phy.> dense; compact ② careful and meticulous ③ close together

[2]**mìzhì** 秘制[-製] V. prepare from a secret recipe

mìzhì réncái 觅致人才 V.O. on the lookout for proper personnel

mìzhì Yúntuǐ 蜜炙云腿[--雲-] N. ham stewed with rock sugar (Guangdong)

mízhōu 糜粥 N. congee; porridge

mǐzhōu* 米粥 N. congee; rice gruel

mìzhòu 密咒 N. secret/esoteric charm/incantation M: [2]*dào*

mízhu 迷住 R.V. ① be confused/lost ② fascinate; strongly attract ③ infatuate; captivate; enchant

mǐzhuāng 米庄[-莊] P.W. rice/grain storage room M: [1]*jiā*

mǐzhùchóng 米蛀虫[-蟲] N. ① rice worm ② rice profiteer M: [1]*tiáo*/[2]*zhī*/*ge*

mǐzhúguāng 米烛光[-燭-] N. <phy.> meter-candle; lux

mǐzhūxīnguì 米珠薪桂 ID. exorbitantly high cost of living

mìzì 蜜渍 ATTR. candied; preserved in sugar

mìzōng 密宗 N. <Budd.> ① esoteric doctrine ② Zhenyan (Jp. Shingon) sect

mìzōngfǎngjì 觅踪访迹[-蹤-跡] F.E. follow a clue

mízǒu shénjīng 迷走神经[-經] N. <phys.> vagus (nerve)

mízuì* 迷醉 V. be fascinated by; be absorbed in

mìzuǐ 密嘴 N. honey tongue

mō* 摸 V. ① feel; touch; grope for ② feel/sound out *Tā ~bùzháo tóunǎo.* He's completely at a loss.

[1]**mó** 磨 V. ① rub; grind; polish ② wear down/out ③ trouble; pester; worry *Bié ~rén le.* Stop bothering me! ④ dawdle; waste time *See also* [3]*mò*

[2]**mó** 模 B.F. ① model *móxíng* ② imitate *mónǐ* ♦N. <lg.> module *See also mú*

[3]**mó** 膜 B.F. ① membrane *gémó* ② film; thin coating *bómó*

[4]**mó** 魔 B.F. ① evil spirit; demon; monster *móguǐ* ② magic; mystic [1]*móshù*

[5]**mó** 馍[饃] N. <topo.> steamed bun/bread

[6]**mó** 摩 B.F. rub *mócā, ànmó, fǔmó See also* [4]*mā*

[7]**mó** 摹 B.F. imitate; trace (using thin paper) *mófǎng, línmó*

[8]**mó** 蘑 B.F. mushroom *mógu, Kǒumó*

[9]**mó** 谟[謨] B.F. plan *jiāmó*

[10]**mó** 麽[麼] in [2]*yāomó See also* [1]*má, me*

[11]**mó** 无[無] in *nāmó See also* [1]*wú*

[12]**mó** 嬷[嬤] in [2]*mómo See also* [6]*mā*

mǒ 抹 V. ① put on; apply; smear; plaster ② brush/wipe off; exclude ③ play (cards/etc.) ④ <coll.> cut one's throat ⑤ screw up one's face *See also* [2]*mā*, [10]*mò*

[1]**mò(r)** 末(儿)[-(兒)] N. ① tip; end ② <lg> terminal ③ nonessentials; minor details ④ powder; dust *See also me*

[2]**mò** 墨 N. ① inkstick; ink cake ② Surname ♦B.F. ① ink *mòshuǐ* ② handwriting *yímò* ③ Mohism *Mòjiā* ④ black; dark *mòjìng* ⑤ corrupt; venal ♦V. <hist.> tattoo the face (as punishment) ♦AB. *Mòxīgē*

[3]**mò** 磨 N. mill; millstone ♦V. ① grind; mill ② turn round/about *See also* [1]*mó*

[4]**mò** 莫 ADV. <wr.> not; be/do not ♦N. Surname

[5]**mò** 没[沒] V. ① drown; submerge ② overflow ♦B.F. ① conceal *yǐnmò* ② vanish *chūmò* ③ confiscate *mòshōu* ④ die *bìngmò See also* [1]*méi*

[6]**mò** 默 B.F. keep silent *jìngmò* ♦V. write from memory

[7]**mò** 漠 B.F. ① desert *shāmò* ② aloof; cold [1]*mòshì*

[8]**mò** 陌 B.F. ① path between fields *qiānmò* ② strange; unacquainted with *mòshēng*

[9]**mò** 沫 N. foam; froth

[10]**mò** 抹 V. ① daub; plaster ② skirt; bypass *See also* [2]*mā, mǒ*

[11]**mò** 貘 N. tapir

[12]**mò** 寞 B.F. quiet [1]*jìmò*, [1]*luòmò*

[13]**mò** 蓦[驀] B.F. sudden [2]*mòdì, mòhū*

[14]**mò** 秣 B.F. livestock feed *mòcǎo, chúmò*

[15]**mò** 貊 B.F. ancient term for tribes of the northeast *mánmò*

[16]**mò** 殁[歿] B.F. die [7]*mòshì, cún-mò*

[17]**mò** 瘼 B.F. illness; disease *mínmò*

[18]**mò** 脉[脈] in [2]*mòmò See also* [4]*mài*

[19]**mò** 袜 in *mòfù See also* [1]*wà*

[20]**mò** 茉 in *mòli*

[21]**mò** 耱 N./V. *See* [6]*lào*

[22]**mò** 镆[鏌] in *Mòyé*

Mò 靺 in *Mòhé*

mò'āi 默哀 V. stand in silent tribute

móbài 膜拜 V. prostrate oneself in worship

mǒ bǎ liǎn 抹把脸 V.O. wipe one's face

móbǎn 模版 N. model; pattern M: [2]*kuài*

mòbān* 末班 N. ① petty official ② the last scheduled bus/etc.

mòbǎn 墨版 N. wood block for printing

mòbānchē 末班车 N. ① last bus/train ② <coll.> last chance/turn

móbǎnjī 磨版机 N. <print.> graining machine M: [1]*tái*

mòbǎo 墨宝[-寶] N. treasured scrolls of calligraphy/painting M: [2]*jiàn* ♦F.E. <court.> your beautiful handwriting

Mòběi 漠北 P.W. North of the Gobi desert; Outer Mongolia

mòbèi* 默背 V. recite silently; learn by heart

[1]**móběn** 模本 N. calligraphy/painting model M: [1]*běn*

[2]**móběn** 摹本 N. ① facsimile; copy ② a kind of embroidered satin M: [1]*běn*

móbǐ 魔笔[-筆] N. multi-color pen M: [4]*zhī*

mòbǐ* 墨笔[-筆] N. writing brush M: [4]*zhī*

mòbiànchǔyè 莫辨楮叶[-葉] ID. unable to distinguish between real and imitation

móbiǎo 模表 N. an exemplary thing; example; model

M

mòbǐhuà 墨笔画[-筆畫] N. Chinese painting (in black ink) M: [10]fú
mǒ bízi 抹鼻子 V.P. <coll.> weep; cry
móbō 磨剥 V. <geology> denudation
mǒ bózi 抹脖子 V.O. <coll.> cut one's own throat
mǒbù 抹布 N. cloth (for drying dishes/etc.) M: [2]kuài *See also mābù*
mòbù* 莫不 V.P. ① there's no one who doesn't/isn't ② probably; perhaps
mòbùchéng 莫不成 CONJ. Can it be that. . .?
mòbùguānxīn 漠不关心[--關-] V.P. indifferent; unconcerned
mòbukāi 抹/磨不开[-開] R.V. <coll.> ① feel embarrassed/ashamed ② fear impairing personal relations ③ lack elbow room ④ <topo.> not be convinced; not come round
mòbukāi liǎn 磨/抹不开脸[--開-] V.P. <coll.> ① be embarrassed/shamefaced ② be unable to act impartially for fear of offending sb.
mōbuqīng 摸不清 R.V. be uncertain about (a situation/etc.)
mòbùshì 莫不是 CONJ. can it be that; is it possible that ~ *tā bìng le?* Could it be that she's fallen ill?
mōbutòu 摸不透 R.V. be unable to figure out; wonder; be puzzled
mòbuxià 磨/抹不下 R.V. be unable to hurt/offend sb. due to the consideration of face
mòbùxiāngguān 漠不相关[-關] V.P. entirely unrelated; of no consequence/concern
mōbuzháo 摸不着[-著] R.V. can't understand clearly (of a situation/etc.)
mōbuzháo biān(r) 摸不着边(儿)[--著邊-] V.P. <coll.> be unable to fathom; be in quandary; be uncomprehending
mōbuzháo biānjì 摸不着边际[-著邊際] V.P. be unable to make head or tail of sth.
mōbuzháo ménr 摸不着门儿[--著--] V.P. not understand at all
mōbuzháo tóunǎo 摸不着头脑[--著-腦] V.P. be at a loss; be unable to understand what it is all about
mòbuzhù 磨/抹不住 R.V. be unable to be angry with sb. due to the consideration of face
mòbùzuòshēng 默不作声[-聲] F.E. keep silent
mócā 摩/磨擦 V. rub; chafe; scour ♦N. friction; clash (between two parties)
mócā fǔyīn 摩擦辅音 N. <lg.> fricative consonant
mōcǎi* 摸彩 V.O. draw lots to determine raffle/lottery winners
mòcǎi 墨彩 N. <art> glaze designs painted in black on white porcelain
mō cǎipǐn 摸彩品 V.O. draw lots
mócālì 摩擦力 N. <phy.> frictional force; friction
mòcáo 秣槽 N. fodder trough
mócāpāoguāng 摩擦抛光[--拋-] F.E. <mach.> burnishing
mócāshēng 摩擦声[-聲] N. <lg.> frictives
mócā shēngrè 摩擦生热[-熱] V.P. Friction generates heat.
mócā xìngzhì 摩擦性质[-質] N. <lg.> fricative nature
mócā xìshù 摩擦系数[-係數] N. <phy.> friction coefficient
mócāyīn 摩擦音 N. <lg.> fricative; spirant
mòcègāoshēn 莫测高深 F.E. unfathomable; enigmatic
móceng 磨蹭 S.V. ① rub (lightly); stroke (gently) ② <coll.> ⓐ dawdle; dillydally ⓑ pester; nag
mòchá 默察 V. watch quietly
móchán 磨缠[-纏] V. bother; pester
[1]**mòchē** 末车 N. ① the last bus/train (on the schedule) ② the last opportunity
[2]**mòchē** 磨车 V.O. <coll.> repair a car
mòchénchén 墨沈沈 R.F. obscure; indistinctly observable in the distance
móchéng 磨成 R.V. grind into
móchēng shíjiān 磨撑时间[-撐時-] V.O. <topo.> stall for time
mòchǐ 没齿[-齒] ID. to the end of one's life
mòchǐbùwàng 没齿不忘[-齒--] F.E. remember for the rest of one's life
móchìlèi 膜翅类[-類] N. <zoo.> hymenoptera
móchìmù 膜翅目 N. <zoo.> hymenoptera
mòchǐnánwàng 没齿难忘[-齒難-] F.E. remember for the rest of one's life
mòchǐwúyuàn 没齿无怨[-齒--] F.E. uncomplaining to the end of one's life
mōchū* 摸出 R.V. pick/bring out sth. with the hand (from the pocket/water/etc.)
móchū 磨出 R.V. grind out
móchǔ 磨杵 V.O. pestle
móchuān 磨穿 R.V. worn out
móchuáng* 磨床 N. grinding machine M: [1]tái
mòchuáng 墨床 N. case for ink sticks
móchuāntiěyàn 磨穿铁砚[--鐵-] F.E. study assiduously; grind away at one's studies
móchǔchéngzhēn 磨杵成针 ID. little strokes fell great oaks
mòcì 末次 N. the last time
mòcǐwéishèn 莫此为甚 F.E. ① A more flagrant instance has yet to be found. ② It's the pits.
mòcóng 默从[-從] V. tacitly consent to; tacitly follow; acquiesce in
mòcúnjūngǎn 殁存均感[歿-] F.E. Both the dead and the living will be grateful.
mòdà 莫大 ATTR. greatest; utmost
[1]**mòdài** 末代 N. last dynastic reign
[2]**mòdài** 墨带[-帶] N. (typewriter) ribbon
mòdàisūn 末代孙[-孫] N. late descendants M: *ge/[1]míng*
mōdào 摸到 R.V. touch (st.); feel for
módāo* 磨刀 V.O. grind/sharpen knife
módào 魔道 N. ① <Budd.> demon ② magic ③ vice
mǒdāo 抹刀 N. trowel M: [1]bǎ
mòdao 磨叨 V. <coll.> say over and over again ♦S.V. garrulous; wordy
mòdǎo 默祷[-禱] V. pray silently
mòdào 莫道 F.E. Do not say. . .; let alone
módāo bù wù kǎncháigōng 磨刀不误砍柴工 ID. good preparation saves work time
módāohuòhuò 磨刀霍霍 F.E. sharpen one's weapons (to be ready for. . .)
mōdào ménlu 摸到门路 V.P. learn the ways of the trade
módāoshí 磨刀石 N. grindstone; whetstone M: [2]kuài
mòdekāi 抹/磨得开[-開] R.V. ① not feel embarrassed ② able to act impartially ③ <coll.> face down ④ <topo.> be convinced; come round
módēng 摩登 S.V. <loan> modern; fashionable
módēng nǚláng 摩登女郎 N. modern girl M: *ge/[1]míng/[2]wèi*
mōdǐ* 摸底 V.O. ① know the real situation ② sound sb. out ③ test
Mò Dí 墨翟 (480?–400 B.C.) N. pacifist philosopher, also known as Mozi (Micius)
[1]**mòdì** 没地 V.O. ① be buried ② bury one's talents
[2]**mòdì** 蓦地 ADV. suddenly; unexpectedly
[3]**mòdì** 漠地 P.W. desert
módiàn 磨电[-電] V.O. generate electricity (with magnetic device)
módiàndēng 摩/磨电灯[-電燈] N. dynamo-powered lamp (on bicycle/etc.)
mòdiǎnr 墨点儿[-點-] N. ink spot
mǒdiào 抹掉 R.V. erase; wipe away; efface
mòdié 墨绖 N. black linen mourning
mòdiécóngróng 墨絰从戎[--從-] F.E. go to the battlefront while still in mourning
mōdǐ kǎoshì 摸底考试 N. <lg.> placement test M: *cì*
módǐng 摩顶 N. ordainment of a Buddhist monk
mòdǐng* 没顶 V.O. drown
módǐngfàngzhǒng 摩顶放踵 F.E. <wr.> ①serve the interests of others at great self-sacrifice ② wear oneself out from head to foot
módǐng lǐbài 摩顶礼拜[--禮-] V.P. bend the knee in worship
mòdì-sāncǎi 墨地三彩 N. <art> designs of mainly yellow, green, and purple colors painted on black-glazed porcelain
mō dǐxi 摸底细 V.O. feel out; sound out; try to find out the real intention/situation
mòdǒu(r/zi) 墨斗(儿/子) N. carpenter's ink marker
mò dòufu 磨豆腐 V.O. ① grind soya beans to make bean curd ② <topo.> say sth. over and over again; repeat again and again
mòdǒuyú 墨斗鱼 N. inkfish; cuttlefish M: [1]tiáo
mòdú* 默读[-讀] V. read silently
mòdù 末肚 N. ① waistband ② saddle girth
mòduān* 末端 N. tip; end
mòduàn 末段 N. finale
mòduān héxīn 末端核心 N. <lg.> end-focus
módui 磨兑 V. <coll.> haggle; bargain for a better price
Mó'ěrduōwǎ Gònghéguó 摩尔多瓦共和国[-國] P.W. Republic of Moldavia
mófǎ* 魔法 N. ① conjuration ② sorcery; witchcraft; wizardry
mòfǎ 墨法 N. skill in the use of ink and water
mófǎbǎohù 魔法保护[-護] N. protection by conjuration
mófàn* 模范[-範] N. ①exemplary person/thing; model ②mold for casting bronze ③prototype
mòfan 磨烦 V. bother/worry constantly ♦S.V. dawdling; moving slowly
mófàncūn 模范村[-範-] N. model village
mófāng 魔方 N. Rubik's cube
mófǎng* 模/摹仿 V. imitate; copy ♦N. imitation
mòfáng 磨坊/房 N. mill M: [4]zuò/[1]jiān
mófǎngcí 模仿词 N. imitative word
mófǎng jìyìfǎ 模仿记忆法[---憶-] N. <lg.> mim-mem method
mófǎngxìng 模仿性 N. imitativeness
mófǎngzhě 模仿者 N. imitator M: *ge/[1]míng/[2]wèi*
mófànshēng* 模范生[-範-] N. model student M: *ge/[1]míng/[2]wèi*
mófànshěng 模范省[-範-] N. model province
mòfēi 莫非 ADV. ① can it be that; is it possible that ② all; whole extent of ③ certainly; surely
mǒfěn 抹粉 V.O. apply powder make-up
[1]**mòfěn*** 磨粉 V.O. grind into powder
[2]**mòfěn** 墨粉 N. powdered ink
mǒfěncāyān 抹粉擦胭 F.E. apply powder and paint
mófěnchǎng 磨粉厂[-廠] P.W. flour mill M: [1]jiā
mǒfěncháyān 抹粉搽胭 F.E. apply powder and paint
mòfěnjī 磨粉机 N. (flour) mill M: [1]tái
[1]**mòfú*** 末伏 N. ① last of the three ten-day periods of the hot season ② first day of the last period of the hot season
[2]**mòfú** 末符 N. <lg.> terminal symbol
mòfù 袜腹 N. stomacher
mǒgān 抹干[-乾] R.V. wipe dry
mògǎnshuíhé 莫敢谁何 F.E. No one dares do anything about sb.
mògǎnyǎngshì 莫敢仰视 F.E. dare not look up; be struck with awe
mōgāo* 摸高 N. vertical leap
mògǎo 默稿 N. mental draft of a speech/composition
Mògāokū 莫高窟 P.W. Mogao Grottoes (northwest of Dunhuang Grottoes)
mógé 磨革 V.O. buff (leather)
mógéjī 磨革机 N. buffing machine M: [1]tái
[1]**mógōng** 磨工 N. ① grinding work ② grinder M: *ge/[1]míng*
[2]**mógōng** 魔宫[-宮] N. magical palace M: [4]zuò
mó gōngfu 磨工夫 V.O. consume time
mógu* 蘑菇 N. mushroom M: *ge/[2]zhī* ♦V. ①worry; pester ***Bié lǎo ~ wǒ.*** Stop bothering me. ② dillydally ***Kuài diǎnr, bié ~ le.*** Hurry up! Don't dawdle!

mógū 磨咕 V. <coll.> ① mope dawdle; dilly-dally ② be difficult/irksome; try one's patience ③ squabble; bicker
mógǔ 摹古 V.O. model/pattern after the ancient style
móguài 魔怪 N. fiends; demons and monsters
mòguài* 莫怪 V.P. no wonder that. . .
[1]mòguān 没官 V.P. be confiscated by the government (of property/etc.)
[2]mòguān 末官 N. petty/low official
mòguǎn* 莫管 V.P. do not meddle with
móguāng* 磨光 R.V. ① polish; burnish ② put a gloss on
mòguāng 末光 N. lingering light; twilight
móguāng bōli 磨光玻璃 N. polished glass M: [2]kuài
móguāngjī 磨光机 N. polishing/glazing machine M: [1]tái/[1]jià
mòguānr 磨倌儿 N. worker in a traditional mill M: ge/[1]míng
mòguǎn xiánshì 莫管闲事 INTJ. Mind your own business!; Don't meddle in others' business!
mògǔhuà 没骨画[-畫] N. painting without outline but with forms achieved by washes of ink and color M: [10]fú
móguǐ 魔鬼 N. demon; monster; devil
mógùn 魔棍 N. magic wand/stick M: [2]gēn
mòguò 莫过 V.P. nothing is more. . .than
mòguòyú 莫过于[-於] V.P. nothing is more. . .than
mógutāng 蘑菇汤[-湯] N. mushroom soup M: wǎn/[1]pán
mōgǔtánxiàng 摸骨谈相 F.E. read sb.'s character and tell his fortune by studying his bone structure
mógutóu 蘑菇头 N. ① mushroom-shaped umbrella ② a funny person; clown
mō gǔxiàng 摸骨相 N./V.O. physiognomy practiced by a blind fortuneteller who feels sb.'s facial bones
móguyún 蘑菇云[-雲] N. mushroom cloud M: [2]duǒ
mógū zhànshù 蘑菇战术[-戰術] N. <mil.> wear the enemy down and then wipe them out
mòhǎi 墨海 N. basin-shaped inkslab
mòháng 末行 N. the last line (of a page) *See also* [2]mòxíng
móhào 磨耗 N. wear and tear
mǒ hāozi 抹蒿子 V.O. <topo.> cry
móhé 磨合 V. break in new machines/cars/etc.
mòhé(r)* 墨盒(儿) N. ink box M: ge/[2]zhī
Mòhé 靺鞨 N. <hist.> ① the Tungusic tribe ② name of a precious stone
mōhēi(r) 摸黑(儿) V.O. <coll.> grope in the dark ♦ADV. at dusk
mǒhēi 抹黑 V.O. ①blacken sb.'s name ② <coll.> disgrace oneself
mòhēi* 墨黑 V.P. pitch-dark
mòhén 墨痕 N. ink mark
mǒhóng 抹红 V.O. apply red color to
mòhòu 末后[-後] ADV. finally ♦N. the end; final part
móhu* 模糊/胡 S.V. blurred; dim; vague; fuzzy ♦V. blur; obscure; confuse
mòhū 蓦忽 ADV. suddenly; all of a sudden
mòhú 墨壶[-壺] N. ink bottle M: [1]bǎ
mòhuà 默化 V./N. imperceptibly/subtly influence
mòhuabùkāi 磨化不开[-開] F.E. <topo.> ① be close minded; be inflexible ② be embarrassed
móhuài 磨坏[-壞] R.V. damage by grinding; grind away
móhubùqīng 模糊不清 F.E. blurred and indistinct; inexplicit; obscure
móhu de yǔfǎ 模糊的语法 N. <lg.> fuzzy grammar
móhu gàiniàn 模糊概念 N. ambiguous concept
mōhuī 摸灰 V.O. idle; loaf
móhuì 摹绘 V. <wr.> portray (from a model)
mòhuì 末回 N. the last run (of a bus/ etc.)
mǒhuī* 抹灰 V.O. plaster
mǒhuí 抹回 R.V. turn back (the head/etc.)
mòhuīgōng 抹灰工 N. plasterer M: ge/[1]míng
mòhuīsè 墨灰色 N. gray
móhu juécè 模糊决策[--決-] N. fuzzy decision-making
móhu qǐlai 模糊起来 R.V. blur; become dim
móhu xiànzhìyǔ 模糊限制语 N. <lg.> hedge
móhuxìng 模糊性 N. ambiguity; fuzziness
móhu yìyì 模糊意义[-義] N. <lg.> fuzzy meaning
móhu yǔyán 模糊语言 N. fuzzy language
móhu yǔyánxué 模糊语言学 N. fuzzy linguistics
[1]mòjì 墨迹[-跡] N. ①ink marks ②sb.'s writing/painting
[2]mòjì 默记 V. commit to memory
[3]mòjì 末技 N. trifling skill; modest capacity
[4]mòjì 末季 N. the last part of a period
Mòjiā 墨家 N. Mohist School
mójiān* 摩肩 V.O. jostle each other in a crowd
mòjiǎn 末减[-減] V. <wr.> mitigate a punishment
mójiāncābèi 摩肩擦背 F.E. go in a jostling crowd
mójiānjiēzhǒng 摩肩接踵 F.E. jostle each other in a crowd
mójiānjīgǔ 摩肩击毂[-擊轂] F.E. overcrowded with people and traffic
mòjiǎo(r) 抹角(儿) V.O. make a turn
Mòjiā xuéshuō 墨家学说 N. the school of Mo Di; Mohism
mójiè 魔界 N. devildom
mòjié* 末节[-節] N. minor details; nonessentials
Mójiégōng 摩羯宫[-宮] N. <astr.> Capricornus
Mójiézuò 摩羯座 N. <astr.> Capricornus
mòjìnàihé 莫计奈何 F.E. <topo.> without a way out
mójìng 磨镜 V.O. polish pieces of metal into mirrors
mǒjǐng 抹颈[-頸] V.O. commit suicide by cutting one's throat
mòjīng 墨晶 N. opaque crystal; smoky quartz
mòjìng* 墨镜 N. sunglasses; dark glasses M: [1]fù
mó jìngzi 磨镜子 ID. <topo.> homosexual act between women; lesbianism
mǒ jīn huò mǒ yín 抹金或抹银 N. <art> gold or silver applied to the whole of a glazed surface
mójìnr 磨劲儿[-勁-] N. persistence; perseverance
mòjìwèigān 墨迹未干[-跡-乾] F.E. before the ink is dry
mòjìyóuxīn 墨迹犹新[-跡猶-] F.E. The trace of ink is still fresh.
mòjú* 墨菊 N. black chrysanthemum M: [2]kē/[2]duǒ/[5]zhī
mòjù 默剧[-劇] N. pantomime M: [2]mù
mójùgōng 模具工 N. tool making M: ge/[1]míng
mójūn 魔君 N. fiend; brute
mókǎi 模楷 N. model; norm; exemplary thing
mókān 磨勘 V. <trad.> ①grade; rate ②review (an exam paper, etc.)
mókè 摹刻 V./N. carve a reproduction of an inscription/painting
mòkè* 墨客 N. <wr.> man of learning/letters
mòkěmíngzhuàng 莫可名状[-狀] F.E. beggar description; be indescribable
mòkěnàihé 莫可奈何 F.E. Nothing can be done.
mòkěyánzhuàng 莫可言状[-狀] F.E. beggar description; be indescribable
mòkězhǐshǔ 莫可指数[-數] F.E. countless; innumerable
mókòngxué 模控学 N. cybernetics
mókū 魔窟 N. den of monsters M: [4]zuò
mókuài(r) 模块(儿)[-塊] N. module
mō lǎohǔ pìgu 摸老虎屁股 V.O. run/take risks
mǒlǎoxiā 抹老瞎 N. blind man's buff
mǒlèi 抹泪[-淚] V.O. wipe away one's tears
mǒle liángxīn 抹了良心 V.O. be unconscionable; be devoid of conscience
móléng 模棱 ID. equivocal; ambiguous
mólénglìangkě 模棱两可 F.E. equivocal; ambiguous
mó léngzi 磨棱子 V.O. delay sth. deliberately
[1]mólì 魔力 N. magic power; magic; charm; charisma
[2]mólì 磨砺/厉[-礪/厲] V. ① sharpen a knife ② steel/discipline oneself
mòlì* 茉莉 N. jasmine M: [2]kē/[2]duǒ/[5]zhī
mòlì 墨吏 N. <wr.> corrupt officials
móliàn 磨/摩练[-練] V. temper/steel oneself
móliàng 磨亮 R.V. polish
móliào 磨料 N. abrasive; abradant
mòliǎo(r)* 末了(儿) N. <coll.> finally; in the end
mòlìhuā 茉莉花 N. jasmine M: [2]duǒ
mòli huāchá 茉莉花茶 N. jasmine tea M: bēi
mòlìhuāxiāng 茉莉花香 N. sweet scent of jasmine
mólín 摹临[-臨] V. copy/imitate a painting/calligraphy
mǒlíng(r) 抹零(儿) V.O. not count small change in payments
mòliú 末流 N. ① later and decadent stage of a movement ② the last partisans (of a doctrine/etc.) ③ lowest social class ♦ATTR. inferior; low-grade
mólìyǐxū 摩厉//磨砺以须[-厲//-礪--] F.E. get ready for action; be combat-ready
[1]mòlù 陌路 N. paths in rice field *See also* mòlùrén
[2]mòlù 末路 N. ① dead end; impasse M: [1]tiáo ② miserable ending
mòlǜ 墨绿 N. blackish green color
mōlùn 摸论 N. proposal to test each step before taking it
mòluò 没落 V. decline; wane
Móluògē 摩洛哥 P.W. Morocco
mòlùqióngtú 末路穷途[--窮-] F.E. be at one's wits' end; be driven into an impasse
mòlùrén 陌路人 N. stranger (whom one passes in the street) M: ge/[1]míng
mòlǜsè 墨绿色 N. blackish green color
mòlùxiāngféng 陌路相逢 F.E. a casually met acquaintance; strangers meet
mòlùzhīnàn 末路之难[-難] N. the arduousness of the last section of a journey
mòmǎlìbīng 秣马厉兵[--厲-] F.E. prepare for war/battle
móméi(le) 磨没(了) V.P. be worn out
mōmén(r) 摸门(儿) V.O. ① <coll.> learn the ropes ② get the drift
mōménbùzháo 摸门不着[-著] F.E. ① cannot find the proper approach ② not understand at all
Móménjiào 摩门教 N. Mormonism
Mómén jiàotú 摩门教徒 N. a Mormon M: ge/[1]míng/[2]wèi
mòmǐ 磨米 V.O. grind rice
[1]mòmiàn 磨面[-麵] V.O. mill flour
[2]mòmiàn 抹面 V.O. plaster (a surface)
mómiàngé 磨面革 N. buffed leather M: [2]kuài
mòmiànjī 磨面机[-麵-] N. flour-milling machine M: [1]tái
mómiè 磨灭[-滅] R.V. wear away/out; obliterate
mòmín 末民 N. the humblest people; laborers and traders
mòmíng* 莫名 S.V. ① impossible to explain/express ② indescribable; nameless
mòmìng 末命 N. last will/testament
mòmíngqímiào 莫名/明其妙 F.E. ① be baffled ② without rhyme or reason; inexplicable
mòmíngyīwén 莫名一文 F.E. penniless
mōmo 摸摸 V. feel; touch
[1]mómo 馍馍 N. <topo.> steamed bread M: ge/[2]zhī
[2]mómo 嬷嬷[嬤嬤] N. ① <topo.> address for an old woman ② wet nurse M: ge/[1]míng/[2]wèi *See also* [2]māma
mómò 磨墨 V.O. rub an ink-stick against an inkstone

[1]mòmò* 默默 R.F. ① quietly; silently; secretly ② deserted and silent ③ discontented; displeased
[2]mòmò 脉脉[脈脈] ADV. affectionately; lovingly; amorously
[3]mòmò 没没 R.F. ① sink ② be lost in obscurity
[4]mòmò 漠漠 R.F. ① misty; foggy ② vast and lonely ③ overcast ④ silent
mómócèngcèng 磨磨蹭蹭 R.F. slow-going
mòmòhánqíng 脉脉含情[脈脈-] F.E. full of affection
mómohūhū 模模糊糊 R.F. unclear; ambiguous; unintelligible; hazy
mómòhuīháo 磨墨挥毫 F.E. grind the ink and flourish the brush to write
mòmòjījī 磨磨唧唧 <coll.> R.F. hesitate; dawdle
mōmoliàngr 摸模亮儿 R.F. faintly light (of early morning)
mòmoliǎor 末末了儿 <coll.> N. the last portion; the end ♦ADV. in the end
mòmòr 末末儿 <coll.> N. ① the last ② tiny bits and pieces ③ sth. insignificant
mōmosuōsuōr 摸摸索索儿 R.F. rustling
mó mǒumǒu shì mǒu huà 摹某某氏某画[-畫] V.P. <art> copied after the painting of a certain person
mòmòwěir 末末尾儿 N. end
mòmòwúwén 默默//没没无闻 F.E. unknown to the public; without attracting public attention
mòmòwúyán 默默无言 F.E. without saying a word
mòmòxiāngshì 默默相视 F.E. gaze at each other in silence
mòmòyóuyóu 磨磨游游 R.F. <topo.> ①sluggish; phlegmatic ② loafing; idling around
mòmòzhuànzhuàn 磨磨转转[-轉轉] R.F. <topo.> walking to and fro; idling about
mómùjī 磨木机 N. (wood) grinder M: [1]tái
Mónàgē 摩纳哥 P.W. Monaco
mònàihé 没奈何 F.E. have no alternative *See also méi nàihé*
mónàn* 魔/磨难[-難] N. tribulation; hardship; suffering ♦V. cause to suffer; give a hard time
Mònán 漠南 P.W. South of the Gobi desert; Inner Mongolia
mònáng 墨囊 N. ink sac of cuttlefish
mónǐ* 模/摹拟[-擬] V. imitate; simulate ♦N. simulation
mǒnì 抹腻 A.T. very tidy and precise
mòní 末泥 N. <thea.> actor playing the role of an old man
mònì 莫逆 ATTR. very friendly; intimate
mònián 末年 N. ① last years of a dynasty/reign ② the declining years of one's life
mòniàn* 默念 V. ①read silently ②contemplate ③ recollect; recall
mónǐ biànhuàn 模拟变换[-擬變換] N. analog transformation
mónǐfǎ 模拟法[-擬-] N. simulation
mónǐ fēixíng 模拟飞行[-擬飛-] N. <mil.> simulated flight
Mónījiào 摩尼教 N. Manicheism
mónǐ jiàoxué 模拟教学[-擬--] N. <lg.> microteaching
mónǐ jìsuànjī 模拟计算机[-擬---] N. analogue computer M: [1]jià/[1]tái
mónǐkǎo 模拟考[-擬-] N. simulated test M: cì
mónǐ kǎoshì 模拟考试[-擬--] N. mock/simulated/practice examination M: cì
mónǐ rénxiàng 模拟人像[-擬--] N. effigy M: [1]zūn
mónǐ shìyàn 模拟试验[-擬--] N. simulated test M: cì
mònìyúxīn 莫逆于心[-於-] F.E. have complete mutual understanding; finding each other congenial
mònìzhījiāo 莫逆之交 N. bosom friends M: ge/[2]wèi
mōnòng* 摸弄 V. ① stroke; fondle ② play around with
mónòng 摩弄 V. stroke

mònóngbǐbǎo 墨浓笔饱[-濃筆-] F.E. grind the ink very thick and fill the brush with the ink
mòpán 磨盘[-盤] N. ① nether/lower millstone ② <topo.> mill; millstones
mópào 磨泡 V.O. rub up a blister
mòpēn 墨喷 ATTR. ink-jet
mòpéng 磨棚 N. grinding shed; mill stead M: [4]zuò
mòpēn yìnshuājī 墨喷印刷机 N. ink-jet printer M: [1]jià/[1]tái
mópí 膜皮 N. membrane
mópiàn* 膜片 N. diaphragm
mǒpiàn 抹片 N. smear for microscopic examination
mòpiàn 默片 N. silent film M: [2]bù
mòpǐn 末品 N. <lg.> tertiary
mópíng* 磨平 R.V. ① smooth/polish by rubbing ② wear down
mòpíng 漠坪 N. desert trail
mópò 磨破 R.V. wear out; abrade
mópò zuǐpí 磨破嘴皮 V.O. wear out one's tongue
mòqī 末期 N. last/final phase/stage
mòqì* 默契 N. tacit/secret agreement
mǒqiáng 抹墙[-牆] V.O. plaster a wall
mōqīng 摸清 R.V. ferret/make out
mō qīngchǔ 摸清楚 R.V. find out
mōqīng dǐxì 摸清底细 V.O. get to the bottom of the situation
mōqīng qíngkuàng 摸清情况[-況] V.O. size up the situation
móqiú 魔球 N. magic ball (kind of ball used for play, made up of solid objects of different shapes)
mòqiú* 默求 V. pray in silence; say a silent prayer
mǒqù 抹去 R.V. wipe out; erase; expunge
móquān 魔圈 N. magic circle
móquáncāzhǎng 摩/磨拳擦掌 F.E. ① spoil for a fight ② be eager to start a new job
[1]**mòr** 末儿 N. powder
[2]**mòr** 沫儿 N. foam
[1]**mòrán** 漠然 V.P. ① cold; callous; indifferent ② completely ignorant
[2]**mòrán** 默然 V.P. silent; speechless
[3]**mòrán** 蓦然 ADV. suddenly
mòránbùdòng 默然不动[-動] F.E. be not in the least moved
mòránbùyǔ 默然不语 F.E. fall silent; be speechless
mòránhuíshǒu 蓦然回首 F.E. suddenly turn round
mòrán tàidu 默然态度[--態-] N. blasé attitude
mòránwúyǔ 默然无语 F.E. fall silent
mòránzhìzhī 漠然置之 F.E. look on with unconcern; remain indifferent towards sth.
mórén 磨人 V.O. fret; be peevish ♦S.V. annoying; bothersome
mòrèn* 默认[-認] V. tacitly approve
mòrènzuòfèi 默认作废[-認-廢] F.E. repeal by implication
mò rě shìfēi 莫惹是非 V.O. Let sleeping dogs lie.
mòrì 末日 N. ① doomsday; Judgment Day ② end; doom
mòrìlùnzhě 末日论者 N. doomster; doomsayer M: ge/[1]míng/[2]wèi
Mòrì Shěnpàn 末日审判[--審-] N. Judgment Day
mòrú 莫如 CONJ. would be better; might as well *Yǔqí tā lái, ~ wǒ qù.* It would be better for me to go there than for him to come here.
mòrù* 没入 V.P. confiscate
mòruò 莫若 CONJ. would be better; might as well
mòrúxiàliè 莫如下列 F.E. nothing is better than the following
mósā 摩挲 V. smooth out creases with the hand
Mòsāngbǐkè 莫桑比克 P.W. Mozambique
mòsè 墨色 N. ① black ink color ② dark color
móshā 磨砂 ATTR. frosted; ground (glass/bulb)

mǒshā* 抹杀/煞[-殺] V. blot out; obliterate; write off
móshā bōli 磨砂玻璃 N. ground/frosted glass M: [2]kuài
móshā dēngpào 磨砂灯泡[--燈-] N. frosted bulb M: ge/[2]zhī
mòshàn 磨扇 N. upper and lower millstones
móshàng 磨上 R.V. pester
mǒshàng* 抹上 R.V. put on; apply; smear; spread sth. on
mòshànglǒngjiān 陌上陇间 F.E. in the fields
mōshào 摸哨 V.O. <coll.> surprise the enemy's sentry
mòshāo* 末梢 N. tip; end
mòshāo shénjīng 末梢神经[-經] N. nerve ending
[1]**móshén*** 魔神 N. mumbo jumbo
[2]**móshén** 摹神 V.O. depict the inner spirit
mòshěn 墨沈[-瀋] N. ink on paper
móshēng 模/摹声[-聲] N. <lg.> imitation
mòshēng* 陌生 S.V. strange; unfamiliar
mòshéng 墨绳[-繩] N. carpenter's ink string
móshēngcí 摹声词[-聲-] N. <lg.> imitative/onomatopoeic word
mòshēngkè 陌生客 N. stranger M: ge/[1]míng
mòshēngrén 陌生人 N. a stranger M: ge/[1]míng
móshēngshuō 摹声说[-聲-] N. <lg.> ① bow-wow theory ② onomatopoeia
móshēngyǔ 摹声语[-聲-] N. <lg.> onomatopoeic word
mòshěnwèigān 墨沈未干[-瀋-乾] F.E. before the ink is dry
móshénxiàoyǐng 摹神肖影 F.E. depict with uncanny fidelity
mó shétou 磨舌头 V.O. <coll.> indulge in idle talk; argue pointlessly
[1]**móshí** 磨石 N. stone for sharpening/polishing M: [2]kuài
[2]**móshí** 磨蚀 V. <geol.> abrasion
móshì* 模式 N. model; pattern; schema
mòshí 默识[-識] V. memorized by heart without articulation
[1]**mòshì** 漠视 V. ① treat as unimportant; ignore; underestimate ② despise
[2]**mòshì** 默示 V. ①imply; express silently ②<law> tacit declaration; taciturnity
[3]**mòshì** 末世 N. last phase (of an age)
[4]**mòshì** 没世 ADV. all one's life; always; forever
[5]**mòshì** 默视 V. look at sth. silently
[6]**mòshì** 莫是 ADV. ① Can it be that... ② no longer
[7]**mòshì** 殁世[歿-] V.O. die; pass away
mòshìbùwàng 殁世不忘[歿-] F.E. shall never forget
móshì èrchóngxìng 模式二重性 N. <lg.> duality of patterning
mó shíhou 磨时候[-時-] V.O. kill time
móshìhuà 模式化 N. routinize
Mòshìlù 默示录[-錄] N. <rel.> Revelation
móshì shíbié 模式识别[--識-] N. pattern recognition
mòshízǐ 没食子 N. <bot.> gall (nut)
móshízǐdì 磨石子地 N. terrazzo floor
mòshízǐsuān 没食子酸 N. <chem.> gallic acid
móshí zuòyòng 磨蚀作用 N. abrasive action
mōshóu 摸熟 V.P. become familiar with (a road/area/etc.)
móshǒu 魔手 N. devil's hand
mòshōu* 没收 V. confiscate; expropriate
mòshǒu 墨守 V. stick to (conventions/procedures); conservatively follow
mòshǒu chéngguī 墨守成规 V.O. stick to conventions
mòshǒu chénguī 墨守陈规 V.O. stick to established practices; be conservative
mòshōu dānbǎo jiàzhí 没收担保价值[--擔-價-] N. foreclosure value
mòshǒu jiùxí 墨守旧习[-舊習] V.O. adhere to old habits/conventions/customs
mòshǒu lǐfǎ 墨守礼法[--禮-] V.O. stand on ceremony

mòshǒu xíngzhèng céngcì 墨守行政层次[----層-] V.O. follow hierarchical procedures
mòshōu yāpǐn 没收押品 N. forfeited securities arising from loans
¹móshù* 魔术[-術] N. magic; conjuring; sleight of hand
²móshù 模数[-數] N. <math.> modulus
mòshū 默书[-書] V. write from memory
móshùbàng 魔术棒[-術-] N. magic wand M: ²gēn
móshùdàn 魔术弹[-術-] N. magic shells (a kind of fireworks to be fired from a powder-loaded barrel) M: ¹kē
móshù fāngkuài 魔术方块[-術-塊] N. magic square
mòshuǐ(r) 墨水(儿) N. ① prepared Chinese ink ② ink ③ book learning
mòshuǐchí 墨水池 N. inkwell
mòshuǐjià 墨水架 N. inkstand
mòshuǐpíng 墨水瓶 N. ink bottle M: ge/²zhī
mòshuǐtái 墨水台[-臺] N. inkstand
móshùjiā 魔术家[-術-] N. magician M: ge/¹míng/²wèi
mòshuō 莫说 V.P. Do not say. . .; not to mention; let alone
móshùshī 魔术师[-術師] N. magician; conjurer M: ge/¹míng/²wèi
móshù yǎnyuán 魔术演员[-術--] N. magician; conjurer M: ge/¹míng/²wèi
mósī* 摩丝[-絲] N. <loan> mousse
mòsī 默思 V. think about silently
Mósī diànmǎ 摩斯电码[--電-] N. Morse code/alphabet
Mòsīkē 莫斯科 P.W. Moscow
mòsòng 默诵 V. ① read silently ② recite silently to oneself from memory
mósòngfǎ 模诵法 N. <lg.> mim-mem
mòsú 末俗 N. <wr.> decadent custom
mòsuàn 默算 V. ① do mental arithmetic ② calculate; figure out; plan
mósuì 磨碎 R.V. grind to bits
mósǔn 磨损 N./V. wear and tear
mósǔn liúliàng 磨损留量 N. <mach.> wear allowance
mōsuo* 摸索 V. ① grope; feel about; fumble ② do things slowly *See also* mōsuǒ
mōsuǒ 摸索 V. try to find out *See also* mōsuo
mósuō 摩挲/娑/莎 V. stroke; caress
mōsuǒ dào 摸索到 R.V. grope/fumble about and get sth.
mótài 模态[-態] N. <lg.> modal
mòtái* 磨台[-臺] N. millstone
mótǎn 魔毯 N. magic carpet M: ¹tiáo/²kuài
mótè(r) 模特(儿) N. <loan> model M: ge/¹míng/²wèi
mótiān 摩天 ATTR. skyscraping
mótiān dàlóu 摩天大楼[-樓] N. skyscraper M: ⁴zuò
mótiān dàshà 摩天大厦[-廈] N. skyscraper M: ⁴zuò
mótiānlóu 摩天楼[-樓] N. skyscraper M: ⁴zuò
mòtiáo 末条[-條] N. <lg.> terminal string
mōtóu 摸头 V.O. <coll.> get to know sth.; begin to understand; know the real situation
mōtòu* 摸透 R.V. have insight into
mótóu 魔头 N. ① tyrant; despot ② fiend; devil
¹mòtóu 陌头 N. roadside
²mòtóu 抹头 V.O. <topo.> turn round; face about
mōtóubùzháo 摸头不着[-著] F.E. be all at sea; be at a total loss
mōtour 摸头儿 N. <topo.> a hold/handle/etc.
mótú* 摹图[-圖] N. tracing
mòtǔ 漠土 N. desert soil
mòtuǐ 抹腿 V.O. break one's leg
mótuō* 摩托 N. <loan> motor M: ³liàng
mótuó 磨跎 V. waste time; idle about
mótuò 摹拓 V. take an impression of a carving
mótuòběn 摹拓本 N. rubbing M: ¹běn
mótuōchē 摩托车 N. <loan> motorcycle; motorbike M: ³liàng
mótuōchuán 摩托船 N. <loan> motorboat M: ¹sōu/¹tiáo/²zhī
mótuōhuà 摩托化 N. motorize
mótuōhuà bùduì 摩托化部队[-隊] N. motorized troops M: ⁴zhī
mótuōkǎ 摩托卡 N. <loan> motorcar; automobile M: ³liàng
mótuōtǐng 摩托艇 N. <loan> motorboat M: ¹sōu/¹tiáo
mótuózi 磨佗子 N. an annoying person ♦V.O. bother persistently
mōu 哞 ON. moo; low; bellow
¹móu 谋[謀] V. ① work for; seek; plot ② consult; discuss ♦B.F. idea; plan; scheme; stratagem ***yīnmóu***
²móu 牟 B.F. obtain; seek (gain) ***móulì***
³móu 眸 B.F. ① pupil ② eye ***móuzi***, ***hēimóu***
⁴móu 侔 B.F. even; equivalent ***móusèchuǎichèn***
⁵móu 缪[繆] in ***móuzhuàn***, ***²chóumóu*** *See also* *Miào*, *²miù*
⁶móu 蛑 in ***yóumóu***
⁷móu 鍪 in ***dōumóu***
mǒu* 某 PR. ① certain; some ***Lǐ ~*** a certain person called Li ***zài ~zhǒng chéngdù shàng*** to some extent ② I (self-address after one's surname)
móucáihàimìng 谋财害命 F.E. murder sb. for his money
móucè 谋策 N. ① strategy; scheme ② resourcefulness; astuteness; wisdom
móu chāishi 谋差事 V.O. apply for a position
móuchén 谋臣 N. <trad.> imperial planner/strategist/counsellor M: ge/¹míng/²wèi
mǒuchù 某处[-處] P.W. somewhere
móucì 谋刺 V. plot to assassinate
móudé 谋得 V. obtain; seek; try to gain
mǒudì 某地 P.W. somewhere; a certain place
móudìnghòudòng 谋定后动[-後動] F.E. plan first and then move
móufǎn 谋反 V. plot rebellion
móufǎnzuì 谋反罪 N. treason
mǒugè 某个[-個] ATTR. a certain
móuguó 谋国[-國] V.O. <wr.> work for the interests of one's country
móuhài 谋害 V. ① plot murder ② plot against
móuhé 谋和 V.O. strive/sue for peace
móuhuà 谋划[-劃] V. plan; scheme
mǒujiā* 某家 P.W. a certain family/household
mǒujiǎ 某甲 N. a certain person; somebody; so and so
mǒujiǎmǒuyǐ 某甲某乙 F.E. Mr. X and Mr. Y
móujiù 谋救 V. plan the rescue/relief of
móulì 牟/谋利 V.O. seek profit or personal gain
móulǜ 谋虑[-慮] V. ① plan and consider ② contemplate
móulüè 谋略 N. ① plan; strategy ② astuteness and resourcefulness
móumiàn 谋面 V.O. <wr.> meet with sb.
mǒumǒu 某某 ATTR. so-and-so
mǒumǒu huà 某某画[-畫] V.P. <art> painted by. . .
mǒumǒujìngmó 某某敬摹 F.E. <art> copied with respect by. . .
mǒumǒutiānbǔ 某某添补[-補] F.E. <art> interpolated by. . .
mǒumǒuzhēnjì 某某真迹[-跡] F.E. <art> genuine work of . . .
mǒumǒu zuò 某某作 V.P. written/painted by. . .
móuní 牟尼 <Budd.> N. ① *muni*; Sage (esp. Sakyamuni); saint; ascetic ② sb. who is retired; secluded silent, solitary, withdrawn
móunì* 谋逆 V. plot a rebellion
mǒunián 某年 N. a certain year
móupàn 谋叛 V. conspire against the state; plot revolt/rebellion ♦V.P. seditious
móupiān 谋篇 V.O. <wr.> plan a composition
móuqiú 谋求 V. seek; strive for
móuqiú chūlù 谋求出路 V.O. ① seek one's fortune ② look for a way out
móuqǔ 谋/牟取 V. seek to gain
móuqǔ bàolì 牟取暴利 V.O. seek quick and huge profits
mǒurén 某人 N. ① a certain person ② I (self-address after one's surname)
móurénsì 谋人寺 N. <topo.> shop that sells poor quality goods at high prices
mǒurì 某日 N. at a certain date
móusèchuǎichèn 侔色揣称[-稱] F.E. <wr.> ① depict (sth.) to a nicety ② match feelings with attitude
móushā 谋杀[-殺] V. murder
móushā'àn 谋杀案[-殺-] N. murder case M: ¹jiàn
móushāwèisuì 谋杀未遂[-殺--] F.E. make a vain attempt to murder
móushāzuì 谋杀罪[-殺-] N. the crime of murder M: ²jiàn
móushēng 谋生 V.O. seek one's livelihood
móushēngfáshù 谋生乏术[-術] F.E. have no means of getting a livelihood
móushēnghùkǒu 谋生糊口 F.E. win one's bread
móushēngzhīdào 谋生之道 N. a means of livelihood
móushí 谋食 V.O. seek food; make a living
¹móushì* 谋士 N. ① adviser; counsellor ② resourceful person M: ge/¹míng/²wèi
²móushì 谋事 V.O. ① plan matters ② look for a job
mǒushí 某时[-時] N. sometime
mǒushù 某数[-數] N. a certain number/figure
móusī 谋私 V.O. seek personal gain
móu sīlì 谋私利 V.O. have an eye to the main chance
móusuàn 谋算 V. ① design; calculate ② try to find a solution ③ plot
mǒusuībùcái 某虽不才[-雖--] F.E. I, although without talent, (am willing to. . .)
móutú 谋图[-圖] V. plot; scheme; conspire
móuwéibùguǐ 谋为不轨 F.E. ① plot a rebellion ② hatch a sinister plot ③ engage in conspiratorial activities
mǒuwù 某物 N. somewhat
mǒuxiē 某些 N. some; certain; a few
móuxún 谋寻[-尋] V. seek; strive for
móuyì 谋议[-議] V. <wr.> plan; scheme
mǒuyīn mǒushì de 某音某式的 ATTR. <lg.> morphological
móuyóu 谋猷/犹[-猶] N. strategy; scheme; plot
mǒuyuè 某月 N. a certain month
mǒuyuè mǒurì 某月某日 N. in such a month, and on such a day
móuzhí 谋职[-職] V.O. hunt for a job
mǒuzhǒng 某种[-種] N. a certain kind
móuzhǔ 谋主 N. ① arch-plotter; ringleader ② planner; designer
móuzhuàn 缪篆 N. calligraphy style initiated in the reign of Wang Mang
móuzi 眸子 N. pupil of the eye; eye
mówài 膜外 N. beyond one's attention/consideration/etc.
Mówáng 魔王 N. ① Prince of the Devils ② tyrant; fiend
mòwěi* 末尾 N. end; ending
mòwèi 末位 N. last place
mòwéijǐshèn 莫为己甚 F.E. Don't drive someone into a corner.
mòwéizànzhù 默为赞助 F.E. offer tacit support
mòwèn 默问 V. ask silently
móxǐ 磨洗 V. ① undergo wear and tear ② cleanse (often fig.) ③ corrode; erode
mòxí* 末席 N. ① rearmost seat ② the least prominent seat at a dinner table
mòxì 墨戏[-戲] N. painting in a few strokes
mōxiā(r) 摸瞎(儿) V.O. <coll.> grope about in the dark
mòxiàn 墨线 N. line made by a carpenter's ink marker M: ²dào/¹tiáo
mòxiàn dǒuzi 墨线斗子 N. carpenter's ink marker
mòxiǎng 默想 V. contemplate silently

M

mǒxiāngjīng 抹香鲸 N. sperm whale M: *tiáo*
móxiāo 磨削 ATTR. <*mach.*> grinding
mófǎng* 摹效 V. imitate; copy
mǒxiāo 抹销 V. erase; cross off
mòxiāoting 莫消停 V.P. <*topo.*> ill-at-ease; upset; flustered
móxiē 磨蝎 N. <*astr.*> Capricorn
móxié 魔邪 N. evil spirit; demon
móxiě 摹/模写[-寫] V. ① copy; imitate ② describe; depict ♦N. fax
[1]**mòxiě*** 默写[-寫] V. write from memory
[2]**mòxiě** 沫血 N. bleeding face
móxiě jiàoshòu 模写教授[-寫--] N. instruction by demonstrating objects/action/etc.
Mòxīgē 墨西哥 P.W. Mexico
móxìn 膜信 A.T. treacherous; not to be trusted
móxíng(r)* 模型(儿) N. ① model ② mold; matrix; pattern
[1]**mòxíng** 墨刑 N. <*trad.*> the punishment of tattooing the face
[2]**mòxíng** 末行 N. minor details *See also mòháng*
mòxǐng 默省 V. make a self-examination
móxíngkù 模型库 N. storehouse or exhibition hall for models M: [4]*zuò*
móxíng zhǎnpǐn 模型展品 N. scale model; replica M: [2]*jiàn*
mǒ xīní 抹稀泥 V.O. ① plaster on mud ② gloss things over ③ <*coll.*> sidestep issue
mòxiōng 抹胸 N. undergarment covering the chest and abdomen
mòxū 莫须 V.P. not need
mòxǔ* 默许 V. tacitly consent to
mòxué 末学 N. <*wr.*> superficial knowledge ♦F.E. <*humb.*> my limited knowledge
mòxuéfūshòu 末学肤受[--膚-] F.E. learn superficially
mòxuéhòujìn 末学后进[-後進] F.E. <*humb.*> a slow learner lagging behind
mòxūliángxiāo 莫虚良宵[-虛--] F.E. not miss the opportunity of this lovely evening
mòxūyǒu 莫须有 ATTR. groundless; fabricated
móyā 模压[-壓] N./ATTR. mold pressing
[1]**móyá*** 磨牙 V.O. <*topo.*> ① grind one's teeth in sleep ② argue pointlessly
[2]**móyá** 摩崖 N. stone character/statue engraved on a cliff
mòyā 墨鸦 N. <*topo.*> cormorant
móyājī 模压机[-壓-] N. block press M: [1]*tái*
móyā jiāodǐ píxié 模压胶底皮鞋[-壓膠---] N. leather shoes with molded-on rubber soles M: [1]*shuāng*
mòyàn 墨砚 N. ink slab M: *ge*/[2]*zhī*
móyàng 模样[-樣] N. appearance
mó yánggōng 磨洋工 V.O. <*coll.*> loaf on the job; goldbrick
mòyào 没/末药[-藥] N. <*Ch. med.*> myrrh
móyá shíkè 摩崖石刻 N. stone statue/character engraved on a cliff
móyá zàoxiàng 摩崖造像 N. bas-reliefs on precipices
Mòyé 莫邪//镆铘 N. name of a legendary double-edged sword
[1]**mòyè*** 末叶[-葉] ID. ① last years (of the century/dynasty) ② posterity; descendants
[2]**mòyè** 末业[-業] N. <*wr.*> industry and commerce
[3]**mòyè** 默页 N. preliminary pages
[1]**mòyì** 末议[-議] F.E. <*wr./humb.*> my view/opinion
[2]**mòyì** 末艺[-藝] F.E. <*humb.*> (my) insignificant/small skill
mǒ yī bízi huī 抹一鼻子灰 V.P. be snubbed; meet with rebuff; get rebuffed when trying to please
mòyīcì 末一次 N. the last time
mòyǐmíngzhī 莫以名之 F.E. not know what to call it
móyīn 摩音 N. <*lg.*> spirant
[1]**móyìn*** 摹印 V. copy and print ♦N. seal-script style after a Qin model
[2]**móyìn** 模印 N. stamp

mòyīn 默音 ATTR. <*lg.*> silent
mōyíng 摸营[-營] V.O. surprise the enemy's camp
móyǐng* 魔影 N. ① ghostly/demonic image ② specter ③ phantom
mòyīn zìmǔ 默音字母 N. <*lg.*> silent letter
mòyou 磨悠/游 V. <*coll.*> pace in circles
mòyóu* 墨油 N. printing ink
mōyú 摸鱼 V.O. ① catch fish with the hands ② idle; loaf on a job
mòyú* 墨鱼 N. inkfish; cuttlefish M: [1]*tiáo*
mòyǔ 沫雨 N. torrential rain
mòyúdúyě 莫予毒也 F.E. ① be supercilious ② Nobody dares harm me.
mòyuèpīfēng 抹月披风 ID. so poor that one has nothing to entertain one's guests
mòyǔzhījīng 莫与之京[-與--] F.E. incomparable; unequaled
mòzào 末造 N. the last days of a dynasty; the decaying period
mózhān 魔毡[-氈] N. magic carpet M: [2]*kuài*
mòzhàn* 末站 N. terminal
mózhǎng* 魔掌 N. devil's clutches; evil hands
[1]**mózhàng** 魔障 N. <*Budd.*> demon; evil spirit
[2]**mózhàng** 魔杖 N. magic wand M: [2]*gēn*
mózhǎo* 魔爪 N. devil's talons; claws; tentacles
mòzhāo(r) 末着(儿)[-著-] N. the last stratagem/card
mózhé 磨折 V. ①cause physical/mental suffering ② give a hard time; wear down ♦N. tribulations; privations
mózhēnběn 摹真本 N. facsimile M: [4]*cè*/[1]*běn*
mózheng 魔怔 N. <*coll.*> abnormal behavior
mózhēn qiānzhāng 摹真签章 N. facsimile signature
mózhe rén 磨着人[-著-] V.P. <*topo.*> pester a person
mōzhe shítou guòhé 摸着石头过河[-著----] ID. ① feel one's way ② test each step before taking it; advance cautiously
[1]**mòzhī(r)*** 墨汁(儿) N. prepared Chinese dark ink M: *píng*
[2]**mòzhī** 末枝 N. end branch
mòzhì 默志 V. fix in one's mind
mòzhīnéngyù 莫之能御[-禦] F.E. No one can resist it.
mózhì shíqì 磨制石器[-製--] N. <*archeo.*> polished stone tool
mòzhīsuǒcuò 莫知所措 F.E. be at a loss
mòzhīwèigān 墨汁未干[-乾] F.E. before the ink is dry
mòzhōngyīshì 莫衷一是 F.E. unable to agree/decide which is right
mòzhú* 墨竹 N. bamboo painted with Chinese ink M: [10]*fú*
mòzhù 默祝 V. silently express good wishes
mózhuàng 摹状[-狀] V.O. depict; portray; delineate
mózhuó 磨琢 V. educate; train
mǒzi 抹子 N. trowel
[1]**mòzi*** 沫子 N. foam; froth
[2]**mòzi** 末子 N. powder; dust
[3]**mòzi** 磨子 N. <*topo.*> mill; millstones
Mòzǐ 墨子 *See Mò Dí*
mòzì 墨渍 N. ink blot/spot/smudge M: [1]*diǎn*/[2]*kuài*
mòzìwèigān 墨渍未干[-乾] F.E. before the ink is dry
mózǔ 模组 N. ① module ② pattern assembly
mózuǐ 磨嘴 V.O. <*topo.*> talk
mǒzuǐ* 抹嘴 V.O. <*topo.*> be sarcastic; sharp-tongued
mó zuǐpízi 磨嘴皮子 N. ① jabber; blah-blah ② sb. who does a lot of talking
[1]**mòzuò** 末座 N. most inferior seat at a table
[2]**mòzuò** 默坐 V. sit quietly
mózǔ yǔfǎ 模组语法 N. <*lg.*> modular grammar
M shíliù M十六 N. M-16 assault rifle
mú 模 B.F. ①mold; matrix; pattern *múzi* ② form *múyàng See also* [2]*mó*

[1]**mǔ** 母 B.F. ① mother *mǔqin* ② one's female elders *bómǔ* ③nut (to hold bolt/screw) ④female (of animals) [1]*mǔjī* ⑤ letter of the alphabet *zìmǔ* ⑥ <*lg.*> matrix
[2]**mǔ** 亩[畝] M. *of area equal to 0.0667 hectare; 1/6 acre*
[3]**mǔ** 姆 B.F. mother; nursemaid *mǔmā*, [1]*bǎomǔ* ♦in *ōumǔ*
[4]**mǔ** 拇 B.F. thumb; big toe *mǔyìn, dàmuzhǐ*
[5]**mǔ** 牡 B.F. ① male (of certain birds and animals) [2]*mǔniú* ② oyster *mǔlì* ♦in *mǔdan*
[6]**mǔ** 坶 in *lúmǔ*
[1]**mù*** 木 B.F. ① tree [1]*shùmù* ② timber; wood *mùcái* ③ wooden [1]*mùqì* ④ stupid; silly [1]*mùrán* ♦S.V. ① numb; insensitive ② hard; tough (of fruit)
[2]**mù** 幕 N. ① curtain; screen; tent ② <*hist.*> office of a commanding general ♦M. <*thea.*> act
[3]**mù** 目 B.F. ①eye *ěrmù* ②item; section [1]*xiàngmù* ③list; catalogue; table of contents *mùlù* ④ <*wr.*> look; regard *mùwéiqíjī* ⑤ goal [1]*mùdì*
[4]**mù** 墓 N. grave; tomb
[5]**mù** 募 V. raise; collect; enlist; recruit
[6]**mù** 钼[鉬] N. <*chem.*> molybdenum
[7]**mù** 牧 B.F. herd; tend; put to pasture [1]*xùmù*
[8]**mù** 慕 B.F. ① admire; esteem [1]*yǎngmù* ② envy *xiànmù*
[9]**mù** 暮 B.F. ① dusk; evening; sunset [1]*mùsè* ② towards end; late *mùnián*
[10]**mù** 穆 B.F. respectful; dignified *sùmù, mùbù*
[11]**mù** 沐 B.F. wash one's hair; wash *mùyù, xǐmù*
[12]**mù** 睦 B.F. harmonious *mùlín*, [2]*mùyì*, [1]*bùmù*
[13]**mù** 苜 in *mùxu*
[14]**mù** 霂 in *màimù*
Mù 仫 in *Mùlǎozú*
mǔ'ài* 母爱[-愛] N. mother/maternal love
mù'ǎi 暮霭 N. evening mist
mùbà 木坝[-壩] N. timber dam
múbǎn 模板 N. ①<*archi.*> shuttering; formwork ② <*mach.*> pattern plate M: [2]*kuài*
[1]**mùbǎn*** 木板 N. plank; board M: [2]*kuài*
[2]**mùbǎn** 木版 N. <*print.*> wood block M: [2]*kuài*
mùbǎnchuáng 木板床 N. wooden bed M: [1]*zhāng*
mùbǎndèng 木板凳 N. wooden bench/stool M: [1]*tiáo*
mùbǎndì 木板地 N. wooden floor
mùbǎnfáng 木板房 P.W. wood house M: [4]*zuò*/[1]*jiān*
mùbàng(r) 木棒(儿) N. wooden stick/bat/club/cudgel M: [2]*gēn*
mùbǎnhuà 木版画[-畫] N. woodcut; wood engraving M: [10]*fú*
mùbǎnqiáng 木板墙[-牆] N. wooden wall M: [1]*dǔ*
mùbànxià 木半夏 N. <*bot.*> wild cherry
mùbǎnxié 木板鞋 N. wooden slippers/sandals M: [1]*shuāng*
mùbǎn yìnhuā 木板印花 N. <*txtl.*> block printing
mùbǎn yìnshuā 木板印刷 N. <*print.*> block printing
mùbēi 墓碑 N. tombstone; gravestone M: [2]*kuài*/[4]*zuò*
mǔběn 母本 N. <*bot.*> female parent
mùběn* 木本 ATTR. woody (of plants)
mùběn-shuǐyuán 木本水源 N. origin; source; the root of a matter
mùběn zhíwù 木本植物 N. xylophyta; woody plant
mǔběn zhízhū 母本植株 N. maternal plant
mùbǐ 木笔[-筆] N. <*bot.*> lily magnolia
mùbiǎn 木匾 N. inscribed wooden board M: [2]*kuài*
mùbiànshí 木变石[-變-] N. petrified wood; woodstone M: [2]*kuài*
mùbiāo* 目标[-標] N. objective; target; goal
mùbiǎo 墓表 N. ① tombstone; gravestone ② stele with an epitaph on the route to a tomb
mùbiāogé 目标格[-標-] N. <*lg.*> goal case
mùbiāo guǎnlǐ 目标管理[-標--] N. management by objectives (M.B.O.)

mùbiāoxiàn 目标线[-標-] N. target line

mùbiāoyǔ 目标语[-標-] N. target language

mùbiāo yǔyán 目标语言[-標--] N. <*comp.*> target language

mùbiē 木鳖 N. <*bot.*> *Momordica cochin-chinensis* (an herbal drug)

mùbīn 幕宾[-賓] N. <*trad.*> ① assistant to a high official/general ② aides and staff

mùbīng 募兵 V.O. recruit soldiers

mùbīngzhì 募兵制 N. ① mercenary system ② voluntary military-service system

mùbō 目波 N. glance

mùbōluó 木菠萝[-蘿] N. <*bot.*> jackfruit; jack tree M: [2]*kē*

mùbǔ 穆卜 V. consult the oracle reverently

mùbù* 幕布 N. ① (theater) curtain ② (cinema) screen M: [2]*kuài*

mùbùjiànjié 目不见睫 F.E. lack self-knowledge

mùbùjiāojié 目不交睫 F.E. not sleep a wink

mùbùjíjiē 目不及接 F.E. too many things to be seen; too busy for the eyes to see

mùbùkuīyuán 目不窥园[-園] F.E. bury oneself in one's studies

mùbùpánggù 目不旁顾[-顧] F.E. not even let one's eyes wander

mùbùrěndǔ 目不忍睹 F.E. cannot bear to look at

mùbùshídīng 目不识丁[--識-] F.E. be totally illiterate

mùbùxiágěi 目不暇给 F.E. the eye cannot take it all in

mùbùxiájiē 目不暇接 F.E. the eye cannot take it all in

[1]**mùbùxiéshì** 目不斜视 F.E. ① look straight ahead ② refuse to be distracted

[2]**mùbùxiéshì** 目不邪视 F.E. ① be upright and proper ② be cold and detached; unconcerned; indifferent

mùbùzhuǎnjīng 目不转睛[--轉-] F.E. look fixedly

mǔcái 母财 N. capital

mùcái* 木材 N. wood; timber; lumber

mùcáichǎng 木材厂[-廠] P.W. sawmill M: [1]*jiā*

mùcáiháng 木材行 P.W. lumber company M: [1]*jiā*

mùcǎo 牧草 N. herbage; forage grass; pasture

mùcǎodì 牧草地 N. pasture; grazing land

mùcè 目测 N. <*mil.*> range estimation

mùchái 木柴 N. firewood

mǔchǎn 亩产[畝產] N. yield per [2]**mǔ**

[1]**mùchǎng** 牧场[-場] P.W. grazing land; pasture M: [4]*zuò*

[2]**mùchǎng(zi)** 木厂(子)[-廠-] P.W. timber mill M: [1]*jiā*

mǔchǎnliàng 亩产量[畝產-] N. yield per [2]**mǔ**

mùcházi 木碴子 N. sweepings of chopped/broken trees/bushes

mǔchǐ 牡齿[-齒] N. lower teeth

mùchǐ* 暮齿[-齒] N. <*wr.*> old age

mǔchù* 母畜 N. <*zoo.*> dam M: [1]*tóu*

mùchǔ 木杵 N. wooden pestle M: [2]*gēn*

[1]**mùchuán** 木船 N. wooden boat M: [1]*tiáo*/[2]*zhī*/[1]*sōu*

[2]**mùchuán** 木椽 N. wooden rafter M: [2]*gēn*

mùchuáng 木床 N. plank/wooden bed M: [1]*zhāng*

mùchuí 木锤/槌 N. wooden mallet/hammer

mùchūn* 暮春 N. end of spring

mùchún 木醇 N. methanol

mùcì 目次 N. table of contents

[1]**mùcóng** 木丛[-叢] N. wood; grove

[2]**mùcóng** 慕从[-從] V. follow (a god/sage/etc.) ♦N. the followers of a god/sage/etc.

mùcù 木醋 N. wood vinegar M: *píng*

mùcuò 木锉 N. wood file; rasp M: [1]*bǎ*

mùcùsuān 木醋酸 N. <*chem.*> pyroligneous acid

mùdāi 木呆 S.V. wooden; dumb; blank

mùdāidāi 木呆呆 R.F. dazed

mǔdan 牡丹 N. tree peony; peony M: [2]*duǒ*/[2]*kē*/[5]*zhī*

mǔdǎng 母党[-黨] N. <*wr.*> maternal relatives

mùdànqiāng 木弹枪[-槍] N. stun gun M: [1]*bǎ*

mǔdào 母道 N. maternity; motherhood; rituals of mothers

mùdào* 墓道 N. ① path leading to a grave ② tomb passageway M: [1]*tiáo*

mùdào tiānjǐng 墓道天井 N. <*archeo.*> shaft of a tomb gallery

mùdé 募得 V. raise; collect; enlist; recruit

mùdèngkǒudāi 目瞪口呆 F.E. stupefied; dumb-struck

mù de xíngzhì 墓的形制 N. <*archeo.*> structure of a tomb

mǔdì 母弟 N. younger brother

mùdi 目的 *See mùdì*

mùdí 牧笛 N. shepherd's pipe/flute M: [4]*zhī*

[1]**mùdì*** 目的 N. purpose; aim; goal; objective; end

[2]**mùdì** 墓地 P.W. burial ground; cemetery M: [2]*kuài*

[3]**mùdì** 牧地 N. pasture; meadowland M: [1]*piàn*

mùdiāo 木雕 N. wood carving M: [4]*zuò*/[1]*zūn*/*ge*

mùdiāo-nísù 木雕泥塑 N. ① statue carved of wood or modeled from clay ② blockhead

mùdìdì 目的地 N. destination

mùdìgǎng 目的港 N. destination port M: *chù*

mùdìgé 目的格 N. <*lg.*> accusative

mùdìhuà 目的话 N. target language

mùdì jiècí 目的介词 N. <*lg.*> preposition of purpose

mùdì liáncí 目的连词 N. <*lg.*> conjunction of purpose

mùdìlùn 目的论 N. teleology

mùdìng 木钉 N. peg

mùdìngzi 木锭子 N. skewer

mùdì tīngzhòng 目的听众[-聽眾] N. <*lg.*> target audience

mùdìwù 目的物 N. objective; aim; goal

mùdǐxié 木底鞋 N. clogs

mùdìyǔ 目的语 N. <*lg.*> ① object ② target language

mùdìyǔ chuántǒng 目的语传统[---傳-] N. <*lg.*> target language tradition

mùdìyǔ duìděngcí 目的语对等词[---對--] N. <*lg.*> target language equivalent

mùdìyǔ duìyìng 目的语对应[-對應] N. <*lg.*> target language correspondence

mùdìyǔ dúzhě 目的语读者[---讀-] N. <*lg.*> target language reader

mùdìyǔ guānxi 目的语关系[-關係] N. <*lg.*> target language relationship

mùdìyǔ guīfàn 目的语规范[-範] N. <*lg.*> target language norm

mùdìyǔ huánjìng 目的语环境[---環-] N. <*lg.*> target language setting

mùdìyǔ wénhuà 目的语文化 N. <*lg.*> target language culture

mùdìyǔ wénxiàn 目的语文献[-獻] N. <*lg.*> target language text

mùdì yǔyán 目的语言 N. <*comp.*> object/target language

mùdìzàiyú 目的在于[-於] F.E. with the purpose/intent of; with a view to

mùdòng 目动[-動] N. eye movements

mùdú 木牍[-牘] N. inscribed wooden tablet

mùdǔ* 目睹 V. see with one's own eyes

mùdù('é) 木蠹(蛾) N. wood/carpenter moth M: [2]*zhī*/*ge*

múduàn 模锻 N. <*metal.*> die forging

mùduó 木铎[-鐸] N. ① bell with a wooden clapper ② teacher

mùduó jǐngzhōng 木铎警钟[-鐸-鐘] N. statements that arouse the public from apathy/complacency

mǔ'é 母鹅 N. (female) goose M: [2]*zhī*

mù'ēn 沐恩 V.O. receive a favor/kindness

mù'ěr 木耳 N. edible fungus; "wood ear" M: *ge*/[2]*zhī*/[1]*kē*

mǔfǎ 母法 N. foreign law that domestic law is patterned after

mùfá(zi)* 木筏(子) N. log raft M: [2]*zhī*

mùfà 沐发[-髮] V.O. shampoo (the hair)

mǔfàn 母范[-範] N. model for mothers; model mother

mùfáng* 木房 N. wooden cabin/house M: [4]*zuò*/[1]*jiān*

mùfǎng 慕仿 V. imitate in admiration

mùfàng 牧放 V. herd; tend; pasture

mǔfēng 母蜂 N. queen bee M: [2]*zhī*

mùfū* 牧夫 N. ① <*trad.*> shepherd ② official in charge of civil administration

mùfǔ 幕府 P.W. ① office of commanding officer ② secretary of high official ③ <*Jp.*> shogunate

mùfúróng 木芙蓉 N. cotton rose M: [2]*kē*

Mùfǔ Shídài 幕府时代[--時-] N. <*Jp.*> the Shogunate Period

Mùfūzuò 牧夫座 N. <*astr.*> Bootes; Bootis

mùgǎn 木杆 N. wooden rod/pole M: [2]*gēn*

mùgāng 钼钢[-鋼] N. molybdenum steel

mùgē 牧歌 <*mus.*> N. ① pastoral ② madrigal M: [4]*zhī*/[2]*shǒu*

mùgēng 目耕 V. read as diligently as sb. plowing a field

[1]**mùgōng** 木工 N. ① woodwork; carpentry ② woodworker; carpenter M: *ge*/[1]*míng*

[2]**mùgōng** 牧工 N. hired herdsman M: *ge*/[1]*míng*

mùgōngchǎng 木工场[-場] P.W. woodworking plant/workshop M: [4]*zuò*

mùgōng jīxiè 木工机械 N. woodworking machinery

mù-gōng-shāng liánhé qǐyè 牧工商联合企业[---聯--業] N. stockraising, processing, marketing, and allied enterprises

mǔgōngsī 母公司 N. parent company M: [1]*jiā*

mǔgǒu 母狗 N. ① female dog; bitch M: [2]*zhī* ② <*vulg.*> aggressive women

mùgū 目估 V. ocular estimation

[1]**mùgǔ*** 募股 V.O. raise capital by floating shares

[2]**mùgǔ** 慕古 V.O. admire the ancient style of sth.

mùguā 木瓜 N. ① Chinese flowering quince ② <*topo.*> papaya M: [2]*zhī*/*ge* ③ <*slang*> stupid person; slow learner

mùguān 木棺 N. wooden coffin M: [2]*zhī*

mùguāncè 目观测[-觀-] N. visual observation

[1]**mùguāng** 目光 N. ① sight; vision; view ② gaze; look ③ perspicacity; shrewdness

[2]**mùguāng** 暮光 N. evening twilight

[3]**mùguāng** 慕光 N. <*wr.*> another name for moths

mùguāngdāizhì 目光呆滞[-滯] F.E. dull uncomprehending eyes

mùguāng duǎnqiǎn 目光短浅[-淺] V.P. be shortsighted/myopic

mùguāngjīngyì 目光惊异[-驚異] F.E. stare in surprise

mùguāng jiǒngjiǒng 目光炯炯 F.E. eagle-eyed; eyes bright and shining

mùguāng lǎoliàn 目光老练[-練] V.P. have an experienced eye

mùguāng qiǎnjìn 目光浅近[--淺-] V.P. shortsighted (fig.)

mùguāngrúdiàn 目光如电[-電] F.E. eyes flash like lightning

mùguāngrúdòu 目光如豆 F.E. shortsighted (fig.)

mùguāng ruìlì 目光锐利 V.P. eagle-eyed

mùguāngrújù 目光如炬 F.E. ① eyes blazing with anger ② farsighted

mùguāng tānlán 目光贪婪 F.E. with a covetous eye (on. . .)

mùguāngxiāngjiē 目光相接 F.E. meet one's eye

mùguāng xīlì 目光犀利 F.E. One's eyesight is sharp.; look sharply at. . .

mùguāngxìng 慕光性 N. <*bio.*> phototoxis

mùguāng yuǎndà 目光远大[-遠-] V.P. far-sighted; farseeing

mùguǎn yuèqì 木管乐器[--樂-] N. woodwind instrument; woodwind M: [2]*jiàn*

mùguāshù 木瓜树[-樹] N. papaya tree M: [2]*kē*

mùgǔchénzhōng 暮鼓晨钟[-鐘] F.E. <*Budd.*> ① evening drums and morning bells ② exhortations to virtue and purity

mǔguì 牡桂 N. <*bot.*> cinnamon tree M: [2]*kē*

mùgùn(zi) 木棍(子) N. wooden stick M: [2]*gēn*

M

mǔguó* 母国[-國] P.W. motherland
mùguǒ 墓椁[-槨] N. <archeo.> coffin/funeral chamber
mùguǒmù 木椁墓[-槨-] P.W. wooden-chambered tombs M: [4]zuò
mùguǒshì 木椁室[-槨-] N. <archeo.> wooden funeral chamber M: [1]jiān
mùhāng 木夯 N. wooden tamp
Mùhǎnmòdé 穆罕默德 (c. 570–632) N. Muhammad
mùhēiyóu 木黑油 N. wood tar
mǔhóu 母猴 N. ① female monkey ② macaque; rhesus monkey M: [2]zhī
mǔhòu 母后 N. ① empress ② the queen (address by princes/princesses)
mùhóu 沐猴 N. <zoo.> macaque M: [2]zhī
mùhòu* 幕后[-後] P.W. behind the scenes; backstage
mùhòucāozòng 幕后操纵[-後-縱] F.E. manipulate from behind the scene
mùhòucèhuà 幕后策划[-後-劃] F.E. direct from behind the scene
mùhóu'érguàn 沐猴而冠 ID. ① worthless person in imposing attire ② puppet
mùhòu huódòng 幕后活动[-後-動] N. backstage deal; behind-the-scene activities
mùhòu jiāoyì 幕后交易[-後--] N. backstage deal
mùhòurén 幕后人[-後-] N. backstage manipulator M: ge/[1]míng/[2]wèi
mùhòu rénwù 幕后人物[-後--] N. behind-the-scene personalities; string pullers M: ge/[1]míng/[2]wèi
mùhòu xīnwén 幕后新闻[-後--] N. behind-the-scene news; inside story M: [1]tiáo
mǔhuā 母花 N. female flower M: [2]duǒ
mùhuā 木花 N. wooden flower M: [2]duǒ
mùhuà* 募化 V. <rel.> collect alms; beg for alms
mùhuàishāntuí 木坏山颓[-壞--] ID. death of a talented/renowned person
mùhuàshí 木化石 N. petrified wood M: [2]kuài
[1]**mùhūn** 目昏 N. blurred vision
[2]**mùhūn** 木婚 N. wood wedding anniversary (fifth wedding anniversary
mùhuó 木活 N. ① woodcraft; carpentry ② wooden furniture
[1]**mǔjī** 母鸡[-雞] N. hen M: [2]zhī
[2]**mǔjī** 母机 N. ① machine tool M: [1]tai ② <loan> mother/launching aircraft M: [1]jià
[1]**mùjī*** 目击[-擊] V. see with one's own eyes
[2]**mùjī(zi)** 木屐(子) N. clogs; Japanese *geta* M: [1]shuāng
[3]**mùjī** 木鸡[-雞] N. ① woodcock ② simpleton
[1]**mùjí** 募集 V. raise; collect
[2]**mùjí** 目疾 N. eye disease
mùjì 墓祭 N. offer sacrifices in front of a grave/tomb
mǔjiā 母家 P.W. married woman's parents' home
mùjià* 木架 N. wooden shelf/stand
mǔjiàn 母舰[-艦] N. mother ship M: [1]sōu/[1]tiáo
mùjiān* 幕间 N. <thea.> entr'acte
mùjiǎn 木简 N. inscribed wooden slip M: [1]tiáo
mùjiàn 目见 V. see for oneself
mùjiang* 木匠 N. carpenter M: ge/[1]míng
[1]**mùjiāng** 木浆[-漿] N. wood pulp (in paper making)
[2]**mùjiāng** 木僵 S.V. numb; stiff
mùjiàng 木强[-強] V.P. <wr.> upright; unyielding
mùjiàngǎn 木箭杆 N. stele
mùjiang duōle gài wāifáng 木匠多了盖歪房 [----蓋--] ID. Too many cooks spoil the broth.
mùjiān xiūxi 幕间休息 N. <thea.> interval; intermission
mǔjiào* 母教 N. maternal education
mùjiào 墓窖 N. catacomb M: [4]zuò
mùjiāoyóu 木焦油 N. wood tar
[1]**mùjié** 暮节[-節] N. integrity in one's later years
[2]**mùjié** 墓碣 N. tombstone M: [2]kuài
mùjiégòu 木结构[-構] N. timber/wood construction
mùjiézhīlùn 目睫之论 N. superficial view
mǔjīn 母金 N. principal fund (in contrast to interest)
mùjīn* 目今 N. <wr.> nowadays; these days
mùjǐn 木槿 N. <bot.> rose of Sharon M: [2]kē
mùjìn 目禁 V. restrain sb. by a glance
mǔjīng 牡荆[-荊] N. <bot.> *Vitex cannobifolia* M: [2]kē
mùjīng 木精 N. <chem.> wood spirits/alcohol
mùjǐng* 暮景 N. ① scene at dusk ② situation in old age
[1]**mùjìng** 目镜 N. eyepiece (of a microscope) M: [1]piàn
[2]**mùjìng** 暮境 N. one's circumstances in old age
mǔjīsīchén 母鸡司晨[-雞--] F.E. under petticoat control
mǔjiù 母舅 N. maternal uncle; mother's brother
mùjīzhě 目击者[-擊-] N. eyewitness M: ge/[1]míng/[2]wèi
mújù* 模具 N. <mach.> mold; die M: ge/tào
mǔjù 母句 N. <lg.> matrix sentence M: [1]jù
mùjù 目距 N. eye-distance
mùjuān 募捐 N./V. (solicit) contributions; (collect) donations
mùjué 木橛 N. short wooden stake; peg
mǔjūn 亩均[畝-] N. average per *mǔ*
mùjùn* 木菌 N. <bot.> edible mushroom growing under trees
[1]**mùkè** 木刻 N. woodcut; wood engraving
[2]**mùkè** 幕客 N. <trad.> ① aides and staff ② <trad.> assistant to a ranking official/general ③ private advisor/assistant M: ge/[1]míng
mùkèbǎn 木刻版 N. <print.> woodblock
mùkèhuà 木刻画[-畫] N. woodcut M: [10]fú
mùkēng 墓坑 N. tomb pit
mùkēng hāngtǔcéng 墓坑夯土层[-層] N. <archeo.> layer filled with rammed earth in a tomb pit
mùkèshù 木刻术[-術] N. xylography
mùkōngyīqiè 目空一切 F.E. be supercilious/arrogant
mùkuài 木块[-塊] N. a piece of wood
mùkuǎn 募款 V.O. raise money
mùkuàng 目眶 N. eye sockets; orbit
mùlà 木蜡[-蠟] N. vegetable/wood wax
[1]**mùlán** 木兰[-蘭] N. <bot.> lily magnolia M: [5]zhī/[2]kē
[2]**mùlán** 木栏[-欄] N. wooden fence/railing/balustrade M: [2]dào
[3]**mùlán** 木蓝[-藍] N. <bot.> indigo dye stuff
mǔláng* 母狼 N. she-wolf M: [1]tóu/[2]zhī
mùláng 牧郎 N. cowboy M: ge/[1]míng
mǔlǎohǔ 母老虎 N. ① tigress ② vixen; shrew; termagant M: [2]zhī
Mùlǎozú 仫佬族 N. Mulam (Mulao) ethnic minority (in Guangxi)
mǔlì* 牡蛎[-蠣] N. oyster M: [2]zhī
mùlí 木梨 N. a hard pear M: ge/[2]zhī
mùlǐ 木理 N. the grain of wood
[1]**mùlì** 木立 V. stand numbly/motionless
[2]**mùlì** 目力 N. eyesight; vision
mùlián 木莲 N. ① magnolia ② cotton rose ③ a kind of fig
mùliánjiùmǔ 目连救母 F.E. <Budd.> Maudgalyayana enters Hell to rescue his mother
mùliáo 幕僚 N. ① aides and staff ② <trad.> assistant to a high official/general M: ge/[1]míng
mùliào* 木料 N. timber; lumber
mùliáozhǎng 幕僚长 N. chief of staff
mùlín 睦邻[-鄰] N. good-neighborliness
mùlíng 暮龄[-齡] N. the evening of one's life
mùlínyǒuhǎo 睦邻友好[-鄰--] F.E. good neighborly and friendly relations
mùlín zhèngcè 睦邻政策[-鄰--] N. <loan> good-neighbor policy
mùlìsuǒjí 目力所及 F.E. as far as the eye can see
mùliú 木瘤 N. gnarl
[1]**mǔlù** 母鹿 N. roe deer; roe M: [1]tóu/[2]zhī
[2]**mǔlù** 牡鹿 N. stag M: [1]tóu/[2]zhī
mùlù* 目录[-錄] N. ① catalogue; list ② table of contents ③ <comp.> directory M: [1]běn/[4]cè/ge
mǔlǘ 牡驴[-驢] N. <zoo.> jackass M: [1]tóu
mùlǚ* 木履 N. wooden shoes M: [1]shuāng
mùlù wénjiàn 目录文件[-錄--] N. <comp.> directory file M: [1]fèn
mùlùxué 目录学[-錄-] N. bibliography
mūmā 姆妈 N. mother; mom
mǔmá 牡麻 N. <bot.> male plant of hemp M: [2]kē
[1]**mǔmǎ** 母马 N. female horse; mare M: [1]pǐ
[2]**mǔmǎ** 牡马 N. <zoo.> stallion M: [1]pǐ
[1]**mùmǎ*** 木马 N. ① vaulting/pommeled horse ② (children's) hobbyhorse; rocking horse
[2]**mùmǎ** 牧马 V.O. pasture horses
mùmáhuáng 木麻黄 N. <bot.> *Casuarina equisetifolia* M: [2]kē
mùmǎjì 木马计 N. the Trojan horse stratagem M: [1]tiáo
mǔmāo 母猫[-貓] N. female cat; tabby M: [2]zhī
mùmǎrén 牧马人 N. herdsman (of horses) M: ge/[1]míng
mùmǎzhōngyuán 牧马中原 ID. become master of the country
mùmén 墓门 N. door of a tomb/grave M: [2]dào/[1]shàn
mùmián 木棉 N. silk cotton; kapok
[1]**mùmín** 牧民 N. herdsman ♦V.O. govern the people
[2]**mùmín** 穆民 N. believers in Islam
mǔmíng 母名 N. metronymic
mùmíng* 慕名 V.O. ① admire a famous person ② be eager for fame
mùmíng'érlái 慕名而来 F.E. come, attracted by sb.'s/sth.'s fame
mù mínglì 慕名利 V.O. long for fame and fortune
mùmíngrúyīng 目明如鹰 F.E. sharp-sighted as an eagle
mùmíwǔsè 目迷五色 F.E. ① dazzled by a riot of color ② bewildered by a complicated situation
mǔmǔ 姆姆 N. <topo.> wife of husband's elder brother
mùmú 木模 N. wooden mold
[1]**mùmù*** 墓木 N. trees planted near a tomb
[2]**mùmù** 穆穆 R.F. ① profound ② majestic; very admirable
mùmúgōng 木模工 N. ① wood pattern making ② wood pattern maker M: ge/[1]míng
mùmùyǐgǒng 墓木已拱 F.E. long deceased
mùmu-zhāngzhāng 木木张张 R.F. numb
mùnǎiyī 木乃伊 N. <loan> mummy
mǔnànrì 母难日[-難-] N. my birthday (when mother underwent excruciating pain in giving birth)
mùnè 木讷 S.V. <wr.> honest but dull and inarticulate
mùnì 目逆 V. greet sb. with the eyes; make eye contact
mùnián 暮年 N. declining years; old age
mǔniǎo 母鸟 N. mother bird M: [2]zhī
Mùníhēi 慕尼黑 P.W. Munich
[1]**mǔniú*** 母牛 N. cow M: [1]tóu
[2]**mǔniú** 牡牛 N. bull; ox M: [1]tóu
mùniú 牧牛 V.O. pasture cattle/cows
mùniúchǎng 牧牛场[-場] P.W. pasture M: [4]zuò
mùniúliúmǎ 木牛流马 F.E. Trojan horse strategy
mùniúqū 牧牛区[-區] P.W. cow pasture
mùniúyè 牧牛业[-業] N. cow husbandry
mùniúzhǔ 牧牛主 N. cattleman M: ge/[1]míng/[2]wèi
mǔ-nǚ* 母女 N. mother and daughter
mùnǚ 牧女 N. cowgirl M: ge/[1]míng
mù'ǒu 木偶 N. ① wooden image; carved figure ② puppet; marionette
mù'ǒujù 木偶剧[-劇] N. puppet show/play M: [1]chū/[2]mù/[2]chǎng
mù'ǒupiàn(r) 木偶片(儿) N. puppet film M: [2]bù
mù'ǒuxì 木偶戏[-戲] N. puppet show/play M: [2]chǎng/[1]chū
mùpá 木耙 N. wooden rake M: [1]bǎ
[1]**mùpái** 木排 N. wood raft
[2]**mùpái** 木牌 N. wooden placard/notice M: [2]kuài
mùpán 木盘[-盤] N. wooden tray/plate M: [2]zhī
mùpànzi 木柈子 N. <topo.> firewood

mùpén 木盆 N. wooden basin; vat M: [2]*zhī*
mùpéng 木棚 N. wooden shack M: [4]*zuò*
mùpiàn 木片 N. wood chip M: [2]*kuài*/[1]*piàn*
mùpiānshì 目偏视 N./V.P. squinting eyes
mùqǐ 幕启[-啟] V.P. The curtain rises.
[1]**mùqì*** 木器 N. wooden furniture/articles
[2]**mùqì** 暮气[-氣] N. lethargy; apathy
mǔqián 母钱[-錢] N. capital (for business)
mùqián* 目前 N. ① in front of one's eyes ② at present; at the moment
mùqiáng 幕墙[-牆] N. screen wall M: [2]*dào*/[1]*dǔ*
mùqiáo 木桥[-橋] N. wooden bridge M: [1]*tiáo*
mùqìchénchén 暮气沉沉[-氣--] F.E. lethargic; lifeless
mùqìdiàn 木器店 P.W. wooden articles/furniture store M: [1]*jiā*
mùqí'ēnzé 沐其恩泽[-澤] F.E. bask in sb.'s favor
mùqìménglóng 暮气朦胧[-氣--] F.E. in looming twilight
mǔqin* 母亲[-親] N. mother
mùqīn 睦亲[-親] N. close relative
mùqín 木琴 N. xylophone M: [1]*jià*/[1]*bǎ*
mùqīng 穆清 N. ① Heaven ② peaceful and orderly world/etc.
mùqīngzhīshì 穆清之世 N. the age of peace
mǔqin huàyǔ 母亲话语[-親--] N. <*lg.*> motherese
Mǔqīnjié 母亲节[-親節] N. Mother's Day
mùqiū 暮秋 N. ① late autumn ② 9th lunar month
mùqū 牧区[-區] P.W. pastoral area
mǔquán 母权[-權] N. matriarchal power
mùquǎn* 牧犬 N. sheep dog M: [2]*zhī*/[1]*tóu*
mǔquánzhì 母权制[-權-] N. matriarchy
[1]**mùqún** 牧群 N. herd
[2]**mùqún** 墓群 N. cemetery; tombs
mùqùzhāolái 暮去朝来 F.E. Time flies.
[1]**mùrán** 木然 R.F. stupefied
[2]**mùrán** 穆然 R.F. ① peaceful and respectful ② meditative
[1]**mùrén** 牧人 N. herdsman; shepherd M: *ge*/[1]*míng*
[2]**mùrén** 木人 N. ① dull fellow; simpleton ② wooden figure
mùrénr 木人儿 N. wooden statue
mùrénshíxīn 木人石心 F.E. be pitiless; unfeeling; heartless
mùrénzhījié 沐人之节[-節] N. bask in sb.'s favor
mùrì 沐日 N. ① a day of rest; holiday ② sunbathing
mǔrǔ 母乳 N. breast milk; mother's milk
mùrú'ěrrǎn 目濡耳染 F.E. become familiar with sth. through long exposure
mùrún 目瞤 N. eyelid twitch
mùrúqīngfēng 穆如清风 F.E. be as gentle as the breeze
mùsāizi 木塞子 N. wooden cork
[1]**mùsè** 暮色 N. dusk; twilight
[2]**mùsè** 目色 N. meaningful glance; hint given with the eyes
mùsècāngmáng 暮色苍茫[--蒼-] F.E. <*wr.*> deepening dusk; spreading shades of dusk
mùsèjiànnóng 暮色渐浓[-濃] F.E. twilight merging into darkness
mùsèménglóng 暮色朦胧 F.E. deepening dusk
mùsèshì 慕色势[-勢] V.O. have a propensity for women and power
mǔshānyáng 母山羊 N. nanny goat M: [2]*zhī*
mùshānzhúchòu 慕膻逐臭 F.E. seek fame and gain
mùsháo(r) 木勺(儿) N. wooden spoon M: [1]*bǎ*
mùsháoyào 木芍药[-藥] N. <*bot.*> paeonia M: [2]*kē*
mùshé 木舌 N. reticent; silent
mùshengr 暮生儿 N. <*topo.*> posthumous child
mǔshī 母狮[-獅] N. lioness M: [1]*tóu*/[2]*zhī*
mùshi* 牧师[-師] N. pastor; minister; clergyman; priest M: *ge*/[1]*míng*/[2]*wèi*
mùshī 木虱 N. wood louse M: [2]*zhī*/*ge*
[1]**mùshí** 木石 N. ①wood and stones ②inanimate beings ③ emotionlessness; indifference
[2]**mùshí** 墓石 N. tombstone; headstone M: [2]*kuài*
[1]**mùshì** 墓室 N. coffin chamber; vault M: [1]*jiān*
[2]**mùshì** 目示 N. hint with the eyes
[3]**mùshì** 暮世 N. <*wr.*> ① recent/modern times ② the end of an epoch
[4]**mùshì** 目视 ATTR. visual
[5]**mùshì** 慕势[-勢] V.O. try to cling to powerful people
mùshí cíhuì 目识词汇[-識-彙] N. <*lg.*> sight vocabulary
mùshì fēixíng 目视飞行[--飛-] N. visual flight
mǔshì jiāzú 母氏家族 N. maternal family
mùshílùshǐ 木石鹿豕 ID. very ignorant people
mùshìwúshén 目视无神 F.E. dull eyes
mùshíxīncháng 木石心肠[-腸] F.E. heartless; unfeeling
mùshì xìnxī 目视信息 N. visual information
mùshǐyílìng 目使颐令 F.E. radiating authority
mǔshīzi 母狮子[-獅-] N. lioness M: [2]*zhī*/[1]*tóu*
mǔshòu* 母兽[-獸] N. female beast; a dam M: [1]*tóu*/[2]*zhī*
mùshǒu 牧守 N. provincial magistrate during the Han dynasty
mǔshù 母数[-數] N. <*math.*> denominator
mùshū 木梳 N. wooden comb M: [1]*bǎ*
mùshǔ* 木薯 N. cassava M: [2]*zhī*
mùshù 牧竖[-豎] N. <*wr.*> shepherd/buffalo boy M: *ge*/[1]*míng*
mùshuān 木栓 N. <*bot.*> phellem; cork
mùshuān (xíngchéng)céng 木栓(形成)层[--(--)層] N. <*bot.*> cork cambium
mùshuānzhì 木栓质[-質] N. <*bot.*> suberin
mǔshuǐniú 母水牛 N. buffalo cow M: [1]*tóu*
mùshūméizhǎn 目舒眉展 F.E. The frown faded.
[1]**mùsī** 木丝[-絲] N. wood wool
[2]**mùsī** 慕思 V. admire and miss or long for sb.
mùsībǎn 木丝板[-絲-] N. <*archi.*> wood wool board
Mùsīlín 穆斯林 N. <*loan*> Muslim
mùsòng 目送 V. follow sb. with one's eyes
mùsòngdìyíng 目送睇迎 F.E. welcome and see off with the eyes
mùsòngshǒuhuī 目送手挥 F.E. Hands and eyes act in coordination.
mùsù 木素 N. an instrument of torture
[1]**mùsuì** 暮岁[-歲] N. ① end of the year ② old age
[2]**mùsuì** 木燧 N. wood for producing fire by friction
mùsǔn 木榫 N. dowel; wooden nog/plug
mǔtāi 母胎 N. mother's womb
mùtàn 木炭 N. charcoal
mùtàn biāoběn 木炭标本[--標-] N. <*archeo.*> charcoal specimen
mùtànhuà 木炭画[-畫] N. charcoal drawing M: [10]*fú*
mùtáo 目逃 V. look away in shame or awe
mǔtí 母题 N. the motif
mǔtǐ* 母体[-體] N. ① mother's body ② female parent ③ matrix
mùtī 木梯 N. wooden ladder M: [1]*jià*
mùtiānxídì 幕天席地 F.E. <*wr.*> ① take one's ease out in the open air ② have great breath of view ③ have great ambitions
mǔtiáo 母条[-條] N. matrix string
mùtiáo* 木条[-條] N. wood strip M: [1]*tiáo*/[2]*gēn*
mùtiǎoxīnzhāo 目挑心招 F.E. seduce sb. by enticing glances
mùtīng 目听[-聽] V. take in sb.'s meaning at a glance
mùtīng'ěrshì 目听耳视[-聽--] F.E. hear with the ears and see with the eyes
mùtōng 木通 N. <*bot.*> akebi
mùtóng(r)* 牧童(儿) N. shepherd/buffalo boy M: *ge*/[1]*míng*
mùtǒng 木桶 N. wooden barrel; vat M: [2]*zhī*
mùtou 木头 N. ①wood; log; timber ②blockhead M: [2]*kuài*
mùtoudūnr 木头墩儿 N. big wooden block (as a stool or cutting board)
mùtou gēda 木头疙瘩 <*coll.*> N. ① wood; lumber; timber. ② wooden-head; slow-wit; slowpoke
mùtóumùnǎo 木头木脑[-腦] F.E. wooden-headed; dull-witted
mùtou nǎodai 木头脑袋[--腦-] N. numbskull
mùtourén(r) 木头人(儿) N. blockhead
mùtousāi(r/zi) 木头塞(儿/子) N. wooden cork/plug
mǔtù 母兔 N. doe hare/rabbit M: [2]*zhī*
mùwǎ 木瓦 N. shingle M: [1]*piàn*
mùwǎn 木碗 N. wooden bowl M: [2]*zhī*/*ge*
mùwéi 幕帷 N. heavy curtain M: [2]*dào*/[2]*kuài*
mùwéiqíjì 目为奇迹[-蹟] F.E. regard as miracle
mùwén 木纹 N. the grain of wood M: [2]*dào*
mùwū 木屋 P.W. log cabin M: [4]*zuò*/[1]*jiān*
mùwúfǎjì 目无法纪 F.E. flout the law and discipline
mùwúguāngzé 目无光泽[-澤] F.E. have eyes are without luster
mùwúquánniú 目无全牛 ID. be supremely skilled
mùwúxiàchén 目无下尘[-塵] F.E. be conceited and arrogant; be supercilious
mùwúyúzǐ 目无余子 F.E. be supercilious; consider everyone beneath one's notice
mùwúzūnzhǎng 目无尊长 F.E. show no respect to elders and superiors
mùwúzǔzhī 目无组织[-織] F.E. disregard organizational discipline
mǔxì* 母系 N./ATTR. ① maternal side ② matriarchal
mùxi 木犀/樨 N. ① sweet-scented osmanthus ② scrambled eggs
mùxí 慕习[-習] V. learn from each other
mùxǐ 沐洗 V. ① bathe ② soak in ③ receive favors
mùxiá(zi) 木匣(子) N. wooden box (usually small) M: [2]*zhī*/*ge*
mùxià* 目下 N. at present; now
mǔxiàn 母线 N. ①<*math.*> generator ②<*elec.*> bus (bar)
mùxiān* 木锨[-杴] N. wooden winnowing spade M: [1]*bǎ*
mǔxiàng 母象 N. female elephant M: [2]*zhī*/[1]*tóu*
[1]**mùxiāng(zi)*** 木箱(子) N. wooden box/trunk M: [2]*zhī*/*ge*
[2]**mùxiāng** 木香 N. ① bandsia rose ② alder
mǔxiào* 母校 P.W. one's old school; alma mater
mùxiāo 木箫[-簫] N. wooden vertical flute M: [4]*zhī*
[1]**mùxiào** 慕效 V.O. admire and seek to emulate
[2]**mùxiào** 目笑 V. cast a derisive look
mùxiē(zi) 木楔(子) N. wooden template
mùxié 木鞋 N. sabot; wooden shoes M: [1]*shuāng*
mùxiè* 木屑 N. bits of wood; filings; sawdust M: *duī*
mùxièzhútóu 木屑竹头 ID. odds and ends that might be useful some day
mùxīfàn 木犀/樨饭 N. fried rice with scrambled eggs
mǔxìng* 母性 N. maternal instinct; maternity
Mùxīng 木星 N. <*astr.*> Jupiter
mùxīnshífù 木心石腹 F.E. cold-hearted; unfeeling
mǔxiōng 母兄 N. elder brother
mǔxì qīnshǔ 母系亲属[-親屬] N. maternal relatives
mùxīròu 木犀/樨肉 N. fried pork with scrambled eggs M: *pán*
mǔxì shèhuì 母系社会 N. matriarchal society
mǔxì shìzúzhì 母系氏族制 N. matriarchy
mùxītāng 木犀/樨汤[-湯] N. eggdrop soup M: *wǎn*
mǔxì zhìdù 母系制度 N. matriarchy
mùxu* 苜蓿 N. lucerne; alfalfa
mùxù 牧畜 N. animal husbandry
mùxuàn 目眩 V.P. dizzy; dazzled

mùxuànshénmí 目眩神迷 F.E. be dazzled/infatuated

mùxué 墓穴 N. coffin pit; open grave; vault of a grave M: [4]*zuò*

mùxùn 慕殉 V. be buried alive willingly along with one's master/ruler/etc.

mùxūròu 木须肉[-鬚-] N. moo-shoo pork (stir-fried shredded pork and vegetables served in a pancake) M: *pán*

mùxushēngyá 苜蓿生涯 ID. the hard life of teachers

múyā 模压[-壓] *See móyā*

mǔyā* 母鸭 N. female duck M: [2]*zhī*

múyājī 模压机[-壓-] *See móyājī*

mǔyán* 母岩 N. mother rock

mùyàn 幕燕 ID. sb. unaware of his dangerous situation (like a bird that built its nest on a curtain)

mùyàndǐngyú 幕燕鼎鱼 ID. <*wr.*> a very dangerous spot/situation

mùyànfǔyú 幕燕釜鱼 ID. <*wr.*> a very dangerous spot/situation

múyàng(r)* 模样(儿)[-樣-] N. ① appearance; looks ***Nǐ yéye shì shénme ~?*** What did your granddad look like? ② matrix; mold ♦ADV. approximately; about; around ***Tā yǒu wǔshí suì ~.*** He's around fifty.

mǔyáng 母羊 N. ewe; she-goat M: [2]*zhī*/[1]*tóu*

mùyáng 牧羊 V.O. tend sheep

[1]**mùyǎng** 牧养[-養] V. raise (of ranch animals)

[2]**mùyǎng** 目痒[-癢] V.P. eye itching

mùyángnǚ 牧羊女 N. herd woman M: *ge*/[1]*míng*

mùyángquǎn 牧羊犬 N. shepherd dog; collie M: [1]*tóu*/[2]*zhī*

mùyángrén 牧羊人 N. shepherd M: *ge*/[1]*míng*

Mùyángshén 牧羊神 N. <*rel.*> Pan

mùyàorì 木曜日 N. Thursday

mǔyè 母液 N. <*chem.*> mother liquor/solution

[1]**mùyè*** 牧业[-業] N. animal husbandry

[2]**mùyè** 木业[-業] N. lumbering

mǔyèchā 母夜叉 N. <*coll.*> ① witch ② shrew; vixen

mùyèdié 木叶蝶[-葉-] N. <*zoo.*> butterfly resembling a dead leaf M: [2]*zhī*

mǔyí* 母仪[-儀] N. paragon of motherhood

[1]**mùyì** 慕义[-義] V.O. admire righteousness; emulate good actions

[2]**mùyì** 睦谊 N. cordiality; friendship

mùyǐchéngzhōu 木已成舟 ID. what's done can't be undone

mǔyīn* 母音 N. <*lg.*> vowel

mǔyìn 拇印 N. thumbprint

mǔyīn biànhuà 母音变化[--變-] N. <*lg.*> ① umlaut ② vocalic change/mutation

mǔyīn biànhuàn 母音变换[-變換] N. <*lg.*> ablaut

mùyíng 墓茔[-塋] N. ①grave; tomb ②cemetery M: [4]*zuò*

mùyíngmùsòng 目迎目送 F.E. salute an officer with the eyes

mǔyīn jiéhé 母音结合 N. <*lg.*> vowel fusion

mǔyīnzhí 母音值 N. <*lg.*> value of a vowel

mǔyítiānxià 母仪天下[-儀--] F.E. be a model mother for the nation

mǔyǐzǐguì 母以子贵 F.E. The mother's status rises as her son grows in importance.

mùyǒng* 木俑 N. wooden figurine (as a burial object)

mùyòng 慕用 V. employ sb. out of admiration for his virtue

mǔyòng éryǔ 母用儿语 N. <*lg.*> mother talk

mùyǒu 幕友 N. <*trad.*> private assistant/adviser M: *ge*/[1]*míng*/[2]*wèi*

mǔyǔ 母语 N. ① mother tongue ② parent language

[1]**mùyú(r)** 木鱼(儿) N. <*Budd.*> wooden fish (a percussion instrument)

[2]**mùyú** 目鱼 N. cod

[1]**mùyǔ** 目语 V. communicate with the eyes

[2]**mùyǔ** 牧圉 N. ① horse breeder ② pasture for cattle and horses

mùyù* 沐浴 V. ① have/take a bath ② bathe; immerse

mùyuān 木鸢 N. wooden kite (a legendary machine)

[1]**mùyuán*** 墓园[-園] P.W. cemetery; funerary park M: [4]*zuò*

[2]**mùyuán** 募缘 V.O. ask for subscriptions for a Buddhist festival

mùyuè 慕悦 A.T. mutual liking

mùyù'ércháo 沐浴而朝 F.E. bathe before attending the court (to show respect to the emperor)

mùyùgēngyī 沐浴更衣 F.E. take a bath and put on clean clothes

mùyùjièzhāi 沐浴戒斋[-齋] F.E. bathe and eat only vegetable food

mùyúnchūnshù 暮云春树[-雲-樹] ID. <*wr.*> long for a faraway friend

mùyùqīnghuà 沐浴清化 F.E. be enriched by your kindness and transformed by your purity

mùyǔzhìfēng 沐雨栉风[--櫛-] F.E. work very hard regardless of the weather

mùzàng 墓葬 V. bury in a grave ♦N. <*archeo.*> grave; tombs M: [4]*zuò*

mùzàngqún 墓葬群 N. graves

mùzào 木造 ATTR. made of wood

mùzéi 木贼 N. <*bot.*> horsetail

mùzhá* 木札 N. wooden tag

mùzhà 木栅[-柵] N. stockade M: [2]*dào*

mǔzhàn 拇战[-戰] V. play a finger-guessing game

[1]**mùzhàng** 幕帐 N. curtain

[2]**mùzhàng** 木杖 N. wooden wand/stick/rod M: [2]*gēn*/[1]*bǎ*

[3]**mùzhàng** 幕障 N. gap between two persons/parties/nations M: [2]*dào*

mùzhàqū 木栅区[-柵區] P.W. an area with wooden railings

mùzhě 牧者 N. shepherd M: *ge*/[1]*míng*

[1]**mǔzhǐ*** 拇指 N. ① thumb ② big toe

[2]**mǔzhǐ** 拇趾 N. big toe

mùzhí 幕职[-職] N. general staff secretary

[1]**mùzhì** 墓志 N. tomb memorial tablet M: [1]*piān*

[2]**mùzhì** 木质[-質] N. quality of the wood

[3]**mùzhì** 沐栉[-櫛] V. shampoo and comb

mùzhìbù 木质部[-質-] N. <*bot.*> xylem

mùzhìjīng 木质茎[-質莖] N. <*bot.*> xylary part of a plant

mùzhìmíng 墓志铭 N. epitaph on a memorial tablet M: [1]*piān*

mùzhìpǐn 木制品[-製-] N. timber/wood products M: [1]*jiàn*

mùzhǐqìshǐ 目指气使[--氣-] F.E. be arrogant/overbearing

mùzhìsù 木质素[-質-] N. <*bot.*> xylem

mǔzhǐ suǒyǐn 拇指索引 N. thumb indexes

mǔzhōng 母钟[-鐘] N. master clock M: [4]*zuò*

mùzhōngwúrén 目中无人 F.E. supercilious; overweening

mùzhōu 木舟 N. wooden boat M: [1]*tiáo*/[2]*zhī*

[1]**mǔzhū*** 母猪[-豬] N. sow M: [2]*zhī*

[2]**mǔzhū** 母株 N. maternal/mother plant

[1]**mùzhǔ** 牧主 N. herd owner M: *ge*/[1]*míng*/[2]*wèi*

[2]**mùzhǔ** 墓主 N. occupant of a tomb M: *ge*/[1]*míng*/[2]*wèi*

[3]**mùzhǔ** 木主 N. sacred wooden tablets (at temples/chapels/etc.)

mùzhù 木柱 N. post; pillar M: [2]*gēn*

mùzhuāng(zi) 木桩(子)[-樁-] N. wood pile/post M: [2]*gēn*

mùzhūnú 牧猪奴[-豬-] N. ① swineherd ② gambler M: *ge*/[1]*míng*

mùzhūnú-xì 牧猪奴戏[-豬-戲] N./V. <*derog.*> gambling

mùzhǔrén 墓主人 N. <*archeo.*> occupant of a tomb M: *ge*/[1]*míng*/[2]*wèi*

múzi 模子 N. mold; pattern; die

mǔ-zǐ* 母子 N. ① mother and son ② capital and interest

mǔ-zǐ hòuchēshì 母子候车室 N. waiting room (for buses/trains/etc.) for mothers with young children M: [1]*jiān*

mǔzǐhuì 母姊会 N. mother-sister conference

mǔ-zǐ liánxīn 母子连心 N. mother-child affinity

mùzìyùliè 目眦欲裂[-眥--] F.E. so angered that the eyes seem about to pop out

mǔzǐzhīqíng 母子之情 N. love between mother and son/children

mùzuò 木作 N. ①carpenter's shop ②carpenter

M yīyīsān M一一三 N. M 113 armored car

N

na 哪/呐[-/呐] M.P. *formed by linking syllable ending in* n *with the particle* a ***xièxie nín ~.*** Thank you. ***See also*** *nǎ, Né,* [1]*něi*

nā 南 in ***nāmó, nāmó Ēmítuófó*** ***See also*** [1]*nán*

[1]**ná** 拿/拏 V. ①hold; take ②seize; capture♦COV. *introducing an instrument or target* ~ ***shìshí zhèngmíng*** prove with facts ~ ***wǒ kāi wánxiào*** make fun of me♦CONS. ① ~ *X lái shuō* take X as an example ② ~ *X dàng Y* take/treat X as Y ~ ***tā dàng péngyou*** treat him as a friend

[2]**ná** 镎[鎿] N. <*chem.*> neptunium

nǎ 哪/那 PR. which?; what?; how? ***See also*** *na,* [1]*nà, Nê,* [1]*něi,* [2]*nèi,* [4]*nuó,* [6]*nuò*

[1]**nà*** 那 PR. that♦CONJ. then; in that case ***See also*** *nǎ,* [2]*nèi,* [4]*nuó,* [6]*nuò*

[2]**nà** 捺 V. press down; restrain♦N. right-falling stroke in calligraphy

[3]**nà** 纳[納] B.F. ①receive; admit ***nàrù*** ②accept ***cǎinà*** ③enjoy ***nàliáng***♦V. ①pay; offer ②restrain ③sew; stitch

[4]**nà** 钠[鈉] N. natrium; sodium

[5]**nà** 衲 B.F. patch ***nàyī***

[6]**nà** 呐[吶] in [1]***nàhǎn, suǒnà***

[7]**nà** 肭 in ***wànà***

nà'ǎo 衲袄[-襖] N. robe; Buddist robe

nába 拿把 V. <*coll.*> deliberately make things difficult for others ***See also*** *nábǎ*

nábǎ* 拿把 V.O. <*coll.*> ①put on airs; strike a pose ②assert authority; obstruct; act high and mighty ***See also*** *nába*

Nàbà 那霸 P.W. Naha (Okinawa)

nábān 拿班 V.O. put on airs; assume great airs; strike a pose

[1]**nábàn** 拿办[-辦] V. arrest and punish

[2]**nábàn** 拿拌 V. hamper intentionally

nǎbān* 哪/那般 PR. <*coll.*> why?

nàbān 那般 ADV. ①thus; so ②that way

nábānzuòshì 拿班作势[-勢] F.E. <*coll.*> put on airs

nàbèi 衲被 N. ①patched quilt ②<*trad.*> collection of cards with literary allusions

nàbèng 钠泵 N. sodium pump M: [1]*tái*

nàbì 纳币[-幣] V.O. present betrothal gifts

nǎbiān(r) 哪边(儿)[-邊-] PR./P.W. which side?; where? ***See also*** *něibiān*

nàbiān(r)* 那边(儿)[-邊-] PR./P.W. that side; there; (in) that place ***See also*** [1]*nèibiān*

nàbōli 钠玻璃 N. soda-lime glass M: [2]*kuài*

nábuchū 拿不出 R.V. ①be unpresentable; cannot present/show ②cannot afford

nábuchūqu 拿不出去 R.V. <*coll.*> unpresentable; not good looking

nábuchū shǒu 拿不出手 V.P. not be presentable/passable

nábùdào 拿不到 R.V. be unable to attain

nábudìng 拿不定 R.V. cannot decide; be unsure/uncertain

nábudìng zhǔyi 拿不定主意 V.P. cannot make up one's mind

nábudòng 拿不动[-動] R.V. be unable to carry/lift (sth. too heavy)

nábùhǎo 拿不好 R.V. be unable to grip or hold well

nábuhǎo diào(r/zi) 拿不好调(儿/子) V.P. <*coll.*> sing off key

nábuliǎo 拿不了 R.V. cannot take/hold

nábuqǐ 拿不起 ***See*** *nábuqǐlai*

nábuqǐlai 拿不起来 R.V. ①can't pick up ②<*coll.*> be unable to handle/manage/control

nábushàng 拿不上 R.V. ①be unable to bring (extra luggage/etc.) ②be unable to get

nà bù tiándì 那步田地 N. such a predicament

nábuwěn 拿不稳[-穩] R.V. ①cannot hold (sth.) steadily ②cannot be sure ③be on slippery ground

nábuzháo 拿不着[-著] R.V. be unable to get

nábuzhù 拿不住 R.V. ①can't hold/grasp firmly ②can't keep (money/etc.)

nábuzhǔn 拿不准[-準] R.V. be unsure/uncertain

nábuzhù rén 拿不住人 V.P. can't keep people under control

nàcǎi 纳彩 V.O. <*topo.*> present gifts to fiancée's family at time of betrothal

nàcáijìnlǐ 纳财进礼[-進禮] F.E. <*wr.*> give money for gifts

nà cái měi ne 那才美呢 V.P. <*coll.*> how wonderful that will be

nàchángshí 钠长石 N. <*min.*> albite M: [2]*kuài*

nàchéng 纳成 V. <*topo.*> become reconciled

nàchéngzi 那程子 N. <*topo.*> (at) that time; those days

nàchǒng 纳宠 V.O. take a concubine

náchū 拿出 R.V. ①take out ②produce

náchū juézhāo 拿出绝招[--絕-] V.O. play one's best card; show one's specialty

náchūlai 拿出来 R.V. take out

nǎcì 哪次 N. which time?

nàcì* 那次 N. that time

Nàcuì 纳粹 N. <*loan*> Nazi

Nàcuìdǎng 纳粹党[-黨] N. Nazi Party

Nàcuì fènzǐ 纳粹分子 N. <*loan*> a Nazi

Nàcuìzhǔyì 纳粹主义[-義] N. Naziism

nácūjiāxì 拿粗夹细[--夾-] ID. cause sb. trouble

nácuò 拿错 R.V. take/bring the wrong thing

nádà 拿大 V.O. <*coll.*> act big; be insolent

nǎdá(r)* 哪搭(儿) PR. <*topo.*> where; wherever ***Zǒu ~ dōu xíng.*** One can go anywhere.

ná dàdǐng 拿大顶/鼎 N./V.O. <*coll.*> (do) a hand-stand

nàdāi 纳呆 N. <*Ch. med.*> indigestion and loss of appetite

Nàdámù 那达慕[-達-] N. Mongol Nadam Fair

nàdāngr 那当儿[-當-] N. (at) that time/moment; (in) those days

nádào* 拿到 R.V. attain

nǎdào(r) 哪道(儿) N. <*coll.*> which course/profession

nádāodòngzhàng 拿刀动杖[--動-] F.E. <*coll.*> rattle the saber; prepare for war

nádāonòngzhàng 拿刀弄杖 F.E. <*coll.*> rattle the saber; prepare for war

nàdār 那搭儿 N. <*topo.*> that place; there

ná dàtóu 拿大头 V.O. <*coll.*> ①take the lion's share ②fleece sb.

nádechū 拿得出 R.V. ①can afford ②be presentable

nádechūqu 拿得出去 R.V. <*coll.*> have a fine appearance; be very presentable

nádechū shǒu qu 拿得出手去 V.P. <*coll.*> have a fine appearance; be very presentable

nádedòng 拿得动[-動] R.V. be able to carry/lift sth.

nádeliǎo 拿得了 R.V. ①be able to bring/take ②be able to get

nádeqǐ fàngdexià 拿得起放得下 V.P. ①flexible; adaptable ②able to pick up or drop a problem ③competent

nádeqǐlai 拿得起来 R.V. ①can afford ②can raise♦S.V. ①decisive ②<*coll.*> competent

nádewěn 拿得稳[-穩] R.V. be sure of

nádezhù 拿得住 R.V. ①be able to hold/keep/etc. ②be able to control/manage/etc.

nǎdiǎn(r) 哪点(儿)[-點-] PR. ①which point? ②in what way?; how?

nàdiǎnr 那点儿[-點-] N. that (little/few)

nádiào 拿掉 R.V. take down

nádǐng 拿顶 V.O. stand on one's hands

nádìng* 拿定 R.V. hold firmly ~ ***zhǔyi*** make up one's mind

nádìng fāngzhēn 拿定方针 V.O. ①determine a policy ②hold fast to a policy

nádìng zhǔyì 拿定主意 V.O. make up one's mind

nà dǐzi 纳底子 V.O. sew soles on shoes

náfàng 拿放 V. be fussy

nàfèi 纳费 V.O. pay the costs/charges/etc.

nàfú 纳福 V.O. enjoy ease and comfort

nàgài bōli 钠钙玻璃 N. soda-lime glass M: [2]*kuài*

nǎge 哪个[-個] PR. ①which? ②<*topo.*> who? ***See also*** *něige*

nàge* 那个[-個] PR. ①that (one) ②questionable ***Yàoshi nǐ nàme bàn hǎoxiàng yǒu yīdiǎnr ~.*** If you do it that way it seems a little—what shall I say?♦ADV. <*coll.*> terrifically ***See also*** *nèige*

nàgē 捺搁 V. delay sth. intentionally

nǎgēda 哪疙瘩 PR. <*topo.*> where?

nàgēda* 那疙瘩 N. <*topo.*> there; that place

nágěi 拿给 V. take and give to

nǎgeyàng 哪个样[-個樣] N. what style/way/manner/etc.?

nàgòng 纳贡 V.O. pay/present tribute

nàgōngfu 那工夫 F.E. <*coll.*> then; at that time

ná guòlai 拿过来 R.V. bring/take here

[1]**nàhǎn** 呐喊 V. shout; cry out

[2]**nàhǎn(r)** 纳罕(儿) V. be surprised; marvel

nàhǎn zhùwēi 呐喊助威 V.P. shout encouragement; cheer

náhǎo 拿好 R.V. hold well

nàhàorén 那号人[-號-] N. <*coll.*> that sort of person

náhuá 拿滑 V. <*topo.*> hold fast/firmly

nǎhuí 哪/那回 PR. which time?; when? ***See also*** *něihuí*

nàhuí* 那回 PR. that time ***See also*** *nèihuí*

nàhuì 纳贿 V.O. ①take bribes ②offer bribes

nǎhuǐr 哪会儿 PR. ①when? ②at some point ***Gǎnjǐn gàn ba, shuōbudìng ~ tiānqì*** [1]***yào*** [2]***biàn.*** Hurry up. At some point the weather is going to change. ***See also*** *něihuǐr*

nǎhuìr 哪/那会儿 PR. when?♦ADV. whenever; any time

nàhuǐr* 那会儿 PR. at that time ***See also*** *nàhuìr, nèihuǐr*

nàhuìr 那会儿 PR. <*coll.*> at that time; then ***See also*** *nàhuǐr, nèihuǐr*

nàhuìwǎngfǎ 纳贿枉法 F.E. <*wr.*> take bribes and break the law

nàhuìzi 那会子 PR. <*coll.*> at that time; then

náhuò 拿获[-獲] V. catch a criminal

[1]**nǎi** 奶 N. ①breast ②milk♦B.F. grandmother ***nǎinai***♦V. <*coll.*> nurse; breast-feed

[2]**nǎi** 乃 <*wr.*> V. be♦CONJ. so; therefore♦ADV. only then♦PR. you; your ~ ***fù*** your father

[3]**nǎi** 氖 N. <*chem.*> neon

[4]**nǎi** 艿 in ***yùnǎi***

[1]**nài*** 耐 V. bear; endure

[2]**nài** 萘 N. naphthalene
[3]**nài** 奈 B.F. what; how? ***nàifán***, ***wúkěnàihé***
[4]**nài** 柰 in ***nàizi***, ***nàihuā***
[5]**nài** 褦 in ***nàidài*** ***See also*** [1]*lē*
[6]**nài** 鼐 in ***nàidǐng***
nài'àn 萘胺 N. <*chem.*> naphthylamine
nàibǎo 耐饱 S.V. <*coll.*> very filling; satiating
nàibào dìléi 耐爆地雷 N. <*mil.*> blast-resistant mine M: [1]*kē*
nàibào néngliàng shìyàn 耐爆能量试验 N. test to withstand explosion
nàibìngxìng 耐病性 N. <*med.*> tolerance to diseases
nàibōlì 耐波力 N. seagoing ability (of ships)
nàibōxìng 耐波性 N. seagoing qualities (of ships)
nàibuguò 奈不过 R.V. be unable to bear
nàibujiǔ 奈不久 R.V. be unable to last/endure long
nàibuzhù 耐不住 R.V. be unable to endure
nàicāshāngxìng 耐擦伤性[--傷-] N. resistance to marring/abrasion
nǎichá 奶茶 N. tea with milk M: *bēi*
nàicháng 耐长 ATTR. be long-lasting
nàicháo 耐潮 N. moisture resistance
nàichén 耐尘[-塵] ATTR. dust-fast
nàichōngjī qiángdù 耐冲击强度[-衝擊強-] N. <*phy.*> impact strength
nàichuān 耐穿 S.V. durable (of clothing)
nǎichuāng 奶疮[-瘡] N. mastitis
nàichuānnàiyòng 耐穿耐用 F.E. stand wear and tear
nàichuānxìng 耐穿性 N. <*wr.*> wear
nàichúnxìng 耐醇性 N. alcohol resistance
nàicìchuān xìngnéng 耐刺穿性能 N. cutting/piercing resistance (of tires)
nàidài 褦襶 V.P. stupid; silly ♦N. large sun hat
nàidàizi 褦襶子 N. <*wr.*> stupid and dull person
nǎidēng 氖灯[-燈] N. neon lamp/light M: [1]*zhǎn*
nǎidì 乃弟 F.E. your younger brother
nàidiānbǒchē 耐颠簸车 N. all-terrain vehicle (ATV) M: [3]*liàng*
nàidǐng 鼐鼎 N. <*trad.*> large three-legged cauldron
nài-dīwēn yánliào 耐低温颜料 N. low-temperature-resistant pigment
nàidōng 耐冬 S.V. able to endure cold ♦N. a kind of evergreen tree M: [2]*kē*
nàidòngxìng 耐冻性 N. freezing tolerance
nàidòngyóu 耐冻油 N. winter oil
nàidúxìng 耐毒性 N. <*bio.*> immunity
nàidú-yào 耐毒药[-藥] N. <*med.*> mithridate
nǎi'ěr 乃尔 ADV. <*wr.*> thus; like this; to such an extent
nàifán 耐/奈烦 S.V. ① patient ② able to bear; endure
nǎifáng 奶房 N. breast of a woman
nǎifěn* 奶粉 N. powdered milk
nàifēn 萘酚 N. <*chem.*> naphthol
nàifēnghuàxìng 耐风化性 N. <*archi.*> weatherproofing
nài fēngyǔ 耐风雨 V.O. weatherproof
nǎifù 乃父 F.E. your father
nàifúshèxìng 耐辐射性 N. radiation resistance; radiation-resisting property
nàifǔshí 耐腐蚀 V.O. prevent/resists corrosion
nǎigāo 奶糕 N. rice-flour baby food M: [2]*kuài*
nài gāowēn 耐高温 V.O. <*phy.*> be high-temperature resistant
[1]**nǎigōng** 乃公 F.E. your father
[2]**nǎigōng** 奶公 N. <*court.*> address for husband of a wetnurse
nǎiguǎn 氖管 N. neon tube M: [2]*gēn*/[4]*zhī*
nàiguāng 耐光 V.O. <*phy.*> be lightproof
nàiguāngxìng 耐光性 N. <*phy.*> lightproof; fastness to light
nài gùzhàng de ruǎnjiàn 耐故障的软件 N. <*comp.*> error-resistant software
nài gùzhàng jìsuàn 耐故障计算 N. <*comp.*> fault-tolerant computing
nàihàixìng 耐害性 N. <*bot.*> tolerance to insects
nǎi háizi 奶孩子 V.O. <*coll.*> nurse a child
nàihán* 耐寒 S.V. cold-resistant
nàihàn 耐旱 S.V. drought-resistant
nàiháng 耐航 N. <*mach.*> endurance
nàihánxìng* 耐寒性 N. cold resistance; winter hardiness
nàihànxìng 耐旱性 N. <*bot.*> drought tolerance/hardiness
nàihàn zhíwù 耐旱植物 N. drought-enduring plant
nàihé* 奈何 V.O. ① do sth. to sb. ② cope/deal with ♦PR. why?; for what reason?; how handle? ♦N. way out
Nàihé 奈河 N. <*Budd.*> river of Hell, which mortals must traverse
Nàihéqiáo 奈何桥[-橋] N. the bridge to Hell
nàihétiān 奈何天 N. boring/helpless days
nàihòuqī 耐候漆 N. weather-resistant paint
nàihuā 柰花 N. <*bot.*> apple blossoms
nàihuàxuéxìng 耐化学性 N. chemical resistance
nǎihúdēng 氖弧灯[-燈] N. neon arc lamp; neon light M: [1]*zhǎn*
nàihuǒ 耐火 S.V. fire-resistant
nàihuǒ cáiliào 耐火材料 N. fireproof/refractory material
nàihuǒdù 耐火度 N. refractoriness
nàihuǒní 耐火泥 N. fire clay
nàihuǒ niántǔ 耐火黏土 N. refractory clay
nàihuǒ shuǐní 耐火水泥 N. refractory cement
nàihuǒtǔ 耐火土 N. refractory clay
nàihuǒzhǐ 耐火纸 N. refractory paper M: [1]*zhāng*
nàihuǒzhuān 耐火砖[-磚] N. firebrick M: [2]*kuài*
nǎijī 奶积[-積] N. indigestion from improper nursing
nàijī* 耐饥 S.V. hunger-resisting
nàijiǎn 耐碱[-鹼] S.V. alkali-resisting
nàijiáo 耐嚼 S.V. savory
nǎijiǔ 奶酒 *See nǎizijiǔ*
nàijiǔ* 耐久 S.V. long-lasting; durable
nàijiǔlì 耐久力 N. durability; endurance
nàijiǔxìng 耐久性 N. durability; endurance; ruggedness; firmness
nàikàn 耐看 S.V. bears careful reading/looking
nàikě 耐可 ADV. preferable
nàikǔ 耐苦 V.O. be able to stand hard work
nài-làngyǒng nénglì 耐浪涌能力 N. <*mach.*> surge-resistant capability
nǎilào 奶酪 N. cheese M: [2]*kuài*
nàiláo* 耐劳[-勞] S.V. diligent; able to stand hard work
nài-lǎohuà xìngnéng 耐老化性能 N. <*chem.*> aging-resistant performance
nàilào pǐnzhǒng 耐涝品种[-澇-種] N. <*agr.*> waterlogging-tolerant variety
nǎilèi 奶类[-類] N. dairy
nàilì 耐力 N. endurance; stamina
Nàiliáng* 奈良 P.W. Nara (Jp.)
nàiliàng 耐量 N. <*phy.*> tolerance
nǎimā(r/zi)* 奶妈(儿/子) N. wet nurse M: *ge*/[1]*míng*/[2]*wèi*
nǎimá 奶麻 N. <*med.*> *roseola infantum*
Nǎimán 乃蛮[-蠻] N. ① name of a Nestorian ethnic group situated in western Mongolia that was wiped out by Yuan ② Mongol word for "eight"
nǎimáo 奶毛 N. infant/fetal hair
nàiméixìng 耐霉性 N. <*chem.*> fungus resistance
nǎimíng(r) 奶名(儿) N. infant name
nàimó 耐磨 S.V. wear-resistant
nàimó héjīngāng 耐磨合金钢[-鋼] N. wear-resisting alloy steel
nàimó shòumìng 耐磨寿命[--壽-] N. wearing life (of materials)
nài mósǔn 耐磨损 V.O. <*mach.*> stand wear and tear
nàimóxìng 耐磨性 N. wearing quality; wear resistance
nàimó yìngdù 耐磨硬度 N. abrasion hardness
nǎimǔ 奶母 N. wet nurse
nǎinai 奶奶 N. ① <*coll.*> paternal grandmother ② <*court.*> address for married woman M: *ge*/[1]*míng*/[2]*wèi*
nǎiniáng 奶娘 N. <*topo.*> wet nurse M: *ge*/[1]*míng*/[2]*wèi*
nǎiniú 奶牛 N. milk cow M: [1]*tóu*
nǎiniúchǎng 奶牛场[-場] P.W. dairy farm M: [4]*zuò*
nǎinóng 奶农[-農] N. dairy farmer M: *ge*/[1]*míng*
nǎipāngzi 奶膀子 N. chest muscles
nǎipí(r/zi) 奶皮(儿/子) N. ① skin on boiled milk ② cream
nàipíláodù 耐疲劳度[--勞-] N. <*bio.*> endurance
nàipíláoxìng 耐疲劳性[--勞-] N. <*liv.*> fatigue durability
nǎipǐn 奶品 N. milk/dairy products
nǎipíng 奶瓶 N. ① nursing bottle ② milk bottle M: *ge*/[2]*zhī*
nǎiqì 氖气[-氣] N. neon
nàiquē 萘炔 N. <*chem.*> naphthalyne
nàiránxìng 耐燃性 N. flame resistance
nàirè 耐热[-熱] S.V. heat-resistant
nàirè héjīn 耐热合金[-熱--] N. heat-resisting alloy
nàirénxúnwèi 耐人寻味[--尋-] ID. provide food for thought
nǎirú 乃如 CONJ. <*wr.*> such as; for example
nǎishānyáng 奶山羊 N. milk goats M: [2]*zhī*
nǎishēngnǎiqì 奶声奶气[-聲-氣] F.E. affectedly sweet
nǎishì* 乃是 V. be (none other than)
[1]**nàishí** 耐时[-時] V.O. patiently await a favorable moment
[2]**nàishí** 耐蚀 ATTR. anti-corrosive
nàishígāng 耐蚀钢[-鋼] N. corrosion-resisting steel
nàishīxìng 耐湿性[-濕-] N. moisture-proof; wet-fastness
nàishòu 耐受 V. bear; stand; endure
nàishòuxìng 耐受性 N. ① <*mil.*> survivability ② <*mach.*> tolerance
nàishuāngxìng 耐霜性 N. <*agr.*> frost resistance
nǎishuǐ* 奶水 N. <*coll.*> milk
nàishuǐ 耐水 S.V. water-fast; water-tolerant
nàishuǐ zuòwù 耐水作物 N. water-resisting/tolerant crop M: [1]*zhǒng*
nàisuān 耐酸 S.V. acid-resistant
nàisuān héjīn 耐酸合金 N. acid-resisting alloy
nàisuō 耐缩 S.V. <*txtl.*> shrink-resistant
nǎitāng 奶汤[-湯] N. thick soup
nǎitáng* 奶糖 N. toffee M: [2]*kuài*
nàitiānqìxìng 耐天气性[--氣-] N. weather resistance
nǎitóu 奶头 N. <*coll.*> nipple
nǎitóuzuǐr 奶头嘴儿 N. breast nipple
nàiwán 萘烷 N. <*chem.*> naphthalene; naphthane; decalin; naftalan; naphthalan
nǎiwèir 奶味儿 N. milk smell (of a baby)
nǎiwēng 乃翁 N. your father
nàixǐ 耐洗 S.V. washable
nǎixiàn 奶腺 N. milk gland
nàixǐdíxìng 耐洗涤性[--滌-] N. <*txtl.*> washing/color fastness; launderability
nàixǐdù 耐洗度 N. <*txtl.*> fastness to washing
nǎixífu 奶媳妇[-婦] N. <*coll.*> girl betrothed in childhood and brought up in the home of her husband-to-be M: *ge*/[1]*míng*
nàixīn 耐心 S.V. patient ♦N. patience; endurance
nàixīnfán(r) 耐心烦(儿) N. <*coll.*> patience
nàixìng 耐性 N. patience; endurance
nǎixīnwángshì 乃心王室 ID. <*wr.*> be patriotic in a kingdom; love of one's country
nàixīnxìzhì 耐心细致 F.E. patient; painstaking
nǎixiōng 乃兄 F.E. <*wr.*> your brother
nǎixiōngnǎidì 乃兄乃弟 ID. <*wr.*> Tweedledum and Tweedledee
nàixiù 耐锈[-鏽] ATTR. antirust
nǎixuǎn 奶癣 N. <*med.*> infantile eczema
nǎiyá 奶牙 N. milk tooth M: [1]*kē*
nǎiyáng 奶羊 N. milk goat M: [2]*zhī*

nàiyánxìng 耐盐性[-鹽-] N. <chem.> salt tolerance
nàiyàoliàng 耐药量[-藥-] N. <med.> tolerance
nàiyāxìng 耐压性[-壓-] N. <phy.> resistance to pressure
nàiyìnlì 耐印力 N. <print.> pressrun
nàiyīn zhíwù 耐阴植物[-陰--] N. <bot.> shade plant
nàiyòng 耐用 S.V. durable
nàiyòng wùpǐn 耐用物品 N. durable goods; durables M: [2]jiàn/[1]zhǒng
nàiyòng xiāofèipǐn 耐用消费品 N. durable consumer goods M: [2]jiàn/[1]zhǒng
nǎiyóu 奶油 N. ① cream ② butter
nǎiyóu càixīn 奶油菜心 N. flowering cabbage in white sauce
nǎiyóu fēnlíqì 奶油分离器[---離-] N. cream separator M: [1]jià/[1]tái
nǎiyóu guāzǐ 奶油瓜子 N. cream-coated melon seeds M: [1]kē/[3]lì
nǎiyóu xiǎoshēng 奶油小生 N. attractive but not mannish young man/actor M: ge/[1]míng/[2]wèi
nàiyuán 柰园[-園] P.W. Buddhist temple M: [4]zuò
nàiyuàn* 柰苑 P.W. Buddhist temple M: [4]zuò
nàiyùntàngxìng 耐熨烫性[--燙-] N. <txtl.> ironability
nàizhàn 耐战[-戰] S.V. battle hardened
nǎizhào(r) 奶罩(儿) N. brassière; bra
nǎizhě 乃者 N. <wr.> former times; (in) the past
nàizhèn 耐震 ATTR. shatter-proof; shock-proof
nàizhe qìr 耐着气儿[-著氣-] V.O. ① restrain one's feelings ② put up with another's mood
[1]**nǎizhī(r)*** 奶汁(儿) N. milk from a woman's breast M: [2]dī
[2]**nǎizhī** 奶脂 N. milk fat
nǎizhì 乃至 CONJ. even; go so far as to
nǎizhìyú 乃至于[-於] CONJ. even; go so far as to
nàizhòuxìng 耐皱性[-皺-] N. <txtl.> crease/wrinkle resistance
nàizhù 耐住 V. put up with dwelling somewhere
nǎizi* 奶子 N. ① <topo.> milk ② breasts ③ wet nurse
nàizi 柰子 N. a kind of apple
nǎizijiǔ 奶子酒 N. kumiss; fermented (cow's/mare's) milk (Mongolian alcoholic drink) M: bēi
nàizǐwàiguāngxìng 耐紫外光性 N. <phy.> ultraviolet resistance
nǎizǔ 乃祖 N. your grandfather
nǎizuǐ(r) 奶嘴(儿) N. nipple of a feeding-bottle
nǎizuōzi 奶嘬子 N. <coll.> nipple of a feeding-bottle
nájī* 拿缉 V. search and arrest
nàjí 纳吉 V.O. divine the auspiciousness of a marriage
nàjiàn 纳谏 V.O. receive instruction/advice
nàjiànrúliú 纳谏如流 F.E. <wr.> modest enough to take counsel with anyone
nàjiànrùqiào 纳剑入鞘 F.E. <wr.> sheathe the sword
nàjiāo 纳交 V. make friends with; befriend
ná jiàzi 拿架子 V.O. put on airs; be pretentious
nàjié 纳节[-節] V.O. <trad.> resign and return the seal of office
nájìnr 拿劲儿[-勁-] V.O. have a self-important manner; be snobbish
nájiū 拿究 V. arrest and prosecute
nàjiù* 那就 V.P. then; in that case; if that's so
nàjuān 纳捐 V. pay tax
nákāi 拿开[-開] R.V. take away; move aside
nǎkān 哪/那堪 V.P. How can one stand . . .?
nàkǒu 纳口 A.T. stuttering; stammering
nàkǒushǎoyán 纳口少言 F.E. incommunicative; not given to talk
nàkǒuzi 那口子 N. <coll.> spouse
nǎkuàir 哪/那块儿[-塊-] PR. <coll.> where?
nákuǎn 拿款 V.O. <coll.> put on airs; be insolent
nàkuǎn* 纳款 V.O. <wr.> ① surrender and pledge allegiance ② pay out (money)
nálái 拿来 R.V. bring
náláizhǔyì 拿来主义[-義] N. "borrowism"; mechanical borrowing without thought of appropriateness
nǎli 哪里[-裡] PR. ① where? ② how could it be possible? ~ *yǒu zhèyàng de shìr?* How could this have happened? ③ wherever; where ♦F.E. polite rejection of compliment *A: Nín chàng de zhēn hǎo. B: ~, ~.* A: You sing very well. B: You flatter me.
nàli* 那里[-裡] PR. that place; over there
nàliáng 纳凉[-涼] V.O. enjoy coolness
nǎlihuà 哪/那里话[-裡-] F.E. ① You're being too modest. ② You're exaggerating.
nǎliùr* 哪溜儿 PR. <topo.> where?; which direction?
nàliùr 那溜儿 PR. there; that direction *See also nèiliūr*
nàlízǐ 钠离子[-離-] N. sodium ion
nàlǚzhǒngjué 纳履踵决[-決] ID. <wr.> down-at-heel; very poor; destitute
námá 拿麻 A.T. massage
námáo 拿毛 V.O. <topo.> look/ask for trouble
námáodǎjià 拿毛打架 F.E. be rowdy and engage in fisticuffs
nàme 那么[-麼] ADV. ① like that; in that way ② about; or so ③ so; so very much ~ *màn, děi sì ge zhōngtóu cái néng dào.* (We are) too slow, it will take about four hours to get there. ♦CONJ. then; in that case
nàmediǎnr 那么点儿[-麼點-] ATTR. so little/few
nàmegè 那么个[-麼個] PR. <coll.> that kind/sort of
nàmèn(r) 纳闷(儿) V.O. <coll.> ① be vexed/moody ② be puzzled/perplexed
nǎménzi 哪门子 PR. <topo.> why?; who?; what? *Nǐ suàn ~ de?* Why are you butting in?
nàmexiē 那么些[-麼-] PR./ATTR. so much/many
nàmeyàng 那么样[-麼樣] CONJ. in that case
nàmezhe 那么着[-麼著] PR. do that; do so
nǎmiàn(r)* 哪面(儿) PR. which side/direction?
nàmiàn(r) 那面(儿) PR. that side/direction
nàmiǎo 纳秒 M. nanosecond
Nàmǐbǐyà 纳米比亚[-亞] P.W. Namibia
nāmó 南无 <Sanskrit> V. give oneself totally to; *Namah* (I pay homage) *See also nánwú*
nàmò* 那末 CONJ. then; in that case
nāmó Ēmítuófó 南无阿弥陀佛[---彌--] <Budd.> F.E. I put my trust in Amida Buddha *See also nánwú Āmítuófó*
nàmojìnr 呐摸劲儿[--勁-] V.O./N. <topo.> guess; reckon; suppose
nàmówēn 那摩温 N. <loan/trad.> number one; foreman
nàmozīwèir 呐摸滋味儿 V.O. <topo.> have a feeling about a matter
nān 囡/囝 B.F. <trad.> child; daughter *nānnān, ānān*
[1]**nán*** 南 N. ① south ② Surname *See also nā*
[2]**nán** 难[難] S.V. ① difficult; hard; troublesome ② disagreeable; unpleasant ♦PREF. ① difficult *~dǒng* hard to understand ② disagreeable *Zhè jiàn yīfu ~kàn, nà jiàn yīfu hǎokàn.* This clothing is ugly, that clothing is good-looking. ♦V. make difficult/difficulties *See also nàn*
[3]**nán** 男 B.F. man; male [1]**nánrén** ♦N. ① son; boy ② <hist.> baron
[4]**nán** 喃[-/諵] in **nánnán**
[5]**nán** 楠/枬 in **nánmù**, [1]**shínán**
[1]**nǎn** 腩 N. meat for stewing (chuck steak, etc.)
[2]**nǎn** 赧 B.F. blush **nǎnkuì**, **cánnǎn**
[3]**nǎn** 蝻 in **nǎnzi**, **tiàonǎn**
nàn 难[難] B.F. ① calamity; disaster; adversity *zāinàn* ② take to task; blame *zénàn See also* [2]*nán*
nànà 呐呐 V. stammer
nán'áo 难熬[難-] S.V. difficult to endure
nánbàn 难办[難辦] S.V. hard to handle
nánbāngzi 南梆子 N. *xīpí* tune (in Beijing opera)
nánbànnǚzhuāng 男扮女装[-裝] N. man disguised as a woman
Nánbànqiú 南半球 P.W. Southern Hemisphere
nánbǎo* 难保[難-] S.V. ① can't say for sure; can't guarantee ② be difficult to preserve/guard/keep/etc.
nànbāo 难胞[難-] N. fellow countrymen in distress; refugees
nán-běi 南北 ATTR. north-south
Nán-Běi Cháo 南北朝 N. Northern and Southern dynasties (420–589)
Nán-Běi Duìhuà 南北对话[--對-] N. <pol.> North-South Dialogue (between developed and third-world countries)
nán-běihuò 南北货 N. sundry goods
Nán-Běijí 南北极[-極] P.W. North and South Poles
nán-běiqǔ 南北曲 N. the two styles of Yuan theater, northern and southern
nán-běiwěi 南北纬[-緯] N. lines of latitude
nán-běixiàng 南北向 N. north-south orientation
Nán-Běi Zhànzhēng 南北战争[-戰爭] N. <hist.> U.S. Civil War
nán-běi zǒuxiàng 南北走向 N. north-south orientation
nánbian(r) 南边(儿)[-邊] P.W. the south
nánbiànchuōjì 难辨戳记[難-] F.E. <wr.> be illegibly blurred (of stamp marks)
nánbiànshìfēi 难辨是非[難-] F.E. <wr.> be hard to discriminate between right and wrong
nánbiànzhēnwěi 难辨真伪[難-] F.E. <wr.> be hard to distinguish between the true and the false
nánbiǎo 男表[-錶] N. men's watch
nánbīn 男宾[-賓] N. male guest M: ge/[1]míng/[2]wèi
nánbìngfáng 男病房 P.W. men's ward M: [1]jiān
Nánbīng Yáng 南冰洋 P.W. Antarctic Ocean
nánbīnxiàng 男傧相[-儐-] N. best man (in a marriage) M: ge/[1]míng/[2]wèi
nánbù 南部 P.W. southern part; the south
nánbudǎo 难不倒[難-] R.V. cannot get frustrated (by difficulty); cannot beat/corner
nánbuzhù 难不住[難-] R.V. can't faze
náncáinǚmào 男才女貌 N. an ideal couple
[1]**náncè** 男厕[-廁] P.W. men's restroom M: [1]jiān
[2]**náncè** 南侧 P.W. southern side
náncèsuǒ 男厕所[-廁-] P.W. men's restroom M: [1]jiān
nánchán 难缠[難纏] S.V. demanding; importunate
nánchǎn* 难产[難產] N. <med.> difficult labor ♦V.P. slow in coming (of creative work)
Nánchāng 南昌 P.W. Nanchang (capital of Jiangxi)
Nán Cháo 南朝 N. Southern Dynasties (420–589)
Náncháoxiǎn 南朝鲜 P.W. <PRC> South Korea
nánchē 男车 N. man's bicycle M: [3]liàng
nánchéng 难成[難-] F.E. difficult to accomplish/succeed
nánchènyī 男衬衣[-襯-] N. men's shirt M: [1]jiàn
nánchī* 难吃[難-] S.V. unpalatable
nánchí 男池 P.W. public bath for men
nánchìdào hǎiliú 南赤道海流 N. south equatorial current
nánchǒng 男宠 N. sodomy; buggery M: ge/[1]míng
nánchu* 难处[難處] N. difficulty; trouble *See also nánchǔ, nànchu*
nánchǔ 难处[難處] S.V. ① hard to get along with ② hard to manage or cope/deal with *See also nánchu, nànchu*
nànchu 难处[難處] N. difficulty; misfortune *See also nánchu, nánchǔ*
nànchuán 难船[難-] N. wrecked ship M: [1]tiáo
nánchuán-běimǎ 南船北马 N. numerous water areas in the south and land areas in the north
nànchuán jiùzhù rényuán 难船救助人员[難-] N. rescuers of shipwrecked survivors
nánchúshī 男厨师[-廚師] N. cook M: ge/[1]míng/[2]wèi
náncíqíjiù 难辞其咎[難辭-] F.E. <wr.> can hardly absolve oneself of blame

Nán Dà 南大 AB. *Nánjīng Dàxué* Nanjing University

nándàdānghūn 男大当婚[--當-] F.E. every Jack shall have his Jill

nán dǎ jiāodào 难打交道[難-] S.V. ① difficult to get along with ② hard to deal with

Nándákētā 南达科他[-達--] P.W. South Dakota

nándān 男单 N. <*sport*> men's singles

nándāng 难当[難當] S.V. ① hard to shoulder (responsibility/etc.) ② hard to endure; unbearable

nándǎo 难倒[難-] R.V. baffle; beat; confound *See also nàndǎo*

nándào* 难道[難-] V.P. Is it possible that. . .?; Can it be that. . .?; Do you really mean to say that. . .? ~ ***zhè shì bànbudào de ma?*** You mean this can't be done?

nàndǎo 难倒[難-] R.V. stump; nonplus *See also nándǎo*

nándàonǚchāng 男盗女娼[-盜--] F.E. dregs of society

nándàoshuō 难道说[難-] V.P. Do you really mean to say that. . . ~ ***zhè bù shì*** **[1]*zhēn de?*** Do you really mean this is not true?

Nándǎo yǔxì 南岛语系[-島--] N. <*lg.*> Austronesian language family

Nándǎo yǔzú 南岛语族[-島--] N. <*lg.*> Austronesian language family

nánde 男的 N./ATTR. <*coll.*> male

nándé 难得[難-] S.V. ① hard to come by; rare ② fortunate; lucky ♦ADV. ① seldom; rarely ② fortunately; luckily

nándé hútu 难得糊涂[難-塗] V.P. Where ignorance is bliss, it's folly to be wise.

nán de yàomìng 难得要命[難-] V.P. <*coll*> be terribly difficult

[1]**nándiǎn** 难点[難點] N. difficult point; difficulty

[2]**nándiǎn** 南点[-點] N. south point

nándìcíjí 南地磁极[-極] N. south geomagnetic pole

nándìlǐjí 南地理极[-極] N. south geographical pole

nándīng 男丁 N. adult male

nándīyīn 男低音 N. <*mus.*> bass (voice)

nándǒng 难懂[難-] S.V. difficult to understand

Nándǒu 南斗 N. <*astr.*> ① Southern Dipper ② Sagittarius

nándòu* 难斗[難鬥] S.V. <*coll.*> difficult (of a person); tough

[1]**nándù** 难度[難-] N. (degree of) difficulty

[2]**nándù** 南渡 V. transfer the capital to south of the Yangtze

nánduān 南端 N. southern extremity/end

nánduǎnwà 男短袜[-襪] N. men's socks M: [1]*shuāng*

nánduì 男队[-隊] N. men's team M: [4]*zhī*

nándùliàngbiǎo 难度量表[難-] N. <*lg.*> scale of difficulty M: [1]*zhāng*

nán duōnong 难掇弄[難-] S.V. <*coll.*> hard to handle; difficult to manage

nǎnéng 哪能 V.P. ① how is it possible that. . .? ② how can?

nán'ér 男儿 N. ① man (stressing maleness) ② a boy; a son

nán'ér běnsè 男儿本色 N. the manliness of a man

[1]**nánfāng*** 南方 P.W. ① south ② southern part of country

[2]**nánfāng** 男方 N. bridegroom's/husband's side

nánfáng 南房 P.W. house on the south side (in a trad. courtyard) M: [1]*jiān*

nánfāng fāngyán 南方方言 N. <*lg.*> southern dialect/topolect

nánfāng fāngyīn 南方方音 N. <*lg.*> southern dialect/topolect sound

Nánfāng Gǔyuán 南方古猿 N. Australopithecus

nánfānghuà 南方话 N. southern speech

nánfāngrén 南方人 N. a southerner M: *ge/*[1]*míng/*[2]*wèi*

Nánfēi 南非 P.W. South Africa

Nánfēi Gònghéguó 南非共和国[-國] P.W. the Republic of South Africa

[1]**nánfēng** 南风 N. ① south wind ② a form of ancient Chinese musical composition

[2]**nánfēng** 男风 N. sodomy

nánfēngāodī 难分高低[難-] F.E. hard to tell which is better

nánfēngbùjìng 南风不竞[-競] F.E. the opponent is not strong enough

nánfēnnánjiě 难分难解[難-難-] F.E. be inextricably locked together

nánfēnnánshě 难分难舍[難-難捨] F.E. reluctant to part/separate

[1]**nánfú** 男服 N. menswear M: [2]*jiàn/tào*

[2]**nánfú** 南服 N. the southern regions

[1]**nāng** 囊 in ***nāngchuài***, ***gǔgunāngnāng See also náng***

[2]**nāng** 囔 in ***nāngnang***, ***dūnang***

náng* 囊 N. ① bag ② pocket ***See also*** [1]***nāng***

[1]**nǎng** 攮 V. ① stab ② <*coll.*> plunge/stick into

[2]**nǎng** 曩 B.F. formerly ***nǎngrì***, ***chóunǎng***

nàng 齉 V. have a stuffy nose

nángǎo 难搞[難-] S.V. messy; tricky; difficult to do ***Zhèjiàn shìr hěn ~.*** This matter is very difficult to deal with.

nángāoyīn 男高音 N. <*mus.*> tenor (voice)

nàngbír 齉鼻儿 V.O. snuffle; speak through the nose ♦N. person who speaks with a twang

nàngbízi 齉鼻子 N. ① stuffed nose ② sb. who can't breath easily through the nose

nángchóng 囊虫[-蟲] N. cysticercus M: [1]*tiáo/*[2]*zhī*

nángchóngbìng 囊虫病[-蟲-] N. <*med.*> cysticercosis

nāngchuài 囊揣/膪 N. ① <*coll.*> sagging teats of a sow ② sb. who is flabby ③ a weakling

nǎng dāozi 攮刀子 V.O. <*coll./derog.*> contemptible; damnable

nángēnánshě 难割难舍[難-難捨] F.E. be loath to tear oneself away

nángēngnǚzhī 男耕女织[-織] F.E. men plow the fields and women weave

nángkōngrúxǐ 囊空如洗 ID. have empty pockets; be broke

nángkuò 囊括 V. ①include; embrace ② <*sport*> win all

nángkuò sìhǎi 囊括四海 V.O. bring the whole country under imperial rule

nángliú 囊瘤 N. <*med.*> cystomatitis

nāngnang 囔囔 V. speak in a low voice; murmur

[1]**nángōng** 男工 N. male worker M: *ge/*[1]*míng*

[2]**nángōng** 南宫[-宮] N. ① southern palace ② Surname

nángpào 囊泡 N. <*med.*> vesica

nángqì 囊气[-氣] N. <*topo.*> grit; strength of character

nǎngrényīdāo 攮人一刀 F.E. <*coll.*> stab a person

nǎngrì 曩日 N. <*wr.*> former times; olden/bygone days

nángshēng 囊生 N. Tibetan household slave

nǎngshí 曩时[-時] N. <*wr.*> in olden days; of yore

nánguā 南瓜 N. pumpkin; cushaw M: [2]*zhī/ge*

nánguài 难怪[難-] ADV. no wonder ♦V.P. understandable; pardonable

[1]**nánguān*** 难关[難關] N. difficulty; crisis

[2]**nánguān** 南关[-關] N. southern pass

nánguǎn 难管[難-] S.V. difficult to govern; hard to rule/restrain

nánguānchóngchóng 难关重重[難關-] F.E. a lot of obstacles/difficulties

nánguǎngbōyuán 男广播员[-廣--] N. male broadcaster M: *ge/*[1]*míng/*[2]*wèi*

nánguāzǐr 南瓜子儿 N. pumpkin seeds M: [1]*kē/*[3]*lì*

nánguó 南国[-國] P.W. <*wr.*> southern part of a country

nánguò* 难过[難-] S.V. ① have a hard time ② be indisposed/unwell ③ feel sorry/sad/bad

nánguó fēngguāng 南国风光[-國--] N. southern scenery

nánguó jiārén 南国佳人[-國--] N. a beauty from the south M: *ge/*[1]*míng/*[2]*wèi*

nángwěiyòu 囊尾蚴 N. cysticercus M: [1]*tiáo*

nǎngxī 曩昔 N. <*wr.*> former times; olden days

nángxìng xiānwéiliú 囊性纤维瘤[--纖--] N. <*med.*> cystofibroma

nángyíngdúshū 囊萤读书[-螢讀書] F.E. study under financial difficulties

nángyíngyìngxuě 囊萤映雪[-螢--] F.E. <*wr.*> study hard in spite of poverty

nángyòu 囊蚴 N. <*bio.*> bladder worm M: [1]*tiáo*

nǎngzhě 曩者 N. in the past; in former times

nángzhǒng 囊肿[-腫] N. <*med.*> cyst

nángzhōngwù 囊中物 N. a sure thing

nángzhǒngxìng xiānwéi 囊肿性纤维[-腫-纖-] N. <*med.*> cystic fibrosis

nángzhōngyǐng 囊中颖 N. talented man who has not yet made a name

nǎngzi 攮子 N. <*coll.*> dagger

nánhái(r)* 男孩(儿) N. <*coll.*> ① boy ② son M: *ge/*[1]*míng*

Nán Hǎi 南海 P.W. ① South China Sea ② county in Guangdong ③ lake in Beijing ④ <*trad.*> faraway places in the south

nánháizi 男孩子 N. boy M: *ge/*[1]*míng*

Nánhán 南韩[-韓] P.W. South Korea

nánhándài 南寒带[-帶] N. south frigid zone

nánhú 南胡 N. another name for **èrhú**

nánhuānnǚ'ài 男欢女爱[-歡-愛] F.E. The couple are enraptured with love.

nánhuà xìngnéng 男化性能 N. <*phys.*> androgenicity

Nánhuíguīxiàn 南回归线[--歸-] N. Tropic of Capricorn

nán hùlǐyuán 男护理员[-護--] N. <*med.*> male orderly M: *ge/*[1]*míng*

nánhūnnǚjià 男婚女嫁 F.E. a man should take a wife and a woman should take a husband

nánhuó* 难活[難-] S.V. <*topo.*> sick; ill; in distress

nánhuò 南货 N. delicacies from South China

nánhùshi 男护士[-護-] N. male nurse M: *ge/*[1]*míng*

nánhūwéijì 难乎为继[難-繼] F.E. <*wr.*> hard to carry on or keep up

nánie 拿捏 V.P. <*topo.*> affectedly bashful ♦V. ① crimp; foul up ② make things difficult for; put pressure on ③ pretend propriety

Nánjí 南极[-極] P.W. South Pole

nánjiā(r) 男家(儿) N. bridegroom's/husband's family

[1]**nánjiān** 南间 P.W. room on the south side of a house

[2]**nánjiān** 难尖[難-] A.T. sophisticated; high-grade; precision and advanced

nánjiǎng 难讲[難講] S.V. hard to say; difficult to predict

nánjiāoyìyǒu 难交益友[難-] F.E. <*wr.*> have difficulty in getting helpful friends

nán jiàyù 难驾驭[難-] ID. unruliness

nánjīběidǒu 南箕北斗 ID. sth. well-known but useless

nánjiě 难解[難-] S.V. hard to solve

nánjiěnánfēn 难解难分[難-難-] F.E. be inextricably locked together

nánjíguāng 南极光[-極-] N. <*astro.*> southern lights; aurora australis

Nánjí Lǎorén 南极老人[-極--] N. ① <*astr.*> Canopus ② felicitations for longevity of a male

nánjīndōngjiàn 南金东箭 ID. <*wr.*> good talent

Nánjīng* 南京 P.W. Nanjing (capital of Jiangsu)

nánjìng 难境[難-] N. quandary

Nánjīng Dàtúshā 南京大屠杀[-殺] N. The Rape of Nanking

Nánjīng Dàxué 南京大学 P.W. Nanjing University

Nánjīng Tiáoyuē 南京条约[--條-] N. <*hist.*> Treaty of Nanjing ending Opium War (1842)

nánjìqíshù 难计其数[難-數] F.E. incalculable; innumerable

Nánjíquān 南极圈[-極-] N. Antarctic Circle

N

nánjíxiā 南极虾[-極蝦] N. euphausiid shrimp; krill M: ²zhī
Nánjízhōu 南极洲[-極-] P.W. Antarctica
nánjú* 难局[難-] N. ① deadlock ② hard/difficult condition
nánjù 难句[難-] N. difficult sentence
nánjué 男爵 N. baron M: ge/¹míng/²wèi
nánjué fūren 男爵夫人 N. baroness M: ge/¹míng/²wèi
nánjué'r 男角儿 N. actor
Nánkǎluóláinà 南卡罗来纳[--羅--] P.W. South Carolina
nánkān 难堪[難-] S.V. ①intolerable; unbearable ② embarrassed
nánkàn* 难看[難-] S.V. ① ugly; unsightly ② shameful; embarrassing
nánkē 男科 N. department of male venereology
nánkēyīmèng 南柯一梦[-夢] ID. illusory joy; pipe dream
nǎnkuì 赧愧 V.P. <wr.> blush; be ashamed
nánláiběiwǎng 南来北往 F.E. be always on the move
nánlán 男蓝[-藍] N. men's basketball team
nánliángběidiào 南粮北调[-糧--] F.E. supply grain to the north from the south
nánlù 南麓 N. southern foothills
nánmàihuòyuán 男卖货员[-賣--] N. salesman M: ge/¹míng
nánmán(zi) 南蛮(子)[-蠻-] N. southern barbarians
nánmánjuéshé 南蛮鴃舌[-蠻--] N. strange language
nánmào 男帽 N. man's everyday/straw hat M: ¹dǐng
Nán Měi 南美 P.W. South America
NánMěi dàcǎoyuán 南美大草原 P.W. <geog.> pampas
Nán Měizhōu 南美洲 P.W. South America
nánmén 南门 N. southern gate
nánmiǎn* 难免[難-] S.V. hard to avoid
nánmiàn(r) 南面(儿) N. ① southern face; the south ② <hist.> the emperor
nánmiànbǎichéng 南面百城 ID. <wr.> hold a high official post, govern many places, and possess enormous wealth
nánmiànchēngwáng 南面称王[--稱-] *See nánmiàn'érwáng*
nánmiàn'érwáng 南面而王 F.E. <wr.> act like a king
nánmiǎnshòufá 难免受罚[難-] F.E. <wr.> be in for it
nánmiáonánhuà 难描难画[難-難畫] F.E. <wr.> defy description; be indescribable
nànmín 难民[難-] N. refugee M: ge/¹míng
nán míngbai de 难明白的[難-] ATTR. unintelligible
nànmín shōuróngsuǒ 难民收容所[難-] P.W. refugee camp/center M: ge/chù/¹jiā
nànmínyíng 难民营[難-營] P.W. refugee camp M: ⁴zuò
nánmù 楠/枏木 N. <bot.> camphor wood M: ²kē
nánmùxu 南苜蓿 N. <bot.> toothed burclover M: ²kē
nánnài 难耐[難-] V.P. hard to endure
nānnān* 囡囡//囝囝 N. <topo.> little darling; baby
nánnán 喃喃[-//諵諵] ON. ① mumbling ② loquacious; talkative
nǎnnǎn 赧赧 R.F. <wr.> blushing; shamefaced
nánnánbùpíng 喃喃不平 F.E. <wr.> grumble to oneself
nánnán de 喃喃地 ADV. mumblingly
Nán-Nán guānxi 南南关系[-關係] N. South-South relations (economic relationships among the developing nations.)
Nán-Nán hézuò 南南合作 N. <pol.> South-South Cooperation (between third world countries)
nánnánnǚnǚ 男男女女 R.F. men and women
nánnánzìyǔ 喃喃自语 F.E. mumble to oneself

nánnéngkěguì 难能可贵[難-] F.E. laudable; estimable
Nánníng 南宁[-寧] P.W. Nanning (capital of Guangxi)
Nánníwān jīngshén 南泥湾精神[--灣--] N. Nanniwan Spirit (the spirit of self-reliance)
nán-nǚ 男女 N. ① men and women ② <topo.> sons and daughters; one's children ③ attendants; servants
nán-nǚ guānxi 男女关系[-關係] N. relations between the two sexes
nán-nǚ héxiào 男女合校 N. co-education
nán-nǚ hùnhé shuāngdǎ 男女混合双打[----雙-] N. <sport> mixed doubles
nán-nǚ hùnzá 男女混杂[-雜] N. both sexes mix
nánnǚjiēkě 男女皆可 F.E. permitted to both men and women
nán-nǚ-lǎo-ruò 男女老弱 N. male and female, old and weak
nán-nǚ-lǎo-shào 男女老少 N. men and women, old and young; males and females of all ages
nán-nǚ-lǎo-yòu 男女老幼 N. *See nán-nǚ-lǎo-shào*
nán-nǚ píngděng 男女平等 N. equality of men and women
nán-nǚ shòushòubùqīn 男女授受不亲[-親] F.E. <wr.> improper for men and women to touch each other's hands in passing objects
nán-nǚ sīqíng 男女私情 N. illicit heterosexual love affairs
nánnǚtóngchóu 男女同酬 F.E. equal pay for men and women
nán-nǚ tónggōngtóngchóu 男女同工同酬 F.E. men and women get equal pay for equal work
nán-nǚ tóngxiào 男女同校 N. coeducation
nánnǚyǒubié 男女有别 F.E. males and females should be treated differently (should not mix)
Nán Ōu 南欧[-歐] P.W. Southern Europe
nánpái 男排 N. men's volleyball team
nán pèijué 男配角 N. <thea.> male supporting role M: ge/¹míng/²wèi
nánpéngyou 男朋友 N. boyfriend M: ge/¹míng/²wèi
nánpíng 难凭[難憑] F.E. cannot be relied upon
nánpīntou 男姘头 N. adulterer
nánpú 男仆[-僕] N. a male servant M: ge/¹míng
Nán Qí 南齐[-齊] N. Southern Qi dynasty (479–502)
nánqiāngběidiào 南腔北调 F.E. mixed north-south accent
nànqiáo 难侨[難僑] N. fellow countrymen in distress overseas M: ge/¹míng/²wèi
nánqīnshǔ 男亲属[-親屬] N. kinsman M: ge/¹míng/²wèi
nánqū* 南区[-區] P.W. southern district
Nánqǔ 南曲 N. ① southern-style opera during Song, Yuan, and Ming ②opera sung to southern tunes M: ²shǒu
nǎnrán 赧然 V.P. <wr.> blushing; shamefaced
nánrán xiānwéi 难燃纤维[難-纖-] N. <txtl.> flame-retardant fiber
nánránxìng 难燃性[難-] N. flame retardancy
nánrányóu 难燃油[難-] N. fire-resistant oil
nánren 男人 N. <coll.> husband *See also* ¹nánrén
¹nánrén* 男人 N. men; menfolk *See also nánren*
²nánrén 难人[難-] S.V. difficult; delicate; ticklish ♦N. trouble shooter ♦V.O. cause difficulties
³nánrén 南人 N. southerners
nánrénhuì 男人会 N. stag party
nánrénqì 男人气[-氣] N. ①man's style/manner ② mannish
nánróng bōli 难熔玻璃[難-] N. <phy.> high-melting glass M: ²kuài
nánróng jīnshǔ 难熔金属[難-屬] N. <phy.> refractory metal
nánrúdēngtiān 难如登天[難-] F.E. <wr.> as difficult as going to heaven

¹nánsè 难色[難-] N. expression of reluctance
²nánsè 男色 N. sodomy; buggery
Nánshā 南沙 P.W. Nansha (Spratly) Islands
nánshān 南山 N. ① mountains in the south ② Southern Hill (name of a Tang monastery)
nánshàngjiānán 难上加难[難-難] F.E. extremely difficult
nánshàngnán 难上难[難-難] ATTR. extremely difficult
nánshānkěyí 南山可移 ID. <wr.> the decision is irrevocable
nánshānrénshòu 南山人寿[-壽] ID. life as long as the southern mountains
nánshānshòu 南山寿[-壽] ID. many happy returns of the day
Nánshā Qúndǎo 南沙群岛[-島] P.W. Nansha/Spratly Islands
nánshě 难舍[難捨] S.V. loath to part from each other
nánshěnánfēn 难舍难分[難捨難-] F.E. loath to part from each other
¹nánshēng 男生 N. ① male/boy student; schoolboy M: ge/¹míng/²wèi ② <TW> a male
²nánshēng 男声[-聲] N. <mus.> male voice
nánshēng héchàng 男声合唱[-聲--] N. men's chorus; male chorus
nánshēng sùshè 男生宿舍 N. dormitory for men M: ¹jiān/⁴zuò
¹nánshì 男式 ATTR. men's-style
²nánshì 难事[難-] N. difficult task/matter M: ²jiàn
³nánshì 男士 N. man; gentleman (used humorously) M: ge/¹míng/²wèi
⁴nánshì 南式 ATTR. southern-style (in clothing/etc.)
nánshì biànmào 男式便帽 N. men's bowler/top hat M: ¹dǐng
nánshì yòngpǐndiàn 男士用品店 P.W. menswear shop M: ¹jiā
nánshòu 难受[難-] S.V. feel unwell/unhappy/pained
nànshǔ 难属[難屬] N. family of the victim M: ge/¹míng/²wèi
nánshuāng 男双[-雙] N. <sport> men's doubles
nánshuǐběidiào 南水北调 F.E. diversion of water from the south to the north
nánshuǐběidiào gōngchéng 南水北调工程 N. projects for diverting water from the south to the north M: ³xiàng
nánshuō 难说[難-] V.P./S.V. it's hard to say; you can't tell
nán shuōhuà(r) 难说话(儿)[難-] S.V. prickly (of people) *Nàge rén hěn ~!* That person is very difficult to deal with.
Nánsīlāfū 南斯拉夫 P.W. Yugoslavia
Nán Sòng 南宋 N. Southern Song dynasty (1127–1279)
Nán Táng 南唐 N. Southern Tang dynasty (937–975)
nántáo 难逃[難-] S.V. be difficult to escape
nántáo chíyú zhī yāng 难逃池鱼之殃[難-] ID. find it hard to avoid what happens to others
nántáo fǎwǎng 难逃法网[難-網] V.P. ① hard to escape the dragnet of the law ② cannot escape punishment
nántí 难题[難-] N. difficult problem; sticker; poser M: ²dào
nántiānjí 南天极[-極] N. <astr.> south pole; south celestial pole
¹nántiānzhú 南天竹 N. <bot.> nandina M: ²kē/⁵zhī
²nántiānzhú 南天烛[-燭] N. <bot.> Tibet lyonia
nán tiēshēn duǎnkù 男贴身短裤 N. boxer shorts M: ¹tiáo
nántǐ jiěpōuxué 男体解剖学[-體---] N. <phys.> male anatomy
nántīng 难听[難聽] S.V. ① unpleasant to hear ② offensive; coarse ③ scandalous
nàntóng 难童[難-] N. refugee child M: ge/¹míng
nántóngxiàng 男童像 N. putto; figure of an infant boy M: ¹⁰fú

nántóngxìngliànzhě 男同性恋者[---戀-] N. gay/homosexual man
nántóngzhì 男同志 N. ① male comrade ② <PRC> male M: *ge/[1]míng/[2]wèi*
nántóur 南头儿 P.W. ① southern end (of a street/etc.) ② the south
nántuán 男团[-團] N. <sport> men's team event
nántuǐ 南腿 N. a kind of ham produced in southern China M: *[2]kuài/[1]tiáo*
nánwàng 难忘[難-] S.V. unforgettable; memorable
nánwei* 难为[難-] V. ① bother; press ② make it difficult for ♦INTJ. <court.> Excuse me!; Sorry to trouble you! ***See also*** *nánwéi*
nánwéi 难为[難-] S.V. difficult to perform/manage ***See also*** *nánwei*
nánwěi 南纬[-緯] N. south/southern latitudes
nánwèi(r) 南味(儿) N. southern flavor
nánwéijiǔjì 难为久计[難-] F.E. <wr.> cannot be a long-term plan
nánwéiqíng 难为情[難-] S.V. ① ashamed; embarrassed; shy ② embarrassing; disconcerting
nánwén 难闻[難-] S.V. stinking; malodorous
nánwēndài 南温带[-帶] N. south temperate zone
[1]**nánwū*** 南屋 N. room/house on the south side M: *[1]jiān*
[2]**nánwū** 男巫 N. sorcerer; wizard M: *ge/[1]míng*
nánwú 南无 ***See*** *nāmó*
nánwú Āmítuófó 南无阿弥陀佛[---彌--] ***See*** *nāmó Ēmítuófó*
[1]**nánxì** 南戏[-戲] N. ①southern drama (emerged in early Southern Song) ②local classical opera in South China M: *[1]chū/[2]bù*
[2]**nánxì** 男系 N. the male line
nánxià 南下 V. go south
nánxié* 男鞋 N. men's shoes M: *[1]shuāng*
nánxiě 难写[難寫] S.V. difficult to write
nánxīng 男星 N. male star M: *ge/[1]míng/[2]wèi*
nánxìng* 男性 N. ① male sex ② man
nánxìnghuà 男性化 N. mannish behavior (said of a girl/woman) ♦V. virilize
nánxìnghuà de nǚhái 男性化的女孩 N. a tomboy
nánxiōng-nándì 难兄难弟[難-難-] F.E. ① brothers of rare talent ② <derog.> two of a kind; birds of a feather ***See also*** *nànxiōng-nàndì*
nànxiōng-nàndì* 难兄难弟[難-難-] F.E. fellow sufferers ***See also*** *nánxiōng-nándì*
nánxuǎn kuàngwù 难选矿物[難選礦-] N. <geol.> refractory minerals
nánxuǎnméi 难选煤[難選-] N. <min.> difficult separation coal
nánxuésheng 男学生 N. male student M: *ge/[1]míng*
nánxún 南巡 N. <hist.> ① emperor's journey to the south ② Deng Xiaoping's 1992 southern tour
Nán Yà 南亚[-亞] P.W. South Asia
Nán Yà Cìdàlù 南亚次大陆[-亞--陸] P.W. the South Asian Subcontinent
Nán Yà de 南亚的[-亞-] ATTR. <lg.> Austro-Asiatic
nányán* 难言[難-] S.V. <wr.> feel embarrassed to mention
nǎnyán 赧颜 V.P. <wr.> blushing; shamefaced
nǎnyánbàocán 赧颜抱惭 F.E. <wr.> be ashamed
nǎnyánchìjǐng 赧颜赤颈[-頸] F.E. <wr.> blush down to one's neck
Nányáng 南洋 P.W. ① South Seas ② Malay archipelago ③ <hist.> Southeast China coastal provinces
nǎnyánhànxià 赧颜汗下 F.E. <wr.> extremely ashamed
nányǎnmó 男魇魔[-魘-] N. <wr.> incubus
nányǎnyuán 男演员 N. male actor M: *ge/[1]míng/[2]wèi*
nányánzhīyǐn 难言之隐[難-隱] N. painful topic
NánYà yǔxì 南亚语系[-亞--] N. <lg.> Austro-Asiatic language family
NánYà yǔzǔ 南亚语组[-亞--] N. <lg.> Austro-Asiatic language family
nányǐ* 难以[難-] V.P. be difficult to
[1]**nányì** 难易[難-] N. degree of difficulty
[2]**nányì** 难意[難-] A.T. <topo.> feeling of reluctance
nányíběidí 南夷北狄 F.E. <hist.> barbarous tribes on the south and the north
nányǐchūkǒu 难以出口[難-] F.E. be difficult to speak one's mind
nányǐgūjì 难以估计[難-] ATTR. inestimable
nányǐjiàyù 难以驾御[難-] V.P. be hard to control
nányǐjiūzhèng 难以纠正[難-] F.E. <wr.> be incorrigible
nányǐlǐyù 难以理喻[難-] F.E. <wr.> It's hard to convince sb. with reason.
nányǐmíngzhuàng 难以名状[難-狀] F.E. <wr.> be amorphous/nondescript/nameless
Nányīn 南音 N. ① a kind of ballad singing popular in the Zhujiang (Pearl River) Delta ② a type of classical music popular in Fujian ③ <lg.> Southern pronunciation
nányǐnìliào 难以逆料[難-] F.E. ① be hard to predict ② there is no telling
nányǐqǐchǐ 难以启齿[難-啓齒] F.E. <wr.> be hard to speak out
nányǐrěnshòu 难以忍受[難-] F.E. <wr.> be hard to bear
nányǐshōushi 难以收拾[難-] F.E. be out of hand
nányǐwéijì 难以为继[難-繼] F.E. be difficult to continue
nányǐwéiqíng 难以为情[難-] F.E. <wr.> cannot help feeling rather embarrassed
nányǐxiāngchǔ 难以相处[難-處] F.E. be hard to get along with
nányǐxiāngxìn 难以相信[難-] F.E. be difficult to believe
nányǐxiāngyǔ 难以相与[難-與] F.E. <wr.> be hard to get along with
nányǐxíngróng 难以形容[難-] F.E. be indescribable; be beyond description
nányǐyányù 难以言喻[難-] F.E. <wr.> be beyond expression
nányìzhí 难易值[難-] N. <lg.> facility value
nányǐzhìxìn 难以置信[難-] F.E. <wr.> be difficult to believe
nányǐzhuōmō 难以捉摸[難-] F.E. be elusive/unintelligible
nányòng bìyùnyào 男用避孕药[-藥] N. <med.> male contraceptive agent
nányòngrén 男佣人[-傭-] N. male servant; footman M: *ge/[1]míng*
nányòng shuìyī 男用睡衣 N. <wr.> nightshirt M: *[2]jiàn*
nányòng wàichuān duǎnkù 男用外穿短裤 N. walking shorts M: *[1]tiáo*
nányǒu* 男友 N. male friend; boyfriend M: *ge/[1]míng/[2]wèi*
nànyǒu 难友[難-] N. fellow sufferer M: *ge/[1]míng/[2]wèi*
nányú* 难于[難於] V.P. be difficult to
nányǔ 喃语 N. lallation
Nányuán 南猿 N. Australopithecus
nányuánběizhé 南辕北辙 F.E. ① diametrically opposite ② act at cross-purposes ③ be poles apart
nányúdēngtiān 难于登天[難於-] F.E. <wr.> be harder than ascending to heaven
nányuè 南乐[-樂] ***See*** *Nányīn*
Nán Yuè* 南岳 P.W. Mount Heng in Hunan Province
nányúkòngzhì 难于控制[難於-] F.E. <wr.> get out of hand
nányúlǐjiě 难于理解[難於-] F.E. <wr.> be beyond one's depth
nányúlìzú 难于立足[難於-] F.E. <wr.> be difficult to keep a foothold
nányúqǐchǐ* 难于启齿[難於啟齒] F.E. <wr.> be too shy/circumspect to speak
nǎnyúqǐchǐ 赧于启齿[-於啟齒] F.E. be too shy to speak
nányúrùkǒu 难于入口[難於-] F.E. <wr.> have a nasty taste
nányúxiāngchǔ 难于相处[難於-處] F.E. <wr.> be hard to get along/on with sb.
nányǔzhèng 难语症[難-] N. <med.> dysphasia
nánzhǎo* 难找[難-] S.V. difficult to find
Nánzhào 南诏 N. <hist.> Tang-period kingdom of the Bai people centered in Yunnan
nánzhēn 南针[-鍼] N. ① compass ② guide to action
nánzhēngběitǎo 南征北讨 F.E. conquer north and south
nánzhēngběizhàn 南征北战[-戰] F.E. fight on many fronts
nánzhì 难治[難-] F.E. difficult to cure
nánzhīběizhī 南枝北枝 ID. <wr.> be in situations which are at opposite poles (e.g., hardship vs. joy)
nánzhǐdiàn 南纸店 P.W. ①paper store ②paper mill M: *[1]jiā*
nánzhōngyīn 男中音 N. <mus.> baritone M: *ge/[1]míng/[2]wèi*
nánzhōuguānmiǎn 南州冠冕 ID. <wr.> a person of extraordinary ability
[1]**nánzhú** 南/楠竹 N. *mǎo* bamboo
[2]**nánzhú** 南烛[-燭] N. <bot.> Tibet lyonia
nánzhù* 难住[難-] R.V. be stumped
nánzhuāng 男装[-裝] N. men's clothing M: *[2]jiàn/tào*
nánzhǔjué 男主角 N. <thea.> leading man; male title role M: *ge/[1]míng/[2]wèi*
nánzhǔréngōng 男主人公 N. hero M: *ge/[2]wèi*
nānzǐ 囡仔 N. <topo.> child
nánzǐ* 男子 N. man; male M: *ge/[1]míng/[2]wèi*
nánzì 难字[難-] N. difficult/big/rare word
nǎnzi 蝻子 N. nymph of locust
nánzǐ běnxìng 男子本性 N. <wr.> masculinity
nánzǐ dàhàn 男子大汉[-漢] N. strong man
nánzǐ dāndǎ 男子单打 N. <sport> men's singles
nánzǐhàn 男子汉[-漢] N. a real man (in the he-mannish sense)
nánzǐqì 男子气[-氣] N. manliness
nánzǐ shuāngdǎ 男子双打[--雙-] N. <sport> men's doubles
nánzǒu 难走[難-] S.V. tortuous; difficult to negotiate
nánzūnnǚbēi 男尊女卑 F.E. treatment of females as inferior to males
nánzuò 难做[難-] S.V. difficult to do
nánzuǒnǚyòu 男左女右 F.E. The left refers to males and the right to females.
nánzuòr 男座儿 N. seat for a male guest/etc.
nāo 孬 S.V. ① <topo.> bad ② cowardly
[1]**náo** 挠[撓] V. ① scratch ② hinder ③ yield; flinch
[2]**náo** 铙[鐃] N. large cymbals
[3]**náo** 呶 B.F. yell; talk noisily *[1]náonáo, fēnnáo* ***See also*** *nu*
[4]**náo** 怓 B.F. talk incessantly *[1]náonáo, hūnnáo*
[5]**náo** 浇[譊] B.F. raise a hubbub; quarrel *[2]náonáo*
[6]**náo** 桡[橈] B.F. disturb *náowànwù* ***See also*** *[2]ráo*
[7]**náo** 猱 B.F. a kind of monkey *náozá, yuánnáo*
[8]**náo** 硇 in *náoshā*
[9]**náo** 蛲[蟯] in *náochóng*
[1]**nǎo** 脑[腦] N. brain ♦B.F. brain-like material *dòufunǎo*
[2]**nǎo** 恼[惱] V. ① become angry ② exasperate; anger ♦B.F. ① unhappy; worried *àonǎo* ② irritating *fánnǎo*
[3]**nǎo** 瑙 in *mǎnǎo*
[1]**nào*** 闹[鬧] V. ① make a noise ② stir up trouble ③ give vent to anger ④ suffer from; be troubled by ⑤ go in for; do; make *Nàr zài ~ shénme?* What's going on there? ♦S.V. noisy
[2]**nào** 淖 B.F. mud; slime *nào'ěr, nínào*

nǎo'ái 脑癌[腦-] N. <med.> cancer of the brain; cerebral cancer
náobài 挠/桡败[撓/橈-] A.T. suffer defeat
nǎobānggǔ 脑梆骨[腦-] N. skull
nǎobànqiú 脑半球[腦-] N. hemisphere (of the brain)
nǎobāo 孬包 N. <coll.> third-rater; spineless person
nàobiàngōng 闹变工[鬧變-] V.O. <topo.> engage in an exchange of labor
nào bièniu 闹别扭[鬧-] V.O. be at odds with sb.
nàobìng(r) 闹病(儿)[鬧-] V.O. be/fall ill
náobó 铙钹[鐃-] N. large cymbals M: [1]fù
nǎobō* 脑波[腦-] N. brain wave
nǎobù 脑部[腦-] N. <med.> brain
nàobùchéng 闹不成[鬧-] R.V. <coll.> be unable to get/do successfully
nàobuqīng 闹不清[鬧-] R.V. <coll.> can't distinguish; can't figure out; don't understand
nàobuqīngchǔ 闹不清楚[鬧-] R.V. can't figure out; don't understand
nàochǎng 闹场[鬧場] N. a flourish of gongs and drums introducing a theatrical performance ♦V.O. make trouble
nàochéng 闹成[鬧-] R.V. <coll.> get; succeed in getting; accomplish
náochóng 蛲虫[蟯蟲] N. pinworm M: [1]tiáo
náochóngbìng 蛲虫病[蟯蟲-] N. <med.> enterobiasis
nǎochōngxuè 脑充血[腦-] N. <med.> cerebral hemorrhage; congestion of the brain
nàochū 闹出[鬧-] R.V. ① cause a ruckus ② produce a result
nǎochuāngshāng 脑创伤[腦創傷] N. <med.> cerebral trauma
náochuī 铙吹[鐃-] N. military music; martial strains
nǎochuítǐ 脑垂体[腦-體] N. <phys.> pituitary gland; hypophysis
nào chūlai 闹出来[鬧-] R.V. <topo.> get; gain
nàochū shì(r) 闹出事(儿)[鬧-] V.O. <coll.> make trouble; bring about trouble
nàochū xiàohua 闹出笑话[鬧-] V.O. make a fool of oneself
nǎochūxuè 脑出血[腦-] N. cerebral hemorrhage; apoplexy
nàocì(r) 闹刺(儿)[鬧-] V.O. <coll.> make trouble; go looking for trouble
nǎocìjī 脑刺激[腦-] N. <phys.> brain stimulation
nàocuòr 闹错儿[鬧-] V.O. <coll.> make a mistake
nǎocuòshāng 脑挫伤[腦-傷] N. <med.> cerebral contusion
nàodà 闹大[鬧-] R.V. cause small trouble to become serious
nào dàfa 闹大发[鬧-發] V.O. <coll.> become a big problem
nǎodai 脑袋[腦-] N. <coll.> ① head ② brains; mind
nǎodaibānjiā 脑袋搬家[腦-] ID. <coll.> die
nǎodaiguā(r/zi) 脑袋瓜(儿/子)[腦-] N. <coll.> ① head; noggin ② brains; mind
nǎodàiké 脑袋壳[腦-殼] N. <coll.> head
nào dàiyù 闹待遇[鬧-] V.O. wrangle over remuneration
náo dàozi 挠稻子[撓-] V.O. weed rice paddies
nào de huāng 闹得慌[鬧-] S.V. feel uncomfortable and nauseated
nào de jīquǎnbùníng 闹得鸡犬不宁[鬧-雞--寧] V.P. cause such utter confusion as to make everyone nervous
nào de mǎnchéngfēngyǔ 闹得满城风雨[鬧-] V.P. cause a big scandal
nào de tóuhūnnǎozhàng 闹得头昏脑胀[鬧---腦-] V.P. cause such utter confusion as to drive one crazy
nào de xié 闹得邪[鬧-] V.P. <topo.> make a hubbub; raise a hullabaloo
nào de xiōng 闹得凶[鬧-] V.P. making a great disturbance

nǎo de yōushì 脑的优势[腦-優勢] N. cerebral dominance
nǎodiànbō 脑电波[腦電-] N. <phys.> brain waves
nǎodiànbōtú 脑电波图[腦電-圖] N. <phys.> electroencephalogram M: [1]zhāng
nǎodiàntú 脑电图[腦電圖] N. <med.> electroencephalogram; (EEG) M: [1]zhāng
nào dòngfáng 闹洞房[鬧-] V.O. haze newlyweds
nǎodòngmài 脑动脉[腦動脈] N. <phys.> cerebral artery
nào dòuzhēng 闹斗争[鬧鬥爭] V.O. <topo.> carry out a struggle
náodù 挠度[撓-] N. <archi.> deflection
nào dúlì 闹独立[鬧獨-] V.O. claim one's independence
nào dúlìxìng 闹独立性[鬧獨-] V.O. assert one's independence; refuse to obey the leadership
nào dùzi 闹肚子[鬧-] V.O. <coll.> have diarrhea
náo'ér 猱儿 N. prostitutes
nào'ěr* 淖尔 N. <loan> nur; nor (Mongolian for "lake")
nào ěrduo 闹耳朵[鬧-] V.O. have an ear problem
nǎofàn 恼犯[惱-] V. anger; annoy; enrage
nàofān* 闹翻[鬧-] R.V. ① fall out with sb. ② <coll.> fly into a rage
nàofàn 闹饭[鬧-] V.O. <topo.> cook; make sth. to eat
nàofáng 闹房[鬧-] V.O. haze newlyweds
nào fānshēn 闹翻身[鬧-] V.O. fight for emancipation
nào fāntiān 闹翻天[鬧-] V.O. raise hell
nǎofènfèn de 恼忿忿地[惱-] ADV. indignantly; angrily
nǎofēng 脑风[腦-] N. <Ch. med.> headache
nào fēngcháo 闹风潮[鬧-] V.O. agitate; stage strikes/etc.
nǎogài 脑盖[腦蓋] N. top of the skull; crown
nǎogàigǔ 脑盖骨[腦蓋-] N. the cranium
nǎogàizi 脑盖子[腦蓋-] N. <topo.> crown of the head
nǎogàn 脑干[腦幹] N. <phys.> brainstem
náogē 铙歌[鐃-] N. military music; martial strains
nào ge bùxiū 闹个不休[鬧個-] V.P. cause trouble persistently
nào gémìng 闹革命[鬧-] V.O. make revolution
nào gōngzī 闹工资[鬧-] V.O. wrangle over wages
náogōu 挠钩[撓鉤] N. long-handled hook M: [1]bǎ
náogōushǒu 挠钩手[撓鉤-] N. sb. skilled in using an iron hook installed on a long pole M: ge/[1]míng
nǎoguā(r/zi) 脑瓜(儿/子)[腦-] N. <topo.> ① head ② mentality; ideas
nǎoguādǐng(r) 脑瓜顶(儿)[腦-] N. <coll.> top of the head
nǎoguāké 脑瓜壳[腦-殼] N. <topo.> skull; head
nǎoguāpí 脑瓜皮[腦-] N. <coll.> the scalp
nǎoguārhuó 脑瓜儿活[腦-] V.P. <coll.> nimble-brained; quick-witted
nǎoguā tòng 脑瓜痛[腦-] V.P. <coll.> headache
nàoguǐ(r) 闹鬼(儿)[鬧-] V.O. ① be haunted ② play tricks on sb.; use underhand means
nǎohǎi 脑海[腦-] N. brain; mind
nào hàozi 闹耗子[鬧-] V.O. be infested with rats
nǎohèn 恼恨[惱-] V. resent; hate
nàohong 闹哄[鬧-] S.V. ① exciting; rousing ② uproarious; clamorous
nàohōnghōng 闹哄哄//轰轰[鬧-//轟轟] R.F. clamorous; noisy; sensational; very exciting
nǎohòu 脑后[腦後] P.W. ① the back of one's head ② behind oneself ③ back of one's mind *Bié bǎ wǒ de jǐnggào* [1]*pāo zài* ~. Don't disregard my warnings.
nǎohòuzhāijīnr 脑后摘筋儿[腦後-] ID. <topo.> ① a bolt out of the blue ② a surprise

nàohuái 闹怀[鬧懷] R.V. <topo.> ruin; spoil; damage
nàohuàn 闹唤[鬧喚] V. <topo.> do; cope; manage
nàohuāng 闹荒[鬧-] V.O. rise up due to famine (of peasants)
nàohūn 闹婚[鬧-] V.O. have marriage problems
nǎohuò 孬货 N. <coll.> shoddy merchandise
nǎohuǒ* 恼火[惱-] V.O. <coll.> burn with anger
nàohuǒ 闹火[鬧-] V.O. <topo.> be angry/furious; be livid with rage
nǎohuódòng 脑活动[腦-動] N. <psy.> cerebration
nǎohuǒ qǐlai 恼火起来[惱-] R.V. provoke to anger
nào hútu 闹糊涂[鬧-塗] V.O. be confused
náojī 挠积[撓積] N. twisted/torsion product
nǎojì* 脑际[腦際] N. mind; memory *chūxiàn zài wǒ de* ~ come to my mind
nàojià 闹架[鬧-] V.O. <topo.> quarrel and fight
nǎojiāng* 脑浆[腦漿] N. <phys.> brains; cerebrum
nàojiāng 闹僵[鬧-] R.V. be deadlocked ***Zhè liǎng ge guójiā de guānxì ~ le.*** The two countries are deadlocked.
nàojiàng 闹将[鬧將] N. troublemaker; peace breaker
nǎojiāngbènliè 脑浆迸裂[腦漿-] F.E. have one's brains dashed out
nǎojiāngbèngliú 脑浆迸流[腦漿-] V.P. <wr.> have one's brains gush forth
nǎojiāngsìjiàn 脑浆四溅[腦漿-濺] F.E. have one's brains scattered in all directions
nǎojiāngzi 脑浆子[腦漿-] N. brains
nào jiāwù 闹家务[鬧-務] V.O. have a domestic disturbance
nào jīgā 闹唧嘎[鬧-] V.O. <coll.> quarrel
nào jīhuang 闹饥荒[鬧-] V.O. ① suffer from famine ② <topo.> be hard up
nǎojǐmó 脑脊膜[腦-] N. <phys.> meninges; meninx
nǎojǐmóyán 脑脊膜炎[腦-] N. <med.> meningitis
nǎojīn 脑筋[腦-] N. ① brains; mind; head ② way of thinking; ideas
nǎojīn chídùn 脑筋迟钝[腦-遲-] V.P. be slow-witted
nǎojīn jiǎndān 脑筋简单[腦-] V.P. stupid; simple-minded
nǎojīn língmǐn 脑筋灵敏[腦-靈-] V.P. keen and sharp in thinking; brainy; bright
nǎojīshuǐ 脑积水[腦積-] N. <med.> hydrocephalus
nǎojǐsuǐyán 脑脊髓炎[腦-] N. <med.> encephalomyelitis
nàojiǔ 闹酒[鬧-] V.O. cause trouble when drunk; engage in a drunken brawl
nào jiūfēn 闹纠纷[鬧-] V.O. have disputes
nǎojǐyè 脑脊液[腦-] N. <phys.> cerebrospinal fluid (CSF)
nàojù 闹剧[鬧劇] N. farce; slapstick comedy M: [2]chǎng/[1]chū/[2]mù
nǎoké 脑壳[腦殼] N. ① skull ② cranium ③ <topo.> head ④ <humor> one's general appearance
nào kètào 闹客套[鬧-] V.O. <coll.> be polite
nǎokézi 脑壳子[腦殼-] N. <med.> brain shell
nǎokù 脑库[腦-] N. brain trust; think tank
nǎole 恼了[惱-] V.P. angered; enraged; offended
nàoleguīqí 闹了归齐[鬧-歸齊] F.E. <topo.> in the end; eventually
nǎolì 脑力[腦-] N. brains; mental capability
nǎoliàng 脑量[腦-] N. <med.> ① brain volume ② brain weight
nǎolì jīdàngshù 脑力激荡术[腦-蕩術] N. <TW> brainstorming
nǎolì láodòng 脑力劳动[腦-勞動] N. mental work
nǎolì láodòngzhě 脑力劳动者[腦-勞動-] N. mental worker M: ge/[1]míng/[2]wèi

N

nǎoliú 脑瘤[腦-] N. <med.> ① cerebroma; encephalophyma ② brain tumor
nǎoliútú 脑流图[腦-圖] N. electroencephalogram (EEG) M: [1]zhāng
nǎolòu 脑漏[腦-] N. <med> catarrh
nǎolú* 脑颅[腦顱] N. brainpan; cranium
Nǎolǔ 瑙鲁 P.W. Nauru (a Pacific island)
náolǜ 挠率[撓-] N. <math.> torsion
nǎoluàn 恼乱[惱亂] V.O. disturb (the peace of mind); trouble
nào luànzi 闹乱子[鬧亂-] V.O. cause trouble
nǎomǎnchángféi 脑满肠肥[腦-腸-] F.E. ① the idle rich ② brainless glutton ③ fat like a pig ④ heavy-jowled and potbellied
nào māornì 闹猫儿腻[鬧貓-] V.O. <coll.> cause a nuisance; make trouble covertly
nǎomén(r)* 脑门(儿)[腦-] N. forehead; brow
nǎomèn 恼闷[惱-] V.P. troubled; grieved and sad
nàoměng 闹猛[鬧-] A.T. <topo.> full of bustling activities; lively
nǎoménzi 脑门子[腦-] N. *See nǎomén*
nàomíng 闹明[鬧-] R.V. figure out; get clear
nào míngbai 闹明白[鬧-] R.V. figure out; get clear
nào míngyù-dìwèi 闹名誉地位[鬧-譽--] V.O. make a great to-do about fame and position
nǎomó* 脑膜[腦-] N. <phys.> meninx
nàomó 闹魔[鬧-] V.O. be bewitched; be haunted
nǎomóyán 脑膜炎[腦-] N. meningitis
[1]**náonáo** 呶呶//怓怓 ON. <wr.> talk on and on; babble
[2]**náonáo** 譊譊 ON. arguing voices
náonáobùxiū 呶呶不休 F.E. prate endlessly
náonáojījī 呶呶唧唧 R.F. <coll.> hemming and hawing
nàonàorǎngrǎng 闹闹攘攘[鬧鬧-] R.F. create an uproar
nào niánjǐn 闹年馑[鬧-] V.O. <topo.> have a famine year
nàonìng 闹拧[鬧擰] V. can't get along with or agree with each other
nàonìng* 淖泞[-濘] V.P. slushy mud
nǎonóngzhǒng 脑脓肿[腦膿腫] N. <med.> brain abscess; encephalopyosis
nǎonù 恼怒[惱-] V.O. be angry/indignant/furious
nào nǚrén 闹女人[鬧-] V.O. <topo.> have adulterous relations with a woman
nǎopí 脑皮[腦-] N. scalp
nǎopiáor 脑瓢儿[腦-] N. <coll.> noggin
nǎopínxuè 脑贫血[腦-] N. cerebral anemia
nào píqi 闹脾气[鬧-氣] V.O. show temper
nàoqì 闹气[鬧氣] V.O. <topo.> fly into a temper
nàoqián 闹钱[鬧錢] V.O. <topo.> get some money
nǎoqiáo 脑桥[腦橋] N. <phys.> pons
nào qǐlai 闹起来[鬧-] R.V. create a rumpus; raise an uproar
nào qíngxù 闹情绪[鬧-] V.O. be disgruntled/depressed; sulk
nàoqióng 闹穷[鬧窮] V.O. be poor; lack money/funds
nàoqiúbùchéng 闹球不成[鬧-] F.E. <coll.> damned well didn't succeed; didn't get a damned thing
náoqu 挠曲[撓-] ATTR. bent; curving
náoqū 挠屈[撓-] V. yield; submit; give way
nàoqū* 闹区[鬧區] P.W. busy district
náoquǎn 猱犬 N. dhole; red dog M: [1]tóu
nǎor 脑儿[腦-] N. ① animal brains (as food) ② brain-like jellied food ③ brain-like substance (e.g., soft bean curd)
nàorǎng 闹嚷[鬧-] V. clamor; make a racket
nàorāngrāng 闹嚷嚷[鬧-] ATTR. noisy
náorǎo 挠扰[撓擾] V. trouble; disturb
nàorè 闹热[鬧熱] S.V. <topo.> lively; bustling with noise and excitement
nǎorén* 恼人[惱-] S.V. irritating; annoying
nàorén 闹人[鬧-] V.O./S.V. be annoying (of a child)

nǎorénchūnsè 恼人春色[惱-] F.E. suffering from love in the spring
nǎoróngliàng 脑容量[腦-] N. cerebral capacity
nǎosàng* 恼丧[惱喪] V.P. ① depressed ② annoyed
nàosāng 闹丧[鬧喪] V.O. cause trouble in a funeral (due to a family dispute/etc.)
nàosānggǔ 闹丧鼓[鬧喪-] N. a musical instrument used at funerals
nǎosǎomiáoshù 脑扫描术[腦掃-術] N. <med.> brain scanning
náoshā 硇砂 N. <chem.> sal ammoniac
nǎoshàngtǐ 脑上体[腦-體] N. <phys.> pineal body
nǎosháozi 脑勺子[腦-] N. <topo.> back of the head
náoshēng 猱升 V. <wr.> climb as nimbly as a monkey
nào shēngchǎn 闹生产[鬧-產] V.O. produce; engage in production
náoshēngnáoqì 呶声呶气[-聲-氣] F.E. <coll.> seductive falsetto tones
nǎoshénjīng 脑神经[腦-經] N. cranial nerves
nǎoshì 脑室[腦-] N. <phys.> ventricles of the brain
[1]**nàoshì(r)*** 闹事(儿)[鬧-] V.O. create a disturbance; make trouble
[2]**nàoshì** 闹市[鬧-] P.W. busy shopping district; downtown area
nàoshìfánxiāo 闹市烦嚣[鬧-] F.E. A busy shopping district is noisy.
nǎoshì zàoyǐng 脑室造影[腦-] N. <med.> ventriculography
nǎoshuānsè 脑栓塞[腦-] N. <med.> cerebral embolism
nǎosǐ 脑死[腦-] N. <med.> brain death
nǎosǐwáng 脑死亡[腦-] N. brain death
nǎosuǐ 脑髓[腦-] N. brains; brain tissue
nǎosǔnhài 脑损害[腦-] N. <med.> cerebral lesion
nǎosǔnshāng 脑损伤[腦-傷] N. <med.> cerebral injury
nàoteng 闹腾[鬧-] S.V./V. ① disturb; create confusion ② enjoy oneself noisily
nǎotǐ 脑体[腦體] N. mental and physical labor
nàotiānr 闹天儿[鬧-] V.O. <topo.> have bad weather
nǎotǐdàoguà 脑体倒挂[腦體-] F.E. physical laborers get more pay than mental workers
nǎotòng 脑痛[腦-] N. <med.> cerebralgia
náotóu 挠头[撓-] V.O. scratch one's head ♦S.V. difficult to tackle
náowànwù 桡万物[橈萬-] V.O. scatter things here and there
nàoxì 闹戏[鬧戲] N. ① old-style comic opera ② farce
nǎoxiàchuítǐ 脑下垂体[腦-體] N. <phys.> pituitary body/gland; hypophysis
nào xiánqì 闹闲气[鬧-氣] V.O. <coll.> be unhappy with sb. over trivial matters
nào xiàohuà 闹笑话[鬧-] V.O. make a fool of oneself; make stupid mistakes
nào xiǎoyuèzi 闹小月子[鬧-] V.P. <topo.> miscarry a fetus
nǎoxīn 恼心[惱-] S.V. perturbed
nàoxīn* 闹心[鬧-] S.V. <topo.> ① be vexed/annoyed ② feel sick/queasy
nào xīnfáng 闹新房[鬧-] V.O. haze newlyweds
náoxìng 挠性[撓-] N. <phy.> flexibility
[1]**nǎoxìng** 恼悻[惱-] V.P. angry; resentful
[2]**nǎoxìng** 脑性[腦-] N. memorizing ability
nàoxǐng* 闹醒[鬧-] R.V. cause to wake up (by noise/etc.)
nào xìngzi 闹性子[鬧-] V.O. <coll.> lose one's temper; throw a tantrum
nǎoxióng 孬熊 N. <coll.> coward
nǎoxiūchéngnù 恼羞成怒[惱-] F.E. be shamed into anger
nàoxū 闹虚[鬧虛] V.O. stand on ceremony
nàoxuān 闹喧[鬧-] V. bustle with noise and excitement

nào xuánxū 闹玄虚[鬧-虛] V.O. be deliberately mystifying
nǎoxué 脑学[腦-] N. <med.> cerebrogy; encephalogy
nào xuécháo 闹学潮[鬧-] V.O. erupt into a student riot/demonstration
nǎoxuèguǎn 脑血管[腦-] N. <phys.> blood vessel of the brain
nǎoxuèguǎn zàoyǐng 脑血管造影[腦-] N. <med.> cerebral angiography
nǎoxuèshuān 脑血栓[腦-] N. cerebral embolism
nǎoxuèshuān xíngchéng 脑血栓形成[腦-] N. <med.> cerebral thrombosis
nǎoxúnhuán 脑循环[腦-環] N. <phys.> cerebral circulation
nǎoyán 脑炎[腦-] N. encephalitis
náoyāng 挠秧[撓-] V.O. <agr.> weed and loosen the soil around rice seedlings
nàoyánghuā 闹羊花[鬧-] N. <bot.> Ch. azalea
náo yǎngyang 挠痒痒[撓癢癢] V.O. <coll.> scratch an itchy spot
nào yǎnjing 闹眼睛[鬧-] V.O. have an eye problem
nǎoyè 脑液[腦-] N. <med.> brain fluid
nǎoyè qiēchúshù 脑叶切除术[腦葉-術] N. <med.> lobectomy
nǎoyì 恼意[惱-] N. angry feeling
nào yìjian 闹意见[鬧-] V.O. have a difference of opinion
nǎoyīn 脑音[腦-] N. <lg.> lateral sound
náoyìnglì 挠应力[撓應-] N. <phy.> bending stress/strain
nàoyíngyíng 闹盈盈[鬧-] R.F. clamorous
nào yìqì 闹意气[鬧-氣] V.O. feel resentful; sulk; be moody
nǎoyìwài 脑意外[腦-] N. <med.> cerebral accident
nǎoyìxuè 脑溢血[腦-] N. <med.> cerebral hemorrhage
nào yī zhèn 闹一阵[鬧-] V.P. <coll.> cause a brief stir
nàoyóu(r) 闹油(儿)[鬧-] V.O. <topo.> plot/go against each other
náozá 猱杂[-雜] V.P. comical and restless
nàozāi 闹灾[鬧災] V.O. encounter a disaster
nàozāng 闹脏[鬧髒] R.V. <topo.> make dirty
nàozāo 闹糟[鬧-] R.V. cause to become troublesome; mess up
nàozéi 闹贼[鬧-] V.O. <coll.> be burglarized
nǎozhàng* 脑胀[腦-] N. heavy feeling in the brain
nàozhàng 闹仗[鬧-] V.O. <topo.> ① quarrel ② fight; scuffle
náozhé 挠折[撓-] V. <wr.> destroy; force to yield
nǎozhèndàng 脑震荡[腦-蕩] N. <med.> cerebral concussion
nàozhe wán(r) 闹着玩(儿)[鬧著-] V.P. ① kid around ② joke
nǎozhī 脑汁[腦-] N. brains
nǎozhītúdì 脑汁涂地[腦-塗-] F.E. <wr.> be willing to repay a favor with extreme sacrifice
nǎozhǒng 孬种[-種] N. coward
nàozhōng(r)* 闹钟(儿)[鬧鐘-] N. alarm clock M: ge/[2]zhī/[1]jià
nǎozhòngfēng 脑中风[腦-] N. <med.> stroke
nǎozhǒngliú 脑肿瘤[腦腫-] N. <med.> brain/cerebral tumor
nàozhōngqǔjìng 闹中取静[鬧-靜] F.E. seek peace and quiet in noisy surroundings
nǎozi 脑子[腦-] N. ① <coll.> brain ② brains; mind; head
nǎozi línghuó 脑子灵活[腦-靈-] V.P. have a quick/ready wit
nào zōngpài 闹宗派[鬧-] V.O. sectarianize
nàozuǐ 闹嘴[鬧-] V.O. <coll.> quarrel; bicker
nǎpà 哪/那怕 V.P. why fear? ♦CONS. ~ *X yě Y* even if X (nevertheless) Y
nápái 拿牌 V.O. <sport> win the medal
nápǎo 拿跑 V. run away with sth.

nàpìn 纳聘 V.O. <*trad.*> pay a bride-price
náqǐ 拿起 R.V. pick up
nàqián 纳钱[-錢] V.O. pay (out money)
ná qián bùdàng qián huā 拿钱不当钱花[-錢-當錢-] V.P. spend money recklessly
náqiāngnádiào 拿腔拿调 V.P. speak with an affected tone of voice
náqiāngzuòdiào 拿腔作调 V.P. overemphasize one's own importance
náqiāngzuòshì 拿腔作势[-勢] V.P. be affected/pretentious; act affectedly
náqiáo 拿乔/翘[-喬/翹] V.O. <*topo.*> put on airs; strike a pose; put up a front
nàqiè 纳妾 V.O. take a concubine
ná qǐlai 拿起来 R.V. pick up
nàqǐzi 那起子 N. <*topo.*> that group/gang
náqǔ 拿取 V. take
náqù* 拿去 R.V. take away
náquán 拿权[-權] V.O. wield power
nǎr 哪儿 PR. <*coll.*> ① where ~ **hǎo ~ huài, wǒ bù zhīdào.** I don't know which is good and which is bad. ② wherever; anywhere ③ *used in rhetorical questions to express negation*
nàr* 那儿 PR. <*coll.*> that place/time **cóng ~** since then
nǎrdehuà 哪儿的话 INTJ. <*coll.*> You shouldn't say that.
nárén 拿人 V.O. ① <*coll.*> hamper others; raise difficulties ② intimidate (a person) ③ grab one's attention ④ arrest a criminal
nàrù 纳入 V. bring/channel into
nàrù guǐdào 纳入轨道 V.P. <*wr.*> ① bring into the orbit of ② phase in
nàrù zhèngguǐ 纳入正轨 V.P. <*wr.*> set on the right track
násānbānsì 拿三搬四 F.E. resist orders
[1]nàsè 捺瑟 N. <*mus.*> clappers; clapping boards
[2]nàsè 纳涩[-澀] A.T. mumbling
nàsēng 衲僧 N. monk
náshàng 拿上 R.V. bring/take with
nàshā zhìpǐn 纳纱制品[--製-] N. <*art*> petit-point articles
náshì 拿事 V.O. <*coll.*> wield authority
nǎshí 哪时[-時] PR. what time; when
nàshi 那是 V.P. <*coll.*> of course; naturally
nàshí* 那时[-時] PR. at that time; then; in those days
nàshíguāng 那时光[-時-] PR. <*coll.*> at that time
náshǒu 拿手 S.V. ① adept; expert; good at ② confident (in) ♦N. one's special skill/ability/etc.
náshǒucài 拿手菜 N. favorite recipe; cook's best dish
náshǒu gōngfū 拿手功夫 N. specialized skill
náshǒu hǎoxì 拿手好戏[-戲] N. a game one is good at; one's specialty/forte
náshǒuxì 拿手戏[-戲] N. ① sth. one is very skillful at; one's best skill ② one's masterpiece
náshǒu xiàngmù 拿手项目 N. specialty
nàshú 纳赎[-贖] V. pay a fine in lieu of a prison term
nàshuì 纳税 V.O. pay taxes
nàshuì hòu jìngshōurù 纳税后净收入[--後淨--] N. <*acct.*> net income after taxes
nàshuìrén 纳税人 N. taxpayer M: *ge*/[1]*míng*/[2]*wèi*
nàshuì yìwù 纳税义务[-義務] N. obligation to pay taxes
nàshuìzhě 纳税者 N. taxpayer M: *ge*/[1]*míng*/[2]*wèi*
nàsī 那斯[-斯] N. <*coll.*> that so-and-so/bloke
Nàsīdákè 纳斯达克[--達-] N. NASDAQ (composite index)
násòng 拿送 V. arrest and turn over to court
nàsù 纳粟 V.O. <*trad.*> contribute grain to the government in return for a public post
nátáng 拿糖 V.O. <*topo.*> ① put on airs to impress ② be obstructive except to friends
nátángzuòcù 拿糖作醋 ID. put on an act deliberately
nǎtiān* 哪天 PR. which day?
nàtiān 那天 PR. that day
[1]nàtóu 纳头 V.O. <*trad.*> bow one's head (in greeting)
[2]nàtóu 衲头 N. monk's clothes made of rags
nàtóubiànbài 纳头便拜 F.E. knock the head against the ground and kowtow
nǎtóur* 哪头儿 PR. ①which direction? ②which end?
nàtóur 那头儿 PR. that direction; that end
nátǔbiē 拿土鳖 V.O. cheat sb. ignorant of sth.
nátuǐ 拿腿 V.O. <*topo.*> start to walk away or leave
nàwèi 那位 PR. <*court.*> that person
náwěn* 拿稳[-穩] R.V. ①hold steadily ②predict with confidence
náwèn 拿问 V. detain for questioning
náxià* 拿下 R.V. put (sb.) under arrest
nàxià(r/zi) 那下(儿/子) N. that moment; then
nàxiáng 纳降 V. accept surrender
nàxiǎo 纳小 V.O. <*trad.*> get a concubine
nǎxiē 哪些 PR. which?; who?; what? (plural) *See also* **něixiē**
nàxiē* 那些 PR./ATTR. those *See also* **nèixiē**
nàxié 纳鞋 V.O. <*coll.*> stitch together the layered cloth soles of Chinese cloth shoes
nà xiédǐ 衲鞋底 V.O. sew the cloth soles of shoes
nàxiēge 那些个[-個] N. <*coll.*> those
nàxīn 纳新 V.O. ①take in fresh air/etc. ②recruit new members
Nàxīzú 纳西族 N. Naxi (Nakhi) ethnic minority (in Yunnan)
[1]nàyán 纳言 N. <*trad.*> an official in charge of transmitting and receiving orders
[2]nàyán 钠盐[-鹽] N. natrium salt; sodium salt
nǎyàng(r) 哪/那样(儿)[-樣-] PR. ①what kind?; what? ② whatever kind; whatever ③ how?; in what way? *See also* **něiyàng**
nàyàng(r)* 那样(儿)[-樣-] PR. that kind of; like that ♦ADV. such; so; in that case *See also* **nèiyàng**
nàyī 衲衣 N. monk's robe M: [2]*jiàn*
nǎ yīdài 哪一带[-帶] PR. which area?
nà yīdài* 那一带[-帶] PR. that area
nǎ yī ménzi 哪一门子 PR. <*coll.*> what sort/kind of?
nàyìn 捺印 V.O. press one's thumbprint on a document, etc. ♦N. seal; chop
ná yìnbàzi 拿印把子 V.O. <*coll.*> be in power
nàyīxià(r/zi) 那一下(儿/子) PR. that moment; then
nǎ yīyàng 哪一样[-樣] PR. which kind; which one?
nǎyǒu 哪/那有 V.P. How can there be . . .?
nǎyǒu hàozi bù tōu yóu 哪有耗子不偷油 F.E. <*coll.*> It's difficult to change one's nature.
náyúnwòwù 拿云握雾[-雲-霧] ID. <*wr.*> extremely capable at
náyúnzhuōyuè 拿云捉月[-雲--] ID. <*wr.*> highly talented; of great ability
nàzan 那咱 N. <*coll.*> (at) that time
nàzǎowǎn(r) 那早晚(儿) N. <*coll.*> that time/moment
názéi 拿贼 V.O. capture a thief
ná zéi dàng hǎorén 拿贼当好人[--當--] F.E. treat a thief as a good person
názéinázāng 拿贼拿脏[-髒] F.E. <*wr.*> catch a thief with the loot
názhe 拿着[-著] V.P. hold (in the hand)
názhe jīmáo dàng lìngjiàn 拿着鸡毛当令箭[-著雞-當--] ID. treat one's superior's casual remark as an order and make a big fuss about it
nǎzhèn(r/zi) 哪阵(儿/子) PR. <*coll.*> when?
nàzhèn(r/zi)* 那阵(儿/子) PR. <*coll.*> that time/moment; then
nǎzhènwǎnr 哪阵晚儿 PR. <*coll.*> when?
nàzhènwǎnr* 那阵晚儿 PR. <*coll.*> that time/moment; then
nàzhe xìngzi 捺着性子[-著--] V.O. endure patiently/resignedly
nǎzhī 哪/那知 V.P. ① it wasn't expected that ② how could one know?
nǎ zhīdào 哪知道 *See* **nǎzhī**
názhu* 拿住 R.V. ① seize; grasp; hold ② have well in hand; control *See also* **názhù**
názhù 拿住 V. apprehend ♦R.V. hold firmly *See also* **názhu**
nàzhu 捺住 R.V. hold in
názhǔn* 拿准[-準] R.V. make sure; be sure
nàzhǔn 那准[-準] V.P. <*topo.*> certainly can
nàzhu qì 纳住气[-氣] V.P. <*topo.*> repress rage; stifle anger
ná zhǔyi 拿主意 V.O. make a decision **Tā nábùdìng zhǔyi.** She couldn't come to a decision.
nàzi 衲子 N. <*Budd.*> polite self-reference of a monk
názǒngr 拿总儿[-總-] V.O. <*coll.*> exercise overall control
názǒu 拿走 R.V. take/bring away
ne* 呢 M.P. ① *indicating continued state or action* **Tā zài zhèr ~.** He's (still) here. ② *marking questions about subject already mentioned* **Wǒ xìn. Nǐ ~?** I believe it. What about you? **Wèi shénme ~?** Why is that? ♦M.P. ① *indicating deliberate pause* **Wǒ ~, wǒ bùyào.** As for me, I don't want it. ② *indicating strong affirmation* **Guì de hěn, yào yībǎi duō kuài ~.** It's awfully expensive, over $100. ③*inquiring about location* **Wǒ de shū ~?** Where is my book? *See also* [2]**ní**
Né 哪 in **Nézhā** *See also* **na, nǎ,** [1]**něi**
nè 讷[訥] B.F. stammer; speak haltingly **nènè, mùnè**
[1]něi 哪 INTJ. <*coll.*> which?; what?; how? *See also* **na, nǎ, Né**
[2]něi 馁[餒] B.F. ① hungry; famished ② discouraged; disheartened **něiqiè, qìněi**
[1]nèi* 内[內] N. inside ♦B.F. one's wife or her relatives **nèixiōng** ♦ATTR. private
[2]nèi 那 <*coll.*> PR. that *See also* **nǎ,** [1]**nà,** [4]**nuó,** [6]**nuò**
nèi'āo 内凹 N. indentation
nèibái 内白 N. <*thea.*> words spoken by an actor offstage
nèibànjìng 内半径[-徑] N. <*mach.*> inside radius
nèibāo 内包 ATTR. <*lg.*> inclusive
nèibào* 内爆 N. <*phy.*> implosion
nèibāo dāpèi 内包搭配 N. <*lg.*> inclusive collocation
nèibào fāyīn 内爆发音[--發-] N. <*lg.*> implosive sound
nèibāo guānxi 内包关系[-關係] N. <*lg.*> inclusion
nèibāojiāng 内胞浆[-漿] N. <*phys.*> endoplasm; entoplasm
nèibāozhuāng 内包装[-裝] N. inner/inside packing
nèibāozi 内孢子 N. <*bio.*> endospore
něibiān(r) 哪边(儿)[-邊-] PR./P.W. which side?; where? *See also* **nǎbiān**
[1]nèibiān(r)* 那边(儿)[-邊-] PR./P.W. that side; there; (in) that place *See also* **nàbiān**
[2]nèibian 内边[-邊] P.W. the inside
nèibiàn 内变[-變] N. internal upheaval
nèibiànxíng 内变形[-變-] N. <*phy.*> internal strain
nèibiāo 内标[-標] N. interior label
nèibiǎomiàn 内表面 N. <*mach.*> internal surface
nèibíkǒng 内鼻孔 N. <*phys.*> internal nare
nèibīn 内宾[-賓] N. ① domestic (i.e., non-foreign) guest ② <*trad.*> female guest M: *ge*/[1]*míng*/[2]*wèi*
nèibǐng 内禀[-稟] ATTR. <*elec.*> intrinsic
nèibù 内部 P.W. inside; interior ♦ATTR. internal; inside; restricted
nèibù cānkǎo zīliào 内部参考资料[--參---] N. <*PRC*> restricted reference materials M: [1]*fèn*
nèibù chāyì 内部差异[-異] N. internal differences
nèibù diànyǐng 内部电影[--電-] N. restricted film M: [2]*bù*

nèibù fāxíng 内部发行[--發-] N. restricted publication
nèibù fēnxi 内部分析 N. <lg.> internal analysis
nèibù gòunǐ 内部构拟[-構擬] N. <lg.> internal reconstruction
nèibùjià 内部价[-價] N. low price for employees of the manufacturing enterprise
nèibù jièyòng 内部借用 N. <lg.> intimate borrowing
nèibù jīngyíng jīzhì 内部经营机制[--經營--] N. internal management mechanism
nèibù kānwù 内部刊物 N. restricted publication M: [1]fèn/[1]běn/[2]qī
Nèibùlāsījiā 内布拉斯加 P.W. Nebraska
nèibù máodùn 内部矛盾 N. internal contradictions
nèibù qūzhé 内部曲折 N. <lg.> internal inflection
nèibù yányǔ 内部言语 N. <lg.> inner speech
nèibù yīnbiàn 内部音变[-變] N. <lg.> internal sound change
nèibù yīzhì xìndù 内部一致信度 N. internal consistency reliability
nèicái 内才 N. talent; scholastic achievements; learning
nèicān 内参[-參] N. internal reference M: [1]fèn
nèicèdù 内测度 N. inner/interior measure
nèicéng 内层[-層] N. <phy.> inlayer; subcoat; core
nèichā 内插 N. <wr.> interpolation; interpolating
nèichǎng 内场[-場] P.W. <sport> infield (of baseball/softball)
nèichǎngshǒu 内场手[-場-] N. <sport> infielder M: ge/[1]míng/[2]wèi
nèicháwàidiào 内查外调 F.E. make investigations both within and without
nèichén 内臣 N. ① minister ② eunuch
nèichèn* 内衬[-襯] N. lining
nèichéng 内城 P.W. inner city
nèichílún 内齿轮[-齒-] N. <mach.> internal/annular gear; annular wheel; inner rotor
nèichǒng 内宠 N. favorite concubine M: ge/[1]míng
nèichǔ-chéngxù jìsuànjī 内储程序计算机 N. <comp.> stored-program computer M: [1]tái
nèichǔlǐ 内处理[-處-] N. <comp.> in-line processing
nèichún 内唇 N. <phys.> epiglottis
nèichūxuè 内出血 N. <med.> internal hemorrhage/bleeding
nèicún 内存 N. <comp.> ① internal storage ② RAM; internal memory
nèicún bǎoliúqū 内存保留区[-區] N. <comp.> save memory
nèicúnchǔqì 内存储器 N. <comp.> internal storage/memory; built-in storage
nèicúnhuà 内存化 N. <comp.> memorize
nèicuòjiǎo 内错角 N. <math.> alternate internal angles
nèidàndào 内弹道 N. <phy.> internal trajectory
nèidāngjiā 内当家[-當-] N. <coll.> ① female landlord ② wife
nèidǎo shénjīng 内导神经[-導-經] N. <phys.> afferent nerve
[1]**nèidì** 内地 P.W. inland; interior
[2]**nèidì** 内弟 N. wife's younger brother; brother-in-law M: ge/[2]wèi
[1]**nèidiǎn** 内点[-點] N. <math.> interior/inner point
[2]**nèidiǎn** 内典 N. canonical Buddhist texts
nèidiàndǎo 内电导[-電導] N. <phy.> internal conductance
nèidiànlù 内电路[-電-] N. <elec.> internal circuit
nèidiànzǔ 内电阻[-電-] N. <elec.> internal resistance
nèidiào 内调 V. transfer to inland areas; transfer to an interior city
nèidìng 内定 V. ① decide behind closed doors ② be cut and dried
nèidòngcí 内动词[-動-] N. <lg.> linking verb/intransitive/private verb
nèidòng de 内动的[-動-] ATTR. <lg.> intransitive
nèiduìjiǎo 内对角[-對-] N. opposite internal angles
nèidúsù 内毒素 N. <med.> endotoxin
nèi'ěr 内耳 N. <phys.> inner ear
nèi'ěryán 内耳炎 N. <med.> otitis interna
nèifàn 内犯 N. <wr.> enemy intrusion/invasion
nèifǎnkuì 内反馈 N. <phys.> internal/self feedback
nèifēn 内分 N. <math.> interior/internal division
[1]**nèifēng** 内锋 N. <sport> inside forward M: ge/[1]míng/[2]wèi
[2]**nèifēng** 内封 N. title page ♦V. give title/position internally but not yet announce it
[3]**nèifēng** 内风 N. <Ch. med.> endogenous wind
nèifēnmì 内分泌 N. <phys.> endocrine
nèifēnmìbìng 内分泌病 N. <med.> endocrine disorders
nèifēnmì shītiáo 内分泌失调 N. <med.> endocrine imbalance; endocrinopathy
nèifēnmìxiàn 内分泌腺 N. <phys.> endocrine glands
nèifēnmì xìtǒng 内分泌系统 N. <phys.> the internal system
nèifēnmìxué 内分泌学 N. endocrinology
nèifú* 内服 V. <med.> to be taken orally
nèifǔ 内府 N. treasury of the imperial palace
nèifù 内附 F.E. enclosed herewith
nèifújì 内服剂[-劑] N. drugs taken internally/orally
nèifúyào 内服药[-藥] N. medicine to be taken orally; drugs taken internally
nèifúzhào 内辐照 N. <phy.> internal irradiation
nèigǎng 内港 N. an inner harbor
nèigāngwàiróu 内刚外柔[-剛--] F.E. <wr.> an iron hand in a velvet glove
něige* 哪个[-個] PR. <coll.> which one? See also nǎge
nèige 那个[-個] PR. <coll.> that one See also nàge
nèigé 内阁 N. (government) cabinet
nèigé dàchén 内阁大臣 N. cabinet minister M: ge/[1]míng/[2]wèi
nèigézhì 内阁制 N. cabinet system
nèigé zǒnglǐ 内阁总理[--總-] N. premier; prime minister M: [2]wèi
nèigōng 内功 N. martial-arts exercises to benefit internal organs
[1]**nèigù** 内顾[-顧] V. <wr.> look after home or domestic affairs
[2]**nèigù** 内固 A.T. <Ch. med.> retain one's inside (essence/semen/etc.) ♦N. <wr.> internal stability
nèiguānwàiguǒ 内棺外椁[-槨] F.E. <wr.> inner and outer coffins
nèigǔgé 内骨骼 N. endoskeleton
nèiguǐ 内轨 N. inner rail
nèiguógōngzhài 内国公债[-國--] See nèizhài
nèiguǒpí 内果皮 N. <bot.> endocarp
nèigùzhīyōu 内顾之忧[-顧-憂] N. domestic worries; trouble at home
nèihǎi 内海 N. inland/continental sea
[1]**nèihán** 内涵/函 N. ① <log.> intention; connotation ② <lg.> phrastic ♦ATTR. ① implied ② inner
[2]**nèihán** 内含 V. contain
nèihán dàicí 内含代词 N. <lg.> inclusive pronoun
nèiháng 内行 N./S.V. expert; adept M: ge/[1]míng/[2]wèi See also nèixíng
nèihán lèixíng 内含类型[--類-] N. <lg.> intensional type
nèihán luójí 内含逻辑[--邏-] N. <lg.> intensional logic
nèihán shēnyán 内涵伸沿 N. <lg.> connotative extension
nèihánwù 内含物 N. <min.> inclusion
nèihán yìyì 内涵意义[-義] N. connotative meaning
nèihán yǔyìxué 内涵语意学 N. <lg.> intensional semantics
nèihào 内耗 V. consume internal energy ♦N. ① internal consumption of energy ② losses suffered in internal strife ③ internal friction/dissension
[1]**nèihé** 内河 N. river wholly within one country M: [1]tiáo
[2]**nèihé** 内核 N. ① the crux of a matter ② core; steinkern; root ③ <comp.> kernel localization
nèihé hángxíng 内河航行 N. <wr.> internal riverine navigation
nèihé yùnshū 内河运输[--運-] N. inland water transportation
nèihòng 内讧/哄 N. internal strife
nèihòngsìqǐ 内讧四起 ID. <wr.> rent by internal squabbling
nèihú 内湖 N. internal lake (i.e. without outlet to the sea or a river)
Nèihuádá 内华达[-華達] P.W. Nevada
nèihuà de 内化的 ATTR. <lg.> internalized
nèihuàhú 内画壶[-畫壺] N. bottle with painted designs inside M: [1]bǎ
nèihuái 内踝 N. medial part of the ankle
nèihuàn 内患 N. internal troubles
nèihuánjìng wěndìng 内环境稳定[-環-穩-] N. homeostasis
nèihuánlù 内环路[-環-] N. inner ring road
nèihuànwàiwǔ 内患外侮 F.E. <wr.> internal troubles and foreign aggression
něihuí* 哪/那回 PR. which time?; when? See also nǎhuí
nèihuí 那回 PR. that time See also nàhuí
nèihuì 内慧 N. hidden/unrevealed intelligence
nèihuílù 内回路 N. <comp.> home loop
něihuìr 哪会儿 PR. ① when? ② at some point *Gǎnjǐn gàn ba, shuōbudìng ~ tiānqì [1]yào [2]biàn.* Hurry up. At some point the weather is going to change. See also nǎhuìr
nèihuìr* 那会儿 PR. at that time See also nàhuìr, nàhuìr
nèihuíshòu 内回授 N. <chem.> self-feedback
nèihūn 内婚 N. endogamy
nèihūnzhì 内婚制 N. endogamy
nèihúqū 内湖区[-區] P.W. internal lake district
nèijī 内肌 N. <lg.> intrinsic muscle
nèijí* 内急 V.P. have to go to the toilet
nèijiācí 内加词 N. <lg.> infix
[1]**nèijiān*** 内奸 N. hidden traitor M: ge/[1]míng
[2]**nèijiān** 内间 P.W. ① <coll.> inner room ② <wr.> within; inside
[3]**nèijiān** 内艰[-艱] N. <wr.> mother's funeral
nèijiàn 内监[-監] N. eunuch
nèijiǎo* 内角 N. <math.> interior/internal angle
nèijiào 内校 N. <print.> first proof
Nèijiào 内教 N. Buddhism
nèijiēchù 内接触[-觸] N. <wr.> internal contact
nèijiē duōbiānxíng 内接多边形[---邊-] N. <math.> inscribed polygon
nèijiégòu 内结构[-構] N. inner structure
nèijiēxíng 内接形 N. <math.> inscribed figure
nèijǐng 内景 N. indoor scene
nèijìng* 内径[-徑] N. <mach.> inside diameter
nèijìngguī 内径规[-徑-] N. internal gauge M: [1]bǎ
nèijìshēng 内寄生 N. <bio.> endoparasitism
nèijìshēngwù 内寄生物 N. <bio.> endoparasite M: ge/[1]zhǒng
nèijiù 内疚 N. compunction; guilty conscience
nèijìyìtǐ 内记忆体[-憶體] N. <comp.> internal memory
nèijù 内聚 N. <chem.> cohesion; coherence
nèijuàn 内眷 ID. wife and children
nèi jǔ bù bì qīn 内举不避亲[-舉--親] F.E. appoint a relative to a post on the basis of personal merit
nèijùlì 内聚力 N. <phys.> cohesive force; cohesion
nèikāi 内开[-開] F.E. what is listed therein (used in documents)

nèikǎqián 内卡钳 N. <*mach.*> inside calipers M: [1]*bǎ*
nèikē 内科 N. <*med.*> internal medicine
nèikē bìngfáng 内科病房 P.W. medical ward M: [1]*jiān*
nèikēxué 内科学 N. internal medicine
nèikē yīshēng 内科医生[--醫-] N. a physician (vs. a surgeon) M: *ge*/[1]*míng*/[2]*wèi*
nèikòng 内控 V. ①control from within ②restrain within certain limits ③ hold in invisible custody
[1]**nèikù** 内裤 N. <*txtl.*> ① briefs; underpants ② knickers M: [1]*tiáo*
[2]**nèikù** 内库 P.W. palace treasury
nèikuàngjià jiégòu 内框架结构[-構] N. <*archi.*> bearing wall and frame structure
nèikuījìng 内窥镜 N. <*med.*> endoscope
nèilào 内涝[-澇] N. waterlogging
nèilěng diànjī 内冷电机[--電-] N. inner-cooled machine M: [1]*tái*
nèilǐ 内里[-裡] N. inside; domesticity
nèilì* 内力 N. <*phy.*> internal force
nèilián 内联[-聯] V. link up with other domestic enterprises
nèilián dānwèi 内联单位[-聯--] N. allied inland units
nèiliánjiē 内连接 N. in-connection
nèilián qǐyè 内联企业[-聯-業] N. inland associated enterprise
nèiliánwàijǐ 内联外挤[-聯-擠] F.E. consolidate internally and expand externally (of enterprises)
nèiliánwàiyǐn 内联外引[-聯--] F.E. connect with other domestic enterprises and introduce advanced technology from abroad
nèiliúhé 内流河 N. continental river M: [1]*tiáo*
nèiliú qūyù 内流区域[--區-] P.W. continental river drainage area
nèiliūr 那溜儿 P.W. <*coll.*> that place; there ***See also*** *nàliùr*
nèiliúsīfēn 内留私分 F.E. illegally retain products within a unit and divide them up among individuals
nèilixiù 内里秀[-裡-] V.P. <*coll.*> talented but unassuming
nèilù 内陆[-陸] P.W. inland; interior
nèiluàn 内乱[-亂] N. civil strife; internal disorder
nèiluànwàihuàn 内乱外患[-亂--] F.E. internal strife and external calamities
nèiluànzuì 内乱罪[-亂-] N. treason
nèilùguó 内陆国[-陸國] N. landlocked country
nèilùhǎi 内陆海[-陸-] N. inland sea
nèilùhé 内陆河[-陸-] N. continental river M: [1]*tiáo*
nèilùhú 内陆湖[-陸-] N. continental lake
nèiluówén 内螺纹 N. <*mach.*> internal/female screw thread
nèilù péndì 内陆盆地[-陸--] N. interior/inland basin
nèimǎ 内码 N. <*comp.*> internal code
nèimào 内贸 N. domestic trade
nèimèi 内妹 N. sister-in-law; wife's younger sister M: *ge*/[1]*míng*/[2]*wèi*
nèimén 内门 N. inside door
Nèiměng 内蒙 P.W. Inner Mongolia
Nèiměnggǔ 内蒙古 P.W. Inner Mongolia
Nèiměnggǔ Zìzhìqū 内蒙古自治区[-區] P.W. Inner Mongolian Autonomous Region
nèimiǎn 内冕 N. inner corona
nèimiàn* 内面 P.W. inside
nèimó 内膜 N. <*med.*> tunica intima
nèimóshā dēngpào 内磨砂灯泡[---燈-] N. <*elec.*> inside-frosted bulb M: *ge*/[2]*zhī*
nèimù 内幕 N. what goes on behind the scenes; inside story
nèimù xiāoxi 内幕消息 N. inside information M: [1]*tiáo*
nèinàn 内难[-難] N. domestic calamity; internal trouble
nèinéng 内能 N. <*phy.*> ① internal/intrinsic energy ② inner energy
nèinièhé 内啮合[-嚙-] N. <*mach.*> inner/inside/internal gearing; internal toothing
nèinúwàizhǔ 内奴外主 F.E. treat one's own people as slaves but regard foreign powers as masters
nèipēicéng 内胚层[-層] N. <*bio.*> endoderm; entoderm
nèipēiyè 内胚叶[-葉] N. <*bio.*> endoderm; entoderm
nèipí 内皮 N. thin skin on the inside of some fruits (e.g., oranges)
nèipiān 内篇 N. ① the part of a book in which basic principles are enunciated ② works of a Daoist writer
nèipòliè 内破裂 N. <*lg.*> implosion
nèipòliè bìsāiyīn 内破裂闭塞音 N. <*lg.*> implosive stop
nèipòlièyīn 内破裂音 N. <*lg.*> implosive
nèipōumiàn 内剖面 N. interior profile
nèipòyīn 内破音 N. <*lg.*> implosive
nèiqiāng 内腔 N. <*mach.*> inner cavity; bore
nèiqiáng* 内墙[-牆] N. interior wall M: [2]*dào*
nèiqiànjù 内嵌句 N. <*lg.*> embedded sentence
nèiqiè 馁怯 V.P. lose heart; lose one's nerve
nèiqiē* 内切 V. <*math.*> inscribe
nèiqiēqiú 内切球 N. <*sport*> inside cut (golf)
nèiqiēyuán 内切圆 N. <*math.*> inscribed circle (of a triangle)
nèiqīn 内亲[-親] N. in-laws (on wife's side)
nèiqín* 内勤 N. ① office staff M: *ge*/[1]*míng* ② internal/office work
nèiqǐn 内寝[-寢] P.W. private/women's apartments
nèiqíng(r) 内情(儿) N. inside information/story
nèiqīng xìnggé 内倾性格 N. <*psy.*> introversion
nèiqīngxìnggézhě 内倾性格者 N. <*psy.*> introvert M: *ge*/[1]*míng*
nèiquān 内圈 N. inner circle
nèirán 内燃 ATTR. ① internal-combustion ② diesel
nèirán chāchē 内燃叉车 N. <*mach.*> diesel fork-lift truck M: [3]*liàng*
nèirán dòngchē 内燃动车[--動-] N. diesel rail motor car M: [3]*liàng*
nèirán fādiànjī 内燃发电机[--發電-] N. internal-combustion engine generator M: [1]*tái*
nèiráng(r) 内瓤(儿) N. inside; interior
nèirán jī 内燃机 N. internal-combustion engine M: [1]*tái*
nèirán jīchē 内燃机车 N. diesel locomotive M: [1]*liè*
nèiránqì 内燃器 N. internal-combustion engine M: [1]*jià*/[1]*tái*
nèiránshì rèfēnglú 内燃式热风炉[---熱-爐] N. internal-combustion stove M: [4]*zuò*
nèiren* 内人 N. <*humb.*> my wife
nèirěn 内荏 V.P. weak (of character)
nèiróng 内容 N. content; substance
nèiróngcí 内容词 N. <*lg.*> content word
nèiróng tíyào 内容提要 N. synopsis; résumé
nèiróng wàijiāyǔ 内容外加语 N. <*lg.*> content disjunct
nèiróng xiàngmù 内容项目 N. <*lg.*> content item
nèiróng xiàodù 内容效度 N. <*lg.*> content validity
nèiróuwàigāng 内柔外刚[-剛] F.E. be soft inside but hard outside (lit./fig.)
nèishàn 内疝 N. <*med.*> internal hernia
[1]**nèishāng** 内伤[-傷] N. ①<*med.*> internal injury ② <*Ch. med.*> internal disorder ③ ideological impairment
[2]**nèishāng** 内熵 N. <*phy.*> internal entropy
nèishēng 内生 ATTR. endogenous
nèishèngwàiwáng 内圣外王[-聖--] ID. learning that is sound in both theory and practice
nèishēngzhíqì 内生殖器 N. <*phys.*> internal genitalia
nèishí 内实[-實] N. <*Ch. med.*> internal repletion
[1]**nèishì*** 内室 N. ①family quarters ② <*wr.*> my wife
[2]**nèishì** 内侍 N. eunuchs and palace attendants M: *ge*/[1]*míng*
nèishìfǎntīng 内视反听[-聽] F.E. examine oneself and listen to other's opinions
nèishìmiàn cáiliào 内饰面材料 N. <*archi.*> interior decorative material
nèishì tiānpíng 内式天平 N. <*wr.*> internal balance M: [1]*jià*/[1]*tái*
nèishìtú 内视图[-圖] N. inside view M: [1]*zhāng*
nèishuǐ 内水 N. ① lakes and rivers in one's own country ② flooded farmland ③ inland waters
nèisī 内思 N. internal thoughts
nèisōnglián 内松连[-鬆-] N. <*lg.*> internal open juncture
nèitāi 内胎 N. tire inner tube
nèitīng* 内厅[-廳] P.W. interior hall/room M: [1]*jiān*
nèitíng 内廷 P.W. imperial court/palace/residence
nèituīfǎ 内推法 N. interpolation
nèiwài 内外 N. ①inside and outside ②domestic and foreign ♦ADV. approximately; about
nèiwài bìngzhòng 内外并重[--並-] V.P. The internal and external are equally important.
nèiwài jiāgōng 内外加/夹攻[--夾-] V.P. attack from both within and without ♦N. <*mil.*> crossfire
nèiwài jiāokùn 内外交困 V.P. beset with difficulties at home and abroad
nèiwài jiē wāntóu 内外接弯头[---彎-] N. street bend/elbow/ell
nèiwàiyǒubié 内外有别 F.E. keep inside information from outsiders/foreigners
nèiwèi 内卫[-衛] V. defend sth. from internal harm
nèiwèijūn 内卫军[-衛-] N. <*mil.*> interior guard M: [4]*zhī*
nèiwù 内务[-務] N. ①domestic/internal/family affairs ② <*mil.*> routine tasks ③ <*trad.*> affairs within the palace
Nèiwùbù 内务部[-務-] N. Ministry of Internal Affairs
nèixī 内吸 N. <*lg.*> suction
nèixì* 内隙 N. <*wr.*> inner width
nèixiàn 内线 N. ① planted spy/agent ② <*mil.*> interior lines ③ telephone extension line
nèixiáng 内详 F.E. name and address of sender enclosed; details inside
[1]**nèixiàng*** 内向 S.V. introverted; endocentric ♦N. <*psy.*> introversion
[2]**nèixiàng** 内项 N. <*math.*> the second/third term (in a proportion of four terms); mean
nèixiàng guīfànhuà de 内向规范化的[---範--] ATTR. <*lg.*> endonormative
nèixiàng jiégòu 内向结构[-構] N. <*lg.*> endocentric construction
nèixiàng níngjùlì 内向凝聚力 N. sense of cohesion (among a group of people)
nèixiàn gōngzuò 内线工作 N. work of spying within the enemy
nèixiàngxíng 内向型 ATTR. domestic sale-oriented
nèixiàng xìnggé 内向性格 N. introverted nature
nèixiàngxíng jīngjì 内向型经济[-經濟] N. domestically oriented economy
nèixiàngyǔ de 内向语的 ATTR. <*lg.*> endoglossic
nèixiàn zuòzhàn 内线作战[-戰] N. <*mil.*> fight within the interior lines
nèixiāo 内销 V. sell in the domestic market
nèixiāofǎ 内消法 N. <*Ch. med.*> (therapeutic) pattern of internal elimination
něixiē 哪些 PR. which?; who?; what? (plural) ***See also*** *nǎxiē*
nèixiē* 那些 PR./ATTR. those ***See also*** *nàxiē*
nèixié 内邪 N. endopathogens; internal pathogenic factors
nèixiéshì 内斜视 N. <*med.*> esotropia; cross-eye
nèixīn 内心 N. ① heart; inner being ② <*math.*> incenter (of a triangle)

N

nèixīn chōngtū 内心冲突[--衝-] N. <*psy.*> intrapsychic conflict
nèixīn dúbái 内心独白[--獨-] N. <*thea.*> internal monologue; soliloquy
nèixīn fānténg 内心翻腾 V.P. <*wr.*> one's heart is in a tumult
nèixíng* 内行 N. <*trad.*> ① women's conduct ② one's private behavior *See also nèiháng*
nèixǐng 内省 N. introspection
nèixìng 内姓 N. relatives of the same surname
nèixǐngbùjiù 内省不疚 F.E. <*wr.*> find no fault in examining one's heart
nèixǐngfǎ 内省法 N. <*psy.*> introspective method
nèixǐnglì 内省力 N. <*psy.*> insight
nèixíngxīng 内行星 N. <*astr.*> an inferior planet
nèixīn shēnchù 内心深处[-處] N. in one's heart of hearts
nèixīn shìjiè 内心世界 N. a person's inner world
nèixīn yǒukuì 内心有愧 V.P. have a guilty conscience
nèixiōng 内兄 N. wife's elder brother; brother-in-law M: *ge*/[1]*míng*/[2]*wèi*
nèixiōngdì 内兄弟 N. ① brothers-in-law; wife's brothers ② <*trad.*> cousins; sons of mother's brothers
nèixiù 内秀 S.V. ① intelligent but unassuming ② one's inner wisdom
nèixīyīn 内吸音 N. <*lg.*> ingressive sound
nèixī zuòyòng 内吸作用 N. systemic action
nèixū 内需 N. internal demand
Nèixué 内学 N. Buddhism
nèiyán* 内延 N. intension
nèiyàn 内焰 N. <*chem.*> inner flame
něiyàng(r) 哪/那样(儿)[-樣-] PR. ①what kind?; what? ② whatever kind; whatever ③ how?; in what way? *See also nǎyàng*
nèiyàng(r)* 那样(儿)[-樣-] PR. that kind of; like that ♦ADV. such; so; in that case *See also nàyàng*
nèiyǎnggōng 内养功[-養-] N. <*Ch. med.*> breathing exercises
nèiyě 内野 N. <*sport*> infield
nèi yè* 内业[-業] N. <*wr.*> interior work
nèiyě āndǎ 内野安打 N. <*sport*> an infield hit
nèiyěshǒu 内野手 N. <*sport*> an infielder M: *ge*/[1]*míng*/[2]*wèi*
nèiyī* 内衣 N. underwear M: [2]*jiàn*
nèiyí 内移 N. ingression
nèiyì 内翼 N. inner wing
nèiyīn 内因 N. <*phil.*> internal causes
nèiyǐn fǎnyìng 内隐反应[-隱-應] N. covert response
nèiyìng 内应[-應] N. planted agent; inside contact
nèiyìngbiàn 内应变[-應變] N. internal strain
nèiyínglì 内营力[-營-] N. internal stress
nèiyìnglì* 内应力[-應-] N. <*mach.*> internal stress
nèiyīnxìng xiàochuǎn 内因性哮喘 N. <*med.*> intrinsic asthma
nèiyìzhì 内抑制 N. <*med.*> internal inhibition
nèiyōng 内痈[-癰] N. <*med.*> internal carbuncle
nèiyòng* 内用 N. internal use
nèiyōu 内忧[-憂] N. ① domestic troubles ② mental worry
nèiyǒu* 内有 F.E. <*wr.*> enclosed is/are. . .
nèiyōuwàihuàn 内忧外患[-憂--] F.E. domestic trouble and foreign invasion
[1]**nèiyuán** 内圆 N. internal circle (geometry)
[2]**nèiyuán** 内源 ATTR. endogenous
nèiyuàn* 内院 N. walled-in courtyard
nèiyuán móxiāo 内圆磨削 N. <*mach.*> internal grinding
nèiyuánxìng gǎnrǎn 内原/源性感染 N. <*med.*> endogenous infection; autoinfection
nèiyùn 内蕴 V. ①hold; contain ②stay inactive; lie hidden ♦N. subtext; implication
nèiyùnshuō 内蕴说 N. <*lg.*> ding-dong theory
nèiyǔyán 内语言 N. <*comp.*> interlanguage

nèizài 内在 ATTR. inherent; intrinsic ♦N. innateness
nèizài biànyì 内在变异[-變異] N. <*lg.*> inherent variability
nèizàibō diànshì 内载波电视[---電-] N. intercarrier television
nèizài gōngnéng 内在功能 N. built-in function
nèizài guīlǜ 内在规律 N. inherent law
nèizàihuà juésè 内在化角色 N. internalized role
nèizài kěbiànxìng 内在可变性[---變-] N. <*lg.*> intrinsic transformability
nèizài liánxì 内在联系[-聯繫] N. inner link; internal relations
nèizàilùn 内在论 N. <*phil.*> immanentism
nèizài máodùn 内在矛盾 N. inherent contradictions
nèizàiměi 内在美 N. ①inner beauty ②beauty of spirit
nèizàixìng 内在性 N. internality; immanence; inherence; interiorness
nèizài yīnsù 内在因素 N. internal factors
nèizài yìyì 内在意义[-義] N. <*lg.*> intrinsic meaning
nèizàng 内脏[-臟] N. internal organs; viscera
nèizéwúkuī 内则无亏[-虧] F.E. dutiful and virtuous (of a housewife)
nèizhái 内宅 N. <*wr.*> inner chambers for womenfolk M: [4]*zuò*
nèizhài* 内债 N. internal debt M: [2]*bǐ*
nèizhàn 内战[-戰] N. civil war M: *cì*/[3]*cháng*
nèizhàng 内障 N. cataract; glaucoma
nèizhǎngguì de 内掌柜的[--櫃-] N. <*coll.*> ① wife of a shopkeeper ② wife who controls the domestic budget
nèizhāo 内招 V. recruit internally; recruit from one's own circle
nèizhēng 内争[-爭] N. internal strife
nèizhèng* 内政 N. ① domestic affairs ② home administration
Nèizhèngbù 内政部 P.W. Ministry of the Interior
nèizhèng bùzhǎng 内政部长 N. minister of the interior M: [2]*wèi*
nèizhèngfǔ 内政府 N. domestic government
nèizhèng-wàijiāo 内政外交 N. internal affairs and foreign relations
nèizhí(r)* 内侄(儿) N. son of wife's brother; nephew M: *ge*/[1]*míng*
nèizhǐ 内指 N. <*lg.*> endophoric
[1]**nèizhì** 内痔 N. <*med.*> internal hemorrhoids
[2]**nèizhì** 内治 N. ① internal affairs/politics ② household matters
nèizhìfǎ 内治法 N. <*med.*> internal therapy
nèizhíjìng 内直径[-徑] N. interior/internal diameter
nèizhínǚ(r) 内侄女(儿) N. daughter of wife's brother; niece M: *ge*/[1]*míng*
nèizhōng 内中 P.W. <*phil.*> interior ♦ATTR. internal; inner
nèizhòngwàiqīng 内重外轻[-輕] F.E. over-concentration of power in the central government
[1]**nèizhù** 内助 N. <*wr.*> wife
[2]**nèizhù** 内柱 N. hypostyle column
nèizhuǎn 内转[-轉] N. <*lg.*> ① inner series ② series of [4]*shè* with the main vowel *i*
nèizhuàn* 内传[-傳] N. intimate biography
nèizhuāng 内装[-裝] ATTR. built-in
nèizhuāng tiānxiàn 内装天线[-裝--] N. built-in antenna
nèizhuāngxiū 内装修[-裝-] N. interior decoration
nèizī* 内资 N. domestic investment
nèizǐ 内子 N. <*wr.*> my wife
nèizǔ 内阻 N. <*elec.*> internal/inherent resistance
nèizǔkàng 内阻抗 N. <*phy.*> internal impedance
nèkǒu 讷口 S.V. slow of speech
nèkǒushǎoyán 讷口少言 F.E. tight-lipped; uncommunicative

[1]**nèn** 嫩 S.V. ①tender; delicate ②inexperienced; unskilled
[2]**nèn** 恁 ADV./B.F. that way; in that case *nèndì, nènme*
nènbān 恁般 ADV. <*topo.*> so; such; like that; to such an extent
nèncǎo 嫩草 N. <*bot.*> browse; tender shoots/twigs/etc.
nèncuì 嫩脆 S.V. fresh and crispy (of food)
nèndì 恁地/的 ADV. <*topo.*> ① such; so; in this way; to such extent *Bùyào ~ shuō.* Don't talk like that. ② how; why
nèndòufu 嫩豆腐 N. tender beancurd; soft tofu M: [2]*kuài*
nènè 讷讷 V. <*wr.*> speak slowly or with difficulty
néng 能 AUX. can; be able to; be capable of ♦B.F. ① ability; capability [1]*nénglì* ② skill *jìnéng* ③ <*phys.*> energy *rènéng* ♦CONS. *~ A ~ B* can do/be/etc. both A and B *~shàng~xià* can take on higher or lower duties
néngbiànqíwēi 能辨其微 F.E. appreciate minute differences
néngbù 能不 V.P. can't help; how can one not
néngbugòu 能不够[-夠] V.P. <*coll.*> keep on showing off
néngbùyīyī 能不依依 F.E. <*wr.*> Can I not help thinking of you?
néngchǎn de 能产的[-產-] ATTR. productive
néngchǎnxìng 能产性[-產-] N. <*lg.*> productivity
néngchén 能臣 N. a capable minister; high official M: *ge*/[1]*míng*/[2]*wèi*
néngchī 能吃 S.V./V.P. ① have a good appetite; able to eat ② able to eat a lot ③ edible
néngchuāntòuxìng 能穿透性 N. <*phy.*> penetrability
néngdāngliàng 能当量[-當-] N. <*phy.*> energy equivalent
néng de fàngchū 能的放出 N. <*phy.*> energy release
néng de sànyì 能的散逸 N. <*phy.*> dissipation of energy
néngdòng 能动[-動] ATTR. active; dynamic
néngdòngxìng 能动性[-動-] N. dynamic role; initiative
néngdòng xīnlǐxué 能动心理学[-動---] N. activist psychology
néngdòngzhǔyì 能动主义[-動-義] N. <*phil.*> activism
néngfānéngshōu 能发能收[-發--] F.E. have a sense of appropriateness
néngfǒu 能否 V.P. Is it possible. . .?; Can or cannot?
nénggàn 能干[-幹] S.V. ① able; capable; competent ② ingenious; clever
nénggànnàiláo 能干耐劳[-幹-勞] F.E. <*wr.*> talented and indefatigable
nénggēshànwǔ 能歌善舞 F.E. skilled in both singing and dancing (usu. of women)
nénggōngnéngshǒu 能攻能守 F.E. ①be able to take the offensive as well as hold one's ground ② can both attack and defend
nénggōng-qiǎojiàng 能工巧匠 N. skilled craftsman
nénggòu 能够[-夠] AUX. can; be able to; be capable of
néngguāncèxìng 能观测性[-觀--] N. observability
néngguānnéngmín 能官能民 F.E. be ready to serve as an official or to be one of the common people
nénghánliàng 能含量 N. <*phy.*> energy content
nénghào 能耗 N. energy consumption
néngjí 能级 N. ① <*phy.*> energy level ② professional competence
néngjiàn bànjìng 能见半径[-徑] N. radius of visibility
néngjiàndù 能见度 N. visibility
néngjiàn fànwéi 能见范围[-範圍] N. area of visibility

néngjiàn jíxiàn 能见极限[--極-] N. limit of visibility
néngjiàn jùlí 能见距离[-離] N. visibility range
néngjiǎnyàn de 能检验的 ATTR. testable
néngjí duìyìng 能级对应[-對應] N. set work assignment according to professional competence
néngjìnnéngtuì 能进能退[-進--] F.E. be able to advance and retire
néngjìnqǔpì 能近取譬 F.E. put oneself in another's place
néngkòngxìng 能控性 N. controllability
[1]**nénglì** 能力 N. ability; capacity; competence
[2]**nénglì** 能立 N. <log.> demonstration
[3]**nénglì** 能吏 N. a capable official
néngliàng 能量 N. ① <phy.> energy ② capabilities
néngliàng bù miè dìnglǜ 能量不灭定律[---滅--] N. law of conservation of energy
néngliàng shǒuhéng 能量守恒[-恆] N. conservation of energy
néngliàng shǒuhéng lǜ 能量守恒律[---恆-] N. law of conservation of energy
néngliàng xiāohào 能量消耗 N. energy consumption
néngliàng xīshōu 能量吸收 N. energy absorption
nénglì bù miè 能力不灭[-滅] <phy.> V.P. energy is conserved
nénglì cèyàn 能力测验 N. <psy.> ability test
nénglì qīngxiàng cèyàn 能力倾向测验 N. <psy.> aptitude measure
nénglǜ 能率 N. rate of work efficiency
néngmíng 能名 N. famed for great capability
néngnai 能耐 N. <coll.> ability; capability; skill
néngpǐn 能品 N. art work showing some talent
néngqíshànshè 能骑善射 F.E. be talented in riding and shooting
néngqūnéngshēn 能屈能伸 F.E. be adaptable to circumstances
néngrén* 能人 N. able person M: ge/[1]míng/[2]wèi
Néngrén 能仁 N. <Budd.> Sakyamuni
néngrén bèihòu yǒu néngrén 能人背后有能人[---後---] V.P. For every able person there's always sb. abler.
néngréncáizǐ 能人才子 F.E. man of ability; talented person
néngrén tǒngzhì 能人统治 N. meritocracy
néngrěnzé'ān 能忍则安 F.E. He who can endure is at ease.
néngrěnzì'ān 能忍自安 F.E. Patience brings peace of mind.
néngróunénggāng 能柔能刚[-剛] F.E. <wr.> be either flexible or obdurate
néngruònéngqiáng 能弱能强[-強] F.E. <wr.> be either yielding or firm
néngshàngnéngxià 能上能下 F.E. be ready to accept either a higher or a lower post
néngshi 能事 N. forte; special skill/ability *See also* [2]*néngshì*
[1]**néngshì*** 能士 N. capable/talented persons
[2]**néngshì** 能事 N. ① one's special competence ② that which is within one's ability to do *See also néngshi*
néngshīshànhuà 能诗善画[-畫] F.E. <wr.> excel in both poetry and painting
néngshíxìng 能识性[-識-] N. identifiability
néngshǒu 能手 N. expert; master hand M: ge/[1]míng/[2]wèi
néngshǔ 能数[-數] ATTR. countable
néngshǔ míngcí 能数名词[-數--] N. count noun
néngshuōhuìdào 能说会道 F.E. have a gift of gab; be glib
néngshuōshàndào 能说善道 F.E. be articulate and eloquent
néngsǔnshī 能损失 N. <phy.> loss of energy
néngsuǒ 能所 N. <wr.> the subject/object of knowledge
néngtīngdù 能听度[-聽-] N. audibility
néngtīng fànwéi 能听范围[-聽範圍] N. area of audibility
néngtīng jíxiàn 能听极限[-聽極-] N. limit of audibility
nèngǔtou 嫩骨头 N. ① cartilage ② a weak-minded person
néngwéi* 能为 N. ① ability; capability; skill ② capable of doing
néng-wěi 能委 N. energy commission
néngwénnéngwǔ 能文能武 F.E. gifted in both intellectual and physical spheres
néngxì 能隙 N. energy gap
néngxiàolǜ 能效率 N. energy efficiency
néngxiěhuìsuàn 能写会算[-寫--] F.E. can write and use the abacus
néngxiěshànhuà 能写善画[-寫-畫] F.E. can write and paint
néngxiěshànsuàn 能写善算[-寫--] F.E. <wr.> can write and compute
néngxíng 能行 V. ① be capable of; have the ability ② be workable ♦V.P. yes; all right (expressing consent)
néngxíngxìng lǐlùn 能行性理论 N. effectiveness theory
néngyánkuàiyǔ 能言快语 F.E. eloquent and frank
néngyánshànbiàn 能言善辩 F.E. eloquent; quick-tongued
néngyuán 能源 N. energy; energy sources
Néngyuánbù 能源部 N. Department of Energy Resources
néngyuàn dòngcí 能愿动词[-願動-] N. <lg.> ① modal/optative verb ② volitive auxiliary
néngyuánfǎ 能源法 N. energy law
néngyuán jiégòu 能源结构[-構] N. energy-resource structure
néngyuán jīngjì 能源经济[-經濟] N. economy of energy
néngyuán jīngjìxué 能源经济学[--經濟-] N. energy economics
néngyuànjù 能愿句[-願-] N. <lg.> optative sentence
néngyuàn qíngtài 能愿情态[-願-態] N. <lg.> dynamic modality
néngyuán wēijī 能源危机 N. energy crisis M: cì/[3]cháng
néngyuán wěiyuánhuì 能源委员会 P.W. energy commission
néngyuán xūqiú 能源需求 N. energy needs
néngyùxìng 能育性 N. fertility
néngzhěduōláo 能者多劳[-勞] F.E. able people should do more or end up doing more
néngzhēngguànzhàn 能征惯战[-戰] F.E. <wr.> seasoned in war/fighting
néngzhěwéishī 能者为师[-師] F.E. let those who know teach (others)
néngzhǐ 能指 N. <lg.> signifier; signifying; significant
néng zhī biànhuà 能之变化[--變-] N. transformation of energy
néngzhī hé suǒzhī 能知和所知 F.E. <wr.> the subject and the object of knowledge
néngzhìliáoxìng 能治疗性[--療-] N. <med.> treatability
néngzuòzézuò 能做则做 F.E. So long as one can, one should do it.
nènhán 嫩寒 V.P. <wr.> slightly cold; chilly
nènhóng 嫩红 N. pink; apricot pink
nènhuáng 嫩黄 V.P. light yellow
nènhuángguā 嫩黄瓜 N. <bot.> young cucumber; gherkin M: [1]tiáo/[2]gēn/ge
nènjī 嫩鸡[-雞] N. a young chicken M: [2]zhī
nènjiān 嫩煎 ATTR. sautéed
nènjīng 嫩精 N. tenderizer
nènlái 恁来 ADV. so; thus
nènlǜ 嫩绿 V.P. light green
nènlǜjiāohóng 嫩绿娇红[--嬌-] F.E. tender blossoms and delicate leaves
nènme 恁么[-麼] ADV. in this way; like this ♦ATTR. what; which
nènmiáo(r) 嫩苗(儿) N. delicate seedling (of crops/etc.)
nènnènr 嫩嫩儿 R.F. <coll.> ① young and delicate (of plants/etc.) ② fresh; tender (of food)
nènpí 嫩皮 N. soft skin/fur
nènqi 嫩气[-氣] S.V. ① tender ② immature
nènqíng 嫩晴 V.P. <wr.> fine (weather) after a long spell of rainy weather
nènròu 嫩肉 N. tender meat
nènruò 嫩弱 S.V. delicate; tender; frail
nènsè 嫩色 N. light colors; pastel shades
nènshēngshēng 嫩生生 R.F. very tender
nènshí 恁时[-時] PR. ① at that time ② when that happens; then
nènshíjié 恁时节[-時節] PR. when that time comes; at that time
nènshǒu 嫩手 N. ① raw/new hand ② delicate hands
nèn wāndòujiá 嫩豌豆荚[-莢] N. <bot.> peas
nènxiē 恁些 PR. these; so many
nènyá(r) 嫩芽(儿) N. tender sprouts/buds M: [1]kē
nènyè 嫩叶[-葉] N. newly grown leaves; a young/tender leaf M: [1]piān
nènzhī 嫩枝 N. sprig; spray; twig
nènzhì* 嫩稚 S.V. ① young and tender ② immature
nèsè 讷涩[-澀] V.P. slow of speech ♦V. stammer
Nézhā 哪吒 N. <Budd.> Nata, a powerful boy god
ńg* 嗯 INTJ. What?; Huh? *See also ňg, ǹg*
ňg 嗯 INTJ. How come?; Why? *See also ńg, ǹg*
ǹg 嗯 INTJ. O.K.; Agreed! *See also ńg, ňg*
nī 妮 in *nīr, xiǎonīzi*
[1]**ní** 泥/坭 N. mud; clay ♦B.F. mashed vegetables/fruit *zǎoní See also* [4]*nì*
[2]**ní** 呢 N. woollen cloth *See also ne*
[3]**ní** 铌[鈮] N. <chem.> niobium
[4]**ní** 鲵[鯢] B.F. salamander ***dàní, jīngní***
[5]**ní** 麑 B.F. a small deer [2]***nílù, níqiú***
[6]**ní** 霓 B.F. secondary rainbow [1]***yúnní, níhóng***
[7]**ní** 輗[輗] B.F. linchpin of a large carriage ***níyuè***
[8]**ní** 尼 in ***nígū, Hànízú, píní***
[9]**ní** 怩 in ***niǔní, yìní***
[10]**ní** 猊 in ***jīnní, suānní***
Ní 倪 N. Surname ♦in ***duānní, bìní***
[1]**nǐ*** 你 PR. you ~ ***gàn ~ de, wǒ gàn wǒ de.*** You work in your way and I'll work in mine.
[2]**nǐ** 拟[擬] V. ① draw up; draft ② intend; plan ♦B.F. imitate ***nǐzuò*** ♦PREF. quasi
[3]**nǐ** 旎 in ***yǐnǐ***
[4]**nǐ** 苨 in ***nǐnǐ***
[1]**nì** 腻[膩] S.V. ① greasy; oily ② bored; tired of ***Tā de gùshi wǒ tīng ~ le.*** I'm tired of listening to his story. ③ intimate ④ sticky
[2]**nì** 逆 V. go against; disobey ♦B.F. ① contrary; counter ***nìliú*** ② traitor ***nìzéi*** ③ <math.> inverse; converse ***nìyùnsuàn***
[3]**nì** 溺 V. drown ♦B.F. be addicted to; indulge [1]***nì'ài*** *See also* [1]*niào*
[4]**nì** 泥 V. cover/daub with plaster ♦B.F. stubborn; bigoted ***jūnì*** *See also* [1]*ní*
[5]**nì** 匿 B.F. hide; hidden [2]***nìbì, nìcáng***
[6]**nì** 睨 B.F. look askance at [1]***nìshì, àonì***
[7]**nì** 昵 B.F. intimate [2]***nì'ài, qīnnì cíyǔ***
[8]**nì** 埿 in [3]***pìnì***
[9]**nì** 嫟 in ***yànnìzhīsī***
[10]**nì** 衵 in [2]***nìfú***
[1]**nì'ài** 溺爱[-愛] V. spoil (a child); dote on
[2]**nì'ài** 昵爱[-愛] N. love/affection (between opposite sexes)
[1]**niān** 拈 V. pick up with the thumb and one/two fingers
[2]**niān(r)** 蔫(儿)[-(兒)] V. wither; fade; droop ♦S.V. listless; spiritless
[1]**nián*** 年 M. year ♦B.F. ①age ***niánlíng***②New Year [1]***niángāo***③a period in one's life [1]***zhōngnián***④a period in history ***mònián*** ⑤ harvest ***niáncheng*** ♦N. ① age ***Tā ~ jìn liùshí.*** He's close to 60 years old. ② Surname

[2]**nián** 黏/粘 S.V. sticky; glutinous ♦V. adhere; stick *See also* [2]*zhān*
[3]**nián** 鲇/鲶[鯰] N. catfish
[1]**niǎn** 碾 V. grind; husk; crush ♦N. roller
[2]**niǎn** 捻 V. twist with the fingers ♦N. sth. made by twisting
[3]**niǎn** 撵[攆] V. ① drive out; oust ② <topo.> catch up
[4]**niǎn** 涊 B.F. perspiration *tiǎnniǎn*
[5]**niǎn** 辇[輦] B.F. carriage pulled by men; imperial carriage *niǎnfū, hùniǎn*
[1]**niàn** 廿 NUM. twenty; 20
[2]**niàn** 念 V. ① <wr.> think of; miss ② read aloud ③ study; attend school ♦B.F. ① thought; idea *niàntou* ② care; remembrance *huáiniàn*
[3]**niàn** 埝 N. low bank between fields
nī'ān* 尼庵 P.W. Buddhist nunnery M: [4]*zuò*
nì'àn 溺岸 N. drowned coast
niānba* 蔫巴 V.P. fading; withering; shriveling
niánba 粘巴 A.T. <coll.> soften; back down
niánbāba 黏/粘巴巴 R.F. sticky; gluey; gummy
niǎnbái 碾白 V.O. ① polish ② whiten
niànbái* 念白 N. <opera> spoken parts
niàn báizì 念白字 V.O. read a character incorrectly
niánbǎnyán 黏板岩 N. <min.> clayey schist
niánbào 年报[-報] N. ①annual report ②annals (of a learned society) M: [1]*fèn*
niánbàobiǎo 年报表[-報-] N. annual report M: [1]*zhāng*/[1]*fèn*
nián bǎoxiǎnfèi 年保险费 N. annual insurance premium M: [2]*bǐ*
nián-bǎozhèng gōngzī 年保证工资[--證--] N. guaranteed annual wage
niánbèi 年辈 N. ① seniority according to age ② age and generation
niānbǐ* 拈笔[-筆] V.O. take a pen; pick up a pen to write; write
niǎnbí 捻鼻 V.O. rub the nose
niǎnbì 碾毙[-斃] V. be run over by a vehicle
niánbiàn 年变[-變] N. annual variation
niánbiànhuà 年变化[-變-] N. annual variation
niánbiǎo 年表 N. chronological table M: [1]*zhāng*
niánbó 年伯 N. <trad.> address for father's classmate in passing the civil-service examination
niānbuchūliū(r) 蔫不出溜(儿) V.P. <coll.> stealthily; quietly
niānbudeng 蔫不登 V.P. <coll.> ① low-spirited ② drooping (of plants lacking water)
niǎnbudiào 撵不掉 R.V. can't drive/chase away (of bothersome people/animals/etc.)
niānbujiji 蔫不唧唧 <coll.> V.P. ①in low spirits ② quiet
niānbujir 蔫不唧儿 V.P. <coll.> ① low-spirited ② drooping (of plants lacking water)
niǎnbukāi 撵不开[-開] R.V. impossible to drive (sb.) away
niānbuliu 蔫不溜 V.P. <coll.> quiet; silent
niānbuqiāor 蔫不悄儿 V.P. <coll.> quiet; silent
niànbushàng 念不上 R.V. don't know how to read/pronounce (of new words/etc.)
niānbushēng 蔫不声[-聲] V.P. <coll.> quiet; silent
niànbuxià 念不下 R.V. can't continue study; quit school
niánbuzhù 黏不住 R.V. fail to stick/adhere
niáncài 年菜 N. Spring Festival dishes
niáncéng 年层[-層] N. <geol.> annual layer
niánchan 黏/粘缠[-纏] S.V. closely stick to ♦V. debilitate; wear down
niǎncháng 碾场[-場] V.O. thresh or husk grain on a threshing ground
niánchángrìjiǔ 年长日久 F.E. last a very long time
niánchǎnliàng 年产量[-產-] N. annual output/yield
niánchǎnzhí 年产值[-產-] N. value of annual production
niáncheng* 年成 N. year's harvest
niǎnchéng 碾成 R.V. press to form sth.
niánchéngběn bǐjiàofǎ 年成本比较法 N. <acct.> annual-cost method of comparison
niǎnchéng jīfěn 碾成齑粉[--齏-] V.O. be ground to dust
niánchénrìjiǔ 年陈日久 F.E. <wr.> ① in the course of time ② out of date
niánchǐ 年齿[-齒] N. age; the age of a person
niánchóng 黏虫[-蟲] N. armyworm M: [1]*tiáo*/[2]*zhī*
niánchóu 黏稠 S.V. sticky and thick
niánchóuxìng 粘稠性 ATTR. ropy; viscous
niánchū 年初 N. beginning of the year
niánchǔcún chéngběn 年储存成本 N. <acct.> annual holding cost
niǎnchuí 碾槌 N. pestle
niānchūliūr 蔫出溜儿 V.P. <coll.> quietly; softly; deftly
niǎn chūqu 撵出去 R.V. throw sb. out
niáncì 年次 N. order by years of age
niǎncuō 捻搓 V. twist together (as thread)
niándài 年代 N. ① age; years; time ② decade
niándàijì 年代纪 N. mark/symbol of en epoch
niándàixué 年代学 N. chronology
niándàixuéjiā 年代学家 N. chronologist M: *ge*/[1]*míng*/[2]*wèi*
niǎndào 辇道 N. the emperor's road M: [1]*tiáo*
niàndao* 念叨 V. ① constantly reminisce about ② grumble ③ <topo.> talk over; discuss
niándé 年德 N. age and respectability
niǎndēng 捻灯[-燈] V.O. turn up the wick of a lamp
niándēngbùhuò 年登不惑 F.E. <wr.> at the age of forty
Nī'āndétèrén 尼安德特人 N. <archeo.> *Homo sapiens neanderthalensis*
niándǐ* 年底 N. end of a year
niándì 年弟 N. self-reference vis-à-vis a civil-service examination classmate
niándǐxia 年底下 N. end of year
nián-dìzēnglǜ 年递增率[-遞--] N. <acct.> average annual growth rate
niāndù 拈度 N. twist
[1]**niándù*** 年度 N. (school/etc.) year ♦ATTR. annual
[2]**niándù** 黏度 N. viscosity
niǎndù 捻度 N. number of turns/twists
niándù cházhàng 年度查帐 N. <acct.> an annual audit
niándù jìhuà 年度计划[-劃] N. annual plan
niándù juésuàn 年度决算[--決-] N. <acct.> annual accounts/report
niándù juésuànbiǎo 年度决算表[--決--] N. <acct.> annual statement M: [1]*fèn*
niándù juésuànshū 年度决算书[--決-書] N. <acct.> annual statement M: [1]*fèn*
niānduō 拈掇 V. point out; refer to
niándù zǒngbàogào 年度总报告[--總報-] N. general annual reports M: [1]*fèn*
niànfǎ 念法 N. <lg.> ① pronunciation ② intonation
niánfàn 年饭 N. New Year's Eve family dinner
niǎnfáng 碾坊 P.W. grain mill M: [1]*jiā*
niánfāng'èrbā 年方二八 F.E. <wr.> be just sixteen years of age
niánfāngjíjī 年方及笄 F.E. <wr.> just of marriageable age (said of a girl)
niànfǎr 念法儿 N. way of pronouncing/reading
niǎnfāyīn 捻发音[-發-] A.T. <med.> crepitus; crepitant rale
niánfèi* 年费 N. annual fee M: [1]*bǐ*
Niǎnfěi 捻匪 N. Nian rebels (1853–1868)
niánfèn 年份/分 N. ①a particular year; vintage ② age; time ③ fraction of a year
niánfēng 年丰[-豐] N. plentiful year; year of a good harvest
niánfèng* 年俸 N. yearly salary M: [1]*fèn*
niànFó 念佛 V.O. ① chant the name of Buddha ② pray to Buddha
niànFózhū 念佛珠 N. prayer beads M: [1]*kē*/[1]*chuàn*
niánfù* 黏附 V. adhere; bound
niǎnfū 辇夫 N. a porter M: *ge*/[1]*míng*
niánfù císù 粘附词素 N. <lg.> bound morpheme
niánfù de 粘附的 ATTR. linked
niánfùlì 黏附力 N. adhesion
niánfùlìqiáng 年富力强[-強] F.E. in one's prime
niánfùxìng 粘附性 N. <lg.> bound
niánfù xíngshì 黏附形式 N. <lg.> bound form
niánfùyīnián 年复一年[-復--] F.E. year after year
niánfùzì 黏附字 N. <lg.> bound word
niáng* 娘 N. ma; mum; mother ♦B.F. ① elderly married woman *dàniáng* ② young woman *gūniang*
niàng 酿[釀] V. brew; ferment ♦B.F. ①brew (fig.); be in long, drawn-out preparation *yùnniàng* ②lead to; result in *niàngchéng* ③wine [1]*jiāniàng*
niāngān 蔫甘 A.T. amiable and mild
[1]**niángāo** 年糕 N. New Year's cake
[2]**niángāo** 黏/粘糕 N. cake made of glutinous rice flour M: [2]*kuài*
[3]**niángāo** 年高 V.P. venerable
niángāodéshào 年高德劭 F.E. ① venerable age and eminent virtue ② advanced in years and virtue
niángāomǐ 年糕米 N. rice for lunar new year's cake
niángāowàngzhòng 年高望重 F.E. aged and celebrated
niàngchéng 酿成[釀-] R.V. lead to; breed
niàngchéngdàhuàn 酿成大患[釀-] F.E. <wr.> bring down a great calamity
niàngchéngdàhuò 酿成大祸[釀-禍] F.E. <wr.> lead to disaster; breed disaster
niángēn(r) 年根(儿) N. <coll.> year's end
niángēng 年庚 N. time (year, month, day, hour) of a person's birth
niángēngbāzì 年庚八字 F.E. hour, date, month, and year of one's birth
niángēnqián(r) 年跟前(儿) N. just before year's end
niànghuò 酿祸[釀禍] V.O. lead to disaster; brew mischief
niángjia 娘家 N. married woman's parents' home
niángjiaxìng 娘家姓 N. maiden name
niángjiù 娘舅 N. <topo.> brother of one's mother; uncle
niàngjiǔ* 酿酒[釀-] V.O. make wine; brew beer
niàngjiǔchǎng 酿酒厂[釀-廠] P.W. winery; brewery M: [1]*jiā*
niàngjiǔfáng 酿酒房[釀-] P.W. brewery; winery M: [1]*jiā*
niàngméi 酿酶[釀-] N. <chem.> zymase
niáng(r)men 娘(儿)们 N. <coll.> womenfolk; married women
niàngmì 酿蜜[釀-] V.O. make honey (of bees)
niángmǔ(r/zi)* 娘母(儿/子) N. <topo.> mother
niàngmǔ 酿母[釀-] N. yeast
niàngmǔjūn 酿母菌[釀-] N. feast
niángniang 娘娘 N. ① empress ② imperial concubine of the first rank ③ goddess
niángniangqiāng 娘娘腔 N./S.V. womanish mannerism/speech
niàngnóngjūn 酿脓菌[釀膿-] N. <med.> germs which cause suppuration
niángōng 年功 N. ①inventory/record of service (for determining salary/etc.) ② merit earned during years of service
niāngōngdājiàn 拈弓搭箭 F.E. <wr.> string one's bow and fit an arrow
niángōngjiāfèng 年功加俸 F.E. increase in salary/etc. according to one's service record
niángōu 粘钩[-鉤] V.O. fish without a hook
niàng pútáojiǔ 酿葡萄酒[釀-] V.O. make wine
niángqīn 娘亲[-親] N. ① mother ② relatives on the maternal side
niángr 娘儿 N. <coll.> mother (in limited contexts)
niàngrèwù 酿热物[釀熱-] N. ferment material; yeast

niángrliǎ 娘儿俩 N. <coll.> mother and son/daughter
niángrmen(r) 娘儿们(儿) N. ① <coll.> women folk; married women ② <topo.> wife ③ mother and child/children
niángrmenjia 娘儿们家 N. <coll.> (married) woman/women
niángr sān gè 娘儿三个[-個] N. <coll.> mother and her two children
niángtāi 娘胎 N. mother's womb
niángǔ 年穀/谷[-穀] N. annual harvest crop; total amount of grain harvested in a year
niánguān 年关[-關] N. end of the year
niánguāng 年光 N. ① time; years ② passage of time ③ year's harvest
niánguāngrěnrǎn 年光荏苒 F.E. ① elapse gradually and imperceptibly (of time) ② pass quickly (of time)
niángùdù 粘固度 N. tenacity
niǎngǔnzi 碾滚子[-滾-] N. stone roller (for grinding grain)
niǎnguò 碾过 R.V. crush or roll over
niánguòbànbǎi 年过半百 F.E. already past fifty
niǎngǔxià 辇毂下[-轂-] N. imperial capital
niángyí 娘姨 N. <topo.> maidservant
niàngzào 酿造[釀-] V. make (wine/vinegar/etc.); brew
niàngzào chūlai 酿造出来[釀-] R.V. produce gradually (as wine is brewed/fermented)
niàngzàopǐn 酿造品[釀-] N. products of brewing/fermenting
niàngzàoshù 酿造术[釀-術] N. science of fermentation; zymurgy
niàngzhì 酿制[釀製] V. produce by fermentation
niángzǐ 娘子 N. ① <topo.> address for one's wife ② <trad.> polite address for a young woman ③ court ladies
niángzǐjūn 娘子军 N. ① detachment of women; women soldiers ② team/group of women ③ woman workers M: [4]zhī
niánhào* 年号[-號] N. emperor's reign title
niànhǎo 念好 R.V. read (aloud) well; study well
[1]**niánhé** 黏合 R.V. <chem.> bind; bond; adhere
[2]**niánhé** 粘核 N. clingstone; plum peach
niánhéchéng 黏合成 R.V. form by adhesion
niánhéjì 黏合剂[-劑] N. binder; adhesive; bonding agent
niánhóngshuǐ 年洪水 N. annual flood
niánhu 黏糊/乎 S.V. ① sticky; glutinous ② clinging; touching ③ languid; slow-moving; slow-tempered; phlegmatic ④ be tardy
niánhuá 年华[-華] N. time; age
niánhuà(r)* 年画(儿)[-畫-] N. New Year pictures M: [1]zhāng/[10]fú
niǎnhuā 捻花 V.O. pluck flowers
niānhuārěcǎo 拈花惹草 ID. ① seek extramarital affairs (of men) ② have promiscuous relations with women
niánhuásìshuǐ 年华似水[-華--] F.E. <wr.> time passes like flowing water
niānhuāwēixiào 拈花微笑 ID. gain a thorough understanding of esoteric Buddhist teachings
niánhuáxūdù 年华虚度[-華虛-] F.E. have spent one's best years without any achievements; have wasted the best years of one's life
niānhūhū 蔫呼呼 R.F. ① delicate ② droopy; quiet
niánhūhū(r)* 黏糊糊//呼呼(儿) R.F. sticky; glutinous; pasty
niánhuī 年徽 N. emblem for a year; a symbol for a special year
niánhuì* 年会 N. annual meeting
niánhuò 年货 N. special New Year purchases
niánhuòshì 年货市 N. market of selling New Year items
niǎn hǔxū 捻虎须[-鬚] V.O. recklessly bold
[1]**niánjí*** 年级 N. grade; year (in school, etc.)
[2]**niánjí** 年集 N. country fair market at lunar year's end
niánjǐ 年脊 N. <zoo.> age ring on ox horns
niánjì 年纪 N. age *Tā shàng le ~ le.* He's getting old.
niànji 念记 V. think of
niánjiā 年家 N. <trad.> listed candidates under the civil-service examination system
niánjià* 年假 N. ① New Year holidays ② annual leave
niánjiān 年间 ADV. during a certain period
niánjiǎn 年检 N. annual inspection ♦V. inspect annually
niánjiàn* 年鉴[-鑒] N. yearbook; almanac M: [1]běn
niánjiāngbànbǎi 年将半百[-將--] F.E. <wr.> be well along toward fifty
niánjiāngbùhuò 年将不惑[-將--] F.E. <wr.> be near forty in age
nián-jiàngshuǐliàng 年降水量 N. <met.> annual precipitation
niánjiāo 黏胶[-膠] N. <chem.> viscose
niánjiāo chángsī 黏胶长丝[-膠-絲] N. <chem.> viscose filament yarn
niánjiāo duǎnxiānwéi 黏胶短纤维[-膠-纖-] N. <chem.> viscose staple fiber
niàn jiāoqing 念交情 V.O. care about friendship
niánjiāo xiānwéi 黏胶纤维[-膠纖-] N. viscose fiber
niánjiāzǐ 年家子 N. classmate
[1]**niánjié** 黏/粘结 V. cohere ♦N. <lg.> agglomeration
[2]**niánjié** 年节[-節] N. days before and after New Year
niánjiélì 黏结力 N. cohesion; cohesive force
niánjiéxìng 黏结性 N. cohesiveness
niánjīn* 年金 N. annuity M: [2]bǐ
niánjǐn 年馑 N. <coll.> famine year
niánjìnbànbǎi 年近半百 F.E. be about fifty years of age
niánjǐng(r)* 年景(儿) N. ① year's harvest ② ambience of the New Year ③ age
niànjīng 念经[-經] V.O. recite/chant scriptures
niánjǐngbùqiáng 年景不强[-強] F.E. <coll.> not a good harvest
niánjìnglì 年净利[-淨-] N. <acct.> annual net profit
niánjìngliú 年径流[-徑-] N. <met.> annual flow/runoff
niánjìngǔxī 年近古稀 F.E. <wr.> getting on toward seventy
niànjīngwènbǔ 念经问卜[-經--] F.E. <wr.> cast a horoscope and divine
niánjìnhuājiǎ 年近花甲 F.E. <wr.> be close to sixty years of age
niānjìnlai 蔫进来[-進-] V.P. <coll.> enter quietly/stealthily
niánjìnsuìpò 年近岁迫[--歲-] F.E. <wr.> coming to the end of the year
niánjìqīngqīng 年纪轻轻[-輕輕] V.P. of young age
niánjíruòguān 年及弱冠 F.E. <wr.> attain the age of twenty; come of age
niānjiū(r) 拈阄(儿)[-鬮-] V.O. draw lots
niānjiǔ 拈酒 V.O. pick up a wine cup to drink
niànjiù* 念旧[-舊] V.O. ① keep old friendships in mind ② for old time's sake
niánjiǔrìshēn 年久日深 F.E. with the passage of time
niánjiǔshīxiū 年久失修 F.E. not repaired for many years
[1]**niánjūn*** 年均 N. annual average
[2]**niánjūn** 黏/粘菌 N. mycetozoa; slime mold/fungus
Niǎnjūn 捻军 N. <hist.> Nian Army
Niǎnjūn Qǐyì 捻军起义[-義] N. <hist.> Nian Rebellion (1853–1868)
niǎnkāi 撵开[-開] R.V. chase/drive away
niánkān 年刊 N. annual publication; yearbook
niánlà 年腊[-臘] N. <Budd.> duration of a monk's profession of faith
niánlái 年来 N. ① in recent years ② after a year
niánlǎo 年老 V.P. along in years
niánlǎobèiqū 年老背曲 F.E. <wr.> be bent with age
niánlǎoduōbìng 年老多病 F.E. be troubled by sickness and old age
niánlǎohūnkuì 年老昏愦 F.E. <wr.> be in one's dotage
niánlǎolìshuāi 年老力衰 F.E. aged and failing in strength
niánlǎotǐruò 年老体弱[-體-] F.E. become old and infirm/weak
niánlǎotǐshuāi 年老体衰[-體-] F.E. <wr.> be worn with age
niánlǎotuìxiū 年老退休 F.E. retire due to old age
niánlǎowúlì 年老无力 F.E. be old and weak
niánlǎowúyòng 年老无用 F.E. old and useless
niánlǎoxīnshào 年老心少 F.E. an old person with a young heart
niánlǎoxuèshuāi 年老血衰 F.E. <wr.> old and decrepit
niánlǎoyāowān 年老腰弯[-彎] F.E. <coll.> be bowed with age
niánlǎoyǔlǚ 年老伛偻[-傴僂] F.E. <wr.> be bowed down with years
niánlegūji 粘/黏了咕叽 V.P. <coll.> sticky
niánlěijī zēngzhǎnglǜ 年累积增长率[--積---] N. <acct> cumulative annual rate of growth
niánlǐ 年礼[-禮] N. New Year's gift M: [1]fèn
[1]**niánlì*** 年历[-曆] N. single-page calendar M: [1]zhāng
[2]**niánlì** 年利 N. annual interest
[3]**niánlì** 年例 N. annual custom
[4]**niánlì** 黏力 N. adhesive power; viscosity
niānlián 拈连 N. a traditional form of extended metaphor
niánlì gōngzī 年历工资[-曆--] N. wages based on seniority and education
niánlìjiùshuāi 年力就衰 F.E. <wr.> physical/mental powers on the decline
niánlìlǜ 年利率 N. annual interest rate
niánlíng 年龄[-齡] N. age
niánlíngduàn 年龄段[-齡-] N. age group/bracket
niánlíng gòuchéng 年龄构成[-齡構-] N. age structure
niánlíng jiégòu 年龄结构[-齡-構] N. age structure/distribution
niánlíng tèzhēng 年龄特征[-齡-徵] N. features characteristic of a person's age
niánlíngzǔ 年龄组[-齡-] N. age group
niánlíng zǔchéng 年龄组成[-齡--] N. age composition/structure
niānliūle 蔫溜了 V.P. <coll.> slipped; stole away
niánliúliàng 年流量 N. <met.> annual flow
niānliur 蔫溜儿 A.T. low spirited; lifeless
niánlǜ 年率 N. annual rate
niǎnluàn 捻乱[-亂] R.V. twist together in a tangled fashion
niánlún 年轮 N. <forest.> annual/growth ring
niánmài 年迈[-邁] V.P. old; aged
niánmàilóngzhōng 年迈龙钟[-邁--] F.E. <wr.> be advanced in years
niánmángmán 粘盲鳗 N. hagfish M: [1]tiáo
niánmào 年貌 N. age and description (in registration/etc.)
niánmǐ* 黏米 N. glutinous rice
niǎnmǐ 碾米 V.O. mill rice
niánmiǎosuìzú 年杪岁卒[--歲-] F.E. <wr.> at/by the end of the year
niǎnmǐchǎng 碾米厂[-廠] P.W. rice-hulling mill M: [1]jiā
niǎnmiè 捻灭[-滅] R.V. extinguish
niǎnmǐjī 碾米机 N. rice mill M: [1]tái
niánmó* 黏膜 N. mucous membrane; mucosa
niánmò 年末 N. end of the year
niǎnmò 碾磨 V. mill
niánmò-rénkǒu 年末人口 N. year-end population
niánmóyán 黏膜炎 N. <med.> mucositis
niánnèi 年内 N. within this year

N

nián-néngliàng shūchū 年能量输出 N. annual output of energy
niānniān(r) 蔫蔫(儿) R.F. <coll.> ① quiet; silent ② listless; droopy; sluggish
niánnián* 年年 N. every year; year after year
niànniàn 念念 R.F. ① <wr.> bear in mind constantly ② repeat endlessly
niànniànbùwàng 念念不忘 F.E. bear in mind constantly
niànniànbùzhì 念念不置 F.E. <wr.> thinking constantly of sb.
niánnianhūhū 粘粘糊糊 R.F. <coll.> like molasses in January; dawdling; plodding
niánnián-jiēguǒshù 年年结果树[-樹] N. <bot.> annual bearer
niánnián jìngòng 年年进贡[--進-] V.P. pay a tribute every year
niānniānr de 蔫蔫儿地 ADV. quietly
niánniánrúcǐ 年年如此 F.E. <wr.> year in and year out
niànniànyǒucí 念念有词 F.E. ① mutter incantations ② mumble
niánniányǒuyú 年年有余 F.E. have a surplus year after year
niǎnnianzhuànr 捻捻转儿[--轉-] N. <topo.> ① top (toy) ② teetotum (child's small toy)
niānnòng 拈弄 V. fondle
niánpán 粘磐 N. <geol.> claypan
niǎnpán* 碾盘[-盤] N. millstone base
niǎnpǎo 撵跑 V. <coll.> send flying
niǎnpíng 碾平 R.V. roll flat
niánpíngjūn 年平均 N. <acct.> annual mean
niān(r)píqi 蔫(儿)脾气[-氣] N. <coll.> quiet nature
niánpǔ(r) 年谱(儿) N. chronicle of sb.'s life
niánqī 年期 N. age; period *lǎo~* old age *èr~ dìngqī cúnkuǎn* two-year fixed deposit
niǎnqǐ 捻起 R.V. twist
niànqǐ* 念起 R.V. ① start reading/studying ② think of (sb.)
niānqián 拈钱[-錢] V. <coll.> ① lend money ② borrow money
niánqián* 年前 N. ① before the New Year's Day ② last year
niánqiàn 年歉 N. a year of poor harvest
niǎnqián 捻钱[-錢] V.O. spin a coin
niánqīng 年轻/青[-輕] S.V. young
niánqīngfàngdàng 年轻放荡[-輕-蕩] F.E. <wr.> sow one's wild oats
niánqīnghuà 年轻化[-輕-] ADV. become younger
niánqīnglìzhuàng 年轻力壮[-輕-壯] F.E. young and vigorous
niánqīngmàoměi 年轻貌美[-輕--] F.E. young and pretty
niānqīngpàzhòng 拈轻怕重[-輕--] F.E. pick easy jobs and shirk hard ones
niánqīngqīngr 年青青儿//年轻轻儿[----//-輕輕-] R.F. <coll.> young
niánqīngqìshèng 年轻气盛[-輕氣-] F.E. young and vigorous
niánqīngrén 年轻人[-輕-] N. young people M: *ge/¹míng/²wèi*
niánqīng yī dài 年轻一代[-輕--] N. younger generation
niánr 黏儿 N. <coll.> gum; resin
niǎnr* 捻儿 N. ① plait; braid; twist ② <hist.> the Nian Army
niánrǎngtǔ 粘壤土 N. <geol.> clay loam
niān rén chū bàozi 蔫人出豹子 ID. <coll.> still water runs deep
niānrhuài 蔫儿坏[-壞] <coll.> V.P. ① secretly do bad things ② mischievous ③ behave in an underhanded way
niānr táo 蔫儿淘 V.P. playfully artful; mischievous in a quiet/covert way
niánrù 年入 N. annual income
niánsānshí(r) 年三十(儿) N. day before lunar New Year
niánshāgāngzhǐ 粘砂刚纸[--剛-] N. floor-sanding paper M: *¹zhāng*
niánshǎng 年赏 N. year-end award/bonus
niánshang 粘上 R.V. paste on
niǎnshang* 撵上 R.V. <coll.> catch up with; outdo
nián shàngqu 粘/黏上去 R.V. paste on
niánshào 年少 V.P. young of age
niánshàoqìshèng 年少气盛[--氣-] F.E. <wr.> young and impetuous; young and full of spirit
nián-shēngzhǎngliàng 年生长量 N. <econ.> year increment
niǎnshénniǎnguǐ 捻神捻鬼 F.E. as though in a panic
niánshēnrìjiǔ 年深日久 F.E. with the passage of time; as the years go by
niánshi 年时[-時] N. <coll.> last year *See also niánshí*
niánshí 年时[-時] N. years; long time *See also niánshi*
¹niánshì 年事 N. <wr.> person's age
²niánshì 年市 N. ① market at lunar year's end to dispose of past year's goods ② clearance sale
niànshī* 念诗 V.O. recite/read poetry (aloud) ♦N. poetry recital
niánshi guāngjǐng 年时光景[-時--] N. <coll.> last year's circumstances/crops
niánshìjíjī 年事及笄 F.E. <wr.> bud into womanhood
niánshìyǐgāo 年事已高 F.E. already of advanced years
¹niánshǒu* 粘手 V.O. feel sticky ♦S.V. tough/difficult to handle
²niánshǒu 年首 N. first month of the year
niánshòu 年寿[-壽] N. a person's life span
niǎnshǒuniǎnjiǎo 捻手捻脚[-腳] F.E. stealthily; clandestinely
niánshōurù 年收入 N. <econ.> annual income M: *²bǐ*
nián-shōurùlǜ 年收入率 N. <econ.> annual yield
niánshù 年数[-數] N. ① number of years ② time in general
niànshū* 念书[-書] V.O. ① read; study ② receive an education
niànshú 念熟 R.V. learn by heart
nián shuǐwén pínghéng 年水文平衡 N. <met.> annual hydrologic balance
niānshuō 蔫说 V. <coll.> say softly; say in an even voice
niǎnsǐ 碾死 R.V. flatten to death
niǎnsījī 捻丝机[-絲-] N. twisting machine M: *¹tái*
niànsòng 念诵 V. ① read aloud ② remember (sb.) in speaking to another
niānsuān* 拈酸 V.O. be jealous
niǎnsuān 捻酸 V.O. be jealous
niānsuānchīcù 拈酸吃醋 F.E. be jealous
niánsuì* 年岁[-歲] N. ① age *Tā shì shàng le ~ de rén.* He's getting on in years. ② years ③ year's harvest ④ a particular year
niǎnsuì 碾碎 R.V. pulverize
niān(r)sǔn 蔫(儿)损 V. <coll.> damage by stealth; undercut
niántài 粘态[-態] N. plastic state
niāntáoqì 蔫淘气[-氣] V.P. <coll.> scampish; devilish
niāntí 拈题 V.O. select a topic/theme to write on
niǎntiàor 撵跳儿 A.T. <topo.> run after sb. and beg for money
niántiē 黏贴 V. glue; paste; stick
niǎntiě-gōngchǎng 碾铁工场[-鐵-場] P.W. rolling mill M: *⁴zuò*
niàntōng 念通 R.V. master a subject of study
niántóu(r) 年头(儿) N. <coll.> ① year ② the times ③ harvest ④ beginning of a year
niàntou* 念头 N. thought; idea; intention *Wǒ méiyǒu qù Shànghǎi de ~.* I have no intention of going to Shanghai.
niàntòu 念透 R.V. <coll.> make a thorough study
niāntóudānǎo 蔫头耷脑[-腦] F.E. dejected; listless; droopy
niāntóufěilèi 蔫头匪类[-類] F.E. deceitful hypocrite
niāntóuniānnǎo 蔫头蔫脑[-腦] F.E. <coll.> ① impressive ② detached; stoic
niántóu-niánwěi 年头年尾 N. beginning and end of a year
niántóur biànle 年头儿变了[---變-] V.P. <coll.> Times have changed.
niántóur bùjì 年头儿不济[-濟] V.P. <coll.> Times are bad.
niántǔ 黏/粘土 N. clay; loam
niāntǔfěi 蔫土匪 N. deceitful hypocrite
niǎntuó 碾砣 N. roller
niántǔ xìgōng 黏土细工 N. clay work
niánwěi* 年尾 N. end of the year
niànwèi 念慰 V. mourn for the dead and console the living
niànwù 念物 N. souvenir; keepsake; memento
niánxī* 年息 N. annual interest
niánxǐ 年禧 N. New Year's greetings
niánxia* 年下 N. <coll.> lunar New Year holidays
niǎnxià 辇下 N. imperial capital
niánxian 黏涎 V.P. tedious; dull *See also ¹niánxián*
¹niánxián 黏涎 N. boring, long-drawn-out performance *See also niánxian*
²niánxián 粘闲 A.T. <topo.> ① talk endlessly ② be long-winded
niánxiàn* 年限 N. ① fixed number of years ② age limit
niǎnxiàn 捻线 V.O. twist thread
niānxiāng 拈香 V.O. offer incense at a temple; burn joss sticks
niǎnxiāng* 捻香 V.O. burn joss sticks in worship
niànxiang(r) 念想(儿) N. <topo.> souvenir; memento
niānxiànjī 拈线机 N. twisting machine/frame M: *¹tái*
niǎnxiànjī* 捻线机 N. twisting frame M: *¹tái*
niánxiánzi 黏涎子 N. slaver; slobber
niánxiāo 年宵 N. New Year's Eve
niǎnxià tái 撵下台[-臺] V.P. oust from the leading position
niánxīn* 年薪 N. annual salary
niànxìn 念信 N. <topo.> souvenir
niánxìng 黏性 N. stickiness; viscosity
niánxīngbiǎo 年星表 N. annual catalogue
niánxìngyóu 黏性油 N. viscous oil
niànxinr 念心儿 N. <topo.> souvenir
niánxiōng 年兄 N. <trad.> a mutual reference among those who passed the same imperial civil- service examination
niānxū 拈须[-鬚] V.O. finger/stroke one's beard
niǎnxū* 捻须[-鬚] V.O. stroke one's beard
niányá* 粘牙 V.O. ①stick to the teeth ②<topo.> be reluctant to say
niǎnyā 碾压[-壓] V. roll over
niányāndàiyuǎn 年湮代远[-遠] F.E. time immemorial
niànyāng 念秧 N. fraud; deception
niànyāngr 念秧/央儿 V.O. <coll.> ① hint; intimate ② beat about the bush
niányǎntì 年演替 N. annual succession
niányáxùchǐ 粘牙絮齿[-齒] F.E. <coll.> long-winded and incomprehensive
¹niányè 黏/粘液 N. mucus; viscous liquid
²niányè 年夜 N. eve of the lunar New Year
niányèfàn 年夜饭 N. family reunion dinner on the lunar New Year's Eve
niányèxiàn 黏液腺 N. <phys.> mucous gland
niányèxìng shuǐzhǒng 黏液性水肿[-腫] N. <med.> myxoedema
niányèzhì 黏液质[-質] N. <psy.> phlegmatic temperament
niányì 年谊 N. <trad.> friendship between persons of the same graduation class
niányǐbùhuò 年已不惑 F.E. <wr.> aged forty
nián yíngyè'é 年营业额[-營業-] N. <acct.> annual sales volume
niányóu 黏油 N. sticky oil; heavy oil
niányòu* 年幼 V.P. young; underage

niányòuwúzhī 年幼无知 F.E. young and ignorant

niányú 鲇鱼[鮎-] N. catfish

niányúbùhuò 年逾不惑 F.E. have passed 40

niányue(r) 年月(儿) N. ① days; years ② exact time sth. occurred

nián-yuè-rì 年月日 N. the exact date

nián-yuè-rì cìxù 年月日次序 N. chronological order

niányúgǔxī 年逾古稀 F.E. <wr.> be past seventy years of age

niányúhuājiǎ 年逾花甲 F.E. <wr.> be past sixty years of age

nián-yúhuòliàng 年渔获量[--獲-] N. annual catch (of fish)

nián yúlāo bǐlǜ 年渔捞比率[--撈--] N. annual fishing ratio

niányǔliàng 年雨量 N. <met.> annual rainfall

niányùn 年运[-運] N. yearly amount shipped/transported

niánzāiyuè'è 年灾月厄[-災--] F.E. <wr.> have bad luck this year

niànzàngjīng 念藏经[-經] V.O. <coll.> ① chant a Buddhist sutra ② drone on tediously; harp on the same theme

niánzēngliàng 年增量 N. <econ.> annual increment

nián-zēngzhǎnglǜ 年增长率 N. <econ.> annual rate of increase; annual growth rate

nián zēngzhǎng sùdù 年增长速度 N. <econ.> annual growth rate

niánzhā 粘渣 N. dry slag

niǎnzhájī 碾轧机 N. rolling mill M: [1]tái/[4]zuò

niánzhǎng 年长 V.P. senior; elderly

niánzhe 黏/粘着[-著] V.P. stick/cling to sb.; adhere *See also niánzhuó*

niànzhe* 念着[-著] V.P. ① be reading ② be thinking of (sb.)

niǎnzhēn* 捻针 N. twirling of acupuncture needles

niànzhēn 念真 V.O. read/pronounce accurately

niánzhǐ 年纸 N. <trad.> paper articles used in celebrating the New Year

niǎnzhǐ(zhī)jiān 捻指(之)间 N. in an instant; in a jiffy

niánzhìxìng 黏滞性[-滯-] N. <phy.> viscosity

[1]**niánzhōng*** 年终 N. year-end

[2]**niánzhōng** 年中 N. ① during the year ② the middle of the year

niánzhòng 黏重 S.V. sticky and heavy (of soil)

niánzhōngjiǎng 年终奖[-獎] N. end-of-year bonus M: [2]bǐ

niánzhōng jiǎngjīn 年终奖金[--獎-] N. award given at the end of the year M: [2]bǐ

niánzhōng kǎojì 年终考绩 N. year-end grading of employee performance

niánzhōngsuìmù 年终岁暮[--歲-] F.E. <wr.> toward the year's end

niànzhòu 念咒 V.O. chant/intone incantations

[1]**niánzhù*** 黏住 R.V. stick; adhere

[2]**niánzhù** 年祝 N. <wr.> years of jubilation

niǎnzhū 捻珠 N. <art> twisting beads M: [1]chuàn

niǎnzhú 撵逐 V. expel; oust

niànzhū(r) 念珠(儿) N. beads; rosary M: [1]kē/[1]chuàn

niánzhuì 粘赘 A.T. light-fingered; kleptomaniac

niān(r)zhǔn 蔫(儿)准[-準] V.P. <coll.> quietly determined; resolved

niánzhuó 黏/粘着[-著] ATTR. ① sticking together; adhering ② <lg.> ⓐ agglutinative; agglutinating ⓑ bound ♦N. cohesion *See also niánzhe*

niánzhuó císù 黏着词素[-著--] N. <lg.> bound form

niánzhuófǎ 粘着法[-著-] N. agglutination

niánzhuójì 黏着剂[-著劑] N. adhesive agent

niánzhuólì 黏/粘着力[-著-] N. adhesive power/strength

niánzhuóxìng 粘着性[-著-] N. <lg.> bound

niánzhuó xíngshì 粘着形式[-著--] N. <lg.> bound form

niánzhuóxìng yǔyán 粘着性语言[-著---] N. <lg.> agglutinating/agglutinative language

niánzhuóyǔ 黏着语[-著-] N. <lg.> ① agglutinating language ② bound morph(eme)

niánzhuó yǔsù 黏着语素[-著--] N. <lg.> bound morph(eme)

niánzhuó zuòyòng 粘着作用[-著--] N. agglutination

niànzhūzǎo 念珠藻 N. <bot.> nostoc

niánzī 年资 N. ① years spent in a job ② age/service seniority ③ age qualification

[1]**niǎnzi*** 碾子 N. roller

[2]**niǎnzi** 捻子 N. ① spill ② wick ③ braid; twist ④ <hist.> the Nian Army

niànzīzàizī 念兹在兹[-茲-茲] F.E. ① bear in mind always ② fix your attention on what you are doing

niánzī zhìdù 年资制度 N. seniority system

nián-zǒngchǎnzhí 年总产值[-總產-] N. <econ.> gross annual output value

niǎnzǒu 撵走 R.V. drive (sb./sth.) away/out

niánzū 年租 N. annual rental

niánzūn 年尊 ATTR. aged

niánzūnbèizhǎng 年尊辈长 F.E. senior in age and generation

niánzuò 年祚 N. one's life span

[1]**niǎo(r)*** 鸟(儿)[鳥(兒)] N. bird; birdie *See also diǎo*

[2]**niǎo** 袅[嫋] B.F. slender and delicate *niǎonuó*

[3]**niǎo** 茑[蔦] in *niǎoluó*

[1]**niào** 尿/溺 N. urine ♦V. urinate *See also* [3]*nì*, [2]*suī*

[2]**niào** 脲 B.F. <chem.> urea *niàoméi*

niàobāo 尿包 N. stingy/mean person

niàobēngzhèng 尿崩症 N. <med.> diabetes insipidus

niàobì 尿闭 N. <med.> anuria

niàobiēr 尿鳖儿 N. <topo.> urinal

niàobù 尿布 N. diaper; nappy M: [2]kuài

niàobùshī 尿不湿[-濕] N. <coll.> disposable diaper

niǎocháo 鸟巢 P.W. bird's nest M: [2]zhī

niàochí(zi) 尿池(子) P.W. urinal

niǎochìdié 鸟翅蝶 N. bird-wing butterfly M: [2]zhī

niǎochì qiūhǎitáng 鸟翅秋海棠 N. <bot.> angel-wing begonia M: [2]kē

niǎochòng 鸟铳 N. a fowling piece M: [4]zhī/[1]bǎ

niǎochóngshū 鸟虫书[-蟲書] N. one of the six forms of Chinese characters established by Wang Mang

niǎochú 鸟雏[-雛] N. baby bird M: [2]zhī

niàochuáng 尿床 N./V.O. bed-wetting

niǎodàn 鸟蛋 N. bird's eggs M: [2]zhī/ge

niàodǎnsù 尿胆素[-膽-] N. <med.> urobilin

niǎodào 鸟道 N. precipitous path M: [1]tiáo

niàodào* 尿道 N. urethra

niàodǎoguǎn 尿导管[-導-] N. <med.> catheter

niàodàoyán 尿道炎 N. <med.> urethritis

niǎodí 鸟笛 N. birdcall M: [4]zhī

niàodiànzi 尿垫子[-墊-] N. diaper; waterproof sheet for baby's bed M: [2]kuài

niàodúzhèng 尿毒症 N. <med.> uremia

niàoféi 尿肥 N. <agr.> urine used as manure

niǎofēishòusàn 鸟飞兽散[-飛獸-] F.E. <wr.> scatter like birds and animals

niǎofèn 鸟粪[-糞] N. ① birds' droppings ② guano

niàofēnxi 尿分析 N. <med.> urinalysis

niǎogéhuīfēi 鸟革翚飞[-飛] F.E. ① like a bird spreading its wings (of buildings) ② graceful and handsome (of buildings)

niàoguǎn 尿管 N. <phys.> urethra

niǎohài 鸟害 N. bird plague

niàohe 尿合 A.T. <topo./slang> stiff; paralyzed; speechless (with fright)

niàohú 尿壶[-壺] N. chamber pot M: [1]bǎ

niǎohuì 鸟喙 N. beak; bill

niàojí 尿急 N. <med.> urgent urination

niǎojílíncuì 鸟集鳞萃 F.E. ① flock together ② a great number gathered together

niǎojìngōngcáng 鸟尽弓藏[-盡--] ID. cast sb./sth. aside when the purpose has been served

niǎojǔ 鸟举[-舉] V. act as quickly as a bird takes off

niǎokàn 鸟瞰 V./N. get a bird's-eye view

niàokàng 尿炕 V.O. wet the bed

niǎokàntú 鸟瞰图[-圖] N. bird's-eye view M: [1]zhāng

niǎokē 鸟窠 N. a bird's nest

niàokù 尿裤 V.O. wet oneself

niǎolèi 鸟类[-類] N. birds

niǎolèi dúhài 鸟类毒害[-類--] N. toxicity to birds

niǎolèixué 鸟类学[-類-] N. ornithology

niǎolèixuéjiā 鸟类学家[-類--] N. ornithologist M: ge/[1]míng/[2]wèi

niǎolǐ 鸟里 N. measurement as the bird flies

niǎoliáng 鸟粮[-糧] N. birdseed

niǎolóng(zi) 鸟笼(子) N. birdcage M: ge/[2]zhī

niǎolóng jīngjì 鸟笼经济[-經濟] N. <pol.> "bird-cage economy"; market economy within socialist limits

niǎoluǎn 鸟卵 N. bird's eggs M: ge/[2]zhī

niàolù gǎnrǎn 尿路感染 N. <med.> urinary-tract infection

niǎoluó 茑萝[-蘿] N. ① cypress vine M: [2]kē ② ivy M: [2]kē ③ dependent relatives

niǎomáo 鸟毛 N. plume

niǎoméi 鸟媒 N. a decoy

niàoméi* 脲酶 N. <chem.> urease

niǎoméihuā 鸟媒花 N. <bot.> ornithophilous flowers M: [2]duǒ

niǎomiànhúxíng 鸟面鹄形 F.E. gaunt and emaciated from hunger

niǎomíng 鸟鸣 N. bird call

niǎomíngjìnglín 鸟鸣静林[--靜-] F.E. <wr.> Birds were spilling their songs over the quiet woods.

niǎomíngquèzào 鸟鸣雀噪 F.E. <wr.> The birds are tuning their songs.

niǎomíngzhīshāo 鸟鸣枝梢 F.E. <wr.> The birds were singing on the tips of the branches.

niǎoniǎo 袅袅[嫋嫋] R.F. ① curling upward (like smoke) ② waving in the wind ③ lingering (as sound) ④ svelte

niàoniào* 尿尿 V.O. urinate; make water

niǎoniǎonuónuó 袅袅娜娜[嫋嫋-] R.F. <wr.> delicate and graceful (of a woman)

niǎoniǎoshàngshēng 袅袅上升[嫋嫋-] F.E. <wr.> roll up

niǎoniǎosùnǚ 袅袅素女[嫋嫋-] F.E. <wr.> delicate and graceful as a fairy

niǎoniǎotíngtíng 袅袅婷婷[嫋嫋-] R.F. delicate and graceful; svelte

niǎonuó 袅娜[嫋-] S.V. <wr.> svelte; willowy; soft and slender (of plants)

niàopāo 尿泡 <coll.> N. urine; piss ♦V.O. urinate; piss

niàopén(r) 尿盆(儿) N. chamber pot; urinal M: ge/[2]zhī

niàopiàn(r) 尿片(儿) N. diaper

niàopín 尿频 N. <med.> frequent micturition

niàoqì 尿/溺器 N. ①urinal ②bedpan ③chamber pot

niǎoqiāng 鸟枪[-槍] N. ① fowling piece ② air gun M: [1]bǎ

niǎoqiānghuànpào 鸟枪换炮[-槍換-] F.E. be better armed

niǎoquè 鸟雀 N. birds

niǎoqún-qīchù 鸟群栖处[-棲處] N. <wr.> rookery

niǎorào 袅绕[嫋繞] V. <wr.> curl upward

niǎorè 鸟热[-熱] N. <med.> psittacsis

niǎorén 鸟人 N. ①person who trains and enjoys birds ② a term of contempt addressed to one disdained

niǎorùfánlóng 鸟入樊笼 F.E. <wr.> a bird kept prisoner in a cage

niǎorzuǐ(r) 鸟儿嘴(儿) N. beak of a bird

niǎoshào 鸟哨 N. birdcall

niàoshǎozhèng 尿少症 N. <med.> oliguria

niǎoshè 鸟舍 N. aviary; bird house

niǎoshēng 鸟声[-聲] N. bird call

niǎoshī 鸟虱 N. bird lice M: *ge*/[2]*zhī*
niǎoshí* 鸟食 N. birdseed
niǎoshì 鸟市 N. bird market
niàoshí 尿石 N. <*med.*> urinary calculus
niàoshījìn 尿失禁 N. <*med.*> urinary incontinence
niǎoshītónglín 鸟失同林 F.E. <*wr.*> a lonely bird that has lost its companions
niǎoshòu 鸟兽[-獸] N. birds and beasts
niǎoshòusàn 鸟兽散[-獸-] ATTR. *See zuòniǎoshòusàn*
niǎoshòuwén 鸟兽纹[-獸-] N. birds-and beasts-pattern
niǎoshòuxíng 鸟兽行[-獸-] N. ① beastly conduct ② incestuous scandal
niǎoshòuxīngsàn 鸟兽星散[-獸--] F.E. <*wr.*> flee helter-skelter
niàosù 尿素 N. <*chem.*> urea; carbamide
niàosuān 尿酸 N. <*chem.*> uric acid
niàotǒng 尿桶 N. ① bucket used as a chamber pot ② wooden pail for urine
niǎotuōfánlóng 鸟脱樊笼 F.E. <*wr.*> (as) caged birds newly set free
niǎowáng 鸟王 N. phoenix
niǎowèi 鸟胃 N. gizzard
niǎowén 鸟纹 N. bird pattern; pheasant-like bird of ancient bronze design
niǎowō* 鸟窝[-窩] N. bird's nest
niàowō(r/zi) 尿窝(儿/子)[-窩-] N. <*topo.*> public restroom
niǎowōshì 鸟窝式[-窩-] N. like a bird's nest
niǎoxìnfēng 鸟信风 N. ① seasonal trade-wind in the Yangtze and Huai River areas ② seasonal wind occurring in the third month of the lunar calendar
niǎoxué 鸟学 N. ornithology
niàoxuè* 尿血 N. <*med.*> hematuria
niǎoyán 鸟言 N. ①birds' songs/chirps ②foreign languages
niǎoyǎn* 鸟眼 N. bird's eye (spot)
niàoyè 尿液 N. urine
niàoyè dīluò 尿液滴落 V.P./N. <*med.*> dribble urine
niǎoyí 鸟彝 N. cups engraved with designs of birds
niǎoyǔ 鸟语 N. ①birds' songs/chirps ②foreign languages
niǎoyuán 鸟园[-園] N. aviary
niǎoyǔhuāxiāng 鸟语花香 F.E. fine spring day
niǎoyǔnǚluó 茑与女萝[-與-蘿] F.E. <*wr.*> brothers, sisters, and other relatives interrelated and dependent upon one another
niǎoyǔshī 鸟羽虱 N. bird louse
niǎozàng 鸟葬 N. exposure of corpses to birds of prey
niǎozhǎo 鸟爪 N. ①birds' talons ②fine/delicate human finger tips
niàozhěn 尿疹 N. <*med.*> diaper rash
niǎozhōngzhīfēng 鸟中之凤[-鳳] N. a phoenix among birds; preeminence
niǎozhòu 鸟籀 N. script style resembling bird-tracks
niǎozhuàn 鸟篆 N. script style resembling birdtracks
niàozhūliú 尿潴留[-瀦-] N. <*med.*> retention of urine
niǎozúhuā 鸟足花 N. <*bot.*> bird's-foot M: [2]*duǒ*/[2]*kē*
niǎozuǐ 鸟嘴 N. beak; bill
níbā 泥巴 N. <*topo.*> mud; mire M: [2]*kuài*
níbǎn* 泥板 N. <*topo.*> ironing board
nǐbàn 拟办[擬辦] V. imitate in managing/operating
níbǎn wénshū 泥版文书[-書] N. clay tablet
níbǎnyán 泥板岩 N. <*geol.*> schist
nìbào 匿报[-報] V. ① withhold information ② refuse to report; conceal the truth
níbātou 泥巴头 N. <*coll.*> dried mud
nìbèi 逆备[-備] V. prepare; get ready beforehand
níbēng* 泥崩 N. mud avalanche
níbèng 泥泵 N. dredge pump M: [1]*tái*
nībì 妮婢 N. maidservant M: *ge*/[1]*míng*
níbì 泥壁 N. mud wall M: [2]*dào*/[1]*dǔ*
[1]**nìbì*** 溺毙[-斃] V. drown
[2]**nìbì** 匿避 V. flee to escape capture
nìbiàn 逆变[-變] ATTR. <*phy.*> contravariant
nìbiànfēn 逆变分[-變-] N. <*phy.*> inverse variation
nìbiànhuàn 逆变换[-變换] N. <*phy.*> retransformation; reverse/inverse transformation
nìbiànqì 逆变器[-變-] N. <*elec.*> dc-to-ac converter/inverter; inverter M: *ge*/[2]*zhī*
nìbiǎoshì 逆表示 N. <*phy.*> reciprocal representation
níbǐng 泥饼 N. mud cake M: [2]*kuài*
níbǐngzi 泥饼子 N. coll. mud splatters M: [2]*kuài*
níbó 泥驳 N. <*mach.*> hopper M: [1]*tiáo*
nìbō* 逆剥 N. hangnail
Níbó'ěr 尼泊尔 P.W. Nepal
Níbó'ěryǔ 尼泊尔语 N. Nepali language
nìcáng 匿藏 V. hide
nǐcè 拟测[擬-] V. reconstruct ♦N. reconstruction
nìchā* 逆差 N. adverse balance of trade; trade deficit
nìchá 逆查 N. retrogradation
nìchǎn 逆产[-產] N. ① traitor's property ② <*med.*> breech presentation
nì chànyīn 逆颤音 N. <*mus.*> inverted trill
nìcháo 逆潮 N. head tide
[1]**nìchén** 逆臣 N. traitorous vassal; traitor M: *ge*/[1]*míng*
[2]**nìchén** 溺沉 V. submerge
nìchēng 昵称[-稱] N. term of endearment
nìchéngfǎ 逆成法 N. <*lg.*> back-formation
níchí 泥池 N. quagmire M: [4]*zuò*
nìchì* 溺赤 N. <*med.*> dark urine
nìchóng 腻虫[-蟲] N. aphid
nǐ chù 你处[-處] N. your place
níchuándùhé 泥船渡河 F.E. <*Budd.*> Life is filled with dangerous temptations.
nìchuáng 溺床 V.O. wet the bed
nìcì 逆刺 N. hangnail
nìcuàn 匿窜[-竄] V. flee; steal away
nìdàihuàn 逆代换[-換] N. inverse substitution
nìdǎng 逆党[-黨] N. rebel faction; a group of traitors
nídāo 泥刀 N. trowel M: [1]*bǎ*
nì de 逆的 ATTR. retrogressive
nì de huāng 腻得慌 R.V. very depressed and listless
nǐděng 你等 PR. you (plural)
nídì 泥地 N. ①mud/muddy ground ②quagmire
nídiǎn(r/zi) 泥点(儿/子)[-點-] N. splashed muddy spot; droplets of mud
[1]**nǐdìng** 拟定[擬-] V. ①formulate ②conjecture
[2]**nǐdìng** 拟订[擬-] V. draw up; formulate
nǐdìng jìhuà 拟订计划[擬-劃] V.O. draw up/draft a plan
nìdìnglǐ 逆定理 N. <*math.*> converse theorem
nǐdìngyùsuàn 拟订预算[擬-] N. drafted budget
nìdǔ 逆睹 V. see beforehand; foresee
nìduìyìng 逆对应[-對應] N. inverse correspondence
nǐduó 拟度[擬-] V. think over; conjecture
níduōfódà 泥多佛大 ID. the more the supporters, the greater the achievements of the leader
niē* 捏 V. ① hold between the fingers; pinch ② knead with the fingers; mold ♦B.F. fabricate; trump up *niēzào*
nié 苶 B.F. listless; lethargic *niépì, fānié*
[1]**niè** 镍[鎳] N. <*chem.*> nickel
[2]**niè** 孽 B.F. ①monster; demon *yāoniè* ② evil; sin *zuìniè* ③ seed of evil *nièzhǒng* ④ concubine's son; illegitimate child *nièzǐ*
[3]**niè** 蹑[躡] V. ① walk on tiptoe; walk quietly ② tread (on) ♦B.F. follow *nièzōng*
[4]**niè** 蘖[櫱] N. shoot; sprout
[5]**niè** 啮[齧] B.F. gnaw (especially of rodents, insects, etc.) *nièhé, hénìè*
[6]**niè** 臬 B.F. standard; criterion *nièsī, guīniè*
[7]**niè** 镊[鑷] B.F. tweezers *nièzi*
[8]**niè** 涅 in *nièpán, Kāngnièdīgé*
[9]**niè** 嗫[囁] in [1]*nièrú, rúniè*
[10]**niè** 嵲 in [2]*diéniè*
[11]**niè** 鵩 in [2]*nièwù*
[12]**niè** 隉[隉] in *wùnièbù'ān*
[13]**niè** 颞[顳] in [2]*nièrú, nièbù*
Niè 聂[聶] N. Surname
niē bǎ hàn 捏把汗 V.P. be breathless with anxiety/tension; be keyed-up; be on edge
nièbái 涅白 ATTR. opaque white
nièbào 捏报[-報] V. report falsely; fake a report
nièbào* 孽报[-報] N. bad karma
[1]**nièbì** 镍币[-幣] N. nickel (coin)
[2]**nièbì** 啮臂[嚙-] V.O. bite one's arm as a sign of determination (as in taking the oath of brotherhood, etc.)
nièbìméng 啮臂盟[嚙-] N. lovers' vows
nièbìng 捏病 V.O. feign illness; malinger
niē bízi 捏鼻子 V.O. <*topo.*> do sth. unreasonable
nièbó 镍箔 N. <*metal.*> nickel sheet M: [1]*zhāng*
nièbù 颞部[顳-] N. <*phys.*> temples
nièbù'érrù 蹑步而入[躡-] F.E. <*wr.*> enter noiselessly
niēchēng 捏称[-稱] V. fabricate a charge/accusation
[1]**nièchǐ** 啮齿[嚙齒] N. gnaw
[2]**nièchǐ** 涅齿[-齒] V.O. blacken the teeth
nièchǐ dòngwù 啮齿动物[嚙齒動-] N. rodent
nièchǐlèi 啮齿类[嚙齒類] N. rodents
nièchù 孽畜 N. ① ruinous beast ② term of abuse
niēcí 捏词 V.O. lies; slanders
niēda 捏搭 V. <*coll.*> massage
niédāidāi 苶呆呆 R.F. <*topo.*> absent-minded; dumb-looking; looking blank
nièdǎng 孽党[-黨] N. traitorous faction; dissenters
nièdēng 蹑登[躡-] V. go up
nièdié 蹑蹀[躡-] V. walk with mincing steps
nièduàn 啮断[嚙斷] R.V. bite off
Niè Ěr 聂耳[聶-] (1912–1935) N. composer; wrote music for "March of the Volunteers", later adopted as PRC national anthem
niè'érbùzī 涅而不缁 ID. rise above the bad environment
niègāng 镍钢[-鋼] N. nickel steel
niēgào 捏告 V. fake a report
niègègāng 镍铬钢[-鋼] N. nickel-chromium steel
[1]**niègēn** 孽根 N. ① source of evils ② a perverse child
[2]**niègēn** 蹑跟[躡-] N. too large/small for the feet (of shoes)
niègèsī 镍铬丝[-絲] N. chromel filament; nickel chrome wire
[1]**niēgu*** 捏咕 V. <*coll.*> ① give secret counsel ② goad secretly ③ act as a go-between
[2]**niēgu** 捏估 V. <*coll.*> take advantage of
[1]**niègǔ** 颞骨[顳-] N. <*phys.*> temple bone
[2]**niègǔ** 啮骨[嚙-] V.O. gnaw a bone
nièguǐ 孽鬼 N. the demon of retribution
nièhǎi 孽海 N. the sea of sin and degradation
nièhǎiqíngtiān 孽海情天 ID. <*wr.*> the tumultuous sea of love between man and woman
niēhé* 捏合 R.V. ① mediate; act as go-between ② have illicit sex with
nièhé 啮合[嚙-] V. ①clench the teeth ②mesh/engage gears
nièhéjīn 镍合金 N. nickel alloy
nièhuáng tiěkuàng 镍黄铁矿[-鐵礦] N. <*min.*> pentlandite
nièjǐ* 捏积[-積] N. <*Ch. med.*> chiropractic
nièjī 蹑机[躡-] N. silk loom with a foot peddle
nièjǐ 颞脊[顳-] N. <*phys.*> temporal ridge/line
nièjiǎo 蹑脚[躡腳] V.O. walk cautiously in order not to make noise
nièjiǎogēn 蹑脚根/跟[躡腳-] V.O. walk softly

niējǐ liáofǎ 捏脊疗法[--療-] N. <*med.*> the therapy of pinching the skin along the spinal column
nièjuēdāndēng 蹑屩担簦[躡屩擔-] F.E. <*wr.*> make a long journey
niēkòng 捏控 V. fabricate a charge/accusation
nièkuàngwù 镍矿物[-礦-] N. <*min.*> nickel mineral
nièlǚ 蹑履[躡-] V.O. wear shoes
nièmiàn 涅面 V.O. tattoo the face
niēnong 捏弄 V. ①press/manipulate with fingers ② <*coll.*> discuss in private ③ fabricate; trump up ④ bring together (a couple, etc.)
nièpán 涅盘[-槃] N. <*Budd.*> nirvana
nièpánhuì 涅盘会[-槃-] N. anniversary of the Buddha's death
nièpì 茶屁 N. <*coll.*> noiseless fart
niēqián 捏钳 N. <*mach.*> tweezers M: [1]*bǎ*
nièqiāoqiāo 蹑悄悄[躡-] ADV. softly; quietly
nì'ěr 逆耳 S.V. unpleasant/grating to the ear
Niè Róngzhēn 聂荣臻[聶榮-] (1899–1992) N. Communist military leader; one of the Ten Great Marshals
[1]**nièrú** 嗫嚅[囁-] ADV. <*wr.*> haltingly (of speech)
[2]**nièrú** 颞颥[顳-] N. <*phys.*> temple
nièrúbùyán 嗫嚅不言[囁-] F.E. <*wr.*> move the mouth without speaking
nièshēng 孳生 ATTR. twin (brothers/sisters/etc.)
niēshénniēguǐ 捏神捏鬼 F.E. do/negotiate stealthily
nièshí zuòyòng 啮蚀作用[嚙-] N. <*wr.*> glacial erosion
niēshǒu 捏手 N. <*topo.*> knob; handle (on a door/etc.)
niēshǒuniējiǎo 捏手捏脚[-腳] F.E. walk softly
nièshǒunièjiǎo* 蹑手蹑脚[躡-躡腳] V.P. walk gingerly/stealthily; tiptoe
niēsǐ* 捏死 R.V. ① kill by pressing between the fingers (of bugs/etc.) ② strangle; throttle
nièsī 臬司 N. <*trad.*> provincial judge
niēsù 捏塑 V. mold (clay) into a statue, etc.
niēsuān 捏酸 V.O. pretend to be a scholar
niēsuānjiǎcù 捏酸假醋 F.E. <*topo.*> vacillate; shilly-shally; dither
niēsuì 捏碎 R.V. pinch until broken
nièsūn 孽孙[-孫] N. grandson of a concubine
niètái 臬台[-臺] N. <*trad*> chief provincial judge
niètāihuògēn 孽胎祸根[--禍-] F.E. <*wr.*> a truly incorrigible (young) son
niēwōwo 捏窝窝[-窩窩] R.F. <*topo.*> be underhanded; trick; plot
[1]**nièwù** 臬兀 V.P. <*wr.*> unstable; unsteady
[2]**nièwù** 鼿卼 V.P. jittery; worried; anxious
niē xiàn 捏陷 V. incriminate sb. by fabricated charges
nièyǎo 啮咬[嚙-] V. <*wr.*> nibble
niē yī bǎ hàn 捏一把汗 V.P. break into a cold sweat
niē yī bǎ lěnghàn 捏一把冷汗 V.P. break into a cold sweat
nièyīn 孽因 N. ① earlier sin ② sinful cause
nièyǐngzhuīzōng 蹑影追踪[躡-蹤] F.E. trace; look for; locate
niēzào 捏造 V. concoct; trump up
niēzào shìfēi 捏造是非 V.O. spread false information
niēzào yáoyán 捏造谣言 V.O. fabricate and spread rumors; invent slanders
niēzào zuìmíng 捏造罪名 V.O. fabricate an accusation
niēzhá 捏闸 V.O. apply the handbrake
nièzhài 孽债 N. curses that boomerang
nièzhàng 孽障 N. ① vile spawn (abusive term applied by clan elders to wicked offspring) ② <*Budd.*> karmic retribution/obstruction ③ retribution for past evil
niēzhe 捏着[-著] V.P. squeeze/hold with the fingers
niēzhe bízi 捏着鼻子[-著--] V.O. ① hold one's nose (against a stench) ② get ready for an unpleasant experience
nièzhī 孽枝 N. branch stem
nièzhǒng 孽种[-種] N. ① seeds of misfortune ② bastard
niēzhù 捏住 R.V. pick up or catch with the fingers/tweezers
nièzi* 镊子[鑷-] N. tweezers M: [1]*bǎ*
nièzǐ 孽子 N. a deviate son
nièzì 涅字 N. tattooed letters/characters
nièzōng 蹑踪[躡蹤] V.O. <*wr.*> follow along behind sb.
nièzú 蹑足[躡-] V.O. ① walk on tiptoe; tread softly ② insinuate self into ③ step on sb.'s foot
nièzúbùqián 蹑足不前[躡-] F.E. <*wr.*> not move a step forward
nièzúfù'ěr 蹑足附耳[躡-] F.E. <*wr.*> tell a secret
nièzuì 孽罪 N. retribution in kind
nièzúqiánxíng 蹑足潜行[躡-潛-] F.E. walk gingerly/stealthily
nièzúqiánzōng 蹑足潜踪[躡-潛蹤] F.E. walk stealthily
nièzúqíjiān 蹑足其间[躡-] F.E. ① join (a certain profession, trade, group of people, etc.) ② associate with
nièzúxiàngqián 蹑足向前[躡-] F.E. <*wr.*> go forward softly
nìfan 腻烦 S.V. <*coll.*> bored; fed-up ♦V. loathe
nìfǎn* 逆反 ATTR. opposing; rebellious
nǐfāngshòuyì 你方受益 F.E. balance in your favor
nífànwǎn 泥饭碗 ID. insecure job
nìfǎn xīnlǐ 逆反心理 N. <*psy.*> psychology of aversion
nìfǎnyìng 逆反应[-應] N. ① inverse reaction ② <*chem.*> reverse/backward/counter/back reaction
níféi 泥肥 N. <*agr.*> sludge (used as manure)
nìfěn 腻粉 N. cosmetics; rouge and powder
nífēng 泥封 V. seal jars/etc. with mud/clay/lute ♦N. lute; luting
nìfēng* 逆风 V.O. go against the wind ♦N. headwind
nìfēng'érshàng 逆风而上 V.P. ascend against the wind
nìfēng'érshǐ 逆风而驶 F.E. <*wr.*> go against the wind (lit./fig.)
nìfēng'érxíng 逆风而行 V.P. walk against the wind
nìfēngr 泥/腻缝儿 V.O. <*coll.*> seal/plaster over a crack
nìfēngzhāngpéng 逆风张篷 F.E. sail against the wind
Nífǔ 尼父 N. Confucius
[1]**nìfú*** 匿伏 V. lurk; wait in concealment
[2]**nìfú** 衵服 N. women's underwear
nìgàilǜ 逆概率 N. <*math.*> inverse probability
nǐgǎo(r/zi) 拟稿(儿/子)[擬-] V.O. make a draft
nígēda 泥圪塔//疙瘩 N. <*coll.*> ball of mud
Nígéluó rénzhǒng 尼格罗人种[--羅-種] N. <*loan*> Negro race
nígōng 泥工 N. bricklayer; tiler; plasterer M: *ge*/ [1]*míng*
nígōu 泥沟[-溝] N. gutter; drain M: [1]*tiáo*
nígòu* 泥垢 N. dirt; grime
nìgòucífǎ 逆构词法[-構--] N. <*lg.*> back formation
nìgòufǎ 逆构法[-構-] N. back formation
nígū(r)* 尼姑(儿) N. Buddhist nun M: *ge*/[1]*míng*/ [2]*wèi*
nǐgǔ 拟古[擬-] V.O. imitate the ancients
[1]**nìgǔ** 泥古 V.O. follow or be mired in ancient ways
[2]**nìgǔ** 溺谷 N. <*geog.*> drowned valley; submerged coast
nígū'ān 尼姑庵 P.W. Buddhist nunnery M: [4]*zuò*
nìguāng 逆光 V.O. <*photo.*> into the light
nìguānxi 逆关系[-關係] N. inverse relation
nìgǔbùhuà 泥古不化 F.E. <*wr.*> stick stubbornly to old rules
nígǔdīng 尼古丁 N. <*loan*> nicotine
níguǐ 泥鬼 N. mud-covered/bedraggled person
nìguǐ* 溺鬼 N. ghost of sb. drowned
nǐguīhuàyuán 拟规画圆[擬-畫-] F.E. stick slavishly to convention
nǐgǔtǐ 拟古体[擬-體] N. pseudoclassicism
Ní Hǎishǔ 倪海曙 (1918–1988) N. language planner and script reformer; promoter of **zhùtí** movement
nìhánshù 逆函数[-數] N. <*math.*> inverse function
nǐhǎo 你好 INTJ. How are you?; Hello.
nǐhé* 拟合[擬-] N. adapting; equating; matching; fit
nìhé 溺河 N. <*geog.*> drowned river
níhóng 霓虹 N. <*loan*> neon
níhóngdēng 霓虹灯[-燈] N. <*loan*> neon light
níhóngguāng 霓虹光 N. neon
níhóngzhù 霓红柱 N. neon rod
nìhu 腻糊 A.T. well diluted and mixed (of liquids)
nìhù* 匿户 N. hidden tenant
níhuá 泥滑 V.P. muddy and slippery
níhuà 泥化 N. <*geol.*> argillization
nìhuá* 腻滑 S.V. oily and slippery
nìhuà yǔyīn 逆化语音 N. <*lg.*> anticipatory pronunciation
níhuī* 泥灰 N. <*geol.*> musky coal; marl
nìhuì(duì) 逆汇(兑)[-匯-] N. <*acct.*> adverse exchange
níhuītǔ 泥灰土 N. <*geog.*> marl soil
níhuīyán 泥灰岩 N. <*geog.*> marl
níhuīzhì niántǔ 泥灰质粘土[--質--] N. <*geog.*> marly clay
nìhuǒ 逆火 A.T. back-fire
níhuǒshān 泥火山 N. <*geog.*> mud volcano M: [4]*zuò*
[1]**nìjì** 匿迹[-跡] V.O. go into hiding
[2]**nìjì** 逆计 N. reckon/conjecture beforehand
Níjiālāguā 尼加拉瓜 P.W. Nicaragua
níjiāng* 泥浆[-漿] N. slurry; mud
níjiàng 泥匠 N. bricklayer; tiler; plasterer M: *ge*/ [1]*míng*
níjiǎo 泥脚[-腳] N. ① clay foundation of a building ② hitch; difficulty
nìjiāo* 昵交 N. close friendship
nǐjiàomǔ 拟酵母[擬-] N. <*chem.*> false yeast
nìjǐjīng 逆戟鲸 N. <*zoo.*> killer whale M: [1]*tiáo*
níjīn 泥金 N. ① coating of glue and powdered gold ② golden paint
níjīng 霓旌 N. flag of multicolored feathers
nǐjīng 拟经[擬經] V.O. copy canonical works
nìjīng 逆经[-經] N. <*med.*> vicarious menstruation
nìjìng* 逆境 N. adverse circumstances; adversity
nǐjiù* 拟就[擬-] V. finish drafting a document/ plan/etc.
nìjiǔ 泥酒 V.O. be addicted to liquor
nìjiù 昵就 V. draw near to
nìjìxiāoshēng 匿迹销声[-跡-聲] F.E. be deeply hidden
nìjìzhāozhāng 逆迹昭彰[-跡--] F.E. Signs of rebellion are evident.
nǐjù 拟具[擬-] V. draw up (a proposal/plan/etc.)
níjuǎnr 泥卷儿 N. mud roll
níjūjur 泥拘拘儿 N. <*topo.*> one splashed/ covered with mud
níkēng 泥坑 N. mud pit; morass
níkèsuān 尼克酸 N. <*chem.*> niacin
níkuài 泥块[-塊] N. lumps of clay
níkuàir 泥块儿[-塊-] N. pieces of mud/earth
nìláishùnshòu 逆来顺受 F.E. resign oneself to adversity
nìlàng 逆浪 N. contrary waves
nílǎo 泥潦 N. marshy ground; a quagmire
nǐlǎo(r)* 你老(儿) PR. <*court.*> you (for old people)
[1]**nìlǐ** 逆理 V.O. defy reason
[2]**nìlǐ** 腻理 A.T. smooth and lustrous
níliáo 泥疗[-療] N. <*med.*> mud therapy

níliào(zi) 呢料(子) N. wool material (for making clothes) M: 2kuài
nǐliào 拟料[擬-] V. suppose; conjecture
1nìliào* 逆料 V. anticipate; foresee
2nìliào 匿料 N. hidden material
3nìliào 腻料 N. putty
nílǐbádīngcūn 泥里拔钉皴[-裡---] N. <art> a kind of wrinkle (in painting)
nílìe 泥裂 N. <geol.> mud crack
nìlìlǜ 逆利率 N. <acct.> negative interest
nìlín 逆鳞 V.O. offend the emperor or a powerful person
níliú 泥流 N. <geol.> mudflow
nìliú* 逆流 N. adverse current; countercurrent ♦V.O. go against the current
nìliú'érdòng 逆流而动[-動] V.P. <wr.> move against the tide
nìliú'érshàng 逆流而上 V.P. <wr.> go against the current
nìliú'érxíng 逆流而行 V.P. <wr.> go against the current
nílóng* 尼龙 N. <loan> nylon
nìlóng 溺癃 N. <med.> difficult urination
nílóng dākòu 尼龙搭扣 N. <txtl.> velcro
nílóng huányǎng 尼龙环氧[--環-] N. <chem.> nylon epoxy
nílóng méngmiàntào 尼龙蒙面套 N. stocking mask
nílóngshéng 尼龙绳[-繩] N. nylon cord M: 2gēn
nílóngsī 尼龙丝[-絲] N. nylon yarn M: 2gēn
nílóngwà 尼龙袜[-襪] N. nylon socks M: 1shuāng
nílóngxiàn 尼龙线 N. nylon yarn M: 2gēn
1nílù 泥路 N. muddy road M: 1tiáo
2nílù 麑鹿 N. young deer; a fawn
nìlǚ 逆旅 N. <wr.> inn; hotel
nìlún 逆伦 V.P. incestuous ♦N. violation of primary relations among relatives
níluó 泥螺 N. mud snail
Níluó Hé 尼罗河[-羅-] P.W. Nile River
nímào 呢帽 N. ① wool hat ② felt hat M: 1dǐng
nímàozhān 呢帽毡[-氈] N. <txtl.> felt wool M: 2kuài
níméi 泥煤 N. peat
nǐmen 你们 PR. you (plural)
nìmíng* 匿名 ATTR./N./V.O. anonymous
nìmìng 逆命 V.O. resist an order; disobey
nìmíngshū 匿名书[-書] N. anonymous letter/writing M: 2fēng/1fèn
nìmìngtí 逆命题 N. <phil.> converse proposition
nìmíngtiě 匿名帖 N. anonymous placard/posting M: 1fèn
nìmíng tóupiào 匿名投票 N. secret ballot
nìmíng tóushū 匿名投书[-書] V.P. write an anonymous letter
nìmíngxìn 匿名信 N. anonymous letter M: 2fēng
nìmíngxìng 匿名性 N. anonymity
nìmǒ 腻抹 V. make dirty; soil; smear
nìmóu 逆谋 N. treasonable plot
nǐmǒushìfǎ 拟某氏法[擬-] F.E. <art> copied in the style of (a person)
nín 您 PR. <court.> you (polite singular)
nínán 呢喃 N. twittering (of swallows)
nínào 泥淖 N. mire; bog; morass
1níng* 拧[擰] V. ① twist; wring ② pinch; tweak *See also* nǐng, 2nìng
2níng 凝 V. congeal ♦B.F. concentrate attention *níngshì*
3níng 宁[寧/甯] B.F. peaceful; tranquil *1níngjìng* ♦N. ① short for Ningxia ② another name for Nanjing *See also* 1nìng
4níng 狞[獰] B.F. ferocious (of facial expression) *níngxiào, zhēngníng*
5níng 柠[檸] in *níngméng*
6níng 咛[嚀] in *1dīngníng*
7níng 聍[聹] in *2dīngníng*
nǐng 拧[擰] V. ① screw ② differ; disagree ♦S.V. wrong; mistaken *quán nòng~ le* get it all wrong *See also* 1níng, 2nìng
1nìng 宁[寧] ADV. ① rather; would rather ② <wr.> could there be ♦N. Surname *See also* 3níng
2nìng 拧[擰] S.V. <topo.> pigheaded *See also* 1níng, nǐng
3nìng 佞 B.F. flatter; toady *nìngFó, bùnìng*
4nìng 泞[濘] B.F. muddy *nìngní, nínìng*
níng'ān 宁安[寧-] S.V. peaceful
níng bózi 拧脖子[擰-] V.O. <coll.> give the cold shoulder; shun
nǐngbuguò* 拧不过[擰-] R.V. can't go/fight against; can't win
nìngbùguò 佞不过 R.V. <coll.> unable to outlast sb's stubbornness
nìngchén 佞臣 N. flattering courtier/official M: ge/1míng
níngchéng 凝成 R.V. solidify and form
níng chéng yī gǔ shéng 拧成一股绳[擰-繩] V.P. ① twist into a rope ② <fig.> stick together; make joint efforts
Níngchóu* 宁绸[寧-] N. <txtl.> nankin
níngchǒu 狞丑[獰醜] V.P. hideous and evil; sinister
níngchǒuxiàngmào 狞丑相貌[獰醜-] F.E. repulsive ugly appearance
níngcōng 拧葱[擰蔥] <topo.> V.O. err; make mistakes
nìngdǎng 佞党[-黨] N. a clique of traitors
níngdiǎn 凝点[-點] N. condensation point
níngdìng 凝定 V. freeze; stick; stay still
níngdìngdànbó 宁定淡泊[寧-] F.E. <wr.> be content
níngdòng 凝冻 V. coagulate; freeze
níng'è 狞恶[獰惡] V.P. fierce; ferocious
níng'èkěbù 狞恶可怖[獰惡-] F.E. fierce and terrifying (of sb.'s appearance)
níngfēiqíshì 宁非奇事[寧-] F.E. Isn't it strange that. . .?
nìngFó 佞佛 V.O. worship Buddha ingratiatingly
nìngfù 佞妇[-婦] N. a glib-tongued woman M: ge/1míng
nínggǒngwēndù 凝汞温度 F.E. condensed-mercury temperature
nínggù* 凝固 R.V. solidify
nínggu 拧咕[擰-] V. ①not fit ②disagree ③turn ④ <coll.> worm/wiggle into
nínggùdiǎn 凝固点[-點] N. solidifying/freezing point
nínggù fùhécí 凝固复合词[--複--] N. <lg.> frozen (verbal) compound
nínggui 狞鬼[獰-] N. vicious devil
nínggùjì 凝固剂[-劑] N. coagulating agent; coagulant
nǐngguò 拧过[擰-] R.V. <coll.> overwhelm with stubbornness
nínggù qìyóu 凝固汽油 N. napalm
nínggù qìyóudàn 凝固汽油弹 N. napalm bomb M: 1kē
nínggùyù 凝固浴 N. coagulating bath
nínghán 凝寒 V.P. congealed from cold
nínghé 宁和[寧-] N. peace
nínghuá 凝华[-華] V. <met.> sublimate
nìnghuá* 泞滑[濘-] S.V. muddy and slippery
nínghuī huǒshān 凝灰火山 N. <geol.> tuff volcano M: 4zuò
nínghuī róngyán 凝灰熔岩 N. <geol.> tuff lava
nínghuīyán 凝灰岩 N. <geol.> tuff
níngjī* 凝积[-積] V. congeal
níngjí 凝集 V. <chem.> agglutinate
1níngjì 凝寂 V.P. very still
2níngjì 凝迹[-跡] N. contrail
níngjiā 宁家[寧-] V.O. ① settle one's home; manage a household ② go home
níngjiāo 凝胶[-膠] N. gel
níngjié 凝结 V. coagulate; congeal; condense
níngjié jì 凝结剂[-劑] N. <chem.> coagulant
níngjié lì 凝结力 N. coagulability
níngjiéqì 凝结器 N. condenser M: 1tái
níngjiéshuǐ 凝结水 N. condensate; condensed water
níngjié wéi 凝结为 V.P. coagulate into
níngjié wěijì 凝结尾迹[-跡] N. exhaust cloud; condensation/vapor trail; contrail
níngjié-wù 凝结物 N. coagulum
níngjiéxìng 凝结性 N. <lg.> cohesion
nǐngjǐn* 拧紧[擰緊] R.V. turn/screw tightly (of lids/nuts/etc.)
nìngjìn(r) 拧劲(儿)[擰勁] N. <coll.> stubbornness
1níngjìng 宁静[寧靜] S.V. peaceful; tranquil; quiet
2níngjìng 宁靖[寧-] V.P. <wr.> orderly and peaceful
3níngjìng 凝镜 N. <cinema> frozen frame
níngjìng xiàlai 宁静下来[寧靜-] R.V. become peaceful
níngjīngzhì 凝晶质[-質] N. <geol.> crystalloid
níngjìngzhìyuǎn 宁静致远[寧靜-遠] F.E. <wr.> Slow and steady wins the race.
níngjísù 凝集素 N. <chem.> agglutinin
níngjù 凝聚 V. condense (of vapor); coalesce; concentrate; solidify ♦N. <chem.> coacervation
níngjùcéng 凝聚层[-層] N. coacervate
níngjùlì 凝聚力 N. cohesion; cohesive force
níngjùtài 凝聚态[-態] N. condensed state
níngjù wùzhì 凝聚物质[-質] N. <phy.> condensed matter
nǐngkāi 拧开[擰開] R.V. ① open (a lid); unscrew (a nut/etc.); turn on (a water tab/etc.) ② wrench apart
nìngkě 宁可[寧-] ADV. (would) rather; better
nìngkěn 宁肯[寧-] ADV. would rather
nìngkě xìnqíyǒu 宁可信其有[寧-] F.E. rather believe it to be true
nìngkǒu 佞口 N. a smoothie
nǐngle 拧了[擰-] V.P. <coll.> failed; misfired
níngliàn 凝练[-練] S.V. concise; condensed; compact
níngméidèngyǎn 拧眉瞪眼[擰-] F.E. <wr.> raise one's eyebrows and stare in anger
níngméng 柠檬[檸-] N. lemon M: ge/2zhī
níngméngcǎoyóu 柠檬草油[檸-] N. lemongrass oil
níngménghuáng 柠檬黄[檸-] N. citrine; lemon-colored
níngméngjī 柠檬鸡[檸-雞] N. chicken in lemon sauce (Guangdong) M: 1pán
níngméngjīng 柠檬精[檸-] N. lemon essence
níngméngsè 柠檬色[檸-] N. citrine
níngméngshíjiān 柠檬时间[檸-時-] ID. lemon time (the intermission between the two halves of a sports event)
níngméngshuǐ(r) 柠檬水(儿)[檸-] N. lemon water; lemonade M: bēi/píng
níngméngsù 柠檬素[檸-] N. <chem.> citrin; vitamin P
níngméngsuān 柠檬酸[檸-] N. <chem.> citric acid
níngméngsuānyán 柠檬酸盐[檸-鹽] N. citrate
níngméng xiāngbòhé 柠檬香薄荷[檸-] N. lemon balm
níngméng xiāngcǎo 柠檬香草[檸-] N. lemonweed
níngméngyóu 柠檬油[檸-] N. lemon oil
níngmì 宁谧[寧-] S.V. tranquil
níngmóu 凝眸 V. <wr.> ① stare ② focus one's eyes on
níngmóu'érshì 凝眸而视 F.E. <wr.> stare at
níngmù 凝目 V.O. <wr.> ① stare at ② focus one's eyes on
nìngnào 泞淖[濘-] N. mud; mire
nìngní 泞泥[濘-] N. mud
nǐngpíqi 拧脾气[擰-氣] N. <coll.> willful disposition
níngqìjī 凝气机[-氣-] N. air condenser M: 1tái
níngqìqì 凝汽器 N. (steam) condenser M: 1jià
níngqìyóujì 凝汽油剂[-劑] N. napalm
nìngquēwúlàn* 宁缺毋滥[寧-濫] F.E. rather go without than have sth. shabby
nìngquēwùlàn 宁缺勿滥[寧-濫] F.E. rather go without than have sth. shabby
níngrán 凝然 ADV. firmly
nǐngrào 拧绕[擰繞] V. wind around sth. (of wire)
nìngrén 佞人 N. sycophant; toady

níngrénxīshì 宁人息事[寧-] F.E. <wr.> pour oil on troubled water
níngrì 宁日[寧-] N. peaceful days
níngrǔ 凝乳 N. curd
níngrǔméi 凝乳酶 N. <chem.> rennin; chymosin; lab-enzyme; pexin; rannase
níngrǔméisù 凝乳酶素 N. <chem.> milk-clotting enzyme
níngshā 拧痧[擰-] V.O. <Ch. med.> scraping-and-pinching therapy
nǐngshàng 拧上[擰-] R.V. screw on
nǐngshé 拧折[擰-] R.V. break by turning/twisting
níngshébùwān 宁折不弯[寧-彎] *See níngzhébùwān*
[1]níngshén 凝神 ADV. with concentrated attention
[2]níngshén 宁神[寧-] V.O. become calm; calm oneself
níngshén dìtīng 凝神谛听[-聽] V.P. listen attentively
níngshén-jìngtīng 凝神静听[-靜聽] V.P. listen attentively and silently
níngshén qīngtīng 凝神倾听[-聽] V.P. <wr.> listen attentively
níngshén sīsuǒ 凝神思索 V.P. <wr.> think hard
níngshén xìshì 凝神细视 V.P. <wr.> look hard at
níngshényīzhì 凝神一志 F.E. <wr.> be totally engrossed
níngshén yuǎnshì 凝神远视[--遠-] V.P. <wr.> look into the distance with a fixed gaze
níngshén zhùshì 凝神注视 V.P. <wr.> watch attentively/intently
níngshì 凝视 V. gaze fixedly; stare
níng shīyīfu 拧湿衣服[擰濕-] V.O. <coll.> wring out wet clothes
níngshuāng 凝霜 N. frost
níngsī 凝思 V. be lost in thought
nìngsǐbùcóng 宁死不从[寧-從] F.E. rather die than submit
nìngsǐbùhuó 宁死不活[寧-] F.E. rather be dead than alive
nìngsǐbùjiǎng 宁死不讲[寧-講] F.E. rather die than speak
nìngsǐbùqū 宁死不屈[寧-] F.E. rather die than submit
nìngsǐbùrǔ 宁死不辱[寧-] F.E. <wr.> prefer death to disgrace
nìngsǐbùwéi 宁死不为[寧-] F.E. <wr.> would rather die than. . .
nìngsǐbùxiáng 宁死不降[寧-] F.E. <wr.> prefer death to surrender
nìngsǐbùzuò 宁死不做[寧-] F.E. would sooner die than do (such a thing)
nìngsǐdāoxià 宁死刀下[寧-] F.E. would rather die than submit
níngsīmòxiǎng 凝思默想 F.E. <wr.> meditate profoundly
nǐngsōng 拧松[擰鬆] R.V. unscrew
níngsòu 宁嗽[寧-] V.O. <med.> relieve coughing
níngsuōqì 凝缩器 N. <phy.> condenser M: [1]tái
níngtiē 宁帖[寧-] V.P. tranquil
níngtīng 凝听[-聽] V. listen attentively
níngwàng 凝望 V. fix one's gaze on
níngwéi 凝为 V.P. coagulate into (sth.)
níngwéijīshǒu 宁为鸡首[寧-雞-] ID. rather be somebody in a small group than be nobody in a large community
nìng wèiyǔ ér chóumóu 宁未雨而绸缪[寧-] ID. <wr.> It's better to be prepared beforehand.
níngwéiyùsuì 宁为玉碎[寧-] ID. better to be destroyed than to give up one's principles
níngxī 宁息[寧-] N. quiet and rest
Níngxià 宁夏[寧-] P.W. Ningxia
Níngxià Huízú Zìzhìqū 宁夏回族自治区[寧-區] P.W. Ningxia Hui Autonomous Region
níngxiǎng 凝想 V. meditate
níngxiào* 狞笑[獰-] N. sardonic smile ♦V. laugh maliciously
nìngxiào 佞笑 V. smile sardonically
níngxīn 宁心[寧-] V.O. calm one's mind and spirit
níngxīn'ér 宁馨儿[寧-] INTJ. <wr.> Such a (wonderful/lovely) child!
nìngxing 佞/拧性[擰-] N. <coll.> perverse; contrary
[1]nìngxìng* 佞幸 N. <wr.> ① flatterer; toady ② flattering
[2]nìngxìng 拧性[擰-] N. doggedness; stubbornness
nìngxìngzi 拧性子[擰-] V.O. be stubborn/resistant because of anger
níngxīqìjǐng 凝析气井[--氣-] N. gas-condensate well M: kǒu
níngxīyóu 凝析油 N. condensate (of petroleum)
níngxuèjì 凝血剂[-劑] N. <med.> coagulant
níngxuèméi 凝血酶 N. thrombin; thrombase
níngxuè shíjiān 凝血时间[--時-] N. clotting/coagulation time
níngxuè xìbāo 凝血细胞 N. <phys.> blood platelet; platelet; thrombocyte
níngxuè yào 凝血药[-藥] N. <med.> coagulant
níngyè 凝咽 V. sob
nìngyuàn 宁愿[寧願] ADV. would rather; better
nìngzǎowùchí 宁早勿迟[寧-遲] F.E. <wr.> better be early than late
nìngzhébùwān 宁折不弯[寧-彎] F.E. <wr.> would rather break than bend; be adamant *See also níngshébùwān*
níngzhī* 凝脂 <wr.> N. ① solidified lard/butter; congealed fat ② creamy skin ③ sth. smooth, soft, and glossy
níngzhì 凝滞[-滯] V. stagnate; move sluggishly
nìngzhì 泞滞[濘滯] N. muddy roads that make traveling difficult
níngzhòng* 凝重 S.V. dignified; imposing
nìngzhǒng 拧种[擰種] N. stubborn person
níngzhǔ 凝瞩[-矚] V. look fixedly at
[1]níngzhù* 拧住[擰-] R.V. <coll.> hold fast; grasp tightly
[2]níngzhù 凝注 V. gaze at
[3]níngzhù 凝伫[-佇] V. stand still waiting
níngzhuāng 凝妆[-妝] V. dress/doll up
nǐngzi 拧子[擰-] N. <topo.> ① screwdriver ② wrench
nìngzuǒwùyòu 宁左勿右[寧-] F.E. prefer to be Left than Right
nīní* 泥泥 R.F. ① damp (from dew) ② luxuriant; thick (of vegetation)
nǐnǐ 苨苨 R.F. <wr.> luxuriant; exuberant; flourishing
nìnihúhú 腻腻糊糊 R.F. <coll.> wishy-washy; weak-kneed
nìnìng 泥泞[-濘] S.V. muddy ♦N. mire
níniú 泥牛 N. <trad.> ox made of clay to usher in spring
níniúrùhǎi 泥牛入海 F.E. gone forever
nínmen 您们 PR. <coll./court.> you (plural)
nínna 您哪 PR. <court.> you
nìnǚ 溺女 V.O. drown a daughter at birth
Nípénjì 泥盆纪 N. <geol.> Devonian Period
nípēnquán 泥喷泉 N. mud geyser
Nípénxì 泥盆系 N. Devonian system
nípī 泥坯 N. molded pottery waiting to be baked
nìpō 逆坡 N. adverse grade
nípúsà 泥菩萨[-薩] N. clay Buddha; sb. hardly able to save himself (let alone anyone else)
nípúsà guòjiāng 泥菩萨过江[-薩--] ID. hardly able to save oneself, let alone anyone else
nìqì 溺弃[-棄] V. drown and abandon (an unwanted infant)
níqiáng 泥墙[-牆] N. mud wall M: [1]dǔ/[2]dào/[4]zuò
níqīng 泥青 N. deep green
nǐqǐng* 拟请[擬-] V. intend to request
nìqíng 匿情 V.O. cover up the fact before the law
níqiu* 泥鳅 N. ① loach ② mud fish M: [1]tiáo
níqiú 麑裘 N. fawn's fur
níqiúr 泥球儿 N. mud ball
nǐqǔ 拟曲[擬-] N. mime
nìqǔshùnshǒu 逆取顺守 F.E. <wr.> keep rightly what was first acquired wrongly
nīr 妮儿 N. a girl
nìrán 逆燃 N. backfire; flashback
nírén(r)* 泥人(儿) N. <art> clay figurine ♦V. <coll.> pester; be a nuisance
nǐrén 拟人[擬-] N. <lg.> personification ♦ATTR. anthropomorphic
nìrén 腻人 S.V. ① disagreeably greasy ② cloying ③ <coll.> annoying ④ boring; tiresome
nǐrénfǎ 拟人法[擬-] N. personification
nǐréngéhuà 拟人格化[擬-] N. <psy.> appersonification
nǐrénhuà 拟人化[擬-] N. personification
Nírì'ěr 尼日尔 P.W. Niger
Nírìlìyà 尼日利亚[-亞] P.W. Nigeria
níróng 呢绒 N. wool fabric M: [2]kuài
nìsāng 匿丧[-喪] V.O. <trad.> conceal the death of one's parents (by an official)
nìsāngbùbào 匿丧不报[-喪-報] F.E. <wr.> keep sb's death a secret
nǐsè 拟色[擬-] N. <lg.> simulation
nísēng 尼僧 N. Buddhist nun M: ge/[1]míng/[2]wèi
níshā 泥沙 N. ① <geog.> silt; sediment ② sth. worthless ③ sinking to the bottom
níshābèng 泥沙泵 N. <mach.> sand/sludge pump M: [1]tái
níshājùxià 泥沙俱下 F.E. ① The good is carried away with the bad. ② There is a mingling of good and bad.
níshangwǔ 霓裳舞 N. a Tang-dynasty dance
nìshèhuì xíngwéi 逆社会行为 N. <psy.> dyssocial behavior
nǐshēng 拟声[擬聲] N. onomatopoeia
nǐshēngcí* 拟声词[擬聲-] N. <lg.> imitative word; onomatopoeic word
nìshēngcí 逆生词 N. <lg.> back-formation word
nǐshēngfǎ* 拟声法[擬聲-] N. <lg.> onomatopoeia
nìshēngfǎ 逆声法[-聲-] N. <lg.> back-formation
nǐshēngshuō 拟声说[擬聲-] N. <lg.> onomatopoeia
nǐshēngyǔ 拟声语[擬聲-] N. <lg.> onomatopoeic word
nǐshì 拟式[擬-] N. <lg.> reconstructed form
nìshí 逆时[-時] N. inverse time
[1]nìshì* 睨视 V. look askance
[2]nìshì 逆事 N. ① vexatious matters ② insubordinate/lawless actions ③ misfortunes
[3]nìshì 逆势[-勢] V.O. ① move in the opposite direction ② be an exceptional case
níshíliú 泥石流 N. <geog.> mud-rock flow
nìshízhēn 逆时针[-時-] ADV. counterclockwise
níshǒu 泥首 A.T. kowtow
níshǒuxièzuì 泥首谢罪 F.E. <wr.> humbly sue for pardon
nìshù 逆数[-數] N. ① <math.> a reciprocal (number) ② unseasonable weather
[1]nìshuǐ 溺水 V.O. drown
[2]nìshuǐ 逆水 V.O. go against the current
nìshuǐ'érshàng 逆水而上 F.E. go upstream
níshuǐgōng 泥水工 N. bricklayer; tiler; plasterer M: ge/[1]míng
níshuǐhuó 泥水活 N. bricklaying; plastering
níshuǐjiàng 泥水匠 N. bricklayer; plasterer; mason M: ge/[1]míng
níshuǐshī 泥水师[-師] N. bricklayer; tiler; plasterer M: ge/[1]míng
nìshuǐxíngzhōu 逆水行舟 F.E. fighting the current; boat sailing against the current
nǐsì 拟似[擬-] ATTR. <lg.> quasi
nìsǐ* 溺死 R.V. be drowned
nǐsì pìyù 拟似譬喻[擬-] N. <lg.> quasi-metaphor
nǐsǐwǒhuó 你死我活 V.P. fight to the death
nísù* 泥塑 N. clay sculpture M: [4]zuò/[1]zūn/ge
nìsù 逆溯 V. contrary current
nísùmùdiāo 泥塑木雕 F.E. ① as stiff as a statue ② idol ③ sb. devoid of emotions
nísùrén 泥塑人 N. sb. paralyzed with shock/embarrassment
nítāi(r) 泥胎(儿) N. ① unpainted clay figure ② unfired pottery ③ clay statues in temples
nǐtài* 拟态[擬態] N. <bio.> mimicry; imitation

nítān 泥滩[-灘] N. <geol.> flat; mudbank; mud flat
nítán* 泥潭 N. quagmire
nítàn 泥炭 N. peat
nítáng 泥塘 N. mire; bog
níténg 泥藤 N. <bot.> rattan
nìtiān 逆天 V.O. defy the laws of nature
nìtiānxíngdào 逆天行道 F.E. <wr.> defy nature
nìtiānxíngshì 逆天行事 F.E. do godless things
nìtiānzéwáng 逆天则亡 F.E. To oppose heaven is to be doomed.
nítiáozhùchéngfǎ 泥条筑成法[-條築--] N. <pottery> clay-strip forming technique
nítiěkuàng 铌铁矿[-鐵礦] N. <min.> columbite M: [4]zuò
nìtónghuà 逆同化 N. <lg.> regressive assimilation
nìtòule 腻透了 V.P. <coll.> fed-up; sick and tired of sth.
nítú 泥涂[-塗] N. ① ground soaked in rain water; mire ② filth; dirt ③ the masses; the unknown; the humble
nítǔ* 泥土 N. ① earth; soil ② muddy soil ③ clay
nítuǐ 泥腿 N. villain; rascal
nìtuīlì huǒjiàn 逆推力火箭 N. <phy.> retrothrust rocket M: [4]zhī/[4]méi
nǐtuīwǒlā 你推我拉 V.P. You push while I pull.
nǐtuīwǒràng 你推我让[-讓] V.P. defer to each other
nítuǐzi 泥腿子 N. ① bumpkin ② <derog.> farmers ③ <coll.> muddy legs
nítǔmiàn 泥土面 N. clay surface
nǐtuǒ 拟妥[擬-] V. draw up (a plan/etc.)
nítúxuānmiǎn 泥涂轩冕[-塗--] ID. <wr.> not aspire to be an official
[1]**niū** 妞 B.F. girl **niūr**
[2]**niū** 扭 in **zīniū** **See also** [1]**niǔ**
[3]**niū** 牛 in **shuǐniūr** **See also** **niú**
niú* 牛 N. ① cow; ox; cattle ② Surname ♦B.F. <coll.> talk big; boast; brag **chuīniú** ♦S.V. <slang> arrogant **See also** [3]**niū**
[1]**niǔ** 扭 V. ① twist; wrench ② sway (one's body) ③ seize **See also** [2]**niū**
[2]**niǔ** 纽[紐] N. handle; knob ♦B.F. ① button **niǔkòu** ② pivot; key position **shūniǔ** ③ bond; tie **niǔdài** ♦N. <lg.> ① initial consonant of a Sinitic syllable ② ancient initial ③ character representing an ancient initial
[3]**niǔ** 钮[鈕] B.F. ①knob; handle **ménniǔ** ②button (such as on-off switch) **diànniǔ**
[4]**niǔ** 忸 in **niǔní**, **niǔshì**
[5]**niǔ** 狃 in **niǔyúxísú**, **niǔyújīxí**
niù 拗 S.V. stubborn; obstinate **See also** [2]**ǎo**, [6]**ào**
niúbà 牛耙 N. ox harrow M: [1]jià
niǔbǎi 扭摆[-擺] V. swing/sway (one's body)
niǔbǎiwǔ 扭摆舞[-擺-] N. the twist (dance)
niúbǎiyè 牛柏叶[-葉] N. third stomach of a cow
niúbàng(zǐ) 牛蒡(子) N. <bot.> great burdock
niúbiān 牛鞭 N. ox penis (as food)
niùbiè 拗别 A.T. recalcitrant; obstinate
niúbíhuán 牛鼻环[-環] N. <liv.> bullring
niúbìng 牛病 N. <liv.> cattle disease
niúbíqián 牛鼻钳 N. <liv.> bull-holder
niúbízi 牛鼻子 N. ①ox muzzle ②crux ③<trad./derog.> old Daoist
niúbózi 牛脖子 N./S.V. <coll.> bullheaded; stubborn
niúbù 牛步 N. bull/cow pace; slow walk
niǔbuguò* 扭不过 R.V. <coll.> stick to a position
niùbuguò 拗不过 R.V. be unable to dissuade
niúbùhēshuǐ qiáng'àntóu 牛不喝水强按头[----強--] ID. try to impose one's will on sb.
niúcǎo 牛草 N. <liv.> timothy
niǔchán 扭缠[-纏] V. ① tussle; pester ② grab and wrestle
niúchē* 牛车 N. ox/bullock cart M: [3]liàng
niǔchě 扭扯 V. ① twist ② seize each other ③ pester
niǔchèng 扭秤 N. <phy.> torsion balance M: [1]jià
niǔchū 扭出 R.V. twist out
niǔda 扭搭 V. <coll.> walk with a rolling gait
niǔdǎ* 扭打 V. wrestle; grapple
niǔdài 纽带[-帶] N. link; tie; bond M: [1]tiáo
niǔdaniǔda 扭搭扭搭 R.F. <coll.> ① squirm in indecision/apprehension ② turn/swivel from side to side
niúdāo 牛刀 N. butcher's knife M: [1]bǎ
niúdāogējī 牛刀割鸡[-雞] ID. <wr.> great talent used in petty things
niúdāoxiǎoshì 牛刀小试 ID. ① hide one's light under a bushel ② overkill ③ first small display of a master's skill
niǔdiǎn 扭点[-點] N. fulcrum
niúdǐngpēngjī 牛鼎烹鸡[-雞] ID. <wr.> swat a fly with a cannon
niǔdòng 扭动[-動] R.V. ① wriggle ② writhe
niúdòu 牛痘 N. ① cowpox ② smallpox/vaccine pustule
niúdòumiáo 牛痘苗 N. (bovine) vaccine for smallpox
niúdú(r/zi)* 牛犊(儿/子)[-犢-] N. calf M: [2]zhī/[1]tóu
niǔdù 扭度 N. twist
niǔduàn 扭断[-斷] R.V. break by twisting/wrenching; twist and break
Niúdùn 牛顿 N. Newton
niú'è 牛轭 N. ① yoke ② oxbow
niú'è hú 牛轭湖 N. <geol.> oxbow lake
niú'ěr 牛耳 N. cow ear **zhí** ~ hold power; rule the roost
niúféi 牛腓 N. calf
niúfèiyì 牛肺疫 N. pleuropneumonia (of cattle)
niúfèn 牛粪[-糞] N. cow dung
niǔgān 扭干[-乾] R.V. wring dry
niúgátáng 牛轧糖 N. nougat M: [1]kē
niúgǒu 牛狗 N. bulldog
niúgǔ 牛骨 N. ox bone
niúguān(r) 牛倌(儿) N. ①herdsman ②cowherd; oxherd M: ge/[1]míng
niúguǐ-shéshén 牛鬼蛇神 N. forces of evil; enemies
niǔgǔ'rtáng 扭股儿糖 N. twisted malt candy
niúhuáng 牛黄 N. <Ch. med.> ox bezoar
niújiǎgǔ 牛胛骨 N. bovine scapulae
niùjiàng 拗强[-強] S.V. obstinate and pigheaded; recalcitrant **See also** **àojiàng**, **àoqiáng**
niújiāngguǒ 牛浆果[-漿-] N. <bot.> cowberry M: ge/[2]zhī
niújiǎo* 牛角 N. ox horn
[1]**niǔjiǎo** 扭脚[-腳] V.O. break/hurt one's ankle (when exercising/etc.)
[2]**niǔjiǎo** 扭绞 V. ① twist ② mix
niújiǎohuà 牛角画[-畫] N. horn mosaics
niújiǎojiān(r) 牛角尖(儿) N. ① tip of a horn ② avoidable trifling problem
niǔjiǎolíng 扭角羚 N. takin (antelope) M: [2]zhī
niújiǎoyóu 牛脚油[-腳-] N. neatsfoot oil
niújiǎo zhìpǐn 牛角制品[--製-] N. horn ware
niǔjié 扭结 V. twist together; tangle up
niújījiǎoyǎnr 牛犄角眼儿 N. <coll.> ox horn
niújīn* 牛筋 N. ① beef tendons ② <coll.> sb. who is bullheaded/stubborn
Niújīn 牛津 P.W. Oxford
niújìn(r) 牛劲(儿)[-勁-] N. ① great strength; tremendous effort ② obstinacy; tenacity ③ sb. who is bullheaded/stubborn
niǔjīn 扭筋 V.O./N. sprain
niǔjǐn 扭紧[-緊] R.V. twist tightly
niǔjìn(r) 扭劲(儿)[-勁-] V. walk in a gentle/mincing manner (of females)
niùjìn(r) 拗劲(儿)[-勁-] N. stubbornness
niújìtóngzào 牛骥同皂 ID. <wr.> make no distinction between the wise and the foolish
niǔjǔ 扭矩 N. torsion; torque; twist
niújuàn 牛圈 N. cow pen/corral
niǔkǒng 纽孔 N. buttonhole
niǔkòu(r) 纽扣(儿) N. ① button ② toggle
niùkǒulìng 拗口令 N. tongue twister **See also** **àokǒulìng**
niǔkuī 扭亏[-虧] V.O. ① stop the slump (of an enterprise); check the losses ② turn around a deficit (to profit)
niǔkuīwéiyíng 扭亏为盈[-虧--] F.E. turn loss into profit; turn a deficit into a surplus
niǔkuīzēngyíng 扭亏增盈[-虧--] F.E. ① make up deficits and increase surpluses ② turn losses into profits
niúlán 牛栏[-欄] N. cattle pen
niúláng 牛郎 N. ① cowhand; herdsman M: ge/[1]míng ② legendary Cowherd
Niúlángxīng 牛郎星 N. <astr.> Altair
niúlángzhīnǚ 牛郎织女[--織-] ID. ① Cowherd and Weaving Maid ② couple separated against their will
niúlào 牛酪 N. ① butter ② cheese from cow's milk
niǔle bózi 扭了脖子 V.P. have sprained the neck
niǔlèi 纽类[-類] N. <lg.> classes of ancient initials
niǔlì 扭力 N. <phy.> twisting force; torsion
niúlíng 牛羚 N. <zoo> gnu M: [2]zhī
niǔlì tiānpíng 扭力天平 N. torsion balance M: [1]jià
niúliǔ 牛柳 N. beef tenderloin
niúmǎ 牛马 N. ① oxen and horses ② beasts of burden
niúmǎbùrú 牛马不如 F.E. <wr.> live worse than beasts of burden
niúmáo 牛毛 N. ox hair
niúmáocūn 牛毛皴 N. <art> cattle-hair wrinkle (in painting)
niúmáo xìyǔ 牛毛细雨 N. drizzle
niúmáoyǔ 牛毛雨 N. drizzle
niúmǎshēnghuó 牛马生活 F.E. <wr.> live like beasts of burden
niúmǎzǒu 牛马走 F.E. <humb.> your humble servant
niúméng 牛虻 N. gadfly
niúnǎi 牛奶 N. cow's milk M: bēi
niúnǎichǎng 牛奶场[-場] P.W. dairy M: [4]zuò
niúnǎi dànhú 牛奶蛋糊 N. custard
niúnǎifáng 牛奶房 P.W. milk shed/house; dairy M: [4]zuò/[1]jiān
niúnǎipíng 牛奶瓶 N. milk bottle M: ge/[2]zhī
niúnǎitáng 牛奶糖 N. toffee M: [2]kuài
niúnǎixiāng 牛奶箱 N. box to hold milk bottles M: [2]zhī
niúnǎizhàn 牛奶站 P.W. milk store/station M: [1]jiā
niúnǎn 牛腩 N. sirloin; tenderloin
niǔní 忸怩 S.V. bashful
niúnián 牛年 N. year of the ox
niúniánmǎyuè 牛年马月 ID. a time that will never come
niǔníbù'ān 忸怩不安 F.E. <wr.> be embarrassed
niǔnie 扭捏 V. ① wiggle one's buttocks ② be coyly bashful ③ do things in an unmanly way
niūniu(r) 妞妞(儿) N. <topo.> girl
niǔniudādā 扭扭搭搭 R.F. <coll.> fidgety; squirming
niǔniuniēniē 扭扭捏捏 R.F. <coll.> diffident; timorous; mincing
niǔniuníní 扭扭怩怩 R.F. <coll.> fidgety; squirming
niǔniuwǔ 扭扭舞 N. the twist (dance)
niǔnízuòtài 忸怩作态[-態] F.E. behave coyly
niǔ'ōu 扭殴[-毆] V. grapple with sb.
niúpá 牛扒 N. beefsteak M: [2]kuài
niúpái 牛排 N. beefsteak M: [2]kuài
niǔpàn(r) 纽襻(儿) N. button loop
niúpéng 牛棚 N. ① cowshed ② holding-place for the educated during the Cultural Revolution M: [4]zuò/[1]jiān
niúpí 牛皮 N. ① ox hide; leather M: [1]zhāng/[2]kuài ② bragging ③ <econ.> floating exchange rate
niúpídài 牛皮带[-帶] N. leather belt M: [1]tiáo
niúpídàwáng 牛皮大王 F.E. <coll.> braggart
niúpíjīn(r) 牛皮筋(儿) N. rubber band M: [1]tiáo

niúpíqi 牛脾气[-氣] N. ① stubbornness; obstinacy ② <coll.> bad temper
niúpítáng 牛皮糖 N. ① sticky and chewy candy M: ^{2}kuài ② sb. hard to deal with ③ slow-poke
niúpíxié 牛皮鞋 N. leather shoes M: ^{1}shuāng
niúpíxuǎn 牛皮癣 N. <med.> psoriasis
niúpíyíng 牛皮蝇[-蠅] N. gadfly M: ^{2}zhī/ge
niúpízhǐ 牛皮纸 N. kraft paper; brown wrapping paper M: ^{1}zhāng
niúqi* 牛气[-氣] S.V. <coll.> conceited; swell-headed
niùqì 拗气[-氣] N. stubbornness
niǔqū 扭曲 V. distort
niúqún 牛群 N. herd of cattle
niǔqūzuòzhí 扭曲作直 F.E. distort the facts
niūr 妞儿 N. <coll.> girl
niúròu 牛肉 N. beef
niúròubǐng 牛肉饼 N. hamburger M: ^{2}kuài/ge
niúròufǔ 牛肉脯 N. dry beef M: ^{2}kuài/^{1}piàn
niúròumiàn 牛肉面[-麵] N. beef and noodles M: wǎn
niúròupái 牛肉排 N. beefsteak M: ^{2}kuài
niúròutāng 牛肉汤[-湯] N. beef soup M: wǎn
niúrǔ 牛乳 N. cow's milk M: bēi
niǔshā 扭杀[-殺] V. fight at close quarters
niúshàng 牛上 A.T. <coll.> go against sb.
niǔshāng* 扭伤[-傷] R.V./N. sprain; wrench
niǔshāngxìng gǔzhé 扭伤性骨折[-傷---] N. <med.> sprain fracture
niúshānzhuózhuó 牛山濯濯 ID. ① treeless hills ② a bald pate
niúshè 牛舍 N. ① cowshed ② oxstall M: ^{4}zuò/^{1}jiān
niúshécǎo 牛舌草 N. <bot.> oxtongue
niǔshēn 扭身 V.O. twist the body
niúshéyú 牛舌鱼 N. tonguefish M: ^{1}tiáo
niúshī 牛虱 N. ox louse M: ^{2}zhī
niúshì* 牛市 N. bull market M: ^{4}zuò
niǔshì 忸忕 V. be accustomed to
niǔsòng 扭送 V. ① seize and hand over (a criminal/etc.) ② drag sb. off to
niúsōumǎbó 牛溲马勃 ID. cheap but useful
niútízhīcén 牛蹄之涔 N. <wr.> limited capacity
niútóu* 牛头 N. ① head of an ox ② wine vessel in the shape of an ox head ③ a fearsome creature in the Buddhist hell
niǔtóu(r) 扭头(儿) V.O. ① turn one's head ② turn around
niútóubào 牛头刨 N. <mach.> shaper M: ^{1}tái
niútóu bàochuáng 牛头刨床 N. <mach.> shaper M: ^{1}tái
niútóu bù duì mǎzuǐ 牛头不对马嘴[---對--] ID. incongruous; irrelevant
niútóu-mǎmiàn 牛头马面 N. ① attendants on the King of Hades ② devils in animal forms
niútuǐ 牛腿 N. <archi.> bracket; corbel
niúwā 牛蛙 N. bullfrog M: ^{2}zhī
niǔwāi 扭歪 N. distortion
niúwěi 牛尾 N. oxtail
niúwěi tāng 牛尾汤[-湯] N. oxtail soup M: wǎn
niúwěi yú 牛尾鱼 N. flathead M: ^{1}tiáo
niúwēn 牛瘟 N. rinderpest; cattle plague M: ^{3}cháng
niúxiěhóng 牛血红 N. ox blood red
Niǔxīlán 纽西兰[-蘭] P.W. <TW> New Zealand
niúxīn 牛心 N. ① heart of an ox ② stubbornness
niúxìng* 牛性 N. stubbornness
niùxing 拗性 N. <coll.> stubbornness
niúxīnguǒ 牛心果 N. <bot.> bullock heart; pond apple
niúxiù 牛宿 N. <Ch. astr.> ninth of the 28 Mansions
niǔyǎn 纽眼 N. buttonhole
niúyáng* 牛羊 N. cattle and sheep
niúyàng 牛鞅 N. yoke
niǔ yāngge 扭秧歌 V.O. do the yāngge dance
niǔyāo 扭腰 V.O. ① swing/twist the waist/hips (in dancing/exercising/etc.) ② sprain one's back
niúyì 牛疫 N. <liv.> rinderpest M: ^{3}cháng
niúyīduìqì 牛衣对泣[--對-] ID. <wr.> couple living in extreme poverty
niúyǐn* 牛饮 V. drink heavily
niǔyīn 纽音 N. <lg.> contraction; elision
niúyíng 牛蝇[-蠅] N. gadfly (insect) M: ^{2}zhī
niúyóu 牛油 N. ① cow fat ② butter
niúyóuzào 牛油皂 N. neat soap M: ^{2}kuài
niǔyúchéngjiàn 狃于成见[-於--] F.E. have preconceived ideas; be opinionated
Niǔyuē 纽约 P.W. New York
Niǔyuē Shì 纽约市 P.W. New York City
niǔyújíxí 狃于积习[-於積習] F.E. <wr.> stick to old customs
niǔyúlòuxí 狃于陋习[-於-習] F.E. <wr.> be accustomed to bad habits
niǔyúxísú 狃于习俗[-於習-] F.E. be bound/constrained by custom
niúzǎi 牛仔 N. ① cowboy ② calf M: ge/^{1}míng
niúzǎibù 牛仔布 N. denim M: ^{2}kuài/^{1}pǐ
niúzǎikù 牛崽/仔裤 N. jeans; close-fitting pants M: ^{1}tiáo
niúzǎizhuāng 牛仔装[-裝] N. cowboy suit M: tào
niúzhī* 牛脂 N. beef-suet; tallow
niúzhì 牛至 N. (wild) marjoram
niùzhí 拗执[-執] S.V. stubborn
niùzhírúniú 拗执如牛[-執--] F.E. <wr.> stubborn as an ox
niǔzhuǎn 扭转[-轉] V. ① turn round/back; reverse ② remedy (a situation) ③ wring; wrench; twist
niǔzhuǎn qiánkūn 扭转乾坤[-轉--] V.O. change the course of events; retrieve a situation
niǔzhuǎn shēn 扭转身[-轉-] V.O. turn round (the body)
niǔzhuǎn tuíshì 扭转颓势[-轉-勢] V.O. reverse a decline
niǔzi 纽子 N. button
niǔzi kāiguān 纽子开关[-開關] N. <elec.> toggle switch
"niú" zìpáng 牛字旁 N. side element "cow" (Kangxi radical 93)
niǔ zuò yī tuán 扭作一团[-團] V.P. grapple together (as of two wrestlers)
nìwai 腻歪 <coll.> V. twist (the truth/etc.) ♦S.V. tedious; bore
nìwaisi rén 腻歪死人 V.P. <coll.> enough to bore a person to death
níwǎjiàng 泥瓦匠 N. bricklayer; tiler; plasterer M: ge/^{1}míng
níwán* 泥丸 N. clay pellet M: ^{1}kē
níwǎn 泥碗 N. ① clay bowl M: ^{2}zhī ② <slang> insecure livelihood
níwáwa 泥娃娃 N. clay doll M: ge/^{2}zhī
níwāzi 泥洼子[-窪-] N. <topo.> mudhole
nìwei* 腻味 S.V. ① <topo.> fed up ② rich; greasy (of food) ③ <coll.> tedious; monotonous
^{1}**nìwèi** 腻畏 V. incur dislike/disgust
^{2}**nìwèi** 腻胃 V.O. kill one's appetite (of rich, greasy food)
nìwēn 逆温 N. <met.> inversion (of temperature)
nìwén* 逆纹 V.O. go against the grain
nìwēncéng 逆温层[-層] N. <met.> inversion layer
nìwǒzhěwáng 逆我者亡 F.E. <wr.> those who resist me shall perish
^{1}**níwū** 泥污 N. dirt; mire
^{2}**níwū** 泥屋 N. mud hut M: ^{1}jiān
nìxí 逆袭 N./V. counterattack
nìxián 昵嫌 N. personal grudge
níxiàng 泥像 N. earthen statue/sculpture M: ^{4}zuò/^{1}zūn
nìxiàng* 逆向 ATTR. ① <lg.> regressive ② reverse; reversal; backward ♦N. in the opposite direction
nìxiàng dàimíng 逆向代名 N. <lg.> backward pronominalization
nìxiàngpǐpèi 逆向匹配 F.E. backward match (in textual comparison)
nìxiàng shānchú 逆向删除[--刪-] N. <lg.> backward deletion
nìxiàng shānlüè 逆向删略[--刪-] N. <lg.> backward deletion
nìxiàng yuèdú 逆向阅读[-讀] N. <lg.> regression
nìxiào 匿笑 V.O. snicker
nìxīn* 逆心 ATTR. unfavorable
nìxìn 溺信 N. credulousness
nǐxíng 拟形[擬-] N. <lg.> shape imitating
nìxíng* 逆行 V. go in the wrong direction ♦N. <astr.> retrograde motion ♦ATTR. <lg.> regressive
nìxíng tónghuà 逆行同化 N. <lg.> regressive assimilation
nìxíngxìng yíwàng 逆行性遗忘 N. <med.> retrogade amnesia
nìxíng yìhuà 逆行异化[--異-] N. <lg.> regressive dissimilation
nìxù 逆序 ATTR. <lg.> reverse ♦N. backward/inverted sequence/order
nìxù cídiǎn 逆序词典 N. reverse dictionary M: ^{1}běn/^{2}bù
nìxù dújù 逆序读句[--讀-] N. <lg.> backward build-up
nìxùfǎ 逆序法 N. <lg.> hysteron proteron
nìxù fānyìfǎ 逆序翻译法[---譯-] N. <lg.> inversion method (in translation)
níyán 泥岩 N. <geog.> mudstone
nǐyì 拟议[擬議] V. draw up; draft ♦N. proposal; recommendation
nìyídòng 逆移动[-動] V.P. <wr.> inverse move
nìyìhuà 逆异化[-異-] N. <lg.> regressive dissimilation
nǐyīn* 拟音[擬-] V.O. produce a sound effect ♦N. sound effect
nìyǐn 泥饮 V. drink heavily
nìyīng 溺婴 V.O. drown an infant
nìyǐngcángxíng 匿影藏形 F.E. hide from the public
nǐyīyán-wǒyīyǔ 你一言我一语 F.E. everybody chimes in
níyǒng 泥俑 N. <hist.> funerary clay figure
níyòu 泥釉 N. <pottery> slip
^{1}**nìyǒu*** 昵友 N. close friend M: ge/^{1}míng/^{2}wèi
^{2}**nìyǒu** 腻友 N. bosom friend M: ge/^{1}míng/^{2}wèi
níyù* 泥浴 N. mud bath
nìyù 逆喻 N. oxymoron
nìyuàn 匿怨 V.O. bear a secret grudge
nǐyúbùlún 拟于不伦[擬於-] F.E. ① draw inapt parallels ② be compared inappropriately
níyuè 輗軏 N. carriage alignment
nǐyǔfǎ 拟语法[擬-] F.E. <lg.> quasi-syntax
nìyújiǔsè 溺于酒色[-於--] F.E. be given over to liquor and woman
nìyúlìyù 溺于利欲[-於--] F.E. <wr.> hanker after money
nìyùn 逆运[-運] N. ill fate
nìyùnsuàn 逆运算[-運-] N. <math.> ① reversal of operations ② inverse operation
nìyúshēngsè 溺于声色[-於聲-] F.E. <wr.> lead a life of dissipation
nǐyǔyán 拟语言[擬-] N. <lg.> quasi-language
nìzéi 逆贼 N. a rebellious bandit; rebel; traitor M: ge/^{1}míng
nìzhà 逆诈 V. expect to be deceived
nízhǎo 泥沼 N. swamp; slough
nìzhé 逆折 V. turn back halfway
nìzhèng 逆证[-證] N. <Ch. med.> severe case with unfavorable prognosis
nǐzhēngwǒduó 你争我夺[-爭-奪] F.E. vie with each other
nìzhī 逆知 V. know beforehand; foresee
nìzhí* 溺职[-職] V.O. neglect duty ♦N. dereliction
^{1}**nìzhì** 溺志 V. indulge in
^{2}**nìzhì** 逆治 N. <Ch. med.> opposition/normal therapy
^{3}**nìzhì** 泥滞[-滯] V. ① be bigoted and conservative ② stay somewhere without obvious reason ③ be mired
nìzhǐfá 逆止阀 N. <mach.> check valve; non-return valve

N

nìzhíyāngmín 溺职殃民[-職--] F.E. <wr.> neglect one's duties and cause hardship to the people

nízhuān 泥砖[-磚] N. sun-dried mud bricks M: [2]kuài

nìzhuǎn* 逆转[-轉] V. ① take a turn for worse; deteriorate; reverse ② reverse ♦N. a reversal

nǐzhuàng 拟状[擬狀] N. <lg.> state imitating

nìzhuǎnhuàn 逆转换[-轉換] N. <lg.> back-transformation

nǐzhuīwǒgǎn 你追我赶[-趕] F.E. ① friendly one-upmanship ② try to emulate

nīzi 妮子 N. <topo.> girl; lass

nízi 呢子 N. woollen cloth

nízǐ 泥滓 N. ① dirt; filth ② the world

nízì 泥渍 N. mud stain

nìzi 腻/泥子 N. ① putty ② customer lingering unnecessarily long

nìzǐ* 逆子 N. unfilial son

nízuì 泥醉 V. be dead drunk

nízú-jùrén 泥足巨人 N. colossus with feet of clay

nǐzuò 拟作[擬-] N. imitation; parody

nízúshēnxiàn 泥足深陷 F.E. ① get into real trouble ② bog down

[1]nóng 浓[濃] S.V. dense; thick; concentrated

[2]nóng 农[農] B.F. ① agriculture; farming [1]**nóngyè** ② peasant; farmer [1]**nóngrén**

[3]nóng 脓[膿] N. pus

[4]nóng 侬[儂] PR. ① <topo.> you ② <wr.> I

[5]nóng 酞[醲] B.F. strong flavor/fragrance of wine [2]**nóngyù, xīnóng**

[6]nóng 秾[穠] B.F. luxuriant (of vegetation) [3]**nóngyàn**

[7]nóng 哝[噥] in **dūnong, nóngnong**

nòng* 弄 V. ① play with ② make; do; handle; engage in ***Tā bǎ háizi ~kū le.*** He made the baby cry. ③ obtain; get; fetch ***Gěi wǒ ~ zhāng piào, hǎo ma?*** Would you get me a ticket? ④ play tricks ***See also*** lòng

nóng'àn 浓暗[濃-] N. deep darkness

nóngbā 脓疤[膿-] N. <med.> fester; suppurate

[1]nóngbāo 脓包[膿-] N. ① <med.> pustule ② worthless fellow ③ <coll.> sack of pus; lout

[2]nóngbāo 农胞[農-] N. peasant compatriot

nóngběn 农本[農-] N. farm capital

nòngbǐ 弄笔[-筆] V.O. distort the facts or exaggerate in writing

nòngbīng 弄兵 V.O. start a war/rebellion recklessly

nòngbuchéng duī 弄不成堆 V.P. <coll.> unable to make friends with; unable to develop cooperation

nòngbudào 弄不到 R.V. <coll.> be unable to obtain

nòngbudòng 弄不动[-動] R.V. <coll.> ① can't manage/control ② can't remove

nòngbuguò 弄不过 R.V. <coll.> be unable to get the better of

nòngbuhǎo 弄不好 R.V. <coll.> not handle properly

nòngbuliǎo 弄不了 R.V. <coll.> be unable to get/fix/cope

nòngbuqiǎo 弄不巧 R.V. <coll.> if unexpectedly/unluckily

nòngbuqīng 弄不清 R.V. <coll.> be unable to figure out

nòngbuqīngchǔ 弄不清楚 R.V. <coll.> be unable to figure out

nòngbusuì 弄不碎 R.V. <coll.> be unable to break into smaller pieces

nòngbuxià 弄不下 R.V. <coll.> ① be unable to handle sth. further ② be unable to get/move sth. from a higher place

nòngbuzhù 弄不住 R.V. <coll.> be unable to keep under control

nòngbuzhuàn 弄不转[-轉] R.V. <coll.> be unable to manage or keep under control

nòngbuzhǔn 弄不准[-準] R.V. <coll.> can't be sure

nòngcài 弄菜 V.O. <coll.> cook

nóngcāng 农仓[農倉] N. barn M: [4]zuò

nóngchá 浓茶[濃-] N. strong tea M: bēi

nóngchálièjiǔ 浓茶烈酒[濃-] F.E. strong tea and spirits

nóngchǎn 农产[農產] N. agricultural production/products

nóngchǎng 农场[農場] P.W. farm M: [1]jiā/[4]zuò

nóngchǎngshì líndì 农场式林地[農場-] N. <agr.> farm woodland

nóngchǎngshì línyè 农场式林业[農場-業] N. <agr.> farm forestry

nóngchǎnliàng 农产量[農產-] N. volume of farm production

nóngchǎnliàng diàochá 农产量调查[農產-] N. investigation of agricultural output

nóngchǎnpǐn 农产品[農產-] N. agricultural products; farm produce M: [1]jiàn

nóngchǎnpǐn jiāgōng 农产品加工[農產-] N. processing of agricultural products

nóngchǎnpǐn jiāgōng qǐyè 农产品加工企业[農產-業] N. enterprises engaged in processing agricultural products

nóngchǎnwù 农产物[農產-] N. farm/agricultural products

nòngcháo 弄潮 R.V. moisten

nòngcháo'ér 弄潮儿 N. ① seaman ② beach swimmer; wave-rider ③ vanguard leader ④ pioneer; trailblazer M: ge/[1]míng

nòngchén 弄臣 N. ① favorite courtier ② emperor's minion; court jester M: ge/[1]míng

nòngchéng 弄成 R.V. <coll.> make into (a certain shape/form); cause to become

[1]nóngchóu 浓稠[濃-] V.P. sticky

[2]nóngchóu 浓愁[濃-] N. deep anxiety/grief

nóngchù* 农畜[農-] N. <agr.> farm workstock

nòngchū 弄出 R.V. work out sth.; manage to produce (a result)

nòngchuān 弄穿 R.V. <coll.> ① make a hole/tunnel through ② disclose (a secret/etc.)

nóngchuāng 脓疮[膿瘡] N. running sore

nòngchū chàpìr lái 弄出差劈儿来 V.P. <topo.> make mistakes

nóngchūn 浓春[濃-] N. end of spring

nòngchū shì lai 弄出事来 V.P. get into trouble as a result of doing sth.

nóngcíyànshī 浓词艳诗[濃-艷-] F.E. <wr.> exquisite poems and verses

nòngcū 弄粗 R.V. make coarse; coarsen; thicken

nóngcuì 浓粹[濃-] N. quintessence

nóngcūn 农村[農-] P.W. rural area; countryside; village

nóngcūn bāowéi chéngshì 农村包围城市[農--圍--] V.P. surround the cities from the countryside

nóngcūn diànqìhuà 农村电气化[農-電氣-] N. rural electrification

nóngcūn dūshìhuà 农村都市化[農-] N. rural urbanization

nóngcūn gōngyè 农村工业[農-業] N. rural industry

nóngcūnhuà 农村化[農-] N. ruralization

nóngcūn jiězǔ 农村解组[農-] N. rural disorganization

nóngcūn jīngjì 农村经济[農-經濟] N. <econ.> rural economy

nóngcūn jíshì 农村集市[農-] N. village fair; rural market

nóngcūn shèhuìxué 农村社会学[農-] N. rural sociology

nòngcuò(r) 弄错(儿) R.V. make a mistake; misunderstand

nóng-dà 农大[農-] N. agricultural university

nóngdài 农贷[農-] N. agricultural loans

nóngdàn 浓淡[濃-] N. ① shading (of color) ② strength (of drinks) ③ heaviness (of make-up)

nóngdàndù 浓淡度[濃-] N. gradation

nòngdǎo 弄倒 R.V. <coll.> turn sth. on its side

nòngdào* 弄到 R.V. <coll.> obtain; gain

nòng de dàhuǒ yī lèng 弄得大伙一楞 V.P. <coll.> made everybody gape

nòngdeshàng 弄得上 R.V. <coll.> be able to obtain

nóngdì* 农地[農-] N. farmland; agricultural land

nòngdī 弄低 R.V. lower

nòngdiào 弄掉 R.V. get rid of

nóngdì chónghuà 农地重划[農-劃] N. farmland consolidation

nòngdié 弄蝶 N. <wr.> <zoo.> skipper

nòngdǒng 弄懂 R.V. try to understand

nòngdǒngnòngtōng 弄懂弄通 F.E. get a clear and thorough grasp of . . .

nóngdù 浓度[濃-] N. ① consistency; density ② potency

nòngduǎn 弄短 R.V. <coll.> make sth. shorter

nòngduàn* 弄断[-斷] R.V. break

nòngduì 弄对[-對] R.V. <coll.> get done correctly

nóngdúxìng yānhóuyán 脓毒性咽喉炎[膿-] F.E. <med.> septic sore throat

nòngfǎ 弄法 V.O. manipulate the law to one's advantage; commit fraud/abuses

nòngfān* 弄翻 R.V. turn over

nòngfǎn 弄反 R.V. <coll.> ① do the opposite thing ② make the inside out or the upside down

nòngfàn 弄饭 V.O. prepare a meal; cook

nòngfēi 弄飞[-飛] R.V. <coll.> cause to fly away

nóngféiliào 浓肥料[濃-] N. <agr.> dense manure

nóngfū* 农夫[農-] N. farmer M: ge/[1]míng

[1]nóngfù 农妇[農婦] N. peasant woman M: ge/[1]míng

[2]nóngfù 浓馥[濃-] V.P. rich in fragrance

nóng-fùchǎnpǐn 农副产品[農-產-] N. agricultural by-products M: [2]jiàn

nóng-fùyè 农副业[農-業] N. agricultural sidelines

nònggān 弄干[-乾] R.V. dry

nòng gānjìng 弄干净[-乾淨] R.V. <coll.> make clean

nónggāo 浓膏[濃-] N. stiff paste

nònggāo* 弄高 R.V. heighten

nónggēda 脓疙瘩[膿-] N. abscess

nónggēng 农耕[農-] N. peasant tiller

nónggēngduì 农耕队[農-隊] N. agricultural demonstration team

nónggēngjī 农耕机[農-] N. mechanized plow M: [1]jià/[1]tái

nòng ge yī tà hútu 弄个一踏糊涂[-個---塗] V.P. <coll.> made a mess of

nónggōng 农工[農-] N. ① hired farm worker ② farmer and worker ③ agriculture and industry

Nóng-Gōng-Dǎng 农工党[農-黨] N. Chinese Peasants and Workers Democratic Party

nóng-gōng liánhé qǐyè 农工联合企业[農-聯--業] N. <com.> agribusiness

nóng-gōng-shāng liánhé gōngsī 农工商联合公司[農--聯---] N. <com.> agricultural-industrial-commercial joint corporation M: [1]jiā

nóng-gōng-shāng liánhé qǐyè 农工商联合企业[農--聯--業] N. <com.> agricultural-industrial-commercial combines

nóng-gōng-shāng liánhétǐ 农工商联合体[農--聯-體] N. <com.> agricultural-industrial-commercial complex M: [1]jiā

nóng-gōng-shāng zōnghéqǐyè 农工商综合企业[農-業] N. <com.> enterprise combining agriculture, industry and commerce M: [1]jiā

nóng-gōngyè 农工业[農-業] N. agro-industry

nóng-gōng zōnghétǐ 农工综合体[農-體] N. <econ.> agro-industrial complex

nóngguān 农官[農-] N. <trad.> official in charge of agricultural matters M: ge/[1]míng/[2]wèi

nòngguǐ(r) 弄鬼(儿) V.O. ① play tricks ② hatch plots

nòngguǐ chuīdēng de shì 弄鬼吹灯的事[---燈--] ID. <coll.> put on a big act; try to hoodwink

nónghān 浓酣[濃-] A.T. to the full; to one's heart's content

nóngháng 农行[農-] AB./P.W. agricultural bank

nònghǎo 弄好 R.V. <*coll.*> ①arrange ②get done properly; do well; finish doing sth.; achieve ③get/put into (good) shape
nónghèsè 浓褐色[濃-] N. murky brown color
nóng-hóngchéngsè 浓红橙色[濃-] N. fire red
nónghòu 浓厚[濃-] S.V. ①dense; thick ②strong; pronounced
nónghù* 农户[農-] N. peasant household M: [1]*jiā*
nònghú 弄糊 R.V. blackout
nónghuà* 浓化[濃-] N. thickening
nònghuā 弄花 R.V. <*coll.*> blur (the eyes)
nónghuà-diànlǎn 农话电缆[農-電纜] N. <*elec.*> rural cable M: [1]*tiáo*/[2]*gēn*
nònghuài 弄坏[-壞] R.V. <*coll.*> ① cause to break down; ruin; put out of order; make a mess of ② bungle; spoil
nónghuángsè 浓黄色[濃-] N. goldenrod color
nónghuàpǐn 农化品[農-] N. agrichemical, agrochemical
nónghuà zhījú 农话支局[農-] P.W. rural telephone tandem office
nónghuì* 农会[農-] N. peasant association
nònghuí 弄回 R.V. <*coll.*> get/bring back
nònghún 弄混 R.V. muddle
nóng hùnhéqì 浓混合气[濃-氣] N. rich mixture (of gases)
nónghuó* 农活[農-] N. farm work
nònghuó 弄活 R.V. <*coll.*> revive (sth./sb. dying)
nònghuǒ 弄火 V.O. <*coll.*> ① play with fire ② make fire
nònghútu 弄胡/糊涂[-塗] R.V. <*coll.*> confuse; puzzle
nóngjī* 农机[農-] N. agricultural/farm machinery M: [1]*tái*
nóngjí 浓集[濃-] V. amass through condensation
nóngjì 农技[農-] N. agricultural techniques
nóngjiā* 农家[農-] N. peasant family M: [1]*hù*
nòngjiǎ 弄假 V.O. ①play false ②defraud; cheat
nòngjiǎchéngzhēn 弄假成真 F.E. make-believe becomes reality
nóngjiāféi 农家肥[農-] N. farm/farmyard manure
nòngjiāng 弄僵 R.V. deadlock
nóngjiāo 农郊[農-] P.W. countryside; cultivated suburbs
nóngjiāzǐ 农家子[農-] N. sb. brought up in a peasant family M: *ge*/[1]*míng*
nóngjiā zǐdì 农家子弟[農-] N. younger peasants
nóngjídù 浓集度[濃-] N. <*chem.*> concentration
nóngjī gōngyè 农基工业[農-業] N. agro-based industry
nóngjīhù 农机户[農-] N. individual entrepreneur owning an agricultural machine M: [1]*jiā*
nóngjījù 农机具[農-] N. agricultural implements M: *tào*
nóngjīng 农经[農經] N. rural economy
nóngjīngxì 农经系[農經-] P.W. department of agricultural economics
nóngjīngxué 农经学[農經-] N. agricultural economics
nóngjìshī 农技师[農-師] N. agricultural agent M: *ge*/[1]*míng*/[2]*wèi*
nóngjìtuán 农技团[農-團] P.W. agricultural technology group
nóngjiǔ 浓酒[濃-] N. strong drink M: *bēi*/*píng*
nóngjìyuán 农技员[農-] N. agricultural technician M: *ge*/[1]*míng*/[2]*wèi*
nóngjīyún 浓积云[濃積雲] N. <*met.*> cumulus congestus
nóngjìzhàn 农技站[農-] P.W. agrotechnical station M: [1]*jiā*
nóngjù 农具[農-] N. farm implements M: [1]*jiàn*/*tào*
nóng-kē 农科[農-] N. vocational school of agriculture
nóngkēhù 农科户[農-] N. agricultural scientific households M: [1]*jiā*

nóngkěn 农垦[農墾] N. agricultural cultivation/reclamation ♦V. reclaim wasteland
nóngkěn dìqū 农垦地区[農墾-區] P.W. reclaimable land area
nóngkěn qǐyè 农垦企业[農墾-業] N. state-owned land-reclamation enterprise M: [1]*jiā*
nóngkē shìfànhù 农科示范户[農--範-] N. agricultural-science model households M: [1]*jiā*
nóngkēsuǒ 农科所[農-] P.W. agricultural scientific institute M: [1]*jiā*
nòngkōng 弄空 R.V. empty
nòngkōngr 弄空儿 V.O. <*coll.*> say sth. false; lie
nóngkǒu* 农口[農-] N. agricultural departments under the government
nòngkǒu 弄口 V.O. sow discord by making false statements
nònglái yī pìgu sāo 弄来一屁股臊 ID. <*coll.*> be caught with one's pants down
[1]**nónglì** 农历[農曆] N. lunar calendar M: [1]*běn*
[2]**nónglì** 浓丽[濃麗] V.P. rich and gorgeous
nóngliè 浓烈[濃-] S.V. thick and strong; intense
nónglín 农林[農-] N. farming and forestry
Nónglínbù 农林部[農-] P.W. Ministry of Agriculture and Forestry
nónglín huàgōng 农林化工[農-] N. agriculture and forest chemical industry
nónglín jiānzuò 农林间作[農-] N. <*agr.*> combination of forest and fieldcrops
nónglín lúnzuò 农林轮作[農-] N. <*agr.*> alternation of agricultural and forest crops
nóng-lín-mù-fù-yú 农林牧副渔[農-] N. farming, forestry, animal husbandry, side-line production, fishery
nónglíntīng 农林厅[農-廳] P.W. (provincial) Department of Agriculture and Forestry
nónglíntīngzhǎng 农林厅长[農-廳-] N. head of the Department of Agriculture and Forestry M: *ge*/[1]*míng*/[2]*wèi*
nónglǜ 浓绿[濃-] V.P. deep/strong green
nòngluàn 弄乱[-亂] R.V. <*coll.*> cause to become disordered/messed-up
nónglǜsè 浓绿色[濃-] N. deep/strong green
nòng máitai 弄埋汰 R.V. <*coll.*> make dirty
nóngmáng 农忙[農-] N. busy season in farming
nóngmào shìchǎng 农贸市场[農-場] P.W. farmers' market M: [4]*zuò*
nóngméi* 浓眉[濃-] N. heavy/bushy eyebrows
nòngméi 弄没 R.V. <*coll.*> ①cause to disappear ② lose
nóngméidàyǎn 浓眉大眼[濃-] F.E. bushy eyebrows and big eyes
nóngméiduǎnzī 浓眉短髭[濃-] F.E. <*wr.*> bushy eyebrows and stubbly chin
nóngméishēnmù 浓眉深目[濃-] F.E. <*wr.*> bushy eyebrows and deep eyes
nóngmén 农门[農-] N. the field of agriculture
nóngmì 浓密[濃-] S.V. ①dense; thick ②intense; profound
nòngmiè 弄灭[-滅] R.V. <*coll.*> ① put out (a fire) ② turn off (a light/etc.)
nóngmín 农民[農-] N. peasant; peasantry
nòngmíng 弄明 R.V. <*coll.*> figure out; get clear
nóngmín jiātíng jīngyíng 农民家庭经营[農-經營] N. farmer household operation
Nóngmínjié 农民节[農-節] N. Farmer's Day
nóngmín jīngjì 农民经济[農-經濟] N. peasant economy
nóngmín qǐyì 农民起义[農-義] N. peasant uprising
nóngmín shèqū 农民社区[農-區] P.W. peasant community
nóngmín xiéhuì 农民协会[農-協-] P.W. peasant association
nóngmín yìshi 农民意识[農-識] N. peasant consciousness
nóngmín yùndòng 农民运动[農-運動] N. peasant movement M: [3]*chǎngcì*
nóngmín zhànzhēng 农民战争[農-戰爭] N. peasant war M: [3]*cháng*/*cì*
nóngmìxiāngyí 浓密相宜[濃-] F.E. proper distribution of colors (esp.in painting)

nóngmó 农膜[農-] N. agricultural plastic sheeting
nóngmǒ 浓抹[濃-] V. apply make-up heavily
nóngmò* 浓墨[濃-] N. thick, dark ink
nóngmǒ zhīfěn 浓抹脂粉[濃-] V.O. be heavily powdered
nóngmòzhòngcǎi 浓墨重彩[濃-] F.E. <*wr.*> thick and heavy in colors
nóngmù jiānyíngzhì 农牧兼营制[農--營-] N. <*econ.*> combination of cropping and husbandry
nóngmù jiéhé 农牧结合[農-] N. coordination of farming and animal husbandry
nóngmùmín 农牧民[農-] AB. *nóngmín* and [1]*mùmín*
nóngmùqū 农牧区[農-區] P.W. agricultural and pastoral areas
nóngmùshuì 农牧税[農-] N. <*econ.*> agricultural animal-husbandry tax
nóngmùyè 农牧业[農-業] AB. [1]*nóngyè* and *xùmùyè*
nóngnì 浓腻[濃-] S.V. greasy
nòngnìng 弄拧[-擰] R.V. <*coll.*> be in discord with; go criscross with
nóngnong 哝哝[噥噥] ON. talk in undertones; murmur
nóngnú 农奴[農-] N. serf M: *ge*/[1]*míng*
nóngnǚ 农女[農-] N. peasant girl/woman
nóngnúzhì 农奴制[農-] N. serfdom; serf system
nóngnú zhìdù 农奴制度[農-] N. serfdom; serf system
nóngnúzhǔ 农奴主[農-] N. serf owner M: *ge*/[1]*míng*
nóngpào 脓疱[膿皰] N. <*med.*> empyesis; pustule
nóngpàobìng 脓疱病[膿皰-] N. <*med.*> ① impetigo ② pustulosis scrumpox impetigo
nóngpàochuāng 脓疱疮[膿皰瘡] N. <*med.*> impetigo
nòng pāxia 弄趴下 R.V. <*coll.*> cause to collapse
nòngpíng 弄平 R.V. flatten; even; level
nòngpò 弄破 R.V. <*coll.*> cause to break
nòngqián 弄钱[-錢] V.O. <*coll.*> get/obtain/raise money
nòngqiǎochéngzhuō 弄巧成拙 F.E. outsmart oneself
[1]**nóngqíng** 浓情[濃-] N. passionate feeling
[2]**nóngqíng** 农情[農-] N. agricultural situation
nòngqīng* 弄清 R.V. ① make clear; clarify ② gain a clear idea of
nòng qīngchǔ 弄清楚 R.V. <*coll.*> make clear; figure out
nóngqíngmìyì 浓情蜜意[濃-] F.E. ① strong affection and deep love ② great tenderness between lovers
nóng-qīng-zhòng 农轻重[農輕-] AB. [1]*nóngyè*, *qīnggōngyè*, *zhònggōngyè*
nóngqū* 农区[農區] P.W. farming areas; crop-growing areas
nóngqú 农渠[農-] N. field ditch
nòngquán 弄权[-權] V.O. abuse one's power
nòngquánlèsuǒ 弄权勒索[-權--] F.E. <*wr.*> abuse one's powers to extort money
[1]**nóngrén*** 农人[農-] N. farmer
[2]**nóngrén** 侬人[儂-] N. a Zhuang
nòngrén 弄人 V.O. ①beguile; gull ②persecute
nóngróngyè 浓溶液[濃-] N. <*chem.*> strong/concentrated solution
nòngsàn 弄散 R.V. disperse; scatter
nóngsāng 农桑[農-] N. farming and sericulture
nòngshang 弄上 R.V. <*coll.*> come into possession of
nóngshāngxiézuò 农商协作[農-協-] F.E. coordination of agriculture and commerce
nóngshè* 农舍[農-] P.W. farmhouse M: [4]*zuò*/[1]*jiā*/[1]*jiān*
nòngshé 弄蛇 V.O. handle snakes
nóngshén 农神[農-] N. god of agriculture
nòngshēn* 弄深 R.V. deepen
nóngshén huǒjiàn 农神火箭[農-] N. Saturn rocket M: [4]*méi*

nòngshénnòngguǐ 弄神弄鬼 F.E. rouse gods and devils
nóngshí 农时[農時] N. farming season
nóngshì* 农事[農-] N. farm work; farming
[1]nòngshī 弄湿[-濕] R.V. <coll.> cause to become wet; dampen
[2]nòngshī 弄狮[-獅] V.O. perform with a lion
nòng shǒuduàn 弄手段 V.O. play tricks
nóngshuǐ 脓水[膿-] N. pus
nóngshuì* 浓睡[濃-] N. sound sleep
nòngsǐ 弄死 R.V. put to death
nòngsōng 弄松[-鬆] R.V. <coll.> ① loosen; open ② get the hang of; develop a feel for; begin to understand
nòngsuì 弄碎 R.V. crumble
nòngsūn 弄孙[-孫] V.O. amuse oneself by playing with grandchildren
nóngsuō 浓缩[濃-] V. <chem.> concentrate; enrich
nóngsuō guǒzhī 浓缩果汁[濃-] N. condensed fruit juices M: *bēi*
nóngsuōwù 浓缩物[濃-] N. concentrate; something concentrated
nóngsuōyóu 浓缩铀[濃-] N. enriched uranium
nóngsuō yóuduī 浓缩铀堆[濃-] N. <phy.> enriched-uranium reactor
nóngtán 脓痰[膿-] N. sputum containing puss
nóngtāng 浓汤[濃湯] N. thick soup; pottage; puree
nòngtáng* 弄堂/唐 N. lane; alley; alleyway
nóngtán yōngshèng 脓痰壅盛[膿-] N. <Ch. med.> congestion of pulmonary system by pus and mucus
nóngtián 农田[農-] N. farmland; cropland
nóngtián shuǐlì 农田水利[農-] N. irrigation and water conservancy
nòngtōng 弄通 R.V. <coll.> get a good grasp of
nóngtuán 脓团[膿團] N. <coll.> a nullity; a good-for-nothing
nòngwǎ 弄瓦 V.O. <wr.> give birth to a girl
nòngwān 弄弯[-彎] V.O. bend
nòngwǎzhīqìng 弄瓦之庆[-慶] N. the joy of bearing a daughter
nóng-wěi 农委[農-] N. agricultural commission
nóngwèi ròutāng 浓味肉汤[濃-湯] N. consommé
nòngwénwǔmò 弄文舞墨 F.E. <wr.> write in a showy style
nóngwù 浓雾[濃霧] N. ① heavy/pea-soup fog; dense mist ② smog
nóngwùgǔnténg 浓雾滚腾[濃霧滾-] F.E. <wr.> Dense smoke billows to the sky.
nóngwùmàntiān 浓雾漫天[濃霧-] F.E. <wr.> The sky is covered by a heavy fog.
nóngwùmímàn 浓雾迷漫[濃霧-] F.E. <wr.> The air is covered with a heavy mist.
nóngxì 农隙[農-] N. slack season (in farming)
nòngxī* 弄熄 R.V. extinguish
nòngxiā* 弄瞎 R.V. <coll.> cause to become blind
nòngxià 弄下 R.V. <coll.> ① get sth down (from a higher spot/etc.) ② obtain; get
nóngxián 农闲[農-] N. slack season in farming
nóngxiāndézhōng 秾纤得中[穠纖-] F.E. <wr.> right proportions
[1]nóngxiāng 浓香[濃-] N. strong fragrance
[2]nóngxiāng 农乡[農鄉] N. rural village
nóngxiānhédù 秾纤合度[穠纖-] F.E. well-proportioned (of a girl's figure)
nóng-xiào* 农校[農-] N. vocational school of agriculture
nòngxiǎo 弄小 R.V. <coll.> ① cause to become smaller ② turn down (volume/brightness/etc.) ③ keep a concubine
nóng-xié* 农协[農協] N. peasant association
nóngxiè 农械[農-] N. agricultural machinery
nòngxié 弄斜 R.V. cause to slant
nóngxiězhèng 浓血症[濃-] N. <med.> pyemia; pyohemia
nòngxīn 弄新 R.V. renew
nòngxǐng 弄醒 R.V. <coll.> cause to wake up
nòngxìngshàngqì 弄性尚气[-氣] F.E. <wr.> act on impulse
nóngxìng yānményán 脓性咽门炎[膿-] N. <med.> quinsy
nóngxiōng 脓胸[膿-] N. <med.> pyothorax
nòng xuánxu 弄玄虚[-虛] V.O. <coll.> play tricks; trick
nóngxué* 农学[農-] N. agronomy; agriculture
nóngxuè 脓血[膿-] N. pus and blood
nóngxuéjiā 农学家[農-] N. agronomist M: *ge/[1]míng/[2]wèi*
nóngxuéyuàn 农学院[農-] AB. agricultural college M: *[1]suǒ/[1]jiā*
nòngxūzuòjiǎ 弄虚作假[-虛--] F.E. ① practice fraud ② employ trickery; stoop to deception
nóngyān* 浓烟[濃煙] N. ① dense/thick smoke ② smoke smudge; smudginess M: *[2]dào*
[1]nóngyàn 农谚[農-] N. farmers' proverb/saying M: *[1]tiáo*
[2]nóngyàn 浓艳[濃艷] S.V. rich and gaudy
[3]nóngyàn 秾艳[穠艷] V.P. beautiful and glamorous
nóngyāngǔngǔn 浓烟滚滚[濃煙滾滾] F.E. dark smoke billows
nóngyánshuǐ 浓盐水[濃鹽-] N. strong brine
nóngyào 农药[農藥] N. agricultural/farm chemical; pesticide
nóngyào cánliú 农药残留[農藥殘-] N. pesticide residue
nóngyào wūrǎn 农药污染[農藥-] N. pesticide pollution
[1]nóngyè 农业[農業] N. agriculture; farming
[2]nóngyè 浓液[濃-] N. thick solution/liquid/etc.
[3]nóngyè 脓液[膿-] N. <med.> fester
Nóngyè Bāzì Xiànfǎ 农业八字宪法[農業--憲-] N. <PRC> the Eight-point Charter for Agriculture
nóngyè dàikuǎn 农业贷款[農業-] N. agricultural cash loan
nóngyè dàxué 农业大学[農業-] P.W. agricultural university
nóngyè dìzhìxué 农业地质学[農業-質-] N. agrogeology
nóngyèduì 农业队[農業隊] N. agricultural team M: *[4]zhī*
nóngyè gōngchéng 农业工程[農業-] N. agricultural engineering M: *[3]xiàng*
nóngyè-gōngchéngxué 农业工程学[農業-] N. agricultural engineering
nóngyè gōngrén 农业工人[農業-] N. agricultural laborer; farm labor; farm worker M: *ge/[1]míng/[2]wèi*
nóngyèguó 农业国[農業國] N. agricultural country/nation
nóngyè guójiā 农业国家[農業國-] N. agricultural country
nóngyè hézuòhuà 农业合作化[農業-] N. agricultural cooperative movement
nóngyè huàxué 农业化学[農業-] N. agricultural chemistry; agrochemistry
nóngyèjiā 农业家[農業-] N. agronomist M: *ge/[1]míng/[2]wèi*
nóngyè jiāgōngpǐn 农业加工品[農業-] N. processed farm products
nóngyè jīngjìxué 农业经济学[農業經濟-] N. agricultural economics
nóngyè jìshù 农业技术[農業-術] N. ① agricultural technology ② agrotechnique
nóngyè jìshùyuán 农业技术员[農業-術-] N. agrotechnician M: *ge/[1]míng/[2]wèi*
nóngyè jìshùzhàn 农业技术站[農業-術-] P.W. agrotechnical station M: *[1]jiā*
nóngyè jítǐhuà 农业集体化[農業-體-] N. collectivization of agriculture
nóngyè jīxiè 农业机械[農業-] N. agricultural/farm machinery
nóngyèjú 农业局[農業-] P.W. agricultural bureau
nóngyè lǎo sìhuà 农业老四化[農業-] N. <PRC> the old four "-ations" in agriculture (mechanization, irrigation, fertilization, and garden-style cultivation)
nóngyèliáng 农业粮[農業糧] N. grain for rural agriculture
nóngyèpǐn 农业品[農業-] N. agricultural products/goods
nóngyè qìxiàng-xué 农业气象学[農業氣-] N. agricultural meteorology; agrometeorology
nóngyè qǐyè 农业企业[農業-業] N. agricultural enterprise M: *[1]jiā*
nóngyèqū 农业区[農業區] P.W. agricultural district
nóngyèshè 农业社[農業-] P.W. agricultural cooperative
nóngyè shèhuì 农业社会[農業-] N. agricultural society
nóngyè shèhuìzhǔyì 农业社会主义[農業-義] N. agricultural socialism
nóngyè shēngchǎn hézuòshè 农业生产合作社[農業-產---] P.W. agricultural producers' cooperative
nóngyè shēngchǎn zérènzhì 农业生产责任制[農業-產---] N. <PRC> agricultural production responsibility system
nóngyè shēngwùxué 农业生物学[農業-] N. agrobiology
nóngyè shìyànsuǒ 农业试验所[農業-] N. agricultural laboratory M: *[1]jiā*
nóngyèshuì 农业税[農業-] N. agricultural tax M: *[2]bǐ*
nóngyè tǐxì 农业体系[農業體-] N. the system of agriculture
nóngyè tǔrǎngxué 农业土壤学[農業-] N. agrology
nóngyè wěiyuánhuì 农业委员会[農業-] P.W. agricultural commission
nóngyè xiàndàihuà 农业现代化[農業-] N. modernization of agriculture
nóngyè xìnyòng hézuòshè 农业信用合作社[農業-] P.W. agricultural credit cooperatives M: *[1]jiā*
nóngyè xuéxiào 农业学校[農業-] P.W. vocational school of agriculture M: *[1]suǒ/[1]jiā*
nóngyè zhíyè xuéxiào 农业职业学校[農業職業-] P.W. professional school of agriculture M: *[1]suǒ/[1]jiā*
nóngyè zhōngxué 农业中学[農業-] P.W. secondary school of agriculture M: *[1]suǒ/[1]jiā*
nóngyè zhuānkē xuéxiào 农业专科学校[農業專-] P.W. professional school/college of agriculture M: *[1]suǒ/[1]jiā*
nóngyè zǒngchǎnzhí 农业总产值[農業總產-] N. total output value of agriculture
nóngyì 农艺[農藝] N. ① agronomy ② agricultural techniques
nóngyìn 浓荫[濃蔭] N. dense shade
nóngyìnbìkōng 浓荫蔽空[濃蔭-] F.E. The thick branches and leaves seem to blot out the sky.
nóngyìshī 农艺师[農藝師] N. agronomist M: *ge/[1]míng/[2]wèi*
nóngyìxué 农艺学[農藝-] N. agronomy
nóngyì zhǎnlǎnhuì 农艺展览会[農藝-覽-] N. agricultural show
nóngyòng 农用[農-] ATTR. <wr.> farm-oriented
nóngyòng gōngyè 农用工业[農-業] N. industry for agricultural use
nóngyǒu 农友[農-] N. fellow peasants M: *ge/[1]míng*
nóngyǔ 浓雨[濃-] N. heavy rain
[1]nóngyù* 浓郁[濃-] S.V. strong; rich
[2]nóngyù 酞郁[醲-] V.P. rich; having more body (of liquor)
nóngyuán 农园[農園] N. truck garden M: *[4]zuò*
nóngyuè* 农月[農-] N. <agr.> busy summer months
nòngyuè 弄月 V.O. enjoy the moonlight; admire the moon
nóngyún* 浓云[濃雲] N. thick clouds
nóngyùn 农运[農運] N. peasant movement

nóngyúnmìbù 浓云密布[濃雲-] F.E. <wr.> dark clouds cover the sky

nóngyúnmìlù 浓云密露[濃雲-] F.E. dark clouds and thick dew

nóngyúnmìwù 浓云密雾[濃雲-霧] F.E. <wr.> dark clouds and dense mist

nòngzá 弄砸 R.V. <coll.> fail to carry out properly; ruin

nòngzāng 弄脏[-髒] R.V. <coll.> sully; contaminate; stain; soil

nòngzāo 弄糟 R.V. <coll.> bungle; spoil; mess up

nóngzàoshuǐ 浓皂水[濃-] N. suds

nòngzhāng 弄璋 V.O. <wr.> give birth to a son

nóngzhàngdù 浓胀度[濃-] N. degree of swelling

nòngzhāngzhīxǐ 弄璋之喜 N. <wr.> giving birth to a boy

nóngzhèng 农政[農-] N. agricultural policy

nòng zhěngqí 弄整齐[-齊] R.V. tidy up

nóngzhī* 脓汁[膿-] N. pus

nóngzhì 浓挚[濃摯] V.P. deeply sincere

nóngzhíxiào 农职校[農職-] P.W. agricultural vocational school M: [1]suǒ/[1]jiā

nóng-zhōng 农中[農-] N. agricultural high school

nóngzhǒng* 脓肿[膿腫] N. <med.> abscess

nóngzhòng 浓重[濃-] S.V. dense; thick

nóngzhòng de xiányīn 浓重的弦音[濃-] N. <lg.> nasal twang

nóngzhōu 浓粥[濃-] N. thick gruel

nòngzhòu* 弄皱[-皺] R.V. wrinkle; ruffle

nóngzhuān 农专[農專] N. professional school/college of agriculture M: [1]suǒ/[1]jiā

nóngzhuǎnfēi 农转非[農轉-] N. change from rural to non-rural (residence registration)

[1]**nóngzhuāng** 农庄[農莊] P.W. ① farmstead ② farming village M: [4]zuò

[2]**nóngzhuāng** 浓妆/装[濃妝/裝] N. heavy make-up and overdressing

nóngzhuāng dàn-mǒ zǒng xiāngyí 浓妆淡抹总相宜[濃妝--總--] F.E. <wr.> always charming with either light or heavy makeup (of a woman)

nóngzhuǎngōngrén 农转工人[農轉-] N. farmer turned worker

nóngzhuāngyànfú 浓妆艳服[濃妝艷-] F.E. <wr.> make up one's face heavily and dress gaudily

nóngzhuāngyànmǒ 浓妆艳抹[濃妝艷-] F.E. gaily attired and heavily made-up (of women)

nóngzhuāngyànzhì 浓妆艳质[濃妝艷質] F.E. <wr.> rich in color and pretty in appearance

nóngzhuó 浓浊[濃濁] V.P. ① dense ② hoarse

nóngzī* 农资[農-] N. means of agricultural production

nòngzī 弄姿 V.O. act coquettishly

nóng zǐluólánsè 浓紫罗兰色[濃-羅蘭-] N. deep violet

nòngzǒu 弄走 R.V. <coll.> take away

nòngzuì 弄醉 R.V. <coll.> get sb. drunk

nòngzuǐnòngshé 弄嘴弄舌 F.E. talk idly

nóngzuò 农作[農-] N. <wr.> farming; cultivation of crops

nóngzuòjī 农作机[農-] N. agricultural machinery M: [1]tái/[1]jià

nóngzuòqǔ 农作曲[農-] N. farmer's song M: [2]shǒu/[4]zhī

nóngzuòwù 农作物[農-] N. crops

nòu 耨 B.F. hoe *nòucǎo, lěinòu*

nòucǎo 耨草 V.O. hoe weeds

nòuchú 耨锄 N. draw hoe

nu 呶 in *láonu* See also [3]*náo*

[1]**nú** 奴 B.F. ① slave *núlì* ② bondservant *jiānú* ③ enslave; treat as a slave *núyì*

[2]**nú** 孥 B.F. children; wife and children *núzhì, qīnú*

[3]**nú** 驽[駑] B.F. ① slow horse *númǎ* ② useless person *qiānnú*

[1]**nǔ** 努 B.F. ① put forth strength *nǔlì* ② pout; purse the lips *nǔzuǐ*

[2]**nǔ** 弩 N. crossbow

[3]**nǔ** 砮 in *nǔròu*

nù* 怒 V. <wr.> become angry/furious ♦B.F. anger; fury *nùqì*

[1]**nǚ*** 女 B.F. ①woman; female *nǚrén* ②daughter; girl *nǚ'ér*

[2]**nǚ** 钕[釹] N. <chem.> neodymium

[1]**nù** 恧 B.F. ashamed *nùsuō, cánnù*

[2]**nù** 衄 B.F. nosebleed *nùbí, bínù*

nuǎn 暖 S.V. warm; genial ♦V. warm up

nǚ'ān 女鞍 N. sidesaddle

nuǎnchǎng 暖厂[-廠] P.W. public shelter for the poor in winter (Qing dynasty) M: [1]jiā

nuǎnchuángqì 暖床器 N. warming pan M: [1]jià/[1]tái

nuǎncuì 暖翠 N. verdant hills in the warm spring

nuǎndài yǔlín 暖带雨林[-帶--] N. <geog.> warm temperate rain forest M: [4]zuò

nuǎn dànmòsè 暖淡墨色 N. warm sepia

nuǎndiào 暖调 N. warm tone

nuǎndīyā 暖低压[-壓] N. <met.> warm cyclone; warm low

nuǎndù 暖肚 V.O. warm the stomach ♦N. <topo.> undergarment stomacher for warmth

nuǎn'ěr 暖耳 N. earmuffs

nuǎnfáng 暖房 N. ① <topo.> greenhouse; hothouse ② housewarming party ③ pre-marriage celebration by friends and relatives M: [4]zuò/[1]jiān

[1]**nuǎnfēng(r)** 暖风(儿) N. warm wind (in spring)

[2]**nuǎnfēng** 暖锋 N. <met.> warm front

nuǎnfēngshì gānzàojī 暖风式干燥机[---乾--] N. warm-air drier M: [1]tái/[1]jià

nuǎnfēngxúlái 暖风徐来 F.E. The genial breeze blows gently.

nuǎngānsànhán 暖肝散寒 F.E. <Ch. med.> warm the liver and expel cold

nuǎngé 暖阁 N. warm sectioned-off room

nuǎnguō 暖锅[-鍋] N. chafing dish/pot M: [2]zhī

nuǎnhe 暖和 S.V. warm *See also nuǎnhuo*

nuǎnhōnghōng 暖烘烘 R.F. nice and warm

nuǎnhú 暖壶[-壺] N. ① thermos flask/bottle ② teapot with a cozy ③ metal/earthen hot-water bottle ④ foot warmer M: [1]bǎ/[2]zhī

nuǎnhuà 暖化 V. ① warm up ② restore/renew democracy/friendship/love/confidence/etc.

nuǎnhūhū 暖呼呼 R.F. nice and warm

nuǎnhuo 暖和 S.V. (nice and) warm ♦V. warm up *See also nuǎnhe*

nuǎnjiǎn 暖茧[-繭] N. warming cocoons

nuǎnjiào 暖轿[-轎] N. sedan chair with drapes to protect against cold M: [1]jià

nuǎnjiǔ 暖酒 V.O. warm up wine

nuǎnjì zuòwù 暖季作物 N. warm-season crop

nuǎnkàng 暖炕 N. warm brick bed

nuǎnkōngqì 暖空气[-氣] N. warm air

nuǎnlián 暖帘[-簾] N. quilted door curtain

nuǎnliú 暖流 N. <met.> warm current M: [2]dào

nuǎnlú 暖炉[-爐] N. brazier M: [2]zhī/[1]tái/ge

nuǎnluǎn 暖卵 N. incubation eggs

nuǎnnuǎnhéhér 暖暖和和儿 R.F. <coll.> warm *See also nuǎnnuǎnhuóhuór*

nuǎnnuǎnhuóhuór 暖暖和和儿 R.F. <coll.> warm *See also nuǎnnuǎnhéhér*

nuǎnnuǎnshūshū 暖暖姝姝 R.F. <wr.> be very pleased with oneself

nuǎnpéng 暖棚 P.W. greenhouse M: [4]zuò

nuǎnpíng 暖瓶 N. thermos flask/bottle M: ge/[2]zhī

nuǎnqì 暖气[-氣] N. central heating

nuǎnqìguǎn(r/zi) 暖气管(儿/子)[-氣--] N. pipes for central heating

nuǎnqìlú 暖气炉[-氣爐] N. gas heater; furnace M: [4]zuò/[1]tái

nuǎnqìpiàn 暖气片[-氣-] N. heating radiator

nuǎnqì shèbèi 暖气设备[-氣-備] N. central-heating installation; heater M: tào

nuǎnqìtuán 暖气团[-氣團] N. <met.> warm air mass

nuǎnqì zhuāngzhì 暖气装置[-氣裝-] N. central-heating installation; heater M: tào

nuǎnqū 暖区[-區] P.W. <met.> warm sector

nuǎnrè 暖热[-熱] V.P. very warm

nuǎnróngróng 暖融融 R.F. warm, cozy, and comfortable

nuǎnsè 暖色 N. warm color

nuǎnsèdiào 暖色调 N. warm color

nuǎnshì 暖室 P.W. greenhouse; hot house M: [1]jiān

nuǎnshì xiàoyìng 暖室效应[-應] N. greenhouse effect

nuǎnshǒu* 暖手 V.O. warm one's hands

nuǎnshòu 暖寿[-壽] V.O. celebrate a birthday the day before

nuǎnshǒutǒng 暖手筒 N. muff

nuǎnshuǐhú 暖水壶[-壺] N. thermos flask/bottle M: [2]zhī/ge

nuǎnshuǐpíng 暖水瓶 N. thermos flask/bottle M: [2]zhī/ge

nuǎnsū 暖酥 N. girl's breasts

nuǎnwēndài 暖温带[-帶] N. temperate zone

nuǎnxiù 暖袖 N. padded sleeve extender for warmth

nuǎnyāngyāng(r) 暖洋洋(儿) R.F. warm

nuǎnyībǎoshí 暖衣饱食 F.E. well-clad and well-fed

nuǎnzhǒng 暖种[-種] N. warming parent cocoons

nǚbàn(r) 女伴(儿) N. female companion M: ge/[1]míng/[2]wèi

nǚbànnánzhuāng 女扮男装[-裝] F.E. woman disguised as a man

núbèi 奴辈 N. <derog.> slave; serf

núbì* 奴婢 N. slaves and maid-servants M: ge/[1]míng

nùbì 怒臂 N. raise one's arms in anger

nǜbí 衄鼻 V.O. bleed at the nose

nǚbiànfú shàngyī 女便服上衣 N. house jacket M: [2]jiàn

nǚbiànxié 女便鞋 N. woman's cloth shoes M: [1]shuāng

nǚbiǎo 女表[-錶] N. women's watch M: [2]zhī/[2]kuài/ge

nǚbīn 女傧[-儐] N. bridesmaid M: ge/[1]míng/[2]wèi

nǚbīng 女兵 N. female soldier M: ge/[1]míng/[2]wèi

nǚbīnxiàng 女傧相[-儐-] N. bridesmaid M: ge/[1]míng/[2]wèi

nǚbóshì 女博士 N. ① a talented woman ② a woman with a Ph.D degree M: ge/[1]míng/[2]wèi

nùbùkě'è 怒不可遏 F.E. boil with rage

núcai* 奴才 N. ①flunky; lackey ②slave (lit./fig.) ③ a good-for-nothing; useless fellow ④ <trad.> self-reference by an official when addressing the emperor M: ge/[1]míng *See also* [1]*núcái*

[1]**núcái** 奴才 N. slave (lit./fig.) M: ge/[1]míng *See also núcai*

[2]**núcái** 驽材 N. inferior ability

nǚcáifeng 女裁缝 N. woman tailor; seamstress M: ge/[1]míng

núcaixiàng 奴才相 N. servility; shameless fawning

núcái zhéxué 奴才哲学 N. lackey's philosophy

nǚcè 女厕[-廁] P.W. ladies' (rest)room; women's lavatory/toilet M: [1]jiān

nǚcèsuǒ 女厕所[-廁-] P.W. ladies' (rest)room; women's lavatory/toilet M: [1]jiān/[4]zuò

nǚchángfú 女长服 N. gown M: [2]jiàn

nǚchǎngjì 女场记[-場-] N. <thea.> a continuity girl M: ge/[1]míng/[2]wèi

nùcháo 怒潮 N. ①angry/raging tide ②<geol.> tidal bore

nǚchē 女车 N. woman's bicycle/vehicle M: [3]liàng

nǚchènshān 女衬衫[-襯-] N. woman's blouse/shirt M: [2]jiàn

nǚchènxiōngshì 女衬胸饰[-襯--] N. jabot M: ge/[2]jiàn

nǚchènyī 女衬衣[-襯-] N. woman's half shirt M: [2]jiàn

nùchì 怒斥 V. angrily rebuke; shout in rage

nǚchí 女池 N. public bathing room for females

nùchōngchōng 怒冲冲[-沖沖] R.F. furiously

nǔchū 努出 V. <coll.> ① protrude (the lips/belly/etc.) ② overwork to extreme

nǚchuānnánzhuāng 女穿男装[-裝] V.P. cross-dress (of females)

núchúnbìshé 奴唇婢舌 F.E. talkative like a slave/maid
nǚ cìgāoyīn 女次高音 N. <mus.> mezzosoprano M: ge/[1]míng/[2]wèi
nùcóngdǎnshēng 怒从胆生[-從膽-] F.E. <wr.> one's gorge rises
nǚ dà bùzhōng liú 女大不中留 F.E. <coll.> ① A grown daughter cannot be kept unmarried for long. ② A grown girl can't be kept at home
nǚdàchǎng 女大氅 N. woman's cloak/overcoat M: [2]jiàn
nǚdàdāngjià 女大当嫁[--當-] F.E. a girl of an age to be married
nǚdàifu 女大夫 N. female doctor M: ge/[1]míng/[2]wèi
nǚdān 女单 N. <sport> women's singles
nǚdàoshì 女道士 N. a female Daoist M: ge/[1]míng/[2]wèi
nǚdàshǐ 女大使 N. a female ambassador M: ge/[1]míng/[2]wèi
nǚ dà shíbā biàn 女大十八变[-變] F.E. ① There's no telling what a girl will look like when she grows up ② A girl changes fast from childhood to adulthood.
nǚde* 女的 N./ATTR. woman/female
nǚdé 女德 N. ① feminine virtue; chastity ② feminine beauty ③ nun
[1]**nǚdì** 女弟 N. <wr.> younger sister
[2]**nǚdì** 女帝 N. female emperor
nǚdiànyuán 女店员 N. female shop assistant; sales women M: ge/[1]míng
nǚdīyīn 女低音 N. <mus.> ① alto ② contralto M: ge/[1]míng/[2]wèi
nǚdìzǐ 女弟子 N. girl student M: ge/[1]míng
nǚdōngjia 女东家 N. landlady (of a rented house/etc.) M: ge/[1]míng/[2]wèi
nǚduì 女队[-隊] N. female team M: [4]zhī
núdùn 驽钝 S.V. <wr.> dull; stupid
nù'è 怒恶[-惡] N. wrath and spite
[1]**nüè** 疟[瘧] B.F. malaria **nüèji, bìnüè** *See also* [6]yào
[2]**nüè** 虐 B.F. cruel; tyrannical **nüèdài, bàonüè**
nüèchóng 疟虫[瘧蟲] N. malarial parasite; plasmodium
nüèdài 虐待 V. maltreat; tyrannize; abuse
nüèdàikuáng 虐待狂 N. sadism; sadist M: ge/[1]míng
nüèji 疟疾[瘧-] N. malaria; ague
nǚ'ér 女儿 N. daughter; girl
nù ér bù gǎn yán 怒而不敢言 F.E. <wr.> choke with silent fury
nǚ'érguǎ 女儿寡 N. virgin widow
nǚ'érjiǔ 女儿酒 N. liquor made at a daughter's birth and kept underground until her wedding feast M: píng
nǚ'érláo 女儿痨[-癆] N. <med.> unmarried women's tuberculosis
nǚ'érqiáng 女儿墙[-牆] N. parapet *See also* nǚrqiáng
nüèshā 虐杀[-殺] V. ① kill sb. by maltreatment ② eliminate cruelly
nüèshǔ 虐暑 N. oppressively hot weather
nüèwén 疟蚊[瘧-] N. malarial mosquito
nüèxíng 虐刑 N. cruel punishment
nüèyuánchóng 疟原虫[瘧-蟲] N. <med.> malarial parasites; plasmodium
nüèzhèng 虐政 N. tyrannical government; tyranny
nüèzhuàngrè 疟状热[瘧狀熱] N. <med.> ague
nùfàchōngguān 怒发冲冠[-髮衝-] F.E. ① be in a towering rage ② The hair bristles with anger.
nùfàng 怒放 V. ① be in full bloom ② wild with joy
nǚfāng 女方 N. bride's/wife's side of family
nǚfángdōng 女房东 N. landlady M: ge/[1]míng/[2]wèi
núfókǎyīn 奴佛卡因 N. <loan> novocaine; procaine
nǚfu 女夫 N. son-in-law
nǚfúwùyuán 女服务员[--務-] N. stewardess; waitress; woman attendant M: ge/[1]míng
nǚgāoyīn 女高音 N. <mus.> soprano M: ge/[1]míng/[2]wèi
núgōng 奴工 N. ① slave labor ② slave laborer ③ serfhood M: ge/[1]míng
nǔgōng* 弩弓 N. crossbow M: [1]zhāng
[1]**nǚgōng** 女工 N. ①woman worker ②needlework M: ge/[1]míng
[2]**nǚgōng** 女红 N. <wr.> needlework
[3]**nǚgōng** 女功 N. women's work
núgōngyíng 奴工营[--營] N. slave-labor camp; concentration camp M: [4]zuò
nǚgōngzǐ 女公子 N. ① <court.> your daughter ② daughter of a feudal lord M: ge/[1]míng/[2]wèi
[1]**nǚguān** 女官 N. <trad.> female court official M: ge/[1]míng/[2]wèi
[2]**nǚguān** 女冠 N. female Daoist priest
nǚguǎngbōyuán 女广播员[-廣--] N. female (news) broadcaster M: ge/[1]míng/[2]wèi
nǚguānggùn(r) 女光棍(儿) N. <coll.> ① old maid; spinster ② unmarried woman; single woman M: ge/[1]míng
nǚguǎnjiā 女管家 N. woman head servant; housekeeper M: ge/[1]míng/[2]wèi
nǚguànxǐshì 女盥洗室 P.W. ladies' toilet M: [1]jiān
nǚhái(r) 女孩(儿) N. girl M: ge/[1]míng
nùhǎipiānzhōu 怒海扁舟 F.E. a small boat on an angry sea
nǚháirjiā 女孩儿家 N. <coll.> girl
nǚháizi 女孩子 N. girl M: ge/[1]míng
nǚháizijiā 女孩子家 N. <coll.> girl
nǚhángtiānyuán 女航天员 N. spacewoman M: ge/[1]míng/[2]wèi
nùháo 怒号[-號] V. ① howl; roar ② roar with anger
nùhè 怒喝 V. fulminate
nùhèn 怒恨 N. raging animosity/hatred/spite
nùhōnghōng 怒轰轰//哄哄//烘烘[-轟轟//--//--] R.F. very angry; furiously
nùhǒu 怒吼 V. roar; howl
nǚhù 女户 N. family composed of female members
núhuà 奴化 V. enslave
nǚhuàjiā 女画家[-畫-] N. woman painter M: ge/[1]míng/[2]wèi
núhuà jiàoyù 奴化教育 N. enslavement education
núhuǎn 驽缓 V.P. feeble and timid
nǚhuà nánzǐ 女化男子 N. <med.> androgyne; androgynous
nǚhuáng(dì) 女皇(帝) N. ① empress ② queen
núhuà zhèngcè 奴化政策 N. policy of enslavement
nùhuǒ 怒火 N. (flames of) fury
nǚhuò 女祸[-禍] N. ① calamities caused by women ② <trad.> ruination of states caused by imperial favorites
nùhuǒmǎnqiāng 怒火满腔 F.E. <wr.> be filled with fury
nùhuǒrúfén 怒火如焚 F.E. <wr.> be all burned up
nùhuǒtiányīng 怒火填膺 F.E. <wr.> filled with fury
nùhuǒwànzhàng 怒火万丈[--萬-] F.E. fly into a rage
nùhuǒzhímào 怒火直冒 F.E. <wr.> be boiling over with rage
nùhuǒzhōngshāo 怒火中烧[-燒] F.E. be burning with anger
nǔjī 弩机 N. trigger mechanism of a crossbow M: [1]jià/[1]zhāng
nújiā 奴家 N. self-address of a young woman
nǚjiā(r) 女家(儿) N. bride's side; wife's family
nǔjiàn 弩箭 N. ① arrows shot from a crossbow; crossbow arrows ② bolt (of a crossbow) M: [1]fù
nǚjiān 女监[-監] P.W. women's prison M: [4]zuò
Nù Jiāng 怒江 P.W. Salween River
nǚjiàng 女将[-將] N. ①female general ②female adept M: ge/[1]míng/[2]wèi
nǔjiànlíxián 弩箭离弦[--離-] F.E. as fast as the arrow flies off the string
nǚjiàoshī 女教师[-師] N. woman teacher M: ge/[1]míng/[2]wèi
nǚjiàoyuán 女教员 N. woman teacher M: ge/[1]míng/[2]wèi
nǚjiāzhǎng 女家长 N. woman head of family
nǚjié* 女杰[-傑] N. distinguished/upper-class woman M: ge/[1]míng/[2]wèi
nǚjiè 女界 N. womenfolk; woman's world
nǔjìn(r) 努劲(儿)[-勁-] V.O. exert all one's strength
nǚjǐng 女警 N. woman police officer M: ge/[1]míng/[2]wèi
nǚ jǐnshēn lián shānkù 女紧身连衫裤[-緊----] N. bodysuit M: [1]tiáo
nǚ jǐnshēn nèikù 女紧身内裤[-緊---] N. step-ins M: [1]tiáo
nǔjízhànjiàn 弩级战舰[-戰艦] N. <mil.> dreadnought M: [1]sōu/[1]tiáo
nǚjìzhě 女记者 N. female reporter M: ge/[1]míng/[2]wèi
nǚjuàn 女眷 N. female family members
nǚjué(r) 女角(儿) N. actress M: ge/[1]míng/[2]wèi
nǚjūshì 女居士 N. woman lay Buddhist; woman recluse M: ge/[1]míng/[2]wèi
nǚkè 女客 N. female guest M: ge/[1]míng/[2]wèi
nǚkù 女裤 N. woman's trousers M: [1]tiáo
nǚlán 女篮[-籃] N. women's basketball team
nǚláng 女郎 N. young woman; maiden; girl M: ge/[1]míng/[2]wèi
nǚláo 女牢 P.W. prison for women criminals; women's penitentiary M: [4]zuò
nǚláodǎn 女劳疸[-勞-] N. <Ch. med.> exhaustion resulting from sexual intemperance
nǚlěi 女垒[-壘] N. <sport> women's baseball team
núlì 奴隶[-隸] N. slave M: ge/[1]míng
nǔlì* 努力 V.O./S.V. make great effort; try hard
nǔlìbùjuàn 努力不倦 F.E. <wr.> strive unceasingly
nǔlìbùxiè 努力不懈 F.E. <wr.> strive unceasingly
núliè 驽劣 N. an inferior ability
nǚlièshì 女烈士 N. woman martyr M: ge/[1]míng/[2]wèi
nǚlǐfàbù 女理发部[--髮-] P.W. beauty salon
núlì fànmài 奴隶贩卖[-隸-賣] N. slave trade
núlì fànzi 奴隶贩子[-隸--] N. slave trader M: ge/[1]míng
núlì jiěfàng 奴隶解放[-隸--] N. slave emancipation
nǚlíng 女伶 N. actress M: ge/[1]míng/[2]wèi
nǚlinǚqì 女里女气[-裡-氣] F.E. womanish; effeminate
núlì shèhuì 奴隶社会[-隸--] N. slave society
núlì shìchǎng 奴隶市场[-隸-場] P.W. slave market M: [4]zuò
nǚliú 女流 N. <derog.> the weaker sex
nǔlì xiàqu 努力下去 R.V. go on making an effort
núlì xùnzàngmù 奴隶殉葬墓[-隸---] N. <archeo.> tomb with immolated slaves M: [4]zuò
nǔlìyǐfù 努力以赴 F.E. make efforts to arrive
núlì zhìdù 奴隶制度[-隸--] N. slavery
núlìzhì guójiā 奴隶制国家[-隸-國-] N. slave-owner's state
núlìzhì shèhuì 奴隶制社会[-隸---] N. slave society
núlìzhǔ 奴隶主[-隸-] N. slave owner M: ge/[1]míng
núlìzhǔyì 奴隶主义[-隸-義] N. slavishness; slavish mentality
nǚluó 女萝[-蘿] N. <bot.> dodder M: [2]kē
númǎ 驽马 N. <wr.> inferior horse; jade M: [1]pǐ
nùmǎ 怒马 N. a sturdy and powerful horse M: [1]pǐ
nùmà* 怒骂[-罵] V. curse furiously
nǚmàihuòyuán 女卖货员[-賣--] N. saleswoman; saleslady M: ge/[1]míng
númǎliànzhàn 驽马恋栈[-戀棧] F.E. an incompetent man clings to a good position

númǎ liàn zhàndòu 驽马恋栈豆[--戀棧-] F.E. an incompetent man clings to a good position
nùmǎnxiōngtáng 怒满胸膛 F.E. <wr.> one's breast is filled with anger
nǚmào 女帽 N. woman's hat/cup M: [1]dǐng
númǎshíjià 驽马十驾 ID. make up for lack of skill with industry
nǚmèngmó 女梦魔[-夢-] N. succuba
nǚmìshū 女秘书[-書] N. woman secretary M: ge/[1]míng/[2]wèi
númò 驽末 N. exhaustion; attrition
nǚmófàn 女模范[-範] N. exemplary woman M: ge/[1]míng/[2]wèi
nǔmù 努目 N. angry eyes
nùmù* 怒目 V.O. glare; stare fiercely
nùmùdìshì 怒目谛视 F.E. <wr.> look angrily at
nùmù'érshì 怒目而视 F.E. glare/glower at
nùmùqièchǐ 怒目切齿[-齒] F.E. ① look angrily while grinding one's teeth ② hate intensely; be furious
nùmùxiāngshì 怒目相视 F.E. look daggers at each other
nùmùxiāngxiàng 怒目相向 F.E. <wr.> glare at sb
nǚnèiyī 女内衣 N. (female's) underthings/underclothes M: [2]jiàn
nùníkějì 怒猊渴骥 F.E. forceful and vigorous (of calligraphy)
nǚnú 女奴 N. slave girls M: ge/[1]míng
[1]**nuó*** 挪 V. move; shift
[2]**nuó** 傩[儺] B.F. ①exorcise; drive away pestilence *nuóshén* ② soft and delicate *ēnuó*
[3]**nuó** 娜 in *nuótán, ēnuó*
[4]**nuó** 那 in *tánnuó, chánnuó See also nǎ, [1]nà, [2]nèi, [6]nuò*
[1]**nuò** 诺[諾] B.F. promise *nuòyán, xǔnuò*
[2]**nuò** 懦 B.F. cowardly *nuòfū, ànnuò*
[3]**nuò** 糯 B.F. glutinous *nuòmǐ*
[4]**nuò** 搦 B.F. ① grasp *nuò guǎn* ② provoke *nuòzhàn*
[5]**nuò** 锘[鍩] N. <chem.> nobelium
[6]**nuò** 那 in *wúnuò See also nǎ, [1]nà, [2]nèi, [4]nuó*
Nuòbèi'ěr Jiǎng 诺贝尔奖[-獎] N. Nobel Prize
Nuòbèi'ěr Jiǎngjīn 诺贝尔奖金[---獎-] N. Nobel Prize
nuóbudòng 挪不动[-動] R.V. cannot move (sth.)
nuóbukāi 挪不开[-開] R.V. cannot move away
nuócèng 挪蹭 V. drag one's feet
nuóchū 挪出 R.V. move sth. out
nuòdào 糯稻 N. unhusked glutinous rice
nuódiàn 挪垫[-墊] V. borrow from public funds for private use
nuódong 挪动[-動] R.V. move; shift
nuódōngbǔxī 挪东补西[--補-] F.E. ① make up a deficiency at one place by drawing upon the surplus at another ② rob Peter to pay Paul
nuòdùn 懦钝 V.P. <wr.> weak and dull
nuò'ěr 诺尔 N. <Mongolian loan> lake
nuòfū 懦夫 N. coward; weakling M: ge/[1]míng
nuò guǎn 搦管 V.O. hold or take up a pen to write
nuójiè 挪借 V. get a short-term loan
nuókāi 挪开[-開] R.V. <coll.> move aside
nuókuǎn 挪款 V.O. transfer money or an account
nuòmǐ 糯米 N. polished glutinous rice
nuòmǐgāo 糯米糕 N. glutinous rice cake M: [2]kuài
nuòmǐjī 糯米鸡[-雞] N. ① sticky rice and chicken pieces wrapped in lotus leaf and steamed ② chicken with sticky-rice stuffing
nuòmǐjiǔ 糯米酒 N. glutinous-rice wine M: *bēi/píng*
nuòmǐtún 糯米臀 N. <topo.> lazy bones
nuònuò 诺诺 INTJ. Yes, yes.
nuònuòliánshēng 诺诺连声[-聲] F.E. keep on saying "yes"
nuónuor 挪挪儿 R.F. <coll.> move a little bit
nuóqián 挪钱[-錢] V.O. <coll.> borrow money for temporary use
nuòqiè 懦怯 V.P. cowardly
nuòqínqìzhào 搦秦起赵[-趙] F.E. hold the strong power in check and encourage the weak
nuòruò 懦弱 S.V. cowardly; weak
nuòruòdǎnqiè 懦弱胆怯[--膽-] F.E. <wr.> timid and weak
nuòruòwúnéng 懦弱无能 F.E. <wr.> be weak and incompetent
nuóshén 傩神[儺-] N. god who drives away pestilence
nuótán 娜檀 N. <bot.> rhatany
nuóteng 挪腾 V. ① move ② rearrange
nù'ōu 怒殴[-毆] V. angrily beat
Nuówēi 挪威 P.W. Norway
Nuówēiyǔ 挪威语 N. <lg.> Norwegian
nuówō(r) 挪窝(儿)[-窩-] V.O. ① <topo.> move to another place ② move (house) ③ move to the parental home after childbirth
Nuóxì 傩戏[儺戲] N. ① a kind of Anhui provincial drama ② provincial opera popular in western Hubei and Guizhou
nuòxǔ 诺许 V. promise
nuòyán 诺言 N. promise; consent
nuóyí* 挪移 V. <topo.> ①borrow/transfer money ②move one's residence/post ③displace; move
nuòyǐ 诺已 INTJ. *showing disappointment*
nuóyòng 挪用 V. ① divert (funds) ② misappropriate; embezzle
nuóyòng gōngkuǎn 挪用公款 V.O. embezzle public money ♦N. misappropriation of public funds
nuózhàn* 挪占 V. misappropriate (public funds/property)
nuòzhàn 搦战[-戰] V. challenge to fight
nuòzhào 搦棹 V.O. take up the oars to row
nǚpái 女排 N. women's volleyball team
nǔpào 弩炮 N. slingshot; catapult; ballista M: [1]jià/[4]zuò
nǚ pǎotáng de 女跑堂的 N. <coll.> waitress M: ge/[1]míng
nǚpèijué 女配角 N. <thea.> female supporting role M: ge/[1]míng/[2]wèi
nǚpéngyou 女朋友 N. girlfriend M: ge/[1]míng/[2]wèi
nǚpījīn 女披巾 N. mantilla M: [1]tiáo/[2]kuài
nǚpīntou 女姘头 N. adulteress; mistress M: ge/[1]míng
núpú 奴仆[-僕] N. servant; lackey M: ge/[1]míng
nǚpú 女仆[-僕] N. maidservant M: ge/[1]míng
nùqì 怒气[-氣] N. anger; rage; fury
nǚqì 女气[-氣] S.V. effeminate ♦N. womanliness
nǔqiāng 弩枪[-槍] N. <mil.> captive bolt M: [1]bǎ
nǚqiáng 女墙[-牆] N. parapet M: [2]dào/[1]dǔ/[4]zuò
nǚqiángrén 女强人[-強-] N. ① successful career woman ② able woman M: ge/[1]míng/[2]wèi
nùqìchōngchōng 怒气冲冲[-氣沖沖] F.E. be in a towering rage
nùqìchōngtiān 怒气冲天[-氣沖-] F.E. <wr.> be in a towering rage
Nǚ Qīngniánhuì 女青年会 P.W. YWCA
nǚqíshǒu 女骑手 N. woman equestrian M: ge/[1]míng/[2]wèi
nùqìtiánxiōng 怒气填胸[-氣--] F.E. be filled with rage
nùqìtiányīng 怒气填膺[-氣--] F.E. <wr.> be filled with rage
nǚquán 女权[-權] N. women's rights
nǚquán yùndòng 女权运动[-權運動] N. feminism; women's liberation movement M: [3]cháng
nǚquánzhǔyì 女权主义[-權-義] N. feminism
nǚquánzhǔyìzhě 女权主义者[-權-義-] N. feminist M: ge/[1]míng/[2]wèi
nǚqún 女裙 N. skirt M: [1]tiáo
nǚqúnshānfú 女裙衫服 N. frock M: *tào*
nǚren 女人 N. (my) wife *See also nǚrén*
nǚrén* 女人 N. woman; womenfolk *See also nǚren*
nǚrénjiā 女人家 N. <coll.> woman
nǚrénqiāng 女人腔 N. woman-like speech
nùróng 怒容 N. angry look
nùróngmǎnmiàn 怒容满面 F.E. ① flush with rage ② (face) contorted with anger
nǔròu 胬肉 N. triangular mass of mucous membrane growing from the inner corner of the eye
nǚrqiáng 女儿墙[-牆] N. <archi.> parapet wall M: [2]dào/[1]dǔ/[4]zuò *See also nǚ'érqiáng*
núsǎn 驽散 V.P. inferior; mediocre
nǚsǎn 女伞[-傘] N. women's umbrella M: [1]bǎ
nùsè 怒色 N. angry look
nǚsè 女色 N. ① female charms ② female lust/lewdness
nǚsēng 女僧 N. nun M: ge/[1]míng/[2]wèi
nǚshén 女神 N. goddess M: ge/[2]wèi
[1]**nǚshēng** 女生 N. woman student; schoolgirl M: ge/[1]míng/[2]wèi
[2]**nǚshēng** 女声[-聲] N. female voice
nǚshēng héchàng 女声合唱[-聲--] N. women's/female chorus
nǚshēng sùshè 女生宿舍 P.W. women's dormitory M: [1]jiān/[4]zuò
nǚshēngwàixiàng 女生外向 F.E. after marriage girls side with their husbands (instead of their original family).
nǚshēngzhíqì 女生殖器 N. <phys.> female genitals
núshǐ 奴使 V. enslave; keep in bondage
núshì 奴视 V. scorn sb. like a slave
nùshì* 怒视 V. glare/glower at
nǚshī 女师[-師] N. woman teacher
nǚshǐ 女史 N. <trad.> ①female official ②polite address to a lady ③ a cultivated lady
[1]**nǚshì*** 女士 N. ① educated girl/woman ② Ms.; Miss M: ge/[1]míng/[2]wèi
[2]**nǚshì** 女式 ATTR. women's (clothing/etc.)
[3]**nǚshì** 女侍 N. waitress; woman attendant; maidservant; maid M: ge/[1]míng
[4]**nǚshì** 女事 N. women's work/occupations
nǚshízhuāng cáifeng 女时装裁缝[-時裝--] N. modiste M: ge/[1]míng
nǔshǒu 弩手 N. archer; crossbowman M: ge/[1]míng
nǚshǒu 女手 N. <sport> women's handball team
nǚshòuhuòyuán 女售货员 N. saleswoman; shopgirl M: ge/[1]míng/[2]wèi
nǚshū 女书[-書] N. syllabic script created by women in Jiangshui, Hunan
nǚshuāng 女双[-雙] N. <sport> women's doubles
nǚshuìyī duǎnwàitào 女睡衣短外套 N. bed jacket M: [2]jiàn
nǚsījī 女司机 N. female driver M: ge/[1]míng/[2]wèi
nǚsūn 女孙[-孫] N. granddaughter
nùsuō 恧缩 V.P. recoil from shame
nútāi* 奴胎 N. <derog.> a born slave
nútái 驽骀 N. ① inferior horse ② mediocre person
nǚtāi 女胎 N. female fetus
nútáijiélì 驽骀竭力 F.E. Though unworthy, I'll do my best.
nǚ tàikōngrén 女太空人 N. female astronaut M: ge/[1]míng/[2]wèi
nútáixiàsì 驽骀下驷 N. a stupid person
nùtāo 怒涛[-濤] N. furious/raging billows
nùtāobēnténg 怒涛奔腾[-濤--] F.E. <wr.> angry waves are racing
nùtāoliántiān 怒涛连天[-濤--] F.E. <wr.> angry waves rise to meet the sky at the horizon
nǚtóngbāo 女同胞 N. women; girl students; woman workers; female colleagues M: ge/[1]míng/[2]wèi
Nǚtóngjūn 女童军 N. Girl Scouts M: ge/[1]míng
nǚtóng qúnzhuāng 女童裙装[-裝] N. frock M: [1]tiáo/tào
nǚtóngzhì 女同志 N. ① female comrade ② <PRC> female M: ge/[1]míng/[2]wèi
Nǚtóngzǐjūn 女童子军 N. Girl Scouts
nǚtóujīn 女头巾 N. kerchief M: [2]kuài
nǚtóuzhào 女头罩 N. women's cap (for bath or sleep)

N

nǚtú 女徒 N. woman follower/ disciple M: *ge*/[1]*míng*
nǚtuán 女团[-團] N. <*sport*> women's team event
nǚtuōlājīshǒu 女拖拉机手 N. female tractor driver M: *ge*/[1]*míng*/[2]*wèi*
Nǚwā 女娲[-媧] N. a goddess in Chinese mythology
nǚwáng 女王 N. queen M: *ge*/[2]*wèi*
nǚwēi 女萎 N. <*bot.*> clematis
nǚ wèi yuèjǐzhě róng 女为悦己者容 F.E. A girl will doll herself up for her lover.
nǚwū 女巫 N. witch; sorceress M: *ge*/[1]*míng*
núxià 驽下 V.P. inferior
nǚxiá 女侠[-俠] N. female knight errant M: *ge*/[1]*míng*/[2]*wèi*
nǚxiàng 女相 N. effeminate appearance (of a man)
nǚxiānsheng 女先生 N. women teachers M: *ge*/[1]*míng*/[2]*wèi*
nǚxiào 女校 N. girls' school M: [1]*suǒ*/[1]*jiā*
nǚxiāofángyuán 女消防员 N. female firefighter M: *ge*/[1]*míng*/[2]*wèi*
nǚxiàoyǒu 女校友 N. alumna; alumnae M: *ge*/[1]*míng*/[2]*wèi*
nǚxié 女鞋 N. women's shoes M: [1]*shuāng*
núxìng 奴性 N. servility
nǚxīng 女星 N. female star M: *ge*/[1]*míng*/[2]*wèi*
nǚxìng* 女性 N. ① female sex ② woman
nǚxìnghuà 女性化 N. feminization
nǚxìngměi 女性美 N. feminine charm
nùxíngyúsè 怒形于色[--於-] F.E. betray one's anger; look angry
nǚxìng zhōngxīn shèhuì 女性中心社会 N. matriarchy
nǚxiōng 女兄 N. <*wr.*> elder sister
[1]**nǚxiù** 女秀 N. exceptionally talented woman
[2]**nǚxiù** 女宿 N. <*Ch. astr.*> tenth of the 28 Mansions
nǚxiùcái 女秀才 N. talented woman M: *ge*/[1]*míng*/[2]*wèi*
nǚxiūdàoyuàn 女修道院 P.W. convent M: [4]*zuò*/[1]*jiā*/[1]*suǒ*
nǚxìzi 女戏子[-戲-] N. actress M: *ge*/[1]*míng*
nǚxu 女婿 N. ① son-in-law M: *ge*/[1]*míng*/[2]*wèi* ② <*coll.*> husband
nǜxuè 衄血 <*med.*> N. nosebleed ♦ V.O. bleed from the five sense organs or subcutaneous tissue
nǚxuésheng 女学生 N. female student M: *ge*/[1]*míng*/[2]*wèi*
nǚxuéshì 女学士 N. woman scholar M: *ge*/[1]*míng*/[2]*wèi*
nǚxuéxiào 女学校 P.W. school for females only M: [1]*suǒ*/[1]*jiā*
nǔyá 弩牙 N. crossbow trigger
núyánbìxī 奴颜婢膝 F.E. subservient; servile
nǔ yǎnjing 努眼睛 V.O. give a signal with the eyes
núyánmèigǔ 奴颜媚骨 F.E. sycophancy; obsequiousness
nùyánxiāngbào 怒颜相报[-報] F.E. <*wr.*> exchange angry looks
nǚyǎnyuán 女演员 N. actress M: *ge*/[1]*míng*/[2]*wèi*
nǚyāo 女妖 N. enchantress M: *ge*/[1]*míng*
nǚyāojing 女妖精 N. female devil/demon M: *ge*/[1]*míng*
núyì* 奴役 V. enslave
nùyì 怒意 N. anger; wrath
nǚyīn 女阴[-陰] N. <*phys.*> vulva
nǚyīng 女婴 N. female infant M: *ge*/[1]*míng*
nǚyīngxióng 女英雄 N. heroine M: *ge*/[1]*míng*/[2]*wèi*
nǚyīshēng 女医生[-醫-] N. woman doctor M: *ge*/[1]*míng*/[2]*wèi*
núyì xiànxiàng 奴役现象 N. <*wr.*> helotism; slavery
nǚyìyuán 女议员[-議-] N. woman member of a legislative assembly M: *ge*/[1]*míng*/[2]*wèi*
nǚyōng* 女佣[-傭] N. female servant; maid M: *ge*/[1]*míng*
nǚyòng 女用 ATTR. made for females
nǚyòng bìyùnyào 女用避孕药[-藥] N. <*med.*> female contraceptive
nǚyòngrén 女佣人[-傭-] N. housemaid M: *ge*/[1]*míng*
nǚyòng shǒutíbāo 女用手提包 N. woman's handbag M: *ge*/[2]*zhī*
nǚyōu 女优[-優] N. actress M: *ge*/[1]*míng*
nǚyǒu* 女友 N. female friend M: *ge*/[1]*míng*/[2]*wèi*
nǚyuànzhǎng 女院长 N. woman principal/head/dean M: *ge*/[1]*míng*/[2]*wèi*
nǚyuè 女乐[-樂] N. woman musician
nǚyǔhángyuán 女宇航员 N. woman astronaut M: *ge*/[1]*míng*/[2]*wèi*
nǚyùndòngyuán 女运动员[-運動-] N. sportswoman M: *ge*/[1]*míng*/[2]*wèi*
nǚyùyī 女浴衣 N. woman's bath robe M: [2]*jiàn*
nǚzhàngfū 女丈夫 N. an amazon M: *ge*/[1]*míng*/[2]*wèi*
nǔzhāngjiànbá 弩张剑拔 F.E. poised for war
nǚzhànshì 女战士[-戰-] N. a female soldier M: *ge*/[1]*míng*/[2]*wèi*
nǚzhāodài 女招待 N. waitress M: *ge*/[1]*míng*
nǚzhēn 女贞 N. <*bot.*> glossy privet M: [2]*kē*
Nǚzhēn* 女真 N. <*hist.*> Nǚzhēn/Jurchen people who founded the Jin dynasty (1115–1234)
nǚzhēnzǐ 女贞子 N. <*Ch. med.*> fruit of glossy privet
nǔzhe yǎnjing 努着眼睛[-著--] V.O. the eyes pop out
núzhì 孥稚 N. small child; infant
nǚzhí 女侄 N. brother's daughter; niece M: *ge*/[1]*míng*
nǚzhígōng 女职工[-職-] N. women staff members; women workers M: *ge*/[1]*míng*/[2]*wèi*
nǚzhíshì 女执事[-執-] N. woman attendant M: *ge*/[1]*míng*/[2]*wèi*
nǚzhíyuán 女职员[-職-] N. woman employee M: *ge*/[1]*míng*/[2]*wèi*
nǚzhōng 女中 N. girl's middle school M: [1]*jiā*/[1]*suǒ*
nǚzhōngháojié 女中豪杰[-傑] N. outstanding/exceptional woman M: *ge*/[1]*míng*/[2]*wèi*
nǚzhōngyīn 女中音 N. <*mus.*> mezzosoprano M: *ge*/[1]*míng*/[2]*wèi*
nǚzhōngzhàngfū 女中丈夫 N. a woman of great capability M: *ge*/[1]*míng*/[2]*wèi* *See also* *nǚzhàngfū*
nǚzhǔ 女主 N. empress; queen; female sovereign M: *ge*/[1]*míng*/[2]*wèi*
nǚzhuāng 女装[-裝] N. women's wear/attire M: [2]*jiàn*/*tào*
nǚzhuānggōng 女装工[-裝-] N. ① dress-making ② dress-maker M: *ge*/[1]*míng*
nǚzhuāng lǐngkǒu 女装领口[-裝--] N. cut ruche
nǚzhǔjué(r) 女主角(儿) N. <*thea.*> female lead; leading lady M: *ge*/[1]*míng*/[2]*wèi*
nǚzhǔrén 女主人 N. ① hostess ② woman of the house M: *ge*/[1]*míng*/[2]*wèi*
nǚzhǔréngōng 女主人公 N. <*thea.*> leading lady; main female character M: *ge*/[1]*míng*/[2]*wèi*
nǚzǐ 女子 N. woman; female ~ *gāozhōng* girls' high school
nǚzǐbāo 女子胞 N. <*Ch. med.*> womb
nǚzǐ běnxìng 女子本性 N. femininity
nǚzǐ cānzhèngquán 女子参政权[--參-權] N. woman suffrage
nǚzǐcānzhèngzhǔyì 女子参政主义[--參--義] N. suffragettism
nǚzǐ dāndǎ 女子单打 N. <*sport*> women's singles
nǚzǐ gāojí zhōngxué 女子高级中学 N. girls, upper middle school M: [1]*suǒ*/[1]*jiā*
nǚzǐqì 女子气[-氣] N. femininity
nǚzǐ sèqíngkuáng 女子色情狂 N. nymphomania M: *ge*/[1]*míng*
nǚzǐ shīfàn 女子师范[-師範] N. ① women's normal school ② woman teacher
nǚzǐ shuāngdǎ 女子双打[--雙-] N. <*sport*> women's doubles
nǚzǐ shūyuàn 女子书院[--書-] P.W. women's college M: [1]*suǒ*/[1]*jiā*
nǚzǐ tuántǐsài 女子团体赛[--團體-] N. <*sport*> women's team event M: [2]*chǎng*
nǚzōng 女宗 N. model woman, worthy of honors
Nùzú 怒族 N. Nu ethnic minority (in Yunnan)
nǚzú 女足 N. <*sport*> ① women's soccer team ② women's international soccer game
nǔzuǐ(r) 努嘴(儿) V.O. <*coll.*> ① point with puckered lips ② pout; purse one's lips (to show displeasure)
nǚzuòjiā 女作家 N. woman writer M: *ge*/[1]*míng*/[2]*wèi*
nǚzuòr 女座儿 N. seat for a female guest

O

o 哦 INTJ. *See also* 3é, ó, ò

ō 噢/喔 INTJ. *of surprised understanding or awareness See also* 2wō

ó* 哦 INTJ. *of half believing, half doubting See also* 3é, o, ò

ò 哦 INTJ. *of newly gained understanding See also* 3é, o, ó

OK INTJ. OK; acceptable; passed

1ōu 鸥[鷗] B.F. gull ***hǎi'ōu***

2ōu 瓯[甌] B.F. ①small bowl or cup; goblet ***jīn'ōu*** ② short name for Wēnzhōu (city in Zhèjiāng province) ***Ōujù***

3ōu 殴[毆] B.F. beat; beat up ***ōudǎ, hù'ōu***

4ōu 沤[漚] B.F. bubble ***fú'ōu See also*** 1òu

5ōu 讴[謳] B.F. ① sing ***ōugē*** ② folk song; ballad ♦in ***ōuyā***

6ōu 呕[嘔] in ***ōuyā See also*** 2ǒu, 3òu

1Ōu 欧[歐] N. ① Surname ② short name for Europe

2Ōu 区[區] N. Surname ***See also*** 1qū

1ǒu* 偶 B.F. ① idol; (three-dimensional) human image ***mù'ǒu*** ② mate; spouse ***pèi'ǒu*** ③ even (number) ***ǒushù*** ♦ADV. ① by chance ② occasionally; casually ③ <*wr.*> together

2ǒu 呕[嘔] V. vomit ***See also*** 6ōu, 3òu

3ǒu 藕 N. ① lotus root ② arrowroot

4ǒu 耦 B.F. a couple; to couple ***3ǒuhé, pì'ǒu***

1òu 沤[漚] V. soak; macerate ***See also*** 4ōu

2òu 怄[慪] V. <*topo.*> ① irritate ② be irritated

3òu 呕[嘔] B.F. irritated; annoyed ***òuqì, òurén See also*** 6ōu, 2ǒu

Ōu-Ān-Huì 欧安会[歐-] AB./P.W. ***Ōuzhōu Ānquán Lǐshìhuì*** European Security Council

Ōu-Ān Zǔzhī 欧安组织[歐-織] P.W. European Security Organization

ǒubàngr 藕棒儿 N. ① rootstocks of the lotus ② woman's/child's white and fat arms

ōubì* 殴毙[毆斃] V. beat to death

ǒubǐ 偶笔[-筆] V. casually write

ōubiān 欧鳊[歐-] N. <*zoo.*> bream

ōubō 鸥波[鷗-] ID. lead the leisurely life of a hermit

ōubó* 欧鲌[歐-] N. <*zoo.*> bleak (*Alburmas lucidas*)

ǒucéng 偶层[-層] N. double layer

ǒuchéngzhīshī 偶成之诗 N. fugitive verse M: 2*shǒu*

ōuchēqián 欧车前[歐-] N. <*bot.*> psyllium

ǒucìxiébō 偶次谐波 N. <*elec.*> even harmonic; even-order harmonic

ōudǎ 殴打[毆-] V. ① beat up ② come to blows

Ōudāngguī 欧当归[歐當歸] N. <*bot.*> lovage

ǒudàn rǎnliào 偶氮染料 N. azo dyes

ōudāo 欧刀[歐-] N. executioner's knife M: 1*bǎ*

òu de huang 沤得慌[漚-] S.V. <*coll.*> thoroughly soaked

ōudòu 殴斗[毆鬥] N. have a fist fight

Ōuduàn 欧椴[歐-] N. <*bot.*> tilia europaea M: 2*kē*

ǒuduànsīlián 藕断丝连[-斷絲-] ID. apparently severed but actually not

ǒuduìchèn 偶对称[-對稱] N. <*math.*> even symmetry

Ōu'É 欧俄[歐-] N. European Russia

ǒu'ér 偶而 ADV. randomly; unpredictably

ǒu'ěr* 偶尔 ADV./S.V. occasionally

ǒufā 偶发[-發] ATTR. ①occasional ②accidental; fortuitous ③ <*bio.*> spontaneous

ǒufācí 偶发词[-發-] N. <*lg.*> nonce word

ǒufàn 偶犯 N. casual offense/offender M: *ge/* 1*míng*

ǒufāng 偶方 N. <*Ch. med.*> ① paired formula ②prescription with even-numbered ingredients

ōufángfēng 欧防风[歐-] N. <*bot.*> parsnip

ǒufāngjì 偶方剂[-劑] N. <*med.*> prescription with even-numbered ingredients

ǒufǎnshè 呕反射[嘔-] N. <*med.*> gag reflex; pharyngeal reflex

ǒufāxìng 偶发性[-發-] N. randomness

òuféi 沤肥[漚-] N./V.O. compost

ǒufěn* 藕粉 N. ①lotus-root starch ②arrowroot powder

òufèn 沤粪[漚糞] V.O. compost

Ōufēng 欧风[歐-] N. European influences/trend

ǒuféng* 偶逢 V. happen to meet

ōufēngdōngjiàn 欧风东渐[歐-] F.E. European influences flow east

ōufēngměiyǔ 欧风美雨[歐-] ID. Western cultural influence

ǒufù 藕覆 N. knee-length stockings

ǒugǎn 偶感 N. random thoughts ♦V. suddenly/occasionally feel

ōugē 讴歌[謳-] V.O. <*wr.*> ① eulogize ② celebrate in song

ǒugēn 藕根 N. lotus root

ōugēshèngshì 讴歌盛世[謳-] F.E. sing the praises of a prosperous age

ōugēsòngdé 讴歌颂德[謳-] F.E. praise one's merit

Ōu-Gòng-Tǐ 欧共体[歐-體] N. E.E.C. (European Economic Community)

ǒuhánshù 偶函数[-數] N. <*math.*> parity; even function

1ǒuhé 藕荷/合 N. pale pinkish purple

2ǒuhé 偶合 V. coincide ♦N. coincidence

3ǒuhé 耦合 N. <*phy.*> coupling

ǒuhésè 藕荷/合色 N. pale pinkish purple

ǒuhéxìng 偶合性 N. <*phil.*> contingency; fortuity; chance

Ōuhuà* 欧化[歐-] V./N. Europeanize; Westernize

ǒuhuā 藕花 N. lotus flower M: 2*duǒ*

ǒuhuī 藕灰 ATTR. ① pale pinkish gray ② light grayish red

ōuhuīsè 鸥灰色[鷗-] N. gull gray

ǒuhuò 偶或 CONJ. if by chance ♦ADV. occasionally; now and then; sometimes; once in a while

ōujī 殴击[毆擊] V. beat sb. with fists/clubs

ǒujiā 呕家[嘔-] N. <*med.*> habitual vomiter

ǒujiàn 偶见 V. see occasionally

ǒujiànzhǒng 偶见种[-種] N. <*bot.*> occasional/accidental/causal species

ǒujié(r) 藕节(儿)[-節-] N. joints of lotus rhizome

Ōujù* 瓯剧[甌劇] N. Wenzhou opera M: 1*chū*

ǒujū 耦居 V. live together as husband and wife

ōukōu 瓯抠[甌摳] V. <*wr.*> not smooth; uneven (of complexion)

ǒukǔdǎn 呕苦胆[嘔-膽] N. <*med.*> bilious vomiting

ōulǐ 欧李[歐-] N. <*bot.*> Japanese plum tree

ōuliángniǎo 欧椋鸟[歐-] N. starling M: 2*zhī*

òu liǎng tiān 沤两天[漚-] V.P. <*topo.*> delay a couple of days

ǒulián-jīngtǐguǎn 耦联晶体管[-聯-體-] N. <*elec.*> coupled transistor

ōulíng 欧菱[歐-] N. <*bot.*> caltrop M: 2*zhī/ge*

ǒulíngr 藕零儿 N. ①fried slices of lotus rhizomes ② sugar-treated arrowroots

Ōulù 欧陆[歐陸] N. European continent

Ōulù diànmǎ 欧陆电码[歐陸電-] N. European telegraph code

Ōuluóbāzhōu 欧罗巴洲[歐羅-] P.W. <*loan*> Europe

ōulùwàngjī 鸥鹭忘机[鷗-] F.E. in harmony with nature

òumá 沤麻[漚-] V. ret flax of hemp

Ōu-Měi* 欧美[歐-] P.W. Europe and America ♦ATTR. ① Euro-American ② Western

ǒuméi 藕煤 N. <*topo.*> honeycomb briquette

Ōu-Měihuà 欧美化[歐-] N. Westernization

Ōu-Měi xiānjìn guójiā 欧美先进国家[歐--進國-] N. advanced Western countries

Ōuméng 欧盟[歐-] AB./P.W. ***Ōuzhōu Liánméng*** European Union

ōumǔ 欧姆[歐-] M. <*elec.*> ohm

ōuniǎo 鸥鸟[鷗-] N. seagull M: 2*zhī*

ǒunì fǎnwèi 呕逆反胃[嘔-] N. <*med.*> vomiting and regurgitation

Ōupèikè 欧佩克[歐-] N. <*loan*> OPEC (Organization of Petroleum Exporting Countries)

ōupǔ yìshù 欧普艺术[歐-藝術] N. <*loan*> op art

ōuqì 殴气[毆氣] V.O. be peevish

ǒuqì 呕气[嘔氣] V.O. give vent to one's anger

òuqì* 怄/呕气[慪/嘔氣] V.O. sulk; feel annoyed/irritated ***Tā zhèng zài òu nǐ de qì.*** She's swallowing her anger toward you.

ōuqín 欧芹[歐-] N. parsley

ōuqú 欧鸲[歐-] N. robin M: 2*zhī*

ǒurán 偶然 S.V. ① fortuitous; (by) chance ② <*phil.*> contingent ♦ADV. ① accidentally ② occasionally

ǒurán biàndòng 偶然变动[-變動] N. random variation

ǒuránlùn 偶然论 N. accidentalism

ǒuránxìng 偶然性 N. contingency; fortuity; chance ♦ATTR. occasional

Ōurén 欧人[歐-] N. a European

ǒurén 偶人 N. image; idol

òurén* 怄/呕人[慪/嘔-] S.V. exasperating; disgusting ♦V.O. annoy sb.

ōurǔ* 殴辱[毆-] V. beat up and insult

ǒurǔ 呕乳[嘔-] V.O. <*med.*> milk regurgitation

ǒusè 藕色 N. pale pinkish gray

ōushā 殴杀[毆殺] V. <*wr*> beat to death

ōushāng 殴伤[毆傷] V. injure by beating

òu shàngle 沤上了[漚-] V.P. <*topo.*> idle; dawdle

ǒushēng chéngběn 偶生成本 N. <*com.*> nonrecurring cost

ǒushēngmài 偶生脉[-脈] N. <*bio.*> adventitious vein

ǒushēngsè 偶生色 N. <*bio.*> accidental color

ǒushēng shōuyì 偶生收益 N. <*com.*> nonrecurring income

Ōushì* 欧式[歐-] N. European style

ǒushì 偶视 V. <*wr.*> look at each other

ōushínán 欧石楠[歐-] N. <*bot.*> brierwood; brier; treeheath M: 2*kē*

ǒushù 偶数[-數] N. even number

ǒushùyè 偶数页[-數-] N. <*print.*> even-numbered page

ǒusī 藕丝[-絲] N. lotus root fiber

Ōutǐ 欧体[歐體] N. the calligraphy style of Ouyang Xun and his son

òutián 沤田[漚-] N. <*agr.*> waterlogged plot or field
ǒutí dòngwù 偶蹄动物[--動-] N. <*bio.*> even-toed mammal; artiodactyl
ǒutílèi 偶蹄类[-類] N. <*zoo.*> four-foot animals; artiodactyl
ǒutù 呕吐[嘔-] V. vomit
ōutuō 瓯脱[甌-] V. ① frontier entrenchments ② border no-man's land
ǒutùwù 呕吐物[嘔-] N. vomit
ǒutùxìng dúqì 呕吐性毒气[嘔-氣] N. <*chem.*> emetic war gas
ǒuwén 偶闻 V. overhear
Ōuxī 欧西[歐-] N. the West
ǒuxì* 偶戏[-戲] N. puppet/marionette show
ǒuxiàng 偶像 N. image; idol; model
ǒuxiàn liúxīng 偶现流星 N. <*astr.*> sporadic meteor
ǒuxiàn rì'ěr 偶现日珥 N. <*astr.*> incidental prominence
Ōuxī gè guó 欧西各国[歐-國] N. the European countries
ǒuxīn 呕心[嘔-] V.O. exert one's utmost effort
ǒuxìng 偶性 N. the unforeseen/unexpected
ōuxíngyì 鸥形翼[鷗-] N. gull wings
ǒuxīnlìxuè 呕心沥血[嘔-瀝-] F.E. throw all one's energy into sth.
ǒu xīnxuè 呕心血[嘔-] V.O. take great pains
ǒuxīnzhīzuò 呕心之作[嘔-] N. work embodying one's utmost effort

Ōuxiù 瓯绣[甌繡] N. Wenzhou embroidery
ōuxué 欧穴[歐-] N. <*wr.*> pot hole; water sink
ǒuxuè* 呕血[嘔-] V.O. vomit blood
ōuyā 讴鸦//呕哑[謳-//嘔啞] ON. the swishing sound of rowing
Ōu-Yà* 欧亚[歐亞] N. Eurasia
Ōu-Yà Dàlù 欧亚大陆[歐亞-陸] N. Eurasian Continent
Ōuyáng 欧阳[歐陽] N. Surname
Ōuyáng Yǔqiàn 欧阳予倩[歐陽-] (1889–1962) N. teacher, actor, playwright, director whose career reflects the development of drama and cinema in modern China
ǒuyī 偶一 ADV. ① on a rare occasion; occasionally; once in a while ② accidentally; by chance
ǒuyībùshèn 偶一不慎 F.E. <*wr.*> once careless
ōuyín 讴吟[謳-] V. <*wr.*> sing; chant
ǒuyǐng 偶影 N. <*wr.*> solitary shadow
ǒuyīwéizhī 偶一为之 F.E. do sth. occasionally
ǒuyòng 偶用 V./ATTR. use occasionally/sporadically
¹ǒuyǔ 偶语 V. <*wr.*> exchange confidences ♦N. offhand comment
²ǒuyǔ 耦语 V. have a tête-à-tête; whisper to each other
ǒuyù* 偶遇 V. run into (sb./situation)
òuyù 沤郁[漚-] V.P. richly fragrant
Ōuyuán 欧元[歐-] N. Euro (unit of currency)

ŌuYuè 瓯越[甌-] P.W. eastern Zhejiang province
ǒuyǔqìshì 偶语弃市[--棄-] F.E. <*trad.*> Chance remarks can lead to public execution.
ōuzhā 欧楂[歐-] N. <*bot.*> medlar
Ōuzhàn 欧战[歐戰] N. World War I
Ōuzhōu 欧洲[歐-] P.W. Europe
Ōuzhōu Ānquán Lǐshìhuì 欧洲安全理事会[歐-] N. European Security Council
Ōuzhōu cíyǔ 欧洲词语[歐-] N. <*lg.*> Europeanism
Ōuzhōu Gòngtóng Shìchǎng 欧洲共同市场[歐-場] N. Eureopean Common Market
Ōuzhōu Gòngtóngtǐ 欧洲共同体[歐-體] N. European Community
Ōuzhōu Liánméng 欧洲联盟[歐-聯-] P.W. European Union
Ōuzhōumán 欧洲鳗[歐-] N. European eel M: ¹*tiáo*
Ōuzhōu Měiyuán 欧洲美元[歐-] N. Eurodollar
Ōuzhōu Wěiyuánhuì 欧洲委员会[歐-] P.W. European Commission
Ōuzhōu Yìhuì 欧洲议会[歐-議-] N. European Parliament
ōuzuǐ yàn'ōu 鸥嘴燕鸥[鷗-鷗] N. <*zoo.*> gullbilled tern M: ²*zhī*
oya 哦呀 INTJ. Oh, my!
ōyō 噢/喔唷 INTJ. *indicating surprise or a feeling of pain See also* wōyō

O

P

[1]pā 趴 V. ① lie prone ② bend over (a table) face down
[2]pā 啪 ON. Bang!
[3]pā 葩 B.F. flower ***qípā, qípāyìcǎo***
[4]pā 派 in ***pāsi See also*** *[1]pài*
[5]pā 爬 in ***ǎipāpā See also*** *[1]pá*
[1]pá 爬 V. ① crawl; creep ② climb; scramble ***See also*** *[5]pā*
[2]pá 耙 V. rake smooth ♦B.F. rake ***[1]pázi See also*** *[6]bà*
[3]pá 扒 V. ① gather/rake up ② scratch ③ stew; braise ***See also*** *[2]bā*
[4]pá 筢 B.F. bamboo rake ***[2]pázi***
[5]pá 琶 B.F. short for [1]pípa ***[1]pípa, páyīn***
[6]pá 杷 in ***[2]pípa***
[1]pà* 怕 V. fear; dread ***Wǒ ~ gǒu yǎo (wǒ).*** I'm scared the dog will bite me. ♦ADV. I'm afraid; perhaps
[2]pà 帕 B.F. handkerchief; kerchief ***shǒupà, pà'é***
pábǐng 耙柄 N. <*agr.*> rake arm/handle M: *[2]gēn*
pábudòng 爬不动[-動] R.V. can't climb (for lack of strength)
pábuqǐlai 爬不起来 R.V. unable to get up (from a lying position or a bed)
pábushàng 爬不上 R.V. can't climb upward (lacking strength)
pácǎo 耙草 V.O. rake weeds
pāchā 啪嚓 ON. c-r-a-sh!
páchǐ 耙齿[-齒] N. teeth of a harrow
páchóng 爬虫[-蟲] N. reptile M: *[1]tiáo*
páchónglèi 爬虫类[-蟲類] N. <*zoo.*> Reptilia
páchóngxué 爬虫学[-蟲-] N. herpetology
[1]páchū* 爬出 R.V. crawl out; creep out
[2]páchū 扒出 R.V. rake out
[3]páchū 耙出 R.V. rake off/away
páchú 耙锄 N. a harrow M: *[1]bǎ* ♦V. plow with a harrow
páchuán 扒船 N. <*trad.*> a fast rowboat M: *[2]zhī*
pá chūlai 爬出来 R.V. climb out
pādā 啪嗒 ON. clatter; patter
pádài 扒带[-帶] V. reproduce audio/video tapes without permission ♦N. reproduction of audio/video tapes without permission
pádàn 爬蛋 V. <*topo.*> slump to the ground; drop in one's tracks
pādāshēng 啪哒声[-噠聲] ON. patter
pà de hěn 怕得很 V.P. be very frightened
pà de shì 怕的是 V.P. What I am afraid of is that. . .
pà de yàosǐ 怕得要死 V.P. be scared to death
pà dézuì rén 怕得罪人 V.P. afraid of offending others (by speaking frankly, etc.)
pādì 趴地 V.O. lie prone on the ground
pádì* 耙地 V.O. rake the ground ***See also*** *bàdì*
pádòng 爬动[-動] R.V. crawl
pà'é 帕额 N. forehead bands (often used by women) M: *[1]tiáo*
páfàn 爬饭 V.O. shovel rice into the mouth with chopsticks
pāfú* 趴伏 V. lie prone on the ground
pàfù 帕腹 N. women's waistcoat-like garment
[1]págān(r) 爬竿(儿) <*sport*> V.O. climb a pole ♦N. ① pole-climbing ② climbing pole M: *[2]gēn*
[2]págān 爬杆 N. jungle gym
[1]págāo(r) 爬高(儿) V.O. ① climb to a higher place/position ② ascend; gain altitude
[2]págāo 扒糕 N. buckwheat pancake M: *[2]kuài*
pá gāozhīr 爬高枝儿 V.O. cling to the wealthy and influential
págēncǎo 爬根草 N. <*bot.*> bermuda grass M: *[2]gēn*
pá gézi 爬格子 V.O. write (as a career)
pàguāng 怕光 V.O./S.V. doesn't do well in light
páhuī 扒/爬灰 V.O. ① scoop up ashes ② commit incest with a daughter-in-law
pá huòzi 扒豁子 ***See*** *bā huōzi*
pāi 拍 V. ① clap; pat ② take pictures; shoot film ***Tā xiǎng bǎ zhè bù xiǎoshuō ~chéng diànyǐng.*** He wants to make a movie of this novel. ③ send telegrams/etc. ④ <*coll.*> lick sb.'s boots; fawn on ⑤ flap (the wings/etc.) ⑥ beat; lash ⑦ <*slang*> ⓐ put money down ⓑ defeat; beat ♦B.F. ① racket; paddle ***pāizi*** ② <*mus.*> beat; time ***pāizi***
[1]pái 排 V. ① arrange; put in order; sequence ② remove with force; discharge; exclude ③ push open ④ rehearse a play/etc. ♦N. ① <*loan*> pie ② <*mil.*> platoon ♦M. row; line ♦B.F. anti- ***~Měi*** anti-American ***See also*** *[3]pái, [1]pǎi*
[2]pái 牌 B.F. ① plate; tablet ***ménpái*** ② brand ***[1]míngpái*** ③ cards, dominoes, etc. ***zhǐpái*** ④ <*wr.*> prosodic pattern for ***[1]cí*** or ***[3]qǔ qǔpái***
[3]pái 排/棑 B.F. raft ***zhúpái See also*** *[1]pái, [1]pǎi*
[4]pái 俳 B.F. <*trad.*> a dramatic comedy ***páifù, huīpái***
[5]pái 徘 in ***páihuái***
[1]pǎi 排 in ***pǎizichē See also*** *[1]pái, [3]pái*
[2]pǎi 迫 in ***pǎijīpào See also*** *[2]pò*
[1]pài* 派 N. ① group; school; faction; clique ② style; manner; air ③ tributary; river branch ④ <*loan*> pie ♦M. *for cliques/scenery/etc.* ♦V. send; dispatch; assign; appoint ♦S.V. <*slang*> chic; hip ***See also*** *[4]pā*
[2]pài 湃 in ***péngpài***
[3]pài 蒎 B.F. <*chem.*> pinane ***pàixī, pàisuān***
[4]pài 哌 in ***pàiqín***
[1]pāi'àn 拍案 V.O. strike the table in anger/amazement/etc.
[2]pāi'àn 拍岸 V.O. beat against the shore (of waves)
pāi'ànchēngkuài 拍案称快[--稱-] F.E. slap the table and applaud
pāi'àndǎdèng 拍案打凳 F.E. bang one's fist on the table
pāi'àndàjiào 拍案大叫 F.E. bang the table and roar
pāi'àndànù 拍案大怒 F.E. pound the table in anger
pāi'àn'érqǐ 拍案而起 F.E. bang the table and rise to one's feet in anger
pāi'ànjiàojué 拍案叫绝[-絕] F.E. thump the table and shout "Bravo!"
pāi'ànjīngqí 拍案惊奇[--驚-] F.E. strike the table in surprise.
pāi'ànlàng 拍岸浪 N. surf
pāi'àn lànghuā 拍岸浪花 N. surf
pái'ào 排奡 V.P. vigorous and forceful (of writing)
pái bāguà 排八卦 V.O. arrange the Eight Diagrams
pāibǎn 拍板 V.O. ① beat time with clappers ② rap a gavel ③ have the final say ♦N. clappers; castanets M: *[2]kuài*
páibān* 排班 V.O. ① fall in line (by rank/etc.) ② arrange turns of work
páibǎn 排版 V.O. <*print.*> compose; typeset
pāibǎnchéngjiāo 拍板成交 F.E. clinch a deal
páibǎng 牌榜 N. bulletin board M: *[2]kuài*
pàibàoshè 派报社[-報-] P.W. newspaper distribution center
pāi bāzhang(r) 拍巴掌(儿) V.O. clap one's hands
[1]páibǐ 排笔[-筆] N. grouped brushes for painting/calligraphy M: *[2]zhī; [1]bǎ*
[2]páibǐ 排比 N. ① arrangement ② parallelism ♦V. arrange in order
[1]páibiǎn* 牌匾 N. board (fixed to a wall or door lintel) M: *[2]kuài*
[2]páibiǎn 排贬 V. expel and demote
páibiàn 排便 N. defecation; bowel movement
páibiàn xíguàn 排便习惯[--習-] N. bowel-evacuation pattern
páibiàn yìcháng 排便异常[--異-] V.P. abnormal defecation
páibiàn zuòyòng 排便作用 N. defecation
pàibié 派别 N. group; school; faction
páibǐjù 排比句 N. <*lg.*> parallel sentences
páibìn 排摈[-擯] V. <*wr.*> push aside and abandon
pàibīng 派兵 V.O. send/dispatch troops
pàibīngqiǎnjiàng 派兵遣将[-將] F.E. dispatch troops and send generals
pàibīngrùqīn 派兵入侵 F.E. send one's troops to invade
pàibīngzhùfáng 派兵驻防 F.E. garrison
páibù 排布 N. ① configuration ② arrangement ♦V. arrange; dispose
pài bùshi 派不是 V.O. put the blame on sb. ***Bié pài tā de bùshi.*** Don't put the blame on her.
pāi cāngyíng 拍苍蝇[-蒼蠅] V.O. swat a fly
páichā(r) 排叉/杈/岔(儿) N. crispy deep-fried biscuit
pàichāi 派差 V.O. send sb. on an errand
páichang 排场[-場] N. ① ostentation and extravagance ② red tape ③ a person's social position
pāichéng 拍成 R.V. finish making (a film)
páichéng* 排成 R.V. line up
páichéngchéngshì 排程程式 N. <*comp.*> scheduler
páichéng háng 排成行 V.P. align; line up
páichéng zòngduì 排成纵队[-縱隊] V.O. form columns
[1]páichì 排斥 V. repel; exclude; reject
[2]páichì 排翅 N. a whole-piece shark's fin
pāichìyāngjī 拍翅秧鸡[-雞] F.E. <*zoo.*> clapper rail
páichìyìjǐ 排斥异己[--異-] F.E. exclude outsiders; discriminate against dissenters
pàichōng gāngshào 派充岗哨[--崗-] V.O. picket
páichòuyǐnchìchóng 排臭隐翅虫[--隱-蟲] N. devil's coachhorse M: *[2]zhī*
pāichū 拍出 R.V. shoot/make a film
páichū 排出 R.V. ① line up ② arrange; put in order ③ rehearse ④ discharge
páichú* 排除 R.V. get rid of; remove; eliminate ***~ yīqiè yílǜ*** preclude all doubts
páichù 排黜 A.T. force sb. to resign
pàichū 派出 R.V. dispatch; send; assign
páichú de 排除的 N. <*lg.*> exception
páichú fùcí 排除副词 N. <*lg.*> adverb of exception
pàichū jīgòu 派出机构[-構] N. delegated agency
pái chūlai 排出来 R.V. ① line up ② arrange; put in order ③ rehearse

pàichūsuǒ 派出所 N. police substation; local police station M: [1]*suǒ*

páichú wànnàn 排除万难[-萬難] V.O. conquer all obstacles; overcome all difficulties

páichú yìjǐ 排除异己[--異-] V.O. expel outsiders

páichú zhàng'ài 排除障碍[-礙] V.O. remove an obstacle

páicuò 排错 R.V. arrange in the wrong order

pāida 拍打 V. pat; slap

páidài 排代 N. <*chem.*> displacement

pài dàibiǎo 派代表 V.O. send a delegate; dispatch a representative

pāidàng 拍档[-檔] V.O. collaborate ♦N. collaborator; partner M: [2]*wèi*

páidǎng* 排挡[-擋] N. gear (of a car/etc.)

páidào 排到 R.V. It's sb's turn

pāidiàn 拍电[-電] V.O. send telegraph

pāi diànbào 拍电报[-電報] V.O. send a telegraph

páidiào 排掉 R.V. drain water

páidīng 排钉 N. chain riveting

páidìng* 排定 V. arrange; put in order

pàidìng 派定 V. make a personnel-placement decision

páidǔ 牌赌 N. gambling at cards M: [2]*chǎng*

páiduì* 排队[-隊] V.O. ①stand in line; queue up ② list construction projects in order of priority

pàiduì 派对[-對] N. <*loan*> party; gathering

páiduì mǎipiào 排队买票[-隊買-] V.P. line up for tickets

páiduì zhuānyèhù 排队专业户[-隊專業-] N. someone who waits in line (for another person) for pay

pái'é 牌额 N. horizontal inscribed board

pāifā* 拍发[-發] V. send (a telegram)

páifá 排筏 N. bamboo/timber raft M: [2]*zhī*

pàifā 派发[-發] V. ①distribute ②assign different persons to help in distribution (of sth.)

páifàn 排饭 V.O. set the table

pàifàn* 派饭 V.O./N. arrange temporary mess in village homes for cadres/students/etc.

páifāng 牌坊 N. memorial/honorific archway/gateway M: [4]*zuò*

páifàng* 排放 V. ① discharge; drain off (gas/etc.) ② place (things) in proper order

páifèi 排废[-廢] V.O. discharge waste

páiféiqì 排肥器 N. fertilizer apparatus M: [1]*tái*

páifèn 排粪[-糞] V.O. defecate; have a bowel movement

páifēngshàn 排风扇 N. exhaust fan M: [1]*tái*

pàifènr 派份儿 V.O. ① parcel out assignment to everybody ② collect a share (of tax/contribution/etc. from each person)

pāifú 拍幅 N. <*phy.*> amplitude of beat

pāifǔ 拍抚 V. pat

páifù* 俳赋 N. <*wr./trad.*> a light, ornate literary form M: [2]*shǒu*

pāifúhào 拍幅号[-號] N. flip symbol

páigān 排干[-乾] R.V. drain (off water)

páigē 俳哥 N. comic songs (usu. satiric)

pàigěi 派给 V. dispatch to

pài gōngzuò 派工作 V.O. set sb. a task

pàigòu 派购[-購] V. monopolize the purchase (of tea/etc. by the state)

páigǔ 排骨 N. ① spareribs; chop; cutlet M: [2]*kuài* ② <*slang*> a skinny person

páiguàn 排灌 V./N. irrigate and drain

páiguàn jīxiè 排灌机械 N. irrigation and drainage machinery M: [1]*tái*/[2]*bù*

páiguànwǎng 排灌网[-網] N. irrigation and drainage network

páiguànzhàn 排灌站 P.W. irrigation and drainage station M: [4]*zuò*

pàigǔ tōngzhī 派股通知 N. allotment letter; share allotment form

páihàn 排汗 V.O. perspire

páiháng 排行 N. seniority among siblings ***Wǒ ~ lǎodà.*** I'm the first child of my family.

páihángbǎng 排行榜 N. a list of names arranged according to seniority or place in a competition M: [1]*zhāng*

pāihào 拍号[-號] N. <*mus.*> time signature

[1]**páihào(r)*** 牌号(儿)[-號-] N. ① shop name/sign ② trademark

[2]**páihào** 排号[-號] V.O. ① arrange in numerical order ② <*topo.*> line/queue up

pāihé zhōuqī 拍合周期 N. <*phy.*> beat period

páihóng 排洪 V.O. drain off floodwater

páihòu 牌后 N. woman champion bridge player M: [2]*wèi*

páiHuá 排华[-華] V.O./S.V. be anti-Chinese

páihuái 徘徊 V. ①pace back and forth ②hesitate; waver ***Bùyào zài zhège wèntí shàng ~.*** Don't waver on this issue. ③ <*econ.*> fluctuate gently

páihuái bùdìng 徘徊不定 V.P. be indecisive

páihuái bù qián 徘徊不前 V.P. ① pace up and down ② hesitate; waver

páihuái guānwàng 徘徊观望[-觀-] V.P. wait and see

páihuái liúlián 徘徊流连 V.P. walk to and fro, hesitating to leave

páihuái qílù 徘徊歧路 V.P. hesitate at the crossroads (lit./fig)

páihuái qítú 徘徊歧途 V.P. hesitate at the crossroads (lit./fig.)

pāihuāzi 拍花子 N. ① abduction; kidnapping ② kidnapper

pàihuó(r) 派活(儿) V.O. assign a task

pāijī 拍击[-擊] V. beat; batter (of waves)

páijī 排击[-擊] V. repel and attack

páijí 排集 V. arrange in a close line

páijǐ* 排挤[-擠] V. <*pol.*> push aside; push/elbow out

páijià 牌价[-價] N. ① list price ② market quotation

páijiǎn 排检 V. file and look up

pāi jiānbǎng 拍肩膀 V.O. pat one's shoulder

pàijiǎo 派缴 V. impose a money levy

pàijiǎo éwài gǔkuǎn 派缴额外股款 V.O. impose a surcharge

pāijié 拍节[-節] N. ① rhythm ② <*lg.*> breath group

páijiě* 排解 V. ① mediate; reconcile ② find diversion from loneliness/boredom/etc.

pāijiéjī 拍节机[-節-] N. metronome

páijiě jiūfēn 排解纠纷 V.O. mediate a quarrel; reconcile a dispute

pāijiéqì 拍节器[-節-] N. <*mus.*> metronome

páijìng 排净[-淨] N. emptying; evacuation

pǎijīpào 迫击炮[-擊-] N. <<*mil.*>> mortar M: *mén*

pǎijīpàodàn 迫击炮弹[-擊--] N. mortar shell/projectile M: [1]*kē*

páijiǔ 牌九 N. a kind of card game; a kind of Chinese dominoes M: [1]*fù*

páijú* 牌局 N. mahjongg/card hand; a game of dominoes

[1]**páijù** 排拒 V. reject and eject; exclude

[2]**páijù** 俳句 N. <*Jp.*> haiku M: [2]*shǒu*

pàijuān 派捐 V.O. impose tax; levy

pàijūn 派军 V.O. send troops

páikāi 排开[-開] R.V. spread out; deploy

páikè 排课 V.O. work out a teaching schedule

pàikèdàyī 派克大衣 N. <*loan*> parka M: [2]*jiàn*

pàikuǎn 派款 V.O. impose a money levy

páikùnjiěyōu 排困解忧[-憂] F.E. remove difficulties and relieve worries

páilà 排蜡[-蠟] V.O. de-wax

páilào 排涝[-澇] V.O. drain flooded/waterlogged fields

páilàobǔzhòng 排涝补种[-澇補種] F.E. plant again after the water recedes

pāi lǎoqiāng'er 拍老腔儿 V.O. resume one's habitual style

páiléi 排雷 V.O. <*mil.*> remove mines

páilì 排立 V. stand in a line; line up

páilián 排联[-聯] N. volleyball federation

páiliàn* 排练[-練] V. rehearse

páiliàng 排量 N. displacement; output volume

páiliàocáo 排料槽 N. duct M: [1]*tiáo*

páiliè 排列 V. arrange; put in order ***Zhèxiē kǎpiàn yào àn zìmǔ ~.*** These cards should be arranged in alphabetical order. ♦N. <*math.*> permutation

páiliè chéng 排列成 R.V. ① line up ② arrange; put in order

páilíng 牌龄[-齡] N. seniority in card games

pàilìng* 派令 N. order of appointment

pàilìsī 派力司 N. <*loan*> ① paisley M: [1]*tiáo* ② palace M: [4]*zuò*

páilou 牌楼[-樓] N. ① decorated archway ② temporary ceremonial gateway M: [4]*zuò*

páilǜ 排律 N. extended form of regulated verse; verse made up of an indefinite number of rhymed couplets with five or seven characters in each line

páiluǎn 排卵 V.O. <*bio.*> ovulate

páiluǎnqī 排卵期 N. <*bio.*> period of ovulation

pāimǎ 拍马 V.O. <*coll.*> flatter; fawn on

pāimǎfèngchéng 拍马奉承 F.E. lick's sb's boots; flatter

pāimài 拍卖[-賣] V./N. ① auction ② sell at a reduced price

pāimàiháng 拍卖行[-賣-] N. auction house M: [1]*jiā*

pāimàihuì 拍卖会[-賣-] P.W. auction

pāimàishāng 拍卖商[-賣-] N. auctioneer

pāimài shìchǎng 拍卖市场[-賣-場] N. auction market

pāi mǎpì 拍马屁 V.O. <*coll.*> flatter; fawn on; butter up

pāimǎwǔdāo 拍马舞刀 F.E. whip up one's steed and flourish one's sword

pāimǎwǔjiàn 拍马舞剑 F.E. whip up one's steed and flourish one's sword

pāimén* 拍门 V.O. pound at a door with one's hand

páimèn 排闷 V.O. kill time; dispel boredom

páiménr 排门儿 ADV. <*topo.*> (from) door to door

páimíng* 排名 V.O. list names by seniority/position

páimìng 排命 V.O. tell sb.'s fortune

páimínghuò 牌名货 N. branded products; brand goods

páinàn'érjìn 排难而进[-難-進] F.E. make one's way through thick and thin

páinànjiěfēn 排难解纷[-難--] F.E. mediate a dispute

páinànjiěyōu 排难解忧[-難-憂] F.E. surmount difficulties and danger and alleviate suffering and fear

páinànqǔshèng 排难取胜[-難-勝] F.E. worry through

páiniào 排尿 V.O. urinate

páiníbèng 排泥泵 N. sludge pump M: [1]*tái*

páiníkǒng 排泥孔 N. mudhole

páinóng 排脓[-膿] V.O. ①drain pus ②discharge pus

pái'ǒu 排偶 N. parallelism and antithesis

pāipāi* 拍拍 V. clap; pat; beat

pàipái 派牌 V.O. deal cards at the start of a game

pāipāi jiānbǎng 拍拍肩膀 V.P. backslap

páipái zuò 排排坐 V.P. sit in rows

páipào 排炮 N. ① salvo; cannonade ② successive blastings (in mining/tunneling/etc.) ♦V.O. remove/defuse a dud

pāipiàn(zi) 拍片(子) V.O. shoot/make a film

pāipín* 拍频 N. beat frequency; beat

páipǐn 牌品 N. conduct/behavior at card games

pāi pózi 拍婆子 <*coll.*> V.O. chase young women

páiqì 排气[-氣] V.O. ①vent ②<*mach.*> exhaust

páiqiǎn 排遣 V. find diversion from loneliness/boredom

pàiqiǎn* 派遣 V. ①send; dispatch ②repatriate

páiqiāng 排枪[-槍] N. fusillade

pàiqiǎnguó 派遣国[-國] N. the sending/accrediting state

pàiqiǎnjūn 派遣军 N. expeditionary force M: [4]*zhī*

páiqìguǎn 排气管[-氣-] N. exhaust pipe M: [2]*gēn*

páiqìjī 排气机[-氣-] N. pneumatic machine M: [1]*tái*
pàiqín 哌嗪 N. <*chem.*> piperazine
páiqíng 牌情 N. (card) hands
pāiqiú(r) 拍球(儿) V.O. <*sport*> palm a ball
páiqiú* 排球 N. volleyball M: [2]*zhī/ge*
páiqiúduì 排球队[-隊] N. volleyball team M: [4]*zhī*
páiqiúsài 排球赛 N. volleyball game M: [2]*chǎng*
páir 牌儿 N. ① card; tag; label ② brand (of commodities) M: [2]*kuài*
pāiràng 拍让[-讓] V. auction and transfer
páirè 排热[-熱] N. heat extraction/rejection
pāi rén mǎpì 拍人马屁 V.P. ingratiate oneself with sb.
páishājiǎnjīn 排沙拣/简金[--揀-] F.E. ① pan gold ② be expert at selecting (the right person/thing) for a job, etc.
páishāndǎohǎi 排山倒海 ID. overwhelming
páishàng 排上 R.V. line up
pàishàng yòngcháng 派上用场[-場] V.P. put to use
páishānyāluǎn 排山压卵[--壓-] ID. cause a disaster
pāishè* 拍摄[-攝] V. take (a picture); shoot (a film)
páishè 排射 N. <*mil.*> volley (of fire)
páishēng 排笙 N. <*mus.*> reed-pipe wind instrument with a keyboard
pàishēng* 派生 V. derive ♦N. derivation
pàishēng chéngfèn 派生成分 N. derivative
pàishēngcí 派生词 N. <*lg.*> derivative
pàishēng cígàn 派生词干[-幹] N. <*lg.*> derivative stem
pàishēngfǎ 派生法 N. derivation
pàishēng fēnshù 派生分数[-數] N. <*lg.*> derived score
pàishēng gòucífǎ 派生构词法[-構--] N. <*lg.*> derivation
pàishēng guòchéng 派生过程 N. <*lg.*> derivation
pàishēnglì 派生力 N. productivity
pàishēngxìng dǐzhì 派生性抵制 N. secondary boycott
pàishēng xíngshì 派生形式 N. derivative
pàishēng yìyì 派生意义[-義] N. ① derived meaning ② <*lg.*> associative/derivative meaning
páishì 牌示 N. <*trad.*> signboard text; public notice; bulletin
pàishì* 派势[-勢] N. style; manner
pái shíjiānbiǎo 排时间表[-時--] V.O. draw up a schedule
pàishìr 派事儿 V.O. <*coll.*> assign a task to sb.
pāishǒu(r)* 拍手(儿) V.O. clap one's hands; applaud
páishǒu 牌手 N. card-game competitor M: [2]*wèi*
pāishǒuchéngjiāo 拍手成交 F.E. strike (hands upon) a bargain
pāishǒuchēngkuài 拍手称快[--稱-] F.E. clap and cheer
pāishǒudàxiào 拍手大笑 F.E. clap and laugh loudly
pāishǒuhègē 拍手和哥 F.E. clap and join in the chorus
pāishǒuhuì 拍手会 N. meeting where matters are pre-decided and participants merely express agreement
pāishǒuzànchéng 拍手赞成 F.E. clap one's hands in approval
páishuǐ 排水 V.O. drain off water
páishuǐ gōngchéng 排水工程 N. drainage works
páishuǐgōu 排水沟[-溝] N. discharge/drainage ditch M: [1]*tiáo*/[2]*dào*
páishuǐ gōuqú 排水沟渠[--溝-] N. escape canal M: [1]*tiáo*/[2]*dào*
páishuǐguǎn 排水管 N. drain pipe M: [2]*gēn*
páishuǐ guǎndào 排水管道 N. drainage pipeline M: [2]*gēn*
páishuǐkēng 排水坑 N. drainage sump
páishuǐkǒu 排水口 N. drainage outlet
páishuǐliàng 排水量 N. ① displacement (of ships) ② discharge capacity (of spillway/etc.)
páishuǐ qiǎnpén 排水浅盆[--淺-] N. sink
pàisī 派司 *See pāsi*
páisòng 排送 V. arrange to be transported/delivered
pàisuān 蒎酸 N. <*chem.*> pinic acid
páità 排闼[-闥] V.O. push the door open
páitā dàicí 排他代词 N. <*lg.*> exclusive pronoun
páità'érrù 排闼而入[-闥--] F.E. push a door open unceremoniously and enter
páitán 排坛[-壇] N. volleyball world
páitā shēngwù 排他生物 N. exclusive attribute
páitāxìng 排他性 N. exclusiveness
páitāyǔ 排他语 N. <*lg.*> exclusive
páitàzhírù 排闼直入[-闥--] F.E. push the door open and stride in; walk straight in without knocking
páitiáo 排调 V. tease and ridicule
páitǐshī 俳体诗[-體-] N. light, comic poetry M: [2]*shǒu*
páitóu 排头 N. procession/file leader
pàitóu(r)* 派头(儿) N. style; manner ***Nà jiāhuo zhēn yǒu~.*** That guy really has panache.
páitóubīng 排头兵 N. ① the soldier at the head of a formation ② pacesetter; pacemaker; vanguard ③ bellwether M: [2]*wèi*
páitóur 排头儿 N. file leader; the person at the head of a procession M: [2]*wèi*
pāituō* 拍拖 V. date sb; have a date with sb.
páituō 排脱 V. ① get rid of ② extricate oneself
páiwài 排外 S.V./V.O. antiforeign; parochial
pāi wàijǐng 拍外景 V.O. film the exterior; shoot a scene on location
páiwài xīnlǐ 排外心理 N. xenophobia
páiwàizhǔyì 排外主义[--義] N. xenophobia; antiforeignism; exclusivism
Páiwān 排湾[-灣] N. Paiwan ethnic group in Taiwan
páiwěi 排尾 N. last person in row
páiwèi(r)* 牌位(儿) N. ① memorial tablet M: [2]*kuài* ② <*thea.*> billing position
páiwū 排污 V.O. ① discharge waste ② eliminate pollutants
pāixì 拍戏[-戲] V.O. make a film; shoot a scene
páixì 排戏[-戲] V.O. <*thea.*> rehearse a performance
pàixī 蒎烯 N. <*chem.*> pinene; nopinene
pàixì* 派系 N. ① factions; groups of factions ② affiliation with (a school/party)
páixià 排下 V. line up; arrange
páixiǎn 排险 V.O. remove danger
páixiǎnqiǎngxiū 排险抢修[--搶-] F.E. rush repairs to eliminate a danger
páixiāo* 排箫[-簫] N. <*mus.*> panpipes
pàixiāo 派销 V. force the sale of sth. to sb.
páixié 俳谐 N. funny talk; banter
páixiè* 排泄 V. ① drain ② excrete
páixièqì 排泄器 N. <*phys.*> excretory organs
páixiè qìguān 排泄器官 N. <*phys.*> excretory organs
pāixī'érgē 拍膝而哥 F.E. sing, beating time on one's knees
páixièwù 排泄物 N. excrement
pàixìng 派性 N. factionalism
pāi xiōngpú 拍胸脯 V.O. <*coll.*> vouch for
pàixìzhīzhēng 派系之争[-爭] N. factional disputes
páixù 排序 V.O. sort; sequence; order; collate ♦N. sequencing; sorting; ordering; ranking
páixuan 排揎 V. <*topo.*> ① blame/scold sb. ② bid sb. to do sth.; instruct; give advice
páixù chéngxù 排序程序 N. collator; collate program
páixuè 俳谑 N. joke; witticism
páixuějī 排雪机 N. snow plow M: [3]*liàng*
páixùjī 排序机 N. <*comp.*> sequencer
páixù yǔjù 排序语句 N. <*lg.*> an ordering statement
páiyà 排轧 V. squeeze out (one's counterpart); jostle against one another (within the same circles)
páiyān 排烟[-煙] V.O. eject/discharge smoke
páiyǎn* 排演 V. rehearse
páiyǎnběn 排演本 N. rehearsal script of a play M: [1]*běn*
páiyǎnchǎng 排演场[-場] P.W. place for rehearsal M: [4]*zuò*
páiyǐ 排椅 N. seats in a row M: [1]*pái*
páiyì* 牌艺[-藝] N. card-playing skill/technique
pāiyīn 拍音 N. pulsation; beating
páiyìn* 排印 V. typeset and print
pài yòngchǎng 派用场[-場] V.O. ① make specific use of sth. ② assign work ③ put to use; turn to account
pāiyǒu 拍友 N. photographer; cameraman M: [2]*wèi*
páiyōu* 俳优[-優] N. <*trad.*> ① variety artist/actor ② variety show; vaudeville
páiyōujiěnàn 排忧解难[-憂-難] F.E. get rid of worries and overcome difficulties
páiyóuzi 牌油子 N. <*coll.*> mahjongg fan M: [2]*wèi*
pàiyuán 派员 V.O. send a staffer/officer
páiyùn 排运[-運] N. rafting ♦V. convey by raft
páiyùngōng 排运工[-運-] N. raftsman M: [2]*wèi*
páiyǔ shèbèi 排雨设备[-備] N. rain-proof equipment
páizai 排在 V.P. be ranked at
páizhālú 排渣炉[-爐] N. slag-tap furnace M: [4]*zuò*
pāizhǎng 拍掌 V.O. clap hands; applaud
páizhāng 牌张 N. mahjongg tile; poker card
páizhǎng* 排长 N. platoon leader M: [2]*wèi*
pàizhàng 派仗 N. <*PRC*> factional wars M: [2]*chǎng*
pāizhào* 拍照 V.O. take (a picture); shoot (a film)
páizhào 牌照 N. license plate/tag M: [2]*kuài*
pāi zhàopiàn 拍照片 V.O. take a picture
páizhàoshuì 牌照税 N. license tax
páizhèn 排阵 V.O. deploy troops
páizhèng 牌证[-證] N. license and certificate M: [1]*zhāng*
pái zhènshì 排阵势[-勢] V.O. arrange/display a battle formation
páizhì 排置 V. put in good order
pāizhǐbù 拍纸簿 N. writing pad M: [1]*běn*
[1]páizhōng 排钟[-鐘] N. <*mus.*> chimes
[2]páizhōng 排中 N. <*lg.*> excluded middle
páizhōnglǜ 排中律 N. <*log./lg.*> law of excluded middle
pàizhù 派驻 V. ① accredit; dispatch to a post ② post; station
páizhuō 牌桌 N. card/mahjongg table M: [1]*zhāng*
pāizhuōdǎdèng 拍桌打凳 F.E. strike the table and the stool
pāi zhuōzi 拍桌子 V.O. strike the table
pàizhùsuǒ 派驻所 P.W. branch office
pāizi 拍子 N. ①<*sport*> paddle; racket ②swatter ③ <*mus.*> beat; time
páizi* 牌子 N. ①plaque; sign; tag; label ②brand; trademark M: [2]*kuài* ③ <*mus.*> tune ④ person's reputation
páizì 排字 V.O. ① compose; typeset ② form words/figures with colored cardboards held in the hands of persons seated/standing in rows
páizichē 排子车 N. large hand-cart M: [3]*liàn*
páizìfáng 排字房 P.W. composition room (in a printing shop) M: [1]*jiān*
páizìgōng 排字工 N. typesetter; compositor M: [2]*wèi*
páizì gōngrén 排字工人 N. typesetter; compositor M: [2]*wèi*
páizìjī 排字机 N. linotype M: [1]*tái*
páizìjià 排字架 N. composing frame
páizi lǎo 牌子老 V.P. trademark is well established
páiziqǔ 牌子曲 N. musical folk storytelling
pái zuòyè shíjiānbiǎo 排作业时间表[--業時--] V.P. draw up a job schedule
pājī 啪唧 ON. sound of pattering

pájī* 扒鸡[-雞] N. braised chicken M: [2]*zhī*
pājià 趴架 V.O. collapse (of houses); topple down
pà jiànrén 怕见人 V.P. be afraid of seeing people; be bashful
Pàjīnsēnshì zōnghézhèng 帕金森氏综合症 N. <*med.*> Parkinson's disease
pákāi 扒开[-開] R.V. pull down *See also* [1]*bākāi*
pàkǔpàlèi 怕苦怕累 F.E. fear hardships and fatigue
pāla 趴拉 V. <*coll.*> ① scoop; shovel ② eat; stuff
[1]**pālā*** 啪啦 ON. c-r-a-sh!
[2]**pālā** 啪喇 N. <*coll.*> muffled/cracked/dull sound
pála 爬拉 V. <*coll.*> scoop; shovel
pāla jǐ kǒu fàn 趴拉几口饭 V.P. <*coll./topo.*> shovel in a few mouthfuls of rice; eat hurriedly
pála liǎng kǒu fàn 扒拉两口饭 *See pāla jǐ kǒu fàn*
pà lǎopo 怕老婆 V.O./S.V. be henpecked
pàlěng 怕冷 V.O./S.V. mind cold weather; dread cold
[1]**pálí** 耙犁 N. <*topo.*> snow boat; sledge
[2]**pálí** 扒/爬犁 N. ①paddy-field harrow ②sledge; sleigh
pálou 扒搂/喽[-摟/嘍] V. <*topo.*> ① rake together with the hands/tools ② shovel rice/etc. from bowl to mouth with chopsticks
pálu 扒噜 N. road ripper/raker M: [3]*liàng*
pálùjī 耙路机 N. road ripper; raker
páluó 爬罗[-羅] V. seek and gather; collect
páluótījué 爬罗剔抉[-羅--] F.E. ① collect and select ② exploit thoroughly
Pàmǐ'ěr 帕米尔 N. Pamirs
pān 攀/扳 V. ① climb; clamber ② seek connections in high places ③involve; implicate *See also* [4]*bān*
[1]**Pān** 潘 N. Surname
[2]**Pān** 番 in *Pānyú See also* [2]*fān*, [5]*fān*
[1]**pán*** 盘[盤] N. ① tray; plate; dish ② market quotation; current price ③ Surname ♦M. ① *for coils/dishes/etc.* ② <*sport*> game; set ♦V. ① coil; wind; twist ② build (a stove/etc.) ③ check; examine ④ transfer (ownership of a shop) ⑤ carry; transport
[2]**pán** 爿 N. <*topo.*> slit bamboo or chopped wood ♦M. *for shop/field/etc.*
[3]**pán** 胖 B.F. comfortable; contented *xīnkuāntǐpán See also pàng*
[4]**pán** 槃 B.F. wooden tray *pányí*
[5]**pán** 磐 B.F. large stone [2]*pánbó*, *niánpán*
[6]**pán** 蟠 B.F. winding; coiled *pánrào*, *qūpán*
[7]**pán** 蹒[蹣] B.F. limp [1]*pánshān*
[8]**pán** 媻 in [3]*pánshān*
[9]**pán** 般 in *miànpán See also* [3]*bān*, [9]*bō*
[1]**pàn** 盼 V. ① hope/long for; expect ② look
[2]**pàn** 畔 B.F. ① side; bank *hépàn* ② border of a field; boundary between fields *ràngpàn*
[3]**pàn** 判 B.F. distinguish; discriminate *pànbié* ♦V. ① judge; decide ② sentence; condemn ♦ADV. disparate; separate; obviously different *Tā qián-hòu ~ruòliǎngrén.* He's different from what he used to be.
[4]**pàn** 叛 B.F. betray; rebel; revolt *pànzéi*
[5]**pàn(r)** 襻/袢(儿)[-/-(兒)] N. ① loops for fastening buttons ② sth. shaped like a button loop ♦V. fasten with a rope/etc.
[6]**pàn** 拚 B.F. abandon and ignore *pànqì*, *pànqù* *See also* [1]*pīn*
[7]**pàn** 泮 B.F. ① floodwaters *pànhàn* ② <*trad.*> school *rùpàn*
[8]**pàn** 柈 in *mùpànzi See also* [8]*bàn*
[1]**pàn'àn** 判案 V.O. judge a case/lawsuit
[2]**pàn'àn** 畔岸 N. limits; boundary ♦V.P. self-indulgent
pān'ānshàngmǎ 攀鞍上马 V.P. mount a horse
pānbǐ 攀比 V. ① make invidious comparisons ② emulate others
pànbiàn 叛变[-變] V. turn traitor; defect
pànbié 判别 V. differentiate; distinguish
pànbiéshì 判别式 N. <*math.*> discriminant
pànbīng 叛兵 N. mutinous soldiers M: [2]*huǒ*/[1]*qún*
pánbō* 盘剥[盤-] V. practice usury
[1]**pánbó** 盘驳[盤-] V. interrogate and refute
[2]**pánbó** 盘/磐礴[盤-] V.P. vast; extensive; imposing; great
pánbōqǔlì 盘剥取利[盤-] F.E. be a Shylock; exploit
pānbushàng 攀不上 R.V. unable to make friends or claim ties of kinship with sb. of a higher social position
páncái* 槃才 N. a person of great talent M: [2]*wèi*
pàncái 拚财 V.O. make rash speculations
páncān 盘餐[盤-] N. dishes of food
pánchá 盘查[盤-] V. interrogate and examine
pānchán 攀缠[-纏] V. ① intertwine ② wind around ③ hang on persistently
pánchan* 盘缠[盤纏] N. <*coll.*> travel expenses; fare
pānchě 攀扯 V. implicate (sb. in a crime/etc.)
pánchèng 盘秤[盤-] N. steelyard with pan M: [1]*tái*
pànchén-zéizǐ 叛臣贼子 N. be traitors to the country
pánchīwén 蟠螭纹 N. carved patterns of sinuous dragons/lizards (esp.on pillars/bronzes)
pànchú 拚除 R.V. reject; abandon
pànchǔ* 判处[-處] V. sentence; condemn
pánchuān 盘川[盤-] N. <*topo.*> traveling expenses/money
pàncí 判词 N. court verdict
páncún 盘存[盤-] V. take inventory
páncún sǔnshī 盘存损失[盤-] N. a loss from inventory
páncún zhéjiù 盘存折旧[盤-舊] N. depreciation inventory
[1]**páncuò** 盘错[盤-] V.P. <*wr.*> ① intertwined ② complicated
[2]**páncuò** 槃错 N. embarrassment
pāndà 攀大 V. grow older
pàndǎng 叛党[-黨] V.O. betray the Party
pàndǎngpànguó 叛党叛国[-黨-國] F.E. betray the Party and the country
pándào* 盘道[盤-] N. winding mountain paths; bends M: [1]*tiáo*
pàndǎo 盼祷[-禱] V. <*wr.*> hope
pāndēng 攀登 V. climb; clamber; scale
pāndēngjià 攀登架 N. jungle gym
pándǐ* 盘底[盤-] V.O. get to bottom of sth.
pàndí 叛敌[-敵] N. persons who go over to the enemy
pándiǎn* 盘点[盤點] V. check; inventory
pándiàn 盘店[盤-] V.O. transfer ownership of a shop
pándiǎn cúnhuò 盘点存货[盤點-] V.O. take stock
pàndìng 判定 N. judge; determine
[1]**pàndú** 判读[-讀] V. ①interpret ②comprehend visual messages ♦N. interpretation
[2]**pàndú** 判牍[-牘] N. document containing a judge's verdict M: [1]*zhāng*
pànduàn 判断[-斷] V. judge; determine ♦N. judgment; predication
pànduàncí 判断词[-斷-] N. <*lg.*> copula; linking verb, including [1]**shì** 'to be'
pànduàn dòngcí 判断动词[-斷動-] N. <*lg.*> verb of judgment
pànduànjù 判断句[-斷-] N. equative/copulative sentence
pànduànlì 判断力[-斷-] N. judgment
pándùnzi 盘囤子[盤-] N. reed container for storing grain/etc. M: [4]*zuò*
pànfá 判罚 V. ①penalize ②<*sport*> determine penalty for a foul
pánfei 盘费[盤-] N. <*coll.*> traveling expenses
pànfěi* 叛匪 N. bandit rebel M: [2]*huǒ*/*qún*
pānfù* 攀附 V. ① attach oneself to sb. powerful ② climb (of an attached plant)
pànfù 盼复[-復] F.E. I await your reply.
[1]**pāng** 膀 V. swell *See also* [3]*bǎng*, [3]*páng*
[2]**pāng** 乓 ON. Bang! ♦in *Pīngpāng*
[3]**pāng** 滂 B.F. large amount of water *pāngtuó*
[4]**pāng** 雱 in [2]*pāngpèi*
[1]**páng*** 旁 B.F. ① side *liǎngpáng* ② lateral part of a Chinese character *piānpáng* ③ other; else *pángrén See also* [7]*bàng*
[2]**páng** 庞[龐] B.F. ① very large *pángdà* ② face *liǎnpáng*
[3]**páng** 膀 in *pángguāng See also* [3]*bǎng*, [1]*pāng*
[4]**páng** 磅 in *pángbó See also* [5]*bàng*, [2]*bàng*
[5]**páng** 彷 in *pánghuáng*, *pángyáng See also* [4]*fǎng*
[6]**páng** 螃 in *pángxiè*
[7]**páng** 鳑[鰟] in *pángpí*
Páng 逄 N. Surname
[1]**pǎng** 耪 V. loosen soil with a hoe
[2]**pǎng** 嗙 B.F. brag *kāipǎng*
[3]**pǎng** 髈 B.F. thigh *típang See also* [3]*bǎng*
pàng 胖 S.V. fat; stout; plump *See also* [3]*pán*
pán gàngzi 盘杠子[盤-] V.O. exercise on a horizontal bar
pāngāo 攀高 R.V. ① climb up ② attach oneself to a bigwig
pān gāoménqīn 攀高门亲[-親] V.O. marry above one's station
pān gāozhī(r) 攀高枝(儿) V.O. ① attach oneself to a bigwig ② seek greener pastures
pángbái 旁白 N. an aside (in a play)
pángbǐ 旁笔[-筆] N. epilogue
pángbiān(r) 旁边(儿)[-邊-] N. side
pàngbìng 胖病 N. obesity
pāngbó 滂渤 V.P. turbulent (of moving water)
pángbó* 磅/旁礴/薄 S.V. ① boundless; majestic ② all-embracing; overwhelming ♦V. fill; permeate
pángcè 旁侧 ADV. beside
pángchàr 旁岔儿 N. ① branch from a main road ② extraneous occurrence ③ interruption; out-growth; offshoot (usu. undesirable) M: [1]*tiáo*
pángchū 旁出 N. ① branch (of a family) ② children born of a concubine
pángchù* 旁处[-處] N. elsewhere
pángcuò 庞错 V.P. disorderly; confused
pángdà 庞大 S.V. huge; immense
pàngdàhǎi 胖大海 N. <*Ch. med.*> the seed of boat-fruited sterculia M: [1]*kē*
páng de 旁的 N. something else; something else again.
pǎngdì 耪地 V.O. rake/hoe the soil
pàngduǎn 胖短 V.P. fat and short
pàngdūndūn 胖墩墩 R.F. short and stout; heavy-set
pàngdūnr 胖墩儿 N. <*coll.*> roly-poly
pàngěi 判给 V. award
pángèn 盘亘[盤-] V. <*wr.*> extend; stretch (of mountains)
pángēncuòjié 盘/槃根错节[盤-節] ID. ①complicated and difficult to deal with ②deep-rooted (of social forces)
pángēnjiūdǐ 盘根究底[盤-] F.E. probe to the heart of a matter
pángēnwèndǐ 盘根问底[盤-] F.E. ask in detail
pángguān 旁观[-觀] V. look on; be an onlooker
pángguāng 膀胱 N. urinary bladder
pángguāng'ái 膀胱癌 N. bladder cancer
pángguāng jiéshí 膀胱结石 N. bladder stone
pángguāngyán 膀胱炎 N. cystitis
pángguānzhě 旁观者[-觀-] N. onlooker; bystander; spectator M: [2]*wèi*
pángguānzhě qīng 旁观者清[-觀--] V.P. a spectator/onlooker sees most clearly
pànggūgū 胖鼓鼓 R.F. fat; plump; full; bulging
pánghuáng 彷徨//旁皇 V. ① pace back and forth ② hesitate; be indecisive
pánghuángqítú 彷徨歧途 F.E. hesitate at the crossroads
pànghūhū(r) 胖乎乎(儿) R.F. chubby; pudgy
pángjí 旁及 V.P. take up incidentally
pàngjiǎn 胖裥 N. pleat
pángjiàncèchū 旁见侧出 F.E. indirect portrayal
pángjiǎnqián 旁剪钳 N. side-cutting pliers M: [1]*bǎ*
pàngjiānr 螃尖儿 N. <*topo.*> male crab M: [2]*zhī*
pángla 旁拉 N. <*coll.*> nearby; close by

pángliǎn(r) 旁脸(儿) N. <coll.> the side of one's face M: [1]*zhāng*

pángliúyīn 旁流音 N. <lg.> lateral sound

pánglóu 旁楼[-樓] N. (building) wing

pánglòuyīn 旁漏音 N. <lg.> lateral

pánglù 旁路 N. <elec.> bypass M: [1]*tiáo*

pángluò 旁落 V. fall to others

pángméihàofà 庞眉皓发[-髮] F.E. bushy brows and white hair (of an aged man)

pángmén 旁门 N. side door

pángménzuǒdào 旁门左道 ID. heterodoxy

pángniè 旁孽 N. son borne by one's concubine

pāngòng 攀供 V. give false testimony to implicate sb.

pàngōng* 泮宫[-宮] N. <trad.> institution of higher learning

pāngpài 滂湃 V.P. roaring and rushing (of water)

pàngpàngdàdà 胖胖大大 R.F. <coll.> fat and big

pàngpàngr 胖胖儿 R.F. <coll.> fat

[1]**pāngpèi** 滂沛 V.P. ① surging; rushing (of water) ② torrential; pouring; pelting (of rain) ③ powerful; of great momentum

[2]**pāngpèi** 雱霈 V.P. hard; heavy of (rain)

pángpí 鳑鲏 N. <zoo.> bitterling (a fish)

pángqī 旁妻 N. concubine M: [2]*wèi*

pángqí* 螃蜞 N. <zoo.> amphibious/brackish-water crab M: [2]*zhī*

pángqiāocèjī 旁敲侧击[-擊] F.E. attack by innuendo

pángqiēyuán 旁切圆 N. <math.> escribed circle

pángqíjú 螃蜞菊 N. alligator weed/grass M: [2]*kē*

pángqiú 旁求 V. search everywhere for talent

pángr 旁儿 N. character components

pángrán 庞然 V.P. impressively big

pángrándàwù 庞然大物 F.E. colossus; giant

pángrén* 旁人 N. ①other people ②bystanders; onlookers; outsiders M: [2]*wèi*

pàngrén 胖人 N. fat people M: [2]*wèi*

pángruòwúrén 旁若无人 F.E. self-assured; supercilious

pàngshé 胖舌 N. swollen tongue M: [1]*tiáo*

pángshēng 旁生 N. <Budd.> domestic animals ♦V. grow sideways; put out runners

pángshì 旁视 V. look sideways

pángtīng 旁听[-聽] V. ① be a visitor at a class meeting/etc. ② audit a class

pángtīngshēng 旁听生[-聽-] N. auditor (student) M: [2]*wèi*

pángtīngxí 旁听席[-聽-] N. visitors' seats; public gallery

pángtōngguǎn 旁通管 N. <mach.> bypass pipe M: [2]*gēn*

pàngtóuyú 胖头鱼 N. <zoo.> bighead (fish); variegated carp M: [1]*tiáo*

pángtuánr 螃团儿[-團-] N. <topo.> female crab M: [2]*zhī*

pāngtuó 滂沱 V.P. ① torrential ② streaming (of tears)

pāngtuódàyǔ 滂沱大雨 F.E. rain in torrents

pāngtuórúzhù 滂沱如注 F.E. rain cats and dogs

Pángǔ* 盘古[盤-] N. <myth.> creator of the universe (like Purusa of India)

pàngù 盼顾[-顧] V. look around

pánguǎn 盘管[盤-] N. <mach.> coil (pipe) M: *juǎn*

pànguān* 判官 N. ①presiding judge ②<trad.> department chief ③ judge in Hades M: [2]*wèi*

pānguì 攀桂 V.O. <trad.> pass a civil-service examination

Pángǔ kāi tiān 盘古开天[盤-開-] ID. the beginning of the world; Pangu separates heaven and earth

pànguó 叛国[-國] V.O. betray one's country; commit treason

pànguócuànquán 叛国篡权[-國-權] F.E. betray the country and usurp power

pànguótóudí 叛国投敌[-國-敵] F.E. betray the country and go over to the enemy

pànguózuì 叛国罪[-國-] N. treason

pángǔwǔ 盘鼓舞[盤-] N. plate and drum dance

pàngwáwa 胖娃娃 N. a chubby child

pángwǔ 旁午/迕 V.P. <wr.> ① busy ② complicated ③ criss-cross ♦ADV. everywhere *See also bàngwǔ*

pángwù* 旁骛 V.P. <wr.> ①be inattentive ②be distracted by sth.

pángxì 旁系 N. blood relatives not in direct lineal line

pàngxiǎozi 胖小子 N. <coll.> healthy-looking child

pángxiě 旁写[-寫] V. devote peripheral attention to

pángxiè* 螃蟹 N. crab M: [2]*zhī*

pángxíng 旁行 V. travel far and wide ♦N. writing that goes from left to right.

pángxíngxiéshàng 旁行斜上 F.E. horizontal writing

pángxìqīn 旁系亲[-親] N. <law> relatives; collaterals M: [2]*wèi*

pángxì qīnshǔ 旁系亲属[-親屬] N. collateral relatives M: [2]*wèi*

pángxì xuèqīn 旁系血亲[-親] N. collateral relatives by blood M: [2]*wèi*

pángxùn 旁训 N. footnotes of scriptures/classics

pángyālì 旁压力[-壓-] N. lateral pressure

pángyǎn 旁衍 N. <wr.> extension

pāngyáng 滂洋 V.P. vast; extensive

pángyáng* 彷徉 V.P. unsettled; doubtful ♦V. roam about

pángyǐngr 旁影儿 N. side view; profile

pángzá 庞杂[-雜] S.V. ① disorderly; confused ② mixed; uneven (of quality)

pāngzé 滂泽[-澤] N. great kindness

pángzhèng 旁证[-證] N. circumstantial/collateral evidence

pángzhēngbóyǐn 旁征博引[-徵--] F.E. quote copiously from many sources

pángzhēngqūyǐn 旁征曲引[-徵--] F.E. quote widely/extensively

Pángzhēpǔyǔ 旁遮普语 N. Punjabi language

[1]**pángzhī** 旁支 N. collateral branch (of a family) M: [4]*zhī*

[2]**pángzhī** 旁枝 N. side branch (of a tree) M: [1]*tiáo*

pāngzhǒng 膀肿[-腫] S.V. swollen; bloated

pángzhù* 旁注[-註] N. side note; marginalia

pàngzhū 胖猪[-豬] N. ① fat pig ② <derog.> fatso M: [2]*zhī*

pángzhuǎn 旁转[-轉] N. <lg.> a *yīnshēngyùn* may become another *yīnshēngyùn*, and a *yángshēngyùn* may become another *yángshēngyùn*

pàngzi 胖子 N. fat person; fatty

pángzú 旁族 N. collateral family M: [4]*zhī*

pángzuò 旁坐 V. <trad.> involve one's relatives in a criminal offense

pànhàn 泮汗 V.P. expansive (said of flooding waters)

pánhù 盘互[盤-] V.P. entangle each other

pánhuán* 盘桓[盤-] V. <wr.> ① stay; linger ② wind round and round; spiral up or down ♦V.P. winding; coiling

pànhuàn 泮涣[-渙] V. dissolve (like floes)

pánhuáng 盘簧[盤-] N. <mach.> coil spring

pánhuánpiànkè 盘桓片刻[盤-] F.E. spend a little idle time

pánhuánshùrì 盘桓数日[盤-數-] F.E. stay/relax for a few days in a place

pānhuāzhéliǔ 攀花折柳 ID. lead a life of debauchery

pānhuāzhémù 攀花折木 F.E. break off flowers and branches

pánhuí 盘回[盤-] V. circle; spiral; twine; wind

[1]**pánhuò** 盘货[盤-] V.O. inventory; take stock

[2]**pánhuò** 盘获[盤獲] V. capture (robbers/booty) through interrogation and investigation

pànjiàng 叛将[-將] N. turncoat general M: [2]*wèi*

pānjiāo 攀交 V. attach oneself to a bigwig

[1]**pánjié** 盘诘[盤-] V. <wr.> cross-examine; question

[2]**pánjié** 盘结[盤-] V. ① intertwine ② coil; wind

pánjié jiānguǐ 盘诘奸宄[盤-] V.O. cross-examine bad elements

pànjìshìfù 盼既示复[-覆] F.E. hoping for your immediate reply

pánjiū 盘究[盤-] V. thoroughly investigate

pánjù* 盘/蟠踞/据[盤據] V. illegally/forcibly occupy; be entrenched

pànjù 判据[-據] N. <phy.> criterion

pánjuǎn 盘卷[盤-] V. coil; wind

pàn juànzi 判卷子 V.O. grade examination papers

pànjué 判决[-決] N./V. <law> court decision; judgment

pànjuélì 判决例[-決-] N. <law> precedent

pànjuéshū 判决书[-決書] N. <law> court verdict; written judgment M: [1]*fèn*/[1]*zhāng*

pànjūn 叛军 N. rebel/insurgent army/forces M: [4]*zhī*/[2]*huǒ*

pánjù yàojīn 盘踞要津[盤-] V.O. occupy an important/strategic place

pánkōng 盘空[盤-] V.O. circle/whirl in the air

pánkǒu 盘口[盤-] N. staked-out territory

pánkǒupíng 盘口瓶[盤-] N. <pottery> vase with a dish-shaped mouth M: [2]*zhī*

pánkù 盘库[盤-] V.O. inventory warehouse goods

pānlā 攀拉 V. implicate (sb. in a crime)

pànlài 盼睐 F.E. your favors/consideration

pánlè 般乐[-樂] N. <wr.> pleasure

pànlí 叛离[-離] V. betray; desert

pànlì* 判例 N. legal/judicial precedent

pānlián* 攀连 V. involve; implicate

pānliàn 攀恋[-戀] V. regret the resignation (of a popular superior/official/etc.)

pánliáng 盘量[盤-] V. mull over; ponder

pānlín 攀鳞 V.O. ride on the coattails of a brilliant master

pànlìng 判令 V. impose a verdict on (the accused party)

pānliú 攀留 V. detain (a guest)

pánlóng 蟠龙 N. a coiled dragon M: [1]*tiáo*

pānlóngfùfèng 攀龙附凤[-鳳] ID. play up to sb. with power

pānlóngfùjì 攀龙附骥 ID. ride on the coattails of a brilliant master

pánlóngpǐ 盘龙癖[盤-] N. gambling habit

pánlóngwòhǔ 盘龙卧虎[盤-臥-] ID. talented men still in concealment

pánlóngzhīpǐ 盘龙之癖[盤-] N. addiction to gambling

pānlú 攀鲈[-鱸] N. <zoo.> gourami M: [1]*tiáo*

pànluàn 叛乱[-亂] N. armed rebellion M: [2]*chǎng*

pànluàn fènzǐ 叛乱分子[-亂--] N. armed rebels

pánlùshēng 盘录声[盤錄聲] N. disk recording

pànmài 叛卖[-賣] V. betray; sell

pánmǎwāngōng 盘马弯弓[盤-彎-] ID. ①affect an impressive posture but take no action ②rattle the saber

pànmèi 判袂 V. separate; part (of friends)

pànmíng* 判明 R.V. distinguish; ascertain

pànmìng 拚命 V.O. <topo.> ① risk one's life ② make a desperate effort

pánmù 蟠木 N. a twisted tree M: [2]*kē*

pànmù* 盼慕 V. admire (a person)

pànnì 叛逆 V. rebel/revolt against ♦N. rebel M: [2]*wèi*

pànniàn 盼念 V. miss; long for

pánníxīlín 盘尼西林[盤-] N. <loan> penicillin M: [1]*piàn*/[4]*zhī*

pànnìzhě 叛逆者 N. rebel M: [2]*wèi*

pánnòng 盘弄[盤-] V. ① fiddle with; fondle ② tamper with ③ provoke

pānpá 攀爬 V. shin up; climb; clamber

pānpèi 攀配 V. marry up (to higher social level)

pánpiàn 盘片[盤-] N. disk M: [1]*piàn*

pánpōzhuǎnjìng 盘坡转径[盤-轉徑] F.E. go around the slopes and follow the narrow paths

pànqì 拚弃[-棄] V. reject; abandon

pànqiàn 盼倩 N. charming appearance

pānqiáng 攀墙[-牆] V.O. climb up a wall

pànqiè 盼切 V. crave; wish deeply

P

pānqīn* 攀亲[-親] V.O. ① claim kinship ② <topo.> arrange a match ③ establish friendly relations with other units/organizations
pānqín 攀禽 N. <zoo.> scansorial birds M: [2]zhī
pānqīndàogù 攀亲道故[-親--] F.E. claim ties of blood or friendship
pānqínlèi 攀禽类[-類] N. <zoo.> climbing birds
pánqiúwén 蟠虬纹[-虯-] N. dragon patterns on pillars/bronzes/etc.
[1]**pánqū*** 盘曲[盤-] V.P. winding; spiraling; coiling
[2]**pánqū** 蟠曲 V.P. ① twisted (of tree trunks) ② suppressed (of emotions)
[3]**pánqū** 蟠屈 A.T. sinuous; meandering ♦V. wrap oneself up in sth.
pànqù 拚去 R.V. reject; abandon
pānquè 攀雀 N. <zoo.> penduline tit M: [2]zhī
pánr* 盘儿[盤-] N. <coll.> ① face; looks; features; appearance ② tray; plate; dish
Pànr 判儿 *See Zhōng Kuí*
pànrán 判然 ADV. ① markedly ② obviously; clearly
pánrào 盘/蟠绕[盤繞] V. ① twine round; coil; wreathe ② fill (one's heart) with memories ③ fill (a room) with incense/smoke
pánrcài 盘儿菜[盤-] N. ready-cooked dish
pánrliàng 盘儿亮[盤-] F.E. <coll.> pretty face; good-looking; beautiful
pànruòhēibái 判若黑白 F.E. as different as black and white
pànruòhónggōu 判若鸿沟[-溝] ID. The distinction is very obvious.
pànruòliǎngrén 判若两人 F.E. become quite a different person
pànruòshuǐhuǒ 判若水火 ID. completely different
pànruòtiānyuān 判若天渊[-淵] F.E. as far apart as sky and sea
pànruòyúnní 判若云泥[--雲-] ID. poles apart
[1]**pánshān** 蹒/盘跚[盤-] V. limp; hobble
[2]**pánshān** 盘山[盤-] V.O. meander up a mountain
[3]**pánshān** 媻跚 V. walk haltingly; stroll slowly; limp
pánshān'érxíng 蹒跚而行 F.E. walk lamely; lurch along
pànshang 襻上 R.V. fasten with a rope/string/etc.
pānshēng 攀升 V. climb up; clamber upward
pánshí* 磐/盘石[盤-] N. huge rock; boulder M: [2]kuài
[1]**pànshì** 判释[-釋] N. interpretation
[2]**pànshì** 判事 V.O. judge a case
pánshízhī'ān 磐石之安 N. as stable and secure as a massive rock
pánshízhīgù 盘石之固[盤-] N. firm as bedrock
pànshū 判书[-書] N. <law> written arraignment; judgment; verdict M: [1]zhāng/[1]fèn
pànshuǐ 泮水 N. <trad.> a semicircular pool at an institution of higher learning
Pànsī* 判司 N. *See Zhōng Kuí*
pànsǐ 拚死 V. risk one's life
pàn sǐzuì 判死罪 V.O. sentence to death
pánsuan 盘算[盤-] V. calculate; figure; plan
pánsūn 盘飧[盤-] N. dishes; the food in a dish
pānsuǒ 攀索 N. <med.> stretching apparatus
pāntán 攀谈 V. ① chitchat ② strike up a conversation
pántáo* 蟠桃 N. ① flat peach ② peach of immortality M: [2]zhī
pàntáo 叛逃 V. betray and flee; defect
Pántáohuì 蟠桃会 N. festival held on 3rd day of the lunar month in honor of the Grand Old Lady of the West Heaven
pānténgfùgě 攀藤附葛 F.E. take hold of bushes and trees to pull oneself
pántī 盘梯[盤-] N. winding/spiral staircase M: [1]jià
pántiáo 盘条[盤條] N. wire rod M: [2]gēn
pántóu 盘头[盤-] N. ① coiled hair ② hair ornament ③ <trad.> turban ♦V.O. interrogate
pàntou(r)* 盼头(儿) N. hopes; good prospects *Zhè xià wǒmen kě yǒu ~ le.* We have some hope now.
pàntú 叛徒 N. traitor; renegade; turncoat M: [2]wèi
pántuǐ(r) 盘腿(儿)[盤-] V.O. sit in lotus posture
pántuó 盘陀[盤-] N. ① a saddle ② in full swing
pántuólù 盘驼路[盤-] N. <topo.> winding road; round-about road M: [1]tiáo
pàntú zhéxué 叛徒哲学 N. renegade philosophy
pànwàng 盼望 V. hope/long for; look forward to
pánwèn 盘问[盤-] V. cross-examine; interrogate
pánxī* 盘膝[盤-] V.O. cross one's legs
pànxī 判析 V. analyze and judge
pàn xiàbān de gùyuán 盼下班的雇员 N. clock watcher
pánxiàn 蟠线 V.O. <topo.> make a ball from yarn on two holders
pànxián* 叛嫌 N. <Cult. Rev.> person suspected of being a traitor
pánxiāng 盘香[盤-] N. incense coil
pànxiǎng* 盼想 V. hope
pánxíng 盘形[盤-] N. disk
pànxíng* 判刑 V.O. sentence
pàn xīngxing pàn yuèliang 盼星星盼月亮 ID. look forward with impatient expectancy
pánxuán 盘旋[盤-] V. ① spiral; circle; wheel ② linger; stay
pánxuánqūzhé 盘旋曲折[盤-] F.E. tortuous and spiraling
pánxué 盘茓[盤-] N. reed container for storing grain/etc.
pányā 盘鸭[盤-] N. woman's coiled hairdo
pányá* 盘/磐牙[盤-] N. molar M: [1]kē ♦V.O. ① entangle each other ② league together (as bandits)
pānyán 攀岩 V.O. climb or clamber up a rock wall
pányáng 盘羊[盤-] N. argali M: [2]zhī
pānyánzhě 攀岩者 N. rock-climber M: [2]wèi
pānyí* 攀移 V. climb
pányí 槃匜 N. basin; washing bowl
pányíng 盘盈[盤-] N. inventory profit
pányóu 般游 V. play unheedful of the time
pànyōu* 判优[-優] N. arbitration
pànyōufǎ 判优法[-優-] N. arbitration
pānyú 攀舆 V. surround the carriage of a departing virtuous magistrate to ask him to stay at his post
Pānyú 番禺 P.W. county in Guangdong
pányū 盘纡[盤-] V.P. winding; circuitous
pányù 盘郁[盤鬱] V.P. winding and enchanting (of scenic areas)
pànyǔ* 判语 N. <law> sentence; judgment delivered
pānyuán* 攀缘/援 V. ① climb; clamber ② <trad.> climb a social ladder through pull ③ <Budd.> be affected by one's environment
pànyuán 畔援 N. recalcitrance
pānyuánjīng 攀缘茎[-莖] N. clinging stem M: [2]gēn
pānyuánkòumǎ 攀辕扣马 F.E. <trad.> try to stop the departure of a popular official by stopping his carriage from leaving
pānyuánwòzhé 攀辕卧辙[--臥-] F.E. <trad.> try to stop the departure of a popular official by grasping the shafts of his carriage and lying down in the wheel ruts
pānyuánxiàngshàng 攀缘向上 F.E. climb
pānyuán zhíwù 攀援植物 N. <bot.> climber; climbing plant M: [2]kē
pānyuè* 攀越 V. clamber over; scale; surmount
pànyuē 畔约 V.O. <law> break a contract/obligation
pānyún 攀云[-雲] V.O. climb high
pányùn* 盘运[盤運] V. carry; transport; convey
pànzéi 叛贼 N. traitor (to one's country/family/etc.)
pānzhāi 攀摘 V. pick (from a tree/etc.)
pánzhàng 盘帐[盤-] V.O. check accounts
pānzhé 攀折 V. pull down and break off (twigs/etc.)
pànzhe* 盼着[-著] V.P. look forward
pánzhěng 盘整[盤-] V. check; make an inventory of
pānzhī 攀枝 V.O. climb a tree by grasping the branches
pánzhù 盘住[盤-] R.V. coil; wind; twist
pánzhuàng 盘状[盤狀] N. disk
pànzhǔn 判准[-準] N. <lg.> criterion
pánzhuō 盘桌[盤-] N. top table; tray table M: [1]zhāng
pánzi 盘子[盤-] N. tray; plate; dish
pànzuì 判罪 V.O. declare guilty; convict
pánzuò 盘坐[盤-] V. sit cross-legged
[1]**pāo** 抛[拋] V. ① throw; toss; fling ② leave behind; cast aside
[2]**pāo** 泡 M. *for urine/feces* ♦B.F. ① sth. puffy and soft ***yǎnpāo*** ② spongy; not solid ***pāohuò*** *See also* [2]pào
[3]**pāo** 脬 in ***suīpao***
[1]**páo** 袍 B.F. robe; gown ***chángpáo***
[2]**páo** 刨 V. ① excavate ② <coll.> exclude; not count *See also* [5]bào
[3]**páo** 炮 V. roast (Ch. med.) in a pan *See also* [5]bāo, [1]pào
[4]**páo** 跑 V. paw the earth *See also* pǎo
[5]**páo** 匏 B.F. gourd ***páoxì, rùnyǔpáo***
[6]**páo** 庖 B.F. kitchen ***[1]páochú, dàipáo***
[7]**páo** 咆 B.F. roar; howl ***páoxiào***
[8]**páo** 狍/麅 B.F. roe deer ***[2]páozi, xióngpáo***
pǎo* 跑 V. ① run ② run away; escape ③ <topo.> walk ④ run about doing sth. ⑤ be away/off ⑥ leak; escape ⑦ evaporate *See also* [4]páo
[1]**pào** 炮 N. ① cannon ② cannon chess piece ③ firecracker *See also* [5]bāo, [3]páo
[2]**pào** 泡 N. ① bubble ② blister ♦V. ① steep; soak; immerse ② dawdle; while away ***Bié ~ le, kuài diǎnr gàn ba.*** Stop dawdling and do the work. *See also* [2]pāo
[3]**pào** 疱[皰] N. blister
pàobā 泡疤 N. <topo.> blister
pǎobiàn 跑遍 R.V. go around; travel all over
pǎobiǎo 跑表 N. stopwatch M: [2]zhī
pǎobīng 跑冰 V.O. ice skate; skate on ice
pàobīng* 炮兵 N. artillery; artillerymen M: [2]wèi
pàobīng bùduì 炮兵部队[-隊] N. artillery units M: [4]zhī
pào bìnghào(r) 泡病号(儿)[--號-] V.O. goldbrick; goof off
pàobīnglián 炮兵连 N. <mil.> (artillery) battery
pàobīngtuán 炮兵团[-團] N. artillery regiment
pàobīng zhèndì 炮兵阵地 N. artillery position/emplacement
pǎobù 跑步 V.O. jog; march at/on the double; run
pǎobuchū 跑不出 R.V. cannot run out from
pǎobudiào 跑不掉 R.V. cannot run away
pǎobudòng 跑不动[-動] R.V. cannot run (lack the strength); be too tired to run
pǎobuliǎo 跑不了 R.V. cannot run away; be unlikely to run away
pǎobù zǒu 跑步走 V.P. double-time march
pàocài 泡菜 N. pickled vegetables
pǎo cáiliào 跑材料 V.O. run about collecting material or making inquiries
pāo cǎiqiú 抛彩球[拋-] V.O. <trad.> throw an embroidered ball in order to choose a husband
pàochá 泡茶 V.O. make tea
pǎochāi 跑差 V.O. run errands
pǎochángr 跑长儿 V.O. <coll.> run a long-distance race
pǎo chángtú 跑长途 V.O. run a long-distance race
pāochē 抛车[拋-] N. ballista M: [3]liàng
pǎochē* 跑车 N. ① racing bike ② sports car M: [3]liàng ③ trolley for conveying logs in a forest ♦V.O. ① be on the job (of train conductors) ② accidentally slide down (of trolleys for hoisting coal in a mine)
pàochē 炮车 N. gun carriage M: [3]liàng

pàochējià 炮车架 N. <*mil.*> gun carriage
pǎochéng 跑程 N. distance run
pǎochi 跑驰/哧 V. run errands; be on the run; hurry here and there
pàochong 炮铳 N. <*topo.*> firecracker M: [2]*zhī*
pāochū* 抛出[抛-] R.V. ① throw out; cast away ② sell short (esp. in stock market)
pāochú 抛除[抛-] R.V. cast aside
[1]**páochú** 庖厨[-廚] N. <*wr.*> kitchen M: [1]*jiān*
[2]**páochú** 刨除 R.V. ①deduct ②reduce ③exclude
pǎochū 跑出 R.V. run out
páo chūlai 刨出来 R.V. dig out; excavate
pǎo chūlai* 跑出来 R.V. run out
pàodǎdēngr 炮打灯儿[--燈-] N. <*topo.*> illuminant firecracker
páodài 庖代 V. <*wr.*> act in sb.'s place
pàodàn 炮弹 N. (artillery) shell M: [1]*kē*
pǎo dānbāng 跑单帮[-幫] V.O. <*coll.*> ① work as an itinerant trader ② smuggle goods on a small scale (by a single individual)
pǎodāo 跑刀 N. race skates
[1]**pǎodào(r)*** 跑道(儿) N. ① runway ② <*sport*> track M: [1]*tiáo* ♦V.O. ① beat the pavement ② run errands
[2]**pǎodào** 跑到 R.V. run to
pāo dào jiǔxiāoyúnwài 抛到九霄云外[抛---雲-] F.E. put entirely out of one's mind
páodì 刨地 V.O. dig the ground/field; hoe
pǎodiàn 跑电[-電] V.O. leak (of electricity)
páodiào 刨掉 R.V. minus; take away; diminish
[1]**pǎodiào*** 跑掉 R.V. slink/run away; escape
[2]**pǎodiào(r)** 跑调(儿) V.O. <*coll.*> be out-of-tune (singing)
pàodǐjià 炮底架 N. chassis
páodīng* 庖丁 N. cook M: [2]*wèi*
páodǐng 庖鼎 N. a capable minister
páodīngjiěniú 庖丁解牛 ID. skilled and magical craftsmanship
pǎo díqíng 跑敌情[-敵-] V.O. <*coll.*> scout the enemy's situation
pǎodù(zi) 跑肚(子) V.O. <*coll.*> have diarrhea
pàoduì 炮队[-隊] N. artillery forces M: [4]*zhī*
pāoduǒ 抛躲[抛-] V. abandon (a lover)
pàoduò* 炮垛 N. barbette; gun platform
pāo'érqìnǚ 抛儿弃女[抛-棄-] V.P. forsake one's children
pǎofá 跑乏 V.P. get tired from running
pǎofǎn 跑反 V. <*topo.*> flee war/gangsters
pàofàn* 泡饭 N. thick gruel (from reboiled rice) ♦V.O. soak cooked rice in liquid
pàofǎnzuòlì 炮反座力 N. gun reaction/recoil
pāofèi 抛费[抛-] V. ① spend extravagantly ② <*topo.*> spoil; waste; ruin
pàofèishí 泡沸石 N. <*min.*> zeolite M: [2]*kuài*
páofēn(r) 刨分(儿) V.O. reduce (points/etc.)
pàofú 泡服 V. <*Ch. med.*> take after infusion in hot water or decoction
Páogē* 袍哥 N. member of a Sichuan secret society (pre-1949) M: [2]*wèi*
páogé 炮格 N. <*trad.*> a kind of cruel punishment
Páogēhuì 袍哥会 N. Sichuan secret society (pre-1949)
pāogěi 抛给[抛-] V. toss to
páogēn(r) 刨根(儿) V.O. get to the bottom of sth.
páogēnjiūdǐ 刨根究底 F.E. get to the bottom of sth.
páogēnwèndǐ 刨根问底 F.E. get to the bottom of sth.
pāogēqìjiǎ 抛戈弃甲[抛-棄-] F.E. be routed
pāogōng 抛弓[抛-] V.O. ricochet
pǎogǒu 跑狗 N. dog race
páoguā 匏瓜 N. gourd M: [2]*zhī*
páoguà* 袍褂 N. <*trad.*> long gown topped off with a jacket M: [2]*jiàn*
pǎoguàn 跑惯 R.V. be used to running
pàoguǎn* 炮管 N. gun barrel M: [2]*gēn*
pāoguāng* 抛光[抛-] R.V. polish; buff
pǎoguāng 跑光 V.O. <*photo.*> be exposed to light accidentally ♦R.V. all run away *See also pǎojìng*
pāoguānggāo 抛光膏[抛-] N. polishing ointment
pāoguāngjì 抛光剂[抛-劑] N. polishing compound; polish
pǎoguò 跑过 R.V. run past
pǎo guòlai 跑过来 R.V. run over (here)
pǎo guòqu 跑过去 R.V. run to
pǎo hànchuán 跑旱船 N. a folk dance
pǎo hér 跑合儿 V.O. <*topo.*> be a go-between; act as a go-between in a business deal
pàohōng 炮轰[-轟] V. bombard; shell ♦N. concentrated verbal attacks
páohù 袍笏 N. <*trad.*> official robe and tablet, formal dress in audience with the emperor
pàohuàn 泡幻 N. pure/mere illusion
pāohuāng 抛荒[抛-] R.V. ① lie idle ② become rusty from disuse
páohùdēngchǎng 袍笏登场[-場] F.E. <*derog.*> ① dress up and go on stage (of an official or a political puppet taking office) ② establish a bogus government and claim legality
pàohuī 炮灰 N. cannon fodder
pāohuò 泡货 N. <*coll.*> ①deceptively packaged merchandise ②large-size goods of small weight or contents
pàohuǒ* 炮火 N. artillery fire
pàohuǒliántiān 炮火连天 F.E. heavy gunfire
pàohuǒyǎnhù 炮火掩护[-護] F.E. <*mil.*> fire cover
pàohuǒ zhīyuán 炮火支援 N. artillery support
pàojī 炮击[-擊] V. bombard; shell
pàojià 炮架 N. gun carriage/mount
pàojiàn 炮舰[-艦] N. gunboat M: [1]*sōu*/[1]*tiáo*
páojiāng 炮姜 N. baked ginger
pǎo jiānghú 跑江湖 V.O. make living as an itinerant acrobat/fortune-teller/etc.
pàojiàn wàijiāo 炮舰外交[-艦--] N. gunboat diplomacy
pàojiàn zhèngcè 炮舰政策[-艦--] N. gunboat policy
pǎojiē 跑街 V.O. pound the pavement for a business concern ♦N. employee who pounds the pavement
pǎojìng 跑净[-淨] R.V. run away completely (of a group of people/animals/etc.)
pǎo jǐngbào 跑警报[-報] V.O. seek shelter in an air raid
pǎojìnpǎochū 跑进跑出[-進--] V.P. bustle in and out
páojiǔ 炮炙 N. process crude drugs by roasting and boiling
pāokāi* 抛开[抛開] R.V. ① disregard; not worry about ② throw away/aside
pǎokāi 跑开[-開] R.V. ① run away from ② get out of the way
pàokāi 泡开[-開] R.V. steep; soak
pàokē 炮科 N. artillery
páokēng 刨坑 V.O. dig a pit/hole
pāokōng 抛空[抛-] V.O. sell short (in the stock market)
pàokǒu 炮口 N. gun muzzle
pǎo Kǒuwài de 跑口外的 N. <*topo.*> traders who go north of the Great Wall
pàokǒuyàn 炮口焰 N. muzzle flash
pǎolái 跑来 R.V. run over
pāoláipāoqù 抛来抛去[抛-抛-] V.P. shuttlecock
pǎoláipǎoqù* 跑来跑去 V.P. run back and forth
pàolàn 泡烂[-爛] R.V. become soft/rotten from waterlogging
pǎolěi 跑垒[-壘] N. base running (in baseball)
pàolěi* 炮垒[-壘] N. fort; fortress M: [4]*zuò*
pǎolěiyuán 跑垒员[-壘-] N. <*sport*> base runner M: [2]*wèi*
pāolí 抛离[抛離] V. forsake; desert; quit
páoliàn 炮炼[-煉] V. distill (medicine) by heat
pǎo lóngtào 跑龙套 V.O. play a bit role
pàolóu 炮楼[-樓] N. blockhouse M: [4]*zuò*
pǎolù 跑路 V.O. travel on foot
páoluò 炮烙 N. <*trad.*> branding-like torture; torture by fire
páoluòzhīxíng 炮烙之刑 N. <*trad.*> punishment in which a prisoner walks on a slippery metal beam kept hot by coal underneath
pǎomǎ 跑马 V.O. ① ride a horse ② go swiftly on horseback ③ have an involuntary emission of semen ♦N. horse race M: [2]*chǎng*
pǎomǎbiǎo 跑马表 N. stopwatch M: [2]*zhī*/[2]*kuài*
pǎomǎchǎng 跑马场[--場] P.W. racecourse M: [4]*zuò*
pǎomǎguānhuā 跑马观花[--觀-] ID. view flowers from horseback; take a cursory look *See also zǒumǎguānhuā*
pǎo mǎimai 跑买卖[-買賣] V.O. ① chase after business ② be a commercial traveler
pǎomǎmàixiè 跑马卖解[--賣-] F.E. make money by doing tricks with horses
pāomáo 抛锚[抛-] V.O. ① drop/cast anchor ② break down (of vehicles)
pǎomàodīlòu 跑冒滴漏 F.E. a slow drain on funds
pǎo mǎtou 跑码头 V.O. do business traveling from city to city
páoméijī 刨煤机 N. coal plow M: [2]*bù*
pǎomiàn 跑面 V.O. ① have roving charge of an entire area at the grass-roots level (of a cadre sent from a high government organ) ② inspect every basic unit and supervise the overall work
pàomiàn* 泡面[-麵] N. a kind of instant noodles
pàomò 泡沫 N. foam; froth; bubble
pàomò bōli 泡沫玻璃 N. foam glass M: [2]*kuài*
pào mógu 泡磨菇 V.O. <*coll.*> ① dawdle; loiter ② dally with women ③ make a nuisance of oneself; pester
pàomòjì 泡沫剂[-劑] N. foam agent (for making foam concrete)
pàomò jīngjì 泡沫经济[-經濟] N. bubble economy
pàomò mièhuǒjī 泡沫灭火机[--滅--] N. foam extinguisher
pàomò mièhuǒqì 泡沫灭火器[--滅--] N. styrofoam fire extinguisher
pàomò pòliè 泡沫破裂 V.P. bubble burst
pàomò sùliào 泡沫塑料 N. foam plastics M: [2]*kuài*
pàomò xiàngjiāo 泡沫橡胶[--膠] N. foam rubber M: [2]*kuài*
pàomòyù 泡沫浴 N. bubble bath
pàoniǎn(r) 炮捻(儿) N. fuse (of firecracker/etc.) M: [2]*gēn*
pàoniū 泡妞 <*coll.*> V.O. flirt with girls; chase girls
pāopán 抛盘[抛盤] V.O. buy/sell futures (in the stock market)
pàopào 泡泡 N. <*bot.*/*loan*> papaw
pǎopaodiāndiān 跑跑颠颠 R.F. bustle about; be on the go
pàopàoguǒ 泡泡果 N. <*bot.*/*loan*> papaw M: [2]*zhī*/[2]*kē*/*ge*
pàopào kǒuxiāngtáng 泡泡口香糖 N. bubble gum M: [1]*tiáo*/[2]*kuài*
pàopaoshā 泡泡纱 N. <*txtl.*> seersucker M: [1]*pǐ*
pàopàotáng 泡泡糖 N. chewing gum M: [1]*tiáo*/[2]*kuài*
pǎopǎotiàotiào 跑跑跳跳 R.F. skip along
pǎopiàn 跑片 V.O. go out to examine/investigate sth.
pāopiē 抛撇[抛-] V. abandon; throw away
pǎopō 跑坡 V.O. slide down a (mountain) slope
pāoqì* 抛弃[抛棄] V. abandon; forsake; cast aside
pǎoqì 跑气[-氣] V.O. leak air
pàoqiān 炮钎 N. rock drill M: [2]*gēn*
pǎoqiánpǎohòu 跑前跑后[-後] V.P. be busy
pàoqiánshēn 炮前身 A.T. chase
pǎoqīng 跑青 V.O. <*topo.*> graze
pǎo qíngkuàng 跑情况[-況] V.O. run about gathering information
páoqù* 刨去 R.V. <*coll.*> take away; remove
pǎoqù 跑去 R.V. run to
pāoquè 抛却[抛卻] V. discard

P

páorén 庖人 N. cook M: [2]wèi
pāoréng 抛仍[抛-] V. toss
pāosǎ 抛洒[抛灑] V. ① drip ② shed
pāoshǎn 抛闪[抛-] V. abandon
pǎoshāng 跑墒 N. <agr.> evaporation of water in soil
pǎoshàng 跑上 R.V. ① run upward ② <coll.> go (on an errand trip/etc.)
pàoshàng* 泡上 R.V. steep; soak
pāoshě 抛舍[抛捨] V. abandon
pāoshè* 抛射[抛-] V. project; catapult; launch
pàoshēn 炮身 N. gun barrel M: [4]zuò
pàoshēng 炮声[-聲] N. sound of cannonade/artillery
pàoshēnglónglóng 炮声隆隆[-聲--] F.E. boom/roar of guns
pāo shēng'ǒu 抛生耦[抛-] V.O. entice an inexperienced man
pǎo shēngyi 跑生意 V.O. chase after business
pāoshètǐ 抛射体[抛-體] N. <phy.> projectile
pāoshí 抛石[抛-] N. rock rip-rap
pàoshī* 泡湿[-濕] R.V. wet sth. by plunging it into water
pàoshì 炮室 P.W. gunhouse
pāoshòu* 抛售[抛-] V. undersell; dump
pàoshǒu 炮手 N. gunner; artilleryman M: [2]wèi
pàoshuān 炮栓 N. (gun) breechblock M: [2]gēn
pàoshuǐ 泡水 V.O. ① soak in water ② infuse
páoshù yào xúngēn 刨树要寻根[-樹-尋-] ID. inquire into the root of the matter
pǎosù 跑速 N. running speed
pǎosuān 跑酸 R.V. ache (from running/etc.)
pāosuō 抛梭[抛-] V.O. <sport> throw the shuttle
pāosuōyǐnxiàn 抛梭引线[抛-] F.E. act as a middleman
pàotǎ 炮塔 N. gun turret M: [4]zuò
pàotái 炮台[-臺] N. fort; battery M: [4]zuò
pǎotáishíyàn 跑台实验[-臺實-] N. treadmill test
pǎo táizi 跑台子[-檯-] V.O. steal money from the counter of a shop/bank during business hours
pǎotáng(r) 跑堂(儿) V.O. be a waiter/waitress; wait on tables ♦N. waiter/waitress
pàotāng(r)* 泡汤(儿)[-湯-] V.O. ① <topo.> come to nothing; fall flat/through ② soak in water ③ dawdle; dilly-dally
pàotáng 炮膛 N. bore (of a gun)
pǎotáng(r) de 跑堂(儿)的 N. <trad.> (restaurant) waiter M: [2]wèi
pàoténg 泡腾 N. effervescence
pǎotí 跑题 V.O. be off subject
pǎotiào 跑跳 V. run and jump
pàotǐng 炮艇 N. gunboat M: [1]sōu
pǎotīng de 跑厅的[-廳-] N. servant in a brothel M: [2]wèi
pāotǐ yùndòng 抛体运动[抛體運動] N. projectile movement
pàotóng 泡桐 N. <bot.> paulownia M: [2]kē
pàotǒng* 炮筒 N. barrel (of a gun/cannon)
pàotǒngshì juéjìnjī 炮筒式掘进机[----進-] N. boom-type tunneler M: [2]bù
pàotǒngzi 炮筒子 N. blatherer M: [2]wèi/ge
pāotóulùmiàn 抛头露面[抛-] F.E. ① flaunt oneself in public ② <trad.> show oneself in public (of a woman)
pǎotuǐ(r) 跑腿(儿) <coll.> V.O. run errands; do legwork ♦N. footman; messenger M: [2]wèi
pǎotuǐqián 跑腿钱[-錢] N. <coll.> tip for running an errand, etc.
pǎotuǐzi 跑腿子 N. <topo.> bachelor M: [2]wèi
pāotuó 抛堶[抛-] N. <trad.> game consisting of throwing bricks
páowā 刨挖 V. dig; excavate
pǎowài 跑外 V.O. ① pound the pavement for business ② act as a traveling agent/salesman
pǎowán quánchéng 跑完全程 V.O. finish the full distance
[1]**pǎowèi(r)** 跑味(儿) V.O. lose flavor; go flat
[2]**pǎowèi** 跑位 N. <sport> positioning
pàowěi 炮尾 N. gun breech
pàowèi* 炮位 N. emplacement (of guns)
pāowù 抛物[抛-] ATTR. parabolic
pāowùmiàn 抛物面[抛-] N. paraboloid
pāowù-pán tiānxiàn 抛物盘天线[抛-盤--] N. parabolic-dish antenna
pāowùxiàn 抛物线[抛-] N. <math.> parabola M: [2]gēn
pāowùxiànxíng 抛物线形[抛-] ATTR. parabola
pāowùxiàn yùndòng 抛物线运动[抛-運動] N. motion in a parabolic curve
páoxì 匏系[-繫] N. ① a hanging gourd ② an unemployed person
pāoxià* 抛下[抛-] R.V. ① throw; toss; fling ② leave behind; cast aside
pǎoxià 跑下 R.V. run downward (off a hill/stairs/etc.)
pāoxiàng 抛向[抛-] V. throw to; toss toward
páoxiào 咆哮 V. ① roar; thunder ② bluster (of wind/waves/etc.) ③ rage (of a person)
páoxiào qǐlai 咆哮起来 R.V. roar; thunder
páoxiàorúléi 咆哮如雷 F.E. roar with rage
páoxiàoshuō 咆哮说 N. <lg.> bow-wow theory
pāoxiǎoyǐndà 抛小引大[抛-] F.E. throw out a minnow to catch a whale
pǎoxié 跑鞋 N. running/track shoes M: [1]shuāng
pǎo xīnwén 跑新闻 V.O. <coll.> run around to gather news (of a reporter)
pāo xiùqiú 抛绣球[抛繡-] V.O. <trad.> ① throw an embroidered ball ② choose a husband
pàoxuán 泡漩 N. whirlpool
pàoxué 炮学 N. science of artillery
pàoyǎn 炮眼 N. ① porthole; embrasure ② blast-hole; borehole
pàoyángbìng 泡疡病[-瘍-] N. blister canker
pàoyī 炮衣 N. gun cover
pàoyǐng 泡影 N. visionary hope; bubble
pàoyǐngmènghuàn 泡影梦幻[--夢-] F.E. like a vanishing dream
pǎo yuánchǎng 跑圆场[-場] V.O. <thea.> circle the stage simulating a long walk
pào zài yīkuàiduīr 泡在一块堆儿[---塊--] V.P. <topo.> form a cabal; collude together
pào zài yīkuàir 泡在一块儿[---塊-] V.P. <topo.> form a cabal; collude together
pàozǎo 泡澡 V.O. soak in the bath
páozé 袍泽[-澤] N. <wr.> fellow officers; comrades in arms
pǎozéi 跑贼 V.O. <topo.> flee bandits
páozétóngliáo 袍泽同僚[-澤--] F.E. fellow officers/soldiers
páozézhīyì 袍泽之谊[-澤--] N. fellow soldiers; comrades in arms
pàozhàn 炮战[-戰] N. artillery action/engagement M: [2]chǎng
páozhàng 袍仗 N. military dress and arms
pǎozhàng 跑帐 V.O. run around collecting debts (of a shop assistant)
pàozhang* 炮仗 N. firecracker M: [1]guà
pàozhàng 泡涨 R.V. become swollen in water
pǎozhàngde 跑帐的 N. debt collector M: [2]wèi
pàozhàngdù 泡胀度 N. degree of swelling
páozhào(r) 袍罩(儿) N. long gown worn over a robe M: [2]jiàn
pǎozhé 跑辙 V.O. <topo.> digress from the subject
pàozhěn 疱疹[皰-] N. ① small blister ② herpes
pàozhèndì 炮阵地 N. artillery position
pāozhì 抛掷[抛擲] V. ① throw; cast ② throw away; abandon
páozhì* 炮制/炙[-製] V. ① concoct medicine using heat ② <derog.> concoct; cook up
pàozhì 泡制 V. <topo.> ① bring under control; take in hand ② formulate an action plan ③ thwart; checkmate
pàozhú 炮竹 N. firecracker M: [1]guà/ge
pàozhuàng 泡状[-狀] ATTR. foamy
pàozhuàngbānbìng 疱状斑病[皰狀-] N. <bot.> blister spot
pāozhuānyǐnyù 抛砖引玉[抛磚-] ID. ① <humb.> offer banal/humble remarks to spark abler talk by others ② sacrifice a little to gain much
pǎozhūbǎ 跑猪靶[-豬-] N. a fat female pig used as target for shooting
pāozhūjiǔxiāo 抛诸九霄[抛-] F.E. cast to the winds
pāozi 泡子 N. <topo.> pool of water *See also* pàozi
[1]**páozi*** 袍子 N. robe; gown M: [2]jiàn
[2]**páozi** 狍/麅子 N. roe deer M: [2]zhī
pàozi 泡子 N. <coll.> bulb *See also* pāozi
pàozir 炮子儿 N. <coll.> ① small (artillery) shell ② bullet; cartridge
pàozǔ 炮组 N. <mil.> battery
pàozuò 炮座 N. gun platform
pápíng 扒/耙平 R.V. rake smooth
pápō 爬坡 V.O. ① climb a slope ② work hard to attain one's goal
pàpór 怕婆儿 N. <coll.> henpecked husband M: [2]wèi
páqǐ 扒起 R.V. rake up
pāqiáng 趴墙[-牆] V.O. climb a wall
páqiáng* 爬墙[-牆] V.O. climb/clamber up a wall
páqiánghǔ 爬墙虎[-牆-] N. <bot.> Boston ivy M: [2]kē
pàqiánpàhòu 怕前怕后[-後] V.P. timid and apprehensive of everything
páqiè 扒窃[-竊] V. pick pockets
páqièfàn 扒窃犯[-竊-] N. pickpocket
pá qǐlai 爬起来 R.V. get up
páqǐ shēn 爬起身 V.O. rise; get up (from bed/ground/etc.)
pàrè 怕热[-熱] V.O./S.V. dislike heat; feel discomfort in hot weather
pàrén 怕人 V.O. fear people ♦S.V. ① shy ② terrifying; frightening
pàrìxiūmíng 怕日羞明 F.E. photophobia
pàsānpàsì 怕三怕四 F.E. apprehensive of this and that
pásāo 爬搔 V. scratch (with fingernails)
pàsào* 怕臊 V.O./S.V. shy; bashful
páshā 爬沙 V.O. crawl slantwise like a crab
páshān 爬山 V.O. climb a mountain
páshàng 爬上 R.V. climb up
páshānhǔ(r) 爬山虎(儿) N. ① <bot.> Boston ivy M: [2]kē ② <topo.> sedan chair or litter to carry a person up a mountain
páshānshèshuǐ 爬山涉水 F.E. climb hills and ford streams
páshānshǔ 爬山鼠 N. field mouse M: [2]zhī
páshānxuē 爬山靴 N. hiking boots M: [1]shuāng
páshān yùndòng 爬山运动[-運動] N. mountaineering; alpinism
páshānzhě 爬山者 N. alpinist; mountaineer M: [2]wèi
páshēng 爬升 V. ① ascend; climb; gain altitude ② be promoted; obtain a promotion
páshéng 爬绳[-繩] N. <sport> rope climbing
pàshēng* 怕生 V.O./S.V. be shy with strangers (of a child)
pà shénme 怕什么[-麼] V.O. What is there to be afraid of?
pàshi 怕是 V.P. I'm afraid . . .; maybe; I guess; I suppose; perhaps
pàshì* 怕事 V.O./S.V. fear getting into trouble
páshì fēnjíjī 耙式分级机 N. <min.> rake classifier M: [1]tái
Pàshì shìyàn 帕氏试验 N. Pap smear; Pap test
páshǒu 扒手 N. pickpocket
páshū 爬梳 V. comb; tidy up
páshù* 爬树[-樹] V.O. climb tree
pàshuǐ 怕水 V.O./S.V. have a phobia toward water; be afraid of swimming/etc.
pāsī 派司 N. <loan> pass; identification (ID) M: [1]zhāng
pàsǐ* 怕死 V.O./S.V. fear death
pàsǐguǐ 怕死鬼 N. coward
pátǎ 爬塔 V.O. climb up a tower

pà tā bùchéng 怕他不成 V.P. Don't be afraid of him!

pà tā bù lái 怕他不来 V.P. ① afraid that he won't come ② He will come, because he has to!

pà tā shénme 怕他什么[-麼] V.P. ① What's there to fear in him? ② Don't be afraid of him!

pátī 爬剔 V. exploit; squeeze

pátiānsuǒ 爬天索 N. skylark

pàtou 怕头 N. sth. to be afraid of

pàtóu* 帕头 N. turban; headdress M: [2]*kuài*

pátǔ 扒土 V.O. rake the soil

páwǎng 耙网[-網] N. dredge net; dredge; scraper

pāwō 趴窝[-窩] V.O. ① hatch eggs in a nest ② lie on the ground ready to give birth (of a female animal) ③ be broken in health (of a person) ④ break down; be out of order (of a machine/vehicle/etc.)

pāxia* 趴下 R.V. ① prostrate oneself ② fall flat on the ground

páxià 爬下 R.V. crawl down off sth.

páxíng 爬行 V. crawl; creep

páxíng dòngwù 爬行动物[--動-] N. reptile M: [2]*zhī*/[1]*tiáo*

páxíng yùndòng 爬行运动[-運動] N. creeping movement

páxíngzhǔyì 爬行主义[-義] N. "go-slowism"

pàxiū 怕羞 S.V. shy; bashful

pá xuěshān, guò cǎodì 爬雪山,过草地 V.P. cross snow-covered mountains and marshes

páyǎng 扒痒[-癢] V.O. scratch an itch

pàyǎng* 怕痒[-癢] V.O./S.V. be sensitive to being tickled

páyángròu 扒羊肉 N. stewed mutton

páyīn 琶音 N. <*mus.*> arpeggio

pàyìngqīruǎn 怕硬欺软 F.E. bully the weak and fear the strong

páyǒng 爬泳 N. <*sport*> the crawl (in swimming)

páyuè 爬越 V. ascend

pāzhe 趴着[-著] V.P. lie flat on the ground; be prostrate

pázhì 爬栉[-櫛] V. ① comb; straighten out ② put in order

[1]**pázi*** 耙子 N. rake; harrow M: [1]*bǎ*

[2]**pázi** 筢子 N. bamboo rake M: [1]*bǎ*

pàzi 帕子 N. a kerchief used for carrying packages M: [2]*kuài*

"pà" zì dāngtóu 怕字当头[--當-] V.P. be timid and full of worries

P-biāojì P标记[-標-] N. <*lg.*> P-marker

PC-jī PC机 N. <*comp.*> personal computer; (PC) M: [1]*tái*

[1]**pēi** 呸 INTJ. pah; bah; pooh

[2]**pēi** 胚 B.F. embryo **pēitāi**

[3]**pēi** 醅 B.F. unfiltered wine **pōpēi**

[1]**péi*** 陪 V. ① accompany; keep sb. company ***Nǐ néng ~ tā huíjiā ma?*** Can you see her home? ② assist ③ compensate

[2]**péi** 赔[賠] V. ① compensate; pay for ② stand a loss

[3]**péi** 培 V. bank up with earth ♦B.F. ① cultivate; nurture (plants) ***zāipéi*** ② foster; train; educate ***péiyǎng***

[4]**péi** 锫[錇] N. <*chem.*> berkelium

[5]**péi** 毰 in ***péisāi***

Péi 裴 N. Surname

[1]**pèi** 配 V. ① mate; join together ② join in marriage ③ compound; mix ④ distribute according to plan ⑤ find sth. to fit/replace sth. else ⑥ match ⑦ deserve; be worthy of; be qualified ***Tā ~deshàng mófàn jiàoshī de chēnghào.*** She deserves the title of model teacher.

[2]**pèi** 佩 V. wear (at the waist, etc.) ♦B.F. admire ***pèifu*** ♦N. <*trad.*> pendant waist ornament

[3]**pèi** 辔[轡] B.F. bridle ***pèitóu***

[4]**pèi** 沛 B.F. abundant ***pèizé, chōngpèi***

[5]**pèi** 珮 B.F. <*trad.*> ornamental waist pendant [2]***xiápèi***

[6]**pèi** 帔 B.F. <*trad.*> short cape [1]***xiápèi, fèngguānxiápèi***

[7]**pèi** 旆 B.F. <*trad.*> ① swallow-tail flag ② banner [2]***pèipèi, yǔpèi***

[8]**pèi** 霈 B.F. heavy rain ***pèirán, wòpèi***

pèi'ài 沛艾 V.P. tall and strong (of horses)

péi'àn 赔案 N. a case of insurance compensation for loss M: [2]*jiàn*

péibài 陪拜 V. accompany sb. in bowing/kneeling

péibàn 陪伴 V. accompany; keep sb. company

péibǎng 陪绑 V. ① take to the execution ground to intimidate but not kill ② punish (sb. innocent) along with the guilty

pèibèi 配备[-備] V. ① allocate; provide; fit out ② dispose (troops/etc.); deploy ♦N. equipment M: [1]*xiē*/*tào*

péiběn(r) 赔本(儿) V.O. suffer losses in business

péiběn shēngyì 赔本生意 N. a money-losing business

pèibǐ 配比 N. proportion of ingredients in a mixture

péibǔ 赔补[-補] V. compensate sb.'s loss; make good a loss; make up a deficit

péibuliǎo 赔不了 R.V. be unable to pay for (sth. damaged/lost/etc.)

péibuqǐ 赔不起 R.V. be unable to make good a loss

péibuqǐ bǎng 陪不起绑 V.P. cannot afford to join in a risk

pèibushàng 配不上 R.V. cannot match

péi bùshi 赔不是 V.O. apologize

péibǔ sǔnshī 赔补损失[-補--] V.O. make up for a loss

pèicài 配菜 V.O. garnish food ♦N. garnishes

péicān 陪餐 V. accompany a guest to a dinner party

pèicān* 配餐 N. foods/ingredients that go together ♦V.O. provide individual diets (for patients)

pèicānshì 配餐室 P.W. pantry M: [1]*jiān*

pēicéng 胚层[-層] N. <*phys.*> germinal layer

péicháng* 赔偿[-償] V. compensate; pay for ♦N. reparations (paid by a defeated state)

pèichàng 配唱 V. dub-in background songs

péichángfèi 赔偿费[-償-] N. damages; indemnities M: [2]*bǐ*

péichángjīn 赔偿金[-償-] N. <*law*> (compensatory) damages M: [2]*bǐ*

péicháng míngyù 赔偿名誉[-償-譽] V.O. indemnify for defamation

péicháng sǔnshī 赔偿损失[-償--] V.O. indemnify; make good a loss due to one's own fault

péicháng xiàndù 赔偿限度[-償--] N. measure of indemnity

péichángxiédìng 赔偿协定[-償協-] N. reparations agreement

péichén 陪臣 N. vassal M: [2]*wèi*

péichèn* 陪衬[-襯] V. ① enhance by contrast ② serve as a background in order to bring out the subject with greater brilliance ③ serve as a prop ♦N. foil

pèichèn 配称[-稱] V. match; suit

péichéng 陪乘 V. escort a dignitary in a vehicle *See also* ***péishèng***

pèichéng* 配成 R.V. ① compound; mix ② find sth. to fit or replace sth. else ③ match

péichī 陪吃 V. accompany a guest at a dinner

péichǔ 培储 V. <*wr.*> cultivate (talented people) and maintain as a reserve

péichuáng 陪床 V.O. keep sb. company in a hospital

péicuò(r)* 赔错(儿) V.O. acknowledge a mistake; apologize for one's wrongdoing

pèicuò 配错 V. mismatch

péidǎ* 陪打 N. sparring partners (for boxing) M: [2]*wèi*

pèidā 配搭 V. match; accompany

pèidài 佩带[-帶] V. wear (as accessories)

pèidàishì chuánshēngqì 佩带式传声器 [-帶-傳聲-] N. lapel microphone; personal microphone M: [2]*zhī*

pèidāng 配当[-當] V. distribute; divide equally

pèidāo 佩刀 N. sword worn at the waist M: [1]*bǎ* ♦V.O. wear a sword

pèidar 配搭儿 N. adjunct; supplement; accessory

pèidelái 配得来 R.V. be able to match/complement

péideqǐ 赔得起 R.V. ① able to pay/compensate for ② able to stand a loss

pèideshàng 配得上 R.V. be able to match

péidiàn 赔垫[-墊] V. ① pay for sb. else ② cover a deficit/loss ③ advance money (for another) in making a payment

[1]**pèidiàn*** 配电[-電] N. <*elec.*> power/electricity distribution

[2]**pèidiàn** 配殿 N. palace/temple side hall M: [1]*jiān*

pèidiànpán 配电盘[-電盤] N. ① distributor ② switchboard

pèidiànshì 配电室[-電-] P.W. power distribution room M: [1]*jiān*

pèidiànwǎng 配电网[-電網] N. <*elec.*> distribution network

péidiào 陪吊 N. <*trad.*> a person employed to help with the reception of mourners at a funeral

pèidiào* 配调 N. auxiliary tone/note

pèidìng chǎnliàng 配定产量[--產-] A.T. ① proration ② allocated output

péidòu 陪斗[-鬥] V.O. <*Cult. Rev.*> bring in secondary targets to accompany primary targets of criticism

péidū 陪都 P.W. secondary capital

péidú* 陪读[-讀] V. accompany sb. to study

pèiduì(r) 配对(儿)[-對] V.O. ① be a pair ② <*coll.*> mate

pèi'é 配额 N. quota

pèi'é jìnkǒu shāngpǐn 配额进口商品[--進---] N. goods imported under limitations/quotas

péi'èr 陪贰 N. assistant; second

pèi'èr 配贰 N. deputy; assistant

pèifā 配发[-發] V. allocate; distribute

péifàn 陪饭 V.O. accompany a guest at dinner

péifang 陪房 N. maid accompanying a bride to her new home M: [2]*wèi* ♦V.O. stay in a patient's room in the hospital

pèifāng(r)* 配方(儿) V.O. fill prescription ♦N. ① directions for producing sth. ② formula ③ prescription ④ recipe M: [1]*zhāng*

pèifáng 配房 P.W. wing; wing-room M: [1]*jiān*

pèifāng shīchuán 配方失传[-傳] V.P. the formula/recipe/procedure is lost

pèifēn 配分 V. supply under quotas; distribute in strict proportion

pèifēnfǎ 配分法 N. <*math.*> proportional parts

péifēng 陪风 V.O. <*PRC*> parade with one's entourage to show off one's prestige

pèifu 佩服 V. admire

péifù sǔnshī 赔付损失 V.O. settle a loss

péigàn 培干[-幹] V.O. train cadres

pèigē 配歌 V.O. dub-in background songs

pēigēn 胚根 N. <*bot.*> radicle

péi gōng dúshū 陪公读书[-讀書] V.P. keep sb. company while he is studying

pèigòu 配购[-購] V. buy rations ♦N. ration

pèiguà 佩挂 V. wear

péiguāng 赔光 R.V. lose all the capital in a business adventure

pèiguǎngōng 配管工 N. plumber M: [2]*wèi*

pèihe 配合 S.V. ① suitable; fit ② matching ♦V. <*mach.*> join *See also* pèihé

pèihé* 配合 V. coordinate; cooperate ***qǐ ~ zuòyòng*** play a supporting role ♦S.V. cooperative *See also* ***pèihe***

pèihé féiliào 配合肥料 N. mixed fertilizer

pèihé guānniàn 配合观念[--觀-] N. matching concept

pèihé guānxi 配合关系[--關係] N. <*lg.*> agreement

pèihémòqì 配合默契 F.E. good teamwork

P

pèihé qǐlai 配合起来 R.V. coordinate; cooperate; concert

pèihéshēng 配和声[-聲] V.O. harmonization

pèihé sìliào 配合饲料 N. mixed/compound feed

pèihé yuánzé 配合原则 N. <lg.> co-operative principle

péihù 培护[-護] V. ① cultivate and look after ② look after a patient in a hospital

péihuà 赔话 V.O. apologize

péihuán* 赔还[-還] V. pay for (sth. borrowed and damaged)

pèihuán 佩环[-環] N. a decorative ring

pèihuàshī 配画诗[-畫-] N. illustrative poems M: [2]*shǒu*

pèihūn 配婚 V.O. get married

pèihuò 配货 V.O. prepare goods for delivery according to an order

pèihuò tídān 配货提单 N. order blank

péijì 陪祭 N. helper in officiating at funeral rites M: [2]*wèi*

pèijǐ* 配给 V./N. ration

pèijì 配剂[-劑] N. elixir

péijià* 陪嫁 N. <topo.> dowry

pèijià 配价[-價] N. <lg.> valence; valency

pèijiācài 配加菜 N. garnish

[1]**pèijiàn(r)** 配件(儿) N. ① fittings (of a machine/etc.) ② replacement ③ accessories

[2]**pèijiàn** 佩剑 N. ① sword worn at waist ② <sports> saber M: [1]*bǎ* ♦V.O. wear sword

pèijiàn yùndòngyuán 佩剑运动员[--運動-] N. <sports> saber fencer M: [2]*wèi*

pèijiǎo 配角 N. supporting role (in play/etc.) ♦V.O. costar

péijiàqián 陪嫁钱[-錢] N. dowry

pèijīn 配筋 N. reinforcement bars; reinforcement

péijīng 陪京 N. alternate/secondary/provisional capital

pèijǐng* 配景 N. entourage

pèijǐpiào 配给票 N. ration ticket M: [1]*zhāng*

pèijǐpǐn 配给品 N. ① rationed goods ② rations

péijiǔ 陪酒 V.O. drink along with (sb.)

péijiǔ nǚláng 陪酒女郎 N. bar girl

pèijǐzhèng 配给证[-證] N. ration card/book M: [1]*zhāng*

pèijǐzhì 配给制 N. ration system

pèijué(r) 配角(儿) N. supporting/secondary role ♦V.O. appear with another leading player; costar with sb. M: [2]*wèi*

pèijūn 配军 N. <trad.> an exile

péike 陪客 V.O. ①keep guests company ②service clients (of prostitutes) ♦N. guests invited to keep the guest of honor company M: [2]*wèi*

péikōng 赔空 V. lose completely (of investment/etc.)

péikū 陪哭 V. join in weeping

péikuǎn 赔款 V.O. pay indemnity/reparations ♦N. indemnity; reparations M: [2]*bǐ*

péikuǎngòuhé 赔款媾和 F.E. pay an indemnity in order to negotiate a peace

pèilán 佩兰[-蘭] N. orchid M: [2]*zhū*

pèilè 辔勒 N. reins and bits

péile fūren yòu zhé bīng 赔了夫人又折兵 V.P. suffer a double loss

péilěi 赔累 V. get involved in a losing venture

péilǐ* 赔/陪礼[-禮] V.O. apologize

[1]**pèilì** 配隶[-隸] V. place in subordination to ♦N. subordinate

[2]**pèilì** 配俪[-儷] N. spouse M: [1]*duì*

péilián 陪奁[-奩] N. <topo.> dowry

péiliàn* 陪练[-練] N. sparring/practice partner M: [2]*wèi*

pèiliào 配料 V.O./N. ① mix materials according to directions ② <metal.> burden

péilǐdàoqiàn 赔礼道歉[-禮--] F.E. make a formal apology

pèiliè 配列 N. <lg.> arrangement

pèi língjiàn 配零件 V.O. replace parts

pèiliú 配流 V. banish; exile

pèimǎ 配码 N. supplementary ingredients in a dish

pèimóbiāoběn 配模标本[--標-] N. allotype

pēináng 胚囊 N. ① <zoo.> gastrula ② <bot.> embryo sac ③ <bio.> blastodermic vesicle

pèi'ǒu 配偶 N. spouse *wàijiāoguān jíqí* ~ diplomats and their spouses

pèi'ǒu jiāzú 配偶家族 N. conjugal family

pēipán 胚盘[-盤] N. <bio.> blastosphere

[1]**pèipèi** 沛沛 N. a great flow of water ♦ADV. flowing copiously

[2]**pèipèi** 旆旆 N. ① flying in the wind (of flags) ② growing luxuriantly (of plants)

péipù 陪铺 V.O. ① look after sb. in a hospital ② prostitute oneself

pèiqì 配器 V. <mus.> orchestrate; arrange

péiqián 赔钱[-錢] V.O. ①suffer losses in business ② compensate ③ pay for a loss; pay damages

péiqiánhuò 赔钱货[-錢-] N. ① merchandise sold at a loss ② daughters who need dowries

pèiqìfǎ 配器法 N. <mus.> orchestration

péiqíng 赔情 V.O. <coll.> apologize

pèiqǔ 配曲 V.O. write music to/for a song

pèirán 沛/霈然 V.P. <wr.> copious; abundant

pèirányǔxià 沛然雨下 F.E. rain heavily

pèiránzìdà 沛然自大 F.E. <wr.> vainglorious

pēirǔ 胚乳 N. <bot.> endosperm

péisāi 毰毸 V. <wr.> hang down loosely (of a feather)

pèisè 配色 V.O. match/harmonize colors

péishàn 陪膳 V.O. accompany a guest at a dinner (party)

pèishàn* 配膳 V.O. arrange several sorts of food (to be eaten/sold) together

pèishàng 配上 R.V. go with; match

pèishànshì 配膳室 P.W. food preparation room; butler's pantry M: [1]*jiān*

péishěn 陪审[-審] V.O. <law> ① act/serve as assessor ② serve on a jury

péishèng 陪乘 V. be in the same carriage *See also péichéng*

pèishēng* 配声[-聲] N./V.O. dubbing; dub

péishěntuán 陪审团[-審團] N. jury

péishěnxí 陪审席[-審-] N. jury box

péishěnyuán 陪审员[-審-] N. juror M: [2]*wèi*

péishěnzhì 陪审制[-審-] N. jury system

péishěn zhìdù 陪审制度[-審--] N. jury system

[1]**péishì*** 陪侍 V. ① <trad.> stand at sb.'s side in attendance ② accompany and attend

[2]**péishì** 赔释[-釋] V. apologize

pèishì 配饰 N. ornament M: [2]*jiàn*

pèishòu 配售 V. ration (at state prices)

[1]**pèishǔ** 配属[-屬] V. ① <mil.> place part of one's troops temporarily under the command of a subordinate officer ② allocate; deploy ③ provide; apportion

[2]**pèishǔ** 配署 V. dispose; arrange; map/lay out

pèishuǐ 配水 N./V.O. water distribution

pèishuǐzhá 配水闸 N. (water) distribution structure M: [2]*dào*

péisòng(r)* 陪送(儿) V. ①accompany ②<coll.> give a dowry ③give (sth. to sb.) to accompany other gifts ♦N. dowry

pèisòng 配诵 N. supporting recitation ♦V. dub-in background recitation

pèisuǒ 配所 N. place of exile

pēitāi 胚胎 N. <bio.> ① embryo ② origin/beginning of things

pēitāixué 胚胎学 N. embryology

pēitāi yízhí 胚胎移植 N. embryo transfer

pèitángtǐ 配糖体[-體] N. <chem.> glucoside

pèitángwù 配糖物 N. <chem.> glucoside

pèitào 配套 V.O. form a complete set

pèitàochénglóng 配套成龙 F.E. join parts to form a whole

pèitào gōngchéng 配套工程 N. conveyance system (in irrigation)

pèitào qìcái 配套器材 N. necessary accessories

pēitǐ 胚体[-體] N. <bio.> embryo

péitiē 赔贴 V. pay subsidies

péitóng 陪同 V. accompany *Zài zhǔrén de ~ xià*, . . . Accompanied by the host, . . . ♦N. ① guide; companion ② a responsible official accompanying an important visitor or visiting delegation

péitóng rényuán 陪同人员 N. entourage

péitóngtuán 陪同团[-團] N. ① host team ② reception committee

pèitóu 辔头 N. bridle M: [1]*fù*

péitǔ 培土 V.O. <agr.> hill/earth up

péiwèi* 陪位 V.O. be seated beside the emperor

pèiwéi 佩韦[-韋] V.O. be willing to follow friendly admonitions

pèiwén 佩文 N. <wr.> phrases and rhymes in Chinese classics

Péi Wénzhōng 裴文中 (1904–1982) N. well-known archeologist, discoverer of Peking Man

pèiwǔ 配伍 N. compatibility of medicines

pèiwǔjìnjì 配伍禁忌 F.E. incompatibility of drugs in a prescription

pèixī 佩觿 N. bodkin worn on the girdle of young people

[1]**pèixì*** 配戏[-戲] V.O. play a supporting role

[2]**pèixì** 配系 N. system

pèixián* 佩弦 V.O. be willing to follow friendly admonitions

pèixiàn 配线 N. distribution

pèixiǎng 配享 V. <wr.> have the honor of being enshrined in a Confucian temple, the ancestral temple of the emperor, etc.

pèixiǎngqiānqiū 配享千秋 F.E. <wr.> be honored in a sacred shrine for endless ages

[1]**péixiào** 赔笑 V.O. smile obsequiously/apologetically

[2]**péixiào** 陪笑 V.O. put up a smiling face in order to please or placate sb.

péi xiàoliǎn 赔笑脸 V.O. smile obsequiously/apologetically

péi xiǎoxīn 赔小心 V.O. ①apologize ②behave with great caution; act warily

péixiū 培修 V. repair earthwork

pèixué 配穴 N. adjunct acupuncture points

péixùn 培训 V. cultivate; train ♦N. training M: [3]*xiàng*

péixùnbān 培训班 N. training course

pèi xūnzhāng 佩勋章 V.O. wear medals

pēiyá 胚芽 N. <bot.> germ; gemmule

pēiyámǐ 胚芽米 N. germinated rice

pèiyān 配烟[-煙] N. tobacco blending

pèiyǎn* 配演 V. costar (with a leading player)

péiyǎng 培养[-養] V. ① foster; train; develop ② <bio.> culture

péiyǎng chū 培养出[-養-] R.V. foster; train; develop

péiyǎngfèi 培养费[-養-] N. training expense M: [2]*bǐ*

péiyǎngjī 培养基[-養-] N. <bio.> culture medium

péiyǎngmǐn 培养皿[-養-] N. <bio.> petri/culture dish M: [2]*zhī*

péiyǎngpíng 培养瓶[-養-] N. culture bottle M: [2]*zhī*

péiyǎngsuǒ 培养所[-養-] P.W. training institute M: [1]*jiā*

péiyǎngtǔ 培养土[-養-] N. specially fertilized earth for potted plants

péiyǎngyè 培养液[-養-] N. culture solution (of fluids)

pèi yǎnjìng 配眼镜 V.O. get the right lenses for one's eyes

pèiyào 配药[-藥] V.O. ① make up a prescription ② buy prescribed medicine

pèi yàoshi 配钥匙[-鑰-] V.O. make duplicate keys

péiyè* 陪夜 V.O. attend a patient at night; stay with a patient during the night

pèiyè 配页 N. <print.> gathering (leaves of a book)

pèiyèshì 配液室 P.W. liquor room M: [1]*jiān*

péiyīn 陪音 N. overtone; harmonic

pèiyīn* 配音 V.O. dub (a film/etc.) *Tāmen zhèngzài yòng Hànyǔ gěi wàiguó yǐngpiàn ~.* Right now they're dubbing foreign films into Chinese.
pèiyīnjī 配音机 N. dubbing machine M: [1]*tái*
pèiyīnpéng 配音棚 P.W. dubbing studio/room M: [4]*zuò*/[2]*jiān*
péiyōng 陪壅 V. ① earth up (flowers/crops/etc.) ② cultivate; foster; train; develop
pèiyǒu 配有 V. be equipped with
pèiyóuguǎn 配油管 N. oil distributing pipe M: [2]*gēn*
péiyù* 培育 V. ① cultivate; foster; breed ② bring up; rear
pèiyù 佩玉 N. jade ornament M: [2]*kuài*
péiyùchū 培育出 R.V. train; foster; develop
pèiyuè 配乐[-樂] V.O. dub-in background music
pèiyuè guǎngbō 配乐广播[-樂廣-] N./V.P. broadcast with background music
pèiyǔgānlín 配雨甘霖 F.E. ① abundant and seasonable rain ② deep and great favor
péiyù réncái 培育人才 V.O. cherish men of ability
pèizài 配载 V. allocate vehicles to transport sth.
péizàng 陪葬 V. be buried with the dead
péizàngmù 陪葬墓 N. tomb of the wife or a minister near the tomb of an emperor/lord,etc. M: [4]*zuò*
péizàngpǐn 陪葬品 N. goods buried with the dead M: [2]*jiàn*
pèizé 沛泽[-澤] N. thickets and marshes
péizèng 赔赠 N. dowry/gift from the bride's family
péizhàng 赔帐 V.O. ① pay for loss of sth. entrusted to one ② <*topo.*> lose money in business
péizhí* 培植 V. ① cultivate (plants) ② foster; train
[1]**pèizhì** 配制[-製] V. compound; make up
[2]**pèizhì** 配置 V. dispose (troops/etc.); deploy
péizhòng 陪种[-種] V. cultivate (plants)
pèizhǒng* 配种[-種] V.O. breed
pèizhòng 配重 N. counterweight
pèizhǒnglǜ 配种率[-種-] N. breeding rate
pèizhǒngyuán 配种员[-種-] N. animal breeder M: [2]*wèi*
pèizhǒngzhàn 配种站[-種-] P.W. breeding station
pēizhū 胚珠 N. ① <*bot.*> ovule ② <*zoo.*> blastocyst
péizhù* 陪住 V. tend sb. in his home/etc.
pèizhuāng 配装[-裝] V. ① install ② assemble
pèizhǔnbùliáng 配准不良[-準--] V.P. <*mach.*> misregistration
pēizi* 胚子 N. ① silkworm embryo ② person ③ seeds ④ things in their embryonic stage; unpolished and unfinished molding/casting
pèizǐ 配子 N. <*bio.*> gamete
péizuì 赔/陪罪 V.O. apologize
pēn* 喷[噴] V. ① spurt; spout; gush ② spray; sprinkle *See also* pèn
[1]**pén(r)** 盆(儿)[-(兒)] N. basin; tub; pot ♦M. *for things held in a basin/tub/pot*
[2]**pén** 溢 B.F. overflow *pényì, pényǒng*
pèn(r) 喷(儿)[噴(兒)] M. crop ♦B.F. <*coll.*> high season *Xīguā zhèngzài ~ shang.* This is the high season for watermelons. *See also* pēn
pènbí 喷鼻 V.P. strong; penetrating (of odors)
pēnbír 喷鼻儿 V.P. <*coll.*> extremely fragrant
pènbírxiāng 喷鼻儿香 N. fragrance of delicious food
pēn bíxī 喷鼻息 V.O. snort
pēnbō 喷播 V. sow grass seeds by duster
pēnbó* 喷薄 V.P. gush; spurt
pēnbóyùchū 喷薄欲出 F.E. emerge in all its splendor (of the sun)
péncài 盆菜 N. <*topo.*> ready-to-cook dish of meat/vegetables/etc.
pēnchū 喷出 R.V. <*geol.*> blowout; expulsion
pēnchūyán 喷出岩 N. <*geol.*> extrusive rock M: [2]*kuài*
pēnchūyīn 喷出音 N. <*lg.*> puffing sound
pēndēng 喷灯[-燈] N. blowtorch; blowlamp M: [1]*zhǎn*
péndì 盆地 N. <*geog.*> basin
pēndù 喷镀 N. spray coating
pēnfā 喷发[-發] V. spout; gush
pēnfàjì 喷发剂[-髮劑] N. hair spray
pēnfàjiāo 喷发胶[-髮膠] N. hair spray
pēnfàn 喷饭 V.O. split the sides with laughter
pēnfàng 喷放 V. spit; spout; spurt
pēnfèn 喷粪[-糞] V.O. <*coll.*> ① talk rubbish ② use abusive language
pēnfěnqì 喷粉器 N. <*agr.*> duster
[1]**pēng** 砰 ON. Bang!
[2]**pēng** 烹 V. ① boil; cook ② stir fry with sauce
[3]**pēng** 怦 ON. thump; go pit-a-pat
[4]**pēng** 抨 B.F. impeach ***pēnghé, pēngjī***
[5]**pēng** 硼 in [3]***pēngpēng See also*** [6]*péng*
[1]**péng** 棚 N. ① canopy/awning of reed mats, etc. ② shed; shack
[2]**péng** 篷 N. ① covering/awning on a car/boat/etc. ② boat sail
[3]**péng** 蓬 N. bitter fleabane ♦B.F. fluffy; puffy; dishevelled [1]***péngsōng*** ♦M. *for clumps of bamboo/grass/etc.*
[4]**péng** 澎 V. splash; spatter
[5]**péng** 鹏[鵬] N. roc
[6]**péng** 硼 N. boron ***See also*** [5]*pēng*
[7]**péng** 朋 B.F. friend ***péngyou***
[8]**péng** 膨 B.F. expand; inflate [1]***péngzhàng***
[9]**péng** 髼 B.F. puffy (of hair) ***péngtóusànfà***
[10]**péng** 蟛 in ***péngqí***
Péng 彭 N. Surname
pěng 捧 V. hold/carry sth. level in both hands ♦B.F. boost; boast; exalt; flatter ***pěngchǎng*** ♦M. *for things that can be held/carried in both hands*
[1]**pèng*** 碰 V. ① touch; knock against ② meet; encounter; run into ③ take a chance; explore
[2]**pèng** 椪 in ***pènggān***
pēngbāng 砰磅 ON. ① sound of falling stones ② roar of raging water ③ sound of stones tumbling in a current
péngbèi 朋辈 N. friends M: [2]*wèi*
pěngbēi 捧杯 V.O. win an award/championship
pèngbēi* 碰杯 V.O. clink glasses
péngbì 蓬筚/荜[-篳/蓽] N. ① houses of the destitute ② my humble house M: [4]*zuò*
pèngbì* 碰壁 V.O. ① be rebuffed ② encounter difficulties; run into a blind alley
péngbìshēnghuī 蓬筚/荜生辉[-篳/蓽--] F.E. luster lent to a humble house (said in thanks for a visit or a gift); your gracious presence has added glitter to my humble house
péngbǐwéijiān 朋比为奸 F.E. conspire; collude; gang up
péngbìzēnghuī 蓬筚/荜增辉[-篳/蓽--] F.E. luster lent to a humble house (said in thanks for a visit or a gift)
pèng bízi zhuǎnwān 碰鼻子转弯[-轉彎] ID. draw a lesson from one's failure
péngbó 蓬勃 S.V. vigorous; flourishing
péngbógāozhàng 蓬勃高涨 F.E. be in full swing; surge
péngbóxīngqǐ 蓬勃兴起[--興-] F.E. spring up exuberantly
péngbù 篷布 N. tarpaulin M: [2]*kuài*
pēngchá* 烹茶 V.O. brew/make tea
pěngchá 捧茶 V.O. hold/carry a cup of tea in both hands
péngchāi 蓬拆 N. the beat of dance music ♦V. dance
péngchái* 朋侪[-儕] N. friends; companions M: [2]*wèi*
[1]**péngchǎng** 棚厂[-廠] P.W. hangar
[2]**péngchǎng** 篷厂[-廠] P.W. mat shed
pěngchǎng* 捧场[-場] V.O. <*coll.*> ① tout; boost; cheer on ② be a member of a claque ③ show up at an event to encourage someone
péngchē 篷/棚车 N. ① boxcar ② covered truck M: [3]*liàng*
péngchēng 篷撑[-撐] N. stretcher M: [2]*gēn*
péngchéng* 鹏程 N. brilliant future
péngchéngwànlǐ 鹏程万里[--萬-] ID. have a bright future
péngchóu 朋俦[-儔] N. friends; companions M: [2]*wèi*
pěng chòujiǎo 捧臭脚[-腳] V.O. ① toady to sb. ② act obsequiously
péngchuán 篷船 N. ① houseboat covered with bamboo matting ② sailboat M: [2]*zhī*
péngchuāng 篷窗 N. porthole; window M: [1]*shàn*
pēngchuī 烹炊 V. cook
pèngcír 碰瓷儿 V.O. ① charge sb. with breaking an already broken pot/etc. ② deliberately provoke
péngcóng 朋从[-從] V. fraternize because of congenial tastes
péngdà 膨大 S.V. expand; inflate
péngdàhǎi 膨大海 N. <*Ch. med.*> see pàngdàhǎi
pēngdàng 砰宕 ON. sound of water lapping against a ship
péngdǎng* 朋党[-黨] N. clique; cabal
péngdǎng fēnxi 朋党分析[-黨--] N. <*soc.*> clique analysis
péngdǎo 蓬岛[-島] P.W. legendary island in the Yellow Sea
pèngdǎo 碰倒 R.V. fall down after being hit by sth.
pèngdào* 碰到 R.V. ① meet sb. unexpectedly ② touch sth.
pěngdàotiānshàng 捧到天上 F.E. applaud a person to the skies
Péng Déhuái 彭德怀[-懷] (1898–1974) N. outstanding Communist military leader; one of the Ten Great Marshals
pèngdiǎn* 碰点[-點] V.O. <*topo.*> have bad luck; meet with trouble
pèngdiàn 碰垫[-墊] N. <*boat*> collision mat M: [1]*zhāng*
péngdǐng* 棚顶 N. ceiling
pěngdìng 捧定 V. hold securely with both hands
pèngdǐng 碰顶 ADV. <*topo.*> at most; at best
pèng dīngzi 碰钉子 V.O. meet with rebuff ***Wǒ pèngle yī ge ruǎn dīngzi.*** I met with a gentle rebuff.
pěngdú 捧读[-讀] F.E. <*court.*> have the pleasure/privilege of reading (your work); read carefully
péngfà 蓬发[-髮] N. disheveled hair M: [1]*tóu*
péngfān 篷帆 N. sail M: [1]*zhāng*
pèngfān* 碰翻 R.V. topple over after being hit by sth.
péngfáng 棚房 P.W. shed; shack M: [4]*zuò*
péngfēi 鹏飞[-飛] N. soaring flight
péngfēn 朋分 V. share
péngfēn huāyòng 朋分花用 V.O. share expenses with each other
péngfù 朋附 V. attach oneself to (sb. influential)
pěngfù* 捧腹 V.O. split/shake one's sides with laughter
pěngfùdàxiào 捧腹大笑 F.E. be convulsed with laughter
pěngfùjuédǎo 捧腹绝倒[--絕-] F.E. hold one's sides with laughter
pènggān 椪柑 N. <*bot.*> a kind of mandarin orange M: [2]*kē*/[1]*kē*
pěnggén 捧哏 V.O. play the supporting role in cross-talk
pěnggēngbǎzhǎn 捧羹把盏[-盞] F.E. offer food to sb. and fill his glass
pēnghǎi 烹醢 N. <*trad.*> the most frightening tortures for prisoners
pénghāo 蓬蒿 N. ① <*topo.*> crowndaisy chrysanthemum ② <*wr.*> wild grass ③ the wildness
pénghāomǎnjìng 蓬蒿满径[-徑] F.E. the yard was filled with weeds
pēnghé 抨劾 V. impeach; censure
pènghén 碰痕 N. bruise mark M: [2]*dào*
[1]**pénghēng** 彭亨 V.P. ① potbellied ② proud and smug
[2]**pénghēng** 膨脝 V.P. <*wr.*> ① potbellied ② full; satiated ③ <*topo.*> bulky; unwieldy

pēnghōng 砰轰/訇[-轟] ON. loud; deafening (of thunder/etc.)
pěnghóngtàhēi 捧红踏黑 ID. be snobbish
Pénghú* 澎湖 P.W. Pescadores Islands
[1]pénghù 棚户 N. <*topo.*> slum-dwellers; shack-dwellers
[2]pénghù 蓬户 F.E. <*wr.*> a humble house M: [4]*zuò*
pénghuà 膨化 ATTR. popped/puffed (of rice/corn/etc.)
pènghuài 碰坏[-壞] R.V. break/damage by accidentally knocking against sth.
pènghuángsuǒ 碰簧锁 N. spring lock M: [1]*bǎ*
pènghuángxiāo 碰簧销 N. latch bolt
pénghuà shípǐn 膨化食品 N. heat-expanded food (e.g., popcorn)
pènghuí 碰回 V. kick back; recoil
Pénghú Lièdǎo 澎湖列岛[-島] P.W. Penghu Islands (between Fujian and Taiwan)
pénghùwèngyǒu 蓬户瓮牖 F.E. houses of the destitute
pēngjī* 抨击[-擊] V. attack (in speech/writing); assail
pèngjī 碰击[-擊] V. strike; hit
péngjià 棚架 N. trellis M: [4]*zuò*
pèngjiàn 碰见 R.V. meet unexpectedly; run into
péngjiàng 棚匠 N. ① craftsman specializing in constructing simple wooden buildings ② a person who erects tents/mat awnings as a profession M: [2]*wèi*
pèngjiāo'érchén 碰礁而沉 F.E. strike on a rock and sink
pèngjìnr 碰劲儿[-勁-] N. <*coll.*> coincidence
péngjiǔ 朋酒 N. banquet/feast among friends
péngjǔ 鹏举[-舉] V. push ahead toward an objective ♦N. another name for Yue Fei
péngjuàn 棚圈 N. covered pen (for animals) M: [4]*zuò*
pěngjué(r) 捧角(儿) V.O. try to build up an actor; cheer one's favorite actor/actress with constant presence, applause, cash reward, gifts, etc.
[1]péngkē 硼磕 ON. loud and clear voice
[2]péngkē 蓬颗 N. grass-reinforced mud bricks M: [2]*kuài*
pèngkè* 碰克 N. <*loan*> a punk; an antisocial person
péngkūn 鹏鲲 ID. ① the greatest thing ② a very great personage
Pénglái 蓬莱 P.W. fabled island abode of immortals
Pénglái xiānjìng 蓬莱仙境 P.W. fairyland; paradise
pénglěi 蓬虆[-虆] N. a plant of the rose family (*Rubus thunbergii*)
pénglěi'érxíng 蓬累而行 F.E. <*wr.*> wander about with bag and baggage
[1]péngliáo 朋僚 N. ① colleagues ② friends M: [2]*wèi*
[2]péngliáo 棚寮 N. <*topo.*> shack; shanty M: [4]*zuò*
[3]péngliáo 篷寮 N. mat hut M: [4]*zuò*
pēnglín 砰磷 V.P. ① high and steep ② thundering
pènglíng 碰铃 N. a pair of hand-held bells played by striking together
pēnglóngpáofèng 烹龙炮凤[-鳳] ID. cook dainty meats and fine dishes
pénglǚ 朋侣[-侶] N. friends and partners M: [2]*wèi*
péngluàn 蓬乱[-亂] S.V. ① matted ② dishevelled; unkempt
péngmǎchē 篷马车 N. covered horse-drawn carriage M: [3]*liàng*
péngmáo 篷茅 N. thatched hut M: [4]*zuò*
péngmén 蓬门 N. ① houses of the poor ② my humble house M: [4]*zuò*/[1]*shàn*
péngménbìhù 蓬门筚/荜户[--篳/蓽-] F.E. humble abode
pèngmiàn 碰面 V.O. meet; encounter
pēngmíng 烹茗 N. brew tea; make tea
pēngmíngqīngtán 烹茗清谈 F.E. brew tea and chat
péngniǎo 鹏鸟 N. roc M: [2]*zhī*
péngpài* 澎湃 V. surge

Péng Pài 彭湃 (1896–1929) N. founder of the short-lived Hailufeng Soviet in Guangdong in 1927
péngpàixiōngyǒng 澎湃汹涌[--洶-] F.E. surging; turbulent; tempestuous
pěngpéi 捧陪 V. <*coll.*> flatter; pay court to
[1]pēngpēng* 砰砰 ON. Bang bang!
[2]pēngpēng 怦怦 ON. ① thump; go pit-a-pat ② eager and anxious (to do sth.) ③ faithful and upright
[3]pēngpēng 硼砰 ON. sound of water splashing/sloshing
péngpeng 蓬蓬 R.F. <*coll.*> messy (of hair); thick and disorderly (of shrubs/hair/etc.) *See also* [1]*péngpēng*
[1]péngpéng 蓬蓬 R.F. luxuriant; abundant ♦ON. booming sound of wind *See also péngpeng*
[2]péngpéng 彭彭 R.F. ① be numerous ② advance without stopping (of horses)
[3]péngpéng 朋朋 ON. sound of wind
péngpéngbóbó 蓬蓬勃勃 R.F. flourishing and prospering; booming
pèngpengchē 碰碰车 N. ① bumper/dodgem car ② scooter M: [3]*liàng*
pèngpèngchuán 碰碰船 N. bumper/dodgem boat M: [2]*zhī*
pèngpeng jīhuì 碰碰机会 V.P. take a chance
pēngpēngshēng 砰砰声[-聲] ON. bang; crack
péngpiāopíngzhuǎn 蓬飘萍转[-轉] F.E. wander about; have no fixed address
pèngpò 碰破 R.V. break by (accidentally) knocking against sth.
péngpù 棚铺 P.W. tent shop M: [1]*jiān*
péngqí 蟛蜞 N. amphibious/brackish-water crab M: [2]*zhī*
pěngqǐ* 捧起 R.V. hold/carry in both hands
pèngqiǎo(r) 碰巧(儿) V.O. happen by chance/coincidence
pèngqīngle 碰青了 V.P. get a bruise; be bruised
péngr 棚儿 N. small tent; shed
[1]pēngrán 怦然 ADV. with a sudden shock/bang/thump
[2]pēngrán 砰然 V.P. loud; deafening; roaring
pēngránxīndòng 怦然心动[-動] F.E. palpitating with eagerness to do sth.
pēngrèn 烹饪 N. cooking; culinary art
pēngrènfǎ 烹饪法 N. cookery; cuisine; recipe
pēngrènqì 烹饪器 N. cooking utensils M: [1]*tái*
pēngrènshū 烹饪书[-書] N. cookbook M: [1]*běn*
pēngrènxué 烹饪学 N. gastronomy
pěngrényīchǎng 捧人一场[-場] F.E. <*coll.*> lend support to a person
pěngrì 捧日 V.O. support (a king/leader/etc.)
péngróng 蓬茸 N. luxuriant growth (of grass)
pèngruǎn 碰软 R.V. deal with people with high authority or with sensitive problems in a cautious way
pèng ruǎndīngzi 碰软钉子 V.O. be mildly rebuffed
péngsǎn 蓬散 S.V. dishevelled
péngshā 硼/蓬砂 N. <*chem.*> borax; sodium borate
pěngshā* 捧杀[-殺] V. destroy a talent by overpraise
péngshāng 彭殇[-殤] N. longevity and early death
pèngshang* 碰上 R.V. run into; encounter
pèngshāng 碰伤[-傷] R.V. be wounded/injured by accidentally colliding with sth.
pěngshàngle tiān 捧上了天 V.P. exalt/extol to the skies
pěngshàng tiān 捧上天 V.P. overpraise someone
pěngshàngyāxià 捧上压下[--壓-] F.E. fawn on superiors and bully subordinates
péngshè 棚舍 N. sheds for livestock/poultry M: [4]*zuò*/[1]*jiān*
péngshéng 篷绳[-繩] N. (boat) rigging M: [2]*gēn*/[1]*tiáo*
péngshēngmázhōng 蓬生麻中 F.E. one can become virtuous by living among the virtuous

péngshì tiānchuāng 篷式天窗 N. awning skylight
péngshǒu 蓬首 N. disheveled hair
péngshǒugòumiàn 蓬首垢面 F.E. unkempt hair and unwashed face
pèngsǐ 碰死 R.V. be killed by (accidentally) colliding with sth.
[1]péngsōng* 蓬松[-鬆] S.V. ① fluffy; puffy ② disheveled ③ very loose
[2]péngsōng 膨松[-鬆] N. bulk
pěngsòng 捧诵 *See pěngdú*
péngsōngdù 膨松度[-鬆-] N. bulkiness; bulking intensity
péngsōngsōng 蓬松松[-鬆鬆] R.F. ① fluffy; puffy ② disheveled ③ very loose
péngsuān 硼酸 N. <*chem.*> boric acid
pèngsuǒ 碰锁 N. spring lock M: [1]*bǎ* ♦V.O. encounter a locked door
pěngtái 捧抬 V. boost; flatter; exalt
pēngtán 抨弹 V. attack (in speech/writing); assail
péngtān* 棚摊[-攤] N. booth
pēngtiáo 烹调 V./N. cook (dishes)
pēngtiáofǎ 烹调法 N. cooking methods
péngtǐshā 膨体纱[-體-] N. <*txtl.*> bulk yarn M: *juǎn*
péngtóu 蓬头 N. messy hair
pèngtóu* 碰头 V.O. ① see each other ② meet and discuss; put heads together ③ hit one's head accidentally
pèngtóucǎi 碰头彩 N. first prize
péngtóugòumiàn 蓬头垢面 F.E. ① unkempt ② very untidy in appearance
pèngtóuhuì 碰头会 N. ① tête-à-tête (of leaders) ② brief meeting
péngtóusànfà 蓬/髼头散发[-髮] F.E. dishevelled; with hair in disarray
péngtú 鹏图[-圖] N. great ambition
péngtuán 鹏抟[-摶] V. strive for greatness
pēnguàn 喷灌 N. sprinkle/spray irrigation
péngwū 棚屋 N. hut; shanty; shack M: [4]*zuò*
pěngxiàn 捧献[-獻] V. ① hold/carry in both hands ② present in respect
pěngxīn 捧心 V.O. ape the mannerisms of beautiful women (said of homely women)
péngyā 膨压[-壓] N. turgidity
péngyàn 鹏鷃 F.E. vastly different in size (as a roc to a quail)
péngyǎng 棚养[-養] V. breed/grow in plastic tunnels
pèng yī bízi huī 碰一鼻子灰 V.P. <*coll.*> meet with rebuff
péngyíng 蓬瀛 N. legendary fairylands
pèngyìng* 碰硬 V.O. ① boldly confront a powerful opponent ② try to remove a formidable obstacle ③ expose a highly placed criminal
péngyou 朋友 N. ① friend ② boy/girl friend M: [2]*wèi*
péngyou yǒu tōngcáizhīyì 朋友有通财之义[-義] V.P. Friends have the responsibility to share their wealth.
pèng yùnqi 碰运气[-運氣] V.O. ① get lucky ② try one's luck; take a chance ♦N. sheer luck; a lucky stroke; a fluke
pēngzǎi 烹宰 V. kill
[1]péngzhàng 膨胀 V. expand; swell; inflate
[2]péngzhàng 篷帐 N. canvas M: [1]*dǐng*
péngzhàngbù 篷帐布 N. tent cloth M: [2]*kuài*
péngzhànglǜ 膨胀率 N. rate of expansion
péngzhàng qǐlai 膨胀起来 R.V. expand; swell; dilate; inflate
péngzhàngxìng 膨胀性 N. expansibility
péngzhàng xìshù 膨胀系数[-係數] N. coefficient of expansion/dilatation
pèngzhà zhàdàn 碰炸炸弹 N. <*mil.*> impact bomb M: [1]*kē*
pěngzhe jīmáo dāng lìngjiàn 捧着鸡毛当令箭[-著雞-當--] ID. make a fuss about a casual remark of the boss
Péng Zhēn 彭真 (1902–1997) N. mayor of Beijing before the Cultural Revolution; later chaired the People's Congress

pēngzhì* 烹制[-製] V. prepare; cook
péngzhì 膨滞[-滯] V.P. be overstocked and stagnated
pēngzhǔ* 烹煮 V. cook; boil
péngzhū 膨珠 N. ① slag beads ② light-weight building material made by processing slag
pěngzhù 捧住 R.V. hold firmly and securely
péngzhuǎn 蓬转[-轉] ADV. quickly; rapidly ♦V. go adrift
pèngzhuàng 碰撞 V. ①collide; run into ②offend; affront ♦N. collision; impact
pèngzhuàng jǐnggào xìtǒng 碰撞警告系统 N. collision-warning system
[1]**péngzi** 棚子 N. <coll.> shed; shack M: [4]zuò
[2]**péngzi** 篷子 N. awning
Péng Zǔ 彭祖 N. mythical Chinese Methuselah
pēnhóng 喷红 ATTR. crimson
pēnhú 喷壶[-壺] N. watering can M: [1]bǎ
pēnhuā 喷花 N. spraying decoration
pénhuā* 盆花 N. potted flower
pēnhuǒ 喷火 V.O. shoot flames ♦V.P. flaming (of sun/flowers/etc.)
pēnhuǒchē 喷火车 N. flame-thrower M: [3]liàng
pēnhuǒkǒu 喷火口 N. ① a place emitting fire ② mouth of a volcano
pēnhuǒqì 喷火器 N. flamethrower
pēnhuǒshān 喷火山 N. volcano M: [4]zuò
pēnjiàn 喷溅[-濺] V. splash
pēnjiāng 喷浆[-漿] V.O. whitewash
pēnjǐng 喷井 N. gusher (well) M: kǒu
pénjǐng(r)* 盆景(儿) N. potted landscape; miniature trees/rockery; bonsai
pēnkǒng 喷孔 N. orifice
pēnkǒu 喷口 N. <geol.> crater
pēnlínshì 喷淋式 N. spraying method
pēnliú 喷流 N. jet flow/stream
pēnmén 喷门 N. <phys.> cardia
pēnmò 喷墨 ATTR. ink-jet
pēnmò jìlù 喷墨记录[-錄] N. ink-jet recording
pēnmòshì 喷墨式 ATTR. ink-jet
pēnmò yìnshuājī 喷墨印刷机 N. ink-jet printer M: [1]tái
pēnpēn 喷喷 R.F. glib in speech
pénpénguànguàn 盆盆罐罐 R.F. ① pots and pans ② household odds and ends
pēnpenxiāng 喷喷香 R.F. savory
pēnqī 喷漆 V.O. spray lacquer/paint ♦N. lacquer
pēnqì* 喷气[-氣] V.O. blow; puff; inject air
pēnqiāng 喷枪[-槍] N. spray gun M: [1]bǎ
pénqiāng* 盆腔 N. pelvic cavity
pēnqiāngshì pēnwùjī 喷枪式喷雾机[-槍--霧-] N. gun sprayer
pénqiāngyán 盆腔炎 N. <med.> pelvic infection
pēnqì fādòngjī 喷气发动机[-氣發動-] N. jet engine M: [1]tái
pēnqìjī 喷气机[-氣-] N. jet; jet aircraft/plane M: [1]jià
pēnqìkǒng 喷气孔[-氣-] N. vent
pēnqìliú 喷气流[-氣-] N. jet stream; jet flow
pēnqīqì 喷漆器 N. airbrush M: [1]bǎ
pēnqīqiāng 喷漆枪[-槍] N. paint spray gun; airbrush M: [1]bǎ
pēnqìshì 喷气式[-氣-] ATTR. ① jet-propelled ② <Cult. Rev.> a kind of corporal punishment
pēnqìshì fēijī 喷气式飞机[-氣-飛-] N. jet aircraft M: [1]jià
pēnqìzhījī 喷气织机[-氣織-] N. air-jet loom M: [1]tái
pēnqì zōnghézhèng 喷气综合症[-氣---] N. jet lag
pénqū 盆曲 N. pelvic curvature
pēnquán 喷泉 N. ① fountain ② geyser M: [1]yǎn
pēnrǎn 喷染 V. spray paint ♦N. spray-painting
pēnsǎ 喷洒[-灑] V. spray; sprinkle
[1]**pēnshā** 喷杀[-殺] V. kill (insects) by spraying
[2]**pēnshā** 喷砂 V.O. sand blast
pēnshè 喷射 V. spray; spurt; jet
pēnshèbèng 喷射泵 N. jet pump M: [1]tái
pēnshè fēijī 喷射飞机[--飛-] N. jet aircraft M: [1]jià
pēnshèjī 喷射机 N. jet aircraft M: [1]jià
pēnshèqì 喷射器 N. spraying apparatus
pēnshè tuījìn 喷射推进[-進] N./V.P. jet propulsion
pēnshuǐ 喷水 N. water spray
pēnshuǐchí 喷水池 N. fountain M: [4]zuò
pēnshuǐhú 喷水壶[-壺] N. sprinkling can M: [2]zhī
pēnsītóu 喷丝头[-絲-] N. <txtl.> spinning jet/nozzle
péntāng 盆汤[-湯] N. bathtub cubicle
péntáng* 盆塘/堂 N. bathtub cubicle
pēnténg 喷腾 V. spurt/shoot up (of water/flames/etc.)
pēntì 喷嚏 N. sneeze *Tā dǎle ge ~.* He sneezed.
[1]**pēntǒng** 喷筒 N. ① sprayer ② vaporizer M: [2]zhī
[2]**pēntǒng** 喷桶 N. <topo.> watering/sprinkling can
pēntóu 喷头 N. ① shower nozzle ② sprinkler head
pēntú 喷涂[-塗] V. spray
pēntǔ* 喷吐 V. spout; gush
péntuō 盆托 N. pot stand
pēnwù 喷雾[-霧] V.O. ① mist spray ② atomize
pēnwùqì 喷雾器[-霧-] N. atomizer; sprayer M: [1]tái
pēnwù tìxūgāo 喷雾剃须膏[-霧-鬚-] N. aerosol shaving cream
pēnwù yìnhuā 喷雾印花[-霧--] N. <txtl.> spray printing
pènxiāng 喷香 V.P. ① delicious ② fragrant
pènxiāngxiānměi 喷香鲜美 F.E. savory
pēnxiè 喷泻[-瀉] V. spurt
pēnyì* 喷溢 V. gush/pour out; spread widely; release in every direction
pényì 溢溢 V. <wr.> overflow
pēnyǒng* 喷涌 V. gush; spout
pényǒng 溢涌 V. gush; surge
pényù 盆浴 N. tub bath; tub M: [2]zhī/ge
pēnyúntǔwù 喷云吐雾[-雲-霧] F.E. ① puff away (of a smoker) ② belch out smoke (of a chimney/etc.)
pénzāi 盆栽 N. potted plant; bonsai M: [2]kē/[2]zhū ♦V. grow in a pot
pénzāi zhíwù 盆栽植物 N. potted plant; pot plant M: [2]kē/[2]zhū
pēnzi 喷子 N. sprayer; spraying apparatus
pénzi* 盆子 N. <coll.> pot; basin
pēnzuǐ(r) 喷嘴(儿) N. spray nozzle/head
pēnzuǐshì yǐnshuǐ lóngtóu 喷嘴式饮水笼头 N. drinking fountain
[1]**pī** 批 V. ① slap (sb.'s face) ② write comments on document ♦B.F. ① comment; criticize; refute *pīpíng* ② approve *pīzhǔn* ③ buy/sell in large amounts *pīfā* ④ <coll.> cloth fibers not yet twisted *xiànpīr* ♦M. batch; lot
[2]**pī** 披 V. ① drape/hang over one's shoulders ② open; unroll ③ split open; crack
[3]**pī** 劈 V. ① chop; cleave ② strike (of lightning) ♦N. <phy.> wedge ♦B.F. right against (one's face/etc.) [1]*pīmiàn See also* [2]*pǐ*
[4]**pī** 坯[-/坏] N. ① base; semifinished product; unfired pottery pieces ② unbaked/earthen brick/tile; adobe *See also huài*
[5]**pī** 纰[紕] V. become unwoven/untwisted (of cloth) ♦N. mistake
[6]**pī** 丕 B.F. <wr.> large; great *pījī, pījì*
[7]**pī** 砒 B.F. arsenic *pīshuāng, pīsuān*
[8]**pī** 被 in [1]*pīfú See also* [1]*bèi*
[9]**pī** 霹 in [1]*pīlì*
[10]**pī** 噼 in *pīpā, pīlipālā*
[11]**pī** 狉 in [2]*pīpī, zhēnpī*
[1]**pí*** 皮 N. ① skin ② leather; hide ③ wrapper ④ surface ⑤ thin/flat pieces/sheets ⑥ rubber ⑦ Surname ♦S.V. ① soft and soggy ② case-hardened; indifferent ③ naughty
[2]**pí** 脾 N. spleen
[3]**pí** 疲/罢[-/罷] B.F. tired; weary; exhausted [1]*píláo See also* [2]*bà*
[4]**pí** 蜱 N. <zoo.> tick
[5]**pí** 罴[羆] N. brown bear
[6]**pí** 铍[鈹] N. <chem.> beryllium
[7]**pí** 埤 B.F. increase *píyì See also* [8]*pì*
[8]**pí** 毗 B.F. adjacent *pílián* ♦in *túpí*
[9]**pí** 裨 B.F. secondary; supporting *pífān, piānpí See also* [28]*bì*
[10]**pí** 陴 B.F. parapet *dēngpí*
[11]**pí** 貔 B.F. a mythical bear-like animal [1]*píhǔ*, [2]*pízi*
[12]**pí** 啤 in *píjiǔ*
[13]**pí** 枇 in [2]*pípa*
[14]**pí** 琵 in [1]*pípa*
[15]**pí** 鼙 in [2]*pígǔ*
[16]**pí** 芘 in [2]*pífú See also* [46]*bì*
[17]**pí** 蚍 in [1]*pífú*
[18]**pí** 鲏[鮍] in *pángpí*
[19]**pí** 比 in [2]*gāopí See also* [1]*bǐ*, [45]*bì*
Pí 郫 B.F. name of a county in Sichuan *Pítǒng*
[1]**pǐ** 匹/疋 M. *for horses, mules, bolts of cloth, etc.* ♦B.F. ① match *pǐpèi* ② companion; mate ③ pair ④ female and male ⑤ equal ⑥ lone *pǐfū* ⑦ common
[2]**pǐ** 劈 V. ① divide; split ② break/strip off ③ injure one's legs/fingers by opening them too wide *See also* [3]*pī*
[3]**pǐ** 癖 B.F. ① addiction *yānpǐ* ② extreme devotion to something *shìpǐ* ③ idiosyncracy *pǐxìng*
[4]**pǐ** 痞 N. lump in the abdomen ♦B.F. ruffian *dìpǐ*
[5]**pǐ** 擗 V. ① break off ② pound
[6]**pǐ** 否 B.F. bad; inferior *pǐjítàilái, zāngpǐ See also* [1]*fǒu*
[7]**pǐ** 圮 B.F. destroy; ruin *pǐhuǐ, tānpǐ*
[8]**pǐ** 庀 B.F. prepare; manage *jiūgōngpǐcái*
[9]**pǐ** 仳 in *pǐlí*
[1]**pì** 屁 N. ① flatulence; fart ② nonsense; rubbish ♦B.F. <coll.> buttocks; backside *pìgu*
[2]**pì** 辟[-/闢] V. ① open up; start ② refute; repudiate; eliminate ♦B.F. penetrating; incisive *jīngpì See also* [13]*bì*, [3]*pì*
[3]**pì** 辟 B.F. <wr.> law *dàpì See also* [13]*bì*, [2]*pì*
[4]**pì** 僻 B.F. secluded; out of the way [1]*pìjìng, piānpì*
[5]**pì** 譬 B.F. example; analogy *pìrú*
[6]**pì** 媲 B.F. compare favorably with *pìměi*
[7]**pì** 甓 B.F. brick; tile *língpì*
[8]**pì** 埤 in [3]*pìnì See also* [7]*pí*
[9]**pì** 睥 in [1]*pìnì*
[10]**pì** 澼 in *píngpì*
[11]**pì** 䴙[鷿/鸊] in *pìtī*
[1]**piān(r)** 篇(儿)[-(兒)] N. ① piece of writing ② sheet (of paper/etc.) ♦M. *for articles/chapters/etc.*
[2]**piān** 偏 S.V. ① inclined ② partial; prejudiced ③ side ④ special ♦V. ① incline ② insist on ③ move to one side ④ <court.> have already eaten ♦ADV. ① stubbornly ② on the contrary
[3]**piān** 片 B.F. photo; film [1]*piānzi, zhàopiānr See also* [1]*piàn*
[4]**piān** 翩 B.F. swift flight; quick movement *piānrán*, [2]*liánpiān*
[5]**piān** 扁 in *piāndù, piānzhōu See also* [1]*biǎn*
[6]**piān** 犏 in *piānniú*
[1]**pián** 骈[駢] B.F. paired; parallel; antithetical *piánbì, piántǐ*
[2]**pián** 便 in *piányi See also* [1]*biàn*
[3]**pián** 胼 in [2]*piánzhī*
piǎn 谝[諞] V. ① soft-soap ② <topo.> show off ③ cheat
[1]**piàn(r)*** 片(儿)[-(兒)] N. ① slice; flake ② part ♦M. *for paper, tile, tablets, stretches of land/scenery, etc.* ♦V. ① slice ② pare ♦B.F. ① incomplete; partial *piànmiàn* ② small; brief *piànzhīzhìzì* ③ photo; film *zhàopiàn, yǐngpiàn See also* [3]*piān*
[2]**piàn** 骗[騙] V. ① deceive; fool; hoodwink ② leap on a horse ③ cheat; swindle
piān'ài 偏爱[-愛] V. be partial to sb./sth.
piān'ān 偏安 V. be content to retain sovereignty over only part of country
piàn'àn* 骗案 N. a case of fraud M: [2]jiàn
piān'ānyīyú 偏安一隅 F.E. be content to exercise sovereignty over only a part of the country
piānbān 片斑 N. <photo.> film mottle

piánbì* 骈比 <wr.> ADV. next to each other; side by side ♦V.P. contiguous
piánbì 便嬖 N. sycophant M: ²wèi
piānbiān hàomǎ 片边号码[-邊號-] N. <photo.> edge numbers
piànbiān yìnzìjī 片边印字机[-邊---] N. fine-line printer M: ¹tái
piāncái* 偏才 N. ① cleverness in trivial matters ② cleverness/skill in a limited way; petty talents
piàncái 骗财 V.O. get money by fraud/trickery
piàncái piànsè 骗财骗色 V.P. gain money or women by cheating
piāncè 偏侧 ATTR. hemi-
piānchā* 偏差 N. deviation; error M: ¹diǎnr/¹xiē
piànchá 片茶 N. tea in tablet form
piàncháng* 片长 N. ① duration of a movie ② limited/mediocre talent/gift
piànchǎng 片场[-場] P.W. location M: ⁴zuò
piānchā xíngwéi 偏差行为 N. deviant behavior
piànchī 骗吃 V. get food by fraud/trickery
piànchīpiànhē 骗吃骗喝 F.E. get sth. to eat and drink by cheating
piānchǒng 偏宠 V. be partial
piànchóu 片酬 N. remuneration for acting in a film; salary/fee of a movie star M: ²bǐ
piānchuāng 片窗 N. gate M: ¹shàn
piāncí 偏辞[-辭] N. partial/prejudiced words M: ²fān
piāncì* 篇次 N. table of contents
piāndài 偏待 V. favor sb.
piāndī 偏低 V.O. be on the low side
piāndiàn 偏殿 P.W. palace/temple side hall M: ⁴zuò/¹jiān
piándīng 胼钉 N. <med.> corn
piāndù 扁度 N. skewness; measure of skewness
¹piànduàn 片段 N. part; extract; fragment
²piànduàn 片断[-斷] N. section; part ♦ATTR. incomplete; fragmentary
piān'ē* 偏阿 V.P. biased; prejudiced
piàn'è 片颚 N. chin
piānfān 翩翻 V. flutter about; fly up
piānfàn* 偏饭 N. bias; partiality; special liking; favoritism
piānfāng(r)* 偏方(儿) N. <Ch. med.> folk prescription M: ¹zhāng
piānfáng 偏房 N. concubine M: ²wèi ♦P.W. wing house M: ⁴zuò/¹jiān
piānfāngchā 偏方差 N. partial variance
piānfèi 偏废[-廢] V. do one thing and neglect another
piānfēn 偏分 ATTR. ① man's hair style with hair parted on the side ② crippled
¹piānfēng 偏锋 N. ① slanting stroke in calligraphy; oblique stroke of the brush ② indirect approach to a subject ③ unorthodox way of doing things
²piānfēng 偏风 N. hemiplegia
piānfu 篇幅 N. ① length (of a piece of writing) ② space (on the printed page)
piāngé 片格 N. frame
piàngòu 骗购[-購] V. fraudulently purchase
piān-guàití 偏怪题 N. peculiar trick questions M: ²dào
piānguāng 偏光 N. polarized light
piānguāngjìng 偏光镜 N. polariscope M: ¹fù
piānguāng lǜqì 偏光滤器[--濾-] N. polarized light filter
piānguāngshù 偏光树[-樹] N. lopsided tree M: ²kē
piànguò 骗过 R.V. out-trick
piānháng 偏航 N. going off course; yawing
piānhào 偏好 N. hobby; special love ♦V.P. <topo.> it so happened that; as luck would have it
piānhé 片盒 N. film magazine
piānhéshì huàndēng 片合式幻灯[-燈] N. magazine projector M: ¹tái
piànhǒng 骗哄 V. cheat
piānhòu de shémiàn bíyīn 偏后的舌面鼻音[-後-----] N. <lg.> palatal/postpalatal nasal sound
piānhòu shémiànyīn 偏后舌面音[-後---] N. <lg.> postpalatal sound
piānhù 偏护[-護] V. be partial to and side with
piànhuáng 片簧 N. <mach.> leaf spring M: ²gēn
piànhuì 骗汇[-匯] V. currency swindling
¹piānjī* 偏激 S.V. extreme; tending to extremes
²piānjī 偏畸 V.P. <wr.> unjust; unfair; partial
piānjí 篇籍 N. books M: ¹běn
piànjì 片剂[-劑] N. <med.> tablet M: ¹piàn
piànjiǎbùcún 片甲不存 F.E. be completely annihilated
piànjiǎbùhuí 片甲不回 F.E. be completely annihilated
piànjiǎbùliú 片甲不留 F.E. army is completely wiped out; wipe out the enemy to a man; suffer a crushing defeat
piànjià jiégòu 片架结构[-構] N. card-house structure
piànjiǎmíng 片假名 N. <Jp.> katakana (syllabary)
piānjiàn* 偏见 N. prejudice; bias M: ¹xiē
piánjiān 骈肩 N. <wr.> ① shoulders against shoulders ② a jostling crowd
piānjiàng 偏将[-將] N. <trad.> assistant general M: ²wèi
piānjiǎo 偏角 N. declination
piānjiāotǐ 偏胶体[-膠體] N. metacolloid
piànjiēcùnfù 片接寸附 F.E. piece together with difficulty
piānjī fènzǐ 偏激分子 N. radicals M: ²wèi
piānjīn 偏襟 N. lateral forepart (of a Chinese garment)
piànjīn* 片金 N. flake gold M: ²kuài
piánjù 骈句 N. parallel sentences
piànjú* 骗局 N. fraud; hoax M: ²chǎng
piànjù 片锯 N. blade saw M: ¹bǎ
piānkàng 偏亢 A.T. <Ch. med.> unilaterally excessive
piānkē 偏科 N. unpopular academic program ♦V.O. ① tend to go overboard ② favor some courses and neglect others (in school)
piànkè* 片刻 N. a short while; a moment
piànkǒng 片孔 N. film perforation
piānkǒuyú 偏口鱼 N. flatfish M: ¹tiáo
piānkū 偏枯 N. ① <Ch. med.> hemiplegia ② theory about calligraphy ♦V.P. ① lopsided (of development/etc.) ② paralyzed on one side ③ uneven/unfair distribution of sth., such as a benefit/etc.
piānkuáng 偏狂 N. <med.> monomania
piǎnkuò 谝阔 V. show off; be boastful
piānláo 偏劳[-勞] V. ① <court.> take trouble *Nín ~ le.* Thanks for all your trouble. *Qǐng ~ yīxià xíng ma?* May I trouble you to do it? ② let one person take on the work of the whole team
piānlí* 偏离[-離] V. deviate; diverge
piānlì 偏利 N. <lg.> lateralization
piánlì 骈俪[-儷] N. art of parallelism
piānliáng 偏凉[-涼] A.T. <Ch. med.> unilaterally cool *qì*
piánliántǐ 胼联体[-聯體] N. doublet
piánliè 骈列 V. lay parallel to each other
piánlín 骈邻[-鄰] N. next-door neighbor M: ²wèi
piānliú 偏流 N. bias current M: ²dào
piānlízhènglù 偏离正路[-離--] F.E. excursion
piànmǎ 骗马 V.O. leap into the saddle; mount a horse ♦N. performance on a horse (dismounting and remounting with skill) ♦ID. frivolous; flippant; playful
piànmài 骗卖[-賣] V. sell goods by deceitful tricks
piānmáng 偏盲 N. blindness in one eye
piànmáo 片毛 N. broken wool
piànmáyán 片麻岩 N. <geol.> gneiss
piānmén 偏门 N. ① side door M: ¹shàn ② dishonest practices ③ unpopular profession or branch of learning ④ <lg.> narrow sense
piànmiàn 片面 S.V. ① unilateral ② one-sided
piànmiàn guāndiǎn 片面观点[-觀點] N. one-sided view
piànmiànxìng 片面性 N. one-sidedness
piànmiànzhīcí 片面之词 N. one-sided remarks M: ¹jù
piànmiànzhījiāo 片面之交 N. casual acquaintance
piànmiànzhīyán 片面之言 N. one-sided remarks
piànmiàn zuìhuìguó dàiyù 片面最惠国待遇[----國--] N. unilateral most-favored-nation treatment
piānmíng 片名 N. movie title
piānmòzhù 篇末注[-註] N. endnote M: ¹tiáo
piānmù* 篇目 N. table of contents; list of articles; chapter headings
piānmù 片目 N. title of a film
piánmǔ-zhīzhǐ 骈拇枝指 N. superfluity; redundancy
piǎnnéng 谝能 V.O. show off (one's abilities/skills/etc.)
piānniàn 偏念 N. prejudice; extreme views; partial opinion
piánnìng 便佞 N. glib-tongued man
piānniú 犏牛 N. offspring of a bull and a female yak M: ¹tiáo/¹tóu
pián'ǒuwén 骈偶文 N. parallel-prose writing M: ¹piān
piànpán 片盘[-盤] N. film spool; bobbin
piānpáng(r) 偏旁(儿) N. character components
piānpí 偏裨 N. <hist.> ① deputies/assistants to army generals ② high-ranking army officers M: ²wèi
piānpì* 偏僻 S.V. ① remote; out-of-way ② rare
piánpì 便辟 N. a man of specious airs
¹piānpiān* 偏偏 ADV. ① just ② but ③ only ④ wilfully; insistently; persistently ⑤ contrary to expectations ⑥ unfortunately ⑦ perversely
²piānpiān 翩翩 S.V./ADV. ① graceful; elegant ② lightly (dance/flutter/etc.) ③ lightly and swiftly (descriptive of movement)
piánpián 便便 R.F. ① obese ② bulging
piànpiàn 片片 ADV. in pieces; in fragments
piānpiānbùqiǎo 偏偏不巧 F.E. as ill luck would have it
piānpiān gōngzǐ 翩翩公子 N. lively and elegant young man M: ²wèi
piānpiān niánshào 翩翩年少 N. a handsome beau
piānpiān shàonián 翩翩少年 N. an elegant young man
piānpō 偏颇 S.V. <wr.> biased; partial
piānqī 偏栖[-棲] ID. live as a widow
piànqián 骗钱[-錢] V.O. cheat sb. out of money
piānqián de shémiàn 偏前的舌面 N. <lg.> retroflex
piānqián de shémiàn bíyīn 偏前的舌面鼻音 N. <lg.> retroflex nasal sound
piānqián shémiànyīn 偏前舌面音 N. <lg.> prepalatal sound
piānqiǎo 偏巧 ADV. by chance; as luck would have it
piānqīngdù 偏倾度 N. magnitude of deflection
piànqǔ 骗取 V. gain sth. by fraud; defraud
piànqǔ xìnrèn 骗取信任 V.O. worm one's way into sb.'s confidence
piànqǔ xuǎnpiào 骗取选票[--選-] V.O. wangle votes
piānr 片儿 N. sheet; disk; roll
piānrán 翩然 ADV. <wr.> lightly; trippingly
piānrán'érzhì 翩然而至 F.E. come trippingly
piānránlìzhǐ 翩然莅止[--蒞-] F.E. graciously come/arrive
piànrén 骗人 V.O. deceive people; defraud others
piànrhuì 片儿会 N. neighborhood meeting
piànrjǐng 片儿警 N. <slang> section-policeman (responsible for a designated section of a city district) M: ²wèi
piànrlǎn 片儿懒 N. loafers M: shuāng
piànròu 片肉 N. sliced thin pieces of meat M: shuāng
piànrtāng 片儿汤[-湯] N. <coll.> soup with flat dough pieces

P

piànrtānghuà 片儿汤话[--湯-] N. <*slang*> popular/street language; slang

piānruòjīnghóng 翩若惊鸿[--驚-] ID. tripping lightly like a startled swan (of a beautiful woman)

piānsānxiàngsì 偏三向四 F.E. <*coll.*> be biased; favor one over another

piānshān* 偏衫 N. monk's/nun's short gown draped slantingly over left shoulder M: [2]*jiàn*

piànshàn 片善 N. some quality/aptitude or other

piànshāng 片商 N. film distributor; movie dealer M: [2]*wèi*

piànshǎng* 片晌 N. <*topo.*> a short while; a little while; a moment

piānshēn 偏身 V.O. ① move aside for sb. else to pass ② side view of sb. ♦ATTR. hemi-

piānshēng* 偏生 ADV. <*topo.*> ① unexpectedly ② stubbornly

[1]**piānshèng** 偏盛 A.T. <*Ch. med.*> unilateral flourishing

[2]**piānshèng** 偏胜[-勝] N. <*Ch. med.*> unilateral dominance

piānshēnpiān 篇身片 N. trailers

[1]**piānshī** 偏失 V. deviate; diverge ♦N. error M: [1]*xiē*/[1]*diǎnr*

[2]**piānshī** 偏师[-師] N. ① wing/flank of an army ② auxiliary force M: [4]*zhī*

[1]**piānshí*** 偏食 N. ① partial eclipse ② partiality for certain kinds of food ③ limited diet ④ preferential treatment ♦V. be particular with food

[2]**piānshí** 篇什 N. ① composition ② poems

[3]**piānshí** 偏蚀 N. partial eclipse (of the sun/moon)

[1]**piànshí** 片时[-時] N. a moment

[2]**piànshí** 片石 N. slabstone; flagstone M: [2]*kuài*

piānshǒuxìng 偏手性 N. handedness

piánshǒuzhīzú 胼手胝足 F.E. ① calloused hands and feet ② a life of toil ③ toil/work hard

piànshù 骗术[-術] N. deceitful trick; ruse

piānsī 偏私 V.O. practice favoritism

piánsìlìliù 骈四俪六[--儷-] F.E. <*wr.*> parallel construction of pairs of four- and six-character sentences

piànsù 骗宿 V. talk guests into checking into one's hotel by lying

piāntān 偏瘫[-癱] N. hemiplegia

piāntǎn* 偏袒 V. be partial to and side with

piāntǎnyīfāng 偏袒一方 F.E. be biased/inclined to one side

piàntǎo 骗讨 V. engage in guileful panhandling

piānténg 偏疼 V. ① show favoritism toward one's children ② show favoritism to sb; be partial to sb.

piāntí* 偏题 V.O./N. obscure/trick/catch question (in an examination)

piántǐ 骈体[-體] N. ① rhythmical prose style marked by parallelism and ornateness ② a euphuistically antithetic style of writing prevalent in the 6th and 7th centuries A.D. ③ <*lg.*> antithetical writing

piántián 骈阗/填/田 N. <*wr.*> ①close together; side by side ② connected in a row/stretch

piántǐ fānyìfǎ 骈体翻译法[-體-譯-] N. <*lg.*> antithesis method

piāntīng 偏听[-聽] N. listen with half an ear

piāntīngpiānxìn 偏听偏信[-聽--] F.E. heed and trust only one side

piántǐwén 骈体文[-體-] *See piántǐ*

piàntóu 片头 N. movie credits and titles

piāntóufēng 偏头风 N. <*med.*> migraine

piāntóuténg 偏头疼 N. <*med.*> migraine

piàntuǐr 骗腿儿 V.O. <*topo.*> swing one's leg sideways

piànwǎwúcún 片瓦无存 ID. be razed to the ground

piānwèi 偏位 A.T. off normal

piānwēifēn 偏微分 N. <*math.*> skewed differential

piānwēn 偏温 A.T. <*Ch. med.*> unilaterally warm *qì*

piánwén* 骈文 N. rhythmical prose marked by parallelism and ornateness

piānwǔ 翩舞 V. <*wr.*> dance for joy

piānwù* 偏误 N. ① bias (in statistics) ② errors in language M: [1]*xiē*/[1]*diǎnr*

piànwùqìyuē 片务契约[-務--] N. <*law*> one-sided contract M: [1]*zhāng*

piānxī 偏西 V.O. be in the west (of the sun/moon); move toward the west (of the sun/moon)

piānxiá 偏狭[-狹] V.P. biased and narrow-minded

piānxiān* 翩跹[-躚] <*wr.*> ADV. lightly; trippingly ♦V. ① walk unsteadily ② walk with a dancing gait

piánxiān 蹁跹[-躚] V. <*wr.*> walk haltingly; limp; hobble

piānxiàng 偏向 V. ① be partial to ② load the dice ③ tend to ♦N. ① proclivity ② erroneous tendency

piānxiāng guānxìshù 偏相关系数[-關係數] N. partial correlation coefficient

piānxiàngjiǎo 偏向角 N. angle of deviation

piānxiānqǐwǔ 翩跹起舞[-躚--] F.E. dance trippingly

[1]**piānxié*** 偏斜 N. deflection; skewness; deviation

[2]**piānxié** 偏谐 ATTR. off-tune

piánxié 骈胁[-脅] N. joined/invisible ribs (of a fat person)

piānxīn* 偏心 S.V. ①partial; biased ② <*mach.*> eccentric

piānxìn 偏信 V. heed and trust only one side

piānxīndù 偏心度 N. (degree of) eccentricity

piānxìng 偏性 N. bias

piānxīnlún 偏心轮 N. eccentric wheel

piānxīnyǎn(r) 偏心眼(儿) <*coll.*> N. partiality M: [1]*diǎnr* ♦V.O./S.V. biased; unfair

piānxuān 翩翾 ADV. flying/dancing gracefully

piānyā 偏压[-壓] N. <*elec.*> bias voltage

piányǎn 骈衍 V.P. concise; dense

[1]**piànyán*** 片言 N. a few words

[2]**piànyán** 片岩 N. <*geol.*> schist; schistose rocks M: [2]*kuài*

piànyánjiǔdǐng 片言九鼎 F.E. solemn promise/pledge

piànyánkějué 片言可决[-決] F.E. can be settled by one word

piānyǎnxìng 偏眼性 N. eyedness

piànyánzhéyù 片言折狱 F.E. A single word uttered by a wise man can decide a legal case.

piànyànzhǐ 片艳纸[-艷-] N. paper glossy on one side M: [1]*zhāng*

piànyánzhīcí 片言只词[--隻-] F.E. a few words and phrases

piànyánzhīyǔ 片言只语[--隻-] F.E. a phrase or two; only a few words

piànyánzhīzì 片言只字[--隻-] N. brief note/letter

piānyào 偏要 ADV. contrarily; insistently

piānyè 篇页 N. leaves and pages M: [4]*yè*

piānyí 偏移 N. shifting; deviation; offset

piānyǐ 偏倚 V. lean on

piányi* 便宜 S.V. cheap ♦N. small advantages ♦V. let sb. off lightly *See also biànyí*

piányibùguò dāngjiā 便宜不过当家[----當-] V.P. perks should be kept inside the family

piányihuò 便宜货 N. bargain merchandise M: [2]*jiàn*

piānyīn 偏因 N. bias

piányishìr 便宜事儿 N. <*coll.*> good/easy thing M: [2]*jiàn*

piányi zhīfù tiáokuǎn 便宜支付条款[----條-] N. facility of payment clause

piānyǒng 翩踊[-踴] V. <*wr.*> cheer and dance

piànyòu 骗诱 V. cheat and lure

piānyú* 偏于[-於] V.P. tend to

piànyǔ 片语 N. <*lg.*> phrase

piānyuǎn 偏远[-遠] S.V. remote; faraway

piānyuǎn dìqū 偏远地区[-遠-區] P.W. remote districts

piànyuē 片约 N. invitation to act in a movie

piànyún zúyǐ bìrì 片云足以蔽日[-雲----] F.E. one cloud is enough to eclipse the sun

piānzāi 偏灾[-災] N. disaster caused by drought/flood

piānzhǎi 偏窄 V.P. inclined to be narrow

piānzhāng 篇章 N. ① sections and chapters; writing in general ② poem ③ <*lg.*> discourse; context

piānzhāng fēnxi 篇章分析 N. <*lg.*> discourse analysis; text/textual analysis

piānzhāng gōngnéng 篇章功能 N. <*lg.*> textual function

piānzhāng yǔyánxué 篇章语言学 N. <*lg.*> text linguistics

piānzhèn 偏振 N. <*phy.*> polarization

piān-zhèng 偏正 N. <*lg.*> modifier and word it modifies

piānzhèngcí 偏正词 N. <*lg.*> word consisting of head morpheme and modifier

piān-zhèng cízǔ 偏正词组 N. <*lg.*> word group consisting of modifier and word it modifies

piān-zhèng jiégòu 偏正结构[-構] N. <*lg.*> modifying construction

piānzhènguāng 偏振光 N. <*phy.*> polarized light

piānzhí* 偏执[-執] S.V. bigoted

piānzhì 偏置 N. polarization; skewing; bias

[1]**piánzhī** 骈枝 N. double toe/finger ♦V.P. superfluous

[2]**piánzhī** 胼胝 N. callosity; callus ♦V. toil/work hard

piànzhǐ 片纸 N. ①small piece of paper ② short note M: [1]*zhāng*

piánzhī jīgòu 骈枝机构[-構] N. superfluous structure

piānzhíjǐjiàn 偏执己见[-執--] F.E. stick to one's own opinion; be bigoted in one's opinion

piānzhíkuáng 偏执狂[-執-] N. paranoia

piānzhíkuáng de pīpàn 偏执狂的批判[-執----] N. paranoid criticism

piānzhípǐ 偏执癖[-執-] N. monomania

piānzhízhèng 偏执症[-執-] N. paranoia

piànzhǐzhīzì 片纸只字[--隻-] F.E. ① fragments of writing ② brief letter; note

piānzhòng 偏重 V. lay particular stress on

piānzhòngyú 偏重于[-於] V.P. lay particular stress on

piānzhōu* 扁舟 N. <*wr.*> small boat; skiff M: [2]*zhī*

piànzhóu 片轴 N. bobbin M: [2]*gēn*

piānzhù 偏注 V. lay special stress on

piānzhuǎn* 偏转[-轉] V. swerve ♦N. <*phy.*> deflection

piànzhuān 片砖[-磚] N. tile M: [2]*kuài*

piànzhuàng 片状[-狀] N. flake-shaped

piānzhuì 偏坠[-墜] V. <*Ch. med.*> swelling and hanging down of either of the testes

[1]**piānzi** 片子 N. <*coll.*> ① a roll of film ② film; movie M: [2]*bù* ③ record; album ④ the negative of a roentgenogram M: [1]*zhāng* *See also* [2]*piànzi*

[2]**piānzi** 篇子 N. sheet (of paper, etc.) M: [1]*zhāng*

[1]**piànzi*** 骗子 N. swindler; cheat

[2]**piànzi** 片子 N. ① flat, thin piece; slice; flake; scrap ② visiting card M: [1]*zhāng* ③ a few *See also* [1]*piānzi*

piànzidì 片子地 N. <*topo.*> wilderness; unopened land M: [2]*kuài*

piànzishīshǒu 骗子失手 F.E. A cheat was discovered.

piànzishǒu 骗子手 N. swindler; cheat

piànzǒu 骗走 R.V. cheat sb. out of sth.

piānzū* 片租 N. film rental

piànzū 片租 *See piānzū*

piànzuǐ 骗嘴 V.O. get food by fraud/trickery

[1]**piāo** 飘[飄] V. blow/drift about; flutter

[2]**piāo** 漂 V. drift; float about *See also* [2]*piǎo*, [2]*piào*

[3]**piāo** 剽 B.F. rob; plunder ***piāoqiè, chuípiāo***

[4]**piāo** 缥[縹] in ***piāomiǎo*** *See also* [3]*piǎo*

[5]**piāo** 螵 in [2]***piāoxiāo***

[1]**piáo(r)** 瓢(儿)[-(兒)] N. gourd ladle; wooden dipper ♦M. ladleful ♦B.F. gourd; calabash ***húlupiáo***

[2]**piáo** 嫖 V. visit prostitutes
[3]**piáo** 薸 B.F. <*topo.*> duckweed **dàpiáo**
[1]**piǎo** 瞟 V. glance sidelong at
[2]**piǎo** 漂 V. ① bleach ② rinse *See also* [2]*piāo*, [2]*piào*
[3]**piǎo** 缥[縹] B.F. clear white; glossy ***piǎowǎ***, ***xiāngpiǎo*** *See also* [4]*piāo*
[4]**piǎo** 殍/莩 in **èpiǎo** *See also* [18]*fú*
[1]**piào(r)*** 票(儿)[-(兒)] N. ① ticket; receipt M: [1]*zhāng* ② ballot ③ note ④ amateur opera performance ⑤ check ⑥ certificate ⑦ person held for ransom; hostage ⑧ business deal ♦S.V. ① fast; agile ② vigorous ♦V. write a ticket
[2]**piào** 漂 in ***piàoliang*** *See also* [2]*piāo*, [2]*piǎo*
[3]**piào** 骠[驃] B.F. ① gallop; canter ***piàoqí*** ② brave and bold ***piàoyǒng*** *See also* [10]*biāo*
[4]**piào** 嘌 in ***piàolìng***
pí'ǎo 皮袄[-襖] N. fur-lined jacket M: [2]*jiàn*
piàobà 票霸 N. scalper
piāobǎi 飘摆[-擺] V. flutter
[1]**piǎobái*** 漂白 V. ① bleach ② <*slang*> whitewash (fig.)
[2]**piǎobái** 缥白 N. pure white
piǎobáifěn 漂白粉 N. bleaching powder
piǎobáijì 漂白剂[-劑] N. bleach
piáobàr 瓢把儿 N. <*mus.*> beginning
piào bèi qiānzì 票背签字 V.P. endorse a check ♦N. endorsement
piāobō 剽剥 V. speak/write against
piāobó* 漂/飘泊 V. drift aimlessly
piāobóbùdìng 漂泊不定 F.E. drift about; lead a vagrant life
piāobójiānghú 漂泊江湖 ID. lead a vagrant life
piāobó qióngtú 漂泊穷途[--窮-] V.O. be unable to settle down in a place
piāobówúdìng 漂泊无定 F.E. drift from place to place
piāobówúyī 漂泊无依 F.E. wander about with no one to depend upon
piāobó yìxiāng 漂泊异乡[-異鄉] V.O. wander in a strange land
piāobózhě 漂泊者 N. fugitive M: [2]*wèi*
piāobù 飘布 N. cloth identification badge issued by secret societies
piǎobù* 漂布 V.O. blanch/whiten cloth
piáochāng 嫖娼 V.O. visit prostitutes
piāochén 飘尘[-塵] N. ① airborne dust ② flying ash
piáochóng 瓢虫[-蟲] N. ladybug; ladybird M: [2]*zhī*
piāochū 飘出 R.V. float out
piàochuán 票传[-傳] V. serve a summons on sb. ♦N. subpoena
piāochuí 飘垂 V. flow
piàocún 票存 N. cash reserves against notes issued
piāodài(r) 飘带(儿)[-帶] N. streamer M: [2]*gēn*
piāodàng 飘/漂荡[-蕩] V. ① drift; wave; flutter ② rove
piào dàoqī fùkuǎn 票到期付款 V.P. <*acct.*> retire a bill
piāodòng 飘动[-動] R.V. wave; fly; flutter
piāodǒu 飘抖 V. wave; flutter
piáodǔ 嫖赌 V. <*derog.*> ① go whoring and gambling ② lead a life of debauchery
piào'é 票额 N. denomination; face value
[1]**piāofàn** 漂泛 V. drift about
[2]**piāofàn** 飘泛 V. float
piàofáng(r) 票房(儿) N. ① booking/box office ② club for amateur performers of Beijing opera
piàofáng jiàzhí 票房价值[--價-] N. box office intake
piàofànzi 票贩子 N. scalper
piāofēi* 飘飞[-飛] V. fly; float; flutter; dance in the air
piàofěi 票匪 N. kidnapper
piāofēng 飘风 N. ① violent wind ② whirlwind; cyclone
[1]**piāofú** 漂/飘浮 V. float ♦V.P. superficial; showy (of style of work)
[2]**piāofú** 飘拂 V. flare; fly
piāofúshì guǎnxiàn 漂浮式管线 N. floating pipeline
piāogāo 飘高 A.T. fall from a height (of a workman) ♦R.V. float in the air
piàogēn(r) 票根(儿) N. counterfoil; ticket stub M: [1]*zhāng*
piàoguǐ 票匦 N. ① ballot box ② ticket box
piāoguò 飘过 R.V. sail; drift (across)
piāohǎi 漂/飘海 V.O. travel far across the sea; take a long voyage
piāohǎirén 漂海人 N. sea rover M: [2]*wèi*
piāohàn 剽悍 S.V. <*wr.*> agile and brave
piāohànshànzhàn 剽悍善战[-戰] F.E. swift, daring, and skillful at fighting
piàohào 票号[-號] N. <*trad.*> money-exchange shop
piāohé 漂河 V.O. explore a river on a skin raft
piāohū 飘忽 V.P. ① drift from place to place ② light and swift; mobile
[1]**piāohuǎng** 飘晃 V. drift; wave; flutter
[2]**piāohuǎng** 飘幌 N. flying shop-sign M: [1]*tiáo*
piāohūbùdìng 飘忽不定 F.E. drift from place to place
piàohuì 票汇[-匯] N. draft remittance
piàohuó 票活 N. work without recompense/reward
[1]**piāojí** 飘疾 ADV. quickly; rapidly
[2]**piāojí** 剽疾 V.P. nimble; fast (of fighters/etc.)
piáojì* 嫖妓 V.O. visit prostitutes
piàojià 票价[-價] N. ticket price; admission fee
piǎojiàn 瞟见 V. <*coll.*> glimpse
piàojiāzi 票夹子[-夾-] N. ① clip to hold tickets ② purse; wallet
piāojié 剽劫 V. plunder; rob
piāojīn 漂金 N. gold veins on the surface of mines
piáojìzhě 嫖妓者 N. wencher
piāojǔ 飘举[-舉] V. soar by the wind
piàojù* 票据[-據] N. ① bill ② note ③ voucher; receipt
piāojuǎn 飘卷 V. flutter
piàojùbù 票据簿[-據-] N. voucher/receipt/etc. book M: [1]*běn*
piàojù dēngjìbù 票据登记簿[-據---] N. note register M: [1]*běn*
piàojué 票决[-決] V. decide sth. by drawing lots or election
piàojù jiāohuànsuǒ 票据交换所[-據-換-] P.W. clearinghouse
piàojù jiāoyì 票据交易[-據--] N. bill business
piàojù tiēxiàn 票据贴现[-據--] N. bills/notes discounted; discounted notes
piàojù zài tiēxiàn 票据再贴现[-據---] N. bills rediscounted
piáokè 嫖客 N. patron of brothels
piàole 漂了 V.P. <*coll.*> It's a bust!; It's done for!
piāoléi 漂雷 N. drifting mine M: [1]*kē*
piāolì 漂砾[-礫] N. ① pebble ② <*geol.*> erratic; erratic boulder M: [1]*kē*/[3]*lì*
piàoliang 漂亮 S.V. ① handsome; beautiful ② remarkable; brilliant; splendid; smart ***Tā Yīngyǔ shuō de ~ jíle.*** She speaks English beautifully.
piàolianghuà 漂亮话 N. fine/high-sounding words M: [1]*jù*
piàoliangjiěr 漂亮姐儿 N. beautiful girls M: [2]*wèi*/*ge*
piàoliàngniū(r) 漂亮妞(儿) N. <*slang*> pretty women/girls M: [2]*wèi*/*ge*
piàoliàng qǐlai 漂亮起来 R.V. become pretty/beautiful
piāolíng* 飘零 V.P. ① fade and fall (of leaves) ② drift about alone
piàolìng 嘌呤 N. <*chem.*> purine
piāolíngwúyī 飘零无依 F.E. friendless
piāolíngyīshēn 飘零一身 F.E. fallen (as leaves from the tree) and alone.
piāoliú 漂/飘流 V. ① drift about; be driven by the current ② rove; wander ③ run rapids
piāoliúbùdìng 漂流不定 V.P. drift about; be driven by the current
piāoliúsìfāng 漂流四方 V.P. knock about the world
piāoliúwù 漂流物 N. flotsam
piāoliúwúdìng 漂流无定 V.P. drift about; wander aimlessly
piāolüè 剽掠 V. plunder; loot; rob
piāolún 漂沦 V. be a pitiable lone wanderer
[1]**piāoluò** 飘落 V. float down
[2]**piāoluò** 漂落 V. drift about; wander
piàomiàn 票面 N. face value of a note/bond/etc.
piàomiàn'é 票面额 N. face/nominal/par value
piàomiàn jiàgé 票面价格[--價-] N. nominal value
piàomiàn jiàzhí 票面价值[--價-] N. face/nominal/par value
piàomiànzhí 票面值 N. face /nominal/par value
piāomiǎo* 缥缈//飘渺 V.P. ① dimly discernible; misty ② lingering softly (said of music) ③ difficult to discern
piǎomiǎo 瞟眇 S.V. ① obscure and indistinct ② very unreliable ③ having little chance
piāomiǎonánxìn 飘渺难信[--難-] F.E. vague and difficult to believe
piāomò 漂没 V. drift and sink
piāonáng 缥囊 N. silk book bag
piāoniǎo 漂鸟 N. migratory bird M: [2]*zhī*/[1]*qún*
piāopéng 飘蓬 V. ① drift/wander about ② scattered; dispersed
[1]**piāopiāo*** 飘飘 ADV. lightly; airily ♦V. be driven/blown about; wander
[2]**piāopiāo** 缥缥 ADV. (wafting) lightly *See also* *piǎopiǎo*
piǎopiǎo 缥缥 ADV. rising lightly *See also* [2]*piāopiāo*
piàopiào 票票 N. <*topo.*> ① banknotes ② valuables
piāopiāodàngdàng 飘飘荡荡[-蕩蕩] R.F. swaying/floating leisurely (of a flag in the wind, a boat on the waves, etc.)
piāopiāohūhū 飘飘忽忽 R.F. ① feel as though floating in air ② have unrealistic fantasies/etc.
piàopiàoliàngliàng 漂漂亮亮 R.F. <*coll.*> beautiful; pretty
piāopiāorán 飘飘然 R.F. smug; complacent ♦N. feeling of euphoria ♦S.V. be overwhelmed/exhilarated
piāopiāoruòxiān 飘飘若仙 F.E. as graceful as a fairy
piāopiaoyōuyōu 飘飘悠悠 R.F. <*coll.*> fluttering; floating upward
piāopiāoyùxiān 飘飘欲仙 F.E. ① light, airy ② comfortable, complacent
piàopǐn 票品 N. stamps of all kinds
piāopíng 漂萍 N. floating about like duckweed
piáopō 瓢泼[-潑] V.P. ① pouring out of a gourd ladle ② raining buckets full **~ *dàyǔ*** a heavy downpour
piáopōdàyǔ 瓢泼大雨[-潑--] F.E. heavy rain
piáopōwǎguàn 瓢泼瓦灌[-潑--] F.E. pouring heavily (of rain)
piàoqí 骠骑 N. <*trad.*> high military title
piàoqíbīng 骠骑兵 N. cavalry M: [2]*wèi*
piāoqiè 剽窃[-竊] V. ① plagiarize ② steal; purloin
piāoqièzhě 剽窃者[-竊-] N. plagiarist
piāo qǐlai 飘起来 R.V. flutter; float in the air; wave to and fro
[1]**piāoqīng** 漂轻[-輕] A.T. very light
[2]**piāoqīng** 剽轻[-輕] V.P. truculent and frivolous (of a young man)
piāoqǔ* 剽取 V. plagiarize
piāoqù 漂去 R.V. float; drift
piàoquàn 票券 N. bills; notes M: [1]*zhāng*
piāor 漂儿 N. <*topo.*> float (on a fishing line); fishing float; buoy
piāorán 飘/漂然 V.P. floating in the air ♦ADV. gracefully; flittingly
piǎorǎn* 漂染 V. bleach and dye
piāoránchūshì 飘然出世 F.E. appear with the serenity of a god

piāorán'érqù 飘然而去 F.E. go off with a swagger

piāoránruòxiān 飘然若仙 F.E. move with the serenity of a god

piāoránýùxiān 飘然欲仙 F.E. walking on clouds almost like a fairy

piāosa 飘洒[-灑] S.V. ① suave (of people) ② facile and graceful (of calligraphy) ***See also** piāosǎ*

piāosǎ* 飘洒[-灑] V. float; drift ***See also** piāosa*

piāosàn 飘散 R.V. waft; drift away; dispersed and flying about

piāosǎzìrú 飘洒自如[-灑--] F.E. ① suave (of a person) ② facile and graceful (of calligraphy)

piāoshā 漂沙 N. drifting sand

piāoshǎn 飘闪 V. flash; shine fleetingly

piáoshè 嫖舍 P.W. bagnio; brothel

piāoshī 飘失 V. float/drift away

piāoshì* 飘逝 V. gone with the wind

piàoshù 票数[-數] N. the number of votes/ballots

piāoshuǐ zhíwù 漂水植物 N. floating plant

piāosòng 飘送 V. waft

piāosou* 飘飕 <coll.> V. ripple; glide ♦V.P. nimble; graceful

piāosōu 漂飕 V.P. flighty; frivolous?

piáosù 嫖宿 V. go whoring

piǎowǎ 缥瓦 N. glossy tiles M: [2]*kuài*

piāowǔ 飘舞 V. dance about (in the wind)

piāoxí 剽袭 V.P. plagiarize; lift

piǎoxǐ* 漂洗 V. ① rinse ② wash

piàoxì 票戏[-戲] N. commercially produced play

piāoxiáng 飘翔 V.P. hover in the air

piǎoxiāng 缥缃 N. valuable books M: [1]*běn*/[1]*juàn*

piàoxiāng* 票箱 N. ballot box

[1]**piāoxiāo** 飘萧[-蕭] V.P. withering and dilapidated

[2]**piāoxiāo** 螵蛸 N. egg capsule of a mantis

piāoxíng 漂行 V. float

piāoxù 漂絮 V.O. wander about like catkins floating in the air

piàoxuǎn 票选[-選] V. elect/vote by ballot

piāoxuě 飘雪 N. snowflakes falling

piāoxùn 飘迅 ADV. quickly; swiftly

[1]**piāoyáng*** 飘扬/飏[-揚/颺] V. wave; flutter; fly

[2]**piāoyáng** 漂洋 V.O. travel far overseas

piāoyàng 漂漾 V. ① fill the air; diffuse; spread widely (of a strong scent) ② rove; drift; wander

piāoyángguòhǎi 漂/飘洋过海 F.E. travel far across the sea

piāoyáo* 飘摇/飖 V. ① sway; shake; totter ② dance and toss about in the wind ♦S.V. precarious; unsteady

piàoyáo 票姚 V.P. <wr.> vigorous and lively

piāoyí 漂移 V. float; drift ♦N. <elec.> drift

[1]**piāoyì*** 飘逸 S.V. elegant ♦V. float

[2]**piāoyì** 飘溢 V. waft; drift about

piǎo yī yǎn 瞟一眼 V.P. cast a sidelong glance at

piàoyǒng 骠勇 A.T. brave; valiant

piāoyou 飘悠 V. float/drift slowly

[1]**piāoyóu** 漂游 V. ① float ② rove; wander

[2]**piāoyóu** 漂油 N. floating oil

piáoyǒu 嫖友 N. companion in visiting prostitutes

piàoyǒu(r)* 票友(儿) N. ① amateur performer M: [2]*wèi* ② regular ticket M: [1]*zhāng*

piàoyǒuxì 票友戏[-戲] N. opera/play performed by the fans M: [1]*tái*/[2]*chǎng*

piàoyuán 票源 N. means of monopolizing tickets

piàozhàng 漂帐 V.O. <topo.> have unpaid debts; have a deficit

piǎozhe lèihuā 瞟着泪花[-著淚-] V.P. <topo.> be teary-eyed

piàozhèng 票证[-證] N. ① ticket ② coupon M: [1]*zhāng*

piǎozhì 缥帙 N. <wr.> books M: [1]*juàn*/[1]*běn*

piàozhuāng 票庄[-莊] P.W. <trad.> money-exchange shop M: [1]*jiā*

piāozì(r) 飘字(儿) N. <opera> inexact enunciation

piáozi 瓢子 N. gourd ladle M: [2]*zhī*/[1]*bǎ*

piàozi* 票子 N. note; bill; paper money M: [1]*zhāng*

píbáihóu 皮白喉 N. cutaneous diphtheria

pībàn 批办[-辦] V. approve and make out (credentials/certificates)

pībǎnfǔ 劈板斧 N. froe; frow M: [1]*bǎ*

píbǎnr 皮板儿 N. leather/hide under the fur lining M: [1]*zhāng*

pī bànzi 劈拌子 V.O. <coll.> split firewood

píbǎnzi* 皮板子 N. processed animal skin for making clothing M: [2]*jiàn*

píbāo 皮包 N. leather handbag/briefcase M: [2]*zhī*/*ge*

píbāo gōngsī 皮包公司 P.W. fly-by-night operation M: [1]*jiā*

píbāogǔ 皮包骨 N. skinny

píbāogǔtou 皮包骨头 N. skinny person

pī bāzì(r) 批八字(儿) V.O. tell fortune from the year, month, day and hour of one's birth

píbèi 疲惫[-憊] S.V. ① tired-out; exhausted ② tire sb. out

píbèibùkān 疲惫不堪[-憊--] F.E. be dog-tired

[1]**píbì** 疲敝 V.P. ① run low (of resources/etc.) ② weary and weak; exhausted

[2]**píbì** 皮痹 N. numbness of the skin

[3]**píbì** 皮币[-幣] N. hides and silks used as gifts/tributes

pībiàn 丕变[-變] N. <wr.> big change; great change

píbiān(zi)* 皮鞭(子) N. leather-thonged whip M: [1]*tiáo*

píbiàn 皮弁 N. <trad.> cap made of a deer's hide M: [2]*zhī*

pībiào 擗摽 V. hammer one's breast in fright

[1]**píbìng** 脾病 N. disease of the spleen

[2]**píbìng** 罢病[罷-] V.P. infirm and weak

pībō 批拨[-撥] V. ① allocate ② appropriate

pībó* 批驳 V. ① veto an opinion/request from a subordinate body ② refute; criticize; rebut

pībōzhǎnlàng 劈波斩浪 F.E. cleave through the waves

pībǔ 批捕 V. authorize an arrest

pībù* 坯布 N. <txtl.> gray cloth M: [1]*pǐ*

píbùjiànyùn 脾不健运[-運] F.E. dysfunction of the spleen

pīcái 劈材 V.O. chop wood; split logs ♦N. firewood M: [2]*kuài*/[2]*gēn*

pícángyì 脾藏意 V.P. The spleen is related to mental activities.

pícǎo 皮草 N. furs; fur M: [1]*zhāng*

pícéng 皮层[-層] N. ① cortex ② cerebral cortex

pīchà 劈叉 V.O. do the splits (in acrobatics/gymnastics or on a slippery road)

pīchái 劈柴 V.O. cut firewood ***See also** pǐchai*

pǐchai* 劈柴 N. kindling; firewood M: [2]*kuài*/[2]*gēn* ♦V.O. split/chop firewood ***See also** pīchái*

píchán 皮缠[-纏] V. annoy (usu. said of children)

pīchāngyánglì 披猖扬厉[-揚厲] F.E. treat law and order with contempt

píchē 皮车 N. ① rubber-wheeled cart ② rickshaw M: [3]*liàng*

pīchéng 丕承 V. receive; inherit

pīchéng liǎng duàn 劈成两段 V.P. split into two halves

pīchì 批斥 V. denounce and refute

píchǐ* 皮尺 N. tape measure M: *juǎn*

pīchīpūchī 劈哧噗哧 ON. sound of splashing water

píchóng 皮虫[-蟲] N. skinworm M: [2]*zhī*

pīchóu* 坯绸 N. <txtl.> greige; raw silk M: [1]*pǐ*

pǐchóu 匹俦[-儔] N. ① spouse ② worthy match

pìchǔ 僻处[-處] V. live in a secluded place

píchuán 皮船 N. kayak M: [2]*zhī*/[1]*tiáo*

píchuán bānzhěn shānghán 蜱传斑疹伤寒[-傳--傷-] N. tick typhus

píchuán nǎoyán bìngdú 蜱传脑炎病毒[-傳腦---] N. encephalitis virus

[1]**pīcì** 劈刺 N. saber/bayonet fighting

[2]**pīcì** 批次 N. batch

pìcí 僻词 N. <lg.> obsolete word

pīcì xùnliàn 劈刺训练[-練] N. bayonet drill

pīdá* 批答 V. <wr.> give an official, written reply to a subordinate body

pìdà 屁大 ATTR. <coll.> unimportant; minor

[1]**pídài** 皮带[-帶] N. ① leather belt ② <mach.> driving belt M: [1]*tiáo*/[2]*gēn*

[2]**pídài** 疲怠 S.V. weary

[3]**pídài(r/zi)** 皮袋(儿/子) N. soft leather case/container M: [2]*zhī*

pídài chuándòng 皮带传动[-帶傳動] N. belt transmission

pídàikòur 皮带扣儿[-帶--] N. belt buckle

pídàilún 皮带轮[-帶-] N. pulley (belt) M: [2]*zhī*

pídài yùnshūjī 皮带运输机[-帶運--] N. belt conveyor M: [1]*tái*

pídàn 皮蛋 N. preserved/thousand-year old eggs M: [2]*zhī*

pídànr 皮蛋儿 N. <coll.> a robust child

pīdāo* 劈刀 N. ① chopper ② saber fighting M: [1]*bǎ*

pìdào 僻道 N. seldom-traveled road M: [1]*tiáo*

pídàyī 皮大衣 N. fur coat M: [2]*jiàn*

pǐdí* 匹敌[-敵] V.P. be equal to; be well-matched

[1]**pìdì** 僻地 N. remote place M: [2]*kuài*

[2]**pìdì** 辟地 V.O. open up land for cultivation

pīdiǎn* 批点[-點] V. punctuate and annotate

pìdiǎn 僻典 N. rare allusion

pídiànquān 皮垫圈[-墊-] N. leather washer; packing collar

pìdiānr 屁颠儿 <coll.> V.P. pleased; overjoyed

pīdiào 批调 V. approve transfer (of materials)

pídòngr 皮冻儿 N. jelly made from boiled pig skin/etc. M: [2]*kuài*

pīdòu 批斗[-鬥] V. <PRC> publicly criticize/denounce sb.

pīdú 披读[-讀] V. open (a book) and read

pīduàn 批断[-斷] V. appraise; judge

pídùn 疲顿 S.V. fatigued

[1]**piē*** 瞥 V. glance at ♦ADV. suddenly

[2]**piē** 撇 V. ① cast aside; abandon ② skim off ***See also*** [1]*piě*

[3]**piē** 氕 N. <chem./phy.> protium

[1]**piě** 撇 V. ① throw; fling; cast ② curl the lips ♦N. left-falling stroke in calligraphy ***See also*** [2]*piē*

[2]**piě** 苤 in **piělan**

piěchi* 撇哧/嗤/耻[-恥] V. <coll.> look down one's nose at

piěchi 撇耻[-恥] V. <topo.> make fun of; laugh at

piěchīlāzuǐ 撇齿拉嘴[-齒--] F.E. sneer

piēdì 瞥地 ADV. suddenly

piēdiào 撇掉 R.V. throw/cast away; discard; abandon

piěhào 撇号[-號] N. ① accent sign; accent ② <lg.> prime

piēhóng gōngchéng 撇洪工程 N. flood-control engineering

piējiàn 瞥见 V. glimpse

piějiǎo 撇脚[-腳] V.O. walk splay-footed

piě jīngqiāng 撇京腔 V.O. imitate the Beijing dialect

piēkāi 撇开[-開] R.V. leave aside; bypass

piēkāibùtán 撇开不谈[-開--] F.E. cast aside an issue

piěkǒuwǎn 撇口碗 N. <pottery> cymbal bowl; flared-mouth bowl M: [2]*zhī*

piělan* 苤蓝[-藍] N. <bot.> kohlrabi M: [2]*kē*

piělán 撇兰[-蘭] ID. raise money (for a drinking party, etc.) by drawing lots

piēle yī yǎn 瞥了一眼 V.P. cast a casual glance

piēqì 撇弃[-棄] V. cast away; abandon

piěqīng 撇清 V.P. ① show/plead innocence ② pretend

piēqù 撇去 V.O. skim off

piěr 撇儿 N. left downward curving stroke ♦M. *of sth. that looks like such a stroke*

piērán 瞥然 ADV. suddenly

piēshì 瞥视 V. cast a quick glance at

piēshuǐniǎo 撇水鸟 N. <zoo> skimmer M: [2]*zhī*

piētuō 撇脱 V.P. <topo.> ① forthright ② at ease ③ simple and direct; convenient ♦V. rid oneself of ♦N. neat and elegant brushstroke

piēxia 撇下 R.V. cast away; abandon
piēxià bù guǎn 撇下不管 V.P. neglect/ignore sth.
piēyǎn 瞥眼 N. ① (in) a flash ② an extremely short time
piēyàng 撇漾 V. abandon; throw away
piēyóu(r) 撇油(儿) V.O. seek petty gains
piēyóuqì 撇油器 N. oil skimmer
piēzhīyīyǎn 瞥之一眼 F.E. cast a look at
piězuǐ 撇嘴 V.O. ① curl the lips (in contempt/etc.) ② resist an impulse to cry
pīfā* 批发[-發] N./ATTR. wholesale ♦V. ① sell wholesale ② authorize dispatch (of official documents)
pīfā 披发[-髮] N. unadorned naturally hanging hair; disheveled hair M: ¹tóu
¹**pífá** 疲乏 S.V. weary; tired
²**pífá** 皮筏 N. ① raft of inflated sheep/ox skins ② kayak M: ²zhī
pīfābù 批发部[-發-] P.W. wholesale department
pífábùkān 疲乏不堪 F.E. be weary; be washed out
pīfāchù 批发处[-發處] P.W. wholesale outlet/store
pīfādiàn 批发店[-發-] P.W. wholesale house/firm M: ¹jiā
pīfāháng 批发行[-發-] P.W. wholesale company/service M: ¹jiā
pīfājià(gé) 批发价(格)[-發價-] N. wholesale price
pīfàn 裨贩 N. hawker; peddler M: ²wèi
pīfàrùshān 被/披发入山[-髮--] F.E. become a hermit
pīfāshāng 批发商[-發-] N. wholesale dealer M: ²wèi
pīfāshēngyì 批发生意[-發--] N. wholesale trade/business
pīfàwénshēn 被/披发文身[-髮--] F.E. hair disheveled and body tattooed
pīfàyángkuáng 被/披发佯狂[-髮--] F.E. With hair disheveled, pretending to be a lunatic.
pīfā zhékòu 批发折扣[-發--] N. trade/distributor discount
pīfàzuǒrèn 披发左衽[-髮--] F.E. ① wear one's hair down and fasten one's clothes to the left (in the fashion of the non-Han people) ② become a barbarian
pīfēng 披风 N. cloak; cape M: ²jiàn
pīfēngmǒyuè 批风抹月 F.E. sing in praise of the beauty of nature
pīfēngzhǎnlàng 劈风斩浪 ID. ①cleave through the waves ② barrel on through difficulties
pìFó 辟佛 V.O. argue against Buddhism
¹**pīfú** 被服 N./V. dress *See also* ²bèifú
²**pīfú** 披拂 V. <wr.> ① wave; sway ② blow gently (of a breeze)
pīfǔ 劈斧 N. broad axe M: ¹bǎ
pīfù 批复/覆[-復] V. give an official reply to a subordinate body; reply to a message from a subordinate
pífū* 皮肤[-膚] N. skin
¹**pífú** 蚍蜉 N. ant M: ²zhī
²**pífú** 芘芣 N. Chinese mallow M: ²zhū
pífǔ 毗辅 V. be a support for (a ruler)
pífù 皮傅 V.P. <wr.> give a strained, superficial interpretation
pǐfū 匹夫 N. ①ordinary man ②ignorant person ③ everyman
pífū'ái 皮肤癌[-膚-] N. skin cancer
pífūbìng 皮肤病[-膚-] N. skin disease; dermatosis
pífūbìngxué 皮肤病学[-膚--] N. dermatology
pífū fǎnyìng 皮肤反应[-膚-應] N. <med.> skin/cutaneous reaction
pífū guòmǐn 皮肤过敏[-膚--] N./V.P. allergic skin
pífúhàndàshù 蚍蜉撼大树[-樹] ID. ridiculously overrate oneself
pífúhànshù 蚍蜉撼树[-樹] ID. futile effort
pífūkē 皮肤科[-膚-] N. dermatology; dermatological department
pǐfūpǐfù 匹夫匹妇[-婦] F.E. common/ordinary people
pífū shìyàn 皮肤试验[-膚--] N. skin test
pífūyán 皮肤炎[-膚-] N. dermatitis
pǐfūyǒuzé 匹夫有责 F.E. expect everyone to do his duty
pífūzhēn 皮肤针[-膚-] N. ① cutaneous acupuncture ② needles used in cutaneous acupuncture M: ²gēn
pǐfūzhīyǒng 匹夫之勇 N. foolhardiness
pīgǎi 批改 V. correct (student papers)
pīgǎi zuòyè 批改作业[-業] V.O. correct students' homework/papers
pígān 脾疳 N. <med.> infantile malnutrition due to a disorder of the digestive tract
pīgānlìdǎn 披肝沥胆[-瀝膽] F.E. ① open up one's heart ② be loyal and faithful
pīgānlùdǎn 披肝露胆[-膽] F.E. lay bare one's heart
pīgé 坯革 N. crust leather M: ¹zhāng
pígé* 皮革 N. leather; hide M: ¹zhāng
pígéchǎng 皮革厂[-廠] P.W. tannery M: ¹jiā
pígé gōngchǎng 皮革工厂[-廠] P.W. tannery
pīgòu 批购[-購] V. buy goods wholesale
¹**pígǔ** 皮鼓 N. leather drum M: ¹miàn
²**pígǔ** 鼙鼓 N. <trad.> ① army drum M: ¹miàn ② warfare M: ²chǎng
pìgu* 屁股 N. ①buttocks; backside ②end; butt
pìgǔ 辟谷[-穀] V.O. avoid eating cereals in order to gain immortality
pīguà 披挂 V. put on a suit of armor ♦N. suit of armor M: ¹shēn/tào
pīguàshàngmǎ 披挂上马 F.E. don one's fighting gear and ride out
pīguàshàngzhèn 披挂上阵 F.E. don full battle dress and go into battle
pìgu bù gānjìng 屁股不干净[-乾淨] ID. be guilty
pìgudàn(r/zi) 屁股蛋(儿/子) N. <topo.> buttocks; behind; backside
pìgudūnr 屁股蹲儿 N. <topo.> backside *shuāi le ge* ~ fall on one's backside
pǐgùn 痞棍 N. <derog.> rascal; ruffian; scoundrel
pígǔnhuā 皮辊花 N. <txtl.> lap waste
pìgǔnniàoliú 屁滚尿流[-滾--] F.E. scared shitless
píguǒ 皮果 N. <bot.> hard fruit M: ²kē/¹kē
pígǔxiānglián 皮骨相连 F.E. be tied by common interests
pìguyǎn(r) 屁股眼(儿) N. anus
pìhǎi 裨海 N. small sea M: ¹piàn
píhán 脾寒 N. <Ch. med.> ① weak spleen ② malaria
pīhào 批号[-號] N. lot/batch number
pǐhào* 癖好 N. favorite hobby
pīhèhuáiyù 被褐怀玉[--懷-] F.E. dress shabbily in order to hide one's real worth
píhéwèi 脾合胃 F.E. share a common chemistry
pīhóngdàihuā 披红带/戴花[--帶-] F.E. have red silk draped over one's shoulders and a big red flower pinned on one's breast (as a token of honor)
pīhóngdàilǜ 披红戴绿 F.E. be gaily dressed
pīhóngguàlǜ 披红挂绿 F.E. drape an honorific red silk band over sb.'s shoulders
pīhóngpànbái 披红判白 F.E. graft varicolored plants to produce new varieties
¹**píhóu(r)** 皮猴(儿) N. ① hooded fur overcoat; fur parka M: ²jiàn ② naughty/mischievous child
²**píhóu** 皮侯 N. archery target
pìhòu* 皮厚 S.V. thick-skinned
¹**píhǔ** 貔虎 N. ① leopards and tigers M: ²zhī ② brave troops
²**píhǔ** 罴虎[羆-] N. fierce animals
píhuā 皮花 N. ginned cotton
¹**pìhuà*** 屁话 N. nonsense; poppycock M: ¹jù
²**pìhuà** 辟划[-劃] V. plan; establish
pīhuái 披怀[-懷] V.O. be very frank; open one's heart
píhuākē 皮花科 N. department of dermatology and syphilology
píhuáng* 皮黄/簧 N. Beijing opera ♦AB. *xīpí* and *èrhuáng*
pìhuāng 辟荒 V.O. open up a wild country
píhuátǐng 皮划艇 N. <sports> canoeing; kayaking M: ²zhī
píhuátǐng yùndòng 皮划艇运动[-運動] N. canoeing
pīhuí* 批回 R.V. reply to a message from a subordinate
pǐhuǐ 圮毁[-毀] V.P. <wr.> fall apart; collapse; be destroyed
pīhuó 批活 N. mass/batch production/products
¹**pīhuò** 批货 A.T. wholesale goods
²**pīhuò** 披豁 V. open one's heart in perfect frankness
píhuò* 皮货 N. fur; pelt M: ¹pī
píhuòshāng 皮货商 N. furrier; fur trader M: ²wèi
pījī 丕基 N. ①imperial throne ②a great heritage
pījī 丕绩 N. grand/great achievements
pǐjī 痞积[-積] N. <Ch. med.> lump in the abdomen
pījiá 批颊[-頰] V.O. <wr.> slap sb.'s face; box sb.'s ear
pījiǎ 披甲 V.O. put on a suit of armor
pījià 批假 V.O. grant leave
píjiā(r/zi)* 皮夹(儿/子)[-夾-] N. wallet; pocketbook
pījiādàisuǒ 披枷带锁[--帶-] F.E. manacled and cangued (of criminals)
píjiākè 皮夹克[-夾-] N. leather jacket; windbreaker M: ²jiàn
pījiān* 披肩 N. ① cape M: ¹tiáo ② <Ch. med.> orthopedic shawl
¹**pījiàn** 坯件 N. <mach.> blank
²**pījiàn** 批件 N. official document approved by a superior; an official reply to a subordinate body
píjiàn 皮件 N. leather/hide/fur products
¹**pìjiàn** 僻见 N. <wr.> unfair/partial judgment
²**pìjiàn** 辟建 V. break ground and build
pījiānfà 披肩发[-髮] N. shoulder-length hair
píjiang* 皮匠 N. ① cobbler ② tanner M: ²wèi
pìjiàng 裨将[-將] N. <trad.> subordinate/lower-ranking general M: ²wèi
pījiānzhíruì 披坚执锐[-堅執-] F.E. ① go forth to battle ② be in full combat readiness ③ be ready to defend the country
píjiāo 皮胶[-膠] N. hide glue
píjiāzi 皮夹子[-夾-] N. leather folder
píjié* 疲竭 V. <wr.> be completely exhausted
pìjiě 譬解 V. try to persuade
pījiēfǎ 劈接法 N. cleft grafting
¹**pījīn** 披巾 N. shawl M: ¹tiáo
²**pījīn** 披襟 V.O. be honest and sincere
pījǐn 披锦 V.O. wear colorful silk garments
píjīn(r)* 皮筋(儿) N. rubber/elastic band M: ²gēn
pìjīng 屁精 N. catamite
¹**pìjìng*** 僻静[-靜] S.V. secluded; lonely
²**pìjìng** 僻径[-徑] N. out-of-the-way track/path M: ¹tiáo
pījīngzhǎnjí 披荆斩棘[-荊--] ID. ① hack one's way through difficulties ② cultivate land as a pioneer ③ travel through thick bushes and dense jungles
pījīngzhíruì 披荆执锐[-荊執-] F.E. battle one's way along a new road
pǐjítàilái 否极泰来[-極--] F.E. from/after deep misfortune comes bliss
píjiǔ 啤酒 N. <loan> beer
píjiǔchǎng 啤酒厂[-廠] P.W. brewery M: ¹jiā
píjiǔhuā(r) 啤酒花(儿) N. hops
píjiǔpíng(r) 啤酒瓶(儿) N. beer bottle
píjiǔtǒng 啤酒桶 N. beer barrel M: ²zhī
píjù 皮具 N. leather goods/articles M: ²jiàn
pījuàn 披卷 V.O. open a book and read
píjuàn* 疲倦 S.V. tired; weary
píjuàn qǐlai 疲倦起来 R.V. become tired/weary
píjué 脾绝[-絕] N. failure of the spleen
píkǎ 皮卡 N. <loan> pick-up truck M: ³liàng
pīkāi 劈开[-開] R.V. ① split open ② do not say the fact that. . . ♦N. <min.> cleavage

píkāiròuzhàn 皮开肉绽[-開--] F.E. flogging-lacerated skin
pīkàngdǎoxū 批亢捣虚[-搗虛] F.E. attack the enemy at undefended points
píkē* 皮科 N. dermatological department
píké 皮壳[-殼] N. shell; skin; etc.
pìkěn 辟垦[-墾] V. open up land for farming
pīKǒng* 批孔 V.O. criticize Confucius
píkǒng 皮孔 N. <bot.> lenticel
píkù 皮裤 N. leather pants M: [1]tiáo
pǐkuài 痞块[-塊] N. <Ch. med.> lump in the abdomen
píkuì 疲匮 S.V. tired; weary
píkùn 疲困 S.V. tired; fatigued; sleepy
píla 皮辣 V.P. flushed; hot (of skin)
pīlǎn* 披览[-覽] V. <wr.> open and read (a book); peruse
pílǎn 疲懒 V.P. fatigued and languid
pílángtóu 皮榔头 <coll.> N. fist (as a hammer) M: [2]zhī
pīlǎnqúnshū 披览群书[-覽-書] F.E. read extensively
[1]**píláo** 疲劳[-勞] S.V. tired; weary ♦N. fatigue
[2]**píláo** 脾劳[-勞] N. impairment of the spleen due to overstrain
píláo cèyàn 疲劳测验[-勞--] N. <sport> fatigue test
píláo guòdù 疲劳过度[-勞--] V.P. be excessively fatigued
píláo hōngzhà 疲劳轰炸[-勞轟-] N. ① harassing air raids ② long and tedious harangue
píláojǔsàng 疲劳沮丧[-勞-喪] F.E. be reduced to a tired and demoralized state
píláo qiángdù 疲劳强度[-勞強-] N. tiredness
píláo shěnwèn 疲劳审问[-勞審-] N. grueling trial
píláo shěnxùn 疲劳审讯[-勞審-] N. grueling trial
pīléi* 霹雷 N. thunderbolt; thunderclap
pílèi 疲累 S.V. be/feel exhausted/tired
pīlí 披离[-離] V. blown about (as leaves); be scattered
pīlǐ 劈理 N. <min.> cleavage
[1]**pīlì*** 霹雳//劈历[-靂//-歷] N. ① thunderbolt; thunderclap ② rumbling ③ sudden catastrophe ♦ON. sound of crashing thunder
[2]**pīlì** 披沥[-瀝] V.P. <wr.> open one's heart; be perfectly frank
pǐlí 仳离[-離] V. <wr.> ① be separated (of husband and wife) ② divorce/forsake one's wife
pìlǐ 屁理 N. <derog.> unreasonable argument
pīliǎn* 劈脸 ADV. right in the face
pílián 毗连 V. adjoin; border on; be adjacent to
píliǎn(r) 皮脸(儿) N. <derog.> face M: [1]zhāng ♦S.V. ① shameless ② naughty
pǐliàn 匹练[-練] N. <wr.> ① cascade M: [2]dào ② unrolled bolt of white silk M: [1]tiáo
pīliàng 批量 N. batch; lot
pīliào* 坯料 N. ① semifinished product ② blank M: [2]kuài
pǐliào 匹料 N. bolt materials/fabrics
pīlìchē 霹雳车[-靂-] N. carts for rock-throwing catapults M: [3]liàng
pīlìchéncí 披沥陈辞[-瀝-辭] F.E. state one's views openheartedly
pílǐchōuròu 皮里抽肉[-裡--] F.E. skinny; emaciated
pílǐchūnqiū 皮里春秋[-裡--] ID. criticize (sb./sth.) to oneself; criticize mentally
[1]**pīliè** 劈裂 V. split; chop; cleave
[2]**pīliè** 丕烈 N. unusual achievements/merits
pīlì gāndǎn 披沥肝胆[-瀝-膽] V.O. lay open one's mind
pīlìhuǒ 霹雳火[-靂-] N. a rash and impatient person
pílín 毗邻[-鄰] V. adjoin; border on
pīlíng* 批零 V. sell wholesale and retail
pīlìng 批令 V. instructions (usu.in reply to inquiries)
pī-líng chājià 批零差价[-價] N. difference between wholesale and retail prices
pī-líng guānxi 批零关系[-關係] N. whole-retail coordination
pīlíngjiānyíng 批零兼营[-營] F.E. conduct both wholesale and retail business
pīlínpīkǒng 批林批孔 F.E. <Cult. Rev.> criticize Lin Biao and Confucius
pílínyīn 毗邻音[-鄰-] N. <lg.> adjacent sound
pīlipālā 劈/噼里啪啦[-裡--] ON. crackling (as of firecrackers or gunfire)
pīlìpào 霹雳炮[-靂-] N. ① a quick-firing cannon ② <slang> a quick-acting person
pīlìshǒu 霹雳手[-靂-] N. a judge capable of making fast decisions M: [2]wèi
pīlìwǔ 霹雳舞[-靂-] N. break-dancing
pílǐyángqiū 皮里阳秋[-裡陽-] ID. keep thoughts to oneself
pīlìzhōngqū 披沥衷曲[-瀝--] F.E. open one's heart to
pílóng 疲癃 V.P. <wr.> old and infirm ♦N. hunchback; humpback
[1]**pīlòu*** 纰漏 N. careless mistake; slip
[2]**pīlou** 披漏 N. <coll.> gaps; omissions; blunders; errors; mistakes
pìlòu 僻陋 S.V. secluded and desolate
pīlù* 披露 V. ① publish; announce ② reveal; show; disclose
pìlù 僻路 N. byway; seldom-traveled road M: [1]tiáo
pílǘ 皮驴[-驢] N. <topo.> a good-for-nothing
pīlùchuǎngguān 劈路闯关[-闖] F.E. carve a way through enemy lines and storm its strategic passes
pīlù gāndǎn 披露肝胆[-膽] V.O. open up one's heart; be openhearted
pìlùn 僻论 N. <lg.> paradox
pīlù xīnqū 披露心曲 V.O. tell one's innermost thoughts
pìlǘzi 屁驴子[-驢-] <coll.> N. motorized bicycle M: [3]liàng
pǐmǎ 匹马 N. dry goods
pīmádàixiào 披麻戴孝 F.E. put on mourning apparel
pǐmǎdānqiāng 匹马单枪[-槍] F.E. all by oneself; single-handed
pīmáménghuī 披麻蒙灰 F.E. repent in sackcloth and ashes
pímǎn 蜱螨 N. mite
pímáo(r) 皮毛(儿) N. ① fur ② smattering; superficial knowledge *Tā duì Zhōngwén zhǐ dǒngde yīdiǎnr* ~. He has only a smattering of Chinese. ③ skin and hair
pímáohuà 皮毛画[-畫] N. fur patchwork
pīmáoqiúyú 披毛犰狳 F.E. hairy armadillo
pīmáoxī 披毛犀 N. <zoo.> woolly rhinoceros M: [1]tóu
pímáozhījiàn 皮毛之见 N. superficial view/opinion
pìměi 媲美 V.P. compare favorably with; rival
píméirè 蜱媒热[-熱] N. tick-born fever
pǐmèn 痞闷 N. <Ch. med.> blocks and chest pressure
pīmǐ 披靡 V.P. ① be swept by the wind ② be routed; flee
[1]**pīmiàn** 劈面 ADV. <coll.> face to face; head on
[2]**pīmiàn** 批面 V.O. slap sb.'s face; box sb.'s ears
pímián* 皮棉 N. ginned cotton; lint (cotton) M: kǔn
pímiàn 皮面 N. ① outer skin; surface; outside ② leather cover M: [1]zhāng ♦V.O. remove the skin
pīmiàn dǎ guòlai 劈面打过来 V.P. <coll.> attack head-on
pīmiù* 纰缪 N. <wr.> error; mistake M: [1]diǎnr/[1]xiē
pìmiù 辟谬 V.O. refute absurdities
pímó 皮膜 N. skin membrane M: [1]zhāng
pīmú 坯模 N. mold
[1]**pīn** 拼/拚 V. ① put/piece together ② spell ③ risk life *See also* [6]pàn
[2]**pīn** 姘 B.F. illicit sexual relationship **pīndù, dǎ pīntou**
[1]**pín** 贫[貧] B.F. ① poor; impoverished **pínqióng** ② inadequate; deficient **pínxuè** ③ garrulous; loquacious **pínzuǐ** ♦ATTR. <humb.> self-address for Budd. monk or Dao. priest
[2]**pín** 频[頻] ADV. ① frequently; repeatedly ② in parallel ♦B.F. ① frequency **pínlǜ** ② urgent *See also* [3]pín
[3]**pín** 颦/频[顰/頻] B.F. knit the eyebrows; frown [1]**píncù, xiàopín** *See also* [2]pín
[4]**pín** 嫔[嬪] B.F. imperial concubine **pínyù, fēipín**
[1]**pǐn*** 品 B.F. ① article; product; goods **wùpǐn** ② grade; class; rank; rate **shàngpǐn** ③ character; quality; moral standing **pǐnxíng** ④ bridge of a stringed instrument ⑤ chapter/section of Budd. scripture ♦V. ① taste; sample; savor; judge ② blow (a musical instrument) ♦S.V. light/pale (color)
[2]**pǐn** 榀 M. *for roof trusses*
[1]**pìn** 聘 V. ① engage; invite ② marry (a girl) off
[2]**pìn** 牝 B.F. female (of animals/birds) **pìn'é, zìpìn**
pínáng 皮囊 N. ① leather bag M: [2]zhī ② <Budd.> human body
pīnbǎn 拼版 V.O. make up (format)
pīnbǎn wánjù 拼版玩具 N. jigsaw puzzle M: tào
pīnbǎn wánjù yóuxì 拼版玩具游戏[-戲] N. jigsaw puzzle M: tào
pínbìng 贫病 V.P. impoverished and in poor health
pínbìngjiāojí 贫病交集 F.E. sick and in straits
pínbìngjiāojiā 贫病交加 F.E. beset by poverty and illness
pínbìngjiāopò 贫病交迫 F.E. poor and sick
pínbìngxiānglián 贫病相连 F.E. Poverty and sickness are closely connected..
pīnbó 拼搏 V. fight with all one's might
pīnbó jīngshén 拼搏精神 N. the spirit of fighting with all one's might
pínbùwéichǐ 贫不为耻[-恥] F.E. One need not be ashamed of poverty.
pínbùwéizuì 贫不为罪 F.E. Poverty is no sin.
pínbùzéqī 贫不择妻[--擇-] F.E. The poor can't afford to choose wives.
pínbùzúchǐ 贫不足耻[-恥] F.E. being poor is no disgrace
pǐnchá 品茶 V.O. taste and judge tea
pǐncháng 品尝[-嘗] V. taste; sample; savor
pǐnchánghuì 品尝会[-嘗-] N. exhibition allowing attenders to sample the products exhibited
Pìncháo 牝朝 N. the Female Era (the reign of Empress Wu, 690–705)
pīnchéng* 拼成 R.V. piece together
pínchéng 频程 N. sound interval
pínchǐ dòngwù 贫齿动物[-齒動-] N. edentate animal; edentate M: [2]zhī
pínchǐlèi 贫齿类[-齒類] N. <zoo.> edentate
pínchǐlèi dòngwù 贫齿类动物[-齒類動-] N. <zoo.> an edentate M: [2]zhī
pīnchū 拼出 R.V. go all out to do sth.
pínchuán 频传[-傳] V. keep pouring in
pīncì 拼刺 N. bayonet practice/fight
píncì* 频次 N. frequency; rate of recurrence
pīn cìdāo 拼刺刀 V.O. engage in a bayonet fight
pīncí fāyīn 拼词发音[--發-] N. <lg.> spelling pronunciation
pīncí jiàoxuéfǎ 拼词教学法 N. <lg.> alphabetic method
píncóng 嫔从[嬪從] N. ladies-in-waiting M: [2]wèi
pīncòu 拼凑[-湊] V. ① knock together; rig up ② <mach.> cannibalize ③ raise (money) here and there
pīncòuwù 拼凑物[-湊-] N. patchwork
[1]**píncù** 颦蹙 V. <wr.> knit the brows; frown
[2]**píncù** 频蹙 N. woebegone look
pīncuán 拼攒 V. assemble (spare parts)
píncuī 频催 V. urge/press frequently
pīncuò 拼错 R.V. ① spell erroneously ② piece together in a wrong way
píndài 频带[-帶] N. <phy.> frequency band
[1]**píndào** 频道 N. frequency channel
[2]**píndào** 贫道 F.E. <humb.> monk's self-address
pīn dàodǐ 拼到底 V.P. fight to bitter end

P

pǐndé 品德 N. moral character

pǐndì 品第 V.O. appraise; rate; grade ♦N. rating; rank; grade

pīndú 拼读[-讀] V. spell out

pīndù 姘度 V. <derog.> cohabit like a married couple

píndù* 频度 N. frequency

pǐndú 品读[-讀] V. peruse; pore over

pìndú 牝犊[-犢] N. female calf M: 2zhī/1tóu

pínduàn 频段 N. frequency band

pǐnduānxuéyōu 品端学优[-優] F.E. morally upright and highly educated

píndù fùcí 频度副词 N. <lg.> frequency adverbial

píndù guīzé 频度规则 N. <lg.> frequency rule

pìn'é 牝鹅 N. female goose M: 2zhī

pínèi shìyàn 皮内试验 N. intradermal test

pínèizhēn 皮内针 N. <Ch. med.> intradermal needling M: 2gēn

pín'érwúchǎn 贫而无谄 F.E. poor but not toadying

pín'éryuàn 贫儿院 P.W. orphanage for poor children M: 4zuò

pīnfǎ(r) 拼法(儿) N. spelling

pínfā 频发[-發] V. happen/occur repeatedly/frequently

pínfá* 贫乏 S.V. poor; indigent; lacking

pīnfǎ fāyīn 拼法发音[--發-] N. spelling pronunciation

pīnfǎ gǎigé 拼法改革 N. spelling reform

pínfán 频繁/烦 S.V. frequent; often

pínfēi 嫔妃[嬪-] N. <wr.> concubines of emperors M: 2wèi

pīnfēn 拼分 N. ingredient

pīnféng 拼缝 V. piece together

pǐnfěnhóngsè 品粉红色 N. royal pink

pīnfū 姘夫 N. (woman's) lover; paramour; illegal husband

pīnfù* 姘妇[-婦] N. adulteress; mistress

pínfú 频服 N. <med.> (decoction) to be taken in small doses at short intervals

pínfù 贫富 N. ① the poor and the rich ② economic condition

pǐnfú 品服 N. official ceremonial dress M: 1shēn/2jiàn

pínfùbùjūn 贫富不均 V.P. disparity between the rich and the poor

pínfù chājù 贫富差距 N. gap between rich and poor

pínfù fēnhuà 贫富分化 N. too much difference between the rich and the poor

pínfùgòngyǎng 贫富共仰 F.E. be adored by the rich and the poor alike

pínfùhónggōu 贫富鸿沟[-溝] F.E. gap between the rich and the poor

pínfùxuánshū 贫富悬殊[--懸-] F.E. wide gap between the rich and the poor

1pīng 乒 ON. crack (of rifle/etc.) ♦in *Pīngpāng*

2pīng 娉 in *pīngtíng*

3pīng 俜 in *língpīng*

1píng* 平 S.V. flat; level; even ♦B.F. ① ordinary; common; uniform *píngcháng* ② safe and sound; peaceful; calm *2píngdìng* ③ fair; just; objective *1gōngpíng* ④ peace *hépíng* ⑤ <lg.> "level" tone *2píngshēng, yīnpíng* ♦V. ① level ② pacify; make peace ③ weigh (on balance) and pay ④ be on the same level; be on a par ⑤ make the same score; tie *Shuāngfāng dǎchéng shíwǔ.* ~ The two teams tied at 15–15. ♦N. short for Beiping

2píng 凭[憑] V. lean on/against ♦B.F. evidence; proof; testimony *1píngjù* ♦COV. based on; according to ~ *liángxīn shuō* in all fairness ♦CONJ. no matter (what/how/etc.) ~ *nǐ shì shuí dōu bùxíng!* It won't do no matter who you are.

3píng 瓶 B.F. bottle; vase; flask *píngzi* ♦M. *for bottles/etc.*

4píng 评[評] B.F. comment; criticize; review *pīpíng* ♦V. judge; appraise

5píng 屏 N./V. screen *See also* *4bīng, 6bǐng*

6píng 坪 B.F. level ground *cǎopíng*

7píng 萍 B.F. duckweed *píngbó, fúpíng*

8píng 枰 B.F. chessboard *qípíng, qiūpíng*

9píng 鲆[鮃] B.F. flounder *yápíng*

10píng 苹[蘋] in *píngguǒ*

11píng 冯[馮] in *3pínghé, bàohǔpínghé See also Féng*

12píng 帡 in *píngméng*

13píng 洴 in *píngpì*

14píng 軿[輧] B.F. ① covered vehicle *pínglù, zīpíng* ② vehicle covering

píng'ān 平安 S.V. ① safe and sound ② quiet and stable

píng'āndùrì 平安度日 F.E. lead a life of peace

píng'ānjiào 平安醮 N. religious service held in an area after an epidemic

píng'āntuōxiǎn 平安脱险 F.E. get off with a whole skin

píng'ānwúshì 平安无事 F.E. All's well.

píng'ānwúyàng 平安无恙 F.E. safe and sound

píng'ānxiǎn 平安险 N. <econ.> free of particular average (F.P.A.)

píng'ānyè 平安夜 N. a peaceful night

píng'āobǎn yìnshuā 平凹版印刷 N. deep-etch printing

píngbà 坪坝[-壩] N. <topo.> level ground

píngbái(r)* 平白(儿) ADV. for no reason; gratuitously

píngbǎi 平摆[-擺] V. swing back and forth evenly

píngbái méishì 平白没事 V.P. <coll.> for no reason

píngbái wúgù 平白无故 ADV. without reason/cause

1píngbǎn 平板 ATTR. dull and stereotyped; flat ♦N. fitter's work bench

2píngbǎn 平版 N. lithographic plate M: 2kuài

píngbǎn bōli 平板玻璃 N. plate glass M: 2kuài

píngbǎnchē 平板车 N. ① flatbed tricycle ② railway platform car M: 3liàng

píngbǎn sānlún 平板三轮 N. flat-board cargo tricycle M: 3liàng

píngbǎnyí 平板仪[-儀] N. plane table; surveying panel M: 1tái

píngbǎn yìnhuā 平版印花 N. plate printing

píngbào 平暴 V.O. put down or suppress a rebellion/riot

píngbèi(r) 平辈(儿) N. same generation M: 2wèi

píng běnrén nénglì 凭本人能力[憑-] V.P. rely on one's own ability

píngbǐ* 评比 V. compare and assess

1píngbì 屏蔽 V. shield; screen ♦N. protective screen M: 2dào

2píngbì 屏壁 N. screen-wall M: 1miàn

píngbiāo 评标[-標] V.O. evaluation of bids; discuss and determine the bid winner

píng biǎomiàn xiànxiàng 凭表面现象[憑-] V.O. rely on appearances

píngbō* 瓶钵[-缽] N. <Budd.> monk's rice bowl

píngbó 萍泊 V. <wr.> lead a wandering life; wander about rootlessly like duckweed

píngbōli 瓶玻璃 N. bottle glass

píngbǔ 平补[-補] N. <Ch. med.> balanced supplementation

píngbù* 平布 N. <txtl.> plain cloth M: 2kuài

píngbùqīngyún 平步青云[-雲] ID. have a meteoric rise

píngcāngfèi 平舱费[-艙-] N. trimming charges (for even distribution of ship cargo) M: 2bǐ

píngcáo 平槽 V.O. ① rise as high as the banks (of a river) ② fill to the brim (said of water)

1píngchǎn 平产[-產] V. have the same output

2píngchǎn 评产[-產] V.O. estimate the production output

píngcháng 平常 S.V. ① ordinary; common ② normal ♦ADV. generally; usually; ordinarily; as a rule

píngchángxīn 平常心 N. ① composure; calmness ② sense of ordinariness M: 1kē

píngcháng xùshùjù 平常叙述句[--敘--] N. <lg.> ordinary statement

píngcháng yǔyán 平常语言 N. <lg.> ordinary language

píngchángzhì 平肠痔[-腸-] N. <med.> hemorrhoids close to the anus

píngcháng zhòngyīn 平常重音 N. <lg.> normal stress

píngcháo 平潮 N. midtide

píngcháyuán 评茶员 N. tea-taster M: 2wèi

1píngchē 平车 N. ① flatcar; platform car ② flatbed cart M: 3liàng

2píngchē 軿车 N. curtained carriage M: 3liàng

píngchóu 平畴[-疇] N. <wr.> ① level farmland ② well-cultivated land M: 2kuài

píngchū 平出 V. clear out (a piece of land)

píngchǔ 平楚 N. open field M: 2kuài

píngchù* 平处[-處] P.W. flat/level area/place M: 2kuài

píngchuān* 平川 P.W. flat/open country; plain M: 2kuài/1piàn

píngchuǎn 平喘 V.O. <Ch. med.> relieve/prevent asthma

píngchuāndì 平川地 P.W. <coll.> flat land; level land M: 2kuài/1piàn

píngchuānguǎngyě 平川广野[--廣-] F.E. the boundless plain

píngchún de 平唇的 ATTR. <lg.> flat

píngchūnfēndiǎn 平春分点[-點] N. mean equinox

píngcuò 平锉 N. flat file M: 1bǎ

píngdàmiánfěnjiè 苹大棉粉蚧[蘋-] F.E. apple mealybug

píngdān 凭单[憑-] N. certificate; voucher M: 1zhāng

píngdǎn 瓶胆[-膽] N. thermos glass liner M: 2zhī

1píngdàn* 平淡 S.V. ① flat; prosaic; pedestrian ② ordinary; insipid

2píngdàn 平旦 N. <wr.> dawn; daybreak

píngdànwúqí 平淡无奇 F.E. prosaic; unremarkable

píngdànwúwèi 平淡无味 F.E. dull; uninteresting

píngdān zhīpiào 凭单支票[憑-] N. voucher check M: 1zhāng

píngdànzhīqì 平旦之气[-氣] N. <wr.> clear air of early morning

píngdào 平道 N. level line M: 1tiáo

píngděng 平等 S.V. equal ♦N. equality

píngděng dàiyù 平等待遇 N. equal treatment

píngděng duìdài 平等对待[--對-] N. equal treatment

píngděnghùhuì 平等互惠 F.E. equality and mutual benefit

píngděnghùlì 平等互利 F.E. equality and mutual benefit

píngděng jìngzhēng 平等竞争[-競爭] N. fair (equal) competition

píngděngquán 平等权[-權] N. equal rights

píngděng quánlì 平等权利[-權-] N. equal rights

píngděngxiāngdài 平等相待 F.E. treat on an equal footing

píngděng xiéshāng 平等协商[--協-] V.P. consult on the basis of equality

píngděngzhǔyì 平等主义[-義] N. equalitarianism; egalitarianism

píngděng zūjiè jiāohuàn 平等租借交换[-換] F.E. lend-lease

píngdí 平籴[-糴] N. government stocking of grain when abundant for sale in famine years

1píngdǐ 平底 N. flat base; flat keel

2píngdǐ 瓶底 N. bottom of a bottle

píngdì* 平地 N. ①level/flat ground M: 2kuài/1piàn ②calm; tranquility ♦V.O. level land/ground; rake the soil smooth ♦ADV. <topo.> suddenly

píngdiǎn 评点[-點] V. ①punctuate and annotate ② discuss and appraise

píngdiàn* 平电[-電] N. ordinary telegram

1píngdiào 凭吊[憑-] V. ① evoke the past by visiting historical sites ② pay homage to (the deceased)

[2]**píngdiào** 平调 N. ① transfer, without compensation, resources/personnel to equalize ② Hebei provincial opera ③ <lg.> even tone; level intonation

píngdǐchuán 平底船 N. flat-bottomed boat M: [1]*sōu*

píngdìchūnléi 平地春雷 F.E. unexpected happy event

píngdìdēngtiān 平地登天 ID. sudden rise to fame

píngdì'érqǐ 平地而起 F.E. rise from the level ground

píngdìfēngbō 平地风波 ID. sudden unforeseen trouble; unexpected turn of event

píngdìjī 平地机 N. land/road grader M: [2]*bù*

píngdìlóutái 平地楼台[-樓臺] F.E. start from scratch

píngdìmù 平地木 N. <bot.> Japanese ardisis M: [2]*kē*

píngdǐng 平顶 N. flat top (of a mountain/house/etc.)

[1]**píngdìng*** 评定 V. pass judgment on; evaluate; assess ♦N. evaluation ***Qǐng gěi zhè piān lùnwén yī ge ~.*** Please give me your opinion of this thesis.

[2]**píngdìng** 平定 V. ① calm down ② suppress; put down

[3]**píngdìng** 平订 N. flat stitching; side stitching

píngdìng fùcí 评定副词 N. adverb of judgment

píngdìng pànluàn 平定叛乱[-亂] V.O. suppress rebellion

píngdì qǐ fēngbō 平地起风波 ID. unexpected incident

píngdìqǐjiā 平地起家 ID. start from scratch

píngdì qǐ lóutái 平地起楼台[-樓臺] V.P. start from scratch

píngdǐxié 平底鞋 N. flat-bottomed/heelless shoes M: [1]*shuāng*

píng dǐyāpǐn dàikuǎn 凭抵押品贷款[憑-] V.P. lend money on security

píngdì yī shēng léi 平地一声雷[---聲-] ID. hit it big; have a great success

píngdìzàiqǐ 平地再起 F.E. start from scratch all over again

[1]**píngdòng** 平动[-動] N. <phy.> translation

[2]**píngdòng** 平峒 N. <min.> tunnel

píngduàn 评断[-斷] V./N. judge; arbitrate ***duì shuāngfāng zhēngduān jìnxíng*** ~ arbitrate a dispute between two parties

píngduàn shì-fēi 评断是非[-斷--] V.O. judge between right and wrong; arbitrate a dispute

pǐngé 品格 N. ① one's character and morals ② quality and style (of literary/artistic works)

pǐngéduānfāng 品格端方 F.E. be polished in one's manners

pǐngégāoshàng 品格高尚 F.E. be noble-hearted

píngfān 屏藩 <wr.> N. buffer territories; shields; guards ♦V. protect; shield

píngfán* 平凡 S.V. ordinary; common; mediocre

píngfǎn 平反 V. redress (a mishandled case); rehabilitate

píngfàn 平泛 V.P. pedestrian; ordinary

píngfāng 平方 N. square ♦ATTR. square (meter/etc.)

píngfáng(r)* 平房(儿) P.W. ① one-story house ② <topo.> a house with a flat plastered roof M: [4]*zuò*/[1]*jiān*

píngfàng 平放 V. lay flat

píngfāngchǐ 平方尺 M. square foot/meter

píngfāngcùn 平方寸 M. square inch

píngfānggēn 平方根 M. <math.> square root

píngfāng gōngchǐ 平方公尺 M. square meter

píngfāng gōngfēn 平方公分 M. square centimeter

píngfāng gōnglǐ 平方公里 M. square kilometer

píngfāngmǐ 平方米 M. square meter

píngfāng yīnglǐ 平方英里 M. square mile

píngfǎnzhāoxuě 平反昭雪 F.E. rehabilitate those who had been wrongfully accused

píngfǎpīrú 评法批儒 F.E. <PRC> evaluate the Legalists and criticize the Confucians

píngfēiqiú 平飞球[-飛-] N. <sport> line drive

[1]**píngfēn(r)** 评分(儿) V.O. ① grade; mark (student's papers/etc.) [2]***Tā zhèngzài gěi shìjuàn ~.*** She's grading papers. ② determine workpoints ♦N. scoring

[2]**píngfēn** 平分 V. divide equally; go halves

píngfēng 屏风 N. screen M: [1]*miàn*

píngfēngmén 屏风门 N. folding door behind the main door M: [1]*shàn*

píngfēnjī 评分机 N. scoring machine M: [1]*tái*

píngfēnqiūsè 平分秋色 ID. equal each other (in power/glory/etc.)

píngfēn tiānxià 平分天下 V.O. divide the country (between . . .)

píngfēnxiàn 平分线 N. bisector M: [1]*tiáo*

píngfu* 平复[-復] V. ①calm down ②be cured/healed

[1]**píngfú** 平服 V. ①quench a rebellion ②recover health ③ restore prices to normal ④ stabilize ⑤ be convinced

[2]**píngfú** 平伏 V.P. calm; quiet ♦V. lie prone

[3]**píngfú** 萍浮 V. wander about like duckweed

[4]**píngfú** 平扶 N. intermediate purlin

píngfù qǐlai 平复起来[-復--] R.V. ① calm down; subside; be pacified ② be cured/healed

píngfú xiàlai 平伏下来 R.V. ① calm down; become quiet ② lie prone

pínggǎi 评改 V. ①criticize and revise ②correct students' papers

pínggài(r)* 瓶盖(儿)[-蓋-] N. bottle cap

pínggān 平肝 V.O. <Ch. med.> calm the liver

pínggānqiányáng 平肝潜阳[-潛陽] F.E. calm the liver

pínggāo 凭高[憑-] ADV. on/from a high place

pínggé 评格 V.O. assess/rate sb. or some work unit in terms of qualifications

pínggěng 萍梗 ID. have no permanent address because of constant traveling

pínggěngpiāolíng 萍梗飘零 F.E. wander without a fixed dwelling

[1]**pínggōng** 评功 V.O. appraise sb.'s merits

[2]**pínggōng** 评工 V.O. evaluate sb's work

pínggōngbǎihǎo 评功摆好[--擺-] F.E. extol

pínggōngfǎ 评工法 N. job evaluation

pínggōng jìfēn 评工记分 V.P. calculate workpoints on the basis of work done

pínggū 评估 V. estimate; evaluate ♦N. assessment; evaluation

píngguàn 瓶罐 N. ①bottle-shaped clay container ② bottles and cans M: [2]*zhī*

píngguāng 平光 N. zero diopter; plain glass

píngguāngguāng 平光光 R.F. level/even and smooth

píngguāngjìng 平光镜 N. plain glass spectacles M: [1]*fù*

píngguō 平锅[-鍋] N. pan M: *kǒu*

píngguǒ* 苹果[蘋-] N. apple M: [2]*zhī*/*ge*

Píngguǒjī 苹果机[蘋-] N. Apple computer M: [1]*tái*

píngguǒjiàng 苹果酱[蘋-醬] N. applesauce

píngguǒjiǔ 苹果酒[蘋-] N. cider; applejack

píngguǒliǎn 苹果脸[蘋-] N. rosy cheeks

píngguǒlǜ 苹果绿[蘋-] N. apple green (of color)

Píngguǒ Rìbào 苹果日报[蘋-報] N. *Apple Daily* (Hong Kong)

píngguǒsuān 苹果酸[蘋-] N. <chem.> malic acid

píngguǒyuán 苹果圆[蘋-] N. apple orchard

píngguǒzhī 苹果汁[蘋-] N. apple juice

[1]**pínghé** 平和 S.V. ①gentle; moderate ② <coll.> calm; composed

[2]**pínghé** 评核 V. examine and evaluate; appraise and verify

[3]**pínghé** 冯河 V.O. <wr.> ① wade a river; ford a stream ② be reckless

pínghéng 平衡 V. balance ♦N. balance; equilibrium

pínghénggǎn 平衡感 N. sense of equilibrium

pínghéng jiàgé 平衡价格[--價-] N. equilibrium price

pínghéngjù 平衡句 N. <lg.> balanced sentence

pínghéngjué 平衡觉[-覺] N. <phys.> sense of equilibrium

pínghéngmù 平衡木 N. <sport> balance beam M: [1]*tiáo*

pínghéngqì 平衡器 N. <mach.> balancer

pínghéng qǐlai 平衡起来 R.V. become balanced

pínghéng shēngchǎn 平衡生产[-產] N. balanced production

pínghéngshuì 平衡税 N. countervailing duties (in international trade)

pínghéng yǔliàokù 平衡语料库 N. <lg.> balanced corpus

pínghéng zhànghù 平衡帐户 N. balancing account

pínghóng 泙闳 V.P. vast and boundless; expansive

pínghuá* 平滑 S.V. level and smooth

pínghuà 平/评话 N. ① Song style of storytelling ② popular stories ③ professional storytelling in the local dialect (esp. in Suzhou)

pínghuáhuá 平滑滑 R.F. even/level and smooth/slippery

pínghuájī 平滑肌 N. <phys.> smooth/involuntary muscle

pínghuájīn 平滑筋 N. <phys.> smooth muscle

pínghuǎn 平缓 S.V. ① gentle ② mild; placid ③ smooth (of the terrain, flow of water, etc.)

pínghuázì 平滑字 N. <print.> sans serif

pínghuǐ 平毁[-毀] R.V. raze

píngjī 凭几[憑-] V.O. lean on a desk

píngjí* 评级 V.O. grade (cadres/products/etc.)

[1]**píngjì** 平季 N. ① quiet season ② normal time

[2]**píngjì** 萍寄 V. <wr.> wander aimlessly and put up transiently; stay in a place only briefly

[3]**píngjì** 萍迹[-跡] N. the whereabouts of a constant traveler

[1]**píngjià** 评价[-價] V. appraise; evaluate ♦N. ① evaluation ② evaluation procedure

[2]**píngjià** 平价[-價] N. ① par; parity ② bargain price ③ stabilized prices ④ fair price ♦V.O. ① stabilize prices ② lower prices

[3]**píngjià** 瓶架 N. bottleholder

píngjià chéngxù 评价程序[-價--] N. evaluation procedure

píngjiàliáng 平价粮[-價糧] N. government-priced grain

[1]**píngjiān** 平肩 ADV. shoulder-to-shoulder ♦N. equal footing/rank

[2]**píngjiān** 凭肩[憑-] V.O. lean on sb.'s shoulder

píngjiǎng 评奖[-獎] V.O. decide on awards through discussion

píngjiānguō 平肩锅[-鍋] N. griddle M: *kǒu*/[2]*zhī*

píngjiǎnrùchǎng 凭柬入场[憑-場] F.E. admission by invitation (ticket) only

píngjiāo 平交 N. grade/level crossing

píngjiǎo* 平角 N. straight angle

píngjiāodào 平交道 N. a level/grade crossing (of railroads); intersection between a railroad and a roadway

píngjiāodàokǒu 平交道口 N. grade crossing; level crossing

píngjiào píngxué 评教评学 N. teacher evaluation of students and student evaluation of teachers ♦V.O. evaluate teaching and learning

píngjiàxìng de 评价性的[-價--] ATTR. evaluative

píngjiàxìng lǐjiě 评价性理解[-價---] N. <lg.> evaluative comprehension

píngjiàxìng yìyì 评价性意义[-價--義] N. evaluative meaning

[1]**píngjiè** 凭借/藉[憑-] V. ① rely/depend on ② by means of; on the strength of; thanks to ♦N. sth. one relies on

[2]**píngjiè** 评介 V. review (book/etc.)

píngjié yuánzhuītǐ 平截圆锥体[-體] N. frustum of a cone

píng jìlù 平记录[-錄] V.O. match a record

píngjīn 平金 N. embroidery with designs of coiled gold/silver thread on satin

Píng-Jīn* 平津 AB. Beiping and Tianjin (1927–1949)
píngjīng 平经[-經] N. mean longitude
píngjǐng 瓶颈[-頸] N. bottleneck
[1]píngjìng* 平静[-靜] S.V. calm; quiet; tranquil
[2]píngjìng 平靖 V. suppress a rebellion and stabilize the situation
píngjǐng fēnxī 瓶颈分析[-頸--] N. bottleneck analysis
píngjìng wàijiāo 平静外交[-靜--] N. quiet diplomacy
píngjìng xiàlai 平静下来[-靜--] R.V. calm down
píngjǐng zuòyòng 瓶颈作用[-頸--] N. bottleneck effect
píngjiǔhuì 评酒会 N. liquor show/fair
píngjū 平居 ADV. <wr.> on ordinary days; ordinarily; usually
píngjú 平局 N. draw; tie (in sport/chess/etc.)
[1]píngjù* 凭据[憑據] N. evidence; proof M: [1]zhāng
[2]píngjù 评剧[-劇] N. local opera of the North/Northeast
Píngjù 平剧[-劇] N. <TW> Peking opera
píngjuàn 评卷 V.O. grade papers
píngjūn 平均 V. average ♦ADV. equally; on the average ♦N. mean
píngjūnchā 平均差 N. average deviation
píngjūn chéngběn 平均成本 N. average cost
píngjūn cúnhuò 平均存货 N. <acct.> average/averaging stock
píngjūn dānjià 平均单价[-價] N. <acct.> average unit price
píngjūn dìquán 平均地权[-權] N. equalization of land rights (envisaged by Sun Yat-sen)
píngjūn fēnshù 平均分数[-數] N. mean score
píngjūn huàyǔ chángdù 平均话语长度 N. <lg.> mean length of utterance (MLU)
píngjūnjià 平均价[-價] N. average price
píngjūn jìsuàn 平均计算 N. general average; on the average
píngjūn lìrùn 平均利润 N. <econ.> average profit
píngjūn lìrùnlǜ 平均利润率 N. <econ.> average profit rate
píngjūnlǜ 平均律 N. <mus.> equal temperament
píngjūn niánlíng 平均年龄[-齡] N. composite life
píngjūn piānchā 平均偏差 N. average deviation
píngjūn qīwàng shòumìng 平均期望寿命[----壽-] N. mean expectation of life
píngjūn shòumìng 平均寿命[--壽-] N. average life span
píngjūnshù 平均数[-數] N. average; mean
píngjūn sùdù 平均速度 N. average speed; mean velocity
píngjūn wēndù 平均温度 N. mean temperature
píngjūn wùchā 平均误差 N. average error
píngjūn yú'é 平均余额 N. <acct.> average balance
píngjūn zhàdiǎn 平均炸点[-點] N. <mil.> main point of burst
píngjūnzhí 平均值 N. average value; mean
píngjūnzhǔyì 平均主义[-義] N. egalitarianism
píngkāng 平康 S.V. peaceful and prosperous ♦P.W. <trad.> brothel
píngkào 凭靠[憑-] V. rely on; depend on
píngkōng(r) 凭/平空(儿)[憑-] ADV. baselessly; groundlessly
píngkōngniēzào 凭空捏造[憑-] F.E. make something out of nothing; fabricate
píngkōngzàohuǎng 凭空造谎[憑-] F.E. make up out of thin air
píngkǒu(r) 瓶口(儿) N. mouth of a bottle
píngkǒuduàn 瓶口段 N. road narrowing; bottleneck
píngkǒuqián 平口钳 N. flat-nose pliers M: [1]bǎ
píng kǒushuō 凭口说[憑-] V.P. make an unfounded assertion
píngkuàng 平旷[-曠] S.V. flat and vast
píngkuò 平阔 S.V. flat and vast
pínglán 凭栏[憑欄] V.O. lean on a balustrade/railing
pínglán chéngliáng 凭栏乘凉[憑欄-涼] V.P. lean on the railing and enjoy the breeze
pínglán guānwàng 凭栏观望[憑欄觀-] V.P. lean on the railing and gaze about
pínglán xìtīng 凭栏细听[憑欄-聽] V.P. lean on the railing and listen attentively
pínglán yuǎntiào 凭栏远眺[憑欄遠-] V.P. lean on the railing and look into distance
pínglǐ(r) 评理(儿) V.O. ① judge between right and wrong ② reason/have things out *Zánmen zhǎo lǎoshī ~qù.* i. Let's go and have it out with our teacher. ii. Let's go and have our teacher settle this for us.
Pīnglián 乒联[-聯] N. Table Tennis Federation
píngliàng 评量 V. weigh; evaluate ♦N. evaluation
píng liángxīn 凭良心[憑-] V.O. in all fairness/conscience
pínglìè 平列 V. place on a par
pínglín 平林 N. groves on level ground M: [1]piàn
pínglíng 凭陵[憑-] A.T. <wr.> ① encroach on ② rely on; depend on
píngliúcéng 平流层[-層] N. stratosphere
pínglú* 平炉[-爐] N. open-hearth furnace M: [4]zuò
pínglù 軿辂 N. curtained carriages for princesses
píngluàn 平乱[-亂] V.O. suppress rebellion
pínglúgāng 平炉钢[-爐鋼] N. open-hearth steel
pínglùn 评论 V. comment on; discuss ♦N. comment; commentary; review; criticism M: [1]piān
pínglùnjiā 评论家 N. critic; reviewer M: [2]wèi
pínglùn shìfēi 评论是非 V.O. discuss the right and wrong
pínglùnyuán 评论员 N. commentator M: [2]wèi
píngluò 平落 V. drop to normal (of prices)
pínglǜsè 瓶绿色 N. bottle green
[1]píngmài 平脉[-脈] N. normal pulse
[2]píngmài 评脉[-脈] V.O. <topo.> feel the pulse
píngmào 瓶帽 N. seal on a bottle
píngmén 屏门 N. door separating inner and outer courts M: dào
píngméng 帡幪 N. shelter; tent; screen M: dào ♦V. shelter
píngmǐ 平米 M. square meter
píngmiàn 平面 N. plane
píngmiànbō 平面波 N. plane wave
píngmiàn de 平面的 ATTR. synchronic
píngmiàn de yǔyánxué 平面的语言学 N. <lg.> synchronic linguistics
píngmiàn jiāochā 平面交叉 N. grade/level crossing
píngmiàn jǐhé 平面几何 N. <math.> plane geometry
píngmiàn jǐhéxué 平面几何学 N. <math.> plane geometry
píngmiànjìng 平面镜 N. plane mirror M: [1]miàn
píngmiàn kuāndù 屏面宽度[--寬-] N. screen width
píngmiàn sānjiǎo 平面三角 N. plane trigonometry
píngmiàn sānjiǎofǎ 平面三角法 N. plane trigonometry
píngmiàntú 平面图[-圖] N. ① plan; blueprints ② plane figure M: [1]zhāng
píngmiàn yìshù 平面艺术[-藝術] N. graphic arts
píngmín 平民 N. common people; populace M: [2]wèi
píngmíng 平明 N. <formal> dawn; daybreak
píngmìng* 凭命[憑-] V.O. let fortune decide
píngmín jiàoyù 平民教育 N. education of the masses; adult education
píngmín wénxué 平民文学 N. literature of the common people
píngmín zhèngzhì 平民政治 N. popular government; democracy
píngmó 评模 V.O. elect model workers
píngmù 屏幕 N. screen (TV/etc.) M: [2]kuài
píngnián 平年 N. ① non-leap/common year ② average year (in crop yield)
píngnù 冯怒 N. fury; wrath; rage
[1]píngpàn 评判 V. judge; pass judgment on ♦N. opinion
[2]píngpàn 平叛 V.O. suppress rebellion
Pīngpāng 乒乓 ON. rattle ♦N. table tennis; Ping-Pong
pīngpāng kāiguān 乒乓开关[-開關] N. toggle switch
Pīngpāngqiú 乒乓球 N. ① Ping-Pong ② Ping-Pong ball
Pīngpāng qiúpāi 乒乓球拍 N. table-tennis paddle M: [2]zhī
Pīngpāng qiútái 乒乓球台[-臺] N. table-tennis table
Pīngpāng qiúwǎng 乒乓球网[-網] N. table-tennis net
Pīngpāng wàijiāo 乒乓外交 N. Ping-Pong diplomacy
píngpànyuán 评判员 N. judge M: [2]wèi
píngpéng 萍蓬 N. <bot.> Nuphar japonicum, related to the lotus
píngpì 洴澼 ON. the sound of silk flapping in the wind
píngpiào 凭票[憑-] V.O. show (one's) ticket (for admission)
píngpiāogěngzhú 萍飘梗逐 F.E. roam about here and there
píngpiàorùchǎng 凭票入场[憑-場] F.E. admission by ticket only
píngpiàorùzuò 凭票入座[憑-] F.E. admission by ticket only
píng piàozhèng gòngyìng 凭票证供应[憑-證-應] N. supply in return for coupons
píngpìkuàng 洴澼纩[-纊] V.O. wash silk
píngpìn 评聘 N. employ sb. after an evaluation
[1]píngpíng(r) 平平(儿) R.F. average; mediocre; so-so
[2]píngpíng 苹苹[蘋蘋] R.F. luxuriant; lush (of grass)
píngpíng'ān'ān 平平安安 R.F. peaceful; safe
píngpíngdāngdāng 平平当当[-當當] ADV. smoothly; without a hitch
píngpíngfánfán 平平凡凡 R.F. <coll.> ordinary
pīngpīngniǎoniǎo 娉娉袅袅[-裊裊] R.F. slim and supple (of a woman)
pīngpingpāngpāng 乒乒乓乓 ON. clatter
píngpíngwěnwěn 平平稳稳[-穩穩] R.F. stable; sure and steady; peaceful and without mishaps
píngpíngzhèngzhèng 平平正正 R.F. neatly arranged; neat-looking (of road/clothes/etc.)
píngpīxìng lǐjiě 评批性理解 N. <lg.> evaluative comprehension
píngpūzhíxù 平铺直叙[-敘] F.E. ① tell in a simple straightforward way ② speak/write in a dull/flat style
píngqí* 平棋 V.O./N. tie; draw (of chess)
píngqì 平气[-氣] N. <Ch. med.> balanced qì
píngqiǎn 平浅[-淺] V.P. flat and shallow
píngqíng 平情 V.P. calm
píngqíng'érlùn 平情而论 F.E. objectively speaking
píngqìngléichǐ 瓶罄罍耻[-恥] F.E. It is a disgrace to let one's parents live in poverty in their old age.
píngqǐpíngzuò 平起平坐 F.E. be on an equal footing
píngqí tú'àn 平棋图案[--圖-] N. <trad.> ceiling design
Pīngqiú 乒球 N. ① table tennis ② Ping-Pong ball
píngquán 平权[-權] N. equal rights
píngr 瓶儿 N. bottle; jar; vase M: [2]zhī
Píngrǎng 平壤 P.W. Pyongyang (in North Korea)
píngrén 平人 N. ① ordinary person ② ordinary free citizen ③ person in good health M: [2]wèi
píngrì 平日 N. ordinary days (vs. holidays/etc.) ♦ADV. ordinarily; usually
píngróng 平绒 N. velveteen M: [2]kuài

Pīngsài 乒赛 N. table-tennis match/tournament; Ping-Pong match
píngsāi(r)* 瓶塞(儿) N. bottle cork/stopper
píngsǎnpéngpiāo 萍散蓬飘 F.E. have no fixed abode
píngsè 平色 N. weight and quality of silver
píngshā 平沙 N. sand beach
píngshāmǎngmǎng 平沙莽莽 F.E. vast expanse of sand
píng-shǎng-qù-rù 平上去入 N. <lg.> four tone categories of Chinese
píngshé 平舌 N. <lg.> flat tongue
píngshè* 平射 N. flat (trajectory) fire
píngshēn 平身 V.O. stand up after kowtowing
píngshěn* 评审[-審] V. examine and comment
1píngshēng 平生 N. all one's life ♦ADV. always; usually; habitually
2píngshēng 平声[-聲] N. <lg.> level/even tone
píngshēngdiào 平声调[-聲-] N. <lg.> level/even tone
píng shénme 凭什么[憑-麼] V.O. for what reason
píngshěn wěiyuán 评审委员[-審--] N. member of the review committee
píngshèpào 平射炮 N. <mil.> flat-fire gun; flat-trajectory gun M: mén
1píngshí* 平时[-時] ADV. ① in ordinary/normal times; ordinarily ② in peacetime
2píngshí 平实[-實] S.V. ①simple and unadorned; natural ② <topo.> level; even; smooth (of land/ground/etc.)
1píngshì 平视 V. look straight ahead
2píngshì 凭恃[憑-] V. rely on; depend on
3píngshì 平世 N. <wr> times of peace and tranquility
píngshí bīnglì 平时兵力[-時--] N. peacetime strength
píngshí bù shāoxiāng 平时不烧香[-時-燒-] F.E. make an effort only by necessity
píngshífēn 平时分[-時-] N. grade in course work
píngshí fēngsuǒ 平时封锁[-時--] N. peacetime blockade
píngshìjiézhé 凭轼结辙[憑-] F.E. travel fast on a chariot/cart
píngshǒu(r) 平手(儿) N. <sport> draw; tie
píngshū 评书[-書] N. storytelling (by a professional storyteller) M: 1piān
píngshù* 评述 V. comment on ♦N. commentary
píngshuǐqī 平水期 N. the period when a river is at its normal level
píngshuǐxiāngféng 萍水相逢 F.E. meet by chance
píngshùn 平顺 S.V. smooth-going; plain sailing
píngshuō 评说 V. comment; evaluate
píng shuōmíng shòuhuò 凭说明售货[憑-] V.P. sale by specification
píngshùzhě 评述者 N. observer M: 2wèi
píngsù 平素 ADV. <coll.> ordinarily; normally
píngtái 平台[-臺] N. ① terrace ② movable platform ③ flat-top building ④ stadium-like building ⑤ balcony
píngtái gāngqín 平台钢琴[-臺鋼-] N. grand piano M: 1jià
píngtáiqiú 瓶台球[-檯-] N. bottle pool
Pīngtán 乒坛[-壇] N. table-tennis circles; Ping-Pong world
píngtán 评弹 N. storytelling and ballad singing in the Suzhou dialect
píngtǎn* 平坦 S.V. level; even; smooth; flat (of land/etc.)
píngtāng 平趟 A.T. <slang> ① do whatever one wants ② do everything one's own way
píngtǎng* 平躺 V. lie horizontally
píngtān zījīn 平摊资金[-攤--] V.O. contribute the same amount of funds
píngtiān 平添 V. ①increase naturally ②add/give as a result of some action ③ acquire something unexpectedly
píngtiānguān 平天冠 N. emperor's cap with a flat top M: 2zhī
píngtiáo(r) 屏条(儿)[-條-] N. set of hanging scrolls M: juǎn/10fú
1píngtiào* 凭眺[憑-] V. gaze from afar or from a high place
2píngtiào 平粜[-糶] N. <trad.> government grain sales at lower prices in time of scarcity
píng tídān jiāohuò 凭提单交货[憑-] V.P. delivery to match the bill of lading
píngtiē 平帖 V.P. smooth
pīngtíng* 娉婷 S.V. <wr.> attractive (of women) ♦N. beauty
píngtíng 平亭 V. judge and settle (a case) fairly
pīngtíngyùmào 娉婷玉貌 F.E. slender figure and beautiful face
píngtóu(r) 平头(儿) N. ① closely cropped hair; crew cut ② a block of (non-indented) text ③ full; round ～ *yīdá* a round dozen ♦A.T. common; ordinary
píngtóudiǎn 平头点[-點] N. <art> level-head dot (in painting)
píngtóulùnzú 评头论足 F.E. make frivolous remarks about a woman's appearance; find fault
píngtóupǐnzú 评头品足 *See píngtóulùnzú*
píngtóushù 平头数[-數] N. <topo.> round figures/numbers
píngtóuzhèngliǎn 平头正脸 F.E. neat appearance
píngtuī 平推 <coll.> V. sell without turning a profit
píngtuǒ 平妥 S.V. smooth and proper
pǐnguān* 品官 N. <trad.> officials of all the nine grades M: 2wèi
pǐnguǎn 品管 N. quality control (Q.C.)
pìn gūniang 聘姑娘 V.O. give a daughter in marriage
píngùnóng 贫雇农[-農] F.E. poor peasants and farm laborers
píngǔtou(r) 贫骨头(儿) N. <topo.> ①a person keen on petty gain ② stingy person ③ idle chatterer; windbag ④ miser
píngwéi 评为 V.P. be assessed as
píngwěi* 评委 N. ① evaluation committee ② evaluation committee member M: 2wèi
píngwěihuì 评委会 P.W. committee of commentary and selection; appraisal committee; judges' panel
1píngwén 平纹 N. plain weave
2píngwén 平文 N. prose
píngwěn* 平稳[-穩] S.V. smooth; steady; even; calm; pacific
píngwénbù 平纹布 N. plain-weave cloth M: 2kuài/1pī
píngwén zhīwù 平纹织物[--織-] N. plain cloth
píngwò 平卧[-臥] V. prostrate
píngwú 平芜 N. <wr.> open grassland
1píngxī* 平息 V. ① quiet down; subside ② put down (a rebellion/etc.); suppress
2píngxī 平昔 ADV. in the past
3píngxī 评析 V. critique; analyze and criticize; comment critically; review analytically
4píngxī 平西 V.O. ① set (of the sun); incline to the west (of the sun) ② pacify the western region
Píngxì 评戏[-戲] N. a North/Northeast local opera
píngxià 平下 V.P. <sport> play to a draw
píng xiācāi 凭瞎猜[憑-] V.P. by guess and by golly
píngxián 评衔 V.O. decide on military ranks
píngxiǎn* 凭险[憑-] V.O. hole up in a strategic place
1píngxiàng 屏象 N. screen image
2píngxiàng 平巷 N. ① <min.> drift ② level
1píngxiāo 平销 V. sell at no profit and no loss
2píngxiāo 评销 V. appraise and sell
Pīngxié 乒协[-協] N. table-tennis association
píngxī fēngbō 平息风波 V.O. pour oil on troubled waters
1píngxīn 平心 V.O. be calm; be in peaceful mood
2píngxīn 凭心[憑-] V.O. be conscientious
3píngxīn 评薪 V.O. determine employees' wage grades
1píngxìn* 平信 N. ordinary/surface mail M: 2fēng
2píngxìn 凭信[憑-] V. trust; believe
píngxīndìngqì 平心定气[-氣] F.E. calmly; dispassionately
píngxīn'érlùn 平心而论 F.E. ① in all fairness; give sb. his due ② discuss something fairly; be fair
píngxíng 平行 ATTR. ① of equal rank; parallel ② simultaneous
píngxíng de chénshù 平行的陈述 N. <lg.> parallel statement
píngxíng fùhé dòngcí 平行复合动词[--複-動-] N. <lg.> parallel verb compound
píngxínggé 平行格 N. <lg.> parallelism
píngxíng jièchǐ 平行界尺 N. ruler for tracing parallel lines M: 1bǎ
píngxínglì 平行力 N. parallel forces
píngxíngmài 平行脉[-脈] N. <bot.> parallel veins
píngxíngmiàn 平行面 N. parallel faces
píngxíngpái 平行排 N. flat raft
píngxíngshuō 平行说 N. parallelism
píngxíng sìbiānxíng 平行四边形[---邊-] N. <math.> parallelogram
píngxíngxiàn 平行线 N. parallel lines M: 1tiáo
píngxíng xíngshì 平行形式 N. parallel forms
píngxíng xíngshì xìndù 平行形式信度 N. parallel form reliability
píngxíng zuòyè 平行作业[-業] N. parallel/simultaneous operations
píngxíng zuòyèfǎ 平行作业法[---業-] N. method of parallel operations
píngxīnjìngqì 平心静气[-靜氣] F.E. calmly; dispassionately
píng xìnyòng jièkuǎn 凭信用借款[憑-] V.P. draw on one's credit
píngxiù 平绣[-繡] N. plain embroidery
píngxù 评叙[-敘] V. explain and comment; express one's critical views
píngxuǎn 评选[-選] V. select through public appraisal
píngxūgōngzǐ 凭虚公子[憑虛-] F.E. <wr.> existence in name only
píngxūyùfēng 冯/凭虚御风[憑虛-] F.E. tread thin air and ride the wind (like immortals)
píngyǎn 平衍 V.P. <wr.> open and flat
píngyǎng 平仰 V. lie on one's back
píng yàng chūshòu 凭样出售[憑樣-] V.P. advertise using samples
píngyě 平野 N. ① countryside ② open field
1píngyī 凭依[憑-] V. base oneself on; rely on
2píngyī 平一 V. put down rebellions and unify the land
píngyí 平移 N. <phy.> translation
píngyǐ 凭倚[憑-] V. lean on; lean against
1píngyì* 评/平议[-議] V. ① appraise sth. through discussion ② pass a fair judgment on ♦N. fair and just discussion
2píngyì 平易 S.V. ①unassuming; amiable ②easy; plain (of writing)
3píngyì 平抑 V. stabilize; keep (prices) stable
píngyì chājià 平抑差价[-價] N. difference between government-fixed the privately-negotiated prices
píngyìhuì 评议会[-議-] N. advisory/policy-making council; arbitration board
píngyìjìnrén 平易近人 F.E. amiable and approachable
píngyīn* 平音 N. <lg.> even tone
píngyìn 平印 N. lithoprint
píngyīn de 平音的 ATTR. <lg.> atonic
píngyíng 苹萦[蘋縈] N. circling; revolving
píngyīnshì 平音式 N. <lg.> atonic form
píngyìnshù 平印术[-術] N. lithography
píngyìn yìnjiàn 平印印件 N. lithograph
píngyì wěiyuán 评议委员[-議--] N. member of the review committee
píngyì wùjià 平抑物价[-價] V.O. stabilize prices

P

píngyìyuán 评议员[-議-] N. ① member of a *píngyìhuì* ② officers in an organization responsible for its rules and operation M: [2]*wèi*
píngyīyǔnèi 平一宇内 F.E. the unification of a nation after quelling rebellions
píngyōng 平庸 S.V. mediocre; commonplace
píngyóu 平邮[-郵] N. ordinary mail M: [2]*fēng*
[1]**píngyú** 平鱼 N. silvery pomfret; butterfish M: [1]*tiáo*
[2]**píngyú** 瓶盂 N. jar; flask; vase; bottle M: [2]*zhī*
píngyǔ* 评语 N. ① comment; remark ② critical judgment/opinion M: [1]*tiáo*
[1]**píngyuán** 平原 N. plain; flatlands
[2]**píngyuán** 平圆 N. <*math.*> circle
píngyuánqū fánghóng 平原区防洪[--區--] N. plain floodproofing
píngyuányīn 平元音 N. <*lg.*> flat vowel
píngyǔdiào 平语调 N. <*lg.*> level tone
[1]**píngyuè** 评阅 V. critically read
[2]**píngyuè** 平月 N. ordinary-year February (i.e.,28 days)
píngyún 平匀[-勻] V.P. regular and steady; even and regular; smooth
píngyǔn* 平允 V.P. <*wr.*> equitable; affable
píngzàn 评赞 V. ① comment and praise ② estimate
píngzáo 平凿[-鑿] N. broad chisel; flat chisel
píngzè 平仄 N. ① level and oblique tones ② tonal patterns in classical poetry
píngzhǎn 平展 S.V. ① open and flat (of land) ② unruffled; unwrinkled
píngzhāng 平章 <*wr.*> V. ① regulate; settle ② comment on; pass judgment on ③ make comments (on literary works) ♦N. <*hist.*> an official post
[1]**píngzhàng*** 屏障 <*wr.*> N. protective screen M: [2]*dào* ♦V. provide a protective screen for
[2]**píngzhàng** 凭仗[憑-] V. rely/depend on
píngzhàng zāizhí 屏障栽植 N. screen planting
píngzhànjiéhé 平战结合[-戰--] F.E. manufacture products for both peacetime and wartime use
píngzhào 凭照[憑-] N. certificate; permit; license M: [1]*zhāng*
píngzhe* 凭着[憑著] V.P. rely/depend on
píngzhé 凭摺[憑-] N. passbook M: [1]*běn*
píngzheng 平正 S.V. <*coll.*> even and straight *See also* [2]*píngzhèng*
píngzhěng 平整 V. level ♦S.V. neat; smooth
[1]**píngzhèng*** 凭证[憑證] N. voucher; proof; evidence M: [1]*zhāng*
[2]**píngzhèng** 平正 V.P. ① right ② fair and just *See also píngzheng*
píngzhèng jìlù 凭证记录[憑證-錄] N./V.P. evidence records M: [1]*zhāng*
[1]**píngzhí*** 平直 S.V. ① straight ② simple; straightforward ③ honest
[2]**píngzhí** 评职[-職] V.O. evaluate people's professional work
[3]**píngzhí** 平职[-職] N. positions of equal rank; parallel positions
[1]**píngzhì** 平治 V. put in order; bring under control ♦N. reign of peace; peace; tranquility and good order
[2]**píngzhì** 评骘 V. <*wr.*> evaluate; assess
píng zhǐdìng 凭指定[憑-] V.O. pay to order of . . .
píngzhōng 凭中[憑-] N. ① in the presence of a witness ② witness to a legal document
[1]**píngzhù** 评注[-註] V. annotate ♦N. ① notes and commentary ② annotation M: [1]*tiáo*
[2]**píngzhù** 平柱 N. central bay column M: [2]*gēn*
píngzhuàn 评传[-傳] N. critical biography M: [1]*běn*
[1]**píngzhuāng** 瓶装[-裝] ATTR. bottled
[2]**píngzhuāng** 平装[-裝] ATTR. paperback; paperbound ♦ATTR. flush; not protruding
píngzhuāngběn 平装本[-裝-] N. paperback (book); paperbound edition M: [1]*běn*
píngzhuāngjiǔ 瓶装酒[-裝-] N. bottled wine

píngzhuāng kāiguān 平装开关[-裝開關] N. <*elec.*> flush switch
píngzhǔn 凭准[憑準] N. standard; criterion
píngzhǔn jījīn 平准基金[-準--] N. equalization fund
píngzhǔn xiàoyìng 平准效应[-準-應] N. leveling effect
píngzhuō duìzuò 凭桌对坐[憑-對-] V.P. sit opposite each other at a table
píngzi* 瓶子 N. bottle; jar; flask M: [2]*zhī*
píngzī 冯资 V. <*wr.*> depend on; rely upon; be based on
píngzidǐr 瓶子底儿 N. bottom of a bottle
píngzōng 萍踪[-蹤] <*wr.*> N. constant travel ♦V. have no fixed abode because of constant traveling
píngzōnglàngjì 萍踪浪迹[-蹤-跡] F.E. have no fixed abode because of constant traveling
píngzōngwúdìng 萍踪无定[-蹤--] F.E. have no fixed abode because of constant traveling
píngzǒumànbù 平走漫步 F.E. flatfoot walk; flatfooted walk
píngzú 平足 N. flatfoot M: [1]*shuāng*/[2]*zhī*
píngzuǐ(r) 瓶嘴(儿) N. opening/mouth of a bottle
pínhán* 贫寒 S.V. poverty-stricken
pìnhán 聘函 N. letter of invitation/employment M: [2]*fēng*/[1]*zhāng*
pínhánwúgào 贫寒无告 F.E. poor; poverty-stricken
pǐnhào 品号[-號] N. article number
pīnhé 拼合 V. put together; conjoin ♦N. convergence
pǐnhóng 品红 N. ①pinkish red; fuchsia; purplish red ② magenta; fuchsine (dye)
pínhù 贫户 N. pauper M: [1]*jiā*
pínhuà 贫化 N. <*min.*> dilution
pīnhuābǎn 拼花板 N. match board; panel board M: [2]*kuài*
pīnhuábiānyuán 拼华边缘[-華邊-] N. parquet board
pīnhuā dìbǎn 拼花地板 N. block floor M: [2]*kuài*
pīnhuā dìmiàn 拼花地面 N. mosaic pavement
pīnhuāmiàn 拼花面 N. mosaic surface
pīnhuā mùkuài 拼花木块[-塊] N. parquet block M: [2]*kuài*
pīnhuā xiāngqiàn 拼花镶嵌 N. ① inlay ② intarsia
pīnhuā xiǎobǎntiáo 拼花小板条[-條] N. parquet
píní 毗尼 N. <*Budd.*> precepts and commands of moral asceticism and monastic discipline (vinaya)
[1]**pìnì*** 睥睨 V. <*wr.*> ① look sideways/askance ② spy
[2]**pìnì** 辟匿 V.P. remote; out-of-the-way
[3]**pìnì** 埤垸 N. <*wr.*> parapet (wall)
pìniǎo 匹鸟 N. mandarin ducks which always go in pairs M: [2]*zhī*/[1]*duì*
pìnìkuīyú 睥睨窥觎 F.E. watch secretly for a good chance
pī nìlín 批逆鳞 V.O. offend the emperor or a powerful person
pìnìwùbiǎo 睥睨物表 F.E. consider everyone and everything beneath one's notice
pìnìyīqiè 睥睨一切 F.E. be overweening
pìnìyīshì 睥睨一世 F.E. look scornfully at the whole world
pínjí* 贫瘠 S.V. poor and barren (of land); infertile
pǐnjí 品级 N. ① <*trad.*> official rank ② grade (of products/etc.)
pìnjī 牝鸡[-雞] N. hen M: [2]*zhī*
pínjiàn* 贫贱[-賤] V.P. poor and humble
pǐnjiàn 品鉴[-鑒] V. ① examine ② judge; appraise; criticize
pínjiàn bùnéng yí 贫贱不能移[-賤---] V.P. ① poor but ambitious ② not to be shaken (said of one's determination, integrity, etc.)

pínjiànbùyí 贫贱不移[-賤--] V.P. ① poor but ambitious ② not to be shaken (said of one's determination, integrity, etc.)
pínjiàn fūqī bǎi shì āi 贫贱夫妻百事哀[-賤-----] F.E. To a destitute couple nothing goes well.
pínjiànjiāo 贫贱交[-賤-] N. ①friendship forged during poverty ② a friend from dark days
pínjiànjiāorén 贫贱骄人[-賤驕-] F.E. However poor, one does not flatter the rich.
pínjiànzhījiāo 贫贱之交[-賤--] N. ① friends that have seen poverty together ② a friend of one's humble days
pínjiànzhījiāo bùkě wàng 贫贱之交不可忘[-賤-----] V.P. one should not forget the friends made when poor
pīnjiē* 拼接 V. put together; join; connect ♦V. <*photo.*> montage
pǐnjié 品节[-節] N. moral character and constancy
pīnjìn(r) 拼劲(儿)[-勁-] V.O. go all out ♦N. energy and determination
pìnjīn* 聘金 N. ① fee (to lawyer/etc.) ② bride-price M: [2]*bǐ*
pīnjǐnghuà 拼景画[-畫] N. myriorama; panorama M: [10]*fú*
pínjiǒng 贫窘 S.V. badly off; poor
pìnjīsīchén 牝鸡司晨[-雞--] ID. a woman ruling the roost; woman usurping man's power
pǐnjiǔ 品酒 V.O. taste and judge alcohol/wine
pǐnjiǔ zhuānjiā 品酒专家[--專-] N. wine-lover M: [2]*wèi*
pīnjū 姘居 V. cohabit
pínjù 贫窭[-窶] S.V. <*wr.*> poverty-stricken; in straits
pìnjūn 聘君 N. a capable scholar recruited by the imperial court for public service
pīn jùzi 拼句子 N./V.O. <*lg.*> sentence combining/building
pínké 频咳 N. <*med.*> hacking cough
pínkǔ 贫苦 S.V. poverty-stricken
pínkuàng 贫矿[-礦] N. <*min.*> lean ore M: [4]*zuò*
pínkùn 贫困 S.V. poor; impoverished
pínkùnhù 贫困户 N. destitute household/family
pínkùnhuà 贫困化 N. pauperization
pínkùnliáodǎo 贫困潦倒 F.E. be broke and out of a job
pínkùnxiàn 贫困线 N. poverty line M: [1]*tiáo*
pínkùn xiànjǐng 贫困陷阱 N. poverty trap
pínkǔ yúmín 贫苦渔民 N. poor fishermen
pǐnlán 品蓝[-藍] N. reddish blue
pǐnlèi 品类[-類] N. category; class ♦V. classify
pīnlì 拼力 V.O. spare no effort
pìnlǐ* 聘礼[-禮] N. ① betrothal gifts (from groom); bride-price ② gift for inviting one's service M: [2]*bǐ*
pīnliào 拼料 N. ingredient
pǐnliú 品流 N. grade/rank in a hierarchy
pìnliú* 聘留 V. invite sb. to accept a job offer
pīnlǒng 拼拢 V. put together
pìnlù 牝鹿 N. female deer; doe M: [2]*zhī*
pínlǜ* 频率 N. frequency
pǐnlǜ 品绿 N. light/malachite green
pínlǜ biànhuàn 频率变换[-變換] N. <*elec.*> frequency conversion
pínlǜ cídiǎn 频率词典 N. frequency dictionary
pínlǜ tǒngjì 频率统计 N. frequency count
pìnmǎ 牝马 N. mare M: [1]*tóu*
pǐnmào* 品貌 N. ① personal appearance ② character and looks
pìnmāo 牝猫[-貓] N. tabby (versus tomcat) M: [2]*zhī*
pǐnmàobùyáng 品貌不扬[-揚] F.E. one's personal appearance is not outstanding
pǐnmàoduānzhèng 品貌端正 F.E. well-shaped figure and decorous appearance
pǐnmàoshuāngquán 品貌双全[--雙-] F.E. accomplished both socially and spiritually
[1]**pínméi** 颦眉 V.O. frown
[2]**pínméi** 贫煤 N. meager coal
pínméicù'é 颦眉蹙额 F.E. ① make a wry face ② knit the brows

pínmì 频密 S.V. frequent

pínmín 贫民 N. poor people; indigents M: [2]*wèi*

pīnmìng* 拼命 V.O. ① risk one's life ② make a death-defying effort

[1]**pǐnmíng** 品名 N. name of an article

[2]**pǐnmíng** 品茗 V.O. sip tea (to judge its quality); sample tea; taste and judge tea

pīnmìngsānláng 拼命三郎 F.E. a goal-seeker who disregards all dangers

pīnmìngzhǔyì 拼命主义[-義] N. adventurism

pínmínjiē 贫民街 P.W. slum M: [1]*tiáo*

pínmínkū 贫民窟 P.W. slum

pínmínqū 贫民区[-區] P.W. slum area/district

pínmín shīyī 贫民施医[-醫] V.P. medical care for the poor

pínmín xuéxiào 贫民学校 P.W. free school for the poor

pínmín zhùzhái 贫民住宅 P.W. housing for poor families

pínmù 贫牧 N. poor herdsmen M: [2]*wèi*

pǐnmù* 品目 N. list of articles; catalogue; inventory

pìnmǔlíhuáng 牝牡骊黄[--驪-] ID. ① a question of outward appearance (i.e., not one of intrinsic worth) ② judging by other than the superficial aspects of things

pín nǎi huò zhōng fú 贫乃祸中福[--禍--] F.E. Poverty is a blessing in disguise.

pínnián 频年 N. successive years; year after year

pìnniú 牝牛 N. cow M: [1]*tóu*

pínnóng 贫农[-農] N. poor peasant M: [2]*wèi*

pínnóngtuán 贫农团[-農團] N. <*hist.*> poor peasant league

pìnnüè 牝疟[-瘧] N. <*Ch. med.*> malaria of [3]*yīn* type

pīnpái 拼排 V. <*print.*> set type and make up the page

pǐnpái* 品牌 N. trademark

pīnpán(r) 拼盘(儿)[-盤-] N. assorted cold dishes; hors d'oeuvres M: [1]*pán*

pīnpèi 拼配 V. blend (ingredients/etc.)

pínpín 频频 ADV. again and again; repeatedly

pǐnpíng 品评 V. judge; comment on; appraise; rate

pínpó 贫婆 N. ① poor woman ② old female busybody M: [2]*wèi*

pínpǔ 频谱 N. ① spectrum ② spectrogram

pínpǔyí 频谱仪[-儀] N. spectrograph M: [1]*tái*

pínqi 贫气[-氣] <*coll.*> S.V. ①stingy ②garrulous ♦N. ① manners of the poor ② low-grade gas

[1]**pìnqī*** 聘期 N. agreed period of employment

[2]**pìnqī** 聘妻 N. fiancée

pīnqiǎng 拼抢[-搶] V. vie for (the ball); scramble for the ball

pìnqǐng 聘请 V. engage; invite

pínqióng 贫穷[-窮] S.V. poor; needy

pínqióngkǒngbùzhě 贫穷恐怖者[-窮---] N. the have-nots

pínqióng luòhòu 贫穷落后[-窮-後] V.P. poor and backward

pínránchénghéng 嫔然成行[嬪-] F.E. numerous people lined up in a row

pìnrèn 聘任 V. engage; appoint to a position

pínréng 频仍 S.V. <*wr.*> frequent

pìnrènzhì 聘任制 N. system of appointment

pínruò 贫弱 S.V. poor and weak (of countries/etc.)

pīnsān xiǎozǔ 拼三小组 N. trio

pǐnsè 品色 N. ① variety ② shade (royal blue, light green, etc.)

pínsēng 贫僧 F.E. <*humb.*> monk's self-address

pīnshā 拼杀[-殺] V. grapple to the death

pǐnshǎng 品赏 V. appreciate through personal experience

pīnshí 姘识[-識] V. <*wr.*> become lover and mistress; have illicit intercourse with (a person of the opposite sex)

pínshì* 贫士 N. impoverished scholar M: [2]*wèi*

pínshù 频数[-數] N. frequency *See also pínshuò*

pìnshū* 聘书[-書] N. letter of appointment; contract M: [2]*fēng*/[1]*zhāng*

pínshùbiǎo 频数表[-數-] N. frequency table M: [1]*zhāng*

pínshuò 频数[-數] <*wr.*> V.P. frequent; repeated ♦ADV. repeatedly; incessantly; frequently *See also pínshù*

pínshùqūxiàn 频数曲线[-數--] N. frequency M: [1]*tiáo*

pīnsǐ 拼死 V.O. risk one's life; fight desperately

pīnsǐpīnhuó 拼死拼活 F.E. ① make every effort ② put up a life-and-death fight

pīnsì xiǎozǔ 拼四小组 N. tetrad

pǐntāi 品胎 N. triplets

pǐntí 品题 N. <*wr.*> appraise (person/work/etc.)

pīntiē 拼贴 V. put/piece together ♦N. collage

pīntiēhuà 拼贴画[-畫] N. collage; pasteup M: [1]*zhāng*

pīn tóngyīn 拼同音 A.T. <*lg.*> phonetic homographs

pīntou 姘头 N. mistress

pǐntóulùnzú 品头论足 F.E. nitpick (a woman's appearance/etc.); be overcritical

pīntú 拼图[-圖] N. picture puzzle M: [1]*zhāng*

pīntú cèyàn 拼图测验[-圖--] N. picture-arrangement test

pǐntuō 品脱 N. <*loan*> pint

pīntú yóuxì 拼图游戏[-圖-戲] N. jigsaw puzzle

Pínuòqiètè 皮诺切特 N. Pinochet

[1]**pǐnwèi** 品味 V.O./N. taste; savor

[2]**pǐnwèi** 品位 N. ① grade ② (official) rank ③ personal status

pìnwèn 聘问 V. <*wr.*> visit a state as an envoy ♦N. international exchange of visits

pìnwènyǔguó 聘问与国[-與國] V.P. send a goodwill mission to visit friendly states

pìnwù 聘物 N. presents for betrothal (sent to parents of prospective bride)

pínwúlìzhuī 贫无立锥 F.E. as poor as a church mouse

pín wú lìzhuīzhīdì 贫无立锥之地 F.E. utterly destitute

pínwúsuǒyǒu 贫无所有 F.E. abject poverty

pǐnxì 品系 N. <*bio.*> strain

pínxiàng 贫相 N. ① down-and-out appearance ② manners of the poor ♦S.V. nagging and repetitious

pǐnxiánrènnéng 品贤任能[-賢--] F.E. engage worthies and men of ability for service

pínxiàobùgǒu 颦笑不苟 F.E. don't frown or smile to order; be natural

pín-xiàzhōngmù 贫下中牧 N. <*PRC*> poor and lower-middle herdsmen M: [2]*wèi*

pín-xiàzhōngnóng 贫下中农[-農] N. <*PRC*> poor and lower-middle peasants M: [2]*wèi*

pín-xiàzhōngnóng jiǎngshītuán 贫下中农讲师团[-農講師團] N. <*PRC*> poor and lower-middle peasant lecture teams

pín-xiàzhōngnóng xiéhuì 贫下中农协会[---農協-] N. <*PRC*> poor and lower-middle peasant associations

pín-xiàzhōngyú 贫下中渔 N. poor and lower-middle fishermen M: [2]*wèi*

pīnxiě 拼写[-寫] V. spell; transliterate ♦N. <*lg.*> spelling

pínxié 贫协[-協] N. poor and lower-middle peasants' association

pínxiě* 贫血 *See pínxuè*

pīnxiěfǎ 拼写法[-寫-] N. spelling; orthography

pínxiězhèng 贫血症 *See pínxuèzhèng*

pīnxíng 拼形 V.O. <*comp.*> transcribe the shapes/components of characters

pǐnxíng 品行 N. conduct; behavior

pǐnxìng* 品性 N. moral character

pǐnxíng bùduān 品行不端 V.P. have bad conduct; be ill-behaved

pǐnxíng duānzhèng 品行端正 V.P. have good conduct; be well-behaved

pìnxuǎn 聘选[-選] V. select and engage

pínxuè* 贫血 N. anemia

pǐn-xué 品学 N. conduct and learning

pínxuèbìng 贫血病 N. <*med.*> anemia

pǐnxuéjiānyōu 品学兼优[-優] F.E. good both in character and scholarship

pínxuèzhèng 贫血症 N. anemia

pìnyáng 牝羊 N. ewe M: [2]*zhī*

pǐnyì 品议[-議] V. judge

pīnyīn 拼音 V.O. spell; phoneticize ♦N. pinyin (official Chinese alphabetic system)

pīnyīnfǎ 拼音法 N. orthography; alphabetic spelling

pīnyīn fāngfǎ 拼音方法 N. <*lg.*> method of spelling

pīnyīn fǎshì 拼音法式 N. <*lg.*> spelling system

pīnyīnhuà 拼音化 V. convert to alphabetic script

pīnyīnmǔ wénzì 拼音母文字 N. <*lg.*> alphabetic writing

pīnyīn tiáolì 拼音条例[--條-] N. <*lg.*> rules of spelling

pīnyīn wénzì 拼音文字 N. <*lg.*> alphabetic/phonetic writing/script

pīnyīn wénzìxué 拼音文字学 N. <*lg.*> alphabetography; alphabetology

pīnyīnzì 拼音字 N. <*lg.*> phonetic spelling

pīnyīn zìmǔ 拼音字母 N. phonetic alphabet

pìnyòng 聘用 V. appoint and employ

pínyóu 贫油 V.O. be oil-poor

pínyóuguó 贫油国[-國] N. an oil-poor country

[1]**pínyú*** 频于[-於] V.P. next to; near

[2]**pínyú** 贫渔 N. poor fishermen M: [2]*wèi*

pínyù 嫔御[嬪-] N. the female retinue at court M: [2]*wèi*

pìnyuán 聘员 N. employee; person appointed to a position; engaged person M: [2]*wèi*

pǐnyuè* 品月 N. pale blue

pìnyuē 聘约 N. ① contract ② engagement M: [1]*zhāng*

pǐnyuèpínghuā 品月评花 F.E. enjoy the moon and the flowers

pìnzàng 牝脏[-臟] N. <*Ch. med.*> [3]*yīn* organs

pǐnzǎo 品藻 V. <*wr.*> appraise (sb.); evaluate art works/persons ♦N. <*bot.*> *Lemna trisulca*

pìnzhào 聘召 V. engage sb. for a position (usu. with presents)

pīnzhēng 拼争[-爭] V. struggle for; go all-out to win

pǐnzhì* 品质[-質] N. ① character ② quality

pìnzhì 牝痔 N. <*Ch. med.*> mixed hemorrhoids and perianal abscess

pǐnzhì guǎnzhì 品质管制[-質--] N. quality testing

pǐnzhì yōuliáng 品质优良[-質優-] V.P. The quality is excellent.

pǐnzhǒng 品种[-種] N. ① breed ② variety; assortment

pǐnzhǒng jiān zájiāo xiànxiàng 品种间杂交现象[-種-雜---] N. mongrelism

pìnzhū 牝猪[-豬] N. sow M: [1]*tóu*

pīnzhuāng 拼装[-裝] V. assemble; fit together

pīnzhuì 拼缀 V. join together

pǐnzhútánsī 品竹弹丝[-絲] F.E. <*wr.*> while away one's life with playing the flute and a stringed instrument

pīnzì 拼字 V.O. ①learn characters by assembling components ② spell

pīnzìfǎ 拼字法 N. orthography

pínzuǐ 贫嘴 S.V. <*coll.*> garrulous; loquacious

pínzuǐbóshé 贫嘴薄舌 F.E. garrulous and sharp-tongued

pínzuǐjiànshé 贫嘴贱舌[--賤-] F.E. talkative; garrulous

pínzuǐlànshé 贫嘴烂舌[--爛-] F.E. given to nasty talk

pǐ'ǒu 匹偶/耦 N. a married couple M: [1]*duì*

pīpā 劈/噼啪 ON. crack

[1]**pípa*** 琵琶 N. lute-like stringed instrument with fretted fingerboard M: [1]*bǎ*

[2]**pípa** 枇杷 N. loquat M: [2]*kē*

pípabiébào 琵琶别抱 ID. ① remarriage of a woman ② marry another husband

pípabō 琵琶拨[-撥] N. plectrum

pípachóng 琵琶虫[-蟲] N. a louse shaped like a *pība* M: ²*zhī*
pípágāo 枇杷膏 N. <*Ch. med.*> condensed loquat extract
pípagǔ 琵琶骨 N. <*topo.*> collarbone
pípajīn 琵琶襟 N. <*trad.*> woman's dress buttoned down from right armpit M: ²*jiàn*
pípálù 枇杷露 N. <*Ch. med.*> diluted loquat extract
pípáménxiàng 枇杷门巷 F.E. brothels; red-light districts
pīpàn 批判 V. criticize; repudiate ♦N. critique
pīpànhuì 批判会 N. <*PRC*> criticism meeting
pīpàn-xiànshízhǔyì 批判现实主义[---實-義] N. critical realism
pīpànxuépài 批判学派 N. the critical school (in sociology)
pīpàn yǔyánxué 批判语言学 N. critical linguistics
pípáo(r/zi) 皮袍(儿/子) N. ① leather overalls ② fur-lined gown M: ²*jiàn*
pǐpèi 匹配 V. <*wr.*> ① mate; marry ② match ♦N. <*elec.*> matching
pǐpèi diànqì 匹配电器[--電-] N. <*elec.*> matching circuit
¹**pīpī** 披披 R.F. ① trailing/blowing about (of gowns/robes) ② in disorder (of hair)
²**pīpī** 伾伾 R.F. <*wr.*> roam from place to place (of wild animals)
pīpiànr 披片儿 N. a ragged beggar
pīpǐn 坯品 N. semi-processed article M: ²*jiàn*
pīpíng 批评 V. criticize ♦N. criticism M: ²*fān*
pīpíngjiā 批评家 N. critic M: ²*wèi*
pīpíngxìng lǐjiě 批评性理解 N. <*lg.*> critical comprehension
pīpíngxìng yìyì 批评性意义[-義] N. <*lg.*> critical meaning
pīpíngxìng yuèdú lǐjiě 批评性阅读理解[----讀--] N. <*lg.*> critical/evaluative comprehension
pīpíngzhě 批评者 N. critic M: ²*wèi*
pīpīpāpā xiǎngshēng 噼噼啪啪响声[-響聲] N. stutter
pípitàtà 疲疲蹋蹋 R.F. <*coll.*> lifeless; limp; utterly exhausted
pípòxuèliú 皮破血流 F.E. wounded and bleeding
pípūquān 皮铺圈 N. leather upholstery
píqi* 脾气[-氣] N. ① temperament; disposition ② bad temper ***Tā duì wǒ dà fā ~.*** She vented her spleen on me. ③ behavior; characteristic
pǐqì 痞气[-氣] N. <*Ch. med.*> blocked *qì*
pīqiān* 批签 V. sign approval; approve and sign
pīqián 批钱[-錢] V.O. give money (from the government)
píqiánr 皮钱儿[-錢-] N. leather washer
píqi bào 脾气暴[-氣-] V.P. be quick-tempered
píqiēchú 脾切除 N. <*med.*> splenectomy
¹**píqiú** 皮球 N. rubber/leather ball M: ²*zhī*
²**píqiú** 皮裘 N. fur M: ²*jiàn*
píquānr 皮圈儿 N. rubber/leather ring
pǐrǎn 匹染 N. <*txtl.*> piece dyeing
pìrǎng 僻壤 N. backwater; out-of-the-way place
pǐrǎn sèbù 匹染色布 N. <*txtl.*> piece-dyed cloth M: ¹*pǐ*
pírè 蜱热[-熱] N. tick fever
píròu 皮肉 N. flesh
píròushāng 皮肉伤[-傷] N. superficial wound; bruise
píròushēngyá 皮肉生涯 F.E. prostitution
pìrú 譬如 CONJ. for example; such as
píruǎn 疲软 S.V. ① fatigued and weak; weakened; slumped ② sluggish; slack; inactive ♦V. <*econ.*> ① decrease in demand (of commodities) ② weaken; slump
píruò* 疲弱 S.V. ① tired and weak; frail and fatigued ② weak from exhaustion ♦V. decrease in demand (of commodities)
pìruò 譬若 CONJ. for example; such as
pìrúshuō 譬如说 V.P. for example; for instance; such as

pírùzi 皮褥子 N. sleeping mattress made of animal skin; fur-lined mattress M: ¹*tiáo*
pīsan 披散 V. hang down loosely (as of hair)
pīsanzhe tóu 披散着头[--著-] V.P. with disheveled hair
pīshā* 劈杀[-殺] V. slash at sb. (with a sword)
pīshà 披厦[-廈] N. outhouse
pīshājiǎnjīn 披沙拣金[--揀-] F.E. ① extract the essentials from a mass of material ② be extremely careful in making a selection
pīshān 劈山 V.O. blast cliffs; level off hilltops
pīshàng 披上 R.V. throw on; drape over one's shoulders; wrap around
pīshāngǎihé 劈山改河 F.E. cut through mountains to change the course of a river
pīshānyǐnshuǐ 劈山引水 F.E. cut through mountains to bring in water
pìshè 辟设 V. open up; set up; establish
píshéng 皮绳[-繩] N. leather thong M: ¹*tiáo*/²*gēn*
píshēngròu 脾生肉 V.P. The spleen strengthens the muscles.
píshènliǎngxū 脾肾两虚[-腎-虛] F.E. spleen-kidney deficiency
pīshēnpītòu 批深批透 F.E. criticize thoroughly
pīshì* 批示 N. memo from a superior to an inferior M: ²*dào*
píshi 皮实[-實] S.V. ① sturdy ② durable
pǐshì 癖嗜 N. addiction
pìshǐ 譬使 CONJ. <*wr.*> if; supposing
pìshì 屁事 N. <*vulg.*> trifle; trifling matter
¹**pīshǒu** 劈手 ADV. in a flash of the hand ♦V.O. make a sudden snatch
²**pīshǒu** 批首 N. <*trad*> head of successful candidates (in the annual civil-service examination) M: ²*wèi*
pīshòu* 批售 V. sell wholesale
pīshù* 批数[-數] N. batch/lot number
pǐshù 匹庶 N. common people M: ²*wèi*
pīshuāng 砒霜 N. white arsenic
píshuǐ 皮水 N. severe edema
písōngròujǐn 皮松肉紧[-鬆-緊] F.E. idle; inactive
pīsuān 砒酸 N. arsenic acid
pīsuōdàilì 披蓑/蓑戴笠 V.P. wear a reed cloak and a bast hat
píta 疲塌 S.V. slack; negligent
pítáng 皮糖 N. chewy sweets made from sugar and starch; sticky candy
pítào 皮套 N. leather sheath M: ²*jiàn*
pītì 披剃 V. become a Buddhist monk/nun
pìtì* 䴙䴘[鷿鷈] N. <*zoo.*> grebe M: ²*zhī*
pìtián 辟田 V.O. open up land for farming
pītiāngàidì 劈天盖地[--蓋-] ID. tremendous
pītiáo(zi) 批条(子)[-條-] N. note giving instructions from a superior M: ¹*zhāng* ♦V.O. grant the requests made by subordinate units
pítiáo(r)* 皮条(儿)[-條-] N. ① leather strap M: ²*gēn* ② pimp
pítiáokè 皮条客[-條-] N. pimp
pítiáoqiàn 皮条纤[-條纖] N. ① procurer; pimp ② services rendered by a pander
pītiě 坯铁[-鐵] N. pig iron M: ²*kuài*
pítǐng 皮艇 N. <*sports*> ① kayaking ② kayak; skin boat M: ²*zhī*
pītīngpūtōng 劈听噗通[-聽--] ON. sound of beating; flip-flap
Pítǒng 郫筒 N. <*trad.*> a section of the huge bamboo produced in Pixian (county in Sichuan) used to hold liquor M: ²*zhī*
pítòng* 皮痛 N. dermatodynia; dermatalgia; dermalgia
pítǒngxuè 脾统血 V.P. The spleen governs the blood.
pítǒngzi 皮桶子 N. fur lining M: ²*zhī*
¹**pītóu*** 劈头 ADV. ① abruptly; rudely (of speech) ② right on the head/face ③ at the very start
²**pītóu** 披头 V.O. with hair dishevelled or in disarray
pǐtou 匹/疋头 N. <*topo.*> ① cloth ② piece goods

pītóugàiliǎn 劈头盖脸[--蓋-] F.E. right in the face
pītóu jiù shuō 劈头就说 V.P. <*coll.*> the very first thing said was. . .
pītóusànfà 披头散发[-髮] F.E. with hair dishevelled
pītóuxiǎnzú 披头跣足 F.E. hair down and barefooted
pītóu yī bāzhang 劈头一巴掌 V.P. <*coll.*> slap across the head
pītǔ* 坯土 N. unfired bricks M: ²*kuài*
pìtǔ 辟土 V.O. open up territory/land
pítuǐ 劈腿 N. trestle
píwàiyī 皮外衣 N. fur coat M: ²*jiàn*
pīwán* 披玩 V. read and appreciate
píwán 疲玩 S.V. remiss; negligent; not alert
píwèi* 脾胃 N. ① taste; liking; appetite ② organs of digestion ③ temperament; character
pìwéi 辟为 V.P. reserve (the land) for building sth.
píwèibùjiā 脾胃不佳 F.E. have a poor appetite
píwèixiāngtóu 脾胃相投 F.E. have similar tastes
pīwén 批文 N. official comments on a subordinate's report M: ²*dào*
pī wénjiàn 批文件 V.O. write instructions on documents
pīwū 披屋 P.W. outhouse M: ¹*jiān*
pǐxí 癖习[-習] N. ① pet hobby/etc. ② old habit
pīxià 批下 R.V. approve; sanction
píxià* 皮下 ATTR. subcutaneous
pīxiǎn* 丕显[-顯] V.P. great and distinguished; splendid; glorious
píxiàn 皮线 N. rubber-covered wire M: ¹*tiáo*
píxiāng* 皮箱 N. leather suitcase M: ²*zhī*
píxiàng 皮相 ATTR. skin-deep; superficial ♦N. external appearance
pìxiāng 僻乡[-鄉] N. remote village
pìxiàng 僻巷 N. side lane M: ¹*tiáo*
píxiàngzhīshì 皮相之士 N. superficial person M: ²*wèi*
píxiàngzhītán 皮相之谈 N. superficial talk
pīxiāo* 批销 V. sell wholesale
píxiāo 皮硝 N. niter for processing animal skin; Glauber's salt
pí xiào ròu bùxiào 皮笑肉不笑 F.E. put on a false smile
píxià zhùshè 皮下注射 N. <*med.*> ① subcutaneous/hypodermic injection ② skin-pop
píxià zǔzhī 皮下组织[-織] N. subcutaneous tissue
pīxìdǎokuǎn 批郤导窾[--導-] F.E. ① manage/handle a business properly ② come to grips with the crux and solve the problem
píxié* 皮鞋 N. leather shoes M: ¹*shuāng*
¹**píxiè** 脾泄 N. <*med.*> diarrhea caused by disorder of spleen
²**píxiè** 脾泻[-瀉] N. <*Ch. med.*> spleen drainage
pìxié 辟邪 V.O. refute heresy ***See also*** *bìxié*
pìxiéguīzhèng 辟邪归正[--歸-] F.E. attack heresy and restore orthodoxy
píxiéyóu 皮鞋油 N. shoe polish
pīxīn 披心 V.O. ① perfectly honest and sincere ② extremely attentive and careful
pīxíng 批行 V. endorse a written proposal submitted by a subordinate
píxìng 脾性 N. ① <*topo.*> complexion ② <*coll./topo.*> disposition; nature; temperament
pǐxìng* 癖性 N. proclivity; propensity; tendency
pìxìng 僻性 N. eccentric
pīxīngdàiyuè 披星戴月 F.E. work/travel night and day
pīxiōng 劈胸 ADV. right against the chest
píxiū 貔貅 N. ① fabulous wild beast ② brave troops
pīxiūzhěngfēng 批修整风 F.E. <*PRC*> criticize revisionism and rectify trends
píxū 脾虚[-虛] N. <*Ch. med.*> spleen depletion
¹**pīxuē** 劈削 V. split; chop
²**pīxuē** 批削 V. improve (a text written by another)
píxuē* 皮靴 N. leather boots M: ¹*shuāng*

pìyà 匹亚[-亞] N. a match; an equal

píyán 皮炎 N. dermatitis

píyǎng 皮痒[-癢] V.P. itch on one's skin

pìyǎnr 屁眼儿 N. anus

pìyáo 辟谣 V.O. refute a rumor

pīyè 丕业[-業] N. great enterprise (esp. referring to the throne)

pìyě* 僻野 N. wilderness

pīyī 披衣 V.O. throw on (one's) clothes

píyī 皮衣 N. fur/leather clothing M: [2]jiàn

píyǐ 毗倚 V. depend upon; rely upon

píyì* 埤益 V. increase

pìyì 僻义[-義] N. <lg.> obsolete meaning

píyǐng(r) 皮影(儿) N. shadow play

píyǐngxì 皮影戏[-戲] N. shadow play

píyízhípiàn 皮移植片 F.E. skin graft

pǐ "yī" zì tuǐ 劈一字腿 V.P. do the splits

pǐyǒng* 擗踊[-踴] V. <wr.> beat one's breast and stamp one's feet (in sorrow)

pìyǒng 辟踊[-踴] V.P. griefstricken

pìyōngyàn 辟雍砚 N. <pottery> inkslab, of celadon or white porcelain, with unglazed surface

pīyǔ 批语 N. remarks on a piece of writing M: [1]tiáo

pīyù 批谕 N. imperial directives M: [2]dào

píyú 疲于[-於] V.P. be tired from/of

pìyǔ 譬语 N. <lg.> parable

pìyù* 譬喻 N. metaphor; simile

pìyuǎn 僻远[-遠] S.V. lonely and remote

pīyuánliàoliàng 批原料量 N. batch

píyúbēnmìng 疲于奔命[-於--] F.E. be kept constantly on the run

pìyù de yánshēn 譬喻的延伸 N. <lg.> metaphorical extension

pīyuē 批约 V.O. approve a treaty

[1]**pīyuè*** 批阅 V. ① read over (a document/manuscript/etc.) ② write down comments

[2]**pīyuè** 披阅 V. <wr.> open and read (a book); peruse

pīyuèmǒfēng 批月抹风 F.E. sing in praise of the beauty of nature (of a poet)

pīyuè qúnshū 披阅群书[-書] V.O. peruse books of all sorts; read widely

pī yúnwù jiàn qīngtiān 披云雾见青天[-雲霧---] ID. see the truth after the dust settles

pìyù shùjù 譬喻述句 N. <lg.> metaphorical statement

pìyùxìng 譬喻性 N. <lg.> metaphoricity

pìyù yìyì 譬喻意义[-義] N. <lg.> figurative meaning

pìyù yòngfǎ 譬喻用法 N. <lg.> metaphorical use

pízábǐng 皮杂饼[-雜-] N. <loan> pizza

pízàng 脾脏[-臟] N. spleen

pǐzhān 匹毡[-氈] N. roll felt M: [2]kuài

pīzhǎng 劈掌 N. (open-handed) chop

pízhāng 皮张 N. hide; pelt M: [2]kuài

pízhǎng(r)* 皮掌(儿) N. outsole

pīzhàng 劈帐 V.O. dole out shared proceeds

pīzhēn 狉獉 ID. <wr.> jungly and haunted by beasts

pízhěn* 皮疹 N. <med.> skin rash

pīzhèng 批正 V. improve (a text written by another)

pīzhe zhāoyáng 披着朝阳[-著-陽] V.O. bathe in the morning sunlight

pízhī 皮脂 N. <phys.> sebaceous matter

pízhǐ 皮纸 N. wrapping paper M: [1]zhāng

[1]**pízhì*** 皮质[-質] N. <phys.> ①cortex ②cerebral cortex

[2]**pízhì** 疲滞[-滯] V.P. ① stagnant (of economy/etc.) ② sluggish; slack

pízhīxiàn 皮脂腺 N. <phys.> sebaceous glands

pízhīxiànnángzhǒng 皮脂腺囊肿[-腫] N. <med.> wen

pízhòng 皮重 N. tare weight

pízhōu 皮舟 N. leather boat M: [2]zhī

pīzhù 批注[-註] V. annotate and comment on ♦N. annotations and commentaries; marginalia M: [1]tiáo

pīzhuǎn 批转[-轉] V. ① write comments and transmit ② endorse

pízhuāngshū 皮装书[-裝書] N. leather-bound book M: [1]běn

pīzhǔn 批准 V./N. ratify; approve; sanction

pīzhǔnshū 批准书[-準書] N. instrument of ratification M: [1]fèn/[1]zhāng

pīzhǔn xiàlai 批准下来[-準--] R.V. approve; ratify; sanction

pīzi 坯子 N. ① blank ② semifinished product ③ <slang> person of promise with certain natural endowments

[1]**pízi** 皮子 N. ① leather; hide; fur M: [1]zhāng ② skin; rind ③ cover; jacket (of a book)

[2]**pízi** 貔子 N. yellow weasel M: [2]zhī

[1]**pǐzi*** 痞子 N. ruffian; riffraff; thug

[2]**pǐzi** 癖子 N. addiction

pìzì 僻字 N. rare word

Pízībǎo 匹兹堡[-茲-] P.W. Pittsburgh

pìzuò 辟作 V. reserve (the land) for building sth.

po 桲 in ***wēnpo***

[1]**pō** 坡 N. ①slope ②plain ③<topo.> large low-lying field ♦V. slant; slope; incline

[2]**pō** 颇[頗] ADV. quite; very; considerably ♦B.F. inclined to one side; slanting; tilting ***piānpō***

[3]**pō** 泼[潑] V. splash; spill; sprinkle ♦S.V. ①acerbic ② detestable ③ impetuous; bold and vigorous

[4]**pō** 钋[釙] N. <chem.> polonium

[5]**pō** 泊/泺[-/濼] B.F. lake (appears mostly in names of lakes) ***húpō See also*** [9]***bó***

[6]**pō** 酦[醱] B.F. ferment (wine) ***pōpēi***

[7]**pō** 陂 in ***pōtuó See also*** [6]***bēi***

[1]**pó** 婆 B.F. ① old woman ***lǎotàipó*** ② woman (in certain occupations) ***méipó*** ③husband's mother ***pójia*** ④ grandmother; maternal grandmother ***pópo***

[2]**pó** 皤 B.F. white; white hair ***pópó, pórán***

Pó 鄱 in ***Póyáng Hú***

[1]**pǒ** 叵 B.F. cannot ***pǒcè***

[2]**pǒ** 钷[鉕] N. <chem.> promethium

[3]**pǒ** 笸 in ***pǒluo***

[1]**pò*** 破 S.V. ① broken; damaged; torn ② inferior; poor; lousy ♦V. ① break; cleave; cut ***Méiyǒu nòng~.*** No damage/breakage/etc. (to a package). ② get rid of; eradicate; do away with ③ defeat (the enemy); capture (a city/etc.) ④ reveal the truth; expose (a lie/etc.) ♦SUF. through ***kàn~*** see through

[2]**pò** 迫 B.F. ① compel; force; coerce ***qiǎngpò*** ②approach; come near ***pòjìn*** ③urgent; pressing ***jípò See also*** [2]***pǎi***

[3]**pò** 朴 B.F. Ch. hackberry ***pòshù, hòupò See also*** [6]***pǔ***

[4]**pò** 魄 B.F. ① soul ***húnfēipòsàn*** ② vigor; spirit [1]***pòlì, qìpò***

[5]**pò** 粕 B.F. dregs ***zāopò***

[6]**pò** 珀 in ***hǔpò***

pō'àn 坡岸 N. a sloping bank M: [2]dào

pò'àn* 破案 V.O. solve a criminal case

pò'ànlǜ 破案率 N. rate of solving or clearing up cases

pòbài 破败 S.V. ruined; dilapidated

pòbì 破壁 N. dilapidated walls M: [1]miàn ♦V.O. break a wall

pō biǎo tóngqíng 颇表同情 V.P. sympathize profoundly

pòbǐdiǎn 破笔点[-筆點] N. <art> broken-brush dot (in painting)

pòbìfēiqù 破壁飞去[--飛-] ID. rise from obscurity to eminence

pòbīngchuán 破冰船 N. icebreaker (ship) M: [1]sōu

pòbīngléi 破冰雷 N. <mil.> ice mine M: [1]kē

pòbīngxíngshǒu 破冰型艏 N. icebreaker bow

pòbō 破波 N. breaker; breaker wave M: [1]tiáo

pòbōdài 破波带[-帶] N. surf zone

pòbù 破布 N. ragged/shabby cloth; rags M: [2]kuài

pòbùdéyǐ 迫不得已 F.E. be forced to

pòbùjídài 迫不及待 F.E. ① too impatient to wait ② urgent

pòbùlāsā 破不剌撒 F.E. <topo.> tattered and torn

pòcái 破财 V.O. suffer financial loss

pòcáixiāozāi 破财消灾[-災] F.E. suffer unexpected financial losses but forestall calamity

pòcāng 破舱[-艙] V.O. damage (sth.)

pòcāyīn 破擦音 N. <lg.> affricate

pǒcè 叵测 S.V. unfathomable; unpredictable

pòchāishi 破差事 N. <coll.> troublesome/boring task M: [2]jiàn

pòchǎn 破产[-產] V.O./N. ① go bankrupt ② come to naught ***Tāmen zhěnggè jìhuà dōu ~ le.*** Their whole scheme fell through.

pòchǎn guǎnlǐrén 破产管理人[-產---] N. trustee in bankruptcy M: [2]wèi

pòchǎnzhàng 破产账/帐[-產-] N. <acct.> bankruptcy account M: [1]běn

pòchǎn zhī zhàiquánzhě 破产之债权者[-產-權-] N. creditor of bankruptcy M: [2]wèi

pòchāo 破钞 V.O. spend/squander money

pòchē 破车 N. <coll.> car/vehicle in bad condition or of poor quality M: [3]liàng

pōchū 泼出[潑-] R.V. splash; spill; sprinkle

pòchú* 破除 R.V. do away with

pòchuán 破船 N. derelict ship M: [1]sōu

pòchuāng'érrù 破窗而入 F.E. leap in through the window

pòchuán piān yù dǎtóufēng 破船偏遇打头风 ID. double misfortune

pòchú jīxí 破除积习[-積習] V.O. abolish a longstanding practice

pòchú míxìn 破除迷信 V.O. get rid of superstition

pòchúnhǎijì 破唇海鲫 N. <zoo.> forktail perch

pòchú qíngmiàn 破除情面 V.O. put principle before face

pòcù 迫促 V. ① be present/urgent ② be forced to

pòdǎn 破胆[-膽] V.P. terrified; terror-stricken

pōdào(r) 坡道(儿) N. sloping road M: [1]tiáo

pōdì* 坡地 N. hillside/sloping land M: [2]kuài/[1]piàn

pòdí 破敌[-敵] V.O. defeat one's opponents

pòdì 破的 V.O. hit the mark

pōdiào 泼掉[潑-] R.V. splash; spill; sprinkle

pōdì tītiánhuà 坡地梯田化 N. terracing of land on slopes

pòdòng 破洞 N. hole (made by breaking something)

pōdù* 坡度 N. slope; gradient

pòdú 破读[-讀] N. split reading (e.g., [1]zhǎng and [1]cháng)

pōduō 颇多 V.P. rather many; many

pòdúzì 破读字[-讀-] N. a character with split (i.e., two or more) readings

pò fángzi 破房子 N. hovel M: [4]zuò/[1]jiān

pòfèi 破费 V.O. ① squander money ② incur great expenses

pōfēng 颇丰[-豐] V.P. good

pōfù* 泼妇[潑婦] N. shrew; vixen M: [2]wèi

pòfù 破腹 V.O. <topo.> have diarrhea

pòfǔchénzhōu 破釜沉舟 ID. burn one's bridges

pōfùmàjiē 泼妇骂街[潑婦罵-] F.E. vituperate loudly and freely

pògāng 破缸 N. broken storage jar (for water/grain/etc.) M: kǒu/[2]zhī

pògé(r) 破格(儿) V.O. break the rule; make an exception

pògé wéntǐ 破格文体[-體] N. anacoluthon

pò gōngfu 破工夫 V.O. take time

pōgǒnggāo 坡拱高 N. ramp

pòguā 破瓜 ID. ① be 16 years old (of a girl) ② 64 years of age (said of a man) ♦V.O. deflower a virgin

pòguànpòshuāi 破罐破摔 ID. <coll.> resigned attitude of people who have erred and have no incentive to correct their errors

pòguànr 破罐儿 N. <coll.> ① broken container ② slut; whore ③ sick person

pòguānzhǎnjiàng 破关斩将[-關-將] F.E. overcome difficulties and vanquish many opponents

pò guànzi 破罐子 N. ①broken jar M: [2]*zhī* ②sth. hopeless ③<*topo.*> unchaste woman ④person in poor health

pòguāzhīnián 破瓜之年 N. <*trad.*> age sixteen (of girls); age sixty-four (of women)

pòhài 迫害 V./N. persecute

pòhàikuáng 迫害狂 N. crazed persecutor

pòhài wàngxiǎng 迫害妄想 N. delusion of persecution

pōhǎo* 颇好 V.P. rather good; good

pòhào 破耗 V. consume and expend

pòhuài 破坏[-壞] V. ① destroy; wreck; smash; decompose ② violate (an agreement/etc.)

pòhuài dānyīn de yùndòng 破坏单音的运动[-壞---運動] N. <*lg.*> dismonosyllabic movement

pòhuàidǎoluàn 破坏捣乱[-壞搗亂] F.E. sabotage and make trouble

pòhuài fènzǐ 破坏分子[-壞--] N. saboteur

pòhuài huódòng 破坏活动[-壞-動] N. sabotage

pòhuàilì 破坏力[-壞-] N. destructive power

pòhuài míngyù 破坏名誉[-壞-譽] V.O. libel; slander

pòhuàixìng 破坏性[-壞-] N. destructiveness

pòhuài zhōnglì 破坏中立[-壞--] V.O. violation of neutrality

pòhuǐ 破毁[-毀] V. ruin; destroy

[1]**pòhuò** 破获[-獲] V. ① unearth; uncover ② break (into a secret hideout) and capture (criminals/loot/etc.)

[2]**pòhuò** 破货 N. ①object of bad quality/condition ② <*derog.*> loose woman

pòhuǒshānkǒu 破火山口 N. caldera

pòjī 破击[-擊] V. attack and destroy

pōjiā 颇佳 V.P. rather good; fairly good

pójia* 婆家 N. husband's family

pòjiā 破家 V.O. ① spend all one's property for sth. ② ruin one's family

pòjiǎdàn 破甲弹 N. high-explosive anti-tank cartridge M: [2]*kē*

pòjiàng 迫降 N. forced landing *See also pòxiáng*

pōjiē 泼街[潑-] V.O. water-down the street

pòjiě* 破解 V. analyze and explain

pòjiè 破戒 V.O. ① break religious precepts ② break vows of abstinence

pò jìlù 破记录[-錄] V.O. break a record ♦ATTR. record-breaking; record-shattering

pòjìn 迫近 V. approach; get close to

pòjìngchóngyuán 破镜重圆 ID. reconciliation of estranged husband and wife

pòjīpào 迫击炮[-擊-] *See pǎijīpào*

pòjīpàodàn 迫击炮弹[-擊--] *See pǎijīpàodàn*

pōjiǔ 颇久 ADV. for quite a while

pòjiǔ 粕酒 N. arrack

pòjiù* 破旧[-舊] V.P. old and shabby

pòjiùlìxīn 破旧立新[-舊--] F.E. destroy the old and establish the new

pòjīzhàn 破击战[-擊戰] N. sabotage operations

pòjù 破句 V.O. read and punctuate incorrectly

pōjué 颇觉[-覺] V.P. <*wr.*> It seems quite likely that . . .

pōkānjūzhǐ 颇堪居止 F.E. It's a nice place to live in.

pòkǒu(r) 破口(儿) N. hole ♦V.O. ① have a cut/hole (in clothes/etc.) ② swear

pòkǒudàmà 破口大骂[-罵] F.E. shout abuse

pōla 泼辣[潑-] S.V. ① shrewish ② fierce and tough ③bold and vigorous ④pungent; forceful (of writing) *See also* [1]*pōlà*

[1]**pōlà*** 泼辣[潑-] S.V. ① bad-tempered ② aggressive *See also pōla*

[2]**pōlà** 泼刺[潑-] ON. splashing sound of fish jumping out of water

pōlàhuò 泼辣货[潑-] N. an agressive/tough woman

pōlài 泼赖[潑-] S.V. villainous; knavish

pōlàlà 泼辣辣[潑-] R.F. forceful; bold and vigorous

pǒlán 笸篮[-籃] N. wicker basket M: [2]*zhī*

pòlàn(r)* 破烂(儿)[-爛-] ATTR. tattered; ragged; worn-out ♦N. <*coll.*> junk; scrap M: *duī*

pòlànbùkān 破烂不堪[-爛--] F.E. in shreds and patches; torn and tattered

pòlàng 破浪 V.O. cleave/brave the waves; set sail

pòlàng'érchū 破浪而出 F.E. put out to sea

pòlàngqiánjìn 破浪前进[-進] F.E. cleave the water; breast the waves

pòlànhuò 破烂货[-爛-] N. rubbish; trash

pòléiqì 破雷器 N. mine-disposal device

pō lěngshuǐ 泼冷水[潑-] V.O. pour cold water on (fig.)

[1]**pòlì** 魄力 N. boldness; audacity; daring resolution

[2]**pòlì** 破例 V.O. break a rule; make an exception

pòliǎn 破脸 V.O. ① turn against (sb.); fall out ② <*coll.*> become angry; turn mean

pòliè 破裂 V. burst; split; rupture ♦N. <*lg.*> ① plosion ② plosive ③ explosion ④ opening

pòliè fāyīn 破裂发音[--發-] N. <*lg.*> plosion

pòliè jiātíng 破裂家庭 N. broken family

pòliè mócāyīn 破裂磨擦音 N. <*lg.*> affricate

pòlièqī 破裂期 N. <*lg.*> explosion

pòliè ruǎngǔ 破裂软骨 N. arytenoid cartilage

pòlièyīn 破裂音 N. <*lg.*> plosive

pòlín 迫临[-臨] V. approach; get close to

pòlìng 迫令 V. force sb. to (do sth.); order/demand forcibly

pǒluo 笸箩[-籮] N. shallow basket

pǒluó 叵罗[-羅] N. <*trad.*> a shallow wine vessel

pòluò* 破落 V. decline; suffer a comedown ♦V.P. poor and broken-down

pòluòhù(r) 破落户(儿) N. ① family in decline ②bad elements coming from once wealthy and influential families

póluómén 婆罗门[-羅-] N. ① sb. of pure conduct ② Brahman

Póluóménjiào 婆罗门教[-羅--] N. Brahmanism

pòluòqū 破落区[-區] P.W. blighted area

pòmài jiàzhí 迫卖价值[-賣價-] N. <*acct.*> forced-sale value

pòmèir 破谜儿 V.O. ① <*coll.*> solve a riddle ② <*topo.*> pose a riddle

[1]**pòmén** 破门 V.O. ① burst/force open door ② <*rel.*> excommunicate ③ <*sport*> kick a goal

[2]**pòmén** 魄门 N. anus

pòmén'érchū 破门而出 F.E. break through the door and dash out; come out into the open

pòmén'érrù 破门而入 F.E. force one's way into a house

pòmí 破迷 V.O. pose a riddle

pòmiào 破庙[-廟] N. dilapidated temple M: [4]*zuò*

pòmiè 破灭[-滅] V. be shattered; fall through

pōmìng* 泼命[潑-] V.O. <*topo.*> sacrifice/risk one's life

pòmìng 破命 ADV. <*topo.*> with might and main

pōmò 泼墨[潑-] N./V.O. <*art*> splash-ink (painting technique)

pōmòfānlán 泼墨翻澜[潑-] F.E. <*art*> use ink freely and boldly

pōmòhuà 泼墨画[潑-畫] N. splash-ink painting M: [1]*zhāng*/[10]*fú*

pōmò shānshuǐ 泼墨山水[潑-] N. traditional Chinese painting of mountains and waters using the technique of splash-ink M: [1]*zhāng*/[10]*fú*

pómǔ 婆母 N. mother-in-law M: [2]*wèi*

pōnài 颇奈 V.P. can't help it; having no alternative

pǒnài* 叵耐/奈 V.P. ① unendurable ② It is an unfortunate fact that . . .

póniáng 婆娘 N. <*topo.*> ① young married woman ② wife ③ <*derog.*> woman M: [2]*wèi*

pòpán 破盘[-盤] N. ①broken dishes ②exposure of a secret/plot M: [2]*zhī*

pōpēi 酦醅[醱-] V.O. <*wr.*> make wine; brew beer

pōpí 泼皮[潑-] N. rogue; rascal

pòpiàn 破片 N. broken piece; fragment

pópo* 婆婆 N. ① husband's mother; mother-in-law ② <*topo.*> maternal grandmother ③ old woman (of an earlier generation) M: [2]*wèi*

pópó 皤皤 N. white; hoary

pōpō de 颇颇的 ADV. rather (well-known/etc.)

pópo duō 婆婆多 V.P. too many views

pópojiā 婆婆家 N. husband's mother's family

pópójìng 婆婆镜 N. granny glasses M: [1]*fù*

pòpòlànlàn 破破烂烂[-爛爛] R.F. in bad condition; shabby; tattered; dilapidated

pópomāmā 婆婆妈妈 R.F. ① kindhearted; motherly ② fainthearted; overly careful ③ sentimental ④ effeminate ⑤ old-womanish

pópozuǐ 婆婆嘴 N. nagging/garrulous person; nagging tongue M: [1]*zhāng*

pòqì 破气[-氣] V.O. <*Ch. med.*> relieving stagnant vital energy

pòqián 破钱[-錢] V.O. <*coll.*> break money into smaller bills

pòqiángbàiwǎ 破墙败瓦[-牆--] F.E. broken walls and tiles

pòqiè 迫切 S.V. urgent; pressing; imperative

pòqièxìng 迫切性 N. urgency

pòqiè xūyào 迫切需要 N. urgent need

pórán 皤然 N. white; hoary

pōsǎ 泼洒[潑灑] V. splash

pòsàn 魄散 V.P. unnerved; unmanned

pòsǎngzi 破嗓子 N. hoarse/disagreeable voice

pòsànhúnfēi 魄散魂飞[-飛] F.E. be frightened out of one's wits

pòsànjiǔxiāo 魄散九霄 F.E. <*wr.*> ① one's spirit flees to the ninth heaven; die ② be scared to death

pòshang 破上 V. <*topo.*> sacrifice; part with ~ *yī tiáo mìng* sacrifice one's life

pòshāngfēng 破伤风[-傷-] N. tetanus

pòshàngliángshān 迫上梁山 ID. be forced to do sth. desperate; be driven to revolt

pòshēn 破身 V.O. lose one's virginity

pòshǐ* 迫使 V. force; compel

pòshì 迫视 V. look at from close-up; watch intently

pòshū* 破书[-書] N. tattered book M: [1]*běn*

pòshù 朴树[-樹] N. Chinese hackberry M: [2]*kē*

pòshūcánhuà 破书残画[-書殘畫] F.E. tattered books and fragments of paintings

pōshuǐ* 泼水[潑-] V.O. splash water

pòshuǐ 破水 V.O. break the amniotic sac (of a woman about to give birth)

Pōshuǐjié 泼水节[潑-節] N. Water-Sprinkling Festival

pōshuǐnánshōu 泼水难收[潑-難-] F.E. No crying over spilt milk.

pòshuō 破说 V. <*topo.*> analyze and explain; interpret (dreams/omens/etc.)

pòsīlìgōng 破私立公 F.E. overcome selfishness and foster public spirit

pòsuì 破碎 R.V. smash sth. to pieces ♦S.V. tattered; broken

pòsuìjī 破碎机 N. crusher; breaker M: [1]*tái*

pòsuìxiǎn 破碎险 N. <*com.*> risk of breakage

pòsuìzhīlí 破碎支离[-離] F.E. torn to pieces; fallen apart

pòsǔn 破损 V. (be) damaged/worn

pósuō 婆娑 V.P. whirling; dancing; hovering

pósuōqǐwǔ 婆娑起舞 F.E. start dancing

pòtí(r)* 破题(儿) N. brief statement of a theme ♦V.O. briefly state a theme

pòtì 破涕 V.O. stop crying

pōtiān 泼天[潑-] ADV. overwhelming; extreme

pōtián* 坡田 N. cultivated field on a mountain slope M: [2]*kuài*

pōtiān dàhuò 泼天大祸[潑-禍] N. extreme disaster

pōtiān fùguì 泼天富贵[潑-] N. extreme wealth

pòtiānhuāng 破天荒 ATTR. unprecedented

pòtír 破题儿 N. <*trad.*> ①the opening sentence of an essay in civil examinations defining the theme ② the first step

pòtír dì-yī zāo 破题儿第一遭 A.T. first time ever

pòtìwéixiào 破涕为笑 F.E. smile through tears
pòtǐzì 破体字[-體-] N. ① unofficial simplified character ② corrupted form of a Chinese character
pòtǔ 破土 V.O. ① break or dig up the ground ② start spring plowing ③ break through the soil (of seedlings) ④ dig a tomb
pòtǔdiànjī 破土奠基 F.E. break ground for laying a cornerstone
pòtǔ diǎnlǐ 破土典礼[-禮] N. ceremony for starting a building project
pòtǔdònggōng 破土动工[--動-] F.E. break ground
pòtǔ'érchū 破土而出 F.E. break through the soil (as of seedlings)
pōtuó 陂陀 V.P. ① uneven; sloping (of land) ② craggy; steep; winding (of hill lines, etc.)
pōu* 剖 V. cut/split open ♦B.F. ① dissect ***jiěpōu*** ② analyze ***pōuxī***
[1]**póu** 裒 B.F. gather together ***póují***
[2]**póu** 抔 B.F. hold in cupped hands ***póutǔ***
pǒu 掊 B.F. attack ***pǒujī***
pōubái 剖白 V. explain/vindicate oneself
pōubái xīnjì 剖白心迹[-跡] V.O. lay one's heart bare; explain oneself
pōubiàn 剖辨 V. defend oneself (from a charge)
pōuchéng 剖成 R.V. dissect
pǒudǒuzhéhéng 掊斗折衡 F.E. break the measure and destroy the scales so as to prevent wrangling (a political philosophy advocated by Zhuāngzǐ)
pōuduànrúliú 剖断如流[-斷--] F.E. quick in deciding lawsuits (of a judge)
póuduōyìguǎ 裒多益寡 F.E. collect from the rich and benefit the poor
pōudùtāoxīn 剖肚掏心 F.E. rip sb. open and tear out his heart
pōufēn 剖分 V. cut apart at the middle
pōufù 剖腹 V.O. ① cut open the stomach ② speak from the heart
pōufùcángzhū 剖腹藏珠 F.E. die in pursuit of gain
pōufùchǎn 剖腹产[-產] N. Caesarean birth
pōufùmíngxīn 剖腹明心 F.E. bare one's heart in all sincerity
pōufù shēngchǎn 剖腹生产[-產] N./V.P. *<med.>* Caesarean section/operation
pōufùshù 剖腹术[-術] N. laparotomy; ventrotomy
pōufùwānxīn 剖腹剜心 F.E. disembowel sb. and dig out his heart
pōufù zìshā 剖腹自杀[-殺] V.P. commit hara-kiri
pōugānlìdǎn 剖肝沥胆[-瀝膽] F.E. show sb. one's innermost feelings
pōugānqìxuè 剖肝泣血 F.E. extremely sad
pōugē 剖割 V. dissection
pōuguājiěshù 剖瓜解署 F.E. slice a melon to cool oneself
póují 裒辑 V. *<wr.>* collect and edit; compile
pǒujī* 掊击[-擊] V. ① attack in speech/writing ② strike; break
pōujiě 剖解 V. analyze; dissect
pōujuérúliú 剖决如流[-決--] F.E. decide cases promptly
pōukāi 剖开[-開] R.V. cut open
póuliǎn 裒敛 V. *<wr.>* exploit (the people); amass (a fortune)
póuliǎnwúyàn 裒敛无厌[-厭] F.E. *<wr.>* insatiably exploit the people
pōulǐgé 剖里革[-裡-] N. split hides
pōulù 剖露 R.V. expose
pōumiàn 剖面 N. cross section; sectional view
pōumiàntú 剖面图[-圖] N. sectional drawing M: [1]*zhāng*
pōumíng 剖明 R.V. analyze and make clear
pōumíng shìlǐ 剖明事理 V.O. analyze whys and wherefores
pōupàn 剖判 V. give judgment in a case
pōuqiánjìpín 抔钱济贫[-錢濟-] F.E. give generously to help the poor
pōushī 剖尸[-屍] V.O. autopsy; post-mortem examination
pōushì* 剖视 N. section view
pōushìtú 剖视图[-圖] N. cutaway view M: [1]*zhāng*
póushuǐ'éryǐn 抔水而饮 F.E. drink from cupped hands
póutǔ 抔土 N. ① double handful of earth ② grave
póutǔwèigān 抔土未干[-乾] F.E. It is not long since sb.'s death.
pōuxī 剖析 V. analyze; dissect
pōuxīn 剖心 V.O. open one's heart; bare one's heart sincerely
pōuxīnlùgān 剖心露肝 F.E. bare one's heart
pōuxīnzìbái 剖心自白 F.E. open one's heart and clear one's reputation
pōuxīzhě 剖析者 N. anatomist M: [2]*wèi*
pōuyàn 剖验 V. hold an inquest
póuyǐn 抔饮 V. drink out of the hands
pōuzì 剖字 V.O. tell one's fortune by analyzing written characters
pòwáng 破亡 V. be destroyed; collapse
pòwǎng* 破网[-網] V.O. score a goal
pòwǎngcūn 破网皴[-網-] N. *<art>* torn-net wrinkle (in painting)
pò wànlǐlàng 破万里浪[-萬--] V.O. have the courage to face any danger in pursuit of one's career
pòwǎsuìzhuān 破瓦碎砖[-磚] F.E. smashed tiles and broken bricks
pōwéi 颇为 V.P. rather; somewhat
pōwéimǎnyì 颇为满意 V.P. very contented
pòwén 破纹 N. cracked skin M: [2]*dào*
pòwū* 破屋 N. a run-down house M: [4]*zuò*/[1]*jiān*
pòwǔ(r) 破五(儿) N. fifth of the first lunar month
pōxī 泼熄[潑-] V. extinguish by spraying water
pó-xí* 婆媳 N. mother-in-law and daughter-in-law
pòxì 破隙 N. crack; fissure M: [2]*dào*
pōxiǎng 颇想 V. be rather inclined to do sth.
pòxiáng* 迫降 V. force sb. to surrender *See also* *pòjiàng*
pòxiàng 破相 V.O. ① be scarred ② lose face
pòxiāo 朴硝 N. *<Ch. med.>* saltpeter
pòxiǎo* 破晓[-曉] N. dawn; daybreak ♦V. *<coll.>* explain; clarify; show light
pòxiǎobùkāi 破晓不开[-曉-開] V.P. *<topo.>* incapable of understanding
pòxiǎo shífēn 破晓时分[-曉時-] N. daybreak
[1]**pòxié** 破鞋 N. ① worn-out shoes M: [1]*shuāng* ② *<topo.>* loose woman M: [2]*zhī*
[2]**pòxié** 迫胁[-脅] V. force; coerce
póxīn* 婆心 N. a kind and compassionate heart
pǒxìn 叵信 S.V. unreliable; not trustworthy
pò xìngmìng 破性命 V.O. risk one's life
pòxiūqǐchǐ 破羞启齿[-啟齒] F.E. come out of one's shell
pòxízhàn 破袭战[-戰] N. sabotage operations M: [2]*chǎng*
pòxuèyào 破血药[-藥] N. stasis-breaking drug
pòyán 破颜 V.O. break into a smile
Póyáng Hú 鄱阳湖[-陽-] P.W. Poyang Lake (in Jiangxi)
pòyányīxiào 破颜一笑 F.E. crack a smile
póyí* 婆姨 N. *<topo.>* ① young married woman ② wife M: [2]*wèi*
pòyī 破衣 N. tattered clothing M: [2]*jiàn*
pòyì 破译[-譯] V. decode; crack a code
pòyīlànshān 破衣烂衫[--爛-] F.E. in rags
pòyīn 破音 N. *<lg.>* alternative pronunciations
pò Yīngyǔ 破英语 N. *<lg.>* broken English
pòyīnzì 破音字 N. ① character with variant pronunciations for different meanings. E.g., [1]*zhǎng* 'grow', [1]*cháng* 'long' ② *<lg.>* homograph
pò yīshang 破衣裳 N. rags; ragged clothing M: [2]*jiàn*
pōyǒu 颇有 V.P. have a lot of (money/sense/etc.)
pōyù 颇欲 V.P. quite inclined to do sth.
pòyú* 迫于[-於] V.P. ① constrain ② because of . . . (have no alternative)
pòyuē 破约 V.O. break one's promise
pòyúnqì 破云器[-雲-] N. cloudbuster
pòyúwúnài 迫于无奈[-於--] F.E. be compelled against one's will
pòzàiméijié 迫在眉睫 ID. ① extremely urgent ② imminent
pō zāngshuǐ 泼脏水[潑髒-] V.O. slander
pòzèngshēngchén 破甑生尘[-塵] F.E. in extreme poverty
pòzhàn 破绽 N. ① burst a seam ② flaw; weak point
pòzhànbǎichū 破绽百出 F.E. full of flaws
pòzhéhào 破折号[-號] N. dash (-)
pòzhèn 破阵 V.O. break a battle formation; break a position
pōzhī 颇知 V.P. know quite well
pōzhīyī'èr 颇知一二 F.E. know rather well
pōzhòng 颇重 V.P. rather heavy; fairly heavy
pòzhōngyǒulì 破中有立 F.E. establish the new in the process of destroying the old
pòzhú 破竹 ID. like an irresistible force
pòzhúzhīshì 破竹之势[-勢] N. an irresistible/overwhelming force
pōzi 坡子 N. slope M: [2]*dào*
pózi* 婆子 N. ① hussy; strumpet ② wife ③ old biddy ④ *<derog.>* woman M: [2]*wèi*
pòzì 破字 *See pòyīnzì*
[1]**pū*** 扑[撲] V. ① beat; pat; tap ② leap; fling oneself at ③ *<topo.>* bend over ***~zai zhuōshang kàn dìtú*** bend over a map on the desk
[2]**pū** 铺[鋪] V. ① spread; extend; unfold ② pave; lay ♦ADV. thoroughly; throughout ♦N. fixed part of door knocker ♦M. for beds *See also* [1]*pù*
[3]**pū** 噗 ON. puff
[4]**pū** 仆 B.F. fall forward ***diānpū*** *See also* [1]*pú*
[1]**pú** 仆[僕] B.F. servant ***púrén*** *See also* [4]*pū*
[2]**pú** 蒲 N. ① cattail ② Surname
[3]**pú** 璞 B.F. unpolished jade ***púyù, bàopú***
[4]**pú** 脯 B.F. breast; chest ***púzi, xiōngpú*** *See also* [9]*fǔ*
[5]**pú** 酺 B.F. drinking party ***púyàn***
[6]**pú** 镤[鏷] N. *<chem.>* protactinium
[7]**pú** 莆 in ***púxì***
[8]**pú** 葡 in ***pútao***
[9]**pú** 菩 in ***Púsà***
[10]**pú** 匍 in ***púfú, fúpú***
[1]**Pú** 濮 N. Surname
[2]**Pú** 莆 B.F. short for Putian county (in Fujian) ***Púxiānxì***
[1]**pǔ(r)** 谱(儿)[譜(兒)] N. ① table; chart; register ② guide; manual ③ musical notation ④ sth. to base oneself on ***Wǒ xīnli méi ~.*** I have no idea. ⑤ *<coll.>* standards ♦V. set to music
[2]**pǔ** 浦 B.F. water's edge; area around the mouth of a river (used in place names) ***Pǔdōng*** ♦N. Surname
[3]**pǔ** 蹼 N. web on the feet of ducks/etc.
[4]**pǔ** 普 B.F. common; widespread; popularize ***pǔtōng, kēpǔ*** ♦N. Surname ♦in ***jìpǔchē***
[5]**pǔ** 溥 B.F. broad; extensive; universal ***pǔbó*** ♦N. Surname ♦in ***pǔmò***
[6]**pǔ** 朴[樸] B.F. simple; plain ***[1]pǔsù, [1]chúnpǔ*** *See also* [3]*pò*
[7]**pǔ** 埔 B.F. flat land near the ocean/river ***hǎipǔ, hǎipǔdì*** *See also* [7]*bù*
[8]**pǔ** 圃 B.F. garden; nursery ***[1]càipǔ, guāpǔ***
[9]**pǔ** 镨[鐠] N. *<chem.>* praseodymium
[10]**pǔ** 氆 in ***pǔlu***
[1]**pù** 铺[鋪] B.F. ① shop; store ***pùzi*** ② bed ***chuángpù*** ♦SUF. *<hist.>* relay station (used in place names) ***Shílǐ~*** Ten Mile Station *See also* [2]*pū*
[2]**pù** 瀑 B.F. waterfall ***pùbù, fēipù***
[3]**pù** 曝/暴 B.F. expose to the sun; expose ***pùshài, xiànpù*** *See also* [3]*bào*, [8]*bào*
[4]**pù** 堡 B.F. *used mostly in place names, as alternate for* [1]*pù* walled village *See also* [4]*bǎo*, [5]*bǔ*
pūbǎi 铺摆[-擺] V. place on display; display
pūbǎn 铺板 N. bed board M: [2]*kuài*
púbàng 蒲棒 N. *<coll.>* spike of a cattail M: [2]*gēn*

púbāo* 蒲包 N. ① cattail/rush bag ② <trad.> a gift of fruit/pastries
pùbǎo 铺保 N. guarantee from a store
pǔbèi 溥被 A.T. spread widely
pùbèi* 曝背 V.O. turn the back to the sun and enjoy its warmth
pūbí 扑鼻[撲-] V.O. assail the nostrils
púbiān 蒲鞭 N. ① whip made of rush for punishment M: [1]tiáo ② leniency
pǔbiàn* 普/溥遍/徧 S.V. universal; general; widespread; common; pervasive
pǔbiàn cáijūn 普遍裁军 N. universal disarmament
pǔbiàn gàiniàn 普遍概念 N. <lg.> universal
pǔbiàn guīlǜ 普遍规律 N. universal law
pǔbiànhuà 普遍化 N. <lg.> generalization
pǔbiàn xiànxiàng 普遍现象 N. universal phenomenon
pǔbiànxìng 普遍/偏性 N. universality; pervasiveness
pǔbiànxìng yǔfǎ 普遍性语法 N. <lg.> universal grammar
pǔbiàn xuǎnjǔquán 普遍选举权[-選舉權] N. universal suffrage
pǔbiàn Yīngyǔ 普遍英语 N. <lg.> English for general purposes (EGP)
pǔbiàn yōuhuìzhì 普遍优惠制[--優--] N. generalized system of preferences (GSP)
pǔbiàn zhēnlǐ 普遍真理 N. universal truth
pǔbiànzhǔyì 普遍主义[-義] N. universalism
pǔbiǎo 谱表 N. <mus.> stave; staff M: [1]zhāng
pǔbó 溥博 S.V. inclusive and extensive
pùbù 瀑布 N. waterfall; cataract M: [1]tiáo
pūbudèngr 噗不瞪儿 <topo.> N. toy horn made of very thin glass ♦ATTR. fragile; frail; feeble ~ *de shēnzi* a feeble body
pùbùfēiquán 瀑布飞泉[--飛-] F.E. waterfalls and flying streams
pùbù qīngxiè 瀑布倾泻[--傾瀉] F.E. cascade down the mountain
púcǎo 蒲草 N. ① stem/leaf of cattail M: kǔn ② <topo.> dwarf lilyturf
pǔcè 普测 N. general exam
pǔchá 普查 N. ① general investigation/survey ② <geog.> reconnaissance survey
pǔchá hòu gūjì 普查后估计[--後--] N. postcensal estimate
pǔchá jiān gūjì 普查间估计 N. intercensal estimate
pūchen* 铺衬[-襯] N. cloth scraps for patching
pūchén 铺陈 V. ① narrate in detail ② spread out; arrange; decorate ③ arrange for display ♦N. <topo.> bedclothes; bedding
pūchéng 铺成 R.V. ①pave; lay ②spread; extend
pūchénhuálì 铺陈华丽[-華麗] F.E. arrange beautifully
pūchī(r) 扑哧//噗哧//噗嗤(儿)[撲-//--//---] ON. ① titter; snigger; chuckle ② splash
pūchī(r) xiào 扑哧(儿)笑 V.P. <coll.> giggle
pūchīyīxiào 扑哧一笑[撲-] F.E. titter; snigger; chuckle to oneself
pǔchū 谱出 R.V. compose (music)
pūchuáng 铺床 V.O. make a bed
púcóng 仆从[僕從] N. footman; retainer; retinue M: [2]wèi
púcóngguó 仆从国[僕從國] N. vassal country
púcóng guójiā 仆从国家[僕從國-] N. vassal country
púcóngrúyún 仆从如云[僕從-雲] F.E. myriads of servants
púcóngshènzhòng 仆从甚众[僕從-眾] F.E. a large suite of attendants
pūdǎ 扑打[撲-] V. swat; beat; pat
pūdǎo 扑倒[撲-] R.V. fall forward
pūde 扑的[撲-] ADV. <topo.> suddenly ♦ON. plop
pūdēng'ézi 扑灯蛾子[撲燈-] N. grain moth; night butterfly M: [2]zhī
[1]pūdì* 铺地 V.O. pave
[2]pūdì 扑地[撲-] V.O. lie on the ground; be all over the ground
pǔdì 谱第 N. genealogy
pùdǐ 铺底 N. shop furnishings/fixtures
pūdiàn* 铺垫[-墊] N. ① bedding; cushion M: [2]kuài ② foreshadowing ♦V.O. ① serve as a foil ② spread a cushion ③ foreshadow
púdiàn(r) 蒲垫(儿)[-墊-] N. cattail mat
pūdì cízhuān 铺地瓷砖[-磚] N. floor tile M: [2]kuài
pūdiē 扑跌[撲-] V. fall forward ♦N. wrestling
pǔdié* 谱牒 N. <wr.> family tree; genealogy M: [1]zhāng
pūdìkuàiliào 铺地块料[--塊-] N. paving block M: [2]kuài
pūdìzhuān 铺地砖[-磚] N. floor/paving tile M: [2]kuài ♦V.O. tile a floor
pūdōng 扑/噗冬[撲-] ON. plop
pūdòng 扑动[撲動] V. flutter
Pǔdōng* 浦东 P.W. part of Shanghai east of the Huangpu river
pùdōng 铺东 N. owner; employer M: [2]wèi
pǔdù 普度 V. <Budd.> save all beings; deliver all living creatures from torment
púdūn(r) 蒲墩(儿) N. cattail mat
pǔdùn* 朴钝[樸-] S.V. ① blunt (knife/etc.) ② dull; slow; stupid
pǔdùzhòngshēng 普度众生[--眾-] F.E. <Budd.> ① deliver all creatures from torment ② save all beings
Pǔ'ěrchá 普洱茶 N. Pu'er tea (from Yunnan)
pūfá 扑罚[撲-] V. flog/whip as a punishment
pǔfǎ* 普法 V.O. popularize the law
pǔfàn 普泛 V.P. general; widespread; universal
pūfáng 铺房 P.W. house things the bride's family sends to the groom's family on the wedding day or the day before
pūfěn 扑粉[撲-] N. face/talcum powder ♦V.O. apply powder
pūfū 仆夫[僕-] N. driver M: [2]wèi
púfú* 匍匐/伏 V. ① crawl; creep ② prostrate
púfù 仆妇[僕婦] N. female servant M: [2]wèi
púfú'āiqiú 匍匐哀求 F.E. fall prostrate and beg sorrowfully
púfú'érxíng 匍匐而行 F.E. crawl on all fours
púfújīng 匍匐茎[-莖] N. <bot.> stolon M: [2]gēn
púfú qiánjìn 匍匐前进[-進] V.P. crawl forward
púfú zhíwù 匍匐植物 N. <bot.> creeper M: [2]kē
pūgai* 铺盖[-蓋] N. bedding; bedclothes M: juǎn *See also* pūgài
pūgài 铺盖[-蓋] V. spread (evenly) over *See also* pūgai
pūgaijuǎn(r) 铺盖卷(儿)[-蓋--] N. <coll.> bedroll; luggage roll M: juǎn
pǔgāo 普高 AB./P.W. pǔtōng gāozhōng ordinary senior middle school
pǔgàotiānxià 普告天下 F.E. make publicly known
púgēnbānyèlán 蒲根斑叶兰[-葉蘭] N. white plantain M: [2]zhū
púgōngyīng 蒲公英 N. dandelion M: [2]kē
púgū 仆姑[僕-] N. <wr.> a high-quality arrow
pùgǔ* 暴骨 V.O. die in the wilds
púguā 蒲瓜 N. white flowered gourd
pūguǎnchuán 铺管船 N. pipe-laying ship M: [1]sōu
pùguāng 曝光 *See* bàoguāng
pūguǐ 铺轨 V.O. lay railway track
Púguó 葡国[-國] P.W. Portugal
Púguójī 葡国鸡[-國雞] N. Portuguese chicken M: [2]zhī
pùháng 铺行 P.W. firm; shop
pǔhào 谱号[-號] N. <mus.> clef; musical notes
pǔhòu 朴厚[樸-] S.V. simple and loyal
pūhǔ(r) 扑虎(儿)[撲-] V.P. <topo.> lurch forward
pùhù(r)* 铺户(儿) P.W. shop M: [1]jiā
pǔhuà 蹼化 N. webbing
púhuáng 蒲黄 N. <Ch. med.> cattail pollen
pǔhuìzhì 普惠制 AB. pǔbiàn yōuhuìzhì generalized system of preferences (GSP)
pū hùnníngtǔ 铺混凝土 V.O. spread concrete
pūhuǒ dàběnyíng 扑火大本营[撲-營] P.W. base camp; fire camp
pūjī 扑击[撲擊] V. ① pounce/fall/set on ② lap/beat against ③ hit; strike
pǔjí* 普及 V. popularize; disseminate; spread ♦S.V. universal; popular
pǔjià* 谱架 N. music stand
pùjia 铺家 N. <topo.> shop; store M: [1]jiā
pújiàn 蒲剑 N. ① swordlike leaf of calamus M: [1]piàn ② rush sword, hung in the doorway on the Dragon Boat Festival to ward off evil spirits M: [1]bǎ
pǔjiàn* 普建 V. generally establish or set up
pǔjiàng 普降 V. rain/snow in many places
pǔjiànggānlín 普降甘霖 F.E. timely rain for all drought areas
pǔjiào 普教 AB. pǔjí jiàoyù universal education
pǔjíbǎn 普及版 N. a trade edition
pǔjíběn 普及本 N. popular/cheap/paperback edition M: [1]běn
Pújié 蒲节[-節] N. Calamus Festival; Dragon Boat Festival on the fifth day of the fifth lunar month
pǔjí jiàoyù 普及教育 N. universal education
pǔjílǜ 普及率 N. popularity index/score/etc.
Pǔjīng 普京 N. Putin (Russian president)
pūjiù 扑救[撲-] V. ① fight fire ② make a diving save (in volleyball/etc.)
pǔjiùzhòngshēng 普救众生[--眾-] F.E. <Budd.> deliver all beings from suffering
pǔjí yìwù jiàoyù 普及义务教育[--義務--] V.O. universal compulsory education
Pújù 蒲剧[-劇] N. Puzhou (Shanxi) opera
pùjuān 铺捐 N. <topo.> sales tax
pūkāi 铺开[-開] R.V. spread
pūkàng 铺炕 V.O. <coll.> make up a bed/kang; spread out the bedding
pǔkǎo 普考 N. junior-grade civil-service examination (in modern China)
pūkè 扑克[撲-] N. <loan> ① poker ② playing-cards M: [1]fù
pūkèpái 扑克牌[撲-] N. playing-cards M: [1]fù
pūkōng 扑空[撲-] V.O. miss out; misfire
Pǔkǒu 浦口 P.W. city opposite Nanjing
púkuí 蒲葵 N. Chinese fan palm M: [2]kē
pūlā 扑拉[撲-] V. ① flutter/flap/spread the wings ② pat; slap; whisk ③ roll/trickle down (of tears/sweat/etc.)
pūleng* 扑棱[撲-] V. do sth. over and over again *See also* pūlēng
pūlēng 扑棱[撲-] ON. fluttering/flapping of wings *See also* pūleng
pūleng bu chūqu 扑棱不出去[撲-] R.V. <coll.> be unable to break out
pūleng kāi 扑棱开[撲-開] R.V. <coll.> open out like a flower
pūliǎnr 扑脸儿[撲-] V.O. blow on/against one's face
púliǔ 蒲柳 N. big catkin willow M: [2]kē ♦ID. ① feeble; weak (of physical constitution) ② humble; lowly (of social position)
pùliú* 瀑流 N. cascade; waterfall; cataract M: [1]tiáo
púliǔzhīzī 蒲柳之姿 N. suffer from poor health
pǔlòu 朴陋[樸-] S.V. ① crude ② things in their original state (without artificial decoration, etc.)
[1]pūlù* 铺路 V.O. ① pave a road ② grease the palm ③ prepare for sth.
[2]pūlù 扑漉[撲-] ON. sound of a bird flapping its wings
pǔlu 氆氇 N. Tibetan wool fabric M: [2]kuài
pǔlù 谱录[-錄] N. genealogy M: [1]běn
pùlù 曝露 *See* bàolù
pūlùjī 铺路机 N. road paver M: [3]liàng
pǔlǔkǎyīn 普鲁卡因 N. <loan> procaine
pūlūlū 噗噜噜//碌碌 R.F. trickle down (of tears)
pǔlúnqìchuán 蹼轮汽船 N. paddle-wheel steamship M: [1]sōu
pūluò* 扑落[撲-] V. ① shake off; shake out of sth. ② scattered about; in disarray; helter-skelter ♦N. <topo.> plug
pǔluó 普罗[-羅] N. <loan> proletarian; proletariat

pǔluó jiējí 普罗阶级[-羅階-] N. <loan> proletariat
pǔluó wénxué 普罗文学[-羅--] N. proletarian literature
pūlùshí 铺路石 N. flagstone M: [2]kuài
pǔmǎ 朴马[樸-] N. unbroken horse M: [1]pǐ
pūmǎn* 扑满[撲-] N. clay coin bank; piggy bank
pūmàn 铺墁 V.O. pave with tiles/bricks/etc.
pūmángzi 扑忙子[撲-] V.O. bustle about but accomplish nothing
pǔmào 朴茂[樸-] V.P. <wr.> simple, sincere, and honest
[1]**pūmiàn** 扑面[撲-] V.O. blow on/against one's face
[2]**pūmiàn** 铺面 N. pavement *See also* [1]pùmiàn
[1]**pùmiàn*** 铺面 N. ① shop-front ② size/scale of a store M: [1]jiān *See also* [2]pūmiàn
[2]**pùmiàn** 暴面 V.O. make an appearance; appear
pùmiànfáng 铺面房 P.W. street-facing houses that can be rented for shops; shop building M: [1]jiàn
pūmiàn lùjiān 铺面路肩 N. paved shoulder
pūmiè 扑灭[撲滅] R.V. ① stamp out; extinguish ② exterminate; wipe out
Pǔmǐzú 普米族 N. Pumi ethnic minority (in Yunnan)
pǔmò 溥漠 N. fluttering its wings (of a water bird)
pūnào 扑闹[撲鬧] V. <coll.> struggle
pú'ōu 仆欧[僕歐] N. boy; waiter M: [2]wèi
pūpái 铺排 V. ① put in order; arrange ② handle things with pomp ♦S.V. extravagant; ostentatious ♦N. sb. who readies the altar and cult objects
pūpíng 铺平 R.V. ① pave; spread out; smooth out ② level
pūpíng dàolù 铺平道路 V.O. pave the way
pūpu* 扑扑[撲撲] ON. throbs (of the heart, etc.) ♦R.F. throb
púpú 仆仆[僕僕] R.F. travel-worn and weary
pǔpǔ 谱谱 N. <topo.> plan; ideas
púpúchángtú 仆仆长途[僕僕-] F.E. arduous journey
púpúfēngchén 仆仆风尘[僕僕-塵] F.E. be travel-worn and weary
pǔpǔshíshí 朴朴实实[樸樸實實] R.F. ① simple; plain ② sincere and honest; guileless; simple in taste
pǔpǔshuō 普普说 N. <lg./loan> pooh-pooh theory
pūqì* 铺砌 V. pave
pùqì 曝气[-氣] N. aeration
pùqìchí 曝气池[-氣-] N. aeration tank
pùqì chǔlǐ 曝气处理[-氣處-] N. aeration treatment
pūqìshì dàokǒu 铺砌式道口 N. paved crossing
pūqǔ 扑取[撲-] V. pounce on
pǔqǔ* 谱曲 V.O. set words to music
pūr 扑儿[撲-] N. powder puff
pǔr* 谱儿 N. ① music score; music ② list (of formulas/rules/etc.)
pǔrdà 谱儿大 V.P. <coll.> show oneself as a big man
púrén* 仆人[僕-] N. ① servant M: [2]wèi ② <humb.> I
pǔrén 溥仁 N. universal benevolence
púróng 蒲绒 N. cattail wool
Pǔ Rú 溥儒 (1896–1963) N. also known as Pu Xinyu; painter, poet and calligrapher
Púsà 菩萨[-薩] N. ① Bodhisattva ② Buddha; Buddhist idol ③ kindhearted person M: [2]wèi
púsàdīméi 菩萨低眉[-薩--] F.E. kind-looking
púsàdīyǔ 菩萨低语[-薩--] F.E. kind/gentle/soothing words
pùsāilóngmén 暴腮龙门 ID. flunk the civil-service examination
púsàxīncháng 菩萨心肠[-薩-腸] F.E. kind-hearted and merciful
pūshā 扑杀[撲殺] V. kill
pùshài 曝晒[-曬] V. sun; expose to sunlight
[1]**pūshan** 扑闪[撲-] V. ① wink ② blink
[2]**pūshan** 扑扇[撲-] A.T. <topo.> flutter; flap
púshàn(r)* 蒲扇(儿) N. cattail-leaf fan M: [1]bǎ
púshàng 濮上 N. den of iniquity
púshàngzhīyīn 濮上之音 N. lewd and debauching music
pūshè 铺设 V. lay in order; arrange; build (railway/etc.)
pūshè shuānggǔi 铺设双轨[--雙-] V.O. lay a double track
pūshè yǒuyìzhīqiáo 铺设友谊之桥[-橋] V.O. open up a path of friendship
pūshí 扑食[撲-] V.O. seize for prey
pǔshí* 朴实[樸實] S.V. ①simple; plain ②sincere and honest; guileless
pùshī 暴师[-師] V.O. station troops in the wilds
pǔshì'ěr 浦式耳 M. <loan> bushel
pǔshījìzhòng 普施济众[-濟眾] F.E. benevolence extending to everything
Pǔshítúyǔ 普什图语[--圖-] N. Pushtu language
pǔshíwúhuá 朴实无华[樸實-華] F.E. simple and unadorned
pūshǒu 铺首 N. brass knocker M: [2]zhī
pùshū 曝书[-書] V.O. sun books
pūshuò 扑朔[撲-] S.V. complicated and confusing
pūshuòmílí 扑朔迷离[撲-離] F.E. ① complicated and confusing ② look both like a man and like a woman
Pú Sōnglíng 蒲松龄[-齡] (1640–1716) N. author of *Liao Zhai Zhi Yi* (classical-language tales of strange happenings)
pūsù 扑簌[撲-] V.P. trickling down (of tears)
[1]**pǔsù*** 朴素[樸-] S.V. ① simple; plain; frugal; thrifty ② naive; undeveloped
[2]**pǔsù** 朴樕[樸-] N. brush; undergrowth
pūsùlèixià 扑簌泪下[撲-淚-] F.E. tears poured down
pūsùsù 扑簌簌[撲-] R.F. streaming down (of tears)
pǔsù wéiwùzhǔyì 朴素唯物主义[樸-義] N. naive materialism
pūtà 扑挞[撲撻] V. whip; lash; flog
pūtan 铺摊[-攤] V. <topo.> spread out (paper/etc.)
pútáng 葡糖 N. glucose; dextrose
pútao* 葡/蒲萄/桃/陶 N. grape M: [1]chuàn
pútáo 蒲桃 N. rose apple M: [1]kē
pútaodàn 葡萄弹 N. <mil.> grapeshot; grape M: [1]kē
pútaogān(r) 葡萄干(儿)[--乾-] N. raisin
pútaohuī 葡萄灰 ATTR. light-gray and pinkish
pútaojià(zi) 葡萄架(子) N. grape trellis/arbor M: [4]zuò
pútaojiǔ 葡萄酒 N. grape wine
pútao qiújūn 葡萄球菌 N. <bio.> staphylococcus
pútaoshù 葡萄树[-樹] N. grapevine M: [2]zhū
pútaotāi 葡萄胎 N. <med.> hydatidiform/vesicular mole
pútaotáng 葡萄糖 N. glucose; grape sugar
pútáotèng 葡萄藤 N. grapevine M: [2]gēn
pútaowén 葡萄纹 N. <art> grape design
Pútáoyá 葡萄牙 P.W. Portugal
pútáoyòu 葡萄柚 N. grapefruit M: [2]kē/[2]zhī
pútáoyuán 葡萄园[-園] P.W. grape arbor; vineyard M: [4]zuò
pútáo zhàdàn 葡萄炸弹 N. <mil.> grape bombs M: [2]kē
pútáozhī 葡萄汁 N. grape juice
pútáozhī yāzhàjī 葡萄汁压榨机[---壓--] N. winepress
pútaozǐ 葡萄紫 ATTR. dark purple
pǔtè 普特 M. <loan> *unit of weight* pood
pūteng* 扑腾[撲-] V. ① pitter-patter; throb; palpitate ② flounder ③ squander money ④ <topo.> hustle; bustle ⑤ keep the ball rolling *See also* pūtēng
pūtēng 扑腾[撲-] ON. thump; thud *See also* pūteng
pūtengluàntiào 扑腾乱跳[撲-亂-] V.P. <coll.> throb wildly
pútí 菩提 N. <Budd.> bodhi (enlightenment)
pūtiāngàidì 铺天盖地[--蓋-] F.E. blanket everything; blot out the sky and cover up the earth
pǔtiānshuàitǔ 普天率土 F.E. the whole world
pǔtiāntóngqìng 普/溥天同庆[-慶] F.E. universal jubilation
pǔtiānxià 普天下 F.E. throughout world
pǔtiānzhīxià 普天之下 F.E. the whole world
pǔtiáo 普调 V. make a general readjustment (of prices/wages/ etc.)
pútíhuā 菩提华[-華] N. lindenflowers
pútíshù 菩提树[-樹] N. pipal; bo/bodhi tree M: [2]kē
pútízǐ 菩提子 N. fruit of the bodhi tree
pūtōng 扑/噗通[撲-] ON. thump; splash; pit-a-pat
pǔtōng* 普通 S.V. ordinary; common; average
pǔtōngchē 普通车 N. ordinary vehicle/train/etc.
pǔtōngfǎ 普通法 N. <law> common law
pǔtōng fùcí 普通副词 N. <lg.> ordinary adverb
pǔtōng gāozhōng 普通高中 P.W. ordinary senior middle school
pǔtōnggǔ 普通股 N. <econ.> common stock
pǔtōng guǎnlǐ fèiyòng 普通管理费用 N. <acct.> general administrative expense
pǔtōng gǔběn 普通股本 N. common stock
pǔtōng gǔdōng 普通股东 N. <econ.> active/ordinary partner M: [2]wèi
pǔtōng héhuǒrén 普通合伙人 N. <econ.> general partner M: [2]wèi
Pǔtōnghuà 普通话 N. Putonghua; common speech; standard language; Mandarin Chinese
pǔtōng huìpiào 普通汇票[--匯-] N. <econ.> clean draft M: [1]zhāng
pǔtōng jiànjiē réngōng 普通间接人工 N. general indirect labor
pǔtōng jiàoyù 普通教育 N. elementary education
pǔtōng jījīn 普通基金 N. <econ.> general fund
pǔtōng kǎoshì 普通考试 N. junior-grade civil service examination
pǔtōng kǒuyǔ 普通口语 N. <lg.> (ordinary) colloquial
pǔtōng kuàijì 普通会计 N. <acct.> general accounting
pǔtōng Měiguóyīn 普通美国音[---國-] N. <lg.> general American pronunciation
pǔtōng míngcí 普通名词 N. <lg.> common noun
pǔtōngrén 普通人 N. average person; man in the street; ordinary people M: [2]wèi
pǔtōng shěnjì 普通审计[--審-] N. <acct.> general audit
pǔtōng shuìzé 普通税则 N. general tariff
pǔtōng shùliàngcí 普通数量词[--數--] N. <lg.> universal quantifier
pǔtōng tiáojiàn 普通条件[--條-] N. usual terms
pǔtōngxìng 普通性 N. <lg.> generality
pǔtōngxìng tiáojiàn 普通性条件[---條-] N. <lg.> condition of generality
pǔtōng xīnlǐxué 普通心理学 N. general psychology
pǔtōng xuǎnjǔ 普通选举[-選舉] N. universal suffrage
pǔtōng xuékē 普通学科 N. general studies
pūtōng yī shēng 扑通一声[撲-聲] N. flop; thump; splash; pit-a-pat
pǔtōng yǔcí 普通语词 N. <lg.> general term
pǔtōng yǔfǎ 普通语法 N. <lg.> general syntax
pǔtōng yǔyánxué 普通语言学 N. general linguistics
pǔtōng yǔyīnxué 普通语音学 N. <lg.> general phonetics
pǔtōng yǔyìxué 普通语义学[---義-] N. <lg.> general semantics
pǔtōng zhàohuì 普通照会 N. verbal note
pǔtōng zhīpiào 普通支票 N. open check M: [1]zhāng

pǔtōng zhǔnbèi 普通准备[-準備] N. <*acct.*> general reserve
pǔtú 谱图[-圖] N. spectrum M: ¹*zhāng*
pútuán 蒲团[-團] N. cattail hassock; rush cushion
pūwǎgōng 铺瓦工 N. tiler M: ²*wèi*
púwěi 蒲苇[-葦] N. pampas grass M: ²*zhū*/¹*piàn*
pùwèi* 铺位 N. bunk; berth
púwén 蒲纹 N. rush/trellis-like pattern
pū wūmiàn 铺屋面 V.O. roof (a building)
púxí* 蒲席 N. cattail/rush mat M: ¹*zhāng*/*juǎn*
púxì 蒲戏[-戲] N. <*trad.*> a dice game
pǔxì 谱系 N. ① <*bio.*> pedigree ② genealogy; family tree
pūxià 铺下 R.V. ①spread; extend; unfold ②pave; lay
Pǔxián 普贤[-賢] N. <*Budd.*> Samantabhadra (Bodhisattva representing universal wisdom)
pùxiàn* 曝献[-獻] V. offer a humble but sincere gift/service
Púxiānxì 莆仙戏[-戲] N. a Fujian local opera
pǔxiě 谱写[-寫] V. compose (music, etc.)
pǔxì fēnlèifǎ 谱系分类法[---類-] N. ① classification according to pedigree ② <*lg.*> genetic classification
pǔ xīnshēng 谱新声[-聲] V.O. compose a new song
pǔxiōngdì 谱兄弟 N. sworn brothers M: ²*wèi*
pǔxìshù 谱系树[-樹] N. genealogical tree
pūxiū 铺修 V. reconstruct; repair (roads/etc.)
pūxù 铺叙[-敘] V. narrate in bald detail
pǔxuǎn 普选[-選] N. general election
pǔxuǎnquán 普选权[-選權] N. universal suffrage
pǔxuǎnzhì 普选制[-選-] N. general election
pǔxué 朴学[樸-] N. Han school of textual study
pǔyǎ 朴雅[樸-] V.P. simple but tasteful
púyàn 酺燕 V. drink with one's subjects
pùyáng 暴扬[-揚] V. expose/broadcast sb.'s misdeeds
pǔyě 朴野[樸-] A.T. simple; rustic
pǔyěwúwén 朴野无文[樸-] F.E. simple and natural
pūyì 扑翼[撲-] N. flapping wing M: ²*zhī*/¹*shuāng*
púyì* 仆役[僕-] N. servant M: ²*wèi*
Pǔ Yí 溥仪[-儀] (1906–1967) N. last Manchu emperor
pùyī 曝衣 V.O. expose clothing to the sun
pūyì fēijī 扑翼飞机[撲-飛-] N. flapping-wing aircraft; ornithopter M: ¹*jià*
pǔYīng 普英 N. required college English course
pǔyǒng 蹼泳 N. swimming with fins/flippers
púyù 璞玉 N. uncut jade M: ²*kuài*
pǔyuán 溥原 N. extensive plain; prairie M: ¹*piàn*
púyuè 蒲月 N. fifth month in the lunar calendar
púyùhúnjīn 璞玉浑金 ID. The real value of things lies in what they are made of, not what they appear to be.
pūzhǎn 铺展 V. ①spread out; sprawl ②arrange; lay in order ③ handle things with pomp
pūzhāng* 铺张 S.V. extravagant; exaggerated ♦V. praise extravagantly/profusely; eulogize ♦N. exaggeration
pùzhāng 暴章 V.P. show
pūzhāng làngfèi 铺张浪费 V.P./N. extravagance and waste
pūzhāngyánglì 铺张扬厉[-揚厲] F.E. ① praise extravagantly/profusely; eulogize ② indulge in extravagance and ostentation ③ exaggerate; make a big show
pǔzhào 普照 V. illuminate all things
pǔzhí 朴直[樸-] S.V. honest and straightforward
pǔzhǐ 蹼趾 N. webbed toes M: ²*zhī*
¹pǔzhì* 朴质[樸質] S.V. simple and unadorned; natural
²pǔzhì 普治 N. universal cure ♦V. universally cure
³pǔzhì 谱制[-製] V. <*mus.*> compose; set to music
pǔzhōng 朴忠[樸-] V.P. honest; loyal; faithful
pùzhù 暴著 V.P. conspicuous; striking
pǔzhuō 朴拙[樸-] V.P. simple and unadorned; sincere and unaffected
pūzhù zhāncéng 铺筑毡层[-築氈層] A.T. carpeting work
púzi 脯子 N. breast meat of chicken/etc. M: ²*kuài*
pǔzi 谱子 N. ① music score; music M: ²*shǒu* ② list (of formulas/rules/etc.) M: ¹*zhāng*
pùzi* 铺子 P.W. shop; store M: ¹*jiā*/¹*jiān*
pǔzú 蹼足 N. webfoot; palmate foot M: ²*zhī*
pūzuòjiàoxíng 扑作教刑[撲-] F.E. use the rod to teach and punish

P

Q

Q <*loan*> V.P. ① cute ② <*TW/slang*> pleasing non-mushy texture (of food)
[1]**qī** 七 NUM. seven ♦B.F. each of seven seventh-day memorials after a death ***èr ~*** second seventh-day memorial ♦CONS. ***~ A bā B*** higgledy-piggledy AB ***~dàbāxiǎo*** of unequal size
[2]**qī** 期 B.F. ① period of time; phase; stage [1]***shíqī, qiánfúqī*** ② hope; expect ***qīwàng*** ♦M. issue (of a periodical); term (of a training class, etc.) ***cānjiāle shàng yī ~ de péixùnbān*** participated in the latest training class ***See also*** [22]jī
[3]**qī** 漆 N. ① varnish; lacquer; paint ② Surname ♦V. paint
[4]**qī** 妻 B.F. wife ***qīzi, fūqī***
[5]**qī** 沏 V. infuse (tea); dissolve in hot water
[6]**qī** 欺 B.F. ① deceive; cheat [1]***qīpiàn, zìqīqīrén*** ② bully; browbeat ***qīfu***
[7]**qī** 柒 NUM. seven (form used on checks/etc.)
[8]**qī** 缉[緝] V. sew in close and straight stitches ***See also*** [23]jī
[9]**qī** 戚 B.F. kin ***qīnqī, qīlǐ***
[10]**qī** 凄 B.F. ① chilly ***qīliáng*** ② sad ***gūqī***
[11]**qī** 栖[棲] B.F. roost ***qīxī, liǎngqī See also*** [46]xī
[12]**qī** 槭 B.F. maple [2]***qīshù, tángqī***
[13]**qī** 桤[榿] B.F. alder [2]***qīmù***
[14]**qī** 攲 B.F. slanted; leaning [2]***qīcè, qiāoqī***
[15]**qī** 吃 in [3]***qīqī See also*** [1]chī
[16]**qī** 萋 in [6]***qīqī***
[17]**qī** 蹊 in ***qīqiāo, qiāoqi See also*** [33]xī
[18]**qī** 嘁 in ***qīqichāchā, qica***
[19]**qī** 蛣 in ***qīqiāng***
[20]**qī** 蝛 in ***yàokǒngqī***
[1]**qí** 其 <*wr.*> PR. his; her; its; their; he; she; it; that; such ♦M.P. *marking question, emphasis, imperative* ♦SUF. ① *used for reasons of euphony or as an empty suffix in expansion of one-syllable component to a two-syllable component* [1]***jí~ wēixiǎo (jí xiǎo)*** diminutive ② *forming adverbs* ***yóu~*** particularly ***See also*** [32]jī
[2]**qí** 骑[騎] V. ride/sit astride ♦B.F. cavalry; cavalryman [1]***qíshì***
[3]**qí** 齐[齊] S.V. even; equal in length/height ***tóufa lǐ de hěn ~*** have a very neat haircut ♦SUF. ① complete; prepared; together ***Dōngxi dōu zhǔnbèi~ le.*** Everything is all prepared. ② together ***dào~le*** arrive together; everyone is here ***See also*** [3]*zhāi*, [16]*zī*, [17]*zī*
[4]**qí** 旗 N. ① banner; emblem ② Mongol/Manchu administrative division
[5]**qí** 奇/觭 B.F. strange; queer; rare ***qíguài*** ♦ADV. <*wr.*> extremely ***See also*** [13]*jī*, [31]*jī*
[6]**qí** 棋 N. chess/chess-like game; any piece used in a board game ***Lái! Xià (yī) pán ~.*** Let's play a game of chess.
[7]**qí** 畦 M. *for parcels of land* ♦B.F. ① rectangular fields separated by embankments ***qítián*** ② rectangular vegetable bed ***càiqí***
[8]**qí** 鳍[鰭] N. fin
[9]**qí** 歧/枝/岐 B.F. ① branch [1]***fēnqí*** ② different; divergent [2]***qíshì See also*** [2]*Qí*, [5]*zhī*
[10]**qí** 跂 B.F. ① a sixth toe ② the crawling of insects [5]***qíqí See also*** [11]*qǐ*, [16]*qì*
[11]**qí** 蚑 B.F. crawl; walk [4]***qíxíng***
[12]**qí** 崎 B.F. slanted; inclined; difficult [1]***qíqū, juéqí***
[13]**qí** 琦 B.F. ① fine jade [2]***qíwěi*** ② fine; excellent [3]***qíxíng***
[14]**qí** 琪 B.F. fine jade ***qíhuā***
[15]**qí** 祇 B.F. earth god; spirit; deity ***qíhuì, língqí See also*** [1]*zhǐ*
[16]**qí** 祈 B.F. pray; seek; hope for ***qídǎo, fúqí*** ♦N. Surname
[17]**qí** 祺 B.F. auspicious ***qíxiáng***
[18]**qí** 耆 B.F. elderly person (aged 60 or more) ***qílà, shēnqí***
[19]**qí** 脐[臍] B.F. navel ***dùqí***
[20]**qí** 疷 B.F. illness ***tiānzhīfāngqí***
[21]**qí** 綦 B.F. extremely ***qíyán, qízhòng***
[22]**qí** 蕲[蘄] B.F. seek; beseech; plead for [2]***qí'ài***, [2]***qíqiú***
[23]**qí** 颀[頎] B.F. tall (of a person) ***qírán, xiùqí***
[24]**qí** 骐[騏] B.F. a green-black horse [4]***qíjì***
[25]**qí** 麒 in ***qílín***
[26]**qí** 芪 in [1]***huángqí***
[27]**qí** 荠[薺] in ***bíqí See also*** [34]*jì*
[28]**qí** 萁 in ***dòuqí, bòqí***
[29]**qí** 蛴[蠐] in ***qícáo, qiúqí***
[30]**qí** 蜞 in ***péngqí***
[1]**Qí** 淇 B.F. name of a river in Henan ♦in ***bīngqílín***
[2]**Qí** 岐 N. Surname ♦in ***qíyí, qíhuáng See also*** [9]*qí*
[3]**Qí** 祁 B.F. short for Qíyáng, a place in Hunan ***Qíjù*** ♦N. Surname ♦in [2]***líqí***
[1]**qǐ*** 起 V. ① rise; get up ② raise; build ***Nǐ shuō de huà ~le zuòyòng.*** What you have said has taken effect. ③ start ***cóng jīntiān ~*** starting from today ④ unload; remove ***~huò*** unload goods ⑤ buy; obtain ♦SUF. ① *with sense of "up"* ***jǔ~ qiāng (lái) miáozhǔn*** raise a gun and take aim ***shuō~ zhè jiàn shìr*** mentioned this matter ② *as resultative ending* ***Wǒ mǎibu~.*** I can't afford it. ♦M. case; batch; group ***fēn sān~ chūfā*** set out in three groups
[2]**qǐ** 岂[豈] ADV. <*wr.*> how could. . .? ***~ néng bù guǎn!*** How could we not take care of sth./sb.?
[3]**qǐ** 启[啟] B.F. ① open (up) [2]***qǐfēng*** ② enlighten; expound [1]***qǐméng*** ③ <*wr.*> open (a letter/etc.) ***Wáng xiānsheng qīn~*** to be opened personally by Mr. Wang ④ state; inform [2]***qǐshì*** ⑤ note; letter ***xiè~*** thank-you note
[4]**qǐ** 企 B.F. ① stand on tiptoe ② hope for; look forward to [1]***qǐyè***
[5]**qǐ** 乞 B.F. seek; plead for ***qǐgài***, [1]***kěnqǐ***
[6]**qǐ** 屺 B.F. mountain without vegetation ***zhìqǐ***
[7]**qǐ** 棨 B.F. tally verifying official status ***qǐjǐ***, [2]***qǐxìn***
[8]**qǐ** 绮[綺] B.F. ① patterned silk ② fine; elegant [2]***qǐlì, qīngqǐ***
[9]**qǐ** 稽 in [3]***qǐshǒu See also*** [11]*jī*
[10]**qǐ** 杞 in [1]***qǐzi, gǒuqǐzi***
[11]**qǐ** 跂 in [2]***qǐzi See also*** [10]*qí*, [16]*qì*
[1]**qì** 气[氣] N. ① air; gas ② smell ③ spirit; vigor; morale ④ vital/material energy (in Ch. metaphysics) ⑤ tone; atmosphere; attitude ⑥ anger ⑦ breath; respiration ♦B.F. ① weather ***tiānqì*** ② <*lg.*> aspiration ***sòngqì*** ♦V. ① anger ② get angry ③ bully; insult
[2]**qì** 器 B.F. ①vessel; utensil; ware [1]***cíqì*** ②instrument [1]***qìjù*** ③ weapon ***wǔqì*** ④ organ (of the body) [1]***qìguān*** ⑤ talent; aptitude ***dàqìwǎnchéng***
[3]**qì** 汽/汔 B.F. ①vapor; steam [1]***zhēngqì*** ②gaseous [1]***qìyóu*** ③ aerated ***qìshuǐ***
[4]**qì** 砌 V. build up in layers; lay bricks ♦B.F. ① brickwork ② inlays ***See also*** [11]*qiè*
[5]**qì** 弃[棄] B.F. ①discard; abandon ***pāoqì*** ②give up [1]***fàngqì, qìquán***
[6]**qì** 泣 B.F. ① weep; sob ***kūqì*** ② tears ***qìxiàrúyǔ***
[7]**qì** 契 B.F. contract; legal agreement; deed ***qìyuē***, [1]***dìqì See also*** [10]*qiè*
[8]**qì** 葺 V. <*wr.*> thatch a roof ♦B.F. repair (a house) ***qìbǔ***, [2]***bǔqì***
[9]**qì** 迄 B.F. ① up until ***qìjīn*** ② from beginning to end [2]***qìwèi***
[10]**qì** 亟 B.F. repeatedly ***qìláiwènxùn See also*** [10]*jí*
[11]**qì** 憩 B.F. rest [2]***qìxī***, [1]***xiūqì***
[12]**qì** 讫[訖] B.F. end; complete; bring to a close; settle ***qìdiǎn, qǐqìdiǎn***, [2]***fùqì***
[13]**qì** 碛[磧] B.F. ① moraine ***qìlǔ*** ② desert [3]***shāqì***
[14]**qì** 扱 in ***qìdī See also*** [9]*chā*, [38]*xī*
[15]**qì** 蟿 in ***qìzhōng***
[16]**qì** 跂 B.F. stand on tiptoe ***qìwàng, qìzuò See also*** [10]*qí*, [11]*qǐ*
[17]**qì** 踖 in [2]***qìqì See also*** [28]*jí*
[1]**qiā** 掐 V. ① pinch; clutch; strangle; choke ② <*slang*> fight ♦M. <*topo*> handful/bunch/pinch/etc.
[2]**qiā** 葜 in ***báqiā***
[3]**qiā** 袷 in ***qiāpàn See also*** [1]*jiá*
qiǎ 卡 V. ① wedge; get stuck ② clasp ③ choke off; sever ♦B.F. clip; fastener ***qiǎzi See also*** [1]*kǎ*
[1]**qià*** 恰 ADV. appropriately; properly; just; exactly
[2]**qià** 洽 B.F. ① in harmony ***héqià*** ② consult; arrange with ***qiàshāng*** ③ extensive ***qiàbó***
[3]**qià** 髂 in ***qiàgǔ***
[4]**qià** 䓘 in ***qiàcǎo***
qiāba 掐巴 V. <*topo.*> clamp down on; suppress
qiābǎ* 掐把 V. ① hold fast ② treat harshly
qiàbàn 洽办[-辦] V. handle an assignment through negotiation
qiàbǐqílín 洽比其邻[-鄰] F.E. be on friendly terms with one's neighbors
qiàbó 洽博 V.P. of wide experience and knowledge
qiǎ bózi 卡脖子 V.O. ① tight(en) around the neck; strangle ② give sb. tremendous trouble ***Gāolìdài qiǎzhe nóngmín de bózi.*** Usurious loans are strangling the peasants. ***See also*** *kǎ bózi*
qiācài* 掐菜 N. mung-bean sprouts with both ends chopped off (a Chinese dish) ♦V.O. prepare vegetables by ripping off the roots and rotten leaves
qiàcái 恰才 ADV. just now/then
qiàcǎo 䓘草 N. june grass; Koeleria M: [1]*piàn*
qiàdài 恰待 ADV. just on the point of (doing sth.)
qiàdàng 恰当[-當] S.V. appropriate; proper; suitable; fitting ***Zhège lìzi hěn ~.*** The example is appropriate. ♦N. appropriateness
qiàdàngxìng 恰当性[-當-] N. <*lg.*> appropriateness
qiàdàohǎochù 恰到好处[-處] F.E. It's perfect.; It's just right.
qiāduàn 掐断[-斷] R.V. nip/cut off
qiàgòu 洽购[-購] V. arrange a purchase
qiàgǔ 髂骨 N. <*phys.*> ilium
qiàhǎo 恰好 ADV. ① by luck/coincidence ② exactly; just right ***Wǒ zhèngyào zhǎo nǐ, ~ nǐ lái le.*** I was just going to look for you and here you are.
qiàhé 恰合 S.V. ①fitting exactly ② coincidental
qiàhéshíyí 恰合时宜[--時-] F.E. in good season; appropriate to the occasion
qiā hóulóng 掐喉咙 V.O. seize by the throat; choke
qiàhuà 洽化 V. diffuse virtuous influence

qiàhuān 洽欢[-歡/驩] V.P. happy and cordial

qiā huār 掐花儿 V.O. pluck flowers with the fingernails

qiāhuāzhézhī 掐花折枝 F.E. break off flowers from the stem

[1]qí'ài 耆艾 N. <wr.> elderly people; the aged M: [2]*wèi*

[2]qí'ài 蕲艾 N. Chinese mugwort M: [2]*kē*

qǐ'āigàolián 乞哀告怜[-憐] F.E. piteously beg for help

qí'àizhīnián 耆艾之年 N. the years of sixty and fifty respectively

qiājiān(r) 掐尖(儿) V.O. pinch off young shoots, etc.

qiājǐn 掐紧[-緊] R.V. pinch/choke/clutch tightly

qiǎjù 卡具 N. <mach.> clamping apparatus

qiājué 掐诀 V. ① calculate on one's fingers (while chanting incantations) ② <Dao.> bend and stretch fingers while reciting incantations

qiǎké 卡壳[-殼] V.O. ① jam (of a firearm) ② get stuck; be held up ③ have a temporary stoppage

qiǎkǒu 卡口 N. bayonet-socket

qiǎkǒu dēngpào 卡口灯泡[--燈-] N. bayonet-socket bulb M: [2]*zhī*

qiǎkǒu dēngtóu 卡口灯头[--燈-] N. bayonet socket

qiǎle mén le 卡了门了 V.P. <coll.> The door is jammed.

[1]qiān 千 NUM. thousand ♦CONS. ~ *A wàn B* many/entirely AB ***See*** *qiānxīnwànkǔ*

[2]qiān 牵[牽] V. lead along (by holding the hand/halter/etc.); pull ***Tāmen shǒu ~zhe shǒu zǒu guòlai.*** They're coming hand-in-hand. ♦B.F. involve; implicate ***qiānlián***

[3]qiān 铅[鉛] N. lead

[4]qiān 迁[遷] V. move ♦B.F. change [1]***biànqiān***

[5]qiān(r) 签(儿)[簽(兒)] N. ① bamboo slips for divination or drawing lots ② notation; small note ♦B.F. ① small sharp-pointed stick; toothpick ***yáqiān*** ② bookmark ***shūqiān*** ③ label ***biāoqiān*** ♦V. ① sign; autograph ***Qǐng ~zì.*** Please sign your name. ② make brief comments on a document ③ tack on

[6]qiān 仟 NUM. 1000 (form used on checks/etc.)

[7]qiān 谦[謙] B.F. modest ***qiānxū***

[8]qiān 扦 V. ① pierce; penetrate; pick ② <topo.> stick in; insert ♦N. slender pick; skewer

[9]qiān 钎[釺] B.F. drill for boring stone and concrete; pneumatic drill [3]***qiānzi***

[10]qiān 佥[僉] B.F. <wr.> unanimous; together ***qiāntóng***

[11]qiān 愆 B.F. fault; transgression ***lǐqiān*** ♦in ***qiān'ē***

[12]qiān 搴 B.F. pull up/out ***zhǎnjiàngqiānqí***

[13]qiān 阡 B.F. north-south path between fields ***qiānmò*** ♦in ***Kā'ěrbāqiān Shān***

[14]qiān 悭[慳] B.F. ① stingy ***qiānlìn***, [1]***lǎoqiān*** ② lack ***yuánqiānyīmiàn***

[15]qiān 褰 B.F. raise (as skirts, etc.) ***qiāncháng***

[16]qiān 骞[騫] B.F. raise/hold high ***qiānjǔ***, ***jiǎoqiān***

[17]qiān 韆 in ***qiūqiān***

[18]qiān 嗛 in ***jiàqiān***

[19]qiān 芊 in [2]***qiānmián***

[1]qián* 前 B.F. front ***qiánmian*** ♦ADV./ATTR. ① forward; former; preceding; first ② formerly; ago; ahead; before ♦CONS. ① *v.1 ~ v.2 hòu v.1* v.2 again and again ***sī~-xiǎnghòu*** think over again and again ② *~v.1 hòu v.2* v.1 v.2 again and again ***~sī-hòuxiǎng*** think over again and again ♦PREF. pre-

[2]qián 钱[錢] N. ① copper coin ② cash; money; fund; sum ③ Surname ♦M. ① 1/10th of a tael ② five grams ***yī~ jīnzi*** five grams of gold

[3]qián 钳/箝/拑[鉗/-/-] B.F. pincers; pliers; clamps; forceps; tongs ***qiánzi*** ♦V. ① grasp with pincers ② pinch; clamp ③ restrain; restrict; gag

[4]qián 潜[潛] V. dive; submerge ♦B.F. ① hidden ***qiánfú*** ② in secret; stealthily ***qiántāo*** ③ latent [1]***qiánlì***

[5]qián 黔 S.V. <wr.> black ♦N. short name for Guizhou province

[6]qián 乾 N. one of the Eight Trigrams ♦B.F. ① heaven ***qiándào*** ② male principle ***qiánkūn*** ***See also*** [1]*gān*

[7]qián 虔 B.F. sincere; pious [1]***qiánchéng***, ***jìngqián***

[8]qián 掮 B.F. ① carry on the shoulder ② serve as agent/broker [1]***qiánkè***, ***gǔpiào qiánkè***

[9]qián 钤[鈐] B.F. chop; seal [3]***qiánjì***

[10]qián 荨[蕁] in ***qiánmá*** ***See also*** [10]*xún*

[1]qiǎn 浅[淺] S.V. ① shallow; superficial ② easy; simple ③ light (of color) ④ not intimate; not close ⑤ <lg.> sharp

[2]qiǎn 遣 B.F. ① send; dispatch ***pàiqiǎn*** ② dispel; dissipate; kill time ***xiāoqiǎn*** ③ banish; exile ***qiǎnsòng***

[3]qiǎn 谴[譴] B.F. denounce; censure ***qiǎnzé***, ***hēqiǎn***

[4]qiǎn 缱[繾] in ***qiǎnquǎn***

[1]qiàn 欠 V. ① owe ② lack; be short of ③ lean forward; raise the upper part of one's body slightly ♦B.F. yawn ***hāqian***

[2]qiàn 嵌 V. inlay; embed; insert

[3]qiàn 纤[纖] N. tow line ***See also*** [7]*xiān*

[4]qiàn 倩 B.F. <wr.> beautiful; handsome ***qiànyǐng*** ♦V. ask sb. to do sth. ~ ***rén dàibǐ*** ask sb. to ghostwrite

[5]qiàn 芡 N. <bot.> *Gorgon euryale*

[6]qiàn 椠[槧] N. <trad.> board for taking notes ♦B.F. blockprint edition ***qiànběn***

[7]qiàn 歉 B.F. apology [1]***qiànyì***, ***bàoqiàn***

[8]qiàn 堑[塹] B.F. trench; moat ***qiànháo***, ***lùqiàn***

[9]qiàn 慊 B.F. regret; resent [3]***qiànqiàn***

[10]qiàn 茜 B.F. alizarin red ***qiànsù*** ♦in ***qiàncǎo***

qī'àn* 凄暗 S.V. cheerless and dim

qǐ'àn 起岸 V.O. bring (cargo/etc. from ship) to land

qián'àn 前案 N. previous case

qiàn'ān* 欠安 V.O. be indisposed

qiānba* 千把 NUM. <coll.> about one thousand

qiánbà 潜坝[潛壩] N. submerged dike M: [1]*tiáo*/[2]*dào*

qiānbái* 铅白 N. ① white lead ② face powder

qiānbài 千拜 N. <comp./loan> kilobyte

qiānbǎiwàn 千百万[-萬] ATTR. numerous; great many

qiǎnbáiyánzhī 浅白言之[淺-] F.E. talk in a simple way

qiānbān 千般 ATTR. all sorts of; various

qiānbǎn* 铅版 N. <print.> stereotype; lead plate M: [2]*kuài*

qiānbàn 牵绊[牽-] V. impede; be bound

qiánbǎn 钳板 N. nipper M: [1]*bǎ*

qiánbàn 前半 N./ATTR. first half

[1]qiànbǎn 纤板[纖-] N. tracking yoke (in towing)

[2]qiànbǎn 嵌板 N. panel; board M: [2]*kuài*

qiánbànbèizi 前半辈子 N. first half of one's life

qiánbànchǎng 前半场[-場] N. first half of a game/concert/etc.

qiánbànjiér 前半截儿 N. the front/fore half

qiánbànlā 前半拉 N. <coll.> the front half

qiánbànnián 前半年 N. first half of a year

qiánbǎnr 钱板儿[錢-] N. ① grooved board for keeping cash ② washing board M: [2]*kuài*

qiánbànshǎng(r) 前半晌(儿) N. <topo.> forenoon; morning

qiánbànshēng 前半生 N. first half of one's life

qiánbàntiān(r) 前半天(儿) N. forenoon; morning

qiánbànyè 前半夜 N. first half of the night (from dusk to midnight)

qiānbǎn yìnshuā 铅板印刷 N. <print.> stereotype

qiánbànyuè 前半月 N. first half of a month

qiánbāo 钱包[錢-] N. purse; wallet

qiānbāo diànlǎn 铅包电缆[-電纜] N. lead-sheathed cable

qiànbàoguāng 欠曝光 N. under-exposure

qiānbēi 谦卑 S.V. humble; modest

qiánbèi* 前辈 N. senior (in age/experience/etc.); elder; older generation M: [2]*wèi*

qiānbēixùnshùn 谦卑逊顺[--遜-] F.E. humble and retiring

qiànběn 椠本 N. book printed from wood blocks M: [1]*běn*

qiānbǐ* 铅笔[-筆] N. pencil M: [4]*zhī*

[1]qiánbì 钱币[錢幣] N. coin; money; currency

[2]qiánbì 前臂 N. forearm M: [1]*tiáo*

qiānbiàn 迁变[遷變] N. <wr.> changes; vicissitudes

qiánbian(r)* 前边(儿)[-邊-] P.W. front; forepart; in front; ahead; above; preceding

qiānbiànwànbiàn 千遍万遍[--萬-] F.E. thousands of times

qiānbiànwànhuà 千变万化[-變萬-] F.E. be ever-changing

qiānbiǎo 阡表 N. gravestone M: [2]*kuài*

qiānbǐdāo 铅笔刀[-筆-] N. small knife for sharpening a pencil; pen-knife M: [1]*bǎ*

qiánbìgǔ 前臂骨 N. forearm bone M: [2]*gēn*

qiānbǐhé 铅笔盒[-筆-] N. pencil-case

qiānbǐhuà 铅笔画[-筆畫] N. pencil drawing M: [1]*zhāng*

qiānbǐjiānr 铅笔尖儿[-筆--] N. pencil tip

qiānbǐng 签饼 N. fortune cookie M: [1]*zhāng*

qiānbìng* 迁并[遷併] V. move and combine

qiánbìngliè liáncí 前并列连词[-並---] N. <lg.> pre-coordinator

qiànbīngwěiqín 倩冰委禽 F.E. The proper formalities are observed in marriage.

qiānbǐ-níngzi 铅笔拧子[-筆擰-] N. pencil sharpener

qiánbì shōucángjiā 钱币收藏家[錢幣-] N. numismatist M: [2]*wèi*

qiánbìsī 钱币司[錢幣-] N. <trad.> mint

qiānbǐtóur 铅笔头儿[-筆--] N. ① pencil tip ② stub of a pencil

qiānbǐxīn(r) 铅笔心/芯(儿)[-筆--] N. pencil graphite; black lead (in a pencil) M: [2]*gēn*

qiánbìxué 钱币学[錢幣-] N. numismatics

qiánbì xūnzhāngxué 钱币勋章学[錢幣-] N. numismatology; numismatics

qiánbìzhuàng bīnlí 钱币状滨藜[錢幣狀濱-] N. <med.> old man saltbush

qiánbìzhuàng shīzhěn 钱币状湿疹[錢幣狀濕-] N. <med.> eczema nummulare

qiān bízi 牵鼻子[牽-] V.O. lead by the nose

qiānbó 铅箔 N. lead foil M: [1]*zhāng*

qiǎnbó* 浅薄[淺-] S.V. shallow; superficial; meager ♦N. superficiality

qiǎnbóhuà 浅薄化[淺-] N. trivialization

qiānbōli 铅玻璃 N. lead glass M: [2]*kuài*

[1]qiánbù* 前部 P.W. front part

[2]qiánbù 潜步[潛-] V. <wr.> walk stealthily; slink

qiànbù 欠不 ADV. almost

qiánbudà 前不大 N. <coll.> a short while ago

qiánbudàhuìr 前不大会儿 N. <coll.> a short while ago

qián bùfen 前部分 N. front part

qiān bù gāi wàn bù gāi 千不该万不该[---萬--] F.E. ① emphatically should not ② deeply regret

qiánbùjiǔ 前不久 N. lately/recently

qiánbù yuányīn 前部元音 N. <lg.> front vowel

qiánbùzhuībǔ 潜步追捕[潛-] F.E. stalk

qiánbùzǒujìn 潜步走近[潛-] F.E. steal up to

qiáncái* 钱财[錢-] N. wealth; money; riches

qiáncài 前菜 N. appetizer

qiáncái nǎi shēnwàizhīwù 钱财乃身外之物[錢-] F.E. Money is not an inherent part of the human being (and hence is not worth so much effort to obtain and keep it).

qiáncái shēnwàiwù 钱财身外物[錢-] ***See*** *qiáncái nǎi shēnwàizhīwù*

qiáncáng 潜藏[潛-] V. go into hiding; be in hiding

qiāncāngwànxiāng 千仓万箱[-倉萬-] F.E. a year of abundance

qiáncángyǐnfú 潜藏隐伏[潛-隱-] F.E. lie hidden

qiàncǎo 茜草 N. <bot.> madder M: [2]kē

qiáncāozuò jiēduàn 前操作阶段[---階-] N. <psy.> preoperational stage

qiáncèhòuyìng 前策后应[-後應] F.E. military support actions from the front and the rear

qiāncéng 千层[-層] N. great many layers; numerous layers

qiāncéngbǐng 千层饼[-層-] N. multi-layered steamed bread M: [2]kuài

qiāncéngdǐ 千层底[-層-] N. layers of cloth stitched together for soles of cloth shoes; sole of a shoe

qiāncénggāo 千层糕[-層-] N. layer cake M: [2]kuài

qiǎncéng jiégòu 浅层结构[淺層-構] N. <lg.> shallow structure (S-structure)

qiānchā 扦插 <agr.> N. cuttage M: [2]gēn ♦V. make a cuttage

qiánchā* 前叉 N. front fork (of a bicycle) M: [2]gēn

qiānchāfǎ 扦插法 N. <agr.> cuttage

qiānchán 牵缠[牽纏] V. <wr.> involve sb.; get sb. entangled

qiànchán 嵌巉 V.P. precipitous (of mountains)

qiànchǎn* 欠产[-產] V. fall short in output

qiāncháng 褰裳 V.O. lift up skirts (as in wading a stream)

qiánchǎng* 前场[-場] N. ① first half (of a stage performance,etc.) ② <sport> area close to the opponent's court (in basketball/etc.)

qiǎncháng 浅尝[淺嘗] V. have a taste of; flirt/dabble with

qiánchǎng dǎfǎ 前场打法[-場--] N. <sport> fore-court play

qiānchánggēdù 牵肠割肚[牽腸-] F.E. be very worried about

qiāncháng guàdù 牵肠挂肚[牽腸-] F.E. feel deep anxiety about; be very worried about

qiǎnchángzhézhǐ 浅尝辄止[淺嘗-] F.E. do sth. cursorily

qiánchāo* 钱钞[錢-] N. money; coin; cash

qiáncháo 前朝 N. previous/former dynasty

qiānchāwànbié 千差万别[--萬-] F.E. differ in thousands of ways; be very different

qiānchě* 牵扯[牽-] V. ① involve; implicate; drag in ② impede; hinder ♦N. ① impediment; hindrance ② <mil.> diversion

qiānchè 牵掣[牽-] V. ① drag along ② impede; curb; hold up ③ pin down; contain ***See also*** [1]qiānzhì

qiánchē 前车 N. ① vehicle in front ② front of a vehicle

qiánchēkějiàn 前车可鉴[-鑒] F.E. learn from sb.'s past mistakes

[1]**qiánchén*** 前尘[-塵] N. ① <wr.> the past ~ ***bùkānhuíshǒu.*** It's unbearable to think of the past. ② <Budd.> impurity contracted previously (in the sentient world)

[2]**qiánchén** 前沉 ATTR. more heavily loaded in the front than in the rear (of a cart/etc.)

[3]**qiánchén** 潜沉[潛-] V. submerge

qiànchén 歉忱 N. <wr.> apology; regret

qiànchènbǐ túxiàng 欠衬比图像[-襯-圖-] N. picture poor in contrast M: [1]zhāng

qiānchēng 谦称[-稱] N. self-deprecatory appellation; humble name

[1]**qiānchéng** 谦诚 S.V. modest and sincere

[2]**qiānchéng(r)** 签呈(儿) N. written report addressed to a superior M: [1]zhāng

[1]**qiánchéng*** 虔诚 S.V. pious; devout ♦N. piety

[2]**qiánchéng** 前程 N. future; prospect; career

qiánchéngsìjǐn 前程似锦 F.E. ① splendid prospects; a glorious ② the past and remembrance/recollection

qián-chéng tiáojiàn gàiniàn 前承条件概念[--條---] N. precondition concept

qiánchéngwànlǐ 前程万里[--萬-] F.E. bright prospects; have the prospect of a very successful career

qiánchéngyuǎndà 前程远大[--遠-] F.E. have a very promising future

qiánchénwǎngshì 前尘往事[-塵--] F.E. the past and remembrance/recollection

qiánchēzhījiàn 前车之鉴[-鑒] N. lessons drawn from previous mistakes (by oneself or others)

qiánchēzhóu 前车轴 N. front axle M: [2]gēn

qiánchí 前池 N. forebay (in water conservancy)

qiànchǐlún 嵌齿轮[-齒-] N. cogwheel

qiǎnchīshuǐ bóchuán 浅吃水驳船[淺-] N. shallow-draft barge M: [1]sōu

qiánchǐyín 前齿龈[-齒齦] N. alveolar; front part of the alveolar ridge

qiānchōng 谦冲[-沖] V.P. modest; unassuming

qiánchōnglì 前冲力[-衝-] N. impact force

qiánchōngqiú 前冲球[-衝-] N. fast loop drive

qiánchóu 前仇 N. former hostility/hatred; old grievance; past grudge

[1]**qiānchóuwànhèn** 千仇万恨[--萬-] F.E. countless hatreds

[2]**qiānchóuwànhèn** 千愁万恨[--萬-] F.E. countless worries and hatreds

qiānchóuwànxù 千愁万绪[--萬-] F.E. an endless stream of dreamy thoughts

[1]**qiānchū*** 迁出[遷-] R.V. move out

[2]**qiānchū** 签出 R.V. have sth. signed

qiānchú 迁除[遷-] V./N. <wr.> change official positions

qiánchū 潜出[潛-] R.V. ① get out of the water ② sneak/slip out of

qiǎnchù(r) 浅处(儿)[淺處-] N. shallow area/spot

qiánchuán 前传[-傳] V./N. <sport> forward pass

qiánchuàn(r)* 钱串(儿)[錢-] N. string running through the holes in copper coins

qiānchuāngbǎikǒng 千疮百孔[-瘡--] F.E. affected with all ills; in a disastrous state; scarred and battered

qiánchuànzi 钱串子[錢-] N. <coll.> ① multipedic creeping insect; millipede ② string of copper cash ③ money bags; profiteer; capitalist

qiánchuànzi nǎodai 钱串子脑袋[錢--腦-] N. a money-grubber

qiānchuí 铅锤 N. plummet; plumb

qiānchuíbǎiliàn 千锤百炼[-煉] F.E. ① be tried and tested ② be honed and polished (of literary works)

qiānchuíxiàn 铅垂线 N. ① plumb-bob vertical ② <archi.> plumb line ③ lead line; nautical sounding line M: [2]gēn/[1]tiáo

qiánchǔlǐ 前处理[-處-] N. pretreatment

[1]**qiāncí*** 谦词 N. self-deprecatory expression M: [1]jù

[2]**qiāncí** 谦辞[-辭] N. self-deprecatory expression M: [1]jù ♦V. decline politely

qiāncì 迁次[遷-] N. ① change of lodgings on a journey ② promotion to higher rank ③ change of season

qiáncǐ 前此 ADV. up till now; previously; before that/this

qiáncì 前次 N. previous occasion; last time

qiǎncí 遣辞[-辭] N. choice of words

qiǎncílǐsú 遣词俚俗 F.E. vulgar/vernacular style/diction

qiāncílìxiàn 千磁力线 N. <phy.> kiloline

qiǎncízàojù 遣词造句 F.E. wording and phrasing

qiáncùhòuyōng 前簇后拥[-後擁] F.E. be escorted by big crowds in front and behind

qiāndài 铅黛 N. <wr./trad.> cosmetics

qiándài(r/zi)* 钱袋(儿/子)[錢-] N. money bag; purse; wallet M: [2]zhī

qiàndài 倩代 V. ask sb. to do sth. for oneself

qiándàiyāodài 钱袋腰带[錢-帶] N. money belt

qiándālian(r) 钱褡裢(儿)[錢-] N. <topo.> traditional shoulder money bag M: [1]tiáo

qiāndān 铅丹 N. ① <chem.> red lead; minium ② <Dao.> alchemical material ③ <trad.> red substance for checking and punctuating texts

qiāndàn* 铅弹 N. lead bullet M: [1]kē

qiǎndàn 浅淡[淺-] N. ① light; pale (of color) ② vague; faint (of feeling)

qiàndān 欠单 N. IOU M: [1]zhāng

qiàndàng 欠当[-當] V.P. not proper; inappropriate

qiǎn dànshuǐ chítáng 浅淡水池塘[淺-] N. lagoon

qiǎn dànshuǐhú 浅淡水湖[淺-] N. lagoon

qiāndàntóu 铅弹头 N. lead bullet

qiāndāo 铅刀 N. blunt knife M: [1]bǎ

[1]**qiāndào*** 签到 V.O. register; sign in

[2]**qiāndào** 迁到[遷-] V. adjourn

qiándǎo 前导[-導] N. lead person ♦V. lead the way; precede

qiándào 乾道 N. ways of heaven; natural law

qiāndàobù 签到簿 N. attendance book/register M: [1]běn

qiāndàochù 签到处[-處] N. sign-in desk

qiāndāonúmǎ 铅刀驽马 ID. sb. of little use

qiándǎoqí 前导旗[-導-] N. guide flag/pennant M: [1]miàn

Qiāndǎo Qúndǎo 千岛群岛[-島-島] P.W. Kuril Islands

qiāndāowànguǎ 千刀万剐[-萬剮] F.E. hack sb. to pieces

qiándǎo xìnxī 前导信息[-導--] N. preface information

qiāndāoyīgē 铅刀一割 ID. A mediocre person can be put to some use.

qiándāzi 钱褡子[錢-] N. <topo.> (men's) waist-wallet; moneybag M: [2]zhī

qiánde 前的 ATTR. <lg.> front; fronted

qiándé* 潜德[潛-] N. hidden/unnoticed virtues

qiándēng 前灯[-燈] N. headlights (of a car) M: [2]zhī

qiándī 潜堤[潛-] N. submerged breakwater M: [2]dào

qiándí* 前敌[-敵] N. battle front

qiándǐ 潜邸[潛-] N. residence of an emperor before ascending the throne

qiándiàn* 前殿 N. <archeo.> antechamber; front chamber M: [4]zuò

qiǎndiàn 遣奠 N. libation ceremony at the start of a funeral procession

qiándiānhòuyǎn 前颠后偃[-後-] F.E. stumble forward and backward

qiāndiào 迁调[遷-] V. get transferred to another post

qiándiēhòuzhuàng 前跌后撞[--後-] F.E. stagger from side to side

qiāndǐng 迁鼎[遷-] V.O. change dynasty

[1]**qiāndìng*** 签订 V. conclude and sign (a treaty/contract/etc.)

[2]**qiāndìng** 签定 V. decide and sign

qiándìng 前定 ATTR. predestined; decided before-hand ♦N. predetermination

qiāndìng hétong 签订合同 V.O. sign a contract

qiān dīngníng wàn zhǔfù 千叮咛万嘱咐[--嚀萬囑-] F.E. exhort/enjoin repeatedly; warn again and again

qiándìngshuō 前定说 N. predetermination; predestination

qiāndìng tiáoyuē 签订条约[--條-] V.O. sign a treaty

qiāndīngwànzhǔ 千叮万嘱[-萬囑] F.E. exhort sb. repeatedly

qián dīngzi 箝/拑钉子 V.O. pull out a nail

qiāndìwéiliáng 迁地为良[遷-] F.E. A change of place is advisable.

qiándí wěiyuánhuì 前敌委员会[-敵---] N. front committee

qiándī-zhōngyuányīn 前低中元音 N. <lg.> lower-mid front vowel

qiāndòng 牵动[牽動] R.V. affect; influence

qiándòngcí 前动词[-動-] N. <lg.> preverbal adverb

Q

qiāndū 迁都[遷-] V.O. move the capital
qiāndú* 铅毒 N. lead poisoning
qiánduān 前端 N. fore-end; nose; front end
qiánduān chǔlǐjī 前端处理机[--處--] N. <comp.> front-end processor
qiānduānwànxù 千端万绪[--萬-] F.E. very complicated
qiānduì 迁兑[遷-] V. <topo.> share with sb. else
qiánduìjiàn dǎodàn 潜对舰导弹[潛對艦導-] N. <mil.> submarine-to-ship missile M: [2]kē
qiándùliúláng 前度刘郎[--劉-] ID. a person who revisits a place
qiāndùn 铅钝 S.V. dull; blunt (not sharp)
qiándùn* 潜遁[潛-] V. escape secretly; slip away
qiándù tónghuà 前度同化 N. <lg.> progressive assimilation
qiān'ē 愆屙 N. disaster/epidemic due to the imbalance of *yīn* and *yáng*
qián'é* 前额 N. forehead
qiān'ēnwànxiè 千恩万谢[--萬-] F.E. thank effusively; express a thousand thanks
qiǎn'éryìjiàn 浅而易见[淺-] F.E. apparent; obvious; easily understood
qián'è sāiyīn 前颚塞音 N. <lg.> front palatal occlusive
qiàn èsǐ 欠饿死 V.O. <coll.> deserve to die of starvation
qián'éyè 前额叶[-葉] N. prefrontal lobe
[1]qián'èyīn 前腭音[-齶-] N. <lg.> prepalatal sound
[2]qián'èyīn 前颚音 N. <lg.> front palatal sound
qiānfā* 签发[-發] V. sign and issue (a document/etc.)
qiǎnfā 遣发[-發] V. send (on an errand)
qiānfā hùzhào 签发护照[-發護-] V.O. issue a passport
qiānfán 悭烦[慳-] V.O. avoid making trouble
qiánfān 前番 N. last time
qiánfàn 钱范[錢範] N. coin mold
qiǎnfǎn* 遣返 V. repatriate
qiánfāng* 前方 N. ① ahead; front direction ② (war) front
qiánfáng 前房 N. ① front house (in a traditional compound/etc.) M: [1]jiān ② deceased wife M: [2]wèi
qiānfāngbǎijì 千方百计 F.E. by hook or by crook
qiánfāng zhàoyìngyǔ 前方照应语[---應-] N. <lg.> anaphor
qiǎnfǎn zhànfú 遣返战俘[--戰-] V.O. repatriate prisoners of war
qiǎnfǎnzhě 遣返者 N. repatriate (a person) M: [2]wèi
qiānfēi 迁飞[遷飛] V. migrate (of birds)
qiànfèi yònghù 欠费用户 N. a defaulting subscriber M: [1]hù
qiānfěn* 铅粉 N. ① lead powder ② cosmetic powder ③ <chem.> white lead
qiǎnfěn 浅粉[淺-] N. light pink
qiànfěn 芡粉 N. ① cornstarch ② seed powder of Gorgon euryale
qiānfēnbiǎo 千分表 N. dial gauge/indicator M: [2]zhī
qiānfēnchǐ 千分尺 N. micrometer M: [1]bǎ
qiānfēng 铅封 N. lead seal/sealing
qiánfēng* 前锋 N. ① vanguard; van ② <sport> forward *Tā dǎ ~.* He plays forward. ③ <met.> front
qiān fēnzhī yī 千分之一 N. one thousandth
qiānFódòng 千佛洞 P.W. Buddhist caves
QiānFóyá 千佛崖 P.W. Thousand-Buddha Cliff-side Sculptures (in Guangyuan, Sichuan)
qiānfū 千夫 N. <wr.> numerous people
qiānfú 愆伏 V.P. unseasonable (esp. in weather)
qiānfù 迁祔[遷-] V.O. move a grave to the ancestral graveyard
qiánfū* 前夫 N. former/ex/late husband M: [2]wèi
qiánfú 潜伏[潛-] V. ① hide; lie low ② incubate ③ latent; hidden; concealed
qiǎnfú 遣俘 V.O. repatriate prisoners of war
qiànfū 纤夫[縴-] N. boat tracker M: [2]wèi
qiánfú de shuāngyǔ nénglì 潜伏的双语能力[潛--雙---] N. <lg.> dormant bilingualism
qiánfúdì 潜伏地[潛-] N. hiding place
qiǎnfúdiāo 浅浮雕[淺-] N. bas-relief M: [4]zuò
qiánfú gǎnrǎn 潜伏感染[潛-] N. latent infection
qiànfù gōngzī 欠付工资 N. back pay/salary
qiánfùhòujì 前赴后继[-後繼] F.E. advance wave upon wave
qiánfúhòuyǎng 前伏后仰[--後-] F.E. bend forwards and backwards
qiānfúniánshuō 千福年说 N. millennialism
qiānfúnián xìnfèngzhě 千福年信奉者 N. millenarian M: [2]wèi
qiánfúqī 潜伏期[潛-] N. ① latent period ② <med.> incubation period
qiānfūsuǒzhǐ 千夫所指 F.E. be universally condemned
qiánfú tèwu 潜伏特务[潛-務] N. undercover enemy agent
qiánfú xiàoguǒ 潜伏效果[潛-] N. sleeper effect
qiánfúxìng 潜伏性[潛-] N. latency
qiánfúyǐdài 潜伏以待[潛-] F.E. lie for; lie in wait for
qiánfú zhuàngtài 潜伏状态[潛-狀態] N. latency
[1]qiāng* 枪[槍] N. rifle; gun ♦M. *for rifle shots See also* [8]chēng
[2]qiāng 腔 B.F. body cavity ***kǒuqiāng*** ♦N. ① tune ② accent ♦M. *for livestock*
[3]qiāng 呛[嗆] V. ① choke (on food or drink) ② peck at (of birds) *See also* [1]qiàng
[4]qiāng 锵[鏘] ON. clang; gong
[5]qiāng 戗[戧] B.F. clash; be at loggerheads with ***Tāmen shuō~ le.*** Their views clashed. ♦ADV. in the opposite direction; against *See also* [3]qiàng
[6]qiāng 将[將] B.F. desire; invite; request ***qiāngbó*** *See also* [1]jiāng, [4]jiàng
[7]qiāng 抢[搶] B.F. strike; bump against ***[2]qiāngfēng, hūtiānqiāngdì*** *See also* [1]qiǎng
[8]qiāng 戕 B.F. kill ***qiānghài, zìqiāng***
[9]qiāng 玱[瑲] in ***[3]qiāngqiāng***
[10]qiāng 蜣 in ***qiāngláng, qīqiāng***
[11]qiāng 跄[蹌] in ***[2]qiāngqiāng, qiānghàn*** *See also* [4]qiàng
[12]qiāng 锖[錆] in ***qiāngsè***
[13]qiāng 镪[鏹] in ***[2]qiāngshuǐ*** *See also* [4]qiǎng
Qiāng 羌 N. <hist.> proto-Tibetans
[1]qiáng 强[強] S.V. ① strong; powerful; vigorous ② better ③ slightly more than; plus ***Nǐ zuòle duōshǎo le?. . . Sì fēnzhīyī ~.*** How much have you done?. . .A bit more than a fourth. *See also* [9]jiàng, [2]qiǎng
[2]qiáng 墙[牆/墻] N. wall
[3]qiáng 嫱[嬙] B.F. <trad.> female court official/attendant ***qiángyuàn***
[4]qiáng 樯[檣] B.F. mast ***fānqiáng***
[5]qiáng 蔷[薔] in ***qiángwēi***
[1]qiǎng 抢[搶] V. ① pillage; loot ② snatch; grab ③ vie for (work/etc.) ④ scrape (a pot/etc.) ⑤ sharpen (a kitchen knife) ♦B.F. rush (harvest/emergency measures/etc.) ***qiǎngshōu, qiǎngjiù*** *See also* [7]qiāng
[2]qiǎng 强[強] B.F. ① make an effort; strive ***miǎnqiǎng*** ② force ***qiǎngpò*** *See also* [9]jiàng, [1]qiáng
[3]qiǎng 襁 B.F. swaddling clothes; cloth for carrying an infant on one's back ***qiǎngfù, qiǎngbǎo***
[4]qiǎng 镪[鏹] B.F. <trad.> ① string of cash ② money ***báiqiǎng, chūqiǎng*** *See also* [13]qiāng
[5]qiǎng 羟[羥] in ***qiǎngjī***
[1]qiàng 呛[嗆] V. irritate (the nose/throat/etc.) *See also* [3]qiāng
[2]qiàng 炝[熗] V. ① stir-fry then cook with sauce and water ② boil food briefly then dress with soy/etc. ③ choke; irritate (throat/etc.)
[3]qiàng 戗[戧] V. prop/shore up *See also* [5]qiāng
[4]qiàng 跄[蹌] in ***qiàngliàng, liàngqiàng*** *See also* [11]qiāng
qiāngǎi 迁改[遷-] V. modify; change
qiāng'àn* 枪案[槍-] N. gun case M: [2]jiàn
qiǎng'àn 抢案[搶-] N. robbery M: [2]jiàn
qiángāng 乾纲[-綱] N. ① sovereign's power ② husband's authority over wife
qì'áng'áng 气昂昂[氣-] R.F. in high spirits
qiángāngbùzhèn 乾纲不振[-綱--] F.E. be henpecked
qiángāngdàzhèn 乾纲大振[-綱--] F.E. Husband reestablished his power vis-à-vis his wife.
qiāngǎnr zhuāngjia 钱秆儿庄稼[錢稈-莊-] N. <topo.> cash crop
qiāngāo 铅膏 N. lead paste
qiāngbā 枪笆[槍-] N. spiky fence of wood/bamboo M: [2]dào
qiāngbǎ* 枪靶[槍-] N. target for shooting
qiāngbà 枪把[槍-] N. stock; pistol grip
qiǎngbái 抢白[搶-] A.T. ① reprove sb. to his face ② tell off; dress down; rebuff
qiǎngbáicài 抢白菜[搶-] N. quick-fried Chinese cabbage with chili peppers and brown pepper
qiángbàn 强半[強-] N. <wr.> more than half; greater part; most
qiángbàng 强棒[強-] S.V. <topo> strong and robust
qiāngbǎo 枪堡[槍-] N. <mil.> pillbox M: [4]zuò
[1]qiángbào* 强暴[強-] S.V. violent; brutal ♦V. rape ♦N. ferocious adversary
[2]qiángbào 墙报[牆報] N. wall newspaper M: [1]zhāng
qiǎngbǎo 襁褓 N. ① swaddling clothes ***zài ~ zhōng*** be in one's infancy ② infancy
qiǎngbào 襁抱 N. infancy
qiángbàoxiōnghàn 强暴凶悍[強-] F.E. ruthless and violent
qiāngbǎzi 枪靶子[槍-] N. target for shooting
qiǎngbèi 抢背[搶-] N. <opera> somersault ending with landing on one's back
qiāngbēng 枪崩[槍-] V. execute by shooting
qiángběnjiéyòng 强本节用[強-節-] F.E. enhance agricultural production and economize expenses
qiángběnruòmò 强本弱末[強-] F.E. strengthen the fundamental and weaken the trivial
[1]qiāngbì 枪毙[槍斃] V. ① execute by shooting ② <slang> reject; veto
[2]qiāngbì 腔壁 N. <phys.> paries (walls of internal organs)
qiángbì* 墙壁[牆-] N. wall M: [1]miàn
qiǎngbī 强逼[強-] V. force (sb. to do sth.)
qiàngbí(zi) 呛鼻(子)[嗆-(子)] V.O. irritate the nose
qiǎngbiàn 强辩[強-] V. ① argue fallaciously ② refuse to admit a mistake ♦N. ① lame excuse ② sophism
qiángbiànhuà 强变化[強變-] N. <lg.> strong declension
qiǎngbiànshìfēi 强辩饰非[強-] F.E. cover up faults with flowery words
qiángbì lúzi 墙壁炉子[牆-爐-] N. fireplace
qiáng bīn bù yā zhǔ 强宾不压主[強賓-壓-] F.E. However powerful the guest might be, he should not overbear his host.
qiāngbǐng 枪柄[槍-] N. rifle butt; gun stock
qiángbīngměngjiàng 强兵猛将[強-將] F.E. strong soldiery and able leaders
qiángbìzhǐ 墙壁纸[牆-] N. wallpaper M: [1]zhāng
qiāngbó 将伯[將-] V. ask for assistance
qiāngbózhīzhù 将伯之助[將-] N. ① ask for assistance ② the one gets from another
qiāng bù chī, shùn bù chī 呛不吃,顺不吃[嗆--,---] V.P. <coll.> moved neither by force nor by persuasion
qiǎng bùzhī yǐwéi zhī 强不知以为知[強-] F.E. pretend to know what one does not know
qiāngcháng 腔肠[-腸] N. <phys.> coelenteron
qiāngcháng dòngwù 腔肠动物[-腸動-] N. coelenterate

qiǎngchār 抢碴儿[搶-] V.O. ① interrupt another's conversation ② stand on end (of hair)
qiǎng chū fēngtou 抢出风头[搶-] V.P. try to outshine others
qiāngcì(zi) 枪刺(子)[槍-] N. bayonet M: [1]*bǎ* ♦V. thrust with a spear; bayonet
qiángcíchǎng 强磁场[強-場] P.W. strong magnetic field
qiǎngcíduólǐ 强词夺理[強-奪-] F.E. resort to sophistry
qiángcìjī 强刺激[強-] N. strong stimulation
qiángdà* 强大[強-] S.V. big and powerful; formidable
qiǎngdá 抢答[搶-] V. hasten to be the first to answer a question
qiāng dǎ chūtóu niǎo 枪打出头鸟[槍-] ID. Scare off opposition by shooting the first to stick his neck out.
qiāngdài 枪带[槍帶] N. gun sling M: [2]*gēn*
qiāngdàn 枪弹[槍-] N. cartridge; bullet M: [1]*kē*
qiāngdāo 枪刀[槍-] N. weapon M: [1]*bǎ*
qiángdào* 强盗[強盜] N. robber; bandit
qiàngdào 呛到[嗆-] V. irritate
qiángdào bàn shèngxián 强盗扮圣贤[強盜-聖賢] F.E. be quite unlike
qiāngdāojiànjǐ 枪刀剑戟[槍-] F.E. arms; weapons
qiángdào luóji 强盗逻辑[強盜邏-] N. gangster logic
qiáng dǎo zhòngrén tuī 墙倒众人推[牆-眾-] ID. everyone hits a man who is down
qiáng de duō 强得多[強-] V.P. much better/stronger than
qiāng de huāng 呛得慌[嗆-] R.V. <*coll.*> choke (when drinking/eating/etc.) *See also qiàng de huāng*
qiàng de huāng* 呛得慌[嗆-] R.V. <*coll.*> be choked (by smoke/etc.) *See also qiāng de huāng*
qiāngdí 羌笛 N. <*mus.*> Tatar pipe; shepherd's flute M: [2]*zhī*
qiángdí* 强敌[強敵] N. formidable foe
qiángdiǎn 强点[強點] N. strong point
qiǎngdiǎn* 抢点[搶點] V.O. ① make up time (in order to keep on schedule) ② <*sport*> race to a favorable position
qiāngdiào(r) 腔调(儿) N. tune; accent
qiángdiào* 强调[強-] V. ① stress ② underline ♦N. <*lg.*> emphasis
qiángdiào chéngfèn 强调成分[強-] N. <*lg.*> intensifier
qiángdiàocí 强调词[強-] N. <*lg.*> emphasizer
qiángdiào jùxíng 强调句型[強-] N. <*lg.*> emphasized pattern
qiángdiào wènjù 强调问句[強-] N. <*lg.*> emphatic question
qiángdǐngr 墙顶儿[牆-] N. top of a wall
qiángdòngcí 强动词[強動-] N. <*lg.*> strong verb
[1]**qiángdù*** 强度[強-] N. intensity
[2]**qiángdù** 强渡[強-] V./N. <*mil.*> force a river crossing
qiǎngdù 抢渡[搶-] V. speedily cross (a river)
qiángduì 强队[強隊] N. powerhouse; top team; strong team
qiāng duì qiāng lái dāo duì dāo 枪对枪来刀对刀[槍對槍-對-] F.E. It was spear against spear, sword against sword.
qiángdùjiāliàng 强度加量[強-] N. <*lg.*> intensity
qiángduó 强夺[強奪] V. grab; snatch; rob
qiángduǒ(zi) 墙垛(子)[牆-] N. battlements on a wall
qiǎngduó* 抢夺[搶奪] V. pillage; plunder; snatch; wrest; seize
qiāngduǒr 枪垛儿[槍-] N. pile/stack of guns
qiǎngduózuì 抢夺罪[搶奪-] N. the crime of plundering
qiángdúshì 强读式[強讀-] N. <*lg.*> strong form
qiǎngè huángsè 浅铬黄色[淺-] N. light chrome yellow
qiǎngè lǜsè 浅铬绿色[淺-] N. light chrome green
qiǎngēng 浅耕[淺-] N. shallow plowing
qiǎngēngcūzuò 浅耕粗作[淺-] F.E. shallow plowing and careless cultivation
qiǎngēng nóngyè 浅耕农业[淺-農業] N. scratch-farming
qiáng'éryǒulì 强而有力[強-] F.E. strong and forceful
qiāngfǎ 枪法[槍-] N. ① marksmanship ② the art of using spears
qiǎngfàn 抢犯[搶-] N. robber
qiāng fàngxià 枪放下[槍-] INTJ. <*mil.*> Order arms!
qiángfānlínlì 樯帆林立[檣-] F.E. a perfect forest of masts
qiǎng fànwǎn 抢饭碗[搶-] V.O. <*coll.*> fight for a job; compete for a position
[1]**qiāngfēng** 戗风[戧-] V.O. ① go against the wind ② clash; be at loggerheads
[2]**qiāngfēng** 抢风[搶-] N. headwind ♦V.O. go against the wind
qiángfēng* 强风[強-] N. <*met.*> strong breeze/wind; fresh gale M: [2]*gǔ*
qiǎngfēng 抢锋[搶-] N. calligraphy stroke made by reversing the tip of the brush
qiángfēngbào 强风暴[強-] N. <*met.*> strong storm M: [2]*gǔ*
qiāngfēngbiànxiàng 抢风变向[搶-變-] F.E. taciturnly
qiángfèngr 墙缝儿[牆-] N. crack on a wall M: [1]*tiáo*
qiāngfēngxíngshǐ 抢风行驶[搶-] F.E. tack (against the wind)
qiǎngfù 襁负 N. infancy ♦V. carry an infant on the back with a broad band
qiángfǔyīn 强辅音[強-] N. <*lg.*> fortis; strong consonant
qiáng gālá(r) 墙旮旯(儿)[牆-] N. <*coll.*> corner (formed by two walls)
qiānggǎn(zi)* 枪杆(子)[槍-] N. ① gun barrel; gun; arms ② shaft of a spear M: [4]*zhī*
qiánggàn 强干[強幹] V. act unreasonably ♦S.V. capable and experienced
qiánggānrǎo 强干扰[強-擾] N. strong jamming/interference
qiánggànruòzhī 强干弱枝[強幹-] F.E. strengthen the central forces and weaken the local ones
qiánggējiǎo 墙圪角[牆-] N. <*topo.*> corner of a wall
qiánggēn(r) 墙根(儿)[牆-] N. foot of a wall/fence
qiánggōng 强攻[強-] N. <*mil.*> take by storm
qiánggōnglièmǎ 强弓烈马[強-] F.E. draw a strong bow and ride a spirited horse
qiánggōnglǜ 强功率[強-] N. high power; heavy-duty
qiánggōngxíng dǎfǎ 强攻型打法[強-] N. <*sport*> power play
qiǎnggòu 抢购[搶購] V. rush to purchase ♦N. shopping rush
qiǎnggòufēng 抢购风[搶購-] N. buying spree; large-scale panic purchasing
qiǎnggòu fēngcháo 抢购风潮[搶購-] N. panic purchasing
qiānggǔ* 腔骨 N. spinal joints of pigs/sheep/etc. (for food)
qiánggù 强固[強-] S.V. strong and solid
qiāngguǎn 枪管[槍-] N. gun barrel M: [2]*gēn*
qiǎngguānduóquán 抢官夺权[搶-奪權] F.E. grab official posts and seize power
qiángguāng 强光[強-] N. brilliant/strong light
qiǎngguāng* 抢光[搶-] R.V. loot all
qiángguó* 强国[強國] N. powerful country
qiàngguō 炝锅[熗鍋] V.O. season a wok by quick-frying spices/garlic/etc.
qiǎngguōbùshě 强聒不舍[強-捨] F.E. preach tirelessly; talk garrulously
qiānghài 戕害 V. ① slay ② injure; harm
qiānghàiwúgū 戕害无辜 F.E. butcher the innocents
qiānghàn 跄捍[蹌-] V. gallop
qiánghàn* 强悍[強-] S.V. intrepid; valiant; brutal
qiānghāng 戗行[戧-] <*coll.*> V. snatch/take away from sb.
qiānghēng 呛哼[嗆-] V.P. stupid
qiánghèng* 强横[強-] S.V. ① tyrannical ② surly; arrogant
qiǎnghóng 抢红[搶-] N. a kind of dice game
qiǎng hóngdēng 抢红灯[搶-燈] V.O. run a yellow light
Qiānghú 羌胡 N. ancient nationality in West China
qiānghuā 枪花[槍-] N. virtuoso performance with a spear
qiánghuà* 强化[強-] V. strengthen; intensify; consolidate ♦N. reinforcement
qiánghuālùcǎo 墙花路草[牆-] ID. prostitute
qiánghuālùliǔ 墙花路柳[牆-] ID. prostitute
qiáng huányuánjì 强还原剂[強還-劑] N. <*chem.*> strong reducing agent or reductant
qiánghuà shípǐn 强化食品[強-] N. condensed and enriched foods
qiánghuàyǔ 强化语[強-] N. <*lg.*> intensifier
qiǎnghuí 抢回[搶-] R.V. fight to get sth. back
qiǎnghūn 抢婚[搶-] N. marriage ceremony in which the bridegroom pretends to kidnap his bride
qiānghuó 羌活 N. <*bot.*> angelica
qiánghuōzi 墙豁子[牆-] N. <*coll.*> opening in a wall
[1]**qiāngjī** 枪击[槍擊] N. shooting
[2]**qiāngjī** 枪机[槍-] N. rifle bolt; trigger
[1]**qiángjī*** 墙基[牆-] N. base/footing of a wall
[2]**qiángjī** 强击[強擊] V. (sharply) attack
qiángjì 强记[強-] V. ① have a good memory ② force oneself to memorize; learn by rote ♦N. good memory
qiǎngjī 羟基[羥-] N. <*chem.*> hydroxyl (group)
qiāngjià 枪架[槍-] N. rifle rack
qiángjiā* 强加[強-] V. impose; force (upon)
qiāngjiān 枪尖[槍-] N. spearhead
qiángjiān* 强奸[強-] V. rape; assault sexually
qiángjiǎn 强碱[強鹼] N. <*chem.*> alkali; strong base
qiángjiàn 强健[強-] S.V. strong and healthy
qiǎngjiàn 抢建[搶-] V. rush to complete a project
qiángjiānfàn 强奸犯[強-] N. rapist
qiángjiàng shǒuxià wú ruòbīng 强将手下无弱兵[強將-] F.E. there are no weak soldiers under a good general
qiángjiān mínyì 强奸民意[強-] V.O. coerce public opinion
qiāngjiānr 枪尖儿[槍-] N. spear tip
qiángjiǎnxìngtǔ 强碱性土[強鹼-] N. strongly alkaline soil
qiángjiānzuì 强奸罪[強-] N. forcible rape
[1]**qiángjiǎo(r)** 墙角(儿)[牆-] N. corner (formed by two walls)
[2]**qiángjiǎo(r)** 墙脚(儿)[牆腳-] N. ① wall foundation ② foundation
qiángjiǎoshí 墙角石[牆-] N. cornerstone M: [2]*kuài*
qiángjiāyúrén 强加于人[強-於-] F.E. impose/force (one's views/etc.) on others
qiángjìbówén 强记博闻[強-] F.E. good memory and broad knowledge
qiángjī bùduì 强击部队[強擊-隊] N. storm troops M: [4]*zhī*
qiángjīduì 强击队[強擊隊] N. storming party
QiāngJié 羌羯 N. ancient nationalities in west China

[1]**qiǎngjié*** 抢劫[搶-] V. plunder; pillage; despoil ♦N. spoliation

[2]**qiǎngjié** 抢截[搶-] V. <*sport*> intercept

qiǎngjiè 强借[強-] V. forcibly borrow

qiángjiè lèsuǒ 强借勒索[強-] V.O. force sb. to hand over money

qiǎngjiéyīkōng 抢劫一空[搶-] F.E. loot/rob to the last pin

qiángjījī 强击机[強擊-] N. <*mil.*> attack plane M: [1]*jià*

qiángjījiǎo 墙基脚[牆-腳] N. footing of a wall

qiàngjīn 戗金[戧-] V.O. inlay gold ♦N. gold jewelry

qiángjìng* 强劲[強勁] S.V. powerful; forceful

qiǎngjǐng 抢景[搶-] N. <*thea.*> quick change

qiǎng jìngtóu 抢镜头[搶-] V.O. ① steal the show ② fight for a vantage point in taking news pictures ③ put oneself in the limelight

qiāngjiù 羌鹫 N. <*zoo.*> sea eagle M: [2]*zhī*

qiǎngjiù* 抢救[搶-] V. rush to save

qiǎngjiù chūlai 抢救出来[搶-] R.V. rescue/save from

qiāngjīxīn 枪机心[槍-] N. <*mach.*> tumbler

qiángjì xuéxífǎ 强记学习法[強--習-] N. rote learning

qiángjù 强据[強據] V. occupy by force

qiāngjué 枪决[槍決] V. <*wr.*> execute by shooting

qiángjùfēng 强飓风[強-] N. <*met.*> hurricane-force wind M: [2]*gǔ*

qiāngkǒu 枪口[槍-] N. muzzle (of a firearm)

qiāngkǒur 腔口儿 N. <*topo.*> accent

qiāngkǒuzhào 枪口罩[槍-] N. <*mil.*> muzzle cover

qiāngláng 蜣螂 N. dung beetle M: [2]*zhī*

qiángláo 强劳[強勞] N. forced labor

qiáng-láodònglì 强劳动力[強勞動-] N. able-bodied laborer M: [2]*wèi*

qiánglí 墙篱[牆籬] N. ① wall and fence ② barrier; block; obstruction M: [2]*dào*

qiánglì* 强力[強-] N. brute force

qiǎngliǎn 抢脸[搶-] <*coll.*> V.O. snatch away "face" ♦S.V. disgraceful; shameful

qiāngliáng 蜣蜋 N. dung beetle M: [2]*zhī*

[1]**qiángliáng** 墙梁[牆-] N. wall beam M: [1]*tiáo*

[2]**qiángliáng** 强梁[強-] ID. brutal; tyrannical

qiàngliàng* 跄踉[蹌-] V. stagger

qiángliángbàdao 强梁霸道[強-] F.E. overbearing and violent

qiángliè 强烈[強-] S.V. ① strong; intense; violent ② clear-cut; distinct; striking; sharp

qiángliè àihào 强烈爱好[強-愛-] N. addiction

qiānglièfǎ 枪猎法[槍獵-] N. rifle hunting

qiángliè fǎnduì 强烈反对[強-對] V.P. strongly oppose

qiángliè qiǎnzé 强烈谴责[強-] V.P. vehemently condemn

qiánglìjiāo 强力胶[強-膠] N. strong glue

qiánglǐkāihuā-qiángwàixiāng 墙里开花墙外香[牆裡開-牆--] F.E. One's accomplishments are easily known outside one's own unit.

qiánglín 强邻[強鄰] N. powerful neighbor M: [1]*hù*

qiānglíndànyǔ 枪林弹雨[槍-] F.E. hail of bullets/shells

qiánglìng 强令[強-] V. arbitrarily give orders

qiánglìngzhíxíng 强令执行[強-執-] F.E. give forceful orders to carry out sth.

qiángliú 强留[強-] V. ① insist on asking sb. to stay ② retain by force; force sb. to stay on

qiāngliúdàn 枪榴弹[槍-] N. rifle grenade M: [1]*kē*

qiánglóngbùyā-dìtóushé 强龙不压地头蛇[強--壓---] F.E. Even a mighty dragon will not attack a snake in its own haunts.

qiánglóngnányā-dìtóushé 强龙难压地头蛇[強-難壓---] F.E. The mighty dragon is no match for the native serpent.

qiánglǚ 强铝[強-] N. duralumin

qiǎng lǜdēng 抢绿灯[搶-燈] V.O. jump a green light

qiǎnglüè 抢掠[搶-] V. loot; sack; plunder

qiángmàijiǔ 强麦酒[強麥-] N. ale

qiǎngmǎiqiǎngmài 强买强卖[強買強賣] F.E. buy and sell under coercion

qiǎngmài shāngpǐn 强卖商品[強賣-] V.O. push one's wares

qiángmáo 墙锚[牆-] N. joist/wall anchor

qiǎng màozi 抢帽子[搶-] V.O. sell short

qiángmiàn 墙面[牆-] N. wall space

qiángnèikāihuā-qiángwàixiāng 墙内开花墙外香[牆-開-牆--] F.E. receive recognition only from outsiders

qiǎng niǔ de guā bù tián 强扭的瓜不甜[強-] F.E. <*coll.*> forced compliance cannot produce good results

qiángnǔzhīmò 强弩之末[強-] N. a spent force

qiāngōng* 谦恭 S.V. polite and modest

qiāngǒng 铅汞 N. amalgam of lead used by Daoists in making pills of immortality

qiángōng 钳工 N. ① benchwork ② fitter ③ mechanics; appliance fixers M: [2]*wèi*

qiàngōng 嵌工 N. artistry displayed in jewelry inlaid with gold/stones

qiángōngjìnqì 前功尽弃[-盡棄] F.E. all previous work undone

qiángōngsī 前公司 N. predecessor company

qiāngōngyǒulǐ 谦恭有礼[-禮] F.E. respectful and polite

qiángpāi 强拍[強-] N. <*mus.*> strong/accented beat

qiángpài 强派[強-] V. force; coerce; force one to contribute/buy sth.

qiǎngpāi* 抢拍[搶-] V. ① fight for a vantage point in taking a news picture ② seize the right moment to get a good shot

qiāng-pào* 枪炮[槍-] N. arms; guns and cannons

qiǎngpǎo 抢跑[搶-] R.V. take away by force *qiánbāo bèi ~ le* the purse was snatched away ♦V. <*sport*> make a false start

qiāng-pào wéihù 枪炮维护[槍-護] N. gun servicing

qiǎngpò 强迫[強-] V. force (sb. to do sth.)

qiǎngpò jiàngluò 强迫降落[強-] N. forced landing

qiǎngpò jiàoyù 强迫教育[強-] N. compulsory education

qiǎngpò mìnglìng 强迫命令[強-] N. resort to coercion and commandism

qiǎngpò qiānyí 强迫迁移[強-遷-] N. forced migration

qiǎngpò tānpái 强迫摊牌[強-攤-] V.P. force a show-down

qiǎngpò tíngzhǐ 强迫停止[強-] V.P. make an involuntary stop

qiǎngpòxìng shénjīngjīnéngbìng 强迫性神经机能病[強---經---] N. <*psy.*> obsessional neurosis

qiǎngpòxìng shénjīngzhèng 强迫性神经症[強---經-] N. <*psy.*> obsessive-compulsive neurosis

qiǎngpòzhèng 强迫症[強-] N. <*psy.*> obsession

[1]**qiāngqiāng** 锵锵[鏘鏘] ON. tinkle; clang ♦R.F. lofty; high

[2]**qiāngqiāng** 跄跄[蹌蹌] ADV. (walk) in rhythm

[3]**qiāngqiāng** 玱玱[瑲瑲] ON. tinkling; jingling

qiàng qǐlai 呛起来[嗆-] R.V. become irritated

qiǎngqīn 抢亲[搶親] V.O. take a woman for marriage by force ♦N. marriage ceremony in which the bridegroom pretends to kidnap his bride

qiǎngqīng 抢青[搶-] V.O. rush a harvest of ripening crops (in anticipation of bad weather)

qiángqīngjícuī 樯倾楫摧[檣-] F.E. totally wrecked boat

qiǎngqiú 强求[強-] V. extort; exact; impose

qiǎngqiúyīlǜ 强求一律[強-] F.E. ① unify by force ② be forced to follow a single pattern

qiǎngqiúyìngsuǒ 强求硬索[強-] F.E. importune sb. for sth.

qiángqiú yùndòng 墙球运动[牆-運動] N. <*sport*> American handball

[1]**qiángqǔ** 强取[強-] V. take by force

[2]**qiǎngqǔ** 强娶[強-] V. marry a woman by force

qiángquán 强权[強權] N. power; might

qiángquán fǎzé 强权法则[強權-] N. the law of the stronger

qiángquán jí gōnglǐ 强权即公理[強權-] F.E. Might is right.

qiángquán zhèngzhì 强权政治[強權-] N. power politics

qiángqǔháoduó 强取豪夺[強-奪] F.E. rapacious; ravenous; voracious

qiángqún 墙裙[牆-] N. <*archi.*> dado; wainscot M: [1]*tiáo*

qiāngr 腔儿 N. ① cavity in a vessel ② tune

qiángrén* 强人[強-] N. ① robbers; highwaymen ② powerful person M: [2]*wèi*

qiángrèn 强韧[強韌] S.V. pliable but tough

qiángrěn bēitòng 强忍悲痛[強-] V.O. suppress one's grief

qiǎng rén fànwǎn 抢人饭碗[搶-] V.P. grab sb.'s job

qiǎngrénsuǒnán 强人所难[強-難] F.E. ① impose a difficult task on sb. ② try to make sb. do what he is unwilling/unable to

qiángróngjì 强溶剂[強-劑] N. <*chem.*> strong solvent

qiángrù 强入[強-] V.P. intrude

qiángrù mínzhái 强入民宅[強-] V.O. force one's way uninvited into a strange house

qiáng-ruò 强弱[強-] N. ① the strong and the weak ② <*lg.*> intensity

qiáng-ruòfǎ 强弱法[強-] N. dynamics; contrast (in music/painting/etc.)

qiángruòxuánshū 强弱悬殊[強-懸-] F.E. a wide disparity in strength

qiángsāi 强塞[強-] V. force; work into

qiángsāi jìnqu 强塞进去[強-進-] R.V. stuff-in

qiāngsè 锖色 V.O. tarnish

[1]**qiāngshā** 枪杀[槍殺] V. shoot to death

[2]**qiāngshā** 戕杀[-殺] V. kill; butcher

[1]**qiāngshāng*** 枪伤[槍傷] N. bullet wound

[2]**qiāngshāng** 戕伤[-傷] V. stab

qiǎngshāng 抢墒[搶-] V. hasten planting; hurry to sow seeds while the soil is still moist

qiǎngshàng 抢上[搶-] R.V. be the early bird

[1]**qiàngshàng** 呛上[嗆-] V. be choked (by smoke/etc.)

[2]**qiàngshàng** 戗上[戧-] R.V. <*topo.*> prop/bolster up; support with a post/etc.

qiǎngshāngbōzhòng 抢墒播种[搶-種] F.E. <*agr.*> sow and plant in a timely fashion

qiāngshàng-cìdāo 枪上刺刀[槍-] N. fixed bayonet

qiǎng shàngfēng 抢上风[搶-] V.O. jockey for (an advantageous) position

qiāng shàng jiān 枪上肩[槍-] INTJ. <*mil.*> Shoulder arms!

qiǎngshàng qián qù 抢上前去[搶-] V.P. step quickly forward

qiāngshā rénmìng 戕杀人命[-殺--] V.O. butcher the people

qiāngshā shēngmín 戕杀生民[-殺--] V.O. butcher the people

qiāngshēn 枪身[槍-] N. gun barrel

qiángshēn* 强身[強-] V.O. build up a good physique; improve one's health

qiāngshēng 枪声[槍聲] N. gunshot (sound); gunfire

qiāngshéng 枪绳[槍繩] N. harpoon line M: [2]*gēn*

qiángshèng* 强盛[強-] S.V. strong and prosperous (of nation/etc.)

qiángshèng qǐlai 强盛起来[強-] R.V. become strong and prosperous (of nations/etc.)

qiángshèngruòbài 强胜弱败[強勝-] F.E. The strong win and the weak lose.

qiǎng shēngyi 抢生意[搶-] V.O. undercut; hustle (for business)

[1]**qiángshì*** 强势[強勢] N. <*lg.*> emphasis

2qiángshì 强式[強-] N. <lg.> strong form
qiǎngshǐ 强使[強-] V. force; compel
qiǎngshì 抢市[搶-] V.O. rush in market supplies
qiángshì dàicí 强势代词[強勢-] N. <lg.> emphatic pronoun
qiángshì dòngcí 强式动词[強-動-] N. <lg.> strong verb
qiǎng shíjiān 抢时间[搶時-] V.O. race against time
qiāngshǒu* 枪手[槍-] N. ① sharpshooter; gunner ② sb. who takes an exam for sb. else ③ <trad.> spearman M: 2wèi
qiángshǒu 强手[強-] N. ① high-level and very capable person; strong opponent ② master player
qiǎngshōu 抢收[搶-] V. rush a harvest
qiǎngshǒu 抢手[搶-] S.V. in great demand
qiǎngshǒuhuò 抢手货[搶-] N. hot item M: 1pī/2jiàn
qiǎngshōuqiǎngzhòng 抢收抢种[搶-搶種] F.E. rush-harvest and rush-plant
qiángshǒuqiú 墙手球[牆-] N. handball
qiāngshuān 枪栓[槍-] N. rifle bolt
1qiāngshuǐ 呛水[嗆-] <coll.> V.O. suffer setbacks
2qiāngshuǐ 镪水 N. ① strong/corrosive acid ② sulfuric acid
qiāngshùnbùchī 戗顺不吃[戧-] F.E. <topo.> yield neither to coercion nor to persuasion
qiángsǐ 强死[強-] V. die a violent death
qiángsì* 强似[強-] V.O. <wr.> be better than; be superior to
qiángsuān 强酸[強-] N. strong acid
qiángsuǒyìngtǎo 强索硬讨[強-] F.E. insist on getting sth.
qiángtái 墙台[牆檯] N. bench-table
qiángtǎn 墙毯[牆-] N. wall tapestry M: 2kuài
qiǎngtān* 抢滩[搶灘] V.O. <mil.> assault a beach
qiāngtáng 枪膛[槍-] N. bore (of a gun); barrel
qiǎngtān guónèi shìchǎng 抢摊国内市场[搶攤國-場] V.P. rush to take part in the domestic market
qiāngtáo 羌桃 N. <bot.> walnut M: 2zhī/2kē
qiāngtì 枪替[槍-] V. take an exam for sb. else
qiāngtiānhūdì 抢天呼地[搶-] F.E. call to heaven and earth
qiāngtǒng(r/zi) 枪筒(儿/子)[槍-] N. gun barrel
qiángtóu(r) 墙头(儿)[牆-] N. ① top of a wall/fence ② short/low enclosing wall
qiángtóucǎo 墙头草[牆-] N. ① wind-tossed grass atop a wall ② fence-sitter M: 2kē
qiángtóucǎo liǎng biān dǎo 墙头草两边倒[牆---邊-] ID. be easily swayed
qiángtóucǎo suí fēng dǎo 墙头草随风倒[牆--隨--] ID. sb. who follows the crowd
qiāngtóudāo 枪头刀[槍-] N. bayonet M: 1bǎ
qiāngtóur 枪头儿[槍-] N. spearhead
qiángtóushī 墙头诗[牆-] N. poems written on walls M: 2shǒu
qiángtú 强徒[強-] N. <trad.> robber; bandit M: 2huǒ
qiáng tuānliú 强湍流[強-] N. strong turbulence
qiāngtuō(zi) 枪托(子)[槍-] N. rifle butt; buttstock
qiāngǔ* 千古 ATTR. eternal; of the ages ***Lǔ Xùn xiānsheng*** ~ Eternal repose to Mr. Lu Xun
qiángǔ 钱谷[錢穀] N. ① money and grain ② revenue in the Qing dynasty ③ taxes on farmland
qiángù 钳梏 V.O. keep under strict control, esp. by chains and shackles
qiānguà 牵挂[牽掛/罣] V. ① worry or be concerned about ② bother; pester
qiānguǎn 铅管 N. lead pipe M: 2gēn
qiānguāng 谦光 N. shining modesty
qiānguǎngōng 铅管工 N. plumber M: 2wèi
qiānguǎnjiàng 铅管匠 N. plumber M: 2wèi
qiānguà zài xīn 牵挂在心[牽-] V.P. be on one's mind
qiāngǔbùxiǔ 千古不朽 F.E. immortal
qiāngǔchuánsòng 千古传诵[--傳-] F.E. (This book) has been read through all ages.
qiánguì* 钱柜[錢櫃] N. money-box; till M: 2zhī
qiǎnguī 遣/谴归[-歸] V. send (a prisoner/etc.) home; repatriate
qiāngǔjuéchàng 千古绝唱[--絕-] F.E. a poetic masterpiece through ages
qiāngǔjuézuò 千古绝作[--絕-] F.E. (rank as) a masterpiece throughout the ages
qiāngǔliúmíng 千古留名 F.E. One's name will remain immortal.
qiāngǔmíngyán 千古名言 F.E. a well-established truism
qiángǔnfān 前滚翻[-滾-] N. <sport> forward roll
qián gǔn qián 钱滚钱[錢滾錢] F.E. Money begets money.
qiānguò 愆过 N. <wr.> fault; mistake
qiánguòqùshí 前过去时[-時] N. <lg.> past perfect
qiāngǔqítán 千古奇谈 F.E. strange stories of all ages; a bizarre tale
qiāngǔqíwén 千古奇闻 F.E. fantastic/unlikely story
qiāngǔqíyuān 千古奇冤 F.E. (suffered) a wrong as great as history has ever known
qiángǔ shīyé 钱谷师爷[錢穀師爺] N. <trad.> revenue clerk; magistrate's assistant in charge of taxes
qiāngǔtuòmà 千古唾骂[-罵] F.E. earn oneself eternal infamy
qiāngǔyíhèn 千古遗恨 F.E. eternal regret
qiāngǔyíxiào 千古遗笑 F.E. be a laughingstock through the ages
qiāngǔzhuōjué 千古卓绝[-絕] F.E. unmatched past or present
qiāngǔzuìrén 千古罪人 F.E. an evil person condemned through the ages
qiángwài 墙外[牆-] P.W. outside of a wall
qiángwàihàn 墙外汉[牆-漢] N. outsider; amateur
qiángwǎngqiú 墙网球[牆網-] N. rackets
qiángwēi* 蔷薇[薔-] N. <bot.> roses M: 2zhū
qiángwéi 墙帷[牆-] N. wall hanging M: 2dào
qiángwēihuā 蔷薇花[薔-] N. <bot.> rose M: 2duǒ
qiángwēihuāyá 蔷薇花芽[薔-] N. <bot.> rosebud
qiángwēikē 蔷薇科[薔-] N. <bot.> rose family
qiángwēilù 蔷薇露[薔-] N. ① rose water ② a kind of wine
qiāngwúgùshí 羌无故实[-實] F.E. poetic expression containing no allusion whatsoever
qiāngwúxūfā 枪无虚发[槍-虛發] F.E. Not a single shot missed its target.
qiāngwūzéi 枪乌贼[槍烏-] N. squid M: 1tiáo
qiángxí 强袭[強-] V. take by storm; storm
qiǎngxì* 抢戏[搶戲] V.O. steal a show
qiǎngxiān(r)* 抢先(儿)[搶-] V.O. vie to be first
qiǎngxiǎn 抢险[搶-] V.O. ① rush to rescue ② rush to deal with an emergency
qiǎngxiàn 抢线[搶-] N. ruthless pre-emption
qiǎngxiǎnduì 抢险队[搶-隊] N. emergency squad M: 4zhī
qiǎngxiǎnfēidù 抢险飞渡[搶-飛-] F.E. cross rivers in the teeth of danger
qiángxiàng 强项[強-] N. forte ♦ATTR. <wr.> indomitable
qiángxiàngbùqū 强项不屈[強-] F.E. stiff-necked and unbending
qiǎngxiǎnjiùzāi 抢险救灾[搶-災] F.E. do rescue and relief work
qiǎngxiào 强笑[強-] V. force a smile ♦N. forced smile
qiāngxiāoyīnqì 枪消音器[槍-] N. gun silencer; silencer M: 2zhī/2gēn
qiāngxiè 枪械[槍-] N. firearms; weapons
qiángxiē(r)* 强些(儿)[強-] V.P. a little better
qiāngxiè zǒusī 枪械走私[槍-] N. gunrunning
qiángxíng* 强行[強-] V. force ♦N. forced march
qiǎngxíng 抢行[搶-] V. rush out
qiángxíngbīzhài 强行逼债[強-] F.E. press for the repayment of debts
qiángxíngchuǎngrù 强行闯入[強-] F.E. force one's way in
qiángxíng dēnglù 强行登陆[強-陸] V.P. force a landing
qiángxíngfǎ 强行法[強-] N. imperative law
qiángxíngjūn 强行军[強-] N. <mil.> forced march
qiángxíng qīnrù 强行侵入[強-] V.P. intrude
qiángxíng tuīxiāo 强行推销[強-] V.P. hard sell
qiángxīnjì 强心剂[強-劑] N. heart stimulant
qiángxīnzhēn 强心针[強-] N. <med.> cardiac ampoule; cardiotonic
qiángxiōngbàdao 强凶霸道[強-] F.E. throw one's weight about
qiǎngxiū 抢修[搶-] V. do rush repairs
qiángyā 强压[強壓] V. forcefully suppress ♦N. strong pressure
qiāngyǎn(r)* 枪眼(儿)[槍-] N. ① embrasure; loophole ② bullet hole
qiángyán 强颜[強-] V.P. impudent; brazen ***See also*** *jiàngyán, qiǎngyán*
qiǎngyán 强颜[強-] V.O. force a smile ***See also*** *jiàngyán, qiángyán*
qiǎngyǎn 抢眼[搶-] S.V. eye-catching
qiǎngyánhuānxiào 强颜欢笑[強-歡-] F.E. force a smile
qiángyā nùhuǒ 强压怒火[強壓-] V.O. suppress one's anger
qiǎngyánwéixiào 强颜为笑[強-] F.E. force a smile
qiāngyào* 枪药[槍藥] ***See*** *chī qiāngyào*
qiángyào 强要[強-] V. demand; exact
qiāngyáodànyǔ 枪爻弹雨[槍-] F.E. heavy fire
qiāngyī 枪衣[槍-] N. rifle-covers
qiángyī 墙衣[牆-] N. moss covering on a wall
qiángyì* 强毅[強-] S.V. resolute and steadfast; staunch
qiángyì de 强意的[強-] ATTR. <lg.> emphatic
qiángyì fùcí 强意副词[強-] N. <lg.> emphatic statement
qiángyìjù 强意句[強-] N. <lg.> emphatic statement
qiángyīn* 强音[強-] N./ATTR. <lg.> primary stress; secondary stress; fortis
qiàngyín 戗银[戧-] V.O. inlay silver ♦N. silver jewelry
qiāngyīng 枪鹰[槍-] N. musket M: 4zhī
qiángyìng* 强硬[強-] S.V. strong; tough; unyielding
qiángyìng lùxiàn 强硬路线[強-] N. hard/tough line (in politics)
qiángyìngpài 强硬派[強-] N. hardliner
qiāngyòng miáozhǔnjìng 枪用瞄准镜[槍--準-] N. riflescope M: 2zhī
qiáng yǒu ěr, bì yǒu fèng 墙有耳,壁有缝[牆--,---] ID. Walls have ears, we may be under close watch.
qiángyǒulì 强有力[強-] ATTR. strong; vigorous; forceful; powerful
qiāngyú* 枪鱼[槍-] N. marlin M: 1tiáo
qiángyú 强于[強於] V.P. be better than
qiángyǔ 墙宇[牆-] N. ① dwelling; walled building ② capacity for tolerance M: 4zuò
qiángyù 强喻[強-] N. <lg.> catachresis
qiángyuán* 墙垣[牆-] N. <wr.> wall; fence M: 2dào
qiángyuàn 嫱媛[嬙-] N. ladies-in-waiting M: 2wèi
qiángyuángānqì 墙垣干砌[牆-乾-] N. dry wall(ing)
qiángyuányīn 强元音[強-] N. <lg.> strong vowel
qiángyuányǒu'ěr 墙垣有耳[牆-] F.E. Walls have ears.
qiǎngyùn 抢运[搶運] V. rush to transport; rush delivery (of goods)
qiángyǔshì 强语势[強-勢] ATTR. <lg.> emphatic

Q

qiāngzéi 戕贼 V. injure; harm; undermine
qiāngzhàn 枪战[槍戰] N. gun battle; shootout M: ²*chǎng*
qiángzhàn* 强占[強-] V. forcibly occupy; seize
qiǎngzhàn 抢占[搶-] V. ① race to control/seize ② unlawfully occupy
qiángzhě 强者[強-] N. powerhouse; strong person (physically/mentally) M: ²*wèi*
qiángzhèn 强震[強-] N. <*geol.*> strong shock
qiǎngzhēng 强征[強徵] V. conscript; press; impress; levy
qiángzhěwéiwáng 强者为王[強-] F.E. strong authority governs
qiāngzhī 枪支/枝[槍-] N. firearms; rifles M: ⁴*zhī*
qiángzhí 强直[強-] N. <*med.*> rigidity
qiángzhǐ 墙纸[牆-] N. wallpaper M: ¹*zhāng*
qiǎngzhì* 强制[強-] V. force; compel; coerce ♦ATTR. <*lg.*> obligatory
qiǎngzhì bǎoxiǎn 强制保险[強-] N. compulsory insurance
qiǎngzhì chǔfèn 强制处分[強-處-] N. coercion; forcible measure
qiángzhì cuòshī 强制措施[強-] N. compulsory/mandatory measure
qiāngzhī-dànyào 枪枝弹药[槍-藥] N. firearms and ammunition
qiángzhì jīguān 强制机关[強-關] N. law-enforcement institutions
qiángzhì láodòng 强制劳动[強-勞動] V. force labor ♦N. forced labor
qiángzhì láodòng jiàoyǎng 强制劳动教养[強-勞動-養] N. <*PRC*> forced-labor education
qiángzhīpèi 强支配[強-] N. <*lg.*> strong government
qiǎngzhì tóupiào 强制投票[強-] N. compulsory voting
qiángzhìxìng 强制性[強-] N./ATTR. mandatory nature
qiángzhìxìng chéngxù 强制性程序[強-] N. mandatory procedure
qiángzhìxìng guīdìng 强制性规定[強-] N. mandatory provision
qiángzhìxìng kòngzhì 强制性控制[強-] N. coercive control
qiángzhì zhíxíng 强制执行[強-執-] V.P. enforce
qiǎngzhòng 抢种[搶種] V. rush to plant
qiángzhōng'āoliángzuò 墙中凹梁座[牆-] N. columbarium
qiǎngzhòng wǎndào 抢种晚稻[搶種-] V.O. rush-plant the late rice
qiángzhōngzhīqiáng 强中之强[強-強] N. the strongest of the strong; ace of aces
qiángzhōng zì yǒu qiángzhōngshǒu 强中自有强中手[強---強--] F.E. however strong you are, there's always someone stronger
qiàngzhù 戗柱[戧-] N. side support (for a falling house/etc.) M: ²*gēn*
qiángzhuàng 强壮[強壯] S.V. strong; sturdy
qiáng-zhuāng chāzuò 墙装插座[牆裝-] N. wall socket
qiángzhuàngjì 强壮剂[強壯劑] N. tonic
qiángzhuàng qǐlai 强壮起来[強壯-] R.V. become strong/sturdy/robust (of health)
qiāngzi 腔子 N. ①thoracic cavity ②(decapitated animal's) trunk
qiāngzǐr 枪子儿[槍-] N. <*coll.*> cartridge; bullet; shot M: ¹*kē*/³*lì*
qiǎngzìzhèndìng 强自镇定[強-] F.E. do one's best to keep a calm exterior
qiǎngzǒu 抢走[搶-] R.V. take away by force *shǒubiǎo bèi ~ le* the watch was snatched away
Qiāngzú* 羌族 N. Qiang (Chiang) ethnic minority (in Sichuan)
qiángzū 强租[強-] V. rent against one's will
qiǎngzuǐ 抢嘴[搶-] V.O. ① vie to have the floor ② rush to eat up the food ♦S.V. argumentative; assertive
qiǎngzuòhuānxiào 强作欢笑[強-歡-] F.E. force a smile
qiǎngzuòjiěrén 强作解人[強-] F.E. pretend to be in the know
qiǎngzuò liánmǐn 强作怜悯[強-憐-] V.O. strain one's sympathy
qiǎngzuòxiàoróng 强作笑容[強-] V.O. force a smile
qiǎngzuòzhèndìng 强作镇定[強-] V.O. take a grip on oneself
qiǎnhǎi 浅海[淺-] N. shallow sea
qiánháicuànyǐng 潜骸窜影[潛-竄-] F.E. lie hidden
qiánhǎirén 潜海人[潛-] N. aquaspaceman M: ²*wèi*
qiǎnhǎi shuǐyù 浅海水域[淺-] N. shallow coastal waters
qiǎnhǎitái 浅海苔[淺-] N. <*bot.*> laver
qiǎnhǎiyú 浅海鱼[淺-] N. shallow-sea fish M: ¹*tiáo*
qiānhàn* 钎焊 N. braze welding
Qiánhàn 前汉[-漢] N. Former/Western Han dynasty (206 B.C.- A.D.24)
qiānhànbǎn 钎焊板 N. brazing sheet M: ²*kuài*
qiánhánbìng 潜函病[潛-] N. caisson disease; bends
qiánháng 潜航[潛-] V. submerge (of a submarine)
qiānhàngōng 钎焊工 N. brazing work/worker M: ²*wèi*
qiánháng shēndù 潜航深度[潛-] N. submerged depth
Qiánhánwǔjì 前寒武纪 N. <*geol.*> Precambrian
qiānhào 签号[-號] V. sign
qiànháo* 堑壕 N. <*mil.*> trench; entrenchment M: ²*dào*/¹*tiáo*
qiànhǎo 欠好 V.P. less good; not very good
qiànháo gōngshì 堑壕工事 N. entrenchment works
qiànháozhàn 堑壕战[-戰] N. <*mil.*> trench warfare M: ²*chǎng*
¹**qiānhé*** 谦和 S.V. modest and amiable
²**qiānhé** 牵合[牽-] R.V. ① make a match; act as a go-between ② couple/match by force
qiānhè 千赫 N. <*elec.*> kilohertz
¹**qiánhé** 钱盒[錢-] N. money box M: ²*zhī*
²**qiánhé** 前和 N. front part of a coffin
qiǎnhē 谴诃 V. scold; reproach
qiànhé 嵌合 N. <*lg.*> telescoping
qiān hétong 签合同 V.O. sign a contract
qiǎnhóng 浅红[淺-] N. light red
Qiánhóngjìshì 前洪积世[--積-] N. <*geol.*> Antediluvial
qiānhóngwànzǐ 千红万紫[--萬-] F.E. a riot/blaze of color
qiánhòu 前后[-後] P.W./ADV. ① front and rear; around or about; altogether ***1942 nián ~*** around 1942 ***Wǒ ~ kànle wǔ-liù cì.*** I read it altogether five or six times. ②from beginning to end (in time) ③people/things of the same kind in succession ***~liǎngwèi zhǔxí*** two successive chairmen
qiánhòudiāndǎo 前后颠倒[-後--] F.E. put the cart before the horse
qiánhòujiāgōng 前后夹攻[-後夾-] F.E. attack . . . both front and rear
qiánhòujiājī 前后夹击[-後夾擊] F.E. make simultaneous frontal and rear attacks
qiánhòujiǎor 前后脚儿[-後腳-] ADV. <*coll.*> almost simultaneously; one close behind another
qiánhòu liánjiē 前后连接[-後--] ATTR. <*lg.*> forward-linking
qiánhòumáodùn 前后矛盾[-後--] F.E. ① inconsistent; contradictory ② inconsecutive
qiánhòushòudí 前后受敌[-後-敵] F.E. be caught between two fires
qiánhòuwén 前后文[-後-] N. <*lg.*> context
qiánhòuyáohuàng 前后摇晃[-後--] F.E. reel to and fro
qiánhòu yīguàn 前后一贯[-後--] V.P. be consistent
qiánhòuyīzhì 前后一致 V.P. be consistent
qiánhòu-zuǒyòu 前后左右[-後--] P.W. ① on all sides ② in every direction
qiānhù* 千户 N. a thousand households; numerous households M: ²*wèi*
qiánhú 前胡 N. <*Ch. med.*> the root of purple-flowered peucedanum *Peucedanum decursivum*
¹**qiànhù** 欠户 N. debtor M: ¹*hù*
²**qiànhù** 纤户[纖-] N. tracker M: ²*wèi*
qiānhuá* 铅华[-華] N. ① cosmetics ② lead powder
qiānhuà 迁化[遷-] V. ① change; deteriorate ② <*Budd.*> die (of a learned monk)
qiànhuā 嵌花 V.O. inlay; tessellate
qiǎnhuái 遣怀[-懷] V.P. <*wr.*> ①seek distraction in writing ② disclose one's feelings; give vent to one's feeling (usu. in verse)
qiānhuàn 迁换[遷換] V. change
qiānhuáng 铅黄 N. ① lead oxide; litharge ② proofreading ③ collation
qiánhuāng 钱荒[錢-] N. scarcity of money
qiǎnhuáng* 浅黄[淺-] V.P. light yellow
qiánhuǎngzi 钱幌子[錢-] N. sign of a banking house in the form of a string of big coins
qiānhuānwànxǐ 千欢万喜[-歡萬-] F.E. very glad
qiánhūhòuyìng 前呼后应[-後應] F.E. take concerted action
qiánhūhòuyōng 前呼后拥[-後擁] F.E. with many attendants crowding around
qiánhuí 前回 N. ① last previous time ② last previous chapter (of a novel)
qiǎnhuī* 浅灰[淺-] N. light gray
qiānhuíbǎizhé 千回百折 F.E. a thousand twists and turns
qiānhuíbǎizhuǎn 千回百转[-轉] F.E. convoluted (of stories/etc.); full of twists and turns
qiān hùkǒu 迁户口[遷-] V.O. change one's residence registration
qiàn huǒhou 欠火候 V.O. ① need longer cooking ② require more consideration or time to mature
qiānhūwànhuàn 千呼万唤[-萬喚] F.E. ① call again and again ② urge repeatedly
qiānjì* 牵记[牽-] V. keep thinking about; be anxious about; worry about
qiánjī 钳击[-擊] N. pincer attack ♦V. attack from both sides
¹**qiánjì** 前记 N. preface; foreword
²**qiánjì** 钳忌 V. be jealous and unfriendly
³**qiánjì** 钤记 N. <*trad.*> official seal/stamp
¹**qiánjiā(r/zi)** 钱夹(儿/子)[錢夾-] N. purse; wallet
²**qiánjiā** 前加 ATTR. <*lg.*> preposed
qiánjiá 钱夹[錢夾] N. billfold
qiánjià 潜价[潛價] N. implicit price
qiànjiā* 欠佳 V.P. not be good enough
qiánjiǎbǎn 前甲板 N. foreboard; fore deck
qiánjiā chéngfen 前加成分 N. <*lg.*> prefix
¹**qiānjiǎn** 悭俭[慳-] V.P. frugal
²**qiānjiǎn** 悭简[慳-] V. cut down or curtail expenses
qiānjiàn 迁建[遷-] V. move out from an old building and build a new one
qiánjiàn 钤键 N. <*wr.*> ①hinge; key ②stratagem; artifice; scheme ③ crucial point
qiǎnjiàn* 浅见[淺-] N. ① <*humb.*> my humble opinion ② superficial/shallow view; short-sighted
¹**qiǎnjiàng** 遣将[-將] V.O. send generals or high officers (into battle/etc.)
²**qiǎnjiàng** 浅绛[淺-] N. light purple-red
qiǎnjiànguǎwén 浅见寡闻[淺-] F.E. ignorant and ill-informed
qiānjiǎo 扦脚[-腳] N. <*topo.*> pedicure ♦V.O. trim one toenails
qiánjiǎo* 前脚[-腳] N. forward foot in a step ♦CONS. *~ A hòujiǎo B* no sooner A than B ***Zhēn bùqiǎo, tā ~ chū, nǐ hòujiǎo jìn.*** Too bad, he left just as you arrived.

[1]qiǎnjiāo 浅交[淺-] N. not on intimate terms
[2]qiǎnjiāo 浅礁[淺-] N. shoal reef/rock M: [1]piàn
qiànjiǎo 欠缴 V. have not paid (one's due/tax/etc.)
qiānjiāobǎimèi 千娇百媚[-嬌--] F.E. pinnacle of beauty
qiánjiāokùnfèng 潜蛟困凤[潛-鳳] F.E. A talent is useless when secluded.
Qiānjiāshī 千家诗 N. a collection of Tang-Song poems
qiānjiāwànhù 千家万户[--萬-] F.E. numerous households
qiānjìbǎimóu 千计百谋 F.E. hundreds and thousands of plans
qiǎnjiè 谴价 A.T. send a servant on an errand
qiánjiē chéngfèn 前接成分 N. <lg.> enclitics
qiánjiēhòuxiàng 前街后巷[--後-] F.E. ① front streets and back lanes ② everywhere
[1]qiānjīn 千金 N. ① a thousand pieces of gold; a lot of money ~ ***nán mǎi de jīhuì*** an opportunity beyond price ② <court.> (your) daughter ***Nǐ yǒu jǐ wèi ~?*** How many daughters do you have? ♦ATTR. extremely precious
[2]qiānjīn 千斤 N. ① 1,000 catties ② <mach.> ⓐ hoisting jack ⓑ pawl ♦ATTR. very heavy; weighty
qiánjīn 前襟 N. front part of a robe/jacket
[1]qiánjǐn 箝紧[-緊] R.V. clasp tightly
[2]qiánjǐn 钱紧[錢緊] V.P. short of money
[1]qiánjìn* 前进[-進] V. advance; go forward; proceed; progress
[2]qiánjìn 钳噤 V. keep silent
[3]qiánjìn 潜进[潛進] R.V. stalk
[4]qiánjìn 潜近[潛-] R.V. sneak/slip close to
qiǎnjìn 浅近[淺-] S.V. simple; easy to understand
qiànjīn 嵌金 V.O. inlay metal/gold
qiànjìn 嵌进[-進] ATTR. <lg.> telescopic; embedding
qiānjīncài 千金菜 N. garden lettuce
qiānjīndǐng 千斤顶 N. <mach.> hoisting jack M: [2]zhī
qiānjīnfāng 千金方 N. <Ch. med.> prescriptions worth a thousand ounces of gold
qiánjīng 前经[-經] ADV. already; before
qiánjǐng* 前景 N. foreground; prospect; vista; perspective
qiánjìng 虔敬 S.V. ① reverent ② thoroughly sincere
qiánjǐnhòusōng 前紧后松[-緊後鬆] F.E. ① tight in front and loose in the back ② strict at the beginning and slack at the end
qiānjīnmǎigǔ 千金买骨[--買-] ID. make a fervent quest for talent
qiānjīnmǎilín 千金买邻[-買鄰] F.E. It is hard to have good neighbors.
qiānjīnmǎixiào 千金买笑[--買-] F.E. spend much money for temporary pleasures
qiānjīn nán mǎi yī kǒu qì 千金难买一口气[--難買--氣] F.E. Life is the dearest.
qiānjīn nán mǎi yī xiào 千金难买一笑[--難買--] F.E. A thousand taels of gold won't purchase a smile.
qiānjīnshìgǔ 千金市骨 ID. very eager and sincere in recruiting talented men
qiánjìn tónghuà 前进同化[-進--] N. <lg.> progressive assimilation
qiānjīn xiǎojiě 千金小姐 N. ① unmarried girl of a rich family ② <court.> address of sb. else's unmarried girl M: [2]wèi
qiànjìn xíngshì 嵌进形式[-進--] N. <lg.> telescopic form
qiánjìn yìhuà 前进异化[-進異-] N. <lg.> progressive dissimilation
qiānjīnyīnuò 千金一诺 F.E. A promise is worth a thousand ounces of gold.
qiānjīnyīxiào 千金一笑 F.E. A beauty's smile is without price.
qiānjīnyīzhì 千金一掷[-擲] F.E. spend money like water
qiānjīnzhòngdàn 千斤重担[-擔] F.E. an exceptionally heavy load/responsibility
qiànjìn zhuǎnhuàn 嵌进转换[-進轉換] N. <lg.> embedding transformation
qiānjīnzhuì 千斤坠[-墜] N. <coll.> downward pressure with all one's might
qiānjīnzǐ 千金子 N. millionaire; moneybags
qiánjǐtiān 前几天 N. ① a few days ago ② the past few days
qiānjiù* 迁/牵就[遷/牽-] V. accommodate; compromise
qiànjiù 歉疚 V. be sorry/apologetic; have a guilty conscience
qiánjiùchǐ 前臼齿[-齒] N. <phys.> premolar teeth M: [1]kē
qiānjiùgūxī 迁就姑息[遷-] F.E. overlenient
qiānjiùtuǒxié 迁就妥协[遷-協] F.E. make concessions by way of compromise
qiānjīyào 牵机药[牽-藥] N. a kind of poison
qiānjū* 迁居[遷-] V.O. change one's dwelling/address; move into a new residence ~ ***dào jiāoqū*** move to the suburbs
qiānjǔ 骞举[-舉] V. soar
qiánjū 潜居[潛-] V. ① live in seclusion ② hide out
qiánjǔ 前矩 N. example left by predecessors
Qiánjù 黔剧[-劇] N. Guizhou opera
qiànjù 欠据[-據] N. IOU M: [1]zhāng
qiánjùhòugōng 前倨后恭[--後-] F.E. go from arrogance to humility
qiānjūn 千钧 N. ① heavy weight ② critical juncture
qiānjūnwànmǎ 千军万马[--萬-] F.E. a mighty force
qiānjūnyīfà 千钧一发[-髮] ID. sword of Damocles ~ ***de shíkè*** extremely critical moment
qiānjūnzhòngfù 千钧重负 F.E. heavy burden/responsibilities
qiānkǎ 千卡 M. <phy.> kilocalorie
[1]qiānkè 千克 M. kilogram
[2]qiānkè 迁客[遷-] N. <trad.> moved-in squire (name given to an official by the people of a place to which he was demoted and banished)
[3]qiānkè 谦克 S.V. humble and self-controlled
qiánkē* 前科 N. previous criminal record
[1]qiánkè 掮客 N. broker
[2]qiánkè 虔恪 S.V. reverent; respectful
qiánkēfàn 前科犯 N. ex-convict
qiánkēng 钱坑[錢-] N. money pitfall (money can lead one astray)
qiánkěshǐguǐ 钱可使鬼[錢-] F.E. Money can make the devil work for you.
qiánkětōngshén 钱可通神[錢-] F.E. money talks
qiánkēxué 潜科学[潛-] N. latent/potential/embryonic science
qiánkè yòngjīn 掮客佣金[--傭-] N. brokerage; commission
qiánkēzuì 前科罪 N. previous crime
qiánkōngfān 前空翻 N. <sport> forward somersault
qiánkōngfānxià 前空翻下 N. <sport> forward somersault dismount; forward salto dismount
[1]qiánkǒu 钳口 V.O. ① force sb. into silence; prevent sb. from talking ② shut up; keep silent
[2]qiánkǒu 拑口 V.O. hold the tongue
[3]qiánkǒu 箝口 V.O. ① keep one's mouth shut; keep silent ② gag sb.
qiánkǒubùyán 钳口不言 F.E. keep mum
qiánkǒujiéshé 钳口结舌 F.E. ① silence/gag sb. ② remain silent
qiánkǒulìng(r) 钳口令(儿) N. secret/confidential order
qiánkǒutāobǐ 钳口韬笔[-韜筆] F.E. avoid trouble by saying nothing
qiánkǒuwúyán 钳口无言 F.E. keep one's mouth shut
qiǎnkǒuxié 浅口鞋[淺-] N. shoes with low-cut uppers M: [1]shuāng
qiānkuài* 铅块[-塊] N. block/piece of lead M: [2]kuài
qiànkuài 嵌块[-塊] N. inlay M: [2]kuài
[1]qiánkuǎn* 钱款[錢-] N. (a sum of) money M: [2]bǐ
[2]qiánkuǎn 前款 N. <law> aforesaid clause/item
qiànkuǎn 欠款 V.O. owe money ♦N. debts
qiānkuàng 铅矿[-礦] N. lead ore/mine M: [4]zuò
qiànkuǎn jīn'é 欠款金额 N. amount in arrears
qiánkūn 乾坤 N. ① heaven and earth; the universe ***niǔzhuǎn*** ~ reverse the course of events ② male and female
qiānkǔwànnán 千苦万难[-萬難] F.E. numerous hardships and difficulties
qiánlāhòutuī 前拉后推[--後-] F.E. Some pull in front and others push behind.
qiánlái 前来 V. <court.> come ***Wǒ ~ xiàng nín qǐngjiào.*** I've come to seek your instruction.
qiǎnlán 浅蓝[淺藍] ATTR. light blue
qiǎnlánsè 浅蓝色[淺藍-] N. light blue
qiānlěi 牵累[牽-] V. ① implicate; involve (in trouble) ② tie down
qiānlí 迁离[遷離] V. move to another place
qiānlǐ 千里 N. a thousand li ♦ATTR. a long distance or a vast expanse
qiānlì 悭力[慳-] V.O. be sparing of one's strength
qiánlí 黔黎 N. <trad.> the common people
[1]qiánlì* 潜力[潛-] N. latent capacity; potential(ity)
[2]qiánlì 前例 N. precedent
[3]qiánlì 钱力[錢-] N. financial resources/ability
qiānlián* 牵连[牽-] V. ① involve (in trouble); implicate ② tie up with; integrate with
qiánliǎn 前脸 N. front of a building
qiānliánfàn 牵连犯[牽-] N. implicated offender
qiánliáng 钱粮[錢糧] N. ① land tax ② revenue in the Qing dynasty
qiánliáng shīye 钱粮师爷[錢糧師爺] N. revenue clerk M: [2]wèi
qiānliánshòuzuì 牵连受罪[牽-] F.E. be involved in a crime and punished
qiānliào 钎料 N. brazing filler metal
qiānliǎobǎidàng 千了百当[-當] F.E. ① Everything has been arranged. ② contain a grain of truth
qiānlǐbáshè 千里跋涉 F.E. trek hundreds of miles
[1]qiánliè 前列 N. front row/rank; forefront; van
[2]qiánliè 前烈 N. <wr.> ① achievements of past worthies ② worthies of past generations
qiānlǐ'émáo 千里鹅毛 ID. small gift sent from afar with deep affection
qiánlièxiàn 前列腺 N. <phys.> prostate gland
qiánlièxiànyán 前列腺炎 N. prostatitis
qiānlǐguāng 千里光 N. <bot.> climbing groundsel
qiānlǐguāng'é 千里光蛾 N. <zoo.> cinnabar moth M: [2]zhī
qiānlǐhóngmáo 千里鸿毛 ID. A present though trifling is accompanied with sincere wishes..
qiānlǐjìng 千里镜 N. telescope; field glasses
qiānlǐjū 千里驹 N. ① horse with tremendous speed M: [1]pǐ ② son showing great promise
qiānlǐmǎ 千里马 N. winged steed M: [1]pǐ/[1]tóu
qiānlǐmù 千里目 N. ① farsightedness ② (old name for)a telescope; field glasses; binoculars
qiānlìn 悭吝[慳-] S.V. stingy; miserly
qiānlìnrén 悭吝人[慳-] N. miser
qiānlǐ sòng émáo 千里送鹅毛 ID. send a small gift from afar with deep affection
qiānlǐtiáotiáo 千里迢迢 F.E. from afar
qiānliú 迁流[遷-] V. <wr.> flow past (of time)
[1]qiánliú* 潜流[潛-] N. <geol.> undercurrent; underflow M: [1]tiáo
[2]qiánliú 虔刘[-劉] N. kill; massacre
qiānlǐyǎn 千里眼 N. ① far-seeing person; clairvoyant ②telescope; field glasses ③clairvoyance ④ farsightedness

Q

qiānlǐ yīnyuán yī xiàn qiān 千里姻缘一线牵[-牽] F.E. People a thousand *li* apart may be linked by marriage.
qiānlǐzhīxíng shǐyúzúxià 千里之行始于足下[-----於--] ID. Great success is an accumulation of smaller successes.
qiānlǐzhòng 千粒重 N. the weight of a thousand seeds
[1]**qiánlóng** 潜龙[潛-] N. unrecognized sage M: [1]*tiáo*
[2]**qiánlóng** 钱龙[錢-] N. <*zoo.*> ① millipede ② a string of coins arranged like a dragon ③ <*zoo.*> scutiger
Qiánlóng* 乾隆 N. reign period (1736–1796) of Emperor Gāozōng
qiánlóngwúyòng 潜龙无用[潛-] F.E. A talent is useless when secluded.
qiánlóngwùyòng* 潜龙勿用[潛-] F.E. a capable person biding his time
qiǎnlòu 浅陋[淺-] S.V. meager; mean; crude
qiǎnlòubùkān 浅陋不堪[淺-] F.E. very shallow and detestable
qiǎnlù* 浅露[淺-] V.P. blunt (in expression)
qiànlù 纤路[纖-] N. towpath; towing path; track road M: [1]*tiáo*
qiǎnlǜ 浅绿[淺-] N. light green
qiánlüèyì 前掠翼 N. buzzard-type wing M: [2]*zhī*
qiánlǘjìqióng 黔驴技穷[-驢-窮] ID. sb. who has exposed his limited ability
qiánlún 前轮 N. front wheels (of a vehicle); nosewheel (of airplane)
qiānluóbǔwū 牵萝补屋[牽蘿補-] F.E. ① be in financial straits ② be of no help
qián luójì sīwéi 前逻辑思维[-邏---] N. <*log.*> prelogical thinking
qiǎnlǜsè 浅绿色[淺-] N. light green
qiānlǜyīdé 千虑一得[-慮--] F.E. <*humb.*> ① even a fool may sometimes hit on a good idea ② my observations may contain a grain of truth
qiānlǜyīshī 千虑一失[-慮--] F.E. even the wise may occasionally slip up
qiánlǘzhījì 黔驴之技[-驢--] N. ① cheap tricks/clumsy; tricks not to be feared ② at one's wit's end
qiánmá* 荨麻[蕁-] N. <*bot.*> nettle M: [2]*zhū*
qiánmǎ 前马 N. groom leading a horse for his master M: [2]*wèi*
qiànmǎ 纤马[縴-] V.O. lead a horse
qiánmáo 前茅 N. ① <*mil.*> patrol ② top of the list (of successful candidates in an examination)
qiānmǎshéng 牵马绳[牽-繩] N. halter M: [2]*gēn*
qiánmázhěn 荨麻疹[蕁-] *See xúnmázhěn*
qiānmǎzhuìdèng 牵马坠镫[牽-墜-] F.E. serve another
qiánméibáihuā 钱没白花[錢-] F.E. get one's money's worth
[1]**qiānmén** 扦门 V.O. bolt a door
[2]**qiānmén** 千门 N. palace gate
qiánmén* 前门 N. ① front door/gate ② open and aboveboard dealing
qiǎnmèn 遣闷 V.O. dispel boredom
qiánmén jù hǔ hòumén yǐn láng 前门拒虎后门引狼[----後---] F.E. ward off one danger but risk another
qiānménwànhù 千门万户[--萬-] F.E. ① numberless buildings of a palace ② numerous households
qiānmǐ 千米 M. kilometer
[1]**qiānmián** 芊绵 N. dense; thick (of vegetation)
[2]**qiānmián** 芊眠 N. <*wr.*> lush; luxuriant growth
qiānmiàn 愆面 V.O. be separated (of friends)
qiánmian(r)* 前面(儿) P.W. in front; ahead; above; preceding
qián miáozhǔnjù 前瞄准具[--準-] N. front sight (on a gun)
qiānmíng* 签名 V.O. sign one's name; autograph
qiǎnmíng 浅明[淺-] V.P. simple and clear (writings/etc.)
qiānmíngbù 签名簿 N. guest book M: [1]*běn*
qiānmíng gàizhāng 签名盖章[--蓋-] V.P. sign and affix a seal
qiānmíng liúniàn 签名留念 V.P. give one's autograph as a memento
qiānmíng yùndòng 签名运动[-運動] N. signature drive
qiánmíxīnqiào 钱迷心窍[錢-竅] F.E. be blinded by lust for money; be money-grubbing
qiānmò 阡陌 N. crisscross of footpaths between fields
qiānmòjiāotōng 阡陌交通 N. ① crisscross of footpaths between fields ② traffic highways running in all directions.
qiǎnmóu 浅谋[淺-] N. transparent/obvious scheme
qiānmòxiānglián 阡陌相连 F.E. Rice fields follow one after another.
qiánmóyá 前磨牙 N. premolar teeth M: [1]*kē*
qiānmò zōnghéng 阡陌踪横[--蹤-] N. crisscross of footpaths between fields
qiānmò zònghéng* 阡陌纵横[--縱-] N. crisscross of footpaths between fields
qiánmǔ 前母 N. father's former wife
Qián Mù* 钱穆[錢-] (1895–1990) N. scholar known for his work on Chinese intellectual history and philosophy
qiànmù xìgōng 嵌木细工 N. parquetry
qiánmǔyīn 前母音 N. <*lg.*> front vowel
qiānnáng 悭囊[慳-] N. miser
qiànnánqiànnǚ 倩男倩女 F.E. smartly dressed men and women
qiānnánwànnán 千难万难[-難萬難] F.E. extremely difficult
qiānnánwànxiǎn 千难万险[-難萬-] F.E. innumerable hazards and hardships
qiánnǎo 前脑[-腦] N. <*phys.*> forebrain
qiánnéng 潜能[潛-] N. latent energy/ability; potentiality
qiánnéngtōngshén 钱能通神[錢-] F.E. Money will move the gods.
qiánnì 潜匿[潛-] V. hide; go into hiding; hide oneself
qiānnián 千年 N. a thousand years
qiānniàn 牵念[牽-] V. ① feel anxious about; be concerned for ② miss (sb.)
qiánnián* 前年 N. year before last
qiànnián 歉年 N. lean year; year of poor harvest
qiānnián'ài 千年艾 N. <*bot.*> *Chrysanthemum decaisneanum* M: [2]*kē*
qiānniánbùlànxīn 千年不烂心[---爛-] N. <*bot.*> bittersweet; snakeberry
qiānniánchóng 千年虫[-蟲] N. Y2K bug
qiānniánchóng gùzhàng 千年虫故障[--蟲--] N. Y2K bug
qiānnián wángguó 千年王国[-國] N. a kingdom that has lasted a millennium
qiānniánwànzǎi 千年万载[--萬-] F.E. a long, long time
qiānniǎo 千鸟 N. many birds
qiānniú 牵牛[牽-] N. ① white-edged morning glory M: [2]*duǒ* ② <*astr.*> Herdsman ♦V.O. lead an ox ~ ***chī cǎo*** lead the ox to graze
qiān niúbízi 牵牛鼻子[牽-] V.O. grasp the key link
qiānniúhuā 牵牛花[牽-] N. white-edged morning glory M: [2]*duǒ*
Qiānniúxīng 牵牛星[牽-] N. <*astr.*> Altair M: [1]*kē*
qiānnú 铅驽 N. a person of little use
qiānnù* 迁怒[遷-] V. ① vent one's anger on a third party ② blame a person for one's own failure, etc.
qiánnú 钱奴[錢-] N. miser
qiǎnnù 谴怒 N. reproof and anger
qiànnǚlíhún 倩女离魂[--離-] F.E. A young girl died of love.
qiānnùyúrén 迁怒于人[遷-於-] F.E. vent one's anger on others
qiānong 掐弄 V. <*coll.*> pinch every penny; budget carefully
qiānpái 签牌 V.O. cut cards
qiánpái* 前排 N. front row
qiǎnpài 遣派 V. send; dispatch
qiánpái zuòwèi 前排座位 N. front-row seats
qián pà láng, hòu pà hǔ 前怕狼,后怕虎 F.E. be full of fears and worries
qiánpàn 前判 N. former adjudication
qiǎnpán* 浅盘[淺盤] N. tray M: [2]*zhī/ge*
qiánpào 前炮 N. <*mil.*> forward gun (on a ship); bowpiece M: *mén*
qiánpèi'ǒu 前配偶 N. ex-spouse
qiánpǐ 钱癖[錢-] N. inveterate love of money
qiānpiānyīlǜ 千篇一律 F.E. be stereotyped; follow the same pattern
qiánpiào(r/zi) 钱票(儿/子)[錢-] N. <*coll.*> paper money; vouchers; bank notes M: [1]*zhāng*
qiānpín xiàoyìng 牵频效应[牽-應] N. backlash
qiánpó 虔婆 N. ① old hag ② procuress
qiánpù 钱铺[錢-] N. <*trad.*> banking house M: [1]*jiā*
qiánpūhòujì 前仆后继[-繼] F.E. behind the fallen is a column of successors
qiānqī 愆期 V.O. <*wr.*> fall behind schedule
qiānqí 搴旗 V.O. pull up the enemy's flags
qiānqi 牵起[牽-] R.V. ① take (sb.'s hand) ② pick up and take along
[1]**qiánqī*** 前妻 N. former/ex/late wife M: [2]*wèi*
[2]**qiánqī** 前期 N. earlier stage; early days ♦ATTR. pre-
[1]**qiānqiān** 骞骞 R.F. ① flapping (flying) ② willful and disrespectful
[2]**qiānqiān** 芊芊 R.F. <*wr.*> ① luxuriant; exuberant; flourishing; lush ② verdant; emerald green
qiānqián 悭钱[慳錢] N. thin worn-out copper coin of low value M: [4]*méi*
qiánqiān 前愆 N. <*wr.*> past faults
[1]**qiánqián** 虔虔 R.F. reverent; worshipful
[2]**qiánqián** 乾乾 R.F. strive ceaselessly; be diligent
qiànqian 欠欠 R.F. incline the body
qiànqián* 欠钱[-錢] V.O. ① owe money ② be short of money
[1]**qiànqiàn** 倩倩 R.F. pleasing; attractive
[2]**qiànqiàn** 茜茜 R.F. bright and clear ♦N. luxuriant growth
[3]**qiànqiàn** 慊慊 R.F. resentful and discontented
qiānqiǎng 牵强[牽強] V. force an interpretation ♦S.V. forced; farfetched
qiánqiáng de 前强的[-強-] ATTR. <*lg.*> falling
qiānqiǎngfùhuì 牵强附会[牽強-] F.E. draw a forced analogy; give a strained interpretation
qiánqiáng fǔyīn 前强辅音[-強--] N. <*lg.*> falling consonant
qiánqiāngpào 前枪炮[-槍-] N. <*mil.*> bow gun M: *mén*
qiánqiánhòuhòu 前前后后[-後後] F.E. whole story; ins and outs ♦ADV. altogether
qiànqian jiǎo 欠欠脚[-腳] V.P. <*coll.*> rise on one's toes
qiānqiānjūnzǐ 谦谦君子 N. ① modest gentleman ② hypocritically modest person
qiànqiàn pìgu 欠欠屁股 V.P. <*coll.*> incline the body from a sitting position
qiǎnqiǎnr 浅浅儿[淺淺-] R.F. <*coll.*> shallow
qiànqian shēn 欠欠身 V.P. <*coll.*> ① bow slightly ② rise slightly from a sitting position
qiānqiānwànwàn 千千万万[-萬萬] R.F. thousands upon thousands; myriads
qiānqiānyǒuróng 谦谦有容 F.E. modest and amiable
qiánqiáo 前桥[-橋] N. front axle (of a car)
qiānqíbǎiguài 千奇百怪 F.E. all sorts of strange things
qiānqiēfǎng 牵切纺[牽-] N. <*txtl.*> tow-to-yarn direct spinning
qiánqī gǔnjié sǔn-yì 前期滚结损益[--滾---] N. <*acct.*> losses and gains brought forward
qiánqīng* 前倾 V. ① lean/incline/bend forward ② <*med.*> antevert
qián Qīng 前清 N. Qing dynasty

qiánqíng 前情 N. ① antecedent; past relevant cause ② old friendship; former affection ③ past affairs

qiànqíng 欠情 V.O. ① be indebted to sb. ② owe favors ♦N. favors not returned/repaid

qiǎnqíngshìwài 遣情世外 F.E. ① convey one's feelings to the other world ② care not for mundane ups and downs

qiānqíqǔjiàng 搴旗取将[-將] F.E. defeat the enemy decisively

qiánqī sǔn-yì 前期损益 N. <acct.> profit and loss for the previous period

qiānqiū 千秋 N. ① a thousand years ② <court.> birthday congratulations

qiānqiú* 铅球 N. <sport> shot-put M: [1]kē

qiánqiū 潜丘[潛-] N. buried hill

qiānqiūdàyè 千秋大业[-業] F.E. a great cause for a thousand years

qiānqiūdìnglùn 千秋定论 F.E. a fixed statement for a thousand years

qiānqiūwàndài 千秋万代[--萬-] F.E. throughout the ages

qiānqiūwànshì 千秋万世[--萬-] F.E. throughout the ages; a long time

qiānqiūwànsuì 千秋万岁[-萬歲] F.E. long, long time; throughout the ages

qiānqiu yùndòngyuán 铅球运动员[--運動-] N. shot-putter

qiānqiū zhīhòu 千秋之后[-後] N. after death

qiānqízhǎnjiàng 搴旗斩将[-將] F.E. pull up enemy flags and behead enemy generals on the battlefield

qiánqū* 前驱[-驅] N. forerunner; precursor; pioneer M: [2]wèi

qiánqù 前去 V. <wr.> go forward ~ ***wèn tā yī wèn.*** Go ask him.

qiǎnquǎn 缱绻 <wr.> V.P. ① deeply attached to each other ② make tender love ♦N. parasite

qiǎnquǎnqíngyì 缱绻情意 F.E. entangled relations between lovers/friends

qiǎnquǎnzhīqíng 缱绻之情 N. deep/sentimental attachment

qiānqūcài 千屈菜 N. <bot.> loosestrife

qiànquē 欠缺 V. lack; be deficient; be short of ♦N. shortcoming; deficiency

qiànquē jiǎshè 欠缺假设 N. <lg.> deficit hypothesis

qiānqūn 迁逡[遷-] V. hesitate; waver

qiánqūqī 前驱期[-驅-] N. <med.> prodromal stage

qiānr 签儿 N. ① slip of paper ② label ③ gambling slip ④ probe

qiánr* 前儿 N. <coll.> ① before ② day before yesterday

qiǎnr 浅儿[淺-] N. shallow basket

qiānrǎn 迁染[遷-] V. be corrupted by evil surroundings

qiànrán* 歉然 V.P. apologetic; regretful ♦ADV. ashamedly ♦V. apologize

qiānràng 谦让[-讓] V. modestly decline

qiānràngtǐ 谦让体[-讓體] N. <lg.> humble style

qiànrányīxiào 歉然一笑 F.E. give an apologetic smile

qiānr-bābǎi 千儿八百 F.E. <coll.> a thousand or slightly less

qiánrè 潜热[潛熱] N. <phy.> latent heat

qiánrén* 前人 N. ① forefathers; predecessors ② person referred to above ③ lay adherent of *Yīguàndào* M: [2]wèi

qiánrèn 前任 N. predecessor ♦ATTR. ex-

qiǎnrén 浅人[淺-] N. shallow/superficial person

qiān rén chàng, wàn rén hè 千人唱,万人和[---,萬--] ID. many respond to a summons

qiànréndàibǐ 倩人代笔[-筆] F.E. ask sb. to write on one's behalf

qiánrén kāilù hòurén zǒu 前人开路后人走[--開-後--] F.E. One generation opens the road upon which another generation travels.

qiàn rénqíng 欠人情 V.O. owe favors (which should be repaid)

qiánrèn shūjì 前任书记[--書-] N. former secretary M: [2]wèi

qiānrénsuǒzhǐ 千人所指 F.E. be subjected to everyone's censure

qiānrèn yízhǔ 签认遗嘱[-認-囑] V.O. acknowledge a will

qiànrénzáhù 欠人杂户[--雜-] F.E. sundry creditors M: [1]hù

qiànrénzhíbǐ 倩人执笔[-執筆] F.E. ask sb. to write on one's behalf

qiànrénzhuōdāo 倩人捉刀 F.E. employ a person to write an essay in one's name

qiánrge 前儿个[-個] N. <coll.> day before yesterday

qiánrge zǎoshang 前儿个早上[--個--] N. <coll.> morning of the day before yesterday

qiánrì 前日 N. <wr.> ① the day before yesterday ② the previous day

qiānrìhóng 千日红 N. <bot.> globe amaranth

qiānrù 迁入[遷-] V. move into

qiánrù* 潜入[潛-] V. ① slip/sneak/steal in ② dive into (water)

qiànrù 嵌入 V. implant; embed ♦N. <lg.> embedding

qiánruǎn'è 前软腭 N. <lg.> prevelar

qiánruǎnyīn 前软音 N. <lg.> fronted velar sound

qiànrù de 嵌入的 ATTR. <lg.> expletive

qiànrùjù 嵌入句 N. <lg.> embedded sentence

qiánrù shìnèi 潜入室内[潛-] V.O. sneak into a room

qiánrùshì píngtái 潜入式平台[潛-臺] N. submersible platform M: [4]zuò

qiánrxuǎn 钱儿癣[錢-] N. <coll.> ringworm of the body

qiǎnsàn 遣散 R.V. disband; dismiss; send away

qiǎnsànfèi 遣散费 N. severance pay M: [2]bǐ

Qián Sānqiáng 钱三强[錢-強] (1913–1992) N. nuclear physicist

qiānsè 铅色 N. leaden (color)

qiǎnsè* 浅色[淺-] N. light color

qiānshàn 迁善[遷-] V.P. <wr.> mend/reform one's ways

qiánshǎng 前晌 N. <coll.> forenoon; morning

qiānshàngǎiguò 迁善改过[遷-] F.E. change one's evil ways and reform

qiānshānwànhè 千山万壑[--萬-] ID. long and arduous journey

qiānshānwànshuǐ 千山万水[--萬-] ID. long and arduous journey

qiánshānyǐnshì 潜山隐市[潛-隱-] F.E. go into hiding

qiánshào 前哨 N. outpost; advance guard

[1]qiánshàozhàn 前哨战[-戰] N. <mil.> advance-guard skirmish

[2]qiánshàozhàn 前哨站 P.W. outpost

qiánshào zhèndì 前哨阵地 P.W. outpost; advance-guard camp

qiānshè* 牵涉[牽-] V. involve; drag in

qiánshè 前设 N. <lg.> presupposition

qiānshè dào 牵涉到[牽-] R.V. involve; drag in

qiánshè gānrǎo 前摄干扰[-攝-擾] N. <lg.> proactive interference

qiánshégēn 前舌根 N. <lg.> prevelar

qiánshè lǐlùn 前设理论 N. <lg.> metatheory

qiánshémiàn 前舌面 P.W. <lg.> predorsum

[1]qiānshēn 牵伸[牽-] N. <txtl.> draft; drawing

[2]qiānshēn 谦身 N. modest and prudent

qiánshēn* 前身 N. ① forerunner ② <Budd.> previous incarnation ③ predecessor ④ front part of a Chinese robe/jacket

qiánshén 钱神[錢-] N. mammon M: [2]wèi

qiánshěn 前审[-審] N. former trial

[1]qiànshēn 欠身 V.O. rise slightly from one's seat (as a gesture of courtesy)

[2]qiànshēn 欠伸 V. yawn and stretch

qiānshèng 千乘 N. <hist.> a great feudatory

qiánshēng* 前生 N. <Budd.> previous existence/incarnation

qiànshéng 纤绳[縴繩] N. tracking rope; towrope; towline M: [2]gēn

qiánshēngmén de 前声门的[-聲--] ATTR. <lg.> preglottalized

qiánshēngmén hánxù sāiyīn 前声门含蓄塞音[-聲-----] N. <lg.> preglottalized unreleased stop

qián shēng qián lì gǔn lì 钱生钱利滚利[錢-錢-滾-] F.E. Money begets money.

qiānshèngzhīguó 千乘之国[-國] N. a state with a thousand chariots

qiánshénmòjì 潜神默记[潛-] F.E. learn deeply by heart

qiánshénmòsī 潜神默思[潛-] F.E. be deep in thought

qiánshēnsuōshǒu 潜身缩首[潛-] F.E. hide one's body and cover one's head

qiánshēnyuǎnhuò 潜身远祸[潛-遠禍] F.E. hide from disaster

qiānshèxìngtòng 牵涉性痛[牽-] N. <med.> telalgia; referred pain

qiánshè yìzhì 前摄抑制[-攝--] N. <psy.> proactive inhibition

qiānshī 签诗 N. doggerel foretelling one's fortune

qiánshi 前失 See *dǎ qiánshi*

qiánshī 潜师[潛師] V.O. move troops secretly

[1]qiánshì* 前世 N. ① previous generations ② <Budd.> previous existence

[2]qiánshì 前室 N. ① ex-wife ② late wife M: [2]wèi ③ <archeo.> antechamber; front chamber M: [1]jiān

qiǎnshǐ 遣使 V. dispatch an envoy

qiǎnshì 浅释[淺釋] N. simple explanation

[1]qiànshí 芡实[-實] N. Gorgon fruit

[2]qiànshí 嵌石 V.O. inlay with precious stones ♦N. inlay stone M: [2]kuài

qiánshì bù xiū jīnshì kǔ 前世不修今世苦 F.E. <Budd.> One's previous existence is responsible for one's present sufferings.

qiānshìfǎ 铅室法 N. <med.> lead-chamber process

qiánshìlì 潜势力[潛勢-] N. latent power; potentiality

qiánshìtú 前视图[-圖] N. <mach.> front view M: [1]zhāng

qiánshìyīnyuán 前世姻缘 F.E. fated marriage; connection in a former existence

qiánshìyǒuyuán 前世有缘 F.E. be connected in a former existence

qiánshìyuānjia 前世冤家 F.E. Previous-existence enmity is behind present enmity.

qiānshōu 签收 V. sign after receiving sth.

[1]qiānshǒu 牵手[牽-] V.O. lead by the hand ♦N. one's wife

[2]qiānshǒu 扦手 N. customs examiner

[1]qiánshǒu 黔首 N. <trad.> common people

[2]qiánshǒu 前手 N. predecessor M: [2]wèi

[3]qiánshǒu 虔守 V. piously observe (religious rules/etc.)

qiànshōu* 歉收 V. have a crop failure or poor harvest ♦N. crop failure; poor harvest

qiànshǒu 纤手[縴-] N. ① <trad.> broker; go-between ② boat tracker M: [2]wèi *See also* [2]*xiānshǒu*

qiánshǒufān 前手翻 N. <sport> handspring; hand-spring vault

qiānshōu guàhàoxìn 签收挂号信[---號-] V.O. sign for a registered letter

qiánshǒulímín 黔首黎民 F.E. black-haired people; the people (of China)

qiānshǒuqiānyǎn-Fó 千手千眼佛 N. Buddha with many hands and eyes

qiān shòuyì 谦受益 F.E. Modesty is advantageous.

qiānshòuyì-mǎnzhāosǔn 谦受益满招损 The modest receive benefit, while the conceited reap failure.

Q

qiān shǒuzìmǔ 签首字母 N. <lg.> initial

qiānshǔ* 签署 V. sign; initial (a document)

qiānshù 迁戍[遷-] V. exile (a person); be exiled

[1]qiánshù(r) 钱数(儿)[錢數-] N. amount of money

[2]qiánshù 前述 ATTR. foresaid; mentioned before

[3]qiánshù 前束 N. toe-in (of a car)

qiǎnshù 遣戍 V. <wr.> exile prisoners to the frontier

qiānshuǎng 愆爽 N. fault; offense; mistake

qiānshǔguó zhèngfǔ 签署国政府[--國--] N. signatory government

qiánshuǐ* 潜水[潛-] V.O. dive; go under water ♦N. <geol.> phreatic water

qiǎnshuǐ 浅水[淺-] N. shallow/shoal water

qiǎnshuì 浅睡[淺-] V. sleep lightly; catnap; doze

qiànshuì 欠税 V.O. tax arrears

qiánshuǐbìng 潜水病[潛-] N. <med.> the bends

qiǎnshuǐchí 浅水池[淺-] N. shallow end of a swimming pool; shallow pool

qiánshuǐdǐ 潜水底[潛-] V.O. explore a riverbed, sea bottom, etc. by diving

qiánshuǐfǎ tàncè 潜水法探测[潛-] N. diving sounding

qiánshuǐfèi 潜水肺[潛-] N. aqualung

qiánshuǐfū 潜水夫[潛-] N. diver M: [2]wèi

qiánshuǐjìng* 潜水镜[潛-] N. (diving) lunettes/goggles M: [1]fù

qiǎnshuǐjǐng 浅水井[淺-] N. shallow well M: kǒu

qiánshuǐliú 潜水流[潛-] N. underground flow

qiánshuǐmìzhū 潜水觅珠[潛-] F.E. dive for pearls

qiánshuǐqì 潜水器[潛-] N. diving device

qiánshuǐqiú 潜水球[潛-] N. bathysphere

qiǎnshuǐqū 浅水区[淺-區] P.W. shallow-water area

qiánshuǐrén 潜水人[潛-] N. diver; frogman M: [2]wèi

qiánshuǐtǐng 潜水艇[潛-] N. submarine M: [1]sōu

qiánshuǐyī 潜水衣[潛-] N. diving suit M: tào

qiánshuǐyuán 潜水员[潛-] N. diver; frogman M: [2]wèi

qiánshuǐyuánbìng 潜水员病[潛-] N. <med.> bends

qiánshuǐ zhàdàn 潜水炸弹[潛-] N. depth charge M: [1]kē

qiánshuǐzhōng 潜水钟[潛-鐘] N. diving bell

qiānshùn 谦顺 N. modest and deferential

qiǎnshuō 浅说[淺-] N. elementary introduction

qiānshǔ yìjiàn 签署意见 V.O. write comments and sign one's name (on a document)

qiánshùzi 钱树子[錢樹-] N. prostitute who brings in a lot of money to the madam

[1]qiānsī 铅丝[-絲] N. ①galvanized wire ②<elec.> lead wire M: [2]gēn/[1]tiáo

[2]qiānsī 牵丝[牽絲] V.O. <trad.> ① enter government service ② draw lots by pulling at silk threads

qiānsīguāgé 牵丝瓜葛[牽絲-] ID. be interrelated and dependent upon one another

qiánsīhòuxiǎng 前思后想 F.E. think and rethink; ponder

qiānsīpānténg 牵丝攀/扳藤[牽絲-] ID. harass/annoy persistently; drag out an affair/argument

qiānsīwànchóu 千思万愁[--萬-] F.E. abandon oneself to the thousand unknown plaints and grievances

qiānsīwànlǚ 千丝万缕[-絲萬縷] F.E. ① countless ties/link ② very complicated relationships

qiānsīwànxiǎng 千思万想[--萬-] F.E. think over and over again

qiǎnsòng 遣送 V. send back; repatriate

qiǎnsòng chūjìng 遣送出境 V.P. deport

qiánsōnghòujǐn 前松后紧[-鬆後緊] F.E. slacken at the beginning and have to speed up toward the end

qiǎnsònghuíguó 遣送回国[-國] V.P. repatriate

qiànsù 茜素 N. <bot.> alizarin

qiānsuì* 千岁[-歲] N. ① a thousand years ② <trad.> Your/His/Her Highness (referring to imperial family members)

qiànsuì 歉岁[-歲] N. lean year; year of poor harvest

qiānsuíbǎishùn 千随百顺[-隨--] F.E. yield and comply completely

qiánsuǒ 钤锁 N. door lock M: [1]bǎ

qiánsuǒwèijiàn 前所未见 F.E. never seen before

qiánsuǒwèiwén 前所未闻 F.E. never heard of before; unheard-of

qiánsuǒwèiyǒu 前所未有 F.E. unprecedented; hitherto unknown

qiánsuǒzhǐ 前所指 N. <lg.> anaphoric reference

qiànsù rǎnliào 茜素染料 N. alizarin dyes

qiántái 前台[-臺] N. ① stage ② proscenium ③ foreground

qiántáicí 潜台词[潛臺-] N. <drama> unspoken words left to the understanding of the audience/reader

qiántái lǎobǎn 前台老板[-臺--] N. counter sales manager M: [2]wèi

qiāntàiwànzhuàng 千态万状[-態萬狀] F.E. myriads of phases and phenomena

qiāntān 悭贪[慳-] V.P. <Budd.> stingy and greedy

qiǎntān* 浅滩[淺灘] N. shoal; shallows

qiǎntán 浅谈[淺-] N. brief talk

qiāntáng 铅糖 N. <chem.> crystallized acetate of lead

qiántáng* 前膛 N. front-loading gun

qiántángqiāng 前膛枪[-槍] N. <mil.> muzzle-loading gun M: [4]zhī

qiántáo* 潜逃[潛-] V. abscond; slip away

qiántào 前套 N. front cover

qiàntào 嵌套 N. nesting; nest; nestification

qiǎntáohóng 浅桃红[淺-] N. light peach-red

qiántáowúzōng 潜逃无踪[潛-蹤] F.E. abscond without a trace

qiāntè 愆忒 N. sin; fault; transgression; mistake

qiānténg 骞腾 V. soar high or go up (especially in officialdom)

qiánténgyuè 前腾越 N. <sport> front vault

[1]qiántí 前题/提 N. <log./lg.> premise; prerequisite; presupposition

[2]qiántí 前蹄 N. forehoof M: [2]zhī

qiántiān 前天 N. day before yesterday

[1]qiāntiáo* 铅条[-條] N. ① pencil ② <print.> slug; lead

[2]qiāntiáo 签条[-條] N. ① label ② office note; memo M: [1]zhāng

qiàntiáo 欠条[-條] N. IOU M: [1]zhāng

qiāntiě 铅铁[-鐵] N. ①zinc-coated iron ②lead alloy ③ galvanized iron

qiāntǐng 牵挺[牽-] N. <trad.> pedal of a loom

qiántīng 前厅[-廳] N. antechamber; vestibule M: [1]jiān

qiántíng 前庭 N. ① vestibule ② <archi.> parvis ③ forehead

qiántǐng* 潜艇[潛-] N. submarine M: [1]sōu

qiántǐngduì 潜艇队[潛-隊] N. submarine fleet M: [4]zhī

qiántǐng tàncèqì 潜艇探测器[潛-] N. submarine detector M: [1]tái

qiántīng zhuāngzhì 潜听装置[潛聽裝-] N. underwater listening device

qiāntóng 佥同[僉-] N. <wr.> unanimously agree

qiāntǒng* 签筒 N. ①bamboo tube used to hold divination/gambling sticks ② sharp-pointed probe used to extract samples of grain/etc. from sacks M: [2]zhī

qiāntóu 牵头[牽-] V.O. ① take the lead ② pull people together ③ act as a go-between

qiántou* 前头 P.W. in the front; at the head; ahead; above; preceding

qiāntóuchìsōng 千头赤松 N. <bot.> Japanese table pine M: [2]kē

qiántóugǔ 前头骨 N. <phys.> frontal bone

qì'àntóumíng 弃暗投明[棄-] F.E. cross from the reactionary to the progressive side

qiāntóuwànxù 千头万绪[--萬-] F.E. ① multitude of things ② very complicated

qiántóuyè 前头叶[-葉] N. <phys.> frontal lobe

qiántū 前突 N. protrusion

[1]qiántú* 前途 N. future; career; prospects

[2]qiántú 钳徒 N. pilloried prisoner

qiántú guāngmíng 前途光明 V.P. have a bright future

qiāntuì 谦退 S.V. modest and retiring; reserved

qiántuǐ* 前腿 N. ① forelegs (of an animal/etc.) ② front leg (when walking/etc.) M: [1]tiáo

qiāntuīfǎ 牵推法[牽-] N. <Ch. med.> pull-push technique

qiántúmángmáng 前途茫茫 F.E. have a bleak/uncertain future

qiántú miǎománg 前途渺茫 V.P. have an uncertain future

qiàntuǒ 欠妥 V.O. fail to be proper/satisfactory

qiántúwèibǔ 前途未卜 F.E. The future remains problematic.

qiántúwúliàng 前途无量 F.E. have boundless prospects

qiántúwúwàng 前途无望 F.E. The future is hopeless.; be unpromising

qiānwǎ 千瓦 M. kilowatt

qiānwán 铅丸 N. bullet M: [1]kē/[3]lì

qiānwǎn 牵挽[牽-] V. drag; tug; pull

qiānwàn* 千万[-萬] NUM. ten million; (tens of) millions ♦ADV. by all means; absolutely ~ ***yào lái!*** You have to come! ~ ***bié wàng le!*** By all means, don't forget it.

qiánwǎn 前晚 N. the evening before last

qiānwǎng 迁往[遷-] V. move to

qiánwǎng* 前往 V. go; leave for; proceed to

qiánwàngjìng 潜望镜[潛-] N. periscope

qiánwǎnhòutuī 前挽后推[--後-] F.E. pull in front and push behind

qiànwánměixìng 欠完美性 N. imperfection

qiānwàn zhēnzhòng 千万珍重[-萬--] V.P. Do take care of your health.

qiānwǎ xiǎoshí 千瓦小时[-時] M. kilowatt-hour

qiánwéi 前桅 N. foremast M: [2]gēn

qiánwěi 前委 N. front committee

[1]qiánwèi* 前卫[-衛] N. ①avant-garde ②<mil.> advance guard; vanguard ③ <sport> halfback

[2]qiánwèi 钳位 N. clamp; clamping

qiánwèi xiàndìngcí 前位限定词 N. <lg.> predeterminer

qiánwèizhàn 前卫战[-衛戰] N. vanguard action

[1]qiánwén 钱文[錢-] N. ① characters on a copper coin ② money

[2]qiánwén 虔文 N. pious/devout writing/text

qiǎnwén* 浅闻[淺-] N. narrow/shallow learning/experience

qiānwū 骞污 V. debase/disgrace oneself

qiánwúgǔrén 前无古人 F.E. unprecedented; without predecessors

qiānwūrǎn 铅污染 N. lead pollution

qiānxǐ 迁徙[遷-] V. move; migrate

qiānxì 牵系[牽繫] V. link; join; connect

qiánxī* 前夕 N. eve

qiánxí 前席 V.O. advance one's seat (to get closer to the speaker)

qiánxì 前系[-繫] ATTR. <lg.> forward linking

[1]qiànxī 欠息 N. debit interest

[2]qiànxī 倩兮 INTJ. How graceful she looks!

qiānxiàn 牵线[牽-] V.O. ① pull strings/wires ② act as go-between

[1]qiánxián 前嫌 N. old grudges; previous ill will

[2]qiánxián 前贤[-賢] N. <wr.> former/earlier worthies M: [2]wèi

qiánxiàn* 前线 N. front; frontline

[1]qiǎnxiǎn 浅显[淺顯] S.V. easy to understand

[2]qiǎnxiǎn 浅鲜[淺-] S.V. <wr.> ① meagre; scanty ② slight; insignificant

qiánxiánbīngshì 前嫌冰释[-釋] F.E. The former grievance has melted like ice.
qiǎnxiǎn dàolǐ 浅显道理[淺顯-] N. plain truth
qiānxiàndāqiáo 牵线搭桥[牽-橋] F.E. act as go-between
qiánxiàn dìngcí 前限定词 N. <lg.> pre-determiner
qiánxiāng* 钱箱[錢-] N. till; money locker/box M: [2]*zhī*
[1]**qiánxiàng** 前项 N. antecedent; preceding/above item
[2]**qiánxiàng** 乾象 N. celestial phenomena
qiànxiāng 嵌镶 N./V. ① inlay ② mosaic
qiànxiǎng 欠饷 V.O. fail to pay (soldiers) on time
qiànxiàng 欠项 N. liabilities; debt
qiánxiàng de 前向的 ATTR. progressive
qiánxiàng jiēlián de 前向接连的 ATTR. <lg.> forward-linking
qiánxiàng tónghuà 前向同化 N. <lg.> progressive assimilation
qiánxiánjìnshì 前嫌尽释[-盡釋] F.E. have buried the hatchet
qiānxiàn mùrén 牵线木人[牽-] N. puppets
qiānxiànrén 牵线人[牽-] N. ① wire-puller ② go-between M: [2]*wèi*
qiánxiánxiānzhé 前贤先哲[-賢--] F.E. the wise men of the past
qiǎnxiǎnyìdǒng 浅显易懂[淺顯-] F.E. clear and easy to understand
qiǎnxiǎnyìmíng 浅显易明[淺顯-] F.E. so shallow and clear that it is easy to understand
qiǎnxiào 浅笑[淺-] N./V. smile
qiǎnxiàqu 遣下去 R.V. dispatch; send to
qiānxǐbùdìng 迁徙不定[遷-] F.E. move around without a permanent residence
qiānxǐchóng 千禧虫[-蟲] N. <comp.> Y2K bug
qiánxiēnián 前些年 N. years ago
qiánxiē rìzi 前些日子 N. some day(s) not long ago
qiānxièwànxiè 千谢万谢[--萬-] F.E. many, many thanks
qiānxǐliúlí 迁徙流离[遷-離] F.E. homeless and wandering from place to place
[1]**qiánxīn*** 潜心[潛-] V.O. concentrate (the mind on)
[2]**qiánxīn** 虔心 V.O. be pious ♦N. sincere reverence; piety
qiánxìn 虔信 N. piety
qiǎnxìn 浅信[淺-] N. weak faith
qiànxīn 欠薪 N. back pay ♦V.O. delay paying a salary
[1]**qiánxíng*** 潜行[潛-] V. ① move under water ② slink
[2]**qiánxíng** 钳形 N. pincer shape
[3]**qiánxíng** 钳刑 N. <trad.> punishment involving yoking, shackling, and/or handcuffing
qiǎnxíng 谴刑 N. <trad.> banishment; exile
qiǎnxìng 遣兴[-興] V.P. ① relax/celebrate by versifying/painting/etc. ② give vent to one's feelings ③ dispel one's sad thoughts in writing on the spur of the moment
qiánxíng gōngshì 钳形攻势[-勢] N. pincer movement; two-pronged offensive
qiánxíngjù 前行句 N. <lg.> antecedent sentence
qiānxīnguàcháng 牵心挂肠[牽-腸] F.E. be very worried
qiánxíngyǔ 前行语 N. antecedent
qiānxīnián 千禧年 N. ① millennium ② year 2000
qiānxīniánshuō 千禧年说 N. millennialism
qiānxīnián xìnfèngzhě 千禧年信奉者 N. millenarian M: [2]*wèi*
qiánxīnjīngshǐ 潜心经史[潛-經-] F.E. inquire deeply into classics and history
qiánxīnqídǎo 虔心祈祷[-禱] F.E. wrestle
qiānxīnwànkǔ 千辛万苦[--萬-] F.E. untold hardships *Tāmen ~ de bǎ háizi lāche dà le.* They brought up the children through innumerable hardships.
qiánxīn yánjiū 潜心研究[潛-] V.P. study diligently with a quiet mind
qiánxiū 潜修[潛-] V. cultivate one self in quiet privacy
qiánxiūshì chéngfèn 前修饰成份 N. <lg.> premodification
qiánxiūshìyǔ 前修饰语 N. <lg.> premodifiers
qiānxǐ zìyóu 迁徙自由[遷-] N. freedom of residence
qiānxū* 谦虚[-虛] V. make modest remarks ♦S.V. modest; unassuming
qiānxù 愆序 N. unseasonable heat/cold
qiánxū 潜虚[潛虛] V.P. live in seclusion
qiánxù 前绪 N. the work/exploits of predecessors
qiánxuǎn 钱癣[錢-] N. <med.> tinea glabrosa
qiánxuè 潜血[潛-] N. <med.> occult blood (in the feces)
qiǎnxué* 浅学[淺-] V.P. ill-educated ♦N. shallow/superficial learning
qiǎnxuéguǎwén 浅学寡闻[淺-] F.E. superficial scholarship and limited knowledge
qiǎnxuézhīshì 浅学之士[淺-] N. superficial scholar M: [2]*wèi*
qiānxūjǐnshèn 谦虚谨慎[-虛--] F.E. modest and prudent
qiānxùn 谦逊[-遜] S.V. humble; modest
qiānyā 签押 V. sign one's name or put one's seal on
qiānyāfáng 签押房 N. <trad.> office of an official M: [1]*jiān*
qiānyán 迁延[遷-] V. delay; postpone; procrastinate ~ *shíjiān* drag out the time
[1]**qiányán*** 前言 N. ① earlier remarks ② preface; foreword; introduction
[2]**qiányán** 前沿 N. <mil.> forward position
[1]**qiányàn** 前彦 N. the sages of olden days
[2]**qiányàn** 潜堰[潛-] N. submerged weir; barrier M: [2]*dào*/[1]*tiáo*
qiànyán 嵌岩 N. ① cliff ② ravine
qiányán bù dā hòuyǔ 前言不搭后语[----後-] F.E. talk incoherently; be self-contradictory
qiányán bù duì hòuyǔ 前言不对后语[---對後-] *See qiányán bù dā hòuyǔ*
qiānyáng 牵羊[牽-] V.O. ① lead a lamb ② steal sth. on the spur of the moment
qiányǎnghòuhé 前仰后合 F.E. rock back and forth (with laughter)
qiányán kēxué 前沿科学 N. front-line sciences
qiányǎnr 钱眼儿[錢-] *See diào qiányǎnr lǐ*
qiānyán shírì 迁延时日[遷-時-] V.O. ① cause long delay ② be long-drawn-out
qiānyánwànhè 千岩万壑[--萬-] F.E. mountains upon mountains
qiānyánwànyǔ 千言万语[--萬-] F.E. thousands and thousands of words ~ *yě méi fǎ xíngróng.* Words cannot describe it.
qiányán zhèndì 前沿阵地 N. <mil.> forward position
qiányào 乾曜 N. the sun
qiānyè 千叶[-葉] N. ① multiple petals (of flowers) ② a thousand centuries
[1]**qiányè*** 前夜 N. ① eve ② night before last
[2]**qiányè** 前页 N. previous page
[3]**qiányè** 前叶[-葉] N. <med.> anterior lobe; lobus anterior
qiányèchóng 潜叶虫[潛葉蟲] N. <zoo.> leaf miner M: [2]*zhī*
qiānyí* 迁移[遷-] V. move; remove; migrate
[1]**qiānyì** 谦抑 N. modest
[2]**qiānyì** 千亿[-億] NUM. myriads
qiányí 潜移[潛-] V. creep
qiányǐ 前已 ADV. already; before
[1]**qiǎnyì** 浅易[淺-] S.V. easy and simple
[2]**qiǎnyì** 遣意 V.O. write sth. as relaxation
[1]**qiànyì** 歉意 N. apology; regret
[2]**qiànyì** 欠译[-譯] N. <lg.> under-translation
qiányí cuòwù 前移错误 N. <lg.> anticipation error
qiányí de 前移的 ATTR. <lg.> fronted
qiǎnyì dúwù 浅易读物[淺-讀-] N. easy readings M: [1]*běn*
qiān yī fà ér dòng quánshēn 牵一发而动全身[牽-髮-動--] F.E. One slight move can affect the whole situation.
qiányí mòhuà 潜移默化[潛-] V.P. unobtrusively influence
qiānyǐn* 牵引[牽-] V. ① tow; draw; haul ② involve (in trouble)
[1]**qiānyìn** 铅印 N. letterpress printing
[2]**qiānyìn** 签印 V. sign and seal
[1]**qiányīn** 前因 N. cause
[2]**qiányīn** 前阴[-陰] N. <phys.> external genitalia
[1]**qiányǐn** 潜隐[潛隱] V. hide; conceal ♦N. be a hermit
[2]**qiányǐn** 钱引[錢-] N. Song paper money
qiányìn 钤印 N. official seal M: [1]*kē* ♦V. put a stamp/seal on
qiànyīn 嵌音 N. <lg.> insertion
qiānyìnběn 铅印本 N. printed copy M: [1]*běn*
qiānyǐnchē 牵引车[牽-] N. tractor; tractor truck M: [3]*liàng*
qiányǐng 潜影[潛-] N. <photo.> latent image
qiànyǐng* 倩影 N. beautiful image of a woman
qiányìng'è 前硬颚 N. front part of the hard palate
qiányìng'èyīn 前硬颚音 N. <lg.> prepalatal sound
qiányīnhòuguǒ 前因后果 F.E. cause and effect; ins and outs
qiānyǐnjī 牵引机[牽-] N. tractor; hauling engine M: [1]*tái*
qiānyǐnlí 牵引犁[牽-] N. trailed plow M: [1]*zhāng*
qiānyǐnlì* 牵引力[牽-] N. <phy.> traction force; traction; pulling force
qiānyǐn néngliàng 牵引能量[牽-] N. haulage capacity (of a locomotive/etc.)
qiānyǐnpào 牵引炮[牽-] N. towed artillery M: *mén*
qiānyǐnshì huáxiángjī 牵引式滑翔机[牽-] N. towed glider M: [1]*jià*
qiànyínsī qīqì 嵌银丝漆器[--絲--] N. <art> silver-inlaid lacquer
qiānyǐnsuǒ 牵引索[牽-] N. pull-rope; hauling-rope M: [2]*gēn*/[1]*tiáo*
qiānyǐn tuōchē 牵引拖车[牽-] N. trailer M: [3]*liàng*
[1]**qiányìshí** 潜意识[潛-識] N. subconscious; subconsciousness
[2]**qiányìshí** 前意识[-識] N. preconscious(ness)
qiányītiān 前一天 N. the day before
qiānyí tuīlǐ 迁移推理[遷-] N. <psy.> transferential inference
qiānyíxìng 迁移性[遷-] N. <zoo.> animal migration
qián yīzhèn(zi) 前一阵(子) N. earlier on; early on
qiányǒng* 潜泳[潛-] V. swim underwater
qiànyòng 嵌用 V. insert (into)
qiányōnghòuhù 前拥后护[-擁後護] F.E. crowd pell-mell
qiānyóu 愆尤 N. <wr.> offense; mistake
qiānyòu* 铅釉 N. lead glaze
qiǎnyōu 谴忧[-憂] V.O. dispel sadness
qián yǒu chē, hòu yǒu zhé 前有车,后有辙[---,後--] ID. The past is prologue.
qiányōushì 前优势[-優勢] ATTR. <lg.> falling
qiānyǔ 签语 N. doggerel foretelling one's fortune
qiányú* 潜鱼[潛-] N. pearlfish M: [1]*tiáo*
qiányǔ 箝语 V.O. restrict freedom of speech
[1]**qiányuán** 前缘 N. sth. set by fate; predestination; foreordained affinity
[2]**qiányuán** 乾元 N. beginning of creation
qiányuàn(r)* 前院(儿) P.W. front courtyard M: [4]*zuò*
qiányuánwèiliǎo 前缘未了 F.E. The predestined lot is not yet severed.
qiányuányīn 前元音 N. <lg.> front/frontal vowel

qiányuányīnhuà 前元音化 N. <*lg.*> front vocalization
qiānyuē* 签约 V.O. sign a contract
qiányuē 前约 N. <*lg.*> aphaeresis
qiányuè 前月 N. previous/preceding month
qiānyuēguó 签约国[-國] N. signatory country
qiānyuērén 签约人 N. parties to a contract M: [2]*wèi*
qiánzài 潜在[潛-] ATTR. latent; potential
qiánzàicí 前在词 N. <*lg.*> antecedent
qiánzài díyì 潜在敌意[潛-敵-] N. latent hostility
qiánzài duìděng 潜在对等[潛-對-] N. <*lg.*> potential equivalence
qiānzǎinánféng 千载难逢[--難-] F.E. extremely rare; unique
qiánzài nénglì 潜在能力[潛-] N. potentiality
qiánzài shìchǎng 潜在市场[潛-場] N. potential market
qiánzài xiàoyòng 潜在效用[潛-] N. potential utility
qiánzài xuéxí 潜在学习[潛-習] N. latent learning
qiānzǎiyīshí* 千载一时[-時] F.E. chance of a lifetime; very rare chance
qiánzài yìshí 潜在意识[潛-識] N. subconsciousness; subconscious
qiānzǎiyīyù 千载一遇 F.E. the chance of a lifetime
qiánzài yǔqì 潜在语气[潛-氣] N. <*lg.*> potential mood
qiānzàng 迁葬[遷-] V. rebury; move a grave to another place
qiánzào 乾造 N. a male's horoscope (fortune telling)
qiǎnzé* 谴责 V. condemn; denounce; censure
qiànzè 歉仄 <*wr.*> A.T. ① feel apologetic; be sorry; regret ② very sorry; regrettable
qiánzhái 乾宅 N. <*trad.*> bridegroom's side; husband's family
qiànzhài* 欠债 V.O. owe a debt
qiànzhài róngyì huánzhài nán 欠债容易还债难[----還-難] V.P. It's a lot easier to get into a hole than to get out again.
qiánzhān 前瞻 V. <*wr.*> look forward; be presighted; prospect
qiánzhàn* 前站 P.W. ① next (bus/train/etc.) stop or railway station ② advance party *dǎ* ~ act as advance party
qiānzhang 千张 N. food made of shredded dried beancurd
qiánzhāng 钤章 V.O. put a stamp ♦N. official stamp M: [4]*méi*
qiánzhǎng 前掌 N. front part of shoe bottom
qiànzhàng* 欠帐 V.O. ① be in debt ② buy on credit ♦N. overdue bills M: [2]*bǐ*
[1]**qiānzhāngr** 千张儿 N. multi-layered food of beancurd skin
[2]**qiānzhāngr** 千章儿 N. yellow paper flag/etc. used in a religious ceremony M: [1]*miàn*
qiánzhānxìng 前瞻性 N. farsightedness; perspicacity ~ *zhǔnbèi* forward-looking preparation ~ *yánjiū* perspective study
qiānzhǎo 签爪 N. pointed bamboo slivers thrust under fingernails as torture
qiánzhào* 前兆 N. omen; augury; premonition; harbinger
qiānzhe 牵着[牽著] V.P. hold
qiānzhé 迁谪[遷-] V. be demoted and banished to distant places ♦N. banishment
qiánzhé 前哲 N. <*wr.*> former worthies M: [2]*wèi*
qiánzhě* 前者 N. the former
qiànzhe 嵌着[-著] V.P. be embedded
qiānzhe bízi zǒu 牵着鼻子走[牽著-] V.P. lead by the nose
[1]**qiánzhèn** 前阵 N. ① front line (of battlefield/etc.) ② frontier
[2]**qiánzhèn** 前震 N. fore-shock; pre-earthquake
qiǎnzhēndīchàng 浅斟低唱[淺-] F.E. sip wine and hum (a song/poem/etc.)
qiānzhèng 签证[-證] N. visa M: [1]*zhāng* ♦V.O. get a visa
qiānzhèng jīguān 签证机关[-證-關] N. visa-granting office
qiānzhèng zhīpiào 签证支票[-證--] N. certified check M: [1]*zhāng*/[1]*běn*
qiānzhēnwànquè 千真万确[-萬確] F.E. be absolutely true ~, *wǒ bù zhīdào.* I really don't know.
qiānzhēnwànxiàn 千针万线[--萬-] F.E. myriad threads
qiǎnzhēnxìjué 浅斟细嚼[淺-] F.E. sip one's drink and eat slowly
qiānzhī 签知 V. sign/initial a document to show perusal
qiānzhí 铅直 A.T. vertical; plumb
[1]**qiānzhì*** 牵制[牽-] V. ① pin down; contain; curb ② divert (enemy attention)
[2]**qiānzhì** 愆滞[-滯] V. be behind time/schedule
[1]**qiánzhī** 前肢 N. <*zoo.*> forelimb; foreleg
[2]**qiánzhī** 前知 N. prescience
[1]**qiánzhì** 钳制 V. clamp down on; suppress ~ *yúlùn* muzzle public opinion
[2]**qiánzhì** 前置 V. prepose ♦N. preposition- ♦ATTR. ① prepositional ② pre-
[3]**qiánzhì** 前志 N. long-standing ambition
[4]**qiánzhì** 潜质[潛質] N. potential
qiánzhǐ cānzhào 前指参照[--參-] N. <*lg.*> anaphora
qiánzhǐ cānzhào de 前指参照的[--參--] ATTR. <*lg.*> anaphoric
qiánzhǐcí 前指词 N. <*lg.*> anaphoric word
qiánzhìcí* 前置词 N. <*lg.*> preposition
qiánzhìcí duǎnyǔ 前置词短语 N. <*lg.*> prepositional phrase
qiánzhìcí yǔyán 前置词语言 N. <*lg.*> prepositional language
qiānzhì dírén 牵制敌人[牽-敵-] V.O. pin down the enemy
qiánzhì fùcí 前置副词 N. <*lg.*> prepositional adverb
qiánzhìgé 前置格 N. <*lg.*> prepositional case
qiānzhì gōngjī 牵制攻击[牽-擊] N. holding attack
qiān zhīpiào 签支票 V.O. sign a check
qiánzhǐ tìdài 前指替代 N. <*lg.*> anaphoric substitute
qiánzhìwài dòngcí 前置外动词[---動-] N. <*lg.*> pretransitive
qiānzhíxiàn 铅直线 N. plumb line
qiánzhì xiàndìngcí 前置限定词 N. <*lg.*> predeterminer
qiānzhì xíngdòng 牵制行动[牽-動] N. <*mil.*> containing action; diversionary move
qiānzhìxìng gōngjī 牵制性攻击[牽-擊] N. diversionary attack
qiānzhìxìng jìngōng 牵制性进攻[牽--進-] N. <*mil.*> an attack to pin down the enemy
qiánzhìxìng yǔyán 前置性语言 N. <*lg.*> prepositional language
qiánzhì xiūshì chéngfèn 前置修饰成份 N. <*lg.*> premodification
qiánzhì xiūshìcí 前置修饰词 N. <*lg.*> premodifier
qiánzhì yúlùn 钳制舆论 V.O. muzzle public opinion
qiānzhì yú rén 牵制于人[牽-於-] V.P. be held in check
qiānzhì zhànshù 牵制战术[牽-戰術] N. diversionary tactics
qiǎnzhòng 浅种[淺種] N. <*agr.*> shallow sowing
qiānzhòngdú 铅中毒 N. <*med.*> lead poisoning
qiānzhōu 千周 M. kilocycle
qiánzhóu* 前轴 N. front axle M: [2]*gēn*
qiānzhōulǜ 千周率 N. kilocycle
qiānzhù* 签注[-註] V. write comments on a document or an attached slip of paper
[1]**qiánzhù** 钳住 N. vise
[2]**qiánzhù** 掮住 V.O. hold tightly
[1]**qiánzhuǎ** 前爪 N. forepaw M: [2]*zhī*
[2]**qiánzhuǎ** 钳爪 N. chela (of lobster/etc.)
qiánzhuāng* 钱庄[錢莊] N. old-style Chinese private bank M: [1]*jiā*
qiànzhuāng 倩装[-裝] N. beautiful make-up and stylish clothes M: [2]*jiàn*
qiánzhuāngpào 前装炮[-裝-] N. <*mil.*> muzzle-loading gun; muzzle-loader M: *mén*
qiánzhuāng piàozi 钱庄票子[錢莊-] N. <*trad.*> bank note issued by a private bank M: [1]*zhāng*
qiānzhuì 铅坠[-墜] N. plummet
qiánzhuì* 前缀 N. <*lg.*> prefix
qiānzhù yìjiàn 签注意见[-註--] V.O. attach a slip of paper to a document with comments on it
[1]**qiānzi** 签子 N. <*coll.*> ① bamboo slips used for divination ② short slender pointed piece of bamboo/wood ③ toothpick M: [2]*gēn*
[2]**qiānzi** 扦子 N. ① skewer ② probe M: [2]*gēn*
[3]**qiānzi** 钎子 N. hammer/rock drill (for making holes in rock) M: [2]*gēn*
qiānzǐ(r) 铅子(儿) N. <*coll.*> bullet M: [1]*kē*
[1]**qiānzì*** 签字 N. signature ♦V.O. sign; affix one's signature; initial (a document/contract/etc.)
[2]**qiānzì(r)** 铅字(儿) N. <*print.*> type; movable letters
qiánzi 钳子 N. ① pliers; forceps; tongs; tweezers; clamp M: [1]*bǎ* ② <*topo.*> earrings ③ convict; prisoner
qiǎnzi 浅子[淺-] N. shallow container
qiànzī 欠资 V.O. lack capital ♦N. ① postage due ② money owed *tǎohuí* ~ dun for repayment
qiánzī'ànzhǎng 潜滋暗长[潛-] F.E. grow and develop secretly ♦ADV. imperceptibly
qiānzībǎitài 千姿百态[-態] F.E. myriad variations in appearance; thousands of postures
qiānzǐbǐ 铅子笔[-筆] N. fine-line, felt-tipped pen M: [4]*zhī*
qiānzìbǐ* 签字笔[-筆] N. felt pen/marker; felt-tip pen M: [4]*zhī*
qiānzìfāng 签字方 N. signatory party
qiānzì gàizhāng 签字盖章[--蓋-] V.P. sign and seal
qiānzìguó 签字国[-國] N. signatory country
qiānzì héjīn 铅子合金 N. type metal
qiānzìhuàyā 签字画押[--畫-] F.E. sign or make one's cross
qiānzìmiàn 铅字面 N. typeface
qiānzìpán 铅字盘[-盤] N. type case
Qiānzìwén 千字文 N. *Thousand-Character Classic*
qiānzì xiǎoshuō 千字小说 N. short-short story M: [1]*piān*
qiànzīxìn 欠资信 N. postage-due letter M: [2]*fēng*
qiānzì yàngběn 签字样本[--樣-] N. specimen signature
qiānzì yíshì 签字仪式[--儀-] N. signing ceremony
qiànzī yóujiàn 欠资邮件[--郵-] N. postage-due mail
qiànzī yóupiào 欠资邮票[--郵-] N. postage-due stamp M: [1]*zhāng*
qiānzìzhě 签字者 N. signatory M: [2]*wèi*
qiānzìzuòfèi 签字作废[-廢] F.E. cancel a signature
qiánzōng 潜踪[潛蹤] V.O. tail (sb.)
qiānzǒu 迁走[遷-] R.V. move away
qiánzòu* 前奏 N. prelude; harbinger
qiánzòuqǔ 前奏曲 N. <*mus.*> prelude
qiánzū 钱租[錢-] N. money rent
qiànzū* 欠租 V.O. be behind with the rent
qiānzúchóng 千足虫[-蟲] N. millipede M: [1]*tiáo*
qiānzuì 愆罪 N. fault; mistake; misdemeanor
qiǎnzuìxiánmián 浅醉闲眠[淺-] F.E. mildly drunk and sleeping it off
qiánzuòwù 前作物 N. preceding crop.
qiánzuòyìyuán 前座议员[--議-] N. front-bencher

qiánzuòyìyuánxí 前座议员席[-議--] N. front bench
[1]qiāo 敲 V. ① strike; beat (drum/etc.) ② <coll.> overcharge; fleece sb.
[2]qiāo 锹[鍬] N. spade
[3]qiāo 橇 N. sledge; sled; sleigh
[4]qiāo 缲[繰] V. hem with invisible stitches
[5]qiāo 悄 in *[1]qiāoqiāo, jìngqiāoqiāo See also [2]qiǎo*
[6]qiāo 雀 in *qiāozi See also [3]qiǎo, [3]què*
[7]qiāo 跷/跻[蹺/蹻] V. ① raise the feet/fingers ② walk on tiptoe ♦B.F. stilts *gāoqiāo See also [17]jiǎo*
[8]qiāo 劁 V. geld; castrate
[9]qiāo 硗[磽] in *qiāobó, qiāojí*
[1]qiáo* 桥[橋] N. bridge
[2]qiáo 瞧 V. look at
[3]qiáo 乔[喬] B.F. tall *qiáomù* ♦in *náqiáo*
[4]qiáo 侨[僑] B.F. live abroad, away from one's native land *Qiáobāo, dǐqiáo*
[5]qiáo 翘[翹] V. ① raise ② become warped *See also [1]qiào*
[6]qiáo 樵 B.F. firewood; woodcutter *qiáofū, yúqiáogēngdú*
[7]qiáo 谯[譙] B.F. ① watchtower *qiáolù, lìqiáo* ② drum tower *qiáolóu*
[8]qiáo 憔[-/顦] in *qiáocuì*
[9]qiáo 荞[蕎] in *qiáomài, [2]qiáotóu*
[1]qiǎo 巧 S.V. ① clever; intelligent ② skillful; ingenious ③ artful; deceiving ④ pretty; cute ⑤ opportune; fortuitous; coincidental ♦N. ① small skills ② seventh day of the seventh lunar month
[2]qiǎo 悄 B.F. quiet; silently *[1]qiǎorán, qiǎoyǔ See also [5]qiāo*
[3]qiǎo 雀 B.F. sparrow *qiǎorbān, jiāqiǎor See also [6]qiāo, [3]què*
[4]qiǎo 愀 B.F. sad; sorrowful *[2]qiǎorán, qiǎocǎn*
[1]qiào 翘[翹] V. stick/hold up; bend/turn upwards *See also [5]qiáo*
[2]qiào 窍[竅] B.F. ① aperture *qīqiào* ② key to sth. *[1]qiàomén*
[3]qiào 壳[殼] N. shell; crust *See also [1]ké*
[4]qiào 俏 S.V. ① pretty; handsome ② in great demand (of goods) ♦V. ① shoot up (of prices) ② resemble ♦N. <topo.> flavor; season
[5]qiào 鞘 N. sheath; scabbard
[6]qiào 撬 V. pry; prize *bǎ mén ~kāi* pry open the door
[7]qiào 峭 S.V. ① precipitous ② severe; stern ③ cutting (of wind) ④ severe; stern
[8]qiào 诮[誚] B.F. reproach; blame *qiàohē, jīqiào*
[9]qiào 帩 in *qiàotóu*
qiàobá 峭拔 V.P. ① high and steep ② vigorous *bǐfēng ~* have a vigorous style of calligraphy
qiāobǎn 跷板[蹺-] N. seesaw M: *[2]kuài*
Qiáo-bàn* 侨办[僑辦] AB. *Qiáowù bàngōngshì*
qiàobǎn 翘板[翹-] N. seesaw M: *[2]kuài*
qiāo bāngzi 敲梆子 V.O. beat the watches
Qiáobāo 侨胞[僑-] N. overseas compatriots M: *[2]wèi*
qiàobì 峭壁 N. cliff; precipice M: *[4]zuò/[1]miàn*
qiǎobiàn 巧辩 V. argue cleverly ♦N. ① clever argument ② sophism
qiāo biāngǔ 敲边鼓[-邊-] V.O. <coll.> ① join the bandwagon in support/opposition ② assist sb. from the sidelines; back sb. up
qiāo biānluó(r) 敲边锣(儿)[-邊鑼-] V.O. <coll.> join the bandwagon in support/opposition
qiāobiānr 缲边儿[-邊-] V.O. hem with invisible stitches
qiáobiān rénxíngdào 桥边人行道[橋邊-] N. sidewalk; footpath M: *[1]tiáo*
qiǎobiànxìng huàyǔ 巧辩性话语 N. <lg.> repartee discourse
qiào biànzi 翘辫子[翹-] V.O. die; kick the bucket
qiáobìng 瞧病 V.O. <coll.> ① see a doctor ② see a patient
qiāobó 硗薄[磽-] V.P. hard and infertile (of soil)
qiàobó* 峭薄 V.P. strict; unkind; relentless
qiáobude 瞧不得 R.V. not worth seeing
qiàobudòng 撬不动[-動] R.V. incapable or prying or being pried
qiáobuguàn 瞧不惯 R.V. can't bear the sight of
qiáobuguò 瞧不过 R.V. not hard-hearted enough to see something to its brutal end
qiàobukāi 撬不开[-開] R.V. incapable of prying open or being pried open
qiǎobùkějiē 巧不可阶[-階] F.E. unmatched in ingenuity
qiáobuqǐ 瞧不起 R.V. <coll.> look down upon; despise
qiàobùr 俏步儿 N. elegant gait
qiáobushàng yǎn 瞧不上眼 V.P. <coll.> be beneath notice/standard/ideal
qiāobushēngr de 悄不声儿地[--聲--] ADV. ① in a low voice ② silently; noiselessly
qiáobutòu 瞧不透 R.V. can't see through (sth./sb.)
qiàobùxúxíng 俏步徐行 F.E. a mincing gait
qiáocái 翘材[翹-] N. man of outstanding ability
qiàocài* 壳菜[殼-] N. mussel
qiǎocǎn 愀惨[-慘] V.P. sorrowful
qiāo chánggǔ 敲长鼓 V.O. beat a tom-tom
qiàochì 鞘翅 N. wing case/cover (of insects)
qiàochìlèi 鞘翅类[-類] N. <zoo.> beetle
qiāochū 敲出 R.V. pound out; tap out
qiáochū* 瞧出 R.V. notice; catch; find out
qiáochǔ 翘楚[翹-] N. <wr.> outstanding person M: *[2]wèi*
qiāochuán 敲传[-傳] V. rap
qiǎochuàng 愀怆[-愴] V.P. rueful; doleful; sad; sorrowful
qiāochuí 敲槌 V. knock down (to signify sale of an article at auction by a blow of hammer/mallet)
qiáochǔ réncái 翘楚人才[翹-] N. a distinguished, talented man M: *[2]wèi*
qiǎocí 巧辞[-辭] N. ① gifted tongue ② witty expression M: *[2]fān*
qiáocuì 憔悴[-//顦顇] S.V. ① wan and thin ② withered (of plants) ③ haggard from grief/etc.; suffer
qiáocuìjǔsàng 憔悴沮丧[-喪] F.E. woebegone
qiáocuìkūgǎo 憔悴枯槁 F.E. haggard from anxiety
qiāoda 敲打 V. ① beat; rap; tap ② pressure and supervise sb. ③ say sth. to irritate sb.
Qiāodǎ de yī dài 敲打的一代 N. Beat generation
qiáodàliáng 桥大梁[橋-] N. bridge girder M: *[2]gēn*
qiǎodāngr 巧当儿[-當-] N./ADV. ① opportune moment ② coincidence
qiāode 敲得 V. <coll.> teach through constant repetition
qiǎo de hěn 巧得很 V.P. quite by coincidence; as luck would have it; fortunately
qiáodeqǐ 瞧得起 R.V. <coll.> esteem; value
qiáodeshàng 瞧得上 R.V. good enough to suit one's taste
qiáodeshàng yǎn 瞧得上眼 R.V. good enough to suit one's taste
qiáodetòu 瞧得透 R.V. see though; understand thoroughly
qiāodiǎn 敲点[-點] V. prod
qiāodiào 敲掉 R.V. knock away/down/out
qiāodìng 敲定 R.V. make a final decision
qiāo dīngchuí 敲钉锤 V.O. <topo.> fleece; overcharge
qiāodīngzuānjiǎo 敲钉钻脚[-鑽腳] F.E. make assurance doubly sure
qiáodòng(r) 桥洞(儿)[橋-] N. bridge arch
qiàodòng* 撬动[-動] R.V. pry (away)
qiàodǒu 壳斗[殼-] N. <bot.> acorn-cup; cupule
qiáodùchǎng 桥渡场[橋-場] N. bridge ferry
qiáodūn(zi) 桥墩(子)[橋-] N. bridge pier
qiǎoduótiāngōng 巧夺天工[-奪--] F.E. work that surpasses nature
qiǎofāqízhòng 巧发奇中[-發--] F.E. a clever, penetrating remark
qiǎofǎzi 巧法子 N. smart way of doing sth.
qiáofū 樵夫 N. woodcutter; woodman M: *[2]wèi*
qiáofǔ 樵斧 N. axe M: *[1]bǎ*
qiǎofù* 巧妇[-婦] N. a good wife/housekeeper M: *[2]wèi*
qiǎofù nánwéi wúmǐzhīchuī 巧妇难为无米之炊[-婦難-----] ID. Nobody can accomplish anything without the necessary means.
qiǎofùniǎo 巧妇鸟[-婦-] N. wren M: *[2]zhī*
qiǎogàn 巧干[-幹] V. do sth. ingeniously
qiàogàng 撬杠 N. crowbar; pry M: *[2]gēn*
qiáogē 樵歌 N. woodcutters' songs M: *[2]shǒu*
qiāogēng 敲更 V.O. sound the night watch with a clapper
qiáogēwǎnchàng 樵歌晚唱 F.E. woodcutter's song at night
qiāogōng(r) 跷工(儿)[蹺-] N. <opera> the art of walking in high-soled boots (of actresses)
qiáogǒng* 桥拱[橋-] N. bridge arch
qiǎogōng 巧工 N. ① skilled worker ② admirable/skilled workmanship M: *[2]wèi*
qiāogǔ* 敲鼓 V.O. beat a drum
qiáogū 樵姑 N. female woodcutter M: *[2]wèi*
qiǎogù 巧故 N. artful deceit/falsehood
qiáoguān 翘关[翹關] N. <hist.> Tang imperial examination for military personnel
qiáoguàn* 瞧惯 R.V. get used to the sight of
qiàogùn 撬棍 N. <coll.> stick used as a lever M: *[2]gēn*
qiàoguǒ 壳果[殼-] N. <bot.> nut M: *[1]kē*
qiáoguòdiūguǎi 桥过丢拐[橋-] ID. forget one's benefactor once his help is not needed
qiāogǔxīsuǐ 敲骨吸髓 F.E. suck the life-blood
qiāogǔ zòuyuè 敲鼓奏乐[-樂] V.P. drum a tune
qiáo hāhār 瞧哈哈儿 V.P. <coll.> have a good laugh over (sb's misfortune); gloat over
qiáohán 桥涵[橋-] N. bridges and culverts
qiàohán* 峭寒 V.P. chilly (esp. of early spring)
qiǎohé* 巧合 ATTR. coincidental/providential ♦N. coincidence; providence
qiàohē 诮呵 V. <wr.> blame; reproach; berate
qiàohé 峭核 V.P. harsh; uncompromising (of disposition)
qiáohù 樵户 N. family which lives by woodcutting or gathering firewood M: *[1]hù*
qiǎohuá 巧猾 S.V. crafty; cunning
qiàohuà* 俏话 N. ① witticism; wisecrack ② sarcastic remark ③ double entendre M: *[1]jù*
qiàohuài 撬坏[-壞] S.V. destroy/ruin by prying
qiǎohuàn 巧宦 N. crafty/wily functionary M: *[2]wèi*
Qiáohuì 侨汇[僑匯] N. remittance sent back home by overseas Chinese
Qiáohuìquàn 侨汇券[僑匯-] N. certificate of remittance by overseas Chinese M: *[1]zhāng*
qiàohuò 俏货 N. goods in great demand M: *[1]pī/[2]jiàn*
qiǎohuór 巧活儿 N. work that requires finesse
qiāojī* 敲击[-擊] V. beat ♦ATTR. percussive
qiāojí 硗瘠[磽-] V.P. <wr.> hard and infertile (of land); barren
qiáojī 桥基[橋-] N. bridge foundations; abutment
qiǎojì 巧计 N. clever device/scheme M: *[2]dào*
qiàojí 峭急 V.P. impatient; quick-tempered
qiāojiā 跷家[蹺-] V.O. <slang> run away from home
qiáojiàn 瞧见 R.V. <coll.> see; catch sight of
qiǎojiàng 巧匠 N. skilled worker M: *[2]wèi*
qiāojiǎo(r)* 跷脚(儿)[蹺腳-] V.O. ① cross the legs when sitting ② stand on tiptoes
Qiáojiào 侨教[僑-] N. education of overseas Chinese
qiáojiǎozhōu 桥脚舟[橋腳-] N. pontoon M: *[2]zhī*
qiāojié 跷捷[蹺-] V.P. able to move quickly and easily; agile
qiáojiè* 侨界[僑-] N. overseas Chinese circles

Q

qiǎojié 巧捷 V.P. skillful and fast

qiǎo jíle 巧极了[-極-] V.P. quite by coincidence; extremely coincidental/fortunate

qiǎojìliángcè 巧计良策 F.E. clever plan and outstanding scheme

qiǎojìliángmóu 巧计良谋 F.E. clever plan and outstanding scheme

qiǎojìn(r) 巧劲(儿)[-勁-] N. <coll.> ① knack; right touch ② coincidence ③ unexpected event

qiǎojìng 悄静[-靜] S.V. quiet; still; silent

qiāojīngniànfó 敲经念佛[-經--] F.E. beat time and chant a prayer

qiǎojīngr 巧精儿 ADV. <topo.> just at the right moment

qiāo jǐngzhōng 敲警钟[-鐘] V.O. sound a warning

qiāojīnjiáshí 敲金戛石 F.E. earrings

qiāojīshēng 敲击声[-擊聲] N. knock; sound of knocking

qiāojī yuèqì 敲击乐器[-擊樂-] N. percussion instrument M: [2]jiàn

qiáojū 侨居[僑-] V. live abroad

Qiáojuàn 侨眷[僑-] N. dependents/relatives of overseas Chinese M: [2]wèi

qiáojūdì 侨居地[僑-] P.W. foreign residence

qiǎojué 巧谲 S.V. crafty; cunning

qiàojué* 峭绝[-絕] V.P. precipitous; very steep

qiàojuér 窍诀儿[竅-] N. secret key to doing sth.

qiáojūguó 侨居国[僑-國] N. country of residence

qiáojū guówài 侨居国外[僑-國-] V.O. reside abroad

qiáojū hǎiwài 侨居海外[僑-] V.O. reside abroad

qiāokāi 敲开[-開] R.V. knock open

qiàokāi* 撬开[-開] R.V. force open (a door/suitcase/etc.); open by prying

qiāokè 跷课[蹺-] V.O. <slang> avoid attending classes

qiáokè* 樵客 N. woodcutter M: [2]wèi

qiàokè 峭刻 V.P. exacting; relentless; unkind; strict

qiǎokèlì 巧克力 N. <loan> chocolate M: [2]kuài

qiǎokèlìtáng 巧克力糖 N. chocolate candy M: [2]kuài

qiáokǒng* 桥孔[橋-] N. <archi.> bridge arch

qiàokǒng 撬孔 V.O. force open by prizing up

qiàokǒu 俏口 N. light, comic performance in folk art

qiáokuà 桥跨[橋-] N. bridge span

qiáolángān 桥栏杆[橋欄-] N. bridge railing M: [2]gēn

qiáoleng 翘棱[翹-] V. <topo.> become warped and changed from the natural shape

qiǎolì 巧吏 N. wily/crafty functionary M: [2]wèi

[1]qiàolì* 俏丽[-麗] S.V. handsome; pretty

[2]qiàolì 峭立 V. rise steeply

[3]qiàolì 峭丽[-麗] V.P. forceful and ornate (of writing)

[4]qiàolì 峭厉[-厲] N. <wr.> ① bitter; sharp (of wind/cold/etc.); harsh/sharp (of speech, etc.) ② stern; severe; grim

Qiáo-Lián 侨联[僑聯] AB. *Guīguó Huáqiáo Liánhéhuì*

qiáoliáng 桥梁[橋-] N. bridge (lit./fig.) M: [4]zuò

qiǎolìmíngmù 巧立名目 F.E. concoct various pretexts

qiáolín 乔林[喬-] N. <forest.> high forest

Qiáolíng 侨陵[僑-] N. cemeteries/tombs/graves of overseas Chinese M: [4]zuò

Qiáolǐng* 侨领[僑-] N. leaders of overseas Chinese M: [2]wèi

qiǎolìngcísè 巧令词色 F.E. artful speech and flashy manners

qiáolóu 谯楼[-樓] N. <wr.> watchtower; drum tower M: [4]zuò

qiáolóushì 桥楼室[橋樓-] P.W. bridge house M: [4]zuò

qiáolǔ 谯橹 N. defense tower on a city wall M: [4]zuò

qiáolǜ 憔虑[-慮] S.V. impatient and anxious

qiāoluó 敲锣[-鑼] V.O. beat a gong

qiāoluódǎgǔ 敲锣打鼓[-鑼--] F.E. beat gongs and sound drums

qiáomài 荞麦[蕎麥] N. buckwheat

qiáomàifěn 荞麦粉[蕎麥-] N. buckwheat flour

qiáomàimiàn 荞麦面[蕎麥麵] N. ①buckwheat flour ② noodles or vermicelli made with buckwheat flour

qiáomàipí(r) 荞麦皮(儿)[蕎麥-] N. buckwheat husk

qiǎomangyǎn 雀盲眼 N. <coll.> night blindness

qiǎomèi 巧媚 S.V. clever and attractive/charming (of women)

qiàomèi* 俏媚 S.V. charming; attractive (of women)

qiāo mén* 敲门 V.O. knock on/at a door

qiáomén 谯门 N. watchtower on a city gate M: [4]zuò

[1]qiàomén(r) 窍门(儿)[竅-] N. ① key (to a problem) ② <coll.> knack; trick of the trade; skill

[2]qiàomén 撬门 V.O. pry a door open

qiāoméndǎhù 敲门打户 F.E. knock at doors

qiǎomengyǎn 雀蒙眼 N. <topo.> night blindness

qiāoménzhuān 敲门砖[-磚] N. stepping-stone to success M: [2]kuài

qiáomiàn 桥面[橋-] N. bridge floor; deck

qiǎomiào 巧妙 S.V. ①ingenious; skillful ②clever; shrewd

qiǎomiàohuór 巧妙活儿 N. work that requires delicate skill

qiǎomiào shǒuduàn 巧妙手段 N. ingenious/clever move

qiáomín 侨民[僑-] N. alien residents M: [2]wèi

qiáomín shèhuì 侨民社会[僑-] N. foreign community

qiǎomiyǎn 雀米眼 N. <topo.> ① nearsighted ② twilight

qiǎomíyǎn 雀迷眼 N. <coll.> night blindness

qiàomó jīyè 鞘膜积液[--積-] N. <med.> hydrocele

qiāomoshēngr* 悄没声儿[--聲-] V.P. <topo.> quiet

qiāomòshēngr 悄默声儿[--聲-] ADV. <coll.> quietly; noiselessly ~ ***de*** [1]***qù le*** left quietly

qiáomù 乔木[喬-] N. ① arbor ② tall tree M: [2]kē

qiáomuqiáoyàng 乔模乔样[喬-喬樣] F.E. in an artificial/affected manner

qiāo mùyú 敲木鱼 V.O. <Budd.> beat a wooden drum (when chanting a sutra)

qiáo nǐ de 瞧你的 V.P. Let's see what you can do.

qiáonǚ 樵女 N. female fuel gatherer M: [2]wèi

qiáopái 桥牌[橋-] N. bridge (card game) M: [2]chǎng

[1]qiáopàn 桥畔[橋-] N. area beyond the end of a bridge

[2]qiáopàn 翘盼[翹-] V. eagerly look forward to

qiàopi 俏皮 S.V. ① smart; witty ② sarcastic; mordant ③ pretty and lively ④ chic; elegant

qiàopihuà(r) 俏皮话(儿) N. ① witticism; wisecrack ② sarcastic remark ③ double entendre M: [1]jù

qiāopíng 敲枰 V.O. play a go game

qiǎopìshàndǎo 巧譬善导[-導] F.E. skillful in illustrating and apt in instructing

qiāopò 敲破 R.V. smash; shatter

qiāoqi* 跷蹊[蹺-] S.V. ①fishy; dubious ②queer; strange

qiāoqī 跷敧[蹺-] V.P. extraordinary; unusual

qiáoqǐ 翘企[翹-] V. <wr.> eagerly look forward to; long eagerly

[1]qiàoqǐ 翘起[翹-] R.V. hold/stick up; bend/turn upward

[2]qiàoqǐ 撬起 R.V. lift/pry up

[1]qiáoqiān 乔迁[喬遷] F.E. <court.> (congratulations for) moving up in job/residence

[2]qiáoqiān 乔扦[喬-] N. bamboo tripod made as support for drying stalks of grain

qiáoqiānzhīxǐ 乔迁之喜[喬遷-] N. Best wishes for your new home.

[1]qiāoqiāo* 悄悄 ADV. ① quietly ② secretly ***See also*** *qiǎoqiǎo*

[2]qiāoqiāo 敲敲 R.F. knock

[1]qiáoqiáo 翘翘[翹翹] R.F. ① tall ② swinging dangerously ③ distinguished

[2]qiáoqiáo 谯谯 R.F. frayed and injured (of a bird's wings)

qiǎoqiǎo 悄悄 R.F. ① <wr.> sad; grieved ② silently; noiselessly ***See also*** [1]*qiāoqiāo*

qiāoqiāobǎn 跷跷板[蹺蹺-] N. seesaw; teeter-board ***wán*** ~ play on a seesaw M: [2]kuài

qiàoqiàobǎn* 翘翘板[翹翹-] ***See*** *qiāoqiāobǎn*

qiāoqiāodǎdǎ 敲敲打打 R.F. beat sth. continually

qiāoqiāohuà 悄悄话 N. whisperings (esp. between husband and wife, lovers, etc.) M: [1]jù

qiáoqiáo réncái 翘翘人才[翹翹-] N. a distinguished, talented man M: [2]wèi

qiǎo qī cháng bàn zhuōfū mián 巧妻常伴拙夫眠 F.E. Smart girls usually have dumb husbands.

qiǎoqiè 悄切 V.P. sad

qiāoqǐ jǐngzhōng 敲起警钟[-鐘] V.O. sound the alarm bell

qiáoqíshā 乔其纱[喬-] N. <txtl.> georgette

qiáoqǐyǐdài 翘企以待[翹-] F.E. be on tiptoe with expectation

[1]qiáoqū 侨区[僑區] P.W. district for alien residents

[2]qiáoqū 翘曲[翹-] N. buckling; warping

qiǎoqǔ* 巧取 V. angle for

qiāoque 硗确/墝[磽確] V.P. <wr.> hard and infertile (of land); barren

qiǎoqǔháoduó 巧取豪夺[-奪] F.E. get (sb.'s property) by force/trickery

[1]qiǎorán 悄然 ADV. ① quietly ② sorrowfully ♦V.P. quiet; soft

[2]qiǎorán 愀然 <wr.> V.P. ①sad-looking ②stern ③sorrowful/grave-looking ④showing a sudden change of expression

qiǎoránbiànsè 愀然变色[--變-] F.E. change countenance suddenly

qiàoràng 诮让[-讓] V. <wr.> ① condemn; denounce; censure ② blame; reproach

qiǎoránluòlèi 悄然落泪[-淚] F.E. shed silent tears

qiǎoránwúshēng 悄然无声[-聲] F.E. All was quiet.

qiǎorbān 雀儿斑 N. freckles

qiàor de shì 俏儿的事 N. <coll.> good situation; golden opportunity

qiāorén 敲人 V.O. swindle; fleece; extort

qiáo rènao(r) 瞧热闹(儿)[-熱鬧-] V.O. ①watch the fun ② enjoy bystander role

qiǎorénjīng 巧人精 N. <coll.> quick-wittedness; clever abilities

qiáosài 桥赛[橋-] N. bridge game M: [2]chǎng

qiāo sāngzhōng 敲丧钟[-喪鐘] V.O. sound the funeral bell; knell; toll

qiāo shāguàn 敲沙罐 V.O. put to death

qiáoshang* 瞧上 R.V. ① see and covet ② have a chance to see ③ be to one's liking

Qiáoshāng 侨商[僑-] N. overseas Chinese merchants/businessmen M: [2]wèi

qiǎoshé 巧舌 S.V./N. ① smooth-tongued; glib ② false/insincere words

qiáoshēn 桥身[橋-] N. bridge structure

qiǎoshēng* 悄声[-聲] ADV. in a low voice; quietly

Qiáoshēng 侨生[僑-] N. ① overseas Chinese students in China ② children of overseas Chinese born abroad

qiàoshēngyi 俏生意 N. prosperous business M: [3]zhuāng

qiǎoshérúhuáng 巧舌如簧 F.E. have a glib tongue

qiǎoshétou 巧舌头 N. a smart talker; an articulate man M: [2]gēn
qiàoshéyīn 翘舌音[翹-] N. <lg.> cacuminal
qiāoshī 敲诗 N. riddle in verse form
qiǎoshì* 巧事 N. coincidence M: [2]jiàn
qiàoshi 俏式 S.V. <coll.> pretty; cute
qiàoshì 俏事 N. ① enjoyable business/job/task/etc. ② a paying proposition M: [2]jiàn
qiáo shì qiáo lù shì lù 桥是桥路是路[橋-橋--] V.P. Black and white can't be confused.
qiáoshì qǐzhòngjī 桥式起重机[橋-] N. bridge crane; overhead traveling crane
qiáoshǒu* 翘首[翹-] V.O. <wr.> ① raise the head (to look) ② long eagerly
qiǎoshǒu 巧手 N. ① ace; crackerjack M: [2]wèi ② deft hand M: [1]shuāng
qiáoshǒu'érwàng 翘首而望[翹-] F.E. raise one's head in hope
qiáoshǒukàngzú 翘首抗足[翹-] F.E. raise one's head and stand on tiptoe in admiration
qiáoshǒuqǐzú 翘首企足[翹-] F.E. eagerly look forward to
qiáoshǒuxīngkōng 翘首星空[翹-] F.E. look up at the starry sky
qiáoshǒuyǐwàng 翘首以望[翹-] F.E. eagerly look forward to
qiáoshū 瞧书[-書] V.O. <coll.> read a book
Qiáoshǔ* 侨属[僑屬] N. ① dependents of overseas Chinese ② relatives of Chinese nationals abroad M: [2]wèi
qiǎosī 巧思 N. ingenious/brilliant ideas
qiàosì* 俏似 V. resemble; be like
qiáosōng 乔松[喬-] N. lofty pine M: [2]kē
qiáosǒu 樵叟 N. <wr.> old woodcutter M: [2]wèi
qiáosū 樵苏[-蘇] N. gather firewood
qiáosūbùjì 樵苏不继[-蘇-繼] F.E. discontinue supplying firewood and grass
qiāosuì 敲碎 R.V. knock/beat to pieces
qiáotǎ 桥塔[橋-] N. bridge tower M: [4]zuò
qiáotái 桥台[橋臺] N. <archi.> abutment
qiāotiàobǎn 跷跳板[蹺-] N. seesaw M: [2]kuài
[1]**qiáotóu(r)*** 桥头(儿)[橋-] N. ends of a bridge
[2]**qiáotóu** 荞头[蕎-] N. pickled scallion heads (eaten with preserved eggs or cold meat)
qiàotou 俏头 N. ① <topo.> ⓐ condiments ⓑ tricks to gain applause ② <thea.> delightful excerpts
qiàotóu 帩头 N. <trad.> scarf used by men to tie the hair
qiáotóubǎo 桥头堡[橋-] N. ① <mil.> bridgehead ② <archi.> bridge tower M: [4]zuò
qiáotour* 瞧头儿 N. <coll.> interest; enjoyment ***Nèige diànyǐngr méi ~.*** That movie's not worth seeing.
qiàotour 撬头儿 N. <topo.> the most tasty item in a dish
qiáotǔ 桥堍[橋-] N. ends of a bridge
Qiáotuán 侨团[僑團] N. overseas Chinese delegation/group
qiàowàng 翘望[翹-] V. <wr.> look forward to earnestly
Qiáo-Wěi* 侨委[僑-] AB. *Guójiā Huáqiáo Wěiyuánhuì* National Overseas Chinese Committee
qiáowèi 桥位[橋-] N. bridge location
qiào wěiba 翘尾巴[翹-] V.O. ① be/get cocky ② be snobbish and self-important
Qiáowěihuì 侨委会[僑-] P.W. Overseas Chinese Committee
qiáowénjiǎcù 乔文假醋[喬-] F.E. assuming the airs of a scholar
qiáo wǒ de 瞧我的 V.O. Watch how I do it.
Qiáowù* 侨务[僑務] N. overseas Chinese matters
qiàowù 壳物[殼-] N. shellfish in general
Qiáowù Bàngōngshì 侨务办公室[僑務辦-] P.W. Office for oversea Chinese affairs
qiǎowúrénjì 悄无人迹[-跡] F.E. with not a soul in sight
Qiáowù Wěiyuánhuì 侨务委员会[僑務-] P.W. Overseas Chinese Affairs Commission

qiǎoxī 巧夕 N. seventh day of the seventh lunar month
qiāoxià* 敲下 R.V. knock down/away
qiǎoxiá 巧黠 S.V. <wr.> crafty; cunning; tricky
qiáoxià jìngkōng 桥下净空[橋-淨-] N. bridge under-clearance
qiāoxiǎng 敲响[-響] R.V. ring; sound
Qiáoxiāng* 侨乡[僑鄉] P.W. home towns of overseas Chinese
Qiáoxiào* 侨校[僑-] P.W. schools for overseas Chinese or their children M: [1]suǒ
qiǎoxiào 巧笑 N. artful smile ♦V. smile artfully
qiàoxiāo 俏销 V. sell well ♦S.V. highly marketable
qiāo xiǎogǔ 敲小鼓 V.O. <coll.> feel uneasy/nervous
qiāo xiǎomùyú 敲小木鱼 V.O. persuade constantly
qiāo xiàqu 敲下去 R.V. knock down
qiáoxīn 樵薪 V.O. gather fuel/firewood
qiáoxiù 翘秀[翹-] N. man of outstanding ability
qiǎoyán 巧言 N. cunning/deceitful talk
qiǎoyánlìngsè 巧言令色 F.E. sweet talk and insinuating manner
qiǎoyánsǒngtīng 巧言耸听[-聳聽] F.E. clever talk excites one to listen
qiáoyì 桥艺[橋藝] N. skill/technique in (playing) bridge
qiáoyǐn 樵隐[-隱] N. recluse/hermit who leads a woodcutter's life M: [2]wèi
qiāoyǒng 跷勇[蹺-] V.P. robust; vigorous
qiǎoyú 巧于[-於] V.P. a good hand at; expert at
qiǎoyǔ 悄语 V. speak softly; whisper
qiǎoyù* 巧遇 N. chance encounter
qiàoyuānjiā 俏冤家 PR. (my) pretty but naughty lover M: [2]wèi
qiǎoyǔdīyán 悄语低言 F.E. speak in a whisper
qiǎoyuè 巧月 N. seventh lunar month
qiǎoyúyùnchóu 巧于运筹[-於運籌] F.E. play one's cards well
qiǎoyúzhōuxuán 巧于周旋[-於--] F.E. tackle sb. with flexibility
qiāozhà* 敲诈 V. extort; blackmail
qiǎozhà 巧诈 S.V. artful; tricky; conniving
qiāozhàlèsuǒ 敲诈勒索 F.E. extort; blackmail; extort and racketeer
qiáozhe 瞧着[-著] V.P. <coll.> ① Let's wait and see. ② while looking
qiáozhe bàn 瞧着办[-著辦] V.P. Let's wait and see and then decide what to do; It's up to you.
qiǎozhě duō láo zhuōzhě xián 巧者多劳拙者闲[---勞---] F.E. The able always do more work while the clumsy stay idle.
qiáozhǐ 桥址[橋-] N. bridge site
qiáozhì 乔志[喬-] N. arrogance; insolence
Qiáozhì* 乔治[喬-] N. George
qiàozhí 峭直 V.P. <wr.> upright and stern; strict
qiàozhì 壳质[殼質] N. <bio.> chitin
qiáozhīzuò 桥支座[橋-] N. bridge supports
qiāozhōng 敲钟[-鐘] V.O. toll a bell
qiāozhū 劁猪[-豬] V.O. castrate a pig
[1]**qiáozhuāng** 乔装/妆[喬裝/妝] V.O. disguise
[2]**qiáozhuāng** 桥桩[橋樁] N. bridge pier
qiáozhuāngchūxíng 乔装出行[喬裝-] F.E. travel in disguise
qiáozhuāngdǎban 乔装打扮[喬裝-] F.E. ① smarted-up ② disguise oneself; masquerade
qiáozhuānggǎiban 乔装改扮[喬裝-] F.E. dress up; masquerade
qiáozhuānggēnzōng 乔装跟踪[喬裝-蹤] F.E. follow and watch sb. in disguise
qiāo zhúgàng 敲竹杠 V.O. ① overcharge; fleece ② blackmail
qiāozi 雀子 N. freckle
Qiáozī* 侨资[僑-] N. ① overseas Chinese capital ② funds put in by countrymen residing abroad M: [2]bǐ
[1]**qiáozi** 樵子 N. woodcutter M: [2]wèi
[2]**qiáozi** 乔/桥梓[喬/橋-] N. ① tall and short trees ② father and son

Qiáozī qǐyè 侨资企业[僑-業] N. overseas Chinese enterprise/ventures
qiǎozōngr 巧宗儿 N. a piece of good luck
qiāozú 跷足[蹺-] V.O. ① raise a foot ② be ready to go ③ be on tip-toe (in expectation) ♦ ADV. a very brief period
qiāozú'érdài 跷足而待[蹺-] F.E. ① will soon succeed ② be on tiptoe with expectation ③ sit down cozily and wait at ease
qiáozú'érdài* 翘足而待[翹-] F.E. be on tiptoe with expectation
qiǎozuǐbāgē 巧嘴八哥 <coll.> F.E. glib talker M: [2]zhī
qiàozuǐjuēchún 翘嘴撅唇[翹-] F.E. pout one's lips in displeasure
qiàozuǐtābí 翘嘴塌鼻[翹-] F.E. protruding lips and a snub nose
qiāozúyǐdài 跷足以待[蹺-] F.E. eagerly anticipate
qiáozúyǐnlǐng 翘足引领[翹-] F.E. <wr.> eagerly look forward to
qiāpàn 袷袢 N. Uygur/Uyghur/Tajik robe buttoning down the front
qiǎpán* 卡盘[-盤] N. <mach.> chuck
qiàqià 恰恰 ADV. ① coincidentally ② exactly ***Tā qīzi bìng le, ~ tā yòu shīle yè.*** Just when his wife fell ill he lost his job.
qiàqiàhǎo 恰恰好 V.P. exactly; precisely
qiàqiǎo 恰巧 ADV. by chance; fortunately ***Wǒ ~ yǒu nǐ yào kàn de shū.*** I happen to have the book you want to read.
qiàqiàwǔ 恰恰舞 V.P. <loan> cha-cha (dance)
qiàrú 恰如 V. be just like; just as if; just as though
qiàrúqífèn 恰如其分 F.E. apt; appropriate; just right
qiàrúsuǒliào 恰如所料 F.E. as was expected
qiǎshàng 卡上 R.V. <coll.> ① clip/pin fast ② embrace; hug ***See also*** *kǎshàng*
qiàshāng* 洽商 V. ① make arrangements with ② talk over with
qiāsī 掐丝[-絲] N. <art> wire inlay; filigree
qiāsǐ 掐死 R.V. choke to death by strangling with hands
qiàsì* 恰似 V. <wr.> be just/exactly like
qiāsuàn 掐算 V. count/reckon sth. on one's fingers
qiàtán 洽谈 V. hold trade talk; negotiate
qiàtánhuì 洽谈会 N. ① talks (often business talks or informal negotiations) ② trade-fair talks/discussions
qiātóuqùwěi 掐头去尾 F.E. break off or leave out both ends; remove the superfluous parts
qiàtuǒ 洽妥 V. have made an arrangement
qiàwén 洽闻 V.P. of wide knowledge; learned; widely read
qiàxiàng 恰像 V. be just like
qiàxún 洽询 V. consult
qiāyāo* 掐腰 V.O. have a waistline (of a dress)
qiǎyāo 卡腰 V.O. <coll.> ① hold the waist ② stand with arms akimbo
qiàyì 洽议[-議] V. meet and discuss (plans/etc.)
qiàyù 恰遇 V. chance upon
qiàyúmínxīn 洽于民心[-於--] F.E. in accordance with the will of the people
qiǎzhà 卡榨 V. <coll.> squeeze for payment; press unmercifully for payment
qiǎzhe 卡着[-著] V.P. <coll.> clutch in the hand
qiàzhèng 恰正 ADV. just when
qiǎzhe xīnbìng 卡着心病[-著--] V.O. <coll.> be choked with feelings of guilt
qiǎzhe yāo 卡着腰[-著-] V.O. <coll.> hold the hands on the hips
qiàzhí 恰值 ADV. just at the time of
qiāzhǐyīsuàn 掐指一算 F.E. count/calculate by bending the fingers
qiāzhù 掐住 R.V. seize; grasp; hold
qiǎzhù* 卡住 R.V. <coll.> ① jam; clog; choke ② clutch; catch hold of ~ ***gézhiwō*** clutch a person under the arm pits ***See also*** *kǎzhù*

qiāzi 掐子 M. <topo.> handful; bunch; pinch; etc.

qiǎzi* 卡子 N. ① clip; fastener; hairpin ② checkpost M: [2]dào ♦V.O. <coll.> ① have a cartridge stuck in the firing chamber ② hang fire

qiǎzuàn 卡钻[-鑽] N. jamming/sticking of a drilling tool

qìbà 起霸 N. <opera> series of stereotyped movements by military characters before going to action

qìbā 气疤[氣-] N. body scab

qìbà* 气霸[氣-] N. individual/unit that monopolizes gas supplies and makes things difficult for consumers

qī-bā bù kào jiǔ 七八不靠九 F.E. not in sequence; disconnected

qībǎi 七百 NUM. seven hundred

Qí Báishí 齐白石[齊-] (1864-1957) N. the most prominent artist, calligrapher, and seal engraver in modern China

qíbàn 旗瓣 N. standard; banner

qìbàn* 气瓣[氣-] N. air valve

qībāo 漆包 V. cover with enamel

qībào 期报[-報] N. periodical M: [1]zhāng

qíbào 祈报[-報] N. spring and autumn sacrificial rites

[1]**qǐbào*** 起爆 R.V. detonate

[2]**qǐbào** 启报[啟報] V. report to one's superior and ask for instructions

qìbāo 气胞[氣-] N. <phys.> gas vacuole

qìbào 气爆[氣-] N. gas explosion

qǐbàojì 起爆剂[-劑] N. detonating agent; primer

qībāopí 漆包皮 N. enamel covering

qìbǎoqiántáo 弃保潜逃[棄-潛-] F.E. jump bail

qíbáorúzhǐ 其薄如纸 V.P. paper-thin

qībǎoshāo 七宝烧[-寶燒] N. blue enamel/cloisonné

qībāotāi 七胞胎 N. septuplet

qībāoxiàn 漆包线 N. <elec.> enamel-insulated wire M: [2]gēn

qìbāozi 气包子[氣-] N. <coll.> sb. with hair-trigger temper

qíbèi* 齐备[齊備] V. be all ready; be complete

qìbèi 弃背[棄-] V. suffer the loss of one's parents

qìbèng 气泵[氣-] N. <mach.> air pump M: [1]tái

qíbènrúlǘ 其笨如驴[-驢] V.P. as stupid as a donkey

qìběnzhúmò 弃本逐末[棄-] F.E. run after the less important things, forgetting the important one

qíbì 脐壁[臍-] N. <phys.> umbilical wall

qǐbǐ* 起笔[-筆] N. initial stroke (of a character)

qǐbì 启闭[啟-] V. open and close/shut

qìbǐ 气笔[氣筆] N. airbrush

[1]**qíbiān** 齐边[齊邊] N. edging

[2]**qíbiān** 畦编 N. full cardigan

qǐ biànhuà 起变化[-變-] V.O. cause change

qī biānr 缉边儿[-邊-] V.O. lockstitch

qībiānxíng 七边形[-邊-] N. <math.> heptagon

qíbiānzhīwù 畦编织物[--織-] N. cardigan M: [2]jiàn

qíbiāo* 旗标[-標] N. waif

qìbiǎo 汽表 N. steam gauge M: [2]zhī

qíbiāo wèiyuán 旗标位元[-標--] N. <comp.> flag bit

qìbié 泣别 V. bid farewell in tears

qǐ-bì kòngzhì 启闭控制[啟-] N. on-off control

[1]**qíbīng*** 骑兵 N. cavalryman; cavalry M: [2]wèi

[2]**qíbīng** 奇兵 N. ① surprise force; commandos ② an ingenious military move M: [4]zhī

[3]**qíbīng** 旗兵 N. Qing bannermen M: [2]wèi

qǐbīng 起兵 V.O. dispatch troops; rise in arms; start a military action

qǐbǐng 启禀[啟稟] V. <trad.> report to a superior for instructions

qìbīng 弃兵[棄-] N. gambit (in chess)

qíbīng bùduì 骑兵部队[-隊] P.W. mounted troops; cavalry unit

qǐbīngfānàn 起兵发难[-發難] F.E. revolt; rise in rebellion

qìbīngjú 弃兵局[棄-] N. gambit (in chess)

qìbìzhījiāo 契臂之交 N. sworn friend

qībó 栖泊[棲-] V. ① come to anchor ② stay temporarily

qíbō 畦播 N. <agr.> drill seeding; border method of sowing

qǐbó* 起驳 V. ship out on /a lighter/ barge

qǐbóqì 起博器 N. artificial/electronic heart pacemaker

qí bózi lāshǐ 骑脖子拉屎 ID. <vulg.> give a person the dirty end of the stick; misuse a person

qībù 漆布 N. varnished cloth; linoleum M: [2]kuài

qíbǔ 棋卜 V. divine with chess

[1]**qíbù** 齐步[齊-] N. in step; uniform steps

[2]**qíbù** 脐部[臍-] N. <phys.> umbilical region

[3]**qíbù** 棋布 V. spread out (sth.) in great numbers

[4]**qíbù** 旗布 N. bunting cloth; bunt; bunting M: [2]kuài

[1]**qǐbù*** 起步 V.O. start (a task)

[2]**qǐbù** 岂不[豈-] V.P. how couldn't/wouldn't ~ zāogāo? Wouldn't it be terrible?

qìbǔ 葺补[-補] V. repair and mend

qìbùchéngshēng 泣不成声[-聲] F.E. choke back sobs

qì bù dǎ yī chù lái 气不打一处来[氣---處-] F.E. <coll.> be filled with anger

qǐbù'ěrsī 岂不尔思[豈-] F.E. How should I not think about you?

qìbufèn(r) 气不忿(儿)[氣-] V.P. ① not give in to or go along with injustice ② <coll.> short-tempered ③ envious

qìbùgōng 气不公[氣-] V.P. be indignant over an injustice

qìbùguò 气不过[氣-] R.V. cannot restrain one's anger

qǐbulái 起不来 R.V. can't get up; unable to stand up

qìbùpíng 气不平[氣-] V.P. be indignant about unfairness/injustice

qíbùxīngluó 棋布星罗[-羅] F.E. spread all over the place

qībùzhīcái 七步之才 N. facile literary talent

qìbùzhuàng 气不壮[氣-壯] V.P. waver in one's resolution; be timid; lack confidence

qíbù zǒu 齐步走[齊-] INTJ. <mil.> Quick time!; March!

qica 嘁嚓 ON. sound of percussion instruments/etc.

qīcái 妻财 N. bride's dowry

qīcǎi 七彩 N. ① seven colors ② a variety of colors

qícái 奇才 N. rare talent; genius M: [2]wèi

qícǎi 奇彩 N. extraordinary/radiant splendor

qìcái* 器材 N. equipment; materials

qīcǎibīnfēn 七彩缤纷[--繽-] F.E. colorful; blazing with color

qícáiyìnéng 奇才异能[--異-] F.E. extraordinary talents and abilities

qīcǎn* 凄惨[-慘] S.V. wretched; miserable; tragic; heartrending

qǐcàn 绮灿[-燦] V.P. enchanting; gorgeous

qīcāng* 凄沧[-滄] V.P. cold; dreary; desolate

qìcáng 气藏[氣-] N. gas pool

qícáo 蛴螬[蠐-] N. <zoo.> grub M: [1]tiáo

qǐcǎo(r)* 起草(儿) V.O. draft; draw up

qǐ cǎogǎo 起草稿 V.O. make a rough draft

qǐcǎorén 起草人 N. draftsman M: [2]wèi

qǐcǎo wěiyuánhuì 起草委员会 N. drafting committee

qícǎoxiānténg 奇草仙藤 F.E. the wonder plant and the spirit creeper

[1]**qīcè** 凄恻/恻 S.V. grieved; sad; sorrowful

[2]**qīcè** 攲侧 A.T. lean to one side; slant; incline; lurch

qìcéng 气层[氣層] N. atmosphere (around the earth)

qìchá 沏茶 V.O. make/infuse tea

qíchǎi 蕲茝 N. <bot.> tender shoots of *Cnidium officinale* M: [2]kē

qīchākāchā 七叉喀叉 ADV. <topo.> ① in the snap of the fingers; in no time at all ② skillfully and fast

qícháng 颀长 V.P. tall and slim

qíchàng* 齐唱[齊-] V. <mus.> sing in unison ♦N. unison

qǐcháng 起场[-場] V.O. gather in threshed grain on a threshing ground

qīchángbāduǎn 七长八短 F.E. ① of various sizes/shapes ② all sorts of

qī chàzi bā chàzi de 七杈子八杈子的 F.E. <topo.> tangled; snarled

qíchē 骑车 V.O. ride a bicycle

qìchē* 汽车 N. motor vehicle; auto M: [3]liàng

qìchēchǎng 汽车厂[-廠] P.W. automobile factory M: [1]jiā

qìchēdào 汽车道 N. vehicular lane M: [1]tiáo

qìchē diànyǐngyuàn 汽车电影院[--電--] P.W. drive-in theater M: [1]jiā

qìchēdiào 汽车吊 N. truck crane M: [1]tái

qìchēduì 汽车队[-隊] N. motor transport corps; fleet of cars/trucks M: [4]zhī

qìchēfū 汽车夫 N. chauffeur M: [2]wèi

qìchēháng 汽车行 N. garage M: [1]jiā/[1]jiān

qìchējiān 汽车间 N. garage M: [1]jiān

qìchē jíyòngchǎng 汽车集用场[-場] N. motor pool

qìchēkù 汽车库 P.W. garage M: [1]jiān

qìchē lālìsài 汽车拉力赛 N. cross-country car race M: [2]chǎng

qìchē lǚdiàn 汽车旅店 P.W. motor hotel; motel M: [1]jiā

qìchē lǚguǎn 汽车旅馆 P.W. motel M: [1]jiā

qìchē lǚshè 汽车旅社 P.W. motel M: [1]jiā

[1]**qīchéng** 漆成 R.V. paint (sth. so that it becomes. . .)

[2]**qīchéng** 期成 N. hope for success

[1]**qíchéng** 骑乘 V. ride

[2]**qíchéng** 脐橙[臍-] N. navel orange M: [1]kē/[2]kē

qǐchéng* 起/启程[啟-] V.O. set out; leave; start on a journey

qìchéng 砌成 R.V. build (up) by laying bricks or stones

qìchéng'érdùn 弃城而遁[棄-] F.E. abandon the city and flee

qìchéngyán 气成岩[氣-] N. <geol.> eolian rock

qǐ-chéng-zhuǎn-hé 起承转合[--轉-] N. the four steps in essay writing: introduction, development, transition, conclusion

qìchē róngzī 汽车融资 N. automobile financing

qìchē zhàdàn 汽车炸弹 N. car bomb

qìchēzhàn 汽车站 P.W. bus stop

qìchē zhìzàochǎng 汽车制造厂[--製-廠] P.W. automobile factory; motor works M: [1]jiā

qìchē zūlìnyè 汽车租赁业[-業] N. car-rental business

qīchí 栖迟[棲遲] V.P. ① take a rest ② sojourn; travel and rest

qíchǐ 齐齿[齊齒] N. ① (of) the same age ② <lg.> ⓐ a final beginning with an unrounded high front vowel (e.g., ia, ian) ⓑ even teeth ⓒ lips spread

qǐchǐ* 启齿[啟齒] V.O. start to talk about sth. *Nányǐ~*. It's hard to bring the matter up.

qíchǐdàrǔ 奇耻大辱[-恥--] F.E. great shame/humiliation

qíchǐ de 齐齿的[齊齒-] ATTR. <lg.> spread

qíchǐhū 齐齿呼[齊齒-] N. <lg.> ① a class of syllables with *i* as the final or a final beginning with *i* ② even teeth ③ *yùn* onset

qīchǐzhīqū 七尺之躯[-軀] N. a manly body; the human adult body

qīchóngchàng 七重唱 N. <mus.> septet

qìchōngchōng 气冲冲[氣沖沖] R.F. furious; enraged

qìchōngdǒuniú 气冲斗牛[氣沖-] F.E. very angry

qìchōngniúdǒu 气冲牛斗[氣沖-] F.E. in a towering rage; furious

qìchōngxiāohàn 气冲霄汉[氣沖-漢] F.E. be extraordinarily heroic

qíchóu 旗绸 N. bunting cloth M: [2]*kuài*

qíchòu* 奇臭 V.P. ① very stinking/foul ② notorious

qīchū 七出 N. the seven reasons for repudiating a wife: sterility, misconduct, etc.

[1]**qīchǔ** 凄楚 S.V. <*wr.*> wretched; pathetic

[2]**qīchǔ** 栖处[棲處] V. stay (at a place) ***See also*** *qīchù*

qīchù 栖处[棲處] N. abode (usu. temporary) ***See also*** [2]*qīchǔ*

qíchū 歧出 V.P. <*wr.*> conflicting and confusing (of use of words, esp. technical terms in a book/etc.); inconsistent

qíchǔ 齐楚[齊-] A.T. neat and smart

qǐchū* 起初 N. at first; originally

qǐchǔ 启处[啟處] V. take a rest

qīchuàn 戚串 N. relatives by marriage

[1]**qìchuán** 汽船 N. steamship; steamer M: [1]*sōu*

[2]**qìchuán** 弃船[棄-] V.O. abandon a ship

qìchuǎn* 气喘[氣-] V. be short of breath; pant ♦N. asthma

qìchuǎnchuǎn 气喘喘[氣-] R.F. <*coll.*> panting; breathing rapidly

qīchuàng 凄怆[-愴] S.V. ① pathetic; tragic ② cold; dreary; desolate ③ heartrending; heartbreaking

qǐchuāng 绮窗 N. gorgeously/resplendently painted or carved window M: [1]*shàn*

qǐchuáng* 起床 V.O. get up from bed

qìchuāng 气窗[氣-] N. transom window; fanlight

qǐchuánghào 起床号[-號] N. reveille

qìchuǎn rú niú 气喘如牛[氣-] V.P. pant like an ox; gasp for breath

qìchuǎnxìng 气喘性[氣-] ATTR. asthmatic

qìchuǎnxūxū 气喘吁吁[氣-] V.P. be out of breath; pant for breath

qìchuǎnxūxū 气喘吁吁[氣-] V.P. huff and puff

qīchūcúnhuò 期初存货 N. <*acct.*> beginning inventory

qìchuī* 气吹[氣-] N. air-blowing

[1]**qìchuí** 汽锤 N. <*mach.*> steam hammer M: [2]*zhī*

[2]**qìchuí** 气锤[氣-] N. <*mach.*> air hammer M: [2]*zhī*

qīchūjiéyú 期初结余 N. <*acct.*> opening balance

qǐchún 启唇[啟-] V.O. open one's mouth; start to talk about sth.

[1]**qícì*** 其次 CONJ. next; second ♦ATTR. secondary

[2]**qícì** 齐次[齊-] ATTR. <*math.*> homogeneous

[3]**qícì** 鳍刺 N. the part of fins closest to the skin

qǐcí 起磁 V.O. magnetize ♦N. magnetization

qìcǐjiùbǐ 弃此就彼[棄-] F.E. reject this and strive for that

qìcíniēkòng 砌词捏控 F.E. fabricate charges; frame

qícóng 骑从[-從] N. mounted aides and servants M: [2]*wèi*

qìcū* 气粗[氣-] V.P. ① rough; rude; boorish ② gruff

qìcù 气促[氣-] V. gasp for breath; be out of breath

qìcūcū 气粗粗[氣-] R.F. breathing stentoriously

qí cuò yī zhāo mǎnpán shū 棋错一着满盘输[---著-盤-] F.E. One wrong move loses the whole game.

qìcūqǔjīng 弃粗取精[棄-] F.E. discard the dross and select the essential

qǐdǎ 起打 V. <*opera*> start a fight

qīdàbāxiǎo 七大八小 F.E. objects of various sizes thrown together

qídàfēi'ǒu 齐大非偶/耦[齊-] F.E. too rich to be a good match (in marriage); no match for a high family

qī dàgū bā dàyí 七大姑八大姨 N. general term for various relatives

qídahāngr de 齐打夯儿地[齊-] ADV. <*topo.*> with one voice; in unison ~ ***hècǎi*** shout approval in unison

qīdài* 期待 V. <*wr.*> ①look forward to ②expect

qídài 脐带[臍帶] N. umbilical cord M: [1]*tiáo*

[1]**qǐdài** 企待 V. expect; await; look forward to

[2]**qǐdài** 乞贷 V. <*wr.*> beg for a loan

qìdài 气袋[氣-] N. air pocket; air trap M: [2]*zhī*

qìdàjiùxiǎo 弃大就小[棄-] F.E. ① leave big shots alone and go for the small fry ② exchange the great for the small

qīdàn 欺诞 V. cheat by exaggerating

qǐdàn 岂但[豈-] CONJ. <*wr.*> not only

Qìdān* 契丹 N. Khitan

qīdǎng 妻党[-黨] N. members and relatives of one's wife's family

qī-dānwèi diànchuán diànmǎ 七单位电传电码[---電傳電-] N. seven-unit teletype code

qīdǎo 攲倒 V. lurch and fall

qídǎo* 祈祷[-禱] V. pray

qǐdǎo 企祷[-禱] V. ardently/earnestly pray

qǐdào 起到 R.V. lead to

qìdāo 契刀 N. <*hist*> knife-shaped money

qìdào 气道[氣-] N. <*phys.*> respiratory tract

qǐdàojī 起道机 N. railway-track jack M: [1]*tái*

qídǎowén 祈祷文[-禱-] N. prayers M: [1]*piān*

qìdàshāngshēn 气大伤身[氣-傷-] F.E. cut off one's nose to spite one's face

qī dàzhōu 七大洲 N. the seven continents

qì de duòjiǎo 气得跺脚[氣-腳] V.P. stamp one's feet with anger

qì de fādǒu 气得发抖[氣-發-] V.P. shake with anger

qì de liǎn fāhuáng 气得脸发黄[氣--發-] V.P. be yellow with rage

qìdēng 汽灯[-燈] N. gas lamp M: [1]*zhǎn*

qìdēngchuīguǎn 汽灯吹管[-燈--] N. torch

qì de ǒuxuè 气得呕血[氣-嘔-] V.P. be so incensed as to cough up blood

qì de yàomìng 气得要命[氣-] V.P. be mad as a hornet

[1]**qīdì** 妻弟 N. wife's younger brother; brother-in-law M: [2]*wèi*

[2]**qīdì** 栖地[棲-] N. cache

qǐdí 启迪[啟-] V.O. enlighten; stimulate ♦N. enlightenment; inspiration

qìdí* 汽笛 N. steam whistle; siren M: [2]*zhī*

qìdì 扱地 V.O. kneel and bow with both hands touching the ground

qǐdiǎn* 起点[-點] N. ① starting point ~ ***yùnfèi*** minimum freight charge ② <*lg.*> beginning of a sound

qǐdiàn 起电[-電] N. electrification; charge

qìdiǎn 讫点[-點] N. <*lg.*> ending

qìdiàn(zi) 气垫(子)[氣墊-] N. air cushion M: [1]*zhāng*

qīdiānbādǎo 七颠八倒 F.E. at sixes and sevens; topsy-turvy

qìdiànchē 气垫车[氣墊-] N. hovercraft M: [1]*sōu*

qìdiànchuán 气垫船[氣墊-] N. hovercraft M: [1]*sōu*

qìdiàn fēixíngqì 气垫飞行器[氣墊飛-] N. hovercraft M: [1]*sōu*

qǐdiànjī 起电机[-電-] N. electric machine M: [1]*tái*

qǐdiànpán 起电盘[-電盤] N. <*elec.*> electrophorus

qìdiàn tiělù 气垫铁路[氣墊鐵-] N. air-suspension railway M: [1]*tiáo*

qǐdiǎn yùnfèi 起点运费[-點運-] N. minimum freight; minimum charge per bill of lading

qìdiànzuò 气垫座[氣墊-] N. air cushioned seat

qīdiāo* 漆雕 N. carved/engraved lacquerware

qǐdiào 起吊 V. lift with a crane

qìdiào 弃掉[棄-] R.V. abandon; give up

qídīng 畦丁 N. gardener

qǐdīng 起钉 V.O. remove a nail

qǐdìng* 起/启碇[啟-] V.O. weigh anchor; set sail

qìdǐng 气顶[氣-] N. gas well cap

qǐdīngqián 起钉钳 N. nail puller M: [1]*bǎ*

qǐdòng* 启/起动[啟動] R.V. start (a machine/etc.); switch on

[1]**qìdòng** 汽动[-動] ATTR. steam-operating; steam-driven

[2]**qìdòng** 气动[氣動] ATTR. pneumatic

qìdòng gōngjù 气动工具[氣動-] N. pneumatic tool

qǐdòngjī 起动机[-動-] N. starter M: [1]*tái*

qǐdòngjiàn 启动键[啟動-] N. <*comp.*> initiate key

qìdòngshì 气动式[氣動-] N. pneumatic type

qǐdòng shìchǎng 启动市场[啟動-場] V.O. stimulate the market

qídōngyěyǔ 齐东野语[齊-] F.E. popular report; unreliable words/talk

qǐdòngzi 启动子[啟動-] N. promoter

[1]**qìdù** 气度[氣-] N. ① magnanimity ② bearing; manner ③ personal capacity

[2]**qìdù** 器度 N. ① tolerance ② personality; style

qīduàn 凄断[-斷] V. be heartbroken; distressed

qíduān 旗端 N. fly; outer edge of a flag

qíduàn 棋段 N. grades of chess-playing skill

qǐduān 起端 N. origin or beginning (of an event/etc.)

qìduǎn* 气短[氣-] V.P. ① be short of breath; pant ② be discouraged; lose heart

qìduǎnqiúcháng 弃短求长[棄-] F.E. eliminate shortcomings and adopt the good points of others

qìduǎnqǔcháng 弃短取长[棄-] F.E. overcome one's shortcomings and make use of one's strong points

qìduǎnshénhūn 气短神昏[氣-] F.E. choke and lose consciousness

qìdùbùfán 气度不凡[氣-] F.E. uncommon personality

qìdūdū 气嘟嘟[氣-] R.F. <*coll.*> unhappy; angry

qìdùfēifán 气度非凡[氣-] F.E. impressive in bearing

qīdùn 栖遁[棲-] V. live in seclusion

qídūnguǒ 齐墩果[齊-] N. <*bot.*> another name for olive; *Styrax japonica* M: [2]*kē*/[1]*kē*

qídūnguǒyóu 齐墩果油[齊-] N. olive oil

qìdùqír 气肚脐儿[氣-臍-] N. bulging navel

qīdúzhěn 漆毒疹 N. <*med.*> skin rash due to contact with lacquer

qiē* 切 V. ① cut; slice ② rip off ♦N. <*math.*> tangency ***See also*** [1]*qiè*

[1]**qié** 茄 in ***qiézi, fānqié*** ***See also*** [9]*jiā*

[2]**qié** 伽 in ***qiélán, qiéluó*** ***See also*** [3]*gā*, [15]*jiā*

qiě 且 ADV. ① <*wr.*> moreover; still; further ② <*topo.*> for a long time ③ just; only ④ for the time being ♦CONS. ① ~ *v.1* ~ *v.2* v.1 while v.2; both v.1 and v.2 ***Wǒmen yīlù shàng ~tán~zǒu.*** All the way we talked as we walked. ② [2]*jì A ~ B* both A and B ③ *~ A bùwán* unable to finish doing A for quite some time ④ <*wr.*> *A ~ bù V,...* if even A is not V, then... ***Qīnqi ~ bù gù, hékuàng tārén?*** If even relatives are not concerned, then who else would be? ♦SUF. *forming adverbs* ***zàn~*** temporarily

[1]**qiè** 切 V. ① correspond to; be close to ***bù ~ shíjì*** not correspond to reality ② feel the pulse ♦ADV. ① absolutely; exactly ② ardently ♦N. ***fǎnqiè*** (trad. method of phonetic analysis) ***See also qièyīn See also*** *qiē*

[2]**qiè** 怯 B.F. timid; cowardly ***dǎnqiè*** ♦S.V. uncouth

[3]**qiè** 窃[竊] B.F. ① steal ***tōuqiè*** ② secretly; furtively ***qiètīng*** ♦PR. <*humb.*> I ~ ***yǐwéi*** in my humble opinion

[4]**qiè** 妾 N. <*wr.*> concubine ♦PR. <*trad./humb.*> I (self-address by women)

[5]**qiè** 趄 V. lean; incline the body to one side ***~zhe shēnzi*** leaning sideways (of a person) ***See also*** [18]*jū*

[6]**qiè** 挈 B.F. carry; take along ***qièdài, tíqiè***

[7]**qiè** 惬[愜] B.F. feeling of satisfaction [1]***qièyì, qièxīn***

[8]**qiè** 箧[篋] B.F. small chest/box/suitcase ***qièsì, gùqiè***

[9]**qiè** 锲[鍥] B.F. ① carve ***qiè'érbùshě*** ② harsh ***qièbó***

[10]**qiè** 契 in ***qièkuò See also*** [7]*qì*

[11]**qiè** 砌 in ***qièmo See also*** [4]*qì*

Q

[12]**qiè** 踥 in *qièdié, qièqie*

Qiè 郄 N. Surname

qǐ'é 企鹅 N. penguin M: [2]*zhī*

qiè'àn 窃案[竊-] N. burglary case M: [2]*jiàn*

qiēbiàn 切变[-變] V. <*phy.*> shear

qiěbiéshuō 且别说 V.P. not to say/mention

qièbǐng 窃柄[竊-] V.O. usurp state power

qièbó 锲薄 V.P. merciless; unsympathetic; pitiless

qiěbù 且不 ADV. not for the time being; not about to

qièbù* 怯步 V. draw back (in fear); hang back

qiěbù chūlai 且不出来 V.P. <*coll.*> not come out for quite some time

qiēbùjī 切布机 N. rag cutter/chopper (for paper making); rag-cutting machine M: [1]*tái*

qièbukě 切不可 V.P. be sure not to

qiēbuqí 切不齐[-齊] R.V. can't cut neatly (of vegetable/etc.)

qiěbù qù 且不去 V.P. <*coll.*> not go for quite some time

qiěbù shuō 且不说 V.P. leaving aside; not to mention ~ ***zhuànwén, tā lián jiǎgǔwén yě huì.*** Leaving aside the seal-style script, he even knows oracle bone writing.

qiēcàidāo 切菜刀 N. kitchen knife M: [1]*bǎ*

qiēcàijī 切菜机 N. vegetable-chopper; vegetable-cutter M: [1]*tái*

qiēcáo 切槽 N. <*mach.*> grooving M: [2]*dào*

qiēcǎojī 切草机 N. chaffcutter; hay cutter M: [1]*tái*

qièchǎng 怯场[-場] V.O. have stage fright (lit./fig.)

qiēchéng 切成 R.V. cut into (sections/pieces/etc.)

qièchǐ 切齿[-齒] V.O. gnash one's teeth

qièchǐchóuhèn 切齿仇恨[-齒--] F.E. gnash one's teeth in hatred

qièchǐfǔxīn 切齿腐心[-齒--] F.E. hate with all one's soul

qièchǐjī 切齿机[-齒-] N. <*mach.*> gear-cutting machine M: [1]*tái*

qièchǐrěnshòu 切齿忍受[-齒--] F.E. grin and bear it

qièchǐtònghèn 切齿痛恨[-齒--] F.E. have a bitter hatred for

qièchǐzhīchóu 切齿之仇[-齒--] F.E. bitter hatred that makes one gnash the teeth

qièchǐzhīhèn 切齿之恨[-齒--] F.E. grinding/extreme hatred

qièchǐzǔzhòu 切齿诅咒[-齒--] F.E. gnash one's teeth and curse

qiēchú 切除 <*med.*> R.V. excise; resect ♦N. excision; resection

qiēchúcí 切除词 N. <*lg.*> clipping

qiēcí 切词 V.O. demarcate words; segment text by words

qiēcuō 切磋 V. learn from group discussion

qiēcuōzhuómó 切磋琢磨 ID. learn from each other by exchanging views

qiédài 茄袋 N. eggplant-shaped bag/pouch for cash M: [2]*zhī*

qièdài* 挈带[-帶] V. <*wr.*> take along

[1]**qièdàng(r)** 惬当(儿)[愜當-] V.P. <*wr.*> proper; appropriate

[2]**qièdàng** 切当[-當] S.V. to the point; apposite

qièdāngdangr 怯当当儿[-當當-] N. <*coll.*> a timid person

qiēdāo 切刀 N. kitchen knife M: [1]*bǎ*

qièdào* 窃盗[竊盜] V. burglarize

qièdàokuáng 窃盗狂[竊盜-] N. kleptomania

qièdàokuáng huànzhě 窃盗狂患者[竊盜-] N. kleptomaniac

qièdàoxiǎn 窃盗险[竊盜-] N. burglary insurance

qièdàozuì 窃盗罪[竊盜-] N. theft; larceny

qiědébuliǎo 且得不了 R.V. <*coll.*> unable to get (sth.) for quite a while

qiēdiǎn 切点[-點] N. <*math.*> point of tangency/contact

qiēdiào 切掉 R.V. cut off

qièdié 踥蹀 ADV. walking; in motion

[1]**qiēduàn** 切断[-斷] R.V. ① sever; amputate ② cut off

[2]**qiēduàn** 切段 N. dissection

qiēduàn diànyuán 切断电源[-斷電-] V.O. cut off the electricity supply

qiēduàn yuánzhù 切断援助[-斷--] V.O. pull the plug

qièdùjiǎ 窃蠹甲[竊-] N. <*insect*> drugstore beetle M: [2]*zhī*

qièduó 窃夺[竊奪] V. usurp; grab

qiè'érbùshě 锲而不舍[-捨] F.E. work perseveringly

qiè'érduōyí 怯而多疑 F.E. be timid and suspicious

Qiē'ěrnuòbèilì 切尔诺贝利 P.W. Chernobyl

qièfàn 窃犯[竊-] N. <*law*> thief; burglar

qiēfēn 切分 N. <*lg.*> segmentation

qiēfēn chéngfèn 切分成份/分 N. <*lg.*> segment; chunk

qiēfēnyīn 切分音 N. <*mus.*> syncopation

qiēfēn yīnsù 切分音素 N. <*lg.*> segmental phoneme

qiēfēn yīnwèi 切分音位 N. <*lg.*> segmental phoneme

qiēfù 切腹 V.O. commit hara-kiri

[1]**qièfū*** 切肤[-膚] ATTR. ① personally very close ② keenly felt

[2]**qièfū** 怯夫 N. coward

qièfù 妾妇[-婦] N. ① concubine referring to herself ② <*derog.*> common person; inferior person

qièfūzhītòng 切肤之痛[-膚--] N. ① keenly felt pain ② personal loss

qiēfùzìshā 切腹自杀[-殺] F.E. commit hara-kiri

qiēgāo 切糕 N. cake made of glutinous rice, sold in sliced pieces M: [2]*kuài*

qiēgē 切割 V. cut

qiēgē chéng 切割成 R.V. cut/dice into

qiēgējī 切割机 N. cutting machine M: [1]*tái*

qiègōuqièguó 窃钩窃国[竊鉤竊國] F.E. punishment or reward not depending upon what one does

qiègǔ 切骨 V.O. ① hate to the bones ② pierce to the bone

qièguān 怯官 V.O. fear officials/superiors

qiēguǎnjī 切管机 N. pipe cutter; pipe-cutting machine M: [1]*tái*

qièguó 窃国[竊國] V.O. usurp state power

qièguódàdào 窃国大盗[竊國-盜] F.E. arch usurper of state power

qiègǔtònghèn 切骨痛恨 F.E. hate with particular venom

qiègǔzhīchóu 切骨之仇 F.E. hate to the very marrow of one's bones

qiègǔzhīhèn 切骨之恨 F.E. bone-deep hatred

qièhài 窃害[竊-] V. <*topo.*> harm secretly; inflict injury by stealth

qièhào 窃号[竊號] V.O. usurp the name of the emperor

qièhàojiànchēng 窃号僭称[竊號-稱] F.E. usurp imperial titles and arrogate rank to oneself

qièhé 切合 S.V./V. suit; fit in; gear to

qièhé shíyí 切合时宜[--時-] V.P. be appropriate (to the occasion)

qièhéxìng 切合性 N. pertinency

qiēhòu 切厚 R.V. cut in thick pieces

qiēhuā 切花 V.O. cut flowers

qièhuái 惬怀[愜懷] V.P. <*wr.*> satisfied; contented

qiēhuàn 切换[-換] ATTR. switching over; switchover

qiēhuì 切汇[-匯] V.O. <*slang*> shortchange sb. in an illegal foreign-currency transaction

qièjǐ 切己 S.V. very close to oneself

[1]**qièjì*** 切记 V. must always remember

[2]**qièjì** 切忌 V. avoid by all means

qièjiàn 切谏 V. <*wr.*> remonstrate in frank terms

[1]**qiējiǎo** 切角 N. angle of contact; tangential angle

[2]**qiējiǎo** 切脚[-腳] N. <*lg.*> the two characters of a *fǎnqiē* analysis

qièjié 切结 N. written pledge of responsibility

qièjìn 切近 V. be close to; be closely related

qiějīngqiěxǐ 且惊且喜[-驚--] F.E. be both surprised and pleased

qièjìshēnglěng 切忌生冷 F.E. cold and raw food strictly forbidden

[1]**qièjù** 窃据[竊據] V. occupy (by rebels)

[2]**qièjù** 怯惧[-懼] V. fear; be fearful

qièjuàn 挈眷 V.O. take the family along

qièjù yàojīn 窃据要津[竊據-] V.O. usurp an important post

qièjù yàozhí 窃据要职[竊據-職] V.O. usurp a high post; unjustly occupy a high post

qiēkāi 切开[-開] R.V. cut open

qiěkān* 且看 V.P. wait and see

qièkàn 窃看[竊-] V. peep; look at something stealthily

qiékē 茄科 N. <*bot.*> *Solanaceae*

qiēkǒu* 切口 N. ① notch; incision ② side margin of a page in a book ***See also*** [1]*qièkǒu*

[1]**qièkǒu** 切口 N. ① argot/jargon of the underworld/trade/profession ② regional accent ***See also*** *qiēkǒu*

[2]**qièkǒu** 怯口 N. rustic accent

qiēkuài 切块[-塊] V.O. strip and slice (food)

qièkuī 窃窥[竊-] V. steal a glance; spy; peep

qièkuò 契阔 V. be separated from one another ♦N. ① long separation ② the difficulties/troubles of life

qièkuòzhīqíng 契阔之情 N. remembrance when friends are separated from each other

qiélán 伽蓝[-藍] N. <*Budd.*> ① temple ② monastery (sangharama)

qiélánniǎo 伽蓝鸟[-藍-] N. <*zoo.*> pelican M: [2]*zhī*

qiélánshén 伽蓝神[-藍-] N. <*Budd.*> genies guarding a monastery

qiēlì 切力 N. <*phy.*> shearing force; shear

qièlǐng 挈领 V.O. present the main points; make a summary/synopsis

qiěliú 且留 V. remain temporarily

qiéluó 伽罗[-羅] N. eagle wood; aloeswood

qièmài 切脉[-脈] V.O. <*Ch. med.*> feel the pulse

qiěmàn 且慢 INTJ. Wait a moment!; Hold it!

qiěmàngāoxìng 且慢高兴[-興] F.E. Don't rejoice so soon!

qièmì 窃密[竊-] V.O. steal secret information; steal secrets

qiēmiàn 切面 N. ① <*math.*> tangent plane; section ② cut/machine-made noodles

qièmíng* 窃名[竊-] V.O. ① gain fame by deception; fish for underserved fame ② steal sb.'s name

qièmìng 窃命[竊-] V.O. usurp power

qièmo 砌/切末 N. <*thea.*> decor; set

qièmò* 切莫 V.P. <*wr.*> by no means

qièmòjiànguài 切莫见怪 F.E. Do not take it ill.

qiénánxiāng 伽南香 N. Guangdong perfume-producing wood

qiéní 茄泥 N. mashed steamed/toasted eggplant

qiènuò 怯懦 S.V. faint-hearted ♦N. cowardice

qièpàn 切盼 V. <*wr.*> look forward to earnestly

qiēpiàn 切片 V.O. <*med.*> slice ♦N. section (of tissue/etc.) M: [1]*piàn*

qiēpiànjī 切片机 N. ① slicer ② <*txtl.*> chipper ③ <*med.*> microtome M: [1]*tái*

qiēpiàn jiǎnchá 切片检查 N. <*med.*> microscopic examination of shavings of the affected tissue

qièpíngzhīzhī 挈瓶之知 N. trivial knowledge; petty cleverness

qiépízǐ 茄皮紫 N. aubergine; eggplant purple

qièpō 趄坡 N. slope

qièpò* 切迫 S.V. pressing; eager

qiēqǐ 切起 R.V. cut out/off

qièqie 踥踥 ADV. moving back and forth

[1]**qièqiè*** 窃窃[竊竊] R.F. ① low (voice); whispering ② in secret

²qièqiè 切切 ADV. be sure to ~ *jìzhù* be sure to remember ♦R.F. ① urgent ② sad ♦N. soft sounds/voices
³qièqiè 挈挈 R.F. urgent
⁴qièqiè 箧箧[篋篋] R.F. long and thin; slender
⁵qièqiè 怯怯 R.F. timid
qièqiè'ànxiào 窃窃暗笑[竊竊-] F.E. laugh up one's sleeve
qièqiècǐbù 切切此布 F.E. <wr.> this is hereby solemnly proclaimed (used at the end of a proclamation/etc.)
qièqièjiāotán 窃窃交谈[竊竊-] F.E. converse in whispers
qièqieshíshí 切切实实[-實實] R.F. ① real; sure ② thoroughly; strictly
qièqièsīyì 窃窃私议[竊竊-議] F.E. exchange whispered comments
qièqièsīyǔ 切切//窃窃私语[--//竊竊--] F.E. ① whisper (in sb.'s ear) ② talk in whispers
qièqièxùyǔ 窃窃//切切絮语[竊竊//-] F.E. engage in a low-keyed continuous talk
qièqíng 惬情[愜-] N. satisfied; contented
qiēqù 切去 R.V. cut off; remove
qièqǔ* 窃取[竊-] V. steal; filch
qièquàn 切劝[-勸] V. advise firmly
qièqǔ rénxīn 窃取人心[竊-] V.O. steal away sb.'s heart
qièqūwén 窃曲纹[竊-] N. curved and hooked patterns derived from animal elements, usually in horizontal bands or borders
qī'ér* 妻儿 N. wife and children; the whole family
qí'èr 其二 N. second; secondly
qǐ'ér 乞儿 N. beggar
qì'ér 弃儿[棄-] N. ①abandoned child; foundling ② derelict
qī-ér-lǎo-xiǎo 妻儿老小 N. wife, children, and parents
qiēròu 切肉 V.O. cut/cleave meat
qiēròudāo 切肉刀 N. cleaver M: ¹*bǎ*
qiērù 切入 V.P. cut into; incise
qièruò 怯弱 S.V. ① timid ② physically weak
qī'èryī dàxué 七二一大学 P.W. <PRC> worker's universities founded on the directive issued by Mao Zedong on July 21,1968. M: ¹*suǒ*
qiēshāng* 切伤[-傷] N. cut wound
qièshàng 怯上 V.O. fear one's superiors
qièsháo(r) 怯勺(儿) N. <coll.> an ignoramus
¹qièshēn 切身 ATTR. personal; directly affecting a person
²qièshēn 妾身 N. <trad.> self-address of a wife when speaking to her husband
qièshēng 怯生 S.V. <topo.> shy with strangers
qièshēngqièqì 怯声怯气[-聲-氣] V.P. speak in a timid manner; speak haltingly
qièshēngshēng 怯生生 R.F. timid; shy
qièshēn lìyì 切身利益 N. interest directly affecting a person
qièshēn tǐhuì 切身体会[--體-] V.P./N. personal understanding; intimate knowledge
qièshēnzhītòng 切身之痛 N. sorrow which hits close to home
¹qièshí* 切实[-實] S.V. feasible; practical; realistic ♦ADV. practically; honestly; conscientiously; realistically
²qièshí 切时[-時] N. right/proper time
¹qièshì 窃视[竊-] V. peep
²qièshì 切事 N. urgent task/affairs ♦S.V. fair and reasonable/sensible; suitable
³qièshì 妾侍 N. concubine and maidservant M: ²*wèi*
qiēshíjī 切石机 N. stonecutter; stone-cutting machine M: ¹*tái*
qièshíkěxíng 切实可行[-實--] V.P. practical; feasible
qiěshuō 且说 V.P. Let's now talk about . . .(used at the beginning of a narrative) ♦ADV. <coll.> and now to continue with the story
qiēsī* 切丝[-絲] V.O. cut into shreds; shred
qièsī 窃思[竊-] F.E. My personal view/opinion is that. . .
qièsì 箧笥[篋-] N. bamboo box for holding books/clothes, etc.
qiēsuì 切碎 R.V. cut up; mince
qiètí 切题 V.O. keep to the point ♦S.V. relevant; pertinent
qiētiē gōngnéng 切贴功能 N. cut and paste function
qiètīng 窃听[竊聽] V. eavesdrop; wiretap; bug
qiètīng lùyīnjī 窃听录音机[竊聽錄-] N. dictograph M: ¹*tái*
qiètīngqì 窃听器[竊聽-] N. listening device; bug
qiětīng xiàhuí fēnjiě 且听下回分解[-聽----] F.E. to be analyzed and explained below
qiètīng zhuāngzhì 窃听装置[竊聽裝-] N. wiretap
qiètóuqiènǎo 怯头怯脑[-腦] V.P. ① timidly ② uncouth; lumpish; countrified ③ nervous and clumsy
qiétuó 伽陀 N. <Budd.> verse intercalated in prose recitation (Skt. gatha)
qièwàng 切望 V. <wr.> eagerly anticipate
¹qièwèi 窃位[竊-] V.O. ①usurp a place ②occupy an undeserved position
²qièwèi 窃谓[竊-] F.E. <wr.> I'd personally say that. . .
qièwèisùcān 窃位素餐[竊-] F.E. hold a high position but do nothing for the public interest
qièwèn ér jìnsī 切问而近思 F.E. inquire with earnestness and reflect with self-application
qièwù 切勿 V.P. be sure not to
qièwù dàozhì 切勿倒置 V.P. do not turn over; Keep upright!
qièwù diāndǎo 切勿颠倒 V.P. Don't turn over!
qièwù jiànguài 切勿见怪 V.P. Don't take it ill.
qièwù jǐyā 切勿挤压[-擠壓] V.P. Do not crush!
qièwù kàojìn 切勿靠近 V.P. Keep off!
qièwù píngfàng 切勿平放 V.P. Do not to lay flat!
qièwù shòucháo 切勿受潮 V.P. ① Avoid moisture! ② Keep dry!
qièwùtóuzhì 切勿投掷[-擲] F.E. No dumping!
qièwùzhuìluò 切勿坠落[--墜-] F.E. Do not drop! No dropping!
qiēxiàn* 切线 N. <math.> tangent M: ²*gēn*
qièxián 窃嫌[竊-] N. suspected burglar
qièxiàng 怯相 N. ① cowardly look ② vulgar appearance/manner
qiēxiāo* 切削 N. <mach.> cutting; chipping
qièxiào 窃笑[竊-] V. <wr.> laugh up one's sleeve
qiě xiēxie 且歇歇 V.P. <coll.> rest a while
qièxīn 惬心[愜-] S.V. <wr.> satisfied; contented
qiěxìnqiěyí 且信且疑 F.E. half-believing and half-doubting
qièyǎn 箧衍[篋-] N. bamboo box
qièyào 切要 S.V. of vital importance
qièyèyǐ 窃叶蚁[竊葉蟻] N. <zoo.> thief ant M: ²*zhī*
qièyī 窃衣[竊-] N. <bot.> hemlock chervil
¹qièyí 切宜 V.P. suitable; appropriate; favorable
²qièyí 怯疑 V.P. timid and vacillating
¹qièyì* 惬意[愜-] S.V. pleased; satisfied; contented
²qièyì 怯意 N. timidity; shyness
qièyīn 切音 N. <lg.> ① indication of pronunciation of a character by two others, using the initial of the first character and the final of the second character ② segment
qiēyīn wénzì 切音文字 N. <lg.> phonetic writing
qiēyīnzì 切音字 N. <lg.> phonetic Chinese alphabets
qiè yǐwéi 窃以为[竊-] V.P. in my humble opinion
qièyòng 窃用[竊-] V. embezzle; usurp
qièyǔ 切语 N. <lg.> the two characters of a *fǎnqiē* analysis
qièyuán 切圆 N. <math.> tangent circles
qiěyuǎnzhene 且远着呢[-遠著-] F.E. <coll.> quite far away
qièyùn 切韵[-韻] N. ① rhyme classification of characters ② a dictionary of rhymes compiled in 601 A.D.
qièyùn tǐlì 切韵体例[-韻體-] N. <lg.> principle followed by the *Qie Yun*
qièyùtōuxiāng 窃玉偷香[竊-] ID. philander (of men)
qièzé 切责 V. <wr.> severely rebuke; sternly condemn
qièzéi 窃贼[竊-] N. <wr.> thief; burglar
qièzéiqìzāng 窃贼弃脏[竊-棄髒] F.E. waif
qiězhànqiězǒu 且战且走[-戰--] F.E. fight while falling back
qièzhěn 切诊 V. <Ch. med.> feel the pulse and palpate
qièzhèn* 怯阵 V.O. ① be battle-shy ② have stage fright
qièzhèng 怯症 N. ① impotency ② fear and nervousness caused by poor health
qièzhe shēnzi 趄着身子[-著--] V.O. lean sideways (of a person)
qiēzhí 切直 R.V. cut straight
qiézhī* 茄汁 N. tomato juice
qiēzhǐdāo 切纸刀 N. paper-cutting knife M: ¹*bǎ*
qiēzhǐjī 切纸机 N. paper cutter M: ¹*tái*
qiézhī míngxiā 茄汁明虾[-蝦] N. prawns in tomato sauce
qiézhī xiārén 茄汁虾仁[--蝦-] N. shelled shrimps in tomato sauce
qièzhòng 切中 R.V. hit the mark ~ ***shíbì*** hit the mark on present-day evils/problems
qièzhòngkěnyào 切中肯要 F.E. apposite
qièzhòng shíbì 切中时弊[--時-] V.O. sharply criticize current social evils
qièzhòng yàohài 切中要害 V.O. be right to the point
qiězhù* 且住 INTJ. <wr.> Hold it!; Stop it!
qièzhǔ 切嘱[-囑] V. <wr.> repeatedly exhort; din sth. into sb.
qièzhù 切祝 V. beg insistently
qiězhùwéijiā 且住为佳 F.E. We had better stay over for a while.
qiēzì 切字 N. <lg.> first or second character of a pair used for *fǎnqiē*
qiézi* 茄子 N. eggplant
qièzi 怯子 N. <coll.> bumpkin
qiézìróng 茄子茸 N. purple-colored soft core of young deer antlers
qǐfā 启发[啟發] V. enlighten; stimulate ♦N. ① enlightenment; inspiration ② <lg> elicitation
qífābàopò 齐发爆破[齊發-] F.E. volley; simultaneous blasting
qǐfā chéngxù 启发程序[啟發-] N. elicitation procedure
qǐfāfǎ 启发法[啟發-] N. heuristic
qǐfā gōngnéng 启发功能[啟發-] N. heuristic function
qǐfā jìqiǎo 启发技巧[啟發-] N. elicitation technique
qǐfā móshì 启发模式[啟發-] N. heuristic model
qífān 旗幡 N. flag; banner M: ¹*miàn*
qífàng 齐放[齊-] N. multiple shooting
qǐfāshì 启发式[啟發-] N. heuristic method
qǐfāshì jiàoyùfǎ 启发式教育法[啟發-] N. heuristic method of education
qǐfāshì jùfǎ pōuxī 启发式句法剖析[啟發-] N. <lg.> heuristic parsing
qǐfāshì suànfǎ 启发式算法[啟發-] N. heuristic approach
qǐfāshì yánjiū 启发式研究[啟發-] N. heuristic
qǐfāxìng 启发性[啟發-] N. heuristic; enlightenment
qǐfāxìng mófǎng 启发性模仿[啟發-] N. elicited imitation
qǐfā zuòyòng 启发作用[啟發-] N. evocation
qífēi 齐吠[齊-] N. full cry

Q

[1]qǐfēi* 起飞[-飛] R.V. ① take off (of planes/etc.) ② begin to develop rapidly
[2]qǐfēi 岂非[豈-] V.P. <wr.> isn't? (rhetorical)
[1]qìfēn* 气氛[氣-] N. atmosphere; ambience
[2]qìfēn 气分[氣-] N. <Ch. med.> qì section
qìfèn 气愤/忿[氣-] S.V./N. angry; furious
qífēnfǎ 齐分法[齊-] N. <math.> reduction to the same denominator
qìfènfèn 气忿忿//愤愤[氣--//--] R.F. <coll.> furious; angry; enraged; mad
qīfēng 凄风 N. cold wind
[1]qífēng 棋锋 N. brilliance shown in playing chess
[2]qífēng 脐风[臍-] N. <Ch. med.> umbilical tetanus
qífèng 骑缝 N. ① junction of two separable pieces of paper (usu. a seal is stamped with a part on each of the two sheets) ② perforation
[1]qǐfēng* 起风 V.O. get windy
[2]qǐfēng 启封[啟-] V.O. unseal; open an envelope/wrapper Méi ~. It's unopened.
qìfēng 气疯[氣-] R.V. drive mad with anger
qíféngdíshǒu 棋逢敌手[--敵-] F.E. be well-matched in a contest
qíféngduìshǒu 棋逢对手[--對-] F.E. be well-matched in ability
qífènghào 骑缝号[-號] N. tally mark
qīfēngkǔyǔ 凄风苦雨 F.E. ① wailing wind and pattering rain ② wretched circumstances
qīfēngqièqiè 凄风切切 F.E. The wind sobbed.
qǐfèngténgjiāo 起凤腾蛟[-鳳--] F.E. like the soaring phoenix and the rising dragon
qífēngtūqǐ 奇峰突起 F.E. grotesque peaks tower magnificently.
qífèngxiàn 骑缝线 N. (philatelic) roulette; perforation M: [1]tiáo
qífèngyìn 骑缝印 N. seal stamped on a qífèng M: [4]méi/ge
qífēngyìsú 奇风异俗[--異-] F.E. exotic customs
qífèngzhāng 骑缝章 N. seal on a qífèng M: [4]méi/ge
qīfu 欺负 V. browbeat; take advantage of; pick on
[1]qífú 祈福 V.O. pray for blessings
[2]qífú 旗幅 N. fly; outer end of a flag
qǐfú* 起伏 V. rise and fall; undulate ♦N. ups and downs Tā de yīshēng chōngmǎnle ~. His life is full of ups and downs.
qǐfù 起复[-復] V. <trad.> resume official life and duties before one's parents' mourning period is over
[1]qìfù 弃妇[棄婦] N. forsaken wife
[2]qìfù 气腹[氣-] N. <med.> pneumoperitoneum; pneumascos
[3]qìfù 契父 N. adoptive father M: [2]wèi
[4]qìfù 葺覆 V. cover; roof in
Qífū dìnglǜ 齐夫定律[齊-] N. <lg.> Zipf's law
qīfùhuìkuǎn 期付汇款[--匯-] N. <acct.> drafts payable with terms
qífùqízǐ 其父其子 F.E. a chip of the old block
qǐgài* 乞丐 N. beggar
[1]qìgài 气概[氣-] N. mettle; spirit
[2]qìgài 汽盖[-蓋] N. <mach.> slide valve (of a steam engine)
qìgàijī'áng 气概激昂[氣-] F.E. excited and indignant spirit/temper; elevated/exalted spirit
qígān* 旗杆/竿 N. ①flagpole M: [2]gēn ② <trad.> successful examination candidate ③ <coll.> important personage
qǐgǎn 岂敢[豈-] V.P. how dare? ~! ~! You flatter me!; How dare I accept your praise?
qígān dǐngr 旗杆顶儿 N. top of a flagpole
qìgāng 汽/气缸[氣-] N. <mach.> cylinder
qìgāngzǔ 汽缸组 N. <mach.> cylinder block
qígān rénwù 旗杆人物 N. <coll.> important personage
qǐgǎo(r)* 起稿(儿) V.O. make a draft; draft
qǐgào 启告[啟-] V. make a public announcement
qīgāobādī 七高八低 F.E. bumpy and rough; uneven (in height)
qígāoyīzhāo 棋高一着[-著] F.E. ① outmatch one's opponent ② excel an opponent in intelligence/skill/etc.
qīgé 漆革 N. patent leather
qígē 骑/歧搁 V. <topo.> be still unsolved/unsettled
qígé 棋格 N. ① chessboard with the pieces arranged ② game of chess
qìgē* 气割[氣-] V. <mach.> cut metal with a blowtorch
[1]qìgé 气格[氣-] N. character; personality
[2]qìgé 气隔[氣-] N. <Ch. med.> qì blockage
qī ge bā ge bù rènzhàng 七个八个不认账[-個-個-認-] V.P. <coll.> refuse to admit error no matter what
qǐ gēda 起疙瘩 V.O. <coll.> swell up into a lump
qígèlǐnzūn 其各凛遵[--凜-] F.E. Let all obey the order carefully.
qǐgēn(r)* 起根(儿) ADV. <coll.> ① from the very roots; any time in the past; at first; in the beginning ② heretofore; all along ~ yě méi never
qìgēn 气根[氣-] N. <bot.> aerial/clinging root
qǐgēnfājiǎo 起根发脚[-發腳] ADV. from the beginning
qǐgēng 起更 V. <trad.> begin to sound the night watches
qìgěng* 气哽[氣-] V.P. choke
qìgētóuxiáng 弃戈投降[棄-] F.E. threw aside one's spear(s) and gave in
qīgōng 漆工 N. ①lacquering; painting ②lacquer man; painter; varnisher M: [2]wèi
qígōng 奇功 N. outstanding contribution/achievement
qǐgōng 起工 V.O. start work
qìgōng* 气功[氣-] N. system of deep-breathing exercises
qìgōng liáofǎ 气功疗法[氣-療-] N. treatment with deep-breathing exercises
qìgōngrè 气功热[氣-熱] N. breathing-exercises craze
qígōngrùshén 其功入神 F.E. very effective
qìgōngshī 气功师[氣-師] N. master of qìgōng M: [2]wèi
qīgǔ 七古 N. short name for a poem with seven characters to a line
[1]qìgū 弃觚[棄-] V.O. stop writing
[2]qìgū 泣辜 V. commiserate with a criminal
[1]qìgǔ* 气骨[氣-] N. one's natural character
[2]qìgǔ 气臌[氣-] N. <Ch. med.> tympanites; distention of the abdomen caused by accumulation of gas
qíguài 奇怪 V.P. ① strange; odd; amazing ② amazed
qīguàn 漆罐 N. paint can M: [2]zhī
qíguān 奇观[-觀] N. spectacular sight; wonder
qíguǎn 歧管 N. <mach.> manifold
qíguàn 畦灌 N. border method of irrigation
qǐguǎn 企管 N. business management; management of an enterprise
[1]qìguān* 器官 N. organ; apparatus
[2]qìguān 弃官[棄-] V.O. give up one's office; abandon official life
[1]qìguǎn 气管[氣-] N. ① windpipe; trachea ② air duct ③ respiratory tract
[2]qìguǎn(zi) 汽管(子) N. steam pipe M: [2]gēn
qìguàn 气罐[氣-] N. air bottle; gas tank M: [2]zhī
qìguān biǎoyīn fúhào 器官表音符号[-號] N. <lg.> organic notation
qìguànchánghóng 气贯长虹[氣-] F.E. full of noble aspiration and daring
qìguān de zhuàngtài 器官的状态[-狀態] N. <lg.> shape of an organ
qìguān'érqù 弃官而去[棄-] F.E. give up one's post and retire into the country
qíguànfǎ 畦灌法 N. <agr.> method of border irrigation
qìguānguītián 弃官归田[棄-歸-] F.E. give up one's post and retire into the country
qīguǎnyán 妻管严[-嚴] N. persistent nagging (pun on qìguǎnyán) Tā yǒu ~. He's henpecked.
qìguǎnyán* 气管炎[氣-] N. tracheitis
qìguān yízhí 器官移植 N. organ transplant ♦V.P. transplant an organ
qìguǎnzhī 气管支[氣-] N. <phys.> bronchi
qìguǎnzi 汽管子 N. steam pipe M: [2]gēn
qīgū-bāyír 七姑八姨儿 F.E. <coll.> very distant relatives
qìgǔgǔ 气鼓鼓[氣-] <coll.> ADV. angrily; unhappily ♦R.F. fuming with anger; furious
qíguǐ* 奇诡 S.V. odd; eccentric
qǐguǐ 起轨 V.O. remove a rail
qìguì 汽柜[-櫃] N. steam boiler M: [2]zhī
qì guǐshén 泣鬼神 V.O. very moving
qīgǔntǒng 漆滚筒[-滾-] N. paint roller M: [2]zhī
Qīguó* 七国[-國] N. the Seven Powers (of the Warring States Period)
Qíguó 齐国[齊國] N. ancient state of Qi in what is now Shandong
qìguō 气/汽锅[氣鍋] N. ① <mach.> boiler; steamer ② Yunnan steaming pot M: kǒu
qìguōjī 气锅鸡[氣鍋雞] N. steamed chicken (Yunnan style)
qìguòtúxīn 弃过图新[棄-圖-] F.E. turn over a new leaf
qìguō zhēngjī 气锅蒸鸡[氣鍋-雞] N. chicken steamed in an earthenware pot (Yunnan)
qígǔxiāngdāng 旗鼓相当[-當] F.E. be evenly matched in strength
qǐ háigǔ 乞骸骨 V.O. resign (a ministry)
qīhán 凄寒 S.V. desolate and cold
qíhán 祁寒 N. severe/bitter cold
qǐhàn 起旱 V.O. ①experience drought ②travel by land (usu. on foot or by old means of transport)
qìhàn* 气焊[氣-] V. weld with a gas torch
qīhánchègǔ 奇寒彻骨[--徹-] F.E. biting/bitter/freezing cold
qíháng 齐行[齊-] N. <print.> justification
qǐháng* 起/启航[啟-] V. start a journey (of ships/planes/etc.)
qīhángbàshì 欺行霸市 F.E. dominate the market
qíháng dǎzìjī 齐行打字机[齊-] N. justifying typewriter M: [1]tái
qǐhánggǎng 启航港[啟-] N. port of embarkation/sailing
qíhángxiē 齐行楔[齊-] N. justifying space
qǐhánjì 起寒剂[-劑] N. anti-freeze
qíhánkùshǔ 祁寒酷暑 F.E. severe cold and intense heat
qíhāo 奇蒿 N. artemisia anomalas
qíhào* 旗号[-號] N. ① flag signal ② <derog.> banner, flag dǎzhe . . . de ~ flaunt the banner of. . .
qìhé 契合 S.V. agree/tally with
qīhēi 漆黑 V.P./N. be pitch-black
qīhēiyītuán 漆黑一团[-團] ID. ① pitch-black all over bǎ shìqing shuōchéng ~ painted the event totally black ② be in the dark
qìhéjīnlán 契合金兰[-蘭] F.E. bosom friends
qìhèn 气恨[氣-] V. be angry/resentful/bitter
qíhéng 奇恒[-恆] A.T. <Ch. med.> extraordinary
qīhéngbāshù 七横八竖[-豎] F.E. every which way; at sixes and sevens
qìhēnghēng 气哼哼[氣-] R.F. enraged; furious; fuming
qìhěnhěn 气狠狠[氣-] R.F. enraged; furious
qí hè shàng Yángzhōu 骑鹤上扬州[---揚-] ID. have unbounded ambition
qīhǒng 欺哄 V. fool sb.
Qíhóng 祁红 N. Keemun black tea
qǐhòng* 起哄 V.O. <coll.> ① hoot; catcall; jeer; boo ② stir up trouble
qìhóng 气红[氣-] V. be red with anger
qíhòu 其后[-後] N. after that
qìhòu* 气候[氣-] N. climate (lit./fig.)
qìhòu biànhuà kuàngjià 气候变化框架[氣-變---] N. climactic changes framework
qìhòudài 气候带[氣-帶] N. climate zone

qìhòu jiēdì 气候阶地[氣-階-] N. <geog.> climatic terrace
qìhòunián 气候年[氣-] N. climatic year
qìhòuxué 气候学[氣-] N. climatology
qìhòuzhàn 气候站[氣-] P.W. <coll.> weather station
qìhòuzhì 气候志[氣-] N. climatography
qīhu 企扈 A.T. <topo.> mix up; get together
qīhuà 漆画[-畫] N. lacquer painting/drawing M: [1]zhāng
qíhuā 琪花 N. ① Jade Tree flower in fairyland ② jade-like flower M: [2]duǒ
qíhuà 歧化 ATTR. disproportionate
qǐhuā 起花 N. a kind of firework M: [2]zhī
qǐhuà 企划[-劃] V. plan; design; lay out
[1]**qìhuà*** 气话[氣-] N. angry outburst; words spoken in anger M: [1]jù
[2]**qìhuà** 气化[氣-] N. gasification
[3]**qìhuà** 汽化 <phy.> V. vaporize ♦N. vaporization
qìhuà de yīn 气化的音[氣-] N. <lg> breathed sound
qìhuàdiǎn 汽化点[-點] N. vaporization point
qìhuài 气坏[氣壞] R.V. make sb. mad/furious
qíhuàn 奇幻 V.P. ① fantastic ② visionary
qīhuang* 凄惶 <coll.> S.V. ① sad; pitiful ② very anxious about ♦N. sorrow; grief ♦ADV. in a hurry
qíhuáng 岐黄 N. ①Chinese medicine ②medical profession
qíhuángzhīshù 岐黄之术[-術] N. Chinese herbal medical science
qíhuànmòcè 奇幻莫测 F.E. mysterious and hard to guess
qīhuántáng 七环糖[-環-] N. <chem.> septanose
qìhuàqì 汽化器 N. ① <mach.> carburator ② <chem.> vaporizer M: [1]tái
qìhuàrè 汽化热[-熱] N. heat of vaporization
qǐhuàtīng 企划厅[-劃廳] P.W. planning department
qíhuāyáocǎo 琪花瑶草 F.E. fairyland blossoms and vegetation
qíhuāyìcǎo 奇花异草[--異-] F.E. exotic plants
qíhuāyìhuì 奇花异卉[--異-] F.E. exotic flowers and rare herbs
qíhuāyìmù 奇花异木[--異-] F.E. exotic flowers and rare trees
qìhūhū 气呼呼[氣-] R.F. panting with rage
[1]**qīhuì*** 期汇[-匯] N. forward exchange
[2]**qīhuì** 期会 V. meet at a time fixed in advance
qíhuǐ 祇悔 N. great regret; deep remorse
qǐhuì 起会 V.O. organize a mutual credit/loan society
qìhūn 气昏[氣-] R.V. be driven mad by anger
qíhǔnánxià 骑虎难下[--難-] ID. have no way to back down
qīhuò 期货 N. ① goods to be delivered at a specific time ② <econ.> futures M: [1]pī
qíhuó 齐活[齊-] <coll.> V. finish; complete ♦INTJ. OK; well-done; all right
qíhuò 奇祸[-禍] N. an unexpected disaster
qǐhuo 起火 N. <topo.> a kind of fireworks M: [2]zhī *See also qǐhuǒ*
qǐhuǒ* 起火 V.O. ① be on fire; catch fire ② start the fire (to cook) ③ fume; become enraged *See also qǐhuo*
[1]**qǐhuò** 起货 V.O. ① have one's luggage shipped ② take goods (from a warehouse)
[2]**qǐhuò** 起获[-獲] V. track down and recover stolen goods/etc.
qǐhuòdān 起货单 N. ①luggage shipping receipt ② <acct.> landing permit M: [1]zhāng
qǐhuǒdiàn 起火店 P.W. <topo.> country inn where guests make their own fires and do their own cooking M: [1]jiā
qīhuò hétóng 期货合同 N. <econ.> forward contract
qíhuòkějū 奇货可居 F.E. ① rarities that can be hoarded for better prices ② hoard as a rare commodity
qīhuò shìchǎng 期货市场[-場] N. forward market

qìhūqún 气呼群[氣-] N. <lg.> breath group
qíhǔzhīshì 骑虎之势[-勢] N. in an awkward predicament; in a terrible dilemma
[1]**qījì** 期冀 V. <wr.> ardently hope/expect
[2]**qījì** 凄寂 S.V. dreary and quiet
qījī 骑箕 V.O. <wr.> pass away
[1]**qíjí** 齐集[齊-] V. ① assemble; collect ② all assembled
[2]**qíjí** 旗籍 N. <hist.> registered residency of Manchus
[3]**qíjí** 鳍棘 N. prickly points of fins
qíjǐ 齐给[齊-] A.T. well-arranged; well-provided
[1]**qíjì** 奇迹[-跡] N. miracle; wonder; marvel
[2]**qíjì** 奇技 N. rare/special skill/feat; stunt
[3]**qíjì** 奇计 N. ① slick solution to a difficulty ② clever/ingenious/surprising strategy/plan/move M: [1]tiáo
[4]**qíjì** 骐骥 N. <wr.> legendary fine horse; steed M: [1]pǐ
[1]**qǐjí** 企及 V.P. ① reach to; match ② hope to
[2]**qǐjí** 起急 V.O. <topo.> become impatient/fretful
qǐjì 棨戟 N. black cloth draped over a spear to herald the arrival of an official
[1]**qìjī*** 契机 N. <phil.> ①juncture; turning/critical point ② moment
[2]**qìjī** 汽机 N. steam turbine/engine M: [1]tái
[3]**qìjī** 气机[氣-] N. <Ch. med.> movement of vital energy
qìjí 气急[氣-] R.V. be flustered/exasperated
qījià 栖架[棲-] N. henroost
qíjiā 齐家[齊-] V.O. govern/regulate one's family
qǐjiā 起家 V.O. build up fortune/fame/etc. ♦N. beginning of success
[1]**qǐjià*** 起价[-價] N. basic/beginning price ♦V.O. ① raise the price ② soar in price
[2]**qǐjià** 起驾 V. be ready to go
[3]**qǐjià** 乞假 V.O. ask for a leave of absence
qìjiā 弃家[棄-] V.O. ① abandon one's family ② become a priest/monk
qìjiǎ 弃甲[棄-] V.O. flee in disarray
qìjiǎdiūkuī 弃甲丢盔[棄-] F.E. throw off all one's gear; drop one's arms and throw aside one's armor
qìjiādùnshì 弃家遁世[棄-] F.E. leave (one's) home and become a recluse
qìjiā'értáo 弃家而逃[棄-] F.E. leave one's home and escape
qìjiǎ'értáo* 弃甲而逃[棄-] F.E. throw off one's armor and run away
qījiān* 期间 N. time; period; duration; length
[1]**qíjiān** 其间 PR. that period/interval ♦COV. among (them/which/etc.)
[2]**qíjiān** 齐肩[齊-] V.O. up to one's shoulder in height ♦N. equal height (of two)
[1]**qíjiàn** 歧见 N. different opinions/interpretations; conflicting ideas
[2]**qíjiàn** 旗舰[-艦] N. flagship M: [1]sōu
qǐjiàn 起见 N. motive; purpose ♦CONS. *wèile A ~* for the purpose/sake of A; in order to ***wèile xuéhǎo Zhōngwén (~)*** in order to learn Chinese well
[1]**qìjiàn** 器件 N. parts of an apparatus/appliance
[2]**qìjiàn** 泣谏 V. counsel a superior in tears indicating absolute sincerity
[3]**qìjiàn** 契箭 N. <trad.> arrow used as a token of authority (by field commanders) M: [2]zhī
qíjiānbìngjìn 齐肩并进[齊-並進] F.E. march forward shoulder to shoulder
qījiān bǔyǔ 期间补语[--補-] N. <lg.> durational complement
qījiāng 槭浆[-漿] N. maple syrup
qījiàng 漆匠 N. japanner; lacquerer; varnisher; painter M: [2]wèi
qǐjiǎng 起讲[-講] V.O. <trad.> introductory passage in an examination paper
qǐjiàng* 起降 N./V. take off and land (of aircraft)
qǐjiāngdéjiǔ 乞浆得酒[-漿--] F.E. get more than one has asked for
qījiān jiècí piànyǔ 期间介词片语 N. <lg.> prepositional phrase of duration

qíjiǎo 鳍脚[-腳] N. <zoo.> clasper
qǐjiào* 起轿[-轎] V.O. set out in a sedan chair
qījiāodìnghuò 期交定货 N. <acct.> order for future delivery
qíjiǎo dòngwù 鳍脚动物[-腳動-] N. <zoo.> Pinnipedia; pinniped
qījiǎoxíng 七角形 N. <math.> heptagon
qìjiǎpāogē 弃甲抛戈[棄-拋-] F.E. throw aside one's arms and armor
qìjiǎshàngmǎ 弃甲上马[棄-] F.E. throw aside one's armor and leap on one's horse
Qíjiā Wénhuà 齐家文化[齊-] N. <archeo.> the Qijia Culture (of the Chalcolithic period)
qìjiǎyèbīng 弃甲曳兵[棄-] F.E. flee pell-mell
qìjiǎyèbīng ér zǒu 弃甲曳兵而走[棄-] F.E. flee pell-mell
qíjiāzhìguó 齐家治国[齊-國] F.E. regulate the family and rule the state
qìjíbàihuài 气急/极败坏[氣極-壞] F.E. flustered and frustrated
qìjíchuǎncù 气急喘促[氣-] F.E. breathe in heavy gasps
qíjie 齐截[齊-] S.V. <coll.> ① neat; even; well-formed ② complete; all in readiness
qǐjiě 起解 V. escort (a prisoner)
qǐjiè 乞借 V. beg for a loan
[1]**qìjié*** 气节[氣節] N. ① integrity ② season ③ moral principle; righteousness
[2]**qìjié** 气结[氣-] V.P. <wr.> depressed; gloomy; despondent ♦N. <Ch. med.> clogging of the spirit
qìjiè 气界[氣-] N. atmosphere (surrounding the earth)
qījífēng 七级风 N. <met.> force-7 wind; moderate gale
qījí fútú 七级浮屠 N. a pagoda of seven stories
qìjígōngxīn 气急攻心[氣-] F.E. <Ch. med.> Sudden bouts of anger and anxiety damage the heart and mind.
Qī Jìguāng 戚继光[-繼-] (1528–1588) N. military leader famed for combat against Japanese pirate invaders
qìjījìnshī 契机尽失[--盡-] F.E. fail to grasp the favorable opportunity
qījǐn 凄紧[-緊] V.P. harsh blowing of chilly winds
[1]**qǐjìn(r)** 起劲(儿)[-勁-] V.O. be energetic ♦S.V. enthusiastic; elated
[2]**qǐjìn** 起尽[-盡] N. structure (of a composition)
qìjīn* 迄今 V.P. <wr.> up to now; so far
qìjìn 气尽[氣盡] V.P. run out of vitality
qǐjìnchù 起尽处[-盡處] N. overall structure
Qījīng 七经[-經] N. the Seven Classics (variously specified)
qíjīng 奇经[-經] N. <Ch. med.> eight special meridian channels
[1]**qíjǐng*** 奇景 N. spectacular sights
[2]**qíjǐng** 奇警 V.P. very alert/vigilant
[1]**qíjìng** 奇境 N. ①unusual/marvelous/strange circumstance/situation ② remarkable/wonderful place/sight
[2]**qíjìng** 畦径[-徑] N. ① way; method ② bypath
qǐjǐng 绮井 N. <archi.> ceiling (of a house)
qǐjìng 起敬 V. show respect
[1]**qìjǐng** 气井[氣-] N. gas well M: kǒu
[2]**qìjǐng** 弃井[棄-] V.O. all the past accomplishments come to naught
[3]**qìjǐng** 气阱[氣-] N. air pocket
qíjīngbāmài 奇经八脉[-經-脈] N. <Ch. med.> eight extra-meridian channels
qìjīnwéizhǐ 迄今为止 F.E. till now; so far
[1]**qījiù** 妻舅 N. wife's brother(s) M: [2]wèi
[2]**qījiù** 戚旧[-舊] N. relatives and old friends
qíjiù 耆旧[-舊] N. ① elderly friend of many years ② respected old person
qìjiǔ* 汽酒 N. light sparkling wine
qìjiùcóngxīn 弃旧从新[棄舊從-] F.E. abandon the old and follow the new
qìjiùgēngxīn 弃旧更新[棄舊-] F.E. abandon the old and change to the new

qìjiùtúxīn 弃旧图新[棄舊圖-] F.E. turn over a new leaf
qìjiùyíngxīn 弃旧迎新[棄舊-] F.E. abandon the old and welcome the new
qíjīwěi 骑箕尾 V.O. pass away
qìjíyǎn 气急眼[氣-] V.O. <coll.> be outraged
qíjìyínqiǎo 奇计淫巧 F.E. diabolic tricks and wicked deceits
[1]**qījū** 栖居[棲-] V. dwell; live
[2]**qījū** 栖苴[棲-] N. grass floating in the water
qíjú 棋局 N. ① chessboard with pieces arranged ② playing of a board game
Qíjù 祁剧[-劇] N. a variety of Hunan opera in Qiyang/etc.
qǐjū 起居 N. daily life
qǐjù 起句 N. first/opening line of a poem
qìjú 器局 N. <wr.> intellectual and spiritual capacity
qìjǔ 气沮[氣-] V.P. lose courage; become discouraged
[1]**qìjù*** 器具 N. utensil; instrument; implement; appliance M: [2]*jiàn*
[2]**qìjù** 契据[-據] N. deed; contract; receipt M: [1]*zhāng*
qǐjuàn 起圈 V.O. remove manure from a pigsty/sheepfold/etc.
qìjuān* 弃捐[棄-] V. cast aside; reject
qìjūbǎoshuài 弃车保帅[棄-帥] F.E. make minor sacrifices to safeguard major interests
qījué 七绝[-絕] N. four-line poem with seven characters per line
[1]**qíjué** 奇绝[-絕] V.P. <wr.> unsurpassably wonderful
[2]**qíjué** 奇崛 V.P. unusual; outstanding
[1]**qìjué*** 气绝[氣絕] V.P. ① breathe one's last ② faint
[2]**qìjué** 弃绝[棄絕] V. abandon; forsake; cast aside
[3]**qìjué** 气厥[氣-] V.P. faint away; lose consciousness
qìjuéchénshì 弃绝尘世[棄絕塵-] F.E. renounce the world
qìjuéfùsū 气厥复苏[氣-復蘇] F.E. come back to life after death; revive
qìjuérénshì 弃绝人世[棄絕-] F.E. abandon the worldly life
qìjuéshēnwáng 气绝身亡[氣絕-] F.E. breathe out the last of one's life breath
qìjùhàn 气炬焊[氣-] N. gas-torch welding M: [1]*bǎ*
qījūn* 欺君 V.O. withhold the truth from the emperor
qíjūn 骑军 N. cavalry M: [4]*zhī*
qījūnwǎngshàng 欺君罔上 F.E. deceive the lord and fool the superiors
qǐjūshì 起居室 N. living/sitting room M: [1]*jiān*
qǐjūwúshí 起居无时[-時] F.E. lead an irregular life
qǐjūwúyàng 起居无恙 F.E. live in health; be in good health
qǐjūyǐnshí 起居饮食 F.E. one's everyday life at home
qǐjūyǒuhéng 起居有恒[-恆] F.E. lead a regular life
qìjù yǔyánxué 器具语言学 N. <lg.> instrumental phonetics
qǐjūzhù 起居注 N. ① official in charge of recording the emperor' daily life ② record of the emperor's daily activities
qǐkai 起开[-開] R.V. <topo.> ① get out of the way; scram ② open
qǐkāi* 启开[啟開] R.V. open
qìkǎi 气慨[氣-] N. vehemence
qíkāidéshèng 旗开得胜[-開-勝] F.E. win the first engagement; win speedy success
qīkān 期刊 N. periodical M: [1]*běn*
qīkān yuèlǎnshì 期刊阅览室[---覽-] P.W. periodical reading room M: [1]*jiān*
qīkǎo 期考 N. end-of-term exam; final
qǐkě* 岂可[豈-] V.P. how could? (rhetorical); how can. . .?
qǐkè 起课 V.O. ① start a session in divination by tossing coins/etc. ② divine
qì kě gǔ ér bùkě xiè 气可鼓而不可泄[氣-] F.E. Morale should be boosted, not dampened.
qīkǒng 七孔 N. the seven apertures in the human head: eyes, ears, nostrils, mouth
qìkǒng* 气孔[氣-] N. ① <zoo.> spiracle ② <metal.> air hole ③ <phys.> ⓐ pores ⓑ stoma ④ <min.> vesicle
qīkǒngbādòng 七孔八洞 F.E. holes everywhere
qīkǒng shídāo 七孔石刀 N. <archeo.> stone knife with seven perforations M: [1]*bǎ*
qíkòu 骑寇 N. ① mounted bandits ② invading enemy cavalry
[1]**qǐkǒu*** 启口[啟-] V.O. open one's mouth; start to talk about sth.
[2]**qǐkǒu** 企口 N. <archi.> tongue-and-groove
qìkòu 泣叩 V. concluding expression used after one's name in a mourning notice
qǐkǒubǎn 企口板 N. <archi.> matched board
qíkǒu de 齐口的[齊-] ATTR. <lg.> flat
qǐkǒu jiēhé 企口接合 N. <archi.> tongue-and-groove joint
qíkǒutóngshēng 齐口同声[齊-聲] F.E. say in unison
qǐkǒuyùyán 启口欲言[啟-] F.E. move one's lips in an attempt to speak
qīkǔ 凄苦 S.V. miserable and sad; suffering tragically
qīkuài 漆筷 N. lacquered chopsticks M: [1]*shuāng*
qíkuài 旗块[-塊] N. rhombus; lozenge
qìkuài* 砌块[-塊] N. building blocks M: [2]*kuài*
qīkuáng 欺诳 V. cheat
qīlà* 漆蜡[-蠟] N. Japan wax; urushi tallow
qílà 耆腊[-臘] N. aged Buddhist monk
qǐlai 起来 R.V. ① get up; rise; arise ② start *Lěng ~ le.* It's starting to get cold. ♦SUF. up *Ná ~!* Pick it up! ♦CONS. *v.1 ~ A v.2 ~ B* while A still B *Shuō ~ róngyì zuò ~ nán.* It's easy to say but hard to do.
qíláishènjiàn 其来甚渐 F.E. its coming was gradual
qìláiwènxùn 亟来问讯 F.E. <wr.> come repeatedly to ask for information
qíláiyǒuzì 其来有自 F.E. It may be traced to a cause or source.
qìlàng 气浪[氣-] N. blast (of explosion) M: [2]*dào*
qílàngtǐng 骑浪艇 N. surfboat M: [1]*sōu*
qílǎo 耆老 N. aged person M: [2]*wèi*
qīlǎobāshí 七老八十 F.E. <coll.> very old (of people); late seventies and early eighties
qīlěi* 凄泪 V.P. bitterly cold
qǐléi 起雷 V.O. clear/sweep mines
qìlèi 气类[氣類] N. people having a similar nature, common interests, etc.
qìlěibór 气累脖儿[氣-] N. <topo.> Basedow's disease; goiter
qílèi yùndòng 棋类运动[-類運動] N. chess games
qīlěng* 凄冷 S.V. ① dreary; desolate; miserable; bleak ② cold; frigid
qìlěng 气冷[氣-] ATTR. <mach.> air/gas cooling
qīléngbābàn* 七棱八瓣 F.E. <coll.> misshapen
qīlèngbābàn 七楞八瓣 F.E. of most uneven size and formation
qílěngrúbīng 其冷如冰 F.E. cold as ice
qìlěngshì 气冷式[氣-] N. air-cooling type
qìlěngshì fādòngjī 气冷式发动机[氣--發動-] N. air-cooled engine M: [1]*tái*
qílèróngróng 其乐融融[-樂--] F.E. with unbounded happiness
qílèwúqióng 其乐无穷[-樂-窮] F.E. joy is boundless
qīlǐ 戚里 N. exclusive village for imperial relatives by marriage
[1]**qīlì** 凄厉[-厲] S.V. ① wailing ② desolate; grieved
[2]**qīlì** 凄戾 V.P. sorrowful
qílí 歧离[-離] N. straggling; deviation
qílǐ 齐理[齊-] V. ① get things in good order; tidy up; arrange in order ② clear away
[1]**qílì** 齐力[齊-] V.O. work as one; make a common/concerted effort
[2]**qílì** 奇丽[-麗] S.V. extraordinarily/unusually beautiful
[3]**qílì** 歧例 N. ambiguous case
[1]**qǐlì*** 起立 V. stand up
[2]**qǐlì** 绮丽[-麗] V.P. beautiful; gorgeous
[3]**qǐlì** 企立 V. stand on tiptoe
[4]**qǐlì** 起利 V.O. start bearing interest
[1]**qìlì** 气力[氣-] N. physical strength/energy
[2]**qìlì** 汽力 N. steam power
qīliàn 凄洌 V.P. fast; quick; prompt
qǐlián* 乞怜[-憐] V.P. beg for pity/mercy
qīliáng* 凄凉[-涼] S.V. desolate; dreary
qǐliáng 乞粮[-糧] V.O. beg for food
[1]**qìliàng(r)** 气量(儿)[氣-] N. ① air volume ② tolerance
[2]**qìliàng(r)** 器量(儿) N. tolerance
qìliàng dà 气/器量大[氣-] V.P. broad-minded; magnanimous; generous; tolerant
qí liǎng tóu mǎ 骑两头马 V.O. be headed in both directions
qìliàng xiǎo 气/器量小[氣-] V.P. be narrow-minded/petty
qìliàng zhǎixiǎo 气量窄小[氣-] V.P. be narrow-minded
qǐliányúrén 乞怜于人[-憐於-] F.E. appeal to someone for pity
qìliǎo 讫了 V. end; conclude
qǐlì biǎojué 起立表决[-決] V.P. vote by sitting or standing
[1]**qíliè** 棋列 N. spread out (sth. in) great numbers
[2]**qíliè** 齐列[齊-] V. be side by side
qìlièqǔyōu 弃劣取优[棄-優] F.E. reject what is bad and absorb what is good
qīlikāchā 嘁哩喀喳 R.F. straightforwardly and neatly
qílín* 麒麟[--//-騏] N. Chinese unicorn M: [2]*zhī*
qǐlín 乞邻[-鄰] V.O. beg from a neighbor
qílín'ér 麒麟儿 N. child prodigy
qīlíng* 欺凌/陵 V. bully; mistreat
qīlìng 期令 V. hope; expect
[1]**qǐlíng** 起灵[-靈] V.O. <coll.> have a funeral
[2]**qǐlíng** 乞灵[-靈] V.P. <wr.> resort to; seek help from *~yú zǒu hòumén* resort to the back door *~yú diànnǎo* expect wonders from computers
qīlíngbāluò 七零八落 F.E. scattered here and there
qīlíngbāsàn 七零八散 F.E. scattered; here and there
qīlíngbāsuì 七零八碎 F.E. scattered here and there
qílìngshì 祈令式 N. <lg.> imperative form
qǐlíng yú wǔqì 乞灵于武器[-靈於--] F.E. resort to weapons
qílínxuàn 麒麟楦 ID. something impressive in appearance only
Qílínzuò 麒麟座 N. <astr.> Monoceros
qǐliǔ 杞柳 N. a kind of willow M: [2]*kē*
[1]**qìliú*** 气流[氣-] N. ① air current; airflow M: [2]*gǔ* ② <lg.> breath glide/stream
[2]**qìliú** 憩流 N. slack water
qìliú fǎngshā 气流纺纱[氣-] N. open-end spinning; jet spinning
qìliú gānrǎo 气流干扰[氣-擾] N. interference in the airflow
qìliú jībiàn 气流畸变[氣-變] N. flow distortion
qìliú jìzhì 气流机制[氣-製] N. <lg.> air-stream mechanism
qīliúsuǒ 栖流所[棲-] P.W. refuge for vagrants or the homeless (mostly women) M: [1]*suǒ*
qīlǐxiāng 七里香 N. sweet-scented osmanthus
qìlì zhìdòng 气力制动[氣-動] N. air braking
qīlízǐsàn 妻离子散[-離--] F.E. the family scatters
qǐlǒng 起垄 N. <agr.> ridge
qìlóng* 气笼[氣-] N. air tubes of bamboo placed in a granary to prevent contents from decaying
qǐlǒnglí 起垄犁 N. ridging plow; ridger M: [1]*zhāng*

qílóu 骑楼[-樓] N. <topo.> arcade; covered way; overhang
qìlóu* 气楼[氣樓] N. small rooftop ventilation tower
qílóudǐ 骑楼底[-樓-] N. arcade
qílòurúshāi 其漏如筛[-篩] F.E. leak like a sieve
[1]**qílù*** 歧路 N. ① forked road ② wrong way M: [1]tiáo
[2]**qílù** 棋路 N. chess tactics
[3]**qílù** 骑路 V.O. <wr.> ① ride on the road ② ride shank's mare; go on foot
qìlú 气炉[氣爐] N. gas stove
qìlǔ 碛卤[-鹵] N. sandy and saline land; barren land
qìlù 砌路 V.O. build/pave a road
qīlǜ* 七律 N. eight-line poem with seven characters per line and following rigorous prosodic rules
qílǘ 骑驴[-驢] V.O. ① ride a donkey ② intermediary exploitation ③ <topo.> make a profit (in a business deal/etc.)
qílǘ kàn chàngběn 骑驴看唱本[-驢---] ID. wait and see (if you don't believe); we'll see (who's right)
qílǘmìlǘ 骑驴觅驴[-驢-驢] ID. forget what one already has
qìlún fādiànjī 汽轮发电机[--發電-] N. turbogenerator M: [1]tái
[1]**qìlúnjī** 汽轮机 N. steam turbine M: [1]tái
[2]**qìlúnjī** 气轮机[氣-] N. gas turbine M: [1]tái
qǐluó 绮罗[-羅] N. ① beautiful silk fabrics ② person in beautiful silk dress
qǐ-luò* 起落 V./N. rise and fall **Wùjià ~ bùdìng.** Prices are unstable.
qǐ-luòjià 起落架 N. landing gear (of airplane); undercarriage
qǐ-luò pǎodào 起落跑道 N. landing-strip M: [1]tiáo
qǐ-luòqū 起落区[-區] P.W. landing-strip
qílùpáihuái 歧路徘徊 F.E. hesitate at the crossroads
qílùpánghuáng 歧路彷徨 F.E. hesitate at the crossroad
qìlúpiàn 汽炉片[-爐-] N. steam radiator
qílùwángyáng 歧路亡羊 ID. go astray in a complex situation
qílǘzhǎomǎ 骑驴找马[-驢--] ID. keep one job while looking for a better one
qìlúzi 汽炉子[-爐-] N. steam boiler/generator
qímǎ 骑马 V.O. ride a horse
qǐmǎ(r)* 起码(儿) S.V. rudimentary; minimum; elementary ♦ADV. at least
qímǎbù 骑马布 N. <topo.> sanitary napkin M: [2]kuài
qímǎ bùzi 骑马布子 N. <topo.> sanitary napkin M: [2]kuài
qímǎchéngjiào 骑马乘轿[-轎] F.E. go on horseback or on a sedan-chair
qímǎ dàizi 骑马带子[--帶-] N. <topo.> sanitary napkin
qímǎ dǎzhàng 骑马打仗 V.P. fight on horseback
qímǎdìng* 骑马钉 N. <print.> saddle stitch
qímǎdìng 骑马订 N. saddle stitch (for binding books/etc.)
qímǎdìng liándòngjī 骑马订联动机[---聯動-] N. saddle stitching machine M: [1]tái
qímài 奇脉[-脈] N. paradoxical pulse
qīmán* 欺瞒 V. hoodwink; dupe
qīmǎn 期满 V.P. expire; run out (of time/term/period).
qīmán gōngzhòng ěrmù 欺瞒公众耳目[---眾--] F.E. practice deception on the public
qīmǎnrwūhēi 漆满儿乌黑[---烏-] F.E. <topo.> pitch dark
qìmǎnxiōngtáng 气满胸膛[氣-] F.E. fill one's breast with anger
qīmào 戚貌 N. sorrowful appearance
[1]**qǐmáo*** 起锚 V.O. weigh anchor
[2]**qǐmáo(r)** 起毛(儿) V.O. <topo.> be confused ♦N. <txtl.> pill; mat (of woolen cloth)
qǐmào 绮貌 N. beautiful appearance
qímàobùyáng 其貌不扬[-揚] F.E. be homely/ unprepossessing
qǐmáojī 起锚机 N. windlass; capstan M: [1]tiáo
qìmàoxuān'áng 气貌轩昂[氣-] F.E. straight and impressive looking
qímǎshī 骑马师[-師] N. jockey M: [2]wèi
qímǎzhǎomǎ 骑马找马 ID. ① look for a better job while holding on to the present one ② look for sth. that's right under one's nose
qímǎzhuāng 骑马装[-裝] N. riding suit/habit M: tào
qímǎ zhuāngdìng 骑马装订[--裝-] V.P. center-stitched
qíméi* 齐眉[齊-] ID. respect between husband and wife
qìméi 气煤[氣-] N. gas/bottle coal
qíméisuìr 齐眉穗儿[齊-] N. bang; fringe
qímén 奇门 N. <Dao.> the magic skill of being invisible; the art of making events invisible
qǐmén 启门[啟-] V.O. open the door
qìmēn 气闷[氣-] V.P. stifling; sultry; oppressive *See also* qìmèn
[1]**qìmén*** 气门[氣-] N. ① tire valve ② <zoo.> spiracle; stigma
[2]**qìmén** 汽门 N. steam valve
qìmèn 气闷[氣-] V.P. ①burning with suppressed anger ② unhappy; worried; in low spirits ♦V. feel suffocated *See also* qìmēn
qíméndùnjiǎ 奇门遁甲 F.E. <Dao.> the art of becoming invisible
qīméng 欺蒙 V. cheat; deceive; dupe; defraud; hoodwink
qíméng 齐盟[齊-] V.O. make an alliance; enter into alliance with
qímèng 觭/奇梦[-夢] N. a strange dream
[1]**qǐméng*** 启蒙[啟-] V.O. ① instruct the young; initiate ② enlighten; free sb. from prejudice/ superstition ♦N. primer
[2]**qǐméng** 乞盟 V.P. ① sue for peace ② pray before the deity (of rulers)
qǐmèng 绮梦[-夢] N. pleasant and romantic dream
qǐméng dúwù 启蒙读物[啟-讀-] N. enlightened reading material M: [1]běn
qǐméng jiàoxué zìmǔ 启蒙教学字母[啟-] N. initial teaching alphabet
qǐméng jiàoyù 启蒙教育[啟-] N. elementary education
qǐméng lǎoshī 启蒙老师[啟-師] N. ① one's first teacher who initiates reading ② teacher who introduces one to a certain field of study M: [2]wèi
qǐméng shídài 启蒙时代[啟-時-] N. age of enlightenment
Qǐméng Yùndòng 启蒙运动[啟-運動] N. The Enlightenment
qǐméngzhéxué 启蒙哲学[啟-] N. Enlightenment philosophy
qǐméngzhǔyìzhě 启蒙主义者[啟--義-] N. enlightener M: [2]wèi
qǐménjī 启门机[啟-] N. door lifting apparatus M: [1]tái
qìménxīn 气门心[氣-] N. ① valve interior ② valve rubber tube ③ <coll.> a hothead
qīmí 凄迷 S.V. ① dreary and hazy; desolate; cheerless (of scenery) ②sorrowful; melancholy ③ despondent; depressed (of mood)
qìmì 槭蜜 N. maple honey
qímí* 棋迷 N. chess or other board-game enthusiast M: [2]wèi
qímì 奇秘 S.V. mysterious; mystic
qǐmǐ 绮靡 V.P. <wr.> ① beautiful and intricate ② ornate (literary style)
qìmì 气密[氣-] ATTR. airtight; gastight; gasproof
qǐmiǎn* 乞免 V.P. <wr.> beg for forgiveness/ exception (from taxation/punishment/etc.)
qǐmiàn 起面[-麵] V.O. raise dough
qǐmiǎnyīsǐ 乞免一死 F.E. beg for one's life
qímiào 奇妙 S.V. wonderful; marvelous
qímiàomòcè 奇妙莫测 F.E. mysterious and inscrutable
qìmì jiéhé 气密结合[氣-] N. <mach.> airtight joint
qímín 齐民[齊-] N. <wr.> the common people; the populace; the masses
qìmǐn* 器皿 N. household utensils M: [2]jiàn
[1]**qímíng*** 齐名[齊-] V.O. enjoy equal fame/ popularity
[2]**qímíng** 齐鸣[齊-] V. sound together
[3]**qímíng** 齐明[齊-] V.P. <phy.> aplanatic
qǐmíng(r) 起名(儿) V.O. name sb./sth.
Qǐmíng 启明[啟-] N. <astr.> Venus
qǐmìng 乞命 V.O. beg for life
qǐ míngchēng 起名称[-稱] V.O. name; give a name
qìmíngtóu'àn 弃明投暗[棄-] F.E. leave the light and plunge into darkness
Qǐmíngxīng 启明星[啟-] N. <astr.> Venus
qǐ míngzi 起名字 V.O. name; give a name
qímízhéluàn 旗靡辙乱[-亂] F.E. total defeat
qīmò* 期末 N. end of a semester/quarter
qǐmò 绮陌 N. splendid streets
qīmò cúnhuò 期末存货 N. <acct.> final inventory
qīmòkǎo 期末考 N. final examination; finals
qīmò kǎoshì 期末考试 N. final examination
qīmò páncún 期末盘存[--盤-] N. <acct.> ending inventory
qǐmòr 起沫儿 V.O. froth; foam
qímóu 奇谋 N. very clever strategy/trick
qīmǔ 妻母 N. one's mother-in-law M: [2]wèi
[1]**qīmù** 栖木[棲-] N. roost; perch
[2]**qīmù** 桤木[榿-] N. <bot.> alder M: [2]kē
[1]**qǐmù*** 启幕[啟-] V.O. open the stage curtain
[2]**qǐmù** 企慕 V. ① admire greatly ② look up to
qìmǔ 契母 N. adoptive mother M: [2]wèi
qìmùzhòngliáng 弃牧种粮[棄-種糧] F.E. grow grain at the expense of animal husbandry
[1]**qīn*** 亲[親] B.F. ① relatives **qīnqi** ② parents **mǔqin** ③ marriage **qīnshì** ④ love very much; be very fond of **qīn'ài de** ⑤ personal **qīnzì** ♦V. kiss ♦S.V. close; intimate; dear *See also* [4]qìng
[2]**qīn** 侵 B.F. ① invade; intrude into **rùqīn** ② approach; get near to **qīnchén**
[3]**qīn** 钦[欽] B.F. ① by the emperor himself ② respect; admire **qīnpèi**, [2]**suǒqīn**
[4]**qīn** 衾 B.F. ① bedclothes ② shroud; burial clothes **qīndān, yīqīn guānguǒ**
[5]**qīn** 嵚 in [2]**qīnyín**
[6]**qīn** 骎[駸] in [3]**qīnqīn**
[1]**qín** 琴 N. zither-like instrument ♦B.F. general name for stringed instruments **xiǎotíqín**
[2]**qín** 勤 S.V. ①diligent; hardworking ②solicitous ③ frequent; regular; constant ♦B.F. service; attendance **zhíqín**
[3]**qín** 噙 V. hold/have in the mouth/eyes **Tā yǎnlì ~zhe lèi.** She has tears in her eyes.
[4]**qín** 擒 V. capture; catch; seize
[5]**qín** 禽 B.F. birds **qínlèi, lùqín**
[6]**qín** 芹 B.F. celery **qíncài, dúqín**
[7]**qín** 蠊 B.F. <trad.> an insect similar to the cicada **qínshǒu'éméi**
[8]**qín** 檎 in **línqín**
[9]**qín** 芩 in **huángqín**
[10]**qín** 嗪 in **pàiqín**
Qín 秦 N. ① important early dynasty (221–206 B.C.) ② short name for Shaanxi province
qǐn 寝[寢] B.F. ① sleep **jiùqǐn** ② bedroom **qǐnshì** ③ <wr.> stop; end ④ imperial tomb/ mausoleum
[1]**qìn** 沁 V. ① ooze; seep; exude ② put sth. into water ③ <topo.> let one's head droop downward; hang
[2]**qìn** 吣[唚] V. ① vomit (of dogs/cats) ② <coll.> ⓐ rail against ⓑ talk nonsense
[3]**qìn** 揿[撳] B.F. <topo.> press **qìnyā, qìnniǔ**
[4]**qìn** 搇 B.F. to lower (as the head) **qìntóu**
qǐnài 岂奈[豈-] V.P. cannot help; have no choice
qīn'ài 亲爱[親愛] F.E. dear; beloved

qīn'ài de 亲爱的[親愛-] F.E. dear; beloved
qīn'àijīngchéng 亲爱精诚[親愛-] F.E. camaraderie
qínàiwǒhé 其奈我何 F.E. What can they do to me?
qìnáng 气囊[氣-] N. ① bird air sac ② aerostat gasbag
qínánxiāng 奇南香 N. agalloch eaglewood
qínánzǐ 奇男子 N. a remarkable man
qìnǎo 气恼[氣惱] S.V. be sulky/sullen/ruffled
qīnběn 亲本[親-] N. <wr.> parent
qīnbǐ 亲笔[親筆] ADV. in one's own handwriting ♦N. autograph
qīnbīng* 亲兵[親-] N. <trad.> bodyguard (of a senior official) M: ²wèi
qǐnbīng 寝兵[寢-] V.O. stop wars/fighting
qīnbǐ qiānmíng 亲笔签名[親筆-] N. one's own signature; autograph
qīnbǐshūzèng 亲笔书赠[親筆書-] F.E. autograph and present some writing
qīnbǐ tící 亲笔题词[親筆-] V.P. dedicate an inscription to sb.
qīnbǐxìn 亲笔信[親筆-] N. letter in one's own handwriting; autograph letter M: ²fēng
qínbō 琴拨[-撥] N. plectrum
qínbǔ 擒捕 V. arrest; capture
qínbuzhù lèi 噙不住泪[-淚] V.P. be unable to hold back one's tears
qīncái 亲裁[親-] V. decide personally
qíncài* 芹菜 N. celery M: ²kē/kǔn
qíncāo 琴操 N. ① music of the lute ② title of a music book ③ name of a Song prostitute
qīncāojǐngjiù 亲操井臼[親-] F.E. attend to all the housework personally
qīnchāi 钦差 N. ①imperial envoy/commissioner ② nickname for a representative of the higher authorities M: ²wèi
qīnchāi dàchén 钦差大臣 N. ①imperial envoy/commissioner ②nickname for a representative of the higher authorities M: ²wèi
qínchǎng 禽场[-場] P.W. poultry farm M: ⁴zuò
Qíncháo 秦朝 N. Qin dynasty (221–206 B.C.)
qīn Cháo zhànzhēng 侵朝战争[-戰爭] N. war of aggression against Korea
qīnchè* 侵彻[-徹] N. penetration
qǐnchē 寝车[寢-] N. sleeping car/carriage; sleeper M: ³liàng
qīnchèlì 侵彻力[-徹-] N. penetrativeness (of a bullet)
qīnchén 侵晨 N. toward dawn
qīnchí 钦迟[-遲] N. <wr.> admire; revere; look up to with respect (used in correspondence)
qínchīlǎnzuò 勤吃懒做 F.E. eat like a hog but be lazy at work
qīnchóng 钦崇 V. adore; admire
qīnchóu 衾裯 N. coverlets and sheets
qǐnchù 寝处[寢處] N. sleeping place ♦V. sleep; rest
qìnchū* 沁出 R.V. ooze out
qīnchuàn 亲串[親-] N. ①relatives; kin ②kinship M: ²wèi
Qínchuān* 秦川 N. old name for what is now Shaanxi and Gansu provinces
qínchuáng 琴床 N. <mus.> stand for ¹qín instruments
qǐnchùbù'ān 寝处不安[寢處-] F.E. be anxious/worried about sth.
qīncǐ 钦此 N. <wr.> expression marking the end of an imperial order
qīncì* 钦赐 V. bestow (by the emperor)
qīndài 亲代[親-] N. <wr.> parental generation
Qíndài* 秦代 N. Qin dynasty (221–206 B.C.)
qīndān 衾单 N. ①clothes, etc. for the deceased ② sheets M: ¹zhāng
qīnděng 亲等[親-] N. <law> degree of kinship
qíndèng* 琴凳 N. music stool M: ¹zhāng
qīndiǎn 钦点[-點] V. be appointed by the emperor to the Imperial Academy
qíndiào 琴调 N. tone/tune/melody of a musical instrument (esp. stringed)

qīndiē 亲爹[親-] N. biological father *See also* qìngdiē
qīndīng 亲丁[親-] N. blood relation; close relatives M: ²wèi
qīndìng* 钦定 V.P. ① compiled and edited by imperial orders ② composed or reviewed by the emperor
qìndīng 揿钉 N. <topo.> drawing pin; thumbtack M: ²zhī
qīndìngzhǔyì 钦定主义[-義] N. <lg.> prescriptivism; prescriptism
qīndǔ 亲睹[親-] V. see with one's own eyes; see for oneself
qīnduó* 侵夺[-奪] V. seize by force
qínduò 勤惰 N. diligence and negligence; activity and inactivity
qīndūsānjūn 亲督三军[親-] F.E. take personal command of the army
qínèi 其内 N. inside (it); interior
qìněi* 气馁[氣-] S.V. discouraged; despondent
qǐnéng 岂能[豈-] V.P. <wr.> how could? (rhetorical)
qīn'ěr 亲耳[親-] ADV. with one's own ears
Qín Èrshì 秦二世 N. Second Emperor of the Qin dynasty
qīn'ěrsuǒwén 亲耳所闻[親-] F.E. hear with one's own ears
¹qīnfàn 侵犯 V. <law> violate; infringe on (sb.'s rights)
²qīnfàn 钦犯 N. criminal pursued by imperial order M: ²wèi
qīnfàn bǎnquán 侵犯版权[-權] V.O. infringe a copyright
qínfáng 琴房 P.W. piano room M: ¹jiān
qīnfàn rénquán 侵犯人权[-權] V.O. infringe upon human rights
qīnfàn zhuānlì 侵犯专利[--專-] V.O. pattern infringement
qīnfàn zhuānlìquán 侵犯专利权[--專-權] V.O. infringe a patent
qīnfàn zhùzuòquán 侵犯著作权[-權] V.O. infringe a copyright
qínfèn 勤奋[-奮] S.V. diligent; assiduous
qīnfèng 钦奉 V. respectively receive
qínfènkǔdú 勤奋苦读[-奮-讀] F.E. plug away at one's books
qīnfū* 亲夫[親-] N. one's own husband
qīnfú 钦服 V. <wr.> esteem; admire
qīnfù 亲父[親-] N. one's own father
qínfú 擒服 V. capture and subjugate
¹qīng 轻[輕] S.V. ① light ② agile; alert ③ easy; simple ④ rash; reckless ⑤ unimportant ⑥ frivolous ⑦ small in number/degree/etc ⑧ gentle; soft ⑨ <lg.> neutral; soft; unstressed ♦V. slight; neglect ***Wénrén xiāng~.*** Scholars disparage one another.
²qīng 清 V. ① clear up; settle ② clean up; purge ③ count ***~yi~ xíngli de jiànshu*** count the pieces of luggage and see how many there are ♦N. Manchu dynasty (1644–1911) ♦S.V. ①pure; clean ②fresh; cool ③lonely; poor ④distinct; clarified ⑤quiet ⑥just and honest ⑦<lg.> voiceless ♦SUF. fully; clearly ***suàn~*** settle (an account) ***shuōbu~*** can't say clearly
³qīng 青 S.V. ① nature's color; green; blue; greenish black ② not ripe ***Júzi hái ~ ne.*** The oranges are not ripe yet. ♦B.F. youth; young (of people) ***qīngnián*** ♦N. short for Qinghai province and Qingdao city in Shandong
⁴qīng 氢[氫] N. <chem.> hydrogen
⁵qīng 倾[傾] V. ① incline ② exhaust; use up ③ admire ④ collapse ⑤ overturn and pour out; empty ♦B.F. deviation; tendency ***zuǒqīng***
⁶qīng 鲭[鯖] N. mackerel
⁷qīng 卿 B.F. <trad.> ①high official rank ***⁴qīngshì*** ② term of endearment ***àiqīng***
⁸qīng 圊 B.F. toilet; privy ***²qīngfèi***
⁹qīng 蜻 in ***qīngtíng***

¹qíng 情 B.F. ① sentiment; sensibility ***gǎnqíng*** ② inclination; interest; affection ***¹qíngyì*** ③ love; passion ***àiqíng*** ④ situation; circumstances; condition ***qíngxing*** ⑤ favor; kindness ***rénqíng***
²qíng 晴 S.V. fine; clear (of weather)
³qíng 擎 V. prop/hold/lift up
⁴qíng 氰 N. <chem.> cyanogen; dicyanogen
⁵qíng 黥 B.F. ① <trad.> brand (prisoners, for identification, or as punishment) ② tattoo ***²qíngmiàn, ²qíngshǒu***
⁶qíng 赌[賭] V. bear; support; endure ♦in ***qíngděng***
¹qǐng* 请[請] V. ① request; ask (a favor) ② engage; hire (teacher/etc.) ③ Please. . .
²qǐng 顷[頃] M. *of area equal to 100 mǔ or 6.667 hectares* ♦ADV. <wr.> just; just now ♦B.F. a little while ***²yǒuqǐng***
³qǐng 謦 in ***qǐngkài***
¹qìng 庆[慶] B.F. ① celebrate; congratulate ***qìngzhù*** ② occasion for celebration ***Guóqìng*** ♦N. Surname
²qìng 磬 N. ① <hist.> L-shaped musical stone ② <Budd.> metal piece struck as a signal for dinner/etc. ③ brass gong
³qìng 罄 B.F. used-up; exhausted; empty ***qìngjié, gàoqìng***
⁴qìng 亲[親] in ***qìngjia, qìngdiē See also ¹qīn***
qíng'ài 情爱[-愛] N. romantic passion; love
qíngǎn 琴杆 N. neck of a stringed instrument
qǐng'ān 请安 V.O. ① pay respects to sb. ② wish the best of health ③ <trad.> make obeisance by drooping the right arm in front of oneself and bending the left knee
qǐng'ānwènhǎo 请安问好 F.E. inquire after and give one's best regards
qǐng'ānwènhòu 请安问候 F.E. inquire after and send best wishes to sb.
qīngàozuì 亲告罪[親-] N. offenses that can be prosecuted only upon the complaint of the aggrieved party
qīngbá 清拔 V.P. distinguished (of writing)
¹qīngbái 清白 S.V. ① pure; clean; unsullied ② <topo.> clear ♦N. innocence
²qīngbái 青白 S.V. pale (of face)
qīngbáidùrì 清白度日 F.E. lead a clean life
qīngbáilì 清白吏 N. irreproachable functionary M: ²wèi
qīngbáisè 青白色 N. pale color
qīngbáishìjiā 清白世家 F.E. law-abiding family background
qīngbáiwúgū 清白无辜 F.E. innocent
qīngbáiwúguò 清白无过 F.E. have clean hands
qīngbáiwúxiá 清白无瑕 F.E. be perfectly pure
qīng-báiyǎn 青白眼 N. a kind look and an angry look
qīngbái yuánzé 清白原则 N. clean hands
qīngbān 清班 N. virtuous officials collectively
Qīngbāng* 青帮[-幫] N. late-Qing and Republican-era secret society; the Green Gang
qīngbàng 青棒 N. youth baseball M: ⁴zhī
qīngbàngzhǐ 轻磅纸[輕-] N. lightweight paper M: ¹zhāng
qíngbào 情报[-報] N. intelligence; information M: ¹fèn
qíngbào chǔlǐ 情报处理[-報處-] N. information processing
qíngbào jiǎnsuǒ 情报检索[-報--] N. information retrieval
qíngbàojú 情报局[-報-] P.W. intelligence agency
qíngbào rényuán 情报人员[-報--] N. intelligence personnel/agency M: ²wèi
qíngbào sōují 情报搜集[-報--] N. information collecting
qíngbàowǎng 情报网[-報網] N. intelligence network
qíngbào xìtǒng 情报系统[-報--] N. intelligence channel
qíngbàoxué 情报学[-報-] N. informatics; information science

qíngbàoyuán 情报员[-報-] N. secret agent; intelligence agent M: [2]*wèi*

[1]qīngbì* 青碧 N. blue; green

[2]qīngbì 清跸[-蹕] V.O. clear the way for the imperial carriage

qíngbì 情弊 N. dishonest practices; irregularities

qīngbiàn* 轻便[輕-] S.V. light; portable; handy

qǐngbiàn 请便 V.P. do as you wish; please yourself

qīngbiànchē 轻便车[輕-] N. light-weight car M: [3]*liàng*

qīngbiàn tiělù 轻便铁路[輕-鐵-] N. light railway M: [1]*tiáo*

qīngbiānyīn 清边音[-邊-] N. <lg.> voiceless lateral

qīngbiāo 清标[-標] N. ① pure and austere look ② bright moon

qīngbiāo zhào rén hán 清标照人寒[-標---] F.E. The bright moon casts its cool light.

qíngbǐhǎishēn 情比海深 F.E. One's concern/affection is deeper than the sea.

qìngbǐnánshū 罄笔难书[-筆難書] F.E. too numerous to be cited (of atrocities/misdeeds)

qīngbīng 轻兵[輕-] N. small army M: [2]*wèi*

Qīngbīng* 清兵 N. Manchu troops

qīngbīngqì 轻兵器[輕-] N. small arms M: [2]*jiàn*

qīngbìsè 青碧色 N. green/blue color

qīngbítì 清/青鼻涕 N. nasal drip

qīngbó 轻薄[輕-] S.V. frivolous; flippant ♦V. insult; harass (verbally)

qīngbōbìlàng 清波碧浪 F.E. the clear waves of the river

qǐngbōdān 请拨单[-撥-] N. call slip M: [1]*zhāng*

qīngbó'ér 轻薄儿[輕-] N. frivolous/fickle youth

qīngbó shàonián 轻薄少年[輕-] N. frivolous/fickle youngster

qīngbózǐ 轻薄子[輕-] N. frivolous youth; fickle

qīngbǔ 清补[-補] N. <Ch. med.> cool supplementation

qīngbù* 青布 N. black cloth M: [2]*kuài*

qīngbùbīng 轻步兵[輕-] N. light infantry

qǐngbùdào 请不到 R.V. unable to make someone come by an invitation

qǐngbùdòng 请不动[-動] R.V. unable to make someone come by an invitation

qíngbùkěquè 情不可却[-卻] F.E. it would be ungracious not to accept (an invitation/etc.)

qīngbuliǎo 轻不了[輕-] R.V. can't be light; must be heavy

qǐngbuqǐ 请不起 R.V. cannot afford to hire

qíngbùzìjīn 情不自禁 F.E. can't help (doing sth.)

qīngcài 青菜 N. green vegetables; greens; Chinese cabbage M: [2]*kē*

qīngcáihàoyì 轻财好义[輕-義] F.E. be generous and philanthropic

qīngcàihuā 青菜花 N. broccoli M: [2]*kē*

qǐng cáishén 请财神 V.O. call upon the god of wealth

qīngcáizhòngyì 轻财重义[輕-義] F.E. value friendship more than money; be generous and charitable

[1]qīngcāng 清仓[-倉] V.O. make an inventory of warehouses

[2]qīngcāng 青苍[-蒼] N. dark green; dark blue

qīngcāngchákù 清仓查库[-倉--] F.E. make a pre-clearance inventory of warehouses

qīngcāng chǔlǐ 清仓处理[-倉處-] V.P./N. clearance/layway sale

qīngcāng dàjiǎnjià 清仓大减价[-倉-減價] N. clearance sale

qīngcānglìkù 清仓利库[-倉--] F.E. make a pre-clearance inventory of warehouses

qīngcāng pāimài 清仓拍卖[-倉-賣] N./V.P. rummage sale

qīngcāo 清操 N. virtuous disposition and behavior

qīngcǎo* 青草 N. green grass M: [2]*kē*

qíngcāo 情操 N. ① sentiment (intellectual/aesthetic/etc.) ② personality; integrity ③ noble thoughts and feelings

qīngcǎodì 青草地 N. grassy area; lawn M: [2]*kuài*

qīngcāozuò 轻操作[輕-] N. light work

[1]qīngcè 清册[-冊] N. detailed list

[2]qīngcè 倾侧 V. tilt; incline; slope; slant

[1]qīngchá 清查 V. ① investigate; survey thoroughly ② comb/screen out (undesirable elements)

[2]qīngchá 清茶 N. ① green tea ② tea served without refreshments

qīngchá cāngkù 清查仓库[--倉-] V.O. make an inventory/checkup

qīngchádànfàn 清茶淡饭 F.E. living in poverty

qīngchá hùkǒu 清查户口 V.O. check on household occupants; check residence cards

qīngcháng 清偿[-償] V. pay back/off; clear off

qīngchǎng* 清场[-場] V.O. <thea.> clear the hall (for the next seating)

qīngchàng 清唱 V. <opera> sing arias (without makeup, as at parties)

[1]qíngcháng 情长 V.P. lasting affection for sb.

[2]qíngcháng 情肠[-腸] N. loving heart

qíngchǎng 情场[-場] N. ① love affair ② the arena of love

qīngchángdàofù 倾肠倒腹[-腸--] F.E. pour out the heart

qíngchǎngdéyì 情场得意[-場--] F.E. be lucky in love

qǐng chángjià 请长假 V.O. ask for extended leave

qīngchàngjù 清唱剧[-劇] N. oratorio; cantata

qíngchǎnglǎoshǒu 情场老手[-場--] N. skirt chaser

qíngchǎngshīyì 情场失意[-場--] F.E. be frustrated in love

qīngcháng zhàiwù 清偿债务[-償-務] V.O. pay/clear off debts

qíngchángzhǐduǎn 情长纸短 F.E. <wr.> The paper is too short for what I have to say.

qīngchǎnhézī 清产核资[-產--] F.E. general checkup on enterprise assets

[1]qīngcháo 倾巢 V.O. turn out in full force (of enemy)

[2]qīngcháo 清朝 N. enlightened reign ***See also*** *Qīngcháo*

Qīngcháo* 清朝 N. Qing dynasty (1644–1911) ***See also*** [2]*qīngcháo*

qīngcháochūdòng 倾巢出动[-動] F.E. turn out in full force/strength (of enemy/bandits/etc.)

qīngcháochūfàn 倾巢出犯 F.E. swarm out to attack

qīngcháo'érchū 倾巢而出 F.E. turn out in full force

qīngcháoláifàn 倾巢来犯 F.E. invade in full force (of bandits, enemy forces, etc.)

qīngchē 轻车[輕-] N. ① light, swift chariot ② light cart

qīngchè* 清澈/彻[-徹] S.V. limpid; clear

qīngchēcóngjiǎn 轻车从简[輕-從-] F.E. travel with a minimum of pomp (of important persons)

qīngchējiǎncóng 轻车简从[輕-從] F.E. travel with a minimum of pomp

qīngchèjiàndǐ 清澈/彻见底[-徹--] F.E. (The water) is so clear that you can see (to) the bottom.

[1]qīngchén 清晨 N. early morning

[2]qīngchén 清尘[-塵] N. <wr./court.> your honorable presence

qīngcheng 轻成[輕-] S.V. <topo.> easy and enjoyable (of a job/etc.)

qīngchēng 轻称[輕稱] N. <lg.> pejorative

[1]qīngchéng* 倾城 N. the whole city/town ***See also*** *qīngguóqīngchéng*

[2]qīngchéng 清澄 S.V. limpid; clear

qīngchēngcí 轻称词[輕稱-] N. <lg.> pejorative

qīngchéng'érlái 倾城而来 F.E. come from all over the town

qīngchéngqīngguó 倾城倾国[-國] F.E. ravishingly/devastatingly beautiful (of women)

qīngchéngxiāngjiàn 倾诚相见 F.E. be frank with each other

qīngchénzhuóshuǐ 清尘浊水[-塵濁-] ID. be completely cut off from each other

qīngchēshúlù 轻车熟路[輕-] F.E. routine task for sb. knowledgeable

qíngchī 情痴 N. love maniac

qīngchóng 青虫[-蟲] N. green insect/worm M: [1]*tiáo*

qīngchu* 清楚 S.V. clear; distinct; without ambiguity ***Wǒ bù ~.*** I'm not sure. ***Wǒ tīngbu~.*** I can't hear clearly.

[1]qīngchū 清出 R.V. clear away; eliminate; get rid of

[2]qīngchū 倾出 R.V. pour out; empty

qīngchú 清除 V. eliminate; get rid of

qīngchuán 倾船 V.O. capsize a boat

qīngchuàngshù 清创术[-創術] N. <med.> debridement

qīngchú fǔbài 清除腐败 V.O. stamp out corruption

qīngchuī 轻吹[輕-] V. blow lightly

qīngchūn* 青春 N. ① one's youth; young adulthood ② age

[1]qīngchún 清纯 S.V. pure

[2]qīngchún 清醇 S.V. pure (in taste/smell)

qīngchūnbùzài 青春不再 F.E. One will never be young again.

qīngchūndòu 青春豆/痘 N. <coll.> acne M: [1]*kē*

qīngchūn fādòngqī 青春发动期[--發動-] N. puberty

qīngchūnfàn 青春饭 N. profession for young persons only

qīngchūnhuànfā 青春焕发[-煥發] F.E. be bursting with youthful energy

qǐng chūnkè 请春客 V.O. <topo.> give a spring party

qīngchūn měilìdòu 青春美丽豆[---麗-] N. <coll.> pimple; acne; blackhead M: [1]*kē*

qīngchūnniánshào 青春年少 F.E. be in the first blush of youth

qīngchūnqī 青春期 N. adolescence; puberty

qīngchūn qiánqī 青春前期 N. preadolescence

qīngchūnqī qián shíqī 青春期前时期[----時-] N. prepuberty

qīngchúnrúyī 清纯如一 F.E. always pure

qīngchūnxiàn 青春腺 N. reproductive glands

qīngchūnxūdù 青春虚度[--虛-] F.E. waste the springtime of one's life

qīngchúnyīn 轻唇音[輕-] N. <lg.> labiodentals

qīngchūnyǒngzhù 青春永驻 F.E. be young forever

qīngchūnzú 青春族 <coll.> N. young blood (teens and early twenties)

qīngchu qǐlai 清楚起来 R.V. become clear

qīngchú qūyù 清除区域[--區-] P.W. <comp.> clear area

qīngchūyúlán 青出于蓝[-於藍] ID. pupil surpasses teacher

qīngchú zhàng'ài 清除障碍[-礙] V.O. remove obstacles

[1]qīngcí* 青瓷/磁 N. celadon ware M: [2]*jiàn*

[2]qīngcí 青词 N. Daoist prayers, written in vermilion on special paper.

qǐngcí 请辞[-辭] V.O. request permission to resign; tender one's resignation

qīngcōng 青葱[-蔥] N. green onion M: [1]*kē*/[2]*gēn* ♦V.P. verdant

[1]qīngcuì(r) 清/轻脆(儿)[輕-] S.V. ① clear and sharp (of sound) ② light and fragile; flimsy; frail

[2]qīngcuì 青翠 S.V. verdant; fresh and green

qīngcuìsè 青翠色 N. verdant color

qīngcuìyùdī 青翠欲滴 F.E. green and luxuriant

qīngdài 青黛 N. name of a Chinese medicine, mostly for external use

Qīngdài* 清代 N. the Qing dynasty (1644–1911)

qǐng dàifu 请大夫 V.O. send for a doctor

qīngdān(r/zi) 清单(儿/子) N. detailed list or statement of account M: [1]*zhāng*

[1]**qīngdàn*** 清淡 S.V. ① mild (of flavor) ② dull; slack (of business) ③ placid (of life) ④ faint; dim ⑤ casual; random
[2]**qīngdàn** 氢弹[氫-] N. hydrogen bomb M: [1]*kē*
qīngdànbáishí 青蛋白石 N. <*min.*> girasol M: [2]*kuài*
qīngdàn de yī xiào 轻淡地一笑[輕-] V.P. give a faint smile
qīngdǎng 清党[-黨] V.O. purge (a political party); carry out a purge
qīngdànjì 清淡季 N. slack season
qīngdàntóu 氢弹头[氫-] N. hydrogen warhead M: [1]*kē*
qíngdànxiánlái 情淡嫌来 F.E. Faults are thick where love is thin.
qīngdǎo 倾倒 V. ① topple over ② be taken by; greatly admire
[1]**qīngdào*** 倾倒 R.V. dump; empty; pour out (lit./fig.)
[2]**qīngdào** 清道 V.O. ① clean the street ② make/clear the way for a monarch/official
qǐngdào 请到 R.V. succeed in inviting sb.
qīngdàochē 倾倒车 N. dump truck M: [3]*liàng*
qīngdàofū 清道夫 N. street cleaner; scavenger M: [2]*wèi*
qīngdào lājī 清倒垃圾 V.P. dump rubbish
qīngdēng* 青灯[-燈] N. <*wr.*> green lamp; oil lamp M: [1]*zhǎn*
qíngděng 腈等[腈-] V. <*topo.*> sit back and wait
qīngdēnggǔfó 青灯古佛[-燈--] F.E. an oil lamp before the statue of Buddha
qīngdēnghuángjuàn 青灯黄卷[-燈--] F.E. study at night
qīng de ruǎn'é mócāyīn 清的软额摩擦音 N. <*lg.*> voiceless velar fricative
qīng de yuányīn 清的元音 N. <*lg.*> voiceless vowel
[1]**qīngdí*** 轻敌[輕敵] V.O. underestimate the enemy
[2]**qīngdí** 清涤[-滌] V. ① rinse; wash; clean ② purge; comb out
qíngdí 情敌[-敵] N. rival in love
[1]**qīngdiǎn*** 清点[-點] V. check; make an inventory
[2]**qīngdiǎn** 倾点[-點] N. <*chem.*> pour/flow point
qīngdiàn 青靛 N. name of a Chinese medicine, mostly for external use
qìngdiǎn 庆典[慶-] N. celebration
qīngdiǎn zhàngmù 清点帐目[-點--] V.O. check the accounts
qíngdiào* 情调 N. ①sentiment; tone and mood; taste ② <*psy.*> affective feeling/tone
qǐngdiào 请调 V. ask to be transferred to another post
qìngdiào 庆吊[慶-] N. congratulations on happy occasions and condolences on bereavements
qǐngdiào bàogào 请调报告[--報-] N. a written request for a transfer (to another post)
qìngdiē 亲爹[親-] N. ①father-in-law ②address by junior members of one family for male members of another family related by marriage *See also qīndiē*
Qīngdì xùnwèi 清帝逊位[--遜-] N. Manchu emperor's abdication (February 12, 1912)
[1]**qīngdòng** 倾动[-動] V. move people and win admiration
[2]**qīngdòng** 轻冻[輕-] N. <*met.*> light freeze
qīngdòngyīshí 倾动一时[-動-時] F.E. ① cause a great sensation; create a furor ② affect the times/generation overwhelmingly ③ have a convulsive effect on one's mind
qīngdòu* 青豆 N. ① green soybean M: [3]*lì*/[1]*kē* ② petit pois
qíngdòu 情窦[-竇] N. puberty
qíngdòuchūkāi 情窦初开[-竇-開] F.E. ①reach puberty ② develop interest in the opposite sex
qīngdòujiá 青豆荚[-莢] N. <*bot.*> haricot
qíngdòuwèikāi 情窦未开[-竇-開] F.E. before puberty

[1]**qīngdù** 轻度[輕-] ATTR. mild
[2]**qīngdù** 倾度 N. degree of inclination
qīngduànzixié 青缎子鞋 N. traditional shoes of black silk M: [1]*shuāng*
qīngdú de 轻读的[輕讀-] ATTR. <*lg.*> unstressed
qīngduì 清队[-隊] V.O. purify class ranks
qīngdūn 轻吨[輕噸] N. short ton
qīngdùn* 清炖 V. stew in clear soup
qīngdùnjī 清炖鸡[-雞] N. <*mes.*> stewed chicken without soy sauce
qīngdùn típang 清炖蹄膀/髈 N. pork shoulder stewed in clear broth
qíngē* 琴歌 N. tune for stringed instruments ♦ V. play stringed instruments and sing
qǐngē 寝戈[寢-] V.P. ready for combat
[1]**qīng'é** 青娥 N. <*wr.*> young girl M: [2]*wèi*
[2]**qīng'é** 青蛾 N. eyebrows M: [1]*tiáo*
qìngēng 亲耕[親-] V.P. The emperor personally and symbolically tills the land.
qīng'ěr 倾耳 V.O. prick up one's ears
qíng'ér* 情儿 <*coll.*> N. (extra-marital) lover
qīng'ěr'értīng 倾耳而听[-聽] F.E. listen attentively
qīng'ěrjìngtīng 倾耳静听[-靜聽] F.E. strain one's ears
qīng'ěrxìtīng 倾耳细听[-聽] F.E. prick up one's ears and listen carefully
qīng'éryìjǔ 轻而易举[輕-舉] F.E. easy to do
qīng'éryìqǔ 轻而易取[輕-] F.E. easy to do
qīngfá* 轻罚[輕-] N. a light punishment
qīngfǎ 清法 N. <*Ch. med.*> the pattern of cooling
qǐng fā cíbēi 请发慈悲[-發--] V.P. appeal to sb. for mercy
qīngfán* 青矾[-礬] N. <*chem.*> copperas
qīngfàn 清梵 N. <*Budd.*> sound of intoning
qīng-fǎng 轻纺[輕-] AB. *qīnggōngyè* and *fǎngzhī gōngyè*
qīngfàng* 轻放[輕-] V. put down gently ***yìsuì wùpǐn, xiǎoxīn*** ~ Fragile! Handle with care!
qīngfǎng chǎnpǐn 轻纺产品[輕-產-] N. textiles and other light industrial goods M: [1]*xiē*
qīngfǎng gōngyè 轻纺工业[輕-業] N. textile and other light industries
qíngfāyōusī 情发幽思[-發--] F.E. muse over a past memory
[1]**qīngféi** 青肥 N. green manure
[2]**qīngféi** 圊肥 N. <*topo.*> barnyard manure
[3]**qīngféi** 轻肥[輕-] N. wealthy
qīngfèihuàtán 清肺化痰 F.E. clear the lungs and eliminate phlegm
qīngfēn 清芬 N. <*wr.*> ①delicate fragrance; faint scent ② moral integrity; nobility of character ③ soothing aroma ④ virtues
qīngfěn 轻粉[輕-] N. <*coll.*> calomel; mercurous chloride
qíngfèn* 情分/份 N. ① mutual affection; friendship ② good intentions; good will; solicitude
[1]**qīngfēng*** 清风 N. cool breeze ♦ ID. remain poor and clean at retirement (of officials)
[2]**qīngfēng** 轻风[輕-] N. <*met.*> light breeze
[3]**qīngfēng** 青蜂 N. a kind of wasp M: [2]*zhī*
qīngfěng 轻讽[輕-] V. mock
qīngfēngguòlǐng 青锋过领 F.E. flourish a sword over sb.'s neck
qīngfēngjìnjié 清风劲节[-勁節] F.E. uncorrupted and principled
qīngfēngliàngjié 清风亮节[-節] F.E. uncorrupted and principled
qīngfēngliǎngxiù 清风两袖 F.E. remain poor upon retirement
qīngfēngmíngyuè 清风明月 F.E. gentle breeze and bright moon
qīngfēngnèizhàng 青风内障 F.E. bluish glaucoma
qīngfēngpūmiàn 清风扑面[--撲-] F.E. The gentle breeze brushes against one's face.
qīngfēngxúlái 清风徐来 F.E. The soothing breezes slowly blow this way.
[1]**qīngfú*** 清福 N. easy and carefree life

[2]**qīngfú** 轻浮[輕-] S.V. frivolous; flighty; flippant; playful
[3]**qīngfú** 轻拂[輕-] V. flick
[4]**qīngfú** 倾服 V. admire; esteem
[5]**qīngfú** 青蚨 N. ① a kind of insect mentioned in ancient literature M: [2]*zhī* ② copper cash M: [4]*méi*
qīngfǔ 轻抚[輕-] V. caress/fondle lightly
qīngfù 倾覆 V. overturn; topple; capsize
qíngfū 情夫 N. lover; paramour of a married woman M: [2]*wèi*
qíngfù 情妇[-婦] N. mistress; the other woman M: [2]*wèi*
qīngfùhè 轻负荷[輕-] N. light load
qīngfùhèshí 轻负荷时[輕-時] N. light hours; slack hour
qīngfúsuān 氢氟酸[氫-] N. <*chem.*> hydrofluoric acid
qīngfǔyīn 清/轻辅音[輕-] N. <*lg.*> voiceless/breathed consonant
qīngfù zhàiwù 清付债务[-務] V.O. clear a debt
qīnggài 倾盖[-蓋] A.T. At the first meeting, people talk freely with each other as if they were old friends.
qínggān 情甘 A.T. be willing
qínggǎn* 情感 N. emotion; feeling; friendship
qínggǎn biànliàng 情感变量[--變-] N. <*lg.*> affective variable
qínggǎnchōngdòng 情感冲动[-衝動] F.E. emotional impulse; outburst of emotion
qīnggāng 青冈[-岡/棡] N. <*bot.*> Oriental white oak M: [2]*kē*
qínggǎnxìng jīngshénbìng 情感性精神病 N. affective psychosis
qínggǎn yìyì 情感意义[-義] N. <*lg.*> affective/emotive meaning
qínggǎn yǔcí 情感语词 N. <*lg.*> feeling term
qīnggāo* 清高 S.V. ① aloof from politics and worldly things ② distinguished; dignified
qīnggǎo 清稿 N. fair/clean copy M: [1]*piān*
qīnggāochāobá 清高超拔 F.E. lofty and surpassing
qīnggāojuésú 清高绝俗[--絕-] F.E. extremely aloof from mundane affairs
[1]**qīnggē** 轻歌[輕-] N. merry song M: [3]*qǔ*
[2]**qīnggē** 清歌 N. singing without instrumental accompaniment M: [3]*qǔ*
qīnggé 青蛤 N. <*zoo.*> clam M: [3]*lì*
qínggē* 情歌 N. love song M: [2]*shǒu*
qīnggēda 青疙瘩 N. <*coll.*-> black-and-blue mark
qīnggējù 轻歌剧[輕-劇] N. light opera M: [2]*bù*
qīnggelèng 青格愣 ATTR. <*topo.*> unripe; immature
qīnggēmànwǔ 轻歌曼舞[輕-] F.E. soft music and graceful dancing
qīnggēmiàowǔ 清歌妙舞 F.E. <*wr.*> clear singing, exquisite dancing
qīnggěng 清鲠 V.P. blunt; straightforward
qīnggěngcài 青梗菜 N. green cabbage M: [2]*kē*
qīnggēwǔ 轻歌舞[輕-] N. light song and dance performance
[1]**qīnggōng*** 轻工[輕-] N. light industry
[2]**qīnggōng** 青工 N. young worker M: [2]*wèi*
[3]**qīnggōng** 清宫[-宮] V.O. clean/sweep the palace ♦N. palace of the Qing rulers
[4]**qīnggōng** 青宫[-宮] N. palace of a prince M: [4]*zuò*
qǐnggōng 请功 V.O. ask a higher level to record sb.'s meritorious deeds
qìnggōng 庆功[慶-] V.O. celebrate success
qìnggōnghuì 庆功会[慶-] N. victory celebration
qìnggōnglùnshǎng 庆功论赏[慶-] F.E. celebrate a success by conferring honors according to merit
qīnggōng shìchǎng 轻工市场[輕-場] N. market for products of light industry
qìnggōngyàn 庆功宴[慶-] N. celebration party
qīnggōngyè 轻工业[輕-業] N. light industry
qīnggōngyèpǐn 轻工业品[輕-業-] N. light-industry products

qǐnggòudān 请购单[-購-] N. buying requisition M: [1]zhāng
qīnggǔ 清谷[-穀] N. <Ch. med.> undigested food
qīngguā 青瓜 N. cucumber M: [1]tiáo
[1]**qīngguān** 清官 N. honest and upright official M: [2]wèi
[2]**qīngguān** 清倌 N. <trad.> young singsong girl who is still a virgin M: [2]wèi
qíngguāng 晴光 N. bright sunshine
qīngguāngyǎn 青光眼 N. <med.> glaucoma
qīngguān nán duàn jiāwùshì 清官难断家务事[--難斷-務-] F.E. Not even good officials can settle family troubles.
qīngguī 清规 N. <Budd.> monastic rules M: [1]tiáo
qīngguǐ* 轻轨[輕-] N. light rail
Qīngguì 清贵 ID. <trad.> Hanlin Academy
qīngguījièlǜ 清规戒律 F.E. ① religious regulations ② restrictions and fetters
qīngguó* 倾国[-國] N. the whole country ♦V.O. ruin the country
qīngguǒ 青果 N. <topo.> ① Chinese olive ② fresh fruit M: [2]zhī
qīngguōlěngzào 清锅冷灶[-鍋--] F.E. <coll.> ① empty kettle and cold stove ② devoid of people; deserted; desolate
qīngguóqīngchéng 倾国倾城[-國--] F.E. ravishingly/exceedingly beautiful (of a woman)
qīnggǔtou 轻骨头[輕-] N. ① sb. who is good-for-nothing; frivolous ② sb. who is smug and bloated
Qīnghǎi* 青海 P.W. Qinghai province; Kokonor
qínghǎi 情海 N. boundless/deep love (of lovers)
qīnghǎitái 青海苔 N. moss
[1]**qīnghán** 清寒 S.V. ① poor but upright ② cold and clear (of weather)
[2]**qīnghán** 轻寒[輕-] N. cool; mildly cold
qīnghán zǐdì jiǎngxuéjīn 清寒子弟奖学金[----獎--] P.W. scholarships for poor students
qīnghāo 青蒿 N. <bot.> grassy plant of the chrysanthemum family (*Artemisia apiacea*); sweet wormwood M: [2]kē
[1]**qínghǎo*** 晴好 S.V. warm and fine
[2]**qínghǎo** 情好 N. attachment; friendship
[1]**qīnghé** 清和 V.P. clear and bright (of weather) ♦N. ① time of peace ② fourth lunar month
[2]**qīnghé** 轻核[輕-] N. <phy.> light nucleus
qínghé 晴和 V.P. warm and fine (of weather)
qǐnghé 请和 V.O. seek peace
qìnghè* 庆贺[慶-] V. celebrate; rejoice over
qīnghēi 青黑 N. bluish black
qīnghēi fěnhóngsè 青黑粉红色 N. livid pink
qìnghè shènglì 庆贺胜利[慶-勝-] V.O. celebrate the victory
Qīng-Hóngbāng 青洪帮[-幫] N. <hist.> a secret-society organization
qīnghóngzàobái 青红皂白 ID. right and wrong
qīnghōngzhàjī 轻轰炸机[輕轟--] N. light bomber M: [1]jià
qīnghóu 青猴 N. monkey M: [2]zhī
qīng hóumócāyīn 清喉摩擦音 N. <lg.> voiceless laryngeal fricative
qīnghū 轻忽[輕-] V. neglect; slight; ignore
qīnghuā 青花 N. ① fine stripes on an ink-stone ② flower design on porcelain
qīnghuá 清华[-華] V.P. outstanding and beautiful ♦N. ① eminent and honest gentlemen ② enchanting views
Qīnghuá* 清华[-華] P.W. *See Qīnghuá Dàxué*
[1]**qīnghuà** 清化 N. ① moral influence/education ② <lg.> devoicing
[2]**qīnghuà** 氢化[氫-] N. <chem.> hydrogenation
qínghuà 情话 N. ① lover's prattle ② intimate talk
qīnghuācí 青花瓷 N. blue-and-white porcelain M: [2]jiàn
qínghuái 情怀[-懷] N. feelings; mood
qínghuàmiánmián 情话绵绵 F.E. whispering sweet nothings; occupied with endless whispers of love
qīnghuán 清还[-還] V. clear up and pay back (debts/etc.)
qīnghuànà 氢化钠[氫-] N. hydrogen sodium
qīnghuáng 青黄 V.P. greenish yellow; sallow
qīnghuángbùjiē 青黄不接 F.E. ① temporary shortage ② gap in succession
qínghuàwù 氰化物 N. <chem.> hydride
qínghuàyóngyóng 情话喁喁 F.E. endless whispers of love
qīnghuāyú 青花鱼 N. <zoo.> spotted mackerel M: [1]tiáo
[1]**qīnghuī** 青灰 N. graphite
[2]**qīnghuī** 清辉 N. clear and bright light
[3]**qīnghuī** 清徽 N. lofty and honest conduct
qīnghuì 清诲 F.E. <court.> your instructions
qǐnghuí* 请回 F.E. <court.> please go back (said by guest to host seeing him off)
qìnghuì 庆会[慶會] N. meeting for celebration
qīnghuīsè 青灰色 N. dark gray
qīnghuīshuǐ 青灰水 N. mixture of lime and water
qīnghuīsù 青徽素 N. <med.> penicillin
qīnghuì yuántú 清绘原图[-繪--圖] N. original drawing; hand-drawn original M: [1]zhāng
qǐnghuì zhīpiào fùkuǎn 请汇支票付款[-匯----] F.E. kindly remit by check
qīnghùnníngtǔ 轻混凝土[輕-] N. lightweight concrete
qīnghuó(r)* 轻活(儿)[輕-] N. light work; soft job M: [2]jiàn
qīnghuǒ 清火 V.O. <Ch. med.> relieve inflammation or internal heat
qīnghuò 清货 V.O. clean stock
qínghuǒ 情火 N. flames of love
qīngjí 青及 F.E. be honored by your perusal (phrase used in correspondence)
qīngjì 清霁[-霽] N. clear; serene (of the sky)
Qīngjì 清季 N. last years of the Qing dynasty
qíngjí* 情急 S.V. <topo.> ① angry; irritated ② desperate
qíngjì 晴霁[-霽] V.P. be fair and clear
qīngjiā 倾家 V.O. spend/lose all one's property
qǐngjià* 请假 V.O. ask for leave
qìngjia 亲家[親-] N. ① parents of a daughter-in-law or son-in-law ② relatives by marriage
qīngjiàchē sàimǎ 轻驾车赛马[輕-] N. harness racing M: [2]chǎng
qīngjiādàngchǎn 倾家荡产[-蕩產] F.E. lose the family fortune
qìngjia érzi 亲家儿子[親-] N. brothers of one's daughter-in-law or son-in-law M: [2]wèi
qìngjiagōng 亲家公[親-] N. father of one's daughter-in-law or son-in-law M: [2]wèi
qìngjiamǔ 亲家母[親-] N. mother of one's daughter-in-law or son-in-law M: [2]wèi
[1]**qīngjiǎn** 轻减[輕減] V. lighten; ease
[2]**qīngjiǎn** 清减[-減] <wr.> V.P. thin; emaciated ♦V.O. get thin; lose weight
[3]**qīngjiǎn** 青简 N. books M: [1]běn
[1]**qīngjiàn** 轻贱[輕賤] S.V. mean and worthless/base ♦V. look down upon; belittle
[2]**qīngjiàn** 轻健[輕-] S.V. spry and light; nimble; brisk
[3]**qīngjiàn** 清健 V.P. <wr.> spry (of an older person)
qíngjiān 情奸 N. adultery from mutual attraction
qǐngjiǎn* 请柬 N. <wr.> invitation card M: [1]zhāng
qǐngjiàn 请见 V.P. <wr.> request an audience/interview
qìngjia nǎinai 亲家奶奶[親-] N. <coll.> mother-in-law M: [2]wèi
qíngjiānduōyún 晴间多云[-雲] F.E. fine with occasional clouds
qīngjiàng 清酱[-醬] N. soy sauce
qǐngjiǎng* 请讲[-講] V.P. please speak
qīngjiāngcài 青江菜 N. flowering cabbage M: [2]kē
qīngjiàngfǎ 清降法 N. <Ch. med.> (therapeutic) pattern for cooling and subduing (heat)
qīngjiàngròu 青酱肉[-醬-] N. a kind of salted pork
qíngjiànhūcí 情见乎辞[-辭] *See qíngxiànhūcí*
qìngjia nǚ'ér 亲家女儿[親-] N. term of address for sisters of one's daughter-in-law or son-in-law M: [2]wèi
[1]**qīngjiāo** 青椒 N. green cayenne pepper
[2]**qīngjiāo** 青鲛 N. <zoo.> ferocious sea fish M: [1]tiáo
[1]**qīngjiǎo** 清剿 V. clean up; suppress (bandits)
[2]**qīngjiǎo** 倾角 N. ① <phy.> dip ② <math.> inclination ③ <geol.> dip angle
Qīngjiào 清教 N. Puritanism
qíngjiāo 情交 N. friendship; friendly relations
qǐngjiào* 请教 F.E. <humb.> ① seek advice ② Please enlighten me.
qǐngjiào dàmíng 请教大名 V.P. May I have your name?
qǐngjiào nèiháng 请教内行 V.O. consult an expert
Qīngjiàotú 清教徒 N. Puritan M: [2]wèi
qīngjiǎoyù 青脚鹬[-腳-] N. <zoo.> greenshank M: [2]zhī
qìngjiāpó 亲家婆[親-] N. <coll.> mother of one's son-in-law or daughter-in-law M: [2]wèi
qǐngjiàtiáo 请假条[-條] N. written request for leave (of absence) M: [1]zhāng
qīngjī chǎnpǐn 轻机产品[輕-產-] N. light-industrial machine products
[1]**qīngjié*** 清洁[-潔] S.V. clean; sanitary
[2]**qīngjié** 轻捷[輕-] S.V. spry; nimble
[3]**qīngjié** 清结 V. ① settle/square accounts; balance the books ② bring to an end; wind up; settle
[4]**qīngjié** 清节[-節] S.V. incorrupt; honest
qīngjiě 清解 V. <Ch. med.> cooling and release
qīngjiè 清介 V.P. <wr.> ① virtuous and upright ② pure, virtuous and aloof from ordinary life
[1]**qíngjié** 情节[-節] N. ① plot; story; synopsis ② details; circumstances ③ <lg.> situation
[2]**qíngjié** 情结 N. <psy.> complex
qìngjié 磬/罄竭 V.P. used up; exhausted; emptied
qīngjiédài 清洁袋[-潔-] N. airsickness bag M: [2]zhī
qīngjiéduì 清洁队[-潔隊] N. cleaning squad
qīngjiěfǎ 清解法 N. <Ch. med.> method of cooling and releasing
qīngjié gōng 清洁工[-潔-] N. sanitation worker; street cleaner; custodian M: [2]wèi
qīngjiéhù 清洁户[-潔-] N. clean household (title given to a household in a sanitation check-up) M: [1]hù
qīngjiéjì 清洁剂[-潔劑] N. detergent
qíngjié jǐncòu 情节紧凑[-節緊湊] V.P. tight-knit plot
qíngjié jìyì 情节记忆[-節-憶] N. <lg.> episodic memory
qǐngjiēláixìn 顷接来信 F.E. <wr.> I have just received your letter.
qīngjié néngyuán 清洁能源[-潔--] N. clean energy
qīngjié ránshāo jìshù 清洁燃烧技术[-潔-燒-術] N. clean combustion technology
qīngjié tídān 清洁提单[-潔--] N. clean bill of lading
qíngjié xǐjù 情节喜剧[-節-劇] N. melodrama M: [2]mù
qíngjiéxìng jìyì 情节性记忆[-節--憶] N. <lg.> episodic memory
qīngjīguānqiāng 轻机关枪[輕-關槍] N. light machine gun
[1]**qīngjīn*** 青筋 N. blue veins M: [2]gēn
[2]**qīngjīn** 青衿/襟 N. <trad.> ① young scholar's dress M: [2]jiàn ② scholars; intellectuals M: [2]wèi
[3]**qīngjīn** 倾襟 V.P. be sincere to others
qǐngjìn 请进[-進] INTJ. Please come in.
qìngjìn 罄尽[-盡] V. <wr.> use up
qīngjìnbì 轻禁闭[輕-] N. <mil.> light detention
qīngjìnfēng 清劲风[-勁-] *See qīngjìngfēng*
[1]**qīngjìng** 清净[-淨] S.V. ① tranquil ② <Budd.> purified of defiling illusion

Q

[2]**qīngjìng** 清静[-靜] S.V. quiet (of surroundings/etc.)
qíngjǐng* 情景 N. scene; sight; circumstances
qíngjìng 情境 N. circumstances; situation
qíngjǐng dàgāng 情景大纲[-綱] N. <lg.> situational syllabus
qíngjǐngfǎ 情景法 N. <lg.> situational method
qīngjìngfēng 清劲风[-勁-] N. <met.> fresh breeze
qīngjìngfēngyǎ 清静风雅[-靜--] F.E. quiet and refined/elegant
qīng jīngjì 清经济[-經濟] V.O. <PRC> clear up finances
qíngjǐngjiāoróng 情景交融 F.E. feelings and setting happily blended (of literary works)
qíngjǐng jiàoxué 情景教学 N. <lg.> situational language learning
qíngjǐng jiàoxuéfǎ 情景教学法 N. situation teaching method
qīngjìngqì 清净器[-淨-] N. cleaner M: [1]tái
qīngjìngwúwéi 清净无为[-淨--] F.E. <Dao> discard all desires and worries from one's mind
qíngjìng xiāngbànwù 情境相伴物 N. <lg.> situational concomitant
qíngjǐng yìyì 情景意义[-義] N. <lg.> situational meaning
qīngjīnshí 青金石 N. lapis lazuli M: [2]kuài
qīngjīnshǔ 轻金属[輕-屬] N. light metal
qīngjīqiāng 轻机枪[輕-槍] N. light machine gun
qíngjíshēngzhì 情急生智 F.E. Necessity is the mother of invention.
[1]**qīngjiǔ*** 清酒 N. ① weak wine; wine used in ancestral worshipping; pure spirits ② a kind of rice wine; sake
[2]**qīngjiǔ** 青韭 N. young chives; chive seedlings
qǐngjiǔ 顷久 N. an instant or an eternity
qìngjiǔ 庆九/久[慶-] N. celebration of 59th/69th/79th/etc. birthday
qǐng jiùbīng 请救兵 V.O. ask for reinforcements
qíngjízhìshēng 情急智生 F.E. Necessity is the mother of invention.
qīngjùn 清俊 S.V. good-looking; smart
qīng jūncè 清君侧 V.O. rid the emperor of his close courtiers (as preparation for staging a rebellion)
qǐngjūnrùwèng 请君入瓮 ID. unwittingly set a trap for oneself
qǐngjūnsùdìng 请君速订 F.E. Please order now!
qīngjǔqīngfàng 轻举轻放[輕舉輕-] F.E. handle gently
qīngjǔwàngdòng 轻举妄动[輕舉-動] F.E. act recklessly
qǐngkài 謦欬 V. <wr.> ① cough ② make light conversation ③ talk and laugh
qīngkàn 轻看[輕-] V. ① consider unimportant; look down upon ② slight; make light of; despise
qīngkē 青稞 N. ① highland barley ② seeds of highland barley
[1]**qīngkè** 清客 N. <trad.> hangers-on of rich and powerful families M: [2]wèi
[2]**qīngkè** 清课 N. <Budd.> daily prayers/etc. of monks and nuns
[1]**qǐngkè*** 请客 V.O. ① invite/entertain guests ② treat sb. (to meal/show/etc.)
[2]**qǐngkè** 顷刻 CONJ. <wr.> in a moment; instantly
qīngkējiǔ 青稞酒 N. barley wine
qīngkèmǎ 青骒马 N. <topo.> gray mare M: [1]pǐ
qīngkēmài 青稞麦[-麥] N. barley
qǐngkèsònglǐ 请客送礼[-禮] F.E. give feasts and present gifts
qǐngkè wǎjiě 顷刻瓦解 V.P. collapse instantly
qīngkèxiànggōng 清客相公 F.E. literary friends of officials or rich men who help with conversation and advice M: [2]wèi
qǐngkèzhījiān 顷刻之间 N. in a twinkling; in no time
qǐngkèzuòdōng 请客作东 F.E. play the host
qíngkōng 晴空 N. clear/cloudless sky
qíngkōngpīlì 晴空霹雳[-靂] F.E. a bolt from the blue
qíngkōngwànlǐ 晴空万里[--萬-] F.E. clear and boundless sky
[1]**qīngkǒu*** 清口 S.V. tasty and refreshing
[2]**qīngkǒu** 青口 N. mussel M: [2]zhī
qīngkòu 轻叩[輕-] V. knock lightly
qīngkǒubóshé 轻口薄舌[輕-] F.E. ① make caustic remarks; be sharp-tongued ② make improper remarks
qìngkǒuméi 磬口梅 N. a kind of plum M: [2]kē
qīngkǔ 清苦 S.V. ① poor; plain; poor but clean and honest ② badly off
qīngkuài 轻快[輕-] S.V. ① brisk; lively; agile ② light hearted
qíngkuǎn* 情款 N. good relations; harmony
qǐngkuǎn 请款 V.O. request funds
[1]**qīngkuáng** 轻狂[輕-] S.V. extremely frivolous
[2]**qīngkuáng** 清狂 S.V. eccentric; bizarre
qíngkuàng(r)* 情况(儿)[-況-] N. circumstances; situation
qíngkuàngbùmiào 情况不妙[-況--] F.E. Things are in a bad way.
qíngkuàngbùmíng 情况不明[-況--] F.E. The situation is not clear.
qīngkuāngdàoqiè 倾筐倒箧[-篋] F.E. ①exhaust all one has ②leave no stone unturned; try one's best
qíngkuàng tiáojiàn 情况条件[-況條-] N. conditions of a situation
qíngkuàng wēijí 情况危急[-況--] V.P. be in critical condition
qíngkuàng zhèngjù 情况证据[-況證據] N. circumstantial evidence
qíngkuàng zhèngmíng 情况证明[-況證-] V.P./N. circumstantial evidence
qìngkuì 罄匮 V.P. used-up; exhausted
qīnglā* 轻拉[輕-] V. pull lightly
qīnglà 清蜡[-蠟] N. <petro.> paraffin removal in refining petroleum
qīnglagājī 青拉嘎唧 F.E. <coll.> bile green
qīnglài* 青睐 N. <wr.> favor; good graces
qǐnglái 请来 R.V. succeed in inviting sb.
qīnglán 清栏[-欄] V.O. <topo.> remove manure from a pigsty/sheepfold/etc.
qīnglǎn 青榄[-欖] N. olive M: [1]kē/[2]kē
[1]**qínglán*** 晴蓝[-藍] V.P. clear blue (of sky)
[2]**qínglán** 晴岚 N. fog in the mountains on a fine day
qīnglǎng 清朗 S.V. ①cool and bright (of weather) ② clear and crisp (of sound)
qīnglàng 轻浪[輕-] N. slight sea
qíngláng 情郎 N. a girl's lover/sweetheart M: [2]wèi
qínglǎng* 晴朗 S.V. sunny; fine and cloudless
qīnglánsè 清蓝色[-藍-] N. dark blue
qīngléi 轻雷[輕-] N. faint thunder
qīnglèi* 清泪[-淚] N. tears M: [1]háng
qínglěi 情累 N. burden of love
qīnglěng 清冷 S.V. ① chilly; cool; refreshing ② deserted; desolate
[1]**qīnglí** 青藜 N. walking stick M: [2]gēn
[2]**qīnglí** 青骊[-驪] N. dark horse; black horse M: [1]pǐ
qīnglǐ* 清理 V. ①settle (accounts/etc.); sort out affairs ② arrange; tidy up ③ cleanse (e.g. a wound)
[1]**qīnglì** 轻利[輕-] V.O. think little of material gain ♦S.V. light and sharp
[2]**qīnglì** 清丽[-麗] S.V. ① lucid and elegant (of writing) ② quiet and exquisite (of a scene)
[3]**qīnglì** 倾力 ADV. do all one can; use up all one's resources
[4]**qīnglì** 清利 V.P. peaceful; calm; clear; lucid
qínglǐ 情理 N. reason; common sense
[1]**qīnglián*** 清廉 S.V. honest and upright
[2]**qīnglián** 清涟 S.V. clear and rippled (of water in a pond/etc.)
[3]**qīnglián** 青莲 N. blue lotus M: [2]duǒ
[4]**qīnglián** 青帘 N. streamer of a wineshop M: [1]zhāng
Qīng Lián 青联[-聯] AB. Zhōnghuá Quánguó Qīngnián Liánhéhuì
qīngliang 清亮 S.V. ① clear; limpid ② clear and resounding; resonant
qīngliáng* 清凉[-涼] S.V. fresh and cool; refreshing
qīngliàng 轻量[輕-] N. light weight
Qīngliángǎng Wénhuà 青莲岗文化[--崗--] N. <archeo.> Qingliangang/Chinglienkang Culture
qīngliánggāo 清凉膏[-涼-] N. cold cream
qīngliángjì 清凉剂[-涼劑] N. ① <Ch. med.> concoction to relieve body heat ② sobering effect
qīngliàngjí* 轻量级[輕-] N. <sport> (weight lifting or boxing) lightweight
qīngliáng yǐnliào 清凉饮料[-涼--] N. cold drink; cooler
qīngliángyóu 清凉油[-涼-] N. cooling ointment; essential balm
Qīnglián Jūshì 青莲居士 N. See Lǐ Bó
qīngliánmì'ài 轻怜蜜爱[輕憐-愛] F.E. tender affection between a couple in love
qīngliánsè 青莲色 N. pale purple; heliotrope
qīngliáo 清寥 S.V. clear and open (of space/fields/etc.)
qīngliào* 青料 N. green fodder
qīnglǐ cāngkù 清理仓库[--倉-] V.O. take stock; make an inventory of warehouse stocks
qīnglǐ dàng'àn 清理档案[--檔-] V.O. put the archives in order; sort out documents
[1]**qīngliè** 清冽 S.V. <wr.> cool; chilly
[2]**qīngliè** 蜻蛚 N. a kind of cricket M: [2]zhī
qíng-lǐ-fǎ 情理法 N. emotion, reason, and law
qínglǐjiāndào 情礼兼到[-禮--] F.E. persuade sb. with both emotion and gifts
qīnglǐ jiējí duìwǔ 清理阶级队伍[--階-隊-] V.O. <Cult. Rev.> purify class ranks
qīnglǐ jiùzhàng 清理旧账[--舊-] V.O. settle old accounts
qínglǐnánróng 情理难容[--難-] F.E. be preposterous
[1]**qīnglíng** 轻灵[輕靈] S.V. light and quick
[2]**qīnglíng** 蜻蛉 N. a species of dragonfly M: [2]zhī
[3]**qīnglíng** 清泠 V.P. ①chilly ②deserted; desolate
qīnglínglíng 清凌凌//泠泠 R.F. clear and rippling
qīnglínyú 青鳞鱼 N. <zoo.> herring M: [1]tiáo
qīnglǐ qiànshuì 清理欠税 V.O. clear up cases of taxes in arrears
qīnglǐrén 清理人 N. <law> liquidator M: [2]wèi
qīnglǐ sānjiǎozhài 清理三角债 V.O. break up sequential indebtedness
qīngliú 清流 N. ① <hist.> late Ming scholars as political outsiders ② clear stream ③ air current ④ virtuous scholars ⑤ <lg.> breathed glide
qīngliúgòngzhì 清流共治 F.E. rule by the clean and upright
qīnglǐ zhàiquàn 清理债券 V.O. liquidate holdings
qīnglǐ zhàiwù 清理债务[-務] V.O. get out of debt; clear the debt
qīnglǐ zhěngdùn 清理整顿 V.P. clean up and reorganize
qīnglǐ zhěngdùn gōngsī 清理整顿公司 V.O. screen and reorganize corporations
qīnglìzhòngyì 轻利重义[輕-義] F.E. think little of material gain but attach great importance to righteousness
qīnglízǐ 氢离子[氫離-] N. hydrogen ion
qīnglóng 青龙 N. ① Green Dragon (symbol of the east and of spring) ② <Dao.> guardian spirit of the east
qīnglóngmù 青龙木 N. <bot.> amboyna M: [2]kē
qīnglóu 青楼[-樓] P.W. <trad.> ① mansion ② brothel ③ abode of a beauty M: [4]zuò
qīnglóubóxìng 青楼薄幸[-樓--] F.E. lacking in feeling (of prostitutes)
qīnglóunǚ 青楼女[-樓-] N. prostitute M: [2]wèi
qīnglú 青鲈[-鱸] N. <zoo.> perch M: [1]tiáo

qīnglǜ 青绿 V.P. dark green

qínglǚ* 情侣[-侶] N. sweethearts; lovers M: [1]*duì*

qīngluán 青鸾[-鸞] N. bird with colorful feathers M: [2]*zhī*

qīnglǜhuà 青绿画[-畫] N. painting in blue and green M: [1]*zhāng*

qīngluó 青螺 N. a kind of clam M: [1]*kē*/[2]*zhī*

qīnglǜ shānshuǐ 青绿山水 N. landscape with large areas done in blue and green

qīnglǜsuān 氢氯酸[氫-] N. hydrogen chloride; hydrochloric acid

qīngmá 青麻 N. <*bot.*> piemarker M: [2]*kē*

qǐngmài 请脉[-脈] V.O. ask a doctor to examine one's pulse

qīngmàn 轻慢[輕-] S.V. disrespectful; irreverent

qīngmáng 青盲 N. <*Ch. med.*> ① glaucoma ② green-blindness

[1]**qīngmáo** 青茅 N. <*bot.*> a kind of grass (*Miscanthus tinctorius*) M: [2]*kē*

[2]**qīngmáo** 轻矛[輕-] N. light spear M: [2]*zhī*

qíngmào* 情貌 N. ① internal and external reverence/loyalty ② <*lg.*> aspect

qíngmàocí 情貌词 N. <*lg.*> aspect particle

[1]**qīngméi** 青梅 N. green plum M: [1]*kē*/[2]*kē*

[2]**qīngméi** 青霉 N. <*bio.*> mold

qīngméibìng 青霉病 N. <*med.*> penicilliosis

qīngméi kàngjūnsù 青霉抗菌素 N. <*med.*> penicillin

qīngméisù 青霉素 N. <*med.*> penicillin

qīngméi-zhúmǎ 青梅竹马 N. ① children's games ② innocent affection between a boy and a girl growing up together

qīngméizi 青梅子 N. green plum M: [1]*kē*

qīngmén 清门 N. poor family

qīngmián 清棉 ATTR. <*txtl.*> scutching

[1]**qíngmiàn*** 情面 N. "face"

[2]**qíngmiàn** 黥面 N. <*hist.*> punishment of tattooing the face

qīngmiànliáoyá 青面獠牙 F.E. terrifying in appearance

qíngmiànnánquè 情面难却[-難卻] F.E. hard to refuse/decline for the sake of friendship/face

qíngmiànyuèzú 黥面刖足 F.E. remove kneecaps and tattoo the face

qīngmiáo* 青苗 N. green shoots of grains M: [2]*kē*

[1]**qīngmiào** 轻妙[輕-] S.V. light and pleasant (of music/etc.)

[2]**qīngmiào** 清庙[-廟] P.W. <*hist.*> ① temple for worshipping King Wen of the Zhou dynasty ② ancestral shrine

qīngmiáodànxiě 轻描淡写[輕-寫] F.E. touch on lightly

qīngmiáofǎ 青苗法 N. <*hist.*> agricultural program introduced by Wang Anshi

qīngmiè 轻蔑[輕-] V. slight ♦ATTR. <*lg.*> pejorative

qīngmiècí 轻蔑词[輕-] N. <*lg.*> pejorative

[1]**qīngmíng** 清明 S.V. ①lucid (of mind) ②peaceful (of times) ♦N. 5th of 24 solar periods

[2]**qīngmíng** 清名 N. unimpeachable reputation; unsoiled name

[3]**qīngmíng** 青冥 N. firmament; sky

Qīngmíng(jié) 清明(节)[-(節)] N. "Tomb-Sweeping" Day

qǐngmìng* 请命 V.O. ① plead on sb.'s behalf ② ask for instructions

qīngmíngcài 清明菜 N. <*bot.*> affine cutweed M: [2]*kē*

Qīngmíng shíjié 清明时节[-時節] N. early April

[1]**qīngmù** 倾慕 V. greatly admire; adore ♦N. admiration

[2]**qīngmù** 轻木[輕-] N. cork wood; balsa wood M: [2]*kuài*

qīngmǔyīn 轻母音[輕-] N. <*lg.*> unstressed vowel

qìngnǎinai 亲奶奶[親-] N. <*topo.*> mother-in-law *See also qīnnǎinai*

[1]**qīngnáng** 倾囊 V.O. empty one's purse; give all one has

[2]**qīngnáng** 青囊 N. medical practice

qīngnángxiāngshòu 倾囊相授 F.E. instruct others without reservation

qīngnángxiāngzhù 倾囊相助 F.E. empty one's purse to help

qīngnèizhàng 青内障 N. glaucoma

qīngní(zi) 青呢(子) N. black wool M: [2]*kuài*

qīngnián 青年 N. youth; young people M: [2]*wèi*

qīngnián gōngzuò 青年工作 N. work with youths (in order to give them guidance)

Qīngniánhuì 青年会 P.W. YMCA

Qīngniánjié 青年节[-節] N. Youth Day (May 4)

qīngniánjūn 青年军 P.W. student volunteer units formed toward the end of the Sino-Japanese War M: [4]*zhī*

qīngniánqī 青年期 N. puberty; adolescence

qīngniánrén 青年人 N. young people M: [2]*wèi*

qīngniántuán 青年团[-團] P.W. ① youth corps ② <*TW*> China Youth Corps

qīngnián tūjīduì 青年突击队[-擊隊] P.W. youth shock brigade

qīngnián wèntí 青年问题 N. youth problems

qīngnián yùndòng 青年运动[-運動] N. youth movement

qīngniánzhǔyì 青年主义[-義] N. cult of youth

qīngnián zuòyòng 青年作用 N. role of youth

qīngniǎo 青鸟 N. ① blue bird (messenger of the Queen Mother of the West) ② messenger M: [2]*zhī*

qīngniǎonántōng 青鸟难通[--難-] F.E. <*wr.*> difficult to transmit a communication

qīngniǎo shǐzhě 青鸟使者 N. a messenger

qīngníng 清宁[-寧] S.V. calm; tranquil; peaceful

qīngniú 青牛 N. black ox/oxen M: [1]*tóu*

qīngnóng* 轻农[輕農] V.O. ignore/underestimate agriculture

qíngnóng 情浓[-濃] N. strong affection

qíngnóngyìmì 情浓意蜜[-濃--] F.E. be head over heels in love

qīngnǚ 青女 N. goddess of frost

qīngnuǎn 轻暖[輕-] S.V. light and warm (of clothes)

qīngnuòguǎxìn 轻诺寡信[輕-] F.E. promise easily and renege easily; be untrustworthy

qīngnǚsù'é 青女素娥 F.E. frost and moon

qīngōng 钦工 N. work carried out under imperial orders M: [2]*jiàn*

qīngòng 亲供[親-] V. confess in person; personal confession

qíngōng 琴弓 N. bow of a stringed instrument M: [1]*bǎ*

qǐngōng* 寝宫[寢宮] P.W. ① royal mausoleum ②sleeping quarters of the emperor and empress M: [4]*zuò*

qíngōngjiǎnxué 勤工俭学 F.E. ① work-study program ② part-time work in order to pay one's school expenses

qíngōngzhùxué 勤工助学 F.E. take a part-time job while studying at college

qīngpāi 轻拍[輕-] V. pat; tap

qīngpán* 清盘[-盤] V.O. liquidate a business

qīngpàn 青盼 N. a kind look

qīngpàobīng 轻炮兵[輕-] N. light artillery M: [4]*zhī*

qīngpāohuò 轻泡货[輕-] N. <*traf.*> light cargo M: [1]*pī*

qīngpèi 倾佩 V. admire; adore

qīngpén 倾盆 N. downpour; cloudburst

qīngpéndàyǔ 倾盆大雨 F.E. rain cats and dogs ♦N. torrential rain M: [2]*chǎng*

qīngpēnqī 清喷漆 N. <*chem.*> clear lacquer

qīngpí* 青皮 N. ① <*topo.*> rascal; villain; hooligan ② <*bot.*> holly (*Ilex macropoda*) ③ <*Ch. med.*> orange peel

qīngpǐ 倾圮 V.P. <*wr.*> collapse; topple down

qīngpiāo 轻飘[輕-] S.V. ① frivolous; capricious ② light; floating

qīngpiāopiāo 轻飘飘[輕-] R.F. light; buoyant ♦ADV. lightly

qīngpí guānggùn 青皮光棍 N. <*coll.*> ruffian

qīngpí liúmáng 青皮流氓 N. <*coll.*> hooligan

qīngpín 清贫 S.V. poor but honest

[1]**qīngpíng** 青萍 N. ① green duckweeds ② name of a treasured sword

[2]**qīngpíng** 清平 V.P. ① peaceful; tranquil; justice ② pure, honest and peace-loving

qīngpíngguǒ 青苹果[-蘋-] N. green apple M: [2]*zhī*

qīngpíng shìjiè 清平世界 N. a time of peace and prosperity

qīngpíqìnfèi 清脾沁肺 F.E. The coolness sinks into the heart.

qīngpòlièyīn 清破裂音 N. <*lg.*> tenuis

qīngqī 清漆 N. varnish

[1]**qīngqí*** 轻骑[輕-] N. ① light cavalry M: [4]*zhī* ②sprightly horse M: [1]*pǐ* ③lightweight motorcycle ④ moped; motorbike M: [3]*liàng*

[2]**qīngqí** 清奇 V.P. ① quaint and elegant ② novel and wonderful (of calligraphy/composition)

qīngqǐ 清绮 V.P. beautiful; elegant

[1]**qīngqì** 氢气[氫氣] N. <*chem.*> hydrogen

[2]**qīngqì** 清讫 F.E. payment received; paid

qíngqǐ 擎起 R.V. lift up

qǐngqī 请期 N. agreement between the bride's and groom's families on the date of the wedding

qǐngqià 请洽 V. consult

qīngqián 青钱[-錢] N. coins of copper or copper alloys M: [4]*méi*

qīngqiǎn* 清浅[-淺] S.V. clear and shallow (of water)

qīngqiàn 清欠 V.O. repay all one's debts

qīngqiāngyú 青枪鱼[-槍-] N. <*zoo.*> blue marlin M: [1]*tiáo*

qīngqiánwànxuǎn 青钱万选[-錢萬選] F.E. elegant language; beautiful writing

qīngqiāo 轻敲[輕-] V. knock/strike/beat lightly

qīngqiǎo* 轻巧[輕-] S.V. ① light; portable ② delicately made ③ skillful; dexterous

qīngqiào 轻俏[輕-] S.V. smart; good-looking

qīngqíbīng 轻骑兵[輕-] N. light cavalry M: [4]*zhī*/[2]*duì*

qīngqìdàn 氢气弹[氫氣-] N. hydrogen bomb M: [1]*kē*

qíngqǐ dàqí 擎起大旗 V.O. lift up the big banner

qīngqiè 清切 V.P. ① sad; sorrowful ② strict; rigorous

qíngqiè* 情怯 V.P. nervous

qīngqǐjuéshì 清绮绝世[--絕-] F.E. of unexcelled elegance

[1]**qīngqīng** 轻轻[輕輕] ADV. lightly; gently

[2]**qīngqīng** 青青 R.F. dark gray (of beard/hair) ♦N. green; blue

[3]**qīngqīng** 清清 R.F. cool

[4]**qīngqīng** 卿卿 N. darling; my dear (between spouses)

[5]**qīngqīng** 蜻蜻 N. insect resembling a cicada M: [2]*zhī*

qīngqīngbáibái 清清白白 R.F. have clean hands

qīngqīng cǎoyuán 青青草原 N. green grassland

qīngqingchǔchǔ 清清楚楚 R.F. crystal clear

qīngqingliángliáng* 清清凉凉[-涼涼] R.F. clear and cool (of water)

qīngqingliàngliàng 清清亮亮 R.F. completely clear; very lucid

qīngqīngqiǎoqiǎo 轻轻巧巧[輕輕-] R.F. light and quick (of action/motion/etc.)

qīngqīngshūjiě 轻清疏解[輕-] F.E. expel the evil factor with drugs of mild action

qīngqīngsuān 氢氢酸[氫氫-] N. <*chem.*> hydrocyanic acid

qīngqīngwǒwǒ 卿卿我我 R.F. ① bill and coo ② be very much in love

qīngqīngzhònglǜ 轻轻重律[輕輕-] N. <*lg.*> anapest

qīngqìqiú 氢气球[氫氣-] N. hydrogen balloon M: [2]*zhī*

qìngqísuǒyǒu 罄其所有 F.E. offer all one has; use up all that is available

qīngqiū 清秋 N. <*wr.*> clear autumn air

qīngqiú 轻裘[輕-] N. <*wr.*> soft fur M: [2]*jiàn*

Q

qǐngqiú* 请求 V. ask; request; entreat
qǐngqiú dàikuǎn 请求贷款 V.O. request a loan
qǐngqiúdān 请求单 N. requisition M: [1]*zhāng*
qīngqiúféimǎ 轻裘肥马[輕-] F.E. luxurious life
qīngqiúhuǎndài 轻裘缓带[輕-帶] F.E. reposeful and scholarly (a general in former times)
qǐngqiú kuānshù 请求宽恕[--寬-] V.O. ask forgiveness
qǐngqiúnǎilùn 请求乃论 F.E. consider only upon request (of cases of civil offense/etc.)
qǐngqiúshū 请求书[-書] N. application; petition M: [1]*zhāng*/[2]*fēng*
qīngqíxiányǎ 清绮闲雅 F.E. pure, beautiful, accomplished, and elegant
qīngqú 清臞 V.P. <*wr.*> thin but healthy; lean and sprightly
[1]**qīngqǔ** 轻取[輕-] V. ① beat easily ② win hands-down
[2]**qīngqǔ** 清曲 N. singing without dialogues
qīngqù 清趣 N. simple, refined tastes
qíngqù* 情趣 N. ① temperament ② interest; appeal
qīngquán 清泉 N. crystal-clear fountain/spring M: [1]*yǎn*
qīngquè 青雀 N. ① <*zoo.*> ⓐ hawfinch ⓑ a fabulous sea bird ② legendary bird M: [2]*zhī*
qíngqùhéngshēng 情趣横生 F.E. perfect decorum
qíngqùhéngyì 情趣横溢 F.E. be full of wit; be witty
qīngr 青儿 N. green fields
qīngrǎn 轻染[輕-] V. dye slightly
qìngrán* 罄然 V.P. well disciplined
[1]**qīngrè*** 清热[-熱] N. <*Ch. med.*> clearing heat
[2]**qīngrè** 轻热[輕熱] N. slight fever
qíngrè 情热[-熱] N. enthusiasm
qīngrèfǎ 清热法[-熱-] N. <*Ch. med.*> antipyretic method
qīngrèjiěshǔ 清热解暑[-熱--] F.E. clear away summer heat
qīngrén 倾人 V.O. <*coll.*> play a nasty trick on sb.
qíngrén(r)* 情人(儿) N. lover; sweetheart M: [2]*wèi*
Qíngrénjié 情人节[-節] N. Valentine's Day
qíngrén yǎnlǐ chū Xī Shī 情人眼里出西施[---裡---] ID. Beauty is in the eye of the beholder.
qǐng rén zhuōdāo 请人捉刀 V.P. employ a person to write an essay in one's name
qǐng rén zuòzhèng 请人作证[-證] V.P. request sb. to testify
qīngrèshēngjīn 清热生津[-熱--] F.E. <*Ch. med.*> clear away heat, promoting the production of body fluid
qīngrèyào 清热药[-熱藥] N. <*Ch. med.*> antipyretic
qīngróng 青绒 N. black velvet; fine wool; etc. M: [2]*kuài*
qīngróngyi 轻容易[輕-] V.P. <*coll.*> quite easy
qīngróu 轻柔[輕-] S.V. soft; gentle
qīngruǎn 轻软[輕-] S.V. light and soft (of fabric/etc.)
qīngrúfēixù 轻如飞絮[輕-飛-] F.E. as light as thistledown
qīngrúfēiyàn 轻如飞燕[輕-飛-] F.E. as light as a swallow on the wing
qīngrúhóngmáo 轻如鸿毛[輕-] F.E. as light as a feather
qīngruì 轻锐[輕-] S.V. light and sharp
qīngrúshuǐxǐ 清如水洗 F.E. be as clean as if washed
qǐng rǔ wàn wù rúcǐ 请汝万勿如此[--萬---] F.E. I adjure you to desist.
qǐng rùxí 请入席 INTJ. Please be seated at the table.
qīngrúxíngyún 轻如行云[輕-雲] F.E. as light as a cloud
qīngrùzhòngdì 轻入重地[輕-] F.E. rashly place oneself in sb.'s power

qīngsǎ 倾洒[-灑] V. ① express fully (of emotion/etc.) ② pour down/forth (of snow/tears/etc.)
qīngsāiyīn 清塞音 N. <*lg.*> tenuis
qīng sǎngzi 清嗓子 V.O. clear one's throat
qīngsǎo 清扫[-掃] V. tidy up (a room/etc.); mop up (a battlefield/etc.)
qīngsǎo zhànchǎng 清扫战场[-掃戰場] V.O. mop up the remnants of the enemy on the battlefield
[1]**qīngsè** 青色 N. blue/green color
[2]**qīngsè** 青涩[-澀] S.V. unripe and puckery (of fruit)
[3]**qīngsè** 清色 N. all of the same color
qīngshā* 轻纱[輕-] N. fine gauze
qíngshā 情杀[-殺] N. a crime of passion M: [2]*jiàn*
[1]**qīngshān** 青山 N. green hill M: [4]*zuò*
[2]**qīngshān** 青衫 N. ① black gown ② clothes worn by low-rank officials M: [2]*jiàn* ③ <*opera*> leading female role
qīngshānbìhú 青山碧湖 F.E. the clear lake at the foot of the green mountain
qīngshāndiézhàng 青山叠嶂[--疊-] F.E. green hills roll on in undulating waves
[1]**qīngshāng*** 轻伤[輕傷] N. slight/minor wound/injury
[2]**qīngshāng** 轻商[輕-] V.O. look down upon engaging in business ♦N. contempt for commercial activities
[3]**qīngshāng** 青商 N. young businessmen M: [2]*wèi*
qīngshàng 清尚 N. high class; high society
qíngshāng 情商 V. seek favor as a friend
qìngshǎng 庆赏[慶-] V. celebrate and reward
qīngshāng bù xià huǒxiàn 轻伤不下火线[輕傷---線] F.E. not leave the front line on account of minor wounds
qīngshānghuì 青商会 N. association of young businessmen
qīngshāngyuán 轻伤员[輕傷-] N. ambulatory patient/case
qīngshānlǜshuǐ 青山绿水 F.E. charming natural scene
qīngshānxīzhào 青山夕照 F.E. The green mountains were bathed in sunset glory.
qīngshānyānyǔ 青山烟雨[--煙-] F.E. The green hills were enshrouded in mist and rain.
qīngshānzi 青衫子 N. <*thea.*> role of a virtuous woman
qīngshàobàng 青少棒 N. juvenile and youth baseball M: [4]*zhī*
qīng-shàonián 青少年 N. young people and teenagers; youths M: [2]*wèi*
qīngshāzhàng 青纱帐/障 N. a green curtain of tall crops M: [1]*piàn*
qīngshēn* 轻身[輕-] V.O. make light of one's life ♦V.P. without a burden; unmarried
qīngshén 清神 F.E. <*court.*> your consideration
qìngshēn(r) 罄身(儿) N. nudity; nakedness
qíngshēnbùlòu 情深不露 F.E. true love conceals love
qīngsheng 轻省[輕-] S.V. <*coll.*> ① easy; easily accomplished (of work) ② relaxed
[1]**qīngshēng*** 轻声[輕聲] N. <*lg.*> ① neutral tone ② light stress ♦ADV. in a soft voice; softly
[2]**qīngshēng** 轻生[輕-] V.O. put little value on one's own life (often refers to suicide)
[3]**qīngshēng** 清声[-聲] N. <*lg.*> voiceless consonants
qìngshēng 庆生[慶-] V.O. celebrate a birthday
qīngshēng de diàozhí 轻声的调值[輕聲-] N. <*lg.*> neutral tone value
qīngshēng de lèibié 轻声的类别[輕聲-類-] N. <*lg.*> neutral tone classes
qīngshēngdīyǔ 轻声低语[輕聲-] F.E. speak softly; whisper
qíngshènghūcí 情胜乎词[-勝--] F.E. words fail to express feelings adequately
qìngshēnghuì 庆生会[慶-] N. birthday party
qīngshēngxìyǔ 轻声细语[輕聲-] F.E. speak softly; whisper

qǐngshénróngyì-sòngshénnán 请神容易送神难[-難] ID. stuck with an unwanted guest/employee/etc.
qíngshēnsìhǎi 情深似海 F.E. sentiments/feelings/love as deep as the sea
qíngshēnyìhòu 情深谊厚 F.E. be on very good terms with each other
qíngshēnyìnóng 情深意浓[-濃] F.E. Feelings are profound and affections are strong.
qīngshi 青石 N. bluestone M: [2]*kuài* ***See also*** [1]*qīngshí*
[1]**qīngshí** 青石 N. ①granite ②lapis-lazuli M: [2]*kuài* ***See also*** *qīngshi*
[2]**qīngshí** 轻石[輕-] N. <*min.*> pumice stone; slag or cinderlike lava M: [2]*kuài*
[3]**qīngshí** 清时[-時] N. a period of peace and prosperity
qīngshǐ 青史 N. ① annals of history ② name of an ancient official in charge of writing history
Qīngshǐ 清史 N. history of the Qing dynasty
[1]**qīngshì** 轻视[輕-] V. despise; slight
[2]**qīngshì** 倾世 V.O. die
[3]**qīngshì** 清世 N. a period of peace and prosperity
[4]**qīngshì** 卿士 N. <*hist.*> minister or high official M: [2]*wèi*
[5]**qīngshì** 清士 N. man of honesty and unimpeachable integrity M: [2]*wèi*
[6]**qīngshì** 青士 N. bamboo M: [2]*zhū*
Qīngshì 清室 N. Qing imperial family
qíngshī 情诗 N. love poem M: [2]*shǒu*
qíngshí 情实[-實] N. ① facts of an affair/case ② confirmed crime
qíngshǐ 情史 N. love story
[1]**qíngshì** 情势[-勢] N. situation; circumstances; trend of events
[2]**qíngshì** 情事 N. <*law*> the facts; the phenomena M: [2]*jiàn*
qǐngshì* 请示 V. ask for instructions
qìngshì 磬氏 N. workman who makes musical stones
qīngshì'àomàn 轻视傲慢[輕-] F.E. contempt and pride
qīngshì'àowù 轻世傲物[輕-] F.E. full of conceit and defiant of convention
qīngshíbǎn 青石板 N. green slabstone M: [2]*kuài*
qíngshì bùbiàn 情势不变[-勢-變] V.P. *rebus sic stantibus* (term used in diplomacy)
qíngshì bùjiā 情势不佳[-勢--] V.P. Things look black.
qíngshìbùmiào 情势不妙[-勢--] V.P. The trend of events is unfavorable.
qǐngshì huìbào 请示汇报[-匯報] V.O. write a dispatch to one's superiors asking for instructions
qǐngshì jīyí 请示机宜 V.O. ask for instructions from one's superior
qīngshǐliúfāng 青史流芳 F.E. have a niche in history
qīngshǐliúmíng 青史留名 F.E. have a place in history
qíngshì nìzhuǎn 情势逆转[-勢-轉] V.P. The situation has taken a turn for the worse.; The situation has deteriorated.
qíngshìsuǒpò 情势所迫[-勢--] F.E. be under the force of circumstances
qíngshìsuǒzǔ 情势所阻[-勢--] F.E. be prevented by the force of circumstances
qíngshì wēijí 情势危急[-勢--] V.P. The situation is critical.
qíngshīyàncí 情诗艳词[--艷-] F.E. love poems in a flowery style
qīngshíyīng 青石英 N. blue quartz M: [2]*kuài*
qīngshìzhòngbào 轻事重报[輕-報] F.E. represent a light matter as a grave one
qīngshōu 清收 V. liquidate
qīngshòu* 清瘦 S.V. thin and lean; spare; wiry
[1]**qíngshǒu** 擎手 V.O. ① raise one's hands ② stop doing sth.
[2]**qíngshǒu** 黥首 V.O. <*hist.*> the punishment of tattooing the face

qíngshòu 擎受 V. inherit; succeed to (property/etc.)
qìngshòu 庆寿[慶壽] V.O. celebrate an elder's birthday
qīngshǒuqīngjiǎo 轻手轻脚[輕-輕腳] F.E. (act/walk) quietly/softly
qíngshǒuyuèzú 黥首刖足 F.E. brand sb.'s face and cut off his feet
qīngshǔ 清暑 V.O. <Ch. med.> clear heat heteropathy
qíngshū* 情书[-書] N. love letter M: ²fēng
qīngshuài 轻率[輕-] S.V. rash; hasty; indiscreet ♦V. neglect; slight; ignore
qīngshuàiyìbiàn 轻率易变[輕-變] F.E. rash and changeable
qīngshuàizàojí 轻率燥急[輕-] F.E. careless and quick-tempered
qīngshuāng 轻霜[輕-] N. <met.> light frost M: ²chǎng
qīngshuǎng* 清/轻爽[輕-] S.V. ① clear and fresh (of weather) ② alert; sharp (of mind) ③ relieved; relaxed ④ clear and easy to understand ⑤ <topo.> clean and tidy
qíngshuǎng 晴爽 S.V. clear and sunny
¹**qīngshuǐ** 清水 N. clear fresh water
²**qīngshuǐ** 轻水[輕-] N. <phy.> light water
qīngshuǐbìbō 清水碧波 F.E. ripples of crystal clear water
qīngshuǐhuò 清水货 N. ① unadulterated goods M: ¹pī ② <slang> a virgin
qīngshuǐqiáng 清水墙[-牆] N. <archi.> dry wall M: ¹miàn
Qīngshuǐyámen 清水衙门 P.W. ① <hist.> Hanlin Academy ② government office free from corruption ③ institution with limited funds and welfare facilities ④ work unit which has no outside income
qíngshùlǐqiǎn 情恕理遣 F.E. treat people with generosity and understanding
qīngshūyuánbì 轻舒猿臂[輕-] F.E. with a dexterous turn of the arm
qīngsī 青丝[-絲] N. ① <wr.> black hair (of women/girls) M: ¹tóu ② shredded green plums used in pastries ③ sliced preserved plums used as dressing on food M: ²gēn/¹tiáo
¹**qíngsī*** 情思 N. ① feeling; sentiment; affection; thoughts of love ② state of mind; mood
²**qíngsī** 情丝[-絲] N. lingering affection
³**qíngsī** 晴丝[-絲] N. gossamer
qíngsǐ 情死 V. die for love; commit suicide for the sake of love
qíngsībùduàn 情丝不断[-絲-斷] F.E. The ties of love remain unbroken.
qīngsìliào 青饲料 N. green fodder
qīng sīxiǎng 清思想 V.O. <PRC> clean up ideology
qíngsīyōufā 情丝幽发[-絲-發] F.E. muse over things of the past
¹**qīngsōng** 轻松[輕鬆] S.V. light; relaxed ♦V. relax; lighten up ~ *yīxià ba.* Relax, have a little fun. ~ *(yī)diǎnr ba.* Don't be so serious.
²**qīngsōng** 青松 N. pine M: ²kē
qīngsōng'àoxuě 青松傲雪 F.E. The evergreen pine stands straight and unbending in high wind and heavy snow.
qīngsōngcuìzhú 青松翠竹 F.E. green pines and verdant bamboos
qīngsōnggǎn 轻松感[輕鬆-] N. relaxed feeling
qīngsōnggǔchà 青松古刹[-剎] F.E. green pines and ancient temples
qīngsōngyúkuài 轻松愉快[輕鬆-] F.E. happy and relaxed
qīngsōngzìrú 轻松自如[輕鬆-] F.E. free and relaxed
qīngsōngzìzài 轻松自在[輕鬆-] F.E. happy and unrestrained; comfortable
qīngsù* 倾诉 V. pour out (one's heart/etc.)
qíngsù 情愫/素 N. innermost feelings
¹**qīngsuàn*** 清算 V. ① clear/square accounts ② expose and criticize ♦N. liquidation
²**qīngsuàn** 青蒜 N. ① leek ② garlic leaves M: ²kē
qīngsuān 氰酸 N. <chem.> cyanic acid
qīngsuàn biànchǎnbiǎo 清算变产表[--變產-] N. <acct.> liquidation account M: ¹zhāng
qīngsuànrén 清算人 N. <acct.> liquidator; receiver M: ²wèi
qīngsuàn xiédìng 清算协定[--協-] N. clearing agreement
qīngsuàn yínháng 清算银行 N. clearing bank
qīngsuàn zhànghù 清算帐户 N. clearing account
qīngsuànzǔ 清算组 P.W. liquidation commission
qǐngsùhuíxìn 请速回信 F.E. Please reply as soon as possible.
qíngsuíjìngqiān 情随境迁[-隨-遷] F.E. It is one's own feeling that makes things different.
qíngsuíshíqiān* 情随时迁[-隨時遷] F.E. Other times, other feelings.
qíngsuíshìqiān 情随事迁[-隨-遷] F.E. Feelings change with the circumstances.
qīngsù kǔshuǐ 倾诉苦水 V.O. pour out one's bitterness
qīngsuǒlóng 青锁龙 N. jade plant
qīngsù zhōngcháng 倾诉衷肠[-腸] V.O. pour out one's heart
qīngsù zhōngqíng 倾诉衷情 V.O. pour out one's heart
qīngsù zhōngqū 倾诉衷曲 V.O. pour out one's feelings
qīngtà 轻踏[輕-] V. tread/stamp lightly
qīngtái* 青苔 N. moss M: ²kuài
qīngtài 清泰 N. peace; calm
qíngtài 情态[-態] N. ① situation; condition ② demeanor; spirit; mood ③ <lg.> manner; style; modality
qíngtài chéngsù 情态成素[-態--] N. <lg.> stylistic element
qíngtàicí 情态词[-態-] N. <lg.> modal
qíngtài dòngcí 情态动词[-態動-] N. modal verb
qíngtài dòngcí xiǎopǐncí 情态动词小品词[-態動----] N. <lg.> modal particle
qíngtài fùcí 情态副词[-態--] N. <lg.> adverbial of manner
qìngtàitài 亲太太[親-] N. <coll.> mother-in-law M: ²wèi
qíngtài yìyì 情态意义[-態-義] N. <lg.> modality
qíngtài yǔqì 情态语气[-態-氣] N. <lg.> modality
qíngtài zhùdòngcí 情态助动词[-態-動-] N. <lg.> modal auxiliary verb
qīngtān 轻瘫[輕癱] N. <med.> paresis
¹**qīngtán*** 清谈 N. ① idle/empty talk ② "pure talk" of fourth century neo-Daoists ③ polite reference to the utterances of others
²**qīngtán** 倾谈 V. have a good heart-to-heart talk
³**qīngtán** 青檀 N. <bot.> wingceltis M: ²kē
qīngtāng 清汤[-湯] N. clear soup; consommé
qīngtāng báicài 清汤白菜[-湯--] N. Chinese cabbage in clear soup
qīngtāngguǎshuǐ 清汤寡水[-湯--] F.E. ① watery and tasteless (of a dish) ② dishwater
qīngtánjiā 清谈家 N. idle/empty talker M: ²wèi
qīngtánwùguó 清谈误国[-國] F.E. Empty talk and no action will ruin the country.
¹**qīngtiān** 青天 N. ① blue sky ② <hist.> judge; upright magistrate ③ a respectful sobriquet for a clean and upright official
²**qīngtiān** 清天 N. virtuous official
¹**qīngtián** 清甜 S.V. fresh and sweet
²**qīngtián** 清恬 S.V. pure and quiet (life); tranquil and comfortable
³**qīngtián** 青田 N. green rice field M: ²kuài
¹**qíngtiān(r)*** 晴天(儿) N. fine/sunny day
²**qíngtiān** 情天 N. vast realm of love
³**qíngtiān** 擎天 ATTR. sth. that holds up the sky
qíngtián 情田 N. one's heart
qīngtiānbáirì 青天白日 F.E. ① broad daylight; fine day ② symbol on Kuomintang flag ③ bright and sunny
qīngtiān dà báirì 青天大白日 F.E. broad daylight
qíngtiānhènhǎi 情天恨海 F.E. ① affection as high as the heaven and hatreds as deep as the sea ② the deep love or antipathy between a man and woman
qīngtiānpīlì* 青天霹雳[-靂] F.E. a bolt from the blue
qíngtiānpīlì 晴天霹雳[-靂] F.E. a bolt from the blue
Qīngtiánshí 青田石 N. greenish serpentine from Qingtian (in Zhejiang) M: ²kuài
qíngtiānzhīzhù 擎天支柱 F.E. a tower of strength
qíngtiānzhù 擎天柱 N. ① the most important leader of a cause/enterprise/etc. M: ²wèi ② sb.in a responsible position; mainstay M: ²gēn
qīngtiāo* 轻佻[輕-] S.V. frivolous; capricious
qīngtiǎo 轻窕[輕-] S.V. frivolous; capricious; playful
qīngtiāofúzào 轻佻浮躁[輕-] F.E. unstable and fickle-minded
qīngtiāoxuānbó 轻佻儇薄[輕-] F.E. light and fragile
qǐngtiě 请帖 N. written invitation M: ¹zhāng
qīngtǐlì láodòng 轻体力劳动[輕體-勞動] N. light physical labor
¹**qīngtīng*** 倾听[-聽] V. listen attentively to
²**qīngtīng** 清听[-聽] F.E. <court.> your attention
qīngtíng 蜻蜓 N. dragonfly M: ²zhī
Qīngtíng 清廷 N. Qing government; Manchu court
qīngtíngdiǎnshuǐ 蜻蜓点水[--點-] ID. touch lightly on sth.
qīngtínglüèshuǐ 蜻蜓掠水 F.E. The dragonflies skimmed over the water.
qīngtōng 清通 V.P. clear and coherent; smooth (of writing)
qīngtóng* 青铜 N. bronze
qíngtónggǔròu 情同骨肉 F.E. be attached to each other like blood relatives
qīngtóng héjīn 青铜合金 N. bronze alloys
qíngtóngjiāoqī 情同胶漆[--膠-] F.E. close friendship and intimate relations
qíngtóngjīnshí 情同金石 F.E. bound fast by ties of love
qīngtóngqì 青铜器 N. bronze ware M: ²jiàn
Qīngtóngqì Shídài 青铜器时代[---時-] N. Bronze Age
qīngtóngsè 青铜色 N. bronze color
Qīngtóng Shídài 青铜时代[--時-] N. Bronze Age
qíngtóngshǒuzú 情同手足 F.E. ① be attached to each other like brothers/sisters ② be like brothers; have brotherly love for each other
qīngtóngxiàng 青铜像 N. bronze statue M: ⁴zuò
qīngtóujùn 青头菌 N. mushroom
qíngtóuyìhé 情投意合 F.E. hit it off perfectly
qīngtǔ 倾吐 V. pour out one's heart
qīngtǔ fèifǔ 倾吐肺腑 V.O. lay one's heart bare
qīngtuí 倾颓 V. collapse; fall
qīngtuì* 清退 V. <PRC> clear up and return misappropriated property/personnel
qīngtǔ jīsù 倾吐积愫[-積-] V.O. unburden one's mind
qīngtǔ kǔshuǐ 倾吐苦水 V.O. unburden grievances
qīngtuō 轻脱[輕-] V.P. frivolous; flippant; giddy; playful
qǐngtuō* 请托 V. ① ask for a favor ② ask sb. to do sth.; entrust
qīngtǔ zhōngcháng 倾吐衷肠[-腸] V.O. unbosom oneself
qīngtǔ zhōnghuái 倾吐衷怀[-懷] V.O. unbosom oneself
qīngtǔ zhōngqíng 倾吐衷情 V.O. unbosom oneself

Q

qīngtǔ zhōngqū 倾吐衷曲 V.O. pour out one's thoughts/feelings
qīngù 亲故[親-] N. relatives and old friends
Qín Guān 秦观[-觀] (1049–1100) N. Qin Shaoyou, famous poet and essayist
qīnguì 亲贵[親-] N. monarch's close relatives or trusted followers
Qínguó 秦国[-國] N. <*hist.*> the Qin state
qīngǔròu 亲骨肉[親-] N. one's own flesh and blood M: [2]*wèi*
qīngwā 青蛙 N. frog M: [2]*zhī*
qīngwán 清玩 V. delight in; enjoy ♦N. small decorative articles
qīngwǎn* 清婉 S.V. clear and sweet (of voice)
qīngwàng 清望 N. fine prestige; untarnished reputation
qíngwǎng* 情网[-網] N. love's snare
[1]qīngwēi* 轻微[輕-] S.V. light; trifling; trivial
[2]qīngwēi 倾危 V.P. ① mean; treacherous; crooked ② precarious; highly dangerous
qíngwěi 情伪 N. ① dishonest practices; irregularities ② sincerity and falseness
qíngwèi 情味 N. ① sentiment; emotional appeal ② interest; flavor; overtone
qīngwēi jǐnggào 轻微警告[輕-] N. slap on the wrist
qíngwén 情文 N. have feeling and style (in writing)
qǐngwèn* 请问 INTJ. Excuse me, may I ask. . .?
qíngwénbìngmào 情文并茂[-並-] F.E. excellent in both content and language (of writing)
qīngwénzhòngwǔ 轻文重武[輕-] F.E. put the sword above the pen
qīngwǔ 轻侮[輕-] V. slight and insult; condemn
qīngwù 轻雾[輕霧] N. <*met.*> mist; light fog
qíngwù 情物 N. love token
qǐngwù* 请勿 F.E. <*wr.*> please don't
qǐngwù dòngshǒu 请勿动手[--動-] V.P. Don't touch! Hands off!
qīngwǔqì 轻武器[輕-] N. light/small arms
qǐngwù rùnèi 请勿入内 V.P. No admittance.
qīngwūshù 青乌术[-烏術] N. geomancy
qīngwùsōng 轻雾凇[輕霧-] N. <*met.*> soft rime
qǐngwù suídì tǔtán 请勿随地吐痰[--隨---] F.E. No spitting.
qǐngwù xīyān 请勿吸烟[-煙] V.P. No smoking.
[1]qīngxī* 清晰 S.V. distinct; clear (of sound/view)
[2]qīngxī 倾析 N. decantation
qīngxǐ 清洗 V. rinse; wash; purge
qīngxiā* 青虾[-蝦] N. freshwater shrimp M: [2]*zhī*
qíngxiá 情侠[-俠] N. romantic chivalry
[1]qīngxián* 清闲 S.V. at leisure; unburdened by work
[2]qīngxián 轻闲[輕-] S.V. ① relaxed and leisurely ② easy or light (work)
qīngxiǎn 清显[-顯] N. honored official positions
qīngxiàn 倾陷 V. frame and destroy sb.
qǐngxián 请闲 V.O. <*wr.*> request an opportunity to make a report; ask for an interview at sb.'s convenience
[1]qīngxiāng 清香 N. delicate fragrance
[2]qīngxiāng 清乡[-鄉] V.O. get rid of bandits from the countryside
[3]qīngxiāng 卿相 N. <*hist*> a minister M: [2]*wèi*
[4]qīngxiāng 青葙 N. <*bot.*> feather cockscomb (*Celosia argentea*)
qīngxiàng* 倾向 N. tendency; trend; inclination; deviation; disposition ♦V. be inclined to; side with; prefer
qǐngxiáng 请降 V.O. beg to surrender
qīngxiāngdǎoqiè 倾箱倒箧[-篋] F.E. ① ransack boxes and suitcases ② give away all one has
qīngxiàng guòlǜ 倾向过滤[-濾] N. <*lg.*> affective filtering
qīngxiāngliáorén 清香撩人 F.E. The air was filled with a kind of delicate fragrance.
qīngxiāngpūbí 清香扑鼻[--撲-] F.E. A sweet scent assails one's nostrils.
qīngxiāngrú 青香薷 N. <*Ch. med.*> Chinese mosla
qīngxiāngshuǎngkǒu 清香爽口 F.E. pleasant to the palate
qīngxiàngxìng 倾向性 N. tendentiousness
qīngxiàngxìng-cí 倾向性词 N. <*lg.*> biased word
qīngxiàngxìng yíwènjù 倾向性疑问句 N. <*lg.*> conducive question
qīngxiāngzǐ 青葙子 N. <*Ch. med.*> seed of feather cockscomb
qíngxiànhūcí 情见乎辞[--辭] F.E. <*wr.*> The feeling/sincerity is shown in the words.
qíngxiànlìqū 情现/见力屈 F.E. The condition is exposed and the strength exhausted.
qīngxiánmànshì 轻贤慢士[輕賢-] F.E. despise worthies
qíngxiànshìqū 情现/见势屈[--勢-] F.E. The condition is exposed and the strength exhausted.
qīngxiānxiāngqì 清鲜香气[-氣] F.E. dewy freshness; clean-fresh odor
qīngxiánzìzài 清闲自在 F.E. free and easy
[1]qīngxiāo* 倾销 V. dump (goods/etc.) ♦N. cutthroat sale; dumping
[2]qīngxiāo 青霄 N. blue/azure sky
qīngxiǎo 清晓[-曉] N. dawn
qīngxiǎodòu 青小豆 N. green peas M: [1]*kē*/[5]*dài*
qīngxiāo huòwù 倾销货物 V.O. dump goods
qīngxiāoshuì 倾销税 N. <*econ.*> tax on dumping
qīngxǐ chuījù 清洗炊具 V.O. clean cooking utensils
qīngxī de dúzhě 清晰的读者[---讀-] N. <*lg.*> articulate reader
qīngxī de yǎnshuō 清晰的演说 N. intelligible speech
qīngxīdù 清晰度 N. clarity; definition; articulation
[1]qīngxié* 倾斜 V. tilt; incline; slope; slant
[2]qīngxié 青鞋 N. black shoes M: [1]*shuāng*
[1]qīngxiè 倾泻[-瀉] V. come down in torrents
[2]qīngxiè 倾卸 V. dump; empty; pour out
qīngxiébùwà 青鞋布袜[-襪] F.E. the life of a hermit
qīngxiédù 倾斜度 N. gradient
qīngxiè'érxià 倾泻而下[-瀉--] F.E. pour down
qīngxièjì 轻/清泻剂[輕瀉劑] N. <*med.*> laxative
qīngxiéjiǎo 倾斜角 N. ① bank angle (of an airplane) ② <*math.*> angle of inclination ③ <*geol.*> dip angle
qīngxiémiàn 倾斜面 N. inclined plane
qīngxiè qìchē 倾卸汽车 N. dump truck; tipper M: [3]*liàng*
qīngxǐjù 轻喜剧[輕-劇] N. light comedy M: [2]*mù*
[1]qīngxīn* 清新 S.V. pure and fresh; refreshing (of style/fashion/etc.)
[2]qīngxīn 倾心 S.V. ① captivated ② admire; adore ③ cordial; heart-to-heart ♦ADV. with all one's heart
[3]qīngxīn 清馨 <*wr.*> S.V. fresh/delicate (of aroma)
[4]qīngxīn 轻心[輕-] V.P. negligent
[5]qīngxīn 清心 V.O. ① empty one's mind of worries; have peace of mind ② purify the heart; have a pure heart ③ <*Ch. med.*> clear heart heat
qīngxìn 轻信[輕-] V. be credulous/gullible
qíngxīn 情心 N. compassion
[1]qīngxíng 轻型[輕-] ATTR. light-duty; light
[2]qīngxíng 轻刑[輕-] N. light punishment
qīngxǐng 清醒 S.V. be sober/wide-awake; come to (from a coma)
[1]qīngxìng 青杏 N. green (unripe) apricot M: [1]*kē*/[2]*kē*
[2]qīngxìng 清兴[-興] N. pleasure
qíngxing* 情形 N. circumstances; situation
qíngxìng 情性 N. temperament
qìngxìng 庆幸[慶-] V./S.V. rejoice at a good outcome
qīngxǐng guòlai 清醒过来 R.V. regain consciousness
qīngxíng hōngzhàjī 轻型轰炸机[輕-轟--] N. <*mil.*> light bomber M: [1]*jià*
qīngxíng jīxiè 轻型机械[輕-] N. light-duty machinery
qīngxǐngqī 清醒期 N. lucid interval
qīngxǐng tóunǎo 清醒头脑[-腦] N. a clear mind
qīngxīnguǎyù 清心寡欲 F.E. be pure of heart and have few desires
qīngxīn jiāotán 倾心交谈 V.P. have a heart-to-heart talk
qīngxīnmínglì 清新明丽[-麗] F.E. fresh and beautiful
qīngxīntǔdǎn 倾心吐胆[-膽] F.E. unburden one's heart
qīngxīntǔyì 倾心吐意 F.E. unbosom oneself
qīngxīnwénzì 清心文字 F.E. <*wr.*> written in a refreshingly lucid style
qīngxīnxièhuǒ 清心泻火[--瀉-] F.E. <*Ch. med.*> clear away heart-fire
qīngxīnxiūshēn 清心修身 F.E. cleanse one's heart and temper one's behavior
qīngxīnyǎngxìng 清心养性[--養-] F.E. purify one's heart and cultivate one's moral character
qīngxìnyìhuò 轻信易惑[輕-] F.E. One is likely to be perplexed if overly credulous.
qíngxīn yuànyì de 情心愿意的[--願--] ATTR. inclined; desirous
qīngxīnyuèfú 倾心悦服 F.E. submit cordially
qīngxīnzhéfú 倾心折服 F.E. submit cordially
qīngxīnzhuānzhù 倾心专注[--專-] F.E. wholeheartedly/meticulously do sth.
qīngxīnzìrán 清新自然 F.E. fresh and natural
qīngxīpíng 倾析瓶 N. decanting bottle M: [2]*zhī*
qīngxiū 清修 V. lead a life of few wants and ambitions
qīngxiù* 清秀 S.V. delicate and pretty
qīng xīyǒu jīnshǔ 轻稀有金属[輕--屬] N. light rare metal M: [1]*zhǒng*
qīngxū 清虚[-虛] V.P. refined and nonaggressive
qíngxù* 情绪 N. ① emotions; feelings; mood ② morale ③ depression; moodiness; the sulks
qīngxuǎnjī 清选机[-選-] N. <*agr.*> cleaner M: [1]*tái*
qīngxuě 青鳕 N. <*zoo.*> pollack M: [1]*tiáo*
qíngxù fǎnyìng 情绪反应[-應] N. <*psy.*> emotional response
qíngxùhuà 情绪化 V./S.V. sentimentalize; emotionalization
qíngxù jiéhé 情绪结合 N. <*lg.*> emotive conjugation
qíngxùlì 情绪力 N. <*lg.*> emotive force
qǐngxùn 请训 V. <*trad.*> ask the emperor for instructions before taking up an official appointment
qīng xúnyángjiàn 轻巡洋舰[輕-艦] N. <*mil.*> light cruiser M: [1]*sōu*
qíngxūwèizuì 情虚畏罪[-虛--] F.E. be conscious of guilt and fearful of punishment
qíngxùxìng 情绪性 ATTR. sentimental; affective; emotive
qíngxùxìng de nèihán 情绪性的内涵 N. <*lg.*> affective connotation
qíngxù yìyì 情绪意义[-義] N. <*lg.*> emotive meaning
qīngyǎ 清雅 V.P. elegant; refined
qīngyà* 倾轧 V. engage in internal strife; jostle against each other ♦N. intramural jostling
qīngyǎjuéchén 清雅绝尘[-絕塵] F.E. clean and elegant
qīngyān* 轻烟[輕煙] N. wisps of smoke M: [3]*lǚ*
[1]qīngyán 轻言[輕-] V. speak lightly; speak without thinking
[2]qīngyán 青盐[-鹽] N. lake salt
[3]qīngyán 清妍 V.P. delicately beautiful (of face/writing/etc.)
qīngyǎn 青眼 N. favor; good graces
qíngyàn 情焰 N. flames of love

qìngyàn 庆宴[慶-] N. potlatch
[1]**qīngyáng** 青杨[-楊] N. Cathay poplar M: [2]kē
[2]**qīngyáng** 轻扬[輕揚] V. <wr.> lightly float/drift
[3]**qīngyáng** 清扬[-揚] V.P. fine-featured
[4]**qīngyáng** 青阳[-陽] N. springtime
qīng-yǎng 氢氧[氫-] N. <chem.> oxyhydrogen
qīngyàng* 清样[-樣] N. final/foundry proof
qīng-yǎng chuīguǎn 氢氧吹管[氫-] N. oxyhydrogen blowpipe
qīng-yǎngyàn 氢氧焰[氫-] N. <chem.> oxyhydrogen burner
qīngyánxìyǔ 轻言细语[輕-] F.E. speak in a soft/gentle voice
qīngyánzhāoyuàn 轻言招怨[輕-] F.E. cause hatred by reckless words
qīngyáo 青猺 N. <zoo.> masked civet; gem-faced civet M: [2]zhī
qīngyào* 清要 N. much-honored official positions
qīngyàpáijǐ 倾轧排挤[-擠] F.E. subvert and depose (as in a factional struggle)
qīngyě* 清野 N. lay waste the land (to deny its resources to the enemy)
[1]**qīngyè** 青叶[-葉] N. green leaves
[2]**qīngyè** 清夜 N. <wr.> stillness of night
qíngyè 晴夜 N. clear night
[1]**qǐngyè** 请谒 V.O. <wr.> ask for an audience
[2]**qǐngyè** 请业[-業] V.O. <wr.> ask questions concerning lessons
qīngyèménxīn 清夜扪心 F.E. examine one's conscience in the stillness of night
qīngyèzìsī 清夜自思 F.E. be deep in thought in the stillness of night
qīngyī 青衣 N. <wr.> ①spring clothes ②everyday clothes M: [2]jiàn ③ servants M: [2]wèi ④ <opera> role of a virtuous female
[1]**qīngyì** 轻易[輕-] ADV. ① lightly; rashly; easily ***Bùyào ~ fābiǎo yìjiàn.*** Don't make rash comments. ② often; frequently
[2]**qīngyì** 清逸 V.P. <wr.> fresh and refined (of literature)
[3]**qīngyì** 清议[-議] N. ① <hist.> the Donglin movement in late Ming ② comments among the honest and scholarly
[1]**qíngyì*** 情意 N. tender regards; affection
[2]**qíngyì** 情谊 N. friendly feelings
[3]**qíngyì** 情义[-義] N. ties of friendship
qǐngyì 请益 V.O. ask for advice/instructions
qíngyìchánmián 情意缠绵[--纏-] F.E. be bonded by affection/love
qíngyìchóumóu 情意绸缪 F.E. be head over heels in love
qīngyì diūqì 轻易丢弃[輕-棄] V.P. fritter away
qǐngyífāngzhǐ 请移芳趾 F.E. Please come.
qīngyījìjiǔ 青衣祭酒 F.E. <opera> most accomplished female role player
qíngyìkěnzhì 情意恳挚[-懇摯] F.E. show sincere feeling
qīngyìkěwèi 清议可畏[-議--] F.E. Idle criticism is to be feared.
qíngyìliǎngquán 情义两全[-義--] F.E. Love and duty both received their proper meed.
qíngyìmiánmián 情意绵绵 F.E. long-lasting love expressing itself in a subdued but sweet form
qíngyìmòmò 情意脉脉[-脈脈] F.E. amorous
[1]**qīngyīn*** 轻音[輕-] N. <lg.> unstressed/light sound; light/neutral stress
[2]**qīngyīn** 清音 N. ① Sichuan ballad-singing ② singing opera without costume or makeup ③ <lg.> ⓐvoiceless sound ⓑ clear/surd sound ④ <trad.> band music played at weddings and funerals
qīngyín 轻银[輕-] N. aluminum
qíngyīn 情殷 F.E. with warm regards
[1]**qīngyíng*** 轻盈[輕-] S.V. ① slim and graceful; lithe; lissome ② lighthearted; relaxed
[2]**qīngyíng** 青蝇[-蠅] N. ① greenbottle fly ② slanderer; scandelmonger M: [2]zhī
[3]**qīngyíng** 清莹[-瑩] S.V. glistening; limpid
[4]**qīngyíng** 青荧[-熒] N. shining (of lamp light or jade)
qǐngyīng 请缨 V.P. <wr.> volunteer for the army
qīngyíngdiàokè 青蝇吊客[-蠅--] ID. sb. who has not had a single friend during his/her lifetime
qǐngyīngshādí 请缨杀敌[-殺敵] F.E. volunteer to fight
qǐngyīngtǎonì 请缨讨逆 F.E. offer service in the army to suppress the rebels
qīngyīnhuà 清音化 N. <lg.> devocalization; devoicing; unvoicing
qīngyīnjié 轻音节[輕-節] N. <lg.> unstressed syllable
qīngyīn mócāyīn 清音摩擦音 N. <lg.> voiceless spirant
qíngyīnwénshēng 情因文生 F.E. incidents dictated by the exigencies of the plot
qīngyínxiǎobān 清吟小班 F.E. <trad.> a first-class sing-song house
qīngyīnyuè 轻音乐[輕-樂] N. light music M: [2]shǒu
qīngyīn zhuóhuàyīn 清音浊化音[--濁--] N. <lg.> voicing
qīngyīn zhuóliú 清音浊流[--濁-] N. <lg.> voiced initial preceded by a voiceless phase
qīngyìqǔshèng 轻易取胜[輕-勝] F.E. win in a breeze
qīngyīsè 清一色 N. all of one suit (in mahjongg) ♦ATTR. uniform; homogeneous
qǐng yīshēng 请医生[-醫-] V.O. send for a doctor
qīngyì sìliào 青刈饲料 N. soilage
qíngyìxiāngtóu 情意相投 F.E. find each other congenial; hit it off perfectly
qīngyīxiǎomào 青衣小帽 F.E. dress in plain clothes and a small cap
qīngyìzhījǔ 轻易之举[輕-舉] N. a light and easy undertaking
qīngyōu 清幽 S.V. quiet and secluded (of landscape)
[1]**qīngyóu** 轻油[輕-] N. light oil
[2]**qīngyóu** 清油 N. <topo.> ①vegetable oil ②tea oil
qīngyòu 青鼬 N. <zoo.> weasel M: [2]zhī
qíngyóu* 情由 N. reason; cause
qīngyóuchē 轻油车[輕-] N. gasoline-fueled car M: [3]liàng
qíngyǒukěyuán 情有可原 F.E. excusable; pardonable
qīngyóu lièjiěchǎng 轻油裂解厂[輕-廠] P.W. naphtha-cracking plant; naphtha cracker M: [4]zuò
qíngyǒusuǒzhōng 情有所钟[-鐘] F.E. have already had a lover in one's heart
qīngyōuyǎzhì 清幽雅致 F.E. secluded and refined (of a locality)
[1]**qīngyú** 青鱼 N. ① black carp ② mackerel M: [1]tiáo
[2]**qīngyú** 鲭鱼 N. mackerel M: [1]tiáo
[1]**qīngyù** 青玉 N. ① sapphire ② green nephrite M: [2]kuài
[2]**qīngyù** 青郁[-鬱] V.P. verdant and luxuriant
qíngyǔ 情语 N. emotive language
qíngyù* 情欲 N. lust; sexual passion
qǐngyǔ 请雨 V.O. pray for rain
qíngyuán 情缘 N. lot/luck by which people are brought together
qíngyuàn 情愿[-願] AUX. be willing to; would rather; prefer
qǐngyuán 请援 V. ask for reinforcement/help/etc.
qǐngyuàn* 请愿[-願] V. present petition ♦N. petition
qǐngyuànquán 请愿权[-願權] N. right of petition
qǐngyuànshū 请愿书[-願書] N. petition M: [2]fēng
qīngyuánsù 轻元素[輕-] N. <chem.> light element
qīngyuányīn 轻元音[輕-] N. <lg.> light vowel
qīngyuánzǐdàn 氢原子弹[氫-] N. <mil.> hydrogen bomb M: [1]kē
qíngyǔbiǎo 晴雨表 N. weatherglass; barometer M: [2]zhī
[1]**qīngyuè** 清乐[-樂] N. <Budd.> psalmody with musical accompaniment
[2]**qīngyuè** 清越 V.P. clear and carrying far (of sound)
qǐngyuèhòuyè 请阅后页[--後-] F.E. Please turn to the next page.
qīng-yúgānyóu 清鱼肝油 N. clear fish-liver oil
qíngyúgǔròu 情逾骨肉 F.E. dearer than one's own flesh and blood
qīngyúhóngmáo 轻于鸿毛[輕於-] ID. without the least significance ***Sǐ yǒu zhòngyútàishān, yǒu ~.*** One's death may be weightier than Mount Tai or lighter than a feather.
qíngyǔjì 晴雨计 N. barometer M: [2]zhī
[1]**qīngyún*** 青云[-雲] N. ① sky ② high in virtue/position ③ retirement
[2]**qīngyún** 卿云[-雲] F.E. propitious clouds bringing well-being to all
[1]**qīng-yùn** 青运[-運] AB. *qīngnián yùndòng*
[2]**qīngyùn** 清运[-運] V. clean and remove
qíngyùn 情韵[-韻] N. <wr.> feeling; emotional tone
qìngyún 庆云[慶雲] N. auspicious clouds
qīngyúndànyuè 轻云淡月[輕雲-] F.E. light clouds and glimmering moon
qīngyúndélù 青云得路[-雲--] ID. <trad.> enjoy rapid promotion in one's career
qīngyúndéyì 青云得意[-雲--] ID. <trad.> enjoy rapid promotion in one's career
qīngyúnpiāopiāo 轻云飘飘[輕雲-] F.E. Fleecy clouds floated past.
qīngyúnzhì 青云志[-雲-] N. high aspirations; great ambition
qīngyúnzhíshàng 青云直上[-雲--] F.E. meteoric rise in one's career
qīngyúnzhīzhì 青云之志[-雲--] F.E. have high ambitions
qīngyùsè 青玉色 N. sapphire color
qíngyǔ tōngchē dàolù 晴雨通车道路 N. all-weather road M: [1]tiáo
qíngyǔwúzǔ 晴雨无阻 F.E. do sth. rain or shine
qīngzǎo(r) 清早(儿) N. <coll.> early morning
qīngzàokuángzhě 轻躁狂者[輕-] N. <psy.> hypomaniac
qīngzǎoqǐ 清早起 N. early morning (usu. of getting-up time)
qīngzè 倾仄 S.V. slanted; oblique
qīngzhāi 清斋[-齋] N. <Budd.> vegetarian fast; abstinence from meat
qīngzhàn 清湛 V.P. <wr.> limpid; clear
qǐngzhàn* 请战[-戰] V.O. ask for a battle assignment
qīngzhànchē 轻战车[輕戰-] N. light tank M: [3]liàng
[1]**qīngzhàng** 清帐 V.O. clear an account
[2]**qīngzhàng** 清丈 V.O. take the dimensions of a field; survey land in detail
qǐngzhànshū 请战书[-戰書] N. written request for a battle assignment M: [2]fēng/[1]zhāng
qǐngzhě* 顷者 N. just now; a short while ago
qīngzhé 磬折 V.P. humpbacked; bent over ♦V. assume a bent position
qīngzhēn 清真 N. ① purity ② Islamic; Muslim; Muhammadan ③ <hist.> kosher
Qīngzhēncài 清真菜 N. Muslim cooking
Qīngzhēn diǎnxin 清真点心[--點-] N. Muslims' cakes (without pork fat)
qīngzhēng* 清蒸 V. steam in clear soup
[1]**qīngzhèng** 清正 V.P. upright and just
[2]**qīngzhèng** 轻证[輕證] N. a mild case
Qīngzhēn guǎnr 清真馆儿 P.W. Muslim restaurant M: [1]jiā
qīngzhēngyú 清蒸鱼 N. steamed fish M: [1]tiáo
qīngzhèngzàokuáng 轻症躁狂[輕-] N. <psy.> hypomania

Q

qīng zhèngzhì 清政治 V.O. <*PRC*> sort out and put in order political matters

Qīngzhēnjiào 清真教 N. Islam; Islamism

qīngzhēn shítáng 清真食堂 P.W. Muslims' canteen M: [1]*jiān*

Qīngzhēnsì 清真寺 N. mosque M: [4]*zuò*

qíngzhēnyìqiè 情真意切 F.E. true love and genuine concern

qíngzhī 情知 V. know perfectly well (what is going on); be fully aware

[1]**qíngzhì** 情致 N. temperament and interest; appeal

[2]**qíngzhì** 情志 N. <*Ch. med.*> emotion

qǐngzhī 顷之 V.P. in a moment; shortly after

qǐngzhǐ* 请旨 F.E. Please give your instructions.

qíngzhìbìng 情志病 N. <*Ch. med.*> emotional illness

qíngzhībùmiào 情知不妙 F.E. know to be an evil omen.

qíngzhìchánmián 情致缠绵[--纏-] F.E. have a delicate lasting effect on the emotions (of a poem/story/etc.)

qíngzhì dānwèi 情治单位 N. security and law-enforcement authorities

qíngzhīgùfàn 情知故犯 F.E. deliberate flouting of the law

qīngzhīgǔzhé 青枝骨折 F.E. greenstick fracture

qíngzhīsuǒzhōng 情之所钟 F.E. sth./sb. that one's love is concentrated on

[1]**qíngzhìyìjìn** 情至义尽[-義盡] F.E. with entire sincerity

[2]**qíngzhìyìjìn** 情至意尽[-盡] F.E. the climax of one's affection and friendly feelings

qīngzhǒng 青冢 P.W. tomb of Wang Zhaojun

qīngzhòng(r)* 轻重(儿)[輕-] N. ① weight; degree of seriousness ② propriety

qīngzhǒngchù 青肿处[-腫處] N. sore

qīngzhòngdàozhì 轻重倒置[輕-] F.E. put trivial above important

qīngzhònghuǎnjí 轻重缓急[輕-] F.E. in order of importance and urgency

qīng-zhòngjīqiāng 轻重机枪[輕-槍] N. light-heavy machine-gun

qīng-zhōngliàngjí 轻中量级[輕-] N. <*sport*> welterweight (boxing or weight lifting)

qīng-zhòngliàngjí* 轻重量级[輕-] N. <*sport*> light heavyweight (boxing or weight lifting)

qīngzhònglǜ 轻重律[輕-] N. iamb

qīngzhòngyīn 轻重音[輕-] N. <*lg.*> stress

qīngzhòng yīnxíng 轻重音型[輕-] N. <*lg.*> stress pattern

qīngzhōu 轻舟[輕-] N. <*wr.*> small light boat; skiff

qīngzhōucóngshì 青州从事[--從-] ID. <*wr.*> fine wine

[1]**qīngzhù** 倾注 V. pour/throw into

[2]**qīngzhù** 青贮[-貯] N. <*agr.*> ensiling

qìngzhù* 庆祝[慶-] V. celebrate

qīngzhuān 青砖[-磚] N. black brick M: [2]*kuài*

qīngzhuāng* 轻装[輕裝] N. light luggage

qíngzhuàng 情状[-狀] N. situation; condition; circumstances

qīngzhuāng bùbīngduì 轻装步兵队[輕裝-隊] N. light infantry M: [4]*zhī*

qīngzhuāngbùduì 轻装部队[輕裝-隊] N. lightly equipped army

qíngzhuàng fùcí 情状副词[-狀--] N. <*lg.*> manner adverb

qīng zhuāngjiǎchē 轻装甲车[輕裝-] N. <*mil.*> light armored vehicle M: [3]*liàng*

qīngzhuāngjiǎncóng 轻装简从[輕裝-從] F.E. travel with a minimum of pomp

qīngzhuāngjiùdào 轻装就道[輕裝-] F.E. travel light

qīngzhuāngshàngzhèn 轻装上阵[輕裝-] F.E. ① join a movement without hesitation/reservation ② go into battle with a light pack

qìngzhù dàhuì 庆祝大会[慶-] N. celebration meeting

qìngzhù Guóqìng 庆祝国庆[慶-國慶] V.O. celebrate National Day

qìngzhùhuì 庆祝会[慶-] N. reunion/banquet/festival at an anniversary/etc. celebration

qìngzhúnánshū 罄竹难书[-難書] ID. too numerous to record (of crimes/etc.)

[1]**qīng-zhuó** 清浊[-濁] N. ① pure and impure; good and bad ② honest and dishonest ③ <*lg.*> voiceless and voiced sounds

[2]**qīngzhuó** 清酌 N. wine offered to gods in worship

qīngzhuóbùfēn 清浊不分[-濁--] F.E. be unable to distinguish the clear from the muddy

qīngzhuótóngliú 清浊同流[-濁--] *See* *qīngzhuóbùfēn*

qīngzhùquánlì 倾注全力 F.E. go heart and soul into

qīngzhúsī 青竹丝[-絲] N. a kind of very venomous snake

qīngzhù sìliào 青贮饲料[-貯--] N. <*agr.*> ensilage; silage; preserved green fodder

qīngzi 轻子[輕-] <*coll.*> N. razor blade (used by purse-slashing thieves)

[1]**qīngzǐ*** 青紫 N. ① black and blue (from a beating) ② <*med.*> cyanosis ③ officials of high rank

[2]**qīngzi** 青子 N. olives M: [1]*kē*/[3]*lì*

qīngzīhàoyì 轻赀好义[輕-義] F.E. make light of money and love righteousness

qǐngzìkuíshǐ 请自隗始 F.E. volunteer to take the lead

qīngzīzhòngyì 轻赀重义[輕-義] F.E. regard money lightly and be enthusiastic over a public cause

qīngzuì 轻罪[輕-] N. <*law*> misdemeanor; minor offence/crime

qǐngzuì* 请罪 V.O. ① admit error and ask for punishment ② appeal for leniency ③ humbly apologize

qīngzuǐbóshé 轻嘴薄舌[輕-] F.E. have a caustic tongue

qīngzuìzhòngfá 轻罪重罚[輕-] F.E. overpunish

qīngzuò 倾座 V.O. bring the house down ♦N. entire audience

qǐngzuò* 请坐 INTJ. please have a seat

qīng zǔzhī 清组织[-織] V.O. <*PRC*> clean up an organization ideologically

qīnhài 侵害 V. <*law*> encroach on (other's rights); violate

qīnhán 亲函[親-] N. <*wr.*> personal letter M: [2]*fēng*

qīnhélì 亲和力[親-] N. <*chem.*> affinity

qīnhéxìng 亲和性[親-] N. <*chem.*> affinity

qīn Huá 侵华[-華] V.O. carry out aggression against China

Qínhuái 秦淮 N. a river flowing through Nanjing, once a merrymaking center

qínhuāng 禽荒 N. pursue hunting to the exclusion of all else

Qín Huì 秦桧 (1090–1155) N. <*hist.*> execrated Song capitulationist

Qín huǒ 秦火 N. burning of books in 213 B.C.

qínhuò* 擒获[-獲] V. arrest; capture

qīnì* 起腻 V.O. ① <*coll.*> pester; bedevil ② <*slang*> curry favor with ③ feel sick

qìnì 气逆[氣-] N. <*Ch. med.*> ① circulation of vital energy in the wrong direction ② upward motion of the spirit

[1]**qínián*** 祈年 V.O. pray for a bumper harvest year

[2]**qínián** 齐年[齊-] V.P. the same age

qìniàn 歧念 N. evil thoughts/ideas

qǐnián 绮年 V.P. <*wr.*> young; youthful

qìniǎn(zi) 汽碾(子) N. <*mach.*> steamroller

Qíniándiàn 祈年殿 P.W. Hall of Prayer for Good Harvests (in Beijing)

qíniánshuòdé 耆年硕德 F.E. <*wr.*> of venerable age and eminent virtue

qǐniányùmào 绮年玉貌 F.E. young and beautiful (of a girl)

qīniǔbāwāi 七扭八歪 F.E. crooked; snarled; distorted

qínjì* 琴技 N. skill in playing stringed instruments

qǐnjí 寝疾[寢-] P.W. be confined to bed by illness

qínjià 琴架 N. stand/prop for a stringed instrument

qīnjiàn 亲见[親-] V. have seen in person

qínjiǎn* 勤俭 S.V. hardworking and thrifty

qínjiàn 琴键 N. key (on a keyboard)

qínjiǎn bàn qǐyè 勤俭办企业[--辦-業] V.P. run an enterprise diligently and thriftily

qínjiǎn bàn shè 勤俭办社[--辦-] V.P. <*PRC*> run an organization diligently and thriftily

qínjiǎn bànxué 勤俭办学[--辦-] V.P. run a school diligently and thriftily

qínjiǎn chíjiā 勤俭持家 V.P. run a household diligently and thriftily

qínjiǎn jiànguó 勤俭建国[-國] V.P. build up the country through thrift and hard work

qínjiǎnjiéyuē 勤俭节约[--節-] F.E. diligent and thrifty

qínjiǎnnàiláo 勤俭耐劳[-勞] F.E. be diligent, and able to endure hardship

qínjiànpán 琴键盘[-盤] N. keyboard M: [1]*zhāng*

qínjiànpiāolíng 琴剑飘零 ID. ① wander from place to place (of a scholar) ② a scholar in reduced circumstances

qínjiǎnpǔshí 勤俭朴实[-樸實] F.E. hardworking, thrifty, plain, and honest

qínjiǎnpǔsù 勤俭朴素[--樸-] F.E. industry, thrift, and frugality

qínjiǎnqǐjiā 勤俭起家 F.E. build up a family by thrift and hard work

qīnjiànqīnwén 亲见亲闻[親-親-] F.E. see with one's own eyes and hear with one's own ears

qínjiāntǎobào 擒奸讨暴 F.E. capture troublemakers and fight evil forces

qínjiāntīfú 擒奸擿伏 F.E. arrest and expose evildoers

qínjiǎn wéi fúwùzhīběn 勤俭为服务之本[----務--] F.E. hard work and thriftiness are the foundations of service

qínjiǎnwùshí 勤俭务实[-務實] F.E. hardworking, thrifty, pragmatic

qīnjiāo* 亲交[親-] N. ① deliver (a letter, etc.) personally ② intimate friendship

qínjiāo 秦艽 N. <*bot.*> large-leaved gentian M: [2]*kē*

Qínjiāo 秦椒 N. ① Shaanxi chili pepper ② <*coll.*> long and thin hot pepper; red pepper or capsicum M: [2]*kē*

qínjiāo shùpí 秦椒树皮[--樹-] N. toothache bark

qìnjiāwēng 亲家翁[親-] N. father of one's daughter-in-law or son-in-law M: [2]*wèi*

qīnjiěmèi 亲姐妹[親-] N. biological sisters M: [2]*wèi*

qínjílìǎo 秦吉了 N. <*zoo.*> a myna-like bird M: [2]*zhī*

qīnjìn* 亲近[親-] V. be close to; be on intimate terms with

qínjǐn 勤谨 V.P. <*wr.*> diligent and prudent

Qín-Jìn 秦晋[-晉] N. families united by marriage

qīnjìng* 钦敬 V. admire and respect

qínjìng 秦镜 N. penetrating insight

qínjìnggāoxuán 秦镜高悬[-懸] ID. an impartial and perspicacious judge

Qín-Jìnzhīhǎo 秦晋之好[-晉--] N. ① marriage diplomacy of two Warring States powers ② congratulatory expression on a wedding

Qín-Jìn zhī jiāo 秦晋之交[-晉--] N. marriage alliance between two families

Qín-Jìn zhī méng 秦晋之盟[-晉--] N. marriage alliance between the states of Qin and Jin

qīnjītòugǔ 侵肌透骨 F.E. be chilled to the bone

qīnjiù 亲旧[親舊] N. relatives and old friends

qǐnjù 寝具[寢-] N. bedding M: *tào*

qīnjuàn 亲眷[親-] N. <*topo.*> ① one's relatives ② family dependents M: [2]*wèi*

Qīnjūn 亲军[親-] N. <trad.> <trad.> Imperial Guard M: [4]*zhī*
qínkěn 勤恳[-懇] S.V. diligent and conscientious
Qínkèshí 秦刻石 N. <archeo.> seven Qin inscribed steles recording the First Emperor's exploits M: [2]*kuài*
qīnkǒu 亲口[親-] ADV. ① (from sb.'s) own mouth ② personally
qīnkǒu dāying 亲口答应[親-應] V.P. make a promise personally
qínkǔ 勤苦 S.V. ① diligent; hardworking; assiduous ② work sedulously despite hardships
qínkuai 勤快 S.V. <coll.> diligent and conscientious
qǐnkuìqízhōng 寝馈其中[寢-] F.E. be completely absorbed (in a subject of study)
qínláo 勤劳[-勞] S.V. industrious; hardworking
qínláo bùyú kuìfá 勤劳不虞匮乏[-勞----] F.E. Poverty is a stranger to industry.
qínláo dùrì 勤劳度日[-勞--] V.P. live by the sweat of one's brow
qínláofènggōng 勤劳奉公[-勞--] F.E. industrious and devoted to public duty
qínláojiǎnpǔ 勤劳俭朴[-勞-樸] F.E. industry and frugality
qínláo móushēng 勤劳谋生[-勞--] V.P. toil to earn a living
qínláo qǐjiā 勤劳起家[-勞--] V.P. become rich by one's own efforts
qínláoyǒnggǎn 勤劳勇敢[-勞--] F.E. be industrious and courageous
qínláozhìfù 勤劳致富[-勞--] F.E. achieve prosperity through industrious work
qínlèi 禽类[-類] N. birds
qīnlěngzhěnhán 衾冷枕寒 F.E. loneliness in bed
qīnlì 亲历[親歷] V. <wr.> experience personally
qīnliǎn 亲脸[親-] V.O. kiss the face
qínliàn* 勤练[-練] V. practice diligently
qínliè 禽猎[-獵] V. hunt
qīnlín 亲临[親臨] V. attend personally
qīnlín dàohè 亲临道贺[親臨-] V.P. tender one's congratulations in person
qīnlín diàoyàn 亲临吊唁[親臨-] V.P. attend a funeral in person
[1]**qīnlíng*** 亲聆[親-] V. go in person to listen to (instructions)
[2]**qīnlíng** 侵凌 V. browbeat; humiliate
Qínlǐng 秦岭[-嶺] N. Qinling Mountains or Nan Shan (in Gansu)
qìnlíng 揿铃 V.O. push a bell
Qínlíng bīngmǎyǒng 秦陵兵马俑 N. figurines of soldiers and horses from the Qin Mausoleum
qīnlínqíshì 亲临其事[親臨-] F.E. attend to the matter in person
qīnlìqíjìng 亲历其境[親歷-] F.E. experience personally
qīnlìqīnwéi 亲力亲为[親-親-] F.E. do-it-yourself
qīnlìqīnwéi zuòfēng 亲力亲为作风[親-親---] N. do-it-yourselfism
qínlóng 禽龙 N. <paleo.> iguanodon M: [1]*tiáo*
qǐnlòu 寝陋[寢-] V.P. ugly
qínlóuchǔguǎn 秦楼楚馆[-樓--] F.E. courtesans' quarters; brothels
qīnlù cháoshuǐ 侵陆潮水[-陸--] N. tidewater
qīnlüè 侵略 V. invade ♦N. aggression; encroachment
qīnlüèguó 侵略国[-國] N. aggressor nation
qīnlüèjūn 侵略军 N. invading force M: [4]*zhī*
qīnlüèkuòzhāng 侵略扩张[--擴-] F.E. aggression and expansion
qīnlüèxìng 侵略性 N. aggressiveness
qīnlüè zhànzhēng 侵略战争[-戰爭] N. a war of aggression/invasion M: [2]*chǎng*
qīnlüèzhě 侵略者 N. invader; aggressor
qīnlüèzhǔyì 侵略主义[-義] N. jingoism
qīnlüèzuì 侵略罪 N. the crime of aggressive war
qīnmā* 亲妈[親-] N. biological mother
qínmǎ 琴马 N. <mus.> bridge of a stringed instrument
qīnmāma 亲妈妈[親-] N. biological mother
qīnMěi* 亲美[親-] ATTR./S.V. pro-U.S.
qǐnmèi 寝寐[寢-] V. sleep
qǐnmèibù'ān 寝寐不安[寢-] F.E. lie awake with sth. on one's mind
qǐnmèinán'ān 寝寐难安[寢-難-] F.E. restless sleep (from worries)
qǐnmén 寝门[寢-] N. back door to sleeping quarters
qīnmì* 亲密[親-] S.V. close; intimate
qínmì 勤密 A.T. frequent; regular; constant
qínmiǎn 勤勉 S.V. diligent; assiduous
qínmiǎnbùjuàn 勤勉不倦 F.E. hardworking; diligent
qínmiǎnhàoxué 勤勉好学 F.E. diligent and eager to learn
qínmiáo 禽苗 N. poultry chicks
qǐnmiào* 寝庙[寢廟] P.W. temple of the deceased M: [4]*zuò*
qīnmì guānxi 亲密关系[親-關係] N. intimacy
qínmín 勤民 V.O. diligently serve the people
qīnmìng 钦命 N. ① imperial order ② imperial emissary ♦ATTR. ordered by the emperor
qīnmì wéntǐ 亲密文体[親-體] N. <lg.> intimate level of speech
qīnmìwújiàn 亲密无间[親-] F.E. be on very intimate terms
qīnmìyǔ 亲密语[親-] N. <lg.> intimate speech
qīnmì zhànyǒu 亲密战友[親-戰-] N. close comrade-in-arms M: [2]*wèi*
qīnmǔ 亲母[親-] N. biological mother
[1]**qīnmù*** 钦慕 V. respect and admire
[2]**qīnmù** 亲睦[親-] <wr.> ATTR. friendly; amicable ♦V. keep up harmonious relations with
qīnmù línbāng 亲睦邻邦[親-鄰-] N. friendly neighboring countries ♦V.P. keep up good relations with neighboring countries
qínná 擒拿 V. arrest; capture
qínnáfǎ 擒拿法 N. arrest technique
qīnnǎinai 亲奶奶[親-] N. biological grandma *See also* *qìngnǎinai*
qínnáng 琴囊 N. cloth bag for a *qín*
qínnáshù 擒拿术[-術] N. arrest technique
qínnéngbǔzhuō 勤能补拙[--補-] F.E. ineptitude can be remedied by diligence
[1]**qīnnì** 亲昵[親-] S.V. very intimate; affectionate
[2]**qīnnì** 亲逆[親-] V. welcome/greet personally
qīnniáng 亲娘[親-] N. one's own mother
qínniángzi 勤娘子 N. <bot.> (white-edged) morning glory
[1]**qínniǎo** 禽鸟 N. birds; fowl M: [2]*zhī*
[2]**qínniǎo** 琴鸟 N. lyrebird M: [2]*zhī*
qínniǎofēimíng 禽鸟飞鸣[--飛-] F.E. The wild fowl were crying in flight.
qīnnì cíyǔ 亲昵词语[親-] N. <lg.> familiar expression
qìnniǔ 揿纽 N. <topo.> fastener
qìnniǔ jiētóu 揿纽接头 N. switch; push-button
qìnniǔ zhànzhēng 揿纽战争[-戰爭] N. push-button warfare
qīnnǚr 亲女儿[親-] N. biological daughter M: [2]*wèi*
qīnòng 欺弄 V. ①bully ②cheat; dupe; hoodwink
qìnóngjīngshāng 弃农经商[棄農經-] F.E. leave farm work to engage in trade
qīnpèi 钦佩 V. admire; esteem; respect
qīnpéng 亲朋[親-] N. relatives and friends M: [2]*wèi*
qīnpénggùjiù 亲朋故旧[親-舊] F.E. relatives and old acquaintances
qīnpénghǎoyǒu 亲朋好友[親-] F.E. relatives and friends; kith and kin
qínpí(shù) 秦皮(树)[-(樹)] N. <Ch. med.> bark of ash
[1]**qínpǔ** 勤朴[-樸] S.V. ①able to work assiduously despite hardships ② industrious and thrifty
[2]**qínpǔ** 琴谱 N. score for stringed instruments M: [1]*běn*
qīnqi* 亲戚[親-] N. relatives M: [2]*wèi*
qīnqǐ 亲启[親啟] V. open (an envelope) personally
qīnqià 亲洽[親-] S.V. intimate and harmonious
Qínqiāng 秦腔 N. Shaanxi opera
qīnqiè 亲切[親-] S.V. ① cordial; genial; warm ② close; intimate; dear
qīnqiè jiāotán 亲切交谈[親-] V.P. have a cordial talk with sb.
qīnqiè wèiwèn 亲切慰问[親-] V.P. express one's sincere sympathy to sb.
qīnqièyǒuhǎo 亲切友好[親-] F.E. in a cordial and friendly atmosphere
qīnqílěiluò 嵚崎磊落[嶔-] F.E. honest and upright
qīnqin* 亲亲[親親] N. <coll.> my darling/sweetheart/honey/etc. (usu. of children) *See also* [1]*qīnqīn*
[1]**qīnqīn** 亲亲[親親] R.F. kiss *See also qīnqin*
[2]**qīnqīn** 钦钦 R.F. <wr.> full of grief and longing
[3]**qīnqīn** 骎骎 ADV. <wr.> ① like a galloping horse ② swiftly
qínqín 秦琴 N. <mus.> an ancient musical instrument
qīnqíng 亲情[親-] N. love; affection
qínqínkěnkěn 勤勤恳恳[-懇懇] F.E. diligent and conscientious
qīnqīnrèrè 亲亲热热[親親熱熱] ADV. <coll.> warmly; lovingly
qǐn qí pí ér shí qí ròu 寝其皮而食其肉[寢-] ID. sleep on sb.'s hide and eat his flesh (in deep hatred)
qín-qí-shū-huà 琴棋书画[-書畫] N. joys of the literati: music, chess, calligraphy, painting
qínqú 勤劬 V.P. <wr.> diligent; industrious; hardworking
qínqù* 琴趣 N. interest and delight in stringed instruments
[1]**qīnquán** 侵权[-權] V.O. violate/infringe the rights of ♦N. infringement of rights
[2]**qīnquán** 亲权[親權] N. parental authority
qīnquán shìyàn 亲权试验[親權-] N. paternity test
qīnquán xíngwéi 侵权行为[-權--] N. <law> tort
qīnrǎn 侵染 V. infect (of germs/bacteria/etc)
qīnrǎo 侵扰[-擾] V. invade and harass
qīnrǎo biānjìng 侵扰边境[-擾邊-] V.O. harass a country's frontiers; make border raids
qīnrè 亲热[親熱] S.V. intimate; affectionate; warm
qīnrén(r)* 亲人(儿)[親-] N. close relatives; dear ones; those dear to one M: [2]*wèi* ♦V.O. <topo.> love a person very much
[1]**qīnrèn** 亲任[親-] N. one's confidants
[2]**qīnrèn** 衾衽 N. in bed; between the sheets
qīnrén fànguī 侵人犯规 N. <sport> personal foul
qìnrénfèifǔ 沁人肺腑 F.E. gladden the heart and refresh the mind
qìnrénxīnpí 沁人心脾 F.E. ① touch the heart ② gladden the heart and refresh the mind ③ mentally refreshing; refreshing
qīnRì 亲日[親-] ATTR./S.V. pro-Japanese
qīnrù* 侵入 V. invade; intrude into
qìnrù 沁入 V. seep
qìnrù fèifǔ 沁入肺腑 V.O. be refreshing
qìnrùn 沁润 V. <wr.> soak into (of liquid/aroma/etc.); permeate; penetrate to
qīnrúshǒuzú 亲如手足[親-] F.E. be as close/dear to each other as brothers/sisters
qīnrúxiōngdì 亲如兄弟[親-] F.E. as close as brothers
qīnrùyán 侵入岩 N. <geog.> intrusive/irruptive rock M: [2]*kuài*
qīnrúyījiā 亲如一家[親-] F.E. as dear to each other as members of one family
qīnrúyúshuǐ 亲如鱼水[親-] F.E. be as inseparable as fish and water
qīnrù zhùzhái 侵入住宅 V.O. break into houses

qínsè 琴瑟 N. ①zither-like instruments ②marital harmony

qínsèbùtiáo 琴瑟不调 ID. marital discord

qínsèhémíng 琴瑟和鸣 ID. marital harmony; conjugal bliss

qínsèhéxié 琴瑟和谐 ID. marital harmony

qínsèshītiáo 琴瑟失调 ID. marital discord

qínsètiáohé 琴瑟调和 ID. happy married life

qīnshàn 亲善[親-] S.V. have good will (between countries)

qīnshàn dàshǐ 亲善大使[親-] N. goodwill ambassador M: [2]wèi

qīnshangjiāqīn 亲上加亲[親-親] F.E. cement old ties by marriage, such as a marriage between cousins, etc.

qīnshangzuòqīn 亲上做亲[親-親] F.E. marry within the clan

qīnshàn shǐtuán 亲善使团[親-團] N. goodwill mission

qínshè 禽舍 N. cage; coop M: [4]zuò

qīnshēn 亲身[親-] ADV. in person; personally; first-hand

qīnshēng* 亲生[親-] ATTR. biological (offspring/parents/etc.)

qínshēng 琴声[-聲] N. sound of a zither/stringed instrument

Qínshēng 秦声[-聲] N. tunes and songs of Qin

qīnshēng fùmǔ 亲生父母[親-] N. one's biological parents

qínshēngyōuyáng 琴声悠扬[-聲-揚] F.E. Sweet, lingering music was being played on the lute.

qīnshēng zǐnǚ 亲生子女[親-] N. one's own children (as distinct from adopted children) M: [2]wèi

qīnshēn jīnglì 亲身经历[親-經歷] N. personal/firsthand experience

qīnshēn tǐyàn 亲身体验[親-體-] V.P./N. firsthand experience

qīnshí* 侵蚀 V. ① corrode; erode ② siphon off sb. else's funds

qīnshì 亲事[親-] N. marriage matters ♦V.O. attend to sth. personally

qínshī 琴师[-師] N. ① player of a stringed instrument ② pianist M: [2]wèi

qǐnshí 寝食[寢-] N. ① sleeping and eating ② daily life

qǐnshì 寝室[寢-] N. ①bedroom ②dormitory M: [1]jiān

qǐnshíbù'ān 寝食不安[寢-] F.E. lose appetite and sleep (from worry)

Qín Shǐhuáng 秦始皇 N. First Emperor of Qin (259–210 B.C.)

qǐnshíjùfèi 寝食俱废[寢-廢] F.E. lose appetite and sleep (from worry)

qǐnshínánwàng 寝食难忘[寢-難-] F.E. constantly in one's mind

qīnshìqífù 亲释其缚[親釋-] F.E. loosen sb.'s bonds with one's own hands

qīnshítǔ 侵蚀土 N. eroded soil

qīnshǒu(r) 亲手(儿)[親-] ADV. with one's own hands

qīnshòu 亲授[親-] V. ①teach/instruct personally ②award/give personally

qínshǒu 琴手 N. player of a stringed instrument M: [2]wèi

qínshòu* 禽兽[-獸] N. ① birds and beasts ② bestial person M: [2]zhī

qínshòubùrú 禽兽不如[-獸--] F.E. be worse than a beast

qínshǒu'éméi 螓首蛾眉 ID. the appearance of a beautiful woman

qīnshōu túzhāng bèishū 亲收图章背书[親-圖-書] N. endorsement by stamp

qínshòuxíng 禽兽行[-獸-] N. bestiality

qínshòu xíngwéi 禽兽行为[-獸--] N. bestial acts

qínshòuzhīxíng 禽兽之行[-獸--] N. beastly conduct (esp. incest and sodomy

qīn-shū 亲疏[親-] N. intimacy and remoteness

qīnshǔ* 亲属[親屬] N. ① kinsfolk; relatives ② kinship M: [2]wèi ♦ATTR. <lg.> related

qínshū 琴书[-書] N. ①storytelling with musical accompaniment ② music and books M: [1]běn

qīnshuài 亲率[親-] V. lead personally (an army/troupe/etc.)

qīnshǔ chēngwèi 亲属称谓[親屬稱-] N. kinship terminology

qīnshǔ fāngyán 亲属方言[親屬-] N. <lg.> related topolects/dialects

qīnshǔ guānxi 亲属关系[親屬關係] N. kinship

qīnshǔ guānxi cíxiàng 亲属关系词项[親屬關係-] N. <lg.> kinship terms

qīnshǔ liánxì 亲属联系[親屬聯繫] N. kinship bond

qīnshǔ shùyǔ 亲属术语[親屬術-] N. <lg.> kinship terms/terminology

qīnshǔ tǐxì 亲属体系[親屬體-] N. kinship system

qīnshǔ yǔyán 亲属语言[親屬-] N. <lg.> related languages

qīnsì guānxi 亲嗣关系[親-關係] N. kinship

qīnsuí 亲随[親隨] N. ① aides; entourage ② <trad.> personal attendant/footman M: [2]wèi

qǐnsuǒ 寝所[寢-] P.W. ①bedroom ②dormitory M: [1]jiān

Qīntiānjiàn 钦天监[-監] N. Ming/Qing Bureau of Astronomy

Qíntíng zhī kū 秦庭之哭 N. begging in tears for assistance in desperation

qíntǒng 琴筒 N. tube for holding a stringed instrument

qīntòngchóukuài 亲痛仇快[親-] F.E. pain one's own people and gladden the enemy

qìntóu 揿头 V.O. <topo.> ① lower one's head ②lower the barrel of a pistol/etc. when shooting

qìntòu* 沁透 R.V. seep in; permeate

qìntóu pāizi 揿头拍子 N. <topo.> a timid person M: [2]wèi

qīntūn 侵吞 V. misappropriate; swallow up

qīntūn gōngkuǎn 侵吞公款 V.O. embezzle public funds

qīnú 妻孥 N. <wr.> wife and children

qī-nǚ* 妻女 N. wife and daughter(s)

qìnǚ 契女 N. adoptive daughter M: [2]wèi

qínǚzǐ 奇女子 N. a remarkable woman

qīnwáng* 亲王[親-] N. princes by blood M: [2]wèi

qínwáng 勤王 V.O. <wr.> ① rush troops to save the throne ② serve the royal family

qīnwèi 侵位 N. ① invasion ② emplacement

qínwěi-yèyīng 琴尾夜鹰 N. <zoo.> lyre-tailed nightjar

qīnwěn 亲吻[親-] V. kiss

qínwù 勤务[-務] N. ① service; daily duties ② non-combatant service

qínwùbīng 勤务兵[-務-] N. <mil.> orderly M: [2]wèi

qínwùyuán 勤务员[-務-] N. ① odd-job man ② servant M: [2]wèi

qīnxí* 侵袭 V. make a sneak attack on

qīnxì 亲系[親-] N. <law> line of heredity M: [4]zhī

qīnxiá 亲狎[親-] S.V. close and intimate

qīnxiàn 钦羡 V. admire and respect

qínxián* 琴弦 N. string (of a musical instrument) M: [2]gēn

qínxiàn 芹献[-獻] F.E. <humb.> my humble gift

qīn xiánrén yuǎn xiǎorén 亲贤人远小人[親賢-遠--] F.E. be close to the virtuous and able and avoid the base and mean

qīnxiányuǎnxiǎo 亲贤远小[親賢遠-] F.E. be close to worthies and avoid lesser beings

qīnxiǎo 侵晓[-曉] N. dawn; daybreak; early morning; approaching daybreak

qīnxiè 亲蟹[親-] N. parent crab M: [2]zhī

qīn Xīfāng 亲西方[親-] ATTR./S.V. pro-Western

qīnxìn* 亲信[親-] N. trusted followers M: [2]wèi ♦V. trust ♦V.P. close and trustful

qínxīn 琴心 N. <wr.> emotional appeal through lute playing

qínxīniǎoshì 禽息鸟视 ID. live in comfort without doing any good for society

qínxīnjiàndǎn 琴心剑胆[-膽] F.E. music and swordsmanship

qīnxiōngdì 亲兄弟[親-] N. blood brother M: [2]wèi

qīnxiōngdì míngsuànzhàng 亲兄弟明算账[親-] F.E. Financial matters should be settled clearly even between brothers.

qínxué 勤学 V. study diligently

qínxuéchéngcái 勤学成材 F.E. be diligent in study and become a man of ability

qínxuékǔliàn 勤学苦练[-練] F.E. study and train hard

qín-xù huòwù 禽畜货物 N. fowl and livestock cargo

qīnxún 侵寻[-尋] ADV. gradually; little by little

qìnyā 揿压[-壓] V. press down; push down

qīnyǎn 亲眼[親-] ADV. with one's own eyes; personally

qīnyǎng 钦仰 V. <wr.> admire and esteem

qīnyǎn kànjiàn 亲眼看见[親-] V.P. witness; see with one's own eyes

qīnyǎn mùdǔ 亲眼目睹[親-] V.P. see with one's own eyes

qīnyǎnsuǒjiàn 亲眼所见[親-] F.E. see with one's own eyes

qínyèlì 琴叶栎[-葉櫟] N. <bot.> overcup oak M: [2]kē

qīnyéye 亲爷爷[親爺爺] N. biological grandfather

qīnyì 钦挹 V. admire and respect; look up to

qínyì* 琴艺[-藝] N. skill in playing stringed instruments

qǐnyī 寝衣[寢-] N. bedclothes; sleeping gown M: [2]jiàn

qínyǐbǔzhuō 勤以补拙[--補-] F.E. make up by diligence for one's want of ability

[1]**qīnyín*** 侵淫 V. be gradual

[2]**qīnyín** 嵚崟[嶔-] V.P. precipitous (of mountains)

qínyīn 琴音 N. music of stringed instruments

qīnyíng 亲迎[親-] V. receive/welcome (a visitor, etc.) personally

qīnyǐngwúcán 衾影无惭 F.E. do nothing that one can be ashamed of even if there is no one watching

qīnyǒu 亲友[親-] N. kith/kin/relatives and friends M: [2]wèi

qín yǒugōng xī wúyì 勤有功嬉无益 F.E. Reward lies ahead of diligence, but nothing is gained by indolence.

[1]**qīnyú** 亲鱼[親-] N. parent fish M: [1]tiáo

[2]**qīnyú** 侵渔 V. <wr.> seize by force

qínyú* 勤于[-於] V.P. be diligent in/at

qīnyuán 亲缘[親-] N. affinity

qīnyuán yǔyìxué 亲缘语义学[親--義-] N. <lg.> kinship semantics

qīnyuè* 侵越 V. encroach/infringe upon

Qín-Yuè 秦越 ID. have no dealings with each other

qínyùn 琴韵[-韻] N. musical sound of stringed instruments

qīnyú péiyù 亲鱼培育[親-] N. parent fish rearing

qínyúzhízé 勤于职责[-於職-] F.E. apply oneself diligently to one's job

qínzá 勤杂[-雜] N. odd job

qínzágōng 勤杂工[-雜-] N. odd-job man; handyman M: [2]wèi

qīnzǎo 侵早 N. <topo.> toward dawn; early morning

qínzǎozhīdé 芹藻之德 N. my flimsy worth

qínzá rényuán 勤杂人员[-雜--] N. personnel regularly doing certain odd jobs M: [2]wèi

qínzáyuán 勤杂员[-雜-] N. doorboy M: [2]wèi

qínzébùkuì 勤则不匮 F.E. If one is industrious, one will not be in want.

qínzéi 擒贼 V.O. catch a thief

qínzéiqínwáng 擒贼擒王 F.E. To catch bandits, first catch the ringleader.

qínzéi xiān qínwáng 擒贼先擒王 F.E. ① To catch bandits, first catch the ringleader. ②assign priority properly
qīnzhǎn 亲展[親-] V. ① meet in person ② (confidential letter) to be opened by the recipient personally
qīnzhàn* 侵占 V. invade and occupy; seize
qínzhǎn 擒斩 V. capture and behead
qīnzhǎng 亲长[親-] N. one's elderly relatives M: [2]*wèi*
qīnzhànzuì 侵占罪 N. <*law*> misappropriation; embezzlement
qínzhe 噙着[-著] V.P. hold in (the mouth/eyes/ etc.)
qīnzhěn* 衾枕 N. <*wr.*> quilt and pillow
qìnzhēn 揿针 N. <*Ch. med.*> thumb-tack needle for subcutaneous embedding M: [2]*gēn*
qīnzhēng 亲征[親-] V. lead an army personally (said of a sovereign)
qīnzhèng 亲政[親-] V.O. take over the reins of government upon coming of age
qínzhēng 秦筝[-箏] N. <*mus.*> ancient instrument with 12 or 13 strings M: [2]*zhī*
qínzhèng* 勤政 V.P. be assiduous in government affairs ♦N. industrious government
qínzhèngliánzhèng 勤政廉政 F.E. be diligent and honest in one's work
qìnzhēn liáofǎ 揿针疗法[--療-] N. <*Ch. med.*> needle-embedding therapy
qīnzhě tòng chóuzhě kuài 亲者痛仇者快[親--] F.E. pain friends and please enemies
qínzhe yāndài 噙着烟袋[-著煙-] V.O. hold a pipe between one's lips
qínzhe yǎnlèi 噙着眼泪[-著-淚] V.O. (eyes) brim with tears
qīnzhī* 亲知[親-] V. know firsthand; have personal knowledge ♦N. <*wr.*> relatives and friends; kith and kin
qīnzhì 亲炙[親-] N. <*wr.*> ① be personally taught/influenced by sb. ② be intimate with sb.
Qínzhōng 秦中 P.W. another name for Shaanxi Province
qínzhù* 擒住 R.V. succeed in capturing
qìnzhù 揿住 R.V. press
Qínzhuàn 秦篆 N. <*lg.*> ① script style standardized in the Qin dynasty ② lesser seal (calligraphic style)
[1]**qínzhuō** 擒捉 V. arrest; capture
[2]**qínzhuō** 琴桌 N. <*art*> Chinese lute table M: [1]*zhāng*
qínzhù rèlèi 噙住热泪[-熱淚] V.O. hold back hot tears
qīnzǐ 亲子[親-] N. one's own son (as distinct from an adopted son) M: [2]*wèi*
qīnzì* 亲自[親-] ADV. personally; in person; firsthand
qīnzì chūmǎ 亲自出马[親-] V.P. go out and take care of something in person; confront (the enemy/etc.) personally
qīnzì dòngshǒu 亲自动手[親-動-] V.P. do the job oneself
qīn-zǐ guānxi 亲子关系[親-關係] N. parent-child relationship
qīnzìguàshuài 亲自挂帅[親-帥] F.E. take command personally
qīnzǐmèi 亲姊妹[親-] N. sisters born of the same parents
qīnzì shēnqǐng 亲自申请[親-] V.P. apply in person
qīnzì zhēnjiǔ 亲自斟酒[親-] V.P. offer sb. a cup of wine with one's own hands
qīnzìzhìhòu 亲自致候[親-] F.E. pay one's respects in person
qínzòng 擒纵[-縱] N. arresting and releasing; alternate measures of severity and mercy
qínzòngjī 擒纵机[-縱-] N. escapement
qínzònglún 擒纵轮[-縱-] N. escape wheel
qínzòngqì 擒纵器[-縱-] N. release catch
qínzòngzìrú 擒纵自如[-縱--] F.E. complete control of the situation

qīnzú 亲族[親-] N. ① members of the same clan ② <*lg.*> cognate
qīnzuǐ(r) 亲嘴(儿)[親-] V.O. kiss
qīnzú yǔcí 亲族语词[親-] N. <*lg.*> cognate word
[1]**qióng*** 穷[窮] S.V. ① poor; impoverished ②exhausted; hard-pressed ♦ADV. ①exhaustively ②extremely ♦V. exhaust; pursue to the limit ♦B.F. limit; end; extremity ***wúqióng***
[2]**qióng** 穹 B.F. <*wr.*> ① vault; dome ***qiónglóng*** ② the sky ***cāngqióng*** ③ yurt ***qiónglú***
[3]**qióng** 琼[瓊] B.F. a high-quality jade ***qióngyáo*** ♦N. short name for Hainan
[4]**qióng** 筇 B.F. <*trad.*> a kind of bamboo esp. good for making walking canes ***qióngzhàng, fúqióng***
[5]**qióng** 茕[煢/惸] isolated; lonely ***qióngdú***, [1]***qióngjū***
[6]**qióng** 蛩 B.F. <*trad.*> cricket ***qióngyín***, [2]***qióngmíng***
[7]**qióng** 跫 in ***qióngrán***
Qióng 邛 B.F. short for Qiónglái, a mountain in Sichuan ***Qióngyáo***
qióngbàngzi 穷棒子[窮-] N. <*coll.*> poor wretch; pauper
qióngbàngzi jīngshén 穷棒子精神[窮-] N. <*PRC*> the spirit of self-reliance, hard struggle, and adherence to the socialist road
qióngbàngzi shè 穷棒子社[窮-] N. <*PRC*> co-op formed by poor peasants
qióngbēi* 琼杯[瓊-] N. jade wine-cup M: [2]*zhī*
qióngběi 穷北[窮-] P.W. extreme north; farthest north
qióngběn 穷本[窮-] V.O. get to the bottom of things
qióngběnjíyuán 穷本极原[窮-極-] F.E. a thorough investigation
qióngbīng 穷兵[窮-] V.P. use all one's armed might
qióngbīngdúwǔ 穷兵黩武[窮-黷-] F.E. militaristic and aggressive
qióngbùliáoshēng 穷不聊生[窮-] F.E. reduced to dire poverty
qióngbùshīyì 穷不失义[窮-義] F.E. poor yet not losing one's righteousness
qióngcāng 穹苍[-蒼] N. <*wr.*> vault of heaven; firmament
qióngchàng 蛩唱 N. chirping of crickets
qióngchóu 穷愁[窮-] S.V. poverty-stricken and dejected
qióngchóuliáodǎo 穷愁潦倒[窮-] F.E. crack up under strain of poverty and sorrow
qióngcòufu 穷凑付[窮湊-] F.E. <*coll.*> accommodate to fullest extent
qióngcù 穷蹙[窮-] V.P. in dire straits; poverty-stricken
qióngcuòdà 穷措大[窮-] N. <*topo.*> poor scholar/pedant
qióngdá 穷达[窮達] N. obscurity or eminence
qióngdān 茕单[煢-] V. be all alone in the world
qióngdāngyìjiān 穷当益坚[窮當-堅] F.E. the greater the adversity, the stronger the will
qióngdào gǔ 穷到骨[窮-] V.P. extremely poor
qióngdàshǒu 穷大手[窮-] N. poor but putting on a bold front by spending lavishly
qióngdáyǒumìng 穷达有命[窮達-] F.E. Failure or success is decreed beforehand.
qióng de duǎndùn 穷得短顿[窮-] V.P. be so poor as to be without food
qióng de kělián 穷得可怜[窮-憐] V.P. be pitifully poor
qióng de méizhé 穷得没辙[窮-] V.P. <*coll.*> be hopelessly poor; be unable to find a way out of one's poverty
qióngdīdī 穷滴滴[窮-] R.F. destitute; poor
qióngdǐng 穹顶 N. <*archi.*> dome; vaulting
qióngdōng 穷冬[窮-] N. <*wr.*> midwinter; the depth of winter
qióngdú 茕独[煢/惸獨] V.P. brotherless and childless; helpless and lonely; friendless

qióng duōsuo 穷哆嗦[窮-] V.P. <*coll.*> be very poor
qióng'è 穷厄[窮-] N. <*wr.*> poverty and hardship
qióng'érbùmǐn 穷而不悯[窮-] F.E. poor but uncomplaining
qióng'érhòugōng 穷而后工[窮-] F.E. adversity improves artistic expression
qióngfá 穷乏[窮-] V.P. destitute
qióngfàzhīběi 穷发之北[窮髮-] N. extreme north where nothing grows
qiónggé 琼阁[瓊-] N. <*wr.*> jeweled palace M: [4]*zuò*
qiónggēn 穷根[窮-] N. the roots of poverty
qiónggēnjiūdǐ 穷根究底[窮-] F.E. get to the roots of the problem
qiónggǒng 穹拱 N. arch of a vault
qiónggǔ 穹谷 N. deep valley/ravine
qióngguàng 穷逛[窮-] V. fool around without spending money
qióngguāngdàn 穷光蛋[窮-] N. <*coll.*> pauper; poor wretch
qióngguāngle 穷光了[窮-] V.P. be in abject poverty
qiónguǎnyáotái 琼馆瑶台[瓊-臺] F.E. beautiful kiosks and graceful pavilions
qióngguǐ 穷鬼[窮-] N. <*derog.*> poor people; poverty-stricken fellow
qióngguīxiùgé 琼闺绣阁[瓊-繡-] F.E. young women's chambers
qióng guòdù 穷过渡[窮-] N. <*pol.*> poverty transition: consolidating the wealth of poorer and richer production teams
qiónggǔtou 穷骨头[窮-] N. <*coll.*> poor person/wretch
qiónghàn 穷汉[窮漢] N. poor guy/man
qiónghuā* 琼花[瓊-] N. rare flower said to confer immortality when eaten M: [2]*duǒ*
qiónghuá 琼华[瓊華] N. fine jade; beautiful gems
qióng huānlè 穷欢乐[窮歡樂] V. find moments of rejoicing in poverty
qiónghùn 穷混[窮-] V. live/work without a positive purpose
qiónghuǒjì 穷伙计[窮-] N. <*coll.*> poor people
qióngjí 穷极[窮極] V.P. abjectly poor ♦ADV. extremely; in the extreme
qióngjiāfùlù 穷家富路[窮-] F.E. splurge on travel
[1]**qióngjiāng** 琼浆[瓊漿] N. <*wr.*> good liquor/ wine
[2]**qióngjiāng** 蛩螿[-螿] N. crickets and cicadas
qióng jiǎngjiu 穷讲究[窮講-] V.P. ① be overly particular about ② be extravagant
qióngjiāngyùyè 琼浆玉液[瓊漿-] F.E. superb liquor
qióngjiāo* 琼胶[瓊膠] N. agar-agar
qióngjiáo 穷嚼[窮-] V. <*coll.*> argue without reason
qióngjíchīhuá 穷极侈华[窮極-華] F.E. exceedingly prodigal
qióngjié 穷竭[窮-] V. <*wr.*> use up; exhaust
qióngjiēlòuxiàng 穷街陋巷[窮-] F.E. shabby streets
qióngjiéxīnjì 穷竭心计[窮-] F.E. rack one's brains; tax one's ingenuity
[1]**qióngjìn** 穷尽[窮盡] N. end; limit ♦V. come to an end; exhaust
[2]**qióngjìn(r)** 穷劲(儿)[窮勁] N. <*coll.*> scruffy appearance
qióngjīng 穷经[窮經] V.O. study classics exhaustively
qióngjìng* 穷竟[窮-] V. delve deeply; examine closely
qióngjiǒng 穷窘[窮-] V.P. in dire poverty
qióngjísībiàn 穷极思变[窮極-變] F.E. think of change only when in an extremity
qióngjiū* 穷究[窮-] V. make a thorough inquiry
qióngjiǔ 琼玖[瓊-] N. fine jade M: [2]*kuài*

qióngjí wúliáo 穷极无聊[窮極-] V.P. ① be utterly bored ② be absolutely senseless; disgusting ③ do very foolish things in desperation

qióngjízhìshēng 穷极智生[窮極-] F.E. From great extremity comes wisdom.

[1]qióngjū 茕居[煢-] V. live alone

[2]qióngjū 琼琚[瓊-] N. fine jade M: [2]kuài

qióngjǔ* 穷举[窮舉] N. <comp.> exhaustion; exhaustivity

qióng kāixīn 穷开心[窮開-] V.P. <coll.> ① enjoy moments of happiness despite everything ② enjoy oneself despite poverty ③ make fun of sb.

qióngkēngnánmǎn 穷坑难满[窮-難-] F.E. The pit of avarice can never be filled.

qióngkōng 穷空[窮-] N. poverty and lack

qióngkòu 穷寇[窮-] N. hard-pressed foe

qióngkòumòzhuī 穷寇莫追[窮-] F.E. don't push sb. to the wall

qióngkòuwùzhuī 穷寇勿追[窮-] F.E. do not pursue a beaten/desperate enemy

qióngkǔ 穷苦[窮-] S.V. destitute ♦N. destitution

qióngkuì 穷匮[窮-] S.V. <wr.> be short of; be wanting in

qióngkùn 穷困[窮-] S.V. poverty-stricken

qióngkùnliáodǎo 穷困潦倒[窮-] F.E. be penniless and frustrated

qiónglālā 穷拉拉[窮-] R.F. destitute; poor

qiónglǎo 穷老[窮-] ATTR. aged and destitute

qiónglēng 穷棱[窮-] N. <archi.> groin

qiónglí 茕嫠[煢/惸-] N. friendless widow M: [2]wèi

[1]qiónglǐ* 穷理[窮-] V.O. probe into or trace to the very root of things

[2]qiónglǐ 穷里[窮-] N. obscure or out-of-the-way places

qiónglì 琼粒[瓊-] N. rice grains in a year of famine (which are as precious as jade)

qiónglín 琼林[瓊-] N. <wr.> collection of rare and valuable things

qiónglíng 穹灵[-靈] N. gods high above

qiónglínyàn 琼林宴[瓊-] N. feast hosted by the Qing emperor for successful candidates of the imperial examination

qiónglóng 穹隆/窿 <wr.> N. vault; arched roof ♦V.P. long and winding

qiónglóng gòuzào 穹隆构造[--構-] N. <geog.> dome structure

qiónglóu 琼楼[瓊樓] N. richly decorated jade building; magnificent building M: [4]zuò

qiónglóujīnquè 琼楼金阙[瓊樓-] F.E. the imperial palace

qiónglóuyùyǔ 琼楼玉宇[瓊樓-] F.E. ① magnificent building ② Palace of the Moon

qiónglú 穹庐[-廬] N. yurt M: [1]dǐng

qióngmá 琼麻[瓊-] N. sisal M: [2]kē

qióngmáng 穷忙[窮-] V. ① keep busy making ends meet ② be pointlessly busy; be busy for nothing

qióngmín 穷民[窮-] N. poor/destitute people

[1]qióngmíng 穹冥 N. sky; heavens

[2]qióngmíng 蛩鸣 N. chirping of crickets

qióngmìng* 穷命[窮-] N. bad/poor fortune/fate

qióngmù 穷目[窮-] V.O. look as far as the eye can see

qióngmùyuǎnwàng 穷目远望[窮-遠-] F.E. gaze into the distance

qióngniánlěishì 穷年累世[窮-] F.E. to the end of time; for an infinite time

qióngniánlěiyuè 穷年累月[窮-] F.E. year after year

qióng niǎo bù zé zhī 穷鸟不择枝[窮--擇-] ID. A drowning person will clutch at a straw.

qióngniǎorùhuái 穷鸟入怀[窮-懷] F.E. driven by poverty to seek relief

qióngpā 琼葩[瓊-] N. <wr.> jade-white flowers M: [2]duǒ

qióng pà qīn fù pà zéi 穷怕亲富怕贼[窮-親---] F.E. The poor fear kinsmen, the rich fear thieves.

qióngpò 穷迫[窮-] V.P. poverty-stricken

qióngqī 穷期[窮-] N. termination; end

qióngqì* 穷气[窮氣] N. appearance or look of poverty

qióngqiàn 穹嵌 N. places high up on a steep hill

[1]qióngqióng 茕茕[煢煢//惸惸] R.F. <wr.> ① solitary; alone ② dejected ③ worried; distressed; anxious

[2]qióngqióng 蛩蛩 R.F. anxious; apprehensive

qióngqióngjiélì 茕茕孑立[煢煢-] F.E. stand all alone

qióngqū 穷曲[窮-] N. <art> impoverished/ragged/degenerate curves

qióngrán 跫然 V.P. <wr.> pattering (of footsteps)

qióngrén 穷人[窮-] N. poor people; the poor

qióngrénměi 穷人美[窮-] V.O. <coll.> pretending to be rich when actually poor

qióngrì 穷日[窮-] N. days of poverty

qióngrìzi 穷日子[窮-] N. days of poverty

qióngshān'èshuǐ 穷山恶水[窮-惡-] F.E. ① barren mountains and dangerous rivers ② poor, barren land

qióngshāo 穷烧[窮燒] V. <topo.> spend beyond one's means; be a spendthrift

qióngshāobāo 穷烧包[窮燒-] N. <topo.> spendthrift

qióngshējíchǐ 穷奢极侈[窮-極-] F.E. extremely extravagant and luxurious

qióngshējíduō 穷奢极多[窮-極-] F.E. (indulge in) luxury and extravagance; (live a life of) wanton extravagance

qióngshējíyù 穷奢极欲[窮-極-] F.E. indulge in wanton extravagance

qióngshēng 穷生[窮-] N. <opera> role of a poor man

qióngshénjìnxiàng 穷神尽像[窮-盡-] F.E. <wr.> capture both the spirit and the appearance (in writing/painting/etc.)

qióngshì 穷事[窮-] N. <coll.> ① boring job ② low-pay job M: [2]jiàn

qióngshǔnièlí 穷鼠啮狸[窮-嚙-] ID. A person at bay will put up a desperate fight.

qióngshǔnièmāo 穷鼠啮猫[窮-嚙貓] ID. One will fight back out of desperation.

qióng shūshēng 穷书生[窮書-] N. poor scholar; destitute student M: [2]wèi

qióngsǐ 穷死[窮-] R.V. die of poverty

qióngsuān 穷酸[窮-] S.V. poor, jealous, and pedantic

qióngsuān'ècù 穷酸恶醋[窮-惡-] ID. a poor, greedy scholar

qióngsuānqì 穷酸气[窮-氣] *See qióngsuānxiàng*

qióngsuānxiàng 穷酸相[窮-] N. manners of down-and-outers (usu. scholars) M: [1]fù

qióngtái 琼台[瓊臺] N. magnificent terrace of a palace M: [4]zuò

qióngtiān 穹天 N. <wr.> the vault of heaven; the sky; the heavens

qióngtōng 穷通[窮-] N. failure or success

qióngtōngyǒumìng 穷通有命[窮-] F.E. Failure and success are predestined.

qióngtóu 穷头[窮-] N. <topo.> communist cadre

qióngtú 穷途[窮-] N. ① dead end; hopeless situation ②straitened circumstances; destitution ③ at the end of one's rope

qióngtúduǎnjì 穷途短计[窮-] F.E. When one is very poor, his ambition is not far-reaching.

qióngtúliáodǎo 穷途潦倒[窮-] F.E. poor and frustrated

qióngtúluòpò 穷途落魄[窮-] F.E. be mired in poverty

qióngtúmòlù 穷途末路[窮-] F.E. at the end of one's rope

qióng xián fù bùyào 穷嫌富不要[窮-] F.E. The poor shun it because of its high price, and the rich dislike it because of its poor quality.

[1]qióngxiàng(r) 穷像/相(儿)[窮-] N. poor/pathetic appearance/manner M: [1]fù

[2]qióngxiàng 穷巷[窮-] N. a lane in a slum area M: [1]tiáo

qióngxiàngbìlù 穷相毕露[窮-畢-] F.E. cut a poor figure

qióngxiāngpìrǎng 穷乡僻壤[窮鄉-] F.E. out-of-the-way regions

qióngxiǎozi 穷小子[窮-] N. <coll.> poor guy/bum

qióngxíng 穹形 ATTR. vaulted; arched

qióngxíngjìnxiàng 穷形尽相[窮-盡-] F.E. ① describe in minute, vivid detail ② appear in all one's ugliness ♦N. mean and distasteful language/conduct

qióngxiōngjí'è 穷凶极恶[窮-極惡] F.E. extremely vicious

qióng xuésheng 穷学生[窮-] N. poor/impoverished student M: [2]wèi

qióngyán 琼筵[瓊-] N. banquet; elaborate feast

qióngyāngzi 穷秧子[窮-] N. <topo.> poor person

qióngyáo* 琼瑶[瓊-] N. ① fine jade M: [2]kuài ② your letter ③ gift or literary piece written for others

Qióngyáo 邛窑[-窯] P.W. <art> Sui/Tang ceramic kiln (in Dayi, Sichuan)

qióngyáozhībào 琼瑶之报[瓊-報] N. a good turn rendered for a good turn received

qióngyémen(r) 穷爷们(儿)[窮爺-] N. <topo.> poor people

[1]qióngyīn* 琼音[瓊-] N. clear and crisp sound

[2]qióngyīn 跫音 N. sound of steps; footsteps

qióngyín 蛩吟 N. chirping of crickets

qióngyínchóngmíng 蛩吟虫鸣[--蟲-] F.E. chirping of crickets and humming of insects

qióngyīng 琼英[瓊-] N. beautiful stone resembling jade

qióngyú* 穷于[窮於] V.P. be hard put to

qióngyù 琼玉[瓊-] N. a kind of valuable jade M: [2]kuài

qióngyuánjìngwěi 穷原竟委[窮-竟-] F.E. get to the bottom of the matter

qióngyuánsùliú 穷源溯流[窮-] F.E. trace sth. to its source

qióngyúyìngfu 穷于应付[窮於應-] F.E. at a loss how to handle a case

qióng zé biàn 穷则变[窮-變] F.E. Poverty gives rise to a desire for change.

qióng zé biàn, biàn zé tōng 穷则变,变则通[窮-變,變--] F.E. Impasse is followed by change, and change will lead to a solution.

qióngzésībiàn 穷则思变[窮-變] F.E. Poverty makes people think of change.

qióngzhàng 筇杖 N. a kind of bamboo stick/cane M: [2]gēn

qióngzhī* 琼脂[瓊-] N. agar-agar

[1]qióngzhì 穷治[窮-] V. manage a matter by first examining it thoroughly

[2]qióngzhì 穹窒 V.O. fill a chink ♦N. rat hole

qióngzhīyùyè 琼枝玉叶[瓊-葉] ID. lineal imperial descendants; royal posterity; a person of noble character

Qióngzhōu Hǎixiá 琼州海峡[瓊-峽] P.W. Hainan Straits

qióngzhuī 穷追[窮-] V. go in hot pursuit

qióngzhuībùshě 穷追不舍[窮-捨] F.E. pursue relentlessly

qióngzhuīměngdǎ 穷追猛打[窮-] F.E. relentlessly pursue and fiercely attack

qióngzī 琼姿[瓊-] N. elegant/graceful appearance

qípā 奇葩 N. exotic flowers M: [2]duǒ

qīpái 七排 *See qīlǜ*

qípái 旗牌 N. ① flag/tablet bearing a military order ② officer in charge of delivering orders M: [2]wèi

qìpài* 气派[氣-] N. imposing style/air

qīpàn 期盼 V. expect; await; look forward to ♦N. expectation

qípán* 棋盘[-盤] N. ① board of a board game ② chessboard M: [1]zhāng

qǐpàn 企盼 V. expect/hope with eagerness
qípán dūshì 棋盘都市[-盤--] N. city laid out in a checkerboard
qípánshì 棋盘式[-盤-] N. checkerboard/chessboard-type
qípánxíng 棋盘形[-盤-] N. tessellate
qípáo(r) 旗袍(儿) N. women's cheongsam (long gown); sheath with a slit skirt M: [2]*jiàn*
qǐpǎo 起跑 V. <*sport*> start of a track race
qǐpào 起泡 V.O. ① bubble; foam ② get blisters
qìpào* 气泡[氣-] N. air bubble
qǐpào féizàoshuǐ 起泡肥皂水 N. soapsuds
qípáolǐng 旗袍领 N. collar/neckband of a cheongsam (long gown)
qǐpǎoxiàn 起跑线 N. <*sport*> starting line M: [1]*tiáo*
qǐpǎo xìnhào 起跑信号[-號] N. starting signal/mark
qípāyìcǎo 奇葩异草[--異-] ID. extraordinary phenomenon
qìpēn 气喷[氣-] N. <*mach.*> gas blowout
qīpí* 漆皮 N. ① lacquered leather ② patent leather ③ a coat of paint/shellac
qípǐ 奇癖 V.P. an eccentric habit; a curious hobby
qípì 奇僻 V.P. ① very uncommon/rare ② exotic; bizarre
[1]**qīpiàn** 欺骗 V. cheat; dupe
[2]**qīpiàn** 漆片 N. ① shellac ② coating agent which has to be dissolved in alcohol before use
qīpiàn'àn 欺骗案 N. a case of victimization M: [2]*jiàn*
qīpiànwéishēng 欺骗为生 F.E. live by one's wits
qīpiànxìng 欺骗性 N. fraudulent nature; duplicity
qīpiàn xíngwéi 欺骗行为 N. act of swindling; fraudulent act
qīpiào* 期票 N. time draft; promissory note M: [1]*zhāng*
qǐpiào 起票 V.O. ① have one's luggage shipped ② buy a ticket
qípǐn 棋品 N. player's attitude in a chess competition
qīpīnbācòu 七拼八凑[-湊] F.E. knock together; rig up
qīpíng 漆瓶 N. painted vase/etc. M: [2]*zhī*
qípíng 棋枰 N. chessboard M: [1]*zhāng*
qìpíng* 气瓶[氣-] N. air bottle; gas cylinder M: [2]*zhī*
qīpíngbāwěn 七平八稳[-穩] F.E. very stable; sure
qìpíngnùxī 气平怒息[氣-] F.E. calm down
qīpíxiāng 漆皮箱 N. patent-leather box
qīpíxié 漆皮鞋 N. varnished/patent-leather shoes M: [1]*shuāng*
qìpò 气魄[氣-] N. ① boldness of vision; daring ② imposing manner
qìpòdùpí 气破肚皮[氣-] F.E. One's anger boiled over.
qìpòxiónghòu 气魄雄厚[氣-] F.E. spirit of vigor and integrity
qípǔ 棋谱 N. board-game manual M: [1]*běn*/[1]*zhāng*
qìpútaojiǔ 气葡萄酒[氣-] N. carbonated wine
[1]**qīqī** 凄凄 R.F. ① pathetic; pitiful; grievous ② cold (of wind and rain)
[2]**qīqī** 戚戚 R.F. <*wr.*> sad; worried; anxious; sorrowful; rueful
[3]**qīqī** 吃吃 ON. sound of giggling ***See also*** [2]*chīchī*
[4]**qīqī** 期期 ADV. stammering
[5]**qīqī** 嘁嘁 R.F. <*coll.*> twittering
[6]**qīqī** 萋萋 N. <*wr.*> ① luxuriant growth of grass ② massing of clouds
[7]**qīqī** 凄戚 S.V. tragically unhappy
[8]**qīqī** 栖栖[棲棲] ***See*** [8]*xīxī*
qīqí 凄其 V.P. cold and chilly
[1]**qìqì*** 漆器 N. lacquerware M: [2]*jiàn*
[2]**qìqì** 攲器 N. a lopsided vessel apt to lean over M: [2]*jiàn*
[1]**qíqí** 齐齐[齊齊] R.F. ① accurate; exact ② even; neat
[2]**qíqí** 歧歧 R.F. flying
[3]**qíqí** 祁祁 R.F. ① leisurely; slow ② numerous; in crowds
[4]**qíqí** 祈祈 ADV. slowly
[5]**qíqí** 跂跂 R.F. crawling; creeping (of insects)
qǐ-qì 起讫 N. beginning and end
[1]**qìqì** 契契 R.F. sorrowful; sad
[2]**qìqì** 踖踖 R.F. <*wr.*> with reverence
qīqī'ài'ài 期期//凄凄艾艾 R.F. stammer; stutter
qīqiān* 七千 NUM. seven thousand
qǐqián 乞钱[-錢] V.O. beg for money
qīqiāng 蛣蜣 N. <*zoo.*> dung beetle M: [2]*zhī*
qíqiāng 旗枪[-槍] N. ① banners and spears ② a kind of green tea
qíqiáng 骑墙[-牆] V.O. sit on a fence (lit./fig.)
qìqiāng* 气枪[氣槍] N. air gun M: [1]*bǎ*
[1]**qìqiáng** 砌墙[-牆] V.O. construct/build a wall; lay bricks
[2]**qìqiáng** 葺墙[-牆] V.O. repair a wall
qíqiángpài 骑墙派[-牆-] N. fence-sitters; opportunists
qì qiángtóu 砌墙头[-牆-] <*coll.*> V.O. play mahjongg
qīqiāo* 蹊跷[-蹺] S.V. odd; queer; quaint; curious; fishy ***See also*** *xīqiāo*
qīqiǎo 七巧 N. a festival (on the 7th evening of the 7th lunar month) when the Cowherd and the Weaver Maid meet in heaven
qīqiào 七窍[-竅] N. the seven apertures in the human head: eyes, ears, nostrils, mouth
qíqiǎo 奇巧 S.V. intriguing (of artwork/etc.); ingenious; exquisite
qǐqiǎo 乞巧 V.O. <*trad.*> pray for divine instruction on the seventh night of the seventh month
qīqiǎobǎn 七巧板 N. seven-piece puzzle; magic square; tangram M: [1]*fù*
qīqiāogǔguài 蹊跷古怪[-蹺--] F.E. very extraordinary; odd; strange
qǐ qiáoliáng zuòyòng 起桥梁作用[-橋---] V.P. serve as a link
qīqiàoliúxuè 七窍流血[-竅--] F.E. bleed from one's eyes, nose, and mouth
qīqiàoshēngyān 七窍生烟[-竅-煙] ID. fume with rage
qīqiàoxīnlíng 七窍心灵[-竅-靈] F.E. be endowed with great intelligence
qīqībābā 七七八八 R.F. <*coll.*> mixed; assorted; miscellaneous
qīqībùhuān 戚戚不欢[-歡] F.E. be sorrowful and unhappy
qīqicācā 嘁嘁嚓嚓 R.F. <*coll.*> twitter
qīqīcǎncǎn 凄凄惨惨[-慘慘] R.F. heartrending; heartbreaking
qīqichāchā 嘁嘁喳喳 ON. <*coll.*> ① twittering ② chattering
qíqíchǔchǔ 齐齐楚楚[齊齊-] R.F. in clear order; neatly
qíqí de 齐齐的[齊齊-] R.F. neat; even; uniform
qǐqìdiǎn 起讫点[-點] N. fundamental pitch
[1]**qīqiè** 凄切 S.V. ① be pathetic/saddening/grievous/mournful ② bitter and sorrowful
[2]**qī-qiè** 妻妾 N. wife and concubine(s) M: [2]*wèi*
qīqièdòngrén 凄切动人[--動-] F.E. sadly moving
qǐqìgǎng 起讫港 N. terminal port
qíqíguàiguài 奇奇怪怪 R.F. bizarre; astonishing; strange
qīqīgūgū 嘁嘁咕咕 R.F. <*coll.*> ① mutter; mumble; whisper ② be filled with anxiety or inner turmoil
qīqīhuánghuáng 凄凄惶惶 ADV. hurriedly; hastily
qīqīliángliáng 凄凄凉凉[-涼涼] R.F. desolate; lonesome
qǐqǐluòluò 起起落落 R.F. rise and fall; up and down
qīqīn 妻亲[-親] N. husband's distaff relatives
[1]**qīqīng** 凄清 S.V. ① lonely and grieved ② cold and clear ③ slightly cold; cool
[2]**qīqīng** 漆青 N. <*coll.*> dark/lush green
[3]**qīqīng** 攲倾 V. slant; incline
qīqíng* 七情 N. <*Ch. med.*> seven emotions: joy, anger, sorrow, fear, worry, grief, fright
qíqǐng 祈请 V. request; beseech; beg; entreat
qíqíng 绮情 N. tender feeling
qíqíngkěmǐn 其情可悯 F.E. one's conduct deserves sympathetic understanding
qīqíngliùyù 七情六欲 F.E. the seven emotions and six sensory pleasures
qíqíngpiàn 奇情片 N. a movie about a strange love affair M: [2]*bù*
qīqínqīzòng 七擒七纵[-縱] F.E. seven captures and seven releases (a strategy to win over the enemy)
qīqīpāo'ér 弃妻抛儿[棄-拋-] F.E. forsake one's wife and children
qīqīqièqiè 凄凄切切 R.F. ① sad; plaintive; melancholy ② bitter and sorrowful
qǐqíránhu 岂其然乎[豈-] F.E. Could it really be so?
qīqīshāshā 嘁嘁沙沙 R.F. <*on.*> chatter away; jabber
Qī-Qī Shìbiàn 七七事变[-變] N. 7/7/37 incident at Marco Polo Bridge
qǐqǐsuōsuō 乞乞缩缩 R.F. timid; hesitant
qīqiú 期求 V. expect/hope earnestly
qíqiū 鳍鳅 N. <*zoo.*> dorado; dolphinfish M: [1]*tiáo*
[1]**qíqiú*** 祈求 V. supplicate ♦N. imperative
[2]**qíqiú** 蕲求 V. <*wr.*> earnestly hope; pray for
[1]**qǐqiú** 乞求 V. beg for; implore
[2]**qǐqiú** 企求 V. desire; seek; attempt
qìqiú 气球[氣-] N. balloon M: [2]*zhī*
qǐqiú fācái 企求发财[--發-] V.P. hanker after fortune
qíqiú hépíng 祈求和平 V.O. pray for peace
qíqiújù 祈求句 N. <*lg.*> request sentence
qíqiú kuānshù 祈求宽恕[--寬-] V.O. plead for mercy
qíqiúshì 祈求式 N. <*lg.*> optative mood
qìqiúyúrén 泣求于人[--於-] F.E. implore sb. with tears
qíqíyú 旗鳍鱼 N. <*zoo.*> pennant fish M: [1]*tiáo*
qíqízhěngzhěng 齐齐整整[齊齊-] R.F. <*coll.*> in good order; neat; tidy
qīqīzìshāng 戚戚自伤[-傷] F.E. feel sorry for oneself
[1]**qíqū*** 崎岖[-嶇] S.V. rugged
[2]**qíqū** 齐驱[齊驅] V. be equal in ability
qíqù 奇趣 N. sth. extraordinarily interesting
qìqū 气区[氣區] P.W. gas area
qì-qǔ 弃取[棄-] V. give up or take; abandon or adopt
qíquán* 齐全[齊-] S.V. complete; all in readiness
qìquān 气圈[氣-] N. ① <*met.*> atmosphere ② <*txtl.*> balloon
qìquán 弃权[棄權] V.O. ① <*law*> waive one's rights ② abstain from voting ③ <*sport*> waive the right to play
qìquàn 契券 N. written contract/agreement; bond; deed M: [1]*zhāng*
qíqūbùpíng 崎岖不平[-嶇--] F.E. rugged and rough; bumpy
qíqūdǒuqiào 崎岖陡峭[-嶇--] F.E. <*coll.*> tortuous and rough
qíquē* 奇缺 V. sorely lack
qìquè 弃却[棄卻] V. reject; renounce
qìqún 气群[氣-] N. <*lg.*> breath group
qír 旗儿 N. flag; banner; pennant M: [1]*miàn*
[1]**qīrán*** 凄然 ADV. <*wr.*> sadly; mournfully ***Tā ~lèixià.*** She wept sorrowfully.
[2]**qīrán** 戚然 V.P. melancholy; distressed
qírán 颀然 V.P. tall
qìrán 泣然 ADV. in tears; tearfully
qīrándòngróng 戚然动容[--動-] F.E. change countenance when distressed
qírǎng 祈禳 V. pray for protection against calamities
qīránlèixià 凄然泪下[--淚-] F.E. shed tears in sadness
qírè 奇热[-熱] V.P. extremely hot

qīrén* 欺人 V.O. cheat/bully people

[1]qírén 奇人 N. ① eccentric person ② person of unusual charm ③ strange/queer person ④ person of unusual ability M: [2]wèi

[2]qírén 旗人 N. bannerman; Manchu M: [2]wèi

qǐrén 乞人 N. beggar

[1]qìrén 气人[氣-] S.V./V.O. be annoying/infuriating

[2]qìrén 弃人[棄-] V.O. abandon/desert someone

qìrèn 器任 V. <wr.> ① have a high regard for ② employ according to one's talent

qírénqíshì 其人其事 F.E. a man and his deeds; biographical sketch

qīréntàishèn 欺人太甚 F.E. take undue advantage of others; That's going too far!

qǐrényídòu 启人疑窦[啓-竇] F.E. arouse sb.'s suspicion

qǐrényōutiān 杞人忧天[--憂-] F.E. groundless fears

qírén zhī fú 齐人之福[齊-] N. have more than one wife

qīrénzhītán 欺人之谈 N. lie; tall story; deceitful talk

qīrénzìqī 欺人自欺 F.E. be hooked by one's own lies

qīrì 期日 N. date fixed for some purpose

qīróng 戚容 N. sad look; sorrowful expression

qīróngfūguì 妻荣夫贵[-榮--] F.E. husband elevated by his wife's high status or fortune

qìróngjiāo 气溶胶[氣-膠] N. aerosol

qìróngjiāo tuōchòujì 气溶胶脱臭剂[氣-膠--劑] N. aerosol deodorant

qīrǔ* 欺辱 V. bully and humiliate; insult

qírú 耆儒 N. aged scholar; learned old person M: [2]wèi

qírǔ 奇辱 N. deep disgrace

qīruǎnpàyìng 欺软怕硬 F.E. bully the weak and fear the strong

qìrúbìlǚ 弃如敝履[棄-] F.E. throw sb./sth. on the scrapheap

qìrúbìxǐ 弃如敝屣[棄-] F.E. reject something as if it were worthless

qìrúfèntǔ 弃如粪土[棄-糞-] F.E. cast away like dirt

qīruòchǎnqiáng 欺弱谄强[-強] F.E. bully the weak but cringe before the strong

qīruòpàqiáng 欺弱怕强[-強] F.E. fear the strong and bully the weak

qìrùshì shēnghuó shèbèi 砌入式生活设备[-備] N. built-in comfort

qǐrúwánkù 绮襦纨袴 F.E. fops from a good family

[1]qísài 棋赛 N. board-game tournament M: [2]chǎng

[2]qísài 祈赛 N. religious rite for thanking the gods for their help

qīsāimán 七鳃鳗 N. lamprey M: [1]tiáo

qísān* 其三 N. third; thirdly

[1]qísǎn 旗伞[-傘] N. decorative ceremonial umbrella M: [1]bǎ

[2]qísàn 歧散 N. <bot.> deliquescence

qǐsǎng 稽颡 V. kowtow to those who attend the funeral of one's parent

qìsǎng* 气嗓[氣-] N. <coll.> windpipe; trachea

qīsānmánsì 欺三瞒四 F.E. hoodwink; dupe; deceive

qīsè 七色 N. seven colors of the spectrum

qǐsè 起色 N. improvement; sign of recovery

qìsè* 气色[氣-] N. complexion; color

qīsèbǎn 七色板 N. ① <phy.> Newton's disk ② spectrum board

qìsèbùjiā 气色不佳[氣-] F.E. look under-the-weather

qíshā 旗纱 N. bunting cloth; bunt; bunting M: [2]jiàn

qǐshā* 起沙 V.O. dredge sand (from a river/etc.)

qìshāchē 气刹车[氣剎-] N. pneumatic brake

qǐshǎng 起晌 N. <topo.> exact noon; noon

qǐshàng* 启上[啓-] V.O. inform

qīshàngbāxià 七上八下 F.E. confused; at sixes and sevens; in disorder

qīshàngbāxià bù'ān 七上八下不安 F.E. <coll.> be disquieted

qīshànglíngxià 欺上凌下 F.E. deceive superiors and oppress inferiors

qīshàngmánxià 欺上瞒下 F.E. cheat superiors and defraud subordinates

qīshàngyāxià 欺上压下[--壓-] F.E. deceive superiors and oppress subordinates

qīshànpà'è 欺善怕恶[-惡] F.E. oppress the good and timid and fear the wicked

qīsháo 漆勺 N. lacquered ladle/spoon M: [2]zhī

qì shǎyǎn(r) 气傻眼(儿)[氣-] V.P. <coll.> be speechless with anger

qíshé 蕲蛇 N. spotted venomous snake M: [1]tiáo

[1]qíshè* 齐射[齊-] N./V. <mil.> salvo; volley

[2]qíshè 骑射 N. horsemanship and archery

[3]qíshè 棋社 N. association of chess players M: [1]jiā

qìshě 弃舍[棄捨] V. abandon; give up

qīshēn 栖身[棲-] V.O. stay; sojourn

qīshén 栖神[棲-] N. <Dao.> the way to discipline one's mind

qíshēn 耆绅 N. <wr.> aged gentleman M: [2]wèi

[1]qǐshēn* 起身 V.O. ① get/stand up; get out of bed ② leave; start (a journey)

[2]qǐshēn 乞身 V.O. resign one's position; request to retire

[1]qīshēng 欺生 V.O. ① browbeat strangers/newcomers ② be ungovernable by strangers (said of horses/etc.)

[2]qīshēng 七声[-聲] N. <mus.> tones of the scale

qíshēng* 齐声[齊聲] ADV. in chorus/unison

qíshéng 旗绳[-繩] N. halyard M: [1]tiáo/[2]gēn

qíshèng 棋圣[-聖] N. ① champion chess player; grand master; chess master ② go master M: [2]wèi

qìshèng 气盛[氣-] S.V. ① overbearing; arrogant; aggressive ② forceful (of writing); vigorous

qìshēnggēn 气生根[氣-] N. <bot> aerial root

qìshēng zhíwù 气生植物[氣-] N. <bot.> aerophyte; epiphyte

qīshénmièdào 欺神灭道[--滅-] F.E. be blasphemous and destroy religion

qǐshēnpào 起身炮 N. appointments/promotions made (by a ranking official) right before leaving a post

qíshénqiúyǔ 祈神求雨 F.E. pray to the gods for rain

qíshénsàihuì 祈神赛会 F.E. a religious thanksgiving festival (often with parades)

qīshēntūntàn 漆身吞炭 F.E. change appearance and seek vengeance; plan hard for revenge

qīshēnwéilài 漆身为癞 F.E. make bad worse

qīshī 戚施 V.P. hunchbacked

qīshí 七十 NUM. seventy

qīshǐ 漆屎 N. baby's first bowel movement

qīshì 妻室 N. <wr.> legal wife

qíshī 骑师[-師] N. jockey M: [2]wèi

[1]qíshí* 其实[-實] ADV. as a matter of fact; actually; in fact

[2]qíshí 其时[-時] PR. then; at that time

qíshǐ 祈使 ATTR. <lg.> imperative; hortatory

[1]qíshì 骑士 N. equestrian; cavalier; knight M: [2]wèi

[2]qíshì 歧视 V. treat with bias ♦N. discrimination

[3]qíshì 奇事 N. strange affair; unusual phenomenon M: [2]jiàn

[4]qíshì 棋式 N. composition (in a chess game)

[5]qíshì 棋士 N. professional chess player M: [2]wèi

[6]qíshì 奇士 N. remarkable man M: [2]wèi

qǐshī 乞师[-師] V.O. ask for military help or troop reinforcements

qǐshí 乞食 V.O. <wr.> beg for food

[1]qǐshǐ 起始 N. origin; initiation ♦V. initiate; begin; start ♦ATTR. initial

[2]qǐshǐ 启始[啓-] N. start; beginning

[1]qǐshì 启示[啓-] V./N. enlighten; inspire

[2]qǐshì 启事[啓-] N. notice; announcement

[3]qǐshì 起誓 V.O. take an oath; swear

[4]qǐshì 起事 V.O. ① rise in revolt ② start sth.

[5]qǐshì 乞士 N. <Budd.> mendicant monk

[6]qǐshì 绮室 N. gorgeous room/magnificent room M: [1]jiān

qìshí 器识[-識] N. <wr.> capability and judgment

qìshǐ 器使 V. employ according to ability

[1]qìshì 气势[氣勢] N. ① momentum ② manner; air ③ fervor; vehemence ④ energy

[2]qìshì 弃世[棄-] V.O. ① renounce the world ② <wr.> die

[3]qìshì 弃市[棄-] V.O. <trad.> carry out a public execution

[4]qìshì 气室[氣-] P.W. air chamber; gas cell

qìshíbà 砌石坝[-壩] N. stone masonry dam M: [1]tiáo/[2]dào

qīshíbā ge bù hésuàn 七十八个不合算[---個---] F.E. <topo.> never satisfied; always griping about sth.

qìshìbùfán 气势不凡[氣勢-] F.E. powerful; of great momentum

qíshíbùrán 其实不然[-實--] F.E. Actually, that is not the case.

qìshíchǎng 弃石场[棄-場] N. rock disposal dump M: [4]zuò

qīshìdàomíng 欺世盗名[--盜-] F.E. fraudulently seek/gain fame

qǐshǐ dòngcí 起始动词[--動-] N. <lg.> inchoative verb

qīshí'èr biàn 七十二变[-變] N. countless changes of tactics

qīshí'èr háng 七十二行 N. all sorts of occupations ~, ***hángháng chū zhuàngyuan***. Every profession produces its own leading authority.

qīshí'èr hòu 七十二候 N. the 72 five-day periods that make up a year

qīshí'èr lièshì 七十二烈士 N. the 72 martyrs of the 1911 revolution

qǐshìfǎ 启示法[啓-] N. suggestopedia

qíshìfēngshàng 骑士风尚 F.E. knight-errantry

qíshǐ gōngnéng 祈使功能 N. <lg.> imperative function

qíshǐhuà 祈使化 N. <lg.> imperativization

qīshìhuòzhòng 欺世惑众[-眾] F.E. pull the wool over people's eyes

qíshì jīngshén 骑士精神 N. knighthood spirit

qíshǐjù 祈使句 N. <lg.> imperative sentence

qìshìlíngrén 气势凌人[氣勢-] F.E. overbearing; truculent; fierce

qīshíliù ge bù hésuàn 七十六个不合算[---個---] F.E. <topo.> never satisfied; always griping about sth.

Qǐshìlù 启示录[啓-錄] N. Revelation (in the New Testament)

qīshìluànsú 欺世乱俗[-亂-] F.E. deceive the people and violate the customs

qǐshǐmào 起始貌 N. <lg.> inchoative

qìshìpángbó 气势磅礴[氣勢-] F.E. powerfully energetic

qíshǐshì 祈使式 N. <lg.> imperative mood

qìshìshízú 气势十足[氣勢-] F.E. full of momentum

qíshì wénxué 骑士文学 N. chivalric romances

qíshìxìng 歧视性 ATTR. discriminatory

qíshìxìng dàiyù 歧视性待遇 N. discriminatory treatment

qíshǐ xíngshì 祈使形式 N. <lg.> imperative form

qìshìxióngwěi 气势雄伟[氣勢-偉] F.E. imposing

qíshìxiōngxiōng 其势汹汹[-勢洶洶] F.E. The situation is tumultuous.

qìshìxiōngxiōng* 气势汹汹[氣勢洶洶] F.E. truculent; overbearing

qǐ-shìyè 企事业[-業] N. enterprises and institutions

qíshǐ yǔjù 祈使语句 N. <lg.> imperative sentence

qíshǐ yǔqì 祈使语气[-氣] N. <lg.> imperative form/mood

qǐshìzhě 启示者[啓-] N. <rel.> revelator M: [2]wèi

qǐshǐzhí 起始值 N. the original value

qīshí-zǐ* 七十子 N. the (conventional) 72 disciples of Confucius
qǐshǐzǐ 启始子[啟-] N. initiator M: [2]wèi
[1]qíshǒu* 旗手 N. standard-bearer; flagman M: [2]wèi
[2]qíshǒu 骑手 N. ① horseback rider ② good rider M: [2]wèi
[3]qíshǒu 棋手 N. high-graded chess player M: [2]wèi
[4]qíshǒu 齐手[齊-] N. <sport> a draw
[5]qíshǒu 齐首[齊-] N. side by side
[1]qǐshǒu 起手 V.O. put one's hand to; set about
[2]qǐshǒu(r) 起首(儿) N. <wr.> at first; in the beginning; originally
[3]qǐshǒu 稽首 V.O. <wr.> kowtow
qìshǒu 弃守[棄-] V. give up defending (a place/position/etc.)
qīshǒubājiǎo 七手八脚[-腳] F.E. ① everyone pitching in ② too many cooks spoil the broth
qǐshǒuhuíchūn 起手回春 F.E. admirable medical skill
qīshōu kuǎnxiàng 期收款项 N. <acct.> bills and accounts receivable
qǐshǒuyīn 起首音 N. <lg.> initial
qīshū 漆书[-書] N. write in varnish on bamboo tablets M: [1]piān
qīshǔ 戚属[-屬] N. relatives; kin M: [2]wèi
[1]qīshù 漆树[-樹] N. <bot.> varnish tree M: [2]kē
[2]qīshù 槭树[-樹] N. <bot.> maple M: [2]kē
[3]qīshù 期数[-數] N. number of an issue (of a periodical)
qíshū 奇书[-書] N. a remarkable book M: [1]běn
[1]qíshù 骑术[-術] N. horsemanship; equitation
[2]qíshù 奇术[-術] N. strange/rare/surprising/astonishing skills
[3]qíshù 琪树[-樹] N. ①mythical jade tree ②tree whose branches hang down like willows and bear berries M: [2]kē
qìshu* 气数[氣數] N. fate; fortune; destiny ~ ***dào le*** reach the end of one's life
qìshū 契书[-書] N. book M: [1]běn
qīshuā* 漆刷 N. paint/lacquer brush M: [1]bǎ
qìshuā 气刷[氣-] N. air brush M: [1]bǎ
qíshuāi 齐衰[齊-] ***See*** zīcuī
qíshuāshuā 齐刷刷[齊-] R.F. even; uniform
qìshuǐ(r)* 汽水(儿) N. ①soft drink; soda water ② steam; vapor
qìshuì 契税 N. ①tax on landownership ②deed tax
qǐ shuǐpào 起水泡 V.O. get blisters
qìshuǐyàn 弃水堰[棄-] N. weir M: [1]tiáo/[2]dào
qíshuò 耆硕 N. respected old person M: [2]wèi
qìshuyǐjìn 气数已尽[氣數-盡] F.E. be nearing its fated end (of a dynasty/regime)
qīshùyuán 七数元[-數-] N. <comp.> 7-bit
qǐsī 绮思 N. <wr.> beautiful thoughts (in literature)
qìsǐ* 气死[氣-] R.V. ① cause sb. to die of anger ② be very angry
qīsǐbāhuó 七死八活 F.E. hovering between life and death
qǐsǐhuíshēng 起死回生 F.E. snatch a patient from the jaws of death
qìsǐmāo 气死猫[氣-貓] N. door/window that has no hole for a rat to enter
qìsǐ rén 气死人[氣-] S.V./V.P. infuriating; maddening; exasperating
qísòng 齐诵[齊-] N. choral/chorus repetition
qìsòngguǎn 气送管[氣-] N. pneumatic tube conveyor M: [1]tiáo
qīsù 栖宿[棲-] V. rest/stay for the night
qísù 耆宿 N. <wr.> venerated community elder M: [2]wèi
[1]qǐsù* 起诉 V. <law> sue; lodge a complaint
[2]qǐsù 起速 V.O. accelerate; start to accelerate
qìsù 泣诉 V. sob out one's sorrows/grievances
qīsuān 凄酸 S.V. grieved; distressed; sorrowful
qǐsuàn* 起算 V. reckon from (a stated point)
qǐsuì 绮岁[-歲] N. youthful age
qīsuǒ* 栖所[棲-] N. shelter; habitat M: [1]jiān
qìsuǒ 气锁[氣-] N. airlock
qǐsùquán 起诉权[-權] N. <law> the right to pursue a suit
qǐsùrén 起诉人 N. prosecutor M: [2]wèi
qǐsùshū 起诉书[-書] N. <law> indictment M: [1]zhāng
qǐsùzhuàng 起诉状[-狀] N. <law> ①statement of a claim ② indictment M: [1]zhāng
qǐsù zīgé 起诉资格 N. <law.> standing to sue
qítā* 其他/它 PR. others; the rest
qítǎ 旗塔 N. flag tower M: [4]zuò
qítā fèiyòng 其他费用 N. other expenses
qìtāi 气胎[氣-] N. pneumatic tire M: [1]tiáo
qìtài* 气态[氣態] N. ① <phy.> gaseous state ② <wr.> manner; bearing; air
[1]qítán* 奇谈 N. strange stories
[2]qítán 棋坛[-壇] P.W. chess circles; the world of chess
qìtán 气潭[氣-] N. air pocket
qítángjiāng 槭糖浆[-漿] N. maple syrup
qítánguàilùn 奇谈怪论 F.E. bizarre remarks/ideas; strange tales and absurd arguments
qítán xīnxiù 棋坛新秀[-壇--] N. new chess star
qǐtǎo 乞讨 V. beg; go begging
qítā zīchǎn 其他资产[-產] N. other assets
qítè 奇特 S.V. peculiar; queer; unusual
qítèzhīwù 奇特之物 N. oddments
qìtǐ* 气体[氣體] N. <phy.> gas
qìtì 泣涕 V.O. weep
qítián* 畦田 N. rectangular plot/field with ridges of earth used for irrigation M: [2]kuài
qìtián 气田[氣-] P.W. gas field M: [2]kuài
qītiānwǎngdì 欺天罔地 F.E. be deceitful in the extreme
qītiānwǎngrén 欺天罔人 F.E. deceive heaven and man
qǐtiào 起跳 V. <sport> take off (on a jump/dive)
qǐtiàobǎn 起跳板 N. <sport> takeoff board M: [2]kuài
qǐtiàoqū 起跳区[-區] P.W. <sport> takeoff area
qǐtiàoxiàn 起跳线 N. <sport> takeoff line/mark M: [1]tiáo
qìtǐ dònglì 气体动力[氣體動-] N. aerodynamic
qìtǐ dònglìxué 气体动力学[氣體動-] N. aerodynamics
qítílèi 奇蹄类[-類] N. <zoo.> perissodactyl
qìtìliánlián 泣涕涟涟 F.E. weep profusely
qìtǐ lìxué 气体力学[氣體-] N. aerodynamics; pneumatics
qǐtíng 起停 V. start-stop; start and stop
[1]qìtǐng* 汽艇 N. motorboat M: [1]sōu
[2]qìtǐng 气艇[氣-] N. airship M: [1]sōu
qìtǐ ránliào 气体燃料[氣體-] N. gaseous fuel
[1]qìtǒng(zi) 气筒(子)[氣-] N. inflater; bicycle pump M: [2]zhī
[2]qìtǒng(r/zi) 汽筒(儿/子) N. steam pipe; cylinder M: [2]zhī
qītōngbādá 七通八达[-達] F.E. reach out in all directions
[1]qítóu 齐投[齊-] N. salvo
[2]qítóu 旗头 N. ① <trad.> flag officer ② Manchu woman's high coiffure M: [2]wèi
qǐtóu(r) 起头(儿) V.O. start; originate ***Nǐ qǐ ge tóu ba!*** You start it, please! ♦ADV. at first; in the beginning; originally ♦N. beginning
qìtóu(r)* 气头(儿)[氣-] N. <coll.> anger
qítóubìngjìn 齐头并进[齊-並進] F.E. ① advance side by side ② do things simultaneously
qìtóu(r) shang 气头(儿)上[氣-] ADV. in a fit of anger
qítū 奇突 V.P. ①sudden; unexpected ②peculiar; distinctive ③ protruding; projecting; sticking out
qítú 歧途 N. ① branch road ② fork of a road ③ the road of evil ④ wrong road M: [1]tiáo
qìtú* 企图[-圖] V./N. attempt; scheme
[1]qǐtǔ 起土 V.O. ①dig the earth/dirt ② get dusty (of a surface)
[2]qǐtǔ 启土[啟-] V.O. expand one's domain
qìtuán 气团[氣團] N. <met.> air mass
qìtú dōngshānzàiqǐ 企图东山再起[-圖----] ID. try to stage a comeback
qìtūnshānhé 气吞山河[氣-] ID. audacious; brash
qìtuō 气脱[氣-] N. <Ch. med.> qi exhaustion
qítúpánghuáng 歧途彷徨 F.E. hesitate at the crossroad
qítúwángyáng 歧途亡羊 ID. go astray
qiu 瞅 in ***liūqiu See also*** [1]chǒu
[1]qiū 秋 B.F. ① autumn; fall ***qiūtiān*** ② year ***qiānqiūwàndài*** ③ time; period ***duōshìzhīqiū*** ④ harvest ***màiqiū*** ♦N. Surname
[2]qiū 丘 B.F. ① mound; hillock ***qiūlíng*** ② grave ***fénqiū*** ♦N. Surname
[3]qiū 蚯 in ***qiūyǐn, qiūxī***
[4]qiū 鳅[鰍] in ***níqiū, qíqiū***
[5]qiū 湫 in ***liūqiu, liūqiuqiu See also*** [15]jiǎo
[6]qiū 鞦 in ***qiūqiān***
[7]qiū 楸 B.F. Ch. catalpa ***qiūshù, sōngqiū***
[8]qiū 鹙[鶖] in ***tūqiū***
[1]Qiū 邱 N. Surname ♦in ***Dàqiū***
[2]Qiū 龟[龜] in ***Qiūcí See also*** [3]guī, [7]jūn
[1]qiú* 求 V. ①request; entreat ②strive for; seek; try ③ demand
[2]qiú 球 N. ball ♦B.F. ① <math.> sphere ***qiútǐ*** ② globe ***dìqiú*** ③ ball game; match ***qiúsài*** ④ used for more-or-less spherical objects ***měiqiú, hóngxuèqiú***
[3]qiú 泅 V. swim
[4]qiú 囚 V. imprison ♦B.F. prisoner; convict ***qiúfàn, [1]sǐqiú***
[5]qiú 裘 B.F. furs; clothing made from animal furs ***qiúgé, húqiú***
[6]qiú 酋 B.F. tribal chieftan ***qiúzhǎng, díqiú***
[7]qiú 虬[虯] B.F. legendary small dragon with horns ***qiúpán, qiúxū, jiāoqiú***
[8]qiú 赇[賕] B.F. a bribe ***qiúwén***
[9]qiú 仇 B.F. mate; match ***[2]qiú'ǒu*** ♦N. Surname ***See also*** [2]chóu
[10]qiú 逑 B.F. a mate ***[2]hǎoqiú***
[11]qiú 遒 B.F. forceful ***[2]qiúyì, bìlìqiújìn***
[12]qiú 俅 in ***qiúqiú***
[13]qiú 犰 in ***qiúyú***
[14]qiú 蝤 in ***qiúqí See also*** [16]yóu
[15]qiú 巯[巰] <chem.> in ***qiújī***
qiǔ 糗 B.F. provisions; dry food for a journey ***qiǔliáng*** ♦in ***qiǔmo***
qiú'ài 求爱[-愛] V.O. pay court to; woo
qiūbā 丘八 N. <slang> soldier (from the components of [1]bīng 'soldier')
qiúbǎn 球板 N. <sport> paddles (for Ping-Pong/etc.) M: [2]kuài
qiūbǎng 秋榜 N. <trad.> results of the autumn examination
qiúbàngr 球棒儿 N. (baseball) bat M: [2]gēn
qiúbànjìng 球半径[-徑] N. radius of a sphere
qiúbèi 求备[-備] V. demand perfection; nitpick; seek completeness
qiúbiàn 求变[-變] V.O. strive for changes
qiúbìjīnjìn 裘弊金尽[-盡] F.E. destitute; broke
[1]qiūbō 秋波 N. ① girl's bright glance ② bright and clear eyes of a beautiful woman
[2]qiūbō 秋播 N. <agr.> autumn sowing
qiūbō'ànsòng 秋波暗送 F.E. ① cast flirtatious glances ② send silent and endearing messages
qiūbōchuánqíng 秋波传情[--傳-] F.E. make eyes at sb.
qiūbōliúmèi 秋波流媚 F.E. glance coquettishly at sb.
qiūbōwēizhuàn 秋波微转[-轉] F.E. eloquent eyes that send a silent message
qiūcái 秋材 N. autumn wood
qiūcài 秋菜 N. autumn vegetables
qiúcái* 求才 V.O. seek to fill a vacant position; look for talent
qiūcán 秋蚕[-蠶] N. autumn-bred silkworms M: [1]tiáo
qiūcándōngchū 秋残冬初[-殘--] F.E. the end of autumn and the beginning of winter
qiūcǎo* 秋草 N. autumn grass M: [2]kē

qiúcāo 球操 N. ball gymnastics

qiūchá 秋茶 N. autumn tea

qiūchán 秋蝉 N. autumn cicada M: [2]*zhī*

qiúcháng 求偿[-償] V.O. ask for reparations/compensation

qiúchǎng* 球场[-場] P.W. ball field/court/etc.

qiú chángqídàiyù 求偿其大欲[-償---] F.E. be able to gorge oneself

qiúchē 囚车 N. prison van M: [3]*liàng*

qiūchéng 秋成 N. autumn harvest

qiúchéng* 求成 V.O. ① hope for success ② seek peace with the enemy

qiūchóng(r) 秋虫(儿)[-蟲-] N. autumn insects

qiūchóngbēiyuè 秋虫悲月[-蟲--] F.E. The autumn insects chirp to the moon.

qiūchóngyèmíng 秋虫夜鸣[-蟲--] F.E. The autumn insects chirp at night.

qiúchū 求出 R.V. reach (a conclusion); obtain (a result)

Qiūcí 龟兹[龜茲] N. <*hist.*> Kucha (an important Tocharian town on the northern rim of the Taklamakan Desert in the Han-Tang period)

qiúcuòwu 球错误 N. <*topo.*> piddling little mistake

[1]**qiúdài** 求贷 V.O. ask for a loan

[2]**qiúdài** 求代 V.O. seek a subsitute to do a duty

qiúdǎn 球胆[-膽] N. rubber bladder (of balls) M: [2]*zhī*

qiúdànbái 球蛋白 N. globulin

qiūdāoyú 秋刀鱼 N. <*fish.*> saury M: [1]*tiáo*

qiú dà tóng cún xiǎo yì 求大同存小异[-異] F.E. seek a common ground on major issues while reserving differences on minor ones

qiúdé 求得 V. ① seek to obtain ② obtain by seeking

qiúdé yīzhì 求得一致 V.O. try to achieve a consensus

qiūdì 秋地 N. fields waiting for autumn sowing

qiūdōngzhījiāo 秋冬之交 N. the time when autumn turns into winter

qiúdù 泅渡 V. swim across

qiúduì 球队[-隊] N. ball-game team M: [4]*zhī*

qiúfàn 囚犯 N. prisoner; convict

[1]**qiúfáng** 囚房 P.W. prison; cell M: [1]*jiān*

[2]**qiúfáng** 球房 P.W. <*sport*> gym for ball games M: [4]*zuò*

Qiūfēn* 秋分 N. the Autumnal Equinox (16th solar term)

qiūfén 丘坟[-墳] N. grave in the form of an earthen mound

Qiūfēndiǎn 秋分点[-點] N. Autumnal Equinox point

qiūfēng* 秋风 N. ① autumn wind ② gifts obtained on the pretext of celebrating birthday/etc. *dǎ* ~ use pretexts to collect gifts

qiúfēng 球风 N. ① sportsmanship shown in ball games ② behavior on the playing field or court

qiūfēngguò'ěr 秋风过耳 ID. sth. heard but given little attention

qiūfēngqiūyǔ 秋风秋雨 F.E. autumnal winds and rains

qiūfēngqiūyǔ chóu shā rén 秋风秋雨愁煞人 F.E. bore to death

qiūfēng sǎo luòyè 秋风扫落叶[--掃-葉] F.E. ①sweep through like locusts ②carry everything before one

qiūfēngsàsà 秋风飒飒 F.E. The autumn wind is soughing.

qiūfēngsìjù 秋枫似炬 F.E. The maple tree stood like a huge torch ablaze in the golden autumn.

qiūfēngsòngshuǎng 秋风送爽 F.E. Autumn breezes cool sb. (on his way).

qiūfēngtuánshàn 秋风团扇[--團-] ID. A woman out of a man's favor.

qiūfēngtǔhuǒ 秋枫吐火 F.E. In autumn the maple leaves turn red as fire.

qiūfēngxiāosè 秋风萧瑟[--蕭-] F.E. The autumn wind is soughing/moaning.

qiúfú 囚服 N. prisoner's garb M: [2]*jiàn*

qiúfúmiǎnhuò 求福免祸[-禍] F.E. seek happiness and avoid calamity

[1]**qiúgān*** 球杆 N. <*sport*> cue (billiards) M: [2]*gēn*

[2]**qiúgān** 球竿 N. <*sport*> stick (hockey); club (golf) M: [2]*gēn*

qiúgǎn 球感 N. feel of the ball

qiúgào 求告 V. entreat; beseech

qiūgāomǎféi 秋高马肥 ID. time fit for starting a campaign

qiūgāoqìshuǎng 秋高气爽[--氣-] F.E. clear and crisp autumn weather

qiúgàowúmén 求告无门 F.E. have nowhere to turn to for help

qiúgé 裘葛 N. clothes; clothing; dress M: [2]*jiàn*

qiúgélǚgēng 裘葛屡更[--屢-] ID. lapse of many years

[1]**qiúgēn** 求根 V.O. <*math.*> extract a root

[2]**qiúgēn** 球根 N. <*bot.*> bulbous roots; bulb

qiūgēng 秋耕 N. autumn plowing

qiúgēn huāhuì 球根花卉 N. flowering bulb

qiú ge rénqíng 求个人情[-個--] V.P. ask for a favor; beg for leniency

qiūguān 秋官 N. <*hist.*> ① minister of justice M: [2]*wèi* ② a section of the Tang Bureau of Astronomy

qiúgùn 球棍 N. club; bat M: [2]*gēn*

qiúguǒ 球果 N. <*bot.*> cone

qiúguòyúgōng 求过于供[--於-] F.E. Demand exceeds supply.

qiūhǎitáng 秋海棠 N. <*bot.*> begonia M: [2]*kē*

qiūhǎitánghuā 秋海棠花 N. <*bot.*> begonia M: [2]*kē*/[2]*duǒ*

qiūhǎitángshì 秋海棠式 N. <*pottery*> begonia-flower shape

qiūháo 秋毫 N. ①autumn down of birds ②trifles ③ writing brush

qiūháowúfàn 秋毫无犯 ID. ① <*mil.*> highly disciplined ② honest

qiúhǎoxīnqiè 求好心切 F.E. be anxious to achieve sth. good

qiūháozhīmò 秋毫之末 N. a minute particle

qiūhè 丘壑 N. ① wooded refuge or place for retirement ② recondite scheme/design

qiúhé* 求和 V.O. sue for peace

qiúhè 裘褐 N. dress economically/simply

qiūhòu 秋后[-後] N. ① after autumn ② after the autumn harvest ③ after the "Beginning of Autumn" (one of the 24 solar terms)

qiūhòu de màzha 秋后的蚂蚱[-後---] F.E. nearing its end

qiūhòu suànzhàng 秋后算帐 V.P. ① settle accounts after the autumn harvest ② bide one's time to take revenge

qiūhòu-suànzhàng pài 秋后算帐派 N. people who bide their time to take revenge

qiūhuā* 秋花 N. autumn flower

qiúhuā 球花 N. <*bot.*> strobilus

qiúhuà 求化 V.O. <*Budd.*> beg for alms

qiúhuān 求欢[-歡] V.O. seek a woman's consent for sexual intercourse

qiúhuáng 求凰 V.O. seek a wife

qiúhūn 求婚 V.O. propose marriage (by a man)

qiúhūnshū 求婚书[-書] N. (written) marriage proposal M: [2]*fēng*

qiūjì* 秋季 N. autumn season

qiújī 巯基[巰-] N. <*chem.*> mercapto; thiohydroxy radical

qiújí 球籍 N. membership in a community of nations

[1]**qiújì** 球技 N. ball-game skills

[2]**qiújì** 球季 N. ball-game season

qiújiān 球监[-監] N. suspension of a ball player

[1]**qiújiàn*** 求见 V.O. ask to see

[2]**qiújiàn** 遒健 S.V. strong; vigorous

qiújiāngdéjiǔ 求浆得酒[-漿--] ID. get more than one has asked for

qiújiào 求教 V.O. ask for advice

qiūjìbān 秋季班 N. autumn term

Qiūjié 秋节[-節] N. ① Moon Festival on the 15th of the eighth lunar month ② Mountain Climbing Festival on the ninth of the ninth lunar month

qiújiě* 求解 V.O. ① seek/find the solution (of a mathematical problem); solve a problem ② seek help in distress

qiújiè 求借 V. ask sb. for a loan

qiújīfǎ 求积法[-積-] N. <*math.*> mensuration

Qiū Jǐn 秋瑾 (1875-1907) N. woman revolutionary, executed by the Manchus

qiújǐn 遒紧[-緊] V.P. compact and cautious (of literal/artistic compositions)

qiújìn* 囚禁 V. imprison

[1]**qiūjǐng** 秋景 N. ① autumn scenery ② autumn harvest

[2]**qiūjǐng** 丘井 N. an old, useless person

qiújīng 球茎[-莖] N. <*bot.*> bulbs; corms

[1]**qiújìng*** 遒劲[-勁] S.V. <*wr.*> powerful; vigorous; strong; sturdy (of calligraphy)

[2]**qiújìng** 球径[-徑] N. diameter of a sphere

qiújīng gānlán 球茎甘蓝[-莖-藍] N. <*bot.*> kohlrabi

qiújiù 求救 V.O. cry for help

qiújiù hūhào 求救呼号[-號] N. distress call; SOS

qiújiùwúmén 求救无门 F.E. call in vain for help

qiújīyí 求积仪[-積儀] N. planimeter

qiújí yìshí 球籍意识[-識] N. sense of a country's place on the earth

qiūjì zuòwù 秋季作物 N. autumn crops

qiújū 囚居 V. imprison; live in jail

qiūjú'àoshuāng 秋菊傲霜 F.E. The autumn chrysanthemum braves the frost.

qiūjú-chūntáo 秋菊春桃 N. Everything is good in its season.

qiūjué 秋决[-決] N. <*trad.*> executions carried out in autumn

qiújūn 球菌 N. coccus

qiújūnzhí 求均值 N. average; mean

qiúkào 求靠 V. <*topo.*> seek patronage

qiūkōng 秋空 N. autumn sky

qiūkuí 秋葵 N. <*bot.*> ① hibiscus manihot ② yellow hollyhock M: [2]*kē*

qiúkùn 囚困 V. imprison; put in jail

qiúlán 球兰[-蘭] N. wax plant

qiúláo 囚牢 P.W. prison; jail M: [4]*zuò*

qiūlǎohǔ 秋老虎 N. scorching heat in early autumn

qiúlèi 球类[-類] N. <*sport*> balls (football/basketball/etc.)

qiúlèi yùndòng 球类运动[-類運動] N. ball games

qiúlèng 球楞 N. <*topo.*> simpleton

qiūlǐ 丘里 N. native village

[1]**qiūliáng*** 秋粮[-糧] N. autumn grain crops

[2]**qiūliáng** 秋凉[-涼] N. autumn chilliness

qiúliáng 囚粮[-糧] N. prison rations; prisoner's fare

qiǔliáng 糗粮[-糧] N. <*wr.*> cured dried grain

qiūlíng* 丘陵 P.W. hills; mounds; craggy terrain

qiūlìng 秋令 N. ① autumn ② autumn weather

qiúlíng 球龄[-齡] N. years of participation in a ball sport

qiūlíngdì 丘陵地 P.W. hilly area M: [2]*kuài*

qiūlíng dìdài 丘陵地带[-帶] P.W. hilly country

qiūlìnghuò 秋令货 N. fall/autumn goods M: [1]*pī*

qiūlíngqǐfú 丘陵起伏 F.E. a chain of undulating hills

qiūlǒng 丘垄 N. earthen mound M: [1]*tiáo*

[1]**qiúlóng*** 囚笼 P.W. prisoner's cage M: [2]*zhī*

[2]**qiúlóng** 虬龙[虯-] N. young horned dragon M: [1]*tiáo*

qiúlù 球路 N. <*sport*> ① trajectory of a ball ② tactics in ball games

qiúlù duōbiàn 球路多变[-變] V.P. <*sport*> play with a variety of strokes (as in tennis)

qiūluó 秋罗[-羅] N. a kind of thin, light and striped silk fabric M: [2]*kuài*

qiúmǎ 裘马 ID. <wr.> furs and horses (symbols of wealth)
qiūmǎn 秋螨 N. <zoo.> harvest mite
qiūmáo* 秋毛 N. fall wool
qiúmáo 酋茅 N. a kind of long spear M: ²zhī
qiúmǎqīngféi 裘马轻肥[--輕-] F.E. wealthy; affluent
qiúměi 遒美 V.P. forceful and graceful (of calligraphy)
qiúmèi* 遒媚 V.P. <wr.> forceful and graceful (of calligraphy)
qiúméishǔyǎn 球眉鼠眼 F.E. <coll.> ugly-looking
qiúmén* 球门 N. <sport> goal (opening)
qiúmèn 囚闷 V. remain indoors/etc. and get bored
qiúménqiú 球门球 N. <sport> goal kick (football)
qiúménqū 球门区[-區] P.W. <sport> goal area
qiúménwǎng 球门网[-網] N. <sport.> goal net
qiúménzhù 球门柱 N. <sport> goalpost M: ²gēn
qiú ménzi 求门子 V.O. seek connections for personal favors
qiúmí 球迷 N. ball game fan M: ²wèi
qiúmiàn 球面 N. <math.> spherical surface
qiúmiàn chēchuáng 球面车床 N. <mach.> spherical turning lathe M: ¹tái
qiúmiàn jǐhéxué 球面几何学 N. <math.> spherical geometry
qiúmiànjìng 球面镜 N. <phy.> spherical mirror M: ¹miàn
qiūmiánzǎor 秋绵枣儿[--棗-] N. <bot.> autumn squill M: ¹kē/²kē
qiúmíng 求名 V.O. set one's mind on obtaining fame
qiúmíngqiúlì 求名求利 F.E. seek fame and wealth
qiūmò* 秋末 N. late autumn; last days of autumn
qiǔmo 糗磨 A.T. <topo.> be depressed/worried (due to external pressure, etc.)
qiúmóchuáng 球磨床 N. <mach.> ball grinder M: ¹tái
qiūmòdōngchū 秋末冬初 F.E. the time when autumn changes into winter
qiúmójī 球磨机 N. <mach.> ball mill M: ¹tái
qiúmò zhùtiě 球墨铸铁[-鑄鐵] N. nodular cast iron
qiūmù* 丘墓 N. <wr.> grave; tomb M: ⁴zuò
qiúmǔ 求牡 V.O. (of a girl) to court a boy
qiūmǔdān 秋牡丹 N. autumn peony M: ²zhū
qiúmù diànyǐng 球幕电影[--電-] N. 360-degree-screen film
qiūnǎo 丘脑[-腦] N. <phys.> cerebral ganglion
qiūniáng 秋娘 N. aged woman (whose beauty has disappeared with youth) M: ²wèi
qiúniú 囚牛 N. one of the Dragon's nine sons, in the shape of a cow
¹qiú'ǒu 求偶 V.O. seek a mate
²qiú'ǒu 仇偶 N. <trad.> ①one's spouse ②friends having same outlook
qiú'ǒuzhě 求偶者 N. sb. seeking a mate M: ²wèi
qiúpāi(zi) 球拍(子) N. <sport> racket; paddle M: ²zhī
qiúpán 虬蟠[虯-] N. curled up like a dragon
qiúpí 裘皮 N. fur M: ¹zhāng
qiūpíng 楸枰 N. chessboard M: ¹zhāng
qiūpúgōngyīng 秋蒲公英 N. <bot.> fall dandelion
qiūqì 秋气[-氣] N. <wr.> ① cool autumn weather; desolate air of autumn ② autumn thoughts; melancholy; sadness; desolation
qiúqí 蝤蛴[-蠐] N. chrysalis of a kind of beetle; tree-grub
qiúqǐ* 求乞 V. beg for food/money
qiūqiān(r)* 秋千//鞦韆(儿) N. swing M: ¹jià dǎ ~ play on a swing
qiúqiān 求签 V.O. seek divine guidance by drawing lots
qiúqiānwènbǔ 求签问卜 F.E. divine by drawing lots
qiúqǐdùrì 求乞度日 F.E. earn one's living by begging
qiúqīn 求亲[-親] V.O. ① seek-marriage alliance ② ask for help from relatives
qiūqíng 秋晴 N. clear autumn weather
qiúqíng(r)* 求情(儿) V.O. ① ask a favor; ask for mercy/leniency ② intercede (for sb.); plead
qiúqīngàoyǒu 求亲告友[-親--] F.E. ask favors (usu. loans) from relatives and friends
qiúqínggàoráo 求情告饶[-饒] F.E. beg for leniency and mercy
qiúqīnkàoyǒu 求亲靠友[-親--] F.E. ask favors of relatives and friends
qiúqiú 俅俅 R.F. courteous
qiúqiúdàndàn de 球球蛋蛋的 N. <topo.> knobby little things; nubbins
qiúqǔ 求取 V. ① request ② strive for; seek ③ demand
qiúquán 求全 V.O. ①demand perfection ②seek to save one's life ③ try to round sth. off
qiúquánzébèi 求全责备[-備] F.E. demand perfection
qiúquánzhīhuǐ 求全之毁[-毀] N. try to be perfect only to receive reproaches
qiūqùdōnglái 秋去冬来 F.E. Autumn gave way to winter.
qiúr 球儿 N. ① a small ball ② marbles
qiúrán 虬髯[虯-] N. <wr.> ① curly beard ② curly sideburns
qiúrángzi 球瓤子 N. <coll.> bladder (in a basketball/etc.)
qiúráo 求饶[-饒] V.O. beg for mercy
qiūrè 秋热[-熱] N. hot interlude in autumn coolness
¹qiúrén 求人 V.O. ① ask for help ② look for talent
²qiúrén 囚人 N. prisoner; convict
qiúrén bùrú qiújǐ 求人不如求己 F.E. better rely on oneself than on others
qiúréndérén 求仁得仁 F.E. seek and find
qiūrì 秋日 N. ① autumn sun ② autumn
¹qiúróng 求荣[-榮] V.O. seek glory
²qiúróng 求容 V.O. seek room/space for oneself
qiúsài 球赛 N. ball game/tournament M: ²chǎng
qiūsǎo 丘嫂 N. sister-in-law; older brother's wife M: ²wèi
qiūsè 秋色 N. autumn scenery/colors
qiūsèpíngfēn 秋色平分 F.E. share 50–50; split even
qiūsèrúfén 秋色如焚 F.E. (The hills) were inflamed with autumnal tints.
qiūsè yírén 秋色宜人 F.E. <wr.> charming/delightful autumn scenery
qiūshān* 丘山 N. ① hills and mountains M: ⁴zuò ② wild country
qiūshàn 秋扇 ID. deserted woman
qiūshànjiànjuān 秋扇见捐 ID. be cast aside/deserted (of a woman)
qiūshāo 秋梢 N. <bot.> autumn growth
qiūshāyā 秋沙鸭 N. <zoo.> goosander M: ²zhī
Qiūshè 秋社 N. Chinese Thanksgiving Day in autumn
qiūshěn 秋审[-審] N. autumn session of the supreme criminal court
qiúshén* 求神 V.O. pray to god for blessing
qiúshénbàifó 求神拜佛 F.E. pray to Buddha for help
qiūshēng 秋声[-聲] N. autumnal sough
qiúshēng* 求生 V.O. seek to survive
qiúshèng 求胜[-勝] V.O. strive for victory
qiúshēngbùdé 求生不得 F.E. can hardly keep alive
qiúshèngxīnqiè 求胜心切[-勝--] F.E. be anxious to gain victory
qiúshénwènbǔ 求神问卜 F.E. seek divine advice
qiúshénwènguǐ 求神问鬼 F.E. divine by drawing lots
qiūshí 秋实[-實] N. fruits in autumn
¹qiūshì 秋事 N. autumn harvest
²qiūshì 秋试 F.E. imperial provincial examinations
qiúshí* 求实[-實] V.O. seek realistic results
¹qiúshì 囚室 P.W. prison cell M: ¹jiān
²qiúshì 求事 V.O. seek a job
qiǔshì 糗事 N. scandal M: ²jiàn
qiúshí jīngshén 求实精神[-實--] N. realistic approach
qiūshōu* 秋收 N. autumn harvest
qiúshòu 求售 V. explore market potential
qiūshōudōngcáng 秋收冬藏 F.E. harvest in autumn and store grain in winter
qiúshǒugòumiàn 囚首垢面 F.E. unkempt hair and dirty face
qiūshōuqiūzhòng 秋收秋种[-種] F.E. autumn harvesting and sowing
Qiūshōu Qǐyì 秋收起义[-義] N. Autumn Harvest Uprising (1927)
qiúshǒusāngmiàn 囚首丧面[--喪-] F.E. unsightly face and disheveled hair
qiūshōuzàiwàng 秋收在望 F.E. The autumn harvest is at hand.
qiūshù 楸树[-樹] N. <bot.> Chinese catalpa M: ²kē
qiūshuāi 秋衰 N. autumn decline
qiūshuāng 秋霜 N. ① autumn frost ② snowy hair ③ severity; sternness
qiūshuǐ* 秋水 N. ① autumn waters ② limpid eyes (of a woman) ③ flashing of swords ♦ID. clear and bright (of complexion)
qiúshuǐ 泅水 V.O. swim
qiūshuǐchángtiān 秋水长天 F.E. autumn water and endless sky
qiúshuǐchí 泅水池 N. swimming pool
qiúshuǐdùhé 泅水渡河 F.E. swim across the river
qiūshuǐxiān 秋水仙 N. <bot.> ① meadow saffron ② autumn crocus M: ²kē
qiūshuǐyīrén 秋水伊人 F.E. be reminded of an old love/friend by an autumn scene
qiúshùyúrén 求恕于人[--於-] F.E. appeal to sb. for mercy
qiūsī 秋思 N. lonesome and desolate mood
qiúsǐbùnéng 求死不能 F.E. in an extremely painful situation; cannot even die
qiúsù 球速 N. speed of the ball
qiútái 球台[-檯] N. pool table M: ¹zhāng
qiútán 球坛[-壇] N. ball-playing circles
qiútán shènghuì 球坛盛会[-壇--] P.W. a grand gathering of players
qiútán xīnshǒu 球坛新手[-壇--] N. new players M: ²wèi
qiútǐ 球体[-體] N. spheroid
qiūtiān(r) 秋天(儿) N. autumn; fall
qiútiánwènshè 求田问舍 F.E. have no high aims in life
qiūtíng 丘亭 N. empty pavilion M: ⁴zuò
qiútōng 求通 V. seek common ground
qiútóng* 球童/僮 N. caddy
qiútóngcúnyì 求同存异[-異] F.E. seek common ground while accepting existing differences
qiútóngfǎ 求同法 N. method of seeking common ground
qiútóng sīwéi 求同思维 N. <psy.> convergent thinking
qiūtóur 秋头儿 N. beginning of autumn
qiútú 囚徒 N. convict; prisoner
qiūtúmìwǎng 秋荼密网[-網] F.E. harsh penal codes in great numbers
qiúwǎng 球网[-網] N. net (for ball games) M: ¹zhāng
qiūwéi 秋闱[-闈] N. ① <trad.> autumn civil-service examination ② imperial provincial examinations
qiúwēifēn 求微分 N. <math.> differentiation; derivation
qiūwēn* 秋瘟 N. autumn infectious diseases
qiúwén 赇纹 A.T. take/accept a bribe
qiúwō guānjié 球窝关节[-窩關節] N. ball-and-socket joint

qiúwōjié 球窝节[-窩節] N. <mach.> ball-and-socket joint

qiūxī 蚯蜥 N. <zoo.> worm lizard M: [2]zhī

qiúxì* 球戏[-戲] N. ball game M: [2]chǎng

qiūxiǎn 秋狝[-獮] N. autumn hunting

qiúxiān* 求仙 V.O. ① seek immortality ② seek divine advice

qiúxiáng 求降 V.O. beg to surrender

qiúxiánruòkě 求贤若渴[-賢--] F.E. eagerly seek after men of worth and ability (of a ruler)

qiū-xiàtiān 秋夏天 N. autumn and summer

qiúxié 球鞋 N. gym/tennis shoes; sneakers M: [1]shuāng

[1]qiúxīn 球心 N. center of sphere

[2]qiúxīn 求新 V.O. strive for change

qiúxīng 球星 N. ball-game star M: [2]wèi

qiúxíng* 球形 ATTR. spherical; globular; round

qiūxīngchǐhuò 秋星尺蠖 F.E. fall cankerworm

qiūxíngdōnglìng 秋行冬令 F.E. observe winter practices in autumn

qiūxíngxiàlìng 秋行夏令 F.E. observe summer practices in autumn

qiúxíng yínmù 球形银幕 N. arc screen

qiúxīnlì 求心力 N. centripetal force

qiúxīnlìyì 求新立异[-異] F.E. be on the lookout for whatever is novel

qiūxū* 丘墟 N. empty land; wasteland M: [2]kuài/[1]piàn

qiúxū 虬须[虯鬚] N. <wr.> ① curly beard ② moustache

[1]qiúxué 求学 V.O. study; attend school

[2]qiúxué 球穴 N. hole

qiūxuěpiànlián 秋雪片莲 N. autumn snowflake

qiūxùn 秋汛 N. ① autumn overflowing of rivers ② autumn floods

qiūxùn hóngshuǐ 秋汛洪水 N. autumn flood

qiūyā* 秋鸭 N. autumn duck M: [2]zhī

qiúyá 球芽 N. bud

qiūyán 秋颜 N. fading beauty

qiūyànnánguī 秋燕南归[-歸] F.E. In autumn the swallows fly south.

qiūyě 丘野 N. rural area M: [1]piàn

[1]qiūyè* 秋夜 N. autumn night

[2]qiūyè 秋叶[-葉] N. autumn leaves M: [1]piàn

qiú yéye gào nǎinai 求爷爷告奶奶[-爺爺--] F.E. <coll.> ① seek help in an abject manner ② go about begging for help

qiūyèzhòuyǔ 秋夜骤雨 F.E. Rain pelts down on a late autumn night.

qiūyì 秋意 N. slight chill hinting of autumn

[1]qiúyī 求医[-醫] V.O. seek medical advice; see a doctor

[2]qiúyī 球衣 N. athlete's sportshirt M: [2]jiàn

[3]qiúyī 囚衣 N. prisoner's garb M: [2]jiàn

[1]qiúyì* 球艺[-藝] N. skills in a ball game

[2]qiúyì 遒逸 V.P. forceful and moving (of writing)

[3]qiúyì 求异[-異] V.O. strive for distinction

qiūyǐn 蚯蚓 N. earthworm M: [1]tiáo

qiūyǐndòng 蚯蚓洞 N. earthworm hole

qiūyíng 秋蝇[-蠅] N. autumn fly M: [2]zhī

qiūyǐnmiáo 蚯蚓描 N. <art> earth-worm stroke (in painting)

qiūyǐnwén 蚯蚓纹 N. <art> earthworm mark (in glaze design)

qiúyǒng 泅泳 V. swim

qiūyóu* 秋游 N. autumn outing

qiúyóu 泅游 N. swim

qiūyǔ* 秋雨 N. autumn rain M: [2]chǎng

[1]qiūyù 丘鹬 N. <zoo.> woodcock M: [2]zhī

[2]qiūyù 秋豫 <wr.> N. autumn excursion

qiúyú 犰狳 N. <zoo.> armadillo M: [2]zhī

qiúyǔ 求雨 V.O. pray for rain

qiúyù 求欲 N. desire

qiūyuán 丘园[-園] P.W. garden in the hills M: [4]zuò

[1]qiúyuán* 求援 V.O. seek relief/help

[2]qiúyuán 球员 N. ball-team member M: [2]wèi

qiūyuè 秋月 N. autumn moon M: [1]lún

qiūyuèchūnfēng 秋月春风 F.E. beauty of nature

qiūyǔmiánmián 秋雨绵绵 F.E. The autumn rain goes on and on.

qiúyùn 球运[-運] N. ① luck of a team during a ball game ② drives for the promotion of ball games

qiūzá 秋杂[-雜] N. multifarious agricultural produce harvested in autumn

qiūzào 秋躁 N. <Ch. med.> autumn dryness

qiúzhàn 求战[-戰] V.O. seek battle

qiúzhǎng 酋长 N. tribal/clan chief; sheik; emir M: [2]wèi

qiúzhǎngguó 酋长国[-國] N. sheikdom; emirate

qiúzhānwènbǔ 求占问卜 F.E. consult fortune-tellers

qiūzhěn 丘疹 N. <med.> papule

qiúzhěn* 求诊 V.O. see a doctor

qiūzhēng 秋征[-徵] N. collection of agricultural tax in kind after the autumn harvest

[1]qiúzhèng* 求证[-證] V.O. seek confirmation

[2]qiúzhèng 球证[-證] N. referee/umpire of a ball game M: [2]wèi

qiúzhěshànnì 泅者善溺 F.E. Good swimmers often drown.

qiūzhí 秋植 N. fall planting

qiúzhī 求知 V.O. seek knowledge

[1]qiúzhí* 求职[-職] V.O. seek a position; apply for a job

[2]qiúzhí 求值 N. <math.> evaluation

qiúzhìbǎoliàng 求质保量[-質--] F.E. require both quantity and quality

qiúzhībùdé 求之不得 F.E. ① seek but fail to get ② be most welcome; be just what one wished for

qiūzhífǎ 丘植法 N. hill-planting

qiúzhí jīhuì 求职机会[-職--] N. employment opportunities

qiúzhīxīn 求知心 N. thirst for learning

qiúzhíxìn* 求职信[-職-] N. application letter M: [2]fēng

qiúzhīxīnqiè 求知心切 F.E. be eager for knowledge

qiúzhīyù 求知欲 N. thirst for knowledge

qiūzhòng 秋种[-種] N. autumn planting

qiúzhóuchéng 球轴承 N. <mach.> ball bearing

qiúzhù 求助 V.O. seek help ♦N. <comp.> help

qiūzhuāng* 秋装[-裝] N. autumn clothing M: [2]jiàn

qiúzhuàng 球状[-狀] ATTR. spherical; globular; round

qiúzhuàng huāxù 球状花序[-狀--] N. <bot.> strobilus

qiūzhuāngjia 秋庄稼[-莊-] N. autumn crops

qiúzhùwúmén 求助无门 F.E. cannot get help from anywhere

qiúzhùyúrén 求助于人[--於-] F.E. call upon others for help

qiúzhùzhě 求助者 N. help seeker M: [2]wèi

qiúzǐ 求子 V.O. pray for a son (of a childless couple)

qiúzi-gānlán 球子甘蓝[-藍] N. <bot.> Brussels sprouts

qìwài 其外 V.P. outside; extra (of persons/things)

qīwǎn 凄婉 S.V. ① sad and mild ② sadly moving (of sound)

qīwàn* 七万[-萬] NUM. seventy thousand

qǐwǎn 起晚 V.P. get up late

[1]qīwǎng 欺罔 V. <wr.> deceive; cheat

[2]qīwǎng 凄惘 S.V. sad and dejected

qīwàng* 期望 V. expect/hope earnestly ♦N. expectation; hope

qíwáng 棋王 N. chess champion M: [2]wèi

qíwàng 祈望 V./N. <wr.> hope; wish

qǐwǎng 起网[-網] N. net hauling (in fishing)

qǐwàng 企/跂望 V. <wr.> hope; look forward to ♦N. hope

qìwàng 跂望 V. <wr.> stand on tiptoe looking forward to sb./sth.

qīwàng lǐlùn 期望理论 N. <econ.> expectancy theory

qīwàngshènyīn 期望甚殷 F.E. earnestly look forward to (meeting sb.)

qīwàng shòumìng 期望寿命[--壽-] N. life expectancy

qìwàng yuánzhù 跂望援助 V.O. urgently hope for assistance

qīwàngzhí 期望值 N. <math.> expected value

qīwàng zhīfù 期望支付 N. <econ.> expected payoff

qīwēi 攲危 V.P. tottering

qīwěi 七纬[-緯] N. sun, moon, and five planets

qīwèi 七位 N. <comp.> 7-bit

[1]qíwěi 奇伟[-偉] S.V. great and wonderful

[2]qíwěi 琦玮[-瑋] N. fine jade M: [2]kuài ♦ID. distinguished

[1]qìwěi 气萎[氣-] V.P. be discouraged; lose heart

[2]qìwěi(zi) 契尾(子) N. <trad.> landownership registration papers M: [1]zhāng

[1]qìwèi(r)* 气味(儿)[氣-] N. flavor; smell (lit./fig.)

[2]qìwèi 迄未 ADV. not until now; not yet

qìwèichōngbí 气味冲鼻[氣-衝-] F.E. A strong smell of . . . assails the nostrils.

qíwèiwúqióng 其味无穷[-窮] F.E. have a marvelous flavor; be infinitely enjoyable; have a lasting pleasant taste

qìwèixiāngtóu 气味相投[氣-] F.E. be two of a kind; be congenial

[1]qíwén 奇闻 N. thrilling/fantastic story M: [2]jiàn/[3]zhuāng

[2]qíwén 奇文 N. ① remarkable/strange writing ② absurd writing M: [1]piān

qìwēn* 气温[氣-] N. <met.> air temperature

qìwén 契文 N. <wr.> ① written agreement ② characters carved on oracle bones M: [1]piān

qíwéngòngshǎng 奇文共赏 F.E. <pol.> remarkable literary work should be shared (sarcastic)

qìwénjiùwǔ 弃文就武[棄-] F.E. quit civilian life and join the military

qīwò 攲卧[-臥] V. lie in a reclining position

[1]qǐwò* 起卧[-臥] ATTR. get up or sleep

[2]qǐwò 启沃[啟-] V. advise the king in a wise way

qìwō 气窝[氣窩] N. air pocket

qìwōlún 气涡轮[氣渦-] N. pneumatic turbine

qǐ-wòshì 起卧室[-臥-] P.W. combined bedroom and sitting room M: [1]jiān

qīwǔ* 欺侮 V. bully; humiliate

qǐwǔ 起舞 V. ① rise to dance; start dancing ② be excited with joy

qìwū 葺屋 N. thatched house M: [4]zuò ♦V.O. thatch a house

[1]qìwù 器物 N. implement; utensil M: [2]jiàn

[2]qìwù 弃物[棄-] N. ① trash; discarded useless things M: [2]jiàn ② fishing offal

[3]qìwù 气雾[氣霧] N. aerial fog

qí wú'ān lièmǎ 骑无鞍劣马 V.O. ride a bronco bareback

qǐ wǔgēng shuì bànyè 起五更睡半夜 F.E. retire at midnight and rise before dawn

qìwùlù 器物录[-錄] N. list/inventory of implements/utensils M: [1]zhāng

qìwúyīnxìn 迄无音信 F.E. We have received no information so far.

qīxī 栖息[棲-] V. <wr.> perch; rest (of birds)

Qīxī 七夕 N. ① seventh evening of seventh lunar month ② two stars representing the Cowherd and the Weaving Maid who meet once a year

Qīxǐ 七喜 N. 7-Up

qíxí 奇袭 V. ambush; surprise attack

qǐxī 起息 V.P. get up (in the morning) and retire (at night) ♦V.O. start bearing interest

qǐxí 起席 V.O. rise from the table; leave a dinner party/conference/etc.

[1]qìxī* 气息[氣-] N. ① breath ② flavor; taste

[2]qìxī 憩息 V. <wr.> rest

qíxià* 旗下 N. those under one's command

qìxià 泣下 N. lacrimation

qìxiálùyòng 弃瑕录用[棄-錄-] F.E. use a capable man in spite of his faults

qí xiāmǎ 骑瞎马 V.O. <topo.> bet on the wrong horse; make a wrong decision

qīxiàn* 期限 N. time limit; deadline

qǐxiān 起先 ADV. at first; in the beginning; originally

qǐxiàn 企羡 V. admire; look up to

qīxiàng 漆像 N. painted statue/portrait M: [4]zuò

qíxiáng 祺祥 S.V. lucky; auspicious; propitious

qíxiǎng 奇想 N. vagary; caprice

qǐxiáng 乞降 V.O. beg to surrender

[1]**qǐxiǎng** 绮想 N. beautiful thoughts

[2]**qǐxiǎng** 跂想 V. expect anxiously

qìxiàng* 气象[氣-] N. ① prevailing spirit/atmosphere/ambience ② <met.> climatic phenomenon ③ meteorology

qìxiàng bàogào 气象报告[氣-報-] N. weather forecast

qìxiàngbìng 气象病[氣-] N. disease caused by weather

qìxiàng huǒjiàn 气象火箭[氣-] N. meteorological rocket

qìxiàngjiè 气象界[氣-] P.W. meteorological circles

qìxiàngjú 气象局[氣-] P.W. weather bureau

qǐxiǎngqǔ 绮想曲 N. <mus.> capriccio

qìxiàngtái 气象台[氣-臺] P.W. weather station; meteorological observatory M: [4]zuò

qìxiàngtú 气象图[氣-圖] N. meteorological map

qìxiàngwànqiān 气象万千[氣-萬-] F.E. spectacular and changeable; a scene majestic in all its variety

qìxiàng wèixīng 气象卫星[氣-衛-] N. meteorological satellite M: [1]kē

qìxiàngxué 气象学[氣-] N. meteorology

qìxiàngxuéjiā 气象学家[氣-] N. meteorologist M: [2]wèi

qìxiàngyuán 气象员[氣-] N. weatherman M: [2]wèi

qìxiàng yùbào 气象预报[氣-報] N. weather forecast

qìxiàngzhàn 气象站[氣-] P.W. weather station M: [4]zuò

qīxiánqín 七弦琴 N. seven-stringed musical instrument M: [1]bǎ

qìxiányánhǎo 弃嫌言好[棄-] F.E. make a new start with past enmities forgotten

qī-xiǎo* 妻小 N. wife and children

qíxiào 奇效 ATTR. extraordinary efficacy (of medicine)

qǐxiǎo(r) 起小(儿) ADV. <coll.> since childhood

qìxiǎojiùdà 弃小就大[棄-] F.E. lose a fly to catch a trout

qīxiǎolíngruò 欺小凌弱 F.E. bully the small and the weak (of a country)

qìxiǎoyìnù 器小易怒 F.E. The narrow-minded are given to anger.

qìxiǎoyìyíng 器小易盈 F.E. The narrow-minded readily become complacent.

qìxiàrúyǔ 泣下如雨 F.E. weep copious tears

qìxiàshùháng 泣下数行[--數-] F.E. tears coursing down the cheeks

qīxiàwǎngshàng 欺下罔上 F.E. oppress the people and hide the truth from higher authorities

qìxiàzhānjīn 泣下沾襟 F.E. weep so much as to soak one's clothes

qī xiàzi bā xiàzi 七下子八下子 F.E. <topo.> helter-skelter; pell-mell

qīxīchù 栖息处[棲-處] N. roost

qìxī cūzhòng de zàoyīn 气息粗重的噪音[氣-] N. <lg.> breathy voice

qīxīdì 栖息地[棲-] N. habitat M: [2]kuài

qīxié 攲斜 V. slant; incline; lurch

qǐxiè 起卸 V. unload cargo/etc.

qìxiē 憩歇 V. pause for rest; rest; take a rest

qìxiè* 器械 N. ①apparatus; machine ②weapon

qìxiècāo 器械操 N. gymnastics; apparatus work

qìxiè'értáo 弃械而逃[棄-] F.E. drop one's weapons and flee

qìxiéguīzhèng 弃邪归正[棄-歸-] F.E. turn over a new leaf; mend one's ways

qǐxièjī 起卸机 N. elevator M: [2]bù

qī xiékǒu 缉鞋口 V.O. sew the opening of a shoe with tight stitches

qìxiè tǐcāo 器械体操[--體-] N. <sport> gymnastics with apparatus

qìxīfēnfāng 气息芬芳[氣-] F.E. Her breath was like the sweet odor of perfumes.

qīxī huánjìng 栖息环境[棲-環-] N. habitat

[1]**qīxīn** 欺心 V.O. disregard the dictates of one's own conscience; be unconscionable

[2]**qīxīn** 凄心 V.O. suffer stomach upset (from eating spicy food, etc.)

qíxīn* 齐心[齊-] V.O. be of one mind

[1]**qǐxīn** 起薪 N. probationary salary

[2]**qǐxīn** 起心 V.O. <derog.> concoct certain designs/intentions

[1]**qǐxìn** 启/起衅[啟釁] V. start a quarrel; provoke discord

[2]**qǐxìn** 棨信 N. tally used to verify a message

qìxìnbèiyì 弃信背义[棄-義] F.E. be faithless

Qīxīng 七星 N. <astr.> the seven stars which form the chariot of the Great Bear

qíxīng 棋星 N. chess star M: [2]wèi

[1]**qíxíng** 奇行 N. strange behavior

[2]**qíxíng** 旗形 N. flag-shaped

[3]**qíxíng** 琦行 N. admirable conduct

[4]**qíxíng** 蚑行 N. ① walk (of humans) ② creep; move (of animals)

qíxìng 齐性[齊-] N. homogeneity

qǐxīng 起兴[-興] V. *See* [1]qǐxìng

qǐxíng 起/启行[啟-] V. set out; start a journey

[1]**qǐxìng** 起兴[-興] V. ① become interested in; be curious about ② be inspired ♦N. inspiration

[2]**qǐxìng** 起性 V.O. be sexually aroused

qìxing* 气性[氣-] N. ①temperament; disposition ② bad temper

qìxing dà 气性大[氣-] V.P. quick to take offense; hot-tempered

qíxíngguàizhuàng 奇形怪状[-狀] F.E. bizarre shape/appearance

qíxīnhélì 齐心合力[齊-] F.E. make concerted efforts

qíxīnkězhū 其心可诛 F.E. evil-minded; malicious; devious

qíxīnxiélì 齐心协力[齊-協-] F.E. make concerted efforts

qíxīnyīzhì 齐心一致[齊-] F.E. be of one heart and mind

Qīxióng 七雄 N. the Seven Powers (of the Warring States period)

qìxiōng* 气胸[氣-] N. <med.> pneumatothorax; pneumothorax; aerothorax

qìxiōngdì 契兄弟 N. sworn brothers M: [2]wèi

qìxiōngxiōng 气凶凶[氣-] R.F. angry and aggressive; fierce

qìxī tōngdào 气息通道[氣-] N. breath passage

qǐxiū 乞休 V.O. resign one's position; ask to retire

qìxiūxiū 气咻咻[氣-] R.F. pant noisily

qìxīyǎnyǎn 气息奄奄[氣-] F.E. at one's last gasp

qìxī zìyóu tōngdào 气息自由通道[氣-] N. <lg.> free breath passage

qīxǔ* 期许 V. hope; expect

qìxū 气虚[氣虛] N. <Ch. med.> debility; deficiency of vital energy

qìxù 气序[氣-] N. seasons; times

qìxuán 气旋[氣-] N. cyclone

qìxuányǔ 气旋雨[氣-] N. <met.> cyclone rain

qíxuè 脐血[臍-] N. <Ch. med.> bleeding from the cut end of the umbilical cord

qìxuè* 泣血 V.O. weep blood

qìxuèbiànzhèng 气血辨证[氣-證] F.E. <Ch. med.> analyzing a pathological condition according to the function of vital energy and the state of the blood

qìxuèbìngtuō 气血并脱[氣-並-] F.E. *qi*—blood exhaustion

qìxuèbùzú 气血不足[氣-] F.E. <Ch. med.> insufficiency of vital energy and blood

qǐ xuécháo 起学潮 V.O. start/provoke a student strike or campus upheaval

qìxuéjīngshāng 弃学经商[棄-經-] F.E. forsake studies for business

qìxuèqǐsǎng 泣血稽颡 F.E. in mourning for one's parents (an expression used in an obituary)

qìxuèsānnián 泣血三年 F.E. mourn for one's parents for three years

qíxūn 奇勋 N. <wr.> outstanding contribution

qìxūxū 气吁吁//嘘嘘[氣-//噓噓] R.F. panting; gasping

qīyā* 欺压[-壓] V. ride roughshod over

[1]**qìyā** 气压[氣壓] N. atmospheric pressure

[2]**qìyā** 汽压[-壓] N. steam pressure

qìyābiǎo 气压表[氣壓-] N. barometer M: [2]zhī

qìyājì 气压计[氣壓-] N. barometer M: [2]zhī

qīyān 凄咽 V. sob sadly *See also* qīyè

qīyàn 凄艳[-艷] S.V. sad and beautiful (of love stories)

qíyán 綦严[-嚴] V.P. very stringent; very severe

qíyàn 奇验 N. ① extraordinary efficacy (of medicine) ② miraculous accuracy (in fortune-telling)

[1]**qǐyán** 启颜[啟-] V.O. light up; smile; beam

[2]**qǐyán** 绮筵 N. magnificent feast

qǐyǎn(r) 起眼(儿) S.V. ① attractive (of appearance) ② <coll.> outstanding; striking

qìyán 弃言[棄-] V.O. ① be unable to keep one's promise ② obsolete words

qìyǎn 气眼[氣-] N. ① <archi.> air hole ② <metal.> gas hole ③ breathing pores in insects ④transpiration pores in plants ⑤<coll.> informers; spies; inside agents

qìyàn* 气焰[氣-] N. ①passion; fury ②arrogance; bluster

qìyànbīrén 气焰逼人[氣-] F.E. behave with unbearable insolence

qīyáng 戚扬[-揚] N. battle-axe M: [1]bǎ

qíyǎng 奇痒[-癢] V.P. extremely itchy

qǐyǎng* 企仰 V. look up to; admire; respect

qìyǎng 弃养[棄養] V.P. <wr.> lose one's parents

qǐ yāngzi* 起秧子 V.O. pull up young rice plants (for replanting)

qǐyǎngzi 乞养子[-養-] V.O. seek to adopt a child

qīyán juéjù 七言绝句[--絕-] N. four-line poem with seven characters per line M: [2]shǒu

qīyán lǜshī 七言律诗 N. eight-line poem with seven characters per line and rigorous prosodic rules M: [2]shǒu

qīyánshī 七言诗 N. poem with seven characters per line M: [2]shǒu

qìyànwànzhàng 气焰万丈[氣-萬-] F.E. be swollen with arrogance

qìyànxiāozhāng 气焰嚣张[氣-] F.E. insufferably arrogant

qìyànxūntiān 气焰熏天[氣-] F.E. A person's arrogance stinks to heaven.

Qīyào* 七曜 N. sun, moon, Mercury, Venus, Jupiter, Mars, Saturn

qǐyào 启钥[啟鑰] N. turnkey M: [2]wèi

qīyè 凄咽 N. low and sad voice ♦V. sob while speaking *See also* qīyān

[1]**qǐyè*** 企业[-業] N. enterprise; business M: [1]jiā

[2]**qǐyè** 起夜 V.O. get up in the night to go to the toilet

qǐyè bèijǐng 企业背景[-業--] N. business background

qǐyè dǎobì 企业倒闭[-業--] V.P. business failure

qīyè'é 槭叶蛾[-葉-] N. <zoo.> magpie moth M: [2]zhī

qǐyèfǎ 企业法[-業-] N. enterprise law M: [2]bù

qǐyè guǎnlǐ 企业管理[-業--] N. enterprise management

qǐyè guǎnlǐ xì 企业管理系[-業---] N. department of business management

qǐyèhuà 企业化[-業-] V. run an enterprise on a commercial basis

qǐyèjiā 企业家[-業-] N. entrepreneur; enterpriser M: [2]wèi

qǐyèjiè 企业界[-業-] N. business circles

Q

qǐyè jīngshén 企业精神[-業--] N. entrepreneurship
qǐyè jítuán 企业集团[-業-團] N. enterprise group M: [1]jiā
qǐyè kuīsǔn bǔtiē 企业亏损补贴[-業虧-補-] N. subsidies for losses by enterprises
qìyēlèigān 气噎泪干[氣-淚乾] F.E. Be unable to make another sound or shed another tear.
qǐyè lìrùnlǜ 企业利润律[-業---] N. earning ratio
qǐyè qúntǐ 企业群体[-業-體] N. groups/associations of enterprises
qīyèshù 七叶树[-葉樹] N. <bot.> Chinese horse chestnut (*Aesculus chinensis*) M: [2]kē
qǐyè sùzhì 企业素质[-業-質] N. adaptive capacity of an enterprise
qǐyè wénhuà 企业文化[-業--] N. corporate culture
qǐyè xiàfàng 企业下放[-業--] V.P. place an enterprise under a lower level of administration
Qǐyè Yánjiūsuǒ 企业研究所[-業---] P.W. (American) Enterprise Institute
qǐyè zhàiquàn 企业债券[-業--] N. bonds issued by an enterprise
qǐyè zīběn 企业资本[-業--] N. enterprise capital
qíyèzǐwǎn 耆叶紫菀[-葉--] N. <bot.> upland white aster
qǐyè zìzhǔquán 企业自主权[-業--權] N. decision-making power of an enterprise
Qī-Yī 七一 N. anniversary of the founding of the Chinese Communist Party (July 1, 1921)
qīyí 期颐 N. <wr.> a centenarian
[1]**qīyì** 七亿[-億] NUM. seven hundred million; 700,000,000
[2]**qīyì** 戚谊 N. <wr.> blood ties; ties between relatives
[1]**qíyī** 其一 A.T. first ♦ADV. firstly
[2]**qíyī** 齐一[齊-] V.P. uniform; equal
qíyí 岐嶷 V.P. bright (child)
[1]**qíyì*** 奇异[-異] S.V. strange; queer; bizarre; odd; astonished; astounded ♦N. <loan> GE (General Electric)
[2]**qíyì** 棋艺[-藝] N. board game skill
[3]**qíyì** 歧义[-義] N. <lg.> different meanings; ambiguity ***Cǐ xiàng tiáokuǎn réng yǒu ~.*** This article is still ambiguous.
[4]**qíyì** 歧异[-異] N. difference; discrepancy
qǐyī 绮衣 N. beautiful clothes M: [2]jiàn
qǐyí 起疑 V.O. become suspicious
[1]**qǐyì** 起义[-義] V./N. revolt
[2]**qǐyì** 起意 V.O./N. conceive a scheme/idea ***qǐle duóquánzhīyì*** conceived a scheme to seize state power
qíyìguǒ 奇异果[-異-] N. <loan> kiwi fruit; Chinese gooseberries M: [1]kē
qǐyìjūn 起义军[-義-] N. insurrectionary army; insurgent forces M: [4]zhī
qǐyì lièshì 起义烈士[-義--] N. martyrs who launched a righteous revolt M: [2]wèi
qīyīn 七音 N. ① <lg.> the seven groups of initials ② <mus.> the seven notes of the scale
qǐyīn* 起因 N. cause; reason (for sth. to happen)
qìyīn 气音[氣-] N. <lg.> aspirate; breathed sound; spirant; surd sound
qìyìn 契印 N. official seal stamped on an agreement M: [4]méi
qǐyīnbùmíng 起因不明 F.E. start from some unknown cause
qìyīng 弃婴[棄-] V.O. abandon an infant ♦N. foundling M: [2]wèi
qǐyíngbázhài 起营拔寨[-營--] F.E. decamp
qǐyīnjié fǔyīn 起音节辅音[--節--] N. <lg.> syllable-initial consonant
qìyīn shēnghuà 气音声化[氣-聲-] N. voicing of spirants
qǐyīn shíduàn 起音时段[--時-] N. <lg.> voice onset time
qǐyīn yú 起因于[-於] V.P. be caused by; have origins in
qǐyìtóuchéng 起义投诚[-義--] F.E. come over to our side
qíyì xiāochú 歧义消除[-義--] N. <lg.> disambiguation
qǐ yíxīn 起疑心 V.O. begin to suspect; become suspicious
qìyīxuéwén 弃医学文[棄醫-] F.E. abandon medicine for literature
qǐyìzhě 起义者[-義-] N. rebel M: [2]wèi
qīyízhīshòu 期颐之寿[-壽] N. <wr.> one hundred years old; longevity
[1]**qǐyòng*** 启用[啟-] V. start using/hiring
[2]**qǐyòng** 起用 V. ① reinstate (in a position/job) ② promote; call sb. to office; appoint sb. to an important position
qìyōng 气壅[氣-] N. <Ch. med.> qi obstruction
qíyòng-xiǎomǎ 骑用小马 N. hobby horse M: [1]pǐ
qīyōu 戚忧[-憂] V.P. sad and depressed
qīyǒu 戚友 N. friends and relatives M: [2]wèi
qíyǒu 棋友 N. fellow chess player; chess friend M: [2]wèi
qíyòu 齐右[齊-] N. <print.> right justification
qǐyōu 杞忧[-憂] N. groundless fears/anxieties
qǐyóu 起油 V.O. remove greasy stains (from clothing/etc.)
[1]**qìyóu*** 汽油 N. gasoline
[2]**qìyóu** 气油[氣-] N. gas and oil
qìyǒu 契友 N. close friend M: [2]wèi
qìyóuchē 汽油车 N. gas tank M: [3]liàng
qǐyǒucǐlǐ 岂有此理[豈-] INTJ. What kind of reasoning is that?; Nonsense!
qìyóudàn 汽油弹 N. ①napalm bomb ②Molotov cocktail M: [1]kē
qìyóuguàn 气油罐[氣-] N. gas tank M: [2]zhī
qìyóujī 汽油机 N. internal-combustion engine M: [1]tái
qìyóu jiāyóuzhàn 汽油加油站 P.W. gas station M: [4]zuò
qìyóu tiānjiājì 汽油添加剂[-劑] N. gasoline additive
qìyóutǒng 汽油桶 N. gasoline can M: [2]zhī
qìyóu yǐnqíng 汽油引擎 N. gasoline engine M: [1]tái
qìyóuzhàn 汽油站 P.W. gas station M: [4]zuò
[1]**qīyú** 期于[-於] V.P. look forward to; expect
[2]**qīyú** 栖于[棲於] V.P. ① perch on ② dwell in; stay in
[1]**qíyú*** 其余 PR. others; the rest
[2]**qíyú** 旗鱼 N. ① sailfish ② spearfish M: [1]tiáo
[1]**qíyǔ** 祈雨 V.O. pray for rain
[2]**qíyǔ** 旗语 N. semaphore; flag signal
qíyù 奇遇 N. happy encounter/adventure
qǐyǔ 绮语 N. ① <Budd.> profane expressions; sexual talk ② literary pieces concerning love and sex
qìyǔ 器/气宇[氣-] N. ① deportment; attitude ② allure; commanding appearance
qìyù 气郁[氣鬱] N. <Ch. med.> ① stagnation of vital energy ② energy stasis
qīyuàn 凄怨 S.V. sad; plaintive
qíyuán 奇缘 N. ① relationship entered into unexpectedly ② romance
qíyuàn 棋苑 N. chess circles
[1]**qǐyuán*** 起源/原 V. originate; stem from ♦N. origin; genesis
[2]**qǐyuán** 乞援 V.O. seek assistance; beg for aid
qíyuànshì 祈愿式[-願-] N. <lg.> optative
qìyǔbùfán 器/气宇不凡[氣-] F.E. have extraordinary poise
qíyúcǎozé 起于草泽[-於-澤] F.E. of rustic origin
qīyuē 期约 V. agree on a time for the delivery of a bribe ♦N. allotted time; time limit
Qīyuè 七月 N. July
qìyuē* 契约 N. contract; deed; charter M: [1]zhāng
qìyuè 器乐[-樂] N. instrumental music
qìyuēbèiméng 弃约背盟[棄-] F.E. to be unfaithful to an agreement
qìyuē dāngshìrén 契约当事人[--當--] N. contracting party M: [2]wèi
qìyuē guānxi 契约关系[-關係] N. contractual relationship
qìyuē huòpǐn 契约货品 N. <acct.> contract goods
qìyuèqǔ 器乐曲[-樂-] N. <mus.> composition for instruments M: [2]shǒu
qìyuēshì láodòng 契约式劳动[-勞動] N. contract labor
qìyuē tánpàn 契约谈判 N. contract bargaining
qìyuēxìng tiáoyuē 契约性条约[---條-] N. contractual treaty
qíyuèyǔ 骑月雨 N. period of rain extending into the next month
qìyǔfēifán 气宇非凡[氣-] F.E. be no common-looking man
qìyǔgāoyǎ 气宇高雅[氣-] F.E. A man's demeanor is refined.
qíyùjì 奇遇记 N. record of an adventure
qǐyún 绮云[-雲] N. beautiful clouds M: [2]duǒ
qǐyùn* 起/启运[啟運] V. start the shipment of goods
[1]**qìyùn** 气韵[氣韻] N. tone; style (of a creative work)
[2]**qìyùn** 气运[氣運] N. destiny; fate; fortune
qǐyùndì chuánbiān jiāohuò 启运地船边交货[啟運--邊--] N. <econ.> free alongside ship
qǐyùnjià 启运价[啟運價] N. shipment price
qìyùn shēngdòng 气韵生动[氣韻-動] V.P./N. (have) rhythmic vitality (in painting)
qìyūxīntiào 气吁心跳[氣-] F.E. out of breath and with a fast beating heart
qìyǔxuān'áng 器/气宇轩昂[氣-] F.E. ① dignified; exalted ② have a dignified/imposing appearance
qízāiguàiyě 奇哉怪也 F.E. utterly amazing
qízāiguàizāi 奇哉怪哉 F.E. Strange indeed!
qízài tóushang 骑在头上 V.P. ride on the backs of; lord it over
qǐzāng 起赃[-贓] V.O. recover stolen articles
qǐzǎo(r) 起早(儿) V.O. get up early ***Wǒ jīntiān qǐle ge zǎo.*** I got up early today.
qǐzǎomōhēi 起早摸黑 F.E. work from dawn to dusk
qǐzǎoshuìwǎn 起早睡晚 F.E. get up early and go to bed late
qǐzǎotānhēi 起早贪黑 F.E. work from dawn to dusk
qīzhà* 欺诈 V. cheat; swindle
qìzhá 气闸[氣-] N. air/pneumatic brake
qīzhái 漆宅 N. coffin M: kǒu
qìzhàle 气炸了[氣-] V.P. <coll.> exploded with anger
[1]**qízhàn*** 棋战[-戰] N. a chess battle; a game of chess M: [2]chǎng
[2]**qízhàn** 旗站 P.W. flag station
qǐzhàn 起站 P.W. the first station
qìzhàn 讫站 P.W. the last station
qìzhàng 气胀[氣-] N. <Ch. med.> flatulence
qīzhāngbāzuǐ 七张八嘴 F.E. at sixes and sevens
qìzhàng de 气胀的[氣-] ATTR. flatulent
qìzhàng jiùshēngfá 气胀救生筏[氣-] N. inflatable life raft M: [2]zhī
qīzhà qiáncái 欺诈钱财[--錢-] V.O. defraud someone of money; swindle
qīzhàzuì 欺诈罪 N. the crime of swindling
qǐzhé* 启蛰[啟蟄] V. wake from hibernation in the spring (of insects)
qǐzhě 启者[啟-] F.E. I have the honor to inform you. . .(letter opening)
qīzhébākòu 七折八扣 F.E. various discounts/deductions ***Jīngguò ~, gōngzī jiù méi jǐ ge qián la.*** There isn't much left of one's salary after all the deductions.
qízhe lǘ xún lǘ 骑着驴寻驴[-著驢尋驢] ID. ① be unable to see sth. that is very obvious ② hold on to sth. you already have before looking for another
qízhēn* 奇珍 N. sth. unique and precious; rarity; curio M: [2]jiàn

Q

qízhěn 畦畛 N. ①scope; range; limit ②prejudice; mutual incomprehension
qǐzhěn 起疹 V.O. have measles/rash
qīzhèng 七政 N. the Seven Regulators (of the seasons): sun, moon, and the five planets
qízhěng* 齐整[齊-] S.V. uniform; tidy and orderly
qīzhèngyí 七正仪[-儀] N. <astr.> orrery
qì zhěntou 气枕头[氣-] N. air pillow M: [2]*zhī*
qízhēnyìbǎo 奇珍异宝[-異寶] F.E. unusual/rare treasures
qízhěshànduò 骑者善堕[-墮] F.E. skillful riders often fall
[1]**qīzhī** 漆汁 N. lacquer; paint
[2]**qìzhī** 妻之 V.O. get someone to marry one's daughter/niece/etc.
qīzhǐ 栖止[棲-] V. <wr.> stay; sojourn; settle (at a place)
qízhí 畦植 N. drill planting; saddle-planting
qízhǐ 歧/枝指 N. additional finger; forked finger M: [2]*gēn*
[1]**qízhì*** 旗帜[-幟] N. ① banner; flag ② rallying point; stand
[2]**qízhì** 奇志 N. high aspirations; lofty ideal
[3]**qízhì** 棋峙 V.P. <wr.> ① be stalemated ② exist side by side (of warlords)
[1]**qǐzhǐ** 岂止/只[豈-] CONJ. ① not only/merely ② more than; not limited to ***Yī nián de xuéfèi ~ yīwàn, yǐjīng kuài liǎngwàn le!*** Yearly tuition didn't stop at $10,000, it has almost reached $20,000!
[2]**qǐzhǐ** 起止 N. the beginning and the end
qìzhǐ 契纸 N. title deed M: [1]*zhāng*
[1]**qìzhì** 气质[氣質] N. ① temperament; disposition ② gas; gaseous substance
[2]**qìzhì** 弃置[棄-] V. discard; throw aside
[3]**qìzhì** 气滞[氣滯] N. <Ch. med.> stagnation of circulation of vital energy
[4]**qìzhì** 器质[-質] N. one's magnanimity and talent
[5]**qìzhì** 弃掷[棄擲] V. cast aside; throw away
qìzhìbùgù 弃置不顾[棄-顧] F.E. reject as unworthy of attention
qìzhìbùyòng 弃置不用[棄-] F.E. be discarded; lie idle
qìzhí'értáo 弃职而逃[棄職-] F.E. flee from one's post
qìzhì gāoyǎ 气质高雅[氣質-] V.P. have refined disposition/temperament
qìzhīkěxī 弃之可惜[棄-] F.E. ① hesitate to discard sth. ② It is a waste to discard it.
qìzhíqiántáo 弃职潜逃[棄職潛-] F.E. desert one's post and take flight
qìzhīrúbìxǐ 弃之如敝屣[棄-] F.E. cast away like a pair of wornout shoes
qízhìrúlín 旗帜如林[-幟--] F.E. a forest of flags
qìzhīrúyí 弃之如遗[棄-] F.E. leave uncared (for)
qǐ-zhǐshì 起止式 N. <elec.> start-stop type
qízhìxiānmíng 旗帜鲜明[-幟--] F.E. show one's colors
qìzhìxìng 器质性[-質-] ATTR. organic
qìzhìxìng ěrlóng 器质性耳聋[-質---] N. organic deafness
qìzhìxìng-lóng 器质性聋[-質--] N. organic deafness
[1]**qīzhōng** 期中 N. midterm
[2]**qīzhōng** 期终 N. end of a period/semester/quarter
qízhōng* 其中 P.W. in/among (it/them/which/etc.)
qízhòng 綦重 V.P. very heavy
[1]**qǐzhǒng** 企踵 V. stand on tiptoe
[2]**qìzhǒng** 跂踵 V. wait expectantly; look forward anxiously
qǐzhòng 起重 V.O. lift sth. heavy
qìzhōng 螿螽 N. grasshopper M: [2]*zhī*
qìzhǒng 气肿[氣腫] N. emphysema
qìzhòng 器重 V. regard highly

qīzhōng bàobiǎo 期中报表[--報-] N. <acct.> interim statement M: [1]*zhāng*
qīzhōng bàogào 期中报告[--報-] N. <acct.> interim report M: [1]*fèn*
qǐzhòngchē 起重车 N. derrick car M: [3]*liàng*
qǐzhòngchuán 起重船 N. crane ship; floating crane M: [1]*sōu*
qìzhǒng'érwàng 跂踵而望 F.E. look forward anxiously
qìzhǒnghòujià 跂踵候驾 F.E. <court.> eagerly await your presence
qǐzhòngjī 起重机 N. hoist; crane; derrick M: [1]*tái*
qìzhǒngjū 气肿疽[氣腫-] N. <liv.> blackleg; black quarter
[1]**qīzhōngkǎo** 期终考 N. final examination
[2]**qīzhōngkǎo** 期中考 N. mid-term exam
[1]**qīzhōng kǎoshì** 期终考试 N. final examination
[2]**qīzhōng kǎoshì** 期中考试 N. midterm examination
qǐzhòng luóxuán 起重螺旋 N. jackscrew
qīzhōng shěnjì 期中审计[--審-] N. <acct.> interim audit
qǐzhǒngyánjǐng 企踵延颈[-頸] F.E. on the very tiptoe of expectation
[1]**qīzhōng yú'é** 期终余额 N. <acct.> closing balance
[2]**qīzhōng yú'é** 期中余额 N. <acct.> interim balance
qízhōngzhīqí 奇中之奇 N. the strangest of the strange
qǐzhòu 起皱[-皺] V.O. wrinkle
qìzhōudēnglù 弃舟登陆[棄-陸] F.E. leave the ship and go ashore
qǐzhòu gōngyì 起皱工艺[-皺-藝] N. <txtl.> creping
qìzhōuqiújiàn 契舟求剑 ID. take measures without regard to changes in circumstances
[1]**qǐzhù** 起住 N. the beginning and the end
[2]**qǐzhù** 乞助 V.O. <wr.> ask for help
qìzhuān 砌砖[-磚] V.O. lay bricks
[1]**qízhuāng*** 旗装[-裝] N. Manchu women's dress M: [2]*jiàn*
[2]**qízhuāng** 骑装[-裝] N. riding/hacking outfit M: [2]*jiàn*
qìzhuàng 气壮[氣壯] V.P. <coll.> high and mighty; high-handed
qìzhuāngōng 砌砖工[-磚-] N. bricklayer; brick mason M: [2]*wèi*
qìzhuān gōngrén 砌砖工人[-磚--] N. bricklayer M: [2]*wèi*
qìzhuàngrúniú 气壮如牛[氣壯-] F.E. fierce as a bull
qìzhuàngshānhé 气壮山河[氣壯-] ID. stirring and inspiring
qízhuāngyìfú 奇装异服[-裝異-] F.E. exotic/bizarre clothes
qízhuàngyún 旗状云[-狀雲] N. <met.> banner cloud; cloud banner
qìzhùfǎ shīgōng 砌筑法施工[-築---] N. masonry construction
qīzi* 妻子 N. wife *See also* *qīzǐ*
qīzǐ 妻子 N. wife and children *See also* *qīzi*
qízi 旗子 N. flag; banner; pennant M: [1]*miàn*
qízǐ(r) 棋子(儿) N. ① board-game piece ② chessmen; stones (in a go game) M: [1]*kē*
qízì 奇字 N. characters not included in the traditional six categories
qǐzi 起子 N. ① <coll.> ⓐ baking powder ⓑ screwdriver ⓒ bottle opener ② <slang> ⓐ prospects; future ⓑ courage; guts ♦M. batch; lot; group
[1]**qǐzǐ** 杞梓 N. fine wood for carving; good timber
[2]**qǐzǐ** 跂訾 V.P. <wr.> opinionated
qìzǐ 契子 N. adoptive son M: [2]*wèi*
qīzòngqīqín 七纵七擒[-縱--] F.E. use forebearance to win over an opponent
qízòu 齐奏[齊-] V. <mus.> play in unison ♦N. unison
qǐzòu* 启奏[啟-] V. <trad.> report to the emperor and seek his reactions

qǐzū 起租 V.P. enter into force (of a lease contract); start paying rent (from a date)
[1]**qìzuàn** 气钻[氣鑽] N. pneumatic drill M: [1]*tái*
[2]**qìzuàn** 弃钻[棄鑽] A.T. abandon
qìzúbǎoshuài 弃卒保帅[棄-帥] F.E. sacrifice one's pawn to save the queen (in chess)
qǐzú'érdài 企足而待 F.E. ① will soon succeed ② be on tiptoe with expectation
qǐzú'érwàng 企足而望 F.E. stand on tiptoe to see
qìzuì 泣罪 V.O. weep for a criminal's evil-doing
qīzuǐbāshé 七嘴八舌 F.E. talk all at same time
qízuǒ 齐左[齊-] N. <print.> left justification
qǐzuò(r)* 起坐(儿) V.O. rise from one's seat as a form of respect
qǐzuò 跂坐 V. sit with legs dangling (not touching the ground)
qǐzuòjiān 起坐间 P.W. <topo.> living/sitting room M: [1]*jiān*
qǐzuòr 起座儿 V.O. <coll.> stand up
qǐzuòshì 起坐室 P.W. reception room M: [1]*jiān*
qǐ zuòyòng 起作用 V.O. ①have an effect ②play a part (in); function as
qǐzúyǐdài 跂足以待 F.E. wait
[1]**qū** 区[區] N. district; administrative division ♦B.F. ① region; area ***shānqū*** ② discriminate; classify ***qūbié*** ③ subdivide ***qūfēn*** ④ little; unimportant [1]***qūqū*** *See also* [2]*Ōu*
[2]**qū** 屈 V. bend ♦B.F. ① wrong; suffer a wrong ***wěiqu*** ② subdue; submit ***qūfú*** ③ crooked [2]***qūqū*** ♦N. Surname
[3]**qū** 曲 V. bend ♦B.F. ① bent; crooked [1]***wānqū*** ② angled ***qūchǐ*** ③ bend (of a river/etc.) ***héqū*** ④ false; wrong [1]***qūzhé*** ⑤ unjust; unfair; distorted ***wāiqū*** *See also* [4]*qū*, [3]*qǔ*
[4]**qū** 曲/麯/麴/粬 N. ① leaven; yeast ② Surname *See also* [3]*qū*, [3]*qǔ*
[5]**qū** 趋[趨] B.F. ① run/hasten forward [1]***qūqián*** ② incline/tend towards ***qūxiàng***

[6]**qū** 驱[驅] B.F. ① drive (a horse/car/etc.) [1]***qūchē*** ② expel ***qūzhú*** ③ stimulate ***qūshǐ*** ④ run quickly ***chángqūzhírù***
[7]**qū** 蛆 N. maggot *See also* [16]*jū*
[8]**qū** 袪 <wr.> N. sleeve cuff
[9]**qū** 祛 B.F. dispel; remove ***qūtán***
[10]**qū** 焌 V. ① extinguish a burning object by immersing in water ② sauté
[11]**qū** 觑[覷] V. narrow the eyes and peer at *See also* [3]*qù*
[12]**qū** 躯[軀] B.F. the (human) body ***qūtǐ, shēnqū***
[13]**qū** 黢 B.F. black; dark ***qūhēi, hēiqūqū***
[14]**qū** 诎[詘] B.F. shorten ♦in ***chōngqū***
[15]**qū** 胠 B.F. ① flank; side ② pry open (a box); steal ***qūqiè***
[16]**qū** 蛐 in [1]***qūqur***
[17]**qū** 岖[嶇] in [1]***qíqū***
[18]**qū** 戌 in [2]***qūqur*** *See also* [6]*xū*
[1]**qú** 渠 N. canal; ditch; channel ♦PR. <wr./topo.> he; she ♦S.V. <topo.> big; chief
[2]**qú** 瞿 in ***qúmài, Qútán*** ♦N. Surname *See also* [22]*jù*
[3]**qú** 劬 B.F. diligent ***qúláo, qínqú***
[4]**qú** 衢 B.F. thoroughfare ***qúlù, jiēqú***
[5]**qú** 朐 B.F. dried flank meat ***qúfǔ, qúròu***
[6]**qú** 癯 B.F. thin; lean ***qīngqú***
[7]**qú** 鸲[鴝] B.F. birds of myna family ***qúyù, ōuqú***
[8]**qú** 氍 in ***qúshū***
[9]**qú** 磲 in ***chēqú***
[10]**qú** 篴 in [2]***qúchú***
[11]**qú** 蕖 in ***fúqú***
[12]**qú** 蘧 in ***qúlú***, [2]***qúqú***
[13]**qú** 蠼 in ***qúsōu***
[14]**qú** 鼩 in ***qújīng, shùqú***
[1]**qǔ** 取 V. ① take; get; obtain ② select ③ adopt; assume; choose ④ aim at; seek
[2]**qǔ** 娶 V. take a wife/daughter-in-law
[3]**qǔ** 曲 N./M. ① song ② drama; opera *See also* [3]*qū*, [4]*qū*
[4]**qǔ** 龋[齲] B.F. bad teeth; decayed and missing teeth ***qǔdù, chǐqǔ***

[5]**qǔ** 苣 in *qǔmaicài See also* [27]*jù*

[1]**qù*** 去 V. ① go; go to; leave; depart ② get rid of; remove; cast out ~ *nǐ de!* Get lost! ③ dispatch *Gěi jiàoshòu ~ ge diànhuà wènwen.* Give the professor a ring and ask about it. ④ be apart *xiāng~bùyuǎn* not far from each other ⑤ <*opera*> play the role of ♦CONS. in order to *zhèngqián ~ yǎngjiā* earn money to support one's family ♦SUF. away *sòng~* send away ♦B.F. ① past; last *qùnián* ② "going" tone; Mandarin fourth tone *qùshēng* ♦ADV. <*topo.*> extremely; really; quite *Kě hǎole ~ le!* It's really good!

[2]**qù** 趣 B.F. ① interest; delight *qùwèi* ② bent; inclination [1]*zhìqù* ③ interesting; entertaining *yǒuqù*

[3]**qù** 觑[覻] B.F. ① look; gaze [4]*qùshì* ② <*coll.*> squint *See also* [11]*qū*

[4]**qù** 阒[闃] B.F. quiet; silent *qùjì, kōngqù*

[1]**quān** 圈 N. ① circle; ring ② corral ♦V. ① circle; encircle ② pen in; shut in a pen *See also* [4]*juān*, [2]*juàn*

[2]**quān** 悛 B.F. repent; make amends *rěnquānbùjīn, hù'èbùquān*

[3]**quān** 棬 B.F. <*wr.*> tools made from bent wood *quānshū*

[1]**quán*** 全 S.V. complete; whole; full; total; perfect ♦ADV. completely; entirely; totally ♦B.F. make perfect/complete; keep whole/intact *chéngquán* ♦N. Surname

[2]**quán** 权[權] N. ① <*wr.*> steelyard weight ② right; power; authority ③ Surname ♦ADV. tentatively; for the time being ♦B.F. weigh; assess [1]*quánhéng*

[3]**quán** 拳 N. ① fist ② boxing; pugilism ♦M. punch *dǎle yī ~* gave a punch ♦V. curl; twist; bend

[4]**quán** 泉 B.F. ① spring; fountain *wēnquán, quánshuǐ* ② <*hist.*> coin *quánbì* ♦N. Surname

[5]**quán** 蜷 V. wriggle; be coiled/curled up

[6]**quán** 筌 N. bamboo fish trap

[7]**quán** 醛 N. <*chem.*> aldehyde

[8]**quán** 诠[詮] B.F. <*lg.*> interpretation [2]*quánshì*

[9]**quán** 痊 B.F. recover from illness [1]*quányù, quánkě*

[10]**quán** 荃 B.F. <*trad.*> a kind of fragrant plant *quánchá*

[11]**quán** 颧[顴] B.F. cheekbone *quángǔ*

[12]**quán** 铨[銓] B.F. <*trad.*> record of official employment; professional résumé [2]*quáncì, quánxù*

[13]**quán** 鬈/卷 B.F. curly (hair); beautiful hair *quánfà*, [4]*quánqū See also juǎn*, [1]*juàn*

[14]**quán** 惓 in [3]*quánquán*

[1]**quǎn** 犬 N. <*wr.*> dog

[2]**quǎn** 畎 B.F. small field ditch *quǎnmǔ, quǎnkuài*

[3]**quǎn** 绻[綣] in *qiǎnquǎn*

[1]**quàn** 劝[勸] V. ① exhort; urge; persuade ② propitiate; calm down

[2]**quàn** 券 N. ticket; certificate *See also* [4]*xuàn*

[1]**quánbān** 全班 N. whole class

[2]**quánbān** 全般 ATTR. whole; entire amount; over-all

quánbàng 拳棒 N. fighting feats; martial arts

quánbān gōngzuò 全般工作 N. the entire work

quánbān zhīyuán 全般支援 N. general support

quánbào 全豹 N. the whole picture/thing ♦ATTR. global; integral

quánbèi 全备[-備] V.P. be completely ready

quánběn 全本 N. ① <*opera*> staging of a complete traditional opera ② unabridged version

quánběnr 全本儿 N. the whole play

quānbì* 圈闭 V. shut up

quánbì 泉币[-幣] N. money

[1]**quánbiàn** 权变[權變] V.P. adjust to change ♦N. adaptability; flexibility; tact

[2]**quánbiàn** 权便[權-] ATTR. <*wr.*> expedient

quánbiànduōmóu 权变多谋[權變-] F.E. be resourceful

quánbiàn lǐlùn 权变理论[權變-] N. contingency theory

quánbiāo 权标[權標] N. fasces

quánbǐng 权柄[權-] N. power; authority

quánbìyīn 全闭音 N. <*lg.*> stop sound

[1]**quánbù** 全部 N. whole; complete; total; all

[2]**quánbù** 泉布 N. <*trad.*> money; currency

quánbù dàozhuāng 全部倒装[-裝] N. <*lg.*> full inversion

quánbù fǒudìng 全部否定 N. <*lg.*> sheer negation

quánbù fùqì 全部付讫 N. <*acct.*> payment in full

quánbù shěnjì 全部审计[--審-] N. <*acct.*> complete audit

quánbù tónghuà 全部同化 N. <*lg.*> total assimilation

quánbù yìhuà 全部异化[--異-] N. <*lg.*> total dissimilation

[1]**quáncái** 全才 N. versatile person; all-rounder M: [2]*wèi*

[2]**quáncái** 铨材 V.O. estimate one's ability

quáncáichǎn jìchéngrén 全财产继承人[--產繼--] N. <*law.*> universal legatee; universal successor M: [2]*wèi*

quāncāo* 圈操 N. ring/hoop gymnastics

quáncáo 铨曹 N. department of civil personnel

quánchá 荃察 F.E. your esteemed consideration

quáncháng 全长 N. overall length

quánchǎng* 全场[-場] N. ① the whole audience; all those present ② <*sport*> full/all-court (basketball)

quánchǎng jǐnpò dīngrén 全场紧迫盯人[-場緊---] N. <*sport*> full press; full-court press (basketball)

quánchén 权臣[權-] N. <*trad.*> powerful officials/ministers M: [2]*wèi*

[1]**quánchēng*** 全称[-稱] N. whole title; full name

[2]**quánchēng** 权称[權稱] N. temporary name

[1]**quánchéng** 全程 N. the whole journey/course

[2]**quánchéng** 全城 N. the whole city

quánchéngbāo shèjì 全承包设计 N. turnkey project

quánchēng de 全称的[-稱-] ATTR. <*lg.*> generic

quánchéngpiào 全程票 N. round-trip ticket M: [1]*zhāng*

quánchéngyītuán 蜷成一团[-團] F.E. ① bunch up ② curl into a round

quánchénqījūn 权臣欺君[權-] F.E. Powerful officials insult their lord.

quǎnchǐ 犬齿[-齒] N. cuspid; canine tooth M: [1]*kē*

quánchǐcùn móxíng 全尺寸模型 N. full-scale model

quánchǐcùn shíyàn 全尺寸实验[---實-] N. full-scale experiment

quánchōng* 权充[權-] V. act temporarily as

quánchǒng 权宠[權-] V. gain power through favor from the emperor, etc.

quànchóu 劝酬[勸-] V.P. urge to drink

[1]**quáncì** 诠次 N. arranged order

[2]**quáncì** 铨次 N. procedures for selecting officials

quáncūn 全村 N. the whole village

quándǎ 拳打 V. strike with the fists

quándài 权代[權-] V. act in another's place temporarily

quāndàiwén 圈带纹[-帶-] N. belt-of-circles pattern; row of small rings used as a border

quándǎjiǎotī 拳打脚踢[--腳-] F.E. cuff and kick; beat up

quándāng 权当[權當] V.P. consider it as. . .; take it as. . .(temporarily)

quándǎng* 全党[-黨] N. the whole Party

quándǎng bànbào 全党办报[-黨辦報] N. Party-run newspapers

quándǎngquánjūn 全党全军[-黨--] F.E. the whole Party and army

quándǎo 权倒[權-] A.T. taking advantage of one's position to engage in fraudulent buying and selling

quàndǎo* 劝导[勸導] V. admonish; advise; induce

quándàyúfǎ 权大于法[權-於-] F.E. power overshadowing law

quándǎzútī 拳打足踢 F.E. cuff and kick; beat up

quándé 全德 N. perfect character

quánděng 全等 V.P. <*math.*> congruent; identically equal

quánděnghào 全等号[-號] N. <*math.*> congruent symbol

quánděngxíng 全等形 N. <*math.*> congruent shapes

quāndì* 圈地 V.O. <*econ.*> enclosure

quándì 泉地 N. oasis

quāndiǎn* 圈点[-點] V. ① punctuate/mark text (with periods or small circles) ② emphasize (passages in a text)

quándiǎn 权典[權-] N. provisional law; temporary regulations

quāndìng 圈定 V. circle choice

quāndì yùndòng 圈地运动[-運動] N. enclosure movement

quàndòng 劝动[勸動] R.V. persuade; move

quándōu 全都 N. all; without exception

quándù 权度[權-] V. estimate (the importance/strength/length/etc.) ♦N. laws

quánduó 铨度 V. estimate

quán-duōyúdù 全多余度 N. total redundancy

quán'é 全额 N. full/entire stock

quán'é bǎoxiǎn 全额保险 N. full insurance

quán'é chéngběn 全额成本 N. absorption costing; full costing

quánfǎ 拳法 N. boxing/pugilistic art

quánfà* 鬈/卷发[-髮] N. curly hair; hair curving up M: [1]*tóu* ♦V.O. curl the hair

quánfāngwèi 全方位 N. omnidirection; comprehensiveness ♦ATTR. ① omnibearing ② comprehensive; all-inclusive

quánfāngwèi kāifàng 全方位开放[---開-] V.P. open doors wide on every side

quánfāngwèi wàijiāo 全方位外交 N. all-encompassing diplomacy

quánfǎnshè 全反射 N. <*phy.*> total reflection

Quánfěi 拳匪 N. the Boxer rebels M: [1]*bāng*

quǎnfèi* 犬吠 N. <*wr.*> dog's bark

Quánfěizhīluàn 拳匪之乱[-亂] N. Boxer Rebellion (1899–1901) (a slander)

quánfēn 全分 N. <*lg.*> complete separation of pinyin syllables (e.g., Zhōng Huá Rén Mín Gòng Hé Guó)

quánfèn* 全份 N. complete/whole set

quánfèn biǎocè 全份表册[-冊] N. complete set of lists and forms

[1]**quánfú** 蜷伏 V. curl up; lie with knees drawn up

[2]**quánfú** 全福 N. felicity; beatitude

quánfù* 全副 ADV. completely; fully ♦N. whole set

quànfú 劝服[勸-] V. prevail

quánfùhè 全负荷 N. full load

quánfù huózì 全副活字 N. <*print.*> font

quánfù lìliang 全副力量 N. all one's energy

quánfù wǔzhuāng 全副武装[--裝] N./ADV. fully armed; in full battle array

quángān 全干[-乾] V.P. bottoms up!

quángāng chētǐ 全钢车体[-鋼-體] N. all-steel car body

quàngào 劝告[勸-] V. advise; exhort; counsel ♦N. advice; exhortations

quàngàojù 劝告句[勸-] N. <*lg.*> hortatory sentence

quàngàozhě 劝告者[勸-] N. counsel

quángè 全个[-個] N. the whole

quángōnghào 全功耗 N. total power dissipation

quángǔ 颧骨 N. cheekbones

quánguì 权贵[權-] N. influential figures; bigwigs M: [2]*wèi*

quánguó 全国[-國] N. whole nation/country ♦ATTR. national; nationwide

quánguó gèdì 全国各地[-國--] P.W. all over the country; everywhere in the country

Quánguó Guǎngbō Gōngsī 全国广播公司[-國廣---] P.W. National Broadcasting Co. (NBC)

quánguó liángpiào 全国粮票[-國糧-] N. <PRC> national grain coupons

quánguó shàng-xià 全国上下[-國--] N. the whole nation from the leadership to the masses

quánguó wěiyuánhuì 全国委员会[-國---] P.W. national committee

quánguó wénmíng 全国闻名[-國--] V.P. be well-known throughout the country

quánguóxìng 全国性[-國-] N. nationwide; countrywide; national

quánguó yī pán qí 全国一盘棋[-國-盤-] F.E. take the whole country into account

quánguó yī pán qí sīxiǎng 全国一盘棋思想[-國-盤---] N. the idea of taking into full account the overall interest of the whole country

Quánguó Yùndònghuì 全国运动会[-國運動-] N. <PRC> National Games

Quánguó Zhèngxié 全国政协[-國-協] P.W. Chinese People's Political Consultative Conference

quángǔ tūqǐ 颧骨突起 V.P. prominent cheekbones

quánhángyè gōng-sī héyíng 全行业公私合营[--業---營] N. joint state-private operation by whole trades

quànhé 劝和[勸-] V.O. urge reconciliation

[1]quánhéng 权衡[權-] V. weigh; consider; assess

[2]quánhéng 铨衡 V. measure and select talents

quánhéng bǐjiào 权衡比较[權-] V.P. weigh the pros and cons

quánhéng déshī 权衡得失[權-] V.O. weigh gains and losses

quánhéng lì-bì 权衡利弊[權-] V.O. weigh the pros and cons

quánhéng qīng-zhòng 权衡轻重[權-輕-] V.O. weigh the relative importance (of two or more things)

quánhéngzhízhǎng 权衡执掌[權-執-] F.E. The authority is in one's hand.

quánhu 全乎 S.V. <coll.> complete

quánhuá 泉华[-華] A.T. <geol.> sinter

quànhuà* 劝化[勸-] V. <Budd.> ① exhort to convert ② exhort to do good deeds ③ beg for alms

quānhuán 圈环[-環] N. ring; hoop

quánhuánshí 全环食[-環-] N. <astr.> total annular eclipse

quánhuì 全会 N. plenary meeting/session; plenum

quànhuì 劝诲[勸-] V. advise; exhort

quánhuó* 全活 N. whole work/job/task

quǎnhuò 犬祸[-禍] N. prevalence of rabies

quánhuór 全活儿 N. <slang> ① all the work in a job ② moonlight job (in addition to a regular job)

quánjī* 拳击[-擊] N. boxing; pugilism ♦V. strike with the fist

[1]quánjí 全集 N. complete/collected works M: [1]běn/tào

[2]quánjí 权级[權-] N. power level

quánjiā* 全家 N. the whole family

quánjià 全价[-價] N. full retail price

[1]quànjià 劝架[勸-] V.O. mediate

[2]quànjià 劝驾[勸-] V.O. urge sb. to do sth.

quánjiāfú 全家福 N. <coll.> ① photograph of the whole family ② hodgepodge

quānjiàn 圈槛[-檻] N. wild-animal cage M: [4]zuò

[1]quánjiān 全歼[-殲] V. wipe out (an invading enemy) to last person

[2]quánjiān 权奸[權-] N. a powerful and treacherous court official

quánjiàn 荃鉴[-鑒] F.E. your esteemed consideration

quànjiàn* 劝谏[勸-] V. remonstrate with a superior

quánjiàng de 全降的 ATTR. <lg.> high-falling

quánjiàngdiào 全降调 N. <lg.> high-falling tone

quán-jiānróngxìng 全兼容性 N. full compatibility

quánjiānshālù 全歼杀戮[-殲殺-] F.E. slaughter

quánjiànshì 全键式 N. full keyboard

quánjiāo 全交 V.P. <wr.> maintain friendly relations

[1]quánjiǎo* 拳脚[-腳] N. Chinese boxing (using fists and feet)

[2]quánjiǎo 全角 N. <comp.> 2–byte input mode

quánjiào 权教[權-] N. watered-down initial preaching of Buddha

quánjiǎojiāojiā 拳脚交加[-腳--] F.E. beat with fists and kicks; violent beating

quánjié 全节[-節] N. defend one's chastity/integrity

quánjiě 全解 N. <math.> complete solution

quànjiě* 劝解[勸-] V.P. ① mediate; exhort to peace ② pacify

quànjiè 劝戒[勸-] V. admonish; exhort against

quánjī'ěr 拳击耳[-擊-] N. <sport> cauliflower ear

quánjī jìshù 拳击技术[-擊-術] N. <sport> ringcraft

quānjìn* 圈禁 V. <coll.> lock up; put under restraint

quànjìn 劝进[勸進] V. urge to seize power

quánjǐng 全景 N. panorama; full view; whole scene ♦ATTR. panoramic

quánjǐng diànyǐng 全景电影[--電-] N. panoramic movie M: [2]bù

quánjǐng kuānyínmù diànyǐng 全景宽银幕电影[--寬--電-] N. cinepanoramic

quánjǐng shèyǐngjī 全景摄影机[--攝--] N. panoramic camera M: [1]tái

quánjīshǒu 拳击手[-擊-] N. boxer; pugilist M: [2]wèi

quánjīshǒu duǎnkù 拳击手短裤[-擊---] N. boxer shorts M: [1]tiáo

quánjī shǒutào 拳击手套[-擊--] N. boxing gloves M: [1]fù

quánjītái 拳击台[-擊臺] N. boxing ring M: [4]zuò

quànjiǔ 劝酒[勸-] V.O. urge to drink

[1]quánjú* 全局 N. overall situation

[2]quánjú 拳局 V.P. be confined/restrained to a small place

[3]quánjú 蜷局 A.T. ① curl up (in sleep/etc.) ② <wr.> curl; coil; twist ③ contracted; not stretched

quánjù 全句 N. <lg.> complete sentence

quànjuān 劝捐[勸-] V.O. ask for contributions

quánjú guāndiǎn 全局观点[-觀點] N. overall point of view

quánjùlí 全距离[-離] N. the whole distance

quánjú lìyì 全局利益 N. interests of the whole; general interests

quánjūn* 全军 N. entire army ♦V.O. <wr.> preserve military strength

quàn jūn 劝君[勸-] V.O. persuade you to . . .

quánjūn bēngkuì 全军崩溃 V.P. The army has been utterly routed.

quánjūn fùmò 全军覆没 V.P. The army was totally annihilated.

quánjú shùjùkù 全局数据库[--數據-] N. global data base

quánjú sīxiǎng 全局思想 N. consideration of the overall situation

quánjú wǎngluòhuà 全局网络化[--網--] N. global networking

quánjúxìng wèntí 全局性问题 N. a matter of overall importance

quánjù xiūshìyǔ 全句修饰语 N. <lg.> sentential/sentence modifier

quánjù xiūshì yǔjù 全句修饰语句 N. <lg.> sentential/sentence modifier

quánjú zhīshí 全局知识[-識] N. global knowledge

quánkāi 全开[-開] N. <print.> standard-size sheet

quànkāi* 劝开[勸開] R.V. mediate an end to a fight

quánkǎo 铨考 V. annotate and investigate

quánkě 痊可 V. have been cured; have recovered from illness

quānkǒur 圈口儿 N. diameter

quánkǒutuōyá 全口托牙 F.E. complete denture

quǎnkuài 畎浍 N. <wr.> field ditch

quánkuān 全宽[-寬] N. overall width

quánláijiǎoqù 拳来脚去[--腳-] F.E. give tit for tat; exchange blows

quánláizúqù 拳来足去 F.E. give tit for tat; exchange blows

quánláo 全劳[-勞] N. <coll.> able-bodied farm worker

quán-láodònglì 全劳动力[-勞動-] N. able-bodied farm worker

quánláolì 全劳力[-勞-] N. fully able-bodied laborer

[1]quánlèi 全类[-類] N. <log.> universal class; universal law

[2]quánlèi 醛类[-類] N. <chem.> aldehyde

quánlěidǎ 全垒打[-壘-] N. <sport> home run (in baseball)

[1]quánlì 权利[權-] N. right; privilege

[2]quánlì 权力[權-] N. power; authority

[3]quánlì 全力 N. all one's strength; wholehearted dedication

quánlián 全连 N. <lg.> complete ligation of pinyin syllables (for example, Zhōnghuárénmíngònghéguó)

quānliáng 圈梁 N. <archi.> girth

[1]quánliàng* 权量[權-] V. weigh

[2]quánliàng 铨量 V. judge

[3]quánliàng 荃谅 F.E. your esteemed consideration

quán liáng le 全凉了[-涼-] V.P. <coll.> It was all only half done.

quánlì de lànyòng 权力的滥用[權--濫-] N. abuse of rights

quánlì dòuzhēng 权力斗争[權-鬥爭] N. power struggle

quánlì fǎ'àn 权利法案[權-] N. bill of rights

quánlì fēnlí 权力分离[權-離] N. separation of powers

quánlì fēnpèi 权力分配[權-] N. distribution of powers

quánlì guòfèn jízhōng 权力过分集中[權-] N. over-concentration of power

quánlì jiégòu 权力结构[權-構] N. power structure

quánlì jīnzìtǎ 权力金字塔[權-] N. pyramid of power

quánlì jūnhéng 权力均衡[權-] N. balance of power

quánlín 泉林 N. ① natural scenery ② abode of a recluse

quánlì páshēng 全力爬升 V.P. full climb (of an aircraft)

quánlì pínghéng 权力平衡[權-] N. balance of power

quánlìwúshàng 权力无上[權-] F.E. supreme in power

quánlì xiàfàng 权力下放[權-] V.P. delegate/transfer power to lower levels

quánlì xuānyán 权利宣言[權-] N. bill of rights

quánlìyǐfù 全力以赴 F.E. spare no efforts; go all-out

quánlì zhèngshū 权利证书[權-證書] N. document of title; letter of authorization M: [1]zhāng

quánlì zhèngzhì 权力政治[權-] N. power politics

quánlì zhīchí 全力支持 V.P. spare no effort to support; give all-out support

quānlong 圈拢 <topo.> V. ① unite; rally ② draw sb. over to one's side; rope in

quánlù 泉路 N. way to Hades

quánlüè 权略[權-] N. schemes/measures to meet exigencies

quánlùn 铨论 V. discourse

quánlún qūdòng qìchē 全轮驱动汽车[--驅動--] N. all-wheel-drive vehicle M: [3]liàng

quánmá* 全麻 N. <*med.*> general anesthesia
quǎnmǎ 犬马 N. dogs and horses
quánmài 泉脉[-脈] N. ground-water channels
quánmǎn 全满 V.P. full-up
quánmáng 全盲 N. <*med.*> total blindness
quánmáo 鬈毛 N. frizzle
quánmào* 全貌 N. complete picture/appearance; full view
quǎnmǎyǐbào 犬马以报[-報] F.E. be as grateful as a dog or a horse
quǎnmǎzhīláo 犬马之劳[-勞] N. ① work like a dog/horse ② <*humb.*> my faithful service
quǎnmǎzhīxīn 犬马之心 N. full-hearted loyalty
Quánměi Láogōng Liánméng 全美劳工联盟[--勞-聯-] P.W. AFL-CIO
[1]**quánmén** 权门[權-] N. ① powerful families; households of powerful ministers ② those in power
[2]**quánmén** 拳门 N. school/style of martial arts
quánmiàn* 全面 S.V. overall; comprehensive; all-round; all-out ~ *gōngjī* all-out offensive
quànmiǎn 劝勉[勸-] V. ① urge and encourage ② advise and encourage
quánmiàn bǎoxiǎn 全面保险 N. full insurance
quánmiàn bēngkuì 全面崩溃 N. total collapse; debacle
quánmiàn fāzhǎn 全面发展[--發-] V.P. develop in full scale ♦N. full-scale development
quánmiànfěn 全面粉 N. whole meal; whole-wheat flour
quánmiàn gōngjī 全面攻击[-擊] N. all-out offensive
quánmiàn guīhuà 全面规划[-劃] N. comprehensive/overall planning
quánmiàn hǎozhuǎn 全面好转[-轉] N. general improvement
quánmiàn jīngyàn 全面经验[--經-] N. extensive experience
Quánmiàn Jìnzhǐ Héshìyàn Tiáoyuē 全面禁止核试验条约[-------條-] N. Comprehensive Test Ban Treaty
quánmiànxìng 全面性 ATTR. overall; comprehensive; all-round
quánmiàn zhànzhēng 全面战争[-戰爭] N. full-scale/total war
quánmiàn zhàogu 全面照顾[-顧] N. <*med.*> comprehensive care
quánmiàn zhìliàng kòngzhì 全面质量控制[--質---] N. overall quality control
quánmiàn zhuānzhèng 全面专政[--專-] N./V.P. <*Cult. Rev.*> total dictatorship
quánmiàn zǒngjié 全面总结[--總-] N. comprehensive summing-up
quánmiáo 全苗 N. <*agr.*> a full stand
quánmín 全民 N. whole/entire people; all the people
quánmín dòngyuán 全民动员[--動-] N. nationwide mobilization
quánmíng 全名 N. full name
quánmíng bèishū 全名背书[-書] N. endorsement in full
quánmín gōngyè 全民工业[-業] N. state industry
quánmínjiēbīng 全民皆兵 F.E. entire nation in arms
Quánmínlián 全民联[-聯] P.W. National League for Democracy
quánmín suǒyǒu 全民所有 N./ATTR. state-owned
quánmín suǒyǒuzhì 全民所有制 N. ownership by all the people
quánmín suǒyǒuzhì dānwèi 全民所有制单位 N. state-owned unit
quánmín wényì 全民文艺[-藝] N. art and literature which transcends class
quánmínxìng 全民性 N. ①all the people ②the entire nation
quánmínyǔ 全民语 N. <*lg.*> national language
quánmín zhèngfǔ 全民政府 P.W. a government of all the people
quánmín zhèngzhì 全民政治 N. democracy; government by all the people
quánmín zǒngdòngyuán 全民总动员[--總動-] N. general mobilization of the nation
quánmíxīnqiào 权迷心窍[權-竅] F.E. power-drunk; power-hungry
quánmóu 权谋[權-] N. intrigue; tactics; schemes
quánmóuduōbiàn 权谋多变[權-變] F.E. resourceful
quǎnmǔ 畎亩[-畝] N. <*wr.*> fields
quànmù* 劝募[勸-] V.O. ask for contributions
quǎnmǔtiāncái 畎亩天才[-畝--] F.E. mediocre ability
quànmùzhě 劝募者[勸-] N. people who ask for contributions; solicitors M: [2]*wèi*
quānnèi 圈内 P.W. within a circle
[1]**quánnéng** 全能 ATTR. ①omnipotent ②<*sport*> all-round
[2]**quán-néng** 权能[權-] N. ① powers and functions ② <*law*> exercise of one's rights
quán-néng fēnkāi 权能分开[權-開] V.P. the division of the people's rights and the powers of the government
quánnéng guànjūn 全能冠军 N. <*sport*> an all-round champion
quán-néng qūfēn 权能区分[權-區-] N. division of powers and functions
quánnéng yínháng 全能银行 N. universal bank
quánnéng yùndòng 全能运动[-運動] N. <*sport*> decathlon; pentathlon
quánnián 全年 ATTR. annual; yearly ♦ADV. throughout year
quánnián shēngchǎn zǒngzhí 全年生产总值[---產總-] N. annual output value
quánnìng 权佞[權-] N. a mean politician in power
quānnòng* 圈弄 N. frame (sb.); trap sb. by tricking/deceiving
quànnóng 劝农[勸農] N. advise/encourage farming
quán'ōu 拳殴[-毆] V. strike with the fists
quánpán(r) 全盘(儿)[-盤-] ATTR. total; overall; comprehensive; complete
quánpán cuòshī 全盘措施[-盤--] N. comprehensive measure
quánpán fǒudìng 全盘否定[-盤--] V.P. completely negate; totally repudiate
quánpán jiēshòu 全盘接受[-盤--] V.P. total and uncritical acceptance
quánpán jìhuà 全盘计划[-盤-劃] N. overall program/plan
quánpán kǎolǜ 全盘考虑[-盤-慮] V.P. give overall consideration to
quánpán tuōchū 全盘托出[-盤--] V.P. make a clean breast of
quánpán xīhuà 全盘西化[-盤--] N. complete Westernization ♦V.P. totally Westernize
quánpiào 全票 N. ① full ticket ② all the votes; a unanimous vote
quánpīn 全拼 N. <*comp.*> full pinyin (input method requiring 1–6 keystrokes per character, i.e. one for each letter of the syllable representing its pronunciation)
quánpíndào 全频道 N. all-channels
quānpíngdiǎnzè 圈平点仄[--點-] F.E. mark prosodic stress
quǎnpù 犬铺 N. doghouse; kennel
quánpǔlèi 全蹼类[-類] N. <*zoo.*> web-footed bird
quánqí 权奇[權-] N. ruse; stratagem
quànqì* 券契 N. contract; written agreement M: [1]*zhāng*
quán-qián jiāoyì 权钱交易[權錢-] N. deal between those with power and those with money
quánqiě 权且[權-] ADV. for the time being; as a temporary measure
quān qǐlai 圈起来 R.V. enclose; encircle
quánqín 全勤 N. full work attendance (during a specified period)
quánqīng* 全清 N. <*lg.*> ①completely voiceless ② fully clear
quánqíng 全晴 N. cloudless
quánqínjiǎng 全勤奖[-獎] N. full-attendance bonus reward
quánqiú 全球 N. the whole world
quánqiú biàn nuǎn 全球变暖[--變-] N. global warming
quánqiúcūn 全球村 N. global village
quánqiúdǎoxiàng 全球导向[--導-] F.E. world-oriented
quánqiúhuà 全球化 N. globalization
quánqiú kùnjìng 全球困境 N. global predicament
quánqiú qìhòu biàn nuǎn 全球气候变暖[--氣-變-] N. global warming
quánqiúxìng 全球性 ATTR. global; worldwide
quánqiú yītǐ 全球一体[--體] N. global entity
quánqiú yītǐhuà 全球一体化[---體-] N. globalization
quánqiú zhànlüè 全球战略[--戰-] N. global strategy
quánqiú zīxùn wǎnglù 全球资讯网路[----網-] N. <*comp.*> world wide web
[1]**quánqū** 蜷曲 V. curl; coil; twist (usu. of human/animal limbs) ♦V.P. wriggly; twisted
[2]**quánqū** 拳曲 V. bend; curl; twist (of objects)
[3]**quánqū** 蜷屈 V.P. curled up; not stretched
[4]**quánqū** 鬈曲 V. crinkle; curl (of hair/etc.)
quānquan 圈圈 V.O. draw circle ♦N. cliques; circles
[1]**quánquán*** 全权[-權] N. ①full/plenary powers ② full responsibility
[2]**quánquán** 拳拳 R.F. <*wr.*> sincere; conscientious
[3]**quánquán** 惓惓 R.F. sincere; candid
quánquán chǔlǐ 全权处理[-權處-] V.P. give sb. a free hand
quánquán dàibiǎo 全权代表[-權--] N. envoy plenipotentiary M: [2]*wèi*
quánquán dàshǐ 全权大使[-權--] N. ambassador plenipotentiary M: [2]*wèi*
quánquánfúyīng 拳拳服膺 F.E. ① adhere to faithfully ② always bear in mind
quānquān gànbù 圈圈干部[--幹-] N. cadre who merely initial a document
quánquán gōngshǐ 全权公使[-權--] N. minister plenipotentiary M: [2]*wèi*
quánquán wěituō 全权委托[-權--] V.P. carte blanche
quánquányúhuái 惓惓于怀[-於懷] F.E. remember sth./sb. constantly
quánquánzhīchén 拳拳之忱 N. sincere intention; sincerity
quánqū xiānwéi 鬈曲纤维[--纖-] N. crimped fiber
quánqū yángmáo 鬈曲羊毛 N. crimpy/crinkled wool
quānr 圈儿 N. circle
quánrán 全然 ADV. <*wr.*> completely; entirely
quánrǎng 泉壤 P.W. the world of the dead; Hades
quǎnrèbìng 犬热病[-熱-] N. distemper
quánrén 全人 N. sage; perfect person M: [2]*wèi*
quánrèndài 全韧带[-韌帶] N. <*phys.*> amphidetic; amphidetic ligament
quànrénwéishàn 劝人为善[勸-] F.E. exhort people to do good
quánrì gōngzuò zhíwèi 全日工作职位[----職-] N. full-time jobs
quánrì xúnhuán 全日循环[-環] N. day-night cycle
quánrìzhì 全日制 N. full-time system
quánrìzhì jiàoyù 全日制教育 N. full-time schooling
quánrìzhì xuéxiào 全日制学校 N. full-time school M: [4]*suǒ*
Quǎnróng 犬戎 N. <*hist.*> name of a tribe in the west
quǎnrú 犬儒 N. <*phil.*> a Cynic

quǎnrúxuépài 犬儒学派 F.E. cynicism
quánrúyǔxià 拳如雨下 F.E. a storm of blows
quǎnrúzhǔyì 犬儒主义[-義] N. Cynicism
quánsài 拳赛 N. boxing match M: 2chǎng
quánsè 全色 ATTR. <photo.> panchromatic
quánsè jiāopiàn 全色胶片[--膠-] N. panchromatic film M: juǎn
quánsèmáng 全色盲 N. <phys.> total color blindness
quánsèpiàn 全色片 N. panchromatic film M: juǎn
quánsè ruǎnpiàn 全色软片 N. panchromatic film M: juǎn
quànshàn 劝善[勸-] V.O. exhort people to do good
quànshànchéng'è 劝善惩恶[勸-懲惡] F.E. exhort virtue and punish vice
quánshǎng 全上 N. <lg.> full third tone
quánshǎngshēng 全上声[-聲] N. <lg.> full third tone
quànshànguīguò 劝善规过[勸-] F.E. exhort to reform and become virtuous
quànshànjiè'è 劝善戒恶[勸-惡] F.E. exhort to be good and guard against evil
1**quánshè** 全社 N. the whole commune/organization
2**quánshè** 权摄[權攝] N. power; authority; influence
1**quánshēn*** 全身 N. whole body
2**quánshēn** 拳参[-參] N. <bot.> knotgrass
quánshén 全神 N. one's whole attention
quánshēn bùshì 全身不适[-適] V.P. general malaise
quánshēn fǎnyìngfǎ 全身反应法[---應-] N. <lg.> total physical response method
1**quánshèng*** 全胜[-勝] N. total/complete victory
2**quánshèng** 全盛 ATTR. flourishing; in full bloom
quǎnshēng 犬声[-聲] N. barking
quánshēng de 全升的 ATTR. <lg.> high rising
quánshēngdiào 全升调 N. <lg.> high-rising tone
quánshèng shídài 全盛时代[--時-] N. heyday; zenith; prime
quánshén guànzhù 全神贯注 V.P. be absorbed/engrossed in
quánshēn mázuì 全身麻醉 N. <med.> general anesthesia
quánshēn pīguà 全身披挂 V.P. armed cap-à-pied
quánshēn qiángzhuàngyào 全身强壮药[-強壯藥] N. <med.> general tonic
quánshēnxiàng 全身像 N. full-length portrait/photograph M: 1zhāng
1**quánshī** 拳师[-師] N. ①boxer; pugilist ②boxing coach/expert M: 2wèi
2**quánshī** 全尸[-屍] N. an intact corpse (execution by hanging or poisoning instead of decapitation or mutilation)
1**quánshí** 全食/蚀 N. <astr.> total eclipse
2**quánshí** 泉石 N. ① springs and rocks ② the beauty of nature
3**quánshí** 权实[權實] N. <Budd.> the imperfect provisional state and the definitive reality
4**quánshí** 权时[權時] ATTR. temporary; transient; expedient
1**quánshì*** 权势[權勢] N. power and influence
2**quánshì** 诠释[-釋] V. ① annotate; expound ② <lg.> decode ♦N. annotation; interpretation
3**quánshì** 拳式 N. ① a martial-arts posture ② martial-arts style
quànshì 劝世[勸-] V.O. give people a sermon; admonish
quánshí dài 全食带[-帶] N. <astr.> path of a total eclipse
quánshì de 诠释的[-釋-] N. <lg.> hermeneutic
quánshì děngjí 权势等级[權勢-] N. pecking order
quánshígāohuāng 泉石膏肓 F.E. obsession with nature
quánshīgǒu 拳师狗[-師-] N. boxer (dog) M: 1tiáo
quánshìjiàn 全事件 N. total/whole event
quánshìjiè 全世界 N. the whole world
quánshǐquánzhōng 全始全终 F.E. see sth. through all the way
quánshì shàng de tuǒdangxìng 诠释上的妥当性[-釋---當-] N. <lg.> explanatory adequacy
quánshìtú 全视图[-圖] N. full/general view M: 1zhāng
quánshìxué 诠释学[-釋-] N. ① textualism ② <lg.> hermeneutics
quánshìxuéjiā 诠释学家[-釋--] N. textualist M: 2wèi
quánshìxúnhuán 诠释循环[-釋-環] F.E. <lg.> hermeneutic circle
quánshì yuánzé 诠释原则[-釋--] N. <lg.> explanatory principle
quánshízhīlè 泉石之乐[-樂] N. rocks and springs as places for enjoying nature
quánshǒu* 拳手 N. boxer; pugilist M: 2wèi
quánshòu 全寿[-壽] N. live one's full life span; die of natural causes
quānshū 棬枢[-樞] N. very poor family
quánshū 全书[-書] N. a comprehensive volume
1**quánshù*** 权术[權術] N. ① political finesse; power games ② trickery in politics
2**quánshù** 全数[-數] N. total number; whole amount
3**quánshù** 拳术[-術] N. the art of boxing
4**quánshù** 权数[權數] N. talent to meet exigencies
quánshuǐ 泉水 N. spring water; spring
quànshuō 劝说[勸-] V. persuade; advise
quánsī bóshā 全丝薄纱[-絲--] N. silk muslin
1**quánsù** 全速 N. full/maximum/top speed
2**quánsù** 全塑 N. all-plastic
quánsǔn 全损 N. total loss
quánsuō 蜷缩 V. roll/huddle/curl up
quánsuǒbùdài 权所不逮[權-] F.E. beyond one's power
quánsù qìchē 全塑汽车 N. all-plastic automobile M: 3liàng
quánsùshànshí 全素膳食 F.E. vegetable diet
quántái 泉台[-臺] N. <wr.> ①the nether world ② grave; tomb M: 4zuò
quántán 拳坛[-壇] N. <sport> boxing circles/world
quāntào(r)* 圈套(儿) N. snare; trap; trick
1**quántào** 全套 N. ① complete set ~ *jiājù* complete set of furniture ② all the secrets of a profession/occupation
2**quántào** 拳套 N. a set of martial-arts movements
quántí 筌蹄 N. means to achieve one's goal
quántǐ* 全体[-體] N. whole body; plenary assembly ♦ATTR./ADV. all; unanimously
quántiān 全天 N. all day long
quántiānhòu 全天候 ATTR. all-weather
quántiānhòu fēijī 全天候飞机[---飛-] N. all-weather aircraft
quántiān tuō'ér 全天托儿 V.P. put one's child in a boarding nursery
quántiānxiàng jìngtóu 全天相镜头 N. fisheye lens
quántǐ chóngfù mósòngfǎ 全体重复模诵法[-體-複---] N. <lg.> choral mim-mem with double repetition
quántǐ dāncì mósòngfǎ 全体单次模诵法[-體-----] N. <lg.> choral mim-mem with single repetition
quántǐ gōngzuò rényuán 全体工作人员[-體----] N. the whole staff
quántǐ huìyì 全体会议[-體-議] N. plenary conference
quántǐ mósòngfǎ 全体模诵法[-體---] N. <lg.> choral mim-mem
quántǐ yǎnyuán 全体演员[-體--] N. the entire cast
quántǐ yīzhì 全体一致[-體--] ATTR. unanimous ♦V.P. to a man
quántónghuà 全同化 N. <lg.> total assimilation
quántǒngquánbāo 全统全包 F.E. exclusive purchasing and marketing by the state
quántou 拳头 N. fist M: 2zhī/1shuāng
quántóu chǎnpǐn 拳头产品[--產-] N. ① competitive products ② commodities in large quantities having a stable market
quàntuì 劝退[勸-] V.O. persuade sb. to resign from an official position
quántuō 全托 V. put a child in a boarding nursery ♦N. full-time nursery
quántuōchǎn 全脱产[-產] V.P. be totally released from one's work
quántuō tuō'érsuǒ 全托托儿所 P.W. boarding nursery
quántuō yòu'éryuán 全托幼儿园[-園] P.W. boarding nursery
quántūyǎnxiàn 颧突眼陷 F.E. prominent cheekbones and sunken eyes
quānwài 圈外 P.W. outside a circle (lit./fig.)
quānwàirén 圈外人 N. outsider M: 2wèi
quánwān 蜷蜿 V.P. wind round and round
quánwáng 拳王 N. boxing champion M: 2wèi
quánwēi* 权威[權-] N. ① authority ② power and prestige M: 2wèi
quánwéi 权为[權-] V.P. take a temporary measure
quánwèi 权位[權-] N. power and political position
quànwèi 劝慰[勸-] V. console; soothe
quánwēi gèxìng 权威个性[權-個-] N. authoritarian personality
quánwēi guānxì 权威关系[權-關係] N. authority relationship
quánwěihuì 全委会 AB. *quánguó wěiyuánhuì*
quánwēi jiěshì 权威解释[權-釋] N. authentic interpretation
quánwēi rénshì 权威人士[權-] N. authoritative person/sources M: 2wèi
quánwēishuō 权威说[權-] N. authoritative ethics
quánwēixìng 权威性[權-] ATTR. authoritative ♦N. authoritativeness
quánwēixìng diàochá 权威性调查[權-] N. authoritative inquiry
quánwēi xìnggé 权威性格[權-] N. authoritarian personality
quánwēixìng wénxiàn 权威性文献[權-獻] N. <lg.> authoritative text
quánwēi xíngxiàng 权威形象[權-] N. authority image
quánwēizhǔyì 权威主义[權-義] N. authoritarianism
quánwén 全文 N. full text
quánwén fābiǎo 全文发表[--發-] V.P. publish in full
quánwén fānyì 全文翻译[-譯] N./V.P. <lg.> full/integral translation
quánwén jiǎnsuǒ 全文检索 N./V.P. <lg.> full-text searching
quánwén jìlù 全文记录[-錄] N./V.P. verbatim record
quǎnwēnrè 犬瘟热[-熱] N. distemper
quánwén rúxià 全文如下 V.P. The full text follows.
quánwò 拳握 V. hold in the fist
quǎnwō* 犬窝[-窩] N. doghouse; kennel
quánwǔháng 全武行 N. ① brawl; free-for-all ② <opera.> full-scale battle scenes ③ gang fight
quánwúshìchù 全无是处[-處] F.E. totally wrong; absolutely without merit
quánwútóuxù 全无头绪 F.E. make neither head nor tail of it
quánwúxīngān 全无心肝 F.E. totally heartless
quánwúzhāngfǎ 全无章法 F.E. utterly without a literary style
quánxī* 全息 N. hologram ♦ATTR. holographic
quánxí 全席 N. whole feast/banquet (without omission of listed dishes)
quánxiā 全瞎 N. <phys.> total-blindness

Q

quánxià* 泉下 P.W. world of the dead; Hades
[1]**quánxiàn** 权限[權-] N. powers; jurisdiction; competence
[2]**quánxiàn** 全线 N. all fronts; whole line; entire length
[3]**quánxiàn** 蜷线 N. spire
quánxiàn bùdìngshì 全现不定式 N. <lg.> full infinitive
quànxiáng 劝降[勸-] V.O. induce to surrender
quànxiángshū 劝降书[勸-書] N. letter exhorting (the enemy) to surrender M: [2]fēng
quánxī diànyǐng 全息电影[--電-] N. holographic movie M: [2]bù
quánxiē 全蝎 N. <Ch. med.> the whole scorpion (as medicine)
[1]**quánxīn** 全新 ATTR. brand/totally new
[2]**quánxīn** 全心 N. one's whole heart
[3]**quánxīn** 全薪 N. full pay
quánxíng 圈形 N. circular shape
quánxíng* 全形 ATTR. <comp.> full-width (of characters)
quánxìng 权幸[權-] N. emperor's favorites
quánxīngduì 全星队[-隊] P.W. all-star team M: [4]zhī
quánxīngsài 全星赛 N. all-star game M: [2]chǎng
quánxīnquányì 全心全意 F.E./ADV. wholeheartedly; heart and soul
Quánxīnshì 全新世 N. <geol.> the Recent Epoch
quánxī shèyǐng 全息摄影[--攝-] N. holography
quánxītú 全息图[-圖] N. hologram
quánxiū 全休 V. ① completely rest ② be completely retired ♦N. long-term sick leave
quánxī zhàoxiàng 全息照相 N. holography
quánxī zhàoxiàngshù 全息照相术[-術] N. holography
quánxù 铨叙/序[-敘] N. <trad.> ①examine the records and qualifications of officials in making appointments ② select and appoint officials
quānxuǎn* 圈选[-選] V. select by circling the candidates' names
quánxuǎn 铨选[-選] V. select (officials) after evaluating qualifications
quánxùbù 铨叙部[-敘-] N. ministry of personnel
quánxuè 全血 N. whole blood
quànxué* 劝学[勸-] V.O. ① exhort to receive education ② encourage learning
quánxuèjiāng 全血浆[-漿] N. whole plasma
quǎnyá 犬牙 N. canine tooth; fang M: [1]kē
quǎnyá jiāocuò 犬牙交错 V.P. jigsaw-like; interlocking; adjoin each other along a zigzag borderline
quányǎn 泉眼 N. mouth of a spring
quányángmáowà 全羊毛袜[-襪] N. all-wool hose M: [1]shuāng
quányào 权要[權-] N. ① bigwigs ② important matters
quǎnyǎoshāng 犬咬伤[-傷] N. dog bite
quǎnyáxiāngzhì 犬牙相制 F.E. ① adjoin each other along a zigzag borderline (of two countries) ② face each other across a zigzag front (of two forces)
quànyèchǎng 劝业场[勸業場] P.W. <trad.> bazaar
quānyǐ 圈椅 N. round-backed armchair M: [1]zhāng
quányí 权宜[權-] N./ATTR. expedient
quányì* 权益[權-] N. rights and interests
quányìcí 全义词[-義-] N. <lg.> autonomous word
quányīn 全音 N. ① <mus.> whole tone ② <lg.> retracted sound
quányīnfú 全音符 N. <mus.> whole note; semibreve
quányìng 全应[-應] ATTR. <lg.> global
quányīnjiē 全音阶[-階] N. ① <mus.> diatonic scale ② gamut
quányìshū 权益书[權-書] N. <law> letter of subrogation M: [1]zhāng
quányízhījì 权宜之计[權-] N. expedient measure; makeshift device
[1]**quányǒng** 泉涌 V. gush
[2]**quányǒng** 拳勇 N. tough and powerful boxer; good boxer M: [2]wèi
quányōu* 全优[-優] N. general excellence ♦V.P. excellent in every way (or subject)
quányòu 权右[權-] N. bigwigs; highly placed personalities
quànyòu 劝诱[勸-] V. induce; prevail upon
quányōu gōngchéng 全优工程[-優--] N. all-round excellent project
quányōu gōnghào jìngsài 全优工号竞赛[-優-號競-] N. all-round excellence competition
quányōushēng 全优生[-優-] N. "straight-A" student M: [2]wèi
quànyòu xiāofèi 劝诱消费[勸-] N. induced consumption
[1]**quányú** 全鱼 N. a whole fish M: [1]tiáo
[2]**quányú** 权舆[權-] V. <wr.> ① bud; sprout ② begin; start
quányǔ 全宇 N. cosmos
[1]**quányù*** 全/痊愈 V.P. completely cured/recovered
[2]**quányù** 权欲[權-] N. a lust for power
quànyù 劝谕[勸-] N. <wr.> persuade
[1]**quányuán** 泉源 N. fountainhead; source
[2]**quányuán** 全员 N. the entire personnel
quányuán chéngzūzhì 全员承租制 N. all-member responsible contracting system
quányuán péixùn 全员培训 N. training for all workers and staff
quānyuè* 圈阅 V. mark one's name with a circle to show one has read a document
quányuè 全月 N. the whole month M: [1]lún
quányù guīzé 全域规则 N. <lg.> across-the-board rule
Quán-Yùn-Huì 全运会[-運-] AB. *Quánguó Yùndònghuì*
quányùxūnxīn 权欲熏心[權-] F.E. be overcome with a lust for power
[1]**quánzé** 全责 N. the whole responsibility
[2]**quán-zé** 权责[權-] N. power and responsibility; rights and duties
[3]**quánzé** 铨择[-擇] V. evaluate and select
quán-zé fāshēng kuàijìzhì 权责发生会计制[權-發----] N. <acct.> accounting on the accrual basis
quánzhà 权诈[權-] N. trickery; craftiness
quānzhàn 圈占 V. ① seize possession of (land) ② <trad.> circle a piece of land to stake out one's claim
quánzhàng 权杖[權-] N. staff of authority (as carried by political/religious leaders) M: [2]gēn
quánzhe 拳着[-著] V.P. <coll.> flex; bend
quánzhēn 全真 N. Daoist monk
Quánzhēndào 全真道 N. <Dao.> sect founded by Zhāng Dàolíng
quánzhèng 诠证[-證] V.P. explicate a text point by point
quánzhēnsī zhīwù 全真丝织物[--絲織-] N. all-silk goods M: [2]jiàn
[1]**quánzhī** 全脂 N. full creamy fat
[2]**quánzhī** 权知[權-] V. hold an acting/provisional position
quánzhì 权制[權-] N. ① despotic regime ② provisional regime
quànzhǐ* 劝止[勸-] V. advise sb. not to
quánzhī nǎifěn 全脂奶粉 N. whole-milk powder
quánzhī niúnǎi 全脂牛奶 N. whole milk
quánzhīquánnéng 全知全能 F.E. omniscient and omnipotent
quànzhīwúxiào 劝之无效[勸-] F.E. have vainly tried to persuade sb.
quánzhòng 权重[權-] V.P. be in power
quánzhòngfǎ 权重法[權-] N. <math.> method of weighting
quánzhóu 权轴[權-] N. premier; prime minister
quānzhù 圈住 R.V. enclose; encircle
quánzhù 诠注[-註] V. annotate and comment ♦N. notes and commentaries M: [1]tiáo
quànzhù* 劝住[勸-] R.V. persuade to give up/stop
[1]**quánzhuó** 全浊[-濁] N. <lg.> ① aspirated voiced ② fully muddy ③ aspirated voiced stops and voiced affricates ④ sonant
[2]**quánzhuó** 铨擢 V. <wr.> select and appoint
quánzhuóyīn 全浊音[-濁-] N. <lg.> fully muddy/voiced sound
quānzi* 圈子 N. ① circle; ring; community ② clique *See also* [2]juànzi
quǎnzǐ 犬子 F.E. <humb.> my son
quánzì biānjiè 全字边界[--邊-] N. full-word boundary
quánzìdòng 全自动[-動] N. full-automation
quánzìdòng fānyì 全自动翻译[--動-譯] N. <lg.> fully automatic translation
quánzìdòng gāozhìliàng fānyì 全自动高质量翻译[--動-質--譯] N. <lg.> fully automatic high-quality translation
quán-zìdònghuà 全自动化[--動-] N. automation
quánzìjiè 全字界 N. full-word boundary
Quán-Zǒng 全总[-總] AB. *Zhōnghuá Quánguó Zǒnggōnghuì*
quànzǔ 劝阻[勸-] V. dissuade sb. from
quánzújiāojiā 拳足交加 F.E. boxing and kicking
qūbài 趋拜[趨-] V. hurry to pay respects to
qǔbǎo* 取保 V.O. <law> ① ask sb. to be a guarantor ② receive a written guarantee
qùbáo 去薄 V.O. thin the hair
qǔbǎoshìfàng 取保释放[--釋-] F.E. <law> be released on bail
qūbēi* 曲背 V.O. bend one's back ♦N. bent back
qúbèi 渠辈 PR. they; them
qūbèi'érxíng 曲背而行 F.E. stoop in walking
qǔběn 曲本 N. music book
qūbǐ 曲笔[-筆] V.O. ① distort facts ② gloss over sb.'s faults ③ deliberate digression in writing
[1]**qūbì*** 屈/曲臂 V.O. ① crook/bend one's arm ② bend the arms
[2]**qūbì** 趋避[趨-] V. <wr.> avoid; dodge
[3]**qūbì** 曲庇 V. conceal (another's mistake) by distorting of the facts
qǔbiàn 取便 V.O. ① do as one pleases without restraint ② promote; facilitate
qūbié 区别[區-] V. distinguish; differentiate ♦N. distinction; difference; differentiation
qūbié duìdài 区别对待[區-對-] V.P. extend different treatment to
qūbié jìhào 区别记号[區-號] N. diacritical/discriminating sign
qūbiékāi 区别开[區-開] R.V. distinguish; keep separate
qūbié tèzhēng 区别特征[區-徵] N. distinctive feature
qūbiéxìng chéngfèn 区别性成分[區-] N. <lg.> distinctive
qūbiéxìng de 区别性的[區-] ATTR. distinctive
qūbiéxìng tèzhēng 区别性特征[區-徵] N. distinctive feature
qūbiéxìng yìyì 区别性意义[區-義] N. differential meaning
qūbiézhēn 曲别针 N. paper clip M: [2]zhī
qūbìlùpáng 趋避路旁[趨-] F.E. dodge to one side of the road; get out of the way
qūbǐng 曲柄 N. <mach.> crank M: [1]bǎ
qùbìng* 去病 V.O. prevent/cure a disease
qūbìngyánnián 祛病延年 F.E. eliminate disease and prolong life
qūbǐngzuàn 曲柄钻[-鑽] N. brace drill M: [1]bǎ
qūbù 曲簿 N. reed equipment for raising silkworms
qùbù* 觑步 V.P. spy on
qùbuchéng 去不成 R.V. unable to go; cannot go
qùbude 去不得 R.V. ①should not go ②should not get rid of (it)

qùbuliǎo 去不了 R.V. cannot go; unable to go; unable to attend
qǔbushàng 取不上 R.V. fail (in an examination, etc.); be below the standard (set for selection); be unable to get selected
qūcái 屈才 V.O. <coll.> underuse/misuse talent
qǔcái* 取材 V.O. select material (for a book/etc.)
qūcè 驱策[驅-] V.P. ① drive; whip on; spur ② order about
qǔcháng 取偿[-償] V.O. be paid back for cost/labor
qǔchángbǔduǎn 取长补短[--補-] F.E. draw on others' strong points to offset one's weaknesses
[1]**qūchē** 驱车[驅-] V.O. drive a vehicle
[2]**qūchē** 麹车 N. wine cart M: [3]*liàng*
qūchén 麹尘[-塵] N. ① yeast that appears on the surface of fermenting liquor ② light yellow color
[1]**qūchéng** 趋承[趨-] V. toady to; fawn on
[2]**qūchéng** 曲成 R.V. accomplish by hook or by crook
[1]**qùchéng*** 去成 R.V. succeed in going
[2]**qùchéng** 去程 N. trip
qūchéngfùhé 趋承附和[趨-] F.E. curry favor with
qūchí* 驱驰[驅-] V. run about busily (for others)
qūchǐ 曲尺 N. carpenter's square M: [1]*bǎ*
qǔchǐ 龋齿[齲齒] N. dental cavity; decayed tooth M: [1]*kē*
[1]**qūchóng*** 驱虫[驅蟲] V.O. eliminate insects
[2]**qūchóng** 蛆虫[-蟲] N. ① maggot M: [1]*tiáo* ② a shameless/base person
qúchōng 渠冲[-衝] N. heavy cart for ramming city gates
qūchóngjì 驱虫剂[驅蟲劑] N. insect repellent
qūchóngyào 驱虫药[驅蟲藥] N. ① insect repellent ② vermifuge
qùchòu 去臭 V.O. deodorize
qùchòujì 去臭剂[-劑] N. deodorizer
[1]**qūchū** 驱出[驅-] R.V. drive/kick out; dispel
[2]**qūchū** 趋出[趨-] V. leave hastily
[1]**qūchú** 驱除[驅-] R.V. drive out; eliminate
[2]**qūchú** 祛除 R.V. dispel; get rid of; remove
qūchǔ 区处[區處] V. handle; dispose of
[1]**qúchú** 蘧篨 N. <med.> stiff neck and backbone
[2]**qúchú** 籧篨 N. coarse bamboo mat
qǔchū 取出 R.V. take out
qùchú 去除 R.V. dislodge
qùchù* 去处[-處] N. ① destinations; whereabouts; place; site ② occasion; occurrence
qǔ chūlai 取出来 R.V. take out
qūchú xiémó 祛除邪魔 V.O. exorcise evil spirits
qǔcì 取次 ADV. ①in order; one by one ②casually
qùcí* 去磁 V.O. demagnetize
qùcí de 去辞的[-辭-] ATTR. <lg.> perlocutionary
qùcí xíngwéi 去辞行为[-辭--] N. <lg.> perlocutionary action
qūcóng 屈从[-從] V. submit/yield to
qūcóng zhòngyì 屈从众议[-從眾-] V.O. bend to public opinion
qù cuīmián 去催眠 V.P. demesmerize
qùcūqǔjīng 去粗取精 F.E. discard the dross and select the essential
qúdá 渠答 N. ball-shaped spikes cast on the ground to obstruct cavalry
qūdǎchéngzhāo 屈打成招 F.E. confess to false charges under torture
qǔdài 取代 V. replace; supersede; substitute
qǔdàixìng shuāngyǔ jiàoyù 取代性双语教育[---雙---] N. <lg.> subtractive feature
qù dāng shuǐshǒu 去当水手[-當--] V.P. go to sea
[1]**qúdào*** 渠道 N. ①irrigation ditch ②medium/channel of communication M: [1]*tiáo*
[2]**qúdào** 衢道 N. side street; crossroads M: [1]*tiáo*
[1]**qǔdào** 取道 V.O. by way of; via
[2]**qǔdào** 娶到 R.V. manage to get sb. as wife
qúdào shuǐliú 渠道水流 N. channel flow
qǔdé* 取得 V. ① gain; acquire; obtain ② aim at; seek
qùde 去得 R.V. be worth a visit
qùdechéng 去得成 R.V. able to go; able to attend
qǔdé chéngběn 取得成本 V.O./N. <acct.> acquisition cost
qùdeliǎo 去得了 R.V. able to go; able to attend
qǔdēngr 取灯儿[-燈-] N. <coll.> matches
qùdeqǐ 去得起 R.V. can afford going
qǔdì 取缔 V. ① ban (a publication, old custom, etc.) ② punish a violator
[1]**qǔdiào*** 曲调 N. tunes; melodies
[2]**qǔdiào** 取掉 R.V. take off
qùdiào 去掉 R.V. get rid of; eradicate; dismiss; molt; weed out
qūdīng 曲钉 N. hooked nail M: [2]*zhī*
qūdòng* 驱动[驅動] R.V. <mach.> drive
qùdōng 去冬 N. last winter
qūdòng chǐlún 驱动齿轮[驅動齒-] N. driving gear
qūdòngqì 驱动器[驅動-] N. <comp.> drive
qūdù 曲度 N. <math.> curvature
qǔdù 龋蠹[齲-] N. rotten teeth M: [1]*kē*
qùdú* 去毒 V.O. <Ch. med.> reduce poison in the body system
qūduàn 区段[區-] N. sector; zone
qù dúyá 去毒牙 V.O. defang
[1]**quē** 缺 V. be short of; lack ♦N. vacancy; opening
[2]**quē** 炔 B.F. alkyne *yǐquē*
[3]**quē** 阙[闕] B.F. fault; transgression ***quēcí, yìquē*** *See also* [8]*què*
qué 瘸 V. <coll.> be lame; limp
[1]**què*** 却[卻] ADV. ①but; yet ②indeed ***Yuánlái ~ shì tā.*** It's him after all. ③now (in storytelling) *~shuō* Now the story goes. . . ④ just ~ ***gòu*** just enough ♦B.F. ① step back; retreat ***quèbù*** ② drive back; repulse ***quèdí*** ③ reject; refuse ***tuīquè*** ♦CONJ. however; but ♦SUF. *indicating completion/totality*
[2]**què** 确[確] ADV. firmly; indeed; truly ♦B.F. true; reliable; authentic ***quèshí***
[3]**què** 雀 B.F. ① sparrow ***máquè*** ② certain kinds of birds ***kǒngquè*** *See also* [6]*qiāo*, [3]*qiǎo*
[4]**què** 阕[闋] M. *for music **tián yī ~ cí*** add lyrics for music ♦V. <wr.> end; cease; exhaust
[5]**què** 榷/搉 B.F. ① trade monopoly ***quègū*** ② discuss ***shāngquè***
[6]**què** 鹊[鵲] B.F. magpie ***quèjú, xǐque***
[7]**què** 埆 B.F. poor land; infertile soil ***qiāoquè***
[8]**què** 阙[闕] B.F. paired watchtowers at a imperial palace gate; imperial residence ***quèmén, dìquè*** *See also* [3]*quē*
[9]**què** 毃 in ***quètǔ***
quèbān 雀斑 N. freckles
quèbǎo* 确保[確-] V. ensure; guarantee
quèbào 鹊报[-報] N. a good omen
quèbǎowúyú 确保无虞[確-] F.E. insure that no impediment arises
quèbàoxǐxùn 鹊报喜讯[-報--] F.E. The magpie announces good luck.
quèbǎo zhìliàng 确保质量[確-質-] V.O. guarantee quality
quēbǐ 缺笔[-筆] N. stroke/strokes missing from a written character
quēbiān 缺编 ATTR. understaffed ♦N. vacancy
quèbìng 却病[卻-] V.O. <wr.> prevent or cure a disease ***yánnián ~*** prolong life and prevent disease
quèbìngyánnián 却病延年[卻-] F.E. prevent disease and prolong life
quèbù 却步[卻-] V.P. shrink/hang back
quècái 却才[卻-] ADV. <wr.> just now
quèchá 榷茶 V.O. levy tea taxes
quēcháo 缺潮 N. vanishing tide
quècháo* 鹊巢 N. magpie's nest
quècháo jīdīng 雀巢鸡丁[--雞-] N. fried diced chicken and vegetables in "nest" of deep-fried shredded potato
quècháojiūzhàn 鹊巢鸠占 ID. illegal occupation of another's place
quēchīquēchuān 缺吃缺穿 F.E. have insufficient food and clothing
quēchīshǎochuān 缺吃少穿 F.E. have not enough for food and clothing
quēchuānquēdài 缺穿缺戴 F.E. have insufficient clothing
quēchún 缺唇 N. harelip; cleft lip
quēcí 阙词 N. nonsense; empty rhetoric
qù'ècóngshàn 去恶从善[-惡從-] F.E. ① shun evil and follow good ② reform
quèdài 却待[卻-] V.P. <wr.> just waiting to
quēdàng 缺档[-檔] V.O. be in short supply; be out of stock
quèdàng* 确当[確當] S.V. suitable; fitting; proper and correct
quèdào 却道[卻-] V.P. rather/instead, sb. said. . .
quēdé 缺德 S.V. ① unscrupulous; without conscience ② mean; wicked ♦N. good-for-nothing; scamp
quēdéguǐ 缺德鬼 N. public nuisance; mean fellow
quēdéhuì 缺德秽[-穢] N. a mean person
quēdéshì 缺德事 N. wicked deed M: [2]*jiàn*
quèdí 却敌[卻敵] V.O. <wr.> repulse the enemy
quēdiǎn 缺点[-點] N. shortcoming; defect; weakness M: [1]*xiē*
quèdiāo 雀鲷 N. <zoo.> damselfish M: [1]*tiáo*
quèdìng 确定[確-] V. define; fix; determine; settle; decide firmly ♦ADV. definitely
quèdìngbùyí 确定不移[確-] F.E. be incontestable
quèdìng jìnkǒu shuìkuǎn 确定进口税款[確-進---] N. import duties assessment
quèdìng míngcízǔ 确定名词组[確-] N. <lg.> determined noun phrase (DNP)
quèdìng niánjīn 确定年金[確-] N. <acct.> annuity certain; certain annuity
quèdìng niánlíng 确定年龄[確-齡] V.O. ascertain the age
quèdìng shěnpàn 确定审判[確-審-] N. <law> final decision (unappealable)
quèdìngxìng 确定性[確-] N. ① definitude ② <math.> determinacy; definiteness
quèdìngxìng suànfǎ 确定性算法[確-] N. <lg.> deterministic algorithm
quèdìng zhòngdiǎn 确定重点[確-點] V.O. identify priorities
quē'é 缺额 N. vacancy; opening (job/position)
què'érbùshòu 却而不受[卻-] F.E. refuse to accept
quēfá 缺乏 V. be short of; lack
quēfá jiājiào 缺乏家教 V.O. be ill-bred; improperly brought up
quēfá jīngyàn 缺乏经验[--經-] V.O. lack experience
quēfá réncái 缺乏人才 V.O. be short of talents
quēfá rènzì nénglì 缺乏认字能力[--認---] N. <psy.> dyslexia
quēfázhèng 缺乏症 N. <med.> deficiency
quēfá zhèngjù 缺乏证据[-證據] V.O. want of evidence
quēféi 缺肥 V.O./S.V. fertilizer deficiency
quèfēi* 确非[確-] ADV. actually not; really not; truly not
quèfǒudàichá 确否待查[確-] F.E. Whether it's true or not remains to be verified.
quèfǒudàikǎo 确否待考[確-] F.E. Whether it's true or not remains to be verified.
quēgōng 缺工 V.O./S.V. ①need more work done ② need a worker ③ fail to show up for work
quègū 榷酤 V.O. <wr.> monopolize the sale of alcoholic beverages
quēhàn 缺憾 N. flaw; shortcoming; defect
quèhǎo* 却好[卻-] ADV. by coincidence; just at the right time
quèhào 确耗[確-] N. reliable information
quèhū 确乎[確-] ADV. really; indeed; certainly; surely

Q

quèhūbùbá 确乎不拔[確-] F.E. <wr.> firm and unshakable; unswerving; unflinching
quēhuò 缺货 V.O. run out of stock; run short
quēhuòdān 缺货单 N. want list M: [1]*zhāng*
quējiǎo 缺角 N. knocked-off corner
quē jiǎowànr 缺脚腕儿[-腳--] V.O. <topo.> be a subject for gossip
quējīnduǎnliǎng 缺斤短两 F.E. give short weight
quèjìng 鹊镜 N. bronze mirror with a magpie design M: [1]*miàn*
quējīnshǎoliǎng 缺斤少两 F.E. give short weight/measure
quèjù* 确据[確據] N. sure proof; reliable evidence
quèjú 鹊䴗[-鶪] N. magpie shrike
quēkǎo 缺考 V.O. fail to sit for an exam
[1]**quēkè** 缺课 V.O. be absent from school; miss class
[2]**quēkè** 缺刻 ATTR. incised; dentate
quēkèyè 缺刻叶[-葉] N. <bot.> incised/dentate leaf
quēkǒu(r) 缺口(儿) N. ① breach; gap; opening ② indentation ③ <mach.> notch ④ weakest link ♦S.V. inadequately fed
quèlái 却来[卻-] ADV. <topo.> ① originally; at first ② yet; nevertheless ③ in reality
quèlǎo 却老[卻-] N. a pair of tweezers
[1]**quèlì** 确立[確-] V. establish firmly
[2]**quèlì** 雀立 V. hop around
[3]**quèlì** 却立[卻-] V. stand back
[4]**quèlì** 榷利 V.O. enjoy a monopoly
quēliáng 缺粮[-糧] V.O. lack food supplies
quēliánghù 缺粮户[-糧-] N. grain-deficient household M: [1]*hù*
quēliào 缺料 V.O./S.V. lack raw materials
quèliù 鹊鹨 N. <zoo.> magpie lark M: [2]*zhī*
quèlóu 阙楼[-樓] N. <archi.> side tower M: [4]*zuò*
quēlòu* 缺/阙漏 N. gaps and omissions
quēlüè 缺略 V. lack; be short of ♦V.P. incomplete
quèlùn 确论[確-] N. a sound assertion/statement; a just argument; a definite view
quèluó 雀罗[-羅] N. bird net M: [1]*zhāng*
quèmài 雀麦[-麥] N. bromegrass; brome
quèmáng 雀盲 N. night blindness
quèmào 雀瞀 N. night blindness
quēmén(r)* 缺门(儿) N. gap (in a branch of learning, etc.)
quèmén 阙门 N. palace gate
quèmù 雀目 N. night blindness
quēnǎi 缺奶 V.O./S.V. have dry breasts
quèpíng 雀屏 ID. chosen as son-in-law
quèpíngzhòngmù 雀屏中目 ID. be chosen as son-in-law
quèpíngzhòngxuǎn 雀屏中选[-選] ID. be chosen as son-in-law
quèqǐ 鹊起 ID. <wr.> ① seize an opportunity to advance ② gain fame ③ do as one sees fit
quēqiàn 缺欠 N. ① shortage; lack ② defect; shortcoming
Quèqiáo 鹊桥[-橋] N. <astr.> Magpie Bridge (in the Milky Way)
quèqiáohuì 鹊桥会[-橋-] N. ① reunion of husband and wife ② match-making party
quèqiè 确切[確-] S.V. ① definite; exact; precise; accurate; clear and unambiguous ② true; reliable; sure
quèqiègēnjù 确切根据[確-據] F.E. chapter and verse
quèqièwúyí 确切无疑[確-] F.E. beyond all doubt; quite certain
quēqín 缺勤 V.O. be absent from duty/work
quēqínlǜ 缺勤率 N. absence rate
quèqú 鹊鸲 N. magpie robin M: [2]*zhī*
quèquèshíshí 确确实实[確確實實] R.F. beyond all doubt; literal; reliable
quèrán 确然[確-] V.P. certain; sure; without doubt
qǔ'érdàizhī 取而代之 F.E. ① replace/supersede sb. ② usurp another's (usu. better) position
quērén 缺人 V.O./S.V. be short of hands
quèrèn* 确认[確認] V. affirm; confirm; identify with certainty
quèrènshū 确认书[確認書] N. letter of confirmation; confirming order; confirmation note M: [1]*zhāng*
quèrèn yǒuxiào 确认有效[確認-] V.P. be subject to one's confirmation
quērú 阙/缺如 V.P. <wr.> lack; be short of; be deficient
qū'éryíngzhī 趋而迎之[趨-] F.E. hasten to greet or receive (a visitor)
quèshàn 却扇[卻-] ID. get married
quèshāng 榷/推商 V. consult; discuss ♦N. consultation; discussion
quēshǎo 缺少 V./N. lack; be short of
quēshǎo rénshǒu 缺少人手 V.O. lack manpower; be short of hands; be shorthanded
quèshé 雀舌 N. a kind of tender tea leaves
quēshěng 缺省 ATTR. default
quēshěngzhí 缺省值 N. <comp.> default value
quēshěng zìxíng 缺省字型/形 N. default font
[1]**quēshī** 缺失 N. ① hiatus ② deficiency ③ <bio.> deletion
[2]**quēshī** 阙失 N. mistake; error
quēshí 缺食 V.O./S.V. insufficiently fed
quēshì 缺市 ATTR. in short supply
quèshí* 确实[確實] S.V. definitely true/real/certain/reliable ♦ADV. really; certainly; truly; indeed
quèshǐ 榷使 N. superintendent of customs
[1]**quèshì** 却是[卻-] V.P. nevertheless; in fact; the fact is. . .
[2]**quèshì** 确是[確-] V.P. certainly/truly is/are
quèshí bǎozhèng 确实保证[確實-證] N. fidelity guarantee
quèshíwúyí 确实无疑[確實-] F.E. for a certainty; dead certainty
quèshí xiànzài 确实现在[確實-] N. the actual present
quèshíxìng 确实性[確實-] N. ① reliability; authenticity ② validity
quèshí zhèngjù 确实证据[確實證據] N. substantial proof
quèshǒu 确守[確-] V. firmly observe (promise/etc.)
quèshǔ 雀鼠 N. ① large rat M: [2]*zhī* ② bickering; litigation
quèshù* 确数[確數] N. ① exact figures/amount ② <acct.> exact quantity
quēshuǐ 缺水 V.O./S.V. be inadequately watered/irrigated; run out of water
quèshuō 却说[卻-] F.E. let's resume our story
quèshǔzhīzhēng 雀鼠之争[-爭] N. ① lawsuit; dispute ② quibble
quēsǔn* 缺损 V. wane ♦V.P. be damaged/worn/torn ♦N. <med.> physiological defect
quèsǔn 雀隼 N. <zoo.> sparrow hawk M: [2]*zhī*
quētiěxìng pínxuè 缺铁性贫血[-鐵---] N. iron-deficiency anemia
quètǔ 毃土 N. barren land M: [1]*piàn*/[2]*kuài*
quétuǐ 瘸腿 ATTR. lame ♦N. lame person
quēwàng 缺望 V.O. become discouraged; lose hope
què wǎng wàng chù fēi 雀往旺处飞[-處飛] F.E. Birds always fly to the light.
quēwèi 缺位 V.O. be vacant (of a position) ♦N. vacant position; vacancy; opening
quēwén 阙文 N. hiatus in a text M: [1]*duàn*
quèwénniǎo 鹊文鸟 N. <zoo.> magpie finch M: [2]*zhī*
qù'èwùjìn 去恶务尽[-惡務盡] F.E. do away with evil wholly and completely
quēxí* 缺席 V.O. be absent (from a meeting/etc.)
quēxì 缺隙 N. gap M: [2]*dào*
quèxǐ 鹊喜 N. happy/auspicious omen
quèxì 确系[確係] V.P. be definitely
quèxià 阙下 F.E. ① imperial palace ② Your/His Majesty
quēxiàn 缺陷 N. flaw; shortcoming
quēxiàn értóng 缺陷儿童 N. handicapped children
quēxiàng 缺项 N. items that are missing
qū'èxiàngshàn 驱恶向善[驅惡-] F.E. eliminate evil and promote good
quēxiànměi 缺陷美 N. attraction of some special characteristic/imperfection
quèxiàojiūwǔ 鹊笑鸠舞 ID. All are happy and merry.
quèxìn 确信[確-] V. firmly believe; be completely convinced ♦N. reliable information
quē xīnyǎn(r) 缺心眼(儿) V.O./S.V. ① naive; unsophisticated ② <coll.> obtuse; unintelligent ③ retarded
quēxí pànjué 缺席判决[-決] N. <law> judgment by default
quēxí shěnpàn 缺席审判[--審-] N. <law> trial by default
quēxí tóupiào 缺席投票 N./V.P. absentee ballot
quēxí tóupiàozhě 缺席投票者 N. ① absentee voter ② absentee vote
quēxízhě 缺席者 N. absentee
quèxùn 确讯[確-] N. reliable information/report
quèyán 榷盐[-鹽] V.O. levy salt taxes
quèyàn* 鹊雁 N. <zoo.> magpie goose M: [2]*zhī*
quēyǎng 缺氧 V.O./S.V. be short of oxygen
quèyào 却要[卻-] V.P. want; want to. . . (contrary to what others expected)
quēyè 缺页 N. missing page M: [1]*zhāng*
quēyí 阙/缺疑 V. leave the question open ♦N. unsettled point
quēyībùkě 缺一不可 F.E. none is dispensable.
quèyīng 雀鹰 N. sparrow hawk M: [2]*zhī*
quēyīshǎoshí 缺衣少食 F.E. not have enough for food and clothing
quēyīshǎoyào 缺医少药[-醫-藥] F.E. be short of doctors and medicine
quèyòu 却又[卻-] CONJ. ① (but) again (emphatic) ② then later
quèyǒuqírén 确有其人[確-] F.E. There is indeed such a person.
quèyǒuqíshì 确有其事[確-] F.E. It actually/really happened. It's true.
quēyuán 缺员 N. understaffing
quèyuè 雀跃[-躍] V. jump for joy
quèyuèsānfēn 雀跃三分[-躍--] F.E. jump for joy
quèyuèxīnxǐ 雀跃欣喜[-躍--] F.E. go into raptures; jump for joy
quèyùn 榷运[-運] N. tax on transportation
quèyùnjú 榷运局[-運-] N. government agency in charge of salt taxes
quèzáo* 确凿[確鑿] S.V. conclusive; authentic; irrefutable
[1]**quèzào** 雀噪 V.P. be noisy and vociferous
[2]**quèzào** 鹊噪 N. <wr.> ① chattering of magpies ② auspicious omen
quèzáobùyí 确凿不移[確鑿-] F.E. well established and irrefutable
quèzáowúyí 确凿无疑[確鑿-] F.E. be incontrovertible; be beyond doubt
quèzhàn 雀战[-戰] V. <coll.> play mahjongg
quèzhǎozhī 雀爪枝 N. <art> sparrow-claw branch (in painting)
quèzhěn 确诊[確-] V. diagnose definitely
quèzhèng 确证[確證] N. ironclad proof ♦V. prove conclusively/positively
quèzhèng zuòzhèng 确证作证[確證-證] V.P. bear witness
quèzhī 确知[確-] V. know for sure
quèzhībùgōng 却之不恭[卻-] F.E. <humb.> (I'm undeserving but) it's not polite to turn down (your offer).
quēzì 缺/阙字 V.O. lack a word/character ♦N. ① missing word/character ② omission in an article/writing/etc.; hiatus
quézi* 瘸子 N. <coll.> lame person
quēzǐfásì 缺子乏嗣 F.E. die without issue
quèzǒu 却走[卻-] V.P. run backward; turn away

quēzuǐ(r) 缺嘴(儿) V.O. ① <topo.> eat insatiably (said of children) ② have a broken spout ♦N. <coll.> harelip
quèzuò 确凿[確鑿] *See quèzáo*
qǔfǎ 取法 V. pattern after
qǔfǎhūshàng 取法乎上 F.E. pattern oneself after sb. first-rate
qūfáng 曲房 P.W. secluded/secret room M: [1]jiān
qūfēn 区分[區-] V. differentiate; set apart ♦N. <lg.> disjunction; differential
qūfēnbù 区分部[區-] N. district headquarters of a political party
qūfēndù 区分度[區-] N. <lg.> discrimination; discriminative power
[1]**qūfēng*** 祛风 V.O. <Ch. med.> ①dispel sickness-causing wind ② relieve inflammation
[2]**qūfēng** 趋风[趨-] V.P. hasten; dash
qūfèng 趋奉[趨-] V. toady to (a notable, etc.); fawn on
qūfēngqùshī 祛风去湿[-濕] F.E. <Ch. med.> relieve inflammation and arthritis
qūfēngsàndú 祛风散毒 F.E. <Ch. med.> cure chills and act as an antidote to poison
qùfēngshī 去风湿[-濕] V.O. cure rheumatism
qūfēngshīyào 祛风湿药[-濕藥] N. medicine for rheumatism
qūfēngzhǐjìng 祛风止痉[-痙] F.E. <Ch. med.> expel wind and relieve convulsion
qūfēngzhǐyǎng 祛风止痒[-癢] F.E. <Ch. med.> expel wind and relieve itching
qūfēn zhǐshù 区分指数[區-數] N. <lg.> discriminative index
qūfú* 屈服/伏 V. surrender; yield
qūfù 趋附[趨-] V. curry favor with
qúfǔ 朐脯 N. dried flank meat
qūfù quánguì 趋附权贵[趨-權-] V.O. ① curry favor with bigwigs ② be a hanger-on of ranking officials
qùfúxí 去服习[-習] N. deacclimatization
qūfúxiàn fēnxī 屈服线分析 N. yield line method
qúgài 渠盖[-蓋] N. drain cover
qūgǎn 驱赶[驅趕] V. ① drive away; banish ② drive (a cart/etc.)
qūgàn* 躯干[軀幹] N. <bio.> trunk; torso
qūgànxiàng 躯干像[軀幹-] N. torso
qūgāo* 趋高[趨-] V.P. be running high (of prices/demand/etc.)
qǔgào 取告 V.P. take one's leave
qǔgāohèguǎ 曲高和寡 ID. ① highbrow music finds few listeners ② the profounder a theory, the fewer its supporters
qūgāojiùxià 屈高就下 F.E. condescend to have contact with people of humble status
qūgé 区隔[區-] N. division
qūgǒng 曲拱 N. arched
qūgōng'ěrzhěn 曲肱而枕 F.E. ①use one's bent arm as a pillow ② be poor but content
qūgōng ér zhěnzhī 曲肱而枕之 F.E. ① use one's bent arm as a pillow ② be poor but content
qūgǒng shíqiáo 曲拱石桥[-橋] N. arched stone bridge
qūgōngsuǒ 区公所[區-] P.W. district office M: [1]suǒ
qūgōngwéizhěn 曲肱为枕 F.E. ① use one's bent arm as a pillow ② be poor but content
qùgòujì 去垢剂[-劑] N. detergent
qūguǎi 曲拐 N. <mach.> crank M: [2]gēn
qúguàn 渠灌 N. <agr.> canal irrigation
qùguān* 去官 V.O. leave an official post
qūguāng 趋光[趨-] V.O. be drawn to light
qūguāngdù 屈光度 N. diopter
[1]**qūguāngxìng** 趋光性[趨-] N. <bio.> phototaxis, the movement of an organism toward or away from a source of light
[2]**qūguāngxìng** 屈光性 ATTR. dioptric
qūguǐ 驱鬼[驅-] V.O. exorcise
qūgǔméisù 曲古霉素 N. <med.> trichomycin
qūgùnqiú 曲棍球 N. ① field hockey ② hockey ball
qùguó 去国[-國] V.O. <wr.> leave one's country
qū guòlai 屈过来 R.V. <coll.> restore to consciousness
qǔ guòlai* 娶过来 R.V. marry a girl (into the family)
qūhái 躯骸[軀-] N. the human body M: [7]jù
[1]**qūhán*** 驱寒[驅-] V.O. dispel cold; warm oneself up
[2]**qūhán** 祛寒 V.O. <Ch. med.> dispel cold
qùhán 去函 V.O. send a letter to
qūhányào 祛寒药[-藥] N. <Ch. med.> cold-dispelling drug
qūhǎo 趋好[趨-] N. tendency to improve
qūhào* 区号[區號] N. area code
qūhe 觑合 V. <coll.> squint
qūhēi 黢黑 V.P. black; pitch-dark
qǔhér 取和/合儿 V.O. <topo.> make peace with
qūhòu 趋候[趨-] V. <wr./court.> ① wait on ② go to a place to pay one's respects to
qūhu 觑糊/忽 V. <topo.> squint
qūhuà* 区划[區劃] V. divide into districts
qúhuà 渠化 N. canalization
qùhuà 趣话 N. funny remarks; joke; amusing story
qùhuà hūjiào 去话呼叫 N. outgoing call
qūhuǎn 趋缓[趨-] V. alleviate; ease up
qǔhuí* 取回 R.V. take/get/fetch back
qǔhuì 曲会 N. joint performance (of qǔyì)
qūhuílíng 驱蛔灵[驅-靈] N. <med.> piperazine citrate
qūhuìxiāng 祛秽香[-穢] N. joss-stick
qùhuǒ 去火 V.O. <Ch. med.> reduce internal heat
qùhuóhuà 去活化 N. deactivation
qùhuóhuà zuòyòng 去活化作用 N. deactivation
qùhúr 去核儿 V.O. remove the stones of fruits; pit
qǔjǐ* 取给 V. draw (supplies/etc.)
qùjì 阒寂 V.P. still; quiet
qūjià 屈驾 F.E. <court.> please condescend to come
Qūjiālǐng Wénhuà 屈家岭文化[--嶺--] N. <archeo.> Qujialing/Chuchialing Culture
qūjiān* 区间[區-] N. part of a normal route (of bus/etc.)
qūjiàn 麴监[-監] N. official in charge of wine and liquor
qūjiānchē 区间车[區-] N. ①train/bus traveling only part of its normal route ② shuttle train/bus M: [3]liàng
qūjiàng 趋降[趨-] V.P. be tending downward
qūjiān màoyì 区间贸易[區-] N. interregional trade
qūjíbìxiōng 趋吉避凶[趨-] F.E. pursue good fortune and avoid calamity
qūjié 屈节[-節] V.O. forfeit one's honor
qūjiě* 曲解 V. misconstrue; twist; distort
qūjiéqiúróng 屈节求荣[-節-榮] F.E. forfeit virtue for the sake of glory
qūjiéshìchóu 屈节事仇[-節--] F.E. forfeit one's honor in serving the enemy
qù jīhuì 觑机会 V.O. watch for a chance/opportunity
qūjǐn 曲谨 V.P. fastidious about details
qūjìn 趋近[趨-] V. get close to ♦N. audience; conference
qǔjìn* 取尽[-盡] R.V. deplete
qūjìng 曲径[-徑] N. a winding path
qújīng 鼩鼱 N. <zoo.> shrew M: [2]zhī
qǔjīng* 取经[-經] V.O. ① <Budd.> go on a pilgrimage for scriptures ②learn from sb. else's experience
qǔjǐng 取景 V.O. find a scene/view (to paint/etc.)
qǔjǐngqì 取景器 N. viewfinder (of a camera)
qǔjīngsòngbǎo 取经送宝[-經-寶] F.E. exchange experience
qūjìngtōngyōu 曲径通幽[-徑--] F.E. winding path leading to a secluded place
qǔjīngxuédào 取经学道[-經--] F.E. learn from sb. else's experience and study the truth
qǔjīngyònghóng 取精用弘/宏 F.E. <wr.> select the finest from a vast quantity
qūjǐngzèng 曲颈甑[-頸-] N. <chem.> retort
qūjìnqímiào 曲尽其妙[-盡--] F.E. bring out (a quality/point/etc.) in a subtle and skillful way
qūjì shēngchǎn liánxì 区际生产联系[區際-產聯繫] N. interregional production link
qūjiù* 屈就 F.E. <court.> please deign to accept the proffered post
qù-jiù 去就 N. the issue of quitting or staying (on a job)
qùjiùbùxīn 去旧布新[-舊--] F.E. do away with the old and adopt the new
qùjiùgēngxīn 去旧更新[-舊--] F.E. exchange the old for the new
qǔjǐyú 取给于[-於] V.P. obtain supplies from
qūjū 屈居 V. be forced to accept an inferior place/position
qǔjù* 曲剧[-劇] N. opera derived from ballad singing
qùjù 趣剧[-劇] N. farce
qūjū dì-èr 屈居第二 V.O. come off second best
qǔjué 取决[-決] V. depend on
qǔjué yú 取决于[-決於] V.P. be decided by; depend on
[1]**qūjūn** 曲/麴菌 N. aspergilli
[2]**qūjūn** 麴君 N. wine; liquor
qūjūrénxià 屈居人下 F.E. be reluctant to be placed under others
qǔkāi 取开[-開] R.V. take off
qùké 去壳[-殼] V.O. hull; husk
qùkǔ 去苦 V.O. counter the bitter taste of sth.
qūkuài* 区块[區塊] N. block
qǔkuài 取快 V.O. derive pleasure; do for the fun of sth.
qǔkuàiyīshí 取快一时[-時] F.E. derive momentary pleasure (without regard to the consequences)
qǔkuǎn 取款 V.O. draw money (from bank/etc.)
qúkuí 渠魁 N. <trad.> ① leader (esp. of rebels) ② chief criminal
qùkuī* 觑窥 V. peep at
qù kuòhào 去括号[-號] V.O. remove parentheses
qūlaguǎiwānr 曲拉拐湾儿[---灣-] <coll.> F.E. ①twisting and turning; rambling; tortuous ②ins and outs; complications ~ *dōu dǒng* know all the ins and outs
qǔlái 取来 R.V. fetch
qùláijīn 去来今 N. <Budd.> past, present, and future
qūlán 曲栏[-欄] N. winding balustrade
qūlángfánghǔ 驱狼防虎[驅-] ID. guard against the tiger while repelling the wolf
qúláo 劬劳[-勞] V. <wr.> overwork ♦N. diligence; hard work *gǎnxiè fùmǔ de* ~ thanks for (my) parents' hard work (in nurturing me)
qǔlè(r)* 取乐(儿)[-樂-] V.O. seek pleasure; amuse oneself
qùle 去了 V.P. ①already gone ②already removed ♦CONS. s.v.le ~ very s.v. *Nèi jiàn* [2]*shì(r)* [4]*xiéle* ~. That matter is really weird.
qùle késou tiānle chuǎn 去了咳嗽添了喘 ID. leap from the frying pan into the fire
qūlǐ* 屈理 S.V. unreasonable; unfair; unjust
qūlì 趋利[趨-] V.O. go after profit/gain
qūliàng 屈量 A.T. <coll.> have not drunk one's fill
qǔliáng* 取凉[-涼] V.O. enjoy the cool air
qūlìbìhài 趋利避害[趨-] F.E. go after gain/profit and avoid harm
qūliguǎiwān(r) 曲里拐弯(儿)[-裡-彎-] <coll.> F.E. ① twisting and turning; tortuous ② ins and outs; complications
qūlǐng 曲领 N. round collar
qǔlìqì 取力器 N. power takeoff (of a car)

Q

[1]qūliu(r) 曲溜(儿) S.V. <*coll.*> ① wavy; crinkly ② twisting and turning
[2]qūliu 趋溜[趨-] A.T. <*coll.*> move quickly and quietly
qūliú 曲流 N. <*geog.*> a meander
qù-liú* 去留 N. the issue of going or staying
qūliūrguǎiwānr 曲溜儿拐湾儿[----灣-] F.E. <*coll.*> wavy; crinkly; twisting and turning
qùliúwèijué 去留未决[-決] F.E. Whether to go or stay is yet to be decided.
qù-liú xītīngzūnbiàn 去留悉听尊便[---聽--] F.E. You are at liberty to go or stay.
qùliúzìbiàn 去留自便 F.E. be free to go or stay
qúlú 蘧庐[-廬] N. <*wr.*> quarters for travelers in a courier station
qúlù 衢路 N. thoroughfare
qùlù* 去路 N. ① route one is following ② outlet
qūlǜ 曲率 N. <*math.*> curvature
qūluò 趋落[趨-] V. tend downward
qǔmǎ 取码 V.O. <*comp.*> enter characters by the telegraphic code
qúmài 瞿/蘧麦[-麥] N. <*bot.*> fringed pink
qǔmaicài 苣荬菜[-蕒-] N. <*bot.*> endive M: [2]*kē*
qūméi 麴/曲/屈霉 N. <*bot.*> aspergillus
qǔmèi* 取媚 V. make up to
qúmen 渠们 N. <*topo.*> they; them
qūmǐ 曲米 N. malt
qūmiàn 曲面 N. curved surface; camber
qǔmíng(r) 取名(儿) V.O. ① name; christen ② seek fame
qūmó* 驱魔[驅-] V.O. expel demons
qùmó 去魔 V.O. counter a spell/curse/etc.
qùmòshuǐjì 去墨水剂[-劑] N. ink eraser
[1]qūn 逡 B.F. yield ***qūncì, qiānqūn***
[2]qūn 囷 B.F. a round bin for grain storage ***zhìqūn***
[1]qún* 群/羣 M. group; swarm; flock; etc. ♦B.F. ① group; crowd ***rénqún*** ② forming a group ***qúndǎo***
[2]qún 裙 B.F. ① skirt ***qúnzi*** ② petticoat ***chènqún*** ③ apron ***wéiqún***
[3]qún 麇 B.F. come together in a herd ***[3]qúnjí***
qù nǎdá 去哪搭 V.O. <*topo.*> Where are you going?
qūnáo 屈挠[-撓] N. <*wr.*> subdue; submit; yield ♦N. unjust accusation; unfair blame
qǔnào* 取闹[-鬧] V. raise hell; amuse oneself at sb.'s expense; make fun of
qúncèqúnfáng 群测群防 F.E. mobilize the people in earthquake prediction and defense
qúncèqúnlì 群策群力 F.E. work as a team
qúnchāi 裙钗 N. ① petticoats and hairpins ② women M: [2]*wèi*
qúnchāi zhèngzhì 裙钗政治 N. petticoat government
qúnchàng 群唱 N. ensemble singing
qúnchén 群臣 N. entire body of ministers
qúnchǒu 群丑[-醜] N. a group of mean persons
qūncì 逡次 V.O. follow in order
qúncízhōuzhōu 群雌粥粥 F.E. gathering of women with cackling voices
qúncóng 群从[-從] N. nephews and nieces collectively
qúndài 裙带[-帶] N. ① apron strings (fig.) ② girdle ♦ATTR. connected through female relatives
qúndàicài 裙带菜[-帶-] N. a kind of edible seaweed (*Undaria Pinnatifida*)
qúndàifēng 裙带风[-帶-] N. petticoat influence; nepotism
qúndàiguān 裙带官[-帶-] N. an official who owes his position to petticoat influence M: [2]*wèi*
qúndài guānxi 裙带关系[-帶關係] N. petticoat influence; nepotism
qúndàiqīn 裙带亲[-帶親] N. relatives by marriage
qúndǎo 群岛[-島] N. archipelago
qúndiāo 群雕 N. a group of sculptures/carvings
qún'érbùdǎng 群而不党[-黨] F.E. be sociable, but not clannish
qúnfāng 群芳 N. ① a multitude of flowers ② a bevy of beautiful women ③ courtesans
qúnfāngjìngyàn 群芳竞艳[-競艷] F.E. ① a riot of beautiful flowers ② beautiful women vie for attention
qúnfāngpǔ 群芳谱 N. ① botanical treatise ② list of *qúnfāng*
qúnfángqúnzhì 群防群治 F.E. mass prevention and mass treatment
qúnfāngzhēngyàn 群芳争艳[-爭艷] F.E. ① a riot of beautiful flowers ② beautiful women vie for attention
qúnfāngzhīguàn 裙芳之冠 N. the reigning beauty
qúnfēng 群峰 N. many mountain peaks
qúnfēngsǒnglì 群峰耸立[--聳-] F.E. mountain peaks towering into the sky
qúnhuā 群花 N. ① flowers (of all kinds) ② courtesans
qúnhuà* 群化 N. socialization ♦V. be assimilated into the (tribal) community
qúnhūn 群婚 N. group/communal marriage
qúnhūnzhì 群婚制 N. institution/system of group/communal marriage
qúnhuór 群活儿 N. comic dialogue performed by more than three persons
qùnián 去年 N. last year; the year past
qùniándù 去年度 N. last year
qù nǐ de 去你的 INTJ. <*slang*> Nonsense! Shut your big mouth!
qūniè 麴蘖[-櫱] N. ① yeast and the malt (a ferment for brewing) ② brewed spirits
[1]qúnjí* 群集 N./V. crowd
[2]qúnjí 群籍 A.T. all kinds of books; a wide variety of books
[3]qúnjí 麇集 V. <*wr.*> swarm; flock together
qúnjì 群季 N. younger brothers
qúnjià 群架 N. group/gang fight
qúnjí běnnéng 群集本能 N. gregarious instinct
qúnjídù 群集度 N. sociability
qúnjīng 群经[-經] N. all the Chinese classics
qúnjī-shàonián 裙屐少年 N. fops; dandies; coxcombs
qúnjū* 群居 V. live in groups or as a group ♦ATTR. gregarious; social
qúnjù 群聚 V. swarm; crowd
qúnjū běnnéng 群居本能 N. herd instinct
qúnjū dòngwù 群居动物[--動-] N. social animal
qúnjuécè 群决策[-決-] N. group decision
qúnjū kūnchóng 群居昆虫[-蟲] N. social insect
qúnjū shēnghuó 群居生活 N. gregarious life; social life
qúnjūxìng 群居性 N. gregariousness; sociality
qúnjūxuéchǔ 群居穴处[-處] F.E. dwell in caves and live in groups
qúnkòngzhì 群控制 N. group control
qúnkǒucí 群口词 N. group oral performance
qúnkǒu xiàngsheng 群口相声[-聲] N. group crosstalk
qúnkù 裙裤 N. culottes M: [1]*tiáo*
qúnlí 群黎 N. masses; populace
qúnlì* 群力 N. the strength of numbers
qúnliáo 群僚 N. a group of officials
qúnliè 群列 N. series
qúnlóngwúshǒu 群龙无首 F.E. leaderless
qúnluò 群落 N. community
qúnméng 群氓 N. <*wr.*> the common herd
qúnmóluànwǔ 群魔乱舞[--亂-] F.E. rogues of all kinds running wild
qúnmóuxiántóng 群谋咸同 F.E. all have the same ideas
qún'ōu 群殴[-毆] V. riot
qúnqǐ 群起 V.P. rally together
qúnqǐ'érgōng 群起而攻 F.E. rally together to attack sb./sth.; rise up in a struggle against sb./sth.
qúnqǐ ér gōng zhī 群起而攻之 F.E. rise en masse to attack it/him/etc.
qúnqīng 群青 N. <*chem.*> ultramarine
qúnqíng* 群情 N. public sentiment
qúnqíngdǐngfèi 群情鼎沸 F.E. vast upsurge of public feeling
qúnqíngfènjī 群情愤激 F.E. mounting public indignation
qúnqíngfènkǎi 群情愤慨 F.E. Everyone is indignant.
qúnqíngjī'áng 群情激昂 F.E. Public feeling was aroused.
qúnqíngjīfèn 群情激愤 F.E. mounting public indignation
qúnqíngjīngyí 群情惊疑[--驚-] F.E. The people were surprised and shocked.
qúnqíngzhènfèn 群情振奋[-奮] F.E. Everyone is exhilarated.
qúnqīngzhézhóu 群轻折轴[-輕--] F.E. ① Minor offenses unchecked may bring disaster. ② A combination of insignificant efforts or resources can work miracles.
qúnqǐxiǎngyìng 群起响应[-響應] F.E. All rise to respond.
qúnshān 群山 N. a group of mountains
qúnshang píngjūn 群上平均 N. averaging over a group; group averaging
qúnshān huánbào 群山环抱[--環-] V.P. be surrounded by mountains
qúnshān huánchéng 群山环城[--環-] V.P. hills surround a town
qúnshān huánrào 群山环绕[-環繞] V.P. be surrounded by hills
qúnshè 群射 V. volley fire ♦N. <*mil.*> volley
qúnshēng 群生 N. the people; the masses
qúnshì 裙饰 N. furbelow
qúnshū 群书[-書] N. all kinds of books; a wide variety of books
qúnshǔgé 群属格[-屬-] N. <*lg.*> group possessive case
qúnsù 群塑 N. group sculptures
qúntǐ 群体[-體] N. ① <*bio.*> colony; community; group ② integral entity ③ <*bio.*> group
qúntǐ díyì 群体敌意[-體敵-] N. group hostility
qúntǐ dònglìxué 群体动力学[-體動--] N. group dynamics
qúntǐ dòngtài 群体动态[-體動態] N. population dynamics
qúntǐ gèxìng 群体个性[-體個-] N. group individuality
qúntǐ jiān jiāojì 群体间交际[-體--際] N. <*lg.*> intergroup communication
qúntǐ jiàoxué 群体教学[-體--] N. team teaching
qúntǐ lìyì 群体利益[-體--] N. group interest
qúntǐ mìdù 群体密度[-體--] N. population density
qúntǐ míngcí 群体名词[-體--] N. <*lg.*> mass noun
qúntǐ mùbiāo 群体目标[-體-標] N. group goal
qúntǐ nèi jiāojì 群体内交际[-體--際] N. <*lg.*> intragroup communication
qúntǐ rèntóng 群体认同[-體認-] N. <*psy./soc.*> group identification
qúntǐ suǒyǒugé 群体所有格[-體---] N. <*lg.*> group genitive
qúntǐ xíngchéng 群体形成[-體--] N. group formation
qúntǐ xíngwéi 群体行为[-體--] N. group behavior
qúntǐ yālì 群体压力[-體壓-] N. population pressure
qúntǐ yìshí 群体意识[-體-識] N. <*soc./psy.*> group consciousness
qúntǐ yìtài 群体意态[-體-態] N. group ideology
qūntuì 逡退 V. retire from office when nothing could be accomplished
qǔnuǎn 取暖 V.O. warm oneself
qǔnuǎnqì 取暖器 N. room heater
qǔnuǎn shèbèi 取暖设备[-備] N. heating installation
qǔnǚwéiqī 娶女为妻 F.E. take a woman to wife
qù-nǚxìnghuà 去女性化 N. defeminization

qúnwēiqúndǎn 群威群胆[-膽] F.E. mass heroism and daring
qúnxián 群贤[-賢] N. <wr.> host of wise and virtuous men
qúnxiánbìzhì 群贤毕至[-賢畢-] F.E. All the persons of virtue arrived.
qúnxiàng 群像 N. group images/photographs
qúnxiǎo 群小 N. rabble
qūnxíng 逡行 V. hesitate to move forward; hang back
qúnxīng* 群星 N. galaxy
qúnxìng 群性 N. gregariousness; sociality
qúnxīnggǒngyuè 群星拱月 F.E. All the stars twinkled around the bright moon.
qúnxióng 群雄 N. group of powerful persons/states
qúnxiónggējù 群雄割据[-據] F.E. rivalry of the powerful
qúnxióngsìqǐ 群雄四起 F.E. Heroes spring up everywhere.
qúnxióngzhēngcháng 群雄争长[--爭-] F.E. All the heroes strive for supremacy
qúnxióngzhúlù 群雄逐鹿 ID. a pack of contenders pursues a prize
qúnxué 群学 N. sociology
qūnxún 逡巡 V. <wr.> hang back
qūnxúnbùqián 逡巡不前 F.E. <wr.> hesitate to make a move
qúnyántáng 群言堂 N. ①the voice of the many ② a situation in which everyone has his say
qúnyī 群医[-醫] N. doctors
qúnyǐfùshān 群蚁附膻[-蟻--] ID. rush (of people) in search of profit
qúnyìguǎn 群艺馆[-藝-] P.W. community art center M: [4]zuò
qúnyīng 群英 N. an ensemble of heroes or outstanding workers
qúnyīngbìjí 群英毕集[--畢-] F.E. All the heroes gathered.
qúnyīnghuì 群英会 N. ① gathering of heroes ② conference of outstanding workers
qúnyǒu 群有 N. all things; all God's creation
qúnyù 群育 N. training in group life
qúnzàngmùdì 群葬墓地 P.W. mass grave
qúnzhòng 群众[-眾] N. ① the masses; the people ② non-Party members ③ member of the rank and file
qúnzhòng dàhuì 群众大会[-眾--] N. mass rally
qúnzhòng gōngzuò 群众工作[-眾--] N. mass work
qúnzhòng guāndiǎn 群众观点[-眾觀點] N. mass viewpoint
qúnzhòng guānxi 群众关系[-眾關係] N. interpersonal relationship (at work place)
qúnzhònghuà 群众化[-眾-] N. popularization
qúnzhòng jiāndū 群众监督[-眾監-] N. mass supervision
qúnzhòng lùxiàn 群众路线[-眾--] N. mass line
qúnzhòng míngcí 群众名词[-眾--] N. <lg.> multitude noun
qúnzhòng qíngxù 群众情绪[-眾--] N. <soc.> crowd mood
qúnzhòng tuántǐ 群众团体[-眾團體] N. mass organization
qúnzhòngxìng 群众性[-眾-] ATTR. of a mass character
qúnzhòng xīnlǐ 群众心理[-眾--] N. mass psychology/attitudes
qúnzhòng xīnlǐxué 群众心理学[-眾---] N. mob/group psychology
qúnzhòng yìyuàn 群众意愿[-眾-願] N. the popular will
qúnzhòng yùndòng 群众运动[-眾運動] N. mass movement/campaign
qúnzhòng zhuānzhèng 群众专政[-眾專-] N. <PRC> dictatorship of the masses
qúnzhòng zǔzhī 群众组织[-眾-織] N. mass (non-government) organization; people's organization
qúnzi 裙子 N. ①skirt; petticoat ②apron M: [1]tiáo
qúnzǐdàn 群子弹 N. <mil.> ① shrapnel ② canister (shot)
qúnzuò 裙座 N. skirt
qǔpái(zi) 曲牌(子) N. ①names of various tunes ② prosodic scheme of a poem to be chanted
qūpán 屈蟠 V.P. twisted and entwining (of tree trunks/branches)
qù pǎobù 去跑步 V.P. go jogging
qǔpì 取譬 V.P. <wr.> cite as an example; give an analogy
qù pí* 去皮 V.O. ① skin; peel ② excluding the packing (i.e., net weight)
qūpíng* 趋平[趨-] R.V. level off
qǔpíng 取平 R.V. make even; even up
qǔ píngjūnshù 取平均数[-數] V.O. <math.> take the mean
qǔ píngjūnzhí 取平均值 N./V.O. averaging
qūpò 驱迫[驅-] V. order about; force; compel
qǔpǔ 曲谱 N. <opera> ① music score ② title of a Qing collection of music
qūqí 屈奇 V.P. unusual; odd; strange
qūqǐ 屈起 V. bend; bow
qǔqī* 娶妻 V.O. take a wife
[1]**qǔqí** 取齐[-齊] R.V. ① make even; even up ② assemble; meet together
[2]**qǔ qí** 取其 CONS. ~ X, [5]qì qí Y select (what is) X, reject (what is) Y ~ **shǎo**, [5]**qì qí duō** select a few, reject the majority
qǔqǐ 取起 R.V. pick up
[1]**qūqián** 趋前[趨-] V.P. hasten forward
[2]**qūqián** 麯钱[-錢] N. tax paid by brewers
qūqiǎn* 驱遣[驅-] V. ①<wr.> drive away; expel ② order (a person) about; drive ③ despatch sb.
qǔqián 取钱[-錢] V.O. withdraw money
qūqiǎn biéqíng 驱遣别情[驅-] V.O. dispel the sad feeling of parting
qǔqiāng 取枪[-槍] V.O. <mil.> take arms
qūqiányíngyà 趋前迎迓[趨-] F.E. step forward to welcome sb.
qūqiáo 曲桥[-橋] N. curved bridge M: [4]zuò
qūqiào 躯壳[軀殼] N. body (as opposed to soul); outer form
qǔqiǎo* 取巧 V.O. ① finagle; wangle ② take a snap course ③ use finesse
qǔqiǎotúbiàn 取巧图便[--圖-] F.E. choose the easy way for convenience
qǔqíbiàn 取其便 V.O. choose sth. for its convenience
qūqíbǐng 曲奇饼 N. <loan./topo.> cookie M: [2]kuài
qūqídàngāo 曲奇蛋糕 N. cheesecake
qūqiè 胠箧[-篋] V.P. <wr.> steal; pilfer
qūqièzhěliú 胠箧者流[-篋--] N. thieves
qǔ qí jīnghuá 取其精华[-華] V.P. absorb what is best
qǔqīn 娶亲[-親] V.O. take a wife
qǔqīqǔdé 娶妻娶德 F.E. marry a woman for her good qualities
qūqiú 曲球 N. <sport> curve ball (baseball)
Qú Qiūbái 瞿秋白 (1899–1935) N. early CCP leader; CCP chief, 1927–1928; political theoretician; writing reformer
qùqíwúrén 阒其无人 F.E. All was quiet and not a soul was to be seen.
[1]**qūqū*** 区区[區區] R.F. trifling; trivial ♦PR. <court.> I; me
[2]**qūqū** 屈曲 R.F. crooked; winding ♦V. bend/crook one's arm, etc.
[3]**qūqū** 趋趋[趨趨] ADV. in haste; with alacrity ♦N. <coll.> cricket
[4]**qūqū** 曲曲 R.F. curly (of hair/etc.)
[5]**qūqū** 祛祛 R.F. healthy and strong; stout
[1]**qúqú** 渠渠 R.F. large and spacious
[2]**qúqú** 蘧蘧 R.F. ①solid and unmistakable ②high up
qǔqù 取去 V. take off
qùqǔ 去取 N. <coll.> choice; selection ♦V.P. go and get
qūquán 曲全 V.P. yield temporarily to reach a goal
qūquhuà 曲曲话 N. <topo.> whispering
qùqúnjù 去群聚 N. degrouping
[1]**qūqur** 蛐蛐儿 N. <topo.> cricket M: [2]zhī
[2]**qūqur** 屈戌儿 N. window/door latch
qūqūwānwān 曲曲弯弯[-彎彎] R.F. ①zigzag; curly; crooked and winding ② winding; meandering
qūqū xiǎoshì 区区小事[區區-] N. trifling thing
qūqūyǎn 觑觑眼 N. <topo.> myopia; nearsightedness; shortsightedness
qūquzhézhé 曲曲折折 R.F. winding; zigzag
qùqǔ zhījiān 去取之间 V.P. be undecided between taking and leaving ♦N. a moment of indecision
qūqūzhīxīn 区区之心[區區-] N. my private feelings
qǔr* 曲儿 N. number; song; tune; melody
qùr 趣儿 N. fun; interest
qúrán* 蘧然 V.P. <wr.> pleasantly surprised
qùrán 阒然 V.P. <wr.> quiet; still and silent
qùránwúshēng 阒然无声[-聲] F.E. absolutely still
qūrào* 曲绕[-繞] V. ① wind; coil ② make a detour; go round
qǔrǎo 取扰[-擾] V.O. bother
qūrè 祛热[-熱] V.O. <Ch. med.> relieve heat
qūrén 屈人 N. a victim of injustice
qùrèn* 去任 V.O. leave a post
qǔrénzhīcháng 取人之长 F.E. pick a person's brains
qǔrénzhīshàn 取人之善 F.E. take sb.'s good points
qǔróng 取容 V.P. try to please; ingratiate oneself with sb.
qūròu 胸肉 N. dried flank meat
qūrǔ 屈辱 S.V. be humiliated/insulted ♦N. humiliation; disgrace
qūsàn 驱散[驅-] R.V. disperse; break up
qūsàn rénqún 驱散人群[驅-] V.O. disperse a crowd
qùsè 去色 N. discoloration ♦V.O. decolorize
qūshàn 曲蟮/鳝 N. <coll.> earthworm
qǔshànfǔrén 取善辅仁 F.E. choose the good and support the virtuous
qǔshàng 娶上 R.V. marry (a woman); get a wife
qūshang jiāohuàn fúwù 区上交换服务[區--换-務] N. foreign-exchange service
[1]**qūshè** 曲射 N. <mil.> curved fire (i.e., trajectory of low-velocity/small cannons,etc.)
[2]**qūshè** 曲赦 V. pardon sb. owing to special reasons
qǔ-shě* 取舍[-捨] V. accept or reject; make one's choice ♦N. <lg.> selection
qūshè dàndào 曲射弹道 N. curved trajectory
[1]**qūshēn** 屈伸 V. be flexible; submit or rise according to circumstance
[2]**qūshēn** 屈身 V.O. ①stoop; bend down ②humble/degrade/demean oneself
[1]**qūshēng** 趋升[趨-] V.P. tend upward
[2]**qūshēng** 麯生 N. wine; liquor
qǔshèng* 取胜[-勝] R.V. score a success
qùshēng 去声[-聲] N. <lg.> ① Mandarin falling tone ② one of four traditional tonal categories of Chinese
qùshēngjī 去生机 N. devitalization
qūshēnshìchóu 屈身事仇 F.E. be forced to serve the enemy
qūshèpào 曲射炮 N. curved-fire gun; howitzer M: mén
qǔ-shěquán 取舍权[-捨權] N. option
qǔ-shě zhǔnzé 取舍准则[-捨準-] N. editing criteria
qūshī 祛湿[-濕] V.O. dispel dampness
[1]**qūshí** 趋时[趨時] V.O. <wr.> follow the fashion; follow the trend of the times
[2]**qūshí** 区时[區時] N. <astr.> zone time
qūshǐ 驱使[驅-] V. ① prompt; urge; spur on ② order (a person) about ③ despatch sb.
[1]**qūshì*** 趋势[趨勢] N. trend; tendency ♦V. ① follow the trend ② go after men of power

[2]**qūshì** 曲士 N. obscure person; cramped scholar M: [2]*wèi*
[3]**qūshì** 曲室 N. a secret chamber M: [1]*jiān*
[1]**qǔshì** 曲式 N. musical form
[2]**qǔshì** 取士 V.O. select talented persons for government service
qùshī 去湿[-濕] N./V.O. drying
[1]**qùshì** 去世 V. die; pass away
[2]**qùshì** 趣事 N. interesting events/news/anecdotes M: [2]*jiàn*
[3]**qùshì** 去势[-勢] V. <*liv.*> castrate; emasculate ♦N. final configuration *Láitou dà ~ xiǎo.* Come on strong but end up weak.
[4]**qùshì** 觑视 N. <*wr.*> look; gaze
[5]**qùshì** 去事 N. past events
[6]**qùshì** 趣势[-勢] N. tendency; inclination
qǔshí chángduì 取食长队[-隊] N. chow line
qūshǐshì 驱使式[驅-] N. <*lg.*> directive
qùshìyìng 去适应[-適應] N. deacclimatization
qūshì yùcè 趋势预测[趨勢-] N. trend forecast
qúshǒu gōngchéng 渠首工程 N. headwork (for water conservancy)
qūshǔ* 祛暑 V.O. dispel summer heat
qúshū 氍毹 N. ① wool carpet; rug M: [2]*kuài* ② <*trad.*> stage; arena
qùshǔ 去暑 V.O. lower the temperature; drive away summer heat
qúshuài 渠帅/率[-帥] N. <*trad.*> ① leader ② rebel leader; chief criminal M: [2]*wèi*
qǔshuǐkǒu 取水口 N. water intake (of water conservancy)
qūshuō 曲说 N. a biased statement
qùshùpí 去树皮[-樹-] V.O. debark
qūsī 趋厮[趨厮] N. ①agent; broker ②messenger
qūsǐ* 屈死 V. be persecuted to death
qúsì 衢肆 N. store beside a thoroughfare
qùsī 去思 N. fond memory that a good official leaves behind
qùsībēi 去思碑 N. monument to a regretfully deceased functionary M: [2]*kuài*
qūsǐguǐ(r) 屈死鬼(儿) N. <*coll.*> a casualty of injustice
qúsōu 蠷螋 N. <*zoo.*> earwig M: [2]*zhī*
qùsuì 去岁[-歲] N. <*wr.*> last year; the past year
qùtàiqùshèn 去泰去甚 F.E. shun the extremes and maintain the middle course
qūtán 祛痰 V.O. <*Ch. med.*> reduce phlegm/sputum
Qútán 瞿昙[-曇] N. <*Budd.*> Gautama
qùtán* 趣谈 N. amusing story/episode; farce
qūtánjì 祛痰剂[-劑] N. <*med.*> expectorant
qūtǐ 躯体[軀體] N. body; carcass
qūtíng 趋庭[趨-] V.O. receive the teachings of one's father
qūtǐng* 趋挺[趨-] V. be on an upward trend (of prices)
qūtóng 趋同[趨-] V.P. trend toward uniformity
qūtóudiǎn 曲头点[-點] N. <*art*> bowed-head dot (in painting)
qūtóudīng 曲头钉 N. brad M: [1]*kē*
qútú 衢涂[-塗] N. ① side street ② crossroads M: [1]*tiáo*
qūtūxǐxīn 曲突徙薪 ID. take precautions before it's too late
qūwǎ 曲瓦 N. bent tile M: [2]*kuài*
qūwài mǎimài tiáokuǎn 区外买卖条款[區-買賣條-] N. extraterritorial sales clause
qūwān 曲弯[-彎] N. curvature
qūwang* 屈枉 V.P. treat unjustly; wrong *See also qūwǎng*
qūwǎng 屈枉 V.P. falsely accuse *See also qūwang*
qūwěi 区委[區-] P.W. Party district committee
qūwèi 区位[區-] N. ① area ~ *mǎ* area code ② <*comp.*> row-cell
qùwèi(r)* 趣味(儿) N. ① fun; interest; taste; delight ② liking; preference
qùwèi'àngrán 趣味盎然 F.E. full of interest
qùwěicúnzhēn 去伪存真 F.E. discard the false and retain the true
qùwèigāoyǎ 趣味高雅 F.E. refined/good taste
qūwèi jiégòu 区位结构[區-構] N. ecological structure
qūwèi jīngjì 区位经济[區-經濟] N. economics of location
qūwèi móxíng 区位模型[區-] N. ecological pattern
qùwèisuǒrán 趣味索然 F.E. dry as dust; insipid
qùwèiwúqióng 趣味无穷[-窮] F.E. be of infinite interest; be fascinating
qùwèixiāngtóu 趣味相投 F.E. be congenial to one's tastes
qùwèixìng 趣味性 N. interest; pleasure
qūwěn 趋稳[趨穩] V. level out
qǔwèn 取问 V. interrogate (the accused/witness/etc.)
qùwén* 趣闻 N. interesting news/anecdotes M: [2]*jiàn*
qùwěndìng zuòyòng 去稳定作用[-穩---] N. destabilization
qùwū 去污 V.O. decontaminate
qùwúcúnjīng 去芜存菁 F.E. discard the bad and keep the good (in editing)
qùwūfěn 去污粉 N. household cleanser
qùwūlì 去污力 N. cleaning ability
qūwùqì* 驱雾器[驅霧-] N. defogger
qùwùqì 去雾器[-霧-] N. defogger
qùwúqǔjīng 去芜取精 F.E. discard the useless and accept the good
qūwùshímáo 趋骛时髦[趨-時-] F.E. be in fashion
qùwúyīrén 阒无一人 F.E. All was quiet and not a soul was to be seen.
qūxī* 屈膝 V.O. ① kneel; genuflect ② sit with crossed knees
qúxì 渠系 N. canal system
qǔxí 娶媳 V.O. take a daughter-in-law
qǔxia* 取下 R.V. ① take down; detach; unsling ② unmask
qùxià 去夏 N. last summer
qùxiākéjī 去虾壳机[-蝦殼-] N. shrimp-peeling machine M: [1]*tái*
qūxiàn 曲线 N. curve; curved line M: [2]*gēn*
qūxiànbǎn 曲线板 N. curve ruler M: [2]*kuài*
qūxiàng* 趋向[趨-] V. tend/incline to ♦N. trend; tendency; direction
qǔxiàng 取向 N. orientation
[1]**qùxiàng** 去向 N. ① direction ② whereabouts
[2]**qùxiàng** 趣向 N. personal inclination; aptitude
[3]**qùxiàng** 去项 N. items of expense
qùxiàngbùmíng 去向不明 F.E. whereabouts unknown
qūxiàng bǔyǔ 趋向补语[趨-補-] N. <*lg.*> directional complement
qūxiàng dòngcí 趋向动词[趨-動-] N. <*lg.*> directional verb
qūxiàng gāocháo 趋向高潮[趨-] V.O. working up to a climax
qǔxiàngqì 取象器 N. viewfinder
qùxiàngr 去项儿 N. items of expense
qǔxiàng yú zhǔtíjù de 取向于主题句的[--於----] ATTR. <*lg.*> topic-prominent
qūxiànlín 区县林[區縣-] N. county forest
qūxiànměi 曲线美 N. curvaceous; shapely
qūxiànqiú 曲线球 N. <*sport*> curve ball
qūxiàntú 曲线图[-圖] N. diagram (of curves) M: [1]*zhāng*
qūxiàn yùndòng 曲线运动[-運動] N. <*phy.*> curvilinear motion
qūxiàn zìkù 曲线字库 N. <*comp.*> outlined font
qǔxiāo* 取消/销 V. cancel; abolish; nullify ♦N. <*comp.*> escape
qǔxiǎo 娶小 V.O. <*coll.*> take a concubine
qǔxiào(r) 取笑(儿) V. ridicule; make fun of
qǔxiāo guójiàozhǔyì 取消国教主义[-國--義] N. disestablishmentarianism
qǔxiāojiàn 取消键 N. <*comp.*> escape key; (Esc)
qǔxiāo jìnlìng 取消禁令 V.O. lift a ban
qǔxiāo juédìng 取消决定[--決-] V.O. rescind a decision
qǔxiāo mìnglìng 取消命令 V.O. revoke an order
qǔxiāopài 取消派 N. liquidationist
qǔxiāo xiànjià 取消限价[-價] V.O. decontrol prices
qǔxiāo yī cì huìyì 取消一次会议[-議] V.P. cancel or call off a meeting
qǔxiāo zhàiwù 取消债务[-務] V.O. debt cancellation
qǔxiāozhǔyì 取消主义[-義] N. ①liquidationism ② anarchist trend of thought
qǔxiāo zìyuán 取消字元 V.O. <*comp.*> cancel a character
[1]**qūxié** 驱邪[驅-] V.O. ① expel evil ② exorcize spirits
[2]**qūxié** 祛邪 V.O. <*Ch. med.*> expel the heteropathic [1]*qì*
qūxiéchúzāi 祛邪除灾[-災] F.E. exorcize evil spirits
qùxiéguīzhèng 去邪归正[--歸-] F.E. return to the orthodox path
qū xiémó 祛邪魔 V.O. drive out evil spirits
qūxiéqū'è* 驱邪祛厄[驅-] F.E. ward off ill luck and evil
qūxiéqù'è 祛邪去恶[-惡] F.E. disperse depravity and remove evil
qǔ xífur 娶媳妇儿[--婦-] V.O. ① take a wife ② get a daughter-in-law
qūxī guìzhe 屈膝跪着[-著] V.P. on bent knees
qūxīlǐ 曲膝礼[-禮] N. courtesy
qūxīn 屈心 V.O. <*coll.*> have a guilty conscience
qǔxìn* 取信 V.O. ① fetch a letter ② establish credibility
qùxìn 去信 V.O. write/send a letter to sb.
qūxìng 趋性[趨-] N. <*bio.*> taxis
qūxīnlièqí 趋新猎奇[趨-獵-] F.E. hunt for novelty
qǔxìnyúmín 取信于民[--於-] F.E. win the people's confidence
qǔxìnyúrén 取信于人[--於-] F.E. win confidence
qùxióng 去雄 V.O. emasculate; castrate
qùxiónghuā 去雄花 N. eunuchs
qūxīqiúchǒng 屈膝求宠 F.E. seek favor on bended knee
qūxīqiúhé 屈膝求和 F.E. bow the knees and sue for peace
qūxītóuxiáng 屈膝投降 F.E. knuckle under
qūxiùcái 麴秀才 N. wine; liquor
qūxīxínglǐ 屈膝行礼[-禮] F.E. drop a curtsy
qūxū 屈戌 N. <*wr.*> door latch
qūxué 曲学 N. heretical school
qūyǎ 趋雅[趨-] V.P. trend toward refinement
qūyán 曲言 N. <*lg.*> meiosis; understatement
qūyāndāngdài 取湮当代[--當-] F.E. obscure in one's own lifetime
qūyánfǎ 曲言法 N. <*lg.*> litotes; understatement
qūyánfùrè 趋炎附热[趨-熱] F.E. curry favor with the powerful; play up to those in power
qūyánfùshì 趋炎附势[趨-勢] F.E. play up to the powerful
qǔyàng 取样[-樣] V.O. (take a) sample ♦N. sampling; sample
qǔyàng jiǎnchá 取样检查[-樣--] N./V.P. take a sample to check
qǔyàng yánjiūfǎ 取样研究法[-樣---] N. sampling survey method (of ecology)
qūyè 趋谒[趨-] V. go and see (a senior)
qūyí 祛疑 V.O. <*wr.*> remove suspicion/doubt
[1]**qūyì** 曲意 V. make a special concession to achieve others' goals
[2]**qūyì** 驱役[驅-] V. order about
[3]**qūyì** 趋义[趨義] V.O. <*wr.*> see the right and act quickly to follow it
[1]**qǔyì*** 曲艺[-藝] N. ① folk vocal art forms ② minor arts
[2]**qǔyì** 取义[-義] V.O. die for the cause of justice and righteousness

[3]**qǔyì** 曲译[-譯] V. mistranslate
qǔyīdān 取衣单 N. receipt to pick up clothes M: [1]*zhāng*
qǔyìfèngchéng 曲意奉承 F.E. blandish
qūyìféngyíng 曲意逢迎 F.E. ingratiate oneself with sb.
qūyìfǔjiù 曲意俯就 F.E. have to come to terms with sb.
qū yílǜ 祛疑虑[-慮] V.O. dispel one's misgivings
qūyīn 曲音 N. umlaut
qūyíng* 趋迎[趨-] V. hasten to greet or receive (a visitor)
qǔyíng 取盈 V.O. ① satisfy one's own desire ② demand that tax assessments be paid in full
qūyīqǐngyè 祛衣请业[-業] F.E. cleanse one's clothing and beg for instructions
qūyìqiúquán 曲意求全 F.E. make special concessions to save a situation
qūyǒng 曲踊[-踴] V. leap upward
qǔyòng* 取用 V. select and adopt
qūyóu 炊油 V.O. <*topo.*> heat oil and pour it on cooked food
qǔyǒu* 取友 V.O. choose friends according to certain standards
qūyú 趋于[趨於] V.P. tend/incline to
qūyǔ 区宇[區-] N. territory
qūyù* 区域[區-] P.W. region; zone; district; area
qúyù 鸲鹆 N. <*zoo.*> myna M: [2]*zhī*
Qū Yuán* 屈原 (c. 340–c. 278 B.C.) N. eminent poet; the failed statesman whose suicide on the fifth day of the fifth month is commemorated annually by the Dragon Boat Festival
qūyuàn 麴院 P.W. brewery M: [4]*zuò*
qūyù ānquán 区域安全[區-] N. regional safety
qūyù biànyì 区域变异[區-變異] N. <*lg.*> regional variation
qǔyuè 取悦 V.O. ① curry favor ② try to please; ingratiate oneself with sb.
qūyù fāngyán 区域方言[區-] N. <*lg.*> regional dialect
qūyù guīhuà 区域规划[區-劃] N. regional planning
qūyù huìyì 区域会议[區-議] N. regional/local conference
qūyūhuóxuè 祛瘀活血 F.E. <*Ch. med.*> remove blood stasis and promote blood circulation
qūyù jiàgé 区域价格[區-價-] N. zone price
qūyù jiān hézuò 区域间合作[區-] N. interregional cooperation
qūyújíduān 趋于极端[趨於極-] F.E. go to extremes
qūyù jīngjì 区域经济[區-經濟] N. regional economics
qūyù lǚyóu 区域旅游[區-] N. regional tourism
qūyù sōuxún 区域搜寻[區-尋] N. <*comp.*> area search
qūyù wèiyuán 区域位元[區-] N. <*comp.*> zone bits
qūyù wèizhǐ 区域位址[區-] N. <*comp.*> regional address
qūyùxìng 区域性[區-] ATTR. regional
qūyùxìng gōngyuē 区域性公约[區-] N. regional convention/pact
qūyù yǔyánxué 区域语言学[區-] N. areal linguistics
qūyù zìzhì 区域自治[區-] N. regional autonomy
qūzāi 祛灾[-災] V.O. repel disaster
qùzáqùliè 去杂去劣[-雜--] F.E. <*agr.*> rogue; weed out
qūzhàn 趋战[趨戰] A.T. fight a firmly entrenched enemy
[1]**qūzhǎng** 区长[區-] N. district head/magistrate M: [2]*wèi*
[2]**qūzhǎng** 趋涨[趨-] V. tend upward
qù zhānwū 去沾污 V.O. decontaminate
[1]**qūzhé** 曲折 S.V. tortuous; winding; complicated ♦N. complications of an event
[2]**qūzhé** 屈折 ATTR. <*lg.*> ① inflectional ② bent ♦N. refraction (of light) ♦V. bend
qūzhé biànhuà 曲折变化[--變-] N. ① change with many twists and turns ② <*lg.*> inflection; inflexion
qūzhé cíxíngxué 屈折词形学 N. <*lg.*> inflectional morphology
qūzhé cízhuì 屈折词缀 N. <*lg.*> inflectional affix
qǔzhé de 曲折的 ATTR. inflecting
qūzhé hòuzhuì 屈折后缀[--後-] N. <*lg.*> inflectional suffix
qūzhélǜ 屈折律 N. <*phy.*> index of refraction
qǔzhèng 取证[-證] V.O. collect evidence
qūzhèngfǔ 区政府[區-] N. district government
qǔ zhěngshù 取整数[-數] V.O. <*math.*> round numbers
qūzhéxìng yǔyán 屈折性语言 N. <*lg.*> inflectional language
qùzhe yǎn 觑着眼[-著-] V.O. narrow one's eyes and gaze at something with great attention
qūzhéyǒuxiào 曲折有效 F.E. delightfully complicated (of speech or literary work)
qūzhéyǔ 屈折语 N. <*lg.*> fusional/inflecting language
qūzhéyūhuí 曲折迂回 F.E. full of twists and turns
qūzhé yǔsù 屈折语素 N. <*lg.*> inflection morpheme; INFL
qūzhé yǔyán 屈折语言 N. <*lg.*> fusional/inflecting/inflecting language
qūzhī 屈肢 N./ATTR. (with) flexed limbs
qū-zhí* 曲直 N. ① sth. crooked and straight ② right and wrong ③ the truth
qūzhǐ 屈指 V.O. count on one's fingers
qūzhì 屈滞[-滯] N. condescension ♦V.P. condescend
qǔzhí 取直 R.V. make straight; straighten
qùzhí 去职[-職] V.O. be removed or resign from office
qùzhǐ 趣旨 N. sense; signification
qūzhíbùfēn 曲直不分 F.E. not distinguish between right and wrong
qǔzhībùjìn 取之不尽[-盡] F.E. The supply is inexhaustible.
qūzhǐkěshǔ 屈指可数[-數] F.E. very few
qūzhīruòwù 趋之若骛[趨-] F.E. scramble for sth.; go after in a swarm
qūzhǐyīsuàn 屈指一算 F.E. count on one's fingers
qūzhīzàng 屈肢葬 N. <*archeo.*> flexed burial
qūzhōng 曲衷 N. <*wr.*> heartfelt emotion; inner feelings
qǔzhōng* 曲终 N. the end of a piece of music
qǔzhǒng 曲种[-種] N. a kind of *qǔyì*
qǔzhōngrénsàn 曲终人散 F.E. sadness following a joyful reunion
qǔzhōngzòuyǎ 曲终奏雅 F.E. <*wr.*> a grand finale; brilliant conclusion
qūzhóu* 曲轴 N. crankshaft; bent axle
qūzhòu 区宙[區-] N. the universe
qūzhóuxiāng 曲轴箱 N. crankcase
qūzhú* 驱逐[驅-] V. expel; get rid of
qùzhù 去住 V.P. now go, now stay; sometimes go, sometimes stay
qūzhúchūjìng 驱逐出境[驅-] F.E. ① expel; drive away ② deport
qūzhújī 驱逐机[驅-] N. pursuit/fighter plane M: [1]*jià*
qūzhújiàn 驱逐舰[驅-艦] N. destroyer M: [1]*sōu*
qūzhúlìng 驱逐令[驅-] N. order of deportation/etc. M: [2]*dào*
qǔzi* 曲子 N. tune; song; melody
qǔzì 取自 V.P. adopt/take/derive from
qùzìlíng 去字灵[-靈] N. ink eraser
qūzǒu 趋走[趨-] V. go in haste; run away
qūzǒufèngchéng 趋走奉承[趨-] F.E. be subservient
qūzūn 屈尊 ADV. <*court.*> condescendingly
qūzūnqiújiào 屈尊求教 F.E. condescend to ask for advice
qūzūnxiàwèn 屈尊下问 F.E. deign to ask sb. below oneself
qūzūnyǐqiú 屈尊以求 F.E. stoop to conquer
qūzǔshù 区组数[區-數] N. block number

R

r 儿[兒] SUF. *(diminutive) non-syllabic retroflex suffix; pronunciation feature in Beijing dialect* **pén~** basin **dìfāng xiǎochī~** regional taste treats **wán~** have fun; play **zhè~** here **mànmān~ de** slowly **See also** [2]**ér**

[1]**rán** 燃 <wr.> V. burn; ignite

[2]**rán** 然 B.F. right; correct; so **bùyǐwéirán, suǒyǐrán** ♦CONJ. <wr.> however; but ♦SUF. *marker for s.v./adv.* **ān~** safe and sound; safely **xiǎn~** obviously ♦V. burn

[3]**rán** 髯 B.F. sidewhiskers **ránr,** [2]**yùrán**

[4]**rán** 蚺 B.F. boa constrictor; python [2]**sēnrán**

[1]**rǎn*** 染 V. ① dye ② catch (illness/disease) ③ soil; pollute ④ make strokes (in painting/etc.)

[2]**rǎn** 苒 in [2]**rǎnrǎn, rěnrǎn**

Rǎn 冉 N. Surname ♦in [1]**rǎnrǎn,** [2]**jiànrǎn**

rǎnbìng 染病 V.O. catch an illness; be infected with a disease

rǎnbù 染布 V.O. dye cloth

rǎnchǎng 染厂[-廠] P.W. dye-works M: [1]**jiā**

rǎnchéng 染成 R.V. dye

ránchì qǐlai 燃炽起来[-熾--] R.V. burst into flame(s); burn brightly

rǎndài 染逮 V. be implicated in a crime, etc.

rǎndào 染到 R.V. acquire (a bad habit)

rándēng 燃灯[-燈] V.O. light a lamp

rándiǎn 燃点[-點] N. flash point ♦V. ignite; kindle

rǎndú 染毒 V.O. ① be infected with venereal disease ② use narcotics ♦N. contamination

rǎndúqū 染毒区[-區] P.W. contaminated area

rǎndú qūyù 染毒区域[--區-] P.W. <mil.> contaminated area

rán'ér 然而 CONJ. even so; but

rǎn èxí 染恶习[-惡習] V.O. take on bad habits/practices/etc.

rǎnfà 染发[-髮] V.O. dye the hair

ránfàng 燃放 V. set off (fireworks/etc.)

rǎnfáng* 染坊/房 P.W. dyeworks; dyehouse M: [4]**zuò**

rǎnfàshuǐ 染发水[-髮-] N. rinse; hair dye M: **píng**

ránfǒu 然否 V.P. yes or no; Is that correct?

rāng 嚷 B.F. **rāngrang See also** [1]**rǎng**

[1]**ráng(r)** 瓤(儿)[-(兒)] N. ① pulp ② sth. inside a covering ♦S.V. <topo.> ① bad ② weak

[2]**ráng** 禳 B.F. pray for avoidance of misfortune **rángjiě, qíráng**

[3]**ráng** 穰 B.F. growing rice or other grain [2]**rángzi, fēngráng**

[4]**ráng** 勷 in **kuāngráng**

[5]**ráng** 蘘 in **ránghé**

[1]**rǎng** 嚷 V. ① shout ② make noise **See also rāng**

[2]**rǎng** 壤 B.F. soil **rǎngdì, tǔrǎng**

[3]**rǎng** 攘 B.F. ① push up the sleeves; get ready [1]**rǎngbì,** [1]**xīrǎng** ② exclude; reject **rǎngwài**

[4]**rǎng** 蠰 in **rǎngxī**

ràng* 让[讓] V. ① yield **Tā bù ~ rén.** He does not yield to others. ② allow **Māma bù ~ wǒ qù.** My mom won't let me go. **Duìbuqǐ, ~ nín jiǔ děng le.** Sorry to have kept you waiting. ③ induce sb. to do sth. **Shuí ~ nǐ lái de?** Who told you to come? **Tā ~ kèren jiùzuò.** She invited guests to sit at table. ④ transfer possession of sth. ⑤ offer ♦COV. *passive signifier* by **Xíngli ~ yǔ gěi línshī le.** The luggage was soaked by rain. ♦CONS. *X ~* [1]*rén V X* makes one V **Zhǔrén ~ tā qù kāihuì.** The director wants him to go to the meeting.

rǎngāng 染缸 N. ① dyeing vat M: [2]**zhī** ② corrupting environment

[1]**rǎngbì** 攘臂 V.O. <wr.> bare one's arms (in agitation)

[2]**rǎngbì** 攘辟 V. stand off; make way

rǎngbìchēnmù 攘臂嗔目 F.E. fly into a rage

rǎngbì'érqǐ 攘臂而起 F.E. be excited and ready for action

rǎngbìgāohū 攘臂高呼 F.E. raise one's hands and shout

ràngbù 让步[讓-] V.O./N. ① yield; compromise ② step aside

ràngbù fùcí 让步副词[讓-] N. <lg.> concessive adverb

ràngbù fùcí zǐjù 让步副词子句[讓-] N. <lg.> adverbial clause of concession

ràngbù liánjiēcí 让步连接词[讓-] N. <lg.> concessive conjunction

ràngbù yǔqì 让步语气[讓-氣] N. <lg.> concessive mood

ràngbù zhèngcè 让步政策[讓-] N. policy of making concessions

ràngchá 让茶[讓-] V.O. offer somebody tea

rǎngchǎng 攘场[-場] V.O. spread harvested grain over an area

ràngchē cèxiàn 让车侧线[讓-] N. passing siding

ràngchēdào 让车道[讓-] N. passing bay; passing place M: [1]**tiáo**

ràngchēxiàn 让车线[讓-] N. passing track M: [1]**tiáo**

rǎngchú 攘除 R.V. <wr.> cast out

ràngchū* 让出[讓-] R.V. make room for

ràng chūlai 让出来[讓-] R.V. make room for; give place to

rángchú lìyāng 禳除疠殃[--癘-] V.O. offer a sacrifice to end a pestilence

ràngdào(r) 让道(儿)[讓-] V.O. give way to sb. else

rǎngdì 壤地 N. <wr.> territory; land

ràngdù 让渡[讓-] V. turn over or transfer (property)

ràngdù cáichǎn 让渡财产[讓-產] V.O. execute an estate

rǎngduó 攘夺[-奪] V. seize

ràngdùrén 让渡人[讓-] N. ① donor; grantor ② assigner; consigner M: **gè/**[1]**míng/**[2]**wèi**

ràng fènliàng 让分量[讓-] V.O. give customers an extra measure of the item bought

ràngfènr 让份儿[讓-] V.O. <topo.> defer to one's elders

rànggěi 让给[讓-] V. turn sth. over to another

rǎnggòu 攘诟 V.O. clear oneself of dishonor

rǎngguo* 嚷聒 V. quarrel; argue noisily

ràngguó 让国[讓國] V.O. yield the throne

ràngguòr 让过儿[讓-] V.O. <coll.> yield; compromise

ránghé 蘘荷 N. mioga ginger (*Zingiber mioga*)

ràngjià(r) 让价(儿)[讓價-] N. reduced the price after haggling ♦V.O. offer a good price

rǎngjiào 嚷叫 V. yell loudly

rángjiě 禳解 V. <wr.> ① avert (a misfortune/disaster) by prayers ② offer a sacrifice to the gods for the removal of evil spirits/disasters

rǎngjiè* 壤界 N. boundary; border

ràngjiǔ 让酒[讓-] V.O. offer somebody wine / spirits

ràngkai 让开[讓開] R.V. make way

rángkou 瓤口 N. <coll.> taste (of a watermelon/etc.)

rángkǒur 瓤口儿 N. taste of watermelon

rànglí 让梨[讓-] V.O. show brotherly love

rànglù 让路[讓-] V.O. make way

rǎngmà 嚷骂[-罵] V. rail at

rǎngmèi 攘袂 V.O. rise to action with a determined shake of the arms

rǎngmèiqièchǐ 攘袂切齿[-齒] F.E. be excited and indignant

rǎngnào 嚷闹[-鬧] V. be noisy

rángnián 穰年 N. bumper harvest year

rǎngniántǔ 壤粘土 N. loam clay

rǎngōng 染工 N. dyer M: **ge/**[1]**míng**

ràngpàn 让畔[讓-] V.O. be conciliatory in fixing the boundary of one's field

rǎngqiè 攘窃[-竊] V. <wr.> usurp; steal; grab

rǎng qǐlai 嚷起来 R.V. begin to yell

ràngqiú 让球[讓-] V.O. concede points (in ball games)

rángr 瓤儿 N. pulp of a fruit; section of an orange/tangerine/etc.

rāngrang* 嚷嚷 R.F. <coll.> ① argue noisily ② holler; shout ③ make widely known ④ reproach

rángráng 穰穰 R.F. <wr.> ① rich; abundant (of harvests) ② confused and disturbed ③ luxuriant

rǎngrǎng 攘攘 R.F. <wr.> disorderly; confused; chaotic

ràngrang 让让[讓讓] R.F. make a polite gesture

ràngrén 让人[讓-] V.O. be conciliatory/concessive

rǎngshàn 攘善 V.O. <wr.> claim credit due to others; appropriate other's credit/honor

ràngshòu 让受[讓-] V. get another's property/right through due process of law

ràngshòurén 让受人[讓-] N. assignee; cessionary M: **ge/**[1]**míng/**[2]**wèi**

ràngsuō 让缩[讓-] V. give

rángtián 禳田 V.O. offer sacrifices to the gods for a good harvest

rǎngtǔ 壤土 N. loam

rǎngwài 攘外 V.O. resist foreign aggression

rǎngwài'ānnèi 攘外安内 F.E. resist foreign aggression and pacify the interior

ràngwáng 让王[讓-] V.O. yield the throne

rǎngwǎngxīlái 攘往熙来 F.E. bustling with activity

ràngwèi 让位[讓-] V.O. ① give one's place to another ② abdicate ③ yield to; give way to; change into

rǎngxī 蠰溪 N. grasshopper

ràngxiān 让先[讓-] V. yield to

ràngxián* 让贤[讓賢] V.O. yield one's position to sb. more qualified

ràngxiányǔnéng 让贤与能[讓賢與-] F.E. retire and give way to sb. better

rǎngxiù 攘袖 V.O. roll up the sleeves

ràngyān 让烟[讓煙] V.O. offer sb. a cigarette

rǎngyáng 攘羊 V.O. take home sb. else's stray sheep

rǎngyí 攘夷 V.O. repel the barbarians

ràngyiràng 让一让[讓-讓] V.P. step aside

ràngyǔ 让与[讓與] V. transfer; cede to

ràngyǔ suǒyǒuquán 让与所有权[讓與-權] V.O. yield possession

rǎngzāi 攘灾[-災] V.O. ward off calamities; avoid disaster

ràngzǎotuīlí 让枣推梨[讓棗-] ID. show brotherly love
ràngzhàng 让账/帐[讓-] V.O. pay a bill for another
ràngzhe 让着[讓著] V.P. give (sb.) the better of an argument
rǎngzhì niántǔ 壤质粘土[-質--] N. <geol.> loamy clay
rǎngzhìtǔ 壤质土[-質-] N. loamy soil
[1]**rángzi** 瓤子 N. pulp; flesh; pith
[2]**rángzi** 穰子 N. <coll.> ①pulp; pith; core; kernel ② (corn) cob
ràngzuò(r) 让座(儿)[讓-] V.O. ① give one's seat to another ② invite sb. to take a seat
ránhǎibào 髯海豹 N. <zoo.> bearded seal M: [2]*zhī*
rǎnhàn 染翰 V. soak a writing brush with ink
ránhào 燃耗 ATTR. <phys.> burnup
rǎnhóng 染红 V.O./R.V. dye red
ránhòu 然后[-後] CONJ. and then; after that
ránhū 然乎 F.E. Isn't it so?
rǎnhuà 染化 V. educate; exert good influence on
rǎnhuàn 染患 V. contract; infect
ránhuǐ 燃毁[-毀] V. burn
rǎnjí 染疾 V.O. contract a disease; fall ill
rǎnjiàng 染匠 N. dyer M: *ge*/[1]*míng*
rǎnjiàng yóutóng 染匠油桐 N. <bot.> turnsole
ránkāngzìzhào 燃糠自照 F.E. study in poor conditions
ránkou 髯口 N. <opera> artificial beard/whiskers
ránliào* 燃料 N. fuel
rǎnliào 染料 N. dyestuff
ránliàobǐ 燃料比 N. fuel rate
ránliào diànchí 燃料电池[--電-] N. fuel cell
ránliào dònglì gōngyè 燃料动力工业[--動--業] N. fuel and power industry
ránliàokù 燃料库 N. fuel depot/reservoir M: [4]*zuò*
ránliàoqì 燃料气[-氣] N. fuel gas
ránliào ránshāo fèiqì 燃料燃烧废气[-燒廢氣] N. waste-gas from burning fuel
ránliàoxiāng 燃料箱 N. fuel box M: [2]*zhī*
ránliàoyóu 燃料油 N. fuel/furnace/heating oil
rǎnliào zhíwù 染料植物 N. dyewood; dyer's-weed
ránmáo 髯毛 N. beard; beard hair
ránméi 燃眉 V.P. very dangerous; urgently critical
ránméi fādiànchǎng 燃煤发电厂[-發電廠] P.W. coal-fired power plant M: [1]*jiā*/[4]*zuò*
ránméitàn 燃煤炭 N. ember
ránméizhījí 燃眉之急 N. overwhelming urgency
ránmù 燃木 N. firebrand
ránnà 然纳 V. endorse and adopt (a proposal/recommendation/etc.)
ránnú 髯奴 N. heavily bearded fellow
ránnuò 然诺 N./V. <wr.> promise; pledge
rǎnpiǎofǎ 染漂法 N. dye-bleaching process
ránqǐ 燃起 R.V. kindle
ránqì fādiànchǎng 燃气发电厂[-氣發電廠] P.W. gas power plant M: [1]*jiā*/[4]*zuò*
ránqì fādòngjī 燃气发动机[-氣發動-] N. gas engine M: [1]*tái*
ránqìjī 燃气机[-氣-] N. gas engine M: [1]*tái*
ránqì lúnjī 燃气轮机[-氣--] N. gas turbine M: [1]*tái*
ránqì lúnjī fādiànchǎng 燃气轮机发电厂[-氣--發電廠] P.W. gas-turbine electric power plant M: [1]*jiā*/[4]*zuò*
ránqǐng 然顷 ADV. in a short time; soon; before long
ránqì xiāohào 燃气消耗[-氣--] N. gas consumption
ránr 髯儿 N. whiskers; beard
[1]**rǎnrǎn** 冉冉 <wr.> R.F. ① gradually ② hang down softly (of hair/twigs/etc.)
[2]**rǎnrǎn** 苒苒 R.F. luxuriantly; lushly
rǎnrǎn'érshàng 冉冉而上 V.P. go/soar/rise slowly/gradually
rǎnrǎn shàngshēng 冉冉上升 V.P. rise gradually
rǎnrǎn shēngqǐ 冉冉升起 V.P. rise gradually
rǎnrě 染惹 V. soil; pollute; taint
rǎnrěn 苒荏 V. pass gradually (of time)
rǎnruò 冉/苒弱 V.P. drooping (of plants)
rǎnsè 染色 V.O./N. dye
rǎnsèfěn 染色粉 N. dyestuff (powder) M: [1]*bāo*
rǎnsèjì 染色剂[-劑] N. coloring agent
rǎnsètǐ 染色体[-體] N. chromosome
rǎnsèxìng 染色性 N. dyeability
rǎnsèzhì 染色质[-質] N. <bio.> stainable feature
ránshang 燃上 V. light up
rǎnshang* 染上 R.V. ①catch a disease ②acquire a habit
ránshāo 燃烧[-燒] V. burn
ránshāodàn 燃烧弹[-燒-] N. ① incendiary bomb ② napalm M: [1]*kē*
ránshāodiǎn 燃烧点[-燒點] N. the point of combustion
ránshāojì 燃烧剂[-燒劑] N. incendiary agent
ránshāopíng 燃烧瓶[-燒-] N. Molotov cocktail M: [1]*zhī*
ránshāoshì 燃烧室[-燒-] N. ① combustion chamber ② firebox ③ combustor
ránshāoxìng 燃烧性[-燒-] N. <chem.> combustibility
ránshé 髯蛇 N. boa; python
rǎnsīzhībiàn 染丝之变[-絲-變] N. take on the color of one's company
ránsǒu 髯叟 N. bearded old man; old man
Ránsū 髯苏[-蘇] N. nickname of Su Shi
ránwēng 髯翁 N. bearded old man; old man M: [2]*wèi*
rǎnwū 染污 V. stain; smear; dirty; contaminate
ránxī 燃犀 F.E. <wr.> perceptive
rǎnxí* 染习[-習] V.O. <Budd.> contract bad habits/customs
ránxìn 然信 V. pledge to keep a promise
rǎnxuè 染血 N. bloodstain
rányě 然也 ADV. surely; definitely
rǎnyè* 染液 N. dye solution
rányí 然疑 N. between believing and suspecting
rǎnyìn 染印 N. dye transfer
rǎnyìnfǎ 染印法 N. dye-transfer process
rányóu* 燃油 N. fuel oil
rǎnyǒu 染有 V. be infected with
rányóubèng 燃油泵 N. fuel pump M: [1]*tái*
rányóuxiāng 燃油箱 N. fuel tank M: [2]*zhī*
ránzàn 然赞 V. endorse; express approval of (opinions/etc.)
ránzé 然则 CONJ. <wr.> that being so; but then
rǎnzhī 染织[-織] N. making and dyeing cloth
rǎnzhǐ* 染指 ID. ① encroach on ② take a "cut" of an illegal profit
rǎnzhǐchuíxián 染指垂涎 F.E. try to get a share of sth. not one's due
rǎn zhǐjia(r) 染指甲(儿) V.O. color one's nails
rǎnzhǐyúdǐng 染指于鼎[--於-] F.E. be covetous
rǎnzhǐzéféi 染指择肥[--擇-] F.E. <wr.> dip one's finger in the pie and claim the lion's share
ránzhú 燃烛[-燭] V.O. light a candle
[1]**ráo** 饶[饒] V. ① spare (from harsh treatment) ② give sth. extra ♦B.F. rich; plentiful *fùráo* ♦N. Surname
[2]**ráo** 桡[橈] B.F. oar *ráogǔ, róuráo See also* [6]*náo*
[3]**ráo** 荛[蕘] B.F. firewood *ráohuā, chúráo*
[4]**ráo** 娆[嬈] in *yāoráo, jiāoráo*
rǎo 扰[擾] V. ①disturb; bother ②harass; trouble ③ <court.> trespass on sb.'s hospitality
rào* 绕[繞/遶] V. ① wind; coil; entwine ② revolve around sth. ③ detour; go around ④ become entangled *Wǒ ràng tā de huà ~zhu le.* I was confused by what he said.
ràobāojī 绕包机[繞-] N. wrapping machine M: [1]*jià*/[1]*tái*
rào bózi 绕脖子[繞-] V.O. <coll.> ① in a roundabout manner ② pretzel logic
ràobuguò 绕不过[繞-] R.V. can't avoid sth. by detouring
ràobùkāi kòur 绕不开扣儿[繞-開--] V.P. <topo.> unable to resolve/solve
ràochán 绕缠[繞纏] V. wind wire/etc. around sth.
ràochǎng 绕场[繞場] V.O. circle the playing field
ràochǎng yī zhōu 绕场一周[繞場-] V.P. go round the stadium
ràochéng 绕成[繞-] R.V. wind . . . into
ráochǐ 饶侈[饒-] V.P. <wr.> abundant; rich; affluent
ràoda 绕搭[繞-] V. <topo.> ① find the way to a place ② take; grab away ③ filch
ràodàiqì 绕带器[繞帶-] N. tape winder M: [1]*jià*/*ge*/[2]*zhī*
ràodài shíjiān 绕带时间[繞帶時-] N. rewind time
ráodào 桡道[橈-] N. berm
ràodào(r)* 绕道(儿)[繞-] V.O. go long way round
ràodào'érxíng 绕道而行[繞-] V.P. take a devious route
ràodào xíngshǐ 绕道行驶[繞-] V.P. detour
ràodàoyūhuí 绕道迂回[繞-] F.E. make a detour
rǎodòng 扰动[擾動] R.V. create an uproar
ráodòngmài 桡动脉[橈動脈] N. <phys.> radial artery
ráofàng 饶放[饒-] V. pardon; forgive; let go without punishing
ráofù 饶富[饒-] S.V. affluent; abundant; plentiful
ráofùshīyì 饶富诗意[饒-] F.E. rich in poetic flavor
ràogān 绕杆[繞-] N. turnstile
ráogǔ 桡骨[橈-] N. <phys.> radius
ráoguò 饶过[饒-] R.V. pardon; excuse
rǎoguō 扰聒[擾-] R.V. disturb; bother; trouble
ràoguò* 绕过[繞-] R.V. detour past; bypass
rǎohài 扰害[擾-] V. harass
ráohuā 荛花[蕘-] N. <bot.> canescent wikstroemia
ráojiār 饶家儿[饒-] ADV. <topo.> from house to house
ràojiēshàng 绕街上[繞-] P.W. <topo.> throughout the streets; all the streets
ràojí hǎiliú 绕极海流[繞極-] N. circumpolar current
ràokāi 绕开[繞開] R.V. skirt; avoid
ràokǒulìng 绕口令[繞-] N. tongue twister
ràoliáng 绕梁[繞-] ID. linger; reverberate (of sound)
ràoliángsānrì 绕梁三日[繞-] ID. ① linger long in the air (as a song) ② resound for a long time
ràoliángzhīyīn 绕梁之音[繞-] N. sounds that seem to linger in the air
ràoliú 绕流[繞-] N. streaming; flow around a body
ràolù 绕路[繞-] V.O. make a detour
rǎoluàn 扰乱[擾亂] R.V. throw into disorder
rǎoluàn biānjìng 扰乱边境[擾亂邊-] V.O. harass the border of a country
rǎoluàn shìchǎng 扰乱市场[擾亂-場] V.O. disrupt/destabilize the market
rǎoluàn shìxiàn 扰乱视线[擾亂-] V.O. interfere with sb's view
rǎoluànxìng shèjī 扰乱性射击[擾亂-擊] N. <mil.> harassing fire
rǎoluànxìng yàojì 扰乱性药剂[擾亂-藥劑] N. harassing agent
rǎoluànxìng zhànjì 扰乱性战剂[擾亂-戰劑] N. <mil.> harassing agent
rǎoluàn zhànshù 扰乱战术[擾亂戰術] N. hit-and-run tactics
rǎoluàn zhènxiàn 扰乱阵线[擾亂-] V.O. create confusion within our ranks
rǎoluàn zhì'ān 扰乱治安[擾亂-] V.O. disturb peace and order
rǎomǎqì 扰码器[擾-] N. scrambler
rǎomín 扰民[擾-] V.O. harass the people
ráomìng 饶命[饒-] V.O. spare sb.'s life

ràomo 绕磨[繞-] V. ① press annoyingly ② set a trap for framing someone ③ grind
rǎopínqì 扰频器[擾-] N. scrambler M: [1]*jià*/*gè*/[2]*zhī*
rào quānquān 绕圈圈[繞-] V.O. ① go round and round ② take a circuitous route
rào quānzi 绕圈子[繞-] V.O. ① beat about the bush ② circle; go round and round ③ make a detour
ráor 饶儿[饒-] N. pardon; reprieve
ráoràng* 饶让[饒讓] V. forgive; pardon; be tolerant/lenient
rǎorǎng 扰攘[擾-] S.V. bustling ♦V. create trouble; disturb
rǎorǎo 扰扰[擾擾] R.F. <*wr.*> in disorder
ráorén 饶人[饒-] V.O. ①forgive sb. ***Tā bù qīngyì ~.*** He's not a man who forgives easily. ② give the other person a way out
ràorì 绕日[繞-] V.O. revolve around the sun
ráoshé* 饶舌[饒-] S.V. loquacious ♦V.O. say more than is proper; shoot off one's mouth
ràoshé 绕舌[繞-] ATTR. retroflex
ráoshétiáochún 饶舌调唇[饒-] F.E. gossip and sow dissension
ràoshéyīn 绕舌音[繞-] N. <*lg.*> cacuminal sound; cerebral/retroflex sound
ràoshǒu 绕手[繞-] S.V. <*coll.*> ① difficult to manage ② knotty; complicated
ráoshù 饶恕[饒-] V. forgive
ràoteng 绕腾[繞-] A.T. indirect (of speech/etc.)
ráotou 饶头[饒-] N. <*coll.*> item given for good measure (e.g., 13th in a baker's dozen)
ràotuǐ 绕腿[繞-] V.O. wind wrapping cloth around one's calves
ràowān(r) 绕弯(儿)[繞彎-] V.O. ① go for a stroll ② beat around the bush
rào wānzi 绕弯子[繞彎-] V.O. beat around the bush
ràowěishéngxī 绕尾绳蜥[繞-繩-] N. girdle-tailed lizard
ráowò 饶沃[饒-] S.V. fertile; rich (of soil)
rǎoxí 扰袭[擾-] V. attack and harass
ràoxiàn 绕线[繞-] N. coiling
ràoxiànguǎn 绕线管[繞-] N. bobbin
ràoxīchénghuān 绕膝承欢[繞-歡] F.E. stay with one's parents in order to make them happy
ràoxíng 绕行[繞-] V. ① make a detour; bypass ② move round; circle
ráoyì 饶益[饒-] N. <*wr.*> abundance; surplus
ráo yīmiànr 饶一面儿[饒-] V.O. <*topo.*> pile insult on injury; suffer further loss of face
ráoyǒufēngqù 饶有风趣[饒-] V.P. rich in humor
ráoyù 饶裕[饒-] V.P. <*wr.*> richly endowed; fertile; abundant
ràoyuǎn(r) 绕远(儿)[繞遠-] V.O. go the long way around
ràoyuè 绕越[繞-] V. detour around
ràoyuèguǐdào 绕月轨道[繞-] N. lunar orbit
rǎozá 扰杂[擾雜] V. disturb
ràozhekòur 绕着扣儿[繞著-] V.O. <*topo.*> be tied up in knots; be temporarily stymied
ràozhewānr 绕着弯儿[繞著彎-] V.O. ① be circuitous/roundabout ② make a detour
ràozhíróu 绕指柔[繞-] N. very pliable temperament
ràozhù 绕住[繞-] R.V. be temporarily confused; be bewildered/nonplussed
ràozhuàn 绕转[繞轉] ATTR. circling; orbiting
ràozhù jiǎo 绕住脚[繞-腳] V.O. <*topo.*> vex; cause unexpected difficulties
ràozǔ 绕组[繞-] N. <*elect.*> winding
ràozuǐ 绕嘴[繞-] S.V. hard to pronounce
[1]**rě** 惹 V. ①cause (sth. bad) to happen ②provoke ***Tā kě bù shì hǎo~ de.*** She's not someone to be trifled with.
[2]**rě** 若 in ***bōrě See also*** [1]*ruò*
[3]**rě** 喏 in ***chàngrě***

rè* 热[熱] S.V. ① hot ② warm ♦B.F. ① thermal ***rènéng*** ② ardent; warmhearted ***rèxīn*** ③ fever; temperature ***fārè*** ④ craze; fad ***rèmén*** ♦N. <*phy.*> heat ♦V. heat up; warm up; warm
rè'ài 热爱[熱愛] V. love ardently
rèbèng 热泵[熱-] N. heat pump M: [1]*tái*
rèbì 热币[熱幣] N. hot money
rèbìng 热病[熱-] N. <*Ch. med.*> fever
rèbǔ 热补[熱補] V. vulcanize
rěbude 惹不得 R.V. dare not offend
rěbuqǐ 惹不起 R.V. can't afford to offend ♦S.V. too tough to handle
rě bù zìzai 惹不自在 V.P. <*coll.*> stir up trouble; bring trouble upon
rěcǎoniānhuā 惹草拈花 ID. dally with women; philander
rěcǎozhāofēng 惹草招风 ID. get oneself into trouble
rèchá 热茶[熱-] N. hot tea M: *bēi*
rècháng 热肠[熱腸] S.V. warmhearted; enthusiastic
rècháo 热潮[熱-] N. ① upsurge ② great mass fever
rèchǎo* 热炒[熱-] N. freshly fried dish
rècháohóng 热潮红[熱-] N. hot flash/flush
rèchén 热忱[熱-] N. enthusiasm; earnestness ♦S.V. earnest
rèchéng 热诚[熱-] S.V. ① earnest; zealous ② cordial
rèchéng huānyíng 热诚欢迎[熱-歡-] V.P. cordially welcome
rěchū 惹出 R.V. cause (sth. bad) to happen; provoke
rèchuándǎo 热传导[熱傳導] N. conduction of heat
rèchuǎn hūxī 热喘呼吸[熱-] N. panting
rě chūlai 惹出来 R.V. invite; incur
rèchǔlǐ 热处理[熱處-] N. heat treatment
rècīhūlā 热刺忽拉[熱-] F.E. <*topo.*> frightfully hot
rècuìxìng 热脆性[熱-] N. <*metal.*> red-shortness; brittleness
rèdài 热带[熱帶] N. the tropics
rèdàibìngxué 热带病学[熱帶-] N. tropical medicine
rèdài cǎoyuán 热带草原[熱帶-] N. savanna
rèdàifēngbào 热带风暴[熱帶-] N. tropical storm M: [3]*cháng*
rèdài qìhòu 热带气候[熱帶氣-] N. tropical weather
rèdàixìng 热带性[熱帶-] ATTR. tropical in character
rèdàiyú 热带鱼[熱帶-] N. tropical fish M: [1]*tiáo*
rèdài yǔlín 热带雨林[熱帶-] N. tropical rain forest M: [4]*zuò*
rèdài zhíwù 热带植物[熱帶-] N. tropical plants M: [1]*zhǒng*
rèdàizuòwù 热带作物[熱帶-] N. tropical crops M: [1]*zhǒng*
rèdāngliàng 热当量[熱當-] N. heat equivalent
rèdǎotǐ 热导体[熱導體] N. heat conductor
rěde 惹得 V.P. ①have provoked/aroused ②have been provoked/aroused
rědeqǐ 惹得起 R.V. dare to offend; provoke
rèdiǎn* 热点[熱點] N. ①hotspot ②central issue; point at issue ③topic/place that draws popular attention ♦ATTR. arousing general interest
rèdiàn 热电[熱電] N. thermoelectricity
rèdiànchǎng 热电厂[熱電廠] P.W. thermo-electric plant M: [1]*jiā*
rèdiàn'ǒu 热电偶[熱電-] N. <*elec.*> thermo-couple
rèdiàn xiàoyìng 热电效应[熱電-應] N. pyroelectric effect
rèdiànzhàn 热电站[熱電-] P.W. thermoelectric station M: [1]*jiā*
rèdiànzǐ 热电子[熱電-] N. thermoelectron
rèdú 热毒[熱-] N. <*Ch. med.*> intense evil heat
rèdù* 热度[熱-] N. ① heat ② temperature (of fever/furnace/etc.) ③ enthusiasm

rèdudu 热嘟嘟[熱-] R.F. <*coll.*> warm
rèdúsù 热毒素[熱-] N. pyrotoxin
rèfǎnshè nénglì 热反射能力[熱-] N. heat reflection
rěfànzhòngnù 惹犯众怒[--眾-] F.E. stir up a hornet's nest
rèfēnglú 热风炉[熱-爐] N. blast furnace M: [4]*zuò*/[1]*tái*
rèfū* 热敷[熱-] N. <*med.*> hot compress ♦V. relieve pain by moist heat
rèfú 热服[熱-] N. <*ch.med.*> decoction to be taken hot
rèfūfǎ 热敷法[熱-] N. <*med*> hot compresses
rèfúshè 热辐射[熱-] N. thermal radiation
rè-gōng dāngliàng 热功当量[熱-當-] N. mechanical equivalent of heat
règǒu 热狗[熱-] N. <*loan*> hot dog M: *gè*/[2]*zhī*
règūdōng de 热咕咚的[熱-] ATTR. <*topo.*> frightfully hot
règuō 热锅[熱鍋] N. hot pot/pan
règuō shàng de mǎyǐ 热锅上的蚂蚁[熱鍋-蟻] N. cat on a hot tin roof
règù sùliào 热固塑料[熱-] N. heat-setting plastic
règùxìng 热固性[熱-] N. thermosetting
rèhàn 热汗[熱-] N. hot sweat
[1]**rèhé** 热核[熱-] ATTR. thermonuclear
[2]**rèhé** 热合[熱-] V. heat seal
rèhé bàozhà 热核爆炸[熱-] N. thermonuclear explosion
rèhé dàntóu 热核弹头[熱-] N. thermonuclear warhead M: [1]*kē*
rèhé fǎnyìng 热核反应[熱-應] N. thermonuclear reaction
rèhé fǎnyìngduī 热核反应堆[熱--應-] N. <*phy.*> thermonuclear reactor M: [4]*zuò*
rèhé wǔqì 热核武器[熱-] N. thermonuclear weapon
rèhōnghōng 热烘烘[熱-] R.F. ① quite warm; red-hot ② stirring ③ affectionate
rèhu 热乎[熱-] S.V. ① nice and warm ② affectionate ③ piping hot ④ enthusiastic
rèhuà 热化[熱-] N. heat transformation
rèhuàxué 热化学[熱-] N. thermochemistry
rèhūcì 热乎刺[熱-] A.T. <*topo.*> ① fiery; zealous;enthusiastic ② affectionate; warm-hearted
rèhūhū 热乎乎[熱-] R.F. ① warm ② very hot (of food)
rèhūn 热昏[熱-] V. ①suffer heatstroke ②have a fever
rěhuǒ 惹火 V.O. ① incite; provoke ② arouse sexually
rěhuò 惹祸[-禍] V.O. cause disaster ***Zhè huò shì shuí rě qǐlai de?*** Who started all this trouble?
[1]**rèhuo*** 热火[熱-] S.V. <*coll.*> ① enthusiastic; exciting ② nice and warm ③ joyous; happy ④ very friendly; affectionate ⑤ piping hot
[2]**rèhuo** 热和[熱-] S.V. ① hot ② affectionate; intimate
rèhuò 热货[熱-] N. goods in great demand
rèhuǒcháotiān 热火朝天[熱-] F.E. ① surging with activity ② joyous; happy ③ excited; animated; bustling
rèhuojìn 热火劲[熱-勁] N. <*coll.*> enthusiasm
rèhuojìnr 热和劲儿[熱-勁] N. warmth (of food/relationship/etc.)
rèhuǒshān 热火山[熱-] N. hot volcano M: [4]*zuò*
rěhuòshàngmén 惹祸上门[-禍--] F.E. bring trouble on oneself
rěhuǒshāoshēn 惹火烧身[--燒-] F.E. bring trouble on oneself; court disaster
rěhuòzhāozāi 惹祸招灾[-禍-災] F.E. ① court disaster ② stir up trouble
rějí 惹急 V. provoke sb. beyond endurance
rèjī* 热机[熱-] N. heat engine (e.g., steam, internal combustion, etc.) M: [1]*tái*
[1]**rèjì** 热季[熱-] N. hot season
[2]**rèjì** 热寂[熱-] N. <*phy.*> heat death
rèjiāgōng 热加工[熱-] N. hot-working of metals

rèjiāo 热胶[熱膠] N. thermoplastic
rèjiāohuàn 热交换[熱-換] N. heat exchange
rèjié 热结[熱-] N. <Ch. med.> heat accumulation
[1]**rèjìn(r)** 热劲(儿)[熱勁-] N. ① warmth; heat ② enthusiasm
[2]**rèjìn** 热浸[熱-] N. <Ch. med.> heat soaking
rèjìngluán 热痉挛[熱痙攣] N. heat cramp
rèjíshēngfēng 热极生风[熱極-] F.E. <Ch. med.> extreme intensity of hot heteropathy giving rise to wind heteropathy
rèkàng 热炕[熱-] N. brick bed warmed by fire M: [1]*zhāng*
rèkè 热客[熱-] N. ① syncophant ② frequent visitor; habitué M: *ge*/[1]*míng*/[2]*wèi*
rèkōngqì 热空气[熱-氣] N. hot air
rèkù 热裤[熱-] N. <loan> hot pants M: [1]*tiáo*
rèkuáng 热狂[熱-] S.V. fanatical
rèkuòsàn 热扩散[熱擴-] N. <phy.> thermal diffusion
rělái 惹来 R.V. cause (sth. bad) to happen; ask for (trouble)
rèlālā 热辣辣//剌剌[熱--//--] R.F. ① burning hot ② impassioned; passionate
rèlàng 热浪[熱-] N. <met.> heat wave M: [1]*zhèn*
rèlèi 热泪[熱淚] N. stinging/hot tears
rèléibào 热雷暴[熱-] N. <met.> heat thunderstorm M: [3]*cháng*
rèlèigǔngǔn 热泪滚滚[熱淚滾滾] F.E. hot tears streamed down one's cheeks
rèlèihuīsǎ 热泪挥洒[熱淚-灑] F.E. shed hot tears
rèlèiyíngkuàng 热泪盈眶[熱淚-] F.E. tearful; eyes moistening
rèlèizònghéng 热泪纵横[熱淚縱-] F.E. shed hot tears
[1]**rèlì** 热力[熱-] N. ① <mach.> heating power ② <phy.> thermodynamics
[2]**rèlì** 热痢[熱-] N. <Ch. med.> diarrhea caused by heat
rèliǎn 热脸[熱-] N. red face (due to hotness)
rèliàn* 热恋[熱戀] V. be passionately in love
rèliàng 热量[熱-] N. ① heat. ② <phy.> quantity of heat
rèliàngjì 热量计[熱-] N. calorimeter M: *ge*/[2]*zhī*
rèliè 热烈[熱-] S.V. ardent; enthusiastic; animated
rèliè gǔzhǎng 热烈鼓掌[熱-] V.P. applaud wildly
rèlièhuà 热裂化[熱-] N. thermal cracking (of petroleum)
rèliè huānyíng 热烈欢迎[熱-歡-] V.P. accord a hearty welcome
rèlín 热淋[熱-] N. <Ch. med.> strangury caused by heat evil
rèliú 热流[熱-] N. ① warm current ② <met.> thermal current
rèlìxué 热力学[熱-] N. thermodynamics
rě lóuzi 惹娄/楼子[-婁/樓-] V.O. <coll.> ① stir up trouble ② bring trouble upon oneself
rě luànzi 惹乱子[-亂-] V.O. bring trouble
rèluò 热络[熱-] V.P. very intimate; on friendly terms
rě máfan 惹麻烦 V.O. excite/invite trouble
rèmén(r) 热门(儿)[熱-] S.V./N. in great demand
rèmén gǔpiào 热门股票[熱-] N. active/bluechip stock M: [1]*zhǒng*/*ge*
rèmén huàtí 热门话题[熱-] N. hot issue/topic
rèménhuò 热门货[熱-] N. goods in great demand M: [2]*jiàn*/*ge*
rèmén yīnyuè 热门音乐[熱-樂] N. popular music
rèmǐn 热敏[熱-] V.P. temperature-sensitive
rèmǐn yìnzìjī 热敏印字机[熱-] N. thermal printer M: [1]*tái*
rèmò 热漠[熱-] N. hot desert
[1]**rén*** 人 N. person; people ♦B.F. human *rénkǒu, réngé*
[2]**rén** 仁 N. <wr.> benevolence ♦B.F. ① humane; compassionate *réncí* ② kernel; nut [2]*rénr, huāshēngrén*
[3]**rén** 壬 N. 9th of the 10 Heavenly Stems
Rén 任 N. Surname *See also* [2]*rèn*
[1]**rěn** 忍 V. ① bear; endure ② hold back; forbear ♦B.F. cruel; merciless *rěnxīn*
[2]**rěn** 稔 B.F. ripened grain; harvest *rěnnì, dàrěn*
[3]**rěn** 荏 B.F. weak *rěnrǎn, nèirěn*
[1]**rèn** 认[認] V. ① recognize; know *Wǒ zài rénqún lǐ bǎ tā ~ chūlai le.* I picked her out in a crowd. ② enter into a certain relationship with ③ accept as unavoidable ♦B.F. admit; own up to *chéngrèn*
[2]**rèn** 任 V. ① serve in a position ② appoint to a position ③ allow ♦N. official post ♦M. term of office ♦CONJ. no matter (what/how) *~ tā zěnme shuō, wǒ dōu bù xìn.* I don't believe him no matter what he says. ♦B.F. ① trust *xìnrèn* ② any *rènhé See also Rén*
[3]**rèn** 刃 B.F. ① sharp edge of a knife/sword blade *dāorèn* ② kill with a knife/sword [2]*shǒurèn*
[4]**rèn** 韧[韌] B.F. pliable but tough [2]*jiānrèn, róurèn,* [2]*rènxìng*
[5]**rèn** 纫[紉] V. ① stitch ② thread (a needle) ♦B.F. sew *féngrèn*
[6]**rèn** 仞 M. *of length equal to about eight Chinese feet*
[7]**rèn** 妊 B.F. pregnant *rènfù, bìrèn*
[8]**rèn** 衽 B.F. ① front of a garment *chārèn* ② sleeping mat *rènxí*
[9]**rèn** 轫[軔] B.F. brake; wheel brake *rèngù, fārèn*
[10]**rèn** 饪[飪] B.F. cook *pēngrèn*
[11]**rèn** 葚 in *sāngrèn See also* [6]*shèn*
rén'ài 仁爱[-愛] N. love for one's fellow man; humanity
rěnǎo 惹恼[-惱] V.O. provoke; offend
rènao(r)* 热闹(儿)[熱鬧-] S.V. lively; buzzing with excitement ♦V. have a lively time ♦N. excitement; lively scene; merriment; merry-making; mirth; fun; hilarity
rènǎo 热恼[熱惱] V.P. consumed by anxiety
rènbàngrènláo 任谤任劳[-勞] F.E. ignore slander and shoulder one's burdens manfully
rénbǎo 人保 N. personal guarantor
rènbèi 认背[認-] V.P. <topo.> yield to fate; suffer setbacks with resignation
rěnbēiqiángxiào 忍悲强笑[--強-] F.E. master one's sadness and force a smile
rénběn xīnlǐxué 人本心理学 N. humanistic psychology
rénběnxué 人本学 N. <phil.> humanism
rénběnzhǔyì 人本主义[-義] N. human-centered thinking
rénběnzhǔyì jiàoxuéfǎ 人本主义教学法[---義---] N. <edu> humanistic approach
[1]**rènbiàn** 认辨[認-] V. identify
[2]**rènbiàn** 任便 F.E. do as you like *Nǐ nǎ tiān lái, ~.* Come any day when it's convenient for you.
rénbiàndìbiàn 人变地变[-變-變] F.E. when people change, the land changes too
rénbiǎo 人表 N. a person of exemplary conduct
Rén Bìshí 任弼时[-時] (1904–1950) N. a close associate of Mao Zedong
rènbuchū(lái) 认不出(来)[認-] R.V. can't recognize
rènbude 认不得[認-] R.V. can't recognize
rén bùkě màoxiàng 人不可貌相 V.P. can't judge people by appearances
rènbuqīng 认不清[認-] R.V. can't tell/recognize clearly; be unable to identify
rénbùrén-guǐbùguǐ 人不人鬼不鬼 F.E. be caught in a mess
rénbùrúgù 人不如故 F.E. old friends are best
rèn bùshì 认不是[認-] V.O. admit one's fault; apologize
rénbùzhī-guǐbùjué 人不知鬼不觉[-覺] V.P. without anyone noticing
rěnbuzhù 忍不住 R.V. ① can't bear ② can't help doing sth.
rěnbuzhù xiào 忍不住笑 V.P. can't refrain from laughing
réncái 人才/材 N. a person of ability/talent
réncáibèichū 人才辈出 F.E. no lack of talented persons
réncái běnzhì 人才本质[-質] N. the quality of talented people
réncái chǔbèi 人才储备[-備] N. the reserve of trained personnel
réncáichūzhòng 人才出众[-眾] F.E. a person of exceptional ability or striking appearance
réncái hélǐ liúdòng 人才合理流动[-動] N. rational flow of trained personnel
réncáihuìcuì 人才荟萃 F.E. a galaxy of talent
réncái jiāoliú 人才交流 V.P. talent exchange; professional resources exchange
réncáijǐjǐ 人才济济[-濟濟] F.E. a wealth of talent
réncái jīyā 人才积压[-積壓] V.P. "stockpiling" of talented people
réncái juéqǐ 人才崛起 V.P. the rise of talents
réncái kāifā 人才开发[-開發] V.P. tap intellectual resources
réncáikù 人才库 N. brain/talent bank M: [4]*zuò*
réncáiliǎngkōng 人财两空 F.E. lose both prey and money (in a failed seduction)
réncáiliǎngshī 人财两失 F.E. lose both one's money and one's life
réncáiliǎngwàng 人财两旺 F.E. prosper both in family and in purse
réncái liúdòng 人才流动[-動] N. flow/mobility of trained personnel
réncái liúshī 人才流失 N. brain drain; outflow of talent
réncái nándé 人才难得[--難-] V.P. talent is hard to come by
réncái péiyǎng 人才培养[-養] N. personnel training
réncái shìchǎng 人才市场[-場] N. talent market
réncái tóuzī 人材投资 N. investment of/in talent
réncái wàiliú 人才外流 N. brain drain
rén-cái-wù 人财物 N. human, financial, and material resources
réncáixué 人才学 N. the study of human talent
réncái yínháng 人才银行 N. talent bank
réncái zàojiù 人才造就 V.P. accomplishments of talent
réncāozuò xìngnéng 人操作性能 N. personal performance
rénchā 人差 N. ① personal equation ② personal error
rénchǎn 人产[-產] N. production per person
réncháo 人潮 N. stream of people
[1]**rénchén** 人臣 N. <trad.> minister; subject; vassal
[2]**rénchén** 壬辰 N. 29th year of the Sexagenary Cycle (1892, 1952, 2012 etc.)
rénchēng 人称[-稱] N. ① nickname ② <lg.> person
rénchēng cíwěi 人称词尾[-稱--] N. <lg.> personal ending
rénchēng dàicí 人称代词[-稱--] N. <lg.> personal pronoun
rénchēng dàimíngcí 人称代名词[-稱---] N. <lg.> personal pronoun
rénchēng zhǐshìcí 人称指示词[-稱---] N. <lg.> person deixis
rěnchǐ 忍耻[-恥] V.O. endure humiliation
rènchū 认出[認-] R.V. identify; make out
Rénchuān 仁川 P.W. Inchon (South Korea)
rénchùdúhài 人畜毒害 F.E. toxicity to man and livestock
rèn chūlai 认出来[認-] R.V. recognize; identify
rénchùliǎngwàng 人畜两旺 F.E. both the growth of population and stock breeding thrived
réncí* 仁慈 N. benevolence; humanity ♦S.V. benevolent; kind

R

réncì 人次 M. man-times (analogous to "man-hours")
réncóng* 人丛[-叢] N. ① retinue ② crowd (of people)
rèncóng 任从[-從] V. let sb. do as he pleases
réncúnzhèngjǔ 人存政举[-舉] F.E. man and work go on and on
rèncuò(r) 认错(儿)[認-] V.O. ①admit a mistake; apologize ② identify incorrectly
Rén-Dà* 人大 AB. ① *Rénmín Dàibiǎo Dàhuì* People's Congress ② *Rénmín Dàxué* People's University
rèndá 任达[-達] V.P. <wr.> unconventional and unrestrained
réndàdǎnxiǎo 人大胆小[--膽-] V.P. big in size but timid in character
rèndài 韧带[韌帶] N. ligament
Rén-Dài-huì 人代会 AB./P.W. *Rénmín Dàibiǎo Dàhuì* People's Congress
réndào 人道 N. ① human sympathy; humanitarianism ② <Budd.> the "human way" (one of the stages in the cycle of reincarnation) ♦ID. be able to perform sexually (of males) ***bùnéng*** ~ be impotent ♦S.V. humane
réndào jīngshén 人道精神 N. humanist ethics
réndào jiùjì 人道救济[--濟] N. humanitarian relief
réndàozhǔyì 人道主义[-義] N. humanitarianism
réndàozhǔyì gānshè 人道主义干涉[---義--] N. humanitarian intervention
réndàxīndà 人大心大 F.E. grow in independence of mind
réndé* 仁德 N. magnanimity; humanity; kindness
rěndé 忍得 V.P. be merciless enough to do sth.; have the heart to do sth.
rènde 认得[認-] V. be acquainted with; recognize
rén de gōngchéngxué 人的工程学 N. human engineering
rén de jiējíxìng 人的阶级性[--階--] N. an individual's class character
rén de mónǐ 人的模拟[-擬] N. human simulation
réndēng 人灯[-燈] N. thin and frail person
rén de shèhuìxìng 人的社会性 N. social nature of man
rén de yīnsù 人的因素 N. human factors
rén de yǒuxiàoxìng lǐlùn 人的有效性理论 N. the theory of human effectiveness
rěndezhù 忍得住 R.V. ①be endurable/bearable ② can put up with
[1]**réndì** 仁弟 N. ① address for younger friend or one's student ② <court.> my dear friend
[2]**réndì** 人地 ATTR. human-land
rén-dì bǐlǜ 人地比率 N. people-land ratio
réndìbùyí 人地不宜 F.E. wrong man in the wrong place
réndìliǎngyí 人地两宜 F.E. the right man in the right place
réndīng 人丁 N. ① number of family members ② adult
rèndìng* 认定[認-] V. ① firmly believe ② set one's mind on sth.
rèndìng fèn'é 认定份额[認-] N. subscription quota
rèndìng jiāodiǎn 认定焦点[認-點] N. identification of focus
réndīngrén fángshǒu 人盯人防守 N. <sport> man-to-man defense; hugging defense
réndìngshèngtiān 人定胜天[--勝-] F.E. people are masters of their own fate
rèndìngshū 认定书[認-書] N. letter of verification M: [1]*fèn*
rèndìng tóngyī 认定同一[認-] V.P. establish sb's identity
réndīngxīngwàng 人丁兴旺[--興-] F.E. ①have a growing family ② have a flourishing population
réndìshēngshū 人地生疏 F.E. unfamiliar people and surroundings
rèndíwéiyǒu 认敌为友[認敵-] F.E. ① mistake a foe for a friend ② go over to the enemy
rěndōng 忍冬 N. <bot.> honeysuckle M: [2]*kē*
rěndōnghuā 忍冬花 N. honeysuckle flower M: [2]*duǒ*
rěndōngwén 忍冬纹 N. <art> acanthus design
rèndù 韧度[韌-] N. tenacity; resilience
rénduī(r) 人堆(儿) N. crowd
rénduōchèzhǒu 人多掣肘 F.E. more hands, less speed
rénduōdǎnzhuàng 人多胆壮[-膽壯] V.P. gather courage from the strength of numbers
rénduōdìshǎo 人多地少 V.P. big population and little land
rénduō hǎobànshì 人多好办事[---辦-] V.P. many hands make light work
rénduōkǒuzá 人多口杂[-雜] V.P. When there are many people, conversation flows freely.
rén duō lìliang dà 人多力量大 V.P. there is strength in numbers
rénduōshìzhòng 人多势众[-勢眾] F.E. ①many hands provide great strength ② dominate by force of numbers
rénduōxīnzá 人多心杂[-雜] V.P. many men, many minds
rénduōyǎnzá 人多眼杂[-雜] V.P. the more people, the more ideas/views
rénduōzhìguǎng 人多智广[-廣] F.E. two heads are better than one
rénduōzuǐzá 人多嘴杂[-雜] V.P. ① too many people complicates matters ② Secrecy is difficult if too many people share it.
rén'ēn 仁恩 N. kind and gracious acts
rènéng 热能[熱-] N. thermal energy
rènfá 认罚[認-] V.O. accept punishment
rénfàn 人犯 N. suspect; criminal M: *ge*/[1]*míng*
rénfáng 人防 N. civil air defense
rénfáng gōngchéng 人防工程 N. air-defense works M: [3]*xiàng*
rénfànzi 人贩子 N. trafficker in human beings M: *ge*/[1]*míng*
rénfēicǎomù 人非草木 F.E. humans are sentient creatures
rénfēimùshí 人非木石 F.E. humans are sentient creatures
rénfēitǔmù 人非土木 F.E. humans are sentient creatures
[1]**rénfèn** 人份 N. person-portion; person-share
[2]**rénfèn** 人粪[-糞] N. human excreta
rénfèn chǔlǐ 人粪处理[-糞處-] N. disposal of human excreta
rénfēng 仁风 N. benevolence (as a prevailing effect)
rènfēng* 刃锋 N. edge
rén féng xǐshì jīngshén shuǎng 人逢喜事精神爽 V.P. Joy puts heart into a man.
rénfèn-niào 人粪尿[-糞-] N. night soil
rénfū 人夫 N. coolies
rènfù* 妊妇[-婦] N. pregnant woman M: *ge*/[1]*míng*
rènfùfèi 认付费[認-] N. acceptance fee M: [2]*bǐ*
rénfúyúshì 人浮于事[--於-] F.E. ① overstaffed ② too many candidates for available jobs
rēng 扔 V. ① throw; toss ② throw away ***Wǒ zǎo bǎ nà shìr ~dào nǎohòu le.*** I've clean forgotten about it.
réng* 仍 ADV. ① still; yet ② <wr.> again and again; over and over ♦CONJ. <wr.> hence ♦B.F. remain ***yīréngjiùguàn***
réngāomǎdà 人高马大 F.E. tall and strong
réngdǎofùzhé 仍蹈覆辙 F.E. continue sb's unsuccessful practices
réngdǎogùzhé 仍蹈故辙 F.E. continue sb's unsuccessful practices
rēngdiào 扔掉 R.V. throw away
réngé(r) 人格(儿) N. ①character; moral quality; personality ② human dignity
réngé bǎozhèng 人格保证[--證] V.P. be on one's honor
réngé dānbǎo 人格担保[--擔-] V.P. be on one's honor
réngé fēnliè 人格分裂 N. split personality
réngéhuà 人格化 N. personification ♦V. personify
réngēn 人根 N. <Budd.> human reproductive organ
réngèyǒuduǎn 人各有短 V.P. every man has his shortcomings
réngèyǒupǐ 人各有癖 V.P. everyone has his hobby
rén gè yǒu yuánfèn 人各有缘分 V.P. the fortune of each one is predestined
réngèyǒuzé 人各有责 V.P. all men have their respective duties
réngèyǒuzhì 人各有志 V.P. everyone has his own aspirations
réngézhǔyì 人格主义[-義] N. personalism
rēng guòqu 扔过去 R.V. throw/hurl over (to the other side)
rēnghuò 扔货 N. <n.> drug on the market; goods in oversupply
réngjiù 仍旧[-舊] ADV. still; as before ♦V.P. remain the same
rēngkāi 扔开[-開] R.V. ① throw away/aside ② dismiss from consideration
[1]**réngōng*** 人工 N. ① manual work; manpower ② man-day ♦ATTR. man-made; artificial
[2]**réngōng** 仁公 N. <court.> honored sir
rèngòng 认供[認-] V. confess; admit one's guilt ♦N. confession
réngōng cǎochǎng 人工草场[-場] P.W. artificially sown pasture; artificial pasture
réngōng fánzhí 人工繁殖 N. <agr.> artificial propagation
réngōng fūhuà 人工孵化 N. artificial incubation
réngōng gānwèi 人工甘味 N. artificial sweetener
réngōngguāng 人工光 N. artificial light
réngōng héchéng 人工合成 ATTR. synthetic
réngōng héchéng yídǎosù 人工合成胰岛素[-----島-] N. <med.> synthetic insulin
réngōng héchéng yǔyán 人工合成语言 N. synthetic speech
réngōnghú 人工湖 N. artificial lake
réngōng hùnhéyǔ 人工混合语 N. <lg.> interlanguage
réngōng hūxī 人工呼吸 N. artificial respiration
réngōng jiàngyǔ 人工降雨 N. man-made precipitation; artificial rain
réngōnglǐ 人公里 N. passenger-kilometer
réngōnglín 人工林 N. planted forest M: [4]*zuò*
réngōng liúchǎn 人工流产[--產] N. induced abortion
réngōng miǎnyì 人工免疫 N. vaccination
réngōng qìguān 人工器官 N. artificial organ
réngōng shèn(zàng) 人工肾(脏)[-腎(臟)] N. artificial kidney
réngōng shēngtài 人工生态[-態] N. artificial ecology
réngōng shòufěn 人工授粉 N. artificial pollination
réngōng shòujīng 人工授精 N. artificial insemination
réngōng shòujīng yīng'ér 人工授精婴儿 N. baby conceived through artificial insemination
réngōng shòuyùn 人工受孕 N. artificial insemination
réngōngshūrù 人工输入 N. manual input
réngōng xiàolǜ chāyì 人工效率差异[-異] N. differential efficiency of manual work
réngōng xuǎnzé 人工选择[-選擇] N. <bio.> artificial selection
réngōng yǔyán 人工语言 N. artificial language
réngōng zhìhuì 人工智慧 N. artificial intelligence
réngōng zhìhuì yǔyán 人工智慧语言 N. <lg.> A-I language

réngōng zhìnéng 人工智能 N. artificial intelligence

réngōng zhìnéng yǔyán 人工智能语言 N. <*lg.*> A-I language

rěngòu 忍垢 V.O. live in shame/disgrace

rèngòu* 认购[認購] V. subscribe/offer to buy

rèngòu gōngzhài 认购公债[認購-] V.O. subscribe for bonds

rèngòu jiàgé 认购价格[認購價-] N. subscription price

rèngòu qīxiàn 认购期限[認購-] N. subscription period

rěngòutānshēng 忍诟贪生 F.E. endure humiliation to keep alive

rěngòutōushēng 忍诟偷生 F.E. endure humiliation in order to stay alive

rèngòu zhàiquàn 认购债券[認購-] N. bond subscription

rèngòu zīběn 认购资本[認購-] N. subscribed capital

rēngqì 扔弃[-棄] V. cast aside

réngrán 仍然 ADV. still; yet

réngréng 仍仍 R.F. ① great many ② dejected

[1]**réngshì** 仍是 V. still be ♦ADV. still

[2]**réngshì** 仍世 N. successive generations

réngsūn 仍孙[-孫] N. eighth-generation grandchild

réngǔ(r) 人股(儿) N. annual bonus given to the manager of a business partnership

rèngǔ* 认股[認-] V.O. become a shareholder; subscribe to shares ♦N. subscribed capital

rèngù 轫固 V.P. firm and strong

rèngǔcè 认股册[認-冊] N. subscription list

rèngǔ fēnhùzhàng 认股分户帐[認-] N. <*acct.*> subscription ledger

rén guì yǒu zìzhīzhīmíng 人贵有自知之明 F.E. it is important to know one's own limitations

rénguìzìlì 人贵自立 F.E. self-reliance is a virtue

rénguǒ 仁果 N. <*coll.*> ① peanuts ② fruit

rénguǒlèi guǒshù 仁果类果树[--類-樹] N. pomaceous fruit tree M: [2]*kē*

rèngǔquánzhèng 认股权证[認-權證] N. <*acct.*> stock warrants M: [1]*zhāng*/[1]*fèn*

rèngǔrén 认股人[認-] N. subscriber M: *ge*/[1]*míng*/[2]*wèi*

rèngǔshū 认股书[認-書] N. application for shares M: [1]*fèn*

rēngxia 扔下 R.V. ① abandon; leave behind ② throw down

réngxū 仍须 V. still require

réngyǒu 仍有 V. still have

rénhǎi 人海 N. a sea of people

rénhǎifúchén 人海浮沉 F.E. vicissitudes of life

rénhǎi zhànshù 人海战术[-戰術] N. human-wave strategy

rénháo 人豪 N. ablest and bravest of men; hero

rénhé 人和 N. harmonious relations; popularity

rènhé* 任何 ATTR. any; whatever ♦CONS. ~ *A dōu* every A

rénhēi 人黑 A.T. <*coll.*> a sordid/vicious person

rénhēiyǎnhēi 人黑眼黑 F.E. <*coll.*> vicious and avaricious

rènhēizuòbái 认黑作白[認-] F.E. prove that black is white

rènhé jīngāng 韧合金刚[韌-剛] N. tough alloy steel

rénhòu 仁厚 S.V. benevolent and generous

rénhù 人户 N. people

rénhuà 人话 N. sensible talk (said scoldingly) ***nǐ zěnme bù shuō ~? Why don't you talk sensibly?***

rénhuán 人寰 N. <*wr.*> the human realm

rénhuáng 人皇 N. the Human Sovereigns (the nine brothers of mythology who followed the sovereigns of heaven and earth)

rénhuānmǎjiào 人欢马叫[-歡--] F.E. bustling village scene

rénhuì 仁惠 S.V. benevolent

rěnhúmá 荏胡麻 N. <*bot.*> Perilla frutescens

rénhuò 人祸[-禍] N. calamity caused by humans

rènhuò* 认货[認-] V.O. know goods/merchandise

[1]**rénjì** 人际[-際] N. human relations ♦ATTR. interpersonal; between people

[2]**rénjì** 人迹[-跡] N. traces of human beings

[3]**rénjì** 人祭 N. human sacrifice

rénjia 人家 PR. ① sb. else ② I (used by females) ③ fiancé's family ***Tā yǐjing*** [2]***yǒule rénjiār le.*** She's engaged to be married.

rénjiā(r)* 人家(儿) N. ① dwelling; household ② family ③ sb. else's house

rěnjī'ái'è 忍饥挨饿 F.E. endure torments of hunger

rénjiān* 人间 P.W. ① the human world ② social relations

rénjiàn 人鉴[-鑒] N. a loyal minister who can correct the emperor's failings

rénjiān chǒushì 人间丑事[--醜-] N. public scandal

rénjiānchūnsè 人间春色 F.E. the fairest in the human world

rénjiān dìyù 人间地狱 N. hell on earth

rénjiān guānxi 人间关系[-關係] N. interpersonal relation

rénjiānhéshì 人间何世 F.E. What a world is this?!

rénjiān jiāowǎng 人间交往 N. interpersonal communication

rénjiān lèyuán 人间乐园[-樂園] N. paradise on earth

rénjiānr 人尖儿 N. <*coll.*> outstanding/prominent person

rénjiànrén'ài 人见人爱[-愛] V.P. be everybody's darling

rénjiānshì 人间世 N. human society/world

rénjiān tiāntáng 人间天堂 N. heaven on earth

rénjiān wànwù 人间万物[--萬-] N. all things on earth

rénjiān xǐjù 人间喜剧[-劇] N. the comedy of life

rénjiān xīnsuān 人间辛酸 N. rubs and worries of life

rénjiānzi 人尖子 N. outstanding figure

rěnjiào 忍教 F.E. how could one bear to . . .?

[1]**rènjiǎo** 刃角 N. cutting edge; blade

[2]**rènjiǎo** 认脚[認腳] V.O. <*topo.*> ① can't be worn interchangeably (by different people) ② put the right shoe on the right foot

[3]**rènjiǎo** 认缴[認-] *See rènjiǎo gǔkuǎn*

rènjiào* 任教 V.O. hold a teaching post; take up teaching/training

rènjiǎo gǔkuǎn 认缴股款[認-] N. <*acct.*> subscription to capital stock

rěnjī'áokě 忍饥熬渴 F.E. endure hunger and thirst

rènjiàozhě 任教者 N. teacher

rénjǐ dàimíngcí 人己代名词 N. <*lg.*> reflexive pronoun

rén-jī duìhuà 人机对话[--對-] N. man-machine dialogue/interaction

rén-jī duìhuà fānyì 人机对话翻译[--對--譯] N. <*lg.*> interactive translation

rén-jī duìhuà guòchéng 人机对话过程[--對---] N. <*lg.*> interactive process

rénjié 人杰[-傑] N. outstanding person; hero M: *ge*/[1]*míng*/[2]*wèi*

rénjiédìlíng 人杰地灵[-傑-靈] F.E. heroes bring glory to a place

rénjiēyǒuguò 人皆有过 F.E. to err is human

rénjì gōngnéng 人际功能[-際--] N. interpersonal function

rénjī guānxi 人机关系[-關係] N. man-machine interaction

rénjì guānxi* 人际关系[-際關係] N. human/interpersonal relationships

rénjìhǎnzhì 人迹罕至[-跡--] F.E. unfrequented

rénjǐjiāzú 人给家足 F.E. every household is well-provided for

rénjíjìshēng 人急计生 F.E. man becomes resourceful in an emergency

rènjìn(r) 韧劲(儿)[韌勁-] N. dauntlessness; tenacity

rénjīng* 人精 N. ① a child with adult ways ② an uncanny person

[1]**rénjìng** 人境 N. human habitations

[2]**rénjìng** 人镜 ID. loyal minister who can correct the emperor's failings

rènjǐngé 衽金革 A.T. <*trad.*> equipped with leather dress and weapons

rénjìngréngāo 人敬人高 F.E. Show respect for him, and he will respect himself.

rénjīngxīnlíng 人精心灵[-靈] F.E. be quick on the uptake

rénjìnjiēzhī 人尽皆知[-盡--] F.E. be known to all

rénjìnkěfū 人尽可夫[-盡--] F.E. promiscuous (of women)

rénjìnqícái 人尽其才/材[-盡--] F.E. put talents to full use

rénjìnqílì 人尽其力[-盡--] F.E. everyone does his best

rénjìnqízé 人尽其责[-盡--] F.E. Everyone should do his duty.

rén-jī tōngxìn 人机通信 V.P. man-machine communication

rén-jī tōngxìn yǔyán 人机通信语言 N. man-machine language

rènjiù 任咎 V.O. <*wr.*> assume the blame

rénjìwèizhì 人迹未至[-跡--] F.E. (a place where) the foot of man has not trodden

rénjì xíngwéi fǎzé 人际行为法则[-際----] N. rules of interpersonal behavior

rén-jī yǔyán 人机语言 N. man-machine language

rènjù 刃具 N. <*mach.*> cutting tool

rènjuān 认捐[認-] V. ① subscribe ② donate

rénjué 人爵 N. nobility of man

[1]**rénjūn** 人均 N. per capita; average for individuals

[2]**rénjūn** 人君 N. ① prince; ruler ② sovereign; king

[3]**rénjūn** 仁君 N. your/his lordship

rěnjùnbùjīn 忍俊不禁 F.E. can't help laughing

rénjūn chǎnliàng 人均产量[--產-] N. per-capita production

rénjūn chǎnzhí 人均产值[--產-] N. per-capita output value

rénjūn chúnshōurù 人均纯收入 N. per-capita net income

rénjūn guómín shōurù 人均国民收入[--國---] N. national income per capita

rénjūn shēngchǎn máo'é 人均生产毛额[---產--] N. per-capita GNP

rénjūn shōurù 人均收入 N. per-capita income

rénjūn xiāofèi 人均消费 N. consumption per person

rénjūn zǒngchǎnzhí 人均总产值[--總產-] N. per-capita GNP

rén kào yīzhuāng 人靠衣装[-裝] V.P. Clothes make a man.

rénkè 人客 N. <*topo.*> visitors

rènkě* 认可[認-] V. approve ♦N. approval

rènkè 任课 V.O. teach a course

rènkě de fānyì 认可的翻译[認-譯] N. <*lg.*> recognized translation

rènkě gǔshù 认可股数[認-數] N. authorized shares

rénkē lèixíng 人科类型[--類-] N. <*archeo.*> hominid

rénkǒng 人孔 N. <*archi.*> manhole

rénkòng jīqìrén 人控机器人 N. man-controlled mobile robot

rénkòng xìtǒng 人控系统 N. man-manageable system

rénkǒu(r)* 人口(儿) N. ①population ②number of people in a family ③ mouths to feed

[1]**rènkǒu(r)** 刃口(儿) N. edge of a knife

[2]**rènkǒu** 任口 ADV. without thinking (when speaking)

rénkǒu bàozhà 人口爆炸 N. population explosion
rénkǒu biàndòng 人口变动[-變動] N. demographic change
rénkǒu bùzú 人口不足 V.P. underpopulation
rénkǒu chóumì 人口稠密 ATTR. populous
rénkǒu diàochá 人口调查 N. demographic survey; census
rénkǒu dòngtài tǒngjì 人口动态统计[--動態--] N. vital statistics
rénkǒu dòngtàixué 人口动态学[--動態-] N. population dynamics
rénkǒu fànzi 人口贩子 N. a trader in human beings
rénkǒu fùzēngzhǎng 人口负增长 N. negative population growth (NPG)
rénkǒu gāofēng 人口高峰 N. population peak; period with the highest total population
rénkǒu gēngxīn 人口更新 N. regeneration of population
rénkǒu guòmì 人口过密 V.P. overpopulation
rénkǒu guòshèng 人口过剩 N. overpopulation
rènkǒu húshuō 任口胡说 V.P. talk without rhyme or reason
rénkǒu jiégòu 人口结构[-構] N. demographic structure
rénkǒu jīngjìxué 人口经济学[--經濟-] N. population economics
rénkǒu jīshù 人口基数[-數] N. population base
rénkǒu lǎohuà 人口老化 N. aging of population
rénkǒu lǎolínghuà 人口老龄化[---齡-] N. aging of population
rénkǒu lǐlùn 人口理论 N. demographic theory
rénkǒu língdiǎn zēngzhǎng 人口零点增长[---點--] N. zero population growth
rénkǒu liúdòng 人口流动[-動] N. population shift
rénkǒulùn 人口论 N. population theory
rénkǒu mìdù 人口密度 N. population density
rénkǒu pǔchá 人口普查 N. census
rénkǒushuì 人口税 N. head tax
rénkǒu sùzhì 人口素质[-質] N. characteristics of a population
rénkǒu tǒngjì 人口统计 N. population statistics; census
rénkǒu tǒngjìxué 人口统计学 N. demography
rénkǒuxué 人口学 N. demographics; demography
rénkǒu yùcè 人口预测 N. population projection
rénkǒu zēngjiālǜ 人口增加率 N. rate of population growth
rénkǒu zhǐbiāo 人口指标[-標] N. demographic indicator
rénkǒu zhìliàng 人口质量[--質-] N. quality of a population
rénkǒu zhòngduō 人口众多[--眾-] V.P. have an enormous population
rénkǒu zīliào 人口资料 N. demographic data
rénkǒu zǔchéng 人口组成 N. population/demographic composition
rénkùnmǎfá 人困马乏 F.E. ① riders and mounts are exhausted ② tired out; exhausted
rénlài 人籁 N. hubbub/noises of human habitation
rénláifēng 人来疯 V.P. <*coll.*> act up before visitors (of a child); be peevish in the presence of guests (said of a child)
rénláirénwǎng 人来人往 V.P. many people coming and going
rénlājiānkáng 人拉肩扛 F.E. (done) by manpower
rènlángwéiquǎn 认狼为犬[認-] F.E. take a wicked person for a good one
rénlǎoqìzhuàng 人老气壮[-氣壯] F.E. old in age, but buoyant in spirit
rènláorènyuàn 任劳任怨[-勞--] F.E. work hard and endure criticism
rénlǎoshíguǎng 人老识广[-識廣] F.E. Wisdom comes with age.
rén lǎo xīn bù lǎo 人老心不老 V.P. though old, still young in heart
rénlǎozhūhuáng 人老珠黄 F.E. youth's splendor has faded
rènle 认了[認-] V.P. ① accept; tolerate; resign oneself to what is inevitable ② admit
rénlèi* 人类[-類] N. human beings/species
rěnlèi 忍泪[-淚] V.O. hold back one's tears
rénlèi gōngchéngxué 人类工程学[-類---] N. human engineering
rénlèi huàshí 人类化石[-類--] N. fossil man
rénlèi qǐyuán 人类起源[-類--] N. the origins of man
rénlèi tǐzhì xíngtài 人类体质形态[-類體質-態] N. <*archeo.*> physiological and morphological features of man
rěnlèitūnshēng 忍泪吞声[-淚-聲] F.E. choke down one's tears
rénlèi wénhuàxué 人类文化学[-類---] N. ethnology
rénlèi wénhuà yǔyánxué 人类文化语言学[-類-----] N. ethnolinguistics
rénlèixué 人类学[-類-] N. anthropology
rénlèixuéjiā 人类学家[-類--] N. anthropologist M: *ge*/[1]*míng*/[2]*wèi*
rénlèi yíchuánxué 人类遗传学[-類-傳-] N. human genetics
rénlèi yīnsù 人类因素[-類--] N. human factor
rénlèi yǔyánxué 人类语言学[-類---] N. anthropological linguistics; ethnolinguistics
rénlǐ 仁里 N. village noted for good customs
rénlì* 人力 N. manual labor; manpower
rènlì 韧力[韌-] N. indomitable will/spirit
rénlìchē 人力车 N. ① rickshaw ② two-wheeled vehicle drawn or pushed by a man M: [3]*liàng*
rénlìchēfū 人力车夫 N. rickshaw puller M: *ge*/[1]*míng*
rénlì de 人力的 N. <*slang*> rickshaw; tricycle taxi
rénlì fēijī 人力飞机[--飛-] N. man-powered aircraft M: [1]*jià*
rénlì guīhuà 人力规划[-劃] N. manpower planning
rènlǐng 认领[認-] V. ① claim (an object) ② adopt (a child); adopt a child born out of wedlock (said of a man)
rénlì tóuzī 人力投资 N. investment in talent
rénliú 人流 N. stream of people ♦AB. *réngōng liúchǎn*
rénlíxiāngjiàn 人离乡贱[-離鄉賤] V.P. A man away from his native place is worthless.
rénlì xūqiú 人力需求 N. manpower demand
rénlì zīběn 人力资本 N. human capital
rénlì zīběn liúdòng 人力资本流动[-動] N. human capital flow
rénlì zīyuán 人力资源 N. human/manpower resources
rènlù 认路[認-] V.O. know the way/direction
rěnluàn 稔乱[-亂] N. turmoil that has long been brewing
rénlún 人伦 N. ethical relations
rénlúndàduān 人伦大端 F.E. the main principles of human relationships
rénlúnwǔcháng 人伦五常 F.E. ethical relations according to the five constant virtues
rénlúnzhīcháng 人伦之常 N. a commonplace in human relationship
rénluórén de 人罗人的[-羅--] ATTR. <*coll.*> one person packed on top of another
rénmǎ 人马 N. ① rider and mount ② coolies and beasts of burden ③ forces; troops ④ staff ⑤ voyagers ⑥ passers-by; a crowd ⑦ astr. Sagittarius
Rénmǎgōng 人马宫[-宮] N. <*astr.*> Sagittarius
rènmài 任脉[-脈] N. <*Ch. med.*> the conception tract
rénmǎn 人满 V.P. ① filled up; crammed ② overpopulated ③ more men than jobs
rènmǎn* 任满 V.P. expiration of a term of office
rénmǎnwéihuàn 人满为患 F.E. overcrowded; overstaffed
rénmǎnzhīhuàn 人满之患 N. the affliction of overpopulation
rénmāo 人猫[-貓] N. hypocrite; dissembler
rénmǎqíbèi 人马齐备[-齊備] F.E. All vehicles and personnel are ready.
Rénmǎzuò 人马座 N. <*astr.*> Sagittarius
rénmen 人们 N. ① people ② public; humanity
rénmiàn 人面 N. human face
rènmiǎn* 任免 V. appoint or dismiss
rénmiànshīshēnxiàng 人面狮身像[--獅--] N. sphinx M: [4]*zuò*
rénmiànshòuxīn 人面兽心[--獸-] F.E. beast in human shape; wolf in sheep's clothing
rénmiàntáohuā 人面桃花 ID. memory of an old sweetheart
rénmiànzhú 人面竹 N. golden bamboo M: [5]*zhī*
[1]**rénmín** 人民 N. the people
[2]**rénmín** 仁民 V.O. be philanthropic
rénmín'àiwù 仁民爱物[--愛-] F.E. love all people and animals
rénmínbì 人民币[-幣] N. RMB (PRC currency)
rénmínbì wàihuì páijià 人民币外汇牌价[--幣-匯-價] N. listed Renminbi rate of exchange
Rénmín Dàhuìtáng 人民大会堂 P.W. the Great Hall of the People
rénmín dàibiǎo 人民代表 N. representative to the People's Congress M: *ge*/[1]*míng*/[2]*wèi*
Rénmín Dàibiǎo Dàhuì 人民代表大会 P.W. People's Congress
Rénmín Dàxué 人民大学 P.W. People's University (in Beijing)
rénmín dàzhòng 人民大众[-眾] N. the broad masses
rénmín fángkōng 人民防空 N. civil air defense
rénmín fǎyuàn 人民法院 P.W. people's court
rénmíng(r) 人名(儿) N. name of a person
rénmìng 人命 N. human life
rènmíng 认明[認-] R.V. see clear; recognize
[1]**rènmìng*** 任命 V. appoint *Tā bèi ~ wéi xiàozhǎng.* He was appointed president (of the university).
[2]**rènmìng** 认命[認-] V.O. accept fate
rénmìng'àn 人命案 N. homicide case M: [2]*jiàn*
rénmín gémìng 人民革命 N. people's revolution
rénmìng guānsi 人命官司 N. a murder case
rénmìngguāntiān 人命关天[--關-] F.E. a matter of life and death
rénmínglù 人名录[-錄] N. directory M: [1]*běn*
rénmín gōngdí 人民公敌[-敵] N. enemy of the people M: *ge*/[1]*míng*
rénmín gònghéguó 人民共和国[-國] N. people's republic
rénmín gōngshè 人民公社 N. people's commune
rénmín gōngshè shēngchǎn dàduì 人民公社生产大队[-----產-隊] P.W. people's commune production brigade *See also shè-duì*
rénmìngwēiqiǎn 人命危浅[-淺] F.E. be critically ill
rénmíngxué 人名学 N. anthroponymy; study of personal names; anthroponomastic
rénmìngyōuguān 人命攸关[-關] F.E. a matter of life and death
rènmìngzhuàng 任命状[-狀] N. letter/certificate of appointment; commission M: [1]*zhāng*/[1]*fèn*
rénmín jiǎncháyuàn 人民检察院 P.W. people's procuratorate
rénmín jiàoshī 人民教师[-師] N. people's teacher M: *ge*/[1]*míng*/[2]*wèi*
Rénmín Jiěfàngjūn 人民解放军 N. People's Liberation Army; PLA
rénmín jǐngchá 人民警察 N. people's police M: *ge*/[1]*míng*/[2]*wèi*
rénmín láixìn 人民来信 N. letters from the masses M: [2]*fēng*

rénmín mínzhǔ guójiā 人民民主国家[----國-] N. people's democratic country

rénmín mínzhǔ zhìdù 人民民主制度 N. people's democratic system

rénmín mínzhǔ zhuānzhèng 人民民主专政[----專-] N. <PRC> people's democratic dictatorship

rénmín nèibù máodùn 人民内部矛盾 N. contradictions among the people

rénmín péishěnyuán 人民陪审员[---審-] N. people's assessor M: ge/[1]míng/[2]wèi

rénmín qúnzhòng 人民群众[-眾] N. the masses

Rénmín Rìbào 人民日报[-報] N. *The People's Daily*

rénmín tiáojiě wěiyuánhuì 人民调解委员会 P.W. <PRC> people's mediation committees

rénmín tuántǐ 人民团体[-團體] N. civic organization

rénmín wěiyuánhuì 人民委员会 P.W. <PRC> people's committee

rénmín wǔzhuāng 人民武装[-裝] N. people's armed forces

rénmínxìng 人民性 N. affinity with the masses

rénmín yīngxióng 人民英雄 N. hero of the people

Rénmín Yínháng 人民银行 P.W. People's Bank of China

rénmín yìzhì 人民意志 N. people's will

rénmín zhànzhēng 人民战争[-戰爭] N. people's war M: [3]*cháng*

rénmín zhèngfǔ 人民政府 N. people's government

Rénmín Zhènxiàn 人民阵线 P.W. popular front

rénmógǒuyàng 人模狗样[-樣] F.E. ① pretending to be what one is not ② dressed up ③ serious; grave

rénmóu 人谋 N. man-made plans/schemes/strategies

rénmòyúdú 人莫予毒 ID. no one dares harm me

rěnnài 忍耐 V./N. patient; forbearing

rěnnàilì 忍耐力 N. endurance

rěnnài xiépò 忍耐胁迫[--脅-] V.O. tolerate/endure stress

rěnnàixìng 忍耐性 N. endurance

rěnnàizhù 忍耐住 S.V. forbear

rénnǎo mónǐ 人脑模拟[-腦-擬] N. brain analogue

rènnèi 任内 N. during a term of office

rěnnì 稔腻 V.P. plump and smooth-skinned (of women)

rěnnián 稔年 N. bumper harvest year

rénpàchūmíng zhūpàzhuàng 人怕出名猪怕壮[----豬-壯] V.P. fame can be dangerous

rènpéi* 认赔[認-] V.P. promise to pay compensation

rènpèi 纫佩 V. <wr.> feel gratitude and admiration toward sb.

rènpéi pāoshòu 认赔抛售[認-拋-] N. sacrifice sale

rén pèi yīfu mǎ pèi ān 人配衣服马配鞍 V.P. Clothes make the man.

rénpí* 人皮 N. skin

rènpí 韧皮[韌-] N. <bot.> bast; phloem

rèn piào bù rèn rén 认票不认人[認--認-] F.E. payable to the bearer

rènpíbù 韧皮部[韌-] N. <bot.> bast; phloem

rénpǐn 人品 N. ① quality of sb.'s character ② <coll.> looks; bearing

rénpǐn chūzhòng 人品出众[-眾] V.P. have an excellent character

rénpǐn duānfāng 人品端方 V.P. acquit oneself well

rénpíng 人平 V./ADV. per-capita average

rènpíng* 任凭[-憑] CONJ. no matter how/what ♦V. place at sb.'s discretion

rén píng yīzhuāng mǎ píng ān 人凭衣装马凭鞍[-憑-裝-憑-] V.P. Clothes make a man.

rén pín zhì bù duǎn 人贫志不短 V.P. poor but with lofty aspirations

rènpí xiānwéi 韧皮纤维[韌-纖-] N. bast fiber

rènpò 认破[認-] R.V. see through

rénqì 人气[-氣] N. characteristic of human beings

rěnqì 忍气[-氣] V.O. stifle/suppress anger

[1]**rènqī*** 任期 N. term of office

[2]**rènqī** 纫缉 V. mend; repair

rènqì 任气[-氣] V.O. be influenced by sentiment/emotion

rénqiánchěngnéng 人前逞能 F.E. exhibit one's prowess in sb.'s presence

rénqiáng 人墙[-牆] N. human wall M: [2]*dào*

rénqiángmǎzhuàng 人强马壮[-強-壯] F.E. ① strong, combat-effective army ② strong working force

rénqiànzáhù 人欠杂户[--雜-] F.E. sundry debtors

rènqífànlàn 任其泛滥[-濫] F.E. be left unrestricted and uncurbed

rènqìgǎnwéi 任气敢为[-氣--] F.E. act recklessly

rènqīn 认亲[認親] V.O. ① become related by marriage ② claim a family connection ③ acknowledge a relationship (as the families of the bride and the bridegroom do at a wedding)

rén qín dì bù lǎn 人勤地不懒 F.E. Where the tiller is tireless the land is fertile.

rénqíndìfēng 人勤地丰[-豐] F.E. Where the tiller is tireless the land is fertile.

rénqíng(r)* 人情(儿) N. ① human feelings ② favor *Qǐng nǐ gěi wǒ zuò ge ~ ba.* Please do me a favor. ③ gift; present ④ relationship

rènqīng 认清[認-] R.V. see through to

rènqíng 任情 ADV. to one's heart's content

rénqíng báo rú zhǐ 人情薄如纸 F.E. Human feelings of sympathy are as thin as paper.

rénqínglěngnuǎn 人情冷暖 F.E. social snobbery

rénqínglǐ 人情礼[-禮] N. present given in consideration of social relationship

rénqíng liàndá 人情练达[-練達] F.E. worldly-wise

rènqīng shì-fēi 认清是非[認-] V.O. distinguish clearly between right and wrong

rénqíng-shìgù 人情世故 N. ways of the world

rénqíng-shìsú 人情世俗 N. respectabilities of social life

rénqíngsìshuǐ 人情似水 F.E. lack of true feeling

rénqíngwèi 人情味 N. human touch/interest

rènqīng xíngshì 认清形势[認-勢] V.O. get a clear understanding of the situation

rénqíngzhài 人情债 N. debt of gratitude

rénqínjùwáng 人琴俱亡 ID. lament for the death of a friend

rén qióng zhì bù duǎn 人穷志不短[-窮---] V.P. poor but proud

rén qióng zhì bù qióng 人穷志不穷[-窮--窮] V.P. poor but with lofty ideas

[1]**rénqióngzhìduǎn** 人穷志短[-窮--] F.E. Poverty chills ambition.

[2]**rénqióngzhìduǎn** 人穷智短[-窮--] F.E. Poverty stifles wisdom.

rénqióngzhìjiān 人穷志坚[-窮-堅] F.E. be poor but have a will of iron

rěnqìtūnshēng 忍气吞声[-氣-聲] F.E. ① swallow anger ② keep quiet and swallow insults

rénqìwǒqǔ 人弃我取[-棄--] V.P. ① I would take what others reject. ② I have my own views/judgment/etc. ③ My tastes differ in interest/view from others'.

rènqízìliú 任其自流 F.E. let things take their own course

rènqízìrán 任其自然 F.E. let things take their own course

rénquán 人权[-權] N. human rights

rěnquānbùjìn 忍俊不禁 F.E. cannot help laughing

Rénquán Guānchá Zǔzhī 人权观察组织[-權觀-織] P.W. Human Rights Watch

rénquán guānyuán 人权官员[-權--] N. commissioner for human rights

rénquán wèntí 人权问题[-權--] N. the issue of human rights

rénquán xuānyán 人权宣言[-權--] N. declaration of human rights

rénqùlóukōng 人去楼空[--樓-] F.E. Old sights recall the memory of old friends..

rénqún(r) 人群(儿) N. crowd

rénqùwǒqǔ 人去我取 *See rénqìwǒqǔ*

rénqǔwǒyǔ 人取我与[-與] V.P. part with whatever others may want

[1]**rénr*** 人儿 N. ① <topo.> personality; character ② figurine

[2]**rénr** 仁儿 N. kernel

rènr 刃儿 N. edge/blade of a knife

rěnrǎn 荏苒 V. <wr.> slip by imperceptibly

rěnràng 忍让[-讓] V. be conciliatory

rénrǎngmǎsī 人嚷马嘶 F.E. a busy prosperous country scene

rěnràng qiúquán 忍让求全[-讓--] V.P. be conciliatory for the sake of preserving unity

[1]**rénrén*** 人人 R.F. everyone

[2]**rénrén** 仁人 N. compassionate/benevolent person

[3]**rénrén** 壬人 N. artful person; cunning deceiver

rěnrěn 忍忍 R.F. cannot bear to; cannot stand the sight of

[1]**rènrén(r)** 认人(儿)[認-] V.O. be able to recognize people around them (of infants)

[2]**rènrén** 任人 V.O. let people (do sth. without restrictions)

rènrénbǎibù 任人摆布[--擺-] F.E. submit to being pushed about

rénrén dé'érzhūzhī 人人得而诛之 F.E. anybody has the right to punish him

rénrén guòguān 人人过关[-關] V.P. everyone must pass a test (formerly, a political one)

rénrén jiēzhī 人人皆知 V.P. everybody realizes that . . .

rénrénjìjié 人人计竭 F.E. No one has any suggestions to offer.

rénrén-jūnzǐ 仁人君子 N. a kind-hearted gentleman

rénrén píngděng 人人平等 V.P. everyone is equal

rénrén shàngzhèn 人人上阵 V.P. Everyone joins in the battle.

rénrén tǎoyàn 人人讨厌[-厭] V.P. be obnoxious to everybody

rènrénwéiqīn 任人唯亲[-親] F.E. appoint people by favoritism

rènrénwéixián 任人唯贤[-賢] F.E. appoint people by merit

rénrényǒuzé 人人有责 F.E. Everybody is responsible.

rènrénzǎigē 任人宰割 F.E. let oneself be trampled upon

rénrénzhēngxiān 人人争先[--爭-] V.P. Everyone is contesting hard for the lead.

rénrénzhìshì 仁人志士 F.E. ① people of good will ② people with lofty ideals

rénrénzìwēi 人人自危 F.E. Everyone feels insecure.

rénrì 人日 N. ① man-days ② seventh day of the first lunar month

rénròu shìchǎng 人肉市场[-場] N. sex market; houses of ill fame

rénrǔ 人乳 N. human milk

rěnrǔ* 忍辱 V.O. endure humiliation

rěnrǔbàochóu 忍辱报仇[--報-] F.E. endure humiliation in order to take revenge

rěnrǔfùzhòng 忍辱负重 F.E. endure humiliation to carry out an important task

rěnrǔhángòu 忍辱含垢 F.E. endure humiliation and insults

rénruì 人瑞 N. venerable old person

rěnrǔmóushèng 忍辱谋胜[-勝] F.E. stoop to conquer/win

rěnruò 荏弱 V.P. <wr.> ① weak ② timid

rěnrǔqiúquán 忍辱求全 F.E. Swallow insults for the sake of the common good.

rěnrǔtānshēng 忍辱贪生 F.E. Swallow insults to remain alive.
rěnrǔtōushēng 忍辱偷生 F.E. live on, bearing one's shame
rěnsè 稔色 N. beauty/charms ♦V.O. have a weakness for women
rènshá 任啥 V.P. <*coll.*> no matter what thing; anything
rénshàngyǒurén 人上有人 V.P. There is always sb. that is more capable than you.
rénshānrénhǎi 人山人海 F.E. oceans of people
rènshá yě bù huì zuò 任啥也不会做 V.P. <*topo.*> be unable to do anything
rénshé 人蛇 <*coll.*> N. ① illegal immigrant ② snakehead customers
[1]**rénshēn*** 人身 N. human body ♦ATTR. <*law*> personal (liberty)
[2]**rénshēn** 人参[-参] N. ginseng M: *[5]zhī/[4]zhī*
[3]**rénshēn** 壬申 N. 9th year of the Sexagenary Cycle (1872, 1932, 1992 etc.)
rènshēn 妊娠 N. pregnancy; gestation
rénshēn ānquán 人身安全 N. personal safety/ security
rénshēn bǎohùfǎ 人身保护法[---護-] N. habeas corpus
rénshēn bǎohùlìng 人身保护令[---護-] N. habeas corpus
rénshēn bǎoxiǎn 人身保险 N. accident insurance
[1]**rénshēng*** 人生 N. human life
[2]**rénshēng** 人声[-聲] N. human voice
[3]**rénshēng** 仁声[-聲] N. reputation for kindness
rénshèng 人胜[-勝] N. <*trad.*> ornamental flowers or figures cut from colored material and used as gifts on the 7th day of the first lunar month
rènshēng 认生[認-] S.V. shy with strangers
rénshēngcáozá 人声嘈杂[-聲-雜] F.E. a tremendous hubbub
rénshēngchénfú 人生沉浮 F.E. vicissitudes of life
rénshēng dàshì 人生大事 N. the most important event of one's life
rénshēng dì bùshú 人生地不熟 V.P. be a stranger in a strange place
rénshēngdǐngfèi 人声鼎沸[-聲--] F.E. hubbub
rénshēngdìshū 人生地疏 F.E. a stranger in a strange place
rénshēngduǎnzàn 人生短暂 F.E. life is transient
rénshēngduōchuǎn 人生多舛 F.E. life is full of troubles
rénshēngguān 人生观[-觀] N. view of life
rénshēng huò-fú 人生祸福[--禍-] N. the haps and mishaps of life
rénshēng jiàn jìng 人声渐静[-聲-靜] V.P. the crowd is quieting down
rénshēngjǐhé 人生几何 F.E. How brief life is.
rénshēng kǔ-lè 人生苦乐[-樂] N. the joys and sorrows of life
rénshēng lèqù 人生乐趣[--樂-] N. the pleasures of life
rénshēngmǎsī 人声马嘶[-聲--] F.E. the voices of men and the neighing of horses
rénshéngòngfèn 人神共愤 F.E. both men and gods are enraged
rénshēn gōngjī 人身攻击[-擊] N. personal attack
rénshēng qīshí 人生七十 V.P. the normal length of human life
rénshēng qīshí gǔlái xī 人生七十古来稀 V.P. man's life span rarely reached seventy
rénshēngróngkū 人生荣枯[--榮-] F.E. the shifts and changes of human life
rénshēngrújì 人生如寄 F.E. ① Life is like a passing traveler. ② Life is short.
rénshēngrúmèng 人生如梦[-夢] F.E. Life is but a dream.
rénshēng rú zhāolù 人生如朝露 V.P. Life is as fleeting as the morning dew.
rénshēngshèngshuāi 人生盛衰 F.E. vicissitudes of life
rénshēnguǒ 人参果[-参-] N. ginseng fruit
rénshēng xīnsuān 人生辛酸 V.P. the trials of life
rénshēngzhāolù 人生朝露 F.E. Life is ephemeral.
rénshēng zhéxué 人生哲学 N. philosophy of life
rénshēnjiǔ 人参酒[-参-] N. ginseng wine M: *píng*
rènshēnqī 妊娠期 N. gestation period
rénshēn shānghài 人身伤害[--傷-] N. personal injury
rénshēn shìgù 人身事故 N. personal injury caused by an accident
rénshéntóngfèn 人神同愤 F.E. incur the greatest popular indignation
rénshēn wǔrǔ 人身侮辱 N. personal humiliation
rénshēn yīfù 人身依附 N. personal attachment/ bondage
rénshēn zìyóu 人身自由 N. personal freedom/ liberty
rénshī 人师[-師] N. paragon (of virtue/learning)
rénshí 人时[-時] N. man-hour
rénshǐ 人屎 N. human excrement
[1]**rénshì*** 人士 N. personage
[2]**rénshì** 人事 N. ① human affairs ② ways of the world ③ personnel matters ④ what is humanly possible *[4]jìn* ~ do what is humanly possible; do one's best ⑤ sexual awareness or passion; the facts of life ⑥ <*topo.*> gift
[3]**rénshì** 人世 N. human world
[4]**rénshì** 人氏 N. native (chiefly early vernacular)
[5]**rénshì** 人市 N. ① thickly populated place ② labor market
rěnshì 忍事 V.O. put up with adversity
rènshi 认识[認識] V. know; recognize ♦N. knowledge; understanding
rènshī 认尸[認屍] V.O. identify corpses
rènshǐ 任使 N. task; responsibility; charge ♦V. employ; assign a task to
[1]**rènshì** 任事 V.O. ① hold a post/position ② take up a task ③ employ; assign a task to
[2]**rènshì** 任是 CONJ. no matter how; even if
rénshì biàndòng 人事变动[-變動] N. personnel changes
rénshìbù 人事部 N. personnel department
rénshìbùxǐng 人事不省 F.E. lose consciousness
rénshìbùzú 人事不足 V.P. be understaffed
rénshìcāngsāng 人世沧桑[--滄-] F.E. tremendous changes in this world of ours
rénshìchénfú 人事沉浮 F.E. there is a tide in the affairs of men
rénshìchù 人事处[-處] P.W. personnel division/ office
rénshì dàng'àn 人事档案[--檔-] N. personnel file/dossier
rènshi dào 认识到[認識-] R.V. realize
rénshì diàodòng 人事调动[-動] N. personnel transfer
rén-shí fēnpèi 人时分配[-時--] N. man-hour distribution
rèn shīfu 认师傅[認師-] V.O. apprentice oneself to sb.
rénshì guǎnlǐ 人事管理 N. personnel administration
rénshì guānxi 人事关系[-關係] N. ① organizational affiliation ② personal connections
rènshi guòchéng 认识过程[認識-] N. process of cognition
rènshi huánjìng 认识环境[認識環-] N. knowledge of the environment
rénshìjiān 人世间 N. human world
rènshi jiégòu 认识结构[認識-構] N. cognitive structure
rénshìkē 人事科 P.W. personnel office
rènshi kēxué 认识科学[認識-] N. cognitive science
rènshilùn 认识论[認識-] N. ① theory of knowledge ② epistemology
rènshilùn wǎnglù 认识论网路[認識-網-] N. <*lg.*> epistemological network
rènshi nénglì 认识能力[認識-] N. cognitive ability
rénshìquánfēi 人事全非 F.E. Things are no longer as they were.
rénshìshì 人事室 P.W. personnel office
rènshi shuǐpíng 认识水平[認識-] N. level of understanding
rénshì xíngzhèng 人事行政 N. personnel and administration
rénshì xíngzhèngjú 人事行政局 P.W. bureau of personnel and administration
rénshì zhìdù 人事制度 N. personnel system
rénshǒu* 人手 N. ① manpower ② human hand ③ staff
[1]**rénshòu** 人寿[-壽] N. human life (duration)
[2]**rénshòu** 仁寿[-壽] N. an elderly and virtuous man
rěnshóu 稔熟 V.P. ripe (of grain)
rěnshòu 忍受 V. endure; bear
rénshòu bǎoxiǎn 人寿保险[-壽--] N. life insurance
rénshòu bù yǒng 人寿不永[-壽--] V.P. come to a premature end
rénshǒu bùzú 人手不足 V. be short of hands
rěnshòudeliǎo 忍受得了 R.V. be able to bear
rénshǒu fānyì 人手翻译[-譯] N. <*lg.*> human translation
rénshǒu fānyìyuán 人手翻译员[---譯-] N. <*lg.*> human translator M: *ge/[1]míng/[2]wèi*
rénshǒu fǔzhù fānyì 人手辅助翻译[-譯] N. <*lg.*> human-assisted translation
rénshòuniánfēng 人寿年丰[-壽-豐] F.E. The people enjoy longevity and the land yields rich harvests.
rénshǒuyīcè 人手一册[-冊] F.E. nobody is without a copy (of a popular book)
[1]**rénshù*** 人数[-數] N. number of people
[2]**rénshù** 仁术[-術] N. feigned benevolence
[3]**rénshù** 仁恕 N. kind and forgiving
rěnshū 荏菽 N. <*bot.*> ① large beans ② garden peas
rěnshú 稔熟 V.P. *See rěnshóu*
rènshū 认输[認-] V.O. admit defeat
rènshuài 任率 S.V. <*wr.*> simple and natural; artless; ingenuous; innocent and simple
rénshuōfēnyún 人说纷纭 F.E. the people are at loggerheads
rénshúwúguò 人孰无过 F.E. nobody is without faults
rénshùzhīdào 仁恕之道 N. the way of compassion and benevolence
rěnsǐ 忍死 V.O. hold on to life so as to pursue some worthy cause
rénsǐ bùnéng fùhuó 人死不能复活[----復-] N. A dead man cannot be restored to life.
rénsǐkǒumiè 人死口灭[-滅] F.E. dead men tell no tales
rèn sǐlǐ(r) 认死理(儿)[認-] <*coll.*> V.O. ① obstinate; headstrong ② stubborn; opinionated
rénsǐliúmíng 人死留名 F.E. a man leaves a name behind him
rén sǐ rú dēng miè 人死如灯灭[-燈滅] V.P. A man dies the way a lamp goes out.
rén sǐ wàn zhài xiū 人死万债休[--萬--] F.E. death settles all scores
rénsī-xiéwénchóu 人丝斜纹绸[-絲---] N. rayon twill
rénsǐzhàilàn 人死债烂[-爛] F.E. death pays all debts
rénsīzhòu 人丝绉[-絲縐] N. crepe rayon
rénsuàn-bùrú-tiānsuàn 人算不如天算 V.P. God's way is higher than man's.
rènsuí 任随[-隨] V. allow free rein
rénsuílǐzǒu 人随理走[-隨--] F.E. everyone has to listen to reason

R

rénsuíshílǎo 人随时老[-隨時-] F.E. in time everyone gets old
rènsuǒ 任所 N. business office
rénsuǒgòngzhī 人所共知 F.E. it is evident to anyone
rénsuǒgòubìng 人所诟病 F.E. denounced by the public
rènsuǒyùwéi 任所欲为 F.E. give one a free hand
réntī 人梯 N. ① human ladder ② person who helps another to rise to success
réntǐ* 人体[-體] N. human body
rěntì 忍涕 V.O. hold back one's tears
réntiān 人天 N. <Budd.> men and devas (deities)
rèntiān* 任天 V.O. leave everything to fate
réntǐ bāozhuāng 人体包装[-體-裝] N. clothes that people wear
réntǐgōngxué 人体工学[-體--] N. ergonomics
réntǐ jiěpōuxué 人体解剖学[-體---] N. human anatomy
réntī jīngshén 人梯精神 N. zeal to help others climb higher
réntǐměi 人体美[-體-] N. physical beauty (of humans)
réntǐ móxíng 人体模型[-體--] N. manikin
rèntīng* 任听[-聽] V. let sb. do whatever he likes
rènting 韧挺[韌-] V.P. tough and strong
réntǐ shēnglǐxué 人体生理学[-體---] N. human physiology
réntǐ sùmiáo 人体素描[-體--] N. sketch of the human body M: [10]fú/[1]zhāng
réntǐ tèyì gōngnéng 人体特异功能[-體-異--] N. paranormal bodily ability
réntǐ yìshù 人体艺术[-體藝術] N. body art
rěntóng 荏桐 N. <bot.> wood oil tree M: [2]kē
rěntòng 忍痛 V.O. ① do sth. with reluctance ② suffer pain with dignity ③ bear pain
rèntóng* 认同[認-] V. ① have a meeting of minds ② identify ♦N. identification
réntóngcǐxīn 人同此心 F.E. Everybody feels the same about this.
rěntònggē'ài 忍痛割爱[-愛] F.E. part reluctantly with what one treasures
rěntòngxīshēng 忍痛牺牲[--犧-] F.E. reluctantly give up
rèntóng zuòyòng 认同作用[認-] N. identification
réntóu(r)* 人头(儿) N. ① number of people ② social connections ③ <topo.> quality as a person; moral quality; character ~[1]jí [1]cì be not much of a person
rèntou 认头[認-] N. end of a thread inserted through a needle *See also* rèntóu
rèntóu 认头[認-] V.O. ① endure/suffer passively ② consent reluctantly ③ accept the loss as it is *See also* rèntou
réntóu-chùmíng 人头畜鸣 V.P. animal-like human being
réntóufèi 人头费 N. fee based on the number of people M: [2]bǐ
réntóufènr 人头份儿 N. each person's share
réntóu jǐjǐ 人头挤挤[-擠擠] V.P. huge crowds of people
réntóuliáng 人头粮[-糧] N. head-count grain rations
réntóur 人头儿 N. <topo.> behavior; actions; comportment
réntóur tài cì làng 人头儿太次郎 N. <slang> a universally disliked bad egg
réntóushuì 人头税 N. poll/head tax M: [2]bǐ
Rénwáng 仁王 N. <Budd.> the Benevolent King; Buddha
rénwàng* 人望 N. prestige; popularity
rénwàngsuǒguī 人望所归[-歸] F.E. enjoy popularity
rénwángwùzài 人亡物在 F.E. the relics of the dead (heightening the grief of the living)
rénwángzhèngxī 人亡政息 F.E. When a man expires his work will stop.
rénwéi 人为 ATTR. man-made; artificial
rén-wěi 人委 AB. rénmín wěiyuánhuì
[1]rénwèi(r) 人味(儿) N. ① what makes life worthwhile ② humanness; humanity
[2]rénwèi 人位 N. ①personnel; employees ②one's ability and position
[1]rènwéi* 认为[認-] V. think/believe that *Nǐ ~ zěnyàng?* What do you think about it?
[2]rènwéi 任为 V.P. appoint as
rénwéicáisǐ 人为财死 F.E. Human beings die in pursuit of wealth.
rénwéi gānrǎo 人为干扰[-擾] N. electronic jamming
rénwéi huánjìng 人为环境[--環-] N. man-made environment
rénwēiquánqīng 人微权轻[-權輕] F.E. the lowly have little power
rénwéi táotài 人为淘汰 N. <bio.> artificial selection
rén wéi wànwùzhīlíng 人为万物之灵[--萬--靈] V.P. Man of all creatures is the one endowed with intelligence.; Man is the lord of creation.
rénwèixiāngyí 人位相宜 F.E. be the right man in the right place
rénwēiyánqīng 人微言轻[-輕] F.E. words of the lowly carry no weight
rénwéi yǐngxiǎng 人为影响[-響] N. man-made influence
rénwén 人文 N. ①humanities; letters ②human affairs
rénwén dìlǐ 人文地理 N. cultural geography
rénwén dìlǐxué 人文地理学 N. cultural geography
rénwēng 仁翁 N. my esteemed sir (address to an elderly person in letters)
rénwénhuìcuì 人文荟萃 F.E. gathering of talents (said of culture centers)
rénwén kēxué 人文科学 N. humanities
rénwén xīnlǐxué 人文心理学 N. humanistic psychology
rénwén xuékē 人文学科 N. humanities
rénwén xuéyuàn 人文学院 P.W. college of humanities
rénwénzhǔyì 人文主义[-義] N. humanism
[1]rén-wǔ 人武 N. people's armed forces
[2]rénwǔ 壬午 N. 19th year of the Sexagenary Cycle (1882, 1942, 2002 etc.)
rénwù(r)* 人物(儿) N. ① character; personage ② a character in literature ③ figure painting
rènwu 任务[-務] N. assignment; job; task
rénwùbiǎo 人物表 N. cast of characters; dramatis personae M: [1]zhāng
rénwú'èrsǐ 人无二死 F.E. A man can die but once.
rènwu guāndiǎn 任务观点[-務觀點] N. perfunctory attitude
rénwùhuà 人物画[-畫] N. figure/portrait painting M: [10]fú/[1]běn/[4]cè
rěnwúkěrěn 忍无可忍 V.P. more than one can bear *Tā de xíngwéi dàole ~ de dìbù.* What he's done has reached the limit of my patience.
rénwùmiáo 人物描 N. <art> strokes for figures (in painting)
rén wú qiān rì hǎo 人无千日好 F.E. Life is not always happy.
rènwu qǔxiàng 任务取向[-務--] N. task orientation
rénwǔrénliù 人五人六 F.E. be affected; strike poses
rènwushì dàgāng 任务式大纲[-務--綱] N. task syllabus
rén wú wánrén 人无完人 V.P. No one is perfect.
rénwùxiàng 人物像 N. bust (sculpture) M: [1]zūn
rén wú xiàoliǎn xiūkāi diàn 人无笑脸休开店[-----開-] V.P. a smiling face wins favor
rènxí 衽席 N. <wr.> ① sleeping mat ② bed
rěnxià* 忍下 R.V. put up with; forbear
rènxiá 任侠[-俠] N. <wr.> be gallant/generous and chivalrous
rènxià 认下[認-] V. <coll.> acknowledge; accept
rènxiáhàoyì 任侠好义[-俠-義] F.E. be chivalrous and fond of assuming obligations
rěn xiàlai 忍下来 R.V. endure; forbear
[1]rénxiàng 人像 N. portrait; image M: [1]zhāng/[10]fú
[2]rénxiàng 人相 N. physiognomy
rénxiàngbǎ 人像靶 N. silhouette target M: [4]zuò/ge
rènxiányòngnéng 任贤用能[-賢--] F.E. use the wise and employ the capable
rěnxiào 忍笑 V.O. stifle a laugh
rénxiǎo'ěrjiān 人小耳尖 F.E. Little pitchers have long ears.
rénxiǎoguǐdà 人小鬼大 F.E. too big for one's britches
rén xiǎo huǒqì dà 人小火气大[---氣-] V.P. A small man often has a bad temper.
[1]rénxīn* 人心 N. ① popular feeling ② human heart ③ feelings ④ good heart/sentiments
[2]rénxīn 仁心 N. kindheartedness; charity
rěnxīn 忍心 V.O. be hardhearted enough to ♦S.V. unfeeling; cruel; merciless
rènxīn 任心 V.O. do what one feels like doing
rénxīn bù gǔ 人心不古 V.P. public morality has declined
rénxīn bùzú shé tūn xiàng 人心不足蛇吞象 ID. a man content with nothing
rénxīn dà kuài 人心大快 V.P. to the gratification of all
rénxing 人性 N. ① temperament; character ② human sentiments/feelings *See also* rénxìng
[1]rénxíng(r) 人形(儿) N. ①human shape ②doll
[2]rénxíng 人行 N. human decency
[3]rénxíng 仁行 A.T. decent and kind
rénxìng* 人性 N. human nature *See also* rénxing
rěnxìng 忍性 N. endurance; ability to endure ♦V. restrain one's temper
[1]rènxìng(r) 任性(儿) S.V. willful; headstrong
[2]rènxìng 韧性[韌-] N. ①toughness ②resilience
rénxíng chuānyuèdào 人行穿越道 N. pedestrian crosswalk/crossing M: [1]tiáo
rénxíngdào 人行道 N. sidewalk M: [1]tiáo
rénxīn gé dùpí 人心隔肚皮 ID. People should always be on guard against one another.
rénxíng héngdào 人行横道 N. pedestrian crossing M: [1]tiáo
rénxíngjī 人行机 N. robot
rénxíng jīqìrén 人行机器人 N. anthropomorphic robot
rénxíng línyīndào 人行林阴/荫道[---陰/蔭-] N. pedestrian mall M: [1]tiáo
rénxínglù 人行路 N. footpath M: [1]tiáo
rénxìnglùn 人性论 N. theory of human nature
rénxíngqiáo 人行桥[-橋] N. footbridge; pedestrian bridge M: [1]jià/[4]zuò
rénxíng tiānqiáo 人行天桥[-橋] N. elevated footbridge M: [1]jià/[4]zuò
rénxīn guīxiàng 人心归向[--歸-] V.P. the feelings of the people incline toward . . .
rénxīnguǒ 人心果 N. marmalade tree; sapotilla
rènxìngwàngwéi 任性妄为 F.E. in an arbitrary manner
rènxìngzìyì 任性恣意 F.E. give way to one's emotions
rénxìng zūnyán 人性尊严[-嚴] N. human dignity
rěnxīnhàilǐ 忍心害理 F.E. commit a crime in cold blood
rénxīnhuánghuáng 人心惶惶//皇皇 F.E. popular anxiety
rénxīnmòcè 人心莫测 F.E. the human heart is a mystery
rěnxīnpiēkāi 忍心撇开[-開] F.E. harden one's heart to leave sb.
rénxīnpǒcè 人心叵测 F.E. man's heart is incomprehensible
rénxīn qí Tài Shān yí 人心齐泰山移[--齊---] F.E. A people united can move mountains.
rénxīnrénshù 仁心仁术[-術] F.E. benevolence entertained at heart and practiced in deeds

R

rénxīnrénwén 仁心仁闻 F.E. reputation for benevolence
rénxīnrúmiàn 人心如面 F.E. Men's hearts are as different as are their faces.
rénxīnsàngjìn 人心丧尽[-喪盡] F.E. lose/forfeit all popular sympathy
rénxīnsībiàn 人心思变[-變] F.E. people are longing for change
rénxīnsīhàn 人心思汉[-漢] F.E. The people living under the control of a usurper or foreign invaders long for the return of the legitimate government.
rénxīnsuǒxiàng 人心所向 F.E. in accord with people's will
rénxīnwéiwēi 人心惟危 F.E. human hearts are unfathomable
rénxīnxiàngbèi 人心向背 F.E. popular disapproval
rénxīn zhènfèn 人心振奋[-奮] V.P. The people are filled with enthusiasm.
rénxiōng* 仁兄 F.E. dear friend (term of address for males)
rénxióng 人熊 N. <zoo.> brown bear M: [2]*zhī*
rénxū 壬戌 N. 59th year of the Sexagenary Cycle (1922, 1982, 2042 etc.)
rènxǔ* 认许[認-] V. acknowledge; approve
rénxuǎn* 人选[-選] N. choice among persons
rènxuǎn 任选[-選] V. take whichever
rènxuǎn gōngnéng 任选功能[-選--] N. optional feature
rènxuǎnzì 任选字[-選-] N. optional word
rényān* 人烟[-煙] N. signs of habitation
[1]**rényán** 人言 N. ① public opinion ② talk; speech; gossip
[2]**rényán** 仁言 N. ① precepts ② kindly words
rényán bùkě xìn 人言不可信 V.P. Gossip is not to be believed.
rényānchóumì 人烟稠密[-煙--] F.E. densely populated; populous
rényándǐngfèi 人言鼎沸 F.E. a tremendous hubbub
rényàng(r) 人样(儿)[-樣-] N. ① proper human appearance/manners ② a successful person ③ decent personal conduct
rényǎngmǎfān 人仰马翻 F.E. suffer utter defeat
rényānhǎnzhì 人烟罕至[-煙--] F.E. (a place) that is hard to get to
rényánjíjí 人言藉藉 F.E. gossip is rife
rényānjuéjì 人烟绝迹[-煙絕跡] F.E. no trace of man or smoke
rényánkěwèi 人言可畏 F.E. gossip is a fearful thing
rényánlìbó 人言利博 F.E. sb's words benefit universal benevolence
rényánrénshū 人言人殊 F.E. the accounts are at variance among themselves
rényánzézé 人言啧啧 F.E. There is much unfavorable comment.
rényāo 人妖 N. ① man disguised as a woman or vice-versa who engages in evil activities ② hermaphrodite
rén yàoliǎn shù yào pí 人要脸树要皮[---樹--] V.P. Face is as important to man as bark is to a tree.
rén yào yīzhuāng 人要衣装[-裝] V.P. The tailor makes the man.
rényázi 人牙子 N. trafficker in human beings
rényi 仁义[-義] S.V. <topo.> amiable; kind; reasonable *See also* [1]*rényì*
[1]**rényì** 仁义[-義] N. benevolence and righteousness *See also rényi*
[2]**rényì** 人意 N. people's wish
rènyì* 任意 ADV. willfully; arbitrarily
rènyì chéngběn 任意成本 N. discretionary cost
rényì-dàodé 仁义道德[-義--] N. virtue and morality
rènyì de jiàzhí 任意的价值[---價-] N. <lg.> arbitrary value
rènyì gòuzào de 任意构造的[--構--] ATTR. <lg.> arbitrary

rènyì jiāshuì 任意加税 V.P. slap additional taxes on
rényījǐbǎi 人一己百 F.E. If others can do it, I must exert myself a hundred times harder in order to do the same.
rén-yì-lǐ-zhì 仁义礼智[-義禮-] N. the four cardinal virtues: humanity; justice; propriety, and wisdom
rényín 壬寅 N. 39th year of the Sexagenary Cycle (1902, 1962, 2022 etc.)
rényǐng(r) 人影(儿) N. ① human shadow ② <coll.> sign of human presence
rényǐngchōngchōng 人影憧憧 F.E. human figures moving in the distance
rènyìngjiānxù 韧硬兼蓄[韌-] F.E. have both tenacity and hardness
rènyìqiú 任意球 N. ① free kick (in football) ② free throw (in handball)
rényǐqúnfēn 人以群分 F.E. Like attracts like.
rényìshuǐtián 人义水甜[-義--] F.E. perfect harmony between friends
rènyì shùnxù 任意顺序 N. random order
rènyì tiáokuǎn 任意条款[--條-] N. optional clause; permissive provision
rènyì wǔduàn 任意武断[-斷] N. <lg.> ad hoc
rènyì wǔduàn de guīfàn 任意武断的规范[---斷--範] N. <lg.> ad hoc stipulation
rènyìxìng 任意性 N. arbitrariness
rènyìxìng zhuàngyǔ 任意性状语[---狀-] N. <lg.> optional adverbial
rènyì xìnxī 任意信息 N. unsolicited message
rènyì yíngyú 任意盈余 N. <acct.> free surplus
rényìzhīshī 仁义之师[-義-師] N. an army of justice M: [4]*zhī*
rènyòng 任用 V. appoint; assign to a post; employ
rényòngsǎn 人用伞[-傘] N. personnel parachute
rényóu 荏油 N. ① oil extracted from *Perilla frutescens* ② tung oil
rén yǒu dànxīhuòfú 人有旦夕祸福[----禍-] F.E. Man's fate is as uncertain as the weather.
rěnyóuhángòu 忍尤含垢 F.E. swallow insults
rén yǒuliǎn shù yǒu pí 人有脸树有皮[---樹-] V.P. A man has face just as a tree has bark.
rényú* 人鱼 N. ① mermaid ② <zoo.> dugong
rényù 人欲 N. human desires; passions
[1]**rényuán** 人员 N. personnel; staff
[2]**rényuán(r)** 人缘(儿) N. relations with other people
[3]**rényuán** 人猿 N. ape
rényuán biàndònglǜ 人员变动律[--變動-] N. personnel turnover rate
rényuán biānzhì 人员编制 N. size of the personnel force
rényùhéngliú 人欲横流 F.E. ① universal decadence ② mass indulgence in a decadent life
rényù huǒjiàn 人驭火箭 N. manned rocket M: [4]*zhī*
[1]**rènyùn** 任运[-運] N. resign oneself to one's fate
[2]**rènyùn** 妊孕 N. pregnancy
rényúnyìyún 人云亦云 F.E. parrot others' words
rén zài rénqíng zài 人在人情在 V.P. While a man lives, his favors are remembered.
rénzāngbìnghuò 人赃并获[-贜並獲] F.E. caught together with the loot
rénzāngjùhuò 人赃俱获[-贜-獲] F.E. catch sb. with the goods
rénzào 人造 ATTR. synthetic; artificial; man-made ♦N. imitation
rénzàobǎn 人造板 N. artificial plank/board M: [2]*kuài*
rénzào bǎoshí 人造宝石[--寶-] N. imitation jewel; manufactured gem M: [1]*kē*/[3]*lì*
rénzàobīng 人造冰 N. man-made ice
rénzào cítiě 人造磁铁[-鐵] N. artificial magnet lodestone
rénzào dìqiú wèixīng 人造地球卫星[----衛-] N. man-made earth-orbiting satellite M: [1]*kē*
rénzào féiliào 人造肥料 N. chemical fertilizer

rénzàogé 人造革 N. artificial leather M: [2]*kuài*/[1]*zhāng*
rénzàohuā 人造花 N. artificial flower M: [2]*duǒ*
rénzào huángyóu 人造黄油 N. margarine
rénzào lùbiāo 人造路标[-標] N. landmark
rénzàomáo 人造毛 N. ① artificial wool ② man-made feather
rénzàomián 人造棉 N. staple rayon
rénzào niúnǎi 人造牛奶 N. imitation milk
rénzàopí 人造皮 N. leatherette; man-made leather
rénzào qìguān 人造器官 N. man-made organs
rénzàoròu 人造肉 N. meat substitute
rénzào shàng'è 人造上颚 N. artificial palate
rénzàoshí 人造石 N. man-made stone
rénzào shíyòng xiāngliào 人造食用香料 N. artificial flavor
rénzào shíyóu 人造石油 N. artificial petroleum
rénzàosī 人造丝[-絲] N. rayon
rénzào sīpǐn 人造丝品[--絲-] N. artificial silk product
rénzào wèixīng 人造卫星[--衛-] N. man-made satellite M: [1]*kē*
rénzào xiàngjiāo 人造橡胶[-膠] N. artificial/synthetic rubber
rénzào xiàngpí 人造橡皮 N. synthetic rubber
rénzào xiàngyá 人造象牙 N. celluloid
rénzào xiānwéi 人造纤维[--纖-] N. synthetic fiber
rénzào xiǎo píngyuán 人造小平原 N. small man-made plain
rénzào xīnzàng 人造心脏[-臟] N. artificial heart
rénzào xuèguǎn 人造血管 N. artificial blood vessels
rénzào yángmáo 人造羊毛 N. artificial wool
rénzào yídǎosù 人造胰岛素[---島-] N. <med.> synthetic insulin
[1]**rénzàoyǔ** 人造雨 N. artificial rain
[2]**rénzàoyǔ** 人造语 N. artificial language
rénzào yuánsù 人造元素 N. man-made elements
rénzào yǔyán 人造语言 N. artificial language
rénzào zīyuán 人造资源 N. man-made resources
rénzé 人择[-擇] N. artificial selection
rènzéizuòfù 认贼作父[認-] F.E. ① mistake an enemy for a friend ② give allegiance to a usurper/invader
rènzěnme 任怎么[-麼] ADV. <topo.> no matter how
rènzé tiáokuǎn 任择条款[-擇條-] N. <econ.> optional clause
rénzhā 人渣 N. scumbag
rènzhàng 认帐/账[認-] V.O. acknowledge a debt/mistake
rénzhě'àirén 仁者爱人[--愛-] F.E. The benevolent love others.
rénzhělèshān 仁者乐山[--樂-] F.E. The benevolent enjoy mountains.
[1]**rènzhēn** 认真[認-] V.O. take for real ♦S.V. serious; earnest
[2]**rèn zhēn** 纫针 V.O. thread a needle
[1]**rénzhèng*** 人证[-證] N. testimony by witnesses
[2]**rénzhèng** 仁政 N. ① benevolent government ② policy of benevolence
rènzhèng 认证[認證] V. authentication of a document
rénzhèng wùzhèng 人证物证[-證-證] N. <law.> human testimony and material evidence
rènzhèng yízhǔ 认证遗嘱[認證-囑] V.O. prove a will
rènzhēnqíshì 认真其事[認-] F.E. take the matter seriously
rénzhěshòu 仁者寿[-壽] V.P. The kind live long.
rénzhěwúdí 仁者无敌[-敵] F.E. ① The benevolent have no enemies. ②The benevolent are invincible.
[1]**rénzhì*** 人质[-質] N. hostage

[2]rénzhì 人治 N. ① personal rule (vs. rule by law) ② enlightened government brought about by virtuous rulers/administrators
rěnzhī 稔知 V. know well
rěnzhì 忍鸷[-鷙] V.P. brutal; cruel; heartless
rènzhī 认知[認-] N. cognition ♦ATTR. cognitive
rènzhí 任职[-職] V.O. hold a position
rènzhǐ 任指 N. <lg.> indefinite; general denotation ♦V. identify and point out
rènzhī biànliàng 认知变量[認-變-] N. <psy.> cognitive variable
rènzhī cèlüè 认知策略[認-] N. <lg.> cognitive style
rènzhī céngmiàn de liánguàn 认知层面的连贯[認-層----] N. coherence
rénzhīchángqíng 人之常情 N. way of the world
rènzhī chéngshì 认知程式[認-] N. <psy.> cognitive strategy
rénzhīchū xìngběn'è 人之初性本恶[-惡] V.P. Man's nature is evil at birth.
rénzhīchū xìngběnshàn 人之初性本善 V.P. Man's nature is good at birth
rènzhī dàimǎfǎ 认知代码法[認-] N. <psy.> cognitive code approach
rènzhī dòngcí 认知动词[認-動-] N. <lg.> verb of cognition
rènzhīfǎ 认知法[認-] N. <lg.> cognitive approach
rènzhī fāngshì 认知方式[認-] N. <psy.> cognitive style
rènzhī guòchéng 认知过程[認-] N. cognitive process
rènzhí héhuǒrén 任职合伙人[-職---] N. active partner M: ge/[1]míng/[2]wèi
rènzhī kēxué 认知科学[認-] N. cognitive science
rènzhī lǐngyù 认知领域[認-] N. cognitive domain
rènzhīmǎ 认知码[認-] N. <comp.> cognitive code (e.g., [1]shù 'tree' is MYC for [1]mù, [1]yòu, cùn)
rènzhī qíngtài 认知情态[認-態] N. <lg.> epistemic modality
rènzhī shītiáo 认知失调[認-] N. cognitive dissonance
rènzhī tóngyìxìng 认知同义性[認--義-] N. cognitive synonymy
rènzhīxìng duìděng 认知性对等[認--對-] N. <lg.> cognitive equivalence
rènzhīxìng fānyì 认知性翻译[認-譯] N. <lg.> cognitive translation
rènzhīxìng gōngnéng 认知性功能[認-] N. <lg.> cognitive function
rènzhī xīnlǐxué 认知心理学[認-] N. cognitive psychology
rènzhī xuéxí 认知学习[認-習] N. cognitive learning
rénzhìyìjìn 仁至义尽[-義盡] F.E. fulfillment of moral obligations
rènzhī yìyì 认知意义[認-義] N. cognitive meaning
rènzhī yǔyánxué 认知语言学[認-] N. <lg.> cognitive linguistics
rénzhōng 人中 N. ① indentation on the upper lip; philtrum ② <Ch. med.> Middle of Man
rénzhǒng* 人种[-種] N. race (of humans)
rénzhòng 人众[-眾] N. the masses; people in general
rènzhòng 任重 V.P. carry a heavy load ♦N. an important job
rènzhòngdàoyuǎn 任重道远[-遠] F.E. shoulder heavy responsibilities over a long period ahead
rénzhǒng jiāojìshǐ 人种交际史[-種-際-] N. ethnography of communication
rénzhǒng jiāojìxué 人种交际学[-種-際-] N. ethnography of communication
rénzhōngqiàochǔ 人中翘楚[--翹-] ID. an outstanding person/figure
rénzhōngqíjì 人中骐骥 ID. a very clever/gifted child
rénzhǒngshǐ 人种史[-種-] N. ethnography
rénzhǒngshǐ yánjiū 人种史研究[-種---] N. ethnographic research
rénzhǒng wénhuàxué 人种文化学[-種---] N. ethnography
rénzhǒng wénhuà yánjiū 人种文化研究[-種----] N. ethnographic research
rénzhǒngxué 人种学[-種-] N. ethnology
rénzhǒngxué fāngfǎlùnzhě 人种学方法论者[-種-----] N. ethnomethodologist M: ge/[1]míng/[2]wèi
rénzhǒngxué yánjiūfǎ 人种学研究法[-種----] N. ethnomethodology
rénzhōu 人粥 N. crowded mass of people
rénzhǔ 人主 N. sovereign; king
rěnzhù* 忍住 R.V. bear; endure; restrain manifestations of feelings
rènzhǔn 认准[認準] V. ① firmly believe ② set one's mind on
rénzǐ 壬子 N. 49th year of the Sexagenary Cycle (1912, 1972, 2032 etc.)
Rénzǐ 人子 N. <rel.> Son of Man
rènzì* 认字[認-] V.O. know how to read
"rén" zì jiǎo 人字脚[-腳] N. trestle
"rén" zì ní 人字呢 N. <txtl.> herringbone weave M: [2]kuài/[1]pǐ
"rén" zì qǐzhòngjī 人字起重机 N. <mach.> derrick M: [4]zuò/[1]jià
"rén" zì shāntóu 人字山头 N. gable
rénzìwéizhàn 人自为战[-戰] F.E. each man fighting all by himself
"rén" zì wén 人字纹 N. chevron
"rén" zì wūdǐng 人字屋顶 N. ridge roof; gable roof
rénzìxiāngcán 人自相残[-殘] F.E. people struggle against one another
rénzìxíng 人字形 N. herringbone
rènzòng 任纵[-縱] N. <wr.> self-indulgent; undisciplined; unrestrained
rènzuì 认罪[認-] V.O. admit guilt
rènzuò 认作[認-] V. treat as
rèpái 热排[熱-] N. <print.> hot type
rèpán 热盘[熱盤] N. assorted hot appetizers
rèpéngzhàng 热膨胀[熱-] N. thermal expansion
rèpēnpēn 热喷喷[熱-] R.F. steaming hot
rèpínghéng 热平衡[熱-] N. thermal equilibrium
rěqǐ 惹起 R.V. provoke
rěqì 惹气[-氣] V.O. make sb. angry
rèqì(r)* 热气(儿)[熱氣-] N. ① steam; hot vapor ② hot gas/air ③ ardor; fervor
rèqiè 热切[熱-] S.V. fervent; earnest
rèqíng 热情[熱-] S.V. enthusiastic; passionate ♦N. enthusiasm; zeal; warmth; passion; ardor; fever
rèqíngbēnfàng 热情奔放[熱-] F.E. bubbling with enthusiasm
rèqíng kuǎndài 热情款待[熱-] V.P. give sb. hospitality
rèqíngxiāngdài 热情相待[熱-] F.E. treat sb. with the utmost cordiality
rèqíngyángyì 热情洋溢[熱-] F.E. brimming with warm feeling; glowing with enthusiasm
rèqìqiú 热气球[熱氣-] N. hot-air balloon M: ge/[2]zhī
rèqìténgténg 热气腾腾[熱氣-] F.E. ① piping hot ② seething with activity
rèrehūhū 热热呼呼[熱熱-] R.F. <coll.> warm (of food/etc.)
rěrén 惹人 ATTR. cause sb. to do sth. ♦V.O./S.V. <slang> be sexually attractive/provocative
rèrenàonào(r) 热热闹闹(儿)[熱熱鬧鬧-] R.F. <coll.> lively; buzzing with excitement
rěrén shēngqì 惹人生气[-氣] V.P. make a person angry
rěrén tǎoyàn 惹人讨厌[-厭] V.P. make a nuisance of oneself
rěrén xiàohuà 惹人笑话 V.P. make a laughing-stock of oneself
rěrén yàn 惹人厌[-厭] V.P. make a nuisance of oneself
rěrén zhùmù 惹人注目 V.P. attract attention (esp. undesirable)
rèróngliàng 热容量[熱-] N. heat capacity
rèrùxuèshì 热入血室[熱-] F.E. <Ch. med.> invasion of the blood chamber by heat
rèsāng 热丧[熱喪] N. be newly bereaved of a parent
rèshèbìng 热射病[熱-] N. <med.> heat stroke
rèshēn 热身[熱-] V.O./N. warm up
rèshèng 热盛[熱-] N. <Ch. med.> extreme heat
rèshēnsài 热身赛[熱-] N. <sport> warm-up match M: [2]chǎng
rèshēn yùndòng 热身运动[熱-運動] N. warm-up exercise
rěshì* 惹事 V.O. cause trouble
rèshí 热食[熱-] N. hot dishes
rèshì 热势[熱勢] N. power; influence
rě shìfēi 惹是非 V.O. ① provoke a dispute ② stir up trouble
rèshìguāng 热释光[熱釋-] N. <phy.> thermoluminescence
rěshìshēngfēi 惹是生非 F.E. ① provoke a dispute ② stir up conflict/trouble
rěshìzhāofēi 惹是招非 F.E. ① provoke a dispute ② stir up trouble
rèshuǐ 热水[熱-] N. hot water M: bēi
rèshuǐdài 热水袋[熱-] N. hot-water bag/bottle M: ge/[2]zhī
rèshuǐpíng 热水瓶[熱-] N. thermos bottle M: ge/[2]zhī
rèshuǐqì 热水器[熱-] N. water heater M: ge/[2]zhī
rèshuǐyù 热水浴[熱-] N. hot-water bath M: cì
rèsǐ 热死[熱-] R.V. unbearably hot
rètán 热痰[熱-] N. <Ch. med.> heat-phlegm
rètāng 热汤[熱湯] N. warm/hot soup M: wǎn
rètāng(r)miàn 热汤(儿)面[熱湯-麵] N. noodles in hot soup M: wǎn
rètēngtēng 热腾腾[熱-] R.F. steaming hot
rètiān(r) 热天(儿)[熱-] N. hot weather/days
rètǔ 热土[熱-] N. hometown
rèwàng 热望[熱-] V. ardently wish; fervently hope; hanker for/after
rèwàngzhě 热望者[熱-] N. aspirant M: ge/[1]míng/[2]wèi
rèwěn 热吻[熱-] N. passionate kiss (of lovers)
rèwù 热物[熱-] N. goods in great demand; popular things
rèwūrǎn 热污染[熱-] N. thermal pollution
rěxià 惹下 R.V. invite
rèxiàn 热线[熱-] N. ① hot line M: [1]tiáo ② <phy.> heat rays
rèxiàn diànhuà 热线电话[熱-電-] N. telephone hotline
rèxiàng 热象[熱-] N. <Ch. med.> heat signs
rèxiàngyí 热象仪[熱-儀] N. <elec.> thermal imaging system M: [1]tái
rèxiāo 热销[熱-] V. sell well
rèxiào* 热孝[熱-] N. newly bereaved and dressed in mourning clothes
rèxiàolǜ 热效率[熱-] N. thermal/heat efficiency
rèxiàoyìng 热效应[熱-應] N. fuel factor; heat effect; thermal results
rèxiàozàishēn 热孝在身[熱-] F.E. wear mourning
rèxié 热邪[熱-] N. <Ch. med.> heat evil
rèxīn(r) 热心(儿)[熱-] S.V. enthusiastic; ardent ♦N. enthusiasm; zeal; ardor
rèxīncháng(r) 热心肠(儿)[熱-腸-] N. ① warm-heartedness ② <coll.> a warmhearted/sympathetic and helpful person
rèxìngbìng 热性病[熱-] N. <Ch. med.> heat-type illness
rèxìng féiliào 热性肥料[熱-] N. <agr.> hot manure
rèxīngōngyì 热心公益[熱-] F.E. enthusiastic in promoting public good
rèxìngyào 热性药[熱-藥] N. <Ch. med.> drug of a hot nature
rèxīnrén 热心人[熱-] N. enthusiastic person M: ge/[1]míng/[2]wèi

rèxīnyú 热心于[熱-於] V.P. be enthusiastic about; make earnest efforts to
rèxué 热学[熱-] N. physics of heat
rèxuè* 热血[熱-] N. warm blood; ardor
rèxuè dòngwù 热血动物[熱-動-] N. warm-blooded animal
rèxuèfèiténg 热血沸腾[熱-] F.E. burning with. righteous indignation
rèxuè qīngnián 热血青年[熱-] N. ardent youth M: ge/¹míng/²wèi
rèyā 热压[熱壓] N. <chem.> hot pressing
rěyǎn* 惹眼 V.O./S.V. <coll.> ① catch the eye ② be showy
rěyàn 惹厌[-厭] V.O. incur dislike
¹**rèyǎn(r)** 热眼(儿)[熱-] S.V. <coll.> envious
²**rèyǎn** 热罨[熱-] N. hot compress
rèyǎnfǎ 热罨法[熱-] N. <med.> application of a hot moist pad to the area of pain
rèyào 热药[熱藥] N. <Ch. med.> tonic/stimulant medicines
rè yī jù lěng yī jù 热一句冷一句[熱-] V.P. fling hot words and cold words alternately
rèyǐn 热饮[熱-] N. hot drinks M: bēi
rèyìngdù 热硬度[熱-] N. <metal.> red-hardness
rèyīnrèyòng 热因热用[熱-熱-] V.P. <Ch. med.> treat pseudo-heat with hot a drug
rěyuàn 惹怨 V.O. incur hatred
rèyuán* 热源[熱-] N. heat source
rèzào 热灶[熱-] N. man in power
rèzhá 热轧[熱-] N. hot-rolling (of metals)
rèzhàn 热战[熱戰] N. ① all-out war ② hot/shooting war
¹**rèzhàng** 热障[熱-] N. heat barrier
²**rèzhàng** 热胀[熱-] V. expand when hot
rèzhànglěngsuō 热胀冷缩[熱-] F.E. expand when hot, contract when cold
rèzhao 热着[熱著] R.V. fall victim to heat stroke *See also* rèzhe
rèzhe 热着[熱著] V.P. <coll.> become sick due to hot weather; suffer heatstroke *See also* rèzhao
rèzhěhánzhī 热者寒之[熱-] F.E. <Ch. med.> treating heat with cold drug
rèzhèng 热症[熱-] N. <Ch. med.> febrile symptoms
rèzhí 热值[熱-] N. caloric value
rèzhōng 热中/衷[熱-] V. hanker after; be fond of ♦N. deep commitment
rèzhōng mínglì 热中名利[熱-] V.O. pursue fame and wealth with fervor
rèzhōngzǐ 热中子[熱-] N. <phy.> thermal neutron
rì 日 B.F. ①<topo.> sun *rìtou* ② day *rìzi* ③ daytime *rìyè* ④ daily *rìyì* ♦AB. *Rìběn*
rì'ān 日安 INTJ. Aloha!; G'day
¹**rìbān** 日班 N. day shift
²**rìbān** 日斑 N. sunspot
rìbào 日报[-報] N. daily newspaper
rìbàobiǎo 日报表[-報-] N. daily report M: ¹fèn
Rìběn 日本 P.W. Japan
Rìběn Fàngsòng Xiéhuì 日本放送协会[----協-] P.W. Japanese Broadcasting Corporation (NHK)
rìbēng 日崩 V.P. <coll.> scoot away; dash off
Rìběn Hángkōng Gōngsī 日本航空公司 N. Japanese Airline Company
Rìběnhuà 日本化 N. Japanization ♦V. Japanize
Rìběn Nuǎnyángliú 日本暖洋流 N. Japan Current
Rìběn qīngjiǔ 日本清酒 N. saké M: píng
Rìběnrén 日本人 N. Japanese person
Rìběn sānxián 日本三弦 N. <mus.> samisen
Rìběnshì 日本式 N. Japonism; Japanesque
Rìběnshì duǎnwà 日本式短袜[-襪] N. tabi sock
Rìběnshì huǒguō 日本式火锅[-鍋] N. sukiyaki
Rìběn wǔxūsōng 日本五须松[---鬚-] N. Japanese white pine M: ²kē
Rìběn Yángliú 日本洋流 N. Japan Current
Rìběn yìyīn 日本译音[--譯-] N. <lg.> Sino-Japanese
Rìbì 日币[-幣] N. yen (Japanese currency)
rìbiànhuà 日变化[-變-] N. diurnal variation
rìbiǎo 日表 N. sundial
rìbóxīshān 日薄西山 F.E. nearing sunset/death
rìbū 日晡 N. dusk; sundown; sunset
rìbùxiájǐ 日不暇给 F.E. not enough time in a day
rìbùyíguǐ 日不移晷 F.E. in less than no time; on the spur of the moment
rìchā 日差 N. daily difference in the shadow length cast by the sun
rìchǎn 日产[-產] V. produce daily ♦ATTR. Japanese-made ♦N. Nissan
rìcháng* 日常 ATTR. day-to-day; everyday; ordinary
rìchǎng 日场[-場] N. daytime performance; matinee
rìcháng fèiyòng 日常费用 N. current/running/general expenses
rìcháng gōngzuò 日常工作 N. day-to-day work
rìcháng jiǎnchá 日常检查 N. routine check
rìcháng kāizhī 日常开支[--開-] N. current expenses
rìchángrúsuì 日常如岁[-歲] F.E. every day seems as long as a year
rìcháng shēnghuó 日常生活 N. everyday life
rìchángshí 日长石 N. <min.> aventurine feldspar; heliolite; sunstone M: ²kuài
rìcháng shìjiàn 日常事件 N. routine matters
rìcháng tánhuà 日常谈话 N. <lg.> daily speech
rìcháng xūyào 日常需要 N. daily necessities
rìchángyèduǎn 日长夜短 F.E. The day gains on the night.
rìchángyīxiàn 日长一线 F.E. Daytime gradually lengthens after the winter solstice.
rìcháng yòngpǐn 日常用品 N. articles for daily use; daily essentials M: ¹zhǒng
rìcháng yǔyán 日常语言 N. <lg.> ordinary language
rìchǎnliàng 日产量[-產-] N. daily production
rìchéng 日程 N. ① schedule; itinerary ② agenda on a specific day (of a conference)
rìchéngbiǎo 日程表 N. schedule; agenda M: ¹zhāng
rìchū 日出 N. sunrise
rìchū'érqǐ 日出而起 V.P. rise with the sun
rìchū'érzuò 日出而作 V.P. start work at daybreak (and retire at sunset)
rìchuō 日戳 N. date stamp/mark
rìchūrìluò 日出日落 N./V.P. sunrise and sunset
rìchūsāngān 日出三竿 F.E. the sun is high up in the sky
rìduǎnyècháng 日短夜长 F.E. The days are short and the nights long.
rì'ěr 日珥 N. <astr.> ① prominence ② halo of the sun
Rì'ěrmàn 日耳/尔曼 P.W. German; Germany
Rì'ěrmàn cíyǔ 日耳曼词语 N. <lg.> Germanism
Rì'ěrmànrén 日耳曼人 N. Germanic peoples
Rì-É Zhànzhēng 日俄战争[-戰爭] N. Russo-Japanese War of 1904–1905
rìfùkuǎn 日付款 N. daily payment
rìfùyīrì 日复一日[-復--] F.E. day after day; day in and day out
rìgāosāngān 日高三竿 F.E. The sun is well up.
rìgāosānzhàng 日高三丈 F.E. The sun is well up.
rìgāowùxiāo 日高雾消[--霧-] F.E. The sun was high and the fog began to disperse.
rìgōng* 日工 N. ① day work ② day laborer
Rìgòng 日共 N. Japanese Communist Party
rìgōngzī 日工资 N. day rate (of salary)
rìguāng(r) 日光(儿) N. sunlight
rìguāngdēng 日光灯[-燈] N. fluorescent lamp M: ⁴zhī
rìguāng jiéyuē shíjiān 日光节约时间[--節-時-] N. daylight-saving time
rìguāng liáofǎ 日光疗法[--療-] N. heliotherapy
rìguāngnéng 日光能 N. solar energy
rìguāngyù 日光浴 N. sunbath
rìguāng yùshì 日光浴室 N. solarium M: ¹jiān
rìguī* 日规 N. sundial
rìguǐ 日晷 N. sundial
rìguǐyí 日晷仪[-儀] N. sundial M: ¹tái
rìguòzhèngwǔ 日过正午 F.E. The sun was past the zenith.
Rì-Háng 日航 AB. *Rìběn Hángkōng Gōngsī*
rìhòu 日后[-後] N. in days to come
rìhuánshí 日环食/蚀[-環-] N. annular eclipse of sun
rìhuī 日晖 N. rays of the sun
rìhuīsè 日辉色 N. suntan
Rìhuò 日货 N. Japanese goods
Rìjī 日机 N. Japanese airplanes M: ¹jià
rìjǐ 日给 N. daily wages
¹**rìjì*** 日记 N. diary; journal M: ¹běn/⁴cè
²**rìjì** 日计 N. calculate by the day
rìjiān* 日间 N. daytime
¹**rìjiàn** 日渐 ADV. gradually
²**rìjiàn** 日见 ADV. with each passing day
Rìjiàn 日舰[-艦] N. Japanese warship M: ¹sōu/¹tiáo
rìjiānbān 日间班 N. day shift
rìjiānbù 日间部 N. day section
rìjiān yóulǎn 日间游览[-覽] N. day excursion
rìjiǎo 日脚[-腳] N. ① <topo.> light of the setting sun ② day; date ③ time ④ life; livelihood
rìjià xiànfú 日价限幅[-價--] N. daily price limit
rìjìběn(r) 日记本(儿) N. diary M: ⁴cè/¹běn
rìjìbiǎo 日计表 N. <acct.> daily balance
rìjìbù 日记簿 N. diary M: ¹běn/⁴cè
rìjièxiàn 日界线 N. date line; international date line M: ¹tiáo
rìjìn 日进[-進] V. improve/increase with each passing day ♦N. constant improvement
Rìjīng 日经[-經] N. Nikkei
rìjǐng* 日景 N. daytime scenery
rìjiǔ 日久 V.P. in the course of time
rìjiǔbìshēng 日久弊生 F.E. Abuses creep in with time.
rìjiǔ jiàn rénxīn 日久见人心 V.P. time reveals a person's heart
rìjiǔniánshēn 日久年深 F.E. age-old; time-worn
rìjiǔqíngshēng 日久情生 F.E. Long familiarity leads to warm feelings.
rìjiǔshēngqíng 日久生情 F.E. Love will come in time.
rìjiǔshēngyàn 日久生厌[-厭] F.E. Familiarity breeds contempt.
rìjiǔsuìshēn 日久岁深[--歲-] F.E. for a long, long time
rìjiǔtiāncháng 日久天长 F.E. in the course of time; for a long, long time; for keeps
rìjiǔwánshēng 日久玩生 F.E. Discipline tends to get lax as time goes by.
rìjiǔyànshēng 日久厌生[--厭-] F.E. Familiarity begets contempt.
rìjiùyuèjiāng 日就月将[-將] F.E. progress/improve with the day
rìjiǔzìmíng 日久自明 F.E. Time will tell.
rìjīyuèlěi 日积月累[-積--] F.E. ① accumulate over a long period ② time passes
rìjìzhàng 日记帐 N. <acct.> daybook; daily account; day-by-day account
rìjízhí 日极值[-極-] N. daily extremes
rìjì zǒngzhàng 日记总帐[--總-] N. journal ledger
Rìjù 日据[-據] N. Japanese occupation ~ *shídài* the period of Japanese occupation
Rìjūn 日军 N. Japanese troops M: ⁴zhī
Rìjù shídài 日据时代[-據時-] N. period of Japanese occupation
rìjūyuèzhū 日居月诸 F.E. ① sun and moon ② passage of time
rìkān 日刊 N. daily publication, newspaper, etc. M: ¹fèn

rìkè 日课 N. ① daily curriculum ② <rel.> holy office

Rìkòu 日寇 N. Japanese invaders

rìkuī 日亏[-虧] N. daily losses

rìlái 日来 N. in recent days

rìle 日了 V.P. <coll.> dashed off; scooted away; left in a hurry

rìli 日里[-裡] N. in the daytime; at daytime

[1]**rìlì*** 日历[-曆] N. calendar M: [1]*běn*

[2]**rìlì** 日利 N. daily interest (rate)

rìliáng 日粮[-糧] N. daily ration

rìliào 日料 N. ration

rìlìbiǎo 日历表[-曆-] N. calendar M: [1]*fèn*

rìlìfēnghé 日丽风和[-麗--] F.E. beautiful day

rìlì shǒubiǎo 日历手表[-曆--] N. calendar watch M: *ge*/[2]*zhī*/[2]*kuài*

rìlǐwànjī 日理万机[--萬-] F.E. attend to numerous affairs of state

rìlù 日录[-錄] N. ① daily record of events ② diary M: [1]*běn*

rìlǜ 日率 N. <acct.> rate per diem

rìlún 日轮 N. ① the sun ② Japanese merchantman (ship)

rìluò 日落 N. sunset

rìluòfēngshēng 日落风生 F.E. Gentle breezes come with the sunset.

rìluòpíngxī 日落平西 F.E. The sun was level with the western horizon.

rìluòxīshān 日落西山 F.E. sunset

Rì-Měi guānxi 日美关系[-關係] N. Japanese-American relations

rìmiǎn* 日冕 N. solar corona

rìmiàn 日面 N. solar disk

rìmò 日没 N. sunset

rìmòchénxī 日没沉西 F.E. sundown; sunset; dusk

rìmù 日暮 N. evening; nightfall; dusk

rìmùtúqióng 日暮途穷[-窮] F.E. at the end of one's rope

rìmùtúyuǎn 日暮途远[-遠] F.E. in a desperate position

rìnèi 日内 N. in a few days

Rìnèiwǎ 日内瓦 P.W. Geneva

rìnong 日弄 V. <coll.> botch; make a mess of

rìpànyèxiǎng 日盼夜想 F.E. Long for day and night.

rìpiānshí 日偏食/蚀 N. partial solar eclipse

rìpíngxī 日平西 N. dusk; sundown

rìpò 日迫 ADV. Get closer day by day; Time is running out.

rìqī 日期 N. ① date ② (the period of) a day

rìqián 日前 N. ① a few days ago ② the other day

Rìqiáo 日侨[-僑] N. Japanese residents in a foreign country M: *ge*/[1]*míng*/[2]*wèi*

rìqū 日趋[-趨] ADV. with each passing day

rìquánshí 日全食/蚀 N. total solar eclipse

rìqūbàihuài 日趋败坏[-趨-壞] F.E. deteriorate day by day

rìqūxiàliú 日趋下流[-趨--] F.E. sink lower and lower with each passing day; get meaner and more depraved with the day

Rìrén 日人 N. a Japanese; the Japanese

rìrì 日日 R.F. every day

rìrì-yèyè 日日夜夜 R.F. night and day

rìrù'érxī 日入而息 F.E. quit (working) at sunset

rìsè 日色 N. ① <wr.> sunlight ~ ***bù zǎo le, kuài diǎn gǎnlù ba.*** It's getting late. We must push on with our journey. ② time of the day as shown by the color of the sun

rìshài 日晒[-曬] ATTR. sun; solar

rìshàihuāniān 日晒花蔫[-曬--] F.E. The flowers droop in the heat of the sun.

rìshàiyǔlín 日晒雨淋[-曬--] F.E. sun-scorched and rain-drenched

rìshài zōngsè 日晒棕色[-曬--] N. suntan

Rìshāng 日商 N. Japanese businessman M: *ge*/[1]*míng*/[2]*wèi*

rìshàngsāngān 日上三竿 F.E. late in the morning

rìshè 日射 N. <met.> insolation

rìshèbìng 日射病 N. sunstroke

rìshèjiǎo 日射角 N. angle at which the sunlight enters the atmosphere

rìshēn 日深 V.P. become deeper day by day

rìshēngyuèhéng 日升月恒[-恆] F.E. ever increasing

rìshènyīrì 日甚一日 F.E. with increasing intensity

rìshí 日食/蚀 N. solar eclipse

rìshí jiānnán 日食艰难[-艱難] V.P. live a hard/straitened life

rìshíwànqián 日食万钱[-萬錢] V.P. live in extreme luxury

rìshízhōng 日时钟[-時鐘] N. time-of-day clock M: [1]*tái*

rìsīyèxiǎng 日思夜想 F.E. have sb./sth. in one's thoughts day and night

rìsù 日速 N. daily rate

Rìtán 日坛[-壇] P.W. the Altar to the Sun (in Beijing)

rìtī 日䴘[-鷉] N. <zoo.> sun-grebe

rìtou* 日头 N. <topo.> sun ***See also*** *rìtóu*

rìtóu 日头 N. ① <trad.> day; date ② daytime ***See also*** *rìtou*

rìtuō 日托 N. day care (center)

rìtuō tuō'érsuǒ 日托托儿所 P.W. day nursery M: [1]*jiā*

rìwǎngyuèlái 日往月来 F.E. days and months passed

Rìwén 日文 N. Japanese language

rìwúxiáguǐ 日无暇晷 F.E. with no time to spare

[1]**rìxī** 日息 N. daily interest

[2]**rìxī** 日夕 N. <wr.> ① day and night ② dusk

[1]**rìxì** 日戏[-戲] N. matinee

[2]**rìxì** 日系 N. solar system

rìxià 日下 N. ① present time ② <hist.> national capital ③ sunset

rìxiào 日校 N. day school M: [1]*jiā*/[1]*suǒ*

[1]**rìxīn** 日薪 N. daily wages

[2]**rìxīn** 日新 F.E. daily renewal/modernization; constant progress

rìxíngqiānlǐ 日行千里 F.E. cover a thousand *li* in a single day

rìxíngyīshàn 日行一善 F.E. do one good deed a day

rìxǐngyuèshì 日省月试 F.E. evaluate sb./sth. with a critical eye over a long period of time

rìxīnshuō 日心说 N. heliocentric theory

rìxīnyòuxīn 日新又新 V.P. daily renewal/modernization; constant progress

rìxīnyuèyì 日新月异[-異] F.E. sth. new each day

rìxuēyuèjuān 日削月朘 F.E. exploit the people (said of corrupt officials)

Rìyàorì 日曜日 N. Sunday

rìyè 日夜 N. day and night

rìyè bù'ān 日夜不安 V.P. have no peace day or night

rìyè bùtíng 日夜不停 V.P. round the clock

rìyè cāoláo 日夜操劳[-勞] V.P. work day and night

rìyè jiānchéng 日夜兼程 V.P. press forward day and night

rìyè pànwàng 日夜盼望 V.P. long day and night for . . .

rìyè shāngdiàn 日夜商店 P.W. a shop open night and day M: [1]*jiā*

rìyè xīnláo 日夜辛劳[-勞] V.P. work day and night

rìyì 日益 ADV. increasingly

rìyì jiǎnshǎo 日益减少[--減-] V.P. get less with the day

rìyǐjìyè 日以继夜[--繼-] F.E. round the clock

rìyǐng 日影 N. shadows cast by the sun

rìyòng 日用 ATTR. for daily use ♦N. daily expenses

rìyòng kāizhī 日用开支[--開-] N. general expenses

rìyòngpǐn 日用品 N. articles for daily use

rìyòng xiǎobǎihuò 日用小百货 N. small articles of daily use

rì yǒu jìnbù 日有进步[--進-] V.P. show improvement/progress day by day

rì yǒu qǐsè 日有起色 V.P. improve with each passing day

Rìyǔ 日语 N. Japanese language

Rìyuán 日元/圆 N. Japanese yen

rìyùbào 日预报[-報] N. <met.> daily forecast

rìyuè(r) 日月(儿) N. ① life; livelihood ② sun and moon ③ saints and sages ④ emperor and empress

rìyuèchóngguāng 日月重光 F.E. good times are back again

rìyuècuōtuó 日月蹉跎 F.E. let time slip by without accomplishing anything

rìyuèhébì 日月合璧 F.E. high in the sky hang the sun and moon

rìyuèjīngtiān 日月经天[--經-] F.E. eternal and self-evident, like the sun and the moon in the sky

rìyuèrùhuái 日月入怀[-懷] F.E. omen of the birth of a son

rìyuèrúsuō 日月如梭 F.E. time flies

rìyuèshí 日月食/蚀 N. eclipse

rìyuèsuǒzhú 日月所烛[-燭] F.E. all that is illuminated by the sun and the moon

rìyuètónghuī 日月同辉 F.E. shine forever like the sun and the moon

rìyuèwúguāng 日月无光 ID. The sun and the moon are dimmed. (usu. fig.)

rìyuè-xīngchén 日月星辰 N. heavenly bodies

rìyuèzhāngdòng 日月章动[-動] V.P. <astr.> lunisolar nutation

rìyùn 日晕 N. <met.> solar halo

rìyùnzhǔyǔ 日晕主雨 F.E. a solar halo announces rain

rìzá 日杂[-雜] N. ① various household needs ② groceries

rìzēngyuèyì 日增月益 F.E. increasing daily and monthly

rìzēngzhòng 日增重 N. daily gain

rìzhào 日照 N. ① sunshine ② umbrella

rìzhě 日者 N. ① diviner; soothsayer ② in the past; in bygone days

rìzhēnwánshàn 日臻完善 F.E. become better and more perfect day by day

rìzhī 日支 N. daily expenses/expenditures

[1]**rìzhì*** 日志 N. daily record M: [1]*běn*

[2]**rìzhì** 日至 N. (Winter/Summer) Solstice

rìzhōng 日中 N. <wr.> ① midday ② equinox

rìzhōngwéishì 日中为市 F.E. ① <trad.> barter goods at a market at noontime ② do business during the daytime

rìzhōngzézè 日中则昃 F.E. decline after reaching the zenith

rìzhōu 日周 ATTR. diurnal

rìzi 日子 N. ① day; days ② life; livelihood ***Tā nòng de wǒ ~ bù hǎoguò.*** He's making life hard for me. ③ time; duration

rìzikǒu 日子口 <coll.> N. time; moment; date; day

rìzuó 日昨 N. yesterday

rìzuòchóuchéng 日坐愁城 F.E. be constantly worried

rōng 茸 in ***máorōngrōng, lǜrōngrōng See also*** [7]*róng*

[1]**róng*** 容 V. ① contain ② allow; tolerate ~ ***wǒ shuō jǐjù xíng ma?*** Would you let me say a few words? ♦B.F. looks; appearance ***Tā xiào~mǎnmiàn.*** She's all smiles. ♦N. Surname ♦ADV. <wr.> perhaps; probably

[2]**róng** 绒[絨] B.F. ① fine hair; down ***yāróng*** ② velvet ***sīróng*** ③ floss for embroidery ④ woolen [1]***róngxiàn***

[3]**róng** 融 V. melt; thaw ♦B.F. ① blend; merge [1]***rónghé*** ② banking; finance ***jīnróng***

[4]**róng** 溶 V. dissolve

[5]**róng** 熔/镕[-/鎔] V. melt; smelt; fuse

R

[6]róng 荣[榮] B.F. ① honor **róngyù** ② honorable; glorious **guāngróng** ③ thriving **fánróng** ♦N. Surname
[7]róng 茸 B.F. pilose antlers; antlers in the velvet **[1]lùróng** *See also* **rōng**
[8]róng 戎 B.F. weapons; military affairs **róngdí, bīngróng**
[9]róng 榕 B.F. small-fruited fig **[1]róngshù**
[10]róng 蓉 in **[1]fúróng**
[11]róng 嵘[嶸] in **[1]zhēngróng, céngróng**
[12]róng 蝾[蠑] in **róngyuán, róngluó**
[1]rǒng 冗 B.F. ① superfluous; redundant **rǒngbǐ** ② busy schedule **bōrǒng**
[2]rǒng 氄 B.F. fine, soft hair/fur/feathers **rǒngcì, rǒngmáo**
róng'āilù 荣哀录[榮-錄] N. collection of eulogies and commemorative writings in honor of an illustrious figure
rǒngbǐ 冗笔[-筆] N. superfluous words/strokes
róngbiǎo 容表 N. bearing; appearance; attitude
rǒngbīng 冗兵 N. superfluous troops
róngbīnghuàxuě 融冰化雪 N. melting ice and snow
róngbù 绒布 N. flannel M: [2]kuài
róngbukāi 容不开[-開] R.V. too small to hold (of space)
róngbuxià 容不下 R.V. unable to contain/hold/accommodate
róngchā 容差 N. tolerance; allowance
rǒngcháng 冗长 S.V. ① long and tedious ② redundant; superfluous; supernumerary ③ verbose (of writing)
rǒngchángdù 冗长度 N. <lg.> redundancy
róngchángliǎn(r) 容长脸(儿) N. <coll.> ① oval face ② handsome face
[1]róngchē 戎车 N. war vehicle; chariot M: [3]liàng
[2]róngchē 容车 N. ① curtained carriage for women ② funeral car for carrying the clothing of the deceased
róngchéng yītǐ 融成一体[-體] V.P. merge into one organic whole
róngchí 熔/镕池 N. <metal.> molten bath
róngchǐ* 荣耻[榮恥] N. honor and dishonor
róngchǒng 荣宠[榮-] V. be in sb.'s good graces ♦N. imperial/gracious favor
rǒngcí* 冗词/辞[-辭] N. tautology; superfluous words
rǒngcì 氄刺 N. fine fishbones
rǒngcízhuìjù 冗词赘句 N. pleonastic/verbose writing
róngcuì 荣悴[榮-] N. ①flourishing and withering (of vegetation) ② ups and downs; vicissitudes
róngdá 荣达[榮達] V.P. <wr.> illustrious and influential
róngdēng 荣登[榮-] V. achieve sth. with glory
róngdí 戎狄/敌[-敵] N. <trad.> non-Chinese peoples of the north and west
[1]róngdiǎn 熔点[-點] N. melting point
[2]róngdiǎn 荣典[榮-] N. honorary reward
róngdiànqì 容电器[-電-] N. ① storage battery ② condenser M: ge/[2]zhī
róngdímányí 戎狄蛮夷[--蠻-] F.E. <hist.> tribes in the border regions of China
róngdíshìyīng 戎敌是膺[-敵--] F.E. punish the barbarian tribes
róngdòng 溶洞 N. limestone cave M: ge/[4]zuò
[1]róngdù 溶度 N. solubility
[2]róngdù 熔/镕度 N. fusibility
róngduàn 熔/镕断[-斷] R.V. <elec.> blow a fuse; fusing
róngduànqì 熔/镕断器[-斷-] N. <elec.> fuse box M: ge/[2]zhī
rǒngfán 冗繁 S.V. miscellaneous
rǒngfèi 冗费 N. unnecessary expenses
róngfēng 融风 N. spring breeze
róngfú 戎服 N. <wr.> martial attire/dress M: [2]jiàn/tào
róng ge kòng 容个空[-個-] V.P. <coll.> allow time
rónggōngchù 荣工处[榮-處] P.W. <TW> veterans' affairs office
róngguān 荣冠[榮-] N. garland
róngguàn* 融贯 V. master sth. through comprehensive study
rǒngguān 冗官 N. redundant/sinecure officials
[1]róngguāng 容光 N. ①commanding appearance ②general appearance ③facial expression ④slit; fissure; crevice
[2]róngguāng 荣光[榮-] N. glory; splendor
róngguānghuànfā 容光焕发[-煥發] F.E. ① glowing with health ② radiant with joy
róngguī 荣归[榮歸] V. return in glory (said of high officials)
róngguō 熔锅[-鍋] N. crucible M: kǒu
rónghàn 熔焊 N. fusion welding
rónghāng 戎行 N. <wr.> ① army ② the ranks *See also* **[1]róngxíng**
[1]rónghé 融合 V. mix together; fuse; stick together ♦N. assimilation; blending
[2]rónghé 融和 S.V. pleasantly warm ♦V. mix together; fuse
[3]rónghé 溶合 V. dissolve (e.g., sugar in water) ♦N. fusion
[4]rónghé 熔合 N. fusion
rónghécí 融/溶合词 N. <lg.> ① blend; fused word ② one character for two syllables
rónghéyǔ 溶合语 N. <lg.> amalgamating language
rónghé yuányīn 溶合元音 N. <lg.> fused vowel
rónghé yǔyán 溶合语言 N. <lg.> fusional language
rónghézhǔyì 融合主义[--義] N. syncretism
rónghuā 绒花 N. <art> velvet flowers/birds M: [2]duǒ
[1]rónghuá* 荣华[榮華] N. glory and splendor ♦S.V. ① flowery ② glorious; splendid ③ resplendent in good health
[2]rónghuá 容华[-華] N. one's beautiful appearance
[1]rónghuà 融化 V. melt (of snow/ice/etc.); fuse
[2]rónghuà 熔化 V. melt (of metals)
[3]rónghuà 溶化 V. dissolve (of sugar/etc.)
rónghuà chéng 熔化成 R.V. melt into
rónghuáfēnrù 荣华纷褥[榮華-] F.E. glorious and resplendent
rónghuáfùguì 荣华富贵[榮華-] F.E. wealth and high position
rónghuàjì 融化剂[-劑] N. <mach.> thawing substance/etc.
rónghuájuédài 容华绝代[-華絕-] F.E. be endowed with a rare and radiant beauty
rónghuájuéshì 容华绝世[-華絕-] F.E. one's beauty surpasses all
rónghuàlú 熔化炉[-爐] N. melting furnace M: [4]zuò/[1]tái
rónghuáměimèng 荣华美梦[榮華-夢] F.E. fantasy of ritziness
rónghuǎn 容缓 V. allow to postpone
rónghuāshù 绒花树[-樹] N. <bot.> silk tree M: [2]kē
rónghuàwéi 熔化为 V.P. melt into
rónghuǐ 熔毁[-毀] V. melt down
[1]rónghuì* 融会 V. lend harmoniously
[2]rónghuì 溶汇[-匯] V. merge
rónghuìguàntōng 融会贯通 F.E. master sth. through comprehensive study
[1]rónghuò 荣获[榮獲] V. have the honor to win
[2]rónghuò 容或 ADV. perhaps; maybe
rónghuòyǒuzhī 容或有之 F.E. may not be a pure fabrication; There might be a grain of truth in it.
[1]róngjī* 容积[-積] N. ① volume; capacity ② floor space
[2]róngjī 戎机 N. ① military secrets/strategy ② opportune time for military action ③ military affairs/operations
[1]róngjì 溶剂[-劑] N. solvent
[2]róngjì 熔/镕剂[-劑] N. flux (in metal refining)
[3]róngjì 戎寄 V. <wr.> be responsible for military affairs
róngjiǎo 茸角 N. antler
[1]róngjiē 熔接 V. weld
[2]róngjiē 容接 V. receive (guests)
[1]róngjiě* 溶解 V. dissolve; melt
[2]róngjiě 熔/镕解 V. <phy.> fuse; smelt; melt
[3]róngjiě 融解 V. thaw
róngjiědiǎn 融解点[-點] N. melting point; point of fusion
róngjiědù 溶解度 N. solubility
róngjiělì 溶解力 N. <chem.> solvency
[1]róngjiěrè 熔解热[-熱] N. heat of fusion
[2]róngjiěrè 溶解热[-熱] N. heat of solution
róngjiěwù 溶解物 N. dissolved matter
róngjiěxìng 溶解性 N. solvability/solubility
róngjīlǜ 容积率[-積-] N. volumetric flow rate
róngjǐng 荣景[榮-] N. prosperous times
róngjīnguō 熔金锅[-鍋] N. melting pot M: kǒu
róngjuànhuā 绒绢花 N. artificial flowers of gauze and velvet M: [2]duǒ
róngjūn 荣军[榮-] N. disabled veteran
róngjūnbān 溶菌斑 N. <med.> bacteriolytic spots
róngjūnsù 溶菌素 N. <med.> bacteriolysin
róngkāi 溶开[-開] R.V. separate by dissolution
róngkū* 荣枯[榮-] N. ① flourishing and withering ② ups and downs ③ vicissitudes
róngkù 绒裤 N. sweatpants M: [1]tiáo
róngkuànglú 熔矿炉[-礦爐] N. smelting furnace M: [4]zuò
róngkūdéshī 荣枯得失[榮-] F.E. flourishing or decaying; gaining or losing
róngkuí 戎葵 N. <bot.> hollyhock M: [2]kē
róngkūshèngshuāi 荣枯盛衰[榮-] F.E. swing of the pendulum
róngkūyǔgòng 荣枯与共[榮-與-] F.E. share one's fortunes
rónglàn 溶烂[-爛] R.V. melt to an amorphous mass
[1]rónglì 荣立[榮-] V. be cited/honored for
[2]rónglì 荣利[榮-] N. glory and wealth
rónglián 熔/镕炼[-煉] V. smelt
[1]róngliàng 容量 N. capacity (of a container)
[2]róngliàng 容谅 V. forgive and forget
róngliàng bāozhuāng 容量包装[-裝] N. capacity packing
róngliànlú 熔炼炉[-煉爐] N. smelting furnace M: [4]zuò
róngliú 容留 V. ① hold; accommodate ② take sb. in
rónglú* 熔/镕炉[-爐] N. ① smelting furnace ② crucible M: [4]zuò
rónglù 戎路 N. war vehicle; chariot
rónglǚ 戎旅 N. army
rónglù dàfū 荣禄大夫[榮-] N. <trad.> a rank in government service
rónglüè 戎略 N. war plan; strategy
róngluó 蝾螺[蠑-] N. a kind of mollusk
róngmǎ 戎马 N. <wr.> army horse
róngmǎcāngcù 戎马仓猝[--倉-] F.E. have a hectic military career
róngmǎkǒngzǒng 戎马倥偬[-傯] F.E. hectic military career
[1]róngmáo 绒毛 N. ① fine hair; down ② <txtl.> nap; pile
[2]róngmáo(r) 茸毛(儿) N. fuzz
[1]róngmào* 容貌 N. facial features; looks
[2]róngmào 绒帽 N. felt cap/hat M: [1]dǐng
rǒngmáo 氄毛 N. fine and soft feathers
róngmào duānzhèng 容貌端正 V.P. have regular facial features
rǒngmáor 氄毛儿 N. fine hair
róngmào xiùlì 容貌秀丽[-麗] V.P. of charming appearance
róngmǎshēngyá 戎马生涯 F.E. military life
róngmǎzhījiān 戎马之间 P.W. among war-horses; on the fighting line
róngméi 溶媒 N. <chem.> solvent
róngměi* 荣美[榮-] S.V. glorious and beautiful

róngmiàn 荣面[榮-] N. prosperous situation

róngmiàngé 绒面革 N. suede (leather) M: [2]*kuài*

róngmín 荣民[榮-] N. retired servicemen; veterans

róngmíng 荣名[榮-] N. good name; honor

róngmìng* 荣命[榮-] V. have the honor of being appointed (to a post)

róngmóuliúpàn 容眸流盼 F.E. have alluring eyes and exquisite features

róngmǔ 茸母 N. <*bot.*> cudweed

róngmù* 戎幕 N. military camp

róngnà 容纳 V. ① have the capacity for; accommodate ② tolerate; take in

róngniǎo 绒鸟 N. chenille birds M: [2]*zhī*

róngqǐ 容乞 V. ask permission for; request

[1]**róngqì*** 容器 N. container M: *ge*/[2]*zhī*

[2]**róngqì** 戎器 N. arms; weapons

róngqià 融洽 S.V. with mutual understanding; on friendly/good terms

róngqíng 容情 V.O. show forgiveness; pardon; be lenient

róngqìqì 容气器[-氣-] N. gas container M: *ge*/[2]*zhī*

róngqiú(r) 绒球(儿) N. cloth ball M: *ge*/[2]*zhī*

róngr 茸儿 N. embryo

róngrán 融然 V.P. harmonious and happy

róngràng 容让[-讓] V. make a concession; yield; give in ***Tā bù kěn ~ yībù.*** He won't yield a step.

róngrèliàng 容热量[-熱-] N. <*phy.*> heat capacity

róngrén 容人 V.O. be tolerant of others

róngrěn* 容忍 V. tolerate; condone

róngrèn 荣任[榮-] V. be honored with an appointment (to a post)

róngrèn gāozhí 荣任高职[榮-職] V.O. be honorably appointed to a high post

róngrénzhīguò 容人之过 V.O. be tolerant of other people's mistakes/wrongdoing/weaknesses

róngrì 容日 N. later; another day

[1]**róngróng*** 融融 R.F. <*wr.*> ① happy and harmonious ② warm; mild

[2]**róngróng** 茸茸 R.F. ① fine and soft; downy ② lush

[3]**róngróng** 溶溶 R.F. <*wr.*> ① broad (of mind/water/etc.) ② flowing slowly (of water)

[4]**róngróng** 熔融 V. <*chem.*> melt

[5]**róngróng** 容容 R.F. ① neglectful of one's duties ② flying/fluttering/floating in the air

rǒngrǒng 冗冗 R.F. numerous; excessive ♦N. multitude

róngróngdiǎn 熔融点[-點] N. <*chem.*> melting point

róngróngqílè 融融其乐[-樂] F.E. harmonious joy

róng-rǔ* 荣辱[榮-] N. glory and dishonor

[1]**róngrù** 融入 V. merge into

[2]**róngrù** 溶入 V. dissolve into

róngrǔyǔgòng 荣辱与共[榮-與-] F.E. share honor/disgrace (of friends)

rǒngsǎn 冗散 V.P. leisurely; relaxed

róngsè 容色 N. peaceful and happy countenance

róngshānr 绒衫儿 N. wool shirt M: [2]*jiàn*

róngshēn 容身 V.O. ① find living space ② take shelter

róngshēng* 荣升[榮-] V. be honored by promotion to a higher post

róngshéng(r) 绒绳(儿)[-繩-] N. woolen yarn for knitting

róngshèng 荣盛[榮-] S.V. prosperous

róngshēnwúdì 容身无地 F.E. no place to set oneself in; no place to stay

róngshēnwúsuǒ 容身无所 *See róngshēnwúdì*

róngshēnzhīdì 容身之地 N. place to stay

róngshī 荣施[榮-] N. glorious giving

róngshí* 溶/熔蚀 V. ① corrode ② erode

[1]**róngshì** 容事 V.O. have the capacity for work

[2]**róngshì** 戎士 N. soldiers; enlisted men

[3]**róngshì** 戎事 N. military affairs

rǒngshí 冗食 N. eating without working

róngshǒu 戎首 N. <*wr.*> ① commander in chief ② instigator of war

róngshòu* 容受 V. ① take; accept ② be able to contain/hold ③ endure; put up with; bear

róngshū 戎菽 N. <*bot.*> garden pea

róngshǔ 绒鼠 N. <*zoo.*> chinchilla

[1]**róngshù*** 榕树[-樹] N. small-fruited fig/banyan tree M: [2]*kē*

[2]**róngshù** 容恕 V. forgive

rǒngshù 冗数[-數] N. redundant number

róngshuāng 融霜 V.O. defrost

róngshuǐ 融水 N. melt (into water)

róngshuǐ guàngài 融水灌溉 N. thawing-water irrigation

róngsī 绒丝[-絲] N. wool floss for embroidery

róngtà 茸阘 V.P. ① of inferior quality; cheap; poor; mediocre ② mean; humble; lowly

róngtài 容态[-態] N. physiognomy and bearing

róngtǎn(zi) 绒毯(子) N. ① woolen blanket ② carpet ③ flannelette M: [2]*kuài*/[1]*tiáo*

róngtǐ 溶体[-體] N. solution

rǒngtiáozi 冗条子[-條-] N. <*coll.*> unwanted branches (of trees/etc.)

róngtōng 融通 V. circulate

róngtou 绒头 N. raise nap (on cloth)

róngtóushéng 绒头绳[-繩] N. ① wool for tying pigtails ② <*coll.*> knitting wool

róngtuán 绒团[-團] N. wool ball

róngtúhòubào 容图后报[-圖後報] F.E. Your kindness/help/generosity/etc. will be returned at a later date.

róngtuì 荣退[榮-] V. retire in honor

róngwéi* 融为 V. melt into

rǒngwèi 冗位 N. redundant position

róngwèn 荣问[榮-] N. good reputation

róngwǔ* 戎伍 N. ① ranks ② army; armed forces

róngwù 容物 A.T. <*wr.*> tolerant; forbearing; magnanimous

rǒngwù 冗务[-務] N. miscellaneous affairs

róngxī* 容膝 N. a very small spot; a tiny nook

róngxì 容隙 N. allowance; tolerance

róngxià 容下 R.V. hold; accommodate

róngxián 荣衔[榮-] N. glorious title

róngxiǎn 荣显[榮顯] N. honor and high position

[1]**róngxiàn*** 绒线 N. ① floss for embroidery ② knitting wool

[2]**róngxiàn** 容限 N. <*phy.*> tolerance

róngxiàn cìxiù 绒线刺绣[-繡] N. crewelwork M: [10]*fú*

róngxiànmào 绒线帽 N. woolen knit cap/hat M: [1]*dǐng*

róngxiànshān 绒线衫 N. woolen sweater M: [2]*jiàn*

róngxiànxiù 绒线绣[-繡] N. woollen needle-point M: [10]*fú*

róngxiāo 熔销 V. melt; smelt

róngxié 绒鞋 N. felt shoes M: [1]*shuāng*

róngxīn 容心 V. care for

[1]**róngxíng** 戎行 N. army *See also rónghāng*

[2]**róngxíng** 荣行[榮-] F.E. your glorious journey

róngxìng* 荣幸[榮-] S.V. honored ***Wǒ ~ de tōngzhī nǐ. . .*** I have the honor to inform you that. . .

[1]**róngxiù** 绒绣[-繡] N. woolen embroidery M: [10]*fú*

[2]**róngxiù** 容臭 N. sachet carried on one's body

róngxiù dìtǎn 绒绣地毯[-繡--] N. woolen needlepoint carpet M: [2]*kuài*

róngxīzhīdì 容膝之地 N. cramped living quarters

róngxǔ 容许 V. permit; tolerate ♦ADV. <*wr.*> perhaps; possibly

róngxuě 融雪 N. snow melt

róngxuè* 溶血 N. hemolysis

róngxuěshuǐ 融雪水 N. melt water

róngxuèxìng pínxuè 溶血性贫血 N. <*med.*> hemolytic anemia

róngxǔjiě 容许解 N. feasible solution

róngxǔ shōusuōliàng 容许收缩量 N. shrinkage allowance

róngxǔ wùchā 容许误差 N. allowable error

róngyā 绒鸭 N. eider M: [2]*zhī*

[1]**róngyán*** 容颜 N. countenance; looks

[2]**róngyán** 熔岩 N. lava

[3]**róngyán** 溶岩 N. calcite

[4]**róngyán** 戎盐[-鹽] N. <*min.*> rock salt

rǒngyán 冗言 N. <*lg.*> pleonasm

róngyǎng 荣养[榮養] V. support one's parents

róngyánliú 熔/镕岩流 N. stream of lava

róngyán qiáocuì 容颜憔悴 V.P. melancholy appearance; sorrowful look

róngyánshīsè 容颜失色 F.E. change of color because of fear

róngyán shuāilǎo 容颜衰老 V.P. lose one's (good) looks

róngyào 荣耀[榮-] N. honor; glory

róng yāo rùgé 荣邀入阁[榮-] V.P. the great honor of being invited to join the cabinet

róngyě 熔冶 V. smelt

[1]**róngyè*** 溶液 N. <*chem.*> solution

[2]**róngyè** 融液 N. <*phy.*> molten/liquified body

[1]**róngyī** 绒衣 N. sweatshirt M: [2]*jiàn*

[2]**róngyī** 戎衣 N. armor M: [2]*jiàn*

róngyí 容仪[-儀] N. one's appearance

[1]**róngyì*** 容易 S.V. ① easy ② likely; liable; apt ***Zhè ~ yǐnqǐ wùhuì.*** This is likely to cause misunderstanding.

[2]**róngyì** 容裔 V.P. ① waving back and forth in the wind ② in a leisurely manner ③ moving in waves (of currents)

róngyǐn 容隐[-隱] V. try to cover up; hide

róngyīng 荣膺[榮-] V. be privileged to get an appointment ♦F.E. <*court.*> your appointment

[1]**róngyǔ** 绒羽 N. down feather

[2]**róngyǔ** 容与[-與] V.P. carefree; at ease with oneself ♦V. give free rein to; act under no constraint

róngyù* 荣誉[榮譽] N. honor ♦ATTR. honorary

rǒngyú 冗余 N. redundancy ♦ATTR. redundant

rǒngyǔ 冗语 N. verbosity

róngyuán 蝾螈[蠑-] N. salamander; newt

rǒngyuán* 冗员 N. superfluous staff

róngyù chēnghào 荣誉称号[榮譽稱號] N. honorary title

róngyuè 容悦 V. flatter; please; curry favor with

róngyùgǎn 荣誉感[榮譽-] N. sense of honor

rǒngyú guīzé 冗余规则 N. <*lg.*> redundancy rule

róngyù jūnrén 荣誉军人[榮譽-] N. disabled veteran M: *ge*/[1]*míng*/[2]*wèi*

róngyù shìmín 荣誉市民[榮譽-] N. honorary citizen M: *ge*/[1]*míng*/[2]*wèi*

róngyùxīn 荣誉心[榮譽-] N. sense of honor

rǒngzá 冗杂[-雜] V.P. ① lengthy and jumbled ② disorderly ③ busy; preoccupied

róngzhā 熔渣 N. slag

róngzhān 绒毡[-氈] N. felt M: [2]*kuài*

róngzhǐ 容止 N. <*wr.*> bearing; demeanor

[1]**róngzhì*** 溶质[-質] N. <*chem.*> solute

[2]**róngzhì** 容质[-質] N. appearance and fundamental qualities

rǒngzhí 冗职[-職] N. redundant position

róngzhìjùměi 容质俱美[-質--] F.E. Both the looks and the disposition are elegant.

róngzhǐshuō 容止说 N. <*lg.*> yo-he-ho theory

róngzhòng 容重 N. unit weight

róngzhù 熔/镕铸[-鑄] N. founding; casting

róngzhuāng 戎装[-裝] N. <*wr.*> military uniform/clothing M: *tào*

róngzhuāngdǎban 戎装打扮[-裝--] F.E. in military dress; clad in uniform

róngzhuāngkē 容装科[-裝-] N. <*thea.*> make-up man

róngzhùgōng 熔/镕铸工[-鑄-] N. smelter M: *ge*/[1]*míng*

rǒngzhuì 冗赘 V.P. verbose

rǒngzhuìcí 冗赘词 N. <*lg.*> expletive

[1]**róngzī** 容姿 N. looks and figure

[2]**róngzī** 融资 N. ① funds; financial capital ② circulate necessary funds

róngzī zhǔ qúdào 融资主渠道 N. main source of funds

róngzōngyàozǔ 荣宗耀祖[榮-] F.E. bring glory to one's family and ancestors

róngzúdì 容足地 N. confined/small space

[1]róu 揉 V. rub; knead

[2]róu 柔 B.F. ① soft; supple **róuruǎn** ② gentle **[1]róuhé** ♦V. soften

[3]róu 鞣 V. tan hides

[4]róu 蹂 B.F. trample **róulìn**, **[2]róuruò**

[5]róu 糅 B.F. mix **[2]róuhé**, **záróu**

[6]róu 輮[輮] B.F. wheel rim **[2]róulì**

ròu* 肉 N. ① meat; flesh ② pulp; "flesh" of melons/etc. ♦S.V. <coll.> ① spongy (of melons/etc.) ② slow-moving ~ **píqi** phlegmatic

ròu'àn 肉案 N. ①meat-chopping board ②<coll.> butcher shop; meat market

ròu'ànzi 肉案子 N. meat-chopping board/block

róuba 揉巴 <coll.> V. ① rub; knead ② crumple

róubǎn 柔板 N. <mus.> adagio

ròubāozi* 肉包子 N. steamed meat bun

ròubàozi 肉报子[-報-] N. gossipy snoop

ròubāozi dǎ gǒu 肉包子打狗 ID. cross the Rubicon

ròubǐng 肉饼 N. meat patty/pie M: [2]kuài

ròu bízi 肉鼻子 N. flat/snub nose

ròubó 肉搏 V. fight hand-to-hand

ròubózhàn 肉搏战[-戰] N. hand-to-hand combat

ròuchā 肉叉 N. meat fork M: [1]bǎ

róucháng 柔肠[-腸] N. tender heart

ròucháng* 肉肠[-腸] N. sausage

róuchángbǎijié 柔肠百结[-腸--] F.E. in deep sorrow

róuchángbǎizhuǎn 柔肠百转[-腸-轉] F.E. in deep sorrow

róuchángcùnduàn 柔肠寸断[-腸-斷] F.E. brokenhearted

ròuchànxīnjīng 肉颤心惊[-驚] F.E. shivering and nervous

róuchéng 揉成 R.V. knead into; crumple up into

róuchéng yī tuán 揉成一团[-團] V.P. roll into a mass by kneading

ròuchù 肉畜 N. livestock raised for meat

ròuchuí 肉垂 N. wattle (on a turkey/etc.)

róuchū lèi lái 揉出泪来[--淚-] V.P. cause tears to flow by too much rubbing (of the eyes)

ròucì 肉刺 N. ① hangnail ② whitlow

róucǐwànbāng 揉此万邦[--萬-] F.E. subdue all other states

ròucōngróng 肉苁蓉[-蓯-] N. <Ch. med.> saline cistanche

róucuo 揉搓 V. <coll.> ① rub with the hands ② knead ③ hold in suspense; keep on tenterhooks ④ tease or play jokes on

róucuo rén 揉搓人 V.O. <coll.> hold sb. in suspense

róucuo yīshang 揉搓衣裳 V.O. <coll.> rub clothes with the hands

ròudàn 肉弹 N. buxom beauty

róudào* 柔道 N. <Jp.> judo

ròudāo 肉刀 N. meat-chopping knife M: [1]bǎ

ròudiàn 肉店 P.W. butcher shop M: [1]jiā

[1]ròudīng(r) 肉丁/钉(儿) N. diced meat

[2]ròudīng 肉疔 N. malignant boil

ròudòng 肉冻 N. meat jelly; aspic

ròudòukòu 肉豆蔻 N. nutmeg

róudù 柔度 N. flexibility

ròudūdū 肉嘟嘟 R.F. chubby

ròudūn(r/zi) 肉墩(儿/子) N. wooden block for chopping meat

ròudūndūn 肉墩墩 R.F. stout and strong

ròufàn 肉贩 N. butcher M: ge/[1]míng

ròuféitāngyóu 肉肥汤油[--湯-] F.E. When the pork is fat, even the broth is greasy.

róufēng 柔风 N. gentle breeze

ròufǔ(r) 肉脯(儿) N. ① pork hip ② dried meat in threads or slices ③well-done meat ④portly/obese person

róugān 柔肝 V.O. <Ch. med.> emolliate the liver

ròugān* 肉干[-乾] N. jerky; dried meat M: [2]kuài

ròugǎn 肉感 S.V./N. sexy; voluptuous; buxom

róugé 鞣革 N. <chem.> tanning

ròugēda 肉圪瘩 N. <topo.> bulging muscles

ròugēng 肉羹 N. bouillon M: wǎn

ròuguān 肉冠 N. comb (of a chicken)

róuguāng 柔光 N. soft light

ròuguì 肉桂 N. <bot.> cinnamon

ròugùn 肉棍 N. <vulg.> penis

ròuguǒ 肉果 N. nutmeg

ròugǔtou 肉骨头 N. bone with meat attached (as food)

[1]róuhàn 柔汗 N. <Ch. med.> clammy perspiration

[2]róuhàn 柔翰 N. <trad.> Chinese writing brush

[1]róuhé 柔和 S.V. gentle; mild

[2]róuhé 糅合 V. mix together

[3]róuhé 揉合 V. knead

róuhécí 揉合词 N. <lg.> blend

róuhé wǎnshùn 柔和婉顺 V.P. gentle and agreeable

ròuhóng 肉红 ATTR. flesh-colored red

ròuhóngsè 肉红色 N. flesh color

róuhuá* 柔滑 S.V. soft and smooth

róuhuà 柔化 V. ① soften ② become weak and lax ③ melt

róuhuárúzhī 柔滑如脂 F.E. soft and smooth as grease

róuhuì 柔惠 V.P. gentle and kind

róujì 鞣剂[-劑] N. substance for processing animal skin

ròujī* 肉鸡[-雞] N. ① chicken raised for meat ② broiler M: [2]zhī

róujiàn 蹂践[-踐] V. trample

ròujiàng 肉酱[-醬] N. ground/minced meat

róujìn(r) 柔劲(儿)[-勁-] N. <coll.> sth. soft and flabby; indolent

róujìng 柔静[-靜] V.P. gentle and quiet

ròujìnyè 肉浸液 N. meat extract

ròujìnzhī 肉浸汁 N. meat extract

ròujiū 肉阄[-鬮] N. wart

ròukòu 肉蔻 N. nutmeg

ròukuài 肉块[-塊] N. meat chunks

róulǎole 揉老了 V.P. <topo.> drank too much

ròulèi 肉类[-類] N. meats; meat dishes

ròulèi jiāgōngchǎng 肉类加工场[-類--場] P.W. meat-processing factory M: [1]jiā

ròuléngr 肉棱儿 N. flesh wrinkles/folds

[1]róulì 柔丽[-麗] V.P. soft and beautiful

[2]róulì 輮轹[-轢] N. rut

róuliàng 柔亮 V.P. gentle and bright

róuliào 鞣料 N. tanning material

róulìn* 蹂躏 V. trample over; ravage

ròulín 肉林 N. vast quantities of meat (stored in palaces)

róulìn fùnǚ 蹂躏妇女[--婦-] V.O. violate a woman

ròulínjiǔchí 肉林酒池 F.E. live in the world of wine and women

róulìn rénquán 蹂躏人权[-權] V.O. violate human rights

ròuliú 肉瘤 N. sarcoma

ròulǔ 肉卤[-鹵] N. gravy

róulún 揉轮 V.O. bend wood to make wheels

róumá 柔麻 V.O. ① soften jute/hemp/etc. ② soften hemp by soaking in water

ròumá* 肉麻 S.V. ① disgusting; giving one the creeps ② torpid; benumbed

ròumá chuīpěng 肉麻吹捧 F.E. fulsome praise

róumàn 柔曼 V.P. ①diaphanous/sheer (of cloth) ② soft (of music) ③ soft and smooth; satiny; creamy good-looking

ròumántou 肉馒头 N. steamed dumplings with meat stuffing M: ge/[2]zhī

róumáo 柔毛 N. soft hair/fur/wool

róuměi* 柔美 S.V. gentle beauty

róumèi 柔媚 V.P. gentle and lovely; amiable

ròumí 肉糜 N. <topo.> mincemeat

róumiàn 揉面[-麵] V.O. knead dough

róumo 揉磨 V. <topo.> ① harass; bother ② rub with the hands; knead ③ hold in suspense

ròumò(r)* 肉末(儿) N. ground meat

róunèn 柔嫩 N. tender; delicate

róunéngkègāng 柔能克刚[-剛] F.E. The soft can overcome the hard.

róunì 柔腻 V.P. ① soft and smooth ② tender; delicate

ròuní* 肉泥 N. mutilated/smashed flesh

ròunílànjiàng 肉泥烂酱[-爛醬] F.E. horrifying sight of dismembered bodies and mashed flesh

ròuniú 肉牛 N. beef cattle M: [1]tóu

róunòng 揉弄 V. twiddle/manipulate in the hand

róunuò 柔懦 V.P. timid and overcautious; weak-willed

ròupái 肉排 N. steak M: [2]kuài

ròupāoyǎn 肉泡眼 N. pouchy eyes

ròupí(r) 肉皮(儿) N. pork skin

ròupiàn(r) 肉片(儿) N. sliced meat

ròupiào 肉票 N. ①meat ration ticket ②<trad.> hostage (held for ransom)

ròupídòng 肉皮冻 N. pigskin jelly

ròupíxìnèn 肉皮细嫩 F.E. soft complexion; delicate skin

róu pízi 鞣皮子 V.O. tan hides

ròupù 肉铺 P.W. butcher's shop M: [1]jiā

ròuqí 肉鳍 N. fin (of cuttlefish/etc.)

róuqíng 柔情 N. ①tender feelings ②tenderness

róuqíngmìyì 柔情密意 F.E. deeply in love

róuqíngsìshuǐ 柔情似水 F.E. ① be deeply attached ② tender and soft as water

róuqíngwànzhǒng 柔情万钟[--萬-] F.E. infinitely affectionate

ròurángr 肉瓤儿 N. <coll.> spongy flesh (of melons/etc.)

róuráo 柔桡[-橈] N. weak physical constitution

róurěn 柔荏 V.P. <wr.> ① weak ② cowardly

róurèn* 柔韧[-韌] V.P. pliable and tough

róurènxìng 柔韧性[-韌-] N. suppleness; flexibility

róurì 柔日 N. days that bear the even-numbered signs of the Celestial Stems

róurou 揉揉 R.F. rub

ròuroutóutóur 肉肉头头儿 R.F. <coll.> fat; fleshy

róur pù 揉儿铺 P.W. second-hand jewelry shop

róuruǎn 柔软 S.V. soft; lithe

róuruǎndù 柔软度 N. degree of softness

róuruǎn tǐcāo 柔软体操[--體-] N. calisthenics

róuruǎnxìng 柔软性 N. limpness

róurúgāngtǔ 柔茹刚吐[--剛-] F.E. bully the weak and fear the strong

róurúgāoyáng 柔如羔羊 F.E. as meek as a lamb

róurùn 柔润 S.V. tender and smooth

[1]róuruò 柔弱 S.V. weak; delicate

[2]róuruò 蹂若 V. trample; tread on

róuruòwúgǔ 柔若无骨 F.E. soft as soap

róusè 柔色 N. mild countenance

ròusè* 肉色 N. yellowish pink; flesh color

ròusè wàzi 肉色袜子[--襪-] N. flesh-tinted stockings M: [1]shuāng

róushàn 柔善 V.P. mild

ròushēn(zi) 肉身(子) N. corporeal body

róushēng* 柔声[-聲] N. soft voice

ròushēng 肉声[-聲] N. unaccompanied singing

ròushí 肉食 N. ① edible meats ② <trad.> eaters of meat ♦ATTR. carnivorous

ròushídiàn 肉食店 P.W. butcher's shop M: [1]jiā

ròushí dòngwù 肉食动物[--動-] N. meat-eating/carnivorous animals M: [1]zhǒng

ròushíshòu 肉食兽[-獸] N. meat-eating animals; carnivorous animals M: [2]zhī/[1]tóu

ròushí shòulèi 肉食兽类[-獸類] N. <zoo.> carnivores M: [1]zhǒng

ròushíxìng 肉食性 ATTR. meat-eating

ròushízhě 肉食者 N. <wr.> high-ranking government officials M: ge/[1]míng/[2]wèi

ròushízhěbǐ 肉食者鄙 F.E. High-ranking government officials are mostly stupid and inefficient.

ròushí zhíwù 肉食植物 N. carnivorous plants M: [1]*zhǒng*

róushóu 柔熟 A.T. mellow

róushù 柔术[-術] N. <*Jp.*> jujitsu/jujutsu

róushùn 柔顺 S.V. ① gentle and yielding ② flexible

róushùnxìng 柔顺性 N. <*phys.*> flexibility

ròusī(r) 肉丝(儿)[-絲-] N. shredded meat

ròusīmiàn 肉丝面[-絲麵] N. noodles with shredded meat M: *wǎn*

ròusī shíjǐncài 肉丝什锦菜[-絲---] N. slivers of pork with mixed vegetables

ròusōng 肉松[-鬆] N. dried meat flakes

róusuān 鞣酸 N. tannic acid

róusuì 揉碎 R.V. crumble to pieces

ròusuìhuāxù 肉穗花序 N. <*bot.*> spadix

ròutāi 肉胎 N. statue made (for worshiping/etc.) by applying layers of lacquer to the body of the deceased

ròután 肉袒 V.P. <*wr.*> make a humble apology

ròutǎnfùjīng 肉袒负荆[-荊] F.E. bare the torso as a token of apology and readiness to accept punishment

ròutāng 肉汤[-湯] N. meat broth M: *wǎn*/[1]*pán*

ròutǎnqiānyáng 肉袒牵羊[--牽-] F.E. surrender and be ready to accept punishment

ròutǎnxièzuì 肉袒谢罪 *See ròutǎnfùjīng*

róutí 柔荑 <*wr.*> N. sprout; shoot ♦ID. ①woman's hands ② slender and white (of a woman's hands)

ròutǐ* 肉体[-體] N. flesh and blood; the body

ròutiào 肉跳 V.P. awesome; frightening

ròutiàoxīnjīng 肉跳心惊[-驚] F.E. shudder with fear

róutíhuāxù 柔荑花序 N. <*bot.*> catkin; ament

ròutǐměi 肉体美[-體-] N. physical beauty

ròutòng 肉痛 V.P. <*topo.*> ① feel sorry; be distressed ②be anxious; apprehensive ③cannot bear to part with something one loves

ròutou 肉头 S.V. <*coll.*> soft and fleshy *See also ròutóu*

ròutóu* 肉头 S.V. <*coll.*> ① weak and useless ② stupid ③ timid ④ miserly ⑤ soft; delicate *See also ròutou*

ròutouhàn 肉头汉[-漢] N. <*coll.*> coward

ròutouhòu 肉头厚 V.P. <*topo.*> be rolling in money

róuwǎn 柔婉 S.V. <*wr.*> gentle and thin; soft and mild

ròuwánzi 肉丸子 N. meatball M: [1]*kē*

ròuwěi 肉痿 N. muscular insensitivity due to muscular damage

ròuwèir 肉味儿 N. smell/taste of cooked meat

róuwò 柔握 N. woman's delicate hands

ròuwō* 肉窝[-窩] N. flesh between finger joints

róuxì 柔细 V.P. gentle and thin

ròuxiàn(r) 肉馅(儿) N. meat stuffing

ròuxiè 肉屑 N. chopped meat

róuxìng* 柔性 N. ①pliancy; gentleness; softness ② flexibility

ròuxíng 肉刑 N. mutilating punishments

ròuxīngr 肉星儿 N. shreds of meat with lots of vegetables

róuxīnruògǔ 柔心弱骨 F.E. soft; mild; meek

ròuxùn 肉蕈 N. <*bot.*> white mushrooms

ròuyá 肉芽 N. <*med.*> granulation

róuyǎn 揉眼 V.O. rub the eyes

ròuyǎn* 肉眼 N. ① naked eye ~ **kànbudào** be invisible to the naked eye ② layman's eyes

ròuyǎnfántāi 肉眼凡胎 F.E. ① people of ordinary ability/intelligence/etc. ② vulgar and stupid

ròuyǎngtǎodǎ 肉痒讨打[-癢--] F.E. so naughty as to invite parental discipline

ròuyǎn guānchá 肉眼观察[--觀-] N. perusal

róu yǎnjing 揉眼睛 V.O. rub the eyes

róuyánmìyǔ 柔言蜜语 F.E. speak in a honeyed voice

ròuyǎn néng jiàn 肉眼能见 V.P. visible to the naked eye

ròuyǎnpāor 肉眼泡儿 N. pouchy eyes

ròuyǎnwúzhū 肉眼无珠 F.E. stupid; shallow

ròuyè-cìjīnglí 肉叶刺茎藜[-葉-莖-] N. grease-wood

ròuyìn 肉印 N. constriction; compression

ròuyíng 肉蝇[-蠅] N. meat fly M: [2]*zhī*

ròuyòng 肉用 ATTR. raised for meat

ròuyòng gōngniú 肉用公牛 N. beef bull M: [1]*tóu*

ròuyòngjī 肉用鸡[-雞] N. chicken raised for meat M: [2]*zhī*

ròuyòngniú 肉用牛 N. beef cattle M: [1]*tóu*

ròuyòngxíngzhū 肉用型猪[-豬] N. pig fattened for meat

ròuyòng zǐjī 肉用仔鸡[-雞] N. broiling chicken M: [2]*zhī*

róuyú 柔鱼 N. ① squid ② *Ommastrephes pacificus*; a kind of boneless fish M: [1]*tiao*

ròuyù* 肉欲 N. lust

róuyuǎn 柔远[-遠] V.O. apply soft tactics toward frontier people (to win their hearts)

ròuyuán(zi)* 肉圆(子) N. meatballs

ròuyuántāng 肉圆汤[-湯] N. pork-ball soup M: [1]*pán*/*wǎn*

ròuyùchìshèng 肉欲炽盛[--熾-] F.E. Sensuality is blazing.

ròuyuèr 肉月儿 N. the *ròu* radical written as the *yuè* radical

ròuyùwúqióng 肉欲无穷[-窮] F.E. Sexuality is blazing.

ròuyùzhǔyì 肉欲主义[-義] N. sensualism

róuzá 糅/揉杂[-雜] V. be jumbled together

ròuzǎor 肉枣儿[-棗-] N. <*topo.*> ① sluggard ② a person who moves awkwardly and clumsily

ròuzhé 肉折 N. folds of fat

róuzhì 鞣制[-製] V. tan hides

[1]**ròuzhī*** 肉汁 N. gravy

[2]**ròuzhī** 肉芝 N. thousand-year-old toads, bats, or swallows which are supposed to make the eater immortal

ròuzhì 肉质[-質] N. meat quality

ròuzhì de zǔzhī 肉质的组织[-質--織] N. <*lg.*> fleshy structure

ròuzhìguǒ 肉质果[-質-] N. fleshy fruit

róuzhīnènyè 柔枝嫩叶[-葉] F.E. soft branches and fresh leaves

ròuzhìpǐn 肉制品[-製-] N. meat products

ròuzhì shuǐguǒ 肉质水果[-質--] N. pulpy fruit

ròuzhōngcì 肉中刺 N. thorn in one's flesh

róuzhōngyǒugāng 柔中有刚[-剛] F.E. firm but gentle

ròuzhū* 肉猪[-豬] N. castrated pig raised for increased meat M: [2]*zhī*

ròuzhù 肉柱 N. <*zoo.*> adductor; adductor muscle

ròuzhuì 肉赘 N. wart

ròuzòng 肉粽 N. glutinous rice dumpling filled with meat M: [2]*zhī*/*ge*

róuzǔzhī 柔组织[-織] N. soft tissue

[1]**rú*** 如 V. ① be like ② measure up to ***Tā bù~ nǐ.*** He's not as good as you are. ③ <*wr.*> go to ④ be in accord with ♦COV. ① according to; in accordance with ② such as; as if; like; for example ♦CONJ. if; supposing

[2]**rú** 儒 B.F. ① <*wr.*> learned; scholarly ***rúyǎ*** ② Confucian ***Rújiā***

[3]**rú** 孺 B.F. children ***rúmù, fùrú***

[4]**rú** 濡 B.F. ① immerse; moisten ***ěrrúmùrǎn***, [2]***hánrú*** ② linger ***rújī***

[5]**rú** 茹 B.F. eat ***rúmáoyǐnxuè, fànqiǔrúcǎo*** ♦in [2]***rúbǐ, zhúrú***

[6]**rú** 铷[鉫] N. <*chem.*> rubium

[7]**rú** 蠕 B.F. wriggle like an earthworm ***rúdòng, rúchóng***

[8]**rú** 襦 B.F. short shirt/jacket ***rúkù***

[9]**rú** 嚅 in [2]***rúrú,*** [1]***nièrú***

[10]**rú** 檽 in [3]***zhūrú***

[11]**rú** 蒘 in ***qīngxiāngrú***

[12]**rú** 颥[顬] in [2]***nièrú***

[1]**rǔ** 乳 B.F. ① breast ***rǔfáng*** ② milk ***rǔniú*** ③ milky (color) ***rǔbái*** ④ milk-like ***dòurǔ*** ⑤ newborn; suckling ***rǔzhū***

[2]**rǔ** 辱 B.F. ① insult; disgrace ***wǔrǔ*** ② <*court.*> be honored ***rǔlín***

[3]**rǔ** 汝 B.F. <*wr.*> you ***rǔbèi, ěrrǔ***

[1]**rù** 入 B.F. ① enter [1]***jìnrù*** ② receive; take in; income ***shōurù*** ③ conform with ***rùwèi*** ④ join ***rùdǎng*** ⑤ descend; set (of sun) ⑥ <*lg.*> "entering" tone ***rùshēng***

[2]**rù** 褥 B.F. mattress ***rùzi, bèirù***

[3]**rù** 溽 B.F. damp; humid ***rùqì, shǔrù***

[4]**rù** 缛[縟] B.F. elaborate; cumbersome [2]***rùlǐ, fánrù***

[5]**rù** 蓐 B.F. straw/grass mat ***rùfù, cánrù***

[6]**rù** 洳 in ***jùrù,*** [3]***jiànrù***

rǔ'ái 乳癌 N. <*med.*> cancer of the breast; mastocarcinoma

[1]**ruǎn** 软[軟] S.V. ① soft; weak; pliant ② poor in quality ③ wrinkled ④ cowardly; timid

[2]**ruǎn** 阮 B.F. a plucked stringed instrument ***ruǎnxián*** ♦N. Surname

ruǎn-bǎiyèchuāng 软百叶窗[--葉-] N. <*archi.*> venetian blind M: [1]*shàn*

ruǎnbàn 软半 ATTR. less than a half

ruǎnbānzi 软班子 N. weak and ineffective leadership group

ruǎnbāo 软包 N. <*coll.*> coward

ruǎn-bāozhuāng 软包装[-裝] N. foods sold in soft packages

ruǎnbǐ 软笔[-筆] N. soft brush (in calligraphy)

ruǎnbì* 软币[-幣] N. ① paper money ② soft currency

ruǎnbítìr sì de 软鼻涕儿似的 V.P. <*topo.*> ① watery ② sniveling; weak-kneed; wishy-washy ③ enervated; dragged out

ruǎn bù chī yìng bù chī 软不吃硬不吃 V.P. <*coll.*> ① respond neither to the carrot nor the stick ② be intractable

ruǎnbùjī de 软不唧的 V.P. <*topo.*> weak; feeble

ruǎncái* 软材 N. softwoods

ruǎncǎi 软彩 N. <*art*> soft colors (of glaze); *famille rose* decoration

ruǎncǎo 软草 N. tender grass

ruǎnchǐ 软尺 N. tape measure M: [1]*juàn*

ruǎnchuáng 软床 N. ① soft bed ② stretcher; litter M: [1]*zhāng*

ruǎncípán 软磁盘[-盤] N. <*comp.*> floppy disk M: [1]*piàn*

ruǎndàikuǎn 软贷款 N. soft loan M: [2]*bǐ*

ruǎndàn 软蛋 N. ① soft-shelled egg ② coward

ruǎndāozi 软刀子 N. harming by imperceptible means

ruǎndiàn 软垫[-墊] N. soft cushion M: [2]*kuài*

ruǎndiànzi 软垫子[-墊-] N. gasket M: [2]*kuài*

ruǎndiāosù 软雕塑 N. sculpture made from a soft substance (e.g. wood/mud/etc.)

ruǎndīngzi 软钉子 N. indirect refusal/blame

ruǎnduàn 软缎 N. silk fabric with a satin weave M: [2]*kuài*

ruǎndúpǐn 软毒品 N. soft drugs

ruǎn'è 软腭[-齶] N. soft palate; velum

ruǎn'è bànyuányīn 软颚半元音 N. <*lg.*> velar glide

ruǎn'è de 软颚的 ATTR. <*lg.*> velar

ruǎn'èhuà 软颚化 N. <*lg.*> velarization; gutturalization

ruǎn'èhuà de 软颚化的 ATTR. <*lg.*> velarized

ruǎn'è mócāyīn 软颚摩擦音 N. <*lg.*> velar fricative

ruǎn'ěrduo 软耳朵 N. indecisive person ♦S.V. credulous

ruǎn'èyīn 软腭音[-齶-] N. <*lg.*> velar sound

ruǎn'è yìyīn 软颚抑音 N. <*lg.*> velar stop

ruǎn'è yuányīn 软颚元音 N. <*lg.*> back vowel

ruǎnfàn 软饭 N. soft rice *See also chī ruǎnfàn*

ruǎnféizào 软肥皂 N. (potash-based) soft soap M: *píng*

ruǎnfēng 软风 N. <*met.*> light air

ruǎnfǔbìng 软腐病 N. <*agr.*> soft rot

ruǎnfǔyīn 软辅音 N. <lg.> lenis; palatalized consonant; soft consonant
ruǎngāng 软钢[-鋼] N. soft/mild steel
ruǎngāo 软膏 N. ointment M: [4]zhī
ruǎngōngfu 软功夫 N. stunts based on agility rather than physical strength M: tào
ruǎngǔ 软骨 N. cartilage
ruǎnguǎn(r) 软管(儿) N. flexible tubing; hose M: [2]gēn
ruǎnguāngr 软光儿 N. mild/soft light
ruǎnguàntou 软罐头 N. foods packed in cardboard containers
ruǎngǔbìng 软骨病 N. rickets
ruǎngǔlèi 软骨类[-類] N. cartilaginous fish
ruǎngunāngnāng 软古囊囊 F.E. <topo.> ①soft; spongy (of things) ② lily-livered; spineless (of people)
ruǎngǔtou 软骨头 N. ① sb. easily persuaded ② coward
ruǎngǔyú 软骨鱼 N. cartilaginous fish M: [1]tiáo
ruǎnhàn 软焊 N. soft soldering
ruǎnhe 软和 S.V. supple; flexible; soft **See also** *ruǎnhuo*
[1]**ruǎnhuà** 软化 V. ① soften ② persuade by soft tactics
[2]**ruǎnhuà** 软话 N. conciliatory/ingratiating words
ruǎnhuà de shēngmǔ 软化的声母[---聲-] N. <lg.> yodized initial
ruǎnhuàjì 软化剂[-劑] N. softening agent
ruǎnhuánjìng 软环境[-環-] N. the social conditions that safeguard a society
ruǎnhuàshuǐ 软化水 N. softened water
ruǎnhuà zhèngcè 软化政策 N. soft tactics
ruǎnhūhū 软乎乎 R.F. soft
ruǎnhuì 软汇[-匯] N. soft currency
ruǎnhuo* 软和 S.V. <coll.> ① nice and soft ② gentle; kind **See also** *ruǎnhe*
ruǎnhuò 软货 N. soft goods
ruǎnhuóhuàr 软和话儿 N. soft/pleasing words
ruǎnhuòkuǎn 软货款 N. soft loan M: [2]bǐ
ruǎnhuòwù 软货物 N. soft goods
ruǎnjiān 软监[-監] V. put under house arrest; confine informally
ruǎnjiàn(r)* 软件(儿) N. ① <comp.> software ② <slang> talented people
ruǎnjiànbāo 软件包 N. <comp.> software package
ruǎnjiàn jiāndū chéngshì 软件监督程式[--監---] N. <computer> software monitor
ruǎnjiàn qūdòngqì 软件驱动器[--驅動-] N. <comp.> software driver
ruǎnjiàn shuōmíng 软件说明 N. <comp.> software documentation M: [1]fèn/[1]zhāng/[1]běn
ruǎnjiàn zǔtào 软件组套 N. <comp.> software package
ruǎnjiǎo 软脚[-腳] N. beriberi
ruǎnjiǎobìng 软脚病[-腳-] N. <med.> beriberi
ruǎnjiāodiǎn 软焦点[-點] N. <photo.> soft focus
ruǎnjìn 软禁 N./V. house arrest
ruǎnjīnshǔ 软金属[-屬] N. soft metal
ruǎnjìshù 软技术[-術] N. soft technology
ruǎnkāiyè 软开业[-開業] N. "soft" founding of a business
ruǎnkēxué 软科学 N. <loan> soft sciences
ruǎnkǒugài 软口盖[-蓋] N. soft palate; velum
ruǎnkuǎn 软款 A.T. gentle; shy
ruǎnlǐngzi 软领子 N. soft collar
ruǎnliūliū 软溜溜 R.F. ① gentle ② feeble
ruǎnmá gōngyì 软麻工艺[-藝] N. <txtl.> bruising (of flax); batching (of jute)
ruǎnmáo 软毛 N. fine hair
ruǎnmào* 软帽 N. beret; overseas cap M: [1]dǐng
ruǎnmèi 软媚 V.P. gentle and meek
ruǎnměngkuàng 软锰矿[-礦] N. <min.> pyrolusite M: [4]zuò
ruǎnmiánmián 软绵绵 R.F. ① soft and plush ② weak ③ sentimental (of songs)
ruǎnmó 软磨 V. wear down by soft tactics
ruǎnmóyìngkàng 软磨硬抗 F.E. use both hard and soft tactics
ruǎnmóyìngpào 软磨硬泡 F.E. tiresomely pursue sth.
ruǎnmù 软木 N. cork
ruǎnmùsāi(r) 软木塞(儿) N. cork stopper
ruǎnmùshù 软木树[-樹] N. cork tree M: [2]kē
ruǎnmùzhì 软木质[-質] N. <bot.> suberin
ruǎnnángxiūsè 阮囊羞涩[-澀] F.E. having empty pockets; short of cash; poor
ruǎnní 软泥 N. <geol.> ooze; soft mud; mire
ruǎnnóngbāo 软脓包[-膿-] N. coward
ruǎnpán 软盘[-盤] N. <comp.> floppy disk; diskette M: [1]piàn
ruǎnpánjī 软盘机[-盤-] N. <comp.> floppy-disk drive
ruǎnpí 软皮 N. soft leather
ruǎnpiàn 软片 N. film (in a roll) M: [1]juàn
ruǎnpiànyìngzhà 软骗硬诈 F.E. bluff and dupe people (with tricks)
ruǎnpísāir 软皮塞儿 N. cork stopper; cork
ruǎn rènwu 软任务[-務] N. soft tasks
ruǎnruǎn 软软 R.F. <coll.> soft
ruǎnruò 软弱 S.V. weak; feeble
ruǎnruòhuànsàn 软弱涣散[--渙-] F.E. weak and lax
ruǎnruòhùnluàn 软弱混乱[-亂] F.E. weakness and confusion
ruǎnruòkěqī 软弱可欺 F.E. weak and easy to bully
ruǎnruòwúlì 软弱无力 F.E. ① weak and feeble ② wishywashy
ruǎnruòwúnéng 软弱无能 F.E. weak and incompetent
ruǎnruòxìng 软弱性 N. weakness; feebleness
ruǎnshāngpǐn 软商品 N. products of service enterprises
ruǎnshèbèi 软设备[-備] N. <comp.> software
ruǎnshéng 软绳[-繩] N. tightrope M: [2]gēn
ruǎnshí* 软食 N. soft foods
ruǎnshì 软式 ATTR. nonrigid; soft
ruǎnshì fēitǐng 软式飞艇[--飛-] N. blimp; nonrigid airship M: [1]tiáo/[1]jià
ruǎnshì tuīxiāofǎ 软式推销法 N. soft sell
ruǎnshì wǎngqiú 软式网球[--網-] N. <sport> soft tennis
ruǎnshuǐ 软水 N. <loan> soft water
ruǎnsùliào cípán 软塑料磁盘[-盤] N. floppy disc; diskette M: [1]piàn
ruǎnsūsū 软酥酥 R.F. limp
ruǎntáng 软糖 N. fudge; soft candy M: [2]kuài
ruǎntānjia 软瘫架[-癱-] N. <topo.> weakling; spineless person
ruǎntānzihuò 软瘫子货[-癱--] N. <topo.> weakling; spineless person
ruǎntātā 软塌塌 R.F. feeble
ruǎntī 软梯 N. <coll.> rope ladder M: [1]jià
ruǎntǐ* 软体[-體] N. <comp.> software **See also** *ruǎntǐ dòngwù*
ruǎntǐbù 软体部[-體-] N. <comp.> software part
ruǎntǐ dòngwù 软体动物[-體動-] N. mollusks M: [1]zhǒng
ruǎntiě 软铁[-鐵] N. wrought iron; soft iron
ruǎntōnghuò 软通货 N. soft currency
ruǎntuōxié 软拖鞋 N. moccasin M: [1]shuāng
ruǎnwénhuà 软文化 N. non-material culture
ruǎnwénxué 软文学 N. light literature
ruǎnwò 软卧[-臥] N. soft sleeper (of a railroad) M: [3]liàng/[1]liè/[1]jié
ruǎnxí 软席 N. soft seat (of a railroad car)
ruǎnxián 阮咸 N. <mus.> stringed instrument
ruǎnxiàn* 软线 N. <elec.> flexible cord M: [2]gēn
ruǎn-xiàngpíqiú 软橡皮球 N. <sport> squash
ruǎnxí chēxiāng 软席车厢[-廂] N. railway coach with soft seats/berths M: [1]jié
ruǎnxīncháng 软心肠[-腸] S.V. <coll.> soft-hearted
ruǎnxíng* 软刑 N./V. torment/torture mentally
ruǎnxìng 软性 N. mildness (of medicine/etc.); softness; gentleness; lightness ♦ ATTR. soft; mild; bland; gentle; light
ruǎnxìng cídié 软性磁碟 N. <comp.> floppy disk M: [1]piàn
ruǎnxìng huòbì 软性货币[-幣] N. soft currency
ruǎnxìng qìguān 软性器官 N. soft organ
ruǎnxìng qīngjiéjì 软性清洁剂[-潔劑] N. biodegradable/soft detergent
ruǎnxìng xiàgān 软性下疳 N. <med.> soft chancre; chancroid
ruǎnxìng xīnwén 软性新闻 N. light news; human-interest stories M: [1]tiáo
ruǎnxìng yǐnxíng jìngpiàn 软性隐形镜片[--隱---] N. soft contact lenses M: [1]piàn/[1]fù
ruǎnxīnwén 软新闻 N. soft news
ruǎnxí wòpù 软席卧铺[--臥-] N. sleeping carriage with soft/cushioned berths M: [3]liàng/[1]jié
ruǎnyìng 软硬 N. ① degree of softness/hardness ② both carrot and stick
ruǎnyìngbùchī 软硬不吃 F.E. yield neither to persuasion nor to coercion
ruǎnyìngjiānshī 软硬兼施 F.E. use both carrot and stick
ruǎnyìngliǎngshǒu 软硬两手 F.E. the stick and the carrot
ruǎnyìngshìzhōng 软硬适中[--適-] F.E. neither too hard nor too soft
ruǎnyǐnliào 软饮料 N. <loan> soft drinks M: píng
ruǎnyínyīn 软龈音[-齦-] N. <lg.> velar sound
ruǎnyǔ* 软语 N. gentle and nice words
ruǎnyù 软玉 N. nephrite
ruǎnyǔwēncún 软语温存 F.E. have many affectionate words to say to one another
ruǎnyùwēnxiāng 软玉温香 ID. as fair as jade (of a beauty's skin)
ruǎnyǔwēnxīn 软语温馨 F.E. gentle and sweet words
ruǎnzǎo 软枣[-棗] N. ①dateplum ②persimmon
ruǎnzhá 软炸 N./V. soft-fry (in Chinese cooking); fry without overdoing it
ruǎnzhī 软脂 N. palmitin
ruǎnzhì* 软质[-質] N. softness
ruǎnzhǐbiāo 软指标[-標] N. flexible target
ruǎnzhì bōli 软质玻璃[-質--] N. soft glass M: [2]kuài
ruǎnzhuólù 软着陆[-著陸] N. soft landing
ruǎnzi 软子 N. baskets or other containers
ruǎnzuò 软座 N. soft seat/berth (on trains)
ruǎnzǔzhī 软组织[-織] N. <phys.> soft tissue
rú'ǎo* 襦袄[-襖] N. short jacket/coat M: [2]jiàn
rǔ'ǎo 乳媪 N. wet nurse M: ge/[1]míng/[2]wèi
rǔbái 乳白 N./ATTR. cream colored; milky white
rǔbái bōli 乳白玻璃 N. opal/opalescent glass M: [2]kuài
rǔbáisè 乳白色 N./ATTR. cream colored; milky white
rǔbái yúgānyóu 乳白鱼肝油 N. creamy fish-liver oil M: píng
rǔbàn* 乳瓣 N. ① one of the constituent lobules of a woman's breasts ② mother's curdled milk vomited by a suckling child
rùbǎn 入板 S.V. <coll.> reasonable; sensible
rǔbèi 汝辈 PR. <wr.> you people; you
[1]**rú bǐ** 濡笔[-筆] V.O. dip a brush in ink
[2]**rúbǐ** 茹笔[-筆] V.O. make writing brushes
rúbiàn 蠕变[-變] V. ① change slowly ② creep
rǔbǐng 乳饼 V.O. feed food (to a baby)
rúbīnzhījìng 如宾之敬[-賓--] N. respect as a guest
rúbìshǐzhǐ 如臂使指 F.E. ① direct without difficulty ② have a perfect command of sth.
rúbǐwéiwén 濡笔为文[-筆--] F.E. moisten the pen and produce an essay
rǔbō 乳钵[-缽] N. mortar (vessel used in making medicine)
rǔbǔ 乳哺 V. feed with milk or chewed food
rǔbù* 乳部 N. breast area

rùbùfūchū 入不敷出 F.E. ① expenditures exceed income ② be unable to make ends meet

rúbùshèngyī 如不胜衣[--勝-] F.E. ① humble and modest (of a scholar) ② tender and frail (of a woman)

rùcāng 入仓[-倉] V.O. put in storage

rǔcáo* 汝曹 N. <*wr.*> you people; you (used by senior to junior/subordinate)

rǔcǎo 乳草 N. milk vetch

rùcǎo 褥草 N. hay used as bedding

rúcè 如厕[-廁] V.O. <*wr.*> go to the toilet

rúcháng 如常 ADV. as usual ♦V.P. commonplace

rùchǎng* 入场[-場] V.O. ① enter a meeting place ② take part in an examination

rùchǎngfèi 入场费[-場-] N. admission (cost) M: [2]*bǐ*

rùchǎngmén 入场门[-場-] N. entrance

rùchǎngquàn 入场券[-場-] N. admission ticket M: [1]*zhāng*

rùchǎngshì 入场式[-場-] N. <*sport*> march-in ceremony

rùchángzhèng 入场证[-場證] N. admission permit M: [1]*zhāng*

rǔchǎnliàng 乳产量[-產-] N. milk production

rùchāo 入超 N. trade deficit

rúcháoyǒngzhì 如潮涌至 ID. come with tremendous force

rǔchéng 辱承 F.E. <*wr./humb.*> receive (a favor) undeservingly

rùchéng* 入城 V.O. enter a city

rùchéng shǒuzé 入城守则 N. regulations with regard to entering the city

rúchǐ 孺齿[-齒] N. young child

[1]rǔchǐ* 乳齿[-齒] N. milk teeth

[2]rǔchǐ 辱耻[-恥] N. humiliation; insult

rúchīrúdāi 如痴如呆 F.E. be totally absorbed in sth.

rúchīrúkuáng 如痴如狂 F.E. be exuberantly absorbed in sth.

rúchīrúzuì 如痴如醉 F.E. be entranced with sth.

rǔchǐxiàng 乳齿象[-齒-] N. <*zoo.*> mastodon

rúchóng 蠕虫[-蟲] N. worm; helminth M: [1]*tiáo*

rúchóngxíng 蠕虫形[-蟲-] ATTR. helminthoid

rúchóngxué 蠕虫学[-蟲-] N. <*zoo.*> helminthology

rúchū* 如初 F.E. as before

rǔchù 乳畜 N. dairy animal

rùchuāng 褥/蓐疮[-瘡] N. bedsore; diaper rash

rùchūn 入春 V.O. become spring

rúchūyīkǒu 如出一口 F.E. with one voice; unanimously

rúchūyīzhé 如出一辙 F.E. be cut from the same cloth

rúcǐ* 如此 V.P. thus; like this; such *Wǒ rènwéi* ~. I think so.

rúcì 如次 F.E. as follows

rǔcì 辱赐 F.E. thank you for your gifts

rúcǐděngděng 如此等等 F.E. and so on and so forth

rúcǐ'éryǐ 如此而已 F.E. no more than this

rùcíhuì 入词汇[-彙] V.O. <*lg.*> lexicalize

rúcǐ rúcǐ 如此如此 V.P. and so on

rúcǐyīlái 如此一来 F.E. therefore

rúcǐyúnyún 如此云云 F.E. and so on and so forth

rúcǐ zhèbān 如此这般[--這-] V.P. thus and thus; thus and so

rúcóngtiānjiàng 如从天降[-從--] V.P. as though sb./sth. had come straight from heaven

rú dài wàirén 如待外人 V.P. treat someone as a stranger

rúdàn 濡淡 V. dye

rùdān(r/zi)* 褥单(儿/子) N. bedsheet M: [1]*tiáo*

rùdǎng* 入党[-黨] V.O. join the (Communist) Party

rùdàng 入档[-檔] V.O. file; put in a file

rǔdàngāo 乳蛋糕 N. custard M: [2]*kuài*

rùdǎng shēnqǐngshū 入党申请书[-黨--書] N. <*PRC*> Party membership application M: [1]*fèn*

rùdǎng xuānshì 入党宣誓[-黨--] N. oath on joining a party

rùdǎng zhìyuànshū 入党志愿书[-黨-願書] N. <*PRC*> application form for Party membership M: [1]*fèn*

rùdǎng-zuòguānlùn 入党做官论[-黨---] N. party membership as a ticket to officialdom

Rú-Dào 儒道 N. Confucianism and Taoism

rùdào* 入道 V.O. become a monk/nun

rú dāo cìxīn 如刀刺心 V.P. like a sharp knife thrust into one's heart

rúdégānlù 如得甘露 F.E. like the sweetest dew from heaven

rǔděng 汝等 PR. you (plural)

rúdì 如弟 N. <*wr.*> younger sworn brother

rùdì* 入地 V.O. ① die ② sink below the surface of the earth

[1]rùdiàn(r) 褥垫(儿)[-墊-] N. mattress M: [2]*kuài*

[2]rùdiàn 入店 V.O. go inside a store/shop

rùdiàntào 褥垫套[-墊-] N. tick; fabric case

rùdiào(r) 入调(儿) V.O. <*mus.*> be in tune

rúdiéchuānhuā 如蝶穿花 F.E. like a butterfly flitting from flower to flower

rùdìng 入定 N./V. trance

rúdòng 蠕动[-動] V. ①wriggle; squirm ②<*geol.*> creep ♦N. ① <*phys.*> peristalsis ② wormlike/peristaltic movement

rùdōng* 入冬 V.O. become winter

rùdù 入肚 V.O. swallow; consume; eat; enter the stomach

rùduān 入端 N. <*elec.*> incoming end; input

rùduì 入队[-隊] V.O. join the Young Pioneers

rú duò wǔlǐwùzhōng 如堕五里雾中[-墮--霧-] F.E. befuddled

rúduòyānhǎi 如堕烟海[-墮煙-] F.E. bewildered; at a loss

rúduòyānwù 如堕烟雾[-墮煙霧] F.E. completely at a loss

rǔ'é 乳蛾 N. <*Ch. med*> acute tonsillitis

rú'éfùhuǒ 如蛾赴火 F.E. like a moth flying to a candle

rú'ér 儒儿//嚅唲 N. flattering/fawning smile

rǔ'ér 乳儿 N. suckling infant

rù'ěr* 入耳 S.V. pleasant to listen to ♦V.O. ①hear and accept ② make oneself heard

Rú-Fǎ dòuzhēng 儒法斗争[-鬥爭] N. <*PRC*> struggle between the Confucianists and the Legalists

rùfàn 入犯 V. invade

rǔfáng 乳房 N. breast; udder

rǔfáng qiēchúshù 乳房切除术[-術] N. mastectomy

rǔfáng shèyǐng 乳房摄影[-攝-] N. mammography

rúfǎpàozhì 如法炮制[-製] F.E. follow a set pattern

rúfēi 如飞[-飛] V.P. like flying; quickly; swiftly

rúfèirúgēng 如沸如羹 ID. like the bubbling of soup in a pot (referring to popular discontent)

Rúfēng 儒风 N. style/ways/etc. of Confucian scholars

rǔfēng* 乳峰 N. the breasts

rúfēngguò'ěr 如风过耳 F.E. turn a deaf ear to

rǔfǔ 乳腐 N. <*topo.*> fermented beancurd M: [2]*kuài*

rùfú* 入伏 N. beginning of dog days

rùfù 蓐妇[-婦] N. midwife

rúfūren 如夫人 N. <*trad.*> concubine; mistress M: *ge*/[1]*míng*/[2]*wèi*

rúfǔshíjiè 如俯拾芥 F.E. as easy as picking up dirt from the floor

rúgān 如干 ATTR. a certain number of

rǔgān* 乳柑 N. a kind of orange with thin peel and no seeds

rùgǎng 入港 V.O. ① enter the harbor ② be in full agreement ③ <*coll.*> fall into a trap

rúgāngrúlíng 如冈如陵[-岡--] F.E. constant; long-enduring

[1]rùgé 入阁 V.O. ① <*trad.*> join the imperial cabinet ② be appointed a minister

[2]rùgé 入格 V.P. having the shape/characteristic of

rùgébàixiàng 入阁拜相 F.E. be appointed premier

rúgèn 儒艮 N. <*zoo.*> dugong; sea cow

rúgěngzàihóu 如鲠在喉 F.E. give vent to one's pent-up feelings

rúgéshānchuān 如隔山川 F.E. as far apart as if separated by hills and rivers

rùgòng 入贡 V.O. offer tributes to the emperor

rùgòu 入彀 V.O. <*wr.*> ① be trapped/harnessed ②be charmed ③be admitted to an examination ④ conform to a standard or the normal order

rúgù 如故 V.P. ① be as before ② be like an old friend

rùgu 入咕 A.T. <*topo.*> ① toss aside; drop and let lie ② snack; eat whatever is handy at any time of day ③ squander

[1]rùgǔ* 入股 V.O. become a shareholder

[2]rùgǔ 入骨 V.O. ① penetrate to the marrow ② <*Budd.*> put bones in a stupa/tomb

Rúguān 儒冠 N. cap of a Confucian scholar

rùguān* 入官 V.O. ①confiscate ②be an official

rǔguāng 乳光 N. opalescence of certain precious stones

rúgǔhánjīn 茹古含今 F.E. well read

rúguǒ* 如果 CONJ. if ♦CONS. ~ *A jiù B* if A then B

rǔguó 辱国[-國] V.O. disgrace the mother country

rǔguósàngshī 辱国丧师[-國喪師] F.E. bring disgrace on the country and casualties on the army

rùguówènjìn 入国问禁[-國--] F.E. on entering a country, inquire about its prohibitions/taboos

rùguówènsú 入国问俗[-國--] F.E. when in Rome do as the Romans do

"rúguǒ" yǔjù 如果语句 N. <*lg.*> if-statement

"rúguǒ"-zé 如果则 N. <*lg.*> if-clause

"rúguǒ" zǐjù 如果子句 N. <*lg.*> if-clause

rúgǔsèqín 如鼓瑟琴 ID. a conjugal couple

rùhǎikǒu 入海口 N. estuary

rúhàn 濡翰 V.O. moisten the brush

rúháo 濡豪 V.O. <*wr.*> dip a writing brush in ink; moisten the writing/painting brush

rúhé* 如何 ADV. how ♦V.P. how about it

rǔhè 辱荷 F.E. <*wr.*> receive (a favor) undeservingly

rùhēi 入黑 V.O. become dark ♦N. (at) nightfall/dusk

rúhènyǐnrǔ 茹恨饮辱 F.E. submit in humiliation

rúhé shì hǎo 如何是好 V.P. What should one do?

rúhé shì liǎo 如何是了 V.P. How will it end?

rùhù 入户 V.O. ①become a member of another's family ②register and obtain a residence permit

[1]rúhuà 如画[-畫] V.P. picturesque

[2]rúhuà 濡化 V. be imbued with and transformed

rǔhuà* 乳化 N. emulsification

[1]rùhuà 入画[-畫] A.T. picturesque

[2]rùhuà 入话 N. introductory remarks

rúhuǎn 儒缓 V.P. slow-witted; inactive; sluggish

rǔhuáng 乳黄 N. cream-like color

rǔhuángsè 乳黄色 N. cream-like color

rúhuángzhīshé 如簧之舌 N. a glib tongue

rúhuāsìjǐn 如花似锦 F.E. ① like flowers and brocade ② beautiful prospect

rúhuāsìyù 如花似玉 F.E. like flowers and jade; gorgeous (of women)

rǔhuàyè 乳化液 N. <*chem.*> emulsion

rúhuāzhīměi 如花之美 N. as beautiful as flowers

rúhǔdéyì 如虎得翼 ID. with redoubled power

rúhǔdūnshān 如虎蹲山 F.E. like a fierce tiger crouching on a mountain

rúhǔfùyú 如虎负隅 F.E. like a tiger at bay

rùhuì 入会 V.O. join a society/association/etc.

rùhuìfèi 入会费 N. membership fee

R

rúhūn 茹荤 V.O. eat animal products
rúhuò 如或 CONJ. if; on the condition that; in case
rùhuǒ* 入伙 V.O. ① join an enterprise/undertaking ② join a group-meal plan ③ join a gang (esp. of bandits, etc.)
rúhuǒliáoyuán 如火燎原 F.E. spread like wildfire; spread very rapidly
rúhuǒrútú 如火如荼 F.E. ① like wildfire ② impressive deployment of forces
rúhuòzhìbǎo 如获至宝[-獲-寶] F.E. like finding a rare treasure
rúhuǒzhōngshāo 如火中烧[-燒] F.E. be all burnt up
rúhǔshēngyì 如虎生翼 *See rúhǔtiānyì*
rúhǔtiānyì 如虎添翼 F.E. with redoubled power
rúhǔxiàshān 如虎下山 F.E. like a tiger rushing down the mountain
rúhúzhījiǎo 如狐之狡 F.E. as crafty as a fox
ruí 蕤 in *ruíbīn, wēiruí*
ruǐ 蕊 B.F. pistil or stamen *ruǐxīn, círuǐ*
[1]**ruì*** 锐[銳] B.F. ① sharp; keen *ruìlì* ② rapid; fast *ruìjìn*
[2]**ruì** 蚋 N. buffalo gnat; blackfly
[3]**ruì** 瑞 B.F. auspicious *ruìfú, fúruì* ♦in *Ruìdiǎn, Ruìshì*
[4]**ruì** 睿 B.F. having foresight; farsighted *ruìdá, cōngruì*
[5]**ruì** 枘 B.F. tenon *ruìzáo, záoruì*
Ruì 芮 N. Surname ♦in *ruìdào, ruìruì*
ruìbīn 蕤宾[-賓] N. musical pitch roughly equivalent to an F-sharp
ruìbīng 锐兵 N. crack troops
ruìbùkědāng 锐不可当[-當] V.P. irresistible
ruìcǎo 瑞草 N. legendary shrub, regarded as a good omen
ruìdá 睿达[-達] N./V.P. sage
ruìdào 芮稻 N. a variety of rice ripening in late autumn
Ruìdiǎn 瑞典 P.W. Sweden
ruìfà 锐发[-髮] N. hair at the temples
ruìfú 瑞符 N. <*hist.*> credentials authorizing the launch of military operations
ruìgǔ 锐鼓 N. <*mus.*> musical instrument of the Yao ethnic minority
ruìhé 瑞禾 N. excellent crop
ruìjiǎn* 锐减[-減] V. reduce/drop sharply
ruìjiàn 睿见 N. wisdom
ruìjiǎo 锐角 N. acute angle
Ruìjīn* 瑞金 P.W. Jiangxi Communist base 1931–1934
ruìjìn 锐进[-進] V. sharply increase
ruìlǎn 睿览[-覽] N. for the emperor's perusal
ruìlì 锐利 S.V. keen; penetrating; sharp
ruìmài 瑞麦[-麥] N. a kind of wheat with plural tassels regarded as a sign of good fortune
ruìmǐn 锐敏 S.V. keen; sensitive
ruìmíng 睿明 N./V.P. sage
ruìnǎo 瑞脑[-腦] N. camphor from Borneo
ruìniǎo 瑞鸟 N. auspicious bird M: [2]*zhī*
[1]**ruìqì** 锐气[-氣] N. drive; aggressiveness M: [2]*gǔ*
[2]**ruìqì** 瑞气[-氣] N. auspicious sign
[3]**ruìqì** 锐器 N. sharp instrument M: [2]*jiàn*
ruìqiān(r) 瑞签(儿) N. paper strips bearing auspicious words M: [4]*zhī*
ruìqìzhèngshèng 锐气正盛[-氣--] F.E. one's spirits are at a high point
ruìruì 芮芮 R.F. slender (of grass blades)
ruìshì 锐士 N. ① man of intelligence; man of energy ② brave Qin soldiers during the Warring States period
Ruìshì* 瑞士 P.W. Switzerland
ruìsuì 瑞穗 N. the ear of wheat portending good fortune
[1]**ruìtú** 瑞图[-圖] N. picture portending good fortune M: [1]*zhāng*
[2]**ruìtú** 睿图[-圖] N. ① plans designed by the emperor ② portrait of Confucius
ruìwèikědāng 锐未可当[-當] V.P. with crushing force

ruìxiāng 瑞香 N. <*bot.*> winter daphne M: [3]*kē*
ruìxiáng* 瑞祥 N. good luck/fortune/omen; auspiciousness
ruìxiàng 瑞相 N. ① facial signs showing good luck ② <*Budd.*> signs of good fortune
ruìxiāntáo 瑞仙桃 N. <*bot.*> the peach (*Prunus persica*) M: *ge*/[2]*zhī*
ruǐxīn 蕊心 N. stamens and pistils
ruìxīnxùzhì 锐心蓄志 F.E. set to work in good earnest
ruìxuě 瑞雪 N. ① timely snow M: [3]*chǎng* ② <*Ch. med.*> root of Chinese trichosanthes
ruìxuěbīnfēn 瑞雪缤纷[--繽-] F.E. the snow falls in soft flakes
ruìxuěfēifēi 瑞雪霏霏 F.E. the snow began to fall
ruìxuěfēnfēi 瑞雪纷飞[-飛] F.E. Seasonable snow is falling.
ruìxuě zhào fēngnián 瑞雪兆丰年[---豐-] F.E. early spring snow foretells good harvest
ruìyǎn 锐眼 N. sharp eyes; vision; insight
[1]**ruìyì** 锐意 N. <*wr.*> ① eager intention ② tenacity ♦ADV. firm; resolute; determined
[2]**ruìyì** 蚋翼 N. ① wings of a gnat ② minute things
ruìyì gǎigé 锐意改革 V.P. be keen on reform
ruìyì géxīn 锐意革新 V.P. be bent/keen on reform
ruìyìng 瑞应[-應] N. appearance of precious, rare and auspicious things as Heaven's response to the high virtue of the reigning monarch
ruìyù 瑞玉 N. piece of jade serving as the credentials of a feudal lord
ruìyún 瑞云[-雲] N. auspicious clouds
ruìzáo 枘凿[-鑿] ID. <*wr.*> ① compatible; complementary (like a mortise and tenon) ② incompatible; at variance; a square peg in a round hole
ruìzǎo* 睿藻 N. poems/articles written by the emperor, empress, or imperial concubines
ruìzáobùrù 枘凿不入[-鑿--] F.E. incompatible
ruìzēng 锐增 V. increase rapidly
ruìzhào 瑞兆 N. propitious portent
ruìzhé 睿哲 V.P. <*wr.*> ① wise and farsighted ② superior intelligence ③ His Majesty
ruǐzhī 蕊汁 N. viscid juice of plants
ruìzhī 瑞芝 N. <*Ch. med.*> glossy ganoderma
[1]**ruìzhì*** 睿智/知 <*wr.*> N. keen intellect ♦V.P. wise and farsighted
[2]**ruìzhì** 锐志 N. determination; enterprising spirit
ruǐzhū 蕊珠 N. ① palace of the gods ② one of the Daoist scriptures
ruǐzhù* 蕊柱 N. <*bot.*> style
ruìzuò 枘凿[-鑿] *See ruìzáo*
rújì 濡迹[-跡] N. lingering (at a place, etc.)
rǔjì 乳剂[-劑] N. emulsion
rùjí* 入籍 V.O. become naturalized
rùjì 入寂 V. <*wr.*> pass away; die (of Buddhist monks or nuns)
Rújiā 儒家 N. Confucian school
rùjiān 入肩 V.O. participate in some ulterior purposes
rújiàng* 儒将[-將] N. scholarly general M: *ge*/[1]*míng*/[2]*wèi*
rǔjiāng 乳浆[-漿] N. milk
rújiànlíxián 如箭离弦[--離-] F.E. streak off like an arrow
rújiànxuándǐng 如箭悬顶[--懸-] F.E. imminent peril
rújiànzàixián 如箭在弦 F.E. ① reach the point of no return ② be imminent/inevitable
rújiànzhīzhí 如箭之直 F.E. as straight as an arrow
Rújiào 儒教 N. Confucianism
rǔjiāo 乳胶[-膠] N. emulsion; latex
rǔjiào 辱教 F.E. thanks for your instructions
rùjiǎo 入脚[-腳] V.O. start; begin
rùjiào* 入教 V.O. embrace a religion; become a follower/believer of a religion
rǔjiāoqī 乳胶漆[-膠-] N. emulsion paint; latex

rújiāorúqī 如胶如漆[-膠--] F.E. stick to each other like glue
rújiāosìqī 如胶似漆[-膠--] F.E. stuck together as by glue (of lovers)
rǔjiāoyè 乳胶液[-膠-] N. emulsion
rùjié 缛节[-節] N. excessive formality/ceremony
rújīn* 如今 N. nowadays
rǔjīn 乳金 N. milk gold; triturated gold leaf
rùjìn 入觐 V. <*trad.*> have an audience with the chief of state
[1]**rùjìng** 入境 V.O. enter a country
[2]**rùjìng** 入静[-靜] V.O. <*Dao.*> meditate
rùjìng dēngjì 入境登记 N. entrance registration
rùjìng hùzhào 入境护照[--護-] N. entry passport M: [1]*běn*
rùjìng qiānzhèng 入境签证[-證] N. entry visa
rùjìng shēnbàodān 入境申报单[---報-] N. customs declaration at the time of entry M: [1]*zhāng*/[1]*fèn*
rùjìng shǒuxù 入境手续[-續] N. entry formalities; immigration procedures
rùjìngsuísú 入境随俗[--隨-] F.E. When in Rome, do as the Romans do.
rùjìngwènjìn 入境问禁 F.E. When in Rome, do as the Romans do.
rùjìngwènsú 入境问俗 F.E. When in Rome, do as the Romans do.
rùjìng xǔkězhèng 入境许可证[-證] N. entry permit M: [1]*zhāng*
rùjìngzhèng 入境证[-證] N. entry permit M: [1]*zhāng*
rùjìng zhèngshū 入境证书[-證書] N. entry certificate M: [1]*zhāng*
rújīnsìyù 如金似玉 F.E. like gold and jade
rújīnwǎnr 如今晚儿 N. <*coll.*> nowadays; the present
rú jíshíyǔ 如及时雨[--時-] F.E. like a timely rain (beneficial to the people)
rújīsìkě 如饥似渴 F.E. passionately thirst for
rújiù* 如旧[-舊] V.P. as before/usual
rǔjiǔ 乳酒 N. milk-white wine; koumiss M: *píng*/*bēi*
rújīzhuógǔ 如鸡啄谷[-雞-穀] F.E. (kowtow on the ground) like a chicken pecking at grain
rǔjū 乳疽 N. <*Ch. med.*> mammary abscess
rǔjú 乳橘 N. a kind of orange M: [2]*zhī*
rùjú* 入局 V.O. join in a game
rújūn 如君 N. concubine
rùkān 入龛 V.O. put a monk's body in a monastic vault
rùkǒu* 入口 V.O. ① enter the mouth ② import ♦N. ① "in" door ② imports
rùkòu 入寇 V. <*wr.*> invade and pillage
rùkǒuchù 入口处[-處] N. entrance
rùkǒuhuò 入口货 N. imported goods
rùkǒujíhuà 入口即化 F.E. melt in the mouth
rùkòur 入扣儿 N. be completely engrossed
rùkǒushuì 入口税 N. import tax
rúkǔ 茹苦 V.O. have a hard/miserable life
rúkù 襦裤 N. jacket and trousers M: *tào*
rùkù* 入库 V.O. ① be confiscated ② go into a public warehouse
rùkuǎn 入款 N. receipts
rúkǔhánxīn 茹苦含辛 F.E. put up with hardship and misery; undergo all possible hardships
Rúlái 如来 N. <*Budd.*> Tathagata (one of Buddha's names)
Rúláifó 如来佛 N. <*Budd.*> Tathagata Buddha
rúlángmùyáng 如狼牧羊 F.E. ride roughshod over the people
rúlángsìhǔ 如狼似虎 F.E. with beastlike ferocity
rúlánzhīxīn 如兰之馨[-蘭--] F.E. like the scent of orchids
rǔlào 乳酪 N. curds; cheese
rǔlèi 乳类[-類] N. dairy products
rúléiguàn'ěr 如雷贯/灌耳 F.E. (your fame) resounds in my ears
rùle xié 入了邪 V.P. <*coll.*> become spellbound
rǔlí 乳梨 N. large white juicy pear M: [2]*zhī*/*ge*
[1]**rùlǐ*** 入理 S.V. reasonable

[2]rùlǐ 缛礼[-禮] N. excessive formality/ceremony

rùlì 缛丽[-麗] N. excessive decoration

rùliàn 入殓 V.O. encoffin (a corpse)

rùliè 入列 V.O. ① take a place in the ranks ② <mil.> fall in

Rúlín* 儒林 N. ① Confucian scholars ② scholars in general ③ academic circles

rǔlín 辱临[-臨] F.E. <wr.> I am honored by your coming to my humble place (said to a guest)

rúlíndàdí 如临大敌[-臨-敵] F.E. like confronting a mortal enemy

rúlíndàmèng 如临大梦[-臨-夢] F.E. all this seemed to be happening in a dream

rúlínmòrì 如临末日[-臨--] F.E. like one approaching the end of his days

rúlínshēnyuān 如临深渊[-臨-淵] F.E. feel like sb. standing upon the edge of an abyss; be very cautious in handling one's business

rùliú 入流 S.V. ① be in fashion ② attain a certain level ③ <trad.> be within the Nine Official Ranks

rùlǒng 入垄 S.V. <topo.> get along well

rúlǚbáobīng 如履薄冰 F.E. tread carefully as if walking on thin ice

Rúlüèlì 儒略历[-曆] N. <loan> Julian Calendar

Rúlüènián 儒略年 N. <loan> Julian Year

Rúlüèrì 儒略日 N. <loan> Julian Day

rúlǜlìng 如律令 N. ① <law> strict and inviolate ② potent and binding (a concluding phrase of charms/etc.)

rúluòtāngjī 如落汤鸡[-湯雞] F.E. like a drowned rat

rúlǚpíngdì 如履平地 F.E. as easily as walking on a level road

rǔmà* 辱骂[-罵] V. abuse and insult; humiliate

rùmǎ 入马 V.O. make progress in courtship

rúmángzàibèi 如芒在背 F.E. be on tenterhooks

rúmāoshìxīng 如猫嗜腥[-貓--] F.E. be like a cat's penchant for fish

rúmáoyǐnxuè 茹毛饮血 F.E. eat uncooked game; live a primitive life

rǔmàxìng yǔyán 辱骂性语言[-罵---] N. <lg.> abusive language

rùméi 入梅 N. beginning of the summer rainy season

rùmèi* 入寐 V.O. fall asleep

Rúmén 儒门 N. scholars following Confucian thought; Confucianists

rùmén(r)* 入门(儿) V.O. learn the fundamentals ♦N. elementary course; primer

rǔménbàihù 辱门败户 F.E. disgrace a family

rùmèng 入梦[-夢] V.O. ① fall asleep ② appear in sb.'s dream

rúméngbùqì 如蒙不弃[-棄] F.E. if your excellency does not think me beneath his notice

rúmèngchūxǐng 如梦初醒[-夢--] F.E. like waking from a dream

rúmèngfāngxǐng 如梦方醒[-夢--] F.E. like waking from a dream

rùmén jiǎshuō 入门假说 N. <lg.> threshold hypothesis

rùménwènhuì 入门问讳[-諱] F.E. ascertain its taboos on going to a friend's house

rǔmí 乳糜 N. <phys.> chyle

rùmí* 入迷 V.O. be fascinated/enchanted

rùmián 入眠 V.O. fall asleep

rùmiànr 褥面儿 N. sleeping-pad cover

rùmiè 入灭[-滅] N. <Budd.> death of monks/nuns

rúmìng 如命 F.E. in compliance with your instructions

rǔmíng* 乳名 N. child's pet name

rǔmìng 辱命 V.O. fail to accomplish a mission

rǔmò* 辱没 V. ① bring disgrace ② humiliate

rùmó 入魔 V.O. ① be spellbound ② be infatuated/obsessed

rúmù 孺慕 V. <wr.> deeply respect and admire

rǔmǔ* 乳母 N. wet nurse M: ge/[1]míng/[2]wèi

rùmǔ 蓐母 N. midwife

rùmù 入暮 N. at dusk

rùmùbīn 入幕宾[-賓] N. <trad.> personal adviser to a high-ranking official

rùmùsānfēn 入木三分 F.E. ① done in forceful style ② penetrating; keen

rún 瞤[瞤] B.F. muscular twitch; tic ***mùrún, shēnrúndòng***

[1]rùn* 润[潤] S.V. ① moist ② soft to the touch ♦V. ① moisten; lubricate ② embellish; touch up ③ pay for services rendered ♦B.F. profit ***lìrùn***

[2]rùn 闰[閏] B.F. intercalary ***rùnyuè***

rùnǎo 入脑[-腦] V.O. leave a deep impression

rùnbǐ 润笔[-筆] N. payment for writing/painting ♦V.O. dip in ink (of a writing brush)

rùnbǐzhīzī 润笔之资[-筆--] N. charges for writing/painting

rùncháng 润肠[-腸] V.O. <Ch. med.> ease constipation; moisten the dry digestive apparatus

rùnfèi 润肺 V.O. <Ch. med.> make expectoration easy; moisten dry lungs

rùnfūlù 润肤露[-膚-] N. skin lotion/moisturizer

rùnfū xǐyè 润肤洗液[-膚--] N. <med.> skin-toning lotion

rùngé 润格 N. list of professional fees charged by painters/writers/calligraphers

rùnguǎ 润寡 V.O. aid the poor

rùnháo 润毫 N. remuneration/fee for writing/painting

rùnhóu 润喉 V.O. moisten one's throat

rùnhuá* 润滑 V. lubricate ♦S.V. oily; smooth; sleek

rùnhuà 润化 V. moisturize

rùnhuájì 润滑剂[-劑] N. lubricant

rùnhuáyóu 润滑油 N. lubricating oil

rùnhuázhī 润滑脂 N. lubricating grease

rúní* 如泥 V.P. (weak and soft) as mud

rúnǐ 如拟[-擬] F.E. approved as suggested (a superior's reply to a subordinate's suggestion)

rúnì 濡溺 V. be immersed in

rǔniáng 乳娘 N. wet nurse M: ge/[1]míng/[2]wèi

rúniǎoshòusàn 如鸟兽散[--獸-] F.E. flee helter-skelter

rúniè 嚅嗫[-囁] V. <wr.> mumble

rǔniú 乳牛 N. dairy cow M: [1]tóu

rǔniúchǎng 乳牛场[-場] P.W. dairy farm M: [4]zuò

rúniúfùzhòng 如牛负重 F.E. be overburdened

rùnlì 润例 N. list of professional fees charged by painters/writers/calligraphers

rùnměi 润美 S.V. gentle; elegant

rùnmiànyóu 润面油 N. moisturizing facial cream/oil

rùnmiǎo 闰秒 N. intercalary second

rùnnì 润腻 V.P. fine and smooth

rùnnián 闰年 N. intercalary year

rùnqī 闰期 N. intercalation

rùnrì 闰日 N. leap day

rùn sǎngzi 润嗓子 V.O. wet the throat (by drinking sth.)

rùnsè 润色 V.O. polish (writing)

rùnshēn 润身 V.O. invigorate/enrich oneself with virtues

rùnshī 润湿[-濕] V.P. moist ♦V. soak; infiltrate

rùnshì* 润饰 V. polish (writing)

rùnshīqì 润湿器[-濕-] N. moistener; dampener M: [1]jià/[1]tái

rùnshǒuyóu 润手油 N. hand lotion

rùntǒng 闰统 N. illegitimate rule

rùnwèi 闰位 N. imperial reign not in the conventional line of succession

rùnwū 润屋 V.O. enrich the house with material wealth

rùnxiàyào 润下药[-藥] F.E. <Ch. med.> laxative drug

rùnxīnyǎngyǎn 润心养眼[--養-] F.E. be good to hear/see

rùnyì 润益 N. profit; benefit; dividend

rùnyīn 闰音 N. <lg.> topolect pronunciations not found in Mandarin

rùnyīn zìmǔ 闰音字母 N. vowel used in pronouncing certain words peculiar to a local topolect

rùnyǔ 润雨 N. moistening rain

rùnyuè 闰月 N. intercalary/leap month

rùnyǔpáo 闰雨匏 N. ancient wind instrument

rùnzào 润燥 V.O. <Ch. med.> treat dryness by moistening the respiratory tract or skin

rùnzàohuàtán 润燥化痰 F.E. <Ch. med.> moistening dryness and resolving phlegm

rùnzàozhǐké 润燥止咳 F.E. moistening dryness and relieving cough

rùnzé 润泽[-澤] V.P. ① smooth; glossy ② fresh; vigorous ♦V. moisten; lubricate

rùnzī 润资 N. <wr.> remuneration for a writer/painter/etc

ruó 挼 B.F. crumple; rub ***ruócuo***

[1]ruò* 若 CONJ. if; as if ♦V. seem; appear to ♦ADV. seemingly; as if ♦PR. <wr.> you; your ***See also*** [2]***rě***

[2]ruò 弱 S.V. ① weak; feeble ② inferior ♦B.F. ① young ***yòuruò*** ② a bit/little less than (following a fraction/decimal) ***sān fēnzhī yī ~*** a little less than one-third ♦V. <wr.> lose (through death)

[3]ruò 偌 <wr.> ADV. such; so; to such an extent ***~dà*** of such a size ***~duō*** so many

[4]ruò 篛 B.F. tender young cattails ***ruòxí***

[5]ruò 爇 B.F. light; burn (as a candle) [2]***ruòzhú***

[6]ruò 箬 B.F. indocalamus (a kind of low bamboo) [1]***ruòzhú, ruòlì***

[7]ruò 楉 in ***ruòliú***

ruò'áoguǐněi 若敖鬼馁 F.E. have no progeny

ruòbāochuán 箬包船 N. boats used by a gypsy-like class in Jiangsu Province M: [1]tiáo/[2]zhī

ruòbèi 若辈 PR. you all

ruòbiànhuà 弱变化[-變-] N. <lg.> weak declension

ruòbō 弱波 N. smooth sea

ruòbù 若不 CONJ. if it were not for; unless

ruòbùhàonòng 弱不好弄 V.P. not fond of playing in childhood

ruòbùjìnfēng 弱不禁风 F.E. too weak to withstand the wind; fragile

ruòbùrán 若不然 CONJ. otherwise; if not

ruòbùshèngyī 弱不胜衣[--勝-] F.E. too frail to bear the weight of one's clothes

ruòcáo 若曹 PR. you all

ruòchóng 若虫[-蟲] N. <zoo.> nymph M: [2]zhī

ruòcǐ 若此 V.P. so; if that's the case

ruócuo 挼搓 V. <wr.> ① press and rub; knead ② crumple

ruòdà 偌大 V.P. of such a size

ruò dà hàn wàng yúní 若大旱望云霓[----雲-] F.E. It is like longing for clouds during a serious drought.

ruòdà niánjì 偌大年纪 N. so old; so advanced in years

ruòdǎohǔwěi 若蹈虎尾 F.E. very dangerous

ruòdì 弱弟 N. young brother M: ge/[1]míng/[2]wèi

ruòdiǎn 弱点[-點] N. weak point; weakness; failing

ruòdòngcí 弱动词[-動-] N. <lg.> weak verb

ruòduō 偌多 V.P. so/this many; this much

ruòdúshì 弱读式[-讀-] N. <lg.> weak form

ruòfēi 若非 CONJ. if not; unless

ruòfēng 弱风 N. southeast wind

ruòfū 若夫 CONJ. <wr.> with regard to; as for

ruòfùhé yuányīn 弱复合元音[-複---] N. <lg.> false diphthong

ruòfǔyīn 弱辅音 N. <lg.> lenis; weak consonant

ruògān 若干 ATTR. ① a certain number/amount ② how many?

ruògè 若个[-個] PR. ① that one ② how much/many?

ruòguàn 弱冠 N. <wr.> young man entering adulthood

ruòguànzhīnián 弱冠之年 N. a twenty-year-old man

ruòguó* 弱国[-國] N. weak/backward country

ruòguǒ 若果 CONJ. if; provided that

ruòhàn 弱翰 N. writing brush

ruòháo 弱毫 N. writing brush

ruòhé 若何 ADV. How then?; What then?

ruòhéfújié 若合符节[-節] F.E. match completely; fit exactly
ruòhuà 弱化 V. weaken; grow feeble ♦N. <lg.> reduction
ruòhuà zuòyòng 弱化作用 N. <lg.> yodization
ruòjiǎn 弱碱[-鹼] N. <chem.> weak base
ruòjiāngjiùmù 若将就木[-將--] F.E. as though about to die
ruòjíruòlí 若即若离[-離] F.E. lukewarm (of relations between people)
ruòlèi 弱累 N. burden of bringing up one's children
ruòlì 箬笠 N. wide, conical bamboo hat M: 1dǐng
ruòliú* 若/楉榴 N. <bot.> pomegranate
ruòliǔ 弱柳 N. ① pliant willow tree M: 2kē ② prostitute
ruòliǔfúfēng 弱柳扶风 F.E. (like) a willow branch trembling in the wind
ruòlù 若鹭 N. <zoo.> pond smelt M: 2zhī
ruòmài 弱脉[-脈] N. weak pulse
ruòmào 箬帽 N. bamboo hat M: 1dǐng
ruòmàomángxié 箬帽芒鞋 F.E. bamboo hat and grass shoes
ruòmíngruò'àn 若明若暗 F.E. dimly perceive
ruòmù 若木 N. <trad.> trees growing where the sun sets
ruònǚ 弱女 N. young girl M: ge/1míng
ruònuò 弱懦 V.P. weak; timid
ruònǚzǐ 弱女子 N. weak/timid woman M: ge/1míng/2wèi
ruòpāi 弱拍 N. <mus.> unaccented beat
ruòpéng 箬篷 N. canopy of bamboo leaves (usu. for boats)
ruòquányù 若全域 N. similar regions
ruòròuqiángshí 弱肉强食[--強-] F.E. law of the jungle
ruòrúbìngquǎn 弱如病犬 F.E. as weak as a sick dog
ruòruò 若若 R.F. long and pendent
ruòshǎo 弱少 V.P. small and weak
ruòshǐ 若使 CONJ. assuming that; supposing that; if
1**ruòshì*** 若是 CONJ. if; supposing
2**ruòshì** 弱视 N. <med.> amblyopia; weak sight; lazy eye
3**ruòshì** 弱势[-勢] N. disadvantageous situation/position ♦S.V. weak; powerless
4**ruòshì** 弱式 N. <lg.> weak form
ruòshì dòngcí 弱式动词[--動-] N. <lg.> weak verb
ruòshì tuántǐ 弱势团体[-勢團體] N. underprivileged group
ruòshǒu 弱手 N. incompetent person M: ge/1míng
ruòsuān 弱酸 N. <chem.> weak acid
ruòsuì 弱岁[-歲] N. youth
ruósuō 挼挲 V. stroke; fondle; rub
ruòtǎyú 箬鳎鱼 N. *Usinosta japonica* M: 1tiáo
ruòwéi 若为 CONJ. if; if it is
ruòwúqíshì 若无其事 F.E. ① as if nothing had happened ② calm; indifferent ③ perfecty composed
ruòxī* 弱息 F.E. <wr./humb.> my child
ruòxí 篛席 N. rush mat made of arum
ruòxiàng 若项 N. weak spot
ruòxiǎo 弱小 S.V. small and weak
ruòxiǎo mínzú 弱小民族 N. small nation
ruòxíng 弱行 V. have difficulty in walking properly (of cripples)
ruòxìnhào 弱信号[-號] N. weak signal
ruòxǔ 若许 CONJ. thus ♦V.P. like this
1**ruòyán** 若言 N. candid words
2**ruòyán** 弱颜 V.P. be bashful
ruòyào 若要 CONJ. if it is necessary that. . .
ruòyèzhú 箬叶竹[-葉-] N. <bot.> broadleaf bamboo M: 2kē/5zhī
ruòyìcí 弱意词 N. <lg.> downtoner
ruòyīn 弱音 N. <lg.> weak stress/articulation; lenis
ruòyīnqì 弱音器 N. <mus.> mute; damper; sordino M: ge/2zhī/1jià
ruòyǐnruòxiàn 若隐若现[-隱--] F.E. faintly discernible
ruòyīn tàbǎn 弱音踏板 N. <mus.> soft pedal M: 2kuài
ruòyǒuruòwú 若有若无 F.E. faintly discernible; intangible; vague
ruòyǒusuǒshī 若有所失 F.E. look distracted
ruòyǒusuǒsī 若有所思 F.E. as if lost in thought
ruòyú 弱于[-於] V.P. weaker than
ruòyuányīn 弱元音 N. <lg.> weak vowel
ruòzhě 弱者 N. the weak M: ge/1míng
ruòzhí 弱植 V.P. weak and infirm (of sb.'s character)
1**ruòzhì*** 弱智 S.V. ① retarded; mentally deficient ② <slang> stupid
2**ruòzhì** 弱质[-質] N. feeble constitution; infirmity
ruòzhì értóng 弱智儿童 N. retarded child M: ge/1míng
ruòzhīpèi 弱支配 N. <lg.> weak government
ruòzhòngyīn 弱重音 N. <lg.> weak stress
1**ruòzhú** 箬竹 N. <bot.> indocalamus M: 2kē
2**ruòzhú** 爇烛[-燭] V. <wr.> light a candle
ruòzú 弱卒 N. weak soldiers; soldiers having no fighting capability M: ge/1míng
rùpàn 入泮 V.O. <trad.> be admitted into a government school (of boys)
rúpēngxiǎoxiān 如烹小鲜 ID. do sth. with ease
rǔpǐn 乳品 N. dairy products
rǔpǐn gōngyè 乳品工业[-業] N. dairy industry
rǔpǐnyè 乳品业[-業] N. dairy husbandry
rǔpǐn zhìzàoyè 乳品制造业[--製-業] N. dairying
rùpò 入破 N. <mus.> the finale
rúqī* 如期 ADV. at an arranged time; on schedule
rúqí 如其 CONJ. ① provided that; if ② as to; as for
1**rǔqì** 乳气[-氣] N. childishness
2**rǔqì** 乳泣 V. lactate before childbirth
rùqì 溽气[-氣] N. muggy vapor
rùqián 入钱[-錢] V.O. <coll.> invest money
rúqìbìxǐ 如弃蔽屣[-棄--] F.E. give up sth. without any repentance
rúqíbùrán 如其不然 F.E. if that's not the case
rúqiērúcuō 如切如磋 F.E. learn from each other
rùqígòuzhōng 入其彀中 F.E. come under one's control
rúqī jiāohuò 如期交货 V.O. deliver goods on time
rùqīn* 入侵 V. invade
rùqǐn 入寝[-寢] V.O. <wr.> retire to bed
rùqíngrùlǐ 入情入理 F.E. fair and reasonable
rúqìrúsù 如泣如诉 F.E. plaintive (of music)
rúqísuǒhào 如其所好 F.E. as suits one's fancy
rùqìzhēngténg 溽气蒸腾[-氣--] F.E. sweltering
rǔquán 乳泉 N. water dripping from stalactites
rúrǎn 濡染 V. ① immerse ② moisten
rúrǎn'èxí 濡染恶习[-惡習] V.O. contaminated by evil practice
rùrè 溽热[-熱] V.P. humid and hot; muggy; sultry
rúrén* 孺人 N. <wr.> wife/mother of a high official
rúrěn 濡忍 V. endure; bear with patience
rúrìdōngshēng 如日东升 F.E. beginning to prosper
rúrìfāngshēng 如日方升 F.E. beginning to take off (of careers/etc.)
rúrìfāngzhōng 如日方中 F.E. at the peak of one's power/prestige
rúrìzhōngtiān 如日中天 F.E. at the peak of one's power/prestige
rúróutǔgāng 茹柔吐刚[-剛] F.E. bully the good-natured and fear the villainous
rúròuzhōngcì 如肉中刺 F.E. like a thorn in one's flesh
1**rúrú** 蠕蠕 R.F. wriggling; squirming
2**rúrú** 嚅嚅 R.F. hem and haw; mutter and mumble
3**rúrú** 儒儒 R.F. ① provincial ② stick to the old rules
4**rúrú** 如如 N. <Budd.> Ultimate Reality
rú rù Bǎoshān kōngshǒu huí 如入宝山空手回[--寶----] V.P. like coming up empty-handed from a supposedly sure-fire venture
rú rù bàoyúzhīsì 如入鲍鱼之肆 F.E. Long exposure to bad company accustoms one to evil ways.
rúrú'érdòng 蠕蠕而动[-動] F.E. move along by wriggling
rú rù huàjìng 如入画境[--畫-] V.P. like entering a very beautiful scenic place
rú rù mènghuàn 如入梦幻[--夢-] V.P. as if in a dream
rúrùn 濡润 V. ① moisten ② smooth
rúruò 如若 CONJ. if
rúruòbùrán 如若不然 F.E. if not; otherwise
rú rù wúrénzhījìng 如入无人之境 F.E. ① march through without meeting resistance ② encounter little resistance
rúrù xiānjìng 如入仙境 V.P. as if in a fairyland
rú rù zhīlánzhīshì 如入芝兰之室[---蘭--] F.E. Associating with people of noble character accustoms one to good ways.
rú sàngjiāzhīquǎn 如丧家之犬[-喪---] F.E. like a dog without its master
rúsàngkǎobǐ 如丧考妣[-喪--] F.E. very sorrowful
rùshān 入山 V.O. live the life of a recluse; decline offers of official rank, etc.
rùshānfámù 入山伐木 F.E. go into the forest to fell trees
rúshāng 儒商 N. an intellectual who goes into business M: ge/1míng/2wèi
rúshàng* 如上 F.E. as above
rúshàngsuǒshù 如上所述 F.E. as stated above
1**rùshè** 入社 V.O. join an organization/commune/etc.
2**rùshè** 入射 N. <phy.> incidence
rùshèbō 入射波 N. <phy.> incident wave
rùshèdiǎn 入射点[-點] N. <phy.> point of incidence
rùshèguāng 入射光 N. <phy.> incident ray
rùshèjiǎo 入射角 N. <phy.> angle of incidence
rǔshēn 辱身 V.O. disgrace oneself
rùshén* 入神 V.O. be entranced ♦S.V. superb; marvelous
rùshèn 入渗[-滲] N. infiltration
Rúshēng* 儒生 N. <wr.> Confucian scholar; scholar M: ge/1míng/2wèi
rùshēng 入声[-聲] N. <lg.> entering/abrupt tone; Chinese syllable ending in p, t, k, or glottal stop
1**rùshèng** 入胜[-勝] V.O. be fascinated with what one is reading
2**rùshèng** 入圣[-聖] V.O. <Budd.> become an arhat
rùshèxiàn 入射线 N. <phy.> incident ray
rúshī 濡湿[-濕] V.P./V. damp by absorption
rúshí 如实[-實] F.E. according to the facts
1**rúshì*** 如是 CONJ. thus; in this way
2**rúshì** 如适[-適] V.P. peaceful/quiet and comfortable; contented
Rúshì 儒士 N. Confucian scholar M: ge/1míng/2wèi
rǔshí 乳食 V. take nothing but milk as food
1**rùshí** 入时[-時] S.V. fashionable; stylish
2**rùshí** 蓐食 V. breakfast in bed; take meals in bed ♦N. rich food
1**rùshì** 入世 V.O. ① experience the real world ② join WTO (World Trade Organization)
2**rùshì** 入室 V.O. gain mastery of
rùshìbùshēn 入世不深 F.E. lack experience of life; not be socially experienced
rùshìcāogē 入室操戈 F.E. ① attack sb. with his own weapons ② quarrel with a close associate
rùshìdìzǐ 入室弟子 N. one who learns an art directly from a master M: ge/1míng/2wèi

R

rúshìwǒwén 如是我闻 F.E. ① so I heard ② <Budd.> the beginning clause of Buddha's quotations as recorded by his disciple, Ananda
rúshìyúnyún 如是云云 F.E. thus and thus
rúshīzhīhǒu 如狮之吼[-獅--] F.E. roar like a lion
rúshǐzhīzhí 如矢之直 F.E. straight as an arrow
rúshìzhòngfù 如释重负[-釋--] F.E. feel relieved (at finishing sth.)
rúshǒu 濡首 V.O. over-indulge oneself in wine
rùshǒu* 入手 V.O. ① put one's hand to ② commence; start; begin ③ come to hand; come into one's possession
rúshǒurúzú 如手如足 F.E. like brothers
rúshù(r)* 如数(儿)[-數-] ADV. according to an agreed amount
Rúshù 儒术[-術] N. Confucian learning
rùshǔ 溽暑 N. sweltering summer heat/weather
rúshùchánghuán 如数偿还[-數償還] F.E. pay back in full
rúshù dàoqí 如数到齐[-數-齊] V.P. all present and correct
rúshùfùzú 如数付足[-數--] F.E. pay in full
rúshù huánqīng 如数还清[-數還-] V.P. pay back in full
rùshuǐ 入水 V.O. launch (into the water)
rùshuì* 入睡 V. go to sleep
rùshuǐguǎn 入水管 N. water pipe
rú shuǐ-rǔ bù fēn 如水乳不分 F.E. inseparable
rú shuǐyín xiè dì 如水银泄地 F.E. flowing about in all directions
rúshǔjiāzhēn 如数家珍[-數--] F.E. know very well
rúsī 如斯 V.P. <wr.> thus; like this
rúsōngzhīshèng 如松之盛 F.E. as flourishing as a pine tree
rúsōngzhītǐng 如松之挺 F.E. rooted like a solid pine tree
rúsù 茹素 V.O. be a vegetarian
rǔsuān 乳酸 N. <chem.> lactic acid
rǔsuānjūn 乳酸菌 N. lactobacillus
rúsùchīzhāi 茹素吃斋[-齋] F.E. take vegetarian food
rùsǔnchù 入笋处[-筍處] N. ① place at which the tenon is inserted ② place where one narrative element is used to lead into another
rúsùniànjīng 茹素念经[-經] F.E. fast and chant prayers
rúsuō 如梭 V.P. (move) as a shuttle
rúsuǒzhōuzhī 如所周知 F.E. as everyone knows
rúsūrúsuǐ 如酥如髓 F.E. crisp
rǔtǎ* 乳塔 N. brassière
rùtǎ 入塔 V.O. <Budd.> put a monk's corpse/relics into a pagoda
rǔtáng 乳糖 N. lactose
rútángsìmì 如糖似蜜 F.E. be like sugar and honey
rútāngwòxuě 如汤沃雪[-湯--] F.E. easily done
rùtào(r) 褥套(儿) N. ①mattress cover ②bedding sack
rútiānzhīfú 如天之福 F.E. as good as the blessing of Heaven
rútóng* 如同 V. like; similar to
rútòng 茹痛 V.O. suffer; endure
rútóngcǎojiè 如同草芥 F.E. no more than the weeds by the roadside
rútóng'érxì 如同儿戏[-戲] F.E. like child's play
rútóng règuō shang de mǎyǐ 如同热锅上的蚂蚁[--熱鍋---蟻] V.P. like ants on a hot pan
rútóngshēnshòu 如同身受 F.E. would regard it as a personal favor
rǔtóu(r) 乳头(儿) N. ① nipple; teat ② papilla
rǔtóuzhuàng 乳头状[-狀] N. papilla
rútú 茹荼 V.O. undergo hardships; suffer
rùtǔ* 入土 V.O. bury
rùtuán 入团[-團] V.O. <PRC> join the Youth League
rùtuō 入托 V.O. enter nursery school
rútúrúhuǒ 如荼如火 F.E. like a raging fire
rùtǔwéi'ān 入土为安 F.E. be laid to rest

rúwánzǒubǎn 如丸走坂[-阪] F.E. quickly and easily
rùwēi* 入微 V.P. in every way; extremely
[1]rùwéi 入闱[-闈] V.O. enter a restricted area (e.g., an examination place)
[2]rùwéi 入围[-圍] V.O. ① be selected/elected as one of the few; enter the final contest ② enter a circle or a trapped area
rùwèi(r) 入味(儿) S.V. ① flavorful ② interesting ♦V.O. be absorbed in sth.
rǔwén 乳纹 N. <art> nipple pattern; round protuberances symmetrically arranged
rúwù 如晤 N. <wr.> as if face to face (an expression of intimacy in letters)
rùwǔ* 入伍 V.O. enlist in the military
rúxī 如昔 V.P. as in the past
rùxí* 入席 V.O. be seated at a banquet/ceremony
rúxià 如下 F.E. as follows
rǔxiàn* 乳腺 N. mammary gland
rùxián 入弦 V.O. be in agreement with the accompanying instrument (of singing/etc.)
rùxiàn 入宪[-憲] V.O. include in the constitution
rǔxiàn'ái 乳腺癌 N. <med.> breast cancer
rúxiàng 如像/象 V. like; similar to
rǔxiāng* 乳香 N. frankincense
rùxiáng 入庠 V.O. <trad.> pass the first-grade civil service examination
rùxiàng 入项 N. <lg.> entry
rùxiāngcóngxiāng 入乡从乡[-鄉從鄉] F.E. conform to the custom of the land
rǔxiāngshù 乳香树[-樹] N. incense-tree M: [2]kē
rúxiǎngsīyìng 如响斯应[-響-應] F.E. in response
rùxiāngsuísú 入乡随俗[-鄉隨-] F.E. When in Rome, do as the Romans do.
rǔxiāngzhī 乳香脂 N. frankincense
rǔxiànyán 乳腺炎 N. mastitis
rùxié 入邪 V.O. be bewitched
rùxíjiùzuò 入席就座 F.E. take one's seat at the table
[1]rúxīn 如新 F.E. renovated; like new
[2]rúxīn 如心 V.P. gratified; satisfied
rúxíng 蠕行 V. wriggle
rúxíng dòngwù 蠕形动物[--動-] N. <zoo.> worms
rúxiōng 如兄 N. elder sworn brother ♦V.O. be like brothers
rúxiōngrúdì 如兄如弟 F.E. treat each other like brothers and sisters
rǔxiù* 乳臭 N. odor of milk
rùxiù 缛绣[-繡] N. resplendent; gorgeous; magnificent
rǔxiù'ér 乳臭儿 N. baby
rǔxiùwèigān 乳臭未干[-乾] F.E. not yet dry behind the ears
rǔxiù xiǎo'ér 乳臭小儿 N. baby
[1]rúxū 如需 AUX. if (you) need (information/etc.)
[2]rúxū 如须 AUX. if (you) want/have to
[3]rúxū 濡需 V. enjoy momentary ease unaware of impending danger
rúxǔ* 如许 V.P. <wr.> ① in a certain amount ② like this
rùxù 入绪 V.O. take shape *Zhège gōngzuò gānggāng* ~. This project has just begun to take shape.
rǔxuán 乳悬[-懸] N. disease caused by the abnormal elongation of a woman's breasts after childbirth
rùxuǎn* 入选[-選] V. be chosen
Rúxué 儒学 N. <trad.> ① the teachings of Confucius ② education officials on various governmental levels
rùxué* 入学 V.O. ① start school ② enter school/college
rùxué kǎoshì 入学考试 N. entrance examination (of a school)
rùxuélǜ 入学率 N. rate of enrollment
rùxué niánlíng 入学年龄[-齡] N. school entrance age
rù xuéxiào 入学校 V.O. enter a school

Rúxué yíchǎn 儒学遗产[-產] N. Confucianist legacy
rúxūnrúchí 如埙如篪 F.E. fraternal love
rúyǎ* 儒雅 S.V. <wr.> scholarly and refined
rǔyá 乳牙 N. milk teeth M: [1]kē/[4]méi
rúyán 如言 F.E. <wr.> as in saying. . .
rǔyán 乳岩 N. <Ch. med.> mammary cancer
rǔyàn 乳燕 N. baby/young swallows M: [2]zhī
rùyǎn* 入眼 S.V. good to look at; pleasing to the eye
rǔyáng 乳羊 N. milk goat M: [2]zhī
rúyànguīlái 如燕归来[--歸-] F.E. just like the return of an old familiar swallow
rùyǎnhuò 入眼货 N. <coll.> sth. pleasant to the eye or to one's liking
rúyànyíngcháo 如燕营巢[--營-] F.E. like swallows building their nests bit by bit
Rǔyáo 汝窑[-窯] N. <trad.> name of a famous Song porcelain kiln
rǔyào 乳药[-藥] V.O. take poison
rùyào* 入药[-藥] V.O. <Ch.med.> be used as medicine
rǔyè* 乳液 N. milk-like liquid; emulsion
rùyè 入夜 V.O. night falls
[1]rúyī 如一 V.P. consistent; uniform
[2]rúyī 儒医[-醫] N. <trad./Ch. med.> physician who is also a scholar M: ge/[1]míng/[2]wèi
rúyí 如仪[-儀] V.O. in accordance with ritual
rúyì* 如意 S.V. as one wishes ♦N. ① ornamental scepter, used as a symbol of the Buddha ② talisman which assures realization of one's desires
rùyì 入役 V.O. enlist; join the army
rúyǐfùshān 如蚁附膻[-蟻--] ID. swarm after unwholesome things or attach oneself to influential people
rùyǐn 入瘾[-癮] V.O. become addicted to
rùyíng 入营[-營] V.O. join the army
rúyīng'áoxiáng 如鹰翱翔 F.E. soar like an eagle
rúyīngjuéjī 如鹰攫鸡[-雞] F.E. like a hawk carrying off a chicken
rúyīngjuéshí 如鹰攫食 F.E. as swiftly as the eagle seizes its prey
rúyíngqīnrén 如迎亲人[--親-] F.E. as if greeting a member of one's own family
rúyǐngsuíxíng 如影随形[--隨-] F.E. ① inseparable ② follow as a matter of course
rúyǐngsuíxíngfǎ 如影随形法[--隨--] N. <lg.> shadowing
rúyíngzhúchòu 如蝇逐臭[-蠅--] F.E. like flies after filth
rúyínnèizhàng 如银内障 N. <Ch. med.> cataract
rúyǐntíhú 如饮醍醐 F.E. like drinking elixir
rú yī rì 如一日 F.E. as one day; without any change in a long period; very consistent
rúyì suànpán 如意算盘[-盤] N. wishful thinking; smug calculation
Rúyì Wánjù 如意玩具 P.W. Toys "R" Us
rǔyōng 乳痈[-癰] N. <med.> ① abscess of the breast ② acute mastitis
rǔyòngniú 乳用牛 N. milk cow M: [1]tóu
rúyǒu* 如有 V.P. if there be; if anyone has; should it happen that; in case
rúyòu 如右 V.O. as on the right
rǔyóu 辱游 F.E. <court.> be indebted for your friendship (said to one's friend)
rúyǒusuǒshī 如有所失 F.E. as if something's amiss
rúyú 茹鱼 N. rotten/fetid fish
rǔyù 乳妪[-嫗] N. wet nurse M: ge/[1]míng/[2]wèi
rùyù* 入狱 V.O. go to prison
rúyuàn* 如愿[-願] V.O. ① as one wishes ② if willing
rùyuàn 入院 V.O. ① be hospitalized ② <Budd.> enter a monastery; become a monk
rúyuànyǐcháng 如愿以偿[-願-償] F.E. wishes fulfilled
rúyúdéshuǐ 如鱼得水 F.E. happy as a fish in water

rúyuē* 如约 F.E. by appointment
rúyuè 如月 N. second lunar month
rùyuè 入月 N. ① period of menstruation ② another name for the menses
rúyuē'érlái 如约而来 F.E. come as promised
rúyúlíshuǐ 如鱼离水[--離-] F.E. like a fish out of water
rúyún 如云[-雲] V.P. ① cloudlike ② many; full
rǔyùn* 乳晕 N. mammary areola
rúyǔpiánjí 如雨骈集 F.E. come in like rain drops in great number
rúyúqūyíng 茹鱼驱蝇[-驅蠅] ID. act absurdly
rúyúxìshuǐ 如鱼戏水[--戲-] F.E. like little fish merrily splashing in the water
rúyúyuèwǎng 如鱼跃网[-躍網] F.E. leap into the air like a carp in the net
rùzhàng 入帐 V.O. enter in a ledger
rú zhǎngshàng míngzhū 如掌上明珠 F.E. like a pearl in the palm
rǔzhào 乳罩 N. brassière; bra
Rúzhe 儒者 N. Confucian scholar M: ge/¹míng/²wèi
¹rùzhé* 入辙 V.O. become qualified in a profession
²rùzhé 入蛰[-蟄] V. go into hibernation (of animals)
rúzhēncìbèi 如针刺背 F.E. as if needles were being stuck into one's back
rùzhēng 溽蒸 V.P. damp and hot
rúzhì 濡滞[-滯] <wr.> V.P. dilatory; lingering; slow ♦V. procrastinate
¹rǔzhī* 乳汁 N. ① milk ② latex
²rǔzhī 乳脂 N. ① butterfat ② butter
rǔzhì 乳质[-質] N. quality of milk
rùzhí 入直 V. <wr.> wait on the emperor
rúzhīhé 如之何 F.E. how?
rúzhīnàihé 如之奈何 F.E. <wr.> What can we do about it?
rǔzhìpǐn 乳制品[-製-] N. dairy products M: ¹zhǒng
rǔzhīsuān 乳脂酸 N. lactic acid
rǔzhītáng 乳脂糖 N. toffee; taffy M: ²kuài
rǔzhīzhuàng 乳汁状[-狀] N. lactescence
rúzhòngsuǒzhī 如众所知[-眾--] F.E. as everyone knows
rǔzhōu 乳粥 V.O. feed rice gruel (to a baby)
rǔzhū* 乳猪[-豬] N. sucking/suckling pig M: ²zhī
rùzhǔ 入主 F.E. enter as a host
rǔzhuàng 乳状[-狀] N. lactescence
rǔzhuàngyè 乳状液[-狀-] N. milklike liquid
rùzhǔchūnú 入主出奴 ID. academic sectarianism/bigotry
rúzhūduànxiàn 如珠断线[--斷-] F.E. (one's tears flowed) like pearls from a broken string
rùzhuì 入赘 V. marry into the bride's family and take her surname
rùzhuìhūn 入赘婚 N. uxorilocal marriage
rúzhuórúmó 如琢如磨 F.E. like grinding stone and polishing jade
rǔzhuóyè 乳浊液[-濁-] N. emulsion
rúzǐ* 孺子 N. <wr.> child
rúzì 如字 V.O. <wr.> according to the basic pronunciation of the character
rùzi 褥子 N. ①bedding ②cover; quilt ③mattress M: ¹tiáo/²kuài
rúzǐ bùkějiāoyě 孺子不可教也 F.E. this child is unteachable
rúzǐkějiāo 孺子可教 F.E. this child is teachable
rúzǐ kějiāoyě 孺子可教也 F.E. this child is teachable
rúzǐniú 孺子牛 N. servant of the people M: ¹tóu
Rúzōng 儒宗 N. <wr.> learned Confucian master
rúzuìfāngxǐng 如醉方醒 F.E. wake up as from a drunken sleep
rúzuìrúchī 如醉如痴 F.E. ① as if intoxicated and stupefied ② be crazy about
rúzuìrúkuáng 如醉如狂 F.E. as mad as a hatter
rúzuìrúmèng 如醉如梦[-夢] F.E. as if drunk or dreaming
rúzuǒ 如左 V.O. as on the left
rùzuò* 入座/坐 V.O. take one's place (at a table); be seated
rúzuòyúnwù 如坐云雾[-雲霧] F.E. be muddled/confused
rúzuòzhēnzhān 如坐针毡[-氈] F.E. on pins and needles

R

S

[1]**sā*** 撒 V. ① let go; release ② let oneself go *See also* [2]*sǎ*
[2]**sā** 仨 PR. <coll.> three (cannot be followed by a measure word)
[3]**sā** 挲 in *māsa, mósā See also sha,* [11]*suō*
[1]**sǎ** 洒[灑] V. ① sprinkle; spray ② spill; shed ♦B.F. unrestrained *xiāosǎ See also* [12]*xiǎn,* [13]*xiǎn*
[2]**sǎ** 撒 V. ① scatter; sprinkle; spread ② spill; drop *See also* [1]*sā*
[3]**sǎ** 靸 B.F. slip on (cloth shoes or slippers) *sǎxié*
[1]**sà** 卅 NUM. thirty
[2]**sà** 飒[颯] S.V. <coll.> trendy; sexy and chic ♦B.F. elegant *sàshuǎng* ♦in *sàsà*
[3]**sà** 拺[摋] in *básà*
[4]**sà** 脎 N. <chem.> osazone
Sà 萨[薩] N. Surname ♦in *Púsà, Lāsà, Kānsàsī*
sābǎoliǎdǎo 仨饱俩倒 F.E. life of leisure
sā bāzhang 撒巴掌 V.O. <topo.> ① deliberately shirk one's responsibility ② let go one's hold
sǎbiàn 洒遍[灑-] V.P. spill/spray/sprinkle all over
sābō 撒拨[-撥] V. act wildly/uncontrollably (of children/etc.)
sǎbō* 撒播 V. scatter/broadcast seed
sǎbōjī 撒播机 N. broadcast seeder; broadcaster M: [1]*tái*
sǎbù 撒布 V. scatter/sprinkle (seeds/etc.)
sǎbù bùléi 撒布布雷 N. <mil.> scatter minelaying
sǎbù zhuāngzhì 撒布装置[--裝-] N. dispensing/spreading device
sǎchū 洒出[灑-] R.V. spill; spray; sprinkle
sācūn 撒村 V.P. <coll.> hurl abuse
sādǎliǎ 仨打俩 ID. <topo.> impulsive; slap-dash ~ *de bànfa* a slap-dash method
Sādàn 撒旦 N. <loan> Satan
sādiāo 撒刁 V.O. act shamelessly; be perverse
sǎdòuchéngbīng 撒豆成兵 F.E. work miracles
sā duìr 撒对儿[-對-] V.O. fight against (the enemy)
sā'ěr 撒饵 V. bait
Sà'ěrwǎduō 萨尔瓦多[薩-] P.W. El Salvador
sāfàng 撒放 V. release; let go
sǎféijī 撒肥机 N. fertilizer distributor; manure spreader M: [1]*tái*
sāfèn 撒粪[-糞] V.O. ① defecate; empty the bowels ② talk rubbish
sǎfěn* 撒粉 V.O. <agr.> dust
sāfēng 撒疯/风 V.O. ① go on a rampage ② vent one's anger on sb. else
sāfēngsāchī 撒疯撒痴 F.E. headlong; reckless
sǎfěnqì 撒粉器 N. duster
sāguāliǎzǎo(r) 仨瓜俩枣(儿)[---棗-] ID. not many; only a few
Sāhālā 撒哈拉 P.W. Sahara
sāhe 撒和 V. ① go for a stroll ② trot (a horse)
sāhēi 撒黑 N. <coll.> at dusk/twilight
sāhuān(r) 撒欢(儿)[-歡-] V.O. <coll.> gambol; have fun (of dogs/etc.)
sāhuǎng 撒谎 V.O. <coll.> tell lies
sǎ hújiāomiàn 撒胡椒面[-麵] V.O. distribute equally limited resources without regard to relative importance
[1]**sāi*** 塞 V. fill/stuff in; stop up ♦B.F. ①stopper; cork *sāizi, ruǎnmùsāi* ② <Ch. med.> obstruction *See also* [2]*sài,* [6]*sè*
[2]**sāi** 腮 N. cheek
[3]**sāi** 鳃[鰓] N. gill; branchia
[4]**sāi** 思 in [2]*yúsāi See also* [5]*sī*
[5]**sāi** 毸 in *péisāi*
[6]**sāi** 噻 in *sāifēn, sāizuò*
[1]**sài** 赛[賽] V. ① compete ② exceed; surpass ♦B.F. game; competition; contest ***bǐsài, qiúsài***
[2]**sài** 塞 B.F. place of strategic importance; border pass ***guānsài, Sàiwài See also*** [1]*sāi,* [6]*sè*
sāibāngzi 腮帮子[-幫-] N. <coll.> lower part of the cheek
sāibù 腮部 N. cheeks
sàichǎng 赛场[-場] P.W. playing/competition area
sāichē 塞车 N./V.O. traffic jam
sàichē* 赛车 N./V.O. <sport> ① bicycle/motorcycle/automobile race M: [2]*chǎng* ②racing vehicle M: [3]*liàng*
sàichēchǎng 赛车场[-場] P.W. <sport> velodrome
sàichéng 赛程 N. ① race course ② agenda of a game/contest
sàichē pǎodào 赛车跑道 N. <sport> autodrome M: [1]*tiáo*
sàichuán 赛船 N. boat/canoe race; regatta ♦V.O. have/run a boat/canoe race
sàidēng 赛灯[-燈] V.O. show off lanterns (as at the lantern festival)
sāidiàn 腮垫[-墊] N. chin rest
sāi'ěrbùwén 塞耳不闻 F.E. turn a deaf ear to
sāi'ěrtōulíng 塞耳偷铃 F.E. stupidly deceive oneself
sāifá 塞阀 N. plug valve; plug-cock
sāifàn 塞饭 V.O. <coll.> gorge/stuff oneself
sāifēn 噻分 N. <chem.> thiophene
sāifèng* 塞缝 V.O. stuff up a crack
sàifēng 赛风 N. sportsmanship
sāigěi 塞给 V. <coll.> ① give secretly ② give insistently; press sb. to accept ③ give
sàigǒu 赛狗 V.O. race dogs ♦N. dog race M: [2]*chǎng*
sàigǒuchǎng 赛狗场[-場] P.W. dog race-course M: [4]*zuò*
sāi gǒudòng 塞狗洞 V.O. give a bribe
sāigu 塞咕 V. <coll.> stuff/insert sth. in a bag/etc.
sāigǔ* 腮骨 N. cheekbone
sāiguī 塞规 N. plug gauge M: [2]*zhī*
sàiguò 赛过 R.V. overtake; surpass
sāihóng 腮红 N. rouge
sàihuì 赛会 N. ① religious procession ② exposition
sāijǐ 塞挤[-擠] V. crowd together
sàijì* 赛季 N. sports competition season
sāijiá 腮颊[-頰] N. cheek
Sàilālì'áng 塞拉利昂 P.W. Sierra Leone
sàilóngchuán 赛龙船 N. dragon-boat regatta (on Poets' Day)
sāilòu 腮瘘[-瘺] N. <med.> branchial fistula
sàilùluò 赛璐珞 N. <loan> celluloid
sàimǎ 赛马 V.O./N. horse race M: [2]*chǎng*
sàimǎchǎng 赛马场[-場] P.W. race course/ground M: [4]*zuò*
sāimǎn 塞满 R.V. ① stuff (a bag/etc.) full; fill up ② fill to the point of blocking (of traffic, etc.)
sàiměi 赛美 V.O. hold a beauty contest
sàiměihuì 赛美会 N. beauty contest
sàimén 塞门 N. fort gate *See also sèmén*
Sàinèijiā'ěr 塞内加尔 P.W. Senegal
sāipáng 腮旁 P.W. rear area of one's cheeks
sàipǎo 赛跑 N./V. <sport> race (on foot)
sàipǎochǎng 赛跑场[-場] P.W. race/running track
Sàipǔlùsī 塞浦路斯 P.W. Cyprus
sāiqígāndǎn 塞其肝胆[-膽] F.E. strike terror into one's heart
sàiqiú 赛球 V.O. play a ball game
sàiqū 赛区[-區] P.W. competition area
sàiquán 赛拳 N. ①<sport> boxing bout ②<trad.> finger-guessing game; drinking game at feasts
sāir 塞儿 N. cork; stopper
sāirù 塞入 V.P. fill in; squeeze in; stuff
sàishè 赛社 N. village festival offering sacrifices to thank the gods
Sàishé'ěr 塞舌尔 P.W. Seychelles
sàishén 赛神 V.O. offer sacrifices to thank the gods
sàishì 赛事 N. game; match; contest M: [2]*chǎng*
sàishīhuì 赛诗会 N. poetry contest
sàitiānxiān 赛天仙 V.O. rival the beauty of a fairy
sàitǐng 赛艇 N./V.O. <sport> ① rowing M: [2]*chǎng* ② racing boat; shell M: [1]*sōu*
sāitōngmǔ 塞通母 N. <lg.> affricate
sāitōngyīn 塞通音 N. <lg.> occlusive fricative
sāituō 腮托 N. <mus.> chin rest (of a violin/viola)
Sàiwài 塞外 P.W. regions beyond the Great Wall
Sàiwài fēngguāng 塞外风光 N. northern-frontier scene
Sàiwài Jiāngnán 塞外江南 P.W. lush southern-type fields beyond the Great Wall
sàiwēngshīmǎ 塞翁失马 ID. blessing in disguise
sāixiàn 腮腺 N. <phys.> parotid gland
sāixiànyán 腮腺炎 N. <phys.> parotitis; mumps
sāixiǎobàn 鳃小瓣 N. gill lamella
Sàixiàzú 赛夏族 N. Saishet aborigine tribe (in Taiwan)
sài Xīshī 赛西施 V.O. rival the beauty of Xishi
sāiyá 塞牙 V.O. <coll.> stick between the teeth
sāiyáfèng 塞牙缝 <coll.> N. sth. extremely small
sāiyào 塞药[-藥] N. ① medicine to be inserted into a natural opening on the human body ② suppositories
sāiyīn 塞音 N. <lg.> close/closing/explosive/plosive/stop sound
sài yīngtáo 赛樱桃 V.O. rival a cherry (said of a girl's lips)
sāiyīnsāiyòng 塞因塞用 F.E. treating an obstruction with tonics
sāiyīn shēngmǔ 塞音声母[--聲-] N. <lg.> explosive initial
Sàiyǔ 塞语 N. <lg.> Semitic
sāiyuān 塞渊[-淵] V.P. honest and far-seeing
sàiyuán* 赛员 N. <sport> competitor M: [2]*wèi*
sàiyuàn 赛愿[-願] V. render offerings of thanks to the gods for answers to one's prayers
Sàizhǒng 塞种[-種] N. Saka; Scythians
sāizhù 塞住 R.V. block up
sāizi 塞子 N. cork; stopper
Sàizú 塞族 N. Serbs
sāizuò 噻唑 N. <chem.> thiazole
sǎjiā 洒家[灑-] PR. <early coll.> I; me
sājiān 撒奸 V.O. play dirty tricks
sājiāo(r)* 撒娇(儿)[-嬌-] V.O. ① act like a spoiled child ② act coquettishly
sājiǎo 撒脚[-腳] V.O. <coll.> take to one's heels; run away
sājiāomàiguāi 撒娇卖乖[-嬌賣-] F.E. act like a spoiled child and show off one's cleverness
sājiāomàiqiào 撒娇卖俏[-嬌賣-] F.E. act coquettishly

sājiāosāchī 撒娇撒痴[-嬌--] F.E. pout and try all one's sweet wiles

sājiāozhuāngchēn 撒娇装嗔[-嬌裝-] F.E. act in a pettishly charming manner

sājiùféijī 撒厩肥机[-廄--] N. fertilizer distributor; manure spreader M: [1]*tái*

sā jiǔfēng(r) 撒酒疯(儿) V.O. ① be roaring drunk ② behave drunkenly

sākai 撒开[-開] R.V. ① get away ② part ③ release; let go ♦ADV. <*coll.*> ① without restraint; to the heart is content ~ [1]**chī** eat to one's heart's content ② mightily; with all one's might ~ **le pǎo** ran with all his might

sākēdǎhùn 撒科打诨 F.E. make gags; introduce comic remarks in dialogue

sàkèguǎn 萨克管[薩-] N. <*loan*> saxophone M: [2]*zhī*

sàkèhào 萨克号[薩-號] N. <*loan*> saxhorn M: [2]*zhī*

Sàkèsī 萨克斯[薩-] N. Sachs; Sax; Saks

sàkèsīfēng 萨克斯风[薩-] N. <*mus./loan*> saxophone M: [2]*zhī*

sàkèsīguǎn 萨克斯管[薩-] N. <*mus./loan*> saxophone M: [2]*zhī*

sālài 撒赖 V.O. make a scene; raise hell

sā lànwū 撒烂污[-爛-] V.O. <*topo.*> make trouble (of a good-for-nothing/etc.)

Sàlārèwō 萨拉热窝[薩-熱窩] P.W. Sarajevo

Sālāzú 撒拉族 N. Sala (Salar) ethnic minority (in Qinghai/Gansu)

sǎlèi 洒泪[灑淚] V.O. shed tears

sǎlèi'érbié 洒泪而别[灑淚-] F.E. part in tears

sāliūzi 撒溜子 V.O. <*topo.*> fib; tell tall tales

[1]**sǎluò** 洒落[灑-] V. ① sprinkle; spray ② treat coldly ♦S.V. ① free and easy ② gloomy; grieved

[2]**sǎluò** 撒落 V. ① sprinkle ② spill; drop

sāmǎ 撒马 V.O. give free rein to a horse

sǎmǎn* 洒满[灑-] V. sprinkle/scatter all over

sǎmàn 撒漫 V./S.V. ① spend lavishly ② mar (sth.) by a hasty word

sàményú 萨门鱼[薩-] N. <*loan*> salmon M: [1]*tiáo*

Sàmóyà 萨摩亚[薩-亞] P.W. Samoa

[1]**sān*** 三 NUM. ① three ② more than two; several; many ♦CONS. *A* ~ *B sì* do AB repeatedly/haphazardly **shuō~dàosì** gossip

[2]**sān** 叁[叁] NUM. three (on checks/etc.)

[3]**sān** 毵[毿] in **sānsān, sānzhūhóu**

[4]**sān** 鬖 in **sānsuō**

[1]**sǎn** 散 V. come loose ♦B.F. ① scattered **sǎnjū** ② <*Ch. med.*> medicine in powder form [2]**sǎnjì** *See also* **sàn**

[2]**sǎn** 伞[傘] N. umbrella M: [1]*bǎ* ♦B.F. umbrella-like object **jiàngluòsǎn**, [1]**sǎnbīng**

[3]**sǎn** 馓[饊] in **sǎnzi**

[4]**sǎn** 霰 in [1]**sǎndàn** *See also* [9]**xiàn**

sàn 散 V. ① break up ② distribute ③ let out ④ <*topo.*> fire; discharge *See also* [1]**sǎn**

sān ài jiàoyù 三爱教育[-愛--] N. <*PRC*> education about "loving the motherland, loving the borderland, and loving the people of the various ethnic groups"

sān'àotāng 三拗汤[-湯] N. <*Ch. med.*> decoction with the three untreated (ingredients)

sānbā 三八 S.V. <*TW*> stupid

Sān-Bā Fùnǚjié 三八妇女节[--婦-節] N. International Working Women's Day (March 8)

Sān-Bā Guójì Fùnǚjié 三八国际妇女节[--國際婦-節] N. International Working Women's Day (March 8)

Sān-Bā hóngqí jítǐ 三八红旗集体[-體] N. <*PRC*> outstanding March 8 organizations

Sān-Bā hóngqíshǒu 三八红旗手 N. <*PRC*> woman pacesetter M: [2]*wèi*

sānbái 三白 N. three whites (a kind of watermelon with white skin/pulp/seeds)

sānbǎi* 三百 NUM. three hundred

sānbǎi liùshí háng 三百六十行 N. all trades and professions

Sān-Bā Jié 三八节[-節] N. International Working Women's Day (March 8)

sānbǎn 三板 N. sampan

sānbāndǎo 三班倒 N. three-shifts system

sānbǎngdìng'àn 三榜定案 F.E. decision made after three rounds of discussions

sānbānliùfáng 三班六房 F.E. <*trad.*> all the officials in a *yamen*

sānbàn mùlán 三瓣木兰[-蘭] N. <*bot.*> umbrella tree M: [2]*kē*

sānbàn qiúyú 三绊犰狳 N. three-banded armadillo M: [2]*zhī*

sānbànxíng huāshì 三瓣形花饰 N. ① <*bot.*> trefoil ② ornament/design like a trifoliate leaf

sānbānzhì 三班制 N. three-shift system

sānbàn(r)zuǐr 三瓣(儿)嘴儿 N. <*topo.*> harelip

[1]**sānbāo** 三包 N. three guarantees (for repair, replacement, and compensation of faulty products)

[2]**sānbāo** 三胞 N. compatriots in Hong Kong, Macao, and Taiwan

[1]**sānbǎo*** 三宝[-寶] N. ① territory, people, government and its business ② <*Budd.*> Triratna; triad of Buddha, dharma (law), and sangha (community of monks)

[2]**sānbǎo** 三保 N. <*PRC*> guarantee to provide high-quality (products, parts, and technical services)

sǎnbāo 伞包[傘-] N. ① pack; pack assembly ② parachute pack

sānbǎodiàn 三宝殿[-寶-] P.W. main hall in a Buddhist temple M: [4]*zuò*

sānbāotāi 三胞胎 N. triplets

Sānbǎo tàijiān 三保太监[-監] N. <*hist.*> *See Zhèng Hé*

sānbǎotián 三保田 N. <*PRC*> fields where conservation of water, fertilizer, and soil is practiced M: [2]*kuài*

sānbāshì gànbù 三八式干部[---幹-] N. <*PRC*> thirty-eighter (a person who joined the revolution in 1938) M: [2]*wèi*

sānbāzhǔyì 三八主义[-義] N. three "8" system under which a 24-hour day is divided into 8 hours of work, 8 hours of recreation, and 8 hours of sleep

Sān-běi 三北 AB. *Dōngběi, Huáběi,* and *Xīběi*

sānběi dìqū 三北地区[-區] P.W. northwest, north, and northeast China

sānbèitǐ 三倍体[-體] N. <*bio.*> triploid

sānbiān 三边[-邊] N. three sides ♦ATTR. trilateral

sānbiān fǔzhú 三边腐竹[-邊--] N. a type of dried beancurd skin

sānbiān gǎigé 三边改革[-邊--] N. tripartite reform

sānbiān tǐqū 三边体区[-邊體區] P.W. trivium

sānbiān xiédìng 三边协定[-邊協-] N. trilateral agreement

sānbiānxíng 三边形[-邊-] N. triangle

sānbiǎo 三表 N. third cousin

[1]**sǎnbīng** 伞兵[傘-] N. paratrooper; parachuter M: [2]*wèi*

[2]**sǎnbīng** 散兵 N. <*mil.*> ① scattered/defeated soldiers who lost contact with their commander; stragglers ② skirmisher, soldiers in combat formation

sǎnbīng bùduì 伞兵部队[傘-隊] P.W. parachute troops; paratroops

sǎnbīngháo 散兵壕 N. <*mil.*> slit trench M: [1]*tiáo*

sǎnbīngkēng 散兵坑 N. <*mil.*> foxhole; slit trench

sǎnbīngxiàn 散兵线 N. <*mil.*> open skirmish line

sǎnbīngyóuyǒng 散兵游勇 F.E. straggling troops

sànbō 散播 V. disseminate; spread

sǎnbōjī 散播机 N. <*mach.*> broadcast seeder; broadcaster M: [1]*tái*

sānbù 三部 N. three parts/episodes/sections/etc.

[1]**sànbù*** 散步 V.O. take a walk

[2]**sànbù** 散布 V. disseminate; scatter; diffuse

sànbùdào 散步道 N. pavement; sidewalk M: [1]*tiáo*

sānbùfen 三部分 N. tripartite

sānbùguǎn 三不管 N. ① irresponsible person ② district not within the jurisdiction of any of the neighboring magistrates ♦V.P. be nobody's business

sānbùliǎngbù 三步两步 F.E. (walk) in big strides toward sb./sth.

sǎnbuliǎo* 散不了 R.V. won't fall apart *See also* **sànbuliǎo**

sànbuliǎo 散不了 R.V. won't/can't separate (of people) *See also* **sǎnbuliǎo**

sànbù liúyánfēiyǔ 散布流言蜚语 F.E. spread slanderous rumors

sānbùqǔ 三部曲 N. trilogy

sānbùxìng 三不幸 N. three greatest misfortunes (lose one's father when young and one's spouse when middle-aged, and have no son in old age)

sānbùxiǔ 三不朽 N. <*wr.*> the three imperishables (one's virtue, achievements, and teachings)

sānbù zhèngcè 三不政策 N. three noes policy (no contact, no negotiation, no compromise)

sānbùzhī 三不知 N. know nothing

sānbù zhǔyì 三不主义[-義] <*PRC*> N. ① the principle of three nots (not seizing on other's faults, not putting labels on people, and not using the big stick) ② the three noes policy (no contact, no negotiation, no compromise policy attributed to the Taiwan authorities by the PRC)

sāncái 三才 N. <*wr.*> the three powers (heaven, earth, and man)

sāncǎi 三彩 N. <*art*> three glaze colors popular in certain dynasties

sǎncái 散才 N. a scholar who disdains social conventions M: [2]*wèi*

sàncái* 散财 V.O. spend/give away one's money/property

sāncáobǎn 三槽板 N. <*archi.*> triglyph

sāncáoduì'àn 三曹对案[--對-] N. confrontation of the three parties (i.e. the plaintiff, the defendant, and the witness) in court

sān céng 三层[-層] N. three layers/stories

sāncéngbǎn 三层板[-層-] N. three-ply board M: [2]*kuài*

sānchādàmài 三叉大麦[-麥] N. <*bot.*> Himalayan barley M: [2]*zhū*

sānchājǐ 三叉戟 N. trident; three-pronged spear M: [4]*zhī*

sānchàkǒu 三岔口 N. fork in the road; junction of three roads

sānchāliǎngcuò 三差两错 F.E. ① a few mistakes/discrepancies ② occasional accidents

sāncháliùfàn 三茶六饭 F.E. meals of the day

sāncháliùlǐ 三茶六礼[-禮] F.E. marry sb. with the proper ceremonies

sānchàlù 三岔路 N. junction of three roads; forked roads

sānchà lùkǒu 三岔路口 N. junction of three roads

sànchǎng 散场[-場] V.O. be over (of performance)

sānchángliǎngduǎn 三长两短 ID. unexpected misfortune

sāncháng tǎngyǐ 三长躺椅 N. triclinium M: [1]*zhāng*

sānchǎnyè 三产业[-產業] P.W. tertiary (service) sector

sāncháoyuánlǎo 三朝元老 N. ① statesman serving three successive emperors ② most-senior employee in a government organization M: [2]*wèi*

sānchāshénjīng 三叉神经[-經] N. trigeminal nerves; trigeminus

sānchēdào dàolù 三车道道路 N. three-lane road M: [1]*tiáo*

sānchǐtóngzǐ 三尺童子 N. lad

sānchóng 三重 ATTR. triple

sānchóngchàng 三重唱 N. vocal trio M: [2]*shǒu*

sānchóngcí 三重词 N. <*lg.*> triplet

sānchóng fānyì 三重翻译[-譯] N. <*lg.*> triple translation

sānchóng fǒudìng 三重否定 N. <*lg.*> triple negation

sānchóng mǔyīn 三重母音 N. triphthong

sānchóngzòu 三重奏 N. instrumental trio

sànchū 散出 R.V. disperse; diffuse; emit; scatter; spread out

sānchūn 三春 N. <*wr.*> three months of spring

sānchūnliǔ 三春柳 N. <*bot.*> Chinese tamarisk M: [2]*kē*

sāncì fāngchéngshì 三次方程式 N. <*math.*> cubic equation

sāncóngsìdé 三从四德[-從--] F.E. the three subjections and the four virtues (of women)

sāncùn-bùlànzhīshé 三寸不烂之舌[---爛--] N. have a persuasive tongue

sāncùndīng 三寸丁 N. very small person

sāncùnjīnlián 三寸金莲 N. bound feet

sāncùnshé 三寸舌 N. a glib tongue M: [1]*tiáo*

sāncùnzhīshé 三寸之舌 N. persuasive person who can talk reluctant others into doing sth.

sān dà chābié 三大差别 N. the three major distinctions: town vs. country, industry vs.agriculture, physical vs. mental labor

sāndádé 三达德[-達-] N. <*wr.*> the three virtues (wisdom, benevolence, and courage)

sān dà fǎbǎo 三大法宝[-寶] N. CCP's three magic weapons: united front, armed struggle, Party building

sān dà fāmíng 三大发明[--發-] N. <*hist.*> the three major Chinese inventions (gunpowder, printing, and the compass)

sān dà gémìng shíjiàn 三大革命实践[-實踐] N. <*PRC*> class struggle, production struggle, and scientific experimentation

sān dà gémìng yùndòng 三大革命运动[-運動] N. <*PRC*> class struggle, production struggle, and scientific experimentation

sāndài* 三代 N. ① three generations ② grandfather, son, grandson ③ great-grandfather, grandfather, son *See also Sān-Dài*

Sān-Dài 三代 N. <*hist.*> Xia, Shang, and Zhou dynasties *See also sāndài*

sāndàitóngtáng 三代同堂 F.E. three generations living under the same roof

sāndàitóu 三带头[-帶-] N. <*PRC*> taking the lead in three matters: propaganda, practicing birth control, and eradicating feudal mentality

sāndàjiànr 三大件儿 N. ① fetters, shackles, and pillory ② three big items (formerly: bicycle, watch, and sewing machine; later: electric fan, washing machine, and refrigerator)

sān dà lǐngzhǔ 三大领主 N. <*PRC*> three kinds of estate-holders in Tibet: the government, the monasteries, and the nobles

sān dà mínzhǔ 三大民主 N. <*PRC*> the political, economic, and military democracy to be practiced in the PLA

[1]**sǎndàn** 霰弹 N. shrapnel; canister shot M: [1]*kē* *See also xiàndàn*

[2]**sǎndàn** 散诞 S.V. free and unfettered

sàndàn* 散弹 N. grapeshot; pellet M: *fā*

sàndàng 散荡[-蕩] V. play idly; loaf about

sāndào 三到 N. use of three organs (ears, eyes, and mouth) simultaneously (in study)

sàndao bāxiàli qùle 散到八下里去了[----裡--] V.P. <*coll.*> scattered to the four winds

sān dà pínghéng 三大平衡 N. three big equilibriums of the national economy (material goods, public finance, and credit)

sān dàqiú 三大球 N. football, basketball, and volleyball

sān dà shíjiàn 三大实践[-實踐] N. <*PRC*> class struggle, production struggle, and scientific experimentation

sān dàyáng 三大洋 N. <*geog.*> the three big oceans (Pacific, Atlantic, and Indian)

sān dà zuòfēng 三大作风 N. <*PRC*> three main work styles (linking theory with practice, relating intimately with the masses, and criticizing oneself)

sānděng 三等 N. ① third class (in quality/etc.) ② three grades/classes

sānděngcāng 三等仓[-倉] P.W. third-class cabin (on boat)

sānděngfēn 三等分 N. trisection; trisector

sānděng huò 三等货 N. third-class commodity

sānděng mìshū 三等秘书[-書] N. third secretary M: [2]*wèi*

sānděngpǐn 三等品 N. third-grade product M: [2]*jiàn/ge*

sānděngqīn 三等亲[-親] N. tertiary kinship

sāndiǎn 三点[-點] N. three-point

sāndiǎn fāng'àn 三点方案[-點--] N. three pronged program

sāndiǎnshì 三点式[-點-] N. bikini M: [2]*jiàn*

sāndiǎnshì yóuyǒngyī 三点式游泳衣[-點----] N. bikini swimsuit M: [2]*jiàn*

sāndiǎnshuǐr 三点水儿[-點--] N. (Kangxi 85);3-dot water radical

sāndiǎnzhuāng 三点装[-點裝] N. bikini suit M: [2]*jiàn*

Sāndiéjì 三叠/迭纪[-疊-] N. <*geol.*> Triassic Period

sāndīng 三钉 N. three nails (ground nails, barn nails, and screws)

sāndìng* 三定 N. <*PRC*> three fixed quotas (for production, purchase, and marketing of grain)

sāndìzhǐ 三地址 N. <*comp.*> three-address; triple-address

sāndōng* 三冬 N. ① three winters ② three months of winter

Sāndòng 三洞 N. <*Dao.*> Three Caves

sāndú 三读[-讀] N. third reading of a bill in a legislative session

sāndù* 三度 ATTR. ① third-degree ② three-dimensional

sǎnduàn 散段 N. unlinked sections (of narratives)

sānduànlùn 三段论 N. <*log.*> syllogism

sāndúhuì 三读会[-讀-] P.W. session for a third reading (in parliament)

sànduì 散队[-隊] V.O. break up a formation

sānduìliùmiàn 三对六面[-對--] F.E. presence of the two interested parties plus a third disinterested party as a witness

sāndù kōngjiān 三度空间 N. <*phil.*> three-dimensional space

sānduō 三多 N. three therapeutic methods (diaphoresis, emetic measures, purgation and diuresis)

sāndù shāoshāng 三度烧伤[-燒傷] N. <*med.*> third-degree burn

sāndú tōngguò 三读通过[-讀--] V.P. pass a bill by reading it three times in a legislative session

sānfǎ 三法 N. <*Ch. med.*> three therapeutic methods of traditional Chinese medicine (i.e. diaphoresis, emetic measures, purgation and diuresis)

sànfā* 散发[-發] V. ① send out; diffuse ② distribute; issue *See also sànfà*

sànfà 散发[-髮] N. disheveled hair/unkempt hair *See also sànfā*

sānfǎn 三反 N. <*pol.*> the three oppositions: to corruption, waste, bureaucracy

sānfāng* 三方 N. tripartite

sānfáng 三防 N. three proofings/preventions (against unwanted occurrences)

sànfàng 散放 V. ① send out/forth *Zhèxiē huā ~zhe xiāngwèi.* These flowers are giving out a sweet smell. ② distribute

sǎnfáng huāxù 伞房花序[傘-] N. <*bot.*> corymb

sānfāng huìtán 三方会谈 N. tripartite (three-party) talks

sānfángsìqiè 三房四妾 N. wive(s) and/or concubines

sānfānliǎngcì 三番两次 F.E. again and again; repeatedly

Sānfānshì 三番市 P.W. San Francisco

sānfǎnsìfù 三反四复[-復] F.E. ① repeat once again ② vacillate in attitude

sānfānwǔcì 三番五次 F.E. again and again; repeatedly

sān-fǎn yùndòng 三反运动[-運動] N. <*PRC*> three oppositions of 1951–1952 countering corruption, waste, and bureaucracy

sān-fèi 三废[-廢] N. three wastes: of gas, water, industrial residue

sǎnfēi zǐdàn 散飞子弹[-飛--] N. <*mil.*> wild shot

sānfēn 三分 N. ① tripartition ② thirty percent ③ three-tenths ④ a little bit; in same degree; somewhat

sānfēndǐngzú 三分鼎足 F.E. three-way struggle for hegemony

sānfēnfǎ 三分法 N. method of tripartition

sānfēnhuà 三分话 N. expression of only part of one's thoughts

sānfénwǔdiǎn 三坟五典[-墳--] F.E. <*hist.*> lost ancient books of historical records

sān fēnzhī èr 三分之二 NUM. two-thirds

sān fēnzhī yī ruò 三分之一弱 V.P. a bit less than one-third

sānfú* 三伏 N. ① three ten-day periods of the hot season ② last of the three periods of the hot season

sānfù 三副 N. third mate/officer on ships

sǎnfū 散夫 N. unskilled worker M: [2]*wèi*

sānfùsìyán 三复斯言[-復--] F.E. think over or ponder my advice (spoken to a junior)

sānfútiān 三伏天 N. ① three ten-day periods of the hot season ② last of the three periods of the hot season

[1]**sāng** 桑 B.F. mulberry *sāngshù* ♦N. Surname

[2]**sāng** 丧[喪] B.F. mourning *sāngshì See also sàng*

[1]**sǎng** 搡 V. ① <*topo.*> push vigorously ② <*coll.*> fob off; urge sth. upon another

[2]**sǎng** 嗓 B.F. throat; voice *sǎngzi*

[3]**sǎng** 颡[顙] <*wr.*> N. forehead

sàng* 丧[喪] V. ① lose (by death) ② lose (sth. important) *See also* [2]*sāng*

sǎn'gài 伞盖[傘蓋] N. canopy (of umbrella)

sān gāng 三纲[-綱] N. <*trad.*> The Cardinal Guides of Social Order: ruler-subject, father-child,husband-wife

sāngāng-wǔcháng 三纲五常[-綱--] N. <*trad.*> The Three Cardinal Guides and Five Constant Virtues

sāngāo 三高 N. three highs (high labor production, high commodities rate, and high economic efficiency)

sàngbài 丧败[喪-] V. suffer a downfall; decline and fall

sāngbái máochóng 桑白毛虫[-蟲] N. <*zoo.*> mulberry dagger moth M: [1]*tiáo*

sāngbáipí 桑白皮 N. <*Ch. med.*> root bark of white mulberry

sāngbang 桑梆 S.V. <*coll.*> ① stiff; rigid ② grim; dour

sāngbǎng 丧榜[喪-] N. white notice of a funeral at home

sàngbàng* 丧谤[喪-] V. speak ill of; revile; slander

sàngbāngzi 丧梆子[喪-] N. <*topo.*> killjoy; sourpuss

sāngcán 桑蚕[-蠶] N. silkworm M: [1]*tiáo*

sāngcánsī 桑蚕丝[-蠶絲] N. mulberry silk M: [2]*gēn*

sāngchóng 桑虫[-蟲] N. silkworm M: [1]*tiáo*

sàngdǎn 丧胆[喪膽] V.O. terror-stricken

sàngdǎnwánghún 丧胆亡魂[喪膽-] F.E. tremble with fear *Tā bèi xià de ~.* He was scared to death.

sàngdiào 丧掉[喪-] V. lose (life/etc.)

sàngdìrǔguó 丧地辱国[喪-國] F.E. surrender territory and bring humiliation to the country

sān ge héshang méi shuǐ chī 三个和尚没水吃[-個-----] ID. Too many cooks spoil the broth.

sān ge miànxiàng 三个面向[-個--] N. the three directions to face (modernization, the world, and the future)

S

sāngēng 三更 N. <*trad.*> third night watch
sāngēng-bànyè 三更半夜 N. late at night (usu. after midnight)
sān ge shí 三个十[-個-] NUM. thirty
sān ge shìchǎng 三个市场[-個-場] N. three markets (rural market, urban market, and international market)
sān ge shìjiè 三个世界[-個--] N. three worlds: first (developed), second (developing), and third (underdeveloped)
sān ge tígāo 三个提高[-個--] N. three upgradings (in work efficiency, economic efficiency, and labor productivity)
sān ge zhǐtou shí tiánluó 三个指头拾田螺[-個-----] ID. simple; a piece of cake
sāngfú 丧服[喪-] N. mourning apparel M: ^{2}*jiàn/tào*
sàngfū* 丧夫[喪-] V.O. be deprived of one's husband
Sānggē Wěiyuánhuì 桑戈委员会 P.W. Sabger Committee
sāngguǒ* 桑果 N. mulberry berry M: ^{1}*kē*
sàngguó 丧国[喪國] V.O. lose one's country to a conqueror
sānghù 桑扈 N. hawfinch M: ^{2}*zhī*
sànghúnluòpò 丧魂落魄[喪-] F.E. be frightened out of one's wits
sānghuò 桑蠖 N. caterpillar of a looper M: ^{2}*zhī*
sāngjì 丧祭[喪-] N. funeral service M: ^{2}*chǎng*
sāngjiā* 丧家[喪-] N. family of the deceased; bereaved family
sāngjià 丧假[喪-] N. funeral leave
sàngjiāgǒu 丧家狗[喪-] N. outcast M: ^{1}*tiáo*
sāngjiānpúshàng 桑间濮上 ID. ① rendezvous for lovers ② place notorious for profligacy
sàngjiāquǎn 丧家犬[喪-] N. ① stray dog ② outcast
sàngjiāzhīgǒu 丧家之狗[喪-] N. outcast M: ^{1}*tiáo*
sàngjiāzhīquǎn 丧家之犬[喪-] N. ① stray dog ② outcast
sàngjìn 丧尽[喪盡] V. lose completely
sàngjìntiānliáng 丧尽天良[喪盡-] F.E. be utterly devoid of conscience; be heartless
sāngjìshēng 桑寄生 N. <*Ch. med.*> parasitic loranthus
sāngjiū 桑鸠 N. <*zoo.*> cuckoo M: ^{2}*zhī*
sāngjū* 丧居[喪-] V. live in mourning
sàngjǔ 丧沮[喪-] S.V. discouraged; demoralized
sānglǐ 丧礼[喪禮] N. funeral (rites)
sānglín 桑林 P.W. mulberry grove M: ^{1}*piàn*
sāngluàn 丧乱[喪亂] N. <*wr.*> death and disorder M: ^{2}*chǎng*
sāngmá 桑麻 ID. life on a farm
^{1}**sāngmén** 丧门[喪-] N. unlucky thing
^{2}**sāngmén** 桑门 N. <*Budd.*> monk M: ^{2}*wèi*
sǎngmén(r)* 嗓门(儿) N. ① larynx ② voice
sāngménguǐ 丧门鬼[喪-] N. evil spirit in charge of death
sǎngmén hǎnpò 嗓门喊破 V.P. rave oneself hoarse
sǎngmén shāyǎ 嗓门沙哑[-啞] V.P. have a thick voice
sāngménshén 丧门神[喪-] N. incubus
sāngménxīng 丧门星[喪-] N. ① woman who brings ill luck to her husband's family ② anyone who brings ill luck
sāngmiáo 桑苗 N. mulberry sapling
sàngmíng 丧明[喪-] V.O. ① become blind ② mourn the death of one's son
sàngmìng* 丧命[喪-] V.O. lose one's life
sàngmíngzhītòng 丧明之痛[喪-] N. death of one's son
sāngná 桑拿 N. <*loan*> sauna
sāngnàyù 桑那浴 N. sauna bath
sāngniú 桑牛 N. <*zoo.*> capricorn beetle M: ^{2}*zhī*
sān gōng 三公 N. <*trad.*> the three highest-ranking officials in the imperial court
sǎngōng* 散工 N. part-time job; odd jobs *See also sàngōng*
sàngōng 散工 V.O. leave the factory after the day's work is over *See also sǎngōng*
sāngōng-liùyuàn 三宫六院/苑[-宮--] N. emperor's harem
sàng'ǒu 丧偶[喪-] V.O. <*wr.*> lose one's spouse
sāngpízhǐ 桑皮纸 N. mulberry-bark paper M: ^{1}*zhāng*
sāngqī 丧期[喪-] N. mourning period
sàngqi* 丧气[喪氣] V.O./S.V. <*coll.*> have bad luck *See also sàngqì*
sàngqī 丧妻[喪-] V.O. lose one's wife
sàngqì 丧气[喪氣] V.O./S.V. feel disheartened *See also sàngqi*
sàngqìguǐ 丧气鬼[喪氣-] N. <*coll.*> ① jinx ② pessimist
sàngqìhuà 丧气话[喪氣-] N. discouraging remarks M: ^{1}*jù*
sàngquánrǔguó 丧权辱国[喪權-國] F.E. humiliate the nation and forfeit its sovereignty
sāngrèn(r) 桑葚(儿) N. mulberry M: ^{1}*kē*
sāngrì 丧日[喪-] N. day of death
sāngshà 丧煞[喪-] N. return of a dead person's ghost to his home
sāngshèn(r) 桑葚/椹(儿) N. mulberry (the fruit) M: ^{1}*kē*
sàngshēn* 丧身[喪-] V.O. lose one's life
sǎngshēng 嗓声[-聲] N. voice
sàngshēng* 丧生[喪-] V.O. lose one's life
sàngshēng'āiqì 丧声哀气[喪聲-氣] F.E. complain and whine
sāngshì 丧事[喪-] N. funeral arrangement/affairs M: ^{2}*chǎng*
^{1}**sàngshī*** 丧失[喪-] V. lose
^{2}**sàngshī** 丧师[喪師] V.O. be defeated in battle
sàngshī lìchǎng 丧失立场[喪-場] V.O. <*PRC*> depart from the correct stand
sàngshī quánlì 丧失权力[喪-權-] V.O. forfeit one's rights
sàngshīrǔguó 丧师辱国[喪師-國] F.E. suffer military defeat and disgrace the country
sàngshī xìnyù 丧失信誉[喪-譽] V.O. bring discredit on sb.
sāngshù 桑树[-樹] N. mulberry tree M: ^{2}*kē*
Sāngtǎnà 桑塔那/纳 N. <*loan*> Santana (brand of Brazilian Volkswagen automobile produced in Shanghai) M: ^{3}*liàng*
sāngtián 桑田 N. plantation of mulberry trees
sāngtiáncānghǎi 桑田沧海[--滄-] ID. great changes take place
sàngtiānhàilǐ 丧天害理[喪-] F.E. act against reason and nature
sāngtiáo 桑条[-條] N. mulberry shoot M: ^{5}*zhī*
sāngtǔ 桑土 N. <*wr.*> mulberry fields/grounds M: ^{2}*kuài*
sǎngǔ 伞骨[傘-] N. ribs of an umbrella
sān-guān* 三关[-關] N. three critical points for women (romantic love, marriage, and childbirth) *See also gǎn sān guān*
sǎnguān 散官 N. one who holds a sinecure post in a government agency M: ^{2}*wèi*
sànguǎn 散馆 V.O. <*trad.*> end the day's sessions (in private schools)
sānguāng 三光 N. the three luminaries (sun, moon, and stars)
sǎnguāng* 散光 N. astigmatism *See also sànguāng*
sànguàng 散逛 V. <*coll.*> stroll; laze
sànguāng 散光 V.O. diffuse light *See also sǎnguāng*
sǎnguāng yǎnjìng 散光眼睛 N. astigmatic glasses
sānguāng zhèngcè 三光政策 N. policy of "burn all, kill all, loot all"
sāngùcǎolú 三顾草庐[-顧-廬] ID. beg a man of talent to give his help
sāngǔ'érjié 三鼓而竭 F.E. By the time the third drum beats (for the charge), the ardor is already exhausted; Too many charges (without a real fight) will exhaust the soldiers.
sānguìjiǔkòu 三跪九叩 F.E. kneel three times with the head touching the ground nine times
sāngūliùpó 三姑六婆 F.E. women whose professions are either illegitimate or disreputable
sāngùmáolú 三顾茅庐[-顧-廬] F.E. ① repeatedly request sb. to take up a responsible post ② earnestly seek the services of able and virtuous people
Sānguó 三国[-國] P.W. <*hist.*> Three Kingdoms (220–265)
Sānguó dǐnglì 三国鼎立[-國--] N. <*hist.*> confrontation among the Three Kingdoms of Wei, Shu, and Wu
sānguòqímén ér bù rù 三过其门而不入 F.E. be too busy dashing about to make a home stop
Sānguó Yǎnyì 三国演义 N. *The Romance of the Three Kingdoms*
sàngwáng 丧亡[喪-] V. die; perish
sàngxīn 丧心[喪-] V.O. ① lose one's head ② quail
sàngxīnbìngkuáng 丧心病狂[喪-] F.E. frenzied
sǎngyǎnr 嗓眼儿 N. <*coll.*> throat
sāngyè 桑叶[-葉] N. mulberry leaves M: ^{1}*piàn*
sāngyí 丧仪[喪儀] N. funeral ceremony
sǎngyīn 嗓音 N. ① voice ② deep voice ③ harsh sound
sāngyú 桑榆 N. ① mulberry and elm ② sunset ③ old age ④ west
sāngyuán 桑园[-園] P.W. mulberry field M: ^{4}*zuò*
sāngyúmùjǐng 桑榆暮景 ID. closing years of one's life
sāngyúwǎnjǐng 桑榆晚景 ID. closing years of one's life
sāngzàng 丧葬[喪-] V. conduct a funeral ◆N. burial; funeral
sāngzàngfèi 丧葬费[喪-] N. funeral expense M: ^{2}*bǐ*
sàngzhì 丧志[喪-] V.O. ① lose one's determination/ambition ② destroy the mind
sāngzhōng 丧钟[喪鐘] N. funeral bell; death knell
sāngzhōngzhīhuì 桑中之会 N. lovers' rendezvous
sāngzhōngzhīlè 桑中之乐[-樂] N. illicit love
sāngzhǔ 丧主[喪-] N. eldest son taking charge of a parent's funeral, or the eldest grandson in the absence of the eldest son
sāngzǐ 桑梓 N. <*wr.*> one's native place
sǎngzi* 嗓子 N. ① throat; larynx ② voice
sǎngzi téng 嗓子疼 V.P. sore throat
sǎngzi tòng 嗓子痛 V.P. sore throat
sǎngziyǎn(r) 嗓子眼(儿) N. <*coll.*> throat
sāngzǐzhīqíng 桑梓之情 N. friendship of natives/inhabitants of a particular region
sān-hángr 三行儿 N. ① cook, sauce man, and waiter in a restaurant ② <*Cantonese topo.*> mason, carpenter, and blacksmith
sānhǎo* 三好 N. the "three goods" (ethics, academic performance, health)
sǎnháo 散壕 N. <*mil.*> rifle pit; fire trench M: ^{1}*tiáo*
sānhǎo xuésheng 三好学生 N. a "three-goods" student
sānhé 三合 ATTR. triple; tri-
sānhébǎn 三合板 N. three-ply board; plywood M: ^{1}*zhāng*/^{2}*kuài*
sānhéchī 三合吃 N. <*topo.*> sandwich
sānhé(r)fáng 三合(儿)房 P.W. house with a master room and two side-rooms M: ^{4}*zuò*
Sānhéhuì 三合会 N. Triad Society (early Qing anti-Manchu secret society)
sānhétǐ 三合体[-體] N. triad (object)
sānhétǔ 三合土 N. mortar
sānhéxián 三合弦 N. <*mus.*> triad
sānhéxīng 三合星 N. <*astr.*> triple star
sānhéyīn 三合音 N. <*lg.*> triphthong
sānhé yuányīn 三合元音 N. <*lg.*> triphthong
sànhòng 散哄 V. break up in disagreement
sān-huà 三化 N. three "-ations" (standardization, seriation, and unification in industrial and mining products)
sǎnhuà 散话 N. idle talk; gossip
sànhuā* 散花 V.O. ① strew flowers as an offering ② <*Budd.*> display (textile) flowers in a ceremony

sānhuāliǎn 三花脸 N. ① opera clown ② <coll.> ugly/mean face M: [1]zhāng

sānhuàmíng 三化螟 N. <agr.> yellow rice borer M: [1]tiáo

sān-huāng 三荒 N. three barren areas (hills, slopes, and beaches)

Sān-Huáng* 三皇 N. <hist.> the Three Primordial Sovereigns: Fuxi, Shennong, and Huangdi

sànhuì 散会 V.O. adjourn a meeting

sānhuíjiǔzhuǎn 三回九转[-轉] F.E. <topo.> time and time again

sānhúnliùpò 三魂六魄 *See sānhúnqīpò*

sānhúnqīpò 三魂七魄 F.E. ① soul ② three finer spirits and several baser instincts that motivate a human being

sǎnhuò 散货 N. bulk cargo M: [1]pī

sànhuǒ* 散伙 V.O. ① dissolve; disband ② break up (of lovers or a married couple)

sǎnhuòchuán 散货船 N. bulk freighter M: [1]tiáo/[1]sōu

sānhuòtǔ 三和土 N. mortar

sānhū wànsuì 三呼万岁[-萬歲] V.P. shout "Long Live the Emperor" three times

sāniào 撒尿 V.O. <coll.> piss; pee; urinate

[1]**sānjí** 三级 N. third class/order

[2]**sānjí** 三极[-極] N. <elec.> three poles

[1]**sǎnjì*** 散记 N. random notes; sidelights

[2]**sǎnjì** 散剂[-劑] N. <med.> powder; pulvis

sǎnjià 散架 V.O. ① fall apart ② feel totally exhausted

sānjiábǎn 三夹板[-夾-] N. plywood M: [1]zhāng/[2]kuài

sānjiācūn 三家村 P.W. ① small village ② <pol.> The Three Reactionary Writers

sānjiàmǎchē 三驾马车 N. ① carriage drawn by a team of three horses ② troika; triumvirate

sānjiān* 三缄 V. be circumspect in one's speech

sǎnjiàn 散见 V. be seen at scattered places

sānjiānbàn 三尖瓣 N. <phys.> tricuspid valve

sānjiǎng 三讲[-講] AB. Three Stresses (Jiang Zemin's campaign 1999-2000)

sǎnjiàngèbào 散见各报[-報] F.E. reported in various papers

sǎnjiànghuǒpào 伞降火炮[傘-] F.E. <mil.> pack artillery

sānjiànliùmiàn 三见六面 ID. give a promise in public

sānjiānqíkǒu 三缄其口 F.E. ① speak with caution ② seal one's lips

sānjiāo 三焦 N. <Ch. med.> the three visceral cavities housing the internal organs

sānjiǎo(r)* 三角(儿) N. ① triangle ② <math.> trigonometry

Sān Jiào 三教 N. the Three Doctrines: Confucianism, Buddhism, Daoism

sānjiǎobǎn 三角板 N. set square; (drafting) triangle M: [2]kuài

sānjiāobiànzhèng 三焦辨证[-證] F.E. <Ch. med> analyzing and differentiating diseases according to the pathological changes in the three visceral cavities

sānjiǎo cèliáng 三角测量 N. triangulation; trigonometrical survey

sānjiǎochǐ 三角尺 N. set square; drafting triangle M: [2]kuài

sānjiǎocuò 三角锉 N. angle file M: [1]bǎ

sānjiǎodèng 三脚凳[-腳-] N. three-legged stool M: [1]zhāng

sānjiǎofǎ 三角法 N. <math.> trigonometry

sānjiǎofān 三角帆 N. triangular sail M: [1]zhāng

sānjiǎofáng 三角鲂 N. <zoo.> triangular bream M: [1]tiáo

sānjiǎofēng 三角枫 N. <bot.> trident maple M: [2]kē

sānjiǎo guānxi 三角关系[-關係] N. triangular relation

sānjiǎo hánshù 三角函数[-數] N. <math.> circular/trigonometric functions

sānjiǎojī 三角肌 N. <phys.> deltoid muscle

sānjiǎojià 三脚架[-腳-] N. tripod

sānjiàojiǔliú 三教九流 F.E. ① the Three Doctrines and the Nine Schools ② <derog.> people of all walks of life

sānjiǎokù 三角裤 N. panties; briefs M: [1]tiáo

sānjiǎokuàir 三角块儿[--塊-] N. triangle

sānjiǎo liàn'ài 三角恋爱[-戀愛] N. love triangle

sānjiǎoliǎngbù 三脚两步[-腳--] F.E. ① in great haste ② nearby

sānjiǎomāo 三脚猫[-腳貓] N. jack-of-all-trades

sānjiǎo màoyì 三角贸易 N. triangular trade

sānjiǎoqí 三角旗 N. pennant; pennon M: [1]miàn

sānjiǎotiě 三角铁[-鐵] N. ① angle iron; L-iron M: [2]kuài/[2]gēn ② <mus.> triangle

sānjiǎowān 三角湾[-灣] P.W. estuary

sānjiǎoxíng 三角形 N. triangle; delta

sānjiǎoxué 三角学 N. trigonometry

sānjiǎoyì 三角翼 N. delta wing

sānjiǎo yúnwén 三角云纹[--雲-] N. <art> cloud-in-triangle pattern

sānjiǎozhài 三角债 N. triangular debt (debt owed by C to B and B to A)

sānjiǎozhōu 三角洲 N. <geog.> delta

sānjiǎozhuī 三角锥 N. <math.> triangular pyramid

sānjià yuánsù 三价元素[-價--] N. <chem.> trivalent element

sǎnjiàzi 伞架子[傘-] N. umbrella frame/bone

sānjìdào 三季稻 N. triple cropping of rice

sānjié* 三节[-節] N. ① three sections/passages/etc. ② the three major Chinese traditional festivals (Duānwǔjié, Zhōngqiūjié, and Chūnjié)

sānjiè 三界 P.W. <Budd.> the three divisions of the universe

sānjiégùn 三节棍[-節-] N. three-section staff/cudgel M: [1]tiáo

sānjiéhé 三结合 N. three-in-one combination *lǎo-zhōng-qīng ~ de lǐngdǎo bānzi* a leading body composed of the old, the middle-aged and the young

sānjiēliùxiàng 三街六巷 F.E. streets and lanes

sānjífēng 三级风 N. <met.> force-3 wind; gentle breeze

sānjíguǎn 三极管[-極-] N. <elec.> triode

sānjí huǒjiàn 三级火箭 N. three-stage rocket M: [4]méi

sān Jìn 三晋[-晉] N. the states of Han, Wei, and Zhao during the epoch of the Warring States; they constituted the state of Jin in the preceding Spring and Autumn period

sànjìn* 散尽[-盡] V.P. ① all have left; be gone (of a crowd/etc) ② give all/everything away

sānjìng 三径[-徑] N. hermit's abode

sānjípiàn(r) 三级片(儿) N. X-rated movie M: [2]bù

sān jīsè 三基色 N. three primary colors

sānjítiào 三级跳 N. <sport> hop, step and jump; triple jump

sānjí tiàoyuǎn(r) 三级跳远(儿)[---遠-] N. <sport> three-step long jump; hop, step and jump; triple jump

sānjí tǐzhì 三级体制[-體-] N. <PRC> tri-level system of ownership (by the production team, the production brigade, and the commune)

sānjiǔ 三九 N. coldest days of winter

sānjiǔtiān 三九天 N. dead of winter

sānjiǔyánhán 三九严寒[--嚴-] F.E. in the bitter winter

sānjí zhēnkōngguǎn 三极真空管[-極---] N. <elec.> triode

sǎnjū* 散居 V. live scattered

sǎnjù 伞具[傘-] N. rain gear (i.e.,umbrella, raincoat, etc.)

sànjú 散局 V.O. end a game (of mahjongg/etc.)

sānjùbàn 三句半 N. <thea.> rapid-fire delivery of 3 1/2 sentences by four performers

sān jù bù lí běnháng 三句不离本行[---離--] V.P. talk shop all the time

sān jù huà bù lí běnháng 三句话不离本行[----離--] V.P. talk shop all the time

sān-jūn 三军 N. <trad.> army ♦N. three armed services (army, navy, air force)

sān-jūn sīlìng 三军司令 N. commander-in-chief

sǎnkāi 散开[-開] R.V. scatter/disperse (of things) *See also sànkai*

sànkai* 散开[-開] R.V. disperse;scatter (from center) *See also sǎnkāi*

Sān-K Dǎng 三K党[-黨] P.W. Ku Klux Klan

sǎnkēng 散坑 N. foxhole

sānlǎo 三老 N. county official in charge of culture

sānlǎosìshào 三老四少 F.E. secret societies

sānlǎowǔgēng 三老五更 F.E. venerable elders of the country

sān lèi 三类[-類] N. <lg.> three classes of initials

sānlěishǒu 三垒手[-壘-] N. third baseman (in baseball)

sānléngchǐ 三棱尺 N. three-square rule; triangular scale M: [1]bǎ

sānléngjīn 三棱筋 N. <phys.> deltoid muscle

sānléngjìng(r) 三棱镜(儿) N. <phy.> triangular prism M: [2]kuài

sānléngtǐ 三棱体[-體] N. triangular prism

sānléngxíng 三棱形 N. prism

sānléngzhuī 三棱锥 N. triangular pyramid

sānliándān 三联单[-聯-] N. triplicate form M: [1]zhāng

sānliǎng 三两 NUM. two or three

sānliánguàn 三连冠 N. <sport> ① champion three times running ② champion in three main categories of the same sport (e.g., singles, doubles, mixed)

sānlián yīnfú 三连音符 N. <mus.> triplet

sānliào 三料 N. three vital materials in rural areas(fertilizer, fodder, and fuel)

sǎnliào* 散料 N. bulk cargo M: duī

Sānlíng 三菱 N. Mitsubishi

sānlìngwǔshēn 三令五申 F.E. give repeated orders

sānliùjiǔděng 三六九等 F.E. various grades/ranks

sǎnluàn 散乱[-亂] S.V. messy; in disorder *See also sànluàn*

sànluàn* 散乱[-亂] S.V. scattered; disordered *See also sǎnluàn*

sānlún(r) 三轮(儿) N. ① pedicab M: [3]liàng ② third wheel

sānlúnchē 三轮车 N. pedicab; tricycle M: [3]liàng

sānlún mótuōchē 三轮摩托车 N. motor tricycle M: [3]liàng

sānlún qìchē 三轮汽车 N. three-wheeled vehicle M: [3]liàng

sānlúnshì 三轮式 ATTR. three-wheeled

sānlún zìxíngchē 三轮自行车 N. tricycle

Sānlùnzōng 三论宗 N. <Budd.> School of the Three Treatises

sànluò 散落 V. ① fall here and there ② be scattered/strewn ③ scatter and disappear

sānlùr 三路儿 N. third class

sānmài 三麦[-麥] N. wheat, barley, highland barley

sǎnmàn 散漫 S.V. ① careless and sloppy ② unorganized; scattered

sǎnmànwújì 散漫无纪 F.E. desultory; without discipline; unrestrained

sǎnmànxìng 散漫性 N. undisciplined character

sǎnmào 伞帽[傘-] N. sombrero

sānmèi 三昧 N. ① <Budd.> samadhi (deep meditation) ② secret; knack

sānméiliùzhèng 三媒六证[-證] F.E. go through all the steps of an arranged marriage

sànmèn(r) 散闷(儿) V.O. kill time

sān miàn hóngqí 三面红旗 N. <pol.> The Three Red Banners (General Line for Socialist Construction, Great Leap Forward, and People's Communes)

sānmiànhuánshān 三面环山[--環-] F.E. be ringed on three sides by mountains

sānmiànshǒu 三面手 N. a jack of three trades

sānmíng 三明 N. sun, moon, and stars

sānmíngfǎ de 三名法的 ATTR. <lg.> trinomial

sānmíngzhì 三明治 N. <loan> sandwich

Sānmínzhǔyì 三民主义[-義] N. *Three People's Principles*
sǎnmó 伞膜[傘-] N. umbrella M: [1]*bǎ*
sānmù 三木 N. fetters, shackles, and pillory
sǎnmù* 散木 N. odd pieces of wood; useless timber
sānmuzhǐ 三拇指 N. <*topo.*> middle finger M: [2]*gēn*
sānnián'ài 三年艾 N. early preparations
sānnián'èrzǎi 三年二载 F.E. a couple of years; a few years
sānniánjí 三年级 N. third grade
sānnián kùnnan shíqī 三年困难时期[---難時-] N. <*PRC*> the three-year difficult period (1959–1961)
sānniánwǔzǎi 三年五载 F.E. three to five years; a few years
sānniánxù'ài 三年蓄艾 F.E. make thorough preparations beforehand
sānniányǒuchéng 三年有成 F.E. Three years' hard work is crowned with success.
sǎ nóngyào 撒农药[-農藥] V.O. dust crops with an insecticide
sānpāiwǔ 三拍舞 N. waltz
sānpéngsìyǒu 三朋四友 F.E. friends
sānpǐn de chéngfèn 三品的成分 N. <*lg.*> tertiary
sānpǐnshuō 三品说 N. <*lg.*> three ranks
sānqī* 三七 N. <*Ch. med.*> pseudo-ginseng
sànqì 散气[-氣] V.O. <*coll.*> become relaxed (from stress/etc.)
sānqiān* 三千 NUM. three thousand
sǎnqián 散钱[-錢] N. small bills and coins
sānqī èrshíyī 三七二十一 ID. <*coll.*> ① whatever it is ② true story of a matter/happening
sān-qīkāi 三七开[-開] N. <*PRC*> 70 to 30 ratio; 70 percent achievements and 30 percent mistakes
sànqīn 散亲[-親] V.O. <*topo.*> dissolve a marriage
sān qīng 三清 N. <*Dao.*> the three highest manifestations of the Dao
sānqǐngsìhuàn 三请四唤[-喚] F.E. invite and call repeatedly
sānqīngzi 三青子 <*coll.*> V.P. ① sarcastic ② nasty; surly ♦N. ① thug; scoundrel ② rascally behavior/speech *Tā cháng nào* ~. He often behaves/speaks abominably.
sānqīnliùgù 三亲六故[-親--] F.E. relatives and old friends
sānqīnliùjuàn 三亲六眷[-親--] F.E. all the kinsmen
sānqiū 三秋 N. ① three years ② three months of autumn ③ <*agr.*> three autumn activities (harvesting, tilling, and planting)
sǎnqǔ 散曲 N. lyric verse M: [2]*shǒu*
sànqù* 散去 V. ① dissolve; disband ② spread out; scatter
sān quán bù dí sì shǒu 三拳不敌四手[---敵--] F.E. be outnumbered
sānquánfēnlì 三权分立[-權--] F.E. separation of (the three) powers
sānquánliǎngjiǎo 三拳两脚[-腳] F.E. a few cuffs and kicks
sānquēyī 三缺一 V.P. one more player still needed (in mahjongg)
sànrè 散热[-熱] V.O. ① dissipate heat ② radiate heat
sān-rè'ài 三热爱[-熱愛] N. the three ardent loves: party, country, socialism
sǎnrén 散人 N. <*wr.*> idle man; person not harnessed with duties M: [2]*wèi*
sānrénchénghǔ 三人成虎 ID. Repeated false reports will lead one astray.
sān rén xíng, bì yǒu wǒ shī 三人行,必有我师[---,---師] F.E. If three of us are walking together, at least one of the other two is good enough to be my teacher.
sān rén zhī, tiānxià xiǎo 三人知,天下晓[---,--曉] F.E. When three know, all know.
sànrèqì 散热器[-熱-] N. radiator
sānrìjīngzhào 三日京兆 F.E. uncertainty of government service
sānrìliǎngtóu 三日两头 F.E. every other day; almost every day
sānrìrè 三日热[-熱] N. ephemeral fever; three-day sickness
sǎnrú 散儒 N. scholar who disdains social conventions M: [2]*wèi*
sānsān 毵毵[毿毿] R.F. thin and long (of hair/twigs/etc.)
sǎnsǎn* 散散 ATTR. ①uncertain ②idle; leisurely
sānsānliǎngliǎng 三三两两 R.F. in twos and threes
sǎnsǎnluòluò 散散落落 R.F. scattered about
sānsānwǔwǔ 三三五五 R.F. in small groups of a few members
sānsānzhì 三三制 N. education system which prescribes three years for junior high school and three years for senior high school
sānsè 三色 N. three basic/primary colors (yellow, blue, and red)
sānsèbǎn 三色版 N. three-color halftone; three-color printing block M: [2]*kuài*
sānsèbǎn yìnshuā 三色版印刷 N. trichromatic printing
sānsèjǐn 三色堇 N. <*bot.*> pansy M: [2]*kē*
sānsè zǐluólán 三色紫罗兰[-羅蘭] N. <*bot.*> pansy M: [2]*kē*
sǎnshā 散沙/砂 N. ① loose sand ② lack of the spirit of cooperation
sǎnshācǎo 伞莎草[傘-] N. <*bot.*> umbrella plant M: [2]*kē*
sānshàngēn 三善根 N. <*Budd.*> three kinds of good roots (almsgiving, mercy, and wisdom)
sānshānwǔyuè 三山五岳 F.E. high mountains
sǎnshè 散射 N. <*phy.*> scattering
sānshēn 三身 N. <*Budd.*> the three embodiments of Buddha
[1]**sānshēng** 三生 N. <*Budd.*> three lives/incarnations (the present, previous/past, and next/future)
[2]**sān-shēng** 三牲 N. <*trad.*> the three sacrifices (pig, sheep, cow)
sǎnshēngshù 散生树[-樹] N. scattered trees M: [2]*kē*
sānshēngyǒuxìng 三生有幸 F.E. lucky indeed
sǎnshēngzhēnmáo 散生针茅 N. porcupine grass
sānshēngzhīshí 三生之石 ID. predestined friendship/marriage
sānshí* 三十 NUM. thirty; 30
sān-shǐ 三史 N. <*PRC*> three histories (of family, village, and commune)
sǎnshí 霰石 N. aragonite M: [2]*kuài*
sànshī 散失 V. ① be scattered and lost *Tā de yī xiē zhùzuò zǎoyǐ* ~. Some of his works have long been lost. ② vaporize
sànshī dào 散失到 R.V. scatter over
sānshí'èr fēn yīnfú 三十二分音符 N. <*mus.*> demisemiquaver; thirty-second note
sānshí'èr kāi 三十二开[-開] N. <*print.*> thirty-twomo; 32mo
sānshí'érlì 三十而立 F.E. age when a man should stand on his own feet
Sānshì Fó 三世佛 N. <*Budd.*> Trikalea Buddhas (Buddhas of the Past, Present and Future)
sānshíliù cè 三十六策 N. all the possible schemes/stratagems
sānshíliù háng 三十六行 N. all sorts of occupations; every conceivable line of work
sānshíliù jì 三十六计 N. all the possible schemes/stratagems
sānshíliù zhāo 三十六着[-著] N. all the possible schemes/stratagems
sānshír 三十儿 N. <*coll.*> thirtieth day of a month
sānshísān tiān 三十三天 N. ①thirty-three days ② <*Budd.*> highest place in the firmament
sānshìyǒuyuán 三世有缘 F.E. This is a most fortunate encounter (as though destined).
sǎnshǒu 散手 N. karate
sānshóuzhì 三熟制 N. triple-cropping system *See also sānshúzhì*
sànshuǐ 散水 N. <*archi.*> apron
sānshúzhì 三熟制 N. <*agr.*> triple-cropping system *See also sānshóuzhì*
sānsī* 三思 V. think thrice
sānsì 三四 NUM. three or four
sānsī ér hòuxíng 三思而后行[---後-] F.E. look before you leap
sānsī'érxíng 三思而行 F.E. look before you leap
sānsītāng 三丝汤[-絲湯] N. three shredded ingredients soup
sānsīwéituǒ 三思为妥 F.E. better think it over carefully
sānsù 三速 ATTR. three-speed
sǎnsuì 散碎 S.V. fragmentary
sānsūnzi 三孙子[-孫-] N. <*coll.*> flunky; toady
sānsuō 鬖髿 V.P. <*wr.*> fluffy; puffy (of hair)
sǎnsuǒ* 伞索[傘-] N. parachute ropes
sǎntǎ 伞塔[傘-] N. parachute tower M: [4]*zuò*
sāntāi 三胎 N. triplet
sān-tài* 三态[-態] N. <*phy.*> the three states of matter (solid, liquid, and gas)
sāntàn 三叹[-嘆] N. deep sighs and regrets (over an unhappy experience, tragic accident, etc.)
sàntān(zi)* 散摊(子)[-攤-] V.O. <*coll.*> ① part company ② disband a group ③ dispose
sǎntào 散套 N. sequence of *sǎnqǔ* songs within a particular musical mode
sǎntǐ 散体[-體] N. simple, direct prose style
sāntiānbàn 三天半 N. very short period
sāntiānliǎngtóu(r) 三天两头(儿) F.E. almost every day
sāntōng* 三通 N. ① <*mach.*> triplet; tee; tee joint; three-way plug ② "three exchanges" proposed by Mainland to Taiwan (**tōngháng, tōngyóu, tōngshāng**; air traffic, postal communication, trade)
sāntóng 三同 N. <*PRC*> eat, live and work together with the common people (of cadres)
sāntōngguǎn 三通管 N. three-way pipe M: [2]*gēn*
sāntóu* 三头 N. three parties
sǎntóu 伞投[傘-] V./N. drop by a parachute; parachute
sāntóuduì'àn 三头对案[--對-] F.E. confrontation of the three parties (i.e. plaintiff, defendant, and witness) in court
sāntóu'èrmiàn 三头二面 F.E. double-faced; cunning
sāntóuliǎngrì 三头两日 F.E. in two or three days
sāntóuliùbì 三头六臂 F.E. ①resourceful person ② superhuman powers
sāntóu mǎchē 三头马车 N. troika
sǎntóu-zhàdàn 伞投炸弹[傘-] N. parachute bomb M: [1]*kē*
sāntóu-zhèngzhì 三头政治 N. triumvirate
sāntú 三涂[-塗] N. <*Budd.*> three kinds of punishment in hell (by fire, chopping by knife, and tearing apart by beasts)
sǎntǔ* 散土 N. scattered earth/dirt/etc.
sāntuīliùwèn 三推六问 F.E. <*trad.*> good many interrogations
sānwǎliǎngshè 三瓦两舍 ID. <*hist.*> brothels and public places of entertainment
sānwàn 三万[-萬] NUM. thirty thousand
sànwáng 散亡 V. scatter and disappear
sānwānjiǔzhuǎn 三弯九转[-彎-轉] F.E. many twists and turns
[1]**sānwéi** 三维 ATTR. <*math.*> three-dimensional
[2]**sānwéi** 三围[-圍] N. the vital statistics, or the three measurements, of a woman
sānwéichuán 三桅船 N. three-masted ship; xebec M: [1]*sōu*
sānwéi kōngjiān 三维空间 N. <*phil./phy.*> three-dimensional space
sānwèiyītǐ 三位一体[-體] F.E. ① three in one; trinity; three forming an organic whole ② <*rel.*> Trinity
sǎnwén 散文 N. prose M: [1]*piān*

sǎnwén fānyì 散文翻译[-譯] N. <*lg.*> prose translation

sǎnwénjiā 散文家 N. prose writer M: [2]*wèi*

sān-wēnnuǎn 三温暖 N. sauna bath

sǎnwénshī 散文诗 N. prose poem M: [2]*shǒu*

sǎnwéntǐ 散文体[-體] N. prose style

sǎnwén yǔyán 散文语言 N. <*lg.*> prosy language

sānwénzhì 三文治 N. <*loan*> sandwich

sānwǔ 三五 NUM. three or five

sānwǔchéngqún 三五成群 F.E. in threes and fours; in small groups

sānwǔ'éryíng 三五而盈 F.E. (the moon) is full on the 15th day of a lunar month

sānwǔ tiān 三五天 N. <*coll.*> a few days

sànxì 散戏[-戲] V.O. leave the theater when the play is over; be over (of a play, opera, etc.)

Sān Xiá* 三峡[-峽] P.W. the Three Gorges of the Yangtze River

sān-xià 三夏 N. ① <*agr.*> planting, harvesting, and field management ② three summer months

Sān Xiá Gōngchéng 三峡工程[-峽--] N. the Three Gorges Project

sānxiàliǎngxià 三下两下 F.E. quickly

sānxiān 三鲜 N. three fresh ingredients (in cooking)

sānxián(r)* 三弦(儿) N. <*mus.*> three-stringed plucked instrument M: [1]*bǎ*

sānxiàn 三线 N. ① <*mil.*> third line of defense (the nation's strategic rear-area) ② retired cadres with advisory duties

sǎnxiān 散仙 N. <*Dao.*> immortal without a given post in heaven

sānxiāndān 三仙丹 N. <*chem.*> red oxide of mercury

sānxiàn dìqū 三线地区[-區] P.W. remote regions away from the coastal areas

sānxiàng 三相 N. <*elec.*> three-phase

sān xiàng duìlì 三项对立[--對-] N. <*lg.*> three-term opposition

sān xiàng quánnéng yùndòng 三项全能运动[-運動] N. <*sport*> triathlon

sānxiánqín 三弦琴 N. <*mus.*> a three-stringed plucked instrument M: [1]*bǎ*

sānxiāntāng 三鲜汤[-湯] N. three fresh ingredients soup (e.g., chicken, shrimp, and abalone)

sānxián yuèqì 三弦乐器[--樂-] N. <*mus.*> three-stringed instruments M: [1]*bǎ*

sānxiàwǔchú'èr 三下五除二 F.E. do things efficiently/effortlessly

sànxīn 散心 V.O. be distracted/unconcentrated

sànxīn(r)* 散心(儿) V.O. seek distraction/relaxation

sānxīn'èryì 三心二意 F.E. <*coll.*> ① be of two minds ② irresolute ③ halfhearted

sānxīng* 三星 N. ① three stars ② three immortals

sān xǐng 三省 V. repeatedly examine one's conscience

sǎnxíng 伞形[傘-] N. umbrella type/shape

sānxīnggǒngzhào 三星拱照 ID. One is about to have some good luck.

sǎnxíng huāxù 伞形花序[傘-] N. <*bot.*> umbel

sǎnxíngkē 伞形科[傘-] N. <*bot.*> carrot family

sānxǐngwúshēn 三省吾身 F.E. <*wr.*> examine oneself thrice a day

sànxīnjiěmèn 散心解闷 F.E. divert the mind from boredom

sānxīnliǎngyì 三心两意 F.E. <*coll.*> be of two minds

sànxué 散学 N. finish/leave class

sǎnxuéguǎn 散学馆 P.W. <*trad.*> village school supported by private means M: [4]*zuò*

sānxúnjiǔshí 三旬九食 F.E. live in dire poverty

sānxūnsānmù 三薰三沐 F.E. show the highest respect to someone

sānyángkāitài 三阳开泰[-陽開-] F.E. ① The New Year ushers in a renewal and a change of fortune. ② a surge of good luck

sānyánliǎngyǔ 三言两语 F.E. in one or two words; in a few words

sǎnyào 散药[-藥] N. medicine in powder form

sānyècǎo 三叶草[-葉-] N. <*bot.*> whitetip clover; shamrock M: [2]*kē*

sānyè rénshēn 三叶人参[-葉-參] N. <*Ch. med.*> dwarf ginseng

sānyì* 三亿[-億] NUM. three hundred million; 300,000,000

[1]**sànyì** 散逸 S.V. ① carefree and secluded ② scattered and lost ♦N. <*phy.*> dissipation (e.g., of heat)

[2]**sànyì** 散佚 V. be scattered and lost; be no longer extant

sānyìhánshǔ 三易寒暑 F.E. Three years passed by.

sānyīlǜ 三一率/律 N. dramatic unities of action, time, and place

sānyīnjié-cí 三音节词[-節-] N. <*lg.*> trisyllable

sānyīnjié de 三音节的[--節-] ATTR. <*lg.*> trisyllabic

sānyīnjié de biàndiào 三音节的变调[--節-變-] N. <*lg.*> three-syllable sandhi

Sānyīshén 三一神 N. <*rel.*> Triune God

sānyuán 三元 N. ① <*trad.*> those who came out first in civil examinations at the provincial capital, the national capital, and the palace ② the 15th day of the first, seventh, and tenth lunar months

sānyuánjídì 三元及第 F.E. the graduates of three governmental examinations

sānyuánsè 三原色 N. three primary colors

sānyuán shùyǔ 三元述语 N. <*lg.*> three-place predicate

sānyuán yìnshuā 三原印刷 N. <*print.*> three-color process

sānyǔ dòngcí 三语动词[--動-] N. <*lg.*> three-word verb

Sānyuè 三月 N. ① March ② the third month of the lunar year ③ the third moon ④ three months

sānyǔ fēngōng 三语分工 N. <*lg.*> triglossia

sānyǔ fēnyòng 三语分用 N. <*lg.*> triglossia

sānyǔyán 三语言 N./ATTR. trilingual

sānzāi 三灾[-災] N. <*Budd.*> the three calamities

sānzāibānàn 三灾八难[-災-難] F.E. ① numerous calamities ② various illnesses and ailments (of children)

Sān Zàng 三藏 N. <*Budd.*> ① *Tripitika* (the Buddhist canon; Sanskrit, *Three Baskets*) ② title of a learned monk, esp. Xuánzàng of the Tang dynasty

Sānzàngjīng 三藏经[-經] N. <*Budd.*> Tripitaka; the Three Collections of Buddhist Scripture

sān-zào 三灶 N. three stoves (methane gas stove, solar stove, and firewood-economizing stove)

sānzǎo dǐ yīgōng 三早抵一工 F.E. Three early mornings' work will add up to a full day's work.

sǎnzǎoshǔ 伞藻属[傘-屬] N. <*bot.*> *Acetabularia*

sǎnzéxiézān 散帻斜簪 F.E. free and easy in manner

sānzhànliǎngshèng 三战两胜[-戰-勝] F.E. <*sport*> the best of three

sānzhāo 三朝 N. ① third day of a child's life (on which it is given its second bath) ② third-day visit of a bride to her parents

sānzhāohuímén 三朝回门 F.E. return of the bride to her parents' home on the third day after the wedding

sānzháosìcuò 三着四错[-著--] F.E. suffer repeated failure

sānzhāowǔrì 三朝五日 F.E. several days

sān zhégōng 三折肱 ID. a man of experience

sān zhégōng, wéi liángyī 三折肱,为良医[---,--醫] F.E. Bad experience is a good teacher.

sānzhèn 三振 <*sport*> V. strike out ♦N. strikeout

sānzhènchūjú 三振出局 <*sport*> F.E. strike out

sānzhēngqībì 三征七辟[-徵--] F.E. <*trad.*> issue repeated invitations to the virtuous and capable for public service (of emperors)

sānzhēnjiǔliè 三贞九烈 F.E. <*trad.*> be ready to die to preserve chastity (of women)

sānzhé píngfēng 三折屏风 N. triptych M: [1]*miàn*

sānzhǐ 三趾 ATTR. three-toed

[1]**sǎnzhí** 散职[-職] N. sinecure post

[2]**sǎnzhí** 散植 N. scattered planting

sǎnzhì 散帙 V.O. open a book *See also* [2]*sànzhì*

[1]**sànzhì*** 散置 V. scatter

[2]**sànzhì** 散帙 V.O. in absolute disorder (of books) *See also sǎnzhì*

sānzhǐchún 三趾鹑 N. <*zoo.*> button quail M: [2]*zhī*

sānzhīshǒu 三只手[-隻-] N. <*topo.*> pickpocket

sānzhīyǎn 三只眼[-隻-] ATTR. clear-sighted

Sān Zhuàn 三传[-傳] N. *the Three Commentaries* (on the *Chun Qiu*)

sǎnzhuāng 散装[-裝] ATTR. bulk; in bulk; unpackaged

sǎnzhuāngchuán 散装船[-裝-] N. bulk cargo freighter M: [1]*tiáo*/[1]*sōu*

sǎnzhuāng huòlún 散装货轮[-裝--] N. bulk carrier M: [1]*sōu*

sǎnzhuāng huòwù 散装货物[-裝--] N. bulk cargo; bulk freight M: [1]*pī*

sǎnzhūgé 散珠格 N. <*lg.*> asyndeton

sǎnzhūhóu 毵蛛猴[毿-] N. woolly spider monkey M: [2]*zhī*

sǎnzi 馓子 N. <*topo.*> deep-fried wheat twist

Sānzìjīng 三字经[-經] N. ① the *Three-Character Classic* ② <*slang*> an expletive; a four-letter word

sānzī qǐyè 三资企业[-業] P.W. foreign, private, and joint ventures

sānzǐyè-dálǐmù 三子叶达里木[--葉達--] N. <*bot.*> red beech M: [2]*kē*

sǎnzōng 伞棕[傘-] N. umbrella palm M: [2]*kē*

sānzú 三族 N. ① parents, brothers, and wife and children ② relatives of father, of mother, and of wife ③ the three generations of grandfather, father, and son ④ paternal uncles, brothers, and sons

sǎnzú* 散卒 N. stray soldiers

sānzúdǐnglì 三足鼎立 N. tripartite balance of power

[1]**sǎnzuò** 散做 V. work for hire (of a workman/musician/etc.)

[2]**sǎnzuò** 散座 N. non-adjacent seats

sān zuò dàshān 三座大山 N. <*PRC*> the three big mountains (i.e. imperialism, feudalism, and bureaucratic capitalism)

[1]**sāo** 搔 V. scratch

[2]**sāo** 臊 S.V. fetid; the smell of urine *See also* [1]*sào*

[3]**sāo** 骚[騷] B.F. ① disturb; harass ***sāorǎo*** ② lascivious (of women) ***sāohuò*** ♦AB. *Lí Sāo*

[4]**sāo** 缫[繅] V. reel silk from cocoons

[1]**sǎo*** 嫂 B.F. ① elder brother's wife ***sǎozi*** ② <*court.*> address of a friend's wife ***dàsǎo***

[2]**sǎo** 扫[掃] V. ①sweep ②glance at ♦B.F. ①sweep away; eliminate ***sǎochú*** ②, ***sǎománg*** ③ put all together ***sǎoshù*** ④ paint (the eyebrows/etc.) *See also* [3]*sào*

[1]**sào** 臊 S.V. shy/bashful *See also* [2]*sāo*

[2]**sào** 埽 N. <*archi.*> fascine

[3]**sào** 扫[掃] B.F. broom ***sàozhou***, ***sàobǎ*** *See also* [2]*sǎo*

[4]**sào** 瘙 B.F. itch ***sàoyǎng***, ***sàozhěn***

sàobǎ 扫把[掃-] N. broom M: [1]*bǎ*

sāobèi 搔背 V.O. scratch the back

sǎobiān 扫边[掃邊] V.O. <*opera*> play a minor role

sàobudā de 臊不搭的 V.P. <*coll.*> remorseful

sǎobuqīng 扫不清[掃-] R.V. can't clean/clear up

sāochē 缫车 N. reel; drum M: [1]*jià*

sǎochén 扫尘[掃塵] V.O. ① get rid of dust; clean house (in the first month of the lunar year) ② quell rebellions

sǎochú 扫除[掃-] R.V. clear away; wipe out ♦N. cleanup

sǎochuáng 扫床[掃-] V.O. ① erode the river bed ② dust a *kàng* bed

sǎochú tiāndì 扫除天地[掃-] V.O. rid the world of bad elements; bring peace and justice to the world
sǎochú tiānxià 扫除天下[掃-] V.O. eliminate evil and bring order throughout the land
sǎochú wénmáng 扫除文盲[掃-] V.O. eliminate illiteracy
sǎoda 扫搭[掃-] V. <coll.> glance around
sǎodàng 扫荡[掃蕩] V. mop up; destroy
sǎodàngcuīqīng 扫荡摧清[掃蕩-] F.E. clear up (an area) and bring about a peaceful condition
sǎodàng yāoqì 扫荡妖气[掃蕩-氣] V.O. get rid of evil influences
sǎodàng zhàn 扫荡战[掃蕩戰] N. <mil.> campaign to annihilate the enemy
sāodàoyǎngchù 搔到痒处[-癢處] ID. hit the nail on the head
sāoDázi 臊鞑子[-韃-] N. <derog.> Mongols
sào de huāng 臊得慌 R.V. <coll.> feel ashamed
sǎodì 扫地[掃-] V.O. ①sweep the floor ②make a clean sweep ③ reach the nadir (of reputation) *Tā de míngyù ~ le.* His reputation is utterly ruined.
sǎodìbǎzi 扫地把子[掃-] N. <coll.> broom M: [1]*bǎ*
sǎodì chūmén 扫地出门[掃-] V.P. <PRC> force a family from their home without their taking anything
sǎodìmāzhuō 扫地抹桌[掃-] F.E. do housecleaning
sǎodìtǎn-qì 扫地毯器[掃-] N. carpet sweeper
sǎodìyǐjìn 扫地以尽[掃-盡] F.E. ① trail one's dignity in the dirt ② be swept clean
sāodòng 骚动[-動] V. ① become restless ② disturb; upset ♦N. disturbance
sàodòuzi 臊豆子 N. <topo.> clitoris
sǎoduàn 扫断[掃斷] R.V. totally eliminated
sāo'ěrchuíxiōng 搔耳捶胸 F.E. remorseful and upset
sǎofáng 扫房[掃-] V.O. clean house; sweep up a room
sǎofén 扫坟[掃墳] V.O. ①sweep a tomb ②pay respects to one's ancestor at his grave
sǎofūren 嫂夫人 N. <court.> address of a friend's wife M: [2]*wèi*
sǎo gānjìng 扫干净[掃乾淨] R.V. sweep clean
sāogēn 臊根 N. penis
sǎoguāng 扫光[掃-] R.V. sweep away thoroughly; get rid of entirely
sǎohǎi 扫海[掃-] V.O. sweep mines in the sea
sǎohēi 扫黑[掃-] V.O. crack down on crime
sāohuà 骚话 N. obscene remarks
sǎohuáng 扫黄[掃-] V.O./N. crack down on pornography
sāohuò 骚货 N. loose woman
sāo hǔtóu nòng hǔxū 搔虎头弄虎须[-鬚] ID. offend the mighty and powerful
sǎojì 扫祭[掃-] V. sweep a tomb and offer sacrifices
sāojiǎn 缫茧[-繭] V.O. draw silk from cocoons
sāojiǎnchūsī 缫茧出丝[-繭-絲] F.E. draw silk from cocoons
sāokè 骚客 N. <wr.> poet M: [2]*wèi*
sǎokōng 扫空[掃-] R.V. get rid of entirely
sāolǎotóur 骚老头儿 N. an old man with strong sexual desire; old wolf
sǎoléi 扫雷[掃-] V.O. sweep mines
sǎoléijiàn 扫雷舰[掃-艦] N. minesweeper M: [1]*sōu*
sǎoléiqì 扫雷器[掃-] N. minesweeping apparatus
sǎoléitǐng 扫雷艇[掃-] N. minesweeper M: [1]*sōu*
sǎoliǎn 扫脸[掃-] V.O. lose face
sàoliǎnr 臊脸儿 N. <topo.> a meager gift; a gift one is ashamed of
sàolǐr 臊礼儿[-禮-] N. <topo.> a meager gift; a gift one is ashamed of
sāoluàn 骚乱[-亂] V.O. create a disturbance ♦N. riot; chaos
sǎolùjī 扫路机[掃-] N. <mach.> street sweeper M: [3]*liàng*
sǎománg 扫盲[掃-] V.O. eliminate illiteracy
sǎomángbān 扫盲班[掃-] N. literacy class
sǎománg yùndòng 扫盲运动[掃-運動] N. literacy movement
sǎoméi 扫眉[掃-] V.O. paint the eyebrows
sǎoméi cáizǐ 扫眉才子[掃-] N. a gifted female M: [2]*wèi*
sàoméidāyǎn 臊眉搭眼 F.E. <coll.> be coquettish/flirtatious
sǎomiáo 扫描[掃-] V. <elec.> scan
sǎomiáojī 扫描机[掃-] N. scanner M: [1]*tái*
sǎomiáoqì 扫描器[掃-] N. scanner M: [1]*tái*
sǎomiáoshì 扫描式[掃-] ATTR. scanning
sǎomiè 扫灭[掃滅] V. ① sweep away (fig.) ② exterminate bandits
sǎomù 扫墓[掃-] V.O. visit graves; pay respects to a dead person at his tomb
sāoniángmenr 骚娘们儿 N. <derog.> seductive/flirtatious women
sāopá 搔爬 V. scratch lightly
sǎopíng 扫平[掃-] R.V. crush; suppress
sǎopíng pànluàn 扫平叛乱[掃-亂] V.O. put down a rebellion
sàoqì 臊气[-氣] N. <topo.> foul odor
sǎoqīng 扫清[掃-] R.V. clear (away)
sǎoqīng dàolù 扫清道路[掃-] V.O. clear the path; pave the way
sǎoqīng hǎidào 扫清海盗[掃-盜] V.O. wipe out pirates
sǎoqíngniángr 扫晴娘儿[掃-] N. a prayer for fine weather
sāorán 骚然 V.P. disturbed; tumultuous; agitated
sāorǎo 骚扰[-擾] V. ① harass; molest ② be agitated/troubled
sāorén 骚人 N. <wr.> writer of [2]**chǔ**-style "laments"
sāorénmòkè 骚人墨客 F.E. <wr.> literati
sǎosao 嫂嫂 N. ① elder brother's wife ② sister (a form of address for a married woman about one's own age) *Wángjiā ~* Sister Wang M: [2]*wèi*
sāosāo tóupí 搔搔头皮 V.O. scratch one's head
sǎoshè 扫射[掃-] V. ① strafe ② look around
sāoshēng 臊声[-聲] N. notoriety; scandalous reputation
sǎoshì 扫视[掃-] V. sweep eyes over
[1]**sāoshǒu** 搔首 V.O. scratch one's head
[2]**sāoshǒu** 搔手 V.O. scratch one's hand
sāoshǒuchíchú 搔首踟蹰[-躕] F.E. be at loss as to what to do
sāoshǒunòngzī 搔首弄姿 F.E. act coquettishly to attract men
sāoshǒuzhuāsāi 搔首抓腮 F.E. be uncertain what to do
sǎoshù 扫数[掃數] ADV. totally; completely
sǎoshùguīgōng 扫数归公[掃數歸-] F.E. confiscate everything for the public
sǎoshùhuánqīng 扫数还清[掃數還-] F.E. all paid off
sāoshuǐ 骚水 N. <topo.> secretion accompanying sexual arousal
sāosī* 缫丝[-絲] V.O. reel silk
sàosǐ 臊死 V.P. utterly ashamed
sāosīchǎng 缫丝厂[-絲廠] P.W. filature; reeling mill M: [1]*jiā*/[4]*zuò*
sāosījī 缫丝机[-絲-] N. filature; reeling machine M: [1]*tái*
sǎotà 扫榻[掃-] V.O. welcome a visitor
sǎotángtuǐ 扫堂腿[掃-] N. maneuver in which a boxer squats with one leg extended while managing a quick spin to fell his adversary (in Chinese boxing)
sǎotàyǐdài 扫榻以待[掃-] F.E. ① roll out a welcome mat ② We are looking forward to your visit.
sāotǐ 骚体[-體] N. poetry in the style of *Lí Sāo*
sǎotiánguādì 扫田刮地[掃-] F.E. do menial work
sǎoting 扫听[掃聽] V. <topo.> inquire
sāotóu 搔头 V.O. scratch one's head ♦ATTR. perplexing ♦N. <archeo.> hairpin; hair clasp
sāotóumō'ěr 搔头摸耳 F.E. hesitate; be undecided
sāotóunòngzī 搔头弄姿 F.E. <wr.> be coquettish
sǎowěi 扫尾[掃-] V.O. wind up (a job)
sǎowěi gōngzuò 扫尾工作[掃-] N. finish handling the final portion of a certain task
sāowén 臊闻 N. notoriety; scandalous reputation
sāoxīng 臊腥 V.P. frowsy
sǎoxìng* 扫兴[掃興] V.O./S.V. ① disappoint sb. *Bié sǎo dàjiā de xìng!* Don't be such a spoilsport. ② feel disappointed/discouraged
sǎoxìng de rén 扫兴的人[掃興-] N. spoilsport
sǎoxìng'érguī 扫兴而归[掃興-歸] F.E. return disappointed
sǎo xìngtou 扫兴头[掃興-] V.O. <coll.> dampen one's high/happy spirits
sǎoxuě 扫雪[掃-] V.O. plow snow
sǎoxuěchē 扫雪车[掃-] N. snowplow M: [3]*liàng*
sǎoxuě jī(chē) 扫雪机(车)[掃-] N. snow plow/truck M: [3]*liàng*
sāoyǎng* 搔痒[-癢] V.O. scratch an itch
sàoyǎng 瘙痒[-癢] N. <med.> pruritus; itch
sàoyǎnggǎn 瘙痒感[-癢-] N. itch
sǎo yuànzi 扫院子[掃-] V.O. sweep/clean a courtyard
sāozháo yǎngchù 搔着痒处[-著癢處] V.O. ① touch sb.to the quick ② say sth. exactly to the point
sàozhěn 瘙疹 N. <med.> pruritus; itching rashes
sàozhe tā 臊着他[-著-] <coll.> V.O. ignore sb. purposely
sàozhou 扫帚[掃-] N. broom M: [1]*bǎ*
sàozhoubà 扫帚把[掃-] N. broomstick M: [2]*gēn*
sàozhoucài 扫帚菜[掃-] N. <bot.> summer cypress
sàozhouméi 扫帚眉[掃-] N. bushy eyebrows M: [1]*tiáo*
sàozhoushuā 扫帚刷[掃-] N. broom M: [1]*bǎ*
sàozhouxīng 扫帚星[掃-] N. ① <astr.> comet ②<derog.> a person (esp. a woman) who brings ill luck; jinx M: [1]*kē*
sàozhouxū mángcǎo 扫帚须芒草[掃-鬚--] N. <bot.> prairie beardgrass M: [2]*kē*
sǎozi* 嫂子 N. elder brother's wife
sàozi 臊子 N. <topo.> minced meat
sā pāo niào zhàozhào 撒泡尿照照 ID. <slang.> be sadly lacking in looks/ability
Sàpí'ěr-Wò'ěrfū jiǎshuō 萨丕尔沃尔夫假说[薩-] N. <lg.> Sapir-Whorf Hypothesis
sāpō 撒泼[-潑] V.O. throw a tantrum/fit
sāpōdǎgǔn 撒泼打滚[-潑-滾] F.E. fly into a tantrum (as a peevish child)
sāpōxíngxiōng 撒泼行凶[-潑--] F.E. make a scene and do violence
sāqì 撒气[-氣] V.O. ① leak (air); go soft/flat ② vent one's anger
Sāqiē'ěr 撒切尔 N. Thatcher
sàqímǎ 萨其马//齐玛[薩--//齊-] N. <Manchu loan> candied fritter M: [2]*kuài*
sārán 撒然 ADV. abruptly (awakened)
sàrán* 飒然 V.P. <wr.> soughing
sǎsǎ 洒洒[灑灑] R.F. voluminous (of book/speech/etc.)
sàsà* 飒飒 ON. sound of wind/rain
sǎsàn 撒散 R.F. ① spread; distribute ② spend lavishly
sǎsǎo 洒扫[灑掃] R.F. wet down and sweep the floor
sǎsǎwànyán 洒洒万言[灑灑萬-] F.E. lengthy book/speech/etc.
sāshā 撒砂 N. stucco
sǎshàng 洒上[灑-] R.V. spray/spill/sprinkle over
sǎshī 撒施 V. spread fertilizer
sǎshíjī 撒石机 N. stone spreader M: [1]*tái*
sāshǒu(r) 撒手(儿) V.O. ① let go one's hold ② give up
sāshǒubìyǎn 撒手闭眼 F.E. <coll.> ① be determined to succeed ② forge ahead with no turning back ③ die

sāshǒubùgàn 撒手不干[-幹] F.E. chuck up one's job

sāshǒubùguǎn 撒手不管 F.E. wash one's hands of a matter

sāshǒuchénhuán 撒手尘寰[--塵-] F.E. pass away

sāshǒujiǎn 撒手锏 N. trump card

sāshǒurénhuán 撒手人寰 F.E. pass away

sāshǒuxīguī 撒手西归[-歸] F.E. die

sàshuǎng 飒爽 V.P. <wr.> of martial bearing; valiant

sàshuǎngyīngzī 飒爽英姿 F.E. bold and brave

sǎshuǐ 洒/撒水[灑-] V.O. spray water

sǎshuǐchē 洒/撒水车[灑-] N. watering car; sprinkler M: [3]*liàng*

sǎshuǐlǐ 洒水礼[灑-禮] N. water-sprinkling ceremony

sàtà 飒沓 V.P. roaring and reverberating (of sound)

sǎtòu 洒透[灑-] R.V. spray and soak

sātuǐ 撒腿 V.O. ① start (running) ② <coll.> flee

sātuǐ jiù pǎo 撒腿就跑 V.P. make off at once; scamper

sātuǐ pǎo 撒腿跑 V.P. <coll.> run away; flee

sǎtuo 洒脱[灑-] S.V. free and easy

sātúruì'ā 撒图瑞阿[-圖--] N. <bot.> yerba buena

sāwǎng 撒网[-網] V.O. ①cast/spread net ②give a party to collect presents

sāwǎngbǔfēng 撒网捕风[-網--] F.E. make a vain effort

sāwōwō-liǎzǎor 仨窝窝俩枣儿[-窩窩-棗-] ID. <topo.> ① of little value; not worth a fig ② slipshod; careless; slapdash

sāwúlài 撒无赖 V.O. <coll.> ①act balky ②make a scene to gain support

sāxiàn 撒线 V.O. let out the string (of a kite)

sǎxié 靸鞋 V.O. slippers

sā xūnxiāng 撒薰香 V.O. spread smearing remarks

sǎyán 撒盐[-鹽] V.O. ① sprinkle salt ② snow

sǎyào 撒药[-藥] V.O. <agr.> spread pesticides

sā yāzi 撒丫/鸭子 V.O. <coll.> flee; skedaddle

sā yāzi jiù pǎo 撒鸭子就跑 V.P. <coll.> beat it double-quick

sā yāzi pǎo 撒丫子跑 V.P. <coll.> run for dear life

sāyě 撒野 V.O. behave atrociously/boorishly

sā yěmǎ 撒野马 V.O. <coll.> think/speak/act rashly

sā yìzheng 撒呓怔/症[-囈-] V.O. <coll.> dream aloud; talk about castles in Spain

sā yòudiào'ěr 撒诱钓饵 V.O. bait

sāzhàng 撒帐 V.O. <trad.> throw gifts to newly-weds seated on a bed

sǎzhǒng(zi) 撒种(子)[-種-] V.O. sow seeds

sǎzhǒngqì 撒种器[-種-] N. <agr.> broadcaster

sāzuǐ 撒嘴 V.O. <topo.> ① release sth. one is biting; stop biting; relax the bite ② stop cursing/swearing/etc.

[1]**sè** 色 B.F. ① color ***yánsè*** ② look; expression [1]***liǎnsè*** ③ kind; sort ***huòsè*** ④ feminine charm ***zīsè*** ⑤ sexual; lewd ***sèqíng*** ⑥ theatrical role ⑦ metallic content ***See also*** [1]***shǎi***, [2]***shǎi***

[2]**sè** 涩[澀] S.V. ① astringent; puckery ② rough ③ obscure; difficult

[3]**sè** 瑟 N. twenty-five-stringed plucked instrument ♦ON. rustling sound

[4]**sè** 啬[嗇] B.F. stingy ***bìsè, lìnsè, lìnsèguǐ***

[5]**sè** 铯[銫] N. <chem.> cesium

[6]**sè** 塞 B.F. block up; obstruct ***dǔsè***, [2]***sèzé See also*** [1]***sāi***, [2]***sài***

[7]**sè** 懎 in [3]***sèsè***

[8]**sè** 穑[穡] in [1]***sèfū, jiàsè***

[9]**sè** 圾 in ***lèsè See also*** [33]***jī***

sèbān 色斑 N. spots; speckles

sèbiāo 色标[-標] N. color code; shade guide

sèbìkǒng 塞币孔[-幣-] N. coin slot

sèbǐpèi 色比配 N. color match

sè bōli 色玻璃 N. stained glass M: [2]*kuài*

sèbù 色布 N. colored cloth M: [2]*kuài*

sè bù mírén rén zì mí 色不迷人人自迷 F.E. Lust does not blind, one blinds oneself.

sècǎi 色彩 N. ①color; hue; shade ②characteristic quality; flavor

sècǎi bānbó 色彩斑驳 V.P. kaleidoscopic

sècǎi bānlán 色彩斑斓 V.P. richly colored

sècǎi bīnfēn 色彩缤纷[--繽-] V.P. be riotous with color; a riot of color

sècǎi shèjì 色彩设计 N. color scheme

sècǎi xiānmíng 色彩鲜明 V.P. bright-colored

sècǎixué 色彩学 N. chromatics

sècāyīn 塞擦音 N. <lg.> affricate

sècéng fēnxi 色层分析[-層--] N. <phy.> chromatographic analysis

sèchā 色差 N. ① <phy.> chromatism ② <txtl.> off color/shade

sèchánggùtuō 色肠固脱[-腸--] F.E. <med.> relieve diarrhea with astringent

[1]**sèchén** 色尘[-塵] N. <Budd.> sentient perceptions

[2]**sèchén** 穑臣[穡-] N. <trad.> official in charge of agriculture M: [2]*wèi*

sèdài 色带[-帶] N. typewriter ribbon M: *juǎn*

sèdǎn 色胆[-膽] N. lengths to which one will go for sex

sèdǎnbāotiān 色胆包天[-膽--] F.E. be sex-crazy

Sèdāodǎo 色刀岛[-島] P.W. Shikotan Island (Jp.)

sèdēng xìnhào 色灯信号[-燈-號] N. light signal

sèdiàn 色淀 N. <txtl.> lake (color)

[1]**sèdiào** 色调 N. tone; hue

[2]**sèdiào** 瑟调 N. <trad.> a form in "Collection of Tunes" *Yuèfǔ* consisting of 38 tunes, played with seven musical instruments

[1]**sèdù** 色度 N. tone; tint (of color)

[2]**sèdù** 涩度[澀-] N. acerbity

[3]**sèdù** 涩肚[澀-] N. constipation

sèdùjì 色度计 N. <phy.> colorimeter

[1]**sèfū** 穑夫[穡-] N. <wr.> farmer M: [2]*wèi*

[2]**sèfū** 啬夫[嗇-] N. a miser

sèguāng 色光 N. colored light

sèguǐ 色鬼 N. satyr; lecher

sèhuāng 色荒 N. unrestrained indulgence in lust

sèhùnhé 色混合 N. mixture of colors

sèjī 色基 N. <chem.> color base

sèjiè 色界 P.W. <Budd.> the material world

sèjǐfènggōng 啬己奉公[嗇-] F.E. save money for public welfare by being parsimonious in one's personal spending

sèjīngzhǐyí 涩精止遗[澀-] F.E. <med.> ①arrest seminal emission ②prevent nocturnal emission

sèjìnr 色劲儿[-勁-] N. <coll.> ① coquetry ② lust

sèjíshìkōng 色即是空 F.E. <Budd.> Everything visible is empty.

sèjū 瑟居 V. live alone

sèjué 色觉[-覺] N. color sense

sèkè 啬刻[嗇-] S.V. <topo.> miserly; stingy

sèkézi 啬壳子[嗇殼-] N. <topo.> miser; niggard; stingy person

sèlā 色拉 N. <loan> salad

sèláng 色狼 N. lecher

sèliào 色料 N. pigment

sèlìcíyán 色厉词严[-厲-嚴] F.E. severe in speech and countenance

sèlǐjiǔ 色李酒 N. plum wine

sèlìnèirěn 色厉内荏[-厲--] F.E. fierce of mien but faint of heart

sèmǎ 色码 N. color code

sèmài 涩脉[澀脈] N. <Ch. med.> weak, thready, uneven pulse

sèmáng 色盲 N. <med.> ① color blindness ② sb. color blind

sèmángbiǎo 色盲表 N. color test cards M: [1]*běn*

sèmén 塞门 N. ① screen ② cock (valve) ***See also sàimén***

sèmí 色迷 N. sensualist; a Don Juan

sèmímí 色迷迷 R.F. lascivious; lustful

sèmó 色魔 N. <derog.> ①lecher ②a man who sexually harasses women

sèmù 色目 N. social status

Sèmùrén 色目人 N. <hist.> ① alien peoples below the Mongols but above the native Chinese in status (in Yuan dynasty) ② Westerner; foreigner

sēn 森 B.F. forest ***sēnlín***

sènài 涩奈[澀-] V.P. uneasy; anxious

sēn'ǎi 森蔼 V.P. thriving; flourishing; prosperous

sènáng 涩囊[澀-] N. meager purse

sènè 涩讷[澀-] V.P. slow of tongue

sènèyányǔ 涩讷言语[澀-] F.E. blunt in speaking

sēng 僧 B.F. Buddhist monk ***sēnglǚ***

sēngdào 僧道 N. Buddhists and Daoists

sēngduōzhōushǎo 僧多粥少 ID. not enough to go around

sēngfāng 僧坊 P.W. <Budd.> monastery M: [4]*zuò*

sēngfú 僧服 N. monk's dress M: [2]*jiàn*

sēnghǎibào 僧海豹 N. <zoo.> monk seal M: [2]*zhī*

sēngháng 僧行 N. monks

sēngjia* 僧家 N. Buddhist monk

sēngjiā 僧伽 N. <Budd.> monks/priests (from Sanskrit *sangha*)

sēngjiālán 僧伽蓝[-藍] P.W. <Budd.> monastery

sēngjiālánmó 僧伽蓝摩[--藍-] P.W. <Budd.> monastery

Sēngjiāluóyǔ 僧伽罗语[--羅-] N. <lg.> Sinhalese; Singhalese (language)

sēnglǚ 僧侣[-侶] N. monks and priests; clergy M: [2]*wèi*

sēnglǚ de 僧侣的[-侶-] ATTR. <lg.> hieratic

sēnglǚwén 僧侣文[-侶-] N. <lg.> hieratic writing

sēnglǚzhǔyì 僧侣主义[-侶-義] N. <phil.> fideism

sēngmàohú 僧帽壶[-壺] N. <pottery> monk's-cap jug

sēngmào shuǐmǔ 僧帽水母 N. Portuguese man-of-war M: [2]*zhī*

sēngmiànhóu 僧面猴 N. <zoo.> monkey saki M: [2]*zhī*

sēng-ní 僧尼 N. Buddhist monks and nuns M: [2]*wèi*

sēngōng 森工 N. ①timber industry ②timberjack

sēngpáo 僧袍 N. monk's robe/gown M: [2]*jiàn*

sēngrén 僧人 N. Buddhist monk M: [2]*wèi*

sēngshā 僧鲨 N. <zoo.> monkfish M: [1]*tiáo*

sēngshūzì 僧书字[-書-] N. <lg.> hieratic writing

sēngsì 僧寺 P.W. Buddhist temple M: [4]*zuò*

sēng-sú 僧俗 N. monks and lay people

sēngtáng 僧堂 P.W. Buddhist temple M: [4]*zuò*

sēngtú 僧徒 N. Buddhist monks M: [2]*wèi*

sēngxié 僧鞋 N. monk's shoes M: [1]*shuāng*

sēngyī 僧衣 N. clothing of Buddhist monks M: [2]*jiàn*

sēngyīngwǔ 僧鹦鹉 N. <zoo.> monk parrot; monk parakeet M: [2]*zhī*

sēngyuàn 僧院 P.W. monastery; Buddhist temple M: [4]*zuò*

sēngzhòng 僧众[-眾] N. Buddhist monks M: [2]*wèi*

sēnjǐng 森警 N. forest ranger M: [2]*wèi*

sēnliè 森列 V. rising in ranks (of mountain peaks)

sēnlín 森林 P.W. forest

sēnlín fùbèi 森林覆被 N. area covered with forest

sēnlín gōngyè 森林工业[-業] P.W. forestry

sēnlín gǔyuán 森林古猿 N. <archeo.> Dryopithecus

sēnlínqū 森林区[-區] P.W. forest area

sēnlín shēngtàixué 森林生态学[---態-] N. silviculture

sēnlínxiàn 森林线 N. <archeo.> timber line

sēnlínxué 森林学 N. forestry

sēnlínyīmù 森林一木 F.E. a very small part of sth.

sēnlínzhàn 森林战[-戰] N. jungle warfare

sēnlín zīyuán 森林资源 N. forest reserves

Sēnluódiàn 森罗殿[-羅-] P.W. palace of the King of Hell

sēnluówànxiàng 森罗万象[-羅萬-] F.E. embrace all the things of the world

S

[1]**sēnrán** 森然 V.P. ① dense; thick (of vegetation) ② awe-inspiring
[2]**sēnrán** 森蚺 N. anaconda M: [1]*tiáo*
sēnrén 森人 S.V. <*coll.*> frightening; terrifying
sēnsēn 森森 R.F. ① dense (of trees); thick ② ghastly; eerie
sēnshù 森竖[-豎] N. ① one's hair standing on end ② fear
sēnsǒng 森耸[-聳] V. rise high and majestic
sēnwèi 森卫[-衛] V.P. closely guarded
sēnyán 森严[-嚴] V.P. stern; strict; forbidding
sēnyánbìlěi 森严壁垒[-嚴-壘] F.E. ① closely guarded; strongly fortified ② sharply divided ③ rival; confronting each other
sēnyīng 森莺[-鶯] N. parula warbler M: [2]*zhī*
sēnyù 森郁[-鬱] V.P. thickly overgrown
sèpǐn 色品 N. <*phy.*> chroma; chromaticity
sèqíng 色情 N. pornography; sex
sèqíngkuáng 色情狂 N. abnormal sexual desire; sex mania
sèqíng wénxué 色情文学 N. erotica
sèqíng zuòpǐn 色情作品 N. pornography M: [1]*piān*
sèqǔyàng 色取样[-樣] N. color sampling
sèrén 穑人[穡-] N. farmer; peasant; tiller M: [2]*wèi*
sèruò 色弱 N. color weakness
sèsàn 色散 N. <*phy.*> chromatic dispersion
[1]**sèsè** 瑟瑟 ON. rustle (of wind) ♦R.F. ① trembling (of a person) ② turquoise
[2]**sèsè** 色色 R.F. different/all kinds
[3]**sèsè** 愬愬 R.F. scared; afraid; frightened
sèsèjùquán 色色俱全 F.E. All kinds are available; All sorts of things are kept in stock.
sèsèsuōsuō 瑟瑟缩缩 R.F. soughing of the wind and trembling of the body
sèshā 色纱 N. dyed yarn
sèshēn 色身 N. ① <*Budd.*> physical body ② outward charm of a woman
sèshì 穑事[穡-] N. <*wr.*> farming; husbandry
sèshìjué 色视觉[-覺] N. color vision
sèshòuhúnyǔ 色授魂与[-與] F.E. beauty yields and passion quickens
sèshòushényǔ 色授神与[-與] F.E. telepathy
sèshuāi'àichí 色衰爱弛[--愛-] F.E. love goes as beauty withers
sèshuì 涩税[澀-] V.O. be late in paying taxes
sèsù 色素 N. <*bio.*> pigment
sèsùchénzhuó 色素沉着[-著] F.E. <*med.*> pigmentation
[1]**sèsuō** 瑟缩 V. ① curl up with cold ② cower ③ rustle in the air
[2]**sèsuō** 涩缩[澀-] V.P. not straightforward
sèsuōbù'ān 瑟缩不安 F.E. numbed and uneasy
sèsùtǐ 色素体[-體] N. <*bio.*> chromatoplast
sèsùzhì 色素痣 N. mole
sètǐ 涩体[澀體] N. <*trad.*> Tang style of literary writing difficult to read
sètiáoqínnòng 瑟调琴弄 ID. conjugal harmony
sèwèi(r) 涩味(儿)[澀-] N. astringent taste
sèwèijùjiā 色味俱佳 F.E. be pleasant to both the eye and the palate
sèxǐ 色喜 F.E. showing pleasure; looking pleased
sèxì* 色系 N. color system
sèxiàng 色相 N. ① color; colors of the spectrum ② appearance ③ <*Budd.*> form and aspect ④ feminine charms
sèxiāngwèiměi 色香味美 F.E. good in color, smell, and taste
sèxiào 色笑 N. benign look
sèyǎng 色养[-養] V. serve one's parents with filial piety and pleasing countenance
sèyàng* 色样[-樣] N. kind and quality; variety and style; type
sèyàntáolǐ 色艳桃李[-艷--] F.E. as beautiful as flowers
sèyì 色艺[-藝] N. beauty and accomplishments (of women); renown for both looks and skills
sèyìjuélún 色艺绝伦[-藝絕-] F.E. unparalleled both in beauty and art
sèyīn 塞音 *See sāiyīn*
sèyìshuāngjué 色艺双绝[-藝雙絕] F.E. beautiful and artistically brilliant
sèyòu 色釉 N. colored glaze
sèyù 色欲 N. sexual desire
[1]**sèzé(r)** 色泽(儿)[-澤] N. color and luster
[2]**sèzé** 塞责 V.O. work perfunctorily; perform duties perfunctorily
sèzé héxié 色泽和谐[-澤--] V.P. The colors match well.
sèzé xiānmíng 色泽鲜明[-澤--] V.P. bright and lustrous
sèzhàng 涩账[澀-] N. bad debts M: [2]*bǐ*
sèzhǐ 色纸 N. colored paper M: [1]*zhāng*
[1]**sèzhì*** 涩滞[澀滯] V.P. not smooth (of style of writing); obstructed
[2]**sèzhì** 色痣 N. pigmented mole M: [1]*kē*
[3]**sèzhì** 色智 N. looking arrogant/supercilious
sèzhīchǎng 色织厂[-織廠] P.W. <*txtl.*> yarn-dyed fabric mill M: [4]*zuò*/[1]*jiā*
sèzhīwù 色织物[-織-] N. yarn-dyed fabric M: [2]*jiàn*
sèzhōng'èguǐ 色中饿鬼 N. satyr; erotomaniac
sha 挲 in [1]**zhāsha** *See also* [3]*sā*, [11]*suō*
[1]**shā*** 杀[殺] V. ① kill ② fight ③ smart; burn (of medicine) ④ weaken; reduce; abate ⑤ take off; counteract ♦SUF. exceedingly
[2]**shā** 沙 N. ① sand ② Surname ♦B.F. sth. granulated; sand-like **dòushā** ♦S.V. ① hoarse; husky ② gritty
[3]**shā** 纱[紗] N. ① yarn ② gauze ♦B.F. screen ***shāchuāng***, [2]***tièshā***
[4]**shā** 砂 N. sand; grit
[5]**shā** 刹[剎] V. brake; brake to a stop *See also* [9]*chà*
[6]**shā** 煞 V. ① bring to an end ② tighten ③ mitigate; reduce ♦ADV. very ♦SUF. dead ***xiào~ rén*** make one die of laughter *See also* [3]*shà*
[7]**shā** 痧 B.F. <*Ch. med.*> acute disease ***jiǎochángshā***
[8]**shā** 杉 B.F. fir (pronounced shā only in following compounds) [1]***shāmù***, [2]***shācāi*** *See also* [5]*shān*
[9]**shā** 铩[鎩] B.F. ① ancient spear ② injure ***shāyǔ***
[10]**shā** 莎 *used in transcriptions, personal and place names in* [3]***shājī, kāqiūshā*** *See also* [9]*suō*
[11]**shā** 裟 in ***jiāshā***
[12]**shā** 鲨[鯊] in [1]***shāyú***
shá 啥 PR. <*topo.*> what
shǎ 傻 S.V. ① stupid; muddleheaded ② stunned
[1]**shà** 霎 B.F. moment; instant ***shàshí***
[2]**shà** 厦[廈] B.F. tall/large building ***dàshà*** *See also Xià*
[3]**shà** 煞 B.F. ① evil spirit ***èshà*** ② very ***shàbái*** *See also* [6]*shā*
[4]**shà** 歃 B.F. ① suck into the mouth ② smear (blood) on the mouth ***shàxuè, shàxuèwéiméng***
[5]**shà** 唼 in ***shàxuè***, [2]***shàyǎn***
[6]**shà** 翜 in ***shàshé***, [1]***bìshà***
shā'àn 沙岸 P.W. sandy bank M: [2]*dào*
shābǎ 刹把[剎-] N. brake crank
shābà* 沙坝[-壩] P.W. sandbar M: [1]*tiáo*
shàbái 煞白 V.P. ghastly/deathly pale
shābǎnrqián 沙板儿钱[-錢] N. coarse copper coin M: [4]*méi*
shābǎnyán 沙板岩 N. <*geog.*> sandy slate M: [2]*kuài*/[1]*céng*
shābāo* 沙包 N. ① sandbag ② sand dune ③ small porcelain jug M: [2]*zhī*
shābào 沙暴 N. sandstorm M: [2]*chǎng*
shābāoxiàn 纱包线 N. cotton-covered wire M: [2]*gēn*/*juǎn*
shābēng 沙崩 N. sand avalanche
shābǐ* 煞笔[-筆] V.O. write the final line
[1]**shābì** 沙壁 N. wall of sand M: [1]*miàn*
[2]**shābì** 纱壁 N. (gauze) screen M: [1]*miàn*
shābō 沙波 N. bed ripples; sand wave/ridge
[1]**shābù** 纱布 N. ① gauze ② gauze bandage M: [2]*kuài*/*juǎn*
[2]**shābù** 砂布 N. emery/abrasive cloth M: [2]*kuài*
[3]**shābù** 杀步[殺-] V.O. <*topo.*> take a step backward
shābùkěshè 杀不可赦[殺-] F.E. be executed according to law
shǎbulēngdēng 傻不楞登 V.P. foolish
shābùlóng 沙布隆 N. a lama ranked after a *khutukhtu* 'Living Buddha'
[1]**shācái** 杀材[殺-] N. an evil person who should be put to death
[2]**shācái** 杉材 N. <*bot.*> China fir
shācán 沙蚕[-蠶] N. clam worm M: [1]*tiáo*
shācǎojì 杀草剂[殺-劑] N. weed killer; herbicide
shācéng 沙/砂层[-層] N. <*geol.*> sand stratum
shāchá 沙茶 N. ① a kind of shrimp sauce ② satay (Asian peanut sauce)
[1]**shāchǎng** 沙场[-場] P.W. battlefield
[2]**shāchǎng** 纱厂[-廠] P.W. cotton mill M: [1]*jiā*
shāchá niúnán 沙茶牛楠 N. beef tenderloin slices in spicy *shacha* sauce (Hunan)
[1]**shāchē** 刹车[剎-] V.O. ① brake a car ② turn off a machine ③ immediately stop a matter ♦N. brakes
[2]**shāchē** 煞车 V.O. ① brake a car ② fasten goods on a truck/cart with rope
shāchēdēng 煞车灯[-燈] N. brake light M: [2]*zhī*
shāchén 沙尘[-塵] N. sand dust; dust
shāchénbào 沙尘暴[-塵-] N. sand/dust devil
shāchéngyītuán 杀成一团[殺-團] F.E. be locked in combat
shāchóng 沙虫[-蟲] N. sandworm M: [1]*tiáo*
shāchóngfěn 杀虫粉[殺蟲-] N. insect powder
shāchóngjì 杀虫剂[殺蟲劑] N. <*agr.*> insecticide; pesticide
shāchóngyào 杀虫药[殺蟲藥] N. insecticide; pesticide
shāchú 纱橱[-櫥] N. ① screen cupboard ② mosquito net shaped like a cabin M: [2]*zhī*
shāchuán 沙船 N. large flat-bottomed boat M: [1]*sōu*/[1]*tiáo*
shāchuāng(r)* 纱窗(儿) N. screen window M: [1]*shàn*
shāchuáng 砂床 N. casting/mold/sand bed
shāchū chóngwéi 杀出重围[殺-圍] V.P. fight one's way out of a heavy encirclement
shāchún 沙鹑 N. <*zoo.*> seesee partridge M: [2]*zhī*
shǎdà 傻大 ATTR. <*coll.*> hulking
shǎdàgè(r) 傻大个(儿)[--個-] N. clod; blockhead
[1]**shādài** 沙袋 N. ① sandbag M: [2]*zhī* ② <*trad.*> instrument of torture made of layers of leather sewed together and stuffed with sand
[2]**shādài** 沙带[-帶] N. sand strip M: [1]*tiáo*
[3]**shādài** 砂带[-帶] N. <*mach.*> abrasive band; sand/emery/abrasive belt; emery tape M: [1]*tiáo*
shǎdāidāi 傻呆呆 R.F. <*coll.*> stupid; foolish
shǎdàn 傻蛋 N. nincompoop; nitwit
shādǎo 砂岛[-島] P.W. barrier island M: [4]*zuò*
shā de huāng 杀得慌[殺-] R.V. <*topo.*> have a stinging pain (caused by skin-irritant chemicals/etc.)
shādēng 纱灯[-燈] N. gauze lantern M: [1]*zhǎn*
shā de piànjiǎbùliú 杀得片甲不留[殺-] V.P. completely destroy the enemy
shā de xìngqǐ 杀得性起[殺-] V.P. be filled with the lust to kill
[1]**shādī** 沙堤 P.W. sand bar M: [2]*dào*
[2]**shādī** 杀低[殺-] V. force (prices/etc.) down
shādí* 杀敌[殺敵] V.O. fight the enemy
[1]**shādì** 沙地 P.W. sand; desert
[2]**shādì** 砂地 P.W. sandy land/field M: [1]*piàn*/[2]*kuài*
[1]**shādiào** 杀掉[殺-] R.V. kill; put to death
[2]**shādiào(r/zi)** 沙吊(儿/子) N. <*topo.*> clay pot (for simmering Chinese medicine/etc.) M: [2]*zhī*
shādiàozi 沙铫子 N. <*topo.*> earthen pot with a flat cover on its wide mouth and a short spout M: [2]*zhī*
shādiē 沙爹 N. grilled meat with satay sauce
shá dìfang 啥地方 PR. <*coll.*> where?; which place?
shādìng 纱锭 N. <*txtl.*> spindle
shādīngyú 沙丁鱼 N. <*loan*> sardine M: [1]*tiáo*

shādízhìguǒ 杀敌致果[殺敵-] F.E. fight gallantly and win glory; serve with distinction in war
shāduī 沙堆 N. sand dune; sand hill
shādùyào 杀蠹药[殺-藥] N. mothicide
Shā-É 沙俄 P.W. Czarist Russia
shǎ'èrbājī 傻二八叽 V.P. <*coll.*> witless; muddle-headed; addle-brained
shǎ'èrbāqì 傻二八气[-氣] V.P. witless; muddle-headed; addle-brained
shāfā* 沙发[-發] N. <*loan*> sofa
shāfá 杀伐[殺-] N./V. fight; massacre
shāfāchuáng 沙发床[-發-] N. studio couch; sofa bed M: [1]*zhāng*
shāfādiàn 沙发垫[-發墊] N. cushion
shāfáng 杀房[殺-] P.W. <*topo.*> slaughterhouse
shāfātào 沙发套[-發-] N. sofa cover
shāfāyǐ 沙发椅[-發-] N. sofa
shāfèi 煞费 V. expend much
shāfèi gōngfu 煞费功夫 V.O. take much trouble
shāfèi jīngyíng 煞费经营[-經營] V.O. take much trouble in the management
shāfèi kǔxīn 煞费苦心 V.O. take great pains
shāfèi xīnjì 煞费心计 V.O. rack one's brains
shāféizào 砂肥皂 N. sand soap M: [2]*kuài*
shāfèi zhōuzhāng 煞费周章 V.O. take great pains
shāfěn 沙粉 N. emery powder
shā fēngjǐng 杀/煞风景[殺-] V.O. dampen/spoil the fun
shāfù 沙阜 N. sand dune; sand hill
shāfùjìpín 杀富济贫[殺-濟-] F.E. kill the rich and help the poor
shāgān(r) 沙肝(儿) N. <*topo.*> spleen served as food
shǎgàn* 傻干[-幹] V. ① act foolishly ② pursue sth. determinedly
shāgǎng 沙岗[-崗] N. sand hill M: [4]*zuò*
shāgānzi 杉杆子 N. straight and slender fir timber for building scaffolds and makeshift shelters M: [2]*gēn*
shāgāo 杉篙 N. fir pole (for building scaffolds or punting boats) M: [2]*gēn* ***See also*** *shāngāo*
shāgē 沙鸽 N. wild pigeons M: [2]*zhī*
shǎguā 傻瓜 N. fool
shāguǎn 纱管 N. spool; bobbin
shāguàn(r)* 沙罐(儿) N. clay pot M: [2]*zhī*
shāguāng 杀光[殺-] R.V. kill all
shāguāngjī 砂光机 N. electric abrasive finishing machine; sander M: [1]*tái*
shā-guān-guǎn 杀关管[殺關-] V.P. execution, imprisonment, and surveillance
shǎguā xiàngjī 傻瓜相机 N. fully automatic camera M: [1]*jià*
shǎguā zhàoxiàngjī 傻瓜照相机 N. idiot-proof camera M: [1]*jià*
shāguō(r)* 砂/沙锅(儿)[-鍋-] N. ① clay baking pot ② dish cooked in clay pot M: [2]*zhī*
Shāguó 沙国[-國] P.W. short for Saudi Arabia
shāguǒ(r) 沙果(儿) N. crabapple
shāguōcài 砂锅菜[-鍋-] N. casserole
shāguōqiǎnr 沙锅浅儿[-鍋淺-] N. <*coll.*> a kind of clay pot
shāguōyānxiān 沙锅腌鲜[-鍋--] N. casserole of salted and fresh pork
shāguō yútóu 沙锅鱼头[-鍋--] N. fish-head casserole
[1]**shāhài** 杀害[殺-] V. murder; kill
[2]**shāhài** 沙害 N. sand damage
shāhǎitái 杉海苔 N. seaweed
shāhéfěn 沙河粉 N. a kind of flat rice-flour noodle
shǎhēhē 傻呵呵 R.F. simpleminded
shāhòur 煞后儿[-後-] V. <*topo.*> ① fall behind ② be timid/shy; be not aggressive
shāhú 沙狐 N. corsac fox M: [2]*zhī*
shāhuà 沙化 N. desertification
shǎhuà* 傻话 N. foolish talk; nonsense M: [1]*jù*
shāhuān 沙獾 N. sand badger M: [2]*zhī*
shāhuāng 沙荒 N. sandy wasteland
shāhuáng* 沙皇 N. <*loan*> czar
shāhuángsè 沙黄色 N. sand-yellow color
shǎhūhū 傻乎乎 R.F. ① simpleminded ② naive
shāhuímǎqiāng 杀回马枪[殺-槍] F.E. wheel around and attack pursuers
shāi 筛[篩] B.F. sieve ***shāizi*** ♦V. ① sift ② heat up wine ③ pour wine ④ <*topo.*> beat gongs
[1]**shǎi(r)** 色(儿)[-(兒)] N. <*topo.*> color ***See also*** [1]*sè*, [2]*shǎi*
[2]**shǎi** 色/骰 B.F. dice ***shǎizi, shuāngshǎi See also*** [1]*sè*, [1]*shǎi*, [3]*tóu*
shài* 晒[曬] V. ① shine on ② sun-dry; soak up the sun ③ <*slang*> cold-shoulder ♦S.V. sun-drenched
shāiba 筛巴[篩-] V. <*coll.*> sieve
shàibān* 晒斑[曬-] N. freckles from overexposure to the sun
shàibǎn 晒板[曬-] N. board used for airing sth. in the sun M: [2]*kuài*
shǎibǐ 色笔[-筆] N. <*coll.*> color pencil; crayon M: [2]*zhī*
shàibutòu 晒不透[曬-] R.V. impervious to sunshine
shàibuzháo 晒不着[曬-著] R.V. be unexposed to the sun; be in the shade
shàichǎng 晒场[曬場] P.W. threshing/sunning ground; drying yard M: [2]*kuài*
shāichū 筛出[篩-] R.V. sift out
shài dé qīhēi 晒得漆黑[曬-] V.P. <*coll.*> deeply suntanned
shàifá 晒垡[曬-] V.O. <*agr.*> sun upturned soil
shāifēn 筛分[篩-] N. screening; sieving
shàigān(r) 晒干(儿)[曬乾-] R.V. ① dry in the sun ② <*slang*> cold-shoulder
shāihào 筛号[篩號] N. screen size/mesh; mesh number
shàihēi 晒黑[曬-] R.V. become tanned; tan
shàihóng 晒红[曬-] R.V. ① be sunburned ② tan
shǎihuār 色/骰花儿 N. <*topo.*> spots on dice
shāijiǔ 筛酒[篩-] V.O. ① pour wine ② warm wine
shāikāng 筛糠[篩-] V.O. <*coll.*> shiver from fear/cold
shāikǒng 筛孔[篩-] N. sieve meshes
[1]**shāiluó** 筛萝[篩蘿] N. sieve M: *zhī*
[2]**shāiluó** 筛锣[篩鑼] N. small gong ♦V.O. beat a gong
shāiluójīgǔ 筛锣击鼓[篩鑼擊-] F.E. strike gongs and beat drums
shàiniān(r)le 晒蔫(儿)了[曬-] V.P. <*coll.*> wilted in the sun
shàinuǎnr 晒暖儿[曬-] V. <*coll.*> warm up in the sun (in winter/etc.); bask in the sun
shàipéng 晒棚[曬-] N. drying stand/rack M: [4]*zuò*
shàipíng 晒坪[曬-] N. sunning ground M: [2]*kuài*
shǎir 色/骰儿 N. dice
shàishāng 晒伤[曬傷] N. sunburn
shāishāqì 筛砂器[篩-] N. sand screen
shàishóu 晒熟[曬-] N. sunburn
shàisǐ 晒死[曬-] V. die in hot sun (of plants/insects/etc.)
shàitái 晒台[曬臺] P.W. terrace for sunning clothes/etc. M: [4]*zuò* ♦V.O. <*topo.*> put sb. in an embarrassing situation
shài tàiyáng 晒太阳[曬-陽] V.O. sun-bathe; bask in the sun
shàitú 晒图[曬圖] V.O. make a blueprint ♦N. blueprint
shàitújī 晒图机[曬圖-] N. blueprint machine M: [1]*tái*
shàitúzhǐ 晒图纸[曬圖-] N. blueprint paper M: [1]*zhāng*
shāixǐ 筛洗[篩-] V. sieve and wash
shāixià 筛下[篩-] R.V. sieve; sift; screen
shāixuǎn 筛选[篩選] V. ① sift through; cull ② screen; sieve
shāixuǎnjī 筛选机[篩選-] N. screening machine M: [1]*tái*
shàiyān 晒烟[曬煙] N. sun-cured tobacco leaves
shàiyán* 晒盐[曬鹽] V.O. evaporate seawater to obtain salt
shàiyījiā 晒衣夹[曬-夾] N. clothespin
shàiyījià* 晒衣架[曬-] N. clothes-drying rack
shàiyīshéng 晒衣绳[曬-繩] N. clothesline M: [2]*gēn*
shàiyūn 晒晕[曬-] R.V. become faint/dizzy from too much sun
shāizhuàng 筛状[篩狀] ATTR. sieve/screen/sifter-shaped
shāizi* 筛子[篩-] N. sifter; sieve M: [1]*zhāng*
shǎizi 色/骰子 N. dice M: [1]*kē*
shǎizidiǎnr 色子点儿[-點-] N. dots on dice
shǎizikuàir 色子块儿[--塊-] N. <*topo.*> vegetable/meat cut in small cubes
[1]**shājī** 杀机[殺-] N. thoughts of killing; intention to kill
[2]**shājī** 沙鸡[-雞] N. sandgrouse M: [2]*zhī*
[3]**shājī** 莎鸡[-雞] N. <*wr.*> katydid; long-horned grasshopper M: [2]*zhī*
shājiǎ 沙甲 N. dragonet fish M: [1]*tiáo*
shājià(r)* 杀价(儿)[殺價-] V.O. ① slash prices ② <*slang*> bargain the price down; beat a seller down
[1]**shājiāng** 砂浆[-漿] N. <*archi.*> mortar
[2]**shājiāng** 砂礓 N. <*geol.*> conglomerate
shājiāngdì 砂礓地 P.W. <*geol.*> conglomerate M: [2]*kuài*
shājiāo* 砂礁 N. sandy shoals M: [2]*kuài*
[1]**shājiǎo** 纱绞 N. skein
[2]**shājiǎo** 煞脚[-腳] V.O. ① stop; halt ② come to a conclusion ***See also*** *shàjiǎo*
[3]**shājiǎo** 沙角 P.W. sand spit ***See also*** [2]*shājué*
[4]**shājiǎo** 杀脚[殺腳] V.O. <*topo.*> stop walking/running
shàjiǎo 煞脚[-腳] V.O. put the conclusion on a piece of writing ***See also*** [2]*shājiǎo*
shājiè 杀戒[殺-] N. <*Budd.*> prohibition against taking life
shājīgěihóukàn 杀鸡给猴看[殺雞-] ID. attack/criticize A to warn B
shājījǐnghóu 杀鸡警/儆猴[殺雞-] ID. punish sb. as a warning to others
[1]**shājīn*** 纱巾 N. gauze kerchief M: [1]*tiáo*
[2]**shājīn** 沙/砂金 N. placer gold M: [2]*kuài*
shājǐn 杉锦 N. pine of fine quality M: [1]*kē*
shǎjìn(r) 傻劲(儿)[-勁] N. ① stupidity ② sheer enthusiasm; doggedness
shājīng 砂晶 N. sand crystal M: [2]*kuài*
shājǐngjiǎ 沙颈岬[-頸-] N. tombolo
shājīnshí 砂金石 N. aventurine M: [2]*kuài*
shājìnzhǎnjué 杀尽斩绝[殺盡-絕] F.E. kill all; give no quarter
shājīqǔdàn 杀鸡取蛋[殺雞-] ID. do sth. stupid
shājīqǔluǎn 杀鸡取卵[殺雞-] ID. so sth. stupid
shājīxiàhóu 杀鸡吓猴[殺雞嚇-] ID. punish sb. as a warning to others
shā jī yān yòng niúdāo 杀鸡焉用牛刀[殺雞-] ID. ① Why use an ox cleaver to kill a chicken? (fig.) ② Great talent can be used for better purposes or for greater results.
shājī yòng niúdāo 杀鸡用牛刀[殺雞-] ID. use a sledge-hammer on a gnat (fig.)
shājīzǎi'é 杀鸡宰鹅[殺雞-] F.E. kill chickens/etc. to prepare for a banquet
shājuǎnfēng 沙卷风 N. desert sand devil
[1]**shājué** 杀绝[殺絕] R.V. exterminate
[2]**shājué** 沙角 N. <*bot.*> water chestnut ***See also*** [3]*shājiǎo*
shājué féizào 杀绝肥皂[殺絕-] N. germicidal soap M: [2]*kuài*
shājuéjì 杀绝剂[殺絕劑] N. fungicide; germicide
shājuéyào 杀绝药[殺絕藥] N. bactericide; germicide
shājué zuòyòng 杀绝作用[殺絕-] N. sterilization; bactericidal action
shājūn 杀菌[殺-] V.O. kill germs; disinfect; sterilize
shājūndēng 杀菌灯[殺-燈] N. ultraviolet lamp M: [1]*zhǎn*
shājūnjì 杀菌剂[殺-劑] N. germicide; bactericide

S

shākāixuèlù 杀开血路[殺開-] F.E. <wr.> cut/fight one's way out

shākēng 沙坑 N. <sport> jumping pit; sandbox

shākǒu 杀口[殺-] V.O./S.V. ①too spicy ②<topo.> deliciously sweet

shākǒudài 沙口袋 N. sandbag

shākuài 痧块[-塊] N. skin eruptions concentrated in one place

shākuàir 砂块儿[-塊-] N. gravel; grit

shākuàng 砂矿[-礦] N. ①placer deposit; placer ②<min.> minerals in the form of sand

shākūnchóngyào 杀昆虫药[殺-蟲藥] N. insecticide

shālā 沙拉 N. <loan> salad

shálāde 啥啦的 PR. <topo.> ① and such like ② what kind

shǎlaguājī 傻拉瓜叽 R.F. <topo.> stupid; ignorant

shǎlǎo 傻老 N. <coll.> stupid/foolish person

shālāyóu 沙拉油 N. <loan> salad oil

shǎlè 傻乐[-樂] V. <topo.> laugh foolishly; giggle

shāleng 沙棱 S.V. <topo.> ① having a pleasant bite/tang ② crisp (of food)

shālèng 沙楞 S.V. <topo.> swiftly and smartly

shǎlèng* 傻愣 S.V. in a stupid/confused manner

shǎlèngshénr 傻愣神儿 S.V. <coll.> in a confused manner

shālí 沙梨 N. sand pear M: 2zhī

1**shālì*** 沙/砂砾[-礫] N. grit; gravel; pebbles

2**shālì** 沙/砂粒 N. sand grains M: 3lì/1kē

shǎlibājī 傻里吧叽[-裡--] R.F. <coll.> ① silly; foolish ② witless; muddleheaded

shǎliguājī 傻里瓜唧[-裡--] R.F. <topo.> stupid; foolish

shǎlǐr 傻理儿 N. <coll./humb.> poor reasoning

shǎlishǎqì 傻里傻气[-裡-氣] R.F. foolish-looking

shālǐtáojīn 沙里淘金[-裡--] ID. get small returns for great effort

1**shālóng** 沙龙 N. <loan> salon

2**shālóng** 纱笼 N. <loan> sarong M: 1tiáo

shālóngjuǎn 沙龙卷 N. sand tornado

shālòu 沙漏 N. ① hourglass ② sand filter

shālù 杀戮[殺-] V. massacre; slaughter

shālǜ 沙滤[-濾] N. sand filter

shāluǎnjì 杀卵剂[殺-劑] N. <agr.> ovicide

shālüè 杀掠[殺-] V. kill and rob

shālún(r) 砂轮(儿) N. <mach.> emery wheel

shālúnjī 砂轮机 N. grinder M: 1tái

shālún qiángwēi 沙伦蔷薇[--薔-] N. <bot.> rose of sharon M: 2kē

shāluó 纱罗[-羅] N. gauze M: 2kuài

shǎluòtuo 傻骆驼 N. <coll.> ① silly camel (a term of endearment) ② little imp

shālǜqì 砂滤器[-濾-] N. sand filter

shālùyù 杀戮欲[殺-] N. bloodlust

shāmǎn 沙螨 N. <zoo.> sandmite; chigger

shǎmánghu 傻忙乎 V. <coll.> be busy at routine/uninteresting things

shǎmánghujìnr 傻忙乎劲儿[---勁-] N. <coll.> preoccupation with routine

shāmào* 纱帽 N. <trad.> hat worn by officials M: 1dǐng

shǎmào(r) 傻帽(儿) <coll.> N. fool; idiot ♦S.V. foolish; stupid

shāméi 砂煤 N. sand coal

1**shāmén** 沙门 N. <Budd.> ① monk; monkhood ② an ascetic ♦P.W. islet off the Shandong coast

2**shāmén** 纱门 N. screen door M: 1shàn

shāměng 沙猛 N. <zoo.> filefish M: 1tiáo

shāményú 沙门鱼 N. <loan> salmon M: 1tiáo

shāmí(zi) 沙弥(子)[-彌-] N. <Budd.> ① male novice ② acolyte M: 2wèi

shāmiàn 沙面 N. sandbank ♦P.W. Shamian (island off Canton)

shāmiè 杀灭[殺滅] R.V. exterminate; eliminate; wipe out

shāmíní 沙弥尼[-彌-] N. <Budd.> novice nun

shāmó 沙/砂磨 V./N. sandpaper M: 1zhāng

shāmò* 沙漠 P.W. desert

shāmòhuà 沙漠化 N. desertification; desertization

Shāmòzhīhú 沙漠之狐 N. Desert Fox (1998 Iraq bombing campaign)

shāmòzhīzhōu 沙漠之舟 N. camel M: 2zhī

shāmú 沙模 N. sand mold (for casting)

1**shāmù*** 杉木 V. Chinese fir; fir wood *See also* *shānmù*

2**shāmù** 沙木 N. <bot.> tree of the fir family (*Cunninghamia lanceolata*) M: 2kē

1**shān*** 山 N. ① hill; mountain ② Surname ♦B.F. sth hill/mountain-like ***bīngshān***

2**shān** 衫 B.F. unlined upper garment; shirt ***chènshān***

3**shān** 扇 V. ① fan ② slap ③ flap; flutter (of birds) ♦B.F. incite; instigate; stir up ***3shāndòng*** *See also* *1shàn*

4**shān** 钐[釤] N. <chem.> samarium

5**shān** 杉 B.F. <bot.> China fir ***shānshù*** *See also* *8shā*

6**shān** 煽 V. ① fan a fire ② <slang> ③ shoot the breeze; jabber ♦B.F. instigate ***2shāndòng***

7**shān** 删[刪] V. delete; leave out

8**shān** 膻 S.V. gamy (of smell)

9**shān** 潸 B.F. shed tears ***shānrán***, ***lèishānshān***

10**shān** 芟 B.F. cut off; eliminate ***shānyí***, ***2shānchú***

11**shān** 苫 B.F. a cover or pad made of grass ***shāncì***, ***zàishān*** *See also* *5shàn*

12**shān** 珊 in ***shānhú***, ***1lánshān***

13**shān** 栅[柵] in ***shānjí***, ***yèshān*** *See also* *5zhà*

14**shān** 舢 in ***shānbǎn***

15**shān** 跚 in ***1pánshān***

16**shān** 姗[姍] in ***1shānshān***, ***shānxiào***

1**shǎn** 闪[閃] V. ① dodge; get out of the way ② twist; sprain ③ have a mishap ④ flash ⑤ <topo.> leave behind ♦M. flash

2**shǎn** 睒 V. blink

Shǎn 陕[陝] AB. *Shǎnxī*

1**shàn** 扇 B.F. ① fan ***shànzi*** ② leaf ***ménshàn*** ♦M. *for doors/etc.* ***sì ~ píngfēng*** four-leaf screen *See also* *3shān*

2**shàn** 善 S.V. ① good ② charitable; kind ♦B.F. ① friendly ***yǒushàn*** ② familiar ***miànshàn*** ③ kindness; good deed ***xíngshàn*** ④ do sth. well ***1shànyú*** ⑤ properly ***shànzìbǎozhòng*** ⑥ make perfect ***shànhòu*** ⑦ be apt/prone to ***shànwàng***

3**shàn** 讪[訕] B.F. ① mock; ridicule ***shànxiào*** ② embarrassed ***dāshàn***

4**shàn** 缮[繕] B.F. ①repair; mend ***xiūshàn*** ②copy neatly ***shànxiě***

5**shàn** 苫 V. cover sth., esp. with straw mat or fabric covering *See also* *11shān*

6**shàn** 骟[騸] V. castrate; spay

7**shàn** 禅[禪] B.F. abdicate ***shànwèi***, ***2fēngshàn*** *See also* *3chán*

8**shàn** 擅 B.F. ① arrogate to oneself; act without authority ***shànzì***, ***zhuānshàn*** ②good at ***1shànyú***

9**shàn** 疝 B.F. hernia ***shànqì***

10**shàn** 膳 B.F. meals; board ***shànsù***, ***sù-shàn***

11**shàn** 赡[贍] B.F. support; provide for ***shànyǎng***

12**shàn** 嬗 B.F. transmute; metamorphose ***4shànbiàn***

13**shàn** 掞 B.F. extend; spread out ***shànzhāng***, ***shànzǎo***

14**shàn** 鳝[鱔/鱓] B.F. eel ***2shànyú***, ***shànhú***, ***qūshàn***

15**shàn** 蟮 in ***qūshàn***

16**shàn** 鳣[鱣] in ***2shànxù***

17**shàn** 墡 in ***2báishàn***

1**Shàn** 单[單] B.F. county in Shandong ♦N. Surname ♦in ***3shànyú*** *See also* *1dān*, *14chán*

2**Shàn** 汕 in ***Shàntóu***

shān'ā 山阿 P.W. bend in a mountain range *See also* *shān'ē*

shān'ài 山隘 P.W. mountain pass

shānáng 砂/沙囊 N. gizzard

shān'āo 山凹 N. col

shān'ào* 山坳 N. col

shànbàgānxiū 善罢甘/干休[-罷乾-] F.E. let it go at that

shānbāgē 山八哥 N. hill myna M: 2zhī

shānbǎihé 山百合 N. <bot.> a variety of lily M: 1kē

shānbǎn* 舢板/舨 N. sampan M: 2zhī/1tiáo

shànbàn 善办[-辦] V. be good/specialized at dealing with sth.

shànbàng 讪谤 V. slander; malign; calumniate; libel; backbite

1**shānbāo*** 山包 N. <topo.> low hill

2**shānbāo** 山胞 N. ① residents of mountainous areas ② <TW> the indigenous people of Taiwan M: 2wèi

shànbào 善报[-報] N. ① good recompense ② reward for good deeds

1**shànbèi** 扇贝 N. <zoo.> scallop M: 2zhī

2**shànbèi** 苫背 V.O. thatch

shànbèiké 扇贝壳[-殼] N. fan shell M: 2zhī

shànbèiròu 扇贝肉 N. scallop (edible part)

shànběn 善本 N. good/rare edition M: 1juàn/1běn

shānbēng 山崩 N./V.P. landslide; landslip

shānbēngdìliè 山崩地裂 F.E. cataclysm

shànběnshū 善本书[-書] N. rare book M: 1juàn/1běn

shǎnbì 闪避 V. dodge quickly

shǎnbiàn 闪变[-變] N. flickering

1**shànbiàn*** 善辩 V. be good at debating; have a glib tongue

2**shànbiàn** 善变[-變] S.V. ①changeable ②capricious

3**shànbiàn** 擅便 F.E. <wr.> act at one's own convenience/authority only

4**shànbiàn** 嬗变[-變] N. <phy.> ①transmutation ② evolution ③ <wr.> permutation

shǎnbìbùjí 闪避不及 F.E. too late to dodge

shànbīng 擅兵 V.O. arrogate the right to maintain an army

shānbōshǔ 山拨鼠[-撥-] N. <zoo.> marmot M: 2zhī

shānbǔ* 删补[刪補] V. get rid of superfluities and fill inadequacies (in a writing); revise

shànbǔ 缮补[-補] V. mend

shànbù 苫布 N. ① tarpaulin ② manta M: 2kuài

shànbudā 讪不搭 V.P. <topo.> feel embarrassed

shàncái 善才/财 N. <hist.> master *pípa* player

Shàncái Tóngzǐ 善财童子 N. Sudhana, disciple of Buddha

shāncán 山蚕[-蠶] N. wild silkworm M: 1tiáo

shāncāngzǐ 山苍子[-蒼-] N. <Ch. med.> fruit of a cubeb litsea tree

shàncè 善策 N. wise/best policy M: 1tiáo

shānchá 山茶 N. <bot.> camellia M: 2zhū

shāncháhuā 山茶花 N. camellia flower M: 2duǒ

shàncháng* 擅长 V./S.V. be good at; excel in

shànchǎng 擅场[-場] V.O. <wr.> dominate the scene

shǎnchángyán 闪长岩 N. <min.> diorite

shànchē(zi) 扇车(子) N. winnowing machine; winnower M: 4zuò

shānchéng 山城 P.W. mountain city M: 4zuò

shàn chéngguō 缮城郭 V.O. repair city walls for defense

shānchìlián 山赤莲 N. <bot.> avalanche lily M: 2kē

shānchìshēng 扇翅声[-聲] N. whir

shānchōng 山冲[-沖] N. <topo.> a stretch of flatland in a hilly area

shānchóngshuǐfù 山重水复[-複] F.E. the topography is much complicated

1**shānchú*** 删除[刪-] V. delete; leave out

2**shānchú** 芟除 V. ① mow; cut down ② delete ③ weed out; eliminate; exterminate; eradicate

shǎnchū 闪出 V. flash; sparkle; shine

shànchǔ 善处[-處] V. <wr.> deal discreetly with

shān-chuān 山川 N. ① mountains and rivers ② land; landscape

shānchuānxiānglián 山川相连 F.E. be linked by rivers and mountains

shānchuānxiǎnzǔ 山川险阻 F.E. dangerous and difficult mountains and rivers; dangerous and difficult land

shānchuānxiūzǔ 山川修阻 F.E. The place is far beyond the mountains and rivers.

shānchún 山鹑 N. <zoo.> partridge M: 2zhī
shāncì 苫次 N. <wr.> mourning for one's parents
shāncígū 山慈姑 N. <bot.> edible tulip M: 2kē
shāncūn 山村 P.W. mountain village M: 4zuò
shǎncuò 闪挫 N. sprain ♦V. sprain
shāndài 山带[-帶] N. mountain belts
1shàndài* 善待 V. treat kindly/warmly/well
2shàndài 疝带[-帶] N. <med.> truss
shāndàiwang 山大王 N. leader of mountain outlaws *See also shāndàwáng*
shāndān* 山丹 N. <bot.> morningstar lily M: 2kē
shāndān 苫单 N. manta M: 2kuài
shāndāndān 山丹丹 N. <topo.> wild lilies M: 2kē
shāndàng 扇荡[-蕩] V. stir up unrest/disorder
shāndāo 芟刀 N. scythe M: 1bǎ
shāndào(r)* 山道(儿) N. mountain path/road M: 1tiáo
shǎndào 闪道 V.O. <coll.> get out of the way
shàndāo'écáng 善刀而藏 F.E. not push an advantage too far
shāndàonián 山道年 N. <loan> santonin
shāndàwáng 山大王 *See shāndàiwang*
shǎnde 闪得 V.P. result in (poverty/etc.)
shāndì 山地 P.W. ① mountainous/hilly country ② hillside field ③ reservations for the aboriginal people in mountainous regions of Taiwan
shāndiān 山颠/巅 N. mountain top
shāndiàn 山靛 N. mercury
shǎndiǎn 闪点[-點] N. flash point
shǎndiàn* 闪电[-電] N. lightning M: 2dào ♦V.O. ① flash of lightning ② be as fast as lightning
shǎndiàn gōngjī 闪电攻击[-電-擊] N. lightning attack
shǎndiànxíng 闪电形[-電-] N. "z" shape
shǎndiànzhàn 闪电战[-電戰] N. blitzkrieg M: 2chǎng
shāndiào 删掉[刪-] R.V. delete
shāndì bùluò 山地部落 N. mountain tribes
shāndì guǎnzhìqū 山地管制区[-區] P.W. reservations in Taiwan for aborigines
shāndǐng(r)* 山顶(儿) N. mountain top; summit
shāndìng 删定[刪-] V. delete and edit
Shāndǐngdòngrén 山顶洞人 N. <archeo.> Upper Cave Man
shāndì qìhòu 山地气候[--氣-] N. mountainous climate
shāndǐr 山底儿 N. sturdy soles made of cotton cloth for mountain roads
Shāndìrén 山地人 N. Taiwan aborigines M: 2wèi
shāndì tóngbāo 山地同胞 N. <PRC> Taiwan aborigines (most of whom live in mountainous regions) M: 2wèi
shāndìwǔ 山地舞 N. dances of the mountain people M: 4zhī
Shāndōng 山东 P.W. Shandong province
1shāndòng* 山洞 N. cave; cavern
2shāndòng 煽动[-動] R.V. incite; stir up (war/etc.)
3shāndòng 扇动[-動] R.V. ① fan; flap ② incite; instigate (strike/etc.)
shǎndòng 闪动[-動] V. ① move fast ② twinkle
Shāndōng bāngzi 山东梆子 N. Shandong opera
Shāndōng dàgǔ 山东大鼓 N. a style of storytelling to the accompaniment of a drum and two semicircular pieces of metal
Shāndōng kuàishū 山东快书[-書] N. Shandong clapper ballad
shāndòngzhě 煽动者[-動-] N. agitator
shāndōu 山兜 N. chair carried by two bearers for transportation in hilly areas
shāndǒu* 山斗 N. Mount Tai and the Dipper (the symbol of persons of virtue and prestige)
shāndòugēn 山豆根 N. <bot.> subprostrate sophora M: 2kē
shāndǒuzhīwàng 山斗之望 N. universal respect (for one's virtue)
shāndū 山都 N. a species of baboon in South China M: 2zhī
shǎnduàn 闪缎 N. scintillating silk fabric M: 1pǐ/2kuài
shànduàn* 擅断[-斷] V.P. arbitrary
shāndùjuān 山杜鹃 N. ghent azalea M: 2kē
shǎnduǒ 闪躲 V. dodge; evade
shān'ē 山阿 P.W. a nook in the mountains *See also shān'ā*
shàn'è* 善恶[-惡] N. good and evil; virtue and vice
shàn'è bù fēn 善恶不分[-惡--] V.P. be unable to tell good from evil
shàn'è fēnmíng 善恶分明[-惡--] V.P. distinguish good from bad
shān ěrguāng 扇耳光 V.O. box the ears
shān ěrguāzi 扇耳刮子 V.O. <coll.> box the ears
shànfā 缮发[-發] V. copy neatly and distribute
shānfánbǔquē 删繁补缺[刪-補-] F.E. cut out repetition and fill in gaps
shānfáng 山房 P.W. ① lodges built in mountains, ② poetic name for a studio M: 4zuò
shànfáng* 膳房 P.W. ① <trad.> imperial kitchen ② kitchen M: jiān/4zuò
shānfánjiùjiǎn 删繁就简[刪---] F.E. prune diffuse text
shànfèi 膳费 N. board expense
1shānfēng 山峰 N. mountain peak M: 4zuò
2shānfēng 山风 N. <met.> mountain breeze
3shānfēng 扇风 V.O. fan
shānfēngdiǎnhuǒ 煽/扇风点火[--點-] F.E. inflame people; stir up trouble
shānfēng'ěr 扇风耳 N. protruding/flappy ears M: 1shuāng
shànfēngjī 扇风机 N. ventilating fan M: 1tái
shànfóye(r) 善佛爷(儿)[--爺-] N. <coll.> sb. of very kind/sympathetic nature
shānfù* 山腹 N. mid-slope of a mountain
shànfū 膳夫 N. ① <wr.> chief cook in charge of the royal family's victuals ② cook M: 2wèi
1shang 上 SUF. ① *after verbs* up *pá~* climb up *suǒ~ mén* lock the door; lock up *ài~* fall in love ② *after nouns* on; in; with regard to; -ically *shū ~* on the book *jīngji ~* on economic matters *fāngfǎ ~* methodologically *See also 4shǎng, 1shàng*
2shang 裳 B.F. clothing *yīshang See also 7cháng*
1shāng 伤[傷] V. ① injure; wound ② fall ill from ③ damage; harm ♦N. injury; wound ♦B.F. ① wounded *dǎshāng* ② sad; distressed *shāngxīn* ③ surfeited (with food or some activity) *chīshāngle*
2shāng 商 B.F. ① discuss; consult *shāngliang* ② trade; business *shāngyè* ③ merchant; business person *1shāngrén* ④ <math.> quotient *shāngshù* ⑤ intelligence quotient (IQ) *1zhìshāng* ♦N. ① <mus.> second note of the pentatonic scale (*wǔyīn*) ② <lg.> second class of initials in ancient phonology ③ Shang dynasty (c. 1700–1045 B.C.) ④ Surname
3shāng 墒 B.F. <agr.> soil moisture *bǎoshāng*
4shāng 熵 N. <phy.> entropy
5shāng 殇[殤] B.F. die young *guóshāng, yāoshāng*
6shāng 觞[觴] B.F. wine cup/goblet *shāngdòu, hèshāng*
7shāng 汤[湯] in *shāngshāng See also 1tāng*
1shǎng 赏[賞] V./N. reward; award ♦B.F. admire; enjoy *xīnshǎng*
2shǎng(r) 晌(儿)[-(兒)] M. ① short period of time ② <topo.> area that can be plowed in one day ♦B.F. noon *shǎngwu*
3shǎng 垧 M. *of land equal to 3 2mǔ in the Northeast and 15 2mǔ in the Northwest*
4shǎng 上 B.F. <lg.> ① "rising" tone in trad. Ch. phonology *shǎngshēng* ② Mandarin 3rd tone *shǎngshēng See also 1shang, 1shàng*
1shàng* 上 B.F. ① upper; upward *shàngmian* ② higher; superior; better *shàngděng* ③ first (part); preceding; previous *shàngbànyè* ④ up to (preceding numbers) *~ yībǎi rén* up to a hundred people ⑤ emperor *huángshang* ⑥ <lg.> second of the classical tones; third tone in Mandarin ⑦ posterior ♦N. <mus.> no. 1 note in *gōngchěpǔ* ♦V. ① go up; mount; board; get on ② go to; leave for ③ submit; send in; present ④ forge/go ahead ⑤ appear on the stage; enter ⑥ place sth. in position; set; fix; apply ⑦ be put on record; be carried (in a publication) ⑧ wind; screw; tighten ♦CMP. able/unable *Wǒmen gànde~ fēijī ma?* Can we make the plane? ♦CONS. *(zài) A ~* as far as A is concerned; in the field of A *See also 1shang, 4shǎng*
2shàng 尚 ADV. <wr.> ① still; yet ② fairly; rather ③ <court.> respectfully ♦B.F. esteem; value *2shàngwǔ* ♦N. Surname
3shàng 绱[鞝/綔] in *shàngxié*
shāngǎi* 删改[刪-] V. delete and revise; abridge
shàngǎi 擅改 V. change/revise arbitrarily or without authorization
shāngāla(r) 山旮旯(儿) P.W. <topo.> ① faraway hilly area ② remote mountain area
Shǎn-Gān* 陕甘[陝-] P.W. Shaanxi and Gansu
shàngǎn 善感 V.P. sentimental; sensitive
shàng'àn 上岸 V.O. ① go ashore; land ② <slang> return to the state sector of the economy
shāngāng(r/zi) 山冈/岗(儿/子)[-岡/崗-] N. low hill; hillock; ridge M: 4zuò
shāngāo 杉篙 N. ① long thin pole ② tall slender person M: 2gēn *See also shāgāo*
shàngǎo* 缮稿 V.O. ① copy a text ② write out an article
shāngāohǎishēn 山高海深 ID. boundless affection
shān gāo huángdì yuǎn 山高皇帝远[-遠] F.E. beyond reach of the government
shāngāolùdǒu 山高路陡 F.E. a long and difficult journey
shāngāolùxiǎn 山高路险 F.E. a long and difficult journey
shāngāolùyuǎn 山高路远[-遠] F.E. a long and difficult journey
shāngāoshuǐcháng 山高水长 ID. ① consummate virtue ② deep affection
shāngāoshuǐdī 山高水低 ID. unexpected misfortune
shāngāoshuǐxiǎn 山高水险 F.E. a difficult journey/road
shāngāoshuǐyuǎn 山高水远[-遠] F.E. ① a long way ② wide-ranging ③ unexpected disaster
shāngāo zhēbuzhù tàiyáng 山高遮不住太阳[-陽] ID. People of low standing cannot prevail over those of high standing.
shāngbā 伤疤[傷-] N. scar
shāngbàn 商办[-辦] ATTR. privately-owned ♦V. consult and take action
shàngbān(r)* 上班(儿) V.O. ① go to work; be on duty ② go to class
shàngbàn 上半 N. first half
shàngbànbù 上半部 P.W. ① upper part/half ② first volume of a two-volume book/etc.
shàngbànchǎng 上半场[-場] N. <sport> ① first half (of a game) ② half time *~ bǐfēn duōshao?* What's the score at half time?
shàngbànchéng 上半城 P.W. uptown
shàngbānfú 上班服 N. work clothes M: 2jiàn
shàngbāng 上邦 N. <wr.> your country
1shàngbǎng* 上榜 V.O. have one's name included in the list of successful candidates in an examination
2shàngbǎng 上绑 V. truss sb. up
shāngbàn gōngyè qǐyè 商办工业企业[-辦-業-業] P.W. industrial enterprises run by commercial units
shàngbànjié(r) 上半截(儿) N. upper half
shàngbànjù 上半句 P.W. first half of a sentence
shàngbànlǎ 上半拉 P.W. <coll.> top half

S

shàngbànlā shēnzi 上半拉身子 N. <coll.> the trunk of the body
shàngbànnián 上半年 N. first half of a year
shàngbǎnpù 上板铺 P.W. upper bunk
shàngbǎnr 上板儿 V.O. ① set up shop shutters at closing time ② keep the beat (when singing)
shàngbànshǎng(r) 上半晌(儿) N. <coll.> morning
shàngbànshēn(r) 上半身(儿) P.W. upper part of the body
shàngbān shíjiān 上班时间[--時-] N. office hours
shàngbàntiān(r) 上半天(儿) N. morning
shàngbànyè(r) 上半夜(儿) N. time before midnight
shàngbànyuè 上半月 N. first half of the month
shàngbānzú 上班族 N. office workers
shàngbāo 上胞 N. upper eyelid
shàngbào* 上报[-報] V.O. ① appear in a newspaper ② report to a higher level
shàngbào shěnpī 上报审批[-報審-] V.P. send up to a higher level for approval
shāngbēi* 伤悲[傷-] S.V. sad; sorrowful ♦N. grief; distress
shàngbèi(r) 上辈(儿) N. ① ancestor ② one's elders M: ²wèi
shàngbèizi 上辈子 N. ① ancestor ② previous life
¹**shàngbì** 上臂 P.W. upper arm M: ¹tiáo
²**shàngbì** 上壁 V.O. <art> hang a scroll on the wall
³**shàngbì** 上币[-幣] N. gold and jade as currency M: ⁴méi
shàngbian(r)* 上边(儿)[-邊-] P.W. ① above; on the surface of ② above-mentioned; foregoing ③ higher authorities; higher-ups
shàngbiǎn 上匾 V.O. dedicate a horizontal inscribed board
shāngbiāo* 商标[-標] N. trademark
¹**shàngbiāo(r)** 上膘(儿) V.O. become fat; fatten (animals)
²**shàngbiāo** 上标[-標] N. ① superscript ② subscript
shàngbiǎo 上表[-錶] V.O. <coll.> tighten the spring of a clock/watch
shāngbiāofǎ 商标法[-標-] N. trademark law M: ²bù
shāngbiāo màoyòng 商标冒用[-標--] V.P. trademark infringement
shāngbiāo míngchēng 商标名称[-標-稱] N. brand name
shāngbiāoquán 商标权[-標權] N. trademark rights/privileges
shāngbiāoxúqǐ 商飙徐起 F.E. A chilly wind began to blow.
shāngbiāo zhùcè 商标注册[-標註冊] N. trademark registration
shàngbìgǔ 上臂骨 N. <archeo.> upper arm bone; humerus
shàngbīn 上宾[-賓] N. ① distinguished guest; guest of honor ② demise of the emperor M: ²wèi
shāngbīng 伤兵[傷-] N. wounded soldier
shāng-bìng rényuán 伤病人员[傷-] N. sick and wounded
shàngbìngxiàqǔ 上病下取 F.E. <Ch. med.> treat a disease in the upper part by managing the lower
shàngbìngxiàzhì 上病下治 *See shàngbìngxiàqǔ*
shāng-bìngyuán 伤病员[傷-] N. the sick and wounded; noneffectives
shàngbó 上膊 N. upper arm
¹**shāngbù*** 商埠 P.W. <hist.> treaty port M: ⁴zuò
²**shāngbù** 伤部[傷-] P.W. traumatic part; injured portion
shàngbù 上部 P.W. upper part ♦N. first volume (of a multi-volume book)
shàngbuchéng 上不成 R.V. ① can't attend (school/class) ② can't give (a class) ③ can't climb onto sth.
shàngbulái 上不来 R.V. can't come up (from a lower position)
shàngbuliǎo 上不了 R.V. ① be unable to go to (school) ② can't climb onto
shàngbuqǐ 上不起 R.V. be unable to afford (school/etc.)
shàngbuqù 上不去 R.V. can't go up (higher)
shàngbushàng 上不上 R.V. can't fix it (of tools/instruments/etc.); can't get on
shāngcái 伤财[傷-] V.O. lose/waste money
shàngcài* 上菜 V.O. serve the dishes (of food) ♦N. best dishes
shāngcán 伤残[傷殘] N. disability ♦ATTR. wounded and disabled
shāngcán bǎoxiǎn 伤残保险[傷殘-] N. casualty insurance
shāngcán chéngdu 伤残程度[傷殘-] N. degree of disablement
shāngcán fǔxùjīn 伤残抚恤金[傷殘-] N. disability pension M: ²bǐ
shàngcāng 上苍[-蒼] N. Heaven; God
shāngcánrén 伤残人[傷殘-] N. the disabled; a physically handicapped person M: ²wèi
shàngcāo 上操 V.O. go out to drill; be drilling
shàngcè 上策 N. best thing to do; best way out M: ¹tiáo
shàngcéng 上层[-層] P.W. upper strata/level
shàngcéng fènzǐ 上层分子[-層--] N. top-layer elements
shàngcéng guǎnlǐ 上层管理[-層--] N. top management
shàngcéng jiànzhù 上层建筑[-層-築] N. superstructure
shàngcéng lǐngyù 上层领域[-層--] N. superstructure
shàngcéng lùxiàn 上层路线[-層--] N. the upper-level line ***zǒu*** ~ get things done through the personal influence of the higher-ups
shàngcéng shèhuì 上层社会[-層--] P.W. upper strata of society; upper-class society
shàngcéng shèhuì fāngyán 上层社会方言[-層----] N. <lg.> acrolect
shàngcéng shèhuì fāngyán de 上层社会方言的[-層-----] ATTR. <lg.> acrolectal
shàng cèsuǒ 上厕所[-廁-] V.O. go to the toilet
shāngchǎng* 商场[-場] P.W. market; bazaar M: ⁴zuò
shàngchǎng 上场[-場] V.O. appear on stage; enter the court/field/etc.
shàngchǎngmén 上场门[-場-] N. entrance (of a stage)
shāngchǎng rú zhànchǎng 商场如战场[-場-戰場] F.E. Doing business is like fighting a battle.
shàngchǎng zhènróng 上场阵容[-場--] N. first team/string; starting line-up
shàngchǎnxiàdú 上谄下渎[-瀆] F.E. be obsequious toward one's superiors and contemptuous toward one's subordinates
shàngchǎnxiàjiāo 上谄下骄[-驕] F.E. be obsequious toward one's superiors and arrogant toward one's inferiors
shāngcháo 商潮 N. business wave
Shāngcháo* 商朝 N. Shang dynasty (c. 1700–1045 B.C.)
shàngcháo 上朝 V.O. ① go to court ② hold court
shàngchē 上车 V.O. get on/into (a car/train/etc.)
shāngchéng* 商城 P.W. shopping center
shàngchéng 上乘 *See shàngshèng*
shàngchèng 上秤 V.O. put on the scale and weigh
¹**shàngchǐ** 上齿[-齒] N. upper teeth; upper front teeth M: ²kē
²**shàngchǐ** 尚齿[-齒] V.O. <wr.> honor old age
shàngchǐyīn* 上齿音[-齒-] N. <lg.> ① labiodental sound ② palatal sound
shàngchǐyín 上齿龈[-齒齦] N. upper alveolar ridge
shāngchù 伤处[傷處] N. wounded/injured spot
shāngchuán 商船 N. merchant ship M: ¹sōu/¹tiáo
shàngchuán* 上船 V.O. board a ship/boat; embark
shāngchuánduì 商船队[-隊] P.W. mercantile/merchant marine M: ⁴zhī
shàngchuáng 上床 V.O. go to bed
shàngchuánxiàdá 上传下达[-傳-達] F.E. transmit to those above and those below
shāngchūn 伤春[傷-] V.O./N. (have) spring fever
shàngchún* 上唇 N. upper lip
shāngchūnbēiqiū 伤春悲秋[傷-] F.E. be very sentimental
shǎngcì* 赏赐 V. bestow reward; award
shàngcì 上次 N. last time; previous occasion
shàngcù 上蔟 V.O. place silkworms on small straw bundles to spin cocoons
shàngcuànxiàtiào 上窜下跳[-竄-] F.E. ① jump about ② run around on sinister errands
shàngcún 尚存 V. remain
shàngdá 上达[-達] V. ① reach higher authorities ② know virtue ③ rise
Shāngdài 商代 N. Shang dynasty (c. 1700–1045 B.C.)
¹**shàngdài*** 上代 N. ① previous generation ② high antiquity
²**shàngdài** 尚待 V.P. remain
³**shàngdài** 上待 V. <coll.> accord special courtesies
Shāngdài yízhǐ 商代遗址 P.W. <archeo.> Shang-dynasty site (in Zhengzhou, Henan)
shàng dàkè 上大课 V.O. teach a large combined class
¹**shàngdàng** 上当[-當] V.O. be taken in; be fooled ***Tā shàngle ge dà dàng.*** He was badly taken in.
²**shàngdàng** 上档[-檔] V.O. be on show
Shàngdǎng bāngzi 上党梆子[-黨--] N. a kind of Shanxi opera
shàngdàngshòupiàn 上当受骗[-當--] F.E. be duped and misled
shàngdàngxuéguāi 上当学乖[-當--] F.E. Once burned, twice shy
shāngdào* 伤悼[傷-] V. mourn the deceased
shàngdào 上到 R.V. climb to
shàng dāoshān xià huǒhǎi 上刀山下火海 F.E. undergo the most severe trials
shàngdátiāntīng 上达天听[-達-聽] F.E. present memorials to the emperor directly
shàng dàxué 上大学 V.O. attend college
shàng de 上的 ATTR. upper; supra-
¹**shàngdé*** 上德 N. highest virtue
²**shàngdé** 尚德 V.O. respect the virtuous
shàngdēng 上灯[-燈] V.O. light a lamp
shàngděng* 上等 N./ATTR. first-class; superior
shàngděngbīng 上等兵 N. <PRC> private first-class M: ²wèi
shàngděnghuò 上等货 N. first-class goods M: ¹pī
shàngdēng shífēn 上灯时分[-燈時-] N. lamp-lighting time
shàngdeqǐ 上得起 R.V. can afford going to (school/etc.)
¹**shàngdì** 上地 V.O. go to work in the field ♦N. rich/superior land
²**shàngdì** 上第 ATTR. <wr.> first-class; first-rate; superior
Shàngdì* 上帝 N. ① God ② <slang> customer ③ an emperor of antiquity
shāngdiàn 商店 P.W. shop; store M: ¹jiā
shāngdiànjiē 商店街 P.W. shopping street M: ¹tiáo
shāngdiào* 商调 V. coordinate commodity/personnel transfer
¹**shàngdiào** 上调 V. ① transfer and promote personnel ② transfer sth. to a higher agency *See also shàngtiáo*
²**shàngdiào** 上吊 V. hang oneself
Shàngdìjiào 上帝教 N. Christianity
¹**shāngdìng** 商定 V. settle through discussion
²**shāngdìng** 商订 V. agree; decide through consultation
shāngdìng jīn'é 商定金额 N. the agreed sum
shàngdīyīnhào 上低音号[-號] N. <mus.> baritone
shāngdǒng 商董 N. member of the board of directors of a company/firm/etc. M: ²wèi

shàngdōng 上冬 N. last winter
shàngdòng* 上冻 V.O. freeze
shāngdòu 觞豆[觴-] N. <wr.> wine and food
shàngdú 上渎[-瀆] F.E. I take the liberty to. . . (in letters)
shàngduān 上端 P.W. upper end
[1]shāngduì 商队[-隊] P.W. trade caravan M: [4]*zhī*
[2]shāngduì 商兑 V. <wr.> consult and consider; discuss and deliberate
shàngdǔtóubù 上堵头布 N. headband
shāngē 山歌 N. folk song M: [4]*zhī*
shàng'é* 上额 N. maxilla (of a mammal); upper jaw
shàng'è 上颚 N. ① maxilla; upper jaw ② palate; hard palate
shàng'égǔ 上额骨 N. <phys.> maxilla
shàng'ègǔ* 上颚骨 N. maxilla
shāngēlao 山圪落 P.W. <coll.> in the mountains
shāngēn(r)* 山根(儿) N. ① <coll.> foothill ② bridge of the nose (in physiognomy)
shàngēn 善根 N. <Budd.> endowment for doing good
shàngēng 鳝羹 N. a soup of stewed eels
shàng'ěrbèi 上耳背 N. <Ch. med.> ear acupoint
shàng'èyínyīn 上颚龈音[--齦-] N. <lg.> palato-alveolar
shāngfǎ 商法 N. commercial law M: [2]*bù*
shǎngfá* 赏罚 V. reward and punish
shǎngfá bùmíng 赏罚不明 V.P. pay no heed to merit and demerit
shǎngfá fēnmíng 赏罚分明 V.P. judiciously reward and punish
shāngfàn* 商贩 N. small retailer; peddler M: [2]*wèi*
shǎngfàn 晌饭 N. <topo.> ① midday meal; lunch ② extra meal in the busy farming season
shàngfán 上矾[-礬] V.O. apply alum to a kind of silk fabric for painting
shàngfāng 上方 P.W. ① place superjacent/above ② celestial realm
shàngfáng* 上房 P.W. ① main rooms M: [1]*jiān* ② master's quarters ♦N. wife (in contrast to concubines)
shàngfǎng 上访 V. ① seek an audience with higher-ups ② visit the capital from the countryside
shàngfāng bǎojiàn 上/尚方宝剑[--寶-] N. imperial sword ♦F.E. a symbol of delegated power
shàngfǎng rényuán 上访人员 N. visitors from the localities appealing to the higher authorities
shàngfǎngshànggào 上访上告 F.E. lodge complaints with higher authorities
shāngfǎnyìng 伤反应[傷-應] N. <bot.> traumatic response
shàng fātiáo 上发条[-發條] V.O. wind a watch, clock, mechanical toy, etc.
shǎngfá yánmíng 赏罚严明[--嚴-] F.E. be strict and fair in meting out rewards and punishments
shàngféi 上肥 V.O. fertilize a field; apply manure
shàng fēijī 上飞机[-飛-] V.O. board an airplane; embark
shàngfén* 上坟[-墳] V.O. visit a grave
shàngfèn 上粪[-糞] V.O. apply manure
shāngfēng 伤风[傷-] N./V.O. catch cold
shǎngfēng(r) 赏封(儿) V./N. award gratuities
[1]shàngfēng* 上风 N. ① windward ② advantage; superior position
[2]shàngfēng 上峰 N. upper echelon; higher-up
shāngfēngbàisú 伤风败俗[傷-] F.E. corrupt public morals
shàngfēng dānwèi 上峰单位 N. <mil.> parent unit
shàngfēngxiàng 上风向 N. upwind
shàngfēnzhī 上分枝 N. upper branch
shāngfú* 伤俘[傷-] N. ① the wounded and the captured ② wounded POWs
shàngfú 上浮 V. ① come up; surface (of submarines) ② increase; go up (of salaries / prices/etc.) ③ float upward
shàngfùquērú 尚付阙如 F.E. ① still wanting ② not yet done
shānggān 伤肝[傷-] V.O. <Ch. med.> impairment of the liver
shānggǎn* 伤感[傷-] S.V. ① sentimental ② sick at heart ③ distressed
shànggǎn 上杆 V.O. <art> add the roller to the scroll
shānggǎng* 商港 P.W. commercial/trading port M: [4]*zuò*
shànggāng 上纲[-綱] V.O. raise to the higher plane of principle ♦N. <fishing> head line/rope
shànggǎng 上岗[-崗] V.O. ① take over a shift ② begin work, be employed; take up a job
shànggāngshàngxiàn 上纲上线[-綱--] F.E. <PRC/pol.> (criticize) from the higher plane of principle and the two-line struggle
shāng gǎnqíng 伤感情[傷-] V.O. hurt the feelings
shānggǎn wénxué 伤感文学[傷-] N. sentimental literature
shànggǎnzhe 上赶着[-趕著] ADV. <coll.> hurriedly; enthusiastically
shànggào 上告 V. ① appeal to a higher authority ② report to one's superior
shànggāor 上高儿 V.O. <coll.> climb to a high place
shǎnggé 赏格 N. <trad.> size of a reward
shànggé* 上膈 V.O. <Ch. med.> vomit immediately after ingestion
shǎnggěi 赏给 V. give as an award
shànggeyuè 上个月[-個-] N. last month
shǎnggōng 赏功 V.O. reward merit
shànggōng* 上工 V.O. go to work; start work
shànggòng 上供 V.O. <trad.> ① offer sacrifices ② taxes which went directly to the Tang-dynasty imperial treasury ③ grease sb.'s palm; bribe
shǎnggōngfázuì 赏功罚罪 F.E. reward merit and punish faults
shānggōngzhīniǎo 伤弓之鸟[傷-] ID. sb. who learns caution from having his fingers burnt once
shànggōu(r) 上钩(儿)[-鉤] V.O. take the bait (lit./fig.)
[1]shānggǔ 商贾 N. <wr.> merchant M: [2]*wèi*
[2]shānggǔ 商股 N. privately owned shares/stock
shànggǔ* 上古 N. remote ages ♦ATTR. ancient
shàngguān 上官 N. ① high official ② one's direct superior in office M: [2]*wèi* ③ Double Surname
shǎngguāng* 赏光 F.E. <court.> honor me with your presence
shàngguāng 上光 V.O. ① glaze; polish ② <photo.> ferrotype
shàngguāngjī 上光机 N. glazing machine; glazer M: [1]*tái*
shàngguānglà 上光腊[-臘] N. wax polish
shàngguàxiàlián 上挂下联[-聯] F.E. <Cul. Rev.> hook up with above and link up with below
shànggǔ Hànyǔ 上古汉语[--漢-] N. <lg.> Archaic Chinese; Old Sinitic
shànggǔ Hànyǔ yīndú 上古汉语音读[--漢--讀] N. <lg.> Archaic Chinese reading
shàng guǐdào 上轨道 V.O. ① get on the right track ② be systematic
shàngguó 上国[-國] P.W. <hist.> ① the Upper State ② suzerain state
shànggǔshǐ 上古史 N. ancient history
shànggǔ wénzì 上古文字 N. <lg.> archaic script
shànggǔyīn 上古音 N. <lg.> archaic Chinese phonology; archaic sounds
shànggǔ yīndú 上古音读[-讀] N. <lg.> archaic pronunciation
shànggǔ yùnmǔ 上古韵母[--韻-] N. <lg.> finals of Archaic Chinese
shànggǔ yǔyīn 上古语音 N. <lg.> archaic pronunciation
shānghǎi 商海 P.W. the business world
shānghài* 伤害[傷-] V. injure; harm
Shànghǎi 上海 P.W. Shanghai
shānghài dào 伤害到[傷-] R.V. harm; hurt
Shànghǎi Diànyǐng Zhìpiànchǎng 上海电影制片厂[--電-製-廠] P.W. Shànghǎi Film Studio
Shànghǎi Gōngbào 上海公报[-報] N. Shanghai Communiqué
shānghàizuì 伤害罪[傷-] N. <law> injury
shānghán* 伤寒[傷-] N. ① typhoid (fever) ② <Ch. med.> febrile disease
shànghàn 上颔 N. mandible
shāngháng 商行 N. trading company; commercial firm M: [1]*jiā*
shānghao 伤耗[傷-] N. damage
[1]shānghào* 商号[-號] N. ① shop; store; business establishment ② name of a shop/firm
[2]shānghào(r) 伤号(儿)[傷號-] N. the wounded
[1]shànghǎo 尚好 V.P. fair
[2]shànghǎo 上好 ATTR. first-class ♦R.V. attend well (at school); study hard
shànghǎo dǐngménzi 上好顶门子 V.P. <coll.> load a rifle
shànghǎo pǐnzhì 上好品质[-質] N. prime quality
[1]shànghé 上颌 N. upper jaw; maxilla
[2]shànghé 上合 N. <astr.> superior conjunction
shànghégǔ 上颌骨 N. <archeo.> maxilla
shānghén 伤痕[傷-] N. scar
shānghénlěilěi 伤痕累累[傷-] V.P. a succession of scars
shānghén wénxué 伤痕文学[傷-] N. "scar" literature (post-Cultural Revolution)
shànghétiānxīn 上和天心 F.E. accord with the decision of Heaven
shànghéxiàmù 上和下睦 F.E. Superiors and inferiors are all on good terms.
shànghù 上户 N. wealthy family M: [1]*hù*
shǎnghuā 赏花 V.O. enjoy flowers
shǎnghuāfùshī 赏花赋诗 F.E. enjoy flowers and write poems
shānghuái 伤怀[傷懷] S.V. sad; grieved; brokenhearted
shānghuàn* 伤患[傷-] N. sick and wounded
shànghuán 上环[-環] V.O. install an I.U.D.
shànghuàn 上浣 N. the first ten days of a lunar month
shànghuáng 上皇 N. emperor's father who abdicated his throne to make room for the crown prince; retired emperor
shànghuàr 上画儿[-畫-] V.O. be a subject for painting (of landscape)
shàng huáyóu 上滑油 V.O. lubricate
shānghuì* 商会 P.W. chamber of commerce M: [1]*jiā*
shànghuí 上回 N. last time
shànghuì 上会 V.O. attend a temporary association for mutual loans, decided monthly by the highest bidder for interest, or by dice
shànghuǒ(r)* 上火(儿) V.O. ① <topo.> get angry ② <Ch. med.> suffer excessive internal heat
shànghuò 上货 V.O. ① shelve goods ② load (ships/trucks/etc.) ③ replenish stock ♦N. goods of superior quality M: [1]*pī*
shànghuór 上活儿 V.O. <coll.> go to work
shànghūxīdào 上呼吸道 P.W. <phys.> upper respiratory tract
shànghūxīdào gǎnrǎn 上呼吸道感染 N. <med.> infection of the upper respiratory tract
shāngjī 商机 N. business opportunities
shāngjì 商计 V. discuss
shàngjī 上机 V.O. work on a machine/computer
[1]shàngjí* 上级 N. higher level/authority
[2]shàngjí 上集 N. first part/volume/etc.
shàngjì 上计 N. the best thing to do; the best way out
shāngjiā* 商家 N. ① businessman ② business firm; enterprise
shāngjià 商价[-價] N. market price
[1]shàngjiā(r) 上家(儿) N. ① person on one's left ② the player whose turn comes just before (in mahjongg/card games, etc.)

S

[2]shàngjiā 上枷 V.O. <*trad.*> put cangue/yoke around a prisoner's neck

[3]shàngjiā 尚佳 V.P. passable; not too bad

shàngjiā chéngsù 上加成素 N. <*lg.*> suprasegment; suprasegmental element

shàngjiā de 上加的 ATTR. <*lg.*> suprasegmental

shāngjiǎn* 商检 N. commodities inspection

shǎngjiàn 赏鉴[-鑒] V. appreciate; rate highly

shàngjiān(r) 上尖(儿) ATTR. overfilled; piled high

shàngjiǎn 上脸 N. upper eyelid

shāngjiǎn biāozhì 商检标志[--標-] N. commodity inspection mark

shàngjiāng 上浆[-漿] V.O. <*txtl.*> ① size; starch ② dressing (of yarn/fabrics/etc.)

Shàngjiāng 上江 P.W. upper Yangtze region

shàngjiàng* 上将[-將] N. top general; air chief marshal; admiral

shāngjiǎnjú 商检局 P.W. bureau of commodity inspection

shǎngjiàn mínghuà 赏鉴名画[-鑒-畫] V.O. appreciate and evaluate a famous painting

shàngjiānyá 上尖牙 N. eyetooth

shǎngjiào 晌觉[-覺] N. <*topo.*> afternoon nap

[1]shàngjiāo* 上交 V. ① turn over to a higher authority ② seek contact with a higher authority

[2]shàngjiāo 上焦 N. <*Ch. med.*> body cavity above the diaphragm

[3]shàngjiāo 上胶[-膠] V.O. size (in papermaking)

shàngjiǎo 上缴 V. turn over to a higher authority

shàngjiǎo guójiā lìrùn 上缴国家利润[--國--] V.P. hand in profits to the state

shàngjiāojī 上胶机[-膠-] N. gluing machine M: [1]*tái*

shàngjiǎo lìrùn 上缴利润 N. that part of the profits turned over to the state

shàngjiǎor 上脚儿[-腳-] V.O. <*coll.*> put on (shoes)

shāngjiè* 商界 P.W. business circles

shàngjiē 上街 V.O. ① go into the street ② go shopping

[1]shàngjiè 上届[-屆] N. previous/last term/session

[2]shàngjiè 上界 P.W. ① heaven ② upper bound

shàngjiē shìwēi 上街示威 V.P. demonstrate in the streets

shàngjiē xiánguàng 上街闲逛 V.P. stroll along the streets

shàngjiē yóuxíng 上街游行 V.P. demonstrate in the streets

shàngjí jīguān 上级机关[-關] P.W. higher authorities

shàngjí jūnguān 上级军官 N. senior officer

shāngjīn 伤筋[傷-] V.O. injury of the tissues/muscles/tendons

shǎngjīn 赏金 N. money reward M: [2]*bǐ*

shàngjǐn 上紧[-緊] ADV. <*topo.*> pronto

[1]shàngjìn* 上进[-進] V./S.V. go forward; make progress

[2]shàngjìn(r) 上劲(儿)[-勁-] V.O. <*coll.*> ① be attracted to; show interest in ② do with gusto

shāngjīndònggǔ 伤筋动骨[傷-動-] F.E. suffer serious injury/damage

shāngjìng 伤痉[傷痙] V.O. <*Ch. med.*> tetanus

shàngjīng* 上京 V.O. go to the nation's capital

shàng jìngtóu 上镜头 V.O. appear in a movie ♦S.V. photogenic

shàngjìngxiàhé 上敬下和 F.E. be respectful toward superiors and kind toward inferiors

shǎngjǐngyíshén 赏景怡神 F.E. enjoy the landscape to one's satisfaction

shàngjìnxīn 上进心[-進-] N. urge to improve/progress

shāngjiǔ* 伤酒[傷-] V.O. get sick from excessive drinking

shàngjiǔ 上九 N. ① ninth day of the ninth lunar month ② 29th day of each lunar month

shàng jiǔjiā 上酒家 V.O. go to a wineshop/restaurant

shàngjiǔliú 上九流 N. upper crust (in society)

shàngjuān 上捐 V.O. pay tax

shàngjuàn* 上卷 N. volume one

shàngkāishìchuāng 上开式窗[-開--] N. sash window M: [1]*shàn*

[1]shāngkē 商科 P.W. department of commerce

[2]shāngkē 伤科[傷-] P.W. <*Ch. med.*> (department of) traumatology

shàngkě 尚可 V.P. ① passable ② still permissible/possible

[1]shàngkè* 上课 V.O. ① attend class; go to class ② give lessons/lectures

[2]shàngkè 上客 N. distinguished/esteemed guests

shàngkōng 上空 P.W. in the sky; overhead

shàngkōngzhuāng 上空装[-裝] N. topless (bathing) suit M: [2]*jiàn*

shāngkǒu(r)* 伤口(儿)[傷-] N. wound; cut

shàngkǒu 上口 S.V. easy to express/articulate ♦V.O. read aloud fluently

shàngkǒurù'ěr 上口入耳 F.E. easy to read and pleasant to hear

shāngkǒu yùhé 伤口愈合[傷-] N. wound healing

shàngkǒuzì 上口字 N. <*opera*> words spoken with archaic vowels

shàngkuà jiāochā 上跨交叉 N. <*traf.*> overpass

shàngkuǎn 上款 N. dedication line on a scroll

shàngla 上蜡[-蠟] V.O. <*txtl.*> wax

shǎnglài 赏赉 V. <*wr.*> give a reward; bestow a favor

shànglai* 上来 V. ① come up ② start; begin ♦CMP. ① *indicating upward movement toward one **Gěi wǒ ná ~**.* Bring it up to me. ② *indicating success **Zhège wèntí wǒ dá ~ le**.* I got the answer to this question. ③ <*topo.*> *indicating increase in degree **Tiānqi liáng ~ le**.* It's getting cold. ♦ADV. ① at the beginning ② <*wr.*> in sum

shānglàitǐ 商籁体[-體] N. sonnet (style of poetry)

shànglàjī 上蜡机[-蠟-] N. waxing machine M: [1]*tái*

shāngláo 伤劳[傷勞] V. injury/ailment due to overwork

shànglěi 上垒[-壘] V.O. <*sport*> touch base

shānglěngrǔ 伤冷乳[傷-] N. <*Ch. med.*> impairment of the stomach

shānglì 伤力[傷-] N. overstrain

shànglǐ* 上礼[-禮] V.O. present a gift (to sb. senior/superior)

shǎngliǎn* 赏脸 F.E. <*court.*> ① favor me with your presence ② please accept my gift ③ do me a favor

shàngliǎn 上脸 <*coll.*> V.O. ① flush (from drinking liquor) ② smug ③ be delighted/happy ④ be too disrespectful

shāngliang* 商量 V. consult; talk over ***Zánmen ~ ~***. Let's talk it over.

shàngliáng 上梁 N. ① crossbar (of bicycle) ② upper beam (of building) M: [2]*gēn* ♦V.O. put the beams in place (in building a wooden house)

shàngliáng bù zhèng xiàliáng wāi 上梁不正下梁歪 ID. Bad superiors produce bad subordinates.

shàngliánr 上联儿[-聯-] N. ① first line of a couplet on a scroll ② signature on the right side of a scroll

shàng lǐbài 上礼拜[-禮-] N. last week

shàngliè 上列 N. the above-listed; the above

shǎnglín 赏临[-臨] V. honor with one's presence

shānglìng 觞令[觴-] N. liquor-drinking games conducted by an elected leader

shāngliú 伤流[傷-] N. <*bot.*> bleeding

shàngliú* 上流 N. ① upper reaches (of a river) ② upper class/circles

shàngliú shèhuì 上流社会 P.W. high/polite society; upper class

shànglóu 上楼[-樓] V.O. go upstairs

shānglù 商路 N. trade route

[1]shànglù* 上路 V.O. set out on a journey ♦S.V. <*slang*> good; well-behaved

[2]shànglù 上陆[-陸] V.O. land (from the water)

shānglǚ 商旅 N. traveling merchant M: [2]*wèi*

shānglüè* 商略 V. ① discuss ② propose; suggest

shànglüè 上略 N. the above/preceding part omitted

shānglún* 商轮 N. merchantman; merchant ship M: [1]*sōu*

shànglùn 上论 V.O. <*topo.*> argue/reason with

shàngluò 上落 N. rebuke

shàngmǎ 上马 V.O. ① mount a horse ② start (a project/etc.)

shàngmǎ'érqù 上马而去 V.P. mount one's horse and ride away

shàngmén(r) 上门(儿) V.O. ① drop in; visit ② shut the door for the night ③ <*topo.*> marry into one's wife's family

shàngménchǐ 上门齿[-齒] N. incisor

shàngmén fúwù 上门服务[-務] V.P. ① come knocking at sb's door to offer one's services ② make house calls

shàngmén nǚxù 上门女婿 N. <*topo.*> live-in son-in-law

shàngmì 上幂[-冪] N. superpower

shàngmian(r) 上面(儿) P.W. ① above; on the top/surface of ② higher authority ③ aspect; regard; respect ④ <*slang*> the central government

shāng miànzi* 伤面子[傷-] V.O. hurt sb.'s feelings

shǎng miànzi 赏面子 V.O. do one the honor

shàngmiào 上庙[-廟] V.O. go to a temple

shāngmín 商民 N. tradesmen M: [2]*wèi*

shāngmíng 商明 V. come to a clear understanding after discussion

shàngmìng* 上命 N. orders of superiors

Shāngmù 商墓 N. Shang-dynasty tomb

shāng nǎojīn 伤脑筋[傷腦-] V.O./S.V. ① knotty; bothersome ② beat one's brains

shàng nǎr qù 上哪儿去 V.P. Where to go?; Where are you going?

shāngnǐ* 商拟[-擬] V. confer; discuss

shàngnì 上逆 V. <*Ch. med.*> rise excessively (of [1]qì)

[1]shàngnián 上年 N. last year

[2]shàngnián 尚年 V. <*wr.*> honor (old) age

shàng niánjì 上年纪 V.O. aged; getting on in years

shāngōu(r) 山沟(儿)[-溝-] P.W. ① gully; ravine; valley ② remote mountain area

shāngpéng 商棚 N. mat-shed shopping stall M: [4]*zuò*

shāngpí* 伤脾[傷-] V.O. <*Ch. med.*> impairment of the spleen

shàngpí 上皮 N. ① <*phys.*> epithelium ② <*bot.*> outer bark of trees

shàngpiàn 上片 V.O. start showing a movie (in a theater)

shāngpǐn* 商品 N. commodity; goods; merchandise M: [2]*jiàn*

shàngpǐn 上品 N. highest/top grade

shāngpǐn bàiwùjiào 商品拜物教 N. commodity fetishism

shāngpǐn biāoshì 商品标示[--標-] N. trademark

shāngpǐn bùxíngjiē 商品步行街 P.W. shopping mall

shāngpǐn chéngběn 商品成本 N. cost of merchandise

shāngpǐn chénlièshì 商品陈列室 P.W. showroom M: [1]*jiān*

shāngpǐn chénlièsuǒ 商品陈列所 P.W. commercial museum M: [4]*zuò*

shāngpǐnchù 商品畜 N. domestic animals raised to be sold as commodities M: [1]*tóu*

shāngpǐn chǔbèi 商品储备[-備] N. commodity supply

shāngpǐnfáng 商品房 P.W. commercial (market-priced) housing M: [4]*zuò/tào*

shāngpǐn fánróng 商品繁荣[-榮] N. commodity boom

shāngpǐn féiliào 商品肥料 N. commercial fertilizer

shàngpíngfú 上平扶 N. front purlin

shāngpǐn guòshèng 商品过剩 V.P. glut of goods

shāngpǐnhuà 商品化 N. commercialization
shāngpǐn jiǎnyàn 商品检验 N. commodity inspection
shāngpǐn jiāohuàn 商品交换[-换] N. commodity exchange
shāngpǐn jiāoyìhuì 商品交易会 P.W. trade fair; commodities fair
shāngpǐn jiāoyìsuǒ 商品交易所 P.W. commodity exchange (center) M: [4]*zuò*
shāngpǐn jīngjì 商品经济[-經濟] N. commodity economy
shāngpǐnliáng 商品粮[-糧] N. ① commodity/marketable grain ② grain ration supplied by the government to residents of cities and towns or staff and workers from industries and mines
shāngpǐn liútōng 商品流通 N. commodity circulation
shāngpǐn liútōng shuì 商品流通税 N. commodity circulation tax
shāngpǐn páncún 商品盘存[--盤-] N. merchandise inventory
shāngpǐn shēngchǎn 商品生产[-產] N. commodity production
shāngpǐnzhàng 商品帐 N. merchandise account M: [1]*běn*
shāngpǐn zhǎnlǎnhuì 商品展览会[---覽-] P.W. exhibition of commodities
shāngpǐn zhùzhái 商品住宅 P.W. commercial residential building
shāng píròu 伤皮肉[傷-] V.O. injury of the skin and superficial muscles
shàngpí xìbāo 上皮细胞 N. <*phys.*> epidermical cell
shàngpō(r) 上坡(儿) N. upslope ♦V.O. ① climb a slope ② move upwards
shàngpōdào(r) 上坡道(儿) N. ① uphill road; upward slope M: [1]*tiáo* ② steady progress; upward trend
shàngpōlù 上坡路 N. ① uphill road ② upward slope/trend M: [1]*tiáo*
shāngpò yīnzǐ 伤破阴子[傷-陰-] V.O. <*Ch. med.*> open wound/rupture of the scrotum
shàngpù 上铺 N. upper berth
shāngqì 伤气[傷氣] V.O. ① <*coll.*> harm (one's health) by anger/frustration ② <*Ch. med.*> sap one's vitality ③ <*wr.*> feel frustrated; feel disheartened
shàngqī* 上漆 V.O. japan; apply hard finish (usu. of lacquer)
shàngqí 尚祈 V. (I) hope/pray. . .
shāngqià 商洽 V. take up (a matter) with sb.
shǎngqian 赏钱[-錢] N. tip; gratuity
shàngqiān 上千 NUM. over a thousand
shàngqián* 上前 V.O. come/go forward
shàngqì bù jiē xiàqì 上气不接下气[-氣---氣] F.E. be out of breath
shàngqìchuǎncù 上气喘促[-氣--] F.E. <*Ch. med.*> shortness of breath
shàngqiě 尚且 CONJ. even; still; yet
shàngqījiézhuǎn 上期结转[-轉] F.E. balance brought forward
[1]**shāngqíng*** 商情 N. market condition
[2]**shāngqíng** 伤情[傷-] N. ① condition of an injury ② sentiment
[3]**shāngqíng** 墒情 N. soil moisture content
shàngqīng 上卿 N. <*hist.*> high official M: [2]*wèi*
shàngqíng 上情 N. feelings/wishes of the higher authorities
shàngqíngxiàdá* 上情下达[-達] F.E. make the wishes of the higher authorities known to those below
shàngqǐngxiàdá 上请下达[-達] F.E. make wishes of higher authorities known to those below
shàngqìr 上气儿[-氣-] N. <*coll.*> breath
shàngqǐshěnnà 尚乞哂纳 F.E. I beg you to accept this small present.
shàngqu* 上去 R.V. go up ♦CMP. ① *indicating upward movement away from one* ***Shān tài gāo le, wǒ méi pá ~.*** I didn't climb to the top of the mountain because the mountain is too high. ② *indicating outward or forward direction* ***Jìzhěmen xiàng tā [2]wéile ~.*** Journalists rushed forward to meet him. ③ *indicating a rise in level*
shàngqū 上屈 N. bend upward
shàng quāntào(r) 上圈套(儿) V.O. be taken in; be entrapped
shāngquè 商榷 V. ① deliberate ② discuss together
shàngrán 尚然 ADV. still; yet
shàngrǎo 上扰[-擾] V. <*Ch. med.*> rise to disturb (of [1]*qì*)
[1]**shāngrén*** 商人 N. businessman; merchant; trader M: [2]*wèi*
[2]**shāngrén** 伤人[傷-] V.O. ① wound ② hurt sb.'s feelings ③ injure the health; be harmful to health
shàngrén 上人 N. ① <*court.*> monk ② <*topo.*> parents/grandparents ③ saint
shàngrèn 上任 V.O. assume an office/post ♦N. predecessor
shàngrì 上日 N. ① first day of the lunar month ② beautiful/festive day
shāngrǔ 伤乳[傷-] V.O. have a stomach upset, due to improper feeding/overfeeding at the breast (of a baby)
shàngsāi 上腮 N. upper jaw
shàngsè 上色 N. top-grade ♦V.O. color (picture/map/etc.) *See also* ***shàngshǎi***
shàngsèjī 上色机 N. painting machine M: [1]*tái*
shàngshǎi 上色 V.O. color (map/etc.) *See also* ***shàngsè***
shǎngshàn 赏善 V.O. reward the good
shàngshān* 上山 V.O. ① go up a hill; go to the mountains ② <*topo.*> die and be buried ③ be placed on small straw bundles to spin cocoons (of silkworms)
shǎngshànfá'è 赏善罚恶[-惡] F.E. reward good and punish evil
shāngshāng 汤汤[湯湯] ADV. <*wr.*> flowing turbulently (of water)
shàngshǎng 上赏 N. top reward
shàngshàng* 上上 ATTR. ① the best of the best ② the one before last
shàngshàngcè 上上策 N. the best strategy
shàngshàng dàjí 上上大吉 N. most auspicious (usu. used in divination)
shàngshàng huí 上上回 N. <*coll.*> the time before last
shàngshàng lǐbàisān 上上礼拜三[--禮--] N. <*coll.*> two Wednesdays ago
shàngshàngxiàxià 上上下下 R.F. <*coll.*> high and low; old and young; everybody
shàngshàng xīngqī 上上星期 N. the week before last
shàngshàngyuè 上上月 N. the month before last
shàngshānxiàxiāng 上山下乡[-鄉] F.E. <*pol.*> go to work in the mountain areas and countryside
shàngshào 上哨 V.O. stand sentry
shāngshè 商社 P.W. business organization M: [1]*jiā*
shāngshēn 伤身[傷-] V.O. be injurious to health
shāngshén* 伤神[傷-] V.O. ① be nerve-racking ② beat one's brains ♦S.V. disheartened; sad; grieved
shāngshèn 伤肾[傷腎] V.O. <*Ch. med.*> impairment of the kidney
shàngshēn(r) 上身(儿) P.W. ① torso ② upper outer garment; blouse; jacket ♦V.O. wear; put on
shāngshēng 伤生[傷-] V.O. ① threaten sb.'s life ② shorten one's life
shǎngshēng 上/赏声[-聲] N. <*lg.*> ① Mandarin falling-rising tone; third tone in Mandarin ② rising tone; second tone in Ancient Chinese or Middle Sinitic
shàngshēng* 上升/昇 V. rise
shàngshèng 上乘 N. ① <*Budd.*> Great Conveyance ② <*trad.*> carriage drawn by a team of four horses ③ best in quality
shǎngshēng de biàndiào 上声的变调[-聲-變-] N. <*lg.*> third-tone sandhi
shàngshēng de fùyuányīn 上升的复元音[---複--] N. <*lg.*> rising polyphthong
shàngshēng de shēngdiào 上升的声调[---聲-] N. <*lg.*> rising tone
shāngshēnghàimìng 伤生害命[傷-] F.E. kill people and destroy life
shàngshēngjiǎo 上升角 N. angle of climb/ascent (of planes)
shāngshī 伤湿[傷濕] N. <*Ch. med.*> affection by dampness
shāngshí 伤食[傷-] N./V.O. <*Ch. med.*> dyspepsia
[1]**shāngshì** 伤势[傷勢] N. condition of an injury/wound
[2]**shāngshì** 伤逝[傷-] V. mourn the loss of a loved one
[3]**shāngshì** 商事 N. commercial affairs M: [2]*jiàn*
[4]**shāngshì** 伤事[傷-] V.O. spoil things by careless talk or improper actions
shǎngshí 赏识[-識] V. recognize the worth of
[1]**shàngshì*** 上士 N. sergeant or petty officer first-class; technical sergeant M: [2]*wèi*
[2]**shàngshì** 上市 V.O. go/appear on the market
[3]**shàngshì** 上世 N. primeval/prehistoric times
shāngshìfǎ 商事法 N. business law M: [2]*bù*
shāngshígǎnshì 伤时感事[傷時-] F.E. deeply worried about national crises, political corruption, moral decadence, etc.
shāngshì kuàijì 商事会计 N. business accountancy
shàngshír 上食儿 V.O. <*topo.*> set bait (on a hook/etc.)
shàngshìtú 上视图[-圖] N. <*mach.*> top view M: [1]*zhāng*
shǎngshōu 赏收 F.E. kindly accept
[1]**shàngshǒu*** 上手 N. ① left-hand seat; seat of honor ② predecessor; one's superior ③ player whose turn comes next ④ <*wr.*> expert ♦V.O. ① start; begin ② get in one's hand; get (fish/etc.) on the hook ♦ADV. <*coll.*> at the outset
[2]**shàngshǒu** 上首 N. ① left-hand seat; seat of honor ② honored one
shàngshòu 上寿[-壽] N. advanced age ♦V. drink a toast for longevity
shàngshǒu fāqiú 上手发球[--發-] N./V.P. <*sport*> overhead serve (in tennis)
shāngshǔ 伤暑[傷-] N. <*Ch. med.*> affection by summer heat
shāngshù 商数[-數] N. <*math.*> quotient
[1]**shàngshū** 上书[-書] V.O. ① memorialize the emperor ② submit a document to one's superior ③ <*trad.*> teach a new lesson
[2]**shàngshū** 尚书[-書] N. ① <*hist.*> high official; minister M: [2]*wèi* ② *Book of History/Documents*
[3]**shàngshū** 上疏 V. memorialize the emperor
shàngshù* 上述 ATTR. above-mentioned
shàngshuān 上闩 V.O. fasten the door bolt
shàngshùbátī 上树拔梯[-樹--] F.E. stalemate sb; put sb. in an awkward position
shàngshūbiǎozhōng 上书表忠[-書--] F.E. write a letter expressing one's loyalty
Shàngshūfáng 上书房[-書-] P.W. school for the emperor's sons (in Qing) M: [1]*jiān*
shāngshuǐ 伤水[傷-] V.O. get sick from drinking too much water
shàngshuǐ 上水 V.O. ① sail upstream ② add water (to the radiator/etc.) ③ sprinkle water on vegetables/fruit ♦P.W. upper reaches (of a river)
shàngshuì* 上税 V.O. pay/levy taxes
shàngshuǐchuán 上水船 N. ① boat going against the current ② a dimwit
shàngshuǐdào 上水道 N. <*archi.*> water-supply line M: [1]*tiáo*
shàngshūtánhé 上疏弹劾 F.E. send up a memorial impeaching sb.

shàngshūyánshì 上书言事[-書--] V.P. <*trad.*> submit a memorial on government policy
shāngshù zhìlì 商数智力[-數--] N. intelligence quotient (IQ)
shàngsi* 上司 N. superior; boss M: [2]*wèi*
shàngsì 上驷 N. thoroughbred horse M: [1]*pǐ*
shàng sìfēnwèishù 上四分位数[-數] N. upper quartile
[1]**shàngsù** 上诉 V. <*law*> ① appeal (to a higher court) ② state one's case to a superior
[2]**shàngsù** 上溯 V. ① sail upstream ② trace back to
shàngsuàn 上算 S.V. worthwhile ♦V. fall into a trap
shàngsùfǎtíng 上诉法庭 P.W. court of appeals
shàngsù fǎyuàn 上诉法院 N. appellate court; court of appeal
shàng suìshu(r) 上岁数(儿)[-歲數-] V.O. <*coll.*> aged; getting on in years
shāngsǔn 伤损[傷-] V. hurt; damage ♦N. <*Ch. med.*> trauma; injury
shàngsǔnjíxià 上损及下 F.E. the upper effecting the lower
shàngsuǒ 上锁 V.O. lock
shàngsùquán 上诉权[-權] N. right of appeal
shàngsùrén 上诉人 N. <*law*> appellant M: [2]*wèi*
shàngsù zhìdù 上诉制度 N. appeal system
shàngtái 上台[-臺] V.O. ① mount the platform; appear on the stage ② come/rise to power ③ make a parade of the bride's trousseau on the streets ♦N. superiors
shàng táipán 上台盘[-臺盤] V.O. be able to behave well in public
shàngtáizhǎngquán 上台掌权[-臺-權] F.E. come to power
shāngtán* 商谈 V. confer; discuss; negotiate
shǎngtàn 赏叹[-嘆] V. admire; marvel at
ShangTāng 商汤[-湯] N. King Tang of the Shang dynasty
shàngtāng* 上汤[-湯] N. soup served at the end of a feast by the cook
[1]**shàngtáng** 上堂 V.O. <*topo.*> ① go to class ② go up the hall ③ conduct a class; give a lesson/lecture
[2]**shàngtáng** 上膛 V.O. <*mil.*> load a gun ♦N. <*phys.*> palate
shāngtǎo* 商讨 V. discuss; deliberate over
shàngtào(r) 上套(儿) V. ① harness cattle ② be trapped ③ be imposed upon ④ fall into a trap
shāngtǎo xuéxífǎ 商讨学习法[---習-] N. <*lg.*> counseling learning
shàngtǐ 上体[-體] N. <*wr.*> upper part of the body
shǎngtián 赏田 N. <*hist.*> land bestowed by the government (Zhou dynasty)
shàngtiān* 上天 V.O. ① go up to the sky; fly sky-high ② die ♦N. Heaven; Providence; God
shāngtiānhàilǐ 伤天害理[傷-] F.E. do sth. very evil
shàngtiānrùdì 上天入地 F.E. try everything
shàngtiānwúlù-rùdìwúmén 上天无路入地无门 F.E. have no way of escape
shàngtiānxiàdì 上天下地 F.E. ① everywhere ② spare no efforts
shàngtiān yǒu hàoshēngzhīdé 上天有好生之德 F.E. Heaven's care for every living thing
shàngtiáo 上调 V. increase (prices/etc.); turn up (the radio/etc.) *See also* [1]*shàngdiào*
shàngtiē 上贴 V. <*art*> add the upper stave (of scrolls)
shāngtíng* 商亭 N. commercial stall/stand M: [4]*zuò*
shàngtǐng 上挺 V. ① straighten up ② increase (prices/etc.)
shāngtòng 伤痛[傷-] R.V. mourn ♦N. pain
shàngtou* 上头 N. ①higher authorities ②aspect; respect ♦P.W. ① above; over ② on *See also shàngtóu*
shàngtóu 上头 V.O. ① put up one's hair in a bun (at marriage) ② go to the head (of liquor) *See also shàngtou*

shāngtǔ 墒土 N. newly tilled moist soil
shāngtuán 商团[-團] P.W. business group/society
shàngtuīxiàxiè 上推下卸 F.E. shift the blame to higher-ups or one's subordinates
shàngtuō 上托 V. pop up
shàngtùxiàxiè 上吐下泻[-瀉] F.E. vomit and have diarrhea at the same time
shāngǔ* 山谷 P.W. mountain valley; ravine M: [1]*tiáo*
shàngǔ(r/zi) 扇骨(儿/子) N. rib/mount/frame of a fan
shànguānfēngsè 善观风色[-觀--] F.E. be quick to see which way the wind blows; be opportunistic
shǎnguāng 闪光 V.O./N. flicker; sparkle; flash
shǎnguāngdēng 闪光灯[-燈] N. photoflash; flash lamp; flashlight
shānguāngshuǐsè 山光水色 F.E. beautiful landscape of mountains and lakes/rivers
shàngǔ'érgū 善贾而沽 F.E. wait for an opportunity and sell at a high price
shàngùn 善棍 N. racketeer who gets money by means of false charity
shānguó 山国[-國] P.W. mountainous country
shǎnguò 闪过 R.V. flash; dart
shànguó 擅国[-國] V.O. assume the reins of government
shànguǒ* 善果 N. reward for good deeds
shāngǔyìngshēng 山谷应声[-應聲] F.E. The sound echoed up and down the valley.
shàngwǎ 上瓦 V.O. put tiles on a roof
shǎngwán* 赏玩 V. appreciate; delight in
shàngwàn 上万[-萬] NUM. over ten thousand
shāngwáng 伤亡[傷-] N./V. injury and death; casualties
Shāngwáng 商王 N. the kings of the Shang dynasty
shǎngwàng 赏望 V. admire
shàngwǎng* 上网[-網] V.O. ① stretch a net (in a sports game or for covering sth.) ② be on the internet ③ be netted (of fish)
shǎngwán gǔdǒng 赏玩古董 V.O. fondle antiques; delight in antiques
shāngwèi* 伤胃[傷-] V.O./S.V. be harmful to the stomach
[1]**shàngwèi** 尚未 V.P. not yet
[2]**shàngwèi** 上尉 N. <*mil.*> ①captain ②lieutenant M: [2]*wèi*
[3]**shàngwèi** 上位 N. ① top seat ② person occupying a leading position
[4]**shàngwèi** 上味 ATTR. the most delicious
shàngwèicí 上位词 N. <*lg.*> hypernym
shàngwèi gàiniàn 上位概念 N. superordinate concept
shàngwèi yìxiàng 上位义项[--義-] N. <*lg.*> superordinate term
shàngwèizìrén 尚未字人 F.E. (She) is not yet betrothed to anyone.
[1]**shàngwén(r)** 上文(儿) P.W. ①foregoing context *jiàn* ~ see above ② foregoing paragraphs/chapters; preceding part of the text
[2]**shàngwén** 上闻 V. <*trad.*> write to the imperial court ♦ADV. formerly
Shàng Wò'ěrtè 上沃尔特 P.W. Upper Volta
shāngwù 商务[-務] N. business affairs
shǎngwu 晌午 N. <*coll.*> midday; noon
shàngwū 上屋 P.W. <*topo.*> ①main rooms (usu. facing south with a courtyard) ② upper rooms of a court M: [1]*jiān*
[1]**shàngwǔ*** 上午 N. morning; forenoon
[2]**shàngwǔ** 尚武 V.O. esteem martial qualities; emphasize military affairs
shāngwù bànshìchù 商务办事处[-務辦-處] P.W. commercial agency
shāngwùbù* 商务部[-務-] P.W. department of business affairs *See also Shāngwùbù*
Shāngwùbù 商务部[-務-] P.W. Department of Commerce *See also shāngwùbù*
shàngwúbùkě 尚无不可 F.E. acceptable; passable; permissible

shāngwù bùzhǎng 商务部长[-務--] N. head of the Department of Business Affairs
shāngwù cānshì 商务参事[-務參-] N. commercial councilor/attaché
shāngwù cānzàn 商务参赞[-務參-] N. commercial counselor/attaché
shàngwūchōutī 上屋抽梯 ID. leave sb. in the lurch
shāngwùchù 商务处[-務處] P.W. commercial counsellor's office
shāngwù dàibiǎo 商务代表[-務--] N. commercial representative
shāngwù dàibiǎochù 商务代表处[-務--處] P.W. office of a trade representative/delegation
shǎngwufàn 晌午饭 N. <*coll.*> midday meal; lunch
shāngwù huánjìng 商务环境[-務環-] N. business environment
shàngwǔ jīngshén 尚武精神 N. military/martial spirit
shāngwù mìshū 商务秘书[-務-書] N. commercial secretary M: [2]*wèi*
shāngwù suíyuán 商务随员[-務隨-] N. commercial attaché M: [2]*wèi*
shāngwù zhuānyuán 商务专员[-務專-] N. commercial attaché M: [2]*wèi*
shāngwù zīliào chǔlǐ 商务资料处理[-務--處-] N. business-data processing
shǎngxī* 赏析 V. appreciate
shàngxī 尚希 V. (I) hope/pray. . .
shàngxí 上席 P.W. honored seat (at a dining table)
shàng-xià 上下 N./ATTR. ①above and below; up and down ② superior and inferior; ruler and subject; high and low; senior and junior ③ old and young ④ heaven and earth ♦AUX. about; more or less ♦V. go up or down
shàngxiàbān 上下班 V.O. go to and get off work
shàngxiàbān shíjiān 上下班时间[---時-] N. commuter time
shàng-xiàchǐ 上下齿[-齒] N. teeth
shàngxiàchuànlián 上下串连 F.E. make contacts high and low
shàng-xià dǎliang 上下打量 V.P. size up sb./sth. *Ménwèi ~zhe nàgè mòshēngrén.* The sentry looked the stranger up and down.
shàngxiàdiāndǎo 上下颠倒 F.E. turn upside down
shàngxiàdòng 上下动[-動] N. vertical movement
shàngxiàhémù 上下和睦 F.E. Superiors and inferiors are on good terms.
[1]**shàng-xiàjí** 上下集 N. double feature/etc.
[2]**shàng-xiàjí** 上下级 N. upper and lower levels/ranks/etc.
shàngxiàjiāokùn 上下交困 F.E. Both the higher and lower levels find themselves in a predicament.
shàng-xià jiāozhēnglì 上下交征利[---徵-] F.E. Everybody (in a country) is greedy.
shàng-xiàjí diànyǐng 上下集电影[---電-] N. <*cinema*> double feature M: [2]*bù*
[1]**shàngxián*** 上弦 N. <*astr.*> first quarter of the moon ♦V.O. wind a clock/watch
[2]**shàngxián** 尚贤[-賢] N. exaltation of the virtuous
shàngxiàn 上限 N. upper limit
shàngxiāng* 上香 V.O. burn incense and worship
[1]**shàngxiáng** 上详 V. report to a superior
[2]**shàngxiáng** 上庠 N. <*trad.*> college of elders
shàngxiǎng 尚飨[-饗] F.E. I beg you to partake of this sacrifice (used at the end of an elegiac address)
shàngxiàng 上相 S.V. photogenic ♦V.O. be photographed
shàngxiàn xiàoguǒ 上限效果 N. <*soc.*> ceiling effect
shàngxiányuè 上弦月 N. the moon at the first quarter
shàngxiào 上校 N. <*mil.*> ① colonel (army) ② captain (navy) M: [2]*wèi*

shàngxiàoxián 上校衔 N. <mil.> the rank of colonel
shàng-xiàpù 上下铺 N. bunk beds
shàngxiàqíshǒu 上下其手 F.E. ① gang together for an evil purpose ② present the facts in a fallacious light ③ juggle the law to one's advantage
shàngxiàsìfāng 上下四方 F.E. in all directions
shàngxiàtōngqì 上下通气[-氣] F.E. communication between higher and lower levels
shàngxiàtuōjié 上下脱节[-節] F.E. cause dislocation between higher and lower levels
shàngxiàwén 上下文 N. context
shàngxiàwén mǐngǎn yǔyán 上下文敏感语言 N. <lg.> context-sensitive language
shàngxiàwén wúguān yǔyán 上下文无关语言[----關--] N. <lg.> context-free language
shàngxiàwén yǒuguān yǔyán 上下文有关语言[----關--] N. <lg.> context-sensitive language
shàngxiàyīxīn 上下一心 F.E. of one heart and mind
shàngxié 上/绱鞋[鞝-] V.O. sole a shoe; stitch the sole to the upper
shāngxīn* 伤心[傷-] V.O./S.V. ① be sad/grieved ② hurt one's feelings
shǎngxīn 赏心 V.O. please the heart (as a beautiful sight, etc.)
shàngxīn 上心 S.V. <coll.> carefully; meticulously ♦V.O. <topo.> set one's heart on sth.
shāngxīncǎnmù 伤心惨目[傷-慘-] F.E. too ghastly to look at
shāngxíng 伤形[傷-] V.O. impairment of one's health
[1]**shàngxíng*** 上刑 V.O. torture ♦N. <wr.> severe punishment
[2]**shàngxíng** 上行 V. ① go up to the north ② sail upriver ③ submit to higher authorities ④ go to the capital from any part of the country (of trains)
shàngxíngchē 上行车 N. "up" train M: [3]liàng
shàngxíngchuán 上行船 N. an upstream boat M: [1]sōu
shàngxíng gōngwén 上行公文 N. documents sent to the upper level
shàngxīngqī 上星期 N. last week
shàngxíngxiàxiào 上行下效 F.E. Those below ape those above
shǎngxīnlèshì 赏心乐事[--樂-] F.E. pleasant things that one enjoys doing
shāngxīnshì* 伤心事[傷-] N. old sore; painful memory M: [2]jiàn
Shàngxīnshì 上新世 N. <archeo.> Pliocene epoch
shǎngxīnyuèmù 赏心悦目 F.E. pleasing to the eye and the mind
shǎngxīnyuèshì 赏心悦事 F.E. pleasant things that one enjoys doing
shàng xītiān 上西天 V.O. die
shàngxuán 上旋 N. <sports> top-spin (in table tennis)
shàngxuǎn* 上选[-選] N. the choicest; the most select
shàngxuánqiú 上旋球 N. <sport> top-spin (in table tennis)
shāngxuè 伤血[傷-] V.O. <Ch. med.> blood trouble/disorder
shǎngxuě 赏雪 V.O. enjoy a beautiful snow scene
shàngxué* 上学 V.O. attend school; be at school
shāngxuéshì 商学士 N. bachelor of commerce/business M: [2]wèi
shāngxuéxì 商学系 P.W. department of business
shàng xuéxiào 上学校 V.O. attend a school
shāngxuéyuàn 商学院 P.W. college of commerce/business M: [1]suǒ
shàngxún 上旬 N. first 10-day period of a month
shàngyá 上牙 N. upper teeth M: [1]kē
shàngyáchuánggǔ 上牙床骨 N. upper jaw
shàngyālì 上压力[-壓-] N. <phy.> upward pressure
shàngyán 上言 V.O. submit (a request/etc.)
[1]**shàngyǎn*** 上演 V. put on stage; perform *Nǐmen jùchǎng zài ~ shénme?* What's playing at your theater?
[2]**shàngyǎn** 上眼 V.O. be worth looking at
shāngyáng 伤阳[傷陽] V.O. <Ch. med.> impairment of *yáng*
shàngyáng* 上扬[-揚] V. ① rise; go up ② throw up and scatter
shàng yǎnyào 上眼药[-藥] V.O. ① apply eye ointment ② <slang> go to the boss and speak ill of others
shàngyào 上药[-藥] V.O. apply medicine (on a wound/etc.)
Shàngyàojú 尚药局[-藥-] P.W. <Ch. med.> Imperial Medical Bureau
shàngyàor 上药儿[-藥-] V.O. <coll.> ① put medicine on a wound ② softsoap; butter up; play up to
shàng yátáng 上牙堂 N. <coll.> upper gums
shāngyè* 商业[-業] N. commerce; trade; business
[1]**shàngyè** 上页 N. <comp.> page-up key
[2]**shàngyè** 上夜 V.O. <trad.> be on night duty
shāngyè běnpiào 商业本票[-業--] N. commercial paper M: [1]zhāng
shāngyè bùmén 商业部门[-業--] P.W. the commerce department
shāngyè fānyì 商业翻译[-業-譯] N. <lg.> commercial translation
shāngyè fāpiào 商业发票[-業發-] N. commercial invoice M: [1]zhāng
shāngyègǎng 商业港[-業-] P.W. commercial port M: [4]zuò
shāngyè guànlì 商业惯例[-業--] N. commercial practice
shāngyèhuà 商业化[-業-] N. commercialization
shāngyè mìmì 商业秘密[-業--] N. business secrets
shāngyèqū 商业区[-業區] P.W. business quarter/district; commercial district
shāngyèwǎng 商业网[-業網] N. commercial network; network of trading establishments
shāngyè wǎngdiǎn 商业网点[-業網點] N. contact points in commercial network
shāngyè wénxiàn 商业文献[-業-獻] N. <lg.> commercial document
shāngyè xìndài 商业信贷[-業--] N. commercial credit M: [2]bǐ
shāngyèyínháng 商业银行[-業--] P.W. commercial bank M: [1]jiā
shāngyè zhàngbù 商业帐簿[-業--] N. trade book M: [1]běn
shāngyè zhèngquàn 商业证券[-業證-] N. <econ.> bill of exchange
shāngyè zhíyè xuéxiào 商业职业学校[-業職業--] P.W. vocational business school
shāngyè zhōngxīn 商业中心[-業--] P.W. commercial center
Shāngyè Zhōukān 商业周刊[-業--] N. *Business Week*
shāngyè zhōuqī 商业周期[-業--] N. business cycle
shāngyè zhuānkē xuéxiào 商业专科学校[-業專---] P.W. junior college of commerce M: [1]suǒ
shāngyè zīběn 商业资本[-業--] N. commercial capital
shāngyí 伤痍/夷[傷-] N. sufferings of the people from war
shāngyì* 商议[-議] V. confer; discuss
shàngyī 上衣 N. upper outer garment; jacket M: [2]jiàn
shàngyì 尚义[-義] V.O. love uprightness
shàng yī ge xīn táijiē 上一个新台阶[-個-臺階] V.P. attain a new height; stand on a higher level
shāngyīn 伤阴[傷陰] V.O. <Ch. med.> impairment of *yīn*
shāngyín 商银 AB. *shāngyèyínháng*
shǎngyīn 赏音 V.O. appreciate music
shǎngyín 赏银 N. money/pecuniary reward
shàngyǐn* 上瘾[-癮] V.O. be addicted (to sth.)
Shàng-yǐng 上影 AB. *Shànghǎi Diànyǐng Zhìpiànchǎng*
shàngyìng* 上映 V. show a film
shàng yínmù 上银幕 V.O. play a role in a film
shàngyìyuàn 上议院[-議-] P.W. upper house; Senate
shāngyǒng 觞咏[觴詠] V. compose/chant poems while drinking
shāngyòng* 商用 ATTR. commercial
shàngyǒng 尚勇 V.O. esteem valor
shāngyòng dānjū 商用单据[-據] N. business papers M: [1]zhāng
shāngyòng jìsuànjī 商用计算机 N. commercial computer M: [1]tái
shāngyǒngzhīlè 觞咏之乐[觴詠-樂] N. the joy of drinking and composing poems
[1]**shàngyóu*** 上游 P.W. ① upper reaches of a river ② advanced position
[2]**shàngyóu** 上油 V.O. apply lubricant oil
[3]**shàngyóu** 尚犹[-猶] ADV. still; yet
shàngyǒu 尚友 V.O. acquaint oneself with people of the past (through reading their books)
shàngyòu 上釉 V.O. glaze
shàngyǒukěwéi 尚有可为 F.E. still retrievable (of a bad situation)
shàngyóu wú zhǐjìng 上游无止境 F.E. One can always aim higher.
shāngyù* 商誉[-譽] N. <com.> goodwill; business reputation
shǎngyǔ 赏雨 V.O. enjoy rainy scenes
shàngyú 上愚 N. the most stupid
shàngyù 上谕 N. imperial edict M: [2]dào
shāngyuán* 伤员[傷-] N. the wounded M: [2]wèi
Shàngyuán 上元 N. Lantern Festival
shàngyuàn 上苑 P.W. royal garden
Shàngyuánjié 上元节[-節] N. Lantern Festival
shàngyuányīn 上元音 N. <lg.> high vowel
shāngyuē 商约 N. commercial treaty ♦V. decide (together to do sth.)
[1]**shǎngyuè** 赏月 V.O. admire the full moon
[2]**shǎngyuè** 赏阅 V. read with pleasure
shàngyuè* 上月 N. last month
shǎngyuèguānhuā 赏月观花[--觀-] F.E. look at flowers in the moonlight
shāngyù héhuǒrén 商誉合伙人[-譽---] N. good-will partner M: [2]wèi
shàngzài 尚在 V.P. still exist
shàngzào(r) 上灶(儿) V.O. ① do the cooking ② <coll.> eat at a cafeteria/canteen
shāngzhǎn 商展 P.W. commodity exhibition; trade fair
[1]**shāngzhàn*** 商战[-戰] N. trade war
[2]**shāngzhàn** 商栈[-棧] P.W. inn; caravansary M: [4]zuò
shàngzhǎng* 上涨 V. rise; go up (of water level/prices/etc.)
shàngzhàng 上帐/账 V.O. enter sth. in an account
shàngzhǎng hángqíng 上涨行情 N. bull market
shàngzhǎng qūshì 上涨趋势[-趨勢] N. advancing tendency
shāngzhě 伤者[傷-] N. the wounded; the injured M: [2]wèi
shàngzhèn 上阵 V.O. ① go into battle ② pitch into a task
shāngzhèng 觞政[觴-] N. liquor-drinking games conducted by an elected leader
shāngzhèngxiánxí 觞政娴习[觴-習] F.E. be quite familiar with all sorts of drinking games
Shàngzhèng Zhǐshù 上证指数[-證-數] N. Shanghai Stock Exchange Index
shāngzhí 商职[-職] N. business position
shāngzhì 伤志[傷-] V.O. <Ch. med.> impairment of mental capacity
shàngzhī* 上肢 N. upper limbs
shàngzhǐ 上指 N. <lg.> anaphora
[1]**shàngzhì** 上智/知 N. a sage; the wisest; the most intelligent
[2]**shàngzhì** 尚志 V.O. have high aspirations
shàngzhǐbǐ 上纸笔[-筆] V.O. make a written record

S

shàngzhīgǔ 上肢骨 N. upper limbs
shāngzhòng 伤众[傷衆] V.O. offend/hurt the public
shǎngzhōng 赏钟 V.O. toast for distinguished services
[1]**shàngzhōng*** 上中 ATTR. upper-middle
[2]**shàngzhōng** 上钟[-鐘] V.O. tighten a clock spring
shàngzhōngnóng 上中农[-農] N. <PRC> upper-middle peasant M: [2]wèi
shāngzhòngshēnwáng 伤重身亡[傷-] F.E. die of a mortal wound
shàngzhōu 上周 N. last week
shàngzhǔ 尚主 N. marry a princess
shāng-zhuān 商专[-專] P.W. business school M: [1]suǒ
shàngzhuāng 上装[-裝] V.O. <thea.> make up ♦N. <topo.> upper outer garment; jacket M: [2]jiàn
shāngzhǔn 商准[-準] V. agree to after discussion
shāngzhuó* 商酌 V. deliberate over
shàngzhuō 上桌 V.O. ① sit at the table ② serve dishes
shàngzǐ 上梓 V.O. <wr./print> go to press
shàngzì* 尚自 ADV. still; yet
shàngzòu 上奏 V. ① report to the throne ② memorialize
shàngzú 上足 N. <wr.> ① capable students ② superior horses
shàngzǔ* 上祖 N. <wr.> remote ancestors M: [2]wèi
shàngzuǐchún(r/zi) 上嘴唇(儿/子) N. upper lip
shàngzuò(r) 上座(儿) P.W. ① seat of honor ② <Budd.> high monks; founding fathers ♦V.O. ① be seated; take one's place ② filter in (of theater-goers/etc.) ③ be a draw; be a box-office success ♦F.E. draw an audience
shàngzuòbiāocí 上坐标词[--標-] N. <lg.> superordinate
shàngzuòlǜ 上座率 N. attendance/occupancy/etc. rate
Shānhǎi Guān 山海关[-關] P.W. strategic pass at the eastern terminus of the Great Wall
shānháng zìfú 删行字符[刪-] N. line deletion symbol
shānhé* 山河 N. ① general topography ② territory of a country
shānhè 山壑 N. gullies; valleys
shānhé dà biàn 山河大变[-變] V.P. ① The landscape has changed greatly. ② The society has changed tremendously.
shānhéguóbǎo 山河国宝[-國寶] F.E. Hills and rivers are national treasures.
shānhé pòsuì 山河破碎 V.P. The country has disintegrated.
shānhéshang 山和尚 N. <zoo.> hoopoe M: [2]zhī
shānhésìjǐn 山河似锦 F.E. The land scape (of a country) is very beautiful.
shānhétao 山核桃 N. <bot.> ① hickory M: [2]kē ② hickory nut M: [1]kē
shānhéyè 山荷叶[-葉] N. umbrellaleaf
shānhé yījiù 山河依旧[-舊] V.P. The landscape (of a country) remains the same.
shānhóng 山洪 N. mountain torrent M: [2]cháng
shānhóngbàofā 山洪爆/暴发[-發] F.E. A sudden flood is unleashed from the mountains.
shànhòu 善后[-後] V.O. deal with the aftermath ♦N. ① funeral arrangements ② reparations
shànhòu jiùjì 善后救济[-後-濟] V. relief measures
shànhòushìyí 善后事宜[-後--] F.E. ①problems arising from accidents/etc. ② reparations
shānhu 扇忽/乎 V. <topo.> ① stir up; agitate ② fan
shānhū 山呼 N. <trad.> three shouts of "Long live the Emperor!" after three kowtows
shānhú* 珊瑚 N. coral
shànhu 善乎 S.V. <topo.> kindly; tolerant; undemanding
shànhú 鳝糊 N. stewed-eels pudding

shānhuā* 山花 N. flowers growing in the mountains
shànhuà 善化 V. be good at educating/enlightening people
shānhuālànmàn 山花烂漫[--爛-] F.E. Mountain flowers are in full bloom.
shānhuàméi 山画眉[-畫-] N. <zoo.> song thrush M: [2]zhī
shānhuánshuǐbào 山环水抱[-環--] F.E. surrounded by mountains and girdled by water
shānhuánshuǐdài 山环水带[-環-帶] F.E. surrounded by hills and girdled by water
shānhúchóng 珊瑚虫[-蟲] N. coral polyp
shānhúdǎo 珊瑚岛[-島] P.W. coral island M: [4]zuò
shānhúhóng 珊瑚红 N. coral (color)
shānhuì 芟秽[-穢] V.O. weed out causes of harm
shǎnhuí* 闪回 N. flashback (in a movie/etc.)
shànhuì 善会 N. <Budd.> vegetarian feast given by monks to those who have contributed to their temple
shānhuílùzhuǎn 山回路转[-轉] F.E. mountain with winding paths
shānhújiāo 珊瑚礁 P.W. coral reef M: [4]zuò
shānhúlínshǔ 山狐林鼠 ID. social scum (e.g.,bandits, gang members, black societies)
shānhúní 珊瑚泥 N. coral mud.
[1]**shānhuǒ** 扇/煽火 V.O. fan a fire/flame
[2]**shānhuǒ** 山火 N. mountain fire M: [2]cháng
[1]**shānhuò*** 山货 N. ① mountain products ② household utensils made of wood/bamboo/etc. M: [1]pī
[2]**shānhuò** 煽/扇惑 V. rabble-rouse; agitate
shānhuò rénxīn 煽惑人心 V.O. agitate by demagogy
shānhúshé 珊瑚蛇 N. coral snake M: [1]tiáo
shānhúshí 珊瑚石 N. coral reef M: [2]kuài
shānhúshù 珊瑚树[-樹] N. a kind of evergreen tree M: [2]zhū
shānhútán 珊瑚潭 P.W. coral lake
shānhúyán 珊瑚岩 N. coral rocks
shāniúzǎiyáng 杀牛宰羊[殺-] F.E. kill domestic animals to prepare for a banquet/ceremony/etc.
[1]**shānjī*** 山鸡[-雞] N. <topo.> pheasant M: [2]zhī
[2]**shānjī** 山积[-積] V. be piled mountain-high
shānjí 栅极[柵極] N. <elec.> grid
shānjǐ 山脊 N. mountain ridge M: [1]tiáo
shǎnjī 闪击[-擊] V. <mil.> blitz
shànjī 善饥 N. ① gluttony ② bulimia
shànjiā 善加 ADV. properly
shàn jiǎbīng 缮甲兵 V.O. keep the army in good condition
shànjiā huìkuǎn 赡家汇款[--匯-] N. family-maintenance remittance
[1]**shānjiān** 山间 ATTR. between/in the mountains; intermountain; intermontane
[2]**shānjiān(r)** 山尖(儿) N. mountain top; summit
[1]**shānjiǎn** 删减[刪減] V. ① delete ② abridge; abbreviate
[2]**shānjiǎn** 删简[刪-] V. condense; abridge
shānjiàn* 山涧 N. mountain creek/stream M: [1]tiáo
shānjiāng 山姜 N. <bot.> *Alpinia japonica*
shānjiānlínxià 山间林下 F.E. ① in a forest on a mountain side ② nature and countryside
shānjiǎn piànduàn 删剪片断[刪-斷] N./V.P. cuts
shānjiǎo* 山脚[-腳] P.W. foot of a mountain/hill
shānjiào 山轿[-轎] N. mountain sedan chair M: [1]dǐng
shànjiào 缮校 V. proofread and copy
shānjiāoniǎo 山椒鸟 N. <zoo.> minivet M: [2]zhī
shànjiāyǎngkǒu 赡家养口[--養-] F.E. support a family
shànjiāyǎngxiǎo 赡家养小[--養-] F.E. support a family
shānjié 删节[刪節] V. delete and revise;abridge; abbreviate; condense
shānjiéběn 删节本[刪節-] N. abridged edition; abbreviated version M: [1]běn
shānjiéhào 删节号[刪節號] N. ellipsis

shānjījiāo 山鸡椒[-雞-] N. <bot.> aromatic litsea M: [2]kē
shānjīn 山金 N. copper
shānjǐng 山景 N. mountain scenery
[1]**shānjìng*** 山径[-徑] N. mountain path M: [1]tiáo
[2]**shānjìng** 删净[刪淨] R.V. delete completely
shǎnjǐng 闪景 N. flashback (in movies)
shànjing 善静[-靜] S.V. <coll.> kindly; tolerant; benign ***See also** shànjìng*
shànjīng 善惊[-驚] V.P. <Ch. med.> susceptible to fright
shànjìng 善静[-靜] S.V. kind and calm (of personality) ***See also** shànjing*
shànjiù 缮就 V. copy; transcribe
shānjīwǔjìng 山鸡舞镜[-雞--] ID. self-appreciation
shǎnjīzhàn 闪击战[-擊戰] N. blitzkrieg M: [2]cháng
shānjū 山居 V. lead the life of a recluse ♦N. house in a mountain area M: [4]zuò
shànjǔ* 善举[-舉] N. <wr.> philanthropic act/project
shānjué 山蕨 N. mountain fern
shānjūn 山君 N. ① mountain deity ② highest mountain ③ tiger M: [2]zhī
shǎnkai 闪开[-開] R.V. dodge; avoid
shānkè 煽客 N. instigator
shānkǒu 山口 P.W. mountain pass
shānkù 衫裤 N. shirt and pants M: [2]jiàn
shānkuài 苫块[-塊] ID. <wr.> mourn for a parent
shānkuí 山葵 N. horseradish M: [2]kē
shānkuò 山廓 N. mountain region
shānlàméichá 山腊梅茶[-臘--] N. <Ch. med.> wintersweet tea
shānlán 山岚 N. <wr.> mountain mist
shànlèi 善类[-類] N. <wr.> good people; people of goodwill
shānlí 山狸 N. <zoo.> mountain beaver M: [2]zhī
shānlǐ* 山里[-裡] P.W. in the mountains
shànlì 擅利 V.O. have/enjoy a monopoly
shānlián* 钐镰 N. big sickle M: [1]bǎ
shànliǎn 讪脸 V.O. <topo.> ① be shameless/impudent ② grin mischievously; grin and grimace (of children in the presence of adults)
shānliáng 山梁 N. ① mountain ridge ② bridge in the mountains M: [2]dào ③ pheasant M: [2]zhī
shǎnliàng(r) 闪亮(儿) V.O. ① be glittering ② <topo.> dawn
shànliáng* 善良 S.V. good and kind; decent
shānliángcízhì 山梁雌雉 ID. <wr.> a capable man has an opportunity to use his abilities (unlike the pheasant in its mountain habitat)
shānliáo* 山聊 V. <topo.> chat idly
shānliào 山料 N. mined jade
shānlihóng 山里红[-裡-] N. ① <bot.> large-fruited Chinese hawthorn ② <coll.> hill haw M: [2]kē
[1]**shānlín*** 山林 P.W. ① mountain forest ② place where a hermit lives M: [1]piàn
[2]**shānlín** 杉林 N. China fir forest M: [1]piàn
shànlín 善邻[-鄰] V.O. maintain good relations with neighboring countries
shānlín dìqū 山林地区[-區] P.W. mountain and forest regions
shānlíng 山陵 N. <wr.> ① lofty mountain ② imperial tomb ③ plateau
shānlǐng* 山岭[-嶺] P.W. ① mountain ridge/range ② a mountain chain
shànlíng 扇蛉 N. scallop M: [1]kē
shānlíng bēng 山陵崩 ID. death of the emperor/queen
shānlín wénxué 山林文学 N. literature of recluses
shānlín yǐnyì 山林隐逸[--隱-] N. recluse; hermit
shànlín zhèngcè 善邻政策[-鄰--] N. good-neighbor policy
shānliǔjú 山柳菊 N. hawkweed M: [2]kē
shànlízhíshǒu 擅离职守[-離職-] F.E. take French leave

[1]shānlù* 山路 N. mountain road/path M: [1]*tiáo*
[2]shānlù 山麓 N. foot of a mountain
shǎnlù 闪露 V. show quickly
shànlù 缮录[-錄] V. transcribe
shānluán 山峦[-巒] N. chain of mountains
shānluánchóngdié 山峦重叠[-巒-疊] F.E. Peaks rise one above the other.
shānluánqǐfú 山峦起伏[-巒--] F.E. undulating hills
shānlüè 删略[刪-] V. leave out; delete
shānluóbo 山萝卜[-蘿-] N. <*bot.*> scabious
shānlùqiūlíng 山麓丘陵 F.E. foothills
shànmǎ 骟马 N. castrated horse; gelding M: [1]*pǐ*
shànmà* 讪骂[-罵] V. <*topo.*> abuse; vilify
shānmài 山脉[-脈] P.W. mountain range M: [1]*tiáo*
shānmāo 山猫[-貓] N. <*zoo.*> ① leopard cat ② wildcat; lynx M: [2]*zhī*
shānmáojǔ 山毛榉[-櫸] N. <*bot.*> beech M: [2]*kē*
shànměi 擅美 V.O. get all the credit
shānméihuā 山梅花 N. <*bot.*> mock orange M: [2]*zhū*
shānmén* 山门 N. ① Buddhist monastery/temple ② Buddhism ③ main portal of a pagoda
shànmén 善门 N. family whose members all like to do good
shānménghǎishì 山盟海誓 F.E. solemn pledge of love
shànménnánkāi 善门难开[-難開] F.E. charity is hard to initiate (because it opens the floodgate of applicants)
shànmiàn(r) 扇面(儿) N. covering of fan M: [1]*zhāng*
shànmiànxíng 扇面形 N. fan shape
shānmiányáng 山绵羊 N. ① sheep ② goat M: [2]*zhī*
shānmín 山民 N. ① mountain people; hillmen ② self-depreciating term of recluses M: [2]*wèi*
shànmíng 擅名 V.O. be famous
shànmìng* 擅命 V.O. defy restrictions/orders; arrogate power to oneself
shānmínggǔyìng 山鸣谷应[-應] F.E. echo in the mountains; mountain echoes
shānmíngshuǐxiù 山明水秀 F.E. picturesque scenery
Shǎnmǐtèrén 闪米特人 N. Semite
shànmóu 善谋 N. a good scheme ♦V./S.V. good at thinking out schemes
shānmù 杉木 N. <*bot.*> China fir M: [2]*kē* *See also* [1]*shāmù*
Shānmǔ Dàshū 山姆大叔 N. <*loan*> Uncle Sam
shānmùjìyí 山牧季移 F.E. transhumance
shānmùzìkòu 山木自寇 ID. One's worth may be one's own ruin.
shānnài 山奈 N. <*chem./loan*> cyanide
shānnánhǎiběi 山南海北 F.E. ① far and wide ② discursive; rambling
shànnánxìnnǚ 善男信女 F.E. devotees of Buddha; the faithful
shǎnniàn 闪念 N. mental flash
shànnù 善怒 S.V. irascible
shānpào 山炮 N. mountain cannon M: *mén*
shānpàobīng 山炮兵 N. mountain artillery M: [2]*wèi*
shǎnpiàn 闪片 N. flash card
shānpīyínzhuāng 山披银装[-裝] F.E. snow-capped mountains
shānpō(r/zi) 山坡(儿/子) N. hillside; mountain slope
shānpōdì 山坡地 N. hillside land M: [2]*kuài*
shānpōtǔ 山坡土 N. hillside land
shānqi* 膻气[-氣] N. sheep odor
[1]shānqī 山妻 N. <*humb.*> my wife M: [2]*wèi*
[2]shānqī 山漆 N. wax tree M: [2]*kē*
shānqǐ 煽起 R.V. incite; agitate
shānqì 山气[-氣] N. mountain mists; mountain air
shànqì 疝气[-氣] N. <*med.*> hernia
shānqiáng 山墙[-牆] N. <*archi.*> gable M: [1]*miàn*
shànqiàoshì 扇壳饰[-殼-] N. <*archi.*> scalloped surface
shànqìdài 疝气带[-氣帶] N. <*med.*> hernia band; truss
shānqīgǔyǐn 山栖谷饮[-棲--] F.E. endure the hardships of an arduous journey or fieldwork
shànqínéngshè 善骑能射 F.E. be skilled in riding and shooting
shānqíng* 煽情 V.O. ① rouse emotion ② flirt
shànqīng 缮清 V. make a fair copy
shānqīngshuǐjìng 山青水净[-淨] F.E. clear water and green hills
shānqīngshuǐxiù 山清水秀 F.E. picturesque scenery
shānqíngzhǔyì 煽情主义[-義] N. sensationalism
shānqióngshuǐjìn 山穷水尽[-窮-盡] ID. be at the end of one's rope
shànqíshànshè 擅骑善射 F.E. excel in horsemanship and marksmanship
shānqiū 山丘 N. ① hill ② mountain spirit ③ <*wr.*> tomb M: [4]*zuò*
shānqiūhuánbào 山丘环抱[--環-] F.E. be surrounded by hills
shàn qí zhě bì zhuì 善骑者必坠[-墜] ID. Overconfidence in one's skill may bring disaster.
shānqū* 山区[-區] P.W. mountain area
shānqù 删去[刪-] R.V. cross off; delete
shānquán* 山泉 N. mountain spring M: [2]*dào*
shànquán 擅权[-權] V.O. ① monopolize/usurp power ② take without authorization/permission
[1]shānque 山雀 N. <*zoo.*> ① tit ② titmouse M: [2]*zhī*
[2]shānque 山鹊 N. <*zoo.*> tit M: [2]*zhī*
shānqún 山群 N. mountain range
shānqū xiǎojìng 山区小径[-區-徑] N. precipitous and narrow path M: [1]*tiáo*
shānrán 潸然 V.P. <*wr.*> tearful
shǎnràng* 闪让[-讓] V. dodge quickly
shànràng 禅让[-讓] V. abdicate
shānránlèixià 潸然泪下[--淚-] F.E. tears trickle down the cheeks
shānrén 山人 N. ① hermit; recluse ② forester ③ fortune-teller M: [2]*wèi*
shànrén* 善人 N. ① philanthropist; welldoer ② virtuous person M: [2]*wèi*
shǎnrù 闪入 V.P. flash into
shànrù* 擅入 V. intrude
shānrùn 删润[刪-] V. revise and polish (writing)
shānrúpíngzhàng 山如屏障 F.E. <*wr.*> A range of mountains rose up like a screen.
shānsè 山色 N. mountain scenery
shānsèkōngméng 山色空濛 F.E. hills shrouded in mist
shānsèrúhuà 山色如画[-畫] F.E. The hills are outlined as in a picture.
shānsèxīng 膻色腥 N. <*loan*> sensation
shànshā fúlǔ 擅杀俘虏[-殺-虜] V.O. kill prisoners of war without authority
[1]shānshān* 姗姗[姍姍] R.F. ① leisurely ② walk slowly like a woman
[2]shānshān 珊珊 ON. tinkling of jade pendants
[3]shānshān 潸潸 R.F. <*wr.*> be in tears; be tearful
shānshàn 煽扇 V.O. fan a fire
shǎnshǎn 闪闪 R.F. flickering
shànshàn 讪讪 R.F. embarrassed; ill at ease
shànshàncóngcháng 善善从长[--從-] F.E. capable of learning from others' strong points to offset one's weakness
shǎnshǎnduǒduǒ 闪闪躲躲 R.F. ① stealthy ② devious
shànshàn'è'è 善善恶恶[-惡惡] R.F. ① love good and shun evil ② clearly delineate good and evil
shānshān'érlái 珊珊而来 F.E. come in a stately manner
shǎnshǎn fāguāng 闪闪发光[--發-] V.P. twinkling; scintillating
shānshāng* 闪伤[-傷] N. <*Ch. med.*> sudden sprain
shànshàng 讪上 V.O. slander one's superiors
shānshānláichí 姗姗来迟[姍姍-遲] F.E. be late
shānshānshuǐshuǐ 山山水水 R.F. mountains and rivers; land
shǎnshǎnshuòshuò 闪闪烁烁[-爍爍] R.F. twinkling (of distant lights/stars/etc.)
shān shànzi 扇扇子 V.O. flap a fan
shānshàor 山哨儿 V. <*coll.*> be talkative
shǎnshè 闪射 V. twinkle; shine; radiate
shānshén* 山神 N. mountain deity
shǎnshēn(r) 闪身(儿) V.O. ① dodge ② (walk/etc.) sideways
shānshěng* 删省[刪-] V. retrench; reduce
shànshēng 缮生 V.O. cultivate life for health
shānshényé 山神爷[-爺] N. <*topo.*> tiger
shānshī 删诗[刪-] V.O. fix/edit the text of the *Book of Odes*
shānshì 山势[-勢] N. mountain features
shǎnshī 闪失 N. ① accident; mishap ② error/mistake
shǎnshí 闪石 N. <*min.*> amphibole M: [2]*kuài*
shànshí 膳食 N. meals; food
[1]shànshì* 善事 N. good deeds M: [2]*jiàn*
[2]shànshì 善士 N. benevolent person; a good man; philanthropist M: [2]*wèi*
shànshí biāozhǔn 膳食标准[-標準] N. dietary standard
shànshǐshànzhōng 善始善终 F.E. begin well and end well
shànshíyìjī 善食易饥 F.E. <*Ch. med.*> bulimia
shānshū 山蔬 N. wild vegetables growing on mountains
shānshǔ 山鼠 N. <*zoo.*> marmot M: [2]*zhī*
shānshù* 杉树[-樹] N. cedar M: [2]*kē*
shànshū 善书[-書] N. ① reliable text ② good and rare book ③ moral-instruction book M: [1]*běn*/[1]*juàn* ♦V. be good at calligraphy
shānshuǐ(r) 山水(儿) N. ① mountains and water ② landscape ③ landscape painting M: [10]*fú*/[1]*zhāng* ④ water from a mountain
shānshuǐhuà 山水画[-畫] N. landscape painting M: [10]*fú*/[1]*zhāng*
shānshuǐjì 山水记 N. landscape essay
shānshuǐshī 山水诗 N. landscape poetry M: [2]*shǒu*
shānshuǐxiānglián 山水相连 F.E. be linked by common mountains and rivers
shǎnshuò 闪烁/铄[-爍/鑠] V./S.V. ① twinkle; flicker; glisten ② be evasive/vague/noncommittal ♦N. <*elec.*> scintillation
shǎnshuòqící 闪烁其词[-爍--] F.E. speak evasively; hedge
shǎnshuò yóubiāo 闪烁游标[-爍-標] N. <*comp.*> blinking cursor
shànsī 善思 S.V. thoughtful
shànsù 膳宿 N. board and lodging
shànsùfèi 膳宿费 N. charges for board and lodging M: [2]*bǐ*
shànsùshēng 膳宿生 N. boarding student M: [2]*wèi*
shāntài 删汰[刪-] V. delete; leave out
[1]shàntáng 膳堂 P.W. a mess hall; dining hall M: [4]*zuò*/[1]*jiān*
[2]shàntáng 善堂 P.W. charitable institution M: [1]*suǒ*
shāntáo 山桃 N. mountain peach M: [2]*kē*
shāntǐ 山体[-體] N. massif
shāntián 山田 P.W. hillside plot M: [2]*kuài*
shàntīng 膳厅[-廳] P.W. a mess hall; dining hall M: [4]*zuò*/[1]*jiān*
shǎntòng* 闪痛 N. shooting pain
shàntòng 疝痛 N. <*med.*> colic
shāntóngzǐ 山桐子 N. <*bot.*> idesia M: [2]*kē*
shāntóu(r)* 山头(儿) P.W. ① mountain top ② mountain stronghold ③ gable
Shàntóu 汕头 P.W. Shantou (Swatow, in Guangdong)
shāntóuyún 山头云[-雲] N. <*met.*> helm cloud M: [2]*duǒ*
shāntóuzhǔyì 山头主义[-義] N. mountain-stronghold mentality
shāntù 山兔 N. <*zoo.*> Mongolian hare M: [2]*zhī*

S

shāntuímùhuài 山颓木坏[-壞] F.E. death of a sage
shānwā(zi) 山洼(子)[-窪-] N. valley
shānwàiyǒushān 山外有山 ID. there's always something better
shànwàng 善忘 S.V. forgetful ♦N. amnesia
shānwèi(r)* 膻味(儿) N. ① gamy odor ② odor of a sheep/goat M: [2]gǔ
shànwéi 擅违[-違] V. disobey; violate (regulations)
shànwèi 禅位 V.O. abdicate
shànwéishuōcí 善为说辞[-辭] F.E. put in a good word for sb.
shànwén 善文 S.V. be good at writing
shānwō 山窝[-窩] P.W. out-of-the-way mountain area
shānwū 山乌[-烏] N. blackbird M: [2]zhī
shānwù* 山坞[-塢] N. col
shànwǔ 扇舞 N. fan dance
shànwùzhǎng 膳务长[-務-] N. chief/manager of a food service M: [2]wèi
shānxī 山溪 N. mountain stream M: [1]tiáo
Shānxī* 山西 P.W. Shanxi province
shānxì 山系 N. <geog.> mountain system
Shǎnxī 陕西[陝-] P.W. Shaanxi province
shānxí 苫席 N. mat cover M: [1]zhāng
shānxiá* 山峡[-峽] P.W. gorge
shǎnxià 闪下 V. leave behind
shānxiǎn 山险 N. strategically located mountain areas
shǎnxiàn* 闪现 V. flash before one
shānxiāng* 山乡[-鄉] P.W. mountain area/village
shānxiǎng 山响[-響] V.P. deafening; thunderous
shānxiàng(r) 山向(儿) N. <trad.> direction that a tomb faces
[1]shānxiāo 删削[刪-] V. delete; cut off *See also* *shānxuē*
[2]shānxiāo 山魈 N. ① mandrill ② mountain elf M: [2]zhī
shānxiào 姗笑[姍-] V. ridicule; mock; deride
shànxiào* 讪笑 V. ridicule; mock; deride
shànxiǎolìwēi 善小利微 F.E. small benefit with tiny profit
Shānxī bāngzi* 山西梆子 N. Shanxi opera
Shǎnxī bāngzi 陕西梆子[陝-] N. Shaanxi opera
shànxiě 缮写[-寫] V. copy neatly
shànxīn 善心 N. benevolence
shānxīng 膻腥 N. odor of mutton
shānxíng 山形 N. chevron
[1]shànxíng* 扇形 ATTR. fan-shaped ♦N. <math.> sector
[2]shànxíng 善行 N. benevolent action M: [2]jiàn
[1]shànxìng 善性 N. good nature
[2]shànxìng 缮性 V.O. cultivate one's nature
shànxíngzúshì 善行足式 F.E. kind deed worthy of emulation
shǎnxīnkuàng 闪锌矿[-礦] N. <min.> (zinc) blende; sphalerite M: [4]zuò
shānxìnmǎ 删信码[刪-] N. expurgated code
shānxǐquè 山喜鹊 N. mountain magpie M: [2]zhī
shānxiù 衫袖 N. sleeves M: [2]zhī
[1]shànxiū* 缮修 V. repair; mend
[2]shànxiū 膳馐/羞 N. <wr.> high-quality food; delicacies
[1]shànxù 赡恤 V. contribute money to charity
[2]shànxù 鳣序 N. <wr.> school
shānxuàn 潸泫 V.P. tears flowing; weeping
shānxuē 删削[刪-] V. delete; cut/strike out *See also* [1]*shānxiāo*
shānyā 山鸦 N. <zoo.> chough M: [2]zhī
shānyá* 山崖 N. cliff
shānyán* 山岩 N. cliff
shǎnyǎn 闪眼 S.V. <topo.> dazzling
shànyán 善言 N. well-intentioned advice
[1]shānyáng* 山羊 N. ① goat M: [2]zhī ② <sport> buck
[2]shānyáng 山阳[-陽] P.W. southern/sunny side of a mountain
[3]shānyáng 扇扬[-揚] V. ① glorify; exalt ② spread out
shànyǎng 赡养[-養] V. support; provide for
shānyángcǎo 山羊草 N. <bot.> goatweed
shànyǎngfèi 赡养费[-養-] N. ① <trad.> alimony ② payment for support of one's parents M: [2]bǐ
shànyǎng fùmǔ 赡养父母[-養--] V.O. support one's parents
shānyáng húzi 山羊胡子[--鬍-] N. <loan> goatee M: [3]zuǒ
shànyǎng jiāshǔ 赡养家属[-養-屬] V.O. provide support for dependents
shānyángróng 山羊绒 N. cashmere
shànyánxiāngquàn 善言相劝[-勸] F.E. advise with good words
shānyao 山药[-藥] N. Chinese yam
shānyāo 山腰 P.W. midway up a mountain; mountainside
shǎnyāo 闪腰 V.O. <coll.> strain the back
shǎnyào* 闪耀 V. glitter; shine; radiate; sparkle
shānyaodàn 山药蛋[-藥-] N. ① <topo.> potato M: [1]kē ② <coll.> country bumpkin; rube
shānyáodìdòng 山摇地动[-動] F.E. shake heavily (from earthquake/etc.); be earthshaking
shānyáoshuǐyuǎn 山遥水远[-遠] F.E. far away
shānyáoyěsù 山肴野蔌 F.E. game and edible wild vegetables
shānyáxiǎnjùn 山崖险峻 F.E. The cliffs are steep.
shānyě 山野 N. ① remote highlands ② the country (as against the town/city)
shānyí 芟夷/荑 V. ① mow (grass); weed out ② eliminate; exterminate
shānyì 山驿[-驛] N. mountain post station M: [4]zuò
shǎnyì 闪熠 V. glitter; shine; radiate
shànyí 善疑 S.V. distrustful; suspicious
shànyì* 善意 N. good will; good intentions
shànyì de hūlüè 善意的忽略 N. benign neglect
shānyīn* 山阴[-陰] P.W. north side of a mountain
shǎnyīn 闪音 N. <lg.> flap
shānyīndàoshang 山阴道上[-陰--] F.E. ① sightseeing route with so many scenic wonders that one is constantly kept busy ② life in which one is constantly kept busy receiving guests
shān yīnfēng 扇阴风[-陰-] V.O. secretly stir up trouble
shān yīnfēng diǎn guǐhuǒ 扇阴风点鬼火[-陰-點--] F.E. foment trouble
shānyīng 山鹰 N. eagle M: [2]zhī
shānyǐngdàoyìng 山影倒映 F.E. Mountains are reflected in water.
shānyīngtao 山樱桃 N. mountain cherry M: [2]kē
shànyǐwéibǎo 善以为宝[-寶] F.E. value virtue as a treasure
[1]shànyòng 善用 V. be good at using sth. or sb.
[2]shànyòng 擅用 V. ① be good at using (a certain strategy/etc.) ② use without permission
shànyòng gōngkuǎn 擅用公款 V.O. embezzle public funds
shànyòng sīxíng 擅用私刑 V.O. take the law into one's own hands
shànyòng yòushǒu 善用右手 V.O. righthandedness
shànyòng zhíquán 擅用职权[-職權] V.O. act on one's own authority
shànyòng zuǒshǒu 善用左手 V.O. lefthandedness
[1]shānyòu 煽诱 V. incite; agitate
[2]shānyòu 扇诱 V. misguide by words
[3]shānyòu 山右 P.W. another name for Shansi
shànyǒushànbào 善有善报[-報] F.E. kind deeds pay rich dividends ~, *èyǒu'èbào.* Good will be rewarded with good, and evil with evil.
shànyóuzhěnì 善游者溺 F.E. Over-confidence in one's skill may bring disaster.
shānyú 山竽 N. sweet potato M: [1]kē
[1]shānyù 山芋 N. <topo.> sweet potato M: [1]kē
[2]shānyù 山鹬 N. woodcock M: [2]zhī
[3]shānyù 山域 N. mountainous region
Shǎnyǔ 闪语 N. <lg.> Semitic language; Semitic
[1]shànyú* 善/擅于[-於] V.P. be good at; be adept in
[2]shànyú 鳝鱼 N. eel M: [1]tiáo
[3]shànyú 单于 N. <hist.> chief of the Xiongnu
shànyù 善遇 N. good treatment (toward a guest/etc.)
shānyuán 山园[-園] P.W. ① mausoleum of an emperor ② villa built in the quiet mountains ③ mountain orchard M: [4]zuò
shànyuán* 善缘 N. ① <Budd.> favorable fate resulting from contributions to a temple ② lucky meeting of good friends
shānyuè 山岳/嶽 N. lofty mountain
shānyuè bīngchuān 山岳冰川 N. mountain/alpine glacier
shānyuècuó'é 山岳嵯峨 F.E. undulating tops of high hills
shànyúhuáng 鳝鱼黄 N. eel yellow; greenish yellow
shānyùn 山晕 N. mountain sickness
shànyúqīng 鳝鱼青 N. <pottery> eel green
shànyúyìngbiàn 善于应变[-於應變] F.E. good at meeting an emergency; resourceful
shān yǔ yù lái fēng mǎn lóu 山雨欲来风满楼[-樓] ID. ominous portents; omen; portent
shànzāi 善哉 INTJ. <wr.> Good!
shànzǎo 掞藻 N. smooth, flowery literary style
shānzhā 山楂/查 N. ① Chinese hawthorn ② haw M: [1]kē
shānzhāgāo 山楂糕 N. haw jelly cake M: [2]kuài
shānzhài 山寨 N. mountain fastness/stronghold M: [4]zuò
shànzhàn 善战[-戰] S.V. ① good at fighting ② bellicose
shānzhǎng* 山长 N. <trad.> scholar in charge of a private school
shànzhāng 掞张 V.P. suave but untruthful
shànzhànshànshèng 善战善胜[-戰-勝] F.E. be good at fighting and winning
shǎnzhǎnténgnuó 闪展腾挪 F.E. maneuver in all sorts of ways
shànzhànzhě fú shàngxíng 善战者服上刑[-戰----] F.E. warmongers deserve the severest punishment
shānzhāshù 山楂树[-樹] N. hawthorn M: [2]kē
shānzhāyèmǎn 山楂叶螨[--葉-] N. <zoo.> tetranychus viennensis
shǎnzhe 闪着[-著] V.P. flash; sparkle; shine
shānzhègū 山鹧鸪 N. <zoo.> hill partridge M: [2]zhī
[1]shànzhèng 缮正 V. copy neatly; write a neat copy
[2]shànzhèng 善政 N. good government
shānzhēnhǎicuò 山珍海错 F.E. exotic delicacies
shānzhēnhǎiwèi 山珍海味 F.E. exotic delicacies
shànzhěnwēnbèi 扇枕温被 F.E. be a model of filial piety
shànzhěnwēnxí 扇枕温席 F.E. be a model of filial piety
shānzhīma 山芝麻 N. <Ch. med.> screwtree root; *Radix Helicteris*
shànzhīshi 善知识[-識] N. <Budd.> an intimate who can help one master the tenets of Buddhism
shānzhōng 山中 P.W. in the mountains
shànzhōng* 善终 V. ① die a natural death ② end well
shānzhū 山猪[-豬] N. wild boar M: [1]tóu
shànzhuān* 擅专[-專] V. act on one's own authority
shànzhuàn 膳馔 N. cuisine
shānzhuāng* 山庄[-莊] P.W. mountain village/villa M: [4]zuò
shànzhuàng 扇状[-狀] ATTR. fan-shaped
shànzhuì(r) 扇坠(儿)[-墜-] N. fan pendant
shānzhújuǎn 山竹卷 N. meatballs wrapped in beancurd
shǎnzhuó 闪灼 V. glitter; shine; radiate
shānzhūyú 山茱萸 N. ① <Ch. med.> fruit of medicinal cornel ② <bot.> dogwood M: [2]zhū
shānzhúzi 山竹子 N. <bot.> mangosteen M: [2]zhū

[1]shānzi 衫子 N. ① <*trad.*> woman's garment ② short garment M: [2]*jiàn* ③ <*thea.*> role of a virtuous woman

[2]shānzi 山子 N. <*topo.*> rockery

shānzì 删字[刪-] V.O. delete a character

shànzi* 扇子 N. fan M: [1]*bǎ*

shànzì 擅自 ADV. without authorization

shànzìbǎozhòng 善自保重 F.E. take good care of yourself

shànzìchǔlǐ 擅自处理[--處-] F.E. presumptuously act on one's own

shànzimiànr 扇子面儿 N. face of a hand-fan

shānzishí(r) 山子石(儿) N. (miniature) artificial stone mountain

shànzì tíjià 擅自提价[-價] V.P. increase prices arbitrarily

shànzìwéimóu 善自为谋 F.E. be good at looking after one's own interests

shànzì xíngdòng 擅自行动[-動] V.P. act presumptuously

shànzìzhēnshè 善自珍摄[-攝] F.E. Please take good care of yourself.

shànzì zuòzhǔ 擅自作主 V.P. take unauthorized action

Shǎnzú 闪族 N. the Semites

shànzú* 赡足 V.P. abundant; plenty

shānzuǐ(r/zi) 山嘴(儿/子) N. <*geog.*> spur

Shānzuǒ 山左 P.W. another name for Shandong

shànzuòwēifú 擅作威福 F.E. ① punish or reward according to one's whim ② assume absolute power

shànzuòzhǔzhāng 擅作主张 F.E. make decisions without authorization/consultation

[1]shāo 烧[燒] V. ① burn ② cook; heat; roast; stew ③ run a fever ④ over fertilize ♦N. fever

[2]shāo 稍 ADV. slightly ♦N. <*hist.*> grain ration for minor functionaries *See also* [7]*shào*

[3]shāo(r) 梢(儿)[-(兒)] N. ①top (of a tree) ②tip; tail end ③ boat rudder ④ end (of a matter)

[4]shāo 捎 V. ① bring to sb. ***Tì wǒmen gěi nǐ fùmǔ ~ ge hǎo.*** Please give our regards to your parents. ② brush against *See also* [5]*shào*

[5]shāo 筲 B.F. small bucket or similar container *shāogū, dǒushāo*

[6]shāo 艄 B.F. ① stern of a boat [1]*chuánshāo* ② rudder *shāopó*

[7]shāo 蛸 in *xiāoshāo See also* [19]*xiāo*

[1]sháo(r) 勺/杓(儿)[-/-(兒)] N. spoon; ladle; dipper ♦M. <*hist.*> *of capacity equal to one centiliter See also* [7]*biāo*

[2]sháo 韶 B.F. fine; beautiful ♦in [2]*sháozi, Yǎngsháo*

[3]sháo 苕 B.F. sweet potato *hóngsháo See also* [8]*tiáo*

[4]sháo 芍 in *sháoyao, báisháo*

shǎo* 少 S.V. ①few; little ②less ♦V. ①lack; be deficient ② lose; be missing ***Nǐ shìbùshì ~le dōngxi?*** Are you missing something? ③ stop; quit ***~ guǎn xiánshì.*** Mind your own business. ♦ADV. ①seldom ②a little while *See also* [2]*shào*

[1]shào 哨 V. warble; chirp ♦B.F. ① whistle *shàozi* ② sentry; patrol *shàobīng* ③ <*coll.*> harangue ④ gossip ⑤ boast; talk big; brag *shénshào*

[2]shào 少 B.F. ① young *shàonián* ② <*trad.*> young master *shàoye See also shǎo*

[3]shào 潲 V. ①fall slantwise (of rain) ② <*topo.*> sprinkle ♦B.F. <*topo.*> swill; slop *shàoshuǐ*

[4]shào 绍[紹] B.F. ① continue; connect *shàojì, jièshào* ② short for Shàoxīng (in Zhejiang)

[5]shào 捎 B.F. draw back a little; shy (as horse/ mule) *shàosè, shàoshǎi See also* [4]*shāo*

[6]shào 劭 B.F. ①encourage; exhort ②admirable *niángāodéshào*

[7]shào 稍 in *shàoxī See also* [2]*shāo*

Shào 邵 N. Surname

shào'ài 少艾 <*wr.*> V.P. young and handsome ♦N. a handsome young person (usu. a beautiful girl); young beauty

shāo'àn 烧暗[燒-] N. dark burn

shǎo'ānwúzào 少安毋躁 ID. be patient

shàobáitóu 少白头 N. ① prematurely gray ② youth with graying hair

shāobàn 捎办[-辦] V. do sth. for sb. on one's way to somewhere

[1]shàobàng 哨棒 N. wooden truncheon/club M: [2]*gēn*

[2]shàobàng 少棒 N. juvenile baseball game/team M: [4]*zhī*

shàobàngduì 少棒队[-隊] P.W. juvenile baseball team M: [4]*zhī*

shàobàngsài 少棒赛 N. juvenile baseball game M: [2]*chǎng*

shāobāo(r) 烧包(儿)[燒-] ID. ① <*coll.*> have money that's burning a hole in one's pocket ② <*topo.*> be drunken with success; have a swollen head

[1]shāobēi 烧杯[燒-] N. <*chem.*> beaker M: [2]*zhī*

[2]shāobēi 梢杯 N. tip cup M: [2]*zhī*

shàobèir 少辈儿 N. younger generation of a family M: [2]*wèi*

shāobēngr 稍绷儿[-繃-] V. <*topo.*> wait a little while

shāobing* 烧饼[燒-] N. baked sesame-seed flatcake

sháobǐng 勺柄 N. spoon/ladle handle

shàobīng 哨兵 N. ① sentinel; sentry ② guard

shǎobude 少不得 R.V. can't be avoided; be indispensable

shàobùgēngshì 少不更事 F.E. young and inexperienced; green

shàobùgēngshìzhě 少不更事者 N. a greenhorn

shǎobuliǎo 少不了 R.V. ① be indispensable ② be unavoidable ♦F.E. ①must be a lot ***kùnnan kànlai ~*** It looks as if there are going to be a lot of difficulties. ② unlikely to be small in number/quantity ③ unlikely to be lost

shāobushóu 烧不熟[燒-] R.V. can't be cooked

shāobuzháo 烧不着[燒-著] R.V. ① can't burn sth. ② can't start a fire with sth.

shāocài* 烧菜[燒-] V.O. cook a dish

shàocài 绍菜 N. celery cabbage

shāocài zuòfàn 烧菜做饭[燒-] V.P. prepare a meal

shāochá 烧茶[燒-] V.O. boil tea

shāocháng dàhàn 梢长大汉[-漢] N. a tall and big fellow M: [2]*wèi*

shāochéng* 烧成[燒-] R.V. ① burn ② cook; bake; heat ③ roast

shàochéng 绍承 V. inherit; succeed to

shǎochīduōcān 少吃多餐 F.E. have many meals but little food at each

shàochuán 哨船 N. patrol boat M: [1]*sōu*

[1]shāocí 烧瓷[燒-] N. <*art*> enamel M: [2]*jiàn*

[2]shāocí 烧磁[燒-] V.O. bake/fire porcelain/china

shāodā 捎搭 ADV. <*topo.*> conveniently; in passing

shāodài* 捎带[-帶] <*coll.*> V. carry along; take with ♦ADV. ① in addition; besides; furthermore ② as occasion permits ③ while one is at it; in passing

shǎodài 少待 V. wait a moment/while

shāodàijiǎo(r) 捎带脚(儿)[-帶腳-] <*topo.*> V.P. ① involuntarily ② incidentally; in passing ♦V.O. take the occasion

shāodài piànkè* 稍待片刻 V.P. stay a minute; Half a moment!

shǎodài piànkè 少待片刻 V.P. Please wait a little while.

shào dāngjiā de 少当家的[-當--] N. <*coll.*> ① young landlord ② landlords' sons M: [2]*wèi*

shāodāo(zi)* 烧刀(子)[燒-] N. <*topo.*> ①spirits (usu. distilled from sorghum or maize); colorless spirits ② a kind of strong alcoholic drink

sháodao 勺刀 <*topo.*> V. digress; ramble ♦S.V. ① loquacious ② flip; frivolous

shāodehuang 烧得慌[燒-] R.V. <*coll.*> have money that is burning a hole in one's pocket

shǎodeliǎo 少得了 R.V. can do without (used in rhetorical questions); can dispense with

shāoděng 稍等 V. wait a moment

shāoděng piànkè 稍等片刻 V.P. Wait half a jiffy.

shāodiǎn 烧点[燒點] N. <*phy.*> ① ignition point ② focus of lens

shāodiào* 烧掉[燒-] R.V. burn away/off

shǎodiào 少掉 R.V. minus

shǎodōng 少东 N. <*trad.*> son of the family M: [2]*wèi*

shàodōngjia 少东家 N. ① landlord's son ② young master M: [2]*wèi*

shāoduān zhíjìng 梢端直径[-徑] N. diameter at the small end (of a twig/stick/etc.)

shào'ér 少儿 N. a juvenile

shǎo'érjīng 少而精 V.P. ① fewer but better; smaller quantity, better quality ② concise

shāofàn 烧饭[燒-] V.O. ①cook a meal ②<*topo.*> do the cooking; cook food; prepare a meal

shàofáng 哨房 P.W. guard room M: [1]*jiān*/[4]*zuò*

shǎo fèihuà 少废话[-廢-] INTJ. Stop talking rubbish!

shàofēng'àoyuè 哨风傲月 F.E. whistling in the breeze and swaggering in the moonlight

[1]shàofù 少妇[-婦] N. young married woman M: [2]*wèi*

[2]shàofù 少腹 N. area below the navel

shàofūlǎoqī 少夫老妻 F.E. marry a man much younger than oneself

shāogān 烧干[燒乾] R.V. dry on a fire/stove (of an ignored pot/etc.)

shàogǎng 哨岗[-崗] N. ① watch/guard post ② sentry box M: [4]*zuò*

shāo gāoxiāng 烧高香[燒-] V.O. be grateful

shǎogěi 少给 V. give less than supposed/expected

shǎogēng 少耕 N. minimal tillage

shāogōng 梢/艄公 N. ①helmsman ②boatman M: [2]*wèi*

shāogōu 梢沟[-溝] N. trench made by running water M: [1]*tiáo*

shāogū 筲箍 V. hoop on a basket

shǎoguǎn 少管 INTJ. Don't butt in!; Don't meddle!

shāoguāng* 烧光[燒-] R.V. burn completely

sháoguāng 韶光 N. <*wr.*> ①beautiful springtime ② glorious youth

sháoguāngyìshì 韶光易逝 F.E. Time passes quickly.

shàoguǎnsuǒ 少管所 P.W. correctional institution for juvenile offenders M: [1]*suǒ*

shǎoguǎnxiánshì 少管闲事 V.P. Mind your own business.

shāoguō 烧锅[燒鍋] N. ①container for making liquor ② distillery (of liquor) M: *kǒu* ♦V.O. heat a cooking utensil

shāoguō zuòfàn 烧锅做饭[燒鍋-] V.P. light the fire to cook food

shāohàn 烧焊[燒-] V. weld; solder

shāohóng 烧红[燒-] R.V. burn/heat until red (of metal/etc.)

[1]shāohòu* 稍后[-後] N. later on; a bit later

[2]shāohòu 稍候 V. wait a moment

shǎohòu 少候 V. please wait a moment

shāohú 烧糊[燒-] R.V. be over-burned/heated

[1]shāohuà* 烧化[燒-] V. cremate; reduce to ashes

[2]shāohuà 捎话 V.O. ask sb. to deliver message ***Qǐng nǐ gěi tā shāo ge huà*** Please pass on this message to her.

sháohuá 韶华[-華] N. <*wr.*> ① beautiful springtime ② glorious youth

shāohuài 烧坏[燒壞] R.V. burn out

shāohuāng 烧荒[燒-] V.O. burn grass on the wasteland

shāohuáng* 烧黄[燒-] R.V. heat sth. on a fire and let it become brown

sháohuásìshuǐ 韶华似水[-華--] F.E. The splendor of youth passes away like water.

shāohuī 烧灰[燒-] V. reduce to ashes

shāohuǐ* 烧毁[燒毀] R.V. burn down/up ♦N. consumption; burnout

shǎohuì 少会 F.E. <*court.*.> have not seen for ages ***Liú xiānsheng, ~ le*** Have not seen you for ages, Mr. Liu!

shāohuó 烧活[燒-] N. paper items burned at a funeral

shāohuǒ* 烧火[燒-] V.O. make/light/tend a fire

shāo hútu 烧糊涂[燒-塗] R.V. become unconscious due to fever

[1]**shāojī*** 烧鸡[燒雞] V.O./N. roast chicken M: [2]zhī

[2]**shāojī** 筲箕 N. bamboo basket for rice-washing M: [2]zhī

[3]**shāojī** 烧机[燒-] <coll.> V.O. usurp a cellular-phone account (by stealing its code number)

shàojì 绍继[-繼] V. carry on; continue; succeed

shāojiā 稍加 ADV. slightly more

shāojiān 捎间 P.W. small room

[1]**shāojiǎn** 稍减[-減] V. decrease/reduce/cut a little

[2]**shāojiǎn** 烧碱/硷[燒鹼] N. <chem.> caustic soda

shǎojiān 少间 ADV. after a little while

shǎojiàn* 少见 S.V./V. ① seldom seen; unique; rare ② I have not seen you for a long time.

shǎojiànduōguài 少见多怪 F.E. The less one has seen, the more one marvels.

shàojiàng 少将[-將] N. ① major general (army) ② rear admiral (navy) M: [2]wèi

shāojiāo* 烧焦[燒-] R.V. scorch

shāojiǎo(r) 捎脚(儿)[-腳-] V.O. pick up passengers /goods on the way

shāojié* 烧结[燒-] N. sintering; agglomeration; agglutination

shàojiè 绍介 V. ① introduce ② serve as a medium/go-between ③ recommend

shāojiéjì 烧结剂[燒-劑] N. <chem.> agglutinant

shāojìn 烧尽[燒盡] R.V. burn completely

sháojǐng 韶景 N. beauties of spring

shào jìnlái 潲进来[-進-] R.V. splashing in with the wind (of rain)

shàojīqiú 绍箕裘 <wr.> N. a son worthy of his father ♦V.O. continue one's father's occupation

shāojiǔ* 烧酒[燒-] N. strong white spirits

Shàojiǔ 绍酒 N. rice wine made in Shaoxing

Shàojù 绍剧[-劇] N. Shaoxing opera

shàojūn 少君 N. <court.> your son

shàojùshānlín 啸聚山林 F.E. run to the mountains and become robbers

shāokāi 烧开[燒開] R.V. boil

shāokǎo 烧烤[燒-] N./V. barbecue; roast

shāokǎojià 烧烤架[燒-] N. barbecue grill

shāokǎopéng 烧烤棚[燒-] N. barbecue shack

shāokǎo yěcān 烧烤野餐[燒-] N. barbecue (BBQ) food

shāokě 稍可 V.P. ① slightly better ② moderately successful

shǎokè* 少刻 N. a moment later

shāokěn 烧垦[燒墾] N. shifting cultivation

sháokǒur 勺口儿 N. <topo.> taste/style of sb.'s cooking

shāo kǒuxìn(r) 捎口信(儿) V.O. pass on a message

shāokǔn 梢捆 N. fascine

shāolái* 捎来 R.V. bring to sb.; take along sth. to sb.

shǎolái 少来 V. <coll.> ① seldom come; refrain from coming ② don't come ③ bring just a little bit (of sth.) ④ stop it; shut up ⑤ be sparing (in doing sth.)

shǎo lái zhè yī tào 少来这一套[--這--] INTJ. Let's have no more of this!; Let's quit that!

shāolán 烧蓝[燒藍] N. enameling

sháolǎng 韶朗 V.P. <wr.> clear; serene (of weather)

shǎoláo 少牢 N. lamb and pig used as sacrifices

shǎoláoshǎodé 少劳少得[-勞--] F.E. less pay for less work

shǎole 少了 V.P. less than (the required/expected amount/quantity/etc.)

shǎole bù mài 少了不卖[-賣] V.P. not sell for less

shāo lěngzào 烧冷灶[燒-] V.O. invest in a not-yet-popular activity/person in anticipation of future gain

shǎolǐ 少礼[-禮] V.O. ① lack manners ② please do not stand on ceremony ③ excuse me for my lack of manners

shāoliàn 烧炼[燒煉] <Dao.> V. practice alchemy ♦N. the technique of making the elixir of life

shǎoliàng 少量 N. small amount/quantity; a little/few

shāoliào 烧料[燒-] N. ① clouded/frosted glass ② imitation gems

Shàolín 少林 P.W. Shaolin Temple

Shàolínpài 少林派 P.W. Shaolin school of boxing

Shàolínquán 少林拳 N. Shaolin form of boxing

Shàolín Sì 少林寺 P.W. name of a Buddhist monastery famous for its pugilist monks

Shào Lìzǐ 邵力子 (1882–1967) N. teacher, journalist, and veteran KMT leader

shàomǎ 哨马 N. sentinels on horseback

shāomai 烧卖/麦[燒賣/麥] N. stuffed steamed dumpling (popular traditional snack, often served at dimsum) M: [2]zhī

shǎomànchàfèi 少慢差费 F.E. fewer, slower, poorer, costlier ***Nà zhǒng bànfǎ ~.*** That's an expensive and inefficient method.

shāomáo 烧毛[燒-] N. <txtl.> singeing

[1]**shāomǎzi** 烧马子[燒-] N. <topo.> backpack

[2]**shāomǎzi** 捎马子 N. <topo.> saddlebag M: [1]tiáo

shāomén 梢门 N. <topo.> gate to a courtyard M: [1]shàn

sháomǐn 勺皿 N. casserole

shāomò 梢末 N. extreme end of a thing

shǎoná 少拿 V. ① don't take ② take/bring only a little

shàonǎinai 少奶奶 N. <trad.> ① young mistress of the house ② (your) daughter-in-law M: [2]wèi

shàonán 少男 N. young male

shàonán-shàonǚ 少男少女 N. young boys and girls

shàonián 少年 N. ① early youth (10–16) ② juvenile

shàonián báitóu 少年白头 N. young man with white hair

shàonián bānghuì 少年帮会[--幫-] P.W. juvenile gang

shàonián dāndǎ 少年单打 N. <sport> boys' and girls' singles

shàoniándézhì 少年得志 F.E. enjoy success when young

shàoniánduì 少年队[-隊] P.W. juvenile team M: [4]zhī

shàonián dúwù 少年读物[--讀-] N. juvenile books M: [1]běn

shàonián értóng 少年儿童 N. juvenile

shàoniánfàn 少年犯 N. juvenile delinquent

shàoniánfàn guǎnjiàosuǒ 少年犯管教所 P.W. juvenile correctional institution

shàonián fànzuì 少年犯罪 N. juvenile delinquency

shàonián fǎtíng 少年法庭 P.W. juvenile court

shàonián fǔyùyuàn 少年辅育院 P.W. juvenile reformatory school M: [1]suǒ

shàoniángōng 少年宫[-宮] P.W. Children's Palace M: [4]zuò

shàoniánláng 少年郎 N. boy; juvenile male M: [2]wèi

shàoniánlǎochéng 少年老成 F.E. ① young but mature ② young but wimpish

shàoniánrén 少年人 N. ① young people ② teenagers M: [2]wèi

shàonián shídài 少年时代[--時-] N. period of early youth

Shàonián Xiānfēngduì 少年先锋队[-隊] P.W. Young Pioneers

shàonián yīngjùn 少年英俊 N. handsome young man

shàoniányúfàn 少年虞犯 N. potential juvenile delinquent; juvenile with a criminal propensity

shàoniánzhījiā 少年之家 P.W. children's center/club

shàoniánzǔ 少年组 P.W. juvenile team

shàonián zuìfàn 少年罪犯 N. juvenile delinquent/criminal

shāoniǎo 烧鸟[燒-] N. roasting bird M: [2]zhī

shāo niúròu 烧牛肉[燒-] V.O. roast beef

shāonóngsuōyóu 稍浓缩铀[-濃--] N. slightly enriched uranium

shàonǚ 少女 N. young girl M: [2]wèi

shàonǚzhuāng 少女装[-裝] N. girls' wear/clothing M: [2]jiàn

shāopánr 烧盘儿[燒盤-] V. <topo.> flush (from shame/etc.)

shǎopéi 少陪 F.E. I'm afraid I must be going now.

Shào Piāopíng 邵飘萍 (1886–1926) N. journalist and editor

shāopíng 烧瓶[燒-] N. <chem.> flask M: [2]zhī

shāopó 梢/艄婆 N. boatwoman M: [2]wèi

[1]**shǎoqì** 少憩 V. rest a while

[2]**shǎoqì** 少气[-氣] N. <Ch. med.> weak breath

shàoqiǎ 哨卡 N. frontier/strategic sentry post M: [2]dào/ge

shāoqiánhuàzhǐ 烧钱化纸[燒錢-] F.E. burn fake paper money for the dead

shāo qǐlai 烧起来[燒-] R.V. ① start to burn ② start to cook/bake/heat ③ start to roast

shāoqīng 烧青[燒-] N. cloisonné

shǎoqǐng* 少顷 N. <wr.> in a short while; presently

shǎoqì piànkè 少憩片刻 V.P. rest a while

sháoqiúchǎng 杓球场[-場] P.W. golf course M: [4]zuò

shàor 哨儿 N. whistle M: [2]zhī

shàosè 捎色 V.O. <topo.> fade (of color) ***See also*** *shàoshǎi*

shāoshā 烧杀[燒殺] V. burn and kill

shàoshǎi 捎色 V.O. <coll.> fade (in color) ***See also*** *shàosè*

Sháoshān 韶山 P.W. Shaoshan (Mao Zedong's birthplace in Hunan)

shāoshāng 烧伤[燒傷] N./V. <med.> burn

[1]**shāoshāo*** 稍稍 ADV. ① slightly ② gradually

[2]**shāoshāo** 梢梢 ON. blowing sound (of the wind) ♦R.F. strong and vigorous (of a person)

shǎoshǎo(r) 少少(儿) ADV. <coll.> slightly; a little

sháosháobǎibǎi 韶韶摆摆[-擺擺] R.F. nag; din

shāoshāodàidài 稍稍带带[-帶帶] R.F. <coll.> in an offhand way; playing by ear

sháosháodāodāo 勺勺刀刀 R.F. <coll.> ① discursive; rambling; digressing ② flip; jocular; frivolous

shǎoshǎor de 少少儿的 ATTR. just a little; a tiny bit

shāoshāoyīzhèng 稍稍一怔 F.E. give a slight start

shāoshāqiǎnglüè 烧杀抢掠[燒殺搶-] F.E. burning, killing, and pillaging/looting

shàoshēng 哨声[-聲] N. whistling

shāoshèngyīchóu 稍胜一筹[-勝-籌] V.P. a bit better

shǎoshēngyōushēng 少生优生[--優-] F.E. fewer and better births

shāoshì* 稍事 N. just a little

shǎoshí 少时[-時] N. ① a moment later ② when (one is) young ***See also*** *shàoshí*

shàoshí 少时[-時] N. youth ***See also*** *shǎoshí*

shǎoshíduōcān 少食多餐 F.E. have more meals a day but less food at each

shāoshígāo 烧石膏[燒-] N. plaster of Paris

shàoshīle 潲湿了[-濕-] V.P. get wet by rain splashing in with the wind

shāoshǒu 捎手 ADV. <topo.> conveniently; without extra trouble

shǎoshù(r)* 少数(儿)[-數-] N. ① a few; a small number (of) ② minority ③ <lg.> singular

shàoshù 绍述 V. continue; follow

shǎoshùdǎng 少数党[-數黨] P.W. minority political party

shāoshuǐ* 烧水[燒-] V.O. heat/boil water

shàoshuǐ 潲水 N. <topo.> swill; slop

shǎoshù mínzú 少数民族[-數--] N. ① ethnic minority ② <*PRC*> national minority; minority nationality

shǎoshù mínzú yǔyán 少数民族语言[-數----] N. minority language

shǎoshuō 少说 V. ① shut up ② don't talk so much

shǎoshuōduōzuò 少说多做 V.P. work more and talk less

shǎoshuōfèihuà 少说废话[--廢-] V.P. Stop talking nonsense!; Stop chattering!

shǎoshuōshǎodào 少说少道 F.E. ① don't talk much ② be taciturn

shǎoshuōwéijiā 少说为佳 F.E. consider it best to say little

shǎoshuōwéimiào 少说为妙 F.E. The less said about it, the better.

shǎoshùrén 少数人[-數-] N. ①minority ②small number of people

shǎoshùrén de yǔyán 少数人的语言[-數----] N. <*lg.*> minority language

shǎoshùrén de yǔyán qúntǐ 少数人的语言群体[-數-----體] P.W. <*lg.*> minority language group; language minority group

shǎoshù tuántǐ 少数团体[-數團體] P.W. minority group

shāosǐ 烧死[燒-] R.V. burn to death

shǎosuàn 少算 V. reduce prices (for an old customer); give a discount

shàosuǒ 哨所 P.W. sentry post M: [4]*zuò*/*ge*

shāotā 烧塌[燒-] V. burn down (of house/etc.)

shāotàn* 烧碳[燒-] V.O. ① burn coal (as fuel) ② burn wood to produce charcoal

shàotàn 哨探 V. ① find out news through inquiries ② <*mil.*> spy upon the enemy's movements

shǎotiáoshījiào 少调失教 F.E. lack discipline and be ill-bred

shāotīng* 捎听[-聽] V. <*topo.*> take a message to sb.

shǎotíng 少停 V. ① pause for a little while ② Don't pause too often.

shāotóu* 梢头 N. ① tree-top ② branch tip ③ end (of a street/etc.) ④ <*forest.*> top log ⑤ the close of spring

shǎotou 少头 N. <*topo.*> discount

shǎotóuwúwěi 少头无尾 F.E. imperfect; unfinished

shāo tóuxiāng 烧头香[燒-] V.O. burn the first incense stick of the day (at a temple on a festival)

shā'ōu 沙鸥[-鷗] N. <*zoo.*> sea gull M: [2]*zhī*

shāowēi* 稍微 ADV. slightly; a bit

shāowéi 稍为 ADV. slightly; a bit

[1]**shāowěi** 梢尾 N. <*topo.*> end

[2]**shāowěi** 烧尾[燒-] N. <*trad.*> banquets held by Tang/Song scholars on passing the imperial civil-service examinations

shǎowēi 少微 ADV. slightly

shàowèi 少尉 N. <*mil.*> ① second lieutenant (in the army, air force) ② ensign (in the navy) ③ acting sublieutenant (British navy) ④ pilot officer (British Air Force)

shāowēi bēngbēngr 稍微绷绷儿[--繃繃-] V.P. <*topo.*> wait a little while

shāowěiyàn 烧尾宴[燒-] N. <*trad.*> feast honoring successful civil-service examination candidates in the Tang dynasty

shǎowèn 少问 V. refrain from asking

shǎoxī 少息 V. ① rest a little ② <*mil.*> at ease

shàoxī* 稍息 INTJ. <*mil.*> At ease!

Shào-Xiān-duì 少先队[-隊] AB. *Shàonián Xiānfēngduì* Young Pioneers

shāoxiāng* 烧香[燒-] V.O. burn incense sticks

shàoxiang 少相/像 S.V. <*coll.*> younger than one's years

shāoxiāngbàifó 烧香拜佛[燒-] F.E. burn incense and pray

shāoxiānghuányuàn 烧香还愿[燒-還願] F.E. burn incense in fulfillment of a vow

shāoxiāngshèshì 烧香设誓[燒-] F.E. burn incense and take an oath

shāoxiāngxǔyuàn 烧香许愿[燒-願] F.E. burn incense and make a vow to the gods

shàoxiǎo 少小 N. when young

shàoxiào* 少校 N. <*mil.*> ① major (in the army, air force) ② lieutenant (in the navy)

shāoxiè 稍懈 V. slacken/let up a little

shāoxīn 烧心[燒-] N. <*med.*> heartburn ♦V.O. <*topo.*> ①turn yellow in the center (of cabbage) ② be anxious; be on pins and needles

shāoxìn(r)* 捎信(儿) V.O. ask sb. to deliver a message

Shàoxīngjiǔ 绍兴酒[-興-] N. Shaoxing rice wine

Shàoxīng shīye 绍兴师爷[-興師爺] N. experts in legal briefs (Ch. equivalent of "Philadelphia lawyer")

shāoxīnhú 烧心壶[燒-壺] N. <*topo.*> tea-urn M: [2]*zhī*

sháoxiù 韶秀 V.P. <*wr.*> delicate and pretty; good-looking and handsome

shāoxǔ* 稍许 ADV. slightly; rather

shǎoxǔ 少许 N. <*wr.*> a little; a few

shǎoxuǎn 少选[-選] ADV. <*topo.*> in a moment

shāoxùn 稍逊[-遜] V.P. slightly lower in capacity/etc.

shāoxùnyīchóu 稍逊一筹[-遜-籌] F.E. be slightly inferior

shāoyā(zi) 烧鸭(子)[燒-] N. roast duck M: [2]*zhī*

shāoyān* 烧烟[燒煙] V.O. <*trad.*> smoke opium

sháoyán 韶颜 N. beautiful face

shǎoyān 少焉 ADV. after a while

shàoyáng 少阳[-陽] N. ① <*Ch. med.*> liver and digestive system ② crown prince

shǎoyányǐnshí 少盐饮食[-鹽--] F.E. low-salt diet

shāoyáo 烧窑[燒窯] N. build a fire in a pottery or porcelain kiln M: [4]*zuò*

sháoyao* 芍药[-藥] N. <*bot.*> Chinese herbaceous peony M: [2]*zhū*

shàoye 少爷[-爺] N. ① <*trad.*> young master of the house ② your son M: [2]*wèi*

shàoye píqi 少爷脾气[-爺-氣] N. spoiled-boy behavior

shǎoyībànr 少一半儿 N. the lesser/smaller half

shāoyídàn 烧夷弹[燒-] N. incendiary bomb M: [1]*kē*

[1]**shàoyīn** 哨音 N. whistle

[2]**shàoyīn** 少阴[-陰] N. <*Ch. med.*> heart and kidneys

shàoyīng 哨鹰 N. chanting falcon M: [2]*zhī*

shǎoyǒu 少有 S.V. rare; scarce

shàoyǒudàzhì 少有大智 F.E. a youthful person of great wisdom

shǎoyú* 少于[-於] V.P. be fewer than

shǎoyù 少育 V. fewer births

shàoyǔ 潲雨 V.O. ① rain slantwise ② get wet by the slanting rain

shāoyún 梢云[-雲] N. auspicious clouds M: [2]*duǒ*

shǎoyún* 少云[-雲] ATTR. <*met.*> partly cloudy

shāozǎo* 稍早 ADV. a little early

shāozào 烧燥[燒-] V. <*toll.*> ① feel discomfort as if running a fever ② be irritated/glum

shàozhǎng 少长 N. the young and their elders

shào zhǎngguì (de) 少掌柜(的)[--櫃-] N. <*coll.*> ① little master (son of the boss) ② son of a shopkeeper M: [2]*wèi*

shāozháo 烧着[燒著] R.V. be afire

[1]**shāozhǐ** 烧纸[燒-] N. imitation paper money for burning M: [1]*zhāng* ♦V.O. burn imitation paper money for the dead

[2]**shāozhǐ** 烧指[燒-] V.O. <*Budd.*> burn one's fingers in Buddhist rite of self-torture

shǎozhìwéifú 少智为福 F.E. Ignorance is bliss.

shāozhǐyǐnguǐ 烧纸引鬼[燒-] ID. <*trad.*> invite trouble by showing civility/kindness

shǎozhīyòushǎo 少之又少 F.E. very few/little

shāozhǒng 烧肿[燒腫] V. ① burn and cause to swell ② be swollen after getting burned

shāozhǔ 烧煮[燒-] V. cook; boil

shāozhuān 烧砖[燒磚] V.O. make bricks in a kiln

shàozhuàng 少壮[-壯] ATTR./N. young and vigorous

shàozhuàng bù nǔlì 少壮不努力[-壯---] V.P. do not exert oneself in youth

shàozhuàngpài 少壮派[-壯-] N. the up-and-coming; stalwarts; young Turks

sháozhuàng ruǎngǔ 杓状软骨[-狀--] N. <*phys.*> arytenoid cartilage

shāozhuó 烧灼[燒-] V. burn; scorch; singe ♦N. <*med.*> cauterization

shāozi 梢子 N. <*topo.*> ① tip ② main threads ③ side ④ boatman ⑤ short pants

[1]**sháozi*** 勺/杓子 N. ladle; scoop; spoon M: [1]*bǎ*

[2]**sháozi** 韶子 N. <*bot.*> a subtropical fruit akin to the lichee M: [2]*kē*/[1]*kē*

shàozi 哨子 N. whistle M: [2]*zhī*

shàozi 少子 N. youngest son

Sháozixīng 勺子星 N. the seven stars of the Big Dipper

shàoziyú 绍子鱼 N. fish with spicy meat sauce (Sichuan) M: [1]*tiáo*

shāozòngjíshì 稍纵即逝[-縱--] F.E. transient; fleeting

shǎozǒuwānlù 少走弯路[--彎-] F.E. save twists and turns; avoid detours

shàozuǒ 少佐 N. a Japanese military rank

shāpán 沙/砂盘[-盤] N. <*mil.*> sand table

shāpán zuòyè 沙盘作业[-盤-業] N. sand-table exercise

shāpéi 砂培 N. <*agr.*> sand culture

shāpēn 沙喷 N. sand blasting

shāpī 杀坯[殺-] N. evil person deserving of death

[1]**shāpí*** 砂皮 N. emery cloth/paper M: [1]*zhāng*

[2]**shāpí** 鲨皮 N. sharkskin

shāqī 杀妻[殺-] V.O. kill one's own wife ♦N. uxoricide

[1]**shāqì*** 杀气[殺氣] N. ① ferocious/furious look ② murderous atmosphere ③ lugubrious atmosphere ♦V.O. vent one's spleen

[2]**shāqì** 煞气[-氣] V.O. vent one's anger on an innocent party *See also shàqì*

[3]**shāqì** 沙碛 N. desert ♦ATTR. foolish; stupid

[4]**shāqì** 痧气[-氣] N. <*med.*> eruptive disease

shǎqi 傻气[-氣] N. silly manner; foolishness

shàqì 煞气[-氣] V.O. leak (of air) ♦N. ①ferocious look ② evil spirit ③ an atmosphere of carnage *See also* [2]*shāqì*

shā qiān dāo de 杀千刀的[殺-] N. <*topo.*> a goddamned person ***Wǒ hènsǐle nàge ~.*** I hate that damned guy.

shāqiǎnr 沙浅儿[-淺-] N. shallow earthen basin

shāqìchōngtiān 杀气冲天[殺氣沖-] F.E. <*wr.*> The air is filled with the fury of battle.

shāqìgàitiān 杀气盖天[殺氣蓋-] F.E. The air is filled with the fury of battle.

shāqímǎ 沙其马 N. fried dough strips with sesame, sugar, and raisins M: [2]*kuài*

shāqīng 杀青[殺-] V.O. ① complete a book/film/etc. ② heat-process tea

shǎqīngr 傻青儿 <*coll.*> N. naive/inexperienced young person

shāqīqiújiàng 杀妻求将[殺-將] F.E. not scruple about means in seeking fame and gain

shāqìténgténg 杀气腾腾[殺氣-] F.E. set to kill; atmosphere of raw violence

shāqiū 沙丘 N. sand dune

shāqīzhě 杀妻者[殺-] N. wife-killer

shāráng(r) 沙瓤(儿) N. mushy watermelon pulp

shārǎngtǔ 砂壤土 N. sandy loam

[1]**shārén*** 杀人[殺-] V.O. kill a person ♦N. <*law*> homicide

[2]**shārén** 砂仁 N. <*bot.*> small cardamom M: [2]*kē*

shǎrén 傻人 N. ① mentally retarded person ② stupid/silly person

shārén'àn 杀人案[殺-] N. murder case M: [2]*jiàn*

shārén bù jiàn xiě 杀人不见血[殺-] F.E. ① kill with subtle means ② sinister

S

shārén bù zhǎyǎn 杀人不眨眼[殺-] F.E. cold-blooded

shārénchángmìng 杀人偿命[殺-償-] F.E. a life for a life

shārénchéngxìng 杀人成性[殺-] F.E. be bloodthirsty

shāréndǐmìng 杀人抵命[殺-] F.E. a life for a life

shārénfàn 杀人犯[殺-] N. murderer; homicide

shārén fànghuǒ 杀人放火[殺-] V.P. commit murder and arson

shārénhàimìng 杀人害命[殺-] F.E. murder innocent people

shārénjiécái 杀人劫财[殺-] F.E. kill sb. for robbery

shārénkuáng 杀人狂[殺-] N. homicidal mania

shārénmièkǒu 杀人灭口[殺-滅-] F.E. kill a witness

shārén mówáng 杀人魔王[殺-] N. ruthless killer

shārénrúmá 杀人如麻[殺-] F.E. kill people like flies

shārénwèisuì 杀人未遂[殺-] F.E. attempted murder

shārényíngchéng 杀人盈城[殺-] F.E. slaughter a whole city.

shārényíngyě 杀人盈野[殺-] F.E. scene of carnage

shārényuèhuò 杀人越货[殺-] F.E. kill sb. and seize their goods

shārénzhěsǐ 杀人者死[殺-] F.E. Murder is punishable by death.

shārénzuì 杀人罪[殺-] N. homicide; murder; manslaughter M: [3]*xiàng*

shāsǎngzi 沙嗓子 N. <*coll.*> hoarse/husky voice

shāsēng 沙僧 N. Buddhist novice

[1]**shāshā*** 沙沙 ON. rustle

[2]**shāshā** 沙鲨 N. <*zoo.*> sand/tiger shark M: [1]*tiáo*

sháshá 啥啥 R.F. <*topo.*> everything; anything

shàshà 霎霎 ON. sound of falling rain ♦N. chilly air; cold wind

shǎshǎhūhū 傻傻乎乎//糊糊 R.F. <*coll.*> silly; stupid

shǎshǎhuōhuō 傻傻和和 R.F. <*coll.*> silly; stupid

shǎshǎlènglèng 傻傻愣愣 R.F. <*coll.*> dumb; stupid; silly

shāshāng 杀伤[殺傷] V. inflict casualties

shāshāngdàn 杀伤弹[殺傷-] N. fragmentation/antipersonnel bomb M: [1]*kē*

shāshāng hángdàn 杀伤航弹[殺傷-] N. <*mil.*> fragmentation bomb M: [1]*kē*

shāshāngléi 杀伤雷[殺傷-] N. anti-personnel mine M: [1]*kē*

shāshānglì 杀伤力[殺傷-] N. killing/wounding power of a weapon

shā shàngqián 杀上前[殺-] V.P. plunge ahead; press forward

shāshāng wǔqì 杀伤武器[殺傷-] N. <*mil.*> antipersonnel weapon M: [2]*jiàn*

shāsháo 沙勺 N. ceramic ladle M: [1]*bǎ*

shāshāshēng 沙沙声[-聲] N. rustle

shāshā shēngxiǎng 沙沙声响[-聲響] N. rustling

shāshā wēifēng 杀杀威风[殺殺-風] V.O. bring sb. down a peg

shāshā yǔshēng 沙沙雨声[-聲] N. pattering of rain

shāshāzuòxiǎng 沙沙作响[-響] F.E. rustle (in the wind/etc.)

shàshé 翣舌 N. <*med.*> swollen tongue

shàshéfēng 翣舌风 N. <*med.*> disease in which the patient sticks out his tongue and shakes it continuously

[1]**shāshēn*** 杀身[殺-] V.O. die; get killed

[2]**shāshēn** 沙参[-參] N. <*Ch. med.*> root of straight ladybell M: [2]*zhī*

shàshén 煞神 N. ① evil spirit; demon ② <*coll.*> hooligan; hoodlum

shāshēnchéngrén 杀身成仁[殺-] F.E. die for a just cause

shāshēn dàhuò 杀身大祸[殺-禍] N. fatal disaster

[1]**shāshēng** 杀生[殺-] N. killing

[2]**shāshēng** 杀牲[殺-] V.O. butcher domestic animals (other than cats and dogs)

shāshēngliántiān 杀声连天[殺聲-] F.E. The air is filled with the roar of battle.

shāshēngsìqǐ 杀声四起[殺聲-] F.E. Shouts of "kill" rose on every side.

shāshēngzhèntiān 杀声震天[殺聲-] F.E. The air is filled with the roar of battle.

shāshēnzhīhuò 杀身之祸[殺-禍] N. fatal disaster

shāshī 沙虱 N. <*zoo.*> chigger

[1]**shāshí*** 沙/砂石 N. ① sandstone ② gravel M: *duī*

[2]**shāshí** 砂蚀 N. sand cutting

shāshì 沙士 N. sarsaparilla

shǎshì 傻事 N. foolish thing M: [2]*jiàn*

shàshí 霎时[-時] N. in a split second

shàshì 煞是 ADV. very

shàshíjiān 霎时间[-時-] N. in a split second

shàshízhījiān 霎时之间[-時--] F.E. in a wink; momentarily

[1]**shāshǒu** 杀手[殺-] N. ① hit-man; killer ② able person

[2]**shāshǒu** 沙手 N. (boxer's) hands toughened by rubbing daily with green beans and then iron sand

shāshuǐzhuāng 杀水桩[殺-樁] N. starling M: [2]*gēn*

shāshǔjì 杀鼠剂[殺-劑] N. rat poison

shāshúr 杀熟儿[殺-] V.O. demand an unfair price of an old customer because he will not haggle

shāsǐ 杀死[殺-] R.V. kill; slay; murder

shātāi 杀胎[殺-] V.O. feticide

shātái* 杀台[殺臺] V.O. <*topo.*> close the (theater) curtain

shātài 沙汰 V. sift; eliminate (as in a contest)

shātān(r) 沙滩(儿)[-灘-] P.W. sandy beach

shātáng 砂/沙糖 N. granulated/crystal/brown/powdered sugar

shātānyǐ 沙滩椅[-灘-] N. beach chair M: [1]*bǎ*

shātānzhuāng 沙滩装[-灘裝] N. beach suit M: [2]*jiàn/tào*

Shātè Ālābó 沙特阿拉伯 P.W. Saudi Arabia

shāténg 沙藤 N. <*bot.*> rattan M: [2]*gēn*

shātián* 沙/砂田 P.W. ① tidal lands; sand flats; sandy land ② farmland converted from tideland M: [2]*kuài*

Shātián 沙田 P.W. Shatin, name of an area in Hong Kong

Shātiányòu 沙田柚 N. pomelos produced in Guangxi province M: [2]*kē*/[2]*zhī*

shātiě 砂铁[-鐵] N. magnetic sand

shātǒng 纱筒 N. spindle

shātóu 杀头[殺-] V.O. behead; decapitate

shǎtóushǎnǎo 傻头傻脑[-腦] F.E. ① foolish-looking ② muddleheaded

shātóu shēngyi 杀头生意[殺-] N. risky business

shātǔ 沙/砂土 N. sandy soil

shātuì 杀退[殺-] V. ① fend off or drive back (the enemy) ② put to flight; rout

shāwēi 杀威[殺-] V.O. rout

shāwěi* 煞尾 V.O. wind up ♦N. final stage; ending

shāwēibàng 杀威棒[殺-] N. preliminary flogging

shāwénzhǔyì 沙文主义[-義] N. <*loan*> chauvinism

shāxiàn 纱线 N. yarn M: [2]*gēn/kǔn*

shāxiāng 砂箱 N. sandbox; molding box M: [2]*zhī*

shāxiàngchóngwéi 杀向重围[殺-圍] F.E. dash at the encircling ring

shǎxiào 傻笑 V. laugh foolishly; giggle

shǎxiǎozi 傻小子 N. silly boy

shāxiè 沙蟹 N. <*zoo.*> ghost crabs M: [2]*zhī*

shāxíng 砂型 N. sandy mold

shàxīng* 煞星 N. evil star; jinx

shāxíng zhùzào 砂型铸造[--鑄-] N. sand casting

shāxìngzi 煞性子 V.O. vent one's anger on an innocent party

shǎxīnyǎnr 傻心眼儿 N. <*coll.*> simplemindedness; simple mind

shàxuè 歃/唼血 V.O. smear blood on the mouth (to confirm oath)

shàxuèwéiméng 歃血为盟 F.E. swear an oath of alliance by smearing the mouth with the blood of a sacrifice; blood oath

shāxùn 沙噀 N. a kind of sea cucumber

shāyǎ 沙哑[-啞] S.V. hoarse; husky; raucous

shāyán 砂岩 N. sandstone

[1]**shāyǎn*** 沙眼 N. ① trachoma ② <*art*> pore or pitting (in porcelain)

[2]**shāyǎn** 砂眼 N. ① sand holes; blowholes ② <*med.*> trachoma

shǎyǎn 傻眼 V.O. be stunned

[1]**shàyǎn** 霎眼 N. in a moment; in a twinkling ♦V.O. wink

[2]**shàyǎn** 唼眼 N. <*topo.*> small worm holes

shǎyàng(r) 傻样(儿)[-樣-] N. foolish look/behavior

[1]**shāyànr** 沙燕儿 N. <*zoo.*> common kite, looking like a swallow M: [2]*zhī*

[2]**shāyànr** 沙雁儿 N. paper kite with a long tail, looking like a line of flying geese M: [2]*zhī*

shāyǎnzhèng 砂眼症 N. <*med.*> trachoma

shāyāo 杀腰[殺-] V.O. <*coll.*> pull/suck in the stomach

shāyījǐngbǎi 杀一儆/警百[殺-] F.E. kill one to warn a hundred

shāyīng 杀婴[殺-] N. infanticide ♦V.O. kill an infant

shāyíng* 沙蝇[-蠅] N. <*zoo.*> sandfly M: [2]*zhī*

shàyǒujièshì 煞有介事 F.E. pretend to be serious about doing sth.

[1]**shāyú*** 鲨鱼 N. shark M: [1]*tiáo*

[2]**shāyú** 沙鱼 N. ① sandfish ② sand shark M: [1]*tiáo*

shāyǔ 铩羽[鎩-] ID. <*wr.*> be frustrated/discouraged/disheartened

shāyù 沙浴 N. ① sand bath (of birds) ② <*med.*> sand bath

shāyuán 沙原 N. sandy plain

shàyǔjíqíng 霎雨即晴 F.E. clear up after a passing shower

shāyù liáofǎ 沙浴疗法[--療-] N. <*med.*> sand bath

shāyúpí 鲨鱼皮 N. sharkskin M: [1]*zhāng*

shāyúyóu 鲨鱼油 N. shark oil

[1]**shāzǎo*** 沙枣[-棗] N. <*bot.*> narrow-leaved oleaster M: [2]*kē*

[2]**shāzǎo** 沙蚤 N. <*zoo.*> sand hopper

shāzào 砂皂 N. sandsoap M: [2]*kuài*

shāzǎo'è 杀蚤轭[殺-] N. flea collar

shàzhá 唼喋 ON. <*wr.*> sound of a school of fish or a flock of waterbirds feeding

shāzhàn 纱绽 N. <*txtl.*> spindle M: [2]*zhī*

[1]**shāzhàng** 纱帐 N. mosquito net M: [1]*dǐng*

[2]**shāzhàng** 沙障 N. sand-protecting barrier M: [2]*dào*

[3]**shāzhàng** 煞/杀账[殺-] V.O. <*acct.*> make out a statement; sum up an account (at the end of a season/etc.)

[4]**shāzhàng** 痧胀 N. <*med.*> acute filthy disease

[1]**shāzhào** 纱罩 N. ① gauze covering (over food) ② mantle (of a lamp)

[2]**shāzhào** 沙罩 N. scrim

shāzhàodēng 纱罩灯[-燈] N. lamp with a mantle M: [1]*zhǎn*

shāzhebùr 煞着步儿[-著--] V.O. halt one's pace

shāzhèng 痧症 N. <*med.*> acute filthy disease

shāzhǐ* 砂纸 N. <*loan*> sandpaper M: [1]*zhāng*

shāzhì 砂质[-質] ATTR. arenaceous

shāzhì huángtǔ 砂质黄土[-質--] N. <*geol.*> sandy loess

shāzhōng gòuzào 砂钟构造[-鐘構-] N. hourglass structure

shāzhōu 沙洲 P.W. shoal; sandbar; sandbank M: 2kuài
shāzhú 沙蠋 N. lugworm M: 2zhī
shāzhǔ 沙渚 P.W. sandy islet; sandbank; sand bar M: 2kuài
1shāzhù* 煞/刹住[刹-] R.V. stop short
2shāzhù 沙柱 N. dust devil; sand column M: 2gēn
shāzhuān 砂砖[-磚] N. sand-based bricks M: 2kuài
shāzhū de 杀猪的[殺豬-] N. butcher
shāzhuī 沙锥 N. <zoo.> snipe M: 2zhī
shāzhuīchǐshā 沙锥齿鲨[--齒-] N. nurse shark M: 1tiáo
shāzhuīniǎo 沙锥鸟 N. <zoo.> snipe M: 2zhī
shāzhù wāifēng 刹住歪风[刹-] V.O. stop an unhealthy tendency/practice
shāzhūzǎiyáng 杀猪宰羊[殺豬-] F.E. butcher pigs and sheep (for a feast)
1shāzi* 沙/砂子 N. ① sand; grit ② small grains; pellets
2shāzi 痧子 N. <topo.> measles **Chū ~.** Have the measles.
shāzǐ 杀子[殺-] N. infanticide
sházi 啥子 PR. <topo.> what; which thing
shǎzi 傻子 N. fool
shāzidēng 沙子灯[-燈] N. <topo.> hourglass M: 2zhī
shāzuǐ 沙嘴 N. <geol.> sandspit
shāzuòyītuán 杀作一团[殺-團] F.E. be locked in combat
1shē 赊[賒] V. buy/sell on credit
2shē 奢 B.F. luxurious; extravagant **shēchǐ, háoshē**
3shē 猞 in **shēlì**
4shē 畲 V. <wr./agr.> slash and burn; burn the grass in a field and use the ashes for fertilizer *See also* 23*yú*
Shē 畲 B.F. an ethnic minority in China **Shēzú**
1shé 蛇 N. snake; serpent *See also* 19*yí*
2shé 舌 B.F. tongue **shétou**
3shé 折 V. break ♦B.F. lose (money) 1**shéběn** *See also* 2*zhē*, 1*zhé*
4shé 阇[闍] in **shélí**
Shé 佘 N. Surname
shě 舍[捨] V. give up; abandon ♦B.F. give alms **shīshě** *See also* 7*shè*
1shè* 社 B.F. ① organized body; agency; society; club **shètuán** ② people's commune **rénmín gōngshè** ③ god of the land 2**shèjì** ④ sacrifices to the god of the land **sàishè**
2shè 射 V. ① shoot; fire ② emit; discharge ♦B.F. allude to; insinuate **ànshè**
3shè 设[設] V. ① set up; found; establish ② <math.> given; suppose; if ♦B.F. work out **shèfǎ** ♦CONJ. <wr.> if; in case
4shè 摄[攝] B.F. ① absorb; assimilate **shèqǔ** ② take a photograph of; shoot **pāishè** ③ <wr.> conserve (one's health) **shèshēng** ④ act for **shèzhèng** ♦N. <lg.> ① group ② classifier ③ termination
5shè 涉 B.F. ① wade; ford **shèshuǐ** ② go through; experience 1**shèxiǎn** ③ involve 1**shèjí** ④ implicate **shèxián**
6shè 赦 V. remit (punishment); pardon
7shè 舍 B.F. ① dormitory; institutionally provided housing 1**sùshè** ② school building **xiàoshè** ③ pen/shed for animals **niúshè** ④ <humb.> my home 1**shèjiān** ⑤ my younger relatives **shèdì** ♦N. Surname ♦M. *trad. measure of distance, one day's march, equal to 30 lǐ See also shě*
8shè 麝 N. ① musk deer ② musk
9shè 慑/慴[懾/-] B.F. to fear; frighten 1**shèfú, bùshè**
10shè 拾 in 2**shèjí** *See also* 8*shí*
Shè 厍[厙] N. Surname
shé'ái 舌癌 N. <med.> cancer of the tongue
shè'ànshènshēn 涉案甚深 F.E. be deeply involved in the case
shèbǎ 射靶 V.O. shoot at a target
shèbǎi 设摆[-擺] V. lay out (for an altar/dinner/etc.)
shèbàn qǐyè 社办企业[-辦-業] P.W. <PRC> commune-managed enterprises
shèbǎo 社保 AB. *shèhuì bǎoxiǎn*
shébǎoshí 蛇宝石[-寶-] N. serpentine (a dull-greenish rock) M: 2kuài
shébèi 舌背 N. dorsum
shèbèi* 设备[-備] N. ① equipment; facilities ② defense works ♦V. ① provide (facilities) ② get prepared militarily
shèbèi lìyònglǜ 设备利用率[-備---] N. equipment utilization ratio
shèbèi wéichífèi 设备维持费[-備---] N. <acct.> equipment-maintenance cost
shébèiyīn 舌背音 N. <lg.> dorsal sound
shèbèi zūjīn 设备租金[-備--] N. rental fee for equipment
1shéběn(r) 折本(儿) V.O. lose money in business
2shéběn 舌本 N. root/back of the tongue
shěběnzhúmò 舍本逐末[捨-] F.E. attend to trifles but neglect essentials
shèbǐ 涉笔[-筆] V.O. start to write
shébiān 舌边[-邊] N. ① tongue side ② <coll.> on the tip of one's tongue
shèbiǎo 射表 N. <mil.> firing table
shèbǐchéngqù 涉笔成趣[-筆--] F.E. produce good work as soon as the brush touches paper (of a writer or painter)
shébìchúnjiāo 舌敝唇焦 F.E. talk oneself hoarse
shébì'ěrlóng 舌敝耳聋 F.E. engage in exhausting discussions
shěbude 舍不得[捨-] R.V. ① be loathe to part with ② begrudge doing sth.
shěbuliǎo 舍不了[捨-] R.V. hate to part with
shècāng 社仓[-倉] P.W. public granary
shécànliánhuā 舌灿莲花[-燦--] F.E. a glib tongue
shécǎo 蛇草 N. snakeweed M: 2kē
shècè 射策 N. <trad.> examination on current political topics (in the Han dynasty)
shèchǎng 设厂[-廠] V.O. establish a factory
shéchèng 折秤 N. damage and loss to goods (e.g., vegetables/fruits, etc.) in the course of reweighing
shèchéng* 射程 N. range (of fire)
shēchǐ* 奢侈 S.V. luxurious; extravagant
shèchí 摄持[攝-] V. take proper care of one's life
shēchǐfánhuá 奢侈繁华[-華] F.E. extravagant and ostentatious
shé-chǐjiān yīn 舌齿间音[-齒--] N. <lg.> interdental sound
shēchǐpǐn 奢侈品 N. luxury item; luxuries M: 2jiàn
shēchǐpǐn shuì 奢侈品税 N. luxury tax
shéchǐyīn 舌齿音[-齒-] N. <lg.> interdental sound
shěchū 舍出[捨-] V. give up; abandon
shèchū* 射出 N. ejaculation; ejection; delivery ♦R.V. jet; gush out
shèchuān 射穿 R.V. shoot through
shéchuáng 蛇床 N. <bot.> *Cnidium monnieri*
shè chūlai 射出来 R.V. ① spout; spurt; jet ② shoot; fire
shècí* 设辞[-辭] N. <wr.> excuse; pretext; subterfuge
shècì 舍次 V. <mil.> make a halt/stop for the night
shěcǐzhīwài 舍此之外[捨-] F.E. apart from this
shēdài 赊贷 N. credit
shèdàishǔ 麝袋鼠 N. musk kangaroo M: 2zhī
shēdàiwúmén 赊贷无门 F.E. have no way of getting a credit
shédǎn* 蛇胆[-膽] N. snake's gallbladder M: 1kē
shèdàn 射弹 N. projectile
shédàntāibái 舌淡苔白 F.E. <Ch. med.> pale tongue with whitish coating
shèdào 射到 R.V. shoot/fire at
shěde 舍得[捨-] R.V. be willing to do or bear with sth. ***Tā hěn ~ zài xuéxí shàng xià gōngfu.*** He's willing to work hard at his studies.
shé de biānyuán 舌的边缘[--邊-] N. rim of the tongue
shé de jīnròu 舌的筋肉 N. tongue muscle
shědeliǎo 舍得了[捨-] R.V. be willing give away
shèdì 舍弟 N. <humb.> my younger brother M: 2wèi
shèdiǎn* 设点[-點] V.O. select a spot; set sth. up
1shèdiàn 射电[-電] ATTR. radio
2shèdiàn 设奠 V.O. offer sacrifices to the newly dead
shèdiàn pínlǜ 射电频率[-電--] N. radio frequency
shèdiàn tiānwénxué 射电天文学[-電---] N. radio astronomy
shèdiàn wàngyuǎnjìng 射电望远镜[-電-遠-] N. radio telescope M: 1tái
shědiào 舍掉[捨-] R.V. give up
shèdìng 设定 V. <law> establish a legal relationship
shèdìng jiàzhí 设定价值[--價-] N. <acct.> declared/stated value
shèdìngqì 设定器 N. <comp.> configurative device
shèdòng 摄动[攝動] N. <astr.> perturbation
shédòu 蛇豆 N. <bot.> snake gourd M: 2kē
shèdòu qìqiāng 射豆气枪[-氣槍] N. peashooter M: 4zhī
shédú 蛇毒 N. snake venom
shéduān 舌端 N. blade of the tongue
shéduān chǐyín 舌端齿龈[-齒齦] N. <lg.> blade-alveolar
shèduāndiǎn 设端点[-點] V.O. <comp.> begin/end block
shěduǎnqǔcháng 舍短取长[捨-] F.E. cull the good from the bad
shè-duì 社队[-隊] AB. *rénmín gōngshè shēngchǎn dàduì*
shè-duì qǐyè 社队企业[-隊-業] P.W. <PRC> enterprises managed by a commune or team
shèduǒ 射垛 N. rampart used as a target to practice shooting arrows
shé'èguī 蛇鳄龟[-鱷龜] N. snapper turtle M: 2zhī
shè'ěrfànggōu 设饵放钩[-鉤] F.E. bait one's hook and cast one's line
shèfā 射发[-發] V. shoot out
shèfǎ(r)* 设法(儿) V.O. try; think up a method/way
shèfáng 设防 V.O. fortify; set up defenses
shèfáng chéngshì 设防城市 P.W. fortified city M: 4zuò
shèfáng dìdài 设防地带[-帶] P.W. fortified zone
shěfánjiùjiǎn 舍繁就简[捨-] F.E. take the simple, less complicated way
shēfèi 奢费 S.V. wasteful; extravagant
shéfēng* 舌锋 N. ① eloquence ② hump of the tongue
shèfēng 社风 N. popular mood
shéfú 蛇符 N. sloughed skin of a snake
1shèfú* 慑服//慴伏[懾-//--] V. ① submit because of fear ② cow sb. into submission
2shèfú 设伏 V. <wr.> lay an ambush
shèfùlánxiāng 麝馥兰香[--蘭-] F.E. breath of musk and scent of orchids
shèfùwéilìng 射覆为令 F.E. play literary games with liquor as forfeit
shèfú xúnluó 设伏巡逻[-邏] V.P. <mil.> ambush a patrol
shégān* 舌疳 N. <Ch. med.> ulcer on the tongue
shègān 射干 N. <bot.> ① blackberry lily ② tiger lily
shégānchúnjiāo 舌干唇焦[-乾--] F.E. ① the tongue and lips are dry ② speak too much
shègǎng 设岗[-崗] V.O. post a sentry
shègǎngfàngshào 设岗放哨[-崗--] F.E. post a sentinel
shégēn 舌根 N. ① root of the tongue; back of the tongue; tongue root ② <Budd.> the organ of taste
shégēn bíyīn 舌根鼻音 N. <lg.> velar nasal sound
shégēncǎo 蛇根草 N. <bot.> devilpepper M: 2kē
shégēn cāyīn 舌根擦音 N. <lg.> velar fricative

shégēn chànyīn 舌根颤音 N. <lg.> velar trill
shégēn de 舌根的 ATTR. <lg.> velar
shégēng 舌耕 ID. <wr.> make a living by teaching
shégēnhuà 舌根化 <lg.> V. velarize ♦N. velarization
shégēnmù 蛇根木 N. snakewood; serpentwood; rauwolfia M: [2]kē
shégēn sāiyīn 舌根塞音 N. <lg.> velar occlusive
shégēnyīn 舌根音 N. <lg.> ① dorsal sound ② velar ③ guttural/uvular/velar sound
shégēnyīn yùnwěi 舌根音韵尾[---韻-] N. <lg.> velar final consonant
shěgēr 舍哥儿[捨-] N. <topo.> unfortunate and friendless person
shégōng* 蛇弓 N. a kind of bow M: [2]zhī
[1]**shègōng** 社工 N. social worker
[2]**shègōng** 社公 N. local genie or protective spirit
shēgòu* 赊购[-購] V. buy on credit
shègōu 射韝 N. leather band worn on the left wrist of an archer
shēgòu shāngpǐn 赊购商品[-購--] V.O. purchase merchandise on account
shégǔ 舌骨 N. <phys.> hyoid/tongue bone
shéguài 蛇怪 N. basilisk
shéguǎn 舌管 N. ① reeds (of certain wind instruments ② reed pipes
shèguǎn* 设馆 V.O. <wr.> found a private village school
shèguò 赦过 V.O. pardon a fault
shéhán 蛇含 N. <bot.> a plant of the rose family (*Potentilla kleiniana*)
shéhào 折耗 N. damage and loss (to goods during transit/storage/etc.) ♦V. lose money
shéhòu* 舌后[-後] N. back of the tongue
shèhóu 射侯 N. <wr.> archery target
shéhòubù 舌后部[-後-] P.W. tongue root
shéhòumiàn 舌后面[-後-] P.W. back of the tongue
shèhú 设弧 V.O. <trad.> hang a wooden bow on the left side of the door to mark the birth of a son
shēhuá 奢华[-華] S.V. sumptuous; extravagant
shēhuáduòluò 奢华堕落[-華墮-] F.E. extravagant and degenerate; Babylonian
S
shèhuì 社会 N. <loan> society
shèhuì bǎoxiǎn 社会保险 N. social security
shèhuì bìnglǐxué 社会病理学 N. social pathology
shèhuìbù 社会部 P.W. social department
shèhuìchù 社会处[-處] P.W. department of social affairs
shèhuì cúnzài 社会存在 N. social being
shèhuìdǎng 社会党[-黨] P.W. socialist party
Shèhuìdǎng Guójì 社会党国际[-黨國際] P.W. Socialist International
shèhuì diàochá 社会调查 N. social investigation; social survey
shèhuì dìguózhǔyì 社会帝国主义[---國-義] N. socialist imperialism
shèhuì dìwèi 社会地位 N. social status
shèhuì dòngdàng 社会动荡[-動蕩] V.P. social unrest
shèhuì dòngliáng 社会栋梁 N. pillars of society
shèhuì fāngyán 社会方言 N. <lg.> sociolect; social dialect
shèhuì fāngyán biàntǐ 社会方言变体[-變體] N. <lg.> social dialectal variation
shèhuì fāngyán biànyì 社会方言变异[-變異] N. <lg.> sociolectal variation
shèhuì fāzhǎnshǐ 社会发展史[--發--] N. history of social evolution
shèhuì fēngōng 社会分工 N. division of labor in society
shèhuì fēngqì 社会风气[-氣] N. social conduct
shèhuì fēngshàng 社会风尚 N. social morality
shèhuì fúlì 社会福利 N. social/public welfare
shèhuì fúlìbù 社会福利部 P.W. department of social welfare
shèhuì gǎigé 社会改革 N. social reform
shèhuì gǎigézhě 社会改革者 N. social reformer
shèhuì gōngchéng 社会工程 N. social engineering
shèhuì gōngdé 社会公德 N. social ethics
shèhuì gōngnéng 社会功能 N. <lg.> social function
shèhuì gōngzuò 社会工作 N. duties outside one's regular work
shèhuì gōngzuòzhě 社会工作者 N. social worker
shèhuìguān 社会观[-觀] N. views about society
shèhuì guānxi 社会关系[-關係] N. ① social relations ② one's social connections
shèhuìhuà 社会化 N. socialization ♦V. socialize
shèhuì huánjìng 社会环境[--環-] N. social context
shèhuìhuà yányǔ 社会化言语 N. <lg.> socialized speech
shèhuìhuà yǔyán 社会化语言 N. <lg.> socialized speech
shèhuì huódòng 社会活动[-動] N. social activity
shèhuì huódòngjiā 社会活动家[---動-] N. <loan> social activist M: [2]wèi
shèhuì jiàoyù 社会教育 N. social education
shèhuì jīchǔ 社会基础[-礎] N. social foundation
shèhuì jiēshòulì 社会接受力 N. <lg.> social acceptability
shèhuì jīngjì zhìdù 社会经济制度[--經濟--] N. socio-economic system
shèhuì jítuán 社会集团[-團] N. societal groups
shèhuì jiùjìjīn 社会救济金[---濟-] N. social security
shèhuìjú 社会局 P.W. bureau of social affairs
shèhuì juānzī 社会捐资 N. social donations
shèhuì juésè 社会角色 N. social role
shèhuì jùlí 社会距离[-離] N. <lg.> social distance
shèhuì kēxué 社会科学 N. ① social sciences ② <PRC> social sciences and humanities
Shèhuì Kēxuéyuàn 社会科学院 P.W. <PRC> Academy of Social Sciences
shèhuì màiluò 社会脉络[--脈-] N. social context
shèhuì míngliú 社会名流 N. noted public figures M: [2]wèi
shèhuì qīngnián 社会青年 N. ① young people who neither work nor go to school ② unemployed youth
shèhuì rénwénzhǔyì 社会人文主义[-義] N. social humanism
shèhuì shēnghuó 社会生活 N. social life
shèhuì shíjiàn 社会实践[-實踐] N. social practice
shèhuì shíjiàn zhōu 社会实践周[--實踐-] N. a designated week in which institutions of higher learning conduct practical activities outside of school
shèhuì shītiáo 社会失调 N. social maladjustment
shèhuì shuāngyǔ xiànxiàng 社会双语现象[--雙---] N. <lg.> social bilingualism
shèhuì tuántǐ 社会团体[-團體] N. social organization
shèhuì wǎngluò 社会网络[--網-] N. social network
shèhuì wénhuà 社会文化 N. <lg.> social culture
shèhuì wèntí 社会问题 N. social problem
shèhuì xiànxiàng 社会现象 N. social phenomena
shèhuì xiàoyì 社会效益 N. effect upon society
shèhuì xíguànyǔ 社会习惯语[--習--] N. <lg.> social dialect
shèhuìxìng 社会性 N./ATTR. social nature
shèhuìxìng fāngyán 社会性方言 N. <lg.> sociolinguistic topolect
shèhuì xíngtài 社会形态[-態] N. social form (slave/feudal/etc.)
shèhuìxìng xiànshí 社会性现实[-實] N. social reality
shèhuì xìngzhì 社会性质[-質] N. social nature
shèhuì xīnlǐ 社会心理 N. social psychology
shèhuì xīnlǐxué 社会心理学 N. <psy.> social psychology
shèhuì xīnwén 社会新闻 N. human-interest stories or crime stories
shèhuìxué 社会学 N. sociology
shèhuìxuéjiā 社会学家 N. sociologist M: [2]wèi
shèhuìxué xuépài 社会学学派 N. sociological school
shèhuìxué yǔyánxuépài 社会学语言学派 N. <lg.> sociological linguistics
shèhuì yánjiū 社会研究 N. social studies (class)
shèhuì yìshí 社会意识[-識] N. social awareness/consciousness
shèhuì yìyì 社会意义[-義] N. <lg.> social meaning
shèhuì yǔjìng 社会语境 N. <lg.> social context
shèhuì yǔyán nénglì 社会语言能力 N. <lg.> sociolinguistic competence
shèhuì yǔyánxué 社会语言学 N. <lg.> sociolinguistics
shèhuì yǔyìxué 社会语义学[---義-] N. <lg.> sociosemantics
shèhuì zhāzi 社会渣滓 N. scum of society
shèhuì zhèngcè 社会政策 N. social policy
shèhuì zhèngyì 社会正义[-義] N. social justice
shèhuì zhì'ān 社会治安 N. public order
shèhuì zhìdù 社会制度 N. social system
shèhuì zhìxù 社会秩序 N. social order
shèhuìzhǔyì 社会主义[-義] N. socialism
shèhuìzhǔyì dàolù 社会主义道路[---義--] N. socialist road
shèhuìzhǔyì dàyuàn 社会主义大院[---義--] P.W. <PRC> residential compounds promoting out-of-school education for youths
shèhuìzhǔyì gǎizào 社会主义改造[---義--] N. socialist transformation
shèhuìzhǔyì gémìng 社会主义革命[---義--] N. socialist revolution
shèhuìzhǔyì guójiā 社会主义国家[---義國-] N. socialist country
shèhuìzhǔyì jiàoyù yùndòng 社会主义教育运动[---義--運動] N. <PRC> socialist education movement
shèhuìzhǔyì jiàzhíguān 社会主义价值观[---義價-觀] N. <PRC> socialist outlook
shèhuìzhǔyì mínzhǔ 社会主义民主[---義--] N. socialist democracy
shèhuìzhǔyì réndàozhǔyì 社会主义人道主义[---義---義] N. <PRC> socialist humanitarianism
shèhuìzhǔyì suǒyǒuzhì 社会主义所有制[---義---] N. socialist ownership
shèhuìzhǔyì xiànshízhǔyì 社会主义现实主义[---義-實-義] N. <PRC> socialist realism
shèhuìzhǔyì xuéyuàn 社会主义学院[---義--] P.W. <PRC> socialist institutes (set up in 1956)
shèhuìzhǔyì yìhuàlùn 社会主义异化论[---義異--] N. <PRC> theory of socialist alienation
shèhuìzhǔyìzhě 社会主义者[---義-] N. socialist M: [2]wèi
shèhuìzhǔyì zhìdù 社会主义制度[---義--] N. socialist system
shèhuì zǒngchǎnpǐn 社会总产品[--總產-] N. aggregate social product
shèhún 摄魂[攝-] V.O. summon the souls of the dead
shèhúnduópò 摄魂夺魄[攝-奪-] F.E. hold spellbound
shēhuò* 赊货 V.O. obtain merchandise on credit
shèhuǒ 社火 N. rural carnival illuminations
shèhuò 设或 CONJ. <wr.> if; suppose
shèhùxiàn 摄护腺[攝護-] N. prostate; prostate gland
shéi 谁[誰] *coll. pronunciation* *See* *shuí*
shéijia 谁家 PR. <topo.> who? *See also shéijiā, shuíjiā*
shéijiā* 谁家 PR. whose home/family? *See also shéijia, shuíjiā*
shéirén 谁人 PR. who *See also shuírén*

shéishéi 谁谁 PR. <*coll.*> who? (plural); which persons? *See also shuíshuí*

shéizhī 谁知 V.P. <*wr.*> ① who knows? ② it is unexpected that *See also shuízhī*

shéi zhīdào 谁知道 *See shuí zhīdào*

shèjī 射击[-擊] V./N. shoot; fire

[1]**shèjí** 涉及 V. involve; touch upon

[2]**shèjí** 拾级 V.O. climb the stairs

[1]**shèjì*** 设计 V./N. design; plan

[2]**shèjì** 社稷 N. ① state/country ② the gods of soil and grain

[3]**shèjì** 社祭 V. offer sacrifices to the god of the soil

shéjiān 舌尖 N. ① tip of the tongue ② apex; non-retroflex; tongue tip

[1]**shèjiān** 舍间 F.E. <*humb.*> my abode/house

[2]**shèjiān** 舍监[-監] N. <*trad.*> warden of a school dormitory; dormitory superintendent M: [2]*wèi*

shèjiàn* 射箭 V.O. shoot arrows ♦N. archery

shéjiān bàofāyīn 舌尖爆发音[--發-] N. <*lg.*> apical plosive

shéjiān biānyīn 舌尖边音[--邊-] N. <*lg.*> palatal lateral

shéjiān bíyīn 舌尖鼻音 N. <*lg.*> apical nasal

shéjiān cāyīn 舌尖擦音 N. <*lg.*> apical fricative

shéjiān chànyīn 舌尖颤音 N. lg. apical trill

shéjiān chǐbèiyīn 舌尖齿背音[--齒--] N. <*lg.*> apico-alveolar sound

shéjiān chǐyīn 舌尖齿音[--齒-] N. <*lg.*> apico-dental

shéjiān chǐyín mócāyīn 舌尖齿龈摩擦音[--齒齦---] N. <*lg.*> apico-alveolar fricative

shéjiān chǐyín sècāyīn 舌尖齿龈塞擦音[--齒齦---] N. <*lg.*> apico-alveolar affricate

shéjiān chǐyínyīn 舌尖齿龈音[--齒齦-] N. <*lg.*> apico-alveolar sound

shéjiànchúnqiāng 舌剑唇枪[-槍] F.E. exchange sharp words

shéjiān de 舌尖的 ATTR. <*lg.*> alveolar; apical

shéjiān fāchū de 舌尖发出的[-發--] ATTR. apical

shéjiānhòu 舌尖后[-後] N./ATTR. <*lg.*> ① back apical ② retroflex

shéjiānhòuyīn 舌尖后音[--後-] N. <*lg.*> ① blade palatal ② back apical sound ③ retroflex sound ④ supradental sound

shéjiānhòu yuányīn 舌尖后元音[--後--] N. <*lg.*> ① retroflex apical vowel ② back apical vowel

shéjiānmiàn 舌尖面 N. <*lg.*> rim of the tongue

shéjiānmiàn de 舌尖面的 ATTR. <*lg.*> prepalatal

shéjiānmiàn hùnhé cāyīn 舌尖面混合擦音 N. <*lg.*> prepalatal fricative

shéjiānmiàn hùnhéyīn 舌尖面混合音 N. <*lg.*> palato-alveolar affricate

shéjiān pòlièyīn 舌尖破裂音 N. <*lg.*> apical plosive sound

shéjiānqián 舌尖前 N./ATTR. <*lg.*> fronted apical

shéjiānqián'è de 舌尖前颚的 ATTR. <*lg.*> apico-prepalatal

shéjiānqián'èyīn 舌尖前颚音 N. <*lg.*> ① apico-prepalatal sound ② lamino-palatal sound

shéjiānqiányīn 舌尖前音 N. <*lg.*> ① dental ② blade-alveolar ③ alveolar sound

shéjiānqián-yìng'è de 舌尖前硬颚的 ATTR. <*lg.*> ① dorso-prepalatal ② apico-prepalatal

shéjiānqián-yìng'è sòngqì 舌尖前硬颚送气[-氣] N. <*lg.*> dorso-prepalatal

shéjiānqián yuányīn 舌尖前元音 N. <*lg.*> apical front vowel; non-retroflex apical vowel

shéjiān sāiyīn 舌尖塞音 N. <*lg.*> apical occlusive

shèjiànshǒu 射箭手 N. archer M: [2]*wèi*

shéjiānyīn 舌尖音 N. <*lg.*> alveolar; apical/dental sound

shéjiānyìng'è de 舌尖硬颚的 ATTR. <*lg.*> apico-palatal

shéjiānyìng'èyīn 舌尖硬颚音 N. <*lg.*> apico-palatal sound

shéjiān yuányīn 舌尖元音 N. <*lg.*> apical vowel

shéjiān yuányīnhuà 舌尖元音化 N. <*lg.*> vowel apicalization

shéjiānzhōngyīn 舌尖中音 N. <*lg.*> ① blade-alveolar ② apico-alveolar sound

shèjiāo* 社交 N. social contact/interaction

shèjiǎo 射角 N. angle of fire

[1]**shèjiào** 社教 F.E. socialist education movement

[2]**shèjiào** 设教 V.O. ① exert cultural influence; teach ② found a religion

shèjiāo gōngkāi 社交公开[-開] V.P. free social intercourse between men and women

shèjiāo gōngnéng 社交功能 N. <*lg.*> social function

shèjiàoguǎn 社教馆 P.W. center for social education M: [4]*zuò*

shèjiāo huódòng 社交活动[-動] N. social contact/intercourse

shèjiāojiè 社交界 P.W. society

shèjiāolǐyí 社交礼仪[-禮儀] F.E. social etiquette

shèjiāo shēnghuó 社交生活 N. social life

shèjiàosī 社教司 P.W. department of social education

shèjiāoxìng 社交性 N. <*psy.*> sociability

shèjiào yùndòng 社教运动[-運動] <*n.*> <*PRC*> socialist education movement

shèjiāo zhǐshìcí 社交指示词 N. <*lg.*> social deixis

shèjì bǎnmiàn 设计版面 V.O. lay out a printed page

shèjì bùmén 设计部门 P.W. planning department

shèjīchǎng 射击场[-擊場] P.W. shooting range M: [4]*zuò*

shějǐcóngrén 舍己从人[捨-從-] F.E. drop one's own opinion and accept the popular one

shèjīdìjìng 射击地境[-擊--] P.W. <*mil.*> sector of fire

shējiè* 赊借 V. buy on credit

shèjiè 射界 P.W. <*mil.*> area/field of fire

shèjí'érdēng 拾级而登 F.E. walk up the stairs

shèjí'érshàng 拾级而上 F.E. mount a flight of steps

shèjīfǎ 射击法[-擊-] N. gunnery

shèjìfèi 设计费 N. design expenses M: [2]*bǐ*

shèjì gōngchéngshī 设计工程师[-師] N. design engineer M: [2]*wèi*

shèjì gōngzuò 设计工作 N. engineering work

shèjìjiā 设计家 N. designer M: [2]*wèi*

shějǐjiùrén 舍己救人[捨-] F.E. sacrifice oneself to save others

shèjì kāncè 设计勘测 N. design and survey

shèjīkǒng 射击孔[-擊-] N. embrasure

shèjī míngshǒu 射击名手[-擊--] N. marksman M: [2]*wèi*

[1]**shèjìn** 射进[-進] R.V. ① fire/shoot into ② <*sports.*> (of soccer) score

[2]**shèjìn** 设尽[-盡] V. try in every way; make every effort

shèjīng* 射精 N. <*phys.*> ejaculation ♦V.O. <*coll.*> ejaculate

shèjǐng 设阱/井 V.O. set a trap/pitfall

shèjǐngxiànhài 设阱陷害 F.E. set a trap

shèjǐngzìxiàn 设阱自陷 F.E. snare oneself in one's own trap

shějìnqiúyuǎn 舍近求远[捨-遠] F.E. ① seek greener pastures ② go for the abstruse and forget the obvious ③ lack common sense

shèjì rènwu 设计任务[-務] N. design assignment

shèjìshī 设计师[-師] N. ① designer ② architect M: [2]*wèi*

shèjīshù 射击术[-擊術] N. marksmanship

shèjìsuǒlài 社稷所赖 F.E. pillars of society

shèjìtú 设计图[-圖] N. design drawing M: [1]*zhāng*

shéjiùmǔ 蛇舅母 N. <*zoo.*> long-tailed lizard M: [2]*zhī*

shějǐwèigōng 舍己为公[捨-] F.E. sacrifice one's interests for the public good

shějǐwèirén 舍己为人[捨-] F.E. sacrifice one's interests for others

shèjì wénjiàn 设计文件 N. design documentation

shèjīxué 射击学[-擊-] N. gunnery

shèjìyuàn 设计院 N. designing institute M: [1]*suǒ*

shèjìzhě 设计者 N. designer M: [2]*wèi*

shèjìzhīchén 社稷之臣 N. ① bulwark of the state ② key minister; important courtier M: [2]*wèi*

shèjú 设局 V.O. ① set a trap ② establish a board/bureau

shějūbǎoshuài 舍车保帅[捨-帥] V.P. make a minor sacrifice to safeguard a major interest

shèkē 社科 AB. *shèhuì kēxué* social science

Shèkēyuàn 社科院 N. <*PRC*> Academy of Social Sciences

shèkòng 社控 N. social control

shékǒufēngzhēn 蛇口蜂针 ID. venomous heart

shékūchúnjiāo 舌枯唇焦 F.E. talk oneself hoarse

shèláishèqù 社来社去 F.E. <*pol.*> come from and go back to the communes

shèlǎn 涉览[-覽] V. glance over; skim

shèlǎnqúnshū 涉览群书[-覽-書] F.E. read widely

shèlánsǎnfù 麝兰散馥[-蘭--] F.E. Sweet perfumes are constantly diffused around.

shéle 折了 V.P. broken

shélèi 蛇类[-類] N. snakes

shèléidìdài 设雷地带[-帶] F.E. <*mil.*> carpet of mines

shēlì 猞猁 N. <*zoo.*> lynx M: [2]*zhī*

shélí 阇梨 N. Buddhist monk

shèlǐ 摄理[攝-] V. hold (office) in an acting capacity

[1]**shèlì*** 设立 V. establish; found

[2]**shèlì** 涉历[-歷] N. one's past experience ♦V. ① traverse ② experiment; try out

[3]**shèlì** 摄力[攝-] N. <*phy.*> attraction

[4]**shèlì** 舍利 N. ① <*Budd.*> relics ② myna

[5]**shèlì** 射利 V.O. seek gain; be grasping

shěliǎn 舍脸[捨-] V.O. <*coll.*> swallow one's pride; accept some shame

shèlì dēngjì 设立登记 N. <*acct.*> incorporation

shēlie 奢咧 S.V. <*topo.*> untidy; slovenly (of clothes/etc.)

[1]**shèliè*** 涉猎[-獵] V. browse; read cursorily

[2]**shèliè** 射猎[-獵] V. hunt

shèlièshìwù 涉猎世务[-獵-務] F.E. well-versed in worldly matters

shèlièshūjí 涉猎书籍[-獵書-] F.E. ① dip into books for casual reading ② wide and superficial reading

Shèlìfó 舍利佛 N. <*Budd.*> Sariputra (a favorite disciple of the Buddha)

shèlìng 赦令 N. amnesty order M: [2]*dào*

shělìqǔyì 舍利取义[-義] F.E. sacrifice profit to duty

shèlìtǎ 舍利塔 P.W. stupa; Budd. reliquary shrine M: [4]*zuò*

shèliú 射流 N. <*phy.*> efflux

shèliú jìshù 射流技术[-術] N. <*phy.*> fluidics

shèlìyán 舍利盐[-鹽] N. Epsom salt

shèlìzǐ 舍利子 N. ① <*Budd.*> holy relics ② Sariputra, one of the principle disciples of Sakyamuni

shèlù fàngyìngjī 摄录放映机[攝錄-] N. camcorder M: [1]*tái*

shèlùjī 摄录机[攝錄-] N. video camera recorder (VCR) M: [1]*tái*

[1]**shèlùn** 社论 N. editorial M: [1]*piān*

[2]**shèlùn** 设论 N. literary form in which the writer explains his ideas through a series of questions and answers

shèlùn zhuàngǎorén 社论撰稿人 N. editorial writers

shémá 蛇麻 N. <*bot.*> hop M: [2]*kē*

shēmǎi* 赊买[-買] V. buy sth. on credit

shēmài 赊卖[-賣] V. <acct.> allow buyers to pay later; sell on credit
shémáo 蛇矛 N. ancient snakelike long spear M: ²gēn
shèmāo* 麝猫[-貓] N. <zoo.> civet-cat M: ²zhī
shéméi 蛇莓 N. <bot.> mock strawberry M: ²kē
shèmèi* 舍妹 N. <humb.> my younger sister M: ²wèi
shémén 舌门 N. valve
shèmén(r)* 射门(儿) V.O. <sport> shoot (at the goal)
shèménshǒu 射门手 N. goal-getter M: ²wèi
shēmí 奢靡 S.V. extravagant; wasteful
shémiàn 舌面 N. ① tongue surface ② blade of the tongue; dorsum; blade ♦ATTR. <lg.> dorsal
shèmiǎn* 赦免 V. remit (punishment); pardon
shémiàn biānyīn 舌面边音[--邊-] N. <lg.> dorso-lateral
shémiàn bíyīn 舌面鼻音 N. <lg.> palatal nasal sound
shémiàn cāyīn 舌面擦音 N. <lg.> dorsal fricative
shémiàn chǐyínyīn 舌面齿龈音[--齒齦-] N. <lg.> dorso-alveolar sound
shémiàn-èzhōng 舌面颚中 N./ATTR. dorso-palatal
shémiàn-èzhōng bísāiyīn 舌面颚中鼻塞音 N. <lg.> dorso-palatal nasal
shémiànhòu 舌面后[-後] N./ATTR. <lg.> dorso-velar
shémiànhòuyīn 舌面后音[--後-] N. <lg.> ① velar ② velar sound; dorso-velar sound
shémiànhuà 舌面化 V. <lg.> palatalize
shémiànqián 舌面前 N. front; front part of the blade of the tongue
shémiàn qiánbù 舌面前部 P.W. <lg.> blade
shémiànqián de 舌面前的 ATTR. <lg.> dorso-prepalatal
shémiànqián de pòlièyīn 舌面前的破裂音 N. <lg.> dorso-prepalatal plosive
shémiàn qiányīn 舌面前音 N. <lg.> ① dorsal ② dorso-palatal sound; alveo-palatal sound; dorsal sound; front palatal sound; palatal sound; coronal
shémiànqián yìng'è 舌面前硬颚 N./ATTR. <lg.> dorso-prepalatal
shémiànqián yìng'èyīn 舌面前硬颚音 N. <lg.> dorso-prepalatal sound; front palatal sound
shémiànqián yuányīn 舌面前元音 N. <lg.> front vowel
shémiàn-ruǎn'è de 舌面软颚的 ATTR. dorso-velar
shémiàn-ruǎn'è de sèyīn 舌面软颚的塞音 N. <lg.> dorso-velar occlusive
shémiàn-ruǎn'èyīn 舌面软颚音 N. <lg.> dorso-velar sound
shémiàn yāngyuányīn 舌面央元音 N. <lg.> central vowel
shémiànyīn 舌面音 N. <lg.> alveo-palatal sound; blade/dorsal/palatal sound
shémiàn yuányīn 舌面元音 N. <lg.> dorsal vowel
shémiànzhōng 舌面中 P.W. middle part of the blade of the tongue
shémiànzhōngyīn 舌面中音 N. <lg.> palatal sound
shèmiào 社庙[-廟] P.W. temple to the god of the land M: ⁴zuò
shěmìng 舍命[捨-] V.O. risk/sacrifice one's life
shěmìng péi jūnzǐ 舍命陪君子[捨-] F.E. I would throw in my lot with you, Sir, at the risk of my life (said jocularly when agreeing to join sb. in some activity).
shèmò 麝墨 N. sweet-smelling ink
¹**shēn*** 身 B.F. ① body ***shēntǐ*** ② life; incarnation ***shěshēn*** ③ status ***shēnfen*** ④ in one's possession ***shēnshang*** ⑤ pregnant ***shēnyùn*** ⑥ one's moral character and conduct ***xiūshēn*** ⑦ in person; personally ***qīnshēn*** ⑧ body, main part of a vehicle ***chēshēn*** ♦M. *for suits of clothing*
²**shēn** 深 S.V. ① deep ② penetrating; profound ③ close; intimate (of relations or feelings) ④ dark (color) ⑤ late (at night) ⑥ <lg.> grave ♦N. depth ♦ADV. deeply (felt)
³**shēn** 伸 V. stretch; extend ♦B.F. express; proclaim ¹***shēnyuān***
⁴**shēn** 绅[紳] N. <trad.> official's sash ♦B.F. gentry; notable ²***shēnshì***
⁵**shēn** 参[參] N. ginseng ***See also*** ²cān, cēn
⁶**shēn(r)** 糁(儿)[糝(兒)] N. ground grain of cereal crops
⁷**shēn** 砷 N. <chem.> arsenic
⁸**shēn** 申 N. ①ninth of the twelve earthly branches ② short name for Shanghai ③ Surname ♦B.F. state; express; explain ***shēnqǐng***, ***chóngshēn***, ***yǐnshēnyì***
⁹**shēn** 呻 B.F. recite ***shēnyín***
¹⁰**shēn** 娠 B.F. be pregnant ***rènshēn***
¹¹**shēn** 莘[-/駪] in ²***shēnshēn***
¹²**shēn** 棽 in ²***shēnlí***
¹³**shēn** 鲹[鰺] in ***yuánshēn***
¹**shén** 神 N. ① god; deity; divinity ② spirit; soul; mind ③ expression; look ④ Surname ♦B.F. ① vitality; energy ***jīngshen*** ② nerve ¹***shénjīng*** ③ supernatural; magical ¹***shénqí*** ♦S.V. <topo.> smart; clever ♦ADV. exuberantly; boisterously
²**shén** 什 in ***shénme See also*** ⁹shí
¹**shěn** 婶[嬸] B.F. ①wife of one's father's younger brother; aunt ***shěnmǔ*** ② address to a woman about one's mother's age; aunt; auntie ***dàshěn***
²**shěn** 审[審] V. ① examine; go over ② interrogate; try ③ <wr.> know ♦ADV. ① carefully ② <wr.> indeed ♦N. Surname
³**shěn** 沈/渖[瀋] B.F. liquid essence ***mòshěn See also*** Shěn ***See also*** ¹chén
⁴**shěn** 哂 B.F. smile ***shěnnà***
⁵**shěn** 谂[諗] B.F. know; be aware of ***shěnshú***, ***shěnzhī***
Shěn 沈 N. Surname ♦in ***shěnyāo See also*** ³shěn
¹**shèn** 甚 ADV. ① very; extremely ② more (than) ***Tā guānxīn péngyou ~yú guānxīn zìjǐ.*** She's more concerned about friends than she is about herself. ♦PR. <topo.> ① what ② whatever ***yǒu ~ shuō ~*** just say what you have got to say
²**shèn** 渗[滲] V. permeate; ooze; seep
³**shèn** 肾[腎] N. <phys.> kidney
⁴**shèn** 慎 B.F. careful; cautious ***shènzhòng***, ***jǐnshèn***
⁵**shèn** 蜃 B.F. clam ***shèngé*** ♦in ***hǎishìshènlóu***
⁶**shèn** 葚 in ***sāngshèn See also*** ¹¹rèn
⁷**shèn** 瘆[瘮] S.V. fearful; frightened
⁸**shèn** 胂 N. <chem.> arsine
shén'àishìrén 神爱世人[-愛--] F.E. God loves people.
shēn'àn 深黯/暗 S.V. dark; dark and obscure
shěn'àn* 审案[審-] V.O. hold a court trial
shěnánjiùyì 舍难就易[捨難-] F.E. choose the easier way
shén'ānqìdìng 神安气定[--氣-] F.E. ① have peace of mind ② have a calm and quiet mind
shēn'āo 深凹 S.V. very hollow/concave
shēn'ào* 深奥[-奧] S.V. profound; abstruse
shēn'àocí 深奥词[-奧-] N. abstruse term
shēn'àohuìsè 深奥晦涩[-奧-澀] F.E. ①abstruse and hard to understand ② transcendental
shēn'àomòcè 深奥莫测[-奧--] F.E. profound and difficult to understand
shēn'àonánzhī 深奥难知[-奧難-] F.E. beyond understanding
shēnbàimínglie 身败名裂 F.E. lose both fortune and honor
shēnbǎn(r) 身板(儿) N. <coll.> body; physique
shēnbàn* 申办[-辦] V. bid
shēnbǎn bàng 身板棒 V.P. <coll.> have a rugged physique
shēnbànbiǎo 申办表[-辦-] N. declaration form M: ¹zhāng
shēnbàndān 申办单[-辦-] N. declaration form M: ¹zhāng
shēnbǎngǔ 身板骨 N. <topo.> ①body; physique ② physical condition
shēnbàn guānshuì 申办关税[-辦關-] N. customs declaration
shēnbàn jiàgé 申办价格[-辦價-] N./V.O. declared value
shēnbǎnzi 身板子 N. <topo.> ①body; physique ② physical condition
shēnbào 申报[-報] V. ①report to a higher body ② declare (dutiable goods) ♦N. name of the first newspaper published in Shanghai (1872)
shēnbàodān 申报单[-報-] N. customs declaration form M: ¹zhāng
shēnbào hùkǒu 申报户口[-報--] V.O. report one's address for the domiciliary register
shēnbì 深壁 N. strong defenses
shēnbiān(r) 身边(儿)[-邊-] P.W. at hand; nearby ***Wǒ ~ méi qián.*** I don't have any money with me.
shēnbiàn* 申辩 V. defend oneself; plead one's case
shěnbiàn 审辨[審-] N. probation
shènbiànbìng 肾变病[腎變-] N. nephrosis
shēnbiānrén 身边人[-邊-] N. ① attendant ② concubine M: ²wèi
shěnbiāo 审标[審標] N. comparison and review of bids
shēnbiǎogǎnjī 深表感激 F.E. express one's deep gratitude
shēnbiǎo tóngqíng 深表同情 V.O. express deep sympathy
shēnbiǎo yíhàn 深表遗憾 V.O. express deep regret
shēnbìgāolěi 深壁高垒[-壘] F.E. strong defense works
shēnbìgùjù 深闭固拒 F.E. resistant to anything new
shénbīng 神兵 N. divine troops M: ⁴zhī
shénbìng 神病 N. <Ch. med.> mental illness
shènbìng* 肾病[腎-] N. nephrosis; kidney disease
shēnbìngtǐléi 身病体羸[--體-] F.E. be ill and weak
shēnbō 深播 N. <agr.> deep seeding
shēnbōqiǎngài 深播浅盖[-淺蓋] F.E. deep seeding and shallow covering
shēnbù 深部 ATTR. deep; bathy-
shènbù* 肾部[腎-] P.W. <phys.> kidney
shénbù'āntí 神不安啼 F.E. vexed and irritated
shēn bù dòng bǎng bù yáo 身不动膀不摇[--動---] F.E. not labor at all
shēnbùkěcè 深不可测 F.E. ① fathomless ② beyond comprehension
shénbùshǒushè 神不守舍 F.E. ① be distracted ② be delirious
shēnbùyóujǐ 身不由己 F.E. involuntarily
shēnbùyóuzhǔ 身不由主 F.E. involuntarily
shén bùzhī guǐ bùjué 神不知鬼不觉[-覺] F.E. in the greatest secrecy; cloaked in extreme secrecy
shēnbùzhuódǐ 深不着底[--著-] F.E. be out of one's depth
shénbùzhǔtǐ 神不主体[-體] F.E. be aghast/panic-stricken
shēncái* 身材 N. stature;figure
shéncǎi 神采 N. ①expression; look ②demeanor; mien; countenance
shéncǎifēiyáng 神采飞扬[-飛揚] F.E. be in high spirits
shéncǎihuànfā 神采焕发[-煥發] F.E. happy look; gaiety
shēncáikuíwú 身材魁梧 F.E. tall and sturdy
shēncái miáotiao 身材苗条[-條] V.P. have a slender/slim figure
shéncǎipiāoyì 神采飘逸 F.E. have an elegant bearing
shéncǎiyìyì 神采奕奕 F.E. ① glowing with health ② beaming; in high spirits
shēncáng 深藏 V. not be given to boasting or showing off
shēncángbùlù 深藏不露 F.E. Real knowledge is not showy.

shēncánglìqì 身藏利器 F.E. armed with hidden weapons
shēncángruòxū 深藏若虚[-虛] F.E. be modest about one's talents
shēncánzhìjiān 身残志坚[-殘-堅] F.E. broken in body but firm in spirit
shēncéng 深层[-層] N. deep layer ♦ATTR. deep
shēncéng jiégòu 深层结构[-層-構] N. <lg.> deep structure
shēncéng yìyì 深层意义[-層-義] N. <lg.> deep meaning
shēncéng yǔfǎ 深层语法[-層--] N. <lg.> deep structure
shēncéng yǔyìxué 深层语义学[-層-義-] N. <lg.> deep semantics
[1]**shěnchá** 审查[審-] V. examine; investigate
[2]**shěnchá** 审察[審-] V./N. carefully observe/study
shěnchá gànbù 审查干部[審-幹-] V.O. examine the cadres' personal histories
shěncháhuì 审查会[審-] N. investigation meeting
shénchāiguǐshǐ 神差鬼使 ID. unexpected happening
shěnchá jīngfèi 审查经费[審-經-] V.O. check up on the funds
[1]**shēncháng*** 身长 N. ① height (of a person) ② length (of a garment from shoulder to hemline) ③ body length (of an animal)
[2]**shēncháng** 伸长 R.V. elongate; lengthen; stretch ♦N. stretching
[3]**shēncháng** 深长 S.V. profound
shēnchàng 伸畅[-暢] V.P. generous with one's money
shēncháng bózi 伸长脖子 V.O. crane one's neck
shěncháyuán 审查员[審-] N. examiner; investigator M: [2]wèi
shěnchá zhèngshū 审查证书[審-證書] V.O. examine credentials M: [1]zhāng
shénchāzi 神叉子 N. <topo.> quick-witted person M: [2]wèi
shènchē 蜃车 N. hearse M: [3]liàng
shēnchen 深沉 S.V. grave; of major importance *See also* [1]shēnchén
[1]**shēnchén*** 深沉 S.V. ① deep; profound ② reserved; impenetrable ③ heavy; dull *See also* shēnchen
[2]**shēnchén** 申陈 V. state
shēnchénbùlù 深沉不露 F.E. crafty and unrevealing
shēnchí 深池 P.W. ① deep pond ② deep moat
[1]**shēnchì*** 申斥 V. reprimand
[2]**shēnchì** 申饬 V. ① <wr.> warn; admonish ② rebuke; reprimand
shénchí 神驰 V. allow one's thoughts to fly to an adored person
shénchīxīnzuì 神痴心醉 F.E. be lost in reverie
shénchízuǒyòu 神驰左右 F.E. My spirit is always with you.
shēnchóu 深仇 N. deep animosity/hatred
shēnchóudàhèn 深仇大恨 F.E. profound hatred
shēnchū 伸出 R.V. stretch/reach/jut out
shēnchǔ 身处[-處] V. be personally (on the scene)
shēnchù* 深处[-處] P.W. ① depth; recess ② profundity
shénchú 神橱[-櫥] N. cabinet beneath a niche for an idol
shénchù 什处[-處] PR. where?
shěnchǔ 审处[審處] V. ① try and punish ② deliberate and decide
shènchū 渗出[滲-] R.V. seep/ooze out
shēnchuān 身穿 V. wear
shēnchuāngǎosù 身穿缟素 F.E. dressed entirely in white
shénchuànglùn 神创论[-創-] N. creationism
shēnchuānzhòngxiào 身穿重孝 F.E. put on sackcloth
shénchūguǐmò 神出鬼没 F.E. come and go like a shadow; unpredictable; mysterious
shēn chūlai* 伸出来 R.V. spread; stretch; extend
shèn chūlai 渗出来[滲-] R.V. ooze out; seep out
shènchūliàng 渗出量[滲-] N. seepage amount
shéncìshíwù 神赐食物 F.E. manna
shēncóng 深丛[-叢] N. deep in the woods
Shēn Dà 深大 AB. *Shēnzhèn Dàxué* Shenzhen University
shēn dàmugē 伸大拇哥 V.O. hold up one's thumb (in praise)
[1]**shēndàn** 深弹 N. depth charge
[2]**shēndàn** 申旦 N. from night till morning
shéndān* 神丹 N. magical medicine M: [3]lì
shēndāngqíchōng 身当其冲[-當-衝] F.E. encounter a blow; face difficulties
shéndào 神道 N. ① beliefs regarding ghostly influences ② <coll.> gods; spirits ③ tomb passage ④ <Jp.> Shinto
shéndàobēi 神道碑 N. ① stone tablet on the approach to a tomb on which are engraved the deeds of the deceased ② the inscription on such a stone tablet M: [4]zuò
Shéndàojiào 神道教 N. <rel.> Shintoism
shéndàoshèjiào 神道设教 F.E. push people toward virtue by the threat of final retribution
shēndé 深得 V. ① comprehend/grasp well ② gain/receive
shèn de huāng 瘆得慌[瘆-] V.P. scary
shēndé mínxīn 深得民心 V.O. win strong popular support
shéndēng 神灯[-燈] N. magic lamp M: [1]zhǎn
shēndēngqīngjìng 身登清净[-淨] F.E. die and go to heaven
shēndé rénxīn 深得人心 V.O. enjoy immense popular support
shēndǐ* 深诋 V. slander; vilify; defame
shěndì 审谛[審-] V. be attentive to every detail
shéndiàn 神殿 P.W. ① temple ② sanctuary M: [4]zuò
[1]**shěndìng** 审订[審-] V. examine and revise
[2]**shěndìng** 审定[審-] V. ①examine and approve ② finalize ③ authorize (a publication, etc.)
shēndǐxià 身底下 P.W. <coll.> ①sth. underneath one's body ② the house/land one currently lives in/on
shēndǒng* 绅董 N. local gentry
shēndòng 身胴 N. one's body
shēndòngdòng 深洞洞 R.F. <coll.> very deep (of a cave/well/etc.)
shèndòngmài 肾动脉[腎動脈] N. renal artery
shéndòngsèfēi 神动色飞[-動-飛] F.E. a vivacious look
shēndù* 深度 N. ①depth ②profundity ③advanced stage of development ④ sophistication
Shéndū 神都 P.W. ① China ② imperial capital
shěndú 审读[審讀] V. read and evaluate (a manuscript); read
shèndú 慎独[-獨] V.P. ① try to be blameless in one's private life ② exercise caution in one's personal life
shēnduàn* 身段 N. ① (woman's) figure ② (dancer's) posture
shěnduàn 审断[審斷] V. examine and decide; pass judgment after an examination
shēndùjì 深度计 N. depth gauge
shěnduó 审度[審-] V. ① deliberate carefully ② study and estimate
shènduō* 甚多 V.P. very much/many
shěnduó qínglǐ 审度情理[審-] V.O. consider all the circumstances
shěnduó qíngshì 审度情势[審-勢] V.O. study and weigh conditions
shēndù yōuxiān sōuxún 深度优先搜寻[--優--尋] N. <lg.> depth-first search
shēn'ēn* 深恩 N. great favors
shén'ēn 神恩 N. divine favor
shèn'ér 甚而 CONJ. even; (go) so far as to
shèn'érzhìyú 甚而至于[-於] CONJ. go so far as to
shēnfǎ 身法 N. techniques of maneuvering the body in self-defense
shēnfān 深翻 V. <agr.> plow deeply
shēnfen* 身分/份 N. ①identity; status; capacity *Tā shì ge ~bùmíng de rén.* He's an unknown. ② dignity
shēnfèn 深分 ADV. too much; excessively (of action/speech)
shēnfěn 砷粉 N. <chem.> arsenic powder
shēnfen bùmíng 身分/份不明 V.P. unidentified
[1]**shénfēng** 神峰 N. outstanding dignity
[2]**shénfēng** 神锋 N. sword
shénfēngduì 神风队[-隊] P.W. kamikaze brigade M: [4]zhī
shénfēng tūgōngduì 神风突攻队[-隊] P.W. kamikaze brigade M: [4]zhī
shénfēng tūjīduì 神风突击队[-擊隊] P.W. kamikaze brigade M: [4]zhī
shēnfenr 身分/份儿 N. <topo.> quality of articles/goods
shēnfen xiàngzhēng 身份象征[-徵] N. status symbol
shēnfenzhèng 身分/份证[-證] N. identity/identification card; ID M: [1]zhāng
shēnfen zhèngmíng 身份证明[--證-] N. personal I.D. M: [1]zhāng
shénfó 神佛 N. gods; religious idols
shēnfù 申覆 V. reply to a superior
shénfu* 神甫/父 N. (Catholic) father; priest M: [2]wèi
[1]**shénfú** 神福 N. offerings to the gods to seek happiness
[2]**shénfú** 神符 N. talisman M: [2]kuài
shēnfùquánzé 身负全责 F.E. undertake the whole management
shēnfùzhòngrèn 身负重任 F.E. bear a heavy burden
shēnfùzhòngshāng 身负重伤[-傷] F.E. be seriously wounded
shēnfúzhòngwàng 深孚众望[--眾-] F.E. enjoy great popularity/prestige
[1]**shēng*** 声[聲] N. sound; voice ♦V. <wr.> make a sound ♦B.F. ①declare [1]*shēngmíng*②reputation; fame; prestige *shēngwàng* ③ tone (in Ch. lg.) [1]*sì-shēng* ④ initial consonant (of a Chinese syllable) [2]*shēngmǔ* ♦M. *for sound* *Wǒ hǎnle tā liǎng ~.* I called him twice. ♦CONS. *X (de) yī~* with X-like sound *kuāng de yī~* with a crash (Note use of *de* with monosyllables) *kuānglāng yī~* with a crash
[2]**shēng** 生 V. ①give birth to; bear ②grow ③get; have; cause to happen ④make (a fire) ⑤exist; live ⑥be born ♦S.V. ①living; alive ②unripe; green ③raw; uncooked ④unprocessed; crude ⑤unfamiliar; strange ⑥stiff; mechanical ♦ADV. very; keenly ♦B.F. ① existence; life *shēnghuó* ②livelihood *móushēng*③pupil; student; scholar *xuésheng* ④ <thea.> male character *lǎoshēng* ♦SUF. used in names of occupations *yī~* doctor
[3]**shēng** 升/昇/陞 V. ① rise; hoist; ascend ② promote *See also* [4]*shēng*
[4]**shēng** 升 M. ① liter ② pint (dry measure) *See also* [3]*shēng*
[5]**shēng** 笙 N. reed-pipe wind instrument
[6]**shēng** 牲 B.F. ① livestock *shēngkou* ② sacrifice [1]*xīshēng*
[7]**shēng** 甥 B.F. nephew/niece (sister's son/daughter) *wàisheng*, *wàishengnǚ*
shéng 绳[繩] N. ① rope; string ② <trad.> guideline ③ Surname ♦V. <wr.> ① correct; reprimand ② continue
[1]**shěng** 省 V. ① save; economize ② omit; leave *Zhè jǐ ge zì kěyǐ ~qù.* These words can be omitted. ♦N. ① province ② provincial capital ③ <wr.> abbreviation (of words) *See also* [3]*xǐng*
[2]**shěng** 眚 B.F. ①cataract (in the eye) ②calamity; disaster *shěngzāi*
[1]**shèng** 剩 V. be left (over); remain
[2]**shèng** 盛 S.V. ① flourishing; prosperous ② vigorous; energetic ♦B.F. ① magnificent; grand *shèngdà* ② abundant; plentiful *shèngxíng* ③ popular; widespread *shèngchuán* ♦ADV. greatly; deeply ♦N. Surname *See also* [4]*chéng*

S

[3]**shèng** 胜[勝] V. ① win a victory; succeed ② surpass; excel ***Shìshí ~yú xióngbiàn.*** Facts speak louder than words. ③ defeat ♦B.F. ① triumphant ②superb; distinctive ③victory ***shènglì*** ④ scenic view [2]***shèngjǐng*** ⑤ <trad.> (women's) hair decoration ***fāngshèng*** ♦N. Surname ***See also*** *bùshèng*

[4]**shèng** 圣[聖] B.F. ① sage; saint ***shèngxián*** ② emperor ***shèngshàng*** ③ genius; especially talented ***shèngshǒu*** ④ holy; sacred ***shèngjīng*** ⑤ august; imperial ⑥ eminent

[5]**shèng** 乘 B.F. <trad.> carriage drawn by four horses ***shèngmǎ, Dàshèng See also*** [3]*chéng*

shěngǎi 审改[審-] V. check and revise

shěngǎiběn 审改本[審-] N. a draft for examination and revision (before printing) M: [1]*běn*

shēngǎn* 深感 V. feel deeply

shěn-gàn 审干[審幹] V.O. examine a cadre's personal history

shēngǎnbàoqiàn 深感抱歉 F.E. I regret deeply that. . .

shēngǎndàdé 深感大德 F.E. Your great virtue is deeply engraved on my heart.

ShēnGǎng 深港 AB./P.W. *Shēnzhèn* and *Xiānggǎng*

shēngāo* 身高 N. height (of a person)

shēngào 申告 V. <law> file a complaint; appeal to a court of law

shěngǎo 审稿[審-] V.O. go over a manuscript/draft

shēngàolíng 申告铃 N. bell to be rung when appealing to a court of law

shèngāopín 甚高频 N. <radio> very high frequency (VHF)

shèng-bài 胜败[勝-] N. victory and/or defeat; success and/or failure

shèng-bài nǎi bīngjiā chángshì 胜败乃兵家常事[勝-] F.E. victory or defeat is a common thing for the soldier

shèngbàiwèibǔ 胜败未卜[勝-] F.E. It is uncertain whether (he) will succeed or fail.

shèngbàiwèidìng 胜败未定[勝-] F.E. The victory is not yet decided.

shēngbān 升班 V.O. <coll.> go up one grade in school

shēngbānyìngtào 生搬硬套 F.E. copy mechanically and apply indiscriminately

shēngbǎozhēndù 声保真度[聲-] N. acoustic fidelity

shèngbēi 圣杯[聖-] N. Holy Grail

shēngbì 声襞[聲-] N. vocal fold/cord

[1]**shēngbiàn*** 声辩[聲-] V. argue; justify; explain away

[2]**shēngbiàn** 生变[-變] V.O. ① come about; happen (of unforeseen events) ② Trouble arises.

shěngbiàn 省便 S.V. convenient; timesaving or laborsaving

shéngbiānjì 绳鞭技[繩-] N. tricks with a whip; performing feats with a whip

shēngbìng 生病 V.O. fall ill

shēngbō 声波[聲-] N. <phy.> sound wave

shēngbù 声部[聲-] P.W. voice/instrumental part extracted from a musical score

shēngbùféngchén 生不逢辰 F.E. be born at the wrong time

shēngbùféngshí 生不逢时[-時] F.E. be born at the wrong time

shèng bù jiāo bài bù něi 胜不骄败不馁[勝-驕---] F.E. not made dizzy with success, nor discouraged by failure

shēngbuliǎo 升不了 R.V. ① can't get promoted ② be unable to rise

shěngbuxià* 省不下 R.V. can't save (money/etc.)

shèngbuxià 剩不下 R.V. won't have a leftover/remainder

[1]**shēngcái** 生财 V.O. make money ♦N. furniture and office equipment of a shop or business firm

[2]**shēngcái** 生材 N. green timber/wood

shēngcài* 生菜 N. ① (romaine) lettuce ② raw vegetable salad

shèngcài 剩菜 N. leftovers (of food)

shēngcái qìjù 生财器具 N. equipment and implements that can help make money

shēngcáiyǒudào 生财有道 F.E. <derog.> be expert in making money

shēngcáizhīdào 生财之道 N. the way to become wealthy

shèngcān 圣餐[聖-] N. <rel.> Holy Communion; Eucharist

shēngcāniúpí 生擦牛皮 F.E. rawhide

shéngcāo* 绳操[繩-] N. <sport> rope exercise

shéngcǎo 绳草[繩-] N. cordgrass

shēngcǎocóng 生草丛[-叢] N. tussock

shēngcǎofǎ 生草法 N. sod culture

shēngchā 声叉[聲-] N. <phy.> diapason

shēngchǎn* 生产[-產] V. ① produce; manufacture ② give birth to a child

shèngchǎn 盛产[-產] V. abound in; teem with

shēngchǎnbù 生产部[-產-] P.W. productive/production department

shēngchǎn bùjú 生产布局[-產--] N. overall arrangement of production

shēngchǎn bùmén 生产部门[-產--] P.W. production department

shēngchǎn chéngběn 生产成本[-產--] N. production/manufacturing cost

shēngchǎn dàduì 生产大队[-產-隊] P.W. production brigade

shēngchǎn dìng'é 生产定额[-產--] N. quota for production

shēngchǎn dì-yī xiàn 生产第一线[-產---] N. the forefront of production

shēngchǎnduì 生产队[-產隊] P.W. production team

shēngchǎn'é 生产额[-產-] N. <acct.> volume of production

shēngchǎn fāngshì 生产方式[-產--] N. mode of production

shēngchǎnfèi 生产费[-產-] N. production expenses/costs

shèngcháng 胜常[勝-] F.E. better than ordinary

shēngchǎn gōngjù 生产工具[-產--] N. tools used in production

shēngchǎn gōngzī 生产工资[-產--] N. <acct.> productive wages

shēngchǎn guǎnlǐ wěiyuánhuì 生产管理委员会[-產-----] P.W. production administrative committee

shēngchǎn guānxi 生产关系[-產關係] N. relations of production; production relations

shēngchǎn guòchéng 生产过程[-產--] N. <acct.> production process

shēngchǎn guòshèng 生产过剩[-產--] V.P. overproduce ♦N. overproduction

shēngchǎn hézuòshè 生产合作社[-產---] P.W. productive cooperative

shēngchǎn jiànshè bīngtuán 生产建设兵团[-產---團] P.W. <PRC> production-construction corps

shēngchǎn jīguān 生产机关[-產-關] P.W. ① production organization ② <econ.> means of production

shēngchǎn jìhuà 生产计划[-產-劃] N. production plan

shēngchǎn jījīn 生产基金[-產--] N. production capital

shēngchǎn jìlù 生产记录[-產-錄] N. production records

shēngchǎn jìshù 生产技术[-產-術] N. technology of production

shēngchǎn láodòng 生产劳动[-產勞動] N. productive labor

shēngchǎnlì 生产力[-產-] N. ① productive force ② productivity

shēngchǎnliàng 生产量[-產-] N. production output

shēngchǎn liúshuǐxiàn 生产流水线[-產---] N. production line M: [1]*tiáo*

shēngchǎnlǜ 生产率[-產-] N. productivity

shēngchǎn nénglì 生产能力[-產--] N. productivity; production capacity

shēngchǎn qiánlì 生产潜力[-產潛-] N. production potential

shēngchǎn réngōng 生产人工[-產--] N. <acct.> productive labor

shēngchǎn rènwu 生产任务[-產-務] N. production/work assignment

shēngchǎn shèbèi 生产设备[-產-備] N. production equipment

shēngchánsǐrào 生缠死绕[-纏-繞] F.E. persist in forcing one's attentions on

shēngchǎn tōngzhīdān 生产通知单[-產---] N. factory/production order M: [1]*zhāng*

shēngchǎnxiàn 生产线[-產-] N. production line M: [1]*tiáo*

shēngchǎn xiǎoduì 生产小队[-產-隊] P.W. production team

shēngchǎnxíng* 生产型[-產-] N. production model

shēngchǎnxìng 生产性[-產-] ATTR. productive

shēngchǎnxìng kēyán 生产性科研[-產---] N. production-oriented scientific research

shēngchǎnxìng yǔyán zhīshi 生产性语言知识[-產----識] N. <lg.> productive knowledge

shēngchǎnxìng zhíyè 生产性职业[-產-職業] N. primary occupation

shēngchǎn yàosù 生产要素[-產--] N. essential factors of production

shēngchǎn yòngpǐn 生产用品[-產--] N. producer goods

shēngchǎn yùjì'é 生产预计额[-產---] N. <acct.> production quota

shēngchǎn zérènzhì 生产责任制[-產---] N. production responsibility system

shēngchǎnzhě 生产者[-產-] N. producer; fabricant M: [2]*wèi*

shēngchǎn zīchǎn 生产资产[-產-產] N. <acct.> productive assets

shēngchǎnzìjǐ 生产自给[-產--] F.E. ①produce for one's own needs ② production for one's own needs

shēngchǎnzìjiù 生产自救[-產--] F.E. self-help production projects

shēngchǎn zīliào 生产资料[-產--] N. means of production

shēngchǎn zǒngzhí 生产总值[-產總-] N. total output value

shēngchǎnzǔ 生产组[-產-] P.W. production team

[1]**shèngcháo** 圣朝[聖-] N. present dynasty

[2]**shèngcháo** 胜朝[勝-] N. <wr.> defunct/preceding dynasty

shèngcháoyílǎo 胜朝遗老[勝-] F.E. old man of a previous dynasty who is still living

[1]**shēngchén** 生辰 N. birthday

[2]**shēngchén** 升沉 N. ①promotion and demotion ② vicissitudes of office

shēngchēng* 声称[聲稱] V. profess; claim

shēngchéng 生成 V. ① be born/produced ② <lg.> generate ③ grow to ④ be inborn

shěngchéng 省城 P.W. provincial capital

shèngchēng 盛称[-稱] V. highly praise

Shèngchéng 圣城[聖-] P.W. Holy City

shēngchéng de 生成的 ATTR. generative

shēngchéngwù 生成物 N. <chem.> product; resultant

shēngchéng yīnwèixué 生成音位学 N. <lg.> generative phonology

shēngchéng yǔfǎ 生成语法 N. <lg.> generative grammar

shēngchéng yǔyánxué 生成语言学 N. <lg.> generative linguistics

shēngchéng yǔyìxué 生成语义学[---義-] N. <lg.> generative semantics

shēngchéng zhuǎnhuàn lǐlùn 生成转换理论[--轉換--] N. <lg.> generative transformational theory

shēngchéng zhuǎnhuàn yǔfǎ 生成转换语法[--轉換--] N. <lg.> generative transformational grammar

S

shēngchénjìrì 生辰忌日 F.E. birth and death dates
shēngchī* 生吃 V. eat raw food
shēngchǐ 生齿[-齒] N. <wr.> ① dentation ② population; members of a family
shéngchǐ 绳尺[繩-] N. rule; law; standard; criterion M: [1]*bǎ*
shēngchǐguòshèng 生齿过剩[-齒--] V.P. overpopulation
shěngchījiǎnyòng 省吃俭用 F.E. live frugally
shēngchǐrìfán 生齿日繁[-齒--] F.E. The population is growing day by day.
shēngchōu 生抽 N. thin soy sauce
shēngchū 生出 R.V. give birth to; bear
shēngchú 生刍[-芻] N. <wr.> freshly cut grass
shēngchù* 牲畜 N. livestock; domestic animal
shèngchū 盛出 V. ① produce abundantly (of farm products) ② emerge in great numbers (of talented students/etc.)
shèngchuán 盛传[-傳] V. make/be widely known
shéngchuáng 绳床[繩-] N. light-weight folding rope chair
shēngchuánjī 升船机 N. ship elevator
shēngchùchē 牲畜车 N. stock car (of railroads) M: [3]*liàng*
shēngchùféi 牲畜肥 N. animal fertilizer
shēng chūlai 生出来 R.V. bear; give birth to
[1]**shēngcí*** 生词 N. new word; vocabulary item (in language learning)
[2]**shēngcí** 生祠 P.W. temple to a living person M: [4]*zuò*
shèngcí 剩磁 N. <phy.> remanent magnetism
shēngcòu 生凑[-湊] V. ① manage to come up with sth. ② arbitrarily dish up (unrelated facts)
shēngcún 生存 N./V. subsist; exist; live
shēngcún dòuzhēng 生存斗争[-鬥爭] N. struggle for survival
shēngcún jìngzhēng 生存竞争[-競爭] N. struggle for existence
shēngcún kōngjiān 生存空间 N. living space; room for survival
shēngcúnlì 生存力 N. viability
shēngcúnquán 生存权[-權] N. right to life
shēngcúnzhǔyì 生存主义[-義] N. survivalism
shèngdà 盛大 S.V. grand; magnificent
shēngdài* 声带[聲帶] N. ① <phys.> vocal cords/folds ② sound track
shèngdài 圣代[聖-] N. <trad.> our immortal dynasty
shēngdài chàndòng 声带颤动[聲帶-動] N. <lg.> vibration of the vocal cords
shēngdàiyīn 声带音[聲帶-] N. voiced (sound)
shēngdài zhènbōjī 声带震波机[聲帶-] N. laryngograph
shēngdài zhènbōtú 声带震波图[聲帶-圖] N. laryngograph
shèngdàn 圣诞[聖-] N. ① birthday of an emperor/empress ② birthday of Jesus Christ ③ <trad.> birthday of Confucius ④ <rel.> birthday of a god/Buddha/Bodhisattva/etc
shèngdànhóng 圣诞红[聖-] N. poinsettia
Shèngdànjié 圣诞节[聖-節] N. Christmas
shēngdànjìngchǒu 生旦净丑[--淨-] F.E. <opera> male roles, female roles, painted roles, and clowns
shēng-dàn-jìng-mò-chǒu 生旦净末丑[--淨--] F.E. <opera> male/female/painted-face/clownish/comic roles
Shèngdànkǎ 圣诞卡[聖-] N. Christmas card M: [1]*zhāng*
shèngdànkuàilè 圣诞快乐[聖-樂] F.E. Merry Christmas
Shèngdàn Lǎorén 圣诞老人[聖-] N. Santa Claus M: [2]*wèi*
Shèngdàn lǐwù 圣诞礼物[聖-禮-] N. Christmas present
Shèngdànshù 圣诞树[聖-樹] N. Christmas tree M: [2]*kē*
Shèngdànyè 圣诞夜[聖-] N. Christmas Eve
shēngdào* 声道[聲-] N. <lg.> vocal tract
shěngdào 省道 N. provincial highway M: [1]*tiáo*
shèngdào 圣道[聖-] N. the doctrine of the sages
shēngde 生得 V. have the natural characteristics of (a person) *Tā ~ xiàng tā bàba.* He looks like his father.
shěngde* 省得 CONJ. lest; avoiding ♦V. <coll.> understand
[1]**shèngdé** 盛德 N. grand moral virtues
[2]**shèngdé** 圣德[聖-] N. ① imperial virtue ② holy virtue
shěngdechū 省得出 R.V. be able to save up
shèngdédàyè 盛德大业[-業] F.E. great virtues and magnificent achievements
shēngděng kǎoshì 升等考试 N. examination to test government employees for possible promotion
shèngdéyífàn 盛德遗范[-範] F.E. great moral virtue and good examples (set by predecessors)
shēngdì 生地 N. ① <agr.> virgin soil; uncultivated land ② <Ch. med.> dried rhizome of rehmannia ♦P.W. ① native place ② place where one is safe
[1]**shèngdì*** 胜地[勝-] P.W. famous scenic spot
[2]**shèngdì** 圣地[聖-] P.W. ① sacred place; shrine ② the Holy Land
[1]**shèngdiǎn*** 盛典 N. ① grand ceremony ② occasion
[2]**shèngdiǎn** 圣典[聖-] N. canonical books
shèngdiàn 圣殿[聖-] P.W. holy place
[1]**shēngdiào(r)*** 声调(儿)[聲-] N. ① tone; note; key ② melody
[2]**shēngdiào** 升调 N. <lg.> rising tone/intonation
shěngdiào 省掉 R.V. set aside; save
shēngdiào dī 声调低[聲-] V.P. low pitch
shēngdiào dīchén 声调低沉[聲-] V.P. in a low, sad voice
shēngdiào fúhào 声调符号[聲-號] N. <lg.> ① tone mark ② tone-letters
shēngdiào gāo 声调高[聲-] V.P. high pitch
shēngdiào gāo-dī 声调高低[聲-] N. pitch
shēngdiào huǎnjiàng 声调缓降[聲-] N. <lg.> downdrift
shēngdiàojī'áng 声调激昂[聲-] F.E. in an impassioned tone
shēngdiào tuīduànchǐ 声调推断尺[聲--斷-] N. <lg.> Liugraph
shēngdiào yīnduàn 声调音段[聲-] N. <lg.> tonic segment
shēngdiào yīnjié 声调音节[聲-節] N. <lg.> tonic syllable
shēngdiàoyǔ 声调语[聲-] N. <lg.> tone-language
shēngdiào yǔyán 声调语言[聲-] N. tone language
shēngdiào zhǒnglèi 声调种类[聲-種類] N. <lg.> tone type
shēngdiào zhòngyīn 声调重音[聲-] N. <lg.> tonic accent
shēngdìhuáng 生地黄 N. <Ch. med.> the dried rhizome of rehmannia
shèngdì lǚguǎn 胜地旅馆[勝-] P.W. lodge
shēngdīng 生丁 M. <loan> centime
Shèngdìyàgē 圣地亚哥[聖-亞-] P.W. San Diego
shēngdòng* 生动[-動] S.V. lively; vivid
shèngdōng 盛冬 N. midwinter
shēngdòngbīzhēn 生动逼真[-動--] F.E. intensely alive and life-like; vivid
shēngdònghuópo 生动活泼[-動-潑] F.E. vivid and vigorous
shēngdōngjīxī 声东击西[聲-擊-] F.E. feint
shēngdòngrúxī 生动如昔[-動--] F.E. be as vivid as before
shēngdǒuxiǎomín 升斗小民 F.E. poor people
shēngduān 生端 V.O. <wr.> stir up trouble
shēngdúshì 升读式[-讀-] N. <lg.> increasing stress
shéngé* 神格 N. spiritual character
shèngé 蜃蛤 N. <zoo.> clam M: [2]*zhī*
shéngéhuà 神格化 N. deification ♦V. deify
shèng'ēn 圣恩[聖-] N. imperial favor/graciousness
[1]**shēngēng** 深耕 N. <agr.> deep plowing
[2]**shēngēng** 深更 N. late night; small hours
shēngēngbànyè 深更半夜 F.E. deep in the night; midnight
shēngēngùdǐ 深根固柢 F.E. deep-rooted; deep-seated; deeply embedded
shēngēngxìzuò 深耕细作 F.E. plow deeply and attend to crops carefully
shēngēngyìnòu 深耕易耨 F.E. plow deeply and weed thoroughly
shēng'ér 甥儿 N. nephew; sister's son *See also shēngr*
shēng'érbùbào 生而不报[-報] F.E. ① give birth without reporting ② do sth. unilaterally
shèng'érbùjiāo 胜而不骄[勝-驕] F.E. not become conceited with victory
shēng'érfùguì 生而富贵 F.E. be born with a silver spoon in one's mouth
shēng'éryǎngnǚ 生儿养女[--養-] F.E. bear and raise children
shēng'éryùnǚ 生儿育女 F.E. bear and raise children
shēng'érzhīzhī 生而知之 F.E. have innate knowledge
shēngfa* 生发[-發] V. ① multiply; develop ② gain interest; produce profit
shěngfǎ 生法 V.O. <topo.> think of a way; try; do what one can
shéngfà 绳发[繩髮] N. rope-like braids of hair
shēngfàlà 生发蜡[-髮蠟] N. <coll.> cosmetic
shēngfàlíng 生发灵[-髮靈] N. hair-growing aids
shēngfān 生番 N. savage; barbarian
shēngfàn 生饭 N. ① not fully cooked rice ② <Budd.> symbolic offering of food before a meal
shèngfàn* 剩饭 N. leftover food
shèngfàncángēng 剩饭残羹[--殘-] F.E. leftovers; remains of food
shēng-fáng 生防 AB. *shēngwù fángzhì*
shèngfànshǒu 剩饭手 N. <coll.> ① freeloader ② person of no ability
shēngfātòuxiè 升发透泄[-發--] F.E. <Ch. med.> function of upward and outward dispersion
shēngfàyào 生发药[-髮藥] N. medicine to grow hair
shēngfàyóu 生发油[-髮-] N. hair-growing oil; hair tonic
shēngfen 生分 S.V. unfriendly; unfamiliar ♦V.O. <coll.> grow apart; become estranged
shēngfěn 牲粉 N. <chem.> animal starch; glycogen
shěngfèn* 省份 N. province
shēngfēng 生风 V.O. <wr.> ① blow ② make trouble
shēngFó 生佛 N. <Budd.> ① all living creatures and Buddha ② living Buddha ③ term of respect for an eminent monk
[1]**shēngfú** 声幅[聲-] N. <phy.> diapason; range of voice
[2]**shēngfú** 生俘 V. capture alive
[3]**shēngfú** 声符[聲-] N. <lg.> ① phonetic component in a Chinese character ② initials of Modern Chinese; phonetic; phonetic element; phonetic part of a phonetic compound ③ phonetic complement
shēngfù 生父 N. biological father
shěngfǔ 省府 P.W. provincial government
shèngfú 盛服 N. <wr.> splendid attire; rich dress M: [2]*jiàn*
shèng-fù* 胜负[勝-] N. victory and/or defeat; success and/or failure
shēngfú de fùtǐzì 声符的复体字[聲--複體-] N. compound character with a phonetic element
Shèngfúlánxīsīkē 圣弗兰西斯科[聖-蘭---] P.W. San Francisco
shèngfùnánfēn 胜负难分[勝-難-] F.E. The battle hung in the balance.
shèngfùnánliào 胜负难料[勝-難-] F.E. The issue/outcome is doubtful.

shèngfùwèibǔ 胜负未卜[勝-] F.E. The victory is not yet decided.
shèngfùyǐdìng 胜负已定[勝-] F.E. The outcome is set.
shēnggāo 升高 R.V. go up; rise; ascend
shēnggāo de 升高的 ATTR. high-rising
shēnggāo de diào 升高的调 N. <lg.> high-rising tone
shēnggāo de jīdiào 升高的基调 N. <lg.> high-rising nucleus tone
shěnggāoyuàn 省高院 P.W. provincial high court
shēnggē 笙歌 N. <wr.> music and song
shēnggé(r)* 升格(儿) V.O. be promoted; upgraded
shènggē 圣歌[聖-] N. hymn M: [2]shǒu
shēnggēbùchuò 笙歌不辍 F.E. <wr.> play and sing continuously
shēnggé cóngjù 生格从句[--從-] N. <lg.> genitive clause
shēnggēguō'ěr 笙歌聒耳 F.E. fill the ears without ceasing
shēnggēn 生根 V.O. take root
shēnggēnkāihuā 生根开花[-開-] F.E. take root and blossom
shēnggǒng 升汞 N. <chem.> mercuric chloride
shěnggōng* 省工 V.O. be efficient in production
[1]**shènggōng** 圣功[聖-] N. imperial achievements
[2]**shènggōng** 圣躬[聖-] N. the emperor's health; His Majesty's health
shěnggōngfǎ 省工法 N. <acct.> labor-saving device
shěng gōngfur 省工夫儿 V.O. save time
shēnggōngshuōfǎ 生公说法 F.E. very touching/convincing; emotion-arousing
shénggǔ* 绳股[繩-] N. strand (of rope/cord)
shènggǔ 胜鼓[勝-] N. victory drum-beating
shēngguān* 升官 V.O. be promoted
[1]**shēngguǎn** 笙管 N. pipes of a panpipe M: [2]gēn
[2]**shēngguǎn** 甥馆 P.W. room for a son-in-law who assumes his father-in-law's name and lives under the latter's roof M: [1]jiān
shèngguān 胜冠[勝-] N. <wr.> age of twenty (of boys)
shēngguānfācái 升官发财[-發-] F.E. ① win promotion and get rich ② be out for power and money
[1]**shēngguāng** 生光 N. <astr.> third contact (of an eclipse)
[2]**shēngguāng** 声光[聲-] N. ① reputation; fame; prestige ② sound and lighting (of movies)
shēngguāntú 升官图[-圖] N. a kind of backgammon
shèngguo* 胜过[勝-] R.V. excel; surpass
shèngguǒ 圣果[聖-] N. <Budd.> satisfactory result achieved by practicing doctrine
shèngguòyīchóu 胜过一筹[勝-籌] F.E. one-up; gain one upmanship over
shēng háizi 生孩子 V.O. give birth to a child; bring into the world
shēnghào 升号[-號] N. <mus.> sharp
Shènghèlēiná Dǎo 圣赫勒拿岛[聖-島] P.W. St. Helena Island
Shènghú 圣湖[聖-] P.W. another name for West Lake in Hangzhou, Zhejiang
[1]**shēnghuá*** 升华[-華] V. ① <phy.> sublimate ② raise to a higher level ♦N. ① distillation ② sublimation
[2]**shēnghuá** 声华[聲華] N. <wr.> good reputation
shēng-huà 生化 N. biochemistry
shēnghuābǐ 生花笔[-筆] N. a gifted pen; (written with) a graphic pen M: [4]zhī
shēnghuà de 声化的[聲-] ATTR. <lg.> vocalized
shēnghuákè 声华客[聲華-] N. a person of good fame
shēnghuāmiàobǐ 生花妙笔[-筆] F.E. a gifted pen
shēnghuāmiàoyǔ 生花妙语 F.E. flowery phrases
shēnghuán* 生还[-還] V. return alive
shēnghuàn 声唤[聲喚] V. shout; call aloud
shēnghuāng 生荒 N. virgin soil
shēnghuáng* 笙簧 N. reeds of a panpipe
shēnghuànjué shìwù 生幻觉事物[--覺--] F.E. hallucinant
shēnghuánzhě 生还者[-還-] N. survivor M: [2]wèi
shēng huāyàng 生花样[-樣] V.O. <coll.> make difficulties
shēnghuàyùn 声化韵[聲-韻] N. <lg.> syllabic consonant
shēnghuà yùnmǔ 声化韵母[聲-韻-] N. <lg.> ① vocalized final ② retroflex suffix r
shēnghuāzhībǐ 生花之笔[-筆] N. a gifted pen
shēnghuá zuòyòng 升华作用[-華--] N. <phy.> sublimate function
shēnghuī 生辉 V.O. ① glorify ② add splendor
shěnghuì* 省会 P.W. provincial capital *See also* xǐnghuì
[1]**shènghuì** 盛会 N. distinguished gathering; grand meeting
[2]**shènghuì** 胜会[勝-] N. ① grand gathering ② <wr.> high humor
shěnghuì chéngshì 省会城市 P.W. provincial capital city
shēnghuó* 生活 N. ① life; existence ② livelihood; profession ③ <topo.> work (of workers, peasants, or handicraftsmen) ♦V. live
shēnghuǒ 生火 V.O. make a fire
shēnghuò 生货 N. unprocessed goods; raw materials M: [1]pī
shènghuǒ 圣火[聖-] N. <Budd.> oil lamp burning in front of an image of Buddha
shènghuò 剩货 N. surplus/leftover goods; leftovers
shēnghuó bìxūpǐn 生活必需品 N. necessities of life; daily necessities
shēnghuó bǔzhù 生活补助[--補-] N. ① extra allowance for living expenses ② living subsidies
shēnghuó chéngdu 生活程度 N. ① standard of living ② cost of living
shēnghuǒdàifā 升火待发[-發] F.E. ready to start the journey (of a steamer/train/etc.)
shēnghuó fāngshì 生活方式 N. life-style; mode/way of life
shēnghuófèi 生活费 N. ① living expenses ② <law> alimony
shēnghuó fèiyòng 生活费用 N. cost of living; living expenses
shēnghuó fúlì 生活福利 N. welfare; welfare benefits
shēnghuó fúlìwǎng 生活福利网[-網] N. social network for welfare
shēnghuó fúwù shèhuìhuà 生活服务社会化[---務---] N. socialization of services
shēnghuóguān 生活关[-關] N. the test of rigorous living conditions
shēnghuó huánjìng 生活环境[--環-] N. surroundings; environment
shēnghuóhuì 生活会 N. <PRC> small gatherings of Party members
shēnghuó jīntiē 生活津贴 N. living/subsistence allowance
shēnghuó kǎoyàn 生活考验 N. a test of rigorous living conditions
shēnghuó láiyuán 生活来源 N. source of income
shēnghuólì 生活力 N. ability to cope
shēnghuó nénglì 生活能力 N. ① ability to cope ② <bio.> viability
shēnghuó pǐnzhì 生活品质[-質] N. quality of life
shēnghuóquān 生活圈 N. social circles
shēnghuóshǐ 生活史 N. life history
shēnghuó shuǐpíng 生活水平 N. standard of living
shēnghuó shuǐzhǔn 生活水准[-準] N. standard of living
shēnghuósù 生活素 N. vitamin
shènghuǒtái 圣火台[聖-臺] N. <Budd.> stand for oil lamps M: [4]zuò
shēnghuó tiáojiàn 生活条件[--條-] N. living conditions
shēnghuó wūshuǐ 生活污水 N. domestic sewage
shēnghuó xiǎojié 生活小节[-節] N. trivia of private life
shēnghuó xìjié 生活细节[-節] N. domestic trivia
shēnghuó yòngpǐn 生活用品 N. articles for daily use
shēnghuó yòngshuǐ 生活用水 N. domestic water
shēnghuó zhǐshù 生活指数[-數] N. index of living costs
shēnghuó zīliào 生活资料 N. document/records on sb's life
shēnghuó zuòfēng 生活作风 N. behavior; conduct
shēnghǔzi 生虎子 N. ①brave but inexperienced young person ② beginner; novice; greenhorn
shēngjī 生机 N. ① new lease on life ② vitality ③ chance of survival
shēngjí 升级 V.O. ① go up (in grade/etc.) ② escalate
[1]**shēngjì*** 生计 N. ① livelihood ② means of livelihood ♦V. plot
[2]**shēngjì** 声迹[聲跡] N. audio/sound track
[3]**shēngjì** 生忌 N. birthday of a deceased person
[4]**shēngjì** 声妓[聲-] N. <trad.> female entertainers somewhat akin to Japanese geisha
shéngjì 绳伎/妓[繩-] N. ① rope-dancing ② female tightrope walker ③ rope walking or dancing; tight-rope or slack-rope walking
[1]**shěngjí** 省级 N. provincial (government) level
[2]**shěngjí** 省籍 N. ① province of birth; ancestral province ② province
[1]**shèngjì** 胜迹[勝跡] N. famous historical site
[2]**shèngjì** 盛季 N. peak period; busy season
[3]**shèngjì** 圣迹[聖跡] N. relics of a sage
shēngjià* 声价[聲價] N. reputation
shèngjiā(r) 胜家(儿)[勝-] N. <coll.> winner
shèngjià 圣驾[聖-] N. His Majesty
shèngjiǎchóng 圣甲虫[聖-蟲] N. scarab M: [2]zhī
[1]**shěngjiǎn** 省俭 S.V. <topo.> frugal
[2]**shěngjiǎn** 省减[-減] V. cut (expenses); economize
shēngjiāng 生姜 N. <coll.> (fresh) ginger M: [2]kuài
shēng-jiàng* 升降 V. rise and fall ♦ATTR. <lg.> rising-falling
shēng-jiàngdiào 升降调 N. <lg.> rising-falling intonation/tone
shēngjiàngduò 升降舵 N. elevator (of an airplane)
shēngjiāng háishi lǎo de là 生姜还是老的辣[--還----] ID. Old ginger is hotter than new. (lit./fig.)
shēngjiàngjī 升降机 N. freight elevator M: [2]bù
shēngjiàngjiǎngchéng 升降奖惩[-獎懲] F.E. promotion and demotion, reward and punishment
shēng-jiàng qūxiàn 升降曲线 <lg.> N. ① contour ② rising-falling contour
shēngjī'àngrán 生机盎然 F.E. full of vitality
shēngjiàngtī 升降梯 N. elevator M: [2]bù
shēng-jiàng yǔdiào 升降语调 N. <lg.> rising-falling intonation
shēngjiāo* 生胶[-膠] N. (raw) rubber
shēngjiào 声教[聲-] N. <trad.> imperial cultural education for the people
shèngjiào 圣教[聖-] N. Confucianism
shēngjiàshèngāo 声价甚高[聲價-] F.E. be held in high repute (of a person)
shēngjiàshíbèi 声价十倍[聲價-] F.E. enhancement of one's status or prestige
shèngjíbìshuāi 盛极必衰[-極--] F.E. Everything starts to fail after it has reached the zenith.
shēngjībóbó 生机勃勃 F.E. full of vitality
shēngjiē 升阶[-階] V.O. ① ascend the stairs ② advance in grade/rank
shéngjié 绳结[繩-] N. knot in a rope
shěngjiè 省界 N. provincial boundaries M: [1]tiáo
shèngjié* 圣洁[聖潔] S.V. holy and pure

shēngjiécháng 升结肠[-腸] N. <phys.> ascending colon

shèngjí'érshuāi 盛极而衰[-極--] F.E. pass its zenith and be on the wane

shēngjiēshōu 声接收[聲-] N. sound reception

shēngjíguòdù 升级过渡 N. progressive transition

shēngjíhuàndài 升级换代[--換-] F.E. ①upgrade and update ②renovate and change the dynasty

[1]shēngjīn* 生津 V.O. promote secretion of saliva or body fluid

[2]shēngjīn 生金 V.O. <Ch. med.> generate metal

shěngjìn(r) 省劲(儿)[-勁-] V.O. save labor

shēngjìng 生境 N. <bio.> habitat

shěngjìng 省净[-淨] S.V. simple and clear

shèngjīng 圣经[聖經] N. ① writings of ancient sages ② Holy Bible M: [1]*běn*

[1]shèngjǐng* 盛景 N. grand view

[2]shèngjǐng 胜景[勝-] N. wonderful scenery

shèngjìng 胜境[勝-] P.W. scenic spot

shēngjìng liúshī 生境流失 N. habitat loss

shèngjīngxiánzhuàn 圣经贤传[聖經賢傳] N. Confucian classics

shēngjīnyào 生津药[--藥] N. <Ch. med.> drugs generating (body) humor

shēng jīnyè 生津液 V. <Ch. med.> generate body liquids

shēngjíshù 升级数[-數] N. ascending series

shēngjìsǐguī 生寄死归[-歸] F.E. To live is like being a lodger in the world, and to die is like returning home.

[1]shēngjiù 生就 V.P. be born/gifted with

[2]shēng-jiù 甥舅 N. nephew and maternal uncle

shèngjíyīshí 盛极一时[-極-時] F.E. be in vogue for a time; be all the rage at the moment

[1]shēngjù 生聚 V. grow in members and wealth (of a clan/etc.)

[2]shēngjù 生惧[-懼] V. have innate fear of

shèngjǔ* 盛举[-舉] N. ① great undertaking/enterprise; worthy project ② a grand occasion/event

shēngjuàn 生绢 N. raw silk M: [1]*pǐ*

[1]shēngjué 声觉[聲覺] N. <phys.> sense of hearing

[2]shēngjué 生角 N. <opera> bearded actor representing a man of maturity and integrity

shēngjù jiàoxun 生聚教训 N. pooling and training of manpower

shéngjùmùduàn 绳锯木断[繩-斷] ID. perseverance will prevail

shèngjūn 圣君[聖-] N. ①sages ②His Majesty; the emperor ③General Guan Yu

shēngkǎ 声卡[聲-] N. <comp.> sound card

shèngkāi 盛开[-開] V.P. in full bloom

[1]shēngkè 生客 N. ① stranger ② new guest M: [2]*wèi*

[2]shēngkè 生克 V. mutually counteract

shēngkong 声控[聲-] ATTR. sound-controlled; sound-activated

shēngkōng 升空 V.O. rise to the sky

shēngkǒng* 生恐 V. fear (that)

shēngkou* 牲口 N. draft animal; beast of burden M: [1]*tóu*

shēngkǒu 生口 N. ① captured prisoners ② domestic animals

shēngkou fànzi 牲口贩子 N. cattle dealer

shēngkoupéng 牲口棚 N. livestock barn/shed M: [4]*zuò*

shěngkù 省库 N. provincial treasury M: [4]*zuò*

shèngkuā 盛夸[-誇] V. praise highly

shēngkuàng 生圹[-壙] N. tomb built by a person for himself, while living

shèngkuàng* 盛况[-況] N. grand occasion; spectacular event

shèngkuàngkōngqián 盛况空前[-況--] F.E. unprecedentedly grand occasion

shéngkǔnsuǒbǎng 绳捆索绑[繩-] F.E. tie up (a criminal)

shēnglǎba 声喇叭[聲-] N. horn M: [2]*zhī*

shēnglāhuóchě 生拉活扯 F.E. far-fetched

shēnglái 生来 ADV. ① born with; (some trait) ② despite all opposition

shēnglái de 生来的 ATTR. <lg.> innate

shénglǎn 绳缆[繩纜] N. rope M: [1]*tiáo*/[2]*gēn*

shēnglàng 声浪[聲-] N. ① clamor ② sound wave

shēnglǎobìngsǐ 生老病死 F.E. <Budd.> the four miseries in human life

shēnglāyìngzhuài 生拉硬拽 F.E. ① drag sb. along kicking and screaming ② stretch the meaning

shēnglèijùxià 声泪俱下[聲淚-] F.E. weep while speaking

shēnglěng 生冷 ATTR. raw/cold (food)

[1]shēnglǐ 生理 N. physiology

[2]shēnglǐ 牲礼[-禮] N. animal sacrifice

[1]shēnglì 升力 N. lifting power

[2]shēnglì 生利 V.O. ① bear interest (of capital) ② make a profit (of business)

[3]shēnglì 生力 N. life-force; vitality

[4]shēnglì 声例[聲-] N. <lg.> sound law

[1]shěnglì 省力 V.O. save energy/labor ♦N. <lg.> least effort

[2]shěnglì 省立 ATTR. established by a province; provincial ~ *xuéxiào* provincial school

shènglǐ 圣礼[聖禮] N. holy/sacred/imperial ceremony

shènglì* 胜利[勝-] V. win victory/success ♦ADV. successfully ***Dàhuì*** **~** ***bìmù***. The conference has come to a successful conclusion. ♦N. victory

shēnglián 生怜[-憐] V. love; have tender affection for

shēngliàng 声量[聲-] N. <phy.> volume (of sound)

shēngliàng kòngzhì 声量控制[聲-] N. volume control

shēngliǎnr 生脸儿 N. <coll.> strange/unfamiliar face

shēngliào 生料 N. raw material

shěngliào* 省料 V.O. save material

shēnglǐ biànhuà 生理变化[--變-] N. <phys.> physiological changes

shènglì bìmù 胜利闭幕[勝-] V.P. come to a successful close

shènglì chōnghūnle tóunǎo 胜利冲昏了头脑[勝-衝---腦] V.P. become dizzy with success

shènglìduì 胜利队[勝-隊] P.W. victorious team M: [4]*zhī*

shēnglǐ fǎnyìng 生理反应[--應] N. <Ch. med.> physiological reaction

shènglì guǒshí 胜利果实[勝-實] N. fruits of victory

shēnglǐ jīchǔ 生理基础[-礎] N. <lg.> physiological base

shēnglǐ jīnéng 生理机能 N. <phys.> physiological function

shēnglìjūn 生力军 N. fresh troops/force M: [4]*zhī*

shēnglìlǜ 生利率 N. <acct.> yield rate

[1]shēnglíng* 生灵[-靈] N. <wr.> the people

[2]shēnglíng 牲灵[-靈] N. <coll.> draft animals

shěnglìng 省令 N. orders issued by the provincial government M: [2]*dào*

shènglíng 圣灵[聖靈] N. holy spirit

Shènglíngjié 圣灵节[聖靈節] N. Whitsunday

shēnglíngtútàn 生灵涂炭[-靈塗-] F.E. people are plunged into an abyss of misery

shēnglǐ niánlíng 生理年龄[-齡] N. physiological age

shènglì qiánjìn 胜利前进[勝-進] V.P. march onward victoriously

shēnglǐ quēxiàn 生理缺陷 N. physiological defect

shēnglǐshàng de 生理上的 ATTR. <lg.> physiological

shēnglísǐbié 生离死别[-離--] F.E. one's bitterest sorrows: separation and death

shēnglǐ wèishēng 生理卫生[--衛-] N. <phys.> physiological health/hygiene

shēng lìxī 生利息 V.O. bear/yield interest

shēnglǐxué 生理学 N. physiology

shēnglǐxuéjiā 生理学家 N. physiologist M: [2]*wèi*

shěnglì xuéxiào 省立学校 P.W. provincial school M: [1]*suǒ*

shēnglǐxuézhě 生理学者 N. physiologist M: [2]*wèi*

shēnglǐ yánshuǐ 生理盐水[--鹽-] N. <med.> normal saline

shěnglì yuánzé 省力原则 N. least-effort principle

shēnglǐ yǔyánxué 生理语言学 N. <lg.> physiological linguistics

shēnglǐ yǔyīnxué 生理语音学 N. <lg.> physiological phonetics

shènglìzhě 胜利者[勝-] N. victor; winner M: [2]*wèi*

shēnglónghuóhǔ 生龙活虎 F.E. full of vigor and vitality

shēnglù 生路 N. ① means of livelihood ② way out ③ last resort ④ unfamiliar road

shēnglǜ* 声律[聲-] N. rules governing the rhythm of words; prosody

shènglǚ 胜侣[勝侶] N. boon companion

shěnglüè 省略 <lg.> V. leave out; omit; abridge *Zhège jùzi de zhǔyǔ ~ le* The subject of the sentence is understood. ♦N. ellipsis; abbreviation; elision; deletion

shěnglüè fúhào 省略符号[-號] N. ① ellipsis (. . .); apostrophe (') ② <mus.> abbreviation

shěnglüèhào 省略号[-號] N. ① ellipsis (. . .); apostrophe (') ② <mus.> abbreviation

shěnglüè jiégòu 省略结构[-構] N. <lg.> elliptical structure

shěnglüèjù 省略句 N. <lg> elliptical sentence

shěnglüèshì 省略式 N. <lg.> contraction

shěnglüèsuàn 省略算 N. <math.> approximation

shěnglüè suǒyǒugé 省略所有格 N. <lg.> elliptic genitive

shěnglüè tuīlǐ 省略推理 N. <log.> enthymeme

shěnglüèzì 省略字 N. <lg.> contraction

shēngmá 升麻 N. <bot.> bugbane

shèngmǎ* 乘马 N. <wr.> a team of four horses *See also chéngmǎ*

Shèngmǎlìnuò 圣马力诺[聖-] P.W. San Marino

shēngmǎn 生满 V.P. grow all over (of plants/etc.)

shēng mǎn yífǔ zhījiān 声满颐辅之间[聲-] F.E. <lg.> ① closed mouth ② *yùn* onset *u*

[1]shēngméi 生煤 N. bituminous coal; soft coal

[2]shēngméi 生霉 V.O. become mildewed

shēngméi de 生霉的 ATTR. moldy

shēngmén* 声门[聲-] N. <phys.> glottis; vocal cords

shèngmén 圣门[聖-] N. the disciples of Confucius

shēngmén bàofāyīn 声门爆发音[聲--發-] N. <lg.> glottal plosive

shēngmén bìsāiyīn 声门闭塞音[聲-] N. <lg.> glottal stop

shēngmén de 声门的[聲-] ATTR. <lg.> glottal

shēngmén guānbì 声门关闭[聲-關-] N. <lg.> glottal stop

shēngmén mócāyīn 声门摩擦音[聲-] N. <lg.> glottal fricative

shēng mènqì 生闷气[-氣] V.O. ① become depressed ② brood in anger

shēngmén sāiyīn 声门塞音[聲-] N. <lg.> glottal stop

shēngmǐ* 生米 N. uncooked rice

shēngmì 升幂[-冪] N. <math.> increasing power

[1]shēngmiàn* 生面[-麵] N. ①uncooked noodles ② noodles not well done ***See also*** [2]*shēngmiàn*

[2]shēngmiàn 生面 N. unfamiliar face ***See also*** [1]*shēngmiàn*

shěngmiǎn 省免 V. do without; dispense with

shēngmiànkǎobǐng 生面烤饼[-麵--] F.E. scone

shèngmiào 圣庙[聖廟] P.W. Confucian temple M: [4]*zuò*

shēngmǐ chéng shúfàn 生米成熟饭 ID. The die is cast.

shēng-miè guòchéng 生灭过程[-滅--] N. birth and death process

shēngmín 生民 N. <*wr.*> people; populace
[1]**shēngmíng** 声明[聲-] V./N. ① state; announce; make clear ② <*trad.*> Budd. chanting
[2]**shēngmíng** 声名[聲-] N. ① reputation; fame ② statement; declaration
shēngmìng* 生命 N. life
[1]**shèngmíng** 盛名 N. great reputation
[2]**shèngmíng** 圣明[聖-] N. His Majesty/Holiness ♦S.V. ① capable and virtuous (of leaders) ② of keen intelligence and excellent judgment
shēngmìng bǎoxiǎn 生命保险 N. life insurance
shēngmìng běnnéng 生命本能 N. life instinct
shēngmíngdàzào 声名大噪[聲-] F.E. popularity gained by good reputation
shēngmíngdàzhèn 声名大振[聲-] F.E. one's reputation is greatly boosted
shēngmìngguān 生命观[-觀] N. one's view toward life
shēngmíng hèhè 声名赫赫[聲-] F.E. gain a high reputation
shēngmíng jièshèn 声名藉甚[聲-] F.E. have a widespread reputation
shēngmìng kēxué 生命科学 N. life science
shēngmíng lángjí 声名狼藉[聲-] F.E. be notorious
shēngmìnglì 生命力 N. life-force; vitality
shēngmìnglìxué 生命力学 N. biomechanics
shèngmíngnánfù 盛名难副[--難-] F.E. It is hard to live up to a great reputation.
shēngmìng qiángdù 生命强度[--強-] N. life intensity
shēngmíng sǎodì 声名扫地[聲-掃-] V.P. fall into disrepute
shēngmìngshǐ 生命史 N. life history
shēngmíngshū 声明书[聲-書] N. declaration; statement M: [1]*zhāng*/[3]*zhǐ*
shēngmìngsù 生命素 N. fundamental/essential elements for biological life M: [1]*zhǒng*
shēngmìng tǒngjì 生命统计 N. vital statistics
shēngmìng wúcháng 生命无常 F.E. Nothing is permanent in life.
shēngmìngxiàn 生命线 N. lifeline
shēngmìng xiànxiàng 生命现象 N. biological phenomena
shēngmìngxíng 生命刑 N. <*law*> capital punishment
shēngmìngxué 生命学 N. life science
shēngmíng yángyì 声名洋溢[聲-] F.E. gain a wide reputation
shēngmíng yuǎnyáng 声名远扬[聲-遠揚] F.E. enjoy a widespread reputation
shèngmíngzhīlèi 盛名之累 N. the nuisance of being a famous personality
shēngmǐ zhǔchéng shúfàn 生米煮成熟饭 ID. What's done can't be undone.
shēngmó 声模[聲-] N. <*lg.*> voiceprint
shéngmò* 绳墨[繩-] N. ①(carpenter's) marking line ② rule of conduct
shèng mò jiāo bài wù něi 胜莫骄败勿馁[勝-驕---] F.E. Do not let success elate you or failure depress you.
[1]**shēngmǔ*** 生母 N. biological mother
[2]**shēngmǔ** 声母[聲-] N. <*lg.*> initial consonant (of a Chinese syllable); initial
shèngmǔ 圣母[聖-] N. ①female deity; goddess ② (Blessed) Virgin Mary; Madonna ③ empress dowager
shèngmù 圣墓[聖-] P.W. tomb of a sage/saint M: [4]*zuò*
shēngmǔbiǎo 声母表[聲-] N. <*lg.*> table of initials M: [1]*zhāng*
shēngmǔ xìtǒng 声母系统[聲-] N. <*lg.*> system of initials
shēngmǔ zhuǎnbiàn 声母转变[聲-轉變] N. <*lg.*> sound shift
shēngnà 声纳[聲-] N. <*phy./loan*> sonar
shēngnányùnǚ 生男育女 F.E. bear and rear children
shēngnéngxué 声能学[聲-] N. <*phy.*> sonics
shēngnián 生年 N. year of birth
shèngnián* 盛年 N. the prime of life
shēngniányuèrì 生年月日 F.E. date of birth
shēngniǔ 声纽[聲-] N. <*lg.*> initials
shēngniúpí 生牛皮 N. rawhide M: [1]*zhāng*
shèngnù 盛怒 N. great anger; wrath
shēngnǚ* 甥女 N. sister's daughter; niece
shèngnǚ 圣女[聖-] N. ① woman with great moral virtue ② goddess M: [2]*wèi*
shēngōng* 深宫[-宮] N. forbidden palace; harem M: [4]*zuò*
shēngǒng 深拱 V. <*wr.*> stand idly by
shéngōng 神功 N. prodigious feat; miracle
shéngōngguǐfǔ 神工鬼斧 F.E. prodigious skill
shèngōngnéng 肾功能[腎-] N. kidney function
shèngōngnéng shuāijié 肾功能衰竭[腎-] N. renal/kidney failure
shéngōngqiǎofǔ 神工巧斧 F.E. superlative craftsmanship
shēngōu 深沟[-溝] N. ① deep ditch/trench ② deep furrow ③ deep gully/ravine M: [1]*tiáo*
shēngòu* 申购[-購] V. request to purchase
shèngōu 渗沟[滲溝] N. sewer M: [1]*tiáo*
shēngōugāolěi 深沟高垒[-溝-壘] F.E. strong defense works
shēngōugǔ 深沟谷[-溝-] N. <*geol.*> coulee M: [1]*tiáo*
shēngpà 生怕 V. ① fear that ~ *dǎrǎo biéren* so as not to bother others ② <*coll.*> fret; wonder lest. . .
shēngpáng 声旁[聲-] N. <*lg.*> phonetic element in a Chinese character
[1]**shēngpí*** 生啤 N. draft beer
[2]**shēngpí** 生皮 N. rawhide; (untanned) hide M: [1]*zhāng*/[2]*kuài*
shēngpì 生僻 S.V. uncommon; rare
shēngpíjiǔ 生啤酒 N. draft beer
shēngpín 声频[聲-] N. acoustic frequency
[1]**shèngpǐn*** 圣品[聖-] N. ① a work with a religious motif ② masterpiece of art/etc. M: [2]*jiàn*
[2]**shèngpǐn** 盛品 N. great work of art/literature M: [2]*jiàn*
[1]**shēngpíng** 生平 N. all his life (of the deceased)
[2]**shēngpíng** 升平 N. peace
shēngpíng dàzhì 生平大志 N. the great wish of one's life
shēngpíng shìjì 生平事迹[-跡] N. one's life story
shēngpíng shìjiè 升平世界 P.W. peaceful world
shēngpíngsùzhì 生平素志 F.E. one's lifelong wish/aspiration
shēngpíngxīnyuàn 生平心愿[-願] F.E. the ambition of a lifetime
shēngpīnyìngcòu 生拼硬凑[-湊] F.E. dish up or lump together unrelated words/facts/etc.
shēngpǔ 声谱[聲-] N. sound spectrum
shēngpǔyí 声谱仪[聲-儀] N. sound spectrograph M: [1]*tái*
shēngqī 生漆 N. raw lacquer
shēngqí 升旗 V.O. raise a flag
shēngqǐ 升起 R.V. rise; take off
[1]**shēngqì*** 生气[-氣] V.O./S.V. take offense; get angry ♦N. life; vitality
[2]**shēngqì** 声气[聲氣] N. ① information ② <*topo.*> voice; tone ③ physical/spiritual relations/affinity ♦V. <*wr.*> rouse one's spirits; spur on (troops') morale
shèngqì 盛气[-氣] N. exploding anger ♦V.P. ① arrogant; haughty ② full of spirit
shēngqiān 升迁[-遷] V. be transferred and promoted
shēngqián* 生前 N. during his lifetime (of the deceased) ♦ATTR. prenatal
shěngqián 省钱[-錢] V.O. save money; be economical
shèngqián 剩钱[-錢] V.O. have money left ♦N. money left (in one's possession); balance
shēngqiāng* 声腔[聲-] N. tune
shēngqiáng 声强[聲強] N. <*phy.*> sound intensity
shéngqiānjiūmiù 绳愆纠谬[繩-] F.E. correct mistakes
shēngqiánsǐhòu 生前死后[-後] F.E. during life and after death
shēngqián xíngwéi 生前行为 N. sb.'s behavior when alive
shēngqiányǒuhǎo 生前友好 F.E. ① friend during sb.'s lifetime ② friends of the deceased
shēngqián yuànwàng 生前愿望[--願-] N. unrealized wish (of deceased)
shēngqiān zhìdù 升迁制度[-遷--] N. rules of promotion
shēngqiánzhùdìng 生前注定[--註-] F.E. predestined in a previous incarnation
shéngqiáo 绳桥[繩橋] N. suspension bridge M: [4]*zuò*
shēngqì bóbó 生气勃勃[-氣--] F.E. full of vitality
shēngqí diǎnlǐ 升旗典礼[-禮] N. flag-raising ceremony
shēngqièqiè 生怯怯 R.F. timid; nervous; cowardly
shèngqìlíngrén 盛气凌人[-氣--] F.E. treat others rudely through arrogance
shēngqín 生擒 V. capture alive
shēngqǐng 声请[聲-] V. make a formal request
shèngqíng* 盛情 N. great kindness; boundless hospitality
shēngqíngbìngmào 声情并茂[聲-並-] F.E. sing beautifully and with feeling
shèngqíngkuǎndài 盛情款待 F.E. treat sb. with utmost cordiality
shèngqíngnánquè 盛情难却[-難卻] F.E. difficult to turn down an offer made with such warmth
shèngqíngsòngbié 盛情送别 F.E. give sb. a good send-off
shēngqìngtóngyīn 笙磬同音 F.E. in complete harmony
shēngqínhuózhuō 生擒活捉 F.E. capture alive; take prisoner
shēngqì péngbó 生气蓬勃[-氣--] F.E. vigorous; active; lively
shéngqiú 绳球[繩-] N. tetherball
shèngqiū* 盛秋 N. the height of autumn; midautumn
shēngqìxiāngqiú 声气相求[聲氣-] F.E. share the same interests and purpose
shēngqìxiāngtóu 声气相投[聲氣-] F.E. ① have a spiritual affinity ② echo answers
shéngqízǔwǔ 绳其祖武[繩-] F.E. <*wr.*> imitate one's forebears
shēngqù 生趣 N. joy of life
shěngqū 省区[-區] P.W. provincial area
shěngqù* 省去 V. leave out; omit
shēngquán 生全 N. salvation of life
shèngquàn* 胜券[勝-] N. confidence in victory
shēngqù'àngrán 生趣盎然 F.E. overflow with the joy of life
shéngqūchǐbù 绳趋尺步[繩趨-] ID. behave according to decorum
shěngquè 省却[-卻] V. avoid/save (trouble/etc.)
shēngr 甥儿 N. sister's son; nephew *See also* *shēng'ér*
shéngr* 绳儿[繩-] N. rope; line; cord; band M: [2]*gēn*/[1]*tiáo*
shēngrè 生热[-熱] V.O. produce heat (by friction/etc.)
shēngrén(r) 生人(儿) N. ① stranger ② living person M: [2]*wèi* ♦V.O. give birth
shēngrèn 升任 V. be promoted
shèngrén 圣人[聖-] N. ① sage; wise man ② the Sage (a title of respect for Confucius) ③ the emperor (post-Tang term) ④ <*Budd.*> enlightened individual; Buddha; bodhisattva M: [2]*wèi*
shèngrèn* 胜任[勝-] V. be competent/qualified
shèngrèn gōngzuò 胜任工作[勝-] V.O. be equal to a task
shèngrén mén qián mài zìhuà 圣人门前卖字画[聖---賣-畫] ID. show off in front of sages

shēngrénqì 生人气[-氣] N. <*topo.*> feeling of a ghostly presence

shèngrén yě yǒu sānfēn cuò 圣人也有三分错[聖-] F.E. Even a wise man makes some mistakes.

shèngrényīchóu 胜人一筹[勝-籌] F.E. have an edge on sb.

shèngrèn yúkuài 胜任愉快[勝-] V.P. ① prove more than equal to the task ② be adequate for and happy with a job

shēngri 生日 N. birthday

shēngrìkuàilè 生日快乐[-樂] F.E. happy birthday

shēngróng 声容[聲-] N. voices and appearances

shēngróngbìngmào 声容并茂[聲-並-] F.E. Both the rhythm and substance are flourishing in parallel.

shēngróngsǐ'āi 生荣死哀[-榮--] F.E. respected while living and mourned when dead

shéngróngxiàn 绳绒线[繩-] N. chenille M: [2]*gēn*/*tuán*

shēngróngxiàomào 声容笑貌[聲-] F.E. ①a person's voice and expression ②have a stentorian/sonorous voice

shēngròu 生肉 N. raw/uncooked meat M: [2]*kuài*

shēngrǔ 生乳 N. raw milk

shēngrù* 升入 V. enter (a higher grade/school); be promoted into

shèngrú 胜如[勝-] V.P. be better than

shēngrúhóngzhōng 声如洪钟[聲-鐘] F.E. The voice sounds like a roaring bell.

[1]**shēngsè** 声色[聲-] N. ①voice and countenance ② <*wr.*> music and women ③ debauchery

[2]**shēngsè** 生涩[-澀] S.V. ①faulty (in knowledge) ② clumsy; difficult (of writing) ③ jerky; choppy

[3]**shēngsè** 生色 V.O. add color/significance to ♦N. harmony appearing in the countenance

shēngsèjùlì 声色俱厉[聲-厲] F.E. harsh in tone and severe in expression

shèngsēng 圣僧[聖-] N. <*Budd.*> accomplished eminent monk M: [2]*wèi*

shēngsèquǎnmǎ 声色犬马[聲-] ID. sensual pleasures

shēngsèquǎnmǎ zhī lè 声色犬马之乐[聲-樂] N. carnal pleasure

shēngsèzìyú 声色自娱[聲-] F.E. indulge in sensual pleasures

shēngsèzòngyǐn 声色纵饮[聲-縱-] F.E. give oneself over to debauchery

shēngshàishēn 生晒参[-曬參] N. <*med.*> sun-dried ginseng

shèngshàn 圣善[聖-] V.P. sacred; holy

shèngshàng 圣上[聖-] PR. ① His Majesty ② <*court.*> Your

shēng shànglai 升上来 R.V. ① rise/go up ② promote

shēngshāyǔduó 生杀予夺[-殺-奪] F.E. wield absolute power over sb.

shēngshāzhīquán 生杀之权[-殺-權] N. power over life and death

shèngshè 盛设 V. luxuriously arranged/furnished

shēngshēn* 生身 ATTR. ① natural (of parents) ② born

Shèngshén 圣神[聖-] N. <*rel.*> the Holy Spirit

shēngshēn fùmǔ 生身父母 N. one's natural parents

shēngshēng* 生生 R.F. ①<*Budd.*> the succession of incarnations ②by dint of ③produce endlessly

shéngshéng 绳绳[繩繩] R.F. ① continuous; unending ② cautious ③ righteous

shēngshēngbùxī 生生不息 F.E. multiply endlessly

shēngshēngbùyǐ 生生不已 F.E. The new supersedes the old without end.

shēngshēng de 生生地 ADV. <*topo.*> mercilessly; forcefully

shēngshēngshìshì 生生世世 R.F. generation after generation

[1]**shēngshì*** 声势[聲勢] N. ① impetus; momentum ② prestige and power

[2]**shēngshì** 生事 V.O. make trouble ♦N. ① livelihood ② matters of one's lifetime

[3]**shēngshì** 生势[-勢] N. the way a crop is growing

[4]**shēngshì** 生是 V.P. apparently; it seems that

shěngshí 省时[-時] V.O. save time

[1]**shěngshì** 省事 V.O. save trouble; simplify matters ♦S.V. easy *See also* [2]*xǐngshì*

[2]**shěngshì** 省试 N. provincial examination

shèngshī 圣诗[聖-] N. <*rel.*> hymn; psalm M: [2]*shǒu*

shèngshí 盛时[-時] N. (in) the prime of life

[1]**shèngshì** 盛世 N. flourishing age; heyday

[2]**shèngshì** 盛事 N. grand occasion; great event M: [2]*jiàn*

shèngshībān 圣诗班[聖-] N. choir

shēngshígāo 生石膏 N. plaster stone; gypsum

shēngshìhàodà 声势浩大[聲勢-] F.E. impressive display of power/influence

shěng shíhou 省时候[-時-] V.O. save time

shēngshíhuī 生石灰 N. caustic/quick lime

shèngshílìbīng 盛食厉兵[--厲-] F.E. get ready for battle

shēngshìlíngrén 声势凌人[聲勢-] F.E. overwhelm the weaker with excessively strong language

shēngshímián 生石棉 N. crude asbestos

shēng shīpèi 声失配[聲-] N. acoustic mismatch

shěngshí shāngpǐn 省时商品[-時--] N. time-saving commodities

shēng shīxiào 声失效[聲-] N. acoustic malfunction

shēngshìxiōngxiōng 声势汹汹[聲勢洶洶] F.E. bluster and swagger like a conquering hero

shēngshìxuānhè 声势煊赫[聲勢-] F.E. One's influence is majestic and powerful

shēngshìzuòhào 生事作耗 F.E. cause trouble

shēngshǒu(r)* 生手(儿) N. ① sb. new/unfamiliar to a job; tyro ② beginner; novice M: [2]*wèi*

shēngshòu 生受 V. suffer; bear

shèngshǒu 圣手[聖-] N. virtuoso; master (of a skill) M: [2]*wèi*

shēngshū* 生疏 S.V. ① not familiar ② out of practice; rusty ③ not as close as before; estranged

[1]**shēngshù** 声述[聲-] V. tell; state; present; explain

[2]**shēngshù** 生数[-數] N. <*math.*> factor

shéngshū 绳枢[繩樞] N. ramshackle house M: [4]*zuò*

shěngshǔ 省属[-屬] ATTR. directly under the jurisdiction of a provincial government

shèngshǔ 盛暑 N. midsummer; intense heat

shèng-shuāi 盛衰 N. rise and fall; ups and downs

shèngshuāiróngrǔ 盛衰荣辱[--榮-] F.E. prosperity and decline, glory and humiliation; vicissitudes of life

shèngshuāiwúcháng 盛衰无常 F.E. capriciously rise and fall

shèngshuāixīngfèi 盛衰兴废[-興廢] F.E. rise and fall

[1]**shēngshuǐ*** 生水 N. unboiled water

[2]**shēngshuǐ** 升水 N. <*econ.*> premium

shèngshuǐ 圣水[聖-] N. <*loan*> holy water

shèngshuǐcánshān 剩水残山[--殘-] F.E. reduced territories of a nation

shēngshuǐlǜ 升水率 N. premium rate

shēngshuō 声说[聲-] N. expound; narrate

shèngshǔyándōng 盛暑严冬[--嚴-] F.E. in sultry summer and freezing winter

shèngshùzàiwò 胜数在握[勝數-] F.E. have the game in one's hands

shèngshūzì 圣书字[聖書-] N. ① cuneiform writing ② hieroglyph; hieroglyphic writing

[1]**shēngsī** 生丝[-絲] N. raw silk

[2]**shēngsī** 声嘶[聲-] V. wear oneself out doing sth.

shēngsǐ* 生死 N. life and/or death

shèngsì 胜似[勝-] V.P. be better than; surpass

shēngsǐ bǐlǜ 生死比率 N. birth-death ratio

shēngsǐ bódòu 生死搏斗[-鬥] V.P./N. life-and-death struggle

shēngsǐ bùmíng 生死不明 V.P. not know whether one is dead or alive

shēngsǐ bùwàng 生死不忘 V.P. will never forget. . . as long as I live

shēngsǐcúnwáng 生死存亡 F.E. ① survive or perish ② critical juncture

shēngsǐdùwài 生死度外 F.E. face death with indifference

shēngsǐ guāntóu 生死关头[-關-] N. life-and-death crisis

shēngsīlìjié 声嘶力竭[聲-] F.E. shout oneself hoarse

shēngsǐròugǔ 生死肉骨 F.E. provide miraculous relief

shēngsǐwèibǔ 生死未卜 F.E. uncertain of one's life

shēngsǐxiāngyī 生死相依 F.E. stick together with sb. in life and death

shēngsǐyǐzhī 生死以之 F.E. willing to sacrifice one's life for the attainment of an objective

shēngsǐ yōuguān 生死攸关[-關] N. matter of life or death

shēngsǐyǒumìng 生死有命 F.E. Heaven disposes

shēngsǐyǔgòng 生死与共[--與-] F.E. go through thick and thin together

shēngsǐzhījiāo 生死之交 N. friendship unto death

shēngsù 声速[聲-] N. <*phy.*> speed of sound

shèngsù* 胜诉[勝-] V.O. win a lawsuit

shèngsuàn 胜算[勝-] N. <*wr.*> stratagem that ensures success ♦V. be sure of success

shèngsuànzàiwò 胜算在握[勝-] F.E. have the game in one's hands

shēngsuíyùnmǔ 声随韵母[聲隨韻-] N. <*lg.*> ① nasal final ② *yùn* ending in a nasal

shēngsūn 甥孙[-孫] N. ① grandnephew ② grandniece

shéngsuǒ* 绳索[繩-] N. rope; cord M: [1]*tiáo*

shèngsuǒ 圣所[聖-] N. holy place M: [4]*zuò*

shēngtài 生态[-態] N. ecology; organism's habits

shēngtài bàozhà 生态爆炸[-態--] N. ecological explosion

shēngtái de 生苔的 ATTR. mossy

shēngtài huánjìng 生态环境[-態環-] N. ecosystem; environment

shēngtài jīngjìxué 生态经济学[-態經濟-] N. ecoeconomics

shēngtài nóngyè 生态农业[-態農業] N. ecoagriculture

shēngtài pínghéng 生态平衡[-態--] N. ecological balance

shēngtài píngzhàng 生态屏障[-態--] N. ecological protective screen

shēngtàixì 生态系[-態-] N. ecosystem

shēngtài xiàoyì 生态效益[-態--] N. ecological benefits

shēngtài xìtǒng 生态系统[-態--] N. ecosystem

shēngtàixué 生态学[-態-] N. ecology

shēngtàixuéjiā 生态学家[-態--] N. ecologist M: [2]*wèi*

shèngtán 圣坛[聖壇] N. altar M: [4]*zuò*

shēngtáng 升堂 V.O. ① appear in court to conduct a trial ② ascend to the hall

shèngtáng* 圣堂[聖-] P.W. sanctuary

Shèngtáng 盛唐 N. <*hist.*> period of full literary grandeur in the Tang dynasty, corresponding to most of the 8th century

shēngtángrùshì 升堂入室 F.E. ①attain mastery ② have an entry to; become intimate with

shēngtǎo* 声讨[聲-] V. denounce; condemn

shéngtào 绳套[繩-] N. ①loop ②hemp/leather rope

shēngtǎohuì 声讨会[聲-] N. denunciation meeting

[1]**shēngténg** 升腾 V. leap up; rise

[2]**shēngténg** 生疼 V.P. <*coll.*> excruciatingly painful

shéngtī* 绳梯[繩-] N. rope ladder M: [1]*jià*
shèngtǐ 圣体[聖體] N. <*rel.*> Eucharist; Blessed Sacrament
shēngtiān 升天 V.O. die ♦N. <*rel.*> the Ascension
shēngtiě 生铁[-鐵] N. pig iron M: [2]*kuài*
shēngtóng* 生铜 N. unprocessed copper M: [2]*kuài*
shèngtóng 圣童[聖-] N. child prodigy M: [2]*wèi*
shēngtú 生徒 N. pupils; students
shēngtǔ 生土 N. <*agr.*> immature soil
shèngtú* 圣徒[聖-] N. apostle; saint M: [2]*wèi*
shēngtūn 生吞 V. swallow sth. raw
shēngtūnhuóbō 生吞活剥 F.E. accept sth. uncritically
shēngtuōsǐzhuài 生拖死拽 F.E. drag sb. away willy-nilly
shēngǔ* 深谷 N. deep valley M: [1]*tiáo*
[1]**shēngù** 身故 F.E. <*wr.*> die
[2]**shēngù** 深固 S.V. deep and firm
[3]**shēngù** 深痼 N. chronic/deep-rooted (disease/habit/etc.)
shén-guài 神怪 N. gods and spirits ♦S.V. mysterious; mystical; supernatural
shén-guài xiǎoshuō 神怪小说 N. fantasy fiction
shěnguān 审官[審-] V.O. examine the officials M: [2]*wèi*
shēnguǎng 深广[-廣] S.V. far-ranging and profound
shēnguī 深闺 P.W. ① women's inner chamber ② boudoir
shénguī 神龟[-龜] N. supernatural tortoise M: [2]*zhī*
shén-guǐ* 神鬼 N. supernatural beings; gods and ghosts
shēnguī chǔnǚ 深闺处女[--處-] N. maiden in the innermost chamber
shénguǐmòcè 神鬼莫测 F.E. unpredictable
shén-guǐ pà'èrén 神鬼怕恶人[---惡-] F.E. Even devils and gods lost their courage.
shénguǐsàngdǎn 神鬼丧胆[-喪膽] F.E. Even devils and gods lost their courage.
shēnguīyōugé 深闺幽阁 F.E. deep, hidden boudoir
shēnguō yóuzhà 深锅油炸[-鍋--] V.P. deep fry
Shēngǔshì 深股市 P.W. Shenzhen Stock Market
shēngwàng* 声望[聲-] N. popularity; prestige
[1]**shèngwáng** 盛王 N. a ruler of great virtue M: [2]*wèi*
[2]**shèngwáng** 圣王[聖-] N. sage sovereign M: [2]*wèi*
shēngwàngrìlóng 声望日隆[聲-] F.E. one's reputation becomes more and more impressive.
shēngwēi* 声威[聲-] N. ① fame and influence ② prestige
shēngwéi 生为 V.P. be born as
shěng-wěi 省委 P.W. provincial party committee
shēngwēidàzhèn 声威大震[聲-] F.E. gain widespread fame and prestige
shěng-wěi shūjì 省委书记[--書-] N. secretary of a provincial party committee M: [2]*wèi*
[1]**shēngwén*** 声闻[聲-] N. ① reputation ② <*Budd.*> personal disciple of Buddha ③ disciple seeking to attain arhatship and then nirvana
[2]**shēngwén** 声纹[聲-] N. vocal print
shēngwèn 声问[聲-] N. ① reputation ② information
shěngwén 省文 N. abridged expression
shēngwénguòqíng 声闻过情[聲-] F.E. enjoy a higher reputation than justified
shēngwénjī 声纹机[聲-] N. voiceprinter M: [1]*tái*
shēngwényútiān 声闻于天[聲-於-] F.E. The voice is heard by Heaven.
shèngwénzì 圣文字[聖-] N. hieratic writing
shēngwù 生物 N. living thing; organism ♦ATTR. bio-
shēngwù biāoběn 生物标本[--標-] N. biological specimen
shēngwùcéng 生物层[-層] N. biosphere
shēngwúdàzhì 生无大志 F.E. alive without a serious purpose
shēngwù diànliú 生物电流[--電-] N. <*phys.*> bioelectric current
shēngwùduōyàng 生物多样[-樣] N. biodiversity
shēngwù fángzhì 生物防治 N. <*agr.*> biological control
shēngwù gōngchéng 生物工程 N. bioengineering
shēngwù gōngchéng jìshù 生物工程技术[-術] N. bioengineering technology
shēngwù huàxué 生物化学 N. biochemistry
shēngwù huíkuì 生物回馈 N. biofeedback
shēngwùjiǎn 生物碱[-鹼] N. <*chem.*> alkaloid
shēngwùjiè 生物界 N. biosphere
shēngwù jiélǜ 生物节律[--節-] N. biorhythm
shēngwù jìshù 生物技术[-術] N. biotechnology
shēngwùliàng 生物量 N. biomass
shēngwùquān 生物圈 N. biosphere
shēngwù qúnluò 生物群落 N. biocommunity
shēngwù shízhōng 生物时钟[-時鐘] N. <*phys.*> biological clock
shēngwùtǐ 生物体[-體] N. organism
shēngwù wùlǐ 生物物理 N. biophysics
shēngwù wùlǐxué 生物物理学 N. biophysics
shēngwù wǔqì 生物武器 N. bacteriological weapon
shēngwùxué 生物学 N. biology
shēngwùxuéjiā 生物学家 N. biologist M: [2]*wèi*
shēngwù yīxué jìshù 生物医学技术[--醫--術] N. biomedical technology
shēngwù yīyào 生物医药[-醫藥] N. biomedicine
shēngwù yǔyánxué 生物语言学 N. <*lg.*> biological linguistics; biolinguistics
shēngwùzhàn 生物战[-戰] N. <*mil.*> biological warfare
shēngwù zhànzhēng 生物战争[-戰爭] N. biological war
shēngwù zhìpǐn 生物制品[--製-] N. biological product
shēngwùzhōng 生物钟[-鐘] N. <*loan*> biological clock
[1]**shēngxī*** 生息 V.O. ① bear interest ② propagate ③ <*wr.*> live; exist
[2]**shēngxī** 声息[聲-] N. ① sound; voice ② information; news
shēngxì 生隙 V.O. cause friction between people
shéngxì 绳戏[繩戲] N. stunt of walking on a tightrope
shēngxiá 升遐 V.O. <*wr.*> pass away (of an emperor)
shēngxià 生下 R.V. give birth to
shěngxia 省下 R.V. save (money)
shèngxia* 剩下 R.V. be left (over); remain
shèngxià 盛夏 N. midsummer
shēng xiàlai 生下来 R.V. bear; give birth to
shěng xiàlai* 省下来 R.V. ① save up ② leave out
shèng xiàlai 剩下来 R.V. remain; be left (over)
shēngxiàn 升限 N. ceiling (of plane flights)
shéngxiàn 绳线[繩-] N. string; cord; rope M: [1]*tiáo/tuán*
shèngxián* 圣贤[聖賢] N. sage; man of virtue; saint M: [2]*wèi*
shēngxiānduórén 声先夺人[聲-奪-] F.E. One's name is enough to strike terror in other's hearts.
shēngxiǎng(r)* 声响(儿)[聲響-] N. ① sound; noise ② reputation
[1]**shēngxiàng** 声像[聲-] N. <*phy.*> acoustic/sound image
[2]**shēngxiàng** 生相 N. ① looks; features; appearance ② any one of the names of 12 symbolic animals associated with a 12-year cycle
[1]**shèngxiàng** 圣像[聖-] N. ① saint ② icon M: [1]*zhāng*/[10]*fú*
[2]**shèngxiàng** 圣相[聖-] N. <*hist.*> talented and virtuous ministers M: [2]*wèi*
shèngxiàngbìkān 圣像壁龛[聖-] F.E. hovel
shēngxiàngjiāo 生橡胶[-膠] N. raw rubber
shēngxiǎng xìnhào 声响信号[聲響-號] N. audible signal
shēngxiǎngyìng 声响应[聲響應] N. acoustic response
shèngxián jūnzǐ 圣贤君子[聖賢-] N. sages, men of virtue, and noble men
shēngxiāo 笙箫[-簫] N. <*mus.*> reed-pipe wind instrument and vertical bamboo flute
[1]**shēngxiào*** 生效 V.O. go into effect; become effective
[2]**shēngxiào** 生肖 N. 12 animals symbolic of the Terrestrial Branches
shēngxiāoguǎndí 笙箫管笛[-簫--] F.E. flutes and pipes
shěngxiá shìxiá qǐyè 省辖市辖企业[-業] P.W. enterprises under provincial and municipal control
shěngxiě 省写[-寫] N. <*lg.*> abbreviation
shēngxífù 甥媳妇[-婦] N. nephew's wife
shēngxīn 生心 V.O. be disloyal to
shěngxīn* 省心 V.O./S.V. save/avoid worry
shèngxīn 圣心[聖-] N. ① His Majesty's heart ② Sacred Heart
shēngxing 生性 N. savage nature *See also shēngxìng*
shēngxìng 生性 N. natural disposition ♦ATTR. aloof; unfriendly *See also shēngxing*
shèngxíng* 盛行 V./S.V. be current; be in vogue
shēngxìng bàolì 生性暴戾 V.P. be of a violent temper
shēngxìng dǎnqiè 生性胆怯[--膽-] F.E. be timid (by nature)
shēngxìng de 生性的 ATTR. <*lg.*> animate
shēngxìng duōyí 生性多疑 F.E. be prone to suspicion
shēngxìng gùzhi 生性固执[-執] V.P. be stubborn by nature
shēngxìng nuòruò 生性懦弱 V.P. be rather soft and tender-hearted by nature
shèngxíngyīshí 盛行一时[-時] F.E. be in vogue; prevail for a time
shèngxióng 圣雄[聖-] N. guru
shēngxiù 生锈[-鏽] V.O. become rusty; rust
shēngxīxiāngwén 声息相闻[聲-] F.E. keep in touch with each other
shēngxī zīběn 生息资本 N. interest-bearing capital
[1]**shēngxù** 甥婿 N. ① niece's husband ② son-in-law
[2]**shēngxù** 升序 N. ascending order/sequence
Shèng Xuānhuái 盛宣怀[-懷] (1844-1916) N. industrial promoter; proposed *guāndūshāngbàn*
[1]**shēngxué** 升学 V.O. move on to the next level of schooling
[2]**shēngxué** 声学[聲-] N. acoustics; phonetics
shēngxué kǎoshì 升学考试 N. entrance examination for a higher school
shēngxuélǜ 升学率 N. proportion of students entering a higher school
shēngxué yíqì 声学仪器[聲-儀-] N. acoustical instrument
shēngxué yǔyīnxué 声学语音学[聲-] N. <*lg.*> acoustic phonetics
shēngxuézhǔyì 升学主义[-義] N. preoccupation with entering a higher school without regard to actual learning
shēngxùn* 声训[聲-] N. <*lg.*> sound gloss; phonetic
shèngxùn 圣训[聖-] N. ① sage's instruction ② imperial edict ③ <*Islam*> memorandum of Muhammad
shēngxùn de 声训的[聲-] ATTR. phonetic
shēngxùnfǎ 声训法[聲-] N. <*lg.*> sound gloss method used in the early stage of Chinese philology
shēngxùnjiā 声训家[聲-] N. early Chinese philologist M: [2]*wèi*
shēngyā 升压[-壓] N. <*elec.*> step up; boost
shēngyá* 生涯 N. ① career; profession ② livelihood
shēngyán 声言[聲-] V. profess; claim; declare

shēngyàn 生厌[-厭] V.O. ① cloy; be disgusting ② feel disgust
[1]**shèngyán** 盛筵 N. grand banquet
[2]**shèngyán** 盛颜 N. one's look in the prime of his life
shèngyàn* 盛宴 N. grand banquet; sumptuous dinner
shèngyánbìsàn 盛筵必散 F.E. Even the grandest feast must have an end.
shèngyànbìsàn* 盛宴必散 F.E. Even the grandest feast must have an end.
shēngyáng 声扬[聲揚] V. make public; advocate
shēngyǎng* 生养[-養] V. <coll.> bear and rear
shèngyánnánzài 盛筵难再[--難-] F.E. Sumptuous feasts are not repeated often.
shèngyànnánzài* 盛宴难再[--難-] F.E. Such grand gatherings do not take place every day.
shēngyào* 生药[-藥] N. ① unprocessed drug; dried medicinal herbs ② <Ch. med.> raw drug
shèngyào 圣药[聖藥] N. efficacious medicine
shēngyáqī xiànxiàng 生牙期现象 N. teething
shēngyè 生业[-業] N. occupation; business
shèngyè* 盛业[-業] N. grand achievements
shēngyěyǒuyá 生也有涯 V.P. Life is limited.
shēngyi* 生意 N. ① business; trade ② tendency to grow; life and vitality *See also* [1]*shēngyì*
shēngyí 生疑 V.O. become suspicious
[1]**shēngyì** 生意 N. vitality *See also shēngyi*
[2]**shēngyì** 升溢 V. rising foam ("head" in beer)
shèngyī 胜衣[勝-] <wr.> ID. children ♦V.P. big enough to wear a dress
[1]**shèngyì** 盛意 N. great kindness; generosity
[2]**shèngyì** 圣意[聖-] N. <trad.> the emperor's wish/intention/etc.
[3]**shèngyì** 圣裔[聖-] N. descendants of a sage (esp. Confucius)
shēngyì'àngrán 生意盎然 F.E. full of life
shěngyìhuì 省议会[-議-] N. provincial assembly
shéngyǐjìlǜ 绳以纪律[繩-] F.E. enforce discipline
shēngyijīng 生意经[-經] N. shrewd business sense/method
shēngyikǒu 生意口 N. a persuasive speaker
[1]**shēngyīn(r)*** 声音(儿)[聲-] N. sound; voice
[2]**shēngyīn** 升音 N. <lg.> rising pitch
shēngyǐn 升引 V. promote
shēngyìn 声印[聲-] N. <lg.> voiceprint
shěngyīn 省音 N. <lg.> elision
shèngyìnánquè 盛意难却[-難卻] F.E. cannot ignore sb.'s kindness
shēngyīnchàpīr 声音岔/差劈儿[聲-] N. <topo.> off-key voice
shěngyīnfú 省音符 N. <lg.> apostrophe
shēngyīn fúhào 声音符号[聲-號] N. <lg.> phonetic symbol
shēngyìng 生硬 S.V. ① stiff; rigid; harsh ② not smooth (of writing); awkward
shēngyìngqìqiú 声应气求[聲應氣-] F.E. Like attracts like.
shēngyīn jiǎjièzì 声音假借字[聲-] N. <lg.> phonetic loan
shēngyīn qīhuà 声音气化[聲-氣-] N. <lg.> devoicing
shēngyīn quèdìng shíjiān 声音确定时间[聲-確-時-] N. <lg.> voice onset time
shēngyīn shàng de jiǎjiè 声音上的假借[聲-] N. <lg.> phonetic loan
shēngyīn xiāngjìn 声音相近[聲-] V.P. be phonetically similar
shēngyīn xiàomào 声音笑貌[聲-] N. voice and expression
shēngyīn xìtǒng 声音系统[聲-] N. <lg.> sound system
shēngyīnxué 声音学[聲-] N. phonetics
shēngyīn yàosù 声音要素[聲-] N. <lg.> properties of sounds
shēngyirén 生意人 N. businessman; merchant M: [2]*wèi*
shēngyi xīnglóng 生意兴隆[--興-] V.P. Trade is brisk.; Business is booming.
shēngyiyǎn 生意眼 N. business insight
shěngyìyuán 省议员[-議-] N. member of the provincial parliament M: [2]*wèi*
shěngyòng 省用 V. save; economize
shēngyóu* 生油 N. ① unrefined oil ② <topo.> peanut oil ③ occurrence of oil (in prospecting)
shěngyóu 省油 V.O./S.V. be low in fuel consumption; save fuel
shèngyóu 胜游[勝-] N. a pleasure trip
shèngyǒu 胜友[勝-] N. <wr.> good/well-known friends M: [2]*wèi*
shēngyóucéng 生油层[-層] N. source bed (petroleum)
shěngyǒu de 省有的 ATTR. provincial
shěngyóu de dēng 省油的灯[-燈] N. ① fuel-efficient lamp ② <slang> fellow who causes the least trouble
shèngyǒurúyún 胜友如云[勝-雲] F.E. a great many good friends
shēngyóuzài'ěr 声犹在耳[聲猶-] F.E. still ringing in one's ears
[1]**shēngyú** 生于[-於] V.P. be born on/in (day/year/etc.)
[2]**shēngyú** 生鱼 N. raw/uncooked fish M: [1]*tiáo*
[1]**shēngyù*** 声誉[聲譽] N. fame; prestige
[2]**shēngyù** 生育 V. ① give birth to; bear ② raise
[3]**shēngyù** 声域[聲-] P.W. range of sound
[1]**shèngyú** 剩余 V. be left over; remain ♦N. surplus; remainder
[2]**shèngyú** 胜于[勝於] V. be better than
shèngyǔ 剩语 N. superfluous words
[1]**shèngyù** 盛誉[-譽] N. great fame/reputation
[2]**shèngyù** 圣谕[聖-] N. ①imperial edict ②*Sacred Edict* (of the Kangxi emperor) M: [2]*dào*
[3]**shèngyù** 圣域[聖-] N. state of being a sage/saint
shēngyuān 声冤[聲-] V. voice grievances; complain and call for redress
[1]**shēngyuán*** 声援[聲-] V. give support to
[2]**shēngyuán** 生员 N. <hist.> ① successful candidate in local civil-service examination ② student
[3]**shēngyuán** 声源[聲-] N. sound source
[4]**shēngyuán** 生源 N. source of students
shěngyuán 省垣 P.W. <wr.> provincial capital; seat of the provincial government
shēngyuánlùn 生源论 N. theory about the origin of life
shēngyuánshuō 生源说 N. <bio.> biogenesis
shèngyú cáichǎn 剩余财产[-產] N. <acct.> residual properties
shèngyú chǎnpǐn 剩余产品[--產-] N. surplus products
shēngyùdàzhèn 声誉大振[聲譽-] F.E. increasingly famous
shēngyǔdiào 升语调 N. <lg.> rising intonation
shēngyuè* 声乐[聲樂] N. vocal music
shèngyuè 圣乐[聖樂] N. sacred music
shēngyuèjiā 声乐家[聲樂-] N. vocalist M: [2]*wèi*
Shèngyuēsè 圣约瑟[聖-] P.W. San Jose
shēngyùfǎ 声喻法[聲-] N. <lg.> onomatopoeia
shēngyù gāofēng 生育高峰 N. baby boom
shèngyú guīzé 剩余规则 N. <lg.> redundancy rule
shēngyùjiànluò 声誉渐落[聲譽-] F.E. One's reputation is on the wane.
shèngyú jiàzhí 剩余价值[-價-] N. ① surplus value ② <econ.> residual value
shèngyú jiàzhí guīlǜ 剩余价值规律[--價---] N. <econ.> law of residual value
shèngyú jiàzhílǜ 剩余价值率[--價--] N. <econ.> ratio of residual value
shēngyù jiézhì 生育节制[--節-] N. birth control
shēngyù jǐfù 生育给付 N. maternity benefits
shèngyú jīnglì 剩余精力 N. spare energy
shèngyú láodòng 剩余劳动[-勞動] N. surplus labor
shèngyú láodònglì 剩余劳动力[--勞動-] N. surplus labor force
shēngyú lěngfàntuán 生鱼冷饭团[-團] N. sushi
shēngyùlì 生育力 N. fertility; fecundity
shèngyú lìrùn 剩余利润 N. surplus profit
shēngyùlǜ* 生育率 N. birth rate
shèngyúlǜ 剩余率 N. <lg.> redundancy; redundance
shēng yǔmáo 生羽毛 V.O. fledge
shēngyùn 声韵[聲韻] N. ① consonants and vowels ② cadence of writing
shēngyùn de 声韵的[聲韻-] ATTR. <lg.> phonological
shěng-yùn-huì 省运会[-運-] P.W. provincial games
shēngyù niánlíng 生育年龄[-齡] N. child-bearing age
shēng-yùnmǔbiǎo 声韵母表[聲韻-] N. <lg.> table of initials and finals M: [1]*zhāng*
shèngyú nóngchǎnpǐn 剩余农产品[--農產-] N. surplus agricultural commodities
shēngyùnqì 升运器[-運-] N. lift conveyer
shēngyùn xìtǒng 声韵系统[聲韻-] N. <lg.> system of initials and finals
shēngyùnxué 声韵学[聲韻-] N. <lg.> ① Chinese historical phonology ② phonology
shēngyúpiàn 生鱼片 N. sashimi M: [1]*piàn*
shēngyùqī* 生育期 N. child-bearing age
shèngyúqī 盛渔期 N. best fishing period
shēngyùquèqì 声誉鹊起[聲譽-] F.E. become famous overnight
shèngyú shōurù 剩余收入 N. residual income
shèngyútārén 胜于他人[勝於-] F.E. throw all the others into the shade
shēngyù tiáojié 生育调节[-節] N. fertility regulation
shèngyúwù 剩余物 N. surplus materials
shèngyú wùzī 剩余物资 N. surplus materials
shēngyù xiànzhì 生育限制 N. birth control; family planning
shèngyú xìnxī 剩余信息 N. redundancy
shèngyú yèzhǔquán 剩余业主权[--業-權] N. <acct.> residual equity
shēngyúyōuhuàn 生于忧患[-於憂-] F.E. Life springs from sorrow and calamity.
shēngyùzhènglóng 声誉正隆[聲譽-] F.E. enjoy great prestige
shèngyúzhí 剩余值 N. surplus value
shēngyùzhuózhù 声誉卓著[聲譽-] F.E. ① famous; widely known ② with a good reputation (of a business firm)
shèngyú zīchǎn 剩余资产[-產] N. residual/surplus assets
shěngzāi 眚灾[-災] N. <wr.> faults and misfortunes
shèngzàn 盛赞 V. glowingly praise
[1]**shēngzào** 生造 V. coin terms
[2]**shēngzào** 生灶 V.O. light cooking range/stove
shēngzàocí 生造词 N. <lg.> coinage; neologism
shēngzàoshēng 声噪声[聲-聲] N. <phy.> acoustic noise
shèngzhàn 圣战[聖戰] N. holy war; crusade M: [2]*chǎng*
shēngzhāng 声张[聲-] V. make public *Bùyào ~*. Don't let it out.
[1]**shēngzhǎng*** 生长 V./N. ① grow; develop ② grow up; be brought up
[2]**shēngzhǎng** 升涨 V. go up; rise
[1]**shēngzhàng** 升帐 N. <trad./mil.> summon subordinates to the tent for instructions
[2]**shēngzhàng** 声障[聲-] N. a mute
shěngzhǎng 省长 N. governor of a province M: [2]*wèi*
shèngzhàng 胜仗[勝-] N. victorious battle; victory M: [2]*chǎng*
shēngzhǎngdiǎn 生长点[-點] N. <bot.> growing point
shēngzhǎng jīsù 生长激素 N. growth hormone
shēngzhǎnglǜ 生长率 N. growth rate
shēngzhǎngqī 生长期 N. growing period
shēngzhāngshúwèi 生张熟魏 F.E. ① promiscuous ② unacquainted with each other
shēngzhǎngsù 生长素 N. <phys.> growth hormone

shèngzhé* 圣哲[聖-] N. ① saints and sages ② wisdom of a sage M: [2]*wèi*

shèngzhě 圣者[聖-] N. sage; saint M: [2]*wèi*

shēngzhěbìsǐ 生者必死 F.E. All that live must die.

shēngzhèn 声震[聲-] N. sonic boom

shéngzhèng 绳正[繩-] V. rectify; correct

shěngzhèng* 省政 N. provincial political affairs

shěngzhèngfǔ 省政府 P.W. provincial government

shèngzhéxiānxián 圣哲先贤[聖-賢] F.E. past sages and men of virtue

shēngzhī 生知 N. be born with the possession of knowledge

[1]**shēngzhí*** 生殖 V. <*bio.*> reproduce

[2]**shēngzhí** 升值 V. <*econ.*> ① revalue ② appreciate

shēngzhǐ 生纸 N. <*trad.*> unsized paper M: [1]*zhāng*

shěng-zhí 省直 ATTR. directly subordinate (to the province)

shěngzhì 省治 N. <*trad.*> seat of a provincial government; provincial capital

shèngzhí 圣职[聖職] N. ① religious job/position ② holy orders; ministry

shèngzhǐ 圣旨[聖-] N. imperial edict M: [2]*dào*

shèngzhībùwǔ 胜之不武[勝-] F.E. An unequal contest brings no honor to the victor.

shēngzhí huíyóu 生殖洄游 N. breeding migration (of some fish)

shèngzhí jiējí zhìdù 圣职阶级制度[聖職階-] N. hierarchy

shēngzhíkǒng 生殖孔 N. gonopore

shēngzhílì 生殖力 N. fecundity

shēngzhílǜ 生殖率 N. reproduction rate

shēngzhíqì 生殖器 N. <*phys.*> reproductive organ

shěng-zhíshǔ 省直属[-屬] ATTR. directly subordinate to the province

shēngzhíxiàn 生殖腺 N. <*phys.*> gonad

shēngzhí xìbāo 生殖细胞 N. <*phys.*> reproductive cell

shēngzhí xìtǒng 生殖系统 N. reproductive system

shéngzhīyǐfǎ 绳之以法[繩-] F.E. punish sb. according to law

shēngzhòngshíguǎ 生众食寡[-眾--] F.E. Production exceeds consumption.

shēngzhū* 生猪[-豬] N. live pig; pig on the hoof M: [1]*tóu*

shéngzhū 绳珠[繩-] N. beads on a string

shèngzhǔ 圣主[聖-] N. <*rel.*> title of respect for Sakyamuni

shēngzhuǎn 升转[-轉] V. promote to a new position

shèngzhuàn* 盛馔 N. a sumptuous dinner

shèngzhuāng 盛装[-裝] N. splendid attire

shèngzhuāngdǎbàn 盛装打扮[-裝--] F.E. be rigged out in one's best

shèngzhuāngfùhuì 盛装赴会[-裝--] F.E. put on glad rags for the party

shèngzhuānghuáfú 盛装华服[-裝華-] F.E. be gorgeously dressed

shèngzhuāngyànfú 盛妆艳服[-妝艷-] F.E. an elaborate toilette

shēngzhuógāorèn 升擢高任 F.E. be promoted; be appointed to a higher post

shěngzhǔxí 省主席 N. (provincial) governor M: [2]*wèi*

[1]**shēngzǐ** 生子 V.O. give birth to child/children

[2]**shēngzǐ** 生仔 N. cub

[3]**shēngzǐ** 声子[聲-] N. <*phy.*> phonon

shēngzì* 生字 N. unfamiliar word; new characters/words (in pedagogy)

shéngzi 绳子[繩-] N. rope; string M: [2]*gēn*

Shèngzǐ 圣子[聖-] N. Holy Son; Jesus Christ

shēngzìbiǎo 生字表 N. list of new words/vocabulary (in pedagogy)

shěngzìfú 省字符 N. <*lg.*> apostrophe

shěngzìhào 省字号[-號] N. <*lg.*> apostrophe

shēngzuìzhìtǎo 声罪致讨[聲-] F.E. condemn; denounce

shēnhǎi 深海 P.W. deep sea

shēnhǎi cǎikuàng 深海采矿[-礦] N. deep-sea mining

shēnhǎidài 深海带[-帶] P.W. abyssal zone

shēnhǎidǐ 深海底 P.W. abyssal; deep-sea floor

shēnhǎiyú 深海鱼 N. abyssal fish

shēnhǎi zīyuán 深海资源 N. deep-sea resources

shénhàn 神汉[-漢] N. sorcerer

shèn hǎo 甚好 V.P. very good; very well

shēnhè 深褐 N. dark brown

shěnhé* 审核[審-] V. examine and verify

shēnhēi 深黑 N. dark/deep black

shēnhēisè 深黑色 N. pitch-black color

shānhén 深痕 N. gash M: [2]*dào*

shēnhèn* 深恨 N. deep hatred ♦V. regret very much

shěnhé yùsuàn 审核预算[審-] V.O. verify a budget

shēnhóng 深红 N. dark red

shēnhóngdàlǜ 深红大绿 F.E. dark red and deep green

shēnhóngsè 深红色 N. dark red

[1]**shēnhòu** 深厚 S.V. ① deep; profound ② solid; deep-seated

[2]**shēnhòu** 身后[-後] N. ① rear (of a person) ② after one's death

shēnhòumíng 身后名[-後-] N. posthumous fame

shēnhòushì 身后事[-後-] N. funeral affairs

shēnhòuwúchū 身后无出[-後--] F.E. die without issue

shēnhòuxiāotiáo 身后萧条[-後蕭條] F.E. die without leaving property/progeny behind

shēnhū 呻呼 V. groan in pain

shénhu 神乎 S.V. strange; sensational; fantastic

Shénhù* 神户 P.W. Kobe (Jp.)

shēnhuà 深化 V. deepen

[1]**shénhuà*** 神话 N. mythology; myth; fairy tale

[2]**shénhuà** 神化 V. deify

shénhuà gùshi 神话故事 N. mythology; myth; fairy tale

shēnhuái'ànqì 身怀暗器[-懷--] F.E. have weapons concealed under one's clothes

shēnhuáilìqì 身怀利器[-懷--] F.E. carry a sharp knife

shēnhuáiliùjiǎ 身怀六甲[-懷--] F.E. be with child; be pregnant

shénhuàjí 神话集 N. a collection of mythology M: [1]*běn*

[1]**shēnhuàn*** 呻唤[-喚] V. groan in pain/illness

[2]**shēnhuàn** 绅宦 N. retired government officials M: [2]*wèi*

shénhuán 神鹮 N. sacred ibis M: [2]*zhī*

shēnhuáng(sè) 深黄(色) N. dark yellow

shénhuà shídài 神话时代[--時-] N. mythological age

shénhuà xiǎoshuō 神话小说 N. fiction based on mythology

shénhuàxué 神话学 N. mythology

shénhuà zhǔtí 神话主题 N. recurrent themes in mythology

shēnhuī* 深灰 N. dark gray

shēnhuì 深晦 S.V. profound; esoteric

shēnhuīsè 深灰色 N. dark grey

shénhūn 神昏 N. <*Ch. med.*> coma; unconsciousness

shénhún* 神魂 N. ① soul ② state of mind

shénhúnbù'ān 神魂不安 F.E. be distracted; have the jitters

shénhúnbùdìng 神魂不定 F.E. be deeply perturbed

shénhúndiāndǎo 神魂颠倒 F.E. be infatuated

shénhúnfēiyuè 神魂飞越[--飛-] F.E. go off into ecstasies

shénhúnpiāodàng 神魂飘荡[-蕩] F.E. ① be perturbed in spirit ② <*coll.*> go off into ecstasies

shēnhuǒ 身火 N. <*Budd.*> desires

shènhuò* 甚或 CONJ. <*wr.*> even; so much so that

shénhūqíjì 神乎其技 F.E. Wonderful is one's art.

shénhūqíshén 神乎其神 F.E. fantastic; miraculous

shēnhūxī 深呼吸 N./V. deep breathing

shěnì 舍匿 V. harbor (a criminal)

shénián 蛇年 N. year of the snake

shèniú 麝牛 N. musk ox M: [1]*tiáo*

shēnjí 伸及 V. spread/extend to

shēnjǐ 身己 N. oneself

shénjī 神机 N. ① God-given chance ② divine plan

[1]**shénjì** 神迹[-跡] N. marvelous event; miracle

[2]**shénjì** 神祭 N. sacrifice to the gods

shěnjì* 审计[審-] V. audit

shènjí 甚急 V.P. ① very anxious ② very urgent

shēnjiā 身家 N. ① self and family ② ancestry; pedigree ③ family background *Tā ~ qīngbái.* He comes from a respectable family.

shēnjià* 身价[-價] N. ① social status ② selling-price of slaves

shèn jiā 甚佳 V.P. very good; very well

shēnjiàbǎibèi 身价百倍[-價--] F.E. have a sudden rise in social status; receive a tremendous boost in one's prestige

shēnjiàbèizēng 身价倍增[-價--] F.E. rise in social status

shēnjiābùqīng 身家不清 F.E. mean descent/parentage

shēnjiādiàochá 身家调查 F.E. investigation of one's family background

shēnjiàdǒuzēng 身价陡增[-價--] F.E. One's stock rose.

shēnjiān* 身兼 V. be concurrently in charge of

shénjiān 神奸 N. ① demons and weird things ② hypocritical/malicious plotters

shénjiàn 神见 V. <*Ch. med.*> perfect understanding

shēnjiā nánbǎo 身家难保[--難-] V.P. live in great danger

shēnjiān'èrrèn 身兼二任 F.E. assume both tasks

shénjiàng 神将[-將] N. successful general with seemingly magical power

shēnjiāo(r)* 深交(儿) V. become intimate with ♦N. deep friendship; long/intimate friendship

shēnjiào 身教 V. teach others by one's own example

shénjiāo 神交 N. ① spiritual accord/communication ② friends with mutual understanding and admiration

shénjiào 神教 N. ① <*Budd.*> power of the Buddha's doctrine ② enlightenment by education

shěnjiào 审校[審-] V. examine and proofread ♦N. reviser

shēnjiào shèngyú yánjiào 身教胜于言教[--勝於--] F.E. Example is better than precept.

shēnjiàoyánchuán 身教言传[-傳] F.E. teach by precept and example

shēnjiào zhòngyú yánjiào 身教重于言教[--於--] F.E. Example is better than precept.

shēnjiā qīngbái 身家清白 V.P. respectable descent/parentage

shēnjiàshíbèi 身价十倍[-價--] F.E. ① The selling-price (of a slave) suddenly shot up tenfold. ② One's social status rose dramatically.

shēnjiā-xìngmìng 身家性命 N. one's personal safety as well as that of one's family

shěnjìbù 审计部[審-] P.W. ministry of audit

shěnjìchù 审计处[審-處] P.W. audit department

shēnjiě 申解 V. explain; state

shēnjiè 申诫/戒 V./N. reprimand; rebuke

shěnjié* 审结[審-] N. completion of investigation

shènjiě 甚解 N. thorough understanding

shēnjiégòu 深结构[-構] N. <*lg.*> deep structure

shēnjiēhěnpī 深揭狠批 F.E. penetratingly expose and thoroughly repudiate

shènjiéshí 肾结石[腎-] N. <*med.*> kidney stone

shénjìjù 神迹剧[-跡劇] N. miracle play

shénjīmiàosuàn 神机妙算 F.E. ① amazing foresight ② a superb strategy

shénjīmòcè 神机莫测 F.E. divinely inspired stratagem

shēnjīn 绅衿 N. local gentry and scholars M: [2]*wèi*

shēnjǐng 深井 N. deep well M: [1]*yǎn*

shēnjìng 申敬 V. show respect for

[1]**shénjīng*** 神经[-經] N. nerve

[2]**shénjīng** 神京 P.W. national capital

[1]**shènjǐng** 渗井[滲-] N. seepage pit M: *kǒu*

[2]**shènjǐng** 蜃景 N. <*met.*> mirage

shēnjīngbǎiliàn 身经百炼[-經-煉] F.E. have gone through the mill

shēnjīngbǎizhàn 身经百战[-經-戰] F.E. have gone through numerous battles

shénjīngbìng 神经病[-經-] N. ① neuropathy ② mental disorder ③ <*coll.*> crazy person ♦F.E. (You're) crazy!

shénjīngbìngxué 神经病学[-經--] N. psychiatry

shénjīngbìngxuéjiā 神经病学家[-經---] N. psychiatrist

shénjīng cuòluàn 神经错乱[-經-亂] N. mental disorder ♦V.P. suffer from a mental disorder

shénjīng de 神经的[-經-] ATTR. <*phys.*> neuro-

shénjīng dúqì 神经毒气[-經-氣] N. nerve gas

shénjīng guānnéngzhèng 神经官能症[-經--] N. neurosis

shénjīng guòmǐn 神经过敏[-經--] N. neuroticism ♦V.P. be neurotic

shénjīngjié 神经节[-經節] N. ganglion

shénjīng jǐnzhāng 神经紧张[-經緊-] V.P. nervous

shénjīng jǐnzhāng bìng 神经紧张病[-經緊--] N. nervous disorder

shénjīngkē 神经科[-經-] P.W. department of mental diseases

shénjīng mòshāo 神经末梢[-經--] N. nerve ending

shénjīngshāo 神经梢[-經-] N. nerve ending

shénjīng shēnglǐxué 神经生理学[-經---] N. <*phys.*> neurophysiology

shénjīng shuāiruò 神经衰弱[-經--] N. neurasthenia; nervous breakdown

shénjīngtòng 神经痛[-經-] N. neuralgia

shénjīng wàikē 神经外科[-經--] N. neurosurgery

shénjīng wǎngluò 神经网络[-經網-] N. neural net

shénjīng xì 神经系[-經-] N. <*phys.*> nervous system

shénjīng xìbāo 神经细胞[-經--] N. nerve cells; neurocyte

shénjīngxìng 神经性[-經-] ATTR. neural; mental

shénjīngxìng píyán 神经性皮炎[-經---] N. <*med.*> neurodermatomyositis

shénjīng xīnlǐxué 神经心理学[-經---] N. <*psy.*> neuropsychology

shénjīng xìtǒng 神经系统[-經--] N. nervous system

shénjīngxué 神经学[-經-] N. neurology

shénjīngyán 神经炎[-經-] N. neuritis

[1]**shénjīngyuán** 神经元[-經-] N. <*phys.*> neuron

[2]**shénjīngyuán** 神经原[-經-] ATTR. <*phys.*> neurogenic

shénjīng yǔyánxué 神经语言学[-經---] N. <*lg.*> neurolinguistics

shénjīngzhàn 神经战[-經戰] N. war of nerves

shénjīng zhànshù 神经战术[-經戰術] N. war of nerves

shénjīngzhì 神经质[-經質] N. nervousness

shénjīng zhōngshū 神经中枢[-經-樞] N. nerve center

shénjīng zǔzhī 神经组织[-經-織] N. nerve tissue

shénjìnr 神劲儿[-勁-] N. <*coll.*> proud manner

shēnjiū* 深究 V. investigate thoroughly; study sth. deeply *Zhè shì(r) yào ~ yuányīn.* We should get to the bottom of this matter.

shēnjiù 申救 V. help a person receive justice

shénjiǔ 神酒 N. nectar

shěnjìyuán 审计员[審-] N. auditor M: [2]*wèi*

shēnjū* 身居 V. be in the position of

[1]**shēnjù** 深巨 V.P. huge; great; gigantic; enormous

[2]**shēnjù** 深钜 V.P. <*wr.*> great; huge

shénjù 神剧[-劇] N. oratorio

shěnjué 审决[審決] V. ① examine and decide ② pass sentence in court

shēnjūjiǎnchū 深居简出 F.E. live a secluded life

shénjūn 神君 N. ① laudatory appellation of a virtuous official ② deity

shēnjū nàoshì 身居闹市[--鬧-] V.O. be situated on a bustling street

Shěn Jūnrú 沈钧儒 (1875–1963) N. legal scholar and official in the Qing, Nationalist, and PRC governments

shēnjū yàozhí 身居要职[--職] V.O. occupy an important position; hold an important post

shēnkāi 伸开[-開] R.V. stretch out; extend; spread

shénkān 神龛 N. niche/shrine for an idol or ancestral tablet

shēnkè 深刻 S.V. deep; profound ♦V. carve deep (in one's heart)

shēnkēng* 深坑 N. deep pit; abyss

shènkēng 渗坑[滲-] N. seepage pit

shēnkōng 深空 N. <*phy.*> deep space

shēnkǒng* 深恐 V. greatly fear

shēnkuàngr 身框儿 N. shape of one's body; height and frame of the body

shénkūguǐháo 神哭鬼嚎 F.E. heart-breaking crying

shènkuī 肾亏[腎虧] N. <*Ch. med.*> ① renal weakness ② impotence; general weakness of the male libido

shénláizhībǐ 神来之笔[-筆] N. an inspired work; a stroke of genius

shēnlán(sè) 深蓝(色)[-藍-] N. dark blue

shēn lǎnyāo 伸懒腰 V.O. stretch oneself

shénláoxíngcuì 神劳形瘁[-勞--] F.E. look extremely haggard and tired

shēnlǐ 申理 V.O. redress a wrong

[1]**shēnlì** 身历[-歷] V. personally experience

[2]**shēnlì** 莘丽[-麗] V.P. <*wr.*> lush; luxuriant; flourishing

shénlì 神力 N. superhuman power

shěnlǐ* 审理[審-] V. try; hear (a case)

shēnliang(r)* 身量(儿) N. <*coll.*> stature; height

shěnliàng 审量[審-] V. observe and estimate

shènliáng(r) 渗凉(儿)[滲涼-] V.P. <*coll.*> chilly

shěnlǐ ànjiàn 审理案件[審-] V.O. try/hear a case

shénliáo 神聊 <*coll.*> V. ① engage in fanciful talk ② talk rubbish

shēnlièróngháng 身列戎行 F.E. join the army

shēnlín 深林 N. a deep forest

shēnlǐng 申领 V. apply for

shēnlìng 申令 V. decree; order ♦N. lg. injunction

shénlíng* 神灵[-靈] N. gods; deities; divinities

shénlíng fùtǐ 神灵附体[-靈-體] V.P. spirit possession

shēnlìngquánguó 申令全国[-國] F.E. issue orders to all parts of the country

shénlǐngyìhuì 神领意会 F.E. understand tacitly; readily take a hint

shēnlínhǔxué 身临虎穴[-臨--] ID. risk one's life by entering the enemy's lair

shēnlínqíjìng 身临其境[-臨--] F.E. experience personally

shēnlìqiǎnjiē 深历浅揭[-歷淺-] F.E. act according to circumstances

shēnlìqíjìng 身历其境[-歷--] F.E. experience personally

shēnlìshēng 身历声[-歷聲] N. stereophonic; high fidelity

shén lóng jiàn shǒu bùjiàn wěi 神龙见首不见尾 F.E. be secretive in one's movements

shènlóu 蜃楼[-樓] ID. mirage (lit./fig.)

shènlòu* 渗漏[滲-] V. seep/ooze out

shènlóuhǎishì 蜃楼海市[-樓--] N. mirage (lit./fig.)

shènlòu sǔnshī 渗漏损失[滲-] N. seepage loss

shènlù 渗漉[滲-] V. ooze; trickle

[1]**shēnlǜ*** 深绿 N. dark green

[2]**shēnlǜ** 深虑[-慮] N. deep consideration

shènlǜ 渗滤[滲濾] N. <*chem.*> percolation filtration

shēnlùntí 申论题 N. essay question

shènlǜqì 渗滤器[滲濾-] N. percolator

shēnlǜsè 深绿色 N. dark-blue/green color

shěn(r)mā 婶(儿)妈[嬸-] N. father's brother's wife

shēnmáixīndǐ 深埋心底 F.E. be buried deep in one's heart

shēnmǎng 深莽 N. land with dense tall grass

shénme 什么[-麼] PR. ① what? ② something; anything ♦CONS. ① ~ (A) *yě/dōu* any/every A *Tā ~ dōu bùyào.* He doesn't want anything. ② V1 ~ V2 ~ V2 whatever V1 *Yǒu ~ chī ~.* Eat whatever there is.

shénme de 什么的[-麼-] PR. and so on; and whatnot

shénme dìfang 什么地方[-麼--] PR. where?

shénme huà 什么话[-麼-] PR. ① What nonsense!; Bosh! ② How can you say that?; How can you do this?

shēnméi 伸眉 V.O. raise one's eyebrows

shēnmèi 深昧 V.P. dark; obscure; gloomy

shěnměi* 审美[審-] V.O. ① appreciate beauty ② make an esthetic judgment ♦N. estheticism

shěnměi biāozhǔn 审美标准[審-標準] N. standards of aesthetic judgment

shěnměiguān 审美观[審-觀] N. ① aesthetic sense ② standards

shěnměi guānniàn 审美观念[審-觀-] N. esthetic sense/notions

shénméiguǐyǎn 神眉鬼眼 F.E. secretive/mysterious manner (of eyes/etc.)

shěnměilì 审美力[審-] N. esthetic judgment

shěnměi nénglì 审美能力[審-] N. esthetic judgment

shěnměixué 审美学[審-] N. esthetics

shēnméiyángqì 伸眉扬气[-揚氣] F.E. feel proud and elated

shěnměizhě 审美者[審-] N. esthete

shénme jià 什么价[-麼價] PR. <*coll.*> what price?

shénme shì 什么事[-麼-] PR. ① What's the matter? ② no matter what; whatever it is

shénme shù jié shénme guǒ 什么树结什么果[-麼樹--麼-] F.E. As the tree, so the fruit.

shénme xīnyǎn 什么心眼[-麼--] V.P. <*coll.*> What intention/idea?

shénmeyàng 什么样[-麼樣] PR. What kind/sort?

shénme yìsi 什么意思[-麼--] PR. What does it/this mean?

shēnmì 深密 S.V. very close (of a relationship)

shénmì* 神秘 S.V. mysterious; mystical

shènmì 慎密 S.V. careful; cautious

shēnmiǎo 深渺 S.V. deep and far

shēnmiào 深妙 S.V. profound and subtle

[1]**shénmiào*** 神妙 S.V. marvelous; ingenious

[2]**shénmiào** 神庙[-廟] P.W. temple of the gods M: [4]*zuò*

shénmiàojuànměi 神妙隽美[--雋-] F.E. remarkable and refined

shénmiàomòcè 神妙莫测 F.E. ingenious; inscrutable

shénmì fúhào 神秘符号[-號] N. hieroglyphic writing

shénmìgǎn 神秘感 N. awe

shénmìhuà 神秘化 V. ① make a mystery of ② mystify

shénmìjù 神秘剧[-劇] N. mystery play

shénmìmòcè 神秘莫测 F.E. be veiled in mystery

shēnmíng* 申明 V. ① declare; avow ② clearly explain

[1]**shénmíng** 神明 N. gods; deities; divinities

[2]**shénmíng** 神名 N. name of a deity

shénmíngbǎoyòu 神明保佑 F.E. have divine help

shēnmíngdàdé 深铭大德 F.E. Your great virtue is deeply engraved upon my memory.

1shēnmíngdàyì 深明大义[-義] F.E. have a firm grasp of what is right and wrong

2shēnmíng dàyì 申明大义[-義] V.O. appeal to a man's sense of right

shénmínggòngjiàn 神明共鉴[-鑒] F.E. Let God examine our hearts!

shēnmíngwǔnèi 深铭五内 F.E. be profoundly grateful

shénmìxìng 神秘性 ATTR./N. mysterious; mystical

shénmìzhǔyì 神秘主义[-義] N. mysticism

shénmó 神魔 N. demon; devil

shènmò* 慎默 V.P. cautious and reticent

shénmóguǐdào(r) 神魔鬼道(儿) F.E. <*coll.*> bizarre/strange ways/ideas/etc.

shénmóumódào 神谋魔道 F.E. as if urged by gods/demons

shēnmóuyuǎnlǜ* 深谋远虑[-遠慮] F.E. plan far ahead

shènmóuyuǎnlǜ 慎谋远虑[-遠慮] F.E. think and plan carefully; be circumspect and far-sighted

shén-mó xiǎoshuō 神魔小说 N. fiction of demons and monsters

shénmù 神木 N. divine tree M: 2*kē*

shěnmǔ* 婶母[嬸-] N. wife of one's father's younger brother; aunt M: 2*wèi*

shěnnà 哂纳 V. kindly accept (this small gift)

shènnáng 肾囊[腎-] N. scrotum

shēnnèilùhǎi 深内陆海[--陸-] P.W. <*geol.*> deep inland sea

shēnniàn* 深念 V. remember; consider; think deeply

shènniàn 甚念 F.E. <*wr.*> (I) miss (you) very much

shěnniáng 婶娘[嬸-] N. <*topo.*> aunt; wife of one's father's younger brother M: 2*wèi*

shénniǎo 神鸟 N. phoenix M: 2*zhī*

shēnnóng 深浓[-濃] S.V. deeply dense/thick/concentrated

Shénnóng* 神农[-農] N. <*hist.*> Divine Husbandman (legendary founder of Chinese agriculture and herbal medicine)

Shénnóngshì 神农氏[-農-] N. <*hist.*> Divine Husbandman

shénnǚ 神女 N. ①goddess ②<*trad.*> prostitute

shénnùguǐyuàn 神怒鬼怨 F.E. be abominated even by gods and demons

shénnùmíntòng 神怒民痛 F.E. be abominated by immortals and mortals

shēnpà 深怕 V. deeply fear; be deeply scared of

shénpái 神牌 N. spirit tablet

shěnpàn 审判[審-] <*law*> V. try a legal case ♦N. trial

shěnpàn chéngxù 审判程序[審-] N. judicial procedure

shēnpáng 身旁 P.W. one's side

shěnpànguān 审判官[審-] N. <*law*> judge M: 2*wèi*

shěnpàn jīguān 审判机关[審-關] P.W. judicial organ

shěnpànquán 审判权[審-權] N. judicial authority; jurisdiction

shěnpànyuán 审判员[審-] N. <*PRC*> judge; judicial officer M: 2*wèi*

shěnpànzhǎng 审判长[審-] N. <*law*> presiding judge M: 2*wèi*

shénpàoshǒu 神炮手 N. crack gunner M: 2*wèi*

shénpí 神疲 N. <*Ch. med.*> mental weakness

shěnpī* 审批[審-] V. examine and approve

shènpí 肾皮[腎-] N. <*phys.*> cortical substance (of the kidney)

shénpǐn 神品 N. ① superb work; masterpiece M: 2*jiàn* ② holy orders (in the Catholic Church)

shěnpíng 审评[審-] V. examine and comment

shěnpíng xiǎozǔ 审评小组[審-] P.W. evaluation group

shěnpī tiáojiàn 审批条件[審-條-] N. approval criteria

shénpó* 神婆 N. <*topo.*> sorceress; witch

shěnpó 婶婆[嬸-] N. ①husband's aunt ②familiar address of an elder woman M: 2*wèi*

shénpózi 神婆子 N. <*topo.*> sorceress

shēnqí 绅耆 N. gentry and elders M: 2*wèi*

shénqi 神气[-氣] N. expression; air; manner ♦S.V. ①spirited; vigorous ②cocky; overweening ***Bié ~ le!*** Stop being so puffed up. ③triumphant ***Tā xiànzài zhèng ~ ne.*** He's sitting pretty now. ④ dignified; imposing *See also* 1*shénqì*

1shénqí* 神奇 S.V. magical; mystical; miraculous

2shénqí 神祇 N. <*wr.*> gods; spirits

1shénqì 神气[-氣] N. ① divine atmosphere ② <*Ch. med.*> active, transforming *qì* *See also shénqi*

2shénqì 神器 N. <*wr.*> ① the throne; imperial power ② a magic weapon/implement

1shènqì 肾气[腎氣] N. <*Ch. med.*> kidney *qì*

2shènqì 蜃气[-氣] N. mirage

shēnqián 深潜[-潛] N. deep diving

shēnqiǎn* 深浅[-淺] N. ①depth ②seriousness ③intentions (good or evil)

shēnqiàn 伸欠 V. stretch and yawn

shěnqián chéngxù 审前程序[審-] N. pre-trial procedure

shēnqiánchuán 深潜船[-潛-] N. bathyvessel M: 1*sōu*

shēnqiàngāolěi 深堑高垒[-壘] F.E. strong defense works

shēnqiánglìzhuàng 身强力壮[-強-壯] F.E. strong; tough; sturdy

shénqiāngshǒu 神枪手[-槍-] N. sharpshooter M: 2*wèi*

shénqí'àomiào 神奇奥妙[--奧-] F.E. mysterious and profound

shēnqiè* 深切 S.V. heartfelt; deep; profound

shènqiě 甚且 CONJ. ① even to the extent that ② go so far as to; so much that

shēnqiè de āidào 深切的哀悼 N. sincere condolences ***biǎoshì ~*** convey one's sincere condolences

shēnqiè de tóngqíng 深切的同情 N. deep sympathy

shēnqiè guānhuái 深切关怀[-關懷] V.P. be deeply concerned about; show great concern about

shēnqiè huáiniàn 深切怀念[--懷-] V.P. dearly cherish the memory of

shénqi huóxiàn 神气活现[-氣--] F.E. very cocky

shēnqíng 深情 N. deep feeling/love

shēnqǐng 申请 N./V. ① apply for ② present a petition to

shénqíng(r)* 神情(儿) N. expression; look

shēnqǐngbiǎo 申请表 N. application form M: 1*zhāng*

shēnqǐngdān 申请单 N. application form M: 1*zhāng*

shēnqǐngdào 申请到 R.V. succeed in applying for sth.

shénqíng gāngà 神情尴尬[--尷-] V.P. look embarrassed

shēnqǐngguó 申请国[-國] P.W. applicant country

shēnqínghòuyì 深情厚谊 F.E. long and close friendship

shénqíng huǎnghū 神情恍惚 F.E. be in a trance

shēnqíngkuǎnkuǎn 深情款款 F.E. deep love

shēnqǐngrén 申请人 N. applicant M: 2*wèi*

shēnqīngrúyàn 身轻如燕[-輕--] F.E. as light as a swallow

shēnqīngrúyè 身轻如叶[-輕-葉] F.E. as light as a leaf

shēnqǐngshū 申请书[-書] N. application M: 1*zhāng*

shēnqīngyánwēi 身轻言微[-輕--] F.E. When one's position is low, one's words carry little weight.

shénqíng zìruò 神情自若 F.E. with an easy grace

shénqi shízú 神气十足[-氣--] F.E. ① looking very dignified ② triumphant

shēnqiū 深秋 N. late autumn

shēnqū* 身躯[-軀] N. body; stature

shēnqù 深趣 N. deep interest; enthusiasm

shénqū 神曲/麯 N. <*Ch. med.*> medicated leaven

Shénqǔ 神曲 N. (Dante's) *Divine Comedy*

shénquán 神权[-權] N. ① religious authority; theocracy ② rule by divine right

shénquán shídài 神权时代[-權時-] N. theocratic era

1shēnr 身儿 N. ① suit (of clothes) ② physical build

2shēnr 糁儿[糝-] N. milled grains

shénr* 神儿 N. look; expression; air

shěnrán 哂然 ADV. smiling

shēnrǎn'èxí 深染恶习[-惡習] F.E. be steeped in vice

shēnrǎnzhòngbìng 身染重病 F.E. be very ill; be seriously sick

shénrén* 神人 N. ①holy man ②dignified man ③gods and men ♦ATTR. immortal

shènrén 渗人[滲-] S.V. <*coll.*> horrifying

shènréndéhuāng 渗人得慌[滲-] F.E. be horrified

shénréngòngfèn 神人共愤 F.E. incur the wrath of all

shénrénggòngjiàn 神人共鉴[-鑒] F.E. May it be taken as evidence both by gods and men.

shénréngòngyuè 神人共悦 F.E. gladden both immortals and mortals

shénréngòngzhū 神人共诛 F.E. be punished by both gods and men

shēnrénhòuzé 深仁厚泽[-澤] F.E. profound benevolence and great favors

shénrénxiāngtōng 神人相通 F.E. Communication exists between gods and human beings.

shēnrèzhīhán 身热肢寒[-熱--] F.E. fever with cold extremities

shénrì 什日 PR. what day

1shēnrù* 深入 V. go deep into; penetrate into ♦S.V./ADV. thorough; deep-going

2shēnrù 伸入 V. stretch/extend into

shènrù 渗入[滲-] V. permeate; seep into

shēnrù bùmáo 深入不毛 F.E. penetrate deep into the wilderness

shēnrù bùmáozhīdì 深入不毛之地 F.E. penetrate deeply into the bare land

shēnrù fùdì 深入腹地 V.O. penetrate deeply into (enemy country)

shēnrù jīcéng 深入基层[-層] V.O. go down to the basic units

shēnrù kāizhǎn 深入开展[--開-] V.P. carry out in a deep-going way

shēnrù kěnqìng 深入肯綮 F.E. penetrate right to the point

shēnrùlíngyǔ 身入囹圄 F.E. be thrown into prison

shēnrúndòng 身瞤动[-動] N. <*med.*> muscular twitching

shēnrùqiǎnchū 深入浅出[--淺-] F.E. explain the profound in simple terms

shěnrúqíyán 审如其言[審-] F.E. What he says is indeed true.

shēnrù qúnzhòng 深入群众[-衆] V.O. immerse oneself among the masses

shēnrù rénxīn 深入人心 V.O. impress deeply upon everyone's mind

shēnrù shēnghuó 深入生活 V.O. plunge into the thick of life

shēnrù shíjì 深入实际[-實際] V.O. go deep into the realities of life

shēnrù xìzhì 深入细致 V.P. ① go deep into details ② thorough and detailed

shēnrù yánjiū 深入研究 V.O. make a thorough study

shēnsè 深色 N. dark color

shénsè* 神色 N. expression; look

shènsè 渗色[滲-] N. <*txtl.*> bleeding

shénsè bùbiàn 神色不变[-變] V.P. be calm in undertaking sth

shénsè bùdìng 神色不定 V.P. one's mind is unsettled

shénsè bù dòng 神色不动[-動] V.P. not move a muscle of one's countenance

shénsè bù jīng 神色不惊[-驚] V.P. look calm and stable

shénsè bùzhèng 神色不正 V.P. look quite unnatural

shénsè yìcháng 神色异常[--異-] V.P. not be one's usual self

shénsè yírán 神色怡然 V.P. look unperturbed

shénsè zhèndìng 神色镇定 V.P. be calm and collected

shénsè zìruò 神色自若 V.P. look unperturbed

shēnshān 深山 N. remote mountains; deep in the mountain

shēnshān-dàhǎi 深山大海 N. mountain ranges and mighty oceans

shēnshang* 身上 P.W. ① (on one's) body *Fàngxīn ba, zhè shì(r) bāo zài wǒ ~.* Don't worry! Just leave it to me. ② at/on hand

[1]**shēnshāng** 绅商 N. gentry and merchants M: [2]*wèi*

[2]**shēn-shāng** 参商[参-] N. <*wr.*> ① morning and evening stars ② separated ③ two friends/relatives who are permanently separated/estranged

shénshāng 神伤[-傷] V.P. be dispirited

shēnshang láile 身上来了 V.P. <*topo.*> menstruate

shènshàngxiàn 肾上腺[腎-] N. <*phys.*> adrenal gland

shènshàngxiànsù 肾上腺素[腎-] N. adrenaline

shēnshānlǎolín 深山老林 F.E. remote, thickly forested mountains

shēnshānyě'ào 深山野岙[-嶴] F.E. in deep mountains and beyond

shénshào 神哨 <*coll.*> S.V. very talkative ♦V. talk trash/nonsense

shènshǎo* 甚少 V.P. very few; very little

shénshè 神社 P.W. ① sacrificial place ② Shinto shrine M: [4]*zuò*

[1]**shēnshēn** 深深 R.F. ① very deeply ② sincerely ③ profoundly ④ keenly

[2]**shēnshēn** 莘莘[-//駪駪] R.F. <*wr.*> numerous; many

shěnshen 婶婶[嬸嬸] N. <*topo.*> an address for one's aunt; wife of one's father's younger brother M: [2]*wèi*

shěnshèn* 审慎[審-] S.V. cautious; circumspect

shěnshèncóngshì 审慎从事[審-從-] F.E. steer a cautious course

[1]**shénshendāodāo** 神神叨叨 R.F. <*coll.*> chatter; be garrulous

[2]**shénshendāodāo** 神神道道 R.F. <*topo.*> odd; fantastic; bizarre

shénshèng 神圣[-聖] S.V. sacred; holy

shénshèng bùkě qīnfàn 神圣不可侵犯[-聖----] F.E. holy and inviolable

shénshèng lǐngtǔ 神圣领土[-聖--] N. sacred territory

shénshèng quánlì 神圣权利[-聖權-] N. sacred right

Shénshèng Tóngméng 神圣同盟[-聖--] N. <*hist.*> Holy Alliance (1815–1830)

shénshèng wénxiàn 神圣文献[-聖-獻] N. <*lg.*> sacred text

shénshèng yìwù 神圣义务[-聖義務] N. sacred duty

shénshèng zhízé 神圣职责[-聖職-] N. sacred duty

shěnshènlèguān 审慎乐观[審-樂觀] F.E. cautious/guarded optimism

shēnshēnqíliyú 申申其詈余 F.E. rebuke me again and again

shénshénqìqì 神神气气[-氣氣] R.F. ① proud; triumphant ② cocky; overweening

shēnshēnrúyě 申申如也 F.E. happy and pleased with oneself

shēnshēn shétou 伸伸舌头 V.O. extend one's tongue

shēnshēnxuézǐ 莘莘学子 F.E. <*wr.*> a great number of disciples/students

shēn shétou 伸舌头 V.O. stick out one's tongue (in making a face/etc.)

[1]**shēnshí** 申时[-時] N. 3–5 P.M.

[2]**shēnshí** 深识[-識] N. ① farsightedness ② profound understanding

[1]**shēnshì*** 身世 N. one's life experience; one's lot

[2]**shēnshì** 绅士 N. gentlemen; gentry M: [2]*wèi*

[3]**shēnshì** 身势[-勢] N. gesture

[4]**shēnshì** 深室 P.W. prison cell M: [1]*jiān*

Shēnshì 深市 AB. *Shēngǔshì*

shénshí 什时[-時] PR. what time?

shénshì 神示 N. prophecy

shěnshì 审视[審-] V. look closely at; examine

shènshī 渗湿[滲濕] V. <*Ch. med.*> induce leakage of moist heteropathy

shènshí 肾石[腎-] N. kidney stone

shènshǐ 慎始 V.P. careful/cautious about the beginning (of an activity)

[1]**shènshì** 甚是 V.P. very; exceedingly; extremely

[2]**shènshì** 蜃市 N. mirage

shèn shíchen 甚时辰[-時-] PR. <*topo.*> when?; at what time?

shēnshìdǔhào 深嗜笃好 F.E. dote on; delight in; enjoy greatly

shěnshíduóshì 审时度势[審時-勢] F.E. study and weigh a situation

shěnshíguānbiàn 审时观变[審時觀變] F.E. examine the times and the trends

shénshīguǐshè 神施鬼设 F.E. as superb as if designed by the supernatural

shénshǐguǐtuī 神使鬼推 F.E. be driven and pushed by evil spirits

shénshíguǒ 神食果 N. lotus; lotos

shēnshìqīliáng 身世凄凉[-涼] F.E. have had a sad life

shēnshì xiédìng 绅士协定[--協-] N. <*loan*> gentlemen's agreement

shēnshìxué 身势学[-勢-] N. <*lg.*> kinesics

shēnshìyǔ 身势语[-勢-] N. <*lg.*> ① kinesics ② body language; sign language

shēnshíyuǎnlǜ 深识远虑[-識遠慮] F.E. great forethought

[1]**shēnshǒu*** 身手 N. skill; agility

[2]**shēnshǒu** 伸手 V.O. ① stretch/hold out one's hand ② ask for help *Bùyào xiàng guójiā ~ yào* [2]*qián.* Don't ask for money from the state. ③ put one's hand to; apply oneself to ④ <*derog.*> meddle in

[3]**shēnshǒu** 身首 N. trunk and head

[1]**shēnshòu** 身受 V. experience personally; receive in person

[2]**shēnshòu** 深受 V. suffer greatly

shénshòu 神授 V.P. charismatic ♦ATTR. god-given

shěnshōu 哂收 F.E. <*wr.*> Please accept (my small gift).

shēnshǒu bùjiàn wǔ-zhǐ 伸手不见五指 F.E. pitch-dark

shēnshǒukějí 伸手可及 F.E. be at arm's length

shēnshǒupài 伸手派 N. sb. who keeps asking superiors for help

shēnshòuqíhài 身受其害 F.E. personally experience its evil effects

shēnshǒuyàoguān 伸手要官 F.E. scheme for an official post

shēnshǒuyàoquán 伸手要权[-權] F.E. scheme to gain power

shēnshǒuyìchù 身首异处[-異處] F.E. be beheaded

shēnshù* 申述 V. explain in detail

shénshù 神术[-術] N. marvelous technique; wondrous tricks

shěnshú 谂熟 V. know sth./sb. well; have an intimate knowledge of

[1]**shēnshuǐ*** 深水 N. deep water

[2]**shēnshuǐ** 申水 N. charges for difference in currency rates

shénshuǐ 神水 N. ① <*trad.*> magic water (that can cure diseases) ② <*Ch. med.*> saliva

shènshuǐ 渗水[滲-] V.O. ① seep through ② percolate

shēnshuǐgǎng 深水港 P.W. deepwater port M: [4]*zuò*

shēnshuǐjǐng 深水井 N. artesian well M: [1]*yǎn*/*kǒu*

shēnshuǐliújìng 深水流静[-靜] F.E. Deep waters run smooth; Smooth waters run deep.

shēnshuǐ zhàdàn 深水炸弹 N. depth charge/bomb M: [1]*kē*

shēnshù láiyì 申述来意 V.O. explain the purpose of one's visit

shēnshuō* 申说 V. ① state (a reason) ② express (feelings) ③ claim

shénshuō 神说 V. <*topo.*> exaggerate; brag

shēnsī* 深思 V. ponder deeply

shénsī 神思 N. thoughts; mental state

shénsì 神似 S.V. resembling closely (in spirit) ♦N. ① close resemblance ② <*lg.*> spiritual resemblance

shènsī 慎思 V. think/consider carefully

shénsī bù'ān 神思不安 V.P. One's heart and mind are disturbed.

shénsī bùdìng 神思不定 V.P. be distracted

shénsīhuǎnghū 神思恍惚 F.E. be distracted/distraught; be in a trance

shénsī hūnluàn 神思昏乱[-亂] V.P. be greatly disturbed in one's mind

shēnsī liàndá 深思练达[-練達] V.P. thoughtful and clearheaded

shènsī míngbiàn 慎思明辨 V.P. think carefully and distinguish clearly

shēnsī shúlǜ* 深思熟虑[-慮] F.E. carefully consider

shènsī shúlǜ 慎思熟虑[-慮] V.P./N. <*lg.*> deliberation

shénsī wěnluàn 神思紊乱[-亂] F.E. One's mind was in a turmoil.

shènsī yīndiào 慎思音调 N. <*lg.*> deliberative intonation

shēnsǐyìxiāng 身死异乡[-異鄉] F.E. die in a strange place/land

shēnsòng 申送 V. submit (documents) to a superior

shēnsù* 申诉 V. appeal; complain

shénsù 神速 S.V. amazingly fast

shēnsuàn 深算 N. careful deliberation

shénsuàn* 神算 N. ① remarkable prediction ② very clever plan

shēnsuì* 深邃 S.V. profound; abstruse; recondite; deep and far

shénsuǐ 神髓 N. essence; quintessence

shènsuǐ 肾髓[腎-] N. <*phys.*> medullary substance (of the kidney)

shēnsuō 伸缩 V. expand and contract; lengthen and shorten ♦ATTR. flexible; elastic; adjustable ♦N. magnification

shēnsuōchǐ 伸缩尺 N. pantograph M: [1]*bǎ*

shēnsuōfèng 伸缩缝 N. <*archi.*> expansion joint

shēnsuō lǎba 伸缩喇叭 N. trombone

shēnsuōlì 伸缩力 N. elasticity

shēnsuōxìng 伸缩性 N. flexibility; elasticity

shēnsuōzìrú 伸缩自如 F.E. be capable of expansion and contraction

shēnsùquán 申诉权[-權] N. right of petition

shēnsùrén 申诉人 N. <*law*> plaintiff M: [2]*wèi*

shéntài 神态[-態] N. expression; bearing; mien

shéntài zìruò 神态自若[-態--] V.P. look perfectly calm

[1]**shēntán*** 深谈 V. ① have intimate talks ② discuss thoroughly

[2]**shēntán** 深潭 N. deep natural pool/pond

shéntán 神坛[-壇] P.W. sacred altar (lit./fig.) M: [4]*zuò*

shèntàn 渗碳[滲-] N. carburization; cementation

shéntáng 神堂 P.W. ancestral temple M: ⁴*zuò*
shěntánxìlùn 深谈细论 F.E. discuss in detail
shēntǎo 申讨 V. openly condemn; denounce
shēntǐ 身体[-體] N. ① body ② health *Nǐ ~ hǎo ma?* How are you?
shēntǐ de 身体的[-體-] ATTR. physical; bodily
shēntǐ gǎnjué 身体感觉[-體-覺] N. <lg.> bodily sensation
shēntǐ jiǎnchá 身体检查[-體--] N. physical examination/checkup
shēntǐ jiànkāng 身体健康[-體--] V.P. be in health
shēntǐlìxíng 身体力行[-體--] F.E. practice what one preaches
shēntǐngr 身挺儿 N. <topo.> state of one's health
shēntǐ sùzhì 身体素质[-體-質] N. physique; constitution
shēntǐ yǔyán 身体语言[-體--] N. body language
shēntōng 深通 V. have a thorough understanding of; be thoroughly versed in
¹**shēntòng** 深痛 N. deep grief ♦V. lament deeply
²**shēntòng** 身痛 N. bodily pain
shéntōng 神通 N. magical power
shéntóng* 神童 N. child prodigy M: ²*wèi*
shèntòng 肾痛[腎-] N. nephralgia
shéntōng guǎngdà 神通广大[--廣-] F.E. be infinitely resourceful
shéntōnglì 神通力 N. supernatural power
shēntōng móulüè 深通谋略 F.E. be deeply read in all the rules of strategy
shēntóu 伸头 V.O. ① act personally ② free oneself
shēntòu 深透 V.P. profound and thorough; penetrating
shèntòu* 渗透[滲-] R.V./N. ① permeate; seep ② infiltrate ③ <phy.> osmose
shéntóuguǐmiàn 神头鬼面 F.E. monstrosities
shēntóutànnǎo 伸头探脑[-腦] F.E. crane the neck to look
shèntòuxìng 渗透性[滲-] N. permeability; osmosis
shèntòuyā 渗透压[滲-壓] N. osmotic pressure
shèntòu yùndòng 渗透运动[滲-運動] N. <mil.> infiltration
shèntòu zhànshù 渗透战术[滲-戰術] N. infiltration tactics
shèntòu zuòyòng 渗透作用[滲-] N. osmosis; permeation
shēntuǐ 伸腿 V.O. ① stretch one's legs ② kick the bucket; die ③ insinuate oneself in
shēntuǐ dèngyǎn(r) 伸腿瞪眼(儿) F.E. <coll.> die
shéntúyùlěi 神荼郁垒[-鬱壘] F.E. the two spirits guarding the entrance to a house
shénǜ 舌衄 N. hemorrhage of the tongue
shēnwā 深挖 V. dig deep
shēnwā gēnyuán 深挖根源 V.O. get to the root of the problem
shēnwài 身外 ATTR. worldly; external
shēnwàizhīwù 身外之物 N. mere worldly possessions
shēnwáng* 身亡 V. die
shēnwàng 深望 V. <wr.> sincerely wish; earnestly hope
shénwáng 神王 N. supreme being
shénwǎng 神往 V. be rapt/charmed
shénwánqìzú 神完气足[--氣-] F.E. full of spirit and energy
¹**shēnwéi** 身为 V.P. as; in the capacity of
²**shēnwéi** 深为 ADV. greatly; deeply; highly
shénwēi 神威 N. invincible might
shénwèi 神位 N. ① memorial tablet ② spirit
¹**shènwēi** 甚微 V.P. minuscule
²**shènwēi** 慎微 V.O. be careful about minute details
shènwéi* 甚为 ADV. very; much
shēnwēi'àomiào 深微奥妙[--奧-] F.E. abstruse and mysterious
shènwéibùjiě 甚为不解 F.E. much perplexed; completely at a loss
shēnwéiwàngzú 身为望族 F.E. born to the purple; born to a high rank
shēnwēiyánqīng 身微言轻[-輕] F.E. The words of the lowly carry little weight.
¹**shēnwén** 深文 N. profound/obscure passage/text M: ¹*piān*
²**shēnwén** 申文 N. <trad.> document submitted to a senior officer M: ³*zhǐ*
shēnwèn 深问 V. delve for basic reasons; question further and further
shěnwèn* 审问[審-] V. interrogate; question
shēnwén'àoyì 深文奥义[-奧義] F.E. hard to understand; abstruse (of writings)
shēnwénzhōunà 深文周纳 F.E. ① trump up all sorts of charges ② apply the law with the utmost severity and make sb. appear guilty
shēnwù 深恶[-惡] V. hate bitterly; abhor; detest
shénwū 神巫 N. wizard; sorcerer
shénwǔ 神武 N. <wr.> ① divine and mighty (usu. said of an emperor or a great general) ② intelligent and courageous
¹**shénwù*** 神物 N. ① <wr.> prodigy; phenomenon ② supernatural being
²**shénwù** 神悟 N. <wr.> divine intelligence; marvelously quick understanding
shènwù 慎勿 V.P. be careful not to
shēnwúchángwù 身无长物 F.E. have nothing; be penniless
shēnwúcùngōng 身无寸功 F.E. have no merit
shēnwúfēnwén 身无分文 F.E. be flat broke
shēnwújǐchū 身无己出 F.E. have no children of one's own
shēnwùtòngjué 深恶痛绝[-惡-絕] F.E. abhor; detest
shēnwúyíwù 身无遗物 F.E. leave no personal possessions after death
shénwū yīyào 神巫医药[-醫藥] N. magico-religious medicine
shēnxī* 深悉 V. understand thoroughly
shènxī 渗析[滲-] N. <chem.> dialysis
shēnxiàn 申宪[-憲] V. ① punish a person by law ② report a matter to a higher level
shénxian* 神仙 N. immortal *See also shénxiān*
shénxiān 神仙 N. ①supernatural/celestial being; immortal ② a clairvoyant *See also shénxian*
shēnxiáng 申详 V. explain (to a superior) in detail
shēnxiǎng 深想 V. think deeply/profoundly
shēnxiàng 深巷 P.W. long lane/alley M: ¹*tiáo*
shénxiàng* 神像 N. ①likeness of a dead person ② idol; image M: ⁴*zuò*
shénxiānhuì 神仙会 P.W. a meeting of persons with experience and wisdom to resolve a major difficulty
shēnxiànjuéjìng 身陷绝境[--絕-] F.E. land oneself in an impasse
shēnxiànlíngyǔ 身陷囹圄 F.E. be thrown into jail
shēnxiānshìzú 身先士卒 F.E. lead one's men in a charge
shénxiānxiàfán 神仙下凡 F.E. Immortals descend to the earth.
shénxiānyǎn 神仙眼 N. <coll.> seer; prophet
shénxiānyú 神仙鱼 N. angelfish M: ¹*tiáo*
shénxiānzhōngrén 神仙中人 N. the happiest mortal alive
shēnxiāo 深宵 N. deep in the night
shénxiào* 神效 N. magical/miraculous effect
shěnxiào 哂笑 <wr.> V. ① sneer ② smile
shěnxiàobùyǔ 哂笑不语 F.E. smile but say not a word
shènxiāochénshàng 甚嚣尘上[--塵-] ID. cause a temporary uproar
shènxiǎoguǎn 肾小管[腎-] N. <phys.> renal tubules
shènxiǎoqiú 肾小球[腎-] N. <phys.> glomerulus
shēnxiè 申谢 V. express thanks
¹**shēn-xīn*** 身心 N. body and mind
²**shēnxīn** 深心 N. ①innermost heart ②profound meaning
shēnxìn 深信 V. firmly believe
shēn-xīn bùníng 身心不宁[-寧] V.P. be on pins and needles
shēnxìnbùyí 深信不疑 F.E. believe unreservedly
shēnxìn chányán 深信谗言[--讒-] V.O. have implicit faith in slander
shēn-xīn chúnjié 身心纯洁[-潔] V.P. be pure in mind and body
shēnxíng 身形 N. figure; physical build
shēnxǐng* 深省/醒 V. ① wake up to a sharp awareness of the truth ② understand after much soul-searching
shēnxìng 深幸 V. feel very lucky (after avoiding danger/etc.)
¹**shènxíng** 慎行 V. act carefully
²**shènxíng** 慎刑 V.O. mete out penalties very carefully
shēnxíng shuìyǐ 身形睡椅 N. contour chair/couch
shēn-xīn huǎnghū 身心恍惚 F.E. be ill at ease and confused
shēn-xīn jiànkāng 身心健康 V.P. sound in mind and body
shēn-xīn jiànquán 身心健全 V.P. sound in mind and body
shēnxīnjiāobìng 身心交病 F.E. be ill both physically and mentally
shēnxīnjiāocuì 身心交瘁 F.E. be mentally and physically exhausted
shēn-xīn shūtài 身心舒泰 F.E. body and mind at ease
shēnxìnwúyí 深信无疑 F.E. thoroughly convinced
shēn-xīn yīzhì 身心一致 V.P. Body and soul are in harmony.
shēn-xīn yúkuài 身心愉快 V.P. feel well both physically and mentally
shénxiù 神秀 V.P. inspired and elegant
shēnxù 申叙[-敘] V. report sb's. good deeds to a superior
shènxū* 肾虚[腎虛] N./V.P. ①general weakness of the male sexual prowess ②<Ch. med.> kidney depletion
shēnxuě 伸/申雪 ID. ① right a wrong ② appeal for redress
shénxué* 神学 N. theology
shènxué 渗穴[滲-] N. seepage crevice/hole
shénxué bóshì 神学博士 N. Doctor of Divinity (D. D.) M: ²*wèi*
shénxuéjiā 神学家 N. theologist; theologian M: ²*wèi*
shénxuéshēng 神学生 N. theology student
shénxuéyuàn 神学院 P.W. theological seminary M: ¹*suǒ*
shěnxùn 审讯[審-] <law> V. ①try ②interrogate ♦N. ① trial ② interrogation
shěnxùnhuì 审讯会[審-] P.W. deliberative assembly; council
shěnxùnlù 审讯录[審-錄] N. memorandum
shěnxùnshì 审讯室[審-] P.W. interrogation room
¹**shēnyán** 伸延 V. extend; stretch; spread
²**shēnyán** 申言 V. profess; claim
³**shēnyán** 深言 N. confidential/intimate talk
shēnyǎn 深眼 N. deep eye sockets
¹**shènyán*** 肾炎[腎-] N. nephritis
²**shènyán** 慎言 V. be prudent in speech
Shěn Yànbīng 沈雁冰 (1896–1981) N. better known as Mao Dun
Shěnyáng 沈阳[瀋陽] P.W. Shenyang (Mukden)
Shěnyáng Shìbiàn 沈阳事变[瀋陽-變] N. the Shenyang (Mukden) Incident of September 18, 1931
shēnyánsè 深颜色 N. dark color
shènyánshènxíng 慎言慎行 F.E. be cautious in speech and conduct
shēnyāo(r)* 伸腰(儿) V.O. ① stretch oneself ② have a successful career
shěnyāo 沈腰 N. <wr.> slender waist

S

shěnyāopānbìn 沈腰潘鬓[-鬢] F.E. <wr.> slender frame and graying temples
shēnyè 深夜 N. deep in the night
[1]**shēnyì** 深意 N. deep/abstruse meaning
[2]**shēnyì** 申议[-議] N. proposal
shényī 神医[-醫] N. highly skilled doctor M: [2]wèi
[1]**shényì** 神意 N. the will of God
[2]**shényì** 神异[-異] N. gods and spirits ♦V.P. magical; mystical; miraculous
shěnyì* 审议[審議] N./V. ① consideration; deliberation ② title of a civil post
shēnyīchángbài 深揖长拜 F.E. bow deeply and salute extensively
shěnyìhuì 审议会[審議-] P.W. deliberative meeting/session
shěnyì jīgòu 审议机构[審議-構] P.W. deliberative body
shēnyín* 呻吟 V. groan; moan
shěnyīn 审音[審-] V.O. ① discern tonal levels/etc. ② determine pronunciations
shènyīn 甚殷 ADV. very sincerely; very badly
shěnyīnbiǎo 审音表[審-] N. checklist of correct pronunciation
shēnyǐng* 身影 N. silhouette; form; figure
shényīng 神鹰 N. <zoo.> ① condor M: [2]zhī ② patriotic way of saying "our air force"
shényǐng 神颖 V.P. wonderfully intelligent
shēnyǐwéifēi 深以为非 F.E. firmly condemn
shēnyǐwéiqiàn 深以为歉 F.E. I regret (to say) that. . .
shènyízhí 肾移植[腎-] N. kidney/renal transplant
shényǒng 神勇 S.V. extraordinarily brave
[1]**shēnyōu** 深幽 S.V. deep and serene
[2]**shēnyōu** 深忧[-憂] N. deep worries
shēnyǒu 身牖 N. <wr.> ears
shényóu* 神游 V. make a mental journey
shényòu 神佑 N. divine help
shēnyǒutónggǎn 深有同感 F.E. deeply share the same feeling/impression
shēnyǔ 深语 N. confidential/intimate talk
shényǔ 神宇 N. <wr.> ① mien; bearing; air ② appearance; look
shényù 神谕 N. oracle
[1]**shènyú*** 甚于[-於] ADV. more than ♦V.P. surpass; exceed
[2]**shènyú** 肾盂[腎-] N. <phys.> renal pelvis
[1]**shēnyuān** 申/伸冤 V.O. seek redress of injustice
[2]**shēnyuān** 深渊[-淵] N. abyss
shēnyuǎn* 深远[-遠] S.V. ① profound and far-reaching ② discerning; clairvoyant
[1]**shēnyuàn** 深院 P.W. large courtyard M: [4]zuò
[2]**shēnyuàn** 深愿[-願] AUX. would be very glad to . . .
shényuán 神援 N. divine help/support
shènyuǎn 甚远[-遠] V.P. very far
shēnyuàngāoqiáng 深院高墙[-牆] F.E. The mansions in walled-in compounds are not available to the public.
shēnyuāntǔqì 申冤吐气[-氣] F.E. redress a grievance
shēnyuānxuěchǐ 申冤雪耻[-恥] F.E. redress a grievance and wipe out a disgrace
shēnyuānxuěhèn 申冤雪恨 F.E. revenge a wrong
shēnyuányīn 深元音 N. <lg.> deep/back vowel
shēnyuānzhāoxuě 申冤昭雪 F.E. redress a grievance and have it settled satisfactorily
Shěn Yuē 沈约 (441–513) N. author of an epoch-making work in phonology
shěnyuè* 审阅[審-] V. check and approve
shěnyuè gǎojiàn 审阅稿件[審-] V.O. go over a manuscript
shēnyùn 身孕 N. pregnancy
shényùn* 神韵[-韻] N. ①personal aura ②poetic charm (in literature and art)
shēnyúshìgù 深于世故[-於--] F.E. see much of life; be sophisticated
shènyúyán 肾盂炎[腎-] N. <med.> pyelitis

shēn zài Cáo yíng xīn zài Hàn 身在曹营心在汉[---營--漢] ID. body in one place but heart in another
shēn zài fú zhōng bù zhī fú 身在福中不知福 F.E. not appreciate the happy life one enjoys
shēnzàixīnchí 身在心驰 F.E. The body is present but the spirit is far away.
shènzàng 肾脏[腎臟] N. kidney
shènzàng jiéshí 肾脏结石[腎臟-] N. nephrolithiasis; renal calculus; kidney stone
shènzàngyán 肾脏炎[腎臟-] N. inflammation of the kidneys
shènzàng yízhí 肾脏移植[腎臟-] N. kidney transplantation
shēnzào* 深造 V. pursue advanced studies
shènzǎo 甚早 ADV. very early
shénzàotiānshè 神造天设 F.E. be divinely created
shēnzháidàyuàn 深宅大院 F.E. mansion with spacious halls and extensive gardens
shēnzhǎn* 伸展 V. spread; extend; stretch ♦N. extension
shēnzhàn 深湛 V.P. profound and thorough
shēnzhǎn chūqu 伸展出去 R.V. stretch out; extend; spread out
shēnzhāng 伸张 V. uphold; promote; expand (power)
shēnzhāng zhèngyì 伸张正义[-義] V.O. uphold justice; be a champion of justice
shēnzhǎntái 伸展台[-臺] P.W. ramp/runway used in a beauty pageant, fashion show, etc.
Shēnzhèn 深圳 P.W. location of a special economic zone in south China
Shēnzhèn Dàxué 深圳大学 P.W. Shēnzhèn University
shēnzhèng 伸证[-證] N. evidence (of guilt)
shēn zhèng bù pà yǐngr xié 身正不怕影儿斜 ID. *See shēn zhèng bù pà yǐngzi xié*
shēn zhèng bù pà yǐngzi xié 身正不怕影子斜 ID. An upright man fears no gossip.
shěnzhèngqiúyīn 审证求因[審證-] F.E. determination of etiologic factors based on differentiation
Shēnzhèn gǔshì zhǐshù 深圳股市指数[-數] N. Shenzhen stock market index
shēnzhī 深知 V. know thoroughly; realize fully
shēnzhí 伸直 V. straighten; stretch out
Shēn-zhǐ 深指 AB. *Shēnzhèn gǔshì zhǐshù* Shenzhen stock market index
[1]**shēnzhì** 深挚[-摯] S.V. sincere
[2]**shēnzhì** 深致 V. convey/express sincerely/deeply
[3]**shēnzhì** 伸志 V.O. have one's ambition fulfilled
shénzhí 神职[-職] N. clergy
shénzhǐ 神纸 N. paper burned in worship M: [1]zhāng
[1]**shénzhì** 神智 N. ① mind ② intelligence
[2]**shénzhì** 神志 N. state of mind; consciousness
[3]**shénzhì** 神识[-識] N. <Ch. med.> mental faculties; consciousness
shěnzhī 谂知 V. <wr.> know; learn; receive information
shènzhì* 甚至 CONJ. even (to the point of); so much so that
shénzhì bànqīng 神志半清 V.P. semiconsciousness
[1]**shénzhì bùqīng** 神志不清 V.P. unconscious; in a coma
[2]**shénzhìbùqīng** 神智不清 F.E. muddleheaded
shénzhìhuǎnghū 神志恍惚 F.E. wandering in one's mind
shénzhì hūnluàn 神志昏乱[-亂] V.P. One's mind is confused.
shénzhì hūnmí 神志昏迷 V.P. ① lose consciousness ② be delirious
shénzhì qīngxǐng 神志/智清醒 V.P. ① be of sound mind ② remain fully conscious
shēnzhīqírén 深知其人 F.E. know sb. thoroughly
shénzhí rényuán 神职人员[-職--] N. clergy

shénzhì sàngshī 神志丧失[--喪-] V.P. unconsciousness
shēnzhīshìgù 深知世故 F.E. know the world well
shènzhīyòushèn 慎之又慎 F.E. be even more careful
shènzhìyú 甚至于[-於] CONJ. even (to the point of); so much so that
shēnzhòng 深重 S.V. very grave; extremely serious
shènzhōng 慎终 V.O. be thoroughgoing about funeral rites for parents
shènzhòng* 慎重 S.V. cautious; discreet
shēnzhòngdú 砷中毒 N. arsenic poisoning
shēnzhòngkěnqìng 深中肯綮 F.E. hit the nail right on the head
shènzhòngqíshì 慎重其事 F.E. take careful precautions
shēnzhōngxīn 深中心 P.W. deep center
shènzhōngzhuīyuǎn 慎终追远[-遠] F.E. thoroughgoing regarding funeral rites for parents and the worship of ancestors
Shénzhōu 神州 P.W. ① Divine Land (i.e., China) ② imperial capital
shénzhū 神珠 N. cornea
shénzhǔ 神主 N. ancestral tablet
shénzhù* 神助 N. help/support from God
shēnzhuàng 申状[-狀] N. <wr.> document submitted to a superior; memorial; petition
shēnzi* 身子 N. <coll.> ① body ② health ③ pregnancy
shēnzī 身姿 N. posture
shēnzǐ 深紫 N. dark purple
shénzī 神姿 N. ① attractive appearance ② imposing vista
shěnzi 婶子[嬸-] N. <coll.> aunt; wife of father's younger brother M: [2]wèi
shènzi 肾子[腎-] N. testicles
shēnzigǔ(r) 身子骨(儿) N. <coll.> one's health; physique
shēnzǐhóngsè 深紫红色 F.E. royal/imperial purple
shēnzǐlánsè 深紫蓝色[--藍-] F.E. royal/imperial purple
shēnzǐsè 深紫色 N. dark purple color
shēnzōngsè 深棕色 N. dark brown color
shēnzòu 申奏 V. memorialize the emperor
shénzuò 神坐 N. ancestral tablet
shèpéngjià 设棚架 N. shelving
shépí 蛇皮 N. snake's skin M: [1]zhāng
shépíguǎn 蛇皮管 N. <elec.> flexible metal conduit M: [1]tiáo
shèpín 射频 N. radio frequency
shèpíng 社评 N. editorial M: [1]piān
shépó 蛇婆 N. <zoo.> sea serpent M: [1]tiáo
shèpǔshù 摄谱术[攝-術] N. <phy.> spectrography
shèpǔshùxué 摄谱术学[攝-術-] <phy.> spectography
shépútáo 蛇葡萄 N. northern fox grape
shèpǔyí 摄谱仪[攝-儀] N. <phy.> spectrograph M: [1]tái
shěqì 舍弃[捨棄] V. give up; abandon
shēqiàn* 赊欠 V. buy/sell on credit; give/get credit
[1]**shéqián** 折钱[-錢] N./V.O. <topo.> suffer losses in business transactions; lose money in business
[2]**shéqián** 舌前 P.W. front part of the tongue
shéqiánbù 舌前部 P.W. <lg.> front part of the tongue
shéqiánzhōngyīn 舌前中音 N. <lg.> alveolar sound
shéqiǎorúhuáng 舌巧如簧 F.E. have a dulcet tongue
shèqīn* 舍亲[-親] N. <humb.> my relative
shèqín 涉禽 N. <zoo.> wading bird; wader
shèqíng 社情 N. social situation
shèqínlèi 涉禽类[-類] N. <zoo.> wader; shorebird; wading bird
shēqiú* 奢求 N. unreasonable expectations
shéqiū 蛇丘 N. <geol.> esker

shèqiú 射球 V.O. <*sport*> shoot toward the goal

shéqū 蛇曲 N. meander

shěqù 舍去[捨-] R.V. rejection

shèqū* 社区[-區] P.W. community

shèqǔ 摄取[攝-] V. ① absorb; assimilate ② take a photograph of; shoot ♦N. <*med.*> intake; uptake

shèqù 摄去[攝-] V. ①absorb; assimilate ②shoot; take a photograph of

shèqū jiàoyù 社区教育[-區--] N. community education

shèqū jiàoyù shìdiǎn 社区教育试点[-區---點] N. community education experiment

shèqǔliàng 摄取量[攝-] N. amount of absorption

shèqún 社群 N. ① (ecological) association ② social group

shèqū xuéyuàn 社区学院[-區--] P.W. community college

shèqū yíngzào 社区营造[-區營-] N. community-building

shérén 舌人 N. interpreter

shèrén* 舍人 N. <*hist.*> palace secretary

shěrù 舍入[捨-] N. <*math.*> rounding off

shèrú* 设如 CONJ. supposing; if

shérúgǔhuáng 舌如鼓簧 F.E. have a dulcet tongue like the notes of a reed organ

shērùjiǎnnán 奢入俭难[-難] F.E. Once accustomed to luxury, it is hard to be frugal again.

shérúlìrèn 舌如利刃 F.E. have a tongue like a razor

shèruò 设若 CONJ. if; suppose; provided

shēsān bùrú xiàn'èr 赊三不如现二 F.E. A bird in the hand is worth two in the bush.

shèsè 设色 V.O. apply color (to painting)

shèsèhuà 设色画[-畫] N. <*art*> color painting

shèsèjuànlì 设色绢丽[-麗] F.E. <*art*> paint delicately in colors

shèsè róuhé 设色柔和 V.P. paint in quiet colors

shèshā 射杀[-殺] V. kill by shooting

[1]**shéshāng** 蛇伤[-傷] N. snake wound

[2]**shéshāng** 舌伤[-傷] N. emotional distress caused by public media/opinion

shéshàng* 舌上 P.W. (on) the tongue

shéshàng de 舌上的 ATTR. <*lg.*> retroflex

shéshàngyīn 舌上音 N. <*lg.*> ①retroflex sound ② palatal initial

shéshǎnyīn 舌闪音 N. <*lg.*> tongueflip

shèshè 慑慑[懾懾] R.F. lose one's courage; fear

shéshén 蛇神 N. deity in the form of a snake ♦ATTR. bizarre

shěshēn* 舍身[捨-] V.O. ① give/sacrifice one's life ② <*Budd.*> renounce the world to become a monk

shěshēnbàoguó 舍身报国[捨-報國] F.E. sacrifice oneself for the country

shěshēnchéngrén 舍身成仁[捨-] F.E. die for the sake of a cause

shèshēnchǔdì 设身处地[--處-] F.E. put oneself in sb. else's position; be considerate

shèshēng 摄生[攝-] V.P. <*wr.*> keep fit

shěshēngjiùrén 舍生救人[捨-] F.E. give one's life to save sb.

shéshēngliánhuā 舌生莲花 F.E. have the gift of gab

shěshēngqǔyì 舍生取义[捨-義] F.E. die for a just cause

shěshēngwàngsǐ 舍生忘死[捨-] F.E. risk one's life

shéshénjīng 舌神经[-經] N. glossal nerves

shěshēnjiùrén 舍身救人[捨-] F.E. give one's life to save sb.

shěshēnwèiguó 舍身为国[捨-國] F.E. die for one's country

shéshǐ 蛇豕 N. <*wr.*> malevolent and greedy person

shèshī* 设施 N. installation; facilities ♦V. ① plan and execute ② take measures

shèshí 摄食[攝-] V.O. forage/hunt for food ♦N. ingestion

shèshǐ 设使 CONJ. if; suppose; in case

[1]**shèshì** 涉世 V.O. ① experience ② make one's way in the world

[2]**shèshì** 涉事 V.O. give a narration

Shèshì 摄氏[攝-] N. Celsius (thermometer)

Shèshìbiǎo 摄氏表[攝-] N. <*loan*> Celsius thermometer M: [2]*zhī*

shèshìbùshēn 涉世不深 F.E. have scanty experience of life

Shèshì hán-shǔbiǎo 摄氏寒暑表[攝-] N. centigrade/Celsius thermometer M: [2]*zhī*

shèshípào 射石炮 N. bombard

shèshìqǐyuàn 设誓起愿[-願] F.E. take an oath; swear

shèshìwèishēn 涉世未深 F.E. inexperienced in affairs of the world

Shèshì wēndùjì 摄氏温度计[攝-] N. Celsius thermograph

shèshí xíngwéi 摄食行为[攝-] N. feeding behavior

shèshí xíxìng 摄食习性[攝-習-] N. feeding habits

shèshíyǐnyǔ 射石饮羽 ID. have strong will power (that can make an arrow pierce even a stone)

shèshìzhūyì 赦事诛意 ID. excuse the act, but not the motive

shēshòu 赊售 N. credit business/sale

shèshǒu* 射手 N. ① shooter; marksman ② <*sports.*> goal getter M: [2]*wèi*

shèshū* 赦书[-書] N. written order of pardon/amnesty M: [2]*fēng*

[1]**shèshǔ** 社鼠 N. wicked people under the protection of a powerful man

[2]**shèshǔ** 麝鼠 N. muskrat M: [2]*zhī*

shèshù 射束 N. beam

shèshǔchénghú 社鼠城狐 F.E. social vultures

shéshǔhéngxíng 蛇鼠横行 F.E. Wicked people are rampant.

shèshuǐ* 涉水 V.O. wade; wade into the water

shèshuì 设帨 ID. <*trad.*> hang a handkerchief on the right side of the door to mark the birth of a girl-child

shèshuǐbèng 射水泵 N. water-jet pump M: [1]*tái*

shèshuǐchí 涉水池 P.W. wading pool

shèshuǐ guòhé 涉水过河 V.P. ford a river

shèshuǐyú 射水鱼 N. archer fish M: [1]*tiáo*

shèshuō 社说 N. editorial

shěsǐwàngshēng 舍死忘生[捨-] F.E. risk one's life

shèsòng 涉讼 V. <*law*> be involved in a lawsuit

shèsù 射速 N. firing rate

shētǎ 舌鳎 N. tonguefish M: [1]*tiáo*

shētài 奢泰 V.P. extravagant (with money)

shétāi* 舌苔 N. <*Ch. med.*> tongue coating/fur

shétài 舌态[-態] N. tongue condition

shètiē 射帖 N. <*wr.*> archery target

shètǐ guǐdào 射体轨道[-體--] N. trajectory

shétou* 舌头 N. ① tongue ② ability to talk ③ <*mil.*> enemy soldier captured to extract information

shétóu 蛇头 N. ① the head of a snake ② cross-border smuggler of humans

shètóu 社头 N. head of an agency/society/etc.

shétóucǎosù 蛇头草素 N. chelonin

shétougēn(r/zi) 舌头根(儿/子) N. root of tongue

shétoujīng 舌头精 N. <*coll.*> ① chatterbox ② rumor-monger

shétóushǔyǎn 蛇头鼠眼 ID. ① crafty, cunning and wily ② repulsively ugly

shétóuyīn 舌头音 N. <*lg.*> a subclass of Ancient Chinese initials

shètǔ 社土 N. land conferred upon a feudal lord by the king

shètuán 社团[-團] P.W. mass organization; community

shètuán fǎrén 社团法人[-團--] N. commonalty; juridical association

shètuán yǔyán 社团语言[-團--] N. <*lg.*> community language/speech

shétuì 蛇蜕 N. <*Ch. med.*> snake slough

shé tūn xiàng 蛇吞象 ID. very greedy

shèwài 涉外 ATTR. involving or involved with foreign affairs/nationals

shèwài hūnyīn 涉外婚姻 N. marriage with foreigners and overseas Chinese

shèwài rényuán 涉外人员 N. personnel involved with foreign affairs

shèwài shìjiàn 涉外事件 N. incident involving foreigners or foreign countries M: [2]*jiàn*

shèwài shuìshōu 涉外税收 N. foreign tax

shēwàng 奢望 N. extravagant hopes

[1]**shèwèi** 摄位[攝-] V.O. usurp the throne

[2]**shèwèi** 摄卫[攝衛] V. take care of one's health

[3]**shèwèi** 麝味 N. muskiness; musk

shéwèi dǐngjiān 舌位顶尖 N. tip of the tongue

shéwén 蛇纹 N. serpentine lines

shéwénshí 蛇纹石 N. <*min.*> serpentine M: [2]*kuài*

shěwǒqíshuí 舍我其谁[捨-] F.E. Who but myself can do it?

shèwù 社务[-務] N. affairs/business of an association/newspaper office, etc.

shèwùhuì 社务会[-務-] P.W. <*PRC*> co-op meetings

shé wú tóu bùxíng 蛇无头不行 ID. Nothing can be accomplished without a leader.

shèxī 慑息[懾-] V.O. hold one's breath in fear

shèxí* 设席 V.O. set up a banquet

shèxì 社戏[-戲] N. village theatrical performance at festivals

shéxià 舌下 P.W. hypoglossal

[1]**shèxià*** 设下 R.V. ① arrange; prepare ② set up (a trap/etc.)

[2]**shèxià** 舍下 P.W. <*humb.*> my abode/home

shèxián 涉嫌 V. be suspected of being involved

[1]**shèxiǎn** 涉险 V.O. take risks

[2]**shèxiǎn** 设险 V.O. fortify strategic points

[1]**shèxiàn*** 射线 N. <*phy.*> ray

[2]**shèxiàn** 设陷 V.O. set a trap

[3]**shèxiàn** 设限 V.O. set a limit

shèxiànbìng 射线病 N. radiation sickness

shēxiǎng 奢想 N. extravagant hopes; wild wishes

shèxiāng 麝香 N. ① musk ② <*Ch. med.*> *Moschus*

[1]**shèxiǎng*** 设想 V. ① imagine; assume ② have consideration for ♦N. tentative plan/idea

[2]**shèxiǎng** 涉想 V. <*wr.*> ① be lost in thought; indulge in fanciful thinking ② think about

shèxiàng 摄像[攝-] V.O. <*PRC*> videotape

shèxiàngjī 摄像机[攝-] N. camcorder M: [1]*tái*

shèxiānglù 麝香鹿 N. musk deer M: [2]*zhī*

shèxiāng méigui 麝香玫瑰 N. <*bot.*> musk rose M: [2]*kē*

shèxiāngniú 麝香牛 N. musk ox M: [1]*tiáo*

shěxiàngqǔshǔ 舍象取鼠[捨-] ID. give up a big profit for a small one

shèxiāngyā 麝香鸭 N. musk duck M: [2]*zhī*

shèxiàn liáofǎ 射线疗法[--療-] N. radiotherapy

shèxiàn zhǐlìng 设陷指令 N. <*comp.*> trapped instructions

shēxiāo 赊销 V. sell on credit

shēxiāo hétong 赊销合同 N. credit sale agreement M: [1]*zhāng*

shèxià quāntào 设下圈套 V.O. set a snare

shéxiàxiàn 舌下腺 N. <*phys.*> sublingual glands

shé-xiē 蛇蝎 ID. vicious people

shé-xiē měirén 蛇蝎美人 N. vicious beauties

shéxiēxīnchǎng 蛇蝎心肠[-腸] F.E. ① as venomous as snakes and scorpions ② cruel; merciless

shéxīn 舌心 P.W. center of the tongue

[1]**shéxíng*** 蛇形 ATTR. snakelike; S-shaped

[2]**shéxíng** 蛇行 V. ① crawl ② move like a snake

shèxíng 摄行[攝-] V. <*wr.*> act for another

shèxìng 射幸 V.O. <*wr.*> gain profits by luck (as in a lottery)

shèxìng wénxué 涉性文学 N. literature concentrating on sex

shéxué* 蛇穴 N. snakepit

shèxué 社学 P.W. community school (in Ming/Qing)

shēyán 奢言 N. extravagant talk

shéyán 舌炎 N. <*med.*> glossitis

shèyàn* 设宴 V.O. give a dinner/banquet *Tā ~ zhāodài le wǒ.* He gave me a dinner party.

shèyǎng 摄养[攝養] V. <*wr.*> conserve one's health; keep fit

shèyànjiànxíng 设宴饯行[--餞-] F.E. give a farewell party

shèyànxǐchén 设宴洗尘[-塵] F.E. give a dinner for a returned voyager

shéyào 蛇药[-藥] N. <*Ch. med.*> snakebite antidote

shéyǎoshāng 蛇咬伤[-傷] N. snake bite

shéyǎoyàocǎo 蛇咬药草[--藥-] F.E. snakeroot

shéyǎo zhòngdú 蛇咬中毒 N. snake venom poisoning

shéyè 舌叶[-葉] N. tongue blade; lamina

shéyèyīn 舌叶音[-葉-] N. <*lg.*> ① palatal affricate ② palato-alveolar ③ blade sound

shéyèyīn de 舌叶音的[-葉--] ATTR. <*lg.*> laminal

shéyèzǔ 舌叶阻[-葉-] N. fore blade obstruction

shēyìjiǎnnán 奢易俭难[-難] F.E. Once accustomed to luxury, it is hard to live frugally.

shěyìjiùláo 舍逸就劳[捨-勞] F.E. give up leisure for a life of toil

shēyín* 奢淫 S.V. extravagant and licentious

shéyīn 舌音 N. <*lg.*> ① lingual sound ② dental sound ③ dorsum

shéyīn èzhōngyīn 舌音颚中音 N. <*lg.*> cacuminal sound

shéyíng 舌蝇[-蠅] N. tsetse fly M: [2]*zhī*

[1]**shèyíng** 舍营[-營] N. <*mil.*> ① billeting ② barracks; billets

[2]**shèyíng** 设营[-營] V. <*mil.*> quarter; encamp

[1]**shèyǐng*** 摄影[攝-] V.O. ① take a photograph ② shoot a film; film ♦N. photography

[2]**shèyǐng** 射影 N. projection

shéyǐngbēigōng 蛇影杯弓 V.P. be jittery

shèyíngdì 设营地[-營-] P.W. camp site

shèyíngduì 设营队[-營隊] P.W. quartering party

shèyǐngjī 摄影机[攝-] N. (movie) camera M: [1]*jià*

shèyǐngjiā 摄影家[攝-] N. photographer; cameraman M: [2]*wèi*

shèyǐng jìzhě 摄影记者[攝-] N. press photographer, cameraman M: [2]*wèi*

shèyǐngkè 摄影课[攝-] N. photography classes M: [2]*táng*

shèyǐng lùyīnjī 摄影录音机[攝-錄--] N. optical/photographic sound recorder M: [1]*jià*

shèyǐngpéng 摄影棚[攝-] P.W. film studio M: [4]*zuò*

shèyǐngshī* 摄影师[攝-師] N. photographer; cameraman M: [2]*wèi*

shèyǐngshì 摄影室[攝-] P.W. photographic studio, photo studio M: [1]*jiān*

shèyǐngshù 摄影术[攝-術] N. photography

shèyǐng zhǎnlǎn 摄影展览[攝-覽] N. photographic/photo exhibition

shèyǐngzhě 摄影者[攝-] N. photographer; cameraman M: [2]*wèi*

shèyǐng zuòpǐn zhǎnlǎn 摄影作品展览[攝-覽] N. exhibit of photographic creations

shéyōng 舌痈[-癰] N. <*Ch. med.*> abscess on the tongue

[1]**shèyǒu*** 设有 V. ① if it ever happens that. . . ② include within; incorporate ③ have

[2]**shèyǒu** 社友 N. fellow member (of a society/association/etc.)

shèyòu 赦宥 N./V. <*wr.*> remit (a punishment); pardon

shèyǒu jīngjì 社有经济[-經濟] N. commune economic enterprises

shēyǔ 奢语 N. extravagant talk

[1]**shèyú*** 慑于[懾於] V.P. be awed by

[2]**shèyú** 射鱼 V.O. harpoon a fish

shēyuàn 奢愿[-願] N. wishful thinking; wild wish

[1]**shèyuán*** 社员 N. ① commune member ② society; club; etc. ③ member of a society

[2]**shèyuán** 射源 N. <*phy.*> source of radiation

shèyuán dàhuì 社员大会 P.W. general convention of an association/society/etc.

shèyuè 麝月 N. <*wr.*> moon M: [1]*lún*

shèyùshūshù 射御书数[-書數] F.E. archery, charioteering, writing, and mathematics

shèyúyínwēi 慑于淫威[懾於-] F.E. be awed by authority

shēzhài 赊债 V.O. ① buy or sell on credit ② give or get credit

shézhàn 舌战[-戰] V. argue heatedly ♦N. a hot dispute; a verbal battle

shēzhàng 赊帐 V.O. ① buy/sell on credit; give/get credit ② have outstanding bills/accounts ♦N. outstanding bills/accounts

shèzhǎng* 社长 N. president/director (of an association/etc.) M: [2]*wèi*

shèzhàng 设帐 V.O. ① pitch a tent ② <*wr.*> set up a school

shè zhànghào 设帐号[-號] V.O. open a bank account

shēzhàng jiàgé 赊帐价格[--價-] N. credit price

shēzhàng jīn'é 赊帐金额 N. <*acct.*> credit amount

shèzhàngshòutú 设帐授徒 F.E. <*wr.*> set up a school and instruct students

shézhànzhìdòu 舌战智斗[-戰-鬥] F.E. match wits and engage in a battle of words

shēzhē 奢遮 N. ① ostentatious ② sensational

shězhe* 舍着[捨著] V.P. be forced to part with sth.

shézhěn 舌诊 N. <*Ch. med.*> tongue diagnosis

shèzhèng 摄政[攝-] V.O. act as regent

shězhèngcóngxié 舍正从邪[捨-從-] F.E. deflect from the right cause

shèzhèngwáng 摄政王[攝-] N. prince regent

shézhì 舌质[-質] N. <*Ch. med.*> tongue substance/quality/color

shèzhí 舍侄 N. <*humb.*> my nephew

shèzhǐ 社址 P.W. club grounds

[1]**shèzhì*** 设置 V. set/put up; install

[2]**shèzhì** 摄制[攝製] V. produce (film) *Běn piàn yóu Běijīng Diànyǐng Zhìpiànchǎng ~.* This film was produced by the Beijing Film Studio.

shèzhì chéngběn 设置成本 N. set-up cost

shèzhìzǔ 摄制组[攝製-] P.W. production unit (of film)

shézhōng 舌中 P.W. middle part of the tongue

shèzhòng* 射中 R.V. hit the target; score a hit

shézhōngyīn 舌中音 N. <*lg.*> dorsal sound

shèzhù 射住 R.V. fire at; hit

shèzhuàn 摄篆[攝-] V. <*wr.*> act as a deputy

shézhuàng 舌状[-狀] ATTR. lingular; tongue-shaped

shézhuànghuā 舌壮花[-壯-] N. <*bot.*> ligulate flower

shézhuǎnqiánkūn 舌转乾坤[-轉--] F.E. flowery phrases

shèzhuànxǐchén 设馔洗尘[-塵] F.E. set out food and give a welcome dinner (for sb. arriving from a long trip)

Shēzú 畲族 N. She ethnic minority (in SE China)

shézú 蛇足 N. sth. superfluous

shézǔ 舌阻 N. <*lg.*> closure made by the tongue

shèzú* 涉足 V.O. <*wr.*> set foot in

shézǔ de bùwèi 舌阻的部位 N. <*lg.*> position of the tongue making closure

shèzúhuācóng 涉足花丛[-叢] F.E. visit brothels

shèzuì 赦罪 V.O. pardon/forgive (an offender)

shèzuìwén 赦罪文 N. <*rel.*> absolution M: [1]*piān*

shèzújiētóu 涉足街头 F.E. walk the streets

shézuò 蛇座 N. <*astr.*> constellation of serpent

shèzuò* 设座 V.O. choose a place to give a banquet; install seats

shèzúqíjiān 涉足其间 F.E. <*wr.*> set foot there

shèzúshìtú 涉足仕途 F.E. start an official career

[1]**shi** 匙 in [1]*yàoshi See also* [6]*chí*

[2]**shi** 殖 in [2]*gǔshi See also* [7]*zhí*

[1]**shī** 师[師] B.F. ① teacher *lǎoshī* ② master [1]*shīfu* ③ model; example *shīfàn* ④ person skilled in certain profession *gōngchéngshī* ⑤ indicates relationship through a teacher *shīmǔ*, [1]*shīdì* ⑥ master; mother (a term of respect for a monk/nun) [1]*fǎshī* ⑦ imitate [2]*shīgǔ* ⑧ troop; army *chūshī* ♦N. ① (army) division ② Surname

[2]**shī** 湿[濕] S.V. wet; damp; humid

[3]**shī** 诗[詩] N. poetry; verse; poem; hymn

[4]**shī** 失 V. ① lose ② miss; let slip ♦B.F. ① neglect ② violate *shīyuē* ③ break (a promise); go back on (one's word) *shīyán* ④ fail to get hold of [1]*shīshǒu* ⑤ get lost [1]*shīzōng* ⑥ mistake; mishap; defect *guòshī*

[5]**shī** 施 B.F. ① execute; carry out [1]*shīshī* ② bestow; give *shīshě* ③ use; apply *shīféi*, *shīfěn* ♦V. exert; impose *shī yālì* exert pressure ♦N. Surname

[6]**shī** 狮[獅] B.F. lion [1]*shīzi*

[7]**shī** 尸[屍] B.F. corpse [1]*shītǐ*, *shīshou* ♦N. person representing the spirit of the dead person during sacrifices (usu. a child)

[8]**shī** 嘘[噓] V. hiss *Tā bèi ~ xià tái.* He was hissed off the stage. ♦INTJ. hush; shush *See also* [5]*xū*

[9]**shī** 虱 B.F. ① louse [2]*shīzi* ② louse-like arachnid *bìshī*

[10]**shī** 蓍 B.F. alpine yarrow *shīcài*

[11]**shī** 绝[絁] B.F. a silk fabric *huángshī*

[12]**shī** 鲱[鰤] B.F. yellowtail (fish) [2]*zhōushī*

[13]**shī** 鸤[鳲] in *shījiū*

[14]**shī** 实[實] in *è'eshīshī See also* [5]*shí*

[1]**shí** 十 NUM. ten; 10 ♦B.F. complete [1]*shífēn*, [1]*shízú*

[2]**shí** 时[時] N. ① time (when) *Lái ~, qǐng gàosu wǒ.* Let me know when you come. ② <*lg.*> tense ③ Surname ♦B.F. ① period; season [1]*shídài* ② hour; o'clock ③ opportunity; chance [1]*shíjī* ④ current; present [2]*shíshì* ♦ADV. now and then; occasionally; from time to time ♦CONS. *~ A ~ B* sometimes A, sometimes B *~ yuǎn ~ jìn* sometimes far, sometimes near

[3]**shí** 石 B.F. ① stone; rock *shítou* ② stone inscription [2]*shíkè* ♦N. Surname *See also* [7]*dàn*

[4]**shí** 食 V. <*wr.*> eat ♦B.F. ① meal; having to do with food [1]*shítáng*, *shípǐn* ② edible [2]*shíyóu* ③ animal feed *zhūshí* ④ eclipse [1]*yuèshí See also* [9]*sì*

[5]**shí** 实[實] B.F. ① solid; full; substantial [2]*shízú* ② true; real; actual [1]*zhēnshí* ③ practical [1]*shíjì* ④ reality; fact [1]*shíshí* ⑤ fruit; seed *guǒshí See also* [14]*shī*

[6]**shí** 识[識] V. know; recognize ♦B.F. *zhīshi See also* [39]*zhì*

[7]**shí** 蚀[蝕] B.F. ① lose [1]*shíběn* ② erode; corrode [1]*fǔshí* ③ eclipse *rìshí*

[8]**shí** 拾 V. ① pick up ② collect ♦B.F. put in order *shōushi* ♦NUM. ten (on checks/etc.) ♦N. <*trad.*> brassard *See also* [10]*shè*

[9]**shí** 什 NUM. ten (used in fractions, for checks, etc.) ♦B.F. assorted; various; miscellaneous [4]*shíwù* ♦in *jiāshi*, *hàshimǎ See also* [2]*shén*

[10]**shí** 鲥[鰣] B.F. shad [2]*shíyú*

[11]**shí** 湜 B.F. clear water [4]*shíshí*

[12]**shí** 炻 in [4]*shíqì*

[1]**shǐ** 使 V. ① send (as envoy) ② have sb. do sth. ③ use; employ; apply ④ make; cause; enable ♦B.F. envoy *dàshǐ* ♦CONJ. if

[2]**shǐ** 史 B.F. ① history *lìshǐ* ② <*trad.*> official historian *shǐguān* ♦N. Surname

[3]**shǐ** 驶[駛] V. sail; move along quickly (of vehicle) ♦B.F. drive; pilot *jiàshǐ*

[4]**shǐ** 屎 N. excrement; dung; dropping ♦B.F. ① secretion (of the eye/ear/etc.) *yǎnshǐ* ② execrable

[5]**shǐ** 矢 B.F. ① arrow [2]*fēishǐ* ② vow; swear *shǐzhōngyú* ♦N. excrement; dung; feces

[6]**shǐ** 始 B.F. begin; start [1]*kāishǐ* ♦ADV. <*wr.*> only then; not. . .until ♦N. Surname

[7]**shǐ** 豕 B.F. pig *shǐnú*, *lùshǐ*

[1]shì* 是 V. ① be ② <wr.> praise; justify ♦B.F. matter; affair ***guó~*** national affairs ♦PR. this; all ♦S.V. right; true ♦ADV. certainly; for sure ***Tiānqi ~ rè.*** It sure is hot. ♦CONS. *A ~ A* it's A all right, but. . . ***Hǎo ~ hǎo, kěshì wǒ bù xǐhuān.*** It's good all right, but I don't like it.

[2]shì(r) 事(儿)[-(兒)] N. ① matter; affair; thing; event ② trouble; accident ③ job; work ④ responsibility; involvement ⑤ <lg.> action ♦V. ① <wr.> wait upon ② be engaged in ③ serve

[3]shì 室 B.F. ① room ***[1]wòshì***, ***[1]jiàoshì*** ② house; building ***[1]shìnèi*** ③ work unit ④ chamber ***[2]xīnshì*** ⑤ <wr.> wife ***qīshì***

[4]shì 市 B.F. ① market ***[1]shìchǎng*** ② city; municipality ***[1]chéngshì*** ③ Chinese system of weights and measures ***~chǐ*** Chinese market foot (1/3 meter) ♦V. <wr.> buy; sell; deal in

[5]shì 试[試] V. try; test ***Ràng wǒ ~ yīxià.*** Let me have a try. ♦B.F. examination; test ***[1]kǎoshì***

[6]shì 式 B.F. ① model; standard ***móshì*** ② form; pattern; formula; style ***[1]xīnshì*** ③ ceremony; ritual ***kāimùshì*** ♦N. <lg.> ① mood; mode ② aspect; tense; voice ♦SUF. -ation

[7]shì 势[勢] B.F. ① power; force; influence ***[1]shìli*** ② appearance; configuration ***[2]xíngshì*** ③ situation; circumstance ***[1]qūshì*** ④ sign; gesture ***[1]shǒushì*** ⑤ male genitals ***[3]qùshì*** ⑥ stress ⑦ <art> compositional force; movement

[8]shì 世 B.F. ① generation ***[2]yīshì*** ② life; lifetime ③ age; era; epoch ***[3]jìnshì*** ④ world ***[1]shìjiè*** ♦N. Surname

[9]shì 视[視] B.F. ① regard; look at/upon ***[1]zhòngshì*** ② inspect; watch ***shìchá*** ③ sight; vision ***jìnshi*** ♦CONS. *~ A ér dìng* depends on A

[10]shì 拭 B.F. wipe (away/off) ***[4]fúshì, shìmùyǐdài***

[11]shì 示 B.F. ① show; indicate ***biǎoshì*** ② instructions ***gàoshi***

[12]shì 誓 B.F. vow; pledge; swear ***[1]fāshì***

[13]shì 氏 B.F. ① clan; family ***[1]shìzú*** ② family name; surname ***[1]xìngshì*** ♦SUF. *used after surnames* ① Mr./Mrs./Ms. ***Lǐ~*** Mr. Li/the Li family ***Zhāng~ xiōngdì*** the Zhang brothers ② form of address for a celebrity ***Sūn~*** Sun Yat-sen ③ school of thought ***Lǎo~*** School of Laozi ④ née ***Wáng Lǐ ~*** Mrs. Wang, née Li *See also* ***[18]zhī***

[14]shì 士 B.F. ① <trad.> scholar; intelligentsia ***shìnónggōngshāng*** ② person ***[1]rénshì*** ③ soldier ***shìbīng*** ④ person trained in a certain field ***hùshi*** ⑤ (commendable) person ***[1]zhìshì*** ♦N. ① a piece in Ch. chess ② Surname

[15]shì 饰[飾] B.F. ① decoration; ornament ***shǒushi*** ② adorn; dress up ***[1]zhuāngshì*** ③ cover up ***[1]yǎnshì*** ♦V. play the role of ***Tā zài nà chū xì li ~ zhǔjuér.*** She plays the major role in that

[16]shì 舐 V. <wr.> lick

[17]shì 柿 B.F. persimmon ***[1]shìzi***

[18]shì 谥[謚/諡] V./N. (confer a) posthumous title

[19]shì 适[適] B.F. appropriate; suitable ***[1]shìyìng, [1]héshì*** *See also* ***[13]dí***

[20]shì 释[釋] B.F. ① explain ***[1]jiěshì*** ② set free ***shìfàng*** ③ short for Sakyamuni; Buddha; Buddhism ***Shìjiāmóuní, Shìjiào***

[21]shì 逝 B.F. die ***[3]shìshì***

[22]shì 侍 B.F. wait upon; serve ***[1]shìhòu, fúshi***

[23]shì 仕 B.F. <trad.> serve as an official ***[1]shìlù, [5]chūshì***

[24]shì 螫 <wr.> V. sting

[25]shì 铈[鈰] N. <chem.> cerium

[26]shì 嗜 B.F. have a special liking for; be addicted to ***[1]shìhào, pǐshì***

[27]shì 噬 B.F. bite ***shìjūntí, [2]bóshì***

[28]shì 恃 B.F. depend on ***[7]shìlì, [2]hùshì***

[29]shì 筮 B.F. <trad.> divination by milfoil ***[3]shìfǎ, bǔshì***

[30]shì 弑[弒] B.F. <wr.> regicide; patricide ***[2]shìfù, [1]cuànshì***

[31]shì 莳[蒔] B.F. plant; transplant ***[2]shìhuā, shìluó***

[32]shì 贳[貰] B.F. ① rent out; lend ② buy on credit ***[2]shìjiǔ*** ③ pardon ***[2]shìshè***

[33]shì 轼[軾] B.F. <trad.> handrail for the driver at the front of a carriage/chariot ***píngshìjiézhé***

[34]shì 似 in ***[2]shìde*** *See also* ***[2]sì***

[35]shì 忕 in ***niǔshì***

shì'a 是啊 INTJ. Yeah!; Oh yes!

[1]shì'ài 示爱[-愛] V.O. show/express love

[2]shì'ài 恃爱[-愛] V.O. presume on your kindness and affection

shì ānfèn 使安分 V.O. put sb. in his place

shì ānquán 使安全 V.O. make secure

shíbā* 十八 NUM. eighteen

shíbá 识拔[識-] V. recognize the worth of and promote (a person); appreciate and promote

[1]shìba 是吧 V.P. <coll.> ① Is that so? ② yeah; OK; that's right

[2]shìba 试巴 V. <coll.> try; test ***wǒ lai ~*** Let me have a try.

shíbābān wǔyì 十八般武艺[-藝] ID. be versatile

shíbā biàn 十八变[-變] N. the 18 variations (e.g., changes in mood of adolescents, showers of spring, etc.)

shíbā céng dìyù 十八层地狱[--層--] P.W. ① bottom pit of hell ② <Budd.> eighteen hells where the souls of evil persons are tortured

shíbā chóng dìyù 十八重地狱 P.W. <Budd.> eighteen hells where the souls of evil persons are tortured

shībài* 失败 N./V. ① be defeated; lose ② fail

shíbǎi 什百 NUM. tenfold; hundredfold

shìbàichuíchéng 事败垂成 F.E. fail on the verge of success

shībàigàozhōng 失败告终 F.E. end up in failure

shībài qíngxù 失败情绪 N. defeatist sentiments

shībài shì chénggōng zhī mǔ 失败是成功之母 F.E. Failure is the mother of success.

shībài wéi chénggōng zhī mǔ 失败为成功之母 F.E. failure is the mother of success

shībàizhǔyì 失败主义[-義] N. defeatism

shíbā luóhàn 十八罗汉[-羅漢] N. <Budd.> 18 saints or arhats

[1]shíbǎn* 石板/版 N. ① <archi.> slabstone; flagstone ② slate (for writing on) M: ***[2]kuài***

[2]shíbǎn 石版 N. ① <print.> stone plate ② stone slabs/slates M: ***[2]kuài***

shìbàn(r) 使绊(儿) V.O. ① trip an opponent (in wrestling) ② injure by underhanded means

shìbǎn 仕版 N. register of officials

shìbàn 试办[-辦] V. run a pilot scheme

shíbǎndào 石板道 N. slabstone/flagstone road M: ***[1]tiáo***

shìbàng 试棒 N. coupon M: ***[1]zhāng***

shìbàngōngbèi 事半功倍 F.E. get twice the result with half the effort

shìbànhé 试拌合 N. trial batch

shíbǎnhuà 石版画[-畫] N. lithograph M: ***[1]zhāng***

shǐbànr shuānzhù rén 使绊儿拴住人 V.P. <coll.> hog-tie sb.; tie sb. down

shíbǎnshí 石版石 N. lithographic stone M: ***[2]kuài***

shíbǎnshù 石版术[-術] N. stone-plate printing

shìbàntái 试拌台[-臺] N. trial batch M: ***[4]zuò***

shíbàn xiàngrìkuí 十瓣向日葵 N. dahlia sunflower M: ***[2]kē***

shíbǎn yìnshuā 石版印刷 N. lithographic printing

shíbānyú 石斑鱼 N. <zoo.> ① grouper ② trout M: ***[1]tiáo***

shǐ bànzi 使绊子 V.O. put a spoke in sb.'s wheel

shībào 施暴 V. use violence; be violent

shíbào* 时报[時報] N. Times (in newspaper titles) M: ***[2]qī***

shìbào 试爆 N. test explosion

shǐ bǎohé 使饱和 V.P. saturate

shìbǎomǎténg 士饱马腾 F.E. well-fed and highly-motivated (of troops)

shíbàoshíxiāo 实报实销[實報實-] F.E. be reimbursed for what one spends

shībǎowànmín 师保万民[師-萬-] F.E. act as teacher and guardian of the myriad people

shíbǎoyīnuǎn 食饱衣暖 F.E. well fed and warm

shíbēi 石碑 N. stone tablet; stela M: ***[2]kuài***

shìbèigōngbàn 事倍功半 F.E. get half the result with twice the effort

[1]shíběn 蚀本 V.O. lose one's capital

[2]shíběn 石本 N. rubbings from stone inscriptions

shíběn chūshòu 蚀本出售 V.P. sell at less than cost

shǐ běndìhuà 使本地化 V. <lg.> nativize

shíběn shēngyì 蚀本生意 N. unprofitable venture/undertaking

shībǐ 师比[師-] N. girdle hook used by the Northern non-Chinese

shībì 湿痹[濕-] N. <Ch. med.> arthritis caused by dampness

shíbǐ 石笔[-筆] N. slate pencil M: ***[2]zhī***

[1]shíbì 石壁 N. cliff; precipice M: ***[1]miàn***

[2]shíbì 时弊[時-] N. present-day evils/problems

shǐbǐ 史笔[-筆] N. ① historiographer's writing brush ② recordings of a historiographer ③ faithful manner of recording by a historiographer

shǐbì 使婢 N. <trad.> maidservant

[1]shìbì* 势必[勢-] ADV. certainly will; be bound to ***~ yǒu yītiān. . .*** The day will certainly come when. . .

[2]shìbì 世弊 N. current social evils

[3]shìbì 是必 ADV. must be; surely; certainly

[4]shìbì 侍婢 N. maidservant

[1]shíbiàn 时变[時變] N. temporal/seasonal change; change of time

[2]shíbiàn 识辨[識-] V. distinguish; identify

shìbiān 饰边[-邊] N. piping; cording M: ***[1]tiáo***

shìbiàn* 事变[-變] N. ① incident ② emergency; exigency

shíbiāndì 十边地[-邊-] P.W. small plots of land by the side of houses/roads/ponds/etc.

shǐ biàn lánsè 使变蓝色[-變藍-] V.O. blue; make blue

shǐ biànmàn 使变慢[-變-] V.P. downshift

shǐ biànpíng 使变平[-變-] V.P. flatten

shì biàn rén yì biàn 世变人亦变[-變--變] F.E. Society has changed and so have the people in it.

shíbiānxíng 十边形[-邊-] N. decagon

shìbiān yùsuàn 试编预算 N. preliminary budget

shībiǎo* 师表[師-] N. <wr.> a person of exemplary virtue M: ***[2]wèi***

[1]shíbiāo 时标[時標] N. ① time scale ② time/timing mark

[2]shíbiāo 石标[-標] N. stone mark/cairn M: ***[2]kuài***

shìbiǎo 试表 V.O. <coll.> take sb.'s temperature

shíbīchùcǐ 实逼处此[實-處-] F.E. There's no alternative under the circumstances.

shìbì dǎoméi 势必倒霉[勢-] V.P. be in for it

shíbiē 石鳖 N. <zoo.> chiton M: ***[2]zhī***

shíbié* 识别[識-] V. distinguish; discern ♦N. identification; recognition

shíbiélì 识别力[識-] N. discernment

shíbiémǎ 识别码[識-] N. <comp.> identifying code

shíbiéqū 识别区[識-區] P.W. identification range

shíbiézhèng 识别证[識-證] N. I.D. card M: ***[1]zhāng***

shíbiézì 识别字[識-] N. <comp.> indentifier word

shìbìgōngqīn 事必躬亲[-親] F.E. see to everything oneself

shībìhuà 湿壁画[濕-畫] N. fresco M: ***[10]fú***

shībìng 湿病[濕-] N. <Ch. med.> diseases caused by dampness

shíbìng 时病[時-] N. ① ills of the times ② seasonal disease

shìbīng* 士兵 N. rank-and-file soldiers M: ***[2]wèi***

shìbǐng(r/zi) 柿饼(儿/子) N. preserved persimmon

shíbìngjiǔtòng 十病九痛 F.E. be feeble

shìbīng jùlèbù 士兵俱乐部[---樂-] P.W. service club

shìbīng qúnzhòng 士兵群众[-眾] N. the masses of soldiers; the rank and file

shìbìshǐzhǐ 使臂使指 F.E. command/direct as one wishes
shì bíyīnhuà 使鼻音化 V. <lg.> nasalize
shìbìyǒuyīn 事必有因 F.E. Every why has a wherefore.
shìbìyǒuzhào 事必有兆 F.E. Coming events cast their shadows before them.
shībó 诗伯 N. great poet M: [2]wèi
[1]**shìbō*** 试播 V. make a trial broadcast
[2]**shìbō** 示波 N. oscillography
shìbó 世伯 N. designation for the male friends of one's father M: [2]wèi
shìbōjìng 示波镜 N. oscilloscope M: [1]tái
shìbōqì 示波器 N. oscilloscope M: [1]tái
shìbósī 市舶司 P.W. <trad.> seaport offices akin to today's customs
shìbōtú 示波图[-圖] N. <elec.> oscillogram
[1]**shībù** 师部[師-] P.W. <mil.> division headquarters
[2]**shībù** 湿布[濕-] N. wet cloth/rag M: [2]kuài
[3]**shībù** 尸布[屍-] N. death clothes; pall M: [2]kuài
shíbǔ 食补[-補] V. take nourishing food to keep up one's health
shǐbù 史部 P.W. ①history section ②second of four sections in traditional Chinese bibliographic classification
shìbu 是不 V.P. <coll.> isn't it?
shìbǔ 试捕 N. test/experimental/exploratory fishing
[1]**shìbù*** 市布 N. calico M: [2]kuài
[2]**shìbù** 释部[釋-] N. Buddhist sutras
shì bù bàxiū 誓不罢休[--罷-] V.P. swear to fight to the finish; swear not to stop
shíbuchángr 时不常儿[時-] ADV. <coll.> occasionally; sometimes; often
shì bù chéngrèn 誓不承认[-認] V.P. deny under oath
shíbùchōngjī 食不充饥 F.E. have little food to eat
shíbude 拾不得 R.V. ① should not pick up or collect ② be unable to pick up or collect
shǐbude* 使不得 R.V. ① cannot be used; be useless ② be impermissible
shíbùdéyī 十不得一 ID. very hard to find a competent person/sth.
shìbùdéyǐ* 势不得已[勢-] F.E. have no choice but to. . .
shíbù'èrwèi 食不二味 F.E. have a one-dish meal; eat frugally
shì bù èrxīn 誓不二心 V.P. swear to be loyal forever
shíbùfāngcǎo 十步芳草 ID. talents everywhere
shíbùgānwèi 食不甘味 F.E. ①have no appetite for food ② be beset with worries
shì bù gānxiū 誓不甘休 V.P. swear to fight to the finish
shǐbuguàn 使不惯 R.V. can't get used to using sth.; not used to using; not familiar with the use of
shìbùguānjǐ 事不关己[--關-] F.E. The matter does not concern one personally.
shì bù guānxīn 事不关心[--關-] V.P. The matter does not concern one personally.
shíbùguǒfù 食不果腹 F.E. not have enough food to eat
shìbùguòsān 事不过三 F.E. not tolerate something beyond three occurrences
shìbuhǎo 试不好 R.V. can't experiment/try successfully
shí bù jiǔ huítóu 十步九回头 F.E. hesitating; wavering
shǐbùjuéshū 史不绝书[-絕書] F.E. History abounds in examples of this.
shìbùkědāng 势不可当[勢-當] F.E. irresistible
shíbùkěshī 时不可失[時-] F.E. Do not let slip an opportunity.
[1]**shìbùliǎnglì** 誓不两立 V.P. ① swear to kill the enemy or die ② resolve not to coexist with
[2]**shìbùliǎnglì** 势不两立[勢-] F.E. irreconcilable; incompatible
shǐbuliǎo 使不了 R.V. ① be unable to use sth. ② have more than enough
shībùlījī 湿不哩叽[濕-] V.P. soaking wet
shíbuqǐ chár lai 拾不起碴儿来 V.P. <coll.> ① unable to recall a particular event of the past ② trifling; inconsequential; not worth mentioning
shíbuqǐ gèr lai 拾不起个儿来[---個--] V.P. <coll.> be of no account; be insignificant
shǐbushàng 使不上 R.V. ① not be needed; need not use ② be unable to use effectively (of strength/etc.)
shíbùshí 时不时[時-時] ADV. ① from time to time ② <topo.> often
shìbushì* 是不是 V.P. ①isn't it? ②whether. . .or not
shìbùshīgǔ 事不师古[--師-] F.E. not follow the conventional ways
shíbùtíngzhù 食不停箸 F.E. unwilling to put down one's chopsticks
shībùwàngbào 施不望报[-報] F.E. do favors without thought of repayment
shíbùwǒdài 时不我待[時-] F.E. Time waits for no one.
shíbùwǒyǔ 时不我与[時-與] F.E. lost chance/opportunity
shíbùxiāngmán 实不相瞒[實-] F.E. to tell you the truth
shíbùxiánr 十/什不闲儿 N. ballad-singing accompanied by gong/drum/etc.
shíbùyànjīng 食不厌精[--厭-] F.E. never tire of fine food
shìbùyíchí 事不宜迟[-遲] F.E. One must lose no time in doing sth.
shíbùyíguòbǎo 食不宜过饱 F.E. eat but not to excess
shíbùzàilái 时不再来[時-] F.E. Time lost is gone for good.
shíbùzhīwèi 食不知味 F.E. ① eat food but without knowing its taste ② have no appetite
shīcái 诗才 N. poetic ability
shīcài 蓍蔡 N. ① milfoil and tortoise divination ② foresight
[1]**shícái** 实才[實-] N. real ability/talent
[2]**shícái** 蚀财 V.O. lose money/property
[3]**shícái** 石材 N. stone materials M: [2]kuài
shícài* 时菜[時-] N. vegetables in season
shìcái 适才[適-] N. <topo.> just now
shìcái'àowù 恃才傲物 F.E. be conceited and contemptuous
shìcáichěngyǒng 恃才逞勇 F.E. act recklessly with undue confidence in one's own ability
shícáihuāngliào 石材荒料 F.E. rough stone block
shìcáijīnjǐ 恃才矜己 F.E. be inordinately proud of one's ability
shìcáirúmìng 视财如命 F.E. miserly
shícáizhījià 石材支架 F.E. stone support
shícáizūnxián 识才尊贤[識-賢] F.E. recognize and respect talent
shìcān 试餐 N. test-meal
shì-cānyìhuì 市参议会[-參議-] P.W. city council
[1]**shīcǎo** 诗草 N. scripts of poems; draft poems
[2]**shīcǎo** 蓍草 N. <trad.> milfoil (used in divination)
shícáo 食槽 N. feeding trough
shìcáo* 市曹 N. ① market ② official in charge of shops and stores ③ execution ground
shícǎo dòngwù 食草动物[--動-] N. herbivorous animal
shícǎolèi dòngwù 食草类动物[--類動-] N. <bio.> herbivore
shícǎoshòu 食草兽[-獸] N. herbivorous animals
shīcè 失策 V.O. ① be unwise/inexpedient *Zhè huí nǐ kě ~ le.* You've made a wrong move this time. ② misjudge; miscalculate
shǐcè* 史册[-冊] N. history; annals
shìcè 试测 N. pre-test
[1]**shīchá** 失察 V.O. neglect one's supervisory duty
[2]**shīchá** 失查 V. fail to examine/detect sth.
shíchā 时差[時-] N. ① time difference ② jet lag ③ <astr.> equation of time
shíchá 石碴 N. ballast
[1]**shìchā** 视差 N. <phy.> parallax
[2]**shìchā** 示差 ATTR. differential
shìchá* 视察 V. ① inspect ② watch; observe
shìchá bàogàodān 视察报告单[--報--] N. inspection report M: [1]zhāng
shìchá dìxíng 视察地形 V.O. survey the terrain
shìchāfǎ 试差法 N. trial and error
shíchái 拾柴 V.O. collect firewood
shícháishēnghuǒ 拾柴生火 F.E. gather sticks to make a fire
shìchán 市廛 P.W. <topo.> ① business district ② store in a market area
shìchǎn* 试产[-產] V. trial-produce; test-manufacture; trial-manufacture ♦N. trial production
shīcháng 失常 S.V. abnormal; odd
shícháng(r) 时常(儿)[時-] ADV. often; frequently
shìcháng 试尝[-嘗] V. ① try ② have a taste
[1]**shìchǎng*** 市场[-場] P.W. market; bazaar
[2]**shìchǎng** 试场[-場] P.W. examination hall/room
[3]**shìchǎng** 视场[-場] P.W. field of vision/view
[1]**shìchàng** 视唱 N. <mus.> sightsinging; sight reading of vocal musical
[2]**shìchàng** 试唱 N. audition
shìchǎng diàochá 市场调查[-場--] N. market survey
shìchǎng fāyù 市场发育[-場發-] N. market development
shìchǎng fèn'é 市场份额[-場--] N. market share
shìchǎnggējù 市场割据[-場-據] F.E. dividing up of markets
shìchǎnghuà 市场化[-場-] V. marketize
shìchǎng jiàgé 市场价格[-場價-] N. <econ.> market price
shìchǎng jīngjì 市场经济[-場經濟] N. market economy
shìchàngliàn'ěr 视唱练耳[--練-] F.E. <mus.> solfeggio
shìchàng liànxí 视唱练习[-練習] N. <mus.> solfeggio
shìchǎng lìliang 市场力量[-場--] N. market forces
shíchāngpú 石菖蒲 N. <bot.> grass-leaved sweetflag M: [2]kē
shìchǎngrújiā 视厂如家[-廠--] F.E. look upon the factory as one's own home
shíchángshēng 石长生 N. <bot.> maidenhair fern M: [2]kē
shìchǎng tiáojié 市场调节[-場-節] V.P. regulate by the market
shìchǎng xìnxī 市场信息[-場--] N. market information
shìchǎng zhǔnrù 市场准入[-場準-] V.P. market access/entry
shǐ chǎnshēng 使产生[-產-] V.P. procreate
shīcháo* 湿潮[濕-] S.V. damp; wet
shǐchāo 史抄 N. extracts from history books
[1]**shìcháo** 市朝 P.W. public place/square (in a city)
[2]**shìcháo** 视朝 V.O. hold court; give audience (of an emperor)
shìchátuán 视察团[-團] P.W. inspection team; inspectorate
shìcháyuán 视察员 N. inspector M: [2]wèi
shǐchē 驶车 V.O. drive a vehicle
shìchē* 试车 N. <mach.> trial run
shìchēchǎng 试车场[-場] P.W. car-test location M: [4]zuò
shǐchējú 矢车菊 N. <bot.> ① cornflower ② bachelor's button M: [2]kē
shīchèn 诗谶 N. poem which portends what will happen to the poet
shíchen* 时辰[時-] N. ① one of the 12 two-hour periods of the day ② time
shǐchén 使臣 N. special envoy M: [2]wèi
shìchén 侍臣 N. courtier M: [2]wèi
shíchéndàhǎi 石沉大海 F.E. disappear forever

shīchéng 师承[師-] V. <wr.> be a disciple of ♦N. <wr.> transmission from master to disciple
shīchěng 施逞 V. display; exhibit (one's feat/talent/etc.)
shícheng 实诚[實-] S.V. <coll.> honest; trustworthy
1**shíchéng(r)*** 十成(儿) N. 100 percent
2**shíchéng** 蚀成 R.V. erode/corrode to be
3**shíchéng** 时程[時-] N. timetable (abstract)
shǐchéng 使成 ATTR. causative
shìchéng 视程 N. visual range
shìchèng 市秤 N. <trad.> ① market scales ② Chinese scale for weighing M: 1bǎ
shǐchéng de 使成的 ATTR. <lg.> factitive
shǐchéng dìfāngxìng 使成地方性 V.P. provincialize
shǐchéng dòngcí 使成动词[--動-] N. <lg.> factitive verb
shǐchénggé 使成格 N. <lg.> factitive case
shíchéngjiǔwěn 十成九稳[-穩] F.E. ninety percent sure; practically certain
shīchéngliū 湿成溜[濕-] V.P. <coll.> dripping wet
shìchéngqíhǔ 势成骑虎[勢-] F.E. be in a dilemma
shǐchéngshì 使成式 N. <lg.> causative form
shíchéngtāngchí 石城汤池[--湯-] F.E. strongly fortified city
shíchenzhong 时辰钟[時-鐘] N. <coll.> clock that strikes the time
shǐchí 使迟[-遲] V.P. delay
shìchǐ* 市尺 M. *of length equal to 1/3 meter*
shìchǐcùn 视尺寸 N. apparent size
shīchǒng* 失宠 V.O. fall into disfavor
shìchǒng 恃宠 V.O. presume on being a favorite (of a high-placed personality)
shíchóng dòngwù 食虫动物[-蟲動-] N. insectivore
shìchǒng'érjiāo 恃宠而骄[-驕] F.E. be haughty because of one's master's love and indulgence
shíchónglèi 食虫类[-蟲類] N. <zoo.> insectivores
shíchónglèi dòngwù 食虫类动物[-蟲類動-] N. <bio.> insectivore
shīchǒngyúrén 失宠于人[--於-] F.E. be out of favor with sb.
shíchóng zhíwù 食虫植物[-蟲--] N. insectivorous plant; insectivore
shìchóu 世仇 N. ① feud between families; family/blood feud ② generations-long feud ③ mortal enemy in a family feud
shīchū 失出 V. <law> ① err in giving too light a penalty ② fail to give any penalty at all
shíchú 石锄 N. <archeo.> stone hoe M: 1bǎ
shíchù 实处[實處] N. practical/substantial matter/point
1**shǐchū*** 使出 R.V. use; exert
2**shǐchū** 驶出 V. start out (of vehicles)
shìchū 释出[釋-] N. disengagement
shìchú 拭除 R.V. wipe/brush sth. off
1**shīchuán*** 师传[師傳] ATTR. (knowledge) acquired from a master
2**shīchuán** 失传[-傳] V. lose forever (of culture/heritage/knowledge)
shǐchuán 驶船 V.O. sail a ship
shìchuān 试穿 V. try on (clothing/etc.)
shìchuán 世传[-傳] V. transmit through generations ♦ATTR. hereditary
shíchuánbǎi 十传百[-傳-] F.E. disseminate from mouth to mouth
shīchuánbō 虱传播[-傳-] N. louse-borne
shīchuāng 湿疮[濕瘡] N. <coll.> eczema
shǐchuàng* 始创[-創] V. found; initiate; create
shìchuāng 视窗 N. <comp.> window
shìchuāngyīkuī 舐窗以窥 F.E. look stealthily
shǐchū húnshēn xièshù 使出浑身解数[-數] V.P. do all that one is capable of; bring forth all the talent one has
shīchùkūnzhōng 虱处裈中[-處--] ID. lack vision
shǐ chūlai 使出来 R.V. use; exert
shíchún 石莼[-蓴] N. <bot.> sea lettuce
shǐchūn* 始春 N. beginning of spring (about February 4–5 in solar calendar)
shíchuòshíxù 时辍时续[時-時續] F.E. by fits and starts
shīchūwúmíng 师出无名[師-] F.E. fight a war without just cause
shīchūyǒumíng 师出有名[師-] F.E. good reason for waging a war
shìchūyǒuyīn 事出有因 F.E. there is good reason for sth.
shīchūyúfèn 诗出于愤[--於-] F.E. Indignation gives birth to poems.
1**shī-cí*** 诗词 N. poetry and lyrics
2**shīcí** 失辞[-辭] V.O. use improper words
shící 实词[實-] N. <lg.> notional/plerematic word; autonomous/content/full/lexical word; contentive; substantive
1**shìcí** 誓词 N. oath; pledge M: 1*piān*
2**shìcí** 饰词/辞[-辭] N. excuse; pretext ♦V.O. polish a piece of writing
3**shìcí** 是词 N. <lg.> complement
shīcígēfù 诗词歌赋 F.E. the four forms of Chinese poetry
shìcí jiàoxuéfǎ 视词教学法 N. <lg.> sight method
shìcíwūgào 饰词诬告 ID. invent a story and accuse sb. falsely
shīcōng 失聪[-聰] V.O. lose one's hearing
1**shìcóng*** 侍从[-從] N. <trad.> attendant; retinue; retainer
2**shìcóng** 适从[適從] V. ① follow ② go to *See also dícóng*
shìcóng fùguān 侍从副官[-從--] N. aide-de-camp; aide M: 2*wèi*
shìcóngguān 侍从官[-從-] N. chamberlain M: 2*wèi*
shìcòufǎ 试凑法[-湊-] N. makeshift attempt
shícuìtàqīng 拾翠踏青 ID. go to scenic spots
shícún 实存[實-] V. exist
shìcùn* 市寸 M. *of length equal to 1/3 decimeter*
shícúnzhǔyì 实存主义[實-義] N. existentialism
shīcuò* 失措 V. ① be disconcerted ② lose one's head/presence of mind in fright/panic
shìcuō 市撮 M. traditional unit of capacity, equal to one milliliter
shìcuòfǎ 试错法 N. trial-and-error method
Shī Dà* 师大[師-] AB. *shīfàn dàxué* normal university
shìda 试达[-達] V. <coll.> try; practice
shīdādā 湿答答[濕-] R.F. dripping wet
shí dà dìzǐ 十大弟子 N. <Budd.> the ten great disciples of Buddha.
shìdàfū 士大夫 N. <trad.> ① literati ② functionary ③ general
shí dà gōngláo 十大功劳[-勞] N. <Ch. med.> Chinese mahonia
shīdài 尸袋[屍-] N. body bag M: 2*zhī*
1**shídài*** 时代[時-] N. ① times; age; era; epoch; period ② period in one's life
2**shídài** 食带[-帶] P.W. zone/path of eclipse
3**shídài** 石黛 N. graphite (formerly used as an eyebrow pencil)
4**shídài** 石埭 N. stone dike/embankment M: 1*tiáo*
1**shìdài** 世代 N. ① generation ② period; epoch ③ from generation to generation
2**shìdài** 饰带[-帶] N. braid; lace; seaming M: 1*tiáo*
shídàibìng 时代病[時-] N. diseases of modern times (anxiety/neurosis/etc.)
shídài cuòwù 时代错误[時-] N. anachronism
shídài cuòwù duìděngcí 时代错误对等词[時---對--] N. <lg.> anachronistic equivalent
shǐ dàidiàn 使带电[-帶電] V.P. electrify
shídàigǎn 时代感[時-] N. temper/feel of a period; the sense of the time
shídàihuà 时代化[時-] V. change according to time
Shídài Huánà 时代华纳[時-華-] P.W. Time-Warner
shìdài jiāotì 世代交替 N. <bio.> metagenesis; alternation of generations
shídài jīngshén 时代精神[時-] N. ① spirit/aspiration of a certain period ② aggressive spirit
shídài jīngshén huìhélùn 时代精神汇合论[時---匯--] N. <PRC> a theory of literature and art that looks to merging with the spirit of the times
shídài qīngnián 时代青年[時-] N. modern youth (connoting progressiveness in outlook)
shìdàishūxiāng 世代书香[--書-] F.E. a family of scholars for generations
shídài sīcháo 时代思潮[時-] N. ideological trend of the times
shìdàixiāngchuán 世代相传[-傳] F.E. pass on from generation to generation
shídàixìng 时代性[時-] N. contemporary/modern quality
Shídài zhōukān 时代周刊[時-] N. *Time* magazine
shí dà jiànshè 十大建设 N. ten grand construction projects
shīdān 失单 N. list of lost articles M: 1*zhāng*
shídān 食单 N. menu M: 1*zhāng*
1**shídàn** 实弹[實-] ADV. be loaded (of a gun/cannon) ♦N. <mil.> live shell; ammunition; live ammunition
2**shídàn** 石弹 N. stone ball/pellet
3**shídàn** 石担[-擔] N. <sport> stone barbell
shǐdàn(r) 屎蛋(儿) N. ① <coll.> animal droppings ② bullshit
1**shìdàn*** 市担[-擔] M. *of weight equal to 50 kilograms*
2**shìdàn** 市石 M. *unit of volume equal to one hectoliter*
shīdàng 失当[-當] V.P. improper; inappropriate
shìdàng* 适当[適當] S.V. ① suitable; proper ***Děngdào ~ de shíhou wǒ jiù qù jiàn tā.*** I'll go to see her when the time's right. ② <law> legitimate
shìdàng ānzhì 适当安置[適當-] N. proper arrangement
shìdàng de tiáojiàn 适当的条件[適當-條-] N. <lg.> felicity conditions
shìdàng tiáncífǎ 适当填词法[適當-] N. <lg.> appropriate word method
shìdàng xíngshì 适当形式[適當-] N. appropriate form
shìdānrúlǜ 视丹如绿 F.E. extremely worried
shídàn shèjī 实弹射击[實-擊] N./V.P. live-ammunition fire practice; live-fire exercise
shídàn yǎnxí 实弹演习[實-習] N. live-fire exercise
1**shīdào** 失盗[-盜] V. ① have things stolen; be robbed ② be burglarized
2**shīdào** 师道[師-] N. ① profession of teaching/education ② teacher's status and teachings
shídāo 石刀 N. stone knife M: 1*bǎ*
1**shídào** 拾到 R.V. collect/pick up
2**shídào** 食道 N. ① esophagus ② ways of eating; table manners ③ route for transporting foodstuffs
3**shídào** 时道[時-] ATTR. fashionable (dress/behavior/conduct/etc.)
shǐdào 使到 V. make; cause; render
1**shìdào*** 世道 N. morals of a time
2**shìdào** 市道 N. city streets and roads
Shì-Dào 释道[釋-] N. Buddhism and Taoism
shídào'ái 食道癌 N. cancer of the esophagus
shīdàoguǎzhù 失道寡助 F.E. An unjust cause finds scant support.
shìdàolíngyí 世道凌夷 F.E. the world is going to the dogs
shìdàolíntóu 事到临头[--臨-] F.E. at the last moment
shìdàorénqíng 世道人情 F.E. manners and morals of the time
shìdàorénxīn 世道人心 F.E. manners and morals of the time
shìdàorújīn 事到如今 F.E. things have come to such a pass

shīdào shìjiàn 失盗事件[-盜--] N. robbery; burglary

shìdào xiǎorén 市道小人 N. small-time trader (who counts only the pennies)

shídàoyán 食道炎 N. <med.> esophagitis

shìdǎoyuán 视导员[-導-] N. inspector; supervisor M: [2]*wèi*

shīdào zūnyán 师道尊严[師-嚴] N. dignity of the teaching profession

shídǎshí 实打实[實-實] F.E. <coll.> most assuredly

shí dàtǐ 识大体[識-體] V.O. discern the cardinal principles

shí dàtǐ gù dàjú 识大体顾大局[識-體顧--] F.E. Have the cardinal principles in mind and take the overall situation into account.

shìdàzhǔyì 事大主义[-義] F.E. flunkyism

[1]shīdé 师德[師-] N. teacher's virtue

[2]shīdé 失德 V.O. lose one's goodness

shí de 实的[實-] ATTR. real

[1]shídé 拾得 V. find; pick up

[2]shídé 识得[識-] V. able to recognize/know

shǐde* 使得 V. make; cause ♦R.V. ① usable ② feasible

[1]shìde 是的 V.P. that's it; yes; right

[2]shìde 似/是的 ADV. as if; seem *Tā fāle fēng ~.* He seems to have gone crazy. ♦CONS. *xiàng X ~* seems as though X; seems like X *Tā xiàng háizi ~ kū qǐlai le.* He cried like a child.

shìdé 世德 N. traditional morals

shìdéliúfāng 世德流芳 F.E. a reputation of moral integrity lasting through generations

shídèng 石磴 N. stone steps

shìdēng* 试灯[-燈] V.O. hold the lantern contest on the 15th day of the first lunar month

shī de pògé 诗的破格 N. poetic license

shìdéqífǎn 适得其反[適-] F.E. run counter to one's desire

shǐdeshàng 使得上 R.V. ① be usable ② be able to use (one's own strength)

shídézhě 拾得者 N. sb. who picks up sth. lost by another person

[1]shīdì* 师弟[師-] N. ① master and disciple ② one's master's son (younger than oneself) ③ junior fellow disciple/apprentice

[2]shīdì 失地 V.O. lose territory

[3]shīdì 湿地[濕-] N. wet ground/floor; everglade

[1]shídì 实地[實-] ADV. on the ground/spot ♦N. field

[2]shídì 食地 P.W. fief town; appanage

shǐdí 矢镝 N. arrowhead

shǐdǐ 驶抵 V. drive to

shǐ-dì 史地 N. history and geography

[1]shìdì 世弟 N. son of one's father's friend, younger than oneself M: [2]*wèi*

[2]shìdì 柿蒂 N. <Ch. med.> calyx and receptacle of a persimmon

[1]shìdiǎn* 试点[-點] V.O. make an experiment; launch a pilot project ♦N. experimental unit

[2]shìdiǎn 释典[釋-] N. Buddhist scripture

[3]shìdiǎn 视点[-點] N. point of sight; viewpoint

[4]shìdiǎn 事典 N. encyclopedia M: [2]*bù*

[1]shìdiàn 市电[-電] N. electric supply

[2]shìdiàn 释奠[釋-] N. ① make offerings to ancestors ② offer libations to the spirits

shìdiǎnbān 试点班[-點-] N. experimental class

shìdiànbǐ 试电笔[-電筆] N. <elec.> test pencil M: [2]*zhī*

shìdiǎn jiēduàn 试点阶段[-點階-] N. experimental stage

shǐ diànzǐjìsuànjīhuà 使电子计算机化[-電-----] V.P. computerize

[1]shīdiào 失掉 R.V. ① lose ② miss

[2]shīdiào 失调 V.O. be out-of-tune *See also shītiáo*

[3]shīdiào 诗调 N. cadence in poetry

shídiāo* 石雕 N. ① stone carving ② carved stone M: [4]*zuò*

shídiào 时调[時-] N. popular tunes in a particular locality

shǐdiāo 使刁 V.O. ① be unreasonable ② tend to be violent (in disputes/etc.)

shìdiāo 恃刁 V.O. rely on crooked ways and violence

shídiāobǎi 石刁柏 N. asparagus M: [2]*zhū*

shīdiào jīhuì 失掉机会 V.O. miss a chance

shīdiào zhànjī 失掉战机[--戰-] V.O. fail to grasp a good opportunity to engage the enemy

shídiāo zhùjī 石雕柱基 N. carved-stone pillar base

shídì diàochá 实地调查[實-] N. ① on-the-spot investigation ② empirical investigation; field work

shídì diàochá fāngfǎ 实地调查方法[實-] N. field methods

shídì diàochá gōngzuò 实地调查工作[實-] N. field work

shídì gōngzuò 实地工作[實-] N. field work

shídì gōngzuòzhě 实地工作者[實-] N. field worker M: [2]*wèi*

shídì kānchá 实地勘察[實-] V.P. examine on the spot

shídìng 石碇 N. killick; heavy stone used as an anchor M: [2]*kuài*

shǐ dìngliàng 使定量 V.P. quantify

shìdìng wèntí 适定问题[適-] N. properly posed problem

shídì páncún 实地盘存[實-盤-] N. <acct.> physical inventory

shìdìpíng 视地平 N. <astr.> apparent horizon

shìdìshìzuò 适地适作[適-適-] F.E. proper crops cultivated in proper lands

shídīshuǐ 十滴水 N. <Ch. med.> "ten drops" (popular medicine for summer ailments)

shǐ diūchǒu 使丢丑[-醜] V.P. drag sb. through the mire

shīdìxiànchéng 失地陷城 F.E. cities and territory lost

shídòng* 石洞 N. stone cave

shǐdòng 使动[-動] V. actuate ♦N. <lg.> causative

shìdòng 视动[-動] N. <astr.> apparent movement

shídōnglàyuè 十冬腊月[--臘-] F.E. cold months of the year

shídōnglàyuè tiān 十冬腊月天[--臘--] F.E. <coll.> the dead of winter

shǐdòngshì 使动式[-動-] N. <lg.> causative

shīdòngzhě 施动者[-動-] N. <lg.> agent

shìdǒu 市斗 M. *of dry items equal to 1 deciliter*

[1]shīdù 湿度[濕-] N. humidity

[2]shīdù 失度 V.O. excessive; immoderate ♦ADV. excessively; immoderately

shídù 实度[實-] N. solidity

[1]shìdú 试读[-讀] V. study on a probationary basis

[2]shìdú 侍读[-讀] N. royal tutor

[3]shìdú 释读[釋讀] V. <wr.> do textual research and explication

[4]shìdú 试毒 V.O. test for poison

shìdù* 适度[適-] S.V. moderate ♦N. appropriate measure

shíduàn 时段[時-] N. time interval; phase

shǐduān 始端 N. beginning (part)

shìduān* 事端 N. disturbance; incident; trouble

shìduānróngjì 视端容寂 F.E. look serious and quiet

shíduànshíxù 时断时续[時斷時續] F.E. on again off again

shíduànyǔ 时段语[時-] N. <lg.> phasal expression

shīdùbiǎo 湿度表[濕-] N. humidometer M: [2]*zhī*

shíduī* 石堆 N. rock/stone pile; cairn

shíduì 石碓 N. treadle-operated tilt hammer for hulling rice

shíduìshí 实对实[實對實] ADV. <coll.> most assuredly

shídūn 石墩 N. ① block of stone used as a seat ② stone pier

shídūnwèi 实吨位[實噸-] N. dead weight

shíduo 拾掇 V. <coll.> ① tidy up; put in order ② repair; fix ③ punish

shíduōcáiguǎng 识多才广[識-廣] F.E. knowledgeable and versatile

shíduōjiànguǎng 识多见广[識-廣] F.E. learned and experienced

shíduo wūzi 拾掇屋子 V.O. <coll.> ① fix a house ② tidy a room

shí duō wú zīwèi 食多无滋味 F.E. Over-eating kills/dulls a person's relish for food.

shīdùqì 湿度器[濕-] N. hygrometer; humidity/dampness-measuring device M: [2]*zhī*

shìdúqíngshēn 舐犊情深[-犢--] F.E. <id.> parental love

shìdù rénkǒu 适度人口[適-] N. optimal population

shìdúshēng 试读生[-讀-] N. student on probation

shìdù xiāofèi 适度消费[適-] N. rational consumption

shīdúzhèng 失读症[-讀-] N. alexia; dyslexia

shìdúzhī'ài 舐犊之爱[-犢-愛] N. parental love

shí'è 十恶[-惡] N. <Budd.> ten cardinal sins

shí'èbùshè 十恶不赦[-惡--] F.E. wicked beyond redemption; guilty of unpardonable evil

shǐ'èhuà 使腭化[-齶-] V. <lg.> palatalize

[1]shī'ēn* 施恩 V.O. do favors for others

[2]shī'ēn 师恩[師-] N. kindness/favor one receives from a teacher M: [2]*wèi*

shì'ēn 市恩 V.O. try to win favor; ingratiate oneself

shī'ēn bù wàng bào 施恩不望报[-報] F.E. bestow favor without expecting repayment

shī'ēnrúhǎi 师恩如海[師-] F.E. The benefits one gets from one's teacher are immeasurable.

shí'ér* 时而[時-] ADV. ① from time to time; sometimes ② now. . .now; sometimes. . .sometimes

shí'ěr 石耳 N. <bot.> edible mushroom grown on rocks

shí'èr 十二 NUM. twelve; 12

shǐ'ér 始而 N. at first

shǐ'ěr 始尔 N. in the beginning

[1]shì'ér 侍儿 N. <trad.> slave girl; servant-girl; personal maidservant

[2]shì'ér 试儿 V.O. test a baby's inclinations on its first birthday by having different objects displayed within its reach to see what it grabs

shí'érbùhuà 食而不化 F.E. ① eat without digesting ② read without understanding

shì'érbùjiàn 视而不见 F.E. ① turn a blind eye to ② be absent-minded

shí ér bùzhī qí wèi 食而不知其味 F.E. ① eat without knowing the taste of what one is eating ② read without understanding

shí'èrchén 十二辰 N. <trad.> twelve nocturnal time divisions

shí'èrfēn 十二分 N. ① 120 percent ② more than 100 percent ♦ADV. extremely

shī'érfùdé 失而复得[--復-] F.E. regain what was lost; recover

shí'èrgōng 十二宫[-宮] N. twelve constellations of the zodiac

shí'èrhóng 十二红 N. <zoo.> Japanese waxwing

shí'érhòuyán 时而后言[時-後-] F.E. wait for the right moment to talk

shí'èrhuáng 十二黄 N. waxwing (a bird)

shí'èrjí fēng 十二级风 N. <met.> force-12 wind; hurricane

shí'èr jīngmài 十二经脉[-經脈] N. <Ch. med.> twelve regular channels

shí'èr jīnpái 十二金牌 N. repeated urgent orders from the highest level

shí'èrjìn zhì 十二进制[--進-] N. duodecimal scale

shí'èrkāi 十二开[-開] N. <print.> duodecimo; twelvemo; 12mo

shí'èrlǜ 十二律 N. <mus.> the 12 notes of the chromatic scale

shí'èrmǎ qiú 十二码球 N. <sport> penalty kick (in soccer)

shí'èr píngjūnlǜ 十二平均律 N. <mus.> twelve-tone equal temperament

shì'ěrrénxiá 室迩人遐[-邇--] F.E. ① long for somebody afar ② grieve over the dead

S

shí'èr shēngxiào 十二生肖 N. 12 zodiacal animals corresponding to the 12 Terrestrial Branches
shí'èr shǔ 十二属[-屬] N. the 12 animals corresponding to the 12 Earthly Branches
shí'èrwànfēn 十二万分[--萬-] ADV. extremely
Shí'èryuè 十二月 N. ① December ② twelfth moon or lunar month
shí'èrzhǐcháng 十二指肠[--腸] N. <phys./loan> duodenum
shí'èrzhǐcháng kuìyáng 十二指肠溃疡[---腸-瘍] N. duodenal ulcer
[1]**shīfǎ*** 施法 V.O. ① execute the law ② conjure
[2]**shīfǎ** 师法[師-] V. <wr.> pattern after; imitate ♦N. method taught by one's teacher
shīfà 石发[-髮] N. <bot.> lichen
[1]**shìfǎ** 适法[適-] V.O. be in conformity with the law
[2]**shìfǎ** 世法 N. ① tradition; traditional practices ② <Budd.> common/ordinary dharmas, i.e. truths/laws/things/etc.
[3]**shìfǎ** 筮法 N. method of divination
[4]**shìfǎ** 谥法 N. system/of conferring posthumous titles
shǐ fāguāng 使发光[-發-] V.P. enlighten; enkindle
shīfǎgǔrén 师法古人[師-] F.E. imitate or model oneself after the ancients
shīfàn 师范[師範] ATTR. teacher-training; pedagogical ♦N. ① normal school ② <wr.> a model to be followed ③ master; tutor; teacher ♦V. ①imitate; emulate ②be worthy of emulation
[1]**shífān** 拾翻 V. turn upside down
[2]**shífān** 石帆 N. <zoo..> fan-shaped animal looking like coral; *Rhipidogorgia*
shìfán 是凡 CONJ. <topo.> every; any; all
shìfàn* 示范[-範] V. set an example; demonstrate ♦N. <lg.> modelling
shìfàn chǎnpǐn 示范产品[-範產-] N. demo; demonstration
shīfàn dàxué 师范大学[師範-] P.W. normal university M: [1]*suǒ*
shìfàn dòngzuò 示范动作[-範動-] N. demonstration actions/movements
shīfǎng 湿纺[濕-] N. <txtl.> wet spinning
shīfàng 施放 V. discharge; fire
[1]**shífāng** 石方 N. ① cubic meter of stone ② stonework
[2]**shífāng** 十方 N. <Budd.> ten directions
[3]**shífāng** 石坊 N. stone gateway/archway M: [4]*zuò*
[4]**shífāng** 时方[時-] N. <Ch. med.> nonclassical prescription
shífǎng 石舫 N. ① Marble Boat (in the Summer Palace) ② stone-boat-shaped pavilion in Chinese gardens
shìfáng 市房 P.W. houses/rooms facing the street M: [4]*zuò*/[1]*jiān*
shìfàng* 释放[釋-] V. release; set free
shìfàng chūlai 释放出来[釋-] R.V. ① release; set free ② <phy.> release
shǐ fàngxīn 使放心 V.P. set at ease
shīfàng yānmù 施放烟幕[--煙-] V.O. lay a smoke screen
shìfànhù 示范户[-範-] N. model household M: [1]*hù*
shǐfānjià 使帆架 N. tramway
shīfàn jiàoyù 师范教育[師範-] N. normal education
shǐ fánnǎo 使烦恼[-惱] V.P. drive up the wall
shīfànshēng 师范生[師範-] N. students of a teacher's/normal college/school M: [2]*wèi*
shìfàntián 示范田[-範-] N. model field M: [2]*kuài*
shīfàn xuéxiào 师范学校[師範-] P.W. normal school M: [1]*suǒ*
shīfàn xuéyuàn 师范学院[師範-] P.W. normal/teachers college M: [1]*suǒ*
shífányǒutú 实繁有徒[實-] F.E. There is no lack of people of that ilk.
shífānyuè 十番乐[-樂] N. ensemble of ten Chinese folk wind and percussion instruments
shīfàn zhuānkē xuéxiào 师范专科学校[師範專-] P.W. junior college level normal school M: [1]*suǒ*
shǐ fāshēng 使发生[-發-] V.P. germinate
shǐfāzhàn 始发站[-發-] P.W. starting station; station of departure
shīféi 施肥 V.O. apply fertilizer
[1]**shì-fēi*** 是非 N. ① right and wrong ② quarrel; dispute ③ gossip; scandal
[2]**shìfēi** 试飞[-飛] V. make a trial flight
[3]**shìfēi** 饰非 V.O. hide and gloss over one's faults
shìfēibùfēn 是非不分 V.P. confuse right and wrong
shìfēibùmíng 是非不明 V.P. not know right from wrong
shìfēibùqīng 是非不清 F.E. not know right from wrong
shìfēidéshī 是非得失 F.E. right and wrong, gain and loss
shìfēidéyǐ 事非得已 F.E. There is no other choice.
shìfēidiāndǎo 是非颠倒 V.P. confound right and wrong
shìfēidōu(r) 是非兜(儿) N. <coll.> troublemaker
shìfēigōngyǔn 是非公允 F.E. just appraisal of right and wrong
shì fēi jīngguò bùzhī nán 事非经过不知难[--經---難] F.E. ① You never know how hard a task is until you have done it yourself. ② One appreciates difficulties only through personal experience.
shìfēi lòuzi 是非篓子[--簍-] N. <coll.> troublemaker
shìfēiqūzhí 是非曲直 F.E. right and wrong
shìfēirén 是非人 N. sb. who stirs up strife/ misunderstanding
shì-fēití 是非题 N. true-or-false problem M: [2]*dào*
shì-fēi wènjù 是非问句 N. <wr.> yes-no questions
shìfēiwō 是非窝[-窩] N. trouble spot
shìfēixiāngmào 是非相贸 F.E. right and wrong are mixed up
shìfēixīn 是非心 N. the instinct to tell right from wrong; one's conscience
shì-fēi yíwènjù 是非疑问句 N. <lg.> yes-no questions
shìfēiyuán 试飞员[-飛-] N. test pilot M: [2]*wèi*
shìfēiyǔndàng 是非允当[-當] F.E. a just appraisal of right and wrong
shìfēizhīdì 是非之地 N. trouble spot
shìfēizhīxīn 是非之心 N. one's conscience
shì-fēi zìyǒu gōnglùn 是非自有公论 F.E. Public opinion is the best judge of who's right and who's wrong.
shīfěn 施粉 V.O. powder one's face
[1]**shífēn*** 十分 ADV. very; fully; utterly; extremely ♦N. ten points
[2]**shífēn** 食分 N. magnitude of an eclipse
shífēn 时分[時-] N. ① time ② season; periods
shìfēn 市分 M. ① *of length equal to 1/3 centimeter* ② *of area equal to 66.666 square meters*
shǐfèn dòngwù 食粪动物[-糞動-] N. coprophagous animals
[1]**shīfēng** 诗风 N. style of poetry
[2]**shīfēng** 失风 V.O. ① be caught stealing ② fail in a competition
shífēng 时风[時-] N. timely winds
[1]**shífèng** 石缝 N. crevice in stone or between rocks M: [1]*tiáo*
[2]**shífèng** 食俸 N. salary of a public official ♦V.O. be in government service
shìfēng 世风 N. <wr.> public morals
shìféng 适逢[適-] ADV. at the very time (when sth. else took place)
shìfèng* 侍奉 V. <wr.> ① attend upon; serve ② support and wait upon (one's elders)
shìfēngbùgǔ 世风不古 F.E. Public morals are no longer what they were in the good old days.
shìfēngjiāobó 世风浇薄[--澆-] F.E. There are scarcely any public morals to speak of these days.
shìfèngjīzhǒu 侍奉箕帚 F.E. perform one's wifely duties
shìféngqíhuì 适逢其会[適-] F.E. happen to be present at the right moment
shìfèngrènxí 侍奉衽席 F.E. become a wife/ concubine to a man
shìfēngrìxià 世风日下 F.E. the world is going to the dogs; The world is declining in its moral values.
shì fēngtóu 试风头 V.O. see how the wind blows
shífēngwǔyǔ 十风五雨 F.E. seasonable rains and moderate winds
shìfēnpái 示分牌 N. flash card M: [2]*kuài*
shífēnwèishù 十分位数[-數] N. decile; tenpercentile
shíFó 石佛 N. stone statue of Buddha M: [4]*zuò*
shì-fǒu 是否 F.E. whether or not; is it so or not *Bù zhī tā ~ lái.* I don't know if he's coming.
shì-fǒu wènjù 是否问句 N. <lg.> yes-or-no questions
shìfǒuyǒudāng 是否有当[-當] F.E. whether this is proper (I am eagerly awaiting your instructions.)
[1]**shīfu*** 师傅[師-] N. ①master worker ②tutor of a king/emperor ③<PRC> general term of address in late 70s and 80s *~, qù Tiān'ānmén zěnme zǒu?* Excuse me, how do I get to Tiananmen? ④<court.> address for service workers ***mùjiàng** ~* carpenter M: [2]*wèi*
[2]**shīfu** 师父[師-] N. ① tutor; master; teacher ② <court.> address for a monk/nun/etc. M: [2]*wèi*
shīfǔ 师辅[師-] N. teachers and friends
shīfù 诗赋 N. poetry
shífǔ 石斧 N. stone ax M: [1]*bǎ*
shífù 食复[-復] N. relapse of a disease due to improper diet
shǐfú 矢服 N. quiver for holding arrows
shǐfù 驶赴 V. be bound for
[1]**shìfú** 释服[釋-] V.O. ① remove one's formal dress worn at court ② remove one's mourning dress
[2]**shìfú** 释俘[釋-] V.O. release captives/prisoners of war
[3]**shìfú** 拭拂 V. wipe; dust and clean
shì-fǔ 市府 N. municipal government
[1]**shìfù** 示复/覆[-復] F.E. please be so kind as to reply (to this letter)
[2]**shìfù** 弑父[弒-] V.O. patricide
shífǔ dòngwù 食腐动物[--動-] N. saprophagous animal; scavenger
shìfùguān 侍副官 N. aide-de-camp; aide M: [2]*wèi*
Shìfùhuì 世妇会[-婦-] AB./P.W. World Conference of Women (Beijing 1995)
shǐ fǔlàn 使腐烂[-爛] V.P. decompose
shìfùshèngmíng 恃负盛名 F.E. put on the map
shǐ fǔshí 使腐蚀 V.P. corrode
shìfùshìjūn 弑父弑君[弒-弒-] F.E. murder one's own father and one's sovereign
shífúshíxiàn 时浮时现[時-時-] F.E. appear frequently
shǐ fùyù 使富裕 V.P. enrich
shǐ fùzá 使复杂[-複雜] V.P. entangle
shīgàn 师干[師幹] N. a host of well-disciplined warriors; an army
shígān 十干 N. the ten Heavenly Stems
shígǎn 实感[實-] N. ①true feelings ②sensation acquired from an actual experience
shígàn* 实干[實幹] V. ① do solid work ② take real action
shìgān 拭干[-乾] R.V. wipe away (tears/etc.)
shígǎndāng 石敢当[-當] N. stone tablet, erected at the entrance of a lane, etc. to drive away misfortune or evil spirits
shǐgāng 史纲[-綱] N. survey
shígànjiā 实干家[實幹-] N. man of action M: [2]*wèi*
shígàn jīngshén 实干精神[實幹-] N. workhorse spirit

shīgǎo 诗稿 N. scripts of poems; draft poems M: [1]*piān*

shígāo* 石膏 N. ① <*min.*> gypsum ② <*med.*> plaster cast (for a broken bone); cast

[1]**shǐgāo** 始膏 N. <*Ch. med.*> second month of an embryo

[2]**shǐgāo** 豕膏 N. pig's fat

shìgāo 柿糕 N. persimmon cake/etc. M: [2]*kuài*

shígāo bēngdài 石膏绷带[-繃帶] N. plaster bandage/cast

shígāo jiābǎn 石膏夹板[--夾-] N. plaster splint M: [2]*kuài*

shígāoxiàng 石膏像 N. plaster bust/statue M: [4]*zuò*

shǐ gāoxìng 使高兴[-興] V.P. delight; amuse

[1]**shīgē*** 诗歌 N. ① poems and songs ② poetry M: [2]*shǒu*

[2]**shīgē** 师哥[師-] N. ① senior fellow apprentice ② one's master's/teacher's son who is older than oneself M: [2]*wèi*

shīgé 诗格 N. style of poetry

shìgě 市合 M. *of dry items equal to 1 deciliter*

shīgē fānyì 诗歌翻译[-譯] N. <*lg.*> poetic/poetry translation

shīgē gōngnéng 诗歌功能 N. <*lg.*> poetic function

shīgěi 施给 V. give in charity; grant; bestow; hand out; donate

shìgēngdì 适耕地[適-] P.W. arable land

shìgēng tǔrǎng 适耕土壤[適-] N. workable soil

shìgēng zhuàngtài 适耕状态[適-狀態] N. arability

shìgèr 是个儿[-個-] V.O. <*topo.*> be a match *Gēn wǒ xiàqí, nǐ ~ ma?* Would you take me on at chess?

shígètóur 十个头儿[-個--] ADV. <*topo.*> extremely; fully

shīgē yòngyǔ 诗歌用语 N. poetic discourse

shí ge yǒu shí ge 十个有十个[-個--個] V.P. ten out of ten; every single one

shīgē yǔyán 诗歌语言 N. <*lg.*> poetic language

shí ge zhǐtou yǒu chángduǎn 十个指头有长短[-個-----] ID. you cannot expect everybody to be the same

[1]**shīgōng*** 施工 V.O. work on (of construction)

[2]**shīgōng** 师公[師-] N. ①grandmaster ②sorcerer M: [2]*wèi*

[1]**shígōng** 石工 N. ① masonry ② stonemason

[2]**shígōng** 石弓 N. slingshot; catapult M: [1]*zhāng*

[1]**shìgōng(r)** 试工(儿) V.O. do trial work

[2]**shìgōng** 事功 N. <*wr.*> achievement

shīgōng dānwèi 施工单位 P.W. unit in charge of construction

shìgōng'érjiāo 恃功而骄[-驕] F.E. presume upon one's services and be haughty and imperious

shīgōng gōngchéngxué 施工工程学 N. <*archi.*> construction

shígǒngqiáo 石拱桥[-橋] N. stone arch bridge M: [4]*zuò*

shīgōng rényuán 施工人员 N. builder; constructor M: [2]*wèi*

shígōngshù 石工术[-術] N. stonemasonry

shìgōngsuǒ 市公所 P.W. city/town office M: [1]*suǒ*

shīgōngtú 施工图[-圖] N. working drawing M: [1]*zhāng*

shìgōngzhīxué 事功之学 N. the study of contributions/deeds

shīgōng zhōng 施工中 V.P. be under construction; abuilding

shīgōng zhòngdì 施工重地 P.W. construction site

shīgū 师姑[師-] N. a term of respect for a nun M: [2]*wèi*

[1]**shīgǔ** 尸骨[屍-] N. skeleton of the dead

[2]**shīgǔ** 师古[師-] V.O. pattern after the ancient/old

shígǔ 石鼓 N. drum-shaped stone block

shìgu 世故 S.V. worldly-wise; sophisticated *Tā zhège rén hěn ~.* He's a smooth operator. *See also* [2]*shìgù*

shìgǔ 市贾 N. merchants M: [2]*wèi*

[1]**shìgù*** 事故 N. accident; mishap

[2]**shìgù** 世故 N. ① ways of the world ② causes; reasons *See also shìgu*

[3]**shìgù** 是故 CONJ. therefore

shíguāimìngjiǎn 时乖命蹇[時-] F.E. ① be unfortunate ② fall on bad times

shǐguāinòngqiǎo 使乖弄巧 F.E. use strategy

shíguāiyùnjiǎn 时乖运蹇[時-運-] F.E. be down on one's luck

shíguāiyùnzhuō 时乖运拙[時-運-] F.E. be unlucky

[1]**shīguān** 失官 V.O. lose one's position

[2]**shīguān** 虱官 N. <*wr.*> corrupt official

[1]**shíguān** 石棺 N. stone coffin; sarcophagus M: *kǒu*

[2]**shíguān** 实官[實-] N. office efficiently filled

shíguǎn 食管 N. esophagus

shíguàn 石罐 N. stone container

shǐguān 史官 N. historiographer M: [2]*wèi*

[1]**shǐguǎn*** 使馆 P.W. legation; embassy M: [4]*zuò*

[2]**shǐguǎn** 史馆 P.W. <*trad.*> ① historiographer's office ② national organization in charge of compiling and preserving historical records

shǐguàn 使惯 V. be used to using sth.

[1]**shìguān** 事关[-關] V. regarding; concerning

[2]**shìguān** 士官 N. noncommissioned officers; yeoman (U.S. Navy) M: [2]*wèi*

[3]**shìguān** 试官 N. ① official in charge of an examination ② officials appointed on a probational basis M: [2]*wèi*

[4]**shìguān** 视官 N. visual organ; eyes

[5]**shìguān** 仕官 V.O. be an official

shìguǎn 试管 N. <*chem./loan*> test tube M: [2]*zhī*

shíguǎn'ái 食管癌 N. <*med.*> cancer of the esophagus

shìguānbīng 士官兵 N. sergeant M: [2]*wèi*

shíguāng 时光[時-] N. ① time ② times; years; days ③ current circumstances

shíguāngrěnrǎn 时光荏苒[時-] F.E. time zips by

shǐguǎnqū 使馆区[-區] P.W. diplomatic quarter

shìguānrénmìng 事关人命[-關--] F.E. A man's life is involved.

shìguǎn yīng'ér 试管婴儿 N. <*loan*> test-tube baby

shìguānzhǎng 士官长 N. master sergeant M: [2]*wèi*

shìguān zhòngdà 事关重大[-關--] V.P. This matter is very serious.

shígǔbùhuà 食古不化 F.E. be a half-baked pedant

shīgǔchéngduī 尸骨成堆[屍-] F.E. Corpses are piled up high.

shìgǔfēijīn 是古非今 F.E. praise the past to condemn the present

shīguī 蓍龟[-龜] N. ① milfoil and tortoise divination ② foresight

shíguì* 石柜[-櫃] N. stone cabinet/cupboard

shìguì 恃贵 V.O. presume on one's high position or blue blood

shìguǐdào 视轨道 N. <*astr.*> apparent orbit

shǐ guǐjì 使诡计 V.O. play tricks

shǐguǐtuīmò 使鬼推磨 ID. ask sb. to do sth. for one

shígǔn(zi)* 石磙(子) N. stone roller

shìgùn 市棍 N. city shark/slicker

Shíguó 十国[-國] N. <*hist.*> the period of the Ten Kingdoms (907–979)

shìguò* 饰过 V.O. whitewash

shíguòjìngqiān* 时过境迁[時-遷] F.E. Circumstances change with the passage of time.

shìguòjìngqiān 事过境迁[-遷] F.E. circumstances alter cases

shìguòqíngqiān 事过情迁[-遷] F.E. People's feelings change with the circumstances.

shǐ guóyǒuhuà 使国有化[-國--] V.P. nationalize

shīgǔwèihán 尸骨未寒[屍-] F.E. while sb.'s remains are not yet cold

shígǔwén 石鼓文 N. inscription on a drum-shaped stone block; stone-drum inscription

shìgǔxíngjīn 释古行今[釋-] F.E. justify one's own wishes and desires by abandoning ancient principles

shìgù yóuzi 事故由子 N. <*coll.*> cause/reason of an accident/incident

shīhái 尸骸[屍-] N. skeleton M: [7]*jù*

shíhán 识韩[識韓] V.O. <*wr.*> have the honor of knowing you in person

shìhàn* 释憾[釋-] V.O. dispel hatred/grudge

shīháng 诗行 N. lines of a poem

[1]**shìháng*** 试航 V. ① make a trial voyage/flight ② shake down (a ship/airplane)

[2]**shìháng** 适航[適-] N. ① seaworthiness ② airworthiness

Shìháng 世行 AB./P.W. *Shìjiè Yínháng*

shíhángjùxià 十行俱下 F.E. be a fast reader

shìhángxìng 适航性[適-] N. airworthiness (of a plane); seaworthiness (of a ship)

shīháo 诗豪 N. great poet

[1]**shíhào** 时号[時號] N. time signal

[2]**shíhào** 时好[時-] N. current fashion; fad

[3]**shíhào** 蚀耗 V. erode ♦N. loss; wear and tear

shìháo 市毫 M. ① *of length equal to 1/3 decimillimeter* ② *of weight equal to 0.005 gram*

[1]**shìhǎo** 示好 V.O. make advances/overtures/approaches

[2]**shìhǎo** 世好 N. friends for generations *See also* [2]*shìhào*

[1]**shìhào*** 嗜好 N. ① hobby ② addiction; habit

[2]**shìhào** 世好 N. fashions/vogues of the times *See also* [2]*shìhǎo*

[3]**shìhào** 谥号[-號] N. <*trad.*> honorary title granted to a dead former emperor/duke/etc.

shìhàopǐn 嗜好品 N. addictive things (tobacco/etc.)

shìhǎoshìdǎi 是好是歹 F.E. for good or ill

shīhé 失和 V.O. become estranged

[1]**shíhé** 石河 N. stone river; rock stream M: [1]*tiáo*

[2]**shíhé** 食盒 N. ①meal/food container ②bridal boxes of daily necessities paraded on the streets

[3]**shíhé** 石核 N. <*archeo.*> stone core

shìhé* 适合[適-] S.V./V. suit; fit *~ értóng kàn de diànyǐng* movies suitable for children

[1]**shìhè** 是荷 V.P. much obliged

[2]**shìhè** 释褐[釋-] V.O. <*trad.*> pass the third degree of the national civil-service examination and remove commoners' dress

shìhédàolǐ 是何道理 V.P. Why?; For what reason?

shìhé dòngcí 适合动词[適-動-] N. <*lg.*> verb of suiting

shìhédù 适合度[適-] N. conformity

shìhéjūxīn 是何居心 F.E. What meanness this is!; How mean you are!

shīhéng* 失衡 V.O. be unbalanced/out-of-balance

shìhéng 恃横 V.O. rely on crooked ways and violence

shīhéngbiànyě 尸横遍野[屍-] F.E. field littered with corpses

shīhéngxuèrǎn 尸横血染[屍-] F.E. Dead bodies lie in the streets and blood stains the roads.

shìhéxìng 适合性[適-] N. compatibility

shīhóu 狮猴[獅-] N. <*zoo.*> a lion-like animal M: [2]*zhī*

shīhǒu 狮吼[獅-] N. the roar of a lion

shīhòu 失候 V.O. ① <*wr.*> mistake the time of doing sth. ② <*court.*> I was absent and failed to greet you when you called. ③ I failed to pay my respect to you.

shíhou(r)* 时候(儿)[時-] N. ① (duration of) time ② (a point in) time; moment

shíhòu 食后[-後] N. after a meal

[1]**shìhòu** 侍候 V. wait upon; attend to

[2]**shìhòu** 事后[-後] N. afterwards

shíhòuchèxí 食后撤席[-後--] F.E. remove the cloth (after a meal)

shīhòuqǐjū 失候起居 F.E. fail to keep taking care (parents/etc.)

shìhòu shěnjì 事后审计[-後審-] N. <acct.> postaudit

shìhòu zhàogu 事后照顾[-後-顧] N. aftercare

shìhòu Zhūgě Liàng 事后诸葛亮[-後---] F.E. be wise after the event; be a Monday-morning quarterback

shīhǔ 诗虎 N. riddles in poetry form

shīhù 失怙 V.O. <wr.> be bereaved of one's father; lose one's father

[1]**shíhú*** 石斛 N. <Ch. med.> noble dendrobium

[2]**shíhú** 十胡 N. name of a card game

shíhǔ 石虎 N. stone tiger

shìhǔ 市虎 N. automobiles (which maim/kill people like tigers on the loose) ♦F.E. If repeated often, a lie is accepted as truth.

shīhuà 诗话 N. ① notes on poets and poetry ② vernacular stories interspersed with poems ③ narratives written in the Song dynasty

[1]**shíhuà*** 实话[實-] N. truth *Nǐ yào ~ shíshuō.* You should tell the truth as it is.

[2]**shíhuà** 石化 N. petrochemical industry ♦V. petrify

[3]**shíhuà** 石画[-畫] N. mosaic

shǐhuà 史话 N. historical narrative

[1]**shìhuā** 市花 N. city flower; flower symbolizing a city

[2]**shìhuā** 莳花[蒔-] V.O. grow flowers

shíhuācài 石花菜 N. <bot.> agar

shìhuàfǎ 示话法 N. <lg.> speech reading

shíhuà gōngyè 石化工业[-業] P.W. petrochemical industries

shǐhuài 使坏[-壞] V.O. ① play a dirty trick ② hurt; destroy

shìhuái* 释怀[釋懷] V.O. ① forget; block out ② <wr.> express one's feelings

shǐ huàishuǐr 使坏水儿[-壞--] V.O. <coll.> be up to mischief; play a dirty trick

shíhuājiāo 石花胶[-膠] N. agar-agar

shīhuān 失欢[-歡] V.O. ① become estranged ② lose favor

shíhuán 石环[-環] N. stone ring

shǐhuan* 使唤[-喚] V. ① order about; be bossy ② run errands for ③ <topo.> use; handle

shìhuàn 仕宦 N. <wr.> official M: [2]wèi

shíhuāng* 拾荒 V.O. scavenge

[1]**shíhuáng** 石黄 N. mineral yellow

[2]**shíhuáng** 石磺 N. <zoo.> sea slug

Shǐ Huángdì 始皇帝 (259–210 B.C.) N. <hist.> First Emperor; founder of imperial China

shíhuāngzhě 拾荒者 N. gleaner

shǐhuanrén 使唤人[-喚-] N. servant ♦V.O. order/tell others to do sth.

shǐhuan yātou 使唤丫头[-喚--] N. slave girl; young maidservant

shíhuàshíshuō 实话实说[實-實-] F.E. tell the ruth; not mince words

shíhuà zuòyòng 石化作用 N. <geol.> petrifaction

shī-hǔ bù qúnjū 狮虎不群居[獅-] ID. Lions and tigers stand aloof (fig.).

shīhǔdāngdào 狮虎当道[獅-當-] ID. dangerous obstacle (often exaggerated as an excuse for inaction)

shīhūhū 湿乎乎[濕-] R.F. damp; moist; humid

shīhuǐ 失悔 V. regret

shīhuì 施惠 V.O. do favors for others

shíhuī 石灰 N. lime

[1]**shíhuì*** 实惠[實-] N. real/tangible benefit ♦S.V. substantial; solid

[2]**shíhuì** 时讳[時諱] N. conversational taboos at certain times

[3]**shíhuì** 时会[時-] N. ① the particular circumstances of the time ② good luck; opportunity; opportune moment ♦V. meet frequently

shǐhuí 驶回 R.V. return; sail/go back

[1]**shìhuì** 史讳[-諱] N. emperors' names avoided as taboo

[2]**shǐhuì** 豕喙 N. shaped like a pig snout (of a person's mouth)

shìhuī 市徽 N. emblem of a city

shìhuì 市惠 V.O. <wr.> curry favor; fawn on

shíhuī fěnmò 石灰粉末 N. slaked lime

shíhuīhuá 石灰华[-華] N. travertine; tufa

shíhuīkuàng 石灰矿[-礦] N. lime pit; lime mine M: [4]zuò

shíhuīrǔ 石灰乳 N. whitewash

shíhuī shājiāng 石灰砂浆[-漿] N. lime mortar

shíhuīshí 石灰石 N. limestone

shíhuīshuǐ 石灰水 N. limewater

shíhuīyán 石灰岩 N. limestone

shíhuīyáo 石灰窑[-窯] N. limekiln M: [4]zuò

shìhuìyúrén 市惠于人[--於-] F.E. curry favor with other people

shíhuīzhì 石灰质[-質] N. calcium carbonate

shíhuīzhì féiliào 石灰质肥料[--質--] N. calcareous fertilizer

shíhuīzhì shāyán 石灰质砂岩[--質--] N. calcareous sandstone

shíhúlán 石斛兰[-蘭] N. <bot.> dendrobium

shīhún 失魂 V.O. ① be frightened ② be overcome by sorrow

[1]**shìhūn*** 试婚 V.O./N. trial marriage

[2]**shìhūn** 适婚[適-] V.P. be of marriageable age

shǐ hùnhé 使混合 V.P. mingle

shīhúnluòpò 失魂落魄 F.E. ① be despondent ② driven to distraction ③ scared out of one's life

shìhūn niánlíng 适婚年龄[適-齡] N. proper age for marriage

shīhuǒ* 失火 V.O. catch fire; be on fire

[1]**shíhuǒ** 实火[實-] N. <Ch. med.> repletion fire

[2]**shíhuǒ** 石火 N. shortness of human life

[1]**shíhuò** 识货[識-] V.O. ① know how to evaluate merchandise ② know what's what

[2]**shíhuò** 时货[時-] N. seasonable commodities

[3]**shíhuò** 食货 N. food and commodities

[4]**shíhuò** 拾获[-獲] V. pick up; collect

[5]**shíhuò** 什货 N. groceries; merchandise for daily use

[6]**shíhuò** 时或[時-] ADV. now and then; sometimes; at times

shíhuǒguāngyīn 石火光阴[-陰] ID. Time is like a spark—no sooner lit than gone forever.

shíhuǒjī 食火鸡[-雞] N. <zoo.> cassowary M: [2]zhī

shíhúsuī 石胡荽 N. <bot.> pennywort M: [2]kē

shǐ hútu 使糊涂[-塗] V.P. befog

shījī 失机 V.O. lose a chance

[1]**shījí** 诗集 N. poetry collection M: [1]běn/[1]juàn

[2]**shījí** 师极[師極] S.V. cool; wonderful

[1]**shījì** 失计 V. miscalculate; plan poorly

[2]**shījì** 施计 V.O. play tricks; carry out schemes; resort to some stratagems

[3]**shījì** 失记 V. <wr.> forget

[4]**shījì** 湿季[濕-] N. rainy season; monsoon

[1]**shíjī** 时机[時-] N. opportunity; opportune moment

[2]**shíjī** 石鸡[-雞] N. <zoo.> ①chukar ②partridge M: [2]zhī

[3]**shíjī** 食积[-積] N. <Ch. med.> dyspepsia; indigestion

[1]**shíjí** 石级 N. stone steps

[2]**shíjí** 拾级 *See* [2]*shèjí*

[3]**shíjí** 时疾[時-] N. <Ch. med.> seasonal ailments of diseases

shíjǐ 十几 NUM. between ten and twenty

[1]**shíjì*** 实际[實際] N. reality; practice; praxis ♦S.V. ① practical; realistic ② real; actual; concrete

[2]**shíjì** 时计[時-] N. <astr.> chronometer

[3]**shíjì** 识记[識-] V. memorize ♦N. memorization

[4]**shíjì** 实绩[實-] N. actual achievement

[5]**shíjì** 食忌 N. taboos in food

[6]**shíjì** 食季 N. <astr.> eclipse/ecliptic season

[7]**shíjì** 时忌[時-] N. things/words/ideas/etc. to be avoided in conversation during certain times

[8]**shíjì** 时际[時際] N. time; occasion

shǐjī 始基 N. beginning and foundation

shǐjí 史籍 N. historical records M: [1]běn/[1]juàn

shǐjì 史迹[-跡] N. ① historical site/relic ② historical events

Shǐjì 史记 N. *Historical Records*, by Sima Qian

[1]**shìjī** 事机 N. ① confidential matter ② situation ③ chance; opportunity ④ secret ⑤ plot

[2]**shìjī** 侍姬 N. concubine

[1]**shìjí** 市集 N. ① fair ② small town

[2]**shìjí** 视级 N. scale of visibility

[3]**shìjí** 世及 V. passing from generation to generation

[4]**shìjí** 是极[-極] V.P. <coll.> certainly true; indeed

[1]**shìjì** 世纪 N. century *gōngyuán qián sì ~* fourth century B.C.

[2]**shìjì** 事迹[-跡] N. ① deed; achievement ② vestige

[3]**shìjì** 试剂[-劑] N. <chem.> reagent

[4]**shìjì** 市际[-際] ATTR. interurban

[5]**shìjì** 示寂 N. <Budd.> death of a buddha. bodhisattva, or eminent monk

shījiā* 施加 V. exert (pressure/influence)

[1]**shíjiā** 十佳 N. the (chosen) top-ten

[2]**shíjiā** 十家 P.W. the Ten Schools (of the Han period)

[1]**shíjià** 时价[時價] N. current price

[2]**shíjià** 实价[實價] N. actual/net price

shǐjiā 史家 N. historian M: [2]wèi

[1]**shìjiā** 世家 N. ① aristocratic family ② family influential for generations

[2]**shìjiā** 试加 V. try

[3]**shìjiā** 室家 N. ① home; family ② married couple

[4]**shìjiā** 势家[勢-] N. important individual/family

Shìjiā 释迦[釋-] N. <Budd.> Sakya, the clan/family of Buddha

[1]**shìjià** 市价[-價] N. market/ruling price

[2]**shìjià** 事假 N. compassionate leave

shìjiāchéngpǐ 嗜痂成癖 F.E. ① have an addiction for drugs etc. ②have an uncommonly low taste

shìjiàfǎ 市价法[-價-] N. <acct.> market price method

Shìjiāmóuní 释迦牟尼[釋-] (c. 563–c. 483 B.C.) N. <hist.> Sakyamuni; Siddhartha Gautama (founder of Buddhism)

shījiān 诗笺[-箋] N. paper for writing poems M: [1]zhāng

[1]**shījiǎn** 尸检[屍-] N. autopsy

[2]**shījiǎn** 失检 N. ① improper behavior; misconduct; indiscretion ② mistake

shījiàn 尸谏[屍-] V. admonish (one's master/lord/etc.) at the cost of one's own life

[1]**shíjiān*** 时间[時-] N. ① time; duration *~ bù zǎo le.* It's already late. *~ dào le.* Time's up. *Xiànzài shì Běijīng ~ bādiǎn zhěng.* It's exactly 8:00 A.M. Beijing time. ② <lg.> tense

[2]**shíjiān** 时艰[時艱] N. <wr.> a critical situation (as for a nation); troublesome/difficult times

shíjiǎn 石碱[-鹼] N. ① soap ② <chem.> soda ③ <Ch. med.> soda made from artemesia cinders

[1]**shíjiàn** 实践[實踐] N./V. practice

[2]**shíjiàn(r)** 什件(儿) N. ① giblets ② <topo.> metal decoration on swords/etc.

[3]**shíjiàn** 识见[識-] N. ① experience; knowledge; sensibleness ② <wr.> knowledge and insight

[1]**shìjiān** 世间 P.W. earth; world

[2]**shìjiān** 适间[適-] N. just now

[1]**shìjiàn** 事件 N. incident; event

[2]**shìjiàn** 试件 N. test-piece; test specimen

shíjiānbiǎo 时间表[時-] N. schedule; timetable

shíjiàn chū zhēnzhī 实践出真知[實踐-] F.E. Genuine knowledge comes from practice.

shíjiāncí 时间词[時-] N. <lg.> time word; temporal sentence

shíjiāncí cìxù 时间词次序[時-] N. <lg.> sequence of tenses

shíjiān de 时间的[時-] ATTR. temporal

shíjiān de zhǐrèn 时间的指认[時-認] N. <lg.> temporal identity

shíjiāndiǎn 时间点[時-點] N. <lg.> point of time

shíjiàn dòngcí* 实践动词[實踐動-] N. <lg.> performative

shìjiàn dòngcí 事件动词[--動-] N. <lg.> event verb
shíjiān fùcí 时间副词[時-] N. <lg.> expression/adverbial of time
shíjiān fùcí zǐjù 时间副词子句[時-] N. <lg.> time adverbial clause; adverbial clause of time; temporal adverbial clause
shíjiān fùjiāyǔ 时间附加语[時-] N. <lg.> time/when adjunct
shíjiān fùyǔ 时间副语[時-] N. <lg.> adverbial of time; temporal adverbial
shījiāng 尸僵[屍-] N. rigor mortis; cadaveric rigidity
shíjiang* 石匠 N. stonemason M: 2wèi
shìjiāng 势将[勢將] V.P. certainly will; be bound to
1**shìjiǎng** 试讲[-講] N. trial lecture
2**shìjiǎng** 侍讲[-講] N. imperial tutor; scholar waiting on the emperor
shǐ jiàngdī bǎomì děngjí 使降低保密等级 V.P. declassify
shījiāngluòmǎ 失缰落马[-韁--] F.E. Lose control of the reins and be thrown from a horse.
shíjiān guānxi fùjiāyǔ 时间关系附加语[時-關係---] N. <lg.> time relationship adjunct
shìjiàn jìyì 事件记忆[-憶] N. <psy.> episodic memory
shíjiān píndù fùjiāyǔ 时间频度附加语[時-] N. <lg.> time frequency adjunct
shìjiànr 饰件儿 N. accessories; sth. extra but not essential
shíjiǎnshí 石碱石 N. <min.> soapstone
shǐjiānshuǎhuá 使奸耍滑 F.E. <coll.> idle; lie down on the job
shíjiānxìng* 时间性[時-] N. ① timeliness ② seasonality; topicality
shíjiànxìng 实践性[實踐-] N. practicality; practicalness
shíjiān xíngróngcí 时间形容词[時-] N. <lg.> temporal adjective
shíjiān yánxù fùjiāyǔ 时间延续附加语[時--續---] N. <lg.> time duration adjunct
shíjiān yìshù 时间艺术[時-藝術] N. temporal/aural art
shíjiàn zhéxué 实践哲学[實踐-] N. practical philosophy
shíjiān zhījué 时间知觉[時-覺] N. <psy.> time perception
shíjiān zhǐshìcí 时间指示词[時-] N. <lg.> time deixis
shíjiān zhǐshì fùcí 时间指示副词[時-] N. <lg.> demonstrative adverb of time
shíjiān zhuàngyǔ 时间状语[時-狀-] N. <lg.> adverbial of time
shíjiān zhuàngyǔ cóngjù 时间状语从句[時-狀-從-] N. <lg.> adverbial clause of time
shìjiàn zhǔyǔ 事件主语 N. <lg.> eventive subject
shíjiān zǐjù 时间子句[時-] N. <lg.> temporal clause; adverbial clause of time
shījiāo 施胶[-膠] N. gluing; sizing (treatment)
shījiǎo 失脚[-腳] V.O. stumble; slip
1**shījiào** 施教 V. teach
2**shījiào** 失教 V.O. lack education
shíjiāo 石交 N. close and intimate friendship
shíjiào 实教[實-] N. <Budd.> real teaching, not affected by circumstances
1**shìjiāo*** 市郊 P.W. suburb; outskirts
2**shìjiāo** 世交 N. family friendship spanning generations M: 2wèi
3**shìjiào** 试教 V. practice teaching
shìjiǎo 视角 N. visual angle
shìjiào 示教 V. teach
Shìjiào 释教[釋-] N. Buddhism
shíjiāodiǎn 实焦点[實-點] N. real focus
shījiǎodiēdǎo 失脚跌倒[-腳--] F.E. lose one's balance and fall
shìjiāoqū dàolù 市郊区道路[--區--] N. suburban road M: 1tiáo
shìjiāoshòuchù 豕交兽畜[--獸-] F.E. treat people like beasts
Shìjiàotú 释教徒[釋-] N. Buddhist
shíjiǎoxíng 十角形 N. decagon
shījiàozi 诗窖子 N. talented and prolific poet M: 2wèi
shìjiāzhīlè 室家之乐[-樂] N. connubial bliss
shìjiāzhīpǐ 嗜痂之癖 N. eccentric/depraved taste
Shíjiāzhuāng 石家庄[-莊] P.W. Shijiazhuang (capital of Hebei)
shìjiā zǐdì 世家子弟 N. young members of a family holding official rank for generations M: 2wèi
shíjì biànhuà 实际变化[實際變-] N. <lg.> flection
shíjī bù zài 时机不再[時-] V.P. no more opportunities
shíjì chéngběn 实际成本[實際-] N. actual cost
shíjī chéngshú 时机成熟[時-] V.P. The opportunity is ripe.
shíjì chūfā 实际出发[實際-發] V.P. start from the actual and present facts; proceed from the actual situation
shíjì de 实际的[實際-] ATTR. real; realistic; actual
shījié 失节[-節] V.O. ① be disloyal (to one's country/spouse/etc.) ② lose chastity
1**shījiě** 师姐[師-] N. ① elder female codisciple ② <court.> address for one's teacher's daughter older than oneself M: 2wèi
2**shījiě** 尸解[屍-] N. <Dao.> One's soul leaves the body and becomes an immortal after death.
1**shíjiē** 石阶[-階] N. stone steps M: 4jí
2**shíjiē** 食街 P.W. street with many restaurants M: 1tiáo
shíjié 时节[時節] N. ① season ② time ③ occasion ④ orders given according to the seasons
1**shíjiè** 拾芥 V. <wr.> be as easy as lifting a finger
2**shíjiè** 十界 P.W. <Budd.> the ten states of living beings
Shíjiè 十戒/诫 N. ① <Christianity> Ten Commandments- ② <Budd.> the Ten Prohibitions
shǐjié 使节[-節] N. diplomatic envoy
shìjiē 市街 N. street and market
1**shìjiè*** 世界 P.W. world
2**shìjiè** 视界 N. range of vision; visual field
Shìjiè Bǎnquán Gōngyuē 世界版权公约[---權--] N. Universal Copyright Convention
shìjiè bàquán 世界霸权[-權] N. global hegemony
shìjièbēi 世界杯 N. world cup
shìjiè bólǎnhuì 世界博览会[---覽-] P.W. world's fair; world expo
shìjiè cháoliú 世界潮流 N. world trends
shìjiècūn 世界村 P.W. <loan> global village
shìjiè dàtóng 世界大同 N. the world commonwealth; universal brotherhood
shìjiè dàzhàn 世界大战[-戰] N. world/global war
Shìjiè Dìqiúrì 世界地球日 N. World Earth Day
shìjiè dìtú 世界地图[-圖] N. map of the world
shìjiè gèdì 世界各地 N. all over the world
shìjièguān 世界观[-觀] N. world view
shìjiè guànjūn 世界冠军 N. world champion
shìjièjí 世界级 ATTR. world-class
shìjiè jìlù 世界记录[-錄] N. <sport> world record
shìjiè jīngjì zhǎnwàng 世界经济展望[--經濟--] N. world economic prospects
Shìjiè Màoyì Zǔzhī 世界贸易组织[-織] P.W. World Trade Organization (WTO)
shìjiè mòrì 世界末日 N. Doomsday; Day of the Last Judgment
shìjiēqū jùlí 市街区距离[--區-離] N. city block distance
Shìjiè Rénquán Xuānyán 世界人权宣言[---權--] N. Universal Declaration of Human Rights
shíjí'érshàng 拾级而上 *See shèjí'érshàng*
shìjièshí 世界时[-時] N. <astr.> universal time
shìjiè shìchǎng 世界市场[-場] P.W. international market
shìjiè shuǐpíng 世界水平 N. international standard
shǐjiétuán 使节团[-節團] P.W. ① diplomatic mission ② diplomatic corps
Shìjiè Wèishēng Zǔzhī 世界卫生组织[--衛--織] P.W. World Health Organization (WHO)
shìjiè wūjǐ 世界屋脊 N. roof of the world (Mt. Qomolangma/Everest)
shìjièxìng 世界性 ATTR. global; international
Shìjiè Yínháng 世界银行 P.W. World Bank
Shìjièyǔ 世界语 N. <lg.> Esperanto
shìjiè zhǔyì 世界主义[-義] N. cosmopolitanism
shìjiè zhū yǔyán 世界诸语言 N. <lg.> languages of the world
Shìjiè Zhùzuòquán Tiáoyuē 世界著作权条约[----權條-] N. Universal Copyright Convention
shìjiè zìmǔ 世界字母 N. <lg.> universal alphabet
shíjífēng 十级风 N. <met.> force-10 wind; whole gale
shíjì gōngzī 实际工资[實際-] N. real wages
shíjì guānshuì shuìlǜ 实际关税税率[實際關-] N. effective tariff rate
shǐ jíhuà 使极化[-極-] V. polarize
shíjì huìjià 实际汇价[實際匯價] N. effective exchange rate
shíjìjiā 实际家[實際-] N. <derog.> so-called practical man M: 2wèi
shíjì jīngyàn 实际经验[實際經-] N. practical experience
shíjì kòngzhìxiàn 实际控制线[實際-] N. <mil.> line of actual control
shíjì lìyòng wàizī 实际利用外资[實際-] N. actually utilized foreign capital
shìjìmò 世纪末 N. end of a century
shījìn 失禁 N. <med.> incontinence
shíjǐn* 十/什锦 ATTR. assorted; mixed
1**shíjìn** 十进[-進] ATTR. decimal
2**shíjìn** 时禁[時-] N. current prohibitions
1**shǐjìn(r)** 使劲(儿)[-勁] V.O. exert all one's strength
2**shǐjìn** 驶近 V. approach (of vehicles/vessels)
1**shìjīn** 市斤 M. *unit of weight equal to 1/2 kilogram*
2**shìjīn** 试金 ATTR. assaying
shìjìn 仕进[-進] V. <trad.> ① pursue an official career ② advance in rank
shíjīnbùmèi 拾金不昧 F.E. return money found
shíjǐncài 什锦菜 N. mixed dishes
shíjǐn dàguō 十锦大锅[-鍋] N. casserole with many kinds of meat and vegetables
shíjìn duìshù 十进对数[-進對數] N. <math.> denary logarithm
shíjìnfǎ 十进法[-進-] N. denary scale
shíjìn fēnlèifǎ 十进分类法[-進-類-] N. decimal classification
shījīng 失惊[-驚] V. be startled/shocked
Shījīng 诗经[-經] N. *Book of Songs/Odes/Poetry*
1**shījìng** 失敬 F.E. <court.> Excuse me for slighting you.
2**shījìng** 诗境 N. poetic conception/environment
1**shíjīng** 石晶 N. rock crystal
2**shíjīng** 石经[-經] N. classics engraved on stone tablets
3**shíjīng** 识荆[識荊] F.E. <court.> have the honor of making your acquaintance
shíjǐng 时景[時-] N. seasonal scenery
1**shíjìng** 石径[-徑] N. road paved with stone M: 1tiáo
2**shíjìng** 食径[-徑] N. eclipse path
1**shìjǐng*** 市井 P.W. <wr.> marketplace; town
2**shìjǐng** 示警 V.O. give warning
3**shìjǐng** 视景 N. what comes into a driver's/pilot's view as the vehicle/craft proceeds
4**shìjǐng** 试井 N. well testing
1**shìjìng** 拭净[-淨] R.V. wipe and clean
2**shìjìng** 试镜 V.O. undergo a screen test
shíjīnghènwǎn 识荆恨晚[識荊-] F.E. regret to have made your acquaintance so late
shǐ jīngtōng 使精通 V.P. familiarize with

S

shìjǐngtú 市井徒 N. <derog.> the common herd
shìjǐngwúlài 市井无赖 F.E. scoundrels of the marketplace
shìjǐng xiǎomín 市井小民 N. <wr.> philistine
shìjǐng xiǎorén 市井小人 N. philistine
shìjǐng xìmín 市井细民 N. ordinary/small townsfolk
shìjìngzhǐ 试镜纸 N. lens paper/tissue M: [1]zhāng
shìjǐngzhīliú 市井之流 N. townspeople
shìjǐngzhītú 市井之徒 N. philistine; vulgar people who place money before everything else in life
shìjǐngzhīyán 市井之言 N. town talk; subject of general conversation
shíjǐn huìfàn 什锦烩饭 N. rice mixed with fancy ingredients
shījīnjīn 湿津津[濕-] R.F. wet with sweat; sweaty; damp and wet
shíjìn jìshùfǎ 十进计数法[-進-數-] N. decimal/denary notation
shíjǐnmiàn 什锦面[-麵] N. noodles with mixed meat and vegetables
shìjīnshí 试金石 N. touchstone M: [2]kuài
shìjīnshù 试金术[-術] N. mineral assay
shíjìnwèi 十进位[-進-] ATTR. <elec.> decade
shíjìnwèi mǎ 十进位码[-進--] N. <elec.> decimal code
shíjìnwèi zhì 十进位制[-進--] N. <math.> decimal system
shíjǐn záshuǎr 什锦杂耍儿[--雜--] N. all kinds of entertaining performances (in a country fair, etc.)
shíjìnzhí 十进值[-進-] N. decimal value
shíjìnzhì* 十进制[-進-] N. <math.> decimal system
shījīrúshān 尸积如山[屍積-] F.E. Corpses lie about in heaps.
shíjìshang 实际上[實際-] N. as a matter of fact
shíjì shēnghuó 实际生活[實際-] N. real life
shījiū 鸤鸠 N. ① <zoo.> cuckoo; turtledove M: [2]zhī ② a poem in the *Book of Odes*
shījiù 施救 V. rescue and resuscitate
shíjiǔ* 十九 NUM. nineteen
shíjiù 石臼 N. stone mortar
shǐjiǔ 使酒 V.O. get drunk and behave irrationally
[1]**shìjiǔ** 嗜酒 V.O. be addicted to drink
[2]**shìjiǔ** 贳酒 V.O. buy wine on credit
shìjiǔchéngpǐ 嗜酒成癖 F.E. be given to drink
shìjiǔhàodǔ 嗜酒好赌 F.E. love wine and gambling to excess
shìjiǔhàosè 嗜酒好色 F.E. given over to wine and women
shìjiǔkuǎnkè 贳酒款客 F.E. get wine on credit in order to entertain friends
shìjiǔzhě 嗜酒者 N. drunkard
shíjīwèishóu 时机未熟[時-] F.E. premature
shíjì xūyào 实际需要[實際-] N. actual/practical needs
shíjìyánzhī 实际言之[實際-] F.E. as a matter of fact
shíjī yī dào* 时机一到[時-] V.P. at an opportune moment
shíjī yǐ dào 时机已到[時-] V.P. The time has come.
shíjī yǐ shú* 时机已熟[時-] V.P. The time is ripe.
shìjī yǐ shú 事机已熟 V.P. The time is ripe.
shíjì yǔyán 实际语言[實際-] N. <lg.> actual speech
shíjì zhéjiù 实际折旧[實際-舊] N. <acct.> actual depreciation
shìjìzhījiāo 世纪之交 N. turn of the century
shījū 尸居[屍-] V. lazy life
[1]**shījù** 诗句 N. verse; line M: [1]háng
[2]**shījù** 诗剧[-劇] N. drama in verse
[3]**shījù** 失据[-據] V.O. lose one's guidance
shíjú* 时局[時-] N. current political situation
[1]**shíjù** 实据[實據] N. substantial evidence
[2]**shíjù** 食具 N. tableware
[3]**shíjù** 实距[實-] N. actual distance
[4]**shíjù** 时距[時-] N. time interval
[5]**shíjù** 石拒 N. octopus
shǐjù 史剧[-劇] N. historical play
shìjū 世居 V. live in a place for generations
shìjú 世局 N. world situation
shìjǔ 试举[-舉] V. attempt; try
shìjù 视距 N. range of visibility
shíjuàn 石圈 N. <archeo.> stone fold
[1]**shìjuàn*** 试卷 N. examination paper M: [1]zhāng
[2]**shìjuàn** 释卷[釋-] V.O. stop reading
shì juǎnqū 使卷曲 V.P. crinkle
shījù dùncuò 诗句顿挫 N. <lg.> caesura
shījué 失觉[-覺] V.O. ① fail to perceive ② be negligent
[1]**shìjué*** 视觉[-覺] N. <phys.> visual sense; vision
[2]**shìjué** 世爵 N. hereditary noble title
shìjué cíhuì 视觉词汇[-覺-彙] N. <lg.> sight vocabulary
shìjué gǎnzhī 视觉感知[-覺--] N. <psy.> visual perception
shìjué jiāodiǎn 视觉焦点[-覺-點] N. eye-catcher
shìjué kōngjiān 视觉空间[-覺--] N. visual space
shíjuémíng 石决明[-決-] N. <Ch. med.> shell of an abalone or sea-ear
shìjuéqì 视觉器[-覺-] N. organ of sight
shìjué shénjīng 视觉神经[-覺-經] N. optical nerve
shìjué wūrǎn 视觉污染[-覺--] N. visual pollution
shìjuéxiàng 视觉象[-覺-] N. visual image
shìjuéxíng 视觉型[-覺-] N. <psy.> visual form
shìjué yìnxiàng 视觉印象[-覺--] N. visual impressions
shìjué yìshù 视觉艺术[-覺藝術] N. visual arts
shìjué yǔyán 视觉语言[-覺--] N. visual language
shìjué zànliú 视觉暂留[-覺--] N. persistence of vision
shíjùn 食菌 N. edible fungus
shǐjūn 使君 N. <wr.> envoy; emissary
shìjūn* 弑君[弒-] V.O. regicide
shìjūnlìdí 势均力敌[勢-敵] F.E. evenly/well match each other in strength
shìjūntǐ 噬菌体[-體] N. <bio.> bacteriophage; phage
shǐjūnyǒufù 使君有妇[-婦] F.E. married man
shǐjūnzǐ 使君子 N. <Ch. med.> fruit of Rangoon creeper
shìjūnzǐ* 士君子 N. ① upper caste ② intelligentsia
shíjúpíngjìng 时局平靖[時-] F.E. peaceful situation
shìjūxìng 适居性[適-] N. habitability
shījūyúqì 尸居余气[屍-氣] F.E. be at one's last gasp
shíkǎn 石坎 N. ① stone flood dam ② steps cut into rocky mountain ③ stone threshold M: [1]tiáo
shìkān 试刊 N. trial publication
shìkàn* 试看 V. check/try (out) and see
shìkāngjímǐ 舐糠及米 ID. A country finally falls after its territory is nibbled away.
[1]**shíkè** 时刻[時-] N. time; hour; moment *zài zhèyàng de* ~ at this juncture ♦ADV. constantly; always
[2]**shíkè** 石刻 N. ① carved stone ② stone inscription
[3]**shíkè** 食客 N. ①restaurant customer ②<trad.> a person sponging on an aristocrat ③ dependent advisors
[4]**shíkè** 蚀刻 N. etching
shíkèbiǎo 时刻表[時-] N. timetable; schedule M: [1]zhāng
shíkè bōli 蚀刻玻璃 N. etched glass M: [2]kuài
shíkè bùwàng 时刻不忘[時-] V.P. keep in mind at all times
shìkě'érzhǐ 适可而止[適-] F.E. stop before going too far
shǐkelàng 屎壳郎 N. <coll.> dung beetle M: [2]zhī
shǐ kěndìng 使肯定 V.P. ensure
shíkēng 石坑 N. stone pit
shǐkēng* 屎坑 N. dung pit
shìkěrěn shúbùkěrěn 是可忍孰不可忍 F.E. <id.> If this can be tolerated, what cannot?
shì kě shā bùkě rǔ 士可杀不可辱[--殺---] F.E. A gentleman prefers death to humiliation.
shíkèshī 蚀刻师[-師] N. etcher M: [2]wèi
shíkè zhǔnbèi 时刻准备[時-準備] V.P. be ready at all times
shīkòng* 失控 V.O. lose control
shí-kōng 时空[時-] N. time and space
shíkòng 时控[時-] N. time control
shí-kōng de 时空的[時-] ATTR. <lg.> spatio-temporal
shí-kōngguān 时空观[時-觀] N. notion/conception of time and space
shí-kōng guānxi 时空关系[時-關係] N. <lg.> spatio-temporal relationship
shīkōngqì 湿空气[濕-氣] N. moist/wet air
shīkǒu 失口 V.O. make a slip of the tongue
shǐkǒu 矢口 V. ① flatly assert ② <wr.> speak thoughtlessly
shìkǒu* 适口[適-] S.V. palatable
shǐkǒubùyí 矢口不移 F.E. stick to one's original statement
shǐkǒuchéngyán 矢口成言 F.E. Words uttered become a saying.
shǐkǒudǐlài 矢口抵赖 F.E. flatly deny
shǐkǒufǒurèn 矢口否认[-認] F.E. flatly deny
shǐkǒujiǎolài 矢口狡赖 F.E. quibble and prevaricate, refusing to admit one's guilt
shìkǒur 市口儿 N. <coll.> main business section of a city
shíkū 石窟 P.W. rock cave; grotto M: [4]zuò
[1]**shíkuài** 石块[-塊] N. stone; rock; block M: [2]kuài
[2]**shíkuài** 食块[-塊] N. pieces/chunks/etc. of food M: [2]kuài
[3]**shíkuài** 时快[時-] N. speed
shìkuài* 市侩 N. <derog.> ①monger; trafficker ② broker ③ crafty businessman ④ sordid merchant ⑤ courtier
shìkuàiqì 市侩气[-氣] N. vulgar and greedy persons
shìkuài súwù 市侩俗物 N. the sordid men at the market
shìkuài xíqì 市侩习气[-習氣] N. sordid merchant's way; philistinism
shīkuǎn 失款 V.O. lose money ♦N. lost money
shíkuǎn* 时款[時-] N. latest fashion
[1]**shíkuàng*** 实况[實況] N. actual situation/happening ♦ATTR. direct (of TV broadcasts/etc.)
[2]**shíkuàng** 石矿[-礦] N. quarry M: [4]zuò
[3]**shíkuàng** 时框[時-] N. time frame
[1]**shìkuàng** 市况[-況] N. <econ.> market conditions
[2]**shìkuàng** 饰框 N. escutcheon
shíkuàng bàodào 实况报道[實況報-] V.P./N. live broadcast
shíkuàngchǎng 石矿场[-礦場] P.W. quarry M: [4]zuò
shíkuàng lùxiàng 实况录像[實況錄-] V.P./N. live/direct videorecord
shíkuàng lùyīn 实况录音[實況錄-] V.P./N. live recording
shìkuàng xiāotiáo 市况萧条[-況蕭條] V.P. The market is depressed.
shíkuàng zhuǎnbō 实况转播[實況轉-] V.P./N. live broadcast/telecast
shíkūsì 石窟寺 P.W. cave temple M: [4]zuò
shīlà 尸蜡[屍蠟] N. ①adipocere (waxy effusion from a dead body) ② a dead body naturally dried and preserved
shílà* 石蜡[-蠟] N. paraffin wax
shīlàfǎ 失腊法[-臘-] N. <archeo.> lost-wax method (in casting)
shíláiyùnzhuǎn 时来运转[時-運轉] F.E. change from bad to good luck
shílán 石栏[-欄] N. stone balustrade M: [1]tiáo
shìláng 侍郎 N. <trad.> assistant minister M: [2]wèi
shīlǎngsòng 诗朗诵 N. poetry recital

shīláo 施劳[-勞] V.O. boast of one's merit
shílao 实牢[實-] S.V. <coll.> ① solidly/firmly constructed; strong ② reliable ③ honest (of prices/etc.)
shǐláo 豕牢 N. <trad.> pigsty; pigpen
Shì-Lǎo* 释老[釋-] N. Buddhism and Daoism
shīlǎobīngpí 师老兵疲[師-] F.E. worn-out; exhausted
shílaojiàr 实牢价儿[實-價-] N. <coll.> honest/fair price
shīláowúgōng 师劳无功[師勞-] F.E. troops fighting for a long time without success
shīlǎowúgōng* 师老无功[師-] F.E. be bogged down in a war; be stalemated
shílàyóu 石蜡油[-蠟-] N. paraffin oil
shīlà zhùzào 失蜡铸造[-蠟鑄-] V.P. lost-wax casting; dewaxing casting
shílázi 石砬子 N. <topo.> projecting rock; crag; boulder
shílèi 实类[實類] N. <lg.> token
[1]**shìlèi*** 拭泪[-淚] V.O. wipe tears
[2]**shìlèi** 事类[-類] N. category
[3]**shìlèi** 士类[-類] N. scholars; intellectuals
shīlěng* 湿冷[濕-] N. clamminess ♦S.V. dank; clammy; damp and chilly
shíléng 石棱 N. stone arris
shīle sè 失了色 V.P. become pale from fear
shìle wèir le 是了味儿了 V.P. <coll.> have taken pleasure; have had a fling
[1]**shīlǐ** 失礼[-禮] V.O. lack proper etiquette *Nǐ zhème zuò tài ~ le.* It's a breach of etiquette for you to do that. ♦F.E. Excuse me.
[2]**shīlǐ** 施礼[-禮] V.O. salute
[3]**shīlǐ** 诗礼[-禮] N. belles-lettres
[1]**shīlì** 失利 V.O. suffer a setback/defeat
[2]**shīlì** 施力 V.O. exert/apply force
[3]**shīlì** 尸利[屍-] ID. <trad.> hang on to a sinecure
[1]**shílì** 实力[實-] N. actual strength
[2]**shílì** 实例[實-] N. (concrete) example; token
[3]**shílì** 石栗 N. <bot.> candlenut tree M: [2]kē
[4]**shílì** 实利[實-] N. actual profit/gain; practical value; tangible benefit
[5]**shílì** 时历[時曆] N. calendar; almanac
[6]**shílì** 石砾[-礫] N. gravel
[7]**shílì** 食力 V.O. earn one's livelihood by manual labor
[8]**shílì** 十力 N. <Budd.> the Ten Powers
shǐlì 使力 V.O. exert all one's strength
[1]**shìli*** 势力[勢-] N. force; power; influence
[2]**shìli** 势利[勢-] S.V. snobbish *See also* [6]*shìlì*
shìlí 市厘[-釐] M. ① *of length equal to 1/3 millimeter* ② *of weight equal to .05 gram*
[1]**shìlǐ** 事理 N. ① reason; logic ② principle of action; facts and principles involved; the way of doing business
[2]**shìlǐ** 市里 M. *of length equal to 500 meters*
[1]**shìlì** 视力 N. vision; sight
[2]**shìlì** 事例 N. example; instance; precedent
[3]**shìlì** 市立 ATTR. city-established; municipal
[4]**shìlì** 示例 N. example ♦V.O. give typical examples; give demonstrations
[5]**shìlì** 侍立 V. wait upon elders/superiors
[6]**shìlì** 势利[勢-] S.V. <derog.> greedy; money-hungry; selfish ♦N. ① power and wealth ② favorable situation/circumstances *See also* [2]*shìli*
[7]**shìlì** 恃力 V.O. rely on one's power; rely on force
[8]**shìlì** 释例[釋-] N. explanatory specimens
[9]**shìlì** 世吏 N. <trad.> hereditary office M: [2]wèi
shīliàn* 失恋[-戀] V.O. ① lose one's love; be disappointed in love ② be jilted
[1]**shìliàn** 试练[-練] V. practice; train; drill
[2]**shìliàn** 试炼[-煉] V. ①experiment on tempering (a metal) with fire ② try to smelt/refine
shíliáng 食粮[-糧] N. grain; food
[1]**shíliàng** 食量 N. appetite; capacity
[2]**shíliàng** 实量[實-] N. real quantity
shǐliàng 矢量 N. vector
shìliǎng 市两 M. *of weight equal to 50 grams*
[1]**shìliàng*** 适量[適-] N. appropriate amount
[2]**shìliàng** 式量 N. formula weight; chemical formula weight
shìliàngdù 视亮度 N. <astr.> apparent brightness
shīliào 诗料 N. materials that inspire the composition of poems
shíliáo 食疗[-療] N. food/diet therapy
[1]**shíliào** 食料 N. edibles; foodstuffs; eatables
[2]**shíliào** 石料 N. stone construction materials
[1]**shǐliào*** 史料 N. historical data/materials
[2]**shǐliào** 始料 N. original expectation
shǐliào biānzuǎnfǎ 史料编纂法 N. historiography
shǐliào suǒ bùjí 始料所不及 F.E. unexpected; unforeseen
shǐliàowèijí 始料未及 F.E. unexpected; unforeseen
shīlìbì 施力臂 N. a lever
shìlìbiǎo 视力表 N. visual/eye chart M: [1]zhāng
shìlì cèyàn 视力测验 N. eyesight test
shī-lǐ chuánjiā 诗礼传家[-禮傳-] N. family of scholars
shìlì dàxué 市立大学 P.W. municipal university M: [1]suǒ
shīlìdiǎn 施力点[-點] N. <phy.> point of application
shílì dìwèi 实力地位[實-] N. position of strength
shìlì fànwéi 势力范围[勢-範圍] N. sphere of influence
shìligǒu 势力狗[勢-] N. snobbish person
shìlìjì 视力计 N. optometer M: [1]tái
shìlìliǎngpáng 侍立两旁 F.E. stand on either side in attendance
[1]**shílín*** 石林 P.W. ① stone forest ② scenic place in Yunnan
[2]**shílín** 石淋 N. <Ch. med.> strangury caused by urinary stone
shìlín 士林 N. <wr.> ①scholars as a class; literati ② intelligentsia; literary circles
shīlíng 失灵[-靈] V.O. malfunction; be out of order
[1]**shílíng** 拾零 V.O. collect bric-a-brac ♦N. ① collection of literary tidbits ② news sidelights
[2]**shílíng** 实龄[實齡] N. age at last birthday
shílìng* 时令[時-] N. season
shǐlìng 使令 N. servant ♦V. give an order
shìlíng 适龄[適齡] N. right age
shílìngbìng 时令病[時-] N. seasonal disease
shílìngbùzhèng 时令不正[時-] F.E. unseasonable weather
shílíngdǎduǎn 拾零打短 F.E. do odd jobs
shǐlìng dòngcí 使令动词[--動-] N. <lg.> causative verb
shílìngfēng 时令风[時-] N. monsoon
shǐ-lǐngguǎn 使领馆 P.W. embassy and consulate M: [4]zuò
shílìngr 时令儿[時-] N. season; time
shìlìng shāngpǐn 适令商品[適-] N. seasonable goods
shīlínlín 湿淋淋[濕-] R.F. drenched
shílìpài 实力派[實-] N. those who actually hold power
shílìr 石砾儿[-礫-] N. gravel
shìlì shuāituì 视力衰退 V.P. failing eyesight
shíliu 石榴 N. <bot.> ① pomegranate M: [2]kē ② pomegranate flower M: [2]duǒ
shíliú 时流[時-] N. contemporaries
shíliù* 十六 NUM. sixteen
shìliú 士流 N. scholars; intellectuals
shíliùfēn yīnfú 十六分音符 N. <mus.> semiquaver; sixteenth note
Shíliù-Guó 十六国[-國] P.W. the Sixteen Kingdoms (304–439)
shíliú héjì 石硫合剂[-劑] N. <chem.> lime sulfur
shíliuhóng 石榴红 N. garnet (color)
shíliuhuā 石榴花 N. pomegranate flower M: [2]duǒ
shíliúhuáng 石硫黄 N. sulfur
shíliùjìnwèi 十六进位[--進-] N. sexadecimal system
shíliùjìnzhì 十六进制[--進-] N. sexadecimal system
shíliùkāi 十六开[-開] N. <print.> sixteenmo; 16mo
shíliuqún 石榴裙 N. ① feminine charms ② red skirt M: [1]tiáo ③ woman's petticoat M: [1]tiáo
shíliushí 石榴石 N. <min.> garnet M: [2]kuài
shíliushù 石榴树[-樹] N. pomegranate tree; pomegranate M: [2]kē
shíliuzǐr 石榴子儿 N. pomegranate seeds M: [1]kē/[3]lì
shí lǐ wú zhēnyán 十里无真言 F.E. Secondhand news is unreliable.
shílìxiāngdāng 实力相当[實-當] F.E. be well matched in strength
shìlì xiǎorén 势利小人[勢-] N. snob
shìlì xuéxiào 市立学校 P.W. municipal school M: [1]suǒ
shìliyǎn 势利眼[勢-] N. ① snobbery ② snob
shílǐyángchǎng 十里洋场[-場] F.E. metropolis infested with foreign adventurers
shìlìyīpáng 侍立一旁 F.E. stand by waiting to serve
shílì zhèngcè 实力政策[實-] N. policy of force
shīlǐzhījiā 师礼之家[師禮-] N. a highly cultured household
shìlìzhījiāo 势利之交[勢-] N. friendship based on power and influence
shílìzhǔyì 实利主义[實-義] N. materialism
[1]**shílóng** 石笼 N. stone cage
[2]**shílóng** 石聋 N. stone-deaf; totally deaf
shílóngchú 石龙刍[-芻] N. <bot.> Baltic rush
shílóngruì 石龙芮 N. <bot.> wild buttercup
shílóngwěi 石龙尾 N. marsh weed
shílóngzǐ 石龙子 N. <zoo.> ① skink ② lizard M: [2]zhī
shílòu(r/zi)* 拾漏(儿/子) V.O. <coll.> avail oneself of loopholes.
shìlóu 市楼[-樓] P.W. wineshop M: [1]jiā
[1]**shīlù** 失路 V.O. lose one's way
[2]**shīlù** 尸禄[屍-] ID. hold a sinecure
shílú 石鲈[-鱸] N. grunts (fish) M: [1]tiáo
[1]**shílù*** 石路 N. stone-paved road; gravel road M: [1]tiáo
[2]**shílù** 实录[實錄] N. <hist.> ① authentic records (esp. the year-by-year records of events related to the emperor) ② faithful record(ing) ③ veritable records (a type of annalistic history)
[3]**shílù** 食禄 V.O. draw government pay; be in public service ♦N. salary of an official
[1]**shìlù** 仕路 N. <trad.> official career
[2]**shìlù** 适路[適-] V.O. suit/satisfy the needs
[3]**shìlù** 世禄 N. hereditary benefits such as rank and wealth
[4]**shìlù** 世路 N. ways of the world
shīlǚ 师旅[師-] N. troops in general
shīlǜ* 诗律 N. rules of prosody
shílǜ 石绿 N. ① mineral green ② malachite
shīluǎn 虱卵 N. nit
shíluǎn* 石卵 N. cobblestone
shǐluànzhōngqì 始乱终弃[-亂-棄] F.E. deflower and jilt
shílù diànyǐng 实录电影[實錄電-] N. cinema vérité
shǐlüè* 史略 N. outline/brief history
shìlüè 事略 N. biographical sketch
shīlùlù 湿渌渌//漉漉[濕--//--] R.F. damp; clammy; dripping wet
shílún 时轮[時-] N. hour clock
shílùn 时论[時-] N. public opinion of the time
shǐlùn 史论 N. ① historical work ② theory of history
[1]**shìlùn*** 试论 V. deal with; be on (a subject)
[2]**shìlùn** 世论 N. ① general opinion (of the time); public opinion ② philosophy dealing with human world ③ current criticism
shìlùnpíngyǔn 持论平允 F.E. give a fair judgment
shīluò* 失落 V. lose
shíluo 实落[實-] S.V. <coll.> ① trustworthy; reliable; honest ②sturdy; solid; substantial ③at ease; unworried
shíluó 石螺 N. small land snail

shìluó 莳萝[蒔蘿] N. <bot.> *Anehum graveolens* (a kind of spice)
shīluò de huánjié 失落的环节[-環節] N. missing link (in evolution)
shīluògǎn 失落感 N. sense of loss
shìluó pàocài 莳萝泡菜[蒔蘿-] N. dill pickle
shíluorén 实落人[實-] N. <coll.> reliable person; person of integrity.
shìlùqíqū 世路崎岖[-嶇] F.E. the ways of the world are dangerous, strewn with obstacles
shīlǜxué 诗律学 N. metrics (in verse)
shìlùzhījiā 世禄之家 N. family with hereditary emoluments
shímǎ 石马 N. stone horse
[1]**shímài** 实脉[實脈] N. <Ch. med.> forceful pulse
[2]**shímài** 石脉[-脈] N. lodes/veins of minerals
shímáo(r)* 时髦(儿)[時-] S.V. fashionable; in vogue
shímào 时貌[時-] N. <lg.> aspect
Shìmào 世贸 AB./P.W. *Shìjiè Màoyì Zǔzhī*
shímáocí 时髦词[時-] N. <lg.> vogue word
shīmáohóu 狮毛猴[獅-] N. lion monkey/marmoset M: [2]*zhī*
shímáojiàntǔ 食毛践土[--踐-] F.E. live on the land and eat what it produces
shīmǎwángyáng 失马亡羊 F.E. gains and losses
shīmèi* 师妹[師-] N. ① younger female codisciple ② <court.> address for one's teacher's daughter younger than oneself M: [2]*wèi*
shíméi 石煤 N. stone/bone coal
shīmén 师门[師-] N. ① school/sect founded by a master ② master's (home) gate ③ teachings of a master
shímén* 石门 N. stone gate M: [4]*zuò*
shìmén 势门[勢-] N. influential family
Shìmén 释门[釋-] N. <Budd.> gate to Buddhism; Buddhism
shìmèn 释闷[釋-] V.O. disperse melancholy; chase away gloom
shìméng 世盟 N. longtime allies
shìmèng* 释梦[釋夢] V.O. interpret dreams
shīmēngmēng 湿蒙蒙[濕-] R.F. damp; moist (of the air)
[1]**shīmí** 诗谜 N. ① charade; poetic riddle ② a gambling game featuring the use of ancient poems
[2]**shīmí** 失迷 V. get lost (on the road/etc.)
shīmì* 失密 V.O. inadvertently leak official secrets
shímí 食糜 V.O. eat gruel
shímǐ 食米 N. rice
shīmián 失眠 V.O. suffer from insomnia
shīmiàn 湿面[濕麵] N. dough
shímián 石棉 N. asbestos
shìmiǎn 释免[釋-] V. release; set free
[1]**shìmiàn*** 世面 N. various aspects of society/world *Tā jiànguo bùshǎo* ~. He has seen much of the world.
[2]**shìmiàn(r)** 市面(儿) N. business/market conditions
[3]**shìmiàn** 饰面 N. finishing; overcoating
shímiánbǎn* 石绵板 N. asbestos board M: [2]*kuài*
shìmiànbǎn 饰面板 N. veneer M: [2]*kuài*
shìmiánbìng 嗜眠病 N. sleeping sickness
shímiánbù 石棉布 N. asbestos cloth M: [2]*kuài*
shímián chènlǐ 石棉衬里[-襯裡] N. <mach.> asbestos lining
shīmiánduōmèng 失眠多梦[-夢] F.E. <Ch. med.> insomnia and dreaminess
shīmiánhuànzhě 失眠患者 N. insomniac
shímiànmáifú 十面埋伏 F.E. ambush on all sides
shìmiànshí 饰面石 N. face stone M: [2]*kuài*
shímiàntǐ 十面体[-體] N. decahedron
shímiánwǎ 石棉瓦 N. <archi.> asbestos shingle/tile M: [2]*kuài*
shímiánwǎng 石棉网[-網] N. asbestos net
shīmiánzhèng* 失眠症 N. insomnia
shìmiánzhèng 嗜眠症 N. lethargy
shímián zhì'áixìng 石棉致癌性 N. asbestos carcinogenesis
shī miànzi 失面子 V.O. lose face
shímiǎo 时秒[時-] N. a second of time
shímín 石民 N. civilians M: [2]*wèi*
[1]**shìmín*** 市民 N. townspeople M: [2]*wèi*
[2]**shìmín** 士民 N. ①people ②scholar; intellectual M: [2]*wèi*
shìmǐndù 视敏度 N. visual acuity
[1]**shīmíng** 失明 V.O. become blind
[2]**shīmíng** 诗名 N. reputation as a poet
[3]**shīmíng** 失名 V.O. name unknown
shímìng 时命[時-] N. ① one's fate/fortune/luck ② current government orders
shǐmìng* 使命 N. mission
shìmǐngǎndù 视敏感度 N. visual sensitivity
shímíng de 实名的[實-] ATTR. <lg.> real
shǐmìnggǎn 使命感 N. sense of calling/mission
shǐ míngliàng 使明亮 V.P. enkindle
shímínglùn 实名论[實-] N. realism
shǐ míngwùhuà 使名物化 V.P. <lg.> nominalize
shī míngyù 失名誉[-譽] V.O. lose a good name
shímǐniǎo 食米鸟 N. <zoo.> ortolan M: [2]*zhī*
shìmín róngrěn 市民容忍 N. civic tolerance
shìmínrúshāng 视民如伤[-傷] F.E. take good care of the people as if they were patients
shìmín sāodòng 市民骚动[-動] N. civil disobedience
shìmǐntǔ 士敏土 N. <loan> cement
shī mínxīn 失民心 V.O. lose the support of the people
shǐmínyǐshí 使民以时[-時] F.E. <wr.> use people at convenient times and in proper ways
shīmó 诗魔 N. ① unorthodox style of poetry-writing ② one who has an obsessive love for poetry
shímo 拾没 PR. What?
[1]**shímò** 石磨 N. stone mill; millstone; grindstone
[2]**shímò** 石墨 N. <min.> graphite
[3]**shímò** 石漠 N. <geol.> rock/stony desert
shǐ-mò* 始末 N. ①beginning and end ②whole story ③ the ins and outs
shímòbàng 石磨棒 N. <archeo.> stone roller (for a milestone) M: [2]*gēn*
shímòpán 石磨盘[-盤] N. <archeo.> saddle-quern
shīmóuyòngzhì 施谋用智 F.E. bring one's wisdom into full play
shīmǔ* 师母[師-] N. wife of one's teacher/master
[1]**shìmǔ** 市亩[-畝] M. *of area equal to 0.0667 hectares*
[2]**shìmǔ** 弑母[弒-] V.O. <wr.> murder one's mother
shìmù 拭目 V.O. wait and hope
shìmùqīng'ěr 拭目倾耳 F.E. watch and listen attentively
shímùsuǒshì 十目所视 F.E. be the focus of others' attention
shìmùyǐdài 拭目以待 F.E. wait and see
shīmùyú 虱目鱼 N. <zoo.> milkfish M: [1]*tiáo*
shínájiǔwěn 十拿九稳[-穩] F.E. 90 percent sure; practically certain
[1]**shínán** 石楠 N. <bot.> Chinese photinia M: [2]*kē*
[2]**shínán** 石南 N. <bot .> rhododendron M: [2]*kē*
shìnánjiāngù 势难兼顾[勢難-顧] F.E. The situation makes it hard to look after both sides simultaneously.
shǐ nánkān 使难堪[-難-] V.P. take the wind out of one's sails
shǐnányǐlǐjiě 使难以理解[-難---] F.E. entangle
shǐ nányǐqǐchǐ 使难以启齿[-難-啟齒] F.E. stick in sb.'s throat
shínǎoyóu 石脑油[-腦-] N. <chem.> naphtha
[1]**shìnèi** 室内 P.W. indoors; interior
[2]**shìnèi** 市内 P.W. in the city
shìnèidēng 室内灯[-燈] N. inside lights M: [1]*zhǎn*
shìnèi diànhuà 市内电话[-電-] N. local/urban telephone system
shìnèi diànlǎn 市内电缆[-電纜] N. city cable M: [1]*tiáo*
shìnèi pèixiàn 室内配线 N. house wiring
shìnèi shèjì 室内设计 N. interior design
shìnèi yīnyuè 室内音乐[-樂] N. chamber music
shìnèiyuè 室内乐[-樂] N. chamber music
shìnèi yuèduì 室内乐队[-樂隊] P.W. <mus.> chamber orchestra
shìnèi yùndòng 室内运动[-運動] N. indoor sports
shìnèi zhàomíng 室内照明 N. interior illumination/lighting
shìnèi zhuānghuáng 室内装潢/璜[--裝-] N. interior decoration
shìnèi zhuāngxiū rè 室内装修热[--裝-熱] N. craze for interior decoration
[1]**shìnéng** 势能[勢-] N. <phy.> potential energy
[2]**shìnéng** 视能 N. visual function
shīnián 失黏 V.O. <trad.> make mistakes in the tones of a poem
[1]**shínián*** 食年 N. <astr.> eclipse year
[2]**shínián** 实年[實-] N. actual age
shínián dòngluàn 十年动乱[-動亂] N. the decade of disturbance including the Cultural Revolution (1966–1976)
shīniáng 师娘[師-] N. <coll.> ① wife of one's teacher/master ② sorceress
shíniánhánchuāng 十年寒窗 F.E. persevere 10 years in one's studies despite hardship
shínián hàojié 十年浩劫 N. the Ten Year Calamity (i.e., the Cultural Revolution)
shínián jiǔbùyù 十年九不遇 F.E. ① be very rare ② be seldom seen
shíniánjiǔhàn 十年九旱 F.E. have drought nine years out of ten
shíniánjiǔhuāng 十年九荒 F.E. Crops fail nine years out of ten.
shíniànlùn 实念论[實-] N. <phil.> realism
shí nián nèiluàn 十年内乱[-亂] N. ten-year internal chaos including the Cultural Revolution (1966 to 1976)
shí nián nèizhàn 十年内战[-戰] N. the Ten-Year Civil War (1927–1937)
shíniánshēngjù 十年生聚 F.E. build up one's strength to avenge an insult
shíniánshùmù 十年树木[--樹-] F.E. a wide-ranging project over many years
shíniǎo 时鸟[時-] N. migrating birds
shǐniào* 屎尿 N. excrement and urine; body waste
shìniǔ 饰钮 N. <art> stud M: [3]*lì*
shìnòng 侍弄 V. carefully tend crops/animals/etc.
shìnónggōngshāng 士农工商[-農--] F.E. <trad.> scholars, farmers, workers, and merchants
shīnú 诗奴 N. inferior poets; poetasters
shínǔ* 石弩 N. catapult
shǐnú 豕奴 N. <wr.> swineherd
shínǚ(r) 石女(儿) N. woman with hypoplastic vagina
shǐnǚ 使女 N. maid; housemaid
[1]**shìnǚ*** 仕/士女 N. ① palace maid M: [2]*wèi* ② painting of beautiful women M: [10]*fú*/[1]*zhāng* ③ young men and women
[2]**shìnǚ** 侍女 N. maidservant
[3]**shìnǚ** 室女 N. unmarried girl
shìnǚrúyún 士女如云[-雲] F.E. Men and women gathered like clouds.
shìnùshìsè 室怒市色 F.E. shift one's anger from one person to another
shìnǚtú 仕女图[-圖] N. portrait of a lady/ladies M: [1]*zhāng*/[10]*fú*
Shìnǚzuò 室女座 N. <astr.> Virgo
shìpàhángjiā 事怕行家 F.E. He works best who knows his trade.
shīpài 诗派 N. different schools of poetry-writing
[1]**shípài*** 石牌 N. stone plate/tablet M: [2]*kuài*
[2]**shípái** 时牌[時-] N. <trad.> ivory boards on which the time of day was displayed
shípài(r) 时派(儿)[時-] S.V. ① in fashion ② fashionable (dress/behavior/conduct/etc.)

shìpài(r) 势派(儿)[勢-] N. ①in-power/powerful faction ② impressive manner/style; dignified air ③ situation; circumstances
shípáifāng 石牌坊 N. dolmen M: [4]zuò
shípāipai 实拍拍[實-] ADV. <topo.> really; actually
shīpéi* 失陪 F.E. <court.> sorry to have to leave
shīpèi 失配 V. mismatch
shǐpēi 始胚 N. <Ch. med.> first month of an embryo
shípéng 石棚 N. <archeo.> stone shed M: [4]zuò
shǐpénzi 屎盆子 N. commode
shīpǐ 诗癖 N. deep love for poetry
shípǐ 石癖 N. a love for rocks and stones
shìpǐ* 嗜癖 N. ① hobby ② special liking for drink/food/etc.
shīpiān 诗篇 N. ① poetry; poem ② inspiring story M: [1]piān
shípiànr 石片儿 N. stone flakes
shīpǐn 诗品 N. <trad.> ranking of poets
shípǐn* 食品 N. foodstuff; food
shìpín 视频 N. <phy.> video frequency
shìpǐn 饰品 N. ornaments M: [2]jiàn
shípǐn de 时品的[時-] ATTR. <lg.> chronemic
shípǐndiàn 食品店 P.W. food store M: [1]jiā
shìpín diànhuà 视频电话[--電-] N. video telephone
shípǐn fángfǔjì 食品防腐剂[-劑] N. food preservative
shípíng 时评[時-] N. news commentaries
shǐpíng* 史评 N. ① books of historical analysis ② commentary on historical events
shìpíng 试瓶 N. trial jar
shípíngjiā 时评家[時-] N. commentator on current affairs M: [2]wèi
shípǐn gōngyè 食品工业[-業] P.W. food industry
shípǐnguì 食品柜[-櫃] N. food cupboard; larder
shípǐn jiāgōng 食品加工 N. food processing
shípǐnpù 食品铺 P.W. provisions shop M: [1]jiān/[1]jiā
shípǐnshāng 食品商 N. food merchants M: [2]wèi
shī pīnyīnnéng 失拼音能 V.O. asyllabia
shǐ píqi 使脾气[-氣] V.O. ①counter sb. because of anger ② lose one's temper
shīpó(zi) 师婆(子)[師-] N. witch; sorceress
shípò* 识破[識-] R.V. see through; penetrate
shípò jīguān 识破机关[識-關] V.O. see through a trick
shí pòlàn 拾破烂[-爛] V.O. search a garbage heap for odds and ends
shípòtiānjīng 石破天惊[-驚] F.E. remarkably original and forceful (of writing/etc.)
shípǔ* 食谱 N. ① recipes ② cookbook M: [1]běn
shìpú 侍仆[-僕] N. attendants; servants
shìpǔ 氏谱 N. family tree; lineage; genealogy
[1]**shīqì** 湿气[濕氣] N. ① moisture; dampness ② <Ch. med.> ⓐ eczema ⓑ athlete's foot
[2]**shīqì** 失气[-氣] S.V. frustrated; deeply disappointed
shíqi 时气[時氣] N. ① luck of the moment ② epidemic *See also* [3]shíqì
[1]**shíqī*** 时期[時-] N. period (of time)
[2]**shíqī** 十七 NUM. seventeen
shíqǐ 拾起 R.V. pick up
[1]**shíqì** 石器 N. ① stone implement/artifact ② stone vessel; stoneware
[2]**shíqì** 什器 N. wares/tools/etc. for daily use; miscellaneous utensils
[3]**shíqì** 时气[時氣] N. ① fortunate/lucky time ②climate ③<topo.> a stroke of luck ④seasonal disease *See also* shíqi
[4]**shíqì** 炻器 N. ① ceramics ② pottery and porcelain
shǐqī 始期 N. ① beginning period ② <law> effective date
shǐqí 屎棋 N. poor skill in chess playing
[1]**shǐqì** 使气[-氣] V.O. ①lose one's temper at sb.; be angry with sb. ②be influenced by sentiment/emotion in handling things
[2]**shǐqì** 矢气[-氣] N. <Ch. med.> flatulence
shìqī 柿漆 N. persimmon phloem
shìqì 士气[-氣] N. morale
shíqián 食前 N. before a meal
[1]**shǐqián** 史前 ATTR. prehistoric ♦N. prehistoric era
[2]**shǐqián** 使钱[-錢] V.O. spend money
[1]**shìqián*** 事前 N. before the event; in advance *Nǐ yīnggāi ~ gàosu wǒ.* You should have told me in advance.
[2]**shìqián** 市钱[-錢] M. *of weight equal to 5 grams*
shíqiánfāngzhàng 食前方丈 F.E. live in luxury
shíqiáng* 石墙[-牆] N. stone wall M: [1]miàn/[2]dào
shìqiáng 恃强[-強] V.O. rely on one's power; rely on force
shìqiángchěngxiōng 恃强逞凶[-強--] F.E. lord it over the people
shìqiánghuāzhān 饰墙花毡[-牆-氈] F.E. arras; wall hanging
shīqiáng jiāsèqī 湿墙加色漆[濕牆-] N. fresco
shìqiángjùbǔ 恃强拒捕[-強--] F.E. forcibly resist arrest
shìqiánglíngruò 恃强凌弱[-強--] F.E. use one's strength to bully the weak
shìqiángùyì 事前故意 F.E. intent before the fact
shìqiángzuò'è 恃强作恶[-強-惡] F.E. rely on one's strength to do evil
shǐqiánkǎogǔxué 史前考古学 N. prehistoric archeology
shǐqiánqī 史前期 N. prehistory
shìqián shěnjì 事前审计[--審-] N. <acct.> preaudit
shǐqiánshǐ 史前史 N. prehistory
shǐqián shídài 史前时代[--時-] N. prehistoric times; prehistory
shìqiánshìhòu 事前事后[-後] F.E. before and after the event
shǐqián shíqī 史前时期[--時-] N./ATTR. prehistoric
shǐqiánxué 史前学 N. <archeo> prehistory
shíqiáo* 石桥[-橋] N. stone bridge M: [4]zuò
shíqiào 识窍[識竅] V.O. know how to ride the political tide
shìqiǎo 适巧[適-] ADV. by chance; as chance would have it
shíqibìng 时气病[時氣-] N. <Ch. med.> seasonal malady; epidemic
shǐ qìchē de 使汽车的 N. <coll.> driver
shíqīdàbā 十七大八 ATTR. <coll.> seventeen years old and going on eighteen; no longer a child
shìqìdàzhèn 士气大振[-氣--] F.E. The martial spirit has been greatly aroused.
shìqì dīluò 士气低落[-氣--] V.P. The morale of the troops is sinking lower.
shīqiè* 失窃[-竊] V. suffer theft
[1]**shìqiè** 适切[適-] ADV. quite opportunely
[2]**shìqiè** 侍妾 N. concubine
shìqiè de tiáojiàn 适切的条件[適--條-] N. <lg.> felicity conditions
shìqiè de yuēshù 适切的约束[適-] N. <lg.> proper binding
shīqígùzhì 师其故智[師-] F.E. copy an old plan/method
shìqíhéjí 噬脐何及[-臍--] F.E. useless to regret
shí qǐlai 拾起来 R.V. pick up; collect
shìqímòjí 噬脐莫及[-臍--] ID. no use crying over spilt milk
shīqīn 尸亲[屍親] N. next of kin to a murder victim
[1]**shìqīn*** 世亲[-親] N. relatives for generations
[2]**shìqīn** 侍亲[-親] V.O. attend to one's parents
shíqīncáihēi 食亲财黑[-親--] F.E. <topo.> selfish and greedy
shīqíng 诗情 N. poetic sentiment
shíqīng 石青 N. mineral blue; ultramarine
shíqíng 实情[實-] N. actual situation; truth
shíqǐng 食顷 N. a short moment
shìqing* 事情 N. affair; matter; thing; business *Tā ~ hěn duō.* She's up to her ears in work. *See also* [1]shìqíng
[1]**shìqíng** 事情 N. facts; realities *See also* shìqing
[2]**shìqíng** 世情 N. ① ways of the world ② the world situation ③ social trends
shìqǐng 市顷 M. *of area equal to 6.6667 hectares*
shíqínghuà 实情话[實-] N. honest/sincere words
shīqínghuàyì 诗情画意[--畫-] F.E. ① idyllic (landscape) ② poetic charm
shíqíngshílǐ 实情实理[實-實-] F.E. actual situation and the real reason
shíqíngshíshì 实情实事[實-實-] F.E. real facts and real sentiments
shīqīnshǎojuàn 失亲少眷[-親--] F.E. have no family of one's own
shìqīnzhìxiào 事亲至孝[-親--] F.E. treat one's parents with great respect and tender affection
shī qióng érhòu gōng 诗穷而后工[-窮---] F.E. poverty makes for poetic excellence
shí qióng jié nǎi jiàn 时穷节乃见[時窮節-] F.E. Integrity/loyalty shines out in times of woe.
shìqiónglìjié 势穷力竭[勢窮-] F.E. in a terrible plight and powerless
shǐqióngxiánjué 矢穷弦绝[-窮-絕] F.E. be without resources; be at one's wits' end
Shíqì Shídài 石器时代[--時-] N. Stone Age
shíqǐshífú 时起时伏[時-時-] F.E. now rise, now fall; have ups and downs
shíqǐshíluò 时起时落[時-時-] F.E. now rise, now fall; have ups and downs
shīqiú* 失球 V.O. <sport> fumble
shíqiú 石球 N. <archeo.> stone bola
shìqiú 是求 CONS. [3]wéi A ~ doggedly pursue A
[1]**shīqù*** 失去 V. lose
[2]**shīqù** 诗趣 N. poetic charm
shíqū 时区[時區] P.W. time zone
shíqǔ 拾取 V. pick up; collect
shíqù(r) 识趣(儿)[識-] S.V. ① know how to behave in a delicate situation ② be sensible/tactful
shǐqù 驶去 V. ① run away ② drive away
shìqū 市区[-區] P.W. city proper; urban district
[1]**shìqù** 逝去 V. pass; be gone; depart
[2]**shìqù** 拭去 R.V. wipe away; wipe
[1]**shíquán*** 实权[實權] N. real power
[2]**shíquán** 十全 V.P. perfect
shíquàn 食券 N. food stamps/coupons
shìquán 事权[-權] N. duties and responsibilities
shìquánhàomíng 嗜权好名[-權--] F.E. be greedy for honor and power
shíquánpài 实权派[實權-] N. people who have real power
shíquánshíměi 十全十美 F.E. perfect in every way
shìqū biānyuán 市区边缘[-區邊-] N. urban fringe
shìqū chóngjiàn 市区重建[-區--] V.P./N. urban renewal
shìqū dìdài 市区地带[-區-帶] P.W. urban zone
shíquè* 失却[-卻] V. <wr.> lose; miss
shíquē 实缺[實-] N. vacancy; opening
shīqù kòngzhì 失去控制 V.O. get out of control; lose control
shīqún 失群 V.O. ① be lost ② stray from one's flock
shīqúngūyàn 失群孤雁 F.E. solitary wild goose
shīqù shíxiào 失去时效[--時-] V.O. be no longer effective; cease to be in force
shìqūxiàn 势曲线[勢-] N. power curve M: [1]tiáo
shīqǔxiàng 失取向 N. disorientation
shír 食儿 N. food
shìr* 事儿 N. <topo.> affair; matter
shǐrán 使然 V.P. <wr.> be made to happen; make it thus
[1]**shìrán*** 释然[釋-] V.P. <wr.> ①relieved; at ease ② having all the misunderstandings cleared up
[2]**shìrán** 适然[適-] ADV. ① accidentally; by chance ② a matter of course
shīrè* 湿热[濕熱] S.V. ① damp/humid and hot ② <Ch. med.> fever contracted during hot/humid season
shírè 实热[實熱] N. <Ch. med.> repletion heat
shìrè 释热[釋熱] V.O. release heat

1**shīrén** 诗人 N. poet M: 2wèi
2**shīrén** 失人 V.O. fail to recognize a good man
shīrèn 失认[-認] N. <med.> agnosia
1**shírén** 时人[時-] N. contemporaries
2**shírén** 识人[識-] V.O. be able to appraise a person's ability and character correctly
1**shǐrén** 使人 V.O. cause people to be ~ *nánshòu* make people feel bad
2**shǐrén** 矢人 N. <wr.> maker of arrows
1**shìrén*** 世人 N. common people; people of the world; everyone
2**shìrén** 士人 N. scholar; educated man M: 2wèi
3**shìrén** 市人 N. townspeople M: 2wèi
4**shìrén** 适人[適-] V.O. <wr.> get married (of a girl)
5**shìrén** 室人 N. <wr.> wife
6**shìrén** 筮人 N. fortuneteller
shìrèn 适任[適-] V. be suitable for a position
shǐ rén duòluò 使人堕落[--墮-] V.P. vilify
shīrènèiyùn 湿热内蕴[濕熱-] F.E. <Ch. med.> moist-heat collecting in the splenetic and stomach systems
shìrén'ěrmù 世人耳目 F.E. public opinion
shírén fēngsú 食人风俗 N. cannibalism
Shīrénjié 诗人节[-節] N. Poets' Day (fifth day of the fifth lunar month)
shǐ rén jīngyà 使人惊讶[--驚-] V.P. astonish
shì rénmín zhèngfǔ 市人民政府 P.W. municipal government
shìrénshā 噬人鲨 N. great white shark; man-eater M: 1tiáo
shīrén shènwùniàn 施人慎勿念 F.E. Don't try to remember the good turns one has done to others.
shírénshímǎ 石人石马 F.E. stone figures and horses in front of graves
shírénshíxīn 十人十心 F.E. Many men, many minds.
shírénsú 食人俗 N. cannibalism
shírénttìtuò 拾人涕唾 F.E. copy; parrot
shíréṇyáhuì 拾人牙慧 F.E. steal others' ideas
shírénzú 食人族 N. ethnic groups that practice cannibalism
shírì* 时日[時-] N. ① time ② auspicious time ③ this day ④ time and date ⑤ long duration of time
shìrì 是日 N. the said day
shírì biàngēng xiàn 时日变更线[時-變--] N. international date line
shìrmā 事儿妈 <coll.> N. picky person; worry-wart
shíróng 石绒 N. asbestos; amiantus
shìróng* 市容 N. appearance/condition of a city
shìróng guīhuà 市容规划[--劃] N. townscape planning
shíròu dòngwù 食肉动物[--動-] N. carnivore
shíròulèi 食肉类[-類] N. <zoo.> carnivores
shíròulèi dòngwù 食肉类动物[--類動-] N. <bio.> carnivore
shíròuqǐnpí 食肉寝皮[--寢-] F.E. ① see the person one hates destroyed ② have deep hatred for an enemy
shíròushòu 食肉兽[-獸] N. carnivorous animals M: 2zhī
shíròuxìng 食肉性 N. predacity
shíròu zhíwù 食肉植物 N. carnivorous plant; insectivorous plant; insectivore
shìrshìr de 事儿事儿的 ATTR. <coll.> sophisticated; worldly-wise; slick
shīrù 失入 V.P. <law> impose improperly
shírǔ 石乳 N. stalactites
shǐrù* 驶入 V.P. <wr.> drive in
shìrú 适如[適-] V. just as; just like
shīruǎn 湿软[濕-] S.V. wet and soft
shìrúbìlǚ 视如敝屣 F.E. cast aside as worthless
shìrúbìxǐ 视如敝屣 F.E. cast aside as worthless
shìrúcǎojiè 视如草芥 F.E. regard as worthless
shìrúcuīkū 势如摧枯[勢-] F.E. invincible
shìrúfèntǔ 视如粪土[--糞-] F.E. consider as dirt
shíruǐ 石蕊 N. ① reindeer moss ② <chem.> litmus
shíruǐ shìzhǐ 石蕊试纸 N. <chem.> litmus paper M: 1zhāng
shìrújǐchū 视如己出 F.E. treat a child like one's own
shìrúkòuchóu 视如寇仇 F.E. regard as one's foe
shìrúlěiluǎn 势如累卵[勢-] F.E. be in a very perilous position
shìrúliáoyuán 势如燎原[勢-] F.E. spread like wildfire
shīrùn 湿润[濕-] S.V. moist
shīrùnrùn 湿润润[濕-] R.F. <coll.> moist
shìruò 示弱 V.O. ①show oneself weak ②simulate weakness
shìruòcǎojiè 视若草芥 F.E. regard as worthless
shìruòjìnluán 视若禁脔[--臠] F.E. regard her as an inaccessible woman
shìruòlùrén 视若路人 F.E. treat relatives/friends as strangers
shìruòwèitú 视若畏途 F.E. think of it as a dangerous road
shìruòwúdǔ 视若无睹 F.E. ignore; turn a blind eye to
shìruòwúwù 视若无物 F.E. gaze vacuously
shìruòzhìbǎo 视若至宝[-寶] F.E. hold sth. in high esteem
shìrúpòzhú 势如破竹[勢-] F.E. with irresistible force
shìrúshéxiē 视如蛇蝎 F.E. have a great aversion to
shìrúshuǐhuǒ 势如水火[勢-] F.E. mutually antagonistic
shìrútǔjiè 视如土芥 F.E. set at naught; completely discount
shìrúwánwù 视如玩物 F.E. be treated as playthings
shìrúwèijí 事如猬集 F.E. hard-pressed by business
shìrúxuánqìng 室如悬磬[--懸-] F.E. as poor as a church mouse; living in poverty
shǐrúyǔxià 矢如雨下 F.E. The arrows showered down.
shìrúzhēnbǎo 视如珍宝[-寶] F.E. hold sth. in high esteem
1**shīsàn** 失散 V. be scattered/dispersed
2**shīsàn** 施散 V. scatter
shísān* 十三 NUM. thirteen
shísāndiǎn 十三点[-點] S.V. <coll.> half-cracked; cuckoo
shísǎng 食嗓 N. alimentary canal; esophagus
Shísānjīng 十三经[-經] N. Thirteen Classics of Chinese philosophy and literature
Shísānlíng 十三陵 P.W. Ming tombs
shísān tàibǎo 十三太保 N. ① <trad.> a gang of thirteen juvenile gangsters ② anything that is made up of 13 distinctive members
shísānzhé 十三辙 N. thirteen types of local operas
shǐ sǎoxìng 使扫兴[-掃興] V.P. cast a damper over
shīsè 失色 V.O. ① turn pale ② be eclipsed/outshone ③ be discolored; lose color
shísèxìngyě 食色性也 F.E. Appetite/desire for food and sex is part of human nature.
shìshā 嗜杀[-殺] V.O. bloodthirsty; fond of killing
shìshāchéngxìng 嗜杀成性[-殺--] F.E. bloodthirsty
shīshan 失闪 N. mishap; accident
shíshàng 时尚[時-] N. fashion; fad
shìshang 市上 P.W. on/at the market
shìshàng* 世上 P.W. in the world; on earth
shǐshànghǎnjiàn 史上罕见 F.E. be rarely seen in history
shìshànghǎnjiàn* 世上罕见 F.E. be rarely seen in the world
shìshàngwúshuāng 世上无双[-雙] F.E. having no equal on earth
shìshànwènqǐn 视膳问寝[-寢] F.E. wait on one's parents and attend to their meals and rest
shíshǎoshìfán 食少事烦/繁 F.E. ① eat too little and do too much ② cannot last long
shìshāyù 嗜杀欲[-殺-] N. bloodthirstiness
shīshě* 施舍[-捨] V. give alms; give in charity
1**shīshè** 诗社 P.W. ① society of poets; site of regular meetings of poets ② poets' club
2**shīshè** 施设 V. decorate; arrange
shìshé 螫舌 N. sharp tongue
1**shìshè** 试射 N. ① <mil.> trial fire ② test launch
2**shìshè** 贳赦 V. <wr.> pardon a criminal offense
shìshèbùjiū 贳赦不究 F.E. pardon and not investigate
shíshě bùrú yīxiàn 十赊不如一现 F.E. A bird in the hand is worth two in the bush.
1**shīshēn** 失身 V.O. ① lose one's virginity ② incur danger
2**shīshēn** 尸身[屍-] N. corpse
shīshén* 失神 V.O. ① be inattentive/absent-minded ② be in low spirits
shīshèn 失慎 V. ① act carelessly ② <wr.> cause fire through carelessness
shíshèn 食甚 N. <astr.> middle of an eclipse
shìshēn 士绅 N. gentry M: 2wèi
shī shēnfen 失身份 V.O. be beneath one's dignity (to do sth.)
1**shī-shēng*** 师生[師-] N. teacher and student
2**shīshēng** 失声[-聲] V.O. ① cry out involuntarily ② lose one's voice
shīshèng 诗圣[-聖] N. sage poet (often refers to Dù Fǔ)
shǐshèng 史乘 N. chronicles; annals
1**shìshēng** 市升 M. *of dry items equal to 1 liter*
2**shìshēng** 市声[-聲] N. ① voices of the market-place ② hawking and haggling
shíshēngbì 拾声臂[-聲-] N. pick-up arm
shī-shēng bǐlì 师生比例[師-] N. faculty-student ratio
shīshēngdàxiào 失声大笑[-聲--] F.E. burst into
shíshēngmiáo 实生苗[實-] N. seedling
shìshēngshuō 示声说[-聲-] N. <lg.> ta-ta theory
shīshēngtòngkū 失声痛哭[-聲--] F.E. burst out weeping
shíshēngtóu 拾声头[-聲-] N. pick-up head; sound head
shǐ shēngxiào 使生效 V.P. enforce
shíshēngxīn 拾声心[-聲-] N. pick-up cartridge
shīshēngyuángōng 师生员工[師-] F.E. faculty, students, and staff
shìshénjīng 视神经[-經] N. <phys.> optic nerve
shīshēn rénmiàn xiàng 狮身人面像[獅-] N. sphinx
shīshī 施施 ADV. ① complacently ② leisurely
1**shīshí** 失实[-實] V.O. ① stray from the truth ② be inaccurate
2**shīshí** 失时[-時] V.O. ① miss the season ② lose an opportunity
3**shīshí** 施食 V.O. feed the poor
shīshǐ 诗史 N. ① history of poetry ② poetry of historic significance
1**shīshì** 失事 V.O. ① have an accident ② mismanage
2**shīshì** 失势[-勢] V.O. lose power/support
3**shīshì** 施事 N. <lg.> doer of action; agent
4**shīshì** 师事[師-] V. <wr.> treat sb. as one's teacher
5**shīshì** 失恃 V.O. ①be bereaved of one's mother; have lost one's mother ②lose sb./sth. one used to rely on
1**shíshī** 实施[實-] V. put into effect; implement
2**shíshī** 石狮[-獅] N. stone lion M: 2zhī
1**shíshí** 时时[時時] R.F. often; constantly
2**shíshí** 时食[時-] N. seasonal delicacies
3**shíshí** 实时[實時] N. actual time; real time
4**shíshí** 湜湜 R.F. very clear(of a stream)
shíshǐ 食始 N. <astr.> beginning of an eclipse
1**shíshì** 时势[時勢] N. current situation/trend ~ *zào yīngxióng*. The times produce their heroes.
2**shíshì** 时事[時-] N. current event/affair
3**shíshì** 实事[實-] N. ① true story ② real/practical/factual things
4**shíshì** 时式[時-] N. ① up-to-date style (of clothes/etc.) ② <lg.> tense

[5]**shíshì** 时世[時-] N. ① times; age ② generation

[6]**shíshì** 实是[實-] V.P. actually; in fact

[7]**shíshì** 石室 P.W. ① stone house ② stone chamber for keeping books ③ stone tomb/vault M: [4]*zuò*

shǐshī 史诗 N. epic

[1]**shǐshí** 史实[-實] N. historical fact

[2]**shǐshí** 矢石 N. projectiles

[1]**shǐshì** 矢誓 V.O. take an oath

[2]**shǐshì** 史事 N. historical events

shìshi 试试 R.F. <*coll.*> have a try

shìshī 誓师[-師] V. ① take a mass pledge ② harangue troops before battle

[1]**shìshí*** 事实[-實] N. ① fact [1]*jiù ~ ér yán* in point of fact ② <*lg.*> pragmata

[2]**shìshí** 适时[適時] N. at the right moment; timely

[3]**shìshí** 侍食 V.O. serve diner

[4]**shìshí** 试食 V./N. test/trial food

[1]**shìshì** 事事 R.F. everything ♦V.O. be engaged in some work/business

[2]**shìshì** 世事 N. human affairs

[3]**shìshì** 逝世 V.O. pass away; die

[4]**shìshì** 视事 V.O. ① assume office ② administer; govern; rule

[5]**shìshì** 世世 R.F. from generation to generation; from age to age

[6]**shìshì** 恃势[-勢] V.O. presume on one's position/influence

[7]**shìshì** 事势[-勢] N. status of an incident/episode/etc.; general course of events

[8]**shìshì** 释氏[釋-] N. ① Buddha ② follower of Buddha

[9]**shìshì** 筮仕 V.O. enter upon an official career

shìshì'àowéi 事事拗违[-違] F.E. All things conspire against (one).

shīshì bèidòng 施事被动[-動] N. <*lg.*> agentive passive

shīshì bīnyǔ 施事宾语[--賓-] N. <*lg.*> agentive object

shìshìcāngsāng 世事沧桑[--滄-] F.E. The world is changing all the time.

shìshí céngcì 事实层次[-實層-] N. <*lg.*> factual level

shíshíchùchù 时时处处[時時處處] R.F. all times and all places

shìshī chūfā 誓师出发[-師-發] V.P. harangue troops and set out for an expedition

shìshī chūzhēng 誓师出征[-師--] V.P. harangue troops and set out on an expedition

shìshī dàhuì 誓师大会[-師--] P.W. meeting to pledge mass effort

shìshìdàidài 世世代代 R.F. generation after generation

shìshìdàitóu 事事带头[--帶-] F.E. take the lead in every kind of work

shìshí dòngcí 事实动词[-實動-] N. <*lg.*> factive verb

shìshìdòngmíng jiēxuéwèn 世事洞明皆学问 F.E. A grasp of mundane affairs is genuine knowledge.

shìshìfēifēi 是是非非 R.F. gossip; scandal

shìshì gānyù 事事干预 V.P. poke one's nose into everything

shīshìgé 施事格 N. <*lg.*> agentive case

shíshí hángqíng 实时行情[實時-] N. real-time quotes

shīshīhuānghuāng 失失慌慌 R.F. <*coll.*> excited; agitated

shìshí hūnyīn 事实婚姻[-實--] N. de facto marriage

shíshìjiǔkōng 十室九空 F.E. depopulated area

shǐshíjùxià 矢石俱下 F.E. shower of arrows and stones

shìshíjùzài 事实俱在[-實--] F.E. The facts are all there.

shìshikàn 试试看 V.P. have a try

shíshíkèkè 时时刻刻[時時-] R.F. continuously; always

shìshìlíngrén 恃势凌人[-勢--] F.E. use one's power to bully others

shīshì míngcí 施事名词 N. <*lg.*> agent noun

shíshì pínglùn 时事评论[時-] N. comments on current events

shìshí qīngdān 事实清单[-實--] N. fact sheet

shìshìqīrén 恃势欺人[-勢--] F.E. bully others on the strength of one's powerful connections or position

shíshìqiúshì 实事求是[實-] F.E. seek the truth from facts; be practical and realistic

shíshì qiúshì yǔyánxué 实事求是语言学[實-] N. <*lg.*> factual linguistics

shìshírúcǐ 事实如此[-實--] F.E. This is how things are.

shìshìrúyì 事事如意 F.E. Everything came off satisfactorily.

shǐshírúyǔ 矢石如雨 F.E. Projectiles fall like rain.

shìshìrúyuàn 事事如愿[-願] F.E. Everything is as one wishes.

shìshíshàng 事实上[-實-] N. in fact/reality

shìshíshàng gōngsī 事实上公司[-實---] P.W. <*acct.*> a de facto corporation

shìshí shèngyú xióngbiàn 事实胜于雄辩[-實勝於--] F.E. facts speak louder than words

shīshì shící 施事实词[--實-] N. <*lg.*> agent substantive

shíshìshǐrán 时势使然[時勢-] F.E. It's the natural outcome of the time and circumstances.

shíshìsuǒqū 时势所趋[時勢-趨] F.E. trend of the times

shíshítōngbiàn 识时通变[識時-變] F.E. ride with the times

shǐshīwàng 使失望 V.P. let down

shìshí wèntí 事实问题[-實--] N. a question of fact

shí shíwù 识时务[識時務] V.O. take note of the situation

shìshìwúcháng 世事无常 F.E. The affairs of the world are inconstant.

shìshìwùwù 事事物物 R.F. everything

shíshíwùzhě wéi jùnjié 识时务者为俊杰[識時務-傑] F.E. whosoever understands the times is a great person

shìshì xiǎoxīn 事事小心 V.P. be careful in everything

shíshìxìng* 时事性[時-] ATTR. pertaining to current affairs

shǐshíxìng 史实性[-實-] N. historicity

[1]**shìshíxìng** 事实性[-實-] N. <*lg.*> factivity

[2]**shìshíxìng** 适时性[適時-] N. timeliness

shīshì xíngwéi 施事行为 N. <*lg.*> illocutionary act

shìshí xiūzhèng 事实修正[-實--] V.P. update

shìshìyǐcái 恃势倚财[-勢--] F.E. rely on one's position and wealth to do evil)

shìshí yìyì 事实意义[-實-義] N. <*lg.*> factual meaning

shíshí yǔyán 实时语言[實時-] N. <*lg.*> real-time language

shíshízàizài 实实在在[實實-] R.F. ①concretely existing; indeed ② honest; dependable

shíshì zào yīngxióng 时世造英雄[時-] F.E. The times produce their heroes; A hero is nothing but a product of his time.

shìshízhāozhāng 事实昭彰[-實--] F.E. The facts are well borne out.

shīshìzhě 施事者 N. <*lg.*> actor; doer; agent

shìshí zhēnxiàng 事实真相[-實--] N. the truth of the matter; what's what

shìshìzhōudào 事事周到 F.E. Everything is fully done.

shíshìzhuāng 时世妆[時-妝] N. the fashion/mode

shìshìzhuānhéng 恃势专横[-勢專-] F.E. rely on one's position to maltreat others

shīshì zhǔyǔ 施事主语 N. <*lg.*> agentive subject

shìshì zuǐchún 舐舐嘴唇 V.O. moisten one's lips

shīshì zuòyòng 施事作用 N. <*lg.*> agentive role

shīshou 尸首[屍-] N. ① corpse ② human corpse M: [7]*jù*

[1]**shīshǒu*** 失手 V.O. ① fumble; blunder ② lose hold

[2]**shīshǒu** 失守 V.O. <*mil.*> ① fall to the enemy ② fail to fulfill one's duty

shíshou 实受[實-] S.V. <*coll.*> honest; upright; guileless

shíshōu 实收[實-] N. net receipts

[1]**shìshǒu** 释手[釋-] V.O. loosen the grip

[2]**shìshǒu(r)** 试手(儿) N. trial work ♦V.O. try doing

shǐ shǒuduàn 使手段 V.O. use strategy to maneuver

shī-shòu guānxi 施受关系[-關係] N. <*lg.*> transitivity

shíshōukuǎnxiàng 实收款项[實-] F.E. proceeds of a sale

shì shǒu mìmì 誓守秘密 V.O. be under an oath of secrecy; pledge oneself to keep a secret

shíshǒusuǒzhǐ 十手所指 F.E. be condemned by all

shíshōuyì 实收益[實-] N. real earnings

shíshǒuyú 石首鱼 N. croakers; drumfish M: [1]*tiáo*

shǐ shòuyùn 使受孕 V.P. impregnate

Shī-Shū* 诗书[-書] N. ① *Book of Songs* and *Book of History* ② the classics

shíshù 实数[實數] N. ①actual amount/number ② <*math.*> real number

shǐshū 史书[-書] N. history book; historical records M: [1]*běn*

[1]**shìshū** 世叔 N. younger friend of one's father M: [2]*wèi*

[2]**shìshū** 筮书[-書] N. <*hist.*> book of divination M: [1]*běn*

[1]**shìshù** 柿树[-樹] N. persimmon tree M: [2]*kē*

[2]**shìshù** 士庶 N. scholars and common people

shīshuài* 师帅[師帥] N. model; paragon M: [2]*wèi*

shíshuāi 时衰[時-] N. decline of luck/fortune/etc.

shìshuāng 柿霜 N. "frosted" preserved persimmon

shǐ shuāngyuányīnhuà 使双元音化[-雙---] V.P. <*lg.*> diphthongize

shìshǔbìrán 事属必然[-屬--] F.E. it is an inevitable outcome

shī-shū-huà hé'erwéiyī 诗书画合而为一[-書畫----] F.E. <*art*> the combination of poetry, calligraphy, and painting in one

shīshuǐ* 失水 V.O./N. dehydrate; desiccate

shìshuǐ 逝水 N. water flowing out

shìshuì 嗜睡 N. <*med.*> drowsiness; somnolence

shīshuǐhuò 湿水货[濕-] N. water-damaged goods

shìshuǐniánhuá 逝水年华[-華] F.E. Time passes like flowing water.

shí shuǐxìng 识水性[識-] N. swimming prowess

shìshǔliǎngnán 事属两难[-屬-難] F.E. To act either way is difficult.

shī-shū méndì 诗书门第[-書--] N. scholarly family

shíshuō 实说[實-] V. tell the truth

shìshuōfǎ 视说法 N. <*lg.*> look-and-say method

shìshūshìyì 势殊事异[勢-異] F.E. Both the situation and facts are different.

shǐ shūyuǎn 使疏远[-遠] V.P. estrange

shīshūzhēnqíng 诗书真情[-書--] F.E. Poetry expresses one's feelings.

shìshǔzìxū 事属子虚[-屬-虛] F.E. sheer fiction; pure imagination

shīsī 诗思 N. poetic inspiration

shísì* 十四 NUM. fourteen

shìsī 试思 V. think over; consider

shìsǐ 誓死 V.P. pledge one's life

shìsì 市肆 P.W. <*wr.*> shop; store

shìsǐbù'èr 誓死不二 F.E. pledge to be true until death

shìsǐbùqū 誓死不屈 F.E. vow that one would rather die than yield

shìsǐbùrèn 誓死不认[-認] F.E. vow to die rather than confess

S

shìsǐbùxiáng 誓死不降 F.E. vow to fight to the death
shísì-háng shī 十四行诗 N. sonnet
shìsǐhànwèi 誓死捍卫[-衛] F.E. defy death to defend
shìsǐrúguī 视死如归[-歸] F.E. face death unflinchingly
shísōng 石松 N. <bot.> ground pine (*Lycopodium clavatum*) M: [2]*kē*
shīsōu 失溲 V.O. <Ch. med.> incontinence
shīsù 失速 V.O. stall (of airplanes)
shísú 时俗[時-] N. prevailing custom
[1]**shí-sù** 食宿 V. take board and lodging
[2]**shísù** 时速[時-] N. hourly speed
[1]**shìsú*** 世俗 N. common custom ♦S.V. secular; worldly
[2]**shìsú** 释俗[釋-] V. explain in common words/phrases/etc.
shīsuàn* 失算 V. miscalculate; misjudge
shísuàn 石蒜 N. <bot.> short-tube lycoris M: [2]*kē*
shìsuànbiǎo 试算表 N. worksheet in accounting receipts and expenditures M: [1]*zhāng*
shìsúchángqíng 世俗常情 F.E. manners and morals of the time
shí-sùfèi 食宿费 N. expenses for board and lodging
shīsù huáxiáng 失速滑翔 N. stalled glide (of airplanes)
shísuí 时绥[時-] F.E. <wr.> Best regards (letter closure)
shísuǐ 石髓 N. ① stalactites ② chalcedony
shísuì* 拾穗 V.O. glean
shísuìrén 拾穗人 N. gleaner
shìsùjì 示速计 N. speedometer M: [2]*zhī*
[1]**shísǔn** 石笋[-筍] N. <geol.> stalagmite
[2]**shísǔn** 蚀损 V. suffer losses (in funds/capital/etc.)
shīsuǒ 失所 V.O. become homeless
shísuǒ* 石锁 N. <sport> stone dumbbell shaped like an old-fashioned padlock
shìsuǒbìrán 势所必然[勢-] F.E. inevitably; as a matter of course; be bound to come
shìsuǒnánmiǎn 势所难免[勢-難-] F.E. be certainly unavoidable
shīsuǒ píngmín 失所平民 N. displaced civilians
shìsuǒzhìdǎo 是所至祷[-禱] F.E. <wr.> for which I sincerely pray; for which I am truly obliged (expression often used in letters)
shìsùqì 示速器 N. speed indicator M: [1]*tái*
shìsú rénwénzhǔyì 世俗人文主义[-義] N. secular humanism
shìsùyí 视速仪[-儀] N. tachistoscope
shìsúzhījiàn 世俗之见 N. common views
shìsúzhǔyì 世俗主义[-義] N. secularism
shísùzìlǐ 食宿自理 F.E. exclusive of board and lodging
shītài 失态[-態] V.O. ① forget one's manners ② forget oneself
shítái 石台[-臺] N. ① stone table ② stone stairs
shítài 时态[時態] N. <lg.> tense
shǐtāi 始胎 N. third month of an embryo
shìtāi 试胎 N. <med.> pregnancy test
[1]**shìtài*** 世态[-態] N. ways of the world
[2]**shìtài** 事态[-態] N. state of affairs
shítài jiǎnhuà 时态简化[時態-] N. <lg.> tense simplification
shítài nìzhuǎn 时态逆转[時態-轉] N. <lg.> back-shift
shìtàirénqíng 世态人情[-態--] F.E. ways of the world
shítàixù 时态序[時態-] N. <lg.> sequence of tenses
shìtàiyánliáng 世态炎凉[-態-涼] F.E. inconstancy of human relationships
shítài zhuǎnyí 时态转移[時態轉-] N. <lg.> tense shift
shītán 诗坛[-壇] P.W. poetry world/circles
shítán 石坛[-壇] N. stone altar/platform M: [4]*zuò*
shítàn 石炭 N. coal
shìtàn* 试探 V. sound out; probe
shítàncéng 石碳层[-層] N. <geol.> the Carboniferous layer
shìtàn chéngxù 试探程序 N. heuristic program/routine
shìtàn de 试探的 ATTR. tentative
shìtànfǎ 试探法 N. trial-and-error method
shītáng 诗堂 N. <art> a piece of silk or ornamental paper mounted directly above a picture, intended to be inscribed by friends or connoisseurs
[1]**shítáng*** 食堂 P.W. (institutional) dining room; canteen M: [1]*jiān*
[2]**shítáng** 食糖 N. sugar
Shítànjì 石炭纪 N. Carboniferous Period
shìtànjiě 试探解 N. trial solution
shītánjìjiǔ 诗坛祭酒[-壇--] F.E. be the foremost of poets
shítànsuān 石炭/碳酸 N. <chem.> phenol; carbolic acid
shìtànxìng 试探性 ATTR. trial; exploratory; probing
shìtànxìng guāncè 试探性观测[---觀-] N. trial-and-error observation
shìtànxìng qìqiú 试探性气球[---氣-] N. trial balloon
shìtànxìng tánpàn 试探性谈判 N. exploratory talks
shìtàn xū-shí 试探虚实[-虛實] V.O. try to find out the abstract and the concrete
shìtàn yīndiào 试探音调 N. <lg.> tentative intonation
shītātā 湿塌塌[濕-] R.F. <coll.> drenched
shíteng 拾腾 V. <coll.> ransack ~ ~ *guāng le* completely ransacked
[1]**shītǐ** 尸体[屍體] N. corpse; remains M: [7]*jù*
[2]**shītǐ** 诗体[-體] N. poetic form/style/genre
shítǐ 实体[實體] N. ① <lg.> data ② <phil.> substance ③ entity
shìtí* 试题 N. test/exam question M: [2]*dào*
[1]**shìtǐ** 事体[-體] N. <topo.> ① matter; affair; business ② systems of matters
[2]**shìtǐ** 适体[適體] V.O. fit (of clothes)
shítián 石田 N. barren land; field which is not arable
shítiānbànyuè 十天半月 F.E. <coll.> ten or fifteen days
shìtiānmìng 试天命 F.E. This is Heaven's decree.
shītiáo* 失调 N. ① imbalance; misadjustment *Gōng-qiú ~.* Imbalance of supply and demand. ② <radio> maladjustment; detuning ♦V.O. ① lack proper care ② lose balance; dislocate *See also* [2]*shīdiào*
shǐtiáo 始条[-條] N. <lg.> initial string
shítǐcí 实体词[實體-] N. <lg.> notional words
shìtiě 试帖 N. <trad.> ① composition of poetry in the civil-service examination ② test in classics in the Tang civil-service examination
shítǐfǎ 实体法[實體-] N. <law> substantive law
shītǐ fángfǔ 尸体防腐[屍體-] V.P. embalm ♦N. embalming
shítǐhuà 实体化[實體-] V. substantialize ♦N. substantialization
shītǐ jiěpōu 尸体解剖[屍體-] N. autopsy; postmortem (examination)
shítǐjìng 实体镜[實體-] N. stereoscope
shītǐlěilěi 尸体累累[屍體-] F.E. Dead bodies lie in piles.
shítǐlùn 实体论[實體-] N. <phil.> ontology
[1]**shì-tīng** 视听[-聽] N. ① seeing and hearing ② what is seen and heard ③ public opinion ♦PREF. <lg.> audio-visual
[2]**shìtīng** 试听[-聽] V./N. audition
shì-tīngfǎ 视听法[-聽-] N. <lg.> audio-visual method
shì-tīng fúwùyè 视听服务业[-聽-務業] P.W. audio-visual services
shì-tīng jiàocái 视听教材[-聽--] N. audio-visual materials; audio-visuals
shì-tīng jiàojù 视听教具[-聽--] N. audio-visual aids
shì-tīng jiàoxué 视听教学[-聽--] N. audio-visual teaching
shì-tīng jiàoxuéfǎ 视听教学法[-聽---] N. audio-visual teaching methods
shì-tīng jiàoyù 视听教育[-聽--] N. audio-visual instruction/education
shì-tīng xiǎngshòu 视听享受[-聽--] N. audio-visual entertainment
shì-tīng-yán-dòng 视听言动[-聽-動] V. see, hear, talk, and move
shì-tīngzhòng fēnxi 视听众分析[-聽眾--] N. audience analysis
shì-tīngzhòng tèzhēng 视听众特征[-聽眾-徵] N. character/peculiarity of an audience
shītǐ pōujiǎn 尸体剖检[屍體-] N. autopsy
shítǐ pǔbiàn xiànxiang 实体普遍现象[實體-] N. <lg.> substantive universal
shítǐshuō 实体说[實體-] N. <phil.> substantialism
shítǐ wèntí 实体问题[實體-] N. substantive problem
shītǐ xiànchǎng 尸体现场[屍體-場] N. scene of death
shītǐxué 诗体学[-體-] N. <lg.> prosody
[1]**shìtóng** 视同 V.P. treat as; view as
[2]**shìtóng** 侍童 N. attendants; servants
shìtóngbīngtàn 势同冰炭[勢-] ID. incompatible
shǐ tóngbù 使同步 V.P. bring into step
shìtóngděngxián 视同等闲 F.E. have no regard for
shìtóng'érxì 视同儿戏[-戲] F.E. regard as a trifling matter
shìtóngjùwén 视同具文 F.E. regard as mere empty words
shìtónglíng 试铜灵[-靈] N. cupron; benzoinoxime
shìtónglùrén 视同路人 F.E. regard as a stranger
shìtóngquánxué 誓同泉穴 F.E. vow to be buried together
shìtóngshēngsǐ 誓同生死 F.E. pledge to live and die together
shìtóngshénmíng 视同神明 F.E. look upon sb. as superhuman
shìtóngshǒuzú 视同手足 F.E. regard sb. as one's own brother
shìtóngyīlǜ 视同一律 F.E. identify with; consider all as alike
shìtóngyītǐ 视同一体[-體] F.E. consider as an integral whole; make no distinction
shìtóngzhēnbǎo 视同珍宝[-寶] F.E. hold sth. in high esteem
shītòu 湿透[濕-] V.P. wet through
shítou 石头 N. stone; rock M: [2]*kuài*
shìtóu(r)* 势头(儿)[勢-] N. <coll.> ① power ② situation; look of things ③ tendency ④ impetus; momentum
shítóubākuài 十头八块[-塊] F.E. <coll.> about ten dollars/yuan
shìtóu bù duì 势头不对[勢-對] V.P. The situation is unfavorable.
shìtóu bù hǎo 势头不好[勢-] V.P. <coll.> The situation is unfavorable.
shìtóu dà 势头大[勢-] V.P. <coll.> powerful
shítóudàhǎi 石投大海 F.E. disappear for good
shītóu'é 狮头鹅[獅-] N. lion-headed goose M: [2]*zhī*
shítoukuàir 石头块儿[--塊-] N. stone cobble/block/etc. M: [2]*kuài*
shítoulázi 石头砬子 N. <topo.> projecting rock; crag; boulder
shítóuluòdì 石头落地 ID. lift a weight off sb's mind
shítou pénjǐng 石头盆景 N. marble bowl with scenery
shítour 石头儿 N. <coll.> precious stone; gem M: [2]*kuài*
shítourén 石头人 N. clumsy oaf
shítouzi(r) 石头子(儿) N. <coll.> small stone; cobble; pebble M: [2]*kuài*
shī-tú 师徒[師-] N. teacher and pupil

1**shītǔ** 湿土[濕-] N. wet/damp dirt/earth
2**shītǔ** 失土 V.O. lose territory
shítǔ 食土 N. fief town; appanage
shǐtū 豕突 V. run wild
shǐtú 使徒 N. apostle; disciples M: 2*wèi*
1**shìtú*** 试图[-圖] V. attempt; try
2**shìtú** 仕途/涂[-塗] N. <*wr.*> official career
3**shìtú** 视图[-圖] N. <*mach.*> view *qián*~ front view M: 1*zhāng*
4**shìtú** 世途 N. experiences in life
shītuán 师团[師團] P.W. <*mil.*> division
shǐtuán* 使团[-團] P.W. diplomatic mission/corps
shǐtuán tuánzhǎng 使团团长[-團團-] N. dean of the diplomatic corps M: 2*wèi*
shìtúduōjiǎn 仕途多蹇 F.E. official career fraught with difficulties and danger
shī-tú hétong 师徒合同[師-] N. contract between master and apprentice
shìtújiéjìng 仕途捷径[-徑] F.E. short-cut to officialdom
shìtúkǎnkě 世途坎坷 F.E. life full of frustrations
shǐtūlángbēn 豕突狼奔 F.E. tear about like wild beasts
shítúlǎomǎ 识途老马[識-] F.E. an old warhorse knows the way; an experienced person knows how to handle things
shìtúyǎnjiǎn 仕途偃蹇 F.E. have an unsuccessful official career
shīwā 湿洼[濕窪] N. swampy region; swamp
shīwādì 湿洼地[濕窪-] P.W. low-lying field where moisture does not easily evaporate M: 2*kuài*
1**shìwài** 室外 P.W. outdoors; outside
2**shìwài** 世外 N. beyond the mundane world
shìwài huódòng 室外活动[-動] N. outdoor activities
shìwàitáoyuán 世外桃源 ID. ① haven of peace ② utopia
shǐ wǎjiě 使瓦解 V.P. disorganize
shíwàn* 十万[-萬] NUM. one hundred thousand
shìwǎn 是晚 N. the said evening
shíwàn bāqiān lǐ 十万八千里[-萬---] ID. be poles apart
shīwáng 狮王[獅-] N. lion king
shīwàng* 失望 V. ① become disappointed ② lose (hope/faith)
shíwàng 时望[時-] N. ① celebrities of the time ② popular fame/support
shǐwǎng 驶往 V.P. drive to; sail to
shìwǎngmó 视网膜[-網-] N. <*phys.*> retina
shìwǎngmó tuōlí 视网膜脱离[-網--離] N. <*med.*> detachment of the retina
shìwǎngmóyán 视网膜炎[-網--] N. retinitis
shíwàngsuǒguī 时望所归[時-歸] F.E. highly respected and admired
shíwànhuǒjí 十万火急[-萬--] F.E. ① posthaste ② Most Urgent (mark on a dispatch)
Shíwānyáo 石湾窑[-灣窯] P.W. <*art*> Ming ceramic kiln (in Foshan, Guangdong)
shīwēi 施威 V.O. ① use force ② impress with force ③ show anger/power
shīwéi 施为 N. ① action; behavior; conduct ② <*lg.*> illocution
1**shīwèi** 诗味 N. poetic sense
2**shīwèi** 尸位[屍-] V.O. hold a sinecure
shíwéi 石韦[-葦] N. <*bot.*> fern
1**shíwèi** 十位 N. tens place/column
2**shíwèi** 时位[時-] N. <*lg.*> chroneme
1**shìwēi*** 示威 V.O. ① put on a show of force ② demonstrate; march ♦N. demonstration
2**shìwēi** 示微 V. <*wr.*> decline
3**shìwēi** 式微 V. <*wr.*> decline (of a dynasty/family)
1**shìwéi** 视为 V.P. regard/consider as
2**shìwéi** 是为 V.P. <*wr.*> it is; this is
1**shì-wěi** 市委 N. ① municipal Party committee ② guard
2**shìwěi** 饰伪 V.O. fake; make/copy sth. in order to deceive
1**shìwèi** 侍卫[-衛] N. (imperial) military bodyguard
2**shìwèi(r)** 是味(儿) <*coll.*> S.V. ① tasty; delicious; delightful ② feel good/comfortable (of people)
3**shìwèi** 是谓 V.P. this is what is called. . .
4**shìwèi** 世味 N. various phases and tastes of the world
shíwèi de 时位的[時-] ATTR. <*lg.*> chronemic
shìwéi'érxì 视为儿戏[-戲] F.E. treat a matter as a plaything
shíwéihànshì 实为憾事[實-] F.E. It is a pity that. . .
shìwéijìnluán 视为禁脔[-臠] F.E. regard as one's exclusive domain
shīwéijù 施为句 N. <*lg.*> performative
shìwēilěiluǎn 事危累卵 F.E. be at a critical stage
shìwéilìwài 视为例外 F.E. make an exception of
shīwèisùcān 尸位素餐[屍-] F.E. hold down a job without doing a stroke of work
shìwéiwèitú 视为畏途 F.E. ① regard as dangerous ② be afraid to undertake
shīwèiwùguó 尸位误国[屍-國] F.E. neglect
shīwéixìng de 施为性的 ATTR. <*lg.*> illocutionary
shīwéixìng yányǔ xíngwéi 施为性言语行为 N. <*lg.*> illocutionary act
shīwéixìng zuòyòng 施为性作用 N. <*lg.*> illocutionary force
shìwéixīxì 视为嬉戏[-戲] F.E. take it as a joke
shīwéi yìyì 施为意义[-義] N. <*lg.*> illocutionary meaning
shìwēi yóuxíng 示威游行 N. demonstration; parade ♦V.P. demonstrate; parade
shìwēi yùndòng 示威运动[-運動] N. demonstration
shìwèizhǎng 侍卫长[-衛-] N. captain of the guard M: 2*wèi*
shìwēizhě 示威者 N. demonstrators
shìwéizhìbǎo 视为至宝[-寶] F.E. regard as priceless
shìwéizhījǐ 视为知己 F.E. regard as a close friend
shì wèi zhījǐzhě sǐ 士为知己者死 F.E. A gentleman is ready to die for his good friends.
shìwéizhìyào 是为至要 F.E. <*wr.*> This is very important.
Shìwèi Zǔzhī 世卫组织[-衛-織] AB./P.W. *Shìjiè Wèishēng Zǔzhī*
shīwén* 诗文 N. ① poetic prose ② literary works in general M: 1*piān*
shīwěn 失稳[-穩] N. instability
1**shíwén** 时文[時-] N. ① eight-part essay ② current style of writing
2**shíwén** 石文 N. inscriptions on stone or pottery
shìwēn 室温 N. room temperature
1**shìwén** 释文[釋-] V.O. explain (ancient) characters ♦N. annotation
2**shìwén** 誓文 N. eulogy
shìwèn 试问 F.E. may we ask
shíwénduànzì 识文断字[識-斷-] F.E. be literate
shīwēng 诗翁 N. renowned poet of advanced age M: 2*wèi*
shīwénjí 诗文集 N. collection of poems and essays M: 1*běn*
shíwényú 食蚊鱼 N. <*zoo.*> mosquito fish M: 1*tiáo*
1**shīwù** 失误 N. mistake; fault; error; faux pas ♦V. make a mistake
2**shīwù** 失物 N. lost article/property
shíwū 石屋 P.W. stone house M: 4*zuò*/1*jiān*
shíwú 实无[實-] V.P. there is really no
shíwǔ 十五 NUM. fifteen
1**shíwù** 食物 N. food; edibles
2**shíwù** 实物[實-] N. material object; realia
3**shíwù** 时务[時務] N. ① current affairs; trend of the times ② farm work calling for one's attention at the moment
4**shíwù** 什物 N. odds and ends; sundries
5**shíwù** 拾物 N. lost property/article found
6**shíwù** 实务[實務] N. practical affairs
shìwǔ 士伍 N. rank and file of soldiers
1**shìwù*** 事物 N. ① thing; object ② <*lg.*> sense
2**shìwù** 事务[-務] N. ① work; routine ② general affairs ③ <*lg.*> transaction
3**shìwù** 饰物 N. ① finery; jewelry ② ornament; decoration M: 2*jiàn*
4**shìwù** 世务[-務] N. affairs of the world; worldly affairs; current affairs
shìwùchánshēn 世务缠身[-務纏-] F.E. be entangled by worldly affairs
shíwùcí 实物词[實-] N. <*lg.*> full word
shíwùdān 什物单 N. shopping list; memo M: 1*zhāng*
shìwù de běnshēn 事物的本身 N. <*lg.*> whatness
shìwù de shítǐ 事物的实体[-實體] N. <*lg.*> sense data
shìwù de zhēnxiàng 事物的真相 N. <*lg.*> pure being
shíwùdiàn 食物店 P.W. food store M: 1*jiā*
shíwù dìzū 实物地租[實-] N. rent paid in kind
shìwú'èrjià 市无二价[-價] F.E. sell at fair prices
shíwùfáng 食物房 P.W. pantry M: 1*jiān*
shìwùfánmáng 事务繁忙[-務--] F.E. have a lot (of work) to do
shìwù fèiyòng 事务费用[-務--] N. <*acct.*> office expenses
shīwù fēnxī 失误分析 N. <*lg.*> miscue analysis
shǐ wú gǎnjué 使无感觉[-覺] V.P. deadened
shíwù gōngzī 实物工资[實-] N. goods paid as wages
shìwùgǔ 事务股[-務-] P.W. department of general affairs
shìwùguān 事务官[-務-] N. government officials whose duties require professional expertise M: 2*wèi*
shīwùguīzhǔ 失物归主[--歸-] F.E. return sth. lost to the owner
shíwù guòmǐn 食物过敏 N. food allergy
shíwùjiǎng 实物奖[實-獎] N. material awards
shíwù jiāoyì 实物交易[實-] N. barter
shìwùjú 事务局[-務-] P.W. bureau of general affairs
shìwújùxì 事无巨细 F.E. all matters, big and small
shìwùkē 事务科[-務-] P.W. general affairs section
shíwùlán 食物篮[-籃] N. food hamper
shǐwúlì 使无力 V.P. enervate
shíwùliàn 食物链 N. food chain M: 1*tiáo*
shǐwúmíngwén 史无明文 F.E. There is no historical evidence (to that effect).
shíwù pèijǐ 食物配给 N. rationing of foodstuffs; food rationing
shǐwúqiánlì 史无前例 F.E. unprecedented
shǐwúqiánwén 史无前闻 F.E. never known before in the whole world
shìwúqípǐ 世无其匹 F.E. unrivalled in the world
shíwúqiúbǎo 食无求饱 F.E. eat sparingly; practice restraint in eating
shíwùquǎn 拾物犬 N. <*zoo.*> retriever M: 2*zhī*
shíwù shèrù 食物摄入[-攝-] N. <*zoo.*> food intake
shíwù shōurù 实物收入[實-] N. income in kind
shíwùshuì 实物税[實-] N. tax paid in kind
shìwùsuǒ 事务所[-務-] P.W. agency; office
shíwù tiānjiājì 食物添加剂[-劑] N. food additive
shìwùxìng 事务性[-務-] N. routine
shìwùxìng gōngzuò 事务性工作[-務---] N. routine work; daily routine
shíwùxìng shōurù 实物性收入[實-] N. income in kind
shìwù xuéxí 试误学习[-習] N. trial-and-error learning
shìwùyòng jìsuànjī 事务用计算机[-務----] N. office computer/calculator M: 1*tái*

S

shíwùyuán 食物员 N. (ship) steward M: [2]wèi
shìwùyuán* 事务员[-務-] N. office clerk M: [2]wèi
shìwùzhǎng 事务长[-務-] N. (ship) purser M: [2]wèi
shīwù zhāolǐng* 失物招领 V.P. lost items/articles (found by others) kept for claimants
shíwù zhāolǐng 拾物招领 V.P. Articles found, owners please contact.
shīwù zhāolǐngchù 失物招领处[-處] P.W. Lost-and-Found Office
shíwù zhòngdú 食物中毒 N. food poisoning
shìwùzhǔyì 事务主义[-務-義] N. routinism
shìwùzhǔyìzhě 事务主义者[-務-義-] N. pettifogger
shīxǐ 施洗 V.O. ① baptize; be baptized ② baptize sb.
[1]**shíxí*** 实习[實習] V./N. practice; do fieldwork
[2]**shíxí** 时习[時習] N. current custom ♦V. practice incessantly
[3]**shíxí** 什袭 V. envelope/wrap several times (sth. precious to safeguard it)
shìxī 示悉 F.E. Your letter has been received.
shìxí 世袭 ATTR. hereditary
shìxì 世系 N. pedigree; genealogy
[1]**shíxià** 时下[時-] N. at present
[2]**shíxià** 石罅 N. crack in a rock
shíxiàcài 时下菜[時-] <coll.> N. abundant/cheap seasonal vegetables
shīxiān 诗仙 N. poetry immortal/god (i.e., Li Bo)
shīxiàn 失陷 V. <mil.> fall to the enemy
shíxiān 时鲜[時-] ATTR. fresh; in season ♦N. food in season
shíxián 时贤[時賢] N. <wr.> ① sages of an era ② great scholars of the period ③ social leaders of the time
[1]**shíxiàn*** 实现[實-] V. realize; achieve; bring about
[2]**shíxiàn** 时限[時-] N. time limit
[3]**shíxiàn** 食限 N. <astr.> eclipse/ecliptic limit
shìxiān 事先 ADV. in advance; beforehand
shìxián 释嫌[釋-] V.O. ① dispel suspicion ② dispel ill feeling
shìxiàn 视线 N. line of vision
shìxiān ānpái 事先安排 V.P. cut and dry
shǐ xiàndàihuà 使现代化 V.P. bring up to date; modernize
[1]**shíxiàng** 石像 N. stone statue/bust M: [4]zuò
[2]**shíxiàng** 识相[識-] S.V. <topo.> be sensible/tactful
[3]**shíxiàng** 食相 N. <astr.> phase of an eclipse
[4]**shíxiàng** 实像[實-] N. <phy.> real image
[5]**shíxiàng** 实相[實-] N. ① actual situation ② <Budd.> the ultimate essence of things
shǐxiàng 驶向 V.P. <wr.> drive/go toward
shìxiāng 柿箱 N. boxes/cases made of persimmon wood M: [2]zhī
shìxiǎng 试想 V. just think
shìxiàng* 事项 N. item; individual matter
Shìxiàng 释像[釋-] N. statue of Buddha
shǐxiàng gǎngkǒu 驶向港口 V.P. make port
shìxiàngqì 示向器 N. direction indicator M: [1]tái
shí-xiàng quánnéng yùndòng 十项全能运动[-運動] N. <sports.> decathlon
shíxiàng tiáojiàn 实相条件[實-條-] N. <lg.> truth-condition
shǐ xiāngxìn 使相信 V.P. give credibility to
shí-xiàng yùndòng 十项运动[-運動] N. <sport> decathlon
shíxiàn lìyì 实现利益[實-] N. <acct.> profits realized
shìxiànqì 试线器 N. line tester M: [1]tái
shíxiánr 什/识闲儿[識-] S.V. stay quiet *Zhè háizi bù ~.* This child is restless. ♦N. quietness; rest
shìxiánruòkě 嗜贤若渴[-賢--] F.E. One's love for able men is equal to one's thirst for water.
shìxiǎnrúyí 视险如夷 F.E. unafraid of danger; brave
shíxiànshū 时宪书[時憲書] N. <trad.> almanac M: [1]běn
shíxiānwéi 石纤维[-纖-] N. mineral wool

[1]**shīxiào** 失效 V.O. ① lose efficacy ② become invalid/void
[2]**shīxiào** 失笑 V. cannot help laughing
[3]**shīxiào** 师校[師-] N. normal school
[1]**shíxiào*** 时效[時-] N. ① period of effectiveness ② <law> prescription ③ <metal.> aging
[2]**shíxiào** 实效[實-] N. actual effect; substantial result
[1]**shìxiāo** 试销 V. place goods on trial sale
[2]**shìxiāo** 适销[適-] V. sell well ♦S.V. salable
shìxiāoduìlù 适销对路[適-對-] F.E. marketable and in great demand
shìxiāopǐn 试销品 N. marketable commodity
shīxiào qǐlai 失笑起来 R.V. cannot help laughing
shíxiàor 拾笑儿 V.O. <topo.> ① laugh with others ② join in laughter
shíxiàoxìng 时效性[時-] N. effectiveness for a given period of time
shìxiāo zhuānguì 试销专柜[-專櫃] N. trial-sale counter
shīxié 失谐 V.P. mismatching; detuning
[1]**shíxié** 实邪[實-] N. <Ch. med.> solid evil
[2]**shíxié** 时邪[時-] N. <Ch. med.> seasonal evil
shíxiě* 实写[實寫] V. describe directly or in full
shíxí'ércáng 什袭而藏 F.E. treasure a thing by wrapping it up carefully
shīxiězhèng 失写症[-寫-] N. <lg./psy.> agraphy; agraphia
shíxí gōngchǎng 实习工厂[實習-廠] P.W. factory for training students in practical skills
shíxí jiàoshī 实习教师[實習-師] N. student teacher; trainee teacher
shìxí jiējí 世袭阶级[--階-] N. caste
shìxí jiējí shèhuì 世袭阶级社会[--階---] P.W. caste society
shǐ xìjùhuà 使戏剧化[-戲劇-] V.P. dramatize
shìxīkǒuqì 舐吸口器 F.E. lick the lips
shīxìn* 失信 V.O. break one's promise
[1]**shíxīn** 时新[時-] S.V. stylish; trendy ♦N. seasonable new commodities/food
[2]**shíxīn(r)** 实心(儿)[實-] ATTR. ① sincere ② solid
[3]**shíxīn** 时薪[時-] N. hourly wage
shíxìn 十信 N. <Budd.> the ten provisions of faith
shǐxīn 豕心 V.P. greedy; avaricious
shìxīn 试新 N. name of a kind of tea ♦V.O. ① try the newly harvested rice ② try a new product
shìxīnchángxiān 试新尝鲜[--嘗-] F.E. have a taste of what is just in season
shíxīndàn 实心弹[實-] N. <mil.> dud (bomb) M: [1]kē
shīxīnfēng 失心疯 N. <med.> amnesia
[1]**shīxíng** 施行 V. ① put in force; execute; implement; apply ② perform
[2]**shīxíng** 施刑 V. ① mete out punishment; carry out a sentence ② apply torture
shīxìng 诗兴[-興] N. poetic inspiration
shíxīng(r) 时兴(儿)[時興] S.V. <coll.> popular; in vogue
[1]**shíxíng*** 实行[實-] V. put into practice/effect; practice; implement
[2]**shíxíng** 时行[時-] S.V. fashionable; in vogue; popular ♦V. wait for the opportune moment to take action
shíxìng 食性 N. <zoo.> feeding pattern/habits
shǐxíng 驶行 V. go; run; sail (of vehicles/etc.)
[1]**shìxíng** 试行 V. try out
[2]**shìxíng** 士行 N. noble conduct of scholars
[3]**shìxíng** 市刑 N. <trad.> light punishments meted out in public squares
[1]**shìxìng** 示性 N. expressivity
[2]**shìxìng** 是幸 F.E. <wr.> It would be fortunate indeed if you. . .
shíxíngbìng 时行病[時-] N. <coll.> current contagious disease
shīxìngdàfā 诗兴大发[-興-發] F.E. feel a strong urge to compose poems
shíxīng huāyàng 时兴花样[時興-樣] N. a fashionable pattern

shíxíng kòngzhì 实行控制[實-] V.O. exert control
shíxíng qǐlai 实行起来[實-] R.V. start to implement/carry out
shíxìngrén 实性人[實-] N. honest and sincere person
shīxíng xìzé 施行细则 N. bylaws; detailed regulations governing the implementation of a statute
shǐ xìngzi 使性子 V.O. <coll.> ① become angry ② be temperamental
shíxīnhuà 实心话[實-] N. words spoken from the heart
shíxīnqiú 实心球[實-] N. <sport> medicine ball
Shǐxīnshì 始新世 N. <geol.> Eocene Epoch
shíxīn shìyàng 时新式样[時-樣] N. up-to-date style
shíxīnshíyì 实心实意[實-實-] F.E. honest and sincere
shíxīnyǎn(r)* 实心眼(儿)[實-] N. ① one-track mind ② person with a one-track mind ♦S.V. <coll.> ① sincere; honest ② ingenious
shǐ xīnyǎn(r) 使心眼(儿) V.O. <coll.> connive; use guile
shīxìn yú mín 失信于民[--於-] V.P. lose the confidence of the people (of a government)
shīxìn yú rén 失信于人[--於-] V.P. break faith with others
shīxīnzìyòng 师心自用[師-] F.E. stubborn; opinionated
shīxiōng* 师兄[師-] N. ① senior (male) fellow apprentice ② one's master's son (older than oneself) M: [2]wèi
shìxiōng 世兄 N. ① family/clan friend ② <court.> son of a friend/teacher M: [2]wèi
shīxiōngdì 师兄弟[師-] N. fellow apprentice/student
shíxíshēng 实习生[實習-] N. trainee M: [2]wèi
shīxiū* 失修 V. fall into disrepair
shīxiǔ 湿朽[濕-] N. wet rot
[1]**shíxiū** 识羞[識-] V. feel ashamed
[2]**shíxiū** 时羞[時-] N. fine foods of the season
shìxíwǎngtì 世袭罔替 F.E. hereditary dignity held in perpetuity
shíxí yīshēng 实习医生[實習醫-] N. intern doctor
shíxízhēncáng 什袭珍藏 F.E. store away like a treasure
shīxù 失序 V.O. become disordered; get out of sequence
[1]**shíxù*** 时序[時-] N. time sequence; seasons; times
[2]**shíxù** 实叙[實敘] V. faithfully relate
shìxù 事畜 V. serve (one's parents) and support (one's wife and children)
shīxuǎn 诗选[-選] N. ① selection of poems ② anthology (of verse) M: [1]běn
shìxuǎn yàngpǐn 试选样品[-選樣-] N. pilot model
[1]**shīxué** 失学 V.O. ① be deprived of education ② have to discontinue one's study
[2]**shīxué** 诗学 N. poetics; poetry
shīxuè 失血 V.O. lose blood
[1]**shíxué** 实学[實-] N. real learning; sound scholarship
[2]**shíxué** 石穴 N. stone cave; rock cave
shíxuě 时雪[時-] N. timely snow
shǐxué* 史学 N. historiography
shìxué 视学 N. <trad.> N. educational inspector ♦V.O. inspect schools
shìxuè 嗜血 V.O. blood-sucking; bloodthirsty
shìxuèchéngxìng 嗜血成性 F.E. love to kill
shǐxuéjiā 史学家 N. historian; historiographer M: [2]wèi
shǐxuéjiè 史学界 P.W. historical circles
shīxuèzhìsǐ 失血致死 F.E. bleed to death
shīxùn* 师训[師-] N. teacher's instructions
shìxùn 视讯 N. visual communication
shǐ xùnsè 使逊色[-遜-] V.P. throw into the shade
shǐ xūruò 使虚弱[-虛-] V.P. enervate

shíxùyìqiān 时序易迁[時-遷] F.E. The seasons change.

[1]shīyā* 施压[-壓] V.O. exert pressure

[2]shīyā 失压[-壓] N. decompression

shīyà 失迓 F.E. <trad./humb.> excuse me for not going far to welcome you (of host to guest)

shīyán 失言 V.O. make an indiscreet remark ♦ N. <lg.> slip of the tongue

shīyǎn 诗眼 N. ① mind's eye of a poet ② word that portrays sth. vividly (in a poetic line)

[1]shíyán 食盐[-鹽] N. table salt

[2]shíyán 食言 V.O. go back on one's word

[3]shíyán 石盐[-鹽] N. rock salt; halite; mineral salt

[4]shíyán 实言[實-] N. truth

[5]shíyán 时延[時-] N. time-delay; time-lag

[6]shíyán 石岩 N. a kind of shrub

[1]shíyàn 实验[實-] V./N. experiment; test ♦ ATTR. experimental

[2]shíyàn 时谚[時-] N. mottos/proverbs of a certain period

[3]shíyàn 时彦[時-] N. contemporary men of ability and integrity

shǐyán 矢言 N. oath; solemn vow ♦ V. make a vow

[1]shìyán 誓言 N. oath; pledge

[2]shìyán 释言[釋-] V. provide explanations

[1]shìyǎn 试演 V. have a trial performance (of a play/etc.)

[2]shìyǎn 饰演 V. play the role of; act the part of; play

[1]shìyàn* 试验 V./N. attempt; experiment; test

[2]shìyàn 势焰[勢-] N. <derog.> arrogance and power

shìyànchǎng 试验场[-場] P.W. proving/testing ground M: [4]*zuò*

shíyàncūn 实验村[實-] P.W. model village M: [4]*zuò*

shīyándàozūn 师严道尊[師嚴-] F.E. If a teacher is strict, what he teaches will be respected.

shíyàn dòngwù 实验动物[實-動-] N. animal used as a subject of experiment

shíyànduì 实验队[實-隊] P.W. test crew

shíyán'érféi 食言而肥 ID. fail to make good one's promise; break a promise

shíyànfǎ 实验法[實-] N. testing/experimental method

shíyàn fāngfǎ 实验方法[實-] N. experimental method

shíyáng 石羊 N. <zoo.> bharal; blue sheep M: [2]*zhī*

shíyàng(r) 时样(儿)[時様-] N. latest fashion/style

shìyāng 莳秧[蒔-] V.O. transplant rice seedlings

shìyǎng 侍养[-養] V. look after one's elders

[1]shìyàng* 式样[-樣] N. style; type; model

[2]shìyàng 试样[-樣] N. (test) sample ♦ V.O. try on a partly finished garment

shíyàn gāojí zhōngxué 实验高级中学[實-] P.W. experimental senior middle school

shíyángbùhuà 食洋不化 F.E. indiscriminately adopt foreign things

shíyángjiǔmù 十羊九牧 F.E. ① have too many bosses ② be excessively bureaucratic

shìyàngměiguān 式样美观[-樣-觀] F.E. graceful-looking; stylish

shìyàngr 是样儿[-様-] N. look/appearance of things ♦ V.O. <coll.> ①be quite good/presentable (of clothes/etc.) ② look right/good ③ become fashionable

shìyànguǎn 试验管 N. test tube

shíyàn jùchǎng 实验剧场[實-劇場] P.W. experimental theater M: [4]*zuò*

shíyànlùn 实验论[實-] N. <phil.> positivism

shíyànmiàn 实验面[實-] N. extent/scope of experiment

shìyàn nóngchǎng 试验农场[-農場] P.W. experimental farm M: [4]*zuò*

shī yán qíng 诗言情 F.E. poetry describes one's feelings

shǐ yǎnsè 使眼色 V.O. wink (to give sb. a hint); tip sb.the wink; ogle

shíyàn shèjì 实验设计[實-] N. experimental design

shíyànshì* 实验室[實-] P.W. lab; laboratory

shìyànshì 试验室 P.W. laboratory

shíyànsuǒ 实验所[實-] P.W. laboratory

shìyàntián 试验田 P.W. <loan> ① <agr.> experimental field ② trial undertaking M: [2]*kuài*

shìyànwànzhàng 势焰万丈[勢-萬-] F.E. <derog.> aggressively powerful

shíyánxiānggào 实言相告[實-] F.E. to tell you the truth

shìyànxìng 试验性 ATTR. trial; experimental

shìyànxìng gōngchǎng 试验性工厂[-廠] P.W. pilot plant M: [1]*jiā*

shíyàn xīnlǐxué 实验心理学[實-] N. experimental psychology

shíyàn xuéxiào 实验学校[實-] P.W. experimental school

shìyànxūntiān 势焰薰天[勢-] F.E. very influential and powerful

shíyànyuán 实验员[實-] N. laboratory technician M: [2]*wèi*

shíyàn yǔyántú 实验语言图[實-圖] N. <lg.> phonogram

shíyàn yǔyánxué 实验语言学[實-] N. <lg.> empirical linguistics

shíyàn yǔyánxuéjiā 实验语言学家[實-] N. experimental phonetician

shíyàn yǔyīnxué 实验语音学[實-] N. <lg.> experimental phonetics

shíyànzhàn 实验站[實-] P.W. experiment center

shīyánzhāoyuàn 失言招怨 F.E. cause hatred by reckless words

shíyànzhě 实验者[實-] N. experimenter M: [2]*wèi*

shìyànzhǐ 试验纸 N. test paper; litmus paper M: [1]*zhāng*

shíyànzhǔyì 实验主义[實-義] N. experimentalism

shíyànzǔ 实验组[實-] P.W. experimental group

shīyāo 诗妖 N. perversive poems/songs which usually foreshadow social unrest or moral degeneracy

shīyào* 施药[-藥] V.O. ① give medicine to the poor free of charge ② dispense medicine free of charge

shíyáo 石窑[-窯] P.W. <archeo.> grottoes M: [4]*zuò*

shǐyào 使药[-藥] N. <Ch. med.> messenger drug

[1]shìyào 试药[-藥] N. reagent

[2]shìyào 势要[勢-] N. important and influential persons; the influential and mighty

shíyáosì 石窑寺[-窯-] P.W. grotto temples M: [4]*zuò*

shíyáyíng 食蚜蝇[-蠅] N. wasp fly; syrphid M: [2]*zhī*

shīye 师爷[師爺] N. <trad.> ① private assistant/advisor to a local official ② confidential secretary who knows all the tricks of officialdom and the loopholes of the law M: [2]*wèi* ***See also*** *shīyé*

shīyé 师爷[師爺] N. one's teacher's teacher/father ***See also*** *shīye*

[1]shīyè 失业[-業] V.O. lose one's job; be out of work

[2]shīyè 诗页 N. poetry M: [2]*shǒu*

shíyě 识野[識-] N. <psy.> field of consciousness

shíyè 实业[實業] N. ① industry; industry and commerce ② <Budd.> acts resulting in retribution according to the law of karma

shǐyè 始业[-業] V.O. ① start a business ② start the school year

shìyě 视野 N. <loan> field of vision

[1]shìyè* 事业[-業] N. ① cause; undertaking ② enterprise; facilities ③ career; pursuit ④ service

[2]shìyè 世业[-業] N. trade/property inherited from one's ancestors; hereditary profession

shīyè'àn 施业案[-業-] N. working plan

shīyè bǎoxiǎn 失业保险[-業--] N. unemployment insurance

shìyèbù 事业部[-業-] P.W. department of facilities or services

shīyèbǔcháng 失业补偿[-業補償] F.E. unemployment compensation

shíyèchóng 食叶虫[-葉蟲] N. defoliator

shìyè dānwèi 事业单位[-業--] P.W. (state-run) institution

shìyèfèi 事业费[-業-] N. operating expenses M: [2]*bǐ*

shìyéfēiyé 是耶非耶 F.E. It is true or not?; Yes or no?

shíyè hàichóng 食叶害虫[-葉-蟲] N. leaf-eating insect

shíyèjiā* 实业家[實業-] N. industrialist M: [2]*wèi*

shìyèjiā 事业家[-業-] N. entrepreneur M: [2]*wèi*

shíyèjiè 实业界[實業-] P.W. business and industrial world; business circles

shíyè jìhuà 实业计划[實業-劃] N. industrial and commercial project

shīyè jīntiē 失业津贴[-業--] N. unemployment benefits

shíyèjiùguó 实业救国[實業-國] F.E. save the nation by engaging in industry

shīyèlǜ 失业率[-業-] N. rate of unemployment

Shíyèpài 什叶派[-葉-] N. Shiah; Shiites

Shíyèpài Huíjiàotú 什叶派回教徒[-葉----] N. Shiite Muslim

shǐyèshì 始业式[-業-] N. ceremonies marking the beginning of a school year/semester

shìyèxīn 事业心[-業-] N. ① dedication to one's work ② professional ambition

shìyèxíng nǚxìng 事业型女性[-業---] N. career woman

shīyéye 师爷爷[師爺爺] N. one's teacher's teacher/father

shīyèzhě 失业者[-業-] N. the unemployed; the jobless

shīyèzhě-qún 失业者群[-業--] P.W. community of the unemployed

[1]shīyī 施医[-醫] V.O. provide free medical service for the poor

[2]shīyī 尸衣[屍-] N. shroud; graveclothes

[1]shīyí 失宜 V.O. <wr.> be inappropriate

[2]shīyí 失仪[-儀] V.O. lack social grace ♦ N. breach of etiquette

shīyǐ 施以 V.P. ① exert; impose ② use; apply ③ bestow; grant

[1]shīyì 诗意 N. ① poetic sentiment/flavor; romantic atmosphere ② quality; flavor

[2]shīyì 失意 V.O. be thwarted/frustrated/disappointed

[1]shíyī 十一 NUM. eleven ***See also*** *Shí-Yī*

[2]shíyī 时医[時醫] N. physician who enjoys fame only because of good luck

[3]shíyī 什一 NUM. one tenth

[4]shíyī 石衣 N. <bot.> moss; lichen

Shí-Yī* 十一 N. PRC National Day (October 1, 1949) ***See also*** [1]*shíyī*

[1]shíyí 时宜[時-] N. appropriate (of dress/etc.)

[2]shíyí 拾遗 V.O. ① appropriate lost articles ② compile a list of omissions in a work

[1]shíyì 实意[實-] ATTR. sincere

[2]shíyì 时疫[時-] N. epidemic

[3]shíyì 十亿[-億] NUM. one billion

[4]shíyì 实义[實義] ATTR. <lg.> notional; full

[5]shíyì 实益[實-] N. real benefit

[6]shíyì 食邑 N. <trad.> fief/appanage granted to a meritorious person

shǐyì 使役 N. cause a person or animal to do sth. ♦ PREF. <lg.> causative; factitive

shìyī 世医[-醫] N. a long line of doctors

[1]shìyí 适宜[適-] S.V. suitable; appropriate

[2]shìyí 事宜 N. ① matters concerned; arrangement ② opportunity; accommodation

[3]shìyí 释疑[釋-] V.O. dispel doubt/uncertainty

shìyǐ 是以 CONJ. therefore; hence

[1]shìyì 示意 V.O. signal; motion

[2]shìyì 适意[適-] S.V. agreeable; enjoyable; comfortable

S

[3]shìyì 释义[釋義] V.O. ① explain; interpret ② <lg.> paraphrase
[4]shìyì 世谊 N. friendship spanning many generations
[5]shìyì 侍役 N. servant
[6]shìyì 试艺[-藝] N. <trad.> writing/composition in the civil-service examination
[7]shìyì 视译[-譯] N. <lg.> sight/at-sight translation
shíyíbǔquē 拾遗补阙/缺[--補-] F.E. ① do damage control ② make good omissions and deficiencies
shīyībùshí 施衣布食 F.E. give food and clothing to the needy
shíyìcí 实义词[實義-] N. <lg.> notional/content word autonomous/content/full/lexical word; contentive; substantive
shíyì císù 实义词素[實義-] N. <lg.> content morpheme
shǐyì de 使役的 ATTR. <lg.> causative
shíyì dòngcí* 实义动词[實義動-] N. <lg.> lexical verb; full verb
shǐyì dòngcí 使役动词[--動-] N. <lg.> causative/factitive verb
shǐyìgé 使役格 N. <lg.> factive case
shíyī hào 十一号[-號] N. shank's mare
shīyìhuànzhě 失忆患者[-憶--] N. amnesiac
shìyìhuì 市议会[-議-] P.W. city council
shíyījí fēng 十一级风 N. <met.> force-11 wind; storm
shíyī lù 十一路 <coll.> N. shank's mare; going on foot
shíyì míngcí 实义名词[實義-] N. <lg.> stock noun
shīyīn 失音 N. <med.> ① aphonia ② loss of voice
shíyìn* 石印 N. lithographic printing; lithography
shǐyīn 始音 N. <lg.> initial
shìyīn 适因[適-] V.P. because just now
Shì Yín 世银 AB./P.W. *Shìjiè Yínháng*
[1]shìyǐn 市引 M. *of length equal to 33 1/3 meters*
[2]shìyǐn 市隐[-隱] N. city recluse
shìyìnběn 试印本 N. trial edition M: [1]*běn*
shíyīn chātóu 拾音插头 N. phone plug
shíyīn chāzuò 拾音插座 N. phone jack
shǐyīn de 使因的 ATTR. <lg.> causative
shǐyīn dòngcí 使因动词[--動-] N. <lg.> causative verb
[1]shīyíng 失迎 V. fail to meet (a guest)
[2]shīyíng 虱蝇[-蠅] N. <zoo.> gadfly M: [2]*zhī*
shíyīng 石英 N. <min.> quartz
[1]shìyìng* 适应[適應] V. ①suit; adapt; fit ② get used to
[2]shìyìng 试映 V. preview (movies)
shìyìng biànhuà 适应变化[適應變-] N. <lg.> adaptation
shìyìng biànhuà lùn 适应变化论[適應變-] N. <lg.> adaptation theory
shíyīngbiǎo 石英表 N. quartz watch M: [2]*kuài*
shíyīng bōli 石英玻璃 N. quartz glass M: [2]*kuài*
shìyìng bùliáng 适应不良[適應-] V.P. maladjustment
shíyīng diànzǐbiǎo 石英电子表[-電--] N. quartz watch M: [2]*kuài*
shìyìng huánjìng 适应环境[適應環-] V.O. adapt to the environment/circumstances
shìyìnglì 适应力[適應-] N. ability to adapt
shíyīng lǔwūdēng 石英卤钨灯[-鹵鎢燈] N. <photo.> quartz tungsten halogen lamp M: [1]*zhǎn*
shìyìng nénglì 适应能力[適應-] N. adaptive capacity
shìyìngshēng 侍应生[-應-] N. attendant; waiter
shìyìngxìng 适应性[適應-] N. <bio.> adaptability; flexibility
shíyīngyán 石英岩 N. quartzite
shìyìngzhèng 适应症[適應-] N. <med.> indication
shíyīngzhōng 石英钟[-鐘] N. quartz clock M: [4]*zuò*
shíyìnjī 石印机 N. lithographic press M: [1]*tái*
shíyìnjiàng 石印匠 N. lithographer M: [2]*wèi*
shíyīn liúshēngjī 实音留声机[實--聲-] N. stereo phonograph
shíyīnqì 拾音器 N. <elec.> pickup; adapter
shíyìnshí 石印石 N. lithographic stone M: [2]*kuài*
shíyīntóu 拾音头 N. pick-up head
shìyìnxìng 适印性[適-] N. printability
shíyìn yóuhuà 石印油画[-畫] N. oleograph M: [10]*fú*/[1]*zhāng*
shīyīnzhèng 失音症 N. aphonia
shíyìnzhǐ 石印纸 N. lithographic paper M: [1]*zhāng*
shíyíqíngqiān 时移情迁[時-遷] F.E. The times are changed, and conditions are changed as well.
shìyǐrúcǐ 事已如此 F.E. things being so
shìyīshì 试一试 V.P. try; give (sth.) a try (and see what happens).
shíyíshìqiān 时移势迁[時-勢遷] F.E. Time has changed things.
shíyǐshòu 食蚁兽[-蟻獸] N. anteater M: [2]*zhī*
shíyísúyì 时移俗易[時-] F.E. Practices change with time.
shǐyǐtiānrì 矢以天日 F.E. swear by the sun and the sky
shìyìtú 示意图[-圖] N. ①sketch map ②<mach.> schematic diagram M: [1]*zhāng*
shíyǐwèi 食蚁猬[-蟻蝟] N. <zoo.> echidna; spiny anteater M: [2]*zhī*
shìyìwúfáng 试亦无妨 F.E. There is no harm in trying.
shíyíwùhuàn 时移物换[時-換] F.E. Things change with time.
shìyìwúyòng 试亦无用 F.E. There is no use in trying.
shǐyìxìng 使役性 N. <lg.> causativity
shīyǐyǎnsè 施以眼色 F.E. shoot sb. a warning glance
shīyǐyánzhì 诗以言志 F.E. Poetry serves as a medium to convey one's aspiration/ambition.
shìyìyuán 市议员[-議-] N. member of the municipal legislative assembly M: [2]*wèi*
Shíyīyuè 十一月 N. ① November ② eleventh moon or lunar month
shìyì yǔyìxué 释义语义学[釋義-義-] N. <lg.> interpretive semantics
shīyìzhě 失忆者[-憶-] N. amnesiac
shīyìzhèngzhě 失忆症者[-憶--] N. amnesiac
shíyīzhùxíng 食衣住行 F.E. ① food, clothing, shelter, and transportation ② basic necessities of life
shīyòng 施用 V. use; employ
shíyōng 时雍[時-] N. concord; harmony
[1]shíyòng 实用[實-] S.V. practical; pragmatic; functional
[2]shíyòng 食用 ATTR. edible ♦N. living expenses
shǐyòng* 使用 V. use; employ; apply
[1]shìyòng 适用[適-] V. ① suit; be applicable ② <law> apply a law
[2]shìyòng 试用 V. try out ***Zhèxiē xīn chǎnpǐn zhèng zài ~.*** These new products are on trial. ♦ADV. on probation
shìyòngběn 试用本 N. trial edition
shíyòngcù 食用醋 N. edible vinegar
shíyòng dòngwù 食用动物[--動-] N. meat animals
shíyòng dúxiě nénglì 实用读写能力[實-讀寫--] N. <lg.> functional literacy
shǐyòng'é 使用额 N. amount of disbursement
shǐyòngfǎ 使用法 N. method of use/application
shíyòng fānyì 实用翻译[實-譯] N. <lg.> practical/pragmatic translation
shǐyòngfèi 使用费 N. charge for use
shíyòng jiàoyù 实用教育[實-] N. pragmatic education
shǐyòng jiàzhí 使用价值[--價-] N. <econ.> ① use value ② utility
shǐyònglǜ 使用率 N. rate of utilization
shíyòng měishù 实用美术[實-術] N. applied fine arts
shǐyòng niánxiàn 使用年限 N. tenure of use
shìyòngpǐn 试用品 N. trial products M: [2]*jiàn*
shìyòngqī 试用期 N. probation period
shìyòng qījiān 试用期间 N. probation period
shǐyòngquán 使用权[-權] N. <law> right of use; right to use a thing
shìyòng rényuán 试用人员 N. person on probation; probationer
shíyòng sèsù 实用色素[實-] N. food coloring
shǐyòng shòumìng 使用寿命[--壽-] N. service life (of machines/etc.)
shǐyòng shuōmíngshū 使用说明书[-書] N. operation instructions; user's manual M: [1]*běn*
shíyòngwén 实用文[實-] N. <trad.> practical writing (as in official documents/notices/receipts/etc.)
shíyòng wénxiàn 实用文献[實-獻] N. <lg.> pragmatic text
shíyòng xiàodù 实用效度[實-] N. pragmatic validity
shíyòngxìng* 实用性[實-] N. practicality; functionality
shìyòngxìng 适用性[適-] N. suitability; applicability
shíyòngxué 实用学[實-] N. <lg.> pragmatics
shíyòngyóu 食用油 N. edible oil
shíyòngyú* 食用鱼 N. edible fishes
shǐyòngyù 使用域 N. <lg.> register
shíyòng yǔyánxué 实用语言学[實-] N. <lg.> practical linguistics
shǐyòngzhě 使用者 N. user
shìyòngzhì 市用制 N. Chinese system of weights and measures
shíyòng zhíwù 食用植物 N. edible plants; vegetables
shíyòngzhǔyì 实用主义[實-義] N. <phil.> pragmatism
[1]shīyǒu 师友[師-] N. ① friend from whom one can seek advice ② teachers and friends ③ <trad.> official post in charge of the princes' education
[2]shīyǒu 诗友 N. friend in poetry M: [2]*wèi*
[1]shíyóu* 石油 N. petroleum; oil
[2]shíyóu 食油 N. edible/cooking oil
[1]shíyǒu 时有[時-] V. happen now and then
[2]shíyǒu 实有[實-] V. actually have/own
shǐyóu 使油 V.O. apply hair oil
[1]shìyóu 事由 N. ① origin of a matter ② subject (of a business letter) ③ job, work
[2]shìyóu 柿油 N. persimmon oil
[1]shìyǒu 室友 N. <TW> roommate M: [2]*wèi*
[2]shìyǒu 适有[適-] V.P. it just happened that; coincidentally
shíyǒubājiǔ 十有八九 F.E. most probably; very likely
shǐ yǒubǎwò 使有把握 V.P. ensure
shìyǒuběnmò 事有本末 F.E. There is distinction between basics and periphery.
shìyǒubìrán 事有必然 F.E. necessary and inevitable
shìyǒucòuqiǎo 事有凑巧[--湊-] F.E. as luck would have it
shíyóufēng 石尤风 N. windstorm
shíyóu gōngsī 石油公司 P.W. oil company
shíyóu gōngyè 石油工业[-業] P.W. oil industry
shíyóu guǎnlù 石油管路 N. petroleum pipeline M: [1]*tiáo*
shíyóu huàgōngchǎng 石油化工厂[-廠] P.W. petrochemical works M: [4]*zuò*
shíyóuhuāng 石油荒 N. oil crisis
shìyǒuhuǎnjí 事有缓急 F.E. There are both deferred and urgent matters.
shíyóu huàxué 石油化学 N. petrochemistry
shíyóu huàxué chǎnpǐn 石油化学产品[----產-] N. petrochemicals
shíyóu huàxué gōngyè 石油化学工业[-業] P.W. petrochemical industry
shíyóujiè 石油界 P.W. petroleum industry
shíyóujīng 石油精 N. ① benzine ② naphtha
shíyóujǐng* 石油井 N. oil well M: *kǒu*
shíyóu kāntàn 石油勘探 N. petroleum prospecting
shíyóukuàng 石油矿[-礦] N. petroleum field M: [4]*zuò*

shíyóu Měiyuán 石油美元 N. petrodollars
shíyóuqì 石油气[-氣] N. petroleum gas
shìyǒuqīqiāo 事有蹊跷[-蹺] F.E. smell a rat in the matter
shíyǒuqíshì 实有其事[實-] F.E. It's a fact.
shìyóur 事由儿 N. <coll.> job; line of work
shíyǒushíwú 时有时无[時-時-] ADV. off and on
shíyóu shūchūguó 石油输出国[-國] P.W. petroleum-exporting countries
shíyóu shūchū guójiā 石油输出国家[----國-] P.W. petroleum exporting countries
shíyóuyè 石油业[-業] P.W. petroleum industry
shíyóu yǒuxiàn gōngsī 石油有限公司 P.W. petroleum company
shìyǒuyuánwěi 事有原委 F.E. This happens with reason.
[1]**shīyú** 失于[-於] V.P. lose due to the mistake of...
[2]**shīyú** 诗余 N. [1]**cí** lyrics
[1]**shīyǔ** 施与/予[-與] V. ① grant; bestow ② distribute aid
[2]**shīyǔ** 失语 N. aphasia
shīyù 湿郁[濕鬱] N. <Ch. med.> stagnation of dampness
[1]**shíyú** 石鱼 N. stonefish
[2]**shíyú** 鲥鱼[鰣-] N. ① fish of the family *aliohaelangata* ② hilsa herring; reeves shad M: [1]*tiáo*
shíyǔ 时雨[時-] N. timely rains ♦ID. culture and education
[1]**shíyù** 食欲 N. appetite
[2]**shíyù** 时遇[時-] N. favors one receives; good break one gets; one's luck
[3]**shíyù** 时誉[時譽] N. popularity; esteem; honor
[4]**shíyù** 石玉 N. jadeite M: [2]*kuài*
[5]**shíyù** 识域[識-] P.W. <psy.> field of consciousness
[6]**shíyù** 识阈[識-] P.W. <psy.> field of awareness
shǐyú 始于[-於] V.P. start/begin with/in
shìyú* 适于[適於] V.P. fit; be suitable for
shìyǔ 市语 N. business jargon
[1]**shìyù** 嗜欲 N. sensual desire
[2]**shìyù** 视阈 P.W. <phys.> visual threshold
[3]**shìyù** 视域 P.W. ken; field of vision
[4]**shìyù** 侍御 N. king's servants and charioteers
shīyuàn 师院[師-] P.W. teachers' college M: [1]*suǒ*
shǐyuàn 始愿[-願] N. first wish; very first ambition ♦AUX. only then (is one) willing to...
[1]**shìyuán** 世缘 N. <Budd.> secular ties and affairs
[2]**shìyuán** 势源[勢-] N. potential source
[1]**shìyuàn*** 誓愿[-願] N. pledge
[2]**shìyuàn** 试院 P.W. examination hall (under the imperial examination system)
shìyuàngǔhuò 市怨贾祸[-禍] F.E. incur trouble and danger
shìyuǎnniánchén 世远年陈[-遠--] F.E. distant ages and olden years
shíyùbùjì 时遇不济[時-濟] F.E. be out of luck
shíyù bù jiā 食欲不佳 V.P. be off one's feed
shíyù bù zhèn 食欲不振 V.P. ① have a poor appetite ② <med.> anorexia
shíyùchuīguì 食玉炊桂 ID. experience the high cost of living
shíyǔchūnfēng 时雨春风[時-] ID. stimulating influence of teachers; a teacher's good influence
shīyúdǎdiǎn 失于打点[-於-點] F.E. be thoughtless
shīyuē 失约 V.O. ① fail to keep an appointment ② break one's promise
Shíyuè* 十月 N. ① October ② 10th moon or lunar month
shìyuē 誓约 N. vow; pledge
shìyuè 室乐[-樂] N. <mus.> chamber music
Shíyuè Gémìng 十月革命 N. (Russian) October Revolution (1917)
Shíyuè Gémìng Jié 十月革命节[-節] N. holiday celebrating the Russian October Revolution
shíyuèhuáitāi 十月怀胎[--懷-] F.E. in due course

shīyùn 诗韵[-韻] N. ① rhyme ② rhyming dictionary/book
shíyùn* 时运[時運] N. luck; fortune
[1]**shìyùn** 世运[-運] N. ① trends/vicissitudes of the world ② Olympiad; Olympic Games
[2]**shìyùn** 市运[-運] N. city games
shíyùnbùjì 时运不济[時運-濟] F.E. have a spell of bad luck
shīyùn cídiǎn 诗韵词典[-韻--] N. rhyming dictionary
shíyùnhēngtōng 时运亨通[時運-] F.E. be quite fortunate
[1]**shì-yùn-huì** 世运会[-運-] P.W. international games
[2]**shì-yùn-huì** 市运会[-運-] P.W. city games
shíyǔnshí 石陨石 N. meteoric stone M: [2]*kuài*
shǐ yùnxíng 使运行[-運-] V.P. bring into service
shìyùnyíng 试运营[-運營] N. trial operations
shìyùnzhuǎn 试运转[-運轉] N. <mach.> test run
shìyǔyuànwéi 事与愿违[-與願違] F.E. things go contrary to one's wishes
shīyǔzhèng 失语症 N. <med.> aphasia; dysphasia
shízai* 实在[實-] S.V. <coll.> ① true; real; honest; dependable ② well done (of work) ③ practical ***See also** shízài*
shízài 实在[實-] ADV. ① indeed; really; honestly ② in fact; as a matter of fact ***See also** shízai*
shìzài 视在 ATTR. apparent
shìzàibìdé 势在必得[勢-] F.E. certainly will have
shìzàibìxíng 势在必行[勢-] F.E. be imperative
shízàilùn 实在论[實-] N. <phil.> realism
shízàilùnzhě 实在论者[實-] N. realist
shìzàirénwéi 事在人为 F.E. people make things happen
shǐzàixiánshàng 矢在弦上 ID. imminent; unstoppable
shìzān 蓍簪 V. treasure old things of little value for sentimental reasons
shízàn* 石錾 N. stone chisel
Shìzàng 释藏[釋-] N. Buddhist sutras/canon
shízáo 石凿[-鑿] N. celt M: [1]*bǎ*
shīzé* 失责 N. dereliction of duty
shízé 实则[實-] ADV. actually; in fact/reality
[1]**shìzé** 是则 V.P. it is then
[2]**shìzé** 世泽[-澤] N. gains/privileges handed down from ancestors
shīzhāi* 施斋[-齋] V.O. give food to monks/nuns
shīzhài 诗债 N. unfulfilled promise to respond with a poem
shīzhǎn* 施展 V. ① put to good use ② give free play to ③ display (one's feat/talent/skill/etc.)
shízhàn 实战[實戰] N. actual combat
shīzhāng 诗章 N. ① poem ② inspiring story
shīzhǎng 师长[師-] N. ① <court.> teacher ② <mil.> division commander M: [2]*wèi*
shīzhàng 师丈[師-] N. husband of one's teacher
shìzhǎng* 市长 N. mayor
[1]**shìzhàng** 市丈 M. *of length equal to 3 1/3 meters*
[2]**shìzhàng** 视障 N. obscuring phenomenon
shīzhāngshīzhì 失张失智 F.E. be out of one's wits
shīzhǎnxióngcái 施展雄才 F.E. bring one's talent into play
shízhàn yǎnxí 实战演习[實戰-習] N. combat exercise with live ammunition
shīzhāo* 失着[-著] V.O. ① make a careless move ② miscalculate ♦N. a careless/unwise move
shízháo 实着[實著] S.V. <coll.> ① honest ② sound (of sleep)
shìzhāo 市招 N. shop sign; signboard
shǐ zháomí 使着迷[-著-] V.P. knock sb. cold
shǐzhāor 使招儿 V.O. <coll.> trick; deceive
shízhě 识者[識-] N. <wr.> the knowledgeable; the discerning
shǐzhě* 使者 N. emissary; envoy; messenger M: [2]*wèi*

shìzhe 试着[-著] V.P. <coll.> try to
[1]**shìzhě** 侍者 N. ① <wr.> attendant; servant; waiter ② <Budd.> monks as attendants to Buddha
[2]**shìzhě** 逝者 N. the dead
shìzhe bùr 试着步儿[-著--] V.P. <coll.> try gradually; step by step
[1]**shīzhēn** 失真 V.O. lack fidelity; not be true to the original ♦N. distortion (in radio reception)
[2]**shīzhēn** 失贞 V.O. lose one's virginity
[1]**shīzhěn** 湿疹[濕-] N. <med.> eczema
[2]**shīzhěn** 施诊 V.O. give free medical treatment
shīzhèn 施赈 V.O. give to the poor
shízhēn 时针[時-] N. ① clock/watch hands ② hour hand
shìzhēn 螫针 N. <zoo./wr.> sting; stinger
shìzhèn* 市镇 P.W. small town; town M: [4]*zuò*
[1]**shīzhèng** 施政 V.O. govern; administer
[2]**shīzhèng** 失政 V.O. misrule a nation
[1]**shízhèng** 时政[時-] N. <trad.> ① current politics ② political situation of the time ③ measures in government administration as the time demands
[2]**shízhèng** 实证[實證] N. ① concrete evidence ② <Ch. med.> excess syndrome
[3]**shízhèng** 实症[實-] N. <Ch. med.> disorders such as high fever, blood stasis, etc.
[4]**shízhèng** 时症[時-] N. epidemic <Ch. med.> seasonal pathocondition
[1]**shìzhèng*** 市政 N. municipal administration
[2]**shìzhèng** 誓证[-證] V. testify
[3]**shìzhèng** 试正 V. examine and correct (words)
[4]**shìzhèng** 是正 V. revise; correct (a text)
[5]**shìzhèng** 是政 V. check and correct
shīzhèng bàogào 施政报告[--報-] N. policy speech by a head of state/etc. M: [1]*piān*
shīzhěn gěi yào 施诊给药[-藥] V.P. treat sb. and give him medicine free
shīzhèng fāngzhēn 施政方针 N. administrative politics
shìzhèngfǔ 市政府 P.W. city government
shīzhèng gānglǐng 施政纲领[--綱-] N. guiding principles of government policy
shìzhèng gōngchéng 市政工程 N. municipal engineering projects
shízhèng jiǎshè 实证假设[實證-] N. empirical hypothesis
shízhèng jiēduàn 实证阶段[實證階-] N. positive stage
shízhèng lèixíng 实证类型[實證類-] N. empirical type
shìzhèngōngsuǒ 市镇公所 P.W. town office
shìzhèngtīng 市政厅[-廳] P.W. ① town hall ② guildhall
shīzhèngzhě 施政者 N. administrator
shízhèngzhǔyì 实证主义[實證-義] N. <phil.> positivism; empiricism
shízhèngzhǔyìzhě 实证主义者[實證-義-] N. positivist
shìzhěrúsī 逝者如斯 F.E. let bygones be bygones
shìzhěshēngcún 适者生存[適-] F.E. <bio.> survival of the fittest
shǐ zhézhòu 使折皱[-皺] V. crinkling
shīzhí 失职[-職] V.O. neglect one's duty
shízhī 实支[實-] N. the actual amount (of money, etc.) one pays or draws
[1]**shízhí** 实职[實職] N. a post carrying real power
[2]**shízhí** 实值[實-] N. net value; intrinsic/real value
[3]**shízhí** 时值[時-] N. ① <mus.> duration; value ② the going price ♦F.E. happened at a time when...
[4]**shízhí** 拾摭 V. collect; pick up
shízhǐ 食指 N. ① forefinger; index finger ② <wr.> mouths to feed (in a family)
[1]**shízhì*** 实质[實質] N. substance; essence; being
[2]**shízhì** 时制[時-] N. <lg.> tense
[3]**shízhì** 食滞[-滯] N. <Ch. med.> alimentary stasis disorder
[4]**shízhì** 时滞[時滯] N. time-lag

5**shízhì** 食治 N. <*Ch. med.*> food/diet therapy
shǐzhí 始值 N. initial value
shǐzhì 矢志 V.O. ① take an oath to ② pledge one's devotion (to a cause) ③ swear that one will never change
1**shìzhī** 示知 N./V. <*wr.*> notify; inform
2**shìzhī** 适之[適-] V.O. fit; adapt
1**shìzhí** 适值[適-] V.P. just when
2**shìzhí** 市值 N. market value
3**shìzhí** 世侄 N. a close friend's son M: 2*wèi*
4**shìzhí** 世职[-職] N. hereditary official rank
1**shìzhǐ** 试纸 N. <*chem.*> ① test paper; litmus paper ② examination paper M: 1*zhāng*
2**shìzhǐ** 逝止 V. go and stay
1**shìzhì** 试制[-製] V. test-manufacture
2**shìzhì** 市制 N. Chinese system of weights and measures
3**shìzhì** 适志[適-] V.O. <*wr.*> suit one's desires
4**shìzhì** 饰智 V.O. ① impose on sb. ② show off
shízhībājiǔ 十之八九 F.E. most likely
shízhì biāozhì 时制标志[時-標-] N. <*lg.*> tense marker
shǐzhìbùqū 矢志不屈 F.E. swear not to yield
shǐzhìbùyí 矢志不移 F.E. vow to adhere to one's chosen course
shǐzhìbùyú 矢志不渝 F.E. vow to adhere to one's chosen course
shízhǐ de 实指的[實-] ATTR. <*lg.*> ostensive
shízhì de* 实质的[實質-] ATTR. <*lg.*> contentive
shīzhīdōngyú 失之东隅 F.E. lose at the beginning but gain in the end
shìzhí dúshù 示值读数[-讀數] N. pie chart, graph, etc.
shī zhīfěn 施脂粉 V.O. apply cosmetics
shízhì gǎibiàn 实质改变[實質-變] N. substantive change
shízhì gōngzī 实质工资[實質-] N. real wages
shīzhīguòkuān 失之过宽[-過寬] F.E. err on the side of leniency
shízhǐhàofán 食指浩繁 F.E. many mouths to feed
shīzhījiāobì 失之交臂 F.E. narrowly miss a person/opportunity
shízhǐ jièshuō 实指界说[實-] N. <*lg.*> ostensive definition
shízhìjīnrì 时至今日[時-] F.E. at this late hour
shǐzhìjuānqū 矢志捐躯[-軀] F.E. swear to devote one's life
shízhǐliánxīn 十指连心 F.E. close relationship
shǐzhìlìxíng 矢志力行 F.E. make a determined effort
shízhílóngdōng 时值隆冬[時-] F.E. in the dead of winter
shízhǐlòufèng 十指露缝 F.E. <*coll.*> open and above board; nothing hidden ~ **bù cángzhe bù yězhe** open and above board with nothing hidden from view
shízhǐlùfèng 十指露缝 *See shízhǐlòufèng*
shízhìmíngguī 实至名归[實-歸] F.E. ①honor is based on actual achievements ② Fame follows merit.
shǐzhìmǐtā 矢志靡他 F.E. swear that one will stick it out
shìzhìpǐn 试制品[-製-] N. product of test-manufacturing
shìzhīrúmìng 视之如命 F.E. look upon. . . as a dispensation of one's destiny
shìzhìshǔnyōng 舐痔吮痈[-癰] F.E. show sycophancy; be obsequious
shìzhīsuǒqū 势之所趋[勢-趨] F.E. the trend of the times
shīzhíwéizhuàng 师直为壮[師-壯] F.E. an army fighting for a just cause has high morale
shízhì wùchā 时致误差[時-] N. time error
shízhīwúwèi 食之无味 F.E. find it tasteless
shízhǐxiānxiān 十指纤纤[-纖纖] F.E. ①slender, delicate fingers ② delicate fingers of a woman
shízhìxìng 实质性[實質-] N. virtuality ♦ATTR. substantive; substantial
shī zhī yú fánsuǒ 失之于烦琐[--於--] F.E. overdetailed
shízhì yǔsù 时制语素[時-] N. <*lg.*> tense morpheme
shízhì zhéjiù 实质折旧[實質-舊] N. <*acct.*> physical depreciation
shǐ zhī zhī 使知之 V.P. <*wr.*> make it known
shīzhízuì 失职罪[-職-] N. offense of misconduct in office
shīzhōng 诗钟[-鐘] N. the game of poetry-composition within a limited time
1**shīzhòng** 失重 N. <*phy.*> weightlessness; zero gravity
2**shīzhòng** 施种[-種] V. immunize
1**shízhōng** 时钟[時鐘] N. clock M: 4*zuò*/1*tái*
2**shízhōng** 食终 N. <*astr.*> end of the eclipse
3**shízhōng** 时中[時-] N. propriety; impeccability
shǐzhōng* 始终 N. from beginning to end ♦ADV. in any case; in the final analysis
1**shìzhōng** 适中[適-] V.P. ① moderate ② well situated ③ appropriate; just right
2**shìzhōng** 饰终 N. posthumous honors
1**shìzhòng** 示众[-眾] V.O. publicly expose
2**shìzhòng** 试种[-種] V. plant experimentally
3**shìzhòng** 恃众[-眾] V.O. take advantage of superiority in numbers
shǐzhōngbùdài 始终不怠 F.E. unremitting; untiring
shǐzhōngbùxiè 始终不懈 F.E. persistent; unswerving; unremitting; untiring
shǐzhōngbùyú 始终不渝 F.E. unswerving; steadfast
shìzhōnglìngdiǎn 饰终令典 F.E. rites to honor the dead
shǐzhōngqíshì 始终其事 F.E. ① manage sth. from beginning to end ② dedicate oneself to a job from first to last
shízhōngrǔ 石钟乳[-鐘-] N. stalactite
shǐzhōngrúyī 始终如一 F.E. constant; consistent; persistent ♦ATTR. unchanged
Shízhōngshān Shíkū 石钟山石窟[-鐘---] P.W. Shizhongshan Grottoes (in Yunnan)
shìzhòng shuǐdào 试种水稻[-種--] V.O. grow rice on a trial basis
shìzhōngxīn 市中心 P.W. downtown area
shǐzhōngyīguàn 始终一贯 F.E. consistent from beginning to end
shīzhōngyǒuhuà 诗中有画[-畫] F.E. a poem which is so illustrative that it reads like a painting
shǐzhōngyú 矢忠于[-於] V.P. pledge one's loyalty to
shīzhōu* 施粥 V.O. offer relief to the poor by operating a soup kitchen
shízhōu 食周 N. <*astr.*> eclipse cycle
shìzhōu 试周 V.O. *See* 2*shì'ér*
shìzhòu 世胄 N. <*hist.*> ① hereditary house ② noble or official family
shīzhōushěfàn 施粥舍饭[--捨-] F.E. give gruel or rice to the hungry
shīzhōushěyī 施粥舍衣[--捨-] F.E. give gruel and clothes to the poor
1**shīzhǔ** 失主 N. owner of lost property
2**shīzhǔ** 施主 N. ① alms giver; benefactor ② <*phy.*> donor M: 2*wèi*
shízhū 石槠 N. <*bot.*> a variety of oak
shízhú 石竹 N. <*bot.*> China pink; carnation M: 2*kē*
1**shízhù(zi)** 石柱(子) N. stone pillar M: 2*gēn*
2**shízhù** 食住 N. room and board; accommodations
1**shìzhǔ*** 事主 N. ① principal person involved in a matter; client ② victim of a crime M: 2*wèi*
2**shìzhǔ** 世主 N. the foremost ruler of the time
shīzhuān 师专[師專] N. junior-college-level normal school
shízhuāng* 时装[時裝] N. ① fashionable/modern dress; latest fashion ② contemporary costume M: 2*jiàn*
shízhuàng 石状[-狀] ATTR. rock-shaped
shìzhuāng 试装[-裝] V.O. try on a new suit
shízhuāng biǎoyǎn 时装表演[時裝-] N. fashion show
shízhuāngdiàn 时装店[時裝-] P.W. boutique M: 1*jiā*
shízhuāng mótèr 时装模特儿[時裝-] N. fashion model M: 2*wèi*
shízhuāngpiàn 时装片[時裝-] N. film about fashionable dress M: 2*bù*
shízhuāng shèjìshī 时装设计师[時裝-師] N. fashion designer M: 2*wèi*
shízhuāngyè 时装业[時裝業] P.W. fashion industry
shízhuāng zhǎnlǎn 时装展览[時裝-覽] N. fashion show
shízhǔcí 实主词[實-] N. <*lg.*> real subject
shīzhùdàipáo 尸祝代庖[屍-] F.E. perform a duty on behalf of another without authorization
shīzhūfùfěn 施朱傅粉 F.E. paint and powder oneself
shīzhǔn 失准[-準] V.O. miss a target
shízhūyú 食茱萸 N. <*bot.*> ailanthus prickly ash
1**shīzi** 狮子[獅-] N. lion M: 1*tóu*
2**shīzi** 虱子 N. louse M: 2*zhī*
shīzī 师资[師-] N. person qualified to teach; teachers
shīzǐ 师姊[師-] N. ① elder female fellow student under the same master/teacher ② polite salutation for the teacher's daughter older than oneself M: 2*wèi*
1**shízǐ(r)** 石子(儿) N. cobblestone; cobble; pebble M: 1*kē*/3*lì*
2**shízǐ** 食子 N. infanticide
1**shízì(r)*** 十字(儿) N. the character ten ♦ATTR. cross-shaped
2**shízì** 识字[識-] V.O. learn to read; be/become literate ♦N. <*lg.*> literacy
3**shízì** 实字[實-] N. full word/content/plerematic word
1**shìzi** 柿子 N. persimmon M: 2*zhī*
2**shìzi** 式子 N. ① posture ② formula; equation
1**shìzǐ** 世子 N. royal highness; crown prince
2**shìzǐ** 释子[釋-] N. Buddhist priests
3**shìzǐ** 士子 N. <*trad.*> candidate of the civil service examination M: 2*wèi*
shízìbān 识字班[識-] N. literacy class
shīzibí 狮子鼻[獅-] N. pug/snub nose
shīzibótù 狮子搏兔[獅-] ID. ① go all out even when fighting a weaker enemy or tackling a minor problem ② use a lot of strength to perform a small feat
shīzī bùzú 师资不足[師-] V.P. shortage of teachers
shīzi dà kāikǒu 狮子大开口[獅--開-] ID. demand an exorbitant price
shízì dàolì 十字倒立 N. inverted cross
shízìgǎo 十字镐 N. pick; pickax; mattock M: 1*bǎ*
shīzigǒu 狮子狗[獅-] N. <*zoo.*> ① Pekingese dog ② poodle M: 1*tiáo*
shīzi gǔn xiùqiú 狮子滚绣球[獅-滾繡-] N. <*art*> design of lion sporting with an embroidered ball
shīzihǒu 狮子吼[獅-] N. ① howls of a shrew ② <*Budd.*> preaching of Buddha that shakes the world-like a lion's roar
shízìhuā 十字花 N. <*bot.*> the mustard family
shízìhuākē 十字花科 N. <*bot.*> mustard family
shízì huàyā 十字画押[--畫-] N./V.P. make a cross (on a document)
Shīzihuì 狮子会[獅-] P.W. <*Budd.*> religious assembly held on Double Ninth Festival
shízìjià(r) 十字架(儿) N. ① crucifix; cross ② yoke one has to endure
shìzijiāo 柿子椒 N. sweet bell pepper
shízìjiē 十字街 N. cross streets
shízì jiētóu 十字街头 N. ① crisscross streets; road intersection ② busy city street ♦ID. a point of decision
Shízìjūn 十字军 N. <*hist.*> ① the Crusades ② crusade ③ crusader
shízì kèběn 识字课本[識-] N. reading primer; elementary reader M: 1*běn*

shízìlù 石子路 N. graveled path; macadam road M: [1]tiáo
shízì lùkǒu(r) 十字路口(儿) N. ① crossroads ② moment/point of decision
shízìlún jīgòu 十字轮机构[-構] P.W. Maltese cross
shīzimāo 狮子猫[獅-貓] N. <zoo.> Siamese cat M: [2]zhī
shízǐmèi 十姊妹 N. multiflora rose
shízì pàohuǒ 十字炮火 N. crossfire
shízìr 十字儿 N. anything shaped like a cross
shìzishù 柿子树[-樹] N. persimmon tree M: [2]kē
shīzitóu 狮子头[獅-] N. large stewed pork meatballs
shīziwǔ 狮子舞[獅-] N. lion dance
shízìxíng 十字形 N. cross shape
shízìxiù 十字绣[-繡] N. cross-stitch embroidery
shīziyīng 狮子鹰[獅-] N. <zoo.> screech-owl M: [2]zhī
shízì yùndòng 识字运动[識-運動] N. literacy movement
shízìzhīlǐ 识字知礼[識-禮] F.E. be literate and acquainted with the rules of etiquette
shīzǐzhītòng 失子之痛 N. the pain of losing a son
Shīzizuò 狮子座[獅-] N. ① <astr.> Leo ② <Budd.> Lion's Seat (where Buddha sat)
[1]**shīzōng*** 失踪[-蹤] V.O. be missing
[2]**shīzōng** 诗宗 N. the dean of poets
shízōng 十宗 N. <Budd.> the ten principal schools of Chinese Buddhism
shìzōngjì 示踪剂[-蹤劑] N. <phy.> tracer
shìzōngwù 示踪物[-蹤-] N. <phy.> tracer
shīzú 失足 V.O. ① lose one's footing; slip ② take a wrong step in life
[1]**shízú*** 十足 V.P. 100 percent; out-and-out; downright
[2]**shízú** 实足[實-] ATTR. full; solid
[3]**shízú** 十族 N. the ten relations of a person
shǐzú 矢镞 N. metal arrowhead
shǐzǔ 始祖 N. first/earliest ancestor
[1]**shìzú** 氏族 N. clan
[2]**shìzú** 士卒 N. soldier; private
[3]**shìzú** 世族 N. family influential for generations
[4]**shìzú** 士族 N. gentry (in the Northern and Southern dynasties)
[5]**shìzú** 市卒 N. ① low-class townpeople ② philistine
shìzuàn 试钻[-鑽] N. test drilling
shízúchóng 十足虫[-蟲] N. <zoo.> decapods M: [1]tiáo
shìzú gōngshè 氏族公社 P.W. commune
shìzuì 试晬 V.O. <trad.> try to determine a baby's future predilection by presenting objects for him to choose on his first birthday
shízúlèi 十足类[-類] N. <zoo.> decapods
shīzūn* 师尊[師-] N. teacher; master
Shìzūn 世尊 N. <Budd.> Revered One of the World (Buddha)
shízú niánlíng 实足年龄[實-齡] N. exact age
shǐzǔniǎo 始祖鸟 N. Jurassic fossilized bird M: [2]zhī
shīzuò* 诗作 N. poetic works
shízuò 石作 N. masonry
shìzuò 视作 V.P. treat as; view as
shìzuǒchéngpǐ 嗜左成癖 F.E. be strongly left-minded
shìzuòděngxián 视作等闲 F.E. regard as a light matter; treat lightly
shǐ zuòfèi 使作废[-廢] V.P. invalidate
shízuòshíchuò 时作时辍[時-時-] F.E. do sth. by fits and starts
shízuòshítíng 时做时停[時-時-] F.E. work by fits and starts
shǐzuòyǒngzhě 始作俑者 N. creator of a bad precedent; originator (usually of a bad practice, etc.)
shīzú qīngnián 失足青年 N. ① youth who took a wrong step in life ② juvenile delinquent
shìzú shèhuì 氏族社会 P.W. clan society

shízūyīshuì 食租衣税 F.E. live on taxes and levies (of officials); live on rent
shìzú zhìdù 氏族制度 N. clan system
shōu 收 V. ① receive; accept ② take in/back ③ collect ④ harvest; gather in ⑤ conclude; stop ♦B.F. money received; receipts; income ***shōurù***
shóu 熟 <coll.> *See* [1]*shú*
[1]**shǒu*** 手 N. hand ♦B.F. ① person skilled in sth. ***lǎoshǒu*** ② hold; have in hand ***shǒushang*** ♦ADV. personally
[2]**shǒu** 首 B.F. ① head ***shǒushi*** ② leader; chief [1]***shǒuzhǎng*** ③ first ***shǒuxiān*** ④ bring a charge against sb. [2]***chūshǒu*** ⑤ confess [1]***zìshǒu*** ♦M. *for poems/songs*
[3]**shǒu** 守 V. ① guard; defend ② keep watch ③ observe; abide by ④ be close to ***~zhe shuǐ de dìfang*** places close to water
[4]**shǒu** 艏 B.F. bow of a boat ***shǒulóu***
[1]**shòu** 受 V. ① receive; accept ② endure; suffer; be subjected to ③ <topo.> be pleasant ***~tīng*** pleasant to listen to
[2]**shòu** 瘦 S.V. ① thin; emaciated ② lean (of meat) ③ tight (of clothing) ④ barren; unproductive (of land)
[3]**shòu** 兽[獸] B.F. ① beast; wild animal ***yěshòu*** ② beastly; crude; uncivilized [2]***shòuxìng***
[4]**shòu** 售 B.F. sell ***shòupiàoyuán***
[5]**shòu** 授 B.F. ① confer; give [1]***shòuquán*** ② instruct [1]***shòukè***
[6]**shòu** 寿[壽] B.F. ① longevity ***fúshòu*** ② life; age [1]***shòumìng*** ③ birthday ***shòuchén*** ④ used for burial [2]***shòuyī*** ♦N. Surname
[7]**shòu** 狩 B.F. hunt (game) ***shòuliè, xúnshòu***
[8]**shòu** 绶[綬] B.F. silk ribbon attached to an official seal ***shòudài***
shòu āngzāngqì 受肮脏气[-骯髒氣] V.O. <coll.> suffer abuse
shòu áojiān 受熬煎 V.O. <coll.> bear hardship
shǒubǎ 手把 *See shǒubà*
shǒubà* 手把 N. handle
shòuba 瘦巴 S.V. skinny; lean
shǒubài 手拜 V. pay homage by kowtowing
shǒubān 首班 N. the first flight
shǒubǎn* 手版/板 N. <trad.> ① official calling card presented when seeking an interview with one's superior ② memo presented by a successful candidate in a visit to an examiner ③ tablet held before the breast by officials when having an audience with the emperor ④ <topo.> palm (of the hand)
shòubān 寿斑[壽-] N. facial age-spots
shòubǎn 寿板[壽-] N. coffin M: [1]fù
shǒubǎng 手膀 N. <topo.> arm M: [1]tiáo
shǒubǎnr 手板儿 N. ferule
shǒubǎnzi 手板子 N. ferule
shǒubào 手刨 N. hand plane
shōubàojī 收报机[-報-] N. (radio)telegraphic receiver M: [1]tái
shǒubǎshǒu 手把手 ADV. very carefully ***Tā ~de jiāo wǒ.*** He taught me very carefully.
shǒubǎshǒu jiāo 手把手教 V.P. teach-by-doing
shǒubāzhang 手巴掌 N. ① <topo.> gloves ② palm
shǒubàzi 手把子 N. <topo.> manner of spending money
shǒubei 手臂 N. the arm from the wrist up M: [1]tiáo *See also shǒubì*
[1]**shǒubèi*** 守备[-備] V. be on garrison duty
[2]**shǒubèi(r)** 手背(儿) N. back of the hand
shǒubèi bùduì 守备部队[-備-隊] P.W. garrison force M: [4]zhī
shǒubèicháoxià 手背朝下 F.E. beg for money/help
shǒuběn 手本 N. <trad.> handbook; manual *See also shǒubǎn*
shǒubèng 手泵 N. hand pump
shǒubǐ 手笔[-筆] N. ① autograph ② literary skill ③ famous person's own handwriting/painting ④ style of handling affairs or spending money
shǒubì* 手臂 N. ① arm M: [1]tiáo ② reliable helper *See also shǒubei*

shòubí 兽鼻[獸-] N. snout
shōubiān 收编 V. incorporate into one's own force
[1]**shǒubiān(r)*** 手边(儿)[-邊-] P.W. on/at hand
[2]**shǒubiān** 守边[-邊] V.O. guard the frontier
shǒubiān róngxiàn 手编绒线 N. hand-knitting wool
shǒubiān zhīwù 手编织物[--織-] N. hand-plaited work
shǒubiāo 首标[-標] N. header; heading
shǒubiǎo* 手表 N. wristwatch M: [2]zhī
shǒubiāoběn 手标本[-標-] N. hand specimen
[1]**shòubiē** 受憋 V.O. <topo.> be financially pressed
[2]**shòubiē** 受瘪 S.V. be embarrassed/discomfited
shòubiě* 瘦瘪 S.V. thin and hollow
shòubǐnánshān 寿比南山[壽-] F.E. May you live as long as the Southern Mountains!
shōubīng* 收兵 V.O. withdraw troops; call off a battle
shǒubing 手柄 N. ① handle ② pretext; excuse; cause M: [1]bǎ
shòubīng 授兵 V.O. issue arms to soldiers at the outbreak of war
shòubǐng 寿屏[壽-] *See shòupíng*
shòubìng 受病 V.O. fall ill
shòu bīngfú 授兵符 V.O. give the authorization to command an army
shǒubǐnggǎn 手柄杆 N. handlebar M: [1]bǎ
shǒubǐng kòngzhì 手柄控制 N. manual control
shōubìyīn 收闭音 N. <lg.> final occlusive
shǒubō* 手播 N./V. hand sowing
shǒubó 手搏 V. fight with bare hands
shōubǔ 收捕 V. arrest
shǒubùchuòbǐ 手不辍笔[-筆] F.E. write without stopping
shòubude 受不得 R.V. <coll.> be unable to stand (difficulties/criticism/etc.)
shōubuhuí(lái) 收不回(来) R.V. can't get (sth.) back
shǒu bù lǎoshi 手不老实[-實] V.P. light-fingered; given to pilfering; thievish
shòubuliǎo 受不了 R.V. be unable to endure
shǒubùnéngjí 手不能及 V.P. be beyond one's grasp
shòubuqǐ 受不起 R.V. ① can't accept ② dare not accept ③ not deserve
shǒubùshìjuàn 手不释卷[--釋-] F.E. be very studious
shǒubùtínghuī 手不停挥 V.P. write without rest
shǒubuwěn 手不稳[-穩] R.V. <topo.> be itchy-fingered; have light fingers
shǒubùyìngxīn 手不应心[--應-] F.E. One's hand no longer acts as one's heart directs.
shòubuzháo 受不着[-著] R.V. can't take/accept (blame/etc.)
shǒubuzhù 守不住 R.V. be unable to hold a place (against enemy attack)
shòubuzhù* 受不住 R.V. can't stand/endure
shōubuzhù jiǎo 收不住脚[-腳] V.P. ① unable to put an end to a pursuit ② unable to come to a quick stop (as during a foot race)
shòucái 寿材[壽-] N. ① coffin ② coffin prepared before one's death
shǒucáinú 守财奴 N. miser
shǒucǎir 手彩儿 N. <coll.> ① lottery ② skill in sleight of hand
shòucān 授餐 V.O. give someone food
shōucáng* 收藏 V. collect; store up
shǒucāng 首舱[-艙] N. ① first-class cabin ② front cabin
shōucángjiā 收藏家 N. collector (of books/etc.) M: [2]wèi
shōucángpǐn 收藏品 N. ① collection ② collector's item M: [2]jiàn
shōucāo 收操 V.O. end drill
shōucāohào 收操号[-號] N. bugle call to dismiss; recall
[1]**shǒucè** 手册[-冊] N. handbook; manual M: [1]běn
[2]**shǒucè** 手策 N. means (as opposed to ends)
shòuchá 受茶 V.O. receive the betrothal presents (from the groom's family)

shǒuchàn 手颤 N. hand tremor
shōuchǎng* 收场[-場] V.O. wind/end up; stop *Tā de huàxiázi yī dǎkāi, jiù hěn nán* ~. Once she starts talking, there's no end of it. ♦N. end, ending (of a play); denouement; conclusion
[1]**shǒucháng** 手长 V.P. be avid for power/money ♦N. hand length
[2]**shǒucháng** 守常 V.O. stick to tradition
[1]**shǒuchàng** 首倡 V. initiate; start
[2]**shǒuchàng** 首唱 N. ① the first to advocate/start sth. ② the first to complete a poem (in a poem-composing contest)
shòucháng 瘦长 S.V. tall and thin; lanky
shōuchǎngbái 收场白[-場-] N. epilogue
shǒuchángbùbiàn 守常不变[-變] F.E. conservative and opposed to change; holding to existing custom
shǒuchàng gǎigé 首倡改革 V.O. be the first to advocate reform
shǒuchàng jīngshén 首倡精神 N. initiative
shǒuchǎngyuán 守场员[-場-] N. <*sport*> fielder
shòuchǎn lìyì 售产利益[-產--] N. <*acct.*> profit on sales of assets
shǒuchāo 手抄 V. write by hand; handwrite; copy by hand ♦ATTR. handwritten
shòucháo* 受潮 V.O. be affected by damp and cold
shǒuchāoběn 手抄本 N. handwritten copy M: [1]*běn*
shǒuchāotǐ 手抄体[-體] N. manuscript writing
shǒuchāozhǐ 手抄纸 N. handmade paper; handsheet M: [1]*zhāng*
shǒuchāyāo 手叉腰 V.P. akimbo
shǒuchāzi 手叉子 N. dagger M: [1]*bǎ*
shōuchē 收车 V.O. return a vehicle to the station at the end of the day
[1]**shǒuchē*** 手车 N. handcart; wheelbarrow M: [3]*liàng*
[2]**shǒuchē** 首车 N. first bus (in the morning/etc. or in a group)
[3]**shǒuchē** 守车 N. <*traf.*> guard's van; caboose
shǒuchén 守臣 N. feudal lords guarding the king's territory
shòuchén* 寿辰[壽-] N. birthday (of an elderly person)
shōucheng* 收成 N. harvest; crop
[1]**shǒuchéng** 守城 V.O. defend a city
[2]**shǒuchéng** 守成 V.O. <*wr.*> maintain the achievements of one's predecessors
shǒuchéngbùbiàn 守成不变[-變] F.E. hold to an existing custom
shǒuchéngbùyì 守成不易 F.E. It is not easy to maintain the achievements of one's predecessors.
shǒuchí* 手持 ATTR. hand-held ♦V. hold in one's hand
shòuchī 受吃 S.V. <*topo.*> taste good
shòuchí 受持 V. <*Budd.*> believe in and hold on to the faith
shǒuchí biāoběn 手持标本[--標-] N. hand specimen
shǒuchíshì fēngzuàn 手持式风钻[-鑽] N. jackhammer; hand hammer drill M: [1]*tái*
shǒuchí sònghuàqì 手持送话器 N. hand microphone
shòuchǒng 受宠 V.O. receive favor from a superior
shòuchǒngruòjīng 受宠若惊[-驚] F.E. be overwhelmed by an unexpected favor
shōuchǔ 收储 V.O. handle savings
shǒuchú 手锄 N. hand hoe
shòuchū* 售出 R.V. sell; succeed in selling
shǒuchuàizi 手揣子 N. <*topo.*> muff
shǒuchuàn 手钏 N. <*topo.*> bracelet M: [2]*zhī*
[1]**shǒuchuàng*** 首创[-創] V. initiate; originate; pioneer
[2]**shǒuchuàng** 手创[-創] V. establish sth. with one's own hands
shòuchuáng 寿幢[壽-] N. embroidered flag (at a senior's birthday celebration)
shǒuchuàng jīngshén 首创精神[-創--] N. creative initiative; pioneering spirit
shǒuchuànr 手串儿 N. a string of beads
shǒuchuí 手锤 N. light hammer M: [1]*bǎ*
shǒuchuō 手戳 N. <*coll.*> private seal; signet
shōucí 收词 V.O. collect vocabulary items
shǒucí 首词 N. <*lg.*> head-word
[1]**shǒucì*** 首次 N. first (time)
[2]**shǒucì** 手刺 N. <*trad.*> handwritten visiting card (used among officials)
shòucí 受词 N. <*lg.*> object
shǒucì gōngyǎn 首次公演 N. first/opening performance; premiere
shǒucì hángxíng 首次航行 N. maiden voyage
shǒucì jiǎojiāo zīběn 首次缴交资本 N. initial paid-up capital
shǒu-cóng 首从[-從] N. ringleader and followers
shōucún 收存 V. receive and keep
shòucuò 受挫 V. be baffled/thwarted
shóudá 熟达[-達] S.V. <*topo.*> familiar with (a job/etc.); skillful at
shǒudà* 手大 V.P. <*topo.*> casual in spending money
shǒudài 手袋 N. handbag
shòudài* 绶带[-帶] N. ① ribbon (attached to an official seal or medal) ② cummerbund M: [1]*tiáo*
shòudàiniǎo 绶带鸟[-帶-] N. <*zoo.*> paradise flycatcher M: [2]*zhī*
shòudàn 寿诞[壽-] N. birthday
shǒudāngqíchōng 首当其冲[-當-衝] F.E. bear the brunt
shōudāngrén 收当人[-當-] N. pawnee
shōudào* 收到 R.V. receive; get; achieve
shòudào 受到 R.V. be given
shǒudàobìngchú 手到病除 F.E. ① cure a patient by a mere touch ② highly effective (in curing sth.)
shòudào bōjí 受到波及 V.O. be affected
shōudàohòu fùkuǎn 收到后付款[--後--] N. payable on receipt
shǒudàolì 手倒立 N. <*sport*> handstand
shǒudàoqínlái 手到擒来 F.E. easily capture the enemy
shǒudàoqínná 手到擒拿 F.E. very easy
shòudeliǎo 受得了 R.V. be able to stand/endure
shǒudēng(zi)* 手灯(子)[-燈-] N. <*trad.*> hand-held oil lamp
shǒuděng 受等 V. <*coll.*> be kept waiting
shǒudēngrén 守灯人[-燈-] N. lighthouse keeper/watcher M: [2]*wèi*
shòudexià 受得下 R.V. <*coll.*> able to contain/hold
shòu de xiàng guǐ 瘦得像鬼 V.P. be reduced to a shadow
shòudezhù 受得住 R.V. be able to stand
shóudì(r) 熟地(儿) P.W. <*coll.*> ① cultivated/tillable land ② familiar place
[1]**shǒudí** 守敌[-敵] N. enemy troops on the defensive
[2]**shǒudí** 首敌[-敵] N. archenemy; first-rank enemy
shòudí* 受敌[-敵] V.O. be attacked by enemies
shǒudiǎn 首点[-點] N. first point
shǒudiàn* 手电[-電] N. flashlight M: [1]*bǎ*
shǒudiànbàngr 手电棒儿[-電--] N. <*coll.*> flashlight; electric torch M: [1]*bǎ*
shǒudiàndēng 手电灯[-電燈] N. flashlight M: [1]*bǎ*
shǒudiàntǒng 手电筒[-電-] N. flashlight M: [1]*bǎ*
shòudiàocházhě 受调查者 N. those surveyed
shòudǐhuò 售底货 N. <*acct.*> clearance sale
shǒudìng* 手订 V. ① work out personally ② edit personally
shòudìng 受定 ATTR. <*lg.*> specified
shǒudǐxià 手底下 P.W. <*coll.*> ① one's subordinates ② ways of doing things
shǒudòng* 手动[-動] N. hand movement
[1]**shòudòng** 受冻 V.O. be exposed to cold; suffer cold weather
[2]**shòudòng** 受动[-動] ATTR. <*lg.*> passive mood
shòudòng'ái'è 受冻挨饿 F.E. suffer from cold and hunger
shǒudòngbèng 手动泵[-動-] N. hand pump M: [1]*tái*
shǒudòng biānchéng 手动编程[-動--] N. manual programming
shòudòng bīnyǔ 受动宾语[-動賓-] N. <*lg.*> affected object
shòudòngcí 受动词[-動-] N. <*lg.*> passive verb
shǒudòng jīqì 手动机器[-動--] N. hand-operated machine
shóudú 熟读[-讀] *See shúdú*
shǒudū* 首都 P.W. capital (of a country)
shǒudù 首度 N. first time
shǒuduàn 手段 N. ① means; method ② trick; artifice; strategy
shǒuduàn fùjiāyǔ 手段附加语 N. <*lg.*> instrumental adjunct
shǒuduàn gāomíng 手段高明 V.P. play one's cards well
shǒuduàn zhuōliè 手段拙劣 V.P. clumsy/questionable tactics
Shǒudū Gāoxiào Xuésheng Zìzhì Liánhéhuì 首都高校学生自治联合会[--------聯-] P.W. The Capital Autonomous Federation of University Students
shōu'é 收额 N. crop
shǒu'è* 首恶[-惡] N. principal culprit
shòu'è 受饿 V.O. suffer from hunger; be hungry
shǒu'èbìbàn 首恶必办[-惡-辦] F.E. Chief criminals shall be punished without fail.
shòu'ēn 受恩 V.O. benefit from
shōu'ércángzhī 收而藏之 F.E. receive and store up
shōufā 收发[-發] V. receive and dispatch ♦N. dispatcher; mail clerk
shǒufá 手乏 V.P. be short of money; lack money
[1]**shǒufǎ*** 守法 V.O. abide by the law
[2]**shǒufǎ(r)** 手法(儿) N. ① skill; technique ② trick; gimmick
shòufá 受罚 V.O. be punished
shōu-fābàojī 收发报机[-發報-] N. transmitter-receiver; transceiver M: [1]*tái*
shōufāchù 收发处[-發處] P.W. message center
shǒufǎ gāomíng 手法高明 V.P. play a good game
shǒufǎhù 守法户 N. law-abiding household M: [1]*hù*
shòu fǎlǜ zhìcái 受法律制裁 V.P. be dealt with according to law
shōufān 收帆 V.O. lower the boat sails
shóufàn 熟饭 *See shúfàn*
shǒufān 手翻 V./N. handspring
shǒufàn* 首犯 N. chief criminal; ringleader
shōufāng* 收方 N. debit; debit side
shōufáng 收房 V.O. take a servant-girl as concubine
shōufàng 收放 V. control/restrain and set free
shòufǎngzhě 受访者 N. interviewee; respondent M: [2]*wèi*
shōufāshì* 收发室[-發-] P.W. mail room M: [1]*jiān*
shǒufāshì 首发式[-發-] N. ceremony celebrating the first publication of a book/magazine
shōufāyuán 收发员[-發-] N. ① institutional mail distributor ② receptionist M: [2]*wèi*
shōufèi 收费 V.O. collect fees; charge
shōufèi diànhuà 收费电话[--電-] N. charged call
shōufèi diànshì 收费电视[--電-] N. pay/subscription television
shōufèi guòdī 收费过低 V.P. undercharge
shōufèilǜbiǎo 收费率表 N. tariff schedule M: [1]*zhāng*
shōufèi qīngdān 收费清单 N. list of charges M: [1]*zhāng*
shōufèitái 收费台 P.W. checkout counter
shōufèi tōnghuà 收费通话 N. charged call
shōufèiyuán 收费员 N. toll collector M: [2]*wèi*
shōufèizhàn 收费站 P.W. toll station

shǒufēn 守分/份 V.O. ① observe law/discipline/etc. ② be content with one's lot ③ stick to what one is suited for
[1]shòufěn* 授粉 V.O. <*bot.*> pollinate
[2]shòufěn 受粉 V.O. <*bot.*> be pollinated
shōufēng 收风 V.O. call prisoners in after letting them out for exercise
[1]shǒuféng* 手缝 V. ① tailor/make a dress personally ② sew by hand *See also shǒufeng*
[2]shǒuféng 首逢 N. <*sport*> meet another team for the first game
shǒufeng 手缝 N. the space between the fingers *See also [1]shǒuféng*
shòufēng 受封 V.O. be appointed with a title
shòufèng 受俸 V.O. <*trad.*> receive an official's salary
shǒufēngqín 手风琴 N. accordion M: [1]jià
shōufú 收服/伏 V. subdue and win allegiance of (sb.)
shōufù 收复[-復] V. recover; recapture
[1]shǒufú 首服 V. give oneself up to the law
[2]shǒufú 守服 V.O. <*coll.*> wear mourning clothes
[1]shǒufǔ* 首府 P.W. <*trad.*> capital of a province, autonomous region, etc. M: [4]zuò
[2]shǒufǔ 手斧 N. adz; hatchet M: [1]bǎ
[3]shǒufǔ 首辅 N. grand secretary
shǒufù 首富 N. <*trad.*> richest family of a district M: [2]wèi
shòufù 受缚 V.O. be captured and tied up
shǒufú gēcǎojī 手扶割草机 N. walking mower
shōufù héshān 收复河山[-復--] V.O. recover lost territory
shōufùkuǎnyuán 收付款员 N. cashier M: [2]wèi
shǒufú tuōlājī 手扶拖拉机 N. walking (as opposed to ride-on) tractor M: [1]tái
shǒufú zhōnggēngjī 手扶中耕机 N. walking cultivator M: [1]tái
shǒugǎn* 手感 N. <*txtl.*> feel; handle
shòugān 瘦干[-乾] S.V. very skinny; bony
shòu gǎndòng 受感动[-動] V.O. be moved
shōugǎng 收港 V.O. return to a harbor (of ships)
Shǒugāng* 首钢[-鋼] AB./P.W. *Shǒudū Gāngtiě Gōngsī* Capital Steel and Iron Works
shǒugǎo* 手稿 N. manuscript M: [1]piān
shǒugào 首告 N. informer ♦V. ① report (an offender); inform against ② be the first to announce (sth.)
shòugāo 寿糕[壽-] N. birthday cake
shǒugāoshǒudī 手高手低 F.E. small difference
shòugāotiǎor 瘦高挑儿 N. <*coll.*> tall, slender figure
shōugē* 收割 V. reap; gather in
shòugé 受格 N. <*lg.*> objective case
shòugé bǔyǔ 受格补语[--補-] N. <*lg.*> object complement
shòugěi 授给 N. award; confer; remunerate
shōugējī 收割机 N. harvester; reaper M: [1]tái
shǒugēng 守更 V.O. keep watch during the night
shōugē xiàlai 收割下来 R.V. gather in
shōugōng 收工 V.O. stop work for the day
[1]shǒugōng* 手工 N. handwork ♦ATTR. by hand; manual; handicraft ♦ADV. <*coll.*> charge for a piece of handwork
[2]shǒugōng 首功 N. ① <*trad.*> merit for the number of enemy beheaded ② most meritorious person ③ first-class merit
[3]shǒugōng 守宫[-宮] N. gecko; house lizard
shòugōng 兽工[獸-] N. tanner
shǒugōngfèi 手工费 N. service fee
shǒugōng gōngjù 手工工具 N. hand tools
shǒugōnghuó 手工活 N. sth. done by hand; handwork
shǒugōng láodòng 手工劳动[-勞動] N. handwork
shòu gōngmínquán 授公民权[-權] V.O. enfranchise the people
shǒugōng túzǎi 手工屠宰 V.P. butcher animals by hand
shǒugōngyè 手工业[-業] P.W. handicraft industry; handicraft
shǒugōngyè hézuòshè 手工业合作社[--業--] P.W. handicraft cooperative
shǒugōngyè shídài 手工业时代[--業時-] N. handicraft stage of development
shǒugōngyèzhě 手工业者[--業-] N. handicraftsman M: [2]wèi
shǒugōngyèzhǔ 手工业主[--業-] N. master handicraftsman M: [2]wèi
shǒugōngyì 手工艺[-藝] N. handicraft art; handicraft
shǒugōngyì gōngrén 手工艺工人[--藝--] N. craftsman; artisan M: [2]wèi
shǒugōngyìpǐn 手工艺品[--藝-] N. handicraft article/products M: [2]jiàn
shōugòu 收购[-購] V. purchase; buy ♦N. acquisition
shōugòujià 收购价[-購價] N. purchasing price
shōugòu jiàgé 收购价格[-購價-] N. purchasing price
shòugòule 受够了[-夠-] V.P. enough of it
shōugòuzhàn 收购站[-購-] P.W. purchasing station
[1]shǒugǔ 手鼓 N. <*mus.*> tambourine-like drum M: [2]zhī
[2]shǒugǔ 手骨 N. bones of the human forelimbs
shòugǔ 兽骨[獸-] N. animal bone
shòugù* 受雇 V. be employed
shǒuguǎ 守寡 V.O. remain a widow
shōuguǎn* 收管 V. preserve
shóuguàn 熟惯 *See shúguàn*
shòu guǎnzhì kōngyù 受管制空域 P.W. controlled airspace
shòugǔbótián 瘦骨薄田 F.E. poor soil and barren land
shōuguī 收归[-歸] V. reclaim
shōuguīguóyǒu 收归国有[-歸國-] F.E. nationalize
shòu guīzé zhīpèi de 受规则支配的 ATTR. rule-governed
shòugǔlíngdīng 瘦骨伶仃 F.E. ① skinny ② skin and bones
shòugǔlínxún 瘦骨嶙峋 F.E. ① skinny ② emaciated
shòuguǒ 瘦果 N. <*bot.*> achene
shòuguò* 受过 V.P. received ♦V.O. suffer for faults
shōu guō bù gàn le 收锅不干了[-鍋-幹-] V.P. <*coll.*> close up shop and knock off
shòugǔrúchái 瘦骨如柴 F.E. worn to a shadow; be a bag of bones
shòugǔtóu 瘦骨头 N. <*coll.*> beanpole
shòugǔ zhānbǔ 兽骨占卜[獸-] N. <*archeo.*> scapulimancy
shòuhài 受害 V.O. suffer injury/loss; be victimized
shòuhàibùqiǎn 受害不浅[-淺] F.E. suffer much
shòuhàiguó 受害国[-國] P.W. afflicted state
shòuhàirén 受害人 N. victim; victimized party M: [2]wèi
shòuhàizhě 受害者 N. victim M: [2]wèi
shǒuhàn 手翰 N. <*trad.*> letter in one's own handwriting
shòuhán* 受寒 V.O. catch cold
shòuhàn 受旱 V.O. suffer drought
shǒuháng 首航 N. maiden voyage/flight
shǒuháng suōpái 首行缩排 N. indentation
shǒuhào 手号[-號] N. hand horn
shǒuhēi 手黑 V.P. <*coll.*> brutal; harsh
shǒuhéng 守恒[-恆] N. <*phy.*> conservation
shǒuhéng dìnglǜ 守恒定律[-恆--] N. <*phy.*> conservation law
shǒuhòu* 守候 V. ① wait for; expect ② keep watch
shòuhóu(r) 瘦猴(儿) N. <*slang.*> (thin as a) beanpole
shòuhòu fúwù 售后服务[-後-務] N. after-sale service
shòuhòu miǎnfèi fúwù 售后免费服务[-後---務] N. free after-sale service
[1]shǒuhù 守护[-護] V. guard; defend
[2]shǒuhù 首户 N. wealthiest family in the locality
shóuhuà 熟化 *See shúhuà*
shǒuhuá* 手滑 V.P. do sth. at will
[1]shòuhuà 寿画[壽畫] N. portrait done on one's birthday
[2]shòuhuà 兽化[獸-] N. animalize
shòuhuà hàomǎ 受话号码[--號-] N. called number; the number called
shōuhuàjī* 收话机 N. telephone receiver M: [2]bù
shòuhuàjī 受话机 N. telephone receiver
shòuhuán 兽环[獸環] N. door-knocker (an animal head with a ring)
shòu huānyíng 受欢迎[-歡-] S.V. be well received; be well liked; go down well
shòu huānyíng de rén 受欢迎的人[-歡---] N. persona grata M: [2]wèi
shōuhuàqì* 收话器 N. telephone receiver
shòuhuàqì 受话器 N. telephone receiver
shōuhuí* 收回 R.V. ① take back; call in; recall ② withdraw; countermand
shōuhuì 收贿 V.O. accept/take bribes
[1]shòuhuì 受贿 V.O. accept/take bribes
[2]shòuhuì 受惠 V.O. receive benefits
shòuhuìbùqiǎn 受惠不浅[-淺] F.E. profit greatly
shōuhuí chéngmìng 收回成命 V.O. withdraw an order/opinion
shōuhuí dào 收回到 R.V. take back to
shòuhuìguó 受惠国[-國] P.W. beneficiary country
shōuhuí huòwù 收回货物 N. <*acct.*> repossessed goods
shōuhuí jiànyì 收回建议[-議] V.O. withdraw a proposal
shòuhuì míngcí piànyǔ 受惠名词片语 N. <*lg.*> benefactive noun phrase
shǒuhuīmùsòng 手挥目送 F.E. convey/have a double meaning
shòuhuìwúqióng 受惠无穷[-窮] F.E. be benefited endlessly
shòuhuìzhě 受惠者 N. beneficiary M: [2]wèi
shǒuhǔkǒu 手虎口 N. space between the thumb and the index finger
shōuhuó 收活 V.O. stop work for the day; knock off
[1]shōuhuò* 收获[-穫] V. bring in a crop/harvest ♦N. gains; results ***Bù xià kǔgōng, jiù méiyǒu ~.*** No pains, no gains.
[2]shōuhuò 收货 V.O. receive ordered goods
shóuhuo 熟和 S.V. <*topo.*> acquainted with (sb.)
shòuhuò 售货 V.O. sell goods
[1]shōuhuòbù 收货部 P.W. receiving department
[2]shōuhuòbù 收货簿 N. <*acct.*> goods receiving book M: [1]běn
shòuhuòbù* 售货簿 N. sales day-book; sales journal M: [1]běn
shòuhuòdān 售货单 N. sale note; sold note M: [1]zhāng
shòuhuòdiàn 售货店 P.W. retail store M: [1]jiān/[1]jiā
shǒu huóguǎ 守活寡 V.O. live as a widow
shòuhuò héyuē 售货合约 N. sales contract M: [1]zhāng
shòuhuòjī 售货机 N. vending machine M: [1]tái
shōuhuòjié 收获节[-穫節] N. harvest festival
shōuhuòliàng 收获量[-穫-] N. harvest yield; yield; crop
shōuhuór 收活儿 V.O. <*coll.*> ① end a task ② finish up the day's work
shōuhuòrén 收货人 N. consignee M: [2]wèi
shōuhuòshí fùkuǎn 收货时付款[--時--] N. cash on receipt of merchandise
shòuhuòyuán 售货员 N. shop assistant; salesclerk M: [2]wèi
shǒuhǔqián 手虎钳 N. hand vise M: [1]bǎ
shǒuhùshén 守护神[-護-] N. <*rel.*> patron saint
shōují* 收集 V. collect; gather
shǒujī 手机 N. cellular/portable phone
shǒují 首级 N. ① chopped-off head (in a battle/etc.) ② grade received for each enemy head
[1]shǒujì 手迹[-跡] N. one's handwriting/painting M: [1]zhāng

[2]shǒujì 手记 V. write down notes ♦ N. handwritten notes/records M: [1]*piān*
[3]shǒujì 守纪 V.O. observe discipline
[4]shǒujì 手技 N. ① handicraft; craftsmanship ② acrobatic juggling; jugglery
shòují 瘦瘠 S.V. ① thin ② barren
[1]shòujì 授计 V.O. tell sb. the plan of action
[2]shòujì 授记 N. <*Budd.*> ①prophecy ②prophetic texts
[3]shòujì 寿纪[壽-] N. a person's age
[1]shǒujiā 守家 V.O. ① look after the house; mind the house ② maintain what has been achieved/acquired by one's forefathers
[2]shǒujiā 手枷 N. <*topo.*> handcuffs
shòujià* 售价[-價] N. selling price
shòu jiābǎnqì 受夹板气[-夾-氣] V.O. be caught in a cross-fire
shōujiān 收监[-監] V.O. take into custody; put in prison
shōujiǎn 收检 V. put sth. in order and check over
shōujiàn* 收件 N. received mail/documents
[1]shǒujiǎn 手拣[-揀] V. hand sort; sort by hand
[2]shǒujiǎn 手剪 N. hand shears; snippers M: [1]*bǎ*
[3]shǒujiǎn 手简 N. <*trad.*> letter in one's own handwriting M: [1]*zhāng*
shòujiān 兽奸[獸-] N. sodomy; buggery
shòujiàn 兽槛[獸檻] N. pen/cage for animals
shòu jiāndū 受监督[-監-] V.O. be bribed; receive bribes
shǒujiàng 守将[-將] N. commanding general in charge of the defense of a city or a strategic point M: [1]*yuán*/[2]*wèi*
[1]shòujiǎng* 授奖[-獎] V.O. award a prize
[2]shòujiǎng 受奖[-獎] V.O. be rewarded/cited; be given an award
shòujiǎng yíshì 授奖仪式[-獎儀-] N. prize-giving ceremony
shōujiànrén 收件人 N. addressee; consignee
[1]shōujiǎo 收缴 V. take over; capture
[2]shōujiǎo 收脚[-腳] V.O. come to a stop
shǒu-jiǎo* 手脚[-腳] N. ①hand and foot ②motions (of hands/feet) ③ <*coll.*> underhanded method; trick
shòujiào 受教 V.O. receive instruction/advice; learn from sb.; study under sb.
shǒu-jiǎo bù gānjìng 手脚不干净[-腳-乾淨] ID. sticky-fingered; questionable in money matters
shǒujiǎobùqīng 手脚不清[-腳--] ID. questionable in money matters
shǒujiǎodāo 手铰刀 N. hand reamer
shǒu-jiǎo gānjìng 手脚干净[-腳乾淨] V.P. do sth. in complete secrecy
shǒu-jiǎo lìluo 手脚利落[-腳--] V.P. nimble; agile
shǒu-jiǎo máli 手脚麻利[-腳--] V.P. <*coll.*> nimble-handed and fleet-footed
shǒujiǎowúcuò 手脚无措[-腳--] F.E. in a muddle; at a loss what to do
shòu jiàoyù 受教育 V.O. ①receive an education ② be effected/influenced by
shòujī de 受激的 ATTR. excited; stimulated
shǒujiē 首接 N. <*lg.*> prefix
shǒujié 守节[-節] V.O. ① stick to principle ② <*trad.*> preserve one's chastity after one's husband's death
shǒujiè* 首届[-屆] N. first session (of a conference/etc.)
shòujiè 受戒 V.O. <*Budd.*> ① be initiated into monkhood/nunhood ② do penance
shǒujiè bìyèshēng 首届毕业生[-屆畢業-] N. first class of graduates
shǒujīguānqiāng 手机关枪[-關槍] N. Lewis machine gun
shōujíjiā 收集家 N. collector M: [2]*wèi*
shǒujìlǜ 守纪律 V.O. observe rules/discipline
shōujǐn 收紧[-緊] R.V. tighten up
shōujìn 收进[-進] V. bring/gather in; receive
shǒujīn* 手巾 N. ① towel ② <*topo.*> handkerchief M: [1]*tiáo*
shǒujǐn 手紧[-緊] V.P. ① be closefisted ② be short of money
shǒujìn(r) 手劲(儿)[-勁] N. muscular strength of hand
shòujìn 受尽[-盡] V. suffer extensively; have one's fill of; suffer enough from
shòujīnbāgǔ 瘦筋巴骨 F.E. skinny; emaciated
shòujìncuīcán 受尽摧残[-盡-殘] F.E. be cruelly tortured
shōujīng 收惊[-驚] V.O. perform healing rituals for a frightened child
[1]shòujīng* 受惊[-驚] V.O. be frightened/startled
[2]shòujīng 授精 V.O. inseminate
[3]shòujīng 受精 V.O. be fertilized/impregnated
shǒujīngdáquán 守经达权[-經達權] F.E. consider expediency as well as principle; maintain principles with flexibility and act as the occasion requires
shòujīngluǎn 受精卵 N. zygote M: [3]*lì*
shǒujīnjià 手巾架 N. hand-towel rack
shòujìnjiān'áo 受尽煎熬[-盡--] F.E. be subjected to all kinds of suffering
shòujìnkǔchǔ 受尽苦楚[-盡--] F.E. have suffered enough from
shòujīnshū 瘦金书[-書] N. <*trad.*> calligraphy featuring thin strokes
shòujīntǐ 瘦金体[-體] N. <*trad.*> calligraphy featuring thin strokes
shòujiǒng 受窘 V.O. be embarrassed
shǒujiù* 守旧[-舊] V.O. stick to old ways; be conservative
shòujiǔ 寿酒[壽-] N. birthday liquor; birthday feast
shǒujiùdǎng 守旧党[-舊黨] N. conservative party
shōujiùlìfèi 收旧利废[-舊-廢] F.E. recycle sth.; recycling of waste
shǒujiùpài 守旧派[-舊-] N. conservatives
shǒujíyǎnkuài 手疾/急眼快 F.E. quick of eye and deft of hand
shōujù* 收据[-據] N. receipt M: [1]*zhāng*
shǒujù 手锯 N. handsaw M: [1]*bǎ*
shòujū 受拘 V. be detained (by the police/etc.)
shōujuān 收捐 V.O. collect taxes
shújuàn 熟绢 N. sized silk (used in painting)
[1]shǒujuàn(r)* 手绢(儿) N. handkerchief M: [2]*kuài*
[2]shǒujuàn 手卷 N. hand scroll
shòujuàn 兽圈[獸-] N. pen/cage for animals
shōujùbù 收据簿[-據-] N. receipt book M: [1]*běn*
shòujué 授爵 V.O. elevate to the peerage
shǒujūn* 守军 N. defending force
shòujūn 兽军[獸-] N. an army run amok
shòujùniǎosàn 兽聚鸟散[獸-] F.E. gather and disperse like animals and birds
shòukǎi 寿恺[壽愷] N. long life and happiness
shǒukāifēngqì 首开风气[-開-氣] F.E. innovative
shǒukāi jìlù 首开纪录[-開-錄] V.O. be the first to break a record
shōukàn* 收看 V. tune into; watch (e.g., TV)
shòukàn 受看 S.V. ① pleasant to the eyes ② honorable; creditable
shǒukào* 手铐 N. handcuffs M: [1]*fù*
shòukǎo 寿考[壽-] N. <*trad.*> long life; longevity
shǒukàojiǎoliào 手铐脚镣[--腳-] F.E. handcuffs and shackles
shóukè 熟客 *See shúkè*
[1]shòukè* 授课 V.O. give lessons
[2]shòukè 寿客[壽-] N. <*bot.*> chrysanthemum
shǒukěn 首肯 V. nod approval
shǒukòng 手控 N. manual control
shòukòng biànliàng 受控变量[--變-] N. controlled variable
shòukòng yǔyán 受控语言 N. <*lg.*> controlled language
shōukǒu(r) 收口(儿) V.O. ① heal (wounds) ② bind off (knitting)
shǒukǒurúpíng 守口如瓶 F.E. be tight-mouthed
shǒukǒuxiāngyìng 手口相应[-應] F.E. Action and words are in correspondence.
shòukǔ 受苦 V.O. suffer hardship
shǒukuài 手快 V.P. be deft of hand
shōukuǎn* 收款 V.O. make collections
shòukuǎn 受款 V.O. receive payment
shōukuǎndān 收款单 N. receipt M: [1]*zhāng*
shōukuǎnjī 收款机 N. cash register M: [1]*tái*
shōukuǎnrén 收款人 N. payee; remittee M: [2]*wèi*
shōukuǎntái 收款台[-臺] N. cashier's booth/counter
shōukuǎnyuán 收款员 N. receiving teller M: [2]*wèi*
[1]shǒukuí 首魁 N. head; leader; chief M: [2]*wèi*
[2]shǒukuí 首揆 N. premier; prime minister M: [2]*wèi*
shòukǔrén 受苦人 N. people suffering a hard life/treatment/etc. M: [2]*wèi*
shòukǔshòunàn 受苦受难[-難] F.E. live in misery; have one's fill of suffering; suffer all the hardship there is
shǒulà 手辣 V.P. ruthless
shōulǎn* 收揽[-攬] V. ① win over ② have within one's control ③ collect extensively
shóulàn 熟烂[-爛] S.V. ①ripe and rotted ②(have sth.) pat; (know sth.) thoroughly ③ thoroughly cooked
shòulán 兽栏[獸欄] N. fenced enclosure for animals
shōulǎn mínxīn 收揽民心[-攬--] V.O. win over the people's support; buy popular support
shǒulāshǒu 手拉手 V.P. hand in hand
shǒulā xiǎochē 手拉小车 N. handcart M: [3]*liàng*
shǒulè 手泐 N. <*wr.*> ① personally handwritten article ② personal letter M: [2]*fēng*/[1]*fèn*
shōulèi 收泪[-淚] V.O. stop crying
shǒuléi* 手雷 N. <*mil.*> antitank grenade M: [1]*kē*
shòulěi 受累 V.O. get dragged into *See also* [2]*shòulèi*
[1]shòulèi 兽类[獸類] N. beasts; animals
[2]shòulèi 受累 V.O. be put to much trouble ***Jiào nín ~ le.*** I'm sorry to have put you to so much trouble. ***See also*** *shòulěi*
shǒulěiyuán 守垒员[-壘-] N. <*sport*> baseman (in baseball/softball)
shòulěng 受冷 V.O. ①suffer from cold (weather) ② catch cold
shòu lěngluò 受冷落 V.O. out in the cold
shōulǐ* 收礼[-禮] V.O. accept gifts
shǒulǐ 手里[-裡] P.W. in the hand(s)
[1]shǒulì 手力 N. muscular strength of the hand
[2]shǒulì 守吏 N. officer in charge of a checkpoint M: [2]*wèi*
[1]shòulǐ 受理 V. <*law*> accept and hear a case
[2]shòulǐ 寿礼[壽禮] N. birthday present (for an elderly person) M: [1]*fèn*
[3]shòulǐ 受礼[-禮] V.O. receive a salutation/gift
shòulì 兽力[獸-] N. animal power ♦ ATTR. animal-drawn
shōuliǎn* 收敛 V. ① restrain oneself; pull back ② disappear; fade ③ <*math.*> converge ④ <*med.*> astringe ⑤ collect (tax/grain/etc.) ⑥ draw together; contract
shōuliàn 收殓 V. encoffin
shóuliǎn(r) 熟脸(儿) N. familiar face M: [1]*zhāng*
shòulián 寿联[壽聯] N. birthday couplets/scrolls; longevity couplets M: [10]*fú*
shōuliǎnfǎ 收敛法 N. <*Ch. med.*> contracting (therapy) pattern
shòuliáng 受凉[-涼] V.O. catch cold
shòuliángjī 售粮机[-糧-] N. food-grains vending machine M: [1]*tái*
shōuliǎnjì 收敛剂[-劑] N. <*med.*> astringents
shōuliǎnyīn 收敛音 N. <*lg.*> spirant
shǒuliào 手镣 N. handcuffs; manacles M: [1]*fù*
shòulìchē 兽力车[獸-] N. animal-drawn vehicle M: [3]*liàng*
shòuliè 狩猎[-獵] V. hunt
shòulièfǎ 狩猎法[-獵-] N. hunting law
shǒulíng 守灵[-靈] V.O. keep a deathwatch
shǒulǐng* 首领 N. ① <*trad.*> head and neck ② chieftain; leader M: [2]*wèi*
shǒulìng 手令 N. personal order M: [2]*dào*
shòulǐng 受领 V. accept (an assignment, etc.); appreciate (kind thoughts, etc.)

S

shòu língrǔ 受凌辱 V.O. be insulted; suffer humiliation
shòulíngshībù 寿陵失步[壽-] F.E. forget what one has learned in an effort to learn more
shǒulínrén 守林人 N. forest guard/ranger M: 2wèi
shǒulì-qiānjīndǐng 手力千斤顶 N. <mach.> hand jack M: 2zhī
shòulǐrén 受礼人[-禮-] N. gift receiver
shōuliú* 收留 V. take sb. in; have sb. in one's care
shòuliu 瘦溜 S.V. <topo.> thin; skinny; slim
shǒuliúdàn 手榴弹 N. ① hand grenade M: 1kē ② <slang> high-quality liquor/wine given as a gift M: kǔn
shòuliūliūr 瘦溜溜儿 R.F. <coll.> thin; skinny
shōulǒng* 收拢 V. ① gather in ② bribe ③ <derog.> draw over to one's side
shǒulóng 手笼 N. muff
shòulóng 兽笼[獸-] N. (animal) pen
shǒulóu 艏楼[-樓] N. forecastle
shōulù* 收录[-錄] V. ① <trad.> employ; recruit ② include ③ record
shóulù 熟路 *See shúlù*
shǒulú 手炉[-爐] N. handwarmer; portable charcoal stove
shǒulù 首路 V. start on a journey/trip
shòulú 兽炉[獸爐] N. vessel for burning incense (usually shaped like an animal)
shōulùjī 收录机[-錄-] N. radio recorder M: 1tái
1**shǒulún** 首轮 N. ① preliminary round (of an election/etc.) ② road show (of films)
2**shǒulún** 手轮 N. <mach.> ①handwheel ②pilot wheel
shǒulún fàngyìng 首轮放映 N./V.P. first runs (of films)
shōuluó* 收罗[-羅] V. collect; enlist
shóuluò 熟络 S.V. be familiar with
shǒuluó 手锣[-鑼] N. small gong M: 1miàn
shōuluó zīliào 收罗资料[-羅--] V.O. collect data
shōulùyīnjī 收录音机[-錄--] N. radio cassette recorder M: 1tái
shòumǎ 瘦马 N. lean horse M: 1pǐ
shòumà'áidǎ 受骂挨打[-罵--] F.E. be scolded and beaten; be ill-treated
shōumái 收埋 V. collect and bury (dead bodies)
shōumǎi* 收买[-買] V. ① purchase; buy in ② buy over; bribe
shòumài 售卖[-賣] V. sell
shòumàichù 售卖处[-賣處] P.W. sales department
shōu mǎimài 收买卖[-買賣] V.O. attract customers; promote sales
shōumǎi rénxīn 收买人心[-買--] V.O. buy popular support
shòumài suǒdé zǒngshù 售卖所得总数[-賣--總數] N. <acct.> gross proceeds
shǒumàn 手慢 V.P. slow-in-action
shǒumángjiǎoluàn 手忙脚乱[-腳亂] F.E. be in a flurry; be flustered
shòumǎntiānnián 寿满天年[壽-] F.E. die a natural death
shǒumǎr 手码儿 N. finger signs for numbers
shòuméi 瘦煤 N. lean/meager coal
shǒumén 守门 V.O. ①guard door/gate ②<sport> keep goal
shǒuménrén 守门人 N. gatekeeper; doorkeeper
shōu ménshēng 收门生 V.O. take pupils
shǒuményuán 守门员 N. <sport> goalkeeper
shǒumēnzi 手闷子 N. <topo.> gloves
shǒumì 守密 V.O. keep a secret
shóumián 熟眠 *See shúmián*
shǒumiàn 手面 N. <topo.> the way a person handles his money *Tā ~ hěn kuò.* He spends money very freely.
1**shòumiàn*** 寿面[壽麵] N. birthday (longevity) noodles
2**shòumiàn** 兽面[獸-] N. mask of an animal head worn by an actor
shóumiànkǒng 熟面孔 *See shúmiànkǒng*
shǒumiànkuòchuò 手面阔绰 F.E. lavish
shǒu mìmì 守秘密 V.O. keep a secret
shǒumín 手民 N. <trad.> ① typesetter ② engraver of printing blocks; compositor ③ carpenter
shòumíng 授名 V.O. give a name to a person, etc.
1**shòumìng*** 寿命[壽-] N. life; life span
2**shòumìng** 授命 V.O. ① give orders ② <wr.> offer one's life
3**shòumìng** 受命 V.O. ① receive instructions/orders ② accept sb.'s advice/suggestion
shòumìngyútiān 受命于天[--於-] F.E. rule by the grace of God; have a heavenly mandate
shòumìngzǔgé 授命组阁 F.E. authorize sb. to form a cabinet
shǒumínwùzhí 手民误植 F.E. typographic mistake/error; misprint
shōu mínxīn 收民心 V.O. enjoy popular approval
shǒumínzhīwù 手民之误 N. <wr.> misprint; typographical error
shōumò* 收没 V. confiscate
shǒumó 手模 N. fingerprint
shǒumóshí 手磨石 N. handstone M: 2kuài
shǒumóu 首谋 N. mastermind; ringleader
shòumǔ 寿母[壽-] N. aged mother
shòumù* 寿木[壽-] N. coffin (prepared before one's death)
shōunà* 收纳 V. take in; accept
shǒuná 手拿 V. hold in the hand; take by the hand
shǒunábǎqiā 手拿把掐 F.E. in the bag; a sure thing
shǒunábǎzuàn 手拿把攥 F.E. in the bag; a sure thing
shǒunàn 首难[-難] V. <trad.> be the first to rise in revolt
shòunàn* 受难[-難] V.O. ① suffer calamity/hardship ② die a martyr
Shòunànjié 受难节[-難節] N. Good Friday
shòunànzhě 受难者[-難-] N. disaster victim
shǒunǎo 首脑[-腦] N. head; chief; mastermind M: 2wèi
shǒunǎo fènzǐ 首脑分子[-腦--] N. leading figure M: 2wèi
shǒunǎo huìyì 首脑会议[-腦-議] P.W. summit conference
shǒunǎo rénwù 首脑人物[-腦--] N. leading figure; chief; mastermind M: 2wèi
shǒuná shípǐn 手拿食品 N. finger food
shóuniàn* 熟念 V. read repeatedly
1**shǒunián** 手黏 V.P. sticky-fingered; light-fingered; thievish
2**shǒunián** 手粘 N. <topo.> kleptomania
shōunú 收孥 N. try an offender's family along with him
shòunüèkuáng 受虐狂 N. masochism
shǒupà 手帕 N. <topo.> handkerchief M: 2kuài
shōupán* 收盘[-盤] N. <econ.> closing quotation (on the exchange/etc.)
shòupán 受盘[-盤] V.O. accept an offer (in a business)
shōupán huìlǜ 收盘汇率[-盤匯-] N. closing rate
shǒupáojiǎodēng 手刨脚蹬[--腳-] F.E. <coll.> do sth. quickly/hurriedly
shǒupēnqiāng 手喷枪[-槍] N. hand spray gun M: 4zhī
shóupí 熟皮 *See shúpí*
shǒupī* 首批 N. first group
shòupí 兽皮[獸-] N. animal skin/hide M: 2kuài
shòupiàn 受骗 V.O. be deceived/cheated
shòupiànshàngdàng 受骗上当[-當] F.E. be tricked; be made a fool of
shǒupiánzúzhī 手胼足胝 F.E. have been working hard
shòupiào 售票 V.O. sell tickets
shòupiàochù 售票处[-處] P.W. ticket/box office
shòupiàofáng 售票房 P.W. booking office M: 1jiān
shòupiàokǒu 售票口 P.W. ticket window
shòupiàoshèbèi 售票设备[-備] F.E. ticket issuing equipment
shòupiàoshì 售票室 P.W. box/booking office M: 1jiān
shòupiàotái 售票台[-臺] P.W. ticket counter
shòupiàotīng* 售票厅[-廳] P.W. ticket lobby M: 1jiān
shòupiàotíng 售票亭 P.W. box office; ticket kiosk M: 4zuò
shōupiàoyuán 收票员 N. ticket collector M: 2wèi
shòupiàoyuán* 售票员 N. ticket seller M: 2wèi
shǒupíbāo 手皮包 N. leather handbag M: 2zhī
shòupìn 受聘 V. ① receive/accept a job offer ② accept betrothal gifts (of a girl)
shòupíng 寿屏[壽-] N. long vertical birthday scroll inscribed with wishes for a long life M: 10fú/1miàn
shòupó 寿婆[壽-] N. wife of the host of a birthday party
shōupù 收铺 V.O. close the store (for the day)
shǒupǔ* 手蹼 N. <sport> webbed gloves
shōuqí 收齐[-齊] R.V. get into a collection everything that must go therein
shōuqi 收起 R.V. pack up; cut out; stop
shōuqì 收讫 N. payment received ♦F.E. received in full (on invoice/etc.)
1**shǒuqī** 首妻 N. first legal wife
2**shǒuqī** 首七 N. <trad.> the seventh day after a person's death
shǒuqí 手旗 N. <mil.> handflag; semaphore flag M: 1miàn
shǒuqǐ 手启[-啟] V. write in one's own hand ♦N. personal letter
shǒuqì(r) 手气(儿)[-氣-] N. luck (at gambling/etc.)
shòuqí 授旗 V.O. give the national flag to a sports team leaving for competitions abroad, etc.
1**shòuqì*** 受气[-氣] V.O. be bullied/annoyed
2**shòuqì** 寿器[壽-] N. coffin (prepared before one's death)
shōuqián 收钱[-錢] V.O. receive/collect money/payments (from a customer/etc.)
shǒuqián* 手钳 N. hand vise; pliers M: 1bǎ
shǒuqiàn 手欠 V.P. <coll.> ignorantly meddlesome
shǒuqiāng* 手枪[-槍] N. pistol M: 1bǎ
shòuqiāng 授枪[-槍] V.O. issue rifles to new recruits
shǒuqiāng sùshè 手枪速射[-槍--] N. <sport> rapid-fire pistol
shǒuqiāngtào 手枪套[-槍-] N. holster
shōuqiánrén 收钱人[-錢-] N. payee M: 2wèi
shǒuqiānshǒu 手牵手[-牽-] V.P. hand in hand
shóuqiǎo 熟巧 S.V. skillful; practiced
shǒuqiǎo* 手巧 V.P. skillful with one's hands; deft
shòuqìbāo(r) 受气包(儿)[-氣--] N. <coll.> whipping boy; scapegoat
shǒuqǐdāoluò 手起刀落 F.E. raise one's sword and make a cut
shóu qǐlai 熟起来 R.V. start being familiar with
shǒuqín 手勤 V.P. <coll.> hardworking; diligent
shōuqīng 收清 R.V. receive in full
shǒuqīng* 手轻[-輕] V.P. ① handle gently ② be light-handed
shòuqìng 售罄 V. be completely sold out; sell out
shòuqióng 受穷[-窮] V.O. be poor
shōuqiū 收秋 V.O. get in the autumn crop
shǒuqiū 首丘 V. <wr.> be buried in one's homeland
shǒuqiú* 手球 N. <sport> handball
shòu qīwǔ 受欺侮 V.O. be bullied/maltreated
shōuqǔ* 收取 V. collect; gather
shòuqū 受屈 V.O. <coll.> suffer a wrong
shōuquán 收权[-權] V.O. retake the power
shòuquān 兽圈[獸-] *See shòujuàn*
1**shòuquán*** 授权[-權] V.O. empower; authorize; license
2**shòuquán** 受权[-權] V.O. be authorized
shōuquán jīnglǐ 收权经理[-權經-] N. franchise

S

shòuquán shēngmíng 受权声明[-權聲-] V.P. make a statement upon authorization
shòuquánshū 授权书[-權書] N. <law> letter of authorization; letter of attorney M: [1]zhāng
shòuquán xuānbù 受权宣布[-權--] V.P. announce upon authorization
shòuquē 瘦缺 N. unprofitable post
shòuqún 兽群[獸-] N. herd
shǒuqūyīzhǐ 首屈一指 F.E. head a list; be topnotch
shǒur 手儿 N. ① hand ② skill; workmanship; craft ③ trick; means ④ handwork
shòurǎn 受染 V. be contaminated
shòuràngrén 受让人[-讓-] N. <law> assignee M: [2]wèi
shǒurào 手绕[-繞] V. wind by hand
shòurè 受热[-熱] V.O. ① be heated ② have heatstroke
shóurén* 熟人 N. friend; acquaintance M: [2]wèi
shóurèn 熟认[-認] V. be familiar with
[1]**shǒurèn** 首任 N. first appointee to an office M: [2]wèi
[2]**shǒurèn** 手刃 V. stab to death; kill with one's own hand
shòurén bǎibù 受人摆布[--擺-] V.P. allow oneself to be ordered about; be at the mercy of others
shòurén báiyǎn 受人白眼 V.O. be treated coldly
shòurénhuàbǐng 授人话柄 F.E. give sb. a handle (with which to attack one)
shòurén kǒushí 授人口实[-實] V.O. give people a basis for gossip
shóurěn qǐlai 熟稔起来 R.V. started to be familiar with
shòurényǐbǐng 授人以柄 V.P. give people a hold on oneself
shòurénzhītuō 受人之托 V.O. ① receive a request to do sth. ② as entrusted
shǒurìfēng 首日封 N. first-day cover (of new stamps)
shōuróng 收容 V. ① take in; house ② <mil.> rally
shōuróngdiǎn 收容点[-點] N. collecting point
shōuróngsuǒ 收容所 P.W. temporary shelter (for refugees/etc.); hospice M: [1]jiān/[1]suǒ
shóuròu 熟肉 *See shúròu*
shòuròu* 瘦肉 N. lean meat M: [2]kuài
shòuròuxíng 瘦肉型 N. animals bred for lean meat
shōurù* 收入 N. income ♦V. include
[1]**shòurǔ** 受辱 V.O. be humiliated
[2]**shòurǔ** 授乳 V.O. lactation
shǒuruǎn 手软 V.P. ① softhearted ② irresolute
shōurùbiǎo 收入表 N. account of receipts; income statement M: [1]zhāng
shōurù chuánpiào 收入传票[--傳-] N. <acct.> receipt vouchers; receiving slip / vouchers M: [1]zhāng
shōurù dìngdānbù 收入定单簿 N. <acct.> orders-received book
shǒurúfēipéng 首如飞蓬[--飛-] F.E. disheveled hair
shōurù fēnxiǎng 收入分享 N. revenue sharing
shōurù jīguān 收入机关[-關] P.W. <acct.> revenue collecting office
shòuruò 瘦弱 S.V. thin and weak; emaciated
shōurù pōfēng 收入颇丰[-豐] V.P. have abundant income
shōurùshuì 收入税 N. income tax
shōurù zǒng'é 收入总额[--總-] N. gross income
shǒusāng 守丧[-喪] V.O. ① keep a deathwatch ② observe a mourning period
shōushā 收煞 V. contract and reduce
shǒushāchē 手刹车[-剎-] N. hand brake
shǒushàn 首善 N. the best; a model
shòushān* 寿山[壽-] N. <art> longevity hills; carved jade boulders
shòushàn 受禅 V.O. accept the abdicated throne from the previous ruler other than by inheritance

shòushānfúmáng 寿山浮芒[壽-] F.E. longevity and happiness
shǒushang 手上 P.W. in one's hands
shòushāng* 受伤[-傷] V.O. be injured/wounded
shòushǎng 受赏 V.O. be cited/rewarded
shòushānshí 寿山石[壽-] N. ① serpentine much used in seal cutting ② translucent stone prized as material for seals M: [2]kuài
shǒushànzhīdì 首善之地 P.W. national capital
shǒushànzhīqū 首善之区[-區] P.W. the best of places (i.e., the capital of a country)
shǒusháo 手勺 N. hand ladle M: [1]bǎ
shōushěn* 收审[-審] V. detain for interrogation
shǒushēn 守身 V.O. keep oneself flawless
shòushěn 受审[-審] V. stand trial
[1]**shōushēng*** 收生 N. midwifery
[2]**shōushēng** 收声[-聲] N. <lg.> nasal/lateral initials
shǒushēng 手生 V.P. out of practice
shōushēngpó 收生婆 N. <coll.> midwife
shǒushēnrúyù 守身如玉 F.E. preserve one's honor/integrity
shōushi 收拾 V. ① put in order; tidy/clear up ② pack ③ repair; mend ④ <coll.> punish; settle with; torture ***Míngtiān wǒ zài ~ nǐ.*** I'll deal with you tomorrow. ⑤ manage
shōushī 收尸[-屍] V.O. bury the dead
[1]**shōushì** 收视 V. watch
[2]**shōushì** 收市 V.O. close up shop/etc.
[1]**shóushì** 熟视 *See* [1]*shúshì*
[2]**shóushì** 熟事 N. familiar thing/matter M: [2]jiàn
shǒushi 首饰 N. head ornaments; (woman's) jewelry; finery M: [2]jiàn
[1]**shǒushī** 守尸[-屍] V.O. attend a wake
[2]**shǒushī** 首施 N. be hesitant as to the course of action
shǒushí 守时[-時] V.O. show up on time ♦S.V. punctual
[1]**shǒushì*** 手势[-勢] N. gesture; sign
[2]**shǒushì** 守势[-勢] N. defensive position
[3]**shǒushì** 手示 N. personally handwritten instructions
[4]**shǒushì** 首事 N. start a war/mutiny
shòushī 兽尸[獸屍] N. carcass of an animal
shòushí 授时[-時] N. <astr.> time service ♦V.O. <trad.> issue the official calendar
[1]**shòushì** 受事 N. <lg.> object; passive; patient
[2]**shòushì** 授室 V.O. <trad.> ① marry a woman; take a wife ② accept a daughter-in-law in a formal ceremony
[3]**shòushì** 受室 V.O. take a wife
shòushì bīnyǔ 受事宾语[--賓-] N. <lg.> recipient object
shōushi cánjú 收拾残局[--殘-] V.O. clear up the mess; pick up the pieces
shòushìcí 受事词 N. <lg.> object
shǒushìdiàn 首饰店 P.W. jewelry store M: [1]jiā
shòushìgé 受事格 N. <lg.> patient case
shǒushìhé 首饰盒 N. jewel case
shōushìjià 收市价[-價] N. closing market prices
shǒushijiàng(r) 手饰匠(儿) N. jewelry craftsman M: [2]wèi
shǒu shíkè 守时刻[-時-] V.O. be punctual
shōushìlǜ 收视率 N. (TV/etc.) viewing rate
shǒushìlùn 手势论[-勢-] N. <lg.> script
shǒushìrén* 首事人 N. ① initiator; innovator ② instigator M: [2]wèi
shòushìrén 受试人 N. examinee; testee M: [2]wèi
shōushi shōushi 收拾收拾 R.F. get one's things together; clean the place up
shòushítái 授时台[-時臺] P.W. <astr.> time-service stand M: [4]zuò
shōushí tíngdāng 收拾停当[-當] V.P. put in good order
shǒushìxì 手势戏[-勢戲] N. mime
shōushi xínglǐ 收拾行李 V.O. <coll.> ready one's baggage
shòushí xìnhào 授时信号[-時-號] N. time signal
shǒushìxué 手势学[-勢-] N. kinesics

shǒushìyǔ* 手势语[-勢-] N. gestural/sign/body language
shòushìyǔ 受事语 N. <lg.> object
shǒushì yǔyán 手势语言[-勢--] N. gestural/sign/body language
[1]**shòushìzhě** 受试者 N. examinee; testee M: [2]wèi
[2]**shòushìzhě** 受事者 N. <lg.> recipient (of action); patient
[1]**shōushòu*** 收受 V. receive; accept
[2]**shōu-shòu** 收授 V. receive and give
shóushǒu 熟手 N. practiced hand; old hand M: [2]wèi
shòushǒu 授首 V.O. <trad.> be beheaded (of rebels/robbers/etc.); get killed
[1]**shòushòu** 瘦瘦 R.F. <coll.> thin
[2]**shòu-shòu** 授受 V. give and accept
shòushòubùqīn 授受不亲[-親] F.E. <trad.> no contact between man and woman
shòushǒuyuánnì 授手援溺 F.E. give a hand to a drowning man
shōushú 收赎[-贖] V. <trad.> bail out the aged/young/sick/etc. from exile
shōushù 收束 V. ① bring together; collect ② bring to a close ③ pack (for a trip)
shǒushū 手书[-書] V. write in one's own hand ♦N. ① personal letter ② your letter (in correspondence) ③ autograph M: [2]fēng/[1]zhāng
shǒushǔ 首鼠 N. be hesitant about the course of action
shǒushù* 手术[-術] N. surgery
shòushu 寿数[壽數] N. ① predestined age ② allotted life span
shòushǔ 受暑 V.O. suffer from heatstroke
shòushù 售数[-數] N. number/amount sold
shǒushùbāo 手术包[-術-] N. surgical kit
shōushùchù 收束处[-處] N. conclusion
shǒushùdāo 手术刀[-術-] N. scalpel M: [1]bǎ
shǒushùdāobāo 手术刀包[-術--] N. surgical kit
shǒushùfáng 手术房[-術-] P.W. operating room M: [1]jiān
shōushuì 收税 V.O. collect taxes
shōushuìdān 收税单 N. tax form M: [1]zhāng
shōushuìyuán 收税员 N. tax collector M: [2]wèi
shǒushǔliǎngduān 首鼠两端 ID. ① can't decide which to follow ② shilly-shally
shǒushùshì 手术室[-術-] P.W. operating room M: [1]jiān
shǒushùtái 手术台[-術檯] N. operating table M: [1]zhāng
shòusī* 寿司[壽-] N. sushi
shòusǐ 瘦死 R.V. starve to death; waste away
shǒusǐshàndào 守死善道 F.E. hold on even to death in order to perfect one's virtue
shòusī zhuānmàidiàn 寿司专卖店[壽-專賣-] P.W. sushi restaurant
shǒusōng 手松[-鬆] V.P. openhanded
shǒusù 手肃[-肅] N. <trad.> personally handwritten by (a conventional phrase at the end of a letter)
[1]**shǒusuì** 守岁[-歲] V.O. stay up all night on New Year's Eve
[2]**shǒusuì** 首岁[-歲] N. the first moon/month
[3]**shǒusuì** 手碎 V.P. be a kleptomaniac
shòusǔn chéngdu 受损程度 N. extent of damage
shòusǔnhàifāng 受损害方 N. injured party
shōusuō 收缩 V. ① contract; shrink ② concentrate one's force ♦N. ① retraction; constriction ② <phys.> systole
shōusuō dào 收缩到 R.V. shrink to
shōusuō qǐlai 收缩起来 R.V. get shrunk
shōusuōyā 收缩压[-壓] N. systolic pressure
shòutāi 受胎 V.O. become pregnant
shòutāilǜ 受胎率 N. conception rate
shòutāiwù 授胎物 N. impregnation
shōutān(r)* 收摊(儿)[-攤-] V.O. wind/wrap up the day's business
shǒután 手谈 V. <wr.> play go/cards
shòután 兽炭[獸-] N. animal charcoal; bone black

shóutāng 熟汤[-湯] V. <topo.> be over-ripe (of melons)
shòutáng* 寿堂[壽-] P.W. <trad.> ① mourning hall ② grave prepared before one's death ③ longevity hall (for birthday celebrations); special hall where well-wishers come to congratulate a person on his birthday M: [1]jiān
shǒutào(r)* 手套(儿) N. ① glove ② mitten M: [1]fù
shòutáo 寿桃[壽-] N. ① birthday peaches ② peach-colored birthday cake
shòutáo shòugāo 寿桃寿糕[壽-壽-] N. peach-colored bread-roll associated with a birthday dinner
shǒutàoxiāng 手套箱 N. glove compartment
shǒutí* 手提 ATTR. portable
shòutǐ 受体[-體] N. receptor
[1]**shòutián** 授田 V.O. allot public land for farming
[2]**shòutián** 受田 V.O. get land for farming
shòutiānzhīmìng 受天之命 V.O. receive a divine appointment
shōutiáo(r)* 收条(儿)[-條-] N. receipt M: [1]zhāng
shǒutiáo 手调 N. manual adjustment/setting
shòutiáo 瘦条[-條] S.V. <coll.> thin and long/tall
shòutiáotiao 瘦条条[-條條] R.F. <coll.> thin and long/tall
shǒutíbāo 手提包 N. handbag M: [2]zhī/ge
shǒutídài 手提袋 N. handbag; valise M: [2]zhī/ge
shǒutí diànhuà 手提电话[--電-] N. cellular phone M: [2]bù
shǒutí jìsuànjī 手提计算机 N. <comp.> laptop M: [1]tái
shōutīng* 收听[-聽] V. listen to the radio
shòutīng 受听[-聽] S.V. pleasant to the ear
shōutīng dào 收听到[-聽-] R.V. get to listen to
shōutīnglǜ 收听率[-聽-] N. (radio) listening rate
shǒutí píbāo 手提皮包 N. handbag M: [2]zhī/ge
shǒutíshì 手提式 ATTR. portable
shǒutíxiāng 手提箱 N. suitcase; attaché case
shǒutí xínglǐ 手提行李 N. hand baggage M: [2]jiàn
shòu tóng Péng Zǔ 寿同彭祖[壽-] F.E. (as) old as Methuselah
shóutòu 熟透 See shútòu
shǒutóu(r)* 手头(儿) N. ① financial situation ② personal experience
shòutóu 寿头[壽-] N. <topo.> clumsy and stupid-looking fellow
shǒutóu bù biàn 手头不便 V.P. short of money
shǒutóu hǎo 手头好 V.P. dexterous; deft
shǒutóujiéjū 手头拮据[-據] F.E. short of funds
shǒutóu jǐn 手头紧[-緊] V.P. ① short of money ② closefisted
shǒutóu jǐnbā 手头紧巴[--緊-] V.P. <coll.> short of ready cash
shǒutóu kuānyù 手头宽裕[--寬-] V.P. be in easy circumstances
shǒutóu kùnfá 手头困乏 V.P. be hard up for money
shǒutóu kuòchuò 手头阔绰 V.P. be free of hand
shǒutóu méi huò 手头没货 V.P. be out of stock
shǒutóu qiǎo 手头巧 V.P. skillful in the use of the hands; dexterous; deft
shòutóushòunǎo 寿头寿脑[壽-壽腦] F.E. <topo.> stupid-looking
shǒutóu sōng 手头松[-鬆] V.P. ① be liberal in spending ② be in easy circumstances
shǒutóuzì 手头字 N. ① everyday words ② <trad.> simplified characters
shǒutú* 首途/涂[-塗] V. <wr.> set out on a journey
shǒutǔ 守土 V.O. <wr.> ① defend the homeland ② <trad> take care of a locality (as a local official)
shòutú 授徒 V.O. teach students
shòutǔ 瘦土 N. infertile soil
shǒutuī 首推 V. consider sb./sth. as best
shǒutuī bōzhǒngjī 手推播种机[---種-] N. handcart; pushcart M: [1]tái
shǒutuīchē 手推车 N. handcart; wheelbarrow M: [3]liàng
shǒutuīchuáng 手推床 N. wheeled stretcher M: [1]zhāng
shǒutuīlí 手推犁 N. hand plow
shǒutuī xiǎochē 手推小车 N. wheelbarrow
shǒutuī yīng'érchē 手推婴儿车 N. pushchair; light baby carriage M: [3]liàng
shǒutuī yùnhuòchē 手推运货车[--運--] N. hand truck M: [3]liàng
shòutuō 受托 V. be entrusted (with a task)
shòutuōguó 受托国[-國] P.W. mandatory power
Shǒutuóluó 首陀罗[-羅] N. <loan> Sudra; lower-caste Hindu
shòutuōrén 受托人 N. trustee; fiduciary M: [2]wèi
shǒutuōsāijiá 手托腮颊[-頰] F.E. with one's face cupped in one's hand
shǒutǔyǒuzé 守土有责 F.E. A person has a responsibility to protect the territory of his country.
shǒutúzàijí 首途在即 F.E. set forth on a journey immediately; start on one's way at once
shǒuwàn(r) 手腕(儿) N. ① wrist ② ability; finesse; knack ***Tā hěn yǒu wàijiāo ~.*** He has a lot of diplomatic experience/skills.
shǒuwàng* 守望 V. keep watch
shòuwáng 兽王[獸-] N. <loan> king of the beasts; lion
shǒuwàngchù 守望处[-處] P.W. lookout
shòu wǎngqū 受枉屈 V.O. be wronged
shǒuwàngtái 守望台[-臺] P.W. watchtower M: [4]zuò
shǒuwàngxiāngzhù 守望相助 F.E. give mutual help and protection
shǒuwàngzhě 守望者 N. ① lookout ② warder M: [2]wèi
shǒuwànzi 手腕子 N. wrist
shōuwěi 收尾 V.O. wind/wrap up; end ♦N. ending (of an article, etc.); concluding passage/movement/etc.
shǒu-wěi 首尾 N. head and tail; beginning and end
[1]**shǒuwèi*** 守卫[-衛] V. guard; defend
[2]**shǒuwèi** 首位 N. ①first place ②place of honor
shǒuwèibīng 守卫兵[-衛-] N. <mil.> guard; sentinel
shǒu-wěi bù xiānggù 首尾不相顾[-顧] F.E. The vanguard is cut off from the rear.
shǒuwěidàozhì 首尾倒置 F.E. tailfirst
shōuwěi de fǔyīn 收尾的辅音 N. <lg.> final consonant
shōuwěi de yuányīn 收尾的元音 N. <lg.> final vowel
shōuwěi gōngzuò 收尾工作 N. finish handling the final portion of a certain task
shǒuwěijiāgōng 首尾夹攻[--夾-] F.E. be attacked in the front and the rear
shǒuwěilángbèi 首尾狼狈 F.E. in a dilemma
shòu wěiqū 受委屈 V.O. ① be wronged ② be troubled/inconvenienced
shǒu-wěi shūrùfǎ 首尾输入法 N. <comp.> input method specifying the first and final strokes of a character
shǒuwěixiānggù 首尾相顾[-顧] F.E. look after both ends
shǒuwěixiāngyìng 首尾相应[-應] F.E. head and tail (or beginning and end) corresponding with each other
shōuwěi yīnsù 收尾音素 N. <lg.> final sound
shōuwén 收文 N. incoming dispatch
shǒuwén* 手纹/文 N. ①lines of the hand/palm ② handprint
shòuwén 寿文[壽-] N. congratulations on one's birthday
shōuwénbù 收文簿 N. register of incoming dispatches M: [1]běn
shōuwénpán 收文盘[-盤] N. in-tray; in-box
Shǒuwēn zìmǔ 守温字母 N. <lg.> initials of Ancient Chinese; Shou Wen initials
shòuwō 兽窝[獸窩] N. lair
shòu wōnangqì 受窝囊气[-窩-氣] V.O. <coll.> endure frustration
shǒuwū 首乌[-烏] N. <Ch. med.> tuber of multiflower knotweed
shǒuwúcùntiě 手无寸铁[-鐵] F.E. unarmed; defenseless
shǒu wú fùjīzhīlì 手无缚鸡之力[---雞--] F.E. effete (like a traditional scholar)
shǒuwūténg 首乌藤[-烏-] N. <Ch. med.> vine of multiflower knotweed
shǒuwǔzúdǎo 手舞足蹈 F.E. ① dance for joy ② gesticulate with hands and feet
shōuxī 收悉 V. be received and read
shōuxì 收系[-繫] V. keep in confinement
shóuxi 熟悉 See shúxī
shǒuxí* 首席 N. seat of honor ♦ATTR. chief
shòuxǐ 受洗 V. be baptized
shōuxia 收下 R.V. <coll.> accept; receive
shōuxià 收夏 V.O. harvest summer crops
shǒuxià* 手下 P.W. ①leadership ***Wǒmen zài tā ~ gōngzuò.*** We work under him. ②one's financial condition at the moment ③ subordinates ④ at hand ⑤ at the hands of sb.
shǒuxià bàijiàng 手下败将[-將] N. a defeated opponent
shōu xiàlai 收下来 R.V. take in
shǒuxiàliúqíng 手下留情 F.E. show leniency/mercy
shǒuxiān* 首先 ADV. first ♦CONJ. in the first place; first of all
shǒuxiàn 首县[-縣] P.W. <trad.> county where the provincial government is situated
shòuxián(r) 授衔(儿) V.O. give sb. the title of
shòuxiǎn 寿险[壽-] N. life insurance
[1]**shòuxiàn** 寿限[壽-] N. life expectancy
[2]**shòuxiàn** 受限 ATTR. <lg.> bounded; constrained
[1]**shǒuxiàng*** 首相 N. prime minister M: [2]wèi
[2]**shǒuxiàng** 手相 N. ①palm feature (in palmistry) ② palmistry
shòuxiāng 兽香[獸-] N. incense burnt in a vessel shaped like an animal
shòuxiáng 受降 V.O. accept surrender
shòuxiàng 寿相[壽-] N. appearance/promise of longevity
shǒuxiàng guāndǐ 首相官邸 P.W. prime minister's official residence M: [4]zuò
shǒuxiàngjiā 手相家 N. palmist M: [2]wèi
shǒuxiàngshù 手相术[-術] N. palmistry
shǒuxiàng shùshì 手相术士[--術-] N. palmist M: [2]wèi
shǒuxiàngxué 手相学 N. palmistry
shòuxiàn míngcí 受限名词 N. <lg.> bounded noun
shōuxiào* 收效 V.O. get/bring results
shǒuxiào 守孝 V.O. observe mourning for a parent
shòuxiǎo 瘦小 S.V. thin and small
shǒuxiàrén 手下人 N. ①subordinates ②servants
shǒuxiàwúqíng 手下无情 F.E. be merciless
shǒuxí dàfǎguān 首席大法官 N. chief justice
shǒuxí dàibiǎo 首席代表 N. chief delegate
shǒuxiě 手写[-寫] V. handwrite
shǒuxiéshǒu 手携手[-攜-] ADV. hand in hand
shǒuxiětǐ 手写体[-寫體] N. handwritten form; script
shǒuxiě zìmǎ 手写字码[-寫--] N. <lg.> grapheme
shǒuxí gùwèn 首席顾问[--顧-] N. chief adviser
shǒuxí jiǎncháguān 首席检查官 N. chief prosecutor
shōuxīn 收心 V.O. ① collect one's thoughts ② concentrate attention ③ have a change of heart
shōuxìn 收信 V.O. receive a letter ♦ATTR. <elec.> receiving
shǒuxīn(r)* 手心(儿) N. ① palm of the hand ② control
shǒuxìn 守信 V.O./S.V. keep promises
shòuxīn 兽心[獸-] N. bestiality; beastliness

shòuxing 寿星[壽-] N. ① god of longevity ② elderly person whose birthday is being celebrated
[1]shòuxíng 受刑 V.O. ① receive physical punishment ② be tortured
[2]shòuxíng 兽行[獸-] N. brutal act; brutality
shòuxìng* 兽性[獸-] N. ① brutish nature; barbarity ② animal passions
shòuxìng dàfā 兽性大发[獸-發] V.P. give vent to one's brutish nature
shòuxīnglǎor 寿星老儿[壽-] N. <court.> long-lived elder
shòuxìng nán gǎi 兽性难改[獸-難-] V.P. Wild beasts never change their nature.
shòuxíngrén 受刑人 N. prisoner; inmate doing time
shōuxīnguīzhèng 收心归正[--歸-] F.E. give up evil ways and return to the right path
shòuxìnjī 受信机 N. answering machine M: [1]tái
shōuxìnrén 收信人 N. recipient of a letter; addressee M: [2]wèi
shòuxìnrènrén 受信任人 N. fiduciary; trustee M: [2]wèi
shǒuxīnyǎngxìng 守心养性[--養-] F.E. cultivate one's mind and preserve its original good nature
shǒu xìnyòng 守信用 V.O. keep a promise; honor one's words
shǒuxí tánpàn dàibiǎo 首席谈判代表 N. chief negotiator
shǒuxí xiǎotíqínshǒu 首席小提琴手 N. concertmaster M: [2]wèi
shǒuxù* 手续[-續] N. procedure; red tape; formalities M: [2]dào
shòuxù 寿序[壽-] N. writing wishing sb. longevity
shōuxuǎn 收选[-選] V. select; choose
[1]shǒuxuǎn* 首选[-選] N. ① first choice ② preliminary elections ③ <trad.> the best among the successful candidates under the civil-service examination system
[2]shǒuxuǎn 手癣 N. <med.> fungal infection of the hand
shòuxuē* 瘦削 S.V. gaunt; slim
[1]shòuxué 兽穴[獸-] P.W. den; lodge; lair
[2]shòuxué 寿穴[壽-] P.W. grave prepared before one's death
shǒuxùfǎ 手续法[-續-] N. procedural law
shǒuxùfèi 手续费[-續-] N. service charge; commission
shǒuxùfèi shōurù 手续费收入[-續---] N. revenue from service charges
shòuxūn 授勋 V.O. confer orders/medals/decorations
[1]shòuxùn* 受训 V.O. receive/undergo training
[2]shòuxùn 受讯 V.O. face trial in court
shòu xùnwèn 受讯问 V.O. subject to cross-examination
shòuxùnzhě 受训者 N. trainee
shōuyā 收押 V. ① take into custody; detain ② hold as a pawn
shǒuyābar 手丫巴儿 N. <topo.> fingers
[1]shǒuyǎn* 首演 N. first/opening performance; premiere
[2]shǒuyǎn 手眼 N. quick reaction
shòuyán 寿筵[壽-] N. birthday banquet
shǒuyǎnchǎng guānzhòng 首演场观众[-場觀眾] N. <thea.> first-night audience
shōuyǎng* 收养[-養] V. adopt a child
shǒuyǎng 手痒[-癢] N. itch on the fingers ♦V.P. itch to do sth.
shōuyǎngrén 收养人[-養-] N. adoptive parents M: [2]wèi
shōuyǎngsuǒ 收养所[-養-] P.W. orphanage M: [1]suǒ/[1]jiān
shǒu yǎngyang 手痒痒[-癢癢] N. itch on the fingers ♦V. itch to do sth.
shōuyǎng zǐnǚ 收养子女[-養--] N. adopted children
shǒuyǎn kuài 手眼快 V.P. quick in action; nimble
shǒuyǎntōngtiān 手眼通天 F.E. especially adept at trickery
[1]shǒuyáo 手摇 ATTR. hand-
[2]shǒuyáo 艏摇 N. yawing
shǒuyào* 首要 ATTR. of first importance; chief ***~ de shì(r) shǒuxiān bàn.*** First things first.
shǒuyáobèng 手摇泵 N. hand pump M: [1]tái
shǒuyáo fādiànjī 手摇发电机[--發電-] N. hand generator M: [1]tái
shǒuyào fānyì 首要翻译[-譯] N. <lg.> primary translation
shǒuyào fènzǐ 首要分子 N. <law> ringleader; major culprit
shǒuyào shāngpǐn 首要商品 N. priority products
shǒuyào tiáojiàn 首要条件[--條-] N. number-one condition; prerequisite
shòuyāozhě 受邀者 N. invitee M: [2]wèi
shòu yāpò 受压迫[-壓-] V.O. suffer oppression
shòuyārén 受押人 N. mortgagee
[1]shǒuyè* 守业[-業] V.O. safeguard one's heritage
[2]shǒuyè 守夜 V.O. keep watch at night
[3]shǒuyè 首页 N. first page; title page
[1]shòuyè 授业[-業] V.O. teach; tutor
[2]shòuyè 受业[-業] V.O. learn from a teacher ♦N. <humb.> your student (student to teacher in letters)
shǒuyèzhě 守夜者 N. watchman M: [2]wèi
shōuyǐ 收蚁[-蟻] V.O. gather newly hatched silkworms
[1]shōuyì* 收益 N. profit; gain
[2]shōuyì 收刈 V. reap; harvest
[1]shǒuyì 手艺[-藝] N. ① craftsmanship; workmanship ② handicraft; trade ③ one's cooking
[2]shǒuyì 守义[-義] V.O. ① maintain one's integrity/honor ② <trad.> preserve chastity after the death of a husband
[3]shǒuyì 首义[-義] V. <trad.> be the first to rise in revolt
[4]shǒuyì 首邑 P.W. <wr.> capital city
[1]shòuyī 兽医[獸醫] N. veterinarian; vet M: [2]wèi
[2]shòuyī 寿衣[壽-] N. graveclothes prepared by a person during his lifetime; shroud M: [2]tào/[2]jiàn
shòuyí 寿仪[壽儀] N. birthday gifts/presents
[1]shòuyì 受益 V.O. benefit from
[2]shòuyì 授意 V.O. give sb. the idea to do sth. ***Nà fēng xìn shì zài Xiǎo Wáng de ~ xià xiě de.*** That letter was written at Wang's suggestion.
[3]shòuyì 授艺[-藝] V.O. pass on or teach a trade/skill
[4]shòuyì 兽疫[獸-] N. epizootic disease; epizootic
shōuyì bǎoliúshù 收益保留数[-數] N. <acct.> retained earnings
shǒuyìcháo 手艺潮[-藝-] <coll.> V.P. be unskillful; not proficient
shòuyìfèi 受益费 N. money paid to the government for a benefit
shòuyìgé 受益格 N. <lg.> benefactive case
shòuyìliángduō 受益良多 F.E. it has benefited (me) a great deal
shōuyìlǜ 收益率 N. (stock) yields
shōuyīn 收音 V.O. ① tune in; receive ② have good acoustics ♦N. <lg.> ending; final sound
shōuyǐn 收引 N. <med.> spasm; involuntary muscular contraction
shǒuyīn 首音 N. <lg.> initial (sound)
shǒuyín 手淫 V./N. masturbate
shǒuyìn(r)* 手印(儿) N. ① handprint; thumbprint; fingerprint ② <Budd.> symbolic position of hand and fingers (mudra)
shōuyīn de 收音的 ATTR. <lg.> resonant
shǒuyìng* 首映 N. first-run movie/TV
shòuyìng 瘦硬 ATTR. fine and forceful (of handwriting)
shǒuyìngshì 首映式 N. premiere (of a film) M: [2]chǎng
shǒuyīn hùhuàn cuòwù 首音互换错误[---换--] N. <lg.> reversal error
shōuyīnjī* 收音机 N. radio set M: [1]tái
shōuyínjī 收银机 N. cash register M: [1]tái
shōuyīnjié fǔyīn 收音节辅音[--節--] N. <lg.> syllable-final resonant
shǒuyīnwèi 首音位 N. <lg.> primary phoneme
shǒuyīn wùzhì 首音误置 N. <lg.> spoonerism
shòuyìpáozhì 授意炮制[-製] F.E. instruct sb. in concocting (sth.)
shòuyìquán 受益权[-權] N. beneficial rights
shòuyǐquánquán 授以全权[-權] V.O. vest sb. with full authority
shǒuyìrén* 手艺人[-藝-] N. craftsman M: [2]wèi
shòuyìrén 受益人 N. <law> beneficiary M: [2]wèi
shōuyìshuì 收益税 N. income/profit/gains tax
shòuyìwúqióng 受益无穷[-窮] F.E. have unlimited benefits
shòuyīxué* 兽医学[獸醫-] N. veterinary medicine/science
shòuyìxué 兽疫学[獸-] N. epizootiology
shǒuyìyè 手艺业[-藝業] P.W. handicraft business/industry
shòuyī yīshēng 兽医医生[獸醫醫-] N. veterinarian
shòuyízèngrén 受遗赠人 N. legatee M: [2]wèi
shòuyīzhàn 兽医站[獸醫-] P.W. veterinary station M: [4]zuò
shōuyì zhànghù 收益帐户 N. <acct.> income account
shòuyìzhě 受益者 N. beneficiary M: [2]wèi
shōuyì zhīchū 收益支出 N. <acct.> revenue expenditure; income charges
shōuyòng 收用 V. make use of
shòuyong 受用 V./S.V. ① benefit from ② be comfortable; feel good ***Wǒ jīntian shēntǐ bù ~.*** I don't feel well today. ***See also*** *shòuyòng*
shòuyòng* 受用 V. ① enjoy (the use of) ② be enjoyable ***See also*** *shòuyong*
shòuyòng bùjìn 受用不尽[-盡] V.P. benefit from sth. all one's life
shǒuyòng chuīfēngjī 手用吹风机 N. bellows
shǒuyòng diànzuàn 手用电钻[-電鑽] N. electric hand drill M: [1]bǎ
shóuyǔ 熟语 N. <lg.> idiom ***See also*** *[1]shúyǔ*
shǒuyǔ 手语 N. sign language ♦V. play stringed instruments
[1]shǒuyù 手谕 N. ① personally written letter ② handwritten order M: [2]dào
[2]shǒuyù 守御[-禦] V.O. defend
shòuyú 受愚 V.O. be fooled/duped/tricked/etc.
[1]shòuyǔ* 授予 V. confer; award ***~ tā zhàndòu yīngxióng de chēnghào*** award him the title of Combat Hero
[2]shòuyǔ 授与[-與] V. award; confer; grant
[1]shòuyù 兽欲[獸-] N. animal desire
[2]shòuyù 寿域[壽-] N. ① a hearty old age ② graveyard built when one is alive
shòuyuán 受援 V.O. receive aid
shòuyuánguó 受援国[-國] P.W. country receiving international aid
shǒuyǔ chóngfù 首语重复/覆[-復] N./V.P. <lg.> anaphora; anaphoric
shǒuyǔ chóngfùfǎ 首语重复法[---複-] N. <lg.> anaphora
shǒuyuē 守约 V.O. keep promise/pledge/agreement
shòuyuērén 受约人 N. promisee M: [2]wèi
shòuyuē xíngwéi 受约行为 N. commissive
shòu yǔjìng juédìng de cí 受语境决定的词 [---決---] N. <lg.> context-determined word
shòu yǔjìng yuēshù de cí 受语境约束的词 N. <lg.> context-bound word
shòuyùn 受孕 V.O. become pregnant
shòuyǔrén 受语人 N. <lg.> addressee
shòuyú xuéwèi 授予学位 V.O. award a degree
shòuzāi 受灾[-災] V.O. be hit by a natural calamity
shòuzāi dìqū 受灾地区[-災-區] P.W. disaster/stricken area
shōuzàng* 收葬 N. bury
shòuzàng 寿藏[壽-] N. grave prepared before one's death
shǒu zāo bàijì 首遭败绩 F.E. suffer one's first defeat

[1]**shǒuzé** 守则 N. rules; regulations
[2]**shǒuzé** 手泽[-澤] N. <*wr.*> handwritings/relics left by ancestors
[3]**shǒuzé** 手则 N. regulations handbook M: [1]*běn*
shòuzèngrén 受赠人 N. presentee
shōuzhá 收闸 V.O. apply the brakes
[1]**shǒuzhá*** 手闸 N. hand brake
[2]**shǒuzhá** 手札 N. <*wr.*> personal letter M: [2]*fēng*
shǒuzhǎ 手拃 N. hand span
shōuzhāi* 收摘 V. pick (fruit/etc.)
shōuzhài 收债 V.O. collect debts
shōuzhàirén 收债人 N. debt collector
shǒuzhàn 首战[-戰] N. first contest/game/battle
shōuzhāng 收张 V.O. close business
shōuzhàng 收账 V.O. ① collect debt/payment ② charge to an account
shǒuzhāng 手章 N. private seal; signet
[1]**shǒuzhǎng*** 首长 N. senior officer; leading cadre; chief M: [2]*wèi*
[2]**shǒuzhǎng(r)** 手掌(儿) N. palm M: [2]*zhī*
shǒuzhàng(r) 手杖(儿) N. walking stick M: [1]*bǎ*
shòuzhāng 绶章 N. cordon; ribbon
shòuzhàng 寿幛[壽-] N. birthday banner (with a congratulatory message)
shǒuzhàngàojié 首战告捷[-戰--] F.E. ① win the first battle ② score a victory in the first game
shǒuzhǎngxīn 手掌心 N. center of the palm ♦V. control
shōuzhàngyuán 收帐员 N. bill collector; collector M: [2]*wèi*
[1]**shǒuzhào** 手诏 N. imperial edict written by the emperor himself M: [2]*dào*
[2]**shǒuzhào(zi)** 手照(子) N. lantern M: [2]*zhī*
shǒuzhe* 守着[-著] V.P. stay by the side (of a person) ♦N. <*topo.*> widow
[1]**shǒuzhé** 手折 N. <*trad.*> record/account book in accordion form
[2]**shǒuzhé** 手摺 N. ① <*trad.*> paper for making appeals to a superior official ② <*acct.*> account book
shòu zhémo 受折磨 V.O. suffer
shōuzhēn* 收针 V.O. decrease stitches (in knitting); bind off; cast off
[1]**shǒuzhēn** 守真 V.O. keep one's original character/soul/purity/simplicity
[2]**shǒuzhēn** 守贞 V.O. ① <*trad.*> remain a widow forever although still young ② stick to principle
[3]**shǒuzhēn** 手针 N. <*Ch. med.*> hand acupuncture
shǒuzhèngbù'ē 守正不阿 F.E. be strictly just and impartial
shǒuzhèngbùnáo 守正不挠[-撓] F.E. be strictly just and impartial
shōu-zhī 收支 N. revenue and expenditure
shōuzhí 收执[-執] N. receipt ♦V. receive and keep (a receipt/etc.)
shōuzhì 收治 V. accept and treat (a patient)
shóuzhǐ 熟纸 N. <*trad.*> sized paper M: [1]*zhāng*
shǒuzhī 手织[-織] V. weave/knit by hand
[1]**shǒuzhí** 守职[-職] V.O. be faithful in discharge of one's duties; stick to one's duties
[2]**shǒuzhí** 手植 V. plant by oneself
[1]**shǒuzhǐ*** 手指 N. finger M: [2]*gēn* ♦V. point at sth. with the index finger
[2]**shǒuzhǐ** 手纸 N. <*coll.*> toilet paper M: *juǎn*
shǒuzhì 守制 V.O. observe the prescribed period of mourning for one's deceased parent
shòuzhī 受知 V. <*wr.*> be appreciated and well-treated by a superior
shòuzhí 授职[-職] V.O. confer a rank; give an official job to ♦N. investiture
shòuzhì 受制 V. ① be under the control of ② endure hardship/torture/etc.
shōu-zhībiǎo 收支表 N. balance sheet M: [1]*zhāng*
shōuzhì bìngrén 收治病人 V.O. receive and cure a patient
shōu-zhībù 收支簿 N. account book M: [1]*běn*
shōu-zhīchù 收支处[-處] P.W. revenue and expenditure office
shǒuzhǐdùr 手指肚儿 N. inner side of fingers (opposite to the nails)
shǒuzhǐfèng 手指缝 N. space between the fingers M: [1]*tiáo*
shǒuzhījī 手织机[-織-] N. handloom M: [1]*jià*
shǒuzhǐjia(r) 手指甲(儿) N. fingernail
shǒuzhì liáofǎ 手治疗法[--療-] N. <*Ch. med*> chiropractic
shōu-zhī nìchā 收支逆差 N. <*acct.*> balance of payments deficit
shōu-zhī pínghéng 收支平衡 N. balance between income and expenditure
shōuzhīsāngyú 收之桑榆 F.E. lose initially but gain finally
shǒuzhǐtou(r) 手指头(儿) N. <*coll.*> ① finger ② fingertips
shǒuzhǐtoudùr 手指头肚儿 N. <*topo.*> inner side of the fingertip
shòuzhīwúkuì 受之无愧 F.E. deserve (a reward/gift/etc.)
shōuzhīxiāngdǐ 收支相抵 F.E. balance between income and expenditure
shǒuzhīyè 手织业[-織業] N. handweaving
shòuzhīyǒukuì 受之有愧 F.E. I don't deserve it.
shǒuzhǐyǔ 手指语 N. <*lg.*> gestural language
shōuzhīyuán 收支员 N. cashier M: [2]*wèi*
shòu zhìyuē de 受制约的 ATTR. conditioned
shòuzhìyúrén 受制於人 F.E. be controlled by sb.
shōu-zhī zhàngmù 收支帐目 N. <*acct.*> income and expenditure account
shǒuzhǐ zìmǔ 手指字母 N. ① manual alphabet ② deaf-dumb alphabet
shǒuzhōng 手中 P.W. in the hand
shǒuzhòng 手重 V.P. using too much force
shòuzhōng* 寿终[壽-] N. end of one's life ♦V.P. die of old age
shòuzhǒng 寿冢[壽-] P.W. grave laid out before one dies M: [4]*zuò*
shǒu zhōnglì 守中立 V.O. maintain neutrality; keep away from disputes/conflicts
shòu zhòngshì 受重视 V.O. be regarded with esteem
shòuzhōngzhèngqǐn 寿终正寝[壽-寢] F.E. die a natural death
shòuzhōngzhīwáng 兽中之王[獸-] N. king of the beasts; lion
shǒuzhǒu 手肘 N. elbow
shǒuzhu* 守住 R.V. hold (a city/position)
shòuzhǔ 售主 N. the seller M: [2]*wèi*
shǒuzhuàng 手壮[-壯] <*coll.*> V.P. be lucky at gambling/cards
shǒuzhūdàitù 守株待兔 ID. wait foolishly for a most unlikely windfall
[1]**shǒuzhuō** 手拙 V.P. clumsy
[2]**shǒuzhuō** 守拙 V.O. remain free from ambition
shǒuzhuó* 手镯 N. ① bracelet ② handcuffs M: [2]*zhī*
shòuzi 瘦子 N. thin person
shǒuzìmǔ 首字母 N. initial(s)
shǒuzìmǔ liánxiěcí 首字母连写词[----寫-] N. <*lg.*> initialism
shǒuzìmǔ pīnyīncí 首字母拼音词 N. <*lg.*> acronym
shǒuzìmǔ suōlüècí 首字母缩略词 N. <*lg.*> acronym
shǒuzìmǔ suōlüèfǎ 首字母缩略法 N. <*lg.*> acronymizing
shǒuzìmǔ suōlüèyǔ 首字母缩略语 N. <*lg.*> initialisms
shǒuzìr 手字儿 N. personal handwriting; written note
shōuzū 收租 V.O. collect rents/rentals
shǒu-zú* 手足 N. ① hand and foot ② brothers ③ movement
shòuzǔ 受阻 V.O. ① be barred ② be detained
shǒuzuàn 手钻[-鑽] N. hand drill M: [1]*bǎ*
shǒuzúbīngliáng 手足冰凉[-涼] F.E. Hands and feet are icy cold.
shǒuzúchóngjiǎn 手足重茧[-繭] F.E. hands and feet covered with thick calluses as a result of hard work
shòuzuì 受罪 V.O. endure hardship/torture/etc.
shǒu-zú kǔnbǎng 手足捆绑 V.P. tie sb. hand and foot
[1]**shǒuzuò** 首座 N. ① seat of honor ② No.1 monk in a temple
[2]**shǒuzuò** 首祚 N. beginning of a year
shǒuzúqígǔ 手足齐鼓[--齊-] F.E. applaud and stamp the feet at the same time
shǒuzúqíngshēn 手足情深 F.E. The love between brothers is deep.
shǒuzúwúcuò 手足无措 F.E. be at a loss as to what to do
shòuzǔ yīnjié 受阻音节[-節] N. <*lg.*> checked syllable
shǒuzúzhīqíng 手足之情 N. brotherly affection
[1]**shū** 书[書] N. book ♦B.F. ① style of calligraphy; script *kǎishū* ② letter *shūxìn* ③ document [1]*zhèngshū* ④ write [1]*shūxiě*
[2]**shū** 输[輸] B.F. ① transport; convey *shūsòng*, [1]*yùnshū* ② contribute; donate *juānshū* ♦V. lose; be defeated
[3]**shū** 叔 N. ① father's younger brother; uncle ② address for a man about one's father's age; uncle ♦B.F. ① husband's younger brother *xiǎoshūzi* ② third brother *bó-zhòng-shū-jì*
[4]**shū** 梳 V. comb ♦B.F. comb [1]*shūzi*
[5]**shū** 舒 B.F. ① open up; relax; unfold [2]*shūzhǎn* ② be relaxed/leisurely *shūfu* ♦N. Surname
[6]**shū** 疏 B.F. ① sparse; scattered *xīshū* ② unfamiliar with *shēngshū* ③ alienated; distant *shūyuǎn* ④ scanty *cáishūxuéqiǎn* ⑤ negligent *shūhu* ⑥ dredge (a river/etc.) *shūtōng* ⑦ disperse; scatter [1]*shūsàn* ⑧ <*lg.*> explain point by point [1]*shūjiě* ⑨ subcommentary [2]*zhùshū* ⑩ <*trad.*> document submitted to a ruler [1]*zòushū* ♦N. Surname
[7]**shū** 殊 B.F. ① different ② special *tèshū*, [3]*shūjī*
[8]**shū** 淑 B.F. refined; virtuous (of a woman) *shūdé*
[9]**shū** 蔬 B.F. vegetables; green vegetables *shūcài*
[10]**shū** 枢[樞] B.F. pivot; hub; center *shūniǔ*, [2]*hùshū*
[11]**shū** 抒 B.F. express; recount *shūfā*
[12]**shū** 倏 B.F. suddenly; very quickly *shūde, shūhū*
[13]**shū** 菽 B.F. beans *shūrǔ, héshū*
[14]**shū** 姝 B.F. ① pretty; lovely [6]*shūlì* ② a pretty woman *míngshū*
[15]**shū** 摅[攄] B.F. express [4]*shūyì*, [2]*fāshū*
[16]**shū** 殳 B.F. ancient weapon made of bamboo *shūshū*
[17]**shū** 纾[紓] B.F. remove; give relief [2]*shūjì*
[18]**shū** 毹 in *qúshū*
[1]**shú** 熟 S.V. ① ripe ② cooked; done ③ familiar ④ deep (sleep/thoughts/etc.) ♦B.F. ① processed *shútiě* ② skilled; experienced *shúliàn* *See also shóu*
[2]**shú** 赎[贖] V. redeem; ransom ♦B.F. atone for *shúzuì*
[3]**shú** 孰 PR. <*wr.*> who; which; what?
[4]**shú** 塾 B.F. private school *sīshú, shúshī*
[5]**shú** 秫 B.F. gaoliang; sorghum *shújiē, shúbì*
[1]**shǔ** 数[數] V. ① count ② be reckoned as ③ enumerate; list ♦B.F. scold; rebuke *shǔluo* *See also* [2]*shù*, [3]*shuò*
[2]**shǔ** 属[屬] V. ① be subordinate to ② belong to ③ be born in the year of (one of the 12 animals associated with a 12-year cycle) *tā shì ~niú de* she was born in the year of the ox. ♦N. ① category ② <*bio.*> genus ♦B.F. family member; dependent [1]*jiāshǔ* *See also* [6]*zhǔ*
[3]**shǔ** 暑 B.F. ① heat; hot weather *zhòngshǔ* ② summer *shǔjià*
[4]**shǔ** 鼠 B.F. ① mouse; rat *lǎoshǔ* ② <*comp.*> mouse *shǔbiāo, huáshǔ*
[5]**shǔ** 薯 B.F. potato; yam [1]*fānshǔ*, [1]*báishǔ*, *mǎlíngshǔ*
[6]**shǔ** 署 B.F. ① arrange (for) [1]*bùshǔ* ② deputize ③ sign one's name *qiānshǔ* ④ government office [1]*gōngshǔ*

[7]**shǔ** 曙 B.F. daybreak; dawn ***shǔrì***, [2]***fúshǔ***

[8]**shǔ** 黍 B.F. millet [3]***shǔjì***, ***héshǔ***

Shǔ 蜀 N. short name for Sichuan province

[1]**shù*** 树[樹] N. ① tree ② Surname ♦V. plant; cultivate ♦B.F. set up; establish; uphold [1]***shùlì***

[2]**shù(r)** 数(儿)[數(兒)] N. ① number; figure ② fate ③ talent; skill ④ plan; project ♦NUM. several ***See also*** [1]*shǔ*, [3]*shuò*

[3]**shù** 竖[豎] S.V. vertical; upright ♦V. set upright; erect; stand ♦N. vertical stroke (in characters) ♦B.F. <*wr.*> houseboy; young servant [2]***shùzi***

[4]**shù** 束 V. bind; tie ♦B.F. control; restrain [1]***yuēshù*** ♦M. bundle; bunch; sheaf ♦N. Surname

[5]**shù** 术[術] B.F. ① art ***měishù*** ② skill; technique [1]***jìshù*** ③ technical; specialized [1]***shùyǔ*** ④ method; tactics ***zhànshù See also*** [9]*zhú*

[6]**shù** 述 B.F. state; relate; narrate [1]***xùshù***

[7]**shù** 恕 B.F. ① pardon; excuse ***kuānshù*** ② excuse me ~ ***wǒ dǎrǎo.*** Excuse me for intruding. ③ forbearance [2]***shùdào***

[8]**shù** 漱 V. gargle; rinse

[9]**shù** 戍 B.F. defend ***shùbiān***, [2]***shùshǒu***

[10]**shù** 墅 B.F. villa ***biéshù***

[11]**shù** 庶 B.F. ① numerous; multitudinous [2]***shùwù***, [4]***fùshù*** ② of a concubine ***shùchū***

[12]**shù** 腧 in [3]***shùxué***

[13]**shù** 裋 in ***shùhè***

[14]**shù** 钬[鉥] in [2]***gǔshù***

shuā 刷 V. ① brush; scrub ② daub; paste up ③ <*coll.*> eliminate; remove ④ fire from a job ⑤ skip class (of students) ♦B.F. brush ***shuāzi*** ♦ON. swish; rustle ***See also*** *shuà*

shuǎ* 耍 V. ① play (role/tricks/etc.) ***Bùyào duì wǒ ~ tàidu.*** Don't be rude to me. ② gamble ③ play with; display; flourish (a sword/etc.) ④ make fun of sb.; fool sb. ♦N. Surname

shuà 刷 B.F. select ***shuàxuǎn*** ♦in ***shuàbái See also*** *shuā*

shuǎba 耍把 V. <*coll.*> brandish

shuābái* 刷白 R.V. brush over sth. ♦V.P. pale; pallid; wan ***See also*** *shuàbái*

shuàbái 刷白 V.P. white; pale ***See also*** *shuābái*

shuābàn 刷扮 V. make up; dress up

shuǎ bǎxì 耍把戏[-戲] V.O. <*coll.*> ① juggle ② play tricks

shuā biāoyǔ 刷标语[-標-] V.O. paste up posters

shuǎ bǐgǎn(r) 耍笔杆(儿)[-筆--] V.O. ① wield a pen ***Tā shì ~ de.*** He's a mere scribbler. ② be skilled in literary tricks

shuǎbuliǎo 耍不了 R.V. <*coll.*> can't perform/play

shuǎbùrénr de 耍布人儿的 N. <*topo.*> sb. who pretends to be of a higher status

[1]**shuǎchā** 耍叉 V.O. <*topo.*> ① fight with weapons ② make trouble

[2]**shuǎchā** 耍杈 V.O. <*topo.*> fool around; waste time on nonsense

shuāchǐ 刷耻[-恥] V.O. wipe away disgrace

shuǎcì(r) 耍刺(儿) V.O. <*coll.*> needle; badger

shuǎdānr 耍单儿 <*coll.*> V.O. dress lightly for beauty's sake or to flaunt good health in cold weather

shuǎdāo 耍刀 V.O. <*coll.*> demonstrate sword play

shuǎdāonòngbàng 耍刀弄棒 F.E. children's sword-and-stick play

shuǎ dàpái 耍大牌 V.O. act like a prima donna

shuādiào 刷掉 R.V. white out; scrub (sth.) from

shuǎdòu 耍逗 V. play with; tease

shuǎ èrhǔ 耍二虎 V.O. <*topo.*> act blunderingly

shuǎ gǒuxióng 耍狗熊 V.O. direct a performing bear (in a circus)

shuǎ guānggùn(r) 耍光棍(儿) V.O. <*coll.*> idle around; live by one's wits

shuǎ guǐbǎxì 耍鬼把戏[-戲] V.O. play dirty tricks

shuǎguǐr 耍鬼儿 V.O. <*coll.*> play tricks

shuǎ gǔtou 耍骨头 V.O. ① be tricky ② irritate (someone) with sarcastic remarks

shuǎhèng 耍横 V.O. <*coll.*> be rude

shuǎhóu(r) 耍猴(儿) V.O. <*coll.*> ① put on a monkey show ② play tricks

shuǎ huá 耍滑 V.O. malinger; goldbrick

shuǎhuān(r) 耍欢(儿)[-歡-] V.O. <*coll.*> romp; frolic

[1]**shuǎ huāqiāng** 耍花腔 V.O. be dishonest; cheat

[2]**shuǎ huāqiāng** 耍花枪[-槍] V.O. ① trick; dupe; cheat ② show off some special skill ③ play tricks

shuǎ huātán 耍花坛[-壇] V.O. balance jars

shuǎ huātou 耍花头 V.O. <*topo.*> play tricks

shuǎ huátóu* 耍滑头 V.O. malinger; goldbrick

shuǎ huāyàngr 耍花样儿[--様-] ***See*** *shuǎ huāzhāo*

shuǎ huāzhāo(r) 耍花招(儿) V.O. <*coll.*> ① trick; dupe; cheat ② show off some special skill ③ play tricks ***Tā zài shuǎ shénme huāzhāo?*** What's he up to?

shuǎhuò(r) 耍货(儿) N. <*coll.*> toy

shuǎ huóbǎo 耍活宝[-寶] V.O. <*coll.*> play the fool; act silly

[1]**shuāi*** 摔 V. ① fall; tumble ② move backward and forward; swing ③ cast/throw down/off ④ beat; knock

[2]**shuāi** 衰 B.F. ① decline; wane ***shuāiluò*** ② feeble; declining ***shuāiruò See also*** [6]*cuī*

shuǎi 甩 V. ① move backward and forward ② throw ③ leave sb. behind; throw off

[1]**shuài** 率 B.F. ① lead; command ***shuàilǐng*** ② <*wr.*> follow; obey ③ cursory ***cǎoshuài*** ④ straightforward ***tǎnshuài*** ⑤ rash; hasty ⑥ generally; mostly [2]***dàshuài*** ♦N. <*wr.*> net (to catch birds) ***See also*** [2]*lǜ*

[2]**shuài** 帅[帥] B.F. commander in chief ***yuánshuài*** ♦N. Surname ♦S.V. handsome; chic ***Tā zì xiě de hěn ~.*** He writes a beautiful hand. ♦V. <*wr.*> command (army)

[3]**shuài** 蟀 in ***xīshuài***

shuāibài 衰败 V. decline; wane

shuāibàimòluò 衰败没落 F.E. be on the decline

shuāibèi 衰惫[-憊] V.P. <*wr.*> weak and tired; feeble; weary

shuāibì 衰敝 V. decline; wane; be at a low ebb

shuāibiàn 衰变[-變] V. <*phy.*> decay

shuàibīng 率兵 V.O. lead troops

shuàibù 率部 V.O. lead troops

shuāibudiào 摔不掉 R.V. cannot throw away

shuǎibudiào* 甩不掉 R.V. cannot get rid of; cannot shake off

shuǎibukāi 甩不开[-開] R.V. cannot go full-steam ahead

shuāibuliǎo 摔不了 R.V. won't fall down (of people)

shuǎibutuō 甩不脱 R.V. cannot get rid of; cannot shake off

shuàicái 帅才[帥-] N. a born commander

shuāicǎo 衰草 N. withered grass M: [2]*kē*

shuāicǎobàiyè 衰草败叶[-葉] F.E. withering and fallen leaves

shuāicǎohányān 衰草寒烟[-煙] F.E. withering grass and chilly mists

shuàicháng 率常 ADV. <*wr.*> usually; generally

shuàichángrúcǐ 率常如此 F.E. <*wr.*> This is usually the case.

shuǎichē 甩车 V.O. uncouple train cars

shuǎi chūqu 甩出去 R.V. throw away; throw out

shuāida 摔打 V. ① beat; knock ② rough it; temper oneself

shuāida chūlai 摔打出来 R.V. <*coll.*> bring forth capacity through training or hard work

shuāidǎo* 摔倒 R.V. ① fall down ② fell an opponent

shuǎidāo 甩刀 V.O. flail knife; free-swinging knife

shuǎidāoshì gēcǎojī 甩刀式割草机 N. flail mower M: [1]*tái*

shuǎi dà xié 甩大鞋 V.O. <*topo.*> ① be disdainful of others ② be careless/slipshod in doing things ③ strut about

shuāidǎzálā 摔打砸拉 F.E. ① all sorts of frustrations ② smash/beat/etc. to destroy

shuāidiào 摔掉 R.V. ① throw away; dash down ② shake off (a tail, annoying companion, etc.)

shuǎidiào* 甩掉 R.V. get rid of (a follower/partner/etc.); throw/cast/shake off

shuǎidiào bāofu 甩掉包袱 V.O. get a load off one's back

shuǎidiào wěiba 甩掉尾巴 V.O. throw off a pursuer; throw off a tail

shuǎidiào yóuxiāng 甩掉油箱 V.O. jettison fuel

shuàiduì 率队[-隊] V.O. lead/command a team/group

shuài'ěr 率尔 ADV. <*wr.*> rashly; hastily

shuài'ěrcāogū 率尔操觚 F.E. ① write without due consideration ② dash off (in writing)

shuài'ér'érduì 率尔而对[-對] F.E. reply without thinking

shuǎifà 甩发[-髮] V.O. <*opera*> sway the hair about to indicate distraction

shuǎigān 甩干[-乾] R.V. spin-dry; tumble-dry

shuàige 帅哥[帥-] <*coll.*> N. handsome young chap M: [2]*wèi*

shuāi gēntou 摔跟头 V.O. ① stumble; trip and fall ② trip up; come a cropper (lit./fig.)

shuāihào 衰耗 V. weaken and deteriorate

shuāihuài* 摔坏[-壞] R.V. ① fall/drop to the ground and become damaged ② smash

shuàihuái 率怀[-懷] V.O. follow one's bent

shuāihuáng 摔簧 V.O. <*topo.*> pretend (ignorance of sth.); cover up the truth

shuāijí 衰疾 N. decrepit and beset by illness

shuāijiǎn 衰减[-減] V. <*elec.*> attenuate; weaken; fail; diminish

shuāijiāo(r)* 摔交/跤(儿) V.O. ① tumble; trip and fall ② trip up; come a cropper; blunder ③ <*sport*> wrestle

shuāijiǎo 摔角 <*sport*> V. wrestle ♦N. wrestling

shuāijié 衰竭 N./V.P. <*med.*> exhaustion; prostration

shuāi jīndǒu 摔筋斗 V.O. <*topo.*> trip and fall; tumble

shuāijīzhuólù 摔机着陆[-著陸] F.E. crash-landing

shuāijuàn 衰倦 S.V. enfeebled and tired

shuāikāi 摔开[-開] R.V. cast away; throw away

shuǎikāi* 甩开[-開] R.V. get rid of; throw away

shuǎikāi bǎngzi 甩开膀子[-開--] V.O. go all out; go full steam ahead

shuāilǎo 衰老 S.V. old; senile

shuāi lǎopén 摔老盆 V.O. <*coll.*> break a crock (post-burial act of surviving children of a deceased parent)

shuāilǎoqī 衰老期 N. senescence

shuāilǎo wúyòng 衰老无用 V.P. outlive one's usefulness

shuāilǎo xiànxiàngxué 衰老现象学 N. gerontology

shuǎile 甩了 V.P. have thrown away; have cast away

shuǎi liǎnzi 甩脸子 V.O. <*coll.*> show displeasure

shuǎi liězi 甩咧子 V.O. <*topo.*> show displeasure

shuāilíng 衰陵 V. decline and fall (of a nation/dynasty/etc.)

shuàilǐng* 率领 V. lead; head; command

shuàilìng 帅令[帥-] N. orders of the commander-in-chief M: [2]*dào*

shuāiluàn 衰乱[-亂] N. decline and chaos (of a country)

shuāiluò 衰落 V. decline; go downhill

shuāiluòqū 衰落区[-區] P.W. blighted area

shuāimài 衰迈[-邁] S.V. old and feeble; decrepit; senile

shuǎimài* 甩卖[-賣] V. sell at cheap prices; dump ♦N. markdown sales

shuāimiè 衰灭[-滅] V. decline and fall/die (of a country)

shuāimù 衰暮 N. old and weak

shuāimùzhīnián 衰暮之年 N. advanced in years

shuāinián 衰年 N. decline of life

shuāipái 摔牌 V.O. ① dash one's reputation to the ground ② smear one's reputation
shuāipào(r) 摔炮(儿) N. a torpedo firecracker
shuāipénr 摔盆儿 ID. <trad.> a son's smashing an earthen basin to pieces before the beginning of his parent's funeral procession
shuāipí 衰疲 V.P. weak and tired
shuāipò 摔破 R.V. ① be smashed to pieces ② drop/fall to the ground and be broken ③ suffer injuries in a fall
shuàiqi* 帅气[帥氣] S.V. ① beautiful; graceful; smart ② handsome; elegant
shuàiqí 帅旗[帥-] N. flag of a commander-in-chief M: [1]miàn
shuāiquē 衰缺 V.P. declining and full of defects
shuàirán 率然 ADV. ① rashly ② swiftly
shuǎirén* 甩人 V.O. <coll.> get rid of sb.
shuàirèn 率任 S.V. dissolute; without self-control
shuāiróng 衰容 N. face of an old person
shuāiruò 衰弱 S.V. weak; feeble ♦V. weaken; diminish in strength
shuāiruòzhèng 衰弱症 N. wasting disease
shuāisà 衰飒 <wr.> V. decline; be on the wane ♦V.P. downhearted
shuāishāng 摔伤[-傷] R.V. be injured in a fall
shuāishì 衰世 N. age of decline
shuàishī* 率师[-師] V.O. command troops
shuāishìzhīqiū 衰世之秋 N. age of decadence
shuāishǒu 摔手 V.O. <coll.> flick the hand; brush aside with the hand
shuāishòu 衰瘦 S.V. feeble and thin
shuǎishǒu* 甩手 V.O. ① wave dismissal ② wash one's hands of ③ <coll.> shake the hands (as in pain) ④ swing one's arms
shuàishòushírén 率兽食人[-獸--] ID. tyranny of government
shuǎishuǐqì 甩水器 N. watershed M: [1]tái
shuāisǐ 摔死 R.V. fall to one's death
shuāisuì 摔碎 R.V. smash to pieces; shatter
shuāiténg 摔疼 R.V. feel pain from a fall
shuāitì 衰替 V. <wr.> decline; wane
shuàitóng 率同 V. lead all the others in doing sth.
shuàituán 帅团[帥團] V.O. lead a delegation
shuāituí 衰颓 S.V. ① decrepit ② discouraged; depressed
shuāituì* 衰退 V. fail; decline ♦N. <econ.> recession
shuāituì péngzhàng 衰退膨胀 N. stagflation
shuǎituō 甩脱 V. fling off (one's clothes, etc.)
shuàitǔzhībīn 率土之滨[-濱] N. all within the territory of a state
shuāiwáng 衰亡 V. decline and fall; wither away
shuāiwēi 衰微 V. <wr.> decline; wane
shuāiwěi* 衰萎 V. wither; shrivel
shuàiwù 率悟 V. realize quickly; be quick in understanding
shuāixī 衰息 V. come to a halt/stop (of a lawsuit, etc.)
shuāixià 摔下 R.V. fall
shuǎixià* 甩下 R.V. throw/leave behind; toss off a remark
shuāi xiàlai 摔下来 R.V. fall
shuāixià mǎ lái 摔下马来 V.P. tumble off a horse
shuǎixiàn 甩线 V.O. fishing line
shuàixiān* 率先 V. take the lead/initiative
shuǎi xiánhuà 甩闲话 V.O. <topo.> complain; grumble
shuāixiē 衰歇 V.P. <wr.> decline to extinction
shuāixiè* 衰谢 V. ① wither; fade; become old and desolate ② be sparse (of the hair)
shuàixìng 率性 N. one's natural disposition ♦V.O. act according to the dictates of one's conscience
shuàixìngrènyì 率性任意 F.E. do whatever one pleases; be willful
shuāixiǔ 衰朽 V.P. <wr.> decrepit
shuāixiǔ cánnián 衰朽残年[--殘-] N. decrepit old age
shuǎi xiùzi 甩袖子 V.O. ① <thea./trad.> display emotion ② show anger
shuāiyán 衰颜 N. age-worn face
shuàiyì 率意 S.V. ① willful ② attentive ♦V.O. ① act on the spur of the moment; follow one's inclination ② act with all one's sincerity
shuàiyìgūxíng 率意孤行 F.E. act willfully and without regard for others
shuàiyìn 帅印[帥-] N. seal of a commander-in-chief M: [1]kē/[4]méi
shuàiyóu 率由 V. <wr.> follow; act according to
shuàiyóujiùzhāng 率由旧章[--舊-] F.E. follow established rules; follow the beaten track
shuàiyǔn 率允 V. <wr.> promise
shuāizànr 摔赞儿 V.O. <topo.> grumble
shuāizhé 摔折 R.V. break (a bone/stick/etc.) after falling to the ground
shuàizhēn 率真 S.V. forthright and sincere
shuāizhǐ 衰止 V. die out
shuàizhí* 率直 S.V. straightforward; blunt
shuàizhòng 率众[-眾] V.O. lead a crowd
shuàizhòng'értáo 率众而逃[-眾--] F.E. escape with scores of one's men
shuǎizi* 甩子 N. <topo.> fly whisk; whisk *See also shuǎizǐ*
shuǎizǐ 甩子 V.O. <topo.> lay eggs; spawn *See also shuǎizi*
shuàiziqí 帅字旗[帥--] N. flag of the commander-in-chief M: [1]miàn
shuǎizǒu 甩走 R.V. throw off
shuā jiāhuo 刷家伙 V.O. <coll.> wash dishes
shuǎjiān 耍奸 V.O. malinger; goldbrick
shuǎjiānshìlǎn 耍奸使懒 F.E. <coll.> idle; loaf; lie down on the job
shuǎ jiāntóu 耍尖头 V.O. <topo.> play dirty tricks; dupe
shuǎjiār 耍家儿 N. <topo.> gambling
shuākǎ 刷卡 V.O. swipe a (credit or other) card through a reading device
shuākè 刷课 <coll.> V.O. cut class; skip school
shuākuò 刷括 V. ① scrape together ② plunder
shuālā(lā) 刷拉(拉) ON. swishing sound
shuǎlài 耍赖 V.O. act shamelessly/perversely
shuǎ làipí 耍赖皮 V.O. <coll.> act shamelessly/insolently
shuǎlǎn 耍懒 V.O. ① be lazy ② loiter; loaf
shuǎ lǎoniángmen píqi 耍老娘们脾气[-氣] V.O. <topo.> be temperamental like a woman
shuāle 刷了 V.P. <coll.> quit; walk off a job
shuāle sháo 刷了勺 V.P. <coll.> quit; walk off a job
shuāle sháo bù zuò le 刷了勺不做了 V.P. <coll.> refuse to work anymore; walk off a job
shuǎ liǎngmiànpài 耍两面派 V.O. play a double game; be double-faced
shuǎ liǎnzi 耍脸子 V.O. look at (sb.) angrily
shuǎ liúmáng 耍流氓 V.O. behave like a hoodlum
shuāmǎ 刷马 V.O. curry a horse
shuǎ máitai 耍埋汰 V.O. <topo.> play dirty tricks; cause trouble
shuāmǒ 刷抹 V. paint/etc. with brush
[1]shuān* 拴 V. tie; fasten
[2]shuān 栓 B.F. ① bolt *qiāngshuān* ② plug; stopper; cork *èrshuān* ③ stopper-like object *qiāngshuān*
[3]shuān 闩[閂] N. door bolt; latch ♦V. fasten with a bolt/latch
shuàn 涮 V. ① rinse ② quick-boil ③ <topo.> dupe
shū'àn* 书案[書-] N. <wr.> writing desk M: [1]zhāng
shú'ān 熟谙 V. <wr.> be good at
shuǎnào 耍闹[-鬧] V. ① play (of children); horseplay ② frolic; sport
shuǎ nāozhǒng 耍孬种[-種] V.O. <coll.> run scared
shuānbǎng 拴绑 V. tie up; bind up
shuānbǐng 闩柄 N. bolt handle/lever
shuānbuzhù xīn 拴不住心 V.P. ① unable to hold a man's heart (of a woman) ② unable to keep one's mind fixed
shuānchā 拴插 V. look after the food and clothing of a child
shuānchē 拴车 V.O. ① tie up carts and carriages ② <trad.> purchase a vehicle
shuānchí 拴持 V. <topo.> raise (children)
shuānfù 栓缚 V. bind
[1]shuāng* 双[雙] ATTR. ① two; twin; both; dual ② even (number) ③ double; twofold ♦M. pair ♦N. Surname
[2]shuāng 霜 N. frost ♦B.F. ① frostlike powder *[2]yánshuāng* ② white; hoary *shuāngbìn*
[3]shuāng 孀 B.F. widow *shuāngfù, gūshuāng*
[4]shuāng 骦[驦] in *[1]sùshuāng*
[5]shuāng 鹴[鸘] in *[2]sùshuāng*
shuǎng 爽 B.F. ① bright; clear; crisp *liángshuǎng* ② straightforward *shuǎngkuai*
shuāngbǎi fāngzhēn 双百方针[雙-] N. two principles: Let a hundred flowers bloom and a hundred schools of thought contend.
shuāngbǎngr 双膀儿[雙-] N. biplane
shuāngbàngr* 双棒儿[雙-] N. ① twin (of children) ② twin ice-lollies
shuāngbànr 双瓣儿[雙-] N. double petal (of flowers); double clove (of garlic/etc.)
shuāngbànyīn diànshì guǎngbō 双伴音电视广播[雙--電-廣-] N. simultaneous transmission of two languages on television
shuāngbāo 双包[雙-] N. double contract (production and work contracted to the household)
shuāngbāohù 双包户[雙-] N. double-contract household
shuāngbāotāi 双胞胎[雙-] N. twins
shuāngbèi 双倍[雙-] N. double; twofold
shuāngbèicháng 双倍长[雙-] N. double-length
shuāngbì 双臂[雙-] N. two arms
shuāngbiān 双边[雙邊] ATTR. bilateral
shuāngbiān duìhuà 双边对话[雙邊對-] N. <lg.> dyad
shuāngbiān huìtán 双边会谈[雙邊-] N. bilateral talks
shuāngbiān língtīng 双边聆听[雙邊-聽] N. <lg.> bilateral hearing
shuāngbiān màoyì 双边贸易[雙邊-] N. bilateral trade
shuāngbiān màoyì xiédìng 双边贸易协定[雙邊--協-] N. bilateral trade agreement
shuāngbiān xiédìng 双边协定[雙邊協-] N. bilateral agreement/treaty
shuāngbiānyīn 双边音[雙邊-] N. <lg.> bilateral
shuāngbìfǎnfù 双臂反缚[雙-] F.E. bind sb.'s arms behind his back
shuāngbìn 霜鬓[-鬢] N. gray temples
shuāngbīn dòngcí 双宾动词[雙賓動-] N. <lg.> ditransitive verb
shuāngbīng 霜冰 N. rime ice
shuāngbīn jíwù dòngcí 双宾及物动词[雙賓--動-] N. <lg.> ditransitive verb
shuāngbīnyǔ 双宾语[雙賓-] N. <lg.> double objects
shuāngbīnyǔ dòngcí 双宾语动词[雙賓-動-] N. <lg.> ditransitive verb
shuāngbǔ* 双补[雙補] V. make up cultural and technical knowledge missed because of the Cultural Revolution
shuāngbù 双部[雙-] N. <lg.> binomial
shuāngbùjù 双部句[雙-] N. <lg.> sentence with two constituents
shuāngcāo 霜操 N. moral uprightness; incorruptibility
shuāngcǎo* 霜草 N. white grass
shuāngcéng 双层[雙層] ATTR. double decked/layered
shuāngcéngchuáng 双层床[雙層-] N. double-decked bunk M: [1]zhāng
shuāngchàlù 双叉路[雙-] N. fork of a road
shuāngchēdào 双车道[雙-] N. dual-lane; two-lane

shuāngchén 霜晨 N. frosty morning
[1]shuāngchéng 双程[雙-] N. round trip
[2]shuāngchéng 双城[雙-] P.W. two cities
shuāngchéngfèn 双成分[雙-] N. binary
shuāngchéngfèn jù 双成分句[雙-] N. <lg.> two-member sentence
shuāngchéngpiào 双程票[雙-] N. round-trip ticket M: [1]zhāng
shuāngchóng 双重[雙-] ATTR. double; dual; twofold
shuāngchóng biāozhǔn 双重标准[雙-標準] N. double standard
shuāngchóng dàibiǎoquán 双重代表权[雙-權] N. dual representation
shuāngchóng dúyīn 双重读音[雙-讀-] N. <lg.> double stress
shuāngchóng fānyì 双重翻译[雙-譯] N. <lg.> double/couplet translation
shuāngchóng fǒudìng 双重否定[雙-] N. <lg.> double negative
shuāngchóng fúhào 双重符号[雙-號] N. double symbol
shuāngchóng fúhào guānxi 双重符号关系[雙-號關係] N. <lg.> double symbolic reference
shuāngchóng guójí 双重国籍[雙-國-] N. dual nationality
shuāngchóng héyīn 双重合音[雙-] N. <lg.> closing diphthong
shuāngchóng huìlǜ 双重汇率[雙-匯-] N. two-tier exchange rate
shuāngchóng jiàndié 双重间谍[雙-] N. double agent
shuāngchóng lǐngdǎo 双重领导[雙-導] N. under the leadership of two departments
shuāngchóng mǔyīn 双重母音[雙-] N. <lg.> diphthong
shuāngchóng réngé 双重人格[雙-] N. <derog.> dual personality
shuāngchóng suǒyǒu 双重所有[雙-] N. <lg.> double possessive
shuāngchóng suǒyǒugé 双重所有格[雙-] N. <lg.> double genitive
shuāngchóng wénhuà 双重文化[雙-] N. biculture
shuāngchóng wénhuà xiànxiàng 双重文化现象[雙-] N. <lg.> biculturalism
shuāngchóngxìng 双重性[雙-] N. dual nature
shuāngchóng yāpò 双重压迫[雙-壓-] N. twofold oppression
shuāngchóngyīn 双重音[雙-] N. <lg.> diphthong; double stress
shuāngchóng yuányīn 双重元音[雙-] N. <lg.> diphthong
shuāngchóng yǔyánzhì 双重语言制[雙-] N. <lg.> bilingualism
shuāngchóngzhōngyīn 双重中音[雙-] N. <lg.> central diphthong
shuāngchún 双唇[雙-] N. two lips
shuāngchún bíyīn 双唇鼻音[雙-] N. <lg.> bilabial nasal sound
shuāngchún cāyīn 双唇擦音[雙-] N. <lg.> bilabial fricative
shuāngchún chǐyīn 双唇齿音[雙-齒] N. <lg.> bilabiodental
shuāngchún de 双唇的[雙-] ATTR. bilabial
shuāngchún sāiyīn 双唇塞音[雙-] N. <lg.> bilabial occlusive/stop
shuāngchúnyīn 双唇音[雙-] N. <lg.> bilabial consonant/sound; bilabial
shuāngchún yìyīn 双唇抑音[雙-] N. <lg.> bilabial stop
shuǎngcuì 爽脆 S.V. ① prompt; expeditious ② frank; open ③ crisp
shuāngdǎ 双打[雙-] N. <sport> doubles
shuǎngdàng 爽当/荡[-當/蕩] S.V. brisk; agile
shuāngdāo 霜刀 N. sharp, shining knife M: [1]bǎ
shuāng de* 双的[雙-] ATTR. bi-
shuǎngde 爽得 ADV. <coll.> with additional generosity
shuǎngdé 爽德 V.O. depart from virtue
shuāngdiǎn 霜点[-點] N. <met.> frost point
shuāngdòng 霜冻 N. frost
shuāngdù 霜度 N. <met.> degrees of frost
shuāng'é 双蛾[雙-] N. <wr.> eyebrows of a woman
shuāng'ěrdāo 双耳刀[雙-] N. Kangxi radicals 163 and 170
shuāng'ěr de 双耳的[雙-] ATTR. binaural
shuāng'ěrpíng 双耳瓶[雙-] N. bottle/vase with two ears
shuāng'ěr tīngjué 双耳听觉[雙-聽覺] N. binaural; binaural hearing
shuǎngfǎ 爽法 V.O. violate the law
shuāngfādòngjī 双发动机[雙發動-] N. bimotored vehicle
shuāngfāng 双方[雙-] N. both sides; two parties
shuāngfāngkuòhào 双方括号[雙-號] N. double brackets
shuāngfāng tóngyì 双方同意[雙-] V.P. by mutual consent
shuāngfāng xiédìng 双方协定[雙-協-] N. mutual agreement
shuāngfāngyán jiàoyù 双方言教育[雙-] N. <lg.> bidialectal education
shuāngfāngyán nénglì 双方言能力[雙-] N. <lg.> bidialect(al)ism
shuāngfāngyán xiànxiàng 双方言现象[雙-] N. <lg.> bidialect(al)ism
shuāngfāngyán zhìdù 双方言制度[雙-] N. <lg.> bidialect(al)ism
shuāngfāngyánzhǔyì 双方言主义[雙-義] N. <lg.> bidialectism
shuāngfǎnmiàn zǔzhī 双反面组织[雙-織] N. purl stitch
shuāngfǎn yùndòng 双反运动[雙-運動] N. <PRC> campaign to oppose waste and conservatism
[1]shuāngfēi 双飞[雙飛] N. ① flying in pairs ② close union as man and wife (both professionally successful)
[2]shuāngfēi 霜妃 N. frost
shuāngfèi fèiyán 双肺肺炎[雙-] N. double pneumonia
shuāngfèn(r) 双份(儿)[雙-] N. double the amount; twice as much
shuāngfēnfǎ 双分法[雙-] N. <lg.> binarism; binarity
[1]shuāngfēng* 双峰[雙-] N. double peak
[2]shuāngfēng 霜锋 N. sharp, gleaming blades
shuāngfèng 双凤[雙鳳] N. two phoenixes
shuāngfēng fēnbù 双峰分布[雙-] N. <math.> bimodal distribution
shuāngfēng fǔyīn 双峰辅音[雙-] N. <lg.> double-peak consonant
shuāngfēng luòtuo 双峰骆驼[雙-] N. <zoo.> two-humped/Bactrian camel M: [2]zhī
shuāngfēngtuó 双峰驼[雙-] N. <zoo.> two-humped/Bactrian camel M: [2]zhī
shuāngfēnzhì 双分制[雙-] N. <lg.> binarism; binarity
[1]shuāngfú(r)* 双幅(儿)[雙-] N. double width (e.g., of cloth)
[2]shuāngfú 双扶[雙-] V. give aid to poor families and those needing special care
shuāngfù 孀妇[-婦] N. <wr.> widow M: [2]wèi
shuāngfù de 双复的[雙複-] ATTR. double(d)
shuānggàibīngguà 霜盖冰挂[-蓋--] F.E. be covered with frost and hung with icicles
shuānggàng(r) 双杠(儿)[雙-] N. <sport> parallel bars M: [1]fù
[1]shuānggōng 双工[雙-] ATTR. duplex operation; duplex
[2]shuānggōng 双宫[雙宮] N. cocoon with a double covering
shuānggōu 双钩[雙鉤] N. open/hollow strokes in calligraphy
shuāngguàhào 双挂号[雙-號] N. registered mail with return receipt
shuāngguān 双关[雙關] V.P. having double meaning
shuāngguǎn* 双管[雙-] ATTR. double-barreled
shuāngguǎn lièqiāng 双管猎枪[雙-獵槍] N. double-barreled shotgun M: [2]zhī
shuāngguǎnqíxià 双管齐下[雙-齊-] F.E. ① do two things at the same time ② use two approaches to a goal ③ ambiguous text
shuāngguānyǔ 双关语[雙關-] N. ① pun ② double entendre
shuāngguī 孀闺 N. <trad.> a widow's chamber
shuāngguǐ* 双轨[雙-] N. <traf.> double track M: [1]tiáo
shuāngguǐzhì 双轨制[雙-] N. <edu.> ①double-track pricing system (state-fixed price and the market price) ② dual-script system (characters and pinyin); digraphia
shuānggǔr 双股儿[雙-] N. double strand of rope/thread/etc.
shuānghài 霜害 N. ① frostbite; frost injury ② damage from frost
shuāngháng dàmài 双行大麦[雙-麥] N. two-rowed barley
shuānghào 双号[雙號] N. even number (of seats/etc.)
shuānghào zuòwèi 双号座位[雙號-] N. even-numbered seats
shuānghébǎn 双合板[雙-] N. two-ply M: [1]zhāng/[2]kuài
shuānghéxīn-jù 双核心句[雙-] N. <lg.> two-nucleus sentence
[1]shuānghuā* 霜花 N. frostwork; (soft) rime
[2]shuānghuā 双花[雙-] N. <Ch. med.> honeysuckle
shuānghuà 霜化 N. become frosted
shuānghuábiàndì 霜华遍地[-華--] F.E. (The flowers of) frost covered the earth.
shuānghuálí 双铧犁[雙鏵-] N. double plow; two-shared plow
[1]shuānghuáng 双簧[雙鐄] N. two-man comic show
[2]shuānghuáng(r) 双黄(儿)[雙-] N. double yolks in an egg
shuānghuángguǎn(r) 双簧管(儿)[雙-] N. <mus.> oboe M: [2]zhī
shuānghuángxiàn 双黄线[雙-] N. double yellow lines M: [1]tiáo
shuǎnghuì 爽慧 V.P. intelligent; agile; adroit
shuānghù zhùzhái 双户住宅[雙-] P.W. two-family house
shuāngjí 双极[雙極] ATTR. dipole; double pole; bipolar
shuāngjiá 双颊[雙頰] N. both cheeks
shuāngjiáhóngrùn 双颊红润[雙頰-] F.E. have rosy cheeks
shuāngjiā huódòng 双佳活动[雙-動] N. <PRC> most excellent service personnel and team activities
shuāngjiān* 双肩[雙-] N. one's two shoulders
shuāngjiàn 双键[雙-] N. <chem.> double bond
shuǎngjiàn 爽健 S.V. healthy and strong
Shuāngjiàng 霜降 N. Frost's Descent (18th solar term)
shuāngjiànhào 双剑号[雙-號] N. <lg.> double dagger
shuāngjiān tiāo 双肩挑[雙-] V.P. carry on both shoulders
shuāngjiāo 双交[雙-] N. <agr.> double cross
shuāngjiǎo* 双脚[雙腳] N. two/both feet
shuāngjiǎopiāohū 双脚飘忽[雙腳-] F.E. walk with uncertain steps
shuāngjìdào 双季稻[雙-] N. double-harvest rice
shuāngjiě 双解 ATTR. *of bilingual dictionaries* ① having definitions in both languages ② two-way
shuāngjīng 双晶[雙-] N. twin crystal
shuāngjìng* 双镜[雙-] N. bimirror
shuāngjìnshuāngchū 双进双出[雙進雙-] F.E. go with each other all the time (as lovers)
shuāngjī qiānyǐn 双机牵引[雙-牽-] V.P./N. dual-locomotive traction
shuāngjìshì bùjì 双记式簿记[雙-] N. <acct.> double-entry bookkeeping

shuāngjìsuànjī 双计算机[雙-] N. duplex computer
shuāngjiǔ 双九[雙-] N. <*trad.*> double nine (families of bride and groom meeting on the 18th day after the wedding)
shuāngjíwù dòngcí 双及物动词[雙--動-] N. <*lg.*> ditransitive verb
shuāngjū 孀居 V. <*wr.*> live in widowhood
shuāngjué 双绝[雙絕] V.P. talented in traditionally paired abilities ***Tā wénwǔ ~.*** He's talented in both civil and military matters.
shuāngkǎ 双卡[雙-] N. double cassette
shuǎngkǎi 爽垲[-塏] V.P. high and dry (of terrain)
shuǎngkǒu 爽口 S.V. tasty and refreshing
shuāngkǒuyǔ jiàoyù 双口语教育[雙-] N. <*lg.*> bilingual education
shuǎngkuai 爽快 S.V. ① refreshed; comfortable ② frank; straight-forward; outright ***Tā shuōhuà ~.*** She speaks frankly. ♦ADV. with alacrity; readily
shuāngkuǎn 双款[雙-] N. colophon with both dedication and signature
shuǎnglǎng 爽朗 S.V. ① bright; crisp (of air) ② candid; hearty
[1]**shuānglǐ*** 双礼[雙禮] N. <*trad.*> simultaneous bows by bride and groom to elders on the wedding day
[2]**shuānglǐ** 双鲤[雙-] N. <*wr.*> letters
shuǎnglì 爽利 S.V. brisk and neat; efficient and able ♦ADV. <*coll.*> ① might as well ② be determined to
shuānglián 双联/连[雙聯] ATTR. <*elec.*> duplex
shuāngliáncí 双连词[雙-] N. <*lg.*> bigram
shuǎngliàng 爽亮 S.V. ① loud and clear; resounding; sonorous ② cheerful; sanguine
shuāngliánpíng 双莲瓶[雙-] N. <*pottery*> double/twin vase
shuāngliǎn(r)xié 双脸(儿)鞋[雙-] N. traditional cloth shoes M: [1]*shuāng*
shuāngliánzhōu 双连舟[雙-] N. catamaran M: [2]*zhī*
shuāngliào(r) 双料(儿)[雙-] N. ① reinforced material ② extra quality ♦ATTR. <*coll.*> made of more than ordinary stuff; (a person) of great stamina or strength
shuāngliào guànjūn 双料冠军[雙-] N. dual champion; double winner
shuānglìrén(r) 双立人(儿)[雙-] N. Kangxi radical 60
shuānglí tuōlājī 双犁拖拉机[雙-] N. two-plow tractor M: [1]*tái*
shuāngliù 双陆/六[雙陸] N. <*trad.*> dice game
[1]**shuāng-lù** 霜露 N. frost and dew
[2]**shuānglù** 双陆[雙陸] N. <*trad.*> a chess-like game
shuānglún 双轮[雙-] N. ① <*sport*> double round ② two-wheeled
shuānglún-shuānghuálí 双轮双铧犁[雙-雙鏵-] N. two-wheeled double-shared plow M: [1]*tái*
shuāngluóxuán 双螺旋[雙-] N. dual/double spirals
shuāngmáo 霜毛 N. pure, white feathers
shuāngméi 双眉[雙-] N. both eyebrows
shuāngméibìng 双/霜霉病[雙-] N. <*agr.*> downy mildew
shuāngméijǐnsuǒ 双眉紧锁[雙-緊-] F.E. deep frown
shuāngmiàn(r) 双面(儿)[雙-] ATTR. two-sided; double-edged; double-faced
shuāngmiàn dāopiàn 双面刀片[雙-] N. double-edged razor blade
shuāngmiàn jiàndié 双面间谍[雙-] N. double agent
shuāngmiànkǎ 双面卡[雙-] N. double-faced khaki
shuāngmiànrèn de dāozi 双面刃的刀子[雙-] N. double-edged sword
shuāngmiànxiù 双面绣[雙-繡] N. double-faced embroidery
shuāngmiàn yìnshuājī 双面印刷机[雙-] N. <*print.*> perfecting press; perfector M: [1]*tái*
shuāngmiàn zhīwù 双面织物[雙-織-] N. <*txtl.*> reversible cloth; reversibles
shuāngmíng 双名[雙-] N. two-character given name
shuāngmìpán 双密盘[雙-盤] N. <*comp.*> double-density diskette
shuāngmù* 双目[雙-] N. both eyes ♦ATTR. binocular
shuǎngmù 爽目 S.V. pleasant to eyes
shuāngmù jǐnbì 双目紧闭[雙-緊-] V.P. eyes tightly closed
shuāngmùjìng 双目镜[雙-] N. binoculars
shuāngmùjiǒngjiǒng 双目炯炯[雙-] F.E. The eyes are piercingly bright.
shuāngmù shìjué 双目视觉[雙-覺] N. binocular vision
shuāngmù shīmíng 双目失明[雙-] V.P. be blind in both eyes
shuāngmùwúshén 双目无神[雙-] F.E. lackluster eyes
shuāngmùxiàchuí 双目下垂[雙-] F.E. lower one's eyes
shuāngmù xiǎnwēijìng 双目显微镜[雙-顯--] N. binocular microscope M: [1]*tái*
shuāng'ǒuxìng 双偶性[雙-] N. duality
shuāngpáikòur 双排扣儿[雙-] N. double rows of buttons on garments
shuāngpīn 双拼[雙-] N. <*comp.*> double pinyin (input method requiring 1–2 keystrokes per character)
[1]**shuāngqī*** 霜期 N. <*met.*> frost season
[2]**shuāngqī** 双栖[雙棲] V. live together as man and wife
[3]**shuāngqī** 霜妻 N. widow
shuǎngqì 爽气[-氣] S.V. ① straightforward ② alert; penetrating ③ fresh; crisp (of air)
shuāngqiǎng 双抢[雙搶] N. rush planting and harvesting
shuāngqiāngjiàng 双枪将[雙槍將] N. <*trad.*> martial general armed with two spears M: [2]*wèi*
shuāngqiāntián 双千田[雙-] N. fields with a per-*mu* yield of over 1,000 catties of grain, valued at over 1,000 *yuan* M: [2]*kuài*
shuāngqílín 霜淇淋 N. soft ice cream
shuāngqīn 双亲[雙親] N. both parents
shuāngqiújūn 双球菌[雙-] N. <*med.*> diplococcus
shuāngqū 双曲[雙-] ATTR. hyperbolical
shuāngquán 双全[雙-] V.P. ① be complete in both respects; possess both (civilian and military prowess) ② have both (parents) alive
shuāngquān bǐnggān 双圈饼干[雙-乾] N. pretzel
shuāngqū gǒngqiáo 双曲拱桥[雙-橋] N. double-curvature arch bridge
shuāngqūxiàn 双曲线[雙-] N. <*math.*> hyperbola M: [1]*tiáo*
shuǎngrán 爽然 V.P. <*wr.*> discouraged; disappointed; at a loss
shuǎngrándùnshì 爽然顿释[-釋] F.E. be relieved of anxiety/distress/etc.
shuǎngránruòshī 爽然若失 F.E. depressed and at a loss
[1]**shuāngrèn** 双刃[雙-] N. double-edged blade
[2]**shuāngrèn** 霜刃 N. sharp-edged sword/knife
shuāngréncāng 双人舱[雙-艙] N. double cabin
shuāngrénchuáng 双人床[雙-] N. double bed M: [1]*zhāng*
shuāngrénfáng 双人房[雙-] P.W. double-bedded room; twin-bedded room M: [1]*jiān*
shuāngrén fángjiān 双人房间[雙-] P.W. double room; double
shuāngrènjiàn 双刃剑[雙-] N. rapier; double-edged sword M: [1]*bǎ*
shuāngrén jiǎotàchē 双人脚踏车[雙-腳--] N. tandem bicycle M: [3]*liàng*
shuāngrén liànxí 双人练习[雙-練習] N. <*lg.*> pair practice
shuāngrén pítǐng 双人皮艇[雙-] N. two-person/tandem kayak
shuāngrénwǔ 双人舞[雙-] N. (dance) duet; pas de deux
shuāngrén xiàngmù 双人项目[雙-] N. pair event
shuāngrén zuòyè 双人作业[雙-業] N. <*lg.*> pair work
shuāngrì(zi) 双日(子)[雙-] N. even-numbered days
shuāngsè 双色[雙-] N. <*txtl.*> two-tone
shuāngshā 双杀[雙殺] N. <*sport*> double play (in baseball)
shuāngshǎi 双色/骰[雙-] N. double dice
shuǎngshén 爽神 S.V. refreshing
shuǎngshēnfěn 爽身粉 N. talcum powder
[1]**shuāngshēng(zi)*** 双生(子)[雙-] N. twin
[2]**shuāngshēng** 双声[雙聲] N. <*lg.*> phrase consisting of two or more characters with the same initial consonant; alliteration
shuǎngshēng 爽声[-聲] N. a loud and clear voice
shuāngshēngdài 双声带[雙聲帶] N. dual track
shuāngshēngdào 双声道[雙聲-] N. dual track
shuāngshēngdào lìtǐshēng 双声道立体声[雙聲-體聲] N. stereophony
shuāngshēng-diéyùn 双声叠韵[雙聲疊韻] N. <*lg.*> alliteration and repetition in rhyme
shuāngshēngzǐ 双生子[雙-] N. twins
shuāngshēnzi 双身子[雙-] N. ① pregnancy ② pregnant woman
shuǎngshī 爽失 N. <*wr.*> ① slip; fault; mistake; error ② fail to keep/honor (a pledge/etc.)
shuǎngshì* 爽适[-適] S.V. fresh and comfortable (air)
[1]**shuāngshìcí** 双式词[雙-] N. <*lg.*> alternative; doublet
[2]**shuāngshìcí** 双事词[雙-] N. <*lg.*> double object
Shuāngshíjié 双十节[雙-節] N. Double Tenth; October 10; National Day in Taiwan
shuāngshǒu 双手[雙-] N. both hands
shuāngshǒu cāozuò 双手操作[雙-] V.P./N. bimanualness; ambidexterity
shuāngshǒufǎnbǎng 双手反绑[雙-] F.E. tie sb.'s hands behind his back
shuāngshǒufèngshang 双手奉上[雙-] F.E. present respectfully with both hands
shuāngshǒufúqǐ 双手扶起[雙-] F.E. raise (sb.) up with both hands
shuāngshǒugǒngràng 双手拱让[雙-讓] F.E. give sth. to sb. with both hands
shuāngshǒuhéshí 双手合十[雙-] F.E. put one's palms together devoutly
shuāngshǒu huānyíng 双手欢迎[雙-歡-] V.P. greet sb. with open arms
shuāngshǒujiā'é 双手加额[雙-] F.E. place one's hands together and press them to one's forehead in thankfulness
shuāngshǒu jūnnéngxìng 双手均能性[雙-] N. ambidexterity
shuāngshǒu língqiǎo 双手灵巧[雙-靈-] V.P. have a light hand
shuāngshǒu pěngshàng 双手捧上[雙-] V.P. offer with both hands
shuāngshòushìcí 双受事词[雙-] N. <*lg.*> word with double object
shuāngshòushìcí dòngcí 双受事词动词[雙---動-] N. <*lg.*> verb with double object
shuāngshǒu wànnéng 双手万能[雙-萬-] V.P. With two hands, one can work miracles.
shuāngshǒu zànchéng 双手赞成[雙-] V.P. raise both hands in approval; support fully
shuāngshǒu zhēliǎn 双手遮脸[雙-] V.P. bury one's face in one's hands
shuāngshù(r) 双数(儿)[雙數-] N. even numbers; dual
shuāngshuāng 双双[雙雙] N. pairs
shuāngshuāngduìduì 双双对对[雙雙對對] R.F. in pairs and couples

shuǎngshuǎngkuàikuài 爽爽快快 R.F. <coll.> ① straightforward ② unhesitating
shuāngshuāngxùnqíng 双双殉情[雙雙-] F.E. a double suicide for love
shuāngsùshuāngfēi 双宿双飞[雙-雙飛] F.E. inseparable
shuāngtái 霜台[-臺] N. <trad.> respectful reference to an imperial censor
shuāngtáng 双糖[雙-] N. <chem.> disaccharide
shuāngtàochē 双套车[雙-] N. carriage pulled by a double team of horses
shuāngtǐ 双体[雙體] ATTR. binary
shuāngtiān 霜天 N. ① cold/frosty weather ② bleak sky
shuāngtiānxiàn 双天线[雙-] N. double/twin antenna
shuāngtiáo 霜条[-條] N. popsicle
shuāngtiáo biànhuànlǜ 双条变换律[雙條變換-] N. <lg.> ① double-based transformation ② generalized transformation
shuāngtiáo de 双条的[雙條-] ATTR. <lg.> ① double-based ② generalized
shuāng tiáojiànjù 双条件句[雙條-] N. <log.> biconditional
shuāngtǐchuán 双体船[雙體-] N. catamaran M: [1]sōu
shuāngtǐ dòngcí 双体动词[雙體動-] N. <lg.> biaspectual verb
shuāngtǐxìng dòngcí 双体性动词[雙體-動-] N. <lg.> binary verb
shuāngtóngjiǎnshuǐ 双瞳翦水[雙-] F.E. clear, beautiful eyes of a pretty girl
shuāngtǒng wàngyuǎnjìng 双筒望远镜[雙--遠-] N. binoculars
shuāngtóujī 双头肌[雙-] N. trapezius muscle
shuāngtóujīn 双头筋[雙-] N. <phys.> biceps
shuāngtū 双突[雙-] N. <PRC> crash admission into the Party and promotion (of cadres)
shuāngtū gànbù 双突干部[雙-幹-] N. <PRC> double-crash cadres
shuàn guōzi 涮锅子[-鍋-] V.O. quick-boil slices of meat and vegetables in a chafing dish
shuāngwáng 双亡[雙-] V.P. Both are dead. (of one's parents or a couple)
shuāngwànhù 双万户[雙萬-] N. rural households that have an annual grain yield of over 10,000 catties and an income of over 10,000 yuan
shuāngwēi 霜威 N. rigor; severity
shuāngwéi* 双桅[雙-] N. dual-mast (boat/ship)
shuāngwèi 双卫[雙衛] N. <sport> two fullbacks
shuāngwéichuán 双桅船[雙-] N. two-master M: [1]sōu
shuāngwèiyǔ 双谓语[雙-] N. <lg.> double predicate
shuāngwénhuàzhǔyì 双文化主义[雙-義] N. <lg.> biculturalism
shuāngwénzhì 双文制[雙-] N. two-script system (characters and pinyin); digraphia
shuāngxī 双膝[雙-] N. both knees
shuāngxǐ* 双喜[雙-] N. ① double happiness ② two happy events ③ marriage
shuāngxiàba 双下巴[雙-] N. double chin
shuāngxiān 双先[雙-] AB. ~xiānjìn [1]gèrén, xiānjìn jítǐ
shuāngxiàn* 双线[雙-] N. double line
[1]**shuāngxiǎng** 双响[雙響] N. double-bang firecracker
[2]**shuāngxiǎng** 双饷[雙-] N. double pay for soldiers
shuāngxiàng* 双向[雙-] ATTR. two-way; bidirectional ♦N. both directions
shuāngxiàng bǎidòng mén 双向摆动门[雙-擺動-] N. double swinging door
shuāngxiàng chuànliè 双向串列[雙-] N. <lg.> bidirectional linked list
shuāngxiàng duìbǐ 双项对比[雙-對-] N. <lg.> binary contrast
shuāngxiàng fēidié shèjī 双向飞碟射击[雙-飛--擊] N. <sport> skeet shooting
shuāngxiàng gōutōng 双向沟通[雙-溝-] N. two-way communication
shuāngxiàngguǐzhì 双向轨制[雙-] N. dual-track pricing system
shuāngxiàng jiāotōng 双向交通[雙-] N. two-way traffic
shuāngxiàng kāiguān 双向开关[雙-開關] N. two-way switch
shuāngxiàng pǐpèi 双向匹配[雙-] N. dual (i.e., forward and backward) match (in textual comparison)
shuāngxiàng xuǎnzé 双向选择[雙-選擇] N. two-way choice; bilateral selection
shuāngxiàng xuǎnzé zhìdù 双向选择制度[雙-選擇--] N. two-way choice system
shuāngxī guìxià 双膝跪下[雙-] V.P. fall on one's knees
shuāngxǐlínmén 双喜临门[雙-臨-] F.E. double happiness has blessed the house
shuāngxīn* 双薪[雙-] N. double pay/salary; wage plus bonus
shuǎngxīn 爽心 S.V. gratified; satisfied; pleased
shuǎngxìn 爽信 V.O. <wr.> fail to keep one's promise; go back on one's word
shuāngxīng 双星[雙-] N. <astr.> double star
shuāngxìng* 双姓[雙-] N. double surname
shuǎngxìng 爽性 ADV. may just as well
shuāngxīn jiātíng 双薪家庭[雙-] P.W. two-paycheck family
shuǎngxīnyuèmù 爽心悦目 F.E. refreshing to the heart and pleasing to the eye
shuāngxiùkǒu 双袖口[雙-] N. French cuff
shuāngxù 霜絮 N. frostwork
shuāngxuě 霜雪 N. frost and snow ♦ATTR. snowwhite
shuāngxúnhuán 双循环[雙-環] N. two cycles
shuāngyǎn* 双眼[雙-] N. both eyes
shuǎngyán 爽言 V.O. break a promise
shuāngyǎngshuǐ 双氧水[雙-] N. hydrogen peroxide solution
shuāngyǎnjǐng 双眼井[雙-] N. twin-mouthed well M: kǒu/[1]yǎn
shuāngyǎnpí(r) 双眼皮(儿)[雙-] N. double-lid
shuāngyǎn wàngyuǎnjìng 双眼望远镜[雙--遠-] N. binocular telescope
[1]**shuāngyè** 霜叶[-葉] N. ①red leaves ②autumn maple leaves ③ leaves turning white
[2]**shuāngyè** 霜夜 N. frosty night
[3]**shuāngyè** 双叶[雙葉] N. <bot.> dicotyledon
[4]**shuāngyè** 双靥[雙靨] N. two dimples
shuāngyè fēijī 双叶飞机[雙葉飛-] N. biplane
[1]**shuāngyì** 双翼[雙-] N. double wings
[2]**shuāngyì** 双义[雙義] N. <lg.> bisemy
shuāngyì fēijī 双翼飞机[雙-飛-] N. biplane
shuāngyìjī 双翼机[雙-] N. biplane M: [1]jià
shuāngyīncí 双音词[雙-] N. <lg.> dissyllable
shuāngyíng 双赢[雙-] V.P. benefit both sides; be a non-zero-sum game
shuāngyǐnhào 双引号[雙-號] N. double quotation mark
shuāngyīnjié 双音节[雙-節] N. <lg.> dissyllable
shuāngyīnjié cí 双音节词[雙-節-] N. <lg.> disyllabic word; disyllable
shuāng yǐnqíng fēijī 双引擎飞机[雙--飛-] N. twin-engine plane
shuāngyōng 双拥[雙擁] N. ① support the army and give preferential treatment to the families of armymen and martyrs ② support the government and cherish the people
shuāngyōng yùndòng 双拥运动[雙擁運動] AB. ~yōngjūn yōushǔ, yōngzhèng àimín
shuāngyǔ 双语[雙-] ATTR. bilingual ♦N. <lg.> diglossia
shuāngyuányīn 双元音[雙-] N. <lg.> diphthong
shuāngyǔ cídiǎn 双语词典[雙-] N. <lg.> bilingual dictionary
shuāngyǔ dòngcí 双语动词[雙-動-] N. <lg.> two-word verb
shuāngyǔ dúxiězhě 双语读写者[雙-讀寫-] N. <lg.> biliterate
shuāngyuè* 霜月 N. seventh moon in the lunar calendar
shuǎngyuē 爽约 V.O. <wr.> break an appointment
shuāngyuèkān 双月刊[雙-] N. bimonthly (periodicals/etc.) M: [1]běn
shuāngyǔ fēngōng xiànxiàng 双语分工现象[雙-] N. <lg.> diglossia
shuāngyǔ fēnyòng xiànxiàng 双语分用现象[雙-] N. <lg.> diglossia
shuāngyǔ jiàoyù 双语教育[雙-] N. <lg.> bilingual education
shuāngyǔ jùfǎ cèshì 双语句法测试[雙-] N. <lg.> bilingual syntax measure
shuāngyǔ nénglì 双语能力[雙-] N. <lg.> bilingualism
shuāngyǔ shuǐpíng xiāngdāngzhě 双语水平相当者[雙----當-] N. <lg.> balanced bilingual
shuāngyǔtǐ xiànxiàng 双语体现象[雙-體--] N. <lg.> diglossia
shuāngyǔ xiànxiàng 双语现象[雙-] N. <lg.> bilingualism
shuāngyǔ yìyuán 双语译员[雙-譯-] N. <lg.> bilingual translator
shuāngyǔzhì 双语制[雙-] N. bilingualism
shuāngyǔ zhìdù 双语制度[雙-] N. <lg.> bilingualism
Shuāngyúzuò 双鱼座[雙-] N. astr. Pisces
shuāngzēngshuāngjié 双增双节[雙-雙節] F.E. the two increases and two reductions (increase production and raise income, practice economy and reduce expenses)
shuāngzhé 双摺[雙-] N. double folds
shuǎngzhí 爽直 S.V. frank; straightforward ~ *yīdiǎnr shuō, . . .* To put it more bluntly, . . .
shuǎngzhíbùjī 爽直不羁 F.E. frank and uninhibited
shuāngzhígōng 双职工[雙職-] N. working couple
shuāngzhí hányùn pǔbiànxìng 双值含蕴普遍性[雙-] N. <lg.> bi-valued implicational universals
shuāngzhòngshù fēnbù 双众数分布[雙眾數-] N. <math.> bimodal distribution
shuāngzhòu 双绉[雙縐] N. <txtl.> crèpe de chine
shuāngzhōukān 双周刊[雙-] N. biweekly; fortnightly M: [1]běn
shuāngzhǔn 霜准[-準] N. severe laws/regulations
shuāngzhǔyǔ 双主语[雙-] N. <lg.> double subject
shuāngzhǔyǔ jiégòu 双主语结构[雙-構] N. <lg.> double nominative construction
Shuāngzǐgōng 双子宫[雙-宮] N. <astr.> Gemini
shuāngzìmǔ 双字母[雙-] N. <lg.> double letter
shuāngzìqī 双字期[雙-] N. <lg.> two-word stage
Shuāngzǐxīng 双子星[雙-] N. <astr.> Gemini
shuāngzǐyè 双子叶[雙-葉] N. <bot.> dicotyledon
shuāngzǐyè zhíwù 双子叶植物[雙-葉--] N. <bot.> dicotyledon
shuāngzìyīn 双字音[雙-] N. <lg.> double consonant
Shuāngzǐzuò 双子座[雙-] N. <astr.> Gemini
shuāngzú 双足[雙-] N. biped
shuāngzuò 双座[雙-] N. two-seater
shuāngzuòdào 双作稻[雙-] N. double-harvest rice
shuāngzuò fēijī 双座飞机[雙-飛-] N. two-seater aircraft M: [1]jià
shuāngzuòyǐ 双座椅[雙-] N. love seat M: [1]zhāng
shuǎ niúpíqi 耍牛脾气[-氣] V.O. <coll.> ①show temper; become angry ②be obstinately uncooperative
[1]**shuānjì** 拴系[-繫] V. fasten; tie
[2]**shuānjì** 栓剂[-劑] N. <med.> suppository
shuànjīnzuō 涮金作 N. <trad.> workplace for washing gold

shuānkòur 拴扣儿 V.O. ① make a knot (on wire/etc.) ② drive a wedge between two persons
shuānkǔn 拴捆 V. bind; tie up
shuānláo 栓牢 V. tie (sth.) up firmly
shuānmǎ* 拴马 V.O. tie up a horse
shuànmǎ 涮马 V.O. groom a horse
shuānmǎgān 拴马杆 N. hitching post M: [2]gēn
shuānmǎsuǒ 拴马索 N. lariat M: [1]tiáo
shuānmǎzhù 拴马柱 N. hitching post M: [2]gēn
shuānmǎzhuāng 拴马桩[-樁] N. hitching post M: [2]gēn
shuānmén 闩门 V.O. shut a door
shuǎnòng 耍弄 V. make a fool of; deceive
shuǎnòng huāzhāo 耍弄花招 V.O. perform a sleight of hand
shuǎnòng shǒuduàn 耍弄手段 V.O. use strategy
shuānpí 栓皮 N. <forest.> cork
shuānpílì 栓皮栎[-櫟] N. <bot.> oriental oak
shuānr 拴儿 N. ① wooden peg for joining two objects together ② cork
shuànrén 涮人 V.O. <coll.> deceive; bamboozle (sb.)
shuānsè 栓塞 N. <med.> embolism
shuānsèwù 栓塞物 N. <med.> embolism
shuānshàng 拴上 R.V. fasten; bolt (a door/window/etc.)
shuānshéng 拴绳[-繩] V.O. tie/fasten with a rope
shuān shéngzi 拴绳子[-繩-] V.O. tie/fasten with a rope
shú'ān shíshì* 熟谙时事[--時-] V.O. be acquainted with current events
shú'ān shìshì 熟谙世事 V.O. have extensive business experience
shuānshù 拴束 V. ① pack (baggage/etc.); tie up ② restrain (oneself)
shú'ān shuǐxìng 熟谙水性 V.O. be an expert swimmer
[1]**shuānsuǒ** 闩锁 N. breech lock; latch
[2]**shuānsuǒ** 拴锁 N. boltlock
shuāntàor 拴套儿 V.O. make a loop (with a rope/etc.)
shuān wáwa 拴娃娃 V.O. <trad.> tie a string around a clay baby at a temple or take it home, hoping to beget a child
shuànxǐ 涮洗 V. rinse
shuànyángròu 涮羊肉 N. quick-boiled mutton slices; Mongolian hotpot
shuànyīn 涮音 N. <lg.> schwa
shuānzhe 拴着[-著] V.P. tie up; fasten
shuānzhù 拴住 R.V. ① tie/chain up ② hold (one's attention/heart/etc.)
shuānzi 栓子 N. <med.> embolus
shū'ào 枢奥[樞奧] N. confidential information/affairs
shuǎ páichang 耍排场[-場] V.O. <coll.> go in for extravagance/ostentation
shuǎ pánzi 耍盘子[-盤-] V.O. perform plate-spinning
shuǎ piàozi 耍漂子 V.O. <topo.> be pretentious; put on airs
shuǎ pínzuǐ 耍贫/频嘴 V.O. <topo.> be garrulous
shuǎ píqi 耍脾气[-氣] V.O. have fits of temper *Bié shuǎ xiǎoháizi píqi.* Don't behave like a spoiled child.
shuāqī 刷漆 V.O. paint
shuǎqián 耍钱[-錢] V.O. <coll.> gamble
shuǎqiáng 耍强[-強] V.O. <coll.> act vigorously/forcefully
shuǎqiāngwǔjiàn 耍枪舞剑[-槍--] F.E. perform with sword and spear
shuǎqiào 耍俏 V.O. <coll.> show off
shuāqīng 刷清 R.V. clear (oneself) of a charge
shuǎquánnòngbàng 耍拳弄棒 F.E. <coll.> play the rowdy; act tough
shuǎrén 耍人 V.O. poke fun at sb.
shuāsè 刷色 V.O. paint (walls)
shuǎ shìlì 耍势力[-勢-] V.O. <coll.> abuse one's power
shuǎ shīzi 耍狮子[-獅-] V.O. perform a lion dance
shuǎ shǒuduàn 耍手段 V.O. <coll.> ① use underhanded methods ② pull strings
shuǎ shǒuwàn 耍手腕 V.O. juggle with; play tricks
shuǎ shǒuyì 耍手艺[-藝] V.O. <coll.> ① demonstrate one's skill ② make a living as a craftsman
shuǎ shǒuyì de 耍手艺的[--藝-] N. <coll.> craftsman
shuǎshuǐ 耍水 V.O. <topo.> swim
shuǎ sǐgǒu 耍死狗 V.O. <coll.> act perversely; try to brazen it out
shuǎ tàidu 耍态度[-態-] V.O. <coll.> ① be overbearing/difficult ② lose one's temper
shuǎ tánzi 耍坛子[-罈-] V.O./N. juggling with jars; jar balancing act
shuāwǎn 刷碗 V.O. <coll.> wash/do the dishes
shuǎ wányìr 耍玩艺儿[--藝-] V.O. <topo.> perform; put on a performance
shuǎ wēifēng 耍威风 V.O. throw one's weight about
shuǎ wúlài 耍无赖 V.O. <coll.> make a scene; create mischief; act perversely
shuāxǐ* 刷洗 V. scrub and wash
shuǎxì 耍戏[-戲] V.O. ① play (of children/etc.) ② make a fool of sb.
shuā xiàlai 刷下来 R.V. <sport> remove; eliminate
shuā xiàlaile 刷下来了 V.P. <coll.> be fired from a job; be expelled from school; be eliminated by testing
shuǎxiàngr 耍象儿 V.O. show one's intention by winking/nodding/etc.
shuǎxiào 耍笑 V.O. ① joke; have fun ② play a joke on sb.
shuāxié 刷鞋 V.O. brush shoes
shuāxīn 刷新 V. ① renovate; refurbish ② break (a record)
shuāxīn jìlù 刷新纪录[-錄] V.O. break a record
shuǎ xīnlùr 耍心路儿 V.O. <coll.> be cunning/wily
shuǎ xīnyǎn(r) 耍心眼(儿) V.O. be devious; pull a smart trick
shuǎxióng 耍熊 V.O. fool sb.
shuāxuǎn 刷选[-選] V. choose; pick; select
shuāyá 刷牙 V.O. brush one's teeth
shuāyágāng(zi) 刷牙缸(子) N. mug/glass for holding water when brushing teeth
shuāyè 刷夜 <coll.> V.O. spend the night with shady characters
shuǎyì 耍艺[-藝] V.O. <coll.> demonstrate one's skill (in art/etc.)
shuāyìn 刷印 V. print
shuǎyìng 耍硬 V.O. be stubborn/forceful/etc.
shuǎzhe wán(r) 耍着玩(儿)[-著--] V.P. <coll.> fool around; waste time on nonsense
shuāzi* 刷子 N. brush M: [1]bǎ
shuǎzi 耍子 N. play; sport
shuǎzuǐ 耍嘴 *See shuǎ zuǐpízi*
shuǎ zuǐpí 耍嘴皮 *See shuǎ zuǐpízi*
shuǎ zuǐpiànzi 耍嘴片子 *See shuǎ zuǐpízi*
shuǎ zuǐpízi 耍嘴皮子 V.O. ① brag; talk big ② <coll.> talk glibly; pay lip service to
shūbai 叔伯 N. ① first or second cousins (on one's father's side) ② paternal uncles *See also* [1]*shū-bó*
shūbaiqīn 叔伯亲[-親] N. kin whose fathers are brothers
shūbai xiōngdì 叔伯兄弟 N. paternal cousins
shūbàn 书办[書辦] N. <trad.> officer in charge of official documents
shǔbǎn* 数板[數-] V.O. <topo.> recite poetic stories/etc. with clapper accompaniment
shǔbàn 署办[-辦] V. act as a deputy
shùbàng 树棒[樹-] N. fasces
shūbāo(r)* 书包(儿)[書-] N. schoolbag; satchel
shū-bào 书报[書報] N. books and newspapers
shūbāodài* 书包带[書-帶] N. book strap (used by schoolchildren) M: [2]gēn
shūbāodài 输报带[-報帶] N. belt conveyer M: [1]tiáo
shūbàofèi 书报费[書報-] N. book/publication allowance
shūbàotān 书报摊[書報攤] P.W. bookstall; bookstand
shūbèi(r) 书背(儿)[書-] N. spine of a book
shǔbèi* 鼠辈 N. scoundrel; rat
shùbēi 树碑[樹-] V.O. erect a memorial tablet
shùbèi 数倍[數-] NUM. several times; manifold
shùbēi jìniàn 竖碑纪念[豎-] V.P. erect a monument for commemoration
shùbēilìzhuàn 树碑立传[樹-傳] F.E. <derog.> puff up sb.'s public image
shūběn(r)* 书本(儿)[書-] N. books M: [1]běn
shùběn 树本[樹-] V.O. build a good foundation for sth. ♦N. root of a tree
shūběnshì mùlù 书本式目录[書-錄] N. book catalogue
shūběn zhīshi 书本知识[書-識] N. book learning
shūbì* 梳篦 N. thick- and fine-toothed combs ♦V. dress up one's hair
shúbǐ 秫秕 N. stalk of millet
shùbiān 戍边[-邊] V.O. garrison the frontier
shǔbiāncǎo 鼠鞭草 N. green violet M: [2]kē
shūbiān kòngbái 书边空白[書邊-] N. book margin
shū biànzi 梳辫子 V.O. ① braid the hair ② sort out problems/matters/etc.
shūbiāo 书标[書標] N. book label
shǔbiāo* 鼠标[-標] N. <comp./PRC> mouse
shù biāobīng 树标兵[樹標-] V.O. set up an example/model
shǔbiāoqì 鼠标器[-標-] N. <comp.> mouse
shūbié 殊别 V.P. different
shǔbìng 暑病 N. summer-heat disease
shùbīngdònghài 树冰冻害[樹-] F.E. damage by hoar frost
[1]**shū-bó*** 叔伯 ATTR. cousinship (on father's side) *See also shūbai*
[2]**shūbó** 舒勃 V. expand; grow; develop
shùbó 束帛 N. <trad.> betrothal present from the groom's side
[1]**shūbù** 疏布 N. coarse cloth
[2]**shūbù** 输布 V. <Ch. med.> supply and distribute (body fluid, etc.)
shùbùfèngpéi 恕不奉陪 F.E. Excuse me for not keeping you company.
shǔbuguò 数不过[數-] R.V. be innumerable
shǔbuguòlái 数不过来[數-] R.V. too many to be counted; innumerable
shūbùjiànqīn 疏不间亲[-親] F.E. Blood is thicker than water
shūbujìn 书不尽[書-盡] R.V. cannot write enough (to do justice to sth.)
shǔbujìn* 数不尽[數-盡] R.V. be too numerous to count
shūbùjìnyán 书不尽言[書-盡-] F.E. Written words are a poor vehicle for thoughts. (conventional letter ending)
shúbùjūlǐ 熟不拘礼[-禮] F.E. be too familiar with each other to stand on ceremony
shùbùjūlǐ* 恕不拘礼[-禮] F.E. Pardon me for not standing on ceremony
shūbùkějiě 殊不可解 F.E. really difficult to understand
shǔbuliǎo 数不了[數-] R.V. can't count (of young children/etc.)
shūbuqǐ* 输不起 R.V. ① can't accept losing (in a match/gamble/etc.) ② can't afford to lose ③ lack sportsmanship
shǔbuqǐ 数不起[數-] R.V. can't count clearly
shǔbuqīng 数不清[數-] ATTR. countless ♦R.V. be unable to finish counting
shǔbushàng 数不上[數-] R.V. can't be counted as (one of a higher rank/etc.)
shǔbùshèngjì 数不胜计[數-勝-] F.E. be past counting
shǔbùshèngshǔ 数不胜数[數-勝數] F.E. be too many to be counted

S

shùbùyīyī 恕不一一 F.E. I'm sorry I can't go into details.
shùbùyuǎnsòng 恕不远送[--遠-] F.E. I am sorry I cannot escort you farther. Excuse my inability to escort you farther.
shūbùzhàngyì 疏不仗义[-義] F.E. give generously
shǔbuzháo 数不着[數-著] R.V. not count as important/etc.
shūbuzhī 殊不知 V.P. little imagine; hardly realize
1shūcái 疏材 N. vegetables ♦V.P. coarse and useless (of material)
2shūcái 输财 V.O. give cash contributions
shūcài* 蔬菜 N. vegetables; greens
shúcài 熟菜 N. cooked/prepared dishes
shūcài tāngliào 蔬菜汤料[-湯-] N. vegetable stock
shūcài zāipéi 蔬菜栽培 N. vegetable growing/farming/culture
shūcáizhàngyì 疏财仗义[-義] F.E. be generous in aiding the needy
shúcán 熟蚕[-蠶] N. matured silkworm
shūcǎnle 输惨了[-慘-] V.P. lose badly; be badly defeated
1shūcè 书册[書冊] N. book (as distinct from a scroll)
2shūcè 书策[書-] N. <trad.> books written on bamboo strips
shūchà(r) 树杈(儿)[樹-] N. tree fork
shūcháguǎnr 书茶馆儿[書-] P.W. <topo.> teahouse featuring storytelling
shūchǎng 书场[書場] P.W. <trad.> place where professional story tellers perform; place of entertainment M: 4zuò
shūchàng* 舒畅[-暢] S.V. happy; worry-free
shūchén* 枢臣[樞-] N. <trad.> chief courtier; prime minister; premier M: 2wèi
shùchén 竖臣[豎-] N. <trad./derog.> low-ranking court official M: 2wèi
1shūchéng* 书城[書-] P.W. place/building containing several bookstores
2shūchéng 书呈[書-] N. <trad.> letter submitted to one's superior
3shūchéng 输诚 V.O. ① show sincerity ② surrender
4shūchéng 摅诚[攄-] V.O. be frank
shúchéng 熟成 V. ripen
shùchéng 束成 R.V. bind (sth.) into
shūchī* 书痴[書-] N. pedant; bookworm
shūchí 舒迟[-遲] V.P. slow; unhurried; leisurely
shūchǐ(r) 梳齿(儿)[-齒-] N. teeth of a comb
shǔchǐyīn 属齿音[屬齒-] N. <lg.> dental sound
shǔchǐyín de bíyīn 属齿龈的鼻音[屬齒齦-] N. <lg.> alveolar nasal
shǔchǐyín de yìyīn 属齿龈的抑音[屬齒齦-] N. <lg.> alveolar stop
shǔchǐyínyīn 属齿龈音[屬齒齦-] N. <lg.> alveolar sound
shūchóng* 书虫[書蟲] N. bookworm M: 1tiáo
shūchǒng 殊宠 N. special favor
shūchóngzi 书虫子[書蟲-] N. bookworm (lit./fig.) M: 1tiáo
shùchóngzi* 树虫子[樹蟲-] N. ① insects harmful to trees ② sb. who fells trees illegally
shúchóu 熟绸 N. <txtl.> boiled-off silk M: 1pǐ
shūchū 输出 R.V. export; send out ♦N. <elec.> output
shūchú* 书橱[書櫥] N. bookcase
shúchū 赎出[贖-] R.V. get back from pawn; redeem
shǔchū 数出[數-] R.V. count in
shùchū 庶出 V. be born of a concubine
shùchú 束刍[-芻] N. bundle of grass in a sacrifice at the grave ♦V.O. bind such grass
shǔchuāng 鼠疮[-瘡] N. <Ch. med.> scrofula
shùchuànr 树串儿[樹-] N. <topo.> willow warbler (a bird)
shūchūbiǎo 输出表 N. table of output M: 1zhāng
shūchū bùmén 输出部门 P.W. <comp.> output units; output devices
shūchū chāoguò 输出超过 N. export surplus
shūchū'é 输出额 N. amount/value of exports
shūchū gōnglǜ 输出功率 N. output power
shūchūguǎn 输出管 N. output pipe M: 2gēn
shūchūguó 输出国[-國] P.W. exporting country
shūchūliàng 输出量 N. volume of output
shūchún 舒唇 N. lips relaxed
shūchūpǐn 输出品 N. output products
shūchūqū 输出区[-區] P.W. exporting area/district
shūchū-rù zhuāngzhì 输出入装置[---裝-] N. <comp.> input-output device
shūchūshuì 输出税 N. export duties
shūchū tiáojiàn 输出条件[--條-] N. <lg.> output condition
shūchū xiàn'é 输出限额 N. <econ.> export quotas
shùchūyè 漱出液 N. gargling
shùchúzhījìng 束刍之敬[-芻--] N. present/gift sent to a funeral
shūchū zhǐlìng 输出指令 N. <comp.> output statement
shǔcí 属词[屬-] N. <lg.> genitive/subordinating particle; possessive
1shùcí* 数词[數-] N. <lg.> numeral; number
2shùcí 述词 N. <lg.> predicate
3shùcí 述辞[-辭] N. <lg.> verbal
shùcì 数次[數-] NUM. several times; a few times
shùcóng 树丛[樹叢] N. grove; thicket
shùcù 束簇 N. fascicle
shǔcuàn 鼠窜[-竄] V. scamper off like a rat
shǔcuàn'értáo 鼠窜而逃[-竄--] F.E. flee like a rat
shǔcuānlángbēn 鼠撺狼奔[-攛--] F.E. run away in all directions
shǔcuò 数错[數-] R.V. miscount
shùdàgēnshēn 树大根深[樹-] ID. ①prominent persons wield deep-rooted influence ② This big concern has a good foundation of long standing.
1shùdài 束带[-帶] N. girding; bridle
2shùdài 树带[樹帶] N. tree belt
shǔdàidiāo 鼠袋貂 N. dormouse opossum M: 2zhī
shǔdàilí 鼠袋狸 N. rat bandicoot M: 2zhī
shùdàishé 束带蛇[-帶-] N. garter snake M: 1tiáo
shǔdàishǔ 鼠袋鼠 N. rat kangaroo M: 2zhī
shùdàixióng 树袋熊[樹-] N. koala; koala bear M: 2zhī
shūdāizi 书呆子[書-] N. pedant; bookworm
1shūdān* 书单[書-] N. booklist M: 1zhāng
2shūdān 书丹[書-] V.O. <wr.> write an epitaph
shūdàn 疏淡 S.V. sparse and thin ♦V. become cool (of relationships)
shǔdǎn 鼠胆[-膽] ATTR. chicken-hearted; cowardly
shūdàng* 书挡[書擋] N. bookend
shūdàng 疏宕 V.P. open-minded; carefree; free and easy
shúdàng 赎当[贖當] V. redeem sth. pawned
shùdǎng 树党[樹黨] V.O. form a clique/gang/faction/party/etc.
shūdǎnguǎn 输胆管[-膽-] N. <phys.> bile passage
shūdǎo* 疏导[-導] V. ① dredge ② open up a path for; remove obstructions, clear the way ③ enlighten ♦N. persuasion
shūdào 书道[書-] N. <Jp.> ① calligraphy ② penmanship
shúdào 熟道 N. familiar route/road
shǔdao 数叨[數-] V. <topo.> ① scold ② numerate
Shǔdào 蜀道 N. roads connecting Sichuan with the outside
1shùdào(r) 竖道(儿)[豎-] N. vertical line(s)
2shùdào 恕道 N. doctrine/principle of forgiveness
shùdǎo húsūnsàn 树倒猢狲散[樹--猻-] ID. When the mighty fall, their hangers-on disperse.
shūdǎo jiāotōng 疏导交通[-導--] V.O. relieve traffic congestion; clear the traffic
Shǔdào nán 蜀道难[-難] V.P. The road to Sichuan is difficult.
Shǔdào nán xíng 蜀道难行[-難-] V.P. The roads in Sichuan make travel difficult.
shū dào yòng shí fāng hèn shǎo 书到用时方恨少[書--時---] F.E. It is when you are using what you have learned from books that you wish you had read more books than you have.
shùdàshíwéi 树大十围[樹-圍] F.E. a tree trunk two spans round
shùdàyīndà 树大荫大[樹-蔭-] ID. A powerful man can easily help his follower.
shùdàyīnkuān 树大荫宽[樹-蔭寬] ID. A powerful man can easily shield his followers.
shùdàzhāofēng 树大招风[樹-風] ID. Prominent persons attract criticism.
shūde* 倏地 ADV. swiftly; suddenly
shūdé 淑德 N. female virtue, esp. chastity
shùdé 树德[樹-] V.O. exemplify one's integrity
shū de jīngguāng 输得精光 V.P. lose all one's money at gambling; lose one's shirt
shūděng 殊等 N. special class
shǔdeshàng 数得上[數-] R.V. be reckoned as outstanding/important/etc.
shú de zǎo, lǎo de zǎo 熟得早,老得早 F.E. Soon ripe, soon rotten.
shǔdezháo 数得着[數-著] R.V. <coll.> be notable; to be reckoned with
shǔdezháo de rén 数得着的人[數-著--] N. <coll.> person of note
shūdì 淑弟 N. <wr.> my good kid brother
shúdì 熟地 N. ① cultivated land ② <Ch. med.> prepared rhizome of rehmannia
shǔdì* 属地[屬-] P.W. territorial possession; dependency
shùdī 数滴[數-] N. several drops; a few drops
1shùdí 树敌[樹敵] V.O. make an enemy of sb.; antagonize
2shùdí 竖笛[豎-] N. <mus.> recorder; clarinet M: 2zhī
3shùdí 漱涤[-滌] V. wash; rinse
1shūdiàn* 书店[書-] P.W. bookstore M: 1jiā
2shūdiàn 输电[-電] V.O. transmit electricity
shǔdiǎn(r) 数点(儿)[數點-] V. count
shùdiān 树颠[樹-] N. treetop
shūdiànwǎng 输电网[-電網] N. power transmission network; grid system
shǔdiǎnwàngzǔ 数典忘祖[數-] F.E. ① forget one's origins ② be ungrateful
shūdiàn xiànlù 输电线路[-電--] N. transmission line
shūdiào 输掉 R.V. lose
shǔdìfǎ 属地法[屬-] N. <law> territorial law
shùdǐng 树顶[樹-] N. treetop
shūdǐr 书底儿[書-] N. academic achievement of a scholar
shùdízhāoyuàn 树敌招怨[樹敵-] F.E. stir up a nest of hornets
shùdìzhǐmǎ 数地址码[數-] N. <comp.> number address code
shùdòng 树洞[樹-] N. hole in a tree
shū dōngdào 输东道 V.O. penalty (imposed upon the loser of a bet/gamble) of treating others to a dinner
shǔ dōnggua, dào qiézi 数冬瓜,道茄子[數--,---] ID. <coll.> prattle; talk on and on in a confused way
shūdōngr 输东儿 V.O. penalty (imposed upon the loser of a bet/gamble) of treating others to a dinner
shǔdòngshì-kǒng 鼠洞式孔 N. gopher hole
shǔdòu 鼠痘 N. mousepox
shūdú* 书牍[書牘] N. <wr.> letter; correspondence
shūdù 书蠹[書-] N. ① book louse; bookworm (lit./fig.) ② pedant
shúdú 熟读[-讀] V. be well versed in; read thoroughly; memorize by repeated reading
shúduàn 熟缎 N. silk sateen M: 1pǐ
shǔduǎnlùncháng 数短论长[數-] F.E. make captious remarks

shúdúchéngsòng 熟读成诵[-讀--] F.E. read again and again until one knows it by heart
shǔduì 属对[屬對] V.P. antithesis
shūduījī 疏堆积[-積] V. pack loosely
shǔdùjīcháng 鼠肚鸡肠[-雞腸] ID. narrow-minded; narrow-mindedness
shǔdùn 鼠遁 V. flee helter-skelter
shùdūn(zi)* 树墩(子)[樹-] N. tree stump
shūdúwǔchē 书读五车[書讀-] F.E. be well-read and learned
shúdúxiángwèi 熟读详味[-讀--] F.E. study earnestly and search out the essence
shù'é 数额[數-] N. number; amount; definite amount
shù'ēn 树恩[樹-] V.O. give favors; befriend
shū'ěr 倏尔 ADV. <wr.> suddenly; quickly
shú'érbùlàn 熟而不烂[-爛] V.P. thoroughly cooked but not mushy
shū'érbùlòu 疏而不漏 F.E. justice is implacable
shù'érbùzuò 述而不作 F.E. <wr.> pass on earlier culture/ideas without adding anything new
shūfā 抒发[-發] V. express; voice
shūfá 疏伐 N. <forest.> thinning
shūfǎ* 书法[書-] N. ① calligraphy ② <trad.> manner of presentation of facts (by historians)
shùfǎ 述法 N. utterance
shùfà 束发[-髮] V.O. reach boyhood ♦N. teens; teenage
shùfàdài 束发带[-髮帶] N. snood; bandeau M: [2]gēn/[1]tiáo
shūfǎjiā 书法家[書-] N. calligrapher M: [2]wèi
shūfājǐjiàn 抒发己见[-發--] F.E. express one's opinion
[1]shūfàn 淑范[-範] N. paragon of female virtues
[2]shūfàn 蔬饭 N. vegetables and rice
shúfān 熟番 N. border tribes assimilated to Han Chinese culture
shúfàn* 熟饭 N. cooked rice
[1]shūfāng 书坊[書-] P.W. <wr.> bookstore M: [1]jiā
[2]shūfāng 殊方 N. <trad.> ① different directions/tendencies ② strange lands; distant regions
[1]shūfáng* 书房[書-] P.W. ① study; studio ② <trad.> small private school M: [1]jiān
[2]shūfáng 疏防 V. fail to take precautions
shūfàng 疏放 V. ① unrestrained ② unconventional (of style of writing) ③ careless; lax; loose
shùfàwéibiàn 束发为辫[-髮-辮] F.E. wear one's hair in braids
shùfàwéijì 束发为髻[-髮--] F.E. braid one's hair into coils
[1]shūfēi 书扉[書-] N. title page
[2]shūfēi 淑妃 N. general name for the emperor's concubines
shūfèn 摅愤[攄-] V.O. vent one's indignation
shǔfēng* 曙风 N. morning breezes
shùfēng 树蜂[樹-] N. <zoo.> wood wasp
shūfēngmiàn(r) 书封面(儿)[書-] N. book cover
shūfu* 舒服 S.V. ① comfortable ② well
shūfǔ 枢府[樞-] N. <trad.> private advice for the emperor (Song period)
shūfù 叔父 N. ①father's younger brother; uncle ② <trad.> term used by the king to address feudal lords bearing his surname
[1]shǔfú 数伏[數-] N. the three 10-day periods of the hot season
[2]shǔfú 暑伏 N. dog days
shǔfù 鼠妇/负[-婦] N. <zoo.> sow bug
shùfū 竖夫[豎-] N. coolie; servant
[1]shùfù 束缚 V. tie up; fetter
[2]shùfù 束腹 V.O. bind one's waist
[3]shùfù 庶妇[-婦] N. <trad.> wives of a concubine's son
shùfù shǒu-jiǎo 束缚手脚[-腳] V.O. ① bind sb.'s hands and feet ② hamper (sb.'s) initiative
shūfúzhòushuǐ 书符咒水[書-] F.E. Daoist magic figures and charmed water
shūgān 舒肝 V. <Ch. med.> clear the liver
shùgàn(r)* 树干(儿)[樹幹-] N. tree trunk
shǔgānchóngbì 鼠肝虫臂[--蟲-] ID. things of very little value
shūgǎng 疏港 V.O. dredge out a harbor
shū gānqì 疏肝气[-氣] V.O. <Ch. med.> disperse stagnated liver energy
shūgǎo* 书稿[書-] N. ① book manuscript ② preliminary sketch to be painted over M: [2]bù
[1]shùgāo 树高[樹-] N. height of a tree
[2]shùgāo 树膏[樹-] N. exuded resin from a tree
shūgé 书格[書-] N. bookcase
shǔgé 属格[屬-] N. <lg.> possessive/genitive case
shùge* 数个[數個] NUM. several
shùgēda 树圪塔//疙瘩[樹-//--] N. <coll.> tree stump
shǔgé dàimíngcí 属格代名词[屬-] N. <lg.> possessive pronoun
shǔgé de 属格的[屬-] ATTR. subordinating
shūgěi 输给 V.P. lose a match (to an opponent)
shǔgé liánzǔ yǔdiào 属格联组语调[屬-聯--] N. <lg.> subordinating intonational sequence
[1]shùgēn(r/zi) 树根(儿/子)[樹-] N. tree roots
[2]shùgēn 数根[數-] N. <math.> root
shùgēntóu 树根头[樹-] N. <topo.> ends of tree roots
shǔgé xūcí 属格虚词[屬-虛-] N. <lg.> genitive particle
shūgézi 书格/槅子[書-] N. bookshelf
[1]shūgōng* 叔公 N. husband's uncle; granduncle
[2]shūgōng 殊功 N. distinguished service; outstanding achievement
shùgōng 束躬 V.O. restrain/control oneself; exercise self-restraint
shūgōngmòshǒu 输攻墨守 F.E. Each does his best.
[1]shūgǔ* 书鼓[書-] N. small drum played in *dǎgǔ* performances
[2]shūgǔ 书贾[書-] N. <trad.> bookseller; book dealer M: [2]wèi
shǔgū 鼠姑 N. ① <zoo.> sowbug ② <bot.> peony
shùgǔ 戍鼓 N. drums of garrison troops
shùguà 树挂[樹-] N. rime; icicles on a tree
shūguān* 殊观[-觀] N. marvelous spectacle
shūguǎn 书馆[書-] P.W. ① <trad.> private school ② bookstore M: [1]jiā
shúguàn 熟惯 V./S.V. be familiar with; be skillful at *Wǒ yǐjīng ~le zhège huór.* I've become skillful at this job.
[1]shùguān 树冠[樹-] N. crown (of a tree)
[2]shùguān 庶官 N. officials of all ranks M: [2]wèi
shùguǎn 束管 V. restrain (students/children/etc.)
shùguàn 数贯[數-] N. sequence
shūguāng 输光 R.V. lose all/everything
shǔguāng* 曙光 N. ① first light of morning; dawn ② glimmer of hope
shūguǎnr 书馆儿[書-] P.W. <topo.> ①teahouse featuring storytelling ② public gathering place where storytellers entertain the audience M: [1]jiā
shùguānyùbì 树冠郁闭[樹-鬱-] F.E. <forest.> canopy
shūguì 书柜[書櫃] N. bookcase
shūguīzhèngzhuàn 书归正传[書歸-傳] F.E. let's come back to our main story/theme
[1]shūguǒ 疏果 N. <agr.> fruit thinning
[2]shūguǒ 蔬果 N. vegetables and fruits
[3]shūguǒ 梳裹 V. <trad.> comb the hair and bind the feet (referring to women's small feet)
shǔguó* 属国[屬國] P.W. vassal/dependent state
shǔguò 数过[數-] V.O. enumerate faults
shùguó 数国[數國] N. several countries
shùguò 恕过 V.O. forgive a fault
shǔgǔshēngchūn 黍谷生春[-穀--] F.E. change for the better (of a needy life)
shǔhài* 鼠害 N. a plague of rats; damage caused by rats
shùhǎi 树海[樹-] N. unbroken, limitless forest
shǔhǎitún 鼠海豚 N. porpoise M: [2]zhī
shūhán* 书函[書-] N. ①letter; correspondence M: [2]fēng ② slipcase
shūhàn 书翰[書-] N. ① calligraphy ② letter
Shǔ Hàn 蜀汉[-漢] N. <hist.> kingdom of Shu Han (221–263)
shùhángzi 树行子[樹-] N. rows of trees; woods
shūhào* 书号[書號] N. book registration number; call number;(Chinese equivalent of ISBN number)
shǔhào 鼠耗 N. wastage of grain/etc. caused by rats
shùhè 裋/竖褐[豎-] N. short, coarse garment of boy servants or coolies
shǔhēilùnhuáng 数黑论黄[數-] F.E. ① talk irresponsibly; gossip ② talk wildly
shūhéng 枢衡[樞-] N. main administration
[1]shūhòu 书后[書後] N. postscript (by the author or sb. else)
[2]shūhòu 淑候 N. <wr.> greeting (to a woman)
shùhòu hùlǐ 术后护理[術後護-] N. postoperative care
shùhòu liáofǎ 术后疗法[術後療-] N. after treatment; after-care
shǔhóumén de 属喉门的[屬-] ATTR. <lg.> glottal
shǔhòuxīnggū 曙后星孤[-後--] F.E. orphaned girl
shūhu* 疏忽 N./V. carelessness; negligence; oversight
shūhū 倏忽 ADV. swiftly
shǔhū 属乎[屬-] V. belong to; be of (a certain class/type)
shùhū 庶乎 <wr.> ADV. ① almost; nearly ② probably; maybe ♦CONJ. so that; so as to
shūhuā 疏花 N. <agr.> flower-thinning
shūhuá 淑华[-華] N. fine and outstanding
[1]shū-huà* 书画[書畫] N. painting and calligraphy
[2]shūhuà 淑化 N. <wr.> teachings of virtues and goodness
shúhuà 熟化 V. cure; age ♦N. ①curing; ripening ② <agr.> cultivating *See also shóuhuà*
[1]shūhuái 抒怀[-懷] V.O. express feeling; unburden one's heart
[2]shūhuái 舒怀[-懷] V.O. set the mind at rest
shū-huàjiā 书画家[書畫-] N. master in calligraphy and painting M: [2]wèi
[1]shūhuǎn* 舒缓 S.V. ①slow ②relaxed ③leisurely ④ gentle; gradual (of a slope)
[2]shūhuǎn 纾缓 V. slacken
[1]shùhuàn 漱浣 V. wash and purify oneself
[2]shùhuàn 竖宦[豎-] N. eunuchs
shūhuǎnfǎ 舒缓法 N. <Ch. med.> relaxing (therapy) pattern
shúhuāng(dì) 熟荒(地) P.W. <agr.> once cultivated, now abandoned land
shǔhuángdàobái 数黄道白[數-] F.E. speak honeyed words
shǔhuángdàohēi 数黄道黑[數-] F.E. talk irresponsibly; gossip
shūhuàtóngyuán 书画同源[書畫-] F.E. <art> Painting and calligraphy are of common origin.
shūhū bùjiàn 倏忽不见 V.P. <wr.> suddenly disappear
shūhūdàyì 疏忽大意 F.E. be neglectful and careless
shūhuì 书会[書-] N. gathering of calligraphers
shúhuí* 赎回[贖-] R.V. redeem; ransom; buy back/out
shúhuí jiàgé 赎回价格[贖-價-] N. redemption price
shǔhuīsè 鼠灰色 N. dark gray
shǔ húlu, dào qiézi 数葫芦,道茄子[數-蘆,--] ID. rattle on; talk endlessly
shūhuò 纾祸[-禍] V.O. extricate from the grip of misfortune
shúhuò* 熟货 N. processed goods; finished products
shūhuó jīngǔ 舒活筋骨 V.O. relax muscles and joints

S

shūhū zhāo dàozéi 疏忽招盗贼[--盜-] F.E. Negligence invites robbers.
shūhū zhíshǒu 疏忽职守[--職-] V.O. asleep at the switch
shuí 谁[誰] PR. ① who ② someone; anyone ***Wǒ liǎ ~ yě shuōbufú ~.*** Neither of us could convince the other. ~ ***héshì jiù xuǎn ~.*** Select whoever you think fits. ***See also shéi***
shuǐ* 水 N. ① water ② Surname ◆B.F. ① liquid ***yàoshuǐ*** ② river ③ waterways; by water ***shuǐyùn*** ④ extra charges/income ***wài~*** extra income ◆M. washings (of a garment)
[1]**shuì** 睡 V. sleep ***Ràng tā ~ ge gòu ba.*** Let him have his sleep..
[2]**shuì** 税[稅] N. tax; duty
[3]**shuì** 说[說/説] B.F. persuade; win over [1]***shuìkè***, ***yóushuì See also shuō***
[1]**shuǐbà** 水坝[-壩] N. dam M: [1]*tiáo*
[2]**shuǐbà** 水霸 N. monopoly control of water
shuǐbànqiú 水半球 N. <*geog.*> water hemisphere
shuǐbǎohù 水保护[-護] N. water conservation
shuǐbǎor 水饱儿 V.P. <*topo.*> feel bloated after consuming much liquid food
shuǐbèng 水泵 N. water pump M: [1]*tái*
shuǐbǐ* 水笔[-筆] N. ① stiff-haired writing brush ② water-color paintbrush ③ <*topo.*> fountain pen
shuǐbì 水碧 N. amethyst; amethystine
shuíbiān 谁边[-邊] PR. where?
shuǐbiān* 水边[-邊] P.W. water's edge
shuǐbiāo 水标[-標] N. water gauge/mark
shuǐbiǎo* 水表 N. ① water meter ② indicator of water level
shuǐbiē 水鳖 N. <*bot.*> frogbit; *Hydrocharsis morsus-ranae* M: [2]*zhī*
shuǐbīn* 水滨[-濱] P.W. waterside; shore
shuǐbìn 水鬓[-鬢] N. curl of hair below the temple
shuǐbīng* 水兵 N. ① seaman; sailor ② <*trad.*> navy M: [2]*wèi*/[1]*míng*
shuǐbìng 水病 N. edema
shuǐbō 水波 N. wave; ripple
shuǐbōcáo 水波槽 N. wave troughs
shuǐbōlàngr 水波浪儿 N. waves (on water)
shuǐbōli 水玻璃 N. <*chem.*> sodium silicate; water glass
shuǐbōwén 水波纹 N. ripple
shuìbùchéngmèi 睡不成寐 F.E. unable to sleep
shuìbuhǎo 睡不好 R.V. can't sleep well
shuìbuxià 睡不下 R.V. be too small to sleep (in a bed/etc.)
shuìbuzháo 睡不着[-著] R.V. be unable to fall asleep
shuìbuzháo jiào 睡不着觉[-著覺] V.P. be unable to fall asleep
shuǐcǎi 水彩 N. watercolor
shuǐcǎihuà 水彩画[-畫] N. watercolor (painting) M: [1]*zhāng*
shuǐcǎi huàjiā 水彩画家[--畫-] N. watercolorist
shuǐcǎi yánliào 水彩颜料 N. watercolors
[1]**shuǐcāng** 水舱[-艙] N. water tank
[2]**shuǐcāng** 水仓[-倉] N. <*min.*> sump
shuǐcáo* 水槽 N. ① water trough/tank ② gutter M: [1]*tiáo*
shuǐcǎo(r) 水草(儿) N. ① water and grass ② water weed/plant
shuǐcǎotián 水草田 P.W. waterweed field
shuǐcéncén 水涔涔 R.F. ① bright and intelligent (of the eyes) ② soaking wet
shuǐchà 水汊 N. tributary of a river; branch of a current
shuǐchài 水虿[-蠆] N. <*zoo.*> nymph/larva of the dragonfly/etc.
shuǐchǎn 水产[-產] N. aquatic product
shuǐchǎng 水厂[-廠] P.W. waterworks M: [4]*zuò*
shuǐchǎnpǐn 水产品[-產-] N. aquatic product
shuǐchǎnxué 水产学[-產-] N. fishery science
shuǐchǎn yǎngzhí 水产养殖[-產養-] N. aquaculture
shuǐchǎnyè 水产业[-產業] P.W. fishery; fishing industry
shuǐchǎn zīyuán 水产资源[-產--] N. aquatic resources
shuǐcháo 水潮 N. torrent
shuǐchē* 水车 N. ① waterwheel M: [1]*jià* ② water cart/wagon M: [3]*liàng*
shuìchē 睡车 N. sleeping car; sleeper M: [3]*liàng*
[1]**shuǐchéng** 水程 N. boat journey; voyage
[2]**shuǐchéng** 水盛 N. water container used in ink-making
[3]**shuǐchéng** 水城 P.W. waterside town M: [4]*zuò*
shuíchéngwàng 谁承望 V.P. Who would have expected?
shuǐchéngyán 水成岩 N. sedimentary rock
shuǐchí(zi)* 水池(子) P.W. ① pond; pool; cistern ② sink
shuǐchǐ 水尺 N. water gauge
shuìchí 睡迟[-遲] V. go to bed late; stay up late
shuǐchízi 水池子 N. ① pond; pool; cistern ② sink
shuǐchōng 水冲[-沖] ATTR. water-washed
shuǐchōngcèzuò 水冲厕座[-沖廁-] P.W. water closet; flush toilet
shuǐchúfú 水除氟 N. water fluoridation
shuǐchuí 水锤 N. hydraulic hammer
shuǐ chūlai 水出来 R.V. <*topo.*> elicit information step by step
shuǐchǔlǐ 水处理[-處-] N. <*chem.*> water treatment
shuǐcì 水次 N. <*wr.*> waterside
shuǐcōng 水葱[-蔥] N. water onion
shuǐcōngrshìde 水葱儿似的[-蔥---] F.E. bright and beautiful (of girls)
shuìdài 睡袋 N. sleeping bag
shuǐdān 水丹 N. putty
shuìdān* 税单 N. ① transit pass for imports; tax invoice ② tax form ③ tax list M: [1]*zhāng*
shuǐdàng 水荡[-蕩] P.W. ① pond ② puddle
[1]**shuǐdào*** 水稻 N. paddy (rice); rice
[2]**shuǐdào** 水道 N. water course/way/route; aqueduct; canal; drain M: [1]*tiáo*
shuìdào 税道 N. turnpike; pike
shuǐdào chāyāngjī 水稻插秧机 N. rice/paddy transplanter M: [1]*tái*
shuǐdàolǎn 水道缆[-纜] N. lane rope (in a swimming pool) M: [1]*tiáo*
shuǐdàoqúchéng 水到渠成 ID. When conditions are ripe, success is assured.
shuǐdàotǔ 水稻土 N. rice/paddy soil
shuí de 谁的 PR. Whose?
shuì de èr'èrhūhū 睡得二二呼呼 V.P. <*coll.*> be half asleep
shuì de hěn xiāng 睡得很香 V.P. enjoy a very sound sleep
shuìdezháo 睡得着[-著] R.V. be able to fall asleep
shuǐdī(r)* 水滴(儿) N. drip; dribble
shuǐdǐ 水底 P.W. bottom of the water
shuǐdì 水地 P.W. ① irrigated land ② paddy field
shuǐdiǎn(r/zi) 水点(儿/子)[-點-] N. drop of water
[1]**shuǐdiàn*** 水电[-電] N. water and electricity ◆ATTR. hydroelectric
[2]**shuǐdiàn** 水殿 P.W. ① hall by the water ② emperor's houseboat
Shuǐ-Diàn-Bù 水电部[-電-] AB. *Shuǐlì Diànlì Bù*
shuǐdiànchǎng 水电厂[-電廠] P.W. <*elec.*> hydropower station M: [4]*zuò*
shuǐdiànchuáng 水垫床[-墊-] N. water bed M: [1]*zhāng*
shuǐ-diànfèi 水电费[-電-] N. charge for water and electricity
shuǐ-diàngōng 水电工[-電-] N. plumber and electrician M: [2]*wèi*
shuǐ-diàn-wǎsī fèi 水电瓦斯费[-電---] N. fee for water, electricity, and gas; utility fee
shuǐdiànzhàn 水电站[-電-] P.W. hydroelectric station M: [4]*zuò*
shuǐdiāo 水貂 N. <*zoo.*> mink M: [2]*zhī*
shuǐdǐ diànlǎn 水底电缆[-電纜] N. submarine cable M: [1]*tiáo*
shuǐdǐlāoyuè 水底捞月[--撈-] ID. so sth. in vain
shuǐdǐ qiánshuǐ jìshù 水底潜水技术[--潛--術] N. <*archeo.*> underwater technique
shuǐdīshíchuān 水滴石穿 ID. Constant effort brings success.
shuǐdōng 水鸫 N. <*zoo.*> thrush M: [2]*zhī*
shuǐdōngcǎo 水冬草 N. water holly
shuǐdǒu 水斗 N. water dipper
shuǐdòu(r)* 水痘(儿) N. chicken pox
shuǐdǒuzi 水斗子 N. <*topo.*> water ladle/scoop
shuǐduì 水碓 N. water-powered trip-hammer (for husking rice)
shuǐdùn 水遁 V. escape/flee by water
shuǐdùnr 水炖儿 N. <*topo.*> large bowl containing hot water for keeping food warm
shuǐ'è 水厄 V. be drowned
shuì'é* 税额 N. amount of tax
shuǐfǎ(r) 水法(儿) N. ornamental fountain
shuìfǎ* 税法 N. tax law
shuǐfàn 水饭 N. ① boiled rice drained in cold water ② <*trad.*> porridge
shuìfáng 睡房 P.W. <*coll.*> bedroom M: [1]*jiān*
shuìfānzuòmó 睡翻作魔 F.E. have a nightmare
shuǐfēi 水飞[-飛] N. method of collecting solids by sedimentation
shuǐféi 水肥 N. manure of night-soil mixed with water
shuǐfèi 水肺 N. scuba; aqualung
shuìfèi* 税费 N. taxation
shuǐfèidiǎn 水沸点[-點] N. water boiling point
shuìfèi fùdān 税费负担[-擔] N. tax burden
shuǐfēijì 水飞蓟[-飛-] N. <*bot.*> milk thistle
shuífèn 谁分 V.P. Who could have expected?; Who would have thought?
shuǐfěn 水粉 N. ① bean noodle ② powder-paste cosmetic
shuǐfèn* 水分/份 N. ① moisture content ② exaggeration ③ imprecision ④ constituent elements of water ⑤ <*Ch. med.*> water/fluid content
shuǐfěnhuà 水粉画[-畫] N. <*art*> gouache M: [1]*zhāng*
shuǐfū* 水夫 N. <*trad.*> water carrier/bearer
shuìfù 税负 N. tax burden
shuǐfúlián 水浮莲 N. <*bot.*> water lettuce/cabbage
shuǐfùshé 水蝮蛇 N. water moccasin M: [1]*tiáo*
shuí gǎn 谁敢 V.P. Who dares?
shuǐgāncǎo 水甘草 N. <*bot.*> *amsonia elliptica*
shuǐgāng 水缸 N. water vat
shuígè* 谁个[-個] PR. <*topo.*> who?; which one?
shuǐgé 水阁 P.W. waterside pavilion M: [4]*zuò*
shuì ge ānshēng 睡个安生[-個--] V.P. <*coll.*> sleep peacefully
shuǐgēda 水疙瘩 N. <*coll.*> salted/pickled rutabaga
shuǐgēng 水耕 N. paddy field plow
shuǐgēngfǎ 水耕法 N. hydroponics
shuǐgōng 水工 N. ① irrigation works; water conservancy project ② sailor ③ engineer who works on dams, etc.
shuǐgōng jiànzhùwù 水工建筑物[---築-] N. hydraulic structure
shuǐgōu(r/zi)* 水沟(儿/子)[-溝-] N. ditch; drain; gutter M: [1]*tiáo*
shuǐgòu 水垢 N. incrustation; sediment
[1]**shuǐgǔ** 水谷[-穀] N. <*Ch. med.*> digested food
[2]**shuǐgǔ** 水臌 N. <*Ch. med.*> ascites
shuǐguài 水怪 N. water monster
shuǐguān 水关[-關] N. water gate
shuǐguǎn(r/zi)* 水管(儿/子) N. water pipe M: [2]*gēn*
shuǐguàn(r/zi) 水罐(儿/子) N. water container (usu. of clay); ewer
shuìguān 税关[-關] P.W. customhouse; the Customs
shuǐguāng 水光 N. light on the water

shuǐguǎnxì 水管系 P.W. department of hydraulic engineering and management

shuǐgūgū 水鸪鸪 N. <topo.> a kind of waterfowl M: [2]zhī

shuǐguī* 水龟[-龜] N. turtle M: [2]zhī

shuǐguǐ 水鬼 N. ① water goblin ② <slang> frogman

shuǐguì 水柜[-櫃] N. ① water tank ② <topo.> cistern; reservoir ③ <trad.> counter (in a shop)

[1]shuǐguō 水锅[-鍋] N. boiler M: kǒu

[2]shuǐguō 水郭 P.W. a town bordering on the water

shuǐguó 水国[-國] P.W. watery region

shuǐguǒ(r)* 水果(儿) N. fruit

shuǐguǒdiàn 水果店 P.W. fruit shop M: [1]jiā

shuǐguǒ diǎnxīn 水果点心[--點-] N. fruit cup

shuǐguǒ guàntou 水果罐头 N. fruit can; canned fruit

shuǐguǒr chuángzi 水果儿床子 N. <topo.> fruit vendor

shuǐguǒrdiàn 水果儿店 P.W. fruit shop M: [1]jiā

shuǐguǒ ruǎntáng 水果软糖 N. fruit jelly

shuǐguǒshāng 水果商 N. fruiterer M: [2]wèi

shuǐguǒtáng 水果糖 N. fruit drops M: [2]kuài

shuǐguǒzhī 水果汁 N. fruit juice

shuǐ-hàn 水旱 N. ① flood and drought ② land and water

shuǐhànjiānchéng 水旱兼程 F.E. travel by water and land

shuìhǎo 睡好 R.V. sleep well

shuíhé 谁何 PR. ① Who? ② Who can do anything about it?

shuǐhé 水合 N. <chem.> hydration

shuǐhè* 水鹤 N. water crane M: [2]zhī

shuǐhén 水痕 N. water stains; watermarks

shuǐhéshuǐ 水合水 N. hydrate water

shuǐhéwù 水合物 N. hydrate

shuǐhóng 水红 N. bright pink; cerise

shuìhòu lìrùn 税后利润[-後--] N. after-tax profits

shuǐhú* 水壶[-壺] N. ① kettle ② canteen ③ watering can

shuǐhù 水戽 N. funnel-shaped bailing bucket

shuǐhuā(r)* 水花(儿) N. ① spray ② <topo.> chicken pox ③ flower blooming in water

shuǐhuá 水滑 S.V. slippery smooth (of silk/etc.)

shuǐhuà 水化 N. aquation; hydration

shuǐhuàn 水患 N. flood; inundation

shuǐhuāng 水荒 N. drought

shuǐhuāsìjiàn 水花四溅[-濺] F.E. The water splashed in all directions.

shuǐhúdǎn 水壶胆[-壺膽] N. glass liner (of a thermos)

shuǐhuì 水会 N. ① confluence of rivers ② volunteer fire brigade

shuǐhúlu(r) 水葫芦(儿)[--蘆-] N. water hyacinth

shuǐ-huǒ* 水火 N. ① water and fire ② flood and conflagration ③ extreme misery ④ opposites ⑤ necessities of life

shuǐhuò 水货 N. smuggled goods

shuǐhuǒbùjì 水火不济[-濟] F.E. <Ch. med.> renal system and cardiac system not reinforcing each other

shuǐhuǒbùróng 水火不容 ID. be incompatible as fire and water

shuǐ-huǒ bù xiāngróng 水火不相容 ID. be as incompatible as fire and water

shuǐhuǒdì 水火地 P.W. area afflicted alternately with drought and floods

shuǐhuǒwújiāo 水火无交 ID. have no contact with each other

shuǐhuǒwúqíng 水火无情 F.E. flood and fire have no mercy for anybody

shuǐ-huǒ yī bèizi 水火一辈子 ID. <coll.> be enemies for life

shuìhǔzi 睡虎子 N. <coll.> sb. who sleeps a lot

shuǐjī* 水鸡[-雞] N. ① water bird ② frog ③ drowned rat

shuǐjì 水际[-際] P.W. waterside; water margin

shuìjī 税基 N. tax base

shuíjiā* 谁家 PR. ① Whose home/house? ② Who? *See also shéijia, shéijiā*

shuǐjiǎ 水甲 N. water beetle

shuìjià 税驾 V. stop working; call a halt, rest

shuǐjiǎn 水碱[-鹼] N. scale; incrustation

shuǐjiāngbùjìn 水浆不进[-漿-進] F.E. not take a drop or a morsel

shuǐjiāo 水胶[-膠] N. <coll.> liquid/hide glue

[1]shuǐjiǎo(r) 水饺(儿) N. boiled dumpling

[2]shuǐjiǎo 水搅[-攪] N. rumblings in the sky before a rainstorm

[3]shuǐjiǎo 水脚[-腳] N. <topo.> ① charges for water transport ② freight

shuìjiào* 睡觉[-覺] V.O. go to bed; sleep

shuìjiào bǎshi 睡觉把式[-覺--] N. <topo.> a person given to sleep

shuǐjiāodì 水浇地[-澆-] P.W. irrigated land

shuǐjiārèqì 水加热器[--熱-] N. water heater

shuǐjiě* 水解 N. <chem.> hydrolysis

shuǐjiè 水界 N. <geog.> hydrosphere

shuìjīn 税金 N. tax money; tax due

shuìjīn bìnàndì 税金避难地[---難-] P.W. tax haven

shuǐjīng* 水晶 N. crystal; rock crystal

[1]shuǐjǐng 水井 N. well M: kǒu/[1]yǎn

[2]shuǐjǐng 水警 N. water police; coast guard M: [2]wèi

shuǐjìng 水镜 N. ① as bright as a mirror ② a person of intellectual brilliance

shuǐjīngbāo 水晶包 N. steamed dumpling stuffed with lard and sugar

shuǐjīng bōli 水晶玻璃 N. crystal (glass)

shuǐjīng dēnglong 水晶灯笼[--燈-] N. be able to penetrate deeply into things

Shuǐjīnggōng 水晶宫[-宮] P.W. Crystal Palace (of the Dragon King)

shuǐjīngguān 水晶棺 N. crystal sarcophagus M: [7]jù

shuǐjìngliúshēn 水静流深[-靜--] F.E. Still waters run deep.

shuǐjīngqiú 水晶球 N. crystal ball

shuǐjīngqiú yùcè 水晶球预测 N. crystal-ball forecasting

shuǐjīngqiú zhānbǔshù 水晶球占卜术[-術] N. crystal gazing

shuǐjīngshí 水晶石 N. cryolite M: [2]kuài

shuǐjīngtǐ 水晶体[-體] N. ① crystalline lens ② <phys.> lens (of eyes)

shuǐjīngyán 水精盐[-鹽] N. natural salt

shuǐjīngzhǒur 水晶肘儿 N. gelatinish cooked lower pork leg

shuǐjīnjīn 水津津 R.F. moist with sweat/water

[1]shuǐjiǔ 水酒 N. <humb.> watery liquor (said by host of his own liquor)

[2]shuǐjiǔ 水韭 N. <bot.> a kind of leek (*Isoetes japonica*)

shuǐjìxiàn 水迹线[-跡-] N. waterline M: [1]tiáo

shuǐjū 水居 V. make one's home on a river/lake/waterway ♦N. fishes and mollusks

shuìjuān 税捐 N. taxes; duties

shuìjuān jīzhēngchù 税捐稽征处[-徵處] P.W. tax-collection office

shuìjuānjú 税捐局 P.W. <trad.> tax department

shuìjuān zhǔnbèi 税捐准备[-準備] N. reserve for taxes

shuǐjué 水蕨 N. <bot.> edible water plant (*Ceratopteris thalictroides*)

shuǐjūn 水军 P.W. <trad.> navy

shuìjúzi 税局子 P.W. <coll.> tax department

shuǐkè 水客 N. <trad.> ① boatman ② itinerant trader

[1]shuìkè* 说客 <trad.> *See shuōkè*

[2]shuìkè 税课 N. taxation; levy

shuíkěn 谁肯 V.P. Who is willing?

shuǐkēng(r) 水坑(儿) N. puddle; pool; water hole

shuǐkù* 水库 P.W. reservoir M: [4]zuò

shuìkù 睡裤 N. pajama trousers M: [1]tiáo

shuìkuǎn 税款 N. tax payment; taxation

shuǐlàchóng 水蜡虫[-蠟蟲] N. <zoo.> wax-producing insect

shuǐláitǔyǎn 水来土掩 ID. be well prepared to meet any onslaught

shuǐlán 水兰[-蘭] N. <bot.> narcissus M: [2]kē

shuǐlàng 水浪 N. water wave

shuì lǎnjiào 睡懒觉[-覺] V.O. sleep late

shuǐláo* 水牢 P.W. dungeon with waist-high water M: [4]zuò

shuǐlào 水涝[-澇] N. waterlogging

shuǐlàodì 水涝地[-澇-] P.W. waterlogged land

shuǐlǎoshǔ 水老鼠 N. ① <zoo.> water rat ② beachcomber; waterfront thief M: [2]zhī

shuǐlǎoyā 水老鸦 N. <zoo.> cormorant M: [2]zhī

shuǐlàshù 水蜡树[-蠟樹] N. <bot.> *Ligustrum ibota* M: [2]kē

shuǐléi 水雷 N. <mil.> submarine mine M: [1]kē

shuǐléitǐng 水雷艇 N. minelayer M: [1]sōu

shuǐlěng 水冷 N. water-cooling

shuǐlěngshì 水冷式 N. water-cooling type

shuǐli 水里[-裡] P.W. in the water

shuǐlǐ 水礼[-禮] N. gifts of fruit and pastry

[1]shuǐlì* 水利 N. ① water-conservancy project ② irrigation works

[2]shuǐlì 水力 N. ① waterpower; hydraulic power ② freight; freightage

[1]shuìlì 税吏 N. tax collectors/officials M: [2]wèi

[2]shuì-lì 税利 N. taxes and profits

shuǐlián 水帘[-簾] N. ①hydropathy ②waterfall; cascade

shuìlián* 睡莲 N. <bot.> water lily

[1]shuǐliàng 水量 N. ① <coll.> swimming ability/skill ② water volume; amount of water

[2]shuǐliàng 水亮 S.V. ① brightly fresh ② juicy (of fruit/etc.) ③ radiant and beautiful (of a person's face)

shuǐliàng bù hǎo 水量不好 V.P. be a poor swimmer

shuìliányè 睡莲叶[-葉] N. water lily leaf

shuíliào 谁料 V.P. Who could have known?

shuǐliáo* 水疗[-療] N. <med.> hydrotherapy

shuǐliǎo 水蓼 N. <bot.> water pepper

shuǐlì cǎiméi 水力采煤 N. hydraulic coal mining

Shuǐlì Diànlìbù 水利电力部[--電--] P.W. Ministry of Water Conservancy and Electric Power

shuǐlì diànlìzhàn 水利电力站[--電--] P.W. hydraulic power station

shuǐlì fādiàn 水力发电[-發電] N. hydraulic power generation

shuǐlì fādiànchǎng 水力发电厂[-發電廠] P.W. hydraulic power plant M: [4]zuò

shuǐlì gōngchéng 水利工程 N. irrigation works; water-conservancy project/works; hydraulic engineering

shuǐlì guàngàiwǎng 水利灌溉网[-網] N. irrigation network

shuǐlìhuà 水利化 V. bring all farmland under irrigation

shuǐlìhuì 水利会 P.W. water-control committee

shuǐlǐhuǒlǐ 水里火里[-裡-裡] F.E. <coll.> in all kinds of situations

shuǐlìjú 水利局 P.W. water-control bureau

shuǐlì kāicǎi 水力开采[--開-] N. <min.> hydraulic mining

shuǐ lǐ lái, huǒ lǐ qù 水里来,火里去[-裡-,-裡-] F.E. Easy come, easy go.

shuǐlíng 水灵[-靈] S.V. <topo.> ① fresh and juicy (of fruit/etc.) ② bright and beautiful; radiant and vivacious

shuǐlínglíng 水灵灵[-靈靈] R.F. <coll.> ①shimmering; glistening ② fresh and juicy ③ radiant

shuǐlínlín 水淋淋 R.F. dripping with water

shuǐlì shūniǔ 水利枢纽[--樞-] P.W. water conservancy center

shuǐliú* 水流 N. ① river; stream ② current; flow

shuǐliù 水溜 N. eaves drainpipe

shuǐliútuānjí 水流湍急 F.E. rushing current

shuǐliúxīng 水流星 N. spinning bowl of water; water meteor (in acrobatics)

shuǐlìxué 水力学 N. hydraulics

S

shuǐlìzhì 水利制 N. system of water conservancy
shuǐlì zīyuán 水利资源 N. water power resources
shuǐlóng 水龙 N. ① fire hose/engine ② a kind of water plant
shuǐlóngdài 水龙带[-帶] N. canvas water hose M: [1]*tiáo*
shuǐlónggǔ 水龙骨 N. <*bot.*> wall fern; golden locks
shuǐlóngjuǎn 水龙卷 N. <*met.*> waterspout
shuǐlóngshéguǎn 水龙蛇管 N. <*coll.*> water hose
shuǐlóngtóu 水龙头 N. (water) tap; faucet
shuǐlòu 水漏 N. water clock; clepsydra
[1]**shuǐ-lù** 水陆[-陸] N. ① land and water, ② amphibian ③ delicacies from land and sea
[2]**shuǐlù** 水路 N. waterway; water route M: [1]*tiáo*
[3]**shuǐlù** 水鹿 N. red deer M: [2]*zhī*
shuǐlǜ 水绿 N. light green
shuìlǜ* 税率 N. tax/tariff rate
shuǐlùbìchén 水陆毕陈[-陸畢-] F.E. feast with every delicacy from land and sea
shuǐlùbìngjìn 水陆并进[-陸並進] F.E. <*mil.*> make an amphibious advance
shuǐlùjiāgōng 水陆夹攻[-陸夾-] F.E. attack both by land and by water
shuǐ-lù jiāotōng 水陆交通[-陸--] N. transportation by land and water
shuǐlùjùchén 水陆俱陈[-陸--] F.E. feast with dainties of every kind
shuǐlùliǎngqī 水陆两栖[-陸-棲] F.E. amphibious
shuǐ-lù liǎngyòng 水陆两用[-陸--] N. amphibious
shuǐ-lù liányùn 水陆联运[-陸聯運] N. waterland transshipment
shuǐlūlū 水漉漉 R.F. wet all over; dripping; drenched
shuǐlún 水轮 N. waterwheel
shuǐlúnbèng 水轮泵 N. (water) turbine pump M: [1]*tái*
shuǐlún fādiànjī 水轮发电机[--發電-] N. water turbogenerator M: [1]*tái*
shuǐlúnjī 水轮机 N. hydraulic/water turbine M: [1]*tái*
shuǐluóbo 水萝卜[-蘿-] N. summer radish M: [2]*kē*
shuǐluòguǎn 水落管 N. downspout; downpipe
shuǐluòshíchū 水落石出 F.E. everything comes to light
shuǐluòtuo 水骆驼 N. <*topo.*> water wings
shuǐlùtú 水路图[-圖] N. hydrographic map M: [1]*zhāng*
shuǐ-lù yùnshū 水陆运输[-陸運-] N. transportation by land and water
shuǐmǎ 水马 N. dragon-shaped race boat M: [1]*tiáo*
shuǐmài 水脉[-脈] N. river channel; stream course
shuǐmǎnǎo 水玛瑙 N. <*art*> agate with water trapped inside
shuǐmàndī'àn 水漫堤岸 F.E. The water reaches the top of the dike.
shuǐmànguòxī 水漫过膝 F.E. Flood water reaches the knees.
shuìmào(r) 睡帽(儿) N. nightcap
shuǐméiqì 水煤气[-氣] N. <*chem.*> water gas
shuìměirén 睡美人 N. sleeping beauty
shuímen 谁们 PR. <*topo.*> who (plural)
shuǐmén* 水门 N. water valve; floodgate M: [4]*zuò* ♦P.W. Watergate
shuìmèng 睡梦[-夢] N. ① sleep; slumber ② dream
shuǐměngkuàng 水锰矿[-礦] N. <*min.*> manganite M: [4]*zuò*
Shuǐmén shìjiàn 水门事件 N. Watergate incident
shuǐméntīng 水门汀 N. <*topo.*> cement
shuǐmǐ* 水米 N. <*topo.*> minimum amount of food
shuǐmì 水密 N. <*mach.*> watertight
shuǐmiàn 水面 N. ① water surface/level ② area of a body of water
shuìmián* 睡眠 N. sleep
shuìmiánbìng 睡眠病 N. <*coll.*> insomnia
shuìmián bùzú 睡眠不足 V.P. insufficient sleep; want of sleep
shuǐmiàn jiàntǐng 水面舰艇[--艦-] N. surface vessel/ship/force
shuìmián liáofǎ 睡眠疗法[--療-] N. <*med.*> physiological sleep therapy
shuìmiánqǔ 睡眠曲 N. lullaby
shuìmián shíjiān 睡眠时间[--時-] N. ① length of one's sleep ② one's bedtime
shuǐmiàn xià 水面下 P.W. underwater
shuǐmǐbùjìn 水米不进[-進] F.E. cannot take any food (at all)
shuǐmìcāng 水密舱[-艙] N. watertight compartment
shuǐmǐn 水黾[-黽] N. <*zoo.*> pond skater; water strider M: [2]*zhī*
shuǐmíngrújìng 水明如镜 F.E. The water is as clear as a mirror.
shuǐmìtáo 水蜜桃 N. honey peach M: [2]*zhī*/[2]*kē*
shuǐmǐwújiāo 水米无交 ID. ① have no relations/contact with each other ② be upright and accept no gifts from the people
shuǐmìxìng 水密性 N. watertightness
[1]**shuǐmó** 水磨 V./N. polish with waterstone *See also* [3]*shuǐmò*
[2]**shuǐmó** 水魔 N. water monster
[1]**shuǐmò*** 水墨 N. ink painting without color M: [10]*fú*
[2]**shuǐmò(r)** 水沫(儿) N. water foam/froth
[3]**shuǐmò** 水磨 N. ① watermill ② grind grain/etc. fine while adding water ***See also*** [1]*shuǐmó*
shuìmó 睡魔 N. compulsive desire to sleep
shuǐmò dònghuàpiàn 水墨动画片[--動畫-] N. cartoon film in Chinese ink and water colors M: [2]*bù*
shuǐmó gōngfu 水磨功夫 N. ① patient and precise work; painstaking work ② terrazzo
shuǐmòhuà 水墨画[-畫] N. <*art*> ink and wash; wash painting M: [10]*fú*
shuǐmójìng 水磨镜 N. <*coll.*> high-grade eyeglasses M: [1]*fù*
shuǐmóshí 水磨石 N. <*archi.*> terrazzo M: [2]*kuài*
shuímǒu 谁某 PR. some (unspecified) person
shuǐmòzi 水沫子 N. foam; froth
shuǐmǔ 水母 N. jellyfish; medusa
shuìmù* 税目 N. tax/taxable item
shuǐmùzuò 水木作 N. bricklayers and carpenters
shuǐnǎozhèng 水脑症[-腦-] N. hydrocephalus
shuínéng 谁能 V.P. Who can?; Who could?
shuǐní 水泥 N. cement
shuǐniǎn 水碾 N. water-powered roller (for husking grain)
shuǐniǎo 水鸟 N. aquatic bird M: [2]*zhī*
shuǐníchǎng 水泥厂[-廠] P.W. cement plant M: [4]*zuò*
shuǐníchuán 水泥船 N. concrete boat M: [1]*tiáo*
shuǐnídì 水泥地 N. concrete ground
shuǐní gānggǔ 水泥钢骨[--鋼-] N. <*archi.*> reinforced concrete
shuǐnígōng 水泥工 N. plasterer; bricklayer M: [2]*wèi*
shuǐní gōngsī 水泥公司 P.W. cement company
shuǐníjiāng 水泥浆[-漿] N. cement mortar
shuǐní jiǎobànjī 水泥搅拌机[-攪--] N. concrete mixer
shuìníng 睡拧[-擰] V. <*coll.*> have a stiff neck due to improper sleeping position
shuǐníshí 水泥石 N. cement rock/stone
shuǐní tiěgǔ 水泥铁骨[--鐵-] *See shuǐní gānggǔ*
shuǐniú 水牛 N. water buffalo M: [1]*tóu*
shuǐniújiǎo pópo 水牛角婆婆 N. <*topo.*> a mother-in-law who nags her daughter-in-law
shuǐniūr 水牛儿 N. <*topo.*> snail M: [2]*zhī*
shuǐníwǎ 水泥瓦 N. cement tile
shuǐnuǎn 水暖 N. ① hot-water central heating system ② water supply and heating
shuǐnuǎngōng 水暖工 N. plumber M: [2]*wèi*
shuǐpái 水牌 N. ① lacquered board for erasable writing ② black/white board for writing temporary accounts/records on
shuǐpàn 水畔 P.W. beside the water; shore
[1]**shuǐpào(r)*** 水泡(儿) N. ① bubble ② blister
[2]**shuǐpào** 水疱[-皰] N. blister
[3]**shuǐpào** 水炮 N. water cannon
shuìpáo 睡袍 N. nightgown; nightdress M: [2]*jiàn*
shuǐpàozi 水泡子 P.W. <*topo.*> small lake; pond
shuǐpéifǎ 水培法 N. water culture; hydroponics
shuǐpén 水盆 N. basin
shuǐpiáo(r)* 水瓢(儿) N. (gourd) water ladle
shuìpiào 税票 N. tax receipt M: [1]*zhāng*
shuǐpiāor 水飘儿 N. skipping stones
[1]**shuǐpíng** 水平 N. standard; level; proficiency ♦ATTR. horizontal; level
[2]**shuǐpíng** 水瓶 N. water bottle M: [2]*zhī*
[3]**shuǐpíng** 水萍 N. <*bot.*> duckweed
shuǐpíng cèshì 水平测试 N. <*lg.*> proficiency test
shuǐpíngduò 水平舵 N. ① horizontal rudder; stabilizer ② hydroplane
shuǐpíng fēixíng 水平飞行[--飛-] N. horizontal/level flight
shuǐpíng hōngzhà 水平轰炸[--轟-] N. <*mil.*> horizontal/level bombing
shuǐpíngjiǎo 水平角 N. straight angle
shuǐpíng kǎoshì 水平考试 N. <*lg.*> proficiency test
shuǐpíngmiàn 水平面 N. horizontal plane; level (surface)
shuǐpíngrújìng 水平如镜 F.E. The water is as smooth as a mirror.
shuǐpíngxiàn 水平线 N. horizontal line
shuǐpíngyí 水平仪[-儀] N. (carpenter's) level
shuǐpíngzi 水瓶子 N. water bottle M: [2]*zhī*
Shuǐpíngzuò 水瓶座 N. <*astr.*> Constellation of Aquarius
shuǐpír 水皮儿 N. <*coll.*> water surface
shuǐpōbùjìn 水泼不进[-潑-進] ID. not allow different opinions
shuìpù 睡铺 N. berth
shuǐqī 水栖[-棲] ATTR. aquatic
[1]**shuǐqì*** 水汽 N. vapor; steam; moisture
[2]**shuǐqì** 水气[-氣] N. dampness (of a wet and shaded spot)
[3]**shuǐqì** 水器 N. <*archeo.*> water vessels
shuìqǐ 睡起 V. wake up
shuìqì 税契 N. receipts for taxes paid on deeds to newly purchased real estate M: [1]*zhāng*
shuìqiǎ 税卡 P.W. tax station
shuǐqián 水钱[-錢] N. water bill
shuǐqiāng 水枪[-槍] N. ① water pistol ② hydraulic monitor
shuǐqiāo 水橇 N. <*sport*> water ski M: [2]*kuài*
shuǐqiāo yùndòng 水橇运动[-運動] N. <*sport*> water skiing
[1]**shuǐqín** 水禽 N. waterfowl; water bird M: [2]*zhī*
[2]**shuǐqín** 水芹 N. <*bot.*> water celery M: [2]*kē*
shuǐqíng 水情 N. regimen
shuǐqīngjiàndǐ 水清见底 F.E. The water (in the stream) is so clear that one can see down to the bottom.
shuǐqīngwúyú 水清无鱼 ID. Don't ask for perfection.
shuǐqínlèi 水禽类[-類] N. <*zoo.*> web-footed birds
shuǐqì nóngdù 水汽浓度[--濃-] N. <*met.*> vapor concentration
shuǐqiú 水球 N. water polo
shuǐqū 水区[-區] P.W. pool
[1]**shuǐqú*** 水渠 N. ditch; canal M: [1]*tiáo*
[2]**shuǐqú** 水鼩 N. water shrew M: [2]*zhī*
[3]**shuǐqú** 水鸲 N. water robin M: [2]*zhī*
shuìqù 睡去 V. sleep; go to bed
shuǐquān 水圈 N. <*geog.*> hydrosphere
shuǐquán* 水泉 N. natural spring/fountain
shuǐqūliǔ 水曲柳 N. <*bot.*> northeast China ash M: [2]*kē*
shuírén* 谁人 PR. who; whom *See also shéirén*

shuǐrén 水人 N. ① a good swimmer ② sb. accustomed to living on the water
shuìróng 睡容 N. appearance during sleep
shuǐróngfǎ cǎiyán 水溶法采盐[-鹽] N. water-dissolving method of salt mining
shuǐróngróng 水溶溶 R.F. a spectacle of expansive water
shuǐróngxìng 水溶性 N. water soluble; solubility
shuǐróngyè 水溶液 N. <chem.> aqueous solution
shuǐrǔjiāoróng 水乳交融 F.E. in complete harmony
shuǐsè 水色 N. color of water
shuǐshān 水杉 N. <bot.> metasequoia M: [2]kē
shuǐshāng 水伤[-傷] N. illness from polluted water
shuǐshàng* 水上 ATTR. overwater; water-borne; aquatic; maritime
shuǐshàng bǎoxiǎn 水上保险 N. maritime insurance
shuǐshàng fēijī 水上飞机[--飛-] N. seaplane; hydroplane M: [1]jià
shuǐshàng fēixíng 水上飞行[--飛-] N. overwater flight
shuǐshàng jiànzhù 水上建筑[-築] N. <archeo.> water dwelling
shuì shǎngjiào 睡晌觉[-覺] V.O. <coll.> have an afternoon nap; have a siesta
shuǐshàng jǐngchá 水上警察 P.W. marine police
shuǐshàng jūmín 水上居民 N. boat dwellers
shuǐshàng rénjiā 水上人家 N. boat dwellers M: [1]hù
shuǐshàng yùndong 水上运动[-運動] N. aquatic/water sports
shuǐshàng yùndònghuì 水上运动会[--運動-] P.W. aquatic sports meet
shuǐshāo 水筲 N. <topo.> well bucket; pail made of wood/bamboo strips
shuǐsháo* 水勺 N. bailer; dipper M: [1]bǎ
shuǐshāozi 水梢子 N. <topo.> water bucket made of plaited branches
shuǐshé 水蛇 N. water snake M: [1]tiáo
shuǐshēn* 水深 N. depth of water
shuǐshèn 水渗[-滲] N. waterlogging
[1]**shuǐshēng** 水声[-聲] N. sound of water
[2]**shuǐshēng** 水生 ATTR. aquatic
shuǐshēng dòngwù 水生动物[--動-] N. aquatic animal
shuǐshēnguòxī 水深过膝 F.E. The water is above the knees.
shuǐshēngxué 水声学[-聲-] N. marine acoustics
shuǐshēng zhíwù 水生植物 N. water/aquatic plant; hydrophyte
shuǐshēnhuǒrè 水深火热[-熱] ID. abyss of suffering
shuǐshēnjíyāo 水深及腰 F.E. The water reaches up to the waist.
shuǐshēnliújí 水深流急 F.E. The water is deep and the current fast.
shuǐshēnqì 水深器 N. plummet; sounding line
shuǐshēnsānchǐ 水深三尺 F.E. (The land) is under three feet of water.
shuǐshéyāo 水蛇腰 N. slender waist
[1]**shuǐshī** 水师[-師] N. <trad.> ① navy ② sailor; boatman
[2]**shuǐshī** 水虱 N. <zoo.> ① beach louse ② freshwater shrimp
shuǐshí 水蚀 N. water erosion
shuǐshì* 水势[-勢] N. ① flow of water; rise and fall of flood-water ② direction of flowing water
shuìshī 睡狮[-獅] N. a big country lacking vitality
shuǐshícán 水石蚕[-蠶] N. water germander
shuíshìshuífēi 谁是谁非 F.E. Who is right and who is wrong?
shuǐshīyíng 水师营[-師營] P.W. <hist.> navy
shuǐshǒu 水手 N. seaman; sailor M: [2]wèi
shuìshōu* 税收 N. tax revenue
shuǐshǒuzhǎng 水手长 N. boatswain M: [2]wèi
shuǐshǔ 水鼠 N. water rat M: [2]zhī
shuìshú* 睡熟 R.V. sleep soundly
shuìshǔ 睡鼠 N. dormouse M: [2]zhī
shuǐshuān 水栓 N. hydrant
shuǐshuāshí 水刷石 N. <archi.> granitic plaster
shuíshuí 谁谁 PR. so-and-so ***See also*** *shéishéi*
shuìshúle 睡熟了 V.P. sleep soundly
shuìsī 睡思 N. drowsiness
shuǐsōng 水松 N. <bot.> China cypress M: [2]kē
shuǐsù 水速 N. speed of a water current
shuǐsǔn 水损 N. damage by water
shuǐsuōhuā 水梭花 N. <Budd.> priest's euphemism for fish
[1]**shuǐtǎ** 水塔 N. water tower M: [4]zuò
[2]**shuǐtǎ** 水獭 N. otter M: [2]zhī
shuǐtái* 水苔 N. <bot.> duckweed
shuìtài 睡态[-態] N. sleeping state
shuǐtán 水潭 P.W. puddle; pool
shuǐtáng* 水塘 P.W. pool; pond
shuǐtàng 水烫[-燙] N. water perm (of hair styling)
shuǐtào 水套 N. <mil.> water/splash jacket
shuǐtián 水田 P.W. paddy field M: [2]kuài
shuǐtiánlí 水田犁 N. paddy plow M: [1]zhāng
shuǐtiánpá 水田耙 N. paddy harrow
shuǐtiānxiàn 水天线 N. skyline
shuǐtiānyīsè 水天一色 F.E. water and sky merge
shuǐtīng 水汀 N. <topo.> steam heat
shuǐtíng* 水亭 N. pavilion on the water M: [4]zuò
[1]**shuǐtǒng** 水桶 N. pail; bucket M: [2]zhī
[2]**shuǐtǒng** 水筒 N. water barrel
shuǐtóu(r) 水头(儿) N. ① head (of water) ② flood/flow peak ③ fruit juice ④ luster of jade
shuǐtǔ 水土 N. ① water and soil ② natural environment and climate
shuǐtǔ bǎochí 水土保持 N. water and soil conservation
shuǐtǔbùfú 水土不服 F.E. fail to acclimate oneself in a new natural environment
shuǐtǔ liúshī 水土流失 N./V.P. soil erosion
shuǐwā 水洼[-窪] N. waterlogged depression
shuǐwān 水湾[-灣] N. bend in a stream
shuǐwǎng 水网[-網] N. network of rivers
shuǐ wǎng dīchù liú 水往低处流[---處-] F.E. Water seeks its own level.
shuǐwǎng dìdài 水网地带[-網-帶] P.W. area crisscrossed with streams, lakes, and ponds
shuǐwāngwāng(r) 水汪汪(儿) R.F. ① watery; waterlogged (of soil) ② liquid; limpid (of eyes)
shuǐwāzi 水洼子[-窪-] P.W. shallow pool of water (left behind by rain/etc.)
shuǐwèi 水位 N. water level
shuǐwèitú 水位图[-圖] N. water-level chart/map M: [1]zhāng
shuǐwèi xiàjiàng 水位下降 V.P. fall of the water level
shuǐwēn* 水温 N. water temperature
[1]**shuǐwén** 水文 N. hydrology
[2]**shuǐwén** 水纹 N. water ripple
shuǐwén dìlǐxué 水文地理学 N. hydrography
shuǐwénduì 水文队[-隊] P.W. hydrological team M: [4]zhī
shuǐwèng 水瓮 N. water jar
shuǐwénr 水纹儿 N. rippling waves
shuǐwénxué 水文学 N. hydrology
shuǐwénxuézhě 水文学者 N. hydrologist M: [2]wèi
shuǐwénzhàn 水文站 P.W. hydrological station M: [4]zuò
shuǐwō(r) 水涡(儿)[-渦] N. eddies of water
shuìwòbù'ān 睡卧不安[-臥--] F.E. be restless and sleepless
shuǐwù 水雾[-霧] N. water fume
shuìwù* 税务[-務] N. ① taxation ② tax administration; matters pertaining to taxation
shuǐwū chǔlǐ 水污处理[--處-] N. water pollution treatment
shuì wǔjiào 睡午觉[-覺] V.O. have a siesta
shuìwù jīguān 税务机关[-務-關] P.W. tax offices
shuìwùjú 税务局[-務-] P.W. tax bureau
shuǐwūrǎn 水污染 N. water pollution
shuìwùsī 税务司[-務-] P.W. commissioner of customs
shuìwùyuán 税务员[-務-] N. tax collector M: [2]wèi
shuǐxī 水螅 N. <zoo.> hydra M: [1]tiáo
shuǐxǐ 水洗 ATTR. <photo.> washing; rinsing; water scrubbing
shuǐxì* 水系 P.W. river system; hydrographic net
shuǐxià* 水下 ATTR. underwater; submerged
shuìxià 睡下 V. <coll.> go to bed
shuǐxià dǎodàn 水下导弹[--導-] N. submarine-based missile
shuǐxiān* 水仙 N. <bot.> narcissus
[1]**shuǐxiǎn** 水险 N. marine insurance
[2]**shuǐxiǎn** 水藓 N. <bot.> sphagnum
shuǐxiàn 水线 N. ① waterline ② shoreline
shuǐxiǎn bǎodān 水险保单 N. marine policy M: [1]zhāng
[1]**shuǐxiāng*** 水箱 N. ① water tank ② lavabo
[2]**shuǐxiāng** 水乡[-鄉] P.W. region of rivers and lakes
shuìxiāng 睡乡[-鄉] P.W. dreamland
shuìxiàng 睡相 N. posture in sleep
shuǐxiāngchūnsè 水乡春色[-鄉--] F.E. springtime in a waterside village
shuí xiǎngdào 谁想到 V.P. Who would have thought?
shuǐxiāng zéguó 水乡泽国[-鄉澤國] P.W. land flooded with water
shuǐxiānhuār 水仙花儿 N. ① narcissus flower ② daffodil M: [2]duǒ
shuǐxiānpén 水仙盆 N. <pottery> narcissus pot; bulb pot
shuǐxiē 水蝎 N. <zoo.> water scorpion M: [2]zhī
[1]**shuǐxiè*** 水榭 N. waterside pavilion M: [4]zuò
[2]**shuǐxiè** 水泻[-瀉] N. <med.> watery diarrhea
shuǐxièbùtōng 水泄不通 F.E. ① not leak a drop of water; be watertight ② be densely packed/crowded
shuǐxiètínggé 水榭亭阁 F.E. pavilions, towers, and terrace halls on the water
shuǐxīlù 水鼷鹿 N. water deer M: [2]zhī
shuǐxīn 水心 P.W. center of a stream
Shuǐxīng 水星 N. <astr.> Mercury
shuǐxìng 水性 N. ① swimming ability ② characteristics (depth/currents/etc.) of a body of water ♦ATTR. fickle and lascivious (of women)
shuìxǐng* 睡醒 R.V. wake up
shuǐxìngyánghuā 水性杨花[--楊-] ID. of easy virtue (of a woman); wanton
shuǐxīngzi 水星子 N. <coll.> a droplet of water
[1]**shuǐxiù** 水锈[-鏽] N. ① scale; incrustation ② watermark (in water vessels)
[2]**shuǐxiù** 水袖 N. <opera> water sleeves (double white-silk sleeves attached to the cuffs of a costume)
shuǐxuǎn 水选[-選] N. seed/ore selection by immersion
shuǐxuē* 水靴 N. water boots M: [1]shuāng
shuǐxué 水穴 <coll.> N. privately organized show that makes little profit
shuǐxúnhuán 水循环[-環] N. hydrologic/water cycle
[1]**shuǐyā*** 水压[-壓] N. hydraulic/water pressure
[2]**shuǐyā** 水鸭 N. duck M: [2]zhī
[3]**shuǐyā** 水鸦 N. water crow M: [2]zhī
shuìyā 睡鸭 N. incense burner
shuǐyājī 水压机[-壓-] N. hydraulic press M: [1]tái
[1]**shuǐyān** 水淹 N. waterlogging
[2]**shuǐyān** 水烟[-煙] N. shredded tobacco for a water pipe
shuìyǎn* 睡眼 N. sleepy eyes
shuǐyānchéngzāi 水淹成灾[-災] F.E. Waterlogging has caused serious damage.
shuǐyāndài 水烟袋[-煙-] N. water pipe
shuǐyáng 水杨[-楊] N. <bot.> water willow M: [2]kē
shuǐyǎnghù 水养护[-養護] N. water curing
shuǐyángshù 水杨树[-楊樹] N. <bot.> big catkin willow M: [2]kē
shuǐyángsuān 水杨酸[-楊-] N. <chem.> salicylic acid

S

shuǐyāngtián 水秧田 P.W. irrigated nursery M: [2]kuài
shuìyǎnxīngsōng 睡眼惺忪 F.E. have a drowsy look
shuǐyāo 水妖 N. water sprite
Shuǐyàorì 水曜日 N. <wr.> Wednesday
shuǐyǎozi 水舀子 N. water scoop/ladle
shuǐyāzi 水鸭子 N. <slang> small amphibious craft for beach operations
shuǐyī 水衣 N. moss
shuìyī 睡衣 N. night clothes; pajamas M: [2]jiàn/tào
shuìyǐ 睡椅 N. reclining chair M: [1]zhāng
shuìyì* 睡意 N. drowsiness
shuǐyìchuán 水翼船 N. hydrofoil boat M: [1]sōu
shuǐyìdīyàn 水溢堤堰 F.E. The river has overflowed its embankment/bank.
shuǐyīn(r) 水音(儿) N. ① clear and smooth voice ② one's native accent
shuǐyín* 水银 N. mercury; quicksilver
shuǐyǐn 水饮 N. <Ch. med.> water retention
shuǐyìn(r) 水印(儿) N. ① watermark ② <topo.> shop seal; seal/chop of a business firm
shuǐyínbèng 水银泵 N. mercury pump
shuǐyíncáo 水银槽 N. mercury column
shuǐyíndēng 水银灯[-燈] N. mercury-vapor lamp M: [1]zhǎn
shuǐyìngdù 水硬度 N. hardness of water
shuǐyíngyíng 水莹莹[-瑩瑩] R.F. bright and clear
shuǐyìn mùkè 水印木刻 N. watercolor block printing
shuǐyín qìyābiǎo 水银气压表[--氣壓-] N. mercury barometer M: [2]zhī
shuǐyín wēndùjì 水银温度计 N. mercury thermometer M: [2]zhī
shuǐyínxièdì 水银泻地[--瀉-] F.E. (be like) quicksilver spilling over the ground
shuǐyín yālìjì 水银压力计[--壓--] N. mercury pressure gauge
shuǐyínzhù 水银柱 N. mercury column
shuìyóubìng 睡游病 N. <med.> sleepwalking; somnambulism
shuǐ yǒu yuán, mù yǒu gēn 水有源,木有根 F.E. Everything has its origin.
[1]**shuǐyù** 水域 P.W. water area; body of water
[2]**shuǐyù** 水芋 N. <bot.> calla; calla lily
shuǐyuán* 水源 P.W. ① headwaters; waterhead ② source of water
shuìyuán 税源 N. source of taxation
shuǐyuánlín 水源林 N. forests planted around water resources
shuǐyuè 水月 N. ① moon in the water ② symbol of purity ③ symbol of an illusion
shuǐyuèdēng 水月灯[-燈] N. acetylene gas lamp M: [1]zhǎn
shuǐyuèdiàn 水月电[-電] N. acetylene lamp
shuǐyuè diàndēng 水月电灯[-電燈] N. acetylene lamp
shuǐyuèjìnghuā 水月镜花 ID. insubstantial objects
shuǐyùn* 水运[-運] N. water transport
shuìyūn 睡晕 V. be half awake
shuǐyùn mǎtou 水运码头[-運--] P.W. port handling river/ocean cargo
shuǐzāi 水灾[-災] N. flood; inundation
shuǐzāipéi 水栽培 N. hydroponics; water culture
shuǐzàng 水葬 N. water burial
[1]**shuǐzǎo** 水藻 N. algae
[2]**shuǐzǎo** 水蚤 N. water flea M: [2]zhī
shuǐzé* 水泽[-澤] P.W. region of marshes/rivers/lakes/etc.
shuìzé 税则 N. tax regulation
shuìzé fēnlèi 税则分类[-類] N. tariff classification
shuǐzhá* 水闸 N. sluice; water gate M: [4]zuò
shuǐzhà 水栅[-柵] N. water barrier; weir
shuǐzhàn 水战[-戰] N. battle on water; naval warfare
shuǐzhàng 水胀 N. ① <med.> edema ② <Ch. med.> dropsy
shuǐzhǎngchuángāo 水涨船高 F.E. ① all ships rise with the tide ② particulars improve as the general situation does ③ subordinates rise with their superiors
shuǐzhǎngliújí 水涨流急 F.E. The river is in flood, and the current is very swift.
shuìzháo 睡着[-著] R.V. fall/be asleep
shuǐzhèng 水政 P.W. water administration
shuìzhèng* 税政 P.W. tax administration
shuǐzhēngqì 水蒸气/汽[-氣] N. steam; water vapor
shuǐzhēn liáofǎ 水针疗法[--療-] N. <Ch. med.> acupuncture therapy with medicinal injection
shuǐzhe rén 水着人[-著-] V.O. <topo.> avoid people
shuízhī 谁知 V.P. ① who knows? ② who would have thought? *See also shéizhī*
[1]**shuǐzhì** 水质[-質] N. water quality
[2]**shuǐzhì** 水蛭 N. leech M: [1]tiáo
shuìzhì* 税制 N. tax system; taxation
shuǐzhì bǎohù 水质保护[-質-護] N. water quality protection
shuí zhīdào 谁知道 V.P. ① Who knows? ② Who would have thought?
shuǐ zhì qīng zé wú yú 水至清则无鱼 ID. One should not be too faultfinding.
shuǐzhīzhū 水蜘蛛 N. water spider M: [2]zhī
shuǐzhōng 水中 ATTR./P.W. aquatic; water
shuǐzhǒng* 水肿[-腫] N. <med.> edema; dropsy
shuìzhǒng 税种[-種] N. category of taxes
shuǐzhǒngbìng 水肿病[-腫-] N. <med.> edema; dropsy
shuǐzhōnglāoyuè 水中捞月[--撈-] ID. make impractical/vain efforts
shuìzhōngnínán 睡中呢喃 F.E. mutter in sleep
shuǐ zhōng yìng yuè kōng zì zhào 水中映月空自照 F.E. only the reflection of the moon shining brightly on the water
shuǐzhōngzhuōyuè 水中捉月 ID. make impractical/vain efforts
shuǐzhū(r/zi)* 水珠(儿/子) N. droplet; dewdrop; spray; drop of water
[1]**shuǐzhù** 水柱 N. water column M: [2]gēn
[2]**shuǐzhù** 水注 N. small vessel to drip water onto an ink-stone
shuǐzhǔn 水准[-準] N. level; standard
shuǐzhǔndiǎn 水准点[-準點] N. bench mark
shuǐzhǔnmiàn 水准面[-準-] N. level surface/plane
shuǐzhǔnqì 水准器[-準-] N. spirit level
shuǐzhǔntú 水准图[-準圖] N. map showing sea-level of localities M: [1]zhāng
shuǐzhǔnyí 水准仪[-準儀] N. surveyor's level; leveling instrument
shuǐzì 水渍 V. drench ♦N. water stains; watermarks
shuǐzìhuò 水渍货 N. goods with water stains; water damaged commodities
shuǐzīyuán 水资源 N. water resources
shuǐzú* 水族 N. ① aquarium ② aquatic animals *See also Shuǐzú*
Shuǐzú 水族 N. Shui ethnic minority (in Guizhou) *See also shuǐzú*
shuǐzuàn 水钻[-鑽] N. ① hydraulic drill ② diamond M: [2]kē
shuǐzúguǎn 水族馆 P.W. aquarium (to visit) M: [4]zuò
shuǐzuòfang 水作坊 P.W. beancurd factory M: [1]jiā
shuǐzúxiāng 水族箱 N. aquarium (for pets)
shūjì 书记[書-] N. ① secretary ② clerk M: [2]wèi
shūjī 枢机[樞-] N. ① hinge (fig.); mainspring ② important government posts
[1]**shūjí*** 书籍[書-] N. books; works; literature M: [1]běn
[2]**shūjí** 纾革 V.O. <wr.> get rid of evil
shūjǐ 书脊[書-] N. spine (of a book)
[1]**shūjì** 书迹[書跡] N. one's handwriting
[2]**shūjì** 殊绩 N. outstanding merit/service
[3]**shūjì** 殊技 N. excellent skill
[4]**shūjì** 叔季 N. <wr.> latter days (of a dynasty/empire/etc.)
shújì 熟记 V. learn by heart; memorize
Shǔjī 蜀鸡[-雞] N. a variety of big chicken M: [2]zhī
[1]**shǔjì** 暑季 N. summertime
[2]**shǔjì** 鼠技 N. versatile but not impressive
[3]**shǔjì** 黍稷 N. a variety of millet
[1]**shùjī** 庶几 ADV. ① almost; nearly ② probably; maybe ♦V. hope that ♦N. the capable and the virtuous
[2]**shùjī** 数基[數-] N. number (system) base
[3]**shùjī** 数奇[數-] N. bad luck/fate
[1]**shūjiā** 输家 N. loser (in a gambling game)
[2]**shūjiā** 书家[書-] N. calligrapher; calligraphist M: [2]wèi
[3]**shūjiā** 书夹[書夾] N. bookends
[1]**shūjià(r/zi)*** 书架(儿/子)[書-] N. bookshelf; bookcase
[2]**shūjià** 书价[書價] N. book prices
shújià 赎价[贖價] N. ransom price; ransom
shǔjiā 鼠夹[-夾] N. mousetrap
shǔjià 暑假 N. summer vacation
[1]**shūjiǎn*** 书简/柬[書-] N. letters; correspondence M: [1]zhāng
[2]**shūjiǎn** 疏剪 V. prune (trees/branches/etc.)
shújiàn 熟见 V. commonly seen (of things)
shùjiān(r) 树尖(儿)[樹-] N. treetop
shùjiànbùxiān 数见不鲜[數-] *See shuòjiànbùxiān*
shūjiàng 输将[-將] <wr.> N. contribute; donate ♦V. ① transport; haul ② pay taxes to the government
shūjiànpiāolíng 书剑飘零[書-] F.E. long away from one's home engaged in scholarly pursuits or military tasks
shūjiǎo 书角[書-] P.W. book corner
Shǔjiāo 蜀椒 N. a kind of wild pepper grown in Sichuan M: [2]kē
shùjiāo* 树胶[樹膠] N. gum (from trees); resin
shùjiào 树教[樹-] V.O. establish a religion
shùjiāoxié 树胶鞋[樹膠-] N. rubber overshoes; galoshes M: [1]shuāng
shǔ jiāzhēn 数家珍[數-] V.O. ① enumerate one's family valuables ② be very familiar with one's subject
shūjiāzi 书夹子[書夾-] N. bookends
shūjìchù 书记处[書-處] P.W. secretariat
[1]**shūjiě*** 疏解 V. ① unjam a bottleneck in traffic or transportation; relieve (traffic congestion, etc.) ② mediate
[2]**shūjiě** 舒解 V. <Ch. med.> release and open
[3]**shūjiě** 纾解 V. mitigate
shújiē 秫秸 N. sorghum stalk
shùjié 树节[樹節] V.O. establish one's virtue; preserve one's integrity
shùjiè 树介[樹-] N. icicles on trees
shújiēgǎnr 秫秸杆儿 N. sorghum stalk
shùjiézi 树结子[樹-] N. knot/lump on a tree
shūjìguān 书记官[書-] N. clerk of a law court M: [2]wèi
shùjīhū 庶几乎 CONJ. <wr.> so that; so as to
shūjí hùfēng guǎnggào 书籍护封广告[書-護-廣-] N. book blurb
shūjīn 舒筋 V. <Ch. med.> relax the sinews
shūjìn 枢近[樞-] P.W. <trad.> position close to the imperial court
shújīn* 赎金[贖-] N. ransom money
Shǔjǐn 蜀锦 N. Sichuan brocade M: [1]pǐ
shùjǐn 束紧[-緊] R.V. lace/bind up
shùjìn 数尽[數盡] V.P. running out of life; days numbered
Shūjīng 书经[書經] N. *Book of History*
shūjǐng 淑景 N. beautiful scenery
shūjìng* 淑静[-靜] S.V. elegant and quiet (of females); refined and gentle
shújīng 熟精 V.P. practiced; expert; skillful
shùjǐng 竖井[豎-] N. <min.> vertical shaft M: kǒu
shūjīngguǎn 输精管 N. <bio./phys.> spermatic/deferent duct; vas deferens
shūjīngguǎn qiēchúshù 输精管切除术[-術] N. <med.> vasectomy
shūjīnhuóluò 舒筋活络 F.E. <Ch. med.> stimulate circulation and relaxation

shūjīnhuóxuè 舒筋活血 F.E. <*Ch. med.*> relax muscles and enliven blood
shūjìr 梳髻儿 V.O. do one's hair in a chignon
shùjíshì 庶吉士 N. <*trad.*> title conferred on those who passed the annual civil-service examination with high grades (Ming/Qing)
shùjǐshùrén 恕己恕人 F.E. forgive others as you do yourself
shūjiǔ 殊久 V.P. very long
shūjiù 叔舅 N. mother's younger brother
shújiǔ 秫酒 N. wine made from glutinous rice
shújiù 赎救[贖-] V. redeem
shǔjiǔ* 数九[數-] N. the nine periods (of nine days each) following the winter solstice
shǔjiǔhántiān 数九寒天[數-] F.E. coldest days in the year
shǔjiǔ tiānqì 数九天气[數-氣] N. <*coll.*> coldest winter weather
shùjīwúkuì 庶几无愧 F.E. ① so that (sb.) won't be ashamed ② hopefully they won't be ashamed
shūjìyuán 书记员[書-] N. secretary (of an organization) M: [2]*wèi*
shùjǐzérén 恕己责人 F.E. be lenient toward oneself and severe toward others
shūjìzhǎng 书记长[書-] N. ①secretary-general ② chief clerk M: [2]*wèi*
shūjìzhīshì 叔季之世 N. period of decline (of a nation)
shūjī zhǔjiào 枢机主教[樞-] N. <*rel.*> cardinal (of the Roman Catholic Church) M: [2]*wèi*
shūjú 书局[書-] P.W. ① publishing house; press ② bookstore M: [1]*jiā*
[1]**shùjù*** 数据[數據] N. data
[2]**shùjù** 述句 N. statement
[3]**shùjù** 竖锯[豎-] N. jigsaw M: [1]*bǎ*
shūjuān 输捐 V. ① contribute; donate ② pay (taxes)
shūjuǎn 舒卷 V. <*wr.*> roll and unroll; expand and contract
shūjuàn* 书卷[書-] N. ① volume ② books M: [1]*běn*/[1]*juàn*
shūjuànqì 书卷气[書-氣] N. bookishness
shūjuǎnzìrú 舒卷自如 F.E. do as one pleases
shùjù cǎijí 数据采集[數據-] N. data collection
shùjù chǔcún xìtǒng 数据储存系统[數據-] N. <*comp.*> data-storage system
shùjù chǔlǐ 数据处理[數據處-] N. data processing
shūjué* 殊绝[-絕] V.P. rare; distinguished (of art/talent/etc.)
shùjué 数觉[數覺] N. number sense
shūjuéqiànrán 殊觉歉然[-覺--] F.E. feel most regretful
shùjùjī 数据机[數據-] N. data machine M: [1]*tái*
shùjùjí* 数据集[數據-] N. <*comp.*> data set
shùjù jiāgōng 数据加工[數據-] N. data processing
shùjù jiégòu 数据结构[數據-構] N. <*lg.*> data structure
shùjùkù 数据库[數據-] P.W. database; databank
shūjūn 淑均 V.P. fine and fair
shūjùn* 疏浚 V. dredge
shūjùnjī 疏浚机 N. dredger M: [1]*tái*
shùjù qūdòng 数据驱动[數據驅動] N./V.P. <*lg.*> data driven
shùjù qūdòngxíng fēnxi 数据驱动型分析[數據驅動-] N. <*lg.*> data-driven analysis
shùjù yāsuō 数据压缩[數據壓-] N. <*lg.*> data compression
shūkǎ 书卡[書-] N. book card M: [1]*zhāng*
shùkǎbār 树卡巴儿[樹-] N. <*coll.*> tree fork
shūkāi 疏开[-開] R.V. <*mil.*> extend; disperse; deploy
shūkāi duìxíng 疏开队形[-開隊-] N. dispersed formation; extended order
shūkān 书刊[書-] N. books and periodicals
shūkānjiāshàng 殊堪嘉尚 F.E. richly deserving commendation (a cliché in official citations)
shūkào 书靠[書-] N. bookend
shūkē 殊科 N. different categories
shūké 书壳[書殼] N. slipcase
shūkè 书客[書-] N. bookseller M: [2]*wèi*
shúkè* 熟客 N. ① frequent visitor ② familiar customer M: [2]*wèi*
shùkē 术科[術-] N. technical courses offered in military/physical/vocational training
shùkǒng 树孔[樹-] N. hole in a tree
shùkòng* 数控[數-] N. <*mach.*> numerical control
shūkōngduōduō 书空咄咄[書-] F.E. great disillusion
shùkōnghóu 竖箜篌[豎-] N. <*mus.*> ancient musical instrument with 23 strings
shùkòng zhuāngzhì 数控装置[數-裝-] N. numerical control device
shūkǒu 书口[書-] N. book outer margin (usu. containing a page number)
shùkǒu* 漱口 V.O. rinse the mouth; gargle
shùkǒubēi 漱口杯 N. glass/mug for mouth-rinsing/teeth-cleaning; tooth glass M: [2]*zhī*
shǔ kǒu bù chū xiàngyá 鼠口不出象牙 ID. utter nothing but dirty words
shùkǒujì 漱口剂[-劑] N. gargle
shùkǒupén 漱口盆 N. <*trad.*> water container for rinsing the mouth
shùkǒushuǐ 漱口水 N. water for rinsing the mouth; gargle; mouthwash
shùkǒuyào 漱口药[-藥] N. mouthwash; gargle
shùkǒu yàoshuǐ 漱口药水[--藥-] N. mouthwash
shùkǒuyè 漱口液 N. gargle
shùkǒuyúr 漱口盂儿 N. <*trad.*> water for rinsing the mouth; gargle; mouthwash *See* *shùkǒupén*
shùkǒuzhījiā 数口之家[數-] N. a family of several members; a small family
shūkòuzi 书扣子[書-] N. critical point in a story where the storyteller stops so that he can collect more cash from the audience
shūkù* 书库[書-] P.W. ① stack room; stacks ② a mine of information M: [4]*zuò*
shǔkū 鼠窟 N. rat hole
[1]**shūkuài** 舒快 S.V. comfortable and relaxed; refreshed
[2]**shūkuài** 书侩[書-] N. book dealer M: [2]*wèi*
shúkuǎn 赎款[贖-] N. ransom
shūkuáng 疏狂 S.V. <*wr.*> unrestrained; unbridled
shūkuī 输亏[-虧] V. lose a battle/gamble
shǔkuí* 蜀葵 N. <*bot.*> hollyhock
shùkuìzhǎngfáng 术愧长房[術-] F.E. regret that one cannot make the space shrink so as to meet a dear friend far away
shūkùn 纾困 V.O. provide financial relief
shūkuò 疏阔 V.P. ①inaccurate; rough ②distant (of relationship) ③long separated; far apart (of friends/etc.) ♦V. estrange; alienate
shǔláibǎo 数来宝[數-寶] N. rhythmic story-telling to clapper accompaniment ♦V. <*topo.*> beg from door to door
shūlǎn* 疏懒 S.V. be indolent
shùlán 树兰[樹蘭] N. tree orchid M: [2]*kē*
shùlǎn 树懒[樹-] N. <*zoo.*> sloth M: [2]*zhī*
shūlǎnfàngsì 疏懒放肆 F.E. indolent and rude
shūlǎng* 疏朗 S.V. ① thinly scattered; sparse ② cheerful; optimistic ③ clear
shǔláng 鼠狼 N. <*zoo.*> weasel M: [2]*zhī*
shūlèi 殊类[-類] N. different tribes/types
[1]**shǔlèi*** 鼠类[-類] N. rodents
[2]**shǔlèi** 薯类[-類] N. tubers
shùlèi 庶类[-類] N. multitude of things/beings
shǔlèizuòwù 薯类作物[-類--] F.E. tuber crop
shūlí 疏离[-離] V. drift apart; become estranged
[1]**shūlǐ** 梳理 N. ① <*txtl.*> carding ② combing
[2]**shūlǐ** 输理 V.O. be in the wrong ***Tā shūle lǐ, suǒyǐ bù kēngshēngr le.*** He was in the wrong, so he said nothing more.
[3]**shūlǐ** 疏理 V. <*wr.*> ① put in order; sort out ② dredge and improve (a waterway)
[4]**shūlǐ** 殊礼[-禮] N. very polite reception; utmost courtesy
[1]**shūlì** 书吏[書-] N. ① secretary ② government clerk ③ copyist; scribe M: [2]*wèi*
[2]**shūlì** 殊力 N. special strength
[3]**shūlì** 疏粝[-糲] V.P. rough and careless ♦N. crude repast
[4]**shūlì** 书立[書-] N. bookend
[5]**shūlì** 蔬粝[-糲] N. food of the destitute
[6]**shūlì** 姝丽[-麗] N. pretty
[1]**shǔlǐ** 署理 V. ① act as deputy ② administer in an acting capacity
[2]**shǔlǐ** 鼠李 N. ① sandalwood ② buckthorn
shǔlì 属吏[屬-] N. <*trad.*> subordinate officials
[1]**shùlí** 树篱[樹籬] N. quickset hedge M: [2]*dào*
[2]**shùlí** 庶黎 N. common people; multitude; masses
shùlǐ 数理[數-] ATTR. mathematical
[1]**shùlì*** 树立[樹-] V. set up; establish
[2]**shùlì** 竖立[豎-] V. erect; set upright
[3]**shùlì** 数例[數-] N. several examples/instances
shúliàn 熟练[-練] S.V. skilled; practiced; proficient
shúliàn cèyàn 熟练测验[-練--] N. proficiency test
shúliàn chéngdu kǎoshì 熟练程度考试[-練---] N. proficiency test
shūliáng 输粮[-糧] V.O. ① hand in grain (as tax) ② transport grain
shǔliáng 薯莨 N. dye yam; *Dioscorea cirrhosa*
shùliàng* 数量[數-] N. quantity; amount ♦ATTR. quantitative
shùliàngcí 数量词[數-] N. <*lg.*> numeral-plus-classifier expression; quantifier
shùliàng guǎnzhì 数量管制[數-] N. quantitative control
shùliànghuà 数量化[數-] N. quantify
shùliàng jiégòu 数量结构[數-構] N. <*lg.*> numeral classifier phrase
shùliàng jīngjì 数量经济[數-經濟] N. quantitative economics
shúliàn gōngrén 熟练工人[-練--] N. experienced/skilled workers M: [2]*wèi*
shùliángr 树凉儿[樹涼-] N. <*coll.*> cool shade of a tree (as in summer)
shùliàng xiànzhì 数量限制[數-] N. quantitative restrictions
shùliàng xíngróngcí 数量形容词[數-] N. <*lg.*> quantitative adjective
shúliàn láodòng 熟练劳动[-練勞動] N. <*econ.*> skilled labor
shúliǎnr 熟脸儿 N. familiar face
shúliào 熟料 N. ① fired refractory material; clinker ②processed timber ③cooked/prepared ingredients
shǔliáo* 属僚[屬-] N. subordinate
shùliè 数列[數-] N. rule-governed series of numbers
shǔlǐ gōngshǐ 署理公使 N. chargée d'affaires
shù-lǐ-huà 数理化[數-] N. mathematics, physics, and chemistry
shùlǐ jīngjìxué 数理经济学[數-經濟-] N. mathematical economics
shùlǐ luóji 数理逻辑[數-邏-] N. mathematical logic
shǔlímàixiù 黍离麦秀[-離麥-] ID. grieve for the conquered country
[1]**shūlín** 书林[書-] P.W. treasury of books
[2]**shūlín** 疏林 P.W. open forest
shùlín(r/zi)* 树林(儿/子)[樹-] P.W. woods; grove; forest
shùlíng 树龄[樹齡] N. age of a tree; tree-age
shǔlǐ niètái 署理臬台[-臺] N. <*trad.*> acting provincial judge
shūlínwǎnzhào 疏林晚照 F.E. The evening sun gleams through the grove.
shùlì qǐlai 竖立起来[豎-] R.V. set upright
shùlì quánwēi 树立权威[樹-權-] V.O. establish one's authority
shùlǐ tǒngjìxué 数理统计学[數-] N. mathematical statistics
[1]**shùliú*** 树瘤[樹-] N. tree burr; burl
[2]**shùliú** 树流[樹-] N. beam

shùliù 树鹨[樹-] N. <*zoo.*> tree pipit M: [2]*zhī*
shùlǐ yǔyánxué 数理语言学[數-] N. mathematical linguistics
shūlǒng* 梳拢 R.V. comb ♦V. serve the first customer as a prostitute
shǔlóng 鼠笼 N. squirrel cage
shǔlóngshì 鼠笼式 N. squirrel cage
shūlóu 书楼[書樓] P.W. library M: [4]*zuò*
shūlòu* 疏漏 N. oversight; slip
shǔlòu 鼠瘘[-瘺] N. scrofula
shùlóu 戍楼[-樓] P.W. garrison watchtower M: [4]*zuò*
shūlǒuzi 书篓子[書簍-] N. <*coll.*> ① basket for books ② story buff ③ walking encyclopedia
[1]**shūlù** 书录[書錄] N. bibliography
[2]**shūlù** 书簏[書-] N. ① bamboo trunk for storing books ② <*trad.*> bookish person; learned but useless person
[3]**shūlù** 枢路[樞-] N. key road M: [1]*tiáo*
shúlù* 熟路 N. ① familiar route/road ② beaten track M: [1]*tiáo*
shúlǜ 熟虑[-慮] V. consider sth. thoroughly
shūluǎnguǎn 输卵管 N. oviduct; fallopian tube
shūluǎnguǎn jiézāshù 输卵管结扎术[-術] N. <*med.*> tubal ligation
shúlǜduànxíng 熟虑断行[-慮斷-] F.E. think deliberately and execute promptly
shūlüè 疏略 V.P. wr. ① rough; sketchy ② inadvertently neglectful
shūlüè'àomàn 疏略傲慢 F.E. negligent and insolent; unconventional and impudent
shúlǜguǒduàn 熟虑果断[-慮-斷] F.E. deliberate in counsel and prompt in action
shùlún* 树轮[樹-] N. <*bot.*> annual/growth ring
shùlùn 数论[數-] N. <*math.*> number theory
shūluò 疏落 S.V. sparse; scattered
shǔluo* 数落[數-] V. <*coll.*> ① rebuke; reprove; enumerate faults ② cite one example after another ③ <*slang*> talk on and on
shūluòluò 疏落落 R.F. thin; sparse
shúlǜqíhòu 熟虑其后[-慮-後] F.E. ponder the consequences
shùlùwéigōng 数路围攻[數-圍-] F.E. launch a converging attack in several columns
shúlǜ wènjù 熟虑问句[-慮--] N. <*lg.*> deliberative question
shǔmà 数骂[數罵] V. ① swear; curse ② enumerate (sb.'s) faults
[1]**shùmǎ(r)*** 数码(儿)[數-] N. ① numerals; figures ② number; amount ③ numerical code
[2]**shùmǎ** 树码[樹-] N. <*topo.*> scion (for grafting)
shùmǎ biànjiāo 数码变焦[數-變-] N. digital zoom
shùmǎ chéngshì 数码城市[數-] P.W. digital city
shùmǎ guāngpán 数码光盘[數-盤] N. digital disc; DVD
shū-mài 菽麦[-麥] N. ① beans and grains ② things easily distinguishable
shúmǎi* 赎买[贖買] V. redeem; buy out
shúmǎi zhèngcè 赎买政策[贖買-] N. buying-out policy
shūmàn 疏慢 S.V. neglect inadvertently
shūmáo* 梳毛 N. <*txtl.*> carding
shùmáo 竖毛[豎-] N. hair standing on end
shùmáquè 树麻雀[樹-] N. tree sparrow M: [2]*zhī*
shùmǎshì shèxiàngjī 数码式摄像机[數--攝-] N. digital camcorders
shùmǎ xiàngjī 数码相机[數-] N. digital camera
shùmǎxuánchē 束马悬车[--懸-] F.E. very rugged and dangerous road
shùmǎ zhàoxiàngjī 数码照相机[數-] N. digital camera
shùmǎzi 树码子[樹-] N. <*topo.*> scion (for grafting)
[1]**shūméi*** 书眉[書-] N. top margin of a page ♦V.O. inscribe the title on the cover of a book
[2]**shūméi** 舒眉 V.O. show pleasure
shūměi 淑美 S.V. virtuous and beautiful; refined and beautiful
shúmèi 熟寐 V. sleep soundly
shùméi(bìng) 树霉(病)[樹-] N. tree mildew
shùméidèngyǎn 竖眉瞪眼[豎-] F.E. dart fierce looks
shūméizhǎnmù 舒眉展目 F.E. wear a pleased expression
shūméizhǎnyǎn(r) 舒眉展眼(儿) F.E. beam with happiness; show pleasure
shúménshúlù 熟门熟路 F.E. familiar things
shūmí 书迷[書-] N. ① bibliomaniac ② storyteller's fan M: [2]*wèi*
[1]**shū-mì*** 疏密 N. ① density; spacing ② neglect and watchfulness
[2]**shūmì** 枢密[樞-] N. <*trad.*> ① state secret ② head of the imperial privy council M: [2]*wèi*
shúmǐ 秫米 N. ① husked sorghum ② glutinous rice
[1]**shǔmǐ** 黍米 N. a variety of millet; millet grain
[2]**shǔmǐ** 蜀米 N. corn
shūmián 梳棉 V. <*txtl.*> card
shūmiàn* 书面[書-] ATTR. ① written; in written form; in writing ② book cover
shúmián 熟眠 N. <*wr.*> deep sleep/slumber *See also shóumián*
shūmiàn bàogào 书面报告[書-報-] N. reading report M: [1]*fèn/ge*
shūmiàn bǎozhèng 书面保证[書-證] N. assurance in black and white M: [1]*fèn/ge*
shūmiàn cáiliào 书面材料[書-] N. written document M: [1]*fèn/ge*
shūmiàn dáfù 书面答复[書-復] N. written reply; answer in writing M: [1]*fèn/ge*
shūmiàn fāyán 书面发言[書-發-] N. written speech
shūmiánjī 梳棉机 N. <*txtl.*> carding machine M: [1]*tái*
shūmiàn jiāojì 书面交际[書-際] N. <*lg.*> written communication
shūmiàn jìhuà 书面计划[書-劃] N. desk plan
shúmiànkǒng 熟面孔 N. ① familiar face ② acquaintance
shūmiàn shēngmíng 书面声明[書-聲-] N. written declaration
shūmiàn tōngzhī 书面通知[書-] N. written notice M: [1]*fèn*
shūmiàn wénhuà 书面文化[書-] N. <*lg.*> literary culture
shūmiàn wénxiàn 书面文献[書-獻] N. <*lg.*> written text
shūmiàn xíngshì 书面形式[書-] N. black and white; in written form
shūmiàn Yīngyǔ 书面英语[書-] N. <*lg.*> written English
shūmiànyǔ 书面语[書-] N. written/literary language
shūmiàn yǔyán 书面语言[書-] N. written/literary language
shūmiànzhǐ 书面纸[書-] N. stationary with office/etc. title
shūmiáo 疏苗 V.O. seedling thinning
shùmiáo(r)* 树苗(儿)[樹-] N. sapling M: [2]*kē*
shùmiǎo 树杪[樹-] N. <*wr.*> tip of a tree; treetop
shūmìbùyī 疏密不一 F.E. be of uneven density
shǔmǐ'érchuī 数米而炊[數-] ID. ① fuss over small things ② be miserly ③ be contemptibly parsimonious
shǔmín 属民[屬-] N. subject (people)
shùmín* 庶民 N. <*wr.*> common people; the multitude
[1]**shūmíng*** 书名[書-] N. book title
[2]**shūmíng** 书明[書-] V. write clearly
shúmìng 赎命[贖-] V.O. save sb. from the death penalty by a payment
[1]**shǔmíng** 署名 V.O. sign one's name
[2]**shǔmíng** 属名[屬-] N. ① category name ② <*phys.*> genus name
shǔmíngcí de 属名词的[屬-] ATTR. <*lg.*> adnominal
shūmínghào 书名号[書-號] N. punctuation marks enclosing book/article title (<< >>)
shǔmíngrén 署名人 N. the undersigned
shǔmíng wénzhāng 署名文章 N. a signed article M: [1]*piān*
shūmíngyè 书名页[書-] N. title page
shūmínkùn 纾民困 V.O. relax the people's burden
shūmìshǐ 枢密使[樞-] N. <*trad.*> prime minister in late Tang and Song M: [2]*wèi*
shūmìxiāngjiàn 疏密相间 F.E. artistically spaced
shūmìyuàn 枢密院[樞-] P.W. privy council
shùmò 树末[樹-] N. tip of a tree
shūmóushǎolüè 疏谋少略 F.E. not good at planning and plotting
shūmòzhuāngzhì 输墨装置[--裝-] F.E. inking device
shūmǔ 叔母 N. wife of one's father's younger brother; aunt M: [2]*wèi*
shūmù 书目[書-] N. booklist; title catalogue M: [1]*zhāng*
shǔmù 鼠目 N. small, protruding eyes ♦ATTR. lacking foresight; short-sighted
shùmǔ 庶母 N. father's concubine M: [2]*wèi*
[1]**shùmù*** 树木[樹-] N. trees M: [2]*kē* ♦V.O. plant trees
[2]**shùmù** 数目[數-] N. number; amount
shūmù biāncuànzhě 书目编纂者[書-] N. bibliographer M: [2]*wèi*
shǔmùcùnguāng 鼠目寸光 F.E. be shortsighted
shùmù niánlún duàndàifǎ 树木年轮断代法[樹---斷--] N. <*archeo.*> dendrochronology; counting the annual tree rings
shùmùxué 树木学[樹-] N. dendrology
shùmù-yánshícūn 树木岩石皴[樹-] N. <*art*> tree-and-rock wrinkle (in painting)
shùmùzì 数目字[數-] N. numeral; figure; digit
[1]**shǔn** 吮 B.F. suck *shǔnxī*
[2]**shǔn** 楯 in *lánshǔn*
[1]**shùn*** 顺[順] V. ① obey; follow; submit to ② arrange; put in order ③ take the opportunity to ④ <*coll.*> steal; shoplift ⑤ move something in a vertical way ♦S.V. ① handy; convenient ② smooth; readable; clear and well-written (of writings) ♦ADV. at one's convenience; conveniently ♦B.F. ① order *shùnxù* ② progressive *shùnyán*
[2]**shùn** 瞬 B.F. blink; a moment/instant *shùnjiān*, [1]*yīshùn*
Shùn 舜 N. mythical successor of Emperor Yao and like him a paragon of regal virtue
shūnà 输纳 V. pay/submit (money/goods/taxes/etc) to the authorities
shūnàn 纾/抒难[-難] V.O. give relief; free from difficulties/straits; relieve/ease/lighten distress
shùnáncóngmìng 恕难从命[-難從-] F.E. We regret that we cannot comply with your wishes.
shūnǎo 书脑[書腦] N. ① headband (of a hardcover book) ② spine of (a book)
shùnbǎ* 顺把 S.V. obedient
shùnbà 顺坝[-壩] N. longitudinal dike M: [1]*tiáo*
shùnbānr 顺班儿 ADV. conveniently; in passing
shùnbiàn(r) 顺便(儿) ADV. conveniently; in passing
shùnbiàn shuō yī jù 顺便说一句 V.P. by the way; incidentally
shùnchā 顺差 N. favorable balance; surplus
shùnchǎn 顺产[-產] N. <*med.*> natural labor/childbirth
shùncháng 顺常 V.P. ordinary; normal
shùnchàng* 顺畅[-暢] S.V. smooth; unhindered
[1]**shùnchéng** 顺成 V. accomplish sth. without obstacles
[2]**shùnchéng** 顺承 V. obey; follow
shùnchénghé 顺城河 P.W. <*coll.*> city moat M: [2]*dào*
shùncí 顺磁 N. <*phy.*> paramagnetic
shùncì* 顺次 V.O. in order/succession or proper sequence
shùncìxù 顺次序 N. sequential order
shùncóng 顺从[-從] V. ① submit/yield to ② <*psy.*> submission

shùndǎ bù rú dàodǎ 顺打不如倒打 F.E. take loss/adversity in stride
shùndài 顺带[-帶] ADV. as convenient; in passing
shùndang 顺当[-當] S.V. smoothly; without hitch
shùndǎo 顺导[-導] V. guide along a proper course
shùndào(r)* 顺道(儿) N. direct route ♦V.O. ① obey good reasons ② on the way
shùndé 顺德 N. <wr.> the virtue docility
shūnéng 殊能 N. special skill; unusual ability
shúnéngshēngqiǎo 熟能生巧 F.E. skill comes from practice
shùn'ěr 顺耳 S.V. pleasing to the ear
shùnfǎng 顺访 V. visit (a place/person/etc.) on the way
shùnfēng(r) 顺风(儿) V.O./N. ①have a favorable/tail wind ② move with the wind ③ good luck *yīlù* ~ a pleasant journey
shùnfēngchěpéng 顺风扯篷 ID. take advantage of
shùnfēngchěqí 顺风扯旗 ID. undertake sth. at an opportune moment
shùnfēngchuīhuǒ 顺风吹火 ID. take advantage of favorable conditions
shùnfēng'ěr 顺风耳 N. ① well-informed person ② hearing trumpet/horn ③ a character in old tales who could hear things far away
shùnfēng'érhū 顺风而呼 F.E. champion a cause that enjoys popular support
shùnfēngshùnshuǐ 顺风顺水 F.E. sail with the wind
shùnfēngyángfān 顺风扬帆[--揚-] F.E. (come running up) with swelling sails before the fair wind
shùnfēngzhuǎnduò 顺风转舵[--轉-] F.E. bend/tack with the wind
shùnfú 顺服 V. submit to
shùngānr pá 顺竿儿爬 V.P. ① follow sb.'s cue ② ride on sb.'s coattail
shùnguāng 顺光 N. <photo.> frontlighting
shùnhé 顺和 S.V. genial; gentle; affable
shùnhé rényì 顺和/合人意 V.O. go with what people feel or desire
shùnhòu 顺候 F.E. with best wishes/regards
shùnhū 顺乎 V. <wr.> follow; comply
[1]**shùnhuá** 瞬华[-華] V.P. ephemeral
[2]**shùnhuá** 舜华[-華] N. ① <bot.> hibiscus ② beautiful appearance of a girl
[1]**shùnhuà*** 顺化 V. obey the law of nature ♦P.W. Hué (old capital of Viet Nam)
[2]**shùnhuà** 顺话 N. inoffensive/agreeable words
shùnhuái 顺怀[-懷] V.O. follow one's desires/wishes
shùnhuì 顺汇[-匯] N. favorable exchange
shùnhū mínxīn 顺乎民心 V.O. meet the wishes of the people
shùnhū qínglǐ 顺乎情理 V.O. conform/stand to reason
shùnhū tiānlǐ 顺乎天理 V.O. conform to the course of nature
shùnhū zìrán 顺乎自然 V.O. in the course of nature
shǔnì 鼠匿 V. <coll.> hide
shūniàn 抒念 V.O. be relieved of thoughts/emotions burdening one's mind
shúnián 熟年 N. year of good harvests; bumper year
shǔnián* 鼠年 N. year of the rat
shǔniàn 数念[數-] N. ① name one-by-one; enumerate ② read/recite sentence-by-sentence or line-by-line
shùnián 数年[數-] N. several years; a few years
shù nián rú yī rì 数年如一日[數-] F.E. with perseverance and consistency
shūniàoguǎn 输尿管 N. <bio.> ureter
shùniè 庶孽 N. <wr.> son of a concubine
shūniǔ* 枢纽[樞-] N. ① pivot; center ② key position
shǔniú 属牛[屬-] F.E. be born in the year of the ox
shūniǔ zuòyòng 枢纽作用[樞-] N. pivotal role
shùnjiān 瞬间 ADV. in a twinkling
shùnjiān dòngzuò dòngcí 瞬间动作动词[--動-動-] N. <lg.> momentary event verb
shùnjiǎo(r) 顺脚(儿)[-腳-] V.O. <coll.> ① as opportunity permits; as convenient; in passing ② be a direct route
shùnjìng 顺境 N. favorable circumstance
shùnjìnr 顺劲儿[-勁-] ADV. with ease; without difficulty; smoothly ♦V. use existing momentum ♦S.V. <coll.> smooth-going
shùnkè 瞬刻 N. moment
shùnkǒu(r) 顺口(儿) S.V. ① easy to read/speak ② <topo.> agreeable; to one's taste ♦ADV. casually/; offhandedly ♦V. read smoothly
shùnkǒudāyīn 顺口搭音 F.E. chime in with others
shùnkǒuliū(r) 顺口溜(儿) N. doggerel; jingle
shùnkǒuzhīyán 顺口之言 N. <coll.> passing remark
shùnlǐ 顺理 S.V. reasonable; logical
shùnlì* 顺利 S.V. smooth; successful; without a hitch
shùnlǐchéngzhāng 顺理成章 F.E. It follows as a matter of course.; be logical; be well reasoned
shùnliu(r)* 顺溜(儿) S.V. <coll.> ① well-behaved; obedient; gentle ② well-ordered ③ smooth; easy
shùnliú 顺流 V. ① flow downward ② go with the current ③ do things according to reason
shùnliú'érxià 顺流而下 F.E. sail downstream with the current
shùnliú'érxíng 顺流而行 F.E. go with the stream
shùnlù(r) 顺路(儿) V.O. ① on the way; in passing ② be a direct route
shùnmáolǘ(r) 顺毛驴(儿)[--驢-] N. <coll.> sb. tractable; amenable to persuasion; well behaved
shùnmín 顺民 N. abjectly obedient citizens
shùnmìng 顺命 V.O. ① obey orders ② leave one's fate to heaven
shǔnmò 吮墨 V.O. be deep in thought while writing
shùnmù 瞬目 V.O. flash a glance
shùnóng 树农[樹農] N. tree farmer
shùnpō(r) liū 顺坡(儿)溜 V.P. <coll.> regress; backslide
shùnpōxiàlǘ 顺坡下驴[-驢] F.E. <coll.> slip away; vanish
shùnqì 顺气[-氣] S.V. pleasant; happy; free from worry
shùn qǐlai 顺起来 R.V. be smoothing down
shùnqíng 顺情 S.V. ① fair and reasonable ② showing respect for what others feel ♦V.O. <phil.> allow people to fulfill their natural feelings
shùn qínglǐ 顺情理 V.O. be fair and reasonable
shùnqíngshùnlǐr 顺情顺理儿 F.E. <coll.> fair and reasonable
shùnqízìrán 顺其自然 F.E. let nature take its course
shùnrìyáonián 舜日尧年[--堯-] F.E. golden age
shǔnrǔ 吮乳 V.O. suck the breast
shùnshà 瞬霎 ADV. in a blink; in a twinkling
shùnshǎn 瞬闪 V. flash
shùnshāndàkàng 顺山大炕 N. <coll.> big brick bed
shùnshǎn huǒyàn de 瞬闪火焰的 ATTR. flashing
[1]**shùnshí*** 瞬时[-時] ATTR. instantaneous
[2]**shùnshí** 顺时[-時] V.O. ① be in luck ② be on time
[1]**shùnshì** 顺势[-勢] V.O. ① seize an opportunity ② do sth. without taking extra trouble
[2]**shùnshì** 顺适[-適] V.P. casual/composed/natural (of one's manner)
[3]**shùnshì** 顺事 N. matters that one is happy about
shùnshì liáofǎ 顺势疗法[-勢療-] N. homeopathy
shùnshí sùdù 瞬时速度[-時--] N. instantaneous velocity
shùnshíxìng 瞬时性[-時-] N. instantaneity
shùnshíyīn 瞬时音[-時-] N. <lg.> momentary sound
shùnshízhēn 顺时针[-時-] N. clockwise
shùnshízhōng 顺时钟[-時鐘] N. clockwise
shùnshízhōng fāngxiàng 顺时钟方向[-時鐘--] N. clockwise direction
[1]**shùnshǒu(r)** 顺手(儿) V.O. ① smoothly; easily; conveniently ② without extra trouble ③ as a natural sequence or simultaneously (do sth.) ♦S.V. handy; convenient and easy to use
[2]**shùnshǒu** 顺守 V. just carry on according to former practices
shùnshǒuqiānyáng 顺手牵羊[--牽-] ID. make off with sth.
shùnshuǐ 顺水 V.O. go downstream; be with the stream ♦ADV. effortlessly; without cost
shùnshuǐrénqíng 顺水人情 F.E. favor done at little cost
shùnshuǐtuīzhōu 顺水推舟 ID. seize an opportunity to gain one's end
shùnshuǐxíngchuán 顺水行船 ID. ① opportunistic ② facile
shùnshundāngdāng 顺顺当当[-當當] R.F. smooth and easy (of tasks/etc.)
shùnshùnliūliū 顺顺溜溜 R.F. smoothly
shùnsòng 顺颂 F.E. respectfully yours (correspondence closure)
shùnsú 顺俗 V.O. go with the crowd
shùnsuì 顺遂 ADV. well; smoothly
shùnténgmōguā 顺藤摸瓜 F.E. track down sb./sth. by following clues
shùntiānyìngrén 顺天应人[--應-] F.E. follow the mandate of heaven and comply with the wishes of the people
shùntiānzhěchāng 顺天者昌 F.E. those who submit to heaven's decree will prosper
shùntiáoshùnlǐ 顺条顺理[-條--] F.E. ① pliant; obedient ② go along; comply
shùntónghuà 顺同化 N. <lg.> progressive assimilation
shūnú 书奴[書-] N. slavish imitator (of calligraphy)
shūnǚ* 淑女 N. <wr.> fair maiden M: [2]*wèi*
shùnǚ 庶女 N. commoner's daughter
shǔnüè 暑疟[-瘧] N. malaria in summer
shùnwèi 顺位 N. natural/normal position (of a fetus)
shǔnxī* 吮吸 V. suck
shùnxī 瞬息 ADV. in a flash ♦ATTR. <lg.> ephemeral
shùnxiàng 顺向 ATTR. <lg.> forward
shùnxiàng dàimíng 顺向代名 N. <lg.> forward pronominalization
shùnxiàng jìshù 顺向计数[-數] V.P. counting forward
shùnxiàng pǐpèi 顺向匹配 N. forward match (in textual comparison)
shùnxiàng shānchú 顺向删除[--刪-] N. <lg.> forward deletion
shùnxiàng shānlüè 顺向删略[--刪-] N. <lg.> forward deletion
shùnxījiān 瞬息间 N. in the twinkling of an eye
shùnxīn 顺心 S.V. satisfactory
shùnxīng 顺星 V.O. <trad.> offer a sacrifice to the star god
shùnxíng* 顺行 N. <astr.> direct motion
shùnxíng de 顺行的 ATTR. <lg.> progressive
shùnxíng gānrǎo 顺行干扰[-擾] N. <lg.> proactive interference
shùnxíng tónghuà 顺行同化 N. <lg.> progressive assimilation
shùnxíng yìhuà 顺行异化[--異-] N. progressive dissimilation
shùnxíng zhìyuē 顺行制约 N. <lg.> proactive inhibition
shùnxīqiānlǐ 瞬息千里 F.E. In the twinkle of an eye a thousand miles was covered.

S

shùnxīwànbiàn 瞬息万变[-萬變] F.E. fast changing
shùnxī zhījiān 瞬息之间 N. in a flash
shùnxù 顺序 N. sequence; order ♦ADV. ① in proper order; in turn ② lucky; fortunate
shùnxù chǔlǐ 顺序处理[--處-] N. sequential processing
shùnxù shùmùzì 顺序数目字[--數--] N. ordinal number
shùnyán* 顺延 V. postpone
shùnyǎn 顺眼 S.V. ① pleasing to the eye ② agreeable (in general)
shùnyì 顺意 S.V. agreeable; pleasant
shùnyìfǎ 顺译法[-譯-] N. <*lg.*> translation in regular sequence
shùnyìhuà 顺异化[-異-] N. <*lg.*> progressive dissimilation
shùnyìng 顺应[-應] V. comply with; conform to; adjust
shùnyìng cháoliú 顺应潮流[-應--] V.O. conform to the historical trend of the time
shùnyìng huánjìng 顺应环境[-應環-] V.O. accord with one's environment
shùnyìng mínxīn 顺应民心[-應--] V.O. comply with the aspirations of the people
shùnyìng mínyì 顺应民意[-應--] V.O. adhere to public opinion
shùnyìng shídài 顺应时代[-應時-] V.O. conform to the times
shǔnyōngshìzhì 吮痈舐痔[-癰--] F.E. practice sycophancy or servile flattery
shùnyùn 顺运[-運] V.O. with a lucky chance
shùnzhe 顺着[-著] V.P. ① follow ② following; along
shùnzhèng 顺证[-證] N. <*Ch. med.*> serious case which improves steadily
shùnzhí 顺职[-職] V.O. live up to one's duty
shùnzhǐ* 顺旨 V.O. submit to an imperial decree
shùnzhìjìngyì 顺致敬意 F.E. with my best respects
shùnzhōng fāngxiàng 顺钟方向[-鐘--] N. clockwise direction
shùnzi 顺子 N. <*topo.*> straight (in mahjongg/ poker/etc.)
shùnzuǐ(r) 顺嘴(儿) S.V. ① easy to pronounce ② offhanded ♦V.O. speak casually without much thought
shùnzuǐzi 顺嘴子 N. a yes-man
shuō* 说[說/説] V. ① speak; talk ***Tā zěnme ~?*** What did he say? ② explain ③ scold ④ act as matchmaker ⑤ refer to; indicate ***Nǐ de huà shì ~ shuí ne?*** Whom did your remarks refer to? ♦B.F. theory; teachings; doctrine ***xuéshuō*** ***See also*** [3]*shuì*
[1]**shuò** 朔 B.F. ① new moon ***shuòyuè*** ② first day of the lunar month ***shuòrì*** ③ north ***shuòfēng***
[2]**shuò** 硕[碩] B.F. ① very large [1]***shuòguǒ*** ② Master's degree ***shuòshì***
[3]**shuò** 数[數] B.F. frequently; repeatedly ***shuòmài, fánshuò*** ***See also*** [1]*shǔ*, [2]*shù*
[4]**shuò** 烁/铄[爍/鑠] B.F. bright; shining ***shǎnshuò, shuòjīn*** ***See also*** [5]*shuò*
[5]**shuò** 铄[鑠] B.F. melt (metal) ***liújīnshuòshí*** ***See also*** [4]*shuò*
[6]**shuò** 槊 B.F. ancient long-handled spear ***héngshuòfùshī***
[7]**shuò** 蒴 B.F. capsule; seedpod [2]***shuòguǒ, shuòhú***
[8]**shuò** 妁 in ***méishuò***
shuōbà 说罢[-罷] V.P. after saying sth.
shuōbái 说白 N. <*opera*> spoken part
shuōbáidàolǜ 说白道绿 F.E. comment on various things without restraint
shuōbáile 说白了 V.P. put in plain language
shuōbànbiànbàn 说办便办[-辦-辦] F.E. no sooner said than done
shuō běnzúyǔ de rén 说本族语的人 N. native speaker
shuòbiān 朔边[-邊] P.W. northern frontier
shuōbù 说部 N. <*trad.*> novels, anecdotes, etc.
shuōbuchū huà 说不出话 V.P. lose one's tongue
shuōbuchū kǒu 说不出口 V.P. ① find it difficult to speak of ② be unutterable
shuō bu chūlai 说不出来 R.V. cannot speak/ say
shuōbudào 说不到 R.V. <*coll.*> ① say no more ② can't agree with (each other)
shuōbude 说不得 R.V. ① be unspeakable/ unmentionable ② be scandalous ③ <*topo.*> have no say; have to comply ④ be unavoidable
shuōbudìng 说不定 R.V. perhaps; maybe
shuōbuduìjìnr 说不对劲儿[--對勁-] R.V. <*coll.*> can't agree with each other
shuōbufú 说不服 R.V. be unable to convince/ persuade sb.
shuōbuguò 说不过 R.V. ① can't win an argument/debate against sb. ② cannot outspeak sb.; cannot match sb.'s eloquence
shuōbuguòqu 说不过去 R.V. can't be justified or explained away
shuōbuhǎo 说不好 R.V. ① can't speak well (of language/etc.) ② can't reach agreement ③ be unable to say for certain; not be certain; can't say
shuōbujìn 说不尽[-盡] R.V. have too much to tell
shuōbukāi 说不开[-開] R.V. can't reach agreement
shuōbulái 说不来 R.V. ① can't get along (with sb.) ② can't express (sth.) ③ <*topo.*> not know how to put it
shuōbuliǎo 说不了 R.V. cannot say
shuōbulìsa 说不利洒[-灑] V.P. <*coll.*> stammer; mumble
shuōbumíng 说不明 R.V. can't explain clearly
shuōbunǎo 说不恼[-惱] R.V. can't get sb. angry through argument
shuōbuqí 说不齐[-齊] R.V. cannot say for sure
shuōbuqīng 说不清 R.V. ① can't be certain; don't know for sure ② can't speak/explain clearly
shuōbuqīngchǔ 说不清楚 ***See*** *shuōbuqīng*
shuōbuqīng dàobumíng 说不清道不明 F.E. It is not something that one can explain clearly and make people understand.
shuōbushàng 说不上 R.V. ① can't say/tell ② be not worth mentioning
shuōbushànglai 说不上来 R.V. unable to get the words out
shuōbutōng 说不通 R.V. ① can't persuade sb. to agree with sth. ② be illogical; not make sense
shuōbutuǒ 说不妥 R.V. can't reach agreement
shuōbuwán 说不完 R.V. ① talk endlessly ② have too much to tell/say
shuōbuxià 说不下 R.V. can't convince/persuade
shuō bu xiàqu 说不下去 R.V. ① be unable to finish what one is saying ② be unacceptable to one's sense of propriety
shuōbuzháo 说不着[-著] R.V. should/ought not say/tell ***Wǒ hé nǐ ya, ~.*** I shouldn't tell you.
shuō Cáo Cāo, Cáo Cāo dào 说曹操,曹操到 ID. speak of the devil. . .
shuōchà 说差 V.P. misspeak
shuōchàle 说叉了 V.P. start quarreling (while having a conversation)
shuō-chàng 说唱 V. alternate speaking and sinking (to narrate a story) ♦N. talking and singing (as entertainment); rap music ♦ATTR. prosimetric
shuōchángdàoduǎn 说长道短 F.E. criticize others; gossip
shuōchánglùnduǎn 说长论短 F.E. discuss a variety of subjects
shuō-chàng wénxué 说唱文学 N. prosimetric literature
shuō chēgūlujià 说车轱辘架 V.O. <*topo.*> say the same thing over and over again
shuōchéng 说成 R.V. succeed in negotiation; reach agreement
shuōchū* 说出 R.V. take the words out of one's mouth
shuōchù 说处[-處] N. sth. to say
shuōchuān 说穿 R.V. tell what sth. really is; reveal; disclose
shuōchū huà lái 说出话来 V.P. finally speak out
shuō chūlai 说出来 R.V. speak out
shuōchū qī lai 说出七来 V.P. <*topo.*> no matter how much one urges; regardless of how one tries to persuade
shuōcí 说辞/词[-辭] N. <*coll.*> excuse; pretext
shuōcuò 说错 R.V. misspeak; make a slip; speak incorrectly
shuōcuòle huà 说错了话 V.P. speak what shouldn't have been uttered
shuōdà 说大 R.V. exaggerate
shuòdà* 硕大 V.P. big
shuō dàhuà 说大话 V.O. brag; talk big
shuōdao 说道 <*coll.*> V. talk over; discuss ***Zhè jiàn shì wǒmen děi ~ yīxià.*** We have to talk over this matter. ***Bǎ nǐ de xiǎngfa gěi wǒmen ~ ~.*** Tell us something about your ideas. ♦N. (underlying) reason ***Zhè lǐmiàn yǒu ~.*** There's something behind this. ***See also*** [1]*shuōdào*
[1]**shuōdào*** 说道 V. say (the words quoted) ♦CONS. *shuō A dào B* say/speak in an AB manner ***shuō qīn dào rè*** speak affectionately ***See also*** *shuōdao*
[2]**shuōdào** 说到 R.V. speak of; mention; refer to; as to
[3]**shuōdào** 说倒 V.P. say sth. opposite to the truth
shuō dàodǐ 说到底 V.P. in the final analysis; at bottom
shuōdào nǎr, bàndào nǎr 说到哪儿,办到哪儿[----,辦---] V.P. However far you commit yourself, carry it out.
shuōdào qián, biàn wúyuán 说到钱,便无缘[--錢,---] F.E. To speak of a loan is to put an end to friendship.
shuōdào tòngchù 说到痛处[-處] V.O. touch on a raw spot
shuōdàozuòdào 说到做到 F.E. do what one says
shuō dàtiān 说大天 V.O. <*coll.*> praise to the skies
shuòdàwúbǐ 硕大无比 V.P. gigantic
shuòdàwúpéng 硕大无朋 V.P. gigantic
shuōde 说得 CONS. *bǎ A ~ B, where B is a four-syllable expression starting with* [1]*yī.* depict A as B ***bǎ tā ~ yīwúshìchù*** depict him as devoid of any merit
shuōdechū 说得出 R.V. ① be able to answer ② dare speak out (of sth. shameful/etc.)
shuōdechū zuòdedào 说得出做得到 V.P. mean what one says
shuōdeduì 说得对[-對] R.V. say correctly; tell the truth
shuōdeguò 说得过 R.V. ① be justifiable/passable ② be able to match in debating
shuōdeguòqu 说得过去 R.V. be justifiable/ passable/acceptable/excusable
shuōdehǎo 说得好 R.V. ① be well said ② speak well (of language/etc.)
shuō de hǎotīng 说得好听[-聽] V.P. make an unpleasant fact sound attractive
shuōdekāi 说得开[-開] R.V. <*topo.*> be able to solve (a disagreement/etc.) through conversation/communication
shuōdelái 说得来 R.V./S.V. can get along; be on good terms
shuō de qiàdāng 说得恰当[-當] V.P. strike the right note
shuōdeshàng 说得上 R.V. <*coll*> ① can be counted/regarded as ② be able to tell/answer ③ deserve mention
shuōdeshì 说得是 V.P. <*coll.*> what one said is true/right
shuōdexià 说得下 R.V. <*coll.*> ① be able to convince/persuade sb. ② be able to continue speaking
shuō de xiàqu 说得下去 R.V. passable
shuō de yǒulǐ 说得有理 V.P. sound reasonable

shuōdezháo 说得着[-著] R.V. <*coll.*> have the right/responsibility to advise sb.
shuōdìng 说定 R.V. settle; agree on
shuōdìtántiān 说地谈天 F.E. ① talk about everything under the sun ② skilled in speech; eloquent
shuōdòng 说动[-動] R.V. persuade successfully
shuōdōngdàoxī 说东道西 F.E. chatter away on a variety of things
shuōdōngshuōxī 说东说西 F.E. talk about this and that
shuōduǎndàocháng 说短道长 F.E. ① discussion as to who is right and who is wrong ② gossip
shuōduǎnlùncháng 说短论长 F.E. ① gossip ② criticize others
shuōduì 说对[-對] R.V. say correctly
shuōduō 说多 R.V. overstate
shuōfa(r)* 说法(儿) N. ① way of saying sth.; wording; formulation ② statement; version; argument ③ hypothesis; theory; interpretation ♦V.O. expound Buddhist teaching
shuōfǎ 说法 V.O. <*Budd.*> preach Buddhism
shuōfān 说翻 R.V. break up after a quarrel
shuòfāng 朔方 P.W. north
shuō fāngbiàn 说方便 V.O. speak in favor of
shuòfēng 朔风 N. north wind
shuōfēngliánghuà 说风凉话[--涼-] F.E. make nonchalant statements
shuòfēnglǐnliè 朔风凛冽[--凜-] F.E. The north wind is piercingly cold.
shuòfēngnùháo 朔风怒号[-號] F.E. A bitter north wind howls.
shuōfú 说服 V. persuade; talk sb. over ***Tā shì bù nán ~ de.*** He's not hard to persuade.
shuōfújiàoyù 说服教育 F.E. ① persuade and educate ② persuasion and education
shuōfúlì 说服力 N. persuasiveness
shuō gāncuì 说干脆[-乾-] V.P. <*coll.*> give a clear answer
shuōgànjiùgàn 说干就干[-幹-幹] V.P. No sooner said than done.
shuōgāoshuōdī 说高说低 F.E. criticize others thoughtlessly
shuōgěi 说给 V.P. talk to
shuō ge míngbai 说个明白[-個--] V.P. explain clearly
shuōgǔ 说古 V.O. <*derog.*> spout about one's pet subject
shuōguàn 说惯 R.V. become fluent in
shuōgǔdàojīn 说古道今 F.E. talk over past and present
shuō guǐ, guǐ jiù dào 说鬼,鬼就到 F.E. Talk of the devil and he will appear.
shuō guǐhuà 说鬼话 V.O. <*coll.*> talk nonsense
[1]**shuòguǒ** 硕果 N. great achievements/fruits (fig.)
[2]**shuòguǒ** 蒴果 N. <*bot.*> capsule
shuòguǒjǐncún 硕果仅存[--僅-] F.E. only surviving exemplar
shuòguǒlěilěi 硕果累累 F.E. innumerable great achievements
shuō guòtóuhuà 说过头话 V.O. make thoughtless statements
shuòguǒyāzhī 硕果压枝[--壓-] F.E. The trees are overburdened with fruit.
shuō gùshi 说故事 V.O. tell a story
shuō gǔshū 说鼓书[-書] V.O. use drum accompaniment when narrating stories in metrical form
shuōhǎo 说好 R.V. come to an agreement
shuō hǎohuà 说好话 V.O. speak in favor of
shuōhǎoshuōdǎi 说好说歹 F.E. ① no matter what one says ② use every possible argument to convince sb.
shuōhǎotīng 说好听[-聽] V.O. speak in favor of
[1]**shuōhe** 说合 V. ① bring two or more parties together ② talk over; discuss
[2]**shuōhe** 说和 V. mediate a quarrel; conciliate
shuōhēidàobái 说黑道白 F.E. criticize irresponsibly/thoughtlessly
shuōhé qīnshì 说合亲事[--親-] V.O. make a match
shuōherén 说合人 N. mediator M: [2]*wèi*
shuòhú 蒴壶[-壺] N. urn M: [2]*zhī*
shuōhuà 说话 V.O. ① speak; talk; say; chat ***Shuō nǎli huà!*** The idea! ② gossip ③ tell stories ♦ADV. <*coll.*> in a minute; right away ~ ***jiù dé.*** It'll be ready in a jiffy. ♦N. ① word; talk ***Shuōhua yào héqì.*** One should speak softly. ② <*trad.*> a kind of storytelling popular in Tang and Song times
shuōhuà bù dàng huà 说话不当话[---當-] V.P. fail to keep a promise
shuōhuà cūlǔ 说话粗鲁 V.P. have a rough tongue
shuōhuà dǐngyòng 说话顶用 V.P. One's words carry weight.
shuōhuà fēngqù 说话风趣 V.P. be a witty talker
shuō huàihuà 说坏话[-壞-] V.O. badmouth sb./sth.
shuōhuà jiānkè 说话尖刻 V.P. have a sharp tongue
shuōhuà màoshi 说话冒失 V.P. have a big mouth
shuōhuǎng 说谎 V.O. tell a lie
shuōhuángdàohēi 说黄道黑 F.E. criticize others
shuōhuǎngzhě 说谎者 N. liar
shuōhuàrén 说话人 N. speaker
shuōhuà suànhuà 说话算话 V.P. fit deeds to words
shuōhuà suànshù 说话算数[-數] V.P. keep one's word
shuōhuà yuánhuá 说话圆滑 V.P. have a smooth tongue
shuōhuàzhě 说话者 N. speaker
shuōhuà zhījiān 说话之间 N. ① while talking ② in a short while
shuōhuà zhòngkěn 说话中肯 V.P. speak to the point
shuōhuà zǒuhuǒ 说话走火 F.E. talk without careful choice of words and overstep limits
shuōhuí 说回 R.V. <*coll.*> be back to the original topic/idea
shuōhuó 说活 V. be flexible in communication/conversation
shuōjí 说及 V.P. mention
shuòjiànbùxiān 数见不鲜[數-] F.E. very common; a frequent happening
shuōjiāng 说僵 V. be deadlocked in negotiations
shuōjiào 说教 V.O. preach
shuōjiàoshù 说教术[-術] N. the way of delivering a sermon; method of preaching
shuōjìn* 说尽[-盡] R.V. express fully; say/tell everything
shuòjīn 烁金[爍-] ATTR. shining; glittering; glistening
shuōjīng 说经[-經] V.O. explain Buddhist scriptures
shuōjué 说绝[-絕] V. give the final word
shuōkāi 说开[-開] R.V. ① make clear ② become popular (of expressions)
shuōkè 说客 N. ① persuasive talker ② <*derog.*> lobbyist; person sent to persuade sb. ③ <*trad.*> professional intermediary hired by one ruler to persuade another M: [2]*wèi*
shuō kōnghuà 说空话 V.O. spout empty verbiage
shuōkǒu 说口 V. boast
shuōkǔdàonàn 说苦道难[-難] F.E. tell all one's woes
shuōlái 说来 V.P. having brought this up. . .
shuōlái hǎoxiào 说来好笑 V.P. It's funny that . . .
shuōlái huà cháng 说来话长 V.P. it's a long story
shuōlái qíguài 说来奇怪 V.P. strange to say. . .
shuōlái róngyì zuò shí nán 说来容易做时难[-時難] V.P. Easier said than done.
shuōláishuōqù 说来说去 V.P. repeat over and over again
shuòlǎo 硕老 N. venerable senior scholar
shuōle bù suàn 说了不算 V.P. fail to keep a promise
shuōle guīqí 说了归齐[-歸齊] V.P. <*coll.*> ① after all is said and done ② generally speaking
shuōle suànshù 说了算数[-數] V.P. I mean what I say.
shuōlǐ(r) 说理(儿) V.O. ① reason things out ② listen to reason; be reasonable ***Nǐ zhège rén ~ bù ~?*** Won't you listen to reason? ③ preach
shuòliàng 烁亮[爍-] V.P. dazzling; brilliant; resplendent; sparkling
shuō liángxīnhuà 说良心话 V.O. be quite fair
shuōliū kǒu 说溜口 ***See shuōliūle zuǐ***
shuōliūle zuǐ 说溜了嘴 V.O. <*coll.*> ① talk/reveal too much ② make a slip of the tongue
shuōlǐwén 说理文 N. argumentation
shuōlòule dōu 说漏了兜 V.O. <*topo.*> give away a secret
shuōlòu zuǐ 说漏嘴 V.O. inadvertently blurt out
shuōluòle 说摞了 <*coll.*> V.P. confess; tell the truth
shuòmǎ 朔马 N. horses of northern breeds
shuòmài 数脉[數脈] N. <*Ch. med.*> rapid pulse (of more than 90 beats per minute)
shuōméi 说媒 V.O. act as a matchmaker
shuōmèng 说梦[-夢] V.O. talk nonsense
shuō mènghuà 说梦话[-夢-] V.O. ① talk in one's sleep ② talk nonsense
shuōmíng 说明 V. explain; illustrate; show ♦N. explanation; account
shuō míngbai 说明白 R.V. give a clear account (of one's attitude/etc.)
shuōmíngjù 说明句 N. <*lg.*> explicative sentence
shuōmínglì 说明力 N. explanatory power
shuōmíng qīngchu 说明清楚 R.V. make clear
shuōmíngshū 说明书[-書] N. (technical) manual; (book of) directions; synopsis (of a play/etc.) M: [1]*zhāng*
shuōmíngwén 说明文 N. expository writing; exposition
shuōmíngxìng zhuàngyǔ 说明性状语[---狀-] N. <*lg.*> disjunct
shuōmíng yuánwěi 说明原委 V.O. explain why and how
shuòmò 朔漠 P.W. northern deserts
shuō mǔyǔ de rén 说母语的人 N. <*lg.*> native speaker
shuòniǎo 朔鸟 N. northern birds M: [2]*zhī*
shuōníng 说拧[-擰] V. fall out (in conversation)
shuōpàngjiùchuǎn 说胖就喘 <*coll.*> F.E. be puffed up by praise
shuō piàoliang huà 说漂亮话 V.O. offer lip service
shuō piēxiehuà 说撇斜话 V.O. <*topo.*> speak derisively; deride
shuō píngshū 说评书[-書] N. type of storytelling (usu. of trad. novels) ♦V.O. perform this type of storytelling
shuōpò 说破 R.V. <*coll.*> ① expose myths/lies ② expose secrets/treachery
shuōpò huāzhāor 说破花招儿 V.O. <*topo.*> expose treachery
shuōpò sǎngmén 说破嗓门 V.O. talk oneself hoarse
shuōpò zuǐ 说破嘴 V.O. talk oneself hoarse
shuōqǐ* 说起 R.V. ① mention ② talk about ③ start talking about; bring up (a subject) ④ with reference to; as for
shuòqì 朔气[-氣] N. ① 24 solar periods of the year ② cold air
shuòqiàn 数欠[數-] N. frequent yawning
shuōqiāndàowàn 说千道万[-萬] F.E. keep on stating one's point
shuōqiāng 说戗[-戧] V. clash verbally
shuōqiānshuōwàn 说千说万[-萬] F.E. speak again and again
shuō qiàopíhuà 说俏皮话 V.O. make witty remarks; jest

S

shuō qǐlai 说起来 <coll.> R.V. ① start to talk about ② mention ③ actually ④ as a matter of fact; in fact
shuōqīn 说亲[-親] V.O. act as a matchmaker
shuōqīndàorè 说亲道热[親-熱] F.E. say friendly things
shuōqīng 说清 R.V. straighten out (a matter)
shuōqíng(r)* 说情(儿) V.O. intercede for sb.
shuō qīngchu 说清楚 R.V. speak/express clearly
shuōqīngdàobái 说清道白 F.E. talk clearly
shuōquán 说全 R.V. complete one's sentence/ remark
shuōr 说儿 N. ① sth. to say ② terms (esp. in reference to bribery)
shuòrénzhīkuān 硕人之宽[-寬] N. A great man is at ease.
shuòrì 朔日 N. first day of the lunar month
shuōsān bù jiēliǎng 说三不接两 F.E. talk incoherently
shuōsāndàosì 说三道四 F.E. ① gossip ② carp
shuōshá 说啥 V.O. <coll.> no matter what
shuōshān 说山 V.O. <topo.> ① talk big ② gloss over one's own shortcomings
shuōshàng 说上 R.V. <coll.> say; speak; talk
shuōshàng jìnr 说上劲儿[--勁-] V.O. get excited as one talks
shuōshǎo 说少 ADV. understate
shuō shén de shuō guǐ de 说神的说鬼的 V.P. <coll.> speak grandly; talk in glowing terms
shuō shénme 说什么[-麼] V.O./CONS. *A ~ yě B* regardless of what A says, nevertheless B
shuō shénme huà 说什么话[--麼-] V.O. What are you talking about?
[1]**shuōshì(r)** 说事(儿) V.O. ①negotiate ②explain; expound
[2]**shuōshì** 说是 V.P. be said to; be supposed to; they say ***Tā yǒule nǚpéngyou le, ~ ge dàměirén.*** He's got a girlfriend, and she is supposed to be quite a beauty.
shuòshì* 硕士 N. ① Master (of Arts); M.A. ② <trad.> eminent scholar M: [2]*wèi*
shuòshìbān 硕士班 N. Master's degree program
shuō shí chí nà shí kuài 说时迟那时快[-時遲-時-] F.E. quicker than words can tell
shuòshíliújīn 铄石流金[鑠-] F.E. ① hot as hell ② sweltering
shuō shí màn nà shí kuài 说时慢那时快[-時--時-] F.E. quicker than words can tell
shuō shí róngyì zuò shí nán 说时容易做时难[-時---時難] V.P. Easier said than done.
shuòshìshēng 硕士生 N. Master's degree candidate M: [2]*wèi*
shuòshì xuéwèi 硕士学位 N. Master's degree
shuōshū* 说书[-書] V.O. ①tell stories ②explicate a text ♦N. storytelling
shuòshǔ 硕鼠 N. large rat M: [2]*zhī*
shuōshuǎ 说耍 V. joke
shuōshū de 说书的[-書-] N. professional storyteller
shuōshuo* 说说 R.F. say something
[1]**shuòshuò** 烁烁//铄铄[爍爍//鑠鑠] R.F. ① glittering; sparkling ② dazzling; brilliant
[2]**shuòshuò** 数数[數數] R.F. frequently; often
shuōshuōbàle 说说罢了[--罷-] V.P. <topo.> talk but never act
shuōshuōdàodào 说说道道 R.F. <coll.> talk; chat
shuōshuo'éryǐ 说说而已 F.E. merely/just talk
shuōshuōxiǎohuàr 说说小话儿 V.P. <topo.> make a plea; ask for leniency
shuōshuōxiàoxiào 说说笑笑 R.F. chat and laugh together
shuōsǐ* 说死 R.V. make it definite
shuòsì 数四[數-] V.O. <wr.> over and over again; repeatedly *See also shǔsì*
shuōsǐle 说死了 V.P. <topo.> praised to the skies
shuōtiānshuōdì 说天说地 F.E. ① brag; boast ② be eloquent
shuōtiāntándì 说天谈地 F.E. ① brag; boast ② be eloquent
shuōtiě 说帖 N. written statement containing the subject matter of a discussion M: [1]*zhāng*/ [2]*fēng*
shuō tǐjihuà 说体己话[-體--] V.O. speak confidentially
shuōtōng 说通 R.V. get sb. to agree with sth.; convince; persuade
shuōtou(r) 说头(儿) N. ① sth. to talk about ② excuse
shuōtòu* 说透 R.V. fully express/expound
shuōtóuzhīwěi 说头知尾 F.E. If the beginning of a matter was spoken of, he at once also grasped the end.
shuōtuǒ 说妥 V. come to an agreement
shuōtuōluòle 说脱落了 <coll.> V.P. make a slip of the tongue; spill the beans
shuōwán 说完 R.V. after one said sth.; after one's words
shuò-wàng 朔望 N. ① first and the 15th days of a lunar month ② syzygy
shuò-wàngyuè 朔望月 N. lunar month; lunation; synodic month
Shuōwén Jiězì 说文解字 N. first Chinese dictionary, compiled by Xu Shen, 121 A.D
shuōwǔdàoliù 说五道六 F.E. ① make thoughtless comments ② act as a matchmaker
shuōxì 说戏[-戲] V.O. explain how a part is to be acted
shuōxià 说下 V.P. <coll.> ① have reached agreement ② say definitely ③ It's a deal.
shuō xiāhuà 说瞎话 V.O. talk nonsense
shuō xiànchénghuà 说现成话 V.O. <coll.> be wise after the event
shuōxiǎng 说响[-響] V. <topo.> explain
shuōxiàng* 说项 V.O. put in a good word for sb.
shuō xiàngsheng(r) 说相声(儿)[--聲-] V.O. perform crosstalk
shuō xiánhuà 说闲话 V.O. ① gossip; tattle ② talk/chat idly
shuōxiánr 说闲儿 V.O. <topo.> have idle talk/ chat
shuōxiào 说笑 V. chat and laugh
shuōxiàodǎhùn 说笑打诨 F.E. make all manner of quips and jokes
shuō xiàohua 说笑话 V.O. tell jokes
shuōxiàojiěmèn 说笑解闷 F.E. be engaged in a lively conversation with sb.
shuōxiàoqǔlè 说笑取乐[-樂] F.E. (They) talked and laughed and sought to enjoy themselves.
shuō xífu(r) 说媳妇(儿)[--婦-] V.O. <coll.> find a wife for sb.; go match-making
shuō xīnlǐhuà 说心里话[--裡-] V.O. speak one's mind
shuōxù 说序 V.O. <topo.> hem and haw; beat around the bush
shuòxuě 朔雪 N. heavy snow in the north
shuòxuéhóngrú 硕学鸿儒 N. eminent scholar
shuòxuétōngrú 硕学通儒 N. wise and learned scholar
shuòyán* 硕言 N. ambitious statement
shuòyàn 硕彦 N. great scholar
shuō yě qíguài 说也奇怪 V.P. for a wonder
shuōyībù'èr 说一不二 F.E. mean what one says
shuōyīdìng 说一定 R.V. <topo.> make sure (of a promise/etc.)
shuōyīshìyī 说一是一 F.E. mean what one says; keep a promise
shuōyìxíngnán 说易行难[-難] F.E. Easier said than done.
shuòyǒu 朔牖 N. northern window
shuōyuǎn 说远[-遠] ADV. <coll.> digress from the original topic
shuòyuè 朔月 N. ① new moon ② first day of the lunar month
shuōyūn 说晕 V.P. <coll.> get listeners bewildered/confused
shuōzá 说砸 V.P. <coll.> fail in giving a speech/ presentation/etc.
shuō zài chàkǒu shàng 说在岔口上 V.P. <topo.> speak of the crux of a matter
shuōzhāngdàolǐ 说张道李 F.E. gossip about this or that person
shuōzhāngr 说章儿 N. <topo.> ① condition; prerequisite ②discussion; terms of negotiations; talk
shuōzhe* 说着[-著] V.P. (thus) speaking; with this ***Tā ~ jiù zhàn qǐlai zǒu chūqu le.*** With this, she got up and walked out.
shuōzhě 说者 N. speaker
shuō zhēn de 说真的 V.O. <coll.> no kidding; seriously
shuōzhēngéde 说真格的 V.P. <coll.> talk seriously
shuō zhēnhuà 说真话 V.O. tell the truth
shuōzhèshuōnà 说这说那[-這--] V.P. say this and that
shuōzhe wánr 说着玩儿[-著--] V.P. <coll.> be just joking/kidding; not be serious in saying sth.
shuōzhī 说知 V. inform; notify; let sb. know
shuōzhībùjìn 说之不尽[-盡] F.E. It is too long a story to tell.
shuōzhòng 说中 R.V. point out correctly
shuòzhuàng 硕壮[-壯] V.P. big and strong; robust
shuōzǒujiùzǒu 说走就走 V.P. announce the intention to leave and really mean it
shuō zǒule bǎn 说走了板 V.P. <coll.> run off at the mouth; talk too much
shuō zǒule bǎnyǎn 说走了板眼 V.P. <coll.> run off at the mouth; talk too much
shuō zǒule fēng 说走了风 V.P. <coll.> run off at the mouth
shuō zǒuzuǐ 说走嘴 V.P. <coll.> talk/reveal too much
shuōzuǐ 说嘴 V.O. ① brag; boast ② <topo.> argue; quarrel
shūpài 殊派 N. different sect/clan/party
shùpái* 竖排[豎-] N. straight column
shūpàn 书判[書-] N. verdict
shūpèi diànxiàn 输配电线[--電-] N. <elec.> transmission and distribution line M: [1]*tiáo*
shūpí(r) 书皮(儿)[書-] N. book cover/jacket
shūpǐ 书癖[書-] N. bibliomania
shúpí 熟皮 N. leather; processed hide M: [1]*zhāng*/ [2]*kuài*
shùpí(r)* 树皮(儿)[樹-] N. bark (of a tree)
shùpíhuà 树皮画[樹-畫] N. bark picture M: [10]*fú*
shūpíng* 书评[書-] N. book review
shùpíng 述评 N./V. review; commentary
shūpíngjiā 书评家[書-] N. reviewer M: [2]*wèi*
shǔ pínzuǐ 数贫嘴[數-] V.O. <coll.> chatter idly
shūpízhǐ 书皮纸[書-] N. dust jacket (of a book)
shūpó 叔婆 N. father's uncle's wife; great-aunt M: [2]*wèi*
shūpǔ 蔬圃 N. vegetable garden
shūpù* 书铺[書-] P.W. <trad.> bookstore M: [1]*jiā*
[1]**shūqì** 书气[書氣] N. smell of a new book
[2]**shūqì** 舒气[-氣] N. ① heave a sigh; get/ catch one's breath ② calm down; relax; have a breathing space ③ relieve one's feelings; let off steam
[3]**shūqì** 输气[-氣] V.O. send/distribute natural gas through pipes
[4]**shūqì** 书契[書-] N. <wr.> ① certificate (of ownership/etc.); deed ② literary club
[5]**shūqì** 淑气[-氣] N. <wr.> mild air in spring
shúqī 熟漆 N. lacquer
shǔqī* 暑期 N. summer vacation time; summer
shǔqì 暑气[-氣] N. summer heat
[1]**shùqǐ** 竖起[豎-] R.V. hold up; erect *~ dàmuzhǐ* thumbs up
[2]**shùqǐ** 树起[樹-] R.V. set up
[3]**shùqǐ** 数起[數-] R.V. several *~ chāoxí àn* several cases of plagiarism
shūqian 书钱[書錢] N. ① book expenses (of students) ② money paid for a book
shūqiān(r)* 书签(儿)[書-] N. ① book label pasted on a cover ② bookmark M: [1]*zhāng*
shūqián 输钱[-錢] V.O. lose money (in gambling/ etc.)

shūqiǎn 疏浅[-淺] V.P. ① meager ② crude and superficial ③ not close/intimate
shǔqián 数钱[數錢] V.O. count money
shùqiáng 树墙[樹牆] N. espalier M: ²dào
shǔqībān 暑期班 N. summer school
shǔqìbīrén 暑气逼人[-氣--] F.E. The summer heat is very oppressive.
shǔqībù 暑期部 P.W. summer-school office
shùqǐ dàmuzhǐ 竖起大拇指[豎-] V.O. hold up one's thumb in approval; thumbs up
shūqiè 书箧[書篋] N. bookcase
shǔqiè* 鼠窃[-竊] N. petty thief
shǔqiègǒudào 鼠窃狗盗[-竊-盜] F.E. petty thieves and small-time robbers
shǔqiègǒutōu 鼠窃狗偷[-竊--] F.E. ① play petty tricks on the sly ② petty thieves and small-time robbers
shūqìguǎn 输气管[-氣-] N. gas pipe M: ²gēn
shūqì guǎndào 输气管道[-氣--] N. gas pipeline M: ¹tiáo
shùqǐ jǐliáng 竖起脊梁[豎-] V.O. get set for action; pull oneself together
shùqǐ jīngǔ 树起筋骨[樹-] V.O. pull oneself together (for a task/etc.)
shùqín 竖琴[豎-] N. <mus.> harp M: ¹jià
shūqīng 淑清 V.P. clear and bright (of the sun/moon/sky/etc.)
¹**shūqíng*** 抒情 V.O. express one's emotions
²**shūqíng** 输情 V.O. supply secret information
Shū Qìngchūn 舒庆春[-慶-] (1899–1966) N. better known as Lao She; novelist, short-story writer; playwright
shūqíng gēqǔ 抒情歌曲 N. sentimental song M: ²shǒu
shūqíng gēxīng 抒情歌星 N. singers who specialize in singing sentimental songs M: ²wèi
shūqíngpiàn 抒情片 N. sentimental movie M: ²bù
shūqíngqǔ 抒情曲 N. sentimental song M: ²shǒu
shūqíng sǎnwén 抒情散文 N. lyric prose M: ¹piān
shūqíngshī 抒情诗 N. lyric poetry; lyrics; ode M: ²shǒu
shūqíng shīrén 抒情诗人 N. lyric poet M: ²wèi
shù qīngtíng 竖蜻蜓[豎-] V.O. <coll.> do a handstand
shūqíngwén 抒情文 N. lyrical writing
shǔqìpòrén 暑气迫人[-氣--] F.E. The summer heat is very oppressive.
shǔqī xuéxiào 暑期学校 P.W. summer school M: ¹suǒ
shǔqī xùnliànbān 暑期训练班[---練-] P.W. summer course/class
shùqìzhuāngǒng 竖砌砖拱[豎-磚-] F.E. <archi.> row-lock arch
shūqù* 输去 R.V. lose out on
shùqú 树鼩[樹-] N. <zoo.> tree shrew M: ²zhī
shǔquǎnfèirì 蜀犬吠日 ID. much ado about nothing
shǔqūcǎo 鼠曲草 N. <bot.> affine cudweed M: ²kē
shūquējiǎntuō 书缺简脱[書-] F.E. books missing and letters incomplete
shǔqúnliúxīng 数群流星[數-] F.E. meteor shower
¹**shùr** 数儿[數-] N. ① number ② plans; calculations; reckonings
²**shùr** 竖儿[豎-] N. downward perpendicular stroke (in Chinese calligraphy)
shūrán 倏然 ADV. <wr.> suddenly
shǔrè 暑热[-熱] N. hot summer weather
shūrén 淑人 N. ① <wr.> good/virtuous man ② <trad.> honorary title bestowed on wives of ranking officials M: ²wèi
shúrén(r)* 熟人(儿) N. acquaintance; friend M: ²wèi
shúrěn 熟稔 V. <wr.> know sb. very well
shǔrén 属人[屬-] N. <lg.> human
¹**shùrén** 树人[樹-] V.O. cultivate young persons; educate the young
²**shùrén** 庶人 N. ①common people ② peasants
³**shùrén** 戍人 N. garrison soldiers; frontier guard
shǔrénfǎ 属人法[屬-] N. <law> personal law
shùrénshùjǐ 恕人恕己 F.E. forgive others as you do yourself
shùrénshùmù 树人树木[樹-樹-] F.E. nurture men and plant trees
shǔrètiān 暑热天[-熱-] N. hot summer days; hot weather; dog days
shǔrì 曙日 N. in the morning
shùrì* 数日[數-] N. <wr.> a few days; several days
¹**shūróng** 殊荣[-榮] N. unusual glory; special honors
²**shūróng** 殊容 N. stunningly beautiful face
shúròu* 熟肉 N. cooked meat; well-done meat
shǔròu 鼠肉 N. rat meat
shūrǔ 菽乳 N. soy cheese
shūrù* 输入 V. ①import ② <comp./elec.> input ③ bring in; introduce
shǔrù 暑溽 N. hot and steamy; hot and humid
shùrú 竖儒[豎-] N. ① petty pedant ② fool
shūrù bùmén 输入部门 P.W. <comp.> input units/devices
shūrùduān 输入端 N. input end/terminal
shūrù'é 输入额 N. amount/value of imports
shūrùfǎ 输入法 N. <comp.> inputting method
shūrù gōnglǜ 输入功率 N. input power
shūrù jiǎshuō 输入假说 N. <lg.> input hypothesis
shūrùmǎ 输入码 N. <comp.> input code
shúruò 孰若 F.E. <wr.> what is better than; it would be better to
shūrùpǐn 输入品 N. import
shūrúqírén 书如其人[書-] F.E. Like author, like book.
shūrùqū 输入区[-區] P.W. import area
shūrùshuì 输入税 N. import duties
shūrù xiàn'é 输入限额 N. <econ.> import quotas
shūrùyuán 输入员 N. data operator M: ²wèi
shūrù yǔduàn 输入语段 N. <lg.> input text
shūrù zhuāngzhì 输入装置[--裝-] N. <comp.> input devices M: ¹tái
¹**shūsàn** 疏散 V. ① scatter; disperse ② relax by taking a stroll ③ evacuate
²**shūsàn** 舒散 V. relax *Kàn yī ²chǎng diànyǐng ~ yīxià ba.* Take in a movie and relax.
shūsànhuà 疏散化 N. decentralization
shūsè 殊色 N. outstanding beauty
shǔsè* 曙色 N. dawn's early light
shūshālǜ 输沙率 N. silt discharge (in irrigation)
shūshāng* 书商[書-] N. book dealer; bookseller; book merchant(independent book publisher) M: ²wèi
shù shang 树上[樹-] P.W. on the tree; above the tree
shūshànjūnzǐ 淑善君子 N. <wr.> gentleman; virtuous man M: ²wèi
shùshāo 树梢[樹-] N. treetop
shūshè* 书社[書-] N. ① reading group ② press M: ¹jiā
shǔshé 鼠蛇 N. rat snake M: ¹tiáo
shùshè 束射 N. beam
shūshēn 殊深 ADV. extremely; profoundly; deeply
shūshén 疏神 V.O. let one's attention wander ♦V.P. careless; inadvertent
shūshěn 叔婶[-嬸] N. aunt; wife of a junior uncle M: ²wèi
shūshèn 淑慎 V.P. gentle and respectful (of women)
shúshēn* 赎身[贖-] V.O. buy back freedom (for slaves/etc.)
¹**shùshēn** 树身[樹-] N. tree trunk ♦V.O. preserve one's integrity
²**shùshēn** 束身 V.O. ① bind oneself ~ ***guīzuì*** bind oneself with rope and surrender oneself to justice ② exercise self-control
¹**shùshén** 树神[樹-] N. tree god
²**shùshén** 庶神 N. secondary gods
shùshēncángzhuō 束身藏拙 F.E. hide one's inadequacy by keeping quiet
shūshēng* 书生[書-] N. ① intellectual; scholar ② sb. with only bookish knowledge M: ²wèi
¹**shūshèng** 书圣[書聖] N. calligraphic prodigy
²**shūshèng** 殊胜[-勝] V.P. remarkable and outstanding
shùshēng 庶生 N. concubine's child
shùshèng 述圣[-聖] V.O. <hist.> honorary title for Zisi, Confucius' grandson
shūshēng běnsè 书生本色[書-] N. essential characteristics of a scholar
shùshēngkāihuā 树生开花[樹-開-] N. gild the lily
shūshēnglǎnglǎng 书声朗朗[書聲-] F.E. the sound of reading aloud
shūshēngqì 书生气[書-氣] N. bookishness
shūshēngqì shízú 书生气十足[書-氣--] F.E. be bookish and naive
shúshèngshúfù 孰胜孰负[-勝--] F.E. Who wins and who loses?
shūshēngzhījiàn 书生之见[書-] N. pedantic view
shúshēnjīn 赎身金[贖-] N. ransom
shūshēnzhěnniàn 殊深轸念 F.E. express deep solicitude
shūshī 疏失 V. make a careless mistake ♦V.P. remiss; at fault; negligent
¹**shūshí** 疏食 N. ① simple/coarse meal ② vegetarian diet
²**shūshí** 蔬食 N. ① vegetarian diet ② coarse food
shūshǐ 枢史[樞-] N. <trad.> prime minister of late Tang and Song M: ²wèi
¹**shūshì*** 舒适[-適] S.V. comfortable; cozy
²**shūshì** 书市[書-] N. book fair
³**shūshì** 叔世 N. age of decline (of a nation)
shúshi 熟识[-識] V. know well
shúshī 塾师[-師] N. tutor in a private/family school M: ²wèi
shúshí 熟食 N. ① prepared/cooked food ② a diet of cooked rather than uncooked food
¹**shúshì** 熟视 V. <wr.> ① often see ② stare hard at; look carefully and for a long time; scrutinize
²**shúshì** 熟事 *See ²shóushì*
shǔshī 暑湿[-濕] N. summer heat and dampness
shǔshí 属实[屬實] V.P. verified; turned out to be true
shǔshì 署事 V.O. deal with public affairs ♦N. public affairs
¹**shùshì** 庶室 N. <trad.> concubine
²**shùshì** 术士[術-] N. ① Confucian scholar ② Daoist ③ magician ④ practitioner of occult arts M: ²wèi
³**shùshì** 庶士 N. <trad.> common bachelor M: ²wèi
⁴**shùshì** 庶事 N. general affairs M: ²jiàn
shǔshībì 暑湿痹[-濕-] N. <Ch. med.> pain caused by damp heat
shūshìdài 舒适带[-適帶] P.W. comfort zone
shùshì dǎyìnjī 竖式打印机[豎-] N. column printer M: ¹tái
shúshídiàn 熟食店 P.W. deli M: ¹jiā/¹jiān
shúshígāo 熟石膏 N. plaster of paris
shúshíhuī 熟石灰 N. slaked lime
shùshǐnánzhé 束矢难折[--難-] F.E. <wr.> In union there is strength.
shù shí nián rú yī rì 数十年如一日[數-] F.E. with perseverance and consistency
shǔshíqì 曙石器 N. <archeo.> eolith
shúshìshúfēi 孰是孰非 F.E. Which is right and which is wrong?
shúshìwúdǔ 熟视无睹 F.E. ignore familiar sights
shūshíyǐnshuǐ 疏食饮水 F.E. simple and plain food
shùshízhěnliú 漱石枕流 F.E. hermit's nobility and purity
shūshízhǔyì 蔬食主义[-義] N. vegetarianism
shūshǒu 书手[書-] N. <trad.> scribe; copyist M: ²wèi
shúshǒu(r) 熟手(儿) N. practiced/old hand

[1]**shùshǒu*** 束手 V.O. have one's hands tied; be helpless

[2]**shùshǒu** 戍守 V. guard; garrison

shùshǒudàibì 束手待毙[-斃] F.E. wait helplessly for death

shùshǒudàiyuán 束手待援 F.E. wait for rescue/help

shǔshǒufènshì 鼠首偾事 ID. Excessive caution spoils things.

shùshǒujiùfù 束手就缚 F.E. allow oneself to be seized without putting up a fight

shùshǒujiùqín 束手就擒 F.E. give up without a fight

shǔshǒuliǎngduān 鼠首两端 ID. shilly-shally

shùshǒushòufù 束手受缚 F.E. shrink from taking any action

shùshǒushùjiǎo 束手束脚[-腳] F.E. be too concerned to act

shùshǒuwúcè 束手无策 F.E. be at wit's end

shūshu* 叔叔 N. ① <*coll.*> father's younger brother; uncle ② uncle (child's address for young males) M: [2]*wèi*

shūshū 殳书[-書] N. <*wr.*> a style of handwriting in the Qin dynasty (used for inscriptions on weapons)

shūshú 书塾[書-] P.W. old-style private school M: [1]*jiān*

shúshú 秫秫 N. <*topo.*> sorghum

shǔshū 署书[-書] N. calligraphic style for ornamental tablets

shǔshǔ 蜀黍 N. Chinese sorghum

shǔshù(r) 数数(儿)[數數-] V.O. count; renumerate

shùshù 术数[術數] N. <*trad.*> ① ways of administering a nation ② magical calculation; fortune-telling

shūshuài 疏率 V.P. careless and rash; heedless

shùshǔfěn 树薯粉[樹-] N. cassava

shūshufúfu 舒舒服服 R.F. <*coll.*> comfortable

shūshuǐ 输水 N. water delivery

shúshuì* 熟睡 V. sleep soundly; be fast asleep

shūshuǐchénghuān 菽水承欢[-歡] F.E. practice great filial piety even in poverty

shūshuǐdānpiáo 疏水箪瓢 F.E. be content with a simple life

shūshuǐdào 输水道 N. aqueduct M: [1]*tiáo*

shūshuǐguǎn 输水管 N. pipeline M: [1]*tiáo*/[2]*gēn*

shūshuǐqì 输水器 N. conveyor

shǔshǔ kàn 数数看[數數-] V.P. count and see (how many there are)

shūshulālā 疏疏拉拉 R.F. <*coll.*> thin; sparse

shūshūluòluò 疏疏落落 R.F. sparse; few

shǔshuō 数说[數-] V. <*coll.*> ① rebuke; enumerate faults ② enumerate; cite one example after another

shùshuō* 述说 V. state; recount; narrate ♦N. statement

shǔshùr 数数儿[數數-] V.O. count; reckon

shūsǐ* 殊死 N. capital punishment ♦V. brave death ♦ATTR. desperate; life-and-death

shūsì 书肆[書-] P.W. <*trad.*> bookshop; bookstore

[1]**shúsī** 熟丝[-絲] N. <*txtl.*> boiled-off silk

[2]**shúsī** 熟思 V. ponder deeply/carefully

shǔsī 鼠思 V. be pensive

shǔsì 数四[數-] V.O. a few; three or four *See also shuòsì*

shūsǐlì 殊死力 N. utmost effort

shūsǐzhàn 殊死战[-戰] N. last-ditch battle; life-or-death battle M: [2]*chǎng*

shúsīzhī 熟丝织[-絲織] N. glossy silk fabric

[1]**shūsōng** 疏松[-鬆] S.V. ① loose ② puffy ♦V. loosen

[2]**shūsōng** 舒松[-鬆] S.V. relaxed

shūsòng* 输送 V. carry; transport; convey

shūsòngdài 输送带[-帶] N. conveyer belt M: [1]*tiáo*

shūsòngguǎn 输送管 N. duct M: [1]*tiáo*

shūsòngjī 输送机 N. conveyer M: [1]*tái*

shūsú 殊俗 N. strange customs ♦V.P. different from common practices; extraordinary

shūsù* 菽粟 N. ① beans and grain ② food

shǔsuàn 数算[數-] V. count and reckon

shǔsuì 暑岁[-歲] N. a year of heat and drought

shùsūn 庶孙[-孫] N. grandson of a concubine

shǔ tā de bùshi 数他的不是[數-] V.P. <*coll.*> enumerate his faults

[1]**shūtài** 舒泰 S.V. ① free from worries; comfortable and at ease ② happy and healthy; well

[2]**shūtài** 殊态[-態] N. distinctive manner

shūtan* 舒坦 S.V. comfortable; at ease

shūtān(r/zi) 书摊(儿/子)[書攤-] P.W. bookstall; bookstand

shútàn 熟炭 N. coke; charcoal

shùtàngzi 树趟子[樹-] N. <*topo.*> rows of trees; woods

shūtào 书套[書-] N. slipcase; book jacket

shútàozi 熟套子 N. <*coll.*> familiar formula/procedure

shǔ tā zuì hǎo 数他最好[數-] V.P. <*coll.*> consider him as best

shūtí 书题[書-] N. book title

shūtǐ* 书体[書體] N. style of calligraphy

shūtì 疏逖 V.P. not close; cool (of relations) ♦V. alienate; estrange

shùtí 述题 N. <*lg.*> rheme; comment

shǔtiān* 暑天 N. ① hot summer days ② dog days

shùtiān 数天[數-] N. several days; a few days

shǔtiáo 薯条[-條] N. French fries

shūtiē 舒帖/贴 S.V. <*coll.*> at ease; relaxed

shútiě* 熟铁[-鐵] N. wrought iron M: [2]*kuài*

[1]**shūtíng*** 书亭[書-] P.W. bookstall; book kiosk M: [4]*zuò*

[2]**shūtíng** 枢庭[樞-] P.W. privy council (of a head of state)

shùtǐng(r/zi) 树梃(儿/子)[樹-] N. tree trunk

shǔtīnggǎn 属听感[屬聽-] ATTR. <*lg.*> acoustical

shùtí zǐjù 述题子句 N. <*lg.*> comment clause

shūtōng* 疏通 R.V. ① dredge ② mediate

shūtóng(r) 书童(儿)[書-] N. <*trad.*> boy attendant of a young student or scholar

shūtǒng 书筒[書-] N. envelope

shútóng 熟铜 N. refined copper; wrought brass/copper M: [2]*kuài*

shūtōng qúdào 疏通渠道 V.O. dredge a channel

shūtóngwén 书同文[書-] N. <*lg.*> in writing, uniformity of script (one of the Qin unification policies)

shūtōngzhīyuǎn 疏通知远[-遠] F.E. show deep understanding and foresight

shūtóu(fa)* 梳头(发)[-(髮)] V.O. comb one's hair

shútòu 熟透 V.P. ① well-cooked ② thoroughly/fully ripe ③ very familiar with

shūtú* 殊途 N. go different roads

shútǔ 熟土 N. <*agr.*> mellow/loamy soil

shútuō 熟脱 S.V. well versed; very familiar with

shūtútóngguī 殊途同归[-歸] F.E. reach the same goal by different routes

shūwā 疏挖 V. dredge

shùwā* 树蛙[樹-] N. <*zoo.*> tree frog M: [2]*zhī*

shūwài 疏外 V.P. distant

shūwǎn 淑婉 S.V. good and gentle; elegant; refined

shǔwàng 属望[屬-] V.P. popular (of a person) *See also* [2]*zhǔwàng*

shǔwǎngzhīlái 数往知来[數-] F.E. deduce the future from the past

shūwéi 书帷[書-] N. books piled together like a screen

shūwèi 殊未 ADV. not yet

shúwèi 孰谓 V.P. Who says?

shùwēi 树威[樹-] V.O. establish one's reputation

[1]**shùwèi*** 戍卫[-衛] V. defend; garrison

[2]**shùwèi** 数位[數-] ATTR. digital ♦N. ① digit ② <*lg.*> measure

[3]**shùwèi** 戍位 V.O. mount/keep guard

[4]**shùwèi** 述位 N. <*lg.*> rheme

shǔwěicǎo 鼠尾草 N. <*bot.*> a kind of medical herb (*Salvia japonica*) M: [2]*kē*

shǔwěicǎohāo 鼠尾草蒿 N. <*bot.*> prairie sage

shùwèi chǔlǐ 数位处理[數-處-] N. <*lg.*> digital processing

shùwèicí 数位词[數-] N. <*lg.*> quantifier

shùwèi de 数位的[數-] ATTR. countable

shùwèi diànnǎo 数位电脑[數-電腦] N. digital computer M: [1]*tái*

shùwèi diànzǐ jìsuànjī 数位电子计算机[數-電----] N. digital computer M: [1]*tái*

shùwèifèngpéi 恕未奉陪 F.E. Forgive me for not having accompanied you.

shùwèihuà 数位化[數-] N. digitalization

shùwèi jiégòu 述谓结构[-構] N. <*lg.*> predication

shùwèiqì 数位器[數-] N. <*comp.*> digital modem

shùwèi tiáobiàn jiětiáoqì 数位调变解调器[數--變---] N. <*comp.*> digital modem

shùwèi zīliào 数位资料[數-] N. <*comp.*> digital data

shūwén 殊文 N. different language

shūwèn 淑问 V. <*wr.*> be skillful at questioning

shǔwēn* 暑瘟 N. <*Ch. med.*> febrile summer diseases

shūwēng 叔翁 N. granduncle M: [2]*wèi*

shùwénr 竖纹儿[豎-] N. vertical vein/grain (of a pattern/design/etc.)

shùwǒdǎrǎo 恕我打扰[-擾] F.E. Excuse my troubling you.

shùwǒmàozhuàng 恕我冒撞 F.E. Pardon me for intruding.

shūwū* 书屋[書-] P.W. study; studio M: [1]*jiān*

[1]**shūwù** 书物[書-] N. books and bookish things

[2]**shūwù** 枢务[樞務] N. <*wr.*> duties of the premier; state affairs

[1]**shùwù** 庶物 N. every kind of creature; all things

[2]**shùwù** 庶务[-務] N. <*trad.*> ① general affairs ② business matters ③ person in charge of business matters

[3]**shùwù** 恕物 V.O. treat with indulgence

shùwù chóngbài 庶物崇拜 N. fetishism

shùwùyuán 庶务员[-務-] N. general-affairs clerk M: [2]*wèi*

shùwùzǔ 庶务组[-務-] P.W. general-affairs office/group

shūxǐ 梳洗 V. comb the hair and wash up

shúxī* 熟悉 V./S.V. know sth./sb. well

shúxí 熟习[-習] V. be skillful at; have a knack for

[1]**shǔxī** 曙曦 N. first light of morning; light of early dawn

[2]**shǔxī** 数息[數-] V.O. count breaths in breathing

[3]**shǔxī** 鼠蹊 N. <*phys.*> groin

shùxǐ 漱洗 V. rinse the mouth and wash the face

shùxì 数系[數-] N. numerical/numeral/number system

shǔxià* 属下[屬-] N. subordinate

shù xia 树下[樹-] P.W. under the tree

shùxià chéngliáng 树下乘凉[樹-涼] V.P. enjoy the coolness under the tree

shùxiàchuí 竖下垂[豎-] N. vertical stroke in a character

shūxián 舒闲 S.V. relaxed; leisurely; comfortable

shùxiàn* 竖线[豎-] N. Y-axis

[1]**shūxiāng*** 书箱[書-] N. book box

[2]**shūxiāng** 书香[書-] N. ① literary family ② literary atmosphere

shūxiàng 枢相[樞-] N. <*trad.*> a prime minister in late Tang and Song M: [2]*wèi*

shǔxiàng(r) 属相/象(儿)[屬-] N. <*coll.*> cycle of 12 years named after animals

shùxiànglì 竖向力[豎-] N. vertical force

shūxiāng méndì 书香门第[書-] N. scholarly family

shūxiāng zǐdì 书香子弟[書-] N. children from a scholarly family

shūxiào 殊效 N. <*wr.*> special effect/efficacy *yǒu* ~ be especially effective

shǔxībù 鼠蹊部 P.W. <*phys.*> groin area

shúxīdù 熟悉度 N. <*lg.*> familiarity
[1]**shūxiě*** 书写[書寫] V. write ♦N. writing
[2]**shūxiě** 抒写[-寫] V. express; describe
[1]**shūxiè** 疏懈 V.P. careless; negligent; lazy; idle
[2]**shūxiè** 疏泄 N. <*Ch. med.*> release stagnated energy
shǔxié 暑邪 N. summer-heat noxiousness
shūxiě dānwèi 书写单位[書寫-] N. <*lg.*> grapheme
shūxiěfǎ 书写法[書寫-] N. <*lg.*> spelling
shūxiětǐ 书写体[書寫體] N. script
shūxiěyǔ 书写语[書寫-] N. <*lg.*> written language
shūxiězhǐ 书写纸[書寫-] N. writing paper M: [1]*zhāng*
shūxiě zhōngshū 书写中枢[書寫-樞] P.W. writing center
shūxiězìrú 书写自如[書寫-] F.E. write with facility
[1]**shūxīn** 舒心 S.V. <*topo.*> ① pleasant and agreeable ② comfortable; happy
[2]**shūxīn** 书心[書-] N. type area (of a book page)
[3]**shūxīn** 淑心 N. pure heart
shūxìn* 书信[書-] N. letter; written message M: [2]*fēng*
shǔxīn 属心[屬-] V.O. give one's heart/support to
[1]**shùxīn(r)** 竖心(儿)[豎-] N. vertical heart radical (a variant of Kangxi 61)
[2]**shùxīn** 树心[樹-] N. pith
shūxìndiàn 书信电[書-電] N. letter cable M: [2]*fēng*
shúxī nèiqíng 熟悉内情 V.O. know the inside story
shūxīnfúyì 输心服意 F.E. follow/obey with sincere willingness
shūxīng 疏星 N. sparse stars
[1]**shūxíng** 殊行 N. remarkable behavior
[2]**shūxíng** 淑行 N. virtuous conduct/behavior
shūxìng 淑性 N. gentle disposition/temperament
shúxíng 赎刑[贖-] N. redeem sb. from punishment by paying a ransom
shùxíng 数型[數-] N. genotype
shǔxìng* 属性[屬-] N. <*log.*> attribute; property; quality
shùxìng 庶姓 N. surname different from that of the royal house
shùxíng fēnxīfǎ 树形分析法[樹-] N. <*lg.*> tree analysis method
shǔxìng fùhécí 属性复合词[屬-複--] N. <*lg.*> possessive compound
shǔxìng jìchéng 属性继承[屬-繼-] N. <*lg.*> inheritance of attribute
shūxīngliáoluò 疏星寥落 F.E. only a few solitary stars twinkling in the sky
shǔxìng mǔtǐ 属性母体[屬-體] N. <*lg.*> feature matrices
shǔxìng shèntòu 属性渗透[屬-滲-] N. <*lg.*> feature percolation
shǔxìng shèntòu gōngyuē 属性渗透公约[屬-滲---] N. <*lg.*> true percolation
shùxíngtú 树形图[樹-圖] N. <*lg.*> tree diagram
shùxíngtújiě 树形图解[樹-圖-] N. <*lg.*> tree diagram
shǔxìng xíngróngcí 属性形容词[屬-] N. <*lg.*> attribute
shǔxìng xīshōu 属性吸收[屬-] N. <*lg.*> feature absorption
shùxíngzhuàngtú 树形状图[樹-狀圖] N. <*lg.*> tree diagram
shūxìn jiāzi 书信夹子[書-夾-] N. folder/clip for letters
shùxīnpáng(r) 竖心旁(儿)[豎-] N. vertical heart side element (variant of Kangxi radical 61)
shūxìntǐ 书信体[書-體] N. epistolary style
shūxìntǐ xiǎoshuō 书信体小说[書-體--] N. epistolary novel M: [2]*bù*/[1]*běn*
shūxìn wǎnglái 书信往来[書-] V.P. keep up regular correspondence with sb.
shùxiōng 束胸 V.O. bind the breasts tightly
shù xióngxīn 树雄心[樹-] V.O. have lofty ambitions; aim high
shúxī qǐlai 熟悉起来 R.V. become familiar with
Shǔxiù* 蜀绣[-繡] N. Sichuan embroidery
[1]**shùxiū** 庶羞 N. various kinds of delicacies
[2]**shùxiū** 束脩 N. <*wr.*> ① periodic appreciatory gift to a private teacher ② private tutor's remuneration ③ tuition
shùxiūzhījìng 束脩之敬 N. in payment of a teacher's salary
shùxiūzhīxiàn 束脩之献[-獻] N. in payment of a teacher's salary
shū-xǐ yòngjù 梳洗用具 N. toilet articles
shūxú 舒徐 ADV. leisurely; in no hurry
shùxù* 数序[數-] N. number sequence
shūxuǎn 殊选[-選] N. select extraordinary people
shūxuè 输血 V.O. ① <*med.*> transfuse blood ② give aid and support
shúxué 塾学 P.W. family school
shǔxué 鼠穴 N. rat hole
[1]**shùxué*** 数学[數-] N. mathematics
[2]**shùxué** 树穴[樹-] N. hole in a tree
[3]**shùxué** 腧穴 N. <*Ch. med.*> acupuncture points on the human body
shùxué guīnàfǎ 数学归纳法[數-歸--] N. <*math.*> mathematical methods of induction
shūxuèjī 输血机 N. blood-transfusion equipment M: [1]*tái*
shùxuéjiā 数学家[數-] N. mathematician M: [2]*wèi*
shùxuékē 数学科[數-] N. the subject of mathematics
shùxué yuánlǐ 数学原理[數-] N. principles/fundamentals of mathematics
shūxuèzhě 输血者 N. blood donor
shùxuézǔ 数学组[數-] P.W. mathematics group
shūxūn* 殊勋 N. <*wr.*> outstanding merit/service
shùxūn 树勋[樹-] V.O. establish one's name by great accomplishments
shùyā 树丫[樹-] N. tree limb
shūyǎn 输眼 V.O. make a mistake in judging/identifying sth.
shǔyǎn* 鼠眼 N. ① small, protruding eyes ② lack of foresight
shùyǎn 竖眼[豎-] N. angry looks
shūyǎng* 输氧 N. oxygen therapy
shùyāng(r/zi) 树秧(儿/子)[樹-] N. sapling (to be replanted)
shǔyángquán 蜀羊泉 N. <*bot.*> bittersweet
shūyào 枢要[樞-] N. ① <*wr.*> central administrative unit ② center
Shǔyáo 蜀窑[-窯] P.W. name of an ancient porcelain kiln in Sichuan
shǔyǎo 鼠咬 ATTR. damage by rats
shǔyào 鼠药[-藥] N. rodenticide
[1]**shùyāo*** 束腰 V.O. tighten one's waist with a band
[2]**shùyāo** 树腰[樹-] N. middle of a tree trunk
[3]**shùyāo** 恕邀 F.E. <*wr.*> Excuse my/our informality in requesting your presence.
shùyāodài 束腰带[-帶] N. girdle M: [1]*tiáo*
shǔyǎorè 鼠咬热[-熱] N. <*Ch. med.*> rat-bite fever
shūyāoshēnbì 舒腰伸臂 F.E. lean back and stretch one's arms
shǔyáquējiǎo 鼠牙缺角 ID. carry on a lawsuit; litigate
shǔyáquèjiǎo* 鼠牙雀角 ID. ① chicanery; pettifoggery ② lawsuit
shùyár 树芽儿[樹-] N. tree shoot
shūyě 疏野 S.V. rude; impolite
[1]**shūyè** 输液 V.O. <*med.*> have an intravenous (I.V.) infusion
[2]**shūyè** 书页[書-] N. page (of a book)
[3]**shūyè** 书业[書業] N. ① writing as an occupation ② book business
shǔyē 暑暍 N. sunstroke
[1]**shùyè(r/zi)*** 树叶(儿/子)[樹葉-] N. leaves (of trees)
[2]**shùyè** 树液[樹-] N. sap (of trees)
[3]**shùyè** 漱液 N. gargle
shūyè bǎnxīn 书页版心[書-] N. type page
shūyè juǎnjiǎo 书页卷角[書-] N. dog-ear
shūyī 书衣[書-] N. book jacket
shūyí 淑仪[-儀] N. <*trad.*> rank of court ladies
[1]**shūyì** 殊异[-異] V.P. ① different ② unusual
[2]**shūyì** 舒意 S.V. <*topo.*> satisfied; content
[3]**shūyì** 抒意 V.O. express one's ideas
[4]**shūyì** 摅意[攄-] V.O. give expression to one's feelings
[5]**shūyì** 淑懿 N. gentle and virtuous
shǔyì* 鼠疫 N. bubonic plague M: [2]*chǎng*
[1]**shùyì** 戍役 N. <*trad.*> garrison duty or military service as a punishment
[2]**shùyì** 树艺[樹藝] V.O. cultivate
shùyǐbǎijì 数以百计[數-] F.E. count by the hundreds
shù yǐ bǎiwàn jì 数以百万计[數--萬-] F.E. count by the millions
shùyìhánshǔ 数易寒暑[數-] F.E. go through many changes of seasons
shǔyìjūn 鼠疫菌 N. plague bacilli
shūyìn 淑胤 N. <*wr.*> virtuous descendants
shǔyīn 属音[屬-] N. <*mus.*> dominant (note)
shùyīn* 树阴/荫[樹陰/蔭] N. shade (of a tree)
shū-yíng* 输赢 V. win or lose ♦N. money won or lost in gambling
[1]**shūyǐng** 书影[書-] N. ① photocopied book ② printed matter that indicates the type, form, or partial content of books and periodicals
[2]**shūyǐng** 疏影 N. <*wr.*> scattered shadows
shùyǐngr 树影儿[樹-] N. tree shadow
shùyīnhuācóng 树阴/荫花丛[樹陰/蔭-叢] F.E. amid shady trees and blossoming flowers
shùyīnliángr 树阴凉儿[樹陰涼-] N. <*coll.*> cool shade of a tree (as in summer)
shùyīnr 树阴儿[樹陰-] N. shade of a tree
shùyīnyírén 树阴/荫宜人[樹陰/蔭-] F.E. The trees make a pleasant shade.
shùyǐqiānjì 数以千计[數-] F.E. count by the thousands
shǔyīshù 数一数[數-數] V.P. count
shǔyīshǔ'èr 数一数二[數-數-] F.E. count as one of the best; rank high
shùyǐwànjì 数以万计[數-萬-] F.E. count by tens of thousands; numerous
shūyìyící 抒意以词 F.E. express one's feelings by means of words and phrases
shù yīzhì guānxi 数一致关系[數-關係] N. <*lg.*> number concord
shūyōng 疏慵 V.P. careless and lazy
shūyōngchéngxìng 疏慵成性 F.E. dilatory by temperament
shūyōu 纾忧[-憂] V.O. remove worries
shūyóu* 输油 V.O. transport oil
shǔyǒu 属有[屬-] N. <*lg.*> possession
shùyòu 恕宥 V. forgive; pardon
shǔyǒu fùhécí 属有复合词[屬-複--] N. <*lg.*> possessive compound
shǔyǒugé 属有格[屬-] N. <*lg.*> genitive
shūyóuguǎn 输油管 N. petroleum pipeline M: [1]*tiáo*
shǔyóumàixiù 黍油麦秀[--麥-] F.E. Grain grows luxuriantly among the ruins of the former capital.
[1]**shūyú** 疏于[-於] V.P. be careless/negligent
[2]**shūyú** 书鱼[書-] N. <*trad.*> bookworm
[1]**shūyù** 殊遇 N. special treatment; special kindness
[2]**shūyù** 殊域 N. strange lands
[3]**shūyù** 淑郁 V.P. aromatic
[1]**shúyǔ** 熟语 N. <*lg.*> ① idiomatic phrase ② phrase; phraseology *See also shóuyǔ*
[2]**shúyǔ** 孰与[-與] CONJ. <*wr.*> rather than
shǔyú* 属于[屬於] V. belong to; be part of
shǔyù 薯蓣 N. Chinese yam
[1]**shùyǔ** 术语[術-] N. technical term/terminology
[2]**shùyǔ** 述语 N. predicate; expression; narrative; predication
[1]**shūyuán** 淑媛 N. ① <*trad.*> rank of court ladies ② ladies; gentlewomen; virtuous women

2shūyuán 枢垣[樞-] N. censorate
shūyuǎn* 疏远[-遠] V. drift apart; become estranged; alienate ♦S.V. not close; cold (of relations); remote
shūyuàn 书院[書-] P.W. ① academy of classical learning ② <*trad.*> brothel M: 4*zuò*
shǔyuán 属员[屬-] N. staff member; staffer
shùyuán 树园[樹園] P.W. tree garden
shùyuàn 树怨[樹-] V.O. make an enemy of; antagonize
shùyǔ de 述语的 ATTR. <*lg.*> predicative
shǔyuè 暑月 N. summer months
shùyuè* 数月[數-] N. several months
shūyúfángbèi 疏於防备[-備] F.E. neglect to take precautions
shūyúfángfàn 疏于防范[-於-範] F.E. be careless/lax; fail to take precautions
shúyǔjí 熟语集 N. <*lg.*> phraseology
shùyùjìng ér fēngbùzhǐ 树欲静而风不止[樹-靜----] ID. Man proposes but Heaven disposes.
shǔ yù lèi zuòwù 薯芋类作物[--類--] N. tuber crops
1shūyùn 输运[-運] V. transport ♦N. transportation
2shūyùn 疏运[-運] V. persuade to return to original domicile
shùyùnqǐnghuǒ 束蕴请火 F.E. seek help
shùyǔ shùjùkù 术语数据库[術-數據-] P.W. <*lg.*> terminological data bank
shúyǔxìng 熟语性 N. <*lg.*> idiomatic
shùyǔ xíngshì 述语形式 N. <*lg.*> form of predication
shúyǔxué 熟语学 N. <*lg.*> phraseology
shùyǔxué* 术语学[術-] N. onosmatics
shùyǔyàn 树雨燕[樹-] N. tree swift
shūyúzhíshǒu 疏于职守[-於職-] F.E. negligent of one's duties
shùyǔzhōng de míngcí 述语中的名词 N. <*lg.*> predicate noun
shùzāizi 树栽子[樹-] N. sapling (to be replanted)
shūzhá 书札[書-] N. <*wr.*> letter; correspondence
shūzhāi 书斋[書齋] P.W. study; studio M: 1*jiān*
shūzhan 舒展 S.V. <*coll.*> in good spirits; cheerful ***See also*** 2*shūzhǎn*
1shūzhǎn* 书展[書-] P.W. book exhibition/fair
2shūzhǎn 舒展 V. ① unfold; extend; smooth out ② stretch ***See also*** *shūzhan*
shūzhāng* 舒张 N. <*bio.*> diastole
shūzhàng 叔丈 N. wife's uncle M: 2*wèi*
shǔzhǎng 署长 N. section chief M: 2*wèi*
shùzhǎng 庶长 N. ① eldest son of a concubine ② an official title during the Qin and Han dynasties
shūzhāngyā 舒张压[-壓] N. <*med.*> diastolic pressure
shǔzhao 数着[數著] ***See*** *shǔzhe*
shūzhāor 输着/招儿[-著-] V.O. wrong move (in planning sth.)
shǔzhe* 数着[數著] V. <*coll.*> count as (the best/worst/etc.) ***See also*** *shǔzhao*
shǔzhè 薯蔗 N. sugar cane
shūzhèng* 书证[書證] N. documented evidence M: 1*zhāng*
shùzhèng 庶政 N. numerous affairs of state
shù zhèngqì 树正气[樹-氣] V.O. uphold/foster healthy tendencies
shū-zhí 叔侄 N. uncles and nephews
shūzhǐ 殊指 N. <*lg.*> specific
shūzhì 书帙[書-] N. book jacket
1shúzhī 熟知 V.P. know very well
2shúzhī 孰知 V.P. <*wr.*> who knows?
shúzhí 赎职[贖職] N. dereliction of duty
1shùzhī* 树枝[樹-] N. branch; twig
2shùzhī 树脂[樹-] N. resin
3shùzhī 树汁[樹-] N. sap
1shùzhí 述职[-職] V.O. report (on one's work)
2shùzhí 竖直[豎-] ATTR. vertical ♦V. erect
3shùzhí 数值[數-] N. <*math.*> numerical value
1shùzhì 数制[數-] N. system of computation (binary/decimal/etc.)
2shùzhì 术智[術-] V.P. clear and skillful
shùzhīcéng 树脂层[樹-層] N. resin layer
shùzhí chǔlǐ 数值处理[數-處-] N. <*lg.*> digital processing
shúzhī duànzi 熟织缎子[-織--] N. silk sateen
shùzhífǎ 数值法[數-] N. numerical method
shùzhí fēnxī 数值分析[數-] N. numerical analysis
shùzhīgāogé 束之高阁 F.E. shelve it
shùzhījì 树脂剂[樹-劑] N. resin
shùzhí jìsuàn 数值计算[數-] N. numerical computation
shùzhílì 竖直立[豎-] V.O. do handstands
shùzhímǎ 数值码[數-] N. digital code
shúzhī nèiqíng 熟知内情 V.O. know the ropes
shùzhī sùjiāopiàn 树脂塑胶片[樹--膠-] N. resin-plastic slice M: 1*zhāng*
shūzhìxué 书志学[書-] N. ① bibliography ② bibliology
shùzhī zhěnglǐ 树脂整理[樹-] N. <*txtl.*> resin finishing
shùzhízì 数值字[數-] N. digital character
shūzhǒng 书种[書種] N. people given to learning
shùzhǒng* 树种[樹種] N. ① seed (of a tree) ② kind/species of trees
shùzhòng 庶众[-眾] N. common people; commoners; multitude; populace; the masses
shūzhóu 枢轴[樞-] P.W. center of administration
shūzhóu guānjié 枢轴关节[樞-關節] N. pivot joint
shūzhóu yǔfǎ 枢轴语法[樞-] N. <*lg.*> pivot grammar
shūzhù 输注 V.O. infuse ♦N. infusion
shùzhū(r) 数珠(儿)[數-] N. <*Budd.*> rosary; prayer beads
shùzhù* 竖柱[豎-] V.O. erect the pillars (of a house/etc.)
shūzhuàn 书传[書傳] N. books and records
shūzhuāng* 梳妆[-妝] V. dress and make/doll up
shūzhuàng 书状[書狀] N. written statements presented in court M: 1*zhāng*
1shùzhuāng 树桩[樹樁] N. tree stump
2shùzhuāng 束装[-裝] V. <*wr.*> pack up
1shùzhuàng 树状[樹狀] N. tree shape
2shùzhuàng 束状[-狀] N. bundle shape
shūzhuāngdǎbàn 梳妆打扮[-妝--] F.E. deck oneself out; dress smartly; be dressed up
shùzhuāngjiùdào 束装就道[-裝--] F.E. pack up for a journey
shūzhuāngtái 梳妆台[-妝檯] N. dressing table
shùzhuàng tújiě 树状图解[樹狀圖-] N. <*lg.*> tree diagram
shūzhuāng yòngjù 梳妆用具[-妝--] N. toilet articles
shùzhuāngzi 树桩子[樹樁-] N. tree stump
shūzhùchóng 书蛀虫[書-蟲] N. ① bookworm (lit./fig.) ② silverfish M: 1*tiáo*
shúzhǔgù 熟主顾[-顧] N. old customer/patron M: 2*wèi*
shǔzhūniànfó 数珠念佛[數-] F.E. chant Buddhist prayers and tell one's beads
shūzhuō(r/zi) 书桌(儿/子)[書-] N. (writing) desk M: 1*zhāng*
1shūzi 梳子 N. comb M: 1*bǎ*
2shūzi 叔子 N. husband's younger brother; brother-in-law M: 2*wèi*
shūzī 淑姿 N. graceful manner/deportment
shúzì 熟字 N. words already learned; familiar words
shǔzi 黍子 N. broomcorn millet
shǔzi 鼠子 N. <*topo.*> mean fellow
shǔzì 署字 V.O. sign a document
1shùzǐ 庶子 N. son of a concubine
2shùzǐ 竖子[豎-] N. <*wr.*> ① boy; youngster ② a good-for-nothing
3shùzǐ 树籽[樹-] N. seeds of trees M: 3*lì*
shùzì* 数字[數-] N. ① numeral; figure; digit ② quantity; amount
shùzì biāojì 数字标记[數-標-] N. numerical symbol
shùzì cǎidiàn 数字彩电[數-電] N. digital color TV
shùzì chéngkòng 数字程控[數-] ATTR. numerically/digitally controlled
shùzìhuà 数字化[數-] V. <*elec./comp.*> digitalize
shùzìhuà jīngjì 数字化经济[數-經濟] N. digital economy
shùzìjiàn 数字键[數-] N. number key; numeral key
shùzì jìsuànjī 数字计算机[數-] N. digital computer M: 1*tái*
shùzì kòngzhì 数字控制[數-] N. numerical control (Nc)
shūzōng 疏宗 N. distantly related clan
shūzǔ 叔祖 N. (paternal) grandfather's younger brother; granduncle M: 2*wèi*
1shùzú* 戍卒 N. garrison soldiers (at the frontiers) M: 1*míng*
2shùzú 束族 N. fascicle
shǔzúdiǎn 鼠足点[-點] N. <*art*> rat's-foot dot (in painting)
shūzuǐ 输嘴 V.O. <*coll.*> ① admit an error ② fail to keep promises
shúzuì* 赎罪[贖-] V.O. ① atone for one's crime ② buy freedom from punishment ♦N. <*rel.*> redemption
shùzuǐ 漱嘴 V.O. <*topo.*> rinse the mouth
shùzuì 恕罪 V.O. pardon an offense/fault/sin
shùzuìbìngfá 数罪并罚[數-併-] F.E. combined punishment for several offenses
shùzuìbìnghé 数罪并合[數-併-] F.E. merger of offenses
shúzuìjì 赎罪祭[贖-] N. offerings to atone for sins
shúzuìquàn 赎罪券[贖-] N. certificate of absolution M: 1*zhāng*
shúzuìrén 赎罪人[贖-] N. ransom sinners
Shúzuìrì 赎罪日[贖-] N. <*rel.*> Yom Kippur; Day of Atonement
shúzuìsuǒ 赎罪所[贖-] P.W. mercy seat (as in a church)
shūzǔmǔ 叔祖母 N. wife of paternal grandfather's younger brother; grandaunt M: 2*wèi*
shùzuò 述作 V. compose and create; write
si 厕[廁] B.F. toilet; latrine ***máosi*** ***See also*** 5*cè*
1sī 丝[絲] N. silk ♦B.F. ① thread; silk/thread-like thing ***zhīzhūsī*** ② tiny bit; trace ***sīháo*** ♦M. *of weight equal to 0.0005 grams*
2sī 撕 V. ① tear; rip ② <*coll.*> buy cloth ***See also*** 53*xī*
3sī 私 B.F. ① personal; private 1***sīshì*** ② illegal ***zǒusī*** ③ selfish ***zìsī***
4sī 嘶 V. <*wr.*> neigh (of horses) ♦ON. whistle (of bullets/shells) ♦B.F. hoarse ***sīyǎ***
5sī 思 B.F. ① think; consider; deliberate ***sīkǎo*** ② think of; long for 1***sīniàn*** ③ thought ***sīxiǎng*** ***See also*** 4*sāi*
6sī 斯 PR. <*wr.*> this ♦ADV. then; thus; therefore ♦*used in transcriptions in* ***àikèsīguāng***
7sī 司 B.F. take charge of; attend to; manage 1***sījī***, 1***gōngsī*** ♦N. ① department (under a ministry) ② Surname
8sī 厮[廝] B.F. ① male servant ***xiǎosī*** ② <*derog.*> fellow; guy ***nàsī*** ♦ADV. with each other; together
9sī 咝[噝] ON. whistle
10sī 澌 B.F. exhaust ***sījìn*** ♦in 2***sīsī***
11sī 锶[鍶] N. <*chem.*> strontium
12sī 缌[緦] B.F. fine linen ***sīmá***, ***sīfú***
13sī 思 in ***sīdìng***, 2***fúsī***
14sī 蛳[螄] in ***hǎisī***, ***luósī***
15sī 鸶[鷥] in ***lùsī***
sǐ 死 V. die ♦ATTR. ① implacable; deadly ② fixed; rigid; inflexible ③ impassable; closed ♦ADV. ① to the death; desperately ② extremely ~ ***yào miànzi*** save face at all costs ♦SUF. extremely 3***xiū***~ embarrass terribly

[1]**sì*** 四 NUM. four ♦CONS. ~ *A* [1]*bā B* used with two similar terms A and B to indicate totality of both

[2]**sì** 似 B.F. ① be similar/like *xiāngsì* ② seem; appear [1]*sìhū* ♦CONS. ① ~ *A fēi A* look like but not be A ~ *mǎ fēi mǎ* looks like a horse but isn't ② ~ *V fēi V* seemingly V but not actually V ③ *SV* ~ more SV *Shēnghuó yī nián* [1]*qiáng ~ yī nián.* Life is getting better every year. *See also* [34]*shì*

[3]**sì** 寺 B.F. temple *sìmiào*

[4]**sì** 肆 NUM. four (on checks/etc.) ♦B.F. ① reckless; wanton *fàngsì* ② <*wr.*> shop; store *jiǔsì*

[5]**sì** 巳 N. 6th of the 12 Earthly Branches

[6]**sì** 俟 B.F. <*wr.*> wait *sìjī*, [2]*sìhòu*

[7]**sì** 伺 B.F. watch; await [2]*sìfú*, *sìjī See also* [4]*cì*

[8]**sì** 饲[飼/飤] B.F. feed (animals) *sìyǎng*

[9]**sì** 食 B.F. give food to (a person) *sìmǔ See also* [4]*shí*

[10]**sì** 嗣 B.F. ① succeed; inherit [2]*sìjī* ② heir; descendant *hòusì*

[11]**sì** 姒 B.F. <*trad.*> ① elder sister ② husband's elder brother's wife [2]*dìsì*

[12]**sì** 泗 B.F. ① nasal mucus *tìsì* ② ancient river name *Sìzhōuxì*

[13]**sì** 祀 B.F. offer sacrifices *sìwù*, [1]*jìsì*

[14]**sì** 耜 B.F. spade-shaped ancient farm tool *lěisì*

[15]**sì** 涘 B.F. lakeside *yásì*

[16]**sì** 笥 B.F. square bamboo container for food or clothing *dānsì*

[17]**sì** 驷[駟] B.F. four-horse team *sìmǎ, jūnsì*

[18]**sì** 兕 N. <*wr.*> female rhinoceros

sǐ'āi 死挨 V. <*topo.*> endure unnecessary suffering because of one's stubbornness

sǐba* 死巴 S.V. <*coll.*> conventional; conservative; stodgy

sǐbǎ 死把 V. <*coll.*> grip/control tightly

sǐbābā 死巴巴 R.F. <*coll.*> fixedly; intently

sìbǎi* 四百 NUM. four hundred; 400

sìbài 四拜 N. <*trad.*> ①most respectful salutation (bowing deeply four times) ② be appointed four times

sībàn 厮伴[厮-] V. keep (sb.) company

sǐbǎn* 死板/版 S.V. rigid; inflexible; impassive

sǐbǎnbǎn 死板板 R.F. <*coll.*> inflexible; rigid (of personality)

sìbànhuā 四瓣花 N. four-petaled flower

sìbàn huāwén 四瓣花纹 N. four-petaled flower pattern

sì-bān sān-yùnzhuǎn 四班三运转[-運轉] F.E. a form of work organization

sìbào 肆暴 V.P. engage in wanton massacre/persecution

sìbāotāi 四胞胎 N. quadruplets

sībāoxiàn 丝包线[絲-] N. silk thread/yarn M: *juǎn*

sìbèitǐ 四倍体[-體] N. tetraploid

sībēn 私奔 V. elope

sībèngyuán 司泵员 N. pump man; pumper M: [2]*wèi*

sībì 私弊 N. corrupt practice

sìbì* 四壁 N. the walls of a room

[1]**sībiàn** 思辩 V. ① speculate ② analyze ♦N. ① speculation ② armchair thinking ③ analysis

[2]**sībiàn** 思变[-變] V. think of change; desire change

sìbiān(r)* 四边(儿)[-邊-] P.W. (on) four sides

[1]**sìbiàn** 伺便 V.O. wait for a convenient opportunity

[2]**sìbiàn** 俟便 F.E. <*wr.*> when it is convenient

sìbiāndì 四边地[-邊-] P.W. scattered pieces of land on the edges of houses, roads, rivers, and hills

sìbiānxíng 四边形[-邊-] N. quadrilateral

sībiàn zhéxué 思辨哲学 N. speculative philosophy

sìbiǎo 四表 N. ① all directions ② beyond the limits of the visible world

sǐbié 死别 V. bid a last farewell (to sb. going to die); by parted by death; part forever

sìbìhūn'àn 四壁昏暗 F.E. It's dim in the room.

Sībǐmàn-Bùlǎng gōngshì 斯比曼布朗公式 N. <*lg.*> Spearman-Brown formula

sībìng 厮并[厮併] V. fight desperately

sìbìnhànliú 四鬓汗流[-鬢--] F.E. sweaty from exertion

sìbìxiāotiáo 四壁萧条[-蕭條] F.E. as poor as a church mouse

sìbǐzhíshū 肆笔直书[-筆-書] F.E. free the pen and write as one thinks

sībó 丝帛[絲-] N. <*archeo.*> silk

sìbó(r)hànliú 四脖(儿)汗流 F.E. <*coll.*> sweaty from exertion

sībù 丝布[絲-] N. cloth with silk and cotton yarn as the warp and the woof respectively M: [2]*kuài*

sǐbù* 死不 ADV. stubbornly refuse to

sìbù(shū) 四部(书)[-(書)] N. <*trad.*> the four traditional divisions of a Chinese library

sǐbùchéngrèn 死不承认[-認] V.P. refuse to admit even unto death

sībùchūwèi 思不出位 F.E. not entertain high aspirations

sǐbùdàiqù 死不带去[--帶-] V.P. not be able to take along when one dies

sǐbùdāying 死不答应[-應] V.P. shut one's mind to

sǐbùfàngshǒu 死不放手 V.P. ① hold on like grim death ② Death is imminent.

sǐbùgǎihuǐ 死不改悔 V.P. unrepentant; incorrigible

sǐbùgānxīn 死不甘心 V.P. die with regrets/discontents

sìbù héchàngqǔ 四部合唱曲 N. vocal quartet

sǐbùhuǐgǎi 死不悔改 V.P. absolutely unrepentant; incorrigible

sǐbùhuítóu 死不回头 V.P. refuse to mend one's ways

sǐbùhuǐwù 死不悔悟 V.P. remain unrepentant to the end

sǐbùjìchóu 死不记仇 F.E. Death ends all grudges.

sìbùjíshé 驷不及舌 F.E. What is said cannot be unsaid.

sǐbuliǎo 死不了 R.V. ① won't die ② be nonfatal (of illness/etc.)

sǐbùmíngbái 死不明白 V.P. die from some unknown cause

sǐbùmíngmù 死不瞑目 F.E. die with injustice unredressed

sǐbùrèncuò 死不认错[--認-] V.P. stubbornly refuse to admit a mistake

sǐbùrènzhàng 死不认帐[--認-] F.E. stubbornly refuse to admit what one has said or done

sìbùxiàng 四不象/像 N. <*zoo.*> David's deer M: [2]*zhī* ♦V.P. ① nondescript; neither fish nor fowl ② monster

sǐbuyàoliǎn 死不要脸 V.P. <*coll.*> be extremely/utterly shameless

sǐbùyuǎnyǐ 死不远矣[--遠-] F.E. Death is imminent.

sìbùzhānbiān 四不沾边[-邊] V.P. <*coll.*> utterly irrelevant

sìbuzhòng 四部众[-眾] N. <*Budd.*> the four categories (monks, nuns, male and female laity) devoted to Buddhism

sǐbùzúxī 死不足惜 F.E. death is not to be regretted (if it serves a purpose)

sīcái 私财 N. one's personal possessions/property

sīcáng 私藏 V. ① privately possess ② keep sth. against the law ♦N. private collection

sīcáng dúpǐn 私藏毒品 V.O. possess drugs unlawfully

sīcáng qiāngzhī 私藏枪支[--槍-] V.O. possess firearms illegally

sīcáng wǔqì 私藏武器 V.O. <*law*> possess firearms illegally

sìcáo* 饲槽 N. feeding trough

sìcǎo 饲草 N. forage grass

sīcāyīn 嘶/咝擦音[嘶-] N. <*lg.*> sibilant

sìcéng 四层[-層] N. four layers; four stories

sìcéngxiāngshí 似曾相识[-識] F.E. seem to have met before

sīchá 丝茶[絲-] N. silk and tea leaves

sǐchá 死碴 <*coll.*> V. fight fiercely

sìchá* 伺察 V. ① spy ② investigate

sīchán 斯缠[-纏] V. ① pester ② tangle with each other

sīchǎn* 私产[-產] N. private property

sǐchán 死缠[-纏] V. keep worrying (sb.) endlessly

sǐchǎn 死产[-產] N. <*med.*> stillbirth

sìchán 肆廛 N. <*wr.*> shops; stores

sìchǎn 嗣产[-產] V.O. inherit a fortune

sǐchánbùfàng 死缠不放[-纏--] F.E. keep bothering/stalking (sb.) like grim death

sīchāng 私娼 N. (unlicensed) prostitute

sǐchánhuóchán 死缠活缠[-纏-纏] F.E. importune/stalk a person incessantly

sǐchǎn yīng'ér 死产婴儿[-產--] N. stillborn

sīcháo* 思潮 N. ① trend of thought ② thoughts; ideological trend

sīchǎo 厮吵[厮-] V. quarrel with each other (over sth.)

sīcháoqǐfú 思潮起伏 F.E. disquieting thoughts surging in one's mind

sīchě 撕扯 V. tear apart

sīchén* 司晨 V.O. herald the break of day

sǐchén 死沉 V.P. silent as the grave; still as death

sìchén 肆陈 V. <*wr.*> exhibit

sǐchénchén 死沉沉 R.V. ① extremely heavy ② silent as the grave ③ glum; sullen

sīchéng 撕成 R.V. tear to form

sìchēng 四称[-稱] N. <*wr.*> well-balanced; well-proportioned

sìchéng* 嗣承 V. inherit; succeed to

sìchéngjià 四乘驾 N. four-in-hand (carriage)

sìchéng jùluò 似城聚落 P.W. city-like settlement

sīchéng rényuán 司乘人员 N. driver and conductor (of a public vehicle)

sīchéngsuìpiàn 撕成碎片 F.E. tear to pieces

sǐchī 死吃 V. <*topo.*> eat a lot; want only to eat (of a lazy person, etc.)

sīchóng 丝虫[絲蟲] N. <*zoo.*> filaria

sìchóng* 四重 N. quadruple

sīchóngbìng 丝虫病[絲蟲-] N. filariasis

sìchóngchàng 四重唱 N. (vocal) quartet

sìchóng fǒudìng 四重否定 N. <*lg.*> tetra negation

sìchóngzòu 四重奏 N. (instrumental) quartet

[1]**sīchóu*** 丝绸[絲-] N. silk cloth; silk

[2]**sīchóu** 私仇 N. personal enmity/grudge

sǐchóu 死仇 N. eternal enemy

sīchóujǐnduàn 丝绸锦缎[絲-] F.E. silks and brocades

Sīchóuzhīlù 丝绸之路[絲-] P.W. Silk Road

sīchù 私处[-處] P.W. private parts; reproductive organs of both sexes

sìchū 四出 ADV. everywhere; all around ♦V. go hither and thither; go from place to place; go around

sìchù* 四处[-處] P.W. all around; everywhere

Sìchuān 四川 P.W. Sichuan province

Sìchuān Dàxué 四川大学 P.W. Sichuan University

Sìchuān miáozi 四川苗子 N. <*coll.*> native of Sichuan

Sìchuān qīngyīn 四川清音 N. Sichuan ballad-singing

sī chūbǎnwù 私出版物 N. ① self-publication ② samizdat

sìchūbēnzǒu 四出奔走 F.E. run hither and thither

sìchuí 四垂 N. <*wr.*> frontiers of a country

sìchùmànyán 四处蔓延[-處--] F.E. run wild

sīchūn 思春 V.O. pine for the opposite sex (of girls)

sīchūnqī 思春期 N. age when girls start to think about boys

sìchùpèngbì 四处碰壁[-處--] F.E. snubbed at all places

sìchùshòudí 四处受敌[-處-敵] F.E. hemmed in on every side

sìchūyóushuì 四出游说 F.E. barnstorm

sìchūzhāngluo 四出张罗[-羅] F.E. get sth.(from all sources)
sìchūzhāomù 四出招募 F.E. beat up for enlistments
sìcíjì lùyīn 四磁迹录音[--跡錄-] F.E. four-track sound recording
sìcì kōngjiān 四次空间 N. <phy.> four dimensional space; fourth dimension
sīcún 思存 V.O. ① show concern ② favor (a choice/candidate/etc.)
sīcǔn* 思忖 V. <wr.> ponder; consider
sīcǔnbànshǎng 思忖半晌 F.E. remain thoughtful for a few moments
sīdǎ* 厮/撕打[廝-] V. come to blows; tussle; maul
sìdá 四达[-達] N. ① ease/facility of communication ② <Dao.> universal efficacy
sìdà 四大 N. ① <Budd.> the four elements (earth, water, fire,and wind) ② <PRC> the four freedoms *See also dàmíngdàfàng See also dàbiànlùn See also dàzìbào*
sǐdāda 死搭搭 R.F. <coll.> not lively; dispirited
sīdài 丝带[絲帶] N. silk ribbon/braid/sash M: [1]tiáo
sǐdāidāi 死呆呆 R.F. <coll.> dumb; stupid-looking
sìdàjiēkōng 四大皆空 F.E. ① everything is emptiness ② <Budd.> The sensuous world is illusory.
Sì Dà Jīngāng 四大金刚[-剛] *See Sì Dà Tiānwáng*
sì dà ménr 四大门儿 N. <trad.> fox, skunk, porcupine, and snake (which some believe can influence human life)
sīdǎng 私党[-黨] N. clique
[1]**sǐdǎng*** 死党[-黨] N. sworn/diehard followers; partisans sworn to die
[2]**sǐdǎng** 死挡[-擋] V. resist with one's life; resist to the death
sǐdàng 死当[-當] N. overdue and unredeemable pawned item
sìdǎng 四挡[-擋] N. fourth speed/gear
sīdǎo 私倒 N. personal profiteering
sǐdàolíntóu 死到临头[--臨-] F.E. Death is at hand.
Sì Dà Tiānwáng 四大天王 N. <Budd.> the Four Lokapalas (guardians of the universe or a temple)
sì dàzhōu 四大洲 P.W. <Budd.> the four great continents of every world
sì dà zìyóu 四大自由 N. <PRC> four big freedoms (to buy and sell land, hire workers, borrow and lend, conduct trade)
sīdé 私德 N. personal morality/conduct
sìde* 似的 *See* [2]*shìde*
sì-dé 四德 N. <trad.> four fundamentals in girls' education (behavior, speech, appearance, and needlework and cookery)
sǐděng 死等 V. <coll.> wait stupidly for too long; wait indefinitely/forever
sìděng* 四等 N. fourth class
sìděnghū 四等呼 N. <lg.> [5]yùn divisions drawn from their main vowels
sǐdéqísuǒ 死得其所 F.E. die a worthy death
sǐdézhuànglìè 死得壮烈[--壯-] F.E. die in a courageous manner
sīdí 私觌[-覿] V. <wr.> have a private audience with sb.; meet each other privately
sīdǐ* 私邸 P.W. <trad.> private residence (of a high-ranking official) M: [4]zuò
[1]**sīdì** 私地 P.W. private land M: [2]kuài ♦ADV. privately; secretly
[2]**sīdì** 私第 P.W. private residence M: [4]zuò
sǐdí 死敌[-敵] N. deadly enemy; implacable foe
sǐdì 死地 N. ① deathtrap ② dead locality/site (in a geomantic sense) ③ place of death
sìdi 四地 CMP. <topo.> comfortable and neat
sìdì 四谛 N. <Budd.> the four "truths" of life (misery and pain, acquisition, extinction, and salvation by the right path)
sǐdiǎn 死点[-點] N. dead center

sìdiǎn* 祀典 N. religious rites
sǐ diàn huórén kāi 死店活人开[-開] F.E. One's action and thought determine the success of an endeavor.
sīdiào 撕掉 R.V. tear away/off/apart/up
sǐdiào* 死掉 V. die; passed away
sìdié 伺谍 V. investigate secretly; spy
sīdìlǐ 私地里[-裡] P.W. ① privately ② secretly
sīdǐng 罳顶 N. <wr.> ceiling
sǐdīng 死叮 V. bite annoyingly (of mosquitoes/ etc.)
sǐdǐng* 死顶 V.P. sassy; snippy; impudent
sǐdīngkēngr 死盯坑儿 V.O. <topo.> be fussy (toward employees/etc.)
sīdìngzhōngshēn 私定终身 F.E. <trad.> pledge to marry without parental permission
sīdìwéizhī 私地为之 F.E. do sth. on the quiet
sīdǐxià 私底下 P.W. privately; secretly; in privacy
sìdòngcí 私动词[-動-] N. <lg.> private verb
sìdǒngfēidǒng 似懂非懂 F.E. not fully understand
sīdòu* 私斗[-鬥] V./N. domestic strife; civil war
sǐdòu 死斗[-鬥] V. fight to the death
sìdǔ 四堵 N. four walls
sìdù* 四度 N. four degrees
sì duàn cāoliàn 四段操练[-練] N. <lg.> four-phase drill
sǐduìtou 死对头[-對-] N. sworn enemy; deadly foe; arch rival
sìdù kōngjiān 四度空间 N. <phy.> four dimensional space; fourth dimension
sīduó 司铎[-鐸] N. ① <trad.> one who teaches the people ② a Catholic father/priest M: [2]wèi
sīduò* 司舵 V.O. be at the helm; steer a boat ♦N. helmsman; steersman
Sīduōgé xuépài 思多葛学派 N. <phil.> Stoicism
sǐ dúshū 死读书[-讀書] V.P. study mechanically; be a bookworm
sī'ēnfàyuàn 丝恩发怨[絲-髮-] F.E. gratitude for the slightest favor or a grudge against the slightest wrong
sǐ'érbùjiāng 死而不僵 F.E. dead but showing no signs of rigor mortis
sǐ'érfùhuó 死而复活[--復-] F.E. rise from the dead
sǐ'érfùshēng 死而复生[--復-] F.E. rise from the dead
sǐ'érfùsū 死而复甦[--復-] F.E. resurrect
sǐ'érhòuyǐ 死而后已[--後-] F.E. until one's dying day
sǐ'érwúhàn 死而无憾 F.E. die without regrets
sǐ'érwúhuǐ 死而无悔 F.E. die without regrets
sǐ'érwúyuàn 死而无怨 V.P. die without a grudge
sǐ'éryǒuzhī 死而有知 F.E. if the dead knew
[1]**sīfǎ*** 司法 N. administration of justice; judicature
[2]**sīfǎ** 私法 N. private law
sīfà 丝发[絲髮] N. ① glossy, silky hair ② tiniest bit
Sīfǎbù 司法部 P.W. Ministry of Justice
sīfǎ bùmén 司法部门 P.W. judicial department; judiciary
sīfǎ bùzhǎng 司法部长 N. judicial minister M: [2]wèi
sīfǎ dúlì 司法独立[--獨-] N. independence of the judiciary
sīfǎguān 司法官 N. legal officer; judge M: [2]wèi
sīfǎ jiàndìng 司法鉴定[--鑒-] N. expert/judicial testimony/evidence
sīfǎjiè 司法界 P.W. judicial circles
sīfǎ jǐngchá 司法警察 P.W. judicial police M: [2]wèi
sīfán* 思凡 V.O. <rel.> think of worldly pleasures
sīfàn 私贩 N. smuggle; traffic in contraband goods
sīfang 私房 N. private savings ♦ATTR. confidential; private; personal *shuo ~huà* exchange confidences *See also sīfáng*
[1]**sīfāng** 私方 N. private sector
[2]**sīfāng** 私坊 N. ① <trad.> brothel ② pederast M: [4]zuò

sīfáng 私房 P.W. privately owned house/building; private residence *See also sīfang*
sīfǎng 私访 V. <trad.> make an inspection trip incognito
sìfāng* 四方 P.W. ① four directions; all sides ② everywhere ♦N. ① square ② cube
sìfāngbù(r) 四方步(儿) N. ① measured pace ② walking in a pompous manner
sìfānggér 四方格儿 N. checkered pattern
sīfanghuà 私房话 N. confidences
sìfāngkuàir 四方块儿[--塊-] N. cubic block
sìfāngliǎn 四方脸 N. square face
sīfangqián 私房钱[-錢] N. private savings of a family member
sìfāngxiǎngyìng 四方响应[-響應] F.E. respond from every quarter.
sìfāngxíng 四方形 N. square shape
sīfǎngzhī 丝纺织[絲-織] N. silk manufacturing
sīfàn yāpiàn 私贩鸦片 V.O. traffic in opium
sīfǎquán 司法权[-權] N. judicial power
sīfǎrén 私法人 N. <law> private juridical person
sīfǎ wěiyuánhuì 司法委员会 P.W. judiciary committee
Sīfǎ xíngzhèngbù 司法行政部 P.W. Ministry of Justice
Sīfǎyuàn 司法院 P.W. <TW> Judicial Yuan
sǐfǎzi 死法子 N. <coll.> rigid/inflexible method; rigid way of doing things
sìfēi'érshì 似非而是 F.E. apparently right but actually wrong
sìfēi'érshì de lùndiǎn 似非而是的论点[-點] N. paradox
sìfēiwúyīn 似非无因 F.E. be not without reason
sīfēn 私分 V. divide secretly/privately
sīfèn* 私忿 N. personal spite
sìfēn 四分 ATTR. quartered
sìfēnfǎ 四分法 N. method/way of "one divides into four"
sìfèng 祀奉 V. worship
sǐfēnhuópíng 死分活评 F.E. <PRC> fixed and variable assignment of workpoints
sìfēnwèi 四分位 ATTR. quartile
sìfēnwèishù 四分位数[-數] N. quartile
sìfēnwǔliè 四分五裂 F.E. disintegrate
sìfēnwǔluò 四分五落 F.E. all split up
sìfēnyí 四分仪[-儀] N. quadrant
sìfēn yīnfú 四分音符 N. <mus.> crotchet; quarter note
sì fēnzhī sì pāi 四分之四拍 N. <mus.> four-quarter/four-four time
sīfú 缌服 N. <trad.> mourning dress of the lowest degree, worn for three months for distant relatives
sīfù 思妇[-婦] N. ① a woman who harbors sad memories ② name of a legendary bird
[1]**sìfú*** 四伏 V. lurk on every side
[2]**sìfú** 伺服 V. wait upon; attend
sìgālár 四旮旯儿 P.W. <topo.> every nook and corner
sīgǎn 厮赶[廝趕] V.P. compete with each other
sǐgàn* 死干[-幹] V. work hard but to no purpose
sīgàng 丝杠[絲-] N. <mach.> guide/leading screw
sīgāo 丝糕[絲-] N. steamed corn cake
sì ge jiānchí 四个坚持[-個堅-] N. <pol.> Four Upholdings (i.e., four Cardinal Principles: dictatorship of the proletariat, socialist road, party leadership, Marxism-Leninism)
sì ge luòshí 四个落实[-個-實] N. <PRC> four practicalities (in ideology, planning, organization, and measures)
sǐ gēntou 死跟头 N. <coll.> come a cropper
sì ge wěidà 四个伟大[-個偉-] N. <PRC> four greats (Mao Zedong as a great teacher, great leader, great commander, and great helmsman during the Cultural Revolution)
sì ge xiàndàihuà 四个现代化[-個---] N. <pol.> the Four Modernizations (of agriculture, industry, national defense, and science and technology)

sīgòng 厮共[厮-] ADV. in company with each other; together
sǐgōngfu 死功/工夫 N. ① unflagging work; sheer hard work ② work done mechanically
sǐgōu 死沟[-溝] N. blocked up ditch/gutter
sǐgǒu* 死狗 N. dead dog (term used in name-calling)
[1]**sīgǔ** 私股 N. private share (in a joint state-private enterprise)
[2]**sīgǔ** 思古 V.O. think of the ancients
sǐgǔ 死谷 P.W. death valley
sìgù* 四顾[-顧] V. look around
sīguā 丝瓜[絲-] N. loofah/towel gourd M: [2]*kē*/[1]*tiáo*
sīguā chán dào dòu màn lǐ 丝瓜缠到豆蔓里[絲-纏---裡] ID. get things all wrong
sīguāluò 丝瓜络[絲-] N. <*bot.*> loofah; vegetable sponge
[1]**sīguǎn** 私馆 P.W. private school M: [1]*suǒ*
[2]**sīguǎn** 丝管[絲-] N. strings and woodwind instruments
sì-guàn* 寺观[-觀] P.W. Buddhist and Daoist temples
sīguāng* 丝光[絲-] N. <*txtl.*> mercerization
sǐguāng 死光 N. death ray ♦R.V. be all dead; have no survivors
sīguāngjī 丝光机[絲-] N. mercerizing range
sīguāngmián 丝光棉[絲-] N. mercerized cotton
sīguāng shāxiàn 丝光纱线[絲-] N. mercerized yarn M: *juǎn/kǔn*
sǐguāng wǔqì 死光武器 N. death-ray weapon; laser weapon
sǐguǎnzi 死管子 N. <*coll.*> blocked pipe M: [2]*gēn*
sīguā rángzi 丝瓜瓤子[絲-] N. <*coll.*> pulp of a loufan gourd
sīguàzi 丝挂子[絲-] N. unlined silk upper garment
sǐguǐ 死鬼 N. ① devil; You devil! (a term often used by a woman to scold her husband) *Nǐ zhège ~.* You devil! ② manes; shades
sǐguīju 死规矩 N. rigid/unchangeable rules
sīguīniǎo 思归鸟[-歸-] N. goatsucker M: [2]*zhī*
sìgùmángmáng 四顾茫茫[-顧--] F.E. see nothing but emptiness all around
sìgùmángrán 四顾茫然[-顧--] F.E. see nothing but emptiness all around
sīguò* 思过 V.O. reflect on one's fault(s)
Sìguó 四国[-國] P.W. Shikoku (Jp.)
sīguòbànyǐ 思过半矣 F.E. have already understood a lot
sìgùwúrén 四顾无人[-顧--] F.E. look around to find nobody anywhere
Sǐ Hǎi 死海 P.W. Dead Sea
sìhai 四海 ID. <*coll.*> loyal to one's friends; straightforward *See also sìhǎi*
sìhǎi* 四海 P.W. four seas; whole country/world *See also sìhai*
sìhài 四害 N. four pests (rat, bedbug, fly, mosquito)
sìhǎifānténg 四海翻腾 F.E. The four seas are rising/raging
sìhǎifēngcóng 四海风从[-從] F.E. The world follows. . .
sìhǎipiāolíng 四海飘零 F.E. drift from one place to another
sìhǎishēngpíng 四海升平 F.E. peace in the world
sìhǎitóngbēi 四海同悲 F.E. The whole nation is grief-stricken.
sìhǎiwéijiā 四海为家 F.E. ① make one's home wherever one is ② lead a wandering life
sìhǎiyījiā 四海一家 F.E. All people belong to one family.
sìhǎizhīnèi jiē xiōngdì 四海之内皆兄弟 F.E. Within the four seas all men are brothers.
sìhǎizhīwài 四海之外 N. the universe (excluding earth)
sīháizi 私孩子 N. <*topo.*> illegitimate child
sīhǎn 嘶喊 V. shout; yell
sìhángjié 四行节[-節] N. <*lg.*> quatrain
sīháo* 丝毫[絲-] ADV. in the slightest amount/degree *Tā ~ bùkěn ràngbù.* He won't make the slightest concession.
sīhào 司号[-號] V.O. sound a bugle ♦N. bugler; trumpeter
sǐhào 死耗 N. news of sb.'s death
sīháobùchà 丝毫不差[絲-] V.P. without the slightest error
sīháobùdòng 丝毫不动[絲-動] V.P. won't stir a finger
sīháobùgǒu 丝毫不苟[絲-] F.E. not in the least careless
sīháobùjiǎn 丝毫不减[絲-減] V.P. not reduce one's demands in the least
sīháobùshuǎng 丝毫不爽[絲-] F.E. ① perfectly matching ② very reliable/accurate
sīhàoyuán 司号员[-號-] N. bugler; trumpeter M: [1]*míng*
sīhé* 私和 N. private settlement of a criminal case
[1]**sìhé** 四合 N. enclosing on all four sides
[2]**sìhé** 四和 V.P. in agreement on all sides
sìhéfáng 四合房 *See sìhéyuàn*
sìhéng 肆横 V.P. unbridle
sìhéyuàn(r) 四合院(儿) P.W. compound with houses around a courtyard; quadrangle M: [4]*zuò*
sìhézhīqīng 俟河之清 N. wait for the millennium
sǐhòu 死后[-後] N. after death
[1]**sìhòu*** 嗣后[-後] N. <*wr.*> hereafter; subsequently
[2]**sìhòu** 俟候 V. <*wr.*> wait for
sǐhòu qiángzhí 死后强直[-後強-] N. post-mortem rigidity
sǐhòuwúsì 死后无嗣[-後--] F.E. die without an heir
sīhóu zhōngshū 司喉中枢[-樞] P.W. <*lg.*> throat control center
[1]**sìhū*** 似乎 ADV. it seems; as if; seemingly
[2]**sìhū** 四呼 N. <*lg.*> ① four classes of syllables set up according to the form of the final ② [5]*yùn* divisions drawn from their media vowels
sìhú 四胡 N. a four-stringed instrument played with a bow
sīhuà(r) 私话(儿) N. private talk; confidential talk
sǐhuà 死话 N. <*topo.*> unchangeable words/requirement/etc.
sì huà* 四化 *See sì ge xiàndàihuà*
sǐhuà(r)huóshuō 死话(儿)活说 F.E. <*coll.*> offer a glimmer of hope in a bad situation
sīhuài 撕坏[-壞] R.V. tear up
sǐhuǎn 死缓 N. stay of execution
sìhuāng 四荒 N. hills, beaches, waters, and scattered pieces of land
sìhuánsù 四环素[-環-] N. <*med.*> tetracycline
sīhuǐ* 撕毁[-毀] R.V. shred; tear up
[1]**sīhuì** 私会 V. have a tryst ♦N. secret rendezvous
[2]**sīhuì** 私讳[-諱] N. parents' tabooed personal names
[3]**sīhuì** 私惠 N. private/selfish interests
[4]**sīhuì** 厮会[厮-] V. meet each other
[5]**sīhuì** 丝绘[絲-] N. painting on silk
sǐhuī 死灰 N. dying embers; burnt-out cinders ♦V.P. ① discouraged ② lonely
sǐhuì 死会 V. meet after death
sǐhuīfùrán 死灰复燃[--復-] F.E. resurgence; revival
sīhuǐ hétong 撕毁合同[-毀--] V.O. tear up a contract; scrap a contract
sǐhúlutóur 死葫芦头儿[--蘆--] N. <*topo.*> dead end
sīhūn 司阍 N. gatekeeper; janitor M: [1]*míng*
sīhùn* 厮混[厮-] V. ① fool/play around together ② bring disorder (to a group)
sīhuò 私货 N. ① smuggled/contraband goods ② goods of doubtful origin ♦V. mix with each other; mingle
sǐhuó* 死活 N. life and death; fate ♦ADV. <*coll.*> anyway; simply; at all cost; cost what it may
sǐhuóbùgù 死活不顾[-顧] F.E. regardless of life or death
sīhuór 私活儿 N. personal business/task
sǐhuǒshān 死火山 N. extinct volcano M: [4]*zuò*
sǐhútòng(r) 死胡同(儿) N. blind alley; dead end street M: [1]*tiáo*
sīhūzhījiān 丝忽之间[絲--間] N. in the briefest space of time
[1]**sījī*** 司机 N. driver; chauffeur M: [2]*wèi*
[2]**sījī** 私积[-積] N. private savings
sījí 丝极[絲極] N. <*elec.*> filament
sījǐ 私己 N. one's own benefits/holdings ♦ADV. <*topo.*> privately
sījì 私计 N. selfish plan
sǐjī 死肌 N. muscles that have lost functioning power
[1]**sǐjì** 死记 V. memorize mechanically
[2]**sǐjì** 死寂 N. <*wr.*> deathly stillness
[3]**sǐjì** 死忌 N. death anniversary
sìjī 伺/俟机 V.O. watch for one's chance; wait for an opportunity
[1]**sìjí** 四极[-極] P.W. four remotest parts of the universe
[2]**sìjí** 俟即 CONJ. <*wr.*> when. . .then; as soon as
[1]**sìjì** 四季 N. four seasons
[2]**sìjì** 嗣继[-繼] V. inherit; succeed to
[1]**sījiā*** 思家 V.O. be homesick
[2]**sījiā** 私家 N. ① one's family ② one's private writings about history
sìjiā 似家 V.O. home-like
sìjià 俟驾 V.O. <*wr.*> ① wait for the emperor's arrival ② <*court.*> await your arrival
sījiāchē 私家车 N. private car M: [3]*liàng*/[2]*bù*
sījiāchéngjí 思家成疾 F.E. homesickness
[1]**sījiàn** 私见 N. personal prejudice/opinion/view
[2]**sījiàn** 厮见[厮-] V. <*wr.*> see each other
sǐjiàn 死谏 V. <*trad.*> risk one's life in pressing a point on the emperor
sìjiàn* 四溅[-濺] V. fly in all directions
sìjiànlíxián 似箭离弦[--離-] F.E. (fly) like an arrow from the bow
sījiāo 私交 N. personal friendship/friendship
sījiǎo 丝绞[絲-] N. skein silk
sījiào 嘶叫 V. ① shout ② whinny
sǐjiāo 死教 V. pound a lesson/etc. into a student's head; teach in a rigid way
sǐjiáo 死嚼 V. <*topo.*> learn in a rigid way
sǐjiǎo 死角 N. ① <*mil.*> dead/blind angle/space ② spot as yet untouched by a political movement, etc.
sìjiāo 四郊 P.W. suburbs; outskirts
sìjiǎo* 四角 P.W. four corners
sìjiào 四教 N. four studies (literature, conduct, loyalty, good faith)
sìjiǎobāchā 四脚八叉[-腳--] F.E. (lie) sprawling
sǐjiàocái 死教材 N. fixed teaching material
sìjiǎocháotiān 四脚朝天[-腳--] F.E. ① fall face-up ② die
sìjiāoduōlěi 四郊多垒[-壘] F.E. enemy forces closing in from all sides
sìjiǎo hàomǎ 四角号码[--號-] N. Four-Corner System (of coding Chinese characters)
sìjiǎomào 四角帽 N. four-corner hat/cap M: [1]*dǐng*
sìjiāorúqī 似胶如漆[-膠--] ID. mutual love and attraction
sìjiǎoshé 四脚蛇[-腳-] N. lizard M: [2]*zhī*
sījiāoshèndǔ 私交甚笃 F.E. Personal friendship is amicable.
sǐjiàotiáo 死教条[-條] N. rigid doctrinairism
sìjiǎoxíng 四角形 N. quadrangle
sījiā zhēntàn 私家侦探 N. private detective/eye M: [2]*wèi*
sìjībàofù 伺机报复[-報復] F.E. find some way to retaliate; seek one's revenge on. . .
sījí biànzǔqì 丝极变阻器[絲極變-] N. <*elec.*> filament rheostat
sìjì bù diāo 四季不凋 V.P. bloom throughout the year
sìjì chángqīng 四季常青 V.P. evergreen
sìjìdòu 四季豆 N. string bean; kidney bean

S

[1]sǐjié(r/zi)* 死结(儿/子) N. ① fast knot ② insoluble enigma ③ long-standing grudge

[2]sǐjié 死节[-節] V. die for the sake of honor; die a martyr's death

sìjié 肆劫 V. <wr.> loot without any restraint

sìjī'érdòng 伺机而动[-動] F.E. wait for the opportune moment to go into action

sìjīfǎnpū 伺机反扑[-撲] F.E. wait for a chance to counterattack

sìjífēng 四级风 N. <met.> force-4 wind; moderate breeze

sìjìguàn 四系罐[-繫-] N. <pottery> jar with four rings

sìjìjú 四季橘 N. nutmeg oranges M: [2]kē

sījìn 澌尽[-盡] R.V. exhaust; drain out

sǐjìn(r)* 死劲(儿)[-勁-] ADV. <coll.> ① (with) all one's strength/might ② steadfastly

sìjìn 四近 P.W. all around; neighborhood; vicinity

sījǐnduàn 丝锦缎[絲-] N. silk damask

sǐjǐng* 死井 N. dried-up-well M: kǒu/[1]yǎn

sǐjìng 死静[-靜] V.P. deathly silent/still

sìjìng 四境 P.W. whole territory; all of the territory

sījīnruòkě 思金若渴 F.E. hanker after money

sǐjìr 死纪儿 N. souvenir left by the dead

sījīrén 司机人 N. driver; chauffeur M: [2]wèi

sìjìrúchūn 四季如春 F.E. It's like spring all the year round.

sījīshēng 司机生 N. phone operator M: [1]míng

sījīshì 司机室 P.W. driver's cab

sījītái 司机台[-臺] P.W. <coll.> driver's cabin (of a truck/etc.)

sījiǔ 私酒 N. bootleg; moonshine

sījiù* 思旧[-舊] V.O. think fondly of past times or old acquaintances

sǐjiù 死就 V.P. give a last gasp

sìjiù 四旧[-舊] N. <PRC/pol.> four olds (ideology, culture, customs, habits)

sìjì wèntí 嗣继问题[-繼--] N. a question of succession

sǐjìwúshēng 死寂无声[-聲] F.E. deathly stillness

sìjīxiàshǒu 伺机下手 F.E. play a waiting game

sǐjìyìngbèi 死记硬背 F.E. mechanically memorize

sìjìyírén 四季宜人 F.E. (The view) was delightful in all seasons.

sījīyuán 司机员 N. driver M: [2]wèi

sìjīzàiqǐ 伺机再起 F.E. wait for an opportunity to stage a comeback

sījīzuò 司机座 N. driver's seat

sījuàn 丝绢[絲-] N. silk M: [2]kuài

sǐjué 死绝[-絕] R.V. die out; be entirely annihilated

sìjūn 嗣君 N. presumptive heir

sīkāi* 撕开[-開] R.V. tear/rip open

sìkāi 四开[-開] N. quarto (book)

sìkāiběn 四开本[-開-] N. quarto

sìkànfēikàn 似看非看 V.P. look at abstractly

sǐkáng 死扛 <coll.> V. ① go all-out to shoulder responsibilities ② refuse to confess or reveal information

sīkǎo 思考 V. ponder over; reflect on

sīkǎolì 思考力 N. thinking/reasoning ability

sīkǎo móshì 思考模式 N. thought patterns

sǐkē 死磕 <coll.> V. risk one's life

sǐkè* 死刻 V. <topo.> slave away at a task

sǐkěn 死啃 V. ① single-mindedly do sth. ② read without thinking ③ eat without work

sìkěnfēikěn 似肯非肯 V.P. seemingly willing but actually not

sǐkěn shūběn 死啃书本[--書-] V.O. try to memorize books without thinking

sīkēzi 私科子 N. <topo.> unlicensed prostitutes/brothels

sīkōng* 司空 P.W. <trad.> minister of public works ♦N. Double Surname

sìKǒng 祀孔 V.O. offer sacrifices to Confucius

sīkōngjiànguàn 司空见惯 F.E. common sight/occurrence

sīkòu 司寇 N. <hist.> minister of justice

sǐkōu(r) 死抠(儿)[-摳-] <coll.> V.P. ① closed-minded ② miserly ♦V. ① dedicate oneself (to study) ② stubbornly stick to

sǐkòu(r)* 死扣(儿) N. fast knot ♦V. take a matter to heart

sìkǒu 肆口 V.O. <wr.> talk without much thought

sìkǒudàmà 肆口大骂[-罵] F.E. let loose a torrent of abuse

sìkǒumànmà 肆口谩骂[-罵] F.E. swear like a trooper

sǐkōu shūběn 死抠书本[-摳書-] V.O. separate rigidly by the book

sīkǒu-zhōngshū 司口中枢[-樞] P.W. <lg> mouth control center

sīkù* 司库 N. <trad.> treasurer M: [2]wèi

sìkǔ 四苦 N. <Budd.> the four misfortunes (birth, aging, sickness, death)

[1]sìkù 四库 N. <trad.> the four bibliographic divisions

[2]sìkù 寺库 P.W. <trad.> pawnshop set up by a temple M: [1]jiān

sìkuàiwǎr 四块瓦儿[-塊--] N. <topo.> leather hat with reversible flaps on four sides

sìkūfēikū 似哭非哭 V.P. seemingly tearful but not actually so

sìkuìnángkōng 笥匮囊空 F.E. extremely destitute; dead broke

sīkǔn 私悃 N. <wr.> private view; personal wish

Sìkù Quánshū 四库全书[-書] N. encyclopedia compiled during the Qianlong reign (1736–1795)

sīla 咝喇[噝-] <topo.> N. sound of a child crying ♦V. whimper; boohoo

Sīlāfū 斯拉夫 ATTR. Slav/Slavic

Sīlāfū zìmǔ 斯拉夫字母 N. Cyrillic alphabet

sǐlāhuózhuài 死拉活拽 F.E. <coll.> ① try very hard to drag sb. from/to; try hard to tear apart ② press insistently; force ③ drag by force

sǐlài 死赖 V. ① stubbornly insist on sth. unreasonable ② stick like a leech to sb.

sīláixiànqù 丝来线去[絲-] F.E. endlessly tangled and involved

[1]sīlàn 撕烂[-爛] R.V. tear apart; tear/rip to pieces/shreds

[2]sīlàn 厮滥[廝濫] N. meanness; baseness

sǐláo 死牢 P.W. death-row cell M: [1]jiān

sǐlǎohǔ 死老虎 N. sb. who has lost his power and influence

[1]sīlèi 私累 N. personal burden (such as one's family)

[2]sīlèi 丝泪[絲淚] N. little teardrops

sì-lèi fènzǐ 四类分子[-類--] N. <PRC> ① four kinds of elements (landlords, rich peasants, counterrevolutionaries, and bad elements) ② person belonging to one of the above categories

sìléng 四棱 N. edges of a cubic object

sìléngjiànxiàn 四棱见线 F.E. <coll.> ① perfectly square on all four corners ② flawless; complete in every detail

[1]sìléngzi 四棱子 N. <topo.> a four-cornered utensil

[2]sìléngzi 四楞子 <topo.> S.V. be rude in speech ♦N. vulgar fellow

sīlǐ 司理 N. official in charge of a jurisdiction M: [2]wèi

[1]sīlì* 私立 ATTR. privately run; private

[2]sīlì 私利 N. private/selfish interest; personal gain

[3]sīlì 思力 N. intelligence; penetration

[4]sīlì 厮隶[廝隸] N. servants performing mean duties

sǐlì 死力 N./ADV. (with) all one's strength

[1]sìlì 肆力 ADV. <wr.> to one's best/utmost

[2]sìlì 嗣立 V. appoint or be appointed as heir

sīliǎn 撕脸 V.O. <coll.> turn against someone; become hostile

sīliàn* 思恋[-戀] V. cherish the memory of

sìliándān 四联单[-聯-] N. <math.> quaternion form M: [1]zhāng

sīliang 思量 V. ① consider; turn sth. over in one's mind ② <topo.> miss; be concerned about; keep thinking about

sìliǎng bō qiānjīn 四两拨千斤[--撥--] ID. accomplish a great task with little effort by clever maneuvers

sīliàn gùtǔ 思恋故土[-戀--] V.O. think fondly of one's native land

sīliǎo 私了 V. settle in private

sìliào* 饲料 N. forage; fodder; feed

sìliào fěnsuìjī 饲料粉碎机 N. feed/fodder grinder M: [1]tái

sìliào zuòwù 饲料作物 N. forage/fodder/feed crop

sīliè 撕裂 R.V. rend; tear; rip

Sīlǐlánkǎ 斯里兰卡[--蘭-] P.W. Sri Lanka

sìlín 四邻[-鄰] P.W. ① one's near neighbors ② neighboring countries

sìlínbāshè 四邻八舍[-鄰--] F.E. neighbors all around

sīlìng* 司令 N. commander; commanding officer M: [2]wèi

sǐlíng 死灵[-靈] N. souls of the dead

sì-líng 四灵[-靈] *See* [1]sìshén

sīlìngbù 司令部 P.W. headquarters; command

sīlìngguān 司令官 N. commander; commanding officer M: [2]wèi

sīlìngtǎ 司令塔 P.W. headquarters (building)

sīlìngtái 司令台[-臺] P.W. ① office of the central commander ② reviewing stand

sīlìngyuán 司令员 N. commander; commanding officer M: [2]wèi

sǐlǐtáoshēng 死里逃生[-裡--] F.E. have a narrow escape

sīliǔ 丝绺[絲-] N. tiny tuft of sth.

sì-liù bù chéngcái 四六不成才 F.E. <coll.> ① have remnants too small to be of use ② be of no account; lack ambition to make anything of oneself

sìliùfēng 四六风 N. <med.> umbilical tetanus of neonates

sìliùjù(r/zi) 四六句(儿/子) N. <coll.> ① classical written form ② fancy talk; five-dollar words

sìliúsānqì 四流三气[-氣] F.E. <coll.> harum-scarum

sìliùtǐ 四六体[-體] N. a type of parallel prose

sìliùwén 四六文 N. a type of parallel prose

sīlì xuéxiào 私立学校 P.W. private school

sīlú 司炉[-爐] N. stoker; fireman M: [1]míng

sīlǔ 撕掳[-擄] V. ① deal with some difficult matters; solve (affairs) ② romp and play with (a person)

sīlù* 思路 N. train of thought; thinking

Sīlù 丝路[絲-] P.W. <hist.> Silk Road

sǐlù 死路 N. ① blind alley ② road to ruin/destruction M: [1]tiáo

sìlù 四路 P.W. four ways/directions

sīlǚ 丝缕[絲縷] N. strand; thread

sīlǜ* 思虑[-慮] V. consider; contemplate

sìlüè 肆掠 V. <wr.> loot without restraint

sīlúgōng 司炉工[-爐-] N. fireman; stoker M: [2]wèi

sīlǜ guòdù 思虑过度[-慮--] V.P. worry beyond measure

sīlún 丝纶[絲-] N. imperial decree

sìlún* 四轮 N. four wheels; four-wheeler

[1]sīluó 撕逻[-邏] V. ① deal with some difficult matters; solve (affairs) ② romp and play with (a person)

[2]sīluó 丝萝[絲蘿] N. <wr.> bond of marriage

sǐlùyìtiáo 死路一条[-條] F.E. no way out; doomed

sīlǜzhōudào 思虑周到[-慮--] F.E. take every aspect into consideration

sīmá 缌麻 N. three-month funeral clothes

sīmǎ* 司马 N. ① minister of war in the Zhou dynasty ② Double Surname

sìmǎ 驷马 N. <wr.> team of four horses

sǐ mǎ dàngzuò huó mǎ yī 死马当作活马医 [--當---醫] ID. not give up for lost; make every possible effort

sì mǎ fēnféi 四马分肥 N. profit-allocation system adopted before 1956
sìmǎfēnshī 四马分尸[-屍] V.P./N. draw and quarter
sīmáfú 缌麻服 *See sīfú*
sìmǎgāochē 驷马高车 F.E. vehicles of the rich
Sīmǎ Guāng 司马光 (1019–1086) N. prominent statesman; author of the history *Zizhi Tongjian*
sīmài 私卖[-賣] V. sell privately/secretly
sīmàisīfēn 私卖私分[-賣--] F.E. sell products illicitly and divide the spoils
sìmǎnánzhuī 驷马难追[--難-] ID. What has been said cannot be unsaid.
Sīmǎ Qiān 司马迁[-遷] (c. 163–85 B.C.) N. pioneering historian; author of *Shi Ji* (Historical Records)
sì-měi 四美 N. the four points of beauty: mind, language, behavior, environment
sǐméidèngyǎn 死眉瞪眼 V.P. <*coll.*> ①deadpan ② inanimate
sǐméiliángxīn 死没良心 V.P. <*coll.*> betray one's benefactor
sīmén 私门 N. ① powerful/influential families ② one's home/hometown ③ unlicensed brothel
sìmèngchūxǐng 似梦初醒[-夢--] F.E. as though waking out of a dream
sìmèngfēimèng 似梦非梦[-夢-夢] F.E. It is like a dream and yet it is no dream.
sīmǐ 丝米[絲-] M. *of length equal to 0.0001 meter*
sīmián 丝绵[絲-] N. silk floss/wadding
sǐmiàn(r) 死面(儿)[-麵-] N. unleavened dough
sìmiàn* 四面 P.W. (on) four/all sides
sìmiàn'áidǎ 四面挨打 F.E. be pounded on all sides
sìmiàn-bāfāng 四面八方 P.W. all directions/around; far and near
sìmiànchǔgē 四面楚歌 ID. be besieged on all sides
sìmiànchūjī 四面出击[-擊] F.E. hit out in all directions
sìmiànFó 四面佛 N. four-faced Buddha figure
sìmiànhuánshān 四面环山[--環-] F.E. be encircled by hills
sìmiànjiāgōng 四面夹攻[--夾-] F.E. attack on four sides
sìmiànlínglóng 四面玲珑 F.E. be tactful/diplomatic with all sorts of people
sìmiànmáifu 四面埋伏 F.E. ambushed on all four sides
sīmiànr 私面儿 N. parties that try to dissolve disputes privately
sìmiànshòudí 四面受敌[-敵] F.E. be exposed to enemy attacks on all sides
sìmiànshòukùn 四面受困 F.E. be hemmed in from all sides
sìmiàntǐ 四面体[-體] N. tetrahedron
sìmiànwéikùn 四面围困[--圍-] F.E. besiege on all sides
sìmiào 寺庙[-廟] P.W. temple M: [4]zuò
sīmiè 澌灭[-滅] V. <*wr.*> totally disappear
sǐmiè* 死灭[-滅] V. die out
sì-mín 四民 N. the four classes of people (scholars, farmers, artisans, and merchants)
sīmíng* 嘶鸣 V. whinny; bray
sīmìng 司命 N. ① arbiter of human destiny ② <*coll.*> kitchen god
sǐmìng 死命 N. doom; death ♦ADV. desperately
sìmìng 俟命 V.O. <*wr.*> leave everything to fate
sīmínghào 私名号[-號] N. sideline/underline indicating a proper noun
sìmíngr 四明儿 N. <*topo.*> all around
sīmìxìng 私密性 N. privacy
sīmo 思摸 V. <*topo.*> think; consider
sīmó* 厮/斯磨[廝-] V. grind
sīmóu 思谋 V. turn sth. over in one's mind
sīmóupànguó 私谋叛国[-國] F.E. plot against the country in secret
[1]**sīmù*** 思慕 V. ① admire; cherish ② remember (old days, etc.)
[2]**sīmù** 司牧 N. ①ruler ②king ③local magistrate
sìmǔ 食母 N. <*trad.*> wet nurse
sìmù 肆目 V.O. <*wr.*> stretch one's gaze as far as one can see
sìmuzhǐ 四拇指 N. <*topo.*> third finger; ring finger
sǐná 死拿 V. <*topo.*> hold stubbornly; refuse to let go
sīnán 司南 N. compass in ancient China M: [2]zhī
sǐnàn* 死难[-難] V. die in an accident or for one's country
sīnánchē 司南车 N. southward-pointing cart; compass M: [3]liàng
sīnáng 私囊 N. private purse
sǐnàn lièshì 死难烈士[-難--] N. martyr
sǐnànzhě 死难者[-難-] N. people who died for their country
sīnào 厮闹[廝鬧] V. have a spree
sǐnǎojīn 死脑筋[-腦-] N. one-track mind
sīnì* 私昵 V. ① favor privately ② have an affair with
sǐnì 死腻 V./V.P. <*coll.*> unmercifully pester(ing)
[1]**sīniàn** 思念 V. think of; long for; miss
[2]**sīniàn** 私念 N. selfish motive/idea
sīniàng 私酿[-釀] V. bootleg; brew alcoholic drinks illegally
sìniánjí 四年级 N. ① fourth grade (elementary school) ② senior (high school, college)
sìnìtāng 四逆汤[-湯] N. <*Ch. med.*> decoction against countermovement (of *qì* in the four limbs)
sīnóng 司农[-農] N. <*trad.*> minister of revenue
sīnóngsī 司农司[-農-] P.W. <*trad.*> ministry of revenue
sìnüè 肆虐 V. ravage; devastate; be rampant
sīpà* 丝帕[絲-] N. silk handkerchief M: [2]kuài
sǐpà 死怕 V. <*coll.*> be terribly afraid of doing sth.
sìpái 巳牌 N. 9–11 A.M.
sǐpáizi 死牌子 N. <*topo.*> fixed, unchangeable rule
sìpáng 四旁 P.W. ① all around ② "four sides" (house side, village side, roadside, waterside)
sīpángchàr 撕旁岔儿 <*topo.*> V.O. digress from the main topic/point; beat about the bush ♦N. roundabout way of talking; circumlocution
sīpiào(r) 撕票(儿) V.O. ① kill a hostage ② tear a ticket
sǐpílàiliǎn 死皮赖脸 F.E. thick-skinned and importunate
sǐpīn 死拼 V. fight to the death
sǐpíng 死瓶 N. <*sport*> dead pin (in bowling)
sìpíngbāwěn 四平八稳[-穩] F.E. ① very steady; well-organized ② lacking in initiative and overcautious
sìpíngdiào 四平调 N. <*opera*> name of a tune in *érhuáng*
sīpò 撕破 R.V. tear; rip
sīpò huàpí 撕破画皮[--畫-] V.O. strip sb. of his disguise
sīpò liǎn(pí) 撕破脸(皮) V.O. have no consideration for sb.'s feelings
sīpú 厮仆[廝僕] N. servants performing mean duties
sīqí 思齐[-齊] V.P. want to emulate
sīqǐ 私企 AB./P.W. *sīrén qǐyè*
sǐqī 死期 N. time of death
sǐqí* 死棋 N. ① hopeless case; stupid move ② dead piece in chess
[1]**sǐqì** 死契 N. irrevocable title deed or sales contract M: [1]zhāng
[2]**sǐqì** 死气[-氣] N. deadly silence
sìqǐ 四起 V. rise from all directions
sīqián 私钱[-錢] N. ① personal savings/money ② money earned through bribery/etc.; illegal cash ③ <*trad.*> privately minted money
sǐqián 死前 N. before death
sìqiān* 四千 NUM. four thousand
sīqiánlǜhòu 思前虑后[-慮後] F.E. ponder over cause and effect
sīqiánxiǎnghòu 思前想后[-後] F.E. ponder over
sǐqibáilài 死乞/气/淶白赖[-氣--] F.E. <*topo.*> pester people endlessly
sǐqibáiliē 死气/乞/淶白咧[-氣--] F.E. <*coll.*> insistent; dogged
sǐqìchénchén 死气沉沉[-氣--] F.E. lifeless; spiritless; stagnant
sìqíhuánggǔ 肆其簧鼓 F.E. make trouble by spreading unreliable reports
sǐqihuóyàn 死气/乞活咽[-氣--] F.E. <*topo.*> lifeless; downcast
[1]**sīqīn** 思亲[-親] V.O. think of one's parents with affection
[2]**sīqīn** 私亲[-親] N. personal relatives
sīqíng* 私情 N. ① personal relationship ② illicit love
sì-qīng 四清 N. <*PRC*> socialist education movement
sīqínghéqià 私情和洽 F.E. Private feeling is intimate.
sìqísuǒyù 肆其所欲 F.E. do what one wishes without restraint
sīqiú 丝球[絲-] N. pompon; rosette
[1]**sǐqiú*** 死囚 N. convict awaiting execution
[2]**sǐqiú** 死球 N. <*sport*> dead ball
sǐqiubáiliē 死求白咧 F.E. <*coll.*> insistent; dogged
sǐqiúhuómó 死求活磨 F.E. <*coll.*> insistent (request)
sǐqiúláo 死囚牢 P.W. death house; death row M: [4]zuò
sǐqiúxiàn 死球线 N. <*sport*> dead-ball line
sīqíyuán 司旗员 N. flagman M: [2]wèi
sīqū 私曲 N. partiality; selfish desires
sīqù 撕去 R.V. tear off; tear away
sǐqū 死区[-區] P.W. blind spot; dead zone
sǐqù* 死去 V. die; pass away
sīquán* 私权[-權] N. <*law*> personal rights
sì-quán 四权[-權] N. four rights of the people (election, recall, initiative, and referendum) advocated by Sun Yat-sen
sǐquànhuóquàn 死劝活劝[-勸-勸] V.P. <*coll.*> try hardest to persuade
sǐqùhuólái 死去活来 F.E. hover between life and death; pine away
sīr 丝儿[絲-] N. tender and delicate things
sìrán 肆然 V.P. wanton
sìrǎo 肆扰[-擾] V. harass wantonly
[1]**sīrén*** 私人 N. ① personal friend/relative ② confidant ③ one's own man ♦ATTR. private; personal; individual
[2]**sīrén** 斯人 PR. this person
sīrèn 厮认[廝認] V. <*wr.*> recognize each other
sǐrén 死人 N. ① dead person ② dunderhead
sìrén 寺人 N. eunuchs
Sìrénbāng 四人帮[-幫] N. <*PRC*> Gang of Four
sīrén cáichǎn 私人财产[-產] N. private/personal property
sīrén cǎigòu 私人采购[-購] N. private procurement
sīrén cúnkuǎn 私人存款 N. private deposit
sīrén dàibiǎo 私人代表 N. personal representative
sīrén fúwù gōngsī 私人服务公司[---務--] P.W. personal service corporation
sīrén gǔběn tóuzī 私人股本投资 N. private equity investment
sīrén jīngjì 私人经济[-經濟] N. private sector of the economy
sīrén láodòng 私人劳动[-勞動] N. individual labor
sīrén mìshū 私人秘书[-書] N. private secretary M: [2]wèi
sīrén qǐyè 私人企业[-業] P.W. private enterprise
sīrén suǒyǒuquán 私人所有权[-權] N. private ownership
sìrénwǔ 四人舞 N. dance for four people
sì rén yǒu duòshǒu 四人有舵手 ID. four oars and a coxswain
sīrén zīgé 私人资格 N. in one's personal capacity; as an individual

S

sīrěqíngqiān 思惹情牵[-牽] F.E. be a prisoner of love
sīróng 丝绒[絲-] N. velvet; velour M: [2]kuài
sǐròu 死肉 N. <topo.> calluses
sǐròu gēda 死肉疙瘩 N. <topo.> calluses
sīruòyǒngquán 思若涌泉 F.E. brimming with ideas
sīrúquányǒng 思如泉涌 F.E. ideas teeming in one's mind; brimming with ideas
sìsài 四塞 P.W. ① vassal states surrounding the empire ② strategic frontier points
sìsāilú 四鳃鲈[-鱸] N. <zoo.> perch M: [1]tiáo
sìsàn 四散 V. scatter/disperse in all directions
sǐsāng 死丧[-喪] N. death and burial
sìsàntáocuàn 四散逃窜[-竄] F.E. be scattered in all directions
sìsè 四色 N. <topo.> four essentials to life (firewood, rice, oil, and salt) ♦ATTR. four-color
sìsèfùzhì 四色复制[-複製] F.E. four-color reproduction
sìsēng 寺僧 N. temple monk
sìsè yìnshuāfǎ 四色印刷法 N. four-color printing
[1]**sīshā** 厮杀[廝殺] V. ① fight at close quarters (with weapons) ② kill/massacre each other
[2]**sīshā** 丝纱[絲-] N. gauze
sīshāng 私商 N. ① businessman; merchant; trader ② privately owned shop ③ smuggler
sǐshāng* 死伤[-傷] N. the killed and wounded; casualties
sǐshāng bùjìqíshù 死伤不计其数[-傷---數] F.E. The killed and wounded are countless.
sǐshāngcǎnzhòng 死伤惨重[-傷慘-] F.E. Casualties are heavy.
sǐshāngzhěnjiè 死伤枕藉[-傷--] F.E. heavy casualties
sìshānwǔyuè 四山五岳 F.E. high and low; everywhere
[1]**sīshè*** 私设 V. establish without authorization
[2]**sīshè** 厮舍[廝-] P.W. living quarters of people who perform mean labor
[1]**sìshè** 四射 V. flash/radiate to all directions (of light)
[2]**sìshè** 寺舍 P.W. temple building housing monks/nuns
[3]**sìshè** 肆赦 V. <wr.> pardon (a criminal)
sīshè gōngtáng 私设公堂 V.O. set up a kangaroo court
Sǐ Shén* 死神 N. Death (personified/deified)
[1]**sìshén** 四神 N. ① Four Supernatural Beings, symbolizing the four quadrants of the sky and the earth, and also the four seasons ② the Animals of the Four Quarters
[2]**sìshén** 祀神 V.O. worship the gods
sīshēng* 私生 ATTR. born illegitimately
sǐshēng 死生 N. life and death
[1]**sì-shēng** 四声[-聲] N. <lg.> ① four tones (of Mandarin) ② four tonal categories (of Chinese) *See also píng-shǎng-qù-rù*
[2]**sì-shēng** 四生 N. <Budd.> the four ways of being born (viviparous, oviparous, aquiviparous, metamorphous)
sǐshēngbùyú 死生不渝 F.E. unchangeable whether dead or alive
sìshēngdào 四声道[-聲-] N. <mus.> four tracks
sìshēngdào lùshēng 四声道录声[-聲-錄聲] N. four-track recording
sīshēnghuó 私生活 N. private life
sǐshēngyǒumìng 死生有命 F.E. Life and death are predetermined.
sīshēngzǐ 私生子 N. illegitimate/love child
sīshēnlǜyuǎn 思深虑远[-慮遠] F.E. think deeply and far ahead
sīshēnyōuyuǎn 思深忧远[-憂遠] F.E. think deeply and far ahead
sìshěwǔrù 四舍五入[-捨--] F.E. <math.> rounding (off)
sīshé-zhōngshū 司舌中枢[-樞] P.W. <lg.> tongue control center
sīshí 斯时[-時] N. this moment
sīshǐ 私史 N. individual writings about history
[1]**sīshì*** 私事 N. ① private/personal affair ② secret matter/affair M: [2]jiàn
[2]**sīshì** 司事 N. ① clerk; secretary ② manager; director
[3]**sīshì** 斯世 N. <wr.> at this time/eventuality
[4]**sīshì** 私谥 N. unofficial posthumous title conferred by the people or one's relatives
sǐshī 死尸[-屍] N. corpse; dead body
sǐshì 死士 N. sb. brave enough to face death for a cause
[1]**sìshí** 四十 NUM. forty; 40
[2]**sìshí** 四时[-時] N. four seasons
[3]**sìshí** 巳时[-時] N. 9–11 A.M.
[4]**sìshí** 俟时[-時] V.O. wait for an opportunity
Sìshǐ 四史 N. four famous history books: *Shǐjì; Hànshū; Hòuhànshū; Sānguózhì*
[1]**sìshì** 似是 V.P. apparently right
[2]**sìshì** 祀事 N. religious rites or services
sìshíbājié 四时八节[-時-節] F.E. four seasons and eight solar terms
sìshíbùhuò 四十不惑 F.E. be without doubt when one reaches 40
sìshí ér bùhuò 四十而不惑 F.E. At 40, one begins to understand the world.
sìshì'érfēi 似是而非 F.E. apparently right but actually wrong; specious
sīshì guǎnggàolán 私事广告栏[--廣-欄] N. personal column
sìshìtóngtáng 四世同堂 F.E. four generations under one roof
sīshǒu* 厮守[廝-] V. stay together (said of loved ones); take care of each other
sǐshǒu 死守 V. ① defend to the death ② obstinately cling to; rigidly adhere to
sǐshòu 死受 V. <coll.> endure stubbornly/unyieldingly
sīshòu rényuán 司售人员 N. drivers and ticket conductors
[1]**sīshū** 私淑 N. learn not directly from the master himself
[2]**sīshū** 司书[-書] N. <trad.> office clerk M: [2]wèi
sīshú* 私塾 P.W. <trad.> private school M: [1]jiān
sīshǔ 私属[-屬] N. servants and adherents
sǐshū 死书[-書] *See dú sǐshū*
Sìshū 四书[-書] N. *The Four Books*
sì shù 四术[-術] N. the Four Special Studies: Odes, History, Rites, Music
sīshū dìzi 私淑弟子 N. disciple who has not taken lessons directly under the master himself
sìshǔhù 四属户[-屬-] N. <PRC> families of revolutionary martyrs, military personnel, cadres, and workers M: [1]hù
sīshuì 思睡 V.O. drowsy
sǐshuǐ* 死水 N. stagnant water
sǐshuǐ kēngzi 死水坑子 P.W. low-lying point where drainage of water is difficult
sìshuǐliúnián 似水流年 F.E. Time passes swiftly like flowing water.
sìshuǐniánhuá 似水年华[-華] F.E. Time passes swiftly like flowing water.
sǐshuō 死说 V. <coll.> be too talkative
sǐshuōhuóshuō 死说活说 F.E. repeat (a request) over and over again
Sìshū Wǔjīng 四书五经[-書-經] N. the *Four Books* and the *Five Classics* (of Confucianism)
sīshūxiánzhé 私淑贤哲[--賢-] F.E. admire the virtuous and wise
[1]**sīsī*** 丝丝[絲絲] R.F. expression to describe the fineness or thinness of things
[2]**sīsī** 澌澌 ON. sound of pouring rain or rushing wind
sǐsǐ 死死 R.F. <coll.> ① firmly ② tightly
sìsǐ 俟死 V.O. <wr.> await death
sìsìfāngfāng(r) 四四方方(儿) R.F. having the shape of a real square
sīsīlālā 丝丝拉拉[絲絲-] <topo.> R.F. ① continuously ② off and on; intermittently ③ endless tangles and involvement
sīsīrùkòu 丝丝入扣[絲絲-] F.E. meticulous care and flawless artistry
sīsīshēng 咝咝声[噝噝聲] N. <lg.> hissing sound
sīsīwénwén 斯斯文文 R.F. cultured; refined; elegant
sī sòng shàngmén 私送上门 V.P. send. . .secretly to one's house
sīsù 私诉 V. private prosecution
sīsuān 嘶酸 V.P. plaintive
sīsuì* 撕碎 R.V. tear/rip to pieces/shreds
sìsuì 嗣岁[-歲] N. coming year
sīsuǒ 思索 V. think deeply; ponder
sìtǎ 寺塔 P.W. pagoda in a temple M: [4]zuò
sītái 厮台[廝臺] N. menial servants
sǐtāi* 死胎 N. <med.> stillborn fetus; stillbirth
sìtāirènshēn 四胎妊娠 F.E. quadruplet pregnancy
sītán* 私谈 V./N. talk in private; private talks/confidential talks
sìtàn 伺探 V. investigate secretly; spy
Sītǎnfú 斯坦福 P.W. Stanford
sītǎng 私帑 N. personal/private property of the emperor
sǐtángr 死膛儿 N. hollow tube/etc. with stuffing
sītáo 私逃 V. abscond; elope
sǐtàor 死套儿 N. <coll.> fast knot
sǐtàozi 死套子 N. <coll.> ① fixed procedures/rules ② conventional rules ③ fast knot
sǐtātā 死塌塌 R.F. wooden; expressionless
sìtǐ 四体[-體] N. <wr.> ① limbs ② four styles of Chinese calligraphy
sītián* 私田 P.W. privately owned farmland M: [2]kuài
sìtiān 祀天 V.O. worship
sìtǐbùqín 四体不勤[-體--] F.E. a parasite who does not toil
sìtíngbādàng 四停八当[-當] F.E. have everything in readiness
sìtīngfēitīng 似听非听[-聽-聽] V.P. listen halfheartedly
sǐtǐngtǐng 死挺挺 R.F. rigid as if dead
sìtǐshū 四体书[-體書] N. <wr.> four scripts (regular, cursive, official, seal)
sītōng* 私通 V. ① have secret communication with ② commit adultery
sītóng 丝桐[絲-] N. <mus.> Chinese harp/lute
sìtōngbādá 四通八达[-達] F.E. extend in all directions
sìtōngfēitōng 似通非通 *See sìdǒngfēidǒng*
sìtǒngyī 四统一 N. <PRC> unification in planning, land cultivation, investment, and allocation of manpower
sītóu 丝头[絲-] N. silk fragments
[1]**sītú*** 司徒 N. ① <hist.> minister of education ② Double Surname
[2]**sītú** 私图[-圖] V. <derog.> scheme selfishly ♦N. one's personal scheme
[3]**sītú** 厮徒[廝-] N. servants performing mean duties
sǐtǔ 死土 N. <agr.> dead soil
sìtù 饲兔 V.O. feed rabbits ♦N. domesticated rabbits M: [2]zhī
sītūn 私吞 V. embezzle; take all of
sītuōzhōngshēn 私托终身 F.E. secretly promise to marry a man (said of young girl)
sīwà 丝袜[絲襪] N. silk stockings/socks M: [1]shuāng
sìwài 四外 P.W. all around
sìwàn 四万[-萬] NUM. forty thousand
sīwǎng 丝网[絲網] N. <print.> silk screen
sǐwáng* 死亡 V. be dead/doomed
sìwàng 四望 V. look on all sides
sǐwáng bǎoxiǎn 死亡保险 N. life insurance
sǐwángbāpí 死王八皮 F.E. <coll.> son of a bitch; bastard
sǐwánglǜ 死亡率 N. death/mortality rate
sīwǎngpíng yìnshuā 丝网屏印刷[絲網-] N. silk-screen printing
sǐwáng tōnggào 死亡通告 N. obituary; death notice
sǐwángù 死顽固 N. stubborn person
sǐwángxiàn 死亡线 N. verge of death

sīwǎng yìnshuā 丝网印刷[絲網-] N. <print.> screen printing

sīwǎng yìnshuājī 丝网印刷机[絲網-] N. <print.> screen-process press M: [1]tái

sǐwáng yuēhuì 死亡约会 N. rendezvous with death

Sìwā Wénhuà 寺洼文化[-窪--] N. <archeo.> Siwa/Szuwa Culture

Sīwǎxīlǐyǔ 斯瓦希里语 N. Swahili (language)

sīwàzi 丝袜子[絲襪-] N. silk stocking M: [1]shuāng

sīwéi* 思维/惟 N. <phil.> thought; thinking ♦V. think; consider

[1]**sìwéi** 四围[-圍] P.W. all around

[2]**sìwéi** 四维 N. ① the four social bonds: propriety, morality, modesty, sense of shame ② the four directions ③ <Ch. med.> the four limbs ♦ATTR. <phy.> four-dimensional

[1]**sìwèi** 饲喂 V. feed; raise (animals)

[2]**sìwèi** 嗣位 V.O. succeed to the throne

sìwéibādé 四维八德 F.E. four social bonds and eight virtues

sìwéichuán 四桅船 N. four-master (ship) M: [1]sōu

sīwéi fāngshì 思维方式 N. mode of thinking

sìwéi kōngjiān 四维空间 N. <phy.> four-dimensional space; fourth dimension

sīwen* 斯文 S.V. refined; gentle *See also sīwén*

sīwén 斯文 N. <wr.> literati and their culture *See also sīwen*

sīwénbàilèi 斯文败类[-類] F.E. ① scum of the literati ② polished scoundrels; ruffians in scholars' gowns

sīwénrén 斯文人 N. polished person; cultured people

sīwénsǎodì 斯文扫地[--掃-] F.E. disgrace one's scholarly dignity

sìwénxiàng gòuzào 似文象构造[---構-] N. hieroglyph

sǐwénzì 死文字 N. obsolete words; dead language

sīwò 思卧[-臥] V./N. <Ch. med.> sleepiness

sīwōzi 私窝子[-窩-] P.W. <topo.> self-managed/unlicensed/unregistered prostitute/brothel

sīwù* 司务[-務] N. ① <hist.> official handling general affairs ② chief ③ chef

sǐwù(r) 死物(儿) N. lifeless things/objects

sìwù 祀物 N. sacrificial offerings

sì-wǔ bù kào liù 四五不靠六 F.E. <coll.> not in sequence; making no sense; disorderly

sìwùchánshēn 四务缠身[-務纏-] F.E. middle-aged intellectuals having to shoulder heavy burdens in professional, political, Party, and domestic duties

sǐwúduìzhèng 死无对证[-對證] F.E. The dead cannot bear witness.; Dead men tell no tales.

sìwújìdàn 肆无忌惮 F.E. unbridled; brazen; unscrupulous

sǐwúqiānguà 死无牵挂[--牽-] F.E. rest contented in the grave

sǐwúyíhàn 死无遗憾 F.E. die without regret

Sì-Wǔ Yùndòng 四五运动[-運動] N. <PRC> April Fifth (1976) Movement

sǐ wú zàngshēnzhīdì 死无葬身之地 F.E. die without a place for burial (usu. used as a threat); come to a bad end

sīwùzhǎng 司务长[-務-] N. ① mess officer ② company quartermaster M: [2]wèi

sìwǔzi 四五子 N. <topo.> liquor; wine (a pun, from 4+5=9)

sìxì 伺隙 V.O. watch for one's chance

[1]**sīxià*** 私下 ADV. in private/secret

[2]**sīxià** 厮下[廝-] P.W. mean or lowly position

sìxià 四下 P.W. everywhere

sī xiàlai 撕下来 R.V. tear off (a leaf from a book/calendar/etc.)

sìxiàli 四下里[-裡] P.W. all around

sīxián(r) 丝弦(儿)[絲-] N. <mus.> ① silk string ② Hebei provincial opera

[1]**sīxiàn*** 丝线[絲-] N. silk thread/yarn M: juǎn/[3]lǚ

[2]**sīxiàn** 私线 N. private line

sìxiàn 四现 V. appear everywhere

sì xiān báicài dūn 四鲜白菜墩 N. Chinese cabbage covered with four ingredients and steamed in a serving bowl (a Shanghai dish)

sīxiāng 思乡[-鄉] V.O. be homesick ♦N. nostalgia; homesickness

sīxiǎng* 思想 N. thought; thinking; idea; ideology

[1]**sǐxiàng** 死巷 N. dead-end alley M: [1]tiáo

[2]**sǐxiàng** 死相 N. cadaverous look

[1]**sìxiāng** 四乡[-鄉] P.W. ① suburbs; outskirts ② remote place

[2]**sìxiāng** 四镶 N. <art> quadruple border (of scrolls); the border immediately surrounding a picture

[3]**sìxiāng** 四厢[-廂] P.W. suburbs of the national capital

sìxiǎng 嗣响[-響] V. succeed to one's ancestral business

[1]**sìxiàng** 四向 N./ADV. toward all directions

[2]**sìxiàng** 四项 N. four items

sīxiǎng bāofu 思想包袱 N. sth. weighing on one's mind

sìxiāngbāzhèn 四乡八镇[-鄉--] F.E. all the towns and villages

sīxiāngbìng 思乡病[-鄉-] N. nostalgia; homesickness

sīxiǎng bōdòng 思想波动[-動] N. mental turmoil

sīxiǎng bù tōng 思想不通 V.P. unable to understand matters and unwilling to yield

sīxiǎng dòngxiàng 思想动向[--動-] N. ideological trend

sīxiǎng dòuzhēng 思想斗争[-鬥爭] N. ideological struggle; mental struggle/conflict

sīxiǎng fāngfǎ 思想方法 N. method/mode/way of thinking

sīxiǎng gǎizào 思想改造 N. ideological remolding

sīxiǎng gǎnqíng 思想感情 N. feelings and understanding

sīxiǎng gēda 思想疙瘩 N. mental knot

sīxiǎng gémìnghuà 思想革命化 N. <PRC> revolutionizing one's ideology

sīxiǎng gēnyuán 思想根源 N. roots of one's thoughts/thinking

sīxiǎng gōngzuò 思想工作 N. ideological work

sīxiǎng guòyìng 思想过硬 V.P. <PRC> ideologically resilient/adaptive

sīxiǎngjiā 思想家 N. thinker M: [2]wèi

sīxiǎng jiǎnchá 思想检查 N. check on one's thinking; examine one's wrong ideas

sīxiǎng jiānghuà 思想僵化 N. ideological ossification

sīxiǎng jiànkāng 思想健康 N./V.P. ideologically healthy

sīxiǎng jiànmiàn 思想见面 V.P. have a frank exchange of ideas

sīxiǎng jiànshè 思想建设 N. <PRC> ideological construction

sīxiǎng jiāofēng 思想交锋 N. frank exchange of ideas; confrontation of ideas

sì xiàng jīběn yuánzé 四项基本原则 N. <PRC> four cardinal principles (which Deng Xiaoping enunciated in March of 1979)

sīxiǎng jīchǔ 思想基础[-礎] N. ideological basis

sīxiǎngjiè 思想界 P.W. thinkers' circle

sīxiǎng jìngjiè 思想境界 N. <pol.> ideological level

sīxiǎng jìnqū 思想禁区[-區] P.W. <PRC> ideological forbidden zone

sīxiǎng juéwù 思想觉悟[--覺-] N. political consciousness/awareness

sīxiǎngkù 思想库 P.W. think tank

sīxiǎng lǎnhàn 思想懒汉[-漢] N. mental sluggard

sīxiǎng làoyìn 思想烙印 N. ideological brand

sīxiǎng luòwǔ 思想落伍 V.P. old-fashioned in thinking; outdated ideas

sīxiǎng lùxiàn 思想路线 N. <PRC> ideological line

sīxiǎng mōdǐ 思想摸底 V.P. touch the bottom of people's ideology

sīxiǎngshǐ 思想史 N. intellectual history

sīxiāngshòushòu 私相授受 F.E. transfer illicitly

sīxiǎng tǐxì 思想体系[-體-] N. ideological system; ideology

sīxiǎng wèntí 思想问题 N. ideological problem

sīxiǎng wǔzhuāng 思想武装[-裝] N. <PRC> ideological armory

sīxiǎngxìng 思想性 N. ideological content

sīxiǎng xiūyǎng 思想修养[-養] N. ideological cultivation

sīxiǎng yìshi 思想意识[-識] N. ideology

sīxiǎng yòuzhì 思想幼稚 V.P. childish thinking/naiveté

sīxiǎngzhàn 思想战[-戰] N. ideological warfare

sīxiǎng zhèngzhì gōngzuò 思想政治工作 N. <PRC> ideological and political work

sīxiǎng zhǔnbèi 思想准备[-準備] N. mental preparation

sīxiǎng zìyóu 思想自由 N. freedom of thought

sīxiǎng zuòfēng 思想作风 N. one's way of thinking, work-style, and life-style

sīxiànpù 丝线铺[絲-] P.W. dry-goods store M: [1]jiān

sìxiánqín 四弦琴 N. <mus.> violin M: [1]bǎ

sīxiánruòkě 思贤若渴[-賢--] F.E. thirst/long for the assistance of wise men (of a ruler)

sīxiànyuán 司线员 N. <sport> linesman M: [2]wèi

sìxiānzhuō 四仙桌 N. small square table seating four people M: [1]zhāng

sīxiāo 私枭[-梟] N. smuggler

sìxiàofēixiào 似笑非笑 V.P. forced/faint smile

Sì Xiǎolóng 四小龙 N. Four Little Dragons (East Asian economic powers)

sīxīn* 私心 N. ① selfish motive/idea; selfishness ② egoism

sīxìn 私信 N. personal letter/mail M: [2]fēng

sǐxīn 死心 V.O. ① give up hope/idea/etc. ***Nǐ sǐle zhè [5]tiáo xīn ba.*** You'd better give up the idea. ② do sth. with all one's heart and soul

sǐxìn 死信 N. ① dead letter M: [2]fēng ② news of sb.'s death

sìxīn 四新 N. <pol.> four news (new ideology, new culture, new customs, new habits)

[1]**sīxíng** 私刑 N. lynching; illegal punishment (by a kangaroo court)

[2]**sīxíng** 私行 V. go out on his own initiative (of a high ranking official) ♦N. private behavior/conduct

sīxǐng 思省 V. ① think of ② inspect

sǐxíng* 死刑 N. death penalty; capital punishment

sǐxìng 死性 N. ① obstinacy; stubbornness ② over-candid disposition ♦S.V. <coll.> stubborn; inflexible; stiff

sìxíng 肆行 V. act at the dictate of one's own will

sīxíngbīgòng 私刑逼供 F.E. put sb. to illegal torture to extract a confession

sīxíngcháfǎng 私行察访 F.E. make an inspection trip incognito

sǐxíngfàn 死刑犯 N. criminal sentenced to death

sǐxíng fùhé 死刑复核[--復-] V.P./N. review of a death sentence

sìxíngjiélüè 肆行劫掠 F.E. plunder wildly

sīxíngkǎodǎ 私刑拷打 F.E. inflict private torture

sīxíng shìfàng 私行释放[--釋-] V.P. set sb. free without official sanction

sìxīngtǐ 似星体[-體] N. <astr.> quasi-stellar

sìxíngwúdù 肆行无度 F.E. live immoderately

sìxíngwújì 肆行无忌 F.E. unscrupulously

sīxīnlièfèi 撕心裂肺 F.E. extreme grief

sǐxīntādì 死心塌地 F.E. be dead-set; be absolutely determined

sǐxīnyǎn(r) 死心眼(儿) N. <coll.> ① closed-minded ② headstrong ③ steadfast

sīxīnzániàn 私心杂念[--雜-] F.E. selfish consideration/interest

sīxīnzìyòng 私心自用 F.E. selfish and self-satisfied

S

sìxǐsìbēi 似喜似悲 F.E. express joy and sorrow at the same time

sīxū 斯须 N. <wr.> a little while; a moment

[1]**sīxù*** 思绪 N. ① train of thought; thinking ② feeling ③ a host of thoughts

[2]**sīxù** 私蓄 N. private savings

[1]**sìxù** 嗣续[-續] V. inherit; succeed to ♦N. descendants

[2]**sìxù** 四序 N. <wr.> four seasons

sīxù bùníng 思绪不宁[-寧] V.P. feel perturbed

sīxù fēnluàn 思绪纷乱[-亂] V.P. confused state of mind

sǐxùn 死讯 N. news of sb.'s death

sīxùwànqiān 思绪万千[--萬-] F.E. One's mind is in a whirl/tumult.

sīxū zhījiān 斯须之间 N. in an instant

sīyǎ 嘶哑[-啞] S.V. <coll.> gravelly; husky; hoarse

sīyǎ de sǎngmén 嘶哑的嗓门[-啞---] N. <coll.> gravel-voiced

sīyān 丝烟[絲煙] N. pipe tobacco

sīyán* 私盐[-鹽] N. untaxed salt

sìyǎn 四眼 N. four eyed; four eyes/holes

[1]**sīyǎng** 私养[-養] N./V. private animal husbandry

[2]**sīyǎng** 厮养[廝養] N. servants performing menial duties

sǐyang 死秧 S.V. <topo.> unsociable; cold and distant

sǐyàng(r/zi) 死样(儿/子)[-樣-] N. <coll.> ① lifeless/spiritless manner (said reproachfully) ② stupid and dull; wooden; doltish

sìyáng 四扬[-揚] V.P. spread in all directions

sìyǎng* 饲养[-養] V. raise (animals/etc.)

sìyǎngbāchā 四仰八叉 F.E. (lie) sprawling

sìyǎngchǎng 饲养场[-養場] P.W. feed lot; dry lot; farm M: [4]zuò

sìyǎng jiāqín 饲养家禽[-養--] V.O. raise poultry

sìyǎngsuǒ 饲养所[-養-] N. animal-feeding place

sǐyángyǎnr 死羊眼儿 N. <topo.> unsociable; cold and distant

sìyǎngyuán 饲养员[-養-] N. stockman; poultry raiser; animal keeper (in a zoo) M: [2]wèi

sǐyāngzi 死秧子 N. <topo.> a boor; a social dud

sìyánlìrǔ 肆言詈辱 F.E. swear wildly

sìyǎnr 四眼儿 N. <coll.> a person who wears glasses

sìyǎnrén 四眼人 N. <slang> pregnant woman

sìyǎnrgǒu 四眼儿狗 N. dog with two white spots above the eyes M: [1]tiáo

sìyánshī 四言诗 N. poem with four characters per line M: [2]shǒu

sìyányìxí 肆筵瘆席 F.E. entertain guests

sīyǎo 撕咬 V. bait; worry; harass

sīyào* 司药[-藥] N. pharmacist

sǐ yào miànzi 死要面子 V.P. try to preserve one's face at all costs

sǐ yào miànzi huó shòuzuì 死要面子活受罪 F.E. try to preserve one's face despite great cost to oneself

sǐ yàoqián 死要钱[-錢] V.P. be dead-set on getting money

[1]**sīyè** 私谒 V. call on sb. to ask for a personal favor

[2]**sīyè** 司业[-業] V.O./N. <trad.> education officer

sìyě* 四野 P.W. open countryside

sìyè 嗣业[-業] V.O. inherit a business/fortune

sǐ yě gānxīn 死也甘心 V.P. be content to die for the sake of. . .

sìyè jiāochā 四叶交叉[-葉--] N. cloverleaf intersection

sìyèshì 四叶式[-葉-] N. quatrefoil

sīyí* 司仪[-儀] N. master of ceremonies

[1]**sīyì** 思忆[-憶] V. recall; cherish the memory of

[2]**sīyì** 思议[-議] N. conceive; think; imagine

[3]**sīyì** 私益 N. private/personal interests/gains/profit

[4]**sīyì** 私意 N. ①personal view/opinion ②secret plan/intention

[5]**sīyì** 厮役[廝-] N. servants performing menial duties

[1]**sǐyì** 死译[-譯] N. <lg.> mechanical translation

[2]**sǐyì** 死义[-義] N. die for justice

sìyí 四夷 N. <trad.> four barbarian tribes on the borders

[1]**sìyì** 肆意 ADV. wantonly; recklessly

[2]**sìyì** 四裔 N. <wr.> all the farthest corners

[3]**sìyì** 四亿[-億] NUM. four hundred million; 400,000,000

sìyìcháonòng 肆意嘲弄 F.E. ridicule unscrupulously

Sì-yī'èr Zhèngbiàn 四一二政变[-變] N. April 12 (1927) Coup (Chiang Kai-shek's anticommunist purge)

sìyìjiélüè 肆意劫掠 F.E. indulge in looting

sìyìmànmà 肆意谩骂[-罵] F.E. indulge in scurrilities

sǐyìmíngmù 死亦瞑目 F.E. I should die content if. . .

sīyīn 咝音[噝-] N. <lg.> sibilant

sīyìn 私印 N. private seal; personal chop

sǐyīn* 死因 N. cause of death

[1]**sìyīn** 四音 N. four tones (of Mandarin Chinese)

[2]**sìyīn** 嗣音 V.O. continue one's messages

sìyǐn 肆饮 V. indulge in drinking

[1]**sīyíng*** 私营[-營] ATTR. privately owned/operated

[2]**sīyíng** 丝蝇[絲蠅] N. silk ribbon/string

sǐyìng 死硬 V.P. ①stiff; inflexible ②very obstinate; die-hard

sìyìng 肆应[-應] V. <wr.> be good at dealing with varied matters properly

sīyíng bùmén 私营部门[-營--] P.W. private sector

sīyíng gōngsī 私营公司[-營--] P.W. private corporation/company M: [1]jiā

sǐyìngpài 死硬派 N. diehards

sīyíng qǐyè 私营企业[-營-業] P.W. privately owned business M: [1]jiā

sīyíng shēngchǎn qǐyè 私营生产企业[-營-產-業] P.W. private manufacturing enterprises

sīyíngzhě 私营者[-營-] N. private entrepreneur

sìyìngzhīcái 肆应之才[-應--] N. <wr.> sb. good at dealing with varied matters properly

sìyīnjié 四音节[-節] N. four syllables

sìyīnjiécí 四音节词[--節-] N. quadrisyllable

sǐyìwúyuàn 死亦无怨 F.E. die without a grudge

sīyòng 私用 N. ① personal use ② illegal use (of public property, etc.)

sīyòng gōngkuǎn 私用公款 V.O. appropriate public money

sìyòng gǔwù 饲用谷物[--穀-] N. fodder grain

sīyǒu* 私有 ATTR. be privately owned; be private

sǐyǒu 死友 N. friends sworn to the death

sìyǒu 四有 N. "Four Haves" (have revolutionary ideals, sound morals, good education, and a strong sense of discipline)

sīyǒu bùmén 私有部门 P.W. private sector

sīyǒu cáichǎn 私有财产[-產] N. private property

sīyǒu cáichǎnquán 私有财产权[-產權] N. right of private property

sīyǒudì 私有地 P.W. private land M: [2]kuài

sīyǒu gōngwù 私有公物 N. <law> offer private possessions for public uses

sīyǒu guānniàn 私有观念[--觀-] N. private ownership mentality

sīyǒuhuà 私有化 N./V. privatize

sīyǒu jīngjì 私有经济[-經濟] N. privately owned economy

sīyǒulín 私有林 N. privately owned land; private land M: [1]piàn

sǐyǒuyúgū 死有余辜 F.E. even death would not expiate all his crimes

sīyǒu yǔyán 私有语言 N. <lg.> private language

sīyǒuzhì 私有制 N. (system of) private ownership (of the means of production)

[1]**sīyǔ** 私语 V. whisper ♦N. whispered confidence; private talks; intimate and soothing words

[2]**sīyǔ** 丝雨[絲-] N. drizzle; misty rain

sīyù* 私欲 N. ① selfish desire ② greediness

sǐyǔ 死语 N. dead language

sìyú 四隅 N. four corners

sìyù 饲育 V. raise; rear

sīyuán 思源 V.O. think of (its) source

[1]**sīyuàn*** 私怨 N. personal rancor; bitterness

[2]**sīyuàn** 私愿[-願] N. personal wish/desire

sìyuàn 寺院 P.W. temple; monastery M: [4]zuò

sīyuànbīngxiāo 私怨冰消 F.E. A private malice is melted like ice.

sìyuànfǎ 寺院法 N. canon law

sǐyú'ānlè 死于安乐[-於-樂] F.E. ① die peacefully ② comforts and pleasure end in death

sìyuànsìnù 似怨似怒 F.E. looking as if angry and as if complaining

sǐ yú bù zhāngkǒu 死鱼不张口 ID. <topo.> an uncommunicative/taciturn person

Sìyuè 四月 N. ① April ② fourth lunar month

sǐyúfēimìng 死于非命[-於--] F.E. die an unnatural/violent death

sǐyúhénghuò 死于横祸[-於-禍] F.E. die a violent death

sīyǔliángjiǔ 私语良久 F.E. whisper for a good while

sīyùn 私运[-運] V. transport privately/illegally; smuggle

sīyùnjìnkǒu 私运进口[-運進-] F.E. smuggle goods into a port

sīyùn jūnhuǒ 私运军火[-運--] V.O. gun-running

sǐyúyìxiāng 死于异乡[-於異鄉] F.E. die in a foreign land

sìzào 祀灶 V.O. worship the kitchen god

sǐzáor 死凿儿[-鑿-] ID. ① inflexibility; rigidity ② sb. too serious to get along with anybody

sìzàorì 祀灶日 N. <trad.> day of sacrifice to the kitchen god

sìzé 四则 N. <math.> the four fundamental operations of arithmetic

sìzétí 四则题 N. <math.> problem using the four fundamental operations of arithmetic

sìzé yùnsuàn 四则运算[--運-] N. <math.> the four fundamental operations of arithmetic

sīzhái* 私宅 P.W. private residence M: [4]zuò

sīzhài 私债 N. personal debts

sǐzhàn 死战[-戰] V./N. ① fight to the death ② life-and-death struggle/battle

sīzhāng 私章 N. personal seal; signet M: [4]méi

sīzhǎng* 司长 N. department head M: [2]wèi

sīzhàng 司帐 N. <trad.> accountant M: [2]wèi

sǐzhàng 死仗 N. tough battle; formidable task

sìzhànzhīdì 四战之地[-戰--] N. a place where battle after battle is fought

sǐzhě 死者 N. the dead/departed

sìzhěn 四诊 N. <Ch. med.> four methods of diagnosis (observation, auscultation and olfaction, interrogation, pulse feeling and palpation)

sǐzhèng 死症 N. incurable/fatal terminal disease

sīzhī 丝织[絲織] N. silk weaving/manufacturing

[1]**sīzhì** 丝质[絲質] N. silk material

[2]**sīzhì** 思致 N. power of thinking

[1]**sìzhī*** 四肢 N. four limbs

[2]**sìzhī** 四知 N. <wr.> nothing secret

[1]**sìzhì** 俟至 V.P. <wr.> wait until

[2]**sìzhì** 肆志 V.O. <wr.> be puffed up with pride

[3]**sìzhì(r)** 四至(儿) N. ① four boundaries of a plot of land ② limits to a project/task/etc.

sìzhībākāi 四肢扒开[-開] F.E. spread-eagled

sìzhīgǔ 四肢骨 N. bones of the four limbs

sīzhīpǐn 丝织品[絲織-] N. silk fabrics or knit goods M: [2]jiàn

sīzhīwù 丝织物[絲織-] N. silks M: [2]jiàn

sìzhī wǔguān de 四肢五官的 ATTR. bodily

sìzhī wǔguān dòngzuò 四肢五官动作[----動-] N. bodily gesture

sīzhīxīntòng 思之心痛 F.E. Thinking of it pains my heart.

sīzhōng 私衷 N. private view; personal wish

sìzhòng* 四众[-眾] N. the four groups (monks, nuns, male and female laity) devoted to Buddha

sǐzhōngqiúshēng 死中求生 F.E. struggle desperately to survive

sìzhōu(wéi) 四周(围)[-(圍)] P.W. all around; on all sides; on every side
Sìzhōuxì 泗州戏[-戲] N. Sizhou opera
sīzhú* 丝竹[絲-] N. <*trad.*> ① musical instruments ② music
sīzhù 私铸[-鑄] V. mint coins illegally
[1]**sìzhǔ** 饲主 N. animal keeper M: [2]*wèi*
[2]**sìzhǔ** 寺主 N. abbot M: [2]*wèi*
sǐzhuài 死拽 V. <*coll.*> pull/drag hard
sīzhuàng 丝状[絲狀] N. filiform
sǐ zhū bù pà kāishuǐ jiāo 死猪不怕开水浇[-豬--開-澆] ID. be shameless
sīzhuī 丝锥[絲-] N. <*mach.*> tap
sīzhú xìyuè (guǎnxián) 丝竹细乐(管弦)[絲--樂(--)] N. stringed and woodwind instrumental music
sīzhúzhīshēng 丝竹之声[絲-聲] N. sound of music
sīzi 丝子[絲-] N. filament; fine thread
sīzì* 私自 ADV. privately; secretly; without permission
sǐzì 死字 N. <*loan*> dead/obsolete words
sìzǐ 嗣子 N. ① heir ② adopted son
sīzìdāngtóu 私字当头[--當-] F.E. with self-interest as the prime consideration
sǐzǐr 死子儿 N. a piece that is hopelessly encircled (in a go game)
sìzòng 肆纵[-縱] V.P. <*wr.*> indulgent and without restraint
sīzǒu 撕走 V. tear away/out
sǐzū 死租 V./N. rent land at a fixed annual rate regardless of the harvest
sìzú* 四足 N. four-footed; four feet
sìzǔ 祀祖 V.O. offer sacrifices to one's ancestors; worship ancestors
sīzuàn 司钻[-鑽] N. (head) driller
sìzú dòngwù 四足动物[--動-] N. quadruped; tetrapod
sǐzuì 死罪 N. capital offense/crime; death penalty ♦F.E. <*trad.*> ① I beg your forgiveness. ② conventional phrase used in writing memorials to the emperor
sìzuìfāngxǐng 似醉方醒 F.E. wake as from a drunken sleep
sìzuìfēizuì 似醉非醉 V.P. look half-drunk
sìzuìrúchī 似醉如痴 F.E. feel elated but rather dazed
sìzuò 四座/坐 N. the people present
[1]**sōng** 松[鬆] S.V. ① loose; slack; lax ② not hard up ③ light and flaky; soft ♦B.F. dried minced meat/fish/etc. **ròusōng** ♦V. ① loosen; slacken ② let go; untie ***See also*** [2]*sōng*
[2]**sōng** 松 N. ① pine ② Surname ***See also*** [1]*sōng*
[3]**sōng** 嵩/崧 B.F. ① a high mountain ② high; long; great ***sōnghū, sōngshòu***
[4]**sōng** 菘 B.F. ancient name for báicài ***sōngcài***
[5]**sōng** 淞 in ***Wúsōng***
[6]**sōng** 忪 in [1]***xīngsōng See also*** [10]*zhōng*
[7]**sōng** 憽 in [2]***xīngsōng***
[8]**sōng** 凇 in ***wùsōng, yǔsōng***
[1]**sǒng** 耸[聳] B.F. ① be towering/lofty [1]***sǒnglì*** ② arouse attention; alarm; shock ***sǒngréntīngwén*** ③ shrug ***sǒngjiān***
[2]**sǒng** 怂[慫] B.F. alarmed; frightened ***sǒngyǒng, hǒngsǒng***
[3]**sǒng** 悚 B.F. afraid; frightened ***sǒngjù, cánsǒng***
[4]**sǒng** 竦 B.F. ① respectful ② frightened ***sǒngjù, cùsǒng***
[1]**sòng*** 送 V. ① deliver; carry ② give as a present ③ see sb. off/out; accompany; escort **~ *kèren qù jīchǎng*** accompany visitors to the airport
[2]**sòng** 颂[頌] B.F. ① praise; extol; laud ***sòngyáng*** ② song; ode; eulogy ***sònggē*** ③ express good wishes (in letters) ***zhùsòng*** ♦N. section in the *Book of Songs* consisting of sacrificial songs
[3]**sòng** 诵[誦] B.F. ① read aloud; chant ***lǎngsòng*** ② recite ***bèisòng***
[4]**sòng** 讼[訟] B.F. ① enter a case at law; sue ***sùsòng,*** [2]***sòngcí*** ② argue; dispute
Sòng 宋 N. ① Song dynasty (960–1279) ② Liu-Song dynasty (420–479) ③ Surname

sòng'àn 讼案 N. lawsuit M: [2]*jiàn*
sǒngbá 耸拔[聳-] V.P. tall and straight
sōng-bǎi 松柏 N. pine and cypress M: [2]*kē*
sōngbǎichángqīng 松柏长青 F.E. May you live long and remain strong like the evergreen pine and cypress!
sōngbǎihòudiāo 松柏后凋[--後-] F.E. Honesty and virtue will last.
sōngbǎijiécāo 松柏节操[--節-] F.E. fortitude; lofty character
sōngbǎikē 松柏科 N. <*bot.*> conifers
sōngbǎiyǎnyìng 松柏掩映 F.E. (a house) nestling under the kind shade of pine trees and cypresses
sōngbǎizhīzhì 松柏之质[-質] N. the good health of an aged person
sōngbǎn 松板 N. fir/pine board M: [2]*kuài*
sōngbǎng 松绑[鬆-] V.O. untie a person
sóngbāo 㞞包[㞞-] N. <*coll.*> ① good-for-nothing ② yellow-belly
sòngbào* 送报[-報] V.O. distribute/deliver newspapers
sòngbàoshēng 送报生[-報-] N. newsboy
Sòngběn 宋本 N. edition (of a book) printed in the Song dynasty
sòngbié 送别 V.O. see sb. off
sòngbiéhuì 送别会 P.W. farewell party; send-off
sòngbìn 送殡[-殯] V.O. attend a funeral
sōngbǐng 松饼[鬆-] N. muffin
sòngbuqǐ 送不起 R.V. can't afford to give a present/etc.
sōngcài 菘菜 N. <*topo.*> Chinese cabbage
sòngcài* 送菜 V.O. deliver vegetables
sòngcài shēngjiàngjī 送菜升降机 N. dumbwaiter M: [2]*bù*
Sòngcháo 宋朝 N. Song dynasty (960–1279)
sòngchéng 送呈 V. submit a document to a higher level
sōngchí 松弛[鬆-] V. become limp/flabby/lax ♦ATTR. lax; relaxed
sōngchíjù 松弛句[鬆-] N. <*lg.*> loose sentence
sōngchíqī 松驰期[鬆-] N. period of relaxation
sōngchí tóngwèi 松弛同位[鬆-] V.O. <*lg.*> loose apposition
sōngchíxìng 松弛性[鬆-] N. slackness; laxity; looseness
sǒngchū 耸出[聳-] V. tower aloft
sòngchū* 送出 R.V. send out
[1]**sòngcí** 颂词/辞[-辭] N. ① eulogy ② speech delivered by an ambassador on presentation of credentials
[2]**sòngcí** 讼词 N. legal cases
[1]**Sòngcí*** 宋词 N. *cí* poetry of the Song dynasty
[2]**Sòngcí** 宋瓷 N. Song porcelain
sòngcíyuánqǔ 宋词元曲 F.E. Song iambic verse and Yuan drama
sōngcuì 松脆[鬆-] S.V. flaky and crispy
sōngcuìbǐng 松脆饼[鬆-] N. shortbread
sòngdá 送达[-達] V. ① deliver to; dispatch to; send to ② <*law*> serve (a writ on a person)
Sòngdài 宋代 N. Song dynasty (960–1279)
sòngdào 送到 R.V. send to; deliver to
sòngdào fùxiàn 送到付现 V.P. pay on delivery
sōng de 松的[鬆-] ATTR. <*lg.*> open; relaxed; wide
sòngdé* 颂德 V.O. eulogize sb.'s virtues
sòngdébēi 颂德碑 N. stone tablet with inscriptions praising the achievements of an official M: [4]*zuò*
sòngdiàn 送电[-電] N. power transmission; delivery of current
sōngdiāo 松貂 N. pine marten M: [2]*zhī*
sòngdiào* 送掉 R.V. give away
sòngdié 讼牒 N. plaintiff's written complaint
sōngdòng* 松动[鬆動] S.V. ① uncrowded ② comfortably off ③ flexible
[1]**sǒngdòng** 耸动[聳動] V. ① raise one's shoulders; shrug ② stir up; rouse; urge; egg on ③ create a sensation ④ be alarmed
[2]**sǒngdòng** 怂动[慫動] V. instigate; incite

sǒngdòng shìtīng 耸动视听[聳動-聽] V.O. create a sensation
sōngdù 松度[鬆-] N. looseness
sòngdú* 诵读[-讀] V. read aloud; chant
sòngdú kùnnan 诵读困难[-讀-難] N. dyslexia
sōngfan 松泛[鬆-] S.V. <*coll.*> ① unfettered ② relaxed
sòngfàn* 送饭 V.O. bring meals (for a person)
sòngfèi 讼费 N. fees entailed in a lawsuit
sòngfèn 送粪[-糞] V.O. deliver manure
sòngfēng 送风 V.O. blow air
sòngfēngjī 送风机 N. <*mach.*> forced-draft blower; blower M: [1]*tái*
sōngfēngshuǐyuè 松风水月 F.E. the soughing of pines and the reflection of moonlight on the water
sōngfǔyīn 松辅音[鬆-] N. <*lg.*> lax consonant
sōnggāo tuōpán 松糕托盘[鬆-盤] N. lazy susan
sònggē 颂歌 N. song; ode M: [2]*shǒu*
sònggěi 送给 V. send/present to
sòngguān 送官 V.O. <*trad.*> turn (a law-breaker) over to the police
sòngguānjiūbàn 送官究办[-辦] F.E. turn sb. over to the court to be dealt with
sònggǔfēijīn* 颂古非今 F.E. extol the past and negate the present
sònggǔfěijīn 颂古诽今 F.E. extol the past and denounce the present
sòngguǐ 送鬼 V.O. exorcise evil spirits
sònggùn 讼棍 N. legal pettifogger; shyster
sōngguǒ 松果 N. <*bot.*> strobile; strobilus
sōngguǒtǐ 松果体[-體] N. <*phys.*> pineal body
sònggùyíngxīn 送故迎新 F.E. ① bid farewell to those departing and greet the arrival of newcomers ② send off the old year and usher in the new year
sòng hányī 送寒衣 V.O. <*trad.*> burn paper garments before a tomb on the first of the 10th lunar month
sōnghèchángchūn 松鹤长春 F.E. May your life be as long as that of the pines and the cranes!
sōnghèxiálíng 松鹤遐龄[-齡] F.E. longevity
sōnghèyánlíng 松鹤延龄[-齡] F.E. live as long as the pines and cranes
sōnghū 嵩呼 V. <*trad.*> shout "Long live the Emperor!"
sōnghǔ* 松虎 N. <*topo.*> pine moth M: [1]*tiáo*
sōnghuā* 松花 N. preserved egg
sònghuà 送话 V.O. pass on a message to sb.
sōnghuādàn 松花蛋 N. preserved egg
Sōnghuā Jiāng 松花江 P.W. Songhua River
sōnghuǎn 松缓[鬆-] V. relax; ease up; mitigate
sònghuán* 送还[-還] V. give back; return
sōnghuáng 松黄 N. pine flowers with yellow pollen
sǒnghuáng* 悚惶 V. be frightened/terrified
sōnghuángjiāocuì 松篁交翠 F.E. The pines and the bamboos vie with each other in verdure.
sònghuàqì 送话器 N. <*elec.*> ① microphone ② transmitter (of a telephone)
sōnghuār 松花儿 N. fruit of a species of cypress
sònghuí 送回 R.V. send back; return
sōnghuó 松活 N. human/etc. figures made with pine branches and burned for the dead
sònghuò* 送货 V.O. deliver goods
sònghuò fèiyòng 送货费用 N. <*acct.*> delivery expense
sònghuò shàngmén 送货上门 V.P. provide home delivery
sònghuòyuán 送货员 N. deliveryman M: [2]*wèi*
sōngjī 松鸡[-雞] N. capercaillie; grouse M: [2]*zhī*
sǒngjiān* 耸肩[聳-] V.O. shrug one's shoulders
sòngjiàn 送饯[-餞] V.O. give a send-off party
sǒngjiānhāyāo 耸肩哈腰[聳-] F.E. shrug one's shoulders and offer an ingratiating smile
sōngjiāo 松胶[-膠] N. rosin; colophony
sòngjiāo* 送交 V. deliver to; hand over to
sòngjiǎo 送脚[-腳] V.O. <*topo.*> carry/deliver sth. for sb.

Sòng Jiàorén 宋教仁 (1882–1913) N. a KMT founder, assassinated by supporters of Yuan Shikai

sōngjiāoyóu 松焦油 N. <chem.> pine tar

sōngjié 松节[-節] N. loose knot

sōngjiéyóu 松节油[-節-] N. turpentine oil

sōngjiéyóujīng 松节油精[-節--] N. turpentine oil extract

sōngjǐn* 松紧[鬆緊] N. ① degree of tightness ② elasticity

sōngjìn(r) 松劲(儿)[鬆勁-] V.O. relax one's effort; slacken (off)

Sòngjǐn 宋锦 N. Song brocade

sōngjǐndài(r) 松紧带(儿)[鬆緊帶-] N. elastic cord M: [1]*tiáo*

sòngjīng 诵经[-經] V.O. recite passages from scriptures

sòngjīngtái 诵经台[-經臺] N. stage for reciting the scriptures M: [4]*zuò*

sòngjiùyíngxīn 送旧迎新[-舊--] F.E. see off the old and welcome the new

sǒngjù 悚/竦/耸惧[聳懼] V. be frightened/terrified

sōngjùn 松菌 N. pine mushrooms

sōngkāi 松开[鬆開] R.V. untie; loosen sb./sth. tied ♦ATTR. released

sòngkè 送客 V.O. see a visitor out

sōngkǒu 松口[鬆-] V.O. ① relax one's bite and release what is held ② be less intransigent; soften; relent

sōng kǒu qì 松口气[鬆-氣] V.O. ① heave a sigh of relief ② relax for a while

sōngkǒuxié 松口鞋[鬆-] N. shoes with elastic opening on top M: [1]*shuāng*

sòngkù 送库 V.O. <topo.> burn paper houses/etc. in funeral

sōngkuai 松快[鬆-] S.V. ① less crowded ② relieved; relaxed ♦V. relax

sōngkuān 松宽[鬆寬] S.V. loosen up

sòngkuǎn* 送款 V.O. send/deliver money

sònglǎng 诵朗 N. <lg.> enunciation

sònglǎo 送老 V.O. ① pass one's later years ② prepare the dead for burial

sōnglèi 松类[-類] N. pine type

[1]**sǒnglì*** 耸立[聳-] V. tower aloft

[2]**sǒnglì** 竦立 V. ① stand respectfully ② tower aloft

[3]**sǒnglì** 悚栗 V. be frightened/terrified

sònglǐ 送礼[-禮] V.O. give sb. a present

sònglì 送力 N. tip given to a messenger

sōnglín 松林 P.W. pine forest; pinery M: [1]*piàn*

sònglù 送路 V.O. ① send sb. off ② send away the spirit of a deceased person on the third day after his death

sōnglùjùn 松露菌 N. truffle

sōngluó 松萝[-蘿] N. ① pine lichen ② tea produced in Anhui

sōngmáo 松毛 N. pine needles

sōngmáochóng 松毛虫[-蟲] N. pine moth M: [1]*tiáo*

sòngměi 颂美 V.O. praise the achievements of others; acclaim

Sòng Měilíng 宋美龄[-齡] (1897–) N. wife of Chiang Kai-shek

sōngmíng 松明 N. pine torches

sòngmìng* 送命 V.O. lose one's life; get killed

sōngmù 松木 N. pine-wood board/plank/etc. M: [2]*kuài*

sōngniánzi 松粘子 N. <topo.> rosin; pine resin

sòngnuǎntōuhán 送暖偷寒 F.E. have loving concern for each other (of young lovers)

sōngpíyúlín-cūn 松皮鱼鳞皴 N. <art> fish-scale and pine-bark wrinkle (in painting)

sōngqì 松气[鬆氣] V.O. relax one's efforts

sòngqì* 送气[-氣] V.O. <lg.> be aspirated ♦N. <lg.> aspiration

sòngqián 送钱[-錢] V.O. ①send money ②waste money for nothing

sòngqì de zhuóyīn 送气的浊音[-氣-濁-] N. <lg.> aspirated sonant

sòngqīn 送亲[-親] V.O. see the bride to the bridegroom's family at a wedding

sòngqíng 送情 V.O. <topo.> ① give presents ② flirt with the eyes ③ convey one's feelings

Sòng Qìnglíng 宋庆龄[-慶齡] (1892–1982) N. wife of Sun Yat-sen; active in social welfare and women's rights; PRC vice-president

sòngqīn tàitai 送亲太太[-親--] N. bridesmaid selected by bride's family

sòngqì sāiyīn 送气塞音[-氣--] N. <lg.> aspirated stop

sòngqì sècāyīn 送气塞擦音[-氣---] N. <lg.> aspirated affricate

sòngqìshēng 送气声[-氣聲] N. <lg.> aspirated initial

sōngqiū 松楸 N. <wr.> tomb; grave M: [4]*zuò*

sōngqiú* 松球 N. pinecone

sòng qiūbō 送秋波 V.O. ①cast flirtatious glances ② wink

sòngqìyīn 送气音[-氣-] N. <lg.> aspirated sound; breathy voice ♦V.O. <lg.> aspirate

sòngqì zuòyòng 送气作用[-氣--] N. <lg.> aspiration

sòngqù 送去 R.V. send to

[1]**sǒngrán** 悚/竦然 V.P. terrified; horrified

[2]**sǒngrán** 耸然[聳-] V.P. rising in sharp elevation; cliff-like

sǒngrán'érjù 悚然而惧[-懼] F.E. fear-stricken

sǒngrán'érlì 悚然而立 F.E. stand up in terror

sǒngránfàlì 耸然发立[聳-髮-] F.E. trembling with hair standing on end

sōngráng 松瓤 N. pine-cone kernels

sǒngránjīnghún 悚然惊魂[--驚-] F.E. soul trembling with fear

[1]**sōngrén(r)** 松仁(儿) N. pine-cone or pinion-nut kernel

[2]**sōngrén** 松人[鬆-] N. <topo.> coward

sóngrén 屃人[㞞-] N. disgusting person; bastard

sòngrén* 送人 V.O. ①send gifts ②see a person off

sǒngrén'ěrmù 耸人耳目[聳-] F.E. attract public attention

sòng rénqíng 送人情 V.O. ① do favors at no great cost to oneself ② <topo.> make a gift of sth.

sǒngréntīngwén 耸人听闻[聳-聽-] F.E. sensational

sōngróng 松茸 N. pine mushrooms

Sòngrú 宋儒 N. Song-dynasty philosophers

sōngruǎn 松软[鬆-] S.V. soft; spongy; loose

sòngrù yīyuàn 送入医院[--醫-] V.P. be hospitalized

sǒngrùyúnxiāo 耸入云霄[聳-雲-] F.E. tower to the skies

sōngsan 松散[鬆-] S.V. <coll.> relax; take one's ease *See also* sōngsǎn

sōngsǎn* 松散[鬆-] S.V. ① loose ②inattentive *See also* sōngsan

sòngsān 送三 N. <topo.> three funeral ceremonies held for the dead

sòngsāng 送丧[-喪] V.O. take part in a funeral procession

sòngshàng 送上 R.V. <court.> send; deliver

sòngshàng mén(qù) 送上门(去) V.P. deliver sth. to sb.'s home

sǒngshēn 耸身[聳-] V.O. jump; leap

sòngshén 送神 V.O. send off the gods after the offering of sacrifices

sòngshěn* 送审[-審] V.P. submit for examination and approval

sòngshēng 颂声[-聲] N. eulogy

sòngshēngzàidào 颂声载道[-聲--] F.E. popular support

sōngshí 松石 N. turquoise

[1]**sòngshī** 颂诗 N. eulogistic poem M: [2]*shǒu*

[2]**sòngshī** 讼师[-師] N. ① law practitioner; attorney at law ② legal pettifogger M: [2]*wèi*

[3]**sòngshī** 诵诗 V.O. recite/intone a verse

sòngshì* 讼事 N. lawsuit; litigation M: [2]*jiàn*

sōngshílǜ 松石绿 N. turquoise

sōngshǒu* 松手[鬆-] V.O. loosen one's grip; let go

sōngshòu 嵩寿[-壽] N. <wr.> longevity

sòngshòuhuàjī 送受话机 N. transmitter-receiver (T.R.); receiver-transmitter M: [1]*tái*

sòngshòuhuàqì 送受话器 N. transmitter-receiver (T.R.); receiver-transmitter M: [1]*tái*

sōngshǔ 松鼠 N. squirrel M: [2]*zhī*

sōngshù* 松树[-樹] N. pine tree; pine M: [2]*kē*

sòngshuǐ de 送水的 N. <coll.> one who delivers water for sb.

sōngshùmíngzi 松树明子[-樹--] N. pine torch

sòngshuō 诵说 V. read and explain (the Classics)

sōngshùtǎr 松树塔儿[-樹--] N. pagoda-shaped pine tree M: [2]*kē*

sōngshùyóuzi 松树油子[-樹--] N. pine resin

sōngshǔyú 松鼠鱼 N. fried whole fish that looks like a squirrel M: [1]*tiáo*

sòngsǐ 送死 V.O. <coll.> court death ♦V.P. ①send sb. to his death ② speed sb.'s death ③ walk into a trap ④ prepare for the burial of one's parents

sōngsōng 松松[鬆鬆] R.F. <coll.> loose

sǒngsǒng* 悚悚 R.F. fear; dread

sōngsongkuǎkuǎ 松松垮垮[鬆鬆-] R.F. be slack and perfunctory

sōngsōngtōngtōng 松松通通[鬆鬆-] R.F. ① at ease (of person) ② unobstructed; clear

sōngsōngxièxiè 松松懈懈[鬆鬆-] R.F. <coll.> lacking self-discipline; slack

sōngsōngxīxī 松松稀稀[鬆鬆] R.F. <coll.> sparse; thin

sòngsuì 送岁[-歲] V.O. see off the old year

sōngtǎ(r) 松塔(儿) N. ① <topo.> pinecone ② <Ch. med.> cone of the lacebark pine

sòngtàn 颂叹[-嘆] V. eulogize and sigh with feeling

sōngtāo 松涛[-濤] N. soughing of wind in pines

sǒngtì 悚惕 V.P. fearful

sǒngtīng* 耸听[聳聽] V. ① deliberately exaggerate so as to create a sensation ② alarm others with sth. sensational; stimulate others

sòngtíng 讼庭 P.W. court of law

Sòngtǐzì 宋体字[-體-] N. <print.> Song typeface

sōngtōng 松通[鬆-] S.V./V. ① become less crowded ② be well-off

sōngtóurìnǎo 松头日脑[鬆-腦] F.E. <topo.> muddleheaded

sōngtóuzéinǎo 松头贼脑[鬆-腦] F.E. <topo.> muddleheaded

sōngtǔ 松土[鬆-] V.O. <agr.> loosen soil

sōngtǔjī 松土机[鬆-] N. <agr.> loosener; scarifier M: [1]*tái*

sòngwǎngshìjū 送往事居 F.E. bury the dead and support the living

sòngwǎngyínglái 送往迎来 F.E. see off those who depart and welcome those who arrive

sòng wēnshén 送瘟神 V.O. ① send away the god of plague ② get rid of sb./sth. undesirable

sòngxí 诵习[-習] V. chant and study; learn by recitation

sōngxián 松闲[鬆-] S.V. not busy; slack

sōngxiāng 松香 N. rosin; colophony

sòng xiānghuǒr de 送香火儿的 N. <trad./topo.> beggars who light pipes for smokers and get paid in return

sōngxiāngyóu 松香油 N. retinol; rosin oil

sòngxiàn huìpiào 送现汇票[--匯-] N. money order delivered in cash M: [1]*zhāng*

sōngxiǎozi 松小子[鬆-] N. <topo.> good-for-nothing rascal

sōngxiè 松懈[鬆-] V. relax; slacken ♦S.V. ①loose ②slack ③cool and indifferent ④undisciplined

sōngxīn 松心[鬆-] V.O. ① relax; be carefree ② have ease of mind

sòngxìn(r)* 送信(儿) V.O. ①send word; go and tell ② deliver a letter

sōngxìng 松性[鬆-] N. <phy.> porosity

sòngxíng* 送行 V. ① see sb. off; wish sb. bon voyage ② give a send-off party

Sòngxué 宋学 N. philosophical theories of Song scholars
sōngxùn 松蕈 N. pine mushroom
sōngyā 松鸦 N. jay M: 2*zhī*
sōngyān 松烟[-煙] N. pine soot
sòngyán* 讼言 N. ①speak in public ②announce; declare
sòngyáng 颂扬[-揚] V. extol; eulogize
sòngyǎngrén 送养人[-養-] N. donors giving children for adoption
sōngyānmò 松烟墨[-煙-] N. pine-soot ink
sōngyè 松叶[-葉] N. pine needle
sōngyīn 松音[鬆-] N. <*lg.*> lax
sǒngyǒng* 怂恿[慫-] V. instigate; incite
sòngyǒng 诵咏[-詠] V. chant
sǒngyǒng zhīchí 怂恿支持[慫-] V.P. with sb.'s support and connivance
sōngyóu 松油 N. pine resin
sòngyú 颂谀 V. flatter; fawn upon
sòngyǔ* 送与[-與] V. give to
sòngyù 讼狱 N. litigation; lawsuit
sōngyuányīn 松元音[鬆-] N. <*lg.*> lax vowel
sòngyuèzhīhuò 送阅之货 N. goods on approval
sòngzàn 颂赞 V. laud; extol; eulogize; praise; acclaim ♦N. accolade
sòngzàng 送葬 V.O. take part in a funeral procession
sòngzào 送灶 V.O. send off the kitchen god on his annual trip to Heaven
sòng zàoshén 送灶神 V.O. see off the kitchen god
sōngzhēn 松针 N. pine needle M: 2*gēn*
sòngzhěnshàngmén 送诊上门 F.E. treat patients at their homes
1sōngzhī* 松脂 N. rosin; pine resin
2sōngzhī 松枝 N. pine branch M: 2*gēn*
sǒngzhí 耸直[聳-] V. hold oneself erect
sǒngzhì 耸峙[聳-] V. ① stand towering (of mountains/cliffs); tower aloft; soar skyward ② hold oneself erect
sòngzhǐ 送纸 N. paper advance (of a printer)
sòngzhǐ jīgòu 送纸机构[-構] N. paper-advance mechanism
sòngzhǐ sùlǜ 送纸速率 N. line feed
sōngzhīyóu 松脂油 N. retinol; rosin oil
sòngzhōng 送终 V.O. pay one's last respects
sōng-zhú 松竹 N. pine and bamboo
sòngzhuāng 送妆[-妝] V.O. <*trad.*> deliver the dowry to the bridegroom's house
sòngzhuàng* 讼状[-狀] N. plaint; indictment M: 1*zhāng*
sōng-zhú-méi 松竹梅 F.E. pine, bamboo, and the flowering plum (three companions in the cold of the year)
sōngzǐ* 松子 N. ① pine nut ② <*topo.*> pine-nut kernel
sòngzǐ 送子 V.O. bring a woman to give birth to a child (of a goddess)
sòng zǐ cānjūn 送子参军[--參-] V.P. send one's son to join the army
Sòng Zǐwén 宋子文 (1894–1971) N. better known as T.V. Soong; Columbia-trained financier
sōngzìyǎn 松字眼[鬆-] N. <*lg.*> blanket term
sòngzǒu 送走 R.V. see off
sōngzuǐ 松嘴[鬆-] V.O. ① relax one's bite and release what is held ② be less unyielding; soften; relent
sòngzuòduī 送做堆 V.P. <*slang*> arrange a wedding for a young couple who have lived under the same roof since their childhood
SOS-értóngcūn SOS儿童村 P.W. name of an international charitable organization for orphans
1sōu* 艘 M. *for vessels*
2sōu 搜 V. ① search ② collect; gather
3sōu 嗖 ON. whizz
4sōu 馊[餿] S.V. sour; spoiled
5sōu 飕[颼] V. <*topo.*> dry/cool by the wind ♦ON. whizz
6sōu 锼[鎪] V. <*topo.*> engrave; carve (on wood)
7sōu 廋 B.F. hide; conceal *sōucí, sōuyǔ*
8sōu 溲 B.F. excrete, esp. urine *jiēsōu* ♦in 1*sōujī*
9sōu 螋 in *qúsōu*
1sǒu 叟 B.F. old man *yěsǒu*
2sǒu 嗾 B.F. control a dog by whistling *sǒushǐ*
3sǒu 瞍 B.F. eye with no pupil; blind *sǒuméng*
4sǒu 薮[藪] B.F. ① a lake overgrown with grass *sǒuzé* ② gathering place *dàosǒu*
5sǒu 擞[擻] in *dǒusǒu*
sòu 嗽 B.F. cough *késou, sòuxuè*
sōubiàn 溲便 V. urinate
sōubǔ 搜捕 V. track down and arrest; raid; search
sōuchá 搜查 V. search; ransack; rummage
sōuchángguàdù 搜肠挂肚[-腸--] F.E. rack one's brains
sōucházhèng 搜查证[-證] N. search warrant M: 1*zhāng*
sōuchòu 馊臭 S.V. rotten and smelly
sōuchū 搜出 R.V. search out
sōu chūlai 搜出来 R.V. search out; find; recover (stolen goods, evidence of crime, etc.)
sōucí 廋辞[-辭] N. <*wr.*> riddle; puzzle; enigma
sōudiǎnzi 馊点子[-點-] N. stupid suggestion; lousy idea
sǒudǒudǒu 擞抖抖[擻-] R.F. trembling; shivering
sōufàn 馊饭 N. decayed food
sōugān 飕干[-乾] R.V. dry in the wind
sōugēntīchǐ 搜根剔齿[-齒] F.E. be very choosy
sōugōngzi 锼弓子 N. <*topo.*> fret saw; scroll saw
sōugòu 搜购[-購] V. select for purchase
sōuguā 搜刮 V. extort; plunder; fleece
sōuguāng 搜光 R.V. search all out
Sōuhú 搜狐 P.W. Sohu (a search engine)
sǒuhuǒ 擞火[擻-] V.O. <*topo.*> ① poke a fire ② poke the ashes; poke the fire up
1sōujī 溲箕 N. basket for washing rice
2sōujī 搜缉 V. search for (a criminal, etc.)
sōují* 搜集 V. collect; gather
sōujiā 搜家 V.O. search a house (of police/etc.)
sōujiǎn 搜检 V. search and investigate
1sōujiǎo 搜缴 V. search and confiscate
2sōujiǎo 搜剿 V. track down and exterminate
sōujiù 搜救 V. search for and rescue
sōukàn 搜看 V. search (a room/building)
sōukuò 搜括 V. <*wr.*> ① extort ② seek
sōuliú 飕飗 N. <*wr.*> soughing; rustling
sōuluó 搜罗[-羅] V. ① collect; gather; round up; recruit ② rummage (through drawers)
sōuluó réncái 搜罗人才[-羅--] V.O. scout for talents
sōuluó zhèngjù 搜罗证据[-羅證據] V.O. collect evidence
sǒuméng 瞍蒙 N. <*wr.*> blind man
sōuná 搜拿 V. run/track down
sōuniào 溲尿 V. urinate
sōupiào 搜票 N. search warrant M: 1*zhāng*
1sōuqì 馊气[-氣] N. smell of decaying food/etc.
2sōuqì 溲器 N. urinal
sōuqiú 搜求 V. seek; search/hunt for
sōushēn 搜身 V.O. make a body search
sǒushǐ 嗾使 V. instigate; abet
sōushū 廋疏 V. search
sōushuǐ 馊水 N. waste water
1sōusōu 嗖嗖 ON. whizz ♦ADV. with laughter; laughingly
2sōusōu 飕飕 ON. ①soughing of wind ②pattering of rain
sōusuān 馊酸 S.V. stale
sōusuǒ 搜索 V. search/hunt for; scout around
sōusuǒkūcháng 搜索枯肠[-腸] F.E. rack one's brains
sōusuǒ qiánjìn 搜索前进[-進] V.P. advance and reconnoiter
sōusuǒ yǐnqíng 搜索引擎 N. search engine
sōusuǒzhuàng 搜索状[-狀] N. search warrant M: 1*zhāng*
sōutǎo 搜讨 V. scrutinize and investigate
sōutī 搜剔 V. select; pick; weed out (textual errors)
sōutuǐ 馊腿 V. <*topo.*> run around
sōuwèi(r) 馊味(儿) N. sour/spoiled smell
sòuxuè 嗽血 V.O. cough up blood; spit blood
sōuxún 搜寻[-尋] V. search/look for; seek
sōuxún shíjiān 搜寻时间[-尋時-] N. <*comp.*> search time
sōu yāobāo 搜腰包 V.O. search sb. for money and valuables
sōuyǔ 廋语 N. riddle; puzzle; enigma
sōuyuè 搜阅 V. search (a room/building)
sǒuzé 薮泽[藪澤] N. <*wr.*> lakes and ponds
sōuzhāngzhāijù 搜章摘句 F.E. extract bits and pieces from texts
sōuzhǔyi 馊主意 N. <*coll.*> lousy idea
SS èrshí SS二十 N. SS-20 (Russian ICBM)
1sū 酥 S.V. ① crisp ② limp; weak; soft ♦B.F. crisp or flaky foods made with liberal amounts of shortening *táosū*
2sū 甦 B.F. revive; come back to life *sǐ'érfùsū*
3sū 窣 B.F. squeak; rustle; make a slight noise *xīsū, xièsū* **See also** 18*sù*
4sū 稣[穌] in **Yēsū**
Sū 苏[蘇] N. ① short for Suzhou ② short for Jiangsu province ③ short for the former Soviet Union ④ Surname ♦B.F. revive *fùsū* ♦in *lūsu*
sú 俗 B.F. ① vulgar *súqi* ② popular; common; current *tōngsú* ③ custom; convention *fēngsú* ④ secular; lay *sēng-sú*
1sù* 素 B.F. ①plain; simple; quiet 1*pǔsù* ②white *sùfú* ③vegetarian *chīsù* ④native *sùcài* ⑤basic element 1*yuánsù* ⑥ usually; habitually; always *sùlái*
2sù 速 B.F. ① fast; rapid; quick; speedy *xùnsù* ②speed; velocity *sùdù* ③<*wr.*> invite *bùsùzhīkè*
3sù 塑 V. model; mold
4sù 诉[訴] B.F. ① tell; relate; inform *gàosu* ② complain; accuse *sùkǔ* ③ sue; appeal 1*qìsù*, 1*shàngsù*
5sù 宿 B.F. ① stay overnight 1*zhùsù* ② <*wr.*> long-standing; old 1*sùyuàn* ③ veteran 1*sùjiàng* ♦N. Surname **See also** 1*xiǔ*, 6*xiù*
6sù 肃[肅] B.F. ① respectful 1*sùrán* ② solemn *yánsù* ③ clean/mop up *sùqīng*
7sù 粟 N. ① millet ② Surname
8sù 溯 B.F. ①go against the stream *sùliú'érshàng* ② trace back; recall 2*sùyuán*
9sù 嗉 B.F. crop (of a bird) 2*sùzi*
10sù 夙 B.F. ① early in the morning ② old; long-standing 2*sùdí*
11sù 愫 B.F. sincere *qíngsù*
12sù 蔌 B.F. vegetables *yáosùjùyǒu* ♦in 6*sùsù*
13sù 谡[謖] B.F. rise up 7*sùsù*
14sù 觫[餗] B.F. food in a cooking vessel *fùsù*
15sù 僳 in *Lìsùzú*
16sù 簌 in *sùdí*, 2*lùsù*
17sù 橚 in 2*pǔsù*
18sù 窣 in *Sùlìyǔ* **See also** 3*sū*
19sù 觫 in *húsù*
20sù 鹔[鷫] in 2*sùshuāng*
21sù 骕[驌] in 1*sùshuāng*
sù'ài 素爱[-愛] V. usually like (to do sth.)
1suān 酸 S.V. ① sour; tart ② sore; aching; tingling ♦B.F. ①sick at heart; grieved; distressed 2*xīnsuān* ②pedantic; impractical 1*hánsuān* ♦N. <*chem.*> acid
2suān 痠 S.V. sore; aching
3suān 狻 in *suānní*
1suàn* 算 V. ① calculate; compute; figure ② include; count ~ *wǒ yī ge.* Count me in. ③ plan ④ think; suppose ⑤ consider; regard/count as ⑥ carry weight; count ⑦ let it be/pass ♦ADV. at long last; in the end; finally
2suàn 蒜 N. garlic
suānbài 酸败 V. turn sour
suānbàixìng 酸败性 N. rancidity
suànbàn(r) 蒜瓣(儿) N. garlic clove
suānbí 酸鼻 V.O. ① have an irritated sensation in the nose ② feel like crying; be grieved
suànbiànzi 蒜辫子 N. braid of garlic

suànbù 算部 N. one's allotted life span

suànbude 算不得 R.V. <coll.> can't be counted/recognized as

suànbude shénme 算不得什么[-麼] V.P. of no special account; trifling; trivial

suānbujīliūr 酸不唧溜儿 V.P. <coll.> slightly sore; not very limber

suānbujir 酸不唧儿 V.P. <coll.> ① sour; slightly sour/tart ② exhausted; worn-out

suànbulái 算不来 R.V. can't calculate sth.

suānbulājī 酸不拉/喇唧 V.P. <coll.> unpleasantly sour

suànbuliǎo 算不了 R.V. ① can't solve (a math problem) ② can't calculate sth. ③ cannot be counted/regraded as

suànbuliǎo shénme 算不了什么[-麼] V.P. ① not so serious ② not very impressive

suānbuliūdiū 酸不溜丢 V.P. <topo.> ① sour-tasting ② coquettish

suànbuqīng 算不清 R.V. can't calculate clearly ♦ATTR. innumerable; uncountable

suànbushàng 算不上 R.V. can't be counted/regarded as

suāncài 酸菜 N. pickled Chinese cabbage/vegetables

suàncǎo(r) 算草(儿) N. calculation practice

suānchéng 酸橙 N. lime

suànchǐ 算尺 N. slide rule M: [1]bǎ

suànchóu* 算筹[-籌] N. tallies/chits used for working with numbers M: [2]gēn

suànchòu 蒜臭 N. garlic odor

suānchǔ* 酸楚 N. grievance; distress

suànchū 算出 R.V. figure out; work out

suānchuàng 酸怆[-愴] N. grief; sorrow

suāncù 酸醋 N. vinegar

suàncuò 算错 R.V. calculate incorrectly

suāncù tiáowèizhī 酸醋调味汁 N. vinaigrette sauce

suāndàn 酸蛋 N. <derog.> cocky person

suàndé 算得 V.P. regard as; count as

suàndeliǎo 算得了 R.V. can be counted/regarded as

suàndeliǎo shénme 算得了什么[-麼] V.P. it is nothing

suàndeshàng 算得上 R.V. can be counted/regarded as

suànde shénme 算得什么[-麼] V.P. of no special account; trifling; trivial

suāndīng 酸丁 N. penniless scholar

suàndìng* 算定 R.V. assess; determine

suāndòu 酸豆 N. tamarind

suāndòurǔ 酸豆乳 N. soy yogurt

suāndù 酸度 N. <chem.> acidity

suànfǎ(r)* 算法(儿) N. ①arithmetic ②<comp.> algorithm ③ method of calculation

suànfà 蒜发[-髮] N. premature white hair of a young person

suànfǎ yǔyán 算法语言 N. <comp.> algorithmic language

suānfǔ 酸腐 S.V. ①pedantic ②stale; hackneyed; trite ③ erosion caused by acid

suāngēn 酸根 N. <chem.> acid radical

suāngěng 酸梗 N. aching void in the heart; sorrow

suànguà 算卦 V.O. tell fortune

suànguà de 算卦的 N. fortune teller

suāngulōngdōng 酸咕隆咚 V.P. <coll.> heavy and uncomfortable (of feeling in the legs)

suānguǒmàn 酸果蔓 N. European cranberry

suānhán 酸寒 N. poverty-stricken condition

suànháor 蒜毫儿 N. garlic shoots

suànhòu biānjí 算后编辑[-後--] V.P. post-edit

suānhuà 酸化 N. acidify; acidize

suànhuà* 算话 V.O. keep one's words/promise

suānhuái 酸怀[-懷] N. sorrow; grief

suànhuáng 蒜黄 N. blanched garlic leaves

suànji(r) 算计(儿) V. ① calculate; reckon ② consider; plan ③ expect; figure ④ scheme; plot

suān-jiǎn 酸碱[-鹼] N. acid and alkali

suān-jiǎndù 酸碱度[-鹼-] N. <chem.> pH degree of acid or alkali

suānjiāng 酸浆[-漿] N. cherry jam; winter cherry

suān-jiǎnzhí 酸碱值[-鹼-] N. <chem.> pH value

suànjìn 算进[-進] R.V. figure in; reckon in

suānjìndàzuò 酸劲大作[-勁--] F.E. burn with jealousy

suàn jīngjìzhàng 算经济帐[-經濟-] V.O. keep economic accounts

suànjìn jīguān 算尽机关[-盡-關] V.O. resort to endless scheming

suànjì rén 算计人 V.O. plot against a person

suàn jiùzhàng 算旧帐[-舊-] V.O. settle an old score

suānkǔ 酸苦 N. ①sadness; misery ②bitterness; hardship

suānkuǎn 酸款 N. sour and aloof (of persons)

suān-là 酸辣 ATTR. hot and sour

suān-là báicài 酸辣白菜 N. hot and sour Chinese cabbage (Sichuan)

suànlái 算来 V.P. at a rough estimate ***Tā zǒule hěn jiǔ le, ~ yǐjing sān ge yuè le.*** He left long ago, I figure three months already.

suànláisuànqù 算来算去 V.P. compute/count over and over again

suānlàjiàng 酸辣酱[-醬] N. chutney

suānlǎn 酸/痠懒 S.V. ①languid; tired ②<topo.> listless and aching ③ indolent with aching muscles

suàn lǎozhàng 算老帐 V.O. settle an old score

suānlàtāng 酸辣汤[-湯] N. hot and sour soup

suànle 算了 V.P. ① Forget about it.; That's enough! ***Nǐ bù qù jiù ~.*** If you don't want to go, skip it. ② settled; concluded (of a case)

suānlèi 酸类[-類] N. acids

suānlí* 酸梨 N. sour pear M: [2]zhī

suànlì 算历[-曆] N. arithmetic and the calendar

suānliūliū(r) 酸溜溜(儿) R.F. ① sour; tart ② tingling; aching ③ sad; mournful ④ sharp-tongued ⑤ pedantic

suānlǜ 酸滤[-濾] N. acidleach

suānmǎnǎi 酸马奶 N. koumiss

suānméi 酸梅 N. smoked/dark/sour plum

suānméitāng 酸梅汤[-湯] N. sweet-sour plum infusion (made with water)

suànmiáo(r) 蒜苗(儿) N. garlic sprouts (used as food) M: [2]gēn

suànmìng 算命 V.O. tell fortune

suànmìng de 算命的 N. fortune-teller

suànmìng xiānsheng 算命先生 N. fortune-teller M: [2]wèi

suānnǎi 酸奶 N. yogurt; sour milk

suānní 狻猊 N. <zoo.> legendary beast of prey M: [2]zhī

suànní* 蒜泥 N. mashed garlic

suànní báiròu 蒜泥白肉 N. cold boiled pork with garlic puree

suānniúnǎi 酸牛奶 N. sour milk; yogurt

suànpán 算盘[-盤] N. ① abacus M: [1]bǎ ② calculation; plan; scheme

suànpán gēda 算盘疙瘩[-盤--] N. ornamental knots made in lace/ropes and looking like abacus beads

suànpán nǎodai 算盘脑袋[-盤腦-] N. miser

suànpánzǐ(r) 算盘子(儿)[-盤--] N. abacus beads M: [3]lì

suānpàocài 酸泡菜 N. sauerkraut

suànpí 蒜皮 N. garlic skin

suānpútáo 酸葡萄 N. sour grapes

suànqì 算器 N. <trad.> ① holder for diviner's chips/counters/etc. ② bamboo container

suānqiān 酸悭[-慳] V.P. miserly; stingy

suànqián* 算钱[-錢] V.O. count money

suānqiè 酸切 V.P. touching (of words)

suàn qǐlai 算起来 R.V. in total; all told; in all

suànqīng 算清 R.V. ① clear up (an account/etc.) ② find out the sum/ratio/etc.

suàn qīngchǔ 算清楚 R.V. ① clear up ② find out the sum/ratio/etc.

suānqǔ 酸曲 N. <topo.> song of love

suānrǔ* 酸乳 N. yogurt

suànrù 算入 V.P. count in

suānruǎn 酸/痠软 S.V. limp and aching; sore and weak

suānsè 酸涩[-澀] S.V. sour and puckery

suànshàng 算上 R.V. count in; include

[1]**suànshì** 算式 N. ① mathematical formula ② equation

[2]**suànshì** 算是 V.P. consider to be

suānshìyán 酸式盐[-鹽] N. <chem.> acid salt

[1]**suànshù** 算术[-術] N. arithmetic

[2]**suànshù(r)** 算数(儿)[-數-] V.O. counts; matters; amount to sth. ***Wǒ shuōhuà ~.*** I stand by what I've said.

suànshùjiā 算术家[-術-] N. arithmetician M: [2]wèi

suànshù jíshù 算术级数[-術-數] N. <math.> arithmetic progression/series

suànshù píngjūnzhí 算术平均值[-術---] N. <math.> arithmetic mean

suānsī 酸嘶 V. yelling with pain

suānsuān 酸酸 R.F. sour

suānsǔn 酸笋[-筍] N. a kind of edible bamboo shoot

suānsǔnyī 酸笋衣[-筍-] N. sour bamboo shoot

suàntái* 蒜苔/薹 N. young garlic shoot

suàntài 算态[-態] N. computing mode

suānténg 酸疼 S.V. aching and limp (of muscles/etc.)

suàntí 算题 N. mathematical problem M: [2]dào

suāntián(r) 酸甜(儿) ATTR. sweet and sour

suāntiánkǔlà 酸甜苦辣 F.E. joys and sorrows of life

suàntiáo 蒜条[-條] N. filigree

suàntiáojīn 蒜条金[-條-] N. gold bar shaped like a garlic head M: [2]gēn

suàntiěle 算铁了[-鐵-] V.P. <topo.> can be considered definitely assured

suāntòng 酸痛 S.V. aching

suàntóu(r) 蒜头(儿) N. head/bulb of garlic

suàntóupíng 蒜头瓶 N. <pottery> garlic-head vase

suāntóur 酸头儿 N. <topo.> slightly sour taste

suàntú 算图[-圖] N. alignment (diagram); nomogram

suānwèi(r)* 酸味(儿) N. tart flavor; acidity

suànwèi 蒜味 N. garlic odor

suānwénjiǎcù 酸文假醋 ID. ① phony cultured person ② hypocrite ③ priggish; prudish

suànwúyícè 算无遗策 F.E. make a well-conceived plan

suānxǐ 酸洗 <metal.> V. pickle ♦N. pickling

[1]**suānxīn** 酸辛 N. hardship ♦S.V. sad; bitter; miserable

[2]**suānxīn** 酸心 <coll.> S.V. ①feel sad; be grieved/heartbroken ② suffer from heartburn

suānxìng 酸性 N. <chem.> acidity

suānxìng fǎnyìng 酸性反应[-應] N. acid reaction

suānxìngyán 酸性岩 N. <geol.> acidic rock

suānxìngyǔ 酸性雨 N. acid rain

suānxiùcai 酸秀才 N. ①impractical old scholar ② priggish pedant

suānxuē 酸削 V. ache

suànxué* 算学 N. ①mathematics ②arithmetic

suānyē 酸噎 V.P. sad; grieved; heartbroken

suànyisuàn 算一算 V.P. ① figure it out ② add up

suānyǔ 酸雨 N. <loan> acid rain

suānzǎo(r/zi) 酸枣(儿/子)[-棗] N. wild jujube M: [2]kē/[1]kē

suànzhàng 算帐 V.O. ① reckon accounts; ask for or make out a bill ② get even with sb.; settle old scores

suàn zhèngzhìzhàng 算政治帐 V.O. keep political accounts

suànzǐ 算子 N. ① <lg./math.> operator ② fortuneteller

suàn zǒngzhàng huábùlái 算总帐划不来[-總----] V.P. When the overall account is added up, it will not prove to have been paid.
suànzuò 算作 V.P. count for; regard as
Sūbái 苏白[蘇-] N. ① Suzhou dialect ② spoken parts in Suzhou dialect in Kunqu opera
sùbái* 素白 N. plain and white
sùbài 肃拜[肅-] V. bow with one's hands before one's chest
sùbáibù 素白布 N. white shirtings M: [1]*pǐ*
sùbāozi 素包子 N. vegetarian steamed stuffed bun
sùběnzhuīyuán 溯本追源 F.E. go back to the origins
[1]**súbǐ*** 俗鄙 S.V. vulgar
[2]**súbǐ** 俗笔[-筆] N. vulgar style of writing
sùbì 宿弊 N. long-standing malpractice
sūbǐng 酥饼 N. small crispy cookie
sùbìyīqīng 宿弊一清 F.E. The long-standing abuses are all rooted out.
sùbó 粟帛 N. grain and cloth
sùbū 宿逋 N. <*wr.*> long-standing debt
sùbù* 素布 N. plain cloth M: [1]*pǐ*/[2]*kuài*
súbùkěnài 俗不可耐 F.E. unbearably vulgar
sùbùmǎ 速步马 N. courser
súbùshāngyǎ 俗不伤雅[--傷-] F.E. common-place but not injurious to elegance
sùbùxiāngshí 素不相识[-識] F.E. an unknown; a total stranger
Sūcài 苏菜[蘇-] N. Jiangsu cuisine
sùcái* 素材 N. source material
sùcài 素菜 N. vegetable dish
sùcān 素餐 N. vegetarian meal ♦V. ① be a vegetarian ② <*wr.*> not work for one's living
sùcāng 粟仓[-倉] N. granary
sùcānshīwèi 素餐尸位[--屍-] F.E. practically sinecure office
sùcǎo 粟草 N. milletgrass
sùchá 溯查 V. inquire into the origin (of)
sùcháng 素常 ADV. usually; habitually; ordinarily
sùchēbáimǎ 素车白马 F.E. <*trad.*> funeral procession
súchēng 俗称[-稱] N. secular name of a monk/etc. before consecration ♦V. be commonly called. . .; be commonly known as. . .
súchéng 俗成 N. <*lg.*> convention
[1]**sùchéng*** 速成 ATTR. speeded-up educational program ♦V. complete/do rapidly
[2]**sùchéng** 塑成 R.V. mold/model into
sùchéngbān 速成班 N. intensive/crash course
sùchéngcái 速成材 N. fast-growing wood
sùchéngfǎ 速成法 N. quick method
sùchéng jiàoxuéfǎ 速成教学法 N. quick method of teaching
sùchéngkē 速成科 N. accelerated course
sùchéng shízìfǎ 速成识字法[--識--] N. accelerated literacy method
[1]**sùchóu** 宿仇 N. ① feud ② foe ③ long-standing enmity
[2]**sùchóu** 夙仇 N. long-standing/long-time enemy
sùchù 宿处[-處] P.W. lodgings; accommodations
súchuán 俗传[-傳] N. common tradition
sùcí* 素瓷 N. plain chinaware M: [2]*jiàn*
sùcǐ 肃此[肅-] F.E. <*wr.*> This reply I write respectfully.
súcíyǔ 俗词语 N. <*lg.*> vulgarism
súcíyuánxué 俗词源学 N. <*lg.*> popular/folk etymology
sūcuì 酥脆 S.V. crisp
sūcuì huāshēng 酥脆花生 N. crisp peanuts
sūdá* 苏打[蘇-] N. <*loan*> soda
sùdá 速答 V. reply promptly
sūdān* 苏丹[蘇-] N. sultan *See also* ***Sūdān***
Sūdān 苏丹[蘇-] P.W. Sudan *See also* ***sūdān***
sùdàn 素淡 S.V. quiet (of colors)
sūdǎshuǐ 苏打水[蘇-] N. <*loan*> soda drink
súde 俗的 ATTR. popular
sūdēng 酥灯[-燈] N. <*Budd.*> oil lamp before a Buddha image M: [1]*zhǎn*
Sūdī 苏堤[蘇-] P.W. two dikes in the West Lake, Hangzhou, built by Su Dongpo
[1]**sùdí*** 宿敌[-敵] N. old enemy
[2]**sùdí** 夙敌[-敵] N. long-standing enemy
sùdì 簌地 ADV. flowing (of tears)
[1]**sùdòng** 速冻 V. quick-freeze
[2]**sùdòng** 速动[-動] ATTR. quick-action; quick-acting
sùdòng bǐlǜ 速动比率[-動--] N. <*acct.*> quick ratio
sùdòng duìxiā 速冻对虾[-對蝦] N. quick-frozen fresh prawns
sùdòng jiǎozi 速冻饺子 N. quick-frozen dumplings
sùdú 速读[-讀] N. speed-reading
sùdù* 速度 N. ① <*phy.*> speed; velocity ② <*mus.*> tempo ③ speed; rate; pace; tempo
[1]**sùduàn** 速断[-斷] N. prompt decision/quick decision
[2]**sùduàn** 素缎 N. plain silk M: [1]*pǐ*
sùdùbiǎo 速度表 N. speedometer
sùdùjì 速度计 N. speedometer
sùdù jìhào 速度记号[-號] N. <*mus.*> tempo mark
sùdù shùyǔ 速度术语[-術-] N. <*mus.*> tempo motto
sùdù xiànzhì 速度限制 N. speed limit
sùdú xùnliànqì 速读训练器[-讀-練-] N. tachistoscope
Sū'é* 苏俄[蘇-] P.W. Soviet Russia
sù'é 素娥 N. ① lady of the moon ② beauties
sūfà 酥发[-髮] N. lustrous hair
sùfà* 素发[-髮] N. white hair
sùfān 素幡 N. white streamers/flags M: [1]*miàn*
sùfǎn* 肃反[肅-] V.O. <*PRC*> eliminate coun-terrevolutionaries
[1]**sùfàn** 素饭 N. vegetarian diet
[2]**sùfàn** 粟饭 N. coarse staple food
sūfāng 苏枋[蘇-] N. sapanwood
sūfāngmù 苏方木[蘇-] N. logwood M: [2]*kē*
sūfāngshù 苏方树[蘇-樹] N. logwood M: [2]*kē*
sùfǎn kuòdàhuà 肃反扩大化[肅-擴--] N. <*PRC*> expansion of the rooting-out campaign
sùfǎn yùndòng 肃反运动[肅-運動] N. <*PRC*> campaign for elimination of counterrevolution-aries
súfēn* 俗氛 N. ordinary; vulgar
[1]**sùfèn** 宿分 N. destiny; fate
[2]**sùfèn** 宿粪[-糞] N. <*Ch. med.*> feces staying (in the intestines)
[1]**sùfēng** 素封 V. <*wr.*> become wealthy without holding a public office
[2]**sùfēng** 素风 N. ① contemporary customs/practices ② one's usual habits/practices
súfù 俗父 N. natural father of a Buddhist monk
sùfú* 素服 N. white/mourning clothing
sùfù 肃复[肅復] F.E. <*wr.*> reply respectfully
sùgào 诉告 V. recount one's grievances, etc.; air one's complaints
súgē 俗歌 N. popular song M: [2]*shǒu*
sùgēn 宿根 N. ① <*wr./bot.*> perennial root; biennial root ② <*Budd.*> the root of one's present lot planted in a previous existence
súgǔ 俗骨 N. vulgar to the bone
sùgù* 素故 N. old friend
[1]**sùguān** 素官 N. poor government official (connoting honesty) M: [2]*wèi*
[2]**sùguān** 素冠 N. mourner's cap M: [1]*dǐng*
sùguǒ 素裹 N. pure-white attire
sùhán 肃函[肅-] F.E. <*wr.*> write to you in great reverence
sùhàn* 宿憾 N. long-harbored resentment; long-standing regret
sùhǎo* 宿好 N. old friend *See also* ***sùhào***
sùhào 宿好 N. predilection *See also* ***sùhǎo***
sùhèn 宿恨 N. old grudge/feud
Sūhéwán(r) 苏合丸(儿)[蘇-] N. name of a Chinese patent medicine
sūhéxiāng 苏合香[蘇-] N. <*bot.*> storax
Sūhéyóu 苏合油[蘇-] N. name of a Chinese patent medicine
sùhóngbù 素红布 N. <*txtl.*> Turkey-red shirtings M: [2]*kuài*
sùhóngguànxiǔ 粟红贯朽 F.E. in a time/land of plenty
[1]**súhuà(r)*** 俗话(儿) N. <*coll.*> common saying; proverb
[2]**súhuà** 俗化 N. vulgarization
sùhuá 速滑 N. speed skate
sùhuádāo 素滑刀 N. speed skating M: [1]*shuāng*
[1]**sùhuái** 素怀[-懷] N. long-cherished ambitions/hopes
[2]**sùhuái** 宿怀[-懷] N. cherished for a long time
súhuàshuō 俗话说 V.P. as the saying goes
sùhuí* 溯/泝洄 V. go upstream
sùhuì 夙/宿慧 N. inborn/innate intelligence
sùhùnníngtǔ 素混凝土 N. plain concrete
sūhuó 苏活[蘇-] V. revive
sùhuǒtuǐ 素火腿 N. cold vegetarian dish made of soybeans that look like ham
[1]**suī** 虽[雖] CONJ. though; although; even if
[2]**suī** 尿 N. urine *See also* [1]*niào*
[3]**suī** 荽 B.F. coriander ***húsuī***, ***yánsui***
[4]**suī** 睢 in ***zìsuī***
Suī 眭 N. Surname
[1]**suí** 随[隨] V. ① follow ② comply with; adapt to ③ let (sb. do as he likes) ④ (go) along with (some action) ⑤ <*topo.*> look like; resemble ♦ADV. as soon as ♦CONS. ~ *ū̌* ~ *ū̌ ū̌* right after *ū̌* ~ ***shuō*** ~ ***zuò*** no sooner said than done ~ ***xué*** ~ ***wàng*** no sooner learned than forgotten ***Tā*** ~ ***jiào*** ~ ***dào***. As soon as you call, he comes.
[2]**suí** 绥[綏] B.F. pacify ***suíjìng***, ***fǔsuí***
[3]**suí** 遂 in [2]***suíshí*** *See also* [4]***suì***
Suí 隋 N. Sui dynasty (581–618)
suǐ 髓 B.F. ① bone marrow ***gǔsuǐ*** ② bone marrow-like material ***yásuǐyán***, ***nǎosuǐ***
[1]**suì*** 岁[歲] B.F. ① year ***niánsuì***, [2]***suìmò*** ② year (of crops) ***qiàn***~ lean year ♦M. year (of age)
[2]**suì** 碎 S.V. ① broken; fragmentary ② garrulous; gabby ♦B.F. break to pieces; smash ***fěnsuì***
[3]**suì** 穗 N. ① ear of grain; spike ② another name for Guangzhou
[4]**suì** 遂 B.F. ① satisfy; fulfill ***suìxīn*** ② succeed ***wèisuì*** ♦ADV. <*wr.*> then; thereupon *See also* [3]***suí***
[5]**suì** 燧 B.F. ① flint [2]***suìshí***, [2]***mùsuì*** ② beacon fire ***fēngsuì***
[6]**suì** 祟 B.F. haunt; plague; do mischief ***guǐsuì***, [2]***suìhuò***
[7]**suì** 邃 B.F. ① remote ***suìgǔ*** ② deep; profound ***shēnsuì***
[8]**suì** 隧 B.F. tunnel ***suìdào***
[9]**suì** 谇[誶] B.F. scold; curse ***suìmà***
suībàiyóuróng 虽败犹荣[雖-猶榮] F.E. feel proud even in defeat
suíbàn 随伴[隨-] N./ATTR. <*lg.*> accompani-ment
suíbàn jiècí 随伴介词[隨-] N. <*lg.*> accompa-niment preposition
suíbànzhě 随伴者[隨-] N. follower M: [2]*wèi*
suíbào fùsòng 随报附送[隨報-] N. free supplement to a journal
suíbǐ 随笔[隨筆] N. informal essay; jottings
suíbiàn(r) 随便(儿)[隨-] S.V./V.O. ① casual; random ② careless ③ wanton; willful ④ as one pleases ***Dàjiā qǐng*** ~ ***zuò ba***. Please seat yourselves anywhere.
suìbīng 碎冰 N. trash ice; mush
suìbīngchuán 碎冰船 N. icebreaker M: [1]*sōu*
suìbīngfǔ 碎冰斧 N. ice ax M: [1]*bǎ*
suìbīngjī 碎冰机 N. ice crusher M: [1]*tái*
suíbōzhúliú 随波逐流[隨-] F.E. drift with the tide/current
[1]**suìbù(r)** 碎步(儿) N. quick, short step
[2]**suìbù(r)** 碎布(儿) N. ① small pieces of waste cloth (as cut off by a tailor); rag ② oddments of cloth M: [2]*kuài*
suìbùcètú 碎部测图[-圖] V.P. detail mapping
suìbùtiáo 碎布条[-條] N. oddments of cloth
suìbùwǒyǔ 岁不我与[歲-與] F.E. ① I can't help getting old. ② Time and tide wait for no one.

S

suìbù yōuzhìzhǐ 碎布优质纸[--優質-] N. rag paper
suìchā 岁差[歲-] N. <astr.> precession of the equinoxes
suícháng 随常[隨-] ATTR. ordinary; common; everyday
suíchē 随车[隨-] V.O. take the same bus/train/etc.
suìchéng 碎成 R.V. break to form; break into
suíchù(r) 随处(儿)[隨處-] P.W. everywhere; anywhere
[1]**suìchū*** 岁出[歲-] N. annual expenditure
[2]**suìchū** 遂初 V.O. <wr.> retire from official life as one originally wished
suìchú 岁除[歲-] N. <wr.> New Year's Eve
suíchuánsuídào 随传随到[隨傳隨-] F.E. be brought up to court when needed
suìchū fēnpèishù 岁出分配数[歲-數] N. allotments for annual expenditures
suíchùkědé 随处可得[隨處-] F.E. can be obtained anywhere
suìcí 碎瓷 N. crackleware M: [2]*jiàn*
suìcì* 岁次[歲-] N. year of (followed by the year identified by its cyclic name)
suìcípiànr 碎瓷片儿 N. shards M: [2]*kuài*
suícóng 随从[隨從] V. accompany (one's superior); attend ♦N. retinue; suite; entourage M: [2]*wèi*
suícóng cānmóu 随从参谋[隨從參-] N. aide-de-camp
suícóngguān 随从官[隨從-] N. aide-de-camp M: [2]*wèi*
suícóng rényuán 随从人员[隨從-] N. retinue; suite; entourage M: [2]*wèi*
suìcuī 碎催 N. <coll.> a drudge
suídài* 随带[隨帶] V. ① go along with; accompany *Xìn wài ~ cídài yīhé.* Accompanying the letter is a tape. ② take sth. along with one ③ be joined/included
Suídài 隋代 N. Sui dynasty (581–618)
suí dàliù 随大溜[隨-] V.O. conform to a general trend
suìdào 隧道 N. ① tunnel ② <trad.> subterranian passage leading to a tomb M: [1]*tiáo*
suídàosuíchī 随到随吃[隨-隨-] F.E. Guests are served as they arrive.
suìdàoxuàn 隧道券 N. <archeo.> arched passage
Suídī 隋堤 P.W. Sui dynasty embankments along the Grand Canal
suídì(r)* 随地(儿)[隨-] P.W. anywhere; everywhere
suídìng 绥定 V. pacify; reestablish order
suìdìng jīngfèi 岁定经费[歲-經-] N. <acct.> annual appropriation
suídì tǔtán 随地吐痰[隨-] V.P. spit everywhere/anywhere
suìdòng 隧洞 N. tunnel M: [1]*tiáo*
suíduì 随队[隨隊] V.O. go with the team
suìfan 碎烦 S.V. <topo.> bothersome; troublesome
suífǎng 随访[隨-] V. follow up a case by regular visits to or correspondence with a patient
suífāngjiùyuán 随方就圆[隨-] F.E. adapt oneself to circumstances
suìfèi 岁费[歲-] N. annual expenditure
suífèn 随分[隨-] V.O. ① be content with one's lot ② club together to buy a present ③ according to one's means
suìfēnfēn 碎纷纷 R.F. broken into pieces
suìfèng 岁俸[歲-] N. <wr.> annual salary
suífēngdǎo 随风倒[隨-] V.P. be easily swayed
suífēngdǎoliǔ 随风倒柳[隨-] F.E. man of no fixed principle
suífēngpiāowǔ 随风飘舞[隨-] F.E. whirl about in the wind
suífēngshǐduò 随风驶舵[隨-] F.E. steer with the wind
suífēngzhuǎnduò 随风转舵[隨-轉-] F.E. ① bend with the wind ② be indecisive/opportunistic
suí fènzi 随份子[隨-] V.O. <coll.> ① chip in to buy a gift ② present a gift of money for a wedding/funeral/etc.
suífú 绥服 N. <trad.> one of the protective areas around the imperial capital
suífǔ* 绥抚 N. pacify; placate; soothe; tranquilize
suígǎn 随感[隨-] N. ① informal essay; jottings ② random thoughts
suígāojiùdī 随高就低[隨-] F.E. adapt to circumstances
[1]**suìgōng** 碎工 N. odd jobs
[2]**suìgōng** 岁功[歲-] N. ① annual harvest ② annual seasons
suìgòng* 岁贡[歲-] N. <hist.> annual tribute offered by a vassal state/protectorate/etc.
suìgǔ 邃古 N. remote antiquity
suìguò 遂过 V.O. let sb.'s mistake slide
suíhán* 随函[隨-] N. accompanying letter
suìhán 岁寒[歲-] N. ① severe winter; very cold winter ② closing years of one's life ③ times of anarchy
suíhán bèiwànglù 随函备忘录[隨-備-錄] N. covering memorandum
suíhángjiùshì 随行就市[隨-] F.E. ① sell at market prices ② fluctuate in line with market conditions
suìhánsānyǒu 岁寒三友[歲-] F.E. steadfast friends
suìhánsōngbǎi 岁寒松柏[歲-] ID. person steadfast in adversity
suìhán zhī sōngbǎi 岁寒知松柏[歲-] ID. Adversity reveals virtue.
suíhe 随和[隨-] S.V. <coll.> amiable ♦V. follow others
suíhédǎtǎng 随河打淌[隨-] ID. <topo.> go along with the crowd; drift aimlessly; let matters slide
suíhòu 随后[隨後] ADV. soon afterward
suíhòu dàodá 随后到达[隨後-達] V.P. arrive (there) soon after
suíhòu jiēyìng 随后接应[隨後-應] V.P. follow with reservations
suíhóuzhīzhū 隋侯之珠 N. valuable and precious things
suìhù 邃户 N. forbidding entrance to a large, quiet house
suìhuá 岁华[歲華] N. ① time of year ② procession of the seasons
suìhuār 碎花儿 N. <coll.> small images that make up a design/pattern
[1]**suìhuò** 碎货 N. retail goods
[2]**suìhuò** 祟惑 V. confuse by evil influence
suíjī 随机[隨-] <math.> ATTR. ① random ② stochastic
suíjí* 随即[隨-] ADV. immediately; soon after that
suìjí 遂及 ADV. and then
suìjì 岁计[歲-] N. annual budget
suíjià 随驾[隨-] V. accompany the emperor
suíjiǎor 随脚儿[隨腳-] S.V. <topo.> made to order (of shoes)
suíjiàosuídào 随叫随到[隨-隨-] V.P. ① immediate delivery on phone orders ② be on call at any hour
suíjī biànshù 随机变数[隨-變數] N. ① random variable ② random sample
suíjī chōuyàng 随机抽样[隨-樣] N. random sampling
suíjī cúnqǔ cúnchǔqì 随机存取存储器[隨-] N. <comp.> random-access memory (RAM)
suíjī gōngchéngshī 随机工程师[隨-師] N. flight engineer M: [2]*wèi*
suíjī guòchéng 随机过程[隨-] N. <math.> stochastic process
suìjīn 碎金 ID. brief literary masterpieces ♦N. small bits of gold
suìjìnchūnguī 岁尽春归[歲盡-歸] F.E. The early spring came on after the end of the last month of the year.
suíjìng 绥靖 V. pacify; appease
suíjìng zhèngcè 绥靖政策 N. policy of appeasement
suíjìngzhǔyì 绥靖主义[-義] N. appeasement policy
suìjīnxièyù 碎金屑玉 ID. brief literary masterpieces
suíjīshù 随机数[隨-數] N. random number
suíjīxíng móxíng 随机型模型[隨-] N. stochastic model
suíjī yàngběn 随机样本[隨-樣-] N. <math.> random sample
suíjīyìngbiàn 随机应变[隨-應變] F.E. act according to circumstances
suìjìyúchù 岁计余绌[歲-] F.E. <acct.> annual budgetary surplus/deficit
suíjūn* 随军[隨-] V.O. be with the army
Suìjūn 岁君[歲-] N. planet Jupiter
suíjūn jiāshǔ 随军家属[隨-屬] N. camp family (i.e. army officer's family allowed to settle at an army camp)
suíjūn jìzhě 随军记者[隨-] N. war correspondent M: [2]*wèi*
suíkǒu(r) 随口(儿)[隨-] ADV. off the top of one's head
suíkǒu dāying 随口答应[隨-應] V.P. say "yes" absentmindedly
suíkǒu'érchū 随口而出[隨-] F.E. escape one's lips
suìkuài(r) 碎块(儿)[-塊-] N. fragment
suìlán 岁阑[歲-] N. late season of a year
suìlàn* 碎烂[-爛] S.V. smashed/broken beyond recognition
suílèifùcǎi 随类赋彩[隨類-] F.E. <art> conformity to kind in applying colors
suílǐ 随礼[隨禮] V.O. give a present in return
suìliàobǎn 碎料板 N. flakeboard; particle board M: [2]*kuài*
suìliè 碎裂 V. shatter into small pieces
suìlièshēng 碎裂声[-聲] N. sound of (sth.) breaking
suílǐfēng 随礼风[隨禮-] N. the common practice of giving presents
suìlìng 遂令 V.P. ① therefore/then order ② result in
suìlìshí 碎砾石[-礫-] N. crushed gravel
suíluán 随銮[隨鑾] V. follow the imperial cortege (of a high officials)
suìmà 谇骂[-罵] V. scold; reproach; upbraid
suìmàxiāoxiǎo 谇骂宵小[-罵--] V.O. curse the night-prowlers
suìméi 碎煤 N. slack coal
[1]**suìmì** 邃密 S.V. ① deep ② profound ③ abstruse and full (of thought)
[2]**suìmì** 碎密 S.V. complicated and disorderly
suìmiǎo 岁杪[歲-] N. <wr.> end of the year
[1]**suìmò(r)** 碎末(儿) N. particles; crumbs; fragments
[2]**suìmò** 岁末[歲-] N. end of the year
suìmòmor 碎末末儿 N. <coll.> particles
suìmù 岁暮[歲-] N. <wr.> ① close of the year ② closing year of one's life
suìmùniánzhōng 岁暮年终[歲-] F.E. the end of the year
suìmùqǔhuǒ 燧木取火 F.E. get fire from wood by friction
suìmùtiānhán 岁暮天寒[歲-] F.E. Cold weather sets in as the year draws to its close.
suí nǐ de biàn 随你的便[隨-] V.P. Do as you please; As you like.
suìniúròu 碎牛肉 N. hamburger
suīpao 尿脬 N. <topo.> urinary bladder (usu. pig's, which can be inflated for play)
suìpiàn(r) 碎片(儿) N. fragment; splinter; shred
suīpínbùchǎn 虽贫不谄[雖-] F.E. Though poor (he) flatters no one.
suípōrdǎtǎng 随坡儿打躺[隨-] F.E. <topo.> go along with the tide; drift aimlessly
suìqídàwàng 遂其大望 F.E. attain one's ambition
suíqísuǒyù 随其所欲[隨-] F.E. give rein to

suìqísuǒyuàn 遂其所愿[-願] F.E. hope/aspiration/wish comes true

suíqún(r) 随群(儿)[隨-] V.O. <coll.> ① can get along with others; be gregarious ② follow the crowd

suìr 穗儿 N. ear of grain

suīrán 虽然[雖-] CONJ. though; although ♦CONS. ~ *A kěshi B* although A (nevertheless) B

suírénfǔyǎng 随人俯仰[隨-] F.E. follow sb. servilely

Suìrénshì 燧人氏 N. legendary ruler said to be the first to discover fire

Suìrénsìzuǒ 燧人四佐 N. four assistants of an ancient emperor

suìrìbìngjìn 岁日并进[歲-並進] F.E. The years of one's age pass away with the time.

suìròu 碎肉 N. ground/chopped/etc. meat

suìrù 岁入[歲-] N. annual income; revenue

suìrújīfěn 碎如齑粉[--齏-] F.E. be dashed to pieces; be ground into powder

suìrù jījīn 岁入基金[歲-] N. <acct.> revenue funds

Suìrù Wěiyuánhuì 岁入委员会[歲-] P.W. Ways and Means Committee

suìrù yùsuànshù 岁入预算数[歲-數] N. <acct.> estimated revenue

suíshēn(r) 随身(儿)[隨-] V.O. (take/have) with one(self)

suíshēngfùhè 随声附和[隨聲-] F.E. echo others

suíshēntīng 随身听[隨-聽] N. Walkman

suíshēnxiédài 随身携带[隨-攜帶] F.E. carry with one; carry on

suíshēn xínglǐ 随身行李[隨-] N. accompanying luggage; carry-on items

suīshì 虽是[雖-] CONJ. although

[1]suíshí* 随时[隨時] ADV. ① at any time; at all times ② whenever necessary; as occasion demands

[2]suíshí 遂石 N. <geol.> chert M: [2]*kuài*

suíshì 随侍[隨-] N. ① attend/wait upon one's elders and betters ② personal attendant

[1]suìshí 碎石 N. crushed/broken stone M: [2]*kuài*

[2]suìshí 燧石 N. flint M: [2]*kuài*

[3]suìshí 岁时[歲時] N. ① four seasons ② time of year; times and seasons

suìshì 遂事 N. bygones; sth. that has had its course

suíshì bōdòng 随市波动[隨-動] V.P. be subject to market fluctuations

suìshí bōli 燧石玻璃 N. flint glass

suìshìbùjiàn 遂事不谏 F.E. Let bygones be bygones.

suìshí hùnníngtǔ 碎石混凝土 N. <archi.> crushed-stone concrete

suìshíjī 碎石机 N. stone crusher M: [1]*tái*

suìshílù 碎石路 N. broken-stone/gravel road; macadam road M: [1]*tiáo*

suíshísuídì 随时随地[隨時隨-] F.E. at all times and all places

suìshítou 碎石头 N. crushed stone M: [2]*kuài*

suìshīwànduàn 碎尸万段[-屍萬-] F.E. ① tear the body to thousands of pieces (said when swearing to destroy sb.) ② inflict severe punishment

suíshìzàicè 随侍在侧[隨-] F.E. accompany (sb.) closely

suíshízhìyí 随时制宜[隨時-] F.E. change tactics as the situation demands

suìshízi 碎石子 N. gravel; macadam

suíshǒu(r)* 随手(儿)[隨-] ADV. ①conveniently; without extra trouble ② immediately

suìshōu 岁收[歲-] N. annual income (in a state budget); revenue

suìshǒu 岁首[歲-] N. <wr.> beginning of the year

suíshǒuguānmén 随手关门[隨-關-] F.E. Shut the door after you.

suìshu(r) 岁数(儿)[歲數-] N. <coll.> age; years

suíshuǐpiāoliú 随水飘流[隨-] F.E. drift about in the water

suíshùn 随顺[隨-] V. obey; yield

suīshuō 虽说[雖-] V.P. <coll.> though; although

suíshuōsuízuò 随说随做[隨-隨-] F.E. No sooner said than done.

suīsǐbùwàng 虽死不忘[雖-] F.E. I shall not forget it even in death.

suīsǐwúyuàn 虽死无怨[雖-] F.E. I can die without regrets.

suīsǐyóuróng 虽死犹荣[雖-猶榮] F.E. die a glorious death

suīsǐyóushēng 虽死犹生[雖-猶-] F.E. live on in spirit

suísú 随俗[隨-] V.O. follow convention

suísúchénfú 随俗沉浮[隨-] F.E. follow the crowd without personal principles

suísuíbiànbiàn 随随便便[隨隨-] R.F. <coll.> ① casually ② carelessly

suìsuìniánnián 岁岁年年[歲歲-] R.F. year after year; every year

suítóng 随同[隨-] V. accompany

suìtóng-làntiě 碎铜烂铁[-爛鐵] N. waste-metal objects; metal junk

suìtóur 穗头儿 N. <coll.> grain ear

suìwǎduī 碎瓦堆 N. a pile of broken tiles

suìwěi 岁尾[歲-] N. year's end

suìwěiniántóu 岁尾年头[歲-] F.E. the tail and head of the year

suìwén 碎纹 N. <art> crackle of more-or-less close mesh

suíwōrdǎtǎng 随窝儿打躺[隨窩-] F.E. <topo.> ride along with the tide; do whatever the situation requires

suìwù 碎务[-務] N. ① minor things ② minor chores

suíxǐ 随喜[隨-] V.O. ① <trad.> visit a temple/shrine ②join in an enjoyable activity ③<Budd.> rejoice on seeing others doing good ④ join in charitable and pious deeds

suìxī* 岁夕[歲-] N. New Year's Eve

suíxiǎng 随想[隨-] N. random thoughts; whimsy

suíxiǎngqǔ 随想曲[隨-] N. <mus.> caprice; capriccio

suíxiāngrùxiāng 随乡入乡[隨鄉-鄉] F.E. When in Rome do as the Romans do.

suìxiǎo 碎小 N. one's dependents

suìxiè 碎屑 N. very small broken pieces

suìxièyán 碎屑岩 N. clastic rock

suíxīn* 随心[隨-] V.O. ① fulfill one's desire ② find sth. satisfactory; be gratified

suíxìn 随信[隨-] V.O. along with this letter

suìxīn 遂心 V.O. fulfill one's desire

suíxíng* 随行[隨-] V. accompany/follow sb. on a trip ♦N. retinue; suite; entourage

Suìxīng 岁星[歲-] N. <trad.> planet Jupiter

suíxíng rényuán 随行人员[隨-] N. entourage; suite; party

suìxīnrúyì 遂心如意 F.E. perfectly satisfied

suíxīnshǎng 随心赏[隨-] N. tip; gratuity

suíxīnsuǒyù 随心所欲[隨-] F.E. do as one pleases

suìxīnsuǒyuàn 遂心所愿[-願] F.E. follow what the heart desires

suìxiōng 岁凶[歲-] N. unlucky year

suìxiū 岁修[歲-] N. annual repair

suìxiūr 碎修儿 V. <coll.> make partial repairs

suìxuǎn 穗选[-選] N. <agr.> ear selecting

suìyán 碎岩 N. detritus; rubble

suìyàn* 岁晏[歲-] N. ① year's end ② New Year's Eve

suíyándàkàng 随檐大炕[隨-] N. <trad.> room-size brick bed

suìyè 岁夜[歲-] N. New Year's Eve

suíyí 随宜[隨-] ADV. as one sees fit

suíyì(r)* 随意(儿)[隨-] ADV. as one pleases

suìyì 遂意 V.O. be to one's liking

suíyì chōuchá 随意抽查[隨-] N. random check

suíyì de 随意的[隨-] ATTR. <lg.> casual

suíyì huídá de 随意回答的[隨-] ATTR. <lg.> open-ended

suíyì huídá yíwènjù 随意回答疑问句[隨-] N. <lg.> open-ended question

suíyìjī 随意肌[隨-] N. <phys.> voluntary muscle

suíyìkē 随意科[隨-] N. elective courses

suìyīn 碎音 N. <mus.> acciaccatura

suìyín* 碎银 N. small bits of silver

suíyìsuǒzhī 随意所之[隨-] F.E. go anywhere one pleases

suíyì wéntǐ 随意文体[隨-體] N. <lg.> casual level of speech

suìyì xíngwéi 遂意行为 N. <lg.> perlocutionary act

suìyǔ 邃宇 N. <wr.> large house that is dark and labyrinthine

suìyù* 碎玉 N. ①broken jade ②beautiful white teeth

[1]suíyuán* 随员[隨-] N. ① suite; retinue; entourage ② attaché M: [2]*wèi*

[2]suíyuán 随缘[隨-] V.O. <Budd.> in accordance with the factors that condition a situation

Suíyuǎn 绥远[-遠] P.W. <hist.> Suiyuan province

suìyuàn 遂愿[-願] V.O. fulfill one's desire

suíyuánlèzhù 随缘乐助[隨-樂-] F.E. donate according to the situation

suìyuè 岁月[歲-] N. ① years ② time

suìyuè bù dàirén 岁月不待人[歲-] F.E. Time and tide wait for no man/one.

suìyuèbùjī 岁月不羁[歲-] F.E. Time marches on.

suìyuèbùjū 岁月不居[歲-] F.E. Time and tide wait for no man/one.

suìyuè bù ráorén 岁月不饶人[歲--饒-] F.E. Time and tide wait for no man/one.

suìyuècuōtuó 岁月蹉跎[歲-] F.E. idle away one's time

suìyuè jiāo rén zhǎng zhìhuì 岁月教人长智慧[歲-] F.E. years bring wisdom

suìyuèliúshì 岁月流逝[歲-] F.E. Time fleets past.

suíyù'ér'ān 随遇而安[隨-] F.E. fit in anywhere

suìyuèrúliú 岁月如流[歲-] F.E. Time flies.

suìyuèwúqíng 岁月无情[歲-] F.E. Time and tide wait for no man/one.

suìyuèxiāoshì 岁月消逝[歲-] F.E. The months and years slip by.

suìyuèzhēngróng 岁月峥嵘[歲-崢嶸] F.E. eventful/extraordinary years

suìyùn 岁运[歲運] N. luck for the year

suìyùyúnmù 岁聿云暮[歲-雲-] F.E. The year is drawing to a close.

suìzàilóngshé 岁在龙蛇[歲-] F.E. the year in which a great master died

suízàng 随葬[隨-] V. bury with the dead

suízàngpǐn 随葬品[隨-] N. burial articles M: [2]*jiàn*/[1]*pī*

suízàngwù 随葬物[隨-] N. funerary objects; burial articles M: [1]*pī*

suīzé* 虽则[雖-] CONJ. though; although

suìzé 遂则 ADV. and then; afterwards

suìzhāo 岁朝[歲-] N. <wr.> first day of the lunar New Year

suízhe 随着[隨著] CONJ. along with; in the wake of; in pace with

suìzhǐ* 碎纸 N. scrap of paper

suìzhì 遂致 ADV. consequently; thereupon; subsequently

suízhī'érlái 随之而来[隨-] F.E. come along with

suízhī'érqǐ 随之而起[隨-] F.E. go/rise up with

suìzhì xiǎomài 碎质小麦[-質-麥] N. soft wheat

suízhǒng'érzhì 随踵而至[隨-] F.E. come in a stream (following on each other's heels)

suìzhuān 碎砖[-磚] N. crushed brick M: [2]*kuài*

suìzhuàng huāxù 穗状花序[-狀--] N. <bot.> spike

suízhǔcóngjià 随主从嫁[隨-從-] F.E. (a maidservant who) follows her young mistress to the bridegroom's home

suízhūtánquè 随珠弹雀[隨-] F.E. gains cannot offset losses

suìzi 穗子 N. ① tassel; fringe ② ear of grain; spike

suìzuǐzi 碎嘴子 V.O. <*topo.*> jabber; prate ♦N. <*coll.*> chatterbox
suízuò 随坐[随-] V. <*law*> be implicated in a condemnation although innocent
sùjī 素鸡[-雞] N. cold vegetarian dish made of soybeans that look like chicken meat
sùjí 宿疾 N. chronic complaint; old trouble
[1]**sùjì*** 速记 N./V. shorthand; stenography
[2]**sùjì** 肃寂[肅-] S.V. solemnly silent
[3]**sùjì** 素祭 N. make a vegetarian offering to the gods/ancestors/etc.
sújiā* 俗家 N. ① layman; common lot ② home of a monk/nun before taking the tonsure
[1]**sùjià** 夙驾 V.O. start a journey early
[2]**sùjià** 速驾 F.E. <*wr.*> request the pleasure of your early company
sújiā dǎban 俗家打扮 N. in a layman's attire
[1]**sùjiǎn** 素检 V.P. simple and disciplined (life/taste/etc.)
[2]**sùjiǎn** 速简 N. <*wr.*> express letter
sùjiàn* 宿见 N. long-cherished idea/opinion
[1]**sùjiàng** 宿将[-將] N. veteran general M: [2]*wèi*
[2]**sùjiàng** 塑匠 N. molder; modeler M: [2]*wèi*
[3]**sùjiàng** 肃降[肅-] N. <*Ch. med.*> clearing and carrying downward (energy/etc.)
sùjiāng'érshàng 溯江而上 F.E. go upstream in a boat
sùjiàngjiùzú 宿将旧卒[-將舊-] F.E. experienced generals and soldiers
sùjiǎnróng 素剪绒 N. velvet
[1]**sùjiāo** 塑胶[-膠] N. ① synthetic resin ② plastic; plastic cement
[2]**sùjiāo** 素交 N. old acquaintance
sùjiāobǎn 塑胶板[-膠-] N. plastic plate/board M: [1]*zhāng*/[2]*kuài*
sùjiāodài 塑胶袋[-膠-] N. plastic bag
sùjiāo gōngyè 塑胶工业[-膠-業] P.W. plastics industry
sùjiāoguǎn 塑胶管[-膠-] N. plastic pipe M: [2]*gēn*
sùjiāopiàn 塑胶片[-膠-] N. plastic film
sùjiāopíng 塑胶瓶[-膠-] N. plastic bottle
sùjiāoqiú 塑胶球[-膠-] N. plastic ball
sùjiāotào 塑胶套[-膠-] N. plastic cover
sùjiāotǐ 塑胶体[-膠體] N. plastic material
sùjiāozhǐ 塑胶纸[-膠-] N. plastic sheet/paper M: [1]*zhāng*
sújiā zǐdì 俗家子弟 N. laymen
sùjìbù 速记簿 N. notebook M: [1]*běn*
sújiè 俗界 N. workaday world
sùjié* 素洁[-潔] N. white and pure
Sùjié 素节[-節] N. ① Moon Festival ② autumn ③ moral fortitude; integrity ④ one's usual behavior/conduct
sùjìfǎ 速记法 N. shorthand
sùjìfú 速记符 N. <*lg.*> logogram
sùjìlù 速记录[-錄] N. list of things to do (in a calendar book, etc.)
sùjing 素净[-淨] S.V. ① plain and neat ② quiet (of color) ③ simple or not greasy; lightly seasoned (of food)
[1]**sùjìng*** 肃静[肅靜] S.V. ① solemnly silent ② peaceful ♦V. pacify
[2]**sùjìng** 肃敬[肅-] S.V. respectful
sùjìngwúhuá 肃静无哗[肅靜-嘩] F.E. strict silence
sùjìshù 速记术[-術] N. stenography
sùjiǔ* 素酒 N. ① liquor/wine served at a vegetarian feast ② <*topo.*> vegetarian feast
sùjiù 素旧[-舊] N. old friendship
sùjiǔwèixǐng 宿酒未醒 F.E. still have a hangover
sùjìxué 速记学 N. stenography
sùjìyuán 速记员 N. stenographer
Sūjù* 苏剧[蘇劇] N. Jiangsu local opera
sùjū 素车 N. <*trad.*> funeral carriage; hearse M: [3]*liàng*
sùjuàn 素绢 N. white silk M: [1]*pǐ*
sùjué 速决[-決] V. quickly decide
sùjuézhàn 速决战[-決戰] N. war/battle of quick decision
[1]**sùkè** 速客 V.O. send a servant to urge a guest to come
[2]**sùkè** 肃客[肅-] V.O. <*trad.*> receive a guest
sùkǒumàrén 素口骂人[--罵-] F.E. not practice what one preaches
sùkǔ 诉苦 V.O. vent one's grievances ♦N. plaint
sùkǔhuì 诉苦会 P.W. meeting for pouring out grievances
sù kǔqióngr 诉苦穷儿[--窮-] V.O. <*coll.*> bemoan one's poverty/misery
sùkǔsùyuān* 诉苦诉冤 F.E. voice one's grievances and wrongs
sùkǔsùyuàn 诉苦诉怨 F.E. air one's grievances
sùlái 素来 ADV. always; usually
sūlào 酥酪 N. koumiss
sùlǎo* 宿老 N. old gentleman
súlěi 俗累 N. worldly concerns/burdens
sùlèi* 粟类[-類] N. millet type
súlǐ 俗礼[-禮] N. secular etiquette/manners
[1]**súlì(r)** 俗例(儿) N. conventional practice
[2]**súlì** 俗吏 N. petty official
[1]**sùlì*** 肃立[肅-] V. stand up as a mark of respect
[2]**sùlì** 速力 N. speed
Sūlián* 苏联[蘇聯] P.W. Soviet Union
[1]**sùliàn** 塑炼[-煉] V. plasticate
[2]**sùliàn** 素练[-練] N. ① white silk ② waterfall; cataract
sùliào 塑料 N. plastics
sùliào bìzhǐ 塑料壁纸 N. plastic wallpaper
sùliào bómó 塑料薄膜 N. plastic film/sheeting
sùliàodài 塑料袋 N. plastic bags
sùliào diànchí 塑料电池[--電-] N. plastic battery
sùliàohuā 塑料花 N. plastic flowers M: [2]*duǒ*
sùliào tiēmiàn 塑料贴面 N. plastic facing (on furniture)
sùliàoxié 塑料鞋 N. plastic shoes M: [1]*shuāng*
sùliào yìnbǎn 塑料印板 N. <*print.*> plastic plate
sùliào zhàdàn 塑料炸弹 N. plastic bomb
sùlìmò'āi 肃立默哀[肅-] F.E. stand in silent mourning
Sūlǐnán 苏里南[蘇-] P.W. Surinam
súliú 俗流 N. the common lot of people; layman
[1]**sùliú*** 宿留 V. stay overnight
[2]**sùliú** 泝流 V.O. go against the current; go upstream
sùliú'érshàng 溯流而上 F.E. go upstream
Sùlìyǔ 窣利语 N. <*lg.*> Sogdian
sùlìzhìjìng 肃立致敬[肅-] F.E. stand in reverence showing respect
sùlìzhuàng 粟粒状[-狀] N. kernel-shape
súlòu 俗陋 S.V. vulgar
sùlǚ 素履 N. ① simple life ② common scholar contented with a quiet and simple life
sùlǜ* 速率 N. speed; rate
súlǜchénhuái 俗虑尘怀[-慮塵懷] F.E. all worldly cares
súlùn 俗论 N. popular opinion
súlǜquánxiāo 俗虑全消[-慮--] F.E. All worldly cares have vanished.
[1]**sūmá** 酥麻 S.V. limp and numb
[2]**sūmá** 苏麻[蘇-] N. a kind of tall bamboo
sùměi 素美 S.V. plain but pretty
sùmèipíngshēng 素昧平生 F.E. have never met before
sùmén 素门 N. a poor family
Sūméndálà 苏门答腊[蘇-臘] P.W. Sumatra
sūménlíng 苏门羚[蘇-] N. <*zoo.*> serow
sùmǐ 粟米 N. <*topo.*> corn; millet; grain
sùmiàn 素面[-麵] N. vegetarian noodle dish
sùmiànchāotiān 素面朝天 F.E. wear no make-up during an audience with the emperor (of a woman)
sùmiáo 素描 N./V. ① sketch ② literary sketch
sùmiáobù 素描簿 N. sketchbook M: [1]*běn*
sùmiáocái 素描裁 N. rough draft
sùmiáo cǎotú 素描草图[-圖] N. sketch; design M: [1]*zhāng*
súmíng 俗名 N. popular/local name
sùmìng* 宿命 N. ① fate ② predestination
sùmìnglùn 宿命论 N. <*phil.*> ① fatalism ② determinism
sùmìnglùnzhě 宿命论者 N. fatalist
sùmìngshuō 宿命说 N. fatalism
súmín wénhuà 俗民文化 N. folk culture
sūmó róuliào 苏模糅料[蘇-] N. sumac
sūmù 苏木[蘇-] N. sapanwood M: [2]*kē*
súmù 俗目 N. common/stock view
sùmú 塑模 N. mold
sùmù* 肃穆[肅-] S.V. ① solemn, congenial and respectful ② peaceful
[1]**sūn** 孙[孫] B.F. ① grandson *sūnzi*, *wàisūn* ② generations below that of grandchild *zēngsūn* ③ second growth of plants *dàosūn* ♦N. Surname
[2]**sūn** 飧 B.F. evening meal; supper *pánsūn*
[3]**sūn** 搎 in *ménsūn*
[4]**sūn** 狲[猻] in *húsūn*
[5]**sūn** 荪[蓀] in [2]*zhúsūn*
[1]**sǔn*** 损[損] B.F. ① decrease; lose *sǔnshī* ② harm; damage *sǔnhài* ♦S.V. ① be mean/shabby ② <*topo.*> be sarcastic/caustic
[2]**sǔn** 笋[筍] N. bamboo shoot
[3]**sǔn** 隼 N. <*zoo.*> falcon
[4]**sǔn** 榫 N. tenon; mortise-and-tenon joint
[5]**sǔn** 簨 B.F. beam/stand/frame for hanging bells/drums *sǔnjù*
sùnáng 嗉囊 N. crop (of a bird)
sūnbèi 孙辈[孫-] N. grandchildren's/third generation
sǔnbiān 笋鞭[筍-] N. subterranean stem of bamboo
sǔnbīngzhéjiàng 损兵折将[-將] F.E. be routed in battle
sǔnbù 损布 N. patched cloth M: [2]*kuài*
sǔncáo 榫槽 N. mortise
sǔn chǎo niúròusī 笋炒牛肉丝[筍-絲] N. julienne beef and bamboo shoots
sǔn chǎo ròupiàn 笋炒肉片[筍-] N. sliced pork and bamboo shoots
sǔn dàojiā 损到家 <*coll.*> V.P. ① be very malicious ② be very mischievous ③ reduce (price) to cost level ④ very mean; cruel and heartless (of utterances/actions)
sǔndé 损德 V.O. injure/damage one's virtue (by misdeeds)
sǔndīng 榫钉 N. dowel M: [2]*zhī*
sūn'ér 孙儿[孫-] N. <*coll.*> grandchild (said affectionately); grandson
sūn'ér-nǚ 孙儿女[孫-] N. grandson and granddaughter
sǔnfēng 笋峰[筍-] N. conical peak
sǔngān 笋干[筍乾] N. dried bamboo shoots
sǔngēnzi 损根子 N. <*topo.*> scoundrel
sǔngōngféijǐ 损公肥己 F.E. line one's own pockets at public expense
sǔngōngféisī 损公肥私 F.E. feather one's nest at public expense
sǔngōnglìsī 损公利私 F.E. benefit oneself at public expense
sǔnguā 笋瓜[筍-] N. <*bot.*> winter squash
sǔn gǔtou 损骨头 N. <*coll.*> mischief-maker; wicked person
sǔnhài 损害 V. harm; damage; injure
sǔnhài bǎoxiǎn 损害保险 N. damage insurance
sǔnhài dào 损害到 R.V. harm reaching to
sǔnhài péicháng 损害赔偿[-償] N. indemnity; compensation
sǔnhào 损耗 V. cause loss or wear and tear ♦N. wastage; spoilage
sǔnhàofèi 损耗费 N. cost of wear and tear
sǔnhàoliàng 损耗量 N. amount of wear and tear
sǔnhàolǜ 损耗率 N. proportion of goods damaged
sūnhé 孙核[孫-] N. granddaughter
sǔnhuài 损坏[-壞] V. damage; injure
sǔnhuài cáiliào 损坏材料[-壞--] N. spoiled material
sǔnhuài chǎnpǐn 损坏产品[-壞產-] N. spoiled products M: [2]*jiàn*
sǔnhuài gōngchéng 损坏工程[-壞--] N. spoiled work
sǔnhuǐ 损毁[-毀] V. ruin

súniàn 俗念 N. worldly thoughts; layman's ideas
sùniǎojīngfēi 宿鸟惊飞[-驚飛] F.E. Birds fly off in alarm.
sǔnjī 笋鸡[筍雞] N. young chicken; broiler
sǔnjiān(r) 笋尖(儿)[筍-] N. tip of bamboo shoots
sǔnjǐlìrén 损己利人 F.E. help others at one's own expense
sǔnjù 簨虡 N. beam for hanging bells or chime stones
sǔnké 笋壳[筍殼] N. scale-like outer skin of a bamboo shoot
sǔnmìng 损命 V.O. lose one's life
sūnmǔ 孙母[孫-] N. <lg.> diphthongs followed by nasals
sǔnmǔyǔ shuāngyǔ fāzhǎn 损母语双语发展[---雙-發-] F.E. <lg.> subtractive bilingualism
sǔnnián 损年 V. die young
sǔnniǎor 损鸟儿 N. <topo.> sb. rude toward women
sūnnǚ(r) 孙女(儿)[孫-] N. son's daughter; granddaughter
sūnnǚxù 孙女婿[孫-] N. granddaughter's husband; grandson-in-law
sǔnpí 笋皮[筍-] N. scale-like outer skin of a bamboo shoot
Sūn Quán 孙权[孫權] (181–252) N. king of Wu in the Three Kingdoms era
sǔnr 榫儿 N. tenon and mortise
sǔnrén 损人 N. malicious person ♦V.O. <topo.> ① do things harmful to others; cause material damage to others ② make caustic remarks
sǔnrénbǎojǐ 损人保己 F.E. clear oneself at another's expense
sǔnrén bùlìjǐ 损人不利己 F.E. do things harmful to others without benefiting oneself
sǔnrénféijǐ 损人肥己 F.E. enrich oneself at others' expense
sǔnrénlìjǐ 损人利己 F.E. benefit oneself at others' expense
sǔnrényìjǐ 损人益己 F.E. benefit oneself at others' expense
sǔnshāng 损伤[-傷] V. harm; damage; injure ♦N. loss
sǔnshāng yuánqì 损伤元气[-傷-氣] V.O. suffer tremendous loss in strength/resources
sǔnshī* 损失 V. lose ♦N. loss
sǔnshì 损事 N. a bad action/deed
sǔnshībùzī 损失不赀 F.E. suffer no small amount of damage/loss
sǔnshījìngjìn 损失净尽[-淨盡] F.E. dead loss
sǔnshī zǒngshù 损失总数[-總數] N. total loss
sǔnshòu 损寿[-壽] V.O. shorten one's life
sǔntiáozi 损条子[-條-] N. <topo.> words of blame
[1]**sǔntou** 笋头[筍-] N. ①bamboo shoot ②tenon
[2]**sǔntou** 榫头 N. tenon
sùnuò 夙/宿诺 N. old promise
Sūn Wǔ 孙武[孫-] N. strategist of the Warring States period
Sūn Wùkōng 孙悟空[孫-] N. name of a monkey with supernatural powers in the novel *Xīyóu Jì*
sūnxí* 孙媳[孫-] N. grandson's wife; granddaughter-in-law
sǔnxí 笋席[筍-] N. mats made of the sheaths of bamboo shoots M: [1]*zhāng*
sǔnxié 笋鞋/鞵[筍-] N. shoes made of the sheaths of bamboo shoots M: [1]*shuāng*
sūnxífu(r) 孙媳妇(儿)[孫-婦-] N. grandson's wife; granddaughter-in-law
sūnxù 孙婿[孫-] N. grandson-in-law
sǔnyā 笋鸭[筍-] N. young duck; duckling M: [2]*zhī*
[1]**sǔnyá*** 笋芽[筍-] N. sprouting bamboo shoots
[2]**sǔnyá** 榫牙 N. tenon
sǔnyǎn 榫眼 N. mortise
sǔnyàng(r) 损样(儿)[-樣-] N. <coll.> malicious manner
sǔnyī 笋衣[筍-] N. shell of a bamboo shoot
sǔn-yì* 损益 N. ① increase and decrease ② profit and loss; gains and losses
sǔn-yìbiǎo 损益表 N. <acct.> statement of profit and loss; income statement M: [1]*zhāng*
sǔn-yì jìsuànshū 损益计算书[-書] N. profit-and-loss statement M: [1]*zhāng*
sǔnyīnhuàidé 损阴坏德[-陰壞-] F.E. be given to evildoing
sǔn yīnzhì 损阴骘[-陰-] V.O. be given to evildoing
sǔn-yì pínghéngdiǎn 损益平衡点[-點] N. break-even point (BEP)
Sūn Yìxiān 孙逸仙[孫-] (1866–1925) N. Sun Yat-sen, leader of the Republican Revolution and of the KMT
sǔnyìxiāngdǐ 损益相抵 F.E. gains offset losses
sǔnyìzhōufù 损益周复[-復] F.E. Superabundance and scarcity follow each other in succession.
sǔnyǒu 损友 N. harmful friend; bad company
sǔnyú 笋舆[筍-] N. bamboo palanquin
sǔnzhǒng 损种[-種] N. <topo.> malicious guy; bastard
Sūn Zhōngshān 孙中山[孫-] *See Sūn Yìxiān*
sūnzhú 孙竹[孫-] N. new shoots of bamboo from the old stump
sūnzi* 孙子[孫-] N. son's son; grandson *See also Sūnzǐ*
Sūnzǐ 孙子[孫-] N. another name for the book on warfare by Sun Wu *See also sūnzi*
[1]**sǔnzi** 笋子[筍-] N. <topo.> bamboo shoot
[2]**sǔnzi** 榫子 N. tenon
Sūnzǐ Bīngfǎ 孙子兵法[孫-] N. *The Art of War* by Sunwu
[1]**suō** 缩[縮] V. contract; shrink ♦B.F. withdraw; recoil **tuìsuō**
[2]**suō** 梭 N. shuttle
[3]**suō** 嗍 V. suck
[4]**suō** 睃 V. look askance at
[5]**suō** 唆 B.F. instigate; incite ***suōshǐ, bānsuō, jiàosuōfàn***
[6]**suō** 蓑/簑 B.F. rush/grass/palm-bark cape ***suōlì, zōngsuō***
[7]**suō** 索 in ***lìlisuōsuō, mōmosuōsuōr*** *See also* [3]*suǒ*
[8]**suō** 嗦 in ***duōsuo, luōluosuōsuō***
[9]**suō** 莎 in ***mósuō*** *See also* [10]*shā*
[10]**suō** 娑 in ***[1]suōsuō, mósuō***
[11]**suō** 挲 in ***mósuō, ruósuō*** *See also* [3]*sā, sha*
[12]**suō** 桫 in ***suōluó, yīnsuō***
[13]**suō** 鬖 in ***sānsuō***
[14]**suō** 羧 B.F. <chem.> carboxyl ***suōjī, suōsuān***
[1]**suǒ*** 所 SUF. ①place ②office; bureau; institute ♦B.F. that which ***suǒyǐ, suǒyǒu, suǒwèi*** ♦CONS. ① ~ *V de* that which *wǒ ~ shuō de (huà)* what I said ② *bèi/wéi N ~ V* be V'd by N *Tā wéi zéi ~ shā.* He was killed by bandits. ♦M. *for houses*
[2]**suǒ** 锁[鎖] N./V. lock ♦B.F. ① manacle; fetters ***jiāsuǒ*** ② lockstitch ***suǒbiān***
[3]**suǒ** 索 B.F. ① search ***sōusuǒ*** ② demand; exact ***suǒqǔ*** ③ large rope ***shéngsuǒ*** ♦N. Surname *See also* [7]*suō*
[4]**suǒ** 琐[瑣] B.F. trivial; petty ***suǒsuì, fánsuǒ***
[5]**suǒ** 唢[嗩] in ***suǒnà***
suōběn 缩本 N. ① pocket edition ② abridged edition M: [1]*běn*
suōbiān* 缩编 V. reduce the staff (of troops/government organs/etc.)
suōbiǎn 缩扁 ATTR. diminishing
suǒbiān 锁边[-邊] V.O. lockstitch
suōbiānběn 缩编本 N. abridged edition M: [1]*běn*
suōbiāo 梭镖/标[-標] N. spear M: [4]*gǎn*
suōbiāoduì 梭标队[-標隊] P.W. spear corps M: [4]*zhī*
suō bózi 缩脖子 V.O. draw back/shrink back
suōbù 梭布 N. native cloth M: [2]*kuài*
suǒbù* 所部 N. troops under one's command
suǒbushàng 锁不上 R.V. be incapable of locking
suǒbuzhù 锁不住 R.V. cannot be locked up or kept in confinement
suǒcái 琐才 N. of little capability/talent
suǒcáng 所藏 N. one's collection
suōcǎo 蓑草 N. <topo.> ① sedge ② Chinese alpine rush
[1]**suǒcháng** 索偿[-償] V.O. claim reimbursement
[2]**suǒcháng** 所长 N. sth. one is good at; one's strong point; one's advantages/specialty/forte *See also suǒzhǎng*
suǒchē 索车 N. cable car M: [1]*jià*
suōchéng 缩成 R.V. shrink into
suōchéng yī tuán 缩成一团[-團] V.P. huddle together; curl up
suōchǐ* 缩尺 N. ① reduced scale ② scale rule; tape measure M: [1]*bǎ*
suǒchí 锁匙 N. <topo.> key M: [1]*bǎ* *See also suǒshi*
suōchǐtú 缩尺图[-圖] N. scale drawing M: [1]*zhāng*
suǒchuāng 琐窗 N. window with interlocked patterns
suǒcí 琐辞[-辭] N. trivial talk; superfluous wording
suǒcónglái 所从来[-從-] N. cause; origin
suǒdá fēi suǒwèn 所答非所问 F.E. give an irrelevant answer
suōdào 缩到 R.V. shrink to
suǒdào* 索道 N. cableway; ropeway M: [1]*tiáo*
suǒdàozhīchù 所到之处[-處] N. wherever one goes
suǒdé 所得 N. income; earnings; gains
suǒdé bù cháng suǒshī 所得不偿所失[---償--] F.E. gains cannot offset losses
suǒdéshuì 所得税 N. income tax
suōdì 缩地 V.O. shorten distance by magic
suǒdīng 锁钉 N. lock-nail M: [2]*zhī*
suǒdìng* 锁定 R.V. ① lock in; bind ② <comp.> lockout
suǒdìngqì 锁定器 N. lockout equipment
suǒdìng shíjiān 锁定时间[--時-] N. lockup time
suōdìzhīshù 缩地之术[-術] N. magic of reducing distance
suǒdú 琐渎[-瀆] V. bother others with trifling matters
suōduǎn 缩短 R.V. shorten; curtail; cut down; reduce ♦N. abbreviation
suōduǎncí 缩短词 N. <lg.> clipped word
suōduǎn xuézhì 缩短学制 V.O. shorten the period of schooling
suōduǎnyīn 缩短音 N. <lg.> reduction
suōduǎn zhànxiàn 缩短战线[--戰-] V.O. narrow the scope of an activity
suō'é 缩额 V.O. knit the brows
suǒ'ěr 索饵 N. forage
suōfàngyí 缩放仪[-儀] N. pantograph
suǒfèibùzī 所费不赀 F.E. incur a considerable/great expense
suǒgǎn 所感 N. one's impression about sth.
suǒgǔ 锁骨 N. clavicle; collarbone
suǒguāngquān 锁光圈 N. <coll.> diaphragm; aperture (of camera)
suǒguì 锁柜[-櫃] N. cabinet with lock
suǒguó 锁国[-國] V.O. close the country
suōhā 梭哈 N. a kind of card game
suǒhǎo 锁好 R.V. locked up
suǒhào* 所好 N. one's hobby/interest
suōhé 缩合 N. ①<chem.> condensation ②<lg.> contraction
suǒhóuzhèng 锁喉症 N. <Ch. med.> pathocondition of "obstructed throat"
suǒhuái 所怀[-懷] N. ideas in one's mind; thoughts
suǒhuān 所欢[-歡] N. sweetheart; lover
suǒhuán* 索还[-還] V.P. seek return
suǒhuáng 锁簧 N. <mach.> locking spring
suōhuí 缩回 R.V. draw back; flinch; recoil
suǒhuì* 索贿 V.O. seek bribes
suōjī 羧基 N. <chem.> carboxyl (group)
suǒjí* 所及 N. where one reaches
suǒjǐ 所给 ATTR. <lg.> given
suǒjià 索价[-價] V.O. ask a price; charge
suǒjià guògāo 索价过高[-價--] V.P. overcharge

suǒjià jí gāo 索价极高[-價極-] V.P. demand an exorbitant price
[1]**suōjiǎn*** 缩减[-減] V. reduce; cut ♦ATTR. <lg.> subtractive
[2]**suōjiǎn** 缩简 V. reduce; cut
suǒjiàn 所见 N. what one sees
suōjiǎn cóngjù 缩减从句[-減從-] N. <lg.> abridged clause
suōjiǎn de 缩减的[-減-] ATTR. elliptical
suǒjiang 锁匠 N. locksmith M: [2]wèi
suǒjiàn jí suǒdé 所见即所得 F.E. <comp.> What you see is what you get.
suǒjiànlüètóng 所见略同 F.E. have similar views
suōjiǎn niánjīn 缩减年金[-減--] N. reduced annuity ♦V.O. reduce the annuity
suǒjiànsuǒwén 所见所闻 F.E. what one sees and hears
suōjiǎn yíngyú 缩减盈余[-減--] V.O. reduce a surplus
suǒjiě 索解 V.O. seek an answer; explain ♦N. explanation
suōjǐn* 缩紧[-緊] R.V. shrink tightly
suōjìn 缩进[-進] R.V. draw in/back
suǒjǐn 锁紧[-緊] R.V. <mach.> lock together
suōjǐng 缩颈[-頸] V.O. be timid
suōjiǔ 缩酒 V.O. purify liquor through a filter
suōjù 缩聚 V. <chem.> condensation polymerization
suǒjū* 索居 V. live alone (like a hermit)
suǒjūlíqún 索居离群[--離-] F.E. live in solitude
suǒkǒng 锁孔 N. lockhole; keyhole
suǒkǒu 锁口 N. fore/preliminary shaft
suǒkòu* 锁扣 N. lock catch; hasp; shackle
suō-lì 蓑笠 N. bamboo cape and hat
suōliǎn 缩敛 V. ① shrink ② concentrate (of liquids)
suǒliàn(r/zi)* 锁链(儿/子) N. ① chain ② shackles; fetters; chains M: [1]tiáo
suǒliào 锁镣 N. shackles; fetters; manacles M: [1]tiáo
suǒlǐfēng 索礼风[-禮-] N. the common practice of receiving presents
suōlìwēng 蓑笠翁 N. old man with a straw rain hat
suōlüè 缩略 V. abbreviate; abridge ♦N. <lg.> haplology; abbreviation
suōlüècí 缩略词 N. acronym
suōlüè cíyǔ 缩略词语 N. <lg.> acronyms, initialisms, and abbreviations
suōlüè cóngjù 缩略从句[--從-] N. <lg.> abbreviated clause
suōlüè de 缩略的 ATTR. elliptical
suōlüèfǎ 缩略法 N. shortening
suōlüè tìdài 缩略替代 N. <lg.> elliptical substitute
suōlüèyǔ 缩略语 N. <lg.> acronyms
suǒlún 索轮 N. cable pulley; rope sheave
suōluó 桫椤[-欏] N. <bot.> ① spinulose tree fern ② horse chestnut ③ sal
suǒluò* 索落 V. reprove; berate (sb.)
Suǒmǎlǐ 索马里 P.W. Somalia
suǒméi 锁眉 V.O. knit one's brows; frown
suǒmén 锁门 V.O. lock the door
suǒmìng 索命 V.O. demand sb.'s life
suǒmò 索寞/莫 V.P. despondent, discouraged; crestfallen
suǒnà 唢/锁呐 N. trumpet-like wind instrument M: [2]zhī
suǒnéng 所能 N. what one is capable of; one's capability
Suǒní 索尼 P.W. Sony
suōnòng 唆弄 V. incite; instigate
suōnòng shìfēi 唆弄是非 V.O. sow discord
suǒpéi 索赔 V./N. claim damages
suǒpéi qīngdān 索赔清单 N. statement of claim M: [1]zhāng
suǒpéi sǔnshī 索赔损失 N. loss on an insurance claim
suōqǐ* 缩起 R.V. shrink up
suōqì 缩气[-氣] N. <lg.> implosive
suǒqī 所期 N. one's expectation from sb.
suǒqiàn 索欠 V.O. demand repayment of a debt
suǒqiáo 索桥[-橋] N. chain/suspension bridge M: [1]tiáo
suǒ qǐlai 锁起来 R.V. lock; lock up
[1]**suǒqīn** 所亲[-親] N. sb. one is close to
[2]**suǒqīn** 所钦 N. <wr> ① respected friend ② brother
suǒqiú 索求 V. seek
suǒqiúbùsuì 所求不遂 F.E. be disappointed in getting what one wishes
suōqìyīn 缩气音[-氣-] N. <lg.> implosive
suǒqǔ 索取 V. demand; exact
suǒqǔ yàngpǐn 索取样品[--樣-] V.O. ask for a sample
suǒrán 索然 V.P. dull; dry; insipid
suǒránguǎwèi 索然寡味 F.E. flat and insipid
suǒránwúwèi 索然无味 F.E. flat and insipid
suōrénzuò'è 唆人作恶[-惡] F.E. lead sb. astray
suǒshāng 所伤[-傷] N. sb. whom one hurts
suǒshàng* 锁上 R.V. lock
suǒshēng 所生 N. parents
suōshǐ 唆使 V. instigate; abet
suōshì 缩式 N. contraction
suǒshi 锁匙 N. lock and key ***See also** suǒchí*
suǒshī 所失 N. loss; cost; expense
suǒshí 所识[-識] N. acquaintances
[1]**suǒshì*** 琐事 N. trifle; trivial matter M: [1]xiē
[2]**suǒshì** 索是 V.P. must be
[3]**suǒshì** 所事 N. everything
suǒshìfēirén 所事非人 F.E. ① serve under the wrong leader ② be married to a bad man
suōshǐzhě 唆使者 N. instigator; abettor
suōshǒu 缩手 V.O. ① draw back one's hand ② shrink from doing sth.
suōshǒupángguān 缩手旁观[-觀] F.E. stand by with folded arms
suōshǒusuōjiǎo 缩手缩脚[-腳] F.E. ① shrink with cold ② be overcautious
suōshǒuwúcè 缩手无策 F.E. fold one's hands helplessly
suǒshǔ 所属[-屬] N. ① what/who is under one's command ② what/who one is subordinate to
suǒshù duìxiàng jìngyǔ 所述对象敬语[--對--] N. <lg.> addressee honorifics
suōshuǐ 缩水 V.O. shrink (of cloth) ♦N. dehydration
suōshuǐjì 缩水剂[-劑] N. dehydrating agent
suōshuǐlǜ 缩水率 N. shrinkage
[1]**suǒsī** 所思 N. ① one's thoughts ② person one is in love with
[2]**suǒsī** 所司 N. what a person/agency is in charge of; a function
suōsuān 羧酸 N. <chem.> carboxylic acid
suǒsuì 琐碎 S.V. trifling; trivial ♦N. slight indisposition
[1]**suōsuō*** 娑娑 R.F. ① loose; loosely ② flying; fluttering
[2]**suōsuō** 梭梭 N. <bot.> sacsaoul; *Holoxylon ammodendron*
[1]**suǒsuǒ** 琐琐 R.F. ① low and weak (of voice) ② small; contemptible; mean
[2]**suǒsuǒ** 索索 ON. rustling sound
suǒtǎo 索讨 V. demand; require
suǒtiān 所天 N. ①sovereign ②father ③husband
suōtóu 缩头 V.O. ① be timid/fainthearted ② shrink from responsibility
suǒtou* 锁头 N. <coll.> lock
suǒtóu 索头 N. end of a rope
suōtóuchóng 缩头虫[-蟲] N. <zoo.> bamboo worm
suōtóusuōnǎo 缩头缩脑[-腦] F.E. ① be timid/fainthearted ② shrink from responsibility
suōtóusuōwěi 缩头缩尾 F.E. ① be timid/fainthearted ② shrink from responsibility
suōtóutǔshé 缩头吐舌 F.E. shrug and stick out the tongue (as a jocular expression of fear)
suōtóuwūguī 缩头乌龟[-烏龜] <coll.> ID. a cowardly person
suōtú 缩图[-圖] N. reduced map/blueprint/etc. M: [1]zhāng
suōtúqì 缩图器[-圖-] N. reduction machine
suōwēi 缩微 V. miniaturize ♦N. microform
suǒwéi 所为 N. ① one's behavior ② what one engages in
suǒwèi* 所谓 ATTR. so-called A; what is called A; what is known as A ~ ***A zhě*** the so-called "A"
suǒwèihélái 所为何来 F.E. What are you here for?
suōwēi jiāojuǎn 缩微胶卷[--膠-] N. microfilm M: *juǎn*
suōwēi jiāopiàn 缩微胶片[--膠-] N. microfilm; microfiche; microcopy M: [1]zhāng
suǒwěiliúlí 琐尾流离[--離] F.E. begin (a career/life/etc.) happily but end in failure
suōwēipiàn 缩微片 N. microfilm M: [1]zhāng
suōwēi zhàopiàn 缩微照片 N. microfilm; microphotograph M: [1]zhāng
suǒwén 琐闻 N. bits of news; scraps of information
suǒwù 琐务[-務] N. trifling matters
suǒxì 琐细 S.V. trifling; trivial
suōxiàn 缩限 N. <lg.> limitation
suǒxiàn* 索线 N. bands; cords M: [1]tiáo
suǒxiàngpīmí 所向披靡 F.E. <mil.> carry all before one; be invincible
suǒxiàngwúdí 所向无敌[-敵] F.E. be invincible
suǒxiàngwúqián 所向无前 F.E. carry all before one; be irresistible
suǒxiànjī 锁线机 N. book sewing machine M: [1]tái
suōxiǎo 缩小 R.V. reduce; narrow; shrink
suōxiǎo fànwéi 缩小范围[-範圍] V.O. reduce the scope
suōxiǎoshì 缩小式 N. restriction
suōxiě* 缩写[-寫] V. abridge ♦N. abbreviation; acronym; contraction
suǒxiè 琐屑 S.V. <wr.> trifling; trivial
suōxiěběn 缩写本[-寫-] N. abridged edition/version M: [1]běn
suōxiěcí 缩写词[-寫-] N. <lg.> contraction; abbreviation
suōxiě qiānzì 缩写签字[-寫--] N. initialized signature
suōxiěyǔ 缩写语[-寫-] N. abbreviated word
suǒxīn 索薪 V.O. ask for payment
[1]**suǒxìng** 索性 ADV. ① might (just) as well ② simply ♦S.V. frank; candid
[2]**suǒxìng** 所幸 ADV. <wr.> fortunately
suōxíng jìshù 缩形技术[-術] N. miniaturization
suǒxū 所需 N. what is needed
suǒxué 所学 N. one's specialty; what one has majored in
suǒxué fēi suǒyòng 所学非所用 F.E. be employed in a job not in one's line
suōxún 梭巡 V. <wr.> patrol to and fro
suǒxū shūrù 所需输入 N. required input
suǒyán 琐言 N. trivial words
suǒyáng 锁阳[-陽] N. <Ch. med.> Chinese cynomorium
suǒyángzhèng 缩阳症[-陽-] N. <topo./med.> koro
[1]**suǒyào** 索要 V. ask for
[2]**suǒyào** 锁钥[-鑰] N. key M: [1]bǎ ***See also*** [1]*suǒyuè*
suōyī 蓑衣 N. ① rainware made from straw/rush/etc. ② alpine rush or palm-bark rain cape M: [2]jiàn
suǒyǐ* 所以 CONJ. so; therefore; as a result ♦N. ① that by which ② the reason why; the cause ♦CONS. *N ~ V, shì yīnwèi* . . . the reason why N V is (because) . . . ***Wǒ ~ méi qù shì yīnwèi . . .*** The reason I didn't go is . . .
suǒyì 琐议[-議] N. random comments
suōyībiǎo 蓑衣裱 N. <art> "straw raincloak" mounting (of scrolls)
suōyīcǎo 蓑衣草 N. <topo.> Chinese alpine rush
suōyījiéshí 缩衣节食[--節-] F.E. ① economize on clothing and food ② be very economical
suōyīn 缩音 N. <lg.> contraction
suōyìn 缩印 V. reprint a book in reduced format

S

[1]suǒyǐn* 索引 N. index ♦V. ① bring together ② guide; lead
[2]suǒyǐn 索隐[-隱] V.O. expound sth. obscure
suǒyìnběn 缩印本 N. edition in reduced size M: [1]běn
suǒyǐncí 索引词 N. indexical term
suǒyǐng 缩影 N. epitome; miniature; microcosm
suǒyǐngpiàn 缩影片 N. microfiche; microfilm
suǒyǐng zīliào 缩影资料 N. microforms
suǒyìnpǐn 缩印品 N. miniprints
suǒyǐrán 所以然 N. whys and wherefores *Wǒ yě shuōbùchū ge ~ lai.* I can't explain why either.
suǒyóu 所由 N. ① cause ② local magistrate
suǒyǒu* 所有 V. own; possess ♦ATTR. all; every; all there are ♦N. possession
suǒyǒucí 所有词 N. <lg.> possessive
suǒyǒu dàimíngcí 所有代名词 N. <lg.> possessive pronoun
suǒyǒugé 所有格 N. <lg.> possessive/genitive case; genitive; possessive
suǒyǒugé dàicí 所有格代词 N. <lg.> possessive pronoun
suǒyǒugé xíngshì 所有格形式 N. <lg.> possessive case; possessive
suǒyǒuquán 所有权[-權] N. proprietary rights; ownership; title
suǒyǒuquánzhuàng 所有权状[-權狀] N. ownership certificate
suǒyǒurén 所有人 N. owner; proprietor
suǒyǒuwù 所有物 N. belongings; possessions
suǒyǒu xíngróngcí 所有形容词 N. <lg.> possessive adjective
suǒyǒuzhě 所有者 N. owner; proprietor; possessor
suǒyǒuzhì 所有制 N. (system of) ownership
suǒyǒuzhǔ 所有主 N. owner; possessor; proprietor
suōyú* 梭鱼 N. red-eye mullet M: [1]tiáo
suǒyú 所余/馀 N. what is left; remnant; leftovers
suǒyuàn 所愿[-願] N. one's wishes
suōyuē 缩约 N. <lg.> contraction; reduced transformation
[1]suǒyuè* 锁钥[-鑰] N. ① key (lit./fig.) M: [1]bǎ ② strategic gateway *See also* [2]suǒyào
[2]suǒyuè 索阅 V.O. ask for (a book/certificate/card/etc.) for reference
suōyuē dòngcí 缩约动词[--動-] N. <lg.> contracted verb
suōyuē fǒudìngcí 缩约否定词 N. <lg.> contracted negative
suōyuē kěndìng xíngshì 缩约肯定形式 N. <lg.> contracted positive form
suōyuē xíngshì 缩约形式 N. <lg.> contracted form
suōyúlèi 梭鱼类[-類] N. <zoo.> mullet type
[1]suǒzài 所在 N. ① place; location *Zhè jiùshì wèntí de ~.* That's where the question arises. ② where one dwells ③ domicile ♦CONS. *~ X* the X to which one belongs *~ dānwèi* the organization one belongs to
[2]suǒzài 所载 N. what is printed/published/reported in a publication
suǒzàidì 所在地 P.W. location; seat; site
suǒzài dōu yǒu 所在都有 V.P. be found almost everywhere
suǒzài duō yǒu 所在多有 V.P. be found almost everywhere
suǒzàiguó 所在国[-國] P.W. ① host country ② countries in which overseas Chinese settle
suǒzhà 索诈 V. extort; blackmail
suǒzhài 索债 V.O. demand payment of a debt
suǒzhǎng 所长 N. head of an institute/etc. *See also* [2]suǒcháng
suǒzhī 所知 N. ① what one knows ② acquaintance
suǒzhǐ 所指 N. <lg.> signified; reference; designatum; denotation
suǒzhì* 所致 V. be caused by
suǒzhǐ céngcì 所指层次[--層-] N. <lg.> referential level
suǒzhǐcí 所指词 N. <lg.> referential word
suǒzhǐ de 所指的 ATTR. <lg.> referential
suǒzhǐ duìděng 所指对等[--對-] N. <lg.> referential equivalence
suǒzhǐ duìxiàng 所指对象[--對-] N. <lg.> referent
suǒzhǐ duìxiàng jìngyǔ 所指对象敬语[--對--] N. <lg.> referent honorifics
suǒzhǐ duìyìng 所指对应[-對應] N. <lg.> referential correspondence
suǒzhǐ jiàgòu 所指架构[-構] N. <lg.> frame of reference
suǒzhǐ jiècí 所指介词 N. <lg.> preposition of reference
suǒzhǐ liánjiāyǔ 所指联加语[--聯--] N. <lg.> referential conjunct
suǒzhǐ qíyì 所指歧义[-義] N. <lg.> referential ambiguity
suǒzhǐ shíxiàng 所指实相[--實-] N. <lg.> referential truth
suǒzhǐ tóngyìcí 所指同义词[---義-] N. <lg.> referential synonym
suǒzhǐ yìyì 所指意义[-義] N. <lg.> referential meaning
suǒzhǐ zhǔnquèxìng 所指准确性[--準確-] N. <lg.> referential accuracy
suōzhù 梭柱 N. shuttle-shaped column M: [2]gēn
suǒzhù* 锁住 R.V. lock up
[1]suōzi* 梭子 N. ① <txtl.> shuttle ② cartridge clip ♦M. *for bullet clips and bursts of gunfire*
[2]suōzi 梭鲻 N. mullet M: [1]tiáo
[1]suǒzi 锁子 N. lock M: [1]bǎ
[2]suǒzi 索子 N. <topo.> big rope/chain M: [2]gēn
suǒzì 所自 N. cause; origin; source
suǒzigǔ 锁子骨 N. <phys.> collarbone
suǒzi huābiān 锁子花边[-邊] N. chain-pattern embroidery
suǒzijiǎ 锁子甲 N. chain armor M: [2]jiàn
suōzimǐ 梭子米 N. long-grained rice
suōzi pútao 梭子葡萄 N. spindle-shaped grapes
suōzixiè 梭子蟹 N. swimming crab M: [2]zhī
suōziyú 梭子鱼 N. barracuda M: [1]tiáo
suǒzuòsuǒwéi 所作所为 F.E. ① action and behavior ② all one does
suō zuò yī tuán 缩作一团[-團] V.P. shrink into oneself
sùpín 素贫 N. in a chronic state of poverty
sùpǔ 素朴[-樸] S.V. simple and unadorned
súqì* 俗气[-氣] S.V. ① vulgar; in poor taste ② hackneyed ③ banal; trite
sùqì 素气[-氣] S.V. plain (of clothing/decor/etc.)
sùqià 速洽 V. contact (sb./office) as soon as possible
sùqín 素琴 N. harp/guitar/etc. without strings
súqíng 俗情 N. worldly, human feelings
sùqīng* 肃清[肅-] R.V. eliminate; clean/mop up ♦V.P. ① cold and solemn ② calm; silent
sùqǐng 诉请 V. appeal
sùqīng liúdú 肃清流毒[肅-] V.O. liquidate a pernicious influence
sùqiū 素秋 N. autumn
sùqiú* 诉求 V. appeal
sùqíwèi'érxíng 素其位而行 F.E. act according to one's position
Sūqū* 苏区[蘇區] P.W. Chinese Soviet area (Red Army's bases during the Second Civil War)
súqǔ 俗曲 N. folk song M: [2]shǒu
[1]sùrán 肃然[肅-] V.P. respectful
[2]sùrán 速燃 N. ① quick burning ② <chem.> conflagration
sùránqǐjìng 肃然起敬[肅-] F.E. be filled with deep veneration
sùránshēngwèi 肃然生畏[肅-] F.E. be struck with awe
súrén* 俗人 N. ① ordinary/secular person; layman as distinguished from a *chūjiārén*) ② vulgar person; philistine
sùrěn 素稔 V. have known or been familiar with
[1]sùrì 素日 ADV. generally; usually
[2]sùrì 宿日 N. former days
[1]sùróng 速溶 ATTR. quick-dissolving; instantly-ready; instant
[2]sùróng 肃容[肅-] N. serious (facial) expression
sùróng shípǐn 速溶食品 N. instant food
súrú 俗儒 N. scholar of shallow learning
[1]sùrú* 宿儒 N. scholar of long standing; learned old scholar M: [2]wèi
[2]sùrú 肃如[肅-] V.P. <wr.> respectful; reverent
[3]sùrú 夙儒 N. learned scholar M: [2]wèi
sùrù 肃入[肅-] V. <wr.> usher in
sūruǎn 酥软 S.V. ① limp; weak; soft ② tender
sùsāncǎi 素三彩 N. <art> a kind of glaze with three-color designs M: [2]jiàn
sùshā 肃杀[肅殺] V.P. <wr.> desolate; somber; stern; harsh ♦N. ① severe and destructive power ② stern, forbidding look ③ lonesome scene of late autumn
sùshāluó 素纱罗[-羅] N. <txtl.> plain gauze
sù-shàn 宿膳 N. board and lodging
súshàng* 俗尚 N. custom; common belief/convention
sùshàng 素尚 N. simple and plain virtues; simple aspiration
sùshāo huángquè 素烧黄雀[-燒--] N. vegetarian braised orioles (bean curd skin with mushroom and bamboo-shoot stuffing)
sùshāzhīqì 肃杀之气[肅殺-氣] N. an awful atmosphere
[1]sùshè 宿舍 P.W. dormitory; hostel; living quarters
[2]sùshè 速射 N. <mil.> rapid fire
Sùshèn 肃慎[肅-] N. another name for the Ruzhen
sūshēng 苏生[蘇-] V. come back to life; revive
sùshēng 宿生 N. previous incarnation
sùshèng* 速胜[-勝] N. quick victory
sùshēng fēngchǎnlín 速生丰产林[--豐產-] N. fast-growing high-yield woods
sùshēng pǐnzhǒng 速生品种[-種] N. fast-growing variety
sùshēng shùzhǒng 速生树种[-樹種] N. quick-growing species of trees
sùshèpào 速射炮 N. <mil.> quick-firing gun M: mén
Sū Shì 苏轼[蘇-] (1036–1101) N. also called Su Dongpo; celebrated statesman, poet, and scholar
súshí 俗识[-識] N. common sense
[1]súshì(r) 俗事(儿) N. ①mundane affairs ②daily routine M: [2]jiàn/[1]xiē
[2]súshì 俗世 N. secular world; earthly life
[3]súshì 俗士 N. vulgar scholar
[1]sùshí* 素食 N. ① vegetarian diet ② daily diet ♦V. ① be a vegetarian ② eat without work
[2]sùshí 速食 N. fast food
[3]sùshí 素识[-識] N. have known or been familiar with
[4]sù-shí 宿食 N. <Ch. med.> undigested food
[1]sùshì 宿室 P.W. (dormitory) room M: [1]jiān
[2]sùshì 宿/夙世 N. <Budd.> former existence; previous incarnation
[3]sùshì 素士 N. scholar not in government service M: [2]wèi
[4]sùshì 素事 N. funeral matters
[5]sùshì 素室 N. ①plain and simple family ②white-walled chamber M: [1]jiān
sùshídiàn 速食店 P.W. fast-food restaurant M: [1]jiā
sùshíjǐn 素什锦 N. assorted vegetarian platter
sùshì jùkuí 素饰巨蝰 N. puff adder
sùshímiàn 速食面[-麵] N. instant noodles
sùshìqì 速视器 N. tachistoscope M: [1]tái
sùshìyīnyuán 夙世因缘 F.E. relationship predestined from a previous incarnation
sùshìyǒuyuán 夙世有缘 F.E. (You and I) were connected in a former existence.
sùshìyuānjiā 夙世冤家 F.E. predestined enemies
sùshízhě 素食者 N. vegetarian M: [2]wèi
sùshízhǔyì 素食主义[-義] N. vegetarianism
sùshǒu 素手 N. ① white and tender hands ② empty hands

[1]sùshù 诉述 V. tell; relate; recount
[2]sùshù 素数[-數] N. <math.> prime number
[1]sùshuāng 骕骦[驌-] N. <wr.> a fine breed of horse mentioned in ancient texts
[2]sùshuāng 鹔鹴[鷫-] N. <zoo.> a kind of green, long-necked bird
súshuō 俗说 N. popular version
sùshuō* 诉说 V. tell; relate; recount
sùshuō chūlai 诉说出来 R.V. tell
sùshú pǐnzhǒng 速熟品种[-種] N. fast-maturing species
sùshúxìng 速熟性 N. early ripening
sùsī 素丝[-絲] N. plain silk
sùsǐ* 速死 V. hasten one's death; die quickly
sùsīliángmǎ 素丝良马[絲--] F.E. treat the virtuous with respect
sūsōng 酥松[-鬆] S.V. loose; porous; flaky
sùsòng* 诉讼 N. lawsuit; litigation
sùsòng'àn 诉讼案 N. lawsuit M: [2]jiàn
sùsòng dàilǐrén 诉讼代理人 N. legal representative/counsel/attorney M: [2]wèi
sùsòng dāngshìrén 诉讼当事人[--當--] N. litigant M: [2]wèi
sùsòngfǎ 诉讼法 N. procedural law M: [2]bù
sùsòng fèiyòng 诉讼费用 N. lawsuit fee
sùsòng huòmiǎn 诉讼豁免 N. immunity from suit
sùsòng quánlì 诉讼权利[--權-] N. procedural rights
sùsòng rè 诉讼热[-熱] N. litigation fever
sùsòngrén 诉讼人 N. prosecutor M: [2]wèi
sùsòng tiáolì 诉讼条例[--條-] N. rules of procedure
sùsòngzhuàng 诉讼状[-狀] N. <law> plaint; indictment M: [1]zhāng
sūsū 苏苏[蘇蘇] R.F. <topo.> tingling with delight
[1]sùsù* 簌簌 ON. ① very slight sound ② rustling ♦V. stream/shower down (of tears) ♦N. luxuriant growth (of vegetation)
[2]sùsù 肃肃[肅肅] R.F. ① soughing of the wind ② reverent; respectful ♦ADV. swiftly
[3]sùsù 速速 R.F. in all haste
[4]sùsù 宿素 ADV. usually, heretofore ♦ATTR. old and experienced
[5]sùsù 夙素 N. long-cherished ambition
[6]sùsù 蔌蔌 R.F. crude and coarse ♦ON. sound of high winds, fountains flowing, flowers falling
[7]sùsù 谡谡 R.F. <wr.> tall and straight
sùsuànfǎ 速算法 N. rapid calculation method
sūsū(r) de 酥酥(儿)的 V.P. <topo.> tingling
súsuíshíqiān 俗随时迁[-隨時遷] F.E. Other times, other manners.
sútài 俗态[-態] N. vulgar manner
sùtān 肃贪[肅-] N. eliminate corruption
sūtáng 酥糖 N. crunchy candy
sútào(zi) 俗套(子) N. conventional pattern; convention
Sùtèyǔ 粟特语 N. <lg.> Sogdian
sútǐ 俗体[-體] N. non-standard Chinese characters
sūtiě 苏铁[蘇鐵] N. <bot.> sago cycas M: [2]kē
sútǐzì 俗体字[-體-] N. popular-form but non-standard Chinese characters
sùtóu 宿头 P.W. lodging for the night; inn
sùtú 素图[-圖] N. sketch map; black and white map M: [1]zhāng
sùwáng 素王 N. uncrowned king (Confucius)
[1]sùwàng* 素望 N. one's good reputation and prestige
[2]sùwàng 宿望 N. old, solid reputation
súwèi* 俗谓 V. be commonly called. . .
[1]sùwèi 素位 N. one's current position/circumstances
[2]sùwèi 宿卫[-衛] N. <trad.> palace guards
sūwéi'āi 苏维埃[蘇-] P.W. soviet
sùwèi'érxíng 素位而行 F.E. act/behave in accordance with one's status
sùwèimóumiàn 素未谋面 F.E. never see each other
sù wěiqu 诉委屈 V.O. lodge a complaint
sùwén 素闻 V. have often heard
súwénxué 俗文学 N. popular literature (novels/ballads/ etc.)
[1]súwù 俗物 N. ① philistine; vulgarian ② prosaic things
[2]súwù 俗务[-務] N. everyday matters; routine business; chores; routines; worldly cares
súwùchánshēn 俗务缠身[-務纏-] F.E. be tied up with routine business
súwùjīshēn 俗务羁身[-務--] F.E. be tied down by everyday affairs
sūxī 苏息[蘇-] V. ① rest ② come back to life; revive
[1]sùxī 宿昔 N. in the past ♦ADV. ① in a short period ② usually
[2]sùxī 素昔 ADV. at ordinary times; usually; so far
[3]sùxī 宿夕 N. short period of time
[4]sùxī 夙昔 N. ① past times; in the past ② day and night
sùxí* 素席 N. vegetarian feast
sùxián 夙嫌 N. old grudge
sùxiàng 塑像 V.O. mold a statue ♦N. statue M: [4]zuò
sùxiào 速效 N. quick result ♦ATTR. quick-acting
sùxiào féiliào 速效肥料 N. quick-acting fertilizer
súxiě 俗写[-寫] N. demotic script
sùxiē 宿歇 V. lodge for the night; stay overnight
sùxiě* 速写[-寫] N. ① sketch ② literary sketch
súxiě zìtǐ 俗写字体[-寫-體] N. demotic script
[1]sùxīn 素心 N. one's real intention; one's true will ♦S.V. clean and honest; pure in heart
[2]sùxīn 素馨 N. <bot.> jasmine
[3]sùxīn 宿心 N. long-cherished ambition/desire; one's heart's desire
sūxǐng* 苏醒[蘇-] V. revive; regain consciousness; come to
súxìng 俗姓 N. <Budd.> secular surname of a Buddhist monk
sùxíng 素行 N. daily conduct/behavior
[1]sùxìng 塑性 N. plasticity
[2]sùxìng 素性 N. one's disposition/temperament
sūxǐngjì 苏醒剂[蘇-劑] N. <med.> resuscitative medicine
sūxǐngyào 苏醒药[蘇-藥] N. resuscitating medicine
sùxīngyèmèi 夙兴夜寐[-興--] F.E. hard at work night and day
sùxīnlán 素心兰[--蘭] N. <bot.> cymbidium
sūxiōng 酥胸 N. soft and white breasts (of a woman)
Sūxiù 苏绣[蘇繡] N. Suzhou embroidery
súxué* 俗学 N. secular studies
sùxué 宿学 V.P. well-learned; erudite
sùxuéjiùrú 宿学旧儒[--舊-] F.E. scholars of profound learning
sùxuézhīshì 宿学之士 N. scholar of profound learning M: [2]wèi
sùyǎ 素雅 S.V. simple but elegant
súyǎn 俗眼 N. (in) the eyes of an ordinary person, etc.; mortal eyes
[1]súyàn 俗谚 N. common/popular saying; proverb
[2]súyàn 俗艳[-艷] S.V. gaudy
[1]sùyàn* 素筵 N. ① vegetarian feast ② food offerings to Buddha
[2]sùyán 泝沿 V. ① follow the stream/current ② follow along a course
[1]sùyǎng 素养[-養] N. ① accomplishment; attainment ② self-control
[2]sùyǎng 素仰 V. have always looked up
sùyánse(r) 素颜色(儿) N. quiet color
súyè 俗业[-業] N. common affairs
[1]sùyè* 宿夜 V.O. stay overnight
[2]sùyè 夙夜 N. ① morning and evening ② day and night
[3]sùyè 宿业[-業] N. <Budd.> karma
[4]sùyè 素业[-業] N. former profession/vocation
sùyèfěixiè 夙夜匪懈 F.E. work tirelessly day and night
sùyèxīnláo 夙夜辛劳[-勞] F.E. toil early and late
sùyèyōusī 夙夜忧思[--憂-] F.E. grieve over. . . day and night
sùyèzàigōng 夙夜在公 F.E. be at the office morning and night
súyì 俗议[-議] N. popular opinion
[1]sùyī* 素衣 N. ① funeral/mourning dress/clothes ② plain clothes M: [2]jiàn
[2]sùyī 素一 V.P. simple and honest
[1]sùyīn 诉因 N. cause; cause of action
[2]sùyīn 宿因 N. <Budd.> primary and secondary causes of previous incarnation
sùyíng 宿营[-營] V.O. <mil.> ① take up quarters (of troops) ② camp
sùyíngdì 宿营地[-營-] P.W. <mil.> camping site
sùyǐnxíngguài 素隐行怪[-隱--] F.E. live as a recluse scholar and behave eccentrically
sùyīnzǐ 素因子 N. <math.> prime factor
Sūyīshì Yùnhé 苏伊士运河[蘇--運-] P.W. Suez Canal
sūyóu* 酥油 N. butter
[1]sùyóu 素油 N. vegetable oil
[2]sùyóu 溯游 V. go upstream
[1]sùyǒu 素有 V.P. usually have
[2]sùyǒu 素友 N. old friend M: [2]wèi
sūyóuchá 酥油茶 N. butter tea
sùyǒudàzhì 素有大志 F.E. have always cherished a yearning for high undertakings
súyǔ* 俗语 N. ① common saying; folk adage ② popular language ③ saying; slang; vernacular
súyù 俗欲 N. worldly thoughts; vulgar desires
sùyǔ 宿雨 N. rain of the night before
súyuán 俗缘 N. <Budd.> worldly relations/ties/obligations/etc. (of a monk/nun)
sùyuān 诉冤 V.O. vent one's grievances
[1]sùyuán 宿/夙缘 N. <Budd.> predestined cause/relationship
[2]sùyuán 溯/泝源 V.O. trace to the source
[1]sùyuàn* 宿/夙/素愿[-願] N. long-cherished wish
[2]sùyuàn 宿/夙怨 N. old grudge/scores
[3]sùyuàn 诉愿[-願] V.O. lodge a complaint against a lower government organization with a higher one
sùyuàndécháng 夙/宿愿得偿[-願-償] F.E. long-cherished wish fulfilled
sùyuànjiùhèn 夙怨旧恨[-舊-] F.E. old scores
sùyuànnáncháng 夙愿难偿[-願難償] F.E. The long-cherished hope is hard to realize.
sùyuàntǔhèn 诉怨吐恨 F.E. vent one's grievances and pour out one's wrath
súyuánwèiliǎo 俗缘未了 F.E. The time has not yet come for entering a monastery.
sùyuànyìchóu 夙愿已酬[-願--] F.E. One's lifelong desire is gratified.
sùyuànzhuàng 诉怨状[-狀] N. statement of complaints/grievances M: [1]zhāng
súyuè* 俗乐[-樂] N. popular music/song
sùyuē 素约 N. old promise/vow
sùyuè 素月 N. silver/brilliant moon M: [1]lún
súyǔshuō 俗语说 V.P. as the saying goes
súyǔyuán 俗语源 N. <lg.> popular etymology
súyǔ yǔyánxué 俗语语言学 N. <lg.> secular linguistics
sùzào 塑造 V. ① model; mold ② portray
sùzào yìshù 塑造艺术[-藝術] N. plastic art
sùzéi 宿贼 N. old experienced thief
sùzhài 宿债 N. long-standing/overdue debt
sùzhànsùjué 速战速决[-戰-決] F.E. blitzkrieg strategy
sùzhī 素知 V.P. have known for some time
[1]sùzhì* 素质[-質] N. ① quality ② <psy.> diathesis
[2]sùzhì 素/宿/夙志 N. long-cherished ambition
sùzhì cèyàn 素质测验[-質--] N. <lg.> aptitude test
sùzhīwǔlì 诉之武力 F.E. resort to force
Sūzhōu 苏州[蘇-] P.W. Suzhou (in Jiangsu province)
Sūzhōu mǎzi 苏州码子[蘇-] N. Suzhou numerals (used by shopkeepers to mark prices)
sùzhū* 诉诸 V. prosecute

sùzhǔ 宿主 N. ① <bio.> host ② former master
sùzhuāng 素装[-裝] N. plain clothing M: [2]jiàn
sùzhuàng* 诉状[-狀] N. plaint; indictment M: [1]zhāng
sùzhuāngdànmiáo 素妆淡描[-妝--] F.E. have a simple makeup
sùzhuǎn shítǐjìng 速转实体镜[-轉實體-] N. tachistoscope
sùzhū gōnglùn 诉诸公论 V.P. air a dispute publicly; appeal to public opinion
sùzhǔmǐ 素煮米 N. quick-cooking rice
súzhuōchǔnwù 俗拙蠢物 F.E. the common run of stupid, vulgar creatures
sùzhū wǔlì 诉诸武力 V.P. resort to force; appeal to arms
sūzǐ 苏子[蘇-] N. <bot.> perilla seed M: [1]kē
súzǐ 俗子 N. ordinary/average person
súzì 俗字 N. ① uneducated expression ② popular/simplified form of Chinese characters ③ nonstandard form of characters ④ demotic writing
[1]**sùzi*** 粟子 N. <topo.> ① millet ② unhusked rice
[2]**sùzi** 嗉子 N. crop (of a bird)
sùzì 溯自 CONJ. ever since
súzìyǎn 俗字眼 N. common phrases
sūzǐyóu 苏子油[蘇-] N. perilla oil
sùzú 素族 N. commoner
[1]**sùzuì** 宿罪 N. sins of one's previous existence
[2]**sùzuì** 宿醉 N. hangover
sùzuìwèixǐng 宿醉未醒 F.E. still have a hangover
sùzuò 肃坐[肅-] V. <wr.> sit erect and in silence

S

T

T N. <coll.> money
[1]tā* 他 PR. ① he ② she ③ it ④ they (referring to inanimate things in object position) *Lí dōu làn le, zuìhǎo bǎ ~ rēng le.* The pears have all spoiled, better throw them away. ♦B.F. other; another *qítā, tārén, tāchù*
[2]tā 她 PR. she (neologism for *[1]tā*)
[3]tā 它[-/牠] PR. ① it; they (neologism for *[1]tā*) ② this; that
[4]tā 塌 V. ① collapse ② droop ③ settle down
[5]tā 踏 in *tāshi See also [1]tà*
[6]tā 遢 in *lāta, tālaxiē*
[7]tā 趿 in *tāla, xiétālar*
[8]tā 铊[鉈] N. <chem.> thallium
[9]tā 褟 B.F. sew onto clothing *tātāozi* ♦in *hàntār*
[1]tǎ 塔 N. ① pagoda ② stupa ③ tower
[2]tǎ 獭[獺] N. otter
[3]tǎ 鳎[鰨] N. <zoo.> sole
[4]tǎ 溚 in *méitǎ*
[1]tà 踏/蹋 V. ① step on; tread; stamp ② make a survey on the spot ♦B.F. trample; ruin *zāota See also [5]tā*
[2]tà 拓 V. make rubbings *See also [1]tuò*
[3]tà 榻 B.F. ① long, narrow, and low bed; couch *zhútà* ② <fig.> lodging *xiàtà*
[4]tà 挞[撻] B.F. beat with a whip/stick *biāntà, [1]tàfá*
[5]tà 闼[闥] B.F. door; small door *guītà, páità'érrù*
[6]tà 沓 B.F. numerous; repeated; crowded *tàhé, sàtà See also [4]dá*
[7]tà 阘[闒] B.F. inferior; mean *tàróng, róngtà, tànuò*
[8]tà 遝 in *zátà*
[9]tà 鞜 in *tāngtà*
[10]tà 嗒 in *tàrán, tàsàng See also [2]dā*
[11]tà 迖 in *tàdǎo*
[12]tà 达[達] in *[1]tàotà, tiāotà See also [6]dā, [1]dá*
[13]tà 跶[躂] in *[2]tàzú See also [9]dā*
Tà 榻 N. Surname
tā'àn 塌岸 N. collapse of a (river/etc.) bank
tàbǎn 踏板 N. ① footstool; footrest ② footboard ③ pedal; treadle M: *[2]kuài*
tàbǎnchē 踏板车 N. a kind of bike for a young child M: *[3]liàng*
[1]tàbēi 拓碑 V.O. take a rubbing of an inscription on a stone tablet
[2]tàbēi 沓杯 N. nested set of cups
tàběn 拓本 N. ① rubbings taken from stone inscriptions ② ink-squeeze ③ a book of rubbings M: *[1]běn*
tābēng 塌崩 V. break down; collapse
tābí 塌鼻 N. flat/snub nose
tàbiàn 踏遍 V. traverse the length and breadth of (some place)
tǎbiāo 塔标[-標] N. tower beacon
tābízi 塌鼻子 N. ① flat nose ② sb. with a flat nose
tàbó 踏钹 N. foot-cymbals
tàbù 踏步 V.O. <mil.> mark time; march in place ♦N. <topo.> a flight of steps
tàbùbùqián 踏步不前 F.E. mark time and make no headway
tàcǎi 踏踩 V. step on; trample
tàchá 踏查 V. make a personal inspection
tāchēng 他称[-稱] N. <lg.> third person
tāchēng fùshù 他称复数[-稱複數] N. <lg.> third person plural
tāchéngyītān 塌成一摊[-攤] F.E. <topo.> rooted to the spot; paralyzed
tāchù* 他处[-處] N. another place; elsewhere
tàchū 踏出 R.V. create (a path/etc.) by pedestrians
tàchuí 踏锤 N. treadle hammer
tàchūn 踏春 V.O. go on a spring outing
tàcuò 踏错 R.V. make a wrong move
tādǎo* 塌倒 V. fall; collapse (of buildings)
tàdǎo 迖/蹋倒 V. slip and fall
tàdào 踏到 R.V. step on (sth.)
tādì* 塌地 N. <coll.> flat/bottom land
tàdì 蹋地 V.O. beat time to a song with the feet
tǎdiān 塔颠 N. the top of a pagoda
tǎdiào 塔吊 N. tower crane M: *[4]zuò*
tādiē 他爹 N. <topo.> the father of my children; my husband
tǎdǐng 塔顶 N. pagoda roof; tower top
tādòng 他动[-動] ATTR. ① propelled by an outside force ② <lg.> transitive
tādòngcí 他动词[-動-] N. <lg.> transitive verb
tàduì 踏碓 N. foot pestle for husking grain
tǎdūn 塔墩 N. ① foundation of a pagoda/tower ② pratfall
[1]tàfá 挞伐[撻-] V. dispatch a punitive expedition
[2]tàfá 挞罚[撻-] N. flogging; corporal punishment ♦V. flog
[1]tāfāng* 塌方 V.O. cave in; collapse ♦N. landslide
[2]tāfāng 他方 N. other place/side/etc.
tāfáng 塌房 V.O. fall; collapse (of houses)
tàfǎng 踏访 V. go around and make inquiries
tàfú 踏伏 V. search out hidden enemy soldiers and wipe them out
tàgē 踏歌 N. ① choral dance ② beat time to a song with the feet
tāgù 他故 N. another cause
tāguó* 他国[-國] N. other countries
tàguò 踏过 R.V. step across
tàhé 沓合 V. pile one upon another; superimpose
tàhén 踏痕 N. tread
tāhuǐ* 塌毁[-毀] V. collapse; fall into ruin
tǎhuī 塔灰 N. dust from an open skylight
tāhuǒ 塌火 V.O. <topo.> suddenly burn out or die down
[1]tāi 胎 N. ① fetus; embryo; baby ② padding; stuffing ③ roughcast (in making china/etc.) ♦N. <loan> tire ♦M. *for births*
[2]tāi 苔 B.F. coating on the tongue; "fur" *shétāi, bōtāi See also [6]tái*
[3]tāi 台 in *Tiāntāi, Tāizhōu See also [1]tái, [2]tái, [3]tái, [4]tái*
[1]tái 台[臺] N. ① platform; stage; terrace ② stand; support ③ station ④ short for Taiwan ♦M. *for performances/engines/etc. See also [2]tái, [3]tái, [4]tái, [3]tāi*
[2]tái 台[檯] N. table; desk *See also [1]tái, [3]tái, [4]tái, [3]tāi*
[3]tái 台 PR. ① <wr./court.> you (in letters) ② Surname *See also [1]tái, [2]tái, [4]tái, [3]tāi*
[4]tái 台[颱] in *[1]táifēng See also [1]tái, [2]tái, [3]tái, [3]tāi*
[5]tái 抬 V. ① lift; raise (with both palms up) ② carry (together) ③ argue for the sake of arguing ④ <slang> ⓐ betray ⓑ drop names (of sb. influential) in order to achieve one's aims
[6]tái 苔 N. moss *See also [2]tāi*
[7]tái 骀[駘] B.F. ① horse of low power/speed ② person of little talent *nútái See also [15]dài*
[8]tái 鲐[鮐] B.F. <zoo.> mackerel *yúsāitái*
[9]tái 薹 B.F. ① sedge *táicǎo* ② a bolt of rape/garlic/etc. *[2]càitái*
[10]tái 跆 B.F. kick *táiquándào*
[11]tái 炱 B.F. soot *méitái*
Tái 邰 N. Surname
[1]tài* 太 ADV. ① excessively; too ② extremely; very ♦B.F. ① grand; supreme *tàikōng* ② more/most senior *tàifūren*
[2]tài 态[態] B.F. ① appearance; state; condition *xíngtài* ② attitude; demeanor *tàidu* ③ <lg.> voice; aspect *zhǔdòngtài* ④ <comp.> mode
[3]tài 泰 B.F. peace, quiet *tàirán, kāngtài*
[4]tài 汰 B.F. eliminate through competition/selection *táotài*
[5]tài 肽 N. <chem.> peptide
[6]tài 钛[鈦] N. <chem.> titanium
[7]tài 酞 N. <chem.> phthalein
[1]tái'ài 抬爱[-愛] V. show honor to
[2]tái'ài 台爱[-愛] F.E. <court.> your kindness
tái'ān 台安 F.E. <court.> your welfare
tàibáifěn 太白粉 N. cornstarch
Tàibáixīng 太白星 N. <astr.> Venus; Vesper
tāibān 胎斑 N. <med.> Mongolian spot
táibān 台班[臺-] N. one day's work for a car/bus/truck/machine, etc.
Táibàn* 台办[-辦] AB./P.W. Office of Taiwan Affairs
tàibàn 泰半 N. more than half; greater part; majority
táibǎnjī 抬板机 N. pallet elevator M: *[4]zuò*
tāibāo 胎胞 N. placenta
táibāo 抬包 N. two-man ladle
Táibāo* 台胞[臺-] N. <PRC> Taiwan compatriots
tàibǎo 太保 N. ① <trad.> Grand Guardian (of the emperor) ② young delinquent
Táiběi 台北[臺-] N. Taipei
táiběn 台本[臺-] N. play script with stage directions
táibǐ 台笔[檯筆] N. desk pen
Táibì* 台币[臺幣] N. Taiwan currency
táibiāo 台标[臺標] N. TV station logo
[1]táibù 台布[檯-] N. tablecloth; counter cloth M: *[2]kuài*
[2]táibù 台步[臺-] N. <opera> gait of an actor
tài bùchénghuà 太不成话 V.P. It makes absolutely no sense.
táibudòng 抬不动[-動] R.V. can't carry/lift up
táibuqǐ 抬不起 R.V. can't lift sth. (by more than one person)
tài bùzìliàng 太不自量 V.P. greatly over-rate oneself
táicài* 苔菜 N. ① moss ② a type of seaweed ③ a type of fern
Táicài 台菜[臺-] N. Taiwanese cuisine
tàicāngtímǐ 太仓稊米[-倉--] F.E. very small portion of sth.
tàicāngyīsù 太仓一粟[-倉--] F.E. extremely insignificant
táicǎo 薹/苔草 N. <bot.> sedge
tāicè 胎侧 N. side wall (tires)
tāicén 胎岑 N. <wr.> an alter ego; a friend with the same tastes
tāicéngshù 胎层数[-層數] N. number of ply (of tires)
[1]táichèng 台秤[檯-] N. ① platform scale/balance ② <topo.> counter scale ♦M. <TW> standard measure of weight M: *[1]jià/[4]zuò*
[2]táichèng 抬秤 N. huge steelyard M: *[4]zuò*
tàichǐ 汰侈 V.P. given to excessive luxury; be too extravagant

táichū* 抬出 R.V. carry/lift out (by two or more people)
tàichū 太/泰初 N. ① <phil.> the absolute beginning ② the most remote antiquity; beginning of the world
tàichū wùzhì 太初物质[-質] N. primordial matter
táicí 台词[臺-] N. actor's lines
táicí zìdòng tíshìqì 台词自动提示器[臺--動---] N. autocue; tele-prompter M: [1]jià
Tái Dà 台大[臺-] P.W. (National) Taiwan University
tāidǎn 胎疸 N. newborn jaundice
táidēng 台灯[檯燈] N. desk/table/reading lamp M: [1]zhǎn
táidì 台地[臺-] N. mesa; tableland
tāidòng 胎动[-動] N. ① fetal movement ② uterine contractions
tāidòng bù'ān 胎动不安[-動--] V.P. <Chin. med.> the fetal movement is abnormal
tàidǒu 泰斗 N. ① eminent/leading authority ② Mount Tai and the Dipper
tāidú 胎毒 N. <Ch. med.> ① neonatal skin infections ② congenital illness
TáiDú 台独[臺獨] AB. *Táiwān Dúlì Jiànguó Yùndòng* Taiwan Independence Movement
tàidu* 态度[態-] N. ① manner; bearing ② attitude; approach
tàidu àimèi 态度暧昧[態-曖-] V.P. an ambiguous attitude
táiduān 台端 F.E. <trad.> your honor; you
tàidu àomàn 态度傲慢[態-] V.P. put on airs
tàidu fùcí 态度副词[態-] N. <lg.> attitude adverb
tàidu hǎo 态度好[態-] V.P. well-mannered; courteous; well-behaved; elegant
tàidu hé'ǎi 态度和蔼[態-] V.P. dignified and courteous; amiable; kindly
tàidu hépíng 态度和平[態-] V.P. friendly; amicable
tàidu huài 态度坏[態-壞] V.P. ill-mannered; impolite; discourteous; impertinent
tàidùlì 态度力[態-] N. attitudinal force
tàidù liàngbiǎo 态度量表[態-] N. <lg.> attitude scale M: gè/[2]zhī
tài duō 太多 V.P. too many
tàidu shēngyìng 态度生硬[態-] V.P. stiff in manner
tàidù wàijiāyǔ 态度外加语[態-] N. <lg.> attitudinal disjunct
tàidù xiányǎ 态度娴雅[態-] V.P. have refined manners
tàidù zìruò 态度自若[態-] V.P. very off-hand/unrestrained
Tài'ē 太阿 N. <wr.> name of a famous sword
tài'ēdàochí 太/泰阿倒持 ID. surrender one's power to another at one's own peril
tāi'ér 胎儿 N. fetus; embryo *See also* tāir
tài'érbùjiāo 泰而不骄[-驕] F.E. poised but not arrogant
tāifà 胎发[-髮] N. fetal hair
tāifāngwèi 胎方位 N. position of the fetus
táiféi 苔肥 N. peat fertilizer
[1]táifēng 台风[颱-] N. typhoon
[2]táifēng(r) 台风(儿)[颱-] N. <opera> stage manner
táifēng xìnhào 台风信号[颱-號] N. typhoon signal
táifēngyǎn 台风眼[颱-] N. <loan> eye of a typhoon
[1]táifǔ* 台甫 F.E. <trad.> your name
[2]táifǔ 台辅[臺-] N. <trad.> first minister
tàifù 太傅 N. imperial preceptor M: [2]wèi
tàifūren 太夫人 F.E. <court.> address/reference to sb. else's mother M: [2]wèi
Tái-Gǎng 台港[臺-] N. Taiwan and Hong Kong
táigàng* 抬杠 V.O. <coll.> ①argue; bicker ②co-carry on poles ③ carry a coffin on stout poles
táigāo 抬高 R.V. ① raise ② favor (a person/etc.)
táigāo shēngwàng 抬高声望[--聲-] V.O. boost one's prestige
táigāo shēnjià 抬高身价[-價] V.O. raise oneself in others' esteem (by means of stratagems instead of real accomplishments)
táigāo wùjià 抬高物价[-價] V.O. raise commodity prices; effect a price hike
táigé 台阁[臺-] N. <trad.> cabinet minister
tàigēng 太羹 N. <wr.> gruel offering in sacrifices
tàigōng 太公 N. <topo.> ① great-grandfather ② greatly respected elder M: [2]wèi
tāigǔ 胎骨 N. body/frame/shape of pottery
Táigǔ 台股 P.W. Taipei Stock Exchange
tàigǔ* 太古 N./ATTR. remote antiquity; proto-
táiguāng 台光 F.E. <wr.> your presence (an honorific used in requesting another's presence at a party) *jìng qǐng* ~ Your presence is requested.
Tàigǔdài 太古代 N. <geol.> Archean era
tàigǔ Hànyǔ 太古汉语[--漢-] N. <lg.> Proto-Chinese
Tàiguó* 泰国[-國] P.W. Thailand
tàiguò 太过 ADV. excessive
Tàiguóquán 泰国拳[-國-] N. Thai-style martial arts
tàigǔyǔ 太古语 N. <lg.> proto-language
tāihai 胎骸 N. <topo.> one's physical characteristics
Táihǎi* 台海 AB. *Táiwān Hǎixiá*
Tái-Hǎi liǎng'àn 台海两岸[臺-] P.W. Mainland China and Taiwan
Táiháng 台航[臺-] N. Taiwan Airlines
táihé 抬盒 N. <trad.> tiered gift box carried on a pole by two people
tàihé* 太和 N. <wr.> grand harmony between *yīn* and *yáng*
tàihòu 太后 N. empress dowager; queen mother
Tài Hú 太湖 P.W. Tai Hu (lake between Zhejiang and Jiangsu)
tāihuáng 胎黄 N. fetal jaundice
tàihuángtàihòu 太皇太后 N. emperor's grandmother
tāihuǒshān 胎火山 N. embryonic volcano
táihǔqián 台虎钳[臺-] N. <mach.> bench vise M: [4]zuò
Tàihúshí 太湖石 N. decorative rock, produced in Tai Hu in Jiangsu M: [2]kuài
tāijì 胎记 N. birthmark
táijī 台基[臺-] N. foundation of a stage/terrace/etc.
táijí 抬级 V.O. raise the grade
Tàijí* 太极[-極] N. the Supreme Ultimate (in Chinese cosmology)
[1]táijià 抬价[-價] V.O. raise prices
[2]táijià 台驾 F.E. <wr.> Your Excellency; you (honorific usage)
táijiān 抬肩 N. half the circumference of the sleeve where it joins the shoulder
[1]táijiàn 台鉴[-鑒] F.E. <court.> for your kind perusal (in letters)
[2]táijiàn 台件[臺-] M. for the number of devices
[3]táijiàn 台谏[臺-] N. <trad.> censor
tàijiǎn 汰拣[-揀] V. wash and polish
tàijiàn* 太监[-監] N. palace eunuch M: gè/[1]míng
tāijiào* 胎教 N. prenatal education (induced by one's mother's thoughts/actions)
[1]táijiào 抬轿[-轎] V.O. carry a sedan chair
[2]táijiào 台教 F.E. <wr.> your advice
tái jiàozi 抬轿子[-轎-] V.O. ① carry in a sedan chair ② flatter ③ gang up to cheat sb. in gambling ④ support/help sb.
táijiē(r)* 台阶(儿)[臺階-] N. ① flight of steps M: [4]jí ② way out (of an awkward situation) ③ <min.> bench ④ conditions; requirements
táijiè 骀藉 N. trample; crush under the feet
tàijíquán 太极拳[-極-] N. Taiji shadowboxing
tàijítú 太极图[-極圖] N. diagram of the universe M: [1]zhāng
tàijiùgēngxīn 汰旧更新[-舊--] F.E. weed out the old and replace with the new
tàijiùhuànxīn 汰旧换新[-舊換-] F.E. replace the old with the new
tāijù 胎具 N. mold; pattern; model
táiju* 抬举[-舉] V. praise/promote/favor/flatter sb.
tàijūn 太君 N. <trad.> respectful address for a high official's mother
tàikōng 太空 N. firmament; outer space
tàikōngbèi 太空被 N. nylon comforter M: [1]tiáo
tàikōngbìng 太空病 N. space sickness
tàikōngbù 太空步 N. imitating a spaceman's walk
tàikōngcāng 太空舱[-艙] N. space capsule
tàikōng chéngjù 太空乘具 N. vehicle for space travel
tàikōngchuán 太空船 N. spaceship M: [1]sōu
tàikōng chuānsuōjī 太空穿梭机 N. space shuttle M: [1]jià
tàikōngfǎ 太空法 N. space law
tàikōng fēixíng 太空飞行[--飛-] N. space flight
tàikōng fēixíngyī 太空飞行衣[--飛--] N. space suit M: [2]jiàn
tàikōngfú 太空服 N. space suit M: [2]jiàn
tàikōng kēxué 太空科学 N. space science
tàikōng mànbù 太空漫步 N. space walk
tàikōngrén 太空人 N. astronaut M: gè/[1]míng/[2]wèi
tàikōng shídài 太空时代[--時-] N. Age of Aquarius
tàikōng shíyànshì 太空实验室[--實--] P.W. space-station laboratory M: [1]jiān
tàikōngsuō 太空梭 N. space shuttle
tàikōng tàncè huǒjiàn 太空探测火箭 N. space probe M: [4]méi
tàikōng tàncèqì 太空探测器 N. space probe M: gè/[2]zhī
tàikōng tànxiǎn 太空探险 N. space exploration
tàikōng tǒngshǔ 太空统署 N. international cooperation in space exploration
tàikōngxué 太空学 N. space science
tàikōngyī 太空衣 N. space suit M: [2]jiàn
tàikōng yīxué 太空医学[--醫-] N. space medicine
tàikōngzhàn 太空站 N. space station M: [4]zuò
táikǒuxiàn 台口线[臺--] N. cornice of a pedestal
táikuāng 抬筐 N. large basket carried on a pole by two people
táilǎn 台览[-覽] F.E. please note (in epistolary style)
tàiláo 太牢 N. sacrifices to Heaven
tàilǎo* 太老 <coll.> ADV. unduly; overly, to an extreme ♦V.P. too severe; overdone; excessive
tàilǎobó 太老伯 N. granduncle M: [2]wèi
tàilǎoshī 太老师[-師] N. ① father of one's teacher ② teacher of one's father M: [2]wèi
tàilǎoyé 太老爷[-爺] N. <trad.> ① respectful address of a county magistrate ② respectful way of addressing the father of sb. else M: [2]wèi
táilèi 苔类[-類] N. <bot.> the moss family
táilì 台历[檯曆] N. desk calendar M: [1]běn
tāiliàn 胎链 N. tire chains
táilián(r) 台帘(儿)[臺簾-] N. <topo.> stage curtain
Tái-Lián* 台联[臺聯] AB. *Táiwān Tóngbāo Liányìhuì*
táiliǎn 抬脸 V.O. raise one's face
tāilǐfù 胎里富[-裡-] N. sb. born with a silver spoon in one's month
tāilǐhóng 胎里红[-裡-] V.P. <coll./PRC> born with a silver spoon in one's mouth
tāilǐhuài 胎里坏[-裡壞] N. a born villain
tāilíng 胎龄[-齡] N. gestational age
tāilǐsù 胎里素[-裡-] N. a born vegetarian
tāilòu 胎漏 N. threatened abortion
táilǜ 苔绿 N. color of green moss
tāimáo(r)* 胎毛(儿) N. fetal hair
tàimào 态貌[態-] N. posture; bearing
tàimèi 太妹 N. ① girl delinquent ② tomboy
táimén 台门[臺-] N. gate of a city wall
tāiméng 胎萌 N. vivipary
Tái-méng* 台盟[臺-] AB. *Táiwān Mínzhǔ Zìzhì Tóngméng*

táimiàn 台面[臺-] N. ① <elec.> mesa ② desk/table top ③ appearance; external looks ④ winnings and losses (in gambling) ⑤ stakes (in gambling)

Tàimiào 太庙[-廟] P.W. Imperial Ancestral Temple M: [4]zuò

Tàimǐ'ěryǔ 泰米尔语 N. Tamil language

táimìng 台命 F.E. <court.> your commands/orders

tāimó 胎膜 N. fetal membrane

tàimǔ 太母 N. paternal grandmother M: [2]wèi

Táinán 台南[臺-] P.W. Tainan (a city in southern Taiwan)

tāipán* 胎盘[-盤] N. placenta

táipán 台盘[臺盤] N. <topo.> ① stage ② high society

tāipán'ái 胎盘癌[-盤-] N. placenta cancer

tāipán xíngchéng 胎盘形成[-盤--] N. placentation

tài piāo le 太飘了 V.P. <coll.> heavy handed; ruthless

tàipíng 太/泰平 N. peace and tranquility

tàipíngfùguì 太平富贵 F.E. peace and prosperity

tàipíng fūrén 太平夫人 N. wife who enjoys a financially secure life M: [2]wèi

tàipíngguān 太平官 N. commonplace officials who have neither outstanding achievements nor serious errors M: ge/[1]míng/[2]wèi

tàipínghuā 太平花 N. Beijing mock orange

tàipíngjiān 太平间 P.W. mortuary

Tàipíngjīng 太平经[-經] N. <Dao.> the Classic *of Great Peace*

Tàipíngjūn 太平军 N. the Taiping Army

tàipíng lóngtóu 太平龙头 N. fire hydrant

tàipíngmén 太平门 N. exit (esp. for emergencies)

tàipíng niányuè 太平年月 N. peaceful times

tàipíngniǎo 太平鸟 N. <zoo.> waxwing M: [2]zhī

tàipíngshèngshì 太平盛世 F.E. times of peace and prosperity

tàipíng shídài 太平时代[--時-] N. halcyon days

tàipíng shuǐgāng 太平水缸 N. vat filled with water for use in case of fire M: [2]zhī

tàipíng shuǐlóngtóu 太平水龙头 N. fire hydrant

tàipíng shuǐtǒng 太平水桶 N. water barrel for fire emergency M: [2]zhī

tàipíngtī 太平梯 N. fire escape M: [4]zuò

Tàipíng Tiānguó 太平天国[-國] N. Taiping Heavenly Kingdom

Tàipíng Tiānguó Qǐyì 太平天国起义[---國-義] N. <hist.> Taiping Rebellion (1851–1864)

tàipíngwúshì 太平无事 F.E. All is well.

Tàipíng Yáng 太平洋 P.W. Pacific Ocean

Tàipíngyáng báiguī 太平洋白鲑 N. <zoo.> ocean whitefish

Tàipíngyáng qīshù 太平洋漆树[-樹] N. <bot.> poison oak

Tàipíngyángqū 太平洋区[-區] P.W. Pacific region

Tàipíngyángxuě 太平洋鳕 N. <zoo.> oldwife

Tàipíngyáng Zhànzhēng 太平洋战争[-戰爭] N. The Pacific War between the US and Japan (1941–1945)

Tàipíngyáng zǐshān 太平洋紫杉 N. <bot.> Pacific yew M: [2]kē

tàipó 太婆 N. <topo.> great-grandmother M: [2]wèi

tāiqi* 胎气[-氣] N. ① discomforts during pregnancy ② fetal vital principle

[1]**táiqǐ** 抬起 R.V. lift; raise

[2]**táiqǐ** 台启[-啟] F.E. please open (term after the name of the addressee on an envelope)

táiqián 台钳[檯-] N. bench clamp M: [1]jià/[4]zuò

táiqiāng 抬枪[-槍] N. an old fashioned gun M: [4]zhī

tāiqián jiǎnchá 胎前检查 N. prenatal diagnosis

tāiqián zhěnduàn 胎前诊断[-斷] N. prenatal diagnosis

tái qǐlai 抬起来 R.V. raise/lift up

táiqǐ tóu lái 抬起头来 V.P. raise one's head

táiqiú 台球[檯-] N. ① billiards ② billiard ball ③ <topo.> table tennis; Ping-Pong

táiqiúfáng 台球房[檯-] P.W. billiard room M: [1]jiān

táiqiúní 台球呢[檯-] N. <txtl.> billiard cloth M: [2]kuài

táiqiúshì 台球室[檯-] P.W. billiard room M: [1]jiān

tàiqù 汰去 V. eliminate; remove

Tàiquán 泰拳 N. Thai boxing

táiquándào 跆拳道 N. Korean boxing

tāir 胎儿 N. ① support; reinforcement ② childbirth ***See also** tāi'ér*

tàirán 泰然 V.P. calm; self-possessed

tàiránchǔzhī 泰然处之[--處-] F.E. take sth. calmly

tàiránzìruò 泰然自若 F.E. be self-possessed

tàiránzú 泰然族 N. calm and self-possessed social group

táirén 抬人 <coll.> V.O. make sb. look better; beautify

tàirìzhīshí 泰日之时[-時] N. in the days of peace

tàiruòliúqiáng 汰弱留强[-強] F.E. weed out the weak and retain the strong

tàishā 汰沙 V.O. ① sift sand ② eliminate useless stuff

táishàn 台扇[檯-] N. table electric fan M: [1]jià

Tài Shān* 泰山 P.W. Mount Tai ♦ID. ① sb./sth. of great weight/importance ② father-in-law

Tàishān-Běidǒu 泰山北斗 ID. highly-revered person ♦N. Mount Tai and the Dipper

Tàishān bù ràng tǔrǎng 泰山不让土壤[---讓--] ID. A learned man never stops his pursuit of knowledge.

Táishāng* 台商[臺-] N. <PRC> Taiwan merchants M: ge/[1]míng/[2]wèi

táishàng 台上[臺-] N. ① on the stage ② in power; in high position

tàishàng 太上 N. ① uppermost; topmost ② prehistoric times ③ king; emperor

tàishāngàidǐng 泰山盖顶[--蓋-] F.E. with the force of an avalanche

tàishànghuáng 太上皇 N. ①father of a reigning emperor ② backstage ruler M: [2]wèi

Tàishàng Lǎojūn 太上老君 N. religious title of Laozi

tàishānhóngmáo 泰山鸿毛 ID. die for a noble cause or for a trifling reason

tàishānliángmù 泰山梁木 ID. a sage

tàishānqítuí 泰山其颓 ID. The revered man is dead.

tàishānyādǐng 泰山压顶[--壓-] ID. be overwhelmed

tàishānyāluǎn 泰山压卵[--壓-] ID. be outmatched

tài shǎo 太少 V.P. too little/few

tài shèn 太甚 V.P. too far/much

tāishēng 胎生 N. <zoo.> viviparity

táishēng* 抬升 V. lift; upraise; throw up

tāishēng dòngwù 胎生动物[--動-] N. viviparous animals; vivipara

tāishēngxué 胎生学 N. embryology

tāishēngyú 胎生鱼 N. viviparous "fish" (e.g., whales)

táishì 台式[檯-] N. table style (of domestic electric equipment)

tàishī 太师[-師] N. ① teacher to the emperor ② <court.> address to senior teacher M: [2]wèi

tàishǐ 太史 N. court historian M: [2]wèi

tàishì* 态势[態勢] N. ① state; situation ② posture

táishì chūbǎn xìtǒng 台式出版系统[檯-] N. desktop publishing system

tàishǐgōng 太史公 N. <hist.> title for the historians Sīmǎ Qiān and his father Sīmǎ Tán

táishìjī 台式机 N. desktop computer

tàishīyǐ 太师椅[-師-] N. <trad.> oversized armchair M: [1]bǎ

táishǒu* 抬手 V.O. ① stretch the rules to accommodate sb. ② raise one's hand

tàishǒu 太守 N. <hist.> ①head of a commandery ② prefecture chief; prefect M: [1]míng/[2]wèi

táishǒudòngjiǎo 抬手动脚[-動腳] F.E. personal behavior/bearing/manner

Tái-shǔ 台属[臺屬] N. <PRC> mainland relatives of a Taiwanese

tàishuǐ 泰水 F.E. <wr.> mother-in-law; wife's mother

tāisǐfùzhōng 胎死腹中 F.E. abortive; be stillborn

tàisuān 酞酸 N. <chem.> phthalic acid

Tàisuì 太岁[-歲] N. ① planet Jupiter ② village petty tyrant ③the God of the Year (who changes his dwelling annually and forbids construction work where he happens to dwell)

tàisuì tóushang dòngtǔ 太岁头上动土[-歲--動-] ID. provoke sb. far more powerful

tàitai 太太 N. ① <trad.> Mrs.; madame ② wife <topo.> ③ (paternal) great-grandmother or great-grandfather

tàitàifú 太太服 N. loose, light summer dress for a middle-aged or older woman M: [1]jiàn

tāitǐ 胎体[-體] N. ① casing; carcass ② fetus

táitián 台田[臺-] N. terraced fields

táitóu 抬头 V.O. ① raise one's head ② gain ground; improve ③go up (in price) ♦N. ①start a new line for the name of the addressee (to show respect, in letters) ②letterhead ③space to fill in a name (on bills/etc.) ④ bank's salutation for a client ⑤ name of the buyer/payee

táitóu bù jiàn dītóu jiàn 抬头不见低头见 V.P. meet frequently

táitóujiànxǐ 抬头见喜 F.E. <trad.> raise one's head and see bliss (a self-congratulatory expression pasted up in a house to greet the Lunar New Year)

táitóurén 抬头人 N. addressee

táitóutǐngxiōng 抬头挺胸 F.E. full of confidence/pride

táitóuwén 抬头纹 N. wrinkles on the forehead

táitóu yī kàn 抬头一看 V.P. look up

táitóu zhīpiào 抬头支票 N. order check

Táiwān* 台湾[臺灣] P.W. Taiwan

tài wǎn 太晚 V.P. too late

Táiwān Dàxué 台湾大学[臺灣-] P.W. Taiwan University

Táiwān Dúlì Jiànguó Yùndòng 台湾独立建国运动[臺灣獨--國-動] N. Taiwan Independence Movement

Tàiwáng 泰王 N. king of Thailand

Táiwān Guāngfùjié 台湾光复节[臺灣-復節] N. Taiwan Restoration Day (October 25)

Táiwān Guānxìfǎ 台湾关系法[-灣關--] N. Taiwan Relations Act

Táiwān Guóyǔ 台湾国语[臺灣國-] N. <lg.> Taiwan Mandarin

Táiwān Hǎixiá 台湾海峡[臺灣-峽] N. Taiwan Strait

Táiwānhuà 台湾话[臺灣-] N. <lg.> Taiwanese

Táiwān Huáyǔ 台湾华语[臺灣華-] N. <lg.> Taiwan Mandarin

Táiwān Mínzhǔ Zìzhì Tóngméng 台湾民主自治同盟[臺灣-] AB. Taiwan Democratic Self-Government League

Táiwānrén 台湾人[臺灣-] N. a Taiwanese

Táiwān Tóngbāo Liányìhuì 台湾同胞联谊会[臺灣--聯--] P.W. Taiwan Compatriots Friendship Association

Táiwān xiǎobò 台湾小檗[臺灣-] N. <bot.> Taiwan barberry

Táiwānyù 台湾玉[臺灣-] N. a kind of jade produced in Taiwan

tāiwèi* 胎位 N. position of the fetus

tàiwèi 太尉 N. supreme government official in charge of military affairs

tāixī* 胎息 N. art of controlling and swallowing one's breath

tàixī 太息 V. <wr.> sigh deeply

Tàixī 泰西 N. the West; the Occident

táixià 台下[臺-] P.W. off the stage

táixián 台衔 N. <wr.> your title

táixiǎn* 苔藓 N. lichen

táixiǎncóngshēng 苔藓丛生[--叢-] F.E. overgrown with moss

tàixiàng 太项 N. <math.> constant

táixiǎn zhíwù 苔藓植物 N. <bot.> bryophyte

táixiè 台榭[臺-] N. terraces and pavilions in a garden/park

tāixīnjiélǜ 胎心节律[--節-] N. fetal rhythm

Tàixīwén 泰西文 N. Western writing

tàixū 太虚[-虛] N. <wr.> great void; universe

Tàixué 太学 N. Imperial College

tàixūhuànjìng 太虚幻境[-虛--] F.E. illusory scene; illusion; vision

tàixūmèngjìng 太虚梦境[-虛夢-] F.E. the world of dreams

táiyán(r) 台沿(儿)[臺-] N. edge of a stage

tàiyáng 太阳[-陽] N. ① sun ② sunshine; sunlight ***Jīntiān ~ hěn hǎo.*** It's a nice sunny day. ③ Surname

tàiyáng bāndiǎn 太阳斑点[-陽-點] N. sunspot

tàiyángbǐng 太阳饼[-陽-] N. meat-filled flaky pastry (Fujian) M: [2]*kuài*

tàiyángdēng 太阳灯[-陽燈] N. sunlamp

tàiyángdìr 太阳地儿[-陽--] N. sunny spot

tàiyáng fādiàntǎ 太阳发电塔[-陽發電-] P.W. solar-power station M: [4]*zuò*

tàiyángfēng 太阳风[-陽-] N. <astr.> solar wind

tàiyáng fúshè 太阳辐射[-陽--] N. <met.> solar radiation

tàiyánggāo 太阳膏[-陽-] N. headache ointment, applied over the temples

tàiyángguāng 太阳光[-陽-] N. sun's rays; sunlight

tàiyáng hēidiǎn 太阳黑点[-陽-點] N. <astr.> sunspots

tàiyáng hēizǐ 太阳黑子[-陽--] N. <astr.> sunspots

tàiyángjìng 太阳镜[-陽-] N. sunglasses M: [1]*fù*

tàiyánglì 太阳历[-陽曆] N. solar calendar M: [1]*běn*

tàiyánglú 太阳炉[-陽爐] N. solar furnace M: [4]*zuò*

tàiyángmào 太阳帽[-陽-] N. sun helmet; topi/topee M: [1]*dǐng*

tàiyángnéng 太阳能[-陽-] N. solar energy

tàiyángnéng diànchí 太阳能电池[-陽-電-] N. solar battery

tàiyángnéng diànyuán 太阳能电源[-陽-電-] N. sun-generated electric power

tàiyángnéng rèshuǐqì 太阳能热水器[-陽-熱--] N. solar water heater M: [1]*jià*/[1]*tái*

tàiyángnián 太阳年[-陽-] N. solar year

tàiyángniǎo 太阳鸟[-陽-] N. sunbird M: [2]*zhī*

tàiyángqí 太阳旗[-陽-] N. Japanese national flag M: [1]*miàn*

tàiyángrè 太阳热[-陽熱] N. heat from the sun

tàiyángrì 太阳日[-陽-] N. <astr.> solar day

tàiyangsǎn 太阳伞[-陽傘] N. parasol M: [1]*bǎ*

Tàiyángshén 太阳神[-陽-] N. Apollo

tàiyángxì 太阳系[-陽-] N. solar system

tàiyángxué 太阳穴[-陽-] N. temples (on the head)

tàiyáng yǎnjìng 太阳眼镜[-陽--] N. sunglasses M: [1]*fù*

tàiyángzào 太阳灶[-陽-] N. solar-energy stove M: [4]*zuò*

tàiyé 太爷[-爺] N. ① <topo.> grandfather ② <trad.> district magistrate ③ <trad.> address by servant to elderly/master ④ <topo.> (paternal) great-grandfather M: [2]*wèi*

tāiyī 胎衣 N. <Ch. med.> afterbirth

táiyī 苔衣 N. moss

[1]tàiyī* 太医[-醫] N. ① imperial physician ② <topo.> medical man; doctor M: *ge*/[1]*míng*/[2]*wèi*

[2]tàiyī 泰一 N. the Great Monad from which all things sprang

tàiyǐ 太乙 N. <wr.> primordial unity of *yīn* and *yáng*

TáiYín 台银[臺-] P.W. Bank of Taiwan

tàiyīn* 太阴[-陰] N. <topo.> moon ♦ATTR. lunar

tàiyīnlì 太阴历[-陰曆] N. lunar calendar

tàiyīnnián 太阴年[-陰-] N. lunar year

tàiyīnyuè 太阴月[-陰-] N. lunar month; lunation

Tàiyǔ 泰语 N. Thai (language)

táiyuán 苔原 N. tundra

Tàiyuán* 太原 P.W. Taiyuan (capital of Shanxi province)

Tàiyǔqún 泰语群 N. Tai language group

tàizǎi 太宰 N. <trad.> chief minister

tài zǎo 太早 V.P. too soon

tài zhǎibiē le 太窄憋了 V.P. <coll.> Times press too hard.

táizhǎng 台长[臺-] N. head of a broadcasting station

táizhào 台照 N. <wr.> form used in a business letter after the name in the salutation

[1]tāizhì 胎痣 N. birthmark

[2]tāizhì 胎质[-質] N. paste/body of pottery

táizhōng 台钟[檯鐘] N. <topo.> desk clock M: [4]*zuò*

Táizhōng* 台中[臺-] P.W. Taichung (a big city in Taiwan)

Táizhōu 台州 P.W. <hist.> former name of a region in eastern Zhejiang

táizhù* 台柱[臺-] N. ① leading actor/light ② mainstay; pillar (of an organization)

tàizhù 太祝 N. <trad.> title of the official in charge of sacrificial ceremonies

táizhùzi 台柱子[臺-] N. ***See táizhù***

tāizi 胎子 N. <topo.> quality; grade

táizi 台子[檯-] N. ① <coll.> platform; stage ② <topo.> table; desk

Táizī 台资[臺-] <PRC> N. Taiwan capital/funds/investments ♦ATTR. Taiwan-invested

tàizǐ* 太子 N. crown prince M: *ge*/[1]*míng*/[2]*wèi*

tàizǐfēi 太子妃 N. wife of the crown prince M: *ge*/[1]*míng*/[2]*wèi*

tàizōng 太宗 N. the second emperor of a dynasty

táizǒu 抬走 R.V. carry away (by two or more people)

tàizǔ 太祖 N. ① first emperor of a dynasty ② earliest ancestor of a clan

táizuàn 台钻[檯鑽] N. bench drill M: [1]*jià*

tāizuò 胎座 N. <bot.> placenta

táizuò* 台座[臺-] N. plinth; pedestal

tàizuò 太座 N. <wr.> one's wife

táizuòshí 台座石[臺-] N. stone plinth/pedestal M: [2]*kuài*

tājì* 他计 N. another plan; a different plan

tǎjì 獭祭 <wr.> ID. compose by taking bits from other works

tājiā* 他家 N. other people's homes; sb. else's home

tājià 塌架 V.O. ① collapse ② fall from power

tǎjià 塔架 N. <elec.> pylon M: [4]*zuò*

Tājiālùyǔ 他加禄语 N. Tagalog (language)

tājiàn 他荐[-薦] V. be recommended by someone

tǎjiān(r)* 塔尖(儿) N. pagoda peak

tàjiàn 踏践[-踐] V. trample/tread on

tàjiǎo 踏脚[-腳] V.O. stamp one's feet

tàjiǎobǎn 踏脚板[-腳-] N. footboard; footrest; foothold M: [2]*kuài*

tàjiǎoshí 踏脚石[-腳-] N. steppingstone M: [2]*kuài*

Tǎjíkèsītǎn Gònghéguó 塔吉克斯坦共和国[-國] P.W. Republic of Tajikistan

Tǎjíkèzú 塔吉克族 N. Tajik ethnic minority (in Xinjiang)

tājiù 他就 V. accept another job

tàjū 蹋鞠 V.O. <trad.> a game of kicking a ball

tàkān* 踏勘 V. make an on-the-spot survey

tàkàn 踏看 V. make an on-the-spot survey

tākēcài 塌棵菜 N. broadbeaked mustard

tāla(r) 趿拉(儿) V. ① shuffle about in down-at-the-heels shoes ② drag along; be deliberately slow in doing sth. ♦N. slippers

tālabǎn(r) 趿拉板(儿) N. <topo.> clogs; sandals; thongs; wooden slippers

tālaxié 遢拉鞋 N. slippers M: [1]*shuāng*

[1]tālì 他力 N. somebody else's power

[2]tālì 塌砾[-礫] N. talus

tāliǎ 他俩 PR. the two of them

tǎlóu 塔楼[-樓] N. ① turret ② tower ③ tower building M: [4]*zuò*

tàluàn 沓乱[-亂] ATTR. <wr.> numerous and disorderly

tāluò 塌落 V. cave in; collapse

tālǜxìng 他律性 N. disciplinability

tāmā de 他妈的 INTJ. <vulg.> Damn it! Fuck! Shit!

tāmālā de 他妈拉的 INTJ. <vulg.> Damn it! Fuck! Shit!

[1]tāmen* 他们 PR. ① they ② and the others ***Nǐ zěnme xiān dào le, Lǎo Wáng, ~ ne?*** How come you've arrived first? What about Wang and the others?

[2]tāmen 她们 PR. they (female)

[3]tāmen 它们 PR. they (non-human)

tǎmén 塔门 N. entrance of a pagoda

tāmenliǎ 他们俩 PR. they two; those two

tàmò 拓墨 V.O. reproduce a design/inscription by inked-squeeze

[1]tān 摊[攤] V. ① spread out; unfold ② share in; contribute ③ befall ***Shénme shì dōu ~ zài tā shēnshang le.*** Everything has happened to him. ④ fry batter in thin layers ♦B.F. vendor's stand; stall [1]***tānzi*** ♦*M. for liquids* puddle; pool; smudge; stain ***yī ~ shuǐ*** a pool of water

[2]tān 滩[灘] B.F. ① beach; sands ***hǎitān*** ② shoal ***xiǎntān***

[3]tān 贪[貪] V. ① be corrupt; practice graft ② have an insatiable desire for ③ covet; hanker after; seek

[4]tān 瘫[癱] V. paralyze

[5]tān 坍 V. collapse

[1]tán* 谈[談] V. talk; chat ♦B.F. what is said ***kōngtán***, [1]***qítán*** ♦N. Surname

[2]tán 弹[彈] V. ① catapult; shoot ② flick; flip; fluff ③ pluck/play (a musical instrument) ♦B.F. ① accuse; impeach [1]***tánhé*** ② resilient; flexible [1]***tánxìng*** ♦SUF. <slang> done for ***lèi~ le*** dead tired ***See also*** [4]***dàn***

[3]tán 潭 B.F. ① deep pool; pond [2]***tánzi*** ② <topo.> pit; depression ***nítán***

[4]tán 痰 N. phlegm; sputum

[5]tán 坛[壇] N. ① altar ② forum ③ circles ④ raised plot of land ***See also*** [6]***tán***

[6]tán 坛[罈] B.F. jar [1]***tánzi See also*** [5]***tán***

[7]tán 昙[曇] B.F. <wr.> cloudy; overcast

[8]tán 檀 N. sandalwood

[9]tán 谭[譚] N. ① talk ② Surname

[10]tán 锬[錟] N. <wr.> spear

[11]tán 覃 B.F. deep ***tánsī, tándì*** ♦N. Surname

[12]tán 郯 *used in a place name*

Tán 镡[鐔] N. Surname

[1]tǎn 毯 B.F. ① blanket ***tǎnzi, máotǎn*** ② carpet; rug ***dìtǎn***

[2]tǎn 坦 B.F. ① flat; level (of field/etc.) ***píngtǎn*** ② straightforward ***tǎnbái***

[3]tǎn 袒 B.F. ① take off one's shirt; open one's shirt and expose the chest ***tǎnlù*** ② unfairly favor one side in a dispute ***tǎnhù, piāntǎn***

[4]tǎn 忐 in ***tǎntè***

[5]tǎn 钽[鉭] N. <chem.> tantalum

[1]tàn 叹[嘆] B.F. ① sigh [1]***tànqì*** ② exclaim (admiringly/etc.) ***zàntàn*** ③ chant; recite; intone ***yǒngtàn***

[2]tàn 探 V. ① look for; explore ② stretch/pop forward ♦B.F. ① inquire about; take an interest in ***tànwàng*** ② visit; call on ***tànqīn*** ③ spy; detective ***mìtàn***

[3]tàn 碳 N. <chem.> carbonium; carbon

[4]tàn 炭 N. ① charcoal ② carbon ③ <topo.> coal

tàn'àn 探案 V.O. investigate; detect ♦N. detective story

tán'ào 潭奥[-奧] V.P. profound; deep

tānba 瘫巴[癱-] V. <topo.> crumble; collapse; fall into ruins

tǎnbái 坦白 S.V. frank; candid ♦V.O. confess

tǎnbáicóngkuān 坦白从宽[-從寬] F.E. tell the truth and receive a lighter sentence.

tǎnbái jiāodài 坦白交代 V.P. make a clean breast of (one's crimes)

tǎnbáizìshǒu 坦白自首 F.E. surrender and confess one's crimes

tánbǎn 檀板 N. hardwood clappers; castanets M: [2]kuài/[1]fù

tànbàng 炭/碳棒 N. crayon M: [2]gēn

tànbǎo 探宝[-寶] V.O. ① hunt for treasure ② prospect for mineral deposits

tānbēi 贪杯 V.O. tope; drink hard or to excess

tānbēihàodǔ 贪杯好赌 F.E. love wine and gambling

tānbēihàosè 贪杯好色 F.E. be addicted to wine and women

tànběn 探本 V.O. ① trace to the origins ② make a fundamental study

tánbēngle 谈崩了 V.P. <coll.> talked into an impasse; talked into a rupture

tānbǐ 贪鄙 S.V. be insatiably avaricious

tǎnbì 袒庇 V. shield; harbor; cover up

tànbǐ* 炭笔[-筆] N. charcoal pencil M: [4]zhī

tánbǐng 谈柄 N. ① subject of conversation ② joke; butt of jokes

tànbìng* 探病 V.O. visit a patient

tǎnbìyīhū 袒臂一呼 F.E. wave one's arm and shout

tánbō* 弹拨[-撥] V. <mus.> pluck

tǎnbó 袒膊 V.O. strip/bare to the waist

tánbōyuè 弹拨乐[-撥樂] N. string music (played by plucking)

tánbō yuèqì 弹拨乐器[-撥樂-] N. plucked stringed instrument M: [2]jiàn/[1]zhǒng

tànbǔ 探捕 N. expedition

tánbudào 谈不到 R.V. be out of the question

tànbujiàn 探不见 R.V. <coll.> be unable to get together; be unable to meet with

tánbulái 谈不来 R.V./S.V. be hard to get along (with)

tánbùlǒng 谈不拢 R.V. can't agree with each other

tánbushàng 谈不上 R.V. be out of the question

tāncái 贪财 V.O./S.V. be money-mad

tāncáihàimìng 贪财害命 F.E. kill for money

tāncáihàohuì 贪财好贿 F.E. covet wealth and solicit bribes

tāncáisàngshēng 贪财丧生[--喪-] F.E. lose one's life in one's lust for wealth

tāncáishìshā 贪财嗜杀[-殺] F.E. greedy and vicious

tāncáishòuhuì 贪财受贿 F.E. be greedy for money and accept bribes

tāncáo 滩槽[灘-] N. swale

tāncǎojī 摊草机[攤-] N. <agr.> hay tedder M: [1]jià

tàncè 探测 V./N. probe; survey; search; sound

tàncèchuán 探测船 N. scientific exploration ship M: [1]sōu/[1]tiáo/[2]zhī

tàncèfǎ 探测法 N. test method

tàncéng 炭层[-層] N. coal bed

tàncèniánfǎ 碳测年法 N. carbon dating

tàncèqì 探测器 N. detector; probe M: [2]zhī/ge

[1]tànchá 探查 V. ① scout ② examine; investigate

[2]tànchá 探察 V. ① observe ② explore

tàncháfǎ 探查法 N. exploration

tānchán 贪馋[-饞] S.V. ① greedy (for food); gluttonous ② insatiably; greedy

tāncháng 摊偿[攤償] V.O. pay back one's debt by installments

tānchǎng 摊场[攤場] V.O. spread grain on a threshing floor

tánchǎng 坛场[壇場] N. <trad.> altar

tánchàng* 弹唱 V. play and sing at the same time

tánchàngzìrú 弹唱自如 F.E. play and sing as one pleases

tàncháshù 探查术[-術] N. exploratory operation

tànchá zhǐlìng 探查指令 N. exploration

tānchē 摊车[攤-] N. barrow holding things on sale in street markets M: [3]liàng

tánchě* 谈扯 V. chat; engage in chitchat

tǎnchēng 坦称[-稱] V. confess

[1]tǎnchéng* 坦诚 S.V. frank and honest

[2]tǎnchéng 坦承 V. admit honestly

tānchī 贪吃 V./S.V. be gluttonous

tánchǐbà 弹齿耙[-齒-] N. <agr.> spring-tine harrow M: [1]bǎ

tānchīlǎnzuò 贪吃懒做 F.E. a lazy glutton

tànchóuqǔjué 探筹取决[-籌-決] F.E. decide by drawing lots

tánchū 弹出 R.V. eject

tànchū* 探出 R.V. ① stretch out ② discover by exploration

tānchuán* 滩船[灘-] N. small boat without an awning/cover M: [2]zhī/[1]tiáo

tánchuǎn 痰喘 N. asthma

tānchuáng 摊床[攤-] N. vendor's stand; stand

tànchūn 探春 N. spring outing

tàn chūqu 探出去 R.V. stick out (one's head/ etc.)

táncí 弹词 N. ① storytelling accompanied by stringed instruments ② script for such storytelling M: [1]piān

tàncí* 叹词[嘆-] N. <lg.> interjection; exclamation

táncóng 谈丛[-叢] N. collection of conversations

tāndàng 摊挡[攤擋] N. stall; booth; vendor's stand

tǎndàng* 坦荡[-蕩] S.V. ① broad and level (of roads/etc.) ② magnanimous

tǎndàngdàng 坦荡荡[-蕩蕩] R.F. open-minded and magnanimous

tāndǎo 坍倒 V. collapse

Tán Dǎo 檀岛[-島] P.W. Hawaiian Islands

tándào* 谈到 R.V. speak of/about ***Wǒ jiù ~ zhèli wéizhǐ.*** I'll leave it at that.

tāndàqiúquán 贪大求全 F.E. think grandiosely

tāndàqiúyáng 贪大求洋 F.E. crave things big and foreign

tándedào 谈得到 R.V. take into consideration

tándelái 谈得来 R.V. get along well; be congenial

tándeshàng 谈得上 R.V. can go so far as to say. . .

tán de tóujī 谈得投机 V.P. have a very pleasant talk

tāndéwúyàn 贪得无厌/餍[-厭/饜] F.E. be insatiably greedy

tándǐ* 潭底 N. bottom of a deep pond

tándì 覃/潭第 N. <wr.> ① extensive residence ② your house

tāndiǎn* 摊点[攤點] N. stall; booth; vendor's stand; kiosk

tándiàn 坛坫[壇-] N. <trad.> altar where the rulers of states took oaths during a conference

tándiào 弹掉 R.V. flick/dust off

tàndìngnián 碳定年 N. carbon dating

tándòng 弹动[-動] R.V. flick; flip

tàndòngzhě 探洞者 N. caver; spelunker M: ge/[1]míng/[2]wèi

tāndú 贪渎[-瀆] V. be corrupt ♦N. corruption and dereliction of duty

tànduānzhīxù 探端知绪 F.E. investigate the beginning and know the end

tānduō 贪多 V.O. be greedy for more

tānduōbìshī 贪多必失 F.E. Covet all, lose all.

tānduōfǎnshī 贪多反失 F.E. All covet, all lose.

tānduōhuàishì 贪多坏事[--壞-] F.E. covet too much and ruin the whole affair

tānduō jiáobulàn 贪多嚼不烂[-爛] V.P. bite off more than one can chew

tānduōmàojìn 贪多冒进[-進] F.E. greed causes reckless advance

tānduōqiúkuài 贪多求快 F.E. place undue emphasis on quantity and speed

tānduōshuǐjí 滩多水急[灘-] F.E. have many shoals and rapids

tānduōwùdé 贪多务得[--務-] F.E. greedy and acquisitive; insatiably covetousness

tānduōwúyàn 贪多无厌[-厭] F.E. very greedy; insatiable

tān'é 摊额[攤-] N. quota

tàn'è* 叹愕[嘆-] V. exclaim in surprise/wonder

tán'ēn 覃恩 N. <wr.> grace, favor, or benefits for all

tán'ēnlóngqíng 覃恩隆情 F.E. <wr.> great grace and favor

tān'érwúyàn 贪而无厌[-厭] F.E. insatiable greed

tānfàn 摊贩[攤-] N. street peddler; stall vendor; stall keeper M: ge/[1]míng

tānfāng 坍方 V.O. collapse ♦N. landslide

tànfāng 探方 N. <archeo.> square or rectangular unit of an exploration ditch

tànfǎng* 探访 V. ① search out ② visit

tānfèi 瘫废[癱廢] V. be paralyzed

tànfěn 炭粉 N. charcoal powder

tánfēng* 谈锋 N. ① volubility; eloquence ② incisiveness

tànfēng 探风 V.O. inquire about sb./sth.

tánfēngshènjiàn 谈锋甚健 F.E. have the gift of gab

tānfǔ 贪腐 S.V. corrupted

tānfù 摊付[攤-] V. pay in installments

tánfǔ 潭府 N. <wr.> ① abyss ② imposing dwellings and spacious courtyard ③ your residence ④ deep pool

[1]tǎnfù 袒缚 V. <trad.> surrender after baring oneself to the waist and tying one's hands behind

[2]tǎnfù 坦腹 N. <trad.> son-in-law

tànfú* 叹服[嘆-] V. gasp in admiration

tǎnfùdōngchuáng 坦腹东床 F.E. <id.> ① ideal son-in-law ② lie in bed with bared belly

tǎnfùqǐngmìng 袒缚请命 F.E. beg for one's life by baring the shoulders and binding the arms behind

tànfùxiějiàn 炭复写件[-複寫-] N. carbon copy

tānfūxùncái 贪夫殉财 F.E. The greedy die in search of wealth.

[1]tāng 汤[湯] N. ① hot/boiling water ② hot springs ③ soup; broth ④ decoction ⑤ Surname ***See also*** [7]shāng

[2]tāng 蹚/趟 V. ① ford; wade ② <agr.> turn the soil and dig up weeds; hoe ***See also*** [1]tàng

[3]tāng 耥 V. weed and loosen the soil

[4]tāng 镗[鏜] ON. [2]tāngtāng ***See also*** [6]táng

[5]tāng 堂 in ***liàngtāngtāng*** ***See also*** [2]táng

[6]tāng 铴[鐋] in ***tāngluó***

[7]tāng 嘡 in [1]***tāngtāng***

[8]tāng 鞺 in ***tāngtà***

[9]tāng 羰 B.F. <chem.> carbonyl ***tāngjī***

[1]táng 糖/醣/饧[-/-/餳/餹] N. ① sugar ② carbohydrate ③ sweets; candy ***See also*** [5]xíng

[2]táng 堂 B.F. ① hall ***lǐtáng*** ② main room of a building/house ③ room used for a given special purpose [1]***kètáng***, [1]***shítáng*** ④ <trad.> court of law ⑤ name of a shop; shop sign ⑥ of the same clan; cousins of the same surname ***tángmèi*** ⑦ dignified ***tángtáng*** ♦M. *for furniture/ classes/etc.* ***See also*** [5]tāng

[3]táng 塘 B.F. ① embankment [1]***hétáng*** ② pool; pond [1]***chítáng***

[4]táng 膛 B.F. ① thorax; chest ***xiōngtáng*** ② inside cavity; chamber ***qiāngtáng***

[5]táng 搪 V. ① ward/hold off ② coat; smear; daub

[6]táng 镗[鏜] V. bore a hole ***See also*** [4]tāng

[7]táng 樘 N. door/window frame

[8]táng 溏 S.V. viscous (of liquids)

[9]táng 棠 B.F. <bot.> birchleaf pear ***tánglí***

[10]táng 螳 B.F. mantis ***tángláng***, ***tángbìdāngchē***

[11]táng 瑭 N. <wr.> a kind of jade

[12]táng 螗 N. <trad.> small cicada

[13]táng 唐 N. ① Tang dynasty (A.D. 618–907) ② Surname ♦B.F. boastful; exaggerated ***yányǔtángtū*** ♦in ***tuítáng***

[1]tǎng* 躺 V. lie; recline

[2]tǎng 淌 V. drip; shed; trickle

[3]tǎng 倘 CONJ. if; supposing; in case

[4]tǎng 傥[儻] CONJ. if ♦B.F. unrestrained ***tǎngdàng***, ***tìtǎng***

[5]tǎng 帑 B.F. <wr.> monetary reserves of a state; national treasury; public funds ***guótǎng***

[6]tǎng 惝 ***See*** [5]chǎng

[1]**tàng** 趟 V.M. *for times/rows* ♦N. rank; class; etc. **gēnbushàng** ~ can't keep pace with *See also* [2]*tāng*
[2]**tàng** 烫[燙] V. ① scald; burn ② warm in hot water ③ iron; press ④ perm (the hair) ♦S.V. scalding; boiling hot
tàngāng 碳钢[-鋼] N. carbon steel
tán gāngqín 弹钢琴[-鋼-] V.O. play the piano
[1]**táng'ào** 堂奥[-奧] N. <*wr.*> ① deep, hidden recesses ② profundities (of thought/knowledge) ③ interior of a country
[2]**táng'ào** 堂坳 N. damp, low-lying grounds
tāngāojiàyuǎn 贪高驾远[-遠] F.E. run after high position or far-off things
táng'àowèikuī 堂奥未窥[-奧--] F.E. have not seen the innermost recesses of the house
tāngāowùyuǎn 贪高骛远[-遠] F.E. covet high positions or far-off things but care nothing about fundamentals
tāngbà 耥耙 N. paddy-field harrow
tángbà* 塘坝[-壩] N. small reservoir (in a hilly area)
tāngbāo* 汤包[湯-] N. steamed dumplings filled with minced meat
tángbāo 糖包 N. steamed bun stuffed with sugar
tángbiàn 溏便 N. <*Ch. med.*> viscous stool
tángbiǎo 堂表 N. cousins (on both parents' side)
tángbìdāngchē 螳臂当车[--當-] ID. overrate one's ability; be foolhardy
tāngbǐng* 汤饼[湯-] N. noodle soup
Tángbīng 唐兵 N. Tang dynasty army/soldier
tāngbǐnghuì 汤饼会[湯-] N. noodle soup feast held to celebrate a child's third birthday
tāngbǐngyán 汤饼筵[湯-] N. <*trad.*> dinner party given on the third day after the birth of a baby
tāngbǐngzhīxǐ 汤饼之喜[湯-] *See tāngbǐngyán*
[1]**tángbó** 堂伯 N. paternal uncle older than one's father M: *ge*/[1]*míng*/[2]*wèi*
[2]**tángbó** 溏薄 ATTR. <*Ch. med.*> semiliquid
tángbóshū 堂伯叔 N. father's male first cousins of the same surname
[1]**tángbù** 堂布 N. cleaning rag M: [2]*kuài*
[2]**tángbù** 搪布 N. coarse/poor-quality cloth M: [2]*kuài*
tángbuguòqu 搪不过去 R.V. <*topo.*> ① can't stall sb. off ② can't do perfunctorily ③ can't parry
tǎngbuwěn 躺不稳[-穩] R.V. can't lie securely (on a narrow bench/etc.)
tǎngbuxià 躺不下 R.V. be too small for one to lie down on (of bed/etc.)
tàngbuzháo 烫不着[燙-著] R.V. won't be scalded/burned (by hot water/metal/etc.)
Tángcān 唐餐 N. Chinese food
tāngcǎo 趟草 V.O. <*topo.*> wade through high grass
táng chāishi 搪差使/事 V.O. <*coll.*> ① dawdle; stall; mope; try to evade a task ② do sth. for appearance's sake; perform a task perfunctorily; goldbrick
tángcháng 膛长 N. <*mil.*> length of bore
tángchǎng* 糖厂[-廠] P.W. sugar refinery M: [1]*jiā*
tángchāngpú 唐菖蒲 N. <*bot.*> gladiolus; *Gladiolus gandavensis* M: [2]*kē*
Tángcháo 唐朝 N. Tang dynasty (A.D.618–907)
[1]**tāngchí** 汤匙[湯-] N. tablespoon; soupspoon
[2]**tāngchí** 汤池[湯-] N. ① hot spring ② hot-water bathing pool ③ impenetrable defense work
tāngchíjīnchéng 汤池金城[湯-] F.E. strongly fortified city
tāngchítiěchéng 汤池铁城[湯-鐵-] F.E. well-defended city
tāngchízhīgù 汤池之固[湯-] N. impenetrable defense works
tǎngchuán 躺船 N. boat with berths M: [2]*zhī*/[1]*tiáo*
tángchuáng 镗床 N. boring machine/lathe M: [4]*zuò*
tángcí 搪瓷 N. enamelware
tángcí qìmǐn 搪瓷器皿 N. enamelware
tángcíwǎn 搪瓷碗 N. enamelware bowl M: *ge*/[2]*zhī*
tángcù 糖醋 N. sugar and vinegar; sweet and sour
tángcù quányú 糖醋全鱼 N. sweet-and-sour whole fish M: [1]*tiáo*/[1]*pán*
tángcùròu 糖醋肉 N. sweet-sour pork M: [1]*pán*
tángcùyú 糖醋鱼 N. sweet-and-sour fish M: [1]*tiáo*/[1]*pán*
tángdài 糖甙 N. <*chem./bio.*> glucoside
Tángdài* 唐代 N. Tang dynasty (A.D.618–907)
tángdàn 糖弹 N. sugarcoated bullet M: [1]*kē*
tǎngdàng 傥荡[儻蕩] V.P. dissolute; dissipated
tǎngdàngbùbèi 傥荡不备[儻蕩-備] F.E. careless and unprepared
tāngdào 趟道 <*coll.*> V.O. get information in advance
tángdāo 镗刀 N. <*mach.*> boring cutter/tool M: [1]*bǎ*
tǎngdǎo* 躺倒 R.V. lie down
tǎngdǎo bù gàn 躺倒不干[-幹] V.P. refuse to shoulder responsibilities any longer
tàng de huāng 烫得慌[燙-] R.V. <*coll.*> be too hot to handle (with the hands)
tángdéliǎo rénjia 搪得了人家 V.P. <*coll.*> be able to fend people off
tāngdì 蹚地 V.O. plow up the field
[1]**tángdì*** 堂弟 N. younger male cousin with the same surname M: *ge*/[1]*míng*/[2]*wèi*
[2]**tángdì** 棠/唐棣 N. ① Chinese bush cherry ② a kind of white poplar ③ sparrow/aspen plum, (*Amelanchier asiatica*) ④ wild plum, (*Prunus japonica*) ⑤ brothers
tángdiàn 糖店 P.W. candy store M: [1]*jiā*
tāngdié 汤碟[湯-] N. soup plate
tángdìzhīhuā 唐/棠棣之花 N. celebrating brothers' reunion
tàngdǒu 烫斗[燙-] N. iron (to press cloth) M: [2]*zhī*
tàngē 探戈 N. <*loan*> tango
táng'é 塘鹅 N. pelican M: [2]*zhī*
táng'érhuángzhī 堂而皇之 F.E. ① strikingly large in physical scale ② dignified; graceful ③ openly and legally ④ do sth. in grand style
tàngēwǔ 探戈舞 N. <*loan*> tango
tàngfà 烫发[燙髮] V.O. perm the hair
tāngfàn 汤饭[湯-] N. rice mixed with soup
[1]**tángfáng** 堂房 N. same-clan relationship
[2]**tángfáng** 糖房 P.W. <*trad.*> sugar refinery M: [4]*zuò*
tángféi 塘肥 N. pond sludge (as manure) M: *duī*
tángfěn 糖粉 N. powdered sugar
tángfèn* 糖分 N. sugar content; percentage of natural sugar in food items
tángfēng 搪风 V.O. keep out the wind
tángfǔ 螳斧 N. ax-shaped forelegs of a mantis
tánggān 糖苷 N. <*bio./chem.*> glucoside
tánggāng 糖缸 N. sugar bowl M: [2]*zhī*/*ge*
[1]**tánggāo** 糖膏 N. sugar paste; massecuite
[2]**tánggāo** 糖糕 N. a kind of glutinous sweet cake M: [2]*kuài*
Táng Gāozǔ 唐高祖 N. first emperor of the Tang dynasty
tánggē 堂哥 N. elder male cousin with the same surname M: *ge*/[1]*míng*/[2]*wèi*
tánggōng 镗工 N. boring-machine operator M: *ge*/[1]*míng*
tànggōngbùliáng 烫工不良[燙-] V.P. not well-ironed
tānggōu* 趟沟[-溝] V.O. make a furrow for sowing seeds
tánggòu 堂构[-構] N. succession to one's father's profession
tánggǔ 堂鼓 N. <*opera*> barrel-shaped drum M: [2]*zhī*
tángguā 糖瓜 N. traditional candy made from malt sugar
tāngguàn* 汤罐[湯-] N. pot (utensil)
[1]**tángguān(r)** 堂倌(儿) N. <*coll.*> waiter M: *ge*/[1]*míng*
[2]**tángguān** 堂官 N. <*trad.*> magistrates and superior officials M: *ge*/[1]*míng*/[2]*wèi*
tángguàn(r/zi) 糖罐(儿/子) N. porcelain container for sugar M: [2]*zhī*
tǎngguì 躺柜[-櫃] N. long lidded box; chest
tāngguō 汤锅[湯鍋] N. ① soup pot ② slaughterhouse ③ butcher (store)
tángguǒ(r)* 糖果(儿) N. sweets; candy
tángguǒdiàn 糖果店 P.W. sweet shop; candy store; confectionery M: [1]*jiā*
tángguǒfèi 糖果费 N. pocket money for a child M: [2]*bǐ*
tángguǒqián 糖果钱[-錢] N. child's candy allowance or pocket money M: [2]*bǐ*
Tánggǔtè 唐古特 N. Tangut people
tǎnghàn 淌汗 V.O. drip sweat
tánghào 堂号[-號] N. <*trad.*> special name given to a house/room
tānghú* 汤壶[湯壺] N. hot-water bottle M: [2]*zhī*/*ge*
tànghú 烫糊[燙-] V. scald; scorch
tánghuā* 唐/堂花 N. ① hothouse flower ② flowers cultivated in a greenhouse
tánghuà 糖化 N. <*chem.*> saccharification
tànghuā 烫花[燙-] V.O. make bronze designs on furniture/etc.
tànghuà 烫画[燙畫] N. picture burned into wood/leather M: [10]*fú*
tánghuáng* 堂皇 V.P. stately; magnificent ♦ADV. openly and legally
tǎnghuǎng 惝恍 V.P. dispirited; dejected; disheartened; discouraged *See also chǎnghuǎng*
tánghuángdàfāng 堂皇大方 F.E. dignified and liberal
tǎnghuǎngmílí 惝恍迷离[-離] F.E. confused; feeling lost
tǎnghuǎngwúdìng 惝恍无定 F.E. dispirited and distracted
tánghuà sìliào 糖化饲料 N. saccharified pig feed; fermented feed
tánghuì 堂会 N. <*trad.*> home party with hired performers
tánghúlu(r) 糖葫芦(儿)[--蘆-] N. sugarcoated haws on a stick M: [1]*chuàn*
tāng húnshuǐ 趟浑水 V.O. associate with wicked people
tāng-huǒ 汤火[湯-] N. ①hot water and burning fire ② dangerous things
tānghuò 汤镬[湯-] N. <*trad.*> cauldron for boiling criminals
tǎnghuò* 倘或 CONJ. if; supposing; in case
tānghuǒbùbì 汤火不避[湯-] F.E. not shirk going through hot water and fire
tānghuǒshāng 汤火伤[湯-傷] N. <*Ch. med.*> injury from hot liquid and fire
tāngjī 羰基 N. <*chem.*> carbonyl (group)
tāngjì* 汤剂[湯劑] N. <*Ch. med.*> decoction
tángjī 搪饥 V.O. ward off hunger by eating anything available
Tāngjiā 汤加[湯-] P.W. Tonga
[1]**tángjiāng** 糖浆[-漿] N. syrup M: *píng*
[2]**tángjiāng** 糖姜 N. sugared ginger; ginger in syrup M: [2]*kuài*
tāngjiǎo 汤饺[湯-] N. dumpling soup M: *wǎn*
tàngjiǎo* 烫脚[燙腳] V.O. ① burn one's foot ② wash the feet with warm water
tángjiě 堂姐 N. elder female cousin on one's father's side M: *ge*/[1]*míng*/[2]*wèi*
tángjiěmèi 堂姐妹 N. female cousins (on one's father's side)
Tángjíkēdé 堂吉柯德 N. Don Quixote
tàngjīn 烫金[燙-] N./V.O. gilding; bronzing
tángjīng 糖精 N. saccharin; gluside M: [5]*dài*
tángjiǔ 糖酒 N. rum M: *bēi*/*píng*
tàngjiǔ* 烫酒[燙-] V.O. heat wine (in hot water)
tángjiǔ chī 搪酒吃 V.P. ask for wine
tángjuān 唐捐 V. abandon; waste
tàngkāi 烫开[燙開] R.V. seal off
tángke 堂客 N. ①wife ②female guest ③woman
tángkǒng 镗孔 V.O./N. bore hole; boring
tángkǒu 膛口 N. muzzle of a gun
tǎng kǒushuǐ 淌口水 N. drivel; drooling
tànglà 烫蜡[燙蠟] V.O. wax (a floor/etc.)

T

tǎngláizhīwù 倘/傥来之物[儻-] N. an unexpected/undeserved gain; windfall
tángláng 螳螂 N. mantis M: [2]zhī
tánglángbǔchán 螳螂捕蝉 ID. be unaware of impending danger
tánglángbǔchán huángquèzàihòu 螳螂捕蝉黄雀在后[-後] ID. be unaware of impending danger
tánglángquán 螳螂拳 N. mantis boxing
tánglángzǐ 螳螂子 N. ① mantis egg ② buccal swelling
Tánglǎoyā 唐老鸭 N. <loan> Donald Duck M: [2]zhī
tánglèi 糖类[-類] N. <chem.> carbohydrate
tánglí 棠梨 N. birchleaf pear M: [2]zhī
tángliáo 糖寮 N. <trad.> sugar refinery
tángliào zuòwù 糖料作物 N. sugar crop
tánglú(zi) 搪炉(子)[-爐-] V.O. line a stove with clay
tāngluó* 铴锣[鐋鑼] N. small brass gong
tángluó(r) 糖锣(儿)[-鑼-] N. <trad.> small gong beaten by a seller of sweetmeats
tángluóbo 糖萝卜[-蘿-] N. ① <coll.> sugar beet ② <topo.> preserved carrot M: [1]kē
tángluóxǐ 糖锣洗[-鑼-] N. <pottery> gong-shaped bowl
tàngmǎ 趟马 N. <opera> stage motions symbolizing trotting/galloping
tángmèi 堂妹 N. younger female cousin with the same surname M: ge/[1]míng/[2]wèi
tángmì 糖蜜 N. molasses
tāngmiàn* 汤面[湯麵] N. noodles in soup M: wǎn
tàngmiàn 烫面[燙麵] V.O. knead dough with hot water ♦N. dough kneaded with hot water
tàngmiànjiǎo 烫面饺[燙麵-] N. steamed dumplings made of dough prepared with boiling water M: wǎn
tángmíng 堂名 N. <trad.> ① decorative title/motto on a house ② clan name, used for a branch of a family when a separate hall has been established
tángmó 搪磨 V. ① bore and grind ② hone
tāngmù 汤沐[湯-] V. bathe; take a bath
tǎngnéng 倘能 CONJ. if possible
tǎngnéngrúcǐ 倘能如此 F.E. if this can be done
tǎngnéngrúyuàn 倘能如愿[-願] F.E. if one can satisfy his wishes
tángní 塘泥 N. pond sludge/silt
tángniào 糖尿 N. <med.> urine of high sugar content
tángniàobìng 糖尿病 N. diabetes
tángniàobìng huànzhě 糖尿病患者 N. a diabetic M: ge/[1]míng/[2]wèi
tàngníjī 烫呢机[燙-] N. pressing machine M: [1]tái
tánggōng 檀弓 N. bow made of a kind of hard red wood
tān gōngfèn 摊公份[攤-] V.O. <topo.> apportion wealth
tàngōu 探沟[-溝] N. <archeo.> exploration ditch
tāngpán 汤盘[湯盤] N. soup plate
tángpí 糖皮 N. sugarcoating
tángpiàn 糖片 N. sugar tablet
tǎngpíng 躺平 R.V. lie stretched out
tàngpíng* 烫平[燙-] R.V. press (clothing)
tāngpózi 汤婆子[湯-] N. <topo.> bed warmer; hot-water bottle M: [2]zhī
tángqī 糖槭 N. sugar-producing plant; (*Acer saccharum*)
tángqiúr 糖球儿 N. ball-shaped candy
tāngquán 汤泉[湯-] N. <trad.> hot spring
tāngquánmùyù 汤泉沐浴[湯-] F.E. bathe in a hot spring
tāngr 汤儿[湯-] N. soup
[1]tǎngrán 倘然 CONJ. if; supposing; in case
[2]tǎngrán 惝然 V.P. dispirited; discouraged; disheartened
tàngrè 烫热[燙熱] S.V. burning hot
Tángren* 唐人 N. <topo.> ① a Chinese person ② people of the Tang Dynasty
tángrén(r) 糖人(儿) N. figure made of maltose
Tángrénjiē 唐人街 P.W. Chinatown M: [1]tiáo/[4]zuò
tàngróng 趟绒 N. corduroy
tāngrshì(r) 汤儿事(儿)[湯-] <coll.> N. ① trifling/unimportant matters; sth. insubstantial; pure talk ② sb. of scant means; sb. down and out
tǎngrú 倘如 CONJ. if
tǎngruò 倘若 CONJ. if; supposing; in case
tángsāi 搪塞 *See tángsè*
Tángsāncǎi 唐三彩 N. Tang tri-colored glazed pottery
tángsǎng(r) 膛嗓(儿) N. <topo.> deep and loud voice
tángsǎngr 糖嗓儿 N. <topo.> ① coughing loudly to clear one's voice ② hoarse voice
tángsānjiǎo 糖三角 N. triangular steamed dumpling stuffed with sugar M: [2]zhī
Táng Sānzàng 唐三藏 *See Xuánzàng*
tángsè 搪/唐塞 V. ① stall sb. off ~ *tā [1]jì [1]jù* stall him off with a vague answer ② do sth. perfunctorily
tángsè chāishì 搪塞差事 V.O. perform a duty perfunctorily
Tángsēng qǔjīng 唐僧取经[-經] V.P. <Budd.> pilgrimage of the venerable Xuánzàng of the Tang period
tángsètuīwěi 搪塞推诿 F.E. evade the issue
Tángshān 唐山 P.W. ① Tangshan (in Hebei) ② China (overseas Chinese usage)
tángshāng 糖商 N. sugar merchant M: ge/[1]míng/[2]wèi
tángshàng 堂上 N. ① parents ② <trad.> address for magistrates/judges
tàngshāng* 烫伤[燙傷] V./N. scald (injury)
tángshàng jiāojì 堂上交际[-際] N. <lg.> classroom interaction
tāngsháo 汤勺[湯-] N. soup ladle/spoon
táng shāobing 糖烧饼[-燒-] N. baked flatcake with sugar filling M: [2]kuài
tángshēn 糖参[-參] N. sugared ginseng M: [4]zhī
Tángshī 唐诗 N. Tang poetry M: [2]shǒu
tángshí 糖食 N. sweet food; sweets
tǎngshǐ* 倘使 CONJ. if; supposing; in case
tǎngshì 倘是 CONJ. if
Tángshī Sānbǎi Shǒu 唐诗三百首 N. *Three Hundred Tang Poems* (a classic poetry anthology) M: [1]běn
tàngshǒu 烫手[燙-] V.O. scald one's hand ♦S.V. difficult to handle/manage; thorny; knotty
tàngshǒu de shānyù 烫手的山芋[燙-] N. hot potato
tàngshǒushānyù 烫手山芋[燙-] ID. sth. useful but very difficult to handle M: ge/[2]zhī
tángshū 堂叔 N. father's younger male cousin of the same surname M: ge/[1]míng/[2]wèi
tángshuāng 糖霜 N. icing; frosting
[1]tāngshuǐ 汤水[湯-] N. ① soup ② property; assets ③ <topo.> troublesome
[2]tāngshuǐ 蹚/趟水 V.O. <coll.> wade through water
tángshuǐ* 糖水 N. syrup; sweetened water M: bēi
tángshuì 糖税 N. sugar tax M: [2]bǐ
tāngshuǐ guòhé 蹚水过河 V.P. wade a stream
tàngsǐ 烫死[燙-] R.V. kill with hot water,etc. (of parasite in clothes, etc.)
Táng-Sòng bādàjiā 唐宋八大家 N. Eight Great Men of Letters of Tang and Song
tángsuàn 糖蒜 N. garlic in syrup; sweetened garlic M: [1]kē
tāngtà 鞺鞳 ON. sound of bells and drums
[1]tāngtāng 嘡嘡 ON. sound of footsteps
[2]tāngtāng 镗镗 ON. noise of drums
tángtáng* 堂堂 R.F. ① dignified; imposing ② having high aspirations and boldness of vision (of a man)
tángtáng dàguó 唐唐//堂堂大国[--//---國] N. great, powerful, civilized nation
tángtáng dàzhàngfū 堂堂大丈夫 N. a dignified gentleman
tángtánghuánghuáng 堂堂皇皇 R.F. in state; in open view
tángtángr 膛堂儿 N. deep and loud voice
tǎngtǎngr 躺躺儿 R.F. <coll.> lie down for a rest
tàngtàngr* 趟趟儿 R.F. <coll.> every time
tángtángyíbiǎo 堂堂仪表[--儀-] F.E. a grand air
tángtángzhèngzhèng 堂堂正正 R.F. impressive; awe-inspiring
tángtángzhīzhèn 堂堂之阵 N. ① an imposing array of troops ② principal rooms (in a courtyard)
tāngtián 趟田 V.O. turn the soil and dig up weeds
tángtiáo 螗蜩 N. <zoo.> a kind of cicada M: [2]zhī
tāngtǒng 汤桶[湯-] N. <topo.> hot-water bucket M: [2]zhī/ge
tāngtóu 汤头[湯-] N. <Ch. med.> prescription for decoction
tángtóu 堂头 N. abbot
tàngtóu* 烫头[燙-] V.O. ① get a perm ② perm sb.'s hair
tàng tóufa 烫头发[燙-髮] V.O. ① get a perm ② perm sb.'s hair
tāngtóu gējué 汤头歌诀[湯-] N. prescriptions written in rhyme M: [2]shǒu
tángtóu héshàng 堂头和尚 N. abbot M: ge/[1]míng/[2]wèi
tāngtǔ 蹚土 V.O. raise a cloud of dust
tángtū* 唐/搪突 S.V. ① <wr.> brusque; rude ② profane ♦V. ① pass oneself/sth. off as ② offend
tāngtuán 汤团[湯團] N. <topo.> glutinous-rice dumplings M: ge/[2]zhī
tángtū xíngdòng 唐突行动[-動] N. presumptuous act
tángtū Xīshī 唐突西施 V.O. offend the most beautiful (girl)
tānguān* 贪官 N. avaricious officials M: ge/[1]míng
tánguān 弹冠 V.O. <trad.> dust off one's cap (in preparation for an official career)
tánguàn 痰罐 N. spittoon M: ge/[2]zhī
tān guāngōng 摊官工[攤-] V.O. <topo.> do officially decreed labor; do forced labor
tānguānwūlì 贪官污吏 F.E. corrupt officials
tánguānxiāngqìng 弹冠相庆[-慶] F.E. congratulate each other on good job prospects
tánguàn yuèduì 坛罐乐队[罈-樂隊] N. jug band; band playing on bottles/bowls/jars/cups/etc. M: [4]zhī
tànguānzhǐyǐ 叹观止矣[嘆觀-] F.E. acclaim as supreme
tángǔshuōjīn 谈古说今 F.E. talk of past and present
tāngwǎn 汤碗[湯-] N. soup bowl M: ge/[2]zhī
tǎngwò 躺卧[-臥] V. be lying down
Tāng-Wǔ 汤武[湯-] N. <hist.> Tang and Wu, founders of the Shang and Zhou dynasties respectively
tángwū* 堂屋 P.W. ① central room (in a traditional house) ② main hall M: [1]jiān
tángwǔ 堂庑 P.W. side room of a hall
tángxī* 糖稀 N. thin malt sugar; molasses; syrup
tàngxǐ 烫洗[燙-] V. scald
tǎngxia 躺下 R.V. lie down
tǎng xiàlai 躺下来 R.V. lie down
tángxiàn 膛线 N. <mil.> rifling
tángxiè 溏泄 N. loose stool
tángxīn 溏心 ATTR. soft-yolked (of eggs)
tángxiōng 堂兄 N. elder male cousin (with the same surname) M: ge/[1]míng/[2]wèi
tángxiōngdì 堂兄弟 N. male cousins on the paternal side
tángxuān 堂萱 N. <wr.> one's mother
tǎngxuè 淌血 V.O. drip blood
tángyàn 塘堰 N. small reservoir(in a hilly area)
tǎngyáng 倘佯 V. linger
tǎng yǎnlèi 淌眼泪[-淚] V.O. shed tears
tǎngyǎnmǒlèi 淌眼抹泪[-淚] F.E. cry; weep
tāngyào 汤药[湯藥] N. <Ch. med.> decoction M: [14]fù
tǎngyào* 倘要/药[-藥] CONJ. <coll.> if; suppose
tāngyè* 汤液[湯-] N. <Ch. med.> decoction

tángyè 糖业[-業] N. sugar industry
tángyī* 糖衣 N. sugarcoating
tǎngyǐ 躺椅 N. reclining/lounge chair M: [1]*bǎ*
tàngyībǎn 烫衣板[燙-] N. ironing board/table M: [2]*kuài*
tàng yīfu 烫衣服[燙-] V.O. iron clothes
tāngyǐn 汤引[湯-] N. liquid taken with medicine
Tángyīn 唐音 N. <*lg.*> ① Sino-Japanese pronunciation ② pronunciation during the Tang dynasty ③ Sino-Japanese pronunciation borrowed in the Ming/Qing period
Táng Yín* 唐寅 (1470–1523) N. scholar and painter, founder of the Suzhou Style
tángyìn 堂印 N. seal of a premier or prime minister
tángyī pàodàn 糖衣炮弹 N. sugarcoated bullet M: [1]*kē*
tángyīpiàn 糖衣片 N. sugar-coated tablet M: [1]*kē*
tàngyītái 烫衣台[燙-臺] N. ironing board/table
tàngyītàng 烫一烫[燙-燙] V.P. iron (clothes/etc.) warm wine in hot water
Tāng Yòngtóng 汤用彤[湯-] (1893–1964) N. leading historian of Chinese Buddhism
tǎngyǒubùcè 倘有不测 F.E. in case of accident
tángyú* 塘鱼 N. pond fish M: [1]*tiáo*
Táng-Yú 唐虞 N. (legendary) Emperors Yao and Shun
tāngyuán* 汤圆[湯-] N. glutinous-rice dumplings served in soup M: *ge*/[2]*zhī*/*wǎn*
tángyuán 糖原 N. <*chem.*> glycogen
Tángyùn 唐韵[-韻] N. the rhyme dictionary *Qieyun* as revised by Sun Mian in 751 A.D.
Táng-Yú zhī shì 唐虞之世 N. ① the era of Yao and Shun ② a golden age
tángzāihuángzāi 唐哉皇哉 F.E. magnificent in scale/scope
tǎngzàng 帑藏 N. <*wr.*> state treasury
tàngzǎo(r) 烫澡(儿)[燙-] V.O. <*coll.*> take a hot bath
tángzhàng 搪帐 V.O. put off creditors
tǎngzhe 躺着[-著] V.P. be in a prostrate position
tángzhī* 糖汁 N. syrup
tángzhí 堂侄 N. son of a cousin (on the paternal side) M: *ge*/[1]*míng*/[2]*wèi*
tángzhínǚ 堂侄女 N. daughter of a cousin (on the paternal side) M: *ge*/[1]*míng*/[2]*wèi*
Tángzhuāng 唐装[-裝] N. ① Chinese dress/garment ② Tang-dynasty clothing M: [2]*jiàn*/*tào*
tángzi* 堂子 N. ①palace temple ②bathhouse ③ brothel
tángzì 糖渍 N. crystallized sugar from sugar water/etc.
tàngzi 趟子 N. round trip between two localities; commutation
tàngzichē 趟子车 N. regularly-scheduled vehicle. M: [3]*liàng*
tángzǐmèi 堂姊妹 N. female cousins whose fathers are brothers; female first cousins on the father's side
tángzǐr 糖子儿 N. candy drops M: [1]*kē*
tángzì shípǐn 糖渍食品 N. sugar-cured foods M: [1]*zhǒng*
tángzǒu 搪走 R.V. <*coll.*> stall sb. off
tángzú 堂族 N. members of the same clan
tànhǎidēng 探海灯[-燈] N. searchlight M: [1]*zhǎn*
tànhào 叹号[嘆號] N. exclamation mark (!)
[1]**tánhé** 弹劾 V. impeach
[2]**tánhé(r)** 痰盒(儿) N. spittoon; cuspidor
tánhéfǎ 弹劾法 N. impeachment law
tānhēi 贪黑 ADV. <*topo.*> at nightfall; at twilight
tànhēi* 碳黑 N. carbon black
tánhéquán 弹劾权[-權] N. impeachment power
tánhér 痰盒儿 N. spittoon M: *ge*/[2]*zhī*
tánhéróngyì 谈何容易 F.E. easier said than done
tānhù 滩户[灘-] N. makers of salt on the beach
tǎnhù* 袒护[-護] V. alibi; shield (sb.) *Nǐ bié ~ tā.* Don't make excuses for him.
tànhū 叹呼[嘆-] N. <*lg.*> exclamation
tānhuā 贪花 V.O. indulge in carnal passion

[1]**tánhuā** 昙花[曇-] N. broad-leaved epiphyllum; night-blooming cerus
[2]**tánhuā** 弹花 N. fluffed cotton
tánhuá 昙华[曇華] N. <*bot.*> canna M: [2]*kē*
tánhuà* 谈话 N./V.O. talk; chat *fābiǎo* ~ make a statement M: *cì*
tànhuā 探花 N. <*trad.*> third-place candidate in the imperial examination M: *ge*/[1]*míng*/[2]*wèi*
[1]**tànhuà** 炭/碳化 V. carbonize
[2]**tànhuà** 炭画[-畫] N. charcoal drawing M: [10]*fú*
tánhuà guīzé 谈话规则 N. <*lg.*> rules of speaking M: [1]*tiáo*
tánhuàhuì 谈话会 N. ① informal meeting for conversation ② symposium M: *ge*/*cì*
tǎnhuái 坦怀[-懷] V.P. frank; open; direct
tánhuājī 弹花机 N. <*mach.*> cotton fluffer M: [1]*jià*
tānhuāliànjiǔ 贪花恋酒[--戀-] F.E. womanize and booze up
tānhuán 摊还[攤還] V. divide payment among concerned parties
tānhuàn* 瘫痪[癱瘓] N. ① paralysis; palsy ② paralytic
tǎnhuǎn 坦缓 S.V. level; smooth (of land)
tānhuànbìng 瘫痪病[癱瘓-] N. <*coll.*> stroke; paralysis
tānhuàn fāzuò 瘫痪发作[癱瘓發-] V.P. paralytic stroke
tānhuáng 滩/摊簧[灘/攤-] N. Suzhou opera
tánhuáng* 弹簧 N. <*mach.*> spring; mechanical spring
tānhuángcài 摊黄菜[攤-] N. <*topo.*> scrambled eggs
tánhuángchèng 弹簧秤 N. spring scale/balance M: *ge*/[1]*bǎ*
tánhuángchuáng 弹簧床 N. spring bed M: [1]*zhāng*
tánhuángdāo 弹簧刀 N. switch-blade knife M: [1]*bǎ*
tánhuángdiàn 弹簧垫[-墊] N. trampoline M: [2]*kuài*/[1]*zhāng*
tánhuánggāng 弹簧钢[-鋼] N. spring steel
tánhuángmén 弹簧门 N. swinging door M: [1]*shàn*/[2]*dào*/[4]*zuò*
tánhuángquān 弹簧圈 N. spring coil
tānhuán gǔběn 摊还股本[攤還-] V.O. <*acct.*> capital returned to stock-holders in dividends
tánhuángzuòr 弹簧座儿 N. spring chair
tānhuànyúdì 瘫痪于地[癱瘓於-] F.E. sink helplessly to the ground
tànhuàqì 碳化器 N. carburetor M: *ge*/[2]*zhī*
tánhuàshì 谈话室 P.W. conversation/chatting room M: [1]*jiān*
tànhuàwù 炭/碳化物 <*chem.*> N. carbide
tánhuāyīxiàn 昙花一现[曇-] F.E. flower briefly; be very short-lived
tànhuà zuòyòng 炭化作用 N. <*chem.*> carbonization; carbonizability
tānhuǐ 坍毁[-毀] N. dilapidation
tānhuì 贪贿 V.O. be covetous
tánhuí* 弹回 R.V. rebound ♦N. resilience; repercussion
tànhuī 炭灰 N. ashes
tānhuìhàimín 贪贿害民 F.E. harm the people by squeezing money
tànhuīsè 炭灰色 N. charcoal gray
tānhuìwǎngfǎ 贪贿枉法 F.E. take bribes and pervert the laws
tānhuìwúyì 贪贿无艺[-藝] F.E. be inordinately rapacious
tānhuo 瘫和[癱-] V. <*coll.*> be paralyzed from the waist down
tànhuǒ* 炭火 N. ①charcoal fire ② <*coll.*> coal fire
tànhuò 探获[-獲] V. get knowledge of sb./sth. through a thorough inquiry/investigation
tànhuǒ bāoshuǐ 炭火煲水 V.P. boil water with a charcoal fire
tánhuǒnèirǎo 痰火内扰[-擾] N. <*Ch. med.*> internal disturbance from fire of mucus
tánhǔsèbiàn 谈虎色变[-變] F.E. pale at the mere mention of danger

tǎnhù yī fāng 袒护一方[-護--] V.O. be partial to one side
tānián 他年 N. another year; some time in the future
tánjí* 谈及 V. mention; refer to in conversation
tànjī 炭墼 N. lumps made of charcoal powder
tānjià* 坍架 V.O. collapse
[1]**tànjiā** 探家 V.O. visit one's family
[2]**tànjiā** 叹嘉[嘆-] V. praise; eulogize; glorify; extol
tànjià 炭架 N. andiron
tán jiācháng 谈家常 V.O. chitchat; talk about everyday matters
tánjiá'érgē 弹铗而歌[-鋏--] ID. Being poor, one waits for an opportunity to improve one's life.
tānjiān 滩肩[灘-] N. berm
tànjiān* 探监[-監] V.O. visit a prisoner
tànjiǎn 探检 V. explore ♦N. exploration
tánjiǎng 谈讲[-講] V. give a talk/explanation/etc.
tānjīdàn 摊鸡蛋[攤雞-] N./V.O. omelet
tǎnjié 坦洁[-潔] S.V. honest and uncorrupted; clean
tànjīng 碳精 N. ① <*elec.*> carbon ② charcoal products ③ <*topo*> artificial charcoal and graphite
tànjǐng* 探井 N. test well/pit/shaft
tànjīngbàng 炭精棒 N. carbon stick M: [2]*gēn*
tànjīngdēng 炭精灯[-燈] N. arc lamp; arc light M: [2]*zhī*/[1]*zhǎn*
tànjīngzhǐ 炭精纸 N. carbon paper M: [1]*zhāng*
[1]**tànjiū** 探究 V. investigate; explore ♦ATTR. exploratory
[2]**tànjiū** 探阄[-鬮] V.O. draw lots
tān jīzǐr 摊鸡子儿[攤雞-] V.O. <*topo.*> fry eggs; make an omelet
tànjū 炭疽 N. anthrax
tànjūbìng 炭疽病 N. anthracnose
tánjué 痰厥 N. <*Ch. med.*> coma due to blocking of the respiratory system
tānjuémùwèi 贪爵慕位 F.E. covet a high position
tānkāi 摊开[攤開] R.V. spread out
tànkān* 探勘 V. explore; prospect
tànkàn 探看 V. ① visit ② look about; watch
tànkānzhě 探勘者 N. explorer M: *ge*/[1]*míng*/[2]*wèi*
tánkè 谈客 N. an able talker M: *ge*/[1]*míng*/[2]*wèi*
tǎnkè* 坦克 N. <*loan/mil.*> tank M: [3]*liàng*
tǎnkèchē 坦克车 N. <*loan/mil.*> tank M: [3]*liàng*
tànkēng 炭坑 N. <*min.*> coal pit
tànkōng 探空 V.O. test/sound at high altitude
tànkōng huǒjiàn 探空火箭 N. sounding rocket M: [4]*zhī*/[4]*méi*
tànkōng qìqiú 探空气球[--氣-] N. sounding balloon M: *ge*/[2]*zhī*
tánkōngshuōyǒu 谈空说有 F.E. get together and chat
tánkǒu 檀口 N. <*wr.*> the red lips of a pretty girl
tàn kǒufēng 探口风 V.O. sound out sb.'s intentions/ feelings/etc.
tàn kǒuqi 探口气[-氣] V.O. sound sb. out
tánkǒuyīngchún 檀口樱唇 F.E. small and reddish mouth of a woman
tānkuǎn 摊款[攤-] V.O. share the burden of a payment
tànkuàng 探矿[-礦] V.O. prospect (for minerals)
tànkuì 叹喟[嘆-] V. sigh
tǎnkuò 坦阔 S.V. level and open; level and boundless
tānlán* 贪婪 S.V. greedy; rapacious
tānlǎn 贪懒 S.V. indolent; lazy
tānlánchéngxìng 贪婪成性 F.E. Avarice becomes second nature.
tānláng* 贪狼 N. a very greedy person M: [2]*zhī*
tánláng 檀郎 N. <*wr.*> term of address for one's husband/lover
tānlánrúláng 贪婪如狼 F.E. greedy as a wolf
tānlánsàngshēng 贪婪丧生[--喪-] F.E. fall a victim to one's own avarice

T

tānlánwúyàn 贪婪无厌[-厭] F.E. insatiably covetous
tánláo 痰痨[-癆] N. <coll.> sicknesses whose main symptoms are coughing and phlegm
tān láogōng 摊劳工[攤勞-] V.O. <coll.> do forced labor
tànléi 探雷 V.O. <mil.> locate mines
tànléiqì 探雷器 N. mine detector M: ge/²zhī/¹jià
tānlì 贪吏 N. venal minor functionaries M: ge/¹míng
tánlì* 弹力 N. ① elastic force; elasticity ② spring force
tānliàn 贪恋[-戀] V. ① cling to ② hanker after
tán liàn'ài 谈恋爱[-戀愛] V.O. court; woo
tánlì chángwà 弹力长袜[-襪] N. support hose M: ¹shuāng
tànlídézhū 探骊得珠[-驪--] ID. ① to the point (of essays) ② grasp the key point(s) of essays
tānlìn* 贪吝 V.P. avaricious and miserly
tánlín 檀林 N. <Budd.> monastery
tánlìshā 弹力纱 N. stretch yarn
tánlìshān 弹力衫 N. stretch shirts M: ²jiàn
tánlìwà 弹力袜[-襪] N. stretch socks M: ¹shuāng
tānlìwángshēn 贪利亡身 F.E. perish in the greed for wealth
tánlǒng 谈拢 V. agree with each other; reach an agreement
tànlòuqì 探漏器 N. leak detector M: ¹tái
tànlǒuzi 炭篓子[-簍-] N. <coll.> high empty title M: ²zhī
tǎnlù 袒露 V. expose; bare
tànlú 炭炉[-爐] N. charcoal stove M: ²zhī
tànlù* 探路 V.O. explore the way
tánlùn 谈论 V. discuss ♦N. discussion
tánlùn dào 谈论到 R.V. talk/discuss about sth.
tànmǎ 探马 N. mounted scout
tànměi 叹美[嘆-] V. praise
tǎnmiǎn 袒免 F.E. <wr.> bare one's left arm and take off one's cap as an expression of sorrow
tànmiànzi 炭面子 N. <coll.> powdered coal
tànmíng 探明 R.V. ① ascertain; verify ② get a clear understanding of sth.; find out
tānmíngdiàoyù 贪名钓誉[-譽] F.E. greedy for both fame and praise
tānmíngzhúlì 贪名逐利 F.E. greedy for fame and personal gain
tánmíxīnqiào 痰迷心窍[-竅] F.E. confused; foolish; befuddled
¹tānmò 贪默 N. be corrupt
²tānmò 贪墨 ATTR. venal (of functionaries)
tànmō* 探摸 V. feel for; grope for
tánmòxiàn 弹墨线 V.O. strike a line with an inky string (of carpenters)
tánmù 檀木 N. sandalwood M: ²kuài
tànnángqǔwù 探囊取物 ID. as easy as stealing candy from a baby
tānniàn 贪念 N. covetous thoughts
tánnuó 檀那 <Budd.> N. ① donation ② donor; benefactor (of a monastery/etc.) ♦V.P. give (alms)
tānpái 摊牌[攤-] V.O. ① show one's hand ② have a showdown
tānpài* 摊派[攤-] V. apportion (work/etc.); allot
tānpài fèiyòng 摊派费用[攤-] V.O. <acct.> apportioned charges
tānpài shuìjuān jījīn 摊派税捐基金[攤-] N. <acct.> assessment fund
tánpàn* 谈判 V./N. negotiations; talks
tànpán 探盘[-盤] V.O. find out the real situation; get to the bottom of a situation
tánpàn chóumǎ 谈判筹码[--籌-] N. bargaining chips
tánpàn tiáojiàn 谈判条件[--條-] N. bargaining power
tánpànzhuō 谈判桌 N. conference table M: ¹zhāng
tānpèi 摊配[攤-] V. divide and assign to
tànpén 炭盆 N. charcoal brazier M: ²zhī
tānpéng 摊棚[攤-] N. stand/stall canopy
tānpǐ 坍圮 V. cave in; collapse
tān piányi 贪便宜 V.O. bargain-hunt; seek petty advantages
tānpíng* 摊平[攤-] R.V. shake out
tǎnpíng 坦平 S.V. level
tán pípa 弹琵琶 V.O. play the *pipa*
tānpūjī 摊铺机[攤-] N. paver M: ¹tái
tānpū shízhā 摊铺石渣[攤-] V.O. spread ballast
tánqí 弹棋 N. wooden chess-like tablet, in a game
tánqǐ 谈起 R.V. mention; speak of
¹tánqì 痰气[-氣] N. <topo.> ① mental disorder ② apoplexy ③ asthma
²tánqì 坛器[罎-] N. bottles and jars
tànqí 探骑 N. mounted spy/scout
¹tànqì* 叹气[嘆氣] V.O. heave a sigh **tànle yī kǒu qì** heaved a sigh
²tànqì 炭气[-氣] N. carbon dioxide
¹tānqián 贪钱[-錢] V.O. <derog.> ① be greedy in getting money ② get money through corruption
²tānqián 摊钱[攤錢] V.O. share expenses
tán qǐlai 谈起来 R.V. start talking/chatting
tánqín 弹琴 V.O. play a stringed/keyboard instrument
tànqīn* 探亲[-親] V.O. visit relatives
tānqín duìzhǎng 滩勤队长[灘-隊-] N. beach-master M: ge/¹míng/²wèi
tànqīnfǎngyǒu 探亲访友[-親--] F.E. visit relatives and friends
tānqīng 贪青 V.O. be slow to ripen (of crops)
tánqíngshuō'ài 谈情说爱[-愛] F.E. ① bill and coo; spoon ② be courting; talk love
tànqīnjià 探亲假[-親-] N. home visit leave; home leave
tànqīnyào 探亲药[-親藥] N. contraceptive pill
tànqísìchū 探骑四出 F.E. Mounted spies are on every side.
tānqiú 贪求 V. thirst after; covet
tánqiú 弹球 V.O. (play) marbles
tànqiú* 探求 V. investigate; search after/for
tànqiú mínyǐn 探求民隐[-隱] V.O. find out the difficulties of the people (of government)
tánqiúpán 弹球盘[-盤] N. pachinko
tánqù 弹去 R.V. flick off
tànqū 探区[-區] P.W. explored/exploratory area
tànqǔ* 探取 V. draw money in advance
tānquán 贪权[-權] V.O. covet power
tānqún 摊群[攤-] N. a group of stands/stalls
tǎnrán 坦然 S.V. ① calm; unperturbed ② frank; open
tǎnrángòngchù 坦然共处[-處] F.E. get along with each other in frankness and open mind
tǎnránwújù 坦然无惧[-懼] F.E. remain calm and undaunted
tǎnránzìruò 坦然自若 F.E. calm and confident; completely at ease
tānrèn 摊认[攤認] V. ① share (a financial burden) ② subscribe (to charitable projects, funds, etc.)
tànrèzhēn 探热针[-熱-] N. thermometer M: ⁴zhī/²gēn
tānróngmùlì 贪荣慕利[-榮--] F.E. covet glory and wealth
tānruǎn 瘫软[癱-] S.V. weak and limp
tànsāng 探丧[-喪] V.O. <topo> pay a condolence call; condole with someone on his bereavement
Tǎnsāngníyà 坦桑尼亚[-亞] P.W. Tanzania
tānsè 贪色 V.O./S.V. ① be lustful ② be a womanizer
tǎnshā 毯鲨 N. carpet shark M: ¹tiáo
tānshài 摊晒[攤曬] V. dry by spreading on the ground; ted
tānshàijī 摊晒机[攤曬-] N. <agr.> tedder M: ¹tái
tānshang 摊上[攤-] R.V. <coll.> have; endure *See also tānshàng*
tānshāng 摊商[攤-] N. street vendor/peddler M: ge/¹míng
tānshàng 摊上[攤-] R.V. <coll.> be implicated in (trouble/etc.) *See also tānshang*
tánshàng 谈上 V. talk for (a length of time)
¹tànshāng* 探伤[-傷] V.O. detect flaws
²tànshāng 炭商 N. coal/charcoal dealer M: ge/¹míng
³tànshāng 叹伤[嘆傷] V. lament
tànshǎng 叹赏[嘆-] V. show appreciation/admiration
tānshang guānsi 摊上官司[攤-] V.O. <coll.> be involved in a lawsuit
tànshāngyí 探伤仪[-傷儀] N. flaw detector M: ¹jià/¹tái
¹tánshè 弹射 V. ① <mil.> launch, catapult; eject ② <wr.> pick faults and criticize; censure
²tánshè 坛社[壇-] N. ceremony for offering sacrifice to a god at an altar/etc.
tánshèlìbìng 弹射利病 V.O. pick faults
¹tànshēn 探身 V.O. stretch/bend forward; lean out
²tànshēn 探深 V.O. depth sounding; sounding
tānshēng 贪生 V.O. cravenly cling to life
tànshēng 叹声[嘆聲] N. sighing sound
tànshèng* 探胜[-勝] V.O. <wr.> look for scenic spots
tānshēngpàsǐ 贪生怕死 F.E. cravenly fear death
tàn shēnzi 探身子 V.O. stretch/bend forward; lean out
tánshèqì 弹射器 N. ejector; catapult M: ¹jià
tánshè qǐfēi 弹射起飞[-飛] N. <sport> catapult-assisted take-off
tánshè zuòcāng 弹射座舱[-艙] N. ejection capsule
tánshè zuòyǐ 弹射座椅 N. ejection seat
tānshī 滩师[灘師] N. a pilot through rapids
tānshí 贪食 V.O. be gluttonous
tānshì 摊市[攤-] N. bazaar (of booths)
tánshī 痰湿[-濕] N. <Ch. med.> phlegm associated with stasis of moisture
tǎnshí 坦实[-實] S.V. frank and honest
¹tànshì* 探视 V. visit
²tànshì 探试 V. try to find out (sb.'s opinions/thoughts/etc.)
Tánshíshān Wénhuà 昙石山文化[曇-] N. <archeo.> Tanshishan Culture
tànshì shíjiān 探视时间[--時-] N. visiting hours (in a hospital)
tānshǒu 摊手[攤-] V.O. loosen one's grip; let go
tānshòu* 摊售[攤-] V. sell goods; set up a stall
tǎnshù 坦述 V. tell straightforwardly
tǎnshuài 坦率 S.V. candid; frank
tǎnshuài'éryán 坦率而言 F.E. speak in plain terms
tǎnshuàiwúsī 坦率无私 F.E. be frank and without secrecy
tǎnshuàizhèngzhí 坦率正直 F.E. frank and honest
tǎnshuǎng 坦爽 S.V. straightforward; outspoken
tānshuì* 贪睡 S.V. ① be fond of sleep ② be lazy
tánshuǐ 潭水 N. deep water
tànshuǐhuàhéwù 碳/炭水化合物 N. <chem.> carbohydrate
tánshuō 谈说 V. talk; chat
tánshùqínzhě 弹竖琴者[-豎--] N. harpist M: ge/¹míng/²wèi
tánsī 覃思 N. <wr.> deep/profound thought; meditation
tànsīdēng 碳丝灯[-絲燈] N. carbon lamp M: ¹zhǎn
tánsī'érxíng 覃思而行 F.E. <wr.> think deeply and move
tánsīlóngqíng 覃思隆情 F.E. great grace and favor
¹tànsù 碳素 N. <chem.> carbon
²tànsù 探溯 V. search for the source/origin
³tànsù 炭素 N. charcoal element
tànsuān 碳/炭酸 N. carbonic acid
tànsuāngài 碳酸钙 N. <chem.> calcium carbonate
tànsuānnà 碳酸钠 N. <chem.> sodium carbonate; soda
tànsuānqì 碳酸气[-氣] N. <chem.> carbonic-acid gas; carbon dioxide
tànsuānqīngnà 碳酸氢钠[--氫-] N. <chem.> sodium bicarbonate; baking soda

tànsuānshuǐ 碳酸水 N. <*chem.*> carbonated water; soda water
tànsuānyán 碳酸盐[-鹽] N. <*chem.*> carbonate
tànsuān zhòngdú 碳酸中毒 V.P. poisoning from carbonic acid
tànsù cèdìng 碳素测定 N. radio carbon dating
tànsùgāng 碳素钢[-鋼] N. carbon steel
tānsuō 坍缩 V. condense; concentrate
tànsuǒ* 探索 V. explore; probe ♦N. explorations
tànsuǒfǎ 探索法 N. exploratory/heuristic method
tànsuǒjiūjìng 探索究竟 F.E. try to find out why and wherefore
tànsuǒxìng yánzhì 探索性研制[-製] N. exploratory forecasting
tànsuǒzhě 探索者 N. explorer
tāntā 坍塌 V. cave in; collapse
tāntái* 坍台 V.O. ① <*topo.*> collapse (of enterprises/etc.) ② fall into disgrace ③ let sb. down
tántái 坛台[壇臺] N. ① terrace ② altar
tántán 昙昙[曇曇] R.F. cloudy; overcast
tǎntǎn* 坦坦 R.F. flat and extended
tàntāng 探汤[-湯] V.O. once burned, fear fire
tántánguànguàn 坛坛罐罐[罈罈-] R.F. ① pots and pans ② personal possessions
tāntāo 贪饕 S.V. gluttonous
tàntǎo* 探讨 V. inquire into; explore
tāntāowúyàn 贪饕无厌[-厭] F.E. be very greedy
tǎntè 忐忑 S.V. ① (mentally) disturbed ② fidgety
tǎntèbù'ān 忐忑不安 F.E. uneasy; fidgety
tántiān(r)* 谈天(儿) V.O. chew the rag; chat
tàntián 炭田 N. coal field
tántiānlùndì 谈天论地 F.E. talk of everything under the sun
tántiānshuōdì 谈天说地 F.E. talk of everything under the sun
tāntiānzhīgōng 贪天之功 N. arrogate/claim the merits of others
tántiào 弹跳 V. jump; bounce
tántiàobǎn 弹跳板 N. springboard M: [2]*kuài*
tántiàolì 弹跳力 N. spring; jumping ability
tàntīng 探听[-聽] V. ① find out ② make inquiries
tàntīng mìmì 探听秘密[-聽--] V.O. pry a secret out of sb.
tàntīng xiàluò 探听下落[-聽--] V.O. ① inquire about the whereabouts of sb./sth. ② spy; pry into
tàntīng xiāoxī 探听消息[-聽--] V.O. make inquiries about sb./sth.
tàntīng xū-shí 探听虚实[-聽虛實] V.O. spy out enemy strength; find out about (an opponent, situation, etc.)
tántǒng 痰桶 N. <*coll.*> spittoon M: *ge*/[2]*zhī*
tāntou 贪头 N. bait; inducement
tāntóu 滩头[灘-] N. beachhead
tàntóu* 探头 V.O. extend/stretch one's head ♦N. probe; detector; searching unit
tāntóubǎo 滩头堡[灘-] N. <*mil.*> beachhead M: [4]*zuò*
tāntour 贪头儿 N. <*derog.*> sth. gainable (for one's selfish purpose)
tàntóusuōnǎo 探头缩脑[-腦] F.E. crane and retract one's neck (as in peeping)
tàntóutànnǎo 探头探脑[-腦] F.E. ① pop one's head in and look about ② act stealthily
tāntóu xiǎodiào 滩头小调[灘-] N. a kind of boatmen's song
tàntóuzhāngwàng 探头张望 F.E. crane one's neck and look around
tāntóu zhèndì 滩头阵地[灘-] N. <*mil.*> beachhead
[1]**tāntú** 贪图[-圖] V. seek; covet
[2]**tāntú** 滩涂[灘塗] N. shoal; shallows
tántǔ* 谈吐 N. style of conversation
tǎntú 坦途 N. level road; highway
tāntú ānlè 贪图安乐[-圖-樂] V.O. seek ease and comfort
tāntú ānyì 贪图安逸[-圖--] V.O. seek ease and comfort
tántǔ bènzhuō 谈吐笨拙 V.P. be awkward in conversation
tāntú biànlì 贪图便利[-圖--] V.O. choose the easy way
tántǔfēngshēng 谈吐风生 F.E. be eloquent and humorous
tántǔ fēngyǎ 谈吐风雅 V.P. have a pleasing style of conversation
tāntú fùguì 贪图富贵[-圖--] V.O. be avid for wealth and honor
tántǔ gāoyǎ 谈吐高雅 V.P. have a refined style in conversation
[1]**tántuǐ** 弹腿 V.O. <*sport*> leg action
[2]**tántuǐ** 潭腿 N. one of the northern schools of boxing
tāntú kǒufù 贪图口腹[-圖--] V.O. pamper one's appetite
tántuǒ 谈妥 V. resolve sth. through consultation
tāntú xiǎnglè 贪图享乐[-圖-樂] V.O. love pleasure and comfort
tāntú xiǎngshòu 贪图享受[-圖--] V.O. love pleasure and comfort
tāntú xiǎolì 贪图小利[-圖--] V.O. be greedy for small gains
tántǔyōumò 谈吐幽默 F.E. talk with a sense of humor
tántúyú 弹涂鱼[-塗-] N. mudskipper
tànuò 阘懦 V.P. <*wr.*> humble, weak, and incompetent
tānwán(r)* 贪玩(儿) V.O./S.V. love fun and games
tànwǎn 叹惋[嘆-] V.O. sigh with regret
tánwǎng 弹网[-網] N. trampoline
tànwàng* 探望 V. ① look about ② visit
tānwèi 摊位[攤-] N. stand; booth; stall
tànwéiguānzhǐ 叹为观止[嘆-觀-] F.E. acclaim sth. as the acme of perfection
tànwéiqíjì 叹为奇迹[嘆-跡] F.E. acclaim sth. as a marvel
tànwèn 探问 V. inquire about; find out
tánwōcūn 弹涡皴[-渦-] N. <*art*> concentric-ripple wrinkle (in painting)
tānwū 贪污 ATTR. corrupt; venal ♦N. corruption; graft
tānwūchéngfēng 贪污成风 F.E. Graft and corruption have become a common practice.
tānwūdàoqiè 贪污盗窃[-盜竊] F.E. graft and embezzlement
tānwūdúzhí 贪污渎职[-瀆職] F.E. corrupt and negligent of one's duties (of officials)
tānwūfàn 贪污犯 N. sb. guilty of graft M: *ge*/[1]*míng*
tānwū fènzǐ 贪污分子 N. corrupt/venal elements M: *ge*/[1]*míng*
tānwūfǔhuà 贪污腐化 F.E. corruption and degeneration
tānwū hé huìlù 贪污和贿赂 N. graft and corruption
tānwūxínghuì 贪污行贿 F.E. take graft or commit bribery
tānwūzuì 贪污罪 N. crime of corruption
tānwūzuòzāng 贪污坐赃[-贜] F.E. be guilty of corruption and accepting bribes
tǎnxī 袒裼 V.P. bare one's breast and arms
[1]**tànxī*** 叹息[嘆-] V. sigh
[2]**tànxī** 探悉 V. <*wr.*> ascertain; learn
[3]**tànxī** 叹惜[嘆-] V. ① sigh with regret; lament ② admire
tānxia* 摊下[攤-] R.V. <*coll.*> bring about; cause to happen ~ ***guānsi*** cause a lawsuit
tánxià 谈下 R.V. <*coll.*> go on talking
[1]**tānxiàn** 坍陷 V. collapse; give away
[2]**tānxiàn** 滩线[灘-] N. beachline
tánxián 痰涎 N. phlegm; spittle
tànxiǎn* 探险 V.O. explore; adventure ♦N. adventure; exploration
tànxiàn 叹羡[嘆-] V. <*wr.*> sigh with admiration
tànxiǎnduì 探险队[-隊] N. exploration party; expedition M: *ge*/[4]*zhī*
tánxiāng 檀香 N. sandalwood M: [2]*kuài*
tánxiānglú 檀香炉[-爐] N. sandalwood censer M: [1]*tái*
tánxiāngmù 檀香木 N. sandalwood M: [2]*kuài*
tànxiàngqì 探向器 N. direction detector M: [1]*jià*
Tánxiāngshān 檀香山 P.W. Honolulu
tánxiāngshàn* 檀香扇 N. sandalwood fan M: [1]*bǎ*
tánxiāngshù 檀香树[-樹] N. sandalwood tree M: [2]*kē*
tánxiāngyóu 檀香油 N. sandalwood oil
tánxiāngzào 檀香皂 N. sandal soap M: [2]*kuài*
tànxiǎnjiā 探险家 N. explorer M: *ge*/[1]*míng*/[2]*wèi*
tánxiányōngshèng 痰涎壅盛 F.E. <*Ch. med.*> congestion of the pulmonary system
tán xiánzi 弹弦子 V.O. <*coll.*> play/pluck an instrument (in accompanying folk chanting/ etc.)
tānxiāo 摊销[攤-] V. amortize
tānxiǎo 贪小 V.O. greedy for small gains or profits
tánxiào* 谈笑 V. talk and laugh
tānxiāobiǎo 摊销表[攤-] N. <*acct.*> amortization schedule
tánxiàofēnghóu 谈笑封侯 F.E. rise in the world with great ease
tánxiàofēngshēng 谈笑风生 F.E. charm with fascinating volubility
tān xiǎopiányi 贪小便宜 V.O. covet little advantages
tánxiàorúqián 谈笑如前 F.E. talk and laugh together just as in the past
tānxiǎoshīdà 贪小失大 F.E. be penny-wise and pound-foolish
tánxiàoxìxuè 谈笑戏谑[--戲-] F.E. chat and jest to their hearts' content
tánxiàozhīzhōng cún zhìlǐ 谈笑之中存至理 F.E. Many a true word is spoken in jest.
tánxiàozìruò 谈笑自若 F.E. ① go on talking and laughing as if nothing had happened ② be cheerful and composed (in face of danger)
tǎnxīluǒchéng 袒裼裸裎 F.E. indecently naked
tānxīn 贪心 N. greed; rapacity ♦S.V. avaricious; insatiable
tánxīn* 谈心 V.O. have a heart-to-heart talk
tànxìn 探信 V.O. fish for information; make inquiries
tānxīnbùzú 贪心不足 F.E. insatiable greed/ covetousness
[1]**tánxìng(r)** 弹性(儿) N. elasticity
[2]**tánxìng** 谈兴[-興] N. interest/enthusiasm in discussion
tánxìng gōngzuòzhì 弹性工作制 N. flexible work system
tánxìng kòngzhì 弹性控制 N. gradual control
tánxìngliú 弹性硫 N. plastic sulfur
tánxìng pífá 弹性疲乏 N. elastic fatigue
tánxìng wàijiāo 弹性外交 N. elastic diplomacy
tánxìngzhèngnóng 谈兴正浓[-興-濃] F.E. have an animated conversation
tánxīn huódòng 谈心活动[-動] N. heart-to-heart talk
tánxīnshuōxìng 谈心说性 F.E. Neo-Confucian speculation on mind and nature
tǎnxiōng 袒胸 V.O. bear the breast
tǎnxiōnglòurǔ 袒胸露乳 F.E. expose one's breasts (of females)
tǎnxiōnglùbèi 袒胸露背 F.E. décolleté
tǎnxiōnglùbì 袒胸露臂 F.E. décolleté
tǎnxiōnglùfù 袒胸露腹 F.E. bare-breasted
tǎnxiōnglùhuái 袒胸露怀[-懷] F.E. bare one's breast
tǎnxiōnglùpú 袒胸露脯 F.E. bare one's breast
tànxīshēng 叹息声[嘆-聲] N. sighing sound
tánxù 谈叙[-敘] V. ① talk freely ② have an informal talk
tánxuán 谈玄 V.O. discuss metaphysics
[1]**tànxún** 探询 V. inquire about/after
[2]**tànxún** 探寻[-尋] V. seek; pursue; search after/ for
tànxún dòngcí 探询动词[--動-] N. <*lg.*> verb of inquiry
tānyá 滩崖[灘-] N. <*geol.*> beach scarp

T

tányā* 弹压[-壓] V. suppress; quell; put down

tǎnyán 坦言 V. speak one's mind; tell honestly

tānyáng 滩羊[灘-] N. sheep known for its fine thick wool M: [2]zhī

tányánwēizhòng 谈言微中 F.E. ① speak tactfully but to the point ② make one's point through hints ③ be able to satirize aptly

tànyáo 炭窑[-窯] N. charcoal kiln M: [4]zuò

tǎnyī* 袒衣 V.O. dress in a hurry with part of the body showing

tǎnyí 坦夷 S.V. ① level and broad ② peaceful and calm

tányǐn* 痰饮 V. <Ch. med.> phlegm drink/retention

tànyǐn 探隐[-隱] V.O. research into secret matters

tányǐng 潭影 N. reflection in a deep pond

tānyínhàosè 贪淫好色 F.E. debauched and sensual

tányóu 檀油 N. sandalwood oil

tànyóu 炭油 N. oil extracted from coal

tànyǒu* 探友 V.O. visit friends

tànyōufǎngshèng 探幽访胜[-勝] F.E. explore hidden scenic places; visit scenic spots

tànyōuxúnshèng 探幽寻胜[-尋勝] F.E. explore hidden scenic places; visit scenic spots

tānyù 贪欲 N. avarice; rapacity

tányú(r)* 痰盂(儿) N. spittoon; cuspidor M: ge/[2]zhī

tànyú 探鱼 N./V.O. fish finding

tànyuán 探原/源 V.O. exhaustively investigate to find out the root cause of sth.

tányuè 檀越 N. <Budd.> almsgiver

tányúshì 痰盂式 N. spittoon shape

tānyùwúyì 贪欲无艺[-藝] F.E. avarice and lust without limit

tànyúyí 探鱼仪[-儀] N. fish detector/finder M: [1]jià/[1]tái

tānzāng 贪赃[-贜] V.O. take bribes; practice graft

tānzāngwǎngfǎ 贪赃枉法[-贜--] F.E. take bribes and pervert justice

tànzésuǒyǐn 探赜索隐[-隱] F.E. delve into the abstruse; unravel mysteries; make researches into secret facts

tànzhā 炭渣 N. charcoal/coal sediment/dregs

tānzhàn 贪占 V. grab what lawfully belongs to others

tānzhàn xíngwéi 贪占行为 N. grabby behavior

tànzhào 探照 N. searchlighting

tànzhàodēng 探照灯[-燈] N. searchlight M: [1]zhǎn

tānzhěn 贪枕 V.P. be too fond of lying in bed

tànzhēn* 探针 N. <med.> probe

tánzhèng 痰症 N. sickness characterized by having phlegm

tán zhèngjing de 谈正经的[--經-] V.O. <coll.> discuss serious matters

tán zhèngzhì 谈政治 V.O. talk politics

[1]**tánzhǐ** 弹指 ADV. in the wink of an eye

[2]**tánzhǐ** 潭祉 N. <wr.> great happiness

tǎnzhí 坦直 S.V. ① straightforward ② upright

tǎnzhì 坦挚[-摯] S.V. frank and honest

tànzhī* 探知 V. find out by inquiry

tànzhǐ 炭纸 N. carbon paper M: [1]zhāng

tànzhì 炭质[-質] N. <chem.> carbon

tánzhǐkědài 弹指可待 F.E. in a twinkling

tánzhǐkědé 弹指可得 F.E. can take it with a flick of the fingers

tánzhǐshùnián 弹指数年[--數-] F.E. time passes swiftly as an arrow

tánzhǐshùzǎi 弹指数载[--數-] F.E. time passes swiftly as an arrow

tánzhǐxūyú 弹指须臾 F.E. a very brief space of time

tánzhǐyīhuī 弹指一挥 F.E. with a mere snap of the fingers

tánzhǐyīhuījiān 弹指一挥间 F.E. in a flash; in an instant

tánzhǐ zhījiān 弹指之间 N. in a flash

tānzhǔ 摊主[攤-] N. owner of a stand/booth/stall M: ge/[1]míng

[1]**tánzhǔ*** 坛主[壇-] N. sect head M: ge/[1]míng/[2]wèi

[2]**tánzhǔ** 谈麈 N. <trad.> ① hair duster held by scholars when conversing ② idle/empty talk

tánzhù 谈助 N. topic of conversation; material for gossip

tánzhuó 痰浊[-濁] N./V.P. <Ch. med.> phlegm-turbidity

tánzhuóyōngfèi 痰浊壅肺[-濁--] F.E. <Ch. med.> retention of phlegm-dampness in the lungs

[1]**tānzi*** 摊子[攤-] N. ① vendor's stand; stall ② structure of an organization; setup

[2]**tānzi** 瘫子[癱-] N. paralytic

tānzǐ 滩子[灘-] N. boat tracker

[1]**tánzi** 坛子[罈-] N. earthen jar

[2]**tánzi** 潭子 N. deep natural pond

tánzī 谈资 N. ① topic of conversation ② gossip

tǎnzi 毯子 N. blanket; rug; carpet M: [2]kuài/[1]tiáo

tànzi 探子 N. ①scout; spy; detective M: ge/[1]míng ② food-sampling probe

tánzi hútòng mèn èr yé 坛子胡同闷二爷[罈-爺] N. <topo.> a taciturn/tightlipped person

tánzǐr 弹子儿 N. game in which one flicks a small glass ball with the fingers/etc. to hit another ball

tánziròu 坛子肉[罈-] N. pork pieces simmered in an earthenware jar (Shandong)

tánzōng 谈宗 N. sb. universally admired as a great talker

tánzòu 弹奏 V. play (a stringed instrument)

tánzǔ 痰阻 V.P. <Ch. med.> phlegm obstruction

[1]**tānzuǐ** 贪嘴 S.V. gluttonous

[2]**tānzuǐ** 滩嘴[灘-] N. <geol.> beach cusp; cusp

tānzuǐsàngshēng 贪嘴丧生[--喪-] F.E. gluttonous at the expense of life

tānzuò 瘫坐[癱-] V. drop/fall limply

[1]**tāo** 掏 V. ① take out with the hand ② hollow/scoop out

[2]**tāo** 韬[韜] N. <wr.> scabbard ♦B.F. ①to sheathe, put away ***tāobǐ*** ② conceal (as talent or ability) ***tāoguāngyǎnghuì*** ③ military strategy ***tāolüè***

[3]**tāo** 涛[濤] B.F. large waves ***tāobō, bōtāo***

[4]**tāo** 滔 B.F. gushing; flowing freely ***[1]tāotāo, tāotiān***

[5]**tāo** 叨 B.F. receive (benefit) ***[1]tāoguāng, [2]tāotà*** *See also* ***[2]dāo***

[6]**tāo** 绦[縧] B.F. ① silk braid or ribbon ***tāozi*** ② ribbon-like object ***tāochóng***

[7]**tāo** 饕 B.F. glutton ***tāotiè, lǎotāo***

[8]**tāo** 焘[燾] *used in personal names in* ***Zhāng Guōtāo*** *See also* ***[9]dào***

[9]**tāo** 挑 in ***[1]tāotà*** *See also* ***[1]tiāo, [1]tiǎo***

[10]**tāo** 慆 in ***tāomàn, [3]tāotāo***

[11]**tāo** 韬 in ***[2]tāoxīn***

[1]**táo** 逃 V. ① escape; flee ② evade; shirk

[2]**táo(r)** 桃(儿)[-(兒)] N. peach

[3]**táo** 淘 V. ① rinse; wash clean ② clean out; dredge ③ eliminate the inferior ④ tax (one's energy) ♦S.V. <coll.> naughty *See also* ***[1]táoqì***

[4]**táo** 陶 B.F. ① pottery ***táocí*** ② cultivate ***xūntáo*** ③ happy; happy-go-lucky ***táorán, [1]táozuì*** ♦N. Surname

[5]**táo** 啕 B.F. cry ***háotáo***

[6]**táo** 萄 in ***pútao***

[7]**táo** 酶 in ***[2]máotáo***

[8]**táo** 梼[檮] in ***táowù, táomèi***

[9]**táo** 洮 in ***táoshǔ***

tǎo 讨[討] V. ① demand; dun ② discuss; study ③ marry (a woman) ④ incur ***Tā ~le ge méiqùr jiù zǒu le.*** He was rebuffed and left. ⑤ denounce; condemn ⑥ deal with militarily ⑦ despatch a punitive force

tào* 套 B.F. ① sheath; case; cover; sleeve ***tàozi*** ② bend; curve (of rivers/etc.) ***hétào*** ③ padding; batting ***bèitào*** ④ traces; harness ⑤ knot; noose; trap ⑥ cliché; formula ♦V. ① encase ② overlap; interlink ③ harness; hitch up ④ model on/after; copy ⑤ pump sb. about sth. ♦M. *for sets/series/suites/etc.*

tào báiláng 套白狼 V.O. strangle sb. from behind and take away his money

táobǎn 桃板 N. ①peachwood charms ②couplets pasted up on lunar New Year

tàobān* 套搬 V. ape; slavishly follow

tàobǎn 套版 N. <print.> ① color-printing woodblocks ② registering

tàobànchē 套半车 N. a widow with children who is waiting to remarry

tāobāo 掏包 V.O. ① pick pockets ② pay out of one's own pocket

tǎobǎo 讨保 V. get sb. to go bail for one

tàobāo(zi)* 套包(子) N. horse collar

tǎobǎo chūyù 讨保出狱 V.P. be released on bail; be bailed out

táobèn 逃奔 V. run away to

táobèn tāxiāng 逃奔他乡[-鄉] V.P. flee from one's native place

tāobǐ 韬笔[韜筆] V.O. <wr.> write no more

táobì* 逃避 V. escape; evade; shirk

táobì bīngyì 逃避兵役 V.O. dodge the draft

táobìbīngyìzhě 逃避兵役者 N. draft dodger M: ge/[1]míng

táobīng 逃兵 N. army deserter M: ge/[1]míng

táo bīngyì 逃兵役 V.O. avoid military service

tāobǐqiánkǒu 韬笔钳口[韜筆-] F.E. <wr.> a wise man (who puts away his pen and keeps his mouth shut)

táobì wèntí 逃避问题 V.O. fudge on an issue

táobì xiànshí 逃避现实[-實] V.O. try to escape reality

táobì zérèn 逃避责任 V.O. shirk responsibility

tāobō 涛波[濤-] N. billows; great waves

táobuchū 逃不出 R.V. ① can't escape from ② can't get out of sb.'s control

táobuliǎo* 逃不了 R.V. can't escape or run away from

tǎobuliǎo 讨不了 R.V. can't get (through begging/endeavor/etc.)

tàocái 套裁 V.O. tailor two items from one piece of cloth

táochán 逃禅 V.O. ① refuse to practice Buddhist meditation ② become a Buddhist in order to avoid worldly affairs

táochǎng 陶场[-場] P.W. potter's workshop/factory

tāochángpōudù 掏肠剖肚[-腸--] F.E. pour out one's heart

táochē 陶车 N. potter's wheel

tàochē* 套车 V.O. harness an animal to a cart

tǎochīguǐ 讨吃鬼 N. <coll.> beggar M: ge/[1]míng

tāochóng* 绦虫[絛蟲] N. tapeworm; cestode M: [1]tiáo

táochóng 桃虫[-蟲] N. <zoo.> wren M: [2]zhī

tāochū 掏出 R.V. take out from a pocket/bag/etc.

táochū* 逃出 R.V. run away from; escape

tàochū 套出 R.V. extract; elicit

táochū chóngwéi 逃出重围[-圍] V.O. break out from a heavy siege

táochū fánlóng 逃出樊笼 V.O. escape from confinement

táochū hǔkǒu 逃出虎口 V.O. escape from a very dangerous situation

tāo chūlai 掏出来 R.V. pull/draw/take out (from a pocket/bag/etc.)

táocí* 陶瓷 N. ceramics; pottery and porcelain

tàocí 套瓷 <coll.> V.O. ①cotton up to ②presume a close relationship

táocígōng 陶瓷工 N. pottery M: ge/[1]míng

táocí gōngrén 陶瓷工人 N. potter M: ge/[1]míng

táocípiàn 陶瓷片 N. <archeo.> potsherd

táocíqì 陶瓷器 N. chinaware; porcelain

T

táocí suìpiàn 陶瓷碎片 N. <*archeo.*> potsherd; shard
táocíxué 陶瓷学 N. (study of) ceramics
táocíyè 陶瓷业[-業] N. ceramic industry
táocuàn 逃窜[-竄] V. flee in disorder
tāodài 绦带[絛帶] N. silk ribbon/braid
táodàn 陶诞 V. cheat; swindle
tāodàng 滔荡[-蕩] V.P. immense; limitless
tāodào 掏到 R.V. ① dig to (somewhere) ② dig out sth.
tāodǐ 掏底 V.O. ① <*min.*> cut away waste rock below a layer of coal ② find out the exact details or real situation
[1]**táodí** 逃敌[-敵] N. fleeing enemy
[2]**táodí** 陶笛 N. flute made of clay M: [4]*zhī*
tǎodǐ* 讨底 V.O. try to find out the real intention/situation
táodiāo 陶雕 N. pottery carving/sculpture M: [4]*zuò*
táodiào* 逃掉 R.V. run away; escape
tàodié chéngzhóujù 套叠承轴句[-疊---] N. <*lg.*> telescopic-pivotal sentence
tàodiéjù 套叠句[-疊-] N. <*lg.*> telescopic sentence
tàodié miáoshùjù 套叠描述句[-疊---] N. <*lg.*> telescopic-descriptive sentence
tàodié yǐnjièjù 套叠引介句[-疊---] N. <*lg.*> telescopic-presentative sentence
táodùn 逃遁 V. flee; escape; evade
táodùnwúchù 逃遁无处[-處] F.E. can find no hiding-place
tāo ěrduo 掏耳朵 V.O. pick one's ears
tǎofá 讨伐 V. send a punitive expedition
táofǎn 逃反 V.P. flee from chaos
[1]**táofàn** 逃犯 N. escaped criminal M: *ge/*[1]*míng*
[2]**táofàn** 陶范[-範] N. <*archeo.*> pottery mold
tǎofàn* 讨饭 V.O. beg for food; be a beggar
tǎofàn de 讨饭的 N. beggar
tàofáng 套房 N. suite (of rooms) M: *tào/*[1]*jiān*
tǎo fánnǎo 讨烦恼[-惱] V.O. ask for trouble
tǎofànwǎn 讨饭碗 N. beggar's bowl M: *ge/*[2]*zhī*
táofèn 淘粪[-糞] V.O. take away manure from privies
táofèn de 淘粪的[-糞-] N. <*coll.*> sb. who takes away human manure from privies
tāofēng 滔风 N. east wind
táofú 桃符 N. ① peachwood charms ② Spring Festival couplets
táofǔ 桃脯 N. preserved peaches
tàofú* 套服 N. suit (of clothing) M: *tào*
táofugānr 桃脯干儿[--乾-] N. dry preserved peach
táofúgēngxīn 桃符更新 F.E. lunar New Year's Day
táofúhuànjiù 桃符换旧[-換舊] F.E. lunar New Year's Day
tàogǎi 套改 V. make adjustments after a relevant model
tǎo ge jílì 讨个吉利[-個--] V.P. ask for something as a token of good omen
tǎo ge méiqù 讨个没趣[-個--] V.P. get the cold shoulder
tàogēng 套耕 V. till deeply with two plows in tandem
tāogōng 韬弓[韜-] V.O. sheathe a bow
táogōng* 陶工 N. potter M: *ge/*[1]*míng*
tào gōngshì 套公式 V.O. apply a formula
táogōu 淘沟[-溝] V.O. clean/dredge a gutter/ditch/drain/etc.
tàogòu* 套购[-購] V. illegally buy up
táoguǎn 陶管 N. earthenware pipe
tàoguǎn* 套管 N. casing (pipe)
[1]**tāoguāng** 叨光 F.E. <*court.*> much obliged to you
[2]**tāoguāng** 韬光[韜-] V.O. conceal one's talents/gifts/etc.
tāoguānghuìjì 韬光晦迹[韜-跡] F.E. hide one's capacities and bide one's time
tāoguāngyǎnghuì 韬光养晦[韜-養-] F.E. hide one's capacities and bide one's time
táoguī 逃归[-歸] V. escape and return to (a place)
tǎohǎirén 讨海人 N. fisherman M: *ge/*[1]*míng*
tǎohǎo(r) 讨好(儿) V.O./V. ① toady to ② have one's labor rewarded ***Bié gàn fèilì bù ~ de shì(r).*** Don't undertake a thankless task.
tǎohǎomàiguāi 讨好卖乖[--賣-] F.E. toady to
tǎohǎoxiànmèi 讨好献媚[--獻-] F.E. ingratiate oneself with
[1]**táohé** 桃核 N. peach stone
[2]**táohé** 洮河 N. pelican
táohóng(sè)* 桃红(色) N. pink
tàohóng 套红 V.O. process with red color
táohóngliǔlǜ 桃红柳绿 ID. gorgeous springtime
táohuā(r)* 桃花(儿) N. peach blossom
táohuà 陶化 V. move/influence a person
tàohuà 套话 N. ① polite and/or conventional verbal exchange ② stereotyped expressions ♦V.O. extract information/confession/etc
táohuābómìng 桃花薄命 ID. Unlucky is the life of a beautiful woman.
táohuāhóng 桃花红 N. ① peach-flower color ② rose red
tāohuài 掏坏[-壞] V.O. <*topo.*> be up to mischief; play dirty tricks
táohuāliǎn 桃花脸 N. rosy cheeks; the peach-blossom face of a beauty
tàohuàliánpiān 套话连篇 F.E. a chain of conventional phrases
tāohuan 掏换[-換] V. <*coll.*> look for something that is difficult to find; search for
táohuan 淘换[-換] V. <*coll.*> ① search for ② find
tǎohuán* 讨还[-還] V. get sth. back
tàohuán(r) 套环(儿)[-環-] N. ① a set of connected rings ② pretzel-like biscuits
tàohuàn 套换[-換] V. buy/get (goods/etc.) by illegal means
táohuāng 逃荒 V.O. flee from famine
táohuāngyàofàn 逃荒要饭 F.E. flee to beg for food
tàohuàn wàihuì 套换外汇[-換-匯] V.O. arbitrage
tǎohuán xuèzhài 讨还血债[-還--] V.O. demand payment of a blood debt
táohuāshuǐ 桃花水 N. spring freshets
táohuāxīnmù 桃花心木 N. mahogany
táohuāxuǎn 桃花癣 N. ringworm shaped like a peach blossom
táohuāxuě 桃花雪 N. spring snow
táohuāxùn 桃花汛 N. spring flood
táohuāyú 桃花鱼 N. minnow M: [1]*tiáo*
Táohuāyuán 桃花源 P.W. Utopia
Táohuā yuándì 桃花源地 N. Utopia
táohuāyùn 桃花运[-運] N. ① luck in love ② duration of a male's greatest sex appeal ③ good luck
tāohuì 韬晦[韜-] V. <*wr.*> lie low
táohuí 逃回 R.V. escape (a danger) and return home
táohuì 逃汇[-匯] V.O. evade foreign-exchange regulations
tàohuì* 套汇[-匯] V.O. deal illegally in foreign exchange
tāohuìyǐnjū 韬晦隐居[韜-隱-] F.E. hide one's light and live in seclusion
tāohuìzhījì 韬晦之计[韜-] N. hide one's ambition and bide one's time
táohújíshǐ 桃弧棘矢 F.E. <*trad.*> avert evil influences
táohūn 逃婚 V.O. run away from a wedding (esp. an arranged marriage)
tàojī 套几 N. a nest of tables
táojià 逃嫁 V.P. ① desert a husband and remarry ② escape from a betrothal (of a girl)
tǎojià* 讨价[-價] V.O. ask/name a price
tàojiā 套夹[-夾] N. cartridge clip
tǎojiàhuánjià 讨价还价[-價還價] F.E. bargain; haggle
tǎojiàn 讨贱[-賤] V.O. invite contempt through lack of self-respect/self-restraint
tàojiān* 套间 P.W. ① inner room ② apartment; flat
tàojiàn 套件 N. <*comp.*> a set
táojiàng 陶匠 N. potter M: *ge/*[1]*míng*
táojiānglǐdài 桃僵李代 F.E. palm off a substitute for the real thing
tāojiào 叨教 F.E. thanks for your advice
tǎojiào* 讨教 V.O. ask for advice
tào jiāoqing 套交情 V.O. <*coll.*> curry favor
tàojiāyìn 套加印 N. <*print.*> overprint
táojīn* 淘金 V.O. ① pan for gold ② make quick bucks or high profits ③ seek a fortune
tàojìn 套近 V.O. cotton up to sb.; curry favor
tāojǐng 掏井 V.O. dredge a well
táojǐng* 淘井 V.O. dredge/scour a well
táojīnhàn 淘金汉[-漢] N. gold miner M: *ge/*[1]*míng*
tào jìnhu(r) 套近乎(儿) V.O. <*coll.*> curry favor with; cotton up to
táojīnniáng 桃金娘 N. <*bot.*> myrtle M: [2]*kē*
táojīnrè 淘金热[-熱] N. gold fever
táojīnzhě 淘金者 N. gold digger M: *ge/*[1]*míng*
tǎojiū 讨究 V. investigate and study
tǎo jiùbīng 讨救兵 V.O. ①request reinforcement ② seek help
[1]**táojūn** 逃军 V.O. desert the troops (of a commander) ♦N. deserter
[2]**táojūn** 陶钧 <*wr.*> N. ①potter's wheel ②maker; creator ♦V.P. ①train (talents) ②control; regulate
táokāi 逃开[-開] R.V. run away; escape
táokè 逃课 V.O. play truant; cut class
tāokōng* 掏空 R.V. ① dig and make hollow ② use up
táokōng 淘空 R.V. ① make hollow ② use up
táokòng 逃控 V. break away from the control of the department concerned
táokǒu 逃口 N. escape hatch
tào kǒugòng 套口供 V.O. trap a suspect into revealing information
tàokù 套裤 N. trouser legs worn over trousers; leggings M: [1]*tiáo*
tǎokuì 讨愧 V. be ashamed
tāo kūlong 掏窟窿 V.O. ①hollow out ②<*topo.*> run into debt
tàolālong 套拉拢 V. <*coll.*> curry favor with
tāolán* 涛澜[濤瀾] N. billows; great waves
tāolàn 滔滥[-濫] V. overflow
tàoláo 套牢 R.V. lock up
tǎo lǎopo 讨老婆 V.O. take a wife; get married (of a male)
táolí* 逃离[-離] V. flee
táolǐ 桃李 N. ① peaches and plums ② one's pupils/disciples ③ beauty of a woman
tàolí 套犁 V. till deeply with two plows in tandem
tàolǐ 套礼[-禮] N. conventional courtesies
tàolì 套利 V.O. arbitrage
táoliàn* 淘炼[-煉] V. ① pan for gold and then smelt it ② choose/search for the very best; refine; purify
tǎoliǎn(r) 讨脸(儿) V.O. ①please others ②toady to
tàolián 套连 V. connect as in a chain
táolǐbùyán 桃李不言 ID. sincere men need not speak much
táoliè 桃茢 N. peachwood broom, used to expel demons
táolǐmǎnmén 桃李满门 ID. have many pupils
táolǐ mǎn tiānxià 桃李满天下 ID. have pupils everywhere
táolǐménqiáng 桃李门墙[-牆] ID. disciples and students of a master
táolǐnián 桃李年 N. youthful prime; a girl's blooming age
táolǐniánhuá 桃李年华[-華] ID. in one's young age (from 16 to 20)
táolǐyíngmén 桃李盈门 ID. many disciples
táolǐyíngtíng 桃李盈庭 ID. have many students
táolǐzhēngchūn 桃李争春[--爭-] ID. Peaches and plums emulate each other in springtime.
táolǐzhēngfāng 桃李争芳[--爭-] ID. Peaches and plums emulate each other in springtime. (lit./fig.)
[1]**táolù** 淘漉 A.T. ① dredge ② wash

²táolù 逃禄 V.O. avoid employment
³táolù 淘渌 V. become physically weak through overindulgence in sexual pleasures
tàolù* 套路 N. a series of skills and tricks in *wǔshù*
tǎoluàn 讨乱[-亂] V.O. quell an uprising
tāolüè 韬略[韜-] N. military strategy
tāolüèyōngxiáng 韬略用详[韜-] F.E. A strategy is planned down to minute details.
tǎolùn 讨论 V. discuss; talk over ♦N. discussion
tǎolùnhuì 讨论会 N. discussion; symposium M: *cì*
tǎolùnwén 讨论文 N. <*lg.*> discussion text M: ¹*piān*
táoluó 淘箩[-籮] N. basket for washing rice M: *ge*/²*zhī*
tàomǎ 套马 V.O. lasso a horse
tàomǎgānzi 套马杆子 N. <*topo.*> Mongolian lasso (leather loop at the end of a long pole)
tàomǎi* 套买[-買] V. hedge purchase
tàomài 套卖[-賣] V. hedge sale
tàomǎ lóngtóu 套马笼头 N. bridle
tāomàn 慆慢 V.P. idle and remiss
táo máofáng 淘茅房 V.O. remove night soil from a latrine
tàomǎsuǒ 套马索 N. lasso; noose
tàomǎtào 套马套 N. loop
táomèi 梼昧[檮-] V.P. ignorant and naive
tǎo méiqù(r) 讨没趣(儿) V.O. <*coll.*> ① get rebuked embarrassingly; get an embarrassing rebuff ② ask for an insult
táomǐ 淘米 V.O. wash rice
táomíng 逃名 V.O. flee fame
táomìng* 逃命 V.O. flee for one's life
táomíngbìyù 逃名避誉[-譽] F.E. avoid fame and praise
táomǐ zuòfàn 淘米做饭 V.P. wash rice and prepare a meal
tāomō* 掏摸 V. ① draw/pull/fish out ② steal; pilfer ③ search and feel (in the pocket, etc.) ④ be given (money, etc.) after begging, etc.
tàomò 套磨 V.O. hitch up a horse to pull a millstone
táonàn 逃难[-難] V.O. flee from calamity
táonì 逃匿 V. go into hiding
tàonòng 套弄 V. use a trick to get sth. from sb.
táonú 桃奴 N. dried peaches remaining on the tree through the winter
tào pálí 套爬犁 V.O. <*coll.*> hitch up a sledge
táopǎo 逃跑 V. run away; flee
táopǎozhǔyì 逃跑主义[-義] N. escapism; flight from difficulty
tāopéimòzuò 叨陪末座 F.E. <*humb.*> be honored with a seat
tǎo piányi 讨便宜 V.O. seek undue advantage
táopiào 逃票 V.O. ride (a bus/etc.) without paying the fare
tǎopíng 讨平 R.V. put down a revolt
tǎopíng pànluàn 讨平叛乱[-亂] V.O. put down a rebellion
tàopǔ 套谱 N. <*mus.*> arrangement
táoqī 逃妻 N. a run-away wife
¹táoqì* 淘气[-氣] N./S.V. naughty; mischievous ♦V.O. <*topo.*> sulk
²táoqì 陶器 N. pottery; earthenware
tǎoqǐ 讨乞 V. beg alms; beg
tàoqì 套气[-氣] N. formality
tāoqián* 掏钱[-錢] V.O. pay out
Táo Qián 陶潜[-潛] N. another name of Tao Yuanming
tǎoqián 讨钱[-錢] V.O. ask for money/repayment
tǎoqiǎo* 讨巧 V.O. seek sth. with least effort/expense
tǎoqiào 讨俏 V.O. try to be witty/humorous
táoqìbāo(zi) 淘气包(子)[-氣--] N. mischievous imp
táoqìguǐ 淘气鬼[-氣-] N. mischievous imp M: *ge*/¹*míng*
táoqìhūn 陶器婚 N. pottery wedding anniversary (eighth wedding anniversary)
táoqìjīng 淘气精[-氣-] N. mischievous imp M: *ge*/¹*míng*
tào qǐlai 套起来 R.V. put a cover over sth.
tǎoqīn 讨亲[-親] V.O. <*topo.*> take a wife
táoqíng 陶情 V.O. feel pleased and at ease with the world
tǎoqíng(r)* 讨情(儿) V.O. <*topo.*> plead for sb.
tǎoqínggàoráo 讨情告饶[-饒] F.E. plead for leniency
táoqíngshānshuǐ 陶情山水 F.E. relax one's mind in nature
táoqíngyǎngxìng 陶情养性[--養-] F.E. cleanse one's spirit (with poetry etc.)
tǎoqiú 讨求 V. beg; demand
tǎoqǔ 讨取 V. ask for something; demand
¹tàoqǔ* 套取 N. ① illegal exchange ② obtain through fraudulent purchase
²tàoqǔ 套曲 N. <*mus.*> divertimento
tàoquānr 套圈儿 N. ① lasso ② ferrule
táoquǎnwǎjī 陶犬瓦鸡[-雞] ID. useless things
tàoqǔ lìrùn 套取利润 V.O. squeeze profits
tàoqún 套裙 N. ① overskirt ② petticoat ③ suit (for women); matching skirt M: ¹*tiáo*/*tào*
táor* 桃儿 N. peach
tàor 套儿 N. ① cap (of pen/etc.); cover ② <*coll.*> snare; trap
táorán* 陶然 V.P. happy and carefree
táorǎn 陶染 V. move; influence and mold (people)
táorángr 桃瓤儿 N. dried meat of walnuts; shelled walnuts
táoránzìdé 陶然自得 F.E. in a happy frame of mind; happy and self-satisfied; carefree
tāorǎo 叨扰[-擾] F.E. <*court.*> thanks for the hospitality ***See also** dāorǎo*
tǎoráo* 讨饶[-饒] V.O. ask forgiveness; ask for mercy
tǎorǎo 讨扰[-擾] F.E. <*court.*> thanks for the entertainment; thanks for the good time
tǎoráoqǐshù 讨饶乞恕[-饒--] F.E. beg for forgiveness; implore pardon
táor bù gāi xìngr gāi 桃儿不该杏儿该 ID. <*coll.*> owe sb. sth. or other
¹táorén(r)* 桃仁(儿) N. ① peach pit ② walnut meat
²táorén 桃人 N. peachwood carving of a human figure by the door to drive away demons
tǎorén 讨人 V.O. get a person back ♦CONS. ~ *s.v.* invite/invoke a reaction
tǎorénxián 讨人嫌 S.V. disagreeable; annoying
tǎorénxǐhuan 讨人喜欢[-歡] S.V. likable; cute
tǎorényàn 讨人厌[-厭] S.V. cause others to dislike (oneself); be bothersome
táoróng 陶熔 V. educate and mold people
táosāiwēiyùn 桃腮微晕 F.E. The rosy cheeks are slightly flushed.
táosāixìngyǎn 桃腮杏眼 F.E. the beauty of a woman; large eyes and rosy checks of a beauty
táosàn 逃散 R.V. scatter in flight
táosè 桃色 N. ① pink ② illicit love
tàosè* 套色 N. <*print.*> color process ***See also** tàoshǎi*
táosè'àn 桃色案 N. crimes of passion M: ²*jiàn*
tàosèbǎn 套色板 N. ①ancient color woodblocks ② process plate; colorplate M: ²*kuài* ***See also** tàoshǎibǎn*
tàosè juàntǒngjī 套色卷筒机 N. color rotogravure M: ¹*jià*/¹*tái*
tàosè mùkè 套色木刻 N. colored woodblock M: ¹⁰*fú* ***See also** tàoshǎi mùkè*
táosè xīnwén 桃色新闻 N. newspaper stories of love and sex M: ¹*tiáo*/²*jiàn*
tàoshǎi 套色 N. <*print.*> color process; chromatography ***See also** tàosè*
tàoshǎibǎn 套色板 N. process plate; colorplate M: ²*kuài* ***See also** tàosèbǎn*
tàoshǎi mùkè 套色木刻 N. colored woodcut M: ¹⁰*fú* ***See also** tàosè mùkè*
tàoshǎi yìnshuā 套色印刷 N. color printing
táoshājiǎnjīn* 淘沙拣金[--揀-] F.E. search for the very best
táoshājiànjīn 淘沙见金 F.E. find by dint of a hard search
tàoshān 套衫 N. pullover M: ²*jiàn*
tǎoshǎng* 讨赏 V.O. ask for a reward/gratuity
tàoshàng 套上 R.V. cover sth. with a sheath/etc.; enmesh
táoshén 淘神 S.V. <*coll.*> ① trying; bothersome ② annoyed as a result of a child's naughtiness/mischief
táoshénfèilì 淘神费力 F.E. worry the mind and waste energy
tāoshēng 涛声[濤聲] N. sound of roaring billows
táoshēng* 逃生 V.O. flee for one's life
tàoshéng 套绳[-繩] N. ① lasso; noose ② traces for hitching a horse/etc. to a cart
tǎo shēnghuó 讨生活 V.O. ① seek a living ② drift along aimlessly
táoshēngtī 逃生梯 N. emergency stairs M: ¹*bǎ*
táoshì 逃世 V.O. retire from the world
tàoshì* 套式 N. settled/fixed pattern
táoshìshēnjū 逃世深居 F.E. retire from the world and dwell in deep seclusion
tàoshì yǔyán 套式语言 N. <*lg.*> conventionalized speech
táoshǔ 桃黍 N. <*topo.*> sorghum
táoshù* 桃树[-樹] N. peach tree M: ²*kē*
tàoshū 套书[-書] N. a set of books that are systematically interrelated
tàoshù(r) 套数(儿)[-數-] N. ① opera song cycle ② routine in *wǔshù*/etc. ③ divertimento
táoshuì 逃税 V.O. evade/dodge tax
táoshuìrén 逃税人 N. tax dodger M: *ge*/¹*míng*
táoshuì shǒuduàn 逃税手段 N. tax shelter
táosīzhú 桃丝竹[-絲-] N. <*bot.*> a kind of bamboo M: ²*kē*/⁴*zhī*
táosū 桃酥 N. crisp/flaky sweetmeat M: ²*kuài*/*ge*/²*zhī*
tǎosuǒ 讨索 V. ask for repayment(of debts/etc.)
tàosuǒ* 套索 N. lasso; noose
¹tāotà 挑达[-達] V. walk casually to and fro
²tāotà 叨沓 V.P. greedy and slack
táotài 淘汰 V. ① eliminate through selection/competition ② die out
táotài chūqu 淘汰出去 R.V. clean out
táotàisài 淘汰赛 N. <*sport*> elimination series M: ²*chǎng*
táotán 陶坛[-罈] N. ceramic industry
¹tāotāo* 滔滔 R.F. ① flowing smoothly ② fluent (of speech) ③ torrential; surging
²tāotāo 涛涛[濤濤] R.F. ① torrential; surging ② keeping up a constant flow of words
³tāotāo 慆慆 ADV. for an extended period
¹táotáo 陶陶 R.F. ①happy; carefree ②endlessly; infinitely ③mild and warm (of weather/climate)
²táotáo 淘淘 R.F. wash
tàotao 套套 N. <*topo.*> ①convention; restriction ② method; means; way; solution; etc.. ***See also** tàotào*
tàotào 套套 N. <*topo*> tricks ***See also** tàotao*
tāotāobùjué 滔滔不绝[-絕] F.E. talk on and on ♦N. glibness
tāotāoqiānyán 滔滔千言 F.E. a flood of words
tāotāoshànbiàn 滔滔善辩 F.E. eloquent; skilled in debating
tāotāoxióngbiàn 滔滔雄辩 F.E. torrent of eloquence
tāotāozuì'è 滔滔罪恶[-惡] F.E. great sin
tāotiān 滔天 V.P. ① running high; billowy ② heinous; monstrous
tāotiāndàhuò 滔天大祸[-禍] F.E. terrible disaster; calamity
tāotiāndàlàng 滔天大浪 F.E. billows surging to the skies
tāotiāndàzuì 滔天大罪 F.E. monstrous crimes
tāotiānzuìxíng 滔天罪行 F.E. monstrous crimes; heinous criminal acts
tāotiè 饕餮 N. ① a mythical ferocious animal ② fierce and cruel person ③ a glutton ④ sb. of insatiable cupidity
tāotièwén 饕餮纹 N. <*art*> glutton motif

tāotièzhītú 饕餮之徒 N. greedy persons; gluttons M: ge/[1]míng
tàotǒng 套筒 N. <mach.> sleeve; muff
tàotǒng bānshǒu 套筒扳手 N. box spanner; socket wrench M: [1]bǎ
tāotóu 涛头[濤-] N. wave crest
tàotóu* 套头 ATTR./V.O. pulled down over the head
tàotóuguǒnǎo 套头裹脑[-腦] F.E. blindfold a person
tàotóu jiāoyì 套头交易 N. hedging
tàotóu jījīn 套头基金 N. hedge fund
tǎo tóulù 讨头路 V.O. <topo.> seek employment; look for a job
tàotóu pīfēng 套头披风 N. poncho M: [2]jiàn
tàotóushān 套头衫 N. pullover M: [2]jiàn
táotǔ 陶土 N. potter's clay; kaolin
táotuō 逃脱 R.V. succeed in escaping
táowǎ 陶瓦 N. bricks and tiles
táowáng* 逃亡 V. flee from home/country
táowǎng 逃往 V.P. flee toward
táowáng dìzhǔ 逃亡地主 N. <PRC> fugitive landlords M: ge/[1]míng
táowángzhě 逃亡者 N. fugitive; displaced person M: ge/[1]míng/[2]wèi
táowén 陶文 N. pottery inscription
tǎowèn* 套问 V. tactfully sound sb. out
táowù 梼杌[檮-] N. legendary fierce animal ♦ATTR. villainous
táoxí 逃席 V.O. take French leave during a feast (to avoid being pressed to drink)
táoxǐ* 淘洗 V. rinse; wash
táoxì 陶系 N. <archeo.> pottery ware
tǎoxián 讨嫌 S.V. disagreeable; annoying
táoxiāo 桃枭[-梟] *See táonú*
tǎoxiǎoshēngzǐ 讨小生子 F.E. take a concubine in order to beget a son
[1]**táoxiě** 陶写[-寫] V. enjoy oneself
[2]**táoxiě** 淘写[-寫] V. write out one's emotions as a form of catharsis
táoxiè 淘泻[-瀉] V. pour out one's heart
tàoxié* 套鞋 N. ① overshoes; rubbers; galoshes ② snow-boots M: [1]shuāng
tǎo xífù 讨媳妇[-婦] V.O. find a wife for one's son
tǎo xǐhuān 讨喜欢[-歡] V.O. flatter; gain favor
[1]**tāoxīn** 掏心 V.O. from the bottom of one's heart
[2]**tāoxīn** 韬心 V.O. delight one's mind
tāoxīnfèifǔ 掏心肺腑 F.E. <coll.> spoken from the depths of one's being
táoxíng 逃刑 V.O. escape punishment (of a convict)
Táo Xíngzhī 陶行知 (1891–1946) N. educational theorist and reformer
tāo xīnwōzi 掏心窝子[--窩-] V.O. <coll.> from the bottom of one's heart; tell one's own secrets to another
Táo Xīshèng 陶希圣[-聖] (1899–1988) N. a socio-economic historian
tàoxiù 套袖 N. oversleeve M: [1]fù
táoxiūxìngràng 桃羞杏让[-讓] F.E. beautiful
táoxué 逃学 V.O. play truant; cut class
táoxùn 桃汛 N. spring flood
táoyàn 陶砚 N. inkstone made of pottery
tǎoyàn* 讨厌[-厭] S.V. ① disagreeable; disgusting ② hard to handle; nasty ♦V. loathe; be disgusted with
tǎoyànguǐ 讨厌鬼[-厭-] N. an annoying person (said teasingly) M: ge/[1]míng
tǎoyào 讨要 V. ① beg (for food/etc.) ② ask for repayment/return/etc.
tāo yāobāo(r) 掏腰包(儿) V.O. ① <coll.> foot a bill ② pick sb.'s pocket
táoyāodàijí 桃夭迨吉/及 F.E. right age for marriage
táoyáo yízhǐ 陶窑遗址[-窯--] N. pottery-kiln site
táoyě* 陶冶 V. ① make pottery and smelt metal ② mold/shape character/taste/etc.
[1]**táoyè** 桃叶[-葉] N. peach leaf M: [1]piān

[2]**táoyè** 逃夜 V.O. run away from home and sleep out (of children)
[3]**táoyè** 陶业[-業] N. pottery profession
táoyě xìngqíng 陶冶性情 V.O. mold one's temperament
táoyī 陶猗 N. <wr.> rich men
[1]**táoyì*** 逃逸 V. <wr.> run away; abscond
[2]**táoyì** 逃役 V.O. avoid enlistment or military recruitment
[3]**táoyì** 陶艺[-藝] N. ceramic art; ceramics
tàoyī 套衣 N. outer garment M: [2]jiàn
táoyìjiā 陶艺家[-藝-] N. ceramic artist M: ge/[1]míng/[2]wèi
tāoyín 慆淫 V.P. excessive neglect (of duties, serious pursuits, etc.); living a licentious life
táoyǐn 逃隐[-隱] V. flee into seclusion
tàoyìn* 套印 N./V. <print.> color printing
tàoyìnběn 套印本 N. chromatograph edition M: [2]bù/[4]cè/[1]běn
táo yīngōu 淘阴沟[-陰溝] V.O. clean out a drain/sewer
táoyǒng* 陶俑 N. pottery figurine/figure
tàoyòng 套用 V. apply mechanically
tàoyǔ 套语 N. polite formula; conventional phrases; routine ♦V.O. trap a person into telling the truth
táoyuán 桃园[-園] P.W. peach orchard M: [4]zuò
Táoyuán* 桃源 P.W. Utopia
táoyuánjiéyì 桃园结义[-園-義] F.E. be sworn brothers
Táo Yuānmíng 陶渊明[-淵-] (365–427) N. scholar famed for his distaste of official life and his depiction of the utopian "Peach Blossom Spring"
Táoyuán shēnghuó 桃源生活 N. an idyllic life
Táoyuán Xiānjìng 桃源仙境 P.W. Peach Blossoms Utopia; Shangrila
táoyuè 桃月 N. third month of the lunar year
táozāibìnàn 逃灾避难[-災-難] F.E. seek refuge from calamities
tāozàizhījǐ 叨在知己 F.E. My appreciation goes without saying.
tǎozéi 讨贼 V.O. send a punitive force against rebels
táozhài 逃债 V.O. dodge creditors
tǎozhài* 讨债 V.O. demand loan repayment
tǎozhài gōngsī 讨债公司 N. collection agency M: [1]jiā
tǎozhàiguǐ 讨债鬼 N. ① sb. who pesters the family for spending money ② a nuisance ③ one's own children who died young M: ge/[1]míng
tǎozhàng 讨帐/账 V.O. dun
táozhēn 陶甄 V.P. mold and educate people
táozhēng 陶蒸 V.P. mold and educate people
táozhī* 桃枝 N. <bot.> a kind of bamboo
tàozhì 套置 N. <lg.> nesting
[1]**táozhīyāoyāo** 逃之夭夭 F.E. decamp; has escaped and is nowhere to be found
[2]**táozhīyāoyāo** 桃之夭夭 F.E. The peach trees are in full blossom.
tàozhòng 套种[-種] V. interplant
tàozhōngrén 套中人 N. complacent and conservative people M: ge/[1]míng
táozhú 桃竹 N. <bot.> a kind of bamboo M: [2]kē
táozhù 陶铸[-鑄] V.P. <wr.> mold persons of talent
tàozhù* 套住 R.V. ① encase; cover ② harness; hitch up
táozhuān 陶砖[-磚] N. earthenware brick M: [2]kuài
tàozhuāng 套装[-裝] N. ① suit ② pantdress ③ ensemble M: tào
Táo Zhūgōng 陶朱公 N. ① name of an immensely wealthy 5th-cent. B.C. ex-minister ② a millionaire; a Croesus
tāozi 绦子[絛-] N. ① silk ribbon/braid ② lace/embroidery used for hemming
táozi* 桃子 N. peach M: ge/[2]zhī
tàozi 套子 N. ① sheath; case; cover ② cliché ③ <topo.> padding; wadding

táozijiàng 桃子酱[-醬] N. peach jam M: píng
táozijiǔ 桃子酒 N. peach brandy M: píng
táozǒu 逃走 R.V. run away; flee
[1]**táozuì** 陶醉 V. be intoxicated (with success / etc.); revel in
[2]**táozuì** 逃罪 V.O. escape punishment
tàozuò 套作 V. interplant
tàpiàn 拓片 N. rubbings from a tablet
tàpíng 踏平 R.V. stamp flat
tàpò ménkǎn 踏破门槛[-檻] V.O. visit sb. too frequently
tàpò tiěxié 踏破铁鞋[--鐵-] V.O. search painstakingly everywhere
tāqiàn 塌欠 V. lose; have a deficit
tàqiāo 踏跷[-蹺] V.O. walk on stilts ♦N. stilt
tàqīng(r) 踏青(儿) V.O. go on a spring outing
tàqīngshǎngchūn 踏青赏春 F.E. go out to enjoy the spring scenery
tàqīngshǎnghuā 踏青赏花 F.E. enjoy flowers in a spring outing
tàr 踏儿 N. <topo.> ability
tàrán 嗒然 V.P. <wr.> dejected; depressed
tàránruòsàng 嗒然若丧[-喪] F.E. deeply despondent
tàránruòshī 嗒然若失 F.E. looking lost/blank
tārén 他人 N. another person; others
tārén xiūzhèng 他人修正 N. <lg.> other repair
tǎrhòng 塔儿哄 <coll.> V. create a big disturbance; make trouble
tārì 他日 N. <wr.> some other time/day; later on
tàróng 阘茸 V.P. mean; contemptible ♦N. trifles; insignificant details
tàrǔ 挞辱[撻-] V. beat and disgrace
tàsàng 嗒丧[-喪] V.P. dejected; despondent; in low spirits; depresssed
tāsè 他色 N. allochromatic color
tāshā 他杀[-殺] N. <law> homicide
tāshāngōngcuò 他山攻错 ID. Advice from others may help one overcome one's shortcomings.
tāshānzhīlì 他山之力 N. trust in the counsel of another
tāshēngwù 他生物 N. <geol.> allogene; allothigene
tàshèngxúnméi 踏胜寻梅[-勝尋-] F.E. get inspiration for writing
tàshèngxúnyōu 踏胜寻幽[-勝尋-] F.E. choose places of scenic beauty
tāshi* 塌/踏实[-實] S.V. ① dependable ② at ease ③ solid ④ practical; realistic
tāshì 他事 N. other matters/things/business
tǎshì 塔式 N. tower-type
tàshì 挞市[撻-] V.P. <wr.> disgrace sb. in public
tàshikǔgàn 踏实苦干[-實-幹] F.E. down-to-earth effort
tǎshì qǐzhòngjī 塔式起重机 N. tower crane M: [4]zuò
tǎsīmì 塔斯蜜 N. <loan/topo.> sweet mutton
Tǎsīshè 塔斯社 N. TASS
tāsuō 塌缩 V. collapse
tàtà 沓沓 R.F. ① lax ② chattering and talkative ③ running quickly
tàtàduōyán 沓沓多言 F.E. talking very much
Tǎtǎ'ěrzú 塔塔尔族 N. Tatar ethnic minority (in Xinjiang)
tātái 塌台[-臺] V.O. ① fall from power ② collapse
tǎtái* 塔台[-臺] N. control tower M: [4]zuò
tàtàmǐ 榻榻米 N. <Jp. loan> tatami M: [1]zhāng
tǎtáng 塔糖 N. sugarloaf
tātǎnr 他坦儿 N. <topo.> place
tātāozi 禢绦子[-絛-] N. lace hemming
tàtàshíshí 踏踏实实[-實實] R.F. seriously
tātú 他图[-圖] N. other plans; different scheme; another plot
tàtuō 沓拖 N. diffuseness
tāwǎng 他往 V.P. go elsewhere
tāxià kūlong 塌下窟窿 V.O. <coll.> incur debts; go into debt
tā xiàlai 塌下来 R.V. fall down; cave in; collapse
tāxiàn* 塌陷 V. sink; cave in

T

tǎxiàn 塔线 N. spool thread rolled in the shape of a tower, used for lockstitching a border
tāxiāng 他乡[-鄉] N. ① a place that is not one's home ② an alien land
tāxiāng yù gùzhī 他乡遇故知[-鄉---] V.P. meet an old friend in a distant land
tāxiāng zuòkè 他乡作客[-鄉--] V.P. live in a strange land
tāxia xīn 塌下心 V.O. ① set one's mind at ease ② settle down to (work/etc.)
¹tāxīn* 他心 N. dishonesty; insincerity; treachery
²tāxīn 塌心 V.O. <topo.> set one's mind at ease
tāxìn 他信 V.P. trust others; have confidence in others
tāxíng 他型 N. allotype
tàxuě 踏雪 V.O. walk in the snow
tàxuěxúnméi 踏雪寻梅[--尋-] F.E. ① look for plum flowers on a snowy day ② behavior of a poet
tàyàng 拓样[-樣] V.O. copy a design/pattern/etc. ♦N. a copy of a design/pattern/etc.
tāyāngr 塌秧儿 V.O. <topo.> ① be in a drooping/withering state (of plants) ② be in low spirits
tāyāo 塌腰 V.O. bend forward at the waist (when walking/etc.)
tāyì 他意 N. another intention (different from the professed one)
tàyìn 拓印 V. make rubbings
tāyòng 他用 N. another use
tǎyú 鳎鱼 N. sole (fish)
tàyuè 踏月 V.O. stroll in the moonlight
tàyuèyínyǒng 踏月吟咏[--詠] F.E. chant poems while walking in the moonlight
tāzá 塌砸 V. fall down (of a building/rock/etc.)
tàzá* 沓杂[-雜] V.P. <wr.> numerous and disorderly
tàzá shìwù 沓杂事物[-雜--] N. complex things
tāzhì* 他志 N. ① other ambitions/ideas ② infidelity ③ disloyalty ④ duplicity
tàzhì 沓至 V.P. come one after another without stop
tǎzhōng 塔钟[-鐘] N. tower clock M: ⁴zuò
tǎzhù 塔柱 N. pylon M: ²gēn
¹tàzú 踏足 V.O. visit; land in
²tàzú 跶足[躂-] V.O. slide/slip (of the feet)
tàzuàn 踏钻[-鑽] N. foot drill M: ¹tái
TB N. TB; tuberculosis
T cèshì T测试 N. <lg.> T-test
T dānwèi T单位 N. <lg.> T-unit
te 脦 in *lēte See also* ⁵de
¹tè* 特 ADV. especially ♦B.F. ① special; particular; exceptional *tèbié, tèshū* ② spy; secret agent *tèwù* ♦CONS. *dà V1 tè V1* exceptionally/extremely/largely V1 *dàcuò~cuò* be very wrong
²tè 忒 B.F. <wr.> discrepancy; mistake *See also tēi, ²tuī*
³tè 忑 in *tǎntè*
⁴tè 慝 B.F. evil *yǐntè*
⁵tè 铽[鋱] N. <chem.> terbium
tèbáimián 特白棉 N. extra white cotton
tèbǎn 特版 N. special edition
tèbié 特别 S.V./ADV. special; particular
tèbiéfǎ 特别法 N. special law
tèbiéfèi 特别费 N. special expenses/expenditures M: ²bǐ
tèbié gōngjījīn 特别公积金[---積-] N. special public funds M: ²bǐ
tèbié héhuǒrén 特别合伙人 N. special partner M: ge/¹míng/²wèi
tèbiéjiǎng 特别奖[--獎] N. special award M: ge/²jiàn
tèbié jiānhù bìngfáng 特别监护病房[--監護--] P.W. intensive care unit (ICU) M: ¹jiān
tèbié kuàichē 特别快车 N. express train; special express M: ¹liè
tèbié qūyù 特别区域[--區-] P.W. special administrative districts
tèbié shi 特别是 V.P. special; particular
tèbié wěiyuánhuì 特别委员会 N. ad-hoc committee
tèbié xíngzhèngqū 特别行政区[-區] P.W. special administrative zone
tèbié xǔkězhèng 特别许可证[-證] N. special license M: ¹zhāng
tèbié zhòngdú 特别重读[-讀] N. <lg.> special stress
tèbié zhùyì shìxiàng 特别注意事项 N. special remarks
tècáng 特藏 N. special reservation (of books/etc.)
tècángběn 特藏本 N. deluxe edition M: ¹běn/⁴cè
tècāo 特操 N. extraordinary moral conduct/righteousness
tèchài 忒/特柴 V.P. <coll.> really bad
tèchǎn 特产[-產] N. local specialty
tèchǎndiàn 特产店[-產-] P.W. store that sells special local produce M: ¹jiā
tècháng 特长 N. special aptitude; specialty
tèchāo 特超 ATTR. super-; hyper-
tèchēng 特称[-稱] N. <log.> particular (as opposed to universal)
tèchū 特出 S.V. outstanding; extraordinary
tècǐ 特此 F.E. <wr.> hereby
tècǐfènggào 特此奉告 F.E. I beg to inform you that. . .
tèdà 特大 V.P. ① especially/exceptionally large ② the most
tèdàhào 特大号[-號] N. king-size; extra-large size
tèdàxíng 特大型 N. outsize; specially large size
tèdázhīzhī 特达之知[-達--] N. be specially appreciated and well-treated
tèděng 特等 N. special grade/class; top grade
tèděngcāng 特等舱[-艙] N. stateroom; deluxe cabin M: ge/¹jiān
tèděng láomó 特等劳模[--勞-] N. special class model workers M: ge/¹míng/²wèi
tèdì 特地 ADV. ① on purpose; specially ② exceptionally; exclusively
tèdiǎn 特点[-點] N. characteristic; peculiarity; trait
tèdìng 特定 ATTR. ① specially designated ② specific; specified; given *zài ~ de tiáojiàn xià* under given conditions
tèdìng chǎnpǐn 特定产品[--產-] N. specific products
tèdìng gōngnéng de wéntǐ 特定功能的文体[-體] N. <lg.> register
tèdìng gōngnéng de yǔtǐ 特定功能的语体[-體] N. <lg.> register
tèdìng shípǐn 特定食品 N. special diet
tèdìng tiáojiàn 特定条件[--條-] N. <lg.> specificity condition
tèdìng wènjù 特定问句 N. <lg.> question-word question
tèdīpín 特低频 N. ultra-low frequency
tè'ēn 特恩 N. special favor/kindness
tè'ēnquán 特恩权[-權] N. immunity
tèfàn 特犯 N. purposeful duplication (in narration)
tèfāng 特方 N. special prescription/formula M: ¹zhāng
tègǎo 特稿 N. special contribution (to a publication) M: ¹fèn/¹piān
tègāopín 特高频 N. ultrahigh frequency; (UHF)
tègǎo zhuānyè 特稿专页[--專-] N. an opposite-editorial page; an Op-Ed page M: ¹fèn
tègōng* 特工 N. ① secret service ② special agent; special service personnel M: ge/¹míng/²wèi
tègōng 特供 N. special supply
tègōngchù 特工处[-處] P.W. secret service
tègōngduì 特攻队[-隊] P.W. commando units; rangers M: ⁴zhī
tègōng rényuán 特工人员 N. special agent; secret service personnel M: ge/¹míng/²wèi
tègù 特故 N. on purpose; intentionally
tèguà 特挂 N. special registered mail M: ²fēng
tèhào 特号[-號] N. extra-large size
tèhù 特护[-護] N. ① special care/attention ② special duty nurse
tèhuì 特惠 ATTR. preferential ♦N. preferential treatment
tèhuì dàiyù 特惠待遇 N. preferential treatment
tèhuì guānshuì 特惠关税[--關-] N. preferential tariff
tèhuì shuìlǜ 特惠税率 N. preferential tariff
tèhùn jiànduì 特混舰队[-艦隊] N. naval task force M: ⁴zhī
tēi 忒 ADV. <topo.> too; very *See also* ²tè, ²tuī
tēilēnglēng 忒楞楞 ON. sound of wind or flight of birds; flapping (of wings/etc.)
tēirde fēi 忒儿的飞[-飛] V.P. <topo.> flutter and suddenly fly away
¹tèjí 特级 ATTR. ① superfine ② superior grade
²tèjí 特急 ATTR. extra urgent
³tèjí 特辑 N. ① special number/issue of a periodical ② special collection of short films
⁴tèjí 特集 N. special collection/edition M: ²bù
tèjì* 特技 N. ① stunt; trick ② special effects
tèjià 特价[-價] N. special offer; bargain price
tèjiàcài 特价菜[-價-] N. (restaurant) specialty of the day
tèjiǎng 特奖[-獎] N. special/grand prize M: ge/²jiàn
tèjiào 特教 N. ① special education ② superior grade teacher
tèjiàpǐn 特价品[-價-] N. on-sale products; discount merchandise M: ²jiàn
tèjiā xīnwén 特家新闻 N. exclusive report/story; scoop M: ¹tiáo
tèjídiàn 特急电[-電] N. extra-urgent telegram M: ¹fèn
tèjì fēixíng 特技飞行[--飛-] N. stunt flying; aerobatics
tèjí jiàoshī 特级教师[-師] N. star teacher M: ge/¹míng/²wèi
tèjì jìngtóu 特技镜头 N. <photo.> trick shot
tèjǐng 特警 N. police with special duties M: ge/¹míng/²wèi
tèjípǐn 特级品 N. product of most superior quality M: ²jiàn
tèjí shàngjiàng 特级上将[-將] N. five-star general/admiral M: ge/¹míng/²wèi
tèjìshī 特技师[-師] N. special-effects technician (in film production, etc) M: ge/¹míng/²wèi
tèjìtuán 特技团[-團] P.W. acrobat troupe
tèjìwáng 特技王 N. the king of stunts M: ge/.¹míng/²wèi
tèjí zhàndòu yīngxióng 特级战斗英雄[--戰鬥--] N. special-class combat heroes M: ge/¹míng/²wèi
tèjí zhìliàng 特级质量[--質-] N. superfine quality
tèkān 特刊 N. special issue/number M: ¹fèn/²qī
tèkuài 特快 N. express; especially fast
tèkuàichē 特快车 N. express train/bus M: ¹liè/³liàng
tèkuài lièchē 特快列车 N. express train M: ¹liè
tèkuài zhuāndì 特快专递[-專遞] N. special delivery; express mail service M: ²fēng
tèkùn 特困 ATTR. ① extremely impoverished ② having a special difficulty
tèkùnhù 特困户 N. destitute family/household M: ¹jiā
Tèlāhuá 特拉华[-華] P.W. Delaware
tèlái 特来 V. come especially to do sth.
tèlì 特例 N. special case M: ge/²jiàn
tèlìdúxíng 特立独行[--獨-] F.E. independent in mind and action
tèliè jiégòu 特列结构[-構] N. lexicalized phrase
Tèlìnídá 特立尼达[-達] P.W. Trinidad
tèliúfēnjìchéngquán 特留分继承权[---繼-權] N. irregular/special inheritance
Tèluòyī mùmǎ 特洛伊木马 N. <loan> Trojan horse
tèmài 特卖[-賣] V. be on sale
tèmìng 特命 N. special command
tèmìng quánquán dàshǐ 特命全权大使[---權--] N. ambassador extraordinary and plenipotentiary M: ge/¹míng/²wèi

tèmìng quánquán gōngshǐ 特命全权公使[---權--] N. envoy extraordinary and minister plenipotentiary M: ge/[1]míng/[2]wèi
[1]**tēng** 腾[騰] ON. thump *See also* [2]téng
[2]**tēng** 熥 V. heat up by steaming
[1]**téng*** 疼 S.V. hurt; ache; pain ♦V. love dearly
[2]**téng** 腾[騰] B.F. ①gallop; prance **bēnténg**②soar; ascend **fēiténg** ♦V. make room **~chū shíjiān** try to make time (for. . .) excite; stir; agitate ♦SUF. *indicating quick and repeated activity* **fān~** turn sth. over and over ♦N. Surname *See also* [1]tēng
[3]**téng** 藤 N. ① cane; rattan ② vine
[4]**téng** 誊[謄] V. transcribe; copy out
Téng 滕 N. ①name of a state in the Zhou dynasty ② Surname
téng'ài 疼爱[-愛] V. love dearly
téngběn 誊本[謄-] N. transcript; copy
téngběn zhíwù 藤本植物 N. liana; vine
[1]**téngbiān** 藤编 N. rattan plaited articles
[2]**téngbiān** 藤鞭 N. rattan whip
téngbiān zhīpǐn 藤编织品[--織-] N. rattan plaited articles M: [1]zhǒng/[2]jiàn
téngbuchū 腾不出 R.V. can't make room (for sb./sth.)
téngbukāi 腾不开[-開] R.V. can't find space for
téngbuxià 腾不下 R.V. can't find space for
téngcái 藤材 N. cane/rattan semi-products
téngchōng 腾冲[-衝] V. leap and dash around (of horses/etc.)
téngchū 腾出 V.O. clear out; vacate
téngchuáng 藤床 N. rattan bed M: [1]zhāng
téng chūlai 腾出来 R.V. clear out a space for other storage; vacate
téngdá 腾达[-達] V.P. have fulfilled one's ambition ♦V. ① advance rapidly in one's career ② prosper; thrive
téngfáng 腾房 V.O. empty a room (for another purpose)
téngfēi 腾飞[-飛] V. rise rapidly; soar
ténggǎo 誊稿[謄-] N. fair copy
ténggui 腾贵 V. skyrocket (of prices); soar
ténghuáng 藤黄 N. ① garcinia ② gamboge ③ rattan yellow
téngjià 藤架 N. wooden frame for vine plants to climb
téngjiāoqǐfèng 腾蛟起凤[-鳳] ID. ①exceptional literary/artistic talent ② a genius
téngjié 腾捷 V. fly swiftly; flit
téngkāi 腾开[-開] R.V. vacate; clear out
téngkōng* 腾空 V.P. soar; rise to the sky *See also* téngkòng
téngkòng 腾空 R.V. make space/room *See also* téngkōng
téngkōngchuán 腾空船 N. hovercraft M: [1]suō
téngkōng'érqǐ 腾空而起 F.E. rise in the world by sheer effort and persistence
téngkòngkong 腾空空 R.F. <*topo.*> set aside some time; allow time
téngkuī 藤盔 N. rattan helmet M: [1]dǐng
ténglù 誊录[謄錄] V. transcribe; copy out
ténglǚ 縢履 N. shoes for bound feet M: [1]shuǎng
téngluó 藤萝[-蘿] N. Chinese wisteria
téngluó jiàzi 藤箩架子[-籮--] N. frame for a vine plant to climb
téngmǎ 腾马 N. stallion
téngmàn 藤蔓 N. vine
téngmàn zhíwù 藤蔓植物 N. <*bot.*> lianas; vines
téngnuó 腾挪 V. ① transfer (funds/etc.) to other use ② move sth. to make room
téngpái 藤牌 N. cane/rattan shield M: [2]kuài/[1]miàn
téngpí 藤皮 N. ① skin of a vine ② rattan
téngqǐ* 腾起 R.V. rise
téngqì 藤器 N. rattan article M: ge/[2]zhī/[2]jiàn
téngqiān 腾迁[-遷] V. be required to change one's residence
téngqiè 藤箧[-篋] N. wicker suitcase
téngqīng 誊清[謄-] R.V. make a fair copy of
téngqīnggǎo 誊清稿[謄-] N. clean/fair copy M: [1]fèn
téngqīngzhàng 誊清账[謄-] N. ledger
téngquāncāo 藤圈操 N. hoop gymnastics
téngquānwǔ 藤圈舞 N. hoop dance
téngr 藤儿 N. ① vine ② united force (of two or more parties)
téngrè 疼热[-熱] V. suffer pain and fever
téngshǎn 腾闪 V. avoid; elude; dodge; ward off; evade
téngshǎnbùjí 腾闪不及 R.V. too late to dodge
téngshé 腾蛇 N. <*wr.*> winged snake M: [1]tiáo
téngshēng 腾升 V.P. rise into the air
téngshū 誊书[謄書] V.O. ① hand-copy a book ② copy what others say; plagiarize
téngsī 藤丝[-絲] N. rattan shaving
téngténg 腾腾 R.F. ①steaming; seething **rèqì** ~ i. steaming hot ii. seething with activity ②soaring; rising ③ drunk ④ asleep ♦ADV. slowly
téngténgbànbàn 藤藤绊绊 R.F. a thousand and one links
téngtiáo 藤条[-條] N. rattan
téngtiáo zhìpǐn 藤条制品[-條製-] N. rattan work M: [1]zhǒng/[2]jiàn
téngtòng 疼痛 N. ache; pain; soreness
téngtuì 腾退 V. move out of (a house/room/building/etc.)
téngwéngōng 誊文公[謄-] N. <*wr.*> copycat writer M: ge/[1]míng
téngxī 疼惜 V. love tenderly
téngxiāng 腾骧 V. leap high; prance
téngxiào 腾笑 V. arouse laughter
téngxiàohǎinèi 腾笑海内 F.E. be laughed at within the country
téngxiàowànfāng 腾笑万方[--萬-] F.E. cause laughter everywhere
téngxiě 誊写[謄寫] V. transcribe; copy out
[1]**téngxiěbǎn** 誊写版[謄寫-] N. <*print*> stencil
[2]**téngxiěbǎn** 誊写板[謄寫-] N. writing board M: [2]kuài
téngxiě gāngbǎn 誊写钢板[謄寫鋼-] N. steel plate for cutting stencils M: [2]kuài
téngxiě làzhǐ 誊写蜡纸[謄寫蠟-] N. stencil paper M: [1]zhāng/[1]juàn
téngxiě yóumò 誊写油墨[謄寫-] N. stencil ink
téngxiěyuán 誊写员[謄寫-] N. scribe M: ge/[1]míng
téngyǐ 藤椅 N. cane/rattan chair M: [1]bǎ
téngyǐ biānzhīgōng 藤椅编织工[---織-] N. caner M: ge/[1]míng
téngyìn 誊印[謄-] V. mimeograph
téngyìnshè 誊印社[謄-] N. mimeograph service M: [1]jiā
[1]**téngyuè** 腾跃[-躍] V. ① prance ② <*trad.*> go up (of prices); rise
[2]**téngyuè** 腾越 V. jump over
téngyún 腾云[-雲] N. fast-moving clouds ♦V.O. ride the clouds (of immortals)
téngyúnjiàwù 腾云驾雾[-雲-霧] F.E. ① ply the clouds and mist (as immortals do) ② feel giddy ③ fast; quick
téngzhàng 藤杖 N. rattan walkingstick M: [4]zhī/[1]bǎ/[2]gēn
téngzhào 藤罩 N. cover/lid made of rattan
téngzhèng 誊正[謄-] V. make a clean copy
téngzhì 藤制[-製] ATTR. made of rattan
téngzhìpǐn 藤制品[-製-] N. rattan work M: [2]jiàn
téngzhī wùpǐn 藤织物品[-織--] N. cane products; rattan woven ware M: [2]jiàn
téngzhuō 藤桌 N. rattan table M: [1]zhāng
téngzi 藤子 N. <*coll.*> ① vine ② cane; rattan
tèpài 特派 ATTR. specially appointed
tèpài jìzhě 特派记者 N. special correspondent; accredited journalist M: ge/[1]míng/[2]wèi
tèpàiyuán 特派员 N. special delegate/emissary; correspondent (of a news agency,newspaper, etc.) M: ge/[1]míng/[2]wèi
tèpī 特批 V. be specially examined and approved
tèpìn 特聘 V. specially invite/engage
tèqǐ 特企 N. specially authorized enterprises
tèqiǎn 特遣 ATTR. sent on special tasks
tèqiǎn bùduì 特遣部队[-隊] N. <*mil.*> task force M: [4]zhī
tèqiǎnduì 特遣队[-隊] N. task force M: [4]zhī
tèqiáng 特强[-強] V.P. unusually powerful/strong
tèqiǎn jiànduì 特遣舰队[-艦隊] N. <*mil.*> task fleet M: [4]zhī/ge
tèqìng 特磬 N. stone chimes M: ge/[2]zhī
tèqū 特区[-區] P.W. special zone
tèquán 特权[-權] N. privilege; prerogative
tèquán dìwèi 特权地位[-權--] N. privileged position
tèquánhù 特权户[-權-] N. privileged person or work unit M: [1]jiā
tèquán jiēcéng 特权阶层[-權階層] N. privileged stratum
tèquán jiējí 特权阶级[-權階-] N. privileged class
tèquán sīxiǎng 特权思想[-權--] N. belief that privileges go with privileged position
tèrèn 特任 N. special nomination/appointment
tèrènguān 特任官 N. specially nominated official M: ge/[1]míng/[2]wèi
tèsè 特色 N. distinguishing feature/quality; feature
[1]**tèshè** 特赦 N. special pardon/amnesty
[2]**tèshè** 特设 ADV./ATTR. ad hoc
tèshèlìng 特赦令 N. decree of special pardon/amnesty
tèshǐ 特使 N. special envoy M: ge/[1]míng/[2]wèi
tèshū 特殊 S.V. ① special; particular; peculiar ② exceptional; extraordinary
tèshū chéngshì 特殊程式 N. <*comp.*> specific program
tèshū dāpèi 特殊搭配 N. <*lg.*> special collocation
tèshū de yìyì 特殊的意义[-義] N. special sense
tèshū diāndǎo cìxù 特殊颠倒次序 N. <*lg.*> special inverted order
tèshū értóng 特殊儿童 N. exceptional children M: ge/[1]míng
tèshū fānyì lǐlùn 特殊翻译理论[---譯--] N. <*lg.*> specific translation theory
tèshū fènzǐ 特殊份子 N. special member/element M: ge/[1]míng
tèshūhuà 特殊化 V. ① become privileged/special ② specialize
tèshuì zhàiquàn 特税债券 N. special tax bonds M: [1]zhāng
tèshū jiàoyù 特殊教育 N. special education
tèshū jiàoyù xuéxiào 特殊教育学校 P.W. special-education schools
tèshūmǎ 特殊码 N. <*comp.*> specific code
tèshūmén zhīchū 特殊门支出 N. <*acct.*> extraordinary expenditure
tèshū qíngkuàng 特殊情况[-況] N. exceptional case; special circumstances
tèshū tiáokuǎn 特殊条款[--條-] N. specific items M: [1]tiáo
tèshūxìng 特殊性 N. particularity; peculiarity
tèshūxìng chéngdu 特殊性程度 N. <*lg.*> degree of specificity
tèshūxìng de 特殊性的 ATTR. special
tèshū yíwènjù 特殊疑问句 N. <*lg.*> wh-question
tèshū yòngtú yǔyán 特殊用途语言 N. <*lg.*> language for special purposes
tèshū yǔyánxué 特殊语言学 N. <*lg.*> special linguistics
tèshū zhàogu 特殊照顾[-顧] N. special consideration
tèshū zìyuán 特殊字元 N. <*comp*> special character
tètèfànshǒu 特特犯手 V.P. purposefully duplicate
tètǐ 特体[-體] N. exceptional/abnormal form/figure
tè-wěi 特委 N. ad-hoc committee
[1]**tèwèi*** 特为 V.P. especially for/to
[2]**tèwèi** 特味 N. special taste/flavor
tèwu* 特务[-務] N. special/secret agent; spy M: ge/[1]míng *See also* tèwù

T

tèwù 特务[-務] N. special task/duties M: [2]*jiàn* *See also* tèwu
tèwù huódòng 特务活动[-務-動] N. espionage
tèwù jīguān 特务机关[-務-關] N. espionage agency M: *ge*/[1]*jiā*
tèxián 特嫌 N. suspected enemy spy M: *ge*/[1]*míng*
tèxiàng tuīxiāo 特项推销 N. special sales promotion
tèxiào 特效 N. specially good effect; special efficacy
tèxiàoyào 特效药[-藥] N. ① specific (drug) ② effective cure ③ antibiotic M: [14]*fù*
tèxiě 特写[-寫] N. ① feature article/story; feature M: [1]*piān* ② close-up (film shot)
tèxiě jìngtóu 特写镜头[-寫--] N. close-up (film shot)
tèxì gāogēnxié 特细高跟鞋 N. stiletto heel M: [1]*shuāng*
tèxìng 特性 N. specific property/characteristic
tèxìng héyī 特性合一 N. <lg.> feature unification
tèxìng jiégòu 特性结构[-構] N. <lg.> feature structure
tèxíng yǎnyuán 特型演员 N. typecast actor M: *ge*/[1]*míng*/[2]*wèi*
tèxū 特需 N. special procurement
tèxǔ* 特许 V. give special permission
tèxuǎn 特选[-選] ATTR. carefully chosen; hand-picked
tèxǔ chéngbāo gōngsī 特许承包公司 N. concessionary and contracting companies M: [1]*jiā*
tèxǔ jīngyíng 特许经营[-經營] N. franchising
tèxǔ jīngyíngquán 特许经营权[-經營權] N. franchising right
tèxùn 特训 V. receive/give special training
tèxǔquán 特许权[-權] N. patent
tèxǔquán gěiyǔzhě 特许权给予者[-權---] N. franchiser
tèxǔzhèng 特许证[-證] N. charter M: [1]*zhāng*
tèxǔ zhèngshū 特许证书[-證書] N. special permit M: [1]*zhāng*/[1]*fèn*
tèxǔzhuàng 特许状[-狀] N. charter (of an organization) M: [1]*zhāng*/[1]*fèn*
tèyāo 特邀 V. specially invite
tèyāo dàibiǎo 特邀代表 n. a specially invited representative M: *ge*/[1]*míng*/[2]*wèi*
tèyī 特医[-醫] A.T. give special medical treatment; treat as a special patient
[1]tèyì* 特意 ADV. purposely; specially
[2]tèyì 特异[-異] V.P. ① superfine ② distinctive; peculiar
[3]tèyì 特艺[-藝] N. special arts and crafts; special handicraft products
[4]tèyì 忒意 A.T. <coll.> excessive
tèyì gōngnéng 特异功能[-異--] N. supernatural/exceptional abilities
tèyì tǐzhì 特异体质[-異體質] N. <med.> idiosyncracy
tèyìxìng 特异性[-異-] N. <lg.> idiosyncrasy
tèyòng zuòwù 特用作物 N. special crop
tèyōu 特优[-優] ATTR. excellent; extraordinary
tèyǒu* 特有 V. have exclusively; be characterized by ♦A.T. peculiar; characteristic
tèyòu 特宥 N. special pardon/leniency
tèyuē 特约 V. engage by special arrangement ♦N. special agreement/contract
tèyuēgǎo 特约稿 N. special contribution (to a publication) M: [1]*piān*
tèyuē jìzhě 特约记者 N. stringer; special correspondent (of a newspaper/etc.) M: *ge*/[1]*míng*/[2]*wèi*
tèyuē yǎnyuán 特约演员 N. guest actor M: *ge*/[1]*míng*/[2]*wèi*
tèyuē yīshēng 特约医生[--醫-] N. specially invited/contracted doctor M: *ge*/[1]*míng*/[2]*wèi*
tèyuē yīyuàn 特约医院[--醫-] P.W. hospital exclusively engaged by an organization M: [1]*jiā*
tèyuē zhěnsuǒ 特约诊所 P.W. exclusively engaged/contracted clinic M: [1]*jiā*
tèyuē zhuàngǎorén 特约撰稿人 N. special contributor M: *ge*/[1]*míng*/[2]*wèi*
tèzhǎn 特展 N. special exhibition M: *cì*/[2]*chǎng*
tèzhāo* 特招 V. specially enroll/recruit; break a rule to enroll/recruit sb.
tèzhào 特照 V. give special care; consider as a special case
tèzhěn 特诊 N. special medical treatment
tèzhēng 特征[-徵] N. ① characteristic; feature; trait; property; distinctive feature ② special/extraordinary summons/convening
tèzhēng chéngfèn 特征成分[-徵--] N. <lg.> diagnostic component
tèzhēng jiégòu 特征结构[-徵-構] N. <lg.> feature structure
tèzhēng liánbìng 特征连并[-徵-併] N. <lg.> feature unification
tèzhēng lìshì 特征例示[-徵--] N. <lg.> feature instantiation
tèzhēng miáoshù 特征描述[-徵--] N. <lg.> characterization
tèzhēng shēnggé 特征生格[-徵--] N. <lg.> genitive of characteristic
tèzhēngshù 特征束[-徵-] N. <lg.> feature bundle
tèzhī 特支 N. special branch (of the Chinese Communist Party)
tèzhǐ 特指 V. refer in particular to ♦ATTR. <lg.> specific ♦N. particular denotation
[1]tèzhì* 特制[-製] V. manufacture for a special purpose
[2]tèzhì 特质[-質] N. special qualities; characteristics; peculiarities
tèzhǐ chéngdu 特指程度 N. <lg.> degree of specificity
tèzhǐcí 特指词 N. <lg.> specific term
tèzhǐ dānwèi 特指单位 N. <lg.> specific unit
tèzhīfèi 特支费 N. special allowance to meet contingent expenses M: [2]*bǐ*
tèzhìpǐn 特制品[-製-] N. ① made-to-order article ② specialty M: [2]*jiàn*/[1]*zhǒng*
tèzhǐ shēnggé 特指生格 N. <lg.> specifying genitive
tèzhǐxìng 特指性 N. <lg.> specificity
tèzhǐ yíwènjù 特指疑问句 N. <lg.> specific interrogation
tèzhǒng 特种[-種] N. special type; particular kind
tèzhǒngbīng 特种兵[-種-] N. special forces M: *ge*/[1]*míng*
tèzhǒng bùduì 特种部队[-種-隊] N. special technical units M: [4]*zhī*
tèzhǒng gōngyì 特种工艺[-種-藝] N. special handicraft products
tèzhǒng shāngdiàn 特种商店[-種--] P.W. specialty store M: [1]*jiā*
tèzhǒng shěnjì 特种审计[-種審-] N. <acct.> special audit
tèzhǒng xǔkězhèng 特种许可证[-種--證] N. special permit M: [1]*fèn*/[1]*zhāng*
tèzhǒng yíngyèshuì 特种营业税[-種營業-] N. special tax M: [2]*bǐ*
tèzhǒng yìnshuā 特种印刷[-種--] N. specialty printing
tèzhòng zàizhòngchē 特重载重车 N. extra-heavy-duty truck M: [3]*liàng*
tèzhuāngběn 特装本[-裝-] N. <print.> publisher's binding; edition binding M: [1]*běn*/[4]*cè*/[2]*bù*
tèzhǔn 特准[-準] N. special permit ♦V. permit as a special case
T fēnshù T分数[-數] N. <lg.> T-score
TG yǔfǎ TG语法 N. <lg.> TG grammar
[1]tī 踢 V. kick
[2]tī 剔 V. ① clean with sth. pointed; pick ② pick/weed out/through ③ strip flesh from bone ♦N. rising stroke (in calligraphy)
[3]tī 梯 B.F. ① ladder ***tīzi*** ② steps; stairs ***lóutī*** ③ terraced ***tītián***
[4]tī 锑[銻] N. <chem.> antimony; stibium
[5]tī 擿 B.F. reveal ***tīfú***
[6]tī 鹏[鷉/鷈] B.F. grebe ***pìtī, rìtī***
[7]tī 体[體] in ***tīji*** *See also* ***tǐ***
[1]tí* 提 V. ① carry; take (in hand with the arm down) ② lift; raise; promote ③ move up a date ④ extract ⑤ mention; refer to; bring up ~ ***wèntí*** ask a question ~ ***yìjian*** express a view/opinion (often contrary) ⑥ bring (a prisoner) to court ⑦ guide; promote ♦N. ① dipper ② rising stroke (in calligraphy) *See also* [5]*dī*
[2]tí 题[題] N. ① topic; subject; title ② problem ♦V. inscribe
[3]tí 蹄 B.F. hoof ***mǎtí, tízi***
[4]tí 啼 V. crow; caw ♦B.F. cry; weep aloud ***tíkū***
[5]tí 缇[緹] <wr.> N. ① orange color ② yellow silk
[6]tí 绨[綈] B.F. a heavy silk fabric ***típáo***
[7]tí 荑/稊 B.F. sprout; shoot ***róutí, kūyángshēngtí*** *See also* [16]*yí*
[8]tí 醍 in [2]***tíhú***
[9]tí 騠[騠] in ***juétí***
[10]tí 鹈[鵜] in [1]***tíhú***
[11]tí 鹍[鶗] in ***tíjué***
[12]tí 偍 in ***língtí***
tǐ 体[體] B.F. ① body ***shēntǐ*** ② substance ***wùtǐ*** ③ style; form ***wéntǐ*** ④ system [1]***zhèngtǐ*** ⑤ typeface [1]***zìtǐ*** ⑥ <lg.> aspect (of verbs) ⑦ realize ***tǐhuì*** ⑧ personally do/experience sth. ***tǐyàn*** *See also* [7]*tī*
[1]tì 替 V. ① take the place of; replace; substitute ② <wr.> decline ♦COV. for; on behalf of
[2]tì 剃 V. shave
[3]tì 屉[屜] B.F. ① tiered food steamer ***tìzi*** ② drawer; tray ***chōuti***
[4]tì 嚏 B.F. sneeze ***pēntì, tìpen***
[5]tì 悌/弟 B.F. respect for one's older brother ***tìmù, kǎitì*** *See also* [5]*dì*
[6]tì 涕/洟 B.F. ① tears ***tìqì*** ② nasal mucus ***bítì***
[7]tì 惕 B.F. watchful; vigilant ***jǐngtì, tìjù***
[8]tì 逖 B.F. distant ***shūtì***
[9]tì 殢 B.F. obstruct; hold up; interfere with ***tìjiǔ***
[10]tì 倜 in ***tìtǎng***
[11]tì 裼 in ***tìshā***
[1]tiān* 天 N. ① sky; heaven ② nature ③ God; Heaven ♦M. day ♦B.F. ① overhead ***tiānqiáo*** ② season ③ weather ***tiānqì***
[2]tiān 添 V. ① add; increase ② <topo.> have a baby
[1]tián 田 N. ① field; farmland ② Surname
[2]tián 填/滇/阗[-/-/闐] V. fill in; stuff *See also* *Diān*
[3]tián 甜 S.V. ① sweet ② agreeable ③ <slang> profitable; well-paying ④ sound (of sleep)
[4]tián 恬 B.F. ① quiet; peaceful [2]***tiánjìng*** ② without care ***tiándàn, tiánrán***
[5]tián 畋 B.F. hunt game ***tiánliè***
[6]tián 钿[鈿] B.F. coins; money ***tóngtián, yángtián*** *See also* [12]*diàn*
[7]tián 湉 in [1]***tiántián***
[1]tiǎn 舔 V. lick; lap
[2]tiǎn 腆 B.F. sumptuous; rich ***bùtiǎn*** ♦V. <topo.> protrude; thrust out ♦in ***miǎntian***
[3]tiǎn 忝 B.F. <cour.> unworthy of the honor ***tiǎnjū, wútiǎnsuǒshēng***
[4]tiǎn 觍[覥/靦] B.F. <wr.> shame ***tiǎnyán, tiǎnmào, tiǎnzhe liǎn*** *See also* [9]*miǎn*
[5]tiǎn 殄 B.F. destroy ***tiǎnlù, bàotiǎntiānwù***
[6]tiǎn 淟 B.F. ① dirty ***tiǎnniǎn*** ② turbid ***tiǎngǔ***
tiàn 掭 V. ① dip (a brush) in ink ② <topo.> poke
tí'àn 提案 N. motion; proposal; draft resolution M: [2]*jiàn* ♦V.O. <law> call (out) a case
tiān'àn* 天暗 V.P. The sky is dark.; It's getting dark.
tián'àn 田岸 N. border of a field
Tiān'ānmén 天安门 P.W. Tiananmen; Gate of Heavenly Peace
Tiān'ānmén Guǎngchǎng 天安门广场[-廣場] P.W. Tiananmen Square (in Beijing)
Tiān'ānmén Shìjiàn 天安门事件 N. <PRC> Tian'anmen Incident (of April 5, 1976 anti the Gang of Four
tiánbái 甜白 N. ① lead white ② <pottery> sweet white
tiānbàn 添办[-辦] V. ① buy sth. more ② acquire

T

tiánbǎo 填饱 R.V. cram; feed to the full
tiánbào* 填报[-報] V. fill in and submit a form
tiānbǎodāngnián 天宝当年[-寶當-] F.E. grand occasions/events in those years
tiánbǎo dùzi 填饱肚子 V.O. fill the belly; be adequately fed
tiānbǎojiǔrú 天保九如 F.E. wish sb. long life and unending good fortune
tiānběn 添本 V.O. increase one's capital
tiānbēngdìchè 天崩地坼 F.E. ①natural disasters ②political/social upheavals
tiānbēngdìliè 天崩地裂 *See tiānbēng-dìchè*
tiānběnr 添本儿 V.O. increase an investment
tiānbǐ 掭笔[-筆] V.O. work a brush on the inkstone
tiānbiān(r)* 天边(儿)[-邊-] N. horizon; ends of the earth
tiānbiàn 天变[-變] N. changes of celestial phenomena, such as solar/lunar eclipses, etc.
tiānbiānhǎijiǎo 天边海角[-邊--] F.E. distant places
tiānbiāo 添标[-標] N. <*math.*> subscript; suffix
tiānbiǎo 天表 N. ①beyond heaven; beyond the skies ②<*wr.*> appearance/looks of an emperor
tiánbiǎo* 填表 V.O. fill in a form
tiánbiē 田鳖 N. giant water bug; fish killer M: ge/[2]zhī
[1]**tiānbīng*** 天兵 N. ①invincible army ②imperial troops M: [4]zhī
[2]**tiānbīng** 添兵 V.O. <*mil.*> reinforce
tiānbǐng 天禀[-稟] N. <*trad.*> natural gift/talent
tiānbīngtiānjiàng 天兵天将[-將] F.E. invincible army
tiānbìshényòu 天庇神佑 F.E. blessed by Heaven and God
tiánbō 恬波 N. calm waters
tiānbu 添补[-補] V. replenish; get more
tiánbǔ* 填补[-補] V. fill (a vacancy/etc.)
tiānbu bùzú 添补不足[-補--] V.O. add in order to make up a deficiency
tiānbùcóngrén 天不从人[--從-] F.E. Heaven declines to accept one's wish.
tiānbùcóngrényuàn 天不从人愿[--從-願] F.E. Heaven declines to accept one's wish.
tiānbùfùrén 天不负人 F.E. Heaven rewards the faithful.; All is for the best.
tiánbujī(r) 甜不唧(儿) V.P. <*coll.*> slightly sweet
tiānbùjiǎnián 天不假年 F.E. die prematurely on an important job
tiānbùjiǎrénnián 天不假人年 F.E. God doesn't give sb. a life long enough (to accomplish a task/etc.).
tiānbùjuérén 天不绝人[--絕-] F.E. unexpectedly rescued from a desperate situation
tiánbǔ kòngbái 填补空白[-補--] V.O. fill in gaps
tiánbǔ kuīkong 填补亏空[-補虧-] V.O. make up a deficit
tiān bù pà dì bù pà 天不怕地不怕 V.P. fear neither Heaven nor Earth; fear nothing and no one
tiānbuqǐ 添不起 R.V. <*coll.*> can't afford to buy sth.
tiánbǔquēmén 填补缺门[-補--] V.O. fill in gaps in production
tiánbùsuō de 甜不梭的 ATTR. <*topo.*> sweet as can be
tiánbùwéiguài 恬不为怪 F.E. not surprised at all
tiánbùwéiyì 恬不为意 F.E. remain unperturbed
tiánbùzhīchǐ 恬不知耻[-恥] F.E. be shameless
tiánbùzhīhuǐ 恬不知悔 F.E. have no compunctions
tiǎnbùzhīxiū 忝不知羞 F.E. shameless; brazen
tiān bù zhuàn dì zhuàn 天不转地转[--轉-轉] V.P. <*coll.*> ① happen regardless ② We shall certainly meet again some day.
tiānbuzuòměi 天不作美 V.P. (. . .but) the weather is not too good
[1]**tiāncái*** 天才 N. ① talent; gift ② a man of genius M: ge/[1]míng/[2]wèi
[2]**tiāncái** 添财 V.O. become wealthy
tiāncài 添菜 V.O. have additional dishes
tiáncài 甜菜 N. ① beet ② beetroot ③ sugar beet
tiāncái értóng 天才儿童 N. gifted ingenious children M: ge/[1]míng/[2]wèi
tiāncáilùn 天才论 N. the theory that great men determine history; Great Man Theory
tiáncàitáng 甜菜糖 N. beet sugar
tiāncáitiāndīng 添财添丁 F.E. become wealthy and add members to the family
tiāncán 天蚕[-蠶] N. giant/wild silkworm M: [2]zhī
tiāncāng 添仓[-倉] V.O. fill a storehouse
tiāncáo 天曹 N. celestial officials
tiānchàdìyuǎn 天差地远[-遠] F.E. be poles apart; far off the beam
tiānchǎn 天产[-產] N. natural products
tiánchǎn* 田产[-產] N. real estate
tiánchàng 恬畅[-暢] S.V. comfortable and happy
tiānchángdìjiǔ 天长地久 F.E. everlasting and unchanging
tiānchángrìjiǔ 天长日久 F.E. after considerable time
Tiāncháo 天朝 N. <*hist.*> ① Celestial Empire; China ② Taiping Heavenly Kingdom
tiānchē 天车 N. overhead crane
tiānchéng 天成 V.P. natural; derived from heaven
tiānchèng 天秤 *See dǎ tiānchèng*
[1]**tiánchéng*** 甜橙 N. sweet orange M: ge/[2]zhī
[2]**tiánchéng** 田塍 N. <*topo.*> ridge between fields
tiānchéngjiā'ǒu 天成佳偶 F.E. a good match as if made in heaven
tiānchèngpán 天秤盘[-盤] N. trays of a balance scale
Tiānchéngtǐ 天城体[-體] N. <*lg.*> Devanagari
Tiānchéngtǐ zìmǔ 天城体字母[--體--] N. <*lg.*> Devanagari script
Tiānchèngzuò 天秤座 N. <*astr.*> Libra
tiānchí 天池 N. mountain lake
tiānchìdào 天赤道 N. equator
tiánchírìqī zhīpiào 填迟日期支票[-遲----] N. post-dated check M: [1]zhāng
tiánchōng 填充 V. ① fill up; stuff ② fill in blanks (in a test paper)
tiánchōngcí 填充词 N. <*lg.*> filler
tiánchōngxiàng 填充项 N. <*lg.*> filler
tiánchóu 田畴[-疇] N. <*wr.*> farmland; fields
tiānchóudìcǎn 天愁地惨[-慘] F.E. exceedingly mournful and grieved
tiānchuāng* 天窗 N. skylight ***dǎkāi ~ shuō liànghuà*** Let's be quite frank.
tiánchuāng 填疮[-瘡] V.O. dress a wound
tiǎnchúnzāzuǐ 舔唇咂嘴 F.E. lick one's lips and smack one's tongue
tiāncí 添词 N. adjunct
tiāncì* 天赐 N. be bestowed by heaven
tiáncí 填词 V.O. write words to a given melody or lyric pattern
tiāncìgānlín 天赐甘霖 F.E. heaven-sent rain
tiāncìliángjī 天赐良机 F.E. Heaven-sent chance
tiāncìliángyuán 天赐良缘 F.E. a godsent marriage
tiāncìwǒyě 天赐我也 F.E. this is indeed a godsend
tiāncìzhīfú 天赐之福 N. mercy
tiāncóngrényuàn 天从人愿[-從-願] F.E. by the grace of God
tiáncòu 填凑[-湊] V. ① flow ② assemble; gather
tiáncòuyīyú 填凑一隅[-湊--] F.E. crowd together in a corner
tiāncuì 殄瘁 N. misfortune and poverty; ruin
tiāncuīdìtā 天摧地塌 F.E. (as if) the skies were falling and the earth rising
tiāncùtiānyóu 添醋添油 F.E. ① add spice; exaggerate ② embroider the fact
tiāndà 天大 ATTR. extremely big
tiāndà de shì 天大的事 N. important/serious matters; tremendous events
tiāndǎléipī 天打雷劈 F.E. be struck by lighting and split into two halves
tiándān 田单 N. title deeds (for agricultural land)
tiándàn* 恬淡/澹 S.V. indifferent to fame/gain
tiándàng 田荡[-蕩] N. a kind of farming implement for leveling a field
tiándànguǎyù 恬淡寡欲 F.E. quiet in mind with few desires
tiándànwúyù 恬淡无欲 F.E. quiet in mind with few desires
tiándànzìgān 恬淡自甘 F.E. quiet in mind with few desires
tiāndào 天道 N. ① <*trad.*> natural/heavenly law ② <*topo.*> weather
tiāndàobùchǎn 天道不谄 F.E. Heaven's way is not uncertain.
tiāndàohǎohuán 天道好还[-還] F.E. God's way goes in a cycle.; Heaven is bound to return and punish evil doers.
tiāndàowúqīn 天道无亲[-親] F.E. The ways of heaven are impartial.
tiāndàowúsī 天道无私 F.E. The ways of heaven are impartial.
tiāndàoxúnhuán 天道循环[-環] F.E. divine retribution
tiāndí 天敌[-敵] N. natural enemy M: ge/[1]míng
tiāndǐ 天底 N. <*astr.*> nadir
tiāndì* 天地 N. ① heaven and earth; universe ② scope of operation ③ <*art*> blank space at the top/bottom of a picture ④ a world of difference ⑤ social status/condition
Tiāndì 天帝 N. ①the Lord of Heaven ②Celestial Ruler
tiándì 田地 N. ①farmland; cropland ②wretched situation; plight
tiāndiàn 天电[-電] N. atmospherics; static
tiándiǎn* 甜点[-點] N. sweet snacks; sweets; dessert
tiándiàn 填垫[-墊] V. fill up; stuff
tiāndiàn gānrǎo 天电干扰[-電-擾] N. <*elec.*> static disturbance
tiāndiào 天钓 N. convulsion with up-lifted eyes
tiǎndiào* 舔掉 R.V. lick sth. off
tiāndìbǐshòu 天地比寿[-壽] F.E. Long life to you!
tiāndìbùróng 天地不容 F.E. a towering crime or a sinner that neither god nor man can forgive
tiāndìjiān 天地间 P.W. the world
tiāndìjiāotài 天地交泰 F.E. peaceful and prosperous times
tiāndìliángxīn 天地良心 F.E. can say in all honesty; must point out in all fairness; speak the truth
tiāndīng* 添丁 V.O. add another child (to a family)
tiāndǐng 天顶 N. zenith
tiāndìng 天定 V.P. predestined
tiāndīngfācái 添丁发财[--發-] F.E. May you have an increase in your family and become prosperous.
tiāndìng mìngyùn 天定命运[-運] N. manifest destiny
tiāndìsuǒzuò 天地所祚 F.E. blessed by the gods
tiāndìtóu 天地头 N. <*print.*> top and bottom page margins
tiāndìwànwù 天地万物[--萬-] F.E. myriads of things in nature
tiāndìwèiyān 天地位焉 F.E. Things in the universe take their proper places.
tiāndǐxia 天底下 P.W. in the world; on earth
tiāndìxuángé 天地悬隔[--懸-] F.E. as far apart as heaven and earth
tiāndīyún'àn 天低云暗[--雲-] F.E. Dark clouds hang low in the sky.
tiāndōng* 天冬 N. <*bot.*> asparagus fern M: [2]kē
tiándōng 田鸫 N. <*zoo.*> fieldfare; fellfar M: [2]zhī
tiāndǔ 添堵 <*coll.*> V. trouble; disturb; annoy
tiándǔ 填堵 V. cram; pack; stop up
tiándù* 甜度 N. sweetness
tiānduō 添多 V.P. add more; increase
tiānduōjiǎnshǎo 添多减少[--減-] F.E. increase or decrease the number of
tiānduózhīpò 天夺之魄[-奪--] N. be dying

tiǎndúqíngshēn 舔犊情深[-犢--] F.E. be very affectionate toward one's children

tiǎndúzhī'ài 舔犊之爱[-犢-愛] N. parental love

[1]**tiān'é** 天鹅 N. swan M: [2]zhī

[2]**tiān'é** 天蛾 N. hawkmoth; sphinx moth M: [2]zhī

tiān'éhú 天鹅湖 N. swan lake

tiān'ēn 天恩 N. the emperor's kindness

tiān'ēnhàodàng 天恩浩荡[-蕩] F.E. grace in abundance

tián'érbùnì 甜而不腻 V.P. agreeable sweetness

tiān'éróng 天鹅绒 N. ① swansdown ② velvet M: [2]kuài

tiān'é róngmáo 天鹅绒毛 N. swansdown

tiān'éròu 天鹅肉 N. meat of the wild goose/swan

Tiān'ézuò 天鹅座 N. <astr.> Cygnus

tiānfá 天罚 N. <trad.> ① punishment meted out by Heaven ② loss of one's parents

tiánfā* 填发[-發] V. fill in and issue (a certificate/etc.)

tiānfàn 添饭 V.O. have another helping/bowl of rice

tiānfāndìfù 天翻地覆 F.E. earth-shaking

Tiānfāng 天方 N. <trad.> Arabian countries in the Middle East

tiānfáng 添房 V.O. <trad.> presents sent to a family marrying off a daughter

tiánfāng* 填方 N. fill (of earth/stones/etc.)

tiánfáng 填房 V.O. marry a widower ♦N. second wife after the first wife's death

tiānfāngyètán 天方夜谭 N. Arabian Nights ♦F.E. highly suspect story

tiānfén 添坟[-墳] V.O. add earth to the graves of the deceased

tiānfèn* 天分 N. natural gift; talent

tiānfèn cèshì 天分测试 N. <psy.> aptitude test

tiānfèn gāo 天分高 V.P. gifted; talented

tiānfǔ* 天府 N. self-sufficient region

[1]**tiānfù** 天赋 V.P. inborn; innate ♦N. natural gift; talent

[2]**tiānfù** 添附 V. supplement; add/attach to; append

Tiānfù 天父 N. Heavenly Father; our heavenly Father

tiánfū 田夫 N. farmer; husbandman M: ge/[1]míng

tiánfú 田凫[-鳧] N. <zoo.> lapwing M: [2]zhī

[1]**tiánfù** 田赋 N. land tax

[2]**tiánfù** 田父 N. <wr.> an aged farmer M: ge/[1]míng

tiānfùdìzài 天覆地载 F.E. all under heaven and on the earth

tiǎnfùniǎoluó 忝附茑萝[-蘿] F.E. I'm honored to be related to you (by marriage).

tiānfù rénquán 天赋人权[-權] N. natural rights

tiānfútiānshòu 添福添寿[-壽] F.E. May your happiness and your longevity increase.

tiānfùzhīcái 天赋之才 N. God-given talent

Tiānfǔzhīguó 天府之国[-國] N. Sichuan province

tiāngǎi* 添改 V. add and change; make additions and alterations

tiāngài 天盖[-蓋] N. canopy; baldachin

tiāngān* 天干 N. the Ten Heavenly Stems

tiángān 甜甘 S.V. ① sweet ② <coll.> genteel in speech

tiāngān-dìzhī 天干地支 N. the Ten Heavenly Stems and Twelve Terrestrial Branches

Tiāngāng 天罡 N. <astr.> ①Big Dipper ②handle of the Big Dipper

tiāngāngliàng 天刚亮[-剛-] N. daybreak

Tiāngāngxīng 天罡星 N. <astr.> ① Big Dipper ② handle of the Big Dipper

tiǎn gānjìng 舔干净[-乾淨] R.V. lick clean

tiángǎnr 甜杆儿 N. sugar cane

tiángāodiǎn 甜糕点[-點] N. sweet snacks; sweets; desert

tiāngāodìhòu 天高地厚 F.E. ① profound; deep (love/etc.) ② immensity of the universe; complexity of things

tiān gāo huángdì yuǎn 天高皇帝远[-遠] F.E. ① it is difficult to get justice ② beyond reach of the authorities

tiāngāoqìshuǎng 天高气爽[--氣-] F.E. limpid skies and cool temperatures of autumn

tiāngāotīngbēi 天高听卑[--聽-] F.E. <wr.> Heaven is high but listens to the lowliest.

tiāngāoyúndàn 天高云淡[--雲-] F.E. The sky is high, the clouds are pale.

tiángěng 田埂 N. ridges between fields

tiāngèyīfāng 天各一方 F.E. live far apart

[1]**tiāngōng** 天宫[-宮] N. heavenly palace

[2]**tiāngōng** 天工 N. (exquisitely fine) work of nature

[3]**tiāngōng** 天弓 N. a celestial star

Tiāngōng* 天公 N. ruler of heaven; God

tiāngōng bù zuòměi 天公不作美 F.E. Heaven's weather isn't cooperating

tiāngōngdìdào 天公地道 F.E. absolutely fair

Tiāngōng Kāiwù 天工开物[--開-] N. technological encyclopedia written by Song Yingxing (1600–1660) in 1637

tiāngōngtú 天公图[-圖] N. horoscope M: [1]zhāng

tiāngōngzhīqiǎo 天公之巧 N. the wonder of natural processes.

tiāngōu 天沟[-溝] N. eaves gutter

tiāngǒu* 天狗 N. (legendary) Heavenly Hound

tiāngòu 添购[-購] V. make additional purchase of

tiāngǔ 天鼓 N. thunder

tiǎngǔ* 淟汩 V.P. submerge

tiánguā 甜瓜 N. muskmelon M: [2]zhī

tiānguāncìfú 天官赐福 F.E. blessing from a heavenly official

tiānguāng 天光 N. ① daylight; time of day ② <topo.> morning ③ sunlight; sunbeam

tiānguǐ 天癸 N. <Ch. med.> menses; menstruation; period

tiānguǐjié 天癸竭 N. menopause

tiānguǐzhì 天癸至 V. menarche

tiānguó 天国[-國] N. Kingdom of Heaven; paradise

tí'ànguó 提案国[-國] N. sponsor country (of a resolution)

tiánhǎituòdì 填海拓地 F.E. reclaim land from the sea

tiánhǎizàodì 填海造地 F.E. reclaim land from the sea

tiánhǎizàotián 填海造田 F.E. reclaim land to grow grain

tiānhàn 天旱 N. drought

Tián Hàn* 田汉[-漢] (1898–1968) N. playwright and pioneer of the modern theater movement

tiānhándìdòng 天寒地冻 F.E. The weather is cold and the ground is frozen.

tiānhánsuìmù 天寒岁暮[--歲-] F.E. at the end of a year

tiānhǎo 天好 V.P. <topo.> very good

Tiānhé* 天河 N. Milky Way

tiánhe 甜和 <topo.> V. please; ingratiate ♦S.V. quiet and gentle

tiánhé 恬和 S.V. quiet and gentle

tiānhēi 天黑 V.P. ①deepening dusk; dusk ②dark

tiánhéng 田横 N. field plover

tiánhe rén 甜和人 V.O. <coll.> please a person

tiānhòu 天候 N. weather

Tiānhòu* 天后 N. ① Mazu ② Juno

tiánhù 田户 N. land tiller; farmer

tiānhuā(r) 天花(儿) N. smallpox

tiānhuābǎn 天花板 N. ceiling

tiānhuāfěn 天花粉 N. <Ch. med.> trichosanthes root

tiānhuāluànzhuì 天花乱坠[-亂墜] F.E. give an extravagant description

tiánhuán 填还[-還] V. <topo.> repay

[1]**tiānhuáng*** 天皇 N. ① emperor of Japan; Mikado ② king of heaven

[2]**tiānhuáng** 天潢 N. imperial/royal family

tiánhuáng 田黄 N. yellow stone, valued for seals

tiānhuāngdìlǎo 天荒地老 F.E. until the end of time

tiānhuā yìmiáo 天花疫苗 N. antismallpox vaccine

tiānhūndì'àn 天昏地暗 F.E. total darkness (lit./fig.)

[1]**tiānhuǒ** 添火 V.O. add fuel to maintain/strengthen a fire

[2]**tiānhuǒ** 天火 N. ① fire of natural origin ② fire whose cause cannot be ascertained

tiānhuò* 添货 V.O. replenish stock

tiánhuó 甜活 N. cushy work/job/position

tiánhúsuī 天胡荽 N. <bot.> pennywort M: [2]kē

tiānjī 天机 N. ① nature's mystery; sth. inexplicable ② secret ③ God's design ④ natural bent

tiānjí 天极[-極] N. ① celestial pole ② <wr.> horizon; ends of the earth

tiānjì* 天际[-際] N. <wr.> horizon

tiánjī 田鸡[-雞] N. frog M: [2]zhī

tiánjì 甜剂[-劑] N. sweetening

tiānjiā* 添加 V. add; increase

tiānjià 添价[-價] V.O. raise the price

tiánjiā 田家 N. ① farming family ② farmer ③ cottage

tiánjià 田假 N. school holidays for farming in the countryside

tiānjiā chéngfèn 添加成分 N. <lg.> expletive

tiānjiājì 添加剂[-劑] N. additive

tiānjiǎliángyuán 天假良缘 F.E. ① affinity given by Heaven ② rare chance

tiánjiān 田间 N. ① field; farm ② countryside

tiánjiān chíshuǐliàng 田间持水量 N. <agr.> field water holding capacity

tiánjiāng 甜浆[-漿] N. honey

tiānjiàngdìjiù 天将地就[-將--] F.E. be all that could be desired

tiánjiān guǎnlǐ 田间管理 N. field management

tiānjiàngzhījiù 天降之咎 N. Heaven calls down curses on one's head.

tiānjiāo 天骄[-驕] N. <hist.> lord of a northern tribal group

tiánjiāo* 甜椒 N. <bot.> pimento; Capsicum annuum; sweet pepper M: ge/[2]zhī

tiānjiāobùqún 天骄不群[-驕--] F.E. young and tender without equal

tiānjiāwù 添加物 N. addictive

tiānjiāxìng de 添加性的 ATTR. <lg.> augmentative

tiánjiāzǐ 田家子 N. ①farmers; peasants ②proud sons of heaven

tiānjī bùkě xièlòu 天机不可泄露 F.E. Don't say a word about it to a soul.

[1]**tiānjiè** 天界 N. heaven

[2]**tiānjiè** 天戒 N. ① born teetotaler ② warnings of Heaven, such as eclipses/etc.

tiánjiě* 甜姐 <coll.> N. sweet girl; cutie-pie

tiānjiècài 天芥菜 N. garden heliotrope

tiánjiècài* 田芥菜 N. charlock; wild mustard

tiánjiēsèxiàng 填街塞巷 F.E. a great multitude of people

Tiānjīn 天津 P.W. Tianjin (port near Beijing)

Tiānjīn Dàtúshā 天津大屠杀[-殺] N. Tianjin Massacre (1870)

tiānjǐng 天井 N. ① small yard; courtyard ② skylight ③ <min.> raise; shaft

tiánjīng 田菁 N. <bot.> sesbania

[1]**tiánjìng*** 田径[-徑] N. <sport> track and field

[2]**tiánjìng** 恬静[-靜] S.V. peaceful; tranquil

tiánjìngchǎng 田径场[-徑場] N. track and field

tiānjīngdìyì 天经地义[-經-義] F.E. perfectly justified/proper

tiánjìngduì 田径队[-徑隊] N. track-and-field team M: [4]zhī

tiánjìngsài 田径赛[-徑-] N. <sport> track-and-field matches/games/events M: [2]chǎng

tiánjìng yùndòngyuán 田径运动员[-徑運動-] N. track-and-field athlete M: ge/[1]míng/[2]wèi

tiánjīnjīn 甜津津 R.F. ①pleasantly sweet ②quite pleased; happy

Tiānjīnwèi 天津卫[-衛] N. <coll.> a person from Tianjin

tiānjiǔ 天九 N. game of dominoes

tiánjiǔ* 甜酒 N. sweet liquor M: *bēi/píng*
tiánjiǔniàng 甜酒酿[-釀] N. fermented rice M: *wǎn*
tiānjìxiàn 天际线[-際-] N. horizon
tiānjīyúnjǐn 天机云锦[--雲-] F.E. as exquisite as heaven-woven brocade
tiǎnjū 忝居 F.E. <*humb.*> I've shamefully occupied (a position which I don't deserve).
tiǎnjué 殄绝[-絕] V. bring to an end
tiánkǎn 田坎 N. ridge between fields
tiánkè 田客 N. <*wr.*> tenant farmers
tiānkèdìchōng 天克地冲[-衝] F.E. be too evil to have a place in the world
tiānkěliánjiàn 天可怜见[--憐-] F.E. Heaven pity and protect us!
tiānkōng* 天空 N. sky; heaven
tiánkòng 填空 V.O. ① fill a vacancy ② fill in blanks
tiánkòngcí 填空词 N. <*lg.*> filler
tiānkōngdìkuò 天空地阔 F.E. ① of boundless capacity ② of liberal views
tiánkòngtí 填空题 N. fill-in-the-blanks test/exercise
tián kòngwèi de 填空位的 ATTR. empty
tián kòngwèi de zhǔcí 填空位的主词 N. <*lg.*> empty subject
tián kūlong 填窟窿 V.O. <*coll.*> make up a financial deficit
tiānkuò 天廓 N. <*wr.*> the domain of heaven
tiānlài 天籁 N. <*wr.*> sounds of nature
tiánlàjiāo 甜辣椒 N. green pepper; sweet pepper M: *ge/²zhī*
tiānlán* 天蓝[-藍] N. sky blue; azure
tiánlán 恬澜 V.P. calm (as of waves)
tiānlǎngqìqīng 天朗气清[--氣-] F.E. The sky is clear and the air is fresh.
Tiānlángxīng 天狼星 N. <*astr.*> Sirius
Tiānlángzhōu 天狼周 N. <*astr.*> Sothic cycle
tiānlánsè 天蓝色[-藍-] N. sky blue; azure
tiānlaor 天老儿 N. albino
tiānlǎoye 天老爷[-爺] N. God; Heavens
tiānléijīdǐng 天雷击顶[--擊-] F.E. be killed by lightning
tiānlǐ* 天理 N. ① Nature's/Heaven's law ② justice
tiánlǐ 田里 N. rural area/community
tiánlián 田联[-聯] N. athletic federation
1tiǎnliǎn* 腆脸[覥-] V.P. <*coll.*> shameless
2tiǎnliǎn 舔脸 V.O. flatter
tiānliáng 天良 N. conscience
tiānliàng* 天亮 N. daybreak; dawn
tiánliáng 田粮[-糧] N. land and food
tiānliángfāxiàn 天良发现[--發-] F.E. be conscience-stricken
tiānliángsàngjìn 天良丧尽[-喪盡] F.E. conscienceless
tiánliànrǔ 甜炼乳[-煉-] N. condensed milk
tiánliáo 田寮 N. country house
tiánliào* 填料 N. packing; stuffing
tiānlǐbàoyìng 天理报应[-報應] F.E. (divine) retribution; nemesis
tiānlǐbùróng 天理不容 F.E. intolerable injustice
tiánliè 田/畋猎[-獵] V. <*wr.*> hunt game
tiǎnlièménqiáng 忝列门墙[-牆] F.E. learn under a master
Tiānlǐjiào 天理教 N. ① a branch of the White Lotus religion in the 18th century ② the Tenri religion (Japan)
tiānlǐliángxīn 天理良心 F.E. follow the laws of nature and one's conscience
tiānlǐnánróng 天理难容[--難-] F.E. an intolerable injustice
tiānlínggài 天灵盖[-靈蓋] N. <*coll.*> crown (of the head)
tiānlǐ-rénqíng 天理人情 N. reasonableness; temperateness
tiānlǐrényù 天理人欲 F.E. the principle of nature and human desire
tiánliù 田鹨 N. paddy-field pipit
tiānlǐxúnhuán 天理循环[-環] F.E. The guilty are always punished and the kind-hearted always rewarded under the law of Heaven.
tiānlǐzhāozhāng 天理昭彰 F.E. heaven's justice will always prevail
tiānlóng 天龙 N. ① heavenly dragon ② <*astr.*> Draco
tiánlǒng* 田垄 N. ① ridge between fields ② mounded earth for plants M: *¹tiáo*
tiānlóngdìyǎ 天聋地哑[-啞] F.E. like one deaf and dumb
Tiānlóngshān Shíkū 天龙山石窟 P.W. Tianlongshan Grottoes (near Taiyuan, Shanxi)
Tiānlóngzuò 天龙座 N. <*astr.*> Draco
1tiānlù 天禄 N. ① a fabulous sculpted creature ② the possession of the empire
2tiānlù 天鹿 N. <*zoo.*> fallow deer M: *²zhī*
tiánlú* 田庐[-廬] N. farmhouse M: *¹jiān*
tiǎnlù 殄戮 V. destroy/exterminate the enemy
tiānluàn 添乱[-亂] V.O. bring trouble
tiānlún 天伦 N. <*wr.*> natural bonds and ethical relationships (esp. in a family)
tiānlúnzhīlè 天伦之乐[-樂] N. family happiness
tiánluó 田螺 N. river snail; mud-snail; pond-snail M: *ge/²zhī*
tiánluóbo 甜萝卜[-蘿-] N. sugar beet M: *ge/²zhī*
tiānluódìwǎng 天罗地网[-羅-網] F.E. tight encirclement
tiánluósī 田螺蛳[-螄] N. mud snail; pond snail M: *ge/²zhī*
tiānmá* 天麻 N. <*Ch. med.*> tuber of elevated gastridia
Tiānmǎ 天马 N. ① <*hist.*> heavenly horse ② <*comp.*> trademark of an alphabetically based word-processing program for Chinese
tiān máfan 添麻烦 V.O. bring trouble to sb.
tiánmǎn 填满 R.V. fill out
tiánmǎn dùzi 填满肚子 V.O. cram oneself (with food)
tiánmǎn yāobāo 填满腰包 V.O. line one's pockets
tiǎnmào 觍冒[覥-] V.P. ashamed and embarrassed
tiānmǎxíngkōng 天马行空 ID. powerful and unconstrained style (of writing/calligraphy/etc.)
1tiánměi 甜美 S.V. ① sweet; luscious ② loved; cherished ③ pleasant ④ comfortable
2tiánměi 恬美 S.V. quiet and nice
tiānmén 天门 N. ① <*trad.*> gate of the heavenly palace ② palace gate ③ middle of the forehead ④ <*Dao.*> heart
tiānméndōng 天门冬 N. <*Ch. med.*> lucid asparagus
tiān méngméngliàng 天蒙蒙亮 V.P. Dawn is just breaking.
1tiánmì 甜蜜 S.V. ① sweet ② happy ♦N. darling; sweetheart
2tiánmì 恬谧 S.V. quiet; peaceful
tiánmiànjiàng 甜面酱[-麵醬] N. sweet soybean jam/paste
tiánmiáozi 田苗子 N. <*topo.*> young growing crops
tiánmìdòngtīng 甜蜜动听[-動聽] F.E. suavity
tiǎnmiè 殄灭[-滅] V. annihilate; wipe out; extirpate; commit genocide
tiānmíng* 天明 N. daybreak; dawn
tiānmìng 天命 N. ① mandate of heaven; destiny; fate ② one's life span
tiānmìngbùtāo 天命不韬[-韜] F.E. Heaven's decrees are beyond doubt.
tiānmíngjītí 天明鸡啼[--雞-] F.E. The cock crows at dawn.
tiānmìngnántáo 天命难逃[--難-] F.E. It is difficult to escape from one's fate.
1tiánmò* 田陌 N. ① path in a field ② <*wr.*> open fields
2tiánmò 恬漠 S.V. indifferent and undisturbed
tiǎnmò 腆默 V. blush and keep silent
tiánmòwúshì 恬漠无事 F.E. nonchalant and uneventful
tiānmǔ 天母 N. emperor's mother
tiānmù* 天幕 N. ① canopy of heavens ② (stage) backdrop ③ tent
tiánmǔ 田亩[-畝] N. field
tiānmùmáochóng 天幕毛虫[-蟲] N. tent caterpillar
tiánmùshǔ 甜木薯 N. cassava M: *ge/²zhī*
tiān na 天哪 INTJ. Good lord!
tiǎnnàn 殄难[-難] V.O. eliminate dangers and hardships
tiānnándìběi 天南地北 F.E. ① poles apart ② from different places ③ rambling; discursive
tiānnánhǎiběi 天南海北 F.E. ① all over the country ② discursive; rambling
tiānnánxīng 天南星 N. <*bot.*> jack-in-the-pulpit
Tiánnàxī 田纳西 P.W. Tennessee
tiānnián* 天年 N. ① natural life span ② one's remaining life ③ <*topo.*> ⓐ year's harvest ⓑ time; age; era ⓒ fortune in the current year
tiǎnniǎn 淟涊 V.P. dirty; filthy
tiánnìnì 甜腻腻 R.F. <*coll.*> sickeningly sweet
tiānniú 天牛 N. <*zoo.*> longicorn; long-horned beetle
tiānnǚ 天女 N. ① goddess; female deva ② <*Budd.*> apsara; heavenly maiden
tiānnùrényuàn 天怒人怨 F.E. widespread indignation and discontent
tiānnǚsànhuā 天女散花 F.E. The heavenly maids scatter blossoms.
tiānnǚxiàfán 天女下凡 F.E. A Heavenly fairy descends to the world.
tiānpàochuāng 天疱疮[-皰瘡] N. <*med.*> pemphigus
tiānpén 添盆 V.O. <*topo.*> celebration held for a new-born baby on the third day after its birth
1tiānpéng 天棚 N. ① ceiling ② awning; canopy
2tiānpéng 天篷 N. canopy; awning
tiǎn pìgu 舔屁股 V.O. bootlick
tiánpǐn 甜品 N. sweetmeats
tiānpíng* 天平 N. balance; scales M: *¹jià*
tiánpíng 填平 R.V. fill and level up
tiánpíngbǔqí 填平补齐[-補齊] F.E. fill the gaps; even up
tiánpíng hónggōu 填平鸿沟[-溝] V.O. close the gap
tiānpìnyīngcái 添聘英才 V.O. employ additional talents
tiānqǐ 天启[-啟] N. oracle
tiānqì* 天气[-氣] N. weather
tiánqī 田七 N. <*Ch. med.*> pseudo-ginseng
tiánqí 田畦 N. parcel; small plot of land
1tiánqì 田契 N. land deed M: *¹fèn/¹zhāng*
2tiánqì 田器 N. agricultural tools; framing implements
tiānqiǎn 天谴 N. wrath of Heaven; God's punishment
tiānqiàn* 天堑 N. natural moat
tiānqiàn biàn tōngtú 天堑变通途[--變--] F.E. Natural barriers are surmounted and become thoroughfares.
tiānqiànnándù 天堑难渡[--難-] F.E. Natural barriers are insurmountable.
tiānqiànpíngzhàng 天堑屏障 F.E. natural barriers
tiānqiáo 天桥[-橋] N. overpass; overbridge M: *⁴zuò*
tiǎnqiè 忝窃[-竊] F.E. <*humb.*> take the liberty to do sth.
tián qǐlai 填起来 R.V. fill out/up
tiānqīng 天青 N. reddish black
tiánqíngmìyì 甜情蜜意 F.E. tender affection/love between a man and a woman
tiānqīngrìyàn 天清日晏 F.E. a peaceful, sunny day
tiānqīngyuèmíng 天清月明 F.E. The sky is clear and the moon is bright.
Tiānqínzuò 天琴座 N. <*astr.*> Lyra
tiānqióng 天穹 N. vault of heaven
tiānqìtú 天气图[-氣圖] N. weather map M: *¹zhāng*
tiānqiú 天球 N. celestial sphere; firmament
tiānqiú chìdào 天球赤道 N. celestial equator

tiānqiú dìpíng 天球地平 N. celestial horizon
tiānqiúpíng 天球瓶 N. <*pottery*> vault-of-Heaven vase; globular vase with a cylindrical neck
tiānqiúyí 天球仪[-儀] N. globe representing the heavens M: [1]*jià*/[4]*zuò*
tiānqì yùbào 天气预报[-氣-報] N. weather forecast
tiānqù 天趣 N. natural appeal
tiānqù'àngrán 天趣盎然 F.E. natural charm
tiānquè 天阙 N. imperial capital
tiánquèwū 田雀鸦 N. field sparrow
tiānr 天儿 N. <*coll.*> ① sky (when viewed in a cave/etc.) ② time ③ weather ♦M. counter for days
tiānrán* 天然 ATTR. natural
tiánrán 恬然 V.P. unperturbed; calm
tiǎnrán 忝然[靦-] V.P. <*wr.*> blush for shame
tiānrán bāmùdiāo 天然疤木雕 N. natural scarred-wood carving M: *ge*/[4]*zuò*/[1]*zhēn*
tiānrándī 天然堤 N. natural levee M: [2]*dào*
tiānrándìlǐ 天然地理 N. physical geography
tiānrándòu 天然痘 N. smallpox
tiān-rǎng 天壤 N. <*wr.*> heaven and earth
tiānrángǎng 天然港 N. natural harbor
tiānrǎngwángláng 天壤王郎 F.E. be married to a bad husband
tiānrǎngzhībié 天壤之别 N. poles apart
tiānrǎngzhīgé 天壤之隔 N. as far apart as heaven and earth
tiān ránliào 添燃料 V.O. fuel; stoke
tiānránlín 天然林 N. natural forest M: [4]*zuò*
tiānránlǜ 天然律 N. law of nature
tiānrán méiqì 天然煤气[-氣] N. natural gas
tiānrán méngyǒu 天然盟友 N. natural allies M: *ge*/[1]*míng*/[2]*wèi*
tiānrán miǎnyì 天然免疫 N. <*med.*> natural immunity
tiānrán mùdì 天然牧地 N. natural pasture M: [1]*piàn*
tiānrán píngzhàng 天然屏障 N. natural cover for defense M: [2]*dào*/[4]*zuò*
tiānránqì 天然气[-氣] N. natural gas
tiānrán sèzé 天然色泽[-澤] N. natural color and sheen
tiānrán táotài 天然淘汰 N. natural selection
tiānrán wǎsī 天然瓦斯 N. natural gas
tiānránwù 天然物 N. natural things
tiánránzìruò 恬然自若 F.E. nonchalant and composed
tiānránzīxī 天然滋息 N. <*law*> natural usufruct
tiānrán zīyuán 天然资源 N. natural resources
tiān-rén* 天人 N. ① Heaven and man ② a man of great talent or a woman of matchless beauty ③ celestial being; extraordinary beauty
tiǎnrèn 忝任 V. have served (in an office); have served as. . .
tí'ànrén 提案人 N. proposer; sb. who makes a motion/proposal M: *ge*/[1]*míng*/[2]*wèi*
tiān-rén guānxi 天人关系[-關係] N. relation between heaven and earth
tiānrénhéyī 天人合一 F.E. the theory that man is an integral part of nature
tiānrénjìnkǒu 添人进口[--進-] F.E. increase the members of one's family/clan (by having more babies, etc.)
tiān-rén xiāngyìng 天人相应[-應] V.P. adaptation of humans to the natural environment
tiānrénzhīfēn 天人之分 N. the difference between nature/heaven and human beings
tiānrénzhījì 天人之际[-際] N. boundary between man and heaven or nature
tiānrì 天日 N. sky and sun; light
tiánróu 甜柔 S.V. sweet and tender
tiánrù 填入 V. insert
tiánruǎn 甜软 S.V. sweet-sounding
tiǎnrǔ jiāmén 忝辱家门 V.O. disgrace one's family
tiánrúmìtáng 甜如蜜糖 F.E. (as) sweet as honey
tiánrùn 甜润 S.V. sweet; pleasant and gentle
tiánsāi* 填塞 V. fill up completely
tiánsài 田赛 N. <*sport*> field events M: [2]*chǎng*
tiánsāiwù 填塞物 N. wadding
tiánsang 填搡 V. <*coll.*> ① stuff oneself ② stuff/cram into
tiānsǎo'éméi 添扫蛾眉[-掃--] V.O. She painted her eyebrows.
tiānsè 天色 N. ① color of the sky ② time of day ③ weather
tiánsèdòngxì 填塞洞隙 F.E. plug a loophole
tiānsèwēimíng 天色微明 F.E. The sky is faintly light with the dawn.
tiānsèyǐwǎn 天色已晚 F.E. It's getting dark.
tiānshā 添纱 V.O. plait
tiānshā de 天杀的[-殺-] ATTR. damned by Heaven
Tiān Shān 天山 P.W. Tian Shan (mountains in Xinjiang)
[1]tiānshàng* 天上 P.W. sky
[2]tiānshàng 添上 R.V. add to
tiánshàng 填上 R.V. fill out/up
tiānshàngrénjiān 天上人间 F.E. ① heaven and earth ② worlds apart
tiānshàng shèngmǔ 天上圣母[--聖-] N. ① goddess ② Virgin Mary
tiānshàngshílín 天上石麟 F.E. One's natural genius is surpassing.
Tiānshān mǎlù 天山马鹿 N. <*zoo.*> Tianshan wapiti
tiānshè 添设 V. set up additionally
tiánshè* 田舍 N. ① farmhouse ② a farming family
tiánshèhàn 田舍汉[-漢] N. country bumpkin; yokel; rustic
tiānshén 天神 N. ① god; deity ② <*Budd.*> Skt. deva, devata; a god; a spiritual being still subject to metempsychosis
[1]tiānshēng 天生 ATTR. born; inborn; innate-
[2]tiānshēng 天声[-聲] N. sound of nature
tiānshēng cáizǐ 天生才子 N. born a genius M: *ge*/[1]*míng*/[2]*wèi*
tiānshēng de 天生地 ADV. <*lg.*> natively
tiānshēngguósè 天生国色[--國-] F.E. be endowed with dazzling beauty
tiānshēnglái 天生来 ADV. born with or as if born with (of personality/etc.)
tiānshēnglìzhì 天生丽质[-麗質] F.E. a born beauty
tiānshēngqiáo 天生桥[-橋] N. natural bridge/arch M: [4]*zuò*
tiānshēngtiānhuà 天生天化 F.E. Heaven has destined. . .
tiānshēngyǒufú 天生有福 F.E. be born under a lucky star
tiānshēng yóuwù 天生尤物 N. born siren, sex kitten, etc. M: *ge*/[1]*míng*/[2]*wèi*
tiánshènú 田舍奴 N. country bumpkin; yokel; rustic M: *ge*/[1]*míng*
tiánshèwēng 田舍翁 N. <*wr.*> an old countryman M: *ge*/[1]*míng*/[2]*wèi*
tiānshī 天师[-師] N. Daoist master M: *ge*/[2]*wèi*
[1]tiānshí* 天时[-時] N. ① weather; climate ② timeliness; opportunity
[2]tiānshí(r) 添食(儿) V.O. give food to (pets/etc.)
tiānshǐ 天使 N. ① angel ② messenger from Heaven ③ emissary from the emperor M: *ge*/[1]*míng*/[2]*wèi*
[1]tiánshí 甜食 N. sweetmeats; dessert M: [2]*jiàn*
[2]tiánshí 填食 V.O. force-feed
[3]tiánshí 填石 V.O. rockfill
[1]tiánshì 恬适[-適] S.V. <*wr.*> quiet and comfortable
[2]tiánshì 甜适[-適] S.V. comfortable
tiǎnshí 舔食 V. lick (food)
tiānshí bù zhēng 天时不正[-時--] V.P. abnormal weather
tiānshí dìlì rénhé 天时地利人和[-時----] F.E. favorable climatic/geographical/human conditions
tiánshí qǐlai 填实起来[-實--] R.F. fill in a hole/etc.
tiānshǐyú 天使鱼 N. <*zoo.*> scalare M: [1]*tiáo*
tiānshòu 天授 V.P. inborn; endowed/bestowed by nature
tiānshū 天书[-書] N. ① <*hist.*> imperial order ② <*Dao.*> book from heaven ③ abstruse/illegible writing M: [1]*běn*/[2]*bù*
tiānshù* 天数[-數] N. fate; fatalism
[1]tiánshǔ 田鼠 N. ① field mouse ② mole M: [2]*zhī*
[2]tiánshǔ 甜薯 N. sweet potato M: *ge*/[2]*zhī*
tiánshuǎng 甜爽 S.V. sweet and refreshing
tiānshuǐ 天水 N. rain ♦P.W. a city in Gansu
tiánshuǐ 甜水 N. ① fresh water M: *bēi* ② sugar water M: *bēi* ③ happiness; comfort
tiánshuì* 甜睡 V. sleep soundly
tiānshuǐxiāngjì 天水相际[-際] F.E. where the sky and water meet
tiānshùnántáo 天数难逃[-數難-] F.E. One can hardly escape one's destiny.
tiánsǐ 填死 R.V. stuff up (a drain/hole/etc.)
tiánsī(r)sī(r) 甜丝(儿)丝(儿)[-絲-絲-] V.P. ① pleasantly sweet ② gratified; happy
tiánsǒu 田叟 N. old/aged farmers M: *ge*/[1]*míng*
tiānsuàn 天算 N. astronomy and mathematics
tiánsuān(r)* 甜酸(儿) ATTR. sweet and slightly sour
tiánsuànjiè 田蒜芥 N. tumble mustard
tián-suān-kǔ-là 甜酸苦辣 N. all sorts of joys and sorrows
tiánsuān quányú 甜酸全鱼 N. sweet-and-sour whole fish M: [1]*tiáo*/[1]*pán*
tiāntādìxiàn 天塌地陷 F.E. dreadful calamity
Tiāntāi 天台 P.W. a county in eastern Zhejiang ♦N. <*Budd.*> a branch of Buddhism
Tiāntāizōng 天台宗 N. <*Budd.*> Tendai School
Tiāntán* 天坛[-壇] P.W. Temple of Heaven (in Beijing)
tiántán 田坛[-壇] N. track-and-field circles
tiāntāndìxiàn 天坍地陷 F.E. The world is falling apart.
tiāntáng 天堂 P.W. paradise; heaven
tiāntáng-dìyù 天堂地狱 N. sharp contrast between happiness and misery
tiāntáng lètǔ 天堂乐土[--樂-] N. paradise
tiāntǎo 天讨 V. be punished by Heaven
tiāntī 天梯 N. high ladder M: [1]*jià*
tiāntǐ* 天体[-體] N. ① celestial body ② nude body ~ *yùndòng* nudist movement
tiāntiān(r)* 天天(儿) R.F. every day; daily
[1]tiántián 湉湉 R.F. <*wr.*> calm; tranquil
[2]tiántián 田田 R.F. <*wr.*> beautifully green (of the leaves of water lilies)
[3]tiántián 滇滇//阗阗 R.F. overflowing; brimming; full; flourishing ♦N. sound of drums
tiāntiān dú 天天读[-讀] V.P. <*Cul. Rev.*> study Mao Zedong's works every day
tiāntiáo 天条[-條] N. ① rules/commandments of God/Heaven ② prohibition decrees of the Taiping Heavenly Kingdom
tiāntǐ lìxué 天体力学[-體--] N. celestial mechanics
tiāntíng 天庭 N. middle of the forehead
tiāntǐ wùlǐxué 天体物理学[-體---] N. astrophysics
tiāntǐ yǎnhuàxué 天体演化学[-體---] N. cosmogony
tiāntǐyíng 天体营[-體營] P.W. nudist camp
tiāntou 天头 N. <*topo.*> sky ***See also*** [1]*tiāntóu*
[1]tiāntóu 天头 N. top margin of a page ***See also*** *tiāntou*
[2]tiāntóu 添头 N. <*lg.*> prefix
tiántou(r)* 甜头(儿) N. ① pleasant flavor ② good; benefit (as an inducement)
tiántóu 田头 N. ① edge of a field ② <*topo.*> field ③ manager of agricultural land
tiántóuhuì 田头会 N. a meeting in the fields
tiāntú 天图[-圖] N. sky maps M: [1]*zhāng*
tiántǔ* 田土 N. soil brought under cultivation
tiántuì 恬退 V.P. contented and reserved; uninterested in wealth and glory
tiántuǒ 填妥 V. fill in (a form)

T

tiānwài 天外 ATTR./P.W. ① beyond the farthest heaven; far, far away ② extraterrestrial ③ unexpected

tiānwài wénmíng 天外文明 N. extraterrestrial civilization

tiānwàiyǒutiān 天外有天 F.E. knowledge/capability is limitless

tiānwài zīyuán 天外资源 N. extraterrestrial resources

tiānwáng 天王 N. ① emperor ② Hong Xiuquan ③ god

tiānwǎnghuīhuī 天网恢恢[-網--] F.E. justice has a long arm

tiānwáng lǎoye 天王老爷[-爺] N. ruler of the heavens

tiānwáng lǎozi 天王老子 N. *<coll.>* highest power; emperor

Tiānwángxīng 天王星 N. *<astr.>* Uranus

tiānwēi 天威 N. *<wr.>* heavenly might

tiánwěi 田尾 N. the end of a field

[1]tiánwèi(r)* 甜味(儿) N. sweet taste

[2]tiánwèi 填喂 V. force-feed (a duck)

tiǎnwéizhījǐ 忝为知己 F.E. As an intimate friend of yours, I. . .

tiānwén 天文 N. ① astronomy ② heavenly bodies

tiānwén dānwèi 天文单位 N. astronomical unit

tiānwénguǎn 天文馆 P.W. planetarium M: [4]*zuò*

tiānwén niánlì 天文年历[-曆] N. astronomical yearbook/almanac M: [1]*běn*

tiānwénshí 天文时[-時] N. astronomical time

tiānwén shùzì 天文数字[--數-] N. astronomical/enormous figure

tiānwéntái 天文台[-臺] N. astronomical observatory M: [4]*zuò*

tiānwéntú 天文图[-圖] N. star atlas M: [1]*zhāng*

tiānwén wàngyuǎnjìng 天文望远镜[---遠-] N. astronomical telescope M: [1]*jià*/[4]*zuò*

tiānwénxué 天文学 N. astronomy

tiānwénxuéjiā 天文学家 N. astronomer M: *ge*/[1]*míng*/[2]*wèi*

tiānwényí 天文仪[-儀] N. astroscope M: [1]*jià*

tiānwén zhàoxiàngshù 天文照相术[-術] N. astrophotography

tiānwénzhōng 天文钟[-鐘] N. astronomical clock; chronometer M: [4]*zuò*

[1]tiānwù 天物 N. products of nature

[2]tiānwù 天雾[-霧] N. sky fog

tiānwú'èrrì 天无二日 ID. there cannot be two kings/bosses in a country/office at the same time

tiān wú juérénzhīlù 天无绝人之路[--絕---] F.E. there is always a way out

tiánxì* 填隙 ATTR. gap filling; interstitial

tiǎnxǐ 舔洗 V. wash

tiānxià 天下 P.W. ① world; everywhere under heaven ② China

tiānxiàdàluàn 天下大乱[-亂] F.E. great disorder throughout world

tiānxiàdàshì 天下大势[-勢] F.E. historic trends

tiānxiàdàzhì 天下大治 F.E. great order across the land

tiānxiàdǐngfèi 天下鼎沸 F.E. All below heaven is boiling like a cauldron.

tiānxiàdìyī 天下第一 F.E. the first under heaven; unequalled; peerless

tiānxiàdúbù 天下独步[--獨-] F.E. unmatched in the world

tiānxiàguīshùn 天下归顺[--歸-] F.E. The whole empire submits to. . .

tiānxiàguīxīn 天下归心[--歸-] F.E. Throughout the empire all hearts turned to him.

tiānxiān 天仙 N. ① goddess M: *ge*/[1]*míng*/[2]*wèi* ② beauty M: *ge*/[1]*míng*/[2]*wèi* ③ heavenly immortal

tiānxiǎn 天险 N. natural barrier M: [2]*dào*

tiānxiàn* 天线 N. ① aerial; antenna M: [2]*gēn* ② special connection with high-ranking leaders

tiánxiàn 填馅 V.O. stuff

tiánxiàn dùnyú 填馅炖鱼 N. gefilte fish M: [1]*pán*

tiānxiāng 添箱 N. wedding presents sent to the bride's family

tiānxiáng 天祥 ATTR. blessed by heaven

tiānxiàng 天象 N. astronomical/celestial phenomena

tiánxiāng* 甜香 S.V. sweetly fragrant

tiānxiāngbǎihé 天香百合 N. *<bot.>* goldband lily

tiānxiàngguǎn 天象馆 P.W. planetarium M: [4]*zuò*

tiānxiāngguósè 天香国色[--國-] ID. woman of stunning beauty

tiānxiānguǒ 天仙果 N. *<bot.>* fig

tiānxiàngyí 天象仪[-儀] N. planetarium M: [1]*jià*

tiānxiānhuàrén 天仙化人 N. stunning beauty

tiánxiànr 填馅儿 V.O. *<topo.>* bury sth. with the dead

tiānxiānxiàfán 天仙下凡 F.E. a goddess descended to the world

tiānxiānzǐ 天仙子 N. *<Ch. med.>* henbane seed

tiánxiào 甜笑 N. sweet smile

tiān xiǎodé 天晓得[-曉-] INTJ. *<coll.>* God/Heaven knows.

tiānxiàqíwén 天下奇闻 F.E. unheard-of (absurdity)

tiānxiàrǎngrǎng 天下攘攘 F.E. The world is in a chaotic condition.

tiānxiàrǎorǎng 天下扰攘[--擾-] F.E. The world is thrown into confusion.

tiānxiàtàipíng 天下太平 F.E. The world/country is in peace.

tiānxiàwéigōng 天下为公 F.E. World belongs to everybody.; The world is a commonwealth.

tiānxià wéi lǐ kě fúrén 天下唯理可服人 V.P. Nothing is more convincing than reason.

tiānxiàwénmíng 天下闻名 F.E. One's name spreads over the world.

tiānxià wénzhāng yī dà chāo 天下文章一大抄 V.P. All writings under heaven are nothing but copyings.

tiānxià wú bù sàn de yánxí 天下无不散的筵席 F.E. all good things must come to an end

tiānxiàwúdào 天下无道 F.E. moral chaos

tiānxiàwúdí 天下无敌[-敵] F.E. all-conquering; invincible

tiānxiàwú'èr 天下无二 F.E. not an equal in the world

tiānxiàwúshuāng 天下无双[-雙] F.E. unique; without equal; matchless

tiānxià wūyā yībān hēi 天下乌鸦一般黑[--烏----] F.E. evildoers are the same the world over

tiānxiàxiōngxiōng 天下汹汹[-洶洶] F.E. The whole nation is in upheaval

tiānxiàyījiā 天下一家 F.E. all under heaven are one family

tiānxiàzhīguàn 天下之冠 N. be the first on earth

tiánxié 田协[-協] N. athletic association; track-and-field association

tiánxiě* 填写[-寫] V. fill in a form

Tiānxiēzuò 天蝎座 N. *<astr.>* Scorpio; Scorpius

tiānxīn 天心 N. ① right overhead ② God's will; the will of Heaven ③ the intention of the emperor ④ balance staff (of a balance wheel)

[1]tiánxīn* 甜心 N. sweetheart

[2]tiánxīn 甜馨 S.V. sweet and fragrant

[1]tiānxìng 天性 N. natural instincts; nature

[2]tiānxìng 天幸 N. providential escape; close shave

tiānxíngchìmù 天行赤目 N. *<Ch. med.>* red and swollen eyes; conjunctivitis

tiānxíngchìrè 天行赤热[-熱] N. acute contagious conjunctivitis

tiānxíngchìyǎn 天行赤眼 N. acute contagious conjunctivitis

tián xìngrényóu 甜杏仁油 N. sweet almond oil

tiānxíng wēnyì 天行瘟疫 N. epidemic disease

tiānxīnjiāhuǒ 添薪加火 F.E. add fuel to the flames

tiānxióng* 天雄 N. *<Ch. med.>* a kind of aconite

tiǎnxiōng 腆胸 V.O. stick out one's chest

tiǎnxiōngdiédù 腆胸叠/迭肚[--疊-] F.E. *<coll.>* strut; act big

tiánxīshuài 田蟋蟀 N. field cricket M: [2]*zhī*

tiānxuándìgé 天旋/悬地隔[-懸--] F.E. be far separated

tiānxuándìzhuàn 天旋地转[-轉] F.E. a person overcome with vertigo

tiānya 天呀 INTJ. Oh, my!; My goodness!

tiānyá* 天涯 N. far corners of the earth

tiányā 填鸭 V.O. force-feed a duck ♦N. force-fed duck M: [2]*zhī*

tiányǎ 恬雅 S.V. retired and quiet; calm and graceful

tiānyádìjiǎo 天涯地角 F.E. ends of the earth

tiānyáhǎijiǎo 天涯海角 F.E. separated worlds apart

tiānyān 天阉 N. one whose reproductive system is naturally deficient

tiānyán 天颜 N. imperial physiognomy

[1]tiānyǎn* 天演 N. evolution

[2]tiānyǎn 天眼 N. Heaven's gaze/scrutiny

tiǎnyán 觍/腆颜[覥-] V.P. shameless

tiānyándāqù 添言搭趣 F.E. join in (the conversation) just to please others

tiǎnyán'éryán 腆颜而言 F.E. speak with a bashful countenance

tiǎn yángrén pìgu 舔洋人屁股 V.O. lick the foreigner's ass

tiānyǎnlùn 天演论 N. theory of evolution

tiányánmìyǔ 甜言蜜语 F.E. honeyed words

tiānyǎntōng 天眼通 N. clairvoyance

tiānyáodìzhuàn 天摇地转[-轉] F.E. as though earth and sky were spinning violently

tiānyá ruò bǐlín 天涯若比邻[-鄰] F.E. be with each other though far apart

tiányāshì 填鸭式 N. cramming method in teaching

tiányāshì jiàoxué 填鸭式教学 N. "duck-stuffing" type of teaching; cram teaching

tiányāshì jiàoxuéfǎ 填鸭式教学法 N. cramming methods of teaching

tiānyázhǐchǐ 天涯咫尺 F.E. The world is small.

tiányě 田野 N. field; open country

tiányě gōngzuò 田野工作 N. *<trad.>* fieldwork

tiányě kǎogǔ 田野考古 N. *<archeo.>* field archeology

tiányěsìjǐn 田野似锦 F.E. The fields are like a tapestry.

tiānyì* 天意 N. God's/Heaven's will

[1]tiányì 恬逸 S.V. free from worry/disturbance; peaceful and leisurely

[2]tiányì 阗溢 V.P. fill to the brim

tiānyījù-dìyījù 天一句地一句 V.P. speak incoherently

tiānyīn 添音 N. *<lg.>* epithesis

Tiānyīngzuò 天鹰座 N. *<astr.>* Aquila

tiānyìrényuán 天意人缘 F.E. heaven's will and human affinity

tiǎnyītiǎn 舔一舔 V.P. taste by licking

tiānyīwúfèng 天衣无缝 F.E. flawless

tiányìzìmǎn 恬逸自满 F.E. self-satisfied with quietness and indolence

tiān yǒu bùcè fēngyún 天有不测风云[-雲] F.E. there's a constant threat of bolts from the blue

tiānyóujiācù 添油加醋 ID. *<coll.>* add spice; embroider the facts

tiānyóujiājiàng 添油加酱[-醬] ID. *<coll.>* add spice; embroider the facts

tiān yòu yùyì 天有雨意 V.P. It looks like rain.

tiānyǔ* 天宇 N. *<wr.>* ① sky ② the entire country/world ③ China ④ national capital

tiányú 恬愉 S.V. easy

tiānyuān 天渊[-淵] F.E. *<wr.>* distance between two poles; poles apart

[1]tiānyuán 天缘 N. ① lucky chance ② predestination ③ predestined union

[2]tiānyuán 天元 N. *<math.>* ancient Chinese algebra

tiányuán* 田园[-園] N. fields and gardens; countryside ♦ATTR. pastoral

tiānyuándìfāngshuō 天圆地方说 N. hemispherical-dome cosmology
tiányuánfēngguāng 田园风光[-園--] F.E. country scenery/landscape
tiānyuánqíyù 天缘奇遇 F.E. coincidental/fated meeting
tiányuánqǔ 田园曲[-園-] N. music expressing picturesque or rural life M: [2]*shǒu*
tiányuán shēnghuó 田园生活[-園--] N. idyllic/rural/bucolic life
tiányuánshī 田园诗[-園-] N. idyll; pastoral poetry M: [2]*shǒu*
tiányuán shīrén 田园诗人[-園--] N. idyllic poet M: *ge*/[1]*míng*/[2]*wèi*
tiányuán wénxué 田园文学[-園--] N. pastoral/idyllic literature
tiānyuānxiānggé 天渊相隔[-淵--] F.E. as far apart as the sky and the sea
tiānyuānzhībié 天渊之别[-淵--] N. a world of difference
tiányuèsāngshí 田月桑时[-時] F.E. farming season
tiānyǔliánmián 天雨连绵 F.E. It continues to rain.
tiānyǔlùhuá 天雨路滑 F.E. It's raining and the road is slippery.
tiányùmǐ 甜玉米 N. sweet corn; sugar corn M: *ge*/[2]*zhī*/[2]*kē*
tiānyùn 天运[-運] N. <*wr.*> ① God's will; fate ② movement of celestial bodies
tiānyǔrénguī 天与人归[-與-歸] F.E. <*wr.*> a ruler who has the support of heaven and the people
tiānyǔshùnyán 天雨顺延 F.E. postpone to the next day if it rains on the scheduled date
tiányúzhī'ān 恬愉之安 F.E. the peace of comfort
tiānzāi 天灾[-災] N. natural disaster
tiānzāihénghuò 天灾横祸[-災-禍] F.E. unforeseen calamities sent from Heaven
tiānzāirénhuò 天灾人祸[-災-禍] F.E. natural and man-made calamities
tiānzàng 天葬 N. open-air burial (as in Tibet)
tiānzào* 添造 V. build more; expand
tiánzào 恬噪 V. caw
tiānzàodìshè 天造地设 F.E. ① ideal (site/marriage/etc.) ② natural creation; heavenly
tiánzǎor 甜枣儿[-棗-] N. sweet date/jujube M: *ge*/[2]*zhī*
[1]**tiānzé** 天择[-擇] N. law of natural selection in evolution
[2]**tiānzé** 天则 N. natural law
tiǎnzèng 腆赠 N. <*wr.*> rich gifts; costly presents
tiānzhài 添债 V.O. increase one's debt
tiǎnzhe liǎn 觍着脸[-著-] V.O. brazen it out
tiānzhēn 天真 S.V. innocent; artless; naive ♦N. (human) nature
tiānzhēnlànmàn 天真烂漫[-爛-] F.E. innocent and artless
tiānzhēnwèizáo 天真未凿[-鑿] F.E. naive and pure; a blank sheet
tiānzhēnwúxié 天真无邪 F.E. innocent and pure
tiǎnzhe xiōngpú 腆着胸脯[-著--] V.O. stick out one's chest
tiānzhí 天职[-職] N. bounden duty
tiānzhì* 添置 V. buy additionally
tiānzhīchǒng'ér 天之宠儿 F.E. one specially blessed by Heaven
tiān zhīdao 天知道 V.P. ① Only God/Heaven knows. ② difficult to understand/distinguish
tiānzhīfāngqí 天之方疷 F.E. Heaven is greatly angered.
tiānzhījiāozǐ 天之骄子[--驕-] N. God's favored one
tiānzhījiāyè 添枝加叶[-葉] ID. embellish; blow up
tiānzhītiānyè 添枝添叶[-葉] ID. embellish; blow up
tiānzhóu 天轴 N. ①<*mach.*> line shaft ②<*astr.*> celestial axis
[1]**tiānzhú** 天竹 N. <*bot.*> nandina M: [2]*kē*
[2]**tiānzhú** 天竺 N. <*bot.*> Chinese holly; nandina M: [2]*kē* ♦P.W. <*hist.*> India
Tiānzhǔ* 天主 N. God (in Catholicism)
[1]**tiānzhù** 添注[-註] V. fill (a blank form, etc.) ♦N. additional explanation
[2]**tiānzhù** 天助 N. unexpected help; very lucky break
tiánzhǔ 田主 N. landlord (of agricultural land) M: *ge*/[1]*míng*/[2]*wèi*
tiánzhù 填住 R.V. ① fill and mend (banks and dikes) ② level up (low land) and build on it
tiānzhuāng 添妆[-妝] N. wedding presents sent to the bride's family
tiánzhuāng* 田庄[-莊] N. country estate; farmstead
tiánzhuàngyuán 田状元[-狀-] N. number-one in farming M: *ge*/[1]*míng*/[2]*wèi*
tiānzhuānjiāwǎ 添砖加瓦[-磚--] F.E. do one's bit to help
Tiānzhúdiāo 天竺鲷 N. cardinal fish M: [1]*tiáo*
tiānzhūdìmiè 天诛地灭[-滅] F.E. (stand) condemned by heaven and earth
Tiānzhúguì 天竺桂 N. <*bot.*> a kind of cinnamon M: [2]*kē*
Tiānzhúguó 天竺国[-國] P.W. <*trad.*> India
tiānzhùgǔzhé 天柱骨折 F.E. fracture of cervical vertebra
tiǎnzhuì 殄坠[-墜] V. be eliminated; come to an end (of a dynasty/reign/etc.)
Tiānzhǔjiào 天主教 N. Catholicism
Tiānzhǔjiàotáng 天主教堂 P.W. Catholic church
Tiānzhǔ jiàotú 天主教徒 N. a Catholic M: *ge*/[1]*míng*/[2]*wèi*
tiānzhúkuí 天竺葵 N. <*bot.*> geranium M: [2]*kē*
tiānzhú mǔdān 天竺牡丹 N. <*bot.*> dahlia M: [2]*kē*
tiān zhù rén yě 天助人也 INTJ. Heaven help us/people!
Tiānzhúshǔ 天竺鼠 N. <*zoo.*> guinea pig M: [2]*zhī*
Tiānzhǔtáng 天主堂 N. a Catholic church M: [4]*zuò*
tiān zhù wǒ yě 天助我也 INTJ. Heaven help me!
tiānzhùzìzhù 天助自助 F.E. Heaven helps those who help themselves.
tiānzhù zìzhùzhě 天助自助者 F.E. Heaven helps those who help themselves.
[1]**tiānzī** 天资 N. natural gifts/endowments/intelligence
[2]**tiānzī** 天姿 N. natural beauty (without the help of make-up)
tiānzǐ* 天子 N. emperor
tiānzì 天字 N. the character *tiān* as a symbol of the most powerful
tiánzìcǎo 田字草 N. clover fern
tiānzì dì-yī hào 天字第一号[-號] N. number one; nonpareil
tiānzīguósè 天姿国色[--國-] ID. possessing unsurpassed beauty
tiánzìliǎn 田字脸 N. square face (like the character *tián*)
tiánzìmiàn 田字面 N. square face
tiānzīyǐnghuì 天资颖慧 F.E. be by nature endowed with remarkable talents
tiánzì yóuxì 填字游戏[-戲] N. crossword puzzle
tiānzī yōuyì értóng 天资优异儿童[--優異--] N. gifted children M: *ge*/[1]*míng*
tiánzīzī 甜滋滋 R.F. ①gratified; happy ②pleasantly sweet
tiānzòng 天纵[-縱] N. <*wr.*> God-given talent
tiānzòngyīngmíng 天纵英明[-縱--] F.E. be born with wisdom and farsightedness (of a ruler)
tiānzòngzhīcái 天纵之才[-縱--] N. especially gifted leaders of men
tiānzú 天足 N. natural (unbound) feet
tiánzū* 田租 N. land rental paid by a tenant farmer
tiánzú 填足 R.V. fill
tiánzuǐmìshé 甜嘴蜜舌 F.E. speaking honeyed words; honey-mouthed
tiānzūn 天尊 N. ① <*Dao*> celestial worthy; god ② <*Budd.*> Buddha
tiānzūndìbēi 天尊地卑 F.E. the sky above and the earth below
tiánzuò 田作 N. farm work
tiānzuòdì 天祚帝 N. one of the heavenly gods in certain Chinese religions
tiānzuòmíngdé 天祚明德 F.E. Heaven blesses the virtuous.
tiānzuòzhīhé 天作之合 N. a match made in heaven (congratulations to newlyweds)
[1]**tiāo** 挑 V. ① select; pick ② carry on both ends of shoulder pole ③ prick/lance (a boil/etc.) ♦N. carrying-pole load ♦V. nitpick; be hypercritical; be fastidious *See also* [9]*tāo*, [1]*tiǎo*
[2]**tiāo** 佻 B.F. frivolous *tiāobó, zàotiāo*
[3]**tiāo** 祧 B.F. be heir to *jiāntiāo, bùtiāozhīzǔ*
[1]**tiáo*** 条[條] B.F. ① sth. long and narrow; strip; slip *liùtiáo* ② stripe; streak *xiàntiáo* ③ item; article; clause [1]*tiáowén* ④ short note [1]*tiáozi* ⑤ <*lg.*> string ⑥ <*art*> scroll suspension loop made of plain silk ♦M. *for long, narrow things*
[2]**tiáo** 调[調] V. regulate; adjust ♦B.F. ① mediate [1]*tiáohé* ② tease *tiáonòng* ③ suit well; fit in perfectly [1]*xiétiáo* ④ incite; instigate; provoke *See also* [2]*diào*
[3]**tiáo** 迢 in [1]*tiáotiáo*
[4]**tiáo** 笤 in *tiáozhou*, [2]*lǐngtiáo*
[5]**tiáo** 蜩 B.F. cicada *tiáojiǎ, lángtiáo*
[6]**tiáo** 髫 B.F. ancient term for a child's hair that hangs down *tiáonián, wǒtiáo*
[7]**tiáo** 龆[齠] B.F. loss and replacement of baby teeth *tiáonián*, [1]*tiáochèn*
[8]**tiáo** 苕 in *tiáozhou*, [2]*tiáozi See also* [3]*sháo*
[9]**tiáo** 鲦[鰷] in *tiáoyú*
[1]**tiǎo** 挑 V. ① push/poke sth. up ② instigate; incite; provoke ♦N. rising stroke (in calligraphy) *See also* [9]*tāo*, [1]*tiāo*
[2]**tiǎo** 窕 in *tiǎosuì, yǎotiǎo*
[1]**tiào** 跳 V. ① jump ② palpitate ③ skip (over) *~guò liǎng duàn* skip over two paragraphs
[2]**tiào** 眺 B.F. look into the distance from a high vantage point *tiàowàng, líntiào*
[3]**tiào** 粜[糶] V. sell grain
tiáo'àn 条案[條-] N. long narrow table
tiáoba 笤把 N. long broom, usu. made of bamboo M: [1]*bǎ*
tiàobái 跳白 N. <*topo.*> small fishing boat
tiàobān 跳班 V.O. skip a grade
tiàobǎn(r)* 跳板(儿) N. ① gangplank; springboard M: [2]*kuài* ② steppingstone; staging area
tiáobānqièdù 条斑窃蠹[條-竊-] N. furniture beetle
tiàobǎn tiàoshuǐ 跳板跳水 N. <*sport*> springboard diving
tiáobǎnxiāng 条板箱[條--] N. crate M: [2]*zhī*
[1]**tiáobiàn** 调变[-變] N. modulation
[2]**tiáobiàn** 髫辫 N. childhood; youth
tiáobiàn jiětiáoqì 调变解调器[-變---] N. <*comp.*> modem M: *ge*/[2]*zhī*
tiáobiànqì 调变器[-變-] N. modulator M: *ge*/[2]*zhī*
tiāobīng 挑兵 V.O. <*coll.*> recruit soldiers
tiāo bízi nòng yǎnjing 挑鼻子弄眼睛 V.P. <*coll.*> find fault with; reproach
tiāo bízi tiāo yǎn 挑鼻子挑眼 F.E. <*coll.*> be fussy; nitpick
tiāobó 佻薄 S.V. <*wr.*> frivolous
[1]**tiáobō*** 调拨[-撥] V. instigate; sow discord *See also diàobō*
[2]**tiáobō** 条播[條-] N. <*agr.*> drilling; planting in rows
tiǎobō 挑拨[-撥] V. ① incite; sow discord ② provoke; irritate ♦N. provocation
tiáobōjī 条播机[條-] N. <*agr.*> seed drill; drill M: [1]*tái*
tiǎobōlíjiàn 挑拨离间[-撥離-] F.E. sow dissension
tiǎobōshìfēi 挑拨是非[-撥--] F.E. sow dissension

tiǎobōzhě 挑拨者[-撥-] N. provocateur; mischief maker M: ge/[1]míng
tiàobù 跳步 ATTR. leapfrog; leapfrogging
tiāobudòng 挑不动[-動] R.V. be unable to carry (with a carrying pole)
tiāobuqǐ 挑不起 R.V. ① be unable to carry (with a carrying pole) ② be unable to take a responsibility
tiāobushàng 挑不上 R.V. ①won't select ②can't be selected
tiāo bùshì 挑不是 R.V. deliberately try to find faults with sb.
tiàobùzhá 跳布札 N. <Budd.> devil's dance (in Tibetan lamaism)
tiàocáo(zi) 跳槽(子) V.O. ① <coll.> change to a better job ② <slang> marry sb. else after a divorce
tiáocè 调测 V. test new equipment
tiáochàng 条畅[條暢] S.V. <wr.> smooth and well-organized (of writing)
tiáochén* 条陈[條-] V./N. present item by item
[1]**tiáochèn** 龆龀[齠齔] V.P. <wr.> lose the milk teeth
[2]**tiáochèn** 髫/龆龀[-齔] N. <wr.> ①childhood; youth ② child
tiáochén lìhài 条陈利害[條-] V.O. itemize advantages and disadvantages
tiāochì 挑饬 V. pick on sb.; find fault
tiàochóng 跳虫[-蟲] N. springtail; snowflea M: [2]zhī
tiāochū 挑出 R.V. select; choose
tiáochǔ 调处[-處] V. mediate; arbitrate *See also diàochǔ*
tiàochū* 跳出 R.V. ① jump out from ② quit (a troublesome situation/etc.)
tiàochuāng'értáo 跳窗而逃 V.P. leap out through the window and escape
tiàochū fánlóng 跳出樊笼 V.O. gain freedom
tiàochū huǒkēng 跳出火坑 V.O. ①free oneself from a life of torture ②free oneself from white slavery
tiàochū nóngmén 跳出农门[--農-] V.O. be lifted out of the peasant family
tiàochū quānzi 跳出圈子 V.O. break out of the circle/pattern
tiāocì(r)* 挑刺(儿) V.O. <topo.> find fault; be captious
tiāocì 挑刺 V.O. pick out a splinter
tiáocíjiàsòng 调词架讼 F.E. incite sb. to take legal proceeding against sb. else
tiāocuò(r) 挑错(儿) V.O. deliberately find fault with sb.
[1]**tiáodá** 调达[-達] V. ① regulate ② make harmonious/smooth
[2]**tiáodá** 条达[條達] S.V. reasonable; logical; orderly ♦N. bracelet
[1]**tiàoda*** 跳打 V. <topo.> act recklessly; show defiance
[2]**tiàoda** 跳搭 V. <coll.> ① jump around ② be active in many things
[1]**tiáodài** 条带[條帶] N. band; stripe; braid
[2]**tiáodài** 调带[-帶] N. belt
tiāo dàliáng 挑大梁 V.O. ① be a leading actor or actress ② shoulder a heavy responsibility or a demanding task
tiāodàn* 挑担[-擔] V.O. shoulder a load ♦N. load
tiáodàn 调淡 R.V. lighten
tiàodàn 跳弹 N. <mil.> ricochet
tiáodǎng* 调挡[-擋] V.O. <mach.> gear shift
tiàodǎng 跳挡[-擋] N. trip-stop
tiàodàng 跳荡[-蕩] V. ① beat rhythmically; swing ② throb
tiàodàn hōngzhà 跳弹轰炸[--轟-] N. <mil.> ricochet/skip bombing
tiāodànshì 挑担式[-擔-] N. <lg.> hyphenated form
tiào dào Huáng Hé xǐbuqīng 跳到黄河洗不清 ID. find it hard to clear oneself (of a charge)
tiào dàshén(r) 跳大神(儿) V.O. practice witchcraft
tiào dàshén de 跳大神的 N. <coll.> witch doctor
tiáodèng* 条凳[條-] N. bench M: [1]tiáo/[2]zhī
tiǎodēng 挑灯[-燈] V.O. ① turn up the wick (of an oil lamp) ② hang a lantern
tiāo dēnglong 挑灯笼[-燈-] V.O. hang a lantern (from a pole)
tiǎodēngyèzhàn 挑灯夜战[-燈-戰] F.E. ① <trad.> fight by torchlight ② <coll.> burn midnight oil to complete a task; continue working by lamplight ③ <slang> party until dawn
tiáodī* 调低 R.V. turn down; lower (the temperature/etc.)
tiáodì 迢递[-遞] V.P. far-off; far-away
tiàodiǎnfǎ 跳点法[-點-] N. leapfrog method
tiàodiǎn géshì 跳点格式[-點--] N. stagger scheme
tiāodìng 挑定 R.V. (have decided to) select
tiáodìng* 调定 V. set up; adjust
tiào dísīkē 跳迪斯科 V.O. engage in disco dancing
tiǎodòng 挑动[-動] R.V. provoke; incite
tiàodong 跳动[-動] R.V. ①pulsate ②get around ③ be sociable/convivial *See also tiàodòng*
tiàodòng* 跳动[-動] R.V. ① beat; pulsate ② jump about *See also tiàodong*
tiǎodòng hàoqíxīn 挑动好奇心[-動---] V.O. arouse curiosity
tiǎodòng shì-fēi 挑动是非[-動--] V.O. ① give rise to (or touch off) a dispute ② provoke; stir up; incite
tiǎodòu 挑逗/斗[-鬥] V. ① provoke; tease; tantalize ② <coll.> flirt
tiǎodòu rén 挑逗人 V.O. <coll.> tease/agitate a person
tiàodú 跳读[-讀] V. skip through in reading; skim ♦N. <lg.> scanning
tiáoduì 条对[條對] N. <wr.> give answers to every question asked
Tiáodùnzú 条顿族[條-] N. Teutoniv people
tiáofā 调发[-發] V. adjust and dispense (money/materials)
tiáofáng 调房 V.O. redistribute houses
tiào fángzi 跳房子 V.O./N. hopscotch
tiāofèi 挑费 N. <topo.> daily/living expenses; running expenses
tiāoféijiǎnshòu 挑肥拣瘦[--揀-] ID. be choosy; be fastidious
tiāofèn 挑粪[-糞] V.O. transport human manure (with a carrying pole)
tiáofēng cuòshī 调峰措施 N. measures to regulate rush-hour traffic
tiāofèngr 挑缝儿 V.O. hand-sew seams
tiáofēnlǚxī 条分缕析[條-縷-] F.E. analyze meticulously
tiāofū 挑夫 N. porter (with a shoulder pole) M: ge/[1]míng
[1]**tiáofú*** 条幅[條-] N. vertically-hung scroll M: [1]tiáo
[2]**tiáofú** 调服 V. <Ch. med.> take after mixing with a liquid
[3]**tiáofú** 调幅 N. <radio> amplitude modulation (AM)
tiáofú guǎngbō 调幅广播[--廣-] N. <radio> AM broadcast
tiáofúqíxīn 调伏其心 F.E. moderate and subdue one's heart
tiàogān 跳杆 N. pogo stick M: [2]gēn
tiáogāng 条钢[條鋼] N. bar iron
tiáogāo 调高 R.V. adjust upward *See also diàogāo*
tiàogāo(r)* 跳高(儿) N. <sport> high jump
tiáogébójuàn 条格薄绢[條-] N. <txtl.> gingham tissue
tiáogēng 调羹 N. spoon ♦V.O. season soup
tiáogépíngbù 条格平布[條-] N. <txtl.> gingham
tiǎogōng 挑工 <coll.> V.O. quit; resign; leave a job
tiáoguàn 条贯[條-] N. proper arrangement/presentation; orderliness ♦V. <wr.> present reasons/analyses/etc. in good order and with logic
tiáoguāng 调光 V.O. adjust the light/brightness
tiáoguī 条规[條-] N. regulations; rules
tiàoguò 跳过 R.V. jump over/across; clear
tiàohǎi 跳海 V.O. jump into the sea to drown oneself
tiàoháng 跳行 V.O. ①skip a line ②begin a new line ③ change one's occupation
tiáohǎo 调好 R.V. tune up (instrument/machine/etc.)
tiāo hǎo de 挑好的 V.O. choose/select the better ones; pick the good ones
tiáohe 调和 V. add seasoning (in cooking) *See also* [1]*tiáohé*
[1]**tiáohé*** 调和 V./S.V. ①mediate; reconcile ②be in harmony ③ mix; blend; temper ④ season ⑤ compromise; make concessions ***bù ~ de dòuzhēng*** uncompromising struggles *See also tiáohe*
[2]**tiáohé** 调合 V. add water and mix to proper consistency
tiàohé 跳河 V.O. commit suicide by jumping into the river
tiáohéfūyǎn 调和敷衍 F.E. compromise; gloss over
tiáohé jíshù 调和级数[-數] N. harmonic progression
tiáohéqī 调和漆 N. ready-mixed paint
tiáohé wǔwèi 调和五味 V.O. blend the five flavors
tiáohéxíng lǐngdǎo 调和型领导[-導] N. integrative leadership
tiáohézhézhōng 调和折衷 F.E. strike a balance; split the difference; compromise
tiáohézhǔyì 调和主义[-義] N. conciliationism; accommodationism
tiáohé zhū zàng 调和诸脏[-臟] V.O. <Ch. med.> regulate the function among the viscera
tiáohù 调护[-護] V. nurse a convalescing patient
tiǎohuā(r) 挑花(儿) N. cross-stitch work
tiáohuà chū 调画出[-畫-] R.V. paint
tiàohuáng 跳簧 N. bungee jumping
tiǎohuāpǐn 挑花品 N. cross-stitch work
tiáohuò* 调货 N. seasoning condiments (salt/pepper/etc.)
tiǎohuǒ 挑火 V.O. poke a fire
tiào huǒkēng 跳火坑 V.O. plunge into a life of infamy/danger/etc.
tiáojī 条几[條-] N. long narrow table
tiáojí 调级 V.O. adjust wages/grades
tiáojì* 调剂[-劑] V. ① adjust; regulate; equalize ② enliven; refresh ♦N. ① a compound (of medicine) ② season
tiàojí 跳级 V.O. skip grades
tiáojiǎ 蜩甲 N. shell of the cicada
tiáojià* 调价[-價] V.O. ① adjust prices ② raise/lower prices
tiào jiāguān 跳加官 V.O. <opera> perform a special dance before the curtain rises
tiāojiǎn 挑拣[-揀] V. pick and choose
tiáojiǎn 调减[-減] V. make changes and reductions
tiáojiàn* 条件[條-] N. ①condition; term; factor ② requirement; prerequisite; qualification
tiàojiān 跳间 N. hopscotch (children's game)
tiáojiàn bèishū 条件背书[條-書] N. <acct.> conditional endorsement
tiáojiàn biànyì 条件变异[條-變異] N. <lg.> conditional variation
tiáojiàn cìjī 条件刺激[條-] N. conditioned stimulus
tiáojiàn cóngjù 条件从句[條-從-] N. <lg.> conditional clause M: [1]jù
tiáojiàn cóngshǔ liáncí 条件从属连词[條-從屬--] N. <lg.> subordinator of condition
tiáojiàn de xuǎnzé 条件的选择[條-選擇] N. <lg.> conditional selection

T

tiáojiàn fǎnshè 条件反射[條-] N. conditioned reflex
tiáojiàn fǎnyìng 条件反应[條-應] N. <lg.> conditional response; conditioned response
tiáojiàn fùcí 条件副词[條-] N. <lg.> conditional adverb
tiáojiàn fùcí zǐjù 条件副词子句[條-] N. <lg.> adverbial clause of condition; condition adverbial clause
tiáojiāng 调浆[-漿] V.O. mix paste
tiáojiàn guānxi 条件关系[條-關係] N. <lg.> conditional relation
tiáojiànhuà xuéxí 条件化学习[條-習] N. <lg.> conditioning
tiáojiànjù 条件句[條-] N. <lg.> conditional clause/sentence M: [1]jù
tiáojiànjù de jiélùnjù 条件句的结论句[條-] N. <lg.> apodosis
tiáojiàn liáncí 条件连词[條-] N. <lg.> conditional conjunction
tiáojiànshí 条件时[條-時] N. <lg.> conditional tense
tiáojiànshì* 条件式[條-] N. <lg.> conditional mood/form
tiáojiàn wánchéngshí 条件完成时[條-時] N. <lg.> conditional perfect tense
tiáojiànxìng 条件性[條-] N. conditionality
tiáojiàn xùshí wèicí 条件叙实谓词[條-敘實--] N. <lg.> conditional factive predicate
tiáojiàn yǔjù 条件语句[條-] N. <lg.> if/conditional statement
tiáojiàn zhǐlìng 条件指令[條-] N. <comp.> conditional instructions
tiáojiàn zhuàngyǔ 条件状语[條-狀-] N. <lg.> adverbial of condition
tiáojiàn zhuàngyǔ cóngjù 条件状语从句[條-狀-從-] N. <lg.> adverbial clause of condition
tiáojiàn zǐjù 条件子句[條-] N. <lg.> conditional clause
tiāojiǎo 挑脚[-腳] V.O. carry load/luggage on a shoulder pole
tiáojiāo 调焦 V.O. focus
[1]**tiáojiào*** 调教 V. ① instruct ② discipline ③ feed and train (domestic animals) ④ look after and tame (livestock)
[2]**tiáojiào** 调校 N. <mil.> timing
tiàojiǎo(r) 跳脚(儿)[-腳-] V.O. stamp one's foot
tiáojiāo jìngtóu 调焦镜头 N. focusing lens
tiáojiào yīndiào 调较音调 N. <lg.> modulation
tiáojié 调节[-節] V. ① regulate; adjust; moderate ② harmonize
tiáojiě* 调解 V. mediate; accommodate; make peace
tiáojiébiǎo 调节表[-節-] N. <acct.> reconciliation statement
tiáojiě chéngxù 调解程序 N. conciliated procedure
tiáojiě jiūfēn 调解纠纷 V.O. mediate a dispute
tiáojié kōngqì 调节空气[-節-氣] V.O. air-condition
tiáojiéqì 调节器[-節-] N. regulator; conditioner; adjuster M: ge/[2]zhī
tiáojiěrén 调解人 N. mediator
tiáojiéshuì 调节税[-節-] N. regulation/adjustable tax M: [2]bǐ
tiáojiě wěiyuánhuì 调解委员会 N. mediation committee
tiáojiě zǔzhī 调解组织[-織] N. mediation organization
tiáojīn 条金[條-] N. bar gold
tiàojìn* 跳进[-進] R.V. jump into
tiáojīng 调经[-經] V.O. <Ch. med.> ① regulate the menstrual function ② regulate menstruation according to the normal cycle by medical means
tiàojǐng* 跳井 V.O. drown oneself in a well
tiāojīngjiǎnféi 挑精拣肥[--揀-] F.E. pick and choose; be choosy
tiāojīngxuǎnféi 挑精选肥[--選-] F.E. pick the best; be very choosy

tiáojípíngxīn 调级评薪 F.E. assign a new wage class
tiàojíshēng 跳级生 N. an accelerated student/pupil M: ge/[1]míng
tiáojì shēnghuó 调剂生活[-劑--] V.O. enliven one's life
tiáojì shēn-xīn 调剂身心[-劑--] V.O. provide physical and mental relaxation
tiáojìshī 调剂师[-劑師] N. chemist; pharmacist M: ge/[1]míng/[2]wèi
tiǎokāi 挑开[-開] R.V. ① disclose (a secret/etc.) ② brush aside with a poker/stick
tiàokāi* 跳开[-開] R.V. jump off/away from
tiáokǎn 调侃 V. ridicule; mock ♦N. empty talk; chitchat
tiáokǎnrhuà 调侃/坎儿话 F.E. <coll.> cant; argot
tiáokòng 调控 V. regulate and control
tiáokòng shǒuxù 调控手续[-續] N. regulatory processes/procedures
tiáokuài 条块[條塊] N. stick
tiáokuàifēngē 条块分割[條塊-] F.E. separation of departments and regions
tiáokuàijiéhé 条块结合[條塊-] F.E. integration of departments and regions at different levels
tiáokuǎn 条款[條-] N. clause; article; provision
tiáokuǎn shuōmíng 条款说明[條-] N. stipulation
tiāoláitiāoqù 挑来挑去 V.P. be choosy
tiàolán 跳栏[-欄] N. <sport> hurdle race
tiàolán jìngzǒu 跳栏竞走[-欄競-] N. <sport> hurdle race
tiàoléi 跳雷 N. <mil.> bounding mine M: ge/[2]zhī
tiāolǐ(r) 挑礼(儿)[-禮-] V.O. be a stickler for etiquette
tiáoli 调理 V. ① recuperate ② take care of; look after ③ subject sb. to discipline ④ <topo> make fun of; play tricks on; tease ⑤ train; teach
tiáolǐ 条理[條-] N. (proper) arrangement/presentation; orderliness; method ♦S.V. reasonable
tiáolì* 条例[條-] N. regulations; rules; ordinances
tiāoliáng* 挑梁 V.O. play the leading role; take on the main responsibility/task
[1]**tiàoliáng** 跳梁 V.O. ① revolt; rebel ② leap
[2]**tiàoliáng** 跳踉 V. jump about; hop about
[3]**tiàoliáng** 粜粮[糶糧] V.O. sell grain
tiàoliáng xiǎochǒu 跳梁小丑[-醜] N. ① petty scoundrel/thief ② mischief maker ③ buffoon M: ge/[1]míng
tiáoliào 调料 N. flavoring; seasoning
tiáolǐ bù qīng 条理不清[條-] V.P. badly organized; unmethodical
tiáoliè 条列[條-] V. list item by item
tiáolǐhuà 条理化[條-] V. ① systematize; methodize; become more systematic ② <lg.> generalize ♦N. methodization
tiáolǐjǐngrán 条理井然[條-] F.E. in good order and with good reasoning
[1]**tiáolíng** 髫/龆龄[齠齡] N. <wr.> childhood
[2]**tiáolíng** 调零 N. zero set/setting
tiáolìng* 条令[條-] N. regulations
tiàolíng 跳羚 N. <zoo.> springbok M: [2]zhī
tiào lóngmén 跳龙门 V.O. pass the civil-service examinations
tiàolóu 跳楼[-樓] V.O. ① make drastic price cuts ② jump off of a building
tiàolóuhuò 跳楼货[-樓-] N. <com.> distress merchandise
tiàolóu zìshā 跳楼自杀[-樓-殺] V.P. jump to one's death from a building
tiáolǜ 条律[條-] N. disciplinary ordinances
tiáomǎ* 条码[條-] N. bar code
tiàomǎ 跳马 <sport> N. ① vaulting horse ② horse-vaulting ♦V.O. vault horse
tiàomài 挑卖[-賣] V. peddle
tiāo máobìng 挑毛病 V.O. pick/find fault
tiāomáojiǎncì 挑毛拣刺[--揀-] F.E. pick holes; be captious
tiāomáotīcī 挑毛剔刺 F.E. find fault; be captious
tiǎoméidèngyǎn 挑眉瞪眼 F.E. stare angrily

tiǎo méimao 挑眉毛 V.O. raise one's eyebrows
tiàomǐ 粜米[糶-] V.O. sell rice
tiǎomíng 挑明 R.V. ① no longer keep sth. back; let it all out; bring it out into open ② express openly/directly
tiáomòyóu 调墨油 N. varnish
tiáomù 条目[條-] N. ① clauses and subclauses (in a formal document) ② (dictionary) entry
tiàonǎn 跳蝻 N. locust nymph
tiáonián 髫/龆年[齠-] N. <wr.> childhood
tiáonòng* 调弄 V. ① make fun of ② arrange; adjust ③ instigate; stir up ④ play musical instruments
tiǎonòng 挑弄 V. ① incite; sow discord ② tease
tiào nóngmén 跳农门[-農-] V.O. leave the countryside (for town)
tiǎonòng shì-fēi 挑弄是非 V.O. stir up one side against the other
tiáopèi 调配 V. mix; blend *See also* diàopèi
tiáopí 调皮 S.V. ① naughty; noisy and mischievous ② tricky; artful
tiàopiào 跳票 N. bounced check
tiáopídǎodàn 调皮捣蛋[--搗-] F.E. act up
tiáopíguǐ 调皮鬼 N. mischievous child
tiào pījīn(r) 跳皮筋(儿) V.O. play rubber band skip rope
tiáopín 调频 N. frequency modulation (FM)
tiáopín diàntái 调频电台[-電臺] P.W. FM radio station M: [1]jiā/ge
tiáopín guǎngbō 调频广播[--廣-] N. FM radio broadcast
tiáopíntái 调频台[-臺] N. FM station/channel M: [1]jiā/ge
tiǎopò shuǐpào 挑破水泡 V.O. prick a blister with a needle
tiāoqǐ* 挑起 R.V. shoulder *See also* tiǎoqǐ
tiǎoqǐ 挑起 R.V. provoke; stir up; instigate *See also* tiāoqǐ
tiàoqí 跳棋 N. Chinese checkers
tiàoqǐ 跳起 R.V. takeoff
tiàoqiáng 跳墙[-牆] V.O. ① jump over a fence ② jump down from a wall in desperation
tiāoqiǎo 佻巧 S.V. <wr.> ① skittish and undependable ② exquisite in form but frivolous in content (of writing)
tiāoqiè 佻窃[-竊] V. steal
tiáoqín 调琴 V.O. tune a musical instrument
tiǎoqíng 挑情 V.O. flirt
tiáoqíng* 调情 V.O. ① flirt ② make overtures
tiàoqiú 跳球 V.O. <basketball> jump ball
tiāoqǔ 挑取 V. pick; choose; select
tiàoquānr 跳圈儿 V.O. play a hopscotch-like game
tiāor 挑儿 N. ① load carried on a carrying pole ② <coll.> a picul
tiáor* 条儿[條-] N. ① sth. thin and long; strip ② <coll.> figure; shape
tiàor 跳儿 N. jumping animals (e.g., rabbits)
tiáorén 调人 N. mediator; arbitrator *See also* diàorén
[1]**tiáoróng** 条绒[條-] N. corduroy
[2]**tiáoróng** 韶容[韶-] N. youthful look
tiàorù 跳入 V. jump into; dive
tiàosǎn 跳伞[-傘] V.O. parachute; bail out ♦N. parachute jumping
tiāosānjiǎnsì 挑三拣四[--揀-] F.E. ① pick and choose; be choosy ② nitpick
tiàosǎnqū 跳伞区[-傘區] P.W. parachute drop zone
tiàosǎntǎ 跳伞塔[-傘-] N. parachute tower M: [4]zuò
tiáosānwōsì* 调三窝四[--窩-] F.E. sow disorder; sow the seeds of discord everywhere
tiǎosānwōsì 挑三窝四[--窩-] F.E. *See* tiáosānwōsì
tiáosè 调色 V.O. mix colors/paints
tiáosèbǎn 调色板 N. palette M: [2]kuài
tiáosèdāo 调色刀 N. palette/painting knife M: [1]bǎ
tiáosèdié 调色碟 N. color-mixing tray M: ge/[2]zhī
tiáosèjì 调色剂[-劑] N. paint coloring

tiáosèpán 调色盘[-盤] N. palette M: ge/[2]zhī

tiāoshā 挑痧 <Ch. med.> V.P. bleed (a patient) ♦N. blood-letting

tiàoshàng 跳上 R.V. jump onto

tiāoshāngōng 挑山工 N. laborer working with a carrying pole in a mountainous area M: ge/[1]míng

tiàoshàngtiàoxià 跳上跳下 V.P. bounce/jump up and down

tiáoshè 调摄[-攝] V. build up one's health again; be nursed back to health

tiàoshén(r) 跳神(儿) V.O. perform a shaman's trance-dance *See also tiàobùzhá*

tiáoshēng 调升 V. promote *See also diàoshēng*

tiàoshéng(r/zi)* 跳绳(儿/子)[-繩-] V.O./N. skip rope

tiāoshí 挑食 V.O. be fastidious about food

[1]**tiáoshī** 调湿[-濕] V.O. humidify

[2]**tiáoshī** 条施[條-] N. <agr.> apply fertilizer in furrows

tiáoshí 条石[條-] N. rectangular slab of stone M: [2]kuài

[1]**tiáoshì*** 调试 V. ① adjust instruments during experimentation ② <elec.> debug ③ <comp.> set up and test ♦N. shakedown test of newly installed equipment

[2]**tiáoshì** 调适[-適] V. adjust (to the environment/etc.)

tiǎoshì 挑事 V.O. stir up trouble; sow disorder

tiàoshī 跳虱 N. <topo> flea M: ge/[2]zhī

tiáoshì chéngxù 调试程序 N. debugging routine

tiǎoshǒu 挑手 V.O. raise one's hand

tiàoshǔ 跳鼠 N. <zoo.> jerboa M: [2]zhī

tiāoshuǐ 挑水 V.O. carry water with a carrying pole

tiàoshuǐ* 跳水 V.O. dive into the water

tiàoshuǐ biǎoyǎn 跳水表演 N. <sport> diving exhibition M: [2]chǎng

tiāoshuǐ de 挑水的 N. water bearer/carrier

tiàoshuǐyùndòng 跳水运动[-運動] N. diving; fancy diving

tiàoshuǐ zìshā 跳水自杀[-殺] V.P. jump into the water and drown oneself

tiáosù 调速 N. speed governor

tiǎosuānbōlà 挑酸拨辣[--撥-] F.E. <coll.> stir up trouble

tiáosuì 窕邃 V.P. abstruse; deep and profound

tiáosuō 调唆 V. incite; instigate

tiǎosuō* 挑唆 V. incite; abet

tiáosuō shì-fēi 调唆是非 V.O. stir up trouble

tiáosùqì 调速器 N. <mach.> governor M: ge/[1]jià

tiāotà 佻达[-達] V.P. frivolous; undignified

tiáotǎ 条鳎[條-] N. striped sole

tiàotà* 跳蹋 V. become furious

tiàotái 跳台[-臺] N. ①diving platform ②landing platform M: [4]zuò

tiàotái tiàoshuǐ 跳台跳水[-臺--] N. <sport> platform diving

tiàotán 跳坛[-壇] N. platform/springboard diving circles M: [4]zuò

tiáotáng 蜩螗 N. kind of a cicada ♦ID. troubled political situation

tiáotángfèigēng 蜩螗沸羹 F.E. very noisy

tiàoteng 跳腾 V. ① rush about; be busy running about ② handle; deal with

tiāoti 挑剔 S.V./V. nitpick

tiāotiāo 佻佻 R.F. ① walk alone ② slight and elegant

tiáotiao 条条[條條] N. ① regulations ② departmental divisions; departments and units ③ stripes ♦R.F. in good order; reasonable; logical *See also [2]tiáotiáo*

[1]**tiáotiáo*** 迢迢 R.F. far away; remote

[2]**tiáotiáo** 条条[條條] R.F. every (stripe/road/etc.) *See also tiáotiao*

tiàotiaobengbeng 跳跳蹦蹦 R.F. jump and skip about

tiàotiàocuāncuān 跳跳蹿蹿[-躥躥] R.F. jump and skip; gambol; caper

tiàotiàodada 跳跳搭搭 R.F. <coll.> jump around

tiáotiáo dàdào tōng Luómǎ 条条大道通罗马[條條---羅-] F.E. Every road leads to Rome.

tiāotiāo gōngzǐ 佻佻公子 N. slight and elegant gentleman M: ge/[1]míng/[2]wèi

tiāotiāojiǎnjiǎn 挑挑拣拣[-揀揀] R.F. pick and choose; be choosy

tiáotiáokuàikuài 条条块块[條條塊塊] R.F. ① departments or regions ② various levels of government jurisdiction

tiáotiáokuàikuài guǎnlǐ 条条块块管理[條條塊塊-] N. central and regional system of management

tiáotiao-kuàngkuang 条条框框[條條--] R.F. ① rules and regulations; conventions ② red tape

tiàotiàotata 跳跳踏踏 R.F. <topo.> skip about; go from one thing to another

tiáotiáoyǒulǐ 条条有理[條條--] F.E. be in good order

tiáotiáoyuǎnxíng 迢迢远行[--遠-] F.E. take a long journey

tiáotiáo zhuānzhèng 条条专政[條條專-] N. dictatorship of the central government

tiáotíng 调停 V. ① mediate; intervene ② settle a dispute amicably

tiáotíngrén 调停人 N. mediator M: ge/[2]wèi

tiáotíngzhě 调停者 N. mediator M: ge/[2]wèi

tiāotizénàn 挑剔责难[-難] F.E. find fault (with sb.)

tiǎotóu(r) 挑头(儿) V.O. <coll.> ① take the lead ② act as a go-between ③ act as initiator/sponsor

tiǎotóugàn 挑头干[-幹] V.P. <coll.> take the lead in working

tiáotú 条图[條圖] N. bar chart

tiāotuō* 佻脱 V.P. frivolous and careless

tiàotuō 跳脱 N. <topo.> bracelet

tiāowā 挑挖 V. dredge; clear (a waterway/etc.)

tiàowán 跳丸 V.O. <trad.> juggle balls ♦N. <wr.> quick passing of time

tiàowàng 眺望 V. scan from afar

tiàowàngchù 眺望处[-處] N. outlook

tiàowàngtái 眺望台[-臺] N. high outlook place M: [4]zuò

[1]**tiáowèi(r)** 调味(儿) V.O. flavor; season

[2]**tiáowèi** 调位 N. <mach.> positioning *See also [2]diàowèi*

tiáowěihuì 调委会 N. ① mediation committee ② coordination committee

tiáowèiliào 调味料 N. ① relish ② dressing

tiáowèipǐn 调味品 N. flavoring; seasoning

tiáowēn 调温 V.O. adjust the temperature

[1]**tiáowén*** 条文[條-] N. ① article; clause ② text of a treaty/regulation/law/etc.

[2]**tiáowén** 条纹[條-] N. stripe; streak

tiáowénbù 条文布[條-]N. striped cloth M: [3]kuài/[1]pǐ

tiáowén dàimǎ sǎomiáoqì 条纹代码扫描器[條---掃--] N. bar-code scanner M: [1]jià/[1]tái

tiáowén fànlì 条文范例[條-範-] N. standard clause

tiáowén fāshēngqì 条文发生器[條-發--] N. text generator M: [1]tái

tiàowǔ 跳舞 V. dance

tiàowǔchǎng 跳舞场[-場] P.W. dancing place; ballroom

tiàowǔhuì 跳舞会 P.W. dancing party; ball M: [2]chǎng

tiàowǔtīng 跳舞厅[-廳] P.W. ballroom; dance hall M: [1]jiā/[4]zuò

tiāowǔxiánliù 挑五嫌六 F.E. pick and choose

tiáoxī 调息 V.O. ①regulate one's breath ②adjust interest rates

tiáoxí 调习[-習] V. train; teach

tiáoxì* 调戏[-戲] V.O. ① take liberties (with women) ② assail a woman with obscenities

tiǎoxì 挑戏[-戲] V. make a pass at a woman

tiàoxià 跳下 R.V. jump down

tiáoxián* 调弦 V.O. tune a stringed instrument; tune up

tiàoxiàn 跳线 N. line for measuring jumping distance or marking jumping position

tiáoxiàng 调相 V.O. phase modulation

tiàoxiāng* 跳箱 <sport> N. box horse; vaulting box M: [2]zhī ♦V.O. jump over the box horse

tiào xiàngpíjīn 跳橡皮筋 *See tiào píjīn*

tiáoxiàntú 条线图[條-圖] N. bar chart; bar graph M: [1]zhāng

tiáoxiào 调笑 V. make fun of; tease

tiáoxiàowéilè 调笑为乐[-樂] F.E. take pleasure in jeering

tiāo xiàqu 挑下去 R.V. carry on

tiào xiàqu* 跳下去 R.V. jump down; leap down

[1]**tiáoxié*** 调协[-協] V. ①harmonize ②suit well ③ mediate

[2]**tiáoxié** 调谐 S.V. harmonious ♦V. tune

tiàoxié 跳鞋 N. <sport> special shoes for high/long jumping M: [1]shuāng

tiáoxiéqì 调谐器 N. tuning device M: ge/zhī

tiáoxié xuánniǔ 调谐旋钮 N. turning knob

tiáoxīn 调薪 V.O. ① raise a salary ② change a salary

tiǎoxìn* 挑衅[-釁] V. provoke

tiáoxíng 条形[條-] N. <bot.> linear leaf

tiáoxíngcí 条形磁[條-] N. magnet bar

tiáoxíngmǎ 条形码[條-] N. bar code

tiáoxíngmǎ biāojì 条形码标记[條--標-] N. bar-code label

tiáoxíngmǎ dúchūqì 条形码读出器[條--讀--] N. bar-code reader M: [1]jià/[1]tái

tiǎoxìnxìng 挑衅性[-釁-] ATTR. provocative

tiáoxìshēng 调戏声[-戲聲] N. wolf call

tiáoxiū 调休 V. exchange a day off (with a fellow worker)

tiáoxiùbìng 条锈病[條鏽-] N. <agr.> stripe/yellow rust

tiāoxuǎn 挑选[-選] V. choose; select; pick

tiáoxuè 调谑 V. make fun of; tease

tiāoxuětiánjǐng 挑雪填井 ID. waste one's energy

tiáoyā 调压[-壓] N. pressure regulating

tiáoyācáo 调压槽[-壓-] N. pressurizer

tiāoyǎn(r) 挑眼(儿) V.O. ①<topo.> be fastidious (about formalities/etc.) ② <coll.> find fault; pick holes

tiáoyǎng 调养[-養] V. take good care of oneself (after an illness)

tiáoyǎngshèshēng 调养摄生[-養攝-] F.E. nurse and restore oneself

tiáoyáo 迢遥 S.V. <wr.> distant; remote

tiāoyāotiāoliù 挑幺挑六[-么--] F.E. faultfind; pick flaws

tiáoyāqì 调压器[-壓-] N. <elec.> voltage regulator M: ge/[2]zhī

tiáoyě 调冶 V. shape/refine (one's character/etc.)

tiáoyīn* 调音 V.O. <mus.> tune

tiáoyín 条银[條-] N. bullion

tiáoyīnguǎn 调音管 N. pitch pipe

tiáoyīnqì 调音器 N. tuner M: ge/[2]zhī

tiáoyīnshī 调音师[-師] N. person who tunes musical instruments; tuner M: ge/[1]míng/[2]wèi

tiáoyīntái 调音台[-臺] N. sound console

tiàoyí zhǐlìng 跳移指令 N. <comp.> skip instructions

tiáoyú 鲦鱼[鰷-] N. <zoo.> common small white fish of the family hemiculeer leucisculus M: [1]tiáo

tiáoyuǎn 迢远[-遠] S.V. remote; distant

tiàoyuǎn* 跳远[-遠] N. <sport> long/broad jump

tiáoyuē* 条约[條-] N. treaty; pact

[1]**tiàoyuè** 跳跃[-躍] V. jump; leap; bound; hop (for joy)

[2]**tiàoyuè** 跳月 N. Miao/Yi moon dance

[3]**tiàoyuè** 跳越 V. skip; jump up over

tiáoyuēgǎng 条约港[條-] N. treaty port

tiáoyuēguó 条约国[條-國] N. Treaty Powers

T

tiàoyuè zhǐlìng 跳越指令 N. <comp.> discrimination instructions

tiàoyuè zhuólù 跳跃着陆[-躍著陸] V.P. <mil.> rebound landing

tiāoyùn 挑运[-運] A.T. choose by luck

tiáoyún* 调匀[-勻] V.O. mix well/evenly

tiāoyùnfèi 挑运费[-運-] N. porterage fee M: [2]bǐ

tiàozao 跳蚤 N. flea M: [2]zhī

tiàozao shìchǎng 跳蚤市场[-場] N. flea market M: [1]jiā/[4]zuò

tiàozhá 跳闸 V.O. <elec.> trip

tiǎozhàn 挑战[-戰] N./V.O. challenge to battle/contest

tiǎozhànshū 挑战书[-戰書] N. written challenge M: [2]fēng

tiǎozhàn xíngwéi 挑战行为[-戰--] N. provocative actions

tiǎozhànzhě 挑战者[-戰-] N. challenger M: ge/[1]míng

tiáozhěng* 调整 V. adjust; readjust; regulate; restructure; balance

tiáozhèng 调正 R.V. adjust to the right position/etc.

tiáozhěng gànbù 调整干部[--幹-] V.O. reassign/rearrange cadres

tiáozhěng gōngzī 调整工资 V.O. adjust wages (usu. upwards)

tiáozhěng xìndài jiégòu 调整信贷结构[-構] V.P. rationalize/adjust the system of credit

tiáozhěng zhígōng gōngzī 调整职工工资[--職---] V.P. give wage increases to workers and staff members

tiáozhī 条支[條-] N. branch

tiáozhí 条植[條-] N. hedge planting

[1]tiáozhì* 调制 V. ① modulate; adjust ② control ③ prepare/concoct medicine/etc.

[2]tiáozhì 调治 V. nurse; provide recuperative care

tiáozhìbō 调制波 N. modulated wave

tiáozhì chéngxù 调制程序 N. debugger

tiáozhì sùjí 调治宿疾 V.O. attend to and cure an old illness

tiàozhīzhū 跳蜘蛛 N. jumping spider M: [2]zhī

tiāozhòng 挑中 V. pick upon

tiāo zhòngdàn 挑重担[-擔] V.O. shoulder a heavy load; take on a heavy job

tiáozhou 笤/苕帚 N. whisk broom M: [1]bǎ

tiáozhou gēda 笤/条帚疙瘩[條-] N. <coll.> stump of a broom

tiáozhouxīng 笤帚星 N. ① comet ② jinx

tiáozhuān 条砖[條磚] N. rectangular brick

tiáozhuàng xìnhào 条状信号[條狀-號] N. bar signal; flagpole signal

tiáozhǔn 调准[-準] R.V. adjust to make accurate

tiāozi 挑子 N. carrying-pole load

[1]tiáozi* 条子[條-] N. ① strip ② brief informal note; memo ③ <topo> gold bar ④ order ⑤ summons for prostitutes

[2]tiáozi 苕子 N. Chinese trumpet creeper

tiáozī 调资 V.O. adjust wages

tiáozi gōngchéng 条子工程[條-] N. undertaking proposed by a leader rather than discussed by the working group concerned M: [3]xiàng

tiāo zìyǎn(r) 挑字眼(儿) V.O. <coll.> find fault with the choice of words; pick holes; quibble

tiáozuǐxuéshé 调嘴学舌 F.E. incite trouble between people by talking behind their backs

tíba* 提拔 V. ① promote (a person) ② attract (sb.'s) attention; call to *See also* [1]tíbá

[1]tíbá 提拔 V. promote (a person) *See also* tíba

[2]tíbá 题跋 N. ① preface and postscript ② short comments/etc. on scrolls

tìbān(r) 替班(儿) V.O. work for sb. else temporarily

tíbāo* 提包 N. handbag; shopping bag; valise M: [2]zhī

tíbào 提报[-報] V. propose

tíbāoshì guīdìng 提包式规定 N. catch-all provision

tǐbèiwénzhì 体被文质[體-質] F.E. elegant and substantial literary style

tíbēn 提奔 V. <coll.> raise up; give a boost

[1]tíbǐ* 提笔[-筆] V.O. take up one's pen; start writing; write

[2]tíbǐ 题笔[-筆] V.P. write

tíbì 提壁 V.O. write on a wall ♦N. inscription on a wall

tǐbì 体壁[體-] N. <zoo.> body wall

tǐbiǎo 体表[體-] N. ① surface of the human the body; skin ② thermometer

tíbǐ'érshū 提笔而书[-筆-書] F.E. take up a pen and write

tíbǐjíshū 提笔疾书[-筆-書] F.E. take up a pen and write rapidly

tíbīng* 提兵 V.O. lead troops

tíbìng 蹄病 N. hoof disease

tíbo 提拨[-撥] V. <topo> ① remind; warn; call attention to ② appropriate

tíbu 提补[-補] V. <coll.> remind; suggest

tìbǔ* 替补[-補] V. ① replace; substitute ② fill vacancies

tíbùchū 提不出 R.V. cannot withdraw (money) from a bank

tíbudào 提不到 R.V. won't be mentioned/discussed

tíbude 提不得 R.V. can't/shouldn't be mentioned/discussed

tíbudòng 提不动[-動] R.V. not be able to carry (in one's hand with the arm down)

tìbǔ duìyuán 替补队员[-補隊-] N. substitute/reserve (player) M: ge/[1]míng/[2]wèi

tíbuqǐ 提不起 R.V. ① be unable to lift ② can't raise (one's spirits, etc.) ③ be unpromotable

tíbuqǐ jīngshen 提不起精神 V.O. unable to pull oneself together (for a task ahead, etc.); feel tired and spiritless

tíbuqǐlai 提不起来 R.V. ① unable to lift ② have sunk too deep for rescue (of a dissipated person)

tìbǔyuán 替补员[-補-] N. replacement; substitute M: ge/[1]míng/[2]wèi

tícái* 题材 N. subject matter; theme

tǐcái 体裁[體-] N. ① literary genre ② style of writing

tǐcái biànshù 体裁变数[體-變數] N. <lg.> stylistic variant

tǐcái guīlǜ 体裁规律[體-] N. <lg.> stylistic rule

tǐcāo 体操[體-] N. gymnastics; calisthenics

tǐcāo biǎoyǎn 体操表演[體-] N. gymnastic exhibition M: [2]chǎng

tǐcāofú 体操服[體-] N. gym outfit/clothes/suit M: tào/[2]jiàn

tǐcāo xuǎnshǒu 体操选手[體-選-] N. gymnast M: ge/[1]míng/[2]wèi

técén 蹄涔 N. <wr.> ① small puddle of water ② restricted area of maneuver

tíchà(r) 提岔(儿) V.O. <coll.> bring up a subject; raise a topic

[1]tǐchá* 体察[體-] V. ① experience and observe ② examine/investigate with intensive personal attention ③ be understanding/sympathetic toward ④ put oneself in sb. else's place

[2]tǐchá 体查[體-] N. physical examination

tíchāfǎ 提插法 N. lifting and thrusting method in acupuncture

tǐchá mínqíng 体察民情[體-] V.O. ① observe the people's condition ② be streetwise

tíchàng* 提倡 V. advocate; encourage; recommend

tǐcháng 体尝[體嘗] V. experience; learn through one's personal experience

tíchàngrén 提倡人 N. an advocate M: ge/[1]míng/[2]wèi

tíchàng xīnshuō 提倡新说 V.O. set forth a new doctrine

tíchéng(r)* 提成(儿) V.O. deduct a percentage (from a sum of money/etc.)

tíchèng 提秤 N. steelyard M: [1]tái/[1]jià

tīchōng 梯冲[-衝] N. scaling ladder for attacking city walls

tǐchòu 体臭[體-] N. unpleasant body odor

tīchū 剔出 R.V. retrench; curtail; eliminate

tīchú 剔除 R.V. reject; get rid of

tíchū* 提出 R.V. ① put forward; pose; raise *bǎ wèntí ~ lái tǎolùn* bring a matter up for discussion ~ *yìjiàn* bring up an opinion ② choose; extract

tíchū cíchéng 提出辞呈[--辭-] V.O. send in one's resignation

tíchū gēnjù 提出根据[--據] V.O. give/quote chapter and verse (for)

tíchū jiànjiě 提出见解 V.O. put forward (one's) opinions

tíchún 提纯 N./V. purify; refine

tíchún fùzhuàng 提纯复壮[-復壯] N. <agr.> purification and rejuvenation

[1]tī chūqu 踢出去 R.V. kick out

[2]tī chūqu 剔出去 R.V. pick out; eliminate

tíchū rènwu 提出任务[-務] V.O. set tasks

tíchū yìyì 提出异议[-異議] V.O. raise an objection (to); file an opposition (to)

tīcì 梯次 N. <mil.> phases (in the induction of military draftees)

[1]tící* 题词 V.O. write a few words of commemoration/etc. ♦N. ① inscription; dedication ② foreword

[2]tící 提词/辞[-辭] V.O. prompt

tǐcí 体词[體-] N. <lg.> nominal; substantive; content word

tīcì duìxíng 梯次队形[--隊-] N. <mil.> echelon formation

tícírén 提词人 N. prompter M: ge/[1]míng

tǐcí wèiyǔ 体词谓语[體-] N. <lg.> substantive predicate

tǐcí wèiyǔjù 体词谓语句[體-] N. <lg.> sentence with a substantive predicate

tícún 提存 V.O. withdraw savings

tīda 踢达[-達] V. ① kick at random ② spend freely; squander *See also* tīdā

tīdā 踢达[-達] ON. the sound of footsteps; pitapat *See also* tīda

tīdǎ(shù)* 踢打(术)[-(術)] N. fighting with fists and feet (in martial arts)

tídài 提袋 N. handbag

tìdài* 替代 V. substitute for; replace; supersede

tìdài biǎoshì 替代表示 N. <lg.> surrogate

tìdài dòngcí 替代动词[--動-] N. <lg.> pro-verb

tìdài néngyuán 替代能源 N. alternative energy

tìdàiwù 替代物 N. substitute M: [2]jiàn

tìdài xíngshì 替代形式 N. <lg.> pro-forms

tìdài zuòyòng 替代作用 N. <lg.> substitution

tīdǎjiāojiā 踢打交加 F.E. kicking and beating

tídān 提单 N. bill of lading M: [1]zhāng

tīdāo 剔刀 N. scraping knife M: [1]bǎ

tīdǎo 踢倒 R.V. kick and cause to fall down

tīdào 梯道 N. stairway; ladder-shaped passage

tídào* 提到 R.V. ① mention; refer to ② have summoned (prisoners) to court

tìdāo 剃刀 N. razor M: [1]bǎ

tìdāogé 剃刀蛤 N. razor clam

tìdāojīng 剃刀鲸 N. blue whale M: [1]tiáo

tǐdàsījīng 体大思精[體-] F.E. long and precisely thought out (of writing)

tīdǎwǔ 踢跶舞[-躂-] N. tap dance

tídedòng 提得动[-動] R.V. be able to carry (in one's hand with the arm down)

tīdeng* 踢蹬 V. ① jiggle one's feet ② waste away ③ spend freely; squander ④ handle; deal with; dispose of

tīdèng 梯凳 N. stepladder M: [1]jià/ge/[2]zhī

tídēng 提灯[-燈] N. lantern M: ge/[2]zhī

tīdeng guāngle 踢蹬光了 V.P. <coll.> squander

tídēnghuì 提灯会[-燈-] N. lantern festival/parade/procession

tǐ de yìyì 体的意义[體-義] N. <lg.> aspectual meaning

tīdì 梯地 N. terraced land

tídiǎn 提点[-點] V. remind ♦N. <trad.> official post

tīdiào* 踢掉 R.V. kick off

tídiào 提调 V. ①dispatch (trains/etc.) ②supervise ③promote/transfer (a cadre) ♦N. ① dispatcher; controller ② supervisor ③ <*trad.*> official post equivalent to a subordinate executive or business manager of an office

tídōu(r) 提兜(儿) N. handbag M: *ge*/[2]*zhī*

tīdù 梯度 N. gradient

tídū 提督 N. <*hist.*> provincial commander

tìdù* 剃度 N. <*Budd.*> tonsure

tīduànménkǎn 踢断门槛[-斷-檻] F.E. visit too frequently

tīduì 梯队[-隊] N. echelon M: [4]*zhī*

tīduì jiégòu 梯队结构[-隊-構] N. an orderly system of succession

tíduō 提掇 V. help/guide/promote younger people

[1]**tiē** 贴[貼] V. ① paste; glue; stick to ② subsidize ③ <*coll.*> sentence to death ④ keep close to; nestle closely to ♦B.F. subsidies; allowance *jīntiē* ♦M. *for sth. adhesive, such as medicated plaster*

[2]**tiē** 帖 B.F. ① obey; submit *tiēfú* ② properly arranged *tuǒtiē* ***See also*** [2]*tiě*, [1]*tiè*

[3]**tiē** 怗 B.F. pacify *tiējìng*

[4]**tiē** 萜 B.F. <*chem.*> terpene [2]*tiēxī*, *tiēpǐnchún*

[1]**tiě*** 铁[鐵] N. ① iron ② arms; weapon ③Surname ♦B.F. ①firm; strong as iron [1]*tiěquán* ②gray ③resolved; determined ④cruel; violent ⑤ <*slang*> close; tight

[2]**tiě** 帖 B.F. ①note; card *tiězi* ②invitation *qǐngtiě* ♦M. *for doses* ***See also*** [2]*tiē*, [1]*tiè*

[1]**tiè** 帖 B.F. model for calligraphy *xízìtiè* ***See also*** [2]*tiē*, [2]*tiě*

[2]**tiè** 餮 B.F. gluttonous *tāotiè*, *tāotièwén*

tí'é 题额 V.O. write on a horizontal tablet

tiě'àn 铁案[鐵-] N. ironclad case/evidence M: [2]*jiàn*

tiě'ànrúshān 铁案如山[鐵-] F.E. an ironclad case

tiěbǎn 铁板[鐵-] N. ① iron plate; sheet iron M: [2]*kuài* ② a kind of percussion instrument

tiěbǎn dàgǔ 铁板大鼓[鐵-] N. a singing performance in which the singer beats time with a drum on the right and with semicircular metal pieces on the left

tiěbǎndìngdīng 铁板钉钉[鐵-] F.E. ① that clinches it; that's final ② be decided/determined/fixed

tiěbàng 铁棒[鐵-] N. iron club; steel rod/stick M: [2]*gēn*

tiěbǎn kuàishū 铁板快书[鐵-書] N. monologue storytelling with a pair of metallic clappers for marking rhythm

tiěbǎn niúliǔ 铁板牛柳[鐵-] N. beefsteak on a hot griddle

tiěbǎn niúpái 铁板牛排[鐵-] N. beef ribs cooked on an iron griddle

tiěbǎnshāo 铁板烧[鐵-燒] N. dish served on a sizzling steel plate

tiěbǎn yī kuài 铁板一块[鐵-塊] N. monolithic bloc

tiěbǎoduì 铁保队[鐵-隊] N. unit that will defend to the death

tiēběn 贴本 V.O. lose one's capital/money

tiēběn shēngyì 贴本生意 N. a losing business

tiěbǐ 铁笔[鐵筆] N. ① tool for making stencils/seals/etc. M: [4]*zhī* ② burin ③ stylus

[1]**tiěbì*** 铁壁[鐵-] N. impregnable defense M: [2]*dào*

[2]**tiěbì** 铁币[鐵幣] N. iron coin M: [4]*méi*

tiēbiān 贴边[-邊] N. hem (of a garment)

tiēbiānr 贴边儿[-邊-] V.O. <*coll.*> be close to; be relevant

tiē biāoqiān 贴标签[-標-] V.O. label; attach a label to

tiěbǐng 铁饼[鐵-] N. <*sport*> discus M: [2]*kuài*

tiē bǐngzi 贴饼子 V.O. bake corn/millet cakes on a pan ♦N. corn or millet cakes baked on a pan

tiěbìtóngqiáng 铁壁铜墙[鐵-牆] F.E. impregnable fortress

tiěbìzi 铁箅子[鐵-] N. ①stove grate ②gridiron; grill

tiěbó 铁驳[鐵-] N. iron barge M: [1]*tiáo*/[1]*sōu*

tiē bōbo 贴饽饽 V.O. <*topo.*> bake wheat cakes

tiēbǔ 贴补[-補] V. ① subsidize; help financially ② use stored materials or savings to cover daily needs

tiēbuqǐ 贴不起 R.V. can't afford to give/lose/etc.

tiěbùshān 铁布衫[鐵-] N. ability to sustain the thrusts of sharp weapons on one's bare skin

tiēbǔ zījīn 贴补资金[-補--] V.O. subsidize ♦N. subsidy

tiěcándòu 铁蚕豆[鐵蠶-] N. roasted broad bean M: [1]*kē*

tiěcǎo 铁草[鐵-] N. ironweed

tiěchǎng 铁厂[鐵廠] P.W. steelworks M: [1]*jiā*

tiěchǐ 铁尺[鐵-] N. ① short iron staff (used as a weapon) ② iron ruler M: [1]*bǎ*

tiěchuāng* 铁窗[鐵-] N. ① window with iron grating M: [1]*shàn* ② prison bars; prison

tiěchuáng 铁床[鐵-] N. steel beds M: [1]*zhāng*

tiěchuāng fēngwèi 铁窗风味[鐵-] N. prison life

tiěchǔchéngzhēn 铁杵成针[鐵-] ID. Perseverance will prevail.

tiěchuí 铁锤[鐵-] N. steel/iron hammer M: [1]*bǎ*

tiěchǔ móchéng zhēn 铁杵磨成针[鐵-] ID. perseverance will prevail

tiěchǔmózhēn 铁杵磨针[鐵-] ID. Steady efforts can work miracles.

tiěcí 铁磁[鐵-] ATTR. ① ferromagnetic ② very good; faithful; reliable (of relationship) ♦N. intimate friend; close friend; soul mate

tiědā 铁搭[鐵-] N. <*topo.*> a rake with 3–6 teeth

tiědǎ* 铁打[鐵-] ATTR. unshakable

tiědǎ de jiāngshān 铁打的江山[鐵-] N. unshakable state power

tiēdài 贴袋 N. out/patch pocket

tiēdàn 贴旦 N. <*opera*> secondary female role

tiědào 铁道[鐵-] N. railway; railroad

tiědàobīng 铁道兵[鐵-] N. <*mil.*> railway corps M: *ge*/[1]*míng*

tiědàobù 铁道部[鐵-] N. railway department/ministry

tiědàopào 铁道炮[鐵-] N. <*mil.*> railway artillery M: [4]*zuò*

tiědào pàobīng 铁道炮兵[鐵-] N. <*mil.*> railway artillery

tiědàoxiàn 铁道线[鐵-] N. railway line

tiědīng(zi) 铁钉(子)[鐵-] N. iron nails

tiědìng* 铁定[鐵-] ATTR. ironclad; unalterable

tiēdōu 贴兜 N. patch pocket

tiē'ěr 贴耳 V.O. be ready to listen

tiěfántǔ 铁矾土[鐵礬-] N. <*min.*> bauxite

tiěfànwǎn 铁饭碗[鐵-] N. a secure job M: *ge*/[2]*zhī*

tiěfèi 铁肺[鐵-] N. iron lung

tiěfěn 铁粉[鐵-] N. steel grain

tiēfèng 贴缝 V.O. glue/paste/tape a gap

tiēfú 帖服 S.V. ① docile; obedient; submissive ② compliant; resigned

tiěgài 铁盖[鐵蓋] N. steel cover/lid

tiěgān(r) 铁杆(儿)[鐵-] N. iron rod ♦ATTR. ① stubborn; inveterate ② guaranteed; surefire

tiěgàng(r/zi) 铁杠(儿/子)[鐵-] N. barbell

tiěgǎnr hànjiān 铁杆儿汉奸[鐵--漢-] N. hardline Chinese traitor (in the Anti-Japanese War) M: *ge*/[1]*míng*

tiěgǎnr qiānbǐ 铁杆儿铅笔[鐵-筆] N. eversharp pencil M: [4]*zhī*

tiěgǎnr zhuāngjia 铁杆儿庄稼[鐵--莊-] N. guaranteed high-yielding crop

tiěgǎo 铁镐[鐵-] N. mattock; pick M: [1]*bǎ*

tiē gāoyào 贴膏药[-藥] V.O. stick on a medicated plaster

tiěgēmen(r) 铁哥们(儿)[鐵-] N. <*coll.*> very close male friend

tiěgěnghǎitáng 铁梗海棠[鐵-] N. dwarf Japanese quince; flowering quince M: [2]*kē*/[2]*duǒ*

tiěgōng 铁工[鐵-] N. ①ironwork ②ironworker; blacksmith M: *ge*/[1]*míng*

tiěgōngchǎng 铁工厂[鐵-廠] P.W. steelworks M: [1]*jiā*

tiěgōnghuó 铁工活[鐵-] N. ironwork

tiěgōngjī 铁公鸡[鐵-雞] N. ① miser ② stingy person M: [2]*zhī*

tiěgōngzī 铁工资[鐵-] N. fixed wage

tiěgōu(r) 铁钩(儿)[鐵鉤] N. iron hook

tiěgū 铁箍[鐵-] N. iron hoop

tiěgǔ* 铁骨[鐵-] N. <*pottery*> iron body; porcelain body of dark color

Tiěguǎi Lǐ 铁拐李[鐵-] N. <*Dao.*> one of the Eight Immortals of Daoism who limps about with an iron walking stick

tiěguǎn(r/zi)* 铁管(儿/子)[鐵-] N. iron pipe/tube M: [2]*gēn*

tiěguàn 铁罐[鐵-] N. steel/iron can/tank/jar M: [2]*zhī*/*ge*

tiē guǎnggào 贴广告[-廣-] V.O. post bills

tiěGuānyīn 铁观音[鐵觀-] N. a variety of oolong tea

tiěGuānyīnchá 铁观音茶[鐵觀-] N. iron Goddess of Mercy tea M: *bēi*

tiěguǐ* 铁轨[鐵-] N. rail

tiěguì 铁柜[鐵櫃] N. strongbox; safe M: *ge*/[2]*zhī*

tiěguǐ zhěnmù 铁轨枕木[鐵-] N. railway sleeper/tie M: [1]*tiáo*

tiěgùn(r) 铁棍(儿)[鐵-] N. iron club M: [1]*tiáo*/[2]*gēn*

tiěgūniang 铁姑娘[鐵-] N. a girl who can do heavy physical labor M: *ge*/[1]*míng*/[2]*wèi*

tiěguō 铁锅[鐵鍋] N. steel wok M: [2]*zhī*

tiěgǔzhēngzhēng 铁骨铮铮[鐵-錚錚] F.E. firm and unyielding

tiěhàn(zi) 铁汉(子)[鐵漢-] N. strong-willed person; strong fellow M: *ge*/[1]*míng*/[2]*wèi*

tiēhǎo 贴好 R.V. paste/tape/glue properly

tiēhé* 贴合 V. integrate closely

tiěhé 铁盒[鐵-] N. steel box/case M: *ge*/[2]*zhī*

tiěhēi 铁黑[鐵-] N. <*chem.*> iron-oxide black

tiěhéjīn 铁合金[鐵-] N. ferroalloy

tiěhóng 铁红[鐵-] N. <*chem.*> iron-oxide red

tiěhú 铁壶[鐵壺] N. steel/iron kettle M: [1]*bǎ*/[2]*zhī*

tiēhuā* 贴花 N. appliqué

tiēhuà 贴画[-畫] N. ①pin-up picture ②matchbox picture M: [10]*fú*

tiěhuā 铁花[鐵-] N. ① iron ornamental work ② iron powder

tiěhuà 铁画[鐵畫] N. iron picture M: [10]*fú*

tiēhuàn 贴换[-換] V. trade (sth.) in

tiěhuán* 铁环[鐵環] N. iron hoop

tiěhuáng 铁黄[鐵-] N. <*chem.*> iron-oxide yellow

tiěhuàyíngōu 铁画银钩[鐵畫-鉤] F.E. vigorous strokes (in calligraphy); vigorous touches and fine strokes

tiěhuī 铁灰[鐵-] N. iron gray

tiěhuó 铁活[鐵-] N. ironwork

tiējǐ 贴己 ATTR. ①intimate; close ② <*topo.*> private; personal; confidential ♦N. private savings (of family members)

tiějiǎ* 铁甲[鐵-] N. ① mail; armor ② <*mil.*> armor for vessels

[1]**tiějià** 铁架[鐵-] N. steel frame/shelf

[2]**tiějià** 铁价[鐵價] N. fixed price

tiějiǎbǎn 铁甲板[鐵-] N. armor plate

tiějià bù èr 铁价不二[鐵價-] V.P. have a fixed price

tiějiǎchē 铁甲车[鐵-] N. armored vehicle M: [3]*liàng*

tiějiǎchuán 铁甲船[鐵-] N. an ironclad (vessel) M: [1]*tiáo*/[1]*sōu*

tiějiǎjiàn 铁甲舰[鐵-艦] N. armorclad ship M: [1]*sōu*/[1]*tiáo*

tiējiān 贴笺[-箋] V.O. <*art*> paste on the title label (of scrolls)

tiějiāng 铁浆[鐵槳] N. liquid steel

tiějiàng* 铁匠[鐵-] N. blacksmith; ironsmith M: *ge*/[1]*míng*

tiějiāngjūn 铁将军[鐵將-] N. latchtype lock

tiějiāngjūn bǎmén 铁将军把门[鐵將-] F.E. The door is padlocked.

tiějiangpù 铁匠铺[鐵-] P.W. smithy; blacksmith's shop M: [1]*jiā*

T

tiějiǎobǎn 铁脚板[鐵腳-] N. toughened feet
tiějiāoyǐ 铁交椅[鐵-] N. stable position held by leading cadres M: [1]bǎ
tiějiě 铁姐[鐵-] N. woman attendant on a train M: ge/[1]míng
tiějiěmenr 铁姐们儿[鐵-] <coll.> N. intimate female friend; close female friend
tiějílí 铁蒺藜[鐵-] N. <mil.> ①caltrop ②barbed-wire barricades M: [2]dào
tiējīn 贴金 V.O. ① cover with gold leaf/foil; gild ② touch up; prettify ③ brag about oneself
tiējìn* 贴近 V. press close to ♦N. <acct.> exchange premium
tiějīn 铁筋[鐵-] N. reinforcing bar
tiějǐn 铁紧[鐵緊] ATTR. very tight
tiējìng 怗静[-靜] V.P. peaceful and quiet
tiějīntǔ 铁筋土[鐵-] N. reinforced concrete
tiějīn yánghuī 铁筋洋灰[鐵-] N. reinforced concrete
tiějūn 铁军[鐵-] N. invincible army M: [4]zhī
tiěkǎi 铁铠[鐵鎧] N. mail;armor
tiěkǒu 铁口[鐵-] N. one who is very good at talking/persuading
tiěkuài 铁块[鐵塊] N. steel ingot M: [2]kuài
tiěkuàng 铁矿[鐵礦] N. iron ore/mine M: [4]zuò
tiěkuàngchuáng 铁矿床[鐵礦-] N. <min.> iron ore deposit
tiěkuàngshí 铁矿石[鐵礦-] N. <min.> iron ore M: [2]kuài
tiěkuò 帖括 N. <wr.> a style of formal writing adopted by candidates in civil-service examinations
[1]**tiělán*** 铁栏[鐵欄] N. steel/iron bar/fence/barrier M: [2]dào
[2]**tiělán** 铁蓝[鐵藍] N. iron/Prussian blue
tiělǎn 铁缆[鐵纜] N. cable M: [2]gēn/[1]tiáo
tiělángān 铁栏杆[鐵欄-] N. steel/iron bar/fence/barrier M: [2]dào/[1]pái
tiělángtou 铁榔头[鐵-] N. steel hammer M: [1]bǎ
tiěle 铁了[鐵-] V.P. <coll.> definitely assured; firmly agreed
tiěle xīn 铁了心[鐵-] V.P. <coll.> resolved; determined
tiěliàn(r/zi) 铁链(儿/子)[鐵-] N. iron chain; shackles M: [1]tiáo
tiělìmù 铁力木[鐵-] N. <bot.> native olive; ferreous mesua M: [2]kē
tiēlín 贴邻[-鄰] N. next-door neighbor
tiěliú 铁流[鐵-] N. ① flowing molten iron ② army with high combat effectiveness
tiě lóngzi 铁笼子[鐵-] N. iron cage M: [2]zhī
tiělú 铁炉[鐵爐] N. kiln for steel production M: [4]zuò/[1]tái
tiělù* 铁路[鐵-] N. railway; railroad M: [1]tiáo
tiělù gànxiàn 铁路干线[鐵-幹-] N. trunk railway M: [1]tiáo
tiělù-gōnglù liǎngyòngqiáo 铁路公路两用桥[鐵-橋] N. road-and-rail bridge M: [4]zuò
tiělù guǎnlǐjú 铁路管理局[鐵-] N. ministry/department of railways
tiělù lùjī 铁路路基[鐵-] N. railway bed
tiěluóhànchá 铁罗汉茶[鐵羅漢-] N. iron arhat tea M: bēi
tiělù píngjiāodào 铁路平交道[鐵-] N. railroad crossing
tiělùquán 铁路权[鐵-權] N. right of using a railway
tiělù shìgù 铁路事故[鐵-] N. railroad accident M: cì/ge/[3]cháng
tiělùwǎng 铁路网[鐵-網] N. railway network
tiělùxiàn 铁路线[鐵-] N. railway line M: [1]tiáo
tiělù yīyuàn 铁路医院[鐵-醫-] P.W. hospital for railway employees M: [1]jiā/[1]suǒ
tiělù yóucáochē 铁路油槽车[鐵-] N. rail tank car; rail tanker M: [3]liàng
tiěmǎ 铁马[鐵-] N. ① strong armored cavalry ② bicycle ③ tinkling metal strips on the ends of temple roofs ④ armored horses
tiěmǎ* 帖码 N. register
tiěmáo 铁锚[鐵-] N. steel anchor
tiěmén 铁门[鐵-] N. ① iron gate ② grille M: [1]shàn
tiěmènzi 铁闷子[鐵-] N. boxcar
tiěmènzichē 铁闷子车[鐵-] N. <topo.> covered truck M: [1]liè
tiēmiàn* 贴面 N. ①inner wall lining ②(wooden/plastic/metal) sheathing
tiěmiàn 铁面[鐵-] N. ① iron mask ② integrity; incorruptibility
tiēmiànbǎn 贴面板 N. veneer M: [2]kuài
tiēmiànwǔ 贴面舞 N. cheek-to-cheek dancing
tiěmiànwúqíng 铁面无情[鐵-] F.E. impartial and incorruptible
tiěmiànwúsī 铁面无私[鐵-] F.E. impartial and incorruptible
[1]**tiěmù** 铁幕[鐵-] N. the Iron Curtain
[2]**tiěmù** 铁木[鐵-] N. <bot.> ironwood M: [2]kuài
Tiěmùzhēn 铁木真[鐵-] See Chéngjísīhán
tiěniángzǐ 铁娘子[鐵-] N. iron lady M: ge/[1]míng/[2]wèi
tiěniǎo 铁鸟[鐵-] N. aircraft; airplane; plane M: [2]zhī
tiěniú 铁牛[鐵-] N. ① tractor ② <trad.> iron ox (thrown into rivers in ancient times as a ritual for warding off floods) M: [1]tóu
tī'ēntī 梯恩梯 N. <loan> trinitrotoluene (TNT)
tiěpáijī 铁排鸡[鐵-雞] N. grilled spring chicken
tiěpào 铁炮[鐵-] N. steel cannon M: [4]zuò
tiěpí 铁皮[鐵-] N. iron sheet M: [2]kuài/[1]zhāng
tiěpiàn 铁片[鐵-] N. iron sheet/plate M: [1]piàn/[2]kuài
tiēpǐnchún 萜品醇 N. <chem.> terpineol
tiēpǔ 贴谱 V.O. conform to standards/facts (in words/deeds)
tiěqí 铁骑[鐵-] N. <wr.> armored horses/cavalry
tiěqì* 铁器[鐵-] N. ironware
tiēqián* 贴钱[-錢] V.O. pay out of one's own pocket
tiěqián 铁钳[鐵-] N. nippers M: [1]bǎ
tiēqiángmiànzhuān 贴墙面砖[-牆-磚] N. <archi.> wall tile M: [2]kuài
tiěqiāo 铁锹[鐵-] N. spade; shovel M: [1]bǎ
tiěqiáo* 铁桥[鐵橋] N. ①iron bridge ②railway bridge M: [4]zuò
tiěqìdiàn 铁器店[鐵-] P.W. hardware shop M: [1]jiā
tiēqiè 贴切 S.V. apt; appropriate; proper
tiěqīng* 铁青[鐵-] S.V. ashen; livid; ghastly pale
tiěqìng 铁磬[鐵-] N. steel bell M: ge/[2]zhī
tiěqìshāng 铁器商[鐵-] N. ironmonger M: ge/[1]míng/[2]wèi
Tiěqì Shídài 铁器时代[鐵-時-] N. Iron Age
tiěqiú 铁球[鐵-] N. ① steel ball ② gunshot M: ge/[2]zhī
tiěqíxiànzhèn 铁骑陷阵[鐵-] F.E. Strong mounted soldiers broke through the enemy's lines.
tiěquān 铁圈[鐵-] N. iron ring
[1]**tiěquán*** 铁拳[鐵-] N. ① iron fist ② powerful striking force
[2]**tiěquán** 铁泉[鐵-] N. chalybeate spring
tiěquàn 铁券[鐵-] N. <trad.> iron plaque, conferred by the emperor on a distinguished minister as a special honor
tiěr 帖儿 N. ① invitation card/letter ② money order M: [1]zhāng
tī'ěr 擿耳 V.O. ① cleanse the ears ② listen attentively
tiěrén 铁人[鐵-] N. a person of exceptional physical/moral strength M: ge/[1]míng/[2]wèi
tiěrén jīngshén 铁人精神[鐵-] N. the iron man spirit
tiěrén sānxiàngsài 铁人三项赛[鐵-] N. Iron Man Triathlon
tiērù 贴入 V. pay or lose money on sth.
[1]**tiěshā** 铁砂[鐵-] N. ①iron sand/ore ②pellets; shot
[2]**tiěshā** 铁纱[鐵-] N. wire gauze/screen
tiěshābù 铁砂布[鐵-] N. steel wire cloth M: [2]kuài
[1]**tiěshān** 铁杉[鐵-] N. Chinese hemlock
[2]**tiěshān** 铁山[鐵-] N. mountain of rich iron ore M: [4]zuò
tiēshàng 贴上 R.V. paste up
tiēshang pànr 贴上判儿 V. <topo.> paste up a likeness of the protector against demons
tiěshāzhǎng 铁沙掌[鐵-] N. Chinese version of karate
tiēshēn(r) 贴身(儿) S.V. ① next to the skin ② personal (e.g., maid) ③ closely attached ♦N. undergarment
tiēshēn yātou 贴身丫头 N. personal maid M: ge/[1]míng
tiēshēn yīfu 贴身衣服 N. underclothes; underclothing M: [2]jiàn
tiēshēnzi 贴身子 N. <topo.> constant companion; crony
tiēshi* 贴实[-實] S.V. ① steady and reliable; down-to-earth ② calm (of mind) ③ sturdy; strong ④ <topo.> intimate
tiěshì 贴士 N. ① inside story ② tip
tiěshí 铁石[鐵-] N. sth. firm/solid
tiěshí gǔzi 铁石骨子[鐵-] N. very strong body; great physical strength
tiěshírén 铁石人[鐵-] N. unfeeling/cruel person M: ge/[1]míng/[2]wèi
tiěshí xīncháng 铁石心肠[鐵-腸] F.E. ① be hardhearted ② resolute/inflexible man
tiēshū 贴书[-書] N. copying clerk; scribe
tiěshù* 铁树[鐵樹] N. <forest.> sago cycas M: [2]kē
tiēshuǐ 贴水 N. <com.> agio; premium
tiěshuǐ* 铁水[鐵-] N. molten iron
tiěshùkāihuā 铁树开花[鐵樹開-] ID. ① rare occurrence ②sth. never seen ③an impossibility
tiěsī(r) 铁丝(儿)[鐵絲-] N. iron wire M: [2]gēn
tiěsījiǎn 铁丝剪[鐵絲-] N. wire cutter M: [1]bǎ
tiěsīsuǒ 铁丝索[鐵絲-] N. iron wire
tiěsīwǎng 铁丝网[鐵絲網] N. ① wire netting/mesh ② wire entanglement
tiěsuànpan 铁算盘[鐵-盤] N. ① expert number-cruncher ② careful calculation and strict budgeting ③astute businessman; financial wizard ④ the trick/spell, by which wandering sorcerers were believed to swindle people out of their money M: ge/[1]míng/[2]wèi/bǎ
[1]**tiěsuǒ** 铁索[鐵-] N. cable; iron chain M: [1]tiáo
[2]**tiěsuǒ** 铁锁[鐵-] N. iron lock
tiěsuǒ diàochē 铁索吊车[鐵-] N. cable car M: [3]liàng
tiěsuǒqiáo 铁索桥[鐵-橋] N. chain/cable/suspension bridge M: [1]jià/[4]zuò
tiětǎ 铁塔[鐵-] N. ① iron tower/pagoda ② <elec.> pylon; transmission tower M: [4]zuò
tiētí 贴题 S.V. relevant; pertinent
tiētǐ 贴体[-體] S.V. fit (of clothes)
tiětí* 铁蹄[鐵-] N. ①iron heel; cruel oppression ② fine horses
tiětiáo 铁条[鐵條] N. iron bar M: [2]gēn
tiētiěr 贴帖儿 V.O. paste up a placard/etc.
tiětíxíng 铁蹄形[鐵-] N. horseshoe shape
tiětǒng 铁桶[鐵-] N. ① metal pail/bucket/drum ② impregnable defense M: ge/[2]zhī
tiětǒngjiāngshān 铁桶江山[鐵-] F.E. <coll.> utterly unwavering; full of conviction
tiětǒngyībān 铁桶一般[鐵-] F.E. hold in a grip of iron
tiětóu 铁头[鐵-] N. iron-head
tiětóuzhàng 铁头杖[鐵-] N. staff with steel ends (as a weapon) M: [1]bǎ/[2]gēn
tiěwàn 铁腕[鐵-] N. ① iron hand/fist ② strong rule (over a country)
tiěwǎngshānhú 铁网珊瑚[鐵網-] F.E. collect rarities
tiěwàn rénwù 铁腕人物[鐵-] N. ① despotic person ② strong man; iron lady M: ge/[1]míng/[2]wèi
[1]**tiēxī** 贴息 V.O./N. discount the interest on a bill of exchange, etc.
[2]**tiēxī** 萜烯 N. <chem.> terpene
tiēxiàn 贴现 V.O. discount (a promissory note)
tiěxiān* 铁锨[鐵杴] N. shovel; spade M: [1]bǎ

tiěxiàn 铁线[鐵-] N. iron wire M: [2]gēn
tiěxiānbǎ 铁锨把[鐵杴-] N. spade; shovel M: [1]bǎ
tiěxiàncūn 铁线皴[鐵-] N. <art> iron-wire wrinkle (in painting)
tiěxiàn dìngshūjī 铁线订书机[鐵--書-] N. wire stitcher; wire stitching machine M: [1]jià
tiěxiāng* 铁箱[鐵-] N. ① iron box ② safe M: ge/[2]zhī
tiěxiàng 铁像[鐵-] N. steel statue/image M: [4]zuò/[1]zhēn
tiěxiànjué 铁线蕨[鐵-] N. <bot.> venus-hair fern M: [2]kē
tiěxiànlián 铁线莲[鐵-] N. <bot.> cream clematis M: [2]kē
tiēxiànlǜ 贴现率 N. discount rate
tiěxiànmiáo 铁线描[鐵-] N. <art> iron-wire stroke (in painting)
tiēxiàn piàojù 贴现票据[-據] N. discounted notes M: [1]zhāng
tiēxībó 贴锡箔 N. decorate with tin foil
tiēxī dàikuǎn 贴息贷款 N. subsidized loans
tiěxiè 铁屑[鐵-] N. iron filings/shavings
tiēxīn* 贴心 S.V. intimate; close
tiěxīn 铁心[鐵-] N. <elec.> ① iron core ② iron heart; ruthlessness ③ strong will; firm determination ♦V.P. unshakable in one's determination
tiēxīnhuà 贴心话 N. words spoken in confidence
tiēxīnrén* 贴心人 N. close friend M: ge/[1]míng/[2]wèi
tiěxīnrén 铁心人[鐵-] N. ① firm/unyielding person ② unsympathetic person M: ge/[1]míng
tiēxīntiēyì 贴心贴意 F.E. ① docile; amiable ② satisfying
tiěxiù 铁锈[鐵鏽] N. rust
tiěxiùsè 铁锈色[鐵鏽-] N. ferruginous (color)
tiěxuē zhèngcè 铁靴政策[鐵-] N. jackboot tactics
tiěxuè zhèngcè* 铁血政策[鐵-] N. the principle of blood and iron
tiěxuèzhǔyì 铁血主义[鐵-義] N. blood-and-iron policy
tiěyán 铁盐[鐵鹽] N. <min.> molysite; ferric salt
tiěyǎngtǐ 铁氧体[鐵-體] N. ferrite
tiěyànmóchuān 铁砚磨穿[鐵-] F.E. study with uncommon diligence
tiěyèzi 铁叶子[鐵葉-] N. tin plate M: [1]piàn
tiēyì 贴译[-譯] N. <lg.> faithful translation
tiěyī* 铁衣[鐵-] N. ① armor ② iron rust M: [2]jiàn
tiěyìn 铁印[鐵-] N. iron seal/stamp
tiěyǐzi 铁椅子[鐵-] N. sinecure M: [1]bǎ
tiēyòng yìnhuā 贴用印花 V.O. <trad.> affix revenue stamps
tiěyǔnshí 铁陨石[鐵-] N. iron meteorite M: [2]kuài
tiězé 铁则[鐵-] N. an iron/inviolable rule; unalterable rules
tiězhā 铁渣[鐵-] N. small steel pieces; steel dust
tiězhà* 铁栅[鐵柵] N. iron railing/bars; grill M: [2]dào
tiězhàmén 铁栅门[鐵柵-] N. door/gate made of steel bars M: [1]shàn
tiězhàng 铁杖[鐵-] N. steel staff/stick M: [2]gēn/[1]tiáo
[1]**tiězhēn** 铁针[鐵-] N. iron needle M: [4]méi
[2]**tiězhēn(r/zi)** 铁砧(儿/子)[鐵-] N. anvil M: [2]kuài
tiězhèng 铁证[鐵證] N. ironclad proof/evidence
tiězhèngrúshān 铁证如山[鐵證-] F.E. irrefutable/conclusive evidence
tiězhēngzhēng 铁铮铮[鐵錚錚] R.F. firm; unyielding; steadfast
tiēzhǐ 贴纸 V.O. paste paper on sth.
tiězhì* 铁质[鐵質] ATTR. made of steel/iron ♦N. iron
tiězhōngzhēngzhēng 铁中铮铮[鐵-錚錚] F.E. an outstanding person
tiězi 帖子 N. ① invitation ② card; notepaper ③ money order

tiězuǐ 铁嘴[鐵-] N. sb. who speaks only the truth (said of some fortune tellers); accurate judgment/prediction
tífǎ 提法 N. the way sth. is put; formulation; wording
tǐfá* 体罚[體-] N. corporal punishment
tǐfǎ 体法[體-] N. fixed/established rule
tìfà 剃发[-髮] V.O. cut/shave the hair
tīfān* 踢翻 R.V. kick sth./sb. down; kick sth. upside down
tǐfàn 体范[體範] N. model; pattern
tífang 提防 V. take precautious against; be on guard against *See also* dīfang, tífāng
tífáng* 提防 V. be on guard against sb. *See also* dīfang, tífang
tǐfànyóucún 体范犹存[體範猶-] F.E. The pattern still exists.
tìfàxiūxíng 剃发修行[-髮--] F.E. <Budd.> cut off one's hair and become a monk or nun
tī fēijiǎo 踢飞脚[-飛腳] V.O. an acrobatic stunt involving successive kicking motions
tīfú 擿伏 V.P. bring a secret to light; expose evil
tǐfū* 体肤[體膚] N. body skin
tì fù bàochóu 替父报仇[--報-] V.P. avenge one's father
tǐgǎi 体改[體-] N. structural reform
tǐgǎiwěi 体改委[體-] AB./P.W. economic system reform commission
[1]**tígàn** 提干[-幹] V.O. ① promote cadres ② be promoted to cadre
[2]**tígàn** 题干[-幹] N. <lg.> stem
tígāng 提纲[-綱] N. outline
tígāngqièlǐng 提纲挈领[-綱--] F.E. concentrate on the main points
tígāngzhènlǐng 提纲振领[-綱--] F.E. concentrate on the main points
tígāo* 提高 R.V. raise; heighten; enhance; increase; improve
tǐgāo 体高[體-] N. height (of a person)
tígāo jǐngjué 提高警觉[-覺] V.O. heighten one's vigilance
tígāo jǐngtì 提高警惕 V.O. sharpen one's vigilance
tígāo xiàolǜ 提高效率 V.O. raise efficiency
tígāo yǒngqì 提高勇气[-氣] V.O. pluck up one's courage
tǐgé 体格[體-] N. physique; build
tǐgé jiǎnchá 体格检查[體-] N. physical examination/checkup
tǐgékuíwú 体格魁梧[體-] F.E. gigantic in stature
tígōng* 提供 V. ①supply; furnish; offer ②sponsor (a TV/radio program, etc.) ③ <law> supply bail; provide security
tìgōng(r) 替工(儿) V.O. work as a temporary substitute ♦N. temporary substitute (worker) M: ge/[1]míng
tǐgōngduì 体工队[體-隊] N. sports team M: [4]zhī
tígōnggěi 提供给 *See* tígōng
tígōngshāng 提供商 N. provider M: ge/[1]míng/[2]wèi
tīgǔ 剔骨 V.O. debone
tíguàn 提灌 V. irrigate by pumping water to a higher level
tì guāngtóu 剃光头 V.O. ① shave one's head completely ② inflict a crushing defeat
tì guǐtóu 剃鬼头 V.O. have an ugly haircut
tì gǔrén dānyōu 替古人担忧[-擔憂] V.P. uncalled-for worries
tíhái 提孩 N. child
tíhǎi* 题海 N. heavy and varied homework for students
tíhǎi zhànshù 题海战术[-戰術] N. ① a mountain of homework ② a mountain of questions in a test paper
tīháng* 梯航 N. long, arduous voyages
tíháng 提行 V.O. <print.> begin a new line
tíháo 啼号[-號] V. cry loudly; wail
tíhé 提盒 N. tiered lunch box M: [2]zhī
tīhóng 剔红 N. carved lacquerware
[1]**tíhú** 鹈鹕 N. pelican M: [2]zhī

[2]**tíhú** 醍醐 N. ① clarified butter ② <Budd.> nirvana; essence of Buddhist truth ③ purity of a man's character
[3]**tíhú** 提壶[-壺] V.O. take a wine vessel (to buy wine) ♦N. name of a bird M: [1]bǎ/[2]zhī/ge
[1]**tíhuā*** 提花 N. <txtl.> jacquard weave
[2]**tíhuā** 题花 N. ① ornamental design accompanying a periodical article ② title design
tíhuà 题画[-畫] V.O. write on a painting
tìhuan 替换[-換] V. replace; displace ♦N. <lg.> alternation; substitution
tìhuàncí 替换词[-換-] N. <lg.> substitute
tìhuàn guīzé 替换规则[-換--] N. <lg.> alternation rules
tìhuan kuàngjià 替换框架[-換--] N. <lg.> substitution frame
tìhuan liànxí 替换练习[-換練習] N. <lg.> substitution drill
tìhuan lúnliú 替换轮流[-換--] V.P. do something in turn; take turns
tìhuàn shìyàn 替换试验[-換--] N. <lg.> substitution test
tìhuan zìfú 替换字符[-換--] N. substitute character
tíhúguàndǐng 醍醐灌顶 F.E. ① be enlightened ② feel refreshed
tǐhuì 体会[體-] V. know/learn from experience; realize ♦N. knowledge; understanding
tíhūn 提婚 V.O. propose marriage through an intermediary
tíhuò 提货 V.O. take delivery of goods
tíhuòdān 提货单 N. bill of lading M: [1]zhāng
tīji 体/梯己[體-] N. ① <coll.> personal savings; private property that is not known to others ② close and intimate conversations/persons ♦ATTR. intimate; confidential ♦ADV. in person
tījí 梯级 N. stair; step
[1]**tíjí*** 提及 V. mention; refer to
[2]**tíjí** 提级 V.O. promote one grade/step
tíjì 题记 N. <archeo.> graffito; inscription
tǐjī 体积[體積] N. volume; bulk
tǐjǐ 体己[體-] N. close friend
tījià 梯架 N. ①(construction) scaffold ②ladder frame
tíjià* 提价[-價] V.O. raise prices
tǐjiǎn 体检[體-] N. physical examination
tíjiǎng 提奖[-獎] V.O. give a bonus/award
tī jiànzi 踢毽子 V.O. play at battledore and shuttlecock
tíjiāo* 提交 V. submit (a problem/etc.) to
tíjiào 啼叫 V. ① cry; wail ② scream; screech; wail
tǐjiǎo 体角[體-] N. <math.> solid angle
tījiē 梯阶[-階] N. ① steps of a ladder ② keys to accomplish sth; means to achieve a result
tíjiě* 题解 N. ① explanatory notes on the title/background of a book ② key to exercises/problems
tǐjié 体节[體節] N. <zoo.> body segment
tǐjiě 体解[體-] V. ① dismember; tear to pieces ② comprehend; realize
tíjīháohán 啼饥号寒[--號-] F.E. cry from hunger and cold
tījihuà(r) 体/梯己话(儿)[體-] N. intimate/confidential talk
tíjīn 蹄筋 N. tendons of beef/mutton/pork
tíjìng 提净[-淨] V. refine (oil/sugar/ores/etc.)
tījiqián 体/梯己钱[體-錢] N. private savings (of a family member)
tījirén 梯己人 N. confidant
tíjítíjià 提级提价[-價] F.E. falsify upgrading to raise the price
tíjítíxīn 提级提薪 F.E. The promotion carried higher wages.
tǐjiū* 体究[體-] V. study deeply
tìjiǔ 殢酒 V.O. suffer from alcoholism
tíjǔ* 提举[-舉] V. promote someone
tìjù 惕惧[-懼] ATTR. apprehensive and vigilant
tíjué 鹍/鹈鴂 N. <zoo.> cuckoo
tǐjué 体厥[體-] N. a general feeling of cold
tìjué(r)* 替角(儿) N. <thea.> understudy

tīkāi 踢开[-開] R.V. ① kick off/aside/away ② kick open (a door)
tíkè 题刻 N. ① inscription ② autograph
tíkōng 提空 V.P. exhaust
tíkū 啼哭 V. cry; wail
tíkù 题库 N. examination-question bank
[1]tíkuǎn 提款 V.O. draw money (from a bank)
[2]tíkuǎn 题款 N. date and name of a writer and the person (a scroll is) dedicated to
tíkuǎndān 提款单 N. withdrawal slip M: *[1]zhāng/[1]fèn*
tīkuàng 锑矿[-礦] N. <*min.*> stibium mine M: *[4]zuò*
tīláitīqù 踢来踢去 V.P. Each thinks the task is the responsibility of sb. else.
tílán(r) 提篮(儿)[-籃-] N. basket with a handle M: *ge/[2]zhī*
tìlèi 涕泪[-淚] N. ① tears ② tears and snot
tìlèijiāoliú 涕泪交流[-淚--] F.E. shed tears and snivel
tìlèijùxià 涕泪俱下[-淚--] F.E. tears and mucus flowing down together
tìlèizònghéng 涕泪纵横[-淚縱-] F.E. with tears streaming down one's face
[1]tǐlì* 体力[體-] N. physical power/strength
[2]tǐlì 体例[體-] N. ① stylistic rules and layout; style ② principle; system
tìlì 惕厉/励/历[-厲/勵/歷] V.P. exercise caution and discipline; be on guard
tíliàn* 提炼[-煉] V. abstract; refine
tǐlián 体联[體聯] N. athletic federation
tíliáng(r) 提梁(儿) N. handle; straps; etc.
tǐliàng* 体谅[體-] V. ① make allowances for ② be considerate of
tíliángyǒu 提梁卣 N. <*archeo.*> ewer with a loop handle
tǐliáo 体疗[體療] N. physical exercise therapy
tǐlì chōngpèi 体力充沛[體-] V.P. full of physical strength
tīliè 梯列 N. echelon
tǐlì fánduō 体例繁多[體-] V.P. Regulations are numerous.
tǐlì huódòng 体力活动[體-動] N. physical exertion
tǐlì láodòng 体力劳动[體-勞動] N. physical/manual labor
tìlíng* 涕零 V.P. shed tears
tìlìng 替另 ATTR. additional; extra
tìlíngrúyǔ 涕零如雨 F.E. tears streaming down like rain drops
tíliu 提溜 V. hold by the hand *See also [1]dīliu*
tíliú* 提留 V. ① retain a certain proportion (of funds/profits/etc.) ② deduct (from income)
tílù 题录[-錄] N. <*lg.*> title
tílù suǒyǐn 题录索引[-錄--] N. title catalogues
tīmǎcì 踢马刺 N. spur
tǐmào* 体貌[體-] N. ① figure and appearance ② decorum; propriety ♦V.P. <*wr.*> treat sb. with due respect
tìmào 屉帽[屜-] N. lid of a steamer
tǐmào zhōuquán 体貌周全[體-] V.P. One's feature and manners are refined.
tǐmian 体面[體-] N. dignity; face ♦S.V. ① honorable; creditable ② good-looking; handsome
tǐmiàn qǐlai 体面起来[體-] R.V. become good-looking or dignified
tǐmiansǎodì 体面扫地[體-掃-] F.E. lose face completely
[1]tímíng 提名 V.O. nominate ♦N. nomination
[2]tímíng 题名 N. ① autograph ② title (of an article/etc.) ♦V.O. name a work; entitle
[3]tímíng 啼鸣 V. crow; caw
[4]tímíng 题铭 N. mark
tímíngdàoxìng 提名道姓 F.E. mention or refer to sb.'s name
tímíng liúniàn 题名留念 V.P. give an autograph as a memento
tímínglù 题名录[-錄] N. ① <*trad*> roster of successful candidates who participated in the same civil-service examination ② book for recording names M: *[1]běn/[4]cè*
tímíngr 啼鸣儿 V.O. <*coll.*> crow (of a cock)
tímíngrén 提名人 N. nominee
tímíng xuǎnjǔ 提名选举[-選舉] V.P. present candidates for an election
tímíngzhě 提名者 N. nominator of a candidate M: *ge/[1]míng/[2]wèi*
tímù* 题目 N. ① title; subject; topic ② exercise problems; exam questions
tìmù 悌睦 V. live at peace as brothers
tǐnǎo 体脑[體腦] N. physical and mental labor
tǐnèi 体内[體-] ATTR. internal; in vivo
tǐnèi wūrǎn 体内污染[體-] N. internal pollution
tǐnéng 体能[體-] N. physical stamina/agility
[1]tīng* 听[聽] V. ① listen; hear ② heed; obey ***Tā duì wǒ de yìjian ~ bu jìnqu.*** He turned a deaf ear to my suggestions. ③ <*wr.*> administer ④ allow; let ♦M. <*topo.*> tin; can
[2]tīng 厅[廳] B.F. ① hall ***dàtīng, cāntīng*** ② outer/main rooms in a house or apartment (vs. "inner" [1]fáng) ***kètīng, fàntīng*** ③ office ***bàngōngtīng*** ④ provincial government department
[3]tīng 汀 B.F. beach; shore; shoal ***tīngxiàn, tīngzhōu*** ♦in ***kètīngbìng***
[4]tīng 烃[烴] <*chem.*> B.F. hydrocarbon ***tīngqì, liàntīng***
[5]tīng 桯 B.F. shaft of an awl/etc. ***[3]tīngzi***
[1]tíng 停 V. ① stop; pause ② stop over ③ park; berth ♦B.F. ready; settled ***tíngtuǒ*** ♦M. <*coll.*> part; portion ***Wǔ ~ guǒzi zhōng [3]dào yǒu sān ~ shì làn de.*** Three out of five of the fruits are rotten.
[2]tíng 亭 B.F. ① pavilion; kiosk ***tíngzi*** ② well-balanced; (exactly/precisely) in the middle ***[1]tíngyún***
[3]tíng 庭 B.F. ① hall ② front (court)yard ***[1]tíngyuàn*** ③ law court ***fǎtíng***
[4]tíng 廷 B.F. imperial court; central government ***[1]gōngtíng, Qīngtíng***
[5]tíng 霆 B.F. thunderbolt ***[2]tíngjī, léitíng***
[6]tíng 莛 B.F. stalk ***huātíngr, màitíng***
[7]tíng 蜓 in ***qīngtíng, yǎntíng***
[8]tíng 婷 in ***[1]tíngtíng, pīngtíng***
[1]tǐng 挺 V. ① stick/bulge out ② endure ③ <*slang*> deal with; handle ♦B.F. ① erect; firm ***bǐtǐng*** ② distinguished; standing out ***yīngtǐng*** ♦ADV. very; rather; quite ♦M. *for machine guns*
[2]tǐng 艇 B.F. boat; craft ***yóutǐng, [1]qiting***
[3]tǐng 梃 B.F. stem of a plant; trunk of a tree ***tǐngr, shùtǐng***
[4]tǐng 町 B.F. ① raised path between fields ***tǐngqí*** ② field ***tǐngtuǎn***
[5]tǐng 铤[鋌] B.F. walk fast ***tǐng'érzǒuxiǎn*** *See also [7]dìng*
tǐngbá 挺拔 S.V. ① tall and straight (of trees) ② forceful (of calligraphy) ③ eminent; outstanding
tǐngbábùqún 挺拔不群 F.E. outstandingly principled
tíngbǎi 停摆[-擺] V.O. stop oscillating
[1]tíngbǎn 停版 V. suspend publication
[2]tíngbǎn 停板 *See diē tíngbǎn*
tíngbàn* 停办[-辦] V. close down
tíngbì 停闭 V. close a business; go out of business
tīngbiàn 听便[聽-] F.E. please yourself
tíngbiǎo 停表 N. stopwatch
tīngbìjiǎo 听壁脚[聽-腳] V.O. eavesdrop
tíngbǐníngsī 停笔凝思[-筆--] F.E. stop writing to think
tíngbó 停泊 V. anchor; berth
tíngbóchù 停泊处[-處] berth; anchorage; roadstead
tíngbódì 停泊地 N. anchorage; berth
tíngbófèi 停泊费 N. parking fee M: *[2]bǐ*
tíngbō xìnhào 停播信号[-號] N. off-the-air signal
tíngbùbùqián 停步不前 V.P. come to a halt; cease to advance
tīngbuchū ge shù lai 听不出个数来[聽--個數-] V.P. <*coll.*> unable to make sense of what one has heard
tīngbudào 听不到[聽-] R.V. can't hear
tīngbude 听不得[聽-] R.V. ① too unpleasant to hear ② should not be heard; should not listen to
tīngbudǒng 听不懂[聽-] R.V. don't understand (by listening)
tīngbujiàn 听不见[聽-] R.V. can't hear
tīngbujìn 听不进[聽-進] R.V. close one's ears
tīngbujìnqu 听不进去[聽-進-] R.V. can't stand listening to (unwanted advice or sth. boring)
tǐngbùlài 挺不赖 V.P. <*coll.*> not at all bad
tīngbumíngbai 听不明白[聽-] R.V. cannot hear well or comprehend
tǐngbuqǐ 挺不起 R.V. dare not speak up to; be too tolerant of sb./sth.
tīngbuqīng 听不清[聽-] R.V. can't hear clearly/distinctly
tīngbuqīngchǔ 听不清楚[聽-] R.V. can't hear clearly
tíng bu xiàlai 停不下来 R.V. be unable to stop
tīng bu xiàqu 听不下去[聽-] R.V. can't go on listening to
tǐngbuzhù 挺不住 R.V. can't stand it; can't take it any more
tīngcèngr 听蹭儿[聽-] V.O. <*topo.*> see an operatic show without paying money
tīngchà 听岔[聽-] V. <*coll.*> hear incorrectly
tīngchāi 听差[聽-] <*trad.*> N. ① office attendant ② male domestic servant M: *ge/[1]míng* ♦V.O. serve as a servant
tīngchāi de 听差的[聽-] N. servant M: *ge/[1]míng*
tīng chāiqiǎn 听差遣[聽-] V.O. fetch and carry
tíngchǎn 停产[-產] V. stop production
tíngchǎng fèiyòng 停厂费用[-廠--] N. <*acct.*> shut-down expenses
tíngchāngpú 庭昌蒲 N. blue-eyed grass
tíngchǎn zhěngdùn 停产整顿[-產--] V.P. suspend operations in order to consolidate
tíngchē 停车 V.O. ① stop a car ② pull up ③ park
tíngchēchǎng 停车场[-場] P.W. parking lot M: *[4]zuò*
tíngchēdēng 停车灯[-燈] N. red (traffic) light
tíngchēfèi 停车费 N. parking fee
tíngchē jìshí shōufèiqì 停车计时收费器[---時---] N. parking meter M: *[1]jià/ge*
tíngchēwèi 停车位 N. parking space/place
tíngchēzhèng 停车证[-證] N. parking permit M: *[1]zhāng*
tīngchū* 听出[聽-] R.V. listen to and understand
tíngchú 庭除 N. <*wr.*> front courtyard
tǐngchū 挺出 R.V. stick out
tīngchuāng 听窗[聽-] V. <*topo.*> ① listen at the window ② listen outside the room of a newly married couple on their wedding night
tíngchuáng* 停床 V.O. lie on one's deathbed before being buried
tīng chūlai 听出来[聽-] V. listen to and understand
tīngcóng 听从[聽從] V. obey; heed; comply with
tīngcóng bǎibù 听从摆布[聽從擺-] V.O. submit to sb.'s manipulations
tīngcóng zhǐhuī 听从指挥[聽從-] V.O. submit to sb.'s command
tīngcuò 听错[聽-] R.V. hear mistakenly
tíngdang 停当[-當] V.P. ready; settled ***Yīqiè zhǔnbèi ~.*** Everything's ready.
[1]tīngdào* 听到[聽-] R.V. hear
[2]tīngdào 听道[聽-] N. auditory canal
tǐngdao 挺道 S.V. <*topo.*> neat; decent-looking (of clothing/etc.)
tīngdào fēngshēng 听到风声[聽-聲] V.O. get wind of
tīngdechū 听得出[聽-] R.V. can be inferred from what is heard
tīng de chūshén 听得出神[聽-] V.P. be completely absorbed
tīngdedǒng 听得懂[聽-] R.V. listen to and understand
tīngdejiàn 听得见[聽-] R.V. can be heard; be audible

tīng de rùshén 听得入神[聽-] V.P. completely absorbed (in music/lecture/etc.)
tíngdiàn 停电[-電] V.O. cut power ♦N. power cut/outage/failure
tíngdìng 停订 V. discontinue (a subscription)
tīngdǒng 听懂[聽-] R.V. understand; take in (aurally)
tǐngdòu 挺逗 INTJ. cool!
tīngdù* 听度[聽-] N. audibility
tíngdú 停读[-讀] N. <lg.> reading pause
tīngduàn 听断[聽斷] V. pass judgment after hearing a case
tíngduì 廷对[-對] V. respond to the emperor's queries at court
tǐngduì* 艇队[-隊] N. squadron (of vessels) M: [4]zhī
tīngdùjì 听度计[聽-] N. audiometer M: ge/[2]zhī
tíngdùn 停顿 N./V. stop; halt; pause ♦N. <lg.> pausing
tíngdùn bù qián 停顿不前 V.P. at a dead end
tíngdùn dòngcí 停顿动词[--動-] N. <lg.> pause particles
tíngdùn xiàlai 停顿下来 R.V. take a pause
tīng'érbùwén 听而不闻[聽-] F.E. turn a deaf ear to
tǐng'érzǒuxiǎn 铤/挺而走险 F.E. ① take a desperate risk ② be forced to break the law
[1]**tīngfáng** 厅房[廳-] N. <topo> ① hall ② central room open to a number of other rooms
[2]**tīngfáng** 听房[聽-] V.O. <topo.> ① listen at the window ② listen outside the room of a newly married couple on their wedding night
tíngfàng* 停放 V. park; place
tíngfàngchǎng 停放场[-場] P.W. parking place (usu. for bikes) M: [4]zuò
tíngfēi 停飞[-飛] V. ground aircraft
tíngfèng 停俸 V.O. suspend salary payments
tīngfēngr 听风儿[聽-] V.O. <coll.> get wind of; hear of news/rumor/etc.)
tīngfēngshìyǔ 听风是雨[聽-] F.E. believe rumors
tíngfù 停付 V. stop paying
tǐnggǎn 挺杆 N. <mach.> tappet
tīnggǎn shìyàn 听感试验[聽-] N. hearing test
tínggē* 停搁 V. stop and shelve (a project/etc.)
tínggé 亭阁 N. traditional pavilion and house/etc.
tínggōng* 停工 V.O. stop work; shut down
tínggòng 停供 V. cut off the supply
tínggōng-dàigōng rényuán 停工待工人员 N. people out of work or waiting for work
tínggōng dàiliào 停工待料 V.P. suspend work to await materials
tīnggǔ 听骨[聽-] N. <phys.> ear bones; auditory ossicle
tǐnggua 挺括 S.V. <topo.> ① stiff and smooth (of cloth/paper/etc.) ② neat; trim; well-pressed (of clothes)
tīngguān 听官[聽-] N. the sense of hearing
tīngguǎn 听管[聽-] N. auditory canal
tīngguàn* 听惯[聽-] R.V. be used to hearing
tǐng guoqu 挺过去 R.V. tough it out
tíngháng 停航 V.O. suspend air/shipping service
tǐnghǎo 挺好 V.P. very good; quite good
tīnghē(r) 听喝(儿)[聽-] V. <coll.> ① await orders; act only on command ② be at one's beck and call
tīnghòu* 听候[聽-] V. wait for (a decision/etc.); be pending
tínghòu 亭候 N. <trad.> military station
tīnghòu chǔlǐ 听候处理[聽-處-] V.P. await further instructions before handling
tīnghòu fēnfù 听候吩咐[聽-] V.P. be at someone's service
tīnghòu fēnpèi 听候分配[聽-] V.P. wait for a job assignment
tīnghuà(r)* 听话(儿)[聽-] V.O. ① await a reply ② heed advice ③ obey ♦S.V. obedient
tínghuà 停话 V.O. stop talking
tīnghuàtīngyīn(r) 听话听音(儿)[聽-聽--] F.E. When you hear people talk, listen to their tone.
tīnghuàxiàn 听话线[聽-] N. listening-in line M: [1]tiáo
tīnghuàzhě 听话者[聽-] N. hearer M: ge/[1]míng
tīnghuì 听会[聽-] V.O. be a visitor at a meeting
tínghuì* 停会 V.O. stop/end a meeting
[1]**tínghuǒ** 停火 V.O. cease fire; stop fighting
[2]**tínghuǒ** 停伙 V.O. stop cooking
tínghuǒ xiédìng 停火协定[--協-] N. cease-fire agreement M: [1]fèn/ge
tínghuǒ xiéyì 停火协议[-協議] N. cease-fire agreement M: [1]fèn/ge
[1]**tíngjī** 停机 V.O. ① park an airplane ② stop (printing) press ③ <comp.> turn off the computer ④ finish shooting (a film)
[2]**tíngjī** 霆击[-擊] N. as swift as lightning
tǐngjiǎbǎn 艇甲板 N. boat deck
tīngjiàn* 听见[聽-] R.V. hear ***tīngbujiàn de dīyǔ*** (in) a scarcely audible whisper ***Wǒ zìxì ~ le, kě shénme dōu méi ~.*** I listened carefully but heard nothing.
tíngjiàn 停建 V. stop construction
tīngjiàn fēng jiùshì yǔ 听见风就是雨[聽-] F.E. catch at shadows
tīngjiǎng 听讲[聽講] V.O. listen to a talk/lecture
tíngjiàn-huǎnjiàn xiàngmù 停建缓建项目 N. suspended and canceled projects
tǐngjié 挺节[-節] V.O. hold fast to one's principles; be virtuous
tíngjiēshíchǔ 庭阶石础[-階-礎] F.E. steps and stone structures
tǐngjǐn 挺紧[-緊] V.P. very tight
[1]**tǐngjìn*** 挺进[-進] R.V. press/push forward
[2]**tǐngjìn(r)** 挺劲(儿)[-勁-] S.V. vigorous; forceful
tǐngjìnduì 挺进队[-進隊] N. tough vanguard units M: [4]zhī
tíngjīng* 停经[-經] N. ① stoppage of menstruation during pregnancy ② menopause
tǐngjìng 挺劲[-勁] S.V. ① tall and straight ② forceful
tíngjīngqī 停经期[-經-] N. menopause
tǐngjìnjūn 挺进军[-進-] N. tough vanguard units M: [4]zhī
tíngjīpíng 停机坪 N. aircraft parking area; apron M: [4]zuò
tíngjī shíjiān 停机时间[--時-] N. <comp.> down time
tíngjiǔzhǐyuè 停酒止乐[-樂] F.E. stop the liquor and the music
tǐngjǔ 挺举[-舉] N. <sport> clean and jerk (in weight lifting)
tīngjué* 听觉[聽覺] N. <phys.> sense of hearing; auditory sense
tíngjué 庭决[-決] V. hand down a sentence summarily
tīngjué fǎnkuì 听觉反馈[聽覺-] N. <lg.> auditory feedback
tīngjué fǎnkuì yánchí 听觉反馈延迟[聽覺-遲] N. <lg.> delayed auditory feedback
tīngjué gǎnzhī 听觉感知[聽覺-] N. <lg.> auditory perception
tīngjué guòlǜ 听觉过滤[聽覺-濾] N. <lg.> acoustic filtering
tīngjué jiànbié 听觉鉴别[聽覺鑒-] N. <lg.> auditory discrimination
tīngjuéqì 听觉器[聽覺-] N. auditory organ M: ge/[2]zhī
tīngjué yǔyán 听觉语言[聽覺-] N. <lg.> auditory language
tīngjué yǔyīnxué 听觉语音学[聽覺-] N. <lg.> auditive/auditory phonetics
tīngjué zhōngshū 听觉中枢[聽覺-樞] N. auditory center
tǐngjùn 挺俊 ATTR. tall, straight, and graceful
tíngkān 停刊 V.O. stop publication
tíngkào 停靠 V. stop (a train); berth (a ship)
tíngkàogǎng 停靠港 N. port of call
tīngkè* 听课[聽-] V.O. ① sit in on a class ② attend a lecture
tíngkè 停课 V.O. ① suspend classes ② finish classes for the term
tíngkuí 廷魁 N. top successful candidate in the imperial examination
tīnglái 听来[聽-] V.P. sound like
tīng lālāgū jiào 听拉拉蛄叫[聽-] F.E. <topo.> die
tīnglèngle 听愣了[聽-] V.P. <coll.> be dumbstruck
tīnglì* 听力[聽-] N. ① hearing (ability) ② aural comprehension (in language teaching)
tǐnglì 挺立 V. stand bolt upright
tíngliáo 停潦 V.P. accumulate water ♦N. accumulated water (in low-lying areas after a shower)
tǐnglìbùbá 挺立不拔 F.E. stand upright and rock-firm
tīnglì cèyàn 听力测验[聽-] N. listening comprehension test
tīnglì fànwéi 听力范围[聽-範圍] N. earshot
tínglígēbà 停犁搁耙 F.E. put away the plows and harrows after the harvest season
tínglíng 停灵[-靈] V.O. keep a coffin in a temporary shelter before burial
tǐnglìrúsōng 挺立如松 F.E. stand erect and majestic as green pines
tīnglì sǔnshī 听力损失[聽-] N. hearing loss
tīnglìtú 听力图[聽-圖] N. audiogram; audiograph M: [1]zhāng
tíngliú 停留 V. ① stay for a time; stop over during a journey ② remain (at a certain stage)
tíngliǔjiēhuā 庭柳阶花[--階-] F.E. willows in the courtyard and flowers alongside the terrace steps
tíngliú jìhào 停留记号[-號] N. <mus.> fermata
tīnglìxué 听力学[聽-] N. audiology
tīnglìxuéjiā 听力学家[聽-] N. audiologist M: ge/[1]míng/[2]wèi
tīngmǐndù 听敏度[聽-] N. auditory acuity; acuity of hearing
tīngmíng 听明[聽-] R.V. hear clearly and understand
tīngmìng* 听命[聽-] V.O. ① follow orders ② let fate take its course; trust to luck ③ be resigned to one's fate
tīng míngbai 听明白[聽-] R.V. understand (what is heard)
tīngmìngyúrén 听命于人[聽-於-] F.E. be at sb.'s service
tīngnéng 听能[聽-] N. sense of hearing
tīngnì(le) 听腻(了)[聽-] V.P. be tired of listening to sth.
tíng piànkè 停片刻 V.P. <coll.> stop momentarily
tīngpíng 听凭[聽憑] V. allow; let ***Bùyào ~ tārén de bǎibù.*** Don't be at the mercy of others.
tīngpíng chǔlǐ 听凭处理[聽憑處-] V.O. put (oneself) in sb.'s hands
tīngpíng chǔzhì 听凭处置[聽憑處-] V.O. put (oneself) in sb.'s hands
tīngqì 烃气[烴氣] N. <chem.> hydrocarbon gas
tíngqì 停气[-氣] V.O. cut off the supply of gas
tǐngqí 町畦 N. low bank of earth between fields
tǐngqǐ* 挺起 R.V. ① leap up ② raise up (the head/etc.)
tīng qiánggēn(r) 听墙根(儿)[聽牆-] V.O. <coll.> eavesdrop; overhear through a wall
tīng qǐlai 听起来[聽-] V. sound like
tīngqīng 听清[聽-] R.V. hear clearly
tīng qīngchǔ 听清楚[聽-] R.V. hear clearly
tǐngqǐ xiōngtáng 挺起胸膛 V.O. stick/throw out one's chest
tīng qí yán ér guān qí xíng 听其言而观其行[聽---觀--] F.E. judge by deeds, not just by words
tīng qí yán guān qí xíng 听其言观其行[聽--觀--] F.E. judge by deeds, not just by words
tǐngqǐ yāobǎn(r) 挺起腰板(儿) V.O. <coll.> ① straighten the body; stiffen the spine ② stand on one's own feet
tíngqīzàiqǔ 停妻再娶 F.E. commit bigamy
tīngqízìbiàn 听其自便[聽-] F.E. leave sth. to sb.'s convenience

tīngqízìliú 听其自流[聽-] F.E. let things drift along

tīngqízìrán 听其自然[聽-] F.E. let things take their own course

tīngqū 汀曲 N. bend in a stream

tīngqǔ* 听取[聽-] V. listen to; hear (a report)

tīng quàngào 听劝告[聽勸-] V.O. accept/listen to another's advice

tīngqǔ huìbào 听取汇报[聽-匯報] V.O. hear reports (from below); debrief

tīng qūqur jiàohuan 听蛐蛐儿叫唤[聽-喚] ID. <topo.> push up daisies; be dead

tíngr* 停儿 M. ① share; portion ② stops (of a bus/etc.)

tǐngr 梃儿 N. stem of a plant

tǐngránbùqún 挺然不群 F.E. outstanding; standing out from others

tīngrèn 听任[聽-] V. allow; let

tīngrénbǎibu* 听人摆布[聽-擺-] F.E. under the dictate of others

tīngrènbǎibu 听任摆布[聽-擺-] F.E. be at sb.'s disposal

tīngrénchuānbí 听人穿鼻[聽-] F.E. be at the mercy of others

tīngrènzǎigē 听任宰割[聽-] F.E. place oneself at the mercy of. . .

tīngrénzhīpèi 听人支配[聽-] F.E. resign oneself to another's control

tīngrènzìbiàn 听任自便[聽-] F.E. follow one's own convenience

tíngshàng 庭上 P.W. ① in court ② at (the imperial) court

tīngshè 厅舍[廳-] P.W. rooms in a house

tíngshè* 庭舍 P.W. house

tīngshěn 听审[聽審] V.O. wait for a trial

tíngshěn 庭审[-審] N. ① court hearing ② interrogation in court

[1]**tǐngshēn*** 挺身 V.O. straighten the back

[2]**tǐngshēn** 挺伸 V. stretch out

tǐngshēn'érchū 挺身而出 F.E. ① stride boldly forward ② stand up and volunteer to help

tǐngshēnfǎnkàng 挺身反抗 F.E. stand up and fight

tǐngshēng 挺升 V. rise steeply (of prices)

tīngshénjīng 听神经[聽-經] N. auditory/acoustic nerve

tíngshěnrì 庭审日[-審-] N. court day

tǐngshēnyìlì 挺身屹立 F.E. stand upright

tīngshǐ 听使[聽-] V.P. ① convenient; suitable for use ② await instructions/orders and be ready for errands

[1]**tīngshì** 厅事[廳-] N. ① government office ② courtroom

[2]**tīngshì** 听事[聽-] V.O. <wr.> hold court (of a monarch/regent); manage affairs ♦N. government office; hall

tíngshī 停尸[-屍] V.O. place a body (somewhere)

[1]**tíngshí** 停时[-時] N. stopping time

[2]**tíngshí** 停食 N. <Ch. med.> gastric disorder; indigestion

tíngshì 廷试 N. imperial examination

tǐngshī 挺尸[-屍] V.O. <slang> sleep; take a cat nap; snooze ♦N. stiff corpse

tǐngshí* 挺实[-實] S.V. firm and sturdy

tīngshì de 听事的[聽-] N. servant

tíngshījiān 停尸间[-屍-] P.W. mortuary M: [1]*jiān*

tíngshīshì 停尸室[-屍-] P.W. morgue; mortuary M: [1]*jiān*

tīngshóu 听熟[聽-] R.V. be familiar with due to frequent hearing

tíngshǒu 停手 V.O. stop doing sth.

tíngshòu* 停售 V. halt the sales

tīngshū 听书[聽書] V.O. listen to storytelling

tǐngshuǎng 挺爽 V.P. firm and brisk

tíngshuǐ 停水 V.O. cut off the water supply

[1]**tīngshuō** 听说[聽-] V. ① hear/understand that. . . ***Wǒ ~ tā kuàiyào lái le.*** I've heard that he'll be arriving shortly. ② <topo.> heed what an elder/superior says; be obedient/docile ♦N. hearsay ***Zhè zhǐ shì ~ bàle.*** It's merely hearsay. *See also* [2]*tīng-shuō*

[2]**tīng-shuō** 听说[聽-] N. listening and speaking *See also* [1]*tīngshuō*

tīng-shuōfǎ 听说法[聽-] N. <lg.> audiolingual approach/method

tīngsòng 听讼[聽-] V.O. <wr.> preside over a lawsuit; try a case

tīngsuí 听随[聽隨] V. ① obey ② allow

tíngtái 亭台[-臺] N. pavilion and terrace

tíng-tái-lóu-gé 亭台楼阁[-臺樓-] N. general reference to elaborate Chinese architecture

tīngtáng 厅堂[廳-] N. hall

tíngtí* 停蹄 V.O. stop running (of a horse)

tǐngtǐ 艇体[-體] N. hull

tīngtiān'ānmìng 听天安命[聽-] F.E. accept the situation

tīngtiānyóumìng 听天由命[聽-] F.E. be resigned to one's fate

tīngting(r) 听听(儿)[聽聽-] R.F. <coll.> ① give a hearing ② wait a second

tíngting(r) 停停(儿) R.F. <coll.> by and by; after a while

[1]**tíngtíng*** 婷婷 R.F. <wr.> graceful

[2]**tíngtíng** 亭亭 R.F. <wr.> gracefully erect

tǐngtǐng 挺挺 R.F. unyielding; unbending; stiff

tíngtíngrúgài 亭亭如盖[-蓋] F.E. standing straight with a canopy of leaves (of trees)

tíngtíngsǒnglì 亭亭耸立[--聳-] F.E. stand alone (as a mountain peak)

tíngtíngtuǒtuǒ 停停妥妥 R.F. <coll.> well prepared.; all set; in good order

tíngtíngyùlì 亭亭玉立 F.E. ① slim and graceful (of women) ② tall and erect (of trees)

tīngtǒng 听筒[聽-] N. ① (telephone) receiver ② headphone; earphone ③ stethoscope

tīngtou(r) 听头(儿)[聽-] N. worthiness of listening to

tǐngtuǎn 町畽 N. waste land

tíngtuǒ* 停妥 V.P. all set; in order

tǐngtuo 挺脱/托 S.V. <topo.> ①efficient ②smart

tǐngtuō 挺脱 S.V. <topo> ①strong; sturdy; tough ② neat; trim; well pressed

tíngwài héjiě 庭外和解 N./V.P. settle out of court

tīngwán 听完[聽-] R.V. have listened to

tíngwéi 庭闱[-闈] N. ① parents' dwelling ② parents

tíngwèi* 廷尉 N. <trad.> a military rank

tīngwén 听闻[聽-] V.P. <wr.> hear news/etc.) ♦N. things heard

tíngwǔ 亭/庭午 N. <wr.> ① noon; midday ② bright moon in the sky

tīngxì* 听戏[聽戲] V.O. attend an opera

tíngxī 停息 V. stop; cease

tíngxià 停下 R.V. stop

tíng xiàlai 停下来 R.V. stop

tīngxiàn 汀线 N. beach line

tíngxián* 停闲 V. stop doing business

tīng xiǎngr 听响儿[聽響-] V.O. listen to the sound of sth.

tīng xiàqu 听下去[聽-] R.V. keep on listening; continue to listen

tīngxiě* 听写[聽寫] V. dictate ♦N. dictation

tíngxiē 停歇 V. ① stop doing business; close down ② stop for a rest; rest ③ stop; cease

tīngxiě fùxífǎ 听写复习法[聽寫複習-] N. dictation review

tíngxièhuíshēng 停泻回升[-瀉--] F.E. bottom out

tīngxiě zuòwén 听写作文[聽寫-] N. <lg.> dicto-comp

[1]**tīngxìn(r)*** 听信(儿)[聽-] V.O. await news ***Nǐ guò jǐ tiān ~ ba.*** You'll hear from us in a few days.

[2]**tīngxìn** 听信[聽-] V. believe what one hears

tíngxīn 停薪 V.O. stop/suspend payment to an employee

tīngxìnchányán 听信谗言[聽-讒-] F.E. lend a ready ear to slander

tíngxīnliúzhí 停薪留职[-職] F.E. temporary leave without pay

tīngxìnyáoyán 听信谣言[聽-] F.E. listen to and believe rumors

tíngxīnzhùkǔ 停辛伫苦[--佇-] F.E. have experienced all hardships

tǐngxiōng 挺胸 V.O. square one's shoulders

tǐngxiōngtūdù 挺胸凸肚 F.E. ① pot-bellied ② tough and cocky

tǐngxiù 挺秀 S.V. ① elegant; resplendent ② tall and graceful

tǐngxiùchāoqún 挺秀超群 F.E. be eminent above the masses

tíngxué 停学 V.O. ①give up schooling ②suspend from school

tīngxùle 听絮了[聽-] V.P. <topo.> be tired of hearing

tíngxún 庭询 N. court hearing

[1]**tíngxùn*** 庭训 N. ① family education ② <wr.> instruction from father

[2]**tíngxùn** 停训 V. suspend training

[3]**tíngxùn** 停讯 V.O. stop court proceedings

[4]**tíngxùn** 庭讯 V. question a suspect/criminal in court

tīngyàn* 听厌[聽厭] R.V. be tired of listening about sth.

tǐngyán 挺严[-嚴] V.P. stiff; very strict

tǐngyāo 挺腰 V.O. straighten one's back

tíngyè 停业[-業] V.O. stop doing business ♦N. closing days

tīngyì 听译[聽譯] N. <lg.> post-listening interpretation

tíngyì* 庭议[-議] N. discussion at the imperial court; court discussion/meeting

tīngyīn(r) 听音(儿)[聽-] ATTR. audio- ♦V.O. take a hint

tīngyīn dǎzìyuán 听音打字员[聽-] N. audio-typist M: *ge*/[1]*míng*

tǐngyìng 挺硬 S.V. stiff and stubborn; unyielding and tough

tíngyǐnxuànyùn 停饮眩晕 F.E. <Ch. med.> dizziness due to fluid retention

tíngyòng 停用 V. stop using

tíngyòng wénjiàn 停用文件 N. dead file M: [1]*fèn*

tīngyù 听阈[聽-] N. auditory threshold

tíngyuán 庭园[-園] N. flower garden; grounds M: [4]*zuò*/*ge*

[1]**tíngyuàn*** 庭院 N. courtyard; patio M: *chù*/*ge*

[2]**tíngyuàn** 廷掾 N. <trad.> a magistrate's assistant official or subordinate officer

tíngyuàn jīngjì 庭院经济[-經濟] N. garden economy

tíngyuán shèjìjiā 庭园设计家[-園---] N. landscape gardener M: *ge*/[1]*míng*/[2]*wèi*

[1]**tíngyún** 停/亭匀[-勻] S.V. <wr.> ① well-proportioned (of a human figure) ② regular; balanced (of music rhythm) ③ balanced (of the rhythm of a melody)

[2]**tíngyún** 停云[-雲] N. ① lingering clouds ② thinking of absent friends/relatives

tíngyùn* 停运[-運] V. ① stop transit ② stop working (of machines)

tíngyúnluòyuè 停云落月[-雲--] F.E. think of absent friends or relatives

tīng zéihuà 听贼话[聽-] V.O. <topo.> eavesdrop

tíngzhà hétán 停炸和谈 fe. stop bombing and hold peace talks

tíngzhàn 停战[-戰] V.O. cease fire ♦N. armistice; truce

tīngzhǎng* 厅长[廳-] N. governmental department head M: *ge*/[1]*míng*/[2]*wèi*

[1]**tíngzhǎng** 庭长 N. president of a law court; presiding judge M: *ge*/[1]*míng*/[2]*wèi*

[2]**tíngzhǎng** 亭长 N. <hist.> village constable (Qin/Han)

[1]**tíngzhàng** 廷杖 V.P. cane a courtier at court in the presence of other courtiers

[2]**tíngzhàng** 亭障 N. defense works on the frontier

tǐngzhǎng 艇长 N. skipper of a naval boat M: *ge*/[1]*míng*/[2]*wèi*

tǐngzhang 梃杖 N. club; stick M: [2]*gēn*

tíngzhànrì 停战日[-戰-] N. armistice day

T

tíngzhàn xiédìng 停战协定[-戰協-] N. truce; armistice M: [1]*fèn*
tíngzhàyòuhé 停炸诱和 F.E. induce peace talks by stopping bombing
tīngzhe* 听着[聽著] V.P. listen
tīngzhě 听者[聽-] N. listener; audience M: *ge*/[1]*míng*
tīngzhěn* 听诊[聽-] V. <*med.*> ausculate
tíngzhěn 停诊 V.O. suspend medical service (e.g., on weekends)
[1]**tīngzhèng*** 听证[聽證] N. hearing
[2]**tīngzhèng** 听政[聽-] V.O. hold court; administer the state (of monarch/regent)
[1]**tíngzhēng** 庭争[-爭] V. make public remonstrances
[2]**tíngzhēng** 廷争[-爭] V. debate at court in the emperor's presence
tīngzhènghuì 听证会[聽證-] P.W. public hearing; hearing
tīngzhèng zhìdù 听证制度[聽證-] N. public hearing system
tīngzhěnqì 听诊器[聽-] N. stethoscope M: *ge*/[2]*zhī*
tíngzhí 停职[-職] V.O. suspend from duty/office
tíngzhǐ* 停止 V. stop; suspend; call off ~ *guǎngbō* sign off (broadcast)
[1]**tíngzhì** 停滞[-滯] V. ① stagnate; bog down ② stop ♦N. indigestion
[2]**tíngzhì** 停置 V. place; put
tǐngzhí 挺直 V. ① straighten (the body/arm/etc.) ② erect ♦S.V. straight
tíngzhìbùqián 停滞不前[-滯--] F.E. be bogged down; be stagnant
tíngzhífǎnxǐng 停职反省[-職--] F.E. be temporarily relieved of one's post (as a disciplinary action)
tíngzhǐ gōngquán 停止公权[-權] N./V.O. <*law*> suspension of civil rights
tíngzhǐ huílù 停止回路 V.O. <*comp.*> stop loop
tíngzhǐjiàn 停止键 N. <*comp.*> stop key
tíngzhí jiǎnchá 停职检查[-職--] N. ① stop work and make a (public) self-criticism ② be suspended from work while one's case is being investigated
tīngzhījué 听知觉[聽-覺] N. auditory perception
tīngzhīrènzhī 听之任之[聽-] F.E. take a laissez-faire attitude
tíngzhǐ shíjiān 停止时间[--時-] N. <*comp.*> stop time
tíngzhítíngxīn 停职停薪[-職--] V.P. suspend sb. from duties and stop his salary
tíngzhǐ xiàlai 停止下来 R.V. stop
tíngzhìxìng tōnghuò péngzhàng 停滞性通货膨胀[-滯----] N. <*econ.*> stagflation
tīngzhòng* 听众[聽眾] N. audience; listeners
tíngzhōng 庭中 P.W. in the yard
tīngzhòng fǎnyìng 听众反应[聽眾-應] N. <*lg.*> audience response
tīngzhòng jìngyǔ 听众敬语[聽眾-] N. <*lg.*> audience honorifics
tīngzhōu 汀洲 N. islet in a stream; shoal
tīngzhǔ 汀渚 N. islet in a stream; shoal
tíngzhu* 停住 R.V. come to a stop *See also* [1]*tíngzhù*
tíngzhū 停潴[-瀦] V.P. stagnate (of water)
[1]**tíngzhù** 停住 R.V. stop *See also tíngzhu*
[2]**tíngzhù** 停驻 V. park
tǐngzhù 挺住 R.V. sustain; hold out
tīngzhuāng 听装[聽裝] ATTR. <*topo.*> tinned; canned
tīngzhǔr 听主儿[聽-] N. listener (of an opera/etc.)
[1]**tīngzi** 厅子[廳-] N. ① <*trad.*> courtroom bailiff ② main level of theater
[2]**tīngzi** 听子[聽-] N. <*topo.*> tin; can
[3]**tīngzi** 桯子 N. ① the shaft of an awl ② the floral axis of a vegetable
tíngzi* 亭子 N. pavilion; kiosk M: [4]*zuò*
tǐngzi 梃子 N. ① wooden stick; club ② door/window frame

tíngzijiān 亭子间 N. <*topo.*> garret M: [1]*jiān*
tīngzuò 听做[聽-] V. ① do according to audio instruction ② hear
tíniàn 提念 V. <*coll.*> mention
tǐniàn* 体念[體-] V. consider sympathetically
tíniànrén 提念人 V. <*topo.*> mention a person
tìnòng 踢弄 V. <*coll.*> kick the feet up and down from a sitting position
tìnòng guāng 踢弄光 R.V. <*coll.*> ① squander; fritter away ② bring to ruin; impoverish
tí'ǒuxì 提偶戏[-戲] N. marionette show M: [1]*chū*/[2]*mù*
típang 蹄膀/髈 N. <*topo.*> uppermost part of a leg of pork
típáo 绨袍 N. ①robe made of inferior silk M: [2]*jiàn* ② old friendship
[1]**típáozhīyì** 绨袍之谊 N. friendship
[2]**típáozhīyì** 绨袍之意 N. remembrance of old acquaintances
típáozhīzèng 绨袍之赠 N. exchange of presents between friends
típéi 提赔 V. raise a claim for indemnity
tìpen 嚏喷 N. sneeze
típiào 提票 N. summons to appear in court
típǐn 题品 V.O. comment on; criticize
típíng 题评 V.O. comment on; criticize
tì píngtóu 剃平头 V.O. have a crew cut
tī píqiú 踢皮球 V.O. ① a kind of game in which a ball is kicked ② pass the buck ③ kick a ball
tǐpò 体魄[體-] N. <*wr.*> physique
tīqì 梯气[-氣] N. very intimate
tíqí 缇骑 N. <*wr.*> officials sent out to arrest a lawbreaker
tíqǐ* 提起 R.V. ① mention; speak of ② raise; arouse
[1]**tíqì** 啼泣 V. weep
[2]**tíqì** 提气[-氣] <*coll.*> V.O. ① excite; inspire ② make one look better
tǐqì 体气[體氣] N. ① <*wr.*> literary style ②character; personality (of a person) ③physical make-up; constitution (of the body)
tìqì 涕泣 V. <*wr.*> weep; wail; sob
tíqiān 题签 V. label with a book title for pasting on the cover
[1]**tíqián*** 提前 V. advance date ♦ADV. in advance; beforehand
[2]**tíqián** 提钱[-錢] V.O. withdraw money from a bank
tíqián dúxiě 提前读写[-讀寫] V.O. speed up reading and writing
tǐqiāng 体腔[體-] N. body cavity
tíqián kǎoshì 提前考试 V.O. take an examination ahead of schedule
tíqiè 提挈 V. ① <*wr.*> lead; take along ② guide and support ③ help; assistance; recommendation for a job ④ carry (away)
tíqiè tóngdǎng 提挈同党[-黨] V.O. recommend party members
tíqǐ gōngsù 提起公诉 V.O. indict; arraign; accuse
tīqìhuà 梯气话[-氣-] N. intimate talk
tíqǐ jīngshen 提起精神 V.O. cheer up; raise's one's spirits; brace up
tí qǐlai 提起来 R.V. ① lift up ② raise (the spirits/etc.)
tíqīn 提亲[-親] V.O. propose marriage
tíqín* 提琴 N. violin family (e.g., viola, violin, bass) M: [1]*bǎ*
tíqǐng 提请 V. submit sth. to
tíqǐng biànlùn 提请辩论 V.O. motion for debate
tíqǐng dàhuì 提请大会 V.O. submit to the congress
tíqǐng zhòngcái 提请仲裁 V.O. institute arbitration proceedings; submit to arbitration
tíqínjiā 提琴家 N. violinist M: *ge*/[1]*míng*/[2]*wèi*
tíqínshǒu 提琴手 N. violinist M: *ge*/[1]*míng*/[2]*wèi*
tīqiú 踢球 V.O. ① kick a ball ② play football/soccer
tīqù 剔去 R.V. eliminate; cut off
tíqǔ* 提取 V. ① draw (deposits from the bank); pick up; collect ② extract; abstract; recover

tíqù 提去 R.V. lift/carry/take away
tíquán 蹄筌 N. a kind of snare for game/fish
[1]**tìrán** 倜然 V.P. <*wr.*> ①raised high ②estranged; separated ③ prominent ④ aloof
[2]**tìrán** 惕然 V.P. fearful of
tǐrè 体热[體熱] N. body heat
tírén 提人 N. summon a prisoner/person under detention
tírèn 提任 V.O. promote (to a higher position)
tǐrèn 体认[體認] V. perceive intuitively
tìrén* 替人 V.O. substitute (for another person)
tìrénbāngqiāng 替人帮腔[--幫-] F.E. take up sb.'s refrain
tìrénbǎzhǎn 替人把盏[-盞] F.E. present a goblet of wine to sb.
tǐrèn chū 体认出[體認-] R.V. realize
tìréndàiyǐn 替人代饮 F.E. drink on sb's behalf as a forfeit
tǐrèn dào 体认到[體認-] R.V. realize
tìréndǎsuan 替人打算 V.P. be considerate of others
tìrénshuōqíng 替人说情 V.P. say a good word for sb.
tìrénshuōxiàng 替人说项 F.E. plead for a person
tí rènwu 提任务[-務] V.O. set tasks
tǐruò 体弱[體-] V.P. become weak
tíshā* 提痧 V.O. treat cholera/sunstroke
tǐshā 䗖沙 N. silkworm excrement/litter
tīshān 梯山 V.O. climb/scale mountain
tíshàng rìchéng 提上日程 V.O. put/place on the agenda
tīshānhánghǎi 梯山航海 F.E. ①scale mountains and cross seas ②travel a long and difficult road
tíshè 提摄[-攝] V. <*Dao.*> excite certain bodily energies
tíshén* 提神 V.O. ① refresh oneself; perk up ②put up on one's guard ③be cautious/vigilant; watch out
tíshěn 提审[-審] V. ① bring before a court ② review (a case tried by a lower court)
tìshēn(r) 替身(儿) N. ①substitute; replacement; stand-in ② scapegoat
tīshéng 梯绳[-繩] N. rope ladder
[1]**tíshēng*** 提升 R.V. ① promote ② hoist; elevate
[2]**tíshēng** 啼声[-聲] N. crow (of a cock); chirping (of birds)
tíshēng dòngcí 提升动词[--動-] N./V.O. <*lg.*> raising predicate
tíshēngjī 提升机 N. hoist; elevator M: [1]*jià*/[1]*tái*
tìshēn mǔqīn 替身母亲[-親] N. surrogate mother M: *ge*/[1]*míng*
tìshēn yǎnyuán 替身演员 N. stunt man/woman M: *ge*/[1]*míng*/[2]*wèi*
tíshī 题诗 V.O. inscribe a poem (on a fan/etc.)
tíshì* 提示 V. ① point out; prompt ② hint; brief ♦N. cue
tǐshī 体虱[體-] N. <*zoo.*> body louse M: [2]*zhī*
[1]**tǐshì** 体势[體勢] N. form; feature
[2]**tǐshì** 体式[體-] N. ① mode; style ② model; specimen ③ form of literary works
[3]**tǐshì** 体视[體-] N. <*phys.*> stereo
tíshìcí 提示词 N. <*lg.*> callword
tíshìdiào 提示调 N. <*lg.*> referring tone
tíshìfǎ 提示法 N. <*lg.*> prompting
tíshìfú 提示符 N. prompt
tīshì jiàoshì 梯式教室 P.W. lecture theater M: [1]*jiān*
tíshì jīyí 提示机宜 V.O. indicate a policy
tíshìkǎ 提示卡 N. cue card M: [1]*zhāng*
tǐshì wàngyuǎnjìng 体视望远镜[體--遠-] N. stereotelescope M: [1]*jià*/[1]*tái*
tíshì xìnhào 提示信号[-號] N. cue; standby signal
tíshǒu(r)* 提手(儿) N. ① handle ② three-stroke "hand radical" ♦V.O. lift the hand
tìshǒu(r) 替手(儿) N. ① substitute ② understudy; standby ♦V.O. take the place of; replace; substitute for
tíshǒunièjiǎo 提手蹑脚[-躡腳] F.E. walk on tiptoe

tíshǔ 题署 V. write on scrolls or horizontal tablets
tíshuō 提说 V. mention; refer to
tīsǐ* 踢死 R.V. kick to death
tìsì 涕泗 N. <*wr.*> tears and snivel
tìsǐguǐ 替死鬼 N. <*coll.*> scapegoat M: *ge/*[1]*míng*
tìsìhénglíú 涕泗横流 F.E. tears and mucus flowing down rapidly
tìsìjiāolíú 涕泗交流 F.E. cry piteously
tìsìpāngtuó 涕泗滂沱 F.E. extremely sad
tìsìzònghéng 涕泗纵横[--縱-] F.E. extremely sad
tísòng 提讼 V. initiate legal proceedings; enter a lawsuit
tísù 提诉 V. prosecute ♦N. prosecution
títái 提台[-臺] N. <*trad.*> polite term of address for a provincial commander-in-chief
tǐtài* 体态[體態] N. ① posture; carriage ② outward form; exterior look
tǐtàiqīngyíng 体态轻盈[體態輕-] F.E. graceful carriage/ posture
tǐtán 体坛[體壇] N. sports circles
títáng 提堂 V.O. bring to court
tìtǎng* 倜傥[-儻] S.V. <*wr.*> ① free and easy; unrestrained ② behave merrily and freely, regardless of conventions ♦ADV. very
tìtǎngbùjī 倜傥不羁[-儻--] F.E. untrammeled; free; unconventional
tìtǎngbùqún 倜傥不群[-儻--] F.E. a handsome dandy
tǐtán shènghuì 体坛盛会[體壇-] N. a grand sports meet
tǐtán zònghéng 体坛纵横[體壇縱-] N. sports review
tītàwǔ 踢踏舞 N. step/tap dance
[1]**tīteng** 踢腾 V. ① kick at random ② spend freely
[2]**tīteng** 剔腾 V. expose (secrets) maliciously
títí 提提 R.F. look easy/poised/unembarrassed
[1]**tìtì** 惕惕 R.F. apprehensive; fearful
[2]**tìtì** 涕涕//洟洟 N. nasal mucus; snivel
títián 梯田 N. ① terraced fields; terrace; terraced paddies on a slope ② trapezoid-shaped fields
tìtiānxíngdào 替天行道 F.E. right wrongs in accordance with heaven's decree
tí tiáojiàn 提条件[-條-] V.O. specify the terms (of a deal)
títiě 蹄铁[-鐵] N. (horse)shoe
tǐtiē* 体贴[體-] S.V. ① showing consideration for ② obliging
títiěgōng 蹄铁工[-鐵-] N. farrier M: *ge/*[1]*míng*
tǐtiērùwēi 体贴入微[體-] F.E. deeply solicitous
tíťíkūkū 啼啼哭哭 R.F. cry; weep
títízhuǎzhuǎ 蹄蹄爪爪 R.F. <*coll.*> ① hooves and claws ② hands and feet
títǒng 提桶 N. pail
tǐtong 体同[體-] N. <*log.*> component parts of an entirety
tǐtǒng* 体统[體-] N. ① decorum; propriety; decency ② system; organized whole
tītong titong 踢通踢通 ON. sound of blows of a hammer/etc.
tītòu 剔透 S.V. ① bright and limpid ② well-expressed (of writings) ③ keen and perceptive (of a person)
[1]**títóu** 题头 N. ① printed title of an article ② heading
[2]**títóu** 提头 V.O. lift up by the head
tìtóu* 剃头 V.O. ① have one's head shaved ② have a haircut ③ give a haircut
tìtóu dànzi 剃头担子[--擔-] N. portable barber's stand M: [1]*fù*
tìtóu de 剃头的 N. <*trad.*> barber
tìtóudiàn 剃头店 P.W. barbershop M: [1]*jiā*
títóuhuà 题头画[-畫] N. <*print.*> ornamentations; decorative fillers M: [10]*fú*
tìtóujiàng(r) 剃头匠(儿) N. <*trad.*> barber M: *ge/*[1]*míng*
tìtóu péngzi 剃头棚子 N. barber shop/stall M: [1]*jiān/ge*
tìtóupù 剃头铺 P.W. barbershop M: [1]*jiā/ge*
títóur* 提头儿 V.O. <*coll.*> raise/start a topic

tìtóur 替头儿 N. substitute sought among the living by a ghost
tìtóu shīfu 剃头师傅[--師-] N. barber M: *ge/*[1]*míng*
tìtóu tiāozi 剃头挑子 N. portable barber's stand M: [1]*fù*
tītuánluán 剔团圞[-團圞] A.T. bright and round (of the moon)
tíwài 题外 P.W./ATTR. beyond the subject
tǐwài* 体外[體-] P.W./ATTR. in vitro; external; extracorporal
tíwàihuà 题外话 N. extraneous words
tǐwài shòujīng 体外受精[體-] N. <*zoo.*> external fertilization; in vitro fertilization
tíwàn 提腕 V.O. write without the wrist touching the desk (in calligraphy)
tíwèi(r) 提味(儿) V.O. season (food); enhance the flavor
tǐ-wěi 体委[體-] N. sports committee
[1]**tǐwèi*** 体味[體-] V. appreciate; savor ♦N. body odor
[2]**tǐwèi** 体位[體-] N. grade of a draftee's physical fitness
tǐwèifǎ 体位法[體-] N. <*law*> law regarding requirements for a draftee's physical fitness
tīwèn 擿问 V. interrogate
tíwèn 提问 V. question; quiz
tǐwēn* 体温[體-] N. (body) temperature
tǐwén 体文[體-] N. <*lg.*> characters representing an ancient initial
tǐwēnbiǎo 体温表[體-] N. (clinical) thermometer M: [4]*zhī/ge/*[2]*zhī*
tǐwēnjì 体温计[體-] N. (clinical) thermometer M: [4]*zhī/ge/*[2]*zhī*
tīwǔ 踢舞 N. tittup dance; prancing/ capering
tǐwù* 体悟[體-] V. realize; understand; recognize
tǐwúwánfū 体无完肤[體-膚] F.E. ① be a mass of bruises ② be scathingly refuted
tíxī 提撕 V. ① arouse to attention ② help and guide
[1]**tǐxī** 体惜[體-] V. understand and sympathize with
[2]**tǐxī** 体悉[體-] V. understand
tǐxì* 体系[體-] N. system; setup
tìxī 惕息 V. pant from fear/anxiety
tìxià 替下 V. replace sb.
tíxiáguān 提辖官 N. <*trad.*> title of a supervisory official M: *ge/*[1]*míng/*[2]*wèi*
tíxiàn 题献[-獻] V. dedicate to
tǐxiàn* 体现[體-] V. embody; reflect; give expression to ♦N. realization
tǐxiàn chū 体现出[體-] R.V. embody; reflect; give expression to
tíxiāng(r)* 提箱(儿) N. suitcase M: *ge/*[2]*zhī*
tǐxiàng 体像[體-] N. body image M: [10]*fú*
tíxiàn mù'ǒu 提线木偶 N. marionette M: *ge/*[2]*zhī*
tíxiànr 提线儿 N. wire (of a kite/etc.)
tí-xiào 啼笑 V. cry and smile
tǐxiào* 体校[體-] N. athletic/sports school M: [1]*jiā/*[1]*suǒ*
tíxiàojiēfēi 啼笑皆非 F.E. not know whether to laugh or cry
tǐxìbāo 体细胞[體-] N. soma; somatic/body cell
tíxié* 提携[-攜] V. ① lead by the hand ② guide and support ③ help
tǐ-xié 体协[體協] N. athletic association
tìxiè 替懈 V. neglect
tíxié zǐzhí 提携子侄[-攜--] V.O. guide/lead sons and nephews
tǐxì fēnxī 体系分析[體-] N. system-analysis
tǐxìhuà 体系化[體-] V. systematize
[1]**tíxīn*** 提薪 V.O. raise wages/salary
[2]**tíxīn** 提心 V.O. worry; feel anxious
tǐxìn 体信[體-] V. have confidence in
tíxīndiàodǎn 提心吊胆[-膽] F.E. ① be on tenterhooks ② be scared/jittery; be cautious and anxious; be in constant fear
tīxíng 梯形 N. ① ladder-shape ② flat raised piece of land in gardens ③ <*math.*> trapezoid
tíxíng 蹄形 N. horse-shoe shape

tíxǐng(r)* 提醒(儿) V. remind; warn; alert to
tǐxīng 体星[體-] N. athletic star; famous athlete
[1]**tǐxíng** 体形[體-] N. bodily form; build
[2]**tǐxíng** 体型[體-] N. type of build/figure
[3]**tǐxíng** 体刑[體-] N. <*trad.*> corporal punishment meted out by a court of law
[4]**tǐxíng** 体行[體-] V. embody in one's own actions; do sth. personally
tǐxìng 体性[體-] N. <*lg.*> aspective character
tíxíng císhí 蹄形磁石 N. horseshoe magnet M: [2]*kuài*
tǐxíngkù 体形裤[體-] N. form-fitting trousers M: [1]*tiáo*
tīxíng wǎngluò 梯形网络[--網-] N. ladder network
tíxǐngwù 提醒物 N. reminiscence
tíxīnzàikǒu 提心在口 F.E. cautious and anxious
tǐxīqíjiān 体悉其艰[體-艱] F.E. excuse and see through his difficulty
tǐxù 体恤[體-] V. empathize with; be solicitous of
tìxū* 剃须[-鬚] V.O. shave a beard/mustache
tíxuǎn* 提选[-選] V. select; choose
tǐxuǎn 体癣[體-] N. ringworm
tíxuéshǐ 提学使 N. <*trad.*> Qing commissioner of education
tìxūgāo 剃须膏[-鬚-] N. shaving cream
tíxùn 提讯 V. ① bring to court for questioning ② fetch (a detainee) for interrogation ③ arraign
tǐxúnhuán 体循环[體-環] N. <*phys.*> systemic circulation
tìxùqì 替续器[-續-] N. <*elec.*> relay M: *ge/*[2]*zhī*
tǐxùshān 体恤衫[體-] N. T-shirt M: [2]*jiàn*
tìxūshuāng 剃须霜[-鬚-] N. shaving cream
tīyá 剔牙 V.O. pick one's teeth
tǐyàn 体验[體-] V. learn through practice/ experience
tǐyàn dào 体验到[體-] R.V. learn through practice/experience
tǐyàn shēnghuó 体验生活[體-] V.O. <*PRC*> observe and learn from real life
tíyào* 提要 N. summary; abstract ***Xiàmian bōsòng xīnwén*** ~. Here are the news headlines.
tǐyào 体要[體-] N. concise; terse; succinct
tíyàogōuxuán 提要钩玄[-鉤-] F.E. extract the essence (when reading a book)
tíyè 提掖 V. <*wr.*> ① guide and support sb. ② recommend for promotion ③ give assistance and help
tǐyè* 体液[體-] N. body fluid
tíyè hòujìn 提掖后进[-後進] V.O. promote juniors
[1]**tíyì** 提议[-議] V. propose; suggest; move ♦N. proposal; motion
[2]**tíyì** 题意 N. meaning of the title (of a writing)
tíyìn 蹄印 N. animal footprint
tíyíng 缇萦[-縈] V.P. <*wr.*> ① coil ② linger (in the mind)
tíyìrén 提议人[-議-] N. one who makes a proposal/suggestion M: *ge/*[1]*míng/*[2]*wèi*
tǐyòng 体用[體-] N. theory and practice
tíyònghù 提用户 N. <*acct.*> drawing account
tìyǒu 悌友 V.O. show brotherly love for friends
tǐyǔ 体语[體-] N. <*lg.*> style
tǐyù* 体育[體-] N. physical education/training; sports
tìyǔ 替语 N. <*lg.*> synecdoche
tǐyuàn 体院[體-] P.W. institute of physical culture; physical-education institute M: [1]*jiā*
tǐyùbǎn 体育版[體-] N. sports pages (of newspaper)
tǐyùchǎng 体育场[體-場] N. ① stadium; gym ② sports field/ground M: [4]*zuò*
tǐyù dàodé 体育道德[體-] N. sportsmanship
tíyùfǎ 提喻法 N. synecdoche
tǐyùguǎn 体育馆[體-] P.W. gymnasium; gym M: [4]*zuò*
tǐyǔhuà 体语化[體-] N. <*lg.*> nominalization
tǐyùhuì 体育会[體-] N. athletic club
tǐyù huódòng 体育活动[體-動] N. sports activity

tǐyùjiā 体育家[體-] N. physical educator M: *gè/[1]míng/[2]wèi*
tǐyùjiè 体育界[體-] N. sports circles
tǐyùkè 体育课[體-] N. physical education (PE) M: *[2]táng*
tǐyù liáofǎ 体育疗法[體-療-] N. physical exercise therapy
tǐyùn 提运[-運] V. transport ♦N. transportation
tǐyùxì 体育系[體-] N. department of physical education (in a college)
tǐyù xiéhuì 体育协会[體-協-] P.W. athletic association
tǐyù xuǎnshǒu 体育选手[體-選-] N. athlete M: *gè/[1]míng/[2]wèi*
tǐyù xuéxiào 体育学校[體-] P.W. athletic middle school M: *[1]jiā/[1]suǒ*
tǐyù xuéyuàn 体育学院[體-] P.W. college of physical education; college of athletic training M: *[1]suǒ*
tǐyù yùndòng 体育运动[體-運動] N. sports
tǐyù zhuānkē xuéxiào 体育专科学校[體-專---] P.W. non-degree physical-education college M: *[1]jiā/[1]suǒ*
Tǐyù Zǒnghuì 体育总会[體-總-] P.W. Central Athletic Association
tízǎo 提早 ADV. in advance ***Qǐng ~ gàosu wǒ.*** Please let me know in advance.
tǐzhēn 体针[體-] N. body acupuncture
tǐzhēng 体征[體徵] N. <*med.*> sign
tī zhèngbù 踢正步 V.O. goose-step
tízhí 提职[-職] V.O. promote/advance (officials)
tízhǐ 题旨 N. ① subject of an artistic/literary work ② the meaning of the title of an article
tízhì 提制[-製] V. refine; distill; extract
[1]tǐzhì* 体制[體-] N. ① system of organization; system ② style, in art/literature ③ layout
[2]tǐzhì 体质[體質] N. ① physique; constitution ② temperament; character
tìzhīchóng 剃枝虫[-蟲] N. <*topo*> armyworm M: *[2]zhī*
tǐzhì gǎigé 体制改革[體-] N. system/structural/institutional reform
tǐzhì jiégòu 体制结构[體-構] N. institutional structure
tǐzhì rénlèixué 体质人类学[體質-類-] N. physical anthropology
tǐzhì tèdiǎn 体质特点[體質-點] N. <*archeo.*> physical feature
tǐzhì xiàfàng 体制下放[體-] V.P. transfer administrative functions to lower levels
tǐzhòng 体重[體-] N. (body) weight
tǐzhòngbiǎo 体重表[體-] N. indicator of a weighing scale M: *[1]zhāng*
tǐzhòngjì 体重计[體-] N. weighing-machine; balance scale M: *[1]tái*
tízhǔ 题主 N. person selected to write the name of the deceased on a wooden tablet to be worshiped
tǐzhuān 体专[體專] N. non-degree physical education college M: *[1]jiā*
tīzhuāng 剔庄[-莊] N. damaged or inferior goods put out for cheap sale
tīzhuàng* 梯状[-狀] N. ladder shape; trapezoid
tīzhuānghuò 剔庄货[-莊-] N. goods sold at reduced prices; shopworn/substandard goods
tīzi 梯子 N. ladder; steps M: *[1]jià*
tízi 蹄子 N. ① <*coll.*> hoof ② <*topo.*> leg of pork; pork hock ③ <*derog.*> wench
tízì* 题字 V.O. inscribe ♦N. inscription; autograph
tìzi 屉子[屜-] N. ① trays (in a set) ② <*topo.*> drawer
tǐ-zǒng 体总[體總] N. central athletic association
tīzǒu* 踢走 R.V. kick away/off
tízòu 题奏 N. submit a memorial to the emperor
tìzuìgāoyáng 替罪羔羊 N. scapegoat M: *[2]zhī*
tìzuìyáng 替罪羊 N. <*loan*> scapegoat M: *[2]zhī*

[1]tōng 通 V. ① communicate/connect (with) ② join; share ③ understand thoroughly; master ④ be interchangeable with. . . ⑤ open up or clear out by poking/jabbing ⑥ notify; tell ♦SUF. authority; expert ***Zhōngguó~*** China expert ♦S.V. logical; coherent; well-constructed (of sentences) ***Zhège jùzi shì ~ de, bùbì gǎi le.*** This is a coherent sentence, it needs no correction. ♦M. *for telegrams* ♦N. Surname ♦B.F. ① open; through ***xiǎngtōng, dǎtōng*** ② general; common ***gòngtōng*** *See also* *[2]tòng*
[2]tōng 嗵 ON. thump
[3]tōng 恫 B.F. minor illness ***[3]tōngguān*** *See also* *[5]dòng*
[4]tōng 彤 in ***hóngtōngtōng*** *See also* *[6]tóng*
[1]tóng* 同/仝 B.F. ① same; similar ***xiāngtóng, bùtóng*** ② together; in common ***gòngtóng*** ③ harmony; concord ♦V. be the same as ♦COV. with *See also* *[4]tòng*
[2]tóng 铜[銅] N. copper
[3]tóng 童/僮 B.F. ①child ***értóng, [2]tóngnián*** ②boy servant ***tóngr, tóngpú*** *See also* *Zhuàng*
[4]tóng 桐 B.F. ① wutong, Ch. parasol or phoenix tree ***wútóng*** ② tung oil-tree ***yóutóng, [3]tóngzǐ***
[5]tóng 瞳 B.F. pupil (of the eye) ***[2]tóngrén, tóngkǒng, tóngzi***
[6]tóng 彤 B.F. red ***[1]tóngshǐ, tóngyún*** *See also* *[4]tōng*
[7]tóng 侗 B.F. immature; ignorant ***kōngtóng*** *See also* *Dòng*
[8]tóng 酮 <*chem.*> B.F. ketone ***cùtóng, bǐngtóng***
[9]tóng 曈 in ***[2]tónglóng, [2]tóngtóng***
[10]tóng 朣 in ***[4]tóngměng, lóngtóng***
[11]tóng 茼 in ***tónghāo***
[1]Tóng 潼 B.F. short for Tóngguān in Shaanxi ***Tóngguān***
[2]Tóng 佟 N. Surname
[1]tǒng 桶 N./M. tub; pail; barrel
[2]tǒng 筒 B.F. ① a section of thick bamboo ***zhútǒng*** ② tube-shaped object ***[1]tǒngzi***
[3]tǒng 捅 V. ① poke; stab ② disclose; give away ③ push; nudge
[4]tǒng 统[統] B.F. ①order; system ***xìtǒng*** ②unite ***tǒngyī*** ♦ADV. all; together
[1]tòng 痛 S.V. painful ♦B.F. anguish ***[1]bēitòng*** ♦ADV. thoroughly; deeply; bitterly
[2]tòng 通 M. *for actions* *See also* *[1]tōng*
[3]tòng 恸[慟] B.F. ①deep sorrow ***āitòng*** ②weep bitterly; wail ***tòngkū***
[4]tòng 同[衕] in ***hútòng*** *See also* *[1]tóng*
tóng'ái 童騃 V.P. young and ignorant
tòng'ài* 痛爱[-愛] V. love deeply/passionately
tóng'àn 同案 N. ① <*law*> codefendants ② <*trad.*> classmates who passed the Ming/Qing civil-service exam
tóng'ànfàn 同案犯 N. accomplice M: *gè/[1]míng*
tóngbá 铜拔 N. brass cymbals
tóngbān 同班 N. classmate ♦ATTR. in the same class
[1]tóngbǎn 铜板 N. copper coin; copper
[2]tóngbǎn 铜版 N. <*print.*> copperplate M: *[2]kuài*
tóngbàn(r)* 同伴(儿) N. companion M: *gè/[1]míng/[2]wèi*
tǒngbàn 统办[-辦] V. deal with a number of things together
tóngbǎng 同榜 N. <*trad.*> successful civil-service candidates whose names were announced on the same list
tóngbàn guānxi 同伴关系[-關係] N. peer relation
tóngbǎnhuà 铜版画[-畫] N. copperplate etching M: *[10]fú*
tóngbàn hùjiāo huódòng 同伴互教活动[-動] N. <*lg.*> peer-mediated instruction
tóngbān tóngxué 同班同学 N. classmate (same department and year) M: *gè/[1]míng/[2]wèi*
tóngbǎn yìnshuā 铜版印刷 N. copperplate printing
tóngbǎnzhǐ 铜版纸 N. art (printing) paper M: *[1]zhāng*

tōngbǎo 通宝[-寶] N. <*trad.*> coins circulated; currency
tōngbào 通报[-報] V. ①publicly notify; circulate a notice ② brief; share information with ♦N. ① circular ② bulletin; journal ③ <*PRC*> oral report (presented by the leader of a political unit) ④ public notification M: *[1]fèn/[2]qī*
tóngbāo* 同胞 N. ① offspring of the same parents ② compatriot M: *gè/[1]míng/[2]wèi*
tǒngbǎo 统保 N. blanket insurance
tòngbàosàngmíng 痛抱丧明[--喪-] F.E. mourning for the death of one's son
tóngbāoshǒuzú 同胞手足 F.E. be born of the same father and mother
tǒngbāotǒnglǎn 统包统揽[-攬] F.E. assume entire responsibility for sth.
tǒngbāotǒngpèi 统包统配 F.E. centralized allocation of labor
tóngbèi(r) 同辈(儿) N. (of) the same generation
tóngbèi qúntǐ 同辈群体[-體] N. <*lg.*> peer group
tóngbèirén 同辈人 N. a contemporary M: *gè/[1]míng/[2]wèi*
tóngbèi tuántǐ 同辈团体[-團體] N. peer group
tóngběn shēngwù 同本生物 N. clone
tóngbǐ 同比 V.P. compared with
tóngbì* 铜币[-幣] N. copper coin; copper
tòngbì 痛痹 N. <*Ch. med.*> arthritis
[1]tōngbiàn 通变[-變] V. change
[2]tōngbiàn 通便 V.O. facilitate a bowel movement
tóngbiàn 童便 N. <*Ch. med.*> child's urine
tǒngbiān* 统编 N. centralized compilation ♦V. compile for universal use
tōngbiànjì 通便剂[-劑] N. <*med.*> laxative; cathartic
tōngbiāo 通标[-標] N. banner headline; banner
tōngbǐng 通禀[-稟] V. report (to one's superior/master)
tōngbìng* 通病 N. common failing
tóngbīng 铜兵 N. <*archeo.*> ① bronze weapon ② bronze warrior
tóngbìngxiānglián 同病相怜[-憐] F.E. misery loves company; empathize with fellow sufferers
tóngbìngyìzhì 同病异治[--異-] F.E. <*Ch. med.*> treat the same disease with different methods
tōng bíqiào 通鼻窍[-竅] V.O. ① clear the nasal passages ② relieve a stuffy nose
tóngbó 铜钹 N. brass cymbals
tóngbù 同步 N. <*phy.*> synchronism ♦ATTR. coordinated; synchronized
tóngbù cāozuò 同步操作 N. <*comp.*> synchronous operation
tóngbù chuánshū 同步传输[--傳-] N. <*comp.*> synchronous transmission
tōngbuguò 通不过 R.V. will not pass; cannot get approval/consent (of a motion/law/etc.)
tóngbùhuà 同步化 N. synchronization
tòngbùkěrěn 痛不可忍 V.P. unbearably painful
tòngbùkězhī 痛不可支 V.P. unbearably painful
tóngbù shūrù zhuāngzhì 同步输入装置[----裝-] N. <*comp.*> synchronous inputs M: *[1]tái/[4]zuò*
tóngbù tōngxùn 同步通讯 N. <*comp.*> synchronous communication
tóngbùwèi de 同部位的 ATTR. <*lg.*> homorganic
tóngbù wèixīng 同步卫星[--衛-] N. synchronous satellite M: *[1]kē*
tóngbùwèiyīn 同部位音 N. <*lg.*> homorganic sounds
tóngbù xiàoguǒ 同步效果 N. <*lg.*> synchronicity
tòngbùyùshēng 痛不欲生 F.E. be devastated; be overwhelmed with sorrow/grief
tóngbù zēngzhǎng 同步增长 V.P. grow in step/pace with
tóngbù zhōngduānjī 同步终端机 N. <*comp.*> synchronous terminals M: *[1]tái*
tóngbù zhuǎnyí 同步转移[--轉-] N. <*lg.*> synchronous transfer

tóngbù zīliào chuánshū 同步资料传输[----傳-] N. <*comp.*> synchronous data transmission
[1]tōngcái* 通才 N. ① versatile person ② one who has received a liberal education
[2]tōngcái 通财 V.O. establish monetary relations
tōngcài 通菜 N. a spinach-like vegetable
tǒngcài 统菜 N. vegetables traded at a uniform price without regard to quality/size/etc.
tōngcái jiàoyù 通才/材教育 N. liberal/general education
tōngcáizhīyì 通财之义[-義] N. have such a brotherhood/friendship as to share property/savings
[1]tǒngcāng 统舱[-艙] N. steerage M: [1]jiān/[4]zuò
[2]tǒngcāng 筒仓[-倉] N. silo
tōngcǎo 通草 N. <*Ch. med.*> stem pith of the rice-paper plant
tōngcǎohuā 通草花 N. flower made of ricepaper M: [2]duǒ
tōngcǎozhǐ 通草纸 N. rice paper M: [1]zhāng
tōngcǎo zhǐhuā 通草纸花 N. ricepaper flower M: [2]duǒ
tǒngcè 统测 N. a unified test
tóngchái 同侪[-儕] N. <*wr.*> of the same generation
tóngchǎn 同产[-產] N. uterine brothers/sisters
tōngcháng* 通常 ADV./ATTR. general; usual; normal *zài ~ qíngkuàng xià* under normal conditions
tōngchǎng 通场[-場] V.O. perform an entire play without a break
tōngchàng 通畅[-暢] S.V. ①unobstructed; clear ② easy and smooth
tōngchángfàn 通常犯 N. <*law*> common law delinquent M: ge/[1]míng
tōngchē* 通车 V.O. ①be open to traffic ②have transport service *Nàr ~ ma?* Is there bus/train service to there? ♦N. through train/bus; express
tōngchè 通彻[-徹] V. understand thoroughly
[1]tóngchē 同车 V.O. ride on the same train/bus
[2]tóngchē 童车 N. bassinet M: [3]liàng
tǒngchē 筒车 N. irrigation waterwheel with buckets M: [1]jià
tòngchèfèifǔ 痛彻肺腑[-徹--] F.E. touch sb. to the heart
tǒngchě fèilǜ 统扯费率 N. flate rate
tòngchén 痛陈 V. state with profound grief
tōngchēng 通称[-稱] V. be generally called/known as ♦N. general/generic term
tǒngchēng* 统称[-稱] V. be known together as ♦N. general designation
tóngchéngfen 同成分 N. congruent
tóngchéng yī tiáo chuán 同乘一条船[---條-] V.P. all together in the same boat
tōngchēpiào 通车票 N. one-way through train/bus ticket M: [1]zhāng
tòngchèxīnfèi 痛彻心肺[-徹--] F.E. extraordinary pain/anguish
tòngchèxīngān 痛彻心肝[-徹--] F.E. deep grief
tōngchì 通饬 V. order; instruct (all subordinate agencies concerned)
tòngchì* 痛斥/叱 V. ①bitterly attack ②recount with pain ③ reprimand/scold severely
tòngchìmiùlùn 痛斥谬论 F.E. sharply denounce a fallacy
tóngchītóngzhù 同吃同住 F.E. live under the same roof and eat at the same table
tóngchóu 同仇 N. common enemy
tóngchòu 铜臭 N. ①the stink of money ②profits-before-everything mentality *See also* [2]tóngxiù
tǒngchóu* 统筹[-籌] V. plan as a whole
tǒngchóu ānpái 统筹安排[-籌--] N. overall planning
tǒngchóu bànlǐ 统筹办理[-籌辦-] N. be dealt with simultaneously by a single government agency
tóngchóudíkài 同仇敌忾[-敵愾] F.E. share bitter hatred of the enemy
tǒngchóufǎ 统筹法[-籌-] N. method of overall planning
tǒngchóu guīhuà 统筹规划[-籌-劃] N. overall planning; coordinated plan
tǒngchóujiāngù 统筹兼顾[-籌-顧] F.E. a plan considering all factors
tóngchòuqì 铜臭气[-氣] N. the stink of money
tǒngchóu quánjú 统筹全局[-籌--] V.O. plan with the whole situation in mind
tǒngchóuxué 统筹学[-籌-] N. study of centralized planning
tóngchòuxūntiān 铜臭熏天 F.E. the stink of money fouls the air
tǒngchóu yīliáo 统筹医疗[-籌醫療] N. centralized medical care
tóngchòuzhīrén 铜臭之人 N. wealthy but mean person
tòngchǔ* 痛楚 N. pain; anguish; suffering
tòngchù 痛处[-處] N. sore/tender spot
tōngchuàn 通串 A.T. relevant (of words/etc.)
tóngchuán* 同船 N. shipmate
tóngchuāng 同窗 N. schoolmate M: ge/[1]míng/[2]wèi ♦V.O. study in the same school
tóngchuánggèmèng 同床各梦[-夢] F.E. sleep in the same bed but dream different dreams
tóngchuánggòngzhěn 同床共枕 F.E. sleep in the same bed
tóngchuāngyànyǒu 同窗砚友 F.E. fellow student; schoolmate
tóngchuángyìmèng 同床异梦[-異夢] ID. ①be ostensible partners but have different agendas ② be strange bedfellows ③ marital dissension
tóngchuāngzhīyì 同窗之谊 N. the friendship of fellow students
tóngchuí 铜锤 N. <*opera*> male character with a painted face
tóngchūyīguǐ 同出一轨 F.E. be of an identical nature
tóngchūyīzhé 同出一辙 F.E. be of an identical nature
tóngcífǎ 同词法 N. <*lg.*> word equivalence
tóngcí fānyìfǎ 同词翻译法[---譯-] N. <*lg.*> word equivalence
tóngcíxiàn 同词线 N. <*lg.*> isolex
tóngcíyìyìfǎ 同词异译法[--異譯-] N. <*lg.*> diverse rendering of the identical word
tóngcuàn 同爨 A.T. have a common mess; share a table
tóngcún 同存 N. <*lg.*> co-occurrence
tóngcún guānxi 同存关系[-關係] N. <*lg.*> co-occurrence relation
tǒngcúntǒngdài 统存统贷 F.E. centralized savings and loans
tōngdá* 通达[-達] V. ① understand ② lead to (of a road) ♦S.V. ① sensible; understanding; well-versed ② open to traffic; unobstructed
tòngdǎ 痛打 V. beat soundly; belabor
tōng dàbiàn 通大便 V.O. facilitate a bowel movement; purge
tōngdài* 通代 N. historical integrity/universality
tǒngdài 统带[-帶] V. command ♦N. <*hist.*> Qing regimental commander
tòngdǎ luòshuǐgǒu 痛打落水狗 ID. be merciless with bad people even if they're down.
tóngdǎng 同党[-黨] N. ① fellow party member ② accomplice M: ge/[1]míng
tōngdào* 通道 N. thoroughfare; passage(way) M: [1]tiáo
tóngdào(r) 同道(儿) N. ① same thought/principle ② fellow party/group/etc. member ♦V. go the same way
tòngdào 痛悼 V. mourn deeply
tōngdào chéngxù 通道程序 N. channel program
tóngdàowéiyǒu 同道为友 F.E. their friendship grows out of common ideals.
tōngdá rénqíng 通达人情[-達--] V.O./S.V. be understanding and considerate
tōngdá shìlǐ 通达事理[-達--] V.O./S.V. understand ways of doing business
tōngdá shìqíng 通达世情[-達--] V.O. know the world
tòngdǎ yī dùn 痛打一顿 V.P. give sb. a sound thrashing
tōng de 通的 ATTR. common
tòng de dǎgǔn 痛得打滚[-滾] V.P. writhe with pain
tǒng de guòduō 统得过多 V.P. exercise excessive control over
tǒng de guòsǐ 统得过死 V.P. exercise rigid control over
tòng de liúlèi 痛得流泪[-淚] V.P. weep with pain
tóngděng 同等 ATTR. of the same class/rank/status; equivalent
tóngděng duìdài 同等对待[--對-] V.P. put on an equal footing; treat equally
tóngděng jiàzhí 同等价值[--價-] N. par (value)
tóngděng liánjiē 同等连接 N. <*lg.*> coordination
tóngděngxìng 同等性 N. congruency
tóngděng xuélì 同等学力 N. have comparable educational levels
tóngděng zhòngyào 同等重要 V.P. be of equal importance
tóngděngzǔ 同等组 N. <*lg.*> peer group
tòng de xiēhu 痛得蝎虎 V.P. <*topo.*> frightfully painful
tòng de zhíjiào 痛得直叫 V.P. yell with pain
tōngdí* 通敌[-敵] V.O. collude/collaborate with the enemy
tòngdǐ 痛诋 V. berate; revile
tōngdiàn* 通电[-電] V.O. ① set up electric circuit; electrify ② cable all concerned ♦N. circular/open telegram
tóngdiǎn 同点[-點] N. similarity
tòngdiǎn 痛点[-點] N. sore/pain spot
tōng diànhuà 通电话[-電-] V.O. phone; call sb. up
tōng diànliú 通电流[-電-] V.O. electrify
tōngdiànquánguó 通电全国[-電-國] F.E. publish an open telegram to the nation
tóngdiào 同调 N. ① <*mus.*> identical tone ②persons sharing the same aspirations/interests *See also* [2]tóngtiáo
tǒngdiàotǒngpèi 统调统配 F.E. centralized transfer and allocation
tōngdié 通牒 N. diplomatic note
tóngdīng* 铜钉 N. brass tack
tóngdìng 铜锭 N. copper ingot
tòngdìngsītòng 痛定思痛 F.E. draw a lesson from painful experience
tóng dīngzi 铜钉子 N. copper nail
tǒngdǐtuō 桶底脱 V.P. <*Budd.*> die with crossed legs (in the manner of Buddha)
tóngdīyīn 童低音 N. <*mus.*> child baritone/alto
tóngdòngcí 同动词[-動-] N. <*lg.*> copulative verb
tóngdǒur jiāsī 铜斗儿家私 N. a family of great wealth
tōngdū 通都 N. major hub (of communication)
tōngdú* 通读[-讀] V. ① read over/through ② have a good grasp of
[1]tǒng-dú 统独[-獨] N. unity or independence
[2]tǒngdú 统读[-讀] V. unify pronunciation
tōngduàn 通断[-斷] ATTR. break-make; on-off
tóngduǎnwà 童短袜[-襪] N. bobby socks M: [1]shuāng
tōngdūdàyì 通都大邑 F.E. metropolis
tōngduì 通兑 V. circulate; exchange
tóng'èxiāngjì 同恶相济[-惡-濟] F.E. conspire to commit a crime
tóng'èxiāngqiú 同恶相求[-惡--] F.E. conspire to commit a crime
[1]tóngfàn 同犯 N. accomplice M: ge/[1]míng
[2]tóngfàn 童贩 N. child peddler M: ge/[1]míng
tōngfáng 通房 N. ①connecting rooms ②<*trad.*> maid in name, concubine in reality
tóngfáng* 同房 V.O. ① sleep together; have sexual intercourse ② share the same room ♦ATTR. of the same branch of a family ♦N. roommate M: ge/[2]wèi
tōngfěi 通匪 V.O. collude with bandits

tōngfēn* 通分 N. <*math.*> reduction of fractions to a common denominator
tōngfěn 通粉 N. unrefined flour
tòngfèn 痛愤 V. hate bitterly
tōngfēnfǎ 通分法 N. <*math.*> reduction of fractions to a common denominator
tōngfēng* 通风 V.O. ① ventilate ② divulge information ③ be well-ventilated
tòngfēng 痛风 N. <*med.*> gout
tōngfēngbàoxìn 通风报信[--報-] F.E. tip sb. off
tōngfēngjī 通风机 N. ventilator; fanner; air pump M: [1]*jià*/[1]*tái*
tōngfēngjǐng 通风井 N. <*min.*> ventilation/air shaft M: *kǒu*
tōngfēngkǒu 通风口 N. air vent; vent; opening for ventilation
tōngfēng shèbèi 通风设备[-備] N. ventilating system/facilities M: *tào*
tòngfēngxìng guānjiéyán 痛风性关节炎[---關節-] N. <*med.*> gouty arthritis
tǒngfēnjiéhé 统分结合 F.E. combination of centralization and decentralization
tōng fēnmǔ 通分母 V.O. reduce fractions to a common denominator
tóngfùyìmǔ 同父异母[--異-] F.E. have the same father but different mothers
tóngfù-yìmǔ xiōngdì 同父异母兄弟[--異---] N. consanguineous brothers
tǒngfùyíngkuī 统负盈亏[-虧] F.E. be responsible for losses and profits
tǒnggài 桶盖[-蓋] N. bung
tònggǎiqiánfēi 痛改前非 V.P. sincerely mend one's ways
tōnggǎn 通感 N. synesthesia
tónggǎn* 同感 N. same feeling/impression; consensus
tǒnggǎn 统感 N. togetherness
tònggǎn 痛感 V. keenly feel ♦N. sense of pain
tónggāngòngkǔ 同甘共苦 F.E. share joy and sorrow
tōnggǎo 通稿 V.O. wire copy from a news agency to a newspaper/radio/etc.
tōnggào* 通告 V. give public notice; announce ♦N. announcement; public notice; circular; general report
tónggāoyīn 童高音 N. <*mus.*> child tenor/soprano
tōnggé 通格 N. <*lg.*> common case
tónggēncí 同根词 N. <*lg.*> cognate words; cognate
tónggēn de 同根的 ATTR. cognate
tónggēng 同庚 N. same age
tónggēngtóngshí 同庚同时[-時] F.E. be born the same year, month, and day
tónggēngtuán 同庚团[-團] N. age-class
tōnggòng 通共 ADV. in all; altogether; all told ♦V.O. <*KMT*> collude with communists
[1]**tónggōng*** 童工 N. ① child laborer ② child labor M: *ge*/[1]*míng*
[2]**tónggōng** 同功 ATTR. <*bot./zoo.*> analogy; analogous organ
[3]**tónggōng** 彤弓 N. crimson bow M: *zhāng*
tǒnggòng 统共 ADV. altogether; in all
tónggōng chējiān 铜工车间 P.W. coppersmith shop
tónggōng qìguān 同功器官 N. analogous organs.
tónggōngtóngchóu 同工同酬 F.E. equal pay for equal work
tónggōngyìqǔ 同工异曲[--異-] F.E. get equal results with different approaches
tōnggōngyìshì 通功易事 F.E. division of labor
tǒnggòu 统购[-購] V. ① state purchasing monopoly ② make unified central purchases
tǒnggòu bāoxiāo 统购包销[-購--] N. unified state purchasing and marketing
tǒnggòu pàigòu 统购派购[-購-購] N. unified and fixed state purchases
tǒnggòu tǒngpèi 统购统配[-購--] N. unified purchases and distribution
tǒnggòu tǒngxiāo 统购统销[-購--] N. state monopoly for purchasing and marketing
tónggǔ* 铜鼓 N. bronze drum M: *ge*/[2]*zhī*
tǒnggu 捅咕 V. ① touch ② urge sb. to do sth. ③ <*coll.*> cause; bring about
[1]**tōngguān*** 通关[-關] V.O. ① take on each person at table in a finger-guessing game ②clear goods with the customs ♦N. customs clearance
[2]**tōngguān** 通观[-觀] V. look at sth. from all sides
[3]**tōngguān** 恫瘝/矜 N. hardship; illness; suffering
[1]**tóngguān** 同官 N. fellow functionaries
[2]**tóngguān** 桐棺 N. coffin made of paulownia wood
Tóngguān 潼关[-關] P.W. Tong Pass (between Henan and Shaanxi)
tóngguǎn 彤管 N. <*trad.*> red-tube writing brush, used by women historians M: [4]*zhī*
[1]**tǒngguǎn** 统管 V. administer in a unified way
[2]**tǒngguǎn** 筒管 N. <*txtl.*> bobbin
tōng guānjié 通关节[-關節] V.O. ① bribe officials ② <*Ch. med.*> open up blocked circulation in joints
tōngguān quánjú 通观全局[-觀--] V.O. take a comprehensive view
tōngguān yàoshi 通关钥匙[-關鑰-] N. master key M: [1]*bǎ*
tóngguǎnyuè 铜管乐[-樂] N. <*mus.*> brass music
tóngguǎnyuèduì 铜管乐队[-樂隊] N. brass band M: [4]*zhī*
tóngguǎnyuèqì 铜管乐器[--樂-] N. brass wind instrument M: [2]*jiàn*
tōngguānzàibào 恫矜在抱 F.E. show intimate concern over the people's hardships
tōnggǔbójīn 通古博今 F.E. very knowledgeable about both past and present
tóngguī* 同归[-歸] V. ① head toward the same goal ② obtain the same final result
tóngguǐ 同轨 N. same gauge (of railroads)
tóngguīshūtú 同归殊途[-歸--] F.E. get to the same place by different roads
tóngguīyújìn 同归于尽[-歸於盡] F.E. end in common ruin
tōngguó 通国[-國] N. the whole country
tōngguò* 通过 R.V. ① traverse; get past ② adopt; pass; carry (a motion/legislation) ♦COV. by (means/way of); through ~ *duìbǐ* by way of contrast
tōngguò lǐyí 通过礼仪[-禮儀] N. rites of passage
tóngguórén 同国人[-國-] N. countryman; compatriot
tōngguòshuì 通过税 N. transit tax M: [2]*bǐ*
Tōnggǔsīyǔ 通古斯语 N. Tungusic language
tónggǔwǔ 铜鼓舞 N. bronze-drum dance
tōnghǎiyùnhé 通海运河[--運-] N. maritime canal M: [1]*tiáo*
tōnghán 通函 V.O. communicate through correspondence ♦N. circular letter M: [2]*fēng*
tōngháng* 通航 V.O. be open to navigation or air traffic
tóngháng(r) 同行(儿) N. person of the same profession ♦ATTR. of the same trade or occupation *See also* [1]*tóngxíng*
tóngháng gōnghuì 同行工/公会 N. craft union
tóngháng jídù 同行嫉妒 V.P. professional jealousy
tóngháng shì yuānjia 同行是冤家 V.P. Two of a trade can never agree.
tónghángxiāngdù 同行相妒 F.E. People in the same profession or line of business are apt to be jealous of one another.
tónghángyīmò 同行一莫 F.E. colleague
tónghángyǔ 同行语 N. jargon; cant
tóngháng zhékòu 同行折扣 N. trade discount
tōnghǎo 通好 V.P. <*wr.*> have friendly relations (between nations) ***Liǎng guó ~.*** The two countries are on friendly terms.
tónghāo 茼/桐蒿 N. crown daisy chrysanthemum
[1]**tónghào*** 同好 N. ① people with the same/similar hobby/interests ② same taste or hobby
[2]**tónghào** 铜号[-號] N. brass trumpet M: [4]*zhī*/*ge*
tōnghé 通河 V.O. riverway
tǒnghé* 统合 ATTR. ① unified ② synthesized ♦N. integration
tǒnghélì 统合力 N. ability to unify
tònghèn 痛恨 V. hate bitterly
tònghèn zài xīn 痛恨在心 V.P. nurse a bitter hatred
tónghèsè 铜褐色 N. copper brown
tōnghóng* 通红 V.P. ①red through and through ② flush red all over
tònghóng 通红 *See tōnghóng*
tónghú 铜壶[-壺] N. ①copper pot ②clepsydra; water clock M: [1]*bǎ*/*ge*/[2]*zhī*
[1]**tōnghuà*** 通话 V.O. ①converse ②communicate by telephone/radio
[2]**tōnghuà** 通化 V. ① get rid of an obstacle/misunderstanding ② make well-connected
tónghuā 同花 N. same color/suit (in cards)
[1]**tónghuà** 童话 N. children's stories; fairy tales
[2]**tónghuà** 同化 V. assimilate ♦N. <*lg.*> assimilation; convergence
tōnghuáng 通黄 V.P. entirely yellow
tónghuánzi 铜环子[-環-] N. decorated copper/brass gate ring
tónghuāshùn 同花顺 N. straight flush (in poker)
tónghuàyīn 同化音 N. <*lg.*> assimilation
tónghuà yùyán 童话寓言 N. fairy tales and fables; children's stories M: [1]*piān*
tónghuà zhèngcè 同化政策 N. the policy of national assimilation M: [3]*xiàng*
tónghuà zuòyòng 同化作用 N. assimilation
tónghú dīlòu 铜壶滴漏[-壺--] N. copper clepsydra; water clock
tònghuǐ 痛悔 V. deeply regret
tònghuǐjídǐ 痛毁极诋[-毀極-] F.E. thoroughly destroy sb's reputation
tònghuǐqiánfēi 痛悔前非 F.E. deeply regret one's past mistakes
tōnghuì yínháng 通汇银行[-匯--] N. correspondent bank
tōnghūn* 通婚 V.O. be/become related by marriage; intermarry
[1]**tónghūn** 童婚 N. child marriage
[2]**tónghūn** 童昏 V.P. young and ignorant; naive and ignorant
tǒnghuǒ 通火 V.O. poke a fire
tōnghuò* 通货 N. currency
tónghuó 铜活 N. ① brass/copper fittings/etc. ② coppersmithing
tónghuǒ(r) 同伙(儿) N. ①confederate ②fellow worker in the same shop/company; member of a group/gang M: *ge*/[1]*míng*
tǒnghuǒ 捅火 V.O. poke a fire
tǒnghuò 统货 N. ungraded and uniformly priced goods
tōnghuò biǎnzhí 通货贬值 N. depreciation of currency
tōnghuò jǐnsuō 通货紧缩[--緊-] N. deflation (of money)
tōnghuò jǐnzhāng 通货紧张[--緊-] V.P. cut down the money supply ♦N. deflation
tōnghuò péngzhàng 通货膨胀 N. currency inflation
tōnghuòxuépài 通货学派 N. currency school
tóng hūxī gòng mìngyùn 同呼吸共命运[-運] F.E. ① share a common fate ② throw in one's lot with sb.
tōngjī 通缉 V. order the arrest of a criminal at large
[1]**tóngjī** 同机 V.O. be aboard the same plane
[2]**tóngjī** 童乩 N. <*Dao.*> medium who communicates with the dead/spirits
tóngjí 同级 ATTR. of the same grade (at school)
tǒngjì* 统计 N. statistics ♦V. add up; count
tòngjī 痛击[-擊] V. give a sharp blow/attack
tōngjiā 通家 V.O. <*wr.*> ① close relations between families over generations ② relatives through marriage

tōngjiǎ* 通假 N. <*lg.*> interchangeable homophones ignoring their separate meanings
tòngjiāchìzé 痛加斥责 F.E. reproach sharply
[1]tōngjiān 通奸 V.O. commit adultery
[2]tōngjiān 通间 P.W. connecting rooms
tōngjiàn 通鉴[-鑒] N. sth. that serves as a lesson to all
tóngjiàn 铜件 N. copper/brass object
tǒngjiàn 统建 V. construct in a systematic way
tòngjiān 痛歼[-殲] V. annihilate mercilessly
tóngjiang* 铜匠 N. coppersmith M: *ge/[1]míng*
tǒngjiàng 桶匠 N. cooper M: *ge/[1]míng*
tóngjiǎo 铜角 N. Chinese brass trumpet
tǒngjiǎoshā 筒脚纱[-腳-] N. yarn remnant
tōngjiāzhīhǎo 通家之好 N. generations-long friendship between two families
tǒngjìbiǎo 统计表 N. statistical table/chart/graph/etc. M: *[1]zhāng*
tǒngjìbù 统计簿 N. statistical book M: *[1]běn/[4]cè*
tǒngjì bùmén 统计部门 N. statistical department
tǒngjì chōuyàng 统计抽样[-樣] N. statistical sampling
tōngjiě 通解 V. be well versed in ♦N. <*math.*> general solution
tōngjīfàn 通缉犯 N. criminal wanted by the law M: *ge/[1]míng*
tǒngjì huíguī fēnxi 统计回归分析[---歸--] N. statistical regression analysis
tǒngjìjiā 统计家 N. statistician M: *ge/[1]míng/[2]wèi*
tǒngjì jiǎshè 统计假设 N. <*lg.*> statistical hypothesis
tōngjīlìng 通缉令 N. order for arrest
tōngjīnbógǔ 通今薄/博古 F.E. erudite and informed
tōngjīng 通经[-經] V.O. ① <*Ch. med.*> stimulate the menstrual flow ② be well versed in Confucian classics
tóngjǐng 同景 N. scene of multiple scrolls hung together
tóngjìng* 铜镜 N. bronze mirror M: *[1]miàn*
tòngjīng 痛经[-經] N. <*med.*> dysmenorrhea
tóngjīntiěgǔ 铜筋铁骨[--鐵-] F.E. strongly built; robust; sturdy
tǒngjì qǐlai 统计起来 R.V. ① add/sum up ② do statistics
tǒngjìshī 统计师[-師] N. statistician M: *ge/[1]míng/[2]wèi*
tǒngjì shùzì 统计数字[--數-] N. statistical figures; statistics
tǒngjìtú 统计图[-圖] N. statistical chart/table/etc. M: *[1]zhāng*
tǒngjì túbiǎo 统计图表[--圖-] N. statistical graph/chart/table M: *[1]zhāng*
tòngjiù 痛疚 V.P. keenly feel compunction
tǒngjì xiǎnzhùxìng 统计显著性[--顯--] N. <*lg.*> statistical significance
tǒngjìxìng tuīlùn 统计性推论 N. statistical inference
tǒngjìxué 统计学 N. statistics
tǒngjì xuéjiā 统计学家 N. statistician M: *ge/[1]míng/[2]wèi*
tǒngjìyuán 统计员 N. statistician M: *ge/[1]míng/[2]wèi*
tǒngjì yǔyánxué 统计语言学 N. statistical linguistics
tǒngjì zīliào 统计资料 N. statistical data
tǒngjì zīliào jìlùqì 统计资料记录器[-----錄-] N. <*comp.*> statistical data recorder
tóngjū 同居 V. live together; cohabit
tǒngjué 统觉[-覺] N. apperception
tòngjué* 痛觉[-覺] N. sense of pain
tóngjūfēncuàn 同居分爨 F.E. live in the same house, but eat separately
tóngjū jìfù 同居继父[--繼-] N. stepfather
tǒngkǎo 统考 N. unified examination
tóngkē 同科 ATTR. equal; same ♦N. *See tóngbǎng*
tóngkǒng* 瞳孔 N. <*phys.*> pupil (of the eye)
tǒngkǒng 桶孔 N. bunghole
tǒngkǒngkǒu 桶孔口 N. bunghole

tōngkǒngyízūn 通孔宜尊 F.E. current usages and customs are to be respected.
tóngkòuzi 铜扣子 N. brass button
tǒngkù 筒裤 N. tube-like trousers without cuffs M: *[1]tiáo*
tòngkū 痛/恸哭[慟-] V. cry/weep bitterly; wail; cry one's heart out
tòngkǔ* 痛苦 N./S.V. pain; suffering
tòngkuai 痛快 S.V. ① joyful; delighted ② to one's heart's content ③ forthright *Tā wéi rén hěn ~.* He's a straightforward person. ④ free; unconstrained (of movements)
tòngkuàilínlí 痛快淋漓[-灕] F.E. satisfying in every respect
tòngkuailìsuo 痛快利索 F.E. <*coll.*> joyful; carefree
tòngkuàiyīshí 痛快一时[-時] F.E. have an uproarious time
tōngkuǎn 通款 V. make illegal contact with an enemy of one's country
tóngkuàng 铜矿[-礦] N. copper mine/ore M: *[4]zuò*
tōngkuǎnqǔ 通款曲 A.T. socialize with each other; make friendly contacts
tòngkūliútì 痛哭流涕 F.E. weep bitterly; shed tears of anguish
tǒngkuò 统括 V. take all together; include all
tòngkūshīshēng 痛哭失声[-聲] F.E. be choked with tears
tòngkǔwànzhuàng 痛苦万状[-萬狀] F.E. inflict untold suffering
tòngkū yī chǎng 痛哭一场[-場] V.P. have a good cry
tòngkūyùjué 痛哭欲绝[-絕] F.E. cry one's heart out
tóngláitóngwǎng 同来同往 F.E. go together and return together
tōnglán* 通栏[-欄] N. ① banner ② the layout of a page of a book/periodical without columns
tōnglǎn 通览[-覽] V. take an overall view of
tōnglán biāotí 通栏标题[-欄標-] N. banner headline
tōngláng 通廊 N. vestibule
tónglè 同乐[-樂] V. have a good time together
tónglèhuì 同乐会[-樂-] N. a fun festival/party
tónglèi* 同类[-類] N. same kind
tǒnglèi 统类[-類] N. categories; kinds; series
tónglèi bù xiāngcán 同类不相残[-類--殘] F.E. Dogs do not eat dogs.
tónglèi de 同类的[-類-] ATTR. <*lg.*> homogeneous
tónglèi xiāngcán 同类相残[-類-殘] N. intramural fight
tónglèi xiāngshí 同类相食[-類--] N. cannibalism
tónglèi yìshi 同类意识[-類-識] N. consciousness of kind
tónglè wǎnhuì 同乐晚会[-樂--] N. evening party (held within an organization/school/etc.)
[1]tōnglǐ 通礼[-禮] N. ① established etiquette ② current usages and customs
[2]tōnglǐ 通理 N. established etiquette
[1]tōnglì* 通力 N. concerted effort
[2]tōnglì 通例 N. ① general rule; usual practice ② universal law
[3]tōnglì 通利 A.T. <*Ch. med.*> open passages; drain
tónglǐ 同理 N. for the same reason
tǒnglǐ 统理 V. manage with a broad/overall consideration
[1]tōnglián* 通连 V. be connected; lead to
[2]tōnglián 通联[-聯] N. communications and liaison
tóngliàn 童恋[-戀] N. calf love; puppy love
tōngliàng 通亮 V.P. brightly lit
tóngliàng* 同量 N. same amount/quantity
tóngliáo 同僚 N. colleague; fellow official M: *ge/[1]míng/[2]wèi*
tóngliè xiāngbǐ de 同列相比的 ATTR. neighboring
tōnglì hézuò* 通力合作 V.P. work in concert

tónglì-hézuò 同力合作 V.P. work together with common strength
tōnglìkěyuán 通例可援 F.E. There are conventions that can be cited.
tōnglíng 通灵[-靈] V.O. ① possess supernatural powers ② have human intelligence (of animals/plants/etc.)
tōnglìng 通令 N. circular/general order ♦V. issue a circular/general order
[1]tónglíng 同龄[-齡] N. of the same age
[2]tónglíng 童伶 N. underage actor M: *ge/[1]míng*
[3]tónglíng 铜铃 N. copper/brass/bronze bell M: *ge/[2]zhī*
tǒnglǐng* 统领 V. command ♦N. commander
tōnglìng gèshěng 通令各省 V.O. enjoin all provinces
tónglíngrén 同龄人[-齡-] N. age-mate; contemporary M: *ge/[1]míng/[2]wèi*
tóngliúhéwū 同流合污 F.E. wallow in mire with sb.
[1]tónglóng 曈胧 N. appearance of the moon beginning to increase in brightness
[2]tónglóng 曈昽 N. twilight before sunrise
[3]tónglóng 铜龙 N. ① ancient clepsydra with a copper dragon's head ② a kind of faucet
tónglòu 铜漏 N. copper/brass water clock
tǒng lóuzi* 捅娄子[-婁-] V.O. <*coll.*> make a mess of sth.
tǒng lòuzi 捅漏子 V.O. <*coll.*> make a mess of sth.
tōnglù* 通路 N. thoroughfare; passageway; route
tónglù 同路 V.O. go the same way
tónglǜ 铜绿 N. <*chem.*> verdigris; patina; copper tarnish
tōnglù de kuāndù 通路的宽度[---寬-] N. width of a passage
tōnglùn 通论 N. ① well-rounded argument ② general survey ③ current theory
tōngluò 通络 V.O. <*Ch. med.*> unblock circulation tracts
tóngluó* 铜锣[-鑼] N. <*mus.*> copper gong; cymbal M: *[1]miàn*
tónglùrén 同路人 N. fellow traveler M: *ge/[1]míng*
tòngmà 痛骂[-罵] V. scold severely; vituperate
tǒng mǎfēngwō 捅马蜂窝[-窩] V.O. stir up a hornet's nest
tōngmài 通脉[-脈] V.O. <*Ch. med.*> ① promote blood circulation by invigorating vital energy ② promote lactation
tòngmà yī dùn 痛骂一顿[-罵--] V.P. break into a round of abuse
tōngméi 通眉 N. joined eyebrows
tōngmén 通门 N. open gate
tóngmén* 同门 N. fellow disciple
[1]tóngméng* 同盟 N. alliance; league
[2]tóngméng 童蒙 N. childish ignorance
[3]tóngméng 瞳蒙 V.P. ignorant
[4]tóngméng 瞳朦 V.P. <*wr.*> obscure; dim; hazy
tóngmèng 同梦[-夢] N. conjugal harmony
tóngméng bàgōng 同盟罢工[--罷-] N. joint strike
tóngméngguó 同盟国[-國] N. ally; allied nation
Tóngménghuì 同盟会 N. Alliance Society, founded by Sun Yat-sen
tóngméngjūn 同盟军 N. allied forces M: *[4]zhī*
tóngméng tiáoyuē 同盟条约[--條-] N. treaty of alliance
tóngméngzhě 同盟者 N. bosom friend M: *ge/[1]míng/[2]wèi*
tóngményìhù 同门异户[--異-] F.E. be alike except for slight differences
[1]tōngmíng* 通明 V.P. brightly lit
[2]tōngmíng 通名 N. general name ♦V.O. tell one's name
tóngmíng 同名 ATTR. of the same name
tóngmìng 同命 V.O. share the same destiny
tóngmíngdiào 同名调 N. <*mus.*> parallel keys
tóngmíngtóngxìng 同名同姓 F.E. have the same given name and family name

tóngmíngyìxìng 同名异姓[--異-] F.E. have the same first/given name but different surnames
[1]tóngmíngzhě 同名者 N. namesake M: ge/[2]wèi
[2]tóngmíngzhě 同鸣者 N. <lg.> consonant
[1]tóngmó 同模 N. isotype
[2]tóngmó 铜模 N. matrix *See also tóngmú*
tōngmóu 通谋 V. connive; collude
tóngmóu* 同谋 V. conspire; be complicit
tóngmóufàn 同谋犯 N. accomplice M: ge/[1]míng
tóngmóuzhě 同谋者 N. conspirator; accomplice M: ge/[1]míng
tóngmú* 铜模 N. <print.> matrix; copper mold *See also [2]tóngmó*
tóngmǔ 同母 N. ① brothers/sisters of the same mother ② <math.> fractions having a common denominator
tóngmǔ suǒ shēng zǐnǚ 同母所生子女 N. children of the same mother
tóngnán(zi) 童男(子) N. ① virgin male ② underage boy M: ge/[1]míng
tóngnánnǚ 童男女 N. minors of both sexes
tóngnán-tóngnǚ 童男童女 N. minors of both sexes
tōngnián 通年 N. throughout the year
[1]tóngnián* 同年 N. ① same year ② candidates who passed the imperial examination in the same year ♦ATTR. of same age
[2]tóngnián 童年 N. childhood
tóngniú 童牛 N. calf without horns M: [1]tóu
tóngniǔ(r/zi)* 铜纽(儿/子) N. brass button (on clothes)
tóngniújiǎomǎ 童牛角马 ID. abnormal phenomenon
tóngnǚ 童女 N. ① virgin female ② underage girl M: ge/[1]míng
tòng'ōu 痛殴[-毆] V. beat ferociously
tóngpái 铜牌 N. copper/bronze medal M: [4]méi/[1]miàn/[2]kuài
tōngpán* 通盘[-盤] ATTR. overall; comprehensive
tōngpàn 通判 N. <trad.> assistant prefectural magistrate
tōngpán ānpái 通盘安排[-盤--] N. comprehensive arrangement
tōngpán chóuhuà 通盘筹划[-盤籌劃] N. a complete plan
tōngpán gūjì 通盘估计[-盤--] N. overall estimate
tōngpán jìhuà 通盘计划[-盤-劃] N. overall plan
tōngpán kǎolǜ 通盘考虑[-盤-慮] V.P. consider from every possible angle
tōngpán zhànlüè 通盘战略[-盤戰-] N. comprehensive strategy
tóngpánzi 铜盘子[-盤-] N. copper/brass tray/plate
tóngpáo 同袍 <wr.> N. fellow officers; comrades in arms M: ge/[1]míng/[2]wèi
tóngpáotóngzé 同袍同泽[--澤] F.E. comrades in arms
tóngpátiěbǎn 铜琶铁板[--鐵-] F.E. bold and vehement language (in writing)
tǒngpèi 统配 N./V. unified distribution
tǒngpèi bāoxiāo 统配包销 N. state monopoly of distributing and marketing
tǒngpèiméi 统配煤 N. coal allocated and distributed by the government
tǒngpèi méikuàng 统配煤矿[-礦] N. coal mine under the unified-allocation system
tǒngpèi wùzī 统配物资 N. goods under the unified ration plan
tóngpén pèngshang tiěshuāzi 铜盆碰上铁刷子[----鐵--] ID. each sticks to his own argument
tōngpiān 通篇 N. whole/entire article
tōngpiào 通票 N. through ticket M: [1]zhāng
tōngpǔ 通谱 V.O. ① exchange cards containing all personal details and thus become sworn brothers ② regard as the same clan
tōngpù* 通铺 N. wide bed for several people M: [1]zhāng

tóngpú 童/僮仆[-僕] N. <wr.> houseboys; servants M: ge/[1]míng
[1]tǒngpù 统铺 N. wide bed for several people M: [1]zhāng
[2]tǒngpù 桶铺 P.W. coopery M: [1]jiā
tōngqì(r) 通气(儿)[-氣-] V.O. ① ventilate; aerate ② keep each other informed ③ <coll.> connive ④ sympathetic to each other ⑤ breathing freely
tóngqī* 同期 N. ① corresponding period ② same term (in school/etc.) ~ **bìyè** graduate in the same year ③ synchronism
[1]tóngqì 铜器 N. bronze/brass/copper ware
[2]tóngqì 同气[-氣] V.O. have the same tastes/sentiments
[1]tóngqián 铜钱[-錢] N. copper cash
[2]tóngqián 同前 N. ditto; idem
tóngqiángtiěbì 铜墙铁壁[-牆鐵-] F.E. impregnable fortress M: [2]dào
tōngqiào 通窍[-竅] V.O. understand; grasp
tóngqī chūshēngqún 同期出生群 N. birth cohort
tòngqiè 痛切 S.V. ① with intense pain/sorrow ② roundly curse ③ poignant
tóngqìguān yīnsù 同器官音素 N. <lg.> homorganic phonemes
tōngqìhuì 通气会[-氣-] N. conference for spreading information
tōngqìkǒng 通气孔[-氣-] N. air vent; vent
tōngqìkǒu 通气口[-氣-] N. air vent; vent
tòng qǐlai 痛起来 R.V. start to hurt
tóngqìliánzhī 同气连枝[-氣--] F.E. brotherly tie
tōngqín 通勤 N. shuttle taking workers to and from work ♦V. commute
tōngqínchē 通勤车 N. commuter train M: [1]liè/[3]liàng
tōngqíng 通情 S.V. reasonable; showing good sense ♦V.O. understand the feeling of love between men and women
tóngqīng 铜青 N. verdigris; patina
tóngqíng* 同情 V. sympathize with
tóngqìng 同庆[-慶] V. celebrate together
tóngqíng bàgōng 同情罢工[-罷-] N. sympathetic strike ♦V.P. strike in sympathy
tōngqíngdálǐ 通情达理[--達-] F.E. show good sense
tóngqíng fènzǐ 同情分子 N. sympathizers
tóngqíngluòlèi 同情落泪[-淚] F.E. shed tears of compassion for sb.
tóngqīngòngzhěn 同衾共枕 F.E. sleep together; share the same comforter and the same pillow
tóngqíngxīn 同情心 N. sympathy; fellow feeling
tóngqíngzhě 同情者 N. sympathizer M: ge/[1]míng/[2]wèi
tōngqín lǚkè yùnshū 通勤旅客运输[----運-] N. commuter passenger traffic
tōngqínpiào 通勤票 N. a commuter's ticket M: [1]zhāng
tōngqìr 通气儿[-氣-] V.O. be in good health/condition
Tóngqì Shídài 铜器时代[--時-] N. Bronze Age
tóngqǐtóngzuò 同起同坐 F.E. share power with sb.
tǒngqiú 捅球 V.O. play billiards ♦N. billiards
tóngqìxiāngqiú 同气相求[-氣--] F.E. ① birds of a feather flock together ② People with the same ideals have an affinity for one another.
tōngqú 通衢 N. <wr.> thoroughfare
tóngqù* 童趣 N. child's taste
tōngquándábiàn 通权达变[-權達變] F.E. adapt to circumstances
tóngquānr 铜圈儿 N. brass ring (worn on the neck/finger/wrist)
tǒngqún 筒裙 N. ① knee-length tube-like skirt ② sheath skirt M: [1]tiáo
tóngr 童/僮儿 N. papier-maché child burned at a funeral M: ge/[1]míng
tǒngr* 筒儿 N. ① cylinder formed by rolling up sth. thin ② depilated leather ♦M. cylindrical container
tòngr 通儿 V.M. <coll.> times; occurrences; instances

tōngrén 通人 N. a person of wide knowledge and sound scholarship
[1]tóngrén* 同人/仁 N. ① colleagues ② person of the same beliefs/convictions
[2]tóngrén(r) 瞳人/仁(儿) N. pupil (of the eye)
[3]tóngrén 铜人 N. bronze image; bronze statue
[4]tóngrén 桐人 N. <trad.> carved human figures to be buried with the deceased
tōngréndácái 通人达才[--達-] F.E. erudite and informed persons
tōngrì 通日 N. all day long
tóngrì'éryǔ 同日而语 F.E. ① mention in equal terms ② mention in the same breath
tōngróng 通融 V. ① stretch rules for sb. ② provide short-term credit
tōngrong bànfǎ 通融办法[--辦-] N. compromise
tōngróngxìng 通融性 N. flexibility
tōngrú* 通儒 N. <trad.> erudite scholar M: ge/[1]míng/[2]wèi
tóngrú 童孺 N. minor; child M: ge/[1]míng
tòng rù gǔsuǐ 痛入骨髓 V.P. The pain penetrates even to the marrow.
tòng rù xīnsuǐ 痛入心髓 V.P. The pain goes deep.
tōngsāi 通塞 N. ① openness and cloggedness ② success and failure; satisfaction and frustration
tóngsǎn 童伞[-傘] N. children's umbrella M: [1]bǎ
tóngsè 铜色 N. copper color
[1]tóngshān 童山 N. bare hills M: [4]zuò
[2]tóngshān 铜山 N. copper-rich mountain M: [4]zuò
tōngshāng* 通商 V.O. have trade relations ♦N. international trade
tóngshāng 童商 N. child peddler M: ge/[1]míng
tóngshàng 同上 F.E. ditto; idem
tōngshānggǎng 通商港 N. treaty port
tòngshàngjiārǔ 痛上加辱 F.E. add insult to injury
tōngshāng kǒu'àn 通商口岸 N. treaty/trading port
tōngshāng tiáoyuē 通商条约[--條-] N. trade pact/treaty
tóngshāntiěbì 铜山铁壁[--鐵-] F.E. impregnable bastion; solid defense system
tóngshānzhuózhuó 童山濯濯 F.E. ① bare and barren hills ② baldheaded
tǒngshè 统摄[-攝] V. <wr.> have under one's command; exercise control over; govern
tōngshēn 通身 N. whole body
tōngshén 通神 N. ① superhuman (of ability/etc.) ② capable of buying even the gods (of money)
tóngshēn* 童身 N. have had no sexual intercourse with a woman
[1]tóngshēng 童声[-聲] N. child's voice
[2]tóngshēng 同声[-聲] N. ① same sound ② birds of a feather ♦ADV. in chorus; in unison
[3]tóngshēng 童生 N. <hist.> candidate for the lowest degree in the examination system M: ge/[1]míng
[4]tóngshēng 同生 ATTR. contemporaneous
tóngshēng chuányì 同声传译[-聲傳譯] N. simultaneous interpretation
tóngshēng fānyì 同声翻译[-聲-譯] N. <lg.> simultaneous interpretation
tóngshēnggòngsǐ 同生共死 F.E. live and die together
tóngshēng héchàng 童声合唱[-聲--] N. children's chorus
tóngshēng huānhū 同声欢呼[-聲歡-] V.P. cheer in unison
tóng shēngsǐ gòng huànnàn 同生死共患难[-難] F.E. share the good and the bad
tóngshēngxiāngyìng 同声相应[-聲-應] F.E. act in unison
tóngshēngyīkū 同声一哭[-聲--] F.E. share the same feeling of grief
tóngshēngzànyáng 同声赞扬[-聲-揚] F.E. acclaim universally
tōngshēn shì hàn 通身是汗 V.P. sweat all over
tōngshénxué 通神学 N. theosophy

T

tōngshǐ 通史 N. comprehensive/general history M: [2]*bù*

[1]tōngshì 通事 N. <*trad.*> ①interpreter; translator ② diplomatic affairs

[2]tōngshì 通式 N. <*chem.*> general formula

[3]tōngshì 通市 V.O. have commercial relations

[4]tōngshì 通士 N. an erudite person

tóngshí* 同时[-時] ADV./N. ① (at) the same time; meanwhile ② synchronically ♦CONJ. moreover; besides; furthermore ♦CONS. *zài A de* ~ simultaneously with A

[1]tóngshǐ 彤矢 N. <*trad.*> crimson arrow (bestowed with a crimson bow to meritorious noblemen by the emperor) M: [4]*zhī*

[2]tóngshǐ 彤史 N. <*trad.*> Ming/Qing court-appointed women historians

[1]tóngshì 同事 V.O. ①work together ②serve the same (king/etc.) ♦N. colleague; fellow worker M: *ge*/[1]*míng*/[2]*wèi*

[2]tóngshì 同是 V.P. both/all are

tóngshí bìngjǔ 同时并举[-時並舉] V.P. go hand in hand with

Tóngshí Bìngyòng Shídài 铜石并用时代[--並-時-] N. <*archeo.*> Chalcolithic Age

tóngshí bìngzhòng 同时并重[-時並-] V.P. receive equal and simultaneous emphasis

tóngshìcāogē 同室操戈 F.E. internal strife

tóngshí cúnqǔ 同时存取[-時--] N. <*comp.*> simultaneous verification

tōngshìdálǐ 通事达理[--達-] F.E. be understanding and amenable to reason

tóngshí jiǎnzhèng 同时检证[-時-證] N. <*comp.*> simultaneous verification

tóngshì tiānyá lúnluòrén 同是天涯沦落人 ID. Those who have the same misfortune sympathize with each other.

tóngshìxiǎoniè 童氏小蘗 N. Japanese barberry

tóngshíyìmíng 同实异名[-實異-] F.E. different names for the same thing

tóngshí yǔyánxué 同时语言学[-時---] N. <*lg.*> synchronic linguistics

tóngshízhì 同时制[-時-] N. simultaneous system

tǒngshōu 统收 N. centralized receipt

tǒngshòu jiàgé 统售价格[--價-] N. flat price

tǒngshōutǒngzhī 统收统支 N. centralized bursary system

tōngshū 通书[-書] N. ① almanac ② message sent by the groom's family to the fiancee's announcing the wedding date ♦V.O. correspond by mail

tóngshū 同书[-書] N. ibidem; the same place

[1]tóngshù* 桐树[-樹] N. <*bot.*> paulownia M: [2]*kē*

[2]tóngshù 童竖[-豎] N. toddler

tǒngshǔ 统属[-屬] N. subordination

[1]tǒngshuài 统帅[-帥] N. commander-in-chief M: *ge*/[1]*míng*/[2]*wèi* ♦V. command

[2]tǒngshuài 统率 V. command; lead; rule; govern

tǒngshuàibù 统帅部[-帥-] N. supreme command; supreme headquarters of the armed forces

tóngshūcí 同书词[-書-] N. <*lg.*> homonym

tǒngshuì 统税 N. excise

tōngshuǐquán 通水权[-權] N. watercourse

tōngshùn 通顺 S.V. clear and coherent; smooth

tōngshùn wénzì 通顺文字 N. coherent writing

tōngshuō 通说 N. ① clear language ② current expression

tōngsī 通司 N. <*topo.*> ① translator ② guide

tóngsī* 铜丝[-絲] N. copper wire M: [2]*gēn*

tǒngsǐ 捅死 R.V. stab to death

tóngsīsuǒ 铜丝索[-絲-] N. copper/brass wire

tóng-sǒu 童叟 N. the old and the young

tóngsǒuwúqī 童叟无欺 F.E. honest with all customers (shop sign)

tōngsú* 通俗 S.V. popular; common

tòngsù 痛诉 V. give a bitter account

tǒngsuàn 统算 N. centralized accounting

tōngsú cíyuánxué 通俗词源学 N. <*lg.*> popular etymology

tōngsú dúwù 通俗读物[--讀-] N. popular literature M: [1]*běn*

tōngsú fēnlèi 通俗分类[-類] N. <*lg.*> folk taxonomy

tōngsú gēqǔ 通俗歌曲 N. popular song M: [2]*shǒu*

tōngsúhuà 通俗化 N. popularization

tóngsuì 同岁[-歲] N. same age

tōngsú jiàoyù 通俗教育 N. popular education

tōngsújù 通俗剧[-劇] N. melodrama M: [1]*chū*/[2]*mù*

tōngsúliúchàng 通俗流畅[-暢] F.E. have popular appeal

tōngsúshàngkǒu 通俗上口 F.E. ① be easily accepted among the people ② be easy to sing

tōngsú wénhuà 通俗文化 N. popular culture

tōngsú wénxué 通俗文学 N. popular literature

tōngsú wénzì 通俗文字 N. <*lg.*> demotic writing

tōngsú xiǎoshuō 通俗小说 N. popular fiction M: [1]*běn*

tōngsú yīdiǎn shuō 通俗一点说[---點-] V.P. to put it bluntly

tōngsúyìdǒng 通俗易懂 F.E. easy to understand

tóngsù yìxìngtǐ 同素异性体[--異-體] N. <*chem.*> materials of the same element but having a different character

tóngtà 同榻 V.O. <*wr.*> sleep in the same bed; share a bed

tóngtà'érmián 同榻而眠 F.E. sleep in the same bed

tōngtài 通泰 V.P. refreshed; relieved

tóngtáng 同堂 V.O. live under the same roof (of different generations of family members)

tóngtáng xiōngdì 同堂兄弟 N. male cousins with the same paternal grandfather

tōngtào 通套 N. commonly used formula

tōngtǐ* 通体[-體] N. ① whole body ② the entirety ③sexual intercourse ♦V.O. merge; unite

tǒngtǐ 筒体[-體] N. barrel

tōngtiān* 通天 V.P. ①all-powerful ②exceedingly high/great ♦N. direct access to the highest authorities

tóngtián 铜钿 N. ① copper coin; copper ② money

tōngtiān běnlǐng 通天本领 N. exceptional ability

tōngtiānchědì 通天扯地 F.E. chat about this and that

tōngtiānchèdì* 通天彻地[-徹-] F.E. exceedingly high ability

tóngtiānr 同天儿 N. the same day

tōngtiáo 通条[-條] N. ① poker ② cleaning rod

[1]tóngtiáo* 铜条[-條] N. copper/brass bar M: [2]*gēn*

[2]tóngtiáo 同调 N. homologue; homology *See also tóngdiào*

tóngtiáogòngguàn 同条共贯[-條--] F.E. be interlinked logically

tóngtiěqì 铜铁器[-鐵-] N. hardware

tōngtǐhánlì 通体寒栗[-體--] F.E. shudder all over

tǒngtīng 统厅[-廳] P.W. hall that connects several houses

tōngtōng 通通 ADV. entirely; completely

tōngtóng 通同 V. collude; gang up ♦ATTR. (in) common

tōngtǒng 通统 ADV. wholly

[1]tóngtóng 童童 R.F. bald

[2]tóngtóng 曈曈 R.F. bright; glistening (of eyes)

[3]tóngtóng 潼潼 N. lofty appearance

tǒngtǒng* 统统 ADV. all; completely

tòngtòng 痛痛 ADV. harshly; mercilessly (of scolding/etc.)

tōngtōnghóng 通通红 R.F. bright red

tòngtongkuàikuài 痛痛快快 R.F. to one's heart's content

tōngtóngyīqì 通同一气[-氣] F.E. be in league with

tōngtóngzuòbì 通同作弊 F.E. collude in illegal activities

tōngtòu 通透 V.P. penetrating ♦V. ① understand thoroughly ② be transparent

tóngtóufùshé 铜头蝮蛇 N. copperhead snake

tóngtóutiě'é 铜头铁额[--鐵-] F.E. audacious; fearless; intrepid

tōngtú 通途 N. <*wr.*> thoroughfare

tōngtuō 通脱 S.V. unconventional and carefree ♦V.P. <*wr.*> ① not bother about trifles ② be unconventional

tōngtuōbùjī 通脱不羁 F.E. be unrestrained and free from petty formalisms

tóngtuójīngjí 铜驼荆棘[--荊-] F.E. devastation of palaces as a result of war

tōngtuōmù 通脱木 N. <*bot.*> rice-paper plant

tōngtuōzhīcái 通脱之才 N. a man of unconventional wit

tōngtuōzìxǐ 通脱自喜 F.E. not too much concerned about social approval

tǒngwǎ 筒瓦 N. <*archi.*> barrel tile M: [2]*kuài*

tōngwǎng 通往 V. lead/go to

[1]tóngwéi 同为 V.P. be otherwise similar

[2]tóngwéi 彤闱[-闈] N. imperial palace

tóngwèi* 同位 N. <*lg.*> apposition

tóngwèi chéngfen 同位成分 N. <*lg.*> appositive element

tóngwèi cóngjù 同位从句[-從-] N. <*lg.*> appositive clause

tóngwèi de 同位的 ATTR. allo-

tóngwèi gàiniàn 同位概念 N. <*log.*> appositive concept

tóngwèigé 同位格 N. <*lg.*> appositive

tóngwèi guānxi 同位关系[-關係] N. <*lg.*> apposition

tóngwèijiǎo 同位角 N. <*math.*> corresponding angles

tóngwèi jiégòu 同位结构[-構] N. <*lg.*> apposition

tóngwèi liánjiāyǔ 同位联加语[--聯--] N. <*lg.*> conjunct of apposition

tóngwèisù 同位素 N. <*chem.*> isotope

tóngwèiyán 同位言 N. <*lg.*> morph

tóngwèiyīn 同位音 N. <*lg.*> allophone

tóngwèi yìxiàng 同位义项[--義-] N. <*lg.*> cohyponym

tóngwèiyǔ 同位语 N. <*lg.*> appositive; allomorph; morph

tóngwèiyǔ cóngjù 同位语从句[---從-] N. <*lg.*> appositive clause

tóngwèi zhǐshìyǔ 同位指示语 N. <*lg.*> indicator of apposition

tōngwèn* 通问 V. ① exchange news ② convey best wishes/regards to each other

tóngwén 同文 N. the same written language

tóngwēncéng 同温层[-層] N. stratosphere

tóngwéntóngzhǒng 同文同种[-種] F.E. the same language and the same race

tóngwō 同窝[-窩] N. brood

tóngwō yòuchù 同窝幼畜[-窩--] N. littermate

tóngwū 同屋 V.O. share a room ♦N. roommate

tòngwù* 痛恶[-惡] V. bitterly detest

tóngxí 同席 V.O. eat at the same table

tóngxǐ 同喜 F.E. <*court.*> thank for felicitations

tǒngxì 统系 N. <*coll.*> system

tòngxī* 痛惜 V. deeply regret; deplore

tǒngxiá 统辖 V. command; control; govern

tōngxiǎn 通显[-顯] V. <*wr.*> ① have a high official position ② enjoy great fame and influence

[1]tóngxiàn* 同现 N. <*lg.*> co-occurrence

[2]tóngxiàn 铜线 N. copper wire M: [2]*gēn*

tóngxiàn diànhuà 同线电话[--電-] N. party-line telephone

[1]tōngxiàng 通向 V. lead/go to

[2]tōngxiàng 通项 N. <*math.*> general term

tóngxiāng* 同乡[-鄉] N. fellow villager/townsman M: *ge*/[1]*míng*/[2]*wèi*

tóngxiàng 铜像 N. bronze statue M: [1]*zūn*/[4]*zuò*

tóngxiānghuì 同乡会[-鄉-] N. association of fellow provincials/townsmen

tóngxiàn guānxi 同现关系[-關係] N. <*lg.*> co-occurrence relation

tōngxiāo* 通宵 V.O. all night; throughout the night

tōngxiǎo 通晓[-曉] V. thoroughly understand; be well-versed/proficient in

tǒngxiāo 统销 N. state marketing monopoly
tōngxiāodádàn 通宵达旦[--達-] F.E. all night
tǒngxiāoliáng 统销粮[-糧] N. centrally marketed grain
tōngxiāo shāngdiàn 通宵商店 P.W. all-night shop M: [1]jiā
tōngxiǎo shìgù 通晓世故[-曉--] V.O. be perfectly familiar with the ways of the world
tōngxiǎo shìlǐ 通晓事理[-曉--] V.O. thoroughly understand the reason
tōngxiāo zhíbān 通宵值班 V.P. be on duty all night
tóng-xī héjīn 铜锡合金 N. <archeo.> tin-copper alloy
tōngxīn 通心 ATTR. hollow; tubular (of a cylinder)
tōngxìn* 通信 V.O. communicate by letter; correspond ♦N. ① correspondence ② agency communication ③ <mil.> transmissions
[1]tóngxīn 同心 S.V. ① concentric ② of one heart ♦V.O. be of one heart
[2]tóngxīn 童心 N. ① childish heart ② innocence
tòngxīn 痛心 S.V. pained; distressed; heartbroken
tōngxìn bǎomì 通信保密 N. <mil.> communication/traffic security
tōngxìnbīng 通信兵 N. signal corps; signalman M: ge/[1]míng
tóngxīnbìnglì 同心并力[--併-] F.E. unite all efforts for a common purpose
tōngxìnchù 通信处[-處] N. mailing address
tóngxīn de 同心的 ATTR. <lg.> endocentric
tōngxìn dìnggòu 通信定购[-購] V.P. mail order
tōngxīnfěn 通心粉 N. macaroni
tōngxíng* 通行 V. ① pass/go through ② be current or of general use
tōngxìng 通性 N. ① nature; general character ② <lg.> ⓐ generality ⓑ common gender
tóngxīng 童星 N. child star M: ge/[1]míng
[1]tóngxíng(r) 同行(儿) V. go/travel together *See also tóngháng*
[2]tóngxíng 同形 N. <lg.> homoform; homonym; homomorphy
[1]tóngxìng 同姓 ATTR. of same surname ♦N. members of the same clan
[2]tóngxìng 同性 ATTR. ① the same sex ② the same nature/character ③ isomorphism
tǒngxíng 筒形 ATTR. cylindric(al); barrel-type
tóngxìng'ài 同性爱[-愛] N. ① homosexuality ② homosexual
tōngxíngběn 通行本 N. currently/commonly available edition M: [4]cè/[1]běn
tóngxìngbùhūn 同姓不婚 F.E. Marriage between people bearing the same surname is forbidden.
tóngxìngbùzōng 同姓不宗 F.E. of the same surname but of different clans
tōngxìng céngmiàn 通性层面[--層-] N. level of generality
tóngxíngcí 同形词 N. <lg.> homograph; homonym; homophone
tōngxìngē 通信鸽 N. homing/carrier pigeon M: [2]zhī
tōngxíngfèi 通行费 N. toll M: [2]bǐ
tòngxìng jìngluán 痛性痉挛[-痙攣] N. cramp
tóngxìngliàn 同性恋[-戀] N. ① homosexuality ② homosexual
tóngxìng liàn'ài 同性恋爱[-戀愛] N. homosexuality
tóngxìngliàn kǒngbùzhèng 同性恋恐怖症[--戀---] N. homophobia
tóngxìngliànzhě 同性恋者[--戀-] N. a homosexual; gay; lesbian M: ge/[1]míng
tōngxìng míngcí 通性名词 N. <lg.> epicene
tōngxíng nénglì 通行能力 N. traffic capacity
tōngxíngquán 通行权[-權] N. right of way
tōngxíngshuì 通行税 N. transit duty M: [2]bǐ
tóngxíng tóngyīn xiànxiàng 同形同音现象 N. <lg.> homonymity
tóngxíng tóngyīn yìyì cí 同形同音异义词[----異義-] N. <lg.> homonyms
tōngxíngwúzǔ 通行无阻 F.E. travel everywhere without obstruction
tóngxíng xiànxiàng 同形现象 N. <lg.> homonymity
tōngxíngxìng* 通行性 N. <lg.> generality
tóngxíngxìng 同形性 N. <lg.> homonymy
tōngxíngxìng chéngdù 通行性程度 N. <lg.> degree of generality
tōngxíngxìng liàngbiǎo 通行性量表 N. <lg.> scale of generality
tóngxíng yìyì cí 同形异义词[--異義-] N. <lg.> homonym; homograph
tóngxíng yìyīn yìyì cí 同形异音异义词[--異異義-] N. <lg.> heteronym
tóngxíngyìyìyǔ 同形异义语[--異義-] N. <lg.> homonymous expression
tóngxíngyìyìzì 同形异义字[--異義-] N. <lg.> homonym
tōngxíngzhèng 通行证[-證] N. ① travel pass/permit ② qualification certificate M: [1]zhāng
tóngxíngzì 同形字 N. <lg.> homoform
tóngxīnhélì 同心合力 F.E. make concerted efforts
tóngxīnjié 同心结 N. love knot
tóngxīn jiégòu 同心结构[-構] N. <lg.> endocentric construction
tòngxīnjíshǒu 痛心疾首 F.E. deep heartache
tōngxìnlián 通信连 N. <mil.> signal company
tōngxìn liánluò 通信联络[--聯-] V.P. <mil.> communication and liaison
tōngxīnmiàn 通心面[-麵] N. noodles with hollow inside; straw-shaped noodles M: [1]bāo
tòngxīnqièchǐ 痛心切齿[-齒] F.E. gnash one's teeth in anger
tōngxìnquǎn 通信犬 N. messenger dog M: [2]zhī/[1]tiáo
tōngxìn shūniǔ 通信枢纽[--樞-] N. signal/communication center
tóngxīntóngdé 同心同德 F.E. be of one heart and mind
tóngxīntóngyì 同心同意 F.E. with one heart and mind
tōngxìnwǎng 通信网[-網] N. communication network
tóngxīnwèimǐn 童心未泯 F.E. retain childlike qualities
tōngxìn wèixīng 通信卫星[--衛-] N. communication satellite M: [1]kē/[4]méi
tóngxīnxiélì 同心协力[--協-] F.E. make concerted efforts
tōngxìnyuán* 通信员 N. messenger; orderly M: ge/[1]míng
tóngxīnyuán 同心圆 N. <math.> concentric circles
tóngxīn yǔzǔ 同心语组 N. <lg.> endocentric construction
tōngxìn zhōngxīn 通信中心 N. communication center M: ge/[1]jiā
tóngxīn zhǔ-biǎo yǔzǔ 同心主表语组 N. <lg.> endocentric construction with a stative verb
tóngxīn zhǔ-shǔ yǔzǔ 同心主属语组[---屬--] N. <lg.> endocentric construction with a possessive
tòngxīqiánfēi 痛惜前非 F.E. deeply regret one's past
tōngxiǔ(r) 通宿(儿) ADV. <coll.> all night long
[1]tóngxiù* 铜锈[-鏽] N. verdigris; copper tarnish; patina
[2]tóngxiù 铜臭 N. <derog.> the stink/stench of money *See also tóngchòu*
tóngxiù lǜsè 铜锈绿色[-鏽--] N. patina green
tóngxiùwèi 铜臭味 N. the stink/stench of money
tǒngxù 统绪 N. system of affairs/things
tōngxué 通学 V.P. commute to school
tóngxué* 同学 N. ① fellow student; schoolmate ② address used in speaking to a student ♦V. be in the same school
tǒngxuè 统血 V.O. <Ch. med.> regulate the blood
tóngxuéhuì 同学会 N. alumni association
tóngxué hùjiào huódòng 同学互教活动[-動] N. <lg.> peer teaching
tóngxuélù 同学录[-錄] N. school yearbook M: [1]běn
tōngxuéshēng 通学生 N. <trad.> day student at a boarding school M: ge/[1]míng
tōngxùn 通讯 N. ① communication ② news report; newsletter M: [1]fèn
tōngxùn bàodǎo 通讯报导[-報導] N. news report
tōngxùnbīng 通讯兵 N. signal corps; signalman M: ge/[1]míng
tōngxùnchù 通讯处[-處] N. mailing address
tōngxùn fāngfǎ 通讯方法 N. means of communication
tōngxùngǎo 通讯稿 N. press release M: [1]fèn/[1]piān
tōngxùn lǐlùn 通讯理论 N. communication theory
tōngxùnlù 通讯录[-錄] N. address book M: [1]běn
tōngxùnmǎ 通讯码 N. <comp.> communications codes
tōngxùnsài 通讯赛 N. correspondence match (of chess/bridge/etc.) M: [2]chǎng
tōngxùnshè 通讯社 N. news/press agency/service M: ge/[1]jiā
tōngxùn shèbèi 通讯设备[-備] N. communication apparatus/equipment M: ge/tào
tōngxùnwǎng 通讯网[-網] N. communication network
tōngxùn wèixīng 通讯卫星[--衛-] N. communication satellite M: [1]kē/[4]méi
tōngxùn wénxué 通讯文学 N. reportage
tōngxùn xiànlù 通讯线路 N. communication line M: [1]tiáo
tōngxùn xìtǒng 通讯系统 N. <comp.> communications system
tōngxùnyuán 通讯员 N. reporter; (press) correspondent M: ge/[1]míng
tóngyá 铜牙 N. copper tooth M: [1]kē
tóngyán* 童颜 N. florid complexion (of sb. elderly)
tóngyàn 同砚 N. <trad.> classmate
tóngyàng* 同样[-樣] ATTR./ADV. same; equal; similar
tòng-yǎng 痛痒[-癢] N. ① sufferings; difficulties ② matters of concern *wúguān~ de huà* words of no consequence
tóngyàngshi 同样是[-樣-] ADV. similarly
tóngyǎngxí 童养媳[-養-] N. child bride raised in the groom's household M: ge/[1]míng
tòngyǎngxiāngguān 痛痒相关[-癢-關] F.E. share a common lot
tóngyánhèfà 童颜鹤发[-髮] F.E. healthy in old age
tóngyánwújì 童言无忌 F.E. take no offense at a child's babble
tóngyánxiàn 同言线 N. <lg.> isogloss
tóngyánxiànshù 同言线束 N. <lg.> bundle of isoglosses
tóngyáo 童谣 N. children's folk rhymes; nursery M: [2]shǒu
tōngyè 通夜 V.O. all night; throughout night
tóngyè* 同业[-業] N. ① same trade/business ② persons of same trade/business ③ colleagues
tǒngyè 桶业[-業] N. cooperage
tóngyè gōnghuì 同业公会[-業--] N. trade council/association; guild
tóngyèhuī 桐叶灰[-葉-] N. fine ash put into censers
tóngyèzhīqiū 桐叶知秋[-葉--] F.E. The paulownia leaves know when autumn comes.
[1]tōngyì 通译[-譯] V. interpret; translate ♦N. interpreter; translator
[2]tōngyì 通义[-義] N. constant rule/principle
tóngyī 同一 ATTR. same; identical
[1]tóngyì* 同意 V. agree; consent; approve
[2]tóngyì 同义[-義] ATTR. synonymous
[3]tóng-yì 同异[-異] N. similarities and differences
tǒngyī 统一 V. unify; unite; integrate ♦ATTR. unified; centralized ♦N. unity

tóngyì chóngfù 同义重覆/复[-義-復] N. <lg.> tautology
tóngyìcí 同义词[-義-] N. synonym
tǒngyī dàyè 统一大业[-業] N. the great cause of reunification
tóngyìfǎ 同意法 N. consensus method
tóngyì fǎnfù 同义反复[-義-復] N. tautology
tǒngyī fāngxiàng yǎnbiàn 同一方向演变[-變] N. <lg.> change in the same direction
tǒngyī fāpiào 统一发票[-發-] N. uniform invoice M: [1]zhāng
tóng yī ge 同一个[-個] ATTR. same; same one
tóngyì guānxi 同义关系[-義關係] N. <lg.> synonymy
tǒngyī hésuàn 统一核算 N. centralized accounting
tǒngyīhuà 统一化 N. unification; normalization; unitize
tǒngyī jiàgéfǎ 统一价格法[--價--] N. uniform price method
tǒngyī jīngyíng 统一经营[-經營] N. unified management
tóngyīlǜ 同一律 N. <log.> law of identity
tōngyīn 通音 N. <lg.> continuant sound
[1]**tóngyīn*** 同音 N. homophony ♦ATTR. homophonous
[2]**tóngyīn** 童音 N. child's prepuberty voice
tóngyín 同寅 N. <trad.> fellow officials of the same office ♦ATTR. <topo.> of the same age
tóngyìn 铜印 N. copper seal
tòngyǐn 痛饮 V. drink to one's heart's content
tóngyīncí 同音词 N. <lg.> ① homonym ② homophone
tòngyǐnhuánglóng 痛饮黄龙 ID. hold victory celebrations at a conquered enemy stronghold
tóngyī niánlíng 同一年龄[-齡] N. age-grade; age-group
tóngyīn jiégòu 同音结构[-構] N. <lg.> constructional homonymy
tóngyīnsù 同音素 N. <lg.> homophone
tóngyīn tóngxíng yìyì zì 同音同形异义字[----異義-] N. <lg.> homonym
tóngyīnxiàn 同音线 N. <lg.> isogloss
tóngyīn yìyì 同音异义[-異義] N. <lg.> homonymy
tóngyīn yìyì cí 同音异义词[--異義-] N. <lg.> homonym
tóngyīn yìyì shuāngguānyǔ 同音异义双关语[--異義雙關-] N. <lg.> paronomasia
tóngyīnzì 同音字 N. <lg.> ① homophone ② paronym ③ homonym
tóngyìquán 同意权[-權] N. right of consent/endorsement
tóngyìshū 同意书[-書] N. letter of authorization; letter of agreement M: [1]fēn
tǒngyītǐ 统一体[-體] N. entity; unity
tǒngyī tiānxià 统一天下 V.O. unify the whole country
tóngyì xiànxiàng 同义现象[-義--] N. <lg.> synonymy
tóngyīxìng 同一性 N. identity
tóngyìxìng 同意性 N. <lg.> synonymy
tǒngyīxìng* 统一性 N. unity
tóngyìyǔ 同义语[-義-] N. <lg.> synonym
tóngyìyǔ fǎnfù 同义语反覆[-義---] N. <lg.> tautology
tóngyìyǔxìng 同义语性[-義--] N. <lg.> synonymy
tǒngyī zhànxiàn 统一战线[--戰-] N. united front M: [1]tiáo
tóngyìzì 同义字[-義-] N. synonym
tǒngyī zǔguó 统一祖国[-國] V.O. reunify the motherland
tōngyòng* 通用 V.P./ATTR. ① in common use; current; general *Zhège zì bù ~ le.* This character is no longer current. ② interchangeable
tóngyǒng 铜俑 N. bronze figurine
tōngyòng biānmǎ 通用编码 N. universal coding
tōngyòng chéngshì 通用程式 N. <comp.> general program
tōngyòng chéngxù 通用程序 N. general program
tōngyòng cíhuì 通用词汇[-彙] N. generally used words
tōngyòng fāngyán 通用方言 N. interdialect
tōngyònghuà 通用化 N. ① universalization; general utilization ② standardization
tōngyòng huòbì 通用货币[-幣] N. current money
tōngyòngjiàn 通用件 N. standard spare parts
tōngyòng jìsuànjī 通用计算机 N. general-purpose computer M: [1]tái
tōngyòng juésuànbiǎo 通用决算表[--決-] N. <acct.> all-purpose financial statements M: [1]zhāng
Tōngyòng Qìchē Gōngsī 通用汽车公司 P.W. General Motors Corporation
tōngyòng ruǎnjiàn 通用软件 N. common software
Tōngyòng Yīngyǔ 通用英语 N. <lg.> English for General Purposes; (EGP)
tōngyòngyǔ 通用语 N. <lg.> lingua franca
tōngyòng yuèpiào 通用月票 N. monthly ticket for all urban and suburban lines M: [1]zhāng
tōngyòng yǔfǎ 通用语法 N. <lg.> general syntax
tōngyòng yǔyán 通用语言 N. <lg.> universal language
tōngyòngzì 通用字 N. <lg.> generally used characters
tōngyóu* 通邮[-郵] V.O. ① be accessible by postal communication ② have postal relations ♦N. postal communication
tóngyóu 桐油 N. tung oil
tóngyòu 童幼 N. childhood
tōngyǒu de 通有的 ATTR. generic
tóngyóuhuī 桐油灰 N. putty
tóngyù 同域 N. same area
tǒngyù* 统御/驭 V. <wr.> control; reign; rule
tòngyù 痛阈 N. <med.> threshold of pain
[1]**tóngyuán** 铜元/圆 N. copper coin; copper
[2]**tóngyuán** 同源 ATTR. ① from the same source ② homologous ♦N. <lg.> ① affinity ② cognate
tóngyuán bīnyǔ 同源宾语[--賓-] N. <lg.> cognate object
tóngyuáncí 同源词 N. <lg.> paronym; cognates; doublet; cognate word
tóngyuáncí bìngliè 同源词并列[---並-] N. <lg.> paregmenon
tóngyuán guānxi 同源关系[-關係] N. <lg.> affinity
tóngyuán qìguān 同源器官 N. homologous organs
tóngyuánxìng 同源性 N. homology; affinity
tóngyuán yìxíng 同源异形[--異-] N. <lg.> doublet
tóngyuányǔ 同源语 N. <lg.> cognate
tóngyuán yǔcí 同源语词 N. <lg.> cognate word
tóngyuán yǔyán 同源语言 N. <lg.> cognate language
tóngyuánzì 同源字 N. <lg.> words derived from the same root
tóngyuè 桐月 N. seventh month of the lunar year
tóngyǔ fǎnfù 同语反复[-復] N. tautology
[1]**tōngyùn*** 通运[-運] V. transport; ship
[2]**tōngyùn** 通韵[-韻] N. interchangeable rhyme
tóngyún 彤云[-雲] N. red/dark clouds
tóngyùncí 同韵词[-韻-] N. <lg.> rhyme word
tōngyùn gōngsī 通运公司[-運--] N. forwarding company M: [1]jiā
tóngyúnmìbù 彤云密布[-雲--] F.E. The sky was filled with thick clouds.
tóngyùnyìyīnyǔ 同韵异音语[-韻異--] N. <lg.> words in the same rhyme class but with different pronunciations
tóngyǔ shuāngxù 同语双叙[-雙敘] N. <lg.> syllepsis
tóngyǔxiàn 同语线 N. <lg.> isogloss
tōngzé* 通则 N. general rule
tòngzé 痛责 V. severely rebuke/punish
tǒngzhàn 统战[-戰] N. united front
tǒngzhàn duìxiàng 统战对象[-戰對-] N. <pol.> candidates for united-front recruitment
tōngzhàng* 通胀 N. inflation
tóngzhàng 桐杖 N. staff carried at the funeral of a mother
[1]**tóngzhēn** 童贞 N. virginity; chastity
[2]**tóngzhēn** 童真 N. ① naiveté and childishness ② <Budd.> Buddhist novice
tóngzhēng 铜钲 N. brass gong M: [1]miàn
tǒngzhěngfǎ 统整法 N. method of systematization
tōngzhī 通知 V. notify; inform; contact ♦N. notice; circular
tōngzhí 通直 ATTR. straight from top to bottom
tōngzhǐ 通指 ATTR. <lg.> generic
tōngzhì 通志 N. ①local gazetteer ②chorography
tóngzhǐ 同指 ATTR. <lg.> coreferential
[1]**tóngzhì*** 同志 N. ① comrade ② <TW.> homosexual
[2]**tóngzhì** 童稚 N. ① child ② childishness
[3]**tóngzhì** 同质[-質] ATTR. homogenesis; homogeny
Tóngzhì 同治 N. <hist.> a Qing reign period (1862–1874)
[1]**tǒngzhì** 统治 V./N. rule; dominate
[2]**tǒngzhì** 统制 N./V. ①control ②<trad.> division; commander
tóngzhǐbiāo 同指标[-標] N. <lg.> coindexing
tōngzhīdān 通知单 N. notification M: [1]zhāng
tōngzhī fàngkuǎn 通知放款 V.P. <acct.> call loans
tǒngzhì gōngsī 统制公司 P.W. <acct.> controlling company/corporation M: [1]jiā
tōngzhìguǎn 通志馆 P.W. library/museum/etc. for local historical/geographic records M: [4]zuò/[1]suǒ
tǒngzhì gǔquán 统制股权[-權] N. <acct.> controlling interest
tōngzhīhán 通知函 N. formal notification letter M: [2]fēng
tǒngzhì jiējí 统治阶级[--階-] N. <pol.> ruling class
tǒngzhì jīngjì 统制经济[-經濟] N. planned economy
tóngzhǐ míngcízǔ shānchú 同指名词组删除[-----刪-] N. <lg.> coreferential NP deletion
tóngzhǐ míngcízǔ shānlüè 同指名词组删略[-----刪-] N. <lg.> coreferential NP deletion
tǒngzhìquán 统治权[-權] N. sovereign power
tōngzhīshū 通知书[-書] N. ①notice ②<com.> advice note M: [2]fēng
tóngzhǐwèi de 同指谓的 ATTR. <lg.> coreferential
tǒngzhìzhě 统治者 N. ruler M: ge/[1]míng
Tóngzhì Zhōngxīng 同治中兴[-興] N. <hist.> Tongzhi Restoration; dynastic revival in the Tongzhi period (1862–1874)
tóngzhōng* 铜钟[-鐘] N. copper bell M: ge/[4]zuò
tóngzhǒng 同种[-種] N. ① <bio.> same genus; congener ② same race/ethnic group ③ same type of people
tóngzhóu 同轴 N. <elec.> coaxial
tóngzhóu diànlǎn 同轴电缆[-電纜] N. <elec.> coaxial cable M: [2]gēn/[1]tiáo
tóngzhōugòngjì 同舟共济[-濟] F.E. people in the same boat help each other
[1]**tóngzhù** 同住 V. cohabit
[2]**tóngzhù** 铜铸[-鑄] V. cast with copper/brass
[3]**tóngzhù** 铜柱 N. copper pillar M: [2]gēn
tōngzhuǎn 通转[-轉] N. ①phonetic alternation ②phonetic alternation of ancient *rùshēng* finals
tóngzhuāng 童装[-裝] N. child's wear M: [2]jiàn/tào
tǒngzhuànghuā 筒状花[-狀-] N. tubular flower
tǒngzhuāng píjiǔ 桶装啤酒[-裝--] N. barreled/draft beer
tóngzhuō 同桌 V.O. sit at the same table *Wǒmen liǎ ~.* We two sit at the same table. ♦N. seatmate (in school) M: ge/[1]míng/[2]wèi

tóngzi 瞳子 N. pupil of the eye
[1]tóngzi* 童子 N. ① boy; lad ② minor; child M: *ge/[1]míng*
[2]tóngzi(r) 铜子(儿) N. <*coll.*> copper coin
[3]tóngzǐ 桐子 N. tung nut
tóngzì 同字 ATTR. <*lg.*> same-character
[1]tǒngzi 筒子 N. tube; tubular object; pipe
[2]tǒngzi 桶子 N. <*coll.*> barrel; bucket; pail; keg
tòngzìhuǐgǎi 痛自悔改 F.E. show deep repentance
tóngzǐjī 童子鸡[-雞] N. young chicken M: *[2]zhī*
Tóngzǐjūn 童子军 N. Boy/Girl Scouts M: *[4]zhī/[2]duì*
Tóngzǐjūn dàlùyíng 童子军大露营[-營] N. jamboree
tóngzǐláo 童子痨[-癆] N. <*Ch. med.*> ① pulmonary tuberculosis suffered by children ② general debility caused by chronic diseases
tǒngzilóu 筒子楼[-樓] N. dormitories off a long corridor
tóngzì yìyīn pīnxiě 同字异音拼写[--異--寫] N. <*lg.*> heterographic spelling
tóngzì-yìyīnyǔ 同字异音语[--異--] N. <*lg.*> homograph
tóngzōng 同宗 ATTR. of the same clan
tóngzōngsè 铜棕色 N. coppery brown
tòngzòu yī dùn 痛揍一顿 V.P. give sb. a thorough beating
tóngzú 同族 N. ① same clan ② same type ♦ATTR. ① <*chem.*> iso- ② <*lg.*> cognate ③ of the same clan ***See also** tóngzhǒng*
tóngzújiéhūn 同族结婚 F.E. endogamy
tóngzuò 同座 V. sit together
tóngzú zhī yǔyán 同族之语言 N. <*lg.*> cognate language
tou 头[頭] SUF. ① nominal localizer **hòu~** back; rear ② verbal nominalizer paired with **[1]yǒu** ***Zhèr yǒu shénme kàn~?*** What's worth seeing here? ***See also** [1]tóu*
tōu 偷 V. steal ♦ADV. secretly
[1]tóu* 头[頭] N. ① head ② hair (style) ③ top/end of sth. ④ chief; head ⑤ remnant; end; remains ⑥ aspect; side ⑦ bounds ♦PREF. leading; first; previous ***Tā ~ liǎngnián zhù zài Shànghǎi.*** He lived in Shanghai the first two years. ♦M. *for livestock/garlic* ***sì tóu niú*** four cows ***sān tóu suàn*** three bulbs of garlic ♦ADV. <*coll.*> before; prior to ***Tā ~ sìdiǎn zhōng zǒu.*** He's leaving before four o'clock. ***Tā ~ shínián jiù sǐ le.*** She died 10 years ago. ♦CONS. *num.1 ~ num.2* between num.1 and num.2 ***sān ~ wǔqiān*** between three and five thousand ***See also** tou*
[2]tóu 投 V. ① throw; fling ② send; deliver ♦ADV. before; prior to ♦B.F. ① go to; join ***tóuqīn*** ② lodge; stay ***tóudiàn*** ③ fit in with ***tóurù*** ***See also** [3]tóu*
[3]tóu 骰/投 B.F. dice ***[1]tóuzi*** ***See also** [2]shǎi, [2]tóu*
tǒu 蚪 in ***tǒuyì***
tòu 透 V. penetrate; seep through ***bù ~shuǐ*** be waterproof ♦B.F. ① secretly disclose ***tòulù*** ② appear; show ③ transparent ***tòumíng*** ♦SUF. thorough(ly) ***shī~ le*** be wet through
tōu'ān 偷安 V.O. ① seek temporary ease ② get by without trying ③ exist in precarious peace without trying to improve the situation (of a state)
tóu'àn* 投案 V.O. give oneself up to the police
tōu'ān tōuxián 偷安偷闲 V.P. seek a peaceful life without high aspirations
tóu'ànzìshǒu 投案自首 F.E. give oneself up to the police
tóubǎn 头版 N. ① front page (of a newspaper) ② first edition
tóubàntiān(r) 头半天(儿) N. <*coll.*> morning; forenoon
tóubǎo* 投保 V. insure; take out an insurance policy
tóubào 投报[-報] V. give and return love tokens, etc. ♦V.O. deliver a newspaper
tóubǎofāng 投保方 N. policy-holder
tóubāojī 投包机 N. parcel-delivery machine M: *[1]jià/[1]tái*
tóubǎorén 投保人 N. policyholder M: *ge/[1]míng/[2]wèi*
tòubèi 透背 V.O. <*print.*> bleed through; show through
tóubèn 投奔 V. seek refuge
tóubèn zìyóu 投奔自由 V.O. <*TW*> flee for freedom
tóubian 头边[-邊] P.W. <*topo.*> in front; ahead
tóubiānduànliú 投鞭断流[--斷-] F.E. be unstoppable (of an army)
tóubiāo 投标[-標] V.O. enter a bid
tóubiāohào 头标号[-標號] N. header label
tóubiāo jiàgé 投标价格[-標價-] N. tender price
tóubiāojīn 投标金[-標-] N. bid bond
tóubiāo qìyuē 投标契约[-標--] N. bidding contract M: *[1]fèn*
tóubiāorén 投标人[-標-] N. bidder; tenderer M: *ge/[1]míng/[2]wèi*
tóubiāozhě 投标者[-標-] N. bidder M: *ge/[1]míng/[2]wèi*
tóubìcháihǔ 投畀豺虎 F.E. throw to the wolves
tóubìcháiláng 投畀豺狼 F.E. throw to the wolves
tóubǐcóngróng 投笔从戎[-筆從-] F.E. renounce the pen for the sword; join the military service
tóubì diànhuà(jī) 投币电话(机)[-幣電--] N. coin-box telephone (set) M: *[1]jià*
tóubìshì zìdòng diǎnchàngjī 投币式自动点唱机[-幣--動點--] N. jukebox M: *[1]tái*
tóubìshì zìdòng shòuhuòjī 投币式自动售货机[-幣--動---] N. vending machine M: *[1]tái*
tóubù 头部 N. head; top section
tòubuguò qì 透不过气[-氣] V.P. suffocate; smother
tóucǎi 头彩 N. first prize in a lottery
tóucāng 头舱[-艙] N. first-class cabin
tóucéncén 头涔涔 R.F. sweat dripping from the head
tóuchá(r) 头茬(儿) N. <*agr.*> first crop (in multiple cropping)
tóuchǎn 投产[-產] V. put into production
tóucháoxià 头朝下 ADV. headfast
[1]tòuchè 透彻[-徹] S.V. penetrating; thorough ***Tā jiǎng de hěn ~.*** He gave a thorough exposition.
[2]tòuchè 透澈 S.V. clear; transparent; lucid
tóuchéng 投诚 V.O. switch loyalty; surrender
tōuchī 偷吃 V. eat on the sly
tòuchì'é 透翅蛾 N. <*zoo.*> clearwing (moth) M: *[2]zhī*
tòuchì tǔhuáng 透翅土蝗 N. clear-winged grasshopper
tóuchóu 头筹[-籌] N. the first place; the first one
tóuchū 投出 R.V. launch; let fly; toss
tòuchū* 透出 R.V. penetrate through (of light/etc.)
tóucì 投刺 V.O. ① present one's visiting card; pay a call on ② retire from public life
tóucùn 头寸 N. ①money market/supply ②cash
tóucuò 投错 R.V. ① err in filling a prescription ② suffer a mistaken fate
[1]tóudǎ 投打 V. throw (light and small objects) at; hit from a distance
[2]tóudǎ 头打 A.T. <*topo.*> since; ever since
tóudà* 头大 V.P. ① have a big head ② be overwhelmed ③ <*coll.*> be puzzled; be in a stew
tóudàishì ěrjī 头戴式耳机 N. headband receiver/earphone M: *[1]fù*
tóudàn 投弹 V.O. ①drop bombs ②throw hand grenades
tóudǎng 头挡[-擋] N. low gear
tóudàng* 投档[-檔] V.O. pick out sb.'s dossier (for consideration)
tóudànqì 投弹器 N. <*mil.*> bomb-rack control; bomb-release mechanism M: *ge/[1]tái*
tóudànshǒu 投弹手 N. bombardier; grenadier M: *ge/[1]míng*
tōudào* 偷盗[-盜] V. steal; pilfer
[1]tóudào 投到 R.V. ① throw/cast to ② come/go to ③ deliver to
[2]tóudào 头道 N. first time; first (course/dish/etc.)
tóudào fànzi 头道贩子 N. first-hand dealer; distributor (sb. who buys directly from the manufacturer and then sells to other dealers) M: *ge/[1]míng*
tōudào sīshī 偷盗死尸[-盜-屍] V.O. steal corpses; snatch bodies
tōu de fúshēng bànrì xián 偷得浮生半日闲 F.E. find a moment of leisure in a busy life
tóudēng 头灯[-燈] N. <*min.*> headlamp
tóuděng* 头等 ATTR./N. first class/rate
tóuděngcāng 头等舱[-艙] N. first-class cabin (in a ship/plane)
tóuděng dàshì 头等大事 N. a major event M: *[2]jiàn*
tóuděnghuò 头等货 N. top-quality goods
tóudí 投敌[-敵] V.O. defect to the enemy
tóudì* 投递[-遞] V. deliver
tòudǐ 透底 V.O. disclose the inside story ♦V.P. clear enough to see the bottom (of water)
tóudiàn 投店 V.O. put up at an inn
tòudiāo 透雕 N. ① <*archi.*> carving done to decorate window lattices and archways ② openwork (sculpture) ③ concave relief
tòudiāo xìgōng 透雕细工 N. fretwork
tòudǐ de 透底的 ATTR. thorough; complete
tóudǐng* 头顶 N. top/crown of the head ♦V. wear/support with one's head
tòudǐng 透顶 ADV. thoroughly; extremely ♦V.O. <*med.*> reach the head (of syphilitic symptoms)
tóudǐngtóu 头顶头 V.P. <*topo.*> very (good)
tóudípànbiàn 投敌叛变[-敵-變] F.E. go over to the enemy and turn traitor
tóudìyuán 投递员[-遞-] N. mail carrier M: *ge/[1]míng/[2]wèi*
tōudù* 偷渡 V. ① secretly ferry ② steal across the international border ③ run a blockade ♦N. alien smuggling
tóudú 投毒 V.O. poison
tōuduò 偷惰 V.O. loaf on the job; be idle
tōudùzhě 偷渡者 N. ① stowaway ② illegal smuggled alien M: *ge/[1]míng*
tóu'é 头额 N. forehead
tóu'ér 头儿 N. first-born ***See also** tóur*
tóu'ěr* 投饵 V.O. bait
tóu'ěr ānpái 投饵安排 N. feeding schedule
tóufa 头发[-髮] N. hair (on the human head)
tóufagēn 头发根[-髮-] N. hair root
tóufa jiāzi 头发夹子[-髮夾-] N. hairpin M: *ge/[2]zhī*
tóu fǎnduìpiào zhě 投反对票者[--對--] N. people who voted against sth.
tóufàng 投放 V. ①throw in ②put (money) into circulation; put (goods) on the market
tóufa shuāzi 头发刷子[-髮--] N. hairbrush M: *[1]bǎ*
tóufayóu 头发油[-髮-] N. pomade M: *píng*
[1]tóufèn 头份 N. the first share
[2]tóufèn 投分 V.P. <*wr.*> ① be alike in temperament; be congenial ②have a meeting of minds; be on very friendly terms
tóufēng 头风 N. <*med.*> headache
tòufēng* 透风 V.O. ① ventilate ② divulge a secret; leak ***Zhè shì tā gěi wǒ tòule diǎnr fēng.*** He gave me some hints about this matter. ③dry in the air; air
tóufèngr 头缝儿 N. parting (of combed hair)
tóufú 头伏 N. first of three 10-day hot periods
tóufù* 投附 V. offer one's services to (a leader/cause/etc.)
tóugài 头盖[-蓋] N. ① skull; cranium ② red cloth or gauze kerchief for a bride
tóugàigǔ 头盖骨[-蓋-] N. skull
tóugàiqiāng 头盖腔[-蓋-] N. cranial cavity
tóugān 投竿 V.O. fish with a hook and line
tóugǎo 投稿 V.O. submit sth. for publication

tóugǎoxiāng 投稿箱 N. box for submission of manuscripts M: [2]*zhī*

tóugǎozhě 投稿者 N. sb. who submits articles for publication M: *ge*/[1]*míng*/[2]*wèi*

tóugāozhǐhuǒ 投膏止火 F.E. like pouring oil on the flames to put out a fire

tóugē 投戈 V.O. effect a ceasefire/truce

tóugējiǎngyì 投戈讲艺[-講藝] F.E. Even in war, one should not forget about learning.

tóu ge yǎnsè 投个眼色[-個--] V.P. shoot someone a warning glance

tōugōng* 偷工 V.O. jerry-build; cut corners in workmanship

[1]**tóugōng** 头功 N. greatest service; highest merit

[2]**tóugōng** 投工 V.O. put labor personnel in; throw manpower in

tóu gǒngdì 头拱地 V.P. <*topo.*> break one's back to do sth.; go all out

tōu gōngfū 偷功夫 V.O. <*coll.*> find time (to do sth.)

tōugōngjiǎnliào 偷工减料[--減-] F.E. jerry-build; cut corners in workmanship

tóugòu 头垢 N. dandruff

tóugū 头箍 N. head band

tóugǔ* 头骨 N. ① skull ② <*archeo.*> calvarium; skull cap

tòugǔ 透骨 ATTR. ① bone-piercing (of cold winds) ② profound

tōuguāng* 偷光 R.V. steal everything; clean out

tòuguāng(r) 透光(儿) S.V. translucent

tòuguāngjìng 透光镜 N. lenses M: [1]*piàn*

tòuguò 透过 R.V. go through; via

tòuguò xiànxiàng kàn běnzhì 透过现象看本质[-質] V.P. see through the appearance to perceive the essence

tóugūr 头箍儿 N. band used by Manchu women to gather up the hair

tóuhǎi 投海 V.O. ① jump into the sea ② throw into the sea

tōuhàn(zi) 偷汉(子)[-漢-] V.O. <*topo.*> fornicate with a man (of a woman); have a lover

tóuhán 投函 V.O. write and submit a letter

tòuhàn* 透汗 N. a good sweat ♦V.O. perspire all over

tōuhánsòngnuǎn 偷寒送暖 F.E. do everything to help others

tóuhào(r) 头号(儿)[-號-] ATTR. ① number/size one ② first-rate ③ the best ④ the largest

tóuhào rénwù 头号人物[-號--] N. the most important person; the top leader M: *ge*/[1]*míng*/[2]*wèi*

tóuhào xīnwén 头号新闻[-號--] N. headline news; leading story in a paper M: [2]*jiàn*

tóuhàozì 头号字[-號-] N. <*print.*> size-one type

[1]**tóuhé** 投河 V.O. drown oneself in a river

[2]**tóuhé** 投合 V. ① agree; get along ② cater to

tōuhégǒuróng 偷合苟容 F.E. toady to sb. for mere survival

tóuhé kǒuwèi 投合口味 V.O. cater to one's taste

tóuhé shíhào 投合时好[--時-] V.O. be in fashion

tóuhétuìyǐn 投劾退隐[-隱] F.E. give up an official post and retire in seclusion

tóuhé xīnyì 投合心意 V.O. suit one's purpose

tóuhú 投壶[-壺] N. ancient drinking game decided by the number of arrows thrown into a pot

tóuhuā 头花 N. headdress flower (as an ornament)

tòuhuā 透花 N. <*art*> transparent design; *grains-de-riz*

tòuhuà(r)* 透话(儿) V.O. ① deliberately let sb. know sth. ② hint; suggest

tóuhuái 投怀[-懷] V.O. fall in love with sb.

tóuhuáisòngbào 投怀送抱[-懷--] F.E. act like a man-chaser

tōuhuàn* 偷换[-換] V. change secretly

tóuhuán 投缳/环[-環] V.O. <*wr.*> hang oneself; commit suicide by hanging

tóuhuāng* 投荒 V.O. flee to distant places

tóuhuáng 投簧 V.O. ① fit into a locking spring (of a key) ② be practical and effective (of a method)

tōuhuàn gàiniàn 偷换概念[-换--] V.O. change the subject in the process of argument

tōuhuàn lùntí 偷换论题[-换--] V.O. change the subject in the process of argument

tóuhuán yóuxì 投环游戏[-環-戲] N. ringtoss

tóuhuánzìyì 投缳自缢 F.E. hang oneself

[1]**tóuhuí** 头回 N. the first time

[2]**tóuhuí** 投回 R.V. ① throw back ② return

tóuhūn 头昏 N. dizziness ♦V.P. dizzy; giddy

tóuhūnnǎozhàng 头昏脑胀[--腦-] F.E. dizzy and befuddled

tóuhūnyǎnhuā 头昏眼花 F.E. be dizzy and have blurred vision

tōuhuó* 偷活 V. drag out an ignoble existence

tóuhuǒ 投火 V.O. ① jump into the fire ② throw into the fire

[1]**tóujī*** 投机 V.O. ① speculate ② be opportunistic ③ get along well

[2]**tóujī** 投击[-擊] V. throw at; hit from a distance

[1]**tóujì** 投寄 V. send by post

[2]**tóujì** 头髻 N. hair worn in a bun/coil

tóujiā* 头家 N. organizer of a gambling party who takes a cut of the winnings

tóujià 投价[-價] V.O. offer a price; bid

[1]**tóujiān** 头尖 N. very best

[2]**tóujiān** 头煎 N. <*Ch. med.*> the first boiling

tóujiàn* 投建 V. invest and construct; invest in the construction (of a building)

tóujiǎng 头奖[-獎] N. first prize

tóujiāngzìjìn 投江自尽[-盡] F.E. jump into the river and drown oneself

tōujiānqǔqiǎo 偷奸取巧 F.E. be opportunistic

tóujiāo 投交 N. friendly intercourse; friendship

tóujiǎo* 头角 N. ① clue; lead ② talent

tóujiǎozhēngróng 头角峥嵘[-崢嶸] F.E. brilliant; promising (of a young person)

tōu jī bù zháo shí bǎ mǐ 偷鸡不着蚀把米[-雞-著---] ID. go for wool and come back shorn

tóujī cāozòng 投机操纵[-縱] V.P. speculate and manipulate

tóujīdǎobǎ 投机倒把 F.E. ① speculate and profiteer ② be opportunistic

tóujī dòngjī 投机动机[--動-] N. <*econ.*> speculative motive

tóujī fènzǐ 投机分子 N. profiteer; speculator; opportunist M: *ge*/[1]*míng*

tóujī gémìng 投机革命 V.O. join the revolution for personal gain

tóujī mǎimai 投机买卖[-買賣] V.O. engage in speculative trade ♦N. <*econ.*> speculation

tōujīmōgǒu 偷鸡摸狗[-雞--] ID. ① steal ② engage in under-the-table dealings ③ engage in extramarital sex ♦N. ① unprincipled person ② thief

tóujīn 头巾 N. ① scarf; kerchief ② turban M: [2]*kuài*

[1]**tóujǐng*** 头颈[-頸] N. <*topo.*> neck

[2]**tóujǐng** 投井 V.O. drown oneself in a well

tòujìng 透镜 N. lens M: [2]*kuài*/[1]*piàn*

tóujǐngxiàshí 投井下石 ID. attack sb. already down

tóujǐngzìjìn 投井自尽[-盡] F.E. drown oneself in a well

tóujīnqì 头巾气[-氣] N. pedantry; bookishness

tóu jìnqu 投进去[-進-] R.V. throw in/into

tóujīnsòngbào 投襟送抱 F.E. <*wr.*> throw oneself into a man's arms (of a woman)

tóujīqǔqiǎo 投机取巧 F.E. be opportunistic

tóujīshāng 投机商 N. speculator; profiteer M: *ge*/[1]*míng*

tóujī shìyè 投机事业[-業] N. speculative business

tóujīxìng gòumǎi 投机性购买[-購買] N. speculative purchase

tóujīxìng túnjī 投机性囤积[-積] N. speculative stocking of goods

tóujī zuānyíng 投机钻营[-鑽營] V.P. serve personal interests through intrigue

tóujūn 投军 V.O. join the army

tōukàn 偷看 V. steal a glance; peek

tōukàn yī yǎn 偷看一眼 V.P. steal a glance at. . .

tóukǎo 投考 V. sign up for examination

tóukào* 投靠 V. seek refuge with sb.

tóukǎo dàxué 投考大学 V.O. sign up for a college entrance examination

tōukòng(r) 偷空(儿) V.O. ① snatch a moment (to do sth. else) ② take time off (from work)

tòukōng lángdào 透空廊道 P.W. pergola

tóukǒu 头口 N. <*topo.*> livestock; domestic animals

tóukuàijīliǎn 头会箕敛 F.E. heavy taxation

tóukuān 头宽[-寬] N. head breadth

tōukuī 偷窥 V. secretly look at; peep at

tóukuī* 头盔 N. safety helmet M: *ge*/[2]*zhī*

tōulǎn(r) 偷懒(儿) V.O. goldbrick

tóulán* 投篮[-籃] V.O. <*sport*> shoot baskets

[1]**tóulǎo** 头老 N. <*topo.*> foreman; overseer

[2]**tóulǎo** 投老 V.O. retire due to old age

tōu lǎopo 偷老婆 V.O. commit adultery

tòule 透了 CMP. thoroughly *yī ge huài~ de rén* a thoroughly bad person

tōulěi 偷垒[-壘] V.O. <*sport*> steal a base; steal

tóuli 头里[-裡] P.W. <*coll.*> ① in front; ahead ② in advance; beforehand ③ before; ago *sān nián ~* ***three years ago***

tóuliǎn(r) 头脸(儿) N. ① hair and face ② face ③ dignity; face

tòuliang(r) 透亮(儿) S.V. ① bright; transparent ② perfectly clear ***Nǐ yī shuō, wǒ jiù ~ le.*** Your explanation has made it clear to me. ③ brilliant; shiny (of precious stones, etc.) ④ penetrating; incisive (of statements)

tōuliánghuànzhù 偷梁换柱[--換-] ID. perpetrate a fraud

tóu liǎng nián 头两年 N. first two years

tòuliàngr 透亮儿 V.O. let light pass through

tóuliàoliàng 投料量 N. inventory

tōuliè 偷猎[-獵] V. poach; hunt illegally

tóulǐng 头领 N. leader; chief

tóuli zǒu 头里走[-裡-] V.P. <*coll.*> walk ahead; go ahead

tōulónghuànfèng 偷龙换凤[-換鳳] ID. steal a male child and substitute a female child

tōulóngzhuǎnfèng 偷龙转凤[-轉鳳] ID. steal a male child and substitute a female child

tōulòu* 偷漏 V. evade taxes

tòulòu 透漏 V. divulge; leak

tòulòu chū 透露出 R.V. ① reveal ② make known secretly

tòulòu fēngshēng 透漏风声[-聲] V.O. leak information

tòulòu guòlái 透漏过来 R.V. leak through

tóulú 头颅[-顱] N. head; skull

tóulù 头路 N. ① first-class (goods, etc.); first-rate ② one's occupation; one's job ③ <*topo.*> ⓐ parting (of combed hair) ⓑ main threads (of a complicated affair); clue ④ access

tòulù* 透露 V. divulge; leak; reveal ***Tā huà lǐ ~ chū bùmǎn.*** His words suggest some disapproval.

tóulúgǔzhé 头颅骨折[-顱--] F.E. skull fracture

tóuluòchǎng 投落场[-場] N. <*mil.*> drop zone

tòulù yī bǐ 透露一笔[-筆] V.P. add a line of reminder to sb.

tóulúyú 头鲈鱼[-鱸-] N. <*zoo.*> silver-spotted grunt M: [1]*tiáo*

tóumǎ 头马 N. lead horse M: [1]*pǐ*

tóumáo 头毛 N. <*topo.*> hair

tóumèi'érqǐ 投袂而起 F.E. jump up suddenly, flinging one's sleeves

tóu ménlu 投门路 V.O. seek a job by looking for the right connections

tóu ménzi 投门子 V.O. <*coll.*> seek sb. to make an introduction; seek a go-between

tóumian 头面 N. ① woman's head ornaments ② diadem ③ facial appearance; one's face

tóumiàn rénwù 头面人物 N. bigwig M: *ge/[1]míng/[2]wèi*

[1]tóumíng 头名 N. first place

[2]tóumíng 投明 ADV. before daybreak ♦V.O. shift allegiance to the righteous

[3]tóumíng 头明 ADV. <*topo.*> just before daybreak

tóumìng 投命 V.O. die for (a cause/etc.)

tòumíng* 透明 S.V. ① transparent ② open; public

tòumíngdù 透明度 N. ① transparency (lit./fig.) ② degree of (political) openness

tòumínghuà 透明化 V. make transparent

tòumíngqī 透明漆 N. celluloid paint; clear lacquer

tòumíngtǐ 透明体[-體] N. transparent body

tòumíngtú 透明图[-圖] N. overlay M: *[1]zhāng*

tòumíngxíng fānyì 透明形翻译[-譯] N. <*lg.*> transparent translation

tòumíngzhǐ 透明纸 N. cellophane paper M: *[1]zhāng*

tōumō 偷摸 V. pilfer

[1]tóumù 头目 N. chief; ringleader

[2]tóumù 投暮 ADV. towards dusk ♦V.O. get dark

tóumùrén(r) 头目人(儿) N. <*topo.*> leader; head; chief; ringleader

tōuná 偷拿 V. take (public property for private use) without asking for permission

tóunán 头难[-難] V.P. difficult at first

tóu nán tì 头难剃[-難-] V.P. hard to deal with (of a person)

tóunǎo 头脑[-腦] N. ① brains; mind ② <*coll.*> head; leader ③ main threads; clue ♦CONS. ① *s.v.1 tóu s.v.1 nǎo* s.v.1–looking ***shǎtóushǎnǎo*** stupid-looking ② *A tóu B nǎo* miscellaneous things for AB ***zhēntóuxiànnǎo*** odds and ends needed for needlework ***See also*** *méitóuméinǎo*

tóunǎo bù qīng 头脑不清[-腦--] V.P. mixed-up; muddleheaded

tóunǎo chídùn 头脑迟钝[-腦遲-] V.P. be slow-witted

tóunǎodōnghōng 头脑冬烘[-腦--] F.E. die-hard; ultraconservative

tóunǎo fāhūn 头脑发昏[-腦發-] V.P. feel giddy

tóunǎo fāzhàng 头脑发胀[-腦發-] V.P. be swell-headed

tóunǎo fēngbàofǎ 头脑风暴法[-腦---] N. brainstorming

tóunǎo jiǎndān 头脑简单[-腦--] V.P. be simple-minded

tóunǎo lěngjìng 头脑冷静[-腦-靜] V.P. have a cool head

tóunǎo línghuó 头脑灵活[-腦靈-] V.P. be quick-witted

tóunǎo qīngchu 头脑清楚[-腦--] V.P. clear-headed; with an alert mind

tóunǎo qīngxǐng 头脑清醒[-腦--] V.P. keep a cool head

tóunián 头年 N. ① first year ② <*topo.*> last/previous year

tóupà 头帕 N. <*topo.*> scarf; kerchief; turban

tōupāi 偷拍 V. take pictures of a person without his knowing

tóupāi 投拍 V. begin shooting (a film)

[1]tóupái* 头排 N. the first row

[2]tóupái 头牌 N. <*opera*> star actor/actress

[3]tóupái 投排 V. start rehearsal of (a play or other forms of performance)

tōupǎo 偷跑 V. run away secretly; escape

tóupí* 头皮 N. ① scalp ② dandruff ***See also*** *yìngzhe tóupí*

tòupì 透辟 S.V. indecisive; thorough

tóupiào 投票 V.O. vote; cast a vote

tóupiào biǎojué 投票表决[-決] V.P. decide by voting

tóupiàochù 投票处[-處] P.W. poll; polling place

tóupiàofǎ 投票法 N. laws and regulations governing balloting

tóupiàoquán 投票权[-權] N. ballot; right to vote; suffrage

tóupiàorén 投票人 N. voter M: *ge/[1]míng/[2]wèi*

tóupiàorì 投票日 N. polling day

tóupiàoshù 投票数[-數] N. number of votes

tóupiàosuǒ 投票所 P.W. polling place

tóupiàoxiāng 投票箱 N. ballot box M: *ge/[2]zhī*

tóupiào xuǎnjǔ 投票选举[-選舉] V.P./N. elect by ballot

tóupiàozhàn 投票站 P.W. polling booth

tóupífāmá 头皮发麻[--發-] ID. the blood freezes (fig.)

tòupíng 透平 N. <*loan*> turbine

tòupíngjī 透平机 N. <*loan*> turbine

tóu píqi 投脾气[-氣] V.O. share a similar personality/interest; can get along

tóupír 头皮儿 N. <*coll.*> surface; exterior appearance

tóupíxiè 头皮屑 N. dandruff

tóupíxuǎn 头皮癣 N. ringworm of the scalp

tóupízhēn 头皮针 N. <*Ch. med.*> scalp acupuncture

tóupí zhēnshù 头皮针术[-術] N. <*Ch. med.*> scalp acupuncture

tóupòxuèliú 头破血流 F.E. head broken and bleeding

tōuqī 偷期 V.O. <*wr.*> make a rendezvous

[1]tóuqī 头七 N. first seven days after a death

[2]tóuqī 头妻 N. ① legal wife ② former wife

[1]tóuqì 投弃[-棄] V. abandon; give up

[2]tóuqì 投契 V.P. get along well

tòuqì(r)* 透气(儿)[-氣-] V.O. ① ventilate ② breathe freely ③ drop a hint; tip off ④ give vent to a pent-up feeling of discontent ⑤ relax from strain

tóuqiǎ* 头卡 N. hairpin

tóuqià 投洽 V. agree; get along

tóuqián 头钱[-錢] N. ①cut taken from gambling winnings ② <*hist.*> Han-dynasty poll tax

tóuqiāng 投枪[-槍] N./V.O. <*sport*> javelin; (throwing) spear

tóuqiánr 头前儿 P.W. <*coll.*> ① in front ② in the past

tōuqiǎo 偷巧 V.O. ① do sth. in a clever but irresponsible way ② finesse; take a shortcut

tōuqiè* 偷窃[-竊] V. steal; pilfer

tòuqiē 透切 N. thorough and accurate (of explanations/etc.)

tōuqièkuáng 偷窃狂[-竊-] N. kleptomania M: *ge/[1]míng*

tōuqièpǐ 偷窃癖[-竊-] N. kleptomania

tóuqì fùhè 投弃负荷[-棄--] V.O. jettison

tóuqì huòwù 投弃货物[-棄--] V.O. jettison

tóuqīn 投亲[-親] V.O. go to live with relatives

tóuqīnfǎngyǒu 投亲访友[-親--] F.E. visit relatives and friends

tōuqīng 偷青 V.O. steal a crop before harvest

tōuqíng* 偷情 V.O. have a clandestine love affair

tóuqīngjiǎozhòng 头轻脚重[-輕腳-] F.E. be unbalanced

tóuqīnkàoyǒu 投亲靠友[-親--] F.E. go and seek refuge with one's relatives and friends

tóuqísuǒhào 投其所好 F.E. cater to sb.'s likes

tóuqiū 头秋 N. <*coll.*> onset of harvest time

tóuqiú* 投球 V.O. <*sport*> shoot baskets

tóuqiúpòmén 头球破门 F.E. head the ball into the goal

tóuqìzhītán 投契之谈 N. friendly/congenial talk

tóu qūxiànqiú 投曲线球 V.O. <*sport*> curve ball

tōur 偷儿 N. thief

tóur* 头儿 N. <*coll.*> ①head ②leading person; supervisor ③ end ④ beginning ⑤ radical of a Chinese character ⑥ boss ⑦ extremes ♦ADV. at first ***See also*** *tóu'ér*

tòurè liáofǎ 透热疗法[-熱療-] N. diathermy

tōurén 偷人 V.O. commit adultery

tóurén* 头人 N. headman

tóurēngbàng 投扔棒 N. throwing-stick

tóurù 投入 V. ① throw/put into ***Tā zài zhè běn shū shàng ~ le sān nián de láodòng.*** He put in three years writing this book. ② participate (in) ③ input ④ invest ♦S.V. absorbed; concentrated; devoted

tóurù chǎnchū 投入产出[--產-] V.P. invest and produce

tòurù gǔsuǐ 透入骨髓 V.O. penetrate to the marrow

tóurù juésè 投入角色 V.O. throw oneself into the part (in a movie/play/etc.)

tóurúpéngbǎo 头如蓬葆 F.E. hair like a thicket

tóurù yùnyíng 投入运营[-運營] V.P. put into operation

tóurù zīběn 投入资本 N. invested capital; vested proprietorship

tóusānjiǎo 头三脚[-腳] N. opening moves (the first demonstration of one's ability in a new position/post)

tóushā 头纱 N. gauze kerchief/scarf

tóushāi 头筛[-篩] N. the first round of selection

tóushang* 头上 A.T. <*topo.*> within; during; in the course of ***See also*** *tóushàng*

tóushǎng 头晌 N. <*coll.*> forenoon; morning

tóushàng 头上 P.W. ①top of one's head ②place above one's head ***See also*** *tóushang*

tòushāng 透墒 N. enough moisture (of the soil)

tóushàng'āntóu 头上安头 ID. be superfluous

tóushǎngfàn 头晌饭 N. <*coll.*> noon meal

tóushang fùhè 头上负荷 N. load borne on the head; headload

tóushang màohàn 头上冒汗 V.P. Beads of sweat stood out on the forehead.

tóushè* 投射 V.O. ① throw (projectiles/etc.) ② project (light) ③ gain profit from speculation

tòushè 透射 V. transmit ♦N. <*phy.*> transmission

tóushēn 投身 V.O. ① throw oneself into ② find employment/shelter

tóushēnfǎwǎng 投身法网[-網] F.E. get into the meshes of the law

tōushēng 偷生 V.O. ① drag out an ignoble existence ② vegetate

[1]tóushēng* 投生 V. ① be reincarnated/reborn ② seek a livelihood outside one's home town

[2]tóushēng(r) 头生(儿) N. firstborn

tóushéng(r) 头绳(儿)[-繩-] N. ① <*coll.*> string for binding a plait/bun/etc. ② <*topo.*> knitting wool

tōushēng pàsǐ 偷生怕死 V.P. be afraid to die

tóushèwù 投射物 N. projectile

tōushī 偷尸[-屍] V.O. steal corpses; snatch bodies

tōushí 偷食 V.O. steal sth. to eat

[1]tóushī 投师[-師] V.O. seek instruction from a master

[2]tóushī 头虱 N. head louse M: *[2]zhī/ge*

tóushí 投石 V.O. throw a stone

[1]tóushì 头式 N. hairstyle

[2]tóushì 头饰 N. head ornaments M: *[2]jiàn*

[3]tóushì 头势[-勢] N. ① <*topo.*> impetus; momentum ② tendency; the look of things ③ situation; state of affairs

[4]tóushì 头市 P.W. morning market

tòushī 透湿[-濕] V.P. dripping wet; wet through

tòushì* 透视 N. ① perspective ② lucidity; clairvoyance ③ fluoroscopy ④ x-ray ♦V. ① see through; penetrate ② gain a perspective of

tóushídǎgǒu 投石打狗 ID. throw a stone at a dog (fig.)

tòushìfǎ 透视法 N. perspective

tóushī fǎngyǒu 投师访友[-師--] V.P. make a tour of teachers and friends

tòushìhuà 透视画[-畫] N. perspective drawing M: *[10]fú/[1]zhāng*

tóushíjī 投石机 N. stone catapult M: *[1]tái*

tòushìjìng 透视镜 N. optical lens M: *[2]kuài/[1]piàn*

tōushí jìnguǒ 偷食禁果 V.O. eat forbidden fruit

tòushìlì 透视力 N. perception; discernment

tóushíqì 投石器 N. sling M: *[1]jià/ge*

tòushìtú 透视图[-圖] N. perspective drawing M: *[10]fú/[1]zhāng*

tóushí wènlù 投石问路 V.P. throw a stone into a house to find out if the occupants are awake

[1]tóushǒu 投手 N. <sport> pitcher M: ge/[1]míng/[2]wèi

[2]tóushǒu 投首 V.O. ① confess to a criminal act ② give oneself up to the authorities

tóushòu* 投售 V. sell on the market

tóushǒudàolì 头手倒立 F.E. <sport> headstand

tóushǒu fànguī 投手犯规 N. <sport> balk

tóushǒu fànguī jiǎdòngzuò 投手犯规假动作[-----動-] N. <sport> balk

tōushǒur 偷手儿 V.O. <topo.> do sth. stealthily

tóushū* 投书[-書] V.O. deliver a letter (to the media/authority)

tòushú 透熟 V. know well; be familiar with

tōushuì* 偷税 V.O. evade taxes

[1]tóushuǐ 投水 V.O. ① jump into the water ② commit suicide by jumping into the water

[2]tóushuǐ(r) 头水(儿) N. ① best-quality goods ② first-time used goods ③ first-time washed clothing ④ first irrigation water ⑤ liquid cosmetics used on the head

tòushuǐ 透水 V.O. be permeable

tòushuǐcéng 透水层[-層] N. <geol.> permeable stratum

tóushuǐhuò 头水货 N. goods of the best quality

tōushuìlòushuì 偷税漏税 F.E. evade taxes

tòushuǐxìng 透水性 N. water permeability

tóushǔjìqì 投鼠忌器 ID. have scruples about doing sth.

tōushūkuáng 偷书狂[-書-] N. bibliokleptomania M: ge/[1]míng

tóushùn 投顺 V. surrender and pledge allegiance (to)

tōushūpǐ 偷书癖[-書-] N. bibliokleptomania

tóusǐ 投死 V.O. be faithful till death

tóusòng 投送 V. send/deliver mail/etc.

[1]tóusù 投诉 V. ① write to state/request ② appeal ③ complain (of a customer) ④ sue; accuse ♦N. complaint

[2]tóusù 投宿 V. put up for the night

tóusù fǎyuàn 投诉法院 V.O. appeal to a court

tóusuō 投梭 V.O. put up strong resistance against a rapist ♦ID. fast and agile

tóusuōzhéchǐ 投梭折齿[-齒] F.E. repulse a seducer

tóusuōzhījù 投梭之拒 N. resistant to a seducer

tóusùxìn 投诉信 N. letter of complaint

[1]tóutāi 投胎 V.O. be reborn

[2]tóutāi 头胎 N. firstborn

tōutàn 偷探 V. get (information/etc.) secretly; spy on

tōutáo 偷逃 V. evade; escape (taxation)

tóutào* 头套 N. actor's headgear

tóutáobàolǐ 投桃报李[--報-] ID. exchange gifts

tóuténg 头疼 S.V./N. (have) a headache

tóuténgnǎorè 头疼脑热[-腦熱] V.P. have a headache and slight fever

tóutǐ 投体[-體] V.O. worship; admire tremendously

tóutiān(r) 头天(儿) N. ① previous day ② first day

tōutiānhuànrì 偷天换日[--換-] ID. perpetrate a gigantic fraud

tóutiāo 头挑 N. choicest; the best choice

tóutiáo* 头条[-條] N. (lead news) stories

tóutiáo biāotí 头条标题[-條標-] N. lead headline

tóutiáo xīnwén 头条新闻[-條--] N. front-page headline M: [2]jiàn

tōutīng 偷听[-聽] V. eavesdrop; bug

[1]tóutòng 头痛 V.P. have a headache ***Zhè shì(r) zhēn ràng rén ~!*** This gives one a real headache!

[2]tóutòng(r) 头通(儿) N. first performance before an audience

tóutóngchǐhuō 头童齿豁[--齒-] F.E. decrepit; old

tóutòng fārè 头痛发热[-發熱] V.P. have a headache and fever

tóutòngnǎorè 头痛脑热[-腦熱] V.P. have a headache and slight fever

tóutòng yàocǎo 头痛药草[--藥-] N. <Ch. med.> herbal medicine for headaches

tóutòngyītóu 头痛医头[--醫-] F.E. treat the symptoms

tóutòngyùliè 头痛欲裂 F.E. have a splitting headache

tōutōu(r)* 偷偷(儿) R.F. stealthily; secretly

tóutóu 头头 N. head; chief

tòutòu 透透 R.F. thoroughly

tōutōu chārù 偷偷插入 V.P. insert secretly

tóutóujiànjiàn 头头件件 R.F. absolutely all

tōutōumōmō(r) 偷偷摸摸(儿) R.F. furtively

tóutóunǎonǎo 头头脑脑[-腦腦] <coll.> R.F. all the heads of a unit/company/organization/etc

tóutour 头头儿 N. <coll.> head; leader

tóutóushìdào 头头是道 F.E. clear and logical

tóutuō* 投托 V. place in the care of another

tóutuó 头陀 N. mendicant Buddhist monk

tóuwǎn(r) 头晚(儿) N. ① previous night ② first night

tóuwǎng 投网[-網] V.O. get caught; be trapped

[1]tóuwéi 头围[-圍] N. head circumference

[2]tóuwéi 头桅 N. foremast

[1]tóu-wěi* 头尾 N. ① head to tail ② beginning to end ③ main threads of a complicated affair ④ ordering of things ⑤ head and tail of a fish cooked in soybean sauce and sugar

[2]tóuwěi 投纬[-緯] ATTR. <txtl.> picking

tóuwèi 投喂 V. throw/cast food to (animals)

tòuwèi 透味 S.V. thoroughly flavored (of cooked meat, etc.)

tóuwěiliánjiē 头尾连接 F.E. end-to-end

tóuwǔ 头午 N. about noon

tōuxí* 偷袭 V. launch a surprise attack

tóuxǐ 投洗 V. rinse (esp. clothes) in clean water

tòuxī 透析 N. <chem.> dialysis

tōuxiá 偷暇 V.O. snatch a moment of leisure

tóuxiá 投辖 V.P. insist that a friend not depart

tóuxià* 投下 R.V. ① throw down; drop ② invest (capital)

tōuxián 偷闲 V.O. ① snatch a moment of leisure ② <topo.> goldbrick

tóuxián* 头衔 N. official title

tóuxiáng* 投降 V. surrender; capitulate

[1]tóuxiàng 头像 N. head portrait/sculpture M: [4]zuò/[1]zūn/ge

[2]tóuxiàng 投向 N. investment orientation

tóuxiáng jiǎoxiè 投降缴械 V.P. surrender and hand over arms

tóuxiáng màiguó 投降卖国[-賣國] V.P. capitulate and sell out the country

tóuxiángpài 投降派 N. capitulators

tōuxiāngqièyù 偷香窃玉[--竊-] ID. ①have illicit sexual relations with a woman ② womanize

tóuxiángshū 投降书[-書] N. letter of surrender M: [2]fēng

tóuxiàngxià móxíng 头向下模型 N. top-down model

tóuxiángzhǔyì 投降主义[-義] N. capitulationism

tóuxiánzhìsǎn 投闲置散 F.E. ① stay idle (of a man of ability) ② occupy an insignificant position

tóuxiào 投效 V. offer one's services

tòu xiāoxi 透消息 V.O. leak news

tóuxiè 头屑 N. dandruff

tóuxìn* 投信 V.O. mail letter

tòuxìn(r) 透信(儿) V.O. divulge news

tòuxīnfǔlàn 透心腐烂[--爛] F.E. rotten to the core

tóuxíng 头型 N. head shape

tóuxíngrén 头行人 N. <topo.> head; chief; leader

tóuxìnkǒu 投信口 N. letter drop

tòuxīn(r) liáng 透心(儿)凉[-涼] V.P. <coll.> ① chilled to the bone ② overwhelmed with despair and grief

tóuxìnr 头囟儿 N. <topo.> fontanel (of a baby's head)

tòuxīnr* 透心儿 V.P. to the core; to the marrow

tóuxiōngjiǎ 头胸甲 N. <zoo.> carapace

tóuxù 头绪 N. ① main threads/points ***Zhèi jiàn shìr wǒmen méiyǒu ~.*** We have no idea how to get started on this business. ② trail/clue of (a criminal/etc.) investigation ③ ways/means ④ systematical; sequence

tóuxuǎn 头癣 N. favus of the scalp

tóu xuánliáng zhuī cìgǔ 头悬梁锥刺骨[-懸----] ID. painstaking in one's study

tóuxù fánduō 头绪繁多 V.P. too many leads and clues; confusing

tóuxù wànqiān 头绪万千[--萬-] V.P. have too many things to attend to

tōuyǎn(r) 偷眼(儿) V.O. steal a glance

tóuyàn* 头雁 N. leading wild goose M: [2]zhī

tóuyáng 头羊 N. bellwether M: [2]zhī

tóuyáo 头摇 N. head tremor

tóuyào* 投药[-藥] V.O. offer medicine (to take)

tóu yào lěng, xīn yào rè 头要冷,心要热[---,--熱] V.P. be cool in the head but warm at heart

[1]tóuyī* 投医[-醫] V.O. see a doctor

[2]tóuyī 头一 N. the first

tóuyì 黈益 V.P. increase

tòuyì 透溢 V. show clearly; be permeated with; brim with

tóu yī huí 头一回 N. for the first time

tòu yī kǒu qì 透一口气[-氣] V.O. catch one's breath; have a breathing spell

tóu yī mō 头一摸 N. <topo.> the first time

tóuyīn 头音 N. <lg.> initial sound

tōuyíng 偷营[-營] V.O. raid the enemy camp at night

[1]tóuyǐng* 投影 N./V.O. projection

[2]tóuyǐng 头影 N. one's shadow

tóuyìng 投映 V. reflect (of images)

tóuyǐng diànshì 投影电视[--電-] N. projection television M: [1]tái

tóuyǐng guīzé 投影规则 N. <lg.> projection rules M: [1]tiáo

tóuyǐnghuà 投影画[-畫] N. projection picture/painting M: [10]fú

tōuyíngjiézhài 偷营劫寨[-營--] F.E. raid an enemy camp

tóuyǐngqì 投影器 N. projector M: [1]jià/ge

tóuyǐngtú 投影图[-圖] N. projection drawing M: [10]fú/[1]zhāng

tóuyǐngyí 投影仪[-儀] N. projector M: [1]jià/[1]tái

tóuyīyàng 头一样[-樣] N. <topo.> in the first place; first of all

tóuyīzāo 头一遭 N. <coll.> first time/round

[1]tóuyóu 头油 N. hair oil; pomade

[2]tóuyóu 头由 N. pretext

[3]tóuyóu 投邮[-郵] V.O. send (a letter, etc.) by post; post; mail

tōuyóur 偷油儿 V.P. cunning and lazy

tōuyú 偷渔 V.O. poach (fish)

tóuyù* 投狱 V.O. jail; imprison

tòuyǔ 透雨 N. saturating rain

tóuyuán 投缘 V.O. ① be immediately on close friendly terms ② hit it off

tōuyuè 偷越 V. slip through a sealed-off area

tōuyuè guójìng 偷越国境[-國-] V.O. illegally cross the national border

tōuyùn 偷运[-運] V. illegally transport; smuggle

tóuyūn* 头晕 V.P. dizzy; giddy

tóuyùn(fǎ) 头韵(法)[-韻-] N. <lg.> alliteration

tóuyūnmùxuàn 头晕目眩 F.E. have a dizzy spell

tōuyùn rùguó 偷运入国[-運-國] V.P. smuggle goods into a country

tóuyūnyǎnhuā 头晕眼花 F.E. dizzy of head and dim of eyes

[1]tóuzān 头簪 N. hairpin M: [2]gēn/[4]zhī

[2]tóuzān 投簪 V.O. give up one's official position

tóu zànchéng piào 投赞成票 V.O. vote in favor

tóuzāo 头遭 N. the first time

tóuzèng 投赠 V. give presents to sb. through an intermediary

tóu zhàdàn 投炸弹 V.O. drop bombs from a plane
tóuzhàng 头胀 V.P. feel heavy in the head
tóuzhào 头罩 N. scarf
tōuzhe* 偷着[-著] ADV. furtively; clandestinely
tòuzhe 透着[-著] V.P. appear/seem to be
tóuzhēn 头针 N. scalp acupuncture M: [4]méi/[2]gēn
tóuzhěn 头枕 N. headrest
tóuzhèn* 头阵 N. ① first battle ② beginning of anything
tóuzhēn liáofǎ 头针疗法[--療-] N. <Ch. med.> head acupuncture
tóuzhǐ 投止 V. stay at/with
[1]tóuzhì* 投掷[-擲] V. throw; hurl
[2]tóuzhì 投置 V. throw oneself into
tòuzhī 透支 V.O. ①overdraw ②draw one's salary in advance ♦N. expenditure exceeds revenue
tóuzhǐ quánmén 投止权门[--權-] V.O. take refuge in a powerful house
tóuzhīyǐtáo 投之以桃 ID. give a token of affection
tòuzhī zhànghù 透支帐/账户 N. overdrawn account
tóuzhòngjiǎoqīng 头重脚轻[-腳輕] F.E. top-heavy
[1]tóuzhù 投注 V. throw one's energy/emotion into
[2]tóuzhù 投杼 ID. influence of rumor and gossip
tóuzhuàng 头状[-狀] ATTR. the first
tóuzhuàng huāxù 头状花序[-狀--] N. <bot.> capitulum; head
tóuzhuàng wōjù 头状莴苣[-狀萵-] N. head lettuce
tóuzhùzhīyí 投杼之疑 N. doubts aroused by unsubstantiated rumor; A lie, if repeated often enough, becomes a truth to the listener.
[1]tóuzi 骰子 N. <topo.> dice
[2]tóuzi 头子 N. ① chieftain; boss ② best; winner ♦SUF. <coll.> *added to nouns, equivalent to -zi* **kù~** pants
[3]tóuzi 投子 N. dice
tóuzī* 投资 V.O. invest ♦N. investment
tóuzibēi 骰子杯 N. dice cup
tóuzī chǎngsuǒ 投资场所[--場-] N. outlet for investment
tóuzìcí 头字词 N. <lg.> acronym
tóuzī duōyuánhuà 投资多元化 N. diversified investments
tóuzī gōngsī 投资公司 P.W. investment company M: [1]jiā
tóuzījiā 投资家 N. investor
tóuzī jiégòu 投资结构[-構] N. investment pattern
tóuzī jījīn 投资基金 N. investment funds
tóuziling 骰子令 N. <trad.> obligation to drink imposed by throwing dice (at a banquet)
tóuzī lìxī 投资利息 N. interest on investment
tóuzīrén 投资人 N. investor M: ge/[1]míng/[2]wèi
tóuzī shìchǎng 投资市场[-場] N. investment market
tóuzī shōuyì 投资收益 N. income on an investment; income from an investment
tóuzī xiàn'é 投资限额 N. size of investment
tóuzixuǎn 骰子选[-選] N. backgammon-like game
tóuzìyǔ 头字语 N. acronym
tóuzīzhàng 投资帐/账 N. <acct.> investment account
tóuzīzhě 投资者 N. investor
tōuzǒu 偷走 R.V. rob; walk off with
tóuzú 投足 V.O. <wr.> manner of walking; gait
tóuzúdàozhì 头足倒置 F.E. turn everything upside down
tóuzú dòngwù 头足动物[--動-] N. <zoo.> cephalopod
tōuzuǐ 偷嘴 V.O. steal food
tóuzúyìchù 头足异处[-異處] F.E. beheaded
T shì T市 N. <TW> T city (Taipei/Táiběi)
[1]tū 秃[禿/鵚] S.V. ① bald; bare ② blunt ③ incomplete *Wénzhāng jiéwěi xiǎnde yǒudiǎnr ~.* The article seems to be somewhat incomplete at the end.
[2]tū 突 B.F. ① dash forward *tūjī* ② project; stick out *[1]tūchū* ③ <trad.> chimney *zàotū* ♦ADV. suddenly; abruptly
[3]tū 凸 V. protrude
[4]tū 涂[塗] in *húlibātū, wūlibātū See also [2]tú, [3]tú*
[1]tú 图[圖] N. picture; drawing; chart; map ♦B.F. ① scheme; plan *túmóu* ② attempt *[1]shìtú* ③ intention ♦V. plan for; seek; pursue
[2]tú 涂[塗] V. ① spread on; apply ② scrawl ③blot/cross out *Bǎ tā de míngzi cóng míngdān shàng ~diào.* Expunge his name from the list. ♦B.F. ① mud; mire *tútàn* ② seabeach; beach *[2]hǎitú* ♦N. Surname *See also [4]tū, [3]tú*
[3]tú 途/涂[-/塗] B.F. road; route; journey; way *lùtú See also [4]tū, [2]tú*
[4]tú 徒 B.F. ① disciple; pupil; apprentice *túdì* ② follower *xìntú* ③ <derog.> person; fellow *jiǔtú* ④(prison) sentence; imprisonment *[2]túxíng* ⑤ go on foot *túbù* ⑥ bare; empty *[1]túshǒu, túyǒuxūmíng* ♦ADV. ① merely; only ② in vain; to no purpose
[5]tú 屠 V. slaughter; butcher ♦B.F. massacre *túshā* ♦N. Surname
[6]tú 荼 B.F. a bitter edible plant *[1]túdú, rútú*
[7]tú 酴 B.F. yeast for fermenting wine *[2]túmí, [1]túsū*
[8]tú 菟 in *wūtú See also [4]tù*
[1]tǔ* 土 N. ① soil; earth; clay ② land ③ (crude) opium ④ Surname ♦S.V. uncouth; crude; unsophisticated ♦B.F. local; native; indigenous *tǔchǎn*
[2]tǔ 吐 V. expectorate; spit ♦B.F. ① speak out; tell; utter *tǔzì* ② stick out *tǔ shétou, tǔsuì See also [2]tù*
[3]tǔ 钍[釷] N. <chem.> thorium
[1]tù(r) 兔(儿)[-(兒)] N. rabbit; hare
[2]tù 吐 V. ① vomit ② disgorge *See also [2]tǔ*
[3]tù 堍 B.F. ramp of a bridge *qiáotù*
[4]tù 菟 in *tùkuí, tùsīzǐ See also [8]tú*
TV N. TV; television
tuān 湍 B.F. *tuānjí, jítuān*
[1]tuán* 团[團] V. roll sth. into a ball ♦B.F. ①unite; assemble *tuánjié, tuánjù* ②roundish mass; lump *tuánzi* ③ group; society; organization *shètuán* ④<topo.> dumpling *tāngtuán* ⑤round; circular ♦N. regiment ♦AB. *Gòngqīngtuán* ♦M. ball (of wool); lump (of dough)
[2]tuán 抟[摶] B.F. spiral; circle *tuánfān, péngtuán*
tuǎn 疃 B.F. *used in place names* village *tǐngtuǎn*
tuàn 彖 B.F. determine; make a judgment *tuàncí*
tū'àn 凸岸 N. <geog.> convex bank
tú'àn* 图案[圖-] N. pattern; design
tuánbài 团拜[團-] V. ① pay group calls at the New Year ② exchange greetings at a get-together ♦N. mass greetings/congratulations
tuánbàihuì 团拜会[團-] N. party at which people get together to exchange greetings
tuánbù 团部[團-] N. regiment headquarters
tú'àncāo 图案操[圖-] N. calisthenic performance forming patterns
tuánchǎng 团场[團場] P.W. ① farm managed by a regiment of soldiers ② military regiment production-construction farm
tuàncí 彖辞[-辭] N. divination symbols in the *Yijing*
tuándīng 团丁[團-] N. member of the volunteer home guards
tuánduì 团队[團隊] N. team
tuánduì jīngshén 团队精神[團隊-] N. team spirit
tuánfàn 抟饭[摶-] V.O. roll rice balls
tuánfěi 团匪[團-] N. derogatory name for the Boxers
tuánfèi* 团费[團-] N. Youth League membership dues
tuánfěn 团粉[團-] N. cooking starch
tuánfēng* 抟风[摶-] V.O. rise very quickly
tuánfèng 团凤[團鳳] N. circular phoenix (pattern printed on silk/cloth/etc.)
tuánfú 团服[團-] N. team uniform M: [2]jiàn
tuánfù* 团副[團-] N. associate commanding officer of a battalion M: ge/[1]míng/[2]wèi
tuánguǎnqū 团管区[團-區] N. draft-board region
tuānhàn 湍悍 V.P. violent; swift-flowing (of streams)
tuánhuā(r) 团花(儿)[團-] N. round painted/embroidered flowers
tuánhuāwén 团花纹[團-] N. <art> posy design
tuánhuī 团徽[團-] N. Youth League badge M: [4]méi/ge
tuánhuǒ 团伙[團-] N. gang; gangsters
tuānjí* 湍急 S.V. rapid; rushing (of current)
tuánjí 团籍[團-] N. Youth League membership
tuánjié 团结[團-] V./N. ① unite; rally ② agglomerate
tuánjiéduìdí 团结对敌[團-對敵] F.E. unite to oppose the enemy
tuánjiéhùzhù 团结互助[團-] F.E. work in unison and help one another
tuánjié jiùshì lìliàng 团结就是力量[團-] V.P. In union there is strength.
tuánjiéyīzhì 团结一致[團-] F.E. unite as one ♦N. solidarity
tuánjiéyǒu'ài 团结友爱[團-愛] F.E. solidarity and friendship
tuánjiézhàndòu 团结战斗[團-戰鬥] F.E. wage a united struggle
tuánjù 团聚[團-] V. ① reunite ② unite and gather
tuánkè 团课[團-] N. Youth League class/lecture M: [2]táng
tuánkuài 团块[團塊] N. block; mass; clump
tuánkuàijiāo 团块焦[團塊-] N. coke briquette
tuānlài 湍濑 N. shallow rapids
tuánlì 团粒[團-] N. granule
tuánliàn 团练[團練] N. local militia against peasant uprisings M: ge/[1]míng
tuánlíng 团龄[團齡] N. (Communist Youth) League standing
tuānliú 湍流 N. ①<wr.> torrent; rapids ②<phy.> turbulent flow; turbulence
tuānliúgǔnxià 湍流滚下[--滾-] F.E. torrents of water rolling down
tuánlóng 团龙[團-] N. embroidered dragon on the emperor's robes
[1]tuánluán 团栾[團欒] N. family reunion
[2]tuánluán 团圞[團圞] V.P. <wr.> round (of the moon)
tuánluánmíngyuè 团栾明月[團欒-] F.E. beautifully round and clear moon
tuánnián 团年[團-] N. Spring Festival family reunion
tuánnong 团弄[團-] V. <coll.> ① gather together ② deceive *Nǐ ~bùzhù tā.* You can't fool her. ③ roll sth. into a ball with the palms ④ manipulate; swindle
tuánnong zhù 团弄住[團-] R.V. <coll.> ① surround; engulf; envelop ② pull the wool over the eyes; deceive; flimflam
[1]tuánqí* 团旗[團-] N. ① Youth League flag ② regiment flag M: [1]miàn
[2]tuánqí 团脐[團臍] N. female crab
tuánqì 团契[團-] N. a Christian youth association
tuánr 团儿[團-] M. *for ball-shaped objects*
tuánrì 团日[團-] N. day set aside for Youth League activities
tuánshā 抟沙[摶-] N. lacking in cohesion and unity of purpose
tuánshàn 团扇[團-] N. round fan M: [1]bǎ
tuánshé 团舌[團-] N. <lg.> flat tongue
tuánsū 团酥[團-] N. candle
tuántǐ 团体[團體] N. organization; group; team
tuántǐcāo 团体操[團體-] N. group calisthenics
tuántǐ chéngyuán 团体成员[團體-] N. group membership
tuántǐ guànjūn 团体冠军[團體-] N. <sport> team champion

T

tuántǐ guīfàn 团体规范[團體-範] N. group norm

tuántǐ huódòng 团体活动[團體-動] N. group activity

tuántǐ jīngshén 团体精神[團體-] N. team spirit

tuántǐpiào 团体票[團體-] N. group ticket M: [1]*zhāng*

tuántǐsài 团体赛[團體-] N. team competition M: [2]*chǎng*

tuántǐ shēnghuó 团体生活[團體-] N. group/communal life

tuántǐ xiàngmù 团体项目[團體-] N. team event

tuántǐxìng 团体性[團體-] N. collective quality

tuántǐ xīnlǐ 团体心理[團體-] N. group mind

tuántǐ yālì 团体压力[團體壓-] N. group pressure

tuántǐ yìshi 团体意识[團體-識] N. group consciousness

tuántǐ yùdìng 团体预订[團體-] N. group booking

tuántǐ yùyuē 团体预约[團體-] N. group reservation

tuántǐ zhìliáo 团体治疗[團體-療] N. group therapy

tuántuán 团团[團團] R.F. round and round; all around

tuántuáncùcù 团团簇簇[團團-] R.F. swarm; flock; cluster

tuántuán wéizhù 团团围住[團團圍-] V.P. be completely surrounded (by rows of enemy troops)

tuántuánzhuàn 团团转[團團轉] V.P. turn round and round

tuántuán zuòxia 团团坐下[團團-] V.P. sit down in a circle

tuántǔzuòrén 抟土作人[摶-] F.E. mold mud and create man (a creation myth)

tuánwěi 团委[團-] N. Youth League committee

tuánxiào 团校[團-] N. Youth League school M: [1]*suǒ*

tuányīn 团音[團-] N. <*lg.*> alveolo-palatal affricate/fricative

tuányú 团鱼[團-] N. soft-shelled turtle M: *gè*/[2]*zhī*

[1]**tuányuán** 团员[團-] N. ① member (of a delegation/organization/etc.) ② member of the Chinese Communist Youth League M: *gè*/[1]*míng*/[2]*wèi*

[2]**tuányuán** 团圆[團-] N./V. reunion ♦V.P. round

tuányuánfàn 团圆饭[團-] N. reunion dinner

Tuányuánjié 团圆节[團-節] N. Family Reunion Festival; Mid-Autumn Festival (another name for Zhōngqiūjié)

tuányuán xífur 团圆媳妇儿[團--婦-] N. <*topo.*> child bride

tuányuánzhèng 团员证[團-證] N. identification card for a Chinese Communist Youth League member M: [1]*zhāng*

tuánzǎo 团藻[團-] N. <*bot.*> volvox

tuán-zhàndòuduì 团战斗队[團戰鬥隊] N. regimental combat team M: [4]*zhī*

tuánzhāng 团章[團-] N. Youth League constitution M: [1]*běn*

tuánzhǎng* 团长[團-] N. ① regimental commander ② head of a delegation/troupe/etc. M: *gè*/[1]*míng*/[2]*wèi*

tuánzhībù 团支部[團-] N. branch of the Youth League

tuánzhīshū 团支书[團-書] N. secretary of a branch of the Communist Youth League M: *gè*/[1]*míng*/[2]*wèi*

tuánzhōngyāng 团中央[團-] N. Youth League central committee

tuánzi 团子[團-] N. round dumpling

tuánzǒngzhī 团总支[團總-] N. <*PRC*> League general branch

tuánzuò 团坐[團-] V. sit in a circle

tuánzǔzhī 团组织[團-織] N. Youth League organization

tū'āo 凸凹 V.P. convex-concave

tū'āobùpíng 凸凹不平 F.E. rough and uneven in surface

tū'āofǎ 凸凹法 N. <*art*> convex-concave method (of painting)

tǔbà 土坝[-壩] N. earth dam M: [4]*zuò*

túbái 涂白[塗-] N. whitewash

tǔBālù 土八路 N. <*hist.*> Eighth Route Army irregulars

tūbǎn 凸版 N. relief printing plate

[1]**túbǎn*** 图板[圖-] N. ① drawing board ② plate (for printing maps/etc.) M: [2]*kuài*

[2]**túbǎn** 图版[圖-] N. <*print.*> plate M: [2]*kuài*

tǔbān 土斑 N. brown age spot

tǔbànfǎ 土办法[-辦-] N. indigenous methods

[1]**tǔbāng** 土邦 N. native state

[2]**tǔbāng** 土帮[-幫] N. a local independent region under British colonial rule

tūbǎn yìnshuā 凸版印刷 N. <*print.*> letterpress; relief printing

túbào* 图报[圖報] V. ① try to repay ② <*wr.*> strive to retaliate

tǔbào 土豹 N. buzzard; a kind of wildcat M: [2]*zhī*

túbào ēndé 图报恩德[圖報-] V.O. hope to repay a kindness/favor

tú bàofù 图报复[圖報復] V.O. seek revenge

túbào shèngdé 图报盛德[圖報-] V.O. hope to repay kindness/favor

túbǎosīnáng 图饱私囊[圖-] F.E. try to enrich oneself (from public service)

tǔbāozi 土包子 N. <*coll.*> ① rube; hick ② outsider ③ mound M: *gè*/[1]*míng*

tǔbàwáng 土霸王 N. a cock of the dunghill M: *gè*/[1]*míng*

tǔbēng 土崩 N. landslide; landfall

tǔbēngjiěxìng 土崩解性 N. soil disintegration

tǔbēngwǎjiě 土崩瓦解 ID. disintegrate; crumble

tūbǐ 秃笔[禿筆] N. writing brush that has lost hair ♦F.E. <*court.*> my poor writing M: [4]*zhī*

tūbiàn 突变[-變] N./V. ① sudden change ② mutation ③ <*phil.*> leap

tūbiàntǐ 突变体[-變體] N. mutant

tūbiànxíng 突变型[-變-] N. <*bio.*> mutant

túbiān zhùjì 图边注记[圖邊註-] N. margin note

túbiǎo* 图表[圖-] N. ① chart; diagram; table ② <*lg.*> schema M: [1]*zhāng*/[1]*fèn*

tǔbiǎo 土表 N. soil surface

túbiǎo jùfǎ fēnxī 图表句法分析[圖-] N. <*lg.*> chart parsing

tǔbiē(chóng) 土鳖(虫)[-(蟲)] N. ① ground beetle ② <*slang*> country bumpkin M: *gè*/[2]*zhī*

túbīng 徒兵 N. foot soldiers; infantry

tǔbīng* 土兵 N. local untrained troops/recruits

tūbíwūyā 秃鼻乌鸦[禿-烏-] N. rook M: [2]*zhī*

túbó 徒搏 N. hand-to-hand combat

Tǔbō* 土/吐蕃 N. <*hist.*> Tibet *See also Tǔfān*

tǔbōshǔ 土拨鼠[-撥-] N. <*zoo.*> marmot; ground hog M: [2]*zhī*

túbù* 徒步 V.O. on foot

tǔbù 土布 N. handwoven/homespun cloth M: [2]*kuài*

túbùbáshè 徒步跋涉 F.E. march

tǔbuchū 吐不出 R.V. ① can't express ② can't vomit (when sick)

túbù'érqù 徒步而去 V.P. go on foot

túbù'érxíng 徒步而行 V.P. go on foot

tūbùlàchá 秃不剌茬[禿-] F.E. <*topo.*> disappointed; let down; unfulfilled

túbù lǚxíng 徒步旅行 V.P. travel on foot

tǔbǔwòfà 吐哺握发[-髮] ID. be eager to look for worthies and virtuous officials

tǔbùzhìshuǐ 土不制水 F.E. Earth fails to control water.

túcā 涂擦[塗-] V. rub in (moisturizing) lotion

túcáihàimìng 图财害命[圖-] F.E. murder for money

tǔcáizhǔ 土财主 N. country moneybags M: *gè*/[1]*míng*

tǔcán 土蚕[-蠶] N. ① larva of a noctuid ② grub M: [1]*tiáo*

túcāyào 涂擦药[塗-藥] N. medicine for exterior application

túcè 图册[圖冊] N. ① book of illustrations ② atlas M: [1]*běn*/*tào*

túcéng 涂层[塗層] N. coat; coating

tǔcéng* 土层[-層] N. soil layer

túcéng tòujìng 涂层透镜[塗層-] N. coated lens M: [1]*piàn*/[2]*kuài*

tǔchǎn 土产[-產] N. local product M: [2]*jiàn*

túchǎng* 屠场[-場] P.W. slaughterhouse M: [4]*zuò*/*ge*

tǔchāng 土娼 N. unlicensed prostitutes/brothels M: *ge*/[1]*míng*

tùchǎng 兔场[-場] N. rabbit warren

tǔchángshān 土常山 N. <*bot.*> Chinese hydrangea

tǔchǎn guóhuò 土产国货[-產國-] N. locally/domestically made products

tǔchǎnpǐn 土产品[-產-] N. local product M: [2]*jiàn*

tǔchǎnpǐndiàn 土产品店[-產--] P.W. souvenir shop M: [1]*jiā*

tūchár 秃茬儿[禿-] N. <*topo.*> disappointed; let down; unfulfilled

túchèn 图谶[圖-] N. ancient augural books

[1]**túchéng** 屠城 V.O. massacre the inhabitants of a captured city

[2]**túchéng** 途程 N. road; way; course; itinerary

tǔchéng* 土城 N. city wall made of clay M: [4]*zuò*

tǔchóu 土绸 N. native silk piece goods M: [2]*kuài*/[1]*pǐ*

[1]**tūchū*** 突出 S.V. ① projecting ② outstanding; prominent ♦V. ① break through ② jut out ③ give prominence to; stress

[2]**tūchū** 凸出 S.V. convex ♦V. protrude; bulge out

tǔchū 吐出 R.V. ① <*lg.*> release ② spit out; utter

[1]**tūchuāng** 秃疮[禿瘡] N. <*topo.*> favus of the scalp

[2]**tūchuāng** 凸窗 N. bay window

tūchūbù 突出部 N. <*mil.*> salient

tūchūchóngwéi 突出重围[-圍] F.E. break through a tight encirclement

tǔ chūlai 吐出来 R.V. spit out; throw up

tùchún 兔唇 N. <*med.*> harelip

tūchū wèntí 突出问题 N. outstanding problems

tūchūxìng 突出性 N. <*lg.*> salience

tūchū xìnxī 突出信息 N. <*lg.*> foreground information

tūchū zhèngzhì 突出政治 V.O. <*PRC*> give prominence to politics

tūchū zhòngdiǎn fùcí 突出重点副词[---點--] N. <*lg.*> focusing adverb

tūchū zhòngyīn yīnjié 突出重音音节[-節] N. <*lg.*> prominent syllable

túchúzuòfèi 涂除作废[塗-廢] F.E. invalidate by blotting out

túcì 途次 N. stopover; travelers' lodging

tǔcí* 土瓷 N. low-quality porcelain produced with coarse earth

túcuàn 涂窜[塗竄] V. delete/interpolate an article

tǔcuì 吐翠 V.O. <*wr.*> turn green

túcún 图存[圖-] V. try to survive

tǔdānfāng 土单方 N. local prescription M: [1]*zhāng*

túdǎng 徒党[-黨] N. clique; faction; band; followers

tǔdǎnqīngxīn 吐胆倾心[-膽--] F.E. unbosom oneself

tūdāo 凸刀 N. <*archeo.*> stone tool with convex blade M: [1]*bǎ*

túdāo* 屠刀 N. butcher's knife M: [1]*bǎ*

tǔdào 土道 N. unpaved/earth road M: [1]*tiáo*

tǔ-dàoguàjīnzhōng 土倒挂金钟[-鐘] N. <*bot.*> native fuchsia

tū de 突地 ADV. suddenly

tǔ de diàozhār 土得掉渣儿 <*coll.*> V.P. rustic; unrefined

tūdī 突堤 N. jetty; pier

túdì 徒弟 N. apprentice; disciple M: *ge*/[1]*míng*

túdǐ 涂底[塗-] N. lining; prime (of painting)

tǔdi 土地 N. local deity *See also tǔdì*

tǔdī 土堤 N. earth dike/embankment
tǔdì* 土地 N. ① land; soil ② territory ③ God of Earth ***See also tǔdi***
tǔdiànyǐng 土电影[-電-] N. <topo.> slide show M: [2]chǎng
túdiào 涂掉[塗-] R.V. cross out
tǔdì bàochóu dìjiǎnlǜ 土地报酬递减律[--報-遞減-] N. the law of diminishing returns
tǔdì chónghuà 土地重划[-劃] N. land consolidation
tǔdìfǎ 土地法 N. land law
tǔdì fēnhóng 土地分红 N. dividend on land shares
tǔdì gǎigé 土地改革 N. land/agrarian reform
tǔdìgōng 土地公 N. god of earth
tǔdì guǎnlǐsuǒ 土地管理所 P.W. land-management office
tǔdì guóyǒu 土地国有[--國-] V.P. land nationalization
tǔdì jījīn 土地基金 N. land fund
tǔdì jízhōng 土地集中 V.P. concentration of landholdings
tǔdìjú 土地局 P.W. department of land administration
tūdī mǎtou 突堤码头 N. pier
tǔdìmiào 土地庙[-廟] N. temple of the god of earth M: [4]zuò
tūdǐng 秃顶[禿-] N. bald head ♦V.P. bald
túdīng(r)* 图钉(儿)[圖-] N. drawing pin; thumbtack M: [2]kē/[4]méi/ge
tǔdìpó 土地婆 N. goddess of earth M: [2]wèi
tǔdìquán 土地权[-權] N. land ownership
tǔdì rùgǔ 土地入股 V.P. pool land as shares
tǔdìshén 土地神 N. god of earth M: [2]wèi
tǔdì shǐyòngshuì 土地使用税 N. land use taxes
tǔdìshuì 土地税 N. land tax
tǔdì sīyǒu zhìdù 土地私有制度 N. system of private ownership of land
tǔdì suǒyǒuquán 土地所有权[-權] N. land ownership
tǔdìtáng 土地堂 N. a tiny temple housing the village god M: [4]zuò
tǔdìyé 土地爷[-爺] N. local god of the land M: [2]wèi
tǔdì yínháng 土地银行 N. land bank
tǔdì zēngzhíshuì 土地增值税 N. land-value increment tax
tǔdìzhèng 土地证[-證] N. land certificate; land deed M: [1]zhāng
tǔdì zhēngshōu 土地征收[--徵-] N. eminent domain
tǔdì zhìdù 土地制度 N. land system
tǔdì zīyuán 土地资源 N. land resources
túdòng 徒动[-動] N. migration
tǔdòu(r) 土豆(儿) N. <topo.> potato
tǔdòupiànr 土豆片儿 N. potato chips
tǔdòuzi 土豆子 N. <coll.> ①potatoes ②playful term applied to children ③ rube; hick; country bumpkin
tūdù 凸度 N. <math.> convexity
[1]túdú* 荼毒 V. persecute; torment
[2]túdú 涂毒[塗-] V.O. apply poison
túdúbǐmò 荼毒笔墨[--筆-] F.E. venomous writing
tūdùchuāng 凸肚窗 N. bow window
túdúfùshū 徒读父书[-讀-書] F.E. unable to profit from what one has read
tǔduī 土堆 N. mound
tǔdūn* 土墩 N. mound
tǔdùn 土遁 V.P. disappear into the earth and become invisible (of certain spirits)
tǔduòzi 土垛子 N. <coll.> a pile of dirt
túdú rénmín 荼毒人民 V.O. poison the people
túdú shēnglíng 荼毒生灵[-靈] F.E. ravage the people
tú'ěr 徒尔 ADV. <wr.> in vain; to no avail
Tǔ'ěrqí 土耳其 P.W. Turkey
tūfā* 突发[-發] V. burst out or occur suddenly
tūfà 秃发[禿髮] N. baldness
tǔfǎ(r/zi) 土法(儿/子) N. indigenous/local methods
tùfǎ 吐法 N. <Ch. med.> method of inducing vomiting
tūfàbìng 秃发病[禿髮-] N. <med.> alopecia
túfǎbùxíng 徒法不行 F.E. Good laws without enforcement are useless.
túfàn 屠贩 N. butchers and vendors
Tǔfān* 吐蕃 N. <hist.> Tibet ***See also Tǔbō***
tǔfāng* 土方 M. cubic meter of earth ♦N. ① earthwork ② <Ch. med.> folk recipe
tǔfáng 土房 N. ① land and house ② mud/adobe house M: [1]jiān/[4]zuò
tǔfāng gōngchéng 土方工程 N. earthwork
tǔfángzi 土房子 N. adobe house M: [4]zuò
tǔfǎshàngmǎ 土法上马 F.E. <pol.> do sth. using native methods
tūfàzhèng 秃发症[禿髮-] N. baldness
túfèi 徒费 V. waste (time/efforts/etc)
tǔfěi* 土匪 N. bandit; brigand M: ge/[1]míng
túfèi chúnshé 徒费唇舌 V.O. waste one's breath
túfèi jīnglì 徒费精力 V.O. flog a dead horse
túfèi kǒushé 徒费口舌 V.O. waste one's breath
tūfēiměngjìn 突飞猛进/晋[-飛-進/晉] F.E. advance by leaps and bounds
túfèi xīnjī 徒费心机 V.O. scheme to no avail
tǔfèn 土粪[-糞] N. <agr.> compost made from outhouse waste, hay, and garbage
[1]tǔfēng 土风 N. ①local folk song ②local custom
[2]tǔfēng 土蜂 N. wasp (*Discolia vittifrons*) M: [2]zhī
tǔfèngr 土缝儿 N. small crack in the ground
tǔfēngsúxí 土风俗习[-習] F.E. local customs
tǔfēngwǔ 土风舞 N. folk dance
tǔfēngwǔ duìxíng 土风舞队形[---隊-] N. folk-dance formation
tǔfěnzi 土粉子 N. <topo.> chalk (used to whitewash walls)
[1]túfū* 屠夫 N. ①butcher ②ruthless ruler M: ge/[1]míng
[2]túfū 涂敷[塗-] N. coating; spreading (in painting/plastering/etc.)
túfú 图符[圖-] N. <lg.> ① pictorial symbol ② charms
túfù 涂附[塗-] V. ① heap mud on sb. in the mire ② aggravate evil
tǔfū 土夫 N. scavenger
tùfǔ 兔脯 N. dried hare meat
tǔ-fùchǎnpǐn 土副产品[--產-] N. native and subsidiary products M: [2]jiàn/[1]zhǒng
tǔfúlíng 土茯/伏苓 N. <Ch. med.> China root
túfùxūmíng 徒负虚名[--虛-] F.E. enjoy an undeserved reputation
túgǎi* 涂改[塗-] V. alter
túgài 涂盖[塗蓋] V. apply protective coat
tǔgǎi 土改 N. land/agrarian reform
túgǎiwúxiào 涂改无效[塗-] F.E. invalid if altered
túgǎiyè 涂改液[塗-] N. correction fluid
tūgǎn 突感 V. feel suddenly
tǔgāng 土钢[-鋼] N. steel made by indigenous methods
tǔgǎng(r/zi)* 土岗(儿/子)[-崗-] N. naturally formed mound M: [2]dào/[4]zuò
tǔgāngrúróu 吐刚茹柔[-剛--] F.E. avoid the strong and bully the weak
tǔgāo 土膏 N. opium (prepared for the pipe)
tǔgāolú 土高炉[-爐] N. small-sized homemade blast furnace M: [4]zuò
tùgāozi 兔羔子 N. <derog.> bastard
túgē 徒歌 N. <wr.> singing without music accompaniment
tǔgēda 土疙瘩 N. <topo.> clod of earth
tǔgēn* 土根 N. <bot.> ipecac
tùgēn 吐根 N. ipecac
tǔgěng 土埂 N. ① low bank of earth between fields ② earth dyke/embankment M: [2]dào
túgōng* 徒工 N. apprentice M: ge/[1]míng
tǔgōng 土工 N. ① <trad.> pottery ② digger; excavator ③ digging/working the earth
tǔgōng shìyàn 土工试验 N. soil test
tǔgǒuzi 土狗子 N. <topo.> mole cricket
túguān* 图观[圖觀] N. <lg.> diagram
tǔguān 土官 N. <hist> border chieftains sanctioned by the Chinese government
tǔgǔcí 土谷祠[-穀-] N. temple for the earth and grain gods M: [4]zuò
tǔgùn 土棍 N. local bully/ruffian
tǔgùnàxīn 吐故纳新 F.E. ① revamp; renovate ② <Dao.> rejuvenate; breathing technique for long life
[1]túhào 图号[圖號] N. figure/illustration number
[2]túhào 途耗 N. ullage
tǔháo* 土豪 N. local tyrant M: ge/[1]míng
tùháo 兔毫 N. ① rabbit hair ② rabbit-hair writing brush
tùháobān 兔毫斑 N. <art> hare's-hair streak (in glaze design)
tǔháolièshēn 土豪劣绅 F.E. local tyrants and evil gentry
túhēi 涂黑[塗-] N. blacking out; blackening
tǔhér 吐核儿 V.O. spit out the pips
túhù 屠户 N. butcher
[1]túhuà* 图画[圖畫] N. drawing; picture; painting M: [1]zhāng/[10]fú ♦V. scheme; plot; plan ♦ATTR. pictorial
[2]túhuà 涂画[塗畫] V. scrawl; doodle
tǔhuā 土花 N. discoloration of long-buried antiques
[1]tǔhuà 土话 N. ① local/colloquial expressions/dialect ② patois ③ slang M: [1]jù
[2]tǔhuà(r) 吐话(儿) V.O. <coll.> ①speak ②give one's OK
[3]tǔhuà 土化 N. fertilize a field
túhuàbǎn 图画板[圖畫-] N. drawing board M: [2]kuài
tǔhuàféi 土化肥 N. chemical fertilizer produced by indigenous methods
túhuà fúhào 图画符号[圖畫-號] N. <lg.> pictogram
túhuà mùlù 图画目录[圖畫-錄] N. catalog of pictures M: [1]běn
tǔhuáng 土黄 N. loess-color; yellowish brown
tǔhuángdì 土皇帝 N. local despot M: ge/[1]míng/[2]wèi
tǔhuángsè 土黄色 N. earth-yellow; khaki-yellow
túhuànnàihé 徒唤奈何[-喚--] F.E. utter unavailing cries of despair
túhuà shíqī 图画时期[圖畫時-] N. <lg.> pictorial stage of writing
túhuà wénzì 图画文字[圖畫-] N. picture/pictographic writing
túhuàzhǐ 图画纸[圖畫-] N. drawing paper M: [1]zhāng
túhuàzì 图画字[圖畫-] N. pictogram
túhuà zǒngmùlù 图画总目录[圖畫總-錄] N. union catalog of pictures M: [3]bù/[1]běn
túhūfùfù 徒呼负负 F.E. <wr.> express disappointment at one's lack of achievement
túhuì* 涂绘[塗-] V. ① first cover canvas with gesso and then apply paint ② scrawl; doodle
tùhuī 兔灰 V.P. <coll.> gray
túhuǐwúyì 徒悔无益 F.E. There's no use crying over spilt milk.
túhūnàihé 徒呼奈何 F.E. Crying is to no avail.
tǔhùnhùnr 土混混儿 N. <topo.> local ruffian/riffraff
tǔhuò 土货 N. local/native product
tǔhuǒjiāolóng 吐火蛟龙 F.E. fire-spitting dragon
Tǔhuǒluóyǔ 吐火罗语[--羅-] N. Tokharian language
tǔhuòshuì 土货税 N. excise tax
[1]tuī 推 V. ① push ② cut (with clippers); pare ③ decline; refuse; reject ④ put off; postpone; delay ⑤turn a grindstone ⑥shirk; shift ⑦hold in esteem; praise highly ⑧ push forward; promote; advance ⑨ elect; select choose ♦B.F. infer; deduce; investigate ***tuīsuàn, tuīduàn***
[2]tuī 忒 ADV. <topo.> very; excessively ***See also*** [2]tè, tēi
tuí 颓[頹/隤] B.F. decline; become dilapidated ***tuírán, cuītuí, huītuí***
tuǐ* 腿 N. leg ♦B.F. ham ***huǒtuǐ, yúntuǐ***

[1]**tuì** 退 V. ① retreat; retire ② decline; ebb ③ return; give back; refund ④ cede ⑤ cause to move back; repulse the enemy ⑥ fade ♦B.F. ① resign/retire from ***tuìzhí, tuìxiū*** ② cancel; rescind; break off ***tuìqīn***
[2]**tuì** 褪 V. ① shed (clothes/feathers/etc.) ② fade ③ <*topo.*> hide sth. in one's sleeve ***See also*** *tùn*
[3]**tuì** 煺 V. scald (pig/chicken/etc.) to remove hair/feathers
[4]**tuì** 蜕[蛻] B.F. molt; slough off ***[2]tuìhuà, yítuì***
tuíbài 颓败 V.P. <*wr.*> declining; decadent
tuìbài* 退败 V.P. retreat in defeat
tuībǎn 推板 V.P. <*topo.*> no-good; poor
tuìbàn* 腿绊 N. gaiters; leggings
tuībào 推刨 N. carpenter's plane M: *[1]bǎ/ge*
tuìbāo 退包 V.O. withdraw from a contract; cancel a contract
tuìbǎo* 退保 V.O. ① return a bond; cease to be a guarantor ② return an insurance policy
tuìbǎozhí 退保值 N. <*lg.*> surrender value
tuǐbāzi 腿巴子 N. <*topo.*> the legs
tuīběnqióngyuán 推本穷源[--窮-] F.E. look for the causes
tuīběnsùyuán 推本溯源 F.E. trace the source
tuíbì 颓敝 V.P. ① depressed ② shabby
tuìbǐ 退笔[-筆] N. worn-out writing brush
tuìbì* 退避 V. avoid encountering; withdraw and keep off
[1]**tuìbiàn** 蜕变[-變] V. ① transform; transmute ② <*phy.*> decay
[2]**tuìbiàn** 褪变[-變] V.P. regression
tuìbì jīgòu 退币机构[-幣-構] N. refund mechanism
tuībìng 推病 V.O. <*coll.*> claim to be sick (as an excuse); feign sickness; excuse oneself on the pretext of illness
tuìbīng* 退兵 V.O. ① withdraw troops ② force the enemy to retreat
tuìbīngzhījì 退兵之计 N. plan for repulsing the enemy
tuìbìsānshè 退避三舍 F.E. give way to sb.; assiduously avoid sth.
tuìbì xiánlù 退避贤路[--賢-] V.O. yield one's post to a virtuous talent
tuíbō 颓波 N. ① cascade ② decline; worsening; deterioration
tuíbōmòwǎn 颓波莫挽 F.E. Collapsing billows cannot be drawn back.
tuībōzhùlán 推波助澜 F.E. add fuel to the flames
tuǐbózi 腿脖子 N. <*topo.*> the ankle
tuǐbù 腿部 N. leg
tuìbù* 退步 V.O. ① step backward ② lag/fall behind; retrogress ③ give way ♦N. leeway
tuībuchū 推不出 R.V. ① unable to decline ② unable to push out
tuībùdiào 推不掉 R.V. can't shove off (duty)
tuībudòng 推不动[-動] R.V. can't move sth. by pushing (because it is too heavy)
tuībukāi 推不开[-開] R.V. can't push sth. open (of doors/windows/etc.); unable to push away; unable to shirk
tuìbùxìng 退步性 N. retrogressive nature
tuībuzhīqíng 推不知情 V.P. pretend to be ignorant of the situation
tuīcāng 推舱[-艙] N. tugboat
tuīcǎo 推草 V.O. mow
tuīcǎojī 推草机 N. lawn mower M: *[1]tái*
tuīcè 推测 V. infer; conjecture; guess ♦N. explanation
tuīcè wènjù 推测问句 N. <*lg.*> speculative question
tuīchǎn 推阐 V. study and explain
tuìchǎng 退场[-場] V.O. exit; walk off
[1]**tuìcháo** 退潮 N. ebb tide ♦V.O. be passing; be declining (of a fad/etc.)
[2]**tuìcháo** 退朝 V.O. retire from the (emperor's) court
tuīchē 推车 V.O. push a cart
tuìchēdǎng 退车挡[-擋] N. reverse gear
tuīchē de 推车的 N. <*coll.*> one who pushes a cart/etc. (for a living)
tuīchénchūxīn 推陈出新 F.E. ① weed out chaff to get sth. new ② make renovations
tuīchéng 推诚 V.P. be honest/sincere (to a friend/etc.); place confidence in; act in sincerity
tuīchéngxiāngjiàn 推诚相见 F.E. deal with sb. in good faith
tuīchéngxiāngyǔ 推诚相与[-與] F.E. express one's sincere feelings to each other
tuīchí* 推迟[-遲] V. postpone; defer
tuīchì 推斥 N. <*phy.*> repulsion
tuìchǐ 蜕齿[-齒] N. milk teeth
tuīchóng 推崇 V. esteem; praise highly
tuīchóngbèizhì 推崇备至[--備-] F.E. have the greatest esteem for
tuīchū 推出 R.V. ① present to the public ② push out
tuìchū* 退出 R.V. withdraw from; quit; evacuate
tuīchuāngshǎngyuè 推窗赏月 F.E. open the window to enjoy the moon
tuìchū huìchǎng 退出会场[-場] V.O. walk out of a meeting
tuìchūqu 退出去 R.V. withdraw; bow out
tuìchū zhàndòu 退出战斗[-戰鬥] V.O. withdraw from action; break contact
tuìchū zǔzhī 退出组织[-織] V.O. withdraw/resign from an organization
tuīcí* 推辞[-辭] V. decline (an invitation/etc.)
tuìcí 退磁 V.O. demagnetize
tuīcíhuàr 推辞话儿[-辭--] N. excuse; indirect refusal
tuīdài* 推戴 V. <*wr.*> ① acclaim as leader ② support
tuǐdài(r/zi) 腿带(儿/子)[-帶-] N. bands for binding lower part of trouser legs M: *[1]tiáo*
tuīdǎng 推挡[-擋] V. half volley with push (in table tennis)
tuīdàng 推宕 V. put off; delay; postpone
tuìdǎng* 退党[-黨] V.O. withdraw from a political party
tuìdàng 退档[-檔] V.O. return a personal file to its original place
[1]**tuīdǎo** 推倒 R.V. ① push over; overturn ② repudiate; cancel
[2]**tuīdǎo** 推导[-導] V. infer; deduce; derive
tuīdǎo chónglái 推倒重来 V.P. scrap it and start all over again
tuīdǎo yóupíng bù fú 推倒油瓶不扶 ID. be lazy in the extreme
tuì dāo zhuāngzhì 退刀装置[--裝-] N. <*mach.*> tool retracting device
tuīdekāi 推得开[-開] R.V. be able to push open (door/etc.)
tuìdí 退敌[-敵] V.O. repulse (or repel) the enemy
tuìdiàn 退佃 V.O. cancel one's tenancy (of farmland)
tuīdiào* 推掉 R.V. decline with an excuse
tuìdiào 褪掉 N. regression
tuīdìng 推定 V. ① infer; deduce ② elect; choose
tuīdìng chūlai 推定出来 R.V. ① infer; deduce ② elect; choose
tuīdòng 推动[-動] R.V. push forward; promote
tuīdònglì 推动力[-動-] N. motive/driving force
tuīdòngzhě 推动者[-動-] N. promoter M: *ge/[1]míng/[2]wèi*
tuīduàn 推断[-斷] V. ① infer; deduce ② predict
tuīduànlì 推断力[-斷-] N. extrapolability
tuīduó 推度 V. infer; conjecture
tuíduòwěimí 颓堕委靡[-墮--] F.E. lazy, self-indulgent and dispirited
tuíduòzìgān 颓惰自甘 F.E. lazy and self-indulgent
tuǐdùzi 腿肚子 N. <*coll.*> calf (of the leg)
tuī'ēn 推恩 V.O. extend benevolence to others (esp. said of a ruler)
tuī'érguǎngzhī 推而广之[--廣-] F.E. likewise; in the same way
tuì'érqiúqícì 退而求其次 F.E. seek a scaled-down objective
tuīfān 推翻 V. ① overturn; topple ② repudiate; reverse
tuífàng 颓放 V.P. <*wr.*> ① abandoned and dissolute ② slovenly; unconventional; bohemian; cynical
tuīfān jiù'àn 推翻旧案[--舊-] V.O. reverse the old verdict
tuífèi* 颓废[-廢] V.P. ① dispirited ② decadent; ruined; weakened
tuìfèi 退废[-廢] N. <*acct.*> retirement (of fixed assets)
tuífèipài 颓废派[-廢-] N. decadent school
tuífèiqī 颓废期[-廢-] N. decadence
tuìfèi sǔnshī 退废损失[-廢--] N. <*acct.*> loss on retirement
tuìfèi zhèngcè 退废政策[-廢--] N. retirement policy
tuífèizhǔyì 颓废主义[-廢-義] N. decadence
tuīfèn 推分 V.P. content/happy with one's lot; law-abiding
tuǐfēnchā-gāo 腿分叉高 N. crotch height
tuífēng 颓风 N. ① degenerate practice ② corrupt morals ③ degeneracy
tuífēngbàisú 颓风败俗 F.E. decadent customs
tuīfēntóu 推分头 F.E. <*coll.*> comb hair with a part
tuīfú 推服 V. esteem and admire
tuīgǎn(r) 推杆(儿)[-桿-] N. <*mach.*> push rod
tuìgǎng 退岗[-崗] V.O. retire/retreat from one's present post
tuī gānjìngr 推干净儿[-乾淨-] V.O. shirk one's responsibilities; pass the buck
tuìgǎo 退稿 V.O. send back a manuscript
tuìgéfú 退格符 N. <*comp.*> backspace key
tuīgěi biéren 推给别人 V.P. wish (sth.) on (sb.)
tuǐgēla 腿圪垃 N. <*topo.*> the crotch
tuǐgēn 腿跟 N. heel
tuìgēng 退耕 V. convert farmland to other purposes
tuìgēnghuánlín 退耕还林[--還-] F.E. return grain plots to forestry
tuǐgēnr 腿根儿 N. hip; groin
tuīgū 推估 V. estimate
tuīgǔ 推毂[-轂] V. <*wr.*> ① help; back ② recommend; champion
tuīgù 推故 A.T. make pretexts for
[1]**tuǐgǔ** 腿骨 N. leg bone
[2]**tuǐgǔ** 腿股 N. hip; thigh
tuìgǔ* 退股 V.O. withdraw one's share (from a company)
tuīguǎng 推广[-廣] V. popularize; spread; extend ♦N. generalization
tuīguǎng jiàoyù 推广教育[-廣--] N. extension education
tuìguīlínxià 退归林下[-歸--] F.E. retire from public life
tuǐhào(gū) 腿号(箍)[-號-] N. leg band (on birds)
tuìhòu 退后[-後] V. give way; fall backward
[1]**tuìhuà** 退化 V./N. degenerate; deteriorate; atrophy
[2]**tuìhuà** 蜕化 V. ① slough off; exuviate ② naturally transform ③ degenerate
tuìhuàbiànzhì 蜕化变质[-變質] F.E. ① transmutation ② become morally degenerate
tuìhuà biànzhì fènzǐ 蜕化变质分子[--變質--] N. degenerate elements; degenerates M: *ge/[1]míng*
tuìhuà fènzǐ 蜕化分子 N. degenerate elements; degenerates M: *ge/[1]míng*
tuíhuài 颓坏[-壞] V. degenerate; decay
tuìhuán* 退还[-還] V. return (to owner); give back
tuìhuàn 退换[-換] V. exchange/replace a purchase
tuìhuán gōngwù 退还公物[-還--] V.O. return public property
tuìhuán jījīn 退还基金[-還--] N. retirement fund
tuīhuí 推回 R.V. reject; turn down

tuìhuí* 退回 R.V. ① return; send/give back ② go/turn back
[1]**tuìhuì** 退汇[-匯] V.O. change *renminbi* back into foreign currency
[2]**tuìhuì** 退贿 V.O. return a bribe (to the briber)
tuìhuí cáiliào 退回材料 V.O./N. <*acct.*> returned materials
tuìhuí yī bù 退回一步 V.P. go back a step
tuìhuí zhīpiào 退回支票 V.O. return a check
tuìhūn 退婚 V.O. break off an engagement
tuìhūnshū 退婚书[-書] N. written breach of engagement M: [1]*fèn*
[1]**tuìhuǒ** 退伙 V.O. ① <*trad.*> withdraw from a secret society ② withdraw from a mess (group/communal eating)
[2]**tuìhuǒ** 退火 V.O. anneal
tuìhuò* 退货 V.O. return merchandise
tuìhuò bàogàodān 退货报告单[--報--] N. <*acct.*> returned-goods report M: [1]*fèn*/[1]*zhāng*
tuìhuòjiǎnzhàng 退货减帐[--減-] N. <*acct.*> credit for returned goods
tuìhuò tuìqián 退货退钱[-錢] V.P. return merchandise for a refund
tuījí 推及 V. ① spread to ② analogize to
tuījǐ* 推挤[-擠] V. ① push and squeeze ② squeeze out
[1]**tuījiàn** 推荐[-薦] V. recommend
[2]**tuījiàn** 推见 V. imagine; reckon
tuījiàncí 推荐词[-薦-] N. preferred term
tuījiǎng 推奖[-獎] V. esteem and commend
tuījiànshū 推荐书[-薦書] N. letter of recommendation M: [2]*fēng*
tuījiànxìn 推荐信[-薦-] N. letter of recommendation M: [2]*fēng*
tuǐjiǎo(r)* 腿脚(儿)[-腳-] N. ① legs and feet ② ability to walk ③ steps; strides
tuìjiào 退教 V. cease to be a teacher
tuījiè 推介 V. introduce; recommend
tuījǐjírén 推己及人 F.E. put oneself in another's place
tuījìn* 推进[-進] V. push on; move forward; drive ahead ♦N. propulsion
tuǐjīn 腿筋 N. leg sinews
tuíjǐng 颓景 N. declining/decaying scene
tuījìnjī 推进机[-進-] N. ① mechanical screw driver ② propeller (of a ship, plane, etc.) M: [1]*tái*
tuījìnjì* 推进剂[-進劑] N. propellant
tuījìnlì 推进力[-進-] N. propulsive force; driving force
tuījìnqì 推进器[-進-] N. propeller M: [1]*tái*/[1]*jià*/*ge*
tuījīnsòngbào 推襟送抱 F.E. treat sb. with sincerity
tuījiū 推究 V. examine; study
tuījiū shìlǐ 推究事理 V.O. study the whys and wherefores
tuījǔ* 推举[-舉] V. ① elect; choose ② <*sport*> press
tuījù 推拒 V. ① decline ② refuse
tuíjú 颓局 N. catastrophic situation
tuìjū 退居 V. ① retire ② go down to (a lower level/rank)
tuìjū cì wèi 退居次位 V.P. take a back seat
tuìjū èrxiàn 退居二线 V.P. <*pol.*> withdraw to a secondary position
tuìjū mùhòu 退居幕后[-後] V.P. retire backstage
tuìjū yī yú 退居一隅 V.P. withdraw into a corner
tuīkāi* 推开[-開] R.V. ① push (a door/etc.) open; push away ② get away from (social activities, etc.) ③ reject; decline; get rid of
tuìkāi 退开[-開] R.V. back away
tuìké 蜕壳[-殼] V.O. exuviate; molt *See also* *tuìqiào*
tuǐkuài 腿快 V.P. quick-footed; swift-footed
tuìkuǎn 退款 V.O. reimburse; refund
tuìkuǎn dàoqiàn 退款道歉 V.P. return money and apologize
tuīlā 推拉 ATTR. push-and-pull
tuīláituīqù 推来推去 V.P. ① pass the buck ② push sth. back and forth (refuse to accept a present/assignment/etc.) ③ mutually defer

tuǐlǎn 腿懒 S.V. disinclined to move about; lazy about paying visits
tuìlǎo 退老 V.P. <*coll.*> retire at an old age
tuīlèi 推类[-類] V. reason by analogy; analogize
tuīlèi zhì jìn 推类至尽[-類-盡] V.P. push to the logical extreme
tuīlǐ* 推理 N. inference; reasoning
tuīlì 推力 N. ① thrust ② motive/driving force
tuǐlì 腿力 N. strength of the legs
tuìlí 退离[-離] V. retreat/retire from (one's current position)
tuìliào 退料 V.O. return of material
tuìliào bàogàodān 退料报告单[--報--] N. <*acct.*> returned material report M: [1]*fèn*/[1]*zhāng*
tuīlìmiàn 推力面 N. thrust surface
tuílíng 颓龄[-齡] N. declining years
tuílínglóngzhōng 颓龄龙钟[-齡--] F.E. be advanced in age
tuīlǐ xiǎoshuō 推理小说 N. deductive/detective story M: [1]*piān*/[1]*běn*
tuīlǐxìng lǐjiě 推理性理解 N. <*lg.*> inferential comprehension
tuì-líxiū 退离休[-離-] A.T. retired ♦N. retirement
tuīlǐ yuèdú lǐjiě 推理阅读理解[---讀--] N. <*lg.*> inferential comprehension
tuīlóngzhuāngyǎ 推聋装哑[-裝啞] F.E. pretend ignorance
tuīlóngzuòyǎ 推聋做哑[-啞] F.E. pretend to be deaf and mute; ignore requests for attention
tuìlù 退路 N. ① retreat route ② leeway ③ something to fall back on
tuīlùn 推论 V. infer ♦N. inference; deduction; corollary
tuīlùn de 推论的 ATTR. discursive
tuīlùn de yǔyán 推论的语言 N. <*lg.*> discursive language
tuīlùn qǐlai 推论起来 R.V. start to reason/infer
tuīlùnshì 推论式 N. syllogism
tuīlùn yǔyìxué 推论语义学[---義-] N. <*lg.*> inferential semantics
tuìluò 退落 V. ① fall after a rise (of water levels) ② decline; be on the wane; go downhill
tuǐmáo 腿毛 N. hair on legs
[1]**tuìmáo*** 煺毛 V.O. pluck a chicken/etc.
[2]**tuìmáo** 退毛 V.O. depilate
tuīmén'érrù 推门而入 V.P. open the door and come in
tuímǐ 颓靡 V.P. downcast; dejected ♦N. deterioration
tuìmǐn (zuòyòng) 退敏(作用) N. desensitization
tuīmò 推磨 V.O. turn a millstone manually
tuīná 推拿 V./N. massage; manual therapy
tuīniàn 推念 V. think of or miss sb. distant/past
tuīpài dàibiǎo 推派代表 V.O. elect representatives
tuī páijiǔ 推牌九 V.O. play the gambling game of *pāijiǔ* (a kind of domino)
tuīpán bǐsài 推盘比赛[-盤--] N. shuffleboard
tuìpéi 退赔 V. return sth. misappropriated or pay compensation for it; restitute
tuípǐ 颓圮 V. <*wr.*> ① collapse; topple down ② become ruined; dilapidated
tuìpí* 蜕皮 V.O. shed skin; exuviate
tuìpiào 退票 V.O. ① return a ticket ② get a refund for a ticket ♦N. bounced (of checks)
tuìpìn 退聘 V. withdraw an invitation
tuī píngtóu 推平头 V.O. ① have one's hair closely cropped ② handle a matter in a rigid and uniform way
tuìpō(r) 退坡(儿) V.O. fall off; backslide
tuìpō sīxiǎng 退坡思想 N. falling off of revolutionary zeal
tuī-pǔ 推普 V.O. promote *pǔtōnghuà*
tuīqiān 推迁[-遷] V. ① develop; evolve; change ② find excuse to procrastinate ③ elapse (of time); pass ④ play for time; stall (for time)
tuìqián* 退钱[-錢] V.O. refund; reimburse
tuī qiānqiú 推铅球 V.O. <*sport.*> throw/put the shot

tuīqiāo* 推敲 V. ① weigh; deliberate; try to find out ② weigh the pros and cons ③ polish one's style
tuìqiào 蜕壳[-殼] V.O. molt *See also* *tuìké*
tuīqiāo cíjù 推敲词句 V.O. weigh one's words
tuīqiāo zìjù 推敲字句 V.O. weigh one's words
tuǐqín 腿勤 V.P. tireless in running around
tuìqīn* 退亲[-親] V.O. break off a marital engagement
tuīqíngduólǐ 推情度理 F.E. consider the circumstances and measure the reasons
tuīqiú 推求 V. inquire into; ascertain
[1]**tuìqù** 退去 R.V. retreat
[2]**tuìqù** 褪去 R.V. take off; cast off *See also* *tùnqù*
tuīquè 推却[-卻] V. refuse; decline (an invitation)
tuìquè* 退却[-卻] V. ① retreat; withdraw ② shrink back; flinch ③ decline
tuìquèzhǔyì 退却主义[-卻-義] N. the policy of retreat
tuǐr 腿儿 N. <*coll.*> legs
tuírán* 颓然 V.P. <*wr.*> ①dejected; disappointed ② submissive; pliant
tuìrán 退然 V.P. humble and tender; amiable
tuīràng 推让[-讓] V. modestly decline (a position/etc.)
tuìràng* 退让[-讓] V. concede; yield; give in
tuìràng xiánlù 退让贤路[-讓賢-] V.O. yield one's post to sb. better qualified
tuīràngzhīfēng 推让之风[-讓--] N. the practice of yielding and showing deference
tuíránsàngqì 颓然丧气[-喪氣] F.E. depressed; dispirited
tuìrè 退热[-熱] V.O. ① bring down a fever ② come down (of temperature)
tuīrèn 推刃 V. take revenge; avenge ♦N. revenge; reprisal
tuìrèn* 退任 V.O. leave one's post; withdraw from one's post
tuīrénfànguī 推人犯规 F.E. <*sport.*> pushing (in basketball, etc.)
tuǐrzhe 腿儿着[-著] ADV. <*coll.*> on foot; walking
tuīsǎn 推散 V. shuffle (poker cards/etc.)
tuīsǎng 推搡 V. push; shove
tuísàng* 颓丧[-喪] S.V. ① dispirited; listless ② decadent
tuísàngbùzhèn 颓丧不振[-喪--] F.E. dejected after defeat
tuīsānlāsì 推三拉四 F.E. shirk one's work
tuīsānzǔsì 推三阻四 F.E. decline with all sorts of excuses
tuìsè 褪/退色 V.O. fade (of colors) *See also* *tuìshǎi*
tuīshā 忒杀/煞[-殺] A.T. excessive; too much
tuìshǎi 褪/退色 V.O. fade (of colors) *See also* *tuìsè*
tuīshàng 推上 R.V. ① push up/onto ② promote
tuǐshàng dàihuā 腿上带花[--帶-] V.P. <*coll.*> have a leg wound
tuìshāo 退烧[-燒] *See* *tuìrè*
tuìshāoyào 退烧药[-燒藥] N. fever-reducing medicine; antipyretics
tuīshāqíngduō 忒煞情多 F.E. <*wr.*> too sentimental
tuìshè 退社 V.O. quit a commune
tuīshèn 忒甚 ADV. much; too much
tuìshēnbùr 退身步儿 N. loophole; escape hatch
tuīshì 推事 N. <*trad.*> judge
tuíshì* 颓势[-勢] N. declining tendency
tuìshì 退士 N. ① recluse ② retired official
tuìshìbìshì 退士避世 F.E. A recluse goes into retirement.
tuīshíjiěyī 推食解衣 F.E. do anything one possibly can to help (as a friend in need)
tuīshǒu 推手 V.O. wash one's hands of an affair
tuìshǒu* 退守 V. retreat and stand on the defensive
tuìshuǐ 退水 N. water-break

tuìshuì* 退税 V.O. <econ.> give a tax rebate/drawback
tuìshuǐqú 退水渠 N. waste canal
tuīshuō 推说 V. ① use as an excuse ② deduce ③ discuss in detail
tuìsībǔguò 退思补过[--補-] F.E. think back and amend errors
tuīsuàn 推算 V. calculate; reckon
tuīsuàn chūlai 推算出来 R.V. find out through calculation
tuǐsuānjiǎoruǎn 腿酸脚软[--腳-] F.E. One's legs are tired from walking (for a long time).
tuīsù chū 推溯出 R.V. infer
tuīsuǒ 推索 V.O. inquire into; ascertain
tuìsuō* 退缩 V. shrink back; cower
tuítā 颓塌 V. collapse
tuītáng 推搪 V. excuse oneself from; decline with excuse
tuítáng 颓唐 V.P. ① dejected; dispirited ② decrepit; failing
tuìtáng* 退堂 V.O. ① leave the hall ② leave the court of law
tuítángbù'ān 颓唐不安 F.E. disconsolate and ill at ease
tuìtánggǔ 退堂鼓 N. ① drumming marking court recess ② withdrawal; abandonment (from a project/etc.)
tuǐtào(r) 腿套(儿) N. legging
tuītāoxīnglàng 推涛兴浪[-濤興-] F.E. egg sb. on (to do sth.)
tuītāozuòlàng 推涛作浪[-濤--] F.E. intensify trouble
tuítì 颓替 V. disintegrate; deteriorate
tuìtíng 退庭 V.O. <law> leave the court; retire from the courtroom
tuītóu 推头 V.O. <coll.> have a haircut ***Wǒ jīntiān ~ le.*** I had my hair cut today. ***Wǒ gěi tā tuīle ge tóu.*** I gave him a haircut.
tuìtuán 退团[-團] V.O. withdraw from the Youth League
tuītuisǎngsǎng 推推搡搡 R.F. <coll.> ①No, you take it. (polite yielding of sth. to sb.) ② shove; jostle
tuītǔjī 推土机 N. bulldozer M: [1]tái/[4]zuò
[1]**tuītuō*** 推托 V.O. give an excuse (for not doing sth.); make excuses
[2]**tuītuō** 推脱 V. evade; shirk
tuìtuō 退托 V. leave nursery school; drop out from nursery school
tuīwǎn 推挽 V. ① <elec.> push-pull ② recommend
tuǐwànzi 腿腕子 N. ankle
tuīwěi 推委/诿 V. shift responsibility
tuíwěi 颓萎 V.P. dispirited; listless
tuìwèi* 退位 V.O. give up the throne; abdicate
tuīwěitángsè 推诿搪塞 F.E. shift responsibility onto others and answer evasively
tuīwěi zérèn 推诿责任 V.O. pass the buck
tuīwèn 推问 V. interrogate
tuìwǔ 退伍 V.O. be demobilized
tuìwǔbīng 退伍兵 N. veteran M: ge/[1]míng/[2]wèi
tuìwǔ jūnrén 退伍军人 N. veteran M: ge/[1]míng/[2]wèi
tuìwúkětuì 退无可退 F.E. be left with no room for retreat
tuìxí 退席 V.O. ① leave a banquet/meeting ② walk out
tuìxià 退下 R.V. move/go back; retreat
tuī xiàlai 推下来 R.V. push down
tuìxián 退闲 V.P. <wr.> go into retirement
tuīxiáng 推详 V.P. consider carefully
tuīxiǎng* 推想 V. ① imagine; guess; reckon ② infer
tuīxiàng 推向 V. push toward
tuīxiǎng chū 推想出 R.V. find out through reasoning/guessing
tuīxiàng gāocháo 推向高潮 V.O. push. . . to a new high
tuīxiánràngnéng 推贤让能[-賢讓-] F.E. promote the worthy and able
tuīxiányǔnéng 推贤与能[-賢與-] F.E. select the capable and put them in power
tuīxiāo* 推销 V. promote the sale of; peddle
tuī xiǎo 忒小 V.P. <topo.> too small
tuīxiāo chéngběn 推销成本 N. <acct.> selling cost
tuīxiāo fúwù 推销服务[-務] N. sales service
tuīxiāo hánjiàn 推销函件 N. sales letter
tuīxiāoshù 推销术[-術] N. sales technique
tuīxiāoyuán 推销员 N. salesman M: ge/[1]míng/[2]wèi
tuīxiāo yùndòng 推销运动[-運動] N. sales promotion campaign
tuīxiāo zìjǐ 推销自己 V.O. promote/peddle oneself
[1]**tuīxiè** 推卸 V. shirk (responsibility); refuse; decline
[2]**tuīxiè** 推谢 V. find an excuse to refuse
tuīxiè zérèn 推卸责任 V.O. shirk one's responsibility
tuīxíng* 推行 V. ①carry out; practice ②promote
tuīxǐng 推醒 R.V. shake sb. to wake them up
tuìxǐng 退省 V. <wr.> pause for self-examination
tuìxǐngwúshēn 退省吾身 F.E. <wr.> engage in retrospection
tuīxīnzhìfù 推心置腹 F.E. repose full trust in sb.
tuíxiǔ 颓朽 V.P. decayed
tuìxiū* 退休 V.O. ① retire ***Wǒ dàole ~ niánlíng.*** I've reached retirement age. ***tuì'érbùxiū*** retire but not rest ②go out of use (because of physical wear and tear)
tuìxiūfèi 退休费 N. pension M: [2]bǐ
tuìxiū gōngrén 退休工人 N. retired worker M: ge/[1]míng/[2]wèi
tuìxiū jījīn 退休基金 N. pension fund
tuìxiūjīn 退休金 N. pension M: [2]bǐ
tuìxiū niánlíng 退休年龄[-齡] N. retirement age
tuìxiū zhìdù 退休制度 N. retirement system
tuīxǔ 推许 V. commend
tuīxuǎn 推选[-選] V. elect; choose
tuìxué 退学 V.O. discontinue schooling
tuīxún 推寻[-尋] V. ①examine ②seek; ascertain
tuīyā* 推压[-壓] V. delay and procrastinate (of bureaucrats in handling official business)
tuìyā 退押 V.O. ① return a deposit ② return deposits to tenants in land reform
tuīyán* 推延 V. put off; postpone
tuīyǎn 推演 V. deduce; derive ♦N. derivation
tuíyán 颓颜 N. depressed/dispirited look
tuīyǎn chūlai 推演出来 R.V. deduce
tuíyáng 颓阳[-陽] N. <wr.> the setting sun
tuìyǎng* 退养[-養] V. retire for convalescence; leave one's post for a rest
tuīyǎn gōngshì 推演公式 N. derivation
tuīyǎn lìshǐ 推演历史[--歷-] N. history of a derivation
tuīyǎn tàidù 推演态度[--態-] N. deductive attitude
tuīyí 推移 V. ① elapse (of time) ② develop; evolve (of situations/etc.) ③ changes ④ follow others ⑤ transpose
tuìyì* 退役 V.O. ① leave military service ② be withdrawn from use (of planes/etc.)
tuì yī bù, hǎikuòtiānkōng 退一步,海阔天空 ID. Compromise will make a conflict much easier to solve.
tuì yī bù, jìn liǎng bù 退一步,进两步[---,進--] V.P. Retreat one step in order to advance two steps.
tuì yī bù shuō 退一步说 V.P. even if that is so; even so
tuì yī bù xiǎng 退一步想 V.P. view a matter in a less favorable light
tuīyījiěshí 推衣解食 F.E. share happiness and woe with one's friends
tuìyì jūnrén 退役军人 N. <mil.> veteran
tuìyǐn 退隐[-隱] V.O. retire from public life
tuīyīzhīwàn 推一知万[--萬] F.E. From a single instance one may infer the whole.
tuīyuán 推原 V. trace the cause (of an incident, etc.)
tuíyuánduànbì 颓垣断壁[--斷-] F.E. crumbling walls and dilapidated houses
tuīyuánqígù 推原其故 F.E. trace sth. back to its cause
tuìyuē 退约 V.O. break a contract/agreement
tuíyùn 颓运[-運] N. <wr.> adversity; misfortune; declining fortune
tuìzāng 退赃[-贓] V.O. disgorge ill-gotten gains
tuīzàojūshī 推燥居湿[-濕] F.E. give the best to the young
tuīzhǎn 推展 V. ①spread/push forward ②carry out ③ extend; expand
tuǐzhào 腿罩 N. leggings; gaiters
tuīzhī 推知 V. infer
tuìzhí* 退职[-職] V.O. withdraw from office; quit a job
tuìzhì 退志 N. intention to resign/retire
tuìzhífèi 退职费[-職-] N. severance pay M: [2]bǐ
tuìzhíjīn 退职金[-職-] N. pension M: [2]bǐ
tuīzhīlì 推知力 N. extrapolability
tuīzhòng 推重 V. hold in esteem
tuìzhǒng* 退肿[-腫] N. detumescence
tuì-zhuǎn jūnrén 退转军人[-轉--] N. soldiers demobilized and transferred to civil service
tuīzi* 推子 N. hair clippers; clippers
tuǐzi 腿子 N. ①hired thug; henchman ②<topo.> leg
tuìzǒu 退走 V. retreat; withdraw
tuìzū 退租 V.O. terminate a lease contract
tuīzūn 推尊 V. ① extol ② hold in esteem
tūjī* 突击[-擊] V. ① assault ② do a crash job
[1]**tújí** 图集[圖-] N. atlas M: [2]bù
[2]**tújí** 图籍[圖-] N. <wr.> maps and census records of the border regions
[1]**tújì** 图记[圖-] N. seal; stamp
[2]**tújì** 途迹[-跡] N. tracks; traces
[3]**tújì** 涂剂[塗劑] N. medicine for external application
[4]**tújì** 徒骥 N. infantry and cavalry
[1]**tǔjī** 土鸡[-雞] N. chicken raised free (i.e., not in a chicken coop) M: [2]zhī
[2]**tǔjī** 土基 N. earthen foundation (of a house/etc.)
[3]**tǔjī** 土箕 N. basket for carrying earth
[4]**tǔjī** 土墼 N. <topo.> sun-dried mud brick; adobe
tǔjí 土籍 N. land where a family has lived for generations
tùjì 吐剂[-劑] N. emetic
tújiàn 图鉴[圖鑒] N. illustrated handbook
tǔjiàn* 土建 AB. *tǔmù gōngchéng jiànzhù*
tūjiàng 突将[-將] N. bold general of unusual fighting skill or stamina
tújiāng* 涂浆[塗漿] N. <archi.> paste-wash mortar
tūjiàngfǎ 突降法 N. bathos; anticlimax
tǔjiàn gōngchéng 土建工程 N. building projects M: [3]xiàng
tūjiǎo 凸角 N. convex angle
tújiāo* 涂胶[塗膠] V.O. apply a rubbery substance; rubberize
tǔjiàocái 土教材 N. teaching materials compiled in accordance with local needs M: [1]běn/[2]bù/tào
tǔjiàojù 土教具 N. teaching aids (blackboard/ruler/bell/etc.) made by teachers themselves M: [2]jiàn
tǔjiàoshòu 土教授 N. selftaught professor M: ge/[1]míng/[2]wèi
tǔjiàoyuán 土教员 N. selftaught teacher M: ge/[1]míng/[2]wèi
Tǔjiāzú 土家族 N. Tujia (Tuchia) ethnic minority (in Hunan and Hubei)
tūjīdiǎn 突击点[-擊點] N. point of assault
tūjī diǎnshù 突击点数[-擊點數] N. a surprise count
tūjīduì 突击队[-擊隊] N. shock brigade; commando units M: [4]zhī

tújiě* 图解[圖-] V. ① explain through diagrams ② analyse things in a rigid and over-simplified way ♦N. ① diagram; graph; figure ② <*math.*> graphic solution
tǔjiè 土芥 N. <*wr.*> trifle
tújiě cídiǎn 图解词典[圖-] N. illustrated dictionary M: [1]*běn*
tújiěfǎ 图解法[圖-] N. graphic method
tǔjiēmáocí 土阶茅茨[-階--] F.E. earthen steps and thatched roof
tūjī gōngzuò 突击工作[-擊--] V.P. rush work/job
tūjī héduì 突击核对[-擊-對] V.P. make a surprise check
tūjī huāqián 突击花钱[-擊-錢] V.P. rush the expenditure of surplus funds before the end of a fiscal period
tūjī jiǎnchá 突击检查[-擊--] N. ① unexpected/sudden inspection ② quick and intensive inspection
tūjī jìhuà 突击计划[-擊-劃] N. crash program
tūjìn* 突进[-進] V. march/press forward
tújīn 涂金[塗-] V.O. ① gild ② apply golden colored metal (as substitute for gold)
tūjìng 凸镜 N. convex lens/mirror M: [1]*piàn*/[2]*kuài*
tújīng 途经[-經] V. by way of; via
tújǐng 图景[圖-] N. view; prospect
tújìng* 途径[-徑] N. way; channel
tǔjīnshǔ 土金属[-屬] N. <*chem.*> terreous metals
tūjī rènwu 突击任务[-擊-務] N. rush job
tūjī rùdǎng 突击入党[-擊-黨] V.P. <*PRC*> crash admission into the Party
tūjī shàng xiàngmù 突击上项目[-擊---] V.P. rush into new projects
tūjī shěnjì 突击审计[-擊審-] N. a surprise audit
tūjīshǒu 突击手[-擊-] N. shock worker M: *ge*/[1]*míng*/[2]*wèi*
tūjī tígàn 突击提干[-擊-幹] V.P. rush promotion of cadres
tūjiù* 秃鹫[禿-] N. cinereous vulture; condor M: [2]*zhī*
tújiǔ 酴酒 N. wine brewed for the second time
tǔjiǔ 土酒 N. local wine M: [1]*bēi*/*píng*
tǔjīwǎgǒu 土鸡瓦狗[-雞--] ID. completely useless persons
tǔjīwǎquǎn 土鸡瓦犬[-雞--] ID. exist in form only
tǔjīxièhuà 土机械化 N. local mechanization
tūjī zhànshù 突击战术[-擊戰術] N. shock tactics
tújù 徒具 V. only have
tújuàn 图卷[圖-] N. picture scroll
Tūjué 突厥 N. <*hist.*> Turks
Tūjuécíyǔ 突厥词语 N. Turkism
Tūjuéyǔ 突厥语 N. Turkic language
tújù xíngshì 徒具形式 V.P. be a mere formality
tújù xūmíng 徒具虚名[--虛-] V.P. ① exist only in name ② have an undeserved reputation
tǔkǎn(r) 土坎(儿) N. earthen steps M: [2]*dào*/*ge*
tǔkàng 土炕 N. heatable adobe sleeping platform M: [4]*zuò*/[1]*zhāng*
tǔkēla 土坷垃 N. topo. clods of earth
tǔkēlou 土坷篓[-簍] N. <*coll.*> earth hovels
tǔkēngr 土坑儿 N. pit in the ground/earth
tǔkǒu 吐口 V.O. <*coll.*> ① tell the truth ② make a demand
tǔ kǒuhuàr 吐口话儿 V.O. <*coll.*> hint; suggest
tǔkù 土库 N. underground storage M: [4]*zuò*
tǔkuài(r) 土块(儿)[-塊-] N. clod M: [2]*kuài*
túkuàng 图框[圖-] N. picture frame
tǔkuāng* 土筐 N. basket for moving earth (with a carrying pole) M: [2]*zhī*/*ge*
tùkuí 兔/菟葵 N. ① <*zoo.*> sea anemone ② <*bot.*> a kind of mallow; *Eranthis pinnatifida*
Tǔkùmànsītǎn 土库曼斯坦 P.W. Turkmenistan
túkuò 图廓[圖-] N. map border; map margin
tù kǔshuǐ 吐苦水 V.O. <*coll.*> vent grievances
tǔlābā 土喇叭 N. home-made megaphone
túlài 图赖[圖-] V. ① try to disavow/deny ② falsely incriminate ③ deceive; dupe
tǔláng 土狼 N. hyena M: [2]*zhī*
tǔlángkē 土狼科 N. <*topo.*> clod of dirt
túláo* 徒劳[-勞] N. futile/fruitless labor/effort
tǔláo 土牢 P.W. dungeon M: [4]*zuò*
tǔlǎo(r) 土老(儿) N. <*derog.*> ① clodhopper ② rustic old man ③ damned fool
tǔlǎocái 土老财 N. <*derog.*> provincial/bumpkin moneybags M: *ge*/[1]*míng*
tǔlǎomào(r) 土老帽(儿) N. <*derog.*> yokel; hick
túláo wǎngfǎn 徒劳往返[-勞--] V.P. make a futile journey
túláowúgōng 徒劳无功[-勞--] F.E. work to no avail
túláowúyì 徒劳无益[-勞--] F.E. make a futile effort
túláozhījǔ 徒劳之举[-勞-舉] N. a futile effort
túlà shūbǎn 涂蜡书板[塗蠟書-] N. wax tablet M: [2]*kuài*
tǔlěi 吐蕾 V.O. sprout out buds
tǔléng 土棱 N. lumps/clods of earth (left on muddy roads by vehicle wheels)
[1]**túlì*** 图例[圖-] N. legend (of a map/etc.); key
[2]**túlì** 图利[圖-] V.O. aim/seek to make a profit; desire to make money
[3]**túlì** 徒隶[-隸] N. prisoner undergoing labor service as a form of punishment
tǔlǐ 土礼[-禮] N. local product presented as a gift
túliào 荼蓼 N. ① a kind of bitter weed ② hardship; privation
túliào* 涂料[塗-] N. coating material; paint
tǔliè 土劣 N. local tyrant
túlìng 徒令 V.P. merely end up with
tǔlíngyú 土鲮鱼 N. dace M: [1]*tiáo*
tǔlínyú 土鳞鱼 N. mud carp M: [1]*tiáo*
tǔ lǐ pá shí chī 土里耙食吃[-裡---] V.P. <*coll.*> wrest a living from the soil
tǔlìqīng 土沥青[-瀝-] N. natural asphalt/bitumen
túlìtārén 图利他人[圖-] F.E. use other people to gain one's ends
tǔlitǔqì 土里土气[-裡-氣] R.F. <*derog.*> rustic; uncouth
túliú 徒留 V. only keep
túlóng 屠龙 N. an art of high order but little value
tǔlóngchúgǒu 土龙刍狗[--芻-] ID. an undeserved reputation
túlóngzhījì 屠龙之技 N. an art of a high order but of little value
[1]**tūlu** 秃鲁/噜[禿-] V. <*coll.*> unravel
[2]**tūlu** 秃露/噜[禿-] A.T. <*topo.*> ① insufficient ② unable to answer
[1]**túlù** 图录[圖錄] N. ① antique catalog ② <*wr.*> ancient augural books
[2]**túlù** 屠戮 V. <*wr.*> slaughter; massacre
[3]**túlù** 途路 N. road; line; course; way
[1]**tǔlù*** 吐露 V. reveal; tell
[2]**tǔlù** 土路 N. dirt road M: [1]*tiáo*
tūlǘ 秃驴[禿驢] N. <*derog.*> Buddhist monk; bald ass M: [1]*tóu*/[2]*zhī*
túluànrényì 徒乱人意[-亂--] F.E. can only confuse people's mind (of a statement/argument/etc.)
Tǔlǔfān 土鲁番 P.W. Turpan
tūlún 凸轮 N. <*mach.*> cam
tūlúnzhóu 凸轮轴 N. <*mach.*> cam shaft
tūluò 秃落[禿-] V. become bald
tǔlù xīnshì 吐露心事 V.O. pour out one's heart
tǔlù zhēnqíng 吐露真情 V.O. come out with the truth; unbosom oneself; tell the truth
tǔlù zhōngqū 吐露衷曲 V.O. unbosom oneself
tǔmài 土脉[-脈] N. ① geological features of an area ② land ③ soil in spring
tǔmáibànjié de rén 土埋半截的人 N. <*coll.*> sb. with one foot in the grave
tǔ-mǎlíngshǔ 土马铃薯 N. native potato
tǔmáng 吐芒 N. begin to grow ears (of wheat/etc.)
tǔmántou 土馒头 N. grave; tumulus
tùmáoshān 兔毛衫 N. angora sweater M: [2]*jiàn*
tūmǎtou 突码头 N. jetty
tǔméisù 土霉素 N. <*med.*> Terramycin; oxytetracycline
túmén 屠门 N. meat market
túméndàjué 屠门大嚼 ID. feed on illusions
tūmén'érchū 突门而出 V.P. fly out the door
[1]**túmí** 荼蘼 N. <*bot.*> ① roseleaf raspberry ② brambles
[2]**túmí** 酴醾 N. ① <*bot.*> a kind of shrub ② liquor brewed for the second time
tūmiàn 凸面 N. convex surface
tūmiànjìng 凸面镜 N. convex mirror M: [1]*piàn*/[2]*kuài*
túmiè 屠灭[-滅] V. kill all; eliminate
túmíjiǔ 酴醾酒 N. liquor brewed for the second time
túmíng* 图名[圖-] V.O. pursue fame; seek prestige
tǔmíng 土名 N. ① local name ② popular name
túmíngmóulì 图名谋利[圖-] F.E. seek fame and wealth
túmíngtúlì 图名图利[圖-圖-] F.E. seek fame and wealth
túmǒ* 涂抹[塗-] V. ① daub; smear; paint ② scribble; scrawl ③ erase; obliterate
tùmo 吐沫 N. saliva; spittle; spit
tǔmòr 土末儿 N. powder of tea leaves
túmóu 图谋[圖-] N./V. plot; scheme; conspire
túmóu bàofu 图谋报复[圖-報復] V.P. nurse thoughts of revenge
túmóu bùguǐ 图谋不轨[圖-] F.E. hatch a sinister plot
túmóu bùsuì 图谋不遂[圖-] V.P. fail in a plot
túmóu shēngjì 图谋生计[圖-] V.P. contrive to make a living
tùmoxīng(r/zi) 吐沫星(儿/子) N. small drops of spit/spittle (when talking/etc.)
tǔmú 土模 N. clay model
tǔmù* 土木 N. ① building; construction ② civil engineering
tǔmù gōngchéng 土木工程 N. civil engineering M: [3]*xiàng*
tǔmù gōngchéng jiànzhù 土木工程建筑[-築] N. civil-engineering construction
tǔmù gōngchéngshī 土木工程师[-師] N. civil engineer M: *ge*/[1]*míng*/[2]*wèi*
tǔmùxì 土木系 N. department of civil engineering
tun 饨[飩] in *húntun*
[1]**tūn*** 吞 V. swallow; gulp down ♦B.F. annex; absorb *tūnmò*
[2]**tūn** 暾 B.F. the sun at sunrise *tūntūn, wēntūn*
[1]**tún** 屯 V. ① accumulate; collect; store up ② station/quarter (troops) ♦B.F. village (often used in place names)
[2]**tún** 囤 V. store up; hoard *See also* [5]*dùn*
[3]**tún** 臀 B.F. buttocks; rump *túnbù, kūtún*
[4]**tún** 豚 B.F. ① pig; suckling pig ② pig-like animal *hǎitún, túnshǔ, tūtún*
[5]**tún** 鲀[魨] B.F. blowfish *guītún*
tǔn 氽 V. ① <*topo.*> float; drift ② deep-fry
tùn 褪 V. slip out of sth. *See also* [2]*tuì*
tǔnà 吐纳 *See tǔgùnàxīn*
tūnǎodài 秃脑袋[禿腦-] N. bald head
túnbàn 臀瓣 N. anal lobe
túnbǎo 屯堡 N. military fortress
tūnbìng* 吞并[-併] V. gobble/swallow up; annex (territory)
túnbīng 屯兵 V.O. station/encamp troops
túnbīngbùjìn 屯兵不进[-進] F.E. encamp troops and stop advancing
túnbīng yàodì 屯兵要地 N. troop-concentration area
túnbīngzhāzhài 屯兵扎寨 F.E. encamp and make a stockade
tūnbō 吞剥 V. embezzle and exploit
túnbù 臀部 N. buttocks

T

túncǎo 豚草 N. ragweed

túnchǎnshì fēnmiǎn 臀产式分娩[-産---] N. breech delivery/presentation

tūnchī 吞吃 V. ① devour; bolt ② embezzle

tūndào 吞到 V. succeed in obtaining

túndú 豚犊[-犢] N. bad sons

tún'ér 豚儿 PR. <humb.> my son

tūn'ěrshànggōu 吞饵上钩[-鉤] V.P. swallow the bait

tūnfú 吞服 V. take (medicine); swallow

tūngōngféijǐ 吞公肥己 F.E. batten on the public

tūn gōngkuǎn 吞公款 V.O. embezzle public funds

tūnhèn 吞恨 V.O. swallow one's anger/rage/hatred

tùnhòuqūqián 褪后趋前[-後趨-] F.E. rush about to show eagerness to serve

túnhuò 囤货 V.O. store goods

tǔniàn 土埝 N. a low bank between fields or in shallow water

tùnián* 兔年 N. year of the rabbit

túníjiāng 涂泥浆[塗-漿] N. <pottery> slip decoration

Tūnísī 突尼斯 P.W. Tunis; Tunisia

tǔniú 土牛 N. mound on a dike/dam

tǔniúmùmǎ 土牛木马 ID. sth. useless

túnjī* 囤/屯积[-積] V. ① hoard for speculation ② corner the market

[1]**túnjí** 囤集 V. store goods

[2]**túnjí** 屯籍 N. one's native place

[1]**túnjiān** 臀尖 N. pork rump

[2]**túnjiān** 豚肩 N. pig's shoulder

túnjiēsāixiàng 屯街塞巷 F.E. be very crowded

túnjī huòwù 屯/囤积货物[-積--] V.O. store goods

túnjījūqí 囤积居奇[-積--] F.E. hoarding and cornering

tūnjīn 吞金 V.O. swallow gold (to commit suicide)

tūnjīnzìjìn 吞金自尽[-盡] F.E. swallow gold to commit suicide

[1]**túnjù** 屯聚 V. assemble; collect

[2]**túnjù** 囤聚 V. store up (goods); hoard

túnjùchù 屯聚处[-處] N. storage place

túnkěn 屯垦[-墾] V. station troops to open up wasteland

túnkěnqū 屯垦区[-墾區] P.W. settlement areas

túnkěnyuán 屯垦员[-墾-] N. soldiers stationed to cultivate wasteland M: *ge/*[1]*míng*

tūnkuǎn 吞款 V.O. embezzle funds

túnliáng 屯粮[-糧] V.O. store up grain

túnliángjiùhuāng 屯粮救荒[-糧--] F.E. hoard grain against drought

tūnlōu 吞搂[-摟] V. <coll.> misappropriate; swallow up

túnluò 屯落 N. village

tūnmiè 吞灭[-滅] V. absorb; annex

tūnmò 吞没 V. ① embezzle ② engulf ③ appropriate

tǔnóngyào 土农药[-農藥] N. home-made pesticide

túnqí 臀鳍 N. <zoo.> anal fin

tùnqù 褪去 R.V. take off (clothes. etc.) *See also* [2]*tuìqù*

túnquǎn 豚犬 N. ① pigs and dogs ② <humb> my sons

tūnrù 吞入 V. engulf

tūnshēng 吞声[-聲] V.O. <wr.> ① gulp down one's sobs ② suppress complaints/grudges

tūnshēng'ànqì 吞声暗泣[-聲--] F.E. swallow a sob

tūnshēngrěnqì 吞声忍气[-聲-氣] F.E. heap all sorts of indignities on

[1]**tūnshēngyǐnqì** 吞声饮泣[-聲--] F.E. swallow one's tears

[2]**tūnshēngyǐnqì** 吞声饮气[-聲-氣] F.E. hold one's temper

[1]**tūnshí** 吞食 V.O. swallow; devour

[2]**tūnshí** 吞蚀 V. ① embezzle ② erode; corrode

tūnshì* 吞噬 V. swallow; gobble up; engulf

túnshǒu* 屯守 V. <mil.> garrison

tùnshǒu 褪手 V.O. hide one's hands in the sleeves

túnshǔ 豚鼠 N. guinea pig; cavy M: [2]*zhī*

túnshù* 屯戍 V. ① <mil.> garrison ② <wr.> defend

tùntàor 褪套儿 V.O. ① break loose; free oneself ② shake off responsibility

túntián 屯田 V.O. <hist.> station garrisons to grow their own food

túntiánzhì 屯田制 N. <hist.> the system of stationing garrisons to grow their own food

túntírángtián 豚蹄穰田 F.E. expect a big return from a small investment

tūntǔ 吞吐 V. ① swallow and spit ② respire ③ stammer ④ take in and send out in large quantities ⑤ hem and haw

tūntǔliàng 吞吐量 N. ① handling capacity (of a harbor) ② volume of freight handled

tūntūn 暾暾 R.F. bright; glowing; blazing

tūntuntǔtǔ 吞吞吐吐 R.F. hem and haw

tǔnuǎnqì 土暖气[-氣] N. rustic heating

túnwèi fēnmiǎn 臀位分娩 N. breech delivery/birth

túnwèi qǔtāishù 臀位取胎术[-術] N. breech extraction

tūnxià 吞下 R.V. swallow down

tūnyān 吞烟[-煙] V.O. swallow opium (to commit suicide)

tūnyàn* 吞咽 V. swallow; gulp

túnyíng 屯营[-營] V. billet

túnyóu 臀疣 N. <zoo.> monkey's seat pads

tūnyúntǔwù 吞云吐雾[-雲-霧] F.E. <derog.> ① smoke (tobacco/opium) ② blow out puffs of smoke

túnyútáng 囤鱼塘 N. fish preserve M: [4]*zuò/ge*

túnzhā 屯扎 V. station; quarter (troops)

tūnzhàn 吞占 V. seize sth. illegally

túnzhèng 屯政 N. land tillage by garrison forces

tùnzhe shǒu 褪着手[-著-] V.O. hide one's hands in the sleeves

[1]**túnzhù** 屯驻 V. <mil.> be stationed

[2]**túnzhù** 囤贮[-貯] V. stockpile

túnzi 屯子 N. <topo.> village

[1]**tuō*** 拖 V. ① pull; drag; haul ② delay; drag on; procrastinate ③ mop (the floor/etc.)

[2]**tuō** 脱 V. ① cut meat off the bones ② cast/come off; shed; take off ③ leave out (words) ***Zhè háng ~le yīge zì.*** One word is missing in this line. ♦B.F. ① become disconnected ***tuōlí*** ② escape from ***táotuō, tuōxiǎn*** ③ neglect; slight ♦CONJ. <wr.> if; in case

[3]**tuō** 托/讬[-/託] V. ① hold in the palm; support from under ② plead; give as a pretext ③ rely on ④ entrust ***~ nǐ bàn jiàn shì(r) xíng ma?*** May I ask you to do me a favor? ⑤ put lining in ♦B.F. serve as a foil; set off ***chèntuō*** ♦N. ① sth. serving as a support ② lining

[1]**tuó** 驮[馱] V. carry on the back *See also* [7]*duò*

[2]**tuó** 驼[駝] V. be hunchbacked ♦B.F. camel ***luòtuo***

[3]**tuó** 坨 B.F. lump ***tuór***, [2]***tuózi***

[4]**tuó** 砣 B.F. ① sliding steelyard weight ***chèngtuó*** ② stone roller ***niǎntuó*** ♦V. cut/polish jade with an emery wheel

[5]**tuó** 柁 N. girder

[6]**tuó** 橐 B.F. bag open on both ends ***tuónáng*** ♦ON. sound of footsteps

[7]**tuó** 鸵[鴕] B.F. ostrich ***tuóniǎo, yùtuó***

[8]**tuó** 堶 B.F. brick; tile ***pāotuó***

[9]**tuó** 酡 B.F. facial blush from drinking alcohol ***tuórán, tuóyán***

[10]**tuó** 鼍[鼉] B.F. Ch. alligator ***tuógǔ, tuógēng***

[11]**tuó** 鮀 B.F. <trad.> marmot ***tuóbá***

[12]**tuó** 佗 in ***mótuózi***

[13]**tuó** 沱/沲 in ***pāngtuó, tuóchá***

[14]**tuó** 跎 in ***cuōtuó***

[15]**tuó** 陀 in ***tuóluó, Ēmítuófó***

[1]**tuǒ** 妥 S.V. appropriate; proper ♦CMP. ready; settled; finished ***Shìqing yǐjing bàn~.*** The matter has already been settled.

[2]**tuǒ** 庹 M. armspread; span ♦V. measure with arms spread ♦N. Surname

[3]**tuǒ** 椭[橢] B.F. oval; elliptical ***tuǒyuán, tuǒlǜ***

[4]**tuǒ** 嫷/鬌 in ***wǒtuǒ***

[1]**tuò** 拓 B.F. ① open up; develop ***kāituò*** ② expand; broaden ***tuòkuān*** *See also* [2]*tà*

[2]**tuò** 唾 B.F. saliva ***tuòmo, kétuò***

[3]**tuò** 柝 B.F. watchman's clapper ***jītuò, tuòbāngchuányè***

[4]**tuò** 跅 in ***tuòchí***

tuó'ān 驮鞍 N. packsaddle

[1]**tuōbǎ*** 拖把 N. mop

[2]**tuōbǎ** 脱靶 V.O. miss a target

tuōbà 拖耙 N. harrow M: [1]*bǎ*

tuóbá 鮀鼥 N. an ancient name for marmots

tuōbān 脱班 V.O. ① be late for work ② be behind schedule (of trains/etc.)

tuōbǎn 托板 N. <med.> splint; brace

tuōbàn* 托办[-辦] V. entrust sth. to sb.

tuǒbàn 妥办[-辦] V. get sth. properly done; deal with properly

tuòbāngchuányè 柝梆传夜[--傳-] F.E. go round as a night watchman

tuō-bǎo* 托保 AB. *tuō'ér* and [1]*bǎoyù*

tuóbāo 驮包 N. load carried by animals

tuóbèi 驼背 N./ATTR. hunchback; humpback

tuōbì* 托庇 V. rely upon one's elder or an influential person for protection ♦F.E. <court.> Thanks for your protection.

tuóbǐ 橐笔[-筆] F.E. <wr.> make one's living by writing

tuǒbiàn 妥便 V.P. proper and appropriate

tuòbiān* 拓边[-邊] V.O. open up borderlands

tuōbiǎo 托裱 V. mount (a drawing/painting/etc.)

tuōbìng 托病 V.O. plead illness

tuōbìng bùjiàn 托病不见 V.P. refuse to see sb. on the pretense of illness

tuōbìng yǐntuì 托病引退 V.P. retire on the pretext of illness

tuōbìng zàijiā 托病在家 V.P. retire on the pretext of illness

tuōbìpíng'ān 托庇平安 F.E. (I am very well) thanks to your help.

tuōbì wàirén 托庇外人 V.O. seek foreign protection

tuōbō 托钵[-缽] V.O. <Budd.> beg for alms

[1]**tuōbó*** 拖驳 N. barge; tugboat M: [1]*tiáo/*[1]*sōu*

[2]**tuōbó** 脱膊 V.O. strip to the waist

tuōbó chuánduì 拖驳船队[-隊] N. tug-barge combination M: [4]*zhī*

tuōbōqiúshí 托钵求食[-缽--] F.E. beg for food

tuōbōsēng 托钵僧[-缽-] N. Buddhist monk who obtains meals from donors M: *ge/*[1]*míng*

tuōbǔ 拖捕 V. trawl

tuōbù* 脱布 N. mop

tuōbude shēn 脱不得身 V.P. cannot disengage oneself; cannot get away

tuóbudòng 驮不动[-動] R.V. be too heavy to carry on the back

tuōbukāi 脱不开[-開] R.V. can't leave somewhere/sth. (because too busy, etc.)

tuōbukuǎ dǎbulàn 拖不垮打不烂[-爛] V.P. be indestructible

tuōbuliǎo 脱不了 R.V. can't get away from

tuóchá 沱茶 N. tea leaves compressed in bowl shape, produced in Yunnan/Sichuan

tuōchǎn 脱产[-產] V.O. be released for other duties

[1]**tuōcháng** 拖长 R.V. ① drag out ② lengthen

[2]**tuōcháng** 脱肠[-腸] N. prolapsus of the rectum; hernia

tuōchǎn gànbù 脱产干部[-產幹-] N. cadre released from production M: *ge/*[1]*míng/*[2]*wèi*

tuōchǎn jìnxiū 脱产进修[-產進-] V.P. leave one's job temporarily for advanced studies

tuōchǎn xuéxí 脱产学习[-產-習] V.P. be released from one's regular work to study

tuōchǎn xùnliàn 脱产训练[-產-練] V.P. off-the-job training

tuōchē 拖车 N. ① tow truck ② trailer ♦V.O. pull cart; tow
tuòchí 跅弛 V.P. <wr.> unconventional and unrestrained
tuōchòu 脱臭 V.O. deodorize *See also tuōxiù*
tuōchòujì 脱臭剂[-劑] N. deodorant *See also tuōxiùjì*
tuōchū* 脱出 R.V. ①take off; come off ②extricate
tuōchǔ 托处[-處] V. lodge at places other than one's own home
tuóchù 驮畜 N. pack animal
tuōchuán 拖船 N. ① tugboat ② <topo.> a wooden boat (towed by a tugboat) M: [1]tiáo/[1]sōu
tuōchuáng 拖床 V.O. procrastinate in getting up; be reluctant to get up
tuōchū chángguī 脱出常规 V.O. break precedent
tuōchū fánlóng 脱出樊笼 V.O. shake off the yoke
tuōchūgān 脱出杆 N. eject lever
tuōchuí 脱垂 V. <med.> prolapse
tuōcí 托词/辞[-辭] N. pretext; excuse ♦V.O. make excuses
tuōdà 托大 A.T. ① self-important; conceited ② act arrogantly
tuōdài 拖带[-帶] N. traction; pulling; towing
tuōdàichuán 拖带船[-帶-] N. tugboat M: [1]tiáo
tuō dàjiǎo 托大脚[-腳] V.O. <topo.> flatter
tuōdǎng 脱党[-黨] V.O. quit party membership
[1]**tuōdàng** 脱档[-檔] V.O. be out of stock (of goods)
[2]**tuōdàng** 拖宕 V. procrastinate; delay
tuǒdang* 妥当[-當] S.V. ① appropriate; proper *Wǒ yǐjīng bǎ gōngzuò ānpái ~.* I've made appropriate arrangements for the work. ② ready
tuōdāojì 拖刀计 N. delaying tactic M: [1]tiáo
tuōdǐ* 托底 V.O. <coll.> ① be reassured ② get to the bottom of a matter
tuōdì 托地 ADV. suddenly; abruptly; unexpectedly
tuòdì 拓地 V.O. extend/expand territory ♦N. territorial expansion
tuōdiào 脱掉 R.V. discard; take off; molt
tuō dìbǎn 拖地板 V.O. mop the floor
tuōdìng 脱订 V. discontinue a subscription
tuǒdìng* 妥定 V. well arranged/settled
tuōdǒu 拖斗 N. trailer
tuōdú 脱毒 V.O. eliminate the toxin from a plant/animal
tuō'è 拖轭 N. towing yoke
tuō'ér 托儿 ATTR. child(-care) *See also tuōr*
tuō'érdàinǚ 拖儿带女[--帶-] F.E. be tied down by small children
tuō'érfèi 托儿费 N. nursery fee/allowance M: [2]bǐ
tuō'érsuǒ 托儿所 P.W. nursery; child-care center; crèche M: [1]jiā
tuō'érzhàn 托儿站 P.W. child-care center M: [1]jiā
tuōfǎ 脱法 V.O. break the law; be against the law
tuōfà* 脱发[-髮] N. ① loss of hair; baldness ② <med.> trichomadesis
[1]**tuōfèn** 托分 V.O. seek escape in doing sth. which has nothing to do with one's regular duties
[2]**tuōfèn** 拖粪[-糞] N. <topo.> mop
tuōfěng 托讽 V. give vent to one's feelings in writing
tuófēng* 驼峰 N. ① hump of a camel ② railroad marshalling yard on a slope
tuǒfǒuwàngfù 妥否望复[-復] F.E. <wr.> Please reply whether you consider the above views sound.
tuōfu 托付 *See* [1]*tuōfù*
[1]**tuōfú** 托福 V.O. <court.> thanks to you; thank you *Tuō nǐ de fú, wǒ hǎoduō le.* I'm much better now, thank you. ♦N. <loan> TOEFL *See also Tuōfú kǎoshì*
[2]**tuōfú** 脱幅 N. dispute between husband and wife
[1]**tuōfù*** 托付 V. entrust; commit sth. to sb.'s care *See also tuōfu*
[2]**tuōfù** 托附 V. lean on sb. else's influence
[1]**tuófù** 驼负 V. carry a heavy load/burden
[2]**tuófù** 驮负 V. carry on the back (of cattle/etc.)
Tuōfú cèshì 托福测试 *See Tuōfú kǎoshì*
Tuōfú cèyàn 托福测验 *See Tuōfú kǎoshì*
Tuōfú kǎoshì 托福考试 N. <loan> TOEFL (Test of English as a Foreign Language)
tuōfù quánquán 托付全权[-權] V.O. commission with plenary power
Tuōfúrè 托福热[-熱] N. TOEFL fever/craze
tuōgāng* 脱肛 N. prolapse of anus
tuōgǎng 脱岗[-崗] V.O. be absent from one's post/shift
tuō gānjìng 拖乾净[-淨] R.V. mop and make clean
tuōgǎo 脱稿 V.O. be completed (of a manuscript)
tuógēng 鼍更[鼉-] V. beat the watches (with drums)
tuōgōu 脱钩[-鉤] V.O. ① disconnect ② cut ties; unhook ③ lose contact (with sb.) ④ sever links with
tuōgū 托孤 V.O. entrust an orphan to sb.
tuōgù* 托故 V.O. give/find a pretext
tuógǔ 鼍鼓[鼉-] N. lizard-skin drums ♦V.O. beat the watches with drums
tuōguà 拖挂[-掛] V. pull
tuōguǎn 托管 N. trusteeship ♦V. trust
tuōguǎnbān 托管班 N. after-school supervision
tuōguǎndì 托管地 N. trust area
tuōguāng 脱光 R.V. strip nude
tuōguǎnguó 托管国[-國] N. ① trustee state; trustee ② mandatory
tuōguǎn lǐngtǔ 托管领土 N. trustee territory
tuōguǎnqū 托管区[-區] P.W. trust area
tuōguǎnquán 托管权[-權] N. mandatory powers
tuōguǎnzhì 托管制 N. trusteeship
tuōguǎn zhìdù 托管制度 N. trusteeship
tuōgù bù lái 托故不来 V.P. fail to show up on some pretext
tuōgǔfěngjīn 托古讽今 F.E. use a historical story/etc. to satirize a present matter
tuōguǐ 脱轨 V.O. derail
tuōgǔjī 脱谷机[-穀-] N. threshing machine M: [1]tái
tuōgūjìmìng 托孤寄命 F.E. entrust an orphan to sb.
tuōgūzhìyǒu 托孤挚友[--摯-] F.E. entrust an orphan to the care of an intimate friend
tuō hòutuǐ 拖后腿[-後-] V.O. be a drag on sb.
tuòhú 唾壶[-壺] N. <trad.> spittoon M: ge/[2]zhī/[1]bǎ
tuōhuá(r) 脱滑(儿) A.T. ① goldbrick ② act in a slick way
tuōhuàn 脱换[-換] V. molt
tuòhuāng 拓荒 V.O. open up virgin soil
tuòhuāngzhě 拓荒者 N. pioneer; pathbreaker; trailblazer M: ge/[1]míng/[2]wèi
tuōhuì 托汇[-匯] V.O. apply for remittance
tuōhuībǎn 托灰板 N. <archi.> hawk; mortar board M: [2]kuài
tuōhuò 脱货 V.O. be out-of-stock
tuōjī 脱机 ATTR. off-line
[1]**tuōjí*** 托疾 V.O. <wr.> plead illness; use poor health as an excuse
[2]**tuōjí** 脱籍 V.O. ① <trad.> get married (of licensed prostitutes) ② drop party membership or nationality
tuōjì 托迹[-跡] V.O. seek diversion in poetry/etc.
tuōjià 托架 N. <mach.> bracket
tuōjiādàijuàn 拖家带眷[--帶-] F.E. be burdened with a family; have a family burden
tuōjiādàikǒu 拖家带口[--帶-] F.E. be tied down by one's family
tuōjiān 脱肩 V.O. relinquish/shirk one's responsibility
tuōjiāng 脱缰[-韁] V.O. run away; bolt; run wild
tuōjiāng'érchū 脱缰而出[-韁--] V.P. break the reins and run away (of horses)
tuōjiāngluòmǎ 脱缰落马[-韁--] F.E. ① lose control of the reins ② be thrown from a horse
tuōjiāng yěmǎ 脱缰野马[-韁--] N. an uncontrollable horse (lit./fig.)
tuōjiāngzhīmǎ 脱缰之马[-韁--] N. an uncontrollable horse (lit./fig.)
[1]**tuōjiāo*** 脱胶[-膠] V.O. ① come unglued/unstuck ② <chem.> degum
[2]**tuōjiāo** 托交 V. ① entrust a friend/etc. to pass sth. to sb.; deliver sth. in care of sb. ② befriend; make friends with
tuōjiǎo 脱角 V.O. molt; shed horns
tuójiào 驮轿[-轎] N. sedan chair carried on a horse/mule M: [1]jià/[1]fù
tuōjiāoshuòrú 托交硕儒 F.E. make friends with eminent scholars
tuōjié 脱节[-節] V.O. ①come apart; be disjointed ② be out of touch
tuōjìn 脱尽[-盡] R.V. take off completely
[1]**tuōjiù** 脱臼 V.O. <med.> dislocate
[2]**tuōjiù** 托咎 V.O. make an excuse
tuōkāi 脱开[-開] R.V. escape; withdraw; extricate
tuōkào* 托靠 S.V. depend on
tuǒkào 妥靠 S.V. ①proper and reliable ②reliable; trustworthy
tuōké 脱壳[-殼] V.O. ① <agr.> separate from the pod/skin; remove the shell ② cast the shell (as of insects) ③ make an escape *See also tuōqiào*
tuōkéjī 脱壳机[-殼-] N. huller; sheller M: [1]tái
Tuōkèláo Qúndǎo 托克劳群岛[--勞-島] P.W. Tokelau Islands (in the Pacific)
tuōkōng 脱空 V.O. ① work hard without any success ② lie
tuōkōnghàn 脱空汉[-漢] N. liar M: ge/[1]míng
tuōkòngr 脱空儿 V.O. find time to do sth. (of a busy person)
tuōkǒu 脱口 V.P. speak out
tuōkǒu chéngzhāng 脱口成章 V.P. speak beautifully
tuōkǒu'érchū 脱口而出 V.P. blurt out; let slip
tuōkòuluòjīn 脱扣落襟 F.E. deal with sth. improperly
tuōkǒuxiù 脱口秀 N. <loan.> talk show
tuōkuǎ 拖垮 R.V. be worn down
tuòkuān 拓宽[-寬] R.V. broaden
tuókuāng 驮筐 N. pannier M: [2]zhī/ge
tuōkùn 脱困 V.O. get rid of a difficult situation; overcome difficulties
tuōlā* 拖拉 S.V. dilatory; slow; sluggish *Tā zuòshì ~.* He's a slow worker. ♦V. put off
tuōlà 脱蜡[-蠟] V.O./N. dewaxing
tuōlái 拖来 R.V. drag sth. over here
tuōlài* 托赖 V. <coll./humb.> rely on; be indebted to
tuōláituōqù 拖来拖去 V.P. pull and haul
tuōlājī 拖拉机 N. <loan> tractor M: [1]tái
tuōlājīshǒu 拖拉机手 N. tractor driver M: ge/[1]míng/[2]wèi
tuōlājī-zhàn 拖拉机站 P.W. tractor station M: [1]jiā
[1]**tuōlǎn** 拖缆[-纜] N. towrope; towline M: [1]tiáo/[2]gēn
[2]**tuōlǎn** 脱懒 V. ① loaf on the job ② escape from duty
tuōlǎnr 托懒儿 V. <coll.> shirk one's duty/task; skulk
tuōlāo 拖捞[-撈] V. salvage
tuōlāochuán 拖捞船[-撈-] N. salvage ship/boat M: [1]tiáo/[1]sōu/[2]zhī
tuōlǎosuǒ 托老所 P.W. nursing home M: [1]jiā
tuōlāowǎng 拖捞网[-撈網] N. net used in salvage M: [1]zhāng
tuōlǎoyuàn 托老院 P.W. nursing home M: [1]jiā
tuōlāsī 托拉斯 N. <loan> trust
tuōlā zuòfēng 拖拉作风 N. procrastination
tuōlěi 拖累 V. ① encumber; be a burden on ② implicate; involve
tuōle kùzi fàngpì 脱了裤子放屁 V.P. <slang> do things the hard way
tuōlí* 脱离[-離] V. separate oneself from; be away from; be out of
tuōlì 脱粒 V.O./N. ① thresh ② shell

tuōliàn 拖链 N. drag chain; tow
tuōlí guānxi 脱离关系[-離關係] V.O. sever relations; divorce; disown
tuōlìjī 脱粒机 N. thresher; sheller M: [1]*tái*
tuōlí jiēchù 脱离接触[-離-觸] V.P. disengage
tuōlí kǔhǎi 脱离苦海[-離--] V.O. shake off this mortal coil
tuōlǐng 托领 N. base of the collar (on a garment)
tuólíng* 驼铃 N. camel bells M: [2]*zhī*
tuōliú 脱流 N. separation of flow
tuōlí wēixiǎn 脱离危险[-離--] V.O. the patient is out of danger
tuōlí xiànshí 脱离现实[-離-實] V.O. be divorced from reality
tuōlóng 脱笼 V.O. escape from a cage
tuólóng* 鼍龙[鼉-] N. <*zoo.*> Chinese alligator
tuōlòu 脱漏 V. be left out; be omitted/missing
tuōlòu fǎwǎng 脱漏法网[-網] V.O. escape the meshes of the law
tuōlù 拖露 V. hang down
tuólù* 驼鹿 N. elk; moose M: [2]*zhī*
tuǒlǜ 椭率[橢-] N. <*math.*> ellipticity
tuōlüè 脱略 V.P. <*wr.*> unbridled; unrestrained ♦V. slight sb.
tuólù hàojiǎo 驼鹿号角[--號-] N. moosecall
tuōlún 拖轮 N. tugboat M: [1]*tiáo*/[1]*sōu*
tuōluò* 脱落 V. drop; fall/come off
tuóluó 陀螺 N. top (toy); gyroscope M: [2]*zhī*
tuòluò 拓落 V.P. <*wr.*> ① be frustrated; be disappointed ② broad; extensive; vast ③ mortified and alone ④ spacious
Tuōluòcíjī 托洛茨基 (1877–1940) N. Leon Trotsky
tuóluójīng-bèi 陀罗经被[-羅經-] N. <*Budd.*> quilt embroidered with Buddhist charms or *dharani*
tuóluóní 陀罗尼[-羅-] N. <*Budd.*> *Dharani*, complete in all virtues
tuōluò xiàlai 脱落下来 R.V. fall out/off
tuóluóyí 陀螺仪[-儀] N. gyroscope M: [1]*jià*/[1]*tái*
tuómǎ 驮马 N. packhorse M: [1]*pǐ*
tuòmà* 唾骂[-罵] V. spit on and curse; revile
tuōmài 托卖[-賣] V. consign the sale of sth. to sb.
tuōmàipǐn 托卖品[-賣-] N. consignment goods M: [2]*jiàn*
tuōmáng 脱盲 V.O. acquire literacy
[1]**tuōmáo*** 脱毛 V.O. molt; shed
[2]**tuōmáo** 拖锚 N. drag anchor
tuōmǎo 脱卯 V.O. miss a roll call
tuōmào 脱帽 V.O. doff one's hat (in respect)
tuómáo 驼毛 N. camel hair/wool
tuōmáojì 脱毛剂[-劑] N. chemical depilatory
tuōmàojiāmiǎn 脱帽加冕 F.E. abolish a mistaken denunciation against sb. and grant credit to him
tuōmàomò'āi 脱帽默哀 F.E. bare the head and mourn in silence
tuōmàozhì'āi 脱帽致哀 F.E. bare the head and stand silently mourning
tuōmàozhìjìng 脱帽致敬 F.E. doff one's hat in salutation
tuōmàozhìyì 脱帽致意 F.E. raise the hat in salute
tuōmèng 托梦[-夢] V.O. receive spirit messages in dreams
tuō ménzi 托门子 V.O. <*coll.*> ask the help of sb. influential
tuōmiǎn* 脱免 V. evade; escape from
tuǒmiàn 椭面[橢-] N. <*math.*> ellipsoid
tuòmiàn 唾面 V.O. spit in the face
tuòmiànzìgān 唾面自干[-乾] F.E. turn the other cheek
tuōmǐn 脱敏 V.P. desensitize
tuōmíng 托名 V.O. ① do sth. in sb. else's name ② assume/usurp another's name
tuōmíngtǎobiàn 托名讨便 F.E. seek advantage by assuming another's name
tuōmó 拖磨 V. <*topo.*> dawdle
tuōmò 托墨 A.T. properly absorbent of ink
tuòmo* 唾沫 N. saliva; spittle
tuòmofēnfēi 唾沫纷飞[-飛] F.E. foam at the mouth
tuòmo xīngzi 唾沫星子 N. small drops of spittle; spew/spray of saliva
tuōmú 脱模 N. <*metal.*> drawing of patterns
tuōnàn 脱难[-難] V.O. escape disaster
tuónáng 橐囊 N. sacks; bags
tuóniǎo 鸵/驼鸟 N. ostrich M: [2]*zhī*
tuóniǎo zhèngcè 鸵鸟政策 N. ostrich policy; ostrichism
tuóniǎo zìqī 鸵鸟自欺 V.P. deceive oneself
tuōnídàishuǐ 拖泥带水[--帶-] F.E. messy; slovenly; muddled (writing/speaking/acting/etc.)
tuōnídàishuǐ-cūn 拖泥带水皴[--帶--] N. <*art*> dragging-mud-and-water wrinkle (in painting)
tuō'ǒu 托偶 N. puppet show
tuōpái* 拖排 N. raft-towing
Tuōpài 托派 N. ① Trotskyite ② TOEFL maniacs
tuōpán 托盘[-盤] N. serving tray
tuōpēi 脱胚 V.O. <*coll.*> make unbaked bricks
tuōpī 脱坯 V.O./N. mold adobe blocks
tuōpí* 脱皮 V.O. peel (of animal/human skin)
tuōpiàn 脱片 N. a skin flick
tuōpídiàoròu 脱皮掉肉 F.E. work with all one's might
tuōpín 脱贫 V.O. escape from poverty
tuōpín jìhuà 脱贫计划[-劃] N. anti-poverty program M: [3]*xiàng*
tuōpínzhìfù 脱贫致富 F.E. shake off poverty and build up a fortune
tuōpō 脱坡 V.O. wash away dike/dam slopes (of floodwater)
tuòpū 拓扑[-撲] N. <*loan*> topology
tuòpūxué 拓扑学[-撲-] N. <*math.*> topology
tuōqī 脱期 V.O. miss publication date
tuōqì 脱气[-氣] N. exhaustion of vital energy
tuòqì* 唾弃[-棄] V. cast aside; spurn
tuǒqià 妥洽 V. ① discuss to come to an agreement ② have the same opinion
tuōqiàn 拖欠 V. be in arrears
tuōqiàn fēnqī kuǎnxiàng 拖欠分期款项 N. <*acct.*> delinquent installment
tuōqiàn shuìkuǎn 拖欠税款 V.O. be in arrears with a tax payment
tuōqiào 脱壳[-殼] V.O. ① cast the shell (as of insects) ② make an escape ***See also*** *tuōké*
tuōqiāogǒu 拖橇狗 N. sled/sledge dogs M: [2]*zhī*
tuōqījì 脱漆剂[-劑] N. paint stripper/remover
tuōqījìzǐ 托妻寄子 F.E. entrust one's wife and children to another
tuōqíng(r) 托情(儿) V.O. ask an influential person to help arrange sth.
tuòqì rú fèntǔ 唾弃如粪土[-棄-糞-] F.E. throw away like waste matter
tuǒqiú 椭球[橢-] N. ellipsoid
tuōqǔ 托取 N. baggage/goods checking and withdrawing
tuōqù* 脱去 R.V. ① take/throw off ② vindicate (one's bad reputation, etc.)
tuōr* 托儿 N. ① small saucer/tray for carrying teacups/etc. ② tray; salver ③ salesperson's decoy ***See also*** *tuō'ér*
tuór 坨儿 <*coll.*> M. *for lumps of sth. soft yī ~ miàn* a lump of flour dough.
tuōrán 脱然 V.P. free; untrammeled
tuórán* 酡然 V.P. <*wr.*> flushed from drinking
tuōránwúlèi 脱然无累 F.E. without a worry/care in the world
tuōrén 托人 V.O. ask sb.'s help; entrust someone
tuōrénluòshuǐ 拖人落水 ID. involve sb. in criminal proceedings
tuō rénqíng 托人情 V.O. ask an influential person's help
tuōrénshuōqíng 托人说情 F.E. ask sb. to put in a good word
tuōréntiáotíng 托人调停 F.E. request the good offices of a person for a compromise
tuōrénxiàshuǐ 拖人下水 ID. involve sb. in evildoing
tuōrjiě 托儿姐 <*coll.*> N. female pretend-customer hired to attract customers
tuóróng 驼绒 N. ① camel's hair ② camel's haircloth
tuōròupòjùn 脱肉破腘 F.E. <*wr.*> extreme emaciation
tuōrù 托入 V. drag sb./sth. into
tuóruò 沱若 ADV. flowing down (of tears, etc.)
tuōsǎ 脱洒[-灑] S.V. ① superb and elegant (of writing) ② <*wr.*> unconventional ③ free and easy
tuōsānlāsì 拖三拉四 F.E. find all kinds of excuses to procrastinate
tuōsānzǔsì 拖三阻四 F.E. find all kinds of excuses to procrastinate
[1]**tuōsè*** 脱色 V.O. ① decolor; decolorize ② fade
[2]**tuōsè** 脱涩[-澀] V.O. depuckerise
tuósè 驼色 N. light tan
tuǒshàn 妥善 V.P. appropriate; proper
tuǒshàn ānpái 妥善安排 V.P. make appropriate arrangements
tuǒshāng 妥商 V. take time to negotiate a case properly
[1]**tuōshēn*** 脱身 V.O. get away/free
[2]**tuōshēn** 托身 V.O. ① find a place to live in or work in ② seek a living ③ entrust oneself to
tuōshén 脱神 N. depletion of spirit
tuōshēn'érzǒu 脱身而走 V.P. give the slip to sb.
[1]**tuōshēng** 托生 V.O. be reincarnated in a new body
[2]**tuōshēng** 脱生 V.O. escape with one's life
tuōshēn zhèngcè 脱身政策 N. policy of disengagement
tuōshēnzhījì 脱身之计 N. a plan of escape
[1]**tuōshí** 托食 A.T. eat meals at a friend's/relative's home
[2]**tuōshí** 托实[-實] A.T. receive gifts/presents and take them for granted
tuōshǐ 托始 N. beginning; origin
tuōshì 托事 ATTR. <*lg.*> indicating meaning
tuǒshí* 妥实[-實] V.P. appropriate; well done
tuǒshì 妥适[-適] V.P. proper
tuōshíhànyán 托食汗颜 F.E. feel shame at sponging on another
tuō shíjiān 拖时间[-時-] V.O. stall for time; delay
tuōshōu 托收 N. collection
tuōshǒu* 脱手 V.O. ① slip out of one's hands ② get off one's hands; dispose of; sell
tuōshòu 脱售 V. sell out
tuóshòu 驮兽[-獸] N. beast of burden
tuòshǒu 唾手 V.O. (as easy as) spitting in one's hands
tuōshōu chéngběn 托收成本 N. collection cost
tuòshǒukěchéng 唾手可成 F.E. extremely easy to accomplish
tuòshǒukědé 唾手可得 F.E. extremely easy to obtain
tuōshōu kuǎnxiàng 托收款项 N. <*acct.*> items remitted for collection; bills sent for collection
tuōshǒu zhuìdì 脱手坠地[--墜-] V.P. fall out of one's hand
tuōshuǐ 脱水 V.O./N. dehydration
tuōshuǐ shūcài 脱水蔬菜 N. dehydrated vegetables
tuósì 橐笥 N. bag; satchel
tuōsú* 脱俗 V.O. ① shake off conventions ② be free from vulgarity ③ be refined
[1]**tuōsù** 脱素 V.O. live a simple and frugal life
[2]**tuōsù** 脱粟 V.O. unhusk rice
tuōsǔn 脱榫 V.O. be out of joint
tuōsuǒ 拖索 N. towrope; towline; trace
tuōtà 拖沓 S.V. dilatory; sluggish; laggard ♦V.P. do things in a muddled manner
[1]**tuōtāi(r)** 脱胎(儿) V.O. ① emerge from the womb; be born ② be reborn ③ become an immortal ④ undergo a metamorphosis ♦N. special process for making lacquerware
[2]**tuōtāi** 托胎 N. <*Budd.*> The Conception (the Dream of Maya)

tuōtāi huàngǔ 脱胎换骨[--换-] V.P. be reborn; thoroughly remold oneself

tuōtāi qīqì 脱胎漆器 N. lacquerware separated from its mold

tuōtāiyǔ 脱胎语 N. daughter language

tuōtáng 拖堂 V.O. prolong a class

tuōtáo* 脱逃 V. escape; flee

tuōtào 脱套 V.O. drop ceremony/formalities

tuōtǐ 脱体[-體] V.O. ① leave one's body ② <Budd.> get rid of the body

tuǒtiē 妥帖/贴 S.V. fitting; properly (arranged) *Zhè shì(r) bàn de shífēn ~.* The job has been very well done.

tuōtù* 脱兔 N. speed demon ♦ADV. speedily; very quickly; in a flash

tuòtǔ 拓土 V.O. expand the territory (of a nation) ♦N. territorial expansion

tuōtuǐ 拖腿 V.O. hold sb. back; be a drag on sb.; hinder/impede sb.

[1]**tuótuó** 驼驼 N. <wr.> camel M: [1]tóu/[2]zhī

[2]**tuótuó** 橐驼 N. <wr.> ① camel ② hunchback M: [1]tóu/[2]zhī

[3]**tuótuó** 橐橐 ON. sound of footsteps/rattles

tuōtuōlālā 拖拖拉拉 R.F. sluggishly; slowly (in doing sth.)

tuōtùzhīshì 脱兔之势[-勢] N. sharp and swift

tǔ'ǒu 土偶 N. clay image

[1]**tuōwǎng** 拖网[-網] N. trawlnet; dragnet

[2]**tuōwǎng** 脱网[-網] V.O. escape a net

tuōwǎng yúchuán 拖网渔船[-網--] N. trawler M: [1]tiáo/[1]sōu

tuōwèi 脱位 N./V.O. dislocation

tuǒwéi* 妥为 A.T. <wr.> properly

tuǒwéi'ānpái 妥为安排 F.E. make proper arrangements

tuō wěiba 拖尾巴 V.O. <coll.> ①hinder ②leave loose ends (on a job/project/etc.)

tuǒwéizhàoliào 妥为照料 F.E. take good care

tuōwěizhǐ 拖尾纸 N. long strip following the painting in a hand scroll to make space for inscriptions

tuōwù 脱误 N. omissions and errors

tuōwùxìngcí 托物兴词[--興-] F.E. convey feelings by invoking a thing/fact

tuōwùyùxìng 托物寓兴[-興] F.E. express feelings through sth. described/painted

tuōxǐ 脱屣 V.O. <wr.> cast off slippers ♦N. sth. of no consequence

tuōxià 脱下 R.V. take off (clothes/etc.)

tuōxiǎn* 脱险 V.O. escape danger

tuōxiàn 脱线 ATTR. <comp.> off-line

tuòxián 唾涎 N. saliva; spittle

tuòxiàn 唾腺 N. <phys.> salivary gland

tuōxiàn jìsuànjī 脱线计算机 N. off-line computer M: [1]tái

tuōxiāo* 脱销 V. be sold out; be out of stock

tuōxiào 脱孝 V.O. finish the period of mourning for one's parents

tuòxiāo 拓销 V. expand the market (for a certain type of goods)

tuōxiāo chéngpǐn 托销成品 N. finished goods on consignment

tuōxiāoduàndàng 脱销断档[-斷檔] F.E. be out-of-stock

tuō xiàqu 拖下去 R.V. play for time

tuōxià shuǐ 拖下水 ID. ①involve sb. in evildoing ② drag into the water

[1]**tuōxié** 拖鞋 N. slippers; sandals; flip-flops M: [1]shuāng

[2]**tuōxié** 脱鞋 V.O. take off the shoes

[1]**tuōxiè** 脱卸 V. ①shirk responsibility ② give up one's responsibilities

[2]**tuōxiè** 拖泄 N. pull-towing

tuǒxié* 妥协[-協] V. come to terms; compromise ♦N. ① amity ② appeasement (in international relations)

tuōxièchù 脱卸处[-處] N. where a particular narrative line is sloughed off

tuǒxié fènzǐ 妥协分子[-協--] N. appeaser M: ge/[1]míng

tuǒxiégǒu'ān 妥协苟安[-協--] F.E. seek a respite through compromises

tuǒxié tiáokuǎn 妥协条款[-協條-] N. compromise clause

tuǒxiéxìng 妥协性[-協-] N. tendency to compromise

tuōxīng 脱星 N. actress who dresses scantily on screen

tuōxiù 脱臭 V.O. <chem.> deodorize *See also* tuōchòu

tuōxiùjì 脱臭剂[-劑] N. deodorant *See also* tuōchòujì

tuōxù 脱序 N. disorderliness; breakdown of discipline

tuōxuē* 脱靴 V.O. ①pull off one's boots ②keep the boots of a retired or transferred official at the city gate as a memento

tuōxuè 脱血 N. <Ch. med.> collapse due to massive hemorrhage

tuòxuè 唾血 V.O. spit blood

tuōxuēqì 脱靴器 N. bootjack M: ge/[2]zhī

tuōyá 托牙 N. denture

[1]**tuōyán*** 拖延 V. delay; put off

[2]**tuōyán** 托言 V.O. make excuses

[3]**tuōyán** 脱盐[-鹽] V.O. desalinate

tuóyán 酡颜 V.P. <wr.> flushed of face (from drinking)

tuōyáng 脱阳[-陽] N. shock which a male may suffer during orgasm

tuōyǎng* 脱氧 V.O. deoxidize

tuóyáng 驼羊 N. <zoo.> llama M: [2]zhī

tuōyǎng hétáng hésuān 脱氧核糖核酸 N. DNA

tuōyán shíjiān 拖延时间[--時-] V.O. play for time; stall

tuōyán zhànshù 拖延战术[-戰術] N. delaying tactics

tuōyánzhě 拖延者 N. one who causes delay M: ge/[1]míng

[1]**tuōyè** 拖曳 V. drag; pull; tow

[2]**tuōyè** 托叶[-葉] N. <bot.> stipule

tuòyè* 唾液 N. saliva; spittle; drool

tuōyèjī 拖曳机 N. tractor M: [1]tái

tuōyī* 脱衣 V.O. take off one's clothes

tuōyì 脱易 V.P. rash; hasty; indiscreet

tuǒyì 妥议[-議] V. take time to negotiate a case properly

tuō yīfu 脱衣服 V.O. remove one's clothing

tuōyījiùqǐn 脱衣就寝[-寢] V.P. undress for bed

tuōyǐnchuán 拖引船 N. towing vessel M: [1]tiáo/[1]tái

tuōyǐng'érchū 脱颖而出 F.E. come to the fore

tuōyīngsuǒ 托婴所 P.W. nursery and kindergarten M: [1]jiā

tuōyǐtācí 托以他辞/词[-辭] F.E. evade by making excuses

tuōyīwǔ 脱衣舞 N. strip tease

tuōyīwǔnǚ 脱衣舞女 N. stripteaser M: ge/[1]míng

tuǒyòng 妥用 V. use properly

tuōyòu 托幼 AB. tuō'érsuǒ and yòu'éryuán

tuōyòu jiàoyù 托幼教育 N. nursery education

tuōyóupíng 拖油瓶 <coll.> V.O. bring a child of a previous marriage to live in the home of a new husband ♦N. stepchildren on the mother's side

tuōyǔ 脱羽 V.O. molt (of birds)

tuōyù 脱御[-禦] V. shake off (duty/etc.)

tuòyú* 唾余 N. ① crumbs; castoffs ② idle talk; casual remarks

tuóyuán 驼员 N. cameleer; camel puller M: ge/[1]míng

tuǒyuán* 椭圆[橢-] N. <math.> ellipse ♦ATTR. ① oval ② elliptic; elliptical

tuǒyuánxíng 椭圆形[橢-] N. oval; ellipse

tuóyuè 橐籥 N. bellows for blowing up the fire in a furnace, etc.

tuōyùn* 托运[-運] N./V. consign/check for shipment

tuóyùn 驮运[-運] V. pack-transport

tuōyùnchù 托运处[-運處] P.W. baggage check office; consignation office

tuóyùnlù 驮运路[-運-] N. bridle path/road

tuōyùnrén 托运人[-運-] N. consignor M: ge/[1]míng/[2]wèi

tuōyùnwù 托运物[-運-] N. consignment M: [2]jiàn

tuózài 驮载 N. carry a load on the back (of pack-animals)

tuōzhài 拖债 V.O. default on a debt

tuòzhǎn 拓展 V. expand

tuózhe 驮着[-著] V.P. carrying (a load) on the back

tuōzhèng 脱证[-證] N. <Ch. med.> exhaustion of vital energy at the critical stage of an illness

[1]**tuōzhī*** 脱脂 ATTR./V.O. defat; degrease

[2]**tuōzhī** 拖枝 N. <art> dragging branch (in painting)

tuòzhí 拓殖 V.O. ① plant a colony; colonize ② open up new land

tuōzhīkōngyán 托之空言 F.E. give empty promises; pay lip service

tuōzhīmián 脱脂棉 N. absorbent cotton

tuōzhīnǎi 脱脂奶 N. skim milk M: píng

tuōzhī nǎifěn 脱脂奶粉 N. nonfat dried milk powder M: [1]bāo

tuōzhīrǔ 脱脂乳 N. skimmed milk M: píng

tuōzhī shābù 脱脂纱布 N. absorbent gauze M: [2]kuài

tuózhōngzhuāng 橐中装[-裝] N. gems; jewels; valuables

tuōzhǒu 拖帚 N. mop M: [1]bǎ

tuōzhǔ 托嘱[-囑] V. entrust

tuōzhù* 拖住 R.V. drag; hinder

tuōzhù dírén 拖住敌人[--敵-] V.O. pin down the enemy

tuōzi* 托子 N. ① base; support ② tray; salver ③ pad (under sth.)

[1]**tuózi** 砣子 N. emery wheel

[2]**tuózi** 坨子 N. ① lump ② heap

[3]**tuózi** 驼子 N. hunchback; humpback

tuōzì fúhào 脱字符号[-號] N. caret (^)

tuōzìhào 脱字号[-號] N. caret

tuōzì wùxiě 脱字误写[-寫] N. haplography

[1]**tuōzǒu** 拖走 R.V. drag away

[2]**tuōzǒu** 脱走 R.V. escape

tuōzú 托足 V.O. <wr.> ① have a foothold somewhere ② lodge at places other than one's home

tuōzuì 脱罪 V.O. exonerate someone from a charge

tuōzúwúmén 托足无门 F.E. cannot find a place to stay

tǔpéng(zi) 土棚(子) N. mud hovel

túpí 荼毗 V. <loan> cremate a body (transliteration from Sanskrit)

tǔpī* 土坯 N. sun-dried mud brick; adobe

[1]**túpiàn** 图片[圖-] N. picture; photograph M: [1]zhāng

[2]**túpiàn** 涂片[塗-] N. <med.> smear M: [1]piàn

túpiànshè 图片社[圖-] N. photo service M: [1]jiā

túpiàn shuōmíng 图片说明[圖-] N. caption M: [1]fèn

tūpiáor 秃瓢儿[禿-] N. <topo.> baldhead

tǔpíng 土坪 N. level stretch of land

tūpò* 突破 V./N. ① make a breakthrough ② surmount

tǔpō(r) 土坡(儿) N. slope M: [2]dào

tūpòdiǎn 突破点[-點] N. <mil.> breakthrough point; point of penetration

tūpò dìqū 突破地区[-區] P.W. <mil.> area of penetration/breakthrough

tūpòkǒu 突破口 N. ① breach; gap ② breakthrough point

tūpò nánguān 突破难关[-難關] V.O. break the back of a tough job

tūpòxìng 突破性 ATTR. path-breaking

tūpò yīdiǎn 突破一点[-點] V.O. make a breakthrough at some single point

túpǔ 图谱[圖-] N. collection of illustrative plates; atlas

tūqí 突骑 N. charging cavalry

[1]**tūqǐ** 突起 V. ① break out; suddenly appear ② rise high; tower

²tūqǐ 凸起 V. protrude
túqī 涂漆[塗-] V.O. paint
¹tǔqì* 土气[-氣] N./S.V. ① rustic; uncouth ② emanations from the soil
²tǔqì 吐气[-氣] V.O. ① give a sigh of relief *Zhèshí tā qīngsōng de tǔle kǒu qì.* Then he heaved a sigh of relief. ② <lg.> aspirate ③ feel elated ④ vent pent-up feelings ♦N. <lg.> aspiration
³tǔqì 吐弃[-棄] V. spurn; cast aside; reject
tǔqiāng 土腔 N. local pronunciation/accent
tǔqiáng* 土墙[-牆] N. earthen wall M: ⁴zuò/²dào
tǔqiāng-tǔdiào 土腔土调 N. accent; local dialect; patois
tūqǐfújǔ 兔起凫举[-鳧舉] ID. swift in action
tùqǐhúluò 兔起鹘落 ID. ① quick and agile movement ② quick flow of artist's/writer's thoughts/imagination
tú qīngjìng 图清静[圖-靜] V.O. seek a quiet life
túqīngqī 涂清漆[塗-] N. varnish
túqióng 途穷[-窮] V.P. at the end of one's resources
túqióng bǐshǒu xiàn 图穷匕首见/现[圖窮-] ID. the plot is revealed in the end
túqióngbǐxiàn 图穷匕见/现[圖窮-] ID. the plot is revealed in the end
túqióngfǎnshì 途穷反噬[-窮--] F.E. <wr.> When cornered, a beast fights back.
tūqiū 秃鹙[禿/鶖-] N. ① <zoo.> baldheaded crane ② baldhead; baldpate
tǔqiū* 土丘 N. mound; hillock
tǔqìyángméi 吐气扬眉[-氣揚-] F.E. expression of relief and satisfaction
tǔqìyīn 吐气音[-氣-] N. <lg.> aspirate; aspiration
tǔqì zuòyòng 吐气作用[-氣--] N. <lg.> aspiration
túqù 涂去[塗-] R.V. black out; blot out
tùquē 兔缺 N. harelip
tūrán* 突然 ADV. suddenly; abruptly
túrán 徒然 ADV. ① in vain; to no avail ② merely; only
túrǎn 涂染[塗-] V. be contaminated by; pick up (a bad habit/idea)
tūrán chījīng 突然吃惊[-驚] V.P. be taken aback
tǔrǎng 土壤 N. soil
tǔrǎng bǎochí 土壤保持 N. soil conservation
tǔrǎng qīnshí 土壤侵蚀 N. soil erosion
tǔrǎngxìliú 土壤细流 F.E. Great oaks from little acorns grow.
tǔrǎngxué 土壤学 N. soil science; pedology; agronomy
tǔrǎng yánjiǎnhuà 土壤盐碱化[--鹽鹼-] N. salinization/salting of soil
tǔrǎng yánzìhuà 土壤盐渍化[--鹽--] N. soil salinization
tǔrǎng zhìdì 土壤质地[--質-] N. soil texture
tūrán xíjī 突然袭击[-擊] N. surprise attack
tūrén 秃人[禿-] N. bald person
túrén 途人 N. ① passer-by ② traveler ③ stranger
tǔrén* 土人 N. ① natives; aborigines ② mud doll
tǔréngǎn 土人感 N. <lg.> feeling of a native
tūrù 突入 V. break into suddenly
tūrúqílái 突如其来 F.E. arise suddenly
tùryé 兔儿爷[-爺] N. ① clay rabbit (associated with the Moon Festival) ② catamite
tùrzǎizi 兔儿崽子 N. <derog.> scoundrel
tùsāihóunǎo 兔腮猴脑[-腦] F.E. silly-faced
tǔsè 土色 N. ashen; pale
tǔsè máquè 土色麻雀 N. clay-colored sparrow M: ²zhī
Túsēn 图森[圖-] P.W. Tucson
túshā 屠杀[-殺] N./V. massacre; butcher
tūshān* 秃山[禿-] N. bare hills M: ⁴zuò
túshàn 徒善 N. ① well-intentioned but infeasible plan ② kind-hearted but taking no action
tǔshān(zi) 土山(子) N. earthen hill M: ⁴zuò
túshàng 涂上[塗-] R.V. apply on the surface of sth. (of paint/etc.)
túshāo 屠烧[-燒] V. kill and burn on a conquered land
túshè 徒涉 V. <wr.> wade through; ford
túshèchǎng 徒涉场[-場] N. ford
tǔshēng Pútáorén 土生葡人 N. native-born Portuguese (in Macau)
tǔshēngtǔzhǎng 土生土长 F.E. locally born and bred
tǔshēngwànwù 土生万物[--萬-] F.E. Earth produces myriads of things.
tǔ-shèntòuxìng 土渗透性[-滲--] N. soil permeability
tǔ shétou 吐舌头 V.O. stick out one's tongue
túshī 徒师[-師] N. foot soldiers; infantry
¹túshì* 图示[圖-] V. ① indicate by pictures ② the illustration shows. . .
²túshì 涂饰[塗-] V. ① cover with paint/etc. ② whitewash
³túshì 图式[圖-] N. ① plan; figure; design; scheme ② <lg.> scheme script
tǔshí 吐实[-實] V.O. tell the truth
tǔshífāng 土石方 N. cubic meter of earth and stone
tǔshí wéiyàn 土石围堰[--圍-] N. earth-rock cofferdam
¹túshǒu 徒手 ADV. bare-handed; unarmed
²túshǒu 徒首 ADV. bareheaded (after the helmet is lost in battle)
túshǒu bódòu 徒手搏斗[-鬥] V.P. fight bare-handed
túshǒucāo 徒手操 N. free-standing exercises
túshǒu cǎotú 徒手草图[-圖] N. freehand sketch
túshǒu huà cǎotú 徒手画草图[--畫-圖] N. freehand sketch
tǔshòujī 吐绶鸡[-雞] N. turkey M: ²zhī
túshǒuqǐjiā 徒手起家 F.E. make a fortune starting from scratch
túshǒu tǐcāo 徒手体操[-體-] N. <sport> free-standing exercises; calisthenics
túshǒuzhìfù 徒手致富 F.E. from rags to riches
tūshù 秃树[禿樹] N. leafless tree M: ²kē
túshu 图书[圖書] N. <topo.> seal *See also túshū*
túshū* 图书[圖書] N. books *See also túshu*
túshǔ 徒属[-屬] N. followers; disciples M: ge/¹míng
tǔshǔ 吐属[-屬] N. <wr.> style of conversation
tùshǔ 兔鼠 N. hairy rat M: ²zhī
túshuā 涂刷[塗-] V. paint with a brush
túshūdiàn 图书店[圖書-] P.W. bookstore M: ¹jiā
túshū diǎncáng 图书典藏[圖書-] N. book collection
túshū fēnlèifǎ 图书分类法[圖書-類-] N. classification of books
túshūguǎn 图书馆[圖書-] P.W. library M: ¹jiā
túshū guǎnlǐyuán 图书管理员[圖書-] N. librarian M: ge/¹míng/²wèi
túshūguǎnxué 图书馆学[圖書-] N. library science
túshūguǎnyuán 图书馆员[圖書-] N. librarian M: ge/¹míng/²wèi
túshū liúlǎnshì 图书浏览室[圖書瀏覽-] P.W. browsing room M: ¹jiān
túshū mùlù 图书目录[圖書-錄] N. catalog of books; library catalog M: ¹běn/²bù
¹túshuō 图说[圖-] N. illustrated/pictorial handbook
²túshuō 涂说[塗-] N. rumor
túshūshì 图书室[圖書-] N. small library or reading room M: ¹jiān
túshū zīliào 图书资料[圖書-] N. books and reference materials
¹tǔsī* 土司 N. ① <trad.> minority hereditary headman M: ge/¹míng/²wèi ② rule through such by the central government ③ <loan> toast M: ¹piàn/²kuài
²tǔsī 吐丝[-絲] V.O. make silk (of silkworms)
³tǔsī 吐/土司 N. <loan> toast; toasted bread M: ¹piàn/²kuài
⁴tǔsī 土丝[-絲] N. <archeo.> native silk; silk cloth
tùsī(zi) 兔丝(子)[-絲-] N. <bot.> dodder
túsǐ'èmìng 图死扼命[圖-] F.E. contemplate suicide
tùsǐgǒupēng 兔死狗烹 ID. ① purge those most responsible for one's success after they outlive their usefulness ② ingratitude
tùsǐhúbēi 兔死狐悲 ID. mourn a friend's death
tǔsīmiànbāo 土司面包[--麵-] N. toasted bread M: ²kuài/¹piàn
tùsīwén 菟丝纹[-絲-] N. <art> dodder mark (in glaze design)
túsǐwúyì 徒死无益 F.E. There is no sense in a useless death.
tùsīyànmài 兔丝燕麦[-絲-麥] ID. <wr.> in name but not in reality
tùsīzǐ 菟丝子[-絲-] N. <bot.> seed of Chinese dodder
tǔsīzìfù 吐丝自缚[-絲--] F.E. self-entrapping actions
¹túsū 酴酥 N. medicated liquor
²túsū 屠苏[-蘇] N. ① an ancient wine ② plant
tǔsú 土俗 N. local custom ♦S.V. uncouth; vulgar
tǔsù* 吐诉 V. frankly state one's mind
tǔsuì 吐穗 V.O. <agr.> ear (up); head
túsūjiǔ 屠苏酒[-蘇-] N. medicated liquor M: bēi/píng
túsūn* 徒孙[-孫] N. disciple's disciple M: ge/¹míng
tùsūn 兔狲[-猻] N. <zoo.> steppe cat M: ²zhī
tǔtā 土塌 V.P. landslide; landfall
tútán 涂潭[塗-] N. <wr.> muddy pond/water
tútàn 涂/荼炭[塗-] N. ① utter misery ② sufferings of the common people
tǔtán* 吐痰 V.O. spit; expectorate
tútànnàihé 徒叹奈何[-嘆--] F.E. helpless
tútànshēnglíng 涂炭生灵[塗-靈] F.E. The people are plunged into an abyss of misery.
túTáo 图逃[圖-] V.P. attempt to escape
tǔtèchǎn(pǐn) 土特产(品)[--產-] N. local/native product M: ²jiàn
túténg 图腾[圖-] N. ① <loan> totem ② <trad.> flags embroidered with the patterns of animals representing the various barbarian tribes
tūtīhuáji 突梯滑稽 F.E. <trad.> suave
tūtǐjìnglìshìcéng 凸体镜砾石层[-體-礫-層] N. <geol.> lens of gravel
tūtóu 秃头[禿-] V.O./N. ① bald/shaven head ② baldheaded person ♦ATTR. bareheaded; hatless
tūtòujìng 凸透镜 N. convex lens M: ¹piàn/²kuài
tǔtóutǔliǎn 土头土脸 F.E. baldheaded
tūtóutūnǎo 秃头秃脑[禿-禿腦] F.E. baldheaded
tǔtóutǔnǎo* 土头土脑[-腦] F.E. rustic; unfashionable (of behavior/dress/etc.); hillbilly; unsophisticated
tūtū 突突 ON. palpitate; chug-chug
tǔtún 土豚 N. aardvark
tútūn gōngkuǎn 图吞公款[圖-] V.O. scheme to embezzle public funds
tùtuō 兔脱 V. <wr.> scuttle away; flee
tútuōkōngyán 徒托空言 F.E. all talk, no action
Túwǎlú 图瓦卢[圖-盧] P.W. Tuvalu (in the Pacific)
tūwéi 突围[-圍] V.O. break out of an encirclement
tūwěiba 秃尾巴[禿-] ATTR. tailless
tūwéi'érchū 突围而出[-圍--] F.E. break through the siege and flee
tǔwèishízú 土味十足 F.E. very rustic/unfashionable
tǔwéizi 土围子[-圍-] N. fortified village M: ⁴zuò
tūwén* 凸纹 N. <art> design in relief; burr; cord
tú-wén 图文[圖-] N. <lg.> pictographic writing
tǔwēn 土温 N. soil temperature
túwénbìngmào 图文并茂[圖-並-] F.E. picture and accompanying essay are both excellent
tūwénbù 凸纹布 N. cotton cloth with raised lines M: ²kuài

tú-wén chuánshì 图文传视[圖-傳-] N. videotext
tú-wén chuánzhēn 图文传真[圖-傳-] N. fax
tūwén hòumiánbù 凸纹厚棉布 N. corduroy M: [2]kuài
tūwù* 突兀 V.P. ① lofty; towering ② sudden; unexpected
tǔwū 土屋 N. earthen house M: [1]jiān
tǔwù 土物 N. ①products of the earth ②domestic products M: [2]jiàn
tǔwùr 土物儿 N. native product; local souvenir M: [2]jiàn
tūxí* 突袭 V. surprise attack
túxī 徒裼 V.P. barefooted and barebreasted
[1]**tūxiǎn** 突显[-顯] V. be conspicuous; be in the limelight
[2]**tūxiǎn** 凸显[-顯] V. give prominence to; magnify
tūxiàn* 突现 V. appear suddenly
túxiǎn 徒跣 V. move on one's bare feet
túxiàn 图线[圖-] A.T. lines in a drawing/etc.
túxiàng 图像/象[圖-] N. ① picture; image ② <lg.> icon
túxiàng shìbié 图像识别[圖-識-] N. <elec.> pattern recognition
túxiàng xiānjiàn 图像先见[圖-] N. <lg.> picture preference
tūxiàn yǎnqián 突现眼前 V.P. burst into view
tùxiǎozi 兔小子 N. bastard
túxiāozuòfèi 涂销作废[塗-廢] F.E. invalidate by crossing/blotting out
túxiě* 涂写[塗寫] V. ① scribble ② write as one pleases
tùxiě 吐血 V.O./N. spit blood
tù-xiè 吐泻[-瀉] N. vomiting and diarrhea
[1]**túxíng*** 图形[圖-] N. graph; figure
[2]**túxíng** 徒刑 N. <law> ①imprisonment ②forced labor
[3]**túxíng** 徒行 V. go on foot; walk; hike
tǔxīng 土腥 N. smelling of mud/earth
Tǔxīng 土星 N. <astr.> Saturn
tǔxìng 土性 N. condition/nature of the soil
túxíng biànshí 图形辨识[圖-識] N. pattern recognition
túxíng chǔlǐ 图形处理[圖-處-] N. graphic processing
túxíng dānwèi 图形单位[圖-] N. <lg.> grapheme
túxíng juésuànbiǎo 图形决算表[圖-決--] N. <acct.> graphic statement; pictorial statement M: [1]zhāng
tǔxīngqì 土腥气[-氣] N. ① gritty taste ② the smell of soil
tǔxìngr 土性儿 N. <topo.> soul; spirit
tǔxìngr bù xiǎo 土性儿不小 V.P. <coll.> willful
túxíng shūrù zhuāngzhì 图形输入装置[圖---裝-] N. <comp.> graphics input devices M: [1]tái/[1]jià
túxíng shùwèiqì 图形数位器[圖-數--] N. <comp.> graphics digitizer M: ge/[1]jià/[1]tái
túxíng wǎngfǎn 徒行往返 V.P. go and return on foot
tǔxīngwèir 土腥味儿 N. the smell of soil
tǔxù 吐絮 N./V.O. <agr.> boll opening
túxué 图学[圖-] N. graphics
tǔxūzi 土虚子[-虛-] N. bully; ruffian
túyā* 涂鸦/鸭[塗-] N. ① scrawl ② graffiti ③ poor calligraphy ♦V.O. write badly; scribble
tǔyá 土崖 N. earth cliff M: [4]zuò
tǔyān 吐烟[-煙] V.O. blow out cigarette smoke
[1]**tǔyàn*** 吐艳[-艷] V.O. burst into gorgeous color
[2]**tǔyàn** 土燕 N. swallow plover M: [2]zhī
túyàng(r)* 图样(儿)[圖樣-] N. pattern; design; draft
tǔ-yáng 土洋 N. native and foreign styles
tǔyàng 土样[-樣] N. soil sample
tǔyángbìngjǔ 土洋并举[-並舉] F.E. combine traditional and modern methods
tǔyángjiéhé 土洋结合 F.E. combine native and foreign methods
tǔyánglǐ 土洋李 N. native plum
túyàng shìbié 图样识别[圖樣識-] N. pattern recognition
tūyānmàohuǒ 突烟冒火[-煙--] F.E. dash through smoke and fire
túyào* 涂药[塗藥] V.O. apply medicine to the skin/wound
tǔyāo 土腰 N. isthmus
tǔyáo 土窑[-窯] N. cave dwelling (in loess). M: [4]zuò
tǔyào 土药[-藥] N. ① native medicine ② domestic opium
Tǔyào(rì) 土曜(日) N. <wr.> Saturday
tǔyáozi 土窑子[-窯-] N. cheap brothel M: [4]zuò/ge
tǔyè 土业[-業] N. landed property
túyǐ 涂乙[塗-] V.O. <wr.> ① prune (an essay, etc.); delete and change ②change the wording of an article
tǔyí* 土仪[-儀] N. <wr.> local product presented as a gift M: [1]fèn
tǔyīn(r)* 土音(儿) N. local accent
tǔyín 土银 N. land bank
tūyīng 秃鹰[禿-] N. bald eagle M: [2]zhī
túyōngxūmíng 徒拥虚名[-擁虛-] F.E. have an undeserved reputation
tūyǒu 秃友[禿-] N. pen; writing brush
túyóu* 涂油[塗-] V.O. apply oil for protection/lubrication/etc.
túyǒu'èpiǎo 途有饿殍 F.E. Corpses of people who died of starvation are seen by the roadside.
túyǒupímáo 徒有皮毛 F.E. superficial; without substance
túyǒuqībiǎo 徒有其表 F.E. all show and no content
túyǒuqímíng 徒有其名 F.E. nominal; in name only
túyòu táocí 涂釉陶瓷[塗-] N. glazed ceramics
túyǒuxíngshì 徒有形式 F.E. be a mere formality
túyǒuxūmíng 徒有虚名[--虛-] F.E. have nothing but an empty title
túyǔ 图语[圖-] N. graphic language
túyù 途遇 V. encounter on the way; meet en route
tǔyǔ* 土语 N. ① local/colloquial expressions/dialect ② patois; rural dialect; vernacular
tūyuán 凸缘 N. flange
túyuán* 图元[圖-] N. pixel
tùyuáncè 兔园策[-園-] N. books without profound ideas; chapbooks
tǔ yuànqì 吐怨气[-氣] V.O. vent one's grievances
tūyuèbiànhuàn 突跃变换[-躍變換] F.E. abrupt transformation
tǔyuèjú 土越桔 N. native cranberry M: ge/[2]zhī
Tǔyùhún 吐谷浑 N. <hist.> proto Mongol-speaking people in the Northwest
túzǎi 屠宰 V. butcher; slaughter
túzǎichǎng 屠宰场[-場] P.W. slaughterhouse M: [1]jiā/[4]zuò
túzǎishuì 屠宰税 N. tax on slaughtering animals M: [2]bǐ
túzǎiyè 屠宰业[-業] N. animal-slaughtering business
tùzǎizi 兔崽子 N. <derog.> brat; bastard
tǔzàng* 土葬 N. burial in the ground; inhumation
tǔzāng 吐赃[-贓] V.O. disgorge ill-gotten gains
tūzāo* 突遭 V. suddenly meet with/experience
tǔzào 土造 V. make with indigenous methods
túzé 涂泽[塗澤] V.P. <wr.> gloss over; whitewash
tǔzéi 土贼 N. bandits M: ge/[1]míng
tūzēng* 突增 V. increase suddenly
túzēng 徒增 V. grow/increase without profit/progress/etc.
túzhāng* 图章[圖-] N. seal; stamp M: ge/[4]méi/[2]zhī
túzhǎng 徒长 V. <bot.> ① spindle ② excessive and rapid growth (of branches and leaves)
túzhāng jièzhi 图章戒指[圖-] N. signet ring
tūzhě 凸褶 N. flange
tūzhechá(r) 秃着茬(儿)[禿著-] F.E. <coll.> disappointed; unfulfilled
tǔzhèngcè 土政策 N. indigenous/local policy
tūzhǐ 突趾 N. toe
túzhǐ* 图纸[圖-] N. blueprint; drawing M: [1]zhāng/tào
tǔzhǐ 土纸 N. handmade paper M: [1]zhāng
[1]**tǔzhì** 土质[-質] N. soil texture
[2]**tǔzhì** 土制[-製] ATTR. homemade; crudely manufactured
tǔzhìféiwò 土质肥沃[-質--] F.E. soil fertility
túzhīmǒfěn 涂脂抹粉[塗-] F.E. ① doll up; prettify ② whitewash
tǔzhìxué 土质学[-質-] N. soil science
túzhōng* 途中 N. en route
túzhòng 徒众[-眾] N. gang; crowd; group of followers
tǔzhōng 土螽 N. gray grasshopper M: [2]zhī
tǔzhǒng 土冢 N. grave mound M: [4]zuò
tǔzhū 土猪[-豬] N. aardvark M: [2]zhī
[1]**tǔzhù*** 土著 N. original inhabitants; aboriginals; natives M: ge/[1]míng
[2]**tǔzhù** 土柱 N. ① pillar ② <geol.> earth-pillar M: [2]gēn
tǔzhuānjiā 土专家[-專-] N. self-taught or local expert M: ge/[1]míng/[2]wèi
tǔzhù fángyù gōngshì 土筑防御工事[-築-禦--] N. earthwork fortification
tǔzhù yǔyán 土著语言 N. indigenous language
tūzi 秃子[禿-] N. ① baldhead ② <topo.> favus of the scalp
túzì 徒自 ADV. in vain; of no avail
tǔzì 吐字 V.O. <thea.> ① pronounce words ② articulate; pronounce *Tā ~ qīngchu.* She enunciates clearly.
tùzi* 兔子 N. ① hare; rabbit ② <slang> male homosexual M: [2]zhī
tùzi bù chī wōbiān cǎo 兔子不吃窝边草[----窩邊-] ID. evildoers don't harm next-door neighbors
tūzìfú 凸字符 N. raised character
tùzi jiàbuliǎo yuán 兔子驾不了辕 ID. be unable to shoulder heavy responsibilities
túzìjīngrǎo 徒自惊扰[-驚擾] F.E. become needlessly alarmed
tǔzì qīngchu 吐字清楚 V.P. enunciate clearly
túzǐtúsūn 徒子徒孙[-孫] F.E. disciples and followers; adherents
tùzi wěiba chángbuliǎo 兔子尾巴长不了 V.P. won't last long
tùzǒuwūfēi 兔走乌飞[-烏飛] ID. Time passes swiftly.
túzú 徒卒 N. foot soldiers; infantry M: ge/[1]míng
Tǔzú* 土族 N. Tu ethnic minority (in Qinghai province)
tūzuǐ'āobí 凸嘴凹鼻 F.E. projecting lips and a sunken nose
túzuò 徒坐 V. sit without doing anything
tǔzuòjiā 土作家 N. native/local writer M: ge/[1]míng/[2]wèi
T-xù shān T恤衫 N. <loan.> T-shirt (borrowed through Cantonese, where *xù* is pronounced *seut*) M: [2]jiàn

T

W

wa 哇 M.P. *formed by linking a syllable ending in a u-sound and the final particle a* ***Hǎo ~!*** Fine! *See also* [2]*wā*
[1]wā* 挖 V. dig; excavate
[2]wā 哇 ON. Wah! (sound of vomiting, crying, etc.) *See also wa*
[3]wā 蛙 N. frog M: [2]*zhī*
[4]wā 洼/凹[窪/-] V. be hollowed-out; low-lying ♦N. low-lying area; depression M: [1]*piàn*/[2]*kuài* *See also* [1]*āo*
[5]wā 娲[媧] in ***Nǚwā***
[6]wā 瓦 in ***lánwāwā*** *See also wǎ,* [2]*wà*
wá 娃 B.F. baby; child ***wáwa, wázi*** ♦SUF. <*topo.*> newborn animal ***gǒu~*** newborn puppy
wǎ 瓦 N. ① tile ② earthenware M: [2]*kuài*/[1]*piàn* ♦M. <*loan*> watt *See also* [6]*wā,* [2]*wà*
Wǎ 佤 in ***Wǎzú***
[1]wà 袜[襪] B.F. socks; stockings; hose ***wàzi*** *See also* [19]*mò*
[2]wà 瓦 V. cover (a roof) with tiles; tile *See also* [6]*wā, wǎ*
[3]wà 腽[膃] in ***wànà***
wāba 挖巴 V. <*coll.*> dig
wǎbǎnyán 瓦板岩 N. roofing slate M: [2]*kuài*
wàbèi 袜背[襪-] N. instep
wābǔ 挖补[-補] V. ① mend by replacing a damaged part; gouge and mend (a surfaced road, etc.) ② cut and mend (of writings, etc.)
wābutōng 挖不通 R.V. can't dig through (a tunnel/etc.)
wācáo 挖槽 V.O. ① groove ② plow
wācǎochǎng 洼草场[窪-場] P.W. fresh meadow M: [1]*piàn*
wācáojī 挖槽机 N. <*mach.*> groover M: [1]*tái*/[2]*zhī*
wǎchá(r) 瓦碴(儿) N. broken tiles; potsherds
wāchū* 挖出 R.V. dig out
wāchú 挖除 R.V. excavate
wāchuī 蛙吹 N. croaking of frogs
wā chūlai 挖出来 R.V. dig/gouge out; excavate
wādài 挖袋 V.O. set-in pocket
wàdài(r/zi)* 袜带(儿/子)[襪帶-] N. garters M: [1]*shuāng*/[2]*zhī*
wǎdāng 瓦当[-當] N. eaves-tile
wǎdāngwén 瓦当文[-當-] N. inscriptions on eaves-tiles
wǎdāo 瓦刀 N. bricklayer's cleaver M: [1]*bǎ*/[2]*zhī*
[1]wādì* 洼地[窪-] N. depression; low-lying land M: [1]*piàn*/[2]*kuài*
[2]wādì 挖地 V.O. dig the earth
wàdǐ(r) 袜底(儿)[襪-] N. sole (of socks) M: [1]*shuāng*/[2]*zhī*
wādiàn 挖垫[-墊] V. <*trad.*> patchwork embroidery
wādiào 挖掉 R.V. dig out; eradicate
wādòng 挖洞 V.O. make a hole/cave
wādòngjī 挖洞机 N. earth-boring machine M: [1]*tái*
wā dōngqiáng bǔ xīqiáng 挖东墙补西墙[--牆補-牆] ID. repair one place at the expense of another
wādōu 挖兜 N. inset pocket M: [2]*zhī*
wā'ěr 挖耳 V.O. pick (wax from) one's ears ♦N. earpick
wá'ér* 娃儿 N. <*coll.*> children
wā ěrduo 挖耳朵 V.O. pick (wax from) one's ears ♦N. earpick
wā'ěrqì 挖耳器 N. earpick M: [2]*zhī*
wāfāng 挖方 N. ① excavation (of earth/stone) ② cubage of excavation
wǎfáng* 瓦房 N. tile-roofed house M: [1]*jiān*
wǎfǔléimíng 瓦釜雷鸣 ID. mediocrities are making a big show
wāgǎi 挖改 V. cut and make changes (of a piece of writing, etc.)
wāgégǎi 挖革改 V.P. tap potential and carry out technical innovations
wāgēn(zi) 挖根(子) V.O. dig up roots (esp. fig.); uproot
wǎgōng 瓦工 N. ① bricklaying; tiling; plastering ② bricklayer; tiler; plasterer M: [1]*míng*/[1]*gè*
wāgōu* 挖沟[-溝] V.O. dig ditches
wǎgōu 瓦沟[-溝] N. tile
wāgōujī 挖沟机[-溝-] N. ditcher; trencher M: [1]*tái*/[1]*jià*
wǎguān 瓦棺 N. clay/pottery coffin M: [2]*zhī*/[3]*kǒu*
wǎguàn* 瓦罐 N. earthen jar; crock M: [2]*zhī*/[1]*gè*
wǎguǎnhándòng 瓦管涵洞 N. tile culvert
wǎguō 瓦锅[-鍋] N. earthen pot M: [3]*kǒu*/[2]*zhī*
wāháogōujī 挖壕沟机[--溝-] N. trench excavator M: [1]*tái*/[2]*zhī*
wǎhé 瓦合 N. loosely put together
wǎhézhīzú 瓦合之卒 N. disorderly band of soldiers
wāhuā 挖花 N. a mahjongg-like game
wāhuāzhīzào 挖花织造[--織-] N. swivel weaving
wǎhuī 瓦灰 N. gray (color of tiles)
[1]wāi 歪 S.V. ① askew; crooked; inclined ***Zhè fú huà guà~ le.*** This painting isn't hanging straight. ② devious; underhanded
[2]wāi 㖞[喎] B.F. crooked (of facial features) ***wāipībùsuí***
wǎi 崴 V. sprain; twist ♦S.V. rugged (of terrain)
wài* 外 B.F./SUF. ① outside; exterior ***wàitou, wàimian*** ② other ***lìngwài, yìwài*** ③ appearance ***wàibiǎo*** ④ foreign; external ***wàiguó, wàishěng*** ⑤ abroad ***guówài*** ⑥ unofficial; informal ***wàichuán*** ⑦ on one's mother's/sisters'/daughters' side ***wàizǔmǔ, wàisūn*** ⑧ public ***duìwài kāifàng*** ♦N. <*opera*> elderly man's role
wàibàn 外办[-辦] P.W. foreign affairs office
wàibāng 外邦 N. <*wr.*> foreign countries
wàibànjìng 外半径[-徑] N. circumradius
wàibǎnshū 外版书[-書] N. books not published by the agency selling them M: [1]*běn*
wàibǎo 外堡 N. ① fortifications outside a city/castle; barbican ② blockhouse over a city gate or bridge
wàibāozhuāng 外包装[-裝] N. external/outer packing
[1]wàibì 外币[-幣] N. foreign currency M: [1]*lèi*
[2]wàibì 外壁 N. outside wall M: [1]*dǔ*
wàibian(r) 外边(儿)[-邊-] P.W. ① outside; exterior ② place other than where one lives/works ③ distant place
wàibiànliàng 外变量[-變-] N. external variables
wàibiǎo 外表 N. outward appearance; exterior; surface
wàibì bǎoyǒu'é 外币保有额[-幣--] N. foreign-currency holdings
wàibì cúnkuǎn 外币存款[-幣--] N. foreign-currency savings M: [2]*bǐ*
wàibì duìhuàn 外币兑换[-幣-換] N. foreign-currency exchange/conversion
wàibì duìhuànlǜ 外币兑换率[-幣-換-] N. foreign-currency conversion rate
wàibì duìhuànzhèng 外币兑换证[-幣-換證] N. foreign-currency conversion certificate
wāibiē 歪憋 V. make trouble
wàibì guǎnzhì 外币管制[-幣--] N. ① foreign-currency control ② exchange control
wàibì huìjià 外币汇价[-幣匯價] N. exchange rate (in foreign currency)
[1]wàibīn 外宾[-賓] N. foreign guest/visitor M: [2]*wèi*/[1]*míng*/[1]*gè*
[2]wàibīn 外滨[-濱] N. nearshore (area); offshore
wàibì xiànjīn 外币现金[-幣--] N. cash in foreign currency M: [2]*bǐ*
wàibì zhǔnbèi 外币准备[-幣準備] N. foreign-money reserve
wāibóhéngláng 歪脖横狼 F.E. <*topo.*> twisted
wāibór 歪脖儿 N. sb. with a tilted neck
[1]wàibù 外部 P.W. outside; exterior; surface
[2]wàibù 外埠/埔 P.W. town/city other than where one is
wàibù gōngnéng 外部功能 N. <*lg.*> external function
wàibù gòunǐ 外部构拟[-構擬] N. <*lg.*> external reconstruction
wàibù jīngjì 外部经济[-經濟] N. ① external economy ② externalities
wàibù jìyìtǐ 外部记忆体[-憶體] N. <*comp.*> external storage
wàibù kāiyīndù 外部开音渡[--開--] N. <*lg.*> external open juncture
wàibù qūzhē 外部曲折 N. <*lg.*> external inflection
wàibù shèbèi 外部设备[-備] N. external/peripheral equipment M: *tào*
wàibù tóurù zīběn 外部投入资本 N. outside venture capital
wàibù xiāoshòu 外部销售 N. field sales
wàibù yányǔ 外部言语 N. <*lg.*> external speech
wāicái 歪才 N. ① perverse/unique talent ② people with talent in a specialized field/activity
wàicái(r)* 外财(儿) N. ① extra income ② windfall
wàicè 外侧 N. the outside
wàicéng kōngjiān 外层空间[-層--] N. outer space
wàichā 外插 N. extrapolation
wàichāfǎ 外插法 N. extrapolation
wāichán 歪缠[-纏] V. entangle/harass verbally
wàicháng 外场[-場] P.W. ① suavity; social adroitness ② exterior courtyard ♦ATTR. sociable *See also wàichǎng*
wàichǎng* 外场[-場] P.W. ① outfield ② <*thea.*> forestage *See also wàicháng*
wàichǎngrén 外场人[-場-] N. <*coll.*> responsible/decent/sociable people M: [2]*wèi*/[1]*míng*
wàichāo* 外钞 N. foreign currency M: [2]*bǐ*
wàicháo 外朝 N. outer court of the Forbidden City
wàichén 外臣 N. ① <*trad.*> address used by literati/officials of vassal states to the ruler of another country ② vassal state ③ local officials M: [2]*wèi*/[1]*míng*
[1]wàichéng 外城 P.W. outer city
[2]wàichéng 外乘 V. <*Ch. med.*> external affection
wàichí 外持 N. <*comp.*> (external) enabling system
wàichínèizhāng 外弛内张 F.E. It looks relaxed from the outside, but it is tense inside.
wàichǒng 外宠 N. favorite of the emperor M: [1]*míng*/[1]*gè*

wàichū 外出 V. ① go out ② go on business
wàichuán 外传[-傳] V. ① spread outside; tell others ② rumors have it that. . . *See also wàizhuàn*
wàichūfú 外出服 N. dress outside the home
wàichūxuè 外出血 V.P. <*med.*> external hemorrhage
wàichūzhèng 外出证[-證] N. exit/export permit M: 1*zhāng*
wāicí(r) 歪词(儿) N. ① unreasonable words ② words used to incriminate sb. falsely ③ <*coll.*> falsehoods; lies
wàicún 外存 N. <*comp.*> external memory
wàicúnchǔ 外存储 N. external memory/storage
wàicúnchǔqì 外存储器 N. external memory/storage; file storage; file M: 2*zhī*
1**wàidài** 外带[-帶] ADV. as well; besides ♦N. tire cover
2**wàidài** 外待 V. treat sb. as a stranger/outsider
wāidài màozi 歪带帽子[-帶--] V.O. have one's hat on askew
wàidàizhe 外带着[-帶著] V.P. in addition
wàidān* 外丹 N. <*Dao.*> pill of immortality
wàidàn 外旦 N. <*opera*> homely female role
wāidǎo 歪倒 V. slanting down
wāidào(r)* 歪道(儿) N. ① depraved ways ② evil ideas M: 1*tiáo*
wàidao(r) 外道(儿) <*coll.*> S.V. standoffish ♦N. stranger; outsider
wàidǎo 外岛[-島] N. island that is relatively far from the main territory M: 1*gè*
wàidào 外道 N. <*Budd.*> non-Budd./heretical doctrine M: 1*tiáo*
wāidàodao 歪道道 R.F. <*coll.*> underhanded methods/schemes
wāidàoli 歪道理 N. false reasoning
wāidǎzhèngzháo(r) 歪打正着(儿)[---著-] V.P. score a lucky hit
wàidí 外敌[-敵] N. foreign enemy
wàidì* 外地 P.W. place other than where one is
wàidiǎn 外典 N. <*Budd.*> non-scriptural codes/records/texts
wàidiàn* 外电[-電] N. foreign news-agency dispatch M: 2*fēng*/1*zhāng*
wàidiànlù 外电路[-電-] N. <*elec.*> external circuit M: 1*tiáo*
wāidiǎnzi 歪点子[-點-] N. ① devious method ② evil idea
wàidiào 外调 V. ① transfer (sb./sth.) to another locality ② go out to another work unit to make investigations
wàidì bànshìchù 外地办事处[--辦-處] P.W. field office
wàidì gōngzuò rényuán 外地工作人员 N. field staff
wàidìrén 外地人 N. one not born in the area M: 1*gè*/1*míng*
wàidòng 外动[-動] ATTR. transitive
wàidòngcí 外动词[-動-] N. <*lg.*> public/transitive verb.
wàidúsù 外毒素 N. <*med.*> exotoxin
wài'ěr 外耳 N. external ear M: 1*shuāng*/2*zhī*
wài'ěrdào 外耳道 N. <*phys.*> external auditory meatus M: 2*zhī*
wàifā hánjiàn 外发函件[-發--] N. outward correspondence
wàifān* 外藩 N. ① vassal state ② feudal loads on the borderland
wàifàn 外范[-範] N. <*log.*> extension
wàifāng* 外方 P.W. ① outside ② remote place ♦N. the foreigner side
wàifàng 外放 V. be sent from the central government to serve as a local or overseas official
wàifāngnèiyuán 外方内圆 F.E. upright and foursquare on the surface, smooth and evasive inside
wàifángyùxiàn 外防御线[--禦-] N. first-line/outer defense line M: 1*tiáo*
wāifēng 歪风 N. unhealthy trend M: 2*gǔ*
wāifēngxiéqì 歪风邪气[-氣] F.E. unhealthy trends and evil practices
wàifēnmì 外分泌 N. exocrine; external secretion
wàifēnmìxiàn 外分泌腺 N. exocrine gland M: 1*tiáo*
wàifū 外敷 V. apply (ointment/etc.) externally
wàifūyào 外敷药[-藥] N. medicine for external application M: 1*zhǒng*
wàigǎn 外感 N. ① external influences ② diseases caused by external factors
wàigǎnfēnghán 外感风寒 F.E. be affected by the cold; have a cold
wàigǎng 外港 N. outer port; outport
wàigǎnzhèng 外感症 N. <*Ch. med.*> pathocondition resulting from exogenous affection
1**wàigōng** 外公 N. <*topo.*> maternal grandfather
2**wàigōng** 外功 N. *wǔshù* exercises to benefit the skin/muscles/bones
wàigòu 外购[-購] V. purchase from outside
wǎigu 崴咕 V. <*coll.*> tinker/fiddle with; puzzle out
wàigū* 外姑 N. <*topo.*> wife's mother
wāiguālièzǎo 歪瓜裂枣[-棗] <*coll.*> ID. sb. with an ugly face but sterling heart
1**wàiguān** 外观[-觀] N. outward appearance; exterior
2**wàiguān** 外官 N. <*trad.*> officials outside the capital/court
wàiguāng jùchǎng 外光剧场[-劇場] P.W. outdoor theater; open-air theater
wàiguàzi 外褂子 N. <*trad.*> upper garment worn by Qing officials M: 1*tiáo*/2*jiàn*/
wàigǔgé 外骨骼 N. <*zoo.*> exoskeleton M: 2*gēn*
wǎigu hǎole 崴咕好了 V.P. <*coll.*> fixed by tinkering
wàiguì 外柜[-櫃] N. <*topo.*> counter assistant (of a shop/etc.) M: 1*tái*
wàiguó 外国[-國] P.W. foreign country
wàiguó fǎrén 外国法人[-國--] N. <*law*> foreign juridical person
wàiguó guǎnxiáquán 外国管辖权[-國--權] N. foreign jurisdiction
wàiguó héyíngzhě 外国合营者[-國-營-] N. foreign joint venture
wàiguóhuà 外国话[-國-] N. foreign language M: 1*zhǒng*
wàiguó huìpiào 外国汇票[-國匯-] N. foreign bill of exchange M: 1*zhāng*
wàiguóhuò 外国货[-國-] N. foreign goods M: 1*zhǒng*
wàiguó jūnshì jīdì 外国军事基地[-國----] P.W. foreign military base
wàiguǒké 外果壳[-殼] N. husk M: 2*zhī*
wàiguǒpí 外果皮 N. <*bot.*> exocarp M: 1*piàn*
wàiguórén 外国人[-國-] N. foreigner M: 1*gè*/1*míng*
wàiguórén huàyǔ 外国人话语[-國---] N. <*lg.*> foreigners' talk
wàiguórén jūliúzhèng 外国人居留证[-國---證] N. residence permit for foreigners M: 1*zhāng*
wàiguóshū 外国书[-國書] N. foreign book M: 1*běn*
wàiguó tóuzīfǎ 外国投资法[-國---] N. foreign investment law
wàiguó tóuzīzhě 外国投资者[-國---] N. foreign investor
wàiguóyīn 外国音[-國-] N. <*lg.*> foreign sound M: 3*kǒu*
wàiguó yìyīn 外国译音[-國譯-] N. <*lg.*> Sino-Xenic
wàiguóyǔ 外国语[-國-] N. foreign language M: 1*zhǒng*
wàiguó yǔwén 外国语文[-國--] N. foreign language and literature
wàiguóyǔ xuéyuàn 外国语学院[-國---] P.W. institute of foreign languages
wàiguó zhuānjiā jú 外国专家局[-國專--] P.W. bureau of foreign experts
wàiguó zhùhuá jīgòu 外国驻华机构[-國-華-構] P.W. foreign institutions in China
wàiguó zhùhuá shǐguǎn 外国驻华使馆[-國-華--] P.W. foreign diplomatic and consular missions in China
wàiguózì 外国字[-國-] N. foreign word/character M: 1*zhǒng*
wàiguó zūjiè 外国租界[-國--] P.W. foreign settlement/concession
wàihǎi 外海 N. open sea
wàiháng 外行 N./S.V. ① layman; nonprofessional ② sb. working outside his/her line
wàihánghuà 外行话 N. layman's opinion/language
wàihángrén 外行人 N. layman; non-professional M: 1*gè*/1*míng*
wāihǎo 歪好 ADV. <*topo.*> no matter what; one way or another
wàiháo 外壕 N. outside trench
wàihào(r)* 外号(儿)[-號-] N. nickname
wàihé jiégòu 外何结构[-構] N. <*lg.*> exocentric construction
wàihóngnèibái 外红内白 F.E. be red without and white within
wàihù 外户 N. a door which opens outward
wāihuà* 歪话 N. ① unreasonable talk ② lie M: *pài*
1**wàihuà** 外话 N. <*coll.*> ① vulgar speech ② slang ③ <*topo.*> words of an outsider
2**wàihuà** 外化 N. ① <*phil.*> alienation ② <*psy.*> externalization
wàihuàn 外患 N. foreign aggression
wàihuànnèiyōu 外患内忧[-憂] F.E. foreign invasion and domestic trouble
wàihuànpínréng 外患频仍 F.E. be subjected to repeated foreign aggression
wàihuànzuì 外患罪 N. the crime of foreign aggression
wàihuì 外汇[-匯] N. foreign exchange M: 2*bǐ*
wàihuì chǔbèi 外汇储备[-匯-備] N. foreign-exchange reserve
wàihuì cúndǐ 外汇存底[-匯--] N. ① deposit in foreign-currency ② foreign exchange reserves
wàihuì duìhuànlǜ 外汇兑换率[-匯-换-] N. foreign-exchange certificate (FEC)
wàihuì duìhuànquàn 外汇兑换券[-匯-换-] N. foreign-exchange certificate
wàihuì fēnchéng 外汇分成[-匯--] V. share foreign-currency earnings
wàihuì guānjià 外汇官价[-匯-價] N. official exchange rate
wàihuì guǎnlǐ 外汇管理[-匯--] N. foreign-exchange control
wàihuì guǎnzhì 外汇管制[-匯--] N. exchange control
wàihuì hángqíng 外汇行情[-匯--] N. exchange quotations
wàihuì huìlǜ 外汇汇率[-匯匯-] N. foreign-exchange rate
wàihuì jiāoyì 外汇交易[-匯--] N. foreign-exchange deal/transaction M: 2*bǐ*
wàihuìjú 外汇局[-匯-] N. foreign-currency office
wàihuílù 外回路 N. <*comp.*> outside loops
wàihuìlǜ 外汇率[-匯-] N. foreign-exchange rate
wàihuì páijià 外汇牌价[-匯-價] N. official exchange rate M: 1*zhǒng*
wàihuìquàn 外汇券[-匯-] N. foreign-exchange currency (FEC) M: 1*zhāng*
wàihuì shìchǎng 外汇市场[-匯-場] N. foreign-currency market
wàihuì wàiliú 外汇外流[-匯--] N. drain/outflow of foreign exchange
wàihuì xǔkě 外汇许可[-匯--] N. (foreign)-exchange permit M: 1*zhāng*
wàihuì yèwù 外汇业务[-匯業務] N. foreign-exchange dealings/operations
wàihuì zīchǎn 外汇资产[-匯-產] N. foreign exchange assets
wàihuì zījīn duǎnquē 外汇资金短缺[-匯----] N. lack/shortage of foreign exchange
wàihūn 外婚 N. exogamy M: 2*chǎng*
wāihuò 歪货 N. rotten apple; fallen angel

W

wàihuó 外活 N. ① part-time job ② orders taken by factories/craftsmen ③ work taken in by housewives
[1]wàihuò* 外货 N. foreign goods M: [1]*zhǒng*
[2]wàihuò 外祸[-禍] N. foreign aggression
wàihūxī 外呼吸 N. <*bio.*> external respiration
wàijī 外肌 N. <*lg.*> extrinsic muscle
[1]wàijí* 外籍 N. foreign nationality M: [1]*zhǒng*
[2]wàijí 外集 N. supplement to the collected works of an author, usu. edited by others
[1]wàijiā 外加 CONJ. in addition; more; additionally
[2]wàijiā 外家 N. ① family of maternal grandparents ② <*trad.*> male's second family or mistress/concubine ③ married woman's term for her parent's home ④ house for a mistress/concubine M: [1]*gè*
[1]wàijiān(r) 外间(儿) P.W. ① outer room ② external world; outside circles ③ outsiders
[2]wàijiān 外艰[-艱] V.P. <*trad.*> be in mourning for one's father's death
Wàijiāng 外江 P.W. provinces north of the lower Yangtze ♦N. Shanghai genre of the theater M: [1]*tiáo*
Wàijiāngrén 外江人 N. southerners' reference to people along/north of the Yangtze River M: [1]*míng*/[1]*gè*/[2]*wèi*
wàijiān wūzi 外间屋子 P.W. outer room M: [1]*gè*
wǎijiǎo 歪脚[-腳] V.O. hurt one's ankle
wàijiāo* 外交 N. diplomacy; foreign affairs
wàijiǎo 外角 N. <*math.*> exterior angle
wàijiào 外教 N. ①foreign teacher ②greenhorn; novice
wàijiāo bìhù 外交庇护[-護] N. diplomatic asylum
Wàijiāobù 外交部 P.W. Foreign Ministry
wàijiāo bùzhǎng 外交部长 N. minister of foreign affairs; foreign minister
wàijiāo chéngxù 外交程序 N. diplomatic procedures
wàijiāo cílìng 外交词令 N. ① diplomatic language/parlance ②tactful remarks; euphemisms; circumlocutions
wàijiāo dàchén 外交大臣 P.W. foreign secretary (in Britain)
wàijiāo dàibiǎo 外交代表 N. diplomatic agent/representative M: [2]*wèi*/[1]*míng*/[1]*gè*
wàijiāofǎ 外交法 N. diplomatic law M: [1]*zhǒng*
wàijiāoguān 外交官 N. diplomat M: [2]*wèi*/[1]*míng*/[1]*gè*
wàijiāo guànlì 外交惯例 N. diplomatic practice/usage
wàijiāo guānxi 外交关系[-關係] N. diplomatic relations
wàijiāo huòmiǎnquán 外交豁免权[-權] N. diplomatic immunity
wàijiāojiā 外交家 N. diplomat; expert in diplomacy M: [2]*wèi*/[1]*míng*/[1]*ge*
wàijiāojiè 外交界 N. diplomatic circles
wàijiāo jīgòu 外交机构[-構] P.W. diplomatic mission
wàijiāonèishēng 外焦内生 F.E. scorched outside and underdone inside
wàijiāoshǐ 外交史 N. the history of foreign affairs
wàijiāo shǐjié 外交使节[-節] N. diplomatic envoy
wàijiāo tèquán 外交特权[-權] N. diplomatic prerogative/privilege
wàijiāotuán 外交团[-團] N. diplomatic corps M: [1]*gè*
wàijiāotuán tuánzhǎng 外交团团长[--團團-] N. dean/doyen of the diplomatic corps
wàijiāo wěiyuánhuì 外交委员会 P.W. diplomatic committee
wàijiāo wénshū 外交文书[-書] N. diplomatic papers M: [1]*zhāng*
wàijiāoxì 外交系 P.W. foreign affairs department
wàijiāoxián 外交衔 N. diplomatic rank
wàijiāo xìnshǐ 外交信使 N. diplomatic courier
wàijiāoxué 外交学 N. foreign affairs (as a branch of learning)
wàijiāo yóudài 外交邮袋[-郵-] N. diplomatic pouch/bag
wàijiāo yóujiàn 外交邮件[--郵-] N. diplomatic mail
wàijiāo zhìcái 外交制裁 V. diplomatic sanction
wàijiāyǔ 外加语 N. <*lg.*> disjunct
wàijiā zìsù 外加字素 N. <*lg.*> diacritic grapheme
wàijiē 外接 N. <*lg.*> disjunction
[1]wàijiè* 外界 N. ① external/outside world ② outside
[2]wàijiè 外借 V. lend out ***Diànhuà bù wàijiè.*** This telephone is not for public use.
wàijiè shěnjì 外界审计[--審-] N. <*acct.*> external audit
wàijiēxíng 外接形 N. <*math.*> circumscribed figure
wàijiēyuán 外接圆 N. <*math.*> circumscribed circle; circumcircle
wàijí gōngrén 外籍工人 N. migrant worker M: [1]*gè*/[1]*míng*
wàijí gōngzuò rényuán 外籍工作人员 N. foreign personnel M: [1]*míng*/[1]*gè*
wàijí Huárén 外籍华人[--華-] N. Chinese of foreign nationality M: [1]*míng*/[1]*gè*
wàijí láogōng 外籍劳工[--勞-] N. laborers of foreign nationality M: [1]*gè*/[2]*wèi*
wàijǐnèilián 外挤内联[-擠-聯] F.E. ally to internal units and squeeze into the international market
wàijǐng* 外景 P.W. outdoor scene; exterior
[1]wàijìng 外镜 N. <*math.*> external/outside/outer diameter
[2]wàijìng 外径[-徑] N. diameter
wàijǐng bùjǐng 外景布景 N. open set (for film making, etc.)
wàijǐngduì 外景队[-隊] N. camera crew on location M: [2]*zhī*
wàijīngmào 外经贸[-經-] AB. foreign trade and economic cooperation
wàijǐng shèyǐng 外景摄影[-攝-] N. location photography; shooting on location
wàijí rénshì 外籍人士 N. foreigners; aliens
wàijiù 外舅 N. <*wr.*> wife's father; father-in-law M: [2]*wèi*/[1]*gè*
wàijǐyīn 外挤音[-擠-] N. <*lg.*> egressive sound
wàijǐyīn de 外挤音的[-擠--] ATTR. egressive
wàijí zhígōng 外籍职工[-職-] N. foreign staff/workers
wàijūn 外军 N. foreign army M: [2]*zhī*
wàikē* 外科 P.W. ① surgical department ② external medicine
wàiké 外壳[-殼] N. outer covering/casing; shell; case M: [2]*zhī*
wàikè 外客 N. guests with peripheral relationship to a host M: [2]*wèi*
wàikē dàifu 外科大夫 N. surgeon
wàikē fénghéxiàn 外科缝合线 N. <*med.*> suture
wàikē shǒushùdāo 外科手术刀[---術-] N. scalpel M: [1]*bǎ*
wàikēxué 外科学 N. surgery
wàikē yīshēng 外科医生[--醫-] N. surgeon M: [2]*wèi*/[1]*míng*/[1]*gè*
wàikōng 外空 N. outer space
wàikōng wǔqì 外空武器 N. outer-space weapons
wàikòu 外寇 N. foreign invader M: [2]*zhī*
wàikuai 外快 N. <*coll.*> ①extra income ②rake-off M: [2]*bǐ*
wàikuānnèijì 外宽内忌[-寬--] F.E. appear liberal but be jealous
wàikuānnèiyán 外宽内严[-寬-嚴] F.E. iron hand in a velvet glove
wāikuīzi 歪盔子 N. <*slang*> pretexts for picking quarrels
wāila 歪剌 S.V. <*coll.*> ① inclined; not straight/upright ② indecent
wāilagǔ 歪剌骨 N. ①good-for-nothing ②blackguard; scoundrel
wāilahuò 歪剌货 N. blackguard; scoundrel
wàilái 外来 ATTR. ① outside; external; foreign ② incoming
wàilái biǎodáfǎ 外来表达法[---達-] N. <*lg.*> alienism
wàilái chéngfèn 外来成分 N. <*lg.*> alienism
wàiláicí 外来词 N. loanword
wàilái cíhuì 外来词汇[-彙] N. <*lg.*> lexical borrowing
wàiláifēng 外来风 N. external wind/influence
wàilái gànbù 外来干部[--幹-] N. cadres not native to a locality M: [1]*míng*/[1]*gè*/[2]*wèi*
wàilái gānshè 外来干涉 N. external interference
wàiláihù 外来户 N. families from another place M: [2]*wèi*
wàiláihuò 外来货 N. imported goods
wàiláijù 外来句 N. <*lg.*> syntactic borrowing
wàiláimèi 外来妹 <*coll.*> N. young women from elsewhere who find temporary work in a city M: [2]*wèi*/[1]*míng*/[1]*gè*
wàiláirén 外来人 N. person from another place; non-native M: [2]*wèi*/[1]*gè*/[1]*míng*
wàilái shìlì 外来势力[--勢-] N. foreign/external influence
wàilái yímín 外来移民 N. ① immigrant ② immigration
wàilái yīnsù 外来因素 N. extraneous factor
wàiláiyǔ 外来语 N. loanword M: [1]*zhǒng*
wàiláizì 外来字 N. <*lg.*> loanword
wàilái zījīn 外来资金 N. external finance M: [2]*bǐ*
wàiláng 外廊 N. lanai; veranda; verandah M: [2]*chǎng*
wàilàor 外落儿 N. <*topo.*> income from extra (part-time) job
wāile 歪了 V.P. ① tilted; at an angle ② sprain ③ land in trouble
wāiléng 歪棱 V.O. tilt the head
wāilǐ 歪理 N. false reasoning M: [1]*zhǒng*
wàilì* 外力 N. outside/external force M: [1]*zhǒng*
wàiliú 外流 N. ① outflow; drain ② brain drain
wàiliúdāngàn 外流单干[-幹] F.E. leave collective labor to work independently
wāilù* 歪路 N. ①wrong path ②evil ways; vice M: [1]*tiáo*
[1]wàilù 外露 V. reveal; show
[2]wàilù 外路 ATTR. from elsewhere; non-native
wàilùhuò 外路货 N. imported goods
wàilún 外轮 N. foreign ship M: [1]*sōu*/[2]*zhī*
wàilùrén 外路人 N. stranger; outsider M: [1]*míng*/[1]*gè*/[2]*wèi*
wàimài 外卖[-賣] V. sell outside (of an establishment/locality) ♦N. take-out (food)
[1]wàimào 外貌 N. appearance; exterior; looks
[2]wàimào 外贸 N. foreign trade
wàimào bǎoshuìqū 外貌保税区[-區] P.W. foreign trade zone
Wàimàobù 外贸部 P.W. Ministry of Foreign Trade
wāimáor 歪毛儿 N. <*slang*> ① boy-child's hair style: shaved on one side, hair on the other ② mischievous child ③ loafer; ne'er-do-well
wāimáotáoqì(r) 歪毛淘气(儿)[---氣-] F.E. <*coll.*> ① rambunctious ② hoodlum
wàimào xiéhuì 外贸协会[--協-] P.W. foreign-trade association
wàimào zhòngcái 外贸仲裁 N. foreign-trade arbitration M: [2]*wèi*/[1]*míng*/[1]*gè*
WàiMéng 外蒙 P.W. Outer Mongolia; Republic of Mongolia
WàiMénggǔ 外蒙古 P.W. Outer Mongolia; Republic of Mongolia
wāiménxiédào 歪门邪道 F.E. dishonest practice
wàimian(r) 外面(儿) P.W. outside; exterior
wàimiàn jiàzi 外面架子 N. pretentious behavior
wàimiànrguāng 外面儿光 V.P. only appear good; showy appearance; outward show
wàinǎinǎi 外奶奶 N. maternal grandmother M: [2]*wèi*/[1]*gè*/[1]*míng*

wàinán 外男 N. nephew M: ²wèi/¹míng
wǎiní 崴泥 V.P. <coll.> be in a tight spot
wāiniàntou 歪念头 N. evil ideas; depraved thoughts M: ¹zhǒng
wāiniǔ 歪扭 S.V. crooked; awry; askew
wǎinòng 崴弄 V. <coll.> tinker/monkey with; figure out
wāipai 歪派 V. <topo.> defame; blame someone unjustly
wàipài* 外派 N. non-local assignment
wàipái dàicí 外排代词 N. <lg.> exclusive pronoun
wàipài jīntiē 外派津贴 N. assignment allowance
wāipai rén 歪派人 V.O. <coll.> blacken a person
wàipáo 外袍 N. protective garment worn over regular clothes M: ²jiàn/²zhī
wàipēicéng 外胚层[-層] N. ectoderm
wàipí 外皮 N. epidermis M: ¹zhāng
wàipiān 外片 N. foreign film/television program/video/etc. M: ²bù
wāipìbùsuí 喎僻不遂[喎-] F.E. facial paralysis and hemiplegia after apoplexy
wàipiězi 外撇子 N. sb.regarded as an "outsider" in a group M: ²zhī
wàipó 外婆 N. <topo.> maternal grandmother M: ²wèi/¹gè
wàipójiā 外婆家 N. maternal grandmother's house
wàiqi 外气[-氣] N. <topo.> polite self-reference as an outsider
¹wàiqī 外戚 N. royal relatives on the distaff side M: ²wèi
²wàiqī 外妻 N. concubine M: ²wèi
wàiqǐ* 外企 AB. wàizī qǐyè foreign enterprise/company
wàiqiàn 外欠 N. debts not included in a statement
wàiqiángzhōnggān 外强中干[-強-乾] F.E. strong in appearance but weak in reality; paper tiger
wàiqiáo 外侨[-僑] N. foreign national; alien M: ²wèi/¹míng/¹gè
wàiqiáo huìkuǎn 外侨汇款[-僑匯-] N. immigrant's remittance
wàiqiēxíng 外切形 N. <math.> circumscribed figure
wàiqīn 外亲[-親] N. ① in-laws on the wife's side ② distaff relatives of the king/emperor M: ²wèi/¹míng/¹gè
wàiqín* 外勤 N. ① outside/field work ② field personnel M: ²wèi/¹míng
wàiqīng 外倾 N. extroversion
wàiqín gōngzuò 外勤工作 N. field operation
wāiqīniǔbā 歪七扭八 F.E. crooked; askew
wāiqīshùbā 歪七竖八[--豎-] F.E. jumbled
wāiqū 歪曲 V. distort; misrepresent; twist
wàiquān 外圈 N. outer lane
wàiqūqiú 外曲球 N. <sport> outcurve ball M: ¹gè
wāiqū shìshí 歪曲事实[-實] V.O. distort the facts
wāiqū zuòyòng 歪曲作用 N. <psy.> distortion
wàirán 外燃 ATTR. external-burning; externally fired
wàiránjī 外燃机 N. <mach.> external-combustion engine M: ¹tái
wāirén 歪人 V.O. <topo.> frame a person
wàirén(r)* 外人(儿) N. ① stranger; outsider ② foreigner; alien ③ bystander M: ¹wèi/¹míng/¹gè
wàirèn 外任 V. <trad.> serve as an official outside the capital
wàiróunèigāng 外柔内刚[-剛] F.E. outwardly yielding but inwardly firm
wāisāndàosì 歪三倒四 F.E. <coll.> helter-skelter
¹wàishāng 外商 N. foreign merchant/businessman; foreign business people M: ²wèi/¹míng/¹gè
²wàishāng 外伤[-傷] N. external injury/wound; trauma
wàishāng dúzī qǐyè 外商独资企业[--獨--業] N. wholly foreign-owned enterprise
wàishāng tóuzī qǐyè 外商投资企业[-業] P.W. foreign-invested enterprises
wàishànnèijiān 外善内奸 F.E. fair without, false within
wāishēn 歪身 V.O. <topo.> lean against sth.; stand/sit in tilted position
wàishèn* 外肾[-腎] N. <med.> testis; testicle M: ²zhī
wàisheng 外甥 N. sister's son; nephew M: ²wèi
wàishěng* 外省 N. other provinces (i.e., beyond the capital); provinces other than where one is
wàishengnǚ(r) 外甥女(儿) N. sister's daughter; niece M: ²wèi/¹míng/¹gè
wàishēng nǚxù 外甥女婿 N. husband of one's sister's daughter
wàishěngrén 外省人 N. persons from another province M: ²wèi/¹míng/¹gè
wàishēng xífu(r) 外甥媳妇(儿)[---婦-] N. wife of one's sister's son M: ²wèi/¹míng/¹gè
wàishēngzhíqì 外生殖器 N. <med.> external genital organs
wāishī 歪诗 N. ① clumsy/inferior poetry, esp. comic verse; doggerel ② <humb.> one's own verses M: ²shǒu
wàishǐ 外史 N. ① unofficial history ② <hist.> official in charge of the collection of legends and narratives M: ²bù
¹wàishì* 外事 N. foreign affairs
²wàishì 外室 N. mistress; concubine; kept woman M: ²wèi/¹míng/¹gè ♦P.W. house for a mistress/concubine
³wàishì 外饰 N. outside decoration
⁴wàishì 外氏 N. relatives on one's mother's side M: ²wèi/¹míng/¹gè
wàishì bùmén 外事部门 P.W. foreign-affairs section
wàishìchù 外事处[-處] P.W. foreign-affairs office
wàishì fúwù dānwèi 外事服务单位[---務--] P.W. service unit for foreigners
wàishìjú 外事局 P.W. foreign-affairs bureau
wàishìkē 外事科 P.W. foreign-affairs branch
wàishìkǒu 外事口 N. collective name for all government organs that have to do with foreign affairs
wàishìtú 外视图[-圖] N. external view M: ¹⁰fú
wàishì wǎnglái 外事往来 N. dealings with foreign nationals/organizations
wàishìzǔ 外事组 P.W. ① foreign-affairs section ② section dealing with foreign personnel and foreign visitors
¹wàishǒu 外手 N. ① outer side/edge ② right-hand side (drive)
²wàishǒu 外首 P.W. outside; out
wàishòu fàndiàn 外售饭店 P.W. take-out restaurant M: ¹jiā/¹jiān
wàishuǐ 外水 N. extra income M: ²bǐ
wāishuō 歪说 N. prevarication M: ¹zhǒng
wàisìlùr 外四路儿 N. not close relatives; strangers to one's family
wàisōnglián 外松连[-鬆-] N. <lg.> external open juncture
wàisù 外宿 V. stay outside (one's own home/dormitory) over-night
wàisuì 外祟 N. ① ghosts of strangers, not of one's own relatives ② sb. who is a pest
wàisūn(zi) 外孙(子)[-孫-] N. daughter's son M: ²wèi/¹míng/¹gè
wàisūnnǚ(r) 外孙女(儿)[-孫--] N. daughter's daughter; granddaughter M: ²wèi/¹míng/¹gè
wàisūn nǚxù 外孙女婿[-孫--] N. daughter's son-in-law M: ²wèi/¹míng/¹gè
wàisūn xífu(r) 外孙媳妇(儿)[-孫-婦-] N. daughter's daughter-in-law M: ¹míng/¹gè/²wèi
wàitāi* 外胎 N. tire cover M: ²zhī
wàitái 外台[-臺] N. foreign radio and TV stations
wàitàikōng 外太空 P.W. outer space
Wàitān 外滩[-灘] P.W. the Bund (Shanghai)
wāitánluàndào 歪谈乱道[--亂-] F.E. talk nonsense
wàitáo 外逃 V. ① flee elsewhere ② flee abroad
wàitào(r)* 外套(儿) N. ① overcoat ② loose coat; outer garment ③ jacket ④ shell M: ²jiàn
wàitáo chūjìng 外逃出境 V. run out of the country
wàitáo fènzǐ 外逃分子 V.P. deserter; escapee M: ¹míng/¹gè
wàitàomó 外套膜 N. <zoo.> mantle M: ²zhī
wàitàoqiāng 外套腔 N. <phys.> mantle cavity
wàitīngdào 外听道[-聽-] N. <med.> external auditory meatus M: ¹tiáo
wāitóu(r) 歪头(儿) V.O. tilt one's head
wàitou* 外头 N. outside; out
wàituī 外推 N. extrapolation
wāiwāidǎodǎo 歪歪倒倒 R.F. ① unsteady ② improper
wāiwāi de 歪歪地 ADV. deviously; improperly
wāiwāinìngnìng 歪歪拧拧[-擰擰] R.F. not straight; crooked; twisted
wāiwāiniǔniǔ 歪歪扭扭 R.F. crooked; twisted
wāiwāixiéxié 歪歪斜斜 R.F. not upright; leaning in different directions
wàiwéi* 外围[-圍] N. ① anything/anyone surrounding the central figure/thing; periphery ② sympathizers (of an organization) ③ <lg.> margin
wàiwèi 外位 N. <lg.> extraposition
wàiwèi chéngfèn 外位成分 N. <lg.> extraposition word
wàiwéi de 外围的[-圍-] ATTR. marginal
wàiwéi fángxiàn 外围防线[-圍--] N. <mil.> outer defense line M: ¹tiáo
wàiwéi fángyù 外围防御[-圍-禦] N. perimeter/peripheral defense
wàiwéi fángyùxiàn 外围防御线[-圍-禦-] N. first-line/outer defense lines
wàiwéi huánjié 外围环节[-圍環節] N. external connections
wài-wěi-huì 外委会 AB. wàijiāo wěiyuánhuì
wàiwéi shèbèi 外围设备[-圍-備] N. <comp.> peripheral unit/equipment
wàiwèiyǔ 外位语 N. <lg.> extrapositional word
wàiwéizhōngyòng 外为中用 F.E. make foreign things serve China
wàiwéi zǔzhī 外围组织[-圍-織] N. peripheral/front organization
wàiwén 外文 N. foreign-language M: ¹zhǒng
wàiwénxì 外文系 P.W. foreign-language department
wàiwū 外屋 P.W. outer room M: ¹jiān
wàiwǔ 外侮 N. foreign/external aggression
¹wàiwù* 外务[-務] N. ① matters outside one's job ② foreign affairs ③ shady dealings
²wàiwù 外骛 V.P. <wr.> get involved in things which are not one's business
Wàiwùbù 外务部[-務-] P.W. late Qing Ministry of Foreign Affairs
wàiwù dàchén 外务大臣[-務--] N. minister of foreign affairs; foreign minister M: ²wèi/¹míng/¹gè
Wàiwùshěng 外务省[-務-] P.W. Foreign Ministry (Japan)
wàiwùxiàng 外务相[-務-] N. minister of foreign affairs M: ²wèi/¹míng/¹gè
wàiwùyuán 外务员[-務-] N. person in charge of outside affairs M: ¹míng/¹gè/²wèi
wàixián 外弦 N. the thin outer string on the húqin
¹wàixiàn* 外线 N. ① exterior lines ② outside (phone) connection M: ¹tiáo
²wàixiàn 外县[-縣] N. ① other county ② provincial capital
wàixiǎn de 外显的[-顯-] ATTR. explicit
wàixiàn fǎnyìng 外现反应[-應] N. <psy.> overt response
wàixiāng 外乡[-鄉] N. another part of the country; some other place

[1]**wàixiàng*** 外向 N. extroversion ♦S.V. extroverted; open; frank; be outwardly directed ♦ATTR. <*lg.*> exocentric

[2]**wàixiàng** 外项 N. <*math.*> extremes

[3]**wàixiàng** 外相 N. foreign minister M: [2]*wèi*/[1]*míng*/[1]*gè*

wàixiàng guīfàn de 外向规范的[---範-] ATTR. <*lg.*> exonormative

wàixiàng jiégòu 外向结构[-構] N. <*lg.*> exocentric construction

wàixiāngrén 外乡人[-鄉-] N. non-native M: [1]*míng*/[1]*gè*/[2]*wèi*

wàixiàngxíng 外向型 N. outgoing personality

wàixiàngxíng jīngjì* 外向型经济[-經濟] N. export-oriented economy

wàixiàngxìng jīngjì 外向性经济[-經濟] N. export-oriented economy

wàixiàngyǔ de 外向语的 ATTR. <*lg.*> exoglossic

wàixiàngzhě 外向者 N. extrovert M: [2]*wèi*/[1]*míng*/[1]*gè*

wàixiǎn jièshuō 外显界说[-顯--] N. <*lg.*> explicit definition

wàixiàn-shì 外县市[-縣-] N. other county and city

wàixiǎnxìng xíngshì huàyǔ 外显性行事话语[-顯-----] N. <*lg.*> explicit performative

wàixiāo 外销 V. sell abroad or elsewhere within a country

wàixiāo yèwù 外销业务[-業務] N. foreign sales

wāixié* 歪斜 S.V. crooked; askew

[1]**wàixié** 外邪 N. pernicious foreign influences

[2]**wàixié** 外协[-協] N. coordination with foreign countries or with other units

wàixiéshì 外斜视 N. walleye

wāixīn 歪心 N. twisted mind M: [1]*kē*

wàixīn* 外心 N. ① marital infidelity ② formal/superficial politeness ③ <*math.*> circumcenter

[1]**wàixíng*** 外形 N. ① appearance; external form ② contour

[2]**wàixíng** 外型 N. outside type

wàixìng 外姓 N. surname other than one's own

wàixíng chǐcùn 外形尺寸 N. overall dimension

wàixīngrén 外星人 N. ① an E.T. (extra-terrestrial) ② person who knows nothing about the social situation M: [1]*míng*/[1]*gè*

wàixíngxīng 外行星 N. <*astr.*> superior planet

wāixīnyǎnr 歪心眼儿 N. <*coll.*> bias; prejudice M: [1]*kē*

wàixiōngdì 外兄弟 N. ① first cousins (sons of mother's brothers) ② half brothers on the mother's side M: [2]*wèi*/[1]*míng*/[1]*gè*

wàiyān 外烟[-煙] N. imported cigarettes

wàiyán* 外延 N. ① extension ② <*math.*> exterior extent ③ denotation

wàiyàn 外焰 N. outer flame M: [1]*zhǒng*

wàiyán de 外延的 ATTR. denotative

wàiyāng(r) 外秧(儿) N. people considered as outsiders

wàiyáng* 外洋 N. <*trad.*> ① foreign country; overseas; abroad ② the high seas; international waters

wàiyáng lúnchuán 外洋轮船 N. ocean liner

wàiyāngr 外秧儿 N. <*coll.*> adopted child M: [1]*gè*/[1]*míng*

wàiyán yìyì 外延意义[-義] N. <*lg.*> marginal meaning

wàiyé 外爷[-爺] N. <*topo.*> maternal grandfather M: [2]*wèi*/[1]*míng*

wàiyě* 外野 N. <*sport*> outfield

wàiyè 外业[-業] N. field operation; field work

wàiyěshǒu 外野手 N. <*sport*> outfielder

wàiyī* 外衣 N. ① outer clothing/garment; coat; jacket ② semblance; appearance M: [2]*jiàn*/*tào*

wàiyí 外夷 N. ① foreigner ② foreign country

wàiyì 外溢 V. flow out

wàiyì jiānyù 外役监狱[--監-] P.W. unwalled prison

[1]**wàiyīn*** 外因 N. external cause

[2]**wàiyīn** 外阴[-陰] N. vulva

wàiyǐn 外引 V. ① import technology from abroad or other areas ② absorb foreign capital

wàiyīnbù 外阴部[-陰-] N. vulva area

wài yínhéxì 外银河系 N. <*astr.*> extra galaxies

wàiyīnlùn 外因论 N. theory of external causes M: [1]*zhǒng*

wàiyǐnnèilián 外引内联[-聯] F.E. introduce investment from abroad and establish lateral ties at home

wāiyiwāi 歪一歪 V.P. <*topo.*> lie down to rest

wàiyòng 外用 ATTR. for external use/application

wàiyòngyào 外用药[-藥] N. medicine for external application M: [1]*zhǒng*

wàiyǔ* 外语 N. foreign language M: [1]*zhǒng*

[1]**wàiyù** 外遇 N. ① paramour ② extramarital affair

[2]**wàiyù** 外域 N. <*wr.*> foreign lands

[1]**wàiyuán*** 外援 N. foreign aid; outside help

[2]**wàiyuán** 外缘 N. ① outskirts; outer rim (of an object) ② desires that come from outside temptations ③ <*Budd.*> external cause/influence

[3]**wàiyuán** 外源 N. external source

wàiyuàn 外院 N. outer courtyard ♦AB. *wàiguóyǔ xuéyuàn*

wàiyuánnèifāng 外圆内方 F.E. soft exterior but tough interior; velvet glove

wàiyǔ jiàoxué 外语教学 N. foreign-language teaching

wàiyùn 外运[-運] V. ship goods/materials to other places/countries

wàiyúnèizhì 外愚内智 F.E. foolish in appearance but wise inside

wàiyùqíwǔ 外御其侮[-禦--] F.E. resist an attack from without

wàiyǔrè 外语热[-熱] N. craze for foreign languages

wàiyǔxì 外语系 P.W. department of foreign languages

wàiyǔ xuéyuàn 外语学院 P.W. foreign-languages institute

wàizài 外在 ATTR. external; extrinsic

wàizàixìng 外在性 N. <*phil.*> externalism

wàizài yīnsù 外在因素 N. external factor

wàizhái 外宅 N. ① outer house ② mistress living outside one's own home M: [1]*jiān*

wàizhài* 外债 N. external/foreign debt

wàizhǎn 外展 V. participate in or hold an exhibition in a foreign country

wàizhǎng 外长 AB. *wàijiāo bùzhǎng* Minister of foreign Affairs

wàizhāngnèichí 外张内弛 F.E. empty bombastic talk

wàizhǎo(r) 外找(儿) N. <*trad.*> extra income M: [2]*bǐ*

wàizhào* 外罩 N. outer garment; dustcoat; overall

wàizhàoké 外罩壳[-殼] N. outer casing

wāizhe* 歪着[-著] V.P. <*coll.*> reincline on the couch for a short rest

wǎizhe 崴着[-著] V.P. <*coll.*> carry over the arm

[1]**wàizhèng** 外政 N. foreign policy

[2]**wàizhèng** 外症 N. surface diseases

wàizhǐ 外指 N. <*lg.*> exophoric reference

wàizhì* 外痔 N. external piles/hemorrhoids

wàizhìfǎ 外治法 N. external therapy M: [1]*zhǒng*

wàizhì zhuǎnhuàn 外置转换[-轉換] N. <*lg.*> extraposition

wàizhòngnèiqīng 外重内轻[-輕] F.E. system with weak central government and largely autonomous local governments

wàizhǒngpí 外种皮[-種-] N. <*bot.*> hard outer covering of a seed; testa

wàizhōu 外周 N. periphery

wàizhuǎn 外转[-轉] N. <*lg.*> ① outer series ② series of [4]*shè* with lower main vowels

wàizhuàn* 外传[-傳] N. <*trad.*> ① unauthorized/unofficial biography ② supplement to official biographies ***See also*** *wàichuán*

wàizhuānjú 外专局[-專-] AB. *wàiguó zhuānjiājú*

wàizhuǎnnèi 外转内[-轉-] V.P. sell inside the country goods initially made for export

wāizhǔyi 歪主意 N. ① foolish idea ② evil advice M: [1]*zhǒng*

wǎizi 崴子 N. ① <*topo.*> river bend ② <*topo.*> mountain recess

wàizī* 外资 N. foreign capital M: [2]*bǐ*

wàizǐ 外子 F.E. <*trad.*> my husband

wàizì 外字 N. <*comp.*> characters not in a particular character set

wàizī liúrù 外资流入 N. foreign-capital inflow

wàizī qǐyè 外资企业[-業] P.W. foreign or foreign-funded enterprise

wàizī yínháng 外资银行 P.W. foreign banks

wàizī yǐnjìnguó 外资引进国[-進國] P.W. recipient country of foreign investment

wàizú 外族 N. ① people not of the same clan ② foreigner; alien ③ other nationalities

wàizú de jièci 外族的借词 N. <*lg.*> foreign words borrowed into Chinese

wàizǔfù 外祖父 N. maternal grandfather

wàizǔ fù-mǔ 外祖父母 N. maternal grandparents

wāizuǐ 歪嘴 N. crooked mouth

wāizuǐ héshang 歪嘴和尚 N. sb. who misimplements policies/regulations

wāizuǐ niàn xiéjīng 歪嘴念邪经[-經] F.E. disseminate false propaganda for personal gain

wàizǔmǔ 外祖母 N. maternal grandmother

wàjī 袜机[襪-] N. hosiery machine M: [1]*tái*

wǎjiang 瓦匠 N. bricklayer; tiler; plasterer M: [1]*míng*/[1]*gè*/

wājiǎo 挖角 V.O. lure away the employees of another company/organization by making attractive offers

wājiào* 挖窖 V.O. dig a storage cellar

wǎjiě 瓦解 V. disintegrate; collapse

wǎjiěbīngxiāo 瓦解冰消 F.E. disintegrate; dissolve

wǎjiětǔbēng 瓦解土崩 F.E. disintegrate completely; fall apart; collapse; crumble

wājǐng 挖井 V.O. dig a well

[1]**wājué** 挖掘 V. excavate; unearth

[2]**wājué(r)** 挖角(儿) V.O. <*thea.*> induce a popular member of another theatrical troupe to join yours

wājuéjī 挖掘机 N. excavator M: [1]*tái*

wākēng 挖坑 N. potholing

wākōng 挖空 V. excavate; hollow

wākōng xīnsi 挖空心思 V.O. rack one's brain

wàkǒur 袜口儿[襪-] N. opening of a sock/stocking/etc.

wāku* 挖苦 V.O. speak sarcastically/ironically

wàkù 袜裤[襪-] N. pantyhose M: [1]*tiáo*

wǎkuài(r) 瓦块(儿)[-塊-] N. shards of roof tiles; fragments of a tile M: [1]*piàn*

wākuān 挖宽[-寬] R.V. dig wider (of a pit/ditch/etc.)

wākuàng 挖矿[-礦] V.O. dig a mine for ore/mineral

wākuhuà 挖苦话 N. verbal thrust M: [1]*chuàn*

wālā* 哇啦 ON. hullabaloo; uproar

Wǎlà 瓦剌 N. Eleuth Mongols (in Xinjiang)

wālán 蛙兰[-蘭] N. <*bot.*> frog orchid; orchid

wǎlán* 瓦蓝[-藍] V.P. azure; bright blue

wālāwālā 哇啦哇啦 ON. uproar; din

wālèi yǎngzhí 蛙类养殖[-類養-] N. frog culture

wǎléng 瓦楞 N. rows of roof tiles ♦ATTR. corrugated

wǎléngmào 瓦楞帽 N. ① <*trad*> commoners' hat with indentation in the middle ② soft hat M: [1]*dǐng*

wǎléngzhǐ 瓦楞纸 N. corrugated paper M: [1]*zhāng*

wǎléngzi 瓦棱子 N. edge of a roof tile

wǎlì 瓦砾[-礫] N. ① rubble; debris ② worthless things M: [2]*kuài*

wǎliàng 瓦亮 V.P. extremely bright

wǎliè 瓦裂 ATTR. broken like a tile

wǎlín 瓦鳞 N. tiles overlapped like scales M: [1]*piàn*

wǎlǒng(r) 瓦垄(儿) N. rows of roof tiles
wǎlǒngbǎn 瓦垄板 N. corrugated sheet metal M: [2]*kuài*/[1]*piàn*
wǎlǒngtiě 瓦垄铁[-鐵] N. corrugated iron M: [2]*kuài*/[1]*piàn*
wāméi 挖煤 V.O. dig/mine for coal
wāmiàn 蛙面 N. frog-face
wǎmiàn* 瓦面 N. tiling
wāmíng 蛙鸣 N. croaking of frogs
wāmíngchánzào 蛙鸣蝉噪 ID. meaningless argument
wāmù 挖墓 V.O. excavate a tomb
wǎ-mùzuò 瓦木作 N. sb. skilled in both carpentry and bricklaying
[1]**wān** 弯[彎] S.V. bent; curved; crooked ♦V. ① bend; flex ② draw (a bow) ♦N. turn; curve
[2]**wān** 湾[灣] B.F. ① bend in a stream ***héwān*** ② gulf; bay ***hǎiwān*** ♦V. anchor; moor; tie up
[3]**wān** 剜 V. cut/gouge/scoop out
[4]**wān** 豌 B.F. ***wāndòu***
[5]**wān** 蜿 in ***wānyán***
[1]**wán** 完 V./CMP. ① exhaust; use up ② finish; complete ***Zhè zhī bǐ nǐ yòng~ le ma?*** Have you finished with this pen? ♦B.F. ① whole; complete ***wánzhěng*** ② <*trad.*> pay (taxes/levies) ***wánshuì, wánliáng***
[2]**wán** 玩 V. ① play; have fun; amuse oneself ② employ; resort to ③ trifle with; treat lightly ④ enjoy; appreciate ♦B.F. object of appreciation ***gǔwán*** ♦CONS. *Vzhe* ~ do V just for fun
[3]**wán** 丸 B.F. ① anything like a small ball; pellet ***dànwán*** ② pill; bolus ***yàowán*** ♦M. <*Ch. med.*> *for pills/etc.*
[4]**wán** 顽[頑] B.F. ① stupid [2]***yúwán*** ② stubborn ***wángù, wánqiáng*** ③ naughty ***wánpí***
[5]**wán** 烷 B.F. <*chem.*> alkane ***wánjī,*** [2]***yǐwán***
[6]**wán** 纨[紈] B.F. fine silk ***wánkù,*** [2]***wánshàn***
[7]**wán** 汍 in ***wánlán***
[1]**wǎn** 碗 N./M. bowl
[2]**wǎn** 晚 S.V. late ♦B.F. ①evening; night ***wǎnshang*** ② younger; junior ***wǎnbèi***
[3]**wǎn** 挽 V. ① pull; draw ② roll/coil up ***See also*** [5]***wǎn***
[4]**wǎn** 绾[綰] V. coil up
[5]**wǎn** 挽[輓] B.F. ① pull (a cart/carriage) [2]***wǎnyú,*** [2]***wǎnchē*** ② lament sb.'s death; dirge; elegy ***wǎnshī See also*** [3]***wǎn***
[6]**wǎn** 婉/娩/宛 B.F. indirect (in speaking); tactful; agreeable ***wǎnzhuǎn, wěiwǎn See also*** [6]***miǎn,*** [7]***wǎn,*** [8]***yuān***
[7]**wǎn** 宛 B.F. as if ***wǎnrú See also*** [6]***wǎn,*** [8]***yuān***
[8]**wǎn** 惋 B.F. sigh ***wǎnxī, fēnwǎn***
[9]**wǎn** 琬 B.F. fine jade ***wǎnguī, wǎnyǎn***
[10]**wǎn** 脘 B.F. abdomen; stomach ***wǎnpǐ,*** [2]***xiàwǎn***
[11]**wǎn** 莞 in ***wǎn'ěr***
[12]**wǎn** 菀 in ***zǐwǎn***
[13]**wǎn** 畹 in ***luánwǎn***
Wǎn 皖 N. short name for Anhui province
[1]**wàn*** 万[萬] NUM. ① ten thousand ② myriad; multitudinous ♦ADV. absolutely; extremely; by all means ♦N. Surname
[2]**wàn** 腕 B.F. wrist ***shǒuwàn,*** [1]***wànzi***
[3]**wàn** 蔓 N. <*coll.*> tendriled vine ***See also*** [7]***mán,*** [6]***màn***
wànà 腽肭 V.P. fat; corpulent
wán'àn 完案 V.O. close a case
wǎn'ān* 晚安 INTJ. ① Good evening! ② Good night!
wàn'ān 万安[萬-] F.E. <*wr.*> ① peace be with you ② don't worry ③ very safe ④ absolutely sure
wànàqí 腽肭脐[-臍] N. <*Ch. med.*> The penis and testes of an ursine seal
wànàshòu 腽肭兽[-獸] N. fur/ursine seal M: [2]*zhī*
wànàshòu lièyè 腽肭兽猎业[-獸獵業] N. fur-sealing
wànba 万把[萬-] NUM. <*coll.*> about ten thousand
wǎnbān(r) 晚班(儿) N. night shift/class
wànbān* 万般[萬-] ATTR. all kinds ♦ADV. utterly; extremely
wànbāng 万邦[萬-] N. all nations
wǎnbànshǎng(r) 晚半晌(儿) N. <*coll.*> evening; dusk
wǎnbàntiānr 晚半天儿 N. <*coll.*> near dusk; late afternoon
wànbānwúnài 万般无奈[萬-] F.E. have no alternative
wánbǎo 顽堡 N. knotty problem
wǎnbào* 晚报[-報] N. evening paper M: [1]*fèn*
wànbǎo quánshū 万宝全书[萬寶-書] N. a master of everything; a universal genius M: [1]*běn*
wán bǎshi 玩把式 <*coll.*> V.O. do stunts ♦N. stunt man
wán bǎxì 玩把戏[-戲] V.O. play tricks/magic
wánbèi* 完备[-備] S.V. ① perfect ② complete with everything; well provided
wǎnbèi 晚辈 N. younger generation; one's juniors ***Tā shì wǒ yéye de ~.*** He's a generation younger than my granddad. M: [2]*wèi*/[1]*míng*/[1]*gè*
wànbèi 万倍[萬-] N. ten thousandfold
wánbèihuà 完备化[-備-] N. completion
wánbèiwúquē 完备无缺[-備--] F.E. complete with everything needed
[1]**wánbì** 完毕[-畢] V. finish; complete
[2]**wánbì** 完璧 N. ① sth. undamaged/intact ② virginity
wàn biàn bù lí qí zōng 万变不离其宗[萬變-離--] F.E. remain essentially the same despite apparent changes
wǎnbì'érxíng 挽臂而行 V.P. walk arm in arm
wánbìguīzhào 完璧归赵[-歸趙] F.E. return sth. to the owner in good condition
wānbó 湾泊[灣-] V. anchor
wānbù 弯部[彎-] N. curved part
wànbù* 腕部 N. wrist
wánbuchéng 完不成 R.V. can't finish (a task/etc.)
wánbùde 玩不得 R.V. sth. serious/important
wànbùdéyǐ 万不得已[萬-] F.E. ① out of absolute necessity ② as a last resort
wánbùdòng 玩不动[-動] R.V. too exhausted/weak to play
wánbuliǎo 完不了 R.V. be endless ♦F.E. it's not over
wànbùshīyī 万不失一[萬-] F.E. no risk at all; absolutely safe
wánbuzhuàn 玩不转[-轉] R.V. <*coll.*> can't make sth. work/happen
wǎncái 晚材 N. summerwood; late wood
wǎncān 晚餐 N. supper; dinner
wǎnchǎng 晚场[-場] N. <*thea.*> evening performance
wǎncháo 晚潮 N. evening tide
[1]**wǎnchē** 晚车 N. night train M: [3]*liàng*
[2]**wǎnchē** 挽车[輓-] V.O. pull a cart
wānchéng 弯成[彎-] R.V. become bent
wánchéng* 完成 R.V. accomplish; complete; fulfill
wánchéng bèidòngshì 完成被动式[---動-] N. <*lg.*> perfect passive
wánchéng dòngcí cíjù 完成动词辞句[--動-辭-] N. <*lg.*> perfect verb phrase
wánchéng jìnxíngmào 完成进行貌[--進--] N. <*lg.*> perfect progressive aspect
wánchéng jìnxíngshì 完成进行式[--進--] N. <*lg.*> perfect progressive; perfect progressive aspect
wánchéngliàng 完成量 N. <*acct.*> performance
wánchéngmào 完成貌 N. <*lg.*> perfect/perfective aspect
wánchéngmào biāozhì 完成貌标志[---標-] N. <*lg.*> perfective marker
wánchéngmào zhùdòngcí 完成貌助动词[----動-] N. <*lg.*> perfective auxiliary
wánchéng rènwu 完成任务[-務] V.O. complete a mission; accomplish a task
wánchéngshí* 完成时[-時] F.E. when (sth.) is completed ♦N. <*lg.*> perfect aspect
wánchéngshì 完成式 N. <*lg.*> perfect aspect
wánchéngtài 完成态[-態] N. <*lg.*> completive aspect
wánchéngtǐ 完成体[-體] N. <*lg.*> perfect aspect
wánchéngtǐ de 完成体的[--體-] ATTR. <*lg.*> perfective
wánchéng zuòyè 完成作业[-業] V.O. finish one's homework
wànchǐ 腕尺 N. <*trad.*> cubit; length from the elbow to the tip of the middle finger; about 55 centimeters M: [1]*bǎ*
wànchóngshān 万重山[萬-] N. endless mountain ranges
wānchù 弯处[彎處] N. ① curve ② corner
wǎnchú(r/zi)* 碗橱(儿/子)[-櫥-] N. cupboard for tableware M: [2]*zhī*
wǎnchù 挽畜 N. draft animal M: [2]*zhī*
wàn chuān guī hǎi ér bù yíng 万川归海而不盈[萬-歸----] F.E. be open-minded/all-encompassing
wǎnchuī 晚炊 V. cook the evening meal
wǎnchūn 晚春 N. late spring
wáncí 丸辞[-辭] N. <*log.*> circular argument
[1]**wǎncí*** 挽词/辞[輓辭] N. elegiac prose
[2]**wǎncí** 婉辞/词[-辭] N. tactful word; euphemism
[3]**wǎncí** 婉辞[-辭] V. politely decline; decline with great courtesy
wǎncíxièjué 婉辞谢绝[-辭-絕] F.E. decline. . .with thanks
wǎncuì 晚翠 N. green plants
wǎndá 晚达[-達] V. attain officialdom or get rich late in life
[1]**wàndài** 万代[萬-] N. all ages; eternity
[2]**wàndài** 腕带[-帶] N. wristband M: [1]*tiáo*
wándàn 完蛋 ID. <*coll.*> be done for; be finished/destroyed
[1]**wāndāo** 弯刀[彎-] N. machete
[2]**wāndāo** 剜刀 N. reamer M: [1]*bǎ*
wāndào* 弯道[彎-] N. ①winding road ②curve; bend M: [1]*tiáo*
wǎndǎo 晚祷[-禱] N. <*rel.*> ①sixth of the seven Islamic daily prayer times ②vesper ③chanting of last daily scripture
[1]**wǎndào** 晚到 V. arrive late
[2]**wǎndào** 晚稻 N. late rice
wándí* 顽敌[-敵] N. ① stubborn enemy ② inveterate foe
wǎndì 晚弟 F.E. your humble younger brother (self-reference in letters)
wǎndiǎn 晚点[-點] V.O. be late or behind schedule
wǎndié 碗碟 N. bowls and dishes M: [2]*zhī*
wǎndiéguì 碗碟柜[-櫃] N. cupboard M: [2]*zhī*
wǎndǐr 碗底儿 N. ① bottom of a bowl ② food left on the bottom of a bowl M: [2]*zhī*
wāndòu 豌豆 N. garden peas
wāndòugāo 豌豆糕 N. small sweetened cake made of mashed peas M: [2]*kuài*
wāndòuhuáng(r) 豌豆黄(儿) N. pea-flour cake
wāndòujiá 豌豆荚[-莢] N. pea pod
wāndòujiǎor 豌豆角儿 N. snow pea
wāndòuní 豌豆泥 N. mashed peas (served as a dessert)
wāndòuxiàng 豌豆象 N. pea weevil
wāndòuzhōu 豌豆粥 N. pea gruel M: *wǎn*
wāndù 弯度[彎-] N. flexure; curvature
wànduān 万端[萬-] V.P. multifarious ♦N. diverse means/matters
wǎnduì 挽对[輓對] N. scrolls/couplets for funerals
wándùn 顽钝 S.V. <*wr.*> ① stupid; thickheaded ② lacking in moral courage ③ blunt ♦N. shameless person
wándùnwúchǐ 顽钝无耻[-恥] F.E. mulish and shameless
wǎn'é 挽额[輓-] N. elegiac tablet M: [10]*fú*
wǎn'è 惋愕 V. be alarmed; be astonished
wàn'è* 万恶[萬惡] ATTR. extremely evil ♦N. all the evils
wàn'èbùshè 万恶不赦[萬惡-] F.E. unpardonably vicious
wǎn'ěr 莞尔 V.P. <*wr.*> smiling

wán'érbùgù 顽而不顾 F.E. persistent but not obstinate
wǎn'ěr'érxiào 莞尔而笑 F.E. give a faint smile
wǎn'ěryīxiào 莞尔一笑 F.E. give a faint smile
wàn'ètāotiān 万恶滔天[萬惡-] F.E. the crimes cry to Heaven
wàn'è yín wéi shǒu 万恶淫为首[萬惡-] F.E. Lewdness is the worst of all sins.
wánfa* 玩法 N. the way of playing sth. M: [1]*zhǒng* ***See also wánfǎ***
wánfǎ 玩法 V.O. trifle/toy with the law; take laws and regulations lightly ***See also wánfa***
wǎnfǎ 绾发[-髮] V.O. coil one's hair
wànfǎ 腕法 N. position of the wrist (in writing)
wǎnfàchéngjì 挽发成髻[-髮--] V.P. gather the hair into a knot
wǎnfàn 晚饭 N. supper; dinner M: *dùn*
wànfāng 万方[萬-] N. in all places ♦ADV. ① by all means ② incomparably ♦V.P. graceful (of manners)
wànfāngduōnàn 万方多难[萬-難] F.E. natural disasters and man-made calamities everywhere
wánfǎzìbì 玩法自毙[-斃] F.E. Those who toy with the law will destroy themselves.
wànfēn 万分[萬-] ADV. extremely
wǎnfēng 晚风 N. evening breeze
wànfēngǎnxiè 万分感谢[萬-] F.E. thank you very much indeed
wánfēngnòngyuè 玩风弄月 F.E. play with the winds and sport with the moonbeams
wānfèngr 湾缝儿[灣-] N. tuck M: [1]*tiáo*
wánfū 完肤[-膚] N. unhurt skin; unscathed skin M: [1]*zhāng*
wǎnfú 晚福 N. good fortune that comes late in one's life; old age bliss M: [1]*tiáo*
wànfú* 万福[萬-] <*trad.*> INTJ. Good luck! ♦N. a woman's bow; curtsy [2]***dào*** ~ make a curtsy; curtsy
wànfūbùdāng 万夫不当[萬-當] F.E. very brave
wànfūbùdāng zhī yǒng 万夫不当之勇[萬--當--] F.E. a match for ten thousand warriors
wànfūmòdāng 万夫莫当[萬-當] F.E. mightier than a thousand
wànfūmòdí 万夫莫敌[萬-敵] F.E. mightier than a thousand
wǎnfùzhàngmǎn 脘腹胀满 F.E. abdominal fullness and distention
wànfūzhīyǒng 万夫之勇[萬-] N. a match for ten thousand warriors

wāng 汪 V. ① collect; accumulate (of liquid) ② soak ♦M. puddle; pool ♦ON. bark; bowwow ♦N. Surname
[1]**wáng** 王 N. ①king; sovereign; prince ②Surname ♦B.F. <*wr.*> grand; great; honorable ***wángfù*** grandfather ***See also*** [5]***wàng***
[2]**wáng** 亡 B.F. ① flee ***táowáng*** ② lose ***wángyángbǔláo*** ③ die ***sǐwáng*** ④ be destroyed [2]***wángguó, mièwáng*** ⑤ deceased ***wángdì***
[1]**wǎng*** 往 V. go toward ♦COV. in the direction of; toward ♦B.F. ① past; previous ***wǎngshì*** ② frequently [1]***wǎngwǎng***
[2]**wǎng** 网[網] N./V. net
[3]**wǎng** 枉 B.F. ① distort; pervert ***wǎngfǎ*** ② calumniate; wrong ***yuānwang*** ③ in vain ***wǎngzì*** ④ crooked; bent ***jiǎowǎngguòzhèng*** ⑤ in vain [1]***wǎngrán***
[4]**wǎng** 惘 B.F. disappointed; frustrated [2]***wǎngrán, míwǎng***
[5]**wǎng** 罔 B.F. ① deceive [1]***qīwǎng*** ② no; not ***wǎngbù***
[6]**wǎng** 辋[輞] B.F. wheel rim ***lúnwǎng***
[7]**wǎng** 魍 in ***wǎngliǎng, wǎngměi***
[1]**wàng** 望 V. ① gaze into the distance; observe ② approach ~ ***qīshí le*** approach 70 (in age) ♦COV. toward; to ♦B.F. ① hope; expect; look forward to ***xīwàng*** ② hope; expectation ***dàxīguòwàng*** ③ call on; visit ***bàiwàng*** ④ reputation; prestige ***míngwàng*** ⑤ resentment; enmity [2]***yuànwàng*** ♦N. ① full moon ② 15th day of lunar month
[2]**wàng** 忘 V. ① forget ***Wǒ ~le fāxìn.*** I forgot to mail the letter. ② overlook; neglect
[3]**wàng** 旺 S.V. prosperous; flourishing; vigorous
[4]**wàng** 妄 B.F. ①absurd; unreasonable ***wàngxiǎng*** ② presumptuous; rash ***wàngqiú***
[5]**wàng** 王 B.F. rule; be king over ***wàng tiānxià*** ***See also*** [1]***wáng***
wàng'ān 望安 F.E. Best wishes.
Wáng Ānshí 王安石 (1021–1086) N. scholar, poet, and reformer
Wáng Ānshí biànfǎ 王安石变法[---變-] N. Wang Anshi's reforms
wángǎo* 完稿 V.O. finish a manuscript
wǎngào 婉告 V. politely notify
wángba* 王/忘八 N. ① tortoise ② cuckold ③son-of-a-bitch ④man who works in a brothel
wángbà 王霸 N. the business of being a king/ruler
wǎngba 网吧[網-] P.W. <*comp.*> internet cafe ***See also wǎngbā***
wǎngbā 网吧[網-] N. internet café ***See also wǎngba***
wàngbā 望八 V.P. expecting one's 80th birthday very soon
wàngbābā 望巴巴 R.F. anxious; apprehensive
wángbadàn 王/忘八蛋 N. <*coll.*> turtle's egg; son-of-a-bitch
wángba gāozi 王八羔子 N. <*coll.*> baby turtle; son-of-a-bitch
wǎngbǎn* 网版[網-] N. <*print.*> screen
wàngbǎn 望板 N. <*archi.*> roof boarding M: [2]*kuài*
wángbārìde 王八日的 N. <*vulg.*> son of a bitch
wàngběn 忘本 V.O. <*pol.*> ①forget one's origins; forget one's past suffering ②be ungrateful; bite the hand that feeds you
wàngběnzhīrén 忘本之人 N. an ingrate
wǎngbōli 网玻璃[網-] N. reticulated glass M: [2]*kuài*
wǎngbǔ 网捕[網-] V. net sth.
wǎngbù 罔不 V.P. there are none that do not. . .
wàngbudào 望不到 R.V. too far to be seen
wàngbujiàn 望不见 R.V. be out of sight
wàngbuliǎo 忘不了 R.V. can't/won't forget
wángbùliúxíng 王不留行 N. <*Ch. med.*> seed of cowherb
wàngcān 忘餐 V.O. dedication; deep absorption
wǎngcháng 往常 N. usual ***Wǒ bǐ ~ lái de zǎo.*** I came earlier than usual. ♦ADV. usually; heretofore
wàngchángjiǔyuǎn 望长久远[-遠] F.E. for a very long time
wángcháo 王朝 N. ① imperial/royal court ② dynasty
wángchén 王臣 N. king's servants
wàngchénbùjí 望尘不及[-塵--] F.E. too inferior to bear comparison
wángchéng 王城 N. royal city M: [4]*zuò*
wàngchēng* 妄称[-稱] V. make an improper claim
wàngchénmòjí 望尘莫及[-塵--] ID. ① too inferior to bear comparison ② too late to do sth.
wàngchì 旺炽[-熾] S.V. roaring (of fire); blazing
wǎngchǐzhíxún 枉尺直寻[-尋] ID. ① gamble little but gain much ② compromise on minor points so as to gain the major issue
Wáng Chōng 王充 (c. 27–100) N. philosopher, author of *Lun Heng*
wǎngchóng* 网虫[網蟲] N. <*comp.*> netizens; networms; netnerds
wángchǔ* 王储 N. crown prince
wǎngchū 往初 N. <*wr.*> in ancient times ♦ADV. formerly
wàngchuānqiūshuǐ 望穿秋水 F.E. eagerly await
wàngchuānshuāngyǎn 望穿双眼[--雙-] F.E. wear out one's eyes by gazing anxiously
wàng chūqu 望出去 R.V. look into the distance
wǎngdài 网袋[網-] N. string bag M: [2]*zhī*
wángdàiyú 王带鱼[-帶-] N. <*zoo.*> king of the herrings
wángdǎng 王党[-黨] N. royalist
wángdào* 王道 N. kingly way; benevolent government ♦S.V. ① fair; even-handed ② <*topo.*> terrifying; frightful; terrible
wǎngdào 枉道 V.O. <*wr.*> ① detour ② violate the right way ③ curry favor by crooked means
wàngdào 望到 R.V. see sth. in the distance
wǎngdàoshìrén 枉道事人 F.E. distort the truth in order to please others
wàng dào Zhǎowāguó 忘到爪哇国[-國] ID. <*coll.*> forget utterly
wàngdexià 忘得下 R.V. can forget/ignore sth.
wángdì* 亡弟 N. deceased younger brother
[1]**wàngdì** 旺地 N. good land; prosperous place M: [2]*kuài*
[2]**wàngdì** 望帝 N. <*zoo.*> cuckoo
wǎngdiǎn 网点[網點] N. ① point in a network ② network of commercial establishments ③ <*print.*> microdot
wàngdiào 忘掉 R.V. forget
wǎng dìmiàn tíshēng 往地面提升 V.P. raise
wàngdòng 妄动[-動] V. act rashly
wǎngdōu(r) 网兜(儿)[網-] N. string bag
wángdù 王度 N. virtue and magnanimity of a king
wǎngduàn* 枉断[-斷] V. <*law*> decide unfairly
[1]**wàngduàn** 妄断[-斷] V. jump to conclusions
[2]**wàngduàn** 望断[-斷] V. <*wr.*> look as far as the eye can see
wǎngē 挽歌[輓-] N. dirge; elegy; threnody M: [2]*shǒu*/[2]*zhi*
wǎn gēda 挽疙瘩 V.O. fasten a knot
wāngēn(r/zi) 剜根(儿/子) V.O. ① dig up the root of ② find out the root reason
wàng'ēn 忘恩 V.O. be ungrateful
wàng'ēnfùyì 忘恩负义[-義] F.E. ungrateful
wángěng 顽梗 S.V. obstinate; perverse
wángěngbùhuà 顽梗不化 F.E. obstinate and unchangeable
wàngépán 万格盘[萬-盤] N. checkerboard
wàng'érquèbù 望而却步[--卻-] F.E. flinch
wàng'érshēngwèi 望而生畏 F.E. terrified/awestricken at the sight (of sth.)
wángfǎ* 王法 N. law of the land; law
wǎngfǎ 枉法 V.O. pervert the law
wàngfā 旺发[-發] V. ① experience a spurt in growth (of crops) ② prosper
wǎngfǎcóngsī 枉法从私[--從-] F.E. bend the law to suit private interests
wǎng-fǎn 往返 V. go and return ~ ***yú Běijīng hé Tiānjīn*** shuttle between Beijing and Tianjin
wǎngfǎng 往访 V. go visit
wǎng-fǎnpiào 往返票 N. roundtrip ticket; return ticket M: [1]*zhāng*
wǎngfǎn qūzhé 往返曲折 N. twists and turns
wǎngfǎntúláo 往返徒劳[-勞] F.E. make a trip in vain
wángfǎwúqīn 王法无亲[-親] F.E. The law is no respecter of persons.
wángfǎwúsī 王法无私 F.E. The law has no partiality.
wǎngfǎzāng 枉法赃[-贓] N. under-the-table profit/gain
wángfēi* 王妃 N. ① princess-consort (a rank next to queen) ② consort of a prince
wǎngfèi 枉费 V. waste; try in vain
wàngfèi 妄费 V. waste
wǎngfèi chúnshé 枉费唇舌 V.O. waste one's breath
wǎngfèi gōngfu 枉费工夫 V.O. waste time and energy
wǎngfèi jīnglì 枉费精力 V.O. flog a dead horse
wǎngfèi kǒushé 枉费口舌 V.O. waste one's breath
wǎngfèi xīnjī 枉费心机 V.O. rack one's brains in vain
wǎngfèi xīnlì 枉费心力 V.O. waste one's pains
wàngfēng 望风 V.O. ① be on the lookout; keep watch ② <*wr.*> view the scenery from lookout ③ consider a situation ④ be impressed by sb.'s reputation

wàngfēngbǔyǐng 望风捕影 ID. make groundless accusations
wàngfēng dǎo 望风倒 V.P. unable to maintain one's determination
wàngfēng'érlái 望风而来 V.P. come from all directions
wàngfēng'értáo 望风而逃 V.P. flee at the sight of
wàngfēng'érxiáng 望风而降 V.P. Everyone surrendered at the mere rumor of sb.'s coming.
wàngfēngpīmǐ 望风披靡 F.E. frightened into flight
wàngfēngpūyǐng 望风扑影[--撲-] F.E. go on a wild-goose chase
wàngfēngtáocuàn 望风逃窜[-竄] F.E. flee upon hearing (that a powerful enemy is approaching)
wàngfēngyǐnlǐng 望风引领 F.E. anxiously expecting sb.
wàngfēngzhuǎnduò 望风转舵[--轉-] F.E. be an opportunist
wángfū 亡夫 N. deceased husband M: [2]*wèi*/[1]*míng*/[1]*gè*
wángfǔ* 王府 N. prince's residence
wángfù 王父 N. <*topo.*> grandfather M: [2]*wèi*/[1]*míng*
[1]**wǎngfù** 往复[-復] ADV. back and forth ♦N. ① contact; dealings; intercourse ② comings and goings ♦V. move back and forth; reciprocate
[2]**wǎngfù** 往赴 V. attend; go to
wǎngfùbèng 往复泵[-復-] <*mach.*> N. reciprocating pump
wǎngfùlì 往复力[-復-] N. reciprocating force
wánggān 王柑 N. king orange
wánggāng* 王纲[-綱] N. laws, regulations, institutions, etc. of a reign
wǎnggāng 网纲[網綱] N. hauling ropes on a fishnet
wǎnggào 枉告 V. accuse falsely
wànggào* 望告 V. please inform
wǎnggé 网格[網-] N. lattice; grid M: [1]*zhāng*
wǎnggé qiúdǐng 网格球顶[網-] N. <*archi.*> geodesic dome
wǎnggétú 网格图[網-圖] N. grid chart M: [1]*zhāng*
[1]**wánggōng** 王公 N. princes and dukes; the nobility
[2]**wánggōng** 王宫[-宮] P.W. imperial palace
wánggōng-dàchén 王公大臣 N. princes, dukes, and ministers M: [2]*wèi*/[1]*míng*/[1]*gè*
wánggōng-dàrén 王公大人 N. princes and nobles M: [1]*míng*/[1]*gè*/[2]*wèi*
wánggōng-guìqī 王公贵戚 N. members of the imperial house
wánggōng-guìrén 王公贵人 N. nobles and respectable people
wánggōng-guìzú 王公贵族 N. the nobility
wánggū 王姑 N. grandaunt
wánggù* 亡故 V. die; pass away
[1]**wǎnggǔ** 往古 ADV. <*wr.*> in ancient times
[2]**wǎnggǔ** 网罟[網-] N. string bag
[1]**wǎnggù** 枉顾[-顧] F.E. <*wr./humb.*> I am honored by your visit.
[2]**wǎnggù** 罔顾[-顧] V. <*wr.*> disregard
wángguā 王瓜 N. cucumber
wàngguāidiǎnzé 妄乖典则 F.E. wantonly depart from standing regulations
[1]**wángguān** 王冠 N. imperial/royal crown M: [10]*fú*/[1]*zhāng*
[2]**wángguān** 王官 N. <*hist.*> officials of the feudal dynasties
wàngguāng 忘光 R.V. forget completely
wángguī 王鲑 N. Chinook salmon
wǎnggǔláijīn 往古来今 F.E. since time immemorial
[1]**wángguó** 王国[-國] P.W. ① kingdom ② realm; domain
[2]**wángguó** 亡国[-國] V.O. lose national independence ♦N. conquered nation
wángguómièzhǒng 亡国灭种[-國滅種] F.E. national subjugation and genocide
wángguónú 亡国奴[-國-] N. slave without a country; conquered people M: [2]*wèi*
wǎng guówài huìkuǎn 往国外汇款[-國-匯-] V.P. transferring money abroad
Wáng Guówéi 王国维[-國-] (1877–1927) N. eminent ultraroyalist, classical scholar, historian, and literary critic
wángguózhīmín 亡国之民[-國--] N. people of a conquered nation
wángguózhīyīn 亡国之音[-國--] N. degenerate/decadent music (presaging national ruin)
wǎnggùréndào 罔顾人道[-顧--] F.E. inhuman; against humanity
wáng gù zuǒ-yòu ér yán tā 王顾左右而言他[-顧-----] F.E. try to evade a question by changing the subject
wǎng hǎochù xiǎng 往好处想[--處-] V.P. think of the better possibilities of a situation, etc.
wànghéngduìyǔ 望衡对宇[--對-] F.E. live near each other
wáng-hóu* 王侯 N. prince and marquis; the nobility
wánghòu 王后 N. queen consort; queen
wǎng hòu 往后[-後] N. future ♦ADV. ① henceforth ② backward
wànghòu 望候 V. give a greeting
wáng-hóu-jiàng-xiàng 王侯将相[--將-] N. ruling class
wànghòujìng 望后镜[-後-] N. rearview mirror
wǎng hòu zǒu 往后走[-後-] V.P. turn back and proceed
wánghuā* 王花 N. king blossom
[1]**wánghuà** 王化 N. civilizing influence; sovereign grace
[2]**wánghuà** 亡化 V. die; pass away
wànghuā 妄花 V. spend in vain
wànghuái 忘怀[-懷] V. forget
wǎng huàichù xiǎng 往坏处想[-壞處-] V.P. think of the unfavorable possibilities of a situation, etc.
wànghuáidéshī 忘怀得失[-懷--] F.E. not concerned about personal gain or loss
wǎnghuán 往还[-還] V./N. ① contact; intercourse ② go and return; round-trip
wánghuǐ 王虺 N. very large snake
wàng huíxìn 望回信 V.O. await your reply
wánghún 亡魂 N. soul of a deceased person; ghost; specter M: [1]*kē*/[2]*zhī*
wánghúnsàngdǎn 亡魂丧胆[-喪膽] F.E. panic-stricken
wǎnghuòliàng 网获量[網獲-] N. <*fishery*> haul
wànghuǒlóu 望火楼[-樓] N. fire-tower
wànghūqíxíng 忘乎其形 F.E. forget one's manners
wànghūsuǒyǐ 忘乎所以 F.E. forget oneself; be carried away
wángjī 王畿 N. suburbs of the capital of an empire
wǎngjí 罔极[-極] V. transgress; go to the utmost extent of what is not right ♦N. infinite
[1]**wǎngjì** 往迹[-跡] N. past event
[2]**wǎngjì** 网际[網際] N. <*comp.*> internet; cyberspace
wàngjī 忘机 V.P. <*wr.*> ① carefree ② at peace with the world
[1]**wàngjì*** 忘记 V. forget; overlook; neglect
[2]**wàngjì** 旺季 N. peak period; busy/high season
wángjià 王驾 N. ① king's carriage ② king; emperor
[1]**wǎngjià*** 网架[網-] N. wooden frames for hanging fish nets M: [10]*fú*/[1]*zhāng*/[2]*zhī*
[2]**wǎngjià** 枉驾 F.E. <*court.*> ① I am honored by your visit ② Would you be kind enough to see sb.?
wàngjiā cāicè 妄加猜测 V.P. make wild guesses
wǎngjiàn 罔见 V. fail to see
[1]**wàngjiàn*** 望见 V. see
[2]**wàngjiàn** 旺健 S.V. ① strong and healthy ② vigorous
wángjiāng 王浆[-漿] N. royal jelly
wàng jiāngnán 望江南 N. <*bot.*> coffee senna
wǎngjiào 往教 V. (disrespectfully) ask the teacher to come to the pupil's place to teach
wàngjiā pínglùn 妄加评论 V.P. make improper comments
wàngjiā zhǐzé 妄加指责 V.P. make rash criticism
wàngjìdiào 忘记掉 R.V. forget
wángjié 王节[-節] N. scepter
wǎngjié* 枉结 V. condescend to befriend
wǎngjīn 网巾[網-] N. ① net-like silk scarf ② hairnet ③ meshed shawl M: [1]*zhāng*/[2]*zhī*
wàngjìng 忘净[-淨] R.V. forget completely
Wāng Jīngwèi 汪精卫[-衛] (1883–1944) N. intimate of Sun Yat-sen; leader of the right wing of the KMT;head of Japanese controlled regime in Nankingin 1940
wàngjiù 忘旧[-舊] V.O. forget about one's old lover/wife/friend
wǎngjì wǎnglù 网际网路[網際網-] N. <*comp.*> Internet
wǎngjǐzhèngrén 枉己正人 N. lawbreaker preaching rectitude
wǎngjízhī'ēn 罔极之恩[-極--] N. kindness of one's parents
wàngjǔ 妄举[-舉] N. fatuous attempt
wángjué 王爵 N. prince and marquis
wǎngkāisānmiàn 网开三面[網開-] F.E. ① give the wrongdoer a way out ② be lenient with offenders
wǎngkāisìfāng 网开四方[網開-] F.E. The nets are spread on all sides.; The trap is laid.
wǎngkāiyīmiàn 网开一面[網開-] F.E. ① give a wrongdoer a way out ② be lenient
wàngkàn 望看 V. ① pay a visit to sb. ② respect
wángkǎo 王考 N. ① one's deceased grandfather ② one's deceased father
wǎngkǒng 网孔[網-] N. <*elec.*> mesh
wǎngkǒubáshé 枉口拔舌 F.E. engage in harmful talk
wàngkǒubāshé* 妄口巴舌 F.E. <*trad.*> talk nonsense
wǎnglái 往来 V./N. ① come and go ② contact; intercourse
wǎnglái chíchěng 往来驰骋 V.P. gallop to and fro
wǎnglái cúnkuǎn 往来存款 N. current account
wǎnglái tòuzhī 往来透支 N. <*acct.*> overdrafts on a current account unsecured
wǎnglái wúzǔ 往来无阻 V.P. have freedom of movement
wǎngláizhàng 往来帐 N. current/open/running account
wǎnglái zhànghù 往来帐户 N. personal account
wǎngláizhé 往来摺 N. current passbook
wǎnglái zīchǎn 往来资产[-產] N. <*acct.*> quick assets; current assets
wánglán 王兰[-蘭] N. <*bot.*> Spanish bayonet
wǎnglán* 网篮[網籃] N. basket with netting on top
wāngle 汪了 V.P. <*topo.*> brimming/overflowing with
wàngle* 忘了 V.P. forget; have forgotten
Wáng Lì 王力 (1900–1986) N. distinguished linguist and strong supporter of language reform.
wǎnglì* 往例 N. the former/previous example
wánglián 王莲 N. <*bot.*> a variety of lotus with huge floating leaves
wǎngliǎng 魍魉 N. demons and monsters
wǎng lǐ gē rén 往里搁人[-裡--] V.P. <*coll.*> get sb. into trouble
wǎnglín 枉临[-臨] F.E. <*wr./humb.*> I am honored by your visit
wánglíng 亡灵[-靈] N. departed spirit; ghost; specter M: [2]*zhī*/[1]*zhāng*
wǎng lǐ shǎ, bù wǎng wài shǎ 往里傻,不往外傻[-裡-,----] V.P. <*coll.*> not as muddleheaded as one appears
wànglóu 望楼[-樓] N. ① watchtower ② belvedere

W

wǎnglòutūnzhōu 网漏吞舟[網-] ID. ①too mild to deter criminals (of laws) ② The law is so lax that even principal criminals are overlooked.
wǎnglù 网路[網-] N. <TW> network
wǎnglù fēnxīqì 网路分析器[網-] N. <comp.> network analyzer
wǎngluó* 网罗[網羅] V. enlist; recruit; bring together ♦N. net; trap
wǎngluò 网络[網-] N. <PRC> network M: [1]*zhāng*
wǎngluòfǎ 网络法[網-] N. network method
wǎngluò jítǐ 网络集体[網-體] N. network
wǎngluò liúlǎnqì 网络浏览器[網-瀏覽-] N. <comp.> browser
wǎngluó réncái 网罗人材[網羅-] V.O. enlist able men
wǎngluòxíng jīngjìqū 网络型经济区[網-經濟區] N. interconnected economic zones
wǎngluòxíng mónǐ jìsuànjī 网络型模拟计算机[網---擬---] N. network-type analog computer
wǎngluò yǔfǎ 网络语法[網-] N. <lg.> network grammar
wǎnglùtú 网路图[網-圖] N. network chart M: [10]*fú*/[1]*zhāng*
wǎnglùzhàn 网路站[網-] P.W. <comp.> website
Wáng Mǎng 王莽 (33 B.C.-A.D.23) N. usurper who founded the Xin dynasty (A.D.9–23)
wángmǎngshé 王蟒蛇 N. <zoo.> ball python
Wángmázi dāo jiǎn 王麻子刀剪 <coll.> N. fine cutlery (initiated by Pockmark Wang) ♦ID. bogus; phony; false
wǎngmèi 魍魅 N. evil spirits
wàngméizhǐkě 望梅止渴 ID. feed on fancies
wàngménguǎ 望门寡 N. virgin widow
wàngméntóuzhǐ 望门投止 F.E. seek refuge/shelter at any house one happens upon
wángményèjū 王门曳裾 ID. serve as the secretary of high officials
[1]**wángmìng** 亡命 V.O. ① flee; seek refuge; go into exile ② be desperate
[2]**wángmìng** 王命 N. emperor's order; royal decrees
wángmìng tāxiāng 亡命他乡[-鄉] V.P. live in exile
wángmìngtú 亡命徒 N. desperado
wàngmíngzhèng 忘名症 N. <lg.> anomia
wángmìngzhītú 亡命之徒 N. desperado
wángmò 亡没 V. perish
wǎngmó* 网膜[網-] N. retina
wǎngmóyán 网膜炎[網-] N. <med.> retinitis
wángmǔ* 王母 N. ① <wr.> grandmother ② Queen Mother of the West (leading Daoist goddess)
wángmù 王木 N. <bot.> kingwood
wǎngmù 网目[網-] N. mesh M: [1]*tiáo*
Wángmǔ niángniang 王母娘娘 N. Queen Mother of the West
wǎngmùxiàn 网目线[網-] N. string for fishing nets
wǎngnián* 往年 N. (in) former years
[1]**wàngnián** 忘年 N. friends despite the difference in age
[2]**wàngnián** 旺年 N. on-year (of fruit trees)
wàngniàn 妄念 N. ① illusion ② bad thoughts
wàngniánjiāo 忘年交 N. friends despite the difference in age M: [1]*míng*/[1]*gè*/[2]*wèi*
wàngniánzhīhǎo 忘年之好 N. intergenerational friendship
wàngniánzhījiāo 忘年之交 N. friends despite the difference in age
wángniǎo 王鸟 N. <zoo.> kingbird
wángnǚ 王女 N. king's daughter M: [1]*gè*/[1]*míng*/[2]*wèi*
wàngnǚchéngfèng 望女成凤[-鳳] V.P. hope that one's daughter will be somebody
wāngōng 弯弓[彎-] V.O. <wr.> ① bend/draw a bow ② be ready to shoot the arrow ♦N. arch
wángōng* 完工 V.O. finish/complete doing sth.
wǎngōng 挽弓 V.O. draw a bow
wángōngbàodān 完工报单[--報-] N. <acct.> completion report M: [1]*zhāng*
wǎngōng dāng wǎn qiáng 挽弓当挽强[--當-強] ID. apply the toughest approach to achieve the most far-reaching results
wāngōngzi 弯弓子[彎-] N. arched bow M: [10]*fú*/[2]*zhī*
wāngōu 挽钩[-鈎] N. boathook M: [2]*zhī*
wángpái 王牌 N. trump card M: [1]*zhāng*
wángpáijūn 王牌军 N. elite troops; crack units
wǎngpíng* 网屏[網-] N. <photo.> screen M: [1]*zhāng*
wàngpíng 妄评 N. outrageous comments
wángqī* 亡妻 N. deceased/late wife M: [2]*wèi*/[1]*míng*/[1]*gè*
wàngqī 旺期 N. most productive period
wàngqǐ 望乞 V. please . . .
wàngqì 望气[-氣] V.O. read the future from the clouds
wǎng qián 往前 N. ①ahead ②before; formerly; in the past
wǎng qián kàn 往前看 V.P. look forward
wángqīng 王鲭 N. <fish.> king mackerel (*Scomberomorus regalis*)
wàngqíng* 忘情 V.O. ① be cold to sentiment ② let oneself go
wàngqísuǒyǐ 忘其所以 F.E. forget oneself
wǎngqiú* 网球[網-] N. <sport> ① tennis ② tennis ball M: [2]*zhī*/[1]*gè*
wàngqiú 妄求 N. presumptuous demand
wǎngqiúchǎng 网球场[網-場] P.W. <sport> tennis court
wǎngqiúpāi 网球拍[網-] N. <sport> tennis racket M: [10]*fú*
wǎngqiúsài 网球赛[網-] N. tennis match M: [3]*chǎng*/
wàngqiūxiānlíng 望秋先零 ID. be prematurely old
wǎngqiúyuán 网球员[網-] N. tennis player M: [2]*wèi*/[1]*míng*/[1]*gè*
wàngqíxiàngbèi 望其项背 F.E. be unable to catch up with
[1]**wǎngqū*** 枉屈 V. wrong; treat unjustly
[2]**wǎngqū** 枉曲 V.P. bent; crooked; warped
wàngqǔ 妄取 V. presumptuously take/snatch
wángquán* 王权[-權] N. ① absolute/ruling power ② reign
wàngquán 忘筌 V.O. forget what brings one success
wángquán shénshòu shuō 王权神授说[-權--] N. the idea of the divine right of kings
wàngquè 忘却[-卻] V. forget
wǎngr 网儿[網-] N. <coll.> small net M: [2]*zhī*
wāngrán 汪然 V.P. vast (stretches of water); profuse
[1]**wǎngrán*** 枉然 V.P. futile; purposeless
[2]**wǎngrán** 惘/罔然 V.P. ①frustrated; disappointed ② at a loss; stupefied
wāngránchūtì 汪然出涕 F.E. weep profusely
wǎngrǎng 枉攘 ADV. tumultuous; disorderly
wángránhóu 王髯猴 N. <zoo.> king monkey
wǎngránruòshī 惘然若失 F.E. feel lost; look blank
wǎngráo 枉桡[-橈] V. fail to carry out justice
wàngrén 妄人 N. <wr.> opinionated imbecile M: [1]*gè*
wángrénpái 亡人牌 N. <topo.> ancestral tablet
wǎngrěrénxiào 枉惹人笑 F.E. This would make people laugh.
wǎngrì* 往日 N. (in) former days
wàngrì 望日 N. 15th day of the lunar month
wángróngyā 王绒鸭 N. <zoo.> king eider; king duck
wángrǔ 王乳 N. bee milk; royal jelly
wǎngruòyǒushī 惘若有失 F.E. look as if one had lost sth.; be disconcerted
wàngsè 望色 V.O. diagnose a disease from the patient's appearance
[1]**wǎng shàng** 往上 ADV. upslope; uphill
[2]**wǎngshàng** 罔上 V.O. deceive the emperor
wǎng shàng pǎo 往上跑 V.P. run uphill
wǎng shàng qiúzhù 网上求助[網-] V.P. <comp.> seek help on-line
wǎng shàng zhuǎn* 往上转[-轉] V.P. turn upward *See also wǎng shàng zhuàn*
wǎng shàng zhuàn 往上转[-轉] V.P. circle upward *See also wǎng shàng zhuǎn*
wǎngshāwúgū 枉杀无辜[-殺--] F.E. kill an innocent person unjustly
wángshé* 王蛇 N. python
wàngshé 望舌 N. <med.> tongue inspection
wàngshén 忘神 V.O. be absorbed by sth.
wǎngshēng 往生 N. <Budd.> future life
wǎngshèng 往圣[-聖] N. ancient sages
wàngshèng* 旺盛 S.V. vigorous; exuberant; prolific
wàngshēngchuānzáo 妄生穿凿[-鑿] ID. draw a forced analogy
wàngshèng qǐlai 旺盛起来 R.V. vigorously; exuberantly
wàngshèng shēngzhǎng 旺盛生长 V.P. vigorous growth
wǎngshèngxiānxián 往圣先贤[-聖-賢] F.E. sages of the past
wàngshēnwàngjiā 忘身忘家 F.E. think only of the public interest
[1]**wángshī** 亡失 V. lose; disappear; be missing
[2]**wángshī** 王师[-師] N. king's/emperor's troops
[1]**wángshì** 王室 N. ① royal family ② imperial/royal court
[2]**wángshì** 王事 N. royal affairs
wǎngshí 往时[-時] N. ①(in) the past ②formerly
wǎngshì* 往事 N. past events; the past
wàngshí 忘食 V.O. so busy/preoccupied as to forget mealtime
[1]**wàngshì** 望视 V. look upward
[2]**wàngshì** 旺市 N. prosperous market
wángshì chéngyuán 王室成员 N. members of the royal family; royalty
wǎngshìgǎnhuái 往事感怀[-懷] F.E. recall past events with deep feeling
wǎngshìhuíxiǎng 往事回想 F.E. be redolent of the past
wángshìlín 王室林 N. crown wood
wǎngshìmiǎnhuái 往事缅怀[-懷] F.E. muse over past memories
wǎngshìrúyān 往事如烟[-煙] F.E. Past events have faded like a puff of smoke.
wǎngshìxiūtí 往事休提 F.E. Let bygones be bygones.
wángshuǐ 王水 N. <chem.> aqua regia
wǎngshuǐxíngzhōu 罔水行舟 ID. impossible
wángshǔluó 王黍螺 N. <zoo.> periwinkle
wàngshuō 妄说 V./N. talk nonsense
wǎngsǐ* 枉死 V. be wronged and driven to death
wàngsǐ 忘死 V.O. disregard the risk of death
wǎngsǐguǐ 枉死鬼 N. wronged souls M: [1]*gè*/
wàngsùhuídiàn 望速回电[-電] F.E. I hope you will wire a reply as soon as possible.
wàngsuì 望岁[-歲] V.O. pray/hope for a bumper crop
wángsūn 王孙[-孫] N. ① offspring of nobility ② cricket ③ monkey ④ prince's descendants ⑤ Double Surname
wángsūn gōngzǐ 王孙公子[-孫--] N. blue-blooded young men; aristocrats; descendants of nobility
wángsuōyú 王梭鱼 N. <zoo.> escolar
wàngtái 望台[-臺] N. belfry; lookout tower
wángtàihòu 王太后 N. queen mother
wǎngtán 网坛[網壇] N. tennis circles
wàngtiānjīnyú 望天金鱼 N. <zoo.> celestial telescope goldfish
wàngtiānr 望天儿 V.O. <topo.> have pinkeye ♦N. <zoo.> goldfish with protruding eyes
wàngtiāntián 望天田 N. <agr.> fields on hill tops which depend on rains for water
wàng tiānxià 王天下 V.O. <wr.> rule over the empire
wángtíng 王庭 N. king's court; imperial court
wàngtou 望头 N. <coll.> good prospects
wàngtú 妄图[-圖] V. vainly attempt
wángtuō 亡脱 <Ch. med.> V. lose ♦N. loss

wángù* 顽固 S.V. ① obstinate; stubborn; headstrong ② set against change; die-hard; ultraconservative ♦N. person with old-fashioned ideas
wǎngǔ 绾毂[-轂] <wr.> N. important crossroad
[1]**wàngǔ** 万古[萬-] ADV. eternally; forever
[2]**wàngǔ** 腕骨 N. carpal bone M: [10]fù/
wànguàn 万贯[萬-] V.P. wealthy
wànguàn jiācái 万贯家财[萬-] N. great wealth
wànguàn jiāsī 万贯家私[萬-] N. an immense fortune
wángùbǎolěi 顽固堡垒[-壘] F.E. stubborn bastion (of people)
wángùbìng 顽固病 N. <bot.> stubborn disease
wàngǔbùbiàn 万古不变[萬-變] F.E. eternal and immutable
wángùbùhuà 顽固不化 V.P. ① incorrigibly obstinate ② thoroughly reactionary
wàngǔchángcún 万古长存[萬-] F.E. last forever; be everlasting
wàngǔchángqīng 万古长青[萬-] F.E. remain fresh; last forever
wàngǔchángxīn 万古长新[萬-] F.E. remain fresh; last forever
wángù fènzǐ 顽固分子 N. die-hards; die-hard elements M: [1]gè/[1]míng
wǎnguī 琬圭 N. jade tablet held by feudal princes during audience with the emperor
wǎnguì* 碗柜[-櫃] N. cupboard for tableware M: [2]zhī/[1]gè
wángùlǎor 顽固老儿 N. old bigot
wàngǔliúchuán 万古流传[萬-傳] F.E. be remembered forever
wàngǔliúfāng 万古流芳[萬-] F.E. leave a good name that will live forever
wànguó 万国[萬國] ATTR. global ♦N. <trad.> all nations
wànguó bólǎnhuì 万国博览会[萬國-覽-] N. world's fair
wànguó gōngfǎ 万国公法[萬國-] N. international law
Wànguó Yīnbiāo 万国音标[萬國-標] N. International Phonetic Alphabet (IPA)
Wànguó Yóuzhèng Xiéhuì 万国邮政协会[萬國郵-協-] N. Postal Union
wànguóyǔ 万国语[萬國-] N. lingua franca M: [1]zhǒng
wángùpài 顽固派 N. diehards
wàngǔqiānqiū 万古千秋[萬-] F.E. through unnumbered ages; for eons
wángù shàonián 顽固少年 N. young fogies
wángùxìng biànbì 顽固性便秘 N. intractable constipation
wǎngwài* 往外 ADV. outward
wàngwài 望外 ADV. ① <coll.> more than; beyond ② unexpectedly
wāngwāng 汪汪 R.F. ① tearful; tears welling up ② <wr.> vast (of a body of water); boundless ③ deep and extensive (of water) ♦ON. bark; yap; bowwow
[1]**wǎngwǎng*** 往往 ADV. often; frequently
[2]**wǎngwǎng** 惘惘 R.F. disappointed; disconcerted
[1]**wàngwàng** 望望 N. appearance of being ashamed/defiled ♦R.F. ① aspire earnestly ② look distracted
[2]**wàngwàng** 旺旺 R.F. nicely burning; vigorous
wǎngwǎngr 魍魍儿 N. <coll.> legendary ghost
wǎngwǎngrúcǐ 往往如此 F.E. It happens frequently that. . .; It is usually like that.
wǎngwǎngwúzhǔ 惘惘无主 F.E. irresolute and indecisive
wǎngwǎngyǒuzhī 往往有之 F.E. as often happens
Wáng Wéi 王维 (699–759) N. celebrated scholar and artist; one of the "Four Great Tang Poets"
wángwèi* 王位 N. throne
wàngwéi 妄为 V.P. take rash action
wàngwénshēngyì 望文生义[-義] F.E. take the words too literally; interpret without real understanding
wàngwénwènqiè 望闻问切 F.E. <Ch. med.> the four methods of diagnosis: watching the face, smelling, asking questions, and feeling the pulse
wàngwǒ 忘我 V.O. oblivious of self; selfless
wàngwǒ jīngshén 忘我精神 N. altruism
wáng wǒ zhī xīn bù sǐ 亡我之心不死 F.E. have not given up the wild ambition to subjugate us
wǎngwúsuǒcuò 罔无所措 F.E. did not know what to do
wǎngxī* 往昔 N. in former days
wǎngxì 网系[網-] N. system of nets M: [1]zhāng/[2]zhi
wǎng xià 往下 ADV. ① downward ② henceforth; in the future
wàngxiàcíhuáng 妄下雌黄 ID. ① incorrectly correct written characters ② make arbitrary alterations ③ make outrageous comments
wángxiàng 王相 N. emperor, generals, and ministers
wàngxiǎng* 妄想 V. vainly hope ♦N. ① wishful thinking; vain hope ② <med.> delusion
wàngxiǎng guānniàn 妄想观念[--觀-] N. delusional idea
wàngxiǎngkuáng 妄想狂 N. <med.> ① paranoia ② megalomaniac
wàngxiǎngkuáng réngé 妄想狂人格 N. <psy.> paranoid personality
wàngxiǎngkuángzhě 妄想狂者 N. <psy.> paranoiac M: [2]wèi/[1]míng/[1]gè
wàngxiāngtái 望乡台[-鄉臺] N. <trad.> ① terrace from which one can see one's home in the distance ② terrace in hell from which the dead can see their homes M: [1]zhāng
wàngxiàngzhīshí 旺相之时[-時] N. the time of good fortune
Wáng Xiānqiān 王先谦 (1842–1918) N. scholar, educator and government official; an authority on Ch. classics
wǎngxiào 罔效 V.P. ineffective; in vain
wàngxiāo* 旺销 V. flourish (of markets/sales)
wàngxiāo jìjié 旺销季节[-節] N. peak selling/sales period
wǎng xià shuō 往下说 V.P. talk on; please continue
Wáng-Xiè 王谢 N. influential families
wàngxing 忘性 N. <coll.> bad memory; forgetfulness
wàngxíng* 忘形 V.O. lose all bearings; get carried away
wàngxing dà 忘性大 V.P. ① forgetful ② have a poor memory
wàngxíngjiāo 忘形交 N. close/fraternal friendship M: [2]wèi/[1]míng/[1]gè
wàngxìng nǎozi 忘性脑子[--腦-] N. poor memory
wàngxíngzhījiāo 忘形之交 N. friendship in which all the conventions of good manners/etiquette can be ignored
Wáng Xīzhī 王羲之 (321–379) N. most famous early calligrapher
wángxuè 亡血 N. hemorrhage bleeding
wàngxùn 旺汛 N. best fishing period
wǎngyǎn(r) 网眼(儿)[網-] N. mesh
wàngyán* 妄言 N. wild talk; lies ♦V. tell lies; talk nonsense
wāngyáng* 汪洋 V.P. vast; boundless (of water) ♦N. an expanse of water
wángyáng 亡阳[-陽] N. <Ch. med.> yáng depletion
wǎngyǎng 罔养[-養] V. hesitate; be unable to make a decision
wàngyáng 望洋 V.O. look toward the ocean
wángyángbǔláo 亡羊补牢[--補-] ID. Better late than never.
wāngyángdàhǎi 汪洋大海 F.E. boundless seas
wángyángdéniú 亡羊得牛 ID. The gain more than compensates for the loss.
wāngyánghàobó 汪洋浩博 F.E. vastly knowledgeable and proficient in writing
Wáng Yángmíng 王阳明[-陽-] (1472–1529) N. philosopher who stressed intuition in opposition to Zhu Xi's "investigation of things"
wàngyángxīngtàn 望洋兴叹[-興嘆] F.E. feel inadequate and frustrated
wāngyángzìsì 汪洋自肆 F.E. unrestrained manner/style (of people/writing)
wàngyǎnjìng 望眼镜 N. telescope M: [2]zhī/[1]jià
wàngyánwàngtīng 妄言妄听[-聽] F.E. don't take this too seriously
wàngyǎnyùchuān 望眼欲穿 F.E. eagerly await
wǎngyǎnzhuàng 网眼状[網-狀] N. mesh shape
wángye 王爷[-爺] N. ① His/Royal Highness ② nobleman
wángyè 王业[-業] N. the empire
wǎngyè* 网页[網-] N. <comp.> web page M: [1]zhāng
wángyì 亡佚 V.P. <wr.> be lost (e.g., ancient texts)
wángyīn 亡阴[-陰] N. <Ch. med.> yīn depletion
wángyǐniǎo 王蚁鸟[-蟻-] N. <zoo.> king of the anteaters
wángyǐnyù 亡隐喻[-隱-] N. <lg.> dead metaphor
wàngyōng 妄庸 V.P. low-class but conceited; common and somewhat conceited
wàngyòng 妄用 V. misuse
wángyǒu 亡友 N. a deceased friend M: [2]wèi/[1]míng/[1]gè
[1]**wǎngyǒu*** 网友[網-] N. <comp.> netizens
[2]**wǎngyǒu** 罔有 V. not have
wàngyōu 忘忧[-憂] V.O. forget cares and worries
wàngyōucǎo 忘忧草[-憂-] N. day lily
wǎng yòu guǎi 往右拐 V.P. turn right
wàngyōushù 忘忧树[-憂樹] N. <bot.> lotus tree M: [1]kē
wàngyōuwù 忘忧物[-憂-] N. liquor
wàngyōuyào 忘忧药[-憂藥] N. nepenthe
wǎng yòu zhuǎn 往右转[-轉] V.P. turn right
wángyú 王鱼 N. kingfish
wǎngyú 网鱼[網-] V.O. net fish
wàngyǔ* 妄语 N. wild talk; ranting ♦V. tell lies; talk nonsense
wàngyuǎnjìng 望远镜[-遠-] N. telescope; binoculars M: [2]zhī/[1]jià
wàngyuǎn jìngtóu 望远镜头[-遠--] N. telephoto lens
[1]**wàngyuè(r)** 旺月(儿) N. busy month (in business)
[2]**wàngyuè** 望月 N. full moon
wàngyún 望云[-雲] ID. think of one's parents
wàngyùn* 旺运[-運] N. good fortune/luck
Wáng Yúnwǔ 王云五[-雲-] (1888–1979) N. founder, editor in chief, and general manager of the Commercial Press from the 1920s
wàngyǔxūcí 妄语虚词[--虛-] F.E. wild talks and vain words
wǎngzhàn 网站[網-] P.W. <comp.> website
wángzhāng 王章 N. royal institutions
wǎngzhàng* 网帐[網-] N. net curtain
[1]**wángzhě*** 亡者 N. ① the dead ② soldier missing in action M: [2]wèi/[1]míng/[1]gè
[2]**wángzhě** 王者 N. ① emperor; king ② true royal sovereign M: [2]wèi/[1]míng/[1]gè
wǎngzhé 往哲 N. ancient saints and sages
wǎngzhě bùkě jiàn 往者不可谏 F.E. no use crying over spilt milk
wǎngzhě bùkě zhuī 往者不可追 F.E. What's done can't be undone.
Wáng Zhèn* 王震 (1908–1993) N. Communist military guerrilla leader and political commissar
wàngzhěn 望诊 V./N. <Ch. med.> observe a patient's complexion/tongue/etc.
wàngzhèng 妄证[-證] V. testify falsely ♦N. perjury
wángzhě yǐmínwéitiān 王者以民为天 F.E. A king's life depends upon the people.
wǎngzhěyǐyǐ 往者已矣 F.E. What's gone is gone.
wángzhězhīfēng 王者之风 N. air/manner of a prince

W

wǎngzhǐ 网址[網-] P.W. <comp.> website; (Internet) site M: [1]*zhāng*
wàngzhòngshìlín 望重士林 F.E. enjoy high prestige among scholars
wǎngzhù 网住[網-] R.V. catch sth. with a net
wǎngzhuàng 网状[網狀] N. netted shape
wǎngzhuàngmài 网状脉[網狀脈] N. netted/reticulated veins
wǎngzhuàngyè 网状叶[網狀葉] N. <bot.> reticulate leaf
wǎngzhuì(r) 网坠(儿)[網墜-] N. weights attached to a fishnet
wāngzi 汪子 N. <coll.> pond; pool
wángzǐ* 王子 N. ① king's son; prince ② Double Surname
wǎngzi 网子[網-] N. ① net ② hairnet M: [1]*zhāng*
wǎngzì 枉自 ADV. in vain
wàngzi 望子 N. <topo.> advertisement placard
wàngzǐchénglóng 望子成龙 F.E. hope one's children will have bright futures
wàngzǐchéngniú 望子成牛 F.E. <PRC.> hope one's son works hard
wàngzìfěibó 妄自菲薄 F.E. ① underestimate oneself ② have an inferiority complex
wàngzìzūndà 妄自尊大 F.E. be self-important
wángzú* 王族 N. members of a royal house M: [2]*wèi*/[1]*míng*/[1]*gè*
wàngzú 望族 N. <wr.> distinguished/prominent family M: [2]*wèi*/[1]*míng*/[1]*gè*
wángzuò* 王座 N. throne M: [10]*fù*
wàngzuò 妄作 V. act wildly and illegally
wǎng zuǒ guǎi 往左拐 V.P. turn left
wángzuǒzhīcái 王佐之才 N. capabilities of a prime minister
wǎng zuǒ zhuǎn 往左转[-轉] V.P. turn left
wánhǎo* 完好 V.P. ① intact; whole ② in good condition ③ perfect
wánhào 玩好 N. sth. one adopts as a hobby or distraction
wánhǎo huòwù 完好货物 N. sound goods
wánhǎowúquē 完好无缺 F.E. intact; undamaged
wánhǎowúsǔn 完好无损 F.E. excellent and undamaged; intact
wánhǎo zhuàngtài 完好状态[-狀態] N. sound condition
[1]**wǎnhé** 婉和 S.V. mild (of speech)
[2]**wǎnhé** 晚禾 N. late crop of rice; second rice crop of a year
wǎnhèn 惋恨 N. animus; enmity
wànhòu 腕厚 N. thickness of the wrist
wánhū 玩忽 V. neglect; trifle with; take things lightly
wánhuà* 玩话 N. joking words/remarks
wànhuà 万化[萬-] N. ① all matters; all things ② too many variations/changes to recount
wànhuātǒng 万花筒[萬-] N. kaleidoscope M: [2]*zhī*/[1]*zhāng*
wán(r) huāyàng 玩(儿)花样[-様] V.O. play tricks; cheat
wán(r) huāzhāo 玩(儿)花招 V.O. <coll.> play tricks
wànhuāzhēngyàn 万花争艳[萬-爭艷] F.E. all kinds of flowers in full bloom
wànhùgēngxīn 万户更新[萬-] F.E. <trad.> All doorways are redecorated at New Year's.
wànhùhóu 万户侯[萬-] N. <hist.> marquis with a fief of 10,000 families; a high official
wǎnhuí 挽回 R.V. retrieve; redeem ~ ***miànzi de shǒufǎ*** face-saving tactics
wǎnhuì* 晚会 N. evening entertainment/party
wànhuì 万汇[萬匯] N. all things on earth
wǎnhuí dàjú 挽回大局 V.O. save the general situation from worsening; restore the general situation
wǎnhuí miànzi 挽回面子 V.O. save face
wǎnhuí yǐngxiǎng 挽回影响[-響] V.O. redeem/retrieve one's reputation
wánhūn* 完婚 V.O. marry (of men)
wǎnhūn 晚婚 N. ① <PRC> late marriage (after about mid-twenties) ② remarried widow
wǎnhūnwǎnyù 晚婚晚育 F.E. late marriage and late childbirth
wánhuǒ 玩火 V.O. play with fire
wánhuǒzìfén 玩火自焚 ID. boomerang on the perpetrator
wànhúquányuán 万斛泉源[萬-] F.E. copious source of wealth
wànhùxiāoshū 万户萧疏[萬-蕭-] F.E. Thousands of homes were deserted.
wànhúyuánquán 万斛源泉[萬-] F.E. full of inspiration in writing
wánhū zhíshǒu 玩忽职守[--職-] V.O. dereliction of duty
wāní 挖泥 V.O. dredge (up) mud
wāníchuán 挖泥船 N. suction-dredger boat M: [2]*zhī*/[1]*sōu*
wāníjī 挖泥机 N. dredger M: [1]*tái*
wánjī 烷基 N. alkyl
wánjí* 顽疾 N. chronic disease
[1]**wánjì** 丸剂[-劑] N. <med.> pill
[2]**wánjì** 丸髻 N. hair worn in a bun/coil
[1]**wǎnjì** 挽髻 V.O. tie the hair into a knot
[2]**wǎnjì** 绾髻 V.O. coil one's hair
wànjī 万机[萬-] N. ① numerous important affairs of state ② heavy workload
wànjí 万急[萬-] ATTR. very urgent
wànjiǎ 腕甲 N. bracelet M: [10]*fù*
Wàn Jiābǎo 万家宝[萬-寶] (1910–1996) N. writer better known as Cao Yu
wàn jiā dēnghuǒ 万家灯火[萬-燈-] N. myriad twinkling lights
wānjiǎn 弯剪[彎-] N. curved scissors
wánjiàn 顽健 S.V. ① strong ② <wr./humb.> old but in good health
wǎnjiān* 晚间 N. (in the) evening; (at) night
wànjiànchuānxīn 万箭穿心[萬-] F.E. very greatly distressed
wànjiàncuánxīn 万箭攒心[萬-] F.E. One's heart ached as if pierced by ten thousand arrows.
wǎnjiāngmǎ 挽缰马[-韁-] N. trace horse
wànjiànqífā 万箭齐发[萬-齊發] F.E. A thousand arrows shot at once.
wānjiǎo 弯脚[彎腳] V.O. bend one's feet
wànjiāshēngfó 万家生佛[萬-] F.E. benefactor to all
wánjié* 完结 V. end; be over
wǎnjié 晚节[-節] N. ① integrity in one's later years ② old age; one's closing years ③ closing years of a dynasty
wànjié 万劫[萬-] N. countless generations/ages
wànjiébùfù 万劫不复[萬-復] F.E. beyond redemption
wǎnjiébùquán 晚节不全[-節--] F.E. lose integrity in old age
wǎnjiébùzhōng 晚节不终[-節--] F.E. lose integrity in one's later years
wānjiēguǎn 弯接管[彎-] N. bend (to connect two pipes)
wǎnjiéhuánghuā 晚节黄花[-節--] ID. retain integrity in one's closing years
wánjié jiāoyì 完结交易 N. closed trade
wǎnjiémòlù 晚节末路[-節--] F.E. later period of old age
wànjiémòshú 万劫莫赎[萬-贖] F.E. Countless ages could not atone for it.
wánjiēpiān 完结篇 N. final part of a book/play
wǎnjiéyìnshòu 绾结印绶 F.E. take office
wǎnjiézìbǎo 晚节自保[-節--] F.E. hold fast to one's integrity in one's old age
[1]**wǎnjìn** 晚进[-進] N. newcomer; junior
[2]**wǎnjìn** 晚近 N. (in) recent years
wànjīn* 万金[萬-] N. a lot of money and property
wǎnjǐng* 晚景 N. ① evening scene ② one's circumstances in old age
wǎnjìng 晚境 N. condition/circumstances of one's late life
wǎnjǐngqīliáng 晚景凄凉[-涼] F.E. be lonely and poor in old age
wànjīnhù 万斤户[萬-] N. ten-thousand catty household
wànjīn jiāshū 万金家书[萬-書] N. a letter from home worth 10,000 pieces of gold M: [2]*fēng*
wànjīnyóu 万金油[萬-] N. ① balm ② jack-of-all trades, master of none
wànjīnzhīqū 万金之躯[萬-軀] N. one's priceless self
wǎnjiù 挽救 V. save; remedy
wǎnjiù jìhuà 挽救计划[-劃] N. crash program
[1]**wánjù*** 玩具 N. toy; plaything M: [1]*gè*/*tào*
[2]**wánjù** 完聚 V. <wr.> reunite
[3]**wánjù** 完具 V.P. <wr.> complete; perfect
[1]**wǎnjù** 婉拒 V. tactfully decline
[2]**wǎnjù** 挽具 N. harness
wánjuàn 完卷 V.O. finish an examination paper
wànjuàn* 万卷[萬-] N. countless number of books
wànjuǎnshū 万卷书[萬-書] N. countless number of books M: [1]*běn*
wánjùdiàn 玩具店 P.W. toy shop M: [1]*jiā*
wǎnjù fāpán 婉拒发盘[-發盤] V.O. decline an offer
wánjù fēidié 玩具飞碟[--飛-] N. frisbee
wánjùgǒu 玩具狗 N. toy dog M: [2]*zhī*/[1]*gè*
wánjūn 顽军 N. stubbornly resisting army
[1]**wánjùn*** 完竣 V. finish/complete (sth.)
[2]**wánjùn** 完浚 V. dredge (a river, etc.)
wànjūn 万钧[萬-] N. sth. overwhelmingly heavy
wànjūnzhīlì 万钧之力[萬-] N. overwhelming force
wánjùqiāng 玩具枪[-槍] N. toy gun M: [2]*zhī*/[4]*gǎn*/[2]*zhī*
wánjùshì 玩具室 P.W. playhouse M: [1]*jiā*/[2]*jiān*
wánkài 玩愒 V. fritter away one's time
wánkàng 顽抗 V. stubbornly resist
wǎnkè 晚课 N. <rel.> ① last part of the Eastern Orthodox lessons; Apodeipnon ② Buddhist chanting of evening scriptures
wānkōng 剜空 V. gouge hollow
wānkōng xīnsī 剜空心思 V.O. exhaust one's wits/ingenuity
wānkǒu 湾口[灣-] N. entrance of a river into a bay; mouth of a bay
wǎnkǒu* 碗口 N. ①diameter of a bowl ②mouth of a bowl
wānkǒu shābà 湾口沙坝[灣-壩] N. <geol.> bay bar; bay barrier
wānkǒu shāzhōu 湾口沙洲[灣-] N. <geol.> bay bar; baymouth bar
wánkù 纨绔/袴 N. <wr.> ① silk trousers; expensive clothing of children from wealthy families ② good-for-nothing young man from a wealthy family
wǎn-kuài 碗筷 N. bowls and chopsticks M: [10]*fù*
wǎnkuàilángjí 碗筷狼藉 F.E. Bowls and chopsticks lie in disarray (on the table)— as after a feast.
wānkuòhú 弯括弧[彎-] N. <lg.> braces
wànkǔqiānxīn 万苦千辛[萬-] F.E. innumerable difficulties
wánkù zǐdì 纨绔/裤子弟 N. profligate son of the rich; dandy; playboy
wǎnlái* 晚来 V. come late
wànlài 万籁[萬-] N. all sounds
wànlàijùjì 万籁俱寂[萬-] F.E. silence reigns supreme
wànlàiwúshēng 万籁无声[萬-聲] F.E. Silence reigns supreme.
wánlán 汍澜 V. weep profusely
wánle* 完了 V.P. ① be finished/done ② be hopeless ***See also wánliǎo***
wánlè 玩乐[-樂] V. disport
wǎnle 晚了 V.P. ① It's getting late ② It's too late
wànlèi 万类[萬類] N. all creation; all living things on earth
wǎnlì 婉丽[-麗] S.V. <wr.> exquisite
wànlǐ 万里[萬-] N. a great distance
wànlì* 腕力 N. ① wrist power ② grip; grasp
wǎnlián* 挽联[輓聯] N. elegiac couplets; funeral scrolls M: [10]*fù*

wǎnliàn 晚恋[-戀] V. fall in love at a mature age
wànliàn 腕链 N. bracelet M: [1]fù
wánliáng 完粮[-糧] V.O. pay grain tax
wánliánnuòlì 顽廉懦立 F.E. great power to influence people to change for the better
wánliǎo 完了 V.P. come to an end; be over *See also wánle*
Wànlǐ Chángchéng 万里长城[萬-] P.W. Great Wall
wànlǐchángkōng 万里长空[萬-] N. the vastness of heaven; the boundless sky
Wànlǐ chángzhēng 万里长征[萬-] N. ① Long March ② embark on a long journey
wánliè 顽劣 S.V. ① stubborn and obstreperous ② naughty and mischievous
wǎnlǐfú 晚礼服[-禮-] N. ① formal evening dress ② bobtail M: [2]jiàn/tào
wànlǐhóu 万里侯[萬-] N. marquis with an extensive fief
wànlǐjiāngshān 万里江山[萬-] F.E. vast territory of the motherland
wànlíngdān 万灵丹[萬靈-] N. panacea; wonder drug
Wànlíngjié 万灵节[萬靈節] N. All Souls' Day
wànlíngyào 万灵药[萬靈藥] N. panacea; wonder drug
wànlǐpéngchéng 万里鹏程[萬-] F.E. great promise; unlimited future
wànlǐqíngkōng 万里晴空[萬-] F.E. vast clear sky
wànlǐtiáotiáo 万里迢迢[萬-] F.E. very far away.
wànlǐtiāoyī 万里挑一[萬-] F.E. Not one like . . . can be found in ten thousand.
wānliú 湾流[灣-] N. gulf stream M: [1]tiáo
wǎnliú* 挽留 V. urge sb. to stay
wànliúfùhè 万流赴壑[萬-] F.E. countless things converging on the same spot
wànliújìngyǎng 万流景仰[萬-] F.E. be respected by everyone
wànlǐwúyún 万里无云[萬-雲] F.E. cloudless
wànlǐxié 万里鞋[萬-] N. sport shoes M: [1]shuang
Wànlóng 万隆[萬-] P.W. Bandung
wānlù 弯路[彎-] N. ① crooked road; tortuous path ② round-about way; detour ③ error M: [1]tiáo
wánluǎn* 完卵 ID. one can't escape unscathed from a general disaster
wànluán 万峦[萬巒] N. hundreds and thousands of mountains
wǎnluánduōzī 婉娈多姿[-孌--] F.E. young and beautiful
wàn lǜ cóng zhōng yīdiǎn hóng 万绿丛中一点红[萬-叢--點-] F.E. very outstanding or eye-catching
wànlǜjùqīng 万虑俱清[萬慮-] F.E. all worries are gone
wǎnmǎ 挽马 N. draft horse
[1]**wànmǎbēnténg** 万马奔腾[萬-] F.E. go full-steam ahead
[2]**wànmǎbēnténg** 万码奔腾[萬-] F.E. <comp.> wildly proliferate (pun referring to shape-based character inputting codes)
wǎn màizi 挽麦子[-麥-] V.O. <topo.> harvest wheat
wánmǎn* 完满 S.V. satisfactory; successful *Dàhuì ~ jiéshù.* The conference came to a successful conclusion.
wǎnmàn 婉曼 S.V. gentle and sweet
wànmǎqíyīn 万马齐喑[萬-齊-] ID. people are muzzled
wánměi* 完美 S.V. perfect; consummate
wánmèi 顽昧 S.V. naughty and stupid
wǎnmèi 婉媚 S.V. <wr.> gentle and charming
wànméinàor 万没闹儿[萬-鬧-] V.P. <topo.> no way at all
wánměiwúquē 完美无缺 F.E. perfect; flawless
wánměiwúxiá 完美无瑕 F.E. perfect; flawless
wánměizhǔyì 完美主义[-義] N. perfectionism
wánmì 完密 S.V. perfect and thorough
[1]**wǎnmiào** 宛妙 S.V. agreeable and beautiful (of music)
[2]**wǎnmiào** 婉妙 S.V. sweet (of sounds)
wánmín 顽民 N. <trad.> rebellious people
wànmín* 万民[萬-] N. all the people
wǎn-Míng xiǎopǐn 晚明小品 N. late Ming essays
wànmínquànjìn 万民劝进[萬-勸進] F.E. Thousands upon thousands of people sent in requests begging sb. to ascend the throne.
wànmínsǎn 万民伞[萬-傘] N. <hist.> umbrella presented to a popular official on leaving his district
wǎnmù 晚暮 N. late in one's life
wànmùkuíkuí 万目睽睽[萬-] F.E. under the glare of the public
wánnà 完纳 V. pay taxes
wànnán* 万难[萬難] N. all difficulties ♦ADV. extremely difficult; utterly impossible *See also wànnàn*
wànnàn 万难[萬難] ATTR. ① all-powerful ② all-purpose; universal *See also wànnán*
wànnáncóngmìng 万难从命[萬難從-] F.E. impossible to comply with sb.'s wish
wànnéng 万能[萬-] ATTR. ① universal; all-purpose ② all-powerful; omnipotent
wànnéngbǐ 万能笔[萬-筆] N. magic ink M: [2]zhī
wànnéngbiǎo 万能表[萬-] N. multiple-use meter M: [1]zhāng
wànnéng bóshì 万能博士[萬-] N. jack-of-all-trades; Mr. Know-it-all M: [2]wèi/[1]míng/[1]gè
wànnéng gōngzhuān 万能工专[萬-專] N. all-purpose industrial school
wànnéngjiāo 万能胶[萬-膠] N. all-purpose adhesive M: tǒng
wànnéng língyào 万能灵药[萬-靈藥] N. cure-all; nostrum M: [1]kē
wànnéngshì 万能式[萬-] N. universal
wánnì 顽逆 S.V. naughty and disobedient
wǎnnián* 晚年 N. old age; one's later years
wànnián 万年[萬-] N. ten thousand years; all ages; eternity
wǎnniáng 晚娘 N. <topo.> stepmother M: [1]míng/[1]gè
wǎnniáng miànkǒng 晚娘面孔 N. unsmiling face; sullen look M: [14]fù
wànniànjùfén 万念俱焚[萬-] F.E. All hopes dashed to pieces.
wànniànjùhuī 万念俱灰[萬-] F.E. be utterly disheartened
wànniánlì 万年历[萬-曆] N. ① perpetual calendar ② calendar system adopted briefly during the Yuan dynasty M: [1]běn
wànniánqīng 万年青[萬-] N. ① Chinese evergreen ② Japanese rohdea
wànniánzhī 万年枝[萬-] N. <bot.> ilex
wānniǔ* 弯扭[彎-] ATTR. crooked; twisted; winding
wánniú 纨牛 N. calf
wánnòng 玩弄 V. ① play/juggle with ② play jokes on; fool ③ resort to; employ *~ liǎngmiàn shǒufǎ* engage in double-dealing practices ④ dally/flirt with
wánnòng cíjù 玩弄词句 V.O. juggle/play with words
wánnòng cízǎo 玩弄词藻 V.O. juggle/play with words
wánnòng nǚxìng 玩弄女性 V.O. philander; dally with women
wánnòng quánshù 玩弄权术[-權術] V.O. play political games
wànnǔqífā 万弩齐发[萬-齊發] F.E. like a myriad crossbows shot at once
wán'ǒu 玩偶 N. doll; toy figurine
wánpái 玩牌 V.O. play cards
wǎnpán 碗盘[-盤] N. bowls and plates M: duī/
wànpàoqíhōng 万炮齐轰[萬-齊轟] F.E. ten thousand cannons booming
wànpàoqímíng 万炮齐鸣[萬-齊-] F.E. Thousands of guns roar at the same time.
wánpí* 顽皮 S.V. naughty; mischievous *Bùyào ~.* Keep out of mischief.
wǎnpǐ 脘痞 N. <Ch. med.> blockage of the stomach duct
wánpiān 完篇 V.O. complete a piece of writing
wán(r)piào 玩(儿)票 V.O. ① amuse oneself by playing parts in Chinese operas as an amateur ② do a payless job
wánpǐn 完品 N. ① perfect item ② perfect quality
wánqì 玩器 N. elegant plaything
[1]**wǎnqī*** 晚期 N. later period
[2]**wǎnqī** 惋凄 V.P. pathetic
[1]**wǎnqǐ** 晚起 V. rise or get up late
[2]**wǎnqǐ** 挽起 R.V. draw/pull up
wànqiān 万千[萬-] V.P. multifarious; myriad
wànqiānchājià 万签插架[萬-] F.E. countless number of books
wánqiáng 顽强[-強] S.V. indomitable; tenacious
wánqiángbùqū 顽强不屈[-強--] F.E. stubborn and unyielding
wánqiáng yìlì 顽强毅力[-強--] F.E. strong will
wànqiānzhīxǐ 万千之喜[萬-] N. a great joy.
wānqiáo 弯桥[彎橋] N. curved bridge M: [1]jià
wǎnqī liúchǎn 晚期流产[-產] N. late abortion
wánqīng 完清 R.V. <acct.> clear off
wànqǐng* 万顷[萬-] N. ① large landholding ② vast space
wànqǐngbìbō 万顷碧波[萬-] F.E. vast expanse of water
wànqǐngliúlí 万顷琉璃[萬-] F.E. clear and vast (of rivers/lakes)
wánqīng zhàngwù 完清帐务[-務] V.O. square all debts
wǎnqiū 晚秋 N. late autumn
wǎnqiū zuòwù 晚秋作物 N. <agr.> late-autumn crops
wǎnqī zuòwù 晚期作物 N. <agr.> after-crop
[1]**wānqū*** 弯曲[彎-] S.V. winding; crooked; curved ♦V. distort
[2]**wānqū** 蜿曲 V. meander
wánqū 顽躯[-軀] F.E. <wr./humb.> my body/person/health
wǎnqǔ 婉曲 V.P. tactful
wānquán 弯蜷[彎-] V.P. curve; coil
wánquán* 完全 V.P. complete; whole ♦ADV. completely; fully; wholly; absolutely
wǎnquàn 婉劝[-勸] V. persuade/advise gently
wànquán 万全[萬-] ATTR. perfectly sound; surefire; failure-proof
wánquán biàntài 完全变态[-變態] N. <bio.> complete metamorphosis
wánquán chéngběn 完全成本 N. <acct.> full cost
wánquáncí 完全词 N. <lg.> full word
wánquán dòngcí 完全动词[--動-] N. <lg.> full verb
wánquán duìděng 完全对等[--對-] N. <lg.> complete equivalence
wánquán duìhuàn 完全兑换[-換] N. full convertibility
wánquán dúzhàn 完全独占[--獨-] N. complete monopoly
wánquán fānyì 完全翻译[-譯] N. <lg.> total translation
wánquán jìngzhēng 完全竞争[-競爭] N. perfect competition
wánquánjù 完全句 N. <lg.> a complete sentence
wánquán shòuquán 完全授权[-權] N. carte blanche
wánquán tónghuà 完全同化 N. complete assimilation
wánquán tóngyìcí 完全同义词[---義-] N. <lg.> complete synonym
wánquán wèiyǔ 完全谓语 N. <lg.> complete predicate
wánquán xiǎoxué 完全小学 N. combined junior-senior elementary school
wánquánxìng 完全性 N. completeness; integrity; totality
wánquán xíngshì 完全形式 N. <lg.> full form

W

wánquányè 完全叶[-葉] N. <*bot.*> complete leaf
wánquán zérèn 完全责任 N. full liability
wànquánzhīcè 万全之策[萬-] N. completely safe plan; surefire plan
wànquánzhījì 万全之计[萬-] N. completely safe plan; surefire plan
wánquán zhīshí 完全知识[-識] N. perfect knowledge
wánquán zhōnglì 完全中立 N. completely noncommittal/neutral
wánquán zhōngxué 完全中学 N. combined junior-senior high school
wānqūxíngbiàn 弯曲形变[彎-變] F.E. bending and deformation
wānqūzhuàng 弯曲状[彎-狀] N. crooked/zigzag shape
wānqūzú 弯曲足[彎-] N. club foot
wánr* 玩儿 V. play; play/toy with
[1]**wǎnr** 晚儿 N. ① evening ② time
[2]**wǎnr** 碗儿 N. <*coll.*> bowl M: [2]*zhī*
wànr 腕儿 <*coll.*> V. celebrity; famous person; expert
wǎnrán 宛然 ADV. ① seemingly ② compliantly ♦V.P. true to life; vivid
wǎnránzàimù 宛然在目 F.E. as if in front of one's eyes
wànrbāqiān 万儿八千[萬-] NUM. <*coll.*> ten thousand or nearly ten thousand
wánrbùzhuàn 玩儿不转[-轉] R.V. can't handle/manage
wánrdànqù 玩儿蛋去 <*derog.*> INTJ. go away; beat it; scram
wánrdezhuàn 玩儿得转[-轉] <*coll.*> R.V. master with ease
wánrén* 完人 N. paragon of virtue
wànrèn 万仞[萬-] N. very high and steep mountains
wànréndí 万人敌[萬-敵] N. art of war which a field commander must master
wànrénkēng 万人坑[萬-] N. mass grave M: [1]*gè*
wànrénkōngxiàng 万人空巷[萬-] F.E. turn out en masse
wànrénmòdí 万人莫敌[萬-敵] F.E. can take on any challenger
wǎnrénshuōqíng 挽人说情 F.E. ask someone to put in a nice word
wànréntuòmà 万人唾骂[萬-罵] F.E. be vilified by the people
wànrénzhǒng 万人冢[萬-] N. mass burial ground; mass grave
wǎnrénzuòfá 挽人作伐 F.E. ask someone to act as a go-between
wánr gǔpiào 玩儿股票 V.O. <*coll.*> buy stocks as a side investment
wánrhóu(r) 玩儿猴(儿) V.O. <*topo.*> ridicule; make a monkey of sb.
wánr huà 玩儿话 N. jokes; utterances which are not said or taken seriously
wánrhuài 玩儿坏[-壞] V.O. <*coll.*> be up to mischief; play dirty tricks
wánrhuǒ 玩儿火 V.O. ① play with fire ② do sth. dangerous
wánrhuór 玩儿活儿 <*coll.*> V.O. do sth.; work
wánrmìng 玩儿命 V.O. <*coll.*> ① risk one's life needlessly ② exert the utmost strength
wánrnào 玩儿闹[-鬧] <*coll.*> N. rascal; troublemaker ♦V. fool around; run wild
wánrnìle 玩儿腻了 V.P. <*coll.*> tired of playing with
wánr nǚren 玩儿女人 V.O. toy with women
wānròubǔchuāng 剜肉补疮[-補瘡] ID. resort to a remedy worse than the ailment; rob Peter to pay Paul
wānròuyīchuāng 剜肉医疮[-醫瘡] ID. rob Peter to pay Paul
wánrpái 玩儿牌 V.O. play cards
wánrpiāo* 玩儿飘 <*coll.*> V.O. flaunt one's skill/talent
wánrpiào 玩儿票 V.O. ① <*opera*> play a role as an amateur ② do a payless job
wǎnrqián 碗儿钱[-錢] N. <*topo.*> cost of hot water to make tea
wánr qù 玩儿去 V.P. <*coll.*> get away; clear off
wánr shēnchén 玩儿深沉 <*coll.*> V.O. pretend to be sophisticated
wǎnrú* 宛如 CONJ. be just like
wǎnrù 婉缛 V.P. rich; abundant; diverse (of writing style)
wǎnruò 宛若 CONJ. be just like
wǎnruòtiānxiān 宛若天仙 F.E. divinely beautiful
wǎnruòyóulóng 宛/婉若游龙 F.E. lithesome as a slithering dragon (of a woman's bodily movements)
wánrwán 玩儿完 R.V. <*coll.*> be done for; be finished
wánrxì 玩儿戏[-戲] V. romp; play
wánr xiāosǎ 玩儿潇洒[-瀟灑] <*coll.*> V.O. be happy-go-lucky
wánr xī de 玩儿稀的 V.O. <*coll.*> do sth. unique
wánr yī bǎ 玩儿一把 <*coll.*> V.P. play (do) sth. once
wán'r yīn de 玩儿阴的[--陰-] <*coll.*> V.O. play dirty tricks on sb.
wǎnsè 晚色 N. twilight
[1]**wánshàn** 完善 S.V. perfect; consummate
[2]**wánshàn** 纨扇 N. round silk fan M: [1]*zhāng*
wánshǎng 玩赏 V. enjoy; delight in
wǎnshang* 晚上 N. evening
[1]**wǎnshāng** 婉商 V. consult tactfully
[2]**wǎnshāng** 惋伤[-傷] V.P. sigh/regret mournfully
wǎnshǎng 晚晌 N. evening; night
wánshǎng fēngjǐng 玩赏风景 V.O. enjoy the scenery
wànshāngyúnjí 万商云集[萬-雲-] F.E. The merchants have flocked here from all parts of the country.
wānshēn 弯身[彎-] V.O. bend the body
wǎnshēng* 晚生 PR. <*humb.*> I (self-reference before elders)
wànshèng 万乘[萬-] N. the emperor
wǎnshēnghòuxué 晚生后学[--後-] F.E. younger worker/scholar/etc. in a field
Wànshèngjié 万圣节[萬聖節] N. All Saints' Day
wǎnshēng pǐnzhǒng 晚生品种[-種] N. <*agr.*> late-maturing variety
wǎnshēngsāng 晚生桑 N. <*bot.*> late-maturing variety
wànshēngyuán 万牲园[萬-園] N. zoological garden M: [1]*gè*
wànshèngzhīguó 万乘之国[萬-國] N. a big country
wànshèngzhīzūn 万乘之尊[萬-] N. ruler with ten thousand chariots at his command
wánshí 顽石 N. stone; boulder M: [2]*kuài*/[2]*zhī*
[1]**wánshì(r)** 完事(儿) V.O. finish; get through; come to an end
[2]**wánshì** 玩世 V.O. not take anything seriously
[3]**wánshì** 完式 N. <*lg.*> full form
[4]**wánshì** 玩视 V. take everything lightly
wǎnshī 挽诗[輓-] N. elegy M: [2]*shǒu*
wǎnshì 晚世 N. <*wr.*> ① modern times ② last period of an era/dynasty
[1]**wànshì*** 万事[萬-] N. all things; everything
[2]**wànshì** 万世[萬-] N. all ages; generation after generation
wánshíbà 顽石坝[-壩] N. boulder dam M: [1]*gè*
wánshìbùgōng 玩世不恭 F.E. ① be cynical ②live dangerously or in defiance of conventions ③ be offbeat
wànshì bù shùn 万事不顺[萬-] V.P. Everything went awry.
wànshìcóngkuān 万事从宽[萬-從寬] F.E. take a lenient attitude toward everything
wànshìdàjí 万事大吉[萬-] F.E. everything is just fine
wǎnshídàngròu 晚食当肉[--當-] F.E. Eating late is as good as enjoying meat.
wánshídiǎntóu 顽石点头[--點-] F.E. ① even the stony are moved/persuaded ② be very persuasive
wànshìhēngtōng 万事亨通[萬-] F.E. everything goes well
wànshì jùbèi 万事俱备[萬-備] V.P. Everything is ready.
wànshìjūntuǒ 万事均妥[萬-] F.E. Everything is in order.
wànshìjùxiū 万事俱休[萬-] F.E. The game is up.
wànshì kāitóu nán 万事开头难[萬-開-難] V.P. The first step is always difficult.
wànshìliúfāng 万世留芳[萬-] F.E. be remembered throughout the ages
wànshì mò qiúquán 万事莫求全[萬-] F.E. Don't ask for perfection.
wànshì qíbèi 万事齐备[萬-齊備] V.P. Everything is ready.
wànshì qǐtóu nán 万事起头难[萬-難] V.P. The first step is always difficult.
wànshìrúyì 万事如意[萬-] F.E. have all one's wishes
wànshì rúzhuànzhú 万事如转烛[萬-轉燭] F.E. Events change kaleidoscopically.
wànshìshībiǎo 万世师表[萬-師-] F.E. the Model Teacher of a Myriad Ages (i.e., Confucius)
wànshìshùnjí 万事顺吉[萬-] F.E. Everything is going well.
wànshì shùnlì 万事顺利[萬-] V.P. Everything is going well.
wànshìtōng(r) 万事通(儿)[萬-] N. know-it-all
wànshìwànlíng 万试万灵[萬-萬靈] F.E. prove successful in every test
wànshìwànwù 万事万物[萬-萬-] F.E. myriads of things; all nature
wànshìxiū 万事休[萬-] F.E. All is lost.
wànshìxiūyǐ 万事休矣[萬-] F.E. The game is up.
wànshìxūbèi 万事胥备[萬-備] F.E. Everything is ready.
wànshìzhīhòu 万世之后[萬-後] N. after countless generations
wànshìzú 万事足[萬-] V.P. well satisfied
wǎnshōu 晚收 V. <*agr.*> ① harvest after the first frost ② harvest late
wǎnshóu* 晚熟 ATTR. late-maturing *See also wǎnshú*
wǎnshǒu 挽手 V.O. hold hands; be arm-in-arm
wànshòu 万寿[萬壽] N. ① birthday of the emperor ② many happy returns
wán shǒuduàn 玩手段 V.O. play tricks; manipulate
wànshòujú 万寿菊[萬壽-] N. <*bot.*> marigold
wànshòuwújiāng 万寿无疆[萬壽-] F.E. (wish sb.) a long life
wànshòuzhīwáng 万兽之王[萬獸-] N. the king of the animals
wánshú 完熟 N. <*agr.*> last period of maturity (of cereal crops)
wánshù 完数[-數] N. perfect number
wǎnshū 挽输[輓-] V. transport; convey
wǎnshú* 晚熟 S.V. ①late-maturing (of a person) ② ripen late (of a plant) *See also wǎnshóu*
wànshū 万殊[萬-] N. myriads of variations
wánshuǎ 玩耍 V. play; have fun; amuse oneself
wǎnshuāng 晚霜 N. late frost
wánshuì 完税 V.O. pay taxes
wǎnshuì* 晚睡 V. go to bed late
wánshuì jiàgé 完税价格[--價-] N. ① dutiable price ② amount of tax assessment
wànshuǐqiānshān 万水千山[萬-] F.E. long and arduous journey
wǎnshùn 婉/娩顺 S.V. soft and gentle; complaisant; obliging
wǎnshú pǐnzhǒng 晚熟品种[-種] N. <*agr.*> late variety
wǎnsì* 宛似 CONJ. as if ♦V. be just like
wànsǐ 万死[萬-] V. die ten thousand deaths

wànsǐbùcí 万死不辞[萬-辭] F.E. willing to risk any danger to help
wànsǐyīshēng 万死一生[萬-] F.E. very lucky to have escaped death
wǎnsōng 晚松 N. <bot.> pond pine M: [1]kē
wánsù 纨素 N. <txtl.> pure white and fine silk fabrics
wǎnsuì 晚岁[-歲] N. ① old age; one's later/remaining years ② late harvest ♦ADV. in recent years; lately
wànsuì* 万岁[萬歲] N. ① long life ② Your/His Majesty ③ <Jp.> "Banzai!"
wánsuìkàirì 玩岁愒日[-歲--] F.E. fritter away one's time
wànsuìqiānqiū 万岁千秋[萬歲-] F.E. ① live a long life ② die
wánsuǒ* 玩索 V.O. <wr.> ponder
wǎnsuǒ 挽索 N. ① traces (of a harness) ② cord attaching mourners to a funeral bier
wāntán 湾潭[灣-] N. curved pool
wǎntàn* 惋叹[-嘆] V. sigh mournfully; regret; deplore
wǎn-Táng 晚唐 N. <hist.> late Tang dynasty
wǎntián 晚田 N. late-autumn crop
wántóng* 顽童 N. naughty child; urchin M: [1]gè/
wǎntòng 惋恸[-慟] V. deplore; lament
[1]wāntóu 弯头[彎-] N. <mach.> elbow; bend
[2]wāntóu 湾头[灣-] N. <geol.> bayhead
wàntóucuàndòng 万头窜动[萬-竄動] F.E. many people gathered together
wāntuǐ 弯腿[彎-] V.O. bend one's leg
wānwān 弯弯[彎彎] R.F. <coll.> curved; bent
[1]wǎnwǎn 婉婉 R.F. amiable; gentle and agreeable; meek
[2]wǎnwǎn 宛宛 R.F. clinging; twisting
wànwàn* 万万[萬萬] ADV. absolutely ♦NUM. hundred million; great many
wànwànbùkě 万万不可[萬萬-] F.E. absolutely forbidden; not by any means; under no circumstances; in no event
wǎnwǎndiédié 碗碗碟碟 R.F. <coll.> tableware
wànwànnián 万万年[萬萬-] N. eternity
wānwānniǔniǔ 弯弯扭扭[彎彎-] R.F. winding; serpentine
wǎnwǎnqiāng 碗碗腔 N. a type of Shaanxi opera popular in the Weinan/Dali region
wànwànqiānqiān 万万千千[萬萬-] R.F. tens of thousands of; numerous
wánwánquánquán 完完全全 R.F. thorough; complete; perfect
wānwānqūqū 弯弯曲曲[彎彎-] R.F. zigzag; twisted; winding; snaky; meandering
wànwànsuì 万万岁[萬萬歲] F.E. Long live (the emperor)!
wánwánzhěngzhěng 完完整整 R.F. in complete/perfect shape; without loss/damage
wánwèi 玩味 V.O. savor; ponder; ruminate
Wànwéiwǎng 万维网[萬-網] N. World Wide Web; WWW
wánwù 玩物 N. plaything; toy ♦V.O. turn everything to one's amusement
wànwú 万无[萬-] V.P. never; not the least; absolutely not
wànwù* 万物[萬-] N. all living things; universe
wànwùcóngshēng 万物丛生[萬-叢-] F.E. grow in great variety and profusion
wànwùcùshēng 万物簇生[萬-] F.E. All things spring into life.
wànwù jiē bèi yú wǒ 万物皆备于我[萬--備於-] F.E. All things under heaven are being prepared for me.
wánwùsàngzhì 玩物丧志[--喪-] F.E. ride a hobby horse and forget to make progress
wànwùtuīcí 万勿推辞[萬-辭] F.E. please do not refuse
wànwúyīshī 万无一失[萬-] F.E. surefire
wànwùzhīlíng 万物之灵[萬-靈] N. man, the wisest of all creatures
wánxí 玩习[-習] V. learn and practice
wǎnxī* 惋惜 V. feel sorry for/about; pity
wānxià 弯下[彎-] R.V. bend down
wánxiá 玩狎 V.P. <wr.> dally with
wǎnxiá* 晚霞 N. afterglow; sunset clouds
wǎnxià 晚夏 N. end of summer
[1]wànxiàng 万象[萬-] N. all phenomena on earth
[2]wànxiàng 万向[萬-] ATTR. <mach.> universal
wànxiàngfá 万向阀[萬-] N. <mach.> universal valve
wànxiànggēngxīn 万象更新[萬-] F.E. everything is fresh again
wànxiànghuíchūn 万象回春[萬-] F.E. All manifestations of nature return with spring.
wànxiàngjié 万向节[萬-節] N. <mach.> universal joint
wànxiàngsēnluó 万象森罗[萬-羅] F.E. everything under the sun
wǎnxiāngyù 晚香玉 N. <bot.> tuberose
wánxiǎo 完小 AB. *wánquán xiǎoxué*
wánxiào* 玩笑 N. joke; jest ***Wǒ jiǎng zhè huà kě bù shì kāi ~.*** I'm not saying this in jest.
wánxiào huà 玩笑话 N. joking/teasing words; words intended to make fun of sb.
wánxiào xì 玩笑戏[-戲] N. comedy
wǎnxiásìhuǒ 晚霞似火 F.E. The evening sky is fiery red.
wǎnxiè 婉谢 V. decline with thanks
wan(r) xié de 玩(儿)邪的 N. sb. who does not play fair
wǎn xiē shíhou 晚些时候[--時-] N. later; by and by; afterwards
wānxīlǐ 弯膝礼[彎-禮] N. bending one's knees to show courtesy
wánxíng 完刑 N. <trad.> light punishment of only shaving off a criminal's beard
wánxìng 玩兴[-興] N. mood for playing
[1]wànxìng* 万幸[萬-] S.V. ① unusually lucky ② by sheer luck
[2]wànxìng 万姓[萬-] N. the people; the masses
wánxíng cèshì 完形测试 N. <lg.> cloze test
wánxíng cèshì chéngxù 完形测试程序 N. <lg.> cloze procedure
wánxíng cèshì duànluò 完形测试段落 N. <lg.> cloze passage
wánxíngfǎ 完形法 N. <lg.> holistic approach
wánxíng xīnlǐxué 完形心理学 N. <psy.> Gestalt psychology
wánxíng xīnlǐxuépài 完形心理学派 N. <psy.> Gestalt psychology
wánxíng xuéxífǎ 完形学习法[---習-] N. <lg.> global learning
wǎnxiù 挽袖 V.O. roll up the sleeves
wánxuǎn 顽癣 N. ① stubborn dermatitis ② chronic ringworm M: [2]kuài/[1]piàn
wǎnxué 晚学 PR. <wr./humb> I (when speaking to an elder); your pupil (when addressing a senior) ♦V. attend classes for seniors ♦N. afternoon school
wǎnxuéshēng 晚学生 PR. <wr./humb> your pupil (self-address to a senior)
wānyán 蜿蜒 V. ① wriggle ② wind; zigzag; meander
wányàn 玩厌[-厭] V. tired of doing sth.
[1]wǎnyán 婉言 N. tactful words; euphemism
[2]wǎnyán 宛延 V.P. long and winding (roads/lines/etc.); zigzag ♦V. meander
wǎnyǎn 琬琰 N. mature character of a gentleman
[1]wǎnyàn* 晚宴 N. evening banquet
[2]wǎnyàn 晚艳[-艷] N. ① chrysanthemum ② flowers that blossom late
wànyán 万言[萬-] N. very long articles/ books/ etc.)
wānyǎnbāopí 剜眼剥皮 F.E. take cruel revenge on sb. (said hyperbolically)
wányànchīnì 玩厌吃腻[-厭--] F.E. be satiated with sth.
wānyán'érshàng 蜿蜒而上 F.E. wriggle up (to. . .)
wǎnyánfǎ 婉言法 N. euphemism
wànyàng 万样[萬樣] ATTR. all kinds/sorts of; various kinds of
wǎnyánjùjué 婉言拒绝[-絕] F.E. refuse politely
wānyánqūzhé 蜿蜒曲折 F.E. (by) twists and turns; meander; zigzag
wànyánshū 万言书[萬-書] N. ① 10,000-word memorial; long memorial ② long report prepared for the emperor's perusal M: [1]běn
wǎnyánxiāngquàn 婉言相劝[-勸] F.E. gently plead
wǎnyánxièjué 婉言谢绝[-絕] F.E. politely decline to do sth.
wǎnyǎnzhīzhāng 琬琰之章 N. esteemed letter
wānyāo* 弯腰[彎-] V.O. stoop
wányào 丸药[-藥] N. <med.> pill M: [1]kē
wānyāohābèi 弯腰哈背[彎-] F.E. not straight/erect (of posture)
wányàohé 丸药盒[-藥-] N. pill box M: [2]zhī
wānyāoqūbèi 弯腰曲背[彎-] F.E. not straight/erect (of posture)
wānyāotuóbèi 弯腰驼背[彎-] F.E. not straight/erect (of posture)
wányì(r) 玩意/艺(儿)[-藝-] N. ① toy; plaything ② thing
wànyī* 万一[萬-] N. ①one ten-thousandth; very small percentage ② contingency; eventuality ♦CONJ. just in case; if by any chance; supposing ♦ADV. what if
wànyì 万亿[萬億] NUM. trillion (1,000,000,000,000); a thousand billions
wǎnyìbìng 晚疫病 N. late blight M: [1]zhǒng
wányīn* 完姻 V.O. get married
wǎnyǐn 挽引 V. pull with force
wǎnyīngcǎo 晚樱草 N. <bot.> primrose M: [1]kē
wànyìngdìng 万应锭[萬應-] N. panacea
wànyìnglíngdān 万应灵丹[萬應靈-] F.E. cure-all; panacea
wànyìngyào 万应药[萬應藥] N. panacea; wonder drug; cure-all
wànyòng 万用[萬-] ATTR. multiple-purpose; universal
wǎnyòng jiāchù 挽用家畜 N. draft animal M: [2]zhī
wànyǒu 万有[萬-] ATTR. all-comprehending; universal
wànyǒushénjiào 万有神教[萬-] N. pantheism
wànyǒu yǐnlì 万有引力[萬-] N. gravitation; gravity
wànyǒu yǐnlì dìnglǜ 万有引力定律[萬-] N. the law of gravitation
wányú 顽愚 S.V. ignorant and stubborn
[1]wǎnyú 婉愉 V.O. at ease; relaxed; harmonious
[2]wǎnyú 挽舆[輓-] N. pull a cart/carriage
wǎnyù* 晚育 V. bear a child late
wànyuánhù 万元户[萬-] N. 10,000 *yuan* a year household (a then hard-to-achieve goal, established in 1970s) M: [2]wèi/[1]míng/[1]gè
wányuè 玩月 V.O. enjoy looking at the moon
wǎnyuē* 婉约 ATTR. <wr.> ① smooth and courteous (of speech) ② restrained; plaintive (of poetry) ③ graceful and restrained
wányú gǔzhǎngzhīshàng 玩于股掌之上[-於----] F.E. have sb. under one's complete control
Wànyújié 万愚节[萬-節] N. April Fools' Day
wǎnyùn 晚运[-運] N. one's lot during old age
wǎnzhǎn 碗盏[-盞] N. dishes; crockery; chinaware
wǎnzhàng 挽幛[輓-] N. large elegiac scroll
wànzhàng* 万丈[萬-] ATTR. ①lofty ②bottomless
wànzhàng gāolóu 万丈高楼[萬-樓] N. lofty tower
wànzhàng gāolóu píngdì qǐ 万丈高楼平地起[萬--樓---] ID. Great oaks from little acorns grow.
wànzhàngguāngmáng 万丈光芒[萬-] F.E. shine in all its splendor; shine with boundless radiance
wànzhàngshēnyuān 万丈深渊[萬-淵] F.E. bottomless abyss
wǎnzhào 晚照 N. ① evening glow ② setting sun
wánzhěng* 完整 S.V. complete; integrated; intact

W

wánzhèng 顽症 N. chronic disease; persistent ailment
wánzhěng jìyì 完整记忆[-憶] N. total recall
wánzhěngjù 完整句 N. <lg.> complete sentence
wánzhěngshí 完整食 N. <astr.> complete eclipse
wánzhěng sīxiǎng 完整思想 N. complete thought
wánzhěng wénběn 完整文本 N. full copy
wánzhěngxìng 完整性 N. integrity; integrality; wholeness; completeness; perfection
wánzhěng yǔjù 完整语句 N. <lg.> complete sentence
wánzhěng zhuàngtài 完整状态[-狀態] N. good working conditions
wànzhōng 万钟[萬-] N. rich reward or high salary (for a government official)
wànzhòng* 万众[萬眾] N. the masses
wānzhōngbà 湾中坝[灣-壩] N. mid-bay bar
wànzhōngchóusī 万钟愁思[萬-] F.E. (abandon oneself to) the thousand unknown plaints and grievances
wànzhònghuānténg 万众欢腾[萬眾歡-] F.E. universal rejoicing
wànzhòngsuīsuī 万众睢睢[萬眾-] F.E. All eyes are staring.
wànzhòngyīxīn 万众一心[萬眾-] F.E. universal agreement; complete unity
wànzhòngzhǔmù 万众瞩目[萬眾矚-] F.E. all eyes are fixed on
[1]**wánzhǔ** 玩主 <coll.> N. ① fop; dandy ② troublemaker M: [2]wèi/[1]míng/[1]gè
[2]**wánzhǔ** 顽主 N. hipster M: [1]míng/[1]gè
wǎnzhù* 挽住 R.V. hold back; restrain another (from going away, etc.)
wānzhuan 湾转[灣轉] V. <topo.> track down; search high and low *See also* [1]*wānzhuǎn*
[1]**wānzhuǎn** 湾转[灣轉] V. get by indirect means *See also wānzhuan*
[2]**wānzhuǎn** 剜转[-轉] V. <coll.> find; discover; seek out
wǎnzhuǎn* 婉/宛转[-轉] S.V. ①tactful ②sweet and agreeable ♦ADV. ① indirectly; tactfully (persuade/explain/etc.) ② in a roundabout way
wǎnzhuǎn'érgē 婉转而歌[-轉--] F.E. warble
wǎnzhuāng* 晚装[-裝] N. evening dress
wànzhuàng 万状[萬狀] ADV. extremely ♦N. all kinds
wǎnzhuāngjia 晚庄稼[-莊-] N. late fall crops; late harvest
wǎnzhuǎnqǔmèi 婉转取媚[-轉--] F.E. worm oneself into sb.'s good graces
wānzhuǎnzhōuzhé 剜转周折[-轉--] F.E. track down; ferret out
wānzi 弯子[彎-] N. bend; turn; curve M: [1]tiáo
wánzi* 丸子 N. ① round mass of food; ball ② pill; bolus M: [3]lì/[1]kē
[1]**wànzi** 腕子 N. wrist M: [2]zhī
[2]**wànzi** 万子[萬-] N. mahjongg tile with the inscribed character *wàn*
wànzì fúdiāo 万字浮雕[萬-] N. fret/ornamental work
wànzǐqiānhóng 万紫千红[萬-] F.E. a riot of color; vast display of dazzling colors (of flowers)
wànzìshì 万字饰[萬-] N. swastika
wànzì xìgōng 万字细工[萬-] N. fret work
wànzìxíng 万字形[萬-] N. swastika
wānzizhuǎnzi 弯子转子[彎-轉-] F.E. <topo.> devious ways; sly schemes
wánzú 完足 V.P. complete
wǎpén(r) 瓦盆(儿) N. clay basin
wǎpī 瓦坯 N. green tile M: [2]kuài/
wǎpiàn(r) 瓦片(儿) N. pieces of tile M: [2]kuài/[1]piàn
wǎpiànyú 瓦片鱼 N. <zoo.> tilefish
wāpò 挖破 R.V. break/damage by digging
wāqì 挖器 N. excavator
wǎqì* 瓦器 N. pottery; earthenware; crockery
wāqián 挖潜[-潛] V.O. tap latent power/potentialities
wāqián gǎizào zījīn 挖潜改造资金[-潛----] N. funds to tap latent technical transformation M: [2]bǐ
wā qiángjiǎo 挖墙脚[-牆腳] V.O. cut the ground from under sb.'s feet
wāqián zījīn 挖潜资金[-潛--] N. funds expended to tap the potential M: [2]bǐ
wǎquān* 瓦圈 N. rim (of a cart/bike/etc. wheel)
wǎquán 瓦全 N. ①intact tile ②ignoble existence
wārén 蛙人 N. <loan> frogman M: [1]gè/[1]míng
wāròubǔchuāng 挖肉补疮[-補瘡] ID. apply a remedy worse than the ailment; rob Peter to pay Paul
wāshānbùzhǐ 挖山不止 ID. make unremitting efforts
wàshāng 袜商[襪-] N. hosiery store; hosier
wā shāngpǐn kùcún 挖商品库存 V.P. offset the shortage of commodities by tapping stockpiles
wǎshè 瓦舍 N. ①house with a tile roof ②<trad.> entertainment districts M: [1]jiān
[1]**wāshì*** 蛙式 N. <sport> breaststroke
[2]**wāshì** 蛙市 N. noise of frogs in the evening
wǎshí 瓦时[-時] N. <elec.> watt-hour
wǎshì 瓦室 N. tile house M: [1]jiān
wǎshíjì 瓦时计[-時-] N. watt-hour meter
wāshì yóuyǒng 蛙式游泳 N. <sport> breast stroke
wāshùjī 挖树机[-樹-] N. tree mover M: [1]tái
wǎsī 瓦斯 N. <loan> gas
wǎsīdàn 瓦斯弹 N. gas shell/bomb
wǎsīlú 瓦斯炉[-爐] N. gas stove M: [2]zhī
wǎsītǐ 瓦斯体[-體] N. gas
wǎsītǒng 瓦斯筒 N. gas cylinder M: [2]zhī
wàtào(r) 袜套(儿)[襪-] N. socks; ankle socks M: [10]fù
wǎtè 瓦特 M. <loan> watt
wǎtèshù 瓦特数[-數] N. wattage
wātián 洼田[窪-] N. low-lying field/plantation; marsh land M: [2]kuài/[1]piàn
wātiào 蛙跳 V. <sport.> move up and down like a frog
[1]**wàtǒng(r)** 袜筒(儿)[襪-] N. stocking leg
[2]**wàtǒng** 袜统[襪-] N. leggings
wǎtóu 瓦头 N. hanging edge of a dripping tile
wàtóur 袜头儿[襪-] N. <topo.> socks
wātǔ 挖土 V.O. dig out the soil
wātǔjī 挖土机 N. excavator M: [1]tái
wāwā 哇哇 ON. sound of crying ♦N. <wr.> sweet words; blandishments
wáwa* 娃娃 N. ① baby; child ② doll M: [1]gè/[2]zhī
wáwachē 娃娃车 N. baby carriage M: [3]liàng
wáwachuáng 娃娃床 N. crib; cot M: [1]zhāng
wāwā dà jiào 哇哇大叫 V.P. shout very loudly
wāwā dà kū 哇哇大哭 V.P. cry very loudly
wāwā jiào 哇哇叫 V.P. shout like the sound of crying/cawing
wáwa liǎn 娃娃脸 N. baby face
wáwaqīn 娃娃亲[-親] N. <trad.> arranged marriage when very young M: duì
wáwashēng 娃娃生 N. <thea.> role of a loud child in local opera
wáwatóu 娃娃头 N. head of a group of children M: [2]zhī
wáwayú 娃娃鱼 N. giant salamander M: zhāng
wāwā zhí tù 哇哇直吐 V.P. throw up; vomit
wáwazhuāng 娃娃装[-裝] N. fashionable clothes for youth which resemble children's clothing M: tào/[2]jiàn
wǎwén 瓦纹 N. tile pattern; long parallel ridges separated by grooves
wǎwū 瓦屋 N. tile house M: [1]jiān/[1]gè
wǎwūdǐng 瓦屋顶 N. tile roof
wāxià 洼下[窪-] V.P. low-lying
wāxiàn 洼陷[窪-] V.P. sunken; low-lying
wāxié 蛙鞋 N. diver's shoes M: [1]shuāng
wāxīnzhàn 挖心战[-戰] N. foment dissension among the enemy
wāxuéjī 挖穴机 N. hole borer M: [1]tái
wǎyàn 瓦砚 N. inkstone made from an antique palace tile
wā yǎnjing 挖眼睛 V.O. gouge out the eyes
wǎyáo 瓦窑[-窯] N. brick/pottery/tile kiln
wā yāobāo 挖腰包 V.O. <coll.> foot a bill
wàyàozi 袜靿/袎子[襪-] N. the part of socks/stockings that covers the legs
wāyǒng 蛙泳 N. <sport> breaststroke
wǎyòng bǎnyán 瓦用板岩 N. <geol.> roofing slate
wāyǒng dēngtuǐ 蛙泳蹬腿 N. <sport> frog kick (in swimming)
wāyú 蛙鱼 N. <zoo.> toadfish
wāyuèfǎ 蛙跃法[-躍-] N. leapfrog
wāyuè suǒyǐn 挖月索引 N. thumb index
wāzhǒng 挖冢 V.O. dig a grave
[1]**wāzi** 洼子[窪-] N. waterlogged depression
[2]**wāzi** 蛙子 N. <zoo.> frog
wázi 娃子 N. ① <topo.> baby; child ② <topo.> newborn animal ③ <hist.> slave (among the Yi nationality) ④ <coll.> trash; scum; etc. ⑤ diminutive denoting affection ⑥ diminutive added to the "milk names" of children M: [1]gè
wǎzi 瓦子 N. ① brick ② brothel
wàzi* 袜子[襪-] N. socks; stockings; hose M: [1]shuāng
wāzǒu 挖走 R.V. dig out sb./sth. and take away
Wǎzú 佤族 N. Va (Wa) ethnic minority (in Yunnan)
wǎzuò 瓦作 N. bricklayer; plasterer
WC N. water closet; toilet
[1]**wēi** 微 B.F. ① minute; tiny; slight ***wēixiǎo*** ②profound; abstruse; subtle ***wēimiào*** ③decline ***shuāiwēi*** ♦M. one millionth part of; micro-
[2]**wēi** 偎 V. cuddle; lean close to
[3]**wēi** 萎 V. decline; wane; languish; wilt *See also* [10]*wěi*
[4]**wēi** 危 B.F. ① danger; dangerous ***wēixiǎn*** ② endanger; imperil; jeopardize ***wēihài*** ③ high; precipitous ***wēiyá*** ④near death ***bìngwēi*** ⑤<wr.> proper; upright ***zhèngjīnwēizuò*** ♦S.V. <coll.> in jeopardy ***Zhè xià kě ~ le.*** This time I'm done for. ♦N. ① <trad.> <wr.> ridge of a roof ② Surname
[5]**wēi** 煨 B.F. cinders; ashes [2]***wēijìn*** ♦V. ① cook over a slow fire ② roast (chestnuts/etc.) in hot cinders
[6]**wēi** 威 B.F. might; power ***wēixié***, [1]***shìwēi*** ♦in ***Kēwēitè***
[7]**wēi** 巍 B.F. lofty; towering ***wēi'é***, ***cuīwēi***
[8]**wēi** 薇 in ***qiángwēi***
[9]**wēi** 逶 in [2]***wēiyí***, ***wēisuí***
[10]**wēi** 葳 in ***wēiruí***, ***zīwēilèi***
[11]**wēi** 委 in [4]***wēiyí*** *See also* [4]*wěi*
[12]**wēi** 倭 in ***wēichí*** *See also* [5]*wō*
[1]**wéi** 为[為/爲] V. ① do; accomplish ② act/serve as ③be; become ④govern ~***guó*** govern the country ♦COV. by ♦CONS. ~ *n.* ***suǒ*** *v.* be v.'d by n. ~***dísuǒbài*** was defeated by the enemy ♦SUF. ① *added to s.v. to form adv.* ***dà~ kěguì*** very valuable/praiseworthy ② *added to adv. as intensifier* ***jí~ kěpà*** extremely frightening *See also* [1]*wèi*
[2]**wéi** 围[圍] V. surround; enclose; corral ♦B.F. all around; around ***wéirào***, ***zhōuwéi*** ♦M. span of outstretched arms
[3]**wéi** 惟/唯 ADV./CONJ./COV. only; alone; but ♦V. <wr.> think; ponder *See also shìqiú See also* [8]*wěi*
[4]**wéi** 违[違] B.F. ① disobey; violate ***wéibèi***, ***wéiyuē*** ②be separated ***jiǔwéi*** ♦V. <wr.> ①avoid ② miss; lose
[5]**wéi** 维[維] V. <wr.> be ♦CONS. ~ *A* ~ *B* be both A and B ~***nán***~***jiān*** be difficult and arduous ♦B.F. ① join; connect ***wéixì*** ② maintain; save from damage ***wéihù*** ③ fiber ***xiānwéi*** ④ fish net ⑤ thinking; thought ***sīwéi*** ⑥ <math.> dimension [2]***yīwéi***, [1]***sānwéi***
[6]**wéi** 韦[韋] B.F. leather ***wéidài***, ***pèiwéi*** ♦N. Surname
[7]**wéi** 圩 B.F. dyke ***wéidī***, ***zhùwéi*** *See also* [8]*xū*
[8]**wéi** 帷/帏[-/幃] B.F. bed curtain; curtain ***wéimù***, ***mùwéi***
[9]**wéi** 桅 B.F. mast ***wéigān***, ***chuánwéi***

10**wéi** 嵬 B.F. lofty and imposing **wéi'é, cuīwéi**
11**wéi** 闱[闈] B.F. ① side gate of a palace ② examination hall **wéimò** ♦in **cíwéi**
12**wéi** 硙[磑] in 3**wéiwéi**
13**wéi** 潍[濰] *used in place names*
Wéi 沩[潙] N. name of a river
1**wěi** 尾 B.F. ① tail **wěiba** ② end **mòwěi** ③ conclusion **jiéwěi** ④ remaining part; remnant **wěishù** ♦N. <*trad.*> the 6th of the 28 constellations ♦M. *for fish/etc.* **See also** 7*yǐ*
2**wěi** 伪[偽/僞] B.F. ① false; fake **wěizào, wěichāo** ② puppet **wěizhèngquán**
3**wěi** 苇[葦] B.F. reed **lúwěi, wěixí**
4**wěi** 委 B.F. ① entrust; designate 1**wěituō, wěipài** ② abandon; discard 2**wěiqì** ③ <*wr.*> accumulate 2**wěijī** ④ shift (blame, etc., to others) **wěiguò** ⑤ end **yuánwěi** ⑥ committee **wěiyuánhuì** ⑦ committee member **wěiyuán** ⑧ indirect; winding **wěiwǎn** ⑨ listless; dejected **wěidùn** ♦ADV. actually; certainly; really **See also** 11*wēi*
5**wěi** 伟[偉] B.F. great; imposing **wěidà, hóngwěi**
6**wěi** 纬[緯] B.F. ① weft; woof 1**jīngwěi**, 1**wěixiàn** ② latitude **běiwěi, wěidù**
7**wěi** 鲔[鮪] B.F. tuna **wěiyú** ♦N. <*wr.*> ancient term for sturgeon
8**wěi** 唯 B.F. *expressing acceptance of a request/command* **wěiwěitīngmìng See also** 3*wéi*
9**wěi** 痿 B.F. <*Ch. med.*> atrophy of a body part or function 2**wěibì, ròuwěi**
10**wěi** 萎 B.F. wither; shrivel; atrophy **wěisuō, kūwěi See also** 3*wēi*
11**wěi** 猥 B.F. ① numerous; miscellaneous **fánwěi** ② base; obscene **wěibǐ**
12**wěi** 玮[瑋] B.F. ① a kind of jade ② rare; precious **wěibǎo**, 2**qíwěi**
13**wěi** 痏 B.F. lesion; sore; wound **chuāngwěi**
14**wěi** 艉 B.F. stern of a boat **wěilóu, wěimáo**
15**wěi** 诿[諉] B.F. blame; shift responsibility to others **wěiguò, tuīwěi**
16**wěi** 骪 B.F. crooked 2**wěiqū**
17**wěi** 韪[韙] in 2**bùwěi**
18**wěi** 娓 in **wěiwěi, wěiwěidòngtīng**
1**wèi*** 为[為/爲] V. <*wr.*> stand for; support ♦COV. for; on account of; to ♦CONS. ~ *n. ér v.* to v. for or on behalf of n. ~ **rénmín ér sǐ** die for the people ♦B.F. for; because of **wèishénme**, 1**yīnwèi See also** 1*wéi* **See also** *wèicì* **See also** 1*wèizhī*
2**wèi** 位 B.F. ① place; location **wèizhi** ② status; condition 1**dìwèi** ♦M. <*court.*> *for persons*
3**wèi** 未 ADV. ① have not yet ② <*wr.*> or not (at end of sentence) ♦N. 8th of the 12 Earthly Branches
4**wèi** 喂 V. feed ♦INTJ. hello; hey
5**wèi** 味 B.F. ① taste; flavor; smell **wèir, wèidao** ② food; delicacy **měiwèi** ③ interest; delight **qùwèi** ④ savor 1**tǐwèi** ♦M. *for prescriptions*
6**wèi** 胃 N. stomach
7**wèi** 畏 B.F. ① fear; dread **wèijù** ② respect **jìngwèi**
8**wèi** 卫[衛] B.F. ① guard; defend 1**bǎowèi, wèibīng** ② protect (against disease) **wèishēng** ♦N. Surname
9**wèi** 谓[謂] B.F. ① say 2**huòwèi** ② call; name **suǒwèi** ③ <*lg.*> predicate **wèiyǔ**
10**wèi** 遗[遺] B.F. give; make a present of; bestow 2**lùwèi, xiǎngwèi See also** 7*yí*
11**wèi** 慰 B.F. console; comfort **ānwèi, wèiwèn**
12**wèi** 蔚 B.F. ① luxuriant **wèilán** ② having literary talent 2**bǐnwèi**
13**wèi** 尉 B.F. official/military rank 1**wèiguān, dàwèi** ♦N. Surname
14**wèi** 猬[蝟] B.F. hedgehog **cìwei, wèisuō**
15**wèi** 碨 N. <*topo.*> stone mill
16**wèi** 鳚[鳚] in 2**wèiyú**
1**Wèi** 魏 N. ① name of several Ch. dynasties ② Surname
2**Wèi** 渭 B.F. river in north China **jīngwèibùfēn**
wēi'ài 偎爱[-愛] V. be intimate in love
wéi'ài 违碍[違礙] V. ① obstruct ② corrupt ♦N. taboo; prohibition
wèi'ái* 胃癌 N. stomach cancer
wèi'àifǎnhài 为爱反害[-愛--] F.E. kill with kindness
wēi'ān 微安 M. microampere
wěi'àn* 伟岸[偉-] S.V. ① tall and robust; stalwart ② <*wr.*> brilliant and outstanding
wèi'ānfù 慰安妇[-婦] N. comfort women
wéi'ào 违拗[違-] V. disobey
wéibà 围坝[圍壩] N. box dam M: 1*tiáo*
wěiba* 尾巴 N. ① tail ② remaining part ③ followers ④ end part M: 2*zhī* **See also** *yǐba*
wěibācháng 尾巴长 ID. <*coll.*> ① long tail ② sb. who never closes the door when walking in or out ③ sb. carrying sth. long behind the back ④ sth. done incompletely
wéibàdǔshuǐ 围坝堵水[圍壩--] F.E. dam in
1**wěibàn** 委办[-辦] V. assign sb. to do sth.
2**wěibàn** 伪办[-辦] V. entrust
wěibànchuánchē 委办船车[-辦--] N. managing owner of a travel company M: 3*liàng*
wēibàng 偎傍 V. snuggle up to
wēibāngbùrù 危邦不入 F.E. Don't enter a country in turmoil.
wēibào* 偎抱 V. hug; cuddle
wéibào 围抱[圍-] V. surround
wěibǎo 玮宝[瑋寶] N. rare treasure
wèibàodàn 未爆弹 N. <*mil.*> dud M: 1*kē*
wěibǎozhǎng 伪保长 N. puppet village chief M: 1*gè*/1*míng*
wěiba qiáodao tiānshang 尾巴翘到天上[--翹---] ID. be cocky
wěibazhǔyì 尾巴主义[-義] N. <*pol.*> tailism
wéibèi* 违背[違-] V. violate; go against
Wèibēi 魏碑 N. ① inscribed tablets of Northern Wei (386-534) ② a style of calligraphy represented by these inscriptions
wéibèidònggé 唯被动格[--動-] N. <*lg.*> ergative case
Wèibēitǐ 魏碑体[-體] N. tablet style of calligraphy (originated in Northern Wei dynasty)
wèibēiyángāo 位卑言高 F.E. lower orders declaiming on high matters
wěiběn 伪本 N. forgery; forged book
wēibī 威逼 V. coerce; intimidate
wěibǐ 猥鄙 S.V. base; mean; despicable
1**wěibì** 伪币[-幣] N. ① counterfeit money ② puppet government money M: 1*zhāng*
2**wěibì** 痿痹 N. paralysis
3**wěibì** 痿躄 N. atrophy and flaccidity
1**wèibì*** 未必 ADV. may not; not necessarily
2**wèibì** 畏避 V. avoid; recoil/flinch from
3**wèibì** 胃壁 N. <*phys.*> stomach wall
wēibiàn 微辨 V. hint by sarcastic remarks
1**wěibiān** 纬编[緯-] N. <*txtl.*> weft knitting
2**wěibiān** 尾鞭 N. whiplash M: 1*tiáo*
wèibiàn* 未便 V.P. not convenient to
wēibiānmǎ 微编码 N. microcoding
wèibiānmǎzì 未编码字 N. uncoded word
wéibiānsānjué 韦编三绝[韋-絕] ID. study diligently
wěibiān zhēnzhīwù 纬编针织物[緯--織-] N. weft-knitted fabric
1**wéibiāo*** 违标[違標] V.O. go against the stipulated criteria
2**wéibiāo** 围标[圍標] N. illegal bidding with the government as a victim
wěibiāo 尾标[-標] V. mark the end of sth.
wèibiāo 位标[-標] N. special sign to mark a position
wèibiāoqì 位标器[-標-] N. position marker
wèibìjìnrán 未必尽然[--盡-] F.E. not certainly all like this
wēibīlìyòu 威逼利诱 F.E. use carrot and stick
wèibīng* 卫兵[衛-] N. guard; bodyguard M: 1*gè*/1*míng*
wèibìng 胃病 N. stomach/gastric disease/illness
wèibīngshì 卫兵室[衛-] P.W. guardhouse
wèibìrán 未必然 F.E. It doesn't seem so.; It's not certain.
wèibìrúcǐ 未必如此 F.E. be not necessarily so
wéibìyīn 唯闭音 N. <*lg.*> implosive sound
wēibō* 微波 N. ① microwave ② ripple
wēibó 微薄 S.V. meager; scanty
wéibó(r) 围脖(儿)[圍-] N. <*topo.*> muffler; scarf M: 1*tiáo*
wěibó 苇箔[葦-] N. reed matting/screen
wéibóbùxiū 帷薄不修 ID. fail to keep proper separation of the sexes in upper-class families
wēibōlú 微波炉[-爐] N. microwave oven M: 2*zhī*
wéibǔ* 围捕[圍-] V. ① fish with a casting net ② surround and seize
wéibù 韦布[韋-] N. dress of commoners
wěibù 尾部 N. ① end; last part; tail assembly; tail ② <*lg.*> final
wěibù biànhuà 尾部变化[--變-] N. <*lg.*> inflection
wēibǔxiānzhī 未卜先知 F.E. foresee; have foresight ♦N. ① sb. endowed with foresight ② sth.easily foreseeable
wēibùzúdào 微不足道 F.E. not worth mentioning
wěicān 尾餐 N. dessert M: *tào*
wěicǎo 苇草[葦-] N. reed
wèicǎo* 喂草 V.O. graze
1**wèicéng** 未曾 ADV. never before; not yet
2**wèicéng** 位层[-層] N. <*lg.*> stratum
wèicéng yǒu 未曾有 V.P. has not happened before; be unprecedented
wēichā* 微差 N. tiny difference
wèichā 位差 N. the difference between two positions
wéichǎng 围场[圍場] N. ① enclosure ② <*hist.*> imperial hunting park
1**wèicháng*** 未尝[-嘗] ADV. ① not yet; never ② not necessarily (before negative) ~ **méiyǒu quēdiǎn** yet not without shortcomings
2**wèicháng** 胃肠[-腸] N. stomach and intestines
3**wèicháng** 未偿[-償] ATTR. <*econ.*> outstanding
wèichángbìng 胃肠病[-腸-] N. gastrointestinal disease M: 1*zhǒng*
wèichángbùkě 未尝不可[-嘗--] F.E. It is not necessarily impermissible/impossible.
wèichángdào 胃肠道[-腸-] N. gastrointestinal tract
wèichángjìng 胃肠镜[-腸-] N. gastroscope
wèichángyán 胃肠炎[-腸-] N. gastroenteritis
wèicháng zīběn 未偿资本[-償--] N. <*econ.*> outstanding capital M: 2*bǐ*
wěichāo 伪钞 N. counterfeit banknote M: 1*zhāng*
1**wēichén** 微尘[-塵] N. ① fine dust ② <*Budd.*> minute particle
2**wēichén** 微忱 N. slight token of my regard
wēichéng 危城 N. endangered city
wéichéng* 围城[圍-] V.O. encircle/besiege a city ♦P.W. besieged city
1**wèichéng** 卫城[衛-] N. acropolis
2**wèichéng** 蔚成 R.V. spread of a fashion/etc.
wéichéng dǎyuán 围城打援[圍-] V.P. besiege a city and destroy a relief force
wèichéngfēngqì 蔚成风气[-氣] F.E. become a common practice
wéichéngfènlùn 唯成分论 N. <*PRC*> theory of the unique importance of class origin
wèichéngnián 未成年 N./ATTR. under age
wèichéngnián fànzuì 未成年犯罪 N. minor offender
wèichéngniánrén 未成年人 N. <*law*> a minor M: 1*gè*/1*míng*
wèichéngpǐn 未成品 N. unfinished work
wēichéngshì zhǐlìngjí 微程式指令集 N. <*comp.*> microprogram instruction set
wēichéngshì zǔhé yǔyán 微程式组合语言 N. <*comp.*> microprogram assembly language
wèichéngshú 未成熟 ATTR. unripe; immature
wèichéngshú-tǔ 未成熟土 N. immature soil
wéichéng xīntài 围城心态[圍-態] N. siege mentality
wēichéngxù 微程序 N. <*comp.*> microprogram
wèichéngzìyīn 未成字音 N. <*lg.*> babbling
wēichénzǐ 微尘子[-塵-] N. <*zoo.*> daphnia; water flea

W

wēichí 倭迟[-遲] ATTR. winding; circuitous; meandering
wéichí* 维持 V. keep; preserve
wéichǐ 围尺[圍-] N. bamboo ruler for measuring circumference M: [1]bǎ
wéichíbùbì 维持不敝 F.E. maintain to avoid wearing out
wéichíbù fèiyòng 维持部费用 N. <acct.> maintenance department expenses
wéichífèi 维持费 N. <acct.> maintenance charges/cost M: [2]bǐ
wéichí hépíng 维持和平 V.O. carry out peace-keeping
wéichí hépíng bùduì 维持和平部队[-隊] P.W. peace-keeping force
wéichíqī 维持期 N. holding phase
wéichí shēnghuó 维持生活 V.O. make a living
wéichí shēngjì 维持生计 V.O. support oneself or one's family
wéichí tǐmiàn 维持体面[--體-] V.O. keep up appearances
wéichí xiànzhuàng 维持现状[-狀] V.O. maintain the status quo
wéichí xiàqu 维持下去 R.V. keep; maintain
wéichíxìng 维持性 N. <lg.> maintenance
wéichíxìng jiàgé 维持性价格[---價-] N. support price
wéichíxìng xuéxí 维持性学习[-習] N. maintenance learning
wéichí yuánpàn 维持原判 V.O. <law> affirm the original judgment/sentence
wéichí zhéjiù 维持折旧[-舊] V.O. <acct.> depreciation maintenance
wéichí zhì'ān 维持治安 V.O. maintain public order
wéichí zhìxù 维持秩序 V.O. maintain/keep order
wèichōngfèn jiùyè 未充分就业[-業] N. underemployment
wéichóuzuòduì 为仇作对[-對] F.E. be enemies/opponents; go against each other
wèichuānkǒng 胃穿孔 N. <med.> stomach perforation
wèichǔlǐ 未处理[-處-] ATTR. untreated
wēichǔlǐ dānyuán 微处理单元[-處---] N. <comp.> microprocessing unit
wēichǔlǐjī 微处理机[-處--] N. <comp.> microprocessor M: [1]tái
wèichūxiě 胃出血 V.P. <med.> bleeding in the stomach
wèichūyá 未出牙 N. unerupted tooth
wèi chūzhì zīchǎn 未出质资产[--質-產] N. <acct.> unpledged assets
wēicí 微词/辞[-辭] N. veiled criticism
wēicí 猥词/辞[-辭] N. ①lewd talk ②obscenities
wèicí 谓词 N. <lg.> predicate
wèicǐ* 为此 V.P. to this end; for this reason/purpose; in this connection
wèicì 位次 N. ① precedence ② seating order ③ rank; position; place
wēicídiǎn 微词典 N. <lg.> micro-dictionary M: [1]běn
wèicìkǎ 位次卡 N. place card
wěicóng 苇丛[葦叢] N. clump of reeds
wèicóngqūquè 为丛驱雀[-叢驅-] ID. do sth. counterproductive
wéicù 围簇[圍-] A.T. surround from all directions
wěicuì 猥猥 V.P. ugly; unsightly; hideous
wèicuò 位错 N. <phy.> dislocation
wěidà 伟大[偉-] S.V. great; mighty
wěidàbùdiào 尾大不掉 ID. ①too cumbersome for efficiency (of organizations) ② leadership rendered ineffectual by recalcitrant subordinates ③ have subordinates too powerful to control
wēidài* 危殆 V.P. <wr.> in great danger
wéidài 韦带[韋帶] N. leather girdle worn by a commoner
wèidāi 胃呆 N. <Ch. med.> loss of appetite; anorexia
Wèidài 魏代 N. Northern Wei dynasty (386–534)
wéidàibùyī 韦带布衣[韋帶-] F.E. virtuous, learned, and reputed man without any title
wēidàn* 微淡 S.V. brief; slight (description/sketch/etc.)
wèidàn 畏惮 V. be afraid of
wěidàng 苇荡[葦蕩] N. reed marsh
wèidǎo 为祷[-禱] F.E. <wr.> That is what I humbly pray for.(conventional letter closure)
wèidào 为道 V. ① serve as a guide ② practice virtue
wèidao* 味道 N. ① taste; flavor ② interest ③ odor; smell
wèidào 卫道[衛-] V.O. defend traditional values
wèidàohuò 未到货 N. goods afloat
wèidàoqī zhàiwù 未到期债务[-務] N. <acct.> unmatured debts
wèidàoshì 卫道士[衛-] N. ①bluenose ②apologist
wèidàozhīshì 卫道之士[衛-] N. ① bluenose ② apologist
wèidáyījiān 未达一间[-達-] F.E. not very different; pretty much the same
wēidé 威德 N. <wr.> powerful and benevolent rule
wéidébùzú 为德不足 F.E. leave a good deed unfinished
wéidēng 桅灯[-燈] N. ①masthead light ②barn lantern M: [1]tái/[2]zhī
wěidēng* 尾灯[-燈] N. <loan> tail light/lamp M: [2]zhī
wèideshì 为的是 F.E. for the sake/purpose of
wēidī* 微滴 N. droplet; micro droplet
wéidì 圩地 N. dyked marsh
wēidiǎn 微点[-點] N. tiny aspect/point
wéidiǎndǎyuán 围点打援[圍點-] F.E. encircle an enemy post in order to attack reinforcements coming to its aid
wēidiànjī 微电机[-電-] N. <elec.> micromotor
wēidiànlù 微电路[-電-] N. micro-electric circuit
wēidiànnǎo 微电脑[-電腦] N. <comp.> microcomputer M: [1]tái
wēidiànnǎo zǔjiàn 微电脑组件[-電腦--] N. <comp.> microcomputer components
wēidiànzǐ 微电子[-電-] ATTR. micro-electronic
wēidiànzǐ jìshù 微电子技术[-電--術] N. microelectronic technology
wēidiànzǐxué 微电子学[-電--] N. microelectronics
wēidiāo* 微雕 N. microscopic/miniature carving/sculpture
wěidiāo 萎凋 N. deterioration
wěidiào 尾调 N. <lg.> final tone
Wēidìmǎlā 危地马拉 P.W. Guatemala
wéidǐng 桅顶 N. the top of a mast; masthead
wěidǐng 伪顶 N. <min.> false roof
wèidìng* 未定 V./ATTR. uncertain; undecided
wèidìngcǎo 未定草 N. preliminary draft
wèidìnggǎo 未定稿 N. draft manuscript
wèidìngjiè 未定界 N. undefined/undemarcated boundary
wèidìng yòngtú yíngyú 未定用途盈余 N. <acct.> unapplied surplus
wèidìngzhītiān 未定之天 N. unknown factor; uncertainty
wèidírúhǔ 畏敌如虎[-敵--] F.E. fear the enemy as if he were a tiger
wèidǐyā zīchǎn 未抵押资产[-產] N. <acct.> unmortgaged assets
wēidòng 微动[-動] V. move slightly
wēidōngr 偎冬儿 V.O. <topo.> spend the winter at home
wéidōu 围兜[圍-] V. wrap up
wéidōu qǐlai 围兜起来[圍-] R.V. wrap up
wēidǔ 危笃 V.P. <wr.> critically ill
wéidú* 惟/唯独[-獨] CONJ. only; alone
wéidǔ 围堵[圍-] V. <mil.> encircle and hem in
wěidù 纬度[緯-] N. latitude (degree)
wěiduān 尾端 N. tail section
wèiduì 卫队[衛隊] N. armed escort
wèiduìxiàn zhīpiào 未兑现支票 N. outstanding check M: [1]zhāng
wěidùn 委/萎顿 S.V. exhausted; weary
wěiduò 尾舵 N. the end of the rudder M: [2]zhī
Wéiduōlìyà Hú 维多利亚湖[---亞-] P.W. Lake Victoria
wéidǔ zhèngcè 围堵政策[圍-] N. policy of restricting the territorial growth or ideological influence of a hostile nation; containment
wēi'é* 巍峨 V.P. towering; lofty; majestic
wéi'é 嵬峨 V.P. high; elevated
wéi'è 为恶[-惡] V.O. do evil
wéi'èbùquān 为恶不悛[-惡--] F.E. continue unrepentant in doing evil
wéi'èr 违贰[違-] V. harbor disloyalty
wēi'érbùchí 危而不持 F.E. danger looms but there is no rescue
wéi'érbùgōng 围而不攻[圍-] F.E. encircle without attacking
wēi'érbùměng 威而不猛 F.E. awe-inspiring but kind at heart
wěi'érbùnuò 唯而不诺 F.E. assent without promise
wéi'érbùyǒu 为而不有 F.E. do sth. but not claim possession of it.
Wéi'ěrjīng Qúndǎo 维尔京群岛[-島] P.W. Virgin Islands
Wéi'ěrníkè shīyǔzhèng 维尔尼克失语症 N. <psy.> Wernicke's aphasia
Wéi'ěrníkè zhōngshū 维尔尼克中枢[-樞] N. sensoric/Wernicke center
Wēi'ěrshìyǔ 威尔士语 N. Welsh language M: [1]zhǒng
wéifá 围伐[圍-] V. cut with an ax
wéifǎ* 违法[違-] V.O. violate law *Nǐ ~ le.* You transgressed against the law.
wéifǎbìjiū 违法必究[違-] F.E. Lawbreakers must be dealt with.
wèifā gǔběn 未发股本[-發--] N. unissued (capital) stock
wèifāhuò dìngdān 未发货定单[-發---] N. <acct.> unfilled orders M: [1]zhāng
wèifā lěijī gǔlì 未发累积股利[-發-積--] N. <acct.> accumulated dividends
wéifǎluànjì 违法乱纪[違-亂-] F.E. violate law and discipline
wéifān 桅帆 N. sail of a boat M: [1]sōu/[2]zhī
wéifǎn* 违反[違-] V. violate; transgress; infringe
wéifàn 违犯[違-] V. violate; infringe
wèifǎn 胃反 N. regurgitation
wéifǎn bǎozhèng 违反保证[違-證] V.O. breach of warranty
wéifǎn chángguī 违反常规[違-] V.O. breach the normal rules
wéifǎn chánglǐ 违反常理[違-] V.O. breach convention or logical thinking
wēifáng* 危房 N. building in danger of collapse M: [1]jiān
wéifáng 帷房 N. woman's bedchamber
wéifǎn hétong 违反合同[違-] V.O. breach a contract
wéifǎn shìshí 违反事实[違-實] V.O. fly in the face of the facts
wèifànwèishuǐ 喂饭喂水 F.E. give food and drink
wéifǎn yǔfǎ de jiégòu 违反语法的结构[違-構] N. <lg.> antigrammatical construction
wéifǎ xíngwéi 违法行为[違-] N. unlawful act
wèifǎzìbì 为法自弊 F.E. hoist on one's own petard; suffer from one's own schemes
wèiféi 喂肥 R.V. feed to fatten up (domestic animals/etc.)
wéifēizuòdǎi 为非作歹 F.E. do evil
wēifēn* 微分 N. <math.> differential
wèifèn 位分 N. one's social status
wēifēnfǎ 微分法 N. <math.> differential method; differential calculus
[1]**wēifēng*** 威风 N. ① dignity; distinction; air of importance ② power and prestige *~ sǎodì* with one's prestige and authority leveled to the ground ♦S.V. imposing; impressive
[2]**wēifēng** 微风 N. gentle breeze
wèifēng 胃风 N. <Ch. med.> chronic gastritis

wēifēnglǐnliè 威风凛冽[--凛-] F.E. awe-inspiring

wēifēnglǐnlǐn 威风凛凛[-凜凜] F.E. awe-inspiring

wēifēngsǎodì 威风扫地[--掃-] F.E. completely discredited/deflated

wēifēngxiánglín 威凤祥麟[-鳳--] ID. <wr.> a man of rare talent

wèifēn lìyì 未分利益 N. <acct.> undistributed profit

wèifēnpèi zhìzào fèiyòng 未分配制造费用[---製---] N. <acct.> unapplied manufacturing expenses

wēifēnxué 微分学 N. <math.> differential calculus

[1]**wēifú** 微服 V.P. <wr./trad.> wear plain clothes to conceal one's official status; go about incognito

[2]**wēifú** 威服 V. overawe; coerce

[3]**wēifú** 威福 N. punishment and reward

wěifù 委付 V. ① <wr.> entrust ② abandon

wèifú 畏服 V. cowed into obeying

wèifǔ* 慰抚 V. <wr.> comfort

wèifù 未付 V.P. unpaid; outstanding

wéifùbùrén 为富不仁 F.E. rich and heartless

wèifù chā'é 未付差额 N. unpaid balance

wēifúcháfǎng 微服察访 F.E. go on an inspection in disguise

wēifúchūxíng 微服出行 F.E. travel incognito

wēifúchūyóu 微服出游 F.E. make a tour in disguise

wèifù dàoqī fùzhài 未付到期负债 N. <acct.> matured liabilities unpaid

wèifù fèiyòng 未付费用 N. <acct.> unpaid expense M: [2]*bǐ*

wèifù gǔlì 未付股利 N. unpaid dividends

wēifúsīxíng 微服私行 F.E. travel incognito

wèifù zhīpiào 未付支票 N. unpaid check M: [1]*zhāng*

wēifúzìzì 威福自恣 F.E. assume great airs

wéigài 帷盖[-蓋] N. repayment for services rendered

wèi gǎibiàn de 未改变的[--變-] ATTR. unchanged

wèi gǎiliáng bùdòngchǎn 未改良不动产[-動產] N. <acct.> unimproved real estate

wēigān 危竿 N. acrobatics performed on the end of a vertical long pole M: [1]*tiáo*

wéigān* 桅杆 N. mast (of a boat) M: [2]*zhī*

wèigǎn 为感 F.E. I will highly appreciate your kindness. (conventional letter closure)

wèigǎn 味感 N. discriminating taste

wēigānbìshī 煨干避湿[-乾-濕] F.E. loving care a mother gives to her child

wèigǎngǒutóng 未敢苟同 F.E. beg to differ

wēigānjiùshī 偎乾就湿[-濕] ID. depend on others for one's livelihood

wèigānrúmì 味甘如蜜 F.E. sweet as a peach

wèigāorènzhòng 位高任重 F.E. noblesse oblige

wèigāowàngzhòng 位高望重 F.E. be of high position and prestige

wěigāoxíng de 尾高形的 ATTR. <lg.> rising

Wěigē* 伟哥[偉-] N. <med./loan> Viagra

wèigé 位格 N. <lg.> case

wèigēng tǔdì 未耕土地 N. unplowed land M: [1]*piàn*/[2]*kuài*

wéigōng* 围攻[圍-] V. ① besiege; attack from all sides *zāodào* ~ become a target of attacks ② jointly attack sb.

wèigōng 为公 V.O. for the public good

wèigōngsuǒhuò 为功所惑 F.E. be dazzled by success

wéigōngwéijǐn 维恭维谨 F.E. sincere and respectful

wèigǒu 喂狗 V.O. feed a dog

wěigu 委咕 V. <coll.> ① dawdle ② sit leaning back with dangling legs

wěigǔ* 尾骨 N. coccyx M: [1]*tiáo*/

wèigù 卫顾[衛顧] V. protect; guard; look after

wēiguān 微观[-觀] ATTR. microcosmic; microscopic

wéiguān* 围观[圍觀] V. surround and watch

wěiguān 伟观[偉觀] N. magnificent sight

[1]**wèiguān** 尉官 N. junior officer

[2]**wèiguān** 味官 N. organ of taste

wèiguàn 未冠 ADV. prior to the capping ceremony

wēiguān fānyì 微观翻译[-觀-譯] N. <lg.> microcosmic translation

wēiguāng* 微光 N. dim light; gleam; shimmer M: *sī*

wèiguāng 畏光 N. <med.> photophobia

wēiguān jīngjì 微观经济[-觀經濟] N. microeconomics

wēiguān jīngjìxué 微观经济学[-觀經濟-] N. microeconomics

wéiguānqīngzhèng 为官清正 F.E. be an uncorrupted official

wēiguān shèhuì yǔyánxué 微观社会语言学[-觀-----] N. <lg.> microsociolinguistics

wēiguān shìjiè 微观世界[-觀--] N. microcosmos; microcosm

wéiguǎnshù 维管束 N. vascular bundle

wēiguān xiànxiàng 微观现象[-觀--] N. microphenomenon

wēiguān yǔyánxué 微观语言学[-觀---] N. microlinguistics

wéiguī 违规[違-] V.O. go against regulations

wéiguīrén 违规人[違-] N. person who goes against regulations; violator M: [1]*míng*/[1]*gè*

wéiguǐwéiyù 为鬼为蜮 F.E. injure others in secret

wéiguǒ 围裹[圍-] V. encase

wěiguó 伪国[-國] N. illegal state

wěiguò* 委/诿过 V.O. shift blame

wèiguó 卫国[衛國] V.O. defend one's country

wèiguóchúhài 为国除害[-國--] F.E. rid the state of an evil

wèiguóchújiān 为国除奸[-國--] F.E. weed the country of traitors

wèiguógānchéng 为国干城[-國--] F.E. be the defenders of the country

wèiguójìnzhōng 为国尽忠[-國盡-] F.E. die for one's country

wèiguójuānqū 为国捐躯[-國-軀] F.E. lay down one's life for one's country

wèiguówèimín 为国为民[-國--] F.E. for the state and the people

wèiguóxiànshēn 为国献身[-國獻-] F.E. give one's life for one's country

wèiguóxiàoláo 为国效劳[-國-勞] F.E. labor for the country

wèiguóxiàomìng 为国效命[-國--] F.E. pursue the country's ends regardless of one's own life

wèiguóxīshēng 为国牺牲[-國犧-] V.P. sacrifice oneself for the country

wěiguòyúrén 委/诿过于人[--於-] F.E. put/shift the blame on sb. else

wèiguózhēngguāng 为国争光[-國爭-] F.E. struggle for the glory of one's country

wēigùxìguò 微故细过 F.E. minor mistakes

wēihài* 危害 V. harm; endanger; injure

wéihài 为害 V. do harm

wéihàifēiqiǎn 为害非浅[-淺] F.E. It does a lot of harm.

wēihài màoyì 危害贸易 V.O. be injurious to trade

wéihǎituòdì 围海拓地[圍-] F.E. reclaim land from the sea

wēihàixìng 危害性 N. harmfulness; perniciousness

wéihǎizàotián 围海造田[圍-] F.E. reclaim land from the sea

wēihài zhì'ān 危害治安 V.O. jeopardize public security

wēihán* 微寒 S.V. be of humble origins

wèihán 胃寒 N. <Ch. med.> stomach cold

wēiháng 微行 N. narrow path *See also* [2]*wēixíng*

wèihào 位号[-號] N. degree of nobility and official title

wèihǎochéngchóu 为好成仇 F.E. kill with kindness

wēihè 威吓[-嚇] V. threaten; bully; awe; intimidate; cow *See also wēixià*

wéihé 违和[違-] V.P. indisposed

wèihè 为荷 F.E. I will highly appreciate your kindness. (conventional letter closure)

[1]**wèihé*** 为何 V.P. why; for what reason

[2]**wèihé** 谓何 V.P. What can be done about. . .?

wēihēisè 微黑色 N. dusky

wèi hēzuì de 未喝醉的 ATTR. sober

wēihóng 微红 V.P. slightly red

wēihóngyǐcuì 偎红倚翠 ID. dally with prostitutes; frequent brothels

wéihù* 维/围护[圍護] V. safeguard; defend; uphold

wèihù 卫护[衛護] V. protect; guard

wěihuā 尾花 N. <print.> decorative fillers

wēihuà bǐnggān 威化饼干[-乾] N. wafer biscuits

wèihuái 慰怀[-懷] V.P. comfortable; at ease

wēihuàn* 危患 N. danger; threat

wéihuàn 为患 V.P. do harm; bring about disaster

wěihuáng* 萎黄 N. skin jaundice

wèihuáng 未遑 V.P. busy; occupied; too busy to; too occupied to

wěihuángbìng 萎黄病 N. <med.> chlorosis M: [1]*zhǒng*

wèihǔfùyì 为虎傅翼 ID. ① aid an evildoer ② lend support to evildoers

wèihuǐfúcuī 为虺弗摧 F.E. prevent evils from extending their influence

wéihù jiégòu 维护结构[-護-構] N. building enclosure

wèihūn 未婚 ATTR. unmarried; single

wèihūnfū 未婚夫 N. fiancé M: [1]*gè*/[1]*míng*/[2]*wèi*

wèihùnhé 未混合 ATTR. unmixed

wèihūn nánzǐ 未婚男子 N. bachelor M: [1]*míng*/[1]*gè*

wèihūnqī 未婚妻 N. fiancée M: [2]*wèi*/[1]*míng*/[1]*gè*

wèihūn rénkǒu 未婚人口 N. never-married population

wēihuǒ* 微火 N. weak/slow fire; gentle heat

wèihuǒ 胃火 N. <Ch. med.> stomach-fire

wèihuò lìyì 未获利益[-獲--] N. unearned profit

wèihuò shōuyì 未获收益[-獲--] N. <acct.> unearned income

wēihūqíwēi 微乎其微 F.E. very little; next to nothing

wèihǔtiānyì 为虎添翼 ID. lend support to evildoers

wéihúzàotián 围湖造田[圍-] F.E. reclaim land from a lake (by diking)

wèihùzhě 卫护者[衛護-] N. guardian M: [1]*míng*/[2]*wèi*/[1]*gè*

wèihǔzuòchāng 为虎作伥 ID. abet an evil-doer

[1]**wēijī*** 危机 N. crisis

[2]**wēijī** 微机 N. microcomputer; PC

[3]**wēijī** 煨鸡[-雞] V.O. stew chicken

[1]**wēijí** 危急 S.V. critical; in imminent danger

[2]**wēijí** 危及 V. endanger; imperil

wéijī 围击[圍擊] V. besiege

wéijì 违纪[違-] V.O. breach principle; break precedent

[1]**wěijī** 尾击[-擊] V. <mil.> attack from the rear

[2]**wěijī** 委积[-積] V. <wr.> gather; accumulate; pile/build up

wěijì 伟绩[偉-] N. great feats

[1]**wèijí** 未及 V.P. ① before (sb. can do sth.) ② not so much as to get involved in ③ not touch upon; leave unmentioned ④ not enough time to do sth.

[2]**wèijí** 猬集[蝟-] V. <wr.> ① teem ② be crowded

[1]**wèijǐ** 为己 V.O. for personal interest

[2]**wèijǐ** 未几 V.P. ① soon afterwards; before long ② not many; very few

wèijì 畏忌 V. have scruples; fear; dread

wēijiàn 微贱[-賤] S.V. humble; lowly

[1]**wéijiān*** 围歼[圍殲] V. surround and annihilate

[2]**wéijiān** 维艰[-艱] V.P. very hard/difficult

wéijiàn 违建[違-] N. non-conforming building

wěijiàn 猥贱[-賤] V.P. <wr.> lowly; base

W

wèijiàn 未见 V. have not seen; not yet seen
wèijiàndé 未见得 V.P. not necessarily; probably not
wěijiāng 苇浆[葦漿] N. reed pulp
wéijiànhù 违建户[違-] N. squatter
wèijiànshèngfù 未见胜负[--勝-] F.E. saw no apparent victor
wéijiǎo* 围剿[圍-] V. encircle and suppress
wěijiāo 委交 V. entrust; consign
wèijiǎo gǔběn 未缴股本 N. unpaid-up capital
wèijiàxiānguǎ 未嫁先寡 F.E. a woman who remains unmarried after the death of her fiancé
wèijíbìng 胃疾病 N. gastric disease M: [1]*zhǒng*
wēijīchóngchóng 危机重重 F.E. bog down in crises; crisis-ridden
wēijícúnwáng 危急存亡 F.E. danger and crisis
wēijí cúnwángzhīqiū 危急存亡之秋 F.E. most critical moment (for a nation)
wèijiè 慰藉 N. <*wr.*> comfort; console
wēijiégòu 微结构[-構] N. microstructure
wèijièzhīwù 慰藉之物 N. balsam
wēijīfēn 微积分[-積-] N. <*math.*> calculus
wēijīgǎn 危机感 N. feeling of impending crisis
wēijí guāntóu 危急关头[--關-] N. critical juncture
[1]**wēijìn** 偎近 V. lean close to; nestle up against
[2]**wēijìn** 煨烬[-燼] N. ashes
wéijīn* 围巾[圍-] N. muffler; scarf M: [1]*tiáo*/
wéijìn 违禁[違-] V.O. violate a ban
Wèi-Jìn 魏晋[-晉] N. Wei-Jin period (220-420)
wēijìnéng 微技能 N. <*lg.*> micro-skills
wēijìng 危境 N. ① dangerous situation ② advanced/old age
wéijǐng 违警[違-] V.O. violate police regulations
wéijìng 围径[圍徑] N. girth; diameter
wěijīng 伪经[-經] N. spurious classics
[1]**wèijīng*** 未经[-經] ADV. not (yet); un-; have not yet (gone through) *~ xǔkě, bù dé rù nèi.* Unauthorized entrance is prohibited.
[2]**wèijīng** 味精 N. monosodium glutamate; (MSG)
[1]**wèijìng** 胃镜 N. gastroscope
[2]**wèijìng** 未竟 ATTR. <*wr.*> ① incomplete ② unaccomplished
wèijīng bèishū zhīpiào 未经背书支票[-經-書--] N. unendorsed check M: [1]*zhāng*
wéijǐngdài 围颈带[圍頸帶] N. neck-band M: [1]*tiáo*
wéijǐngfǎ 违警法[違-] V.O. violate police regulations
wéijǐngfáfǎ 违警罚法[違-] F.E. violate police regulations
wèijīng shòuquán 未经授权[-經-權] V.P. without authorization
wéijǐng xíngwéi 违警行为[違-] N. police offense
wèijìngzhīyè 未竟之业[-業] N. unaccomplished task
wèijìngzhīzhì 未竟之志 N. unfulfilled ambition
wéijǐngzuì 违警罪[違-] N. <*law*> infringement
wéijìn màoyì 违禁贸易[違-] N. contraband/illicit trade
wéijìnpǐn 违禁品[違-] N. ① contraband goods ② prohibited articles/products
wèijìnrényì 未尽人意[-盡--] F.E. be (still) not up to expectations
wèijìnshìyí 未尽事宜[-盡--] F.E. unfinished matters; unsettled affairs
wéijìn wùpǐn 违禁物品[違-] N. contraband
wéijīnzhījì 为今之计 N. for the sake of this moment
wèijírénchén 位极人臣[-極--] F.E. <*trad.*> become prime minister
wēijí shēngmìng 危及生命 V.O. endanger one's life
wēijīsìfú 危机四伏 F.E. crisis-ridden
wēijìsuànjī 微计算机 N. microcomputer M: [1]*tái*
wěijiù 委咎 V.O. shift the blame to others
wēijíwànzhuàng 危急万状[-萬狀] F.E. in dire peril
wēijī zīxún 危机咨询 N. crisis counseling
wēijú 危局 N. dangerous/critical situation
wēijù 危惧[-懼] V. be fearful/apprehensive
[1]**wéijù** 为据[-據] V.O. use as proof/evidence
[2]**wéijù** 围聚[圍-] V. crowd around; gather round
wěijǔ 伟举[偉舉] N. great undertaking; magnificent feat
wèijū 位居 V. locate at
wèijù* 畏惧[-懼] V. fear; dread
wěijué 萎绝[-絕] V. wither
[1]**wèijué*** 味觉[-覺] N. the sense of taste M: [1]*zhǒng*
[2]**wèijué** 未决[-決] ATTR. unsettled; outstanding
wěijuébùxià 委决不下[-決--] F.E. indecisive; wavering
wèijuéfàn 未决犯[-決-] N. prisoner awaiting trial M: [1]*gè*/[1]*míng*
wèijuéqì 味觉器[-覺-] N. organ of taste
wèijùgǎn 畏惧感[-懼-] N. fear; dread M: [1]*zhǒng*
wèijūjīnyào 位居津要 V.O. occupy a key position
wēijūn 微菌 N. <*bio.*> germ; microbe
wěijūn* 伪军 N. puppet army/soldier
wéijūnshìwèn 惟君是问 F.E. I hold you responsible for it.
wěijūnzǐ 伪君子 N. hypocrite
wèijùxīn 畏惧心[-懼-] N. fear of sth./sb. M: [1]*kē*
wèijū yàojīn 位居要津 V.O. occupy a key position
wèikāifā 未开发[-開發] ATTR. undeveloped; uncultivated
wèikāifā cáichǎn 未开发财产[-開發-產] N. <*acct.*> undeveloped property
wèikāifā dìqū 未开发地区[-開發-區] P.W. undeveloped area
wèikāihuà 未开化[-開-] ATTR. ① uncivilized ② underdeveloped
wéikàng 违抗[違-] V. disobey; defy
wéikàng mìnglìng 违抗命令[違-] V.O. disobey orders
wēikào 偎靠 V. rely/depend on
wēikè 微刻 N. miniature carving
wèikě* 未可 V.P. cannot
wèikèbǎzhǎn 为客把盏[-盞] F.E. offer a cup of liquor to a guest
wèikěhòufēi 未可厚非 F.E. can't fault greatly
wèikělèguān 未可乐观[-樂觀] F.E. give no cause for optimism; have nothing to be optimistic about
wéikěn 围垦[圍墾] V. reclaim land by diking
wěikēng 苇坑[葦-] N. marshy land
wèikěnìliào 未可逆料 F.E. be problematic/unfathomable
wèikěxiànliàng 未可限量 F.E. have a brilliant future
wěikēxué 伪科学 N. pseudoscience
wéikēxuézhǔyì 唯科学主义[-義] N. scientism
wèikězhī 未可知 F.E. uncertain
wēikǒng 微孔 N. tiny hole
wéikǒng* 惟/唯恐 CONJ. for fear that; lest
wéikòng 违控[違-] V. violate control regulations
wéikǒngbùluàn 惟恐不乱[-亂] F.E. be eager for the fray
wéikǒngpà 惟/唯恐怕 V. for fear that; lest
wéikǒng tiānxiàbùluàn 惟恐天下不乱[-亂] F.E. desire to see the world plunged into chaos
wèikǒu 胃口 N. ① appetite ② liking
wèikǒu hǎo 胃口好 V.P. have a good appetite
wěikū 萎枯 V.P. <*Ch. med.*> dry up
wěikuǎn 尾款 N. remaining sum to be paid upon the completion of a transaction M: [2]*bǐ*
wěikuàng 尾矿[-礦] N. <*min.*> tailings
wèikuīquánbào 未窥全豹 F.E. did not see the whole picture
wèikuìyáng 胃溃疡[-瘍] N. gastric ulcer
wéikùn 围困[圍-] V. besiege; pin down
wèikuòzhāng 胃扩张[-擴-] N. dilation of the stomach
wèilái 未来 N. future; time to come
wèilái chōngjī 未来冲击[-衝擊] N. future shock
wèilái jìnxíng 未来进行[--進-] N. future progressive
wèiláipài 未来派 N. futurism
wèiláishì 未来式 N. <*lg.*> future form/tense
wèilái shíjiān 未来时间[--時-] N. future time
wèilái shízhì biāozhì 未来时制标志[--時-標-] N. <*lg.*> future-tense marker
wèilái wánchéng 未来完成 N. <*lg.*> future perfect
wèiláixué 未来学 N. futurology
wèiláixuéjiā 未来学家 N. futurologist
wèiláizhǔyì 未来主义[-義] N. futurism
wēilán 微澜 N. ripples
wéilán 围栏[圍欄] N. fencing; corral; enclosure M: [2]*zhī*
wèilán* 蔚蓝[-藍] N. azure; sky blue
wèilán hǎi'àn 蔚蓝海岸[-藍--] N. coast of the blue ocean
wèilánsè 蔚蓝色[-藍-] N. azure; sky blue
wèiláo 慰劳[-勞] V. requite with gifts/thanks/etc.
wèilǎojiànlǎo 未老见老 V.P. old before one's time
wèilǎojiànshuāi 未老见衰 F.E. prematurely senile
wèiláopǐn 慰劳品[-勞-] N. gift expressing one's appreciation for services rendered
wèilǎoxiānshuāi 未老先衰 F.E. prematurely senile
wèile 为了 CONJ. for; for the sake of; in order to ♦CONS. ① ~ *n. ér v.* to v. for or on behalf of n. *~ qiántú ér nǔlì* work hard for one's future ② *~ A qǐjiàn* for (the purpose/sake of) A
wèilěi 味蕾 N. taste bud
wēilèishǔ cídiǎn 微类属词典[-類屬--] N. <*lg.*> microthesaurus M: [1]*běn*
wēiléng 威棱 N. <*wr.*> power and influence; prestige
wēilěng* 微冷 V.P. slightly cold
[1]**wēilì*** 威力 N. ① power; might ② military force
[2]**wēilì(zi)** 微粒(子) N. ① particle ② <*phy.*> corpuscle M: [1]*kē*
[1]**wéilǐ** 违理[違-] V.O. defy good reasoning; be unreasonable
[2]**wéilǐ** 违礼[違禮] V.O. go against accepted etiquette
[1]**wéilì** 违例[違-] V.O. <*sport*> breach rules
[2]**wéilì** 为力 V.P. ① exert oneself *Wǒ duì zhè jiàn* [2]*shì(r) wùnéng~.* I can do nothing about this matter. ② endeavor; make efforts; strive
[3]**wéilì** 为例 V.O. take as an example
[4]**wéilì** 维笠 N. <*topo.*> farmer's hat
[1]**wěilì** 伟力[偉-] N. mighty force
[2]**wěilì** 伟丽[偉麗] V.P. beautiful (of mountains/buildings/etc.)
wèilǐ 卫理[衛-] N. medical theory M: [1]*zhǒng*
wēiliǎn 偎脸 V.O. put cheek and cheek together
wéilián* 帷帘 N. valance
wēiliàng 微量 N. trace; micro-
wèiliángchúyǒu 卫良除莠[衛-] F.E. protect the good and root out the bad
wēiliàng fēnxi 微量分析 V./N. microanalysis
wēiliàng tiānpíng 微量天平 N. microscales
wēiliàng yuánsù 微量元素 N. <*chem.*> trace element M: [1]*zhǒng*
wěiliánzi 苇帘子[葦簾-] N. marsh-reed screens/curtains/blinds M: [1]*shàn*
wèiliǎo* 未了 V.P. ① be unfinished ② be in suspense
wèiliào 喂料 N. grass/crop/etc. for feeding cattle/horses/etc.
wèiliàodài 喂料袋 N. feed bag M: [2]*zhī*
wèiliǎo gōng'àn 未了公案 N. unsettled problem
wèiliǎoqíng 未了情 N. compassion carried over from one's previous life
wèiliǎoyīn 未了因 N. <*Budd.*> causation from a previous life that has not yet had its effect
wèiliǎoyuán 未了缘 N. <*Budd.*> ties carried over from the previous life M: [1]*duàn*
wéiliè 围猎[圍獵] V. hunt in an encircled area
[1]**wěiliè*** 伪劣 ATTR. false and inferior
[2]**wěiliè** 猥劣 V.P. <*wr.*> despicable; contemptible
wěilièpǐn 伪劣品 N. fake and inferior products M: [1]*zhǒng*

W

wéilìfùmíng 违利赴名[違-] F.E. disregard gain and seek fame
Wèilǐ Gōnghuì 卫理公会[衛-] N. Methodist Church
wēilì hángyè 微利行业[-業] N. trade that makes only a small profit
wéilǐlùn 唯理论 N. rationalism
wēilíng 威灵[-靈] N. ① prestige and power ② solemn and dignified gods
wéilìng* 违令[違-] V.O. disobey orders
wěilìng 委令 N. <trad.> certificate of appointment to a post M: [3]zhǐ
wèilǐngqǔ huòwù 未领取货物 N. unclaimed goods M: [1]zhǒng
wēilíngxiān 威灵仙[-靈-] N. <Ch. med.> root of Chinese clematis
wéilìshìshì 唯力是视 F.E. only focus on physical power
wéilìshìtú 惟/唯利是图[-圖] F.E. seek only profit
wēilìtǐ 微粒体[-體] N. microsome M: [1]zhǒng
wèiliú 慰留 V. persuade sb. to stay behind or in office
wēilìwúbǐ 威力无比 F.E. be extremely powerful
wēilìzhēnchá 威力侦察 F.E. reconnaissance by force
wéilǐzhǔyì xuéshuō 唯理主义学说[---義--] N. <lg.> rationalist position
wēilìzǐ 微粒子 N. microparticle
wéilǒng 围拢[圍-] V. crowd around
wēilóu* 危楼[-樓] N. high tower/building M: [4]zuò
wěilóu 艉楼[-樓] N. poop (deck) M: [4]zuò
wěilòu 猥陋 V.P. base; mean; despicable
wéilú 围炉[圍爐] V.O. sit and chat around a fireplace
wěilǘ 尾闾 N. ① lower reaches (of a river) ② <Ch. med.> sacrum ③ alleged hole in the ocean where all waters converge
wēiluǎnzhījí 危卵之急 N. be in great danger
wéilú'érzuò 围炉而坐[圍爐-] V.P. sit around the fire
wéilú hōngyī 围炉烘衣[圍爐-] V.P. sit around the stove to dry off one's clothing
wěilǘhú 尾闾湖 N. terminal lake M: [1]tiáo
wéilú kǎohuǒ 围炉烤火[圍爐-] V.P. sit around a fire to get warm
wéilún* 维纶 N. <txtl.> polyvinyl alcohol fiber
wěilún 尾轮 N. tail-wheel (of an aircraft) M: [2]zhī
wéilúnbù 维纶布 N. <txtl.> vinylon and cotton blend
wěiluò 萎落 V.P. ① withered ② in decline
wéilú qǔnuǎn 围炉取暖[圍爐-] V.P. sit around a fire to get warm
wèilǚxíng yìwù 未履行义务[-義務] F.E. failure to perform an obligation
wéilúyèhuà 围炉夜话[圍爐-] F.E. spend the evening chatting around a fire
wēimǎ 微码 N. <comp.> microcode M: [1]tiáo
wēimài 微脉[-脈] N. <Ch. med.> scarcely perceptible pulse
wéimàn 帷幔 N. heavy curtain; cloth partition M: [1]tiáo
WěiMǎn 伪满 P.W. Manchukuo
wèimǎn* 未满 V. ① be not as old as . . . yet (of age) ② be not as long as . . . (of period of time)
wēimáng 微茫 S.V. <wr.> blurred; hazy
wěi-Mǎn zhèngfǔ 伪满政府 N. <hist.> Manchukuo government
wěimáo* 艉锚 N. a stern anchor
[1]**wèimáo** 猬毛[蝟-] ID. crowded
[2]**wèimáo** 卫矛[衛-] N. <bot.> winged euonymus
wèimào 蔚茂 V.P. luxuriant (of growth); lush
wèimáo'érqǐ 猬毛而起[蝟-] ID. rise up in numbers
wéiměi 唯美 N. estheticism
wèiměisī 味美思 N. <loan> vermouth
wéiměizhǔyì 唯美主义[-義] N. estheticism
[1]**wěimén** 尾门 N. tailgate
[2]**wěimén** 艉门 N. stern door
wēiměng* 威猛 S.V. brave and fierce; domineering
wèiméng 未萌 V.P. yet to bud; yet to come into existence/develop
wēimǐ 微米 M. micron
wěimǐ* 委/萎靡 S.V. listless; dispirited
wěimì 纬密[緯-] ATTR./N. <txtl.> weft density
wēimiàn 微面 <coll.> N. minivan
wéimián 维棉 N. <txtl.> vinylon and cotton blend M: tiáo
[1]**wèimiǎn*** 未免 ADV. ①rather; truly ②inevitably
[2]**wèimiǎn** 卫冕[衛-] V.O. defend a title
[3]**wèimiǎn** 慰勉 V. comfort and encourage
wéimiánbù 维棉布 N. vinylon-cotton cloth M: [2]kuài/[1]piàn
wèimiǎnsài 卫冕赛[衛-] N. game to defend a title M: [2]chǎng
[1]**wēimiǎo** 微秒 M. microsecond
[2]**wēimiǎo** 微眇 V.P. small; trifling; very slight
wēimiào* 微妙 S.V. delicate; subtle
wéimiào 唯妙 V.P. perfect (of art/etc.)
wéimiàowéixiào 维妙维肖//惟妙惟肖 F.E. imitate to perfection; be remarkably true to life
wěimǐbùzhèn 委靡不振 F.E. in low spirits; despondent; lethargic
wèimínchúhài 为民除害 F.E. eliminate a public scourge
[1]**wēimíng*** 威名 N. prestige; renown M: [1]zhǒng
[2]**wēimíng** 微明 ATTR. slightly illuminated ~dài twilight zone
wěimíng 伪名 N. alias
[1]**wěimìng** 委命 V.O. yield to fate
[2]**wěimìng** 伪命 N. fake order M: [1]tiáo
wéimíng dìngyì 唯名定义[-義] N. nominal definition
wéimínglùn 唯名论 N. <phil.> nominalism
wéimínglùnzhě 唯名论者 N. <phil.> nominalist
wéimìngshìcóng 惟/唯命是从[-從] F.E. always do as told
wéimìngshìtīng 惟/唯命是听[-聽] F.E. ① always do as told ② Only the commands are to be obeyed!
wèimíngwèilì 为名为利 F.E. for fame and for wealth
wēimíngyuǎnyáng 威名远扬[-遠揚] F.E. One's reputation spreads extensively.
wèi mìngzhòng 未命中 V.P. miss (a target)
wèimínhóushé 为民喉舌 F.E. be the mouthpiece of the people
wèimínpíngfèn 为民平愤 F.E. redress the grievances of the people
wèimínqiánfēng 为民前锋 F.E. be the vanguard of the people
wèimínqǐngmìng 为民请命 F.E. plead for the people
wèimínzàofú 为民造福 F.E. bring benefits to the people
wěimiù 伪谬 V.P. fake; false
wēimò* 微末 ATTR. trifling; insignificant
wéimò 闱墨[闈-] N. <wr./hist.> selections from the papers of successful candidates at imperial examinations
wéimù 帷幕 N. ①heavy curtain ②tent M: [2]chǎng
wéimùgōu 围墓沟[圍-溝] N. <archeo.> ditches around a grave M: tiáo
wèinǎi 喂奶 V.O. breast-feed; nurse
wēinàn 危难[-難] N. calamity; peril; disaster M: [1]zhǒng
wéinán* 为难[-難] S.V. embarrassed *Tā zuǒyòu~.* He found himself in a bind. ♦V. ①create difficulties (for sb.) ② be in an awkward situation
wèinán 畏难[-難] V.O. flinch at difficulties
wèinán'értuì 畏难而退[-難--] F.E. be awed by the difficulties and retreat
wéinán qǐlai 为难起来[-難--] R.V. encounter difficulties in doing sth.
wèinán qíngxù 畏难情绪[-難--] N. fear of difficulty; lack of confidence
Wěinèiruìlā 委内瑞拉 P.W. Venezuela
[1]**wèinéng** 未能 AUX. fail to; cannot
[2]**wèinéng** 位能 N. <phy.> potential energy M: [1]zhǒng
wèinéngmiǎnsú 未能免俗 F.E. be unable to rise above the convention
wèinéng shíxiàn 未能实现[--實-] V.P. fail to materialize
wèinéngshuō 唯能说 N. <phy.> energetics M: [1]zhǒng
wéinì 违逆[違-] V. disobey
wěiniān 萎蔫 A.T. <bot.> wilt
Wéiníkèqū 韦尼克区[韋-區] P.W. <lg.> Wernicke's area
wéinílún 维尼纶 N. <loan> vinylon
wéinǐshìwèn 惟你是问 F.E. You'll be held personally responsible.
Wēinísī 威尼斯 P.W. Venice
wéinuò 唯诺 V. agree; consent
wěipài 委派 V. appoint; delegate
wéipàn 为盼 F.E. That is what I expect. (conventional letter closure)
wéipàoshuā 桅炮刷 N. sponge M: [1]bǎ
[1]**wéipíng** 为凭[-憑] V.P. as proof/evidence
[2]**wéipíng** 围屏[圍-] N. folding screen M: [2]zhī
[1]**wēipò** 危迫 V. be in deadly peril
[2]**wēipò** 威迫 V. coerce
wēipò lìyòu 威迫利诱 V.P. threaten and bribe
wèipú 胃脯 N. belly M: [2]zhī
wèi pǔ pèicí 为谱配词 V.P. set words to music
wéiqī* 为期 CONS. ~ *expression of time* last (a definite time) ~ *bì yuǎn* not too distant future *zuò ~ [1]liǎng [2]zhōu de fǎngwèn* have two weeks of visit
[1]**wéiqí** 围棋[圍-] N. encirclement chess; Japanese go
[2]**wéiqí** 惟/唯其 CONJ. <wr.> precisely/just because
wéiqǐ 围起[圍-] R.V. surround by
wéiqì 围砌[圍-] V. build a circular wall
wěiqī 尾期 N. last stage; last/final phase
wěiqí 尾鳍 N. tail/caudal fin
[1]**wěiqì** 尾气[-氣] N. exhaust; tail gas
[2]**wěiqì** 委弃[-棄] V. discard; abandon
[3]**wěiqì** 伟器[偉-] N. a man of great capability
[1]**wèiqǐ** 蔚起 V. prosper; flourish; thrive
[2]**wèiqǐ** 猬起[蝟-] V. arise in large numbers (of troubles/etc.)
[1]**wèiqì** 胃气[-氣] N. <Ch. med.> stomach *qì* M: [1]zhǒng
[2]**wèiqì** 味气[-氣] N. smell of sth.
[3]**wèiqì** 味器 N. gustatory organ
wēiqiǎn* 危浅[-淺] V.P. critically ill
wěiqiàn 尾欠 N. small balance due ♦V. be in arrears with one's payment
[1]**wéiqiáng** 围墙[圍牆] N. enclosing wall M: [1]dǔ
[2]**wéiqiáng** 桅樯[-檣] N. mast M: [1]dǔ
wèiqiánglíngruò 畏强凌弱[-強--] F.E. quail before the strong and be overbearing toward the weak
wéiqī bù yuǎn 为期不远[-遠] V.P. the day is not far off; in the near future; soon
wèiqiè 畏怯 S.V. timid
wèiqiēchúshù 胃切除术[-術] N. gastrectomy M: [1]zhǒng
wēiqìguǎn 微气管[-氣-] N. tiny trachea M: [1]tiáo
wéi qǐlai 围起来[圍-] R.V. surround by
wéiqín* 围擒[圍-] V. besiege and catch
wěiqín 委禽 V.O. <trad.> a girl is married out
wēiqíng 微情 N. subtle/delicate affair
wèiqīnglǐ zhàiquàn 未清理债券 N. unliquidated debts M: [1]zhǒng
wéiqínglùn 唯情论 N. emotionalism
wèiqīng qiànzhàng 未清欠账 N. <acct.> open debt M: [2]bǐ
wèiqíngshèngwú 慰情胜无[--勝-] F.E. A small comforting gift is better than nothing.
wèiqīng yú'é 未清余额 N. <acct.> unpaid/outstanding balance M: [2]bǐ
wèiqīngzhàng 未清账 N. <acct.> open account M: [2]bǐ
wèiqīng zhàngkuǎn 未清账款 N. <acct.> outstanding account M: [2]bǐ

W

wēi qìxiàngxué 微气象学[-氣--] N. micrometeorology

wéiqū 圩区[-區] N. polder

wěiqu* 委屈 V./S.V. ① feel wronged; wrong sb. ② be obstructed (in one's career) ③ inconvenience (sb.) ♦N. grievance; complaints

[1]wěiqū 委曲 S.V. winding; tortuous (roads/etc.) ♦N. ins and outs; the full story ♦V. resign oneself to

[2]wěiqū 骫曲 V. stoop to compromise

wēiquán 威权[-權] N. ① authority; power ② authoritarianism

wéiquān* 围圈[圍-] N. enclosure

wéiquánshìduó 唯权是夺[-權-奪] F.E. grab power at every opportunity

wēiquánzhǔyì 威权主义[-權-義] N. authoritarianism

wèiquè 魏阙 N. <trad.> ① gate of the imperial palace where imperial edicts were issued ② imperial court

wèiqǔ gōngzī 未取工资 N. <acct.> unclaimed wages M: [2]*bǐ*

wèiqǔ gǔlì 未取股利 N. <acct.> unclaimed dividends

wéiqún 围裙[圍-] N. apron M: [1]*tiáo*

wěiqūqiúquán 委曲求全 F.E. compromise to avoid a debacle

wěiqūwǎnzhuǎn 委屈婉转[-轉] F.E. with a change/turn (of melody)

wèir 味儿 N. <coll.> taste

[1]wēirán 巍然 R.F. towering; majestic

[2]wēirán 微然 R.F. small; tiny

wéirán 嵬然 R.F. <wr.> lofty; towering

[1]wèirán* 蔚然 R.F. flourishing; grand

[2]wèirán 未然 ADV. before it happens

wēiránbùdòng 巍然不动[-動] F.E. stand firm

wèiránchéngfēng 蔚然成风 F.E. become common practice

wēiránchùlì 巍然矗立 F.E. stand rock-firm

wēirángāosǒng 巍然高耸[-聳] F.E. soar high

wēirángāozuò 危然高坐 F.E. seated erect in an awe-inspiring manner

wēiránrúshān 巍然如山 F.E. stand firm as a rock

wēiránsǒnglì 巍然耸立[--聳-] F.E. stand out majestically

wēirányìlì 巍然屹立 F.E. stand rock-firm

wéirào 围绕[圍繞] V. ①move around ②center on; revolve around ③ embrace; enclose; encircle ④ concentrate/focus on (some issue/problem)

wēirè* 微热[-熱] N. <med.> low-grade fever

wèirè 胃热[-熱] N./V.P. <Ch. med.> stomach heat

wéirén* 为人 V.O. behave; conduct oneself ***Tā ~ zhèngzhí.*** He's a man of upright character. ♦N. <coll.> personal character/make-up ♦ATTR. endearing; having a way with people ***See also*** *wèi rén*

wěirén 伟人[偉-] N. great man

wěirèn 委任 V. appoint ♦N. lowest of four major civil-service ranks

wèi rén 为人 V.P. for others' interest ***See also*** *wéirén*

wéirénchùshì 为人处事[--處-] F.E. one's conduct/behavior

wěirèn dàilǐquán 委任代理权[-權] N. power of attorney

wěirèndì 委任地 N. mandated territory

wěirènguān 委任官 N. functionary appointed by his immediate superior

wèi rénmín fúwù 为人民服务[-務] F.E. serve the people

wéirénshībiǎo 为人师表[--師-] F.E. ① be worthy of the name of teacher ② be a model of virtue for others

wěirènshū 委任书[-書] N. certificate of appointment M: [3]*zhǐ*

wèi rén shuōxiàng 为人说项 V.P. say a good word for someone

wéirénsìhǎi 为人四海 F.E. be generous to people

wéirén suǒ bùchǐ 为人所不齿[-齒] F.E. infamous

wěirèn tǒngzhì 委任统治 N. mandate

wěirèn tǒngzhìdì 委任统治地 P.W. mandated territories

wéirénwéixué 为人为学 F.E. as a person and as a scholar

wěirèn xíngwéi 委任行为 N. act of commission M: [1]*zhǒng*

wéirénzàishì 为人在世 F.E. live in this world

wèi rén zhāngmù 为人张目 V.P. serve the schemes of sb.

wěirèn zhèngshū 委任证书[-證書] N. certificate of appointment M: [1]*zhāng*

wéirénzhīdào 为人之道 N. rules of conduct

wěirènzhuàng 委任状[-狀] N. certificate of appointment/deputation M: [1]*tiáo*

wèi rén zhuóxiǎng 为人着想[--著-] V.P. be considerate of others

wèirénzuòbīng 为人作冰 F.E. act as a matchmaker

wèi rén zuòfá 为人作伐 V.P. act as a matchmaker

wèi rén zuòjià 为人作嫁 V.P. work selflessly for others

wèirì 畏日 N. summer sun

wéirìzīzī 唯日孜孜 F.E. work hard day in and day out

wēiróng 威容 N. ①serious appearance ②awe-inspiring bearing

wéiróng* 为荣[-榮] V.P. take as an honor

wēiròu 煨肉 V.O. stew meat

wěiròuhǔxǐ 委肉虎蹊 ID. invite trouble/misfortune

wèirshì 味儿事 N. small/trivial/minor matter

Wēiruǎn 微软 P.W. <comp.> Microsoft

wēiruǎnjiàn 微软件 N. <comp.> microsoftware M: [1]*zhǒng*

wēirúgāoshān 巍如高山 F.E. like the lofty mountains

wěiruí 葳蕤 S.V. <wr.> ① hanging down in clusters ② weary ③ luxuriant (of foliage)

wèirújiáolà 味如嚼蜡[-蠟] F.E. insipid; tasteless

wēirúlěiluǎn 危如累卵 F.E. be in a precarious situation

wèirùliú 未入流 N. ① government employees of the lowest rank during the Ming and Qing dynasties ② any skill that is below the accepted standard

wēiruò* 微弱 S.V. faint; feeble; weak

wèiruò 未若 CONJ. not as good as; cannot be compared with

wēiruòzhāolù 危若朝露 F.E. short-lived; ephemeral

wěishā 纬纱[緯-] N. <txtl.> ①weft; woof ②pick

wèishá* 为啥 V.P. <topo.> why; for what reason

wéishàn 为善 V.O. do good

wěishàn* 伪善 S.V. hypocritical

wéishàn bù túbào 为善不图报[-圖報] F.E. cast one's bread upon the waters

wēishāng 微伤[-傷] N. minor/small wound/injury

wéishàng* 唯上 N. absolute obedience to superior authorities

wéishàngshìcóng 唯上是从[-從] F.E. follow whatever the leader says

wéishàngwéishū 唯上唯书[-書] F.E. follow whatever the leader says or go strictly by the book

wěishànzhě 伪善者 N. hypocrite M: [1]*míng*/[1]*gè*

wéishànzuìlè 为善最乐[-樂] F.E. Doing good is the greatest source of happiness.

wēishǎo 微少 V.P. very little

wěishāo* 尾梢 N. end M: [2]*zhī*/[1]*tiáo*

wēishè 威慑[-懾] V. intimidate militarily; deter

wēishè lìliang 威慑力量[-懾--] N. deterrent force; deterrent

wěishēn* 委身 V.O. <wr.> ① vow ② submit to; give oneself to ③ become the wife of. . . ④ consign oneself to sb./sth.

wèishén 为什 V.P. why

wēishēng 威声[-聲] N. prestige

[1]wéishēng 为生 V.P. make a living

[2]wéishēng 维生 AB. *wéichí shēnghuó*

wéishéng 桅绳[-繩] N. stays (of a ship) M: [1]*tiáo*

wěishēng 尾声[-聲] N. ① <mus.> coda ② epilogue ③ end ***Huìyì yǐjing jiējìn ~.*** The meeting is nearing an end.

wèishēng* 卫生[衛-] N. hygiene; health; sanitation ♦S.V. hygienic

wèishēng bǎojiàn 卫生保健[衛-] N. health care/protection

[1]wèishēngbù 卫生部[衛-] P.W. health department

[2]wèishēngbù 卫生布[衛-] N. knit fabric M: [2]*kuài*/[1]*tiáo*

wéishēngchǎnlìlùn 唯生产力论[--產--] N. theory of the omnipotence of productive forces

wēishēngchóng 微生虫[-蟲] N. microbes; bacteria; germs M: [1]*zhǒng*

wèishēngchù 卫生处[衛-處] P.W. department of sanitation

wèishēngcí 卫生瓷[衛-] N. sanitary porcelain

wèishēng dàduì 卫生大队[衛-隊] N. medical unit/team

wèishēngdài 卫生带[衛-帶] N. (woman's) sanitary belt M: [1]*tiáo*

wèishēngduì 卫生队[衛-隊] P.W. ① medical unit/team ② <mil.> medical corps

wèishēng fángyìzhàn 卫生防疫站[衛-] P.W. sanitation and antiepidemic station

wèishēngfèi 卫生费[衛-] N. public sanitation fee M: [2]*bǐ*

wèishēng fúwù tǐxì 卫生服务体系[衛--務體-] N. health-care system M: [1]*zhǒng*

wèishēng gōngzuòzhě xiéhuì 卫生工作者协会[衛----協-] N. association of health professionals

wèishēng guīhuà 卫生规划[衛-劃] N. health planning

wèishēngjiān 卫生间[衛-] P.W. toilet M: [1]*gè*

wèishēng jīguān 卫生机关[衛-關] P.W. health office

wèishēngjīn 卫生巾[衛-] N. feminine napkin; tampon M: [1]*tiáo*

wèishēng jīngjìxué 卫生经济学[衛-經濟-] N. study of health and economy

wèishēngjú 卫生局[衛-] P.W. bureau of sanitation; bureau of public health

wèishēngkē 卫生科[衛-] P.W. health branch

wèi shēngkǒu 喂牲口 V.O. raise/feed domestic animals

wèishēngkù 卫生裤[衛-] N. <topo.> sweatpants M: [1]*tiáo*

wèishēng kuàizi 卫生筷子[衛-] N. disposable chopsticks

wèishēngmián 卫生棉[衛-] N. ① cotton wool ② sanitary napkin; tampon M: [2]*kuài*

wèishēngqiú 卫生球[衛-] N. camphor ball; moth ball M: [2]*zhī*

wèishēng shèbèi 卫生设备[衛-備] N. sanitary equipment/facilities/ware M: [1]*zhǒng*

wèishēngshì 卫生室[衛-] P.W. clinic M: [1]*jiān*

wèishēngshǔ 卫生署[衛-] P.W. health office

wèishēngsī 卫生司[衛-] P.W. health department

wéishēngsù 维生素 N. vitamin M: [1]*kē*

wèishēngsuǒ 卫生所[衛-] P.W. small clinic attached to a school/factory/etc.; public health clinic M: [1]*jiān*

wèishēngtào 卫生套[衛-] N. condom M: [2]*zhī*

wèishēng wán 卫生丸[衛-] N. camphor ball;mothball M: [1]*kē*

wēishēngwù 微生物 N. microorganism; microbe M: [1]*zhǒng*

wēishēngwùxué 微生物学 N. microbiology

wèishēng xiàshuǐdào 卫生下水道[衛-] N. sewer; sewerage M: [1]*tiáo*

wèishēngxué 卫生学[衛-] N. hygiene

wèishēng xuéxiào 卫生学校[衛-] P.W. nursing school
wèishēngyī 卫生衣[衛-] N. sweat shirt M: [2]jiàn
wèishēng-yuán* 卫生员[衛-] N. health worker; medical orderly; medic M: [1]míng/[1]gè
wèishēngyuàn 卫生院[衛-] P.W. ① public health clinic ② commune hospital M: [1]jiān
wèishēngzhǐ 卫生纸[衛-] N. toilet paper M: [1]zhāng
wèishēng zhīshi 卫生知识[衛-識] N. knowledge pertaining to sanitation/health M: [1]zhǒng
wěishēngzhīxìn 尾生之信 N. stubbornly stick to a promise
wèishénjīng 味神经[-經] N. taste nerve M: [1]tiáo
wéishénlùn 惟神论 N. pantheism
wèishénme 为什么[-麼] V.P. why?; why is it that? ***Nǐ ~ bù shuōhuà.*** Why don't you speak?
wěishēnshìrén 委身事人 F.E. submit oneself to sb.'s service
wēishè zhèngcè 威摄政策[-攝--] N. deterrent policy M: [1]tiáo
wēishí 微时[-時] N. when one was poor and low
[1]**wēishì** 危室 N. building in danger of collapse M: [1]jiān
[2]**wēishì** 威势[-勢] N. power and influence
wéishī 违失[違-] N. faults; errors; misconduct
[1]**wéishí** 为时[-時] ADV. timewise ***~guòzǎo*** be premature
[2]**wéishí** 唯实[-實] ATTR. (proceeding from) reality only
[1]**wéishì** 惟是 V.P. <wr.> only this/that
[2]**wéishì** 违世[違-] V.O. drop out
wěishí 委实[-實] ADV. really; indeed
[1]**wěishì** 伪饰 V. falsely embellish
[2]**wěishì** 伪誓 N. fake oath
[3]**wěishì** 纬世[緯-] V.O. govern a country
[1]**wèishí** 未时[-時] N. 1 to 3 p.m.
[2]**wèishí** 胃石 N. stomach stone M: [2]kuài
[3]**wèishí** 猬实[蝟實] N. <bot.> beautybush
wèishǐ 未始 ADV. not necessarily (before negative)
[1]**wèishì*** 卫士[衛-] N. bodyguard M: [1]gè/[2]wèi/[1]míng
[2]**wèishì** 为是 V.P. <coll.> be for the purpose of
[3]**wèishì** 卫视[衛-] N. satellite TV
wèishíbié fēixíngwù 未识别飞行物[-識-飛--] N. unidentified flying object; (UFO) M: [1]zhǒng
wèishǐbùkě 未始不可 F.E. It is not impossible.
wéishíbùyuǎn 为时不远[-時-遠] F.E. not long before
wéishìgòubìng 为世诟病 F.E. become an object of public denunciation
wéishíguòzǎo 为时过早[-時--] F.E. premature
wēishìjì 威士忌 N. <loan> whisky M: píng
wēishìjìjiǔ 威士忌酒 N. <loan> whisky M: píng
wéishílùn 唯实论[-實-] N. realism
wèi shī pǔqǔ 为诗谱曲 V.P. set a poem to music
wéishíshàngzǎo 为时尚早[-時--] F.E. be premature
wéishìsuǒqì 为世所弃[-棄] F.E. be cast out from society
wèishíxiàn 未实现[-實-] ATTR. unrealized
wèishíxiàn lìyì 未实现利益[-實---] N. <acct.> unrealized profits M: [1]zhǒng
Wéishì yīnbiāo 韦式音标[韋-標] N. <lg.> Wade transcription/ romanization of Chinese
wéishí yuánzé 唯实原则[-實--] N. <lg.> reality principle
wěishízhāogòng 委实招供[-實--] F.E. confess truthfully
wěishìzhīcái 纬世之才[緯-] N. ability to rule the state
Wéishízōng 唯识宗[-識-] N. <Budd.> Vijnaptimatrata (Ideation Only) School
wéishǒu* 为首 V.O. head; be headed by [1]***yǐ Wáng xiānsheng ~ de dàibiǎotuán*** a delegation headed by Mr. Wang
wèishōu 未收 ATTR. unpaid; outstanding; not yet received
wèishóu 未熟 V.P. (sth.) not done yet
wéishǒu de 为首的 N. leading person
wèishōu gǔkuǎn 未收股款 N. <acct.> unpaid capital M: [2]bǐ
wèishǒuwèiwěi 畏首畏尾 F.E. scared of one's shadow
wéishǒuyǐ 围手椅[圍-] N. a large and deep armchair M: [1]bǎ
wéishū 唯书[-書] V.P. believe only in what the book says
[1]**wéishù*** 为数[-數] V.P. amount to; number
[2]**wéishù** 维数[-數] N. <math.> dimension; dimensionality
[1]**wěishū** 伪书[-書] N. ① ancient books of dubious authenticity ② false document M: [3]zhī
[2]**wěishū** 纬书[緯書] N. glosses on the classics that allege esoteric meanings
wěishù(r) 尾数(儿)[-數-] N. ① odd sum/ amount; small change ② the last digit ③ balance of an account
wèishǔ 猬鼠[蝟-] N. hedgehog M: [2]zhī
[1]**wèishù** 位数[-數] N. <math.> the number of digits in an integer; order
[2]**wèishù** 卫戍[衛-] V. garrison
wèishù bùduì 卫戍部队[衛-隊] P.W. garrison troops M: [2]zhī
wéishù bù duō 为数不多[-數--] V.P. be few in number
wéishù bù shǎo 为数不少[-數--] V.P. many; quite a number of
wěishǔguāng 伪曙光 N. false dawn
wěishuǐ 尾水 N. tail water (in water conservancy)
wèishuōmíng shīxiào 未说明失效 N. unexplained failure
wèishùqū 卫戍区[衛-區] P.W. garrison command
wèishùr 位数儿[-數-] N. digit
wéishù shèn duō 为数甚多[-數--] V.P. be numerous
wèishù sīlìngbù 卫戍司令部[衛-] N. garrison headquarters
wèisī* 为私 V.P. for one's personal interest
wèisǐ 畏死 V.O. be afraid of death
Wēisīkāngxīng 威斯康星 P.W. Wisconsin
wèisù 味素 N. monosodium glutamate; MSG
wèisuān 胃酸 N. gastric acid ***Wǒ de ~ guògāo.*** I have a high level of acidity in the stomach
wèisuānrúcù 味酸如醋 F.E. sour as vinegar
wēisuí 逶随[-隨] V.P. ① winding (road) ② leisurely; unhurriedly
wéisuí 围随[圍隨] V. gather around
wěisuí 尾/委随[-隨] V. tail behind
wèisuì* 未遂 V. be aborted
wěisuíbùshě 尾随不舍[-隨-捨] F.E. follow sb. closely
wèisuìfàn 未遂犯 N. would-be perpetrator of a crime; convict guilty of an attempted offense M: [1]gè/[1]míng
wěisuíyúhòu 尾随于后[-隨於後] F.E. follow behind
wèisuìzuì 未遂罪 N. <law> attempted crime M: [1]zhǒng
wēisuō 微缩 V. shrink
wěisuō* 萎缩 V. ① wither; shrivel ② shrink; sag ③ <med.> atrophy
[1]**wěisuǒ** 猥琐 S.V. <wr.> ① of wretched appearance ② trivial; tedious
[2]**wěisuǒ** 委琐 S.V. <wr.> ① piddling; trifling; being a stickler for forms/details ② of wretched appearance
wèisuō 畏/猬缩[蝟-] V. recoil; flinch
wèisuōbùqián 畏缩不前 F.E. hang back in fear
wēisuō jiāojuǎn 微缩胶卷[--膠-] N. microfilm M: juǎn
wēisuō jiāopiàn yuèdúqì 微缩胶片阅读器[--膠--讀-] N. film reader
wéisuǒyùwéi 为所欲为 F.E. do as one pleases
wěisuōzhèng 萎缩症 N. atrophy M: [1]zhǒng
wéitǎ 桅塔 N. mast
wéitāmìng 维他命 N. <loan> vitamin M: [1]zhǒng
wéitāmìng B 维他命B N. <TW/slang> boyfriend M: [1]zhǒng
wéitāmìng M 维他命M N. <Hong Kong/slang> money M: [1]zhǒng
wéitāmìng-wán 维他命丸 N. vitamin pills M: [3]lì/[1]kē
wéitāmìng-yuán 维他命源 N. source of vitamins M: [1]zhǒng
wéitáng 帷堂 N. hall curtained for funeral services
wěitáng* 苇塘[葦-] N. reed pond; pond covered with reeds
wèitānxiāo fèiyòng 未摊销费用[-攤---] N. <acct.> unamortized M: [2]bǐ
wéitàoqiāng 围套腔[圍-] N. <phys.> atrium
wéitī 桅梯 N. shrouds of a ship
wèití* 为题 V.O. (take) as a topic
wéitián 圩/围田[圍-] N. polder
wéitiānkěbiǎo 惟天可表 F.E. call heaven to witness that . . .
wéitiānnìlǐ 违天逆理[違-] F.E. flout natural ethics
wéitián tǔrǎng 圩田土壤 N. polder soil M: [1]piàn/[2]kuài
wèitiānzhīmìng 畏天知命 F.E. stand in awe of Heaven and accept one's fate
wēitiáo 微调 N. fine tuning; trimming
wéitiáojiànlùn 唯条件论[-條--] N. the theory of the unique importance of conditions
wèitiáozhěng dàixiàng 未调整贷项 N. <acct.> unadjusted credits
wēitiē 偎贴 V. snuggle up to; lean close to
wèitòng 胃痛 N. stomachache
wèitóngjiáolà 味同嚼蜡[-蠟] F.E. insipid ***See also*** *wèitóngjuélà*
wèitóngjīlèi 味同鸡肋[--雞-] F.E. Though it is insipid, yet one loathes to part with it.
wèitóngjuélà 味同嚼蜡[-蠟] F.E. insipid (like chewing wax) ***See also*** *wèitóngjiáolà*
wèitòngxiānjiào 未痛先叫 V.P. cry out before one is hurt
wèitōngzhī 未通知 V. failed to give notice
wéitóu(r) 为头(儿) V.O. ① be the head/leader ② be headed/led by
wēitú* 危途 N. dangerous road M: [1]tiáo
wèitú 畏途 N. <wr.> perilous undertaking
Wéituó 韦驮[韋-] N. Buddhist god who keeps evil away and guards the temple; Skanda
[1]**wěituō*** 委托 V. entrust; trust; commission
[2]**wěituō** 伪托 V. counterfeit ancient works
wèituō 胃托 N. stomacher
wèituǒ 未妥 A.T. yet to be brought to a proper state; not proper
wěituō dàibiǎo 委托代表 N. proxy M: [1]míng/[1]gè
wěituō fànmài 委托贩卖[-賣] N. commission/ consignment sale
wěituō gòumǎi zhèng 委托购买证[-購買證] N. <acct.> authority to purchase M: [1]zhāng
wěituōháng 委托行 P.W. commission shop/ house
wěituōjīn 委托金 N. trust money M: [2]bǐ
wěituō jīngjìrén 委托经济人[--經濟-] N. commission business
Wēituǒmǎshì 威妥玛式 N. <lg.> Wade-Giles Romanization system
Wēituǒmǎshì pīnyīn 威妥玛式拼音 N. <lg.> Wade-Giles spelling system
wěituōrén 委托人 N. ① principal (in a transaction) ② bailor ③ <law> trustor ④ client M: [2]wèi/[1]gè/[1]míng
wěituōrén fēnhùzhàng 委托人分户账 N. <acct.> client ledger
wěituō shāngdiàn 委托商店 P.W. commission shop/house M: [1]jiā
wěituō shāngháng 委托商行 N. commission house M: [1]jiā
wěituō shēngchǎn 委托生产[-產] N. subcontract production
wěituō shōugòu 委托收购[-購] N. consignment purchase

W

wěituōshū 委托书[-書] N. trust deed; power of attorney M: [1]fèn
wěituōsuǒ 委托所 N. consignment store M: [1]jiā
Wéituótiān 韦驮/陀天[韋-] N. name of one of the guardian spirits of Buddhism
wěituō yīfù 委托议付[--議-] N. authority to negotiate
wèiwàizhèng 畏外症 N. xenophobia
wēiwǎn 微婉 V.P. mild and roundabout
wěiwān 尾湾[-灣] N. bay
wěiwǎn* 委婉/宛 S.V. tactful
wèiwán 未完 V.P. be unfinished
wèiwánchéng jiànzhù 未完成建筑[-築] N. uncompleted construction
wèiwánchéngjù 未完成句 N. <lg.> imperfective M: [1]zhǒng
wèiwánchéng qìyuē 未完成契约 N. uncompleted contract M: [1]tiáo
wèiwánchéngtǐ 未完成体[-體] N. <lg.> imperfective aspect
wěiwǎncí 委婉词 N. euphemism M: [1]zhǒng
wěiwǎn cíyǔ 委婉词语 N. euphemism
wèiwándàixù 未完待续[-續] F.E. be continued
wěiwǎndòngtīng 委婉动听[-動聽] F.E. narrate in a smarmy manner that moves one to listen
wěiwǎn fǒudìng 委婉否定 N. <lg.> paradiastole
wēiwáng* 危亡 V.P. in peril
wēiwàng 威望 N. prestige
wéiwǎng 围网[圍網] N. purse seine M: [2]zhī
wèiwàng 位望 N. one's social status and prestige
wèiwángrén 未亡人 PR. <trad.> I, the widow M: [2]wèi/[1]míng/[1]gè
wéiwǎng yúchuán 围网鱼船[圍網-] N. purse seiner/boat M: [1]tiáo
wéiwǎng yúyè 围网渔业[圍網-業] N. purse-net fishery
wěiwǎnhuà 委婉话 N. euphemism
wěiwǎnqūzhé 委婉曲折 F.E. (speak) in a specious manner
wěiwǎnyǔ 委婉语 N. euphemism M: [1]zhǒng
wěiwǎn yǔqì 委婉语气[-氣] N. mild tone
[1]**wēiwēi*** 微微 R.F. slight; faint ♦ATTR. micromicro-; pico-
[2]**wēiwēi** 巍巍 R.F. towering; lofty
wēiwéi 巍嵬 R.F. <wr.> lofty; towering
[1]**wéiwéi** 唯唯 INTJ. <court.> Yes!, Yes!; That's it!
[2]**wéiwéi** 嵬嵬 R.F. <wr.> lofty; towering
[3]**wéiwéi** 硙硙[磑磑] R.F. <wr.> high; lofty
wěiwěi 娓娓 ADV. tirelessly (of speaking)
wěiwèi 尾位 N. last seat
wěiwěibùjuàn 娓娓不倦 F.E. talk tirelessly
wěiwéibùzhī 诿为不知 F.E. pretend not to know
wèiwéidàguān 蔚为大观[-觀] F.E. present a splendid sight
wěiwěidàolái 娓娓道来 F.E. speak/talk continuously and pleasantly
wěiwěidòngtīng 娓娓动听[-動聽] F.E. speak with absorbing interest; persuasively
wěiwěi'értán 娓娓而谈 F.E. talk in a kindly and informal fashion
wéiwèijiùzhào 围魏救赵[圍-趙] F.E. relieve a besieged ally by attacking the home base of the besiegers
wěiwěiliánshēng 唯唯连声[-聲] F.E. assent meekly
wēiwēiliaoliāo 微微了了 R.F. <coll.> small; minor
wéiwéinuònuò 唯唯诺诺 R.F. ① servile; obsequious ② yes or no ③ echo others
wéiwéipǐpǐ 唯唯否否 R.F. say "yes" or "no"
wèiwéiqíguān 蔚为奇观[-觀] F.E. present a magnificent sight; be a sight to behold
wèiwèisuōsuō 畏畏缩缩 R.F. have the jitters
wěiwěitīngmìng 唯唯听命[--聽-] F.E. murmur one's assent
wèiwéiwǎnyě 未为晚也 F.E. It is not too late.
wēiwēixíng jìsuànjī 微微型计算机 N. micromicro computer
wēiwēi yī xiào 微微一笑 V.P. smile faintly
wēiwēiyīyī 偎偎依依 R.F. nestle up to each other
wēiwēiyùzhuì 危危欲坠[-墜] F.E. crumbling; ramshackle
wèiwéizhuàngguān 蔚为壮观[-壯觀] F.E. present a splendid sight
wēiwēn 微温 V.P. slightly warm
wèiwèn* 慰问 V. comfort; console; convey sympathy/greetings
wèiwènjīn 慰问金 N. money for expressing sympathy and solicitude M: [2]bǐ
wèiwèntuán 慰问团[-團] N. group sent to convey greetings and appreciation M: [2]zhī
wèiwènxìn 慰问信 N. letter of condolence M: [2]fēng/
wéiwò 帷/帏幄[幃-] N. <wr.> army tent
wèiwǒ* 为我 V.O. egoistic; selfish
wéiwǒdúgé 唯我独革[--獨-] F.E. <PRC> believe oneself to be the most revolutionary
wéiwǒdúzūn 惟/唯我独尊[--獨-] F.E. extremely conceited; autocratic; bossy
wéiwǒdúzuǒ 唯我独左[--獨-] F.E. <Cult.Rev.> believe oneself to be the most steadfast leftist
wéiwǒlùn 唯/惟我论 N. solipsism; egoism
wèiwǒxíng 为我型 N. self-serving type M: [1]zhǒng
wèiwǒzhīwù 为我之物 N. <phil.> thing-for-us
wéiwǒzhǔyì 惟/唯我主义[-義] N. ① solipsism ② egotism
wēi wōzi 偎窝子[-窩-] V.O. <topo.> ① hatch eggs in a nest (of hens) ② stay in bed (of sb. getting up late)
wěiwōzi* 委窝子[-窩-] N. sb. who like to sleep all day long
wēiwǔ* 威武 S.V. powerful ♦N. might; power
[1]**wéiwǔ** 为伍 V.O. associate with
[2]**wéiwǔ** 违忤/迕[違-] V.P. run counter to; disobey
[1]**wéiwù** 唯/惟物 ATTR. materialistic
[2]**wéiwù** 违误[違-] V. disobey orders and cause delay
wéiwù biànzhèngfǎ 唯物辩证法[---證-] N. <phil.> dialectical materialism
wēiwǔ bùnéng qū 威武不能屈 F.E. not to be subdued by force
wēiwǔbùqū 威武不屈 F.E. unyielding to force
Wéiwú'ěrzú 维吾尔族 N. Uygur (Uyghur) ethnic minority (in Xinjiang)
wèiwùfēnghán 畏恶风寒[-惡--] F.E. <Ch. med.> aversion to wind and cold
wéiwùlùn 唯物论 N. <phil.> materialism
wéiwùlùn biànzhèngfǎ 唯物论辩证法[----證-] N. dialectical materialism
wéiwǔqìlùn 唯武器论 N. theory that weapons alone decide war
wéiwù shǐguān 唯物史观[-觀] N. <phil.> historical materialism
wēiwǔxióngzhuàng 威武雄壮[-壯] F.E. full of power and grandeur
wēiwǔzhīshī 威武之师[-師] N. mighty army
wéiwùzhǔyì 唯物主义[-義] N. materialism
wéiwùzhǔyì yīyuánlùn 唯物主义一元论[---義---] N. <phil.> materialistic monism
[1]**wēixī** 微息 A.T. weak and feeble
[2]**wēixī** 微熹 V.P. dim; pale (of morning sunlight)
wēixì 微细 ATTR. very small; tiny
wéixì* 维系[-係] V. hold together; maintain
wěixí 苇席[葦-] N. reed mat M: [1]zhāng
wèixī 未悉 V.P. unfamiliar; unknown
wèixǐ 畏葸 V.P. <wr.> be timid
wēixià 威吓[-嚇] V. threat *See also* *wēihè*
wèixiàchuí 胃下垂 N. <med.> prolapse of the stomach
wēixián 微嫌 N. slight animosity
wēixiǎn* 危险 N./S.V. dangerous; perilous
wēixiàn 微现 V. appear slightly
[1]**wéixiàn** 为限 V.O. ①be within the limit of ② as limit
[2]**wéixiàn** 违宪[違憲] V.O. violate the constitution
[1]**wěixiàn** 纬线[緯-] N. ① <geog.> parallel; latitude ② weft M: [1]tiáo
[2]**wěixiàn** 萎陷 V. collapse
wèixiàn 胃腺 N. gastric gland
wēixiǎnchóngchóng 危险重重 F.E. be full of peril
wēixiǎndiǎn 危险点[-點] N. danger/dangerous point
wēixiǎn fènzǐ 危险分子 N. dangerous/undesirable elements M: [1]míng/[1]gè
wēixiàng 危象 N. <med.> crisis; critical state
[1]**wěixiàng** 委巷 N. small winding alley M: [1]tiáo/
[2]**wěixiàng** 尾相 N. end portion
wèixiáng* 未详 V.P. be unknown; not be expressly stated
wèixiàng 为项 A.T. reason; cause
wéixiànglùn 唯象论 N. phenomenology
wěixiàn liáofǎ 萎陷疗法[--療-] N. <med.> collapse therapy M: [1]zhǒng
wēixiǎnpǐn 危险品 N. dangerous articles/goods M: [1]zhǒng
wēixiǎnqī 危险期 N. critical period
wēixiǎnqū 危险区[-區] P.W. danger area/zone (in flight space)
wēixiǎn rénwù 危险人物 N. dangerous person M: [1]gè/[1]míng
wēixiánshuǐ 微咸水[-鹹-] N. brackish water
wēixiǎnwù 危险物 N. dangerous goods M: [1]zhǒng
wēixiǎnxìng 危险性 N. danger
wéixiàn xíngwéi 违宪行为[違憲-] N. unconstitutional act M: [1]zhǒng
wēixiǎn xìnhào 危险信号[-號] N. danger signal M: [1]zhǒng
wēixiǎo 微小 ATTR. small; little
wēixiào* 微笑 V. smile
wèi-xiào 卫校[衛-] N. nursing school
wēixiào fúwù 微笑服务[-務] N. service with a smile
wēixiǎohuà 微小画[-畫] N. miniature M: [1]zhāng
wēixiào qǐlai 微笑起来 R.V. begin to smile
wèi xiāoshì chéngběn 未消逝成本 N. <acct.> unexpired costs M: [1]zhǒng
wèixiǎoshīdà 为小失大 F.E. lose a dollar in trying to save a penny
wèixǐbùqián 畏葸不前 F.E. be afraid to advance
wēixié* 威胁[-脅] V. menace; imperil; threaten; intimidate
[1]**wěixiè** 猥亵[-褻] S.V. obscene; lewd ♦V. behave lewdly
[2]**wěixiè** 萎谢 V. wither; fade
[3]**wěixiè** 猥屑 V.P. <wr.> base; mean; contemptible; despicable
[4]**wěixiè** 诿卸 V. shirk (responsibility)
wèi-xié 卫协[衛協] AB. *wèishēng gōngzuòzhě xiéhuì*
wēixié kǒnghè 威胁恐吓[-脅-嚇] V.P. threaten and intimidate
wēixiélìyòu 威胁利诱[-脅--] F.E. use carrot and stick; use intimidation and bribery
wēixiéxìng 威胁性[-脅-] N. menace
wēixiéxìng chuánqiú 威胁性传球[-脅-傳-] N. <sport> threatening pass
wěixiè xíngwéi 猥亵行为[-褻--] N. obscene/salacious behavior
wēixiézhě 威胁者[-脅-] N. menace M: [1]míng/[1]gè
wēixìn* 威信 N. prestige; popular trust; one's dignity/credit
[1]**wéixīn** 唯/惟心 ATTR. idealistic
[2]**wéixīn** 维新 N./V.P. reform; modernization
[3]**wéixīn** 违心[違-] V.O. do sth. against one's will/convictions
wéixìnbèiyuē 违信背约[違-] F.E. breach of contract and faith
[1]**wēixíng** 微型 ATTR./N. miniature; mini-
[2]**wēixíng** 微行 V. travel incognito *See also* *wēiháng*
[3]**wēixíng** 危行 N. irreproachable conduct that exposes itself to danger
wèixìng 为幸 F.E. It would be fortunate indeed (conventional letter closure)
wěixíng 尾形 N. shape of a tail

wèixīng* 卫星[衛-] N. ①satellite ②new record in production M: ¹kē
wèixīngchéng 卫星城[衛-] N. <loan> satellite town
wèixīng chǔlǐqì 卫星处理器[衛-處--] N. <comp.> satellite processor M: ¹tái
wèixīng diànnǎo 卫星电脑[衛-電腦] N. satellite computer M: ¹tái
wèixīng diànnǎo wǎnglù 卫星电脑网路[衛-電腦網-] N. satellite computer network
wèixīng diàntái 卫星电台[衛-電臺] N. satellite station M: ¹zhǒng
wèixīng dūshì 卫星都市[衛-] N. satellite towns
wèixīngguó 卫星国[衛-國] N. <loan> satellite state
wèixīng guójiā 卫星国家[衛-國-] N. satellite nations
wēixínghuà 微型化 N. microminiaturization
wēixíng jìsuànjī 微型计算机 N. <comp.> microcomputer M: ¹tái
wēixíng qìchē 微型汽车 N. minicar M: ³liàng
wèixīngtián 卫星田[衛-] N. <PRC> satellite fields with record-breaking yields M: ¹piàn/²kuài
wèixīng tiānxiàn 卫星天线[衛-] N. satellite antenna M: ¹tiáo
wèixīng tōngxùn 卫星通讯[衛-] N. satellite communication M: ¹zhǒng
wēixíng xiǎoshuō 微型小说 N. short-short story
wéi xīnlǐ zhìliáo zhě 唯心理治疗者[----療-] N. mind-healer M: ¹míng/¹gè
¹**wéixīnlùn** 唯心论 N. <phil.> ① idealism ② spiritualism
²**wéixīnlùn** 违心论[違-] N. argument different from one's real belief
wéixīnpài 维新派 N. reformers M: ¹míng/¹gè/²wèi
wēixìnsǎodì 威信扫地[--掃-] F.E. completely discredited/deflated
wéixīn shǐguān 唯心史观[-觀] N. <phil.> historical idealism
wéixīn zhèngzhì 维新政治 N. reform politics; political reformation
wéixīnzhīlùn 违心之论[違-] N. insincere talk
wéixīnzhǔyì 唯心主义[-義] N. <phil.> idealism
wèixīshōu chéngběn 未吸收成本 N. <acct.> unabsorbed costs M: ²bǐ
wēixìtǒng 微系统 N. microsystem M: ¹zhǒng
wèixǐtuìsuō 畏葸退缩 F.E. recoil from fear
wéixiū 维修 V. keep in (good) repair; maintain
wéixiū dàolù 维修道路 V.O. maintain the roads
wéixiūfèi 维修费 N. maintenance cost; upkeep M: ²bǐ
wéixiūgōng 维修工 N. maintenance worker M: ¹míng/¹gè/²wèi
wéixiū shǒucè 维修手册[-冊] N. service manual M: ¹běn
wéixué 为学 V.P. engage in study
wèixué'érxué 为学而学 F.E. learn for the sake of learning
wēixuèguǎn 微血管 N. blood capillary M: ¹tiáo
wēixūn 微醺 V.P. slightly drunk
wēiyá* 危崖 N. precipitous cliff
wěiyá 尾牙 N. a year-end dinner given by a shop owner to entertain his employees and signal firings
wēiyájuébì 危崖绝壁[--絕-] F.E. precipitous cliff and steep wall
¹**wēiyán*** 威严[-嚴] S.V./N. ① dignified; stately; majestic ② prestige; dignity
²**wēiyán** 微言 N. <wr.> ①simple words ②secret words ③ profound and subtle words
³**wēiyán** 危言 <wr.> N. ① cautionary words ② deliberate alarm ♦V. exaggerate; overstate
wēiyàn 微验 V. spy on sb.
¹**wéiyán** 违言[違-] N. <wr.> ① contentious words ② nonsense ③ be on bad terms as a result of a dispute
²**wéiyán** 围岩[圍-] N. surrounding rock/cliff
wéiyàn 围堰[圍-] N. cofferdam; coffer
¹**wěiyán** 诿言 N. prevarication
²**wěiyán** 伪言 N. lie M: ¹zhǒng
wèiyán 胃炎 N. gastritis M: ¹zhǒng
wèiyàn 慰唁 V. console
wēiyándàyì 微言大义[-義] F.E. simple words with deep meaning
wēiyàng 微恙 N. <wr.> slight illness; indisposition
wèiyāng 未央 V.P. <wr.> ① not ended; not yet over ② close to the end
wèiyǎng* 喂养[-養] V. feed; raise; keep
wēiyánsǒngtīng 危言耸听[-聳聽] F.E. sensationalize
wēiyánwēixíng 危言危行 F.E. honest/cautious talk and action
wéiyāo(r/zi)* 围腰(儿/子)[圍-] N. ① girdle ② loincloth ③ <topo.> apron M: ²kuài/¹tiáo/¹piàn
wéiyào 为要 F.E. It's very important that you do what I have told you. (conventional letter closure)
wěiyào 伪药[-藥] N. nostrum; quack remedy M: ¹zhǒng
wéiyè 为业[-業] V.O. as a means of livelihood
wěiyè* 伟业[偉業] N. <wr.> great enterprise/exploit
wèiyè 胃液 N. gastric juice
Wéiyěnà 维也那 P.W. Vienna
wèiyèsù 胃液素 N. <bio.> pepsin
wēiyī 偎依 V. snuggle up to; lean close to
¹**wēiyí** 威仪[-儀] N. impressive and dignified manner
²**wēiyí** 逶迤 V.P. ① winding; meandering; hazardous ② long; distant
³**wēiyí** 微仪[-儀] N. a little money as a token of congratulations
⁴**wēiyí** 委蛇 V.P. ① winding; meandering ② pretending interest and sympathy ③ in a carefree manner ***See also** wěiyí*
wēiyǐ 偎倚 V. snuggle up to; lean close to
wēiyì 微意 N. token of sincerity/gratitude/etc.
¹**wéiyī*** 惟/唯一 ATTR. ① only; sole ② unparalleled; unequalled
²**wéiyī** 韦衣[韋-] N. ①hunting clothes ②simple clothes
¹**wéiyí** 为宜 V.P. be suitable/proper
²**wéiyí** 嵬嶷 V.P. lofty and precipitous (of mountains)
wěiyí 委蛇 V.P. winding; meandering ***See also** ⁴wēiyí*
wěiyì 委以 V. <wr.> entrust with
wěiyì 尾翼 N. tailpiece; empennage (of an airplane)
wèiyí 位移 N. displacement
wèiyìcái 未易才 N. a rare talent
wéiyījiě 唯一解 N. <math.> unique solution
wéiyīlùn 唯一论 N. unitarianism
wěiyīn* 尾音 N. <lg.> final sound; ending
wèiyīn 为因 CONJ. because; for the reason that; due to
wěiyīn gēqì 尾音割弃[-棄] N. <lg.> apocope
wēiyīnqì 微音器 N. microphone M: ¹zhǒng
wèi yìshù de yìshù 为艺术的艺术[-藝術-藝術] N. art for art's sake
wèi yìshù ér yìshù 为艺术而艺术[-藝術-藝術] F.E. art for art's sake
wéiyīwú'èr 惟/唯一无二 F.E. ① only; sole ② unparalleled; unequalled
wéiyīxìng 唯一性 N. uniqueness
wéiyìzhìlùn 唯意志论 N. <phil.> volitionism; voluntarism
wěiyǐ zhòngrèn 委以重任 V.O. entrust someone with an important task
wéiyī zōngzhǐ 唯一宗旨 N. sole aim
wěiyòng* 委用 V. nominate; appoint
wèiyōng 胃痈[-癰] N. <med.> gastric ulcer
wéiyòngzhǔyì 唯用主义[-義] N. pragmatism
wéiyǒu* 惟/唯有 CONJ. only; alone ~ *rúcǐ, shíyàn cái néng chénggōng.* Only in this way can the experiment succeed.
wěiyòu 尾蚴 N. <zoo.> cercaria
¹**wèiyǒu** 未有 V. have never had; have never been; can never be
²**wèiyǒu** 畏友 N. esteemed friend M: ¹míng/¹gè
wéiyǒu dúshū gāo 唯有读书高[--讀書-] F.E. Intellectuals are the most superior.
wèiyǒuyánshī 畏友严师[-嚴師] F.E. a friend of high moral character and a teacher of stern integrity
¹**wēiyǔ** 微雨 N. light rain; drizzle M: ²chǎng
²**wēiyǔ** 危语 N. sensational statements M: ¹zhǒng
wěiyú 鲔鱼 N. tuna
¹**wèiyú*** 位于[-於] V.P. be located/situated at/in
²**wèiyú** 鳚鱼[鰨-] N. <zoo.> blenny
wèiyǔ 谓语 N. <lg.> predicate
wēiyuán 微元 ATTR. infinitesimal
¹**wéiyuàn** 违怨[違-] V. feel resentment
²**wéiyuàn** 圩垸 N. lakeside dikes
wěiyuán* 委员 N. committee member M: ¹míng/¹gè
wèiyuán 位元 N. <comp.> bit
wěiyuánhuì 委员会 P.W. committee
wèiyuānjiéchóu 为冤结仇 F.E. become enemies because of a grievance
wèiyuānqūyú 为渊驱鱼[-淵驅-] ID. alienate people
wěiyuánzhǎng 委员长 N. committee head
wěiyuánzhì 委员制 N. collegiality
wèiyuánzǔ 位元组 N. <comp.> byte
wèiyùchōngjī 煨芋充饥 F.E. roast taro to satisfy one's hunger
wèiyǔchóumóu 未雨绸缪 F.E. take precautions
wèiyǔ cóngjù 谓语从句[--從-] N. <lg.> predicative clause
wèiyǔ dòngcí 谓语动词[--動-] N. <lg.> inflective verb
wéiyuē 违约[違-] V.O. ①violate a treaty ②break a contract/promise/engagement
wéiyuē chéngběn 违约成本[違-] N. penalty cost
wéiyuējīn 违约金[違-] N. forfeit; penalty (imposed for a breach of contract/agreement) M: ²bǐ
wéiyuē xíngwéi 违约行为[違-] N. breach of contract
wéiyuē zérèn 违约责任[違-] N. liability for breach of contract
wēiyǔfǎ 微语法 N. <lg.> microgrammar M: ¹zhǒng
wèiyǔ fùjiāyǔ 谓语附加语 N. <lg.> predicative adjunct
wèiyǔhuà 谓语化 N. <lg.> predication
wēiyǔjù 微语句 N. <lg.> microstatement M: ¹zhǒng
wèiyǔjù* 谓语句 N. <lg.> predication
wēiyún 微云[-雲] N. thin cloud M: ²duǒ
wěiyùn* 尾韵[-韻] N. <lg.> a rhyme
wèiyǔ xíngróngcí 谓语形容词 N. <lg.> predicative adjective
wèiyǔxìng xíngróngcí 谓语性形容词 N. <lg.> predicative adjective
wēiyǔyán* 微语言 N. <lg.> microlanguage M: ¹zhǒng
wěiyǔyán 伪语言 N. <lg.> pseudolanguage
wěizá 猥杂[-雜] V.P. miscellaneous
wèizàichǎng wùzhǔ 未在场物主[--場--] N. absentee owner
wēizàidànxī 危在旦夕 F.E. in deadly peril; dying
wèizàng 胃脏[-臟] N. stomach
wěizào 伪造 V. forge; counterfeit
wěizào bèishū 伪造背书[-書] V.O. forge an endorsement
wěizào dānjù 伪造单据[-據] V.O. forge a document
wěizào huòbì 伪造货币[-幣] V.O. forge money
wěizàopǐn 伪造品 N. fake merchandise; counterfeit; forgery M: ¹zhǒng
wěizào qiānmíng 伪造签名 V.O. forge a signature ♦N. forged signature M: ¹zhǒng
wěizào wénshū 伪造文书[-書] V.O. forge/counterfeit documents
wěizào zhàngmù 伪造帐/账目 V.O. falsify accounts
wěizàozhě 伪造者 N. forger M: ¹míng/¹gè

W

wěizàozuì 伪造罪 N. forgery M: [1]zhǒng

wéizhāng* 违章[違-] V.O. break regulations

wéizhàng 帷帐 N. curtain M: [1]piàn

wěizhàng 苇杖[葦-] N. reed whip M: [1]tiáo

wèizhàng 卫仗[衛-] N. insignia of authority on parade

wěizhàngfū 伟丈夫[偉-] N. a hunk; a tough guy M: [1]míng/[1]gè

wéizhāng jiànzhù 违章建筑[違-築] N. non-conforming building

wèi zhǎngzhě zhézhī 为长者折枝 F.E. sth. very easy to do

wèizhànxiànshí 未占线时[-時] N. unoccupied time

wéizhě 违者[違-] N. a person who is against the rules/regulations

wèizhe* 为着[-著] COV. for; in order to

wèizhě 谓者 N. the person speaking

wēizhèn 微震 N. ① slight shock ② <phy.> microseism

wēizhènbāfāng 威震八方 F.E. awe the world

wēizhèndídǎn 威震敌胆[-敵膽] F.E. have powerful combat strength that terrifies the enemy

[1]**wéizhèng** 为证[-證] V.O. serve as proof/evidence

[2]**wéizhèng** 为政 V.P. govern

[1]**wěizhèng*** 伪证[-證] N. perjury

[2]**wěizhèng** 痿症 N. <Ch. med.> flaccid paralysis; motor impairment M: [1]zhǒng

[3]**wěizhèng** 委政 V.O. deputize a minister to run the government

Wèi Zhēng 魏征[-徵] (581–643) N. <hist.> model official revered for wisdom and integrity

wéizhèng bù zài duōyán 为政不在多言 V.P. Mere talk does not lead to efficient administration.

wěizhèngfǔ 伪政府 N. bogus/puppet government

wěizhèngquán 伪政权[-權] N. puppet government

wěizhèngrén 伪证人[-證-] N. perjured witness M: [1]míng/[1]gè

wèizhèngrènyuán 未证认源[-證認-] N. unidentified source

wěizhèngwén 伪正文 N. pseudotext

wéizhèngyǐdé 为政以德 F.E. exercise government by means of one's virtue

wéizhèngzhīdào 为政之道 N. the proper governance of a state

wěizhèngzuì 伪证罪[-證-] N. perjury

wēizhènhuáxià 威震华夏[--華-] F.E. become famous and fear-inspiring throughout China

wēizhènjiǔzhōu 威震九州 F.E. awe the whole land

wēizhènquánguó 威震全国[-國] F.E. win resounding fame throughout the country

wēizhènsìfāng 威震四方 F.E. awe the world

wēizhènsìhǎi 威震四海 F.E. inspire awe throughout the country/world

wēizhèntiānxià 威震天下 F.E. inspire awe throughout the country/world

wéizhěrúdǔ 围者如堵[圍-] F.E. The spectators stood around like a wall.

wēizhǐ 微旨 N. deep/abstruse meaning/idea

wéizhí 维絷[-縶] V. ① tie and tether ② detain; hold back

wéizhǐ* 为止 V.P. ①up to; till *Jīntiān de gōngzuò jiù dàocǐ~.* Let's call it a day. ② no further

wěizhì 委质/挚/贽[-質/摯/贄] V.O. <trad.> offer a present at the first meeting

wèizhi 位置 N. seat; place; position; location

[1]**wèizhī** 为之 V.P. for it ♦CONS. ~ V de N the N for which sb. is V-ing *Wǒmen ~ nǔlì de shìyè yīdìng huì chénggōng.* The enterprise for which we are striving hard will certainly succeed. ♦A.T. by/for/in/of it (used in four-syllable expression) *See wèizhīdàjīng See wèizhīyīzhèn*

[2]**wèizhī** 未知 V.P. unknown

[3]**wèizhī** 胃汁 N. gastric juice

wèizhǐ 位址 N. <comp.> address

wèizhīdàjīng 为之大惊[-驚] F.E. be amazed

wèizhīdānxīn 为之担心[--擔-] F.E. make oneself uneasy about. . .

wèizhì de zhuǎnhuàn 位置的转换[-轉換] N. <lg.> metathesis

wèizhīdòngróng 为之动容[--動-] F.E. become interested and show it in one's facial expression

wèizhǐ huìliúpái 位址汇流排[--匯--] N. <comp.> address bus

wèizhījīnliáng 为之津梁 F.E. serve as a bridge

wèizhīkěfǒu 未知可否 F.E. uncertain of (sth.'s) feasibility

wèizhǐlán 位址栏[-欄] N. <comp.> address field

wèizhīliàng 未知量 N. <math.> unknown quantity

wēizhǐlìng 微指令 N. microinstruction

wěizhǐlìng* 伪指令 N. pseudoinstruction M: [1]zé

wèizhī lǐngyù 未知领域 N. terra incognita M: [1]zhǒng

wéizhìlùn 唯智论 N. intellectualism

wèizhī lùsǐshuíshǒu 未知鹿死谁手 F.E. unable to predict the winner

wèizhīnǎnrán 为之赧然 F.E. blush with shame

wèi zhīpèi xiànjīn 未支配现金 N. unapplied cash M: [2]bǐ

wèizhīqīngdǎo 为之倾倒 F.E. show extreme admiration (for. . .)

wèizhīshù(r) 未知数(儿)[--數-] N. ① <math.> unknown number ② unknown; uncertain

wèizhīxīnsuì 为之心碎 F.E. break one's heart

wèizhī xìnxī 未知信息 N. <lg.> unknown information

wèizhǐ xiūgǎi 位址修改 N. address change

wèizhīyīxīn 为之一新 F.E. take on a new look

wèizhīyīzhèn 为之一振 F.E. be buoyed up by it

wèizhīyǒuyān 未之有焉 F.E. I didn't know this.

wèizhǐ zàncúnqì 位址暂存器 N. <comp.> address register

wèizhīzāngpǐ 未知臧否 F.E. do not know whether it's good or bad

wèizhì zhǔcí 位置主词 N. <lg.> positional subject

wéizhīzhǔyì 唯知主义[-義] N. mentalism

wēizhōng 微衷 N. my innermost sentiments

[1]**wēizhòng** 危重 V.P. critical; grave

[2]**wēizhòng** 威重 V.P. dignified and awe-inspiring

wèizhòng* 为重 V.P. attach the most importance to

wèizhōng 未中 V. fail to hit/score (the goal/target/basket/etc.)

wéizhōu 维舟 V.O. moor a boat

wéizhǔ* 为主 V.P. give first place to

wéizhù 围住[圍-] R.V. surround

wěizhǔ 委瞩[-矚] V. enjoin; request

wěizhuàn 伪撰 V. forge ancient literary works

wěizhuāng 伪装[-裝] N./V. ① pretend; feign ② disguise; mask ③ <mil.> camouflage

wěizhuāng lièqiántǐng 伪装猎潜艇[-裝獵潛-] N. Q-boat M: tiáo

wěizhuāngwǎng 伪装网[-裝網] N. camouflage/garnished net

wěizhuāng zuò 伪装做[-裝-] V.P. pretend to be

[1]**wěizhuī** 尾椎 N. coccyx

[2]**wěizhuī** 尾追 V. closely pursue; chase after

wéizhuīdǔjié 围追堵截[圍-] F.E. encirclement, pursuit, obstruction, and interception

wěizhūmìngyùn 委诸命运[-運] F.E. abandon to fate

wéizhuō 围桌[圍-] N. overhanging tablecloth M: zhāng

wéizhuō'érzuò 围桌而坐[圍-] V.P. sit round the table

wèizhuórè 胃灼热[-熱] N. heartburn

wēizǐ 微子 N. adopted son

[1]**wéizi** 围子[圍-] N. ① village stockade/wall ② curtain ③ protective embankments surrounding low-lying fields M: [1]tiáo

[2]**wéizi** 帷子 N. curtain M: [1]tiáo

[3]**wéizi** 圩子 N. ① dikes surrounding polders ② village stockade/wall ③ curtain

[1]**wěizi** 苇子[葦-] N. reed

[2]**wěizi** 尾子 N. <topo.> ① odd sum/amount ② decimal point ③ end of a story

wèizi* 位子 N. seat; place M: [1]zhāng

wéizǐzhīgù 维子之故 F.E. It's on account of you.; for your sake

wěizú 伪足 N. pseudopodium

wèizǔ* 位组 N. <comp.> byte

wēizuì 微醉 V.P. slightly drunk

wéizuǐ(r) 围嘴(儿)[圍-] N. bib

wěizuì 委罪 V.O. shift the blame

wèizuì* 畏罪 V.O. fear punishment for one's crime

wēizuìbùjǔ 微罪不举[-舉] F.E. forgive minor offenses

wèizuìqiántáo 畏罪潜逃[--潛-] F.E. flee to escape punishment

wěizuìyúrén 委罪于人[--於-] F.E. put the blame on sb. else

wèizuǐzi 卫嘴子[衛-] N. <slang> a person from Tianjin

wèizuì zìshā 畏罪自杀[-殺] V.P. commit suicide to escape punishment

wēizūnmìngjiàn 威尊命贱[-賤] F.E. military orders are more important than one's life

wēizuò 危坐 V. <wr.> sit upright/properly/rigidly

[1]**wéizuò*** 围坐[圍-] V. sit around sb./sth.

[2]**wéizuò** 桅座 N. the base of a mast M: [2]zhī

wěizǔzhī 伪组织[-織] N. quisling government

[1]**wēn** 温[溫] S.V. warm ♦V. warm up (as food) ♦B.F. ① temperature ***wēndù*** ② mild (of temperature/temperament) ***wēnhé*** ③ review ***wēnxí*** ♦N. Surname

[2]**wēn** 瘟 B.F. epidemic; plague ***wēnyì*** ♦V. ① (of animals) catch an acute communicable disease ② (of traditional opera) be dull and insipid

[3]**wēn** 蕰[薀] in ***wēncǎo, wēnzǎo***

[4]**wēn** 塭 in [2]***yúwēn***

[5]**wēn** 辒[轀/輼] in [2]***wēnliáng***

[6]**wēn** 榅[榲] in ***wēnpo***

[7]**wēn** 鳁[鰮/鰛] in ***wēnjīng***

[1]**wén** 文 B.F. ① writing; script ***wénzì*** ② language ***yǔwén*** ③ literary/artistic/cultural pursuits [1]***wényì*** ④ literary language ***wényán*** ⑤ formal ritual ***xūwén*** ⑥ certain natural phenomena ***tiānwén*** ⑦ civil; civilian ***wénguān*** ⑧ cultured; cultural; literary [1]***wénhuà*** ⑨ gentle; refined ***wényǎ*** ♦S.V. literary, bookish (of language) ♦N. ① <lg.> inscription ② Surname ♦M. <trad.> *for copper coins* ♦V. ①cover up; conceal ② <trad.> tattoo ***See also*** [3]*wén*

[2]**wén** 闻[聞] V. ①hear ②smell ***Zhè huā ~ qǐlai zhēn xiāng.*** The flowers have a fragrant smell. ♦B.F. ① news; story [1]***xīnwén*** ② well-known; famous [2]***wénrén*** ♦N. Surname

[3]**wén** 纹/文[紋/-] N. ① vein; grain ② lines/patterns (in cloth/etc.) ***See also*** [1]*wén*

[4]**wén** 蚊 B.F. mosquito ***wénzi***

[5]**wén** 雯 A.T. clouds that form decorative patterns

[1]**wěn** 稳[穩] S.V. ① firm; stable; steady ② staid; sedate ③ sure; certain

[2]**wěn** 吻 V. kiss ♦N. animal's mouth; muzzle ♦B.F. lips ***jiēwěn***

[3]**wěn** 刎 B.F. cut one's throat ***zìwěn***

[4]**wěn** 抆 B.F. wipe ***wěnshì, wěnlèi***

[5]**wěn** 紊 B.F. disorder ***wěnluàn***

[1]**wèn*** 问[問] V. ① ask ***Yǒu wèntí jiù ~.*** If you have a question, just ask. ② inquire after ③ examine; question; interrogate ④ hold responsible ⑤ ask (sb.) for (sth.)

[2]**wèn** 璺 N. crack (on glassware/earthenware)

[3]**wèn** 揾[搵] B.F. ①press with the finger ②wipe ***wènlèi*** ♦in ***wènqián***

wén'àn 文案 N. ① business communication requiring action ② secretary; clerk

wèn'ān 问安 V.O. pay one's respects (usu. to elders); wish sb. good health

wèn'àn* 问案 V.O. try/hear a case

wèn'ānshìshàn 问安视善 F.E. take good care of one's parents

wénbà 文霸 N. tyrant in the literary field

wénbáiyìdú 文白异读[-異讀] F.E. <lg.> colloquial and literary readings

wēnbǎo* 温饱 ATTR./N. be warmly dressed and well-fed

wénbào 闻报[-報] V.O. learn of; hear it reported

wénbàodàjīng 闻报大惊[-報-驚] F.E. be astounded at the news

wēnbǎo shēnghuó 温饱生活 N. life with enough food and clothing

wēnbǎoxíng 温饱型 N. state of having adequate food and clothing for the entire population

wénběn 文本 N. text; version M: [1]zhǒng

wénběn biānjí 文本编辑 N. text editing

wénběn cǎo'àn 文本草案 N. draft text

wénběn tōngxíng 文本通行 N. <comp.> text communication

wénbǐ 文笔[-筆] N. ① style of writing ② pen ③ literary talent

wěnbiàn 稳便[穩-] S.V. ① safe ② reliable and convenient ♦F.E. do as you wish

wēnbiāo 温标[-標] N. thermometric scale

wěnbié 吻别 V. kiss sb. goodbye

wénbǐjiǎnjié 文笔简洁[-筆-潔] F.E. concise/laconic style

wénbǐliúchàng 文笔流畅[-筆-暢] F.E. wield a facile pen

[1]**wēnbìng*** 瘟病 N. seasonal febrile diseases M: [1]zhǒng

[2]**wēnbìng** 温病 N. <Ch. med.> ① heat-factor disorders ② infectious diseases

wénbǐng 文柄 N. duties of a chief secretary in handling correspondence

wènbìng 问病 V.O. <Ch. med.> ask a patient for symptoms; diagnose

wén bíyān(r) 闻鼻烟(儿)[--煙-] V.O. inhale snuff

wénbó 文博 AB. wénwù bówùguǎn

wēnbǔ 温补[-補] V. <Ch. med.> warm supplementation

wěnbù* 稳步[穩-] ADV. with steady steps; steadily

wènbǔ 问卜 V.O. divine (by the Eight Trigrams)

wěnbùbùqián 稳步不前[穩-] F.E. mark time and make no advance

wénbuchū 闻不出 R.V. ① can't smell ② can't identify a smell

wénbude 闻不得 R.V. can't stand the smell

wénbùduìtí 文不对题[--對-] F.E. be irrelevant to the subject

wénbùjiādiǎn 文不加点[-點] F.E. quick and effortless writing

wénbujiàn 闻不见 R.V. can't smell sth.

wěnbù qiánjìn 稳步前进[穩-進] V.P. advance steadily; make steady progress

wénbùyǎxùn 文不雅驯 F.E. The writing is not polished.

wěnbuzhù jià 稳不住架[穩-] V.P. <topo.> unable to compose oneself

wéncái* 文才 N. literary talent M: [2]wèi/[1]míng/[1]gè

wéncǎi 文采 N. ① beauty; elegance (of style of writing) ② rich and bright colors

wéncǎifěirán 文采斐然 F.E. elegant and polished (of compositions)

wéncǎifēngliú 文采风流 F.E. elegant in manner, attitude, and speech

wéncǎixuànlì 文采绚丽[-麗] F.E. One's writing sparkles.

wēncǎo 蕰草 N. <bot.> aquatic weeds; water grass

wěncāoshèngquàn 稳操胜券[穩-勝-] F.E. have full assurance of success

wěncāozuǒquàn 稳操左券[穩-] F.E. have full assurance of success

wēnchā 温差 N. temperature difference; range of temperature

wēnchādiàn 温差电[-電] N. <phy.> thermoelectricity

wěnchǎn 稳产[穩產] N. <agr.> dependable crop

Wénchāng* 文昌 N. <Dao.> God of Literature

wénchǎng 文场[-場] N. <trad.> ① examination hall ② <opera> music accompanying non-fighting scenes ③ literary arena

wěnchǎn gāochǎn 稳产高产[穩產-產] N. high and stable yields

wěnchǎn gāochǎn tián 稳产高产田[穩產-產-] N. land/field with high, steady yields M: [1]piàn/[2]kuài

wènchángdàoduǎn 问长道短 F.E. ask about this and that

wènchángwènduǎn 问长问短 V.P. take the trouble to make detailed inquiries

wénchāngyú 文昌鱼 N. <zoo.> lancelet

wénchāogōng 文抄公 N. plagiarist

wěnchár 稳碴儿[穩-] N. <topo.> unflappable person

wěnchē 稳车[穩-] N. <mach.> winch

wénchén 文臣 N. <trad.> civilian minister/subject M: [2]wèi/[1]míng/[1]gè

wénchóng 蚊虫[-蟲] N. mosquito M: [1]tiáo

wénchǒu 文丑 N. clown who does not perform acrobatics/fighting

wénchū 闻出 R.V. identify by smelling

wénchú 蚊厨[-廚] N. mosquito net

wènchū* 问出 R.V. find the answer by asking

wēnchuáng 温床 N. ① <agr./loan> hotbed ② breeding ground M: [1]zhāng

wénchuánrǎn 蚊传染[-傳-] ATTR. mosquito-borne

wēnchún 温纯 S.V. gentle and soft

wēncí(r) 温词/辞(儿)[-辭-] V.O. rehearse/memorize words of a song/drama/etc. ♦N. mild/gentle words

wéncí* 文辞/词[-辭] N. diction; language

wéncóngzìshùn 文从字顺[-從--] F.E. smooth and readable

wēncún 温存 S.V. ① attentive; compassionate ② gentle; kind

wēncúnhuàr 温存话儿 N. loving words M: [1]zhǒng

wéndá 闻达[-達] V.P. <wr.> illustrious and influential; eminent

wènda 问搭 V. <coll.> question closely

wèn-dá* 问答 N./V. questions and answers; interrogation

wèn-dáfǎ 问答法 N. question-and-answer method/approach

wēndài 温带[-帶] N. temperate zone

wēndài qìhòu 温带气候[-帶氣-] N. temperate climate M: [1]zhǒng

wèn-dájù 问答句 N. question-answer sentence

wèn-dā liànxífǎ 问答练习法[--練習-] N. <lg.> interrogation drill

wéndàn 文旦 N. <topo.> pomelo

wěndang 稳当[穩當] S.V. ① reliable; secure; safe ② stable; steady

wéndànshù 文旦树[-樹] N. <bot.> shaddock M: [1]kē

[1]**wéndào** 闻到 R.V. perceive by smelling; smell

[2]**wéndào** 闻道 R.V. <wr.> be enlightened

wèndǎo 问倒 R.V. stump

[1]**wèndào*** 问道 V.O. ask the way

[2]**wèndào** 问到 R.V. ① ask and find out ② ask about

wèndàoyúmáng 问道于盲[--於-] F.E. ask the way from a blind person (fig.)

wèn-dátí 问答题 N. questions and answers exercise M: [2]dào

[1]**wéndé*** 闻得 R.V. hear of sth.

[2]**wéndé** 文德 N. the refining influence of learning and art

wèn de 问的 ATTR. <lg.> interrogative

wéndejiàn 闻得见 R.V. can smell sth.

Wéndì 文帝 N. <Dao.> God of Literature

wéndiǎn 文典 N. a model of style M: [1]běn

wéndiàn* 文电[-電] N. documents and telegrams (concerning a certain incident/event)

wéndiàn jiànbié 文电鉴别[-電鑒-] N. message authentication

wéndié 文牒 N. official documents and correspondence

wéndìng 文定 A.T. become betrothed

wěndìng* 稳定[穩-] V. stabilize ♦S.V. stable; steady

wèndǐng 问鼎 V.O. ①covet the throne ②<sport> compete for a championship; seek first place

wěndìngdù 稳定度[穩-] N. stability

wěndìngjì 稳定剂[穩-劑] N. stabilizer

wěndìng jiàgé 稳定价格[穩-價-] V.O. stabilize prices

wěndìng jījīn 稳定基金[穩-] N. stabilization fund

wěndìng pínghéng 稳定平衡[穩-] N. <phy.> stable equilibrium

wěndìng qíngxù 稳定情绪[穩-] V.O. reassure sb.

wěndìng rénkǒu 稳定人口[穩-] V.O. stable population

wěndìng rénxīn 稳定人心[穩-] V.O. reassure the people

wěndìng tōnghuò 稳定通货[穩-] V.O. stabilize a currency

wěndìng xiàlai 稳定下来[穩-] R.V. stabilize

wěndìngxìng 稳定性[穩-] N. stability; stabilization

wèndǐngzhōngyuán 问鼎中原 F.E. covet the throne

wěndìngzhù 稳定住[穩-] R.V. stabilize

wèndōngwènxī 问东问西 V.P. ask all sorts of questions

wéndōngwǔxī 文东武西 F.E. military officials and civil officials separately lined up at court

wéndòu 文斗[-鬥] V. <PRC> fight with words

wēndú 瘟毒 N. virus

wēndù* 温度 N. temperature

wéndú 文牍[-牘] N. ① official documents/correspondence ② secretary

wěndù 稳度[穩-] N. <phys.> stability

wènduǎn 问短 V.O. stump sb.

wēndùbiǎo 温度表 N. thermometer M: [2]zhī

wēndùjì 温度计 N. thermograph; thermometer

wénduōjiānshàn 文多兼善 F.E. skilled in many kinds of writing

wēndúzhèng 温毒症 N. <Ch. med.> pathocondition of warmth poisoning

wéndúzhǔyì 文牍主义[-牘-義] N. red tape

wēnfǎ 温法 N. <Ch. med.> (therapeutic) pattern causing a warming

wénfǎ* 文法 N. ① grammar; syntax ② rules of composition and rhetoric M: [1]zhǒng

wénfǎ gòuzào 文法构造[--構-] N. <lg.> grammatical structure

wénfǎ jiǎncháqì 文法检查器 N. <lg.> grammar checker

wénfǎ liànxí 文法练习[-練習] N. <lg.> grammatical drill

wénfàn 文贩 N. <derog.> hack writer

wénfáng 文房 P.W. study; library

wénfángsìbǎo 文房四宝[-寶] F.E. ① writer's four essentials (brush, ink stick, ink slab, paper) ② writing materials ③ stationery

wénfǎ tìhuàn 文法替换[-換] N. <lg.> enallage

wénfǎ tuīlùn 文法推论 N. <lg.> grammatical inference

wénfǎ yàodiǎn 文法要点[-點] N. <lg.> grammatical point

wénfǎ yìyì 文法意义[-義] N. <lg.> grammatical meaning

wénfǎ zhǔnbèifǎ 文法准备法[--準備-] N. <lg.> grammar preparation

wēnfèihuàtán 温肺化痰 F.E. <Ch. med.> warming lung and reducing phlegm

wēnfēng 温风 N. warm breeze

[1]**wénfēng*** 文风 N. style of writing

[2]**wénfēng** 闻风 V.O. get wind of sth.

wénfēngbùdòng 纹/文风不动[-動] F.E. ① tough; durable ② calm; unflappable

wénfēng'érdòng 闻风而动[-動] V.P. go into action without delay

wénfēng'érguī 闻风而归[-歸] V.P. hearing of sb.'s correct attitude, leave one's home and go to see him

wénfēng'érqǐ 闻风而起 V.P. rise up on hearing the news
wénfēng'értáo 闻风而逃 V.P. get wind (of. . .) and flee
wénfēng'érzhì 闻风而至 V.P. come immediately on hearing sth.
wénfēngsàngdǎn 闻风丧胆[-喪膽] F.E. become terror-stricken at the news
wénfēngtáocuàn 闻风逃窜[-竄] F.E. run away upon learning the news
wénfēngxiǎngyìng 闻风响应[-響應] F.E. hear the news and rise up in response
wénfēngyuǎnyáng 闻风远扬[-遠揚] F.E. flee far away in getting wind of sth.
wénfù 蚊负 ID. <wr.> carry a burden too heavy for one's strength
wénfùyìyùn 蚊负蚁运[-蟻運] ID. bear a heavy load with little strength
[1]**wēng*** 翁 B.F. ① old man *lǎowēng* ② father *jiāwēng* ③ father-in-law; in-law *wēnggū*, *wēngxù* ④ person in charge; head of the house *zhǔrénwēng* ♦N. Surname
[2]**wēng** 嗡 ON. drone; buzz; hum
[3]**wēng** 鹟[鶲] B.F. <zoo.> flycatcher *wēngliè*, *wēngyīng*
[1]**wěng** 蓊 B.F. lush; luxuriant [1]*wěngbó*, *yùwěng*
[2]**wěng** 滃 B.F. rising mist or clouds [2]*wěngbó*
[1]**wèng** 瓮 N. urn; earthen jar
[2]**wèng** 蕹 in *wèngcài*
[3]**wèng** 齆 in *wèngbír*
wéngǎi* 文改 AB. *wénzì gǎigé*
wéngài 文丐 N. unprincipled scholar who sells his literary ability
Wén-Gǎi-Huì 文改会 N. Writing Reform Committee
wéngǎo* 文稿 N. manuscript; draft M: [1]*fèn*
wéngào 文告 N. proclamation; statement
wèngbí 瓮鼻 N. stuffy nose
wèngbír 齆鼻儿 V.O. speak nasally owing to a stuffy nose ♦N. person who speaks with a nasal twang
[1]**wěngbó** 蓊渤 V.P. luxuriant; lush (of vegetation)
[2]**wěngbó** 滃渤 N. rising mist
wèngcài 蕹/瓮菜 N. water spinach
wèngchéng 瓮城 N. ① enclosure outside the city gate ② barbican entrance to a city
wèngdòngr 瓮洞儿 N. <topo.> arched gate in a city wall
wéngé 文蛤 N. clam
Wén-Gé* 文革 AB. *Wénhuà Dàgémìng*
Wén-Gé yífēng 文革遗风 N. tone/style remaining from the Cultural Revolution
wēnggū 翁姑 N. woman's parents-in-law M: [2]*wèi*/[1]*míng*/[1]*gè*
wèngguān 瓮棺 N. <archeo.> funeral urn
wèngjì 瓮计 N. counting chickens before they are hatched
wèngkuò 瓮阔 V.P. ① ostentatious ② liberal with money
wēngliè 鹟鴷 N. <zoo.> jacamar
wèngmén 瓮门 N. gate of the enclosure outside a city gate
wēngmíngjìnqì 嗡鸣进气[-進氣] F.E. buzz
wēngōng 温宫[-宮] N. <slang> foreplay
wèngòng* 问供 V.O. interrogate a criminal suspect
wéngōngduì 文工队[-隊] P.W. a troupe of performing artists M: [2]*zhī*
wéngōngtuán 文工团[-團] P.W. song-and-dance ensemble M: [2]*zhī*
wéngōngwǔwèi 文攻武卫[-衛] F.E. <PRC> verbal attack and armed defense
wēngōngzìxū 温恭自虚[-虛] F.E. gentle and modest
wěngróng 蓊茸 S.V. <wr.> luxuriant; lush
wēngshēng 嗡声[-聲] N. buzz; hum
wèngshēngwèngqì 瓮声瓮气[-聲-氣] F.E. in a low muffled voice
wèngtiān 瓮天 A.T. know very little of the world
wèngtóu 瓮头 N. the first draw of new wine
wēngù 温故 V.O. restudy old materials
wěngù* 稳固[穩-] S.V. firm; stable ♦V. stabilize
wènguà 问卦 V.O. consult oracles
wénguān* 文官 N. civil official M: [1]*míng*/[2]*wèi*/[1]*gè*
wènguān 问官 N. <trad.> judicial official M: [2]*wèi*/[1]*míng*/[1]*gè*
wén-guǎn-huì 文管会 N. committee for management of cultural and historical relics
wénguān kǎoshì 文官考试 N. civil-service examination M: [1]*zhǒng*
wénguān-wǔjiàng 文官武将[-將] N. both civil and military officers
wénguān zhèngfǔ 文官政府 N. civilian government
wénguān zhìdù 文官制度 N. system of civil servants
wēngù ér zhīxīn 温故而知新 V.P. review the old and learn the new
wénguò 文过 V.O. cover up one's faults
wénguòjígǎi 闻过即改 F.E. correct one's mistake as soon as it is pointed out
wénguòqíshí 文过其实[-實] F.E. beautiful in words but poor in content (of writing)
wénguòsèxǐ 闻过色喜 F.E. be pleased upon hearing of one's own mistakes (the mark of a true gentleman)
wénguòshìfēi 文过饰非 F.E. cover up one's errors
wénguòzéxǐ 闻过则喜 F.E. be glad to have one's errors pointed out
wěngùxìng 稳固性[穩-] N. stability
wēngùzhīxīn 温故知新 F.E. learn sth. new by reviewing sth. old
wěngwèi 蓊蔚 N. luxuriant growth of vegetation
wēngwēng* 嗡嗡 ON. drone; hum; buzz
wěngwěng 蓊蓊 R.F. lush/luxuriant growth of vegetation
wēngwēng jiào 嗡嗡叫 V.P. hum; buzz (of insects)
wēngwēnglángzhū 嗡嗡狼蛛 N. purring spider
wēngwēngshēng 嗡嗡声[-聲] N. drone; droning
wēngxù 翁婿 N. father-in-law and son-in-law M: [1]*míng*/[1]*gè*
wèngyīn 瓮音 N. deep low voice
wēngyīng 鹟莺[-鶯] N. fly-catching warbler
wèngyǒu 瓮牖 N. ① small round window like the mouth of a jar ② mark of a needy family
wèngyǒushéngchuáng 瓮牖绳床[--繩-] F.E. living in extreme poverty
wèngyǒushéngshū 瓮牖绳枢[-繩樞] F.E. very shabby house/dwelling
wēng-yù* 翁妪[-嫗] N. old man and old woman M: [1]*míng*/[1]*gè*
[1]**wěngyù** 蓊郁[-鬱] V.P. <wr.> lush; luxuriant
[2]**wěngyù** 滃郁[-鬱] V.P. filled with vapor
wēngzhòng 翁仲 N. graveyard statuary
wèngzhōngzhībiē 瓮中之鳖 N. ① sth. bottled up or trapped ② sth. that can be caught easily
wèngzhōngzhuōbiē 瓮中捉鳖 F.E. go after easy prey
wénhàn 文翰 N. <wr.> ① articles ② official documents/correspondence ③ pheasant-like bird
wènhánwènnuǎn 问寒问暖 F.E. be solicitous for sb.'s welfare
wénháo 文豪 N. literary giant M: [2]*wèi*
wénhào 文号[-號] N. document number
wènhǎo(r)* 问好(儿) V.O. send one's regards to; say hello to
wènhào(r) 问号(儿)[-號] N. ① question mark (?) ② unknown factor; unsolved problem *Tā shìfǒu lái, hái děi dǎ ge ~.* It's a question whether he'll come. ③ <lg.> interrogation
wēnhé* 温和 S.V. ① temperate; mild; moderate ② gentle *See also wēnhuo*
[1]**wěnhé** 吻合 S.V. ① be identical with ② be a good fit ③ adjust oneself to; fit in
[2]**wěnhé** 稳和[穩-] S.V. calm; quiet; peaceful (of a person)
wěnhédù 吻合度 N. goodness of fit
wěnhéng 稳恒[穩恆] ATTR. steady; constant
wēnhépài 温和派 N. moderate faction; moderates
wěnhéshù 吻合术[-術] N. <med.> anastomosis
wēnhòu 温厚 S.V. ① gentle and kind; good-natured ② comfortably off
wěnhòu 稳厚[穩-] S.V. staid and honest
wènhòu* 问候 V. send one's respects/regards to
wènhòuyǔ 问候语 N. <lg.> greeting
wēnhu* 温乎 S.V. warm; lukewarm
wēnhú 温壶[-壺] N. <pottery> warming vessel
wénhǔ 文虎 N. lantern riddles/puzzles
wénhuá 文华[-華] N. excellent literary works
[1]**wénhuà*** 文化 N. ① culture; civilization ② <PRC> education; literacy ~ *jiàoyù* basic education
[2]**wénhuà** 文话 N. <lg.> literary/cultural language
wènhuà 问话 V.O. inquire
wénhuà bèijǐng 文化背景 N. <lg.> cultural background
wénhuà bōduó 文化剥夺[-奪] N. <lg.> cultural deprivation
Wénhuàbù 文化部 P.W. ministry of culture
wénhuà bùlì yīnsù 文化不利因素 N. <lg.> cultural disadvantage
wénhuà chóngdā 文化重搭 N. <lg.> cultural overlap
wénhuà chōngjī 文化冲击[-衝擊] N. cultural shock M: *zhǒng*
wénhuà chōngtū 文化冲突[--衝-] N. <lg.> cultural conflict
wénhuàcí 文化词 N. <lg.> cultural term/word
Wénhuà Dàgémìng 文化大革命 N. Great Proletarian Cultural Revolution M: *chǎng*
wénhuà dǎgōngzú 文化打工族 <coll.> N. intellectuals who moonlight
wénhuà dàxué 文化大学 N. culture university
wénhuà de tǒngyī 文化的统一 N. <lg.> cultural unity
wénhuà de yíjiè 文化的移借 N. <lg.> cultural borrowing
wénhuà dòuzhēng 文化斗争[-鬥爭] N. culture struggle
wénhuà duìděng 文化对等[--對-] N. <lg.> cultural equivalence
wénhuà duōyuánlùn 文化多元论 N. cultural pluralism
wénhuà duōyuánxìng 文化多元性 N. <lg.> cultural pluralism
wénhuà dūshì 文化都市 N. cultural city
wénhuà dúwù 文化读物[--讀-] N. cultural reading material
wénhuà fānyì 文化翻译[-譯] N. <lg.> cultural translation
wénhuà fùxīng 文化复兴[-復興] N. cultural revitalization
Wénhuà Fùxīngjié 文化复兴节[-復興節] N. Cultural Renaissance Day
wénhuàgǎn 文化感 N. cultural sensibility
wénhuà gānrǎo 文化干扰[-擾] N. <lg.> cultural interference
wénhuàgōng 文化宫[-宮] N. palace of culture
wénhuàgōu 文化沟[-溝] N. cultural gap M: [1]*tiáo*
wénhuàguǎn 文化馆 P.W. cultural center
wēnhuàhánshī 温化寒湿[-濕] F.E. <Ch. med.> warming cold-damp
wénhuà hányì 文化涵义[-義] N. <lg.> cultural connotation
wénhuà huánjìng 文化环境[--環-] N. <lg.> cultural setting
wénhuà jiànshè wěiyuánhuì 文化建设委员会 P.W. cultural development committee
wénhuà jiāodiǎn 文化焦点[-點] N. <lg.> cultural focus
wénhuà jiāoliú 文化交流 N. cultural exchange
wénhuàjiè 文化界 N. cultural/intellectual/literacy circles
wénhuà jièyòng 文化借用 N. <lg.> cultural borrowing
wénhuà jīgòu 文化机构[-構] N. cultural organization
wénhuàjú 文化局 P.W. cultural bureau

wénhuàkè 文化课 N. ①literacy class ②general-knowledge course
wénhuà kòngbái 文化空白 N. <lg.> cultural blank
wénhuà kòngxì 文化空隙 N. <lg.> cultural gap
wénhuà kuǐlěi 文化傀儡 N. <soc.> cultural ignoramus
wénhuà lǐngxiān 文化领先 V.P. sth. in the lead culturally
wénhuà liúmáng 文化流氓 N. cultural hooligan
wénhuà mínzúxìng 文化民族性 N. <lg.> cultural nationality
wénhuà móshì 文化模式 N. cultural pattern
wénhuà piānjiàn 文化偏见 N. cultural bias
wénhuà piānxiàng 文化偏向 N. cultural bias
wénhuà qíyì 文化歧义[-義] N. <lg.> cultural ambiguity
wénhuàqū 文化区[-區] P.W. cultural area
wénhuà quān 文化圈 N. intellectual/literacy circles
wénhuàrè 文化热[-熱] N. cultural craze; culture fever
wénhuàrén 文化人 N. ① educated person ② professional in art and literature M: ¹zhǒng
wénhuà rénlèixué 文化人类学[---類-] N. <lg.> cultural anthropology
wénhuà rèntóng 文化认同[--認-] N. cultural identification
wénhuà shèntòu 文化渗透[--滲-] N. <lg.> cultural infiltration
wénhuàshǐ 文化史 N. cultural history
wénhuà shìyè 文化事业[-業] N. cultural enterprises
wénhuà shìyìng 文化适应[-適應] N. <lg.> acculturation
wénhuà shuǐpíng 文化水平 N. <PRC> cultural/educational level
wénhuà shuǐzhǔn 文化水准[-準] N. cultural standing/level
wénhuà shùyǔ 文化术语[--術-] N. <lg.> cultural term
wénhuà suǒzhǐ 文化所指 N. <lg.> cultural reference
wénhuà sùyǎng qiànquēlùn 文化素养欠缺论[---養---] N. <lg.> cultural deprivation/disadvantage
wénhuà tǐxì 文化体系[--體-] N. cultural system
wénhuà wūrǎn 文化污染 N. cultural contamination/pollution
wénhuà xiāngduìlùn 文化相对论[---對-] N. <lg.> cultural relativism
wénhuà xiāngróngxìng 文化相容性 N. <lg.> cultural compatibility
wénhuà xiāofèipǐn 文化消费品 N. cultural consumer goods/commodity
wénhuà xiūkè 文化休克 N. <lg./loan> culture shock
wénhuà yíchǎn 文化遗产[-產] N. cultural heritage
wénhuà yǐnyù 文化隐喻[--隱-] N. <lg.> cultural metaphor
wénhuà yírù 文化移入 N. <lg.> acculturation
wénhuà yìyì 文化意义[-義] N. <lg.> cultural meaning
wénhuà yòngpǐn 文化用品 N. stationery
wénhuà yúlèshuì 文化娱乐税[---樂-] N. entertainment tax
wénhuà yǔyán 文化语言 N. <lg.> cultural language
wénhuà yǔyì 文化语义[-義] N. cultural semantics
wénhuà zhàng'ài 文化障碍[-礙] N. <lg.> cultural obstruction
wénhuà zhènjīng 文化震惊[-驚] N. <lg.> culture shock
wénhuà zhuānzhìzhǔyì 文化专制主义[--專--義] N. cultural tyranny/autocracy
wénhuàzǔ 文化组 N. cultural group
wēnhūhū 温乎乎 R.F. warm; lukewarm
wénhuì 文会 N. literary society
wēnhuo* 温和 S.V. <coll.> lukewarm *See also* *wēnhé*
wénhuǒ 文火 N. slow fire; gentle heat
wěnhuò 稳获[穩獲] V. be certain to obtain
¹wénjí* 文集 N. collected works
²wénjí 文籍 N. books; literature
wènjí 问疾 V.O. visit and console a patient
¹wénjiàn* 文件 N. documents; file
²wénjiàn 闻见 R.V. ① smell ② hear; have learned ♦N. ①knowledge; information ②what one sees and hears
wěnjiàn 稳健[穩-] S.V. firm; steady
wénjiàn bǎomì 文件保密 N. file security
wénjiàn bèifèn 文件备份[--備-] N. file backup
wénjiàn biānhào 文件编号[-號] N. reference or serial number of a document
wénjiàn biāoqiān 文件标签[--標-] N. file label
wénjiàndài 文件袋 N. documents pouch; dispatch case M: ²zhī
wénjiàn fānyì 文件翻译[-譯] N. <lg.> documentary translation
wénjiànguì 文件柜[-櫃] N. filing cabinet M: ²zhī
wén-jiàn-huì 文建会 AB./P.W. *wénhuà jiànshè wěiyuánhuì* cultural development committee
wénjiànjiā 文件夹[-夾] N. folder (for documents/etc.) M: ²zhī
wénjiàn jiǎnsuǒ xìtǒng 文件检索系统 N. <lg.> document-retrieval system
wénjiàn jiéshù 文件结束 N. end of file (EOF)
wénjiàn lǚxíng 文件旅行 N. paper shuffling
wénjiànmíng 文件名 N. <comp.> file name
wénjiàn míngchēng 文件名称[-稱] N. file name
wěnjiànpài 稳健派[穩-] N. moderates
wénjiànyǒuxiàn 闻见有限 F.E. One's knowledge is limited.
wěnjiàn zuòfēng 稳健作风[穩-] N. steady style of work
wénjiào 文教 N. culture and education
wénjiàochù 文教处[-處] P.W. culture and education office
wénjiàojiè 文教界 N. cultural and educational circles
wénjiàokē 文教科 P.W. office/section responsible for educational affairs
wénjiàoqū 文教区[-區] P.W. culture and education area
wénjiā zhī fǎlǜ 文家之法律 N. rules of literary composition
¹wénjié 文节[-節] N. <lg.> syntagma
²wénjié 蚊睫 ID. very tiny thing
wènjīn* 问津 V. ① make inquiries (as about prices or the situation) ② ask for guidance in a new field of endeavor ③ ask in which direction to go
wènjìn 问禁 V.O. ask about taboos on first arriving at a strange place
wēnjīng 鳁鲸 N. zoo. sei whale; rorqual
wénjīng 文旌 N. <court.> traveling scholars M: ²wèi
wénjìng* 文静[-靜] S.V. gentle and quiet
¹wěnjǐng 刎颈[-頸] V.O. cut one's throat
²wěnjǐng 吻颈[-頸] V.O. kiss the neck
wěnjìng 稳静[穩靜] S.V. sedate
wènjīng 问荆[-荊] N. <bot.> meadow pine
wěnjǐngjiāo 刎颈交[-頸-] N. friendship unto death
wénjīngwǔwěi 文经武纬[-經-緯] F.E. sb. of both literary and military abilities
wěnjǐngzhījiāo 刎颈之交[-頸--] N. profound mutual devotion between friends
Wén-Jǐngzhīzhì 文景之治 N. enlightened administration of the Han emperors Wen and Jing (179–143 B.C)
wěnjǐngzìlù 刎颈自戮[-頸--] F.E. commit suicide by cutting one's throat
wěnjìnr 稳劲儿[穩勁-] N. <coll.> calmness (of a person)
wénjīqǐwǔ 闻鸡起舞[-雞--] ID. be roused into action
wēnjiǔ 温酒 V.O. warm up wine
wēn jiùqíng 温旧情[-舊-] V.O. recall an old love or friendship
wēnjiǔzhǔchá 温酒煮茶 F.E. heat wine and brew a pot of tea
wēnjū 温居 V.O. ① participate in a house-warming ② congratulate someone on moving into a new residence
¹wénjù* 文具 N. writing materials; stationery M: ¹zhǒng
²wénjù 文句 N. ① diction ② sentence ③ text
wènjù 问句 N. interrogative/question sentence
wénjuàn 文卷 N. documents; records; books; papers
wènjuàn* 问卷 N. <lg.> questionnaire M: ¹fèn
wènjuàn diàochá 问卷调查 N. survey by questionnaire
wénjùdiàn 文具店 P.W. stationery store M: ¹jiā
wēnjué 温觉[-覺] N. ① faculty to feel hot/cold ② <phys.> sensation of warmth; sense of heat
wénjùháng 文具行 P.W. stationery shop M: ¹jiā
wénjùjiá 文具夹[-夾] N. paper-holder/clip
wénjūnxīnguǎ 文君新寡 F.E. newly widowed woman
wénjùshāng 文具商 N. stationer ♦P.W. stationery store M: ²wèi/¹míng
wénjù yòngpǐn 文具用品 N. stationery articles M: ¹zhǒng
wēnkāishuǐ 温开水[-開-] N. lukewarm boiled water
wēnkàng 温炕 N. brick/earthen bed warmed by a fire underneath
¹wēnkè 温课 V.O. review lessons
²wēnkè 温克 V.P. gentle and self-restrained
wénkē* 文科 N. liberal arts; humanities
wēnkòng 温控 N. temperature control
wénkù 文库 N. ①library ②publisher's "library"
wénkuài 文侩 N. literary prostitute
Wénlái 文莱 P.W. Brunei
wénláiwénqù 闻来闻去 V.P. keep nosing about
wénléi 蚊雷 N. buzz of a swarm of mosquitoes
wěnlèi* 抆泪[-淚] V.O. wipe one's tears
wěnlèi 揾泪[-淚] V.O. wipe one's tears
wénléishīzhù 闻雷失箸 F.E. drop one's chop-sticks on hearing a clap of thunder
wènlèng 问愣 V. confuse sb. by asking an unexpected question
¹wénlǐ* 文理 N. ① unity and coherence in writing ② belles-lettres and science
²wénlǐ 纹理 N. veins; grain
¹wénlì 文例 N. illustrative articles/passages
²wénlì 蚊力 N. feeble force

wén-lián* 文联[-聯] N. federation of cultural circles
wěnliàn 稳练[穩練] S.V. steady and skillful
¹wēnliáng 温良 S.V. gentle and kindhearted
²wēnliáng 辒辌 N. ①hearse ②sleeping carriage
wēnliángrěnràng 温良忍让[-讓] F.E. submissive
wēnliángróushùn 温良柔顺 F.E. be gentle and obedient
wénlǐ bùtōng 文理不通 V.P. ungrammatical and incoherent
wénlín 文林 N. ① place where scholars get together ② scholarly world ③ writer's resort ④ <comp.> trademark of a program for learning Chinese
wénlǐ qīngtōng 文理清通 V.P. One's style of writing is clear and easy.
¹wěnliú 稳流[穩-] N. <phy.> steady flow M: ¹tiáo
²wěnliú 紊流 N. <phy.> turbulence; turbulent flow
wènliǔxúnhuā 问柳寻花[--尋-] ID. visit brothels
wén-lǐ xuéyuàn 文理学院 P.W. belles-lettres and science; college of arts and sciences
wénlu(r) 纹路(儿) N. lines; grain
wènlù* 问路 V.O. ask the way
wénlǚ(r) 纹缕(儿)[-縷] N. wrinkles (on the face)
wěnluàn 紊乱[-亂] S.V. disorder; chaos; confusion

wénluò 纹络 N. texture M: [1]*zhǒng*

wénlǚr 文缕儿[-縷-] N. threads in texture

wénmǎ 文马 N. piebald horses

wénmài 文脉[-脈] N. ① unity and coherence in writing ② context

wěnmàn 稳慢[穩-] S.V. calm and unhurried

wénmáng 文盲 N. ① an illiterate ② illiteracy ♦S.V. unlettered M: [1]*míng*/[1]*gè*

wénmào 文貌 N. courtesy; politeness; civility

wēnmáole 温毛了 V.P. heat wine until it bubbles over

wēnměi 温美 S.V. mild and lovable

wénméi* 纹眉 V.O. line the brows

wénmiàn 文面 V.O. <*wr.*> tattoo the face

wénmiào 文庙[-廟] P.W. Confucian temple

[1]**wénmíng*** 文明 N. civilization; culture ♦S.V. civilized

[2]**wénmíng** 闻名 V.O. be familiar with sb.'s name; know sb. by repute ♦ATTR. well-known; famous

[3]**wénmíng** 文名 N. literary fame

[1]**wènmíng** 问名 V.O. <*trad.*> ask for the name and horoscope of a prospective bride

[2]**wènmíng** 问明 V. find out the details

wénmíng bùrú jiànmiàn 闻名不如见面 V.P. knowing a person by repute is not as good as meeting him face to face

wénmíngchē 文明车 N. bus line with good service M: [3]*liàng*

wénmíngcūn 文明村 P.W. village managed according to the requirements of socialist culture

wénmíng dānwèi 文明单位 P.W. advanced unit

wènmíng dǐxi 问明底细 V.O. find out the details of the case

wénmíng fǎnkàng 文明反抗 N. civil disobedience

wénmíng gōngyuē 文明公约 N. pledge to build a socialist spiritual civilization

wénmínggùn(r) 文明棍(儿) N. <*trad.*> cane (Western-style walking-stick) M: [2]*gēn*

wénmíng jiéhūn 文明结婚 N. Western-style wedding

wénmíng jīngshāng 文明经商[--經-] V.P. do business with civility ♦N. courteous and proper way of doing business

wénmínglǐmào 文明礼貌[--禮-] F.E. decorum; courtesy; manners

wénmíngquánguó 闻名全国[--國] F.E. well-known throughout the country

wénmíng rén 文明人 N. ① civilized people ② well-educated people M: [2]*wèi*/[1]*míng*/[1]*gè*

wénmíngsàngdǎn 闻名丧胆[-喪膽] F.E. be overawed by sb.'s name; The bare mention of sb.'s name is enough to scare people.

wénmíngsìfāng 闻名四方 F.E. become famous all over the world

wénmíngsìhǎi 闻名四海 F.E. become famous throughout the land

wénmíngtiānxià 闻名天下 F.E. world-famous; known far and wide

wénmíngxì 文明戏[-戲] N. modern drama; modern stage play M: [2]*chǎng*

wénmíngxiá'ěr 闻名遐迩[--邇] F.E. enjoy widespread renown

wènmíng yuánwěi 问明原委 V.O. find out the origin of a matter

wénmíngyúshì 闻名于世[--於-] F.E. be world-famous

wénmó 文魔 N. bookworm

[1]**wénmò*** 文墨 N. writing ♦ATTR. ① cultured; elegant ② mental

[2]**wénmò** 文末 N. <*comp.*> end of document

wénmòrén(r) 文墨人(儿) N. person whose work is mental, not physical M: [2]*wèi*/[1]*míng*/[1]*gè*

wénmòshìr 文墨事儿 N. profession/business of writing/editing/etc.

wénmǔcǎo 蚊母草 N. veronica peregrina

wénmǔniǎo 蚊母鸟 N. <*zoo.*> a kind of night hawk; goatmiker; goatowl M: [2]*zhī*

wénmǔshù 蚊母树[-樹] N. <*bot.*> a kind of tall evergreen tree M: [1]*kē*

wěnná 稳拿[穩-] V. be sure to get/win/achieve/etc.

wènnàn 问难[-難] V. ① query and argue again and again ② raise difficult questions for discussion; ask difficult questions in a debate

wénniǎo 文鸟 N. ① mannikin ② Java sparrow M: [2]*zhī*

wēnnuǎn 温暖 S.V. warm

wēnnüè 温疟[-瘧] N. <*med.*> a kind of malaria

wénpǐ 文痞 N. literary prostitute M: [1]*míng*/[1]*gè*

wénpiàn 纹片 N. <*art*> crackle in a ceramic glaze

wénpíng 文凭[-憑] N. diploma M: [1]*zhāng*

wénpíngrè 文凭热[-憑熱] N. diploma-seeking fever

wénpíngzhìshàng 文凭至上[-憑--] F.E. credentialism

wénpíngzhǔyì 文凭主义[-憑-義] N. credentialism

wēnpízhǐxiè 温脾止泻[-瀉] F.E. <*Ch. med.*> warming spleen and stopping diarrhea

wēnpo* 榅桲 N. <*bot.*> quince (*Cydonia oblonga*)

wěnpó 稳婆[穩-] N. ① midwife ② female coroner charged with examining the corpse of a murdered female

wēnpǔ 温朴[-樸] N. a kind of sugarcoated berry

[1]**wēnqì** 温气[-氣] N. sultriness

[2]**wēnqì** 瘟气[-氣] N. pestilential vapor

[1]**wénqì** 文契 N. ①contract; deed ②legal papers concerning business or property transactions M: [1]*zhāng*

[2]**wénqì** 文气[-氣] N. ① coherence of writing ② emotional impact or spirit of a writing ♦S.V. <*topo.*> quiet; gentle

wènqǐ* 问起 R.V. ask about

wènqián 揾钱[-錢] <*coll.*> V.O. make money

wénqì liánguàn 文气连贯[-氣--] N. <*lg.*> coherence

wénqín 文禽 N. birds with colorful feathers such as pheasant, Chinese duck, etc. M: [2]*zhī*

wènqǐn* 问寝[-寢] V.O. say "Good night" to one's parents when they are going to bed.

wēnqíng* 温情 N. warm-heartedness ♦S.V. ① sentimental ② too softhearted

wén-qíng 文情 N. literary grace and elegance

wénqíngbìngmào 文情并茂[--並-] F.E. elegant in style and rich in sentiment (of writing); Both the language and the content are excellent.

wèn qīngchǔ 问清楚 R.V. make clear by asking sb.

wēnqíngfěicè 温情绯恻 F.E. (with) tender and romantic sentiments

wēnqíngmòmò 温情脉脉[-脈脈] F.E. full of tender feelings

wēnqíng zhèngzhì 温情政治 N. paternalism

wēnqíngzhǔyì 温情主义[-義] N. mawkishness; indulgence; paternalism

wén qí yán ér zhī qí rén 闻其言而知其人 F.E. able to judge a man by his speech

wénqǔ 文曲 *See wénqǔxīng*

wènqǔ* 问取 V. ask

wēnquán* 温泉 N. hot spring M: [1]*tiáo*

wénquán 文权[-權] N. right to culture

wēnquányù 温泉浴 N. hot-spring bath

wénqǔxīng 文曲星 N. a constellation that sheds particular influence on literary geniuses

wénr 纹儿 N. stripes; streaks; lines; grain

wēnrè 温热[-熱] ATTR. tepid

wēnrèjué 温热觉[-熱覺] N. sense of heat

[1]**wénrén** 文人 N. ① man of letters; scholar; literati ② civilian (vs. military) M: [1]*míng*/[2]*wèi*/[1]*gè*

[2]**wénrén** 闻人 N. well-known figure; famous man M: [2]*wèi*/[1]*míng*/[1]*gè*

wénrénfāngshì 文人方士 F.E. scholars and alchemists

wénrénhuà 文人画[-畫] N. ① literati painting ② school of painting done by amateur literati M: [10]*fú*

wénrénmòkè 文人墨客 F.E. men of letters

wénrénwúxíng 文人无行 F.E. Men of letters are usually Bohemians.

wénrénxiāngqīng 文人相轻[-輕] F.E. scholars tend to scorn each other

wénrén-xuéshì 文人学士 N. scholars; men of letters M: [2]*wèi*/[1]*míng*/[1]*gè*

wénrényǎshì 文人雅士 F.E. literary and refined scholars

wēnróu 温柔 S.V. gentle and soft

wēnróudūnhòu 温柔敦厚 F.E. gentle and magnanimous

wēnróuxiāng 温柔乡[-鄉] N. ① brothel ② enjoying female charms in an intimate manner

wēnruǎn 温软 S.V. warm and soft/tender

wénruì 蚊蚋 N. mosquitoes and gnats

wēnrùn 温润 S.V. ① <*wr.*> gentle; mild ② warm and humid ③ beautiful and tender

wēnrùnkěqīn 温润可亲[-親] F.E. lovable and approachable

wénruò 文弱 S.V. gentle and frail-looking; effeminate

wénruò shūshēng 文弱书生[--書-] N. frail scholar; effeminate scholar M: [2]*wèi*/[1]*míng*/[1]*gè*

wěnrúpánshí 稳如磐石[穩-] F.E. be steady as a rock

wěnrúpíngdì 稳如平地[穩-] F.E. be as steady and immovable as the dry land itself

wénrúqírén 文如其人 F.E. Writing mirrors the writer.

wěnrútàishān 稳如泰山[穩-] F.E. ① as stable as Mount Tai ② be in an invincible position

wēnshàn* 温善 S.V. mild and kind; affable

wénshān 文山 N. piles of documents/files (to be handled)

wénshānhuìhǎi 文山会海 F.E. <*pol.*> endless paperwork and meetings

wēnshén* 瘟神 N. ① god of plague ② sb. who brings disaster to mankind M: [1]*míng*/[1]*gè*

[1]**wénshēn** 纹身 V.O. tattoo

[2]**wénshēn** 文身 <*wr.*> N. tattoo ♦V.O. tattoo the body

wěnshén 稳神[穩-] V.O. calm the nerves

[1]**wēnshēng** 温升 V.P. temperature rise

[2]**wēnshēng** 瘟生 N. <*topo.*> sucker

wénshēng 文生 N. scholar

wénshèng* 文圣[-聖] N. literary sage; great writer M: [2]*wèi*/[1]*míng*/[1]*gè*

wénshēng'érzhì 闻声而至[-聲--] F.E. hurry in on hearing sb.'s shout

wēnshènlìshī 温肾利湿[-腎-濕] F.E. <*Ch. med.*> warming kidney and eliminating dampness

wēnshī 温湿[-濕] N. humidity

wēnshí 温食 N. clothes and food

wēnshì 温室 N. hothouse; greenhouse M: [1]*jiān*

wénshí 文石 N. ① streaked/mottled stones ② agate

wénshǐ 文史 N. ① literature and history ② humanities

[1]**wénshì** 文士 N. <*wr.*> man of letters

[2]**wénshì** 纹饰 N. design on utensils

[3]**wénshì** 文饰 N. rhetorical devices ♦V. deceive by an impressive appearance

[4]**wénshì** 文事 N. literary matter

[5]**wénshì** 蚊市 N. swarms of mosquitoes at dusk

wěnshi 稳实[穩實] S.V. solid and steady

wěnshì 抆拭 V. wipe away

[1]**wènshì*** 问世 V.O. ① be published; come out ② participate in public affairs actively

[2]**wènshì** 问事 V.O. ①inquire about sth. ②make a fuss about sth. ③ attend to work

wénshǐ bù fēn 文史不分 V.P. Literature and history are hard to distinguish from each other.

wènshìchù 问事处[-處] P.W. information desk

wénshǐguǎn 文史馆 P.W. research institute of culture and history

wēnshì xiàoyìng 温室效应[-應] N. <*loan*> greenhouse effect

wēnshìzāipéi 温室栽培 F.E. greenhouse culture

wénshǒu 文首 N. <*comp.*> home; beginning of document

wěnshǒu* 吻手 V.O./N. hand-kissing
wěnshòu 吻兽[-獸] N. <trad./archi.> roof-ridge ornament in the shape of a legendary animal
[1]**wēnshū** 温书[-書] V.O. go over a book/text to learn it better
[2]**wēnshū** 温淑 V.P. <wr.> gentle and warm (of a woman)
wénshū* 文书[-書] N. ① document ② official correspondence ③ secretary; secretariat
Wénshū 文殊 N. <Budd.> Manjusri
wénshū chǔlǐ 文书处理[-書處-] N. <comp.> text processing
wénshū gōngzuò 文书工作[-書--] N. secretarial work
wēnshuǐ 温水 N. warm/lukewarm water
wēnshuǐyù 温水浴 N. warm water bath M: [2]chǎng
wénshūjiā 文书夹[-書夾] N. portfolio (case for carrying papers/etc)
wēnshùn 温顺 S.V. docile; meek; filial
Wénshūshīlì 文殊师利[--師-] N. <Budd> the Bodhisattva Manjusri
[1]**wénsī** 文思 N. flow of thought in writing
[2]**wénsī(r)** 纹丝(儿)[-絲-] N. a tiny bit
wénsībùdòng 纹丝不动[-絲-動] F.E. <coll.> absolutely still
wénsīkūjié 文思枯竭 F.E. Literary thought is dried up.
wénsīmǐnjié 文思敏捷 F.E. have a ready pen
wénsīquányǒng 文思泉涌 F.E. prolific of ideas in writing
wénsīrbùdòng 纹丝儿不动[-絲--動] F.E. not make even the slightest move
wènsú 问俗 V.O. ask about local customs
wènsúménjìn 问俗门禁 F.E. inquire about customs and prohibitions
wénsūn 文孙[-孫] F.E. your grandson M: [2]wèi/[1]míng/[1]gè
wénsuǒwèiwén 闻所未闻 F.E. unheard-of
wěntài 稳态[穩態] N. <phy.> steady state
wéntán 文坛[-壇] N. literary circles
wéntánfùzhèn 文坛复振[-壇復-] F.E. literary renaissance/revival
wēntāng 温汤[-湯] N. ① lukewarm water ② <wr.> hot spring
wēntāng jìnzhǒng 温汤浸种[-湯-種] N. <agr.> hot-water treatment of seeds
wéntánjùbò 文坛巨擘[-壇--] F.E. a literary mogul
wéntánqísù 文坛耆宿[-壇--] F.E. elder scholar commanding wide respect in the literary world
wéntāowǔlüè 文韬武略[-韜--] F.E. civil and military skills
wéntǐ 文体[-體] N. literary style/form; genre M: [1]zhǒng ♦AB. [1]wényù and tǐyù cultural entertainment =and sports
wèntí* 问题 N. ① question; problem; issue ~ **bù zài zhèlǐ.** That's not the point. ② trouble; mishap **Chūle shénme** ~? What's the matter?
wèntiānmǎiguà 问天买卦[--買-] F.E. ask heaven for an omen
wéntiánwǔxī 文恬武嬉 F.E. decadent government and military
Wén Tiānxiáng 文天祥 (1236–1282) N. <hist.> known as a model of fidelity to the last Song sovereigns
wéntǐ biànyì 文体变异[-體變異] N. stylistic variation
wèntídān 问题单 N. questionnaire
wèntí dǎoxiàng yǔyán 问题导向语言[--導---] N. <comp.> problem-oriented language
wěntiē 稳帖[穩-] S.V. <wr.> safe; secure ♦V. appease
wèntí értóng 问题儿童 N. problem child
wéntǐ huódòng 文体活动[-體-動] N. recreational and sports activities
wèntíjù 问题句 N. <lg.> question sentence
wéntǐlùn 文体论[-體-] N. <lg.> stylistics
wèntí móshì 问题模式 N. <lg.> aspects model
wéntīng 闻听[-聽] V. hear; listen to
wèntí shàonián 问题少年 N. problem youths
wéntǐ shíbié 文体识别[-體識-] N. character recognition
wéntǐ shìyìngxìng 文体适应性[-體適應-] N. <lg.> stylistic adaptation
wèntí xíngwéi 问题行为 N. problem behavior
wéntǐxué 文体学[-體-] N. <lg.> stylistics
wéntǐ zhuǎnhuàn 文体转换[-體轉換] N. <lg.> style shift
wéntóng 文童 N. <trad.> examination candidate for the lowest degree
wéntōngwǔdá 文通武达[-達] F.E. be proficient in both civil and military knowledge
wēntóuwēnnǎo 瘟头瘟脑[-腦] F.E. go about in a daze
wěntū 吻突 N. muzzle
wēntūn 温暾/吞 S.V. <topo.> lukewarm; tepid
wēntūnshuǐ 温吞水 N. <coll.> N. ① lukewarm water ② slowpoke
wěntuǒ 稳妥[穩-] S.V. safe; reliable
wěntuǒ jiàzhí 稳妥价值[穩-價-] N. <acct.> sound value
wēnwǎn 温婉 S.V. gentle; kindly
Wén Wáng 文王 N. <hist.> father of the first Zhou king
wénwǎng* 文网[-網] N. ① <wr.> the net of justice ② <trad.> measures to control academic learning
[1]**wénwang** 文望 N. literary reputation
[2]**wénwàng** 闻望 N. fame; reputation
Wénwángkè 文王课 N. divination with three coins thrown like dice
wēnwēn 温温 ADV. kindly; mild-mannered
wēnwén 温文 V.P. gentle and polite
wénwèn 闻问 N. communications between two persons
wěnwěn 稳稳[穩穩] R.F. <coll.> stable
wènwen 问问 R.F. pose a question; interrogate
wěnwěndāngdāng 稳稳当当[穩穩當當] R.F. ① stable ② well/safely handled ③ safe and secure
wēnwén'ěryǎ 温文尔雅 F.E. gentle and cultivated/graceful
wěnwěngùgù 稳稳固固[穩穩-] R.F. very firm and stable
wénwén kàn 闻闻看 V.P. try to smell
wènwèn kàn* 问问看 V.P. try to ask
wēnwénrúyǎ 温文儒雅 F.E. gentle and elegant manner
wénwényǎyǎ 文文雅雅 R.F. gentle; elegant
wěnwěnzhòngzhòng 稳稳重重[穩穩-] R.F. quiet and serious; steady; staid
wénwénzhōuzhōu 文文诌诌[-謅謅] R.F. speak/act courteously
wén-wǔ 文武 N. civil and military
wénwù* 文物 N. cultural/historical objects/relics M: [2]jiàn
wénwǔbǎiguān 文武百官 F.E. all the civil and military officials
wénwù bǎohù hé fāzhǎn 文物保护和发展[---護-發-] N. <archeo.> protection and excavation of historical relics
wénwǔbìngyòng 文武并用[--併-] F.E. combine force with non-violence
wénwù bówùguǎn 文物博物馆 N. museum of historical and cultural relics
wénwǔcháng 文武场[-場] N. musicians performing on a Peking opera stage
wénwúdìngfǎ 文无定法 F.E. There are no hard and fast rules one can follow in order to write well.
wénwù gōngzuò 文物工作 N. archeological work
wén-wǔ guānyuán 文武官员 N. all the civil and military officials
wénwù gǔjì 文物古迹[-跡] N. cultural relics and historic sites
wénwǔhéyī 文武合一 F.E. possess both literary and martial talents
wénwǔjiānbèi 文武兼备[-備] F.E. possess both literary and martial talents
wénwǔquáncái 文武全才 F.E. master of both the pen and the sword
wénwùshāng 文物商 N. antiquary M: [2]wèi/[1]míng/[1]gè
wénwǔshuāngquán 文武双全[--雙-] F.E. versed in both military and civilian/literary matters
wénwù xiànsuǒ 文物线索 N. <archeo.> clues to cultural relics
wénwù zhìdù 文物制度 N. cultural products and social institutions
wénwùzǔ 文物组 P.W. cultural relic group
wēnxí* 温习[-習] V. review
[1]**wénxī** 闻悉 V. <wr.> hear; learn; be informed
[2]**wénxī** 文犀 N. patterned rhinoceros horn
wénxì 文戏[-戲] N. <opera> civil plays; plays without war scenes
wēnxià 温下 N. <Ch. med.> warm purgation
wěnxià* 稳下[穩-] R.V. calm down
wénxiàn 文献[-獻] N. data/documents related to a country's history/culture/etc.; literature M: [1]zhǒng
wénxiāng 蚊香 N. mosquito-repellent incense M: hé
wénxiànhuì 文献会[-獻-] N. literature meeting M: [2]chǎng
wénxiàn jiǎnsuǒ 文献检索[-獻--] N. literature search
wénxiàn jiǎnsuǒ xìtǒng 文献检索系统[-獻----] N. <lg.> document-retrieval system
wénxiànkù 文献库[-獻-] N. document database
wénxiàn mùlù 文献目录[-獻-錄] N. bibliography
wénxiàn piàn 文献片[-獻-] N. documentary film
wénxiànxué 文献学[-獻-] N. paleography; philology
wénxiēlíng 蚊蝎蛉 N. <zoo.> hanging fly
wēnxí gōngkè 温习功课[-習--] V.O. review one's lessons
wēnxīn* 温馨 S.V. warm and fragrant
wènxīn 问心 V.O. examine one's conscience
Wénxīndiāolóng 文心雕龙 N. classical book of literary criticism
wènxīnwúkuì 问心无愧 F.E. have a clear conscience
wènxīnyǒukuì 问心有愧 F.E. feel a twinge of conscience
wénxiù 文绣[-繡] N. embroidered silk dress
wénxǐyàn 闻喜宴 N. banquets honoring successful candidates of the civil-service examination in the Tang and Song dynasties

wēnxù 温煦 S.V. warm
wénxuān 文轩 N. ① beautiful and decorative carriage ② beautiful corridors
wénxuǎn* 文选[-選] N. selected works; anthology
wénxuǎn làn, xiùcai bàn 文选烂,秀才半[-選爛,---] F.E. Extensive reading makes one a scholar.
wénxué 文学 N. literature
wénxué cíyǔ 文学词语 N. <lg.> literary word
wēnxuè dòngwù 温血动物[--動-] N. warm-blooded animal
wénxué fānyì 文学翻译[-譯] N. <lg.> literary translation
wénxué fānyìzhě 文学翻译者[---譯-] N. <lg.> literary translator
wénxué fēnggé 文学风格 N. <lg.> literary style
wénxué gémìng 文学革命 N. literary revolution
wénxuéguǎn 文学馆 P.W. literature center
wénxuéhuà 文学化 V. literaturize
wénxuéjiā 文学家 N. writer; person of letters M: [2]wèi/[1]míng/[1]gè
wénxué jiè 文学界 N. literary world/circles/arena
wénxué liúpài 文学流派 N. schools of literature
wénxué pínglùn 文学评论 N. literature review
wénxué pīpíng 文学批评 N. literary criticism
wénxuéshǐ* 文学史 N. history of literature
wénxuéshì 文学士 N. bachelor of arts (B.A.)

wénxué yánjiūhuì 文学研究会 N. literary society

Wénxué Yìshùjiè Liánhéhuì 文学艺术界联合会[--藝術-聯--] N. Federation of Literary and Art Circles

wénxuéyuàn 文学院 N. college of liberal arts

wénxué yǔduàn 文学语段 N. <lg.> literary text

wénxué yùndòng 文学运动[-運動] N. literature movement M: [2]*chǎng*

wénxué yǔyán 文学语言 N. ① standard speech ② literary language M: [1]*zhǒng*

wénxuézhīlín 文学之林 N. literary world

wēnxùn 温驯 S.V. docile; meek; tame (of animals)

wénxùn* 闻讯 V.P. get the news (of)

wènxún 问询 V. ask about

wènxùn 问讯 V. ① inquire; ask ② send one's regards to ③ <*Budd.*> press the palms together as a salute

wènxùnchù 问讯处[-處] P.W. information desk/office

wēnyǎ 温雅 V.P. gentle and refined

wényǎ* 文雅 S.V. elegant; refined; graceful; polished

wēnyán 温颜 N. happy and agreeable look

wényān 蚊烟[-煙] N. mosquito incense

wényán* 文言 N. classical language M: [1]*zhǒng*

wényáncéng 文言层[-層] N. <lg.> literary substrata

wényán cíyǔ 文言词语 N. classical expressions

wēnyánruǎnyǔ 温言软语 F.E. with mild and affectionate words

wényánwén 文言文 N. ① writings in classical Chinese (Literary Sinitic) ② classical style of writing

wényányīn 文言音 N. <lg.> literary pronunciation

wényāo 文妖 N. literary sorcerer

wényáoyú 文鳐鱼 N. flying fish M: [1]*wěi*

wènyè 问业[-業] V.O. ask a master for instructions about learning

wényězhīfēn 文野之分 N. the difference between crudeness and refinement

wēnyì 瘟疫 N. ① pestilence ② epidemic; plague

[1]**wényì*** 文艺[-藝] N. literature and art

[2]**wényì** 文义[-義] N. ① literary content ② thought/idea/meaning expressed in writing

wényì chuàngzuò 文艺创作[-藝創-] N. literary and artistic creation

Wén Yīduō 闻一多 (1899-1946) N. leading poet of the 1920s, martyred by KMT right-wingers for criticizing the government

wényì dúwù 文艺读物[-藝讀-] N. literature

Wényì Fùxīng 文艺复兴[-藝復興] N. <*hist.*> Renaissance

wényì gōngzuò 文艺工作[-藝--] N. work in the literary revolution

wényìhuì 文艺会[-藝-] N. performance show (singing/dancing/etc.) M: [2]*chǎng*

wényì huìyǎn 文艺会/汇演[-藝匯-] N. theatrical festival M: [2]*chǎng*

Wényìjié 文艺节[-藝節] N. Literature and Art Day

wényìjiè* 文艺界[-藝-] N. literary and art circles

wényì jiémù 文艺节目[-藝節-] N. program of entertainment; theatrical items M: [1]*zhǒng*

wényìjuān 文艺圈[-藝-] P.W. literary and art circles

wényìlán 文艺栏[-藝欄] N. column for art/literature/etc. in a newspaper/magazine/etc.

wényì liánguàn de 文意连贯的 ATTR. <lg.> contextual

wényì liánguàn fāyīn 文意连贯发音[----發-] N. <lg.> contextual speech

wényì lùxiàn 文艺路线[-藝--] N. line/trend in literature M: [1]*tiáo*

wényīn 文茵 N. elegant mat made of a tiger's skin

wényín* 纹银 N. fine silver in the shape of a horse's hoof M: [2]*kuài*

wényīng 蚊鹰 N. <zoo.> gnat hawk

wényíng* 蚊蝇[-蠅] N. mosquitoes and flies M: [2]*zhī*

wényì pīpíng 文艺批评[-藝--] N. literary/art criticism

wényì qīngqíduì 文艺轻骑队[-藝輕-隊] N. light performing arts troop

wényì sīcháo 文艺思潮[-藝--] N. trend of literary thought

wényìtǐ 文艺体[-藝體] N. literary style M: [1]*zhǒng*

wényì yǔyán 文艺语言[-藝--] N. literary language M: [1]*zhǒng*

wényǐzàidào 文以载道 F.E. Writing is for conveying truth.

wényì zhèngcè 文艺政策[-藝--] N. guidelines laid down by the government for literary workers

wényīzhīshí 闻一知十 F.E. be perceptive/discerning; be able to deduce much from little information

wényǒng 蚊蛹 N. <zoo.> tumbler

wényǒu 文友 N. literary friend M: [2]*wèi*/[1]*míng*/[1]*gè*

[1]**wényú*** 文娱 N. cultural recreation/entertainment

[2]**wényú** 文鱼 N. <zoo.> ① goldfish ② carp ③ flying fish

wényǔ 文语 N. literary language M: [1]*zhǒng*

wényuàn 文苑 N. <wr.> ① literary world ② literary and art circles ③ writers' gathering place

wényuē 文约 N. contract; deed

wényú huódòng 文娱活动[-動] N. recreational activities M: [2]*chǎng*

wényùn 文运[-運] N. vicissitudes of literature

wényúshì 文娱室 P.W. play-room M: [1]*jiān*

wényú tǐyù huódòng 文娱体育活动[--體--動] N. recreational and athletic activities

wēnzǎo 蕰藻 N. <bot.> hornwort

wénzǎo* 文藻 N. language; phraseology (of a poem, etc.)

wěnzāwěndǎ 稳扎稳打[穩-穩-] *See* *wěnzhāwěndǎ*

wénzé 文责 N. author's responsibility

wénzézìfù 文责自负 F.E. The author takes sole responsibility.

wénzhāi 文摘 N. abstract; digest M: [1]*běn*

wénzhāibào 文摘报[-報] N. digest (publication) M: [1]*fèn*/[1]*zhāng*

wénzhāi fúwù 文摘服务[-務] N. decorative embellishments of writing

wénzhāi suǒyǐn 文摘索引 N. abstract and indexing

wěnzhāměngdǎ 稳扎猛打[穩-] F.E. successively secure positions to advance

wènzhǎn 问斩 V. behead

[1]**wénzhāng*** 文章 N. ① essay; article ② literary works; writings M: [1]*piān* ③ hidden/implied meaning ***Tā huàlǐ yǒu ~.*** There is a hidden meaning in his remark.

[2]**wénzhāng** 纹章 N. trademark; logo; crest

wénzhàng 蚊帐 N. mosquito net M: [1]*dǐng*

wénzhāngjiā 文章家 N. writer M: [2]*wèi*/[1]*míng*/[1]*gè*

wénzhāngzēngmìng 文章憎命 F.E. Literary talents are generally ill-starred.

wěnzhāwěndǎ 稳扎稳打[穩-穩-] F.E. ① go ahead steadily and strike sure blows ② go about things steadily and surely

wēnzhěn 瘟疹 N. infectious diseases characterized by rashes

wénzhěn 闻诊 V. <*Ch. med.*> auscultation and smelling

wénzhèn 蚊阵 N. a swarm of mosquitoes

wènzhěn* 问诊 N./V. diagnose through interrogation

wènzhè wènnà 问这问那[-這--] V.P. ask about this and that

wénzhězújiè 闻者足戒 F.E. be warned by sb.'s words

wénzhī 闻知 V. learn; hear; know from others

wénzhí* 文职[-職] N. civilian post

[1]**wénzhì** 文治 N. civil administration

[2]**wénzhì** 文质[-質] N. the ornamental and the real; shadow and substance

[3]**wénzhì** 文致 N. literary charm; artistic beauty

wénzhìbīnbīn 文质彬彬[-質--] F.E. gentle; suave; urbane

wénzhìchéngyù 文致成狱 F.E. legal frame-up

wénzhí rényuán 文职人员[-職--] N. nonmilitary personnel

wénzhìwǔgōng 文治武功 F.E. cultural and military achievements

wēnzhōng 温中 V.O. <*Ch. med.*> warm the center

wěnzhòng* 稳重[穩-] S.V. steady; staid; sedate

wénzhōuzhōu 文绉绉//诌诌[-縐縐//謅謅] R.F. ① genteel ② bookish

wénzhú 文竹 N. <bot.> asparagus fern M: [1]*kē*

wěnzhù* 稳住[穩-] R.V. ① make steady; consolidate ② keep sb. from intervening in one's plans

wènzhù 问住 R.V. stump

wěnzhuàn 稳赚[穩-] V. steadily make money

wěnzhuāng 稳庄[穩莊] S.V. calm; steady (in dealing with things/people)

wěnzhu jià 稳住架[穩-] V.O. <coll.> compose oneself

wěn-zhǔn-hěn 稳准狠[穩準-] S.V. sure, accurate, and relentless

wěnzhù zhènjiǎo 稳住阵脚[穩-腳] V.O. hold one's ground

wénzi 蚊子 N. ① mosquito ② gnat M: [2]*zhī*

wénzì* 文字 N. ① characters; script; writing ② written language ③ writing style/phraseology M: [1]*zhǒng*

wénzì biànhuà 文字变化[--變-] N. <lg.> modification of the script

wénzì cáiliào 文字材料 N. written material

wénzì chǔlǐ 文字处理[--處-] N. word processing

wénzì chǔlǐjī 文字处理机[--處--] N. word processor M: [1]*tái*

wénzì chǔlǐ xìtǒng 文字处理系统[--處---] N. word-processing system M: [1]*tái*

wénzì fāngchéngshì 文字方程式 N. literal equation

wénzì fāzhǎn 文字发展[--發-] N. <lg.> development of a script

wénzì fēnlí 文字分离[--離] N. character segmentation

wénzì gǎidòng 文字改动[-動] N. change in wording

wénzì gǎigé 文字改革 N. reform of the writing system; script reform

wénzì gǎigé yùndòng 文字改革运动[-運動] N. <lg.> script-reform movement

wénzìjiāo 文字交 N. pen/literary friends; friendship cemented by literature

wénzìlùn 文字论 N. orthography

wénzìmù 文字幕 N. captions (of motion pictures, etc.); subtitles

wénzì páibǎn 文字排版 N. text/page layout

wénzì shíbié 文字识别[--識-] N. character recognition

wénzì shíbié zhuāngzhì 文字识别装置[--識-裝-] N. character-recognition device M: [1]*zhǒng*

wénzì wénhuà 文字文化 N. <lg.> literary culture

wénzixiāng 蚊子香 N. mosquito repellent

wénzì xìtǒng 文字系统 N. <lg.> writing system

wénzìxué 文字学 N. philology; etymology; graphology; linguistics; logography

wénzì yángé 文字沿革 N. <lg.> history of the script

wénzì yóuxì 文字游戏[-戲] N. playing/juggling with words M: [1]*zhǒng*

wénzìyù 文字狱 N. literary inquisition

wénzìzhījiāo 文字之交 N. a literary friendship

wénzōng 文宗 N. <wr.> ① outstanding literary figure ② eminent writer in a period/place M: [1]*fèn*

wēnzú 温足 V.P. well-off; well-to-do
wènzuì 问罪 V.O. ①call to account ②denounce; condemn
wènzuìzhīshī 问罪之师[-師] N. ① punitive expeditionary army ② sb. who calls (people) to account severely
wěnzuò diàoyúchuán 稳坐钓鱼船[穩-] ID. face danger with confidence
wěnzuò diàoyútái 稳坐钓鱼台[穩-臺] ID. take a tense situation calmly
wěnzuòguānfēng 稳坐观风[穩-觀-] ID. sit on the fence (fig.)
[1]wō 窝[窩] N. ① nest ② lair; den ③ hollows in the human body ④ <topo.> place ♦V. ①harbor; shelter ② hold in; check ③ bend; crease ♦M. litter; brood
[2]wō 喔 ON. cock's crow ***See also*** ō
[3]wō 涡[渦] B.F. whirlpool; eddy **[1]wōlún, xuánwō**
[4]wō 蜗[蝸] B.F. snail **wōniú**
[5]wō 倭 B.F. ① pumpkin **wōguā** ② old name for Japan **Wōkòu** ***See also*** **[12]wēi**
[6]wō 莴[萵] in **wōsǔn, wōjù**
[7]wō 挝[撾] in **Lǎowō** ***See also*** **[2]zhuā**
[1]wǒ* 我 PR. I ♦B.F. ① we; our **wǒguó** ② self **zìwǒ**
[2]wǒ 婑/鬌 in **wǒtuǒ**
[1]wò 握 V. hold; grasp
[2]wò 卧[臥] V. ① lie down ② crouch; sit (of animals/birds) ③ <topo.> poach (eggs)
[3]wò 沃 B.F. ① irrigate ② fertile **féiwò, wòyě**
[4]wò 渥 B.F. ① moisten ② rich; strong **wòzé, yōuwò**
[5]wò 斡 B.F. revolve; spin; rotate **wòxuán**
[6]wò 幄 B.F. tent **wéiwò**
[7]wò 龌[齷] in **wòchuò**
[8]wò 肟 N. <chem.> oxime
wōbào 窝菢/抱[窩-] N. brood
wǒbèi 我辈 N. <wr.> we; we people
wòbǐ* 握笔[-筆] V.O. hold a writing brush/pen
wòbì 握臂 V.O. meet an old friend
wōbiān(r) 窝边(儿)[窩邊-] V. fold over an edge ♦N. area near a nest/den
[1]wōbie 窝憋[窩-] V. <coll.> ① be frustrated ② shut oneself indoors; stay at home ♦S.V. narrow and small; poky
[2]wōbie 窝鳖[窩-] S.V. <topo.> ① choked with unuttered grievances ② vexed; frustrated; exasperated ③ cramped; hemmed-in
wōbiě 窝瘪[窩-] S.V. hollow; sunken
wòbié* 握别 V. shake hands at parting; part; say good-bye
wòbīng 卧冰[臥-] V.O. show the greatest filial piety
wòbìng* 卧病[臥-] V.O. be laid-up (by illness)
wòbìng bùqǐ 卧病不起[臥-] V.P. cannot rise from one's sickbed
wò bīngfú 握兵符 V.O. take command of the army
wòbìngzàichuáng 卧病在床[臥-] V.P. be sick abed
wōbó(r/zi) 窝脖(儿/子)[窩-] <coll.> N. ① rebuff; snag ② wharf laborer ♦ATTR. irksome; vexing; vexed ♦V.O. ① be fooled/duped ② be depressed
wòbù'ānxí 卧不安席[臥-] F.E. be too worried to sleep
wòbù'ānzhěn 卧不安枕[臥-] F.E. be too worried to sleep
wòcán 卧蚕[臥蠶] N. furrows under the eyes M: [2]zhī
wōcáng* 窝藏[窩-] V. harbor; shelter; keep (stolen goods)
wòcāng 卧舱[臥艙] N. berth cabin M: zhī/sōu
wōcáng táofàn 窝藏逃犯[窩-] V.O. conceal/hide a wanted criminal
wōcáng zāngwù 窝藏脏物[窩-髒-] V.O. conceal booty
wòcánméi 卧蚕眉[臥蠶-] N. slender arched eyebrows M: [2]zhī
wǒcáo 我曹 PR. we; us
wǒchái 我侪[-儕] PR. we; us
wōchāng 窝娼[窩-] A.T. keep a prostitute
wōcháo* 窝巢[窩-] N. ① nest ② hideout
wǒcháo 我朝 N. our dynasty
wòchē(r) 卧车(儿)[臥-] N. ① sleeping car/carriage ② auto; car M: [3]liàng
wòchí 握持 V. hold with the hand
wōchóng 涡虫[渦蟲] N. <zoo.> turbellarian worm; turbellarian; tiny water insect M: [1]tiáo
wòchuáng 卧床[臥-] V.O. lie in bed ♦N. <topo.> bed M: [1]zhāng
wòchuángbùqǐ 卧床不起[臥-] V.P. be completely bed-ridden
wōchuò 喔龊[-齪] ADV. in a hurry; in haste; hastily
wòchuò* 龌龊[齷齪] S.V. ①dirty; filthy ②<wr.> narrow-minded ③ narrow; small
wòchuòqián 龌龊钱[齷齪錢] N. ill-gotten/dirty money M: [2]bǐ
wōchúr 窝雏儿[窩雛-] N. <coll.> shy person M: [1]míng/[1]ge
wòdān 渥丹 N. deep red
[1]wōdāo 倭刀 N. Japanese dagger; short sword M: [1]bǎ
[2]wōdāo 窝刀[窩-] N. skin of a blue fox M: [1]bǎ
wòdǎo* 卧倒[臥-] R.V. fall flat
wō de huāng 窝得慌[窩-] R.V. ① get bored at home ② be uncomfortable because squeezed in a small seat/etc.
wǒděng 我等 PR. we; us
wòdǐ 卧底[臥-] <coll.> V.P. clandestine ♦V.O. be a planted agent
wōdiànliú 涡电流[渦電-] N. eddy current M: [1]zhǒng
wōdòng 涡动[渦動] N. whirling motion; eddy turbulence
wōdùn 窝顿[窩-] V. put in a proper place; give shelter
wò'ēn 渥恩 N. great kindness
Wò'ěrfū jiǎshuō 沃尔夫假说 N. <lg.> Whorfian hypothesis
wò'érzhìzhī 卧而治之[臥-] F.E. govern without trouble
wòfǎ 握法 N. hold; grip; grasp
wǒfāng 我方 N. our side; we
wòfáng* 卧房[臥-] P.W. bedroom M: [1]jiān/
wōfěi 窝匪[窩-] V.O. shelter bandits
wōfēng 窝风[窩-] S.V. unventilated ♦V.O. shelter/protect from the wind
wòFó 卧佛[臥-] N. <Budd.> reclining Buddha M: [2]wèi/
wòfú 握符 V.O. be in command (of an army, etc.)
wōgǎn 蜗杆[蝸-] N. <mach.> worm
[1]wōgōng* 窝工[窩-] V.O. ① enforced idleness due to poor organization of work ② <coll.> evade work
[2]wōgōng 窝弓[窩-] N. bow-and-arrow trap for wild animals M: [1]bǎ
wògōng 握弓 V.O. pull the bow
wōgōngqínhǔ 窝弓擒虎[窩-] F.E. prepare a trap
wōgōngyàojiàn 窝弓药箭[窩-藥-] F.E. trip-bow traps and poisoned arrows
wōguā 倭/窝瓜[窩-] N. <topo.> pumpkin; cushaw M: [2]zhī/[1]tiáo
wōgualiǎn 倭瓜脸 N. <derog.> pumpkin-shaped face M: [1]zhāng
wōgua màn 窝瓜蔓[窩-] N. <topo.> pumpkin vines
wòguǎn 握管 V. <wr.> write
wòguǎnjíshū 握管疾书[-書] F.E. hold a pen and write swiftly
wōguazǐr 倭瓜子儿 N. pumpkin seeds
wògǔ gōngsī 握股公司 N. holding company M: [1]jiā/
wòguǐ 卧轨[臥-] V.O. lie on the rails (to stop a train or commit suicide)
wòguǐ zìshā 卧轨自杀[臥-殺] V.P. commit suicide by throwing oneself on a railroad track
wǒguó* 我国[-國] N. our country (i.e., China)
wòguǒ(r) 卧果(儿)[臥-] V.O. <topo.> poach eggs
wòguǒr 沃果儿 N. poached eggs M: [2]zhī
[1]wòhàn 握汗 V.O. be worried about sth.
[2]wòhàn 握翰 V.O. write; paint
wōhémǎ 倭河马 N. pygmy hippopotamus
wòhén 渥痕 N. <topo.> water spots/stains
wòhǔ 卧虎[臥-] N. ① severe law-enforcement official ② tyrannical official ③ awe inspired by a high government official ④ brave general M: [2]zhī
wòhǔcánglóng 卧虎藏龙[臥-] ID. unnoticed talent
wōhúhóu 倭狐猴 N. dwarf lemur M: [2]zhī
wòhuì 渥惠 N. great kindness
wō huíqù 窝回去[窩-] R.V. <coll.> beat a retreat; give in
wōhuǒ 窝火[窩-] V.O. <coll.> seethe with anger
wōjí* 窝集[窩-] N. jungle/swampy area in the Northeast
wòjí 沃瘠 N. fertility
wōjiā 窝家[窩-] N. a person who harbors criminals
wǒjiā* 我家 P.W. my home/house/family
wǒjiàn 我见 N. my opinion
wǒjiànyóulián 我见犹怜[-猶憐] F.E. a very beautiful woman
wōjiǎo 蜗角[蝸-] N. ① snails' tentacles ② very tiny things
wōjiǎoxūmíng 蜗角虚名[蝸-虛-] F.E. strive for an empty reputation
wò jīdàn 卧/沃鸡蛋[臥雞-] V.O. poach eggs ♦N. poached eggs M: [1]kē/[2]zhī
wòjǐn 握紧[-緊] R.V. grip; hold fast
wǒjìnwǒlì 我尽我力[-盡--] F.E. I do the very best I can.; I do my very utmost.
wōjū 蜗居[蝸-] F.E. <wr.> humble abode
wōjù* 莴苣[萵-] N. lettuce; asparagus lettuce
wòjù 卧具[臥-] N. bedding (on a train/ship) M: [1]zhāng
wōjuàn 涡卷[渦-] N. scroll
wòjuàn* 握卷 V.O. read
wǒjūn 我军 N. our troops/army
wōké 蜗壳[蝸殼] N. spiral shape
Wōkòu 倭寇 N. <hist.> Japanese pirates M: [1]míng/[1]gè
wōkōuyǎn(r) 窝眍眼(儿)[窩瞘-] N. deep-sunken eyes
Wōkòu zhī luàn 倭寇之乱[-亂] N. <hist.> Japanese piracy along China's eastern coast in the 15th-16th centuries
wòlì 握力 N. <sport> grip
wǒliǎ 我俩 PR. we two; the two of us
wōlǐdòu 窝里斗[窩裡鬥] N. <coll.> internal fight
wōlifǎn 窝里反[窩裡-] N. infighting
wōlihèng 窝里横[窩裡-] N. <coll.> family tyrant
wòlìjì 握力计 N. dynamometer M: [1]bǎ
wōlipào 窝里炮[窩裡-] N. fighting and bickering among domestic servants
wòlìqì 握力器 N. <sport> spring-grip dumbbells M: [1]bǎ
wōliú 涡流[渦-] N. whirling fluid; eddy M: [2]zhī
wōliwōnang 窝里窝囊[窩裡窩-] R.F. ① slovenly; untidy ② stupid and cowardly
wòlóng 卧龙[臥-] ID. undiscovered talent M: [2]zhī
wōlú 蜗庐[蝸廬] N. cottage; simple dwelling
[1]wōlún 涡轮[渦-] N. turbine M: [2]zhī
[2]wōlún 蜗轮[蝸-] N. worm gear/wheel
wōlún fādiànjī 涡轮发电机[渦-發電-] N. turbogenerator; turbine generator
wōlún fādòngjī 涡轮发动机[渦-發動-] N. turbogenerator; turbine generator
wōlúnjī 涡轮机[渦-] N. turbine M: [1]tái
wōlún pēnqì fādiànjī 涡轮喷气发电机[渦--氣發電-] N. turbojet (engine) M: [1]tái
wōlún yǐnqíng 涡轮引擎[渦-] N. worm-wheel engine
wōluó 蜗螺[蝸-] N. <zoo.> shellfish (*Melania libertina*)
wǒmàn 我慢 N. <Budd.> egotism; self-intoxication

W

wòmèiqiúzhī 卧寐求之[卧-] F.E. seek for sth. even in sleep
wǒmen 我们 PR. we
wòméng 渥蒙 V. be deeply grateful for
wǒmenliǎ 我们俩 PR. <coll.> we two
wōnang 窝囊[窩-] S.V. ① good-for-nothing ② vexed ③ annoying
wōnangfèi 窝囊废[窩-廢] N. <coll.> oaf; lout
wōnángjìnr 窝囊劲儿[窩-勁-] N. slovenliness
wōnangqì 窝囊气[窩-氣] N. ① petty annoyances ② pent up frustration/grievance
wōnangqián 窝囊钱[窩-錢] N. <coll.> money spent in vain M: [1]zhǒng
wònèi 卧内[卧-] P.W. bedroom M: [1]jiān
wōniú* 蜗牛[蝸-] N. snail M: [2]zhī
wòniú 卧牛[卧-] N. ① a reclining ox ② <topo.> buttress for a wall M: [2]zhī
wōnóng* 窝脓[窩膿] A.T. suppurate
wǒnóng 我侬[-儂] PR. <topo.> I; my
Wōnú 倭奴 N. <trad./derog.> the Japanese; Japs M: [1]míng/[1]gè
wōpán 窝盘[窩盤] A.T. comfort; soothe
wòpèi 渥霈 N. copious rains
wōpeng 窝棚[窩-] N. shack; shed; matshed M: [2]zhī
wōpù 窝铺[窩-] N. temporary mat shed M: [1]zhāng
wòpù* 卧铺[卧-] N. sleeping berth; sleeper M: [1]zhāng
wòpùchē 卧铺车[卧-] N. sleeping compartment (of a train) M: [3]liàng
wòpùchē géjiān 卧铺车隔间[卧-] N. sleeping compartment
wòpùpiào 卧铺票[卧-] N. berth ticket M: [1]zhāng
wōqì* 窝气[窩氣] V.O. be forced to bottle up one's anger
wòqǐ 卧起[卧-] A.T. things pertaining to daily life
wò qilai 握起来 R.V. grasp; clench
wòqǔ 握取 V. grab
[1]wòquán 握拳 V.O. make/clench a fist
[2]wòquán 握权[-權] V.O. hold power
wòquántòuzhǎng 握拳透掌 F.E. harbor deep hatred
wōr 窝儿[窩-] N. ① place/den one occupies ② cave; pit
wòrǎng 沃壤 N. fertile soil M: [2]kuài/[1]piàn
wòráo 沃饶[-饒] S.V. <wr.> fertile
wōrchà 窝儿岔[窩-] N. <topo.> disagreement/quarrel between husband and wife
Wōrén* 倭人 N. ① Japanese ② pygmy M: [1]míng/[1]gè
wǒrén 我人 PR. we; us
wōrlǐfǎn 窝儿里反[窩-裡-] V.P. <coll.> internal strife; family quarrel
wòrùn 沃润 V.P. fertile and moist
wōshé 窝折[窩-] V. break (a stick/etc.) with the hands
wōshè 蜗舍[蝸-] N. cottage; simple dwelling M: [1]jiān
wòshè* 卧射[卧-] V. <mil.> fire from prone position
[1]wòshì 卧室[卧-] N. bedroom M: [1]jiān
[2]wòshì 卧式[卧-] N. <mach.> horizontal
[3]wòshì 渥饰 N. heavy decoration
wòshǒu 握手 V.O. shake/clasp hands
wòshǒuchéngjiāo 握手成交 F.E. shake hands on the bargain
wòshǒugàobié 握手告别 V.P. shake hands in farewell to sb.
wòshǒulǐ 握手礼[-禮] N. shaking hands to show courtesy M: [1]zhǒng
wòshǒuxībié 握手惜别 F.E. grasp a person's hand in farewell
wòshǒuyánhuān 握手言欢[-歡] F.E. shake hands and chat amicably (after a quarrel)
wōsǔn 莴笋[萵筍] N. asparagus lettuce M: [2]zhī
wōsuō 窝缩[窩-] V. roll/curl up
wòtà 卧榻[卧-] N. <wr.> bed M: [1]zhāng
Wòtàihuá 渥太华[-華] P.W. Ottawa
wōtáo 窝逃[窩-] ATTR. harbor a wanted criminal
wòtián 沃田 N. irrigated farmland M: [2]kuài/[1]piàn
wōtiáo 蜗髫[蝸-] N. <trad.> child's snaillike hairstyle
wōtóu 窝头[窩-] N. steamed bread of corn/sorghum/etc.
wòtǔ 沃土 N. fertile soil; loam M: [1]piàn/[2]kuài
wǒtuǒ 婑媠//鬌鬌 V.P. <wr.> beautiful; pretty
wòwèi 渥味 N. strong flavor
wōwo 窝窝[窩窩] N. ① cone-shaped steamed corn bread ② <topo.> small pit (in the ground) M: [2]zhī
wōwō* 喔喔 ON. crowing of a cock; cackling of fowl
wòwò 沃沃 R.F. ① robust ② glossy
wōwōbiébié 窝窝蹩蹩[窩窩-] R.F. <topo.> hemmed-in; cramped; confined
wōwōbiěbiě* 窝窝瘪瘪[窩窩-] R.F. <coll.> thin; bony
wōwōdòngr 窝窝洞儿[窩窩-] N. narrow/small space
wōwōnángnáng 窝窝囊囊[窩窩-] R.F. slovenly
wōwotóu 窝窝头[窩窩-] See wōwo
wòwū 卧屋[卧-] P.W. bedroom M: [1]jiān
wǒwǔwéiyáng 我武维扬[-揚] F.E. Our national influence has been spreading.
wòxià 握下 R.V. grasp
wǒxiàng réngé 我向人格 N. <psy.> autistic personality
wǒxiàng sīwéi 我向思维 N. <psy.> autistic thinking
wōxiǎozhèng 倭小症 N. <med.> dwarfism
wōxīn 窝心[窩-] V.O. suffer a raw deal ♦S.V. ① <coll.> disappointing ② <topo.> gratifying
wòxīnchángdǎn 卧薪尝胆[卧-嘗膽] ID. inure oneself for future trials
wōxíngniúbù 蜗行牛步[蝸-] F.E. snail-paced
wǒxíngwǒsù 我行我素 F.E. stick to one's old way of doing things
wōxīnjiǎo de huà 窝心脚的话[窩-腳--] N. <topo.> tongue lashing; severe criticism
wōxīnjiǔ 窝心酒[窩-] N. alcohol that burns in one's stomach
wōxīnqì 窝心气[窩-氣] N. bottled-up anger
wōxuán 蜗/涡旋[蝸/渦-] V. ① revolve; spiral; whirl ② <met.> vortex
wòxuán* 斡旋 V. mediate ♦N. good offices; mediation
wōxuánshì 涡旋式[渦-] N. vortex
wōxué* 窝穴[窩-] N. nest; den
wòxuě 卧雪[卧-] ID. behavior of a man of integrity and superiority
wòyǎn 沃衍 N. fertile area
wōyāo 窝腰[窩-] V.O. do waist exercises
wòyě 沃野 N. fertile land
wòyěmíwàng 沃野弥望[--彌-] F.E. boundless horizon
wòyěpíngchóu 沃野平畴[-疇] F.E. a plain of rich soil
wòyě qiānlǐ 沃野千里 N. vast/endless expanse of fertile land
wòyǐ 卧椅[卧-] N. chair that can be extended for sleeping M: [1]bǎ/[2]zhī
wōyīrúr 喔咿儒儿 F.E. force a smile
wōyō 喔唷 INTJ. oh!; ouch! See also ōyō
wòyóu 卧游[卧-] V. <wr.> travel vicariously through books and pictures
wòyǒu* 握有 V. hold
wòyú 沃腴 V.P. fertile
wòyún 卧云[卧雲] N. life of a hermit
wòyùn* 斡运[-運] V. move in a circle
wòyúr 卧鱼儿[卧-] N. <opera> posture of sleeping
wōzāng 窝赃[窩贓] V.O. cache stolen goods
wòzé 渥泽[-澤] N. great kindness
wǒzhí* 我执[-執] N. <Budd.> atma-graha; holding to the concept of the ego
wòzhì 卧治[卧-] V. govern without interfering with the people
wòzhōu 沃洲 P.W. oasis
wōzhū 倭猪[-豬] N. pygmy hog M: [2]zhī
wōzhǔ 窝主[窩-] N. ① fence; receiver ② master of a thieves' hideaway/den
wòzhù* 握住 R.V. hold tight
wòzhuā 握抓 V. hold
wōzhuàn 蜗篆[蝸-] N. <wr.> track of a snail
wòzhuàn* 斡转[-轉] V. revolve; rotate
wōzhuàngxīngxì 涡状星系[渦狀-] N. <astr.> spiral galaxy
wòzhuō 握捉 N. prehension
wōzi 窝子[窩-] N. nest
wòzī* 卧姿[卧-] N. <sport> prone/lying position M: [1]zhǒng
wǒzìjǐ 我自己 PR. I myself
[1]wū 屋 B.F. ① house *fángwū* ② room *wūzi*
[2]wū 污 B.F. ① dirty; filthy; foul *wūshuǐ* ② dirt; filth *fènwū* ③ corrupt *tānwū* ④ defile; smear *wūrǎn*
[3]wū 钨[鎢] N. <min.> tungsten; wolfram
[4]wū 呜[嗚] ON. toot; hoot
[5]wū 乌[烏] B.F. ① crow [1]*wūyā* ② black; dark *wūyún* ♦N. Surname *See also* [20]*wù*
[6]wū 巫 B.F. mage (in Shang and early Zhou); shaman; witch; wizard ♦N. Surname
[7]wū 诬[誣] B.F. slander; falsely accuse *wūmiè*, *bèiwū*
[8]wū 圬 B.F. ① trowel *wūgōng* ② plaster
[9]wū 於 B.F. sigh and exclaim [2]*wūmù* ♦in *wūtú* *See also* [1]*yú*
Wū 邬[鄔] N. Surname
[1]wú 无[無] V. not have; there is not ♦N. nothing; nil ♦B.F. no; not; without *wúxū*, *wúlùn* *See also* [11]*mó*
[2]wú 吾 PR. <wr.> *first person pronoun, usually nominative or genetive use* I; my; we; our
[3]wú 毋 ADV. <wr.> no; not; don't; must not
[4]wú 梧 B.F. wutong, Ch. parasol tree *wútóng* ♦in *kuíwú*
[5]wú 芜/庑[蕪/廡] B.F. ① overgrown with weeds ② mixed; disorderly [2]*wúbǐ* *See also* [9]*wǔ*
[6]wú 鼯 B.F. flying squirrel *wúshǔ*, *xiǎodàiwú*
[7]wú 鹀[鵐] B.F. <zoo.> bunting *xuěwú*, *tiánquèwú*
[8]wú 唔 in [4]*yīwú*, *bùwú de*
[9]wú 蜈 in *wúgōng*, *wúgōngcǎo*
[10]wú 捂 in [1]*zhīwú* *See also* [5]*wǔ*
Wú 吴[吳] N. ① Zhou-period state ② Wu Kingdom (222–280) ③ southern Jiangsu and northern Zhejiang ④ Surname
[1]wǔ* 五 NUM. five; 5 ♦N. <mus.> no. 6 in *gōngchěpǔ*
[2]wǔ 伍 NUM. five (form used on checks/etc.) ♦B.F. ① army *duìwu*, *rùwǔ* ② associates; ranks; five-man squad *xiūyǔwéiwǔ* ♦N. Surname
[3]wǔ 武 B.F. ① military *wǔqì* ② martial; valiant [2]*yīngwǔ* ♦N. ① <wr.> footstep ② Surname
[4]wǔ 舞 V. ① dance ② flourish; brandish ③ play tricks with; juggle ④ get ♦N. dance
[5]wǔ 捂[-/摀] V. seal; cover; muffle *See also* [10]*wú*
[6]wǔ 午 N. 7th of the 12 Earthly Branches ♦B.F. ① noon *wǔfàn*, *xiàwǔ* ② midnight *wǔyè*
[7]wǔ 侮 B.F. insult; bully *wǔrǔ*, *qīwǔ*
[8]wǔ 仵 B.F. <trad.> coroner *wǔzuò*
[9]wǔ 庑[廡] B.F. small rooms facing or to the side of the main hall *tángwǔ* *See also* [5]*wú*
[10]wǔ 怃[憮] B.F. ① tender affection ② disappointed *wǔrán*
[11]wǔ 忤/迕 B.F. disobedient; uncongenial [1]*wǔnì*, [2]*wéiwǔ* *See also* [12]*wǔ*
[12]wǔ 迕 B.F. meet *wǔyútúzhōng* *See also* [11]*wǔ*
[13]wǔ 鹉[鵡] in [1]*yīngwǔ*
[14]wǔ 妩[嫵] in *wǔmèi*
[15]wǔ 牾 in *dǐwǔ*
[16]wǔ 珷/碔 in [2]*wǔfū*
[1]wù 物 B.F. ① thing; matter [1]*wùjiàn*, *wùjià*, *wùlǐ* ② world vs. oneself *dàirénjiēwù*
[2]wù 雾[霧] N. fog; mist
[3]wù 误[誤] V. ① miss (due to delay) *Kuài zǒu, bié ~le chē.* Hurry, don't miss the bus. ② harm; injure ♦B.F. mistake; error [1]*wùjiě*, *wùhuì* ♦ADV. by mistake

[4]**wù** 悟/寤 V. realize; awaken ♦B.F. (come to) understand ***lǐngwù, wùxìng See also*** [9]*wù*

[5]**wù** 勿 ADV. do not ***Qǐng ~ xīyān.*** No smoking.

[6]**wù** 务[務] B.F. ① affair; business [2]***shìwù*** ② strive for/to ***wùqiú*** ③ devote oneself to (an occupation) ***wùnóng*** ④ must; should ***wùbì***, [2]***wùxū***

[7]**wù** 恶[惡] B.F. loathe; hate ***zēngwù, kěwù See also*** *ě*, [2]*è*

[8]**wù** 戊 N. 5th of the 10 Heavenly Stems

[9]**wù** 寤 B.F. awake ***wùmèi, wùjué See also*** [4]*wù*

[10]**wù** 晤 B.F. meet face to face [1]***huìwù, wùmiàn***

[11]**wù** 焐 V. warm up

[12]**wù** 兀 B.F. sudden ① ***tūwù*** ②, ***wù de***

[13]**wù** 坞[塢] B.F. ① depressed/sunken area [2]***wùqū*** ② area for boats sheltered from stormy weather [1]***chuánwù***

[14]**wù** 杌 B.F. low stool [2]***wùzi*** ♦in [2]***wùmù, táowù***

[15]**wù** 骛[鶩] B.F. ① move about freely [3]***wùwài*** ② go after; seek ***qūzhīrúwù***

[16]**wù** 鹜[鶩] B.F. duck ***wùlíng***, [3]***jīwù, qūwùshímáo***

[17]**wù** 卼 in [2]***nièwù***

[18]**wù** 痦 in [1]***wùzi***

[19]**wù** 阢 in ***wùnièbù'ān***

[20]**wù** 乌[烏] in ***wùla, wùlacǎo See also*** [5]*wū*

[21]**wù** 芴 N. <*chem.*> fluorene

[1]**wú'ài*** 无碍[-礙] V.P. ① unimpeded; without inconvenience ② <*Budd.*> unfettered; unhampered

[2]**wú'ài** 吾爱[-愛] N. my love; my darling

wǔ'ài 五爱[-愛] N. <*PRC*> five loves (of motherland, the people, labor, science, and socialism

wù'ǎi 雾霭[霧-] N. <*wr.*> mist

wú'àidàjú 无碍大局[-礙--] F.E. not affect the situation as a whole

wú'àiyú 无碍于[-礙於] V.P. it doesn't bother/matter

wǔ'ān 午安 F.E. Good afternoon!

wú'ànkějī 无案可稽 F.E. no records to be investigated

wù'ào 兀傲 V.P. <*wr.*> supercilious; arrogant; haughty; proud

Wǔbà 五霸 N. <*hist.*> the Five Powers/Hegemons of late Zhou

wúbābí 无巴鼻 A.T. have nothing to hold on to; be unreal

wūbǎi 乌桕[烏-] N. <*bot.*> Chinese tallow tree M: [1]*kē*

wǔbǎi* 五百 NUM. five hundred; 500

wūbān 污斑 N. stain M: [2]*kuài*

wǔbàn* 舞伴 N. dancing partner M: [2]*wèi*/[1]*míng*

wùbān 误班 V.O. miss/skip shift

wūbàng 诬谤 V. slander

wǔbàn(huā)shì 五瓣(花)饰 N. <*archi.*> cinquefoil (ornament)

wúbànzòu héchàng 无伴奏合唱 N. <*mus.*> a cappella

[1]**wùbào** 误报[-報] V. report incorrectly

[2]**wùbào** 雾豹[霧-] ID. retire from public life; live as a recluse

wú bàochou 无报酬[-報-] V.O. be without recompense

wǔbǎohù 五保户 N. <*PRC*> the five welfare guarantees M: [2]*wèi*/

wúbàopán 无报盘[-報盤] N. the lack of offers

wǔbāotāi 五胞胎 N. quintuplets

[1]**wúbèi*** 吾辈 PR. <*wr.*> we

[2]**wúbèi** 无备[-備] V.P. unprepared; without preparation

wǔbèi 武备[-備] N. <*wr.*> defense preparations; weapons; military equipment

wúbèihuā 无被花 N. achlamydeous flower

wú bèixuǎnquán 无被选权[-選權] V.P. ineligible for election

wǔbèizǐ 五倍子 N. Chinese gall; gallnut

wǔbèizǐchóng 五倍子虫[-蟲] N. <*bio.*> gall makers

wùběn 务本[務-] V.O. concentrate on the most important thing; attend to the basics/fundamentals

wúběnzhīmù 无本之木 N. be like a tree without roots

[1]**wúbǐ** 无比 V.P. unparalleled; matchless

[2]**wúbǐ** 芜鄙 V.P. muddled and limited (of writing)

wúbì 无裨 V.P. won't help; useless

wǔbì 舞弊 V. ① embezzle ② bribe; indulge in corruption ♦N. fraudulent practices; malpractices

wùbǐ 误笔[-筆] N. slip of the pen

wùbì* 务必[務-] AUX. must; should ***Nǐ ~ lái.*** You must come.

wúbiān* 无边[-邊] V.P. boundless; brimless

[1]**wǔbiàn** 武弁 N. ① hat for a military man ② military man

[2]**wǔbiàn** 舞抃 V. dance for joy

wùbiān fànwéi 坞边范围[塢邊範圍] N. dockside

wúbiān fēngyuè 无边风月[-邊--] N. boundless natural charms

wúbiànhuà 无变化[-變-] ATTR. unchanged

wúbiānmǎ shūrù xìtǒng 无编码输入系统 N. codeless input system

wúbiānwú'ài 无边无碍[-邊-礙] F.E. without restraints of any sort

wúbiānwú'àn 无边无岸[-邊--] F.E. boundless

wúbiānwújì 无边无际[-邊-際] F.E. limitless; vast

wǔbiānxíng 五边形[-邊-] N. pentagon

wú biànyì zuòyòng de 无辨义作用的[--義--] ATTR. <*lg.*> non-differentiating

wúbiāo 无标[-標] ATTR. <*lg.*> unmarked

wùbiāo* 雾标[霧標] N. fog buoy M: [1]*zhǒng*

wúbiāo de cíxù 无标的词序[-標---] N. <*lg.*> unmarked order

wúbiāojì 无标记[-標-] ATTR. <*lg.*> unmarked

wúbiāojì bùdìngshì 无标记不定式[-標----] N. <*lg.*> bare infinitive

wúbiāojì cí 无标记词[-標--] N. <*lg.*> unmarked term

wúbiāojìxìng 无标记性[-標--] N. <*lg.*> unmarkedness

wúbiāoxìng 无标性[-標-] N. <*lg.*> unmarkedness

wúbiāo yìyì 无标意义[-標-義] N. <*lg.*> unmarked meaning

wúbǐchù 无笔处[-筆處] N. between the lines of the text

wúbǐfènnù 无比愤怒 F.E. furiously indignant

wúbǐhuà 无笔画[-筆畫] N. brushless painting

wūbìn 乌鬓[烏鬢] N. young people (whose hair is still black)

wùbìnfēnghuán 雾鬓风鬟[霧鬢-] ID. beautiful tresses of a woman

wúbìngshēnyín 无病呻吟 F.E. moan and groan without cause

wúbǐng shífǔ 无柄石斧 N. <*archeo.*> hand ax M: [1]*bǎ*

wúbǐngyè 无柄叶[-葉] N. <*bot.*> sessile leaf

wú bìng yī shēn qīng 无病一身轻[-輕] F.E. Good health is a blessing.

wúbìngzìjiǔ 无病自灸 ID. invite trouble by uncalled-for moves

wúbǐyīngyǒng 无比英勇 F.E. unrivaled in bravery

wùbìyǒu'ǒu 物必有偶 F.E. Everything has a counterpart.

wúbìyúshì 无裨于事[--於-] F.E. will not mend matters

wǔ bízi 捂鼻子 V.O. <*coll.*> cover the nose

wǔbǐ zìxíng 五笔字型/形[-筆--] N. <*comp.*> one of numerous methods for entering characters by numbered strokes

wúbō* 无波 N. calm/smooth sea

wúbó 芜驳 V.P. disorderly; mixed-up; confused

wùbódìdà 物博地大 F.E. vast in territory and rich in resources

wùbóqínghòu 物薄情厚 F.E. The gift is paltry but its sentiment is great.

wūbǔ 乌哺[烏-] ID. support one's parents when they get old

wúbǔ 无补[-補] V.P. be of no help/avail

wúbù* 无不 ADV. without exception; invariably

wǔbù 舞步 N. dance step M: [1]*zhǒng*

wúbǔdàjú 无补大局[-補--] F.E. does not help the whole situation

wúbùfùdào 无不覆焘[--燾] F.E. all-encompassing; covers all

wùbùguòlái 务不过来[務-] R.V. <*coll.*> unable to care for all of sth.

wùbuliǎo 误不了 R.V. be guaranteed; won't miss

wǔbùpà 五不怕 N. <*PRC*> the five things one must be strong enough not to fear (dismissal, removal from the Party, divorce, imprisonment, or execution)

wúbùrúyì 无不如意 F.E. have everything go one's way

wǔbùshé 五步蛇 N. long-noded pit viper

wúbùshèliè 无不涉猎[-獵] F.E. dip into all subjects

wúbǔyúshì 无补于事[-補於-] V.P. of no avail

wúbùzànchéng 无不赞成 F.E. There is no one who doesn't approve.

wǔbuzhù 捂不住 R.V. can't cover up; cannot be concealed

wúcā 无擦 ATTR. <*lg.*> frictionless

wúcāi 无猜 V.P. innocent; naive

wǔcǎi* 五彩 N. five colors (blue, yellow, red, white, black) ♦ATTR. multicolored

wǔcǎibānlán 五彩斑斓 F.E. a riot of colors

wǔcǎibīnfēn 五彩缤纷[--繽-] F.E. blazing with color

wǔcǎibīnfēnwù 五彩缤纷物[--繽--] N. girandole

wǔcǎiduómù 五彩夺目[--奪-] F.E. colorful and eye-catching

wǔcǎihuàr 五彩画儿[--畫-] N. color painting

wúcǎisè 无彩色 N. neutral color

wǔcān* 午餐 N. midday meal; lunch

wùcān 误餐 V.O. miss mealtime

wùcānfèi 误餐费 N. compensation money for missed meals (of sb. on duty) M: [2]*bǐ*

wǔcānròu 午餐肉 N. <*loan*> canned luncheon meat M: *hé*/[2]*kuài*/[1]*piàn*

wúcáo 吾曹 PR. <*wr.*> we; us

wúcā tōngyīn 无擦通音 N. <*lg.*> ① frictionless continuant; approximant ② semi-vowel

wùcéngdǐng 雾层顶[霧層-] N. fog horizon

wùchā 误差 N. error

wùchābǐ 误差比 N. error ratio

wùchā hánshù 误差函数[-數] N. error function

wúchái 吾侪[-儕] PR. <*wr.*> we; us

wùchālǜ 误差率 N. error rate

wùChán 悟禅 V.O. come to understand the principles of Zen

wùchǎn* 物产[-產] N. ① products; produce ② natural resources

wūchāng 乌鲳[烏-] N. <*zoo.*> black pomfret

[1]**wúcháng** 无常 V.P. impermanent; changeable ♦N. ① Messenger of Death ② <*Budd.*> impermanent ♦ID. die

[2]**wúcháng** 无偿[-償] ATTR./ADV. free; gratis; gratuitous

Wǔchāng 武昌 P.W. Wuchang (in Hubei)

wǔcháng 五常 N. the five constant Confucian virtues/relationships (benevolence, uprightness, propriety, knowledge, good faith)

[1]**wǔchǎng*** 舞场[-場] P.W. dance hall; ballroom

[2]**wǔchǎng** 武场[-場] N. <*opera*> percussion accompaniment to battle scenes

wùchǎng 误场[-場] V.O. <*thea.*> ① miss a cue (of performers) ② miss a performance (of audience) ③ fail to turn up for the show

wú chángfù nénglì 无偿付能力[-償---] N. bankruptcy

wúchánggōngzǐ 无肠公子[-腸--] N. <*wr.*> crab

wúchángguǐ 无常鬼 N. messenger of death M: [1]*míng*/*ge1*

wú chánghuán nénglì 无偿还能力[-償還--] N. insolvency; bankruptcy

wúchángláodòng 无偿劳动[-償勞動] N. unpaid labor
wúchǎngpái de 无厂牌的[-廠--] ATTR. no-frills; non-brand name
Wǔchāng Qǐyì 武昌起义[-義] N. <hist.> Wuchang Uprising (October 10, 1911)
wúcháng shǐyòng 无偿使用[-償--] V.P. use without compensation
wú chángwù 无长物 V.P. ① have no extra things ② lack property; be impoverished
wǔchāngyú 武昌鱼 N. <zoo.> blunt-snout bream M: [1]wěi
wúcháng yuánzhù 无偿援助[-償--] V.P. aid without repayment ♦N. voluntary assistance; aid
wú chángzhài nénglì 无偿债能力[-償---] N. insolvency ♦ATTR. insolvent
wúchǎn jiējí 无产阶级[-產階-] N. <pol.> proletariat
wúchǎn jiējí zhuānzhèng 无产阶级专政[-產階-專-] N. dictatorship of the proletariat
wúchǎnzhě 无产者[-產-] N. <pol.> proletarian M: [2]wèi/[1]míng/[1]gè
wùchāxiàn 误差线 N. margin of error M: [1]tiáo
wùchē 误车 V.O. ① cause a vehicle to fall behind schedule ② miss a train/bus
wùchè* 悟彻[-徹] V. comprehend completely
wùchén 戊辰 N. 5th year of the Sexagenary Cycle (1868, 1928, 1988 etc.)
wūchénchén 乌沉沉[烏-] R.F. pitch-dark
wùchénchén* 雾沉沉[霧-] R.F. very foggy
wúchéng 无成 V.O. achieve nothing
wùchēng* 误称[-稱] V. use the wrong term of address; call sb. by a wrong name
wūchí 污池 N. stagnant pool
wúchǐ* 无耻[-恥] S.V. shameless; brazen
[1]**wǔchí** 舞池 N. dance floor
[2]**wǔchí** 五迟[-遲] N. <Ch. med.> five kinds of retardation
wúchǐgòudàng 无耻勾当[-恥-當] F.E. shameless practices/intrigues/designs
wúchǐlányán 无耻谰言[-恥--] F.E. a shameless lie
wúchǐtòudǐng 无耻透顶[-恥--] F.E. brazen in the extreme
wúchīwúchuān 无吃无穿 F.E. have nothing to eat or wear
wúchǐzhījí 无耻之极[-恥-極] F.E. be lost to shame
wúchǐzhītú 无耻之徒[-恥--] N. a shameless person M: [2]wèi/[1]míng/[1]gè
wúchǐzhīyóu 无耻之尤[-恥--] N. sth. brazen in the extreme
wǔchóngchàng 五重唱 N. <mus.> (vocal) quintet
wǔchóngtài 五重态[-態] N. quintuplet
wúchōngtūlùn 无冲突论[-衝--] N. the theory that no contradictions exist
wǔchóngxiàn 五重线 N. <mus.> quintet
wǔchóngzòu 五重奏 N. <mus.> (instrumental) quintet
wūchòu 污臭 ATTR. stinking ♦N. foul odor
wǔchǒu(r)* 武丑(儿) N. <opera> acrobatic clown M: [1]míng
wúchóu láodòng 无酬劳动[-勞動] N. unpaid labor
wúchū 无出 N. without any offspring/children
wúchù* 无处[-處] V.P. nowhere (to do sth.)
wǔchù 五畜 N. ① five domestic animals (cattle, sheep, swine, dogs, fowl) ② livestock in general
wùchū 悟出 R.V. come to realize *Wǒ ~le zhè jù huà de yìsi.* I've made out the meaning of this sentence.
wùchù 误触[-觸] V. touch by mistake
[1]**wùchuán** 误传[-傳] V. misrepresent; transmit (facts) incorrectly
[2]**wùchuán** 误船 V.O. miss the boat
wúchuāng 无窗 ATTR. windowless
wùchuǎng* 误闯 V. enter by mistake
wúchùcángshēn 无处藏身[-處--] F.E. have nowhere to hide/stay

wúchùcúnshēn 无处存身[-處--] F.E. find no shelter
wúchùkěqù 无处可去[-處--] V.P. have nowhere to go
wù chūlai 悟出来 R.V. realize; awaken
wúchūqíyòu 无出其右 F.E. peerless
wúchùróngshēn 无处容身[-處--] F.E. have nowhere to rest
wúcī* 无疵 V.P. flawless; without blemish/defect
wúcí 芜词 N. superfluous words
wúcígē 无词歌 N. a song without words M: [2]shǒu/
wúcīkěxún 无疵可寻[-尋] F.E. flawless; perfect
wúcíwěi fùcí 无词尾副词 N. <lg.> flat adverb
wúcíyǐduì 无词以对[-對] F.E. have nothing to say in reply
wúcóng 无从[-從] V.P. ① unable to ② have no way to lay hands on ③ not know how to start
wùcóngdǎnshēng 恶从胆生[惡從膽-] F.E. wrath rises from one's heart
wúcóngjiāodài 无从交代[-從--] V.P. have no way of confessing
wúcóngrùshǒu 无从入手[-從--] F.E. There is no way to begin.
wúcóngshuōqǐ 无从说起[-從--] V.P. not know where to begin telling (a story)
wúcóngxiàshǒu 无从下手[-從--] V.P. have no way of doing sth.; not know how to start
wúcóngzhìhuì 无从置喙[-從--] F.E. be impossible to intervene
wúcóngzhuōmō 无从捉摸[-從--] F.E. There's nothing (in his speech) to lay hold of.
wúcóngzhuóshǒu 无从着手[-從著-] V.P. have no way of handling
wúcuò 无措 V.P. act strangely
wú cuòwù 无错误 V.O. be error-free; have no errors
wǔdǎ* 武打 N. acrobatic fighting
Wǔ-Dà 武大 ab. *Wǔhàn Dàxué*
wǔdài* 五带[-帶] N. <geog.> the five zones
Wǔdài 五代 N. <hist.> Five Dynasties (907–960)
wùdài 雾带[霧帶] N. fog belt M: [1]tiáo
Wǔdài Shíguó 五代十国[-國] N. <hist.> Five Dynasties (907–960) and Ten Kingdoms (902–979)
wǔdàitóngtáng 五代同堂 F.E. five generations living under the same roof
wǔdàn* 武旦 N. <opera> female warrior role M: [1]míng/[2]wèi
wùdàn 雾弹[霧-] N. aerosol bomb M: [2]zhī
wúdānbǎo dàikuǎn 无担保贷款[-擔---] N. ① unsecured loan ② credit on an unsecured basis ③ signature loan
wúdānbǎo fùzhài 无担保负债[-擔---] N. <acct.> unsecured liabilities M: [2]bǐ
wúdǎng 吾党[-黨] N. <wr.> my fellows
wúdǎngpài* 无党派[-黨-] ATTR. without party affiliation; nonparty
Wǔdāngpài 武当派[-當-] N. Wudang School of Chinese boxing, which stresses the use of internal force
wúdǎngpài rénshì 无党派人士[-黨---] N. nonparty person
wúdǎngwúpài 无党无派[-黨--] F.E. without party affiliation of any sort; nonpartisan
wǔdānwèi diànchuán diànmǎ 五单位电传电码[---電傳電-] N. five-unit teletype code
wǔdānwèi diànmǎ 五单位电码[---電-] N. five-unit code
wǔdānwèi-mǎ 五单位码 N. five-unit code; five-bit code
wǔdānwèi-zhì diànmǎ 五单位制电码[----電-] N. five-unit code
wúdào 无道 V.P. ① not follow the Way; be without principles ② tyrannical; unjust ♦N. tyranny; injustice
wǔdāo 舞刀 V.O. perform swordplay
wǔdǎo* 舞蹈 N. dance M: [1]zhǒng
wǔdào 五道 N. <Budd.> the five ways of passing through the cycle of existence
wùdǎo 误导[-導] V. mislead

wùdào 悟道 V.O. ① grasp the truth ② understand the principles of Buddhism
wǔdǎobìng 舞蹈病 N. <med.> chorea M: [1]zhǒng
wúdàobùgū 吾道不孤 F.E. <wr.> I am not alone in my pursuit/practice/etc.
wú dàodé 无道德 V.P. amoral
wǔdǎo dòngzuò 舞蹈动作[--動-] N. dance movement
wǔdǎojiā 舞蹈家 N. dancer M: [2]wèi/[1]míng/[1]ge
wǔdāonòngqiāng 舞刀弄枪[-槍] F.E. involve in martial/military practice
wǔdǎoshè 舞蹈社 N. dance agency M: [1]zhǒng
wǔdǎo shèjì 舞蹈设计 N. choreography M: [1]zhǒng
wǔdǎoxì 舞蹈系 P.W. dance department
wǔdǎo zhǐhuī 舞蹈指挥 N. choreographer
wùdàozhīyán 悟道之言 N. enlightened views
wǔdǎpiān 武打片 N. acrobatic fighting film M: [2]chǎng
wǔdàsāncū 五大三粗 F.E. <coll.> sturdy (of body)
wúdàwúxiǎo 无大无小 F.E. ① regardless of size ② disregard conventions as to status/age/etc.
wùdǎwùzhuàng 误打误撞 F.E. accidentally
wǔdàzhōu 五大洲 P.W. five continents
wǔ de 伍的 PR. <topo.> and such like
wǔdé* 武德 N. soldierly virtues
wù de 兀的 PR. this ♦ADV. ① how ② all of a sudden
wùdé 悟得 V. become aware of; realize
wūdēng 钨灯[鎢燈] N. tungsten lamp M: [2]zhī
wúděng 吾等 PR. <wr.> we; us
wǔděng* 五等 N. <hist.> the five ranks of nobility (duke, marquis, count, viscount, baron)
wùdēng 雾灯[霧燈] N. fog light/lamp M: [2]zhī
wùdèng 杌凳 N. square stool M: [1]tiáo
wúdēng-fúbiāo 无灯浮标[-燈-標] N. unlighted buoy
wūdēnghēihuǒ 乌灯黑火[烏燈-] F.E. <coll.> pitch-dark
wūdǐ 诬诋 V. frame (sb.)
wúdí* 无敌[-敵] V.P. unmatched; invincible
wúdì 吾弟 N. <wr.> my younger brother
Wǔ-Dì 五帝 N. <hist.> the Five (mythological) Emperors
[1]**wùdī** 雾滴[霧-] N. droplet
[2]**wùdī** 雾堤[霧-] N. fogbank
wùdí 雾笛[霧-] N. fog horn; reed horn M: [1]zhǒng
wūdiǎn* 污点[-點] N. stain; spot; blemish
wùdiǎn 误点[-點] V.O. be late; be behind schedule *Huǒchē ~ shífēnzhōng.* The train is 10 minutes late.
wúdiàoxìng 无调性 N. <mus.> atonality
wúdiàoxìng yīnyuè 无调性音乐[-樂] N. atonal music
wúdíbùkè 无敌不克[-敵--] F.E. smash whoever stands in the way
wúdǐdòng 无底洞 N. bottomless pit
wúdìfàngshǐ 无的放矢 F.E. shoot at random
wúdí jiànduì 无敌舰队[-敵艦隊] N. unmatched fleet M: [1]sōu
wú dǐkàng 无抵抗 V.P. be without resistance ♦N. nonresistance
wúdìlìzhuī 无地立锥 F.E. miserably poor
wūdǐng* 屋顶 N. roof; housetop
wúdìng 无定 <lg.> N. indeterminant ♦ATTR. indeterminate; free; indefinite
wǔdìng 五定 N. <PRC> five items to be predetermined in construction projects
wúdìng de guàncí 无定的冠词 N. <lg.> indefinite article
wúdìng fēnyīn 无定分音 N. <lg.> sound in free variation
wūdǐng gāokuàbǐ 屋顶高垮比 N. roof pitch
wúdìng guàncí 无定冠词 N. <lg.> non-definite article
wūdǐng huāyuán 屋顶花园[-園] N. roof garden
wúdìngshì 无定式 N. <lg.> infinitive
wúdìng xiàncí 无定限词 N. <lg.> non-definite determiner

wúdìngxíng 无定形 ATTR. amorphous; formless ♦N. indeterminacy
wúdìngxíng jù 无定形句 N. <lg.> amorphous sentence
wúdìngyì 无定义[-義] ATTR. undefined
wúdí yú tiānxià 无敌于天下[-敵於--] V.P. matchless; peerless; invincible
wúdìzìróng 无地自容 F.E. no place to hide; extremely ashamed
wūdōng 乌鸫[烏-] N. blackbird M: *zhī*
wǔdòng* 舞动[-動] V. ① brandish ② dance; prance
wúdòngcí 无动词[-動-] ATTR. <lg.> verbless
wúdòngcí cóngjù 无动词从句[-動-從-] N. <lg.> verbless clause
wúdòngcí yǔjù 无动词语句[-動---] N. <lg.> verbless expression
wǔdōngliùxià 五冬六夏 F.E. all year round
wúdōngwúxià 无冬无夏 F.E. all year round
wúdòngyúzhōng 无动于衷[-動於-] F.E. indifferent; unmoved
wùdòngzuò 误动作[-動-] N. malfunction
wūdòu 乌豆[烏-] N. black beans
wǔdòu* 武斗[-鬥] N./V. resort to violence
wǔdǒuguì 五斗柜[-櫃] N. chest of drawers M: ²*zhī*
wǔ dǒu mǐ zhéyāo 五斗米折腰 ID. compromise one's principles for some scanty material reward
¹**wūdú** 污毒 N. foul and poisonous thing
²**wūdú** 污渎[-瀆] N. muddy pool; shallow ditch
wúdú* 无毒 V.P. nonpoisonous
wúdù 无度 V.P. immoderate; excessive
wǔdú 五毒 N. ① the five poisonous creatures (scorpion, viper, centipede, lizard, toad) ② the five evils (bribery, tax evasion, theft of state property, cheating on government contracts, stealing economic information)
wùdú 误读[-讀] N./V. mispronunciation; misreading
wúduān* 无端 ADV. ① for no reason ② without limit
wǔduǎn 五短 N. a person who is short in the trunk, arms, and legs
wǔduàn 武断[-斷] N. arbitrary decision; subjective assertion ♦S.V. arbitrary; subjective
wǔduǎnsāncū 五短三粗 F.E. short and sturdy (of figure)
wǔduǎn shēncái 五短身材 N. short (of stature)
wúduān wǔrǔ 无端侮辱 N./V.P. gratuitous(ly) insult
wǔduànzhuānhèng 武断专横[-斷專-] F.E. arbitrariness and imperiousness
wúdú bù zhàngfu 无毒不丈夫 F.E. to become sb. requires ruthlessness; One who is not ruthless is not a truly great man.
wǔdú'é 舞毒蛾 N. gypsy moth M: ²*zhī*
wùduì 晤对[-對] V. meet face-to-face
wú duìbǐxìng de 无对比性的[-對---] ATTR. non-contrastive
wúduìxiàng 无对象[-對-] ATTR. purposeless; aimless
wǔdújùquán 五毒俱全 F.E. have all five vices (of drinking/smoking/etc.)
wùduónóngshí 勿夺农时[-奪農時] F.E. Do not take away people's time for planting and harvesting
wúduōyǒushǎo 无多有少 F.E. It doesn't matter how much.
wúdúshé 无毒蛇 N. nonpoisonous snake M: ¹*tiáo*
wúdúyǒu'ǒu 无独有偶[-獨--] F.E. ① is not unique but has a double ② by coincidence
wǔdùzhì shēngdiào fúhào 五度制声调符号[---聲--號] N. <lg.> tonal diacritics
wù'é 误讹 V. cheat the wrong person
wù'è 恶恶[惡惡] V.O. hate evil
wú'èbùzuò 无恶不作[-惡--] F.E. stop at no evil
wù'ècóngduǎn 恶恶从短[惡惡從-] F.E. decry evil without acting
wú'èr* 无二 V.O. matchless; unique
wǔ'ěr 忤耳 V.O. grate on the ear

wū'érbùrǎn 污而不染 F.E. live in a bad neighborhood, but grow up uncontaminated
Wū'ěrdūyǔ 乌尔都语[烏-] N. Urdu language
wú'èrguǐ 无二鬼 N. mischievous rascal
wú'èrjià 无二价[-價] N. fixed price
wú'érwúnǚ 无儿无女 F.E. childless
wú'èyú 无颚鱼 N. <bio.> jawless fish M: ¹*wěi*
wūfà 乌发[烏髮] N. dark/raven hair M: ¹*tóu*
wúfǎ* 无法 V.O. unable to; cannot
wúfǎ chíxù 无法持续[-續] V.P. be unsustainable
wúfǎkěshī 无法可施 F.E. unable to do anything about sth.
wúfǎkěxiǎng 无法可想 V.P. no alternative
wúfǎ kòngzhì 无法控制 V.P. out-of-control
wúfǎ liǎojiě 无法了解 V.P. ① unable to understand/know ② unintelligible
wúfǎ lìyòng 无法利用 V.P. ① unable to utilize ② unusable
wúfǎ míbǔ 无法弥补[-彌補] V.P. irreparable
wúfán 芜繁 V.P. convoluted
wǔ-fǎn 五反 N. <pol.> the "five oppositions" (bribery, tax evasion, theft of state property, cheating on government contracts, and stealing economic information)
wǔfàn* 午饭 N. midday meal; lunch
wùfàn 误犯 V. violate unintentionally
wùfāndiǎndiǎn 雾帆点点[霧-點點] F.E. Distant sails seem like floating dots on the misty water.
wúfāng 无方 V.P. ① no proper/correct way ② no set pattern
wúfáng* 无妨 AUX. there's no harm; may as well; doesn't matter; unimportant
wǔfāng 五方 N. all directions (north, south, east, west, center)
wùfàng 误放 V. set free unintentionally
wǔfāngrénshì 五方人士 F.E. people from all regions
wúfāngxiàngxìng 无方向性 ATTR. non-directional
wǔfāngzáchǔ 五方杂处[-雜處] F.E. inhabited by people from all walks of life
wǔfāngzájù 五方杂聚[--雜-] *See wǔfāngzáchǔ*
wúfǎng zhīwù 无纺织物[--織-] N. <txtl.> adhesive-bonded fabric
wūfànshù 乌饭树[烏-樹] N. oriental blueberry M: ¹*kē*
wūfàrǔ 乌发乳[烏髮-] N. shampoo to make the hair darker
wúfǎ tiáohé 无法调和 V.P. irreconcilable
wúfǎ tìdài 无法替代 V.P. irreplaceable
wúfǎwúbiān 无法无边[-邊] F.E. defy laws human and divine
wúfǎwútiān 无法无天 F.E. defy laws human and divine
wúfǎ xíngróng 无法形容 V.P. beyond description
wúfēi 无非 ADV. nothing but; than; simply; only
wūfēitùzǒu 乌飞兔走[烏飛-] ID. time flies
wúfēn 无分 A.T. ① have nothing to do with it ② be denied a share
wǔfēn* 五分 N. ① fifty percent ② five cents
wúfēnbǐcǐ 无分彼此 F.E. one for all and all for one
wúfēng* 无风 ATTR. <met.> calm; breezeless
wǔfēng 五风 N. <PRC> the five unhealthy tendencies that surfaced during the 1958 movement to form people's communes
wùfēng 雾峰[霧-] N. peaks in the fog M: ⁴*zuò*
wúfēng bù qǐ làng 无风不起浪 ID. there's no smoke without fire
wúfēngdài 无风带[-帶] N. <met.> calm belt/zone M: ¹*tiáo*
wúfèng gāngguǎn 无缝钢管[--鋼-] N. seamless steel tube/pipe M: ¹*tiáo*
wúfèngkězuān 无缝可钻[-鑽] F.E. tight and close
wúfēngluòtuo 无峰骆驼 N. <zoo.> llama
wúfēngqǐlàng 无风起浪 ID. make a mountain out of a molehill

wúfēng sān chǐ làng 无风三尺浪 F.E. The sea voyage is full of risks.
wǔfēngshíyǔ 五风十雨 F.E. ① different categories of rainfall intensity and wind scales ② seasonable rains and moderate winds
wùfēnlèi wùjiàn 误分类物件[--類--] N. missorted items
wúfēnliè shēngzhǎng 无分裂生长 N. <bio.> auxesis
wǔfēnmíngr 五分明儿 N. early dawn
wǔ fēn qián 五分钱[--錢] N. nickel; five cents
wúfēnxuānzhì 无分轩轾 F.E. draw or tie; be well-matched
wǔfēnzhì 五分制 N. five-grade marking system M: ¹*zhǒng*
wǔ fēnzhōng rèdù 五分钟热度[--鐘熱-] N. short-lived enthusiasm
wūfú 诬服 V. plead guilty when innocent (usu. because of torture)
wúfū 无夫 V.O. have no husband
wúfù 无父 V.O. have no father
¹**wǔfū*** 武夫 N. ① warrior ② man of great physical prowess M: ¹*míng*/¹*ge*
²**wǔfū** 珷玞//碔趺 N. <wr.> a jade-like stone
¹**wǔfú** 五服 N. <trad.> ① different mourning dress worn by relatives of different levels of closeness to the deceased ② distant or close relationship among relatives
²**wǔfú** 五福 N. five happinesses (longevity, wealth, health, love of virtue, and natural death)
¹**wùfú** 误服 V. take the wrong medicine
²**wùfú** 误符 N. erratum
wùfù 误付 N. payment by mistake
wùfǔchóngshēng 物腐虫生[--蟲-] ID. ① worms breed in decaying matter ② A nation falls only when it has already been on the decline.
wǔfúlínmén 五福临门[--臨-] F.E. The five blessings have descended upon the house.
wùfùmín'ān 物阜民安 F.E. Goods are plentiful and the people are happy.
wùfùmínfēng 物阜民丰[-豐] F.E. Goods are plentiful and the people live in plenty.
wùfùmínkāng 物阜民康 F.E. Goods are plentiful and the people are happy.
wúfúxiāoshòu 无福消受 F.E. not have the luck to enjoy
wúfǔzuòhén 无斧凿痕[--鑿-] F.E. show consummate skill
wúgài 无盖[-蓋] ATTR. coverless; lidless
wǔgài* 捂盖[-蓋] V. cover up
wǔ gàizi 捂盖子[-蓋-] V.O. cover up the truth
wúgān 无干 V. have nothing to do with
Wūgāndá 乌干达[烏-達] P.W. Uganda
wūgāng* 钨钢[鎢鋼] N. wolfram/tungsten steel
Wǔ-Gāng 武钢[-鋼] AB. *Wǔhàn Gāngtiě Gōngsī*
wú gǎnjué 无感觉[-覺] V.P. have no feeling/perception ♦N. insentience; imperception
wú gǎnqíng 无感情 V.P. be without emotion ♦N. insensibility
wúgānqīngshì 无干卿事 F.E. That's none of your business.
wúgānrǎo yùnxíng 无干扰运行[--擾運-] N. trouble-free operation
wúgǎnshòuxìng 无感受性 N. immunity
wūgào* 诬告 V. frame; falsely accuse
wúgào 无告 <wr.> A.T. ① have no recourse ② sufferer without recourse
wúgāobùpān 无高不攀 F.E. Nothing is beyond one's reach.
wūgàofǎnzuò 诬告反坐 F.E. False charges will bring upon the accuser the same punishment he intended for the accused.
wūgào hǎorén 诬告好人 V.O. falsely accuse an innocent person
wúgào qióngmín 无告穷民[--窮-] N. hopeless people
wūgàoxiànhài 诬告陷害 F.E. false charge or frame-up
wūgàozuì 诬告罪 N. ① false witness ② fake accusation M: ¹*zhǒng*
wǔgē* 舞歌 N. dance song M: ²*shǒu*

wùgē 晤歌 V. sing face-to-face
Wūgē'ěryǔ 乌戈尔语[烏-] N. Ugric language
wǔgēng 五更 N. <trad.> ① five night watches (each of two hours, 7 p.m. to 5 a.m.) ② fifth night watch (about 4 a.m.)
wǔgēngtiān 五更天 N. just before dawn
wǔgēngxiè 五更泄 N. <Ch. med.> pre-dawn abdominal pains and diarrhea
wúgēnshuǐ 无根水 N. <Ch. med.> rain/well water that is free of sediments
wúgēnwúdì 无根无蒂 F.E. groundless
wúgéshì 无格式 ATTR. unformatted
wúgéwèi wèizhì 无格位位置 N. <lg.> caseless position
wùgèyǒushí 物各有时[-時] F.E. Everything is good in its season.
wùgèyǒuzhǔ 物各有主 F.E. Everything has its owner.
wǔgōng 圬工 N. <trad.> ① masonry ② mason; tiler; plasterer; bricklayer M: [1]*gè*/[2]*wèi*
wúgōng 蜈蚣 N. centipede M: [2]*zhī*
[1]**wǔgōng*** 武功/工 N. ① <wr.> military accomplishments ② martial art ③ acrobatic skill
[2]**wǔgōng** 五公 N. <log.> the five concepts (class, species, specific difference, inherent non-essential attribute, and casual attribute)
[1]**wùgōng** 误工 V.O. ① delay work ② be absent/late for work; lose working time
[2]**wùgōng** 务工[務-] V.O. ① be engaged in industrial/engineering activity ② apply labor
wúgōngbùfù 无工不富 F.E. no prosperity without development of rural enterprises
wúgōng bù shòulù 无功不受禄 F.E. Don't get a reward if it's not deserved.
wúgōngcǎo 蜈蚣草 N. <bot.> ciliate desert-grass; centipede grass
wǔgōngduì 武工队[-隊] N. armed working detachment (in anti-Japanese war) M: [2]*zhī*
wú gōnghài 无公害 V.P. be environmentally/socially harmless
wǔgòngr 五供儿 N. five sacrificial offerings
wúgōngshòulù 无功受禄 F.E. get undeserved rewards
wúgōng tīzi 蜈蚣梯子 N. rope ladder
wūgòu* 污垢 N. dirt; filth
wúgōu 吴钩[-鉤] N. <wr.> hook-shaped knife
wúgòu 无垢 V.P. spotless
wúgōutāochóng 无钩绦虫[-鉤絛蟲] N. beef tapeworm
wūgǔ 巫蛊[-蠱] N. art of casting spells
wúgū* 无辜 S.V. innocent ♦N. innocent person M: [1]*míng*/[1]*ge*
wúgǔ 无骨 V.P. supple; pliant (as if a girl dancer/etc. were without a bone in her body)
wúgù 无故 V.O. without cause/reason
[1]**wǔgǔ** 五谷[-穀] N. ① five cereals (rice, two kinds of millet, wheat, beans) ② food crops; all grains
[2]**wǔgǔ** 五古 N. pentasyllabic ancient-style poetry
[3]**wǔgǔ** 五鼓 N. <trad.> ① five night watches (each of two hours, 7 p.m. to 5 a.m.) ② fifth night watch (about 4 a.m.)
wùgù 物故 V.P. <wr.> pass away; die
wúguài 无怪 V.P. no wonder; not to be wondered at
wúguàihū 无怪乎 V.P. no wonder; not surprisingly
wúguān* 无关[-關] V.O. have nothing to do with; be irrelevant
[1]**wǔguān** 武官 N. military officer/attaché M: [2]*wèi*/[1]*míng*/[1]*gè*
[2]**wǔguān** 五官 N. ① five sense organs (ears, eyes, lips, nose, tongue) ② facial features
wǔguānchù 武官处[-處] P.W. military attaché's office
wúguān dàjú 无关大局[-關--] V.P. not affecting the general situation; insignificant; of little account
wǔguān duānzhèng 五官端正 V.P. ① have regular features ② pleasant-looking face with the five organs in normal shape and position
wǔguāngshísè 五光十色 F.E. ① multicolored ② multifarious
wúguānhóngzhǐ 无关宏旨[-關--] F.E. insignificant; minor; immaterial; unimportant
wúguānjǐnyào 无关紧要[-關緊-] F.E. of no importance; immaterial
wǔguānkē 五官科 N. <med.> department devoted to the five sense organs
wúguāntòngyǎng 无关痛痒[-關-癢] ID. ① of no consequence; irrelevant ② unconcerned
wú guān yī shēn qīng 无官一身轻[-輕] F.E. happily withdrawn from office
wúguānzhòngyào 无关重要[-關--] F.E. unimportant; trivial
wúgùbùdào 无故不到 F.E. be absent without official leave (AWOL)
wǔgǔbùdēng 五谷不登[-穀--] F.E. produce bad harvests
wǔgǔbùfēn 五谷不分[-穀--] F.E. ignorant of common things
wǔgǔchóng 五谷虫[-穀蟲] N. a good-for-nothing M: [1]*tiáo*
wǔgǔfēngdēng 五谷丰登[-穀豐-] F.E. abundant harvest of all food crops
wūguī* 乌龟[烏龜] N. ① tortoise ② cuckold M: [2]*zhī*
wúguī 无规 ATTR. <phy.> random
wúguǐ 无轨 ATTR. trackless
wúguǐ diànchē 无轨电车[--電-] N. trackless trolley; trolleybus M: [2]*zhī*
wùguīgùzhǔ 物归故主[-歸--] F.E. return a thing to its rightful owner
wūguīké 乌龟壳[烏龜殼] N. ① tortoise shell ② <coll.> enemy's pillbox/tank M: [1]*zhǒng*
wúguīkěxún* 无规可循 F.E. have no laws to follow
wúguǐkěxún 无轨可循 F.E. have no precedent to follow
wú guīshǔ fēncí 无归属分词[-歸屬--] N. <lg.> hanging/dangling participle
wūguīwángba 乌龟王八[烏龜--] F.E. all kinds of scoundrels
wúguī wùchā 无规误差 N. random error
wúguīxìng 无规性 N. randomness
wùguīyuánchù 物归原处[-歸-處] F.E. put sth. back where it was before
wùguīyuánzhǔ 物归原主[-歸--] F.E. return sth. to its rightful owner
wūgǔjī 乌骨鸡[烏-雞] N. dark-boned and dark-skinned chicken M: [2]*zhī*
Wúguó 吴国[-國] N. <hist.> Wu kingdom (222–280)
wúguò 无过 V.O. be without fault/blame
wùguó* 误国[-國] V.O. harm/endanger one's country
wúguòbùjí 无过不及 F.E. be free from excess and deficiency
wúguǒ guǒshù 无果果树[-樹] N. <agr.> seedless fruit tree
wùguóhàimín 误国害民[-國--] F.E. obstruct national affairs and bring woe to the masses
wú guójí 无国籍[-國-] V.P. be stateless
wúguójírén 无国籍人[-國--] N. stateless person M: [1]*míng*/[1]*ge*
wúguójízhě 无国籍者[-國--] N. stateless person M: [1]*míng*/[1]*ge*
wú guòshī 无过失 V.P. unerring; unimpeachable
wùguóyāngmín 误国殃民[-國--] F.E. harm the country and bring calamity on the people
wúguōyú 吴郭鱼 N. <zoo.> mouth breeder
wùgùshēnwáng 物故身亡 F.E. pass away; die
wūhài 诬害 V. calumniate; malign
wúhài* 无害 V.O. ① harmless ② <wr.> incomparable
wúhài tōngguò 无害通过 V.P. <law> innocent/inoffensive passage
wúhài wùzhì 无害物质[-質] N. innocuous substance
Wú Hán 吴晗 (1909–1969) N. a leading authority on Ming history
Wǔhàn* 武汉[-漢] P.W. Wuhan (in Hubei)
wùhán 恶寒[惡-] V.P. <Ch. med.> ① aversion to cold ② chilling spasm *See also* *èhán*
Wǔhàn Dàxué 武汉大学[-漢--] P.W. Wuhan University
wǔháng 武行 N. <opera> specialists in acrobatics
wùháng* 误航 V. make a flying/navigational error
Wǔhàn Gāngtiě Gōngsī 武汉钢铁公司 P.W. Wuhan Steel Company
wǔhángbāzuò 五行八作 F.E. all trades and professions
wǔháng dǎyóushī 五行打油诗 N. limerick M: [2]*shǒu*
wùhánzhànlì 恶寒战栗[惡-戰-] F.E. shiver from cold
[1]**wùhào** 物耗 N. consumption of materials
[2]**wùhào** 雾号[霧號] N. foghorn
wǔ-hǎo jiātíng 五好家庭 N. a "five-good" family M: [1]*ge*
wǔ-hǎo zhànshì 五好战士[--戰-] N. a "five-good" fighter M: [1]*míng*/[1]*gè*/[2]*wèi*
wūhé 乌合[烏-] ATTR. disorganized (of a group of people)
[1]**wúhé*** 无核 ATTR. ① nuclear-free; nonnuclear ② <bot.> seedless
[2]**wúhé** 无何 A.T. <wr.> ① soon; before long; shortly afterward ② nothing else
wùhé 雾合[霧-] V. gather together like mist
wǔhébǎn 五合板 N. five-ply board; plywood M: [2]*kuài*/[1]*zhāng*
wúhéguó 无核国[-國] N. nonnuclear country
wù héhànsīyán 勿河汉斯言[--漢--] F.E. do not regard it as empty talk
wúhéhuà 无核化 N. denuclearize
wūhēi 乌黑[烏-] V.P. jet-black; raven; pitch-dark
wūhēihēi 乌黑黑[烏-] R.F. pitch-black; jet black
wūhén* 污痕 N. filthy mark
wùhèn 恶恨[惡-] V. hate; strongly dislike
wúhéng 无恒[-恆] V.P. lack perseverance/patience
wúhéqū 无核区[-區] P.W. nuclear-free zone M: [1]*zhǒng*
wú-héwǔqì guójiā 无核武器国家[----國-] P.W. non-nuclear (weapon) country/state
wú-héwǔqì qū 无核武器区[-區] P.W. nuclear-weapon-free zone
wúhéyǒuzhīxiāng 无何有之乡[-鄉] N. a world where nothing really exists
wūhézhīzhòng 乌合之众[烏-眾] N. rabble; mob
wūhóng* 乌红[烏-] N. dark-red
wùhóng 雾虹[霧-] N. fogbow (analogous to rainbow)
wúhòu 无后[-後] V.P. without male offspring; heirless; without posterity
wǔhòu* 午后[-後] N. afternoon
wùhòu 物候 N. phenology
wúhòugēn tuōxié 无后跟拖鞋[-後---] N. mules (slippers) M: [1]*zhǒng*
wú hòugùzhīyōu 无后顾之忧[-後顧-憂] F.E. with the rear secure
wúhòuwéidà 无后为大[-後--] F.E. Having no male heir is the gravest of the three cardinal offenses against filial piety.
wùhòuxué 物候学 N. phenology
wúhòuzuòlìpào 无后坐/座力炮[-後---] N. recoilless gun/rifle
wūhū* 呜/乌呼[嗚/烏-] INTJ. alas; alack ♦V. die
Wúhú 芜湖 P.W. Wuhu (river port in Anhui)
wǔ-Hú 五胡 N. <hist.> five nomadic northern tribes
wùhú 雾縠[霧-] N. gossamer
wúhuá 无华[-華] V.P. unadorned
wùhuá 物华[-華] N. ① a beautiful natural spectacle ② quintessence
[1]**wùhuà*** 物化 V. ① objectify ② <wr.> die ♦N. ① changes of matter in nature ② death

[2]**wùhuà** 雾化[霧-] V. atomize

wǔhuābāmén 五花八门 F.E. multifarious

wúhuàbùtán 无话不谈 V.P. keep no secrets from each other

wǔhuādàbǎng 五花大绑 F.E. truss up tightly

wúhuāguǒ 无花果 N. fig

wúhuāguǒshù 无花果树[-樹] N. fig tree

wūhū'āizāi 呜呼哀哉[嗚-] F.E. ① alas! ② dead and gone ③ all is lost

wúhuàkědá 无话可答 V.P. have no words to answer

wúhuàkějiǎng 无话可讲[-講] V.P. have nothing in common

wúhuàkěshuō 无话可说 V.P. can say nothing more

wùhuà láodòng 物化劳动[-勞動] N. materialized labor; material means consumed in the course of production

wǔhuālóngdǎn 五花龙胆[-膽] N. five-flowered gentian

wúhuán 无环[-環] ATTR. acyclic; exannulate

wūhuáng 於皇 F.E. Wonderful!

wǔhuāng* 五荒 N. uncultivated hills, slopes, seashores, shoals, and waters

wǔhuángliùyuè 五黄六月 F.E. early summer heat

wùhuànxīngyí 物换星移[-換--] ID. passage of time

wúhuànzǐ 无患子 N. <bot.> bodhi seeds

wùhuàqì 雾化器[霧-] N. atomizer M: [1]zhǒng

wǔhuāròu 五花肉 N. fat-streaked pork M: [1]zhǒng

wùhuátiānbǎo 物华天宝[-華-寶] F.E. Good products from the earth are nature's treasures.

wǔhuātǔ 五花土 N. <archeo.> mottled earth

wūhūguītiān 呜呼归天[嗚-歸-] F.E. breathe out one's life

wǔhǔgùn 五虎棍 N. acrobatics performed by five or six persons with clubs M: [2]gēn/[1]tiáo

[1]**wūhuì** 污秽[-穢] S.V. filthy; foul

[2]**wūhuì** 乌喙[烏-] N. <bot.> aconitum

wúhuì 芜秽[-穢] V.P. overgrown with weeds

wǔhuì 舞会 N. dance (party); ball M: [2]chǎng

wùhuì* 误会 V. misunderstand; mistake ♦N. misunderstanding

wūhuìbùkān 污秽不堪[-穢--] F.E. intolerably dirty/filthy

wúhuǐwúyù 无毁无誉[-毀-譽] F.E. ① neither criticism nor praise ② just so-so

wǔhúluànhuá 五胡乱华[-亂華] F.E. fifth-cent. invasion of China by northern nomads

wúhùnhán de 无混含的 ATTR. <lg.> non-vague

wǔhuǒ 武火 N. high (cooking) heat

wú huǒ bù shēng yān 无火不生烟[-煙] F.E. Where there is smoke, there's fire.

wǔ-Hú Shíliùguó 五胡十六国[-國] F.E. five nomadic tribes and three Han generals who founded 16 states (A.D. 304–439)

wǔhúsìhǎi 五湖四海 F.E. all corners of the land; everywhere in the world

wūhū yīxī 呜呼噫嘻[嗚-] INTJ. Alas!

[1]**wūjī** 乌鸡[烏雞] N. dark-boned and dark-skinned chicken M: [2]zhī

[2]**wūjī** 屋基 N. foundations (of a house)

wūjǐ 屋脊 N. ridge (of a roof)

wūjì 污迹[-跡] N. stain; smear; smudge

[1]**wújī** 无稽 ATTR. unfounded; absurd ♦N. nonsense

[2]**wújī** 无机 ATTR. inorganic

[1]**wújí** 无及 V.P. be too late (to do sth.)

[2]**wújí** 无极[-極] N. a mind completely devoid of worries, thought, or desires

[1]**wújǐ*** 无几 V.P. ① very few/little; hardly any ② not long afterwards; shortly

[2]**wújǐ** 无己 N. disinterested; impartial

[1]**wújì** 无际[-際] V.P. boundless

[2]**wújì** 无记 V.P. <Budd.> unrecordable (either as good or bad)

wǔjī 舞姬 N. dancing girl M: [1]míng

wǔjì 舞技 N. dancing skill

Wǔjì 五季 N. the Five Dynasties (907–960)

wùjì 误记 V. record incorrectly

wūjià 屋架 N. roof truss

wújiǎ 梧槚 N. two kinds of trees used as fine timber

wújià 无价[-價] ATTR. priceless; invaluable

wǔjiā 五加 N. <bot.> slender acanthopanax

wùjià* 物价[-價] N. commodity prices

wújiàbǎo 无价宝[-價寶] N. priceless treasure; invaluable asset

wùjià bōdòng 物价波动[-價-動] N. price fluctuations

wùjià bǔtiē 物价补贴[-價補-] N. subsidies paid out to compensate for price rises

wújiākěguī 无家可归[-歸] F.E. wander about; homeless

wūjiān 乌犍[烏-] N. water buffalo

wújiàn 无间 V.O. <wr.> ① be continuous ② be close to each other ③ make no distinction ♦N. ① <Budd.> Avici; deepest inferno ② a short while

wǔjiān 午间 N. noon

wǔjiàn 舞剑 V.O. perform a sword dance

[1]**wùjiàn(r)*** 物件(儿) N. thing; article

[2]**wùjiàn** 晤见 V. meet with

wújiānbùcuī 无坚不摧[-堅--] F.E. be all-conquering

Wū Jiāng 乌江[烏-] N. Wu River (in 1.Anhui 2.Guizhou/Sichuan)

wújiāng 无疆 V.P. boundless; endless

wǔ-jiǎng 五讲[-講] N. <PRC> the five essentials of personal behavior (decorum, manners, hygiene, discipline, morals)

[1]**wǔjiàng*** 武将[-將] N. military officer M: [1]míng/[1]gè

[2]**wǔjiàng** 五匠 N. carpenters, masons, blacksmiths, barbers, and beancurd makers M: [1]míng/[1]gè

wújiāngqìqiáng 无浆砌墙[-漿-牆] N. dry wall(ing) M: [1]dǔ

wújiànshìfēi 无间是非 F.E. make no distinction between right and wrong

wǔjiào* 午觉[-覺] N. afternoon nap; noontime snooze; siesta

wùjiào 误教 V. misteach; teach poorly

wūjiǎobìng 乌脚病[烏腳-] N. black-foot disease M: [1]zhǒng

Wǔjiǎo Dàlóu 五角大楼[-樓] P.W. the Pentagon (in Washington)

Wǔjiǎo Dàshà 五角大厦[-廈] P.W. the Pentagon (in Washington)

wújiàolèi 无噍类[-類] F.E. complete extermination

wǔjiǎoxīng* 五角星 N. five-pointed star M: [1]kē

wǔjiǎoxíng 五角形 N. pentagon

wújiāozhǐ 无胶纸[-膠-] N. <chem.> unsized paper M: [1]zhāng

wùjià péngzhàng 物价膨胀[-價--] N. inflation

wǔjiāpí 五加皮 N. <Ch. med.> slender acanthopanax

wǔjiāpíjiǔ 五加皮酒 N. <Ch. med.> slender acanthopanax alcohol

wùjià shàobīng 物价哨兵[-價--] N. commodity-price watchdogs M: [1]míng/[1]ge

wùjià wěndìng 物价稳定[-價穩-] N. price stability

wùjià zhèngcè 物价政策[-價--] N. pricing policy

wújiàzhībǎo 无价之宝[-價-寶] N. priceless treasure; invaluable asset

wùjià zhǐshù 物价指数[-價-數] N. price index M: [1]zhǒng

wùjià zǒngshuǐpíng 物价总水平[-價總--] N. general price level

wùjià zǒngzhǐshù 物价总指数[-價總-數] N. price index

wūjībáiyǎn 乌鸡白眼[烏雞-] F.E. (with) hostile looks

wùjíbìfǎn 物极必反[-極--] F.E. ① extremes breed reversals ② fortunes change; things will develop in the opposite direction when they become extreme

wújiě 无解 V.P. unsolvable

[1]**wǔjiè** 五戒/诫 N. <Budd.> the Five Prohibitions

[2]**wǔjiè** 武界 N. martial-arts circles

[1]**wùjiě*** 误解 V. misread; misunderstand ♦N. misunderstanding

[2]**wùjiě** 悟解 V. comprehend; grasp; understand

wùjiè 物界 N. the material world

wújí'érzhōng 无疾而终 F.E. ① crumble/fail without any outside interference ② die peacefully without suffering any apparent ailment/disease

wújiézhì 无节制[-節-] N. immoderation

wújiézhì de 无节制的[-節--] ATTR. inordinate

wújī féiliào 无机肥料 N. inorganic fertilizer

wǔjífēng 五级风 N. force-5 wind; fresh breeze

wújī huàhéwù 无机化合物 N. inorganic compound

wújī huàxué 无机化学 N. inorganic chemistry

wújījiè 无机界 N. inorganic world

wújīkěchéng 无机可乘 F.E. have no chance to take advantage of

wújìkěshī 无计可施 F.E. be at one's wits' end

wǔjǐliùshòu 五脊六兽[-獸] F.E. <topo.> restless

wújìmíng 无记名 <attr.> without bearing/having a name

wújìmíng gǔpiào 无记名股票 N. bearer stock certificate M: [1]zhāng

wújìmíng tóupiào 无记名投票 N. secret ballot M: [1]zhāng

[1]**wūjīn** 乌金[烏-] N. ① coal ② ink stick ③ copper and gold alloy M: [2]kuài/[1]piàn

[2]**wūjīn** 乌巾[烏-] N. <trad.> hat worn by an official M: [2]kuài

wújìn 无尽[-盡] V.P. endless

wǔjīn* 五金 N. five metals (gold, silver, copper, iron, tin) ♦N. ① metals ② hardware

wùjìncāngshēng 误尽苍生[-盡蒼-] F.E. bring calamity to the masses

wǔjīnchǎng 五金厂[-廠] P.W. hardware factory M: [4]zuò

wújìn de 无尽的[-盡-] ATTR. interminable

wǔjīndiàn 五金店 P.W. hardware store M: [1]jiā

wǔjìnfǎ 五进法[-進-] N. quinary scale

wújīng 芜菁 N. turnip

Wǔ Jīng 五经[-經] N. the Five Canonical Books or Classics (*Change, Odes, History, Rites, Spring and Autumn Annals*)

wǔjǐng* 武警 N. armed police M: [2]wèi/[1]míng/[1]gè

wùjǐng 雾景[霧-] N. <art> foggy scene M: [1]zhǒng/[2]chǎng

[1]**wùjìng** 物镜 N. objective (of a microscope) M: [2]kuài

[2]**wùjìng** 物竞[-競] V.P. the struggle for life

Wǔjǐng Bùduì 武警部队[-隊] N. People's Armed Police M: [2]zhī

wújīngdǎcǎi 无精打彩 F.E. listless; depressed

wǔjīngduànwén 五经缎纹[-經--] N. crowfoot

wǔjīngkuíshǒu 五经魁首[-經--] F.E. be first on the list in the "Five Classics" examination

wùjìngshēngcún 物竞生存[-競--] F.E. struggle for existence

wùjìngtiānzé 物竞天择[-競-擇] F.E. struggle for survival by the law of natural selection

wújīng zhíwù 无茎植物[-莖--] N. <bot.> plants without stems M: [1]zhǒng

wūjīngzǐ 乌荆子[烏荊-] N. <bot.> sloe

wǔjīnháng 五金行 N. hardware M: [1]jiā

wǔjìnmǎ 五进码[-進-] N. quinary code M: [2]zhī

wújìnqī 无尽期[-盡-] N. indefinite duration

wùjìnqíyòng 物尽其用[-盡--] F.E. make the most of things

wǔjīnshāng 五金商 N. dealer in hardware; ironmonger M: [1]jiā

wǔjīn shāngdiàn 五金商店 P.W. hardware store

wújìnwúxiū 无尽无休[-盡--] F.E. endless; continuous; boundless; limitless

wújìnzàng 无尽藏[-盡-] N. <Budd.> virtue that encompasses all

wújīsuān 无机酸 N. <chem.> mineral acid

wújītǐ 无机体[-體] N. inorganic body

wūjiù* 乌桕[烏-] N. Ch. tallow tree M: [1]kē

wùjiù 兀鹫 N. <*zoo.*> griffon vulture; condor
wújiùwúyù 无咎无誉[-譽] F.E. have neither fault to find nor praise to bestow
wújīwù 无机物 N. <*chem.*> inorganic matter/substance
wújí yóumín 无籍游民 N. homeless vagrants M: [1]ge/[1]míng
wújìyúshì 无济于事[-濟於-] F.E. of no avail; to no effect
wùjízéfǎn 物极则反[-極--] F.E. ① extremes breed reversals ② fortunes change
wújǐzhí 无给职[-職] N. ① position without pay ② honorary post
wújīzhīmǎ 无羁之马 N. a wild horse M: [2]zhī
wújīzhītán 无稽之谈 N. sheer nonsense
wújǐzhuī dòngwù 无脊椎动物[---動-] N. invertebrate
wǔ jīzi liù shòu de 五鸡子六兽的[-雞--獸-] F.E. <*topo.*> six of one and half a dozen of the other; about the same
wǔjǔ 武举[-舉] N. <*trad.*> successful candidates in the provincial examinations for military officers
wǔjù* 舞剧[-劇] N. dance drama; ballet M: [2]*chǎng*
wùjù 晤聚 V. meet; get together
wǔjué* 五绝[-絕] N. pentasyllabic quatrain
wùjué 寤觉[-覺] N. awakening
wújūn 无菌 ATTR. <*med.*> asepsis
wújūn niúnǎi 无菌牛奶 N. germ-free milk
wǔjú-sānshèngzhì 五局三胜制[---勝-] N. <*sport*> best of five games; three out of five sets
wú jūshù 无拘束 F.E. unrestrained; unconstrained; carefree
wújūwúshù 无拘无束 F.E. unrestrained; unconstrained
wùkān 误刊 V. ① publish sth. illegally ② publish sth. without substantiation ③ misprint; make mistakes in printing
wúkě* 无可 AUX. ① can't ② nothing can be. . .
wǔkē 武科 N. <*trad.*> subjects used to test military personnel
[1]**wǔkè** 午刻 N. 11 a.m. to 1 p.m.
[2]**wǔkè** 舞客 N. dance-hall customer M: [1]míng/[1]ge
wúkě'ānwèi 无可安慰 V.P. inconsolable
wúkěbǎwò 无可把握 V.P. intangible
wúkěbiànbó 无可辩驳 V.P. irrefutable
wúkěbǐdí 无可比敌[-敵] V.P. be without a rival
wúkěbǐnǐ 无可比拟[-擬] V.P. incomparable
wúkěbǔjiù 无可补救[--補-] V.P. irremediable; irreparable
wúkěbùkě 无可不可 F.E. do as one pleases
wúkěcīyì 无可疵议[-議] V.P. nothing to object to
wúkěcuòshǒu 无可措手 V.P. be unable to do anything about it
wúkěfēinàn 无可非难[-難] F.E. cannot but criticize; cannot but find fault with
wúkěfēiyì 无可非议[-議] F.E. be blameless; be beyond reproach
wúkěfènggào 无可奉告 F.E. no comment
wúkěfǒurèn 无可否认[-認] V.P. There is no denying.
wúkěgàoyǔ 无可告语 F.E. have nowhere to turn to
wúkěgūliàng 无可估量 V.P. immeasurable
wúkěhòufēi 无可厚非 F.E. give little cause for criticism; be above reproach
wúkěhuìyán 无可讳言[--諱-] F.E. there is no hiding the fact
wúkějīkǎo 无可稽考 F.E. connot be examined
wúkějiùyào 无可救药[-藥] F.E. incorrigible; incurable
Wūkèlán 乌克兰[烏-蘭] P.W. Ukraine
wúkělǐyù 无可理喻 F.E. beyond reason; not to be reasoned with
wúkěmíbǔ 无可弥补[-彌補] F.E. be past remedy
wúkěmíngzhuàng 无可名状[-狀] F.E. be unable to describe; be indescribable
wúkěnàihé 无可奈何 F.E. have no alternative
wúkěpǐdí 无可匹敌[-敵] F.E. without a rival; peerless; unique
wúkěrúhé 无可如何 F.E. have no alternative
wúkěshèngshǔ 无可胜数[-勝數] F.E. innumerable
wúkěshìcóng 无可适从[-適從] F.E. be at a loss what to do
wúkětuīwěi 无可推诿 F.E. admit of no excuse
wúkěwǎnhuí 无可挽回 V.P. ① irretrievable; irredeemable; irrevocable ② The die is cast.
wúkě wú bùkě 无可无不可 F.E. not care one way or another; indecisive; uncertain
wúkěxiànliàng 无可限量 V.P. know no measure
wúkěyánzhuàng 无可言状[-狀] V.P. unspeakable
wúkězénàn 无可责难[-難] F.E. blameless; not to be censured
wúkězhēngbiàn 无可争辩[--爭-] V.P. indisputable; irrefutable
wúkězhēngyì 无可争议[-爭議] V.P. indisputable; irrefutable
wúkězhìbiàn 无可置辩 F.E. indisputable; irrefutable
wúkězhìyí 无可置疑 F.E. indubitable; undoubted
wúkězhǐzhāi 无可指摘 F.E. irreproachable
wūkòng 诬控 V. trump up a charge against; accuse falsely
wúkòng 无控 ATTR. uncontrolled; free
wùkōng* 悟空 <*Budd.*> A.T. awake to the nihility of life ♦N. name of a fictitious monkey with supernatural powers ***See also*** *Sūn Wùkōng*
wúkǒngbùrù 无孔不入 F.E. ① penetrate everywhere ② get in by every opening
wúkǒngbùzuān 无孔不钻[-鑽] F.E. worm one's way into every crevice
wúkǒngxìng 无孔性 N. <*chem.*> imporosity
wúkòngzhì 无控制 ATTR. uncontrolled; free
wǔkǒutōngshāng 五口通商 F.E. <*hist.*> opening of five treaty/trading ports in 1842
wǔkǒuzhījiā 五口之家 N. a family of five persons
wǔkǔ 五苦 N. <*Budd.*> the five sufferings
wǔkù* 武库 N. armory; arsenal
wúkuǎn 无款 ATTR. ① cash-poor ② <*art*> uninscribed
wúkuì* 无愧 V.O. have a clear conscience
wǔkuí 五魁 N. first five candidates in the provincial civil-service examination
wúkuìsè 无愧色 F.E. without any expression of shame/regret/embarrassment
wúkuìyúrén 无愧于人[--於-] F.E. have nothing to be ashamed of before anybody
wúkuìyúxīn 无愧于心[--於-] F.E. have a clear/good conscience
[1]**wūlā*** 乌拉/喇[烏-] N. ① corvée labor (in Tibet) ② corvée laborer
[2]**wūlā** 呜啦[嗚-] V. speak in a manner hard to understand
wùla 乌拉[烏-] N. boots lined with wula sedge
wùlǎba 雾喇叭[霧-] N. foghorn M: [2]zhī
wūlabātū 乌剌八秃[烏-禿] <*topo.*> ID. ① tepid; lukewarm ② diminishingly; gradually
wùlacǎo 乌拉草[烏-] N. wula sedge; reed usually used as padding in shoes
Wūlā'ěr 乌拉尔[烏-] N. Ural
Wūlāguī 乌拉圭[烏-] P.W. Uruguay
Wūlāguī Huíhé 乌拉圭回合[烏-] N. Uraguay Round
wūlài* 诬赖 V. falsely incriminate
wúlài 无赖 N. rascal; rogue ♦ADV. rascally; scoundrelly M: [1]míng/[1]ge
wúlài guójiā 无赖国家[--國-] P.W. rogue states
wúlàihàn 无赖汉[-漢] N. a rascally man M: [1]míng/[2]wèi
wúlàiyìjí 无赖已极[-極] F.E. utterly loathsome; thoroughly disgusting
wúlàiyóu 无赖游 V.P. <*topo.*> mischievous; capricious; frivolous
wúlàizi 无赖子 N. <*topo.*> rascal; scoundrel; good-for-nothing M: [1]míng/[1]ge
wūlán* 乌蓝[烏藍] N. dark-blue
wūlǎn 乌榄[烏欖] N. <*bot.*> Chinese black olive
Wūlánbātuō 乌兰巴托[烏蘭-] P.W. Ulan Bator
Wūlán Mùqí 乌兰牧骑[烏蘭-] N. Mongol mounted cultural troupe
wǔláo 五劳[-勞] N. <*Ch. med.*> exhaustion/lesion of the five internal organs (heart, liver, spleen, lungs, and kidneys)
wǔláoqīshāng 五劳/痨七伤[-勞/癆-傷] F.E. <*Ch. med.*> general debility
wùle 误了 V.P. ① have unduly delayed ② have mismanaged
wúlěi 芜累 V.P. mixed-up and superfluous
wúlèi 无泪[-淚] V.O. shed no tears
[1]**wùlèi*** 物类[-類] N. ① the categories of the things ② the species
[2]**wùlěi** 物累 N. burden of material things
wǔ-lèi fènzǐ 五类分子[-類--] N. <*pol.*> Five-Category Elements (landlords, rich peasants, counter-revolutionaries, Rightists and other bad elements)
wǔléijīdǐng 五雷击顶[--擊-] F.E. be struck by lightning
wūlǐ 乌鳢[烏-] N. <*zoo.*> snakehead; snake-headed fish
wūlì 污吏 N. corrupt officials M: [1]míng/[1]gè
[1]**wúlǐ** 无理 S.V. unreasonable; unjustifiable
[2]**wúlǐ** 无礼[-禮] N. impertinence
[3]**wúlǐ** 芜俚 V.P. coarse and vulgar
wúlì 无力 V.P. lack strength ♦S.V. incapable; powerless
wǔlì* 武力 N. armed force
wùlǐ 物理 N. ① physics ② innate laws of things ③ law of nature
[1]**wùlì** 物力 N. material resources
[2]**wùlì** 悟力 N. the ability to understand
[3]**wùlì** 兀立 V. stand upright/rigidly, without motion
wúliáncí 无连词 N. <*lg.*> asyndetic
wúliáncí jiégòu 无连词结构[-構] N. <*lg.*> asyndetism
wūliáng 屋梁 N. roof beam
wūliàng 乌亮[烏-] N. glossy black; jet-black
wúliáng 无良 V.O. without virtue/principle
wúliǎng 无两 V.P. unparalleled; unrivalled; matchless
wúliàng* 无量 V.P. measureless; immeasurable
wúliángdiàn 无梁殿 N. beamless hall
Wúliàngfó 无量佛 N. <*Budd.*> ① Buddha of boundless/infinite life ② name of Amitabha Buddha M: [1]míng/[1]gè
Wúliàngguāngfó 无量光佛 N. <*Budd.*> the Buddha of infinite light
wúliàngshòu 无量寿[-壽] N. <*Budd.*> ①boundless, infinite life ② epithet of Amitabha
Wúliàngshòufó 无量寿佛[--壽-] N. <*Budd.*> the Buddha of incommensurable longevity
wūliángwéichāng 诬良为娼 F.E. charge a virtuous woman with prostitution
wūliángwéidào 诬良为盗[-盜] F.E. charge an innocent man with robbery
wǔliángyè 五粮液[-糧-] N. famous spirit distilled from five kinds of grain M: *píng*
wú liǎn jiànrén 无脸见人 V.P. feel too ashamed to face people
wūliǎnméi 乌蔹莓[烏-] N. <*bot.*> tree bine (*Cayratia japonica Gagnep*)
wǔliǎnzǐ 五敛子 N. <*Ch. med.*> fruit of carambola
wúliáo* 无聊 S.V. ①bored ②boring ③senseless; silly; stupid
wùliào 物料 N. material; stuff
wúliáogǒuqiě 无聊苟且 F.E. careless; idle and sluggish; remiss
wúliáolài 无聊赖 F.E. bored stiff ♦V.P. dejected; dispirited; disappointed
wúliǎowúxiū 无了无休 F.E. endless; ceaseless; continuous
wúliáozhītán 无聊之谈 N. senseless/stupid talk

wūlibātū 乌里巴涂[烏裡-塗] F.E. <coll.> ① hazy ② lukewarm
wùlǐ biànhuà 物理变化[--變-] N. physical change
wúlì chángfù 无力偿付[--償-] N. <acct.> insolvency
wúlì chángzhài 无力偿债[--償-] N. insolvency
wū lǐ de 屋里的[-裡-] N. <coll.> one's own wife
wūliè 芜劣 V.P. muddled and inferior (of writing)
wúlǐ fāngchéngshì 无理方程式 N. <math.> irrational equation
wúlìgǎn 无力感 N. a feeling of debility M: [1]zhǒng
wǔlì gānshè 武力干涉 V.P. interfere by force
wùlǐ huàxué jiàndìng 物理化学鉴定[----鑒-] N. <archeo.> determination of authentication through physical and chemical tests
wùlǐjiā 物理家 N. physicist M: [1]míng/[2]wèi/[1]ge
wùlǐ jīchǔ 物理基础[-礎] N. physical base
wǔlì jiějué 武力解决[-決] V.P. settle differences through force
wú lǐjù míngchēng 无理据名称[--據-稱] N. <lg.> unmotivated naming unit
wú lǐjù xíyǔ 无理据习语[--據習-] N. <lg.> demotivated idiom
wùlǐkànhuā 雾里看花[霧裡-] F.E. have blurred vision (as if seeing a flower in a fog)
wúlìkětú 无利可图[-圖] V.P. profitless
wúlìkěyuán 无例可援 F.E. have no precedent to go by
wùlǐ liáofǎ 物理疗法[--療-] N. physical therapy; physiotherapy
wùlìlùn 物力论 N. dynamism
wǔlín 武林 N. martial-arts circles
wúlíndì 无林地 N. non-forest land M: [1]piàn
Wǔ Lǐng* 五岭[-嶺] P.W. Five Ridges (on the Hunan/Jiangxi and Guangdong/Guangxi borders)
wūlíng 鹜舲 N. small boat
wǔlíngshàonián 五陵少年 N. rich and handsome young men M: [1]míng/[1]ge
wǔlíngsìsàn 五零四散 F.E. dispersed in all directions
wǔlíngzhī 五灵脂[-靈-] N. <Ch. med.> medicine made from droppings of insects
wúlǐqǔnào 无理取闹[--鬧] F.E. stir up trouble wilfully
wūlirén 屋里人[-裡-] N. ① wife ② concubine M: [1]míng/[1]ge
wúlǐshù 无理数[--數] N. <math.> irrational number
wùliú 物流 N. circulation of materials
wūliūliū 乌溜溜[烏-] R.F. dark and liquid (of eyes)
wǔliǔquányú 五柳全鱼 N. fish in sweet-and-sour sauce with shredded vegetables (Hangzhou) M: [1]wěi
wǔlì wàijiāo 武力外交 N. armed diplomacy
wùlìwéijiān 物力维艰[-艱] F.E. poor in resources
wǔlì wēixié 武力威胁[-脅] V.P. resort to the threat of force
wǔlǐwù 五里雾[-霧] N. thick fog; utter bewilderment
wǔlǐwùzhōng 五里雾中[--霧-] F.E. ① utter bewilderment ② financial insolvency
wùlǐxì 物理系 N. physics department
wùlǐ xiànxiàng 物理现象 N. physical phenomenon
wúlǐxìng 无理性 ATTR. irrational
wùlǐxué 物理学 N. physics
wùlǐxuéjiā 物理学家 N. physicist M: [1]míng/[2]wèi/[1]gē
wùlǐ zhìliáofǎ 物理治疗法[---療-] N. physiotherapy
wúlǐ zhǐzé 无理指责 N. groundless charge
wú lìzhuīzhīdì 无立锥之地 F.E. very poor
wùlì zīyuán 物力资源 N. material resources
wúlǐ zǔnáo 无理阻挠[-撓] N. unreasonable obstruction
wú lìzúzhīdì 无立足之地 F.E. extremely poor
wǔlóng 舞龙 V.O. dragon dance
wūlóngchá 乌龙茶[烏-] N. oolong tea M: [1]bāo/hú
wūlóngjū 乌龙驹[烏-] N. a legendary fast horse M: [2]zhī
wūlòu* 屋漏 N. ① northwest corner of a house ② leak in the roof
wúlòu 无漏 N. <Budd.> passionless (Skt. *anasrava)*
wūlòu fù zāo liányè yǔ 屋漏复遭连夜雨[--復----] ID. One misfortune comes in the wake of another.
wūlòu piān zāo liányè yǔ 屋漏偏遭连夜雨 ID. added misfortune
wūlu 呜噜[嗚-] V. speak vaguely/ambiguously
wúlù* 无禄 V.P. ①be unsalaried ②be unfortunate ♦N. death
wúlǜ* 无虑[-慮] ADV. <wr.> approximately; about ♦V.O. be free from care
wǔlǜ 五律 N. eight-line poem with five characters per line
wūluàn 污乱[-亂] S.V. dirty; messy
wúlùkězǒu 无路可走 F.E. at one's wits' end; no way out
Wūlǔmùqí 乌鲁木齐[烏-齊] P.W. Urumqi
wūlún 乌轮[烏-] N. the sun
wúlùn* 无论 CONJ. no matter what/how/etc.; regardless ***wúlùn. . ./yě*** regardless of ♦F.E. <law> without being subject to prosecution
wǔ-lún 五伦 N. <trad.> the five cardinal Confucian relationships
[1]wùlùn 勿论 F.E. regardless of; let alone
[2]wùlùn 物论 N. public opinion
wúlùnrúhé 无论如何 F.E. in any case; at any rate; no matter what
wǔmà 侮骂[-罵] V. insult and abuse
wǔmǎfēnshī 五马分尸[-屍] F.E. ① tear sb.'s body limb from limb; draw/and quarter ② divide up; share
wūmài 乌麦[烏麥] N. a kind of wild oats
wùmái* 雾霾[霧-] N. haze
wūmàn 污漫 V. besmirch; smear (a person's character/life/ etc.)
wǔmàn* 侮慢 V. ① slight; humiliate ② bully
wùmángmáng 雾茫茫[霧-] R.F. misty; foggy
wūmào* 乌帽[烏-] N. costume of a hermit M: [1]dǐng
wùmǎo 误卯 V.O. ① be late ② miss a roll-call
wǔmǎzhīzāi 舞马之灾[-災] N. fire disaster
wūméi 乌梅[烏-] N. smoked/dark plum M: zhí
wǔmèi* 妩媚 S.V. lovely; charming
wùmèi 寤寐 N. between sleep and wakefulness
wúměibùbèi 无美不备[--備] F.E. Nothing beautiful is lacking.
wùmèibùwàng 寤寐不忘 F.E. not forget (sth.) asleep or awake
wùmèichóusī 寤寐筹思[--籌-] F.E. think of sth. day and night
wùměijiàlián 物美价廉[--價-] F.E. excellent goods at modest prices
wūméizhī 乌梅汁[烏-] N. smoked/dark plum juice
wùmèi zhōng 寤寐中 V.P. half asleep
wūmén(r)* 屋门(儿) N. door of a room
wúmen 吾们 PR. <trad.> we
wǔmén 午门 N. main gate of the imperial palace
wùmèng 寤梦[-夢] V. see something during the day and dream about it at night
wǔmí 舞迷 N. dance enthusiast M: [1]míng/[1]ge
wūmiàn 屋面 N. roofing
wùmián 务棉[務-] V. be engaged in planting and tending cotton
wùmiàn* 晤面 V. meet face to face
wúmiǎn dìwáng 无冕帝王 N. ① uncrowned king ② reporter
wǔmiàntǐ 五面体[-體] N. pentahedron
wúmiànzhí gǔfèn 无面值股份 N. non-par stock M: [1]zhāng
wúmiǎnzhīwáng 无冕之王 N. an uncrowned king M: [1]míng/[1]ge
wǔmiào 武庙[-廟] P.W. <trad.> temple to the God of War (i.e., Guan Yu) M: [4]zuò
wūmiè* 诬/污蔑 N./V. ①slander; smear ②defile
wǔmiè 侮蔑 V. insult; look down upon
wūmiègòuxiàn 诬蔑构陷[--構-] F.E. calumniate and implicate
wūmíng 污名 N. bad/evil reputation; infamy; dishonor
[1]wúmíng* 无名 ATTR. ① nameless; unknown; anonymous ② indefinable; indescribable
[2]wúmíng 无明 N. <Budd.> ignorance; *avidya;* root of all evil and suffering
wúmíng gāodì 无名高地 N. <mil.> unnamed hill
wúmínghuǒ 无明/名火 N. fury
wúmínghuǒqǐ 无明火起 F.E. flare up for no reason at all
wúmíng jiàoshi 无名教师[-師] N. unknown teacher M: [1]míng/[2]wèi/[1]ge
wúmíngnièhuǒ 无明孽火 F.E. unaccountable anger
wúmíngshì 无名氏 N. anonymous person M: [1]míng/[2]wèi/[1]ge
wúmíng shìbīng 无名士兵 N. unknown soldier M: [1]míng/[2]wèi/[1]ge
wúmíngshǔbèi 无名鼠辈 F.E. be a pack of worthless non-entities
wúmíngtiě(r) 无名帖(儿) N. ① anonymous note (containing a threat/etc.) ② poison-pen letter
wúmíng xiǎozú 无名小卒 N. a nobody; nonentity
wúmíngyèhuǒ 无名业火[--業-] F.E. irrepressible anger
wúmíng yīngxióng 无名英雄 N. ① unknown hero ② unknown soldier
wúmíngzhǐ 无名指 N. third/ring finger M: [2]gēn/
wúmíngzhǒng 无名冢 N. nameless graves
wúmíng zhǒngdú 无名肿毒[--腫-] N. ① <Ch. med.> nameless sores/boils ② vexing and difficult problem
wúmíng zuòjiā 无名作家 N. ① anonymous writer ② unknown writer M: [1]míng/[2]wèi/[1]ge
wùmiù 误谬 N. mistake; error
wúmǐzhīchuī 无米之炊 N. bricks made without straw ♦ID. impossible
wúmócā tōngyīn 无摩擦通音 N. <lg.> approximant
wúmócā yánxùyīn 无摩擦延续音[----續-] N. <lg.> frictionless continuant; approximant
wūmòpútao 乌墨蒲桃[烏-] N. Java plum
[1]wūmù* 乌木[烏-] N. ebony
[2]wūmù 於穆 INTJ. Bravo!
[1]wùmù 雾幕[霧-] N. a curtain of mist
[2]wùmù 杌木 N. bare trees
wúmùdì 无目的 ATTR. aimless; without objective; at random
[1]wúnǎi 无乃 F.E. <wr.> Would that not be. . .?; Is it not. . .?
[2]wúnǎi 毋乃 F.E. <wr.> Is it not. . .?
wúnài* 无奈 F.E. helpless; without choice ♦ADV. unfortunately ♦CONJ. but; however
wúnàichūcǐ 无奈出此 F.E. be compelled to do
wúnàihé 无奈何 F.E. ①have no way of handling sth./sb. ② have no alternative (but to)
wúnàitāhé 无奈他何 F.E. be unable to do anything about sb.
wǔnán 舞男 N. gigolo M: [1]míng/[1]ge
wūnang 呜囔[嗚-] V. mumble
wūnèi* 屋内 P.W. space in a room
wǔnèi 五内 N. <wr.> ① viscera ② locus of man's heavenly spirit
wǔnèifèirán 五内沸然 F.E. become feverish and restless
wǔnèijùfén 五内俱焚 F.E. be rent with grief
wǔnèijùliè 五内俱裂 F.E. as if one's bowels had been cut through
wǔnèirúfén 五内如焚 F.E. ① very anxious ② grief-stricken
wúnèitāi lúntāi 无内胎轮胎 N. <mach.> tubeless tire
wúnéng 无能 S.V. incompetent; incapable

wúnénglìzhě 无能力者 N. <*law*> incompetent M: [2]*wèi*/[1]*míng*/[1]*gē*
wúnéngwéilì 无能为力 F.E. powerless; helpless
wúnéngzhībèi 无能之辈 N. useless person; stumblebum
wūní* 污泥 N. mud; mire; sludge
[1]**wǔnì** 忤/迕逆 S.V. ① disobedient to parents ② recalcitrant
[2]**wǔ-nì** 五逆 N. <*Budd.*> the five extremely grave sins
wùniàn 勿念 F.E. Do not worry.
wūniáng 乌娘[烏-] N. <*coll.*> newly hatched silkworm M: [1]*míng*/[1]*ge*
wǔniáng* 舞娘 N. taxi dancer M: [1]*míng*/[1]*ge*
wǔniánjí 五年级 N. fifth grade
wǔnián jìhuà 五年计划[-劃] N. five-year plan
wūniǎo 屋鸟 N. Chinese jay M: [2]*zhī*
wūniǎosīqíng 乌鸟私情[烏-] ID. filial piety
wūniē* 诬捏 V. fabricate an accusation
wùniè 杌/阢/兀陧/臬[-隉] V.P. <*wr.*> ① unsettled; unstable (of a situation) ② uneasy; disturbed; restless ③ worried and anxious
wùnièbù'ān 阢陧不安[-隉--] F.E. feel uneasy
wūniē dàoqiè 诬捏盗窃[-盜竊] V.P. trump up a charge of burglary
wūniē shìshí 诬捏事实[-實] V.O. fabricate a story
wūnìng 污泞[-濘] S.V. dirty
wúnìng* 毋/无宁[-寧] CONS. *yǔqí A ~ B* rather A than B *Yǔqí tóuxiáng ~ sǐ.* I'd rather die than surrender.
wúniúchuǎnyuè 吴牛喘月 F.E. panic-prone
wūnízhuóshuǐ 污泥浊水[--濁-] F.E. filth and mire
Wúnóng 吴侬[-儂] N. the soft Suzhou speech
[1]**wǔnòng*** 舞弄 V. wield; brandish
[2]**wǔnòng** 侮弄 V. ① bully ② make a fool of
wùnóng 务农[務農] V.O. be engaged in agriculture
wúnóngbùwěn 无农不稳[-農-穩] F.E. Without agriculture, the national economy could not be stable.
wúnóngruǎnyǔ 吴侬软语[-儂--] F.E. soft words/speech
wù nóngshí 误农时[-農時] V.O. miss the farming season
wùnóngwéiběn 务农为本[務農-] F.E. It is fundamental to devote oneself to agriculture.
wǔnòng wénmò 舞弄文墨 V.O. pervert the law by playing with legal phraseology
wūnǚ 巫女 N. witch M: [1]*míng*/[1]*ge*
wǔnǚ* 舞女 N. dancing girl; taxi dancer M: [1]*míng*/[1]*gè*
wúnuò 无那 V.P. helpless ♦ADV. unfortunately
wǔpái 午牌 N. noontime (11 a.m. to 1 p.m.)
wùpái* 误排 N. misprint; erratum
wǔpán 午盘[-盤] N. <*com.*> afternoon session
wùpàn* 误判 N. <*law*> erroneous judgment
wǔpào 午炮 N. gun fired at noon
Wú Pèifú 吴佩孚 (1874–1939) N. warlord head of the Zhili military faction; became the dominant military leader in early twenties
wúpèizhījū 无辔之驹 N. without restraints of any kind
wūpéng* 乌篷[烏-] N. black tent/shelter
wúpéng 无朋 V.P. incomparable; peerless; matchless
wúpéngchē 无篷车 N. open car M: [3]*liàng*
wúpǐ 无匹 V.P. <*wr.*> without peer
wúpiān jiǎnyàn 无偏检验 N. unbiased test
wúpiānwúdǎng 无偏无党[-黨] F.E. unbiased; impartial
wúpiānwúpō 无偏无颇 F.E. very just; unbiased; impartial
wúpiānxiàng wénhuà 无偏向文化 N. <*lg.*> fair culture
wúpiān yàngběn 无偏样本[--樣-] N. unbiased sample
wǔpiào 舞票 N. dance-hall ticket M: [1]*zhāng*
wùpǐn 物品 N. article; goods M: [1]*zhǒng*
wùpǐndān 物品单 N. inventory M: [1]*zhāng*

wūpó(r) 巫婆(儿) N. witch; sorceress M: [1]*míng*/[1]*ge*
wūqì 污气[-氣] N. waste gas
[1]**wúqī** 无期 V.P. ① have no deadline or due date ② have no end in sight
[2]**wúqī** 梧栖[-棲] A.T. be in a noble position
wǔ-qī 五七 N. <*Budd.*> mass performed on the 35th day after the death of a person
wǔqì* 武器 N. weapon; arms M: [1]*zhǒng*
[1]**wùqī** 误期 V.O. miss a deadline
[2]**wùqī** 务期[務-] V. ① certainly hope/intend to ② must; be sure to
wùqì 雾气[霧氣] N. fog; mist
wúqiān 无铅 ATTR. unleaded
wúqián 无前 V.P. ① invincible; unmatched ② unprecedented
wǔqiān 五千 NUM. five thousand; 5,000
wǔqián* 午前 N. forenoon
wǔ-qiáng 五强[-強] N. the Five Powers
wúqiáng dàxué 无墙大学[-牆--] P.W. university without walls
wúqiān qìyóu 无铅汽油 N. <*chem.*> unleaded gasoline
wúqiānwúguà 无牵无挂[-牽--] F.E. have no cares
wúqiānwúwàn 无千无万[--萬] F.E. thousands and tens of thousands
wúqiānyóu 无铅油 N. unleaded fuel
wú qiǎo bù chéngshū 无巧不成书[-書] F.E. What a curious/happy coincidence!
wúqiǎobùqiǎo 无巧不巧 F.E. by coincidence; as it happens
wūqībāzāo 乌/污七八糟[烏-] F.E. in a horrible mess ♦F.E. obscene; dirty; filthy
wúqíbùyǒu 无奇不有 F.E. nothing is too bizarre
wùqìdí 雾汽笛[霧-] N. fog siren/whistle
Wǔqī Gànbù Xuéxiào 五七干部学校[--幹--] P.W. <*PRC*> May 7 Cadre School
Wǔqī Gànxiào 五七干校[--幹-] AB. *wǔqī gànbù xuéxiào*
wǔqì jìnyùn 武器禁运[-運] V.P./N. arms embargo
wǔqìkù 武器库 N. arsenal; armory
wǔ qìlai 捂起来[捂-] R.V. ① imprison ② put food in an airtight container (for steaming/cooking/etc.)
wūqīmáhēi 乌七麻黑[烏-] pitch-dark; pitch-black
wùqìménglóng 雾气朦胧[霧氣-] F.E. murk and haze
wūqīmòhēi 乌漆墨黑[烏-] F.E. pitch-dark; pitch-black
wūqīng 乌青[烏-] N. ① black and blue ② blue (from cold)
wúqíng* 无情 S.V. ① merciless; ruthless ② apathetic; cold
wùqíng 物情 N. ①principles of things ②people's feelings; morale
wùqǐng 务请[務-] V. <*court.*> strongly request; urge
wúqíngwúxù 无情无绪 F.E. listless and indifferent; bored
wúqíngwúyì 无情无义[-義] F.E. ruthlessly
wúqīnwúgù 无亲无故[-親--] F.E. have no relationship (with sb.)
wúqīnwújuàn 无亲无眷[-親--] F.E. have neither kin nor family
wúqióng 无穷[-窮] V.P. infinite; endless; inexhaustible
wúqióngdà 无穷大[-窮-] V.P. <*math.*> infinitely great
wúqióngjìn 无穷尽[-窮盡] N. indefinite; endless
wúqióng jíshù 无穷级数[-窮-數] N. <*math.*> indefinite progression
wúqióngwújìn 无穷无尽[-窮-盡] F.E. inexhaustible
wúqióngxiǎo 无穷小[-窮-] V.P. <*math.*> infinitely small; infinitesimal
wúqióngyuǎn 无穷远[-窮遠] V.P. infinity

wúqíshù 无其数[-數] V.P. innumerable; countless
wúqī túxíng 无期徒刑 N. <*law*> life imprisonment
wùqiú 务求[務-] V. strive to/for
wú qiú bèi yú yī rén 无求备于一人[--備於--] F.E. Don't ask for perfection in any person.
wúqiúyúrén 无求于人[--於-] F.E. need no help from others
wúqíyìxìng 无歧义性[--義-] N. unambiguousness
Wǔqī zhǐshì 五七指示 N. <*pol.*> Mao's May 7 Directive of 1966
wǔqì zhuāngbèi 武器装备[-裝備] N. weaponry M: [1]*jià*
wúqù(r) 无趣(儿) S.V. uninteresting; insipid
wǔqǔ* 舞曲 N. dance music M: [2]*zhī*/[2]*shǒu*
[1]**wùqū** 误区[-區] N. long-standing mistaken ideas/concepts
[2]**wùqū** 坞区[塢區] P.W. dock area
wùqǔ 误取 V. take sth. by mistake
wúquán* 无权[-權] V.O. have no right/power
wǔ-quán 五权[-權] N. <*TW*> the five branches of government
[1]**wùquán** 务全[務-] V.O. seek perfection
[2]**wùquán** 物权[-權] N. property rights
wǔ-quán fēnlì 五权分立[-權--] N. <*TW*> the independence of the five branches of government
wúquánguòwèn 无权过问[-權--] F.E. have no right to butt in
wúquánwúyǒng 无拳无勇 F.E. lack both strength and courage; be a weakling
Wǔ-Quán Xiànfǎ 五权宪法[-權憲-] N. <*TW*> the Five-Powers Constitution
wùquánzhuǎnyí 物权转移[-權轉-] F.E. transference of property rights
wúquánzhuīsuǒ 无权追索[-權--] F.E. without recourse
wúquē 无缺 V.P. intact; whole
wǔquèliùyàn 五雀六燕 F.E. six of one and half a dozen of the other; about the same
wūrǎn* 污染 V./N. pollute; contaminate
wǔrán 怃然 V.P. regretful; disappointed
wùrán 兀然 V.P. ① motionless ② towering
wūrǎn bàojǐng xìtǒng 污染报警系统[--報---] N. pollution warning system
wùránbùdòng 兀然不动[-動] F.E. immovable and steadfast; very determined
wūrǎn chéngdu 污染程度 N. degree of pollution
wūrǎn dìdài 污染地带[-帶] N. contaminated zone
wūrǎnwù 污染物 N. pollutant; contaminant M: [1]*zhǒng*
wūrǎnwù páifàngliàng 污染物排放量 N. pollutant discharge level
wūrǎnyuán 污染源 N. pollution source
wùrè 焐热[-熱] V. <*coll.*> heat; warm (foods/etc.)
wùrèle 焐热了[-熱-] V.P. <*coll.*> heat; make warm
[1]**wúrén*** 无人 ATTR. ①unmanned ②depopulated ③ self-service ④ <*lg.*> impersonal
[2]**wúrén** 吾人 N. <*wr.*> we
wúrèn 无任 ADV. very much; extremely ~ ***gǎnjī*** Thank you very much.
wǔrén 武人 N. ① soldier; warrior ② <*wr.*> general
wùrén 误人 V.O. deceive sb.; lead sb. astray
wùrèn 误认[-認] V. identify incorrectly; mistake
wǔrénbǐng 五仁饼 N. moon cake with five-nut sweet filling M: [2]*kuài*/[1]*piàn*
wùrénbùqiǎn 误人不浅[-淺] F.E. do people great harm
wúrénbùxiǎo 无人不晓[-曉] V.P. known to all
wúrénbùzhī 无人不知 V.P. known to everyone
wúrénchēng 无人称[-稱] <*lg.*> N. impersonality ♦ATTR. impersonal
wúrénchēng dàicí 无人称代词[--稱--] N. <*lg.*> impersonal pronoun

wúrénchēng dòngcí 无人称动词[--稱動-] N. <lg.> impersonal verb
wúrénchēng jiégòu 无人称结构[--稱-構] N. <lg.> impersonal construction
wúrénchēngjù 无人称句[--稱-] N. <lg.> impersonal sentence
wúrén dìdài 无人地带[-帶] P.W. <mil.> no-man's land M: [1]duàn
wúrén duìzhèng 无人对证[-對證] V.P. There's nobody to testify to the contrary.
wúrén fēijī 无人飞机[-飛-] N. ① pilotless plane; drone ② guided missile M: [1]jià
wúrén fēnyōu 无人分忧[-憂] V.P. There's nobody to share one's troubles.
wúréngǎndǎng 无人敢挡[-擋] F.E. No one could withstand (him).
wúrèn gǎnjī 无任感激 V.P. appreciate very much; Thank you very much.
wúrén guòwèn 无人过问 V.P. Nobody cares about it.
wúrènhuānyíng 无任欢迎[--歡-] F.E. most welcome
wúrén jiàshǐ 无人驾驶 V.P. unmanned; operated by an autopilot
wúrénqū 无人区[-區] P.W. depopulated zone; no-man's land
wúrén shòuhuòchù 无人售货处[-處] P.W. self-service machine/counter/etc.
wúrén shòushūchù 无人售书处[-書處] P.W. self-service bookstall
wúrènsuǒ dàshǐ 无任所大使 N. ambassador-at-large; roving ambassador
wúrénwènjīn 无人问津 F.E. lifeless (place/etc.); of no interest to anyone
wùrénwùjǐ 误人误己 F.E. harm both others and oneself
wúrénwúyì 无仁无义[-義] F.E. have neither benevolence nor righteousness
wǔ-rén yuèbǐng 五仁月饼 N. moon cake with five-nut filling M: [2]kuài/[1]ge
wúrénzhījìng 无人之境 N. unpopulated place (lit./fig.)
wùrénzǐdì 误人子弟 F.E. lead young people astray
wūrénzuòzéi 诬人作贼 F.E. falsely accuse sb. of being a thief
wūrì 乌日[烏-] N. <wr.> the sun
wúrì* 无日 ADV. ① every day ② no day (passes but sth. happens) ③ soon; before long
wǔrì 午日 N. fifth day of the fifth moon; the Dragon Boat Festival
wǔrìjīngzhào 五日京兆 F.E. <wr.> not expect to remain long in office; hold office only for a brief period
wúrìqī 无日期 ATTR. undated
wúrónghuìyán 无容讳言[--諱-] F.E. not mince words
wúróngzhìyí 无容置疑 F.E. absolutely certain
wūrǔ 污辱 N./V. ① humiliate; insult ② defile; sully ③ rape
wúrú 无如 ADV. unfortunately ♦CONJ. however
wǔrǔ* 侮辱 N./V. insult; humiliate
wǔruǎn 五软 N. <Ch. med.> five weaknesses
wùrùmíjīn 误入迷津 F.E. go astray
wùrùqítú 误入歧途 F.E. go astray; be misled
wùsāi 雾塞[霧-] V.P. ① obscured ② mentally blinded
wúsāishéng 无塞绳[-繩] ATTR. cordless
wùsàn 雾散[霧-] V. disperse like mist/fog
wùsànrìchū 雾散日出[霧-] F.E. The fog lifted and the sun came out.
Wǔ-Sà Shìjiàn 五卅事件 N. <hist.> May 30 (1925) Incident
Wǔ-Sà Yùndòng 五卅运动[-運動] N. <pol.> May 30th (1925) Movement
wúsè 无色 V.P. colorless
wǔsè 五色 N. five colors (blue, yellow, red, white, black) ♦ATTR. multicolored
wùsè* 物色 V. look for; seek out the color/appearance of an object
wǔsèbānlán 五色斑斓 F.E. a riot of color
wùsè dào 物色到 V.P. find out
wúsèjiè 无色界 N. <Budd.> the formless/invisible world
wǔsèqí 五色旗 N. national flag of the early Republic M: [1]miàn/[1]ge
wǔsè qiānbǐ 五色铅笔[-筆] N. color pencil M: [2]zhī/[2]gēn
wǔsèwúzhǔ 五色无主 F.E. be scared out of one's wits
wǔsèzhǐ 五色纸 N. color paper M: [1]zhāng/[1]piàn
[1]**wūshā** 乌纱[烏-] See wūshāmào
[2]**wūshā** 钨砂[鎢-] N. tungsten ore
wùshā* 误杀[-殺] V. kill by mistake ♦N. manslaughter
wūshāmào 乌纱帽[烏-] N. ① <trad.> black gauze cap (of officials) ② official post M: [1]dǐng/[2]zhī
Wū Shān* 巫山 P.W. Wu Mountain (in Sichuan) M: [4]zuò
wǔshàn 午膳 N. midday meal; lunch
wúshāng 无伤[-傷] V.O. be without affect
wúshàng 无上 V.P. supreme; paramount; highest
wǔshàng 侮上 V.O. be arrogant toward one's superior
[1]**wùshāng*** 误伤[-傷] V. accidentally injure ♦N. accidental injury
[2]**wùshāng** 晤商 V. meet and discuss face-to-face
wúshāng bùhuó 无商不活 V.P. Without commerce, (the rural economy) could not be vigorous.
wúshāngdàtǐ 无伤大体[-傷-體] F.E. not affect the overall situation
wúshāngdàyǎ 无伤大雅[-傷--] F.E. not matter much; not affect the whole
wúshàng guāngróng 无上光荣[--榮] N. highest/matchless honor
wúshàngjiāměi 无上佳美 F.E. the highest pitch of perfection
wūshàngjiàwū 屋上架屋 ID. ① organizational redundancy ② unnecessary repetition
wùshāngqílèi 物伤其类[-傷-類] F.E. all beings grieve for their fellow beings
wúshàng quánlì 无上权力[--權-] N. supreme power
wúshàngwúxià 无上无下 F.E. regardless of above or below
wǔshàng yǎnjing 捂上眼睛 V.O. cover up one's eyes
wú shāngyè jiàzhí 无商业价值[--業價-] V.P. no commercial value
wù shàng zéichuán 误上贼船 V.O. accidently join a reactionary faction
wūshānyúnyǔ 巫山云雨[--雲-] ID. ① rendezvous between two lovers ② coitus
wūshè* 屋舍 N. house M: [1]jiān
wúshè 无涉 V.P. no concern; no business (of his/yours/mine/etc.)
wūshén 巫神 N. sorcerer; wizard M: [2]wèi/[1]míng/[1]ge
wúshēn 吾身 PR. myself
wúshén* 无神 V.O. lack belief in God
wùshēn 戊申 N. 45th year of the Sexagenary Cycle (1908, 1968, 2028 etc.)
wúshénchūrù 无甚出入 F.E. not much discrepancy
[1]**wúshēng*** 无声[-聲] V.P. noiseless; silent ♦ATTR. <lg.> ① unvoiced ② voiceless
[2]**wúshēng** 无生 ATTR. ① <lg.> inanimate ② <Budd.> immortal
[1]**wǔshēng** 武生 N. <opera> warrior role
[2]**wǔshēng** 五声[-聲] N. ① the five notes of the pentatonic scale ② the five tones of the common language (before adoption of four-tone Mandain)
wùshēng 寤生 V. give birth to a baby while unconscious
wúshēng chǐcāyīn 无声齿擦音[-聲齒--] N. <lg.> voiceless dental fricative
wúshéng diànhuà 无绳电话[-繩電-] N. cordless phone
wúshēng diànyǐng 无声电影[-聲電-] N. silent movie/film M: [2]bù/[2]chǎng
wúshēngdiào de 无声调的[-聲--] ATTR. <lg.> atonic
wúshēng fǔyīn 无声辅音[-聲--] N. <lg.> voiceless consonant
wúshēnghuà 无声化[-聲-] <lg.> N. ① devocalization ② unvoicing ♦ATTR. ① devocalized ② unvocalized
wúshēng kàngyì 无声抗议[-聲-議] N. silent protest
wúshēng míngcí 无生名词 N. <lg.> inanimate noun
wúshēngmìng de 无生命的 ATTR. inanimate
wúshēngpiān(r) 无声片(儿)[-聲--] N. silent film M: [2]bù
wúshēngqì de 无生气的[--氣-] ATTR. inert
wúshēng shǒuqiāng 无声手枪[-聲-槍] N. pistol with a silencer M: [2]zhī/[4]gǎn
wúshēng tíngdùn 无声停顿[-聲--] N. <lg.> silent pauses
wúshēngwù 无生物 N. inanimate object; nonliving matter
wúshēngwúxī 无声无息[-聲--] F.E. ①soundless and motionless ②unknown; obscure; untalked of
wúshēngwúxiù 无声无臭[-聲--] F.E. ① unknown; obscure ② quietly and without leaving a trace
wúshēngxìng de 无生性的 ATTR. inanimate
wúshēngyīn 无声音[-聲-] N. <lg.> voiceless sound
wǔshēng yīnjiē 五声音阶[-聲-階] N. pentatonic scale
wúshēng yuèdú 无声阅读[-聲-讀] N. <lg.> subvocal reading
wúshēng zǐyīn 无声子音[-聲--] N. <lg.> voiceless consonant
wúshénlùn 无神论 N. atheism
wúshénlùnzhě 无神论者 N. atheist M: [1]míng/[2]wèi/[1]ge
wúshènqūbié 无甚区别[--區-] F.E. It makes no difference.
wúshènxuānzhì 无甚轩轾 F.E. There is nothing to choose between the two.
wūshī 巫师[-師] N. wizard; sorcerer; psychic M: [1]míng/[1]ge
wúshí 无时[-時] ADV. any time
wúshǐ 无始 A.T. <Budd.> without beginning, like the chain of transmigration
[1]**wúshì** 无视 V. ① disregard; defy ② disdain;despise
[2]**wúshì** 无事 V.P. be free; have nothing to do
[1]**wǔshī** 武师[-師] N. ① <trad.> sb. good at martial arts ② <wr.> army M: [1]míng/[2]wèi/[1]ge
[2]**wǔshī** 舞狮[-獅] N. lion dance M: [1]zhǒng
[3]**wǔshī** 舞师[-師] N. dancing teacher M: [1]míng/[1]ge
[1]**wǔshí** 五十 NUM. fifty; 50
[2]**wǔshí** 午时[-時] N. 11 a.m. to 1 p.m.
[1]**wǔshì** 武士 N. ①<hist.> palace guard ②warrior; knight ③samurai ④strong/tough man M: [1]míng/[1]ge
[2]**wǔshì** 午市 N. <com.> afternoon session
[3]**wǔshì** 忤视 V. look at with a jaundiced eye; look defiantly at
wùshī 勿失 F.E. Do not let (a chance/etc.) slip away.
[1]**wùshí*** 务实[務實] V. ① try to be practical/pragmatic ② deal with concrete matters ♦N. pragmatism
[2]**wùshí** 误食 V. eat sth. poisonous/inedible by mistake
[3]**wùshí** 误时[-時] V.O. be behind time
wùshǐ 务使[務-] V. make sure; ensure
[1]**wùshì** 误事 V.O. ① delay work/business; hold things up ② bungle matters
[2]**wùshì** 物事 N. ① matters ② things
wúshì bù dēng sānbǎodiàn 无事不登三宝殿[-----寶-] ID. go with an ulterior motive

W

wǔshí bù xiào bǎi bù 五十步笑百步 F.E. the pot calling the kettle black
wúshìchuīxiāo 吴市吹箫[-簫] F.E. beg about the streets by playing an instrument
wǔshìdào 武士道 N. <*Jp. loan*> bushido (way of the warrior)
wǔshíjiān 五十肩 N. <*slang*> cold shoulder
wúshìkězuò 无事可做 V.P. There is no more to be done.
wúshìkōngmáng 无事空忙 F.E. be busy about nothing
wùshīliángjī 勿失良机 F.E. Make hay while the sun shines.
wúshìmáng 无事忙 F.E. busy with trivia
wǔshìqíchāng 五世其昌 F.E. May your descendants prosper for five generations!
wǔshíquè 五十雀 N. <*zoo.*> nuthatch
wùshìrénfēi 物是人非 F.E. Things remain, people change.
wúshìshēngfēi 无事生非 F.E. provoke trouble
wúshīshì de 无施事的 ATTR. <*lg.*> agentless
wǔshìtóngtáng 五世同堂 F.E. five generations living under the same roof
wúshǐwúbiān 无始无边[-邊] F.E. very expansive and everlasting
wúshíwúdì 无时无地[-時--] F.E. every minute and everywhere
wúshíwúkè 无时无刻[-時--] F.E. all the time; incessantly
wúshǐwúzhōng 无始无终 F.E. eternity
wǔshìyǒng 武士俑 N. warrior figure (artifact) M: [1]ge
wúshì yú 无视于[-於] V.P. ① disregard; defy ② disdain;depise
wúshìzhānghuáng 无事张皇 F.E. much ado about nothing
wúshìzìrǎo 无事自扰[-擾] F.E. worry over nothing
wúshīzìtōng 无师自通[-師--] F.E. acquire a skill without being taught; be self-taught
wùshí zuòfēng 务实作风[務實-] N. practical approach to one's work
wūshù 巫术[-術] N. witchcraft; sorcery
wúshū 无殊 V.P. <*wr.*> not different from; tantamount to
wúshǔ 鼯鼠 N. flying squirrel M: [2]zhī
wúshù* 无数[-數] V.P. ① be innumerable; countless ② not know for certain; be uncertain
[1]**wǔshù** 武术[-術] N. martial arts
[2]**wǔshù** 舞术[-術] N. the art of dancing
wúshuāng 无双[-雙] V.P. unparalleled; unrivalled
wúshuāngguóshì 无双国士[-雙國-] F.E. man of superior talent/ability
wúshuāngqī 无霜期 N. frost-free period
wūshuǐ 污水 N. waste water; sewage; slop
wúshuǐ 无水 N. <*chem.*> anhydrous
wǔshuì* 午睡 V. take/have a nap after lunch ♦N. afternoon nap; noontime snooze; siesta
wūshuǐcáo 污水槽 N. sewage duct M: [2]zhī
wūshuǐ chǔlǐ 污水处理[--處-] N. sewage disposal/treatment
wūshuǐ chǔlǐchǎng 污水处理厂[--處-廠] P.W. sewage-treatment plant
wūshuǐguǎn 污水管 N. sewage pipe M: [1]tiáo
wúshuì huòwù 无税货物 N. non-dutiable goods
wūshuǐ jìnghuà 污水净化[--淨-] N. sewage purification
wūshuǐkēng 污水坑 N. cesspit; cesspool; mudhole M: [1]tiáo
wúshuǐsuān 无水酸 N. <*chem.*> anhydrite
wúshǔjìqióng 梧/鼯鼠技穷[-窮] ID. at one's wits' end
wúshúliào shuǐní 无熟料水泥 N. <*archi.*> clinker-free cement
wú shùnxù 无顺序 V.P. be in disorder; lack order
wūshuò 於铄[-鑠] INTJ. Hurray!
Wǔshuòjié 五朔节[-節] N. May 1

wǔshùshī 武术师[-術師] N. martial-arts master M: [1]míng/[1]ge
wūshù zhìliáo 巫术治疗[-術-療] N. magical healing
wūsī 钨丝[鎢絲] N. tungsten filament M: [2]gēn/
wúsī* 无私 S.V. disinterested; unselfish
wúsì 无似 V.P. unworthy ♦ADV. extremely
wǔsi 捂死 R.V. suffocate; asphyxiate
Wǔ-Sì 五四 N. May 4th (1919)
wūsīdēng 钨丝灯[鎢絲燈] N. tungsten lamp M: [1]zhǎn
wúsī fāng wúwèi 无私方无畏 F.E. Only the selfless are fearless.
wūsīlán 乌丝栏[烏絲欄] N. fine black lines drawn on paper or woven in white silk for painting
Wǔ-Sì shídài 五四时代[--時-] N. the May 4th period
wúsīwúlǜ 无私无虑[-慮] F.E. free from care; happy-go-lucky
wúsīwúwèi 无私无畏 F.E. selfless and fearless
wúsīyǒubì 无私有弊 F.E. A sensitive position makes one vulnerable to suspicion.
Wǔ-Sì Yùndòng 五四运动[-運動] N. <*hist.*> May 4th Movement (1919)
Wúsōng* 吴淞 P.W. Wusong River, which runs through Shanghai
wùsōng 雾凇[霧-] N. (soft) rime
wùsōngwù 雾凇雾[霧-霧] N. <*met.*> rime fog
wūsú* 污俗 N. vulgar custom
wǔsú 忤俗 V.O. defy custom
wúsuàn 无算 V.P. <*wr.*> ① countless ② of an uncertain number
wùsuàn* 误算 V. miscalculate; miscount
Wūsūlǐ Jiāng 乌苏里江[烏蘇-] P.W. Ussuri river (in N.E. China)
Wūsūn 乌孙[烏孫] N. name of an ancient people west of the Han empire
wūsǔn 污损 V. ① defile and destroy ② contaminate
wúsǔn* 无损 V. ① cannot harm; be harmless ② be intact/hole
wúsuǒbùbāo 无所不包 V.P. all-encompassing
wúsuǒbùhuì 无所不会 V.P. can do everything
wúsuǒbùnéng 无所不能 V.P. ① omnipotent ② versatile
wúsuǒbùshuō 无所不说 V.P. talk about everything under the sun
wúsuǒbùtán 无所不谈 V.P. talk about everything under the sun
wúsuǒbùtōng 无所不通 F.E. be omnipotent.
wúsuǒbùwéi 无所不为 F.E. stop at nothing
wúsuǒ bùyòng qí jí 无所不用其极[-極] F.E. go to any length
wúsuǒbùyǒu 无所不有 F.E. omnifarious; have all
wúsuǒbùzài 无所不在 F.E. ubiquitous
wúsuǒbùzhī* 无所不知 F.E. omniscient; omniscience
wúsuǒbùzhì 无所不至 F.E. ① ubiquitous; omniscient ② very thorough ③ stop at nothing
wúsuǒ cuò shǒu-zú 无所措手足 V.P. at a loss as to what to do
wúsuǒfǎngù 无所反顾[-顧] F.E. never look back
wúsuǒgùjì 无所顾忌[-顧-] F.E. stop at nothing; be unscrupulous
wúsuǒgùlǜ 无所顾虑[-顧慮] F.E. be free from all anxiety
wúsuǒjìdàn 无所忌惮 F.E. be without restraint; stick at nothing
wúsuǒjìhuì 无所忌讳[-諱] F.E. have nothing to worry about
wùsuǒmízhàng 雾锁迷障[霧-] F.E. shrouded by a milky-white mist
wùsuǒshēnshān 雾锁深山[霧-] F.E. The mist hid the mountains.
wúsuǒshìcóng 无所适从[-適從] F.E. uncertain what to do
wúsuǒshìshì 无所事事 F.E. have nothing to do; idle away one's time

wúsuǒwèi 无所谓 S.V. ① be indifferent ② not matter *Wǒ* ~. It doesn't matter to me. ③ can't be considered/designated as; can't be called
wúsuǒwèijì 无所畏忌 F.E. stop at nothing
wúsuǒwèijù 无所畏惧[-懼] F.E. dauntless; undaunted
wúsuǒyīguī 无所依归[-歸] F.E. have no support/basis
wúsuǒyījù 无所依据[-據] F.E. nothing to base on
wúsuǒyīliàn 无所依恋[-戀] F.E. leave/part without regrets
wúsuǒyínghuái 无所萦怀[-縈懷] F.E. have nothing lingering in one's heart
wúsuǒyīzhàng 无所依仗 F.E. have nothing to rely on
wúsuǒyòngxīn 无所用心 F.E. not give serious thought to anything
wúsuō zhībùjī 无梭织布机[--織--] *See wúsuō zhījī*
wúsuō zhījī 无梭织机[--織-] N. <*txtl.*> shuttleless loom M: [1]tái
wúsuǒzhù 无所住 V.P. <*Budd.*> no means of staying; nonabiding; *apratisthita*
wúsuǒzuòwéi 无所作为 F.E. attempt/accomplish nothing
wútā 无他 V.O. ① nothing else; for no other reason than ② loyal; dedicated ③ in good health; safe
wǔtái* 舞台[-臺] N. stage; arena
wǔtài 舞态[-態] N. dancing style M: [1]zhǒng
wùtài 物态[-態] N. <*phy.*> state of matter
wǔ-tāi'ér 五胎儿 N. quintuplet
wǔ-tāi'ér rènshēn 五胎儿妊娠 N. quintuplet pregnancy
wǔtái gōngzuò rényuán 舞台工作人员[-臺----] N. stagehand M: [1]míng/[2]wèi/[1]ge
wǔtái jiāndū 舞台监督[-臺監-] N. stage director/manager M: [1]míng/[1]ge/[2]wèi
wǔtái jìlùpiān 舞台纪录片[-臺-錄-] N. stage documentary M: [2]bù/
wǔtáijù 舞台剧[-臺劇] N. stage play M: [1]chū
wǔtái shèjì 舞台设计[-臺--] N. stage set
wǔtái xiàoguǒ 舞台效果[-臺--] N. stage effects
wǔtái yìshù 舞台艺术[-臺藝術] N. stagecraft; theatrical art; theatricalism
wǔtáiyǔ 舞台语[-臺-] N. stage language M: [1]zhǒng
wǔtái yǔyán 舞台语言[-臺--] N. theatrical speech; stage language
wǔtái zhàomíng 舞台照明[-臺--] N. stage lighting
wǔtái zhuāngzhì 舞台装置[-臺裝-] N. stage setting M: [2]bù
[1]**wǔtán** 武坛[-壇] N. martial-arts circles
[2]**wǔtán** 舞坛[-壇] N. dance circles; the world of dance
wùtán* 晤谈 V. have a tête-à-tête; interview
wùtàn 物探 N. geophysical prospecting
wùténgténg 雾腾腾[霧-] R.F. <*coll.*> fog-covered
wútí 无题 ATTR. untitled
wǔ-tǐ 五体[-體] N. ① limbs and head ② <*Ch. med.*> five bodily constituents (tendon, vessel, muscle, hair and skin, bone)
wùtǐ* 物体[-體] N. body; substance; object M: [1]zhǒng
wútiǎnsuǒshēng 无忝所生 F.E. Don't do anything to bring shame on your parents.
wútiānwúdì 无天无地 F.E. lawless; reckless
wùtiáo(xié) 误调(谐) N. mistuning
wútiáojiàn 无条件[-條-] ATTR. ①unconditional ②unconditioned
wútiáojiàn fǎnshè 无条件反射[-條---] N. <*phys./psy.*> unconditioned reflex
wútiáojiàn tóuxiáng 无条件投降[-條---] V.P./N. unconditional(ly) surrender
wǔtìchú 五屉橱[-屜櫥] N. chest of drawers M: [2]zhī
wùtící 物体词[-體-] N. <*lg.*> object word

wùtìjìngdiǎn 勿替敬典 F.E. do not discontinue ancient institutions

wǔtīng* 舞厅[-廳] P.W. ballroom; dance hall M: [1]*jiān*

wùtīng 误听[-聽] V. ① mis-hear ② believe spoken untruths

Wǔ Tíngfāng 伍廷芳 (1842–1922) N. English-educated lawyer; Qing government's representative in the U.S. (1897–1909)

wútíshī 无题诗 N. untitled poem M: [2]*shǒu*

wǔtǐtóudì 五体投地[-體--] F.E. ① prostrate oneself before sb. ② deeply admire

wútóng* 梧桐 N. Chinese parasol tree M: [1]*kē*

wútòng 无痛 N. analgesia

wǔtōng 五通 N. <*Budd.*> the five supernatural powers

wútòng fēnmiǎn 无痛分娩 N. painless childbirth

wútòng fēnmiǎnfǎ 无痛分娩法 N. painless delivery

wútóngshù 梧桐树[-樹] N. Chinese parasol tree M: [2]*kē*

wútóngzǐ 梧桐子 N. dryandra seeds

[1]**wūtóu** 屋头 N. <*coll.*> home; room

[2]**wūtóu** 乌头[烏-] N. <*Ch. med.*> rhizome of Chinese monkshood

wútóu'àn 无头案 N. unsolved mystery M: [1]*qǐ*/[2]*jiàn*

wūtóubái 乌头白[烏-] F.E. chimera; sth. nonexistent

wútóugàoshì 无头告示 F.E. officialese; gobbledygook

wútóu gōng'àn 无头公案 N. unsolved mystery/case M: [2]*bù*

wútóujū 无头疽 N. deep abscess

wútóuwúnǎo 无头无脑[-腦] F.E. ① be too simple-minded ② disorderly and confused; muddled and mixed-up

wútóuwúwěi 无头无尾 F.E. confused; muddled; mixed-up

wūtu* 乌涂[烏塗] S.V. ① tepid (of water) ② unclear; indecisive ③ muddle-headed

wūtú 於菟 N. <*topo.*> tiger

wūtù 乌兔[烏-] N. sun and moon M: [2]*zhī*

wútú 吾徒 N. ① my disciples ② we

wùtū 兀突 S.V. ①unexpected ②sudden; abrupt

wútǔ nóngyè 无土农业[-農業] N. soilless agriculture

wūtuōbāng 乌托邦[烏-] P.W. <*loan*> Utopia

wūtuōbāng shèhuìzhǔyì 乌托邦社会主义[烏-義] N. utopian socialism

wūtuōbāng wénxué 乌托邦文学[烏-] N. utopian literature

wūtuōbāngzhǔyì 乌托邦主义[烏-義] N. utopianism

wútǔ zāipéi 无土栽培 N. soilless culture; hydroponics

wūwǎ 屋瓦 N. roof tile M: [1]*piàn*/[3]*lì*

wūwài* 屋外 P.W. outside of a room

[1]**wùwài** 物外 <*wr.*> P.W. the realm beyond worldly things ♦ATTR. transcendental

[2]**wùwài** 务外[務-] V.O. have an exaggerated concern for appearances

[3]**wùwài** 骛外 V. depart from one's proper role

wúwàihuì chūkǒu 无外汇出口[--匯--] N. export without foreign exchange

wúwàihuì jìnkǒu 无外汇进口[--匯進-] N. import without foreign exchange; no-draft import

wǔwàn 五万[-萬] NUM. fifty thousand; 50,000

wūwǎng 诬枉 V. slander and wrong; calumniate

[1]**wúwàng*** 无望 S.V. ①hopeless ②unexpected; unforeseen

[2]**wúwàng** 无妄 N. <*wr.*> diagram in the *Book of Changes* indicating truth and honesty

Wǔ Wáng 武王 N. <*hist.*> posthumous title of the Zhou-dynasty founder

wùwàng 物望 N. <*wr.*> ① popular confidence/trust ② object of popular admiration

wúwǎngbùlì 无往不利 F.E. successful in every-thing attempted

wúwǎngbùshèng 无往不胜[-勝] F.E. ever-victorious

wúwǎngbùzài 无往不在 F.E. present every-where; omnipresent

wùwàngcǎo 勿忘草 N. <*bot.*> forget-me-not M: [1]*kē*

wùwàngsuǒguī 物望所归[-歸] F.E. The people's hope is centered on sb..

wúwǎngwúzòng 无枉无纵[-縱] F.E. not wrong the innocent and not let evildoers escape

wúwàngzàijǔ 毋望在莒 F.E. Do not forget the national humiliation in times of peace and security.

wúwàngzhīzāi 无妄之灾[-災] F.E. unexpected calamity

wúwànshù 无万数[-萬數] ATTR. innumerable

wúwéi 无为 N. <*Dao.*> doctrine of non-interference; inaction

[1]**wúwèi*** 无畏 S.V. fearless; dauntless

[2]**wúwèi** 无谓 ATTR. pointless; senseless ♦V. don't presume

[3]**wúwèi** 无味 S.V. ① tasteless ② dull; insipid

wǔwēi 武威 S.V. powerful

wǔwéi 忤违[-違] V. disobey

wǔ-wèi 五味 N. ① five flavors (sweet, sour, bitter, hot, salty) ② all sorts of flavors

wùwéi 误为 V.P. mistake one thing for another

wúwēibùzhì 无微不至 F.E. meticulous

wúwéi ér wúbùwéi 无为而无不为 F.E. Do nothing and everything is done.

wúwéi'érzhì 无为而治 F.E. govern by doing nothing

wúwéiróngshǒu 毋为戎首 F.E. Don't be the first to pick a fight.

wúwèishī 无畏施 N. bestowing of confidence by every true Buddhist

wúwěixióng 无尾熊 N. <*zoo.*> koala M: [2]*zhī*

wùwèi yánzhībùyù 勿谓言之不预 F.E. Don't say you haven't been forewarned.

wù wèi yánzhībùyù yě 勿谓言之不预也 F.E. Don't say that you haven't been forewarned.

wǔwèizhì 五位制 N. five-digit system

wǔwèizǐ 五味子 N. <*Ch. med.*> fruit of Chinese magnoliavine

wú wénhuà piānxiàng de 无文化偏向的 ATTR. <*lg.*> culture-fair; without cultural bias

wǔwénnòngfǎ 舞文弄法 F.E. ①pervert the law by playing with legal phraseology ② tamper with the language of documents/laws for illicit purposes

wǔwénnòngmò 舞文弄墨 F.E. ①pervert law by lexical chicanery ②engage in word-mongering

wúwénzì yǔyán 无文字语言 N. unwritten language

wúwǒ 无我 N. <*Budd.*> no individual independent existence; *anatman*

wùwǒliǎngwàng 物我两忘 F.E. become unconscious of the boundary between oneself and the external world

[1]**wūwū** 呜呜[嗚嗚] ON. sound of hooting

[2]**wūwū** 乌乌[烏烏] ON. ow!

[3]**wūwū** 屋乌[-烏] ID. attachment to the things and people related to a loved one

wūwù 污物 N. sewage; waste

[1]**wúwù*** 无误 V.P. verified and found correct

[2]**wúwù** 无物 V.O. be devoid of content ♦ATTR. empty; devoid of substance

wǔwù 忤物 V.O. be at odds with others

wùwǔ 戊午 N. 55th year of the Sexagenary Cycle (1918, 1978, 2038 etc.)

[1]**wùwù** 勿勿 ADV. ① in a hurry ② cautiously; carefully

[2]**wùwù** 物物 R.F. everything *See also wùwùjiāohuàn*

wǔwǔgàigài 捂捂盖盖[-蓋蓋] R.F. try to cover up; hedge and dodge; be secretive

wùwùjiāohuàn 物物交换[-換] F.E. barter one thing for another

wùwùjiāohuàn zhìdù 物物交换制度[---換-] N. barter system

wùwùjiāoyì 物物交易 *See wùwùjiāohuàn*

wùwùjiāoyì tiáojiàn 物物交易条件[----條-] N. barter terms of trade

wùwùtūtū 兀兀秃秃[-秃秃] R.F. lukewarm

wùwù xiāng liánxì 物物相联系[-聯繫] F.E. Everything is connected to everything else.

wūwūyèyè 呜呜咽咽[嗚嗚-] R.F. sob; whimper

wūwūzhī'ài 屋乌之爱[-烏-愛] N. attachment to the things and people related to a loved one

wūxí 巫觋 N. witches and wizards

wúxī* 无息 ATTR. interest-free

Wúxī 无锡 P.W. Wuxi (city in Jiangsu)

wǔxì 武戏[-戲] N. opera dominated by acrobatic fighting M: [2]*chǎng*

wùxī 务希[務-] F.E. Please be sure to. . .

Wūxiá 巫峡[-峽] P.W. Wu Gorge (in the Yangtze River)

[1]**wúxiá** 无瑕 V.P. ①flawless ②without blemish/defect/faulty; perfect

[2]**wúxiá** 无暇 V.O. have no time

[1]**wǔxiá*** 武侠[-俠] N. ①knight-errant ②chivalry M: [1]*míng*/[2]*wèi*

[2]**wǔxiá** 侮狎 V.P. have no consideration for; treat with excessive familiarity

wúxià'āméng 吴下阿蒙 F.E. ignorant person

wūxiàjiàwū 屋下架屋 ID. redundancy; unnecessary repetition

wúxiákějī 无瑕可击[-擊] F.E. faultless

wúxiákězhé 无瑕可谪 F.E. flawless; perfect

wúxiákězǐ 无暇可訾 F.E. irreproachable; spotless

wú xiàluò 无下落 V.O. be without a trace

wūxiān 巫仙 N. immortal shaman

wūxiàn 诬陷 V. frame (sb.)

[1]**wúxiàn*** 无限 ATTR. ①infinite; limitless ②<*lg.*> indefinite

[2]**wúxiàn** 无线 ATTR. wireless

wùxián 恶嫌[惡-] V. hate; detest; abhor; loathe

wúxiánbùxiào 无贤不肖[-賢--] F.E. not virtuous; unworthy

wúxiàndà 无限大 N. <*math.*> infinitely great

wúxiàndiàn 无线电[-電] N. radio

wúxiàn diànbào 无线电报[-電報] N. wireless telegram; radiotelegram

wúxiàn diànbō 无线电波[-電-] N. wireless electric wave M: [1]*zhǒng*

wúxiàndiàn chuánzhēn 无线电传真[--電傳-] N. radiofacsimile; fax

wúxiàndiàn duìjiǎngjī 无线电对讲机[--電對講-] N. walkie-talkie

wúxiàndiàn fāshèjī 无线电发射机[--電發--] N. radio transmitter M: [1]*tái*

wúxiàndiàn gānrǎo 无线电干扰[--電-擾] N. radio jamming

wúxiàndiàn gēnzōng 无线电跟踪[--電-蹤] N. radio tracing

wúxiàndiàn guǎngbō 无线电广播[--電廣-] N. radio broadcasting

wúxiàndiàn guǎngbōzhàn 无线电广播站[--電廣--] P.W. radio station

wúxiàn diànhuà 无线电话[-電-] N. ①wireless phone ② radiotelephone; radiophone

wúxiàn diànhuà shǒujī 无线电话手机[--電--] N. wireless phone

wúxiàn diànshìtái 无线电视台[--電-臺] P.W. wireless television station

wúxiàndiàn shōuyīnjī 无线电收音机[--電---] N. radio receiver M: [1]*tái*

wúxiàn diàntái 无线电台[-電臺] P.W. radio telephone

wúxiàn diàntáiwǎng 无线电台网[-電臺網] N. radio network

wúxiàndiàn tiānxiàn 无线电天线[--電--] N. radio antenna

wúxiàndiàn tōngxìn 无线电通信[--電--] N. radio/wireless communication

wúxiàndiàn tōngxùnwǎng 无线电通讯网[--電--網] N. radio network

wúxiàn diànwǎng 无线电网[-電網] N. radio network

wúxiàn dòngcí 无限动词[--動-] N. <*lg.*> infinitive

W

wǔxiāng* 五香 N. ① five spices (prickly ash, star aniseed, cinnamon, clove, fennel) ② mixture of five spices
wùxiàng 物象 N. ① image ② visible phenomena ③ physical/natural phenomena
wǔxiāng cháyèdàn 五香茶叶蛋[---葉-] N. boiled eggs with cracked shells, marinated in a tea-leaf and spice mixture
wǔxiāngdòu 五香豆 N. spiced beans
wǔxiāngfěn 五香粉 N. five-spice powder (star anise, clove, cinnamon, fennel, and brown pepper) M: [1]*bāo*
wǔxiāng huāshēng 五香花生 N. peanuts cooked with five-spice powder
wúxiàn gōngsī 无限公司 N. unlimited company M: [1]*jiā*
wǔxiàng quánnéng yùndòng 五项全能运动[-運動] N. <*sport*> pentathlon
wúxiàn guàncí 无限冠词 N. <*lg.*> indefinite article
wú xiànhuò 无现货 V.P. out of stock; not available; unavailable
wú xiānlì kěyuán 无先例可援 V.P. have no precedent to go by
wǔxiànpǔ 五线谱 N. <*mus.*> staff; stave M: [1]*zhāng*
wúxiànqī 无限期 N. indefinite duration
wǔxiánqín 五弦琴 N. banjo M: [2]*zhī*
wúxiànshànggāng 无限上纲[-綱] F.E. exaggerate sb.'s mistakes to the maximum
wúxiànshì 无限式 N. <*lg.*> infinitive
wúxiàn tōngxùn 无线通讯 N. telecommunications
wúxiànxiǎo 无限小 N. <*math.*> infinitely small; infinitesimal
wúxiànxìng 无限性 N. unlimitedness; boundlessness
wúxiàn xiūhuì 无限休会 V.P. adjourn indefinitely; adjourn sine die
Wúxiàn Yìngyòng Xiéyì 无线应用协议[--應-協議] N. Wireless Application Protocol
wúxiànzhì 无限制 V.P. unrestricted; unbridled; unlimited
Wǔxiānzuò 武仙座 N. <*astr.*> Hercules
wúxiào* 无效 V.P. ① of/to no avail ② null and void ③ ineffective; useless
wùxiāo 雾消[霧-] F.E. burn off (of mist)
wúxiào fēnniè 无效分蘖[-櫱] N./V.P. <*agr.*> ineffective tillering
wǔ-xiǎo gōngyè 五小工业[-業] N. <*PRC*> the five small industrial enterprises (producing iron and steel, coal, chemical fertilizer, cement, and machinery)
wǔ-xiǎo jìngsài 五小竞赛[-競-] N. <*PRC*> five-small competitions with awards for small inventions, innovations, reforms, designs, and suggestions
wùxiāoyúnsàn 雾消云散[霧-雲-] F.E. The fog lifted and the clouds dispersed.
wǔxiápiān 武侠片[-俠-] N. motion pictures depicting the chivalry and prowess of ancient swordsmen M: [2]*bù*
wúxiátāgù 无暇他顾[-顧] F.E. lack time to attend to other things
wǔxiá xiǎoshuō 武侠小说[-俠--] N. knight-errant fiction M: [1]*piān*
wúxiàzhùchù 无下箸处[-處] F.E. too particular about one's food (of the rich)
wúxī dàikuǎn 无息贷款 N. interest-free loan M: [2]*bǐ*
wúxié* 无邪 S.V. guileless; unaffected
wǔxié 舞鞋 N. dance shoes M: [1]*shuāng*/[2]*zhī*
wǔxiè 舞榭 N. dance halls/auditoriums
wùxiě 误写[-寫] V. write (sth. wrong) by mistake
wǔxiè-gētái 舞榭歌台[-臺] N. place for dancing and singing; entertainment setups
wúxièkějī 无懈可击[-擊] F.E. invulnerable
wúxìkěchéng 无隙可乘 F.E. no loophole to exploit

wúxīn* 无心 V.O. ① not be in the mood for ② <*Budd.*> cease all mental activity ♦ ADV. unwittingly; inadvertently ***Wǒ shì ~ shuō de.*** I didn't mean it.
wúxìn 无信 N. devoid of faith
wùxìn 误信 V. mistakenly believe
wǔxīnbùdìng 五心不定 F.E. <*coll.*> of several minds; undecided
wǔxīnfánrè 五心烦热[-熱] F.E. <*Ch. med.*> feverish sensation in the chest, soles, and palms
[1]**wúxíng*** 无形 ATTR. ① invisible; intangible ② amorphous
[2]**wúxíng** 无行 V.P. <*wr.*> ① wicked; reprobate ② have no moral scruples
wúxìng 无性 ATTR. ① <*bio.*> asexual ② <*bot.*> neuter; agamo-
[1]**wǔxīng** 舞星 N. well-known dancer M: [1]*míng*/[2]*wèi*/[1]*ge*
[2]**wǔxīng** 五星 N. five planets (Venus, Jupiter, Mercury, Mars, Saturn)
[1]**wǔ-xíng** 五行 N. ① five elements (metal, wood, water, fire, earth) ② five constant virtues (benevolence, righteousness, propriety, knowledge, faith) ③ the successive influence of the four seasons
[2]**wǔ-xíng** 五刑 N. <*hist.*> five mutilating punishments (tattooing the face, cutting off the nose, cutting of the feet, castration, and decapitation)
wùxìng 悟性 N. power of understanding/insight
wùxìng 物性 N. properties of matter
wúxíng cáichǎn 无形财产[-產] N. <*acct.*> nonvisible property
wúxíng chūkǒu 无形出口 N. export services
wǔxīng hóngqí 五星红旗 N. <*PRC*> Five-Starred Red Flag M: [1]*miàn*
wǔxīngjí 五星级 ATTR. five-star
wúxíng jiàzhí 无形价值[--價-] N. intangible value
wǔxīngjí lǚguǎn 五星级旅馆 P.W. five-star hotel M: [1]*jiā*
wúxíngjìng 无形镜 N. contact lenses M: [1]*tái*
wǔxīng jiǔdiàn 五星酒店 P.W. five-star hotel M: [1]*jiā*
wúxíng lìyì 无形利益 N. intangible benefit
wúxíng màoyì 无形贸易 N. invisible trade
wǔxīngqí 五星旗 N. the Five-Starred Red Flag (of the PRC) M: [1]*miàn*
wǔxīng shàngjiàng 五星上将[--將] N. five-star general/admiral
wúxíng shāngpǐn 无形商品 N. intangible goods
wúxìng shēngzhí 无性生殖 N. <*bio.*> ① asexual reproduction ② cloning
wúxíng sǔnhào 无形损耗 N. nonphysical wear
wúxíngtàiyǔ 无形态语[--態-] N. <*lg.*> amorphous language M: [1]*zhǒng*
wú xíngwéi nénglì rén 无行为能力人 N. <*law*> a person without disposing capacity M: [1]*míng*/[1]*ge*
wúxíng xiàngmù 无形项目 N. invisibles
wúxìng zájiāo 无性杂交[--雜-] N. asexual hybridization
wúxíngzhīzhōng 无形之中 N. imperceptibly; virtually
wúxíngzhōng 无形中 N. imperceptibly; virtually; insidiously
wúxíng zīchǎn 无形资产[-產] N. intangible asset
wùxìnhào 雾信号[霧-號] N. fog signal
wúxīnkuàiyǔ 无心快语 F.E. slip of the tongue
wúxīnliànzhàn 无心恋战[-戀戰] F.E. have no heart for further fighting
wù xīnqí 务新奇[務-] A.T. be avid for novelty
wúxīn xiūjià 无薪休假 N. unpaid holiday
wúxìnyòng 无信用 N. faithlessness
wúxīnzhīguò 无心之过 N. unintentional fault
wúxiōng 吾兄 N. <*wr.*> ① my elder brother ② you (courteous among friends)
wúxī piàojù 无息票据[-據] N. <*acct.*> non-interest-bearing note M: [1]*zhǒng*
wúxiù 无袖 ATTR. sleeveless
wǔxiū* 午休 N. noon break; lunch hour

wǔxiùcái 武秀才 N. <*trad.*> a county-qualified military officer
wúxiūwúzhǐ 无休无止 F.E. ceaseless; endless
wú xiūzhǐ 无休止 ADV. ceaselessly; endlessly
wúxū* 无/毋须/需 AUX. need not; not have to; do not need
wúxù 无序 N. lack of order; disorder
[1]**wùxū** 务虚[務虛] V.P. discuss principles or ideological guidelines
[2]**wùxū** 务须[務-] AUX. must; should
[3]**wùxū** 戊戌 N. 35th year of the Sexagenary Cycle (1898, 1958, 2018 etc.)
Wùxū Biànfǎ 戊戌变法[--變-] N. <*hist.*> the Hundred Days Reform (1898)
wǔxué 武学 N. the study of martial arts
wúxū fèixīn 无需费心 V.P. need not trouble oneself with/about
wúxūhū 无须/需乎 AUX. <*trad.*> not necessary; no need
wùxūwùshí 务虚务实[務虛務實] F.E. lay emphasis on both theory and practice
wúxù xuǎnpiào 无序选票[--選-] N. circular voting form (so that no candidate appears at the top/bottom)
Wùxū Zhèngbiàn 戊戌政变[-變] N. <*hist.*> 1898 coup d'état
[1]**wūyā*** 乌鸦[烏-] N. crow M: [2]*zhī*
[2]**wūyā** 呜哑[嗚啞] ON. *sound of croaking*
wúyá 无涯 V.P. boundless
wūyán* 屋檐 N. eaves
wūyǎn 乌眼[烏-] N. blindfold
wúyān 无烟[-煙] ATTR. smokeless
wúyán 无言 V. remain silent; have nothing to say
wúyàn 无厌[-厭] V.P. insatiable
wǔyàn 午宴 N. noontime banquet; luncheon
wùyán 晤言 V. meet and talk
wúyán biànmào 无沿便帽 N. skullcap M: [1]*dǐng*
wūyānchéngmǎ 乌焉成马[烏-] ID. copying begets mistakes
wūyán dīshuǐ 屋檐滴水 N. <*archi.*> dripper tile piece at the eave
wúyánduìqì 无言对泣[--對-] F.E. weeping together without anything to say
wúyàng 无恙 V.P. in good health; safe and sound
wúyān gōngyè 无烟工业[-煙-業] N. tourist trade
wúyǎnhù gǎngkǒu 无掩护港口[--護--] N. open harbor
wūyánhuìyǔ 污言秽语[--穢-] F.E. filthy speech
wúyān huǒyào 无烟火药[-煙-藥] N. smokeless powder; ballistite
wūyǎnjī 乌眼鸡[烏-雞] N. venomous look of hatred M: [2]*zhī*
wúyán jiàn jiāngdōng fùlǎo 无颜见江东父老 V.P. be ashamed to go back to one's people after a failure
wúyánjiànrén 无颜见人 F.E. have no face to see sb.
wǔyán juéjù 五言绝句[--絕-] N. four-line poem with five characters to a line and a strict tonal pattern and rhyme scheme
wúyánkědá 无言可答 V.P. can say no more and be silent; have nothing to say in reply; speechless; unable to find an answer
wúyánkěduì 无言可对[-對] F.E. have nothing to say in reply
wúyánkěhuì 无言可讳[-諱] F.E. undeniable
wǔyánliùsè 五颜六色 F.E. multicolored; variegated colors
wǔ-yán lǜshī 五言律诗 N. (eight-line) regulated verse poem with five characters per line
wúyānméi 无烟煤[-煙-] N. anthracite M: [2]*kuài*
wǔyán-qīlǜ 五言七律 N. poems with five or seven characters to a line M: [2]*shǒu*
wūyǎn(r)qīng 乌眼(儿)青[烏-] N. <*coll.*> glowering
wúyānqū 无烟区[-煙區] P.W. smoke-free zone
wǔyǎnr 捂眼儿 V.O. <*coll.*> blindfold
wúyán shànshí 无盐膳食[-鹽--] N. salt-free diet

wǔyánshī 五言诗 N. poem with five characters to a line M: [2]shǒu

[1]**wúyányǐduì** 无言以对[-對] F.E. have nothing to say in reply

[2]**wúyányǐduì** 无颜以对[-對] F.E. be embarrassed to face people

wūyānzhàngqì 乌烟瘴气[烏煙-氣] F.E. pestilential atmosphere

wúyànzhīqiú 无厌之求[-厭--] F.E. an insatiable demand

wūyào 乌药[烏藥] N. <Ch. med.> root of the three-nerved spicebush

[1]**wùyào*** 务要[務-] AUX. must

[2]**wùyào** 勿药[-藥] V.P. recover from illness

wūyāyā 乌压压[烏壓壓] R.F. dark and dense

wūyāzuǐ 乌鸦嘴[烏-] N. a crow's mouth M: [1]zhāng

Wūyāzuò 乌鸦座[烏-] N. <astr.> Corvus

wūyè 呜咽[嗚-] V. sob; whimper

wúyè 无业[-業] V.O. ① be out of work; be unemployed ② have no property

wǔyè* 午夜 N. midnight

wùyè 戊夜 N. predawn hours

wùyè bùdòngchǎn 物业不动产[-業-動產] N. real estate

wǔyè tiěxiànlián 五叶铁线莲[-葉鐵--] N. woodbine

wǔyèxīngwàng 五业兴旺[-業興-] F.E. prosperity in farming, forestry, animal husbandry, side-occupations, and fishery

wúyè yóumín 无业游民[-業--] N. jobless vagrant

[1]**wūyī** 巫医[-醫] N. witch doctor; shaman M: [1]míng/[1]ge

[2]**wūyī** 乌衣[烏-] N. <zoo.> swallow M: jiàn

[1]**wūyì** 呜唈[嗚-] sound of weeping

[2]**wūyì** 於邑 INTJ. alas!

[1]**wúyí*** 无疑 ADV. beyond doubt; undoubtedly ♦N. certainty

[2]**wúyí** 无遗 V.P. nothing left

wúyǐ 无已 <wr.> V.P. ①ceaselessly ②unwillingly; reluctantly ③ have to

[1]**wúyì** 无意 V.O. have no intention to; have no interest in ♦ADV. inadvertently ♦N. <lg.> nonsense

[2]**wúyì** 无异[-異] V.P. ① just like; same as ② tantamount to

[3]**wúyì** 无益 V.P. be unprofitable/useless

[4]**wúyì** 无艺[-藝] V.O. have no standards/regulations ♦ADV. unlimited

Wǔ-Yī 五一 N. May Day

[1]**wǔyì** 武艺[-藝] N. skill in martial arts

[2]**wǔyì** 舞艺[-藝] N. dancing skill M: [1]zhǒng

[3]**wǔyì** 迕意 V.O. oppose one's will

[4]**wǔyì** 五亿[-億] NUM. five hundred million; 500,000,000

wùyí 物宜 F.E. Everything gets its own proper position.

[1]**wùyì** 误译[-譯] V. translate incorrectly; mistranslate

[2]**wùyì** 物议[-議] N. <wr.> criticism from the people

[3]**wùyì** 物役 V. be a slave of material things

[4]**wùyì** 雾翳[霧-] N. fog

wúyībùbèi 无一不备[-備] F.E. Everything is available

wúyībùjīng 无一不精 F.E. be an expert in everything

wúyībùnéng 无一不能 F.E. almighty; extremely versatile

wúyībùtōng 无一不通 F.E. know all; be extremely versatile

Wǔyíchá 武夷茶 N. Wuyi tea

wǔyìchāoqún 武艺超群[-藝--] F.E. One's military arts excel all.

wǔyìchūzhòng 武艺出众[-藝-眾] F.E. One's fighting skill is far above that of common men.

wúyì'érfēi 无翼而飞[-飛] F.E. vanish all of a sudden

wúyìfàn 无意犯 N. inadvertent/unintentional offender M: [1]míng/[1]ge

wùyìfèiténg 物议沸腾[-議--] F.E. Popular criticisms are boiling.

wúyǐfùjiā 无以复加[-復-] F.E. in the extreme

wǔyìgāoqiáng 武艺高强[-藝-強] F.E. be highly skilled in military drill

wúyíhòuhuàn 毋贻后患[--後-] F.E. don't leave trouble for the future

Wǔ-Yī Jié 五一节[-節] N. May Day

Wǔ-Yī Láodòngjié 五一劳动节[-勞動節] N. May Day

wùyǐlèijù 物以类聚[--類-] F.E. like attracts like

Wǔ-Yī-Liù tōngzhī 五一六通知 N. <PRC> May 16 Circular (programmatic document for leading to the Cultural Revolution)

wúyǐmíngzhī 无以名之 F.E. be unable to name/express sth.

[1]**wúyīn** 无因 ADV. ① without cause/reason ② no way to; in no position to; unable to

[2]**wúyīn** 无音 ATTR. silent

Wúyīn 吴音 N. <lg.> *Go-on* pronunciation in Japanese

wúyín* 无垠 V.P. boundless

wǔyīn 五音 N. ① pentatonic notes (do, re, mi, sol, la) ② five classes of initials in ancient Chinese phonology (glottal, dental, alveolar, lateral, labial) *See also gōng-shāng-jué-zhǐ-yǔ*

wùyín 戊寅 N. 15th year of the Sexagenary Cycle (1878, 1938, 1998 etc.)

wùyǐn 误引 V. misquote

wǔyīn bùquán 五音不全 V.P. sing out-of-tune

wǔyīng 武英 N. martial arts hero

wùyīng* 兀鹰 N. <zoo.> vulture; buzzard

wúyǐngdēng 无影灯[-燈] N. <med.> shadowless/astral lamp M: [1]zhǎn

wù yíngsheng 务营生[務營-] V.O. <topo.> work; make a living

wúyǐngwúxíng 无影无形 F.E. immaterial; impalpable; incorporeal

wúyǐngwúzōng 无影无踪[-蹤] F.E. vanish without a trace

wúyìniǎo 无翼鸟 N. kiwi (bird) M: [2]zhī

wú yīrìzhīyǎ 无一日之雅 F.E. <wr.> not have the pleasure of knowing sb.

wúyìshí 无意识[--識] ATTR. ① unconscious ② unintentional

wúyīshìchù 无一是处[-處] F.E. devoid of any merit

wùyǐwéi 误以为 V.P. mistakenly think/consider

wúyǐwéibào 无以为报[-報] F.E. unable to repay a kindness

wúyǐwéidá 无以为答 F.E. unable to answer

wúyǐwéiduì 无以为对[-對] F.E. not to know how to answer/reply

wúyǐwéijì 无以为继[-繼] F.E. be hard-put to find a sequel

wúyǐwéilì 无以为力 F.E. difficult to be of help

wúyǐwéishēng 无以为生 F.E. have no means of livelihood

wúyīwúkào 无依无靠 F.E. have no one to depend on

wúyīwúshí 无衣无食 F.E. have nothing to eat or wear

wúyīwúyào 无医无药[-醫-藥] F.E. There are neither doctors nor medicines.

wúyì xíngtài 无义形态[-義-態] N. <lg.> non-differentiating form

wù yǐ xī wéi guì 物以稀为贵 F.E. rarity enhances value

[1]**wúyìyì** 无意义[-義] V.P. lack meaning; be meaningless

[2]**wúyìyì** 无异议[-異議] V.P. unanimous

wúyìyì de cí 无意义的词[--義--] N. <lg.> nonsense word

wúyì yīnjié 无意音节[-節] N. <lg.> nonsense syllable

wú yìyì shùjù 无意义数据[-義數據] N. nonsignificant data; gibberish

wú yìyì tōngguò 无异议通过[-異議--] V.P. pass unanimously

wúyìyìxìng 无意义性[--義-] N. <lg.> meaninglessness

wúyìyú 无异于[-異於] V.P. no different from; the same as; as good as

wúyìyúcǐ 无意于此[--於-] F.E. not interested in that

wúyìzhèngmíngshū 无疫证明书[--證-書] N. clean bill of health; health certificate

wúyìzhì 无抑制 N. lack of restraint

wúyìzhīzhōng 无意之中 ADV. unintentionally; accidentally; by chance

wúyìzhōng 无意中 ADV. accidentally; unintentionally; unexpectedly

wúyǐzìjiě 无以自解 F.E. be unable to explain oneself

wúyǐzìróng 无以自容 F.E. be ashamed of oneself

wúyōng 毋/无庸 V.O. no need for

wúyòng* 无用 ATTR. useless

wùyòng 误用 V. misuse

wúyònggōng 无用功 N. useless work

wúyōnghuìyán 毋/无庸讳言[--諱-] F.E. no need for reticence

wúyòngshǔbèi 无用鼠辈 F.E. be just a bunch of softies

wú yòngwǔzhīdì 无用武之地 F.E. lack scope for their abilities

wúyōngyuǎnlǜ 毋庸远虑[-遠慮] F.E. do not worry about the distant future

wúyòngzhīcái 无用之才 N. a useless talent

wúyōngzhìhuì 无庸置喙 F.E. not allow others to butt in

wúyōngzhìyí 无庸置疑 F.E. without doubt; doubtless; unquestionable

wùyōngzhìyí* 勿庸置疑 F.E. undoubtedly

wúyōngzhuìshù 毋庸赘述 F.E. need not go into details

wúyōngzhuìyán 毋庸赘言 F.E. no need to repeat it

wúyòng zìfú 无用字符 N. useless/meaningless character

wūyǒu* 乌有[烏-] N. <wr.> nothing; naught

wúyóu 无由 V.O. <wr.> ① have no way (to do sth.) ② be without rhyme/reason

[1]**wúyǒu** 无有 N. none; nothing

[2]**wúyǒu** 吾友 N. <wr.> my friend

wúyǒuqípǐ 无有其匹 F.E. without equal

wùyǒusuǒguī 物有所归[-歸] F.E. a place for everything

wùyǒusuǒzhí 物有所值 F.E. get the most from what one pays for or owns

wúyōuwúlǜ 无忧无虑[-憂-慮] F.E. totally without worries

wūyǒu xiānsheng 乌有先生[烏-] N. Mr. Nobody

wūyōuyōu 乌油油[烏-] R.F. jet-black

wūyǒuzhīshì 乌有之事[烏-] N. no such thing

wūyú 乌鱼[烏-] N. snakehead; snakeheaded fish; black mullet M: [1]wěi

wūyǔ* 屋宇 N. <wr.> house

[1]**wūyù** 巫妪[-嫗] N. sorceress M: míng/[1]ge

[2]**wūyù** 乌芋[烏-] N. water chestnut

[1]**wúyú** 无余 ADV. completely; nothing left

[2]**wúyú** 无虞 V.P. be unexpected

Wú Yú 吴虞 (1872–1949) N. historian and poet; best known for anti-Confucian sentiments in the May Fourth Movement

Wúyǔ 吴语 N. <lg.> Wu topolect

wǔ-yù 五欲 N. <Budd.> the five desires

wùyǔ 晤语 V. meet and talk

wùyù 物欲 N. desire for material wealth; worldly desires M: [1]zhǒng

[1]**wúyuán*** 无缘 V.O. ① not destined to ② have no way/chance (of doing sth.) ♦N. inexplicable animosity ♦ADV. without reason

[2]**wúyuán** 无援 V.P. ①helpless ②have no support

[3]**wúyuán** 无源 ATTR. <radio> passive

[4]**wúyuán** 无元 ATTR. vacuous

wǔ-yuàn 五院 N. the five *yuan* departments of government proposed by Sun Yat-sen

wùyuǎn 骛远[-遠] V.P. overambitious

wúyuánchún 无圆唇 N. <lg.> unrounded lips

wúyuǎnfújiè 无远弗届[-遠-屆] F.E. reach everywhere

wúyuán jiànmiàn bù xiāngshí 无缘见面不相识[-識] V.P. Without predestination, even if people meet, they will not get to know each other.

wùyuánqū 物源区[-區] P.W. provenance

wúyuānwúchóu 无冤无仇 F.E. without any ill feeling; on good terms

wúyuānwúdé 无冤无德 F.E. have no particular relation with sb.

wúyuánwúgù 无缘无故 F.E. totally uncalled for; without rhyme or reason

wúyuǎnwùjiè 无远勿届[-遠-屆] F.E. reach everywhere

wú yuánzé 无原则 V.P. unprincipled

wúyuánzhīshuǐ 无源之水 N. sth. baseless/groundless

[1]**Wǔyuè** 五月 N. ① May ② fifth lunar month

[2]**Wǔyuè** 五岳/嶽 N. the Five Sacred Mountains

Wǔyuèhuā 五月花 N. the May flower boat M: [1]*tiáo*

Wǔyuèjié 五月节[-節] N. Dragon Boat Festival

wúyuēshù 无约束 N. unrestraint; absence of restriction

wúyuètóngzhōu 吴越同舟 ID. Even mortal enemies should help each other in the face of a common danger.

Wǔyuèwǔ 五月五 N. Dragon Boat Festival (5th of the 5th lunar month)

wúyǔjíxuě 无雨即雪 F.E. If it didn't rain it snowed.

wúyúkuìfá 无虞匮乏 F.E. no fear of deficiency; sufficient; abundant

wúyǔlúnbǐ 无与伦比[-與--] F.E. incomparable; unique

wūyún* 乌云[烏雲] N. ① black/dark clouds ② black hair M: [1]*tóu*

wúyún 无云[-雲] V.P. cloudless

wǔ-yùn 五蕴 N. <*Budd.*> the Five Aggregates (Sanskrit *skandha*)

wūyúnbìrì 乌云蔽日[烏雲-] ID. Bad ministers surrounded the emperor.

wūyúnchénchén 乌云沉沉[烏雲-] F.E. Black clouds hang low.

wūyúngàimiàn 乌云盖面[烏雲蓋-] F.E. A cloud passes over one's face

wūyúngǔnfān 乌云滚翻[烏雲滾-] F.E. Black clouds scud past overhead.

wūyúngǔngǔn 乌云滚滚[烏雲滾滾] F.E. Dark clouds are scudding across the sky.

wūyúnlǒngzhào 乌云笼罩[烏雲-] F.E. Dark clouds hang heavily over. . .

wūyúnmǎntiān 乌云满天[烏雲-] F.E. The sky is covered with dark clouds.

wūyúnmìbù 乌云密布[烏雲-] F.E. ① Dark clouds are threatening rain. ② The situation is getting dangerous/imminent.

wúyùnshī 无韵诗[-韻-] N. blank-verse M: [2]*shǒu*

wúyùnshī de fānyì 无韵诗的翻译[-韻---譯] N. <*lg.*> blank verse translation

wūyúnyāchéng 乌云压城[烏雲壓-] F.E. Dark clouds hang over the city.

wūyúnyādǐng 乌云压顶[烏雲壓-] ID. evil power is rampant

wūyúnzhētiān 乌云遮天[烏雲-] F.E. The sky is covered with dark clouds.

wúyǔpǐdí 无与匹敌[-與-敵] F.E. peerless; unique

wùyùsuǒbì 物欲所蔽 F.E. clouded by material desires

wùyútúzhōng 迕于途中[-於--] F.E. meet by chance on the way

wúyùzégāng 无欲则刚[-剛] F.E. One can be upright if one has no selfish desires.

wūyúzǐ 乌鱼子[烏-] N. mullet's roe

wúzá 芜杂[-雜] V.P. ① miscellaneous ② mixed and disorderly (of writing); jumbled ③ disordered and confusing; mixed-up and illogical

wūzāi 诬栽 V. frame sb.

wùzàirénwáng 物在人亡 F.E. The handiwork remains though the maker's gone.

wūzāng 污脏[-髒] ATTR. dirty

wǔzàng* 五脏[-臟] N. five viscera (heart, liver, spleen, lungs, kidneys)

wǔzàngjùquán 五脏俱全[-臟--] F.E. have all the necessary components

wǔzàngliùfǔ 五脏六腑[-臟--] F.E. vital organs

wūzǎo(r) 乌枣(儿)[烏棗-] N. smoked/black jujube M: *zhī*

wúzázhīcí 芜杂之词[-雜--] N. ambiguous words

wūzéi 乌贼[烏-] N. cuttlefish; inkfish M: [2]*zhī*

Wǔ Zétiān 武则天 (624–705) N. <*hist.*> usurper empress who strengthened Tang rule

wú zhài yī shēn qīng 无债一身轻[-輕] F.E. Out of debt, out of burden.

wúzháliàngdá 芜札谅达[-達] F.E. I suppose that my poor screed has reached you.

wǔzhǎng 伍长 N. <*trad.*> leader of a military unit of five soldiers

wúzhào 无照 V.O. without a license

wúzhào jiàshǐ 无照驾驶 V.P. drive without a license

wúzhào jīngyíng 无照经营[-經營] N. illegal/unlicensed business activity

wǔzhǎolóngpáo 五爪龙袍 N. imperial robe embroidered with five-clawed dragons

wúzháowúkào 无着无靠[-著--] F.E. helpless

wúzhào yíngyè 无照营业[-營業] V.P. do business without a license

wúzhē dàhuì 无遮大会 N. <*Budd.*> great gathering of the faithful for confession and remission of sins

wǔzhe ěrduo 捂着耳朵[-著--] V.O. cover one's ears

wǔzhe liǎn 捂着脸[-著-] V.O. <*coll.*> cover the face

wùzhěn 误诊 N./V. ① misdiagnose ② delay diagnosis

wùzhěn bìnglì 误诊病例 N. <*med.*> missed case

wūzhèng 诬证[-證] N. perjury ♦V. give false testimony

[1]**wùzhèng*** 物证[-證] N. material evidence

[2]**wùzhèng** 务正[務-] V.P. engage in a proper profession/business

wúzhēngbùxìn 无征不信[-徵--] F.E. not credible unless supported by evidence

wúzhèngbùxìn* 无证不信[-證--] F.E. not credible unless supported by evidence/reference

wúzhèngfǔ 无政府 ATTR. anarchic

wúzhèngfǔdǎng 无政府党[-黨] N. anarchist party; anarchists

wúzhèngfǔ zhuàngtài 无政府状态[-狀態] N. anarchy; anarchic state

wúzhèngfǔzhǔyì 无政府主义[-義] N. anarchism

wúzhèngfǔzhǔyìzhě 无政府主义者[----義-] N. anarchist

wúzhèng shāngfàn 无证商贩[-證--] N. unlicensed sellers M: [1]*míng*/[1]*ge*

wú zhèngyè 无正业[-業] V.O. not have a decent job

wúzhēngzhīyán 无征之言[-徵--] N. unfounded assertion; baseless talk

wūzhǐ 诬指 V. frame; falsely incriminate sb.

wúzhī 无知 S.V. ignorant; stupid ♦N. ignorance

wúzhì 无智 V.O. lack wisdom

wǔzhí 武职[-職] N. military rank/position

[1]**wǔ-zhǐ** 五指 N. five fingers

[2]**wǔzhǐ** 迕旨 V.O. disobey imperial orders

wǔzhì 五志 N. the five emotions (joy, anger, sorrow, anxiety, fear)

[1]**wùzhì*** 物质[-質] N. matter; substance; material ♦ATTR. materialistic

[2]**wùzhì** 误置 V. mistakenly put

wùzhìbiànhuàn 物质变换[-質變換] F.E. exchange of matter between man and nature

wùzhì bù miè dìnglǜ 物质不灭定律[-質-滅-] N. <*phy.*> law of the conservation of matter

wùzhì cáifù 物质财富[-質--] N. material wealth

wǔzhǐcǎo 五指草 N. <*bot.*> cinquefoil

wùzhì chǔbèi 物质储备[-質-備] N. reserve supply; stockpile M: [1]*zhǒng*

wùzhìcí 物质词[-質-] N. <*lg.*> physical word

wùzhì cìjī 物质刺激[-質--] N. material incentive

wùzhì gǔlì 物质鼓励[-質-勵] N. material reward/incentive

Wú Zhìhuī 吴稚晖 (1864–1953) N. anti-Communist scholar and educator, social reformer and revolutionary; one of the KMT "Four Elder Statesmen"

wùzhì jiànshè 物质建设[-質--] N. material progress (of a community/country/etc.)

wùzhì jiāohuàn 物质交换[-質-換] N. ① exchange of matter (between man and nature) ② interchange with nature ③ metabolism involving man and nature

wùzhì jīchǔ 物质基础[-質-礎] N. material base

wú zhǐjìng 无止境 V.O. know no end

wúzhījué 无知觉[-覺] V.P. be imperceptive

wùzhì lìyì 物质利益[-質--] N. material benefits

wùzhì míngcí 物质名词[-質--] N. <*lg.*> mass noun

wùzhì quán miè 物质全灭[-質-滅] V.P. annihilation of matter

wùzhì rénzhǒngxué 物质人种学[-質-種-] N. materialistic anthropology

wùzhì sān-tài 物质三态[-質-態] N. three states of matter (solid, liquid, and gas)

wùzhì shēngchǎn bùmén 物质生产部门[-質-產--] N. sectors involved in material production

wùzhì shēnghuó 物质生活[-質--] N. material/physical life

wùzhì shìjiè 物质世界[-質--] N. material/physical world/universe

wùzhì shǒuhéng 物质守恒[-質-恆] N. <*chem./phy.*> conservation of matter

wùzhì tiáojiàn 物质条件[-質條-] N. material conditions/prerequisites

wúzhīwàngshuō 无知妄说 F.E. ignorant twaddle

wúzhīwàngwéi 无知妄为 F.E. foolish action

wúzhīwàngzuò 无知妄作 F.E. foolish action

wùzhì wénhuà 物质文化[-質--] N. material culture

wùzhì wénmíng 物质文明[-質--] N. material civilization

wúzhīwúshí 无知无识[-識] F.E. not knowledgeable; ignorant

wùzhì xiǎngshòu 物质享受[-質--] N. material comforts

wùzhìxìng 物质性[-質-] N. materiality

wùzhì xíngróngcí 物质形容词[-質---] N. <*lg.*> material adjective

wùzhì xíngtài 物质形态[-質-態] N. physical form

wùzhì yìyì 物质意义[-質-義] N. <*lg.*> physical meaning

wú zhízhào yíngyè 无执照营业[-執-營業] V.P. do business without a license

wúzhízhào yíngyèzhě 无执照营业者[-執-營業-] N. unlicensed entrepreneur M: [1]*míng*/[1]*ge*

wúzhīzhě 无知者 N. ignoramus

wúzhīzhītú 无知之徒 N. an ignorant fellow

wūzhōng 屋中 P.W. inside of a room

wǔzhōng 五中 N. <*wr.*> ① the five viscera ② locus of man's heavenly spirit

wùzhǒng* 物种[-種] N. <*bio.*> species

wǔzhōngmínggǎn 五中铭感 F.E. deeply engraved on one's mind

wúzhōngshēngyǒu 无中生有 F.E. purely fictitious; fabricated

wù zhōng xíngchē 雾中行车[霧-] V.P. drive in a fog

wūzhòu 巫咒 N. sorcerer's incantation

wǔ-zhōu* 五洲 N. ① the five continents ② all over the world

wǔzhōusìhǎi 五洲四海 F.E. all over the world

wúzhòuwúyè 无昼无夜[-晝--] F.E. day and night
wūzhú 乌竹[烏-] N. black bamboo
wūzhǔ 屋主 N. house owner M: [1]míng/[1]ge
[1]**wūzhù** 屋柱 N. wooden columns supporting the roof in a house
[2]**wūzhù** 巫祝 N. witch; wizard
wúzhǔ 无主 ATTR. ownerless; unclaimed; derelict ♦B.F. at a loss; disoriented *liùshénwúzhǔ*
wùzhǔ* 物主 N. owner M: [1]míng/[1]ge
wǔ-zhuān 五专[-專] N. <TW> five categories of junior colleges
wùzhuǎn* 误转[-轉] V. misroute
wúzhuàng 无状[-狀] V.P. ill-mannered
wǔzhuāng* 武装[-裝] V. arm ♦N. ① arms; military equipment/uniform ② armed forces ♦ATTR. armed
wǔzhuāng bùduì 武装部队[-裝-隊] N. armed forces
wǔzhuāng chōngtū 武装冲突[-裝衝-] N. armed clash
wǔzhuāngchuán 武装船[-裝-] N. armed vessel M: [1]sōu/[2]zhī
wǔzhuāngdài 武装带[-裝帶] N. Sam Browne belt M: [1]tiáo
wǔzhuāng dòuzhēng 武装斗争[-裝鬥爭] N. armed struggle
wǔzhuāng gānshè 武装干涉[-裝--] N. armed intervention
wǔzhuāng hépíng 武装和平[-裝--] N. armed peace
wù zhuāngjia 务庄稼[務莊-] V.O. <coll.> tend crops; farm
wǔzhuāng lìliàng 武装力量[-裝--] N. armed power; armed forces
wǔzhuāng qīnlüè 武装侵略[-裝--] N. armed aggression
wǔzhuāngqiúdù 武装泅渡[-裝--] F.E. swim in battle gear
wǔzhuāng qǐyì 武装起义[-裝-義] N. armed uprising/insurrection
wǔzhuāng tiǎoxìn 武装挑衅[-裝-釁] N. armed provocation
wǔzhuāng tínghuǒ 武装停火[-裝--] N. armed truce
wǔzhuàngyuán 武状元[-狀-] N. <trad.> first in the imperial examinations for military personnel
wǔzhuāng zhōnglì 武装中立[-裝--] N. armed neutrality
wúzhǔcái 无主材 N. waif M: [1]míng/[1]ge
wúzhǔchuán 无主船 N. derelict vessel M: [1]tiáo
wùzhǔ dàicí 物主代词 N. <lg.> possessive pronoun
wùzhǔ dàimíngcí 物主代名词 N. <lg.> possessive pronoun
wūzhuī 乌骓[烏-] N. dark stallion
wúzhǔjiàn 无主见 V.P. indecisive
wúzhǔjù 无主句 N. <lg.> sentence with no subject; subjectless sentence
wūzhùle 污住了 V.P. <topo.> became mired; got stuck in the mud
wūzhuó* 污浊[-濁] S.V. muddy; foul; filthy
wúzhuó 无着[-著] V.P. ① be unavailable *Jīngfèi* ~. No funds are available. ② lack an assured source (of income) ③ the Buddhist saint Asanga ④ Buddha
wǔzhuó 五浊[-濁] N. <Budd.> the five impurities
wúzhǔ shīwù 无主失物 N. <law> lost property without a claimant
wúzhǔwù 无主物 *See wúzhǔ shīwù*
wùzhǔ xíngróngcí 物主形容词 N. <lg.> possessive adjective
wúzhǔyǔ 无主语 N. <lg.> indeterminate subject
wúzhǔyǔ jù 无主语句 N. <lg.> sentence with an indeterminate subject
wúzhǔyǔ qíshǐjù 无主语祈使句 N. <lg.> subjectless imperative
wūzi 屋子 N. ① room ② house M: [1]jiān
wūzǐ 乌紫[烏-] N. purplish black
wūzì 污渍 N. ① dark blot ② greasy filth
wúzī 无资/赀 V.O. have no resources
wúzǐ 吾子 <wr.> PR. you; sir ♦N. my son
wǔzī 舞姿 N. dancer's movements and posture M: [1]zhǒng
[1]**wùzi** 痦子 N. <coll.> birthmark; mole
[2]**wùzi** 杌子 N. square stool; bench; footstool
wùzī* 物资 N. materials; goods
wùzǐ 戊子 N. 25th year of the Sexagenary Cycle (1888, 1948, 2008 etc.)
wùzì 兀自 ADV. ① still; as before ② immovably ♦ATTR. alone
Wūzībiékèsītǎn Gònghéguó 乌兹别克斯坦共和国[烏茲-國] P.W. Republic of Uzbekistan
Wūzībiékèzú 乌孜别克族[烏-] N. Ozbek (Uzbek) ethnic minority (in Xinjiang)
wùzìdāixiǎng 兀自呆想 F.E. be mooning by oneself
wúzīgé 无资格 N. disqualification
wùzījú 物资局 N. goods and materials office
wùzìlǜ 误字率 N. word-error probability
wǔzǐqí 五子棋 N. *gobang*; 5-in-a-row go game
wùzī xiāohào 物资消耗 N. consumption of materials
wúzǐ xīguā 无籽西瓜 N. seedless watermelon
wùzìyīrén 兀自一人 F.E. a person alone; all alone by oneself
wúzìzhīyīn 无字之音 N. <lg.> syllables with no initials (e.g., *a, en*)
wú zìzhīzhīmíng 无自知之明 F.E. ignorant of one's own limitations
wǔzōng 武宗 N. the martial aspect (in contrast to the intellectual aspect)
wúzōngjiào de 无宗教的 ATTR. irreligious
wúzǔ* 无阻 V.P. without hindrance; unimpeded
wǔ-zú 五族 N. the five ethnic groups which used to be thought to make up the Chinese nation (Han, Manchu, Mongol, Hui, and Tibetan)
wùzǔ 雾阻[霧-] V. be fogbound
wúzúguàchǐ 无足挂齿[-齒] F.E. not worth mentioning
wúzuì* 无罪 V.P. innocent; not guilty; guiltless
wǔzuǐ 捂嘴 V.O. cover up one's mouth
wūzuǐhēiméi 乌嘴黑眉[烏-] F.E. dark in complexion
wúzuìkāishì 无罪开释[-開釋] F.E. set a person free with a verdict of "not guilty"
wùzuò* 仵作 N. <trad.> coroner
wùzuò 兀坐 V. <wr.> sit upright/erect
wúzuòlìpào 无坐力炮 N. recoilless gun M: [2]zhī
wúzúqīngzhòng 无足轻重[--輕-] F.E. unimportant; insignificant
wúzúwéiqí 无足为奇 F.E. not to be wondered at; No wonder that. . .

X

X-biāogàng lǐlùn X标杠理论[-標---] N. <lg.> X-bar theory

X-guāng X光 N. X-ray

xi 枵 in **mùxi, mùxiròu**

[1]**xī*** 西 N. west ♦B.F. Occidental; Western [1]**xīzhuāng**, [1]**xīshì**

[2]**xī** 吸 V. absorb; suck up ♦B.F. ① inhale; breathe in **hūxī** ② attract; draw to oneself **xīyǐn**

[3]**xī** 稀/希 S.V. ① sparse; scattered ② watery; thin ♦B.F. rare; scarce; uncommon **xīshǎo, xīhan** ***See also*** [4]**xī**

[4]**xī** 希 B.F. hope **xīwàng** ***See also*** [3]**xī**

[5]**xī** 溪/谿/磎 B.F. small stream; brook **xiǎoxī**

[6]**xī** 锡[錫] N. <chem.> tin ♦B.F. give; bestow **xī'ēn**, [3]**xīfú**

[7]**xī** 息 B.F. ① cease **xīnù** ② rest **xiūxi** ③ grow; multiply [1]**shēngxī** ④ breath [1]**qìxī** ⑤ news **xiāoxi** ⑥ interest [1]**lìxī** ⑦ <wr.> one's children **zǐxī**

[8]**xī** 熄 V. extinguish; put out

[9]**xī** 膝 B.F. knee **xīgài**

[10]**xī** 惜 B.F. ① cherish; value highly; care for tenderly **àixī** ② spare; grudge; stint [1]**bùxī** ③ feel sorry for sb. **kěxī, tòngxī**

[11]**xī** 嘻 INTJ. <wr.> Alas!; My! ♦ON. giggle

[12]**xī** 夕 B.F. ① sunset [1]**xīyáng** ② evening; night [1]**zhāo-xī**

[13]**xī** 昔 B.F. former times; the past **xīrì, wǎngxī**

[14]**xī** 矽 N. <chem.> silicon

[15]**xī** 析 B.F. ① divide; separate **pōuxī** ② analyze **fēnxī**

[16]**xī** 悉 B.F. ① complete [5]**xīlì** ② know **shúxī**

[17]**xī** 牺[犧] B.F. <trad.> sacrificial animal [1]**xīshēng**

[18]**xī** 硒 N. <chem.> selenium

[19]**xī** 醯 N. <wr.> vinegar

[20]**xī** 兮 M.P. <wr.> *similar to modern* a, *occurring between parallel clauses in sequence* ♦in **cǎnxīxī**, [2]**qiànxī**

[21]**xī** 熙 B.F. ① bright [2]**jīxī** ② merry **xīxīrǎngrǎng** ③ prosperous [2]**xīcháo**

[22]**xī** 晰 B.F. clear [1]**qīngxī**

[23]**xī** 嬉 B.F. play; sport **xīxì, áoxī**

[24]**xī** 晞 B.F. ① dry **xīfà, chénlùwèixī** ② daybreak **chénlùwèixī**

[25]**xī** 曦 B.F. sunlight; morning light **xīguāng**

[26]**xī** 熹 B.F. dawn; brightness; warmth [1]**xīwēi**, [2]**wēixī**

[27]**xī** 汐 B.F. night tides **cháoxī**

[28]**xī** 唏/欷 B.F. sigh **xīxū** ♦in **mīxi**

[29]**xī** 淅 B.F. wash rice ♦in [4]**xīlì**

[30]**xī** 犀 B.F. rhinoceros [1]**xīniú, xīniǎo** ♦in **mùxīfàn**

[31]**xī** 翕 B.F. ① harmonious **xīrán** ② fold; furl; close [3]**xīhé**

[32]**xī** 蜥 B.F. lizard [1]**xīyì, qiúxī**

[33]**xī** 蹊 B.F. path [1]**xījìng**, [2]**xīsuì** ***See also*** [17]**qī**

[34]**xī** 徯 B.F. wait [1]**xīdài**

[35]**xī** 恓 B.F. sad; sorrowful [1]**xīhuáng**

[36]**xī** 裼 B.F. open/remove the upper-body clothing **tǎnxī, túxī**

[37]**xī** 鼷 B.F. mouse **xīlù**

[38]**xī** 扱 B.F. collect; gather **xīyǐn gāoxián** ***See also*** [9]**chā**, [14]**qì**

[39]**xī** 觿 B.F. <trad.> bone pick for untying knots **pèixī**

[40]**xī** 豨 B.F. <trad.> ancient term for pig **xīxiān**

[41]**xī** 烯 B.F. <chem.> alkene; olefin **xītīng**, [2]**yǐxī**

[42]**xī** 奚 in [1]**xīluò, xīkě**

[43]**xī** 穸 in **zhūnxī**

[44]**xī** 蟋 in **xīshuài**

[45]**xī** 巇/巘 in **xīxiǎn, xiǎnxī**

[46]**xī** 栖[棲] B.F. lonesome [8]**xīxī**, [2]**xīhuáng** ***See also*** [11]**qī**

[47]**xī** 恓 in [4]**xīxī**

[48]**xī** 窸 in **xīsū**

[49]**xī** 舾 in [2]**xīzhuāng, xīzhuāng mǎtou**

[50]**xī** 螅 in [2]**xītou, shuǐxī**

[51]**xī** 蠵 in **xīguī**, [2]**xīnián**

[52]**xī** 瀱[瀱] in **xīchì**

[53]**xī** 撕 in **tíxī** ***See also*** [2]**sī**

[54]**xī** 樨 in [2]**lìxī**

[1]**Xī** 羲 N. Surname ♦in **Fúxī**

[2]**Xī** 郗 N. Surname

[1]**xí** 席 M. *for banquets/talks/etc.* ♦B.F. ① mat [1]**cǎoxí** ② seat; place **xíwèi, chūxí** ③ feast; banquet; dinner **jiǔxí** ♦N. Surname

[2]**xí** 袭[襲] B.F. ① make a surprise attack on [1]**xíjī** ② carry on as before [2]**yánxí** ③ plagiarize [1]**chāoxí** ④ receive an hereditary rank **shìxí** ♦M. *for clothes*

[3]**xí** 习[習] B.F. ① practice; exercise; review **xuéxí, liànxí** ② get accustomed to **xíguàn** ③ habit; custom **xísú** ♦N. Surname

[4]**xí** 媳 B.F. daughter-in-law **xífur**

[5]**xí** 檄 B.F. war proclamation **xíshū, yǔxí**

[6]**xí** 觋[覡] B.F. wizard **wūxí**

[7]**xí** 隰 B.F. ① low, marshy land **xícǎo, gāoxí** ② newly cleared land

[1]**xǐ** 洗 V. ① wash; bathe ② develop (film) ③ shuffle (cards/etc.) ④ clear (a recording/etc.); erase ⑤ clear away; eliminate ♦B.F. ① <rel.> baptize **xǐlǐ** ② redress; right [1]**xǐxuě** ③ kill and loot; sack **xǐjié, xǐchéng** ④ small vessel containing water for washing writing brushes **bǐxǐ** ***See also*** [2]**Xiǎn**

[2]**xǐ** 喜 B.F. ① like; be fond of **xǐhuan** ② happy; delighted; pleased **huānxǐ** ③ happy event (esp. wedding) [1]**xǐshì** ④ <coll.> pregnancy **yǒuxǐ**

[3]**xǐ** 铣[銑] V. <mach.> mill (metal) ***See also*** [9]**xiǎn**

[4]**xǐ** 禧[-/釐] B.F. good fortune [2]**xīnxǐ, qiānxǐnián** ***See also*** [3]**lí**

[5]**xǐ** 徙 B.F. ① move (one's residence) **xǐjū, qiānxǐ** ② <wr.> be transferred to a different official post

[6]**xǐ** 屣 B.F. shoes [1]**bìxǐ**

[7]**xǐ** 玺[璽] B.F. imperial seal **xǐshū**, [2]**bìxǐ**

[8]**xǐ** 蓰 B.F. five-fold **bèixǐ**

[9]**xǐ** 葸 B.F. fear; dread **wèixǐ**

[10]**xǐ** 諰[諰] in **xǐxǐ**

[11]**xǐ** 蟢 in **xǐzi**

[12]**xǐ** 菓 in [2]**xǐ'ěr**

[1]**xì** 细[細] S.V. ① thin; slender ② fine; in small particles ③ thin and soft ④ exquisite; delicate ⑤ careful; meticulous; detailed ⑥ minute; trifling

[2]**xì** 戏[戲] N. drama; play; show ♦B.F. ① play; sport **yóuxì** ② make fun of; joke **xìnòng**

[3]**xì** 系 N. ① system; series; family ② department (in a college); faculty ***See also*** [7]**jì**, [4]**xì**, [5]**xì**

[4]**xì** 系[係] V. <wr.> be ♦B.F. relate to; bear on **guānxi** ***See also*** [7]**jì**, [3]**xì**, [5]**xì**

[5]**xì** 系[繫] V. tie; fasten ♦B.F. ① feel anxious; be concerned **xìniàn** ② take into custody **xìlěi** ***See also*** [7]**jì**, [3]**xì**, [4]**xì**

[6]**xì** 隙/郤 B.F. ① crack; crevice; gap **kòngxì** ② open/unoccupied space **xìdì**

[7]**xì** 潟/舄 B.F. saline soil [3]**xiánxì, xìlǔ** ***See also*** [8]**xì**

[8]**xì** 舄 B.F. shoes **lǚxìjiāocuò** ***See also*** [7]**xì**

[9]**xì** 盻 B.F. look at angrily **xìshìchóurén**

[10]**xì** 禊 B.F. <trad.> ancient sacrificial ceremony **fúxì, xiūxì**

[11]**xì** 阋[鬩] B.F. quarrel; contend **xìxìn, xiōngdìxìqiáng**

[12]**xì** 饩[餼] B.F. ① grain; animal feed ② make a present of (food) **xìlǐn**

[13]**xì** 虩 in [2]**xìxì**

[14]**xì** 潟 in **xìhú**

[1]**xiā** 瞎 V. ① become blind ② <topo.> become tangled (of thread/etc.) ③ <slang> find oneself at a loss (as to what to do) ④ <coll.> fail to explode (of a bullet/grenade/shell/etc.); be a dud ♦ADV. groundlessly; foolishly; to no purpose

[2]**xiā** 虾[蝦] N. shrimp ***See also*** [2]**há**

[3]**xiā** 呷 V. <topo.> sip

[1]**xiá** 峡/硖[峽/硤] B.F. ① gorge; canyon (often used in place names) [1]**xiágǔ, Sān Xiá** ② strait **hǎixiá**

[2]**xiá** 狭[狹] ATTR. narrow

[3]**xiá** 霞 B.F. ① rosy cloud **cǎixiá** ② morning/evening glow **zhāoxiá, wǎnxiá**

[4]**xiá** 匣 B.F. small box/case; casket **xiázi** ♦M. *for candy/etc.*

[5]**xiá** 侠[俠] B.F. ① knight-errant [1]**xiákè** ② chivalrous; fearless [1]**xiáyì**

[6]**xiá** 暇 B.F. free time; leisure **xiánxiá**, [3]**xiákè**

[7]**xiá** 辖[轄] B.F. ① linchpin ② have jurisdiction over **guǎnxiá, xiádì**

[8]**xiá** 狎 B.F. improperly familiar with [1]**xiájì, xiání**

[9]**xiá** 瑕 B.F. flaw; blemish; defect **xiácī**

[10]**xiá** 遐 B.F. ① distant **xiá'ěr** ② long-lasting **xiálíng**

[11]**xiá** 黠 B.F. shrewd; crafty **xiálì, guǐxiá**

[1]**xià*** 下 V. ① go downward; descend; alight ~ **shān** descend a mountain ② fall (of rain/etc.) ③ go to ~ **guǎnzi** go eat in a restaurant ④ exit; leave ~ **yèbān** come off night duty ⑤ issue; deliver ~ **dìngyì** give a definition ⑥ put sth. into ⑦ take away/off ⑧ form (an opinion/etc.) ~ **jiélùn** draw a conclusion ⑨ apply; begin to use ~ **lìqi** make an effort ⑩ give birth to; lay (of birds/etc.) ~**dàn** lay eggs ⑪ capture ⑫ be less/lower than (used with negative) **bù ~ yībǎi tiān** no less than 100 days ⑬ give in ⑭ cook in boiling water **Shuǐ kāi le, kuài ~ miàn ba.** The water's boiling, add the noodles. ⑮ be (good as) a chaser/accompaniment **Nǐ kěyǐ yòng huāshēngmǐ ~ jiǔ.** You can accompany the wine with peanuts. ♦B.F. ① below; under; underneath **xiàmiàn, dǐxia** ② lower; inferior **xiàděng** ③ next; latter; second **xiàxīngqī** ♦ADV. downward; down ♦R.V./SUF. able/unable to v. down **Wǒ chību~ nàme duō.** I can't eat that much. ♦V.M. *for frequency of occurrences* **dǎle liǎng ~ mén** knocked twice on the door

[2]**xià** 吓[嚇] V. frighten; scare; intimidate ***See also*** [2]**hè**

[3]**xià** 夏 B.F. summer **xiàtiān** ♦N. ① ancient name for China ② Xia dynasty ③ Bactria ④ Surname

[4]**xià** 罅 B.F. crack; rift **xiàxì, xìxià**

Xià 厦[廈] AB. **Xiàmén** ***See also*** [2]**shà**

xiá'ài 狭隘[狹-] S.V. ① narrow ② narrow and limited; parochial; narrow-minded

xiá'ài mínzúzhǔyì 狭隘民族主义[狹-義] N. narrow nationalism

xià'ān zé guìshàng 下安则贵上 F.E. When the people are happy and contented, they will honor the powers that be.

xiàba* 下巴 N. ① lower jaw ② chin

xiàbǎ 下把 V. <coll.> use one's hands ~ **qù zhuā** grab with the hands

xiābāi 瞎掰 V. <coll.> ① do sth. in vain ② talk irresponsibly ③ do stupid things
xiàbái 吓白[嚇-] R.V. blanch with fear
xiàbǎi* 下摆[-擺] N. ① lower hem of a gown/jacket/etc. ② width of such a hem
xiàbài 下拜 V. bow; bow down
xiābáihuà 瞎白话 V. talk idly
xiābǎinòng 瞎摆弄[-擺-] V. fool around
xiàbakē(r) 下巴颏(儿) N. chin
xiàbān* 下班 V.O. go/knock off work ♦ ATTR. next scheduled (flight/etc.)
xiàbàn 下半 N. the second/lower half
xiàbànbèizi 下半辈子 N. second half of one's life
xiàbànbù 下半部 N. the second/lower half
xiàbànchǎng 下半场[-場] N. second half of (of a game/concert/etc.)
xiàbànchéng 下半城 P.W. downtown
xiàbànjié(r) 下半截(儿) N. <coll.> the second/lower half
xiàbànlā 下半拉 N. <coll.> the lower half
xiàbànlā shēnzi 下半拉身子 N. <coll.> the lower half of the body
[1]**xiàbànnián** 下半年 N. second half of a year
[2]**xiàbànnián** 夏半年 N. the summer half of the year
xià bànqí 下半旗 V.O. fly a flag at half-mast
xià bànqí zhì'āi 下半旗致哀 V.P. hoist a flag at half-mast to mourn the dead
xiàbǎnr 下板儿 V.O. remove the window board-ups (to start business for the day)
xiàbànshǎng(r) 下半晌(儿) N. <coll.> afternoon
xiàbànshēn(r) 下半身(儿) N. lower part of the body; below the waist
xiàbàntiān 下半天 N. afternoon
xiàbànyè 下半夜 N. time of night after midnight
xiàbànyuè 下半月 N. second half of the month
xià bànzi 下绊子 V.O. <coll.> ① trip sb. by putting an obstacle in his way ② trap sb. ③ plot against sb. secretly
xiàbǎnzǒuwán 下阪走丸 ID. speaking eloquently without any hindrance
xiàbāo 下胞 N. lower the eyelids
xiàbǎo* 下保 V.O. deposit security
xià báozi 下雹子 V.O. <met.> hail
xiàbèi(r/zi) 下辈(儿/子) N. ① future generation; offspring ② younger generation of a family
xiàbèizi 下辈子 N. ① next life ② incarnation
xiàběn 下本 N. last of two or three volumes
xià běnqian 下本钱[-錢] V.O. make an investment
xiàběnr 下本儿 V.O. <coll.> invest capital (in business)
xiàbǐ* 下笔[-筆] V.O. begin to write/paint
[1]**xiàbì** 下臂 N. forearm; lower arm
[2]**xiàbì** 下壁 V.O. <art> take scroll off display board/wall
xiābiān 瞎编 V. fabricate (a story)
xiàbian(r)* 下边(儿)[-邊-] P.W. lower level; subordinate ♦ ATTR. ① below; under; underneath ② next; following
xiàbiāo 下标[-標] N. subscript
xiàbǐchéngpiān 下笔成篇[-筆--] F.E. write like an angel
xiàbǐchéngzhāng 下笔成章[-筆--] F.E. have a flowing and agile pen
xiàbǐlìjiù 下笔立就[-筆--] F.E. write with ease and soon complete; write off (without hesitation)
xiábìng 瑕病 N. <wr.> blemish; flaw
xiàbìngshàngqǔ 下病上取 F.E. <Ch. med.> treating diseases of the lower part of the body by needling points on the upper part of the body
xiàbìngshàngzhì 下病上治 F.E. <Ch. med.> treating diseases of the lower part of the body by needling points on the upper part of the body
xiābīng-xièjiàng 虾兵蟹将[蝦-將] N. ① ineffective army/troops ② clique; Mafia
xiàbǐqiānyán 下笔千言[-筆--] F.E. write with amazing speed
xiàbǐrúshén 下笔如神[-筆--] F.E. write like an angel
xiàbǐyǒushén 下笔有神[-筆--] F.E. write like an angel
xiābò 瞎擘 V. <topo.> try blindly
xiábō 匣钵[-缽] N. <pottery> sagger
xiàbō* 夏播 N. <agr.> summer sowing
xiàbó 下膊 N. <wr.> the lower arm
xiábù 遐布 V. <wr.> spread far and wide
[1]**xiàbù*** 下部 N. ① lower part ② private parts
[2]**xiàbù** 夏布 N. ramie cloth/linen
[3]**xiàbù** 下埠 N. downtown
xiàbulái 下不来 R.V. ① be embarrassed ② be unable to come down ③ <coll.> cannot be accomplished; won't do
xiàbulái tái 下不来台[-臺] V.P. be unable to back down with good grace
xiàbuliǎo 下不了 R.V. <coll.> not less than *See also xiàbulái*
xiàbuliǎo tái 下不了台[-臺] V.P. <coll.> ① cannot bring to a conclusion ② put sb. in an awkward position ③ be put on the spot ④ be unable to back down with good grace
xiàbuqù 下不去 R.V. ① cannot go downward ② go against; harass; cause sb. to lose face
xiàbùwéilì 下不为例 F.E. not to be repeated or serve as a precedent
xiábùyǎnyú 瑕不掩瑜 F.E. defects do not outweigh merits
xiācāi* 瞎猜 V. guess blindly; make a wild guess
xiācài 瞎菜 <coll.> V.O. have no way out; be finished
xiácǎi 霞彩 N. rosy clouds
xiàcài 夏菜 N. summer vegetables
xiàcāo 下操 V.O. ① have drills/exercises ② finish drilling
xiàcǎojīdàn 下草鸡蛋[--雞-] ID. <topo.> ① lay an egg ② fail; be beaten; be bested
xiā cāoxīn 瞎操心 V.P. worry in vain
[1]**xiàcè** 下策 N. bad plan; stupid move
[2]**xiàcè** 下册[-冊] N. last of two or three volumes
xiàcéng 下层[-層] N. lower level/strata
xiàcéng gòuzào 下层构造[-層構-] N. infrastructure
xiàcéng jiējí 下层阶级[-層階-] N. underclass
xiàcéng shèhuì fāngyán 下层社会方言[-層---] N. <lg.> basilect
xiàcéngtōngdào 下层通道[-層--] F.E. underpass; undercrossing
xiàchá 下茶 V.O. <wr.> present the bride-price
xiāchá liáotiān 呷茶聊天 V.P. sip tea and chat
xiácháng 狭长[狹-] S.V. long and narrow
xiàchang* 下场[-場] N. ① end; consequence *Zhèyàng zuò méiyǒu hǎo ~.* No good will come of doing it this way. ② go to the playground ♦V.O. ① exit/leave the stage ② <trad.> take an examination *See also xiàchǎng*
xiàchǎng 下场[-場] V.O. ① go off stage; exit ② <sport> leave the playing field ③ take an examination ♦N. next show/showing (of a movie/etc.) *See also xiàchang*
xiàchǎngmén 下场门[-場門] N. exit (of a stage)
xiàchǎngtóu 下场头[-場-] *See xiàchang*
xiàchǎngxiàxiāng 下厂下乡[-廠-鄉] F.E. go to the factories and villages
xiāchǎo* 瞎吵 V. ① argue pointlessly ② talk noisily
Xiàcháo 夏朝 N. Xia dynasty
xiāchě 瞎扯 V. ① talk irresponsibly; talk rubbish ② chatter; natter
xiàchē* 下车 V.O. ① get off/out of a vehicle ② take up a new office *See also xiàjū*
xiā chědàn 瞎扯淡 <coll.> V.O. talk nonsense ♦N. rubbish; claptrap
xiàchén 下沉 V. sink; subside; submerge
xiáchēng 狎称[-稱] N. nickname
xiàchéng* 下乘 *See [2]xiàshèng*
xiàchéngzhīzuò 下乘之作 N. literary/artistic work of low order
xiāchěsào 瞎扯臊 V.P. <coll.> talk nonsense/rubbish/etc.
xiàchēyīshǐ 下车伊始 F.E. the moment of assuming an official post
xiàchǐ 下齿[-齒] N. lower teeth
xià chóng bù kěyǐ yǔ bīng 夏虫不可以语冰[-蟲-----] ID. It is impossible to speak to persons of limited experience
xiāchōngluànzhuàng 瞎冲乱撞[-衝亂-] F.E. rush around blindly
xiàchóngyíbīng 夏虫疑冰[-蟲--] F.E. *See xià chóng bù kěyǐ yǔ bīng*
xiàchóngyǔbīng 夏虫语冰[-蟲--] ID. sb. who talks of sth. he knows nothing about
xiàchu 下处[-處] N. temporary lodging during a trip
xiàchū 夏初 N. beginning of summer
[1]**xiàchú*** 下厨[-廚] V.O. prepare food
[2]**xiàchú** 夏锄 N. summer hoeing and weeding
xiàchuán 下船 V.O. ① go ashore; disembark ② <topo.> get down into a junk; go aboard
xiàchuāndào 下穿道 N. underpass M: [1]*tiáo*
xiāchuǎng 瞎闯 V. make reckless/rash moves
xiàchuáng* 下床 V.O. get up (from bed)
xià chuānghu 下窗户 V.O. lower a window
xiàchuān jiāochā 下穿交叉 N. underpass; undercrossing
Xiàchuān Wénhuà 下川文化 N. <archeo.> Xiachuan/Hsiachuan Culture
xiàchuānxiàn 下穿线 N. underpass M: [1]*tiáo*
xiàchūdōngzhé 夏出冬蛰[-蟄] F.E. come out in summer and sleep in winter
xià chúfáng 下厨房[-廚-] V.O. go to the kitchen (to cook/prepare a meal)
xiāchuī 瞎吹 V. brag; boast
xiàchuí* 下垂 V. ① hang down; droop ② <med.> prolapse
xiā chuīniú 瞎吹牛 V.O. throw the bull
xiàchún 下唇 N. lower lip
xiácī 瑕疵 N. flaw; blemish
xiàcì* 下次 N. next time
xiácīwūgòu 瑕疵污垢 F.E. besmear (sb.'s reputation)
xiácù 狭促[狹-] S.V. <topo.> mischievous
xiàcún 下存 V. remain after deduction
xiàcuò 下挫 V. fall; decline
xiàdá* 下达[-達] V. transmit to a lower level
Xià Dà 厦大[廈-] AB. *Xiàmén Dàxué* Xiamen University
xiàdāi* 吓呆[嚇-] R.V. petrify; scare stiff
xiàdài 下代 N. descendant; next generation
xiàdá mìnglìng 下达命令[-達--] V.O. issue orders/commands
xiàdàn 下蛋 V.O. lay eggs
xiàdànjī 下蛋鸡[-雞] N. egg-laying hen M: [2]*zhī*
xiādào 瞎道 N. ① perverse conduct ② dead end; useless efforts
xiádào 侠盗[俠盜] N. <wr.> sb. who robs the rich to help the poor M: *ge/*[1]*míng/*[2]*wèi*
xiàdǎo* 吓倒[嚇-] R.V. be frightened
xiā dāodao 瞎叨叨 R.F. <coll.> jabber; mumble to oneself
xiā dāolao 瞎叨唠[-嘮] V. <coll.> jabber; mumble to oneself; talk nonsense
xiādàor 瞎道儿 N. <coll> ① futile action ② evil ways
xiā dāshàn 瞎搭讪 V. <coll.> join a conversation
xiá de 狭的[狹-] ATTR. narrow
xiá de biāoyīnfǎ 狭的标音法[狹-標--] N. <lg.> narrow transcription
xiādebo 瞎得啵 V. <coll.> jabber witlessly
xià de fādāi 吓得发呆[嚇-發-] V.P. be scared stiff
xià de fādǒu 吓得发抖[嚇-發-] V.P. tremble with fear
xià de fāfēng 吓得发疯[嚇-發-] V.P. be frightened out of one's wits
xià de húnbùfùtǐ 吓得魂不附体[嚇-體] V.P. scare sb. out of his wits
xiàděng 下等 ATTR. low-grade; inferior

xiàděng dòngwù 下等动物[--動-] N. inferior animals M: ge/[1]zhǒng
xiàděngpǐn 下等品 N. low-priced goods; goods of inferior quality M: [2]jiàn
xiàděngrén 下等人 N. <trad.> ① a person of a lower social stratum ② lower orders; the lower class M: ge/[1]míng
xiàdequ 下得去 R.V. <topo.> ① feel at ease ② be mediocre ③ be acceptable/passable
xià de yàomìng 吓得要命[嚇-] V.P. be frightened to death
xià de yàosǐ 吓得要死[嚇-] V.P. be scared to death
xiádì 辖地 N. <wr.> area under the jurisdiction (of a magistrate/etc.); magistracy
xiàdǐ 下底 V.O. <coll.> map out the course of action beforehand
[1]xiàdì* 下地 V.O. ① go to work in a field ② leave a sickbed
[2]xiàdì 下第 ATTR. <wr.> inferior ♦V.O. fail the civil-service exam
xiádiàn* 瑕玷 N. <wr.> blemish; flaw
xiàdiàn 下店 V.O. lodge at an inn
[1]xiàdiào 下调 V. transfer to a lower unit *See also xiàtiáo*
[2]xiàdiào 吓掉[嚇-] V. scare to death
xiàdiàole hún 吓掉了魂[嚇-] V.P. be scared out of one's wits
xiàdiē 下跌 V. fall; decline; decrease
[1]xiàdìng 下碇 V.O. cast/drop anchor
[2]xiàdìng 下定 V.O. <trad.> present the bride-price
xiàdìng juéxīn 下定决心[--決-] V.O. be determined
xià dìngqián 下定钱[-錢] V.O. <coll.> put down a deposit
xiàdǐngshāngyí 夏鼎商彝 F.E. antiquities
xià dìngyì 下定义[-義] V.O. define
xià dìyù 下地狱 V.O. go to hell
xiàdú 下毒 V.O. empoison; put poison into sth.
xiàduān 下端 N. bottom; lower end
xià duànyǔ 下断语[-斷-] V.O. make a judgment
xiādūdū 瞎嘟嘟 V. <coll.> jibber-jabber; chat; jaw
xiàdūn 下蹲 V./N. crouch; squat
xiàdūnshì 下蹲式 N. squatting position
xiàdùr 下肚儿 V.O. <coll.> eat sth.
xià dúshǒu 下毒手 V.O. lay murderous hands on sb.; hatch a vicious scheme
xià dúyào 下毒药[-藥] V.O. envenom; administer poison
xià dǔzhù 下赌注 V.O. make a bet
xià'è 下颚 N. ① lower jaw; mandible ② maxilla (of certain arthropods)
xià'ègǔ 下颚骨 N. (the bone of) the lower jaw
xiá'ěr 遐迩[-邇] V.P. <wr.> far and near
xiá'ěrjiēzhī 遐迩皆知[-邇--] F.E. known to all; well-known far and near
xiá'érjìngzhī 狎而敬之 F.E. <wr.> be intimate but respectful
xiá'ěrwénmíng 遐迩闻名[-邇--] F.E. be well-known far and near
xiá'ěryītǐ 遐迩一体[-邇-體] F.E. both near and distant are treated alike
xiàfǎ 下法 N. <Ch. med.> purgation;laxative/purgative remedy
xiàfán 下凡 V.O. descend to the world (said of immortals)
xiàfàn* 下饭 V.O. ① go with rice *Wǒ méiyǒu cài ~.* I don't have anything to go with the rice. ② go well with rice ♦N. <coll.> non-rice dishes
xiáfāng 遐方 N. <wr.> distant places/lands
xiàfāng* 下方 N. ① lower part ② this world ③ south and west
xiàfáng(r) 下房(儿) N. <trad.> servants' quarters
xiàfàng 下放 V. ① transfer to a lower level ② transfer (cadres/etc.) to work at a lower level or do manual labor in the countryside/factory/ etc.
xiàfàng gànbù 下放干部[--幹-] N. cadre transferred to a lower level to work in the countryside or in a factory M: ge/[1]míng/[2]wèi
xiàfàng láodòng 下放劳动[-勞動] V.P. go down to do manual labor
xiàfēi 吓飞[嚇飛] V. scare off/away (birds/etc.)
xià fēijī 下飞机[-飛-] V.O. deplane; alight from a plane
xiā fèijìn 瞎费劲[-勁] V.P. make vain/futile efforts
xiàfēng* 下风 N. ① leeward; downwind ② disadvantageous position
xiàfèng 罅缝 N. crack; chink; rift M: [1]tiáo
xiáfú 遐福 N. <wr.> great happiness; lasting blessings/happiness
[1]xiàfú 下伏 V. underlie
[2]xiàfú 夏服 N. summer clothing M: [2]jiàn
[3]xiàfú 下浮 V. float downward
xiàfù* 下腹 N. lower abdomen
xiāgān* 虾干[蝦乾] N. dried shrimp M: ge/[2]zhī/[1]bāo
xiāgàn 瞎干[-幹] V. go it blind
xiàgān 下疳 N. <med.> chancre
xiàgǎng 下岗[-崗] V.O. ① <mil.> come off sentry duty ② be laid off due to restructuring
xiàgǎng zhígōng 下岗职工[-崗職-] N. laid-off workers and employees
xiāgāo 虾膏[蝦-] N. shrimp paste
xiāgǎo* 瞎搞 V. ① mess around with ② do a thing without any plan/method
xiāgǎo yī tòng 瞎搞一通 V.P. make a mess of; act without a plan
xiàgedǐ 下个底[-個-] V.P. <coll.> map out a course of action beforehand
xiàgédōngqiú 夏葛冬裘 ID. <wr.> Right things come at the right time.
xiàgōng 下工 V.O. come/go/knock off work
xià gōngfu 下工夫 V.O. put in time and energy
xiāgōu 虾钩[蝦鉤] N. crawfish hook; crayfish hook
xiágōu 峡沟[峽溝] N. flume M: [1]tiáo
xiágòu* 瑕垢 N. defect; flaw
xiāgū 虾蛄[蝦-] N. mantis shrimp M: [2]zhī
[1]xiágǔ* 峡谷[峽-] N. gorge; canyon M: [4]zuò
[2]xiágǔ 侠骨[俠-] N. chivalrous nature/quality/spirit
xiàgù 下顾[-顧] V. take care of one's dependents/subordinates/etc.
xiàguān* 下官 N. ① <trad./humb.> I; this lowly official ② subordinate officials
xiàguǎn 夏管 N. summer field management
xiāguàng 瞎逛 V. stroll aimlessly
xiáguāng* 霞光 N. ray of morning/evening sunlight M: [2]dào
xiáguāngwàndào 霞光万道[--萬-] F.E. <wr.> ① myriad of sun rays ② Glowing rays shine in all directions.
xià guǎnzi 下馆子 V.O. eat at a restaurant
xiā gǔdao 瞎鼓捣[-搗] V. <coll.> tinker with
[1]xiáguǐ 狭轨[狹-] N. <wr.> narrow gauge
[2]xiáguǐ 遐轨 N. <wr.> long-established rules of conduct
[3]xiáguǐ 暇晷 N. <wr.> leisure; spare time
xiàguì* 下跪 V. kneel down
xiáguǐ tiělù 狭轨铁路[狹-鐵-] N. narrow-gauge railway
xiágùn 黠棍 N. crafty scoundrel
xiàguō* 下锅[-鍋] V.O. put into a pot/pan/wok
xiàguó 下国[-國] N. ① <trad.> small country ② <wr./humb.> my country
xiágǔxīncháng 侠骨心肠[俠-腸] F.E. chivalrous frame of mind
xiàhǎi 下海 V.O. ① go or put out to sea ② <PRC> change one's occupation to enter the market economy ③ turn professional (of non-professionals in traditional opera)
xiāhǎn* 瞎喊 V. yell/shout aimlessly
xiàhán 下函 V.O. send a letter/etc. ♦N. next letter/etc.
xiàhàn 下颔 N. <phys.> lower jaw; mandible
xiàhàngǔ 下颔骨 N. <phys.> lower jawbone; mandible
xiàhe 吓喝[嚇-] V. intimidate
[1]xiàhé* 下河 V.O. go into a river ♦N. downriver
[2]xiàhé 下颌 N. under/lower jaw; mandible
xiáhédào 狭河道[狹-] N. a narrow river course
xiàhégǔ 下颌骨 N. lower jawbone; mandible
xiàhēi 下黑 F.E. <topo.> at/during the night.
xiàhòuniǎo 夏候鸟 N. summer resident (of birds) M: [2]zhī
xiàhu 吓唬[嚇-] V. <coll.> ① threaten; frighten ② intimidate ♦N. intimidation
xiāhuà* 瞎话 N. lie
xiàhuá 下滑 N. glide; gliding; letting down
xiàhuái 下怀[-懷] N. one's heart's desire
xiàhuài* 吓坏[嚇壞] R.V. be terribly frightened
xiàhuàn 下浣 N. <trad.> last ten days of the lunar month
xiáhuāng 遐荒 N. <wr.> distant/out-of-the-way places
xiàhuāng* 吓慌[嚇-] R.V. be scared into confusion
xiā huànghuǎng 瞎幌幌 V.O./V. <topo.> bamboozle; hoodwink
xiāhuāngxièluàn 虾荒蟹乱[蝦-亂] F.E. an evil omen of a great disturbance
xiàhuànyuè 下幻月 N. <astr.> under-moon
xiā húchě 瞎胡扯 V.P. <coll.> talk rubbish
xiāhúdāodao 瞎胡叨叨 F.E. <topo.> blabber wildly
xiáhuī 霞辉 N. morning/evening glow
[1]xiáhuì 黠慧 V.P. <wr.> crafty and intelligent; cunning; artful
[2]xiáhuì 瑕秽[-穢] *See díchú xiáhuì*
xiàhuí* 下回 N. next time
xiàhuì 下喙 V.O. offer an opinion; make comments
xiàhuífēnjiě 下回分解 F.E. (The story) will be continued in the next chapter
xiāhùn 瞎混 V. ① not be serious about one's job ② live by one's wits
xiā húnào 瞎胡闹[-鬧] V.P. ① act senselessly; mess about ② fool around; be mischievous
xiàhūnle tóu 吓昏了头[嚇-] V.P. be struck dumb
xiā hùnong 瞎糊弄 V.P. <coll.> do sth. harum-scarum
xiàhuò 下货 V.O. unload goods; ship goods
xǐ'ài 喜爱[-愛] V. like; love; be fond of
xiájí 辖集 N. dominion
[1]xiájì 狎妓 V.O. visit brothels
[2]xiájì 遐迹[-跡] N. <wr.> matters/stories of ancient people
xiàjī 下机 V.O. ① get off a plane; deplane ② get off a machine/computer
[1]xiàjí 下级 N. ① lower level ② subordinate
[2]xiàjí 下集 N. last volume of a two- or three-volume book
[1]xiàjì* 夏季 N. summer
[2]xiàjì 下剂[-劑] N. <med.> a purgative
xiàjiā(r) 下家(儿) N. ① next in turn (to play/drink/etc.) ② <humb.> my home ③ the person on one's left when playing cards, etc.
[1]xiàjià* 下嫁 V. marry down (of females)
[2]xiàjià 下架 N. undercarriage
Xiàjiādiàn Shàngcéng Wénhuà 夏家店上层文化[----層--] N. <archeo.> Xiajiadian Culture upper stratum
Xiàjiādiàn xiàcéng wénhuà 夏家店下层文化[----層--] N. <archeo.> Xiàjiādiàn culture lower stratum
xiàjiāfú 下加符 N. subscript; cedilla
xiàjiǎn 下柬 V.O. send out an invitation
xiàjiàn* 下贱[-賤] S.V. ① low; mean; degrading ② of humble origin; low in social status
xiājiǎng 瞎讲[-講] V. speak groundlessly
xiājiàng* 虾酱[蝦醬] N. shrimp paste M: píng
Xiàjiāng 下江 N. lower reaches of the Yangtze River
xiàjiàng 下降 V. descend; go/come down; drop; fall; decline ♦ATTR. falling

xiàjiàng de fùyuányīn 下降的复元音[---複--] N. <lg.> falling polyphthong

xiàjiàng de shēngdiào 下降的声调[---聲-] N. falling tone

xiàjiàng èrhéyuányīn 下降二合元音 N. <lg.> falling diphthong

Xiàjiāng guānhuà 下江官话 N. <trad.> ① official speech in the lower reaches of the Yangtze ② Southern Mandarin

Xiàjiāngrén 下江人 N. people living in the lower reaches of the Yangtze River

xiàjiànhuò 下贱货[-賤-] N. <derog.> humble/low-born person (usu. of women) M: ge/[1]míng

xiájiànwéidēng 匣剑围灯[-圍燈] ID. hard to hide effectively

xià jiǎnzi 下剪子 V.O. <topo.> ① cut with scissors ② do tailoring

xiājiǎo 虾饺[蝦-] N. shrimp ravioli M: ge/[2]zhī

xiājiào 瞎叫 V. yell/shout aimlessly

[1]xiàjiāo 下交 V. associate with people of lower status

[2]xiàjiāo 下焦 N. <Ch. med.> the part of the body cavity below the umbilicus

xiàjiǎo* 下脚[-腳] V.O. get a foothold; plant one's foot ♦N. leftover bits and pieces

xiàjiǎohuò 下脚货[-腳-] N. leftover bits and pieces (of industrial material/etc.)

xiàjiǎoliào 下脚料[-腳-] N. leftover bits and pieces (of industrial material/etc.)

xiā jiáoshégēn(r) 瞎嚼舌根(儿) V.P. <coll.> disparage irresponsibly

xiā jiáoshétou 瞎嚼舌头 V.P. <coll.> cast unfounded slurs

xià jīcéng 下基层[-層] V.O. go to the lowest level of an organization

[1]xiàjiē 下接 V. turn to

[2]xiàjiē 下街 V.O. <topo.> go shopping

xiàjié 夏节[-節] N. <coll.> ① the fifth day of fifth lunar month ② the summer solstice

Xià Jié 夏桀 N. ① <hist.> last emperor of the Xia dynasty ② cruel and oppressive person

[1]xiàjiè* 下届[-屆] N. next term (of office); next year (of classes)

[2]xiàjiè 下界 N. ① world of mortals/humans ② <math.> lower bound ♦V.O. descend to the world (said of immortals)

xià jiélùn 下结论 V.O. draw or arrive at a conclusion

xiájìn 狎近 V. <wr.> be very intimate/familiar

xiàjìn* 下劲[-勁] V.O. work hard at

xiájǐng 暇景 N. <wr.> leisure hours; spare time

[1]xiájìng* 狭径[狹徑] N. <wr.> narrow path/road M: [1]tiáo

[2]xiájìng 辖境 N. <wr.> area under the jurisdiction (of a magistrate/etc.); magistracy

xiàjǐngluòshí 下井落石 See xiàjǐngtóushí

xiàjǐngrtiān 夏景儿天 N. <coll.> summer

xiàjǐngtóushí 下井投石 ID. hit sb. when he's down

xiàjìtiān 夏季天 N. summer

xiàjiǔ 下酒 V.O. go with liquor ***Tā ná zhūtóuròu ~.*** He has some pigheadmeat to go with the liquor.

xiàjiǔcài 下酒菜 N. a dish that goes with liquor

xiàjiǔliú 下九流 N. <trad.> lower orders (actors/porters/etc.)

xiàjiǔwù 下酒物 N. light dishes served with alcohol/spirits

xiájìyěyóu 狎妓冶游 F.E. <wr.> be intimate with prostitutes and frequent brothels

xiájǔ 遐举[-舉] V. go a long way away

xiàjū* 下车 V.O. take up one's post *See also xiàchē*

xià juéxīn 下决心[-決-] V.O. decide; make a decision

xiàkāi 下开[-開] F.E. <wr.> as follows; listed below

[1]xiákè 侠客[俠-] N. knight-errant M: ge/[1]míng/[2]wèi

[2]xiákè 狎客 N. ① prostitute's customer ② rude/impolite person M: ge/[1]míng

[3]xiákè 暇刻 N. <wr.> free moment

xiàkē(r) 下颏(儿) N. <topo.> lower jaw; chin

xiàkè* 下课 V.O. get out of class; finish class

xiàkèlíng 下课铃 N. recess bell

[1]xiàkǒu 下口 N. ① dishes that go with drinks ② mouth of a river

[2]xiàkǒu 罅口 N. a crack (in a jar/etc.)

xiàkū 吓哭[嚇-] R.V. be scared into crying

xiákuài 黠狯 V.P. sly; cunning

xiàkuài* 下筷 V.O. start eating

xià kuàizi 下筷子 V.O. start eating (with chopsticks)

xiàkuǎn(r) 下款(儿) N. ① name of donor a (inscribed on a painting/etc.) ② signature at the end of a letter

xiàkūcǎo 夏枯草 N. <Ch. med./bot.> selfheal

xiàlà 夏腊[-臘] N. <Budd.> ① end of the summer retreat ② monastic year ③ years of a monk's religious life

xiālài 瞎赖 V. <coll.> ① stubbornly deny a fault ② put the blame on others without the slightest justification

xiàlai* 下来 R.V. ① come down from a higher place ② go among the masses (said of leaders) ③ be harvested (of farm crops) ④ be over (of a period of time); come to an end ♦CMP. *indicating motion down toward (lit./fig.)*

xiàlèi 下泪[-淚] V.O. shed tears

xiālèi yǎngzhí 虾类养殖[蝦類養-] N. shrimp culture

xiālēle 瞎嘞嘞 V. <topo.> run off at the mouth; talk rubbish

xiàlèng 吓愣[嚇-] R.V. <coll.> strike dumb with fright

xiàle sì zhǐ yǔ 下了四指雨 V.P. <coll.> rained four fingers deep

xiāle yǎnjing 瞎了眼睛 V.P. <coll.> ① Blind fool! ② become blind

xiàle yīhuí shén 下了一回神 V.P. <topo.> held a seance

xiálì 黠吏 N. <wr.> a vicious and crafty official

xiàli 下里[-裡] N. *used after numerals, usually four <coll.>* ***sì~ dōu tóngyì le.*** The four sides have all agreed.

xiàlǐ 下礼[-禮] V.O. send gifts

[1]xiàlì* 夏历[-曆] N. lunar calendar

[2]xiàlì 下例 N. the following example

[3]xiàlì 下力 V.O. exert oneself

[4]xiàlì 下吏 N. minor functionary ♦V.O. deliver to the law

[5]xiàlì 下痢 N. diarrhea

Xiàlì 夏利 N. Charade (automobile)

xiàlián 下联[-聯] N. second line of a couplet M: [1]tiáo

xiàlián dāngbīng 下连当兵[--當-] V.P. go down to the companies to serve in the ranks (of officers)

xiàliáng 夏粮[-糧] N. summer grain crops

xiāliáo* 瞎聊 V. ① talk rubbish ② chat idly

xiàliáo 下僚 N. lower officers

xiàlǐbài 下礼拜[-禮-] N. next week

Xiàlǐ-bārén 下里巴人 N. <trad.> ① Song of the Rustic Poor (a folk song of the Chu state) ② popular literature/art ♦N. <comp.> name of an alphabetic software program for Chinese

[1]xiàliè 下列 ATTR. listed below; following

[2]xiàliè 下劣 S.V. mean; inferior; low-grade

xiā liēlie 瞎咧咧 R.F. <coll.> ① jabber; gabble ② make irresponsible remarks

xiálíng 遐龄[-齡] N. <wr.> ① advanced age ② longevity; long life

[1]xiàlìng* 下令 V.O. give orders; order

[2]xiàlìng 夏令 N. ① summer; summertime ② summer weather

xiàlìngshí 夏令时[-時] N. summer time; daylight-saving time

xiàlìng wèishēng 夏令卫生[--衛-] N. summer hygiene

xiàlìngyíng 夏令营[-營] P.W. summer camp

xiáliú 峡流[峽-] N. flume

xiàliú* 下流 S.V. low-down; mean; obscene; dirty ♦P.W. lower reaches (of a river)

xiàliúhuà 下流话 N. obscenities M: [1]jù

xiàliúpī 下流坯 N. knave; rogue M: ge/[1]míng

xiàliú shèhuì 下流社会 N. underworld

xiālóng 虾笼[蝦-] N. lobster basket/trap; crayfish pot; creel M: [2]zhī

xiálòng* 狎弄 V. treat with excessive familiarity, without due respect *See also xiánòng*

xiālónghú 虾龙糊[蝦-] N. shrimp in lobster sauce

xiálòu 狭陋[狹-] S.V. <wr.> narrow and dingy (of a house/room)

xiàlóu* 下楼[-樓] V.O. go/come downstairs

xiàlòu 罅漏 N. <wr.> ① omission; shortcoming; deficiency ② crack; seam; leak

xiálù 狭路[狹-] N. <wr.> narrow path/road M: [1]tiáo

xiàlú-dōngshàn 夏炉冬扇[-爐--] N. things that do not meet the needs of the time ♦V. ① do things the wrong way ② be out of season

xiàlüè 下略 N. <wr.> what follows is abbreviated

xiālūn 瞎抡 V. flail one's arms/fists/etc.

xiàluò 下落 N. whereabouts ***Nà háizi mùqián ~ bùmíng.*** The present whereabouts of the child is unknown. ♦V. drop; fall

xiàluòbùmíng 下落不明 F.E. present whereabouts is unknown

xià luósī 下螺丝[-絲] V.O. unscrew a screw nut

xiálù-qǔxiàng 狭路曲巷[狹-] N. small, crooked alleyway

xiálùxiāngféng 狭路相逢[狹-] F.E. come into unavoidable confrontation

xiàmǎ 下马 V.O. ① dismount from a horse ② discontinue (a project/etc.)

xiàmǎkànhuā 下马看花 ID. <PRC> cadres/intellectuals going to work in factories/villages

xiāmáng 瞎忙 V. putter about

xiā mángdao 瞎忙叨 V.P. <coll.> act aimlessly

xiā mánghuo 瞎忙活 V.P. <coll.> ① make a fuss about nothing ② keep busy to no purpose

xiàmáo 下锚 V.O. drop anchor

xiāmāo dǎi sǐhàozi 瞎猫逮死耗子[-貓----] ID. pure coincidence; lucky hit

xiàmáole 吓毛了[嚇-] V.P. <coll.> scared out of one's wits

xiàmáole yānr 吓毛了烟儿[嚇--煙-] V.P. <coll.> scared out of one's wits

xià máomáoyǔ 下毛毛雨 V.O. ① drizzle ② alert sb. to impending criticism/danger/etc.

xiàmǎwēi 下马威 N. severity shown by an official on assuming office

xiàmén 下门 V.O. <topo.> close a business/store for the night

Xiàmén* 厦门[廈-] P.W. Xiamen (Amoy) (in Fujian)

Xiàmén Dàxué 厦门大学[廈-] P.W. Xiamen University

xiāmēng 瞎蒙 V. <coll.> make a wild guess

xiāmi* 虾米[蝦-] N. ① dried, shelled shrimp ② <topo.> small shrimp

xiāmí 瞎迷 <coll.> V. be dumbfounded; find oneself at a loss

xiàmǐ 下米 V.O. start rice in a cooker

xiàmian(r)* 下面(儿) ATTR./P.W. ① lower level; subordinate; underneath ② next; following ♦N. <coll.> masses; common people *See also xiàmiàn*

xiàmián 夏眠 <zoo.> N. estivation (of certain animals) ♦V. estivate

xiàmiàn 下面[-麵] V.O. <coll.> cook noodles *See also xiàmian*

xià mìnglìng 下命令 V.O. give orders

xiāmō 瞎摸 V. grope blindly (in darkness/etc.)

xiāmohéyǎn 瞎摸合眼 F.E. <coll.> ① too dark to see clearly ② rashly; recklessly ③ grope in the dark

xiámùmírén 霞暮迷人 F.E. fascinating glow of sunset

X

[1]xiān* 先 ADV. ①before; earlier; in advance ②for the time being; for the moment (with negative) Nǐ ~ bié zǒu. Don't leave yet. ♦CONS. ~ A [2]zài B first A and then B ♦B.F. ① elder generation [1]xiānbèi ② ancestor zǔxiān ③ late; deceased xiānfù ④ progressive xiānjìn ♦PREF. pre-

[2]xiān 掀 V. ① lift (a cover/etc.) ② surge; cause to surge

[3]xiān 鲜[鮮] S.V. ①fresh; new ② delicious; tasty ♦B.F. ① delicacy shíxiān ② seafood hǎixiān ③bright-colored; bright [1]xiānyàn See also [5]xiǎn

[4]xiān 锨[鍁/杴] N. shovel

[5]xiān 仙 B.F. celestial being; immortal [2]xiānrén, shénxiān

[6]xiān 氙 N. <chem.> xenon

[7]xiān 纤[纖] B.F. fine; minute xiānwēi, héxiān See also [3]qiàn

[8]xiān 铦[銛] B.F. sharp [3]xiānlì

[9]xiān 籼 B.F. long-grain non-glutinous rice xiānmǐ, [3]xiāndào

[10]xiān 莶[薟] in xīxiān

[11]xiān 跹[躚] in piānxiān, [3]xiānxiān

[12]xiān 酰 B.F. <chem.> acyl [2]xiānjī, xiānjīng

[1]Xiān 祆 in Xiānjiào

[2]Xiān 暹 in Xiānluó

[1]xián 闲[閑/閒] S.V. ① not busy; unoccupied Tā jīntiān zài jiā ~zhe. He's home off-duty today. ② idle ♦V. be not in use ♦B.F. ① chatty; digressive; not connected with serious business xiántán ② leisure; spare time [1]kòngxián

[2]xián 嫌 V. dislike; mind Nǐ bù huì ~ wǒ xīyān ba. You don't mind my smoking, do you? ♦B.F. ① suspicion [1]xiányí ② ill will; grudge xiányuàn

[3]xián 弦 N. ① bowstring; string ② string of a musical instrument ③ <topo.> spring (of a watch/etc.) ④<math.> ⓐchord ⓑhypotenuse

[4]xián 衔[銜] V. hold in the mouth ♦B.F. ①harbor; bear [1]xiánhèn ② link up; join xiánjiē ③ <wr.> receive (an order/etc.) xiánmìng ④ rank; title tóuxián

[5]xián 咸[鹹] S.V. salty See also [6]xián

[6]xián 咸 ADV. <wr.> all See also [5]xián

[7]xián 涎 N. saliva

[8]xián 舷 N. side of a ship/airplane/etc.

[9]xián 贤[賢] B.F. virtuous and able; worthy xiánhuì, [1]xiánmíng

[10]xián 娴[嫻] B.F. ① refined xiányǎ ② skilled; adept xiánshú

[11]xián 痫[癇] B.F. epilepsy xiánfēng, diānxián

[12]xián 挦[撏] B.F. pull; pluck [2]xiánchě, xián jīmáo

[13]xián 鹇[鷴/鷳] in báixián

[1]xiǎn 显[顯] V. ①appear; be obvious ②demonstrate; show; display ♦B.F. illustrious and powerful [1]xiǎnyào

[2]xiǎn 险/崄[險/嶮] S.V. dangerous ♦ADV. nearly; narrowly ♦B.F. ①place difficult of access tànxiǎn ② danger; risk màoxiǎn ③ vicious; venomous; malicious yīnxiǎn, xiǎnzhà See also [10]xiǎn

[3]xiǎn 藓[蘚] N. <bot.> moss

[4]xiǎn 蚬[蜆] N. clam

[5]xiǎn 鲜[鮮] B.F. rare xiǎnfá ♦in Cháoxiǎn See also [3]xiān

[6]xiǎn 燹 B.F. wildfire bīngxiǎn

[7]xiǎn 狝[獮] B.F. <trad.> the autumn hunt qiūxiǎn

[8]xiǎn 跣 B.F. barefoot xiǎnzi, túxiǎn

[9]xiǎn 铣[銑] in xiǎntiě See also [3]xǐ

[10]xiǎn 崄[嶮] in xīxiǎn See also [2]xiǎn

[11]xiǎn 筅 in xiǎnzhǒu, cháxiǎn

[12]xiǎn 洒[灑] B.F. ① alarm; surprise [2]xiǎnrán ② cold See also [1]sǎ, [13]xiǎn

[13]xiǎn 洒 B.F. respectful xiǎnrú See also [1]sǎ, [12]xiǎn

[1]Xiǎn 冼 N. Surname

[2]Xiǎn 洗 N. Surname ♦in xiǎnmǎ See also [1]xǐ

[3]Xiǎn 猃[獫] in Xiǎnyǔn

[1]xiàn 线[線/綫] N. ①thread; string; wire ②route; line ③demarcation line; boundary ④(political) line ♦B.F. ①brink; verge shēngmìngxiàn ②clue; thread xiànsuǒ ③ made of cotton thread xiàntǎn ♦M. for abstractions such as hope/etc.

[2]xiàn 县[縣] N. county

[3]xiàn 现/见[現/見] V. show; appear; display ♦B.F. ① present; current xiànzài, xiànrèn ② on hand; ready [1]xiànjīn ③ <slang> lose face; make a fool of oneself ♦ADV. just; at the time; extempore ♦CONS. ~ v.1 ~ v.2 v.1 and immediately v.2 (or vice versa) ~zuò~chī; ~chī~zuò cook for immediate consumption

[4]xiàn 献[獻] V. ①offer; present; donate ②show; display

[5]xiàn 陷 V. ①fall into; get stuck or bogged down ②become sunken; cave in ♦B.F. ①frame/trump (up) wūxiàn ② be captured; fall (of a town/ etc.) lúnxiàn ③ pitfall; trap xiànjǐng ④ defect; deficiency quēxiàn

[6]xiàn 限 V. set a limit; restrict ♦B.F. restrictions; limits [1]jièxiàn, qīxiàn

[7]xiàn 馅[餡] B.F. filling; stuffing xiànr

[8]xiàn 腺 N. gland

[9]xiàn 霰 N. <met.> graupel; sleet See also [4]sǎn

[10]xiàn 宪[憲] B.F. ① law; statute ② a nation's constitution xiànfǎ, [1]lìxiàn

[11]xiàn 羡/羨 B.F. envy; admire xiànmù

[12]xiàn 苋[莧] B.F. amaranth xiànkē, xiàncài

[13]xiàn 岘[峴] in xiànhuǎn, [2]xiànxian

Xī'ān* 西安 P.W. Xi'an (capital of Shaanxi)

xī'àn 西岸 N. west coast

xiānǎi 瞎奶 N. <topo.> ① breasts with sunken nipples; unprotrusive nipple ② dry breasts

xiànǎi* 下奶 V.O. promote lactation

xián'āi 衔哀 V. <wr.> be overcome with grief

xiǎn'ài* 险隘 N. strategic pass; defile

xiàn'àn 现案 N. <law> ① case which has just happened ② case in force

xiànánguā 夏南瓜 N. zucchini

xiānào 瞎闹[-鬧] V. ① act senselessly; mess about ② fool around

xiānbǎi 鲜柏 N. Japanese arborvitae

xiánbái(r) 闲白(儿) V. <topo.> chat idly

xiǎnbai* 显摆/白[顯擺] V. <coll.> flaunt; boast; show off

xiǎnbái 显白[顯-] V. make clear ♦S.V. clear; evident

xiānbān 仙班 N. scholars with a high literary degree

xiánbǎn* 舷板 N. wales/gunwales (on a ship) M: [2]kuài

xiānbàng 仙棒 N. fairy wand M: [2]gēn

xiánbānr 闲班儿 N. off shift

xiànbǎnr* 线板儿 N. small board for winding thread

xiànbǎo* 献宝[獻寶] V.O. ① present a treasure ② offer one's valuable advice/experience ③ show off what one treasures

xiànbào 现报[-報] N. <rel.> retribution in one's lifetime

Xiānbēi 鲜卑 N. <hist.> Xianbei (Sarbi), a people related to the Tuoba (tabgatch) who were probably proto-Mongols

[1]xiānbèi* 先辈 N. older generation; ancestor

[2]xiānbèi 掀被 V.O. throw off a coverlet

xiánbēi 衔悲 V. <wr.> be filled with sorrow

xiánbēirúhèn 衔悲茹恨 F.E. harbor sorrow and resentment

xiǎn běnlǐng 显本领[顯-] V.O. give a taste of one's quality

xiānbǐ 先妣 N. <wr.> deceased mother

xiánbǐ* 闲笔[-筆] N. irrelevant words/passages (in texts)

xiánbì 衔璧 V.P. surrender with hands bound and a piece of jade in the mouth

[1]xiǎnbǐ 显比[顯-] N. a simile

[2]xiǎnbǐ 显妣[顯-] N. <trad.> my respected late mother

xiǎnbì 险诐 S.V. ① vile; mean ② fawning; obsequious

xiānbiān 先鞭 V. <wr.> do sth. before sb. else

xiánbiān 舷边[-邊] N. gunwale; gunnel

xiànbiān* 现编 V. compose sth. impromptu

xiànbiānxiànchàng 现编现唱 F.E. make up a song as one sings

xiánbǐng 咸饼[鹹-] N. cracker M: [2]kuài

xiànbīng 宪兵[憲-] N. military police M: ge/ [1]míng

xiàn(r)bǐng* 馅(儿)饼 N. meat pie; pasty M: [2]kuài/[1]zhāng

xiànbīngduì 宪兵队[憲-隊] N. military police corps M: [4]zhī

xiànbīng sīlìng 宪兵司令[憲-] N. <mil.> provost M: ge/[1]míng/[2]wèi

xiànbīng zǒngsīlìng 宪兵总司令[憲-總--] N. provost marshal M: ge/[1]míng/[2]wèi

xiǎn bízi xiǎn yǎnr 显鼻子显眼儿[顯--顯--] F.E. <coll.> be too conspicuous/exposed

xiānbō 仙波 N. angels

xiánbù 闲步 V. saunter

xiǎnbuchū 显不出[顯-] R.V. not be obvious/ apparent

xiānbùdòng 掀不动[-動] R.V. be unable to move/lift sth.

xiánbujir 咸不唧儿[鹹-] V.P. <coll.> saltish; salty

xiānbùkāi 掀不开[-開] R.V. cannot lift (a lid/ cover/etc.)

xiānbukāi guō 掀不开锅[-開鍋] V.P. <coll.> have nothing to eat

xiánbuqǐ 闲不起 R.V. be unused to leisure

xiánbuzhù 闲不住 R.V. refuse to stay idle; always keep oneself busy

xiāncái 仙才 N. genius

xiáncāi 嫌猜 V. suspect and dislike

[1]xiáncái 贤才[賢-] N. paragon of virtue and talent

[2]xiáncái 弦材 N. chord

xiáncài* 咸菜[鹹-] N. salted vegetable; pickle

[1]xiàncái 线材 N. wire rod

[2]xiàncái 羡财 V.O. spare/surplus money

[3]xiàncái 宪裁[憲-] F.E. <court.> Your Excellency's decision

xiàncài 苋菜 N. <bot.> three-colored amaranth M: [2]kē

xiáncáigān 弦材杆 N. chord

xiáncái-jūnzǐ 贤才君子[賢-] N. virtuous and talented person

xiāncǎo* 仙草 N. magic herb

xiáncǎo 咸草[鹹-] N. angelica

xiáncǎoyíngcháo 衔草营巢[--營-] F.E. gather grass for a nest

xiāncè 先策 V.O. foretell; predict

xiáncè 舷侧 N. side

xiàncè* 献策[獻-] V.O. offer advice; make suggestions

xiànchāi 县差[縣-] N. <trad.> county official

xiànchǎn 限产[-產] V. limit production to

xiànchǎn chǎnpǐn 现产产品[-產產-] N. commodities restricted in quantity of production by the state plan

xiāncháng 纤长[纖-] S.V. slender

[1]xiáncháng 弦长 N. chord length

[2]xiáncháng 闲常 ADV. ordinarily; usually

xiǎnchǎng 显敞[顯-] V.P. spacious

xiànchǎng* 现场[-場] P.W. ① scene (of an incident) ② site; spot

xiànchǎng bàngōng 现场办公[-場辦-] N./V.P. on-the-spot handling of official business

xiànchǎng bàodào 现场报道[-場報-] N. on-the-spot report

xiànchǎng biǎoyǎn 现场表演[-場--] N./V.P. live show/demonstration; on-the-spot demonstration

xiànchǎng cǎifǎng 现场采访[-場--] N./V.P. spot coverage

xiànchǎng cānguān 现场参观[-場參觀] N./ V.P. field trip

xiànchǎng cházhàngyuán 现场查帐/账员[-場---] N. <acct.> field auditor M: ge/[1]míng/[2]wèi

xiànchǎng diàochá 现场调查[-場--] N./V.P. ① field survey ② spot investigation
xiànchǎnghuì 现场会[-場-] N. on-the-spot meeting M: *cì*
xiànchǎng kānyàn 现场勘验[-場--] N./V.P. inspection of a scene (of a crime/accident/etc.)
xiànchǎng qiúzhù 现场求助[-場--] N./V.P. <*comp.*> on-line help
xiànchǎng shùjù 现场数据[-場數據] N. field data
xiànchǎng tōngzhī 现场通知[-場--] N./V.P. spot announcement
xiànchǎng xuānbù 现场宣布[-場--] N./V.P. spot announcement
xiànchǎng xùnliàn 现场训练[-場-練] N./V.P. in-plant/in-service/on-the-job training
xiànchǎng yánjiū 现场研究[-場--] N./V.P. <*lg.*> field work
xiànchǎng yánjiū fāngfǎ 现场研究方法[-場----] N. <*lg.*> field methods
xiànchǎng zhíbō 现场直播[-場--] N./V.P. live broadcast(ing)
xiànchǎng zhǐdǎo 现场指导[-場-導] N./V.P. on-the-spot guidance
xiàncháo 弦潮 N. <*phy.*> neap tide
xiànchāo* 现钞 N. cash
xiànchǎoxiànmài 现炒现卖[-賣] F.E. teach what one has just learned
[1]**xiánchě** 闲扯 V. chat; engage in chitchat
[2]**xiánchě** 挦扯 V. pick here and there
xiānchén 纤尘[纖塵] N. fine dust
xiánchén* 贤臣[賢-] N. <*trad.*> virtuous/sagacious subject/official
xiānchénbùrǎn 纤尘不染[纖塵-] F.E. ① without a speck of dust ② spotlessly clean ③ untainted with evil thoughts or bad habits
[1]**xiànchéng(r)** 现成(儿) ATTR. ready-made; readily available *chī ~ de* eat whatever is ready
[2]**xiànchéng** 县城[縣-] N. county town
xiànchéngfàn 现成饭 N. ① food ready for the table ② unearned gain
xiànchéng fùshípǐn 现成副食品 N. prepared food
xiànchénghuà 现成话 N. kibitzer's comment M: [1]*jù*
xiànchéng jiélùn 现成结论 N. established conclusion
xiànchéngqiúxiáng 献城求降[獻-] F.E. surrender the city and ask to return to allegiance
xiǎnchéngxu 显程序[顯-] N. explicit program
xiānchēnùmǎ 鲜车怒马 F.E. leading a luxurious life
xiànchīxiànzuò 现吃现做 F.E. cook for immediate consumption; be freshly prepared as ordered
xiànchóng 线虫[-蟲] N. <*bio.*> nematode M: [1]*tiáo*
[1]**xiànchǒu** 献丑[獻醜] V.O. <*humb.*> show oneself up; show one's inadequacy
[2]**xiànchǒu** 现丑[-醜] V.O. make a fool of oneself
xiǎnchū 显出[顯-] R.V. ① stand out in contrast ② give evidence; express; exhibit; show; reveal
[1]**xiànchū*** 献出[獻-] R.V. donate
[2]**xiànchū** 现出 R.V. show; reveal
xiánchuán 闲传[-傳] V. <*coll.*> talk nonsense; talk idly
xiánchuāng 舷窗 N. porthole M: [1]*shàn*
xiànchū běnxiàng 现出本相 V.O. come out in one's true colors
xiánchuí 弦锤 N. hammerhead
xiànchùmá 限处麻[-處-] N. <*med.*> local anesthesia
xiānchún* 掀唇 V.O. open the mouth and speak
xiànchūn 线春 N. spring-wear silk fabric with geometric designs
xiǎnchūxian 显出现[顯-] N. explicit occurrence
xiǎnchū xūruò 显出虚弱[顯-虛-] V.O. underline the weakness (of)
xiǎnchū yuánxíng 显出原形[顯-] V.O. show one's true colors; be revealed for what one is
xiāncī 纤疵[纖-] N. slight error
xiāncí 先慈 N. <*wr.*> deceased mother
xiāncǐ 先此 ADV. <*wr.*> beforehand
xiáncì 嫌疵 V. dislike; criticize
[1]**xiàncí*** 献词[獻-] N. congratulatory message; dedication speech M: [1]*piān*
[2]**xiàncí** 献辞[獻辭] N. foreword
xiàncì 现次 N. <*lg.*> occurrence
xiāncībùjiào 纤疵不较[纖-] F.E. Slight errors deserve no attention.
xiāncuì 鲜脆 S.V. fresh and crisp
xiàncún 现存 V. be extant/available; be in stock
xiàncún wùzī 现存物资 N. goods/materials in stock or extant
xiāndá 先达[-達] N. elder leaders
xiándá* 贤达[賢達] N. prominent personage; worthy M: *ge*/[1]*míng*/[2]*wèi*
xiǎndá 显达[顯達] S.V. illustrious and influential
xiāndǎhòulā 先打后拉[--後-] F.E. first attack and then cajole
xiàndài 现代 N./ATTR. modern (times); contemporary age
xiàndài fāngyán 现代方言 N. <*lg.*> modern topolects/dialects
xiàndàigǎn 现代感 N. sense of modernity
Xiàndài Guānhuà 现代官话 N. <*lg.*> Modern Mandarin
xiàndài Hànyǔ 现代汉语[--漢-] N. ① modern Chinese ② Modern Chinese language ③ Recent Chinese
xiàndài Hànyǔ guīfànhuà 现代汉语规范化[--漢--範-] N. <*lg.*> standardization of the modern Chinese language
xiàndàihuà 现代化 V. modernize ♦N. modernization
xiàndàihuà jiànshè 现代化建设 N. modernization drive
xiàndàihuà rèdiǎn 现代化热点[-熱點] N. up to the minute
xiàndàihuà shèbèi 现代化设备[-備] N. sophisticated equipment M: *tào*
xiàndài míxìn 现代迷信 N. modern myth
xiàndàipài 现代派 N. <*art*> modernist; modernist school
xiàndàirén 现代人 N. modern people
xiàndàishī 现代诗 N. modern poetry M: [2]*shǒu*
xiàndàishǐ* 现代史 N. contemporary history M: [2]*bù*
xiàndài tícái 现代题材 N. contemporary theme
xiàndài wénxué 现代文学 N. modern/contemporary literature
xiàndàiwǔ 现代舞 N. modern dance M: [2]*chǎng*
xiàndàixì 现代戏[-戲] N. ① modern drama ② drama with a contemporary theme M: [1]*cū*
xiàndài xiūzhèngzhǔyì 现代修正主义[-義] N. modern revisionism
xiàndàiyīn 现代音 N. <*lg.*> modern pronunciation
xiàndài yìshù 现代艺术[-藝術] N. modern art
Xiàndài Yǔyán Xìngxiàng Cèshì 现代语言性向测试 N. <*lg.*> Modern Language Aptitude Test (MLAT)
xiàndài yǔyánxué 现代语言学 N. <*lg.*> modern linguistics
xiàndài yǔyīn 现代语音 N. <*lg.*> modern sound
xiàndài yǔyīnxué 现代语音学 N. <*lg.*> modern phonetics
xiàndàizhǔyì 现代主义[-義] N. modernism
xiàndài zuòjiā 现代作家 N. modern/contemporary writer M: *ge*/[1]*míng*/[2]*wèi*
xiāndān* 仙丹 N. <*Dao.*> ① elixir of life ② panacea
[1]**xiándàn** 咸蛋[鹹-] N. salty preserved egg M: *ge*/[2]*zhī*
[2]**xián-dàn** 咸淡[鹹-] N./V.P. salty or bland
xiàndàn 霰弹 N. shrapnel; canister shot *See also* [1]*sǎndàn*
xiándàng 闲荡[-蕩] V. saunter; stroll
xiàndāngyuè 限当月[-當-] F.E. good this month
xiāndānhuā 仙丹花 N. <*bot.*> red ixora M: [2]*kē*/[2]*duǒ*
xiāndān-miàoyào 仙丹妙药[-藥] N. miracle drug
xián-dànshuǐ yǎngzhí 咸淡水养殖[鹹--養-] N. brackish-water agriculture
xiàndàntǒng 霰弹筒 N. shrapnel canister
xiāndǎo* 先导[-導] N. guide; forerunner; precursor
[1]**xiāndào** 先到 V. ① arrive earlier than ② be the early arriver
[2]**xiāndào** 掀到 R.V. overthrow
[3]**xiāndào** 籼稻[秈-] N. long-grained nonglutinous rice
xiàndào 线道 N. rim; fringe
xiāndàohòuzǒu 先到后走[--後-] F.E. be the first to arrive and the last to leave
xiándǎola 闲捣拉[-搗-] V. <*topo.*> chat; jaw
xiǎndàoshén 险道神 N. ① an idol leading the way for a funeral procession ② a very tall person
xiān dào xiān zhāodài 先到先招待 F.E. first come, first served
xiān dào zàotou xiān dé shí 先到灶头先得食 V.P. first come, first served
xiāndàozhě yōuxiān 先到者优先[---優-] V.P. first come, first served
xiàndàyáng 现大洋 N. silver dollar
xiāndé 先德 N. ① the respected elders ② sb. else's ancestors
xiándé 贤德[賢-] S.V. virtuous ♦N. virtue and kindheartedness
xiǎnde* 显得[顯-] V.P. look; seem; appear
xián de fāhuāng 闲得发慌[--發-] V.P. be bored with little to do
xiándé fūrén 贤德夫人[賢-] N. virtuous and kindhearted lady M: *ge*/[1]*míng*/[2]*wèi*
xiándēng 舷灯[-燈] N. sidelight M: *ge*/[2]*zhī*/[1]*zhǎn*
xiánder 闲的儿 N. <*topo.*> ① jobless person ② lazy person; good-for-nothing
xiǎnde tūchū 显得突出[顯-] V.P. loom large
xián de wúliáo 闲得无聊 V.P. suffer from boredom
xiǎnde yúchǔn 显得愚蠢[顯-] V.P. stultify
xiāndì 先帝 N. <*hist.*> the previous/late emperor
[1]**xiándì*** 贤弟[賢-] N. <*wr.*> my dear brother (term of address for male friend younger than self)
[2]**xiándì** 闲地 N. ① retirement ② sinecure ♦P.W. ① vacant/idle land ② public land
xiǎndì 险地 P.W. ① dangerous place/situation ② strategic vantage point M: [2]*kuai*/*chù*/*ge*
xiàndí 陷敌[-敵] V.O. ① assault and take the enemy position ② fall into the enemy's hands; be captured by the enemy
xiándiǎn* 咸点[鹹點] N. pastry; Cantonese pastry
xiàndiǎn 宪典[憲-] N. a body of laws; code
xiàndiànyā 线电压[-電壓] N. line voltage
Xī'ān Diànyǐng Zhìpiànchǎng 西安电影制片厂[--電---廠] P.W. Xi'an Film Studios
xiàndiāo 线雕 N. <*art*> incised lines; tracing
xiàndì bèikè 现地备课[--備-] V.P./N. prepare lessons on-site
xiàndì kānchá 现地勘察 N./V.P. on-the-spot exploration
xiàndìng 限定 V. prescribe/set limits to; limit; restrict ~ *yī xiǎoshí yǐnèi jiāojuàn.* Everyone must hand in their paper within one hour. ♦N. <*lg.*> qualification
xiàndìng bàojià 限定报价[-報價] N. limited offer
xiàndìng chéngfèn 限定成份/分 N. <*lg.*> determiner; determinative
xiàndìngcí 限定词 N. <*lg.*> determiner; determinative; attribute; attributive
xiàndìng dòngcí 限定动词[--動-] N. finite verb
xiàndìng guānxi 限定关系[-關係] V.O. define a relationship ♦N. ① relationship defined by another ② <*lg.*> attribution
xiàndìng jiàgé 限定价格[--價-] V.O. limit prices ♦N. price fixing
xiàndìng jùzi 限定句子 N. <*lg.*> finite sentence

xiàndìng shízhì de 限定时制的[--時--] ATTR. <lg.> tensed
xiàndìngxìng guānxi cóngjù 现定性关系从句[---關係從-] N. <lg.> defining relative clause
xiǎndìngyì 显定义[顯-義] N. explicit definition
xiàndìngyǔ 限定语 N. <lg.> qualifier; determinandum; attributive
xiàndìng zhuàngtài 限定状态[-狀態] N. finite state
xiàndìngzì 限定字 N. <lg.> determiner
xiàndìng zǐjù 限定子句 N. <lg.> finite clause
xiàndìzhi 现地址 N. current address
xiàndì zuòyè 现地作业[-業] N. <mil.> terrain exercise
xiāndòng 掀动[-動] R.V. ① lift; start; set in motion ② launch (a war)
xiàndòngqì 限动器[-動-] N. bridle M: ge/[2]zhī
[1]**xiāndù** 纤度[纖-] N. <txtl.> fiber number/size
[2]**xiāndù** 鲜度 N. freshness
xiándū 娴都 V.P. graceful and fine
xiándù 咸度[鹹-] N. degree of saltiness
xiǎndú 险毒 S.V. sinister
[1]**xiàndù*** 限度 N. limit; limitation
[2]**xiàndù** 线度 N. dimension
[3]**xiàndù** 羡妒 V. be jealous of
xiānduān 先端 N. <bot.> tip (of a leaf/flower/fruit/etc.)
xiánduān 闲端 N. dead end
xiànduàn* 线段 N. <math.> line segment
xiàndǔnxiànmài 现趸现卖[-躉-賣] F.E. ① sell right after buying ② pass on right after acquiring
xiāndǔwéikuài 先睹为快 F.E. consider it a pleasure to be among the first to read (a poem/etc.)
[1]**xiǎn'è*** 险恶[-惡] S.V. ① dangerous; perilous ② sinister; treacherous
[2]**xiǎn'è** 险厄/阨 N. <wr.> a strategic pass
[1]**xiàn'é** 现额 N. amount in/on hand
[2]**xiàn'é** 限额 N. norm; limit; quota
xián'ēn 衔恩 V.O. cherish gratitude
xiàn'ēn 宪恩[憲-] F.E. Your Excellency's favor
xiān'ěr 鲜饵 N. fresh bait
xiàn'érjīn 现而今 N. <coll.> nowadays; here and now
xiǎn'éryìjiàn 显而易见[顯-] F.E. obviously; evidently; clearly
xiàn'ézhì 限额制 N. quota system
xiàn'é zhìdù 限额制度 N. quota system
xiǎnfá 鲜乏 V.P. scarce
xiànfǎ* 宪法[憲-] N. constitution; charter M: [2]bù
xiànfā gǔfèn 现发股份[-發--] N. <acct.> capital stock outstanding
xiānfān 掀翻 V. throw; hold the opponent face down; throw the opponent off his balance
xiánfán 嫌烦 V. find sth. annoying/trying
[1]**xiánfàn*** 闲饭 N. unearned livelihood ***chī ~*** eat the bread of idleness
[2]**xiánfàn** 嫌犯 N. criminal suspect M: ge/[1]míng
xiānfāng(r)* 仙方(儿) N. <Dao.> prescription obtained from immortals M: [1]zhāng
xiánfáng(zi) 闲房(子) P.W. unoccupied/vacant house/room M: [1]jiān
xiān fángdǐng 掀房顶 V.O. lift the roof off a house (by the wind/etc.)
xiànfǎ tiáowén 宪法条文[憲-條-] N. constitutional provisions M: [1]tiáo
xiānfāzhìrén 先发制人[-發--] F.E. ① anticipate/forestall the enemy ② take the initiative in order to subdue the enemy
xiánféitiāoshòu 嫌肥挑瘦 F.E. picky; fastidious
xiánfèn 衔愤 V. <wr.> harbor anger and resentment
xiànfēn 线分 N. <math.> segment of a line
xiànfěn 线粉 N. noodles made of bean flour
xiànfèn* 县份[縣-] N. county
xiānfēng* 先锋 N. vanguard M: ge/[1]míng/[2]wèi
xiánfēng 痫风[癇-] N. <med.> epilepsy
xiǎnfēng 险峰 P.W. perilous peak M: [4]zuò
xiānfēngbōlàng 掀风播浪 F.E. stir up a turmoil/upheaval/trouble; cause unrest
xiānfēngdàogǔ 仙风道骨 F.E. of high integrity and bearing
xiānfēngduì 先锋队[-隊] P.W. vanguard M: [4]zhī
xiānfēnggǔlàng 掀风鼓浪 F.E. instigate; fan the flames
xiánfēngle 闲疯了 V.P. <coll.> be bored stiff
xiānfēngyìgǔ 仙风逸骨 F.E. have an elegant bearing
xiānfū 先夫 N. my deceased husband
xiānfù* 先父 N. deceased father
xiánfù 贤妇[賢婦] N. woman of good moral reputation M: ge/[1]míng/[2]wèi
[1]**xiànfú** 限幅 N. amplitude limit
[2]**xiànfú** 献俘[獻-] V.O. <trad.> offer war prisoners at the national shrine after victory
xiànfǔ 县府[縣-] P.W. county government
xiànfù 现付 V. pay now ♦N. cash payment
xiānfǔjūn 先府君 N. <wr.> my late father
xiān fù qǐlai 先富起来 R.V. become prosperous first; get better-off earlier than others
xiànfù xiànmǎi 现付现买[-買] V.P. pay cash on the barrel (for sth.)
[1]**xiāng** 相 ADV. each other; mutually ♦V. size up by appearance ♦N. ① Surname ② mode; phase ♦CONS. ~ V to V sb. (especially in four-syllable phrases) ***kǔkǔ ~qiú*** urge persistently ***See also*** [6]*xiàng*
[2]**xiāng** 香 S.V. ① fragrant; scented ② savory; appetizing ③ popular; welcome ♦ADV. ① with relish; with good appetite ***Tā zhè dùn fàn chī de hěn ~.*** He ate the meal with great relish. ② soundly (of sleep) ♦N. ① perfume ② spice ③ incense; joss stick
[3]**xiāng** 乡[鄉] N. township (under a county) ♦B.F. ① country(side); village; rural area ***xiāngcūn, xiāngxia*** ② native place; home village/town ***gùxiāng*** ③ place famous for producing sth.
[4]**xiāng** 箱 B.F. chest; box; case; trunk ***xiāngzi***, [1]***mùxiāng*** ♦M. *for things sold or packed by the box/case*
[5]**xiāng** 镶[鑲] V. inlay; set; mount ♦N. rim; edge; border
[6]**xiāng** 厢[廂] B.F. ① wing of a house; wing-room ***xiāngfáng*** ② railway compartment ***chēxiāng*** ③ theater box ④ area outside of a city [2]***chéngxiāng*** ⑤ <trad.> side ***zhè ~*** this side
[7]**xiāng** 襄 B.F. assist [2]***xiānglǐ, zànxiāng***
[8]**xiāng** 缃 B.F. light yellow/brown [2]***xiāngsè, piǎoxiāng***
[9]**xiāng** 芗 B.F. ① fragrant herb used in ancient times for flavoring ② variety of local opera in southern Fujian [2]***Xiāngjù***
[10]**xiāng** 骧[驤] B.F. ① gallop ***téngxiāng*** ② lift; raise up; raise (the head) ***xiāngshǒu***
[11]**xiāng** 葙 in [4]***qīngxiāng***
Xiāng 湘 N. ① short name for Hunan province ② short name for Xiangjiang (river in Hunan)
[1]**xiáng** 详[詳] B.F. ① detailed; minute ***xiángxì*** ② explain in detail ***xiángjiě*** ③ clear; known [1]***bùxiáng***
[2]**xiáng** 降 V. ① surrender; capitulate ② subdue; tame ***See also*** [1]*jiàng*
[3]**xiáng** 祥 B.F. auspicious ***jíxiáng, xiángruì***
[4]**xiáng** 翔 B.F. soar ***fēixiáng***
[5]**xiáng** 庠 B.F. <trad.> old term for a school ***xiángxù, rùxiáng***
[1]**xiǎng*** 想 V. ① think ***Wǒ huì ~chū bànfǎ lái de.*** I'll be able to think of a way. ② suppose; reckon; consider ③ want to; would like to; feel like (doing sth.) ④ remember with longing; miss
[2]**xiǎng** 响[響] V. make a sound ***Nǐ wèishénme yī shēng bù ~?*** Why don't you say something? ♦S.V. noisy; loud ♦B.F. ① sound; noise ***shēngxiǎng*** ② echo; response; effect ***xiǎngyìng, yǐngxiǎng***
[3]**xiǎng** 享 V. enjoy
[4]**xiǎng** 饷[餉] N. <trad./coll.> pay (for soldiers/etc.) ♦V. <trad.> entertain (with food and drink)
[5]**xiǎng** 飨[饗] B.F. to fete; entertain guests [1]***xiǎngkè, yànxiǎng***
[6]**xiǎng** 鲞[鯗] B.F. dried fish (gutted and flattened) ***xiǎngyú, báixiǎng***
[1]**xiàng** 向 V. ① face; turn toward ② side with; be partial to ***Shuí duì, wǒ jiù ~ zhe shuí.*** I'll side with whoever's right. ♦COV. to; towards ♦B.F. ① direction ***fāngxiàng*** ② all along; always (in the past) ***yīxiàng, xiànglái*** ♦N. Surname ***See also*** [8]*xiàng*
[2]**xiàng** 像/象 V. ① be like; resemble; take after ***Tā ~ tā jiějie.*** She is like her sister. ***Zhè gōngzuò bù ~ tā shuō de nàme nán.*** The job is not as difficult as he said it would be. ② look as if; seem ♦N. ① likeness (of sb.); portrait; picture ② <phy.> image ***See also*** [4]*xiàng*
[3]**xiàng** 项[項] M. ① *for items/clauses/etc.* ② <lg.> entry ♦B.F. ① nape (of the neck) [2]***jǐngxiàng*** ② sum (of money) ***kuǎnxiàng*** ③ a project/program [1]***xiàngmù*** ♦N. ① <math.> term ② Surname
[4]**xiàng** 象 N. elephant M: [2]zhī/[1]tóu ♦B.F. ① appearance; shape; image [1]***yìnxiàng*** ② imitate [1]***xiàngxíng*** ***See also*** [2]*xiàng*
[5]**xiàng** 巷 B.F. lane; alley ***xiàngzi*** ***See also*** [1]*hàng*
[6]**xiàng** 相 N. ① minister in the Japanese government ② <geol.> facies ③ <phy.> phase ④ elephant piece in Chinese chess ⑤ Surname ♦B.F. ① looks; appearance ***xiàngmào*** ② bearing; posture ***shuìxiàng*** ③ photograph ***xiàngpiān*** ④ physiognomy (as in fortune telling) ***kànxiàng*** ⑤ prime minister [1]***shǒuxiàng*** ⑥ look at and appraise ***xiàngmǎ*** ⑦ <wr.> assist ***bīnxiàng*** ***See also*** [1]*xiāng*
[7]**xiàng** 橡 B.F. ① oak ***xiàngzi*** ② rubber tree; rubber ***xiàngjiāo***, [1]***xiàngpí***
[8]**xiàng** 向[嚮] B.F. formerly ***xiàngzhě*** ***See also*** [1]*xiàng*
xiāng'ài 相爱[-愛] V. love each other
xiāng'ān* 相安 F.E. live in peace with each other
xiāng'àn(zi) 香案(子) N. incense burner table/altar
xiàng'àn 向岸 N. onshore
xiàngāng 宪纲[憲綱] N. legal provisions
xiàng'ànliú 向岸流 N. inshore/onshore current
xiāngānwéijìng 先干为敬[-乾--] F.E. I empty my glass first to show my respect to you.
xiāng'ānwúshì 相安无事 F.E. live in peace with each other
xiàngāo 馅糕 N. patty M: [2]kuài
xiāngbǎi 香柏 N. arborvitae
xiāngbáibànglián 香白棒莲 N. glory-of-the-sun
xiāngbáijǐncài 香白堇菜 N. sweet white violet M: [1]kē
xiāngbáilàshù 香白蜡树[-蠟樹] N. flowering ash M: [2]kē
xiāngbalǎo(r) 乡巴佬(儿)[鄉-] <derog.> villager; hick
xiāngbǎn 镶板 N. panel; paneling M: [2]kuài
[1]**xiāngbàn*** 相伴 V. be together; accompany sb.; accompany each other
[2]**xiāngbàn** 襄办[-辦] V. act as deputy /assistant ♦N. deputy/ assistant manager
xiǎngbǎn 响板[響-] N. <mus.> castanets M: [2]kuài
xiāngbāng 相帮[-幫] V. <topo.> help; aid
xiāngbǎnmiàn 镶板面 N. paneling M: [2]kuài
xiāngbàn qǐyè 乡办企业[鄉辦-業] N. town and township enterprises M: [1]jiā
xiāngbǎn shìmiàn 镶板饰面 N. veneering
xiāngbànwù 相伴物 N. concomitant M: [2]jiàn
xiāngbāo* 香包 N. ① small pouch filled with fragrant herbs/etc. ② incense bag carried by a pilgrim to a temple M: ge/[2]zhī
xiángbào 详报[-報] N. detailed report
xiàngbáo 相薄 N. facial features signaling misfortune
xiāngbào'érkū 相抱而哭 F.E. weep in each other's arms
xiāngbǎoshí jièzhi 镶宝石戒指[-寶---] N. dinner ring M: ge/[2]zhī
xiāngbèi 相背 V.P. be in contradiction
xiángbèi 详备[-備] S.V. detailed

xiàngběi 向北 V.P./ADV. northward

[1]xiàng-bèi* 向背 N. ① support or opposition ② attitude

[2]xiàngbèi 项背 N. person's back; one's neck and back

xiàngbèixiāngwàng 项背相望 F.E. one after another in close succession (in walking)

xiāngbǐ* 相比 V. compare

xiǎngbí 响鼻[響-] N. snort

xiǎngbì 想必 AUX. presumably; most probably/likely

xiàngbí 象鼻 N. trunk; proboscis; snout

xiāngbiān(r) 镶边(儿)[-邊-] V.O. edge (with lace/etc.)

xiǎngbiān* 响鞭[響-] N. ① loud creak of a whip ② firecrackers

xiǎngbiàn 响遍[響-] V. echo/resonate all over (a place/etc.)

[1]xiángbiǎo 详表 N. full edition; enumeration

[2]xiángbiǎo 降表 N. <wr.> document of surrender

xiàngbíchóng 象鼻虫[-蟲] N. weevil; snout beetle M: [1]tiáo/[2]zhī

xiāngbǐměi 相比美 as good as

xiāngbīn* 香槟[-檳] N. <loan> champagne M: píng

xiǎngbīn 饷宾[-賓] N. entertain a guest with food

[1]xiāngbīng 乡兵[鄉-] N. village militia M: ge/[1]míng

[2]xiāngbīng 厢兵[廂-] N. <hist.> Tang and Song garrison troops

xiāngbǐng 香饼 N. tasty baked flat bread M: [2]kuài

xiāngbìng* 相并[-並] V. abreast; side by side

xiāngbīnjiǔ 香槟酒[-檳-] N. <loan> champagne M: píng

xiàngbìxūgòu 向壁虚构[-虛構] F.E. make up in one's head; fabricate

xiàngbìxūzào 向壁虚造[--虛-] F.E. make up in one's head; fabricate

xiāngbō* 香波 N. <loan> shampoo

xiāngbó 相搏 ATTR. close

xiāngbōbo(r) 香饽饽(儿) N. <coll.> a person who is liked best; a favorite

xiāng bózhòng 相伯仲 F.E. be much the same

xiāngbǔ* 镶补[-補] V. make a decorative square patch on a mandarin gown

xiángbù 翔步 V. pace about (in the room); walk with slow, regular steps ♦N. sth. that can be done slowly

xiàngbù 项部 N. neck

xiǎngbuchū 想不出 R.V. can't think of (an answer/idea/etc.)

xiǎngbudào 想不到 R.V. unable to anticipate ~ *zài zhèlǐ kànjian nǐ.* Fancy seeing you here!

xiǎngbukāi 想不开[-開] R.V. ① take to heart ② look on the dark side

xiǎngbuqǐ 想不起 R.V. can't recall/remember

xiǎngbuqīngchǔ 想不清楚 R.V. can't think clearly

xiǎngbutōng 想不通 R.V. can't follow the reasoning

xiǎngbutòu 想不透 R.V. can't think through sth.

xiāngcài* 香菜 N. ① coriander ② parsley

Xiāngcài 湘菜 N. Hunan cuisine

xiāngcǎo(r) 香草(儿) N. ① <bot.> sweetgrass ② vanilla ③ Chinese coriander

xiāngcǎojīng 香草精 N. ① vanillon ② vanilla extract

xiāngcǎoměirén 香草美人 ID. loyal vassal and his lord

xiàngcè 相册[-冊] N. photo album M: [1]běn

xiāngchá 香茶 N. ① scented tea ② jasmine tea

[1]xiāngchà* 相差 V. differ

[2]xiāngchà 香刹[-刹] N. Buddhist temple

xiángchá 详察/查 V. examine/investigate in detail

xiàngchā 像差 N. <phy.> aberration

xiāngchāng 香菖 N. orris

xiāngcháng(r)* 香肠(儿)[-腸-] N. sausage M: [1]tiáo/[2]gēn

xiāngcháo 香巢 N. <derog.> ① secret love nest ② brothel

xiǎngchár 想碴儿 V.O. <topo.> think of an excuse/way/etc.

xiāngchàwújǐ 相差无几 F.E. ① not much difference between (the two) ② about equal

xiāngchàxuánshū 相差悬殊[--懸-] F.E. huge discrepancy

xiǎngchè 响彻[響徹] V. reverberate through

xiāngchēbǎomǎ 香车宝马[--寶-] ID. beautiful carriage of women

xiǎngchèjiǔxiāo 响彻九霄[響徹-] F.E. echo to the sky

[1]xiāngchèn* 相称[-稱] S.V. match; suit; agree; correspond; fit *See also xiāngchēng*

[2]xiāngchèn 镶衬[-襯] N. lining (of clothing)

xiàngchén 向晨 N. just before dawn

xiāngchēng* 相称[-稱] V. ① address each other (as) ② come to an agreement ③ be suitable/proper/appropriate *See also [1]xiāngchèn*

[1]xiāngchéng 相承 V. ① carry/pass on ② entrust

[2]xiāngchéng 相成 S.V. complement/supplement each other

[3]xiāngchéng 香橙 N. fragrant citrus; orange M: ge/[2]zhī

[4]xiāngchéng 相乘 V. <math.> multiply

xiángchéng 详呈 V. submit in detail

xiāngchèn zhǐbǎn 箱衬纸板[-襯--] N. gusset felt M: [2]kuài

xiǎngchèsìfāng 响彻四方[響徹-] F.E. resound in all directions

xiǎngchèyúnxiāo 响彻云霄[響徹雲-] F.E. ① soaring (of sound) ② resounding through the skies

xiāngchí* 相持 V. ① lock horns ② be locked in stalemate

xiāngchì 相斥 V. mutually repel

xiāngchíbùjué 相持不决[-決] F.E. be locked in a stalemate

xiāngchíbùxià 相持不下 F.E. be stalemated

xiàngchǐfénshēn 象齿焚身[-齒--] F.E. ① having power/wealth may be dangerous ② Wealth brings woe.

xiāngchízhì 相持秩 N. tied rank

xiàngchóng 橡虫[-蟲] N. oak worm M: ge/[2]zhī

xiāngchóngxìng 相重性 N. multiplicity

xiāngchóu* 乡愁[鄉-] N. nostalgia; homesickness

xiāng-chòu 香臭 N. good and bad

xiāngchòubùbiàn 香臭不辨 F.E. can't tell stench from perfume

xiāngchòubùfēn 香臭不分 F.E. ① unable to tell good from bad ② can't tell stench from perfume

xiāngchóumǎncháng 乡愁满肠[鄉-腸] F.E. be overcome with homesickness

xiāngchú 相除 V. <math.> be divided by

xiāngchǔ* 相处[-處] V. ① get along (with one another) *Tā hěn hǎo ~.* He's easy to get along with. ② live together

xiǎngchū 想出 R.V. come up with (an idea/etc.); think out/up

xiāngchuán* 相传[-傳] V.P. tradition has it that. . .; according to legend/tradition ♦V. hand down or pass on from one to another

xiāngchuàn 香串 N. prayer beads made of fragrant material

xiàngchuáng 象床 N. bed adorned with ivory M: [1]zhāng

xiǎngchūlai 想出来 R.V. think out/up

xiāngchūn* 香椿 N. <bot.> Chinese toon M: [2]kē

xiāngchún 香醇 S.V. savory and mellow (of tastes)

xiāngchūnshù 香椿树[-樹] N. fragrant cedar M: [2]kē

xiāngchūntóu 香椿头 N. cedar shoot

xiāngcìbǎi 香刺柏 N. incense juniper

xiāngcù 香醋 N. aromatic vinegar M: píng

xiǎngcuì 响脆[響-] S.V. crisp

xiāngcūn 乡村[鄉-] N. village; countryside; rural area

xiāngcūnfú 乡村服[鄉-] N. country-style clothes M: [2]jiàn

xiāngcūnhuà 乡村化[鄉-] V. ① countrify ② localize

xiāngcūn shèqū 乡村社区[鄉-區] P.W. village community

xiāngcūn xuéxiào 乡村学校[鄉-] P.W. rural school M: [1]jiā/[1]suǒ

xiāngcūn yīnyuè 乡村音乐[鄉-樂] N. <loan> country music

xiǎngcuò 想错 R.V. think wrongly

xiāngdǎ 相打 V. have a fight

xiǎngdǎ* 想打 V. <comp.> think-type (vs. copy-type); type out as one thinks

[1]xiāngdài 相待 V. treat

[2]xiāngdài(r) 香袋(儿) N. scent-holder; sachet (of perfume) M: ge/[2]zhī

xiāngdàirúbīn 相待如宾[-賓] F.E. respect each other like guests

xiāngdàiyǐlǐ 相待以礼[-禮] F.E. treat each other with respect

xiángdān 详单 N. specifications; detailed list

xiǎngdān* 饷单 N. receipt for duty paid

xiāngdāng* 相当[-當] V.P. ① match; balance; correspond to; be equal to; be equivalent ② suitable; fit; appropriate ♦ADV. quite; fairly; considerably

xiāngdǎng 乡党[鄉黨] N. <wr.> ① fellow villager/townsman ② village communities

xiǎngdāngdāng 响当当[響當當] R.F. ① loud ② outstanding; famous

xiàngdangr 向当儿[-當-] N. <topo.> goal; purpose

xiǎngdāngrán 想当然[-當-] V.P. take for granted

xiāngdāngyú 相当于[-當於] V.P. be equal/equivalent to

xiāngdào 香稻 N. rice (term used in poetry)

xiǎngdǎo 响导[響導] N. guide

xiǎngdào* 想到 R.V. ① think of; call to mind *Wǒ ~ le yīge zhǔyi.* An idea has occurred to me. ② expect sth. to happen

xiàngdǎo 向导[-導] N. guide M: ge/[1]míng/[2]wèi ♦V. act as a guide

xiàngdào 巷道 N. ① alley ② tunnel M: [1]tiáo *See also hàngdào*

xiàngdǎo gōngsī 向导公司[-導--] P.W. tour-guide company M: [1]jiā

xiāngdàomǐ 香稻米 N. a pinkish (high-quality) rice

xiàngdǎoyuán 向导员[-導-] N. guide M: ge/[1]míng/[2]wèi

xiāngdǎxiāngmà 相打相骂[-罵] F.E. fight and insult each other

xiāngdé 相得 V.P. <wr.> get along well

xiǎng de chūshén 想得出神 V.P. be lost in thought

xiǎngdedào 想得到 R.V. think; imagine; expect (usu. in rhetorical questions)

xiǎngdekāi 想得开[-開] R.V. take philosophically

xiāngdēng 香灯[-燈] N. incense sticks and lamps burning on an altar

xiāngděng* 相等 V.P. be equal ♦N. equivalent

xiǎngdeqǐlai 想得起来 R.V. be able to recall

xiǎng de yàomìng 想得要命 V.P. want to do or get sth. very badly

xiāngdéyìzhāng 相得益彰 F.E. each shines more brilliantly in the other's company

[1]xiāngdǐ* 相抵 V. offset; balance; counterbalance

[2]xiāngdǐ 箱底 N. ① bottom of a chest ② stored valuables

xiāngdì 乡弟[鄉-] N. younger person of one's native place

xiángdí 降敌[-敵] V.O. surrender to the enemy ♦N. enemy who has surrendered

xiāngdiàn* 香殿 P.W. ① <Budd.> temple ② hall where solemn rituals are held M: [4]zuò

xiǎngdiàn 享殿 P.W. sanctuary where ancestors/deities are worshiped M: [4]zuò

xiāngdiànyā 相电压[-電壓] N. <elec.> start voltage

X

xiǎng diǎnzi 想点子[-點-] V.O. <coll.> think up ideas or ways of doing sth.

xiāngdié qūjiān 相叠区间[-疊區-] N. intervals overlapping one another

xiāngdǐjiǎnxiàng 相抵减项[--減-] N. <acct.> offsetting deductions

xiāngdīng 乡丁[鄉-] N. <trad.> township-government servant M: ge/[1]míng

xiāngdǐr 箱底儿 N. minor actors and actresses in a dramatic troupe

xiǎngdong(r)* 响动(儿)[響動-] N. slight sound (of sth. astir)

xiàngdōng 向东 V.P./ADV. eastward

xiāngdòu 相斗[-鬥] V. fight each other

xiāngdòuhuār 香豆花儿 N. sweet pea

xiāngdù 相度 V. <wr.> size up each other

xiángdú 详读[-讀] V. read intensively/carefully

xiǎngdù* 响度[響-] N. ① <lg.> sonority; resonance ② <phy.> loudness; volume

xiāngduì 相对[-對] V.P. be opposite; be face to face ♦ATTR./ADV. ① relative ② corresponding; alternate

xiāngduì cílèi 相对词类[-對-類] N. <lg.> converse term

xiāngduì gāodù 相对高度[-對--] N. relative altitude/height

xiāngduì jiàgé 相对价格[-對價-] N. relative price

xiāngduì jījīn 相对基金[-對--] N. counterpart fund

xiāngduì lái shuō 相对来说[-對--]V.P. relatively speaking

xiāngduìlùn 相对论[-對-] N. <phy.> theory of relativity

xiāngduìmòrán 相对默然[-對--] F.E. confront each other in silence

xiāngduì niándài 相对年代[-對--] N. <archeo.> relative date

xiāngduìshì 相对式[-對-] N. relative type

xiāngduì shīdù 相对湿度[-對濕-] N. relative humidity

xiāngduì tóngyìcí 相对同义词[-對-義-] N. <lg.> relative synonym

xiāngduì wùchā 相对误差[-對--] N. <math.> relative error

xiāngduìwúyán 相对无言[-對--] F.E. fall silent with each other

xiāngduì xiàonéng 相对效能[-對--] N. relative efficiency

xiāngduìxìng 相对性[-對-] N. relativity

xiāngduì xíngróngcí 相对形容词[-對---] N. <lg.> scalar adjective

xiāngduì yīngāo 相对音高[-對--] N. <lg.> relative pitch

xiāngduì zhànghù 相对帐户[-對--] N. <acct.> reciprocal account

xiāngduì zhēnlǐ 相对真理[-對--] N. <phil.> relative truth

xiāngduìzhí 相对值[-對-] N. relative value

xiāngduìzhǔyì 相对主义[-對-義] N. <phil.> relativism

xiāngdūn 香墩 N. wooden/clay censer to hold incense sticks

xiāngdùn jué 香盾蕨 N. fragrant cliff/wood fern M: [2]kē

xián'gē 弦歌 V./N. <mus.> ① sing to string accompaniment ② means of education

xián'gēbùchuò 弦歌不辍 F.E. Learning never ends.

xiàngěi 献给[獻-] V. present to (sb. superior/respected)

xiāngēn 仙根 N. predetermined possibility of becoming an immortal

xiāng'ěr* 香饵 N. bait (lit./fig.)

xiàng'ěr 向迩[-邇] V. approach

xiāng'ěrdiào'áo 香饵钓鳌 F.E. hook a fish with tempting bait

xiǎng'èxíngyún 响遏行云[響-雲] F.E. loud enough to stop the passing clouds

xiǎngfa 想法 N. idea; opinion; view [2]àn wǒ de ~ in my opinion *See also* xiǎngfǎ

xiǎngfǎ* 想法 V.O. think of a way; do what one can; try ♦N. <lg.> notion *See also* xiǎngfa

xiàngfǎ 相法 N. physiognomy

xiāngfán 相烦 V. <wr.> trouble/bother you

xiāngfǎn* 相反 V.P. opposite; contrary; reverse ***àn ~ de cìxù*** in reverse order ♦ADV. on the contrary

xiāngfǎncí 相反词 N. antonym

xiāngfáng* 厢房[廂-] N. wing of a house; wing-room

xiāngfǎng 相仿 V. be similar; be more or less same

xiǎngfáng 响房[響-] N. <trad.> playing music and drums in front of the bridal chamber on the wedding day

xiāngfāngnóngyù 香芳浓郁[--濃-] F.E. has a heavy fragrance

xiǎngfāngshèfǎ 想方设法 F.E. do everything possible; try every means

xiāngfǎnxiāngchéng 相反相成 F.E. be both opposite and complementary to each other

xiàng fǎyuàn shēnsù 向法院申诉 V.P. file a claim in court

xiǎng fǎzi 想法子 V.O. devise means; think of a scheme; contrive

xiāngfěi 香榧 N. <bot.> Chinese torreya M: [1]kē

xiāng féizào 香肥皂 N. scented soap M: [2]kuài

xiāngfēizhú 湘妃竹 N. mottled bamboo M: [4]zhī/[2]gēn

xiāngfěizi 香榧子 N. Chinese torreya nut M: [1]kē/ge/[3]lì

xiāngfěn* 香粉 N. face powder M: [1]bāo

xiāngfen 香分 N. cash contributions by worshipers to a temple

[1]**xiāngfēng** 乡风[鄉-] N. ① local customs ② folklore

[2]**xiāngfēng** 香风 N. ① fragrant wind M: [1]zhèn ② decadent life style

[3]**xiāngfēng** 箱蜂 N. hive bee

[4]**xiāngfēng** 香枫 N. sweet gum M: [2]kē

xiāngféng* 相逢 V. meet (by chance); come across

xiàngfēng 向风 V.O. flock toward ♦ADV. windward

xiāngfēngcǎo 香蜂草 N. horsemint

xiāngfēngdǒuyè 香风斗叶[-葉] N. winter heliotrope

xiāngfēngfúfú 香风拂拂 F.E. The winds wafted waves of fragrance (to somebody).

xiāngfēnghuā 香风花 N. sweet mary M: [2]duǒ

xiàngfēngmiàn 向风面 N. windward side

xiāngfēngniǎo 相风鸟 N. <trad.> weathercock M: [2]zhī

xiàngfēngzhēn 向风针 N. weather vane

xiāngfěnzhīzī 香粉之资 N. woman's pin money M: [2]bǐ

[1]**xiāngfú** 相符 V. conform to; tally/agree with; correspond to/with

[2]**xiāngfú** 相扶 V. help each other

xiāngfù 香附 N. nutgrass flatsedge rhizome; flatsedge tuber

[1]**xiángfú** 降伏 V. vanquish; tame

[2]**xiángfú** 降服 V. yield; surrender *See also* [3]jiàngfú

xiángfù 降附 V. yield; surrender

xiǎngfú* 享福 V.O. enjoy a life of ease and comfort

xiàngfū 象夫 N. mahout

[1]**xiàngfú** 像幅 N. film size; photograph size; plate size

[2]**xiàngfú** 象符 N. icon

xiàngfǔ 相府 N. ① influential courtier's mansion ② prime minister's residence

xiāngfǔ'érxíng 相辅而行 F.E. go together; be complementary

xiāngfùfù 香馥馥 R.F. richly fragrant

xiāngfūjiàozǐ 相夫教子 F.E. assist one's husband and educate the children (of a virtuous woman)

Xiāngfūrén 湘夫人 N. nymph of the Xiang River

xiāngfúróng 香芙蓉 N. sweetsultan

xiāngfǔ shāngpǐn 相辅商品 N. complementary goods

xiāngfǔxiāngchéng 相辅相成 F.E. complement each other

xiǎngfǔyīn 响辅音[響-] N. <lg.> sonorous consonant

xiāngfùzi 香附子 N. <Ch. med.> rhizome of nutgrass flatsedge

[1]**xiānggān** 相干 V. have to do with; be concerned with ***Zhè shì yǔ wǒ bù ~.*** This has nothing to do with me. ♦V.P. <phy.> coherent ♦N. relevance ♦ATTR. relevant

[2]**xiānggān(r)** 香干(儿)[-乾-] N. smoked bean-curd M: [2]kuài

[3]**xiānggān** 香柑 N. bergamot; bergamot orange M: ge/[2]zhī

xiānggān de liánjiē 相干的联结[---聯-] N. <lg.> relevant association

Xiāng Gǎng 香港 P.W. Hong Kong

Xiānggǎng jiǎo 香港脚[-腳] N. <coll.> Hong Kong foot; athlete's foot

Xiānggǎng Zhōngshěn Fǎyuàn 香港终审法院[---審--] P.W. Hong Kong Court of Final Appeal

xiānggānxìng 相干性 N. <phy.> coherence; coherency

xiānggāo 香膏 N. pomade; balsams

xiānggào* 相告 V. inform/tell you ***shíhuà ~*** to tell you the truth

[1]**xiānggé** 相隔 V. ① be separated by; be apart; be at a distance of ***Liǎng cūn ~ bùdào wǔ lǐ.*** The two villages are less than 5 *lǐ* apart. ② after a lapse of ***~ jīn yī fēnzhōng*** only a minute later

[2]**xiānggé** 香阁 N. ① <trad.> boudoir ② <Budd.> temple

xiānggé bùjiǔ 相隔不久 V.P. soon afterward; before long

xiānggé duōnián 相隔多年 V.P. after a lapse of many years

xiānggé gōngzuò 镶格工作 N. panel work

xiānggēn* 相跟 ADV. <coll.> along with; in company of

Xiānggēn 箱根 P.W. Hakone (Jp.)

xiānggēncǎo 香根草 N. <bot.> vetiver

xiānggé qiānshān-wànshuǐ 相隔千山万水[----萬-] F.E. be separated by numerous rivers and mountains

xiàng ge rénr sìde 象个人儿似的[-個----] V.P. <coll.> well-behaved; mannerly

xiàng ge rényàngr 像个人样儿[-個-樣-] V.P. <coll.> be like a decent person

xiānggōng 镶工 N. craftsman engaged in fixing insets on jewelry

xiànggong* 相公 N. ① premier ② young gentleman (term common in operas and old novels) ③ <slang> catamite ④ mahjongg player disqualified by unintentionally taking in the wrong number of dominoes ⑤ <trad.> wife's term of address for her husband *See also* xiànggōng

xiànggōng 相公 N. His Excellency the minister of state *See also* xiànggong

xiānggōngsuǒ 乡公所[鄉--] P.W. administrative office for a group of villages

xiànggōng tángzi 相公堂子 N. house of pederasts

xiānggū* 香菇 N. mushrooms grown on logs; shiitake M: ge/[2]zhī

xiānggù 相顾[-顧] V. ① observe each other ② look at/after each other

xiànggū 像姑 N. <trad.> male prostitute or banquet entertainer

xiāngguā(r) 香瓜(儿) N. muskmelon M: ge/[2]zhī/[1]tiáo

[1]**xiāngguān*** 相关[-關] N./ATTR. correlation; relative ♦V.P. be interrelated

[2]**xiāngguān** 乡关[鄉關] N. <wr.> native place

xiāngguàn 乡贯[鄉-] N. place of family origin

xiàngguǎn 象管 N. ivory tube for holding a writing brush

xiāngguān duìděng liánjiēcí 相关对等连接词[-關對----] N. <*lg.*> compound/paired coordinator
xiángguāng 祥光 N. aura
xiāngguān guānxi 相关关系[-關關係] N. correlation
xiàngguāngxìng 向光性 N. <*bio.*> phototropism
xiāngguānshì 相关式[-關-] N. correlation type
xiāngguàntǐ 相贯体[-體] N. intersecting body
xiāngguān xìjié 相关细节[-關-節] N. pertinent details
xiāngguānxìng 相关性[-關-] N. relevance; correlation
xiāngguān xìshù 相关系数[-關係數] N. <*math.*> correlation
xiǎnggǔ bùyòng zhòngchuí 响鼓不用重锤[響-] ID. A word to the wise is sufficient.
xiānggù'érxiào 相顾而笑[-顧--] F.E. They both laughed, looking into each other's eyes.
^{1}**xiāngguī** 箱龟[-龜] N. box tortoise; box turtle M: ^{2}*zhī*
^{2}**xiāngguī** 香闺 N. <*trad.*> lady's bedchamber
xiāngguì* 箱柜[-櫃] N. chest; trunk; cabinet
xiángguì 翔贵 V. <*wr.*> soar (of prices)
xiāngguī-mínyuē 乡规民约[鄉-] N. rules set by villagers
xiāngguītiánjìng 香闺恬静[-靜] F.E. A lady's/girl's chamber/bedroom is tranquil.
xiāngguīxiùgé 香闺秀阁 F.E. a lady's chamber
xiāngguīyǐshàn 相规以善 F.E. persuade sb. to take the good path
xiāngguó 乡国[鄉國] N. one's native place
xiǎngguó 享国[-國] N. the number of years of an emperor's reign
xiàngguó* 相国[-國] N. <*hist.*> prime minister (during Zhou)
xiāngguǒzhī 香果脂 N. <*Ch. med.*> spicebush oil; Oleum Linderae
xiānggùshīsè 相顾失色[-顧--] F.E. stare aghast at each other; look at each other in dismay
xiānggùyīxiào 相顾一笑[-顧--] F.E. smile at each other knowingly
xiànghǎi 向海 V.P./ADV. seaward
xiànghǎi jièxiàn 向海界限 N. seaward boundary/limit
xiánghán 详函 N. detailed letter
xiānghāo 香蒿 N. fragrant herbaceous plant with small flowers and feather-like leaves
xiāngháo 乡豪[鄉-] N. village tyrant
xiānghǎo* 相好 V. ① be on intimate terms ② have an affair with ♦N. ① intimate friend ② lover; mistress
xiānghǎo de 相好的 N. <*coll.*> ① mistress; paramour; lover ② intimate friend
xiāngháolièshēn 乡豪劣绅[鄉-] F.E. village bullies and local tyrants
xiānghé 相合 V.P. ① conform; coincide ② be consistent
xiánghé* 祥和 S.V. ① affable; kind; benign ② happy and auspicious
xiānghébāo 香荷包 N. fragrant sachet M: *ge*/^{2}*zhī*
xiànghòu 向后 ADV. backward; rearward; toward the back/rear; aback
xiànghòuzhuǎn 向后转[-後轉] INTJ. About turn!; About face!
xiānghú 香糊 N. fragrant paste
^{1}**xiānghù*** 相互 ADV. mutually; reciprocally
^{2}**xiānghù** 乡户[鄉-] N. village resident/population
xiànghù 象笏 N. <*trad.*> ivory tablet held before the breast in a ceremony/audience
xiānghuā* 香花 N. ① fragrant flower ② artistic work beneficial to the masses
xiānghuà 香化 N. sweetening treatment
xiànghuà 像/象话 S.V. reasonable; proper; right *Nǐ tiāntiān chídào, ~ ma?* Aren't you ashamed to come late every day?
xiānghuādúcǎo 香花毒草 F.E. fragrant flowers and poisonous weeds
xiānghuāgòngyǎng 香花供养[-養] F.E. offering sacrifice with fragrant flowers
xiānghuàn* 乡宦[鄉-] N. <*trad.*> village gentry who have held official positions
xiànghuán 象环[-環] N. ivory ring
xiǎnghuáng tuóluó 响簧陀螺[響-] N. humming top
xiānghùchéngduì 相互承兑 F.E. mutual acceptance
xiānghù chǔxù yínháng 相互储蓄银行 N. mutual savings bank M: ^{1}*jiā*
xiānghùcí 相互词 N. <*lg.*> reciprocal term
xiānghù dàicí 相互代词 N. reciprocal pronoun
xiānghù dàimíngcí 相互代名词 N. <*lg.*> reciprocal pronoun
xiānghù dàixiāo 相互代销 N. reciprocal consignment
xiānghù de shìyìng 相互的适应[-適應] N. ① concord ② congruence
xiānghù dòngcí 相互动词[--動-] N. <*lg.*> reciprocal verb
xiānghù gòumǎi 相互购买[--購買] N. reciprocal buying
xiānghù guānlián 相互关联[-關聯] V.P. correlate (with; to); correlative
xiānghù guānxi 相互关系[-關係] N. ① mutual relation; correlation ② interrelation ③ <*lg.*> reference; relationship
xiānghuī 香灰 N. incense ash
xiānghuǐ 相悔 N. <*Ch. med.*> violation of normal relations
^{1}**xiānghuì*** 相会 V. meet together; meet each other
^{2}**xiānghuì** 香会 N. ① temple gatherings for religious activities ② a company of Buddhist pilgrims
^{3}**xiānghuì** 乡会[鄉-] N. village organization
xiànghuì 向晦 ADV. toward dusk
xiàng huíshìr 像回事儿 V.O. <*coll.*> be just like the real thing
xiānghùjiān 相互间 ADV. among themselves
xiānghùjiān bǔchōng 相互间补充[---補-] N. complementation
xiānghù jiāojì gōngnéng 相互交际功能[---際--] N. <*lg.*> interactional function
xiānghù liàngjiě 相互谅解 N. mutual understanding
xiānghù lǐjiědù 相互理解度 N. mutual intelligibility
xiǎnghúlu 响葫芦[響-蘆] N. maraca
xiānghùlùqiāng 相互戮戕 F.E. cut one another's throats
^{1}**xiānghuǒ*** 香火 N. ① burning incense (at temple) ② temple attendant in charge of burning incense ③ ancestral sacrifices ④ burning joss sticks, incense coil, etc.
^{2}**xiānghuǒ** 相火 N. <*Ch. med.*> minister fire
xiànghuǒ 向火 V.O. <*topo.*> warm oneself before a fire
xiānghuǒbùjué 香火不绝[-絕] F.E. an endless stream of pilgrims
xiānghuǒ dìxiong 香火弟兄 N. sworn brothers
xiànghuǒqǐ(r) 向火乞(儿) N. a hanger-on of the powerful
xiànghuǒ qǐ'ér 向火乞儿 N. a hanger-on of glory; snob
xiānghuǒqíng 香火情 N. sworn love between a man and a woman
xiānghuǒshènshèng 香火甚盛 F.E. have many worshippers (of a temple)
xiānghuǒ xiōng-dì 香火兄弟 N. sworn brothers
xiānghuǒ yīnyuán 香火因缘 N. ① brotherhood based on an oath made in one's previous life ② deep mental accord between friends
xiānghùqīngyà 相互倾轧 F.E. try to do each other down
xiānghùtáijià 相互抬价[-價] F.E. outbid each other
xiānghù tónghuà 相互同化 N. <*lg.*> reciprocal assimilation
xiānghùwéiyòng 相互为用 F.E. reinforce each other
xiānghù xūqiú 相互需求 N. reciprocal demands
xiānghù yǐngxiǎng 相互影响[-響] V.P. ① influence each other ② interact
xiānghù yǐngxiǎng guòchéng fēnxi 相互影响过程分析[---響----] N. <*lg.*> interaction process analysis
xiānghù zhījiān 相互之间 N. between each other
xiānghù zuòyòng 相互作用 V.P./N. interact
xiānghù zuòyòng fēnxi 相互作用分析 N. <*lg.*> interaction analysis
xiānghù zuòyòng gōngnéng 相互作用功能 N. <*lg.*> interactional function
xiānghù zuòyòng shíjiān 相互作用时间[----時-] N. <*lg.*> interactive time
xiāngjī 相机 F.E. at an opportune moment; according to the circumstances *See also xiàngjī*
xiāngjì* 相继[-繼] ADV. in succession; one after another
xiángjí 翔集 V. gather the essence from many sources
xiàngjī 相机 N. camera M: ^{1}*jià*/^{1}*tái*/*ge*/^{2}*zhī* ♦V.O. watch for a good chance for action *See also xiāngjī*
xiāngjiā 相加 V. add together
xiángjiā 详加 V. handle carefully/thoroughly
xiǎngjiā* 想家 V.O./S.V. be homesick
xiāngjiālán 香荚兰[-莢蘭] N. vanilla
xiāngjiān* 乡间[鄉-] N. village; country
^{1}**xiāngjiàn** 相见 V. meet (in person)
^{2}**xiāngjiàn** 相间 ADV. alternate with ♦V.P. sow discord
xiángjiǎn 详检 N. thorough check
xiángjiàn 详见 F.E. for details see ~ *fùlù*. For details, see the appendix.
^{1}**xiǎngjiàn** 想见 V. ① infer; gather ② visualize ♦N. visualization
^{2}**xiǎngjiàn** 响箭[響-] N. whistling arrow (used as a signal) M: ^{4}*zhī*
xiàngjiǎn 象简 N. ivory tablet held before the breast in a ceremony/audience
xiāngjiān biéshù 乡间别墅[鄉-] P.W. country villa M: ^{4}*zuò*
xiángjiànfùlù 详见附录[-錄] F.E. See the appendix for details
xiāngjiāng 相将[-將] ADV. together; both
Xiāng Jiāng* 湘江 P.W. Xiangjiang (river in Hunan)
xiángjiàng 降将[-將] N. general who has surrendered M: *ge*/^{1}*míng*
xiàngjiāng 橡浆[-漿] N. rubber latex
xiāngjiānhéjí 相煎何急 ID. We're all in this together, so why squabble?
xiāngjiànhènwǎn 相见恨晚 F.E. regret not knowing sb. before
xiāngjiāntàijí 相煎太急 ID. no love lost between them
^{1}**xiāngjiāo** 香蕉 N. banana M: ^{2}*zhī*/^{1}*chuàn*
^{2}**xiāngjiāo** 相交 V. ① intersect ② make friends with
^{3}**xiāngjiāo** 香胶[-膠] N. balsam
xiāngjiào 相较 V.P. compare with
xiàngjiāo* 橡胶[-膠] N. rubber
xiàngjiǎo 相角 N. stiff triangular holders for photographs
^{1}**xiàngjiào** 象轿[-轎] N. howdah; houdah
^{2}**xiàngjiào** 像教 N. <*Budd.*> teaching by symbols and images
Xiàngjiào 象教 N. Buddhism
xiàngjiāocǎo 橡胶草[-膠-] N. <*bot.*> Russian dandelion
xiàngjiāodiǎn 像焦点[-點] N. image focus
xiàngjiǎogǔ 象脚鼓[-腳-] N. <*mus.*> drum shaped like an elephant's leg M: ^{2}*zhī*
xiāngjiāopí 香蕉皮 N. banana peelings M: ^{2}*kuài*
xiāngjiāo píngguǒ 香蕉苹果[--蘋-] N. a species of apple with a banana-like odor M: *ge*/^{2}*zhī*
xiàngjiāo rǔzhī 橡胶乳汁[-膠--] N. latex liquid
xiàngjiāoshù 橡胶树[-膠樹] N. <*bot.*> India rubber tree M: ^{2}*kē*
xiāngjiāoshuǐ 香蕉水 N. <*chem.*> banana oil M: *píng*

xiàngjiāotào 橡胶套[-膠-] N. rubber sheath
xiāngjiāowén 相交纹 N. interlocking patterns
xiāngjiāoyóu 香蕉油 N. ① essential oil ② wormseed oil ③ attar
xiāngjiāoyǒunián 相交有年 F.E. have been friends for years
xiāngjiāoyú 香蕉鱼 N. bonefish M: [1]*tiáo*
xiàngjiāoyuán 橡胶园[-膠園] P.W. plantation of rubber trees M: [4]*zuò*
xiāngjiāoyùnèn 香娇玉嫩[-嬌-] ID. ① tenderness and fragrance of a young woman's body ② woman's beauty
xiàngjiāo zhòngzhíyuán 橡胶种植园[-膠種-園] P.W. rubber plantation M: [4]*zuò*
xiángjiā shuōmíng 详加说明 V.P. explain in detail
xiàngjībiàn 像畸变[-變] N. image distortion
xiāngjìbùjué 相继不绝[-繼-絕] F.E. continue uninterruptedly
xiàngjīchǔyí 相机处宜[--處-] F.E. act at one's own discretion
xiāngjiē* 相接 V. join; meet; connect (with) ♦ATTR. <*lg.*> immediate (constituent)
xiāngjiè 香界 N. <*rel.*> Buddhist temples (collectively)
xiángjiě 详解 V./N. explain in detail
xiāngjiē cízǔ chéngfèn 相接词组成份 N. immediate constituent
xiàngjī'érdòng 相机而动[-動] V.P. bide one's time
xiāngjì'érlái 相继而来[-繼--] F.E. ① one event follows close on another ② arrive in succession
xiāngjì'érqǐ 相继而起[-繼--] F.E. One event follows close on another.
xiāngjì'érwáng 相继而亡[-繼--] F.E. die one after another
xiàngjī'érxíng 相机而行 F.E. act as the circumstances require
xiāngjì'érzhì 相继而至[-繼--] F.E. arrive in succession
xiāngjìjǔxíng 相继举行[-繼舉-] F.E. succeed one another in quick succession
xiāngjīn 镶金 ATTR. gilded
xiāngjìn 相近 S.V. ① be close/near ② be similar to
xiángjīn 祥金 N. ① ancient sacrificial bronzes on which the names of distinguished persons were engraved ② exquisite metal
xiángjìn* 详尽[-盡] S.V. detailed; exhaustive; thorough
xiǎngjìn 想尽[-盡] V. think of every means/etc.
xiǎngjìn bànfǎ 想尽办法[-盡辦-] V.P. leave nothing untried
xiāngjīng* 香精 N. essence; flavor M: *píng*
xiāngjǐng 乡井[鄉-] N. <*wr.*> one's native place
xiāngjīngbóyǒu 相惊伯有[-驚--] F.E. frighten oneself without reason
xiāngjìngrúbīn 相敬如宾[-賓] F.E. treat each other with respect
xiāngjìngxiāng'ài 相敬相爱[-愛] F.E. love and respect (each other)
xiāngjīngyóu 香精油 N. <*Ch. med.*> essential oil M: *píng*
xiǎngjìnhuānlè 享尽欢乐[-盡歡樂] F.E. drink the cup of joy
xiāngjìn liánxiǎng 相近联想[--聯-] N. <*lg.*> association by contiguity
xiángjìnwúyí 详尽无遗[-盡--] F.E. exhaustive; thorough; in minute detail
xiāngjiǔ 香酒 N. fragrant liquor M: *píng*
xiāngjiù* 相救 V. come to sb.'s rescue; save sb. from danger
xiàngjīxíngshì 相机行事 F.E. act as circumstances dictate
xiāngjū 乡居[鄉-] V. live in the countryside
[1]**xiāngjù*** 相聚 V. meet together; assemble
[2]**xiāngjù** 相距 N./V. be apart; be away from
[3]**xiāngjù** 相拒 V. draw apart
[4]**xiāngjù** 乡聚[鄉-] N. village; hamlet
[1]**Xiāngjù** 湘剧[-劇] N. Hunan opera M: [1]*chū*
[2]**Xiāngjù** 芗剧[薌劇] N. local opera popular in Taiwan and southern Fujian M: [1]*chū*
xiàngjù 像距 N. space between pictures
xiāngjūn 厢军[廂-] N. <*hist.*> Tang and Song garrison troops
[1]**Xiāngjūn** 湘军 N. <*hist.*> Hunan army led by Zeng Guofan
[2]**Xiāngjūn** 湘君 N. deity of the Xiang River
xiāngjùn* 香菌 N. (fragrant) mushroom M: [1]*kē*/[2]*duǒ*/[2]*zhī*/*ge*
xiāngjùwújǐ 相聚无几 F.E. be near at hand
xiāngjùyītáng 相聚一堂 F.E. get together (in a hall)
xiǎngkāi 想开[-開] R.V. be resigned to misfortune
xiāngkàn 相看 V. ① look at each other ② appraise each other
xiǎngkàng 响炕[響-] N. brick bed that can be heated from below
[1]**xiāngkè*** 镶刻 V./N. appliqué
[2]**xiāngkè** 香客 N. pilgrim M: *ge*/[1]*míng*
[3]**xiāngkè** 相克[-剋] V.P. be mutually destructive ♦N. <*Ch. med.*> mutual restraint
[1]**xiǎngkè** 飨客[饗-] V.P. <*wr.*> entertain a guest
[2]**xiǎngkè** 饷客 V.P. <*wr.*> entertain a visitor with food and liquor
xiàngkǒu 巷口 N. entrance to a lane
xiàngkuān 巷宽[-寬] N. lane width
xiāngkuàng 镶框 N. trim
xiàngkuàng* 像框 N. frame
xiāngkǔguā 香苦瓜 N. balsam M: *ge*/[1]*tiáo*
xiǎngkuì 饷馈 N. soldier's rations
xiāng-là 香蜡[-蠟] N. ① pomade ② candles and incense
xiāng-làdiàn 香蜡店[-蠟-] N. candle and incense store M: [1]*jiā*
xiānglài 相赖 V. depend on each other
xiǎnglái 想来 V.P. it may be assumed/presumed that
xiànglái* 向来 ADV. always; all along; hitherto; up to now
xiàngláirúcǐ 向来如此 F.E. It has always been so.
xiǎngláixiǎngqù 想来想去 V.P. mull over
xiānglán 香兰[-蘭] N. vanilla
[1]**xiānglǎo(r)** 乡佬(儿)[鄉-] N. <*derog.*> country yokel M: *ge*/[1]*míng*
[2]**xiānglǎo** 乡老[鄉-] N. ① country/village elders ② official rank in the Zhou and Han dynasties
xiāngláojiāniàng 香醪佳酿[-釀] F.E. carnation sauce and sweet fermented spirits
xiānglàzhǐmǎ 香蜡纸马[-蠟--] F.E. materials for worshiping/mourning the dead
xiǎnglè 享乐[-樂] V.O. lead a life of pleasure
xiānglèi 相类[-類] V. be similar
xiǎngléi* 响雷[響-] N. loud thunder; thunderclap ♦V. be thundering
xiǎnglè sīxiǎng 享乐思想[-樂--] N. preoccupation with pleasure-seeking
xiǎnglèzhǔyì 享乐主义[-樂-義] N. ① hedonism ② dilettantism; estheticism
xiānglí 香狸 N. civet M: [2]*zhī*
[1]**xiānglǐ*** 乡里[鄉-] N. ① home village/town ② fellow villager/townsman ③ <*trad.*> my wife
[2]**xiānglǐ** 襄理 N./V. <*trad.*> ① assistant manager (in a bank/etc.) ② help manage/arrange
[3]**xiānglǐ** 襄礼[-禮] <*trad.*> V.O. assist in performing a ceremony at a wedding/funeral/etc. ♦N. assistant master of ceremonies
[1]**xiànglì** 橡栗 N. <*bot.*> ① a kind of oak ② oak chestnuts
[2]**xiànglì** 向例 N. ① custom ② usual practice; convention ♦ADV. according to custom; customarily
[1]**xiānglián*** 相连 V. be linked together; be joined *Liǎng guó shānshuǐ* ~. The two countries are joined by common mountains and rivers.
[2]**xiānglián** 湘帘[-簾] N. a curtain of mottled bamboo
[3]**xiānglián** 香奁[-奩] N. women's toiletries
[4]**xiānglián** 相联[-聯] N. association
Xiānglián 湘莲 N. Hunan lotus seeds
xiàngliàn(r) 项链(儿) N. necklace M: [1]*tiáo*
xiǎngliàng* 响亮[響-] S.V. loud and clear; resounding; resonant; sonorous
xiàngliàng 向量 N. <*math.*> vector
xiǎngliàngdù 响亮度[響-] N. <*lg.*> ① audibility ② sonority
xiàng liǎngjí fēnhuà 向两级分化 V.P. polarize
xiàngliànshì chuánshēngqì 项链式传声器 [---傳聲-] N. lanyard microphone; lavalier microphone
xiāngliánxiàng 相连项 N. contiguous item
xiāngliào 香料 N. ① spice ② perfume
xiāngliàochǎng 香料厂[-廠] P.W. perfumery M: [1]*jiā*
[1]**xiānglín*** 相邻[-鄰] V. adjoin; border on
[2]**xiānglín** 乡邻[鄉鄰] N. inhabitant of the same village
xiánglín 祥麟 N. legendary horse-like animal
xiānglín děngjí 相邻等级[-鄰--] N. adjacent rank
xiānglín dìqū 相邻地区[-鄰-區] P.W. adjoining areas
xiānglíng 襄陵 V. overtop hills (of floods)
xiǎnglíng(r)* 响铃(儿)[響-] N. jingle bell M: *ge*/[2]*zhī*
xiànglǐng 项领 N. ① large neck ② strategic position/place
xiānglín píndào 相邻频道[-鄰--] N. adjacent channel
xiānglínshù 相邻数[-鄰數] N. consecutive numbers
xiānglín xiàoyìng 相邻效应[-鄰-應] N. neighborhood effects
xiānglín xùliè 相邻序列[-鄰--] N. <*lg.*> adjacency pair
xiānglín yǔduì 相邻语对[-鄰-對] N. <*lg.*> adjacency pair
xiāngliú 相留 V. ask to stay longer (of a guest, resigning official, etc.)
xiānglǐxiāngqì 乡里乡气[鄉-鄉氣] R.F. ① of country style; like a bumpkin; rustic ② foolish and clumsy
xiānglǒng 箱笼 N. luggage; baggage
xiànglòng* 巷弄 N. <*topo.*> lane; alley
xiánglóngfúhǔ 降龙伏虎 ID. ① overcome powerful adversaries ② <*Dao.*> conquer one's passions
xiānglú* 香炉[-爐] N. incense burner
xiànglù 向路 N. the original route
xiāngluán 香栾[-欒] N. <*bot.*> pomelo
xiáng-lüè 详略 ATTR. detailed or summary ♦N. details and omissions
xiánglùn 详论 V. discuss exhaustively
xiāngluó 香螺 N. a kind of conch
xiǎngluó* 响螺[響-] N. snail
xiāngluóké 香螺壳[-殼] N. neptune shell
xiāngluópiàn 香螺片 N. edible cartilage of conches
xiàng luòtāngjī 像落汤鸡[-湯雞] V.O. like a drowned rat
xiànglúshù 相颅术[-顱術] N. craniognomy
xiāngmà* 相骂[-罵] V. revile each other; exchange hot words
xiǎngmǎ 响马[響-] N. <*trad.*> mounted bandits
xiàngmǎ 相马 V.O. evaluate a horse by its appearance
xiǎngmǎdǎngyǔ 响马党羽[響-黨-] F.E. those associated with the bandits
xiāngmǎn 镶满 R.V. be inlayed all over with
xiāngmáng 香芒 N. mango
xiāngmáo 香茅 N. <*bot.*> ① citronella ② lemongrass
xiàngmào* 相貌 N. looks; appearance
xiāngmáocǎo 香茅草 N. lemon-grass
xiàngmàofēifán 相貌非凡 F.E. distinguished appearance
xiàngmàokuíwěi 相貌魁伟[-偉] F.E. be a man of stately and prepossessing appearance
xiàngmàopíngpíng 相貌平平 F.E. bland in appearance

X

xiàngmàotángtáng 相貌堂堂 F.E. ① dignified in appearance ② having a majestic bearing

xiàngmàowěisuǒ 相貌猥琐 F.E. have a distasteful appearance

xiāngmáoyóu 香茅油 N. citronella/palmarosa oil

xiāngméi 香莓 N. flowering raspberry; thimbleberry

xiāngměi* 香美 S.V. ① fragrant; pleasant ② delicious

xiángmèng 详梦[-夢] V.O. analyze one's dream (for fortune telling)

xiāng ménhù 相门户 V.O. <coll.> visit the home of one's betrothed to inspect the family

xiàngményǒuxiàng 相门有相 F.E. ① The prime minister is so powerful that he has his own prime minister. ② There are ministers in the home of a statesman

xiāngmì 香密 S.V. very sweet (of taste)

xiángmì* 详密 S.V. elaborate; meticulous

xiāngmiǎn 相勉 V. encourage each other

xiāngmiàn 镶面 N. veneer

xiàngmiàn* 相面 V.O. practice physiognomy

xiàngmiàn xiānshēng 相面先生 N. physiognomist M: ge/[1]míng/[2]wèi

xiāngmín 乡民[鄉-] N. <trad.> villager

xiāngmín dàibiǎo 乡民代表[鄉-] N. village representatives M: ge/[1]míng/[2]wèi

xiāngmín dàibiǎohuì 乡民代表会[鄉-] N. village congress

xiángmíng* 详明 S.V. full and clear

xiàngmíng 向明 N. ① toward daybreak ② the bright side of a house

xiàngmìng 相命 V. tell fortunes ♦N. fortunetelling

xiāngmín shèhuì 乡民社会[鄉-] N. peasant society

xiāngmó 相摩 V. mutual friction

[1]xiāngmò 香墨 N. fragrant ink stick

[2]xiāngmò 乡末[鄉-] PR. <humb.> I; me; myself (used by country people)

xiángmó 降魔 V.O. exorcise demons

xiàngmò* 巷陌 N. <wr.> alley; streets and lanes

xiāngmòshǔ 香墨属[-屬] N. Lepista lentinus

xiàngmóxiàngyàng 像模像样[-樣] F.E. ① presentable ② with an air of importance

xiāngmù 香木 N. incense wood; spicewood

[1]xiàngmù* 项目 N. ① item; article; clause ② project

[2]xiàngmù 向慕 V. adore; admire

[3]xiàngmù 向暮 N. dusk

[4]xiàngmù 橡木 N. oak wood

xiàngmùbiǎo 项目表 N. <comp.> menu M: [1]zhāng

xiàngmù dàikuǎn 项目贷款 N. project loan M: [1]bǐ

xiàngmùdān 项目单 N. <comp.> menu M: [1]zhāng

xiàngmù de fāqǐ 项目的发起[---發-] N. project promotion

xiāngmù dìbǎn 镶木地板 N. parquet floor

xiàngmù fēnxi 项目分析 N. <lg.> item analysis

xiàngmù jīnglǐ 项目经理[--經-] N. project managers M: ge/[1]míng/[2]wèi

xiàngmù nándù 项目难度[--難-] N. <lg> item difficulty

xiàngmù nán-yìdù 项目难易度[--難--] N. <lg.> item facility

xiàngmù qūfēndù 项目区分度[--區--] N. <lg.> item discrimination

xiāngnáng 香囊 N. sachet of perfume M: ge/[2]zhī

xiāngnánmù 香楠木 N. fragrant cedar M: [2]kē

xiàngnèi 向内 ATTR. intro-

xiāngnéng 相能 V. <wr.> be on good terms (usu. used in the negative)

xiāngnián 相黏/粘 V. stick to each other

xiǎngnián 享年 V.O. <court.> die at the age of

xiǎngniàn* 想念 V./S.V. remember with longing; miss sth./sb.

xiàngniǎn 象辇 N. carriage of the empress dowager drawn by an elephant

xiǎngniànqǐ 想念起 R.V. think of (sb./etc.)

xiàngniǎo 象鸟 N. elephant bird M: [2]zhī

xiāngníngméng 香柠檬[-檸-] N. bergamot; bergamot orange

xiāngnóng kěkǒu 香浓可口[-濃--] S.V. aromatic character and agreeable taste

xiàngnú 象奴 N. mahout

xiāngnuòmǐ 香糯米 N. fragrant glutinous rice

xiàngnǚpèifū 相女配夫 F.E. Study your own daughter properly when finding her a husband.

xiāng nǚxu 相女婿 V.O. ① check out a prospective son-in-law ② <coll.> check out a prospective husband

xiāngōng* 仙公 N. ① a male immortal ② a venerable old man

xiǎngōng 险工 N. dangerous section (of a dyke/embankment)

xiángōngfu 闲工夫 N. leisure time

xiāngōnghòusī 先公后私[--後-] F.E. Public interest comes before private/personal interests.

xiàngōnglù 县公路[縣-] N. county road M: [1]tiáo

xiàngòu 现购[-購] N. <acct.> cash purchase

xiàngòu fāpiào 现购发票[-購發-] N. <acct.> cash invoices M: [1]zhāng

xiàngòuzìyùn 现购自运[-購-運] F.E. cash-and-carry

xiǎngpái 响排[響-] N. <thea.> rehearsal with orchestral accompaniment

xiàngpái* 像牌 N. medallion

xiángpánxìchá 详盘细查[-盤--] F.E. subject somebody to a searching cross-examination

xiāngpào 香泡 N. <bot.> pomelo

xiāngpéi 相陪 V. keep company with; be a companion to

xiāngpèi* 相配 S.V. match; fit

xiāngpèixìng 相配性 N. compatibility

xiāngpèng 相碰 V. run into each other; collide

xiāngpēnpēn(r) 香喷喷(儿) R.F. ① sweet-smelling ② savory; appetizing

xiāngpì 乡僻[鄉-] ATTR. far from town; out in the sticks

xiǎngpí 响皮[響-] N. deep-fried pig skin

[1]xiàngpí* 橡皮 N. ① rubber ② eraser M: [2]kuài

[2]xiàngpí 象皮 N. ① elephant skin ② rubber ③ eraser

xiāngpiàn 香片 N. scented/jasmine tea

xiàngpiān(r)* 相/像片(儿) N. <coll.> photograph; photo M: [1]zhāng

xiàngpiànbù 像片簿 N. photo album M: [1]běn

xiāngpiànchá 香片茶 N. jasmine tea M: bēi/[1]bāo

xiāngpiǎo 缃缥 N. simple, light-yellow clothes

xiàngpíbǎn 橡皮版 N. <print.> rubber plate M: [2]kuài

xiàngpíbìng 象皮病 N. <med.> elephantiasis

xiàngpícā 橡皮擦 N. eraser M: [2]kuài

xiàngpíchuán 橡皮船 N. rubber boat M: [1]tiáo/[1]sōu

xiàngpídài 橡皮带[-帶] N. rubber tire M: [1]tiáo/[2]gēn

xiàngpídǐ(r/zi) 橡皮底(儿/子) N. rubber sole

xiàngpígāo 橡皮膏 N. <med.> adhesive plaster M: [2]kuài

xiàngpíguǎn 橡皮管 N. rubber tube M: [2]gēn

xiàngpí jiāoshuǐ 橡皮胶水[-膠-] N. rubber cement M: píng

xiàngpíjīn 橡皮筋 N. rubber band M: [1]tiáo/[2]gēn

xiàngpí lúnzi 橡皮轮子 N. rubber/gum tire M: ge/[2]zhī

xiāngpìměi 相媲美 F.E. as good as

xiāngpíng 乡评[鄉-] N. reputation of sb. in his native place

xiàngpíngyuànliǎo 向平愿了[--願-] F.E. have one's sons and daughters all married

Xiàng Píng zhī yuàn 向平之愿[-願] N. the marriages of one's sons and daughters

xiàngpíní 橡皮泥 N. playdough

xiàngpíquān(r) 橡皮圈(儿) N. ①rubber life belt ② rubber band (for holding things together)

xiàngpísè 橡皮塞 N. rubber cork/stopper

xiāngpíshù 香皮树[-樹] N. sassafras M: [2]kē

xiàngpíshù* 橡皮树[-樹] N. <bot.> India rubber tree M: [2]kē

xiàngpí tàoxié 橡皮套鞋 N. galoshes M: [1]shuāng

xiàngpítǐng 橡皮艇 N. pneumatic boat; rubber dinghy M: [1]tiáo/[1]sōu/[2]zhī

xiàngpí túzhāng 橡皮图章[--圖-] N. rubber stamp M: [1]kē/[4]méi/[2]zhī

xiàngpíxiàn 橡皮线 N. rubber-sheathed wire

xiàngpíyú 象皮鱼 N. <zoo.> black scraper M: [1]tiáo

xiàngpízhǐ 象皮纸 N. thick and strong paper for drawing M: [1]zhāng

xiàngpí zǐdàn 橡皮子弹 N. rubber bullet M: [1]kē

xiāngpú 香蒲 N. <bot.> cattail M: [2]kē

xiāngpū* 相扑[-撲] N. ① wrestling ② <Jp.> sumo

xiāngqī 相期 V.O. agree on a non-specific date

xiāngqí 镶旗 N. some of the eight Manchu armies whose banners had colored edges

[1]xiāngqì(r) 香气(儿)[-氣-] N. fragrance; aroma

[2]xiāngqì 乡气[鄉氣] S.V. rustic; countrified; uncouth

[3]xiāngqì 相契 V. <wr.> be in accord; be on friendly terms

xiángqí 降旗 N. flag of surrender; white flag M: [1]miàn *See also* [1]jiàngqí

xiángqì 详气[-氣] N. good omen; propitious sign

[1]xiǎngqǐ* 想起 R.V. remember; recall; think of ***Wǒ xiǎngbuqǐ tā de míngzi.*** I can't think of his name.

[2]xiǎngqǐ 响起[響-] V. start to ring; come out (of sound)

xiǎngqì 响器[響-] N. <mus.> percussion instruments

xiàngqí 象棋 N. Chinese chess

xiāngqian 香钱[-錢] N. money offered to a temple for prayers

xiāngqiàn 镶嵌 V. ①inlay; set; mount ②mosaic; tessellate

xiǎngqián 饷钱[-錢] N. <trad.> soldiers' pay

xiàngqián* 向前 ADV. forward; onward; ahead

xiāngqiáng 相强[-強] V. force sb. to do sth.

xiǎngqiángùhòu 想前顾后[-顧後] F.E. ponder apprehensively

xiāngqiànhuà 镶嵌画[-畫] N. mosaic picture/design; mosaic M: [10]fú

[1]xiàngqián kàn 向前看 V.P. ①Eyes front! ②look forward; be forward-looking

[2]xiàng "qián" kàn 向钱看[-錢-] V.P. be money-grubbing

xiāngqiànmù 镶嵌木 N. inlaid wood M: [2]kuài

xiāngqiàn qīqì 镶嵌漆器 N. <art> inlaid lacquer M: [2]jiàn

xiāngqiàn shǒushìhé 镶嵌首饰盒 N. marquetry trinket box M: ge/[2]zhī

xiàngqián tónghuà 向前同化 N. <lg.> progressive assimilation

xiāngqiàn xìgōng 镶嵌细工 N. inlaid work; marquetry; mosaic

xiāngqiē* 相切 V. ① be tangent (in geometry) ② touch; come into contact

xiāngqiè 箱箧[-篋] N. box; chest

xiāngqìfēnfù 香气芬馥[-氣--] F.E. give off a rare fragrance

[1]xiǎngqǐlai 想起来 R.V. think of; call to mind

[2]xiǎngqǐlai 响起来[響-] R.V. start to ring; come out (of sound)

[1]xiāngqīn* 乡亲[鄉親] N. ① fellow villager/townsman ② local people; villagers; folks

[2]xiāngqīn 相亲[-親] V.P. ① get a look at a prospective spouse before engagement ② be deeply attached to each other

xiāngqín 香芹 N. parsley M: [1]bǎ

xiāngqíng 乡情[鄉-] N. ① affection for one's native place ② provincialism

xiángqíng* 详情 N. detailed information; details; particulars

xiǎngqíng 响晴[響-] V.P. clear and bright (of sky)

xiǎng qīngfú 享清福 V.O. live the life of Riley

xiángqínghòubào 详情后报[-後報] F.E. details to follow.

X

xiángqíngxìjié 详情细节[-節] F.E. the details of a story

xiāngqīnmen 乡亲们[鄉親-] N. folks (village self-address)

xiāngqīnxiāng'ài 相亲相爱[-親-愛] F.E. love each other devotedly

xiāngqīnxiāngjù 相亲相聚[-親--] F.E. come together and love each other

xiāngqìpūbí 香气扑鼻[-氣撲-] F.E. A sweet smell greets the nose

xiàngqíshǒu 象棋手 N. Chinese-chess player M: ge/[1]míng/[2]wèi

xiāngqìsìyì 香气四溢[-氣--] F.E. suffusing an exquisite fragrance all around

xiāngqiú 相求 V. ask for favor/help; entreat

xiàngqízir 象棋子儿 N. Chinese-chess pieces

xiāngqū 乡曲[鄉-] N. <wr.> remote rural area

[1]xiāngqù* 相去 V. ① be apart from one another at a distance of. . . ② differ

[2]xiāngqù 相觑 V. look at each other

xiāngquàn* 相劝[-勸] V. persuade; offer advice

xiàngquān(r) 项圈(儿) N. necklace; neckband

xiàngquán 相权[-權] N. the power of a prime minister

xiāngqùbùyuǎn 相去不远[-遠] F.E. not far from each other

xiàngquè 象阙 N. palace gate

xiāngqùjǐxī 相去几希 F.E. very much the same; of little difference

xiāngqùtiānyuān 相去天渊[-淵] F.E. as far apart as the sky and the sea

xiāngqùwújǐ 相去无几 F.E. about on a par

xiāngqùxuánshū 相去悬殊[--懸-] F.E. be quite different

xiāngqūzhīshì 乡曲之士[鄉-] N. a village schoolmaster; a man of narrow culture

xiāngr 香儿 N. perfume; good odor

[1]xiǎngr 想儿 N. <coll.> hope ***Zhèi shìr méi ~.*** There's no hope in this matter.

[2]xiǎngr 响儿[響-] N. <coll.> noise; sound

xiàngr* 像儿 N. ① person's appearance ② threat to punish

xiāngràng 相让[-讓] V. ① yield ② modestly decline

xiāngrǎo 相扰[-擾] V. ① disturb each other ② <court.> disturb/trouble you ***Duìbuqǐ, ~ le.*** Sorry to have disturbed you.

xiāngrén* 乡人[鄉-] N. ① villager ② fellow villager

xiāngrèn 相认[-認] V. mutually recognize

[1]xiàngrén 相人 V.O. practice physiognomy

[2]xiàngrén 象人 N. <trad.> male figures (artifacts) buried with the dead

xiǎngrénsuǒxiǎng 想人所想 V.P. think what is on others' minds

xiàng rén tǎohǎo 向人讨好 V.P. ingratiate oneself with a person

xiāngrěnwèiguó 相忍为国[-國] F.E. <wr.> make concessions for one's country

xiàng rén xínghuì 向人行贿 V.P. bribe sb.

xiàngrì 向日 <wr.> ADV. ① sunward ② in former days; formerly ♦N. former days

xiàngrìkuí 向日葵 N. sunflower

xiàngrìxìng 向日性 N. <bot.> heliotropism

xiāngróng* 相容 V. ① be compatible with ② be consistent with

xiàngróng 向荣[-榮] V.P. on the road to prosperity; making progress

xiāngróngxìng 相容性 N. compatibility; consistency

xiāngróngxìng yuánsù 相容性元素 N. <chem.> compatible element

xiāngròu 香肉 N. <topo.> dog meat

xiāngròupiànr 香肉片儿 N. rasher of dog meat

xiǎngrùfēifēi 想入非非 F.E. ① indulge in fantasy ② give loose rein to one's fancy

xiángruì 祥瑞 N. propitious sign/omen

xiāngrùn 香润 S.V. fresh and fragrant

xiāngruò 相若 V.P. <wr.> be about the same; be similar/alike

xiāngrúyǐmò 相濡以沫 ID. ① give one's meager resources to help another in time of need ② help each other when both are in humble circumstances

xiàngrúzhīpín 相如之贫 F.E. be desperately poor

xiàngsàn 像散 N. <phys.> astigmatism

[1]xiāngsè 香色 N. fragrance and color

[2]xiāngsè 缃色 N. pale yellow

xiāngshā 相杀[-殺] N. <Ch. med.> mutual-detoxification

xiāngshàn 相善 V.P. on friendly/good terms

xiàngshàn* 向善 V.P. ① do good turns ② be inclined to goodness/charity

xiāngshāng 相商 V. consult

xiàngshàng* 向上 ADV. upward; up ♦V. ① advance; progress ② turn upward ③ strive upward

xiàngshàng pá 向上爬 V.P. ① climb (up) ② be intent on personal advancement

xiàngshàng tiáozhěng 向上调整 N. upward adjustment

Xiàngshān xuépài 象山学派 N. a Song school of philosophy opposed to Zhu Xi

xiǎngshá shuōshá 想啥说啥 V.P. speak straight from the heart; Say your say.

xiàng shàyǒujièshì 像煞有介事 F.E. make a show of being in earnest; pretend to be serious

xiāngshè 乡射[鄉-] N. <trad.> village archery contest

xiāngshèhéyī 乡社合一[鄉-] F.E. <PRC> combine township and commune

xiāngshēn* 乡绅[鄉-] N. country gentlemen; squire

xiángshěn 详审[-審] V. think/consider/examine carefully

xiāngshēng 相生 N. <Ch. med.> mutual engendering

xiángshēng 庠生 N. <trad.> student in a local school

xiǎngsheng(r) 响声(儿)[響聲-] N. sound; noise

xiàngsheng(r)* 相声(儿)[-聲-] N. cross-talk; comic dialogue

[1]xiàngshēng 象声[-聲] N. onomatopoeia

[2]xiàngshēng 像生 N. lifelike imitation

xiàngshēngcí 象声词[-聲-] N. onomatopoeia

xiàngshēng huā-guǒ 像生花果 N. imitation flowers and fruit

xiàngshēngshuō 象声说[-聲-] N. <lg.> sound symbolism

xiāngshēngxiāngkè 相生相克 F.E. mutual promotion and restraint

xiāngshí* 相识[-識] V. be acquainted with each other ♦N. an acquaintance ***lǎo ~*** an old acquaintance

[1]xiāngshì 乡试[鄉-] N. <trad.> triennial provincial civil-service examination

[2]xiāngshì 相视 V. look at each other

[3]xiāngshì 镶饰 N. veneer

[4]xiāngshì 箱式 N. box-type

[5]xiāngshì 香室 P.W. <Budd.> ① room dedicated to Buddha ② temple

[6]xiāngshì 香市 N. a great gathering of Buddhist pilgrims

xiángshí 详/翔实[-實] S.V. full and accurate

xiàngshí 橡实[-實] N. acorn

xiàngshǐ 向使 CONJ. <wr.> if; in case

xiàngshì 相士 N. physiognomist; fortune-teller ♦V.O. appraise a person's latent ability

xiāngshī'àn 箱尸案[-屍-] N. murder case with the victim's body found in a trunk M: [2]jiàn

xiāngshì chēshēn 厢式车身[廂-] N. station wagon

xiàngshí'érdòng 相时而动[-時-動] F.E. bide one's time

xiāngshì'érxiào 相视而笑 F.E. smile at each other

xiāngshì guàchē 厢式挂车[廂-] N. van-type trailer M: [3]liàng

xiāngshìmònì 相视莫逆 F.E. uninterrupted friendship

xiāngshízhú 香石竹 N. <bot.> carnation M: [2]kē

xiāngshǒu 骧首 V.O. raise the head proudly

[1]xiǎngshòu* 享受 V. enjoy ♦N. enjoyment; treat; pleasure

[2]xiǎngshòu 享寿[-壽] ADV. at the age of; aged. . .

xiàngshǒushù 相手术[-術] N. palmistry

xiāngshū 乡书[鄉書] N. letter from home M: [2]fēng

[1]xiāngshú 相熟 V.P. intimately acquainted

[2]xiāngshú 乡塾[鄉-] P.W. <trad.> private village school

xiángshù 详述 V. describe/recount in detail

xiàngshū 相书[-書] N. book on physiognomy

[1]xiàngshù* 橡树[-樹] N. ① rubber tree ② oak tree M: [2]kē

[2]xiàngshù 相术[-術] N. physiognomy

[3]xiàngshù 项数[-數] N. number of terms

[4]xiàngshù 象数[-數] N. in divination, the figures given by the tortoise-shell *xiàng* and the numbers given by the milfoil *shù*

xiāngshuài 相率 ADV. one after another

xiāngshuǐ(r) 香水(儿) N. perfume; scent M: píng

xiāngshuǐhuā 香水花 N. <bot.> (European) rose M: [2]duǒ

xiāngshuǐlí 香水梨 N. a kind of pear M: ge/[1]kē/[2]zhī

xiàngshuǐxìng 向水性 N. <bio.> hydrotropism

xiàngshùjīngshēn 相术精深[-術--] F.E. be very good at physiognomy

xiángshùn 降顺 V. yield and pledge loyalty

xiàngshùzhīxué 象数之学[-數--] N. study of the Eight Trigrams in Book of Changes

[1]xiāngsī 相思 N./V. yearning between lovers

[2]xiāngsī 乡思[鄉-] N. homesickness

xiāngsì* 相似 S.V./V. resemble; be similar/alike ♦N. resemblance

xiǎngsǐ 想死 V./S.V. ① want to die ② want/ miss sth./sb. very badly

xiàngsì 像似 V. it seems; it looks like

xiāngsībìng 相思病 N. lovesickness

xiāngsīcǎo 相思草 N. <bot.> forget-me-not

xiāngsīchánmián 乡思缠绵[鄉-纏-] F.E. be tormented by nostalgia

xiāngsìcí 相似词 N. synonymous phrase; synonym

xiāngsīdòu 相思豆 N. ① <bot.> jequirity bean; love/rosary pea ② ormosia seed

xiāngsìhào 相似号[-號] N. <math.> sign of similarity

xiāngsì liánxiǎng 相似联想[--聯-] N. <lg.> association by similarity

xiāngsīniǎo 相思鸟 N. red-billed leiothrix; lovebird M: [2]zhī

xiāngsīshù 相思树[-樹] N. <bot.> ① *Abrus precatorius* ② acacia M: [2]kē

xiāngsìxiàng 相似项 N. <math.> similar terms

xiāngsìxíng 相似形 N. <math.> similar figures

xiāngsìxìng* 相似性 N. ① likeness ② <math.> similar figures ③ <lg.> similarity

xiāngsīzǐ 相思子 N. ① jequirity (the plant) ② jequirity bean; red beans; love pea ③ ormosia seed

xiāngsìzì* 相似字 N. synonym

xiāngsòng 相送 V. see sb. off

xiāngsú* 乡俗[鄉-] N. country/local/village custom

xiāngsù 缃素 N. ① light-yellow book silk ② scroll made of light yellow silk

xiàngsù 像素 N. <comp.> pixel

xiāngsui 香荽 N. coriander

xiāngsuí* 相随[-隨] V. follow

xiāngsūjī 香酥鸡[-雞] N. crisp fried chicken M: [2]zhī

xiāngsū jīkuài 香酥鸡块[-雞塊] N. chicken pieces marinated, steamed, and deep-fried M: [1]pán

xiàngsuō 项缩 V. shrink from shame

xiāngsuōyú 香梭鱼 N. <zoo.> red barracuda M: [1]tiáo

xiāngsūyā 香酥鸭 N. spiced duck, steamed, then deep-fried until crisp M: [2]zhī

[1]**xiàngtài** 相态[-態] N. phase
[2]**xiàngtài** 象态[-態] N. symbol
xiàngtàicí 象态词[-態-] N. <lg.> symbolic word
[1]**xiāngtán** 相谈 V. converse; talk together
[2]**xiāngtán** 乡谈[鄉-] N. local dialect
xiángtán* 详谈 V. expand on; talk out
xiāngtāng* 香汤[-湯] N. scented water (for bathing/etc.)
xiǎngtáng 享堂 N. sanctuary where ancestors/deities are worshiped M: [4]zuò
xiāngtāngmùyù 香汤沐浴[-湯--] F.E. bathe oneself in scented water
Xiǎngtángshān Shíkū 响堂山石窟[響-] P.W. Xiangtangshan Grottoes (in Handan, Hebei)
xiāngténg 骧腾 V. ① gallop forward ② advance with determination
xiāngtián 香甜 S.V. ① fragrant and sweet; luscious ② sound (of sleep)
xiāngtiáo 镶条[-條] N. panel
xiāngtíbìnglùn 相提并论[--並-] F.E. place on a par
xiàngtǐcáiyī 相体裁衣[-體--] F.E. ① act according to actual circumstances ② cut the cloth to fit the shape
xiāngtiē* 相贴 V. ① match each other ② stick together
xiǎngtiě 响铁[響鐵] N. refined iron
xiāngtílìgé 相题立格 F.E. set the style to fit the subject
xiāngtōng 相通 V. communicate with each other; be interlinked ***Wòshì yǔ shūfáng ~.*** The bedroom opens into the study.
xiāngtóng* 相同 V. be identical/alike/equivalent/uniform ♦ATTR. homo- ♦N. ①identity ②similarity
xiǎngtōng 想通 R.V. ① become convinced; come round ***Tā hái méiyǒu ~ ma?*** Is he still not convinced? ② think through; grasp in full
xiǎngtóng 响铜[響-] N. refined copper/brass
xiāngtóng jiěshì 相同解释[-釋] N. similarity of representation
xiāngtóng píndù guīzé 相同频度规则 N. <lg.> equal frequency rule
xiāngtǒngyī 相统一 V.P. integrate with each other
xiāngtóngyú 相同于[-於] V.P. be identical/similar to
[1]**xiāngtóu*** 相投 V. get along with each other; be congenial
[2]**xiāngtóu** 香头 N. wild onion
xiǎngtou(r) 想头(儿) N. ① <coll.> idea ② hope
xiǎngtóu 响头[響-] N. resounding kowtow (with head-banging on the ground)
xiāngtour* 香头儿 N. <coll.> reward; bonus *See also xiāngtóur*
xiāngtóur 香头儿 N. fag end of a burned incense stick *See also xiāngtour*
xiāngtǔ* 乡土[鄉-] N. native soil; home village ♦ATTR. local; of one's native land
xiángtú 详图[-圖] N. detailed map/figure/chart/etc. M: [1]zhāng
xiāngtǔ fēngwèi 乡土风味[鄉-] N. local flavor
xiāngtǔ guānniàn 乡土观念[鄉-觀-] N. provincialism
xiāngtǔ jiàocái 乡土教材[鄉-] N. teaching material reflecting local conditions and suited to local needs M: [1]běn/[2]bù
xiāngtuō 相托 V. entrust
xiāngtǔqì 乡土气[鄉-氣] N. country flavor
xiāngtǔqíng 乡土情[鄉-] N. rural flavor/ambience
xiāngtǔ qìxī 乡土气息[鄉-氣-] N. country flavor
xiāngtǔ wénxué 乡土文学[鄉-] N. literary works based on the authors' hometowns and full of local flavor
xiāngtǔ yìshù 乡土艺术[鄉-藝術] N. local/native art/handicraft
xiāngtǔzhì 乡土志[鄉-] N. local records/annals M: [1]běn/[2]bù
xiāngū* 仙姑 N. ①female immortal ②sorceress ③ woman Daoist M: ge/[1]míng/[2]wèi

xiǎngù 险固 S.V. strategic and impregnable
xiánguà 涎挂 N. a bib
xiánguān 闲官 N. official with a sinecure
[1]**xiǎnguān** 险关[-關] N. strategic pass
[2]**xiǎnguān** 显官[顯-] N. high officials M: ge/[1]míng/[2]wèi
xiànguān* 县官[縣-] N. <trad.> county magistrate M: ge/[1]míng/[2]wèi
xiànguǎn 线管 N. ①roller (for cable) ②spindle (for thread)
xiánguàng 闲逛 V. saunter; stroll
xiànguàngzi 线桄子 N. spindle/reel/spool for winding thread
xiànguānxiànguǎn 现官现管 F.E. in the grip of bureaucracy
xiǎnguì* 显贵[顯-] S.V. eminent ♦N. eminent person
xiànguī 线规 N. <mach.> wire gauge
xiàngūlur 线轱辘儿 N. spooled thread
xiānguǒ* 鲜果 N. fresh fruit
xiànguó 献馘[獻-] V.O. <wr.> present the cut-off left ears of slain enemies
xiānguóhòujiā 先国后家[-國後-] F.E. The state comes before the family.
xiàngwài 向外 ATTR. outward ♦V.P. upwards of; or more (used after a number)
xiāngwán* 香丸 N. pellet made of fragrant materials
xiàngwǎn 向晚 N. (toward) evening; dusk
xiāngwāndòu 香豌豆 N. sweet pea M: [1]kē/[3]lì
[1]**xiāngwàng** 相望 V. face each other from a distance
[2]**xiāngwàng** 乡望[鄉-] N. one's reputation/prestige in his native place
xiǎngwǎng 响往[響-] V. long for; dream of
xiǎngwàng 想望 V. ① desire; long for ② <wr.> admire; look up to
xiàngwǎng* 向往 V. ① yearn for; look forward to ② admire and try to imitate
xiǎngwàngfēngcǎi 想望风/丰采[--豐-] F.E. <court.> anxious to see you
xiǎngwǎngyǐjiǔ 响往已久[響-] F.E. have long been yearning for
xiāngwéi 相违[-違] V. ①be alienated from one another ② disagree
[1]**xiāngwèi(r)*** 香味(儿) N. fragrance; scent; perfume M: [2]gǔ/[1]zhèn
[2]**xiāngwèi** 乡味[鄉-] N. country style (of food flavor or cooking)
[3]**xiāngwèi** 相畏 N. mutual incompatibility between two drugs/foods/etc.
xiǎngwèi 饷遗 V. present as a gift; donate
xiàngwěi 巷尾 N. end of a lane/alley
[1]**xiàngwèi** 相位 N. <astr.> phase
[2]**xiàngwèi** 象魏 N. palace door
xiāngwéibiǎolǐ 相为表里[-裡] F.E. form an integral part
xiāngwēichuòqì 相偎啜泣 F.E. clasp each other and weep
xiāngwèipēnbí 香味喷鼻 F.E. sense a strong sweet/fragrant smell
xiāngwèipūbí 香味扑鼻[--撲-] F.E. sense a strong sweet/fragrant smell
xiǎngwěishé 响尾蛇[響-] N. rattlesnake M: [1]tiáo
xiāngwén 相闻 V. ① be heard ② hear each other; be within hearing of each other
xiángwén* 详文 N. <trad.> official document sent to a superior
xiángwèn 详问 V. interrogate thoroughly
xiǎngwěn 响吻[響-] N./V. smack
xiángwènshǐmò 详问始末 F.E. inquire/ask about the details of a happening
xiàngwēnxìng 向温性 N. <bot.> thermotropism
xiāngwǔ 相侮 N. <Ch. med.> mutual rebellion
xiāngwù 相恶[-惡] N. mutual inhibition; weakening the action of another drug or ingredient
xiángwǔ* 翔舞 V. flutter; swirl
xiàngwǔ 向午 N. just before noon
xiàngwúcǐlì 向无此例 F.E. has no precedence
xiāngxī 相吸 V. draw together

xiāngxí 相习[-習] V. ① copy from each other ② carry on as before ③ be familiar with each other
xiángxī 详悉 V. know clearly ♦V.P. detailed and complete
xiángxì* 详细 S.V. detailed; minute
xiāngxia* 乡下[鄉-] P.W. <coll.> village; country(side)
xiāngxiá 箱匣 N. box; case
[1]**xiàngxià** 向下 ADV. ① downward ② from now on; later on
[2]**xiàngxià** 项下 ATTR. under a certain article/item
xiāngxia huà 乡下话[鄉-] N. rural/rustic language/accent
xiāngxialǎo(r) 乡下佬(儿)[鄉-] N. <derog.> villager; hick M: ge/[1]míng
xiāngxián 乡贤[鄉賢] N. county sage/worthy; village scholar M: ge/[1]míng/[2]wèi
xiāngxiàn 香腺 N. scent gland
xiàngxiàn* 象限 N. <math.> quadrant
xiāngxia nǎoké 乡下脑壳[鄉-腦殼] N. bumpkin; clodhopper
xiāngxiāndá 乡先达[鄉-達] N. leaders of a rural community M: ge/[1]míng/[2]wèi
xiāngxiāng(r) 香香(儿) R.F. ①delicious ②sound (of sleep)
[1]**xiāngxiàng** 相向 V. face one another
[2]**xiāngxiàng** 相像/象 V. resemble; be similar/alike
xiǎngxiang 想想 R.F. ①take under consideration ② think; cogitate ③ fancy
xiǎngxiǎng 响响[響響] ADV. loudly
[1]**xiǎngxiàng*** 想像/象 V. imagine; fancy; visualize ♦N. ① picture ② <psy.> imagination
[2]**xiǎngxiàng** 饷项 N. army funds; soldier's pay
xiǎngxiàngchéng 想像成 R.V. imagine sb./sth. as
xiǎngxiàngchū 想像出 R.V. come out of one's imagination
xiǎngxiàngdào 想像到 R.V. be able to imagine
xiǎngxiàngdedào 想像得到 R.V. be able to imagine
xiǎngxiàng dòngcí 想像动词[--動-] N. <lg.> verb of imagination
xiāngxiàng'érxíng 相向而行 F.E. go in opposite directions
xiǎngxiàng gōngnéng 想象功能 N. <lg.> imaginative function
xiǎngxiǎngkàn 想想看 V.P. think about it
xiǎngxiànglì 想像力 N. imaginative power/faculty; imagination
xiāngxiàngtūjī 相向突击[-擊] F.E. attack from opposite directions
xiángxiángxìxì 详详细细 ADV. minutely; in every detail and particular
xiàngxiànyí 象限仪[-儀] N. quadrant M: [1]jià/[1]tái
xiāngxiào* 乡校[鄉-] N. village school M: [1]jiā/[1]suǒ
xiàngxiǎo 向晓[-曉] N. toward dawn
xiāngxiāo gānrǎo 相消干扰[-擾] N. destructive interference
xiāngxiāo gānshè 相消干涉 N. destructive interference
xiāngxiāo jiàzhí 相销/消价值[--價-] N. <acct.> opposing values
xiāngxiāoyùjiǎn 香消玉减[-減] ID. beauty has faded
xiāngxiāoyùyǔn 香消玉殒 ID. A beauty has died.
xiāngxiaqì 乡下气[鄉-氣] N. characteristics of country people
xiāngxiarén 乡下人[鄉-] N. country folk; countryman; rustic M: ge/[1]míng
xiàngxiázi 像匣子 N. <topo.> camera
xiāngxíchéngfēng 相习成风[-習--] F.E. Usages arise from common practice; Customs are formed by practice.
xiāngxié* 相偕 ADV. <wr.> in the company of; together

X

xiǎngxiè 饷械 N. replenishment of fodder and munitions
xiǎng xié de 想邪的 V.O. <*coll.*> think weird thoughts
xiángxìhéduì 详细核对[-對] F.E. complete checking
xiāngxīn 乡心[鄉-] N. nostalgia
[1]**xiāngxìn*** 相信 V. believe in; be convinced of ***Wǒ bù ~ yǒu guǐ.*** I don't believe in ghosts.
[2]**xiāngxìn** 乡信[鄉-] N. family letter
xiàngxīn 向心 ATTR. <*lg.*> centripetal; endocentric
xiàngxīn de jiégòu 向心的结构[-構] N. <*lg.*> endocentric construction
[1]**xiāngxíng** 相形 N. comparison
[2]**xiāngxíng** 箱形 N. box; box-type
xiángxíng 祥刑 V. <*wr.*> make punishment a blessing
[1]**xiàngxíng*** 象形 ATTR. pictograph; pictogram
[2]**xiàngxíng** 象刑 N. <*trad.*> a kind of criminal law
xiāngxíngjiànchù 相形见绌 F.E. pale by comparison
xiàngxíng shípǐn 象形食品 N. foods shaped into things
xiāngxíngshīsè 相形失色 F.E. dwarfed in comparison to sth.
xiàngxíng wénzì 象形文字 N. pictographic/hieroglyphic writing
xiāngxíng zhàoxiàngjī 箱型照相机 N. box camera M: [1]*jià*/[1]*tái*/*ge*/[2]*zhī*
xiāngxíngzhīxià 相形之下 F.E. by comparison
xiàngxíngzì 象形字 N. pictographic character
xiàngxīn jiégòu 向心结构[-構] N. ① endocentric structure ② <*lg.*> endocentric construction
xiàngxīnlì 向心力 N. <*phy.*> centripetal force
xiāngxīn shūcài 香心蔬菜 N. condiment vegetable
xiàngxīnxìng 向心性 N. centripetalism
xiángxì shěnjì 详细审计[--審-] N. detailed audit
Xiāngxiù 湘绣[-繡] N. Hunan embroidery
xiāngxù 相须 V. ① inherit ② continue/succeed one after another ♦N. mutual reinforcement between
xiāngxù* 相续[-續] V. succeed each other
xiángxù 庠序 N. <*trad.*> government-run local school
xiàngxū 象胥 N. <*trad.*> interpreter; translator
xiàngxué 向学 V. ① resolve to pursue one's studies ② love to study
xiāngxuěqiú 香雪球 N. sweet alyssum
xiāngxùn 香蕈 N. mushroom grown on logs
xiángxùzhījiào 庠序之教 N. public education
xiāngyá 镶牙 V.O. put in a false tooth; crown a tooth
xiàngyá* 象牙 N. elephant's tusk; ivory
Xiàngyá Hǎi'àn 象牙海岸 P.W. Ivory Coast
xiàngyámù 象牙木 N. ivorywood M: [2]*kuài*
xiāngyan 香烟[-煙] N. ① smoke from incense burned for one's ancestors ② posterity ***See also*** *xiāngyān*
xiāngyān* 香烟[-煙] N. ① cigarette M: [4]*zhī*/[2]*gēn*/[1]*bāo*/[1]*tiáo* ② incense smoke ③ <*trad.*> sacrifices to ancestors ④ posterity ***See also*** *xiāngyan*
[1]**xiāngyán** 相沿 V. ① pass down unchanged from generation to generation ② hand down (from earlier times)
[2]**xiāngyán** 香严[-嚴] N. <*Budd.*> austere; majestic
xiāngyàn 香艳[-艷] S.V. ①glamorous ②romantic ③ sexy
xiǎngyàn 飨宴[饗-] N. feast
xiàngyǎn 象眼 N. rhombus
xiāngyánchéngxí 相沿成习[-習] F.E. become a custom through long usage
[1]**xiāngyáng** 襄羊 ID. linger; loiter; walk to and from
[2]**xiāngyáng** 相羊 ID. wander; roam
[1]**xiǎngyáng** 响洋[響-] N. <*coll.*> silver dollar
[2]**xiǎngyáng** 响杨[響楊] N. <*bot.*> Chinese white poplar M: [2]*kē*
xiàngyáng 向阳[-陽] V.O. be exposed to the sun; be sunny; face south
xiàngyàng(r)* 像/象样(儿)[-樣-] S.V. presentable; decent; sound
xiángyángbùqù 翔羊不去 F.E. hover around
xiàngyánghuā 向阳花[-陽-] N. <*wr.*> sunflower M: [2]*duǒ*
xiāngyàn gùshì 香艳故事[-艷--] N. love story
xiàngyángyuàn 向阳院[-陽-] P.W. <*PRC*> residential compounds promoting out-of-school education for youths
xiàng yàngzi 像/象样子[-樣-] S.V./V.O. presentable; decent; sound
xiāngyān hé 香烟盒[-煙-] N. cigarette case M: [2]*zhī*/*ge*
xiāngyān jiá(r/zi) 香烟夹(儿/子)[-煙夾-] N. cigarette case
xiāngyānliáorào 香烟缭绕[-煙-繞] F.E. Incense smoke curls up.
xiāngyānniǎoniǎo 香烟袅袅[-煙裊裊] F.E. curling up in the air like smoke
xiāngyāntān 香烟摊[-煙攤] N. cigarette booth
xiāngyāntóu(r) 香烟头(儿)[-煙--] N. cigarette butt
xiāngyàn xiǎoshuō 香艳小说[-艷--] N. love story M: [1]*běn*
xiángyánzhī 详言之 F.E. state in detail; be specific
xiāngyāo 相邀 V. invite
xiángyāo 降妖 V.O. subdue demons
xiǎngyào* 想要 AUX. want; wish; intend
xiángyāofúmó 降妖服魔 F.E. vanquish demons and monsters
xiàngyátǎ 象牙塔 N. <*loan*> ivory tower M: [4]*zuò*
xiàngyázhì 象牙质[-質] N. <*phys.*> dentine ♦ATTR. (made of) ivory
xiàngyá zhìpǐn 象牙制品[--製-] N. ivory ware M: [2]*jiàn*
xiàngyázhītǎ 象牙之塔 N. <*loan*> ivory tower
xiāngyě* 乡野[鄉-] P.W. countryside
xiāngyé 相爷[-爺] N. prime minister
xiāngyī* 相依 V. depend on each other; be interdependent ♦N. interdependence
xiāngyí 相宜 S.V. be suitable/appropriate
[1]**xiāngyǐ** 香蚁[-蟻] N. odorous house ant M: [2]*zhī*
[2]**xiāngyǐ** 相倚 V. be mutually dependent
[1]**xiāngyì** 相异[-異] N. ① similarities and differences ② diversity
[2]**xiāngyì** 乡谊[鄉-] N. <*wr.*> fellow villagers' mutual affection
[3]**xiāngyì** 相议[-議] V. discuss with
[1]**xiàngyì** 巷议[-議] N. street gossip
[2]**xiàngyì** 像意 ATTR. to one's liking; satisfying
[3]**xiàngyì** 象译[-譯] <*trad.*> N. ① interpreter of foreign languages ② <*lg.*> graphic translation ♦V. interpret
xiǎngyǐ bìméngēng 飨以闭门羹[饗-] F.E. close the door in one's face; refuse one's entrance into
xiǎngyǐlǎoquán 饷以老拳 F.E. ① give sb. a sound thrashing ② give sb. a punch
xiāngyīn* 乡音[鄉-] N. local accent; rural pronunciation
xiāngyìn 相印 V. ① bear testimony/witness for each other ② fit/match each other completely ***See also*** *xiàngyìn*
xiángyìn 详印 N. detail printing
xiǎngyīn 响音[響-] ATTR. <*lg.*> ① resonant ② sonorant; sonorant; voiced sound
xiǎngyín 饷银 N. soldier's pay; military expenditure
xiǎngyǐn 飨饮[饗-] V. enjoy offered food and drink
xiàngyìn 相印 N. <*hist.*> ① chief minister's seal ② chief minister's office/power ***See also*** *xiāngyìn*
xiāngyīn'érshēng 相因而生 F.E. come into existence in response to
[1]**xiāngying** 相应[-應] V.P. <*coll.*> inexpensive ♦N. small advantages; petty gains ***See also*** *xiāngyīng*, [1]*xiāngyìng*
[2]**xiāngying** 香应[-應] N. profit
xiāngyīng 相应[-應] AUX. ought to; should (used in official language between organizations of the same level) ♦V. support each other ***See also*** [1]*xiāngying*, [1]*xiāngyìng*
xiāngyíng 相迎 V. welcome sb.
[1]**xiāngyìng** 相应[-應] V. act in response ♦ATTR. relevant; corresponding ***See also*** [1]*xiāngying*, *xiāngyīng*
[2]**xiāngyìng** 相映 V. set each other off; form a contrast
xiǎngyìng* 响应[響應] V. respond; answer
xiāngyìngbùlǐ 相应不理[-應--] F.E. disregard/ignore another's request (of officials)
xiāngyìngchéngqù 相映成趣 F.E. charming contrast
xiāngyìnghándá 相应函达[-應-達] F.E. I am writing to pass the above information on to you
xiǎngyīnhuà 响音化[響-] N. <*lg.*> sonorization
xiǎngyīn shēngmǔ 响音声母[響-聲-] N. <*lg.*> voiced initial
xiāngyīwéimìng 相依为命 F.E. depend on each other for survival
xiǎngyixiǎng 想一想 V.P. give a thought; think about it
xiāngyīxiāngwēi 相依相偎 F.E. depend on and comfort each other
xiāngyìxìng 相异性[-異-] N. diversity
xiāngyì yuánzé 相异原则[-異--] N. <*lg.*> dissimilation principle
xiāng yízi 香胰子 N. <*topo.*> scented/perfumed soap
xiāngyōng 相拥[-擁] V. embrace each other
xiāngyǒng 乡勇[鄉-] N. village militiamen; local militia
xiángyǒng 翔泳 N. birds and fish
xiǎngyòng* 享用 V. enjoy (the use of)
[1]**xiāngyóu** 香油 N. ① sesame oil ② perfumed oil; pomade
[2]**xiāngyóu** 乡邮[鄉郵] N. rural postal service
[1]**xiāngyǒu** 乡友[鄉-] N. fellow villager
[2]**xiāngyǒu** 相友 V. be friends together
xiāngyòu 香鼬 N. alpine weasel M: [2]*zhī*
xiǎngyǒu* 享有 V. enjoy (a right/etc.)
xiàngyōu 相攸 V. <*wr.*> choose a good match for one's daughter
xiàngyòu 向右 ADV. toward the right
xiāngyóu guǒzi 香油果子 N. <*topo.*> deep-fried twisted dough sticks
xiǎngyǒu jiā yù 享有佳誉[-譽] V.O. enjoy a high reputation
xiāng yóuwùshì 乡邮务士[鄉郵務-] N. rural postman
xiāng yóuwùyuán 乡邮务员[鄉郵務-] N. rural postman M: *ge*/[1]*míng*
xiāngyóuyuán 乡邮员[鄉郵-] N. rural postman M: *ge*/[1]*míng*
xiàngyòu zhuǎn 向右转[-轉] V.P. Right turn!; Right face!
[1]**xiāngyú** 香鱼 N. <*zoo.*> sweetfish; ayu M: [2]*tiáo*
[2]**xiāngyú** 乡愚[鄉-] N. bumpkin; stupid rustic M: *ge*/[1]*míng*
xiāngyǔ 相与[-與] V. get along with sb.; deal with sb. ♦ADV. with each other; together ♦N. <*trad.*> intimate friend
Xiāngyǔ 湘语 N. Hunanese; Xiang topolect
[1]**xiāngyù*** 相遇 V. meet
[2]**xiāngyù** 香郁 N. fragrance
xiǎngyú 鲞鱼 N. dried fish M: [1]*tiáo*
xiǎngyù 享誉[-譽] V.O. enjoy fame
xiàngyú 向隅 V. <*wr.*> ① feel left out ② miss an opportunity
Xiàng Yǔ 项羽 (d. 201 B.C.) N. chief rival of Liu Bang
xiàngyù 象喻 N. <*lg.*> image
[1]**xiāngyuán** 乡原[鄉-] N. open country
[2]**xiāngyuán** 香橼 N. <*bot.*> a fragrant but inedible citron

xiāngyuàn* 乡愿[鄉願] N. <wr.> hypocrite in the countryside
xiāngyǔdàxiào 相与大笑[-與--] F.E. have a good laugh together
[1]**xiāngyuē*** 相约 V. reach agreement; make an appointment
[2]**xiāngyuē** 乡约[鄉-] N. local rules and regulations
xiāngyuè 相悦 V. like each other
xiángyuè 详阅 V. read carefully
xiàngyuè 相月 N. ①seventh solar month ②ninth lunar month
xiāngyǔ'èrán 相与愕然[-與--] F.E. stare at each other in surprise
xiàngyú'érqì 向隅而泣 F.E. weep all alone in a corner; weep from loneliness
xiāngyùhángxiàng 相遇航向 F.E. collision course
xiāngyùn* 箱运[-運] N. containerization; container shipping
xiángyún 祥云[-雲] N. <trad.> propitious cloud
xiāngyùnhuì 乡运会[鄉運-] N. village sports meet M: cì
xiāngyúnshā 香云纱[-雲-] N. <txtl.> gambiered Guangdong gauze M: [2]kuài
xiāngyǔxiélǎo 相与偕老[-與--] F.E. cast in one's lot with a partner for life
xiāngyù zhǐhuán 镶玉指环[-環] N. ring inlaid with a gem M: ge/[2]zhī
xiāngzá 相杂[-雜] V.P. be mixed together
xiāngzàn* 襄赞 V. <wr.> support and assist in
xiàngzàn 像赞 N. inscriptions on a portrait
xiāngzào 香皂 N. perfumed/scented soap M: [2]kuài
[1]**xiāngzé** 香泽[-澤] N. <wr.> ① shampoo ② fragrance ③ perfumed hair oil
[2]**xiāngzé** 相责 V. blame; reproach
xiāngzélán 香泽兰[-澤蘭] N. poolroot
xiāngzèng 相赠 V. present to sb.; give as a present
xiàngzhàn 巷战[-戰] N. street fighting M: [3]cháng
[1]**xiāngzhāng** 香樟 N. camphor tree M: [2]kē
[2]**xiāngzhāng** 香獐 N. musk deer M: [2]zhī
xiāngzhǎng* 乡长[鄉-] N. ① township head; head of a rural district government ② village elder M: ge/[1]míng/[2]wèi
xiàngzhāng 像章 N. badge/button with sb.'s likeness on it M: [1]kē/[4]méi/ge/[2]zhī
xiāngzhǎng gānshè 相长干涉 N. constructive interference
xiāngzhāngzi 香獐子 N. musk deer M: [2]zhī
xiángzhào 详兆 N. propitious sign; good omen
xiǎngzhe 想着[-著] V.P. keep in mind
xiàngzhe* 向着[-著] V.P. ① turn toward; face ② <coll.> side with; be partial to ♦CONJ. toward
xiàngzhě 曏者 N. <trad.> formerly; previously; once upon a time
xiāng-zhèn 乡镇[鄉-] N. ① village and town ② small town
xiāngzhēng 相争[-爭] V. ① compete with each other ② fight against each other
xiàngzhēng* 象征[-徵] V. symbolize; signify; stand for ♦N. symbol; emblem; token ♦ATTR. symbolic
xiángzhēngbóyǐn 详征博引[-徵--] F.E. ①quote extensively to support one's view ② quote extensively and in detail
xiāngzhèngfǔ 乡政府[鄉-] N. administration of a group of villages
xiàngzhēngtú 象征图[-徵圖] N. ideograph
xiàngzhēngxìng 象征性[-徵-] N. symbolism; emblem; token
xiàngzhēngxìng yǔyán 象征性语言[-徵---] N. <lg.> figurative language
xiàngzhēngzhǔyì 象征主义[-徵-義] N. symbolism
xiāng-zhènmín dàibiǎo 乡镇民代表[鄉-] N. representatives of townspeople M: ge/[1]míng/[2]wèi
xiāng-zhèn qǐyè 乡镇企业[鄉-業] N. town and township enterprises M: [1]jiā

xiāng-zhènzhǎng 乡镇长[鄉-] N. town mayor M: ge/[1]míng/[2]wèi
[1]**xiāngzhī*** 相知 V. be well acquainted with each other ♦N. bosom/great friend
[2]**xiāngzhī** 香脂 N. ①face cream ②balm; balsam
xiāngzhí 乡侄[鄉-] N. member of a younger generation from one's native place M: ge/[1]míng
xiāngzhì 缃帙 N. ① light-yellow book jacket ② book
xiángzhǐ 详址 N. detailed address
xiàngzhǐ 相纸 N. photographic paper M: [1]zhāng
xiàngzhì 象栉[-櫛] N. ivory comb M: [1]bǎ
xiǎng zhīdào 想知道 V.P. wonder; want to know
xiāngzhīhènwǎn 相知恨晚 F.E. ① regret that one has not got to know sb. sooner ② It is much to be regretted that we have not met earlier.
xiāngzhīxiāngxī 相知相惜 F.E. know and take pity on each other
xiāngzhīyán qiángwēi 香脂岩蔷薇[---薔-] N. labdanum
xiāngzhīyǒusù 相知有素 F.E. have long been familiar with sb.; have a long and deep intimacy
Xiāngzhōng 湘中 P.W. Yunnan province
xiāngzhòng* 相中 V. be to one's liking; settle on
xiǎngzhòngyīn 响重音[響-] N. <lg.> loud stress
xiāngzhū 香珠 N. prayer beads of sandalwood M: [1]kē/[1]chuàn
[1]**xiāng-zhú** 香烛[-燭] N. joss stick and candle
[2]**xiāngzhú** 湘竹 N. mottled bamboo M: [2]kē/[5]zhī
[1]**xiāngzhù*** 相助 V. help one another
[2]**xiāngzhù** 襄助 V. <wr.> assist
[3]**xiāngzhù** 镶住 R.V. ① inlay sth. ② frame a picture/etc.
[1]**xiángzhù** 详注[-註] V. annotate fully ♦N. detailed annotations
[2]**xiángzhù** 降住 R.V. bring sb. to submission
[1]**xiàngzhù** 像柱 N. <archi.> statuary column
[2]**xiàngzhù** 象箸 N. ivory chopsticks
xiāngzhuàn 香馔 N. <Budd.> vegetarian meal served on the anniversary of the death of one's relative
xiāngzhuàng 相撞 V. run into each another; collide
xiàngzhuāngwǔjiàn 项庄舞剑[-莊--] ID. have an ulterior motive
xiāng-zhúdiàn 香烛店[-燭-] P.W. candle shop M: [1]jiā
xiāngzhùle 镶住了 V.P. be constrained by common practice/courtesy/etc.
xiāngzhūyāngyāng 香猪殃殃[-豬--] N. <bot.> fragrant bedstraw
xiàngzhùyùbēi 象箸玉杯 ID. living a luxurious life
xiāngzhúzhǐmǎ 香烛纸马[-燭--] F.E. materials for worshiping/mourning the dead
xiāngzi* 箱子 N. chest; box; case; trunk M: ge/[2]zhī
xiāngzī 香资 N. gifts to a temple and its monks
xiāngzǐ 乡梓[鄉-] N. <wr.> native place
xiàngzi 巷子 N. lane; alley M: [1]tiáo
xiàngzǐ(r) 橡子(儿) N. acorn
xiāngzijīng 香子精 N. vanilla extract; vanilla
xiāngzilán 香子兰[-蘭] N. <bot.> vanilla M: [2]kē
xiàngzimiàn(r) 橡子面(儿)[--麵-] N. acorn flour
xiāngzuàn jièzhǐ 镶钻戒指[-鑽--] N. ring gemmed with diamonds M: ge/[2]zhī
xiāngzuǐ 香嘴 V./N. <topo.> kiss
xiāngzuǒ 相左 V. <wr.> ① fail to meet each other ② conflict with each other; disagree; differ
xiāngzuò 相坐 V. <wr.> implicate sb. in a criminal affair
xiàngzuǒ* 向左 ADV. toward the left
xiǎngzuǒle 想左了 V.P. <coll.> misunderstand
xiàng zuótiān gàobié 向昨天告别 V.P. leave one's past behind; undergo reform
xiàngzuǒ zhuǎn 向左转[-轉] V.P. Left face!; Left turn!
xiàngzuǒ zhuǎnwèi 向左转位[--轉-] N. <lg.> left dislocation

xiànhài 陷害 V. ① frame; trump up a charge against ② betray
xiànhài hǎorén 陷害好人 V.O. frame an innocent person
xiánhàn 闲汉[-漢] N. ① bum; vagrant ② sb. who scrapes along by doing odd jobs M: ge/[1]míng
xiānháo 纤毫[纖-] N. trivia; the least bit; the minutest detail
xiānháobùshuǎng 纤毫不爽[纖-] F.E. be extremely accurate; be free from the slightest error
xiánhàodàodǎi 嫌好道歹 F.E. nitpick in many ways
xiānhé 先河 N. ① harbinger; beginning of sth. ② sth. advocated earlier
xiānhè 仙鹤 N. ① red-crowned crane ② white crane M: [2]zhī
xiǎnhè* 显赫[顯-] S.V. illustrious; celebrated
xiānhècǎo 仙鹤草 N. <Ch. med.> hair vein agrimony
[1]**xiánhèn** 衔恨 V.O. bear a grudge
[2]**xiánhèn** 嫌恨 N. resentment
xiānhè tuǐ 仙鹤腿 N. crane-like long, slender legs (of a person)
xiānhóng 鲜红 N. bright red; scarlet
xiān-hòu 先后[-後] N. ① early or late; priority; order ② ins and outs of an incident ♦ADV. successively; one after another
xiānhòu cìxù 先后次序[-後--] N. precedence
xiān-hòu de xùcì 先后的序次[-後---] N. <lg.> word order
xiānhòu-huǎnjí 先后缓急[-後--] N. in the order of urgency
xiānhòujiǎor 先后脚儿[-後腳-] ADV. arrive right after sb. left
Xiānhòuzuò 仙后座 N. <astr.> Cassiopeia
xiánhu 嫌乎/呼/唬 V. <coll.> disdain; loathe
[1]**xiánhú** 咸湖[鹹-] N. salt lake
[2]**xiánhú** 舷弧 N. the curve of a deck line
xiǎnhu* 险乎 ADV. <coll.> almost; on the verge of
xiānhuā(r)* 鲜花(儿) N. fresh flower M: [2]duǒ
xiánhuà(r) 闲话(儿) N. ①digression ②gossip *Tā xǐhuan shuō biéren de ~.* She likes gossiping about people. ③ complaint
xiànhuā 献花[獻-] V.O. ①present flowers ②lay a wreath
xiànhuà 线画[-畫] N. line drawing
xiānhuā chā zài niúfèn shàng 鲜花插在牛粪上[----糞-] ID. a belle married to a guttersnipe
xiánhuàdāngnián 闲话当年[--當-] F.E. chat about bygone days
xiánhuàgǔjīn 闲话古今 F.E. talk/chat of the past and present
xiānhuāhòuguǒ 先花后果[-後-] ID. produce a daughter first, then a son
xiǎnhuái 显怀[顯懷] V.O. look pregnant
xiánhuà jiācháng 闲话家常 V.P. chat about domestic trivia
xiánhuán 衔环[-環] V.O. repay with gratitude
xiǎnhuàn* 显宦[顯-] N. <trad.> high officials
xiànhuǎn 睍睆 V.P. <wr.> beautiful; good-looking
xiānhuáng* 先皇 N. the late emperor
xiánhuàng 闲晃 V. hang around idly
xiānhuángsè 鲜黄色 N. forsythia; goldenrod
xiánhuánjiécǎo 衔环结草[-環--] ID. express gratitude to one's benefactor
xiānhuānùfàng 鲜花怒放 F.E. The flowers are in full bloom.
xiánhuánxiāngbào 衔环相报[-環-報] F.E. repay with gratitude
xiánhuánxiāngyǐ 衔环相以[-環--] F.E. repay with gratitude
xiánhuányǐbào 衔环以报[-環-報] F.E. repay with gratitude
xiánhuápèishí 衔华佩实[-華-實] F.E. rich in substance and graceful in style (of writing)
xiànhuāquān 献花圈[獻-] V.O. lay a wreath
xiánhuà shǎoshuō 闲话少说 V.P. Cut the cackle.

xiānhuā shèngkāi 鲜花盛开[-開] V.P. The flowers bloom luxuriantly.

xiánhuā-yěcǎo 闲花野草 *See yěcǎoxiánhuā*

xiǎnhuā zhíwù 显花植物[顯-] N. flowering plant

xiānhuāzhuójǐn 鲜花着锦[--著-] F.E. bring new honors to

xiánhuì* 贤惠[賢-] S.V. virtuous and dutiful (of women)

xiǎn-huì 显晦[顯-] N. the luminous and the obscure; brightness and darkness

xiànhuì 现汇[-匯] N. spot exchange

xiànhuì jiésuàn 现汇结算[-匯--] N. cash settlement

xiánhùn 闲混 V. idle away; idle about

xiānhuó 鲜活 S.V. fresh and lively/alive

xiānhuò 鲜货 N. ① fresh fruit/vegetable ② fresh aquatic food ③ fresh medicinal herb

xiǎnhuò 显豁[顯-] S.V. evident; obvious and clear

xiànhuò* 现货 N. merchandise on hand

xiànhuò gòujìn 现货购进[-購進] N. spot purchase

xiānhuó huòwù 鲜活货物 N. live cargo

xiànhuò jiàgé 现货价格[--價-] N. cash price; spot price

xiànhuò jiāoyì 现货交易 N. spot transaction; over-the-counter trading

xiānhuó shāngpǐn 鲜活商品 N. fresh goods; perishable commodities

xiànhuò shìchǎng 现货市场[-場] P.W. spot market

xiánì 狎昵 V. be improperly familiar with

xiánián 遐年 N. a great age

[1]xiānjī 先机 N. decisive occasion

[2]xiānjī 酰基 N. <*chem.*> acyl

xiānjí 仙籍 N. list/role of immortals

[1]xiánjì 嫌忌 V. <*wr.*> suspect; distrust

[2]xiánjì 闲寂 S.V. <*wr.*> deserted

[1]xiǎnjí 险急 S.V. urgent; critical

[2]xiǎnjí 险棘 S.V. difficult; hazardous

xiànjī 献机[獻-] V.O. contribute money to buy warplanes as a gift to the country

xiànjí 县级[縣-] N. county level

[1]xiànjì* 献计[獻-] V.O. offer advice; make suggestion

[2]xiànjì 献技[獻-] V.O. show one's skill

[3]xiànjì 献祭[獻-] V.P. offer up a sacrifice

xiānjiā 仙家 N. <*Dao.*> ①residence of immortals; temple ② immortals

[1]xiànjià* 现价[-價] N. current/ruling/present price

[2]xiànjià 限价[-價] N. <*econ.*> set commodity prices

xiānjiàn* 先见 N. foreknowledge; foresight; forethought; prophetic vision ♦ATTR. provident

[1]xiǎnjiàn 显见[顯-] V. be obvious/apparent/self-evident

[2]xiǎnjiàn 鲜见 S.V. rarely seen

xiànjiān 线间 N. <*mus.*> space

xiànjiàn 献舰[獻艦] V.O. contribute money to buy warships as a gift to the country

xiànjiāncuòruì 陷坚挫锐[-堅--] F.E. break the force of enemy strength

xiānjiāng 鲜姜 N. fresh ginger M: [2]*kuài*

xiānjiànghòushēng 先降后升[--後-] ATTR. <*lg.*> falling-rising

xiānjiànghòushēng diào 先降后升调[--後--] N. <*lg.*> falling-rising tone

xiānjiànghòushēng jīdiào 先降后升基调[--後---] N. <*lg.*> falling-rising nucleus tone

xiànjiānyù 县监狱[縣監-] P.W. county jail

xiānjiànzhīmíng 先见之明 N. prophetic vision; foresight

Xiānjiào 祆教 N. Zoroastrianism

Xiǎnjiào 显教[顯-] N. <*rel.*> Exoteric Buddhism

xiànjiǎo* 线脚[-腳] N. <*topo.*> stitch

xiànjiāoběnrén 限交本人 F.E. deliver to the addressee in person

Xiānjiàotú 祆教徒 N. a Nestorian M: *ge*/[1]*míng*

xiānjié 鲜洁[-潔] S.V. fresh and clean

[1]xiānjiè 仙界 N. <*Dao.*> ①the world of immortals ② fairyland

[2]xiānjiè 纤介/芥[纖-] <*wr.*> N. sth. minute; tiny; very small

xiánjiē* 衔接 V. link up; join

[1]xiànjié 现结 N. <*acct.*> cash settlement

[2]xiànjié 献捷[獻-] V.P. send war prisoners to an ally as a gesture of friendship after a victory

[1]xiànjiè 限界 N. ① limit; limitation ② frontier

[2]xiànjiè 县界[縣-] N. boundary between counties

xiánjiēdiǎn 衔接点[-點] N. juncture

xiànjiēduàn 现阶段[-階-] N. current stage/period

xiànjièjiédiǎn 限界节点[-節點] N. <*lg.*> bounding node

xiànjiè lǐlùn 限界理论 N. <*lg.*> bounding theory

xiánjiē qǐlai 衔接起来 R.V. connect; join together

xiánjiē shùnxù 衔接顺序 N. <*lg.*> sequencing

xiānjièzhījí 纤芥之疾[纖-] N. a slight defect of little importance

xiānjǐhòurén 先己后人[-後-] F.E. put oneself before others

xián jīmáo 挦鸡毛[-雞-] V.O. pluck chicken feathers; pluck a chicken

xiānjìn* 先进[-進] V./S.V. advance

[1]xiánjīn 咸津[鹹-] N. salty taste; saltiness

[2]xiánjīn 涎巾 N. bib

[1]xiànjīn 现金 N. ① ready money; cash ② cash reserve in the bank M: [2]*bǐ*

[2]xiànjīn 现今 N. nowadays; these days

[3]xiànjīn 献金[獻-] V.O. contribute money ♦N. money contributed

xiànjìn 宪禁[憲-] N. official prohibition

xiànjīnbù 现金簿 N. <*acct.*> cash book M: [1]*běn*

xiànjīn chūnàjī 现金出纳机 N. cash register M: [1]*tái*

xiànjīn chūshòu 现金出售 N. cash-and-carry sales

xiānjī nénglì 先击能力[-擊--] N. first-strike capability

xiānjìn fènzǐ 先进分子[-進--] N. model worker/etc. M: *ge*/[1]*míng*/[2]*wèi*

xiànjīn fùchū 现金付出 N. cash disbursement

xiànjīn fùkuǎn 现金付款 N. cash payment

xiānjǐng 酰肼 N. <*chem.*> hydrazide

xiānjìng 仙境 N. fairyland; wonderland; paradise

[1]xiánjìng 娴静[-靜] S.V. gentle and refined; demure

[2]xiánjìng 闲静[-靜] S.V. still; peaceful and calm in mind

xiǎnjìng 险境 N. dangerous situation

xiànjǐng* 陷阱 N. pitfall; pit; trap M: [2]*dào*

xiànjìng 县境[縣-] N. border of a county

xiānjìn gèrén 先进个人[-進個-] N. advanced individuals M: *ge*/[1]*míng*/[2]*wèi*

xiànjīn gōngzī 现金工资 N. wages paid in cash; money wage

xiānjìn gōngzuòzhě 先进工作者[-進---] N. model worker M: *ge*/[1]*míng*/[2]*wèi*

xiànjīn gòumǎi 现金购买[-購買] N./V.P. cash purchase

xiānjìnguó 先进国[-進國] N. advanced nations

xiànjīn hónglì 现金红利 N. cash bonus/dividends

xiànjīn jiāohuò 现金交货 N./V.P. cash before delivery

xiànjīn jiāoyì 现金交易 N./V.P. cash transactions

xiànjīn jiécún 现金结存 N. cash balance

xiànjīn jièfāng 现金借方 N. cash debit

xiànjīn jǐfù 现金给付 N. cash benefits

xiánjīnjīn 咸津津[鹹-] R.F. slightly salty

xiànjīn jìnchū'é 现金进出额[--進--] N. cash flow

xiānjìn jīngyàn 先进经验[-進經-] N. advanced experience

xiānjìn jítǐ 先进集体[-進-體] N. advanced group/collective

xiànjīn mǎimài 现金买卖[-買賣] N. cash transaction

xiānjìn shèhuì 先进社会[-進--] N. advanced society

xiānjìn shēngchǎnzhě 先进生产者[-進-產-] N. model worker M: *ge*/[1]*míng*/[2]*wèi*

xiànjīn shìchǎng jiàzhí 现金市场价值[---場價-] N. current market value

xiānjìnshìjì 先进事迹[-進-跡] N. meritorious/exemplary deeds

xiànjīn shōurù 现金收入 N. <*acct.*> cash receipts M: [2]*bǐ*

xiànjīn shōuzhībiǎo 现金收支表 N. <*acct.*> statement of cash receipts and disbursements M: [1]*fèn*/[1]*zhāng*

xiānjìn shuǐpíng 先进水平[-進--] N. advanced standard

xiànjīn suǒpéi 现金索赔 N. cash claim

xiànjīn wàiliú 现金外流 N. drain on cash; cash drain

xiànjìnxiànchū 现进现出[-進--] V.P. go out as soon as it comes in (of money/goods/etc.)

xiànjīn yùcè 现金预测 N. <*acct.*> cash forecast

xiànjīn yú'é 现金余额 N. <*acct.*> cash balance

xiànjīnzhàng 现金帐/账 N. <*acct.*> cash book M: [1]*běn*

xiànjīn zhīchū 现金支出 N. <*acct.*> expenses paid in cash M: [2]*bǐ*

xiànjīn zīchǎn 现金资产[-產] N. <*acct.*> cash assets M: [2]*bǐ*

xiànjīn zuòwù 现金作物 N. cash crops

xiànjiǔ 献酒[獻-] V.O. offer liquor

xiánjíwúliáo 闲极无聊[-極--] F.E. find time hanging heavy on one's hands

xiànjìxiàncè 献计献策[獻-獻-] F.E. find new and better ways to do things

xiánjīzǐr 咸鸡子儿[鹹雞-] N. salty preserved egg

xiānjū 仙居 N. <*Dao.*> divine abode

xiānjù 纤钜[纖-] V.P. big and small; hefty and minute

xiánjū* 闲居 V. ① stay at home idle ② lead a retired life

xiǎnjù 险句 N. <*lg.*> a sentence with an unusual construction

xiànjū 县车[縣-] N. retire into private life

[1]xiànjú 现局 N. the current/present situation

[2]xiànjú 县局[縣-] P.W. county telephone central office

xiànjù 线锯 N. <*mach.*> jigsaw; fret-saw

xiànjuān* 献捐[獻-] V. donate

xiànjuǎn 线卷 N. coil of wire

[1]xiānjué* 先决[-決] ATTR. prerequisite

[2]xiānjué 先觉[-覺] N. ① social/political reform visionary ② a prophet

[1]xiǎnjué 险绝[-絕] V.P. extremely dangerous

[2]xiǎnjué 显爵[顯-] N. high government position; high-ranking feudal lord

[3]xiǎnjué 险谲 V.P. cunning and vicious; crafty and mean

xiānjuélùn 先决论[-決-] N. predeterminism

xiānjué tiáojiàn 先决条件[-決條-] N. prerequisite; precondition; premise

xiānjué wèntí 先决问题[-決--] N. preliminary question

xiānjūn 先君 PR. <*wr.*> ① deceased father ② my ancestors ③ the late emperor

xiānjùn 鲜菌 N. fresh fungus

xiǎnjùn* 险峻 S.V. ① precipitous ② of highly strategic significance

xiānjūnzǐ 先君子 PR. <*wr.*> my late father

xiānkāi 掀开[-開] R.V. ① take off (a cover) ② open (a book/etc.)

xiān kāihuā, hòu jiéguǒ 先开花,后结果[-開-,後--] ID. blossom first and bear fruit afterwards

xiánkànglì 贤伉俪[賢-儷] N. a loving couple

xiānkǎo* 先考 PR. <*wr.*> deceased father

xiǎnkǎo 显考[顯-] PR. <*wr.*> my late father ♦N. <*trad.*> great-great-grandfather

xiánkē 闲磕 V. <*topo.*> chat; jaw; chew the rag

xiànkē 苋科 N. <*bot.*> the amaranth family

xiànkè* 线刻 N. <*art*> incised lines; tracing
xiánkēdǎyá 闲磕打牙 F.E. <*coll.*> chat idly
xiānkèlái 仙客来 N. <*bot.*> cyclamen M: [2]*kē*
xiànkēng 陷坑 N. pitfall; pit; trap
xiànkětìfǒu 献可替否[獻-] F.E. <*wr.*> persuade sb. to do good and dissuade him from doing evil
xián kēyá 闲磕牙 V.P. <*coll.*> chat; jaw; gossip
xiánkòng(r) 闲空(儿) N. free/spare time; leisure
xiànkū 陷窟 N. chasm
xiànkuǎn 现款 N. ready money; cash M: [2]*bǐ*
xiànkuǎn chūshòu 现款出售 V.P. sell for cash
xiànkuàng 现况[-況] N. current situation
xiànkuàngzi 线框子 N. square frame for winding thread/wire
xiànkuǎn jiāohuò 现款交货 N. cash on delivery
xiānkǔhòulè 先苦后乐[-後樂] F.E. be the first to bear hardships, the last to enjoy comforts
xiánkūn-zhòng 贤昆仲[賢-] N. good brothers
xiānláihòudào 先来后到[--後-] F.E. in order of arrival; first come, first served
xiánláiwúshì 闲来无事 F.E. be free and at leisure
xiānláixiāngěi 先来先给 F.E. First come, first served.
xiánláng 贤郎[賢-] PR. <*court*> your son
xiánláo 贤劳[賢勞] V.P. <*wr.*> ①be industrious/hardworking ② work industriously (for the public)
xiánlào 闲唠[-嘮] V. <*coll.*> chitchat
xiǎnlǎo* 显老[顯-] V. look older than one's age
xián làokē 闲唠磕[-嘮-] V. <*topo.*> chat; jaw; hobnob
xiànlǎoyé 县老爷[縣-爺] N. <*trad.*> county magistrate M: *ge*/[1]*míng*/[2]*wèi*
xiánlè 衔勒 N. a bit (in a horse's mouth)
xiánlegājī 咸了嘎唧[鹹-] V.P. <*topo.*> salty as can be
xiǎnlèi* 藓类[-類] N. moss
xiànlěi 现蕾 N. <*agr.*> ① budding (of flowers) ② squaring (of cotton plants)
xiānlí 纤离[纖離] N. a species of horse in ancient North China
[1]**xiānlì*** 先例 N. precedent
[2]**xiānlì** 鲜丽[-麗] S.V. resplendent; effulgent
[3]**xiānlì** 铦利 V.P. sharp; keen-edged
xiànlǐ 献礼[獻禮] V.O. present a gift ♦N. the ceremony of gift-presenting
xiànlì 县立[縣-] ATTR. county owned/built
xiánliǎn 涎脸 V.O. <*topo.*> be bothersome/disobedient (of children)
xiānliang 鲜亮 S.V. <*wr.*> bright and shining
xiánliáng 贤良[賢-] S.V. able and virtuous (of men) ♦N. able and virtuous men
xiǎnliang 显亮[顯-] S.V. bright
xiànliàng* 限量 V.O. ① limit the quantity of; set bounds to ② evaluate; estimate ♦N. limits; limitation
xiánliángduìcè 贤良对策[賢-對-] N. <*hist.*> title of a topic in an examination system: "the worthy proposes a stratagem"
xiánliángfāngzhèng 贤良方正[賢-] F.E. good and able men promoted by selection
xiànliàngxiāngwéi 现量相违[-違] F.E. <*log.*> incompatible with perception
xiān liánzi 掀帘子[-簾-] V.O. pull aside a screen/curtain
xiánliáo 闲聊 V. chat
xiánliáo suǒshì 闲聊琐事 V.O. have a good chat on trivial matters
xiānliè 先烈 N. ① martyr ② the heroes who preceded us M: *ge*/[1]*míng*/[2]*wèi*
xiānlǐ(ér)hòubīng 先礼(而)后兵[-禮-後-] F.E. try peaceful means before resorting to force
xiānling 鲜灵[-靈] S.V. <*wr.*> ①fresh and lively ② fresh and moist (of food) ③ fresh and juicy
xiānlìng 先令 N. <*loan*> shilling; schilling
xiánlìng 衔令 V.O. follow an order; act according to a directive

xiǎnlíng* 显灵[顯靈] V.O. make its presence/power felt (of a ghost/spirit) ♦N. divine manifestation; epiphany
xiànlíng 限龄[-齡] N. age limit
[1]**xiànlìng** 限令 V. order sth. done within a certain time
[2]**xiànlìng** 县令[縣-] N. <*trad.*> county magistrate
[3]**xiànlìng** 宪令[憲-] N. <*wr.*> national decree
xiǎnlíng shíkè 显灵时刻[顯靈時-] N. epiphanies
xiánliù 闲溜 V. hang around idly
xiánlǔ 咸卤[鹹鹵] N. bittern
xiánlù 贤路[賢-] N. <*wr.*> chance for a worthy person to advance
xiǎnlù 显露[顯-] V. become visible; appear ***Tā de liǎn shang ~ chū shīwàng.*** disappointment showed on his face.
[1]**xiànlù*** 线路 N. ① <*elec.*> circuit; line ② line; route M: [1]*tiáo*
[2]**xiànlù** 现露 V. appear; reveal; unveil
xiānlǚ 仙侣[-侶] N. immortal/fairy couple
xiànlǚ* 线缕[-縷] N. threads
xiǎnlùchū 显露出[顯-] R.V. show; reveal
Xiānluó 暹罗[-羅] P.W. Siam (former name for Thailand)
xiànluò* 陷落 V. ① subside; sink/cave in ② fall into enemy hands (of territory) ③ land oneself in; sink/fall into
xiànluòchóngwéi 陷落重围[-圍] F.E. find oneself tightly encircled
xiànluò dìzhèn 陷落地震 N. <*geol.*> earthquake caused by subsidence of the terrain
xiànluòjìzhōng 陷落计中 F.E. fall into the enemy's trap
xiànluò kùnjìng 陷落困境 V.O. land oneself in a predicament; be put in a tight spot; be cornered
xiǎnlù tóujiǎo 显露头角[顯-] V.O. make one's mark; begin to show one's promise/talent
xiànlùtú 线路图[-圖] N. <*elec.*> circuit diagram M: [1]*zhāng*
xiānlùyìcháng 先露异常[--異-] F.E. malpresentation
xiǎnlù yuánxíng 显露原形[顯-] V.O. show its real form
xiánmǎ* 弦马 N. bridge of a violin
xiǎnmǎ 洗马 N. official title given to the crown prince's herald
xiànmá 线麻 N. hemp
xián máfan 嫌麻烦 V.O. not want to take the trouble
xiánmài 弦脉[-脈] N. <*Ch. med.*> taut pulse
xiànmài* 现卖[-賣] V. sell for cash
xiānmǎiquán 先买权[-買權] N. preemption; preemptive right
xiànmǎixiànmài 现买现卖[-買-賣] F.E. ① sell goods right after they are imported/bought ② hand-to-mouth buying and selling
xiānmájīng 鲜麻茎[-莖] N. green straw
xiànmǎkēng 陷马坑 N. camouflaged pits/traps against cavalry
[1]**xiānmáo*** 纤毛[纖-] N. <*bio.*> cilium
[2]**xiānmáo** 仙茅 N. <*med.*> grass
xiànmáo 腺毛 N. <*phys.*> glandular hair
xiānmáochóng 纤毛虫[纖-蟲] N. <*zoo.*> ciliates M: [2]*zhī*
[1]**xiānměi*** 鲜美 S.V. ① delicious; tasty ② <*wr.*> fresh and pleasing (of flowers/grass/etc.)
[2]**xiānměi** 纤美[纖-] S.V. delicate and beautiful
xiánméi 衔枚 V.P. <*wr.*> gag soldiers to preserve silence before an attack
[1]**xiánmèi** 贤妹[賢-] N. <*court.*> one's younger sister (lit./fig.)
[2]**xiánmèi** 闲媚 S.V. quiet and charming
xiànmèi 献媚[獻-] V.O. ingratiate oneself with; act coquettishly
xiánméijízǒu 衔枚疾走 F.E. march swiftly with a gag in the mouth (in night attacks)
xiānměikěkǒu 鲜美可口 F.E. tasty; delicious
xiānméiliàngyǎn 鲜眉亮眼 F.E. attractive/handsome face

xiànmèiqiúchǒng 献媚求宠[獻-] ID. insinuate oneself into sb.'s favor
xiànmèi tǎohǎo 献媚讨好[獻-] V.P. curry favor with
xiánmén 舷门 N. passenger gangway on a ship; gangway M: [2]*dào*
xiānmǐ 籼米[秈-] N. polished long-grained non-glutinous rice
xiānmì* 纤密[纖-] S.V. tightly knit
xiǎnmì 显密[顯-] N. <*Budd.*> exoteric and esoteric teachings
xiānmiǎo 纤秒[纖-] M. nanosecond
xiànmiáo* 线描 N. line drawing
xiānmín* 先民 N. <*wr.*> ① people of old ② ancient sage
xiánmín 闲民 N. the unemployed
xiǎnmín 鲜民 N. <*wr.*> ① orphan ② underprivileged people
[1]**xiànmín** 县民[縣-] N. people of a county
[2]**xiànmín** 线民 N. stool pigeon; informer
xiānmíng* 鲜明 S.V. ①bright (of color) ②distinct; distinctive
[1]**xiánmíng** 贤明[賢-] S.V. wise and able; sagacious
[2]**xiánmíng** 衔名 N. person's full name and official title, as show on a calling card
xiánmìng 衔命 V.O. <*wr.*> follow an order; act according to a directive
[1]**xiǎnmíng** 显明[顯-] S.V. ① manifest; distinct; marked; obvious ② <*Budd.*> pure; clear
[2]**xiǎnmíng** 显名[顯-] N. well-known name
xiǎnmíngcí 显明词[顯-] N. <*lg.*> transparent word
xiānmíngdù 鲜明度 N. vividness; boldness
xiǎnmíngxìng fānyì 显明性翻译[顯-譯] N. <*lg.*> overt translation
xiānmíngyǒulì 鲜明有力 F.E. distinct and forceful/vigorous
xiānmó* 鲜蘑 N. fresh mushroom
xiánmò 涎沫 N. saliva
xiànmò 陷没 V. ① fall into sth.; sink; submerge ② indulge/wallow in ③ be captured by the enemy
xián móyá 闲磨牙 V.P. chitchat
xiānmǔ 先母 N. my deceased mother
xiǎnmù 显目[顯-] S.V. conspicuous; showy
xiànmù* 羡慕 V. admire; envy
xiànnà 献纳[獻-] V. <*wr.*> ① make suggestions ② contribute
xiānnǎi 鲜奶 N. fresh milk M: *bēi*/*píng*
xiǎnnán 险难[-難] V.P. difficult and dangerous
xiānnánhòuhuò 先难后获[-難後獲] F.E. toil first and then enjoy the fruits
xiānnánhòuyì 先难后易[-難後-] F.E. Things are difficult at first and quite easy afterwards.
xiānnáo 纤挠[纖撓] N. a small one
xiànnǎo(r)* 线脑(儿)[-腦] N. <*coll.*> spool of thread
xiánnèi 舷内 N. inboard (of a ship)
xiánnèizhù 贤内助[賢-] N. ① understanding and helpful wife ② my better half; my good wife M: *ge*/[1]*míng*/[2]*wèi*
xiānnèn 鲜嫩 S.V. fresh and tender ♦N. delicacy
xiánnéng* 贤能[賢-] S.V. talented and virtuous
xiǎnnéng 显能[顯-] V.O. show off (ability)
xiànní 线呢 N. cotton suitings
xiànnì* 陷溺 V. sink; submerge; be drowned
xiànnián 现年 N. present age (of a person)
xiánniǔ 弦纽 N. tuning peg (on a stringed instrument)
xiānnóng 鲜浓[-濃] S.V. rich and thick/strong
xiǎnnòng* 显弄[顯-] V. <*coll.*> flaunt; boast
xiānnǚ(r) 仙女(儿) N. ① female celestial; immortal maiden ② a beauty M: *ge*/[1]*míng*/[2]*wèi*
Xiānnǚzuò 仙女座 N. <*astr.*> Andromeda
xiānòng* 瞎弄 V. <*coll.*> throw into disorder; operate without any plan
xiánòng 狎弄 V. <*wr.*> be rude/impolite to ***See also** xiálòng*
xiánpà 嫌怕 V. be afraid of

X

xiǎnpai 显排/派[顯-] V. <coll.> show off; flaunt; boast
xiánpánr 闲盘儿[-盤-] N. <topo.> ① idle chatter ② other people's business
xiánpèi 衔辔 N. a bit (in a horse's mouth)
xiǎnpei* 显佩[顯-] V. <topo.> show off
xiān péixùn, hòu jiùyè 先培训,后就业[---,後-業] V.P. give people pre-job training
xiànpéngzhàng 线膨胀 N. linear expansion
xiānpí 鲜皮 N. fresh hide
xiǎnpì* 险僻 S.V. perilous and remote
xiànpī 现批 V. make purchases in cash
xiánpiān(r) 闲篇(儿) N. <coll.> idle talk
xiǎnpie 显撇[顯-] V. <topo.> show off; flaunt; boast ~ *néngli* flaunt ability
xiánpílàiliǎn 涎皮赖脸 F.E. shameless and loathsome; cheeky
xiánpín'àifù 嫌贫爱富[--愛-] F.E. snobbish (materialistically)
xiànpīr 线批儿 N. spindle; bobbin
xiánpíxiánliǎn 涎皮涎脸 F.E. shameless; brazen
[1]**xiànpīzi** 线坯子 N. <coll.> coarse cotton thread
[2]**xiànpīzi** 线披子 N. spindle; bobbin
xiǎnpō 险坡 N. dangerously steep grade
xiānpòhòulì 先破后立[--後-] F.E. destruction before construction
xiànpù 献曝[獻-] F.E. <humb.> offer my humble gift/advice
xiànpùzhīchén 献曝之忱[獻-] F.E. offer everything to prove one's sincerity
xiànpùzhīchéng 献曝之诚[獻-] F.E. offer everything to prove one's sincerity
[1]**xiānqī** 先期 ATTR. earlier; in advance
[2]**xiānqī** 先妻 N. my deceased wife
xiānqǐ 掀起 R.V. ① lift; raise ② surge; cause to surge ③ start (movement/etc.)
xiānqì 氙气[-氣] N. <chem.> xenon gas
xiánqī 贤妻[賢-] N. ① <wr.> good wife ② my dear wife
[1]**xiánqì** 嫌弃[-棄] V. ① dislike and avoid ② discard/abandon as undesirable
[2]**xiánqì** 闲弃[-棄] V. set aside
[3]**xiánqì(r)** 闲气(儿)[-氣-] N. anger about trifles
[4]**xiánqì** 贤契[賢-] N. <wr.> polite address to a friend's pupils/children
[5]**xiánqì** 衔泣 V. sob
[1]**xiànqī*** 限期 ADV. be within a definite/set time *Gōngchéng ~ wángōng.* The project must be finished within the time limit. ♦N. time limit; deadline
[2]**xiànqī** 现期 ATTR. current
xiànqí 献旗[獻-] V.O. present a banner
xiānqián 先前 N. before; previously
xiānqiǎn 先遣 V./ATTR. send in advance
xiánqián(r) 闲钱(儿)[-錢-] N. <coll.> spare cash
[1]**xiànqián*** 现钱[-錢] N. <coll.> ready money; cash
[2]**xiànqián** 现前 N. now; the present time
xiānqiǎn bùduì 先遣部队[-隊] N. advance force M: [4]zhī
xiānqiǎnduì 先遣队[-隊] N. advance force/party; vanguard M: [4]zhī
xiánqiáng 舷墙[-牆] N. bulwark
xiànqián jiāoyì 现钱交易[-錢--] N. cash transactions
xiānqiǎn zhīduì 先遣支队[-隊] N. advanced detachment M: [4]zhī
xiānqiǎnzǔ 先遣组 N. advance party
xiānqiǎo* 纤巧[纖-] S.V. dainty; delicate; fine
xiǎnqiào 险峭 S.V. precipitous
xiānqiǎobiézhì 纤巧别致[纖-] F.E. delicate and special
xiànqī bàodào 限期报到[--報-] V.P. report for duty by the prescribed time
xiānqī chéngduì 先期承兑 N. acceptance in advance
xiānqìdēng 氙气灯[-氣燈] N. xenon lamp M: [1]zhǎn
xiánqiējiǎo 弦切角 N. <math> angle of osculation

xiānqǐlai 掀起来 R.V. lift up
xiánqīliángmǔ 贤妻良母[賢-] F.E. a good wife and good mother; a dutiful wife and loving mother
xiānqín 仙禽 N. <zoo.> crane M: [2]zhī
Xiān Qín* 先秦 ATTR. <hist.> pre-Qin
xiánqín 弦琴 N. stringed instrument M: [1]bǎ
xiǎnqīn 显亲[顯親] V.O. glorify one's parents ♦N. relative of eminent social status
xiànqín 献芹[獻-] F.E. <humb.> my small gift
xiánqíng 闲情 N. leisurely interest/mood
xiǎnqíng* 险情 N. dangerous condition
xiànqíng 现情 N. present conditions/situations
xiánqíngyìzhì 闲情逸致 F.E. leisurely and carefree mood
xiànqínxiànpù 献芹献曝[獻-獻-] F.E. offer everything one has to prove one's sincerity
xiǎnqīnyángmíng 显亲扬名[顯親揚-] F.E. bring glory to one's parents and become celebrated
xiànqínzhīyì 献芹之意[獻-] F.E. <humb.> It is only a small gift! (said on presenting a gift)
xiǎnqiú 险球 N. <sport> a near miss (goal)
xiànqī yǐ mǎn 限期已满 V.P. The time limit has been reached.
[1]**xiānqū*** 先驱[-驅] N. pioneer; forerunner; harbinger; predecessor
[2]**xiānqū** 纤趋[纖趨] V.P. overly respectful
xiǎnqū 险区[-區] P.W. danger zone
xiànqū 陷区[-區] P.W. occupied region (by enemy)
xiànquān(r) 线圈(儿) N. <elec.> coil
xiānqūzhě 先驱者[-驅-] N. pioneer M: ge/[1]míng/[2]wèi
xiānr 纤儿[纖-] N. immature child
xiánr 闲儿 N. leisure; free time
xiànr* 馅儿 N. stuffing; filling (of food)
xiānrán 掀髯 V.O. raise one's beard (with the hand or when laughing)
[1]**xiǎnrán*** 显然[顯-] ADV. obviously; evidently; clearly
[2]**xiǎnrán** 洒然[灑-] V.P. <wr.> ① alarmed; surprised ② shocked; frightened ③ cold
xiànrbǐng 馅儿饼 N. Chinese meat pie M: [2]kuài
[1]**xiānrén** 先人 N. ① ancestor; forefather ② my late father ③ previous generations
[2]**xiānrén** 仙人 N. ① celestial being; immortal ② very beautiful woman M: ge/[2]wèi
[3]**xiānrén** 纤人[纖-] N. fragile person
xiānrèn 先任 N. predecessor in office; senior
[1]**xiánrén** 贤人[賢-] N. virtuous person; a worthy; a sage M: ge/[1]míng/[2]wèi
[2]**xiánrén** 闲人 N. ① unoccupied person; idler ② unconcerned person M: ge/[1]míng
xiànrén 线人 N. <trad.> an inner connection; spy; informer M: ge/[1]míng
xiànrèn* 现任 V. ① presently hold office of ② be incumbent; be currently in office
xiānrénbiān 仙人鞭 N. cactus with cylinder-shaped stems
xiānrénguǒ 仙人果 N. <bot.> prickly-pear cactus; prickly pear
xiānrénhòujǐ 先人后己[--後-] F.E. put others before oneself
xiánrénmiǎnjìn 闲人免进[-進] F.E. Admittance to staff only.
xiánrénmòrù 闲人莫入 F.E. no admittance except on business
xiānrénqiú 仙人球 N. cactus with globular or elliptic stems
xiānrénqiú dújiǎn 仙人球毒碱[-鹼] N. mescaline
xiānrénqiúgāo 仙人球膏 N. peyote
xiānréntiào 仙人跳 ID. swindle using the charms of a young beauty
xián rènwéi 咸认为[-認-] V.P. all agree/think/etc.
xiànrénxiǎngfú 羡人享福 F.E. envy the happiness of others
xiànrényúzuì 陷人于罪[--於-] F.E. frame sb.
xiānrénzhǎng 仙人掌 N. <bot.> cactus M: [2]kē

xiánrénzhìshì 贤人志士[賢-] F.E. a person of virtue and ideals
xiānrénzhù 仙人柱 N. <bot.> organ cactus M: [2]kē
xiánrì 闲日 N. free day
xiānróng 先容 V. <wr.> speak for or recommend sb. beforehand
xiánrǒng* 闲冗 N. officials with light duties; supernumeraries
xiǎnróng 显荣[顯榮] V.P. <wr.> illustrious and celebrated
xiānróu 纤柔[纖-] S.V. <wr.> soft and delicate
xiānròu 鲜肉 N. fresh meat M: [2]kuài
xiánròu* 咸肉[鹹-] N. salt meat; bacon M: [2]kuài
xiánròuzhuāng 咸肉庄[鹹-莊] P.W. <topo.> (illegal) brothel M: [1]jiā
xiānrú 先儒 N. the ancient literati M: ge/[1]míng/[2]wèi
xiǎnrú 洒如 V.P. respectful; deferential
xiànrù* 陷入 V. ① sink/fall into; get bogged down in ② be lost/immersed in ③ land oneself in; be caught in
xiànrù bāowéi 陷入包围[-圍] V.O. be encircled/besieged by
xiànrù chénsī 陷入沉思 V.O. be lost in thought
xiànrù chóngwéi 陷入重围[-圍] V.O. find oneself tightly encircled
xiànrù fǎwǎng 陷入法网[-網] V.O. be caught in the meshes of the law
xiànrù jiāngjú 陷入僵局 V.O. reach an impasse
xiànrù jiǒngjìng 陷入窘境 V.O. be in a tight corner
xiànrù juéjìng 陷入绝境[--絕-] V.O. be drawn into a hopeless situation
xiànrù kùnjìng 陷入困境 V.O. ① be put in a tight spot; be cornered ② land in a predicament
xiànrù mózhǎng 陷入魔掌 V.O. fall into the devil's hands
xiānrùn 鲜润 S.V. bright-colored
xiānruò 纤弱[纖-] S.V. slim and fragile; delicate
xiànrù quāntào 陷入圈套 V.O. get trapped into; fall into a trap
xiànrù wēijī 陷入危机 V.O. be beset with a crisis; be deep in crisis
xiānrùwéizhǔ 先入为主 F.E. first impressions are strongest
xiānrùzhījiàn 先入之见 N. preconception; preconceived idea; prejudice
xiánsǎn 闲散 S.V. ① free and at leisure; at loose ends ② unused; idle
xiánsǎn rényuán 闲散人员 N. idle personnel
xiánsǎn tǔdì 闲散土地 N. scattered plots of unutilized land
xiánsǎn zījīn 闲散资金 N. idle capital M: [2]bǐ
xiānsè 纤啬[纖嗇] V.P. miserly; stingy
xiánsè* 咸涩[鹹澀] S.V. salty and puckery (of taste)
xiànsè 苋色 N. <bot.> amaranth
xiānshān 仙山 N. <Dao.> mountain inhabited by immortals M: [4]zuò
[1]**xiànshàng** 献上[獻-] R.V. <rel.> offer up (to the gods)
[2]**xiànshàng** 线上 ATTR. <comp.> on-line
xiànshàng chǔlǐ 线上处理[--處-] N. <comp.> on-line processing
xiānshān-qiónggé 仙山琼阁[--瓊-] P.W. dreamland palace
xiǎnshǎo 鲜少 S.V. rare; scarce
xiǎnshǎonándé 鲜少难得[--難-] V.P. very few and hard to get
xiàn-shè dìtú 县社地图[縣-圖] N. county and commune map M: [1]zhāng/[1]fèn
[1]**xiànshēn** 献身[獻-] V.O. ① devote/dedicate oneself to ② give one's life for
[2]**xiànshēn** 陷身 V.O. ① be thrown into ② fall into; land in
[3]**xiànshēn** 现身 N. <Budd.> ① the body one has during one's life ② the "actualized body" of a buddha/bodhisattva ♦V. appear [1]*shíshí* [1]*zài rénqián* ~ constantly appear before people *See also* xiànshēn shuōfǎ

X

xiānsheng* 先生 N. ① teacher ② mister; Mr.; gentleman; sir ③ husband ④ <*court.*> Ms. ⑤ <*topo.*> doctor ⑥ <*trad.*> bookkeeper ⑦ fortune-teller
xiānshēng 先声[-聲] N. first sign; herald; harbinger
xiānshèng 先圣[-聖] N. ① Confucius ② ancient sages
xiánshēng 弦声[-聲] N. <*lg.*> twang
[1]**xiǎnshèng** 险胜[-勝] V. win by narrow margin
[2]**xiǎnshèng** 显圣[顯聖] V.O. make its presence/power felt (of the ghost/spirit of a sage)
xiànshēng 现生 N. the present life/incarnation
xiànshéng 线绳[-繩] N. cotton rope
xiānshēngduórén 先声夺人[-聲奪-] F.E. overawe others by displaying one's strength
xiānshēnghòushí 先声后实[-聲後實] F.E. first trumpet one's might and then display it
xiànshēnhǔkǒu 陷身虎口 ID. fall into a very dangerous position
xiànshēn jīngshén 献身精神[獻-] N. devotion; dedication
xiànshēnlíngyǔ 陷身囹圄 F.E. ① be put in jail ② be taken prisoner
xiànshēnshèhuì 献身社会[獻-] F.E. dedicate oneself to public service
xiǎn shēnshǒu 显身手[顯-] V.O. display one's talent/skill
xiànshēn shuōfǎ 现身说法 V.P. ① <*Budd.*> appear in various human forms and expound Buddhist doctrine ② expound by using one's own experience as an example
xiǎnshēnyángmíng 显身扬名[顯-揚-] F.E. show one's mettle and make a name
xiánshényěguǐ 闲神野鬼 F.E. a loafer
xiānshī 先师[-師] N. ① Confucius ② my late teacher ③ teacher of the old generation
[1]**xiānshí** 鲜食 N. fresh food ♦V. eat fresh food
[2]**xiānshí** 先时[-時] N. <*lg.*> anterior time
xiānshǐ 先史 N. prehistory
[1]**xiānshì** 仙逝 V. pass away
[2]**xiānshì** 先是 A.T. ① former; original ② go back to the beginning
[3]**xiānshì** 先世 N. ① ancestors; ancestry ② the preceding generation
[4]**xiānshì** 先室 PR. deceased wife
[5]**xiānshì** 先事 A.T. begin first with
[6]**xiānshì** 鲜饰 N. elegant/tasteful toilette
xiánshī 咸湿[鹹濕] ATTR. <*topo.*> ① salty and wet ② over-sexed
xiánshí 闲时[-時] N. leisure time
[1]**xiánshì(r)** 闲事(儿) N. ① matter that does not concern one; other people's business ***Bié guǎn* ~.** Mind your own business. ② unimportant matter
[2]**xiánshì** 闲适[-適] S.V. leisurely and comfortable
[3]**xiánshì** 贤士[賢-] N. a distinguished man M: ge/[1]míng/[2]wèi
[1]**xiǎnshì*** 显示[顯-] V./N. show; display; demonstrate; manifest
[2]**xiǎnshì** 显士[顯-] N. distinguished scholar; illustrious man M: ge/[1]míng/[2]wèi
xiànshī 献诗[獻-] V.O. dedicate a poem to
[1]**xiànshí** 现实[-實] N. reality; actuality ♦S.V. ① practical ② pragmatic ③ real; actual ④ <*Tw/derog.*> opportunistic
[2]**xiànshí** 现时[-時] N. now; at present
[3]**xiànshí** 限时[-時] V.O. fix/set the time; set a time limit/deadline
[1]**xiànshì** 现世 V.O. lose face; be disgraced ♦N. ① this life ② the present epoch
[2]**xiàn-shì** 县市[縣-] N. county and city
[3]**xiànshì** 现势[-勢] N. present/current situation
xiǎnshìbǎn 显示板[顯-] N. display board M: [2]kuài
xiànshìbào(r) 现世报(儿)[--報-] N. <*rel.*> retribution in one's own lifetime
Xī'ān Shìbiàn 西安事变[-變] N. <*hist.*> Xi'an Incident (1936)
xiǎnshìchū 显示出[顯-] R.V. reveal; show; display
xiànshì dìtú 现势地图[-勢-圖] N. current map; up-to-date map M: [1]zhāng
xiànshíhuà 现实化[-實-] N. <*lg.*> actualization
xiǎnshìjī 显示机[顯-] N. <*comp.*> display M: [1]tái
xiǎnshìkǎ 显示卡[顯-] N. <*loan/comp.*> display card M: [1]zhāng
Xiānshīmiào 先师庙[-師廟] N. Confucian temple M: [4]zuò
xiǎnshìqì* 显示器[顯-] N. ① indicator ② <*comp.*> monitor M: [1]jià/[1]tái/ge
xiànshíqì 限时器[-時-] N. timer M: [1]jià/ge
xiànshí shēnghuó 现实生活[-實--] N. real/actual life
xiānshǐ shídài 先史时代[--時-] N. prehistoric period
xiánshítiánhǎi 衔石填海 ID. labor in vain
xiànshìxiànbào 现世现报[-報] F.E. ① suffer from one's own bad deeds as if punished by God ② be punished quickly for the evil one has just done
xiánshìxiánfēi 闲是闲非 F.E. ① idle gossip ② irrelevant disputes
xiànshíxìn 限时信[-時-] N. mail to be delivered by a specified time
xiànshíxìng* 现实性[-實-] N. reality
xiànshìxìng 现世性 N. temporalness
xiànshí yìyì 现实意义[-實-義] N. practical/immediate significance
xiàn-shì zhèngfǔ 县市政府[縣-] P.W. municipal administration
xiànshí zhèngzhì 现实政治[-實--] N. practical politics
xiànshí zhuānsòng 限时专送[-時專-] F.E. prompt (postal) delivery
xiànshízhǔyì 现实主义[-實-義] N. realism
[1]**xiānshǒu*** 先手 N. offensive (in chess)
[2]**xiānshǒu** 纤手[纖-] N. woman's soft and delicate hands ***See also qiànshǒu***
xiānshòu 纤瘦[纖-] S.V. <*wr.*> frail
xiànshōu 限收 N. limited purchase
xiànshòu 现售 N. <*acct.*> cash sales
xiānshǒuqí 先手棋 N. an offensive move in chess M: [1]pán
xiánshòuqíyì 咸受其益 F.E. all benefited from it
xiānshǒuxìyāo 纤手细腰[纖-] F.E. tender hands and slender waist
xiānshù 仙术[-術] N. <*Dao.*> ① supernatural feats of immortals ② magic arts
[1]**xiánshū** 贤淑[賢-] S.V. virtuous and understanding
[2]**xiánshū** 闲书[-書] N. light reading
xiánshú* 娴熟 S.V. adept; skilled
xiànshū 宪书[憲書] N. <*trad.*> almanac
xiànshù 线束 N. bundle
xiánshuǎ 闲耍 V. enjoy oneself at leisure
[1]**xiánshuǐ** 咸水[鹹-] N. saltwater
[2]**xiánshuǐ** 涎水 N. <*topo.*> saliva
xiánshuǐhú 咸水湖[鹹-] N. saltwater lake
xiánshuǐmèi 咸水妹[鹹-] N. <*topo.*> prostitute who does business only with foreigners M: ge/[1]míng
xiánshuǐyú 咸水鱼[鹹-] N. saltwater fish M: [1]tiáo
xiánshuò mài 弦数脉[-數脈] N. taut and rapid pulse
xiánshūrénćí 贤淑仁慈[賢-] F.E. reserved; modest and gracious
xiānsǐhuánshēng 鲜死还生[--還-] F.E. narrowly escape death
xiánsīrsīr 咸丝儿丝儿[鹹絲-絲-] R.F. slightly salty
xiánsòng 弦诵 V. <*wr.*> chant to the accompaniment of stringed instruments ♦N. ① music and oratory ② scholarly instruction
xiánsòngbùchuò 弦诵不辍/缀 F.E. incessant playing of instruments and reciting of poems
xiànsù 限速 ATTR. rate-limiting; speed-limiting ♦V.O. limit the speed
xiánsuān 咸酸[鹹-] V.P. salty and sour
xiànsùdù 线速度 N. <*phy.*> linear velocity
xiànsuì 献岁[獻歲] N. beginning of a new year
xiánsūn 贤孙[賢孫] N. filial grandson
xiánsuǒ 弦索 N. <*mus.*> stringed instruments
xiànsuǒ* 线索 N. clue; thread
xiánsuǒshēnggē 弦索笙歌 F.E. ① stringed instruments ② the flute and singing
xiān-Sū zhéxué 先苏哲学[-蘇--] N. pre-Socratic philosophy
Xiāntái 仙台 P.W. Sendai (Jp.)
xiǎntái* 藓苔 N. <*bot.*> moss
xiàntái 宪台[憲-] PR. Your Excellency
xiàntàiyé 县太爷[縣-爺] N. <*trad.*> county magistrate
xiāntán 仙坛[-壇] N. <*Dao*> altar for use in seeking divine advice M: [4]zuò
xiántán* 闲谈 V. chat; engage in chitchat
xiǎntān 险滩[-灘] N. dangerous shoal; rapids M: chù/[2]dào
xiàntǎn 线毯 N. cotton/thread blanket M: [2]kuài/[1]tiáo
xiàntàn 羡叹[-嘆] V. praise
xiāntāng* 鲜汤[-湯] N. freshly made soup
xiàntáng 线膛 N. gun barrel with inner spiraling/rifling
xiāntáo* 仙桃 N. peach of immortality M: ge/[2]zhī
xiántào 衔套 N. lug
xiānteng 掀腾 V. ① stir up ② overturn
xiántī* 舷梯 N. ① gangway ladder ② ramp M: [1]bǎ
xiàntí 现提 N. <*econ.*> shipside delivery
xiàntǐ 腺体[-體] N. gland
xiàntì 献替[獻-] V. persuade the emperor to do good and eschew evil
[1]**xiāntiān*** 先天 ATTR. ① congenital; inborn ② <*phil.*> a priori; innate ♦N. natural physical endowment
[2]**xiāntiān** 掀天 V.O. rise to the sky (of billows/etc.)
xiántián 闲田 P.W. ① fallow/idle land ② vacant/waste land ③ public land
[1]**xiàntiān** 现天 V. <*topo.*> expose to the light of day; uncover
[2]**xiàntiān** 宪天[憲-] N. highest authorities
xiāntiānbùzú 先天不足 F.E. be inherently deficient ♦N. inborn weakness
xiāntiāndòngdì 掀天动地[--動-] F.E. world-shaking
xiāntiān fùyǔ de 先天赋予的 ATTR. innate
xiāntiān-hòutiān zhī zhēng 先天后天之争[-爭] N. the nature-nurture debate
xiāntiānjiēdì 掀天揭地 F.E. earth-shaking; overwhelming
xiāntiānjùyǒu de 先天具有的 ATTR. innate
xiāntiānlùn 先天论 N. apriorism
xiāntiān quēxiàn 先天缺陷 N. birth defect
xiāntiān shìyè 先天事业[-業] N. an awe-inspiring achievement
xiāntiānwòdì 掀天斡地 F.E. world-shaking
xiāntiānxìng 先天性 N. innateness ♦ATTR. congenital; intrinsic
xiāntiānxìng jíbìng 先天性疾病 N. congenital diseases
xiāntiānxìng jīxíng 先天性畸形 N. congenital malformation
xiāntiānxìng quēdiǎn 先天性缺点[-點] N. <*archeo.*> congenital defect
xiāntiānxìng quēxiàn 先天性缺陷 N. birth defects
xiāntiān xuéshuō 先天学说 N. <*lg.*> innateness position
xiāntiānzhījīng 先天之精 N. congenital/innate essence
xiāntiānzhǔyì jiǎshuō 先天主义假说[--義--] N. <*lg.*> innatist hypothesis
xiāntiānzhǔyì xuéshuō 先天主义学说[--義--] N. <*lg.*> nativist position
xiàntiáo 线条[-條] N. ① line (in drawing/printing/etc.) ② body shape
xiàntiáo cūguǎng xiónghún 线条粗犷雄浑[-條-獷--] V.P. <*art*> bold and rough lines (in painting)
xiàntiáohuà 线条画[-條畫] N. stick figure; line drawing M: [10]fú

xiántiě 衔铁[-鐵] N. <elec.> armature
xiàntiě* 铣铁[-鐵] N. cast iron
xiántíng 闲庭 P.W. quiet courtyard
xiántíngxìnbù 闲庭信步 F.E. stroll idly in a courtyard
xiāntóng 仙童 N. <Dao.> messenger boy in the world of immortals M: ge/[1]míng
xiāntóngyùnǚ 仙童玉女 F.E. boy and girl servants in the world of immortals
xiāntóu(r) 先头(儿) N. ① ahead; in front/advance ② before; formerly; in the past *Wǒ ~ qùguo yīcì.* I've been there once.
xiántóu 衔头 N. title (of a person by right of office/attainments/etc.)
xiàntóu* 线头 N. ① end of a thread ② odd piece of thread
xiāntóu bùduì 先头部队[-隊] N. advance force; vanguard M: [4]zhī
xiāntóu tīduì 先头梯队[-隊] N. forward echelon M: [4]zhī
xiántú* 贤徒[賢-] N. devoted disciples M: ge/[1]míng
xiántǔ 咸土[鹹-] N. salty dirt/earth
xiàntú 线图[-圖] N. diagram; graph; line graph M: [1]zhāng
xiàntuán(r) 线团(儿)[-團-] N. ball of thread/string
xiàntuǐ 限腿 N. leg restraints/shackles
xiántuò 涎唾 N. saliva and spittle
xiántuōwǎng yúchuán 舷拖网渔船[--網--] N. side-trawler M: [1]tiáo/[1]sōu
xiánǚ* 侠女[俠-] N. heroine M: ge/[1]míng/[2]wèi
xiànǚ 下女 N. maid; woman servant M: ge/[1]míng
xiànwà 线袜[-襪] N. cotton socks M: [1]shuāng
xiànwài 限外 ATTR./P.W. beyond the specified limit
xiánwài fādòngjī 舷外发动机[--發動-] N. outboard motor M: [1]tái
xiánwàijià 舷外架 N. outrigger
xiánwàizhīyīn 弦外之音 N. <mus.> overtone; implication
xiánwán(r) 闲玩(儿) V. play around while at leisure
xiānwáng 先王 N. former sovereigns
[1]**xiànwǎng*** 线网[-網] N. gauze; net; wiring
[2]**xiànwǎng** 宪网[憲網] N. net of justice; the arm of the law
Xiānwángzuò 仙王座 N. <astr.> Cepheus
xiānwēi 纤微[纖-] V.P. slight; tiny; infinitesimal
xiānwéi* 纤维[纖-] N. fiber; staple
xiānwèi 鲜味 N. fresh flavor
xiánwéi 弦韦[-韋] N. mild and violent means/strategy
xiánwěi 衔尾 ADV. <wr.> ① one after another ② close behind
xiánwèi 咸味[鹹-] N. salty taste; saltiness
xiǎnwēi 显微[顯-] ATTR. micro- ♦V.O. show the minute points
xiǎnwèi 显位[顯-] N. high official position
xiànwēi 宪威[憲-] N. official prestige
xiànwěi 县委[縣-] P.W. county Party committee
[1]**xiànwèi** 限位 N. <mach.> spacing
[2]**xiànwèi** 县尉[縣-] N. county official
xiānwéibǎn 纤维板[纖-] N. fiberboard M: [2]kuài
xiānwéi dànbái 纤维蛋白[纖-] N. fibrin
xiǎn wēifēng 显威风[顯-] V.O. impress sb. with one's authority
xiānwéi gōngyè 纤维工业[纖-業] N. textile industry
xiānwéi guāngxué 纤维光学[纖-] N. <phy.> fiber optics
xiànwěihuì 县委会[縣-] N. <PRC> county Party committee
xiǎnwēi jiāopiàn 显微胶片[顯-膠-] N. <photo.> microfilm; microfiche; bibliofilm M: [1]juǎn/[1]zhāng
xiǎnwēijìng 显微镜[顯-] N. microscope M: [1]jià/[1]tái
xiànwèi kāiguān 限位开关[-開關] N. <elec.> spacing switch
xiānwéirénzhī 鲜为人知 F.E. rarely known by the people
xiànwěi shūjì 县委书记[縣-書-] N. county Party secretary M: ge/[1]míng/[2]wèi
xiānwéisù 纤维素[纖-] N. ① <chem.> cellulose ② <phys.> fibrin
xiǎnwēi wàikē 显微外科[顯-] N. microsurgery
xiánwěixiāngsuí 衔尾相随[-隨] F.E. ① one close behind another ② in Indian file
xiǎnwēi yuèdújī 显微阅读机[顯--讀-] N. microfilm viewer/reader M: [1]jià/[1]tái
xiǎnwēi zhàoxiàngshù 显微照相术[顯-術] N. microphotography; photomicrography
xiānwéi zhíwù 纤维植物[纖-] N. fiber plant
[1]**xiánwén** 闲文 N. irrelevant words within a text
[2]**xiánwén** 弦纹 N. <art> bow-string pattern; lines or thin ridges in relief
xiānwēng 仙翁 N. immortal in the form of an old man M: ge/[1]míng/[2]wèi
xiánwò 闲卧[-臥] V. lounge around
xián wōnang 嫌窝囊[-窩-] V.P. <coll.> dislike being hemmed in or cramped
xiānwǔ 掀舞 N. churning and pounding (of waves/etc.)
xiānwù 先务[-務] N. urgent/pressing matters
xiánwù* 嫌恶[-惡] V./N. detest; loathe
xiànwù 献物[獻-] N. sth. that is presented/sacrificed to deities/ancestors/etc.
xiànwù gōngzī 现物工资 N. <acct.> payment in kind
xiànwùyuán 线务员[-務-] N. <elec.> lineman M: ge/[1]míng
xiānwùzhījí 先务之急[-務--] N. first things first; sth. that needs to be done first
xiánwūzi 闲屋子 P.W. unoccupied room/house M: [1]jiān
xiānxī 纤悉[纖-] V.P. <wr.> exhaustive; extremely detailed
xiānxì* 纤细[纖-] S.V. ① very thin; slender; fine; tenuous ② small; insignificant
[1]**xiánxí** 娴习[-習] V. <wr.> be skilful/expert at; be adept in
[2]**xiánxí** 闲习[-習] V. be familiar with
[1]**xiánxì** 嫌隙 N. enmity; ill will; grudge
[2]**xiánxì** 闲隙 N. break; fissure
[3]**xiánxì** 咸潟[鹹-] N. salt land
xiǎnxī 险/崄巇/巇[-/嶮-] N. <wr.> dangerous and difficult (of terrain)
xiǎnxì 险戏[-戲] N. dangerous action; danger
xiānxiā 仙虾[-蝦] N. fairy shrimp M: [2]zhī/ge
xiánxiá* 闲暇 N. leisure
[1]**xiànxià** 现下 N. <coll.> now; at present
[2]**xiànxià** 陷下 V. sink into (mud/etc.)
xián xiàlai 闲下来 R.V. have free time
[1]**xiānxiān** 纤纤[纖纖] R.F. <wr.> ① petite; minute; delicate ② long and slender ③ sharp
[2]**xiānxiān** 掀掀 R.F. uplifted
[3]**xiānxiān** 跹跹[躚躚] R.F. turning round and round; twirling
xiānxián 先贤[-賢] N. ancient sage
[1]**xiánxián(r)** 咸咸(儿)[鹹鹹-] R.F. salty
[2]**xiánxián** 涎涎 R.F. shiny; glossy
xiánxiàn 弦线 N. ①strings of musical instruments ② cord; thread
xiǎnxiǎn 显显[顯顯] R.F. bright and brilliant; illustrious
xiǎnxiàn* 显现[顯-] V. appear; reveal
[1]**xiànxiàn** 宪宪[憲憲] R.F. complacent
[2]**xiànxiàn** 晛晛 R.F. <wr.> overcautious
xiǎnxiànchū 显现出[顯-] R.V. emerge; reveal
xiānxiáncí 先贤祠[-賢-] P.W. temple of an ancient sage M: [4]zuò
xiānxiāng 仙乡[-鄉] F.E. <court.> ①your native place ② fairyland ③ land of immortals
xiánxiàng 贤相[賢-] N. a capable prime minister M: ge/[1]míng/[2]wèi
[1]**xiǎnxiàng** 险象 N. dangerous phenomenon; crisis
[2]**xiǎnxiàng** 显象[顯-] V.O. <photo.> develop
[3]**xiǎnxiàng** 显像[顯-] N. video picture; display; presentation
xiànxiāng 线香 N. slender stick of incense; joss-stick
[1]**xiànxiàng*** 现象 N. phenomenon; appearance *guāng [2]píng ~ zuò pànduàn* judge according to appearance only
[2]**xiànxiàng** 县象[縣-] N. <astr.> constellations
xiǎnxiàngguǎn 显像管[顯-] N. <elec.> picture tube; display tube; kinescope
xiǎnxiànghuánshēng 险象环生[--環-] F.E. ① beset/surrounded by perils ② incessant crises
xiànxiàngjiè 现象界 N. phenomenal world
xiànxiànglùn 现象论 N. phenomenalism
xiànxiàng shùjù 现象述句 N. <lg.> phenomenal statement
xiànxiàngxué 现象学 N. phenomenology
xiǎnxiàngyè 显像液[顯-] N. chemical liquid for developing film/pictures
xiānxiānr 鲜鲜儿 R.F. fresh
xiānxiānxìgù 纤纤细故[纖纖-] F.E. trivial affairs; details
xiānxiànyīn 先现音 N. <mus.> anticipation
xiānxiānyùshǒu 纤纤玉手[纖纖-] F.E. delicately formed hands M: [1]shuāng
xiānxiāo 鲜销 ATTR./V. <econ.> market fresh; consume fresh
xiānxiǎo* 纤小[纖-] S.V. fine; tenuous
[1]**xiánxiào** 闲笑 N. pleasant chatter
[2]**xiánxiào** 贤孝[賢-] N. virtuous and filial
xiǎnxiào 显效[顯-] V.O. show effects ♦N. clear effect
xiànxiāo 现销 V. sale for cash ♦N. cash sale
xiànxiāobù 现销簿 N. <acct.> cash sales book M: [1]běn
xiān xiǎorén, hòu jūnzǐ 先小人,后君子[---,後--] F.E. first plebeian haggling, then gentlemanly courtesy
xiànxiáshì 县辖市[縣-] P.W. municipality under the jurisdiction of a county
xiān xiàshǒu wéi qiáng 先下手为强[-強] F.E. to take the initiative is to gain the upper hand
xiánxiáwúshì 闲暇无事 F.E. be at leisure and unoccupied
xiánxìbīngxiāo 嫌隙冰消 F.E. Ill-will melted like ice.
xiānxiè 纤屑[纖-] V.P. <wr.> piddling; trivial
xiǎnxiē(r)* 险些(儿) ADV. narrowly; barely
xiànxiě 献血[獻-] V.O. donate blood *See also xiànxuè*
xiánxiécúnchéng 闲邪存诚 F.E. restrain vicious habits and foster sincere ones
xiānxiělínlí 鲜血淋漓[-灕] F.E. be covered with blood *See also xiānxuèlínlí*
xiānxīn 鲜新 S.V. bright and new; refreshing; fresh
xiánxīn* 闲心 N. leisurely mood *Wǒ méiyǒu ~ wánr.* I'm in no mood for fun.
xiánxìn 咸信 V. trust/believe fully
xiànxīn 馅芯 N. filler
xiānxíng 先行 V. precede others ♦ATTR. beforehand; in advance ♦N. commander of an advance unit
xiǎnxíng(r) 显形(儿)[顯-] V.O. show one's true colors ♦N. <lg.> phenotype
xiǎnxìng 显性[顯-] ATTR. ① <bio.> dominant ② <lg.> overt
[1]**xiànxíng*** 现行 ATTR. in effect/force/operation; current; active
[2]**xiànxíng** 现形 V. reveal one's true self ♦N. the present/actual situation
[3]**xiànxíng** 线形 ATTR. thread-like; string-like
xiànxìng 线性 N. ① <math.> linear ② <lg.> linearity
xiànxíng biāozhǔn 现行标准[-標準] N. current standard
xiànxìng chéngxù 线性程序 N. <lg.> linear program
xiānxíngcí 先行词 N. <lg.> antecedent
xiànxìng cìxù 线性次序 N. <lg.> linear precedence
xiànxìng dàgāng 线性大纲[-綱] N. <lg.> linear syllabus

xiànxìng dàishù 线性代数[-數] N. <*math.*> linear algebra
xiànxíng dòngwù 线形动物[--動-] N. roundworm
xiànxíngfǎ 现行法 N. existing law/positive law
xiànxíng fǎlìng 现行法令 N. decrease in effect
xiànxíngfàn 现行犯 N. criminal caught in, before, or immediately after an act M: *ge/*[1]*míng*
xiànxíng fǎngémìng fènzǐ 现行反革命分子 N. <*PRC*> active counterrevolutionaries M: *ge/*[1]*míng*
xiānxíngguān 先行官 N. commander of a vanguard M: *ge/*[1]*míng/*[2]*wèi*
xiànxíng gǔdōng 现行股东 N. active partner M: *ge/*[1]*míng/*[2]*wèi*
xiànxìng guīhuà 线性规划[-劃] N. linear programming
Xiǎn Xīnghǎi 冼星海 (1905–1945) N. outstanding French-trained composer of about 500 pieces
xiànxìng páiliè 线性排列 N. <*lg.*> linearity
xiānxíng tónghuà 先行同化 N. <*lg.*> anticipatory assimilation
xiànxíng wénzì 线形文字 N. <*lg.*> linear script
xiǎnxìng xíngwéijù 显性行为句[顯-] N. <*lg.*> explicit performative
xiànxíngyè 线形叶[-葉] N. <*bot.*> linear leaf M: [1]*piàn*
xiānxíng yìhuà 先行异化[--異-] N. <*lg.*> anticipatory dissimilation
xiānxíng yìyì 先行意义[-義] N. <*lg.*> anticipatory meaning
xiānxíngzhě 先行者 N. forerunner M: *ge/*[1]*míng/*[2]*wèi*
xiànxíng zhèngcè 现行政策 N. present policies
xiānxíng zhǔyǔ 先行主语 N. <*lg.*> anticipatory subject
xiānxiōng 先兄 N. my late elder brother
xiānxiù 纤秀[纖-] S.V. tiny and delicate
xiānxiūbān 先修班 N. preparatory class M: [2]*qī*
xiánxíwényì 娴习文艺[-習-藝] F.E. well-read; familiar with literature and the arts
xiānxīwúyí 纤悉/息无遗[纖-] F.E. nothing has been omitted
xiánxíwǔyì* 娴习武艺[-習-藝] F.E. ① skilled in martial arts ② skilled in boxing/fencing/etc.
xiánxízhèngshì 娴习政事[-習--] F.E. be well versed in political affairs
xiānxù* 先绪 N. ancestral heritage
xiánxù 衔恤 V. ① nurse a sorrow ② suffer the death of one's parents
xiānxuè* 鲜血 N. ① blood ② fresh blood
xiǎnxué 显学[顯-] N. practical learning (referring to Confucianism and Mohism)
xiànxuè 献血[獻-] V.O. donate blood *See also xiànxiě*
xiānxuèbèngliú 鲜血迸流 F.E. Blood flowed in streams. Fresh blood spurted out.
xiānxuèjiànfēi 鲜血溅飞[-濺飛] F.E. Red blood flowed.
xiānxuèlínlí 鲜血淋漓[-灕] F.E. drenched with blood; dripping blood *See also xiānxiělínlí*
xiānxuèníngchéng 鲜血凝成 F.E. sealed in blood
xiānxuéqián jiàoyù 先学前教育 N. pre-preschool education
xiànxuéxiànjiāo 现学现教 F.E. ① teach what one is learning; teach while learning ② learn while one teaches
xiānxuèzhímào 鲜血直冒 F.E. blood spurted out
xiányǎ 娴/闲雅 S.V. ① refined; elegant (of women) ② placid; serene
xiànyá* 县衙[縣-] N. <*trad.*> county government office
xiányādàn 咸鸭蛋[鹹-] N. salty preserved duck egg M: *ge/*[2]*zhī*
xiànyámén 县衙门[縣-] N. <*trad.*> county government official
[1]**xiānyán** 先严[-嚴] N. <*wr.*> deceased father
[2]**xiānyán** 鲜妍 S.V. vivid
[3]**xiānyán** 纤妍[纖-] V.P. elegant and pretty
[1]**xiānyàn*** 鲜艳[-艷] S.V. bright-colored; gaily-colored
[2]**xiānyàn** 先验 N. <*phil.*> a priori
[1]**xiányán** 咸盐[鹹鹽] N. <*coll.*> table salt; salt
[2]**xiányán** 闲言 N. ①gossip; idle talk ②balderdash
[1]**xiányàn** 嫌厌[-厭] N. disgust; loathing ♦V. dislike; loathe
[2]**xiányàn** 闲宴/燕 N. peace and quietness
xiǎnyǎn 显眼[顯-] S.V. conspicuous; showy
xiànyán 献言[獻-] V.O. offer opinions/suggestions/etc.
[1]**xiànyǎn** 现眼 V.O. <*topo.*> lose face; make a fool of oneself
[2]**xiànyǎn** 献演[獻-] V. perform for the audience
xiānyànduómù 鲜艳夺目[-艷奪-] F.E. dazzlingly beautiful; resplendent
xiǎnyáng 显扬[顯揚] V. commend; cite ♦S.V. famous
xiànyáng* 现洋 N. ① silver dollar M: [2]*kuài* ② ready cash
xiànyángqián 现洋钱[-錢] N. ① silver dollar M: [2]*kuài* ② ready cash
xiànyǎnjiùmáng 献眼救盲[獻-] F.E. donate one's eyes to a blind person
xiānyànkě'ài 鲜艳可爱[-艷-愛] F.E. beautiful and lovable (like a flower)
xiānyànlùn 先验论 N. apriorism
xiānyàn'ōu 仙燕鸥[-鷗] N. fairy tern M: [2]*zhī*
xiānyánsè 鲜颜色 N. bright color
xiányánshǎoxù 闲言少叙[-敘] F.E. leave out the nonessential words; make a long story short
xiányánsuìyǔ 闲言碎语 F.E. ① gossip ② idle chatter ③ sarcastic remarks
xiányánxiányǔ 闲言闲语 F.E. gossip
xiānyànyàn 鲜艳艳[-艷艷] R.F. bright-colored
xiānyàn zhéxué 先验哲学 N. transcendental philosophy
xiānyàn zhīshi 先验知识[-識] N. <*phil.*> a priori knowledge
xiānyāo 纤腰[纖-] N. slender waist
[1]**xiānyào** 仙药[-藥] N. ① elixir ② panacea
[2]**xiānyào** 先要 N. first essentials
[1]**xiǎnyào*** 显要[顯-] S.V. powerful and influential ♦N. influential figure; VIP
[2]**xiǎnyào** 险要 S.V. strategically located and difficult of access
[3]**xiǎnyào** 显耀[顯-] V.O. ① be famous for one's reputation and power ② show off
xiǎnyào rénwù 显要人物[顯-] N. an influential figure M: *ge/*[1]*míng/*[2]*wèi*
xiǎnyào yī shí 显耀一时[顯-時] V.P. be highly renowned for a time
xiányǎsīwén 娴雅斯文 F.E. quiet and gentle
[1]**xiányí*** 嫌疑 N./V. ① suspicion ② suspect
[2]**xiányí** 咸宜 V.P. fit/suit all
xiányì 闲逸 S.V. <*wr.*> leisurely and comfortable
xiǎnyì 险易 N. ① degree of difficulty or easiness ② disturbance and peace
xiànyī 线衣 N. cotton knitwear M: [2]*jiàn*
xiànyí 献疑[獻-] V.O. <*wr.*> raise doubt/suspicion
xiànyǐ 现已 V.P. have already (finished/etc.)
[1]**xiànyì** 现役 N. active service/duty ♦ATTR. on active duty; active
[2]**xiànyì** 献艺[獻藝] V.O. ① show one's skill/talents ②present/give a performance (of actors/etc.)
xiānyìchéngzhì 先意承志 F.E. anticipate and satisfy wants; wait on
xiányífàn 嫌疑犯 N. suspect M: *ge/*[1]*míng*
xiányí fènzǐ 嫌疑分子 N. <*law*> suspect M: *ge/*[1]*míng*
xiànyìhuì 县议会[縣議-] N. county legislative assembly M: *cì*
xiànyì jūnrén 现役军人 N. <*mil.*> serviceman; military personnel on active service M: *ge/*[1]*míng/*[2]*wèi*
xiānyī-měishí 鲜衣美食 N. extravagant living
xiānyǐn 先引 N. a guide
xiányīn 弦音 N. music of a stringed instrument
xiànyín* 现银 N. ① <*trad.*> silver coin ② ready cash
xiānyíng 先茔[-塋] N. ancestral grave M: [4]*zuò*
xiǎnyǐng* 显影[顯-] V.O. <*photo.*> develop
xiǎnyǐng bùzú 显影不足[顯-] V.P. <*photo.*> underdevelop
xiǎnyǐngjì 显影剂[顯-劑] N. <*photo.*> developer
xiǎnyǐngyè 显影液[顯-] N. <*photo.*> developer
xiànyì niánxiàn 现役年限 N. term of active service
xiàn yīnqín 献殷勤[獻-] V.O. ingratiate oneself
xiānyīnùmǎ 鲜衣怒马 ID. lead a luxurious life
xiányí xíngwéi 嫌疑行为 N. suspicious conduct
xiànyìyuán 县议员[縣議-] N. county legislative council member M: *ge/*[1]*míng/*[2]*wèi*
xiānyǒng 掀涌 V. seethe; churn
xiànyòng wénjiàn 现用文件 N. active file M: [1]*fèn*
xiànyòngxiànmǎi 现用现买[-買] F.E. ① buy what is in immediate need ② hand-to-mouth buying
[1]**xiānyóu** 先游 V. recommend sb. in advance
[2]**xiānyóu** 仙游 ID. die
xiányóu 闲游 V. loiter
xiǎnyǒu 鲜有 V.P. seldom have; be rare
xiànyǒu* 现有 ATTR. now available; existing
xiānyōuhòulè 先忧后乐[-憂後樂] F.E. ①plan/worry ahead and enjoy only afterwards ②Forethought brings happiness. ③ First labor, then enjoy.
xiányóulàngdàng 闲游浪荡[-蕩] F.E. hang about/around
xiànyǒu shìchǎng 现有市场[-場] P.W. ready market M: [4]*zuò*
xiānyú 鲜鱼 N. fresh fish M: [1]*tiáo*
xiānyù 纤玉[纖-] N. delicate hands (of women)
xiányú 咸鱼[鹹-] N. salt fish M: [1]*tiáo*
xiányǔ 闲语 N. ① personal/confidential talk ② sarcastic remarks/complaints ③ gossip
xiǎnyǔ 险语 N. startling/daring remarks
[1]**xiànyú*** 限于[-於] V.P. be confined/limited to ~ *shíjiān* owing to the limitation of time
[2]**xiànyú** 陷于[-於] V.P. fall into; be caught in
[3]**xiànyú** 羡余 N. <*trad.*> additional taxes regularly presented to emperor by local officials
xiànyù 县狱[縣-] P.W. county jail M: [4]*zuò*
[1]**xiányuān*** 衔冤 V.O. nurse a grievance
[2]**xiányuān** 嫌冤 V. <*coll.*> feel wronged
xiányuán 舷缘 N. gunwale; gunnel
xiányuàn 嫌怨 V./N. ① grudge; resent ② resentment; enmity
xiányuān'érsǐ 衔冤而死 F.E. die with a bitter sense of wrong
xiàn yuánxíng 现原形 V.O. be exposed/unmasked
xiànyúbèidòng 陷于被动[-於-動] F.E. lose the initiative
xiányúcílìng 娴于辞令[-於辭-] F.E. adept at speech
xiānyuè 仙乐[-樂] N. music from heaven
[1]**xiányuè*** 弦乐[-樂] N. stringed instruments/music
[2]**xiányuè** 闲月 N. slack farm month(s)
[3]**xiányuè** 弦月 N. crescent moon
xiányuèduì 弦乐队[-樂隊] N. string orchestra M: [4]*zhī*
xiányuèqì 弦乐器[-樂-] N. stringed instrument M: [2]*jiàn*
xiányuè sānchóngzòu 弦乐三重奏[-樂---] N. <*mus.*> string trio M: [2]*chǎng*
xiányuè sìchóngzòu 弦乐四重奏[-樂---] N. <*mus.*> string quartet M: [2]*chǎng*
xiànyúgūlì 陷于孤立[-於--] F.E. find oneself isolated
xiànyújuéjìng 陷于绝境[-於絕-] F.E. be driven to the last ditch
xiānyúmí 鲜鱼糜 N. raw fish paste
Xiǎnyǔn 猃狁 N. <*hist.*> Qin/Han northern tribe known as the Huns
xiǎnyùn* 险韵[-韻] N. a difficult rhyme

xiànyùnhuì 县运会[縣運-] N. county sports meet
xiányúnyěhè 闲云野鹤[-雲--] ID. ① free and unrestrained ② without fixed abode
xiányùwéixīn 咸与维新[-與--] F.E. All take part in reform.
xiánzá(r) 闲杂(儿)[-雜-] ATTR. without fixed duties
xiánzai 闲在 V.P. at leisure
xiànzài* 现在 N. ① now; at present; today ② modern times; nowadays ♦ATTR. modern
xiànzài de Běijīng guānhuà 现在的北京官话 N. <lg.> Modern Pekingese
xiànzài dúfǎ 现在读法[--讀-] N. <lg.> modern pronunciation
xiànzài fēncí 现在分词 N. <lg.> present particle
xiànzài jìnxíng 现在进行[--進-] N. <lg.> present progressive
xiànzài jìnxíngshì 现在进行式[--進--] N. <lg.> present progressive
xiànzài jìnxíngtǐ 现在进行体[--進-體] N. <lg.> present continuous
xiànzàishí* 现在时[-時] N. <lg.> present tense
xiànzàishì 现在式 N. <lg.> present tense; present-tense form
xiànzài shíjiān 现在时间[--時-] N. <lg.> present tense
xiànzàishí shānchú 现在时删除[--時刪-] N. <lg.> present-time deletion
xiànzài wánchéng 现在完成 N. <lg.> present perfect
xiànzài wánchéng jìnxíngtǐ 现在完成进行体[----進-體] N. <lg.> present perfect continuous
xiànzài wánchéngshì 现在完成式 N. <lg.> present perfect
xiànzài wánchéngtǐ 现在完成体[-體] N. <lg.> present perfect
xiànzài xiěfǎ 现在写法[--寫-] N. modern script
xiánzāng 嫌脏[-髒] V. ① abhor filth ② show the dirt
xiǎnzāobùcè 险遭不测 F.E. have a narrow escape
xiǎnzāobùxìng 险遭不幸 F.E. come within an inch of death
xiǎnzāodúshǒu 险遭毒手 F.E. ① almost fall victim to a deadly plot ② be nearly killed
xiánzárénděng 闲杂人等[-雜--] N. loiterer(s)
xiánzá rényuán 闲杂人员[-雜--] N. loiterers
xiānzé* 先泽[-澤] N. benefits from one's ancestor
xiànzé 宪则[憲-] N. laws and institutions
xiánzēng 嫌憎 V. loathe
xiǎnzhà* 险诈 S.V. sinister and crafty
xiànzhá 线闸 N. cable brake (of a bicycle); caliper brake
xiānzhàn 先占 N. <law> appropriation of ownerless property
xiánzhāng(r) 闲章(儿) N. private seal, usu. containing only an idiom or poetic quotation
xiǎnzhāng 显章[顯-] V.P. make clear; clarify; state with honesty
xiànzhāng 宪章[憲-] <wr.> N. ① charter ② institutions; decrees and regulations ♦V. ① follow the example of; model oneself on; learn from ② conform to the laws
xiànzhǎng* 县长[縣-] N. county head/magistrate M: ge/[1]míng/[2]wèi
xiànzhàng xìshù 线胀系数[-係數] N. <phy.> linear expansion coefficient
xiānzhǎnhòuzòu 先斩后奏[--後-] F.E. act first and report afterwards
xiānzhào* 先兆 N. omen; portent; sign; indication
xiánzhāo 闲着/招[-著] N. inconsequential move
xiǎnzhào 险兆 N. evil omen
xiānzhào liúchǎn 先兆流产[-產] N. <med.> early signs of miscarriage; threatened miscarriage
xiānzhé* 先哲 N. great thinker of the past; sage M: ge/[1]míng/[2]wèi
xiánzhé 贤哲[賢-] N. wise and able person M: ge/[1]míng/[2]wèi
xiánzhě 贤者[賢-] N. the good/virtuous; sages M: ge/[1]míng/[2]wèi
xiǎnzhe 显着[顯著] V.P. appear
xiǎnzhě 显者[顯-] N. a dignitary; an eminent person
xiánzhěduōláo 贤者多劳[賢-勞] F.E. The able and virtuous are always busy.
xiánzheliǎn 涎着脸[-著-] V.P. be brazen/cheeky
xiānzhēn 仙真 N. <Dao.> immortal; Daoist god
xiànzhèn* 陷阵 V.O. take an enemy position
xiànzhènchōngfēng 陷阵冲锋[--衝-] F.E. charge enemy lines
xiānzhèng 先正 N. ① prophet ② person of foresight/forethought
xiánzhèng 痫症[癇-] N. <Ch. med.> epilepsy
[1]**xiǎnzhèng** 险症 N. ①dangerous illness ②critical symptoms
[2]**xiǎnzhèng** 显证[顯證] N. <wr.> clear proof
xiànzhèng* 宪政[憲-] N. constitutional government; constitutionalism
xiànzhèngfǔ 县政府[縣-] P.W. county government
xiànzhèng huìyì 县政会议[縣-議] N. district consultative council
xiànzhèng shíqī 宪政时期[憲-時-] N. the period of constitutional government
Xiànzhèng Yùndòng 宪政运动[憲-運動] N. Constitutional Movement (started 1901)
xiánzhewúliáo 闲着无聊[-著--] F.E. be tired of doing nothing
xiánzhewúshì 闲着无事[-著--] F.E. at loose ends
xiānzhī 先知 N. ① person of foresight M: ge/[1]míng/[2]wèi ② <rel.> prophet ③ prescience; foresight
xiānzhǐ 纤指[纖-] N. slender/delicate fingers (of women)
[1]**xiánzhí** 闲职[-職] N. ① unoccupied post ② extremely light and easy job; sinecure
[2]**xiánzhí** 贤侄[賢-] N. <court.> one's nephew or a son of one's friend
xiánzhì 闲置 V. let sth. lie idle; set aside
xiǎnzhí 显职[顯職] N. important position
[1]**xiànzhí** 现职[-職] N. present post/job
[2]**xiànzhí** 现值 N. present value/worth
xiànzhǐ 限止 V. limit; restrict
[1]**xiànzhì*** 限制 V. restrict; confine ♦N. restriction; limit; confinement
[2]**xiànzhì** 宪制[憲-] ATTR. constitutional
[3]**xiànzhì** 县志[縣-] N. county annals/gazetteer M: [2]bù
[4]**xiànzhì** 县治[縣-] N. <trad.> county jurisdiction/seat
[5]**xiànzhì** 陷滞[-滯] V. be stuck/trapped
xiánzhì bùyòng 闲置不用 V.P. put to one side
xiánzhì chéngběn 闲置成本 N. idle cost
xiànzhì chéngfèn 限制成分 N. <lg.> restricting element
xiànzhìcí 限制词 N. <lg.> limiter
xiànzhì fùjiāyǔ 限制附加语 N. <lg.> restrictive adjunct
xiànzhìqì 限制器 N. <elec.> limiter M: ge/[1]tái
xiánzhì rényuán 闲置人员 N. idle hand
xiánzhì shèbèi 闲置设备[-備] N. idle equipment M: tào/[1]tái
xiànzhì shēngchǎn 限制生产[-產] V.O. control production ♦N. controlled production
xiànzhì shēngyù 限制生育 V.O. limitation of birth
xiànzhīshì 县知事[縣-] N. county magistrate (in the early Republic) M: ge/[1]míng/[2]wèi
xiànzhì shōugòu 限制收购[-購] V.O. limited purchase
xiánzhì shòumìng 闲置寿命[--壽-] N. shelf life
xiānzhīxiānjué 先知先觉[-覺] F.E. ① have foresight ② a person of foresight
xiànzhìxìng 限制性 N. restrictiveness ♦ATTR. restricted; restrictive
xiànzhìxìng dàimǎ 限制性代码 N. <lg.> restricted code
xiànzhìxìng fānyì 限制性翻译[-譯] N. <lg.> restricted translation
xiànzhìxìng guānxicí 限制性关系词[---關係] N. <lg.> restrictive relative
xiànzhìxìng guānxi cóngjù 限制性关系从句[---關係從-] N. <lg.> restrictive relative clause
xiān zhíxíng, hòu huìbào 先执行,后汇报[-執-,後匯報] V.P. first take prompt action and then report it
xiànzhìxìng huìyì 限制性会议[-議] N. restricted meeting
xiànzhìxìng shùwèi jiégòu 限制性述谓结构[-構] N. <lg.> qualifying predication
xiànzhìxìng tóngwèi 限制性同位 N. <lg.> restrictive apposition
xiànzhìxìng tóngwèiyǔ 限制性同位语 N. <lg.> restrictive appositive
xiànzhì yánlùn zìyóu 限制言论自由 V.O. gag; restrict freedom of speech
xiànzhìzhù 限制住 R.V. restrict
xiánzhì zīběn 闲置资本 N. idle capital M: [2]bǐ
xiánzhì zījīn 闲置资金 n. idle funds M: [2]bǐ
xiānzhǒng 掀肿[-腫] N. a swelling
xiǎnzhōngnòngxiǎn 险中弄险 F.E. take a dangerous step in a dangerous situation
xiǎnzhōngsuìliáng 显忠遂良[顯-] F.E. promote loyal and good people
xiánzhóu 弦轴 N. peg; tuning peg
xiǎnzhǒu 筅帚 N. <coll.> brush for cleaning pots and pans
xiànzhóu(r)* 线轴(儿) N. ① reel for thread; bobbin ② reel/spool of thread
xiánzhù 弦柱 N. post/neck to which the strings of a musical instrument are attached
xiǎnzhu 显著[顯-] V. ① appear ② feel; experience ***See also*** *xiǎnzhù*
xiǎnzhù* 显著[顯-] S.V. notable; marked; striking; remarkable; outstanding; distinctive ♦N. <lg.> prominence ***See also*** *xiǎnzhu*
xiànzhuā 现抓 V. <coll.> improvise
xiànzhuāng 线装[-裝] N. <trad.> thread binding (of a Chinese book)
[1]**xiànzhuàng*** 现状[-狀] N. status quo; present conditions
[2]**xiànzhuàng** 线状[-狀] N. linearity
xiànzhuāngběn 线装本[-裝-] N. thread-bound edition M: [1]běn/[4]cè/[2]bù
xiànzhuāngshū 线装书[-裝書] N. thread-bound Chinese book M: [1]běn/[4]cè/[2]bù
xiǎnzhù de chéngfèn 显著的成分[顯-] N. <lg.> dominant element
xiǎnzhù de yìyì 显著的意义[顯-義] N. distinctive meaning
xiànzhuō 献拙[獻-] V. <wr.> show oneself up
xiánzhūròu 咸猪肉[鹹豬-] N. salty preserved pork; ham; bacon M: [2]kuài
xiǎnzhù shuǐpíng 显著水平[顯-] N. level of significance
xiànzhùsuǒ 现住所 N. <law> actual residence
xiǎnzhù tèzhēng 显著特征[顯-徵] N. marked feature
xiānzī 仙姿 N. fairy-like beauty
[1]**xiānzǐ*** 仙子 N. ①immortals in general ②female immortal ③ beautiful woman
[2]**xiānzǐ** 先子 N. ① one's deceased father ② an ancestor
xiánzi 弦子 N. <mus.> three-stringed plucked instrument
xiǎnzi 跣子 N. slippers
xiànzi 馅子 N. stuffing; filling
xiǎnzìpíng 显字屏[顯-] N. word-display screen
xiānzīyùsè 仙姿玉色 ID. divine countenance and gem-like quality (of women)
xiānzīyùzhì 仙姿玉质[-質] ID. divine appearance and gem-like quality
xiānzǒu* 先走 V. go/leave first
xiánzǒu 闲走 V. take a walk; stroll idly
xiānzòuhòuzhǎn 先奏后斩[--後-] F.E. report first and act afterwards

xiānzǒu yī bù 先走一步 V.P. ① go/leave first ② advance a step further

xiānzǔ* 先祖 N. ① deceased grandfather ② ancestry

xiǎnzú 跣足 V.P. barefooted

[1]xiǎnzǔ 险阻 V.P./N. dangerous and difficult (of roads)

[2]xiǎnzǔ 显祖[顯-] N. one's forebears

xiánzuò* 闲坐 V. sit in leisure; sit idly

xiànzuǒ 县佐[縣-] N. <trad.> assistant to the district head

xiǎnzǔyīn 险阻音 N. <lg.> glottalized consonant

[1]xiāo 消 V. disappear; vanish ♦B.F. ① eliminate; dispel; remove ***xiāochú*** ② while away (time) ***xiāoqiǎn*** ③ disperse; dispense ***xiāoxi*** ④ digest ***[1]xiāohuà*** ⑤ consume ***xiāofèizhě*** ♦AUX. <topo.> need (contraction of ***xūyào***; usually negative) ***bù ~ shuō*** needless to say

[2]xiāo 削 V. ① pare/peel with a knife ② <sport> cut; chop *See also* ***[2]xuē***

[3]xiāo 销[銷] V. ① melt (metal) ② cancel; annul ③ sell; market ④ pin; peg ⑤ expend; spend ♦N. ① pin; peg ② bolt

[4]xiāo 箫[簫] N. vertical bamboo flute

[5]xiāo 宵 B.F. night ***Yuánxiāo, tōngxiāo***

[6]xiāo 硝 N. ① niter; saltpeter ② tawing; tanning

[7]xiāo 枭[梟] N. owl *See also* ***[8]xiāo***

[8]xiāo 骁/枭[驍/梟] B.F. brave; valiant; spirited ***xiāoqí, [2]xiāohàn, xiāoxióng*** *See also* ***[7]xiāo***

[9]xiāo 萧[蕭] B.F. desolate; bleak ***xiāotiáo, [1]xiāorán*** ♦N. Surname

[10]xiāo 嚣[囂] B.F. clamor; hubbub ***jiàoxiāo, xuānxiāo***

[11]xiāo 霄 B.F. clouds ***[1]yúnxiāo***

[12]xiāo 枵 B.F. empty; hollow ***[2]xiāobó, xiāofù***

[13]xiāo 潇[瀟] B.F. deep, clear water ♦in ***xiāosǎ***

[14]xiāo 绡[綃] B.F. raw silk ***xiāotóu, xiāochāo***

[15]xiāo 翛 B.F. free and unrestrained ***[4]xiāorán, [6]xiāoxiāo***

[16]xiāo 虓 B.F. tiger's angry roar ***xiāohǔ***

[17]xiāo 鸮[鴞] B.F. owl ***[2]chīxiāo, xiāokē***

[18]xiāo 哓[嘵] in ***[4]xiāoxiāo***

[19]xiāo 蛸 in ***[2]piāoxiāo*** *See also* ***[7]shāo***

[20]xiāo 逍 in ***xiāoyáo***

[21]xiāo 魈 in ***[2]shānxiāo***

[22]xiāo 蟏[蠨] in ***xiāoshāo***

Xiāo 肖 N. Surname *See also* ***[6]xiào***

xiáo 淆/殽 B.F. confuse; mix ***hùnxiáo, xiáozá***

[1]xiǎo* 小 S.V. ① small; little; petty; minor ***Xié ~le yīhào.*** These shoes are one size too small. ② young ***Tā bǐ wǒ ~ sì suì.*** She's four years younger than I. ♦PR. <humb.> I; my; our ***~de bù gǎn*** I don't dare. ♦ADV. for a little while; for a moment ♦N. ① the young ② concubine ***Yǐqián tā gěi rénjiā zuò ~.*** She was formerly a concubine. ♦ATTR. ① the last in order of seniority ***wǒ de ~ dìdi*** my youngest brother ② used before names of persons or animals to indicate the young ***~ Wáng*** (Young) Wáng ***~ māo*** kitten; kitty

[2]xiǎo 晓[曉] B.F. ① dawn; daybreak ***fúxiǎo*** ② know ***xiǎodé, zhīxiǎo*** ③ tell ***bàoxiǎo***

[3]xiǎo 筱/篠 B.F. ① a small, slender bamboo ***huìxiǎo*** ② *same as* [1]xiǎo, *used in personal names* small ***xiǎoqī***

[4]xiǎo 謏[謏] B.F. little; limited ***xiǎocái, xiǎowén***

[1]xiào 笑 V. ① smile; laugh ② ridicule; laugh at ***Tā gāng xué, bié ~ tā.*** She's a beginner. Don't laugh at her.

[2]xiào 校 B.F. ① school ***xuéxiào, [1]xiàofāng*** ② field officer ***shàngxiào*** *See also* ***[6]jiào***

[3]xiào 效 B.F. ① effect; result ***xiàoguǒ, chéngxiào*** ② efficiency ***xiàolǜ*** ③ imitate ***xiàofǎng*** ④ devote self to; render service ***xiàoláo***

[4]xiào 孝 B.F. ① filial ***xiàoshùn*** ② filial piety ***xiàodào*** ③ mourning ***shǒuxiào*** ④ mourning dress ***chuānxiào***

[5]xiào 啸[嘯] V. ① whistle ② howl; roar; scream

[6]xiào 肖 B.F. ① like; similar ***bīxiào*** ② likeness ***xiàoxiàng*** ♦in ***[2]shēngxiào*** *See also* ***Xiāo***

[7]xiào 哮 B.F. ① breathe heavily; gasp for air ***xiàochuǎn*** ② roar; bellow ***páoxiào, xiàohǒu***

xiāo'ài 萧艾[蕭-] N. ① <bot.> mugwort family ② evil elements

xiào'ài* 孝爱[-愛] N. filial love

xiāo'àn 销案 V.O. close a case

xiǎo'ǎo* 小袄[-襖] N. short padded coat M: ***[2]jiàn***

[1]xiào'ào 啸傲[嘯-] V.P. <wr.> ① be forthright in speech and action ② be leisurely and carefree

[2]xiào'ào 笑傲 V.P. enjoy a carefree life with contempt for conventions

xiào'àofēngyuè 笑傲风月 F.E. enjoy the breeze and moonlight

xiào'àojiānghú 笑傲江湖 F.E. enjoy the carefree and unrestrained life of a wanderer

xiào'àoshānlín 笑傲山林 F.E. <wr.> lead a hermit's life in the woods

xiào'àoshānquán 啸傲山泉[嘯-] F.E. <wr.> lead a hermit's life in the woods and by a stream

xiǎobā 小巴 N. <loan> minibus M: ***[3]liàng***

xiǎobādù 小八度 N. <mus.> minor octave

xiǎobáicài 小白菜 N. a variety of Chinese cabbage; bokchoi M: ***[1]kē***

xiǎo-bǎihéhuā 小百合花 N. small tiger lily M: ***[2]duǒ***

xiǎobǎihuò 小百货 N. small articles of daily use

xiǎobáijú 小白菊 N. <bot.> feverfew M: ***[2]duǒ/[2]kē***

xiǎobǎikēquánshū 小百科全书[-書] N. micropedia M: ***tào/[2]bù/[1]běn***

xiǎobáiliǎn(r) 小白脸(儿) N. good-looking young men M: ***ge/[1]zhāng***

xiǎo-báiqūcài 小白屈菜 N. <bot.> lesser celandine

xiǎobǎishè 小摆设[-擺-] N. bric-a-brac; ornamental knickknacks M: ***[2]jiàn***

xiǎo-Bālù 小八路 N. young 8th Route Army man M: ***ge/[1]míng***

xiāobàn 宵半 N. midnight

xiǎobān(r)* 小班(儿) P.W. ① bottom class in kindergarten ② <topo.> first-rate brothel

xiǎobàn(r) 小半(儿) N. less than half; lesser/smaller part

xiǎo bānbèiqiányā 小斑背潜鸭[---潛-] N. lesser scaup duck M: ***[2]zhī***

xiǎobandàr 小半大儿 N. <coll.> child about half as tall as a grown-up

xiǎobāndiǎn 小斑点[-點] N. flecks

xiāobàng 嚣谤 V. be slandered by others

xiàobàn gōngchǎng 校办工厂[-辦-廠] P.W. school-run factory M: ***[1]jiā***

xiǎobànlǎ 小半拉 N. <coll.> smaller of two parts

xiǎobānxiǎoyùn 小搬小运[-運] F.E. transportation of small goods

xiǎobānzhì 小班制 N. small class system

xiāobáo 削薄 V. shave sth. to make it thinner *See also* ***[1]xiāobó***

xiǎobāo(r) 小包(儿) N. small bag M: ***ge/[2]zhī***

xiǎobǎo 小鸨 N. little bustard

xiǎobào(r)* 小报(儿)[-報] N. tabloid M: ***[1]fèn/[1]zhāng***

xiǎobǎobao 小宝宝[-寶寶] N. little darling/baby

xiǎobǎobèir 小宝贝儿[-寶--] N. little darling; baby

xiǎobāochē 小包车 N. passenger car M: ***[3]liàng***

xiǎobāofáng 小包房 N. roomette M: ***[1]jiān***

xiǎobàogào 小报告[-報-] N. complaint against sb. lodged with one's superior behind sb's back

xiǎobǎomǔ 小保姆 N. young female housekeeper/baby-sitter/nurse M: ***ge/[1]míng***

xiǎobāo yóujiàn 小包邮件[--郵-] N. parcel post

xiǎobāozhuāng 小包装[-裝] N. pouch pack

xiǎobāozhuāng shípǐn 小包装食品[--裝--] N. pouch-packed food

xiǎobǎtóu 小把头 N. <coll.> straw boss; petty headman

xiǎobàwang 小霸王 N. spoiled child M: ***ge/[1]míng***

xiǎobǎxì 小把戏[-戲] N. <topo.> child

xiǎobèi(r) 小辈(儿) N. younger member of a family; junior

xiǎoběn(r) 小本(儿) N. a small/limited capital

xiàoběnbù 校本部 N. main campus of a school

xiǎoběn jīngyíng 小本经营[-經營] N. ① business with small/limited capital ② go in for sth. in a small way

xiǎoběnpiào 小本票 N. <stamp> postage-stamp booklet M: ***[1]běn***

xiǎoběnr 小本儿 N. small notebook M: ***[1]běn***

xiǎoběn shēngyi 小本生意 N. small business M: ***[2]bǐ***

xiǎobī 小屄 N. <vulg.> ① cunt ② bitch

xiǎobì* 小辟 N. sentences other than capital punishment

[1]xiǎobiàn 小便 V. urinate ♦N. ① urine ② penis

[2]xiǎobiàn(r/zi) 小辫(儿/子) N. ① short braid; pigtail ② vulnerable point; handle M: ***[2]gēn/[1]tiáo***

xiǎobiànchí 小便池 N. urinal

xiǎobiǎndòu 小扁豆 N. lentil M: ***[1]kē/[3]lì***

xiǎobiàn duǎnchì 小便短赤 N. <Ch. med.> short voidings of reddish urine

xiǎobiàn lóngbì 小便癃闭 N. <Ch. med.> retention of urine

xiǎobiànzi 小辫子 N. ① vulnerable point; soft spot; chink ② pigtail, short braid/queue M: ***[2]gēn/[1]tiáo***

xiǎobiāotí 小标题[-標-] N. subhead(ing)

xiāobǐdāo 削笔刀[-筆-] N. penknife M: ***[1]bǎ***

xiǎobié 小别 N. temporary separation

xiǎobiēsān(r) 小瘪三(儿) N. <coll.> beggar; vagrant; good-for-nothing

xiǎobié shèng xīnhūn 小别胜新婚[--勝--] F.E. reunion after a brief parting is as sweet as a honeymoon (of husband and wife)

xiàobǐhékǒu 笑比合口 F.E. keep on laughing

xiàobǐhéqīng 笑比河清 F.E. It's hard to make sb. smile.

xiāobǐjī 削笔机[-筆-] N. pencil sharpener M: ***[1]jià***

xiǎobǐlì 小比例 ATTR. small-scale; miniature (of pictures)

xiǎo-bǐlìchǐ 小比例尺 N. small scale; miniature (of pictures)

xiǎobìng 小病 N. minor illness; indisposition

xiàobǐng* 笑柄 N. laughingstock; butt; joke

xiǎobīngbáo 小冰雹 N. graupel; soft hail

xiǎobìngdàyǎng 小病大养[-養] F.E. take an unduly long rest for a slight illness

xiǎobīngkuài 小冰块[-塊] N. ice cube

xiǎobīngr 小兵儿 N. soldier; private M: ***ge/[1]míng***

xiǎobīngshān 小冰山 N. small iceberg M: ***[4]zuò***

xiǎobīngxiǎojiàng 小兵小将[-將] F.E. brave/fearless youngsters

xiǎobīngyuán 小冰原 N. small ice-field

xiǎobīnyù 小滨鹬[-濱-] N. little stint; least sandpiper

X

[1]xiāobó* 削薄 R.V. cut/slice thin *See also* ***xiāobáo***

[2]xiāobó 枵薄 V.P. thin and flimsy

xiǎobò 小檗 N. <bot.> barberry

xiǎobōwén 小波纹 N. ripple

xiāobǔ 枭哺[梟-] N. <wr.> a reformed son

xiǎobù(r)* 小步(儿) N. small/short steps

xiàobù 校部 P.W. school administration

xiàobuchū 笑不出 R.V. not be laughable/funny

xiàobude 笑不得 R.V. can't be laughed at

xiǎobudiǎn(r) 小不点(儿)[--點-] <topo.> N. tiny tot/thing; small child; baby ♦ATTR. very small; tiny

xiǎobùfen 小部分/份 N. ① smaller half of sth. ② small portion ③ dab; fraction

xiàobujī 笑不唧 ATTR. <coll.> smiling

xiàobùkě'è 笑不可遏 F.E. cannot stop laughing

xiàobùkěyǎng 笑不可仰 F.E. double up with laughter

xiǎobuliǎo 小不了 R.V. won't become smaller/lesser

xiǎobù qiánjìn 小步前进[-進] V.P. progress in measured steps

xiǎobùrénr 小布人儿 N. small rag doll

xiǎo bùrěn zé luàn dà móu 小不忍则乱大谋[----亂--] F.E. <wr.> ① Lack of forbearance in small matters upsets great plans. ② A little impatience spoils great plans

xiàobushàng 笑不上 R.V. can't laugh (about sth./sb.)
xiǎobùwǔ 小步舞 N. minuet (dance)
xiǎobù wǔqǔ 小步舞曲 N. <mus.> minuet M: [2]*shǒu*/[4]*zhī*
xiàobùxiū 笑不休 N. <med.> compulsive/obsessive laughter
xiǎocái 谀才 N. limited talent
xiǎocài(r)* 小菜(儿) N. ① pickled vegetables; pickles ② <topo.> meat, fish, and vegetable dish ③ common/side dishes ④ <coll.> easy job/task
xiǎocáidàyòng 小才大用 F.E. not qualified for a job; put sb. in a position too important for his ability
xiǎocàidiér 小菜碟儿 N. ①small saucer ②low/humble position/job
xiǎocài'é 小菜蛾 N. diamondback moth; *plutella xylostella* M: *ge*/[2]*zhī*
xiǎocàiyīdié 小菜一碟 ID. sth. very easy
xiǎocán 小蚕[-蠶] N. young silkworm M: *ge*/[2]*zhī*
xiǎocǎor 小草儿 N. ① small grass ② exam crib notes
xiǎocèzi 小册子[-冊-] N. booklet; pamphlet M: [1]*běn*
xiāochāi 销差 V.O. <trad.> report back after accomplishing a task
xiǎochāi(r)* 小差(儿) N. absent-mindedness
xiǎochǎn 小产[-產] V. have a miscarriage; abort
xiāochǎng 销场[-場] N. demand (for goods/service/etc.)
xiǎocháng* 小肠[-腸] N. <topo.> small intestine
[1]**xiǎochàng** 小唱 V. sing casually
[2]**xiǎochàng** 晓畅[曉暢] S.V. clear and fluent ♦V. ① know ② master
xiàochǎng 笑场[-場] N. entertainer's silly laughter
xiǎocháng chuànqì 小肠串气[-腸-氣] N. <med.> popular name for a hernia
xiǎochánggōng 小长工 N. <coll.> child laborer M: *ge*/[1]*míng*
xiǎochángqì 小肠气[-腸氣] N. <med.> hernia
xiǎochàng yīnlǜ 晓畅音律[曉暢-] V.O. have a deep understanding of music
xiǎochǎnpǐn 小产品[-產-] N. miscellaneous goods
xiāochāo 绡钞 N. hair kerchief
xiǎochāo 小钞 N. small money
xiǎocháo 小潮 N. <geog.> neap tide
xiǎochǎo* 小炒 N. special stir-fried dish M: [1]*pán* ♦V. <coll.> engage in a small business
xiǎochāor 小抄儿 N. <coll.> exam crib notes
xiǎocháotíng 小朝廷 P.W. <trad.> ① imperial court governing only part of the country ②court of a tributary state ③ high lifestyle
xiǎochāqǔ 小插曲 N. episode; brief interlude M: *ge*/[4]*zhī*
xiǎochē(r/zi)* 小车(儿/子) N. ① wheelbarrow; handbarrow; handcart ② sedan (car) M: [3]*liàng*
xiàochē 校车 N. school bus M: [3]*liàng*
[1]**xiāochén** 消沉 S.V. dejected; depressed
[2]**xiāochén** 嚣尘[-塵] N. ① noise and dust ② noisy/dusty world
[3]**xiāochén** 萧晨[蕭-] N. autumn morning
[1]**xiāochéng** 削成 R.V. peel/cut into a certain shape
[2]**xiāochéng** 宵程 N. night stage
xiǎochēng 小称[-稱] N. pet name
[1]**xiǎochéng*** 小城 N. small town M: [4]*zuò*
[2]**xiǎochéng** 小成 N. small achievement; moderate success
Xiǎochéng 小乘 *See Xiǎoshèng*
xiàochéng 效诚 V. be faithful/sincere
xiǎochēngcí 小称词[-稱-] N. diminutive
xiǎochéngdàjiè 小惩大戒[-懲--] F.E. punish sb.for little crimes to prevent people committing a bigger one
xiǎochéng-zhèn 小城镇 P.W. small town M: [4]*zuò*
xiǎochēwǔ 小车舞 N. folk dance
xiǎochī(r) 小吃(儿) V. snack ♦N. ① snack; refreshment ② cold/prepared dish
xiǎochībù 小吃部 P.W. snack counter; refreshment room
xiǎochīdiàn 小吃店 P.W. snack bar; lunchroom M: [1]*jiā*
xiǎochǐdù 小尺度 N. small scale
xiǎochīguǎn 小吃馆 P.W. small restaurant; eatery M: [1]*jiā*
xiǎochītān 小吃摊[-攤] P.W. food stand M: *ge*/[1]*jiā*
xiāochóu 消愁 V.O. get rid of blues; drown one's sorrows
xiǎochǒu(r)* 小丑(儿)[-醜-] N. ① clown; buffoon ② contemptible wretch ③ roughneck; thief
xiāochóujiěmèn 消愁解闷 F.E. dispel depression/melancholy/boredom
xiāochóupòmèn 消愁破闷 F.E. dispel melancholy and break the thrall of boredom
xiǎochǒutiàoliáng 小丑跳梁[-醜--] ID. contemptible trouble-maker
xiāochū 销出 R.V. sell out (of merchandise)
xiāochú* 消除 V. eliminate; dispel; remove; clear up
[1]**xiǎochú** 小雏[-雛] N. poult; young fowl
[2]**xiǎochú** 小除 N. two days before Chinese New Year
xiàochū 笑出 R.V. laugh
xiáochuǎn 淆舛 V.P. disorderly; confused; messy
xiǎochuán(r) 小船(儿) N. boat; tender; dinghy; small boat (usu. rowed with oars); canoe M: [2]*zhī*/[1]*tiáo*
xiàochuǎn(bìng)* 哮喘(病) N. asthma
xiǎochuánchǎng 小船厂[-廠] P.W. boatyard M: [1]*jiā*
xiǎochuáng 小床 N. ① bunk ② crib M: [1]*zhāng*
xiǎochúfáng 小厨房[-廚-] P.W. kitchenette M: [1]*jiān*
xiāochú fēnqí 消除分歧 V.O. iron out differences/disagreements
xiāochú gùlǜ 消除顾虑[-顧慮] V.O. dispel misgivings/worries
xiāochú huàizhàng 消除坏帐[--壞-] V.O. write off bad debts
xiào chūlai 笑出来 R.V. let out a laugh
xiǎochùluòbǐ 小处落笔[-處-筆] F.E. start with lesser matters
xiǎochūn 小春 N. <topo.> ① 10th lunar month ② late autumn
xiǎochūngēng 小春耕 N. small spring planting
xiǎochūn zuòwù 小春作物 N. <agr.> crops sown in late spring
xiāochúqíyì 消除歧义[-義] V.O. <lg.> disambiguate
xiǎochúr 小雏儿[-雛-] N. ① chicken ② inexperienced/untrained youth
xiāochú wùhuì 消除误会 V.O. clear up a misunderstanding
xiāochú wūrǎn 消除污染 V.O. abate pollution
xiǎochúxī 小除夕 N. night before lunar New Year's Eve
xiàochū yǎnlèi 笑出眼泪[-淚] V.O. laugh until tears come to one's eyes
xiāocí* 消磁 N. demagnetizing; degaussing
xiǎocī 小疵 N. trifling defect/flaw
xiǎocí 小词 N. ① <log.> minor term ② <lg.> particle
xiàocí 孝慈 N. filial piety and parental tenderness
xiǎocídié 小磁碟 N. <comp.> diskette
xiǎocìzhuǎ 小刺爪 N. gherkin
xiǎocōng 小葱[-蔥] N. shallot; spring onion M: [2]*gēn*
xiǎocōngming 小聪明[-聰-] N. cleverness in trivial matters ***kào ~ guò rìzi*** live by one's wits
xiǎocōngtóu 小葱头[-蔥-] N. shallot
xiǎocūnzhuāng 小村庄[-莊] P.W. hamlet M: [4]*zuò*
xiǎocūnzi 小村子 P.W. hamlet M: [4]*zuò*/*ge*
xiǎocuò 小错 N. small mistake; slip
xiǎodǎbànr 小打扮儿 N. simple dress-up
xiǎo-dàfǔpīcūn 小大斧劈皴 N. <art.> small and large ax-cut wrinkle (in painting)
xiǎodài 小袋 N. satchel
xiǎodàiwú 小袋鼯 N. flying opossum M: [2]*zhī*
xiǎodàjiě 小大姐 N. young female servant M: *ge*/[1]*míng*
xiǎodàmài 小大麦[-麥] N. little barley
xiǎodàn 小旦 N. <opera> female role
xiàodǎngwěi 校党委[-黨-] P.W. Party committee of a school
xiāodāo 削刀 *See xuēdāo*
xiāodǎo 消导[-導] N. <Ch. med.> treatment for relieving indigestion and constipation ♦V. cure indigestion
xiǎodāo(r/zi) 小刀(儿/子) N. ① small sword ② pocket knife M: [1]*bǎ*
xiǎodǎo 小岛[-島] N. a small island; islet M: [4]*zuò*
xiǎodào(r)* 小道(儿) N. ① bypath; trail M: [1]*tiáo* ② bribery as a means of achieving a goal ③ <trad.> minor arts (Confucian reference to agriculture, medicine, divination, and other professions unworthy of the *jūnzǐ*)
xiàodao 孝道 S.V. <coll.> be a good son/daughter ***See also*** *xiàodào*
xiàodào 孝道 N. filial piety/obligations ***See also*** *xiàodao*
Xiǎodāohuì Qǐyì 小刀会起义[-義] N. <hist.> Small Sword Society Uprising (1853–1855)
xiǎodàojù 小道具 N. small stage properties
xiǎodàoli 小道理 N. ①minor principle ②partial, local, immediate and particular reasons or matters
xiǎodào xiāoxi 小道消息 N. hearsay; grapevine M: *ge*/[2]*jiàn*
xiǎodāozi 小刀子 N. knife M: [1]*bǎ*
xiǎodàrén(r) 小大人(儿) N. adult-like child
xiǎodǎxiǎonào 小打小闹[-鬧] F.E. develop work on a small scale
xiǎodàyóuzhī 小大由之 F.E. the choice is up to you/him/etc.
xiǎode(r) 小的(儿) N. ①small one ② <humb.> I; me
xiǎodé* 晓得[曉-] V. <topo.> know
xiǎodēngkē 小登科 ID. <coll.> take a wife
xiǎodèngzi 小凳子 N. footstool M: *ge*/[2]*zhī*
xiào de tòngkuai 笑得痛快 V.P. have a good laugh
xiào de yàosǐ 笑得要死 V.P. laugh fit to die
xiǎodī 小滴 N. droplet
xiǎodí 小笛 N. tonette M: [4]*zhī*
xiǎodì* 小弟 N. ①younger/little brother ② <TW> male waiter ③ <humb.> your younger brother (self-address among male friends)
xiǎodiàn(r) 小店(儿) P.W. small shop M: [1]*jiā*
xiǎodiānxián 小癫痫[-癇] N. <med.> para-epilepsy
xiǎodiànyǐng 小电影[-電-] N. ① porno film; skin flick ② television
xiǎodiànzǐqín 小电子琴[-電--] N. spinet M: [1]*jià*
xiāodiào 削掉 R.V. slice off; pare
xiǎodiào* 小调 N. ① ditty ② <mus.> minor
xiāodiāo 啸雕[嘯-] N. whistling eagle/kite/thrush
xiàodiào dàyá 笑掉大牙 V.O. <coll.> laugh one's head off
xiǎodiāokè(sù) 小雕刻(塑) N. statuette M: [2]*jiàn*/*ge*
xiǎodiāoxiàng 小雕像 N. figurine M: [4]*zuò*/*ge*
xiǎodìdi 小弟弟 N. little brother M: *ge*/[1]*míng*
xiāodīng 销钉 N. pin; peg; dowel
xiǎodīngdiǎnr 小丁点儿[--點-] N. small/tiny matter/thing
xiǎodǐngtǎ 小顶塔 N. <archi.> bartizan M: [4]*zuò*
xiàodōng 笑鸫 N. laughing thrush
xiàodǒng* 校董 N. member of the board of trustees of a school/etc. M: *ge*/[1]*míng*/[2]*wèi*
xiàodǒnghuì 校董会 N. board of directors/trustees of a school
xiǎodòngmài yìnghuà 小动脉硬化[-動脈--] N. arteriolopathy
xiǎodōngxi 小东西 N. ① small objects ② small child

xiǎodòngzuò 小动作[-動-] N. ① petty action; little trick/maneuver ② fidgety movements (made by schoolchildren in class) ③ <*sport*> gamesmanship
xiǎodōu* 小兜 N. <*coll.*> ① small pocket ② watch pocket
xiǎodòu 小豆 N. red bean M: *ge/*[1]*kē/*[3]*lì*
xiǎodòufu 小豆腐 N. <*coll.*> mixture of millet, flour and vegetables
xiǎodòukòu 小豆蔻 N. cardamom
xiǎodǒupeng 小斗篷 N. mantelet M: [2]*jiàn*
xiāodú* 消毒 V.O. ① disinfect; sterilize ② degas; remove gas from ③ eliminate pernicious influences ♦ATTR. disinfected; sterilized; pasteurized
xiǎodú 小毒 N. mild toxicity; drugs with a little toxicity
xiǎodǔ(r) 小肚(儿) N. belly; stomach
xiàodù 效度 N. ① degree of effectiveness ② <*lg.*> validity
xiǎoduàn 小段 N. <*lg.*> subparagraph
xiǎoduàn bāogōng 小段包工 N. allot responsibility for certain phases of work
xiàoduàn dùcháng 笑断肚肠[-斷-腸] V.O. split one's sides with laughter
xiǎoduì 小队[-隊] N. team; squad M: [4]*zhī*
xiàoduì* 校队[-隊] N. school team M: [4]*zhī*
xiàoduì jiéhé 校队结合[-隊--] N. integration of school and brigade
xiǎoduìzhǎng 小队长[-隊-] N. small group/team leader M: *ge/*[1]*míng/*[2]*wèi*
xiāodújì 消毒剂[-劑] N. disinfectant
xiǎodùjīcháng 小肚鸡肠[-雞腸] ID. narrow-minded
xiāodùn 宵遁 V. <*wr.*> escape by night
xiāodú niúnǎi 消毒牛奶 N. pasteurized milk M: *bēi/píng*
xiāodúshuǐ 消毒水 N. antiseptic solution M: *bēi*
xiāodúyào 消毒药[-藥] N. disinfectant; antiseptic M: [14]*fù*
xiāodú yàoshuǐ 消毒药水[--藥-] N. disinfectant/antiseptic solution M: *píng*
xiǎodúzi 小犊子[-犢-] N. <*coll.*> young bull M: [1]*tóu*
xiǎodùzi* 小肚子 N. <*coll.*> lower abdomen
[1]**xiǎo'é** 小鹅 N. gosling M: [1]*zhī*
[2]**xiǎo'é** 小额 N. small amount ♦ATTR. petty
xiǎo'é dàikuǎn 小额贷款 N. petty loan M: [2]*bǐ*
xiǎo'é huòbì 小额货币[-幣] N. money of small denominations
xiǎo'ēnxiǎohuì 小恩小惠 F.E. ① petty/small favor ② economic sop/bait
xiǎo'é qiánbì 小额钱币[-錢幣] N. small money/change; chicken feed
xiǎo'ér* 小儿 N. ① children ② <*humb.*> my son *See also* *xiǎor*
xiǎo'èr(gē) 小二(哥) N. <*trad.*> young waiter in a wineshop/inn
xiào'érbùdá 笑而不答 V.P. smile and say nothing
xiào'érbùshuō 笑而不说 V.P. smiled and said nothing
xiǎo'ér cíhuì 小儿词汇[-彙] N. infant lexicon
xiǎo'ěrduo 小耳朵 N. <*slang*> ① Direct Broadcasting Satellite (DBS) ② spy
xiǎo'érkē 小儿科 N. ① <*med.*> pediatrics ② matters not worthy of note; sth. trivial/insignificant ♦ATTR. <*slang*> ① naive; childish ② parsimonious
xiǎo'ér mábì(zhèng) 小儿麻痹(症) N. <*med.*> infantile paralysis; polio
xiǎo'érquán 小而全 V.P. small and comprehensive
xiǎo'érzi 小儿子 N. one's youngest son
xiǎo'é yōuhuì 小额优惠[--優-] N. fringe benefit
xiāofá 消乏 V. use up ♦V.P. ① in decline ② tired; exhausted
xiāofǎ 消法 N. <*Ch. med.*> method of dissolving
xiāofà 削发[-髮] *See* *xuēfà*
xiàofǎ* 效法 V. follow the example of
xiāofàn 枭贩[梟-] N. smugglers of contraband/narcotics/etc.

xiǎofàn(r/zi)* 小贩(儿/子) N. peddler; vendor; hawker M: *ge/*[1]*míng*
xiāofáng 消防 V. fight/prevent fire ♦N. fire prevention
xiǎofāng 小方 N. <*med.*> minor prescription
xiǎofáng(r/zi) 小房(儿/子) P.W. small room/house M: [4]*zuò/*[1]*jiān* ♦N. concubine
xiǎofǎng 小纺 N. thin, soft plain-weave silk fabric
[1]**xiàofāng*** 校方 N. school authorities
[2]**xiàofāng** 效方 N. efficacious prescriptions
xiàofáng 校房 N. school buildings
xiàofǎng 效仿 V. copy; follow the example of
xiāofángchē 消防车 N. fire engine M: [3]*liàng*
xiāofángchuán 消防船 N. boat for fire-fighting; fireboat M: [1]*tiáo/*[1]*sōu/*[2]*zhī*
xiāofáng dàduì 消防大队[-隊] N. fire brigade
xiāofángduì 消防队[-隊] N. fire brigade M: [4]*zhī*
xiāofáng duìyuán 消防队员[--隊-] N. fire fighter M: *ge/*[1]*míng/*[2]*wèi*
xiǎofángjiān 小房间 N. cell; cubbyhole M: [1]*jiān*
xiǎofāngkē 小方科 N. specialty of pediatrics
xiāofáng lóngtóu 消防龙头 N. hydrant
xiǎofāngmài 小方脉[-脈] N. <*Ch. med.*> ① pediatrics ② infantile pulse
xiāofáng qìcái 消防器材 N. fire-fighting equipment M: *ge/*[2]*jiàn/tào*
xiāofáng shèbèi 消防设备[-備] N. fire-fighting equipment M: *tào*
xiāofángshuān 消防栓 N. hydrant
xiāofángtǐng 消防艇 N. fireboat M: [1]*tiáo/*[1]*sōu/*[2]*zhī*
xiǎofànguǎn 小饭馆 P.W. tearoom M: [1]*jiā*
xiǎofāngyán 小方言 N. <*lg.*> subdialect; subtopolect
xiāofángyuán 消防员 N. fire fighter M: *ge/*[1]*míng/*[2]*wèi*
xiāofáng yúntīchē 消防云梯车[--雲--] N. ladder truck M: [3]*liàng*
xiāofángzhàn 消防站 P.W. fire station M: [1]*jiā*
xiǎofángzi 小房子 P.W. cabin M: [4]*zuò*
xiǎofánróng 小繁荣[-榮] N. boomlet
xiàofǎzhě 效法者 N. follower M: *ge/*[1]*míng*
xiǎofāzuò 小发作[-發-] N. ① petit mal ② spells
xiāofěi 枭匪[梟-] N. smugglers of contraband/narcotics/etc.
xiāofèi* 消费 V. consume
xiǎofèi 小费 N. tip; gratuity M: [2]*bǐ*
xiāofèicái 消费财 N. consumer goods
xiāofèi chǎnpǐn 消费产品[--產-] N. consumer goods; consumption products
xiāofèi chéngshì 消费城市 P.W. consumer (i.e., non-productive) city M: [4]*zuò*
xiāofèi dàikuǎn 消费贷款 N. consumer credit
xiāofèi'é 消费额 N. amount of consumption
xiāofèi gāozhǎng 消费高涨 N. consumption/spending boom
xiāofèi hézuòshè 消费合作社 N. consumers' cooperative
xiāofèi jiàgé zhǐshù 消费价格指数[--價--數] N. consumer price index
xiāofèi jiégòu 消费结构[-構] N. consumption patterns
xiāofèi jījīn 消费基金 N. consumption funds
xiāofèilèi diànzǐ chǎnpǐn 消费类电子产品[--類電-產-] N. consumer electronics
xiāofèipǐn 消费品 N. consumer goods; expendable materials M: [2]*jiàn*
xiāofèipǐn jiàgé zhǐshù 消费品价格指数[---價--數] N. consumer price index
xiāofèi qīngxiàng 消费倾向 N. propensity to consume
xiāofèishuì 消费税 N. consumption tax M: [2]*bǐ*
xiāofèiwù 消费物 N. <*econ.*> ① consumer goods ② fungible items
xiāofèi wùjià zhǐshù 消费物价指数[---價-數] N. consumer price index
xiāofèi xìndài 消费信贷 N. consumer credit
xiāofèixìng 消费性 ATTR. consumption
xiāofèixìng zhīchū 消费性支出 N. nonproductive expenditure

xiāofèi xíxìng 消费习性[--習-] N. habits of consumption
xiāofèizhě 消费者 N. consumer M: *ge/*[1]*míng/*[2]*wèi*
xiāofèizhě piānhào 消费者偏好 N. consumer preference
xiāofèizhě wùjià zhǐshù 消费者物价指数[----價-數] N. consumer price index
xiāofèizhě zhìshànglùn 消费者至上论 N. consumerism
xiāofèizhǔyì 消费主义[-義] N. consumerism
xiāofèi zīliào 消费资料 N. ① means of subsistence ② consumer goods
xiāofèi zuòwù 消费作物 N. subsistence crops
xiāofēn 宵分 N. midnight
xiǎofěn* 小粉 N. starch
xiǎofēnduàn 小分段 N. subsection
xiǎofēnduì 小分队[-隊] N. ① small detachment; group sent out for a special task ② small group; squad M: [4]*zhī*
xiāofēng 嚣风 N. restlessness of society
[1]**xiǎofēng*** 小风 N. breeze
[2]**xiǎofēng** 晓风[曉-] N. morning breeze
[3]**xiǎofēng** 小蜂 N. chalcid fly M: [2]*zhī*
xiàofēng 校风 N. school spirit/atmosphere
xiàofēng'àoyuè 笑风傲月 F.E. enjoy the breeze and moonlight
xiǎofēngcányuè 晓风残月[曉-殘-] F.E. morning wind, waning moon
xiǎofèngr 小缝儿 N. small crack; fissure
xiǎofēngtóu-yàn'ōu 小风头燕鸥[-鷗] N. lesser crested tern M: [2]*zhī*
xiàofēngxiàojì 校风校纪 F.E. student conduct and discipline
xiǎofēnlèi 小分类[-類] N. subclassification
xiǎofēnzhī 小分支 N. subbranch
xiǎofènzi 小份子 N. <*coll.*> ① secret savings ② pin money
xiāofú 嚣浮 V.P. frivolous ♦N. the noisy world
xiāofǔ 萧斧[蕭-] N. sharp ax
xiāofù 枵腹 N. empty stomach
xiǎofǔ 小斧 N. hatchet M: [1]*bǎ*
[1]**xiǎofù*** 小腹 N. underbelly; lower abdomen
[2]**xiǎofù** 小妇[-婦] N. ① concubine ② young woman
[1]**xiàofú** 校服 N. school dress/uniform M: [2]*jiàn/tào*
[2]**xiàofú** 孝服 N. ① mourning dress worn by bereaved children M: [2]*jiàn* ② conventional period of mourning (for a deceased elder member of one's family)
xiàofù 孝妇[-婦] N. ① filial woman ② woman in mourning M: *ge/*[1]*míng*
xiāofùcónggōng 枵腹从公[--從-] F.E. <*wr.*> ① attend to one's duties on an empty stomach ② serve others without salary
xiāofù'érshuì 枵腹而睡 F.E. go to bed with an empty stomach
xiǎofūfù 小夫妇[-婦] N. young couple M: [1]*duì*
xiǎofūrén 小夫人 N. concubine
xiǎofùrén* 小妇人[-婦-] N. endearing term of address to a young married woman
xiǎofǔzi 小斧子 N. hatchet M: [1]*bǎ*
xiǎogǎ 小嘎 N. <*topo.*> kids
xiǎogǎigé 小改革 N. minor reform
xiāogàn 宵旰 V. labor incessantly on duties
xiàogǎndòngtiān 孝感动天[--動-] F.E. move/touch heaven by one's filial piety
xiǎogāng(r) 小缸(儿) N. ① small jar ② mug M: *ge/*[2]*zhī*
xiǎogǎng* 小港 N. small harbor/port
xiǎogānggangr 小缸缸儿 N. small mug (baby language)
xiǎogāngpào 小钢炮[-鋼-] N. <*coll.*> ① bold, outspoken person ② small-sized gun/cannon M: [4]*zuò/*[1]*jià*
xiǎogāngqín 小钢琴[-鋼-] N. spinet M: [1]*jià*
xiǎogǎngwān 小港湾[-灣] P.W. harbor
xiāogànqínláo 宵旰勤劳[-勞] F.E. labor incessantly on duties
xiāogànyōuláo 宵旰忧劳[-憂勞] F.E. labor incessantly on government affairs

X

xiāogànzhīláo 宵旰之劳[-勞] N. labor incessantly on one's duties
[1]xiàogē 校歌 N. school song M: [4]zhī/[2]shǒu
[2]xiàogē 啸歌[嘯-] V. sing at full voice
xiǎogēbei 小胳臂 N. forearm
xiǎogéjiān 小隔间 N. box; cabinet
xiǎo gējù 小歌剧[-劇] N. operetta M: [2]chǎng/[1]chū
xiǎogēr(men) 小哥儿(们) N. <coll.> buddy (of young people)
xiǎogèr* 小个儿[-個-] N. little chap
xiǎogèzi 小个子[-個-] N. little chap
[1]xiǎogōng(r/zi)* 小工(儿/子) N. unskilled laborer M: ge/[1]míng
[2]xiǎogōng 小恭 V. urinate
[3]xiǎogōng 小功 N. ① a mourning dress ② minor merit
xiàogōng 校工 N. school handyman M: ge/[1]míng
xiǎogōngjī 小公鸡[-雞] N. cockerel M: [2]zhī/ge
xiǎogōngyuán 小公园[-園] P.W. minipark M: [4]zuò
xiǎogōngzihuór 小工子活儿 N. manual work
xiǎogǒur 小狗儿 N. pup; puppy; small dog M: [2]zhī
xiǎogǒur de 小狗儿的 N. affectionate term for a child
[1]xiāo-gǔ 箫鼓[簫-] N. piping and drumming
[2]xiāogǔ 销骨 V.O. ① penetrate to the bone ② gravely harm
xiǎogū* 小姑 N. ① husband's younger sister; sister-in-law ② younger paternal aunt M: ge/[1]míng
[1]xiǎogǔ(r) 小鼓(儿) N. <mus.> side/snare drum M: [2]zhī
[2]xiǎogǔ 小股 N. ① small share ② small group
[3]xiǎogǔ 小谷[-穀] N. millet
xiǎoguà(r) 小褂(儿) N. Chinese-style shirt M: [2]jiàn
xiāoguǎn 箫管[簫-] N. panpipe and double flute
xiǎoguān(r)* 小官(儿) N. low-ranking official/officer M: ge/[1]míng
xiàoguān 校官 N. field-grade officer M: ge/[1]míng/[2]wèi
xiāoguāng 消光 N. extinction
xiǎoguāng* 晓光[曉-] N. twilight
xiǎoguǎngbō 小广播[-廣-] N. grapevine; gossip
xiǎoguǎnggào 小广告[-廣-] N. classified advertisement
xiǎoguāngyǎnzi 小光眼子 N. <topo.> naked children
xiǎoguǎnr* 小馆儿 P.W. small restaurant M: [1]jiā
xiǎoguànr 小罐儿 N. small jar/can M: ge/[2]zhī
xiǎoguānrén 小官人 N. <trad.> young man of an upper-class family M: ge/[1]míng
xiǎogūdúchǔ* 小姑独处[-獨處] F.E. young unmarried woman *See also* xiǎogūdúchù
xiǎogūdúchù 小姑独处[-獨處] F.E. remain a spinster *See also* xiǎogūdúchǔ
xiǎoguǐ(r)* 小鬼(儿) N. ① imp; goblin ② little devil (endearing address to child)
xiàoguī 校规 N. school regulations M: [1]tiáo
xiāoguīcáosuí 萧规曹随[蕭-隨] F.E. slavishly follow precedent
xiǎoguīmó 小规模 ADV. on a small scale
xiǎoguīmó zhìzào 小规模制造[---製-] N./V.P. small-lot manufacture
xiǎoguǐtóu 小鬼头 N. little devil; imp
xiǎogūnǎinai 小姑奶奶 N. mildly disapproving address for a young woman
xiǎogūniang(r) 小姑娘(儿) N. young girl (usu. around 10 years old) M: ge/[1]míng
xiǎoguó 小国[-國] P.W. small nation/state
xiǎoguǒ 小果 N. berry
xiǎoguò 小过 N. minor mistake/demerit
xiàoguó 效国[-國] V.O. devote one's life to the country
xiàoguǒ* 效果 N. ① effect; result ② <thea.> sound and lighting effects
xiàoguǒ bīnyǔ 效果宾语[--賓-] N. <lg.> effected object
xiǎoguōfàn 小锅饭[-鍋-] N. special mess
xiǎoguòjiér 小过节儿[--節-] N. <coll.> minor aspects of sth.; details
xiàoguǒlǜ 效果率 N. law of effect
xiǎoguònián 小过年 N. 23rd day of the 12th lunar month
xiǎoguōr 小锅儿[-鍋-] N. ① small wok/pan/etc. ② cooking for individuals (not in large quantities)
xiǎogūzi 小姑子 N. <coll.> husband's younger sister; sister-in-law
xiàohāhā 笑哈哈 ADV. laughingly; with a laugh
xiǎohái(r/zi) 小孩(儿/子) N. <coll.> child
xiǎoháichuáng 小孩床 N. child's cot/crib
xiǎoháizijia 小孩子家 N. children
xiǎoháiziqì 小孩子气[-氣] N. childishness
[1]xiāohàn 霄汉[-漢] N. <wr.> sky; firmament
[2]xiāohàn 骁悍[驍-] V.P. vigorous and valiant
Xiǎohán* 小寒 N. Slight Cold (23rd solar term)
xiāohào* 消/销耗 V. consume; use up; deplete ♦N. <trad.> message; news
xiǎohào 小号[-號] N. ① <mus.> trumpet ② small size (of clothes/etc.) ③ <humb.> my/our store
xiāohào chòuyǎngcéng 消耗臭氧层[-層] N. ozone-layer depletion
xiāohàoliàng 消耗量 N. consumption
xiāohàopǐn 消耗品 N. expendables; consumables
xiāohàorè 消耗热[-熱] N. <med.> hectic fever
xiāohàozhàn 消耗战[-戰] N. war of attrition M: [3]cháng
xiǎohàozi 小耗子 N. mouse M: [2]zhī/ge
[1]xiǎohé 小河 N. small river; stream; rivulet M: [1]tiáo *See also* [3]xiǎohé
[2]xiǎohé 小盒 N. capsule M: [2]zhī
[3]xiǎohé 小河 N. rivulet M: [1]tiáo *See also* [1]xiǎohé
xiàohēhē 笑呵呵 ADV. smilingly
xiǎohēichá 小黑楂 N. <coll.> little black spots
xiǎohēimài 小黑麦[-麥] N. triticale (wheat-rye hybrid)
xiǎohér 小盒儿 N. small box/case M: [2]zhī/ge
xiǎohóngbāo 小红包 N. kickback; bribe; payment; payoff M: ge/[2]zhī
xiǎohóngshū 小红书[-書] N. The Little Red Book; *Quotations from Chairman Mao Zedong* M: [1]běn
xiāohòu 枵厚 N. thin and thick
xiàohǒu* 哮吼 V. bellow; roar ♦N. croup; laryngitis
xiāohǔ 虓虎 N. <wr.> roaring tiger
xiǎohù(r)* 小户(儿) N. ① small family ② family of limited means and without powerful connections ③ sb. who can't drink much
xiàohū 啸呼[嘯-] V. whistle
[1]xiāohuà* 消化 N./V. digest; absorb (knowledge/etc.)
[2]xiāohuà 硝化 V. <chem.> nitrify
xiàohua(r) 笑话(儿) N. ① joke; jest ② ridiculous error; laughable mistake ♦V. laugh at; ridicule
xiàohuā 校花 N. school beauty queen; campus belle M: [2]duǒ
xiàohuabǎichū 笑话百出 F.E. make oneself utterly ridiculous
xiāohuà bùliáng 消化不良 V.P. indigestion; dyspepsia
xiāohuàdào 消化道 N. <phys.> alimentary canal; digestive tract
xiāohuà gānyóu 硝化甘油 N. nitroglycerin
xiāohuàguǎn 消化管 N. <phys.> digestive tract alimentary canal
xiāohuàlì 消化力 N. digestion
xiǎohuāliǎn 小花脸 N. <opera> clown
xiāohuàlǜ 消化率 N. rate of digestion
xiāohuàmián 硝化棉 N. nitrocotton
[1]xiǎohuán 小环[-環] N. annulet; eyelet
[2]xiǎohuán 小鬟 N. <trad.> little slave girl
xiǎo huàn bù zhì chéng dà zāi 小患不治成大灾[-災] F.E. A small leak may sink a great ship.
xiǎohuàng 小晃 N. <slang> little hooligans
xiǎohuángdì 小皇帝 N. ① infant emperor ② spoiled child M: ge/[1]míng/[2]wèi
xiǎohuángyú 小黄鱼 N. little yellow croaker M: [1]tiáo
xiǎohuánjìng 小环境[-環-] N. microenvironment; subenvironment; local environment
xiāohuàqì 消化器 N. <phys.> digestive organs
xiāohuàqiāng 消化腔 N. digestive cavity
xiāohuà qìguān 消化器官 N. digestive organs
xiǎohuàr 小话儿 N. <coll.> plea; entreaty
xiàohuasǐ 笑话死 V. be roundly jeered
xiāohuà wàiguó jìshù 消化外国技术[---國-術] V.O. absorption of foreign technology
xiāohuàxiàn 消化腺 N. <phys.> digestive gland
xiāohuàxìng kuìyáng 消化性溃疡[-瘍] N. <med.> peptic ulcer
xiāohuà xìtǒng 消化系统 N. digestive system
xiǎohuāyàng 小花样[-樣] N. little stunt
xiāohuàyè 消化液 N. <bio.> digestive juices
xiǎohuázi 小划子 N. small rowboat M: [2]zhī/ge/[1]tiáo
xiāohuǐ* 销毁[-毀] V. ① destroy by melting/burning ② annul; cancel
xiāohuì 宵会 N. night meeting
[1]xiǎohuì 小惠 N. petty favors
[2]xiǎohuì 晓会[曉-] N. realize; understand
xiàohuī 校徽 N. school badge/emblem M: ge/[4]méi/[2]zhī
xiǎohuìbào 小汇报[-匯報] N. complaint against sb. lodged with a superior behind sb's back
xiǎohuíxiāng 小茴香 N. fennel M: [1]kē
xiǎohuìyìshì 小会议室[--議-] P.W. committee room M: [1]jiān
xiāohuǐ zhèngmíngshū 销毁证明书[-毀證-書] N. cremation certificate M: [1]fèn/[1]zhāng
xiāohuǐ zuìzhèng 销毁罪证[-毀-證] V.P. destroy incriminating evidence
xiāo hùkǒu 销户口 V.O. cancel one's residence registration
[1]xiāohún 销/消魂 V.O. be overwhelmed with sorrow/joy; feel transported
[2]xiāohún 宵魂 N. the moon
xiǎohùndiǎn 小混点[-點] N. <art> small turbid dot (in painting)
xiāohúnshígǔ 销魂蚀骨 F.E. go into ecstasies (over sth.)
xiāohúnshípò 销魂蚀魄 F.E. feel transported
xiāohúnzuìpò 销魂醉魄 F.E. bewitch the mind and intoxicate the senses
xiāohuò* 销货 V.O. sell goods
xiāohuò 淆惑 V. <wr.> confuse; mislead
[1]xiāohuòbù 销货部 P.W. sales department
[2]xiāohuòbù 销货簿 N. <acct.> sales book M: běn
xiāohuò chéngběn 销货成本 N. cost of sales
xiāohuòdān 销货单 N. sales slip M: [1]zhāng/[1]fèn
xiāohuò dìngdān 销货定单 N. sales order M: [1]zhāng/[1]fèn
xiāohuò fāpiào 销货发票[--發-] N. <acct.> invoice for sales; sales invoice/ticket M: [1]zhāng
xiāohuǒjì 消火剂[-劑] N. fire-extinguishing chemical
xiǎohuǒji* 小伙计 N. <coll.> fellow; mate M: ge/[1]míng
xiāohuò jìng'é 销货净额[--淨-] N. <acct.> net sales
xiāohuǒ jītǒng 消火唧筒 N. fire engine
xiāohuò máolì 销货毛利 N. <acct.> gross trading/sales profit
xiāohuò pài'é 销货派额 N. <acct.> sales quotas
xiāohuǒqì 消火器 N. fire extinguisher M: ge/[1]jià
xiǎohuór 小活儿 N. ① part-time work ② piecework
[1]xiǎohuǒr* 小火儿 N. ① small fire ② low heat (of a stove)
[2]xiǎohuǒr 小伙儿 N. lad; young fellow; youngster
xiāohuò shōurù 销货收入 N. sales profit/income
xiāohuǒshuān 消火栓 N. fire hydrant
xiāohuòshuì 销货税 N. sales tax M: [2]bǐ
xiāohuò yòngjīn 销货佣金[--傭-] N. <acct.> selling commission M: [2]bǐ

xiāohuòyuán 销货员 N. salesperson M: *ge*/[1]*míng*/[2]*wèi*
xiāohuò yùnfèi 销货运费[--運-] N. shipping fee of sales M: [2]*bǐ*
xiāohuòzhàng 销货帐/账 N. <*acct.*> sales/sold ledger
xiāohuò zhékòu 销货折扣 N. sales discount
xiǎohuǒzi 小伙子 N. <*coll.*> lad; young fellow; youngster M: *ge*/[1]*míng*
xiǎohúr 小壶儿[-壺-] N. small kettle M: [1]*bǎ*
xiǎohùrénjiā 小户人家 F.E. humble household/family
xiǎohútáo 小胡桃 N. <*topo.*> ① hickory ② hickory nut M: *ge*/[1]*kē*
xiǎohúzi 小胡子[-鬍-] N. mustache
xiāojī 硝基 ATTR. <*chem.*> nitro group; nitro-
xiāojí* 消极[-極] S.V. ① negative ② passive; inactive
xiāojì 销记 N. <*acct.*> write-off
xiǎojī(r/zi) 小鸡(儿/子)[-雞-] N. ① chick; baby chicken ② penis (of a baby/small boy) M: [2]*zhī*
xiǎojǐ 小己 N. an individual
[1]**xiǎojì** 小计 N. sub-total
[2]**xiǎojì** 小蓟 N. <*Ch. med.*> field thistle
xiàojí 校级 ATTR. school level
xiàojì 校际[-際] ATTR. interschool; interscholastic; intercollegiate
[1]**xiāojià*** 削价[-價] V.O. cut/lower prices *See also xuējià*
[2]**xiāojià** 销假 V.O. report back after a leave of absence
[3]**xiāojià** 销价[-價] N. selling price
xiàojiā 孝家 N. person in mourning
xiǎojiābìyù 小家碧玉 F.E. a pretty girl of humble birth; beautiful daughter of a humble family
xiǎojiādiàn 小家电[-電] N. small home appliances M: [2]*jiàn*
xiǎojiāhuo 小家伙 N. small boy; youngster
xiǎojiājiǔr 小加九儿 N. one's secret plan/thought
[1]**xiāojiān** 削尖 R.V. ① sharpen (a pencil/etc.) ② try every way to (get into a group/etc.)
[2]**xiāojiān** 削肩 *See* [1]*xuējiān*
xiāojiǎn* 消减[-減] V. decrease; drop below standard
xiāojiàn 骁健[驍-] V.P. <*wr.*> vigorous and robust
[1]**xiǎojiàn(r)** 小件(儿) N. small items
[2]**xiǎojiàn** 小建 N. lunar month of 29 days
xiǎojiāncì 小尖刺 N. stimuli
xiāojiàng 骁/枭将[驍/梟將] N. <*wr.*> valiant/brave/intrepid general M: *ge*/[1]*míng*/[2]*wèi*
xiǎojiàng* 小将[-將] N. ① young general/militant ② young path-breaker M: *ge*/[1]*míng*/[2]*wèi*
xiàojiàng 笑匠 N. <*coll.*> comedian M: *ge*/[1]*míng*/[2]*wèi*
xiǎojiànjìn 小建尽[-盡] N. lunar month of 29 days
xiāojiān nǎodai 削尖脑袋[--腦-] V.O. put on a false face to curry favor
xiāojiān nǎodai wǎng lǐ zuān 削尖脑袋往里钻[--腦--裡鑽] V.P. try hard to worm one's way in
xiǎojiānshān 小尖山 N. butte
xiǎojiàn shìwù 小件饰物 N. trinketry
[1]**xiǎojiǎo(r)*** 小脚(儿)[-腳-] N. ① bound feet M: [1]*shuāng*/[1]*duì* ② a timid and conservative man
[2]**xiǎojiǎo** 小角 N. small angle
xiǎojiào 小教 N. ① primary-school teacher ② primary-school education
xiàojiào 啸叫[嘯-] V. whistle
xiǎojiàochē 小轿车[-轎-] N. sedan car; limousine M: [3]*liàng*
xiǎojiāohuì 小交会 N. small-scale import and export commodities fair
xiǎojiǎo nǚrén 小脚女人[-腳--] N. conservative/narrow-minded person M: *ge*/[1]*míng*
xiǎojiǎor 小角儿 N. <*coll.*> a nobody
xiǎo jiāoxiǎngqǔ 小交响曲[--響-] N. <*mus.*> sinfonia M: [2]*shǒu*/[4]*zhī*
xiǎojiāoyìsuǒ 小交易所 P.W. minifair M: [1]*jiā*
xiǎo jiǎozhǐtou 小脚趾头[-腳--] N. small toe
xiǎojiāshǔ 小家鼠 N. house mouse M: [2]*zhī*
xiǎojiātíng 小家庭 N. ① small family ② nuclear family
xiǎojiāzi 小家子 N. <*trad.*> ① a humble family ② a shabby/poor person
xiǎojiāziqì 小家子气[-氣] F.E. petty; limited
xiǎojiāzixiàng 小家子相 F.E. petty; limited
xiāojíbēiguān 消极悲观[-極-觀] F.E. remain passive and pessimistic
xiàojì bǐsài 校际比赛[-際--] N. interscholastic competition M: [2]*chǎng*
xiǎojīchē 小机车 N. narrow-gauge locomotive M: [1]*tái*/[3]*liàng*
xiāojí cíhuì 消极词汇[-極-彙] N. <*lg.*> passive vocabulary
xiāojídàigōng 消极怠工[-極--] F.E. be slack in work
xiāojí dǐkàng 消极抵抗[-極--] N. passive resistance
xiāojiě 消解 V. clear up; dispel
xiǎojie* 小姐 N. ① Miss ② young lady M: *ge*/[1]*míng*/[2]*wèi*
xiǎojiē 小街 N. side street; lane M: [1]*tiáo*
[1]**xiǎojié** 小节[-節] N. ① small matter; trifle ② <*mus.*> bar; measure
[2]**xiǎojié** 小结 N. ① brief summary M: [1]*fèn*/[1]*piān* ② <*lg.*> node; nodule
[3]**xiǎojié** 小劫 N. <*Budd.*> small kalpa
xiǎojiě 小解 V. urinate; pass/make water
xiǎojiēlòuxiàng 小街陋巷 F.E. little streets and odd alleyways
xiǎojiěmèi 小姐妹 N. young female friends
xiǎojiéshù 小结束 N. small unifying episode (in writing)
xiǎojié wúhàilùn 小节无害论[-節---] N. the view that small matters can do no harm
xiǎojiēxiáxiàng 小街狭巷[--狹-] F.E. small streets and narrow alleyways
xiāojí fángkōng 消极防空[-極--] N. passive air defense
xiāojí fāyīn qìguān 消极发音器官[-極發---] N. <*lg.*> immovable speech organ
xiàojì guānxi 校际关系[-際關係] N. interschool/intercollegiate link/linkage
xiǎojīji 小鸡鸡[-雞雞] N. penis of a baby/small boy
xiǎojījiàn 小机件 N. gadget
xiǎojījù 小机具 N. gadget
xiàojí jūnguān 校级军官 N. field officer M: *ge*/[1]*míng*/[2]*wèi*
xiǎojìliàng 小剂量[-劑-] N. small dose
xiāojí lǐmào cèlüè 消极礼貌策略[-極禮---] N. <*lg.*> negative politeness strategies
xiǎojíliú 小急流 N. squirt M: [2]*dào*
xiāojīn 销金 V.O. melt gold ♦ATTR. gold-sprinkled (paper/shawl/etc.); adorned with gold
xiāojìn* 宵禁 N. curfew
xiǎojīn 小襟 N. small inner piece on the right side of a Chinese garment which buttons on the right
xiǎojìn 小尽[-盡] N. lunar month of 29 days
xiàojǐn 孝谨 V. show caring filial piety
[1]**xiāojìng** 嚣竞[-競] V. aggressively seek fame and fortune
[2]**xiāojìng** 枭獍[梟-] N. ① disobedient child ② ungrateful person
xiǎojìng 小径[-徑] N. trail; path M: [1]*tiáo* ♦ATTR. small in diameter (of timber)
xiàojīng 孝经[-經] N. *Classic of Filial Piety*
xiàojǐng 校警 N. campus police M: *ge*/[1]*míng*/[2]*wèi*
xiàojìng* 孝敬 V. ① give a present or show respect (to one's elder/superior) ② present a gift/etc. to one's parents
xiǎojīngjì 小经济[-經濟] N. small economy; microeconomy
xiǎojīnglíng 小精灵[--靈] N./ATTR. elfin; elfish
xiāojīnkū 销金窟 P.W. money-squandering den (e.g., brothel, gambling house, etc.) M: [4]*zuò*
xiǎojīnkù* 小金库 N. ① slush funds ② private hoard ③ kitty M: [4]*zuò*
xiāojīnqiànyù 销金嵌玉 F.E. be veneered with gold leaf and encrusted with brilliant stones
xiāojīnzhàng 销金帐 N. curtain embroidered with gold thread
xiāojīnzhǐ 销金纸 N. gold-sprinkled paper M: [1]*zhāng*
xiāojípángguān 消极旁观[-極-觀] F.E. look on passively
xiǎojítǐ 小集体[-體] N. small collectives
xiǎojítuán 小集团[-團] N. clique; faction
xiǎojítuánzhǔyì 小集团主义[--團-義] N. mentality concerned with the interests of one's own small group
xiǎojiǔjiǔ(r) 小九九(儿) N. ① multiplication table ② <*topo.*> personal blueprint (for activities/expenditures/etc.)
xiǎojiūr 小鬏儿 N. small chignon
xiǎojiùzi 小舅子 N. <*coll.*> wife's younger brother; brother-in-law M: *ge*/[1]*míng*/[2]*wèi*
xiǎojīxiè 小机械 N. gadget
xiǎojīxiè shèjìrén 小机械设计人 N. gadgeteer M: *ge*/[1]*míng*/[2]*wèi*
xiāojí xíngwéi 消极行为[-極--] N. act of omission M: [1]*zhǒng*
xiāojí xiūcí 消极修词[-極--] N. <*lg.*> immovable rhetoric
xiāojí yīnsù 消极因素[-極--] N. negative factor
xiāojí yǔyán 消极语言[-極--] N. <*lg.*> consumer language
xiāojí yǔyán zhīshi 消极语言知识[-極---識] N. <*lg.*> negative politeness strategies
xiāojízhǔyì 消极主义[-極-義] N. pessimism; negativism; passivism
xiǎojù 小句 N. <*lg.*> minor sentence; clause; incomplete sentence
[1]**xiàojù*** 笑剧[-劇] N. <*thea.*> farce; comedy M: [1]*chū*
[2]**xiàojù** 啸聚[嘯-] V. <*wr.*> holler to each other and band together
xiǎojuàn 小卷 N. ① <*art/wr.*> booklet; rouleau ② <*TW*> small squid
xiǎojùchǎng yùndòng 小剧场运动[-劇場運動] N. little-theater movement
xiàojué 笑噱 V. <*wr.*> laugh
xiǎojūn 小君 N. wife
xiàojù shānlín 啸聚山林[嘯-] V.P. <*wr.*> form a band and take to the forests
xiǎo K 小K N. <*trad./TW*> scoundrel; rascal; shady person
xiǎokāi 小开[-開] N. <*topo./trad.*> young master M: *ge*/[1]*míng*/[2]*wèi*
xiǎokǎi* 小楷 N. ① regular script in small size ② lowercase letter
xiàokāi 笑开[-開] R.V. start smiling/laughing
xiǎokàn 小看 V. <*coll.*> look down upon; belittle
xiàokān* 校刊 N. school magazine; college journal M: [1]*fèn*/[2]*qī*
xiǎokāng 小康 N. ① comparatively good living standard ② a period of peace and prosperity
xiǎokāng jiātíng 小康家庭 N. a well-to-do family, a comfortably-off family
xiǎokāng rénjiā 小康人家 N. a comfortably-off family
xiǎokāng shēnghuó shuǐpíng 小康生活水平 N. comfortable living standard
xiǎokāng shuǐpíng 小康水平 N. comfortable living standard
xiǎokāngzhījiā 小康之家 N. comfortably-off family
xiàokānxué 校勘学 N. <*lg.*> textual criticism *See also jiàokānxué*
xiǎokǎo 小考 N. mid-term examination; quiz
xiāokē 鸮科 N. <*zoo.*> the owl family
xiāokě* 消渴 N. <*Ch. med.*> illness marked by frequent drinking and urination
xiǎokě 小可 PR. <*humb.*> I ♦V.P. unimportant
xiāokěbìng 消渴病 N. ① <*Ch. med.*> diabetes ② disease marked by frequent drinking and urinating

xiǎokèchē 小客车 N. ① passenger car; sedan ② minibus M: [3]liàng
xiǎokēlì 小颗粒 N. granule
xiǎokěliánr 小可怜儿[--憐-] N. pathetic child
xiǎokēngr 小坑儿 N. dimple
xiàokèyàrè 笑嗑亚热[-亞熱] N. a Mongolian folk-art form
xiǎokǒu(r) 小口(儿) N. ①small opening ②small bite of (food/etc.) ③ child (when counted as a family member)
xiàokǒuchángkāi 笑口常开[-開] F.E. grinning all the time
xiǎokǒujìng 小口径[-徑] N. small-bore; small-caliber
xiǎokǒujìng bùqiāng 小口径步枪[--徑-槍] N. small-bore rifle M: [1]bǎ
xiǎokōur 小抠儿[-摳-] N. <coll.> stingy person; miser
xiǎokuàibù(r) 小快步(儿) N. small but fast steps (in running)
xiǎokuàir 小块儿[-塊-] N. small piece/block
xiǎokuòhú 小括弧 N. parenthesis; round brackets
xiǎolǎbā 小喇叭 N. trumpet; small trumpet M: ge/[2]zhī
xiǎoláixiǎoqù 小来小去 V.P. <coll.> insignificant
xiǎolán 晓岚[曉-] N. morning mist
xiāoláng 萧郎[蕭-] N. <trad.> male lover (in poetry)
xiǎoláng* 小郎 N. ①husband's younger brother ② young man
xiàoláo 效劳[-勞] V.O. work for
xiǎolǎodì 小老弟 N. <coll.> ① little/young fellow ② one's junior of equal standing
xiǎolǎohǔ 小老虎 N. ①tiger cub ②strong and fearless boy M: [2]zhī
xiǎolǎopo 小老婆 N. concubine M: ge/[1]míng
xiǎolǎotóur 小老头儿 N. <coll.> ① short old man ② prematurely old man M: ge/[1]míng
xiàolè 笑乐[-樂] V. laugh
xiāolèi 宵类[-類] N. thieves and rascals
[1]**xiǎolǐ** 小理 N. argument/debate over trifles
[2]**xiǎolǐ** 小李 N. <topo.> petty thief; pickpocket
[1]**xiǎolì** 小粒 N. granule
[2]**xiǎolì** 小立 V. stand for a short while
[3]**xiǎolì** 小利 N. small gain; slight profit
[1]**xiàolì*** 效力 V.O. serve ♦N. effect; efficacy
[2]**xiàolì** 校历[-曆] N. school calendar M: [1]běn
[3]**xiàolì** 笑鸡 N. kookaburra (bird)
xiǎoliǎn 小敛 N. dress up the dead for the funeral service
xiàolián 孝廉 N. <trad.> a graduate
xiàoliǎn(r)* 笑脸(儿) N. smiling face M: [1]zhāng
xiāoliàng* 销量 N. sales volume
xiǎoliǎng 小两 M. <trad.> 1/16th of a [1]jīn
xiǎoliàng 小量 N. a little; a speck
xiǎoliǎngkǒu(r) 小两口(儿) N. <coll.> young married couple
xiàoliǎnpéihuà 笑脸陪话 F.E. converse smilingly with sb.
xiàoliǎnxiāngyíng 笑脸相迎 F.E. greet sb. with a smile
xiǎoliǎo 晓了[曉-] V.P. understand
xiàoliào* 笑料 N. laughingstock; joke
xiǎolǐbài 小礼拜[-禮-] N. first Sunday in a fourteen-day work system
xiǎolǐbàitáng 小礼拜堂[-禮--] P.W. chapel M: [4]zuò
xiǎolìbǎr 小力把儿 N. <topo.> layman
xiǎolìbènr 小力笨儿 N. <topo.> layman
xiàolǐcángdāo 笑里藏刀[-裡--] F.E. murderous intent behind the smiles
xiàolín 笑林 N. book of jokes
xiǎolìng 小令 N. ① a short [1]cí lyric ② a single *sǎnqǔ* song
xiàolǐngdǎo 校领导[-導] N. school leader M: ge/[1]míng/[2]wèi
xiǎolíngr 小零儿 N. odd sum/change
xiàolìshè 效力射 V. <mil.> fire for effect
xiǎoliǔ 小绺 N. <topo.> pickpocket

xiǎoliúmáng 小流氓 N. <derog.> punk; hooligan M: ge/[1]míng
xiǎolixiǎoqì 小里小气[-裡-氣] F.E. <coll.> miserly
Xiǎolìyuán Qúndǎo 小笠原群岛[-島] P.W. Ogasawara Archipelago (Jp.)
xiǎolóng 小龙 N. snake M: [1]tiáo
xiǎolóngbāo 小笼包 N. small steamed meat-filled buns M: ge/[2]zhī
xiǎolóngxiā 小龙虾[-蝦] N. crayfish; langoustine; chicken lobster M: ge/[2]zhī
xiǎolóuluo 小喽罗[-嘍羅] N. unimportant followers; lackeys; underlings M: ge/[1]míng
xiāolú 枭卢[梟盧] V. gamble with dice
xiāolù* 销路 N. ① sales; market ② outlet
[1]**xiǎolù** 小路 N. path; trail M: [1]tiáo
[2]**xiǎolù** 小鹿 N. fawn M: [2]zhī
xiǎolǘ(r/zi) 小驴(儿/子)[-驢] N. young donkey M: [2]zhī/[1]tóu
xiàolǜ* 效率 N. ① efficiency; productiveness ② <lg.> validity
xiāoluàn 枭乱[梟亂] V. confuse; cause turmoil
xiáoluàn* 淆乱[-亂] V. confuse; befuddle
xiáoluànshìtīng 淆乱视听[-亂-聽] F.E. befuddle the public
xiàolǜgāo 效率高 V.P. efficient
xiǎolǚguǎn 小旅馆 P.W. inn M: [1]jiā
xiāolù hǎo 销路好 V.P. find a ready market
xiǎolújiàng 小炉匠[-爐-] N. tinker M: ge/[1]míng
xiǎoluó 小锣[-鑼] N. small gong M: [1]miàn
xiǎoluóbo 小萝卜[-蘿-] N. radish M: ge/[1]kē/[2]zhī
xiǎoluóbotóur 小萝卜头儿[-蘿---] N. ①cipher; small potato ② <topo.> child
xiǎolúrjiàng 小炉儿匠[-爐--] N. tinker M: ge/[1]míng
xiǎo-lǚxíngchē 小旅行车 N. station wagon M: [3]liàng
xiǎomǎ 小马 N. ① colt; foal; pony ② jennet; small horse M: [1]pǐ
xiàomà* 笑骂[-罵] V. ① deride; taunt ② scold in jest
xiǎo mà dà bāngmáng 小骂大帮忙[-罵-幫-] V.P. <coll.> condemn on minor issues but support on major ones
[1]**xiǎomài** 小麦[-麥] N. wheat
[2]**xiǎomài** 小卖[-賣] N. ① daily necessities sold in a small shop ② snacks
xiǎomàibù 小卖部[-賣-] P.W. ① small shop attached to a theater/etc. ② buffet; snack counter ③ retail department/section
xiǎomǎimai(r) 小买卖(儿)[-買賣-] N. petty trade/selling
Xiǎomǎn* 小满 N. Grain Full (8th solar term)
xiàomǎn 孝满 N. completion of mourning
xiàomàn 孝幔 N. curtain hanging before a coffin
xiǎomāo(r)* 小猫(儿)[-貓-] N. young/small cat; kitten M: [2]zhī
xiǎomáo 小毛 N. short-haired pelt; fuzz
xiǎomào 小帽 N. small hat/cap M: [1]dǐng
[1]**xiàomào** 笑貌 N. smiling face/expression
[2]**xiàomào** 孝帽 N. mourning cap M: [1]dǐng
xiǎomáocǎo 小茅草 N. lesser spearwort
xiǎomáoháir 小毛孩儿 N. <coll.> ignorant/inexperienced child/youngster M: ge/[1]míng
xiǎomáolǘ 小毛驴[-驢] N. burro; small donkey M: [2]zhī/[1]tóu
xiǎomáor 小毛儿 N. ① fine/high-quality sheep wool ② short-haired pelt
xiǎomàor* 小帽儿 N. skullcap; small hat/cap M: [1]dǐng
xiǎomáoróng 小毛绒 N. lint
xiǎomáotóu(r) 小毛头(儿) N. <topo.> baby
xiǎomāoxióng 小猫熊[-貓-] N. lesser panda M: [2]zhī
xiǎomáozéi 小毛贼 N. petty thief; pilferer; filcher M: ge/[1]míng
xiǎomáqiǎo(r) 小麻雀(儿) N. <coll.> ① small sparrow ② child's penis M: [2]zhī
xiǎomáquè 小麻雀 N. sparrow M: [2]zhī
xiǎomàxiǎonào 小骂小闹[-罵-鬧] F.E. minor forms of vituperation

xiàomàyóurén 笑骂由人[-罵--] F.E. let others say whatever they like
xiàomàyóutā 笑骂由他[-罵--] F.E. let others say whatever they like
xiǎomèi 小妹 N. ① little sister ② little girl ③ young female servant; nanny
xiǎomèimèi 小妹妹 N. ① one's youngest sister ② younger sister ③ young girl M: ge/[1]míng
xiǎoméiyáo 小煤窑[-窯] N. small-scale coal mine M: [4]zuò
xiǎomén(r)* 小门(儿) N. small/side/secondary gate/door M: [1]shàn
xiàomén 校门 N. school gate M: [2]dào/[1]shàn/[4]zuò
xiǎoméngméngyǔ(r) 小蒙蒙雨(儿) N. <coll.> drizzle
xiǎoménxiǎohù 小门小户 F.E. poor humble families
xiāomǐ 消弭 V. ① terminate ② avert; prevent
xiāomì 消密 V.O. declassify
xiǎomǐ(r)* 小米(儿) N. millet
xiǎomì 小蜜 <coll.> N. ① sugar-daddy's cutie-pie ② girlfriend
xiāomián 硝棉 N. guncotton
xiǎomiànbāo(chē) 小面包(车)[-麵--] N. small van M: [3]liàng
xiàomiànhǔ(r) 笑面虎(儿) N. a wolf in sheep's clothing M: [2]zhī
xiǎomiányáng 小绵羊 N. ① <liv.> unsheared lamb ② a young and innocent person M: ge/[2]zhī
xiāomiè 消灭[-滅] V. ① perish; die out; pass away ② eliminate; abolish; exterminate
xiāomǐhuòhuàn 消弭祸患[--禍-] F.E. ① dispel misgivings ② avoid a calamity
xiàomīle yǎn 笑眯了眼 V.P. be all smiles
xiàomīmī(r)* 笑眯眯(儿) ADV. smilingly; with a smile
xiàomímí 笑迷迷 R.F. mirthful
xiǎomǐmiàn(r) 小米面(儿)[--麵-] N. millet flour
xiāomǐn 消泯 V. eliminate; extinguish
xiǎomín* 小民 N. commoner; common people
xiǎomíng(r) 小名(儿) N. pet name for a child; childhood name
xiǎomìng(r) 小命(儿) N. one's life M: [1]tiáo
[1]**xiāomíng** 哮鸣 N. wheezing
[2]**xiāomíng** 啸鸣[嘯-] V./N. ① whistle ② scream
xiàomìng* 效命 V.O. ① devote oneself to sb. ② obey an order
xiǎomíngcí 小名词 N. <log.> minor; minor term
xiàomìngjiāngchǎng 效命疆场[-場] F.E. be ready to lay down one's life on a battlefield
xiǎomíngxīng 小明星 N. starlet M: ge/[1]míng/[2]wèi
xiǎomínzhǔ 小民主 N. limited democracy; democracy on a small scale
xiāomǐ shuǐhuàn 消弭水患 V.O. prevent flood disasters
xiāomǐ sùyuàn 消弭宿怨 V.O. bring an old grudge to an end
xiǎomǐzhōu 小米粥 N. millet gruel M: wǎn
xiāomó* 消/销磨 V. ① wear down ② while/adle away
xiāomò 消没 V. disappear
xiǎomò 小末 N. <Ch. opera> minor male role
xiāomó jīnglì 消磨精力 V.O. fritter away one's energy
xiǎomòr 小末儿 N. particles; flecks
xiāomó shíjiān 消磨时间[--時-] V.O. kill time
xiāomó suìyuè 消磨岁月[--歲-] V.O. idle away time
xiāomó zhìqì 消磨志气[-氣] V.O. sap one's will
xiāomù 枵木 N. dried-up tree trunk
xiǎomugē(r) 小姆哥(儿) N. <topo.> little finger
xiǎomǔjī 小母鸡[-雞] N. pullet M: [2]zhī
xiāomùwéibīng 削木为兵 *See xuēmùwéibīng*
xiāomùwéilì 削木为吏 *See xuēmùwéilì*
xiǎomùwū 小木屋 P.W. small wooden house M: [4]zuò
xiàomúyàng 笑模样[-樣] N. smiling look
xiǎomǔzhǐ 小拇指 N. little finger
xiǎomǔzhǐtou 小拇指头 N. little finger
xiāonà 销纳 V. dispose of

X

xiàonà* 笑纳 F.E. kindly accept (this small gift)
xiǎonǎinai 小奶奶 N. <coll.> concubine M: ge/[1]míng
xiàonán 孝男 N. <trad.> bereaved son (term used in an obituary or on a tombstone)
xiǎonánqiáng 小南强[-強] N. <bot.> jasmine
xiāonào 嚣闹[-鬧] S.V. bustling with noise and excitement
xiǎonǎo* 小脑[-腦] N. <phys.> cerebellum
xiàonèi 校内 P.W./ATTR. within/inside the school
xiàonèi huódòng 校内活动[-動] N. campus activities
xiàonéng 效能 N. efficacy; usefulness; effect; efficiency
xiǎonián 小年 N. ① lunar year in which the last month has 29 days ② <agr.> off year
xiāoniáng 萧娘[蕭-] N. <trad.> girl (in poetry)
xiǎoniáng* 小娘 N. <trad.> ①father's concubine ② prostitute
xiǎoniángmenr 小娘们儿 N. <coll.> young woman
xiǎoniángrmen 小娘儿们 N. <derog.> young gal
xiǎoniángzi 小娘子 N. <coll.> young (married) woman
xiǎoniánqīng 小年轻[-輕] N. young people (about 20 years of age)
xiǎoniányè 小年夜 N. ① night before lunar New Year's Eve ② <trad.> 23rd/24th day in the lunar 12th month
xiāoniǎo 枭鸟[梟-] N. owl M: [2]zhī
xiǎoniǎo(r)* 小鸟(儿) N. small bird; birdie; dickey M: [2]zhī
xiǎoniǎoyīrén 小鸟依人 F.E. ① lovely young girl ② timid and lovable little child
xiǎoníchǎn 小泥铲[-鏟] N. trowel M: [1]bǎ
xiǎoníguǐr 小泥鬼儿 N. muddied child
xiǎoniū(r)* 小妞(儿) N. <coll.> young girl
xiǎoniú 小牛 N. calf M: [1]tóu
xiǎoniúpí 小牛皮 N. calfskin M: [1]zhāng/[2]kuài
xiǎoniúròu 小牛肉 N. veal
xiǎonīzi 小妮子 N. <coll.> ①young girl; maiden ② housemaid
xiāonóng 消脓[-膿] V.O. cure a pustule
xiǎonóng* 小农[-農] N. small farmer
xiǎonóng jīngjì 小农经济[-農經濟] N. ①small-scale farming by individual owners ② small-scale peasant economy
xiǎonóngyè 小农业[-農業] N. individual farming
xiǎonǚ* 小女 N. <humb.> my daughter
xiàonǚ 孝女 N. ① <trad.> bereaved daughter (term used in an obituary or on a tombstone ② filial daughter
xiǎonǚ'ér 小女儿 N. the youngest daughter
xiàonuò 笑诺 V. say "yes" with a smile
xiǎonǚzi 小女子 N. young girl M: ge/[1]míng
xiǎopáchóng 小爬虫[-蟲] N. ① vertebrates with scales or shells ② <Cult.Rev.> political opportunists M: [1]tiáo
xiǎopáir 小牌儿 N. small card/tablet (e.g., containing a room number) M: [1]zhāng
xiǎopán 小盘[-盤] N. small plate M: ge/[2]zhī
xiǎopǎo* 小跑 V. <coll.> trot; jog
xiàopáo(r/zi) 孝袍(儿/子) N. mourning gown M: [2]jiàn
xiǎopéngyou 小朋友 N. ① children ② little boy/girl; child (adult address to a child)
xiāopí* 削皮 V.O. pare
xiǎopì 晓譬[曉-] V. explain with examples
xiāopiàn* 削片 N./V. chip
xiǎopiàn 小片 N. ① tablet ② shard
xiǎopiányi 小便宜 N. small gain; petty advantage
xiǎopiàor 小票儿 N. small-denomination paper money M: [1]zhāng
xiǎopíjiā 小皮夹[-夾] N. wallet M: ge/[2]zhī
xiǎopín 小贫 N. sarcastic term for a niggard/tightwad/skinflint
xiǎopǐn* 小品 N. ①short, simple literary/artistic creation; essay; sketch ② skit
xiàopín 效颦 ID. imitate with ludicrous effect
xiǎopǐncí 小品词 N. <lg.> particles
xiǎopǐn fùcí 小品副词 N. <lg.> adverb particle
xiǎopíng(r) 小瓶(儿) N. small bottle; vial
xiǎopínglùn 小评论 N. short comment M: [1]piān
xiǎopǐnwén 小品文 N. essay M: [1]piān
xiàopínxuébù 效颦学步 F.E. imitate servilely; play the ape
xiǎopī shēngchǎn 小批生产[-產] N. small scale/serial production
xiāo pízi 硝皮子 V.O. tan skins ♦N. tanned skin
xiào pò bù xiào bǔ 笑破不笑补[-補] V.P. People sneer at those in tatters but not at those with patches on their worn-out clothes.
xiàopò dùpí 笑破肚皮 V.O. split one's sides with laughter
xiǎopōr 小坡儿 N. short/minor slope M: [2]dào
xiǎopú 小仆[-僕] N. young servant M: ge/[1]míng
xiǎopù(r/zi)* 小铺(儿/子) N. small store; stall; booth M: ge/[1]jiā/[1]jiān
xiǎopùbù 小瀑布 N. cascade M: ge/[2]dào
xiāoqí 骁/枭骑[驍/梟-] N. <wr.> valiant/élite cavalry
xiāoqì(r) 消气(儿)[-氣-] V.O. cool down; be mollified
xiǎoqī 小/筱妻 N. concubine
[1]xiǎoqì* 小憩 N. short rest; break
[2]xiǎoqì 小气[-氣] S.V. ①stingy; mean ②<topo.> narrow-minded; petty
[3]xiǎoqì 小器 N. ① small household utensils ② <topo.> ⓐ stingy; mean ⓑ narrow-minded; petty
xiàoqí 校旗 N. school flag M: [1]miàn
xiàoqì 笑气[-氣] N. <chem.> nitrous oxide
xiāoqiǎn* 消遣 V. divert oneself; while away time ♦N. pastime
xiǎoqián(r) 小钱(儿)[-錢-] N. ①small coin from the Qing dynasty ② small amount of money *Shuō dàhuà, gěi ~.* Talk big and give stingily. ③ tip; gratuity
xiāo qiānbǐ 削铅笔[-筆] V.O. sharpen a pencil
xiāoqiānbǐjī 削铅笔机[--筆-] N. pencil sharpener M: ge/[1]jià
xiāoqiáng 萧墙[蕭牆] N. <wr.> screen wall facing a gate
xiāoqiánghuòqǐ 萧墙祸起[蕭牆禍-] F.E. Trouble breaks out at home.
xiāoqiāngshuǐ 硝镪水 N. <chem.> nitric acid M: píng
xiǎoqiánguì 小钱柜[-錢櫃] N. ① petty cash ② slush fund
xiāoqiángzhīhuò 萧墙之祸[蕭牆-禍] N. internal strife
xiāoqiáng zhīnèi 萧墙之内[蕭牆-] P.W. behind the screen wall; within one's home
xiāoqiǎnjiěmèn 消遣解闷 F.E. divert oneself in
xiǎoqiántí 小前提 N. <log.> minor premise
xiāoqiǎn xiāoqiǎn 消遣消遣 R.F. have a little relaxation
xiāoqiǎn xiǎoshuō 消遣小说 N. light fiction M: [1]běn
xiǎo qiánzi 小钳子 N. small pliers/tongs M: [1]bǎ
[1]xiǎoqiáo 小瞧 V. ① look down upon ② underestimate
[2]xiǎoqiáo 小桥[-橋] N. foot bridge; small bridge M: [4]zuò
xiǎoqiǎo* 小巧 S.V. small and exquisite; delicate
xiǎoqiǎolínglóng 小巧玲珑 F.E. small and exquisite
xiǎoqiáoliúshuǐ 小桥流水[-橋--] F.E. a small bridge over a flowing stream
xiǎoqìchē 小汽车 N. passenger car M: [3]liàng
xiāoqiē 削切 V. cut apart
[1]xiǎoqiè* 小妾 N. concubine M: ge/[1]míng
[2]xiǎoqiè 小窃[-竊] N. petty thief M: ge/[1]míng
xiǎoqìguǐ 小气鬼[-氣-] N. penny pincher M: ge/[1]míng
xiāoqíhànjiàng 骁骑悍将[驍-將] F.E. brave cavalry led by a valiant general
xiǎoqìhou 小气候[-氣-] N. <met.> microclimate
xiǎoqìjiàn 小器件 N. gadget
xiǎoqìjìnr 小气劲儿[-氣勁-] N. stinginess; meanness
xiàoqǐlai 笑起来 R.V. start to laugh
xiǎoqīng 小青 N. ① <bot.> indigo plant ② maid
xiàoqìng* 校庆[-慶] N. anniversary of the founding of a school
xiǎoqīngnián 小青年 N. young person over 20 M: ge/[1]míng/[2]wèi
xiāoqiú* 削球 V.O. <sport> chop; cut ♦N. cutting; chopping
xiǎoqiū 小丘 N. hill; hillock M: [4]zuò
xiǎoqiú 小球 N. sports using smaller balls (e.g., table tennis, etc.)
xiǎoqiūshōu 小秋收 N. autumn harvest of wild plants or "minor crops"
xiǎoqiúzǎo 小球藻 N. <bot.> chlorella
xiǎoqiūzhěn 小丘疹 N. pimple
xiǎoqǐyè 小企业[-業] N. small enterprise M: [1]jiā
xiǎoqìyìyíng 小器易盈 F.E. The narrow-minded readily feel self-complacent.
xiǎoqìzuō 小器作 N. workshop producing or repairing hardwood or exquisite furniture
xiāoqù 消去 R.V. ①disappear; vanish ②eliminate; remove ③ reduce; mitigate
xiǎoqū 小区[-區] P.W. ① city/town district ② residential area
xiǎoqǔ(r)* 小曲(儿) N. ditty; popular tune M: [4]zhī/[2]shǒu
xiǎoqù 小觑 V. look at with contempt
xiǎoquǎn 小犬 N. ① puppy M: [2]zhī ② <humb.> my son
xiào quǎnmǎzhīláo 效犬马之劳[-勞] V.P. serve sb. faithfully
xiǎoquānzi 小圈子 N. small coterie
Xiǎoquǎnzuò 小犬座 N. <astr.> Canis Minor
xiāoquè 消却[-卻] V. eliminate; get rid of
xiǎoqúntǐ 小群体[-體] N. microcommunity
xiāoqǔxiàng 消取向 N. disorientation
xiǎor 小儿 N. <coll.> ① early childhood ② baby boy *See also xiǎo'ér*
[1]xiāorán 萧然[蕭-] V.P. <wr.> ① desolate ② empty ③ disorderly
[2]xiāorán 嚣然 V.P. ① sad ② hungry
[3]xiāorán 枵然 V.P. big
[4]xiāorán 翛然 V.P. <wr.> carefree
xiāorǎng 霄壤 N. heaven and earth
xiāorǎngzhībié 霄壤之别 F.E. as far apart as heaven and earth
xiāorǎngzhīfēn 霄壤之分 F.E. as far apart as heaven and earth
xiāoránwùwài 萧然物外[蕭-] F.E. untrammeled/unaffected by worldly affairs
xiāorén 宵人 N. wrongdoer; criminal
[1]xiǎorén* 小人 N. ① <trad.> a person of low position M: ge/[1]míng ② base/mean person; villain; vile character M: ge/[1]míng ③ <trad./humb.> I (in speaking to an official/master/etc.)
[2]xiǎorén 晓人[曉-] V.O. explain; tell ♦N. a reasonable person
xiǎoréndézhì 小人得志 F.E. villains hold sway
xiǎorénguó 小人国[-國] P.W. ① a country of dwarfs ② Lilliput
xiǎorénhuáihuì 小人怀惠[-懷-] F.E. A petty man thinks of the favor received by him.
xiǎorénjiā(r) 小人家(儿) N. <topo.> destitute family M: [1]hù
xiǎorénjīng(r) 小人精(儿) N. <coll.> precocious child M: ge/[1]míng
xiǎorénr 小人儿 N. ① dwarf; short person ② child; kid
xiǎorénrjia 小人儿家 N. <coll.> child
xiǎorénrshū 小人儿书[-書] N. <coll.> picture-story book M: [1]běn
xiǎorénsū 小人酥 N. sweet, crispy candy
xiǎorénwù 小人物 N. a nobody M: ge/[1]míng
xiǎorén wú dàzhì 小人无大志 F.E. Little things amuse little minds
xiǎorén yù yú lì 小人喻于利[---於-] F.E. The mind of the mean man is centered on gain.
xiǎo Rìběnr 小日本儿 N. <coll./derog.> Japanese

X

xiǎorìzi 小日子 N. ① <coll.> simple livelihood; daily life ② <trad.> would-be bride's days of menstruation (inquired for fixing the wedding day) ③ cozy life of a small family

xiāoróng 消融/溶 V. melt

[1]xiàoróng* 笑容 N. smiling expression

[2]xiàoróng 校容 N. appearance of a school

xiàoróngkějū 笑容可掬 F.E. radiant with smiles

xiǎoróngliàng 小容量 N. small capacity

xiàoróngmǎnmiàn 笑容满面 F.E. be all smiles

xiāoróngzhàng 消溶胀 N. deswelling

xiǎoruǎnr 小软儿 N. defenseless/weak person

xiāoruò 削弱 *See xuēruò*

xiāosǎ* 潇/萧洒[潇/蕭灑] S.V. ① natural and unrestrained ② handsome and debonair

xiāosà 萧飒[蕭-] V.P. <wr.> desolate; bleak

xiāosǎbùqún 潇/萧洒不群[潇/蕭灑-] F.E. lighthearted and uncommon

[1]xiāosàn 消散 V. scatter and disappear; dissipate

[2]xiāosàn 萧散[蕭-] V.P. uninhibited and carefree

xiǎosǎngr 小嗓儿 N. <opera> ① voice of a young actress ② falsetto

xiǎosānxiàn 小三线 N. <PRC> the local third line of defense (early 1960's)

xiāosāo 萧骚[蕭-] V.P. desolate; lonely

xiāosǎzìrú 潇/萧洒自如[潇/蕭灑-] F.E. ① natural and unrestrained ② casual and elegant

xiāosè* 萧瑟[蕭-] S.V. bleak; desolate ♦V. rustle in the air

xiǎosè 晓色[曉-] N. <wr.> dawnlight

xiāosēn 萧森[蕭-] V.P. <wr.> dreary and desolate

xiǎosēng 小僧 N. <Budd.> ① a monk of low rank M: ge/[1]míng ② deferential self-reference

xiàoshā 笑煞/杀[-殺] V. be overwhelmed with laughter

xiǎoshāmí 小沙弥[-彌] N. young Buddhist monk M: ge/[1]míng

xiǎoshān 小山 N. small hill M: [4]zuò

xiǎoshānbāo 小山包 N. <coll.> a clump of hills

xiǎoshānbāobao 小山包包 F.E. <coll.> a clump of hills

xiǎoshāngfàn 小商贩 N. peddler; vendor M: ge/[1]míng

xiǎoshāngpǐn 小商品 N. sundries M: ge/[2]jiàn

xiǎoshāngpǐn jīngjì 小商品经济[-經濟] N. small commodity economy

xiǎoshāngrén 小商人 N. small trader/merchant; tradesman M: ge/[1]míng/[2]wèi

xiǎoshǎngwu 小晌午 N. <topo.> time around noon

xiǎoshāng-xiǎofàn 小商小贩 N. small tradespeople and peddlers

xiǎoshāngyè 小商业[-業] N. ①small enterprises in commerce ②small business under individual ownership ③ small state-owned shops

xiǎoshānr 小衫儿 N. ① small shirt ② blouse M: [2]jiàn

xiǎoshānyáng 小山羊 N. kid M: [2]zhī

xiǎoshānyáng-pí 小山羊皮 N. kidskin M: [1]zhāng/[2]kuài

xiāoshāo 蟏蛸[蠨-] N. a kind of spider

xiāoshāomǎnshì 蟏蛸满室[蠨-] F.E. The rooms are filled with cobwebs.

xiǎoshàoye 小少爷[-爺] N. <court.> youngest son of a rich family M: ge/[1]míng/[2]wèi

xiǎoshāshǔ 小沙鼠 N. gerbil M: [2]zhī

xiǎoshé(tou) 小舌(头) N. ① <bio.> uvula ② <bot.> ligule ♦ATTR. uvular

xiàoshè* 校舍 N. schoolhouse; school building M: [4]zuò

xiǎoshé cāyīn 小舌擦音 N. <lg.> uvular fricative

xiǎoshé chànyīn 小舌颤音 N. <lg.> uvular trill

xiǎoshé fǔyīn 小舌辅音 N. <lg.> uvular

xiǎoshěn(r) 小婶(儿)[-嬸-] N. <topo.> ① sister-in-law (wife of one's husband's younger brother) ② one's youngest aunt

xiāoshēng 消声[-聲] V.O. diminish/eliminate noise ♦N. soundproofing

[1]xiǎoshēng 小声[-聲] N. low voice (of volume)

[2]xiǎoshēng 小生 N. <opera> young male character M: ge/[1]míng/[2]wèi ♦PR. <humb.> I, your pupil

Xiǎoshèng 小乘 N. <Budd.> Hinayana

[1]xiàoshēng(r)* 笑声(儿)[-聲-] N. laughter; sound of laughter M: [1]zhèn

[2]xiàoshēng 啸声[嘯聲] N. ① whistling; squeak; squeal ② <elec.> squealing; howl; hiss

xiǎoshēngchǎn 小生产[-產] N. small-scale production

xiǎoshēngchǎnzhě 小生产者[--產-] N. small producer M: ge/[1]míng

xiàoshēngdǐngfèi 笑声鼎沸[-聲--] F.E. bubble with laughter

xiāoshēngliǎnjì 销声敛迹[-聲-跡] F.E. keep silent and lie low

xiāoshēngnìjì 销声匿迹[-聲-跡] F.E. keep silent and lie low

xiāoshēngqì 消声器[-聲-] N. silencer; muffler M: ge/[1]jià

xiāoshēngshì 消声室[-聲-] P.W. anechoic chamber (of a recording room, TV studio, etc.) M: [1]jiān

xiàoshēng shuǎnglǎng 笑声爽朗[-聲--] F.E. burst out in peals of laughter

xiàoshēng yángyì 笑声洋溢[-聲--] V.P. Bursts of laughter kept floating out.

xiǎoshēngyi 小生意 N. small business M: [2]bǐ

xiǎoshěnzi 小婶子[-嬸-] N. <topo.> ① sister-in-law (wife of one's husband's younger brother) ② one's youngest aunt

xiǎoshé sāiyīn 小舌塞音 N. <lg.> uvular occlusive

xiǎoshétou(r) 小舌头(儿) N. uvula

xiǎoshéyīn 小舌音 N. <lg.> uvular; uvular consonant; uvular sound

xiāoshī 消失 V. disappear; vanish; dissolve

[1]xiāoshí(r) 消食(儿) V.O. help to digest

[2]xiāoshí 销蚀 V. corrode

[3]xiāoshí 硝石 N. niter; saltpeter M: [2]kuài

[1]xiāoshì 消逝 V./N. die/fade away; vanish; elapse *suízhe shíjiān de* ~ with the lapse of time

[2]xiāoshì 消释[-釋] V. clear up; dispel

[3]xiāoshì 销势[-勢] N. sales trend/situation

[4]xiāoshì 枭示[梟-] V. display the head of a decapitated person to warn others

[1]xiǎoshí* 小时[-時] N. ① hour ② infancy; childhood

[2]xiǎoshí 小食 N. snacks; refreshment

xiǎoshǐ 小史 N. brief unofficial history

[1]xiǎoshì(r) 小事(儿) N. trifle; minor matter ~ *cōngmíng, dàshì hútu* clever in minor affairs but confused about major ones

[2]xiǎoshì 晓事[曉-] V.O. be sensible/understanding

[3]xiǎoshì(r) 小市(儿) P.W. bazaar; flea market

[4]xiǎoshì 晓市[曉-] P.W. morning market

[5]xiǎoshì 晓示[曉-] V. ① tell explicitly ② notify

[6]xiǎoshì 小视 V. look down upon

[7]xiǎoshì 小试 V. make a casual trial ♦N. <trad.> annual prefectural civil-service examination

xiǎoshíbù 小食部 P.W. snack bar

xiāoshī bùjiàn 消失不见 V.P. vanish from sight

xiǎoshìchǎng 小市场[-場] P.W. plaza M: [4]zuò

xiāoshīdiào 消失掉 R.V. disappear; vanish

xiǎoshìfēngmáng 小试锋芒 ID. display only a small part of one's talent

xiǎoshígōng 小时工[-時-] <coll.> N. ① hourly job ② hourly worker

xiǎoshí gōngzī 小时工资[-時--] N. hourly wage; per-hour wage

xiāoshíguǎn 消食管 N. alimentary canal

xiǎoshíhou(r) 小时候(儿)[-時--] N. <coll.> in one's childhood; when one was young

xiǎoshìhuàwú 小事化无 F.E. turn small problems into no problems

xiāoshíhuī 消石灰 N. slaked lime

xiāoshíjì 销食剂[-劑] N. corrodent

xiǎoshìjiè 小世界 N. part of a world; worldlet

xiǎoshíliǎoliǎo 小时了了[-時--] F.E. be very intelligent when young

xiǎoshìmín 小市民 N. <pol.> urban petty bourgeois ♦ATTR. plebeian; philistine M: ge/[1]míng

xiǎoshì mínzhòng 晓示民众[曉-衆] V.O. notify the public

xiǎoshìniúdāo 小试牛刀 ID. show sth. of one's ability

xiāoshípiàn 消食片 N. medicine that helps digest food

xiāoshì qiánxián 消释前嫌[-釋--] V.O. bury the hatchet

xiǎoshítou 小石头 N. pebbles; small stones M: [2]kuài/[1]kē

xiǎoshìwù 小饰物 N. trinketry; trinket M: [2]jiàn

xiǎoshìyīzhuāng 小事一桩[-樁] F.E. minor/trifling incident/matter

xiǎoshìyóur 小事由儿 N. minor/unimportant matter

xiǎoshīzi 小狮子[-獅-] N. lion cub M: [1]tóu/[2]zhī

xiǎoshízǐ* 小石子 N. gravel M: [1]kē/[3]lì

Xiǎoshīzuò 小狮座[-獅-] N. <astr.> Leo Minor

xiāoshǒu 枭首[梟-] V.O. <wr.> ① behead ② display a head on a pole

[1]xiāoshòu* 销售 V. sell; market

[2]xiāoshòu 消瘦 V. become emaciated

[3]xiāoshòu 消受 V. ① enjoy ② endure; bear

xiǎoshòu 小寿[-壽] N. <TW> 60th birthday

xiāoshòu biānjì 销售边际[-邊際] N. margin on sales

xiāoshòu bùmén 销售部门 P.W. marketing/sales department

xiāoshòu chéngběn 销售成本 N. ① cost of producing goods for sale ② cost of marketing

xiāoshòu dàilǐshāng 销售代理商 N. selling agent M: ge/[1]míng/[2]wèi

xiāoshòudān 销售单 N. sales slip M: [1]zhāng/[1]fèn

xiāoshòudiǎn 销售点[-點] P.W. retail store

xiāoshòu'é 销售额 N. sales volume/quota

xiāoshòu fèiyòng 销售费用 N. selling costs M: [2]bǐ

xiǎoshǒugōngyè 小手工业[-業] N. small handcraft industry

xiǎoshǒugōngyèzhě 小手工业者[---業-] N. small handicraftsman M: ge/[1]míng/[2]wèi

xiāoshòuhuà qǐyè guānniàn 销售化企业观念[----業觀-] N. marketing-oriented business concept

xiāoshòu huìtán 销售会谈 N. sales talk

xiāoshòuliàng 销售量 N. sales volume

xiāoshòu qúdào 销售渠道 N. marketing channels

xiāoshòu shìchǎng 销售市场[-場] N. sales market

xiāoshǒushìzhòng 枭首示众[梟-衆] F.E. expose a cut-off head to public view as a warning

xiǎoshǒushù 小手术[-術] N. a minor operation

xiāoshòushuì 销售税 N. sales tax M: [2]bǐ

xiāoshòu tújìng 销售途径[-徑] N. market channels M: [1]tiáo

xiǎoshǒuxiǎojiǎo 小手小脚[-腳] F.E. ① stingy; mean ② timid

xiāoshòuxué 销售学 N. study of sales trends

xiāoshòuyè 销售业[-業] N. sales/retail business

xiāoshòuyuán 销售员 N. salesperson M: ge/[1]míng/[2]wèi

xiāoshòuzhě 销售者 N. sellers M: ge/[1]míng/[2]wèi

xiǎoshǒuzhǐ 小手指 N. pinkie finger

xiāoshòu zǔzhī 销售组织[-織] N. marketing organization

xiāoshū 萧疏[蕭-] V.P. <wr.> ①desolate ②thinly scattered

xiāoshǔ* 消暑 V.O. ① take a summer holiday ② relieve summer heat

[1]xiǎoshū 小书[-書] N. ①booklet of basic moral principles/etc. ② children's picture-story book ③ <trad.> children's primer ④ <topo.> storytelling accompanied by stringed instruments ⑤ chapbook; pamphlet; brochure M: [1]běn

[2]xiǎoshū 小叔 N. ① husband's younger brother ② youngest uncle

xiǎoshǔ 小鼠 N. mouse; mice M: [2]zhī

Xiǎoshǔ 小暑 N. ① Slight Heat (11th solar term) ② beginning of the 11th solar term
[1]xiǎoshù 小数[-數] N. <math.> decimal
[2]xiǎoshù(r) 小树(儿)[-樹-] N. ① sapling; small tree; shrub ② young tree M: [2]kē
xiàoshǔ 肖属[-屬] N. that one of the twelve animals symbolizing the Earthly Branches that stands for the year of one's birth; birth sign
xiǎoshuāituì 小衰退 N. minirecession
xiǎoshùdiǎn(r) 小数点(儿)[-數點-] N. decimal point
xiǎoshuǐ 小水 N. <Ch. med.> urine
xiǎoshuì* 小睡 N./V. ① nap ② doze
xiǎoshuǐdiàn 小水电[-電] N. small hydroelectric power plant
xiǎoshuì piànkè 小睡片刻 V.P. take a short nap
xiǎoshùlín 小树林[-樹-] N. grove M: [4]zuò
xiàoshùn 孝顺 V. ① show filial obedience ② offer a present to a superior
xiàoshùn wéi qíjiāzhīběn 孝顺为齐家之本[---齊---] F.E. Filialness is the basic principle in running a family.
xiāoshuò 销铄[-鑠] <wr.> V. ① smelt (metals) ② remove; eliminate ♦V.P. thin and frail after a long illness
xiǎoshuō(r)* 小说(儿) N. fiction ***chángpiān*** ~ novel ***duǎnpiān*** ~ short story ***zhōngpiān*** ~ novella M: [1]běn
xiǎoshuōjiā 小说家 N. novelist M: ge/[1]míng/[2]wèi
xiāoshǔzhǐkě 消暑止渴 F.E. relieve summer heat and quench thirst (of drinks)
xiǎoshūzi 小叔子 N. <coll.> husband's younger brother; brother-in-law
xiàosì 肖似 V. look very much alike ***See also*** *xiàosì*
xiǎosī* 小厮[-廝] N. <trad.> man-servant; page; boy
xiàosī 孝思 N. a filial heart
xiàosǐ 效死 V.P. ① do one's utmost ② be ready to die for a cause
xiàosì 肖似 V. look alike; resemble ***See also*** *xiāosì*
xiàosībùkuì 孝思不匮 F.E. be forever filial
xiǎosǐcái 小死才 N. bastard
xiàosǐjiāngchǎng 效死疆场[-場] F.E. ① seek death or glory on the battlefield ② die on the frontier
xiàosǐ rén 笑死人 V.O./S.V. ① be extremely funny/ridiculous ② be overwhelmed with laughter
xiàosǐxiāngbào 效死相报[-報] F.E. I will pledge my life to repay you
xiǎosìxiánqín 小四弦琴 N. ukelele M: [1]bǎ
xiāosuān 硝酸 N. <chem.> nitric acid M: píng
xiāosuān gānyóu 硝酸甘油 N. nitroglycerin
xiāosuān gānyóu piàn 硝酸甘油片 N. nitroglycerin tablets
xiǎosuànpán 小算盘[-盤] N. selfish calculation
xiǎosuànpán dǎ de jīng 小算盘打得精[--盤---] F.E. be very calculating
xiāosuānyán 硝酸盐[-鹽] N. <chem.> nitrate
xiāosuānyín 硝酸银 N. silver nitrate
xiǎosūdá 小苏打[-蘇-] N. <chem.> sodium bicarbonate
xiāosǔn 消损 V. ① wear and tear ② reduce bit by bit; decrease ③ fritter away
[1]xiāosuǒ 萧索[蕭-] S.V. bleak and chilly; desolate
[2]xiāosuǒ 消索 V.O. ① decline ② dissipate
xiǎotàitai 小太太 N. concubine
xiǎotàiyáng 小太阳[-陽] N. an only child around whom all family members move
xiāotán 消痰 V. <Ch. med.> dissolve phlegm
xiǎotān(r) 小摊(儿)[-攤-] N. booth; stall; vendor's stand
xiàotán* 笑谈 N. ① laughingstock; butt ② funny remark; joke; jest ♦V. laugh over
xiàotáng 孝堂 P.W. ① hall in which the coffin is laid ② white curtain hung in front of a coffin M: [4]zuò
xiǎotáobìng 小桃病 N. little peach disease
xiǎotáoqì(r) 小淘气(儿)[--氣-] N. ① mischievous/trouble-making child M: ge/[1]míng ② urchin
xiàotì 孝悌 N. filial piety and fraternal duty
xiǎotiāndì 小天地 P.W. one's own little world; cubby-hole
xiāotiáo 萧条[蕭條] S.V. desolate; bleak ♦N. <econ.> depression
xiāotiáonián 萧条年[蕭條-] N. sluggish year
xiāotiáoqī 萧条期[蕭條-] N. slack time/period
xiǎotíbāo 小提包 N. satchel
xiǎotídàzuò 小题大做/作 F.E. make a mountain out of a molehill
xiǎotiěr 小帖儿 N. <trad.> red paper on which the birth date of a boy or girl is written for match-making
xiāoting 消停 <topo.> V. ① calm down ② stop; pause ♦ADV. calmly
xiǎotíng 小亭 N. kiosk M: [4]zuò
xiǎotǐng* 小艇 N. small boat; skiff M: [1]tiáo/[2]zhī
xiǎotíqín 小提琴 N. violin M: [1]bǎ
xiǎotíqínshǒu 小提琴手 N. violinist M: ge/[1]míng/[2]wèi
xiàotì-zhōngxìn 孝悌忠信 N. loyalty and filial piety
xiǎotízi 小蹄子 N. ① <derog.> a woman with bound feet ② <trad.> abusive reference to a woman
xiǎotóng 小童 N. a child M: ge/[1]míng
xiàotòng dùpí 笑痛肚皮 V.O. laugh until one's sides split
xiǎotǒnglèi 小统类[-類] N. <lg.> special series
xiāotóu 绡头 N. silk hood
xiǎotōu(r)* 小偷(儿) N. petty thief; pilferer M: ge/[1]míng
xiǎotóu 小头 N. smaller part/portion
xiǎotóujīshāng 小投机商 N. scalper M: ge/[1]míng
xiǎotóur* 小头儿 N. ① smaller end (of a long object) ② <coll.> leader of a small group of people
xiàotour 笑头儿 N. laughable matter
xiǎotōuxiǎomō 小偷小摸 F.E. pilfering
xiǎotóuxiǎonǎo 小头小脑[-腦] F.E. unintelligent
xiǎotù 小兔 N. a little rabbit M: [2]zhī
xiǎotuántǐ 小团体[-團體] N. small group; clique
xiǎotuántǐ zhǔyì 小团体主义[-團體-義] N. cliquishness; small-group mentality
xiǎotǔchǎn 小土产[-產] N. sundry native products
xiǎotǔdì chūzūzhě 小土地出租者 N. lessor of small plots of land M: ge/[1]míng/[2]wèi
xiǎotǔduī 小土堆 N. hill; mound
xiāotuì 消退 V. wane; recede; fade away
xiǎotuǐ* 小腿 N. calf (of the leg)
xiǎotuǐdù 小腿肚 N. calf (of the leg)
xiǎotuǐgǔ 小腿骨 N. <archeo.> shin/leg bone; tibia
xiǎotuō 小托 N. <art> add the first backing (of scrolls)
xiǎotǔqún 小土群 N. small-scale industries built by folk methods
xiǎowá 小娃 N. a child
xiāowài 霄外 N. beyond the sky/clouds
xiàowài* 校外 P.W. outside/after school
xiàowài fǔdǎoyuán 校外辅导员[---導-] N. after school activities counselors M: ge/[1]míng/[2]wèi
xiàowài huódòng 校外活动[-動] N. after-school activities
xiàowài jiàoyù 校外教育 N. extension/out-of-school education
xiǎowàikē 小外科 N. minor surgery
xiàowāile zuǐ 笑歪了嘴 V.P. laughed one's mouth crooked
xiàowài xuésheng 校外学生 N. external student M: ge/[1]míng/[2]wèi
xiǎowàn-chángchūnhuā 小蔓长春花 N. periwinkle
xiāowáng 消亡 V. wither away; die out
xiāowángyǔ 消亡语 N. extinct language
xiǎowánrnào 小玩儿闹[-鬧] <coll.> N. little rascal
xiǎowányì(r) 小玩意/艺(儿)[--藝-] N. ① oddments ② trinkets ③ insignificant skills ④ small toy/plaything
xiǎowáwa 小娃娃 N. baby; child
xiāowèi 骁卫[驍衛] N. imperial guard
xiàowéi 孝帷 N. curtains hanging in front of a bier
xiàowèi* 校尉 N. <mil.> field officer M: ge/[1]míng/[2]wèi
xiàowēiwēi 笑微微 R.F. smiling; with a smile
xiǎowén 謏闻 V.P. known only to a small circle
xiàowén(r)* 笑纹(儿) N. laugh lines (on the face)
xiǎowǒ 小我 PR. ① only oneself ***Bù yào zhǐ kǎolǜ*** ~. Don't just consider yourself. ② individual
xiàowō(r)* 笑窝/涡(儿)[-窩/渦-] N. dimple
[1]xiāowù 消雾[-霧] N. fog dispersal
[2]xiāowù 肖物 N. lifelike pictures
[1]xiǎowū 小屋 P.W. ① small room M: [1]jiān ② small house; cabin M: [4]zuò
[2]xiǎowū 小巫 N. witch/sorcerer/etc. with limited power M: ge/[1]míng
[1]xiǎowù 晓雾[曉霧] N. morning mist
[2]xiǎowù 晓悟[曉-] V. ① inform; enlighten ② <wr.> understand; realize ♦S.V. clever
xiàowù* 校务[-務] N. administrative affairs of a school/college; school administration
xiàowù huìyì 校务会议[-務-議] N. school council
xiǎowū jiàn dàwū 小巫见大巫 ID. be dwarfed; suffer in comparison
xiǎowǔjīn 小五金 N. hardware
xiàowù wěiyuánhuì 校务委员会[-務---] P.W. school board
xiǎowūzi 小屋子 P.W. den M: [1]jiān
xiāoxi* 消息 N. ① news; information; tidings ***jù Xīnhuáshè*** ~ according to a Xinhua dispatch ② fluctuations; vicissitudes M: [1]tiáo
xiǎoxī 小溪 N. streamlet M: [1]tiáo/[2]dào
xiǎoxǐ 小喜 N. <coll.> abortion
xiǎoxì 小戏[-戲] N. ① playlet ② operetta M: [1]chū
xiāoxià* 消夏 V.O. ① spend the summer at leisure ② relieve the summer heat
xiǎoxiá 晓霞[曉-] N. rosy clouds at daybreak
xiǎoxiádàchī 小黠大痴 F.E. cunning with trifles and muddled with big issues
[1]xiāoxián(r) 消闲(儿) V.O./S.V. be leisurely and carefree
[2]xiāoxián 萧闲[蕭-] V.P. ① leisurely; at ease ② lonely; desolate
xiǎoxiànchóng 小线虫[-蟲] N. eelworm M: [2]zhī
xiǎoxiáng 小祥 N. memorial ceremony held at the end of the one-year period of mourning for one's parent
[1]xiǎoxiàng(r) 小巷(儿) N. (small) alley; narrow and quiet street; by-lane M: [1]tiáo
[2]xiǎoxiàng 小像 N. statuette M: [1]zhāng
[3]xiǎoxiàng 小相 N. master of ceremonies serving a prince or a noble family
xiàoxiàng* 肖像 N. portrait; portraiture M: [10]fú
xiǎoxiànggong 小相公 N. ① young gentleman ② <derog.> effeminate man ③ mahjongg players who miss a tile in a game M: ge/[1]míng
xiàoxiànghuà 肖像画[-畫] N. portrait-painting M: [10]fú
xiāoxiàng shuì'é 销项税额 N. amount of a sales tax
xiāoxiánjiěmèn 消闲解闷 F.E. distract the mind
xiǎoxiànr 小线儿 N. <topo.> twine
xiǎoxiānsheng 小先生 N. student aide M: ge/[1]míng/[2]wèi
[1]xiāoxiāo 萧萧[蕭蕭] ON. <wr.> whistling (of wind); whinnying (of horses); rustling sound of falling leaves
[2]xiāoxiāo 潇潇[瀟瀟] ON. whistling (of wind) and pattering (of rain) ♦R.F. drizzly
[3]xiāoxiāo 嚣嚣 R.F. <wr.> ① confusing ② detached and self-contented

X

4**xiāoxiāo** 哓哓[嘵嘵] R.F. <wr.> shouting and arguing noisily
5**xiāoxiāo** 骁骁[驍驍] R.F. ① strong-looking ② marching fearlessly onward
6**xiāoxiāo** 翛翛 R.F. <wr.> incomplete (of feathers)
xiāoxiǎo 宵小 N. ① <wr.> thief ② rascal
xiāoxiāo 小鸮 N. owlet
xiǎoxiǎo(r)* 小小(儿) R.F. teeny; miniscule ♦N. small child; baby
xiàoxiāo 笑鸮 N. laughing owl
xiǎoxiǎobùrán 小小不然 F.E. too trivial to talk about
xiāoxiāobùxiū 哓哓不休[嘵嘵-] F.E. argue endlessly
xiǎoxiǎobùyán 小小不言 F.E. <coll.> too trivial to speak of
xiǎoxiǎoshuō 小小说 N. short-short story; novelette; one-page story M: 1piān
xiāoxiāotíngtíng 消消停停 R.F. intermittently
xiāoxiāoxìyǔ 潇潇细雨[瀟瀟-] F.E. fine, gentle drizzle
xiǎoxiǎozi(r) 小小子(儿) N. <coll.> young lad; small child
xiāoxi bìsè 消息闭塞 V.P. ill-informed
xiǎoxìchénzhōu 小隙沉舟 ID. A small leak will sink a great ship.
xiāoxiē 消歇 V. <wr.> ① stop; cease; subside ② dissolve
xiǎoxiē 小歇 N. breather; short rest
xiǎoxié(r) 小鞋(儿) ID. trouble made by sb. superior ***gěi tā chuān*** ~ make trouble for him
xiǎoxiě* 小写[-寫] N. ① ordinary form of Chinese numerals ② lowercase letter ♦V. <wr.> briefly describe
xiǎoxiě jīn'é 小写金额 N. amount in Arabic numbers
xiǎoxiě zìmǔ 小写字母[-寫--] N. <lg.> miniscules
xiǎoxífur 小媳妇儿[--婦-] N. ① young married woman ② scapegoat ③ <trad.> little girl engaged to sb. by her parents
xiāoxi língtōng 消息灵通[--靈-] V.P. be well-informed
xiāoxi língtōng rénshì 消息灵通人士[--靈--] N. well-informed sources M: ge/1míng/2wèi
xiǎoxīn* 小心 S.V./V. take care; be careful
xiàoxīn 孝心 N. filial piety/sentiments/devotion
1**xiāoxíng** 销行 V. sell; be on sale
2**xiāoxíng** 宵行 V. travel by night
xiǎoxīng 小星 N. concubine (usu. referring to another man's concubine)
1**xiǎoxíng*** 小型 ATTR. small-sized; small-scale; miniature
2**xiǎoxíng** 小陉[-陘] N. mountain gap M: 1tiáo
xiàoxīng 笑星 N. comic star M: ge/1míng/2wèi
xiàoxíng 孝行 N. filial behavior
xiǎoxíng bàozhǐ 小型报纸[-報-] N. tabloid newspaper M: 1fèn/1zhāng
xiǎoxīngcányuè 晓星残月[曉-殘-] F.E. The stars are faint and the moon is setting.
xiǎoxíng cídiéjī 小型磁碟机 N. <comp.> minidiskplayer M: 1tái
xiǎoxíng diànnǎo 小型电脑[-電腦] N. minicomputer M: 1tái
xiǎoxíng gāofēng huìyì 小型高峰会议[-議] N. mini-summit
xiǎoxínghuà 小型化 N. miniaturization
xiǎoxíng jīqìjù 小型机器锯 N. chain saw M: 1bǎ/1jià
xiǎoxíng jìsuànjī 小型计算机 N. minicomputer M: 1tái
xiǎoxíngmǎ 小型马 N. pony M: 1pǐ
xiǎoxíng qǐyè 小型企业[-業] N. small enterprise M: 1jiā
xiǎoxìngr 小性儿 N. <topo.> petulance
xiǎoxìngrénbǐng 小杏仁饼 N. macaroon M: 2kuài
xiǎoxíngxiāo 小型鸮 N. owlet
xiǎoxíngxīng 小行星 N. <astr.> minor planet; asteroid
xiǎoxíngyèsù 晓行夜宿[曉-] F.E. start at dawn and stop at dusk (of a journey)
xiǎoxíng yùndònghuì 小型运动会[--運動-] N. small-scale athletic meet M: cì/2chǎng
xiǎoxíngzhuāng 小型装[-裝] N. small size
xiǎoxīn huǒ-zhú 小心火烛[-燭] V.O. Guard against fire!
xiǎoxīnjǐnshèn 小心谨慎 F.E. circumspect; careful; cautious; discreet; prudent
xiǎoxīnqīngfàng 小心轻放[--輕-] F.E. Handle with care!
xiǎoxīnwéimiào 小心为妙 F.E. One cannot be too careful.
xiǎoxīnyǎn(r) 小心眼(儿) S.V. narrow-minded; petty
xiǎoxīnyìyì 小心翼翼 F.E. with great care; cautiously
xiāoxióng* 枭/骁雄[梟/驍-] N. <wr.> fierce and ambitious person
xiǎoxiōng 小兄 N. polite self-reference to sb. younger
xiǎoxiōngdì 小兄弟 N. ① endearing address to a young male ② <derog.> home boys
xiǎoxióngmāo 小熊猫[-貓] N. lesser panda M: 2zhī
xiāoxióngzhīzī 枭雄之姿[梟-] N. the bearing/carriage of a villain
Xiǎoxióngzuò 小熊座 N. <astr.> Ursa Minor
xiāoxir 消息儿 N. <topo.> floor trap
1**xiǎoxiū** 小休 N. short vacation
2**xiǎoxiū** 小修 N. ①minor overhaul ②temporary repair ♦V. make small repairs
xiàoxīxī 笑嘻嘻 R.F. grinning; smiling
Xiǎo Xīyáng 小西洋 P.W. <trad.> India and the Middle East
1**xiǎoxù** 小婿 N. ① <humb.> my son-in-law ② <trad.> this son-in-law; I (spoken to parents-in-law)
2**xiǎoxù** 小序 N. preface
xiǎoxué* 小学 P.W. primary/elementary school ♦N. <trad.> minor learning; pre-modern "linguistics"; philological studies
xiǎoxuě 小鳕 N. poor cod; tomcod
Xiǎoxuě 小雪 N. ①Slight Snow (20th solar term) ②beginning of the 20th solar term ③light snow
xiàoxuè 笑谑 V. laugh and banter
xiǎoxuéjiā 小学家 N. <lg.> philologist M: ge/1míng/2wèi
xiǎo xuésheng 小学生 N. ① student younger in age (than classmates) ② <topo.> little boy M: ge/1míng
xiǎoxuéshēng(r)* 小学生(儿) N. (primary) pupil; schoolboy; schoolgirl M: ge/1míng
Xiǎoxué Wàiyǔ 小学外语 N. <lg.> Foreign Language in the Elementary Schools (FLES)
xiǎoxuéxiào 小学校 P.W. small-sized school M: 1suǒ
xiàoxùn 校训 N. school motto
xiǎoxúnhuán 小循环[-環] N. ① <bio.> pulmonary circulation ② minor cycle
1**xiǎoyā** 小鸭 N. duckling M: 2zhī
2**xiǎoyā(r)** 小押(儿) N. <trad.> loan at a usurious rate of interest
1**xiāoyān** 硝烟[-煙] N. smoke of gunpowder
2**xiāoyān** 消烟[-煙] N. smoke abatement
xiāoyán* 消炎 V.O. <med.> diminish inflammation
xiàoyán 笑颜 N. smiling face
xiàoyǎn 笑眼 N. smiling eyes
xiàoyàn 效验 N. intended effect; desired result; actual proof of efficacy
xiàoyánchángkāi 笑颜常开[-開] V.P. be always beaming with joy
xiāoyánfěn 消炎粉 N. anti-inflammation powder
1**xiǎoyáng** 小羊 N. lamb M: 2zhī
2**xiǎoyáng** 小洋 N. <trad.> ten-/twenty-cent silver coins
3**xiǎoyáng** 晓阳[曉陽] N. early morning sun
xiǎoyàng(r)* 小样(儿)[-様-] N. <print.> galley proof
xiàoyǎng 孝养[-養] V. ① respect and support one's parents ② <Budd.> pray for one's deceased parents with offerings
xiǎoyángchūn 小阳春[-陽-] N. Indian summer
xiǎoyánggāo 小羊羔 N. lamb M: 2zhī
xiǎoyánglóu 小洋楼[-樓] N. small western-style villa M: 4zuò/4dòng
xiǎoyángqún 小洋群 N. small enterprises using modern production methods
xiàoyǎngyǎngr 笑痒痒儿[-癢癢-] R.F. <coll.> the urge to laugh
xiāoyānmímàn 硝烟弥漫[-煙彌-] F.E. A cloud of smoke floated over (the battlefield).
xiāoyánpiàn 消炎片 N. anti-inflammatory tablet
xiǎoyànr 小燕儿 N. ①young swallow ②swallow M: 2zhī
xiàoyànrúshén 效验如神 F.E. work like a charm
Xiǎoyàntǎ 小雁塔 P.W. the Small Wild Goose Pagoda
xiāoyányào 消炎药[-藥] N. antibiotics
xiǎoyǎnyuán 小演员 N. bit player M: ge/1míng/2wèi
xiǎoyànzi 小燕子 N. ①young swallow ②swallow M: 2zhī
xiāoyáo* 逍/消遥 V. be free and unfettered
xiǎoyǎo 小咬 N. <topo.> mosquitoes
xiāoyáofǎwài 逍遥法外 F.E. get off scot-free
xiǎoyāojing 小妖精 N. coquettish young female M: ge/1míng
xiāoyáopài 逍遥派 N. ① peripatetics ② the uninvolved faction ③ <Cult.Rev.> sb.aloof from a movement/faction/etc.
xiǎoyāor 小幺儿[-么-] N. <trad.> page boy
xiǎoyàor* 小药儿[-藥-] N. medicine for self-treatment of minor sickness/injury
Xiāoyáo Xuépài 逍遥学派 N. the Peripatetics
xiāoyáoyīshēng 逍遥一生 F.E. be free and unfettered all one's life
xiāoyáozìzài 逍遥自在 F.E. ① be leisurely and carefree ② take life easy
xiǎoyātou(r) 小丫头(儿) N. <coll.> ① little girl ② young housemaid M: ge/1míng
xiǎoyātou piànzi 小丫头片子 N. <coll.> young girl
xiāoyè* 消/宵夜 F.E. <topo.> (have a) midnight snack
xiǎoyé 小爷[-爺] N. young master (used by a servant/etc.)
xiǎoyè(r) 小叶(儿)[-葉-] N. ① small leaves ② leaflet (one of the separate blades of a compound leaf)
xiàoyè 笑靥[-靨] N. ① <wr.> dimple ② smiling face
xiàoyèhuā 笑靥花[-靨-] N. <wr.> ① bridal wreath ② dimple
xiǎoyèqǔ 小夜曲 N. <mus.> serenade M: 2shǒu/4zhī
xiǎoyèrchá 小叶儿茶[-葉--] N. young tea-leaves
xiǎoyèyáng 小叶杨[-葉楊] N. <bot.> small-leaf poplar M: 2kē
xiǎoyèzhǔ 小业主[-業-] N. small owner; small/petty proprietor M: ge/1míng/2wèi
xiǎoyī 小衣 N. <topo.> underpants; drawers M: 2jiàn
1**xiǎoyí** 小姨 N. wife's younger sister; sister-in-law
2**xiǎoyí** 小遗 V. urinate; pee
xiǎoyì 小议[-議] V. comment briefly
1**xiàoyī** 校医[-醫] N. school doctor M: ge/1míng/2wèi
2**xiàoyī** 孝衣 N. mourning dress M: 2jiàn
1**xiàoyì*** 效益 N. beneficial result; benefit; productivity
2**xiàoyì** 校役 N. <trad.> school handyman M: ge/1míng
3**xiàoyì** 笑意 N. smiling mood
4**xiàoyì** 孝义[-義] N. devotion to parents and loyalty to friends
xiǎoyǐdàyì 晓以大义[曉-義] F.E. teach righteousness

xiāoyīgànshí 宵衣旰食 F.E. busy all day with government affairs
xiàoyì gōngzī 效益工资 N. efficiency-related wage
xiǎoyīhuìr 小一会儿 N. a short while
xiǎoyìjian 小意见 N. ① *<humb.>* my opinion ② small misunderstanding
xiǎoyǐlìbì 晓以利弊[曉-] F.E. warn sb. of the consequences
xiǎoyǐlìhài 晓以利害[曉-] F.E. warn sb. of the consequences
xiāoyīn 消音 N. noise reduction
xiāoyǐn 消隐[-隱] V. hide
[1]**xiǎoyǐn*** 小引 N. introductory note; foreword
[2]**xiǎoyǐn** 小饮 N. a small drink; a few drinks
xiǎoyǐng 小影 N. ① small-sized photo of oneself ② shadow
xiàoyǐng 笑影 N. smiling expression; image of a smiling face
xiàoyìng* 效应[-應] N. *<phy.>* effect
xiàoyíngyíng 笑盈盈 ADV. smilingly
xiǎoyīnjiē 小音阶[-階] N. *<mus.>* minor scale
xiāoyīnqì 消音器 N. muffler M: *ge/*[2]*zhī*
xiàoyínyín 笑吟吟 ADV. smilingly
xiǎoyīshang 小衣裳 N. ① underwear ② children's wear M: [2]*jiàn*
xiǎoyìsi 小意思 N. small token of kindly feelings; mere trifle M: [1]*diǎn*
xiàoyīxiào 笑一笑 V.P. give a smile
xiǎoyīyuàn 小医院[-醫-] P.W. infirmary M: [1]*jiā*
xiàoyīyuàn* 校医院[-醫-] P.W. school hospital; student health center M: [1]*jiā*
xiàoyì zhǐbiāo 效益指标[-標] N. targets set for better results
xiǎoyízi 小姨子 N. *<coll.>* wife's younger sister; sister-in-law
xiāoyǒng 骁勇[驍-] S.V. *<wr.>* brave; valiant
xiàoyǒng 啸咏[嘯詠] V. *<wr.>* sing
xiàoyòng* 效用 N. effectiveness; usefulness
xiàoyòng dìjiǎnlǜ 效用递减率[--遞減-] N. law of diminishing returns
xiǎoyòngjù 小用具 N. trinket
xiāoyǒngshànzhàn 骁勇善战[驍-戰] F.E. brave and bellicose
xiàoyòngshuō 效用说 N. utility theory
xiǎoyòngxiàngr 小用项儿 N. small/minor spending
xiāoyǒu 鸮卣 N. *<archeo.>* owl-shaped bronze wine jar
xiǎoyǒu 小友 N. my young friend
xiàoyóu 效尤 V.O. follow a bad example
[1]**xiàoyǒu*** 校友 N. alumnus; alumna M: *ge/*[1]*míng/*[2]*wèi*
[2]**xiàoyǒu** 孝友 N. filial piety and brotherly love
xiǎoyóudiànsuǒ 小邮电所[-郵電-] P.W. postal substation M: [1]*jiā*
xiàoyǒuhuì 校友会 P.W. alumni association
xiāoyōujiěchóu 消忧解愁[-憂--] F.E. relieve anxiety
[1]**xiǎoyú** 小鱼 N. small fish M: [1]*tiáo*
[2]**xiǎoyú** 小于[-於] V.P. be smaller/less than
[1]**xiǎoyǔ** 小雨 N. drizzle M: [3]*cháng*
[2]**xiǎoyǔ** 小语 V. speak in a low voice
xiǎoyù 晓谕[曉-] V. *<trad.>* give explicit instructions (to subordinates)
xiàoyǔ* 笑语 N. ① cheerful talk ② talking and smiling
xiàoyù 校誉[-譽] N. reputation of a school
xiàoyuán 校园[-園] P.W. campus; school yard M: [4]*zuò*
xiàoyuán gēqǔ 校园歌曲[-園--] N. popular songs originating on campuses M: [2]*shǒu/*[4]*zhī*
xiǎoyuánqiū 小圆丘 N. knoll
xiǎoyǔdiǎnr 小雨点儿[--點-] N. small rain drops
xiǎoyuè 小月 N. ① solar month of 30 days ② lunar month of 29 days ③ *<coll.>* miscarriage; abortion
xiǎoyuècánxīng 晓月残星[曉-殘-] F.E. *<wr.>* daybreak
xiǎoyuèzi 小月子 N. *<coll.>* ① miscarriage ② abortion
xiàoyǔliántiān 笑语连天 F.E. talk and laugh merrily and incessantly
xiāoyùn 销运[-運] V. sell and transport commodities
xiàoyǔyíngyíng 笑语盈盈 F.E. chatter merrily
xiǎoyǔzhǒng 小语种[-種] N. *<lg.>* language that is used by only one or two countries or by a small number of people
xiǎoyǔzhòu 小宇宙 N. microcosm
xiāozá 嚣杂[-雜] S.V. bustling; clamorous
xiáozá* 淆杂[-雜] S.V. mixed ♦V. mix; mingle; confuse
xiāozāi 消灾[-災] V.O. ① ward off calamities ② remove (impending) ill fortune
xiǎozàihuòchuánbó 小载货船舶 N. *<coll.>* pickpocket M: [1]*sōu/*[1]*tiáo*
xiāozāijiàngfú 消灾降福[-災--] F.E. bring good luck and ward off calamities
xiǎozāixiǎonàn 小灾小难[-災-難] F.E. misadventure
xiǎozǎizi 小崽子 N. *<coll.>* ① young animal ② infant; baby ③ no-good son of a bitch
xiāozāng 销赃[-贓] V.O. dispose of stolen goods
xiǎozào(r) 小灶(儿) N. ① special mess (for dining) ② special treatment ***Lǎoshī jīngcháng gěi tā kāi ~.*** The teacher always gives him special help.
xiǎozázhǒng 小杂种[-雜種] N. *<derog.>* young bastard
xiǎozéir 小贼儿 N. pilferer M: *ge/*[1]*míng*
xiāozhāi 萧斋[蕭齋] N. ① humble house ② Buddhist temple
xiǎozhàn 小战[-戰] N. *<mil.>* skirmish
xiāozhāng 嚣张 S.V. ① arrogant; aggressive ② rampant
xiāozhǎng 消长 V. ① grow and decline ② change ③ *<Ch. med.>* waning and waxing
xiāozhàng 销/消帐 V.O. cancel/remove from an account; write off
xiǎozhàng(r) 小帐(儿) N. *<coll.>* tip; gratuity
xiàozhǎng* 校长 N. ① headmaster; principal ② president; chancellor M: *ge/*[1]*míng/*[2]*wèi*
xiǎozhàngpeng 小帐篷 N. pup tent M: [1]*dǐng/*[4]*zuò*
xiàozhǎngshì 校长室 P.W. office of a schoolmaster/president
xiāozhāngyīshí 嚣张一时[-時] F.E. run rampant for a time
xiǎozhào 小照 N. small-sized photograph; snapshot M: [1]*zhāng*
xiǎozháshír 小炸食儿 N. small fried appetizers/etc.
xiǎozhédāo 小折刀 N. penknife M: [1]*bǎ*
xiāozhèn 消震 N. shock absorption
xiǎozhèn* 小镇 P.W. small town M: [4]*zuò*
xiāozhēng 宵征 N. journey at night
xiǎozhèngkè 小政客 N. a minor politician M: *ge/*[1]*míng*
xiǎozhěwén 小褶纹 N. puckering
xiàozhezuòdá 笑着作答[-著--] V.P. reply with a smile
xiāozhì 鸮炙 ID. count one's chickens before they're hatched
xiǎozhī 小枝 N. sprig; branchlet
xiǎozhí 小侄 N. *<humb.>* ① my nephew (when speaking to others) ② I (when speaking to people of one's father's generation)
[1]**xiǎozhǐ** 小指 N. little finger/toe
[2]**xiǎozhǐ** 小趾 N. toe
xiàozhǐ* 校址 N. location of a school/college
xiǎozhì kěfáng dàdiē 小踬可防大跌[-躓----] F.E. A stumble may prevent a fall.
xiǎozhīshi jiēcéng 小知识阶层[-識階層] N. lower levels of intellectuals
xiǎozhǐtou 小指头 N. little finger/toe
[1]**xiāozhōng** 宵中 N. midnight
[2]**xiāozhōng** 消中 N. *<Ch. med.>* diabetes
xiāozhǒng(r) 消肿(儿)[-腫-] N. ① *<med.>* detumescence ② retrenchment ♦V. ① cause a swelling to go down ② trim bureaucratic fat
xiàozhōng* 效忠 V.O. pledge loyalty to
xiǎozhōngjiàndà 小中见大 F.E. see sth. important in sth. minor
xiàozhōngxìn 效忠信 N. letter pledging a allegiance M: [2]*fēng*
xiàozhōng xuānshì 效忠宣誓 N. loyalty oath
xiǎozhǒngzi 小种子[-種-] N. seedling
xiǎozhōu 小舟 N. cockleshell M: [2]*zhī*
xiǎozhōuqī 小周期 N. minor cycle
xiāozhú 宵烛[-燭] N. glowworm
[1]**xiǎozhū** 小猪[-豬] N. *<zoo.>* farrow; piglet M: [2]*zhī*
[2]**xiǎozhū** 小珠 N. globule
[1]**xiǎozhù*** 小住 V. *<wr.>* stay for a short time
[2]**xiǎozhù(r)** 小注(儿)[-註-] N. ① intercalated note written in smaller characters ② small bet ③ footnote
[3]**xiǎozhù** 小筑[-築] N. small and graceful pavilion
[1]**xiǎozhuàn** 小传[-傳] N. biographical sketch; profile
[2]**xiǎozhuàn** 小篆 N. ① script style standardized in the Qin dynasty ② lesser seal
xiǎozhuàn wénzì 小篆文字 N. seal script
xiǎozhuàn xíngtǐ 小篆形体[-體] N. seal script
xiǎozhū mìzhí 小株密植 N. close planting in small clusters
xiǎozhuó 小酌 N. *<wr.>* drinks with snacks
xiǎozhuōr 小桌儿 N. small table M: [1]*zhāng*
xiǎozhǔrén 小主人 N. child of the host M: *ge/*[1]*míng/*[2]*wèi*
xiàozhúyánkāi 笑逐颜开[-開] F.E. beam with smiles
xiǎozhǔyǔ 小主语 N. *<lg.>* minor subject
xiāozi 销子 N. pin; peg; dowel
xiàozǐ 肖子 N. good/filial son
xiāozì 销字 V.O. ① characters cut out of paper and pasted on scrolls of congratulations/condolence ② scroll of congratulation/condolence
xiǎozi* 小子 N. ① *<coll.>* ⓐ boy ⓑ son ② *<derog.>* guy; fellow ***See also*** *xiǎozǐ*
xiǎozǐ 小子 N. ① *<wr.>* the younger male generation ② *<trad.>* ⓐ address used by seniors to juniors ⓑ I (used by juniors to elders/betters) ***See also*** *xiǎozi*
xiǎozì 小字 N. ① small character ② baby name
xiàozǐ 孝子 N. ① dutiful son ② son in mourning M: *ge/*[1]*míng/*[2]*wèi*
xiǎozìbào 小字报[-報] N. small-character poster M: [1]*zhāng*
xiǎozìbèi 小字辈 N. ① youngster ② younger generation/members; juniors ③ persons of lower status
xiǎozīchǎn jiējí 小资产阶级[--產階-] N. *<pol.>* petty bourgeoisie
xiǎozīchǎnzhě 小资产者[--產-] N. petty bourgeois M: *ge/*[1]*míng/*[2]*wèi*
xiàozǐjiéfù 孝子节妇[-節婦] F.E. filial sons and virtuous wives
xiāozìlíng 消字灵[-靈] N. correction fluid
xiǎozìmǔ 小字母 N. lower-case letter
xiāozìshuǐ 消字水 N. correction fluid
xiàozǐxiánsūn 孝子贤孙[-賢孫] F.E. worthy progeny
xiǎozìyóu 小自由 N. freedom in minor affairs
xiǎozōng 小宗 N./ATTR. ① small-scale ② minor branch (in genealogy) ③ *<Budd.>* Theravada school
xiǎozōng huòwù 小宗货物 N. parcel
xiǎozōnglǘ 小棕榈 N. palmetto M: [2]*kē*
xiǎozōng mǎimài 小宗买卖[-買賣] N. retail sales
xiǎozōng zhàiwù fǎtíng 小宗债务法庭[---務--] P.W. small-debts/-claims court
xiǎozú(r) 小卒(儿) N. ① *<chess>* pawn ② foot soldier ③ private ④ an ordinary man; a nobody M: *ge/*[1]*míng*
xiǎozǔ* 小组 N. group

xiǎozǔ fānyì 小组翻译[-譯] N. <lg.> group translation
xiǎozǔhuì 小组会 N. small group meeting
xiǎozǔ huìyì 小组会议[-議] N. sectional conference/meeting; sub-committee meeting M: *cì*
xiǎozǔ huódòng 小组活动[-動] N. group work
xiǎozǔnǎinai 小祖奶奶 N. mildly disapproving address for a young woman
xiǎozuòfang 小作坊 P.W. individual workshop M: [1]*jiā*/[1]*jiān*
xiǎozuòpiànkè 小坐片刻 F.E. sit for a while
xiǎozǔ tǎolùn 小组讨论 N. group discussion
Xiǎozǔ Wěiyuánhuì 小组委员会 N. subcommittee
xiǎozǔ yǔyán xuéxífǎ 小组语言学习法[----習-] N. <lg.> community language learning (CLL)
xiǎozǔzhǎng 小组长 N. group leader M: *ge*/[1]*míng*/[2]*wèi*
xiāpǎo 瞎跑 V. rush around blindly
[1]**xiāpào** 瞎炮 N. unexploded explosive; dud
[2]**xiāpào** 瞎泡 V. dawdle
xiàpǎo* 吓跑[嚇-] V. scare off/away
[1]**xiápèi** 霞帔 N. ① scarf worn over a ceremonial robe by noble ladies ② beautiful dancing dress ③ robes/etc. of a Daoist monk
[2]**xiápèi** 霞珮 N. <wr.> ladies' pendants
xiāpěng 瞎捧 V. <coll.> heap praises on sb. blindly
xiāpèng* 瞎碰 V. try randomly/haphazardly
xiāpí 虾皮[蝦-] N. dried small shrimp
xiāpiàn* 虾片[蝦-] N. prawn slices; shrimp cracker
xiápiàn 霞片 N. <wr.> multicolored porcelain glaze
xiàpiān 下片 N. next film/movie *See also xiàpiàn*
xiàpiàn 下片 V.O. stop showing a movie (after attendance tapers off) *See also xiàpiān*
xiàpiànr 下片儿 <coll.> V.O. go to get information on a local beat (of policemen)
xiàpǐn 下品 N. low-grade/inferior person/thing
xiàpìn* 下聘 V.O. <trad.> give a bride-price
xiàpíngfú 下平扶 N. <archi.> rear purlin
xiàpō(r)* 下坡(儿) N. downhill path ♦V.O. go downhill
xiàpò 下迫 N. <med.> tenesmus
xiàpòdǎn 吓破胆[嚇-膽] V.P. scare stiff
xiàpōliūr 下坡溜儿 V.P. <coll.> slide downhill; backslide; regress
xiàpōlù 下坡路 N. downhill path/journey; decline M: [1]*tiáo*
xiàpù 下铺 N. lower berth
[1]**xiáqì** 侠气[俠氣] N. ① chivalrous quality ② chivalry
[2]**xiáqì** 遐弃[-棄] V. <wr.> ① cast away; reject; shun ② desert one's post
xiàqí* 下棋 V.O. play chess
xiàqǐ 下起 R.V. start to (rain/snow/etc.)
xiàqì(r) 下气(儿)[-氣-] S.V. calm; patient ♦V.O. <Ch. med.> break wind
xiàqián* 下潜[-潛] V. dive
xiàqiàn 下欠 V. still owe ♦N. sum still owing
xiáqiāng 匣枪[-槍] N. <coll.> Mauser rifle
xiāqīdābā 瞎七搭八 F.E. ① talk irresponsibly ② be in complete confusion; be topsy-turvy
xiàqiè 下妾 N. <trad.> your wife (wife's self-reference)
xiàqíguīguó 下旗归国[-歸國] F.E. <wr.> close a diplomatic mission and return home after severance/suspension of official ties
xiàqīng* 下倾 V. downdip ♦N. dipping; declination
xiàqíng 下情 N. ① conditions at lower levels ② feelings/wishes of the masses
xiàqíngshàngbào 下情上报[-報] F.E. make the situation below known to those above
xiàqíngshàngdá 下情上达[-達] F.E. notify superiors of the circumstance of inferiors
xiāqiú 瞎球 ADV. <topo.> ① foolishly ② unknowingly
xiáqū 辖区[-區] P.W. area under one's jurisdiction
xiàqu* 下去 R.V. ① go down; descend ② go on; continue ♦SUF. *indicating motion down and away from (lit./fig.)*
xiāquàn* 瞎劝[-勸] V. persuade/advise blindly
xiàquán 下泉 N. urine
xiārén(r) 虾仁(儿)[蝦-] N. shelled fresh shrimp; shrimp meat
[1]**xiàrén*** 吓人[嚇-] V.O. frighten people ♦S.V. frightening; terrible; horrible
[2]**xiàrén** 下人 N. <trad.> servant ♦V.O. place oneself below others; be deferential
xiàrén yī tiào 吓人一跳[嚇-] V.P. give sb. a start/scare
xiárì 暇日 N. <wr.> free days; days of leisure
xiàrì* 夏日 N. ① summer day ② <wr.> summer sun
xiàrìkěwèi 夏日可畏 F.E. a person of formidable severity
xiāsānhuàsì 瞎三话四 F.E. <topo.> reckless talk
xiàsānlàn 下三烂[-爛] <topo.> ATTR. dirty; low-class ♦N. ① knave; bum ② prostitute
xiàsanlànhuó 下三烂活[--爛-] N. <coll.> useless/degrading work
xiàsanlànhuò* 下三烂货[--爛-] N. <coll.> person who degrades himself to get an advantage
xiàshǎ 吓傻[嚇-] R.V. petrify; scare stiff
xiáshān 狭山[狹-] N. narrow mountain
xiàshān* 下山 V.O. descend hill/mountain
xiàshāndōngqiú 夏衫冬裘 F.E. wear thin garments in summer and furs in winter
xiàshǎng 下晌 N. <topo.> afternoon
[1]**xiàshāo** 下梢 N. end; ending
[2]**xiàshāo** 下稍 N. outcome
xiàshēn(r)* 下身(儿) N. ① lower part of the body ② private parts ③ trousers ♦V.O. change clothes
xiàshén 下神 V.O. pretend to speak/act for the gods/immortals (of witches)
xiàshēng* 下生 V. be born
[1]**xiàshèng** 下剩 V. <coll.> be left (over)
[2]**xiàshèng** 下乘 N. ① nag; inferior horse ② sth. inferior ③ <Budd.> Hinayana; the Lesser Vehicle ♦ATTR. mediocre; inferior (of art/literature) *See also xiàchéng*
xiàshēngyíqì 下声怡气[-聲-氣] F.E. speak mildly and pleasantly
[1]**xiáshí** 暇时[-時] N. <wr.> leisure time; spare time
[2]**xiáshí** 霞石 N. <min.> nepheline M: [2]*kuài*
[1]**xiáshì** 侠士[俠-] N. knight-errant M: *ge*/[1]*míng*/[2]*wèi*
[2]**xiáshì** 匣式 N. in the form of a box/case/etc.
[1]**xiàshì*** 下士 N. ① <mil.> corporal; petty officer third class M: *ge*/[1]*míng*/[2]*wèi* ② <wr.> a fool ③ an ordinary person
[2]**xiàshì** 下世 N. ① future world /life ② later generation ③ next life ♦V.O. ① <wr.> leave this world; die ② <topo.> be born
[3]**xiàshì** 下市 V.O. be unseasonal (of fruit/etc.)
[4]**xiàshì** 下室 P.W. <trad.> bedroom
xiàshízhì 夏时制[-時-] N. daylight-saving time
xiàshōu 夏收 N. summer harvest
[1]**xiàshǒu(r)*** 下手(儿) V.O. ① start; set about ② commit a crime ♦N. ① right-hand seat ② <coll.> assistant; helper ③ player whose turn comes next M: *ge*/[1]*míng*/[2]*wèi*
[2]**xiàshǒu** 下首 N. ① less-honorary seat ② the right-hand seat
xiàshòu 下寿[-壽] N. advanced age
xiàshǒu huór 下手活儿 N. hard work (of an assistant/servant/etc.)
xiàshōuxiàzhòng 夏收夏种[-種] F.E. summer harvesting and sowing
xiàshōuzuòwù 夏收作物 F.E. <agr.> summer crops
xiáshǔ 黠鼠 N. <wr.> ① a running rat ② a running person
xiàshū 下书[-書] V.O. ① deliver a letter ② deliver a marriage contract
xiàshú 夏熟 ATTR. ripen in summer
xiàshǔ* 下属[-屬] ATTR. ① subordinate M: *ge*/[1]*míng* ② branch
[1]**xiàshù** 下述 F.E. the following (in a text)
[2]**xiàshù** 下树[-樹] V.O. ① come down from a tree ② pick fruit off a tree
xiàshuān 下闩 V.O. bolt a door
xiàshuāng 下霜 V.O. have frost
xiàshǔ gōngsī 下属公司[-屬--] P.W. subsidiary M: [1]*jiā*
xiàshú gǔwù 夏熟谷物[--穀-] N. fall grain
xiàshui 下水 N. offal; animal viscera *See also xiàshuǐ*
xiàshuǐ* 下水 V.O. ① enter the water; be launched ② take to evildoing ③ soak cloth to pre-shrink ♦ATTR. downriver; downstream ♦N. <coll.> the entrails of animals *See also xiàshui*
xiàshuǐchuán 下水船 N. boat/ship moving downstream M: [1]*tiáo*/[1]*sōu*
xiàshuǐdào 下水道 N. sewer M: [1]*tiáo*
xiàshuǐ diǎnlǐ 下水典礼[-禮] N. christening a new ship
xiàshuǐlǐ 下水礼[-禮] N. *See xiàshuǐ diǎnlǐ*
xiàshùnmínqíng 下顺民情 F.E. accord with the will of the people
xiāshuō 瞎说 V. talk irresponsibly/rubbish
xiāshuōbādào 瞎说八道 F.E. talk nonsense
xiàshū rén 下书人[-書-] N. <wr.> messenger M: *ge*/[1]*míng*/[2]*wèi*
xiàshú zuòwù 夏熟作物 N. summer crops
xiásī* 遐思 V. fancy from afar ♦N. wild and fanciful thoughts
xiàsǐ 吓死[嚇-] R.V. frighten to death
xiàsǐ de 下死的 ATTR. with all one's effort
xiàsǐjìn(r) 下死劲(儿)[--勁-] V.O. <coll.> do with all one's might
xiàsūle 吓酥了[嚇-] V.P. <coll.> be paralyzed with fear
xiàtà 下榻 V.O. <wr.> stay; lodge at
xiàtàchù 下榻处[-處] P.W. <wr.> place to stay
xiàtái 下台[-臺] V.O. ① step down from the stage/platform ② fall out of power; leave office ③ get out of a predicament ***Tā zhè huà ràng wǒ xiàbuliǎo tái.*** What he said put me on the spot.
xià táijiē 下台阶[-臺階] V.O. get out of a predicament or an embarrassing situation
xiàtān 吓瘫[嚇癱] R.V. be paralyzed with fear
xiàtáng 下堂 V.O. ① end a class (of teacher) ② <trad.> be abandoned/divorced by one's husband
xiàtángzhīqiè 下堂之妾 N. a concubine deserted by her husband M: *ge*/[1]*míng*
xiàtǐ 下体[-體] N. ① <wr.> lower part of the body ② private parts; genitals ③ roots
xiátiān 霞天 N. sky lighted by morning/evening glow
xiàtiān* 夏天 N. summer
xiàtián 下田 V.O. <agr.> go to the fields (to work) ♦N. inferior field
xiátiào 遐眺 V. <wr.> stretch one's sight as far as it can reach
xiàtiáo* 下调 V. lower (the price/volume/etc.) *See also* [1]*xiàdiào*
xià tiáozi 下条子[-條-] V.O. <coll> send notes/memos to one's subordinates
xiàtiě 下帖 V.O. send out invitations
xiàtóng 下同 F.E. similarly hereinafter; the same below
xiàtou 下头 N. lower level; subordinate; underneath
xiàtǔ 下土 N. <wr.> ①earth; world ②countryside
xiàtuǐ 下腿 V.O. <coll.> interfere; stick one's nose into
xiātuō 虾托[蝦-] N. shrimp toast
xiātǔsī 虾吐司[蝦-] N. <loan> shrimp toast M: [1]*piàn*/[2]*kuài*
Xiàwá 夏娃 N. <loan> Hawwah; Eve
xiáwān* 峡湾[峽灣] P.W. fjord; fiord
xiáwán 狎玩 V. <wr.> show disrespect from familiarity

[1]**xiàwǎn** 下晚 N. <topo.> evening; night; after dark

[2]**xiàwǎn** 下脘 N. <phys.> exit of the stomach

xiàwǎng 下网[-網] V.O. launch/cast a fishing net

xiáwān hǎi'àn 峡弯海岸[峽彎-] P.W. ① fjord ② bay

xiàwǎnr 下晚儿 N. <coll.> evening; dusk

xiàwéi 下帷 V.O. <wr.> lower the curtains and study

xiàwěi* 下痿 N. <med.> paraplegia; paraparesis

xiàwèi gàiniàn 下位概念 N. subordinate concept

xiàwèi guānxi 下位关系[-關係] N. <lg.> hyponymy

Xiàwēiyí 夏威夷 P.W. Hawai'i

xiàwèi yìxiàng 下位义项[--義-] N. <lg.> hyponym

xiàwén(r)* 下文(儿) N. ① the following text ② later development; outcome ***Zhè jiàn shì dào xiànzài hái méi ~.*** There's no news about this matter so far.

xiàwèn 下问 V. learn from one's inferiors

xiáwǔ 狎侮 V. <wr.> treat with disrespect

xiàwǔ* 下午 N. afternoon

xiàwù 下雾[-霧] V.O. be foggy

xiàwǔchá 下午茶 N. afternoon tea M: *bēi*

xiáwùmǎntiān 霞雾满天[-霧--] F.E. The sky is covered with mist

xiáxì* 瑕隙 N. defect; flaw

xiàxì 罅隙 N. <wr.> crack; rift; chink; aperture

xiáxià 辖下 ATTR. <wr.> under the command/jurisdiction of

[1]**xiàxià*** 下下 ATTR. <coll.> two periods from the present

[2]**xiàxià** 吓吓[嚇嚇] ON. <wr.> ha! ha! (sound of laughter)

xiàxialai 下下来 R.V. <coll.> take a thing down

xiàxián 下弦 N. <astr.> last quarter of the moon

[1]**xiàxiàn*** 下限 N. ① lower limit; prescribed minimum ② floor level; floor

[2]**xiàxiàn** 下陷 V. ① be sunken/hollow ② form a depression sag; sink; cave in

xiáxiǎng 遐想 V./N. reverie; daydream

xiáxiàng 狭巷[狹-] N. narrow lane/alley M: [1]*tiáo*

xiàxiāng* 下乡[-鄉] V.O. go to the countryside

xiàxiāngchāduì 下乡插队[-鄉-隊] F.E. go to live and work in the countryside

xiāxiǎngluàncāi 瞎想乱猜[-亂-] F.E. make blind and disorderly conjectures

xiàxiāng zhīqīng 下乡知青[-鄉--] N. <PRC> educated urban youth working in the countryside M: *ge*/[1]*míng*/[2]*wèi*

xiàxiāng zhīshi qīngnián 下乡知识青年[-鄉-識--] N. <PRC> educated urban youth working in the countryside M: *ge*/[1]*míng*/[2]*wèi*

xiàxiányuè 下弦月 N. moon at the last/third period

xiáxiǎo 狭小[狹-] S.V. narrow and small; narrow

xià xiǎoyǔ 下小雨 V.O. drizzle

xiāxiě 瞎写[-寫] V. write aimlessly

xiáxié 狭/狎邪[狹-] N. <wr.> lane where prostitutes live ♦V. indulge in vice; visit a brothel ♦V.P. improper

xiáxiè* 狎亵[-褻] V. ① slight ② be improperly familiar with

xiàxié 下斜 N. declivity

xiàxiè 下泻[-瀉] V. ① flow (of water) ② drop sharply (of prices) ③ have diarrhea

xiáxiéyóu 狭斜游[狹-] V.P. <wr.> patronize brothels

xiāxìn* 瞎信 N. dead letter

xiáxīn 遐心 N. <wr.> ① the wish to abandon or keep aloof ② the desire to live in retirement.

xiáxìn 瑕衅[-釁] N. <wr.> faults; errors

xiàxīn 下心 V.O. do with concentration; do attentively

xiáxíng 侠行[俠-] N. chivalrous action

xiàxíng* 下行 ATTR. ① down (of trains) ② going from the capital to any other part of the country (of trains) ♦ADV. downriver; downstream ♦V. issue to a lower bureaucratic level

xiàxǐng 吓醒[嚇-] V. be scared awake (by a bad dream/etc.)

xiàxíngchē 下行车 N. the down train

xiàxīngqī 下星期 N. next week

xiáxīnzhèng 狭心症[狹-] N. <med.> angina pectoris

xiāxū 虾须[蝦鬚] N. shrimp antennas

xiàxuán 下旋 N. <sport> underspin; backspin

xiàxuánqiú 下旋球 N. <sport> underspinning/backspinning ball

xiāxué 瞎学 V. learn incidentally; pick up (knowledge/skill/etc.)

xiàxué* 下学 V.O. finish school for the day (and return home)

xiàxuě 下雪 V.O. snow

xiàxuětiān 下雪天 N. snowy day

xiàxún* 下旬 N. last 10-day period of the month

xiàxùn 夏汛 N. summer floods

[1]**xiàyá** 下牙 N. lower teethe

[2]**xiàyá** 夏芽 N. summer bud

xiàyáchuáng 下牙床 N. lower jaw

xiàyáchuánggǔ 下牙床骨 N. mandible

xiàyālì 下压力[-壓-] V.O. <wr.> downward pressure

xiāyǎn* 瞎眼 V.O. be blind

xiàyàn 下咽 V. swallow

xiàyānzhě 下焉者 N. <wr.> ① second class ② things of inferior grade

xiàyào 下药[-藥] V.O. ① prescribe medicine ② put in poison

xiàyáo de yáohēi 下窑的窑黑[-窯-窯-] N. <topo.> a coal miner who goes down into the mines

xià yáozi 下窑子[-窯-] V.O. <topo.> visit prostitutes

xiàyě* 下野 V.O. <pol.> retire from the political arena; be forced to relinquish power

[1]**xiàyè** 下页 N. <comp.> page down; next page

[2]**xiàyè** 下夜 V.O. work the night shift

xiàyěguītián 下野归田[--歸-] F.E. resign and return to the country

xiàyèqìliú 下曳气流[--氣-] N. downdraft

Xiāyí 虾夷[蝦-] N. the Ainu people (of Japan)

[1]**xiáyì*** 侠义[俠義] S.V. chivalrous ♦N. chivalry

[2]**xiáyì** 狭义[狹義] N. ① narrow sense ② <lg.> narrow/narrowed meaning

[3]**xiáyì** 暇逸 N. <wr.> relaxation ♦V. relax

xiàyì 夏衣 N. summer clothing M: [2]*jiàn*

xiàyì 下翼 N. bottom/lower wing (of a plane)

xiàyíbù 下一步 N. next step

xiàyìcí 下义词[-義-] N. <lg.> hyponym

xiàyīdài 下一代 N. younger generation

xiáyìdeshuō 狭义地说[狹義-] ADV. narrowly speaking; in a narrow sense

xià yī ge 下一个[-個] N. next; the next one

xiàyì guānxi 下义关系[-義關係] N. <lg.> hyponymy

xiáyì jīngshén 侠义精神[俠義-] N. chivalrous spirit

xiàyìshi 下意识[-識] N. <loan> subconscious

xiàyìshí guǎnggào 下意识广告[--識廣-] N. subliminal advertising

xià yī tiào 吓一跳[嚇-] V.O. startle; give a great fright

xiáyì xiāngduìlùn 狭义相对论[狹義-對-] N. restricted theory of relativity

xiáyì xiǎoshuō 侠义小说[俠義-] N. novels with chivalrous characters M: [1]*běn*/[4]*cè*/[2]*bù*

xiáyìxīncháng 侠义心肠[俠義-腸] F.E. generous and gallant heart

xiàyìyuàn 下议院[-議-] P.W. ① lower house/chamber ② House of Commons

xiáyì yǔjìng 狭义语境[狹義-] N. <lg.> microcontext

xiáyìzhīshì 侠义之士[俠義-] N. a chivalrous man M: *ge*/[1]*míng*/[2]*wèi*

xiāyóu 虾油[蝦-] N. shrimp sauce M: *píng*

[1]**xiàyóu*** 下游 N. ① lower reaches (of a river) ② lower level ③ backward position ④ downstream

[2]**xiàyóu** 下油 V.O. wash oil from clothes

xiáyú 瑕瑜 N. <wr.> good/bad points

[1]**xiáyù** 暇豫 ADV. <wr.> leisurely; relaxed ♦N. relaxation

[2]**xiáyù** 辖域 N. <math.> scope

[1]**xiàyú** 下愚 N. <wr.> fool; imbecile

[2]**xiàyú** 下余/馀 V. be left ♦N. <wr.> the remnant

[1]**xiàyǔ*** 下雨 V.O. rain

[2]**xiàyǔ** 夏雨 N. summer rain

xiàyù 下狱 V.O. imprison

xiàyuán 下元 N. <wr.> 15th day of the 10th lunar month

xiàyuàn* 下院 P.W. ① <Budd.> a subsidiary monastery ② <pol.> lower house/chamber

xiàyuányīn 下元音 N. <lg.> low vowel

xiàyúbùyí 下愚不移 F.E. not willing to abandon one's folly

xiàyuè 下月 N. next month

xiáyúhùjiàn 瑕瑜互见 F.E. have both defects and merits

xiàyúmínqíng 下舆民情 F.E. listen carefully to the views of the people

xiáyún 霞云[-雲] N. rosy clouds

xiáyùn 狭韵[狹韻] N. <trad.> rhyme that encompasses only a few characters

xiàyūn* 吓晕[嚇-] R.V. scare sb. into unconsciousness

xiàyún 夏耘 N. <wr.> summer hoeing and weeding

xiáyù shùliàngcí 狭域数量词[狹-數--] N. <lg.> narrow scope quantifier

xiàyǔtiān 下雨天 N. <coll.> rainy day

xiàyǔyǔrén 夏雨雨人 F.E. spread timely blessings on the people

xiàzǎi(r) 下崽(儿) V.O. <coll.> foal/calf/etc.

xiàzài* 下载 V. download

xià zǎizi 下崽子 V.O. <coll.> give birth to young

xiàzàng 下葬 V.O. bury; inter

xiāzáo 瞎凿[-鑿] V. <topo.> bore to the bottom of a matter

xiāzàomó 瞎造模 V.P. <topo.> make up lies; pass on rumors

xiázhǎi 狭窄[狹-] S.V. ① narrow; cramped ② narrow and limited ♦N. <med.> stricture

xiázhǎijúcù 狭窄局促[狹-] F.E. <wr.> narrow and confined

xiāzhàmiào 瞎炸庙[-廟] ID. <topo.> be jumpy/skittish; be needlessly excited

xià zhànshū 下战书[-戰書] V.O. <wr.> deliver a challenge in writing

xiázhào 霞照 N. morning/evening glow

xiàzhao* 吓着[嚇著] R.V. <coll.> be ill from fright

xiàzhào 下诏 V.O. <trad.> issue an imperial edict

xiāzhàyān 瞎炸烟[-煙] V.P. <topo.> shoot off the mouth

xiázhé 瑕谪 N. <wr.> blemishes; flaws; errors

xiàzhé* 夏蛰[-蟄] N. estivation

xiàzhēng* 夏征[-徵] V. collect the agricultural tax in kind after the summer harvest

xiàzhèng 夏正 N. <trad.> first month of the lunar year

xiā zhēteng 瞎折腾 V. act blindly

xiázhǐ 遐祉 N. <wr.> lasting blessings/happiness

[1]**xiázhì** 遐志 N. <wr.> lofty ambition/aspiration

[2]**xiázhì** 辖制 V. control; restrain

[3]**xiázhì** 辖治 V. govern; rule

[4]**xiázhì** 黠智 V.P. <wr.> clever; smart; shrewd; crafty

xiàzhī* 下肢 N. <bio.> lower limbs; legs

xiàzhí 下直 A.T. end one's tour of duty

xiàzhǐ 下指 N. <lg.> cataphora

Xiàzhì(diǎn) 夏至(点)[-(點)] N. the Summer Solstice (10th solar term)

xiàzhīgǔ 下肢骨 N. bones of the lower limbs

xiā zhǐhuī 瞎指挥 V. issue confused orders

xiázhi rén 辖治人 V.O. <coll.> restrain a person

Xiàzhìxiàn 夏至线 N. Tropic of Cancer

xiázhōng 遐终 ADV. <wr.> forever

xiàzhōng 下中 ATTR. lower-middle

xiàzhǒng* 下种[-種] V.O. sow seeds

xiàzhòng 夏种[-種] N. summer planting/sowing

xià-zhōngnóng 下中农[-農] N. <pol.> lower-middle peasant M: ge/[1]míng/[2]wèi
xià zhǒngzi 下种子[-種-] V.O. <coll.> plant seeds
xiāzhōu 瞎诌[-謅] V. <topo.> ① talk wildly ② chat idly
xiázhòu 遐胄 N. <wr.> distant descendants
xiàzhōu* 下周 N. next week
[1]**xiàzhù** 下注 V.O. set out one's stake/bet/wager
[2]**xiàzhù** 下箸 V.O. <wr.> ply chopsticks; start eating
[3]**xiàzhù** 吓住[嚇-] R.V. ① startle ② stop sb. by intimidation
xiāzhuā 瞎抓 V. ① do sth. without plan ② <coll.> scratch out a living
xiāzhuāluànpèng 瞎抓乱碰[--亂-] F.E. go about one's work blindly and haphazardly
xiāzhuàng 瞎撞 V. <coll.> knock about from one job to another
[1]**xiàzhuāng*** 夏装[-裝] N. summer clothing/wear M: [2]jiàn/tào
[2]**xiàzhuāng** 下装[-裝] V.O. remove theatrical makeup and costume ♦N. lower garments
xiàzhuì 下坠[-墜] N. <med.> tenesmus ♦V. ① strain (at stool) ② <wr.> fall
xià zhúkèlìng 下逐客令 V.O. ask an unwelcome guest/visitor to leave
xiā zhuómo 瞎琢磨 V.P. ① give sb. the third degree ② ponder over and over
xiāzi* 瞎子 N. blind person M: ge/[1]míng/[2]wèi
xiāzǐ 虾子[蝦-] N. shrimp roe/eggs
xiázi 匣子 N. small box/case; casket M: ge/[2]zhī
xiàzi 下子 V.M. *for times/occurrences* **dǎ tā liǎng~** hit him a couple of times *See also* liǎngxiàzi *See also* jǐxiàzi
xiàzǐ(r) 下子(儿) V.O. lay eggs
xiāzìbùshí 瞎字不识[-識] F.E. <derog.> illiterate
xiāzi diǎn dēng báifèi là 瞎子点灯白费蜡[--點燈--蠟] ID. a vain effort and a sheer waste
xiāzǐ dòufu 虾子豆腐[蝦-] N. beancurd stewed with shrimp roe
xiāzimōxiàng 瞎子摸象 ID. take a part for the whole
xiāzimōyú 瞎子摸鱼 ID. act blindly
xiāzi ná shū gòng rén dú 瞎子拿书供人读[---書--讀] ID. Give sb. a task one can't do oneself.
xiāzìrbùshí 瞎字儿不识[-識] F.E. <coll.> be completely illiterate
xiāzǒu 瞎走 V. walk aimlessly
[1]**xiàzǒu*** 吓走[嚇-] R.V. scare sb. off/away
[2]**xiàzǒu** 下走 PR. <humb.> your servant
xiàzuàn 下钻[-鑽] V. drill down
xiàzuì 下罪 V.O. <wr.> convict
xiàzuǐchún(r/zi) 下嘴唇(儿/子) N. lower lip
xiàzuo 下作 S.V. ① low-down; mean ② obscene; dirty ③ <topo.> greedy; gluttonous ♦N. assistant; helper **dǎ ~** act as assistant
[1]**xiàzuò(r)*** 下座(儿) N. less-honorary seat
[2]**xiàzuò** 下做 S.V. <coll.> piggish; vulgar
xiā zuòzuo 瞎做做 V.P. <topo.> pretend; feign
xíba 席巴 N. <topo.> mat
xībālàn 稀巴烂[-爛] N. <coll.> ① smithereens *Tā bǎ cháwǎn [2]zále ge ~.* He smashed the teacup to smithereens. ② broken to bits; smashed to pieces
xībalār 稀扒/巴拉儿 ATTR./ADV. <topo./coll.> sparse; watery; thin (of liquids)
xìbān(r/zi)* 戏班(儿/子)[戲-] N. theatrical troupe/company
xìbàn 系绊[繫-] V. fetter
xībàng 息谤 V. <wr.> silence slanderers
xìbān lǎobǎn 戏班老板[戲-] N. <trad.> owner of a troupe M: ge/[1]míng/[2]wèi
Xībànqiú 西半球 P.W. Western Hemisphere
Xībānyá 西班牙 P.W. Spain
Xībānyá cíyǔ 西班牙词语 N. <lg.> Hispanism
xìbānzi 戏班子[戲-] N. theatrical troupe
xíbāo 席包 N. mats
xǐbào 喜报[-報] N. glad tidings M: [1]fèn/[1]zhāng
xìbāo* 细胞 N. ① cell ② <coll.> aptitude for
xìbào 戏报[戲報] N. <trad.> playbill M: [1]zhāng
xìbāobì 细胞壁 N. cell wall
xìbāocéng 细胞层[-層] N. <bio.> cellular/cell layer
xìbāofu 戏包袱[戲-] N. <thea.> actor who can play a variety of roles
xìbāo gōngchéng 细胞工程 N. cell engineering
xìbāohé 细胞核 N. cell nucleus
xìbāomó 细胞膜 N. cell membrane
xìbāoxué 细胞学 N. <bio.> cytology
xìbāoyè 细胞液 N. <bio.> cell sap; cytosol
xìbāozhì 细胞质[-質] N. <bio.> endoplasm; cytoplasm; cell-substance
xìbāozhuàng 细胞状[-狀] N. <bio.> celluliform
xìbàozi 戏报子[戲報-] N. opera poster
xībēi 吸杯 N. cupping glass
xīběi* 西北 P.W. ① northwest ② Northwest China; the Northwest
xīběibù 西北部 P.W. the northwest
xīběifāng 西北方 P.W. the northwest
xīběifēng 西北风 N. northwest/northwesterly wind
xīběijiǎo 西北角 P.W. northwest corner
xīběi jìfēng 西北季风 N. <met.> northwest monsoon
xìběn(r) 戏本(儿)[戲-] N. script (of a play)
xìběnzi 戏本子[戲-] N. <coll> script of a play; text of an opera
xìbǐ* 戏笔[戲筆] N. <wr.> off-hand poem; free-hand drawing
xìbì 系臂[繫-] N. bracelet
xībian(r)* 西边(儿)[-邊-] P.W. west side
xǐbiān 徙边[-邊] V.O. <wr.> banish prisoners to the frontier
xìbiānshé 细鞭蛇 N. coachwhip snake M: [1]tiáo
xībié* 惜别 V. be reluctant to part; hate to see sb. go
xìbié 细别 N. a shade of difference ♦V. carefully distinguish
xībiéhuì 惜别会 N. farewell party
xībiézhīqíng 惜别之情 N. reluctance to part
xībīn 西宾[-賓] N. <trad.> ① guest ② family tutor
[1]**xībīng*** 息兵 V.O. stop fighting/war
[2]**xībīng** 犀兵 N. <mil.> sharp weapons
xíbīng 习兵[習-] V.O. <wr.> ① undergo military training ② be versed in military affairs
xǐbīng 洗兵 V.O. <wr.> stop fighting; end hostilities
xǐbìng 喜病 N. ① pregnancy ② morning sickness
xībìsuǒ 膝闭锁 N. locked knee
xībō 稀播 N. light seeding; thinly-scattered seeding
[1]**xībó*** 稀薄 S.V. ① rarefied; thin; rare ② <chem.> diluted
[2]**xībó** 锡箔 N. tinfoil paper
Xībó 西伯 N. <hist.> title of King Wen before he rose against Shang
xìbócǎitiáo 细薄彩条[-條] N. <txtl.> tissue gingham
xìbódù 细薄度 N. sheerness
Xībóláiyǔ 希伯来语 N. Hebrew (language)
Xībólìyà 西伯利亚[-亞] P.W. Siberia
xìbó píngbù 细薄平布 N. clear muslin M: [2]kuài
xìbór 细脖儿 N. thin neck (of a bottle/etc.)
xībózhǐ 锡箔纸 N. aluminum foil M: [1]zhāng
Xībózú 锡伯族 N. Xibo (Sibo) ethnic minority (in Xinjiang and Liaoning)
xībǔ 西捕 N. <hist.> foreign police in the foreign concessions
[1]**xībù*** 西部 P.W. western part; the west
[2]**xībù** 膝部 N. knee
[3]**xībù** 膝步 V. <wr.> walk on one's knees
[4]**xībù** 稀布 N. coarsely woven cloth
[1]**xìbù** 细部 N. detail (of drawing)
[2]**xìbù** 细布 N. ① fine cloth; muslin ② percale M: [2]kuài
xìbù cèliáng 细部测量 N. detailed survey
xìbù cèliáng tú 细部测量图[-圖] N. detail drawing M: [1]zhāng
xǐbudiào 洗不掉 R.V. ① cannot be washed off ② can't wash out
xìbù jìhuà 细部计划[-劃] N. <wr.> a detailed plan M: ge/[3]xiàng
xībùpiàn 西部片 N. <loan> cowboy picture; Western M: [2]bù
xǐbuqīng 洗不清 R.V. unable to vindicate oneself
xībùrén 西部人 N. westerner M: ge/[1]míng/[2]wèi
xībù wénxué 西部文学 N. Western literature
xībù wǔdǎpiān 西部武打片 N. cowboy pictures; a Western M: [2]bù
xíbùxiánuǎn 席不暇暖 F.E. be constantly on the go
xǐbùzìshèng 喜不自胜[-勝] F.E. be delighted beyond measure
xǐcā 洗擦 V. wash; scrub
xìcài 细菜 N. ① out-of-season vegetables ② vegetables grown with high capital input
xǐcài táomǐ 洗菜淘米 V.P. wash the vegetables and prepare the rice
xīcān 西餐 N. Western-style food
xīcānguǎn 西餐馆 P.W. Western-style food restaurant M: [1]jiā
xīcāntīng 西餐厅[-廳] P.W. Western-style food cafeteria M: [1]jiā
xīcǎo 溪草 N. brookweed
xícǎo 隰草 N. <bot.> marshy grass
xìcǎo* 细草 N. silky/fine grass
[1]**xìchá** 细查 V. investigate thoroughly
[2]**xìchá** 细察 V. <wr.> observe carefully and in detail; examine thoroughly
xìchájiūjìng 细察究竟 V.O. <wr.> examine the outcome minutely
xìcháláiyì 细察来意 V.O. <wr.> judge the motive of sb.'s coming
xīchǎn 析产[-產] V. <wr.> divide family property
xǐcháng 洗肠[-腸] <med.> V.O. purge the bowels ♦N. intestinal lavage
xìcháng* 细长 S.V. long and thin; tall and slender
xìchǎng 戏场[戲場] P.W. theater M: [4]zuò
[1]**xīcháo** 吸潮 N. moisture absorption
[2]**xīcháo** 熙朝 N. <trad.> prosperous reign/age
xǐchēchù 洗车处[-處] P.W. car wash
xǐchēfáng 洗车房 P.W. carwash M: [1]jiān
xǐchējī 洗车机 N. car washer; mechanical washing of cars M: [1]tái
[1]**xīchén*** 吸尘[-塵] N. dust absorption
[2]**xīchén** 西沉 V. verge (toward)
xǐchén 洗尘[-塵] V.O. give a dinner to welcome a distant visitor
xīchéng 西成 N. <wr.> harvest
xǐchéng* 洗城 V.O. <mil.> massacre a captured city
xīchénjī 吸尘机[-塵-] N. vacuum cleaner M: [1]tái/[1]jià
xǐchénjiēfēng 洗尘接风[-塵--] F.E. invite sb. to a feast upon his arrival
xīchénqì 吸尘器[-塵-] N. dust catcher/collector; vacuum cleaner M: [1]jià/ge/[1]tái
xīchì 鸂鶒 N. <zoo.> water bird resembling the mandarin duck
xìchǐ* 细齿[-齒] N. <mach.> serration; serrate
xìchǐr 细齿儿[-齒-] N. small saw teeth
xīchóng* 吸虫[-蟲] N. fluke M: ge/[2]zhī
xīchǒng 希宠 V. <wr.> curry favor
xīchóngbìng 吸虫病[-蟲-] N. <med.> fluke disease; termatodiasis
xǐchōngchōng 喜冲冲[-沖沖] R.F. joyful
xīchòu* 稀臭 V.P. <coll.> ① stinking ② notorious
xǐchōu 洗抽 R.V. preshrink cloth
[1]**xīchū*** 析出 R.V. ① find (results) on analysis ② <chem.> separate out
[2]**xīchū** 吸出 N. suction; extraction; exhaustion
xìchū(r) 戏出(儿)[戲-] N. painting/sculpture of characters in a play/opera
Xīchuān* 西川 P.W. <geog.> western part of Sichuan
xīchuǎn 息喘 V. pant
xīchuāng 西窗 N. west window
xǐchuáng* 铣床 N. <mach.> milling machine; miller M: [1]tái

xīchuāngjiǎnzhú 西窗剪烛[-燭] ID. <trad.> happy reunion of friends chatting together late into the night
xǐchūfēifèn 喜出非分 F.E. be overjoyed
xīchuí 西垂 N. <wr.> the west side
xìchūmíngmén 系出名门 F.E. <wr.> come of a noble/reputed family
xīchūn 熙春 N. warm and radiant spring
xīchūnchá 熙春茶 N. ① green tea ② (young) hyson
xǐchūwàngwài 喜出望外 F.E. be pleasantly surprised
xící 席次 N. seating arrangement
[1]**xìcí*** 戏词[戲-] N. <thea.> actor's part/lines
[2]**xìcí** 细瓷 N. fine porcelain
[3]**xìcí** 系词/辞[繫辭] N. ① <lg.> copula; copulative/equational verb ② the title of a section of the *Book of Changes*
xìcíxìng 系词性[繫-] N. <lg.> of copula
xìcíxìng dòngcí 系词性动词[繫--動-] N. <lg.> copulative verb
xìcíxìng liáncí 系词性连词[繫-] N. <lg.> copulative conjunction
xìcóngtiānjiàng 喜从天降[-從--] F.E. a sudden unexpected happy fortune
xǐcū 洗粗 R.V. become coarse/rough from repeated washing
xīcuàn 析爨 V.P. <trad.> divide the family property and live apart (of brothers)
xī cùnyīn 惜寸阴[-陰] V.O. <wr.> be careful not to waste even a moment; put one's time to use
xīcuò 西错 V. <topo.> incline toward the west; set in the west
xìdàbùjuān 细大不捐 F.E. not cast away anything, big or small
xìdàbùyú 细大不逾 F.E. not exceed bounds in minor/major matters
[1]**xīdài** 徯待 V. <wr.> expect; look forward to
[2]**xīdài** 犀带[-帶] N. <wr.> belt with rhinoceros horn
xīdān 息单 N. <acct.> interest statement
xǐdàn 喜蛋 N. <topo.> *See hóngdàn*
[1]**xìdān(r)*** 戏单(儿)[戲-] N. <thea.> playbill M: [1]*zhāng*
[2]**xìdān(r/zi)** 细单(儿/子) N. detailed list M: [1]*fèn*/[1]*zhāng*
xǐdàng 洗荡[-蕩] V. ① wash away ② purify
Xīdānqiáng 西单墙[-牆] N. Xidan Wall; Democracy Wall
xìdānzi 戏单子[戲-] N. <thea.> program of a play; playbill M: [1]*zhāng*
xǐdāo 铣刀 N. <mach.> milling cutter M: [1]*bǎ*
xī de 吸的 ATTR. <lg.> ingressive
Xīdé 西德 P.W. West Germany
xídé* 习得[習-] N. acquisition ♦V.P. acquired
xìdé 戏德[戲-] N. actor's moral character
xídé kěnéngxìng 习得可能性[習-] N. <lg.> learnability
xīdēng 熄/息灯[-燈] V.O. put out the light
xīdēnghào 熄灯号[-燈號] N. lights-out; taps
xídé tèxìng 习得特性[習-] N. acquired characteristics
xídì 席地 ADV. (sit) on the ground
xǐdí* 洗涤[-滌] V. wash; cleanse
xìdǐ 细底 N. fine background (of fabric)
xìdì 隙地 N. unoccupied place; open space
xīdiǎn* 西点[-點] N. Western-style dessert *See also Xīdiǎn*
Xīdiǎn 西点[-點] P.W. <loan> West Point (U.S.A) *See also xīdiǎn*
xìdiǎn 细点[-點] N. choice refreshments; dainty pastries
xídiànr 席垫儿[-墊-] N. mat/pad placed under an object
xǐdiào 洗掉 R.V. wash off
xǐdícáo 洗涤槽[-滌-] N. washing tank; sink
xǐdiéjī 洗碟机 N. <mach.> dishwasher M: [1]*tái*
xǐdiépén 洗碟盆 N. dishpan M: *ge*/[2]*zhī*
xǐdiérén 洗碟人 N. dishwasher M: *ge*/[1]*míng*
xídì'érzuò 席地而坐 F.E. sit on the floor
xǐdíjī* 洗涤机[-滌-] N. washer; washing machine; rinsing machine M: [1]*tái*
xǐdíjì 洗涤剂[-滌劑] N. detergent
xǐdíjiān 洗涤间[-滌-] P.W. washroom; washhouse
xǐdílíng 洗涤灵[-滌靈] N. dishwashing liquid
xídìng 习定[習-] R.V. <wr.> enter into meditation and get rid of desires
xīdǐngdēng 吸顶灯[-燈] N. lamp with its shade affixed to the ceiling M: [1]*zhǎn*
xìdìnglǐ 系定理[係-] N. corollary
xǐdíqì 洗涤器[-滌-] N. washing appliance; washer M: [1]*jià*/[1]*tái*
xǐdítǒng 洗涤桶[-滌-] N. washtub M: *ge*/[2]*zhī*
xīdòng 翕动[-動] V. <wr.> open and close (the mouth/etc.)
xìdòngcí 系动词[繫動-] N. <lg.> copula linking verb
xìdòngcíxìng de 系动词性的[繫動-] ATTR. copulative
xìdòngmài 细动脉[-動脈] N. <phys.> arteriole
xīdú* 吸毒 V.O. take drugs
xìdú 细读[-讀] V. read carefully
xìduǎnjiàn 细短剑 N. stiletto M: [1]*bǎ*
xíduó 袭夺[-奪] V. <mil.> take a city/territory by surprise
xīdú wōdiǎn 吸毒窝点[-窩點] P.W. drug dive/den/haven
xīdúzhě 吸毒者 N. drug addict M: *ge*/[1]*míng*
[1]**xiē** 些 M. *for indefinite/small amount* **tiān ~ shuǐ** add a little water **Qīng zǎo ~ lái.** Would you come a little earlier?
[2]**xiē** 歇 V. ① have a rest ② <topo.> go to bed ♦B.F. ① stop (work/etc.); knock off **xiēgōng** ② <topo.> a little while [2]**yīxiē**
[3]**xiē** 楔 B.F. wedge; peg [1]**xiēzi** *See also* [4]**xiē**
[4]**xiē** 揳/楔 V. drive (a wedge/nail/etc.) *See also* [3]*xiē*
[5]**xiē** 蝎 B.F. scorpion [2]**xiēzi, móxiē**
[1]**xié** 鞋/鞵 N. shoes
[2]**xié** 斜 S.V. oblique; inclined; tilted; slanting
[3]**xié** 挟[挾] V. ① hold sth. under the arm ② embrace ③ coerce; hold hostage ④ harbor (resentment/etc.) ⑤ <wr.> rely on; depend on
[4]**xié** 携[攜] V. ① carry; take along ② take/hold sb. by the hand
[5]**xié** 邪 B.F. ① evil **xiéqì** ② heretical; irregular **xiéshuō** ③ strange; odd **xiéménr** ④ <Ch. med.> unhealthy influences that cause disease **fēngxié, hánxié** ⑤ disaster (caused by supernatural beings) [1]**qūxié** *See also* [4]*yé*
[6]**xié** 偕 B.F. be in the company of [1]**xiétóng, xiélǎo**
[7]**xié** 胁[脅] B.F. ① upper part of the human body **xiéxià** ② coerce; force **xiépò**
[8]**xié** 协[協] B.F. ① coordinate; mediate [1]**xiétiáo, tuǒxié** ② assist **xiézhù**
[9]**xié** 叶 B.F. harmonize **xiéyùn** *See also* [3]**yè**
[10]**xié** 谐[諧] B.F. harmonious **xiébǐ**, [1]**héxié**
[11]**xié** 撷[擷] B.F. pick; pluck **xiéqǔ, cǎixié**
[12]**xié** 颉[頡] B.F. fly up [2]**xiéháng** *See also* [20]**jié**
[13]**xié** 絜 in **xiéjǔ**
[1]**xiě*** 写[寫] V. ① write; compose ② describe; depict ♦B.F. paint; draw **xiěshēng, xiězhēn** *See also* [21]*xiè*
[2]**xiě** 血 N. <coll.> blood *See also* [1]*xuè*
[1]**xiè** 谢[謝] V. ① thank ② wither (of flowers/leaves/etc.) ♦B.F. ① apologize **xièzuì** ② decline **xièjué** ♦N. Surname
[2]**xiè** 卸 V. unload; discharge; lay down; take sth. off
[3]**xiè** 屑 B.F. ① bits; scraps; shavings [2]**zhìxiè, mùxiè** ② trifles; trifling **suǒxiè** ③ consider worthwhile [2]**bùxiè**
[4]**xiè** 蟹 N. crab
[5]**xiè** 泻[瀉] V. ① flow swiftly; pour out ② have diarrhea
[6]**xiè** 泄 V. let out; discharge; release (gas/liquid) ♦B.F. ① leak (news/secret/etc.) **xièlòu** ② give vent to **xièfèn** *See also* [50]*yì*
[7]**xiè** 懈 B.F. slack; lax; inattentive **sōngxiè, xièdài**
[8]**xiè** 解 V. <coll.> see the point; understand the significance of ♦B.F. <trad.> acrobatics **pǎomǎmàixiè** ♦N. Surname *See also* [1]*jiě*, [4]*jiè*
[9]**xiè** 澥 V. ① become watery ② thin; dilute
[10]**xiè** 械 B.F. ① machinery; mechanical [1]**jīxiè** ② weaponry **jūnxiè**
[11]**xiè** 榭 B.F. pavilion built on a terrace or at waterside [1]**shuǐxiè, wǔxiè**
[12]**xiè** 燮 B.F. mediate; harmonize **xièhé**, [2]**xièlǐ**
[13]**xiè** 亵[褻] B.F. ① irreverent; disrespectful **xièdú** ② obscene **huìxiè**
[14]**xiè** 廨 B.F. government office [2]**xièyǔ**, [2]**gōngxiè**
[15]**xiè** 绁[紲] B.F. ① a rope; reins [2]**jīxiè, léixiè** ② tie up
[16]**xiè** 薤 B.F. Ch. onion **báxiè**
[17]**xiè** 邂 in [1]**xièhòu**
[18]**xiè** 瀣 in **hàngxiè**
[19]**xiè** 獬 in **xièzhì, xièbāgǒu**
[20]**xiè** 蹀 in **xièdié, diéxiè**
[21]**xiè** 写[寫] in [4]**xièyì** *See also* [1]*xiě*
xǐ'è 喜恶[-惡] N. like and dislike
xiē'ān 歇鞍 V.O. <topo.> stop work
xiè'ān* 卸鞍 V.O. unsaddle
xié'ànfèng 鞋暗缝 N. shoe inseam
xiè'áo 蟹螯 N. nippers/pincers of crabs
xièbāgǒu 獬狍狗 N. Pekingese dog *See also hǎbagǒu*
xiěbái 写白[寫-] V. ① make a clean copy ② exonerate
xiébáiyǎnr 斜白眼儿 N. <coll.> strabismus
xiēbān(r) 歇班(儿) V.O. be off duty; have time off
[1]**xiébàn*** 协办[協辦] V. do sth. jointly
[2]**xiébàn** 携伴[攜-] V.O. take a partner/companion along
xièbān 卸班 V.O. finish a shift (of work); be off work for the day
xiébāng(r/zi) 鞋帮(儿/子)[-幫-] N. upper (of shoes)
xiébànqiānr 斜半签儿 N. <coll.> slanting; oblique
xiébào 携抱[攜-] V. carry in one's arms
xiébāotóu 鞋包头 N. box toe of a shoe
xiébázi 鞋拔子 N. shoehorn
xiēbèi* 蝎贝 N. scorpion shell
xièbēi 蟹杯 N. crab shell used as a wine cup
[1]**xiěběn** 写本[寫-] N. hand-copied book; draft manuscript M: [1]*běn*/[4]*cè*
[2]**xiěběn** 血本 N. hard-earned capital M: [2]*bǐ*
xiěbēng 血崩 *See xuèbēng*
xiěběnwúguī 血本无归[-歸] F.E. lose all the capital invested *See also xuèběnwúguī*
xiébī* 胁逼[脅-] V. force
xiébǐ 谐比 V.P. improperly familiar
xiébiān* 斜边[-邊] N. ① <math.> hypotenuse ② <mach.> bevel edge M: [1]*tiáo*
[1]**xiébiàn** 胁变[脅變] N. <phy.> strain
[2]**xiébiàn** 鞋变[-變] N. covariation; covariant
xièbiǎo 谢表 N. letter of thanks to one's lord/emperor
xièbìng 谢病 V.O. <wr.> excuse oneself because of illness
xièbìngguītián 谢病归田[--歸-] F.E. decline office owing to illness and return home
xiēbó 歇泊 V. lie at anchor
xiébō* 谐波 N. <phy.> harmonic wave; harmonic; overtone
xièbù 谢步 V. <wr.> pay a return visit to express thanks
xiěbuchū 写不出[寫-] R.V. can't write (lack ability)
xiébùdízhèng 邪不敌正[--敵-] F.E. Evil will not triumph over virtue.
xiébùgānzhèng 邪不干正 F.E. evil will not triumph over virtue
xièbukāi zhège dàolǐ 解不开这个道理[--開這個--] V.P. can't see the point
xiěbushàng 写不上[寫-] R.V. can't write (lack ability)

X

xiébùshèngzhèng 邪不胜正[--勝-] F.E. ① Evil will not triumph over virtue. ② The upright need not fear the crooked.
xiěbutōng 写不通[寫-] R.V. be unable to write sth. smoothly
xiěbuxià 写不下[寫-] R.V. be unable to write down sth.(for lack of space)
xiébùyāzhèng 邪不压正[--壓-] F.E. evil ways can never prevail
xiēcài 歇菜 <coll.> V.O. ① stop doing sth.; have a rest ② stand aside; get out of the way
xiécái* 邪财 N. <topo.> ill-gotten gains
xiècái 械材 N. equipment; apparatus
xiéchǎng* 鞋厂[-廠] P.W. shoe factory M: [1]jiā
xiěcháng 血肠[-腸] N. blood sausage
xièchǎng 懈场[-場] V.O. <thea.> act perfunctorily
xiéchángbǔduǎn 撷长补短[--補-] F.E. learn from others' strong points to offset one's weaknesses
[1]**xiéchár** 斜碴儿 S.V. <coll.> ① split diagonally; splintered ② grouchy; ill-tempered; testy; cross
[2]**xiéchár** 邪碴儿 N. <topo.> ① strange attitude ② peculiar person
xièchē 卸车 V.O. unload a vehicle; unload
[1]**xiéchén** 谐臣 N. court jesters
[2]**xiéchén** 邪臣 N. evil/wicked official
[1]**xièchén*** 谢忱 N. gratitude
[2]**xièchén** 亵臣[褻-] N. intimate courtier
xiéchēng 鞋撑[-撐] N. shoe tree
xiěchéng* 写成[寫-] R.V. finish writing sth.
xiéchí* 挟/胁持[挾/脅-] V. ① seize sb. on both sides by the arms ② hold sb. under duress; abduct; kidnap
xièchí 懈驰 V.P. ① slack; sluggish ② relax
xiéchóu 挟仇[挾-] V.O. harbor a grudge; nurse an enmity
xiēchù 歇处[-處] P.W. place to stay for the night
xiěchū* 写出[寫-] R.V. ① write out; draw up ② <comp.> readout; written out
xiěchù 写处[寫處] N. focus
xièchū 泄/泻出[瀉-] R.V. leak out (of liquid)
xièchú 卸除 V. get rid of
xiěchuàn 写串[寫-] R.V. write on the wrong line
xièchuán* 卸船 V.O. unload cargo from a ship/boat
xiěchūlai 写出来[寫-] R.V. write out/down
xiècí 谢词 N. thank-you speech
xiěcítóu 写磁头[寫-] N. <comp.> write head
xiécóng 胁从[脅從] V. accompany by force
xiécóngbùwèn 胁从不问[脅從-] F.E. let go unpunished; let off an unwilling accomplice
xiécóng fènzi 胁从分子[脅從-] N. unwilling accomplice M: ge/[1]míng
xiécóngwǎngzhì 胁从罔治[脅從-] F.E. Those forced to take part are not punished.
xiécóngzhě 胁从者[脅從-] N. unwilling accomplice M: ge/[1]míng
xiécuàn 斜窜[-竄] V. slip away
xiédǎ 斜打 V. <sport> slice (in Ping-Pong/tennis/etc.)
[1]**xiédài*** 携带[攜帶] V. carry; take along
[2]**xiédài(r)** 鞋带(儿)[-帶] N. shoelace; shoestring M: [2]gēn/[1]tiáo/[1]fù
[3]**xiédài** 挟带[挾帶] V. ① carry under the arm ② smuggle; carry secretly ♦N. contraband
xièdài 懈怠 S.V. be slack/sluggish ♦N. <Ch. med.> sluggishness
xiédàishì 携带式[攜帶-] N. portable type/kind
xiédàizhě 携带者[攜帶-] N. carrier
xièdàn 械弹 N. weapons and ammunition
xiédàng 邪荡[-蕩] V.P. obscene; dissolute
xiè dànzi 卸担子[-擔-] V.O. lay down a burden; put down a load
xiédǎo 斜倒 V. slope
xiédào* 邪道 N. ① depravity ② heterodoxy M: [1]tiáo
xiědào 写到[寫-] R.V. write until or up to
xiědàozi 血道子 N. inflamed scratch; red stripe; wale; welt

xié de wāi de 邪的歪的 <coll.> N. hocus-pocus; mumbo jumbo ♦V.P. devious; deceitful
xiě de xíngshì 写的形式[寫-] N. written form
xiě de yǔyán 写的语言[寫-] N. written language
xiédǐ(r/zi)* 鞋底(儿/子) N. sole (of a shoe)
xiědī 血滴 See xuèdī
xièdǐ 泄底 V.O. reveal the inside story
xièdì 泻地[瀉-] N. barren saline-alkali field
xiēdiàn 歇店 V.O. stay/lodge at an inn ♦P.W. inn
[1]**xiédiàn*** 鞋店 P.W. shoeshop M: [1]jiā
[2]**xiédiàn(r)** 鞋垫(儿)[-墊] N. shoe-pad; insole M: [1]fù
xièdiàn 谢电[-電] N. telegram to express thanks M: [1]fēn/[2]fēng
xiědiǎnr 血点儿[-點] N. blood drop
xiédiào 谐调 N. harmonization See also [2]xiétiáo
xièdiào* 卸掉 R.V. unload
xiédiàohuì 协调会[協-] N. coordinating association/council
xiédiào jīzhì 协调机制[協-] N. coordinating mechanism
xiédǐbǎnr 鞋底板儿 N. <coll.> sole (of a shoe)
xièdié 躞蹀 V. walk with a mincing gait
xiēdǐng 歇顶 V.O. be balding
xiédīng(r/zi) 鞋钉(儿/子) N. small nails for mending shoes M: ge/[1]kē/[4]méi
xiédìng* 协定[協-] N. agreement; accord; pact M: ge/[1]fèn
xièdǐng 谢顶 N. bald pate ♦V.O. go bald
xiédìng biānjiè 协定边界[協-邊-] N. conventional boundary
xiédìng guānshuì 协定关税[協-關-] N. conventional/fixed tariff/duty
xiédìng shuìlǜ 协定税率[協-] N. conventional tariff
xiédǐyú 鞋底鱼 N. <zoo.> four-lined tonguesole; *Cynoglossus bilineatus*
xiédǐzi 鞋底子 N. soles of shoes
xièdòu 械斗[-鬥] N./V. armed fight between two groups
xiědòufu 血豆腐 N. animal blood made into beancurd-like squares
xiēdú 蝎毒 N. scorpion venom
xiédú 斜读[-讀] N. <lg.> oblique reading
xiédù* 斜度 N. gradient; slope; inclination
xièdú 亵渎[褻瀆] V. ① blaspheme; profane; pollute ② disturb; trouble; pester
xièdù(zi) 泻肚(子)[瀉-] V.O. have diarrhea
xièduàn 蟹断[-斷] N. bamboo weir for catching crabs
xiédùbiāo 斜度标[-標] N. gradient sign
xiéduì 斜对[-對] V. be diagonally opposite to
xiéduìguò 斜对过[-對-] P.W. <coll.> diagonally opposite position
xiéduìjiǎo 斜对角[-對-] P.W. diagonally opposite position
xiéduìmiàn 斜对面[-對-] P.W. diagonally opposite position
xièduò 懈惰 V.P. sluggish
xièdú shénmíng 亵渎神明[褻瀆-] V.O. blaspheme the gods
xiědútóu 写读头[寫讀-] N. <comp.> write-read head
xié'è 邪恶[-惡] S.V. evil; wicked; vicious
xiè'ēn 谢恩 V.O. <court.> thank sb. for a favor/kindness
Xiè'ēnjié 谢恩节[-節] N. Thanksgiving Day
xié'èr 携贰[攜-] V.P. <wr.> ① be halfhearted ② be disloyal ③ harbor treacherous feeling
xié'érnánǚ 携儿拿女[攜-] F.E. bring sons and daughters along
xiēfá 歇乏 V.O. rest after exertion
xiéfǎ 邪法 N. sorcery; witchcraft
xiěfǎ* 写法[寫-] N. ① style of writing; penmanship ② way of writing characters
xièfǎ 泻法[瀉-] N. <Ch. med.> method of draining
xièfàn 谢饭 V.O. say grace
xiéfáng 协防[協-] V. help defend
xiéfāngchā 协方差[協-] N. covariance

xiéfāngchā fēnxi 协方差分析[協-] N. <lg.> analysis of covariance
xiéfānggé 斜方格 N. rhomboid forms
xiéfāngxíng 斜方形 N. <math.> ① parallelogram; rhomboid ② rhombus; rhomb
xiéfěn 鞋粉 N. shoe powder
xièfěn 蟹粉 N. <topo.> minced crab meat
xièfèn* 泄愤/忿 V.O. vent one's anger/spite
xiéfēng 邪风 N. unhealthy/pernicious atmosphere/ambience
xiéfēngxìyǔ 斜风细雨 F.E. gentle wind and light rain
xiēfú 歇伏 V.O. rest during dog days
[1]**xiéfù*** 胁腹[脅-] N. flank
[2]**xiéfù** 谐附 V. compromise and follow
xièfú 亵服[褻-] N. ① clothes worn at home ② underclothing
xiéfùbù niúròupiàn 胁腹部牛肉片[脅-] N. flank steak
xiěgàizhì 血钙质[-質] N. blood calcium
xiègān 泻肝[瀉-] V.O. purge the liver of pathogens
xiégàng 斜杠 N. <lg.> slanting bar
xiégāo 斜高 N. <math.> slant height
xiěgǎo* 写稿[寫-] V.O. write for a magazine/etc.; compose a draft
xiēge 些个[-個] ATTR. <coll.> a few; some
xiěgěi 写给[寫-] V.P. write to sb.
xiégēn(r) 鞋跟(儿) N. heel (of a shoe)
xiēgōng 歇工 V.O. stop work; knock off
xiégōngzi 鞋弓子 N. arch support
xiéguà 斜挂 V. hang on an angle
xiěguǎn 血管 N. blood vessel
xiéguǐ* 邪鬼 N. evil ghost
xiéguì 挟贵[挾-] V.O. <wr.> presume upon one's high position
xiéguìzìzhòng 挟贵自重[挾-] F.E. <wr.> be proud of one's high position
xièguò 谢过 V.O. <wr.> apologize for wrongdoing
xièhán 谢函 N. (formal) letter of thanks M: [2]fēng
[1]**xiéháng** 斜行 N. diagonal
[2]**xiéháng** 颉颃 V. <wr.> ① fly up and down (of birds) ② be equally matched; rival each other
[1]**xiéhé*** 谐和 S.V. harmonious; concordant
[2]**xiéhé** 协和[協-] V. ① mediate; harmonize ② <mus.> consonant
[3]**xiéhé** 鞋盒 N. shoe box M: ge/[2]zhī
xièhé 燮和 V. harmonize; live in harmony
xièhè 卸荷 V.O. unload
Xiè Hè 谢赫 N. formulator of the Six Laws (liùfǎ) of Chinese painting
xiéhé jiāotì 谐和交替 N. <lg.> harmonic alternation
xiéhèn 挟恨[挾-] V.O. harbor hatred/grudge
xiěhén* 血痕 N. bloodstain
xièhèn 泄恨 V.O. vent one's spite/hatred
xiéhéwànbāng 协和万邦[協-萬-] F.E. make all nations live together peacefully
xiéhéxué 协合学[協-] N. synergetics
xiéhéyīn(chéng) 协和音(程)[協-] N. consonance
xiéhé zuòyòng 协合作用[協-] N. synergism
xièhóng 泄洪 V.O. discharge floodwater
xièhóngdào 泄洪道 P.W. flood-relief channel; floodway M: [1]tiáo
xièhóngpáilào 泄洪排涝[-澇] F.E. drain off floodwater
xièhóngqū 泄洪区[-區] P.W. flood-relief area
xiěhóngsù 血红素 See xuèhóngsù
xièhóngsuìdào 泄洪隧道 P.W. flood-discharged tunnel M: [1]tiáo
xiēhòu 歇后[-後] V.O. omit the last part of a common expression
[1]**xièhòu*** 邂逅 V. <wr.> meet by chance
[2]**xièhòu** 谢候 V.P. express appreciation (for kindness/hospitality)
xiěhòudú 写后读[寫後讀] V.P. read after writing
xiéhòugēn(r) 鞋后跟(儿)[-後--] N. shoe heels

X

xièhòuxiāngyù 邂逅相遇 F.E. meet unexpectedly; meet by chance
xiēhòuyǔ 歇后语[-後-] N. ① enigmatic folk similes; truncated witticism ② aposiopesis ③ pun
xiēhǔ(zi) 蝎虎(子) N. gecko; house lizard M: *ge*/[2]*zhī*
[1]**xiéhu*** 邪乎 S.V. <*coll.*> ① extraordinary ② severe ③ exaggerated; overstated ④ fantastic; incredible
[2]**xiéhu** 胁唬[脅-] S.V. <*coll.*> ① extraordinary; unusual ② frightful; terrifying; terrible ③ severe; grave ④ panicky; excited; jumpy ⑤ cruel; savage; brutal; vicious
xièhú 泻湖[瀉-] N. lagoon
xiěhuà 写话[寫-] V.O. write a speech
xiéhuǎn 斜缓 S.V. <*topo.*> gently inclined
xièhuáng 蟹黄 N. ovary and digestive glands of crabs; crab spawn
xiěhūhū 血糊糊 R.F. <*coll.*> bloody
xiéhuī 斜晖 N. <*wr.*> setting sun; oblique sunlight
xiéhuì* 协会[協-] N. association; society
xiěhuí 写回[寫-] V. write back to
xiéhuo 邪活/火 S.V. <*coll.*> ① extraordinary ② severe ♦ADV. <*topo.*> ① extraordinarily; unusually ② severely; gravely
xièhuǒ 泻火[瀉-] V.O. ① reduce fever by purging ② purge with intense heat
xièhuò* 卸货 V.O. unload/discharge cargo
xièhuògǎng 卸货港 P.W. port of discharge; unloading port
xiéjī 挟击[挾擊] V. <*wr.*> attack from the flank
xiéjì* 邪计 N. evil schemes; conspiracy M: [1]*tiáo*
[1]**xièjì** 泻剂[瀉劑] N. laxatives
[2]**xièjì** 泄剂[-劑] N. <*Ch.med.*> purgative prescription
xiéjià* 谐价[-價] V.O. negotiate the price
xiějiā 写家[寫-] N. writer M: *ge*/[1]*míng*/[2]*wèi*
xièjiǎcǎo 蟹甲草 N. wild caraway
xiéjiādàikǒu 携家带口[攜-帶-] F.E. take one's family along
xièjiǎguītián 卸甲归田[--歸-] F.E. retire from office
xiējiān* 歇肩 V.O. ① shed a shoulder burden for a rest ② be freed of a responsibility
[1]**xiéjiān** 鞋尖 N. toe cap
[2]**xiéjiān** 胁肩[脅-] V.O. shrug the shoulders
xiéjiàn 邪见 N. unconventional opinion
xièjiān(r) 卸肩(儿) V.O. ① resign; lay down a burden ② be relieved of one's responsibilities
xiéjiānchǎnxiào 胁肩谄笑[脅-] F.E. act obsequiously
xiéjiang 鞋匠 N. shoemaker; cobbler M: *ge*/[1]*míng*
xiéjiānlěizú 胁肩累足[脅-] F.E. ① frightened; jittery ② apprehensive and nervous
xiéjiānr 鞋尖儿 N. tip of a shoe
xiējiǎo(r) 歇脚(儿)[-腳-] V.O. stop walking and rest
xiéjiǎo* 斜角 N. ① <*math.*> oblique angle ② <*mach.*> bevel angle
xiéjiào 邪教 N. ① paganism; heathendom; perverse religious sect ② heresy
xiéjiǎoguī 斜角规 N. <*mach.*> bevel square M: [1]*bǎ*
xiéjiàotú 邪教徒 N. heretic M: *ge*/[1]*míng*
xiéjiǎozhù 斜角柱 N. <*math.*> oblique prism
xiějībānbān 血迹斑斑[-跡--] *See xuèjībānbān*
xiējǐn 楔紧[-緊] R.V. wedge tightly
xiējìn 歇劲[-勁] V.O. lie down on the job
xiéjìn 协进[協進] V. promote; advance
[1]**xièjìn*** 泄劲[-勁] V.O. lose heart; slacken one's efforts
[2]**xièjìn** 懈劲[-勁] V.O. relax one's exertions; lose one's drive; slack off
[3]**xièjìn** 亵近[褻-] V. be intimate with a woman
xiéjǐng* 斜井 N. ① <*min.*> inclined shaft; slope ② inclined well; slant hole M: *kǒu*
xiějǐng 写景[寫-] V.O. describe scenery
xièjīng 泄精 V.O. ejaculate
xiějǐngtú 写景图[寫-圖] N. landscape drawing M: [10]*fú*/[1]*zhāng*
xiějǐngwén 写景文[寫-] N. writings on scenery M: [1]*piān*
xièjìnr 泄劲儿[-勁-] V.O. ① lose interest ② lie down on the job; slacken one's effort
xiéjǔ 絜矩 V. consider oneself and others so that each will get what he wants
xiéjù* 谐剧[-劇] N. <*thea.*> ① comic opera; farce ② comic opera popular in Sichuan M: [1]*chū*
xiéjuàn 携眷[攜-] V.O. bring wife and children along
xiéjuàntóngxíng 携眷同行[攜-] F.E. travel with one's family
xiéjué 邪谲 V.P. wicked; crafty
xièjué* 谢绝[-絕] V. refuse; decline ♦ADV. politely
xièjuécānguān 谢绝参观[-絕參觀] F.E. Not open to visitors.
xièjuéyìngchou 谢绝应酬[-絕應-] F.E. decline all social parties
xièkāi 卸开[-開] R.V. take apart (of machinery/etc.)
xiékào 斜靠 V. lean against in a slanting position
xiěkē 血科 N. <*med.*> specialty involving blood
xièkè* 谢客 V.O. ① refuse to meet a visitor ② express thanks to a guest
xièkéhuáng 蟹壳黄[-殼-] N. crisp roll with sesame on the crust
xiékēlar 鞋窠旯儿 N. inside of a shoe
xiékòu(r/zi) 鞋扣(儿/子) N. shoe buckle
xiē kǒuqì(r) 歇口气(儿)[--氣-] V.O. stop for a breather
xiěkuài 血块[-塊] N. blood clot; clot M: [2]*kuài*
xiékuǎn 携款[攜-] V.O. carry money
xiékuǎnqiántáo 携款潜逃[攜-潛-] F.E. abscond with funds
xiělà 写落[寫-] V. forget to write (a word in a sentence, etc.)
xiēlahǔzi 蝎拉虎子 N. <*coll.*> gecko
xiělái 写来[寫-] R.V. write out
xiélǎo* 偕老 F.E. husband and wife grow old together
xièlǎo 谢老 V.O. resign from office because of age
xiélǎotónghuān 偕老同欢[-歡] F.E. live happily together ever afterwards
xiélè 偕乐[-樂] V.P. <*wr.*> be happy together
xiélèi 鞋类[-類] N. category of shoes
xiéleng 斜愣 V. <*coll.*> slant
xiélengyǎn(r) 斜愣眼(儿) N. <*coll.*> squint; walleye
xiélengzhe yǎnr 斜愣着眼儿[--著--] V.O. <*coll.*> look askance; glance sideways
[1]**xiélǐ** 协理[協-] V. assist in management ♦N. <*trad.*> ① assistant manager ② an official rank in the Qing dynasty
[2]**xiélǐ** 鞋里[-裡] N. shoe lining
xiélì* 协力[協-] V.O. unite efforts; join in common effort
[1]**xièlǐ** 谢礼[-禮] N. ① honorarium ② a gift in token of gratitude; a return present
[2]**xièlǐ** 燮理 V. harmonize; adapt; adjust
xièlì 泄/泻痢[瀉-] V.O./N. have diarrhea
xiéliǎn(r)* 鞋脸(儿) N. ① vamp; instep ② front top of a shoe
xièlián 蟹帘[-簾] N. bamboo weir for catching crabs
xiēliáng* 歇凉[-涼] V.O. <*topo.*> relax in a cool place
xiěliàng 血量 *See xuèliàng*
xiéliǎo 斜了 V. stare askance at
xièliào* 卸料 V.O. unload; discharge
xiēlíng 蝎蛉 N. scorpion fly M: *ge*/[2]*zhī*
xièlǐng* 谢领 V. accept with thanks
xiělīnlīn 血淋淋 R.F. <*coll.*> ① dripping with blood; bloody ② grim; bitter; cruel *See also xuèlīnlīn*
xiélìtóngxīn 协力同心[協-] F.E. be of one mind and one heart
xièliú 泻流[瀉-] N. cascading water
xiěliúpiāochǔ 血流飘/漂杵 *See xuèliúpiāochǔ*
xiěliúrúzhù 血流如注 *See xuèliúrúzhù*
xièlìyán 泻利盐[瀉-鹽] N. Epsom salt
xiélǐyuán 协理员[協-] N. political commissar (in a PLA regiment) M: *ge*/[1]*míng*/[2]*wèi*
xièlóng 蟹笼 N. crab pot; crab trap M: *ge*/[2]*zhī*
xièlòu 泄露/漏 V. leak; divulge
xièlòu tiānjī 泄漏天机 V.O. disclose a divine secret; betray God's design
[1]**xiélù** 邪路 N. debauchery; evil ways; vice M: [1]*tiáo*
[2]**xiélù** 斜路 N. ① wrong path ② evil ways; vice M: [1]*tiáo*
xièlǔ 泻卤[瀉鹵] A.T. barren, salty land
xièlù* 泄露 V. leak; divulge
[1]**xiélǜ** 斜率 N. <*math.*> slope
[2]**xiélǜ** 协律[協-] N. harmonious melody
xièlù tiānjī 泄露天机 V.O. make a secret known
xiēmǎ 歇马 V.O. ① dismount from a horse to rest ② stop work
xiěmǎn* 写满[寫-] R.V. write all over (a page/etc.); fill up a page/etc. with writing
[1]**xièmàn** 亵慢[褻-] V. ① slight ② show disrespect
[2]**xièmàn** 懈慢 V.P. careless; negligent
xiě máobǐzì 写毛笔字[寫-筆-] V.O. write characters with a brush
xiéměi* 谐美 S.V. euphonious and graceful (in words/etc.)
[1]**xiémèi** 邪媚 N. obsequiousness; fawning
[2]**xiémèi** 邪魅 N. demon
[1]**xièméi** 卸煤 V.O. unload coal
[2]**xièméi** 谢媒 V.O. reward a matchmaker
xièměng 蟹獴 N. <*zoo.*> crab-eating mongoose
xiéménr 邪门儿 S.V. <*topo.*> strange; odd; abnormal ♦N. improper way; dishonest practices
xiéménwāidào 邪门歪道 F.E. dishonest practices
xièmì 泄密 V.O. divulge a secret
[1]**xiémiàn** 斜面 N. ① <*math.*> inclined plane ② <*mach.*> oblique plane; bevel (face)
[2]**xiémiàn** 鞋面 N. instep; vamp
xiémiē 斜乜 V. look sideways at
xièmìshìjiàn 泄密事件 N. a case of leakage of state/Party secrets
xiémiù 邪谬 S.V. ① absurd ② evil; corrupt
xiémó 邪魔 N. evil spirit; demon
xièmòshālǘ 卸磨杀驴[-殺驢] ID. get rid of sb. as soon as a job is done
xiémóu 邪谋 N. evil scheme; conspiracy
xiémówāidào* 邪魔歪道 F.E. ① <*Budd.*> evil demons and heretics ② unorthodox ways; crooked ways and means ③ heterodox doctrines
xiémówàidào 邪魔外道 F.E. ① <*Budd.*> evil demons and heretics ② unorthodox ways; crooked ways and means ③ heterodox doctrines
xièmù 谢幕 V.O. respond to a curtain call
xiémùjìyú 邪目觊觎[--覬-] F.E. cast a covetous eye on
xī'ēn 锡恩 V.O. bestow a favor
xiénì* 斜睨 V. cast sidelong glances at
xiènì 亵昵[褻-] V.P. improperly familiar
xiéniàn 邪念 N. evil thought; wicked idea
xiěniào 血尿 *See xuèniào*
xiénìng 邪佞 N. evil/mean person
xiěnóngyúshuǐ 血浓于水[-濃於-] *See xuènóngyúshuǐ*
xiènù 泄/泻怒[瀉-] V.O. take it out on
xié'ǒu 谐偶 N. harmonious couple
xiēpāi 歇拍 N. ending of a lyrical song
xiépàn 鞋袢 N. sandal
xiépángbiān 斜旁边[-邊] P.W. area/spot beside sth.
xiěpéndàkǒu 血盆大口 *See xuèpéndàkǒu*
xiépì 邪僻 S.V. <*wr.*> heterodox; perverse; abnormal
xiēpíng 楔平 R.V. wedge even
xiépíqi 邪脾气[-氣] N. eccentric/stubborn personality
xiēpò 楔破 R.V. cleave with a wedge
xiépō(r) 斜坡(儿) N. slope
xiépò* 胁迫[脅-] V. coerce; force
xiépò shǒuduàn 胁迫手段[脅-] N. coercion
xiépòwàchuān 鞋破袜穿[--襪-] F.E. down at the heels

xiépù 鞋铺 P.W. shoeshop M: [1]*jiā*
xiēqì 歇气[-氣] V.O. have a rest
xiéqì 邪气[-氣] N. ① evil influence; perversity ② shocking behavior ③ <*Ch.med.*> pathogenic factor; pathogen
xiěqì 血气[-氣] *See xuèqì*
xièqí 蟹脐[-臍] N. underside of a crab
xièqǐ 谢启[-啟] N. <*wr.*> thank-you note in the ad column of a newspaper
[1]**xièqì*** 泄气[-氣] V.O. ① lose heart ② let the air out ♦S.V. ① disappointing; frustrating ② weak; sissified
[2]**xièqì** 懈气[-氣] V.O. slacken efforts
[3]**xièqì** 亵器[褻-] N. chamber pot
xiéqià 协洽[協-] V. negotiate
xièqián 蟹钳/箝 N. crab's claws
xiéqiāng* 携枪[攜槍] V.O. carry a gun
xiéqiáng 胁/邪强[脅強] N. <*phys.*> stress
xiéqiǎozhīcí 邪巧之辞[-辭] N. specious statement
xièqìhuà 泄气话[-氣-] N. <*coll.*> gloomy/defeatist talk
xiēqǐlai 楔起来 R.V. stabilize by means of a wedge
xièqīn 谢亲[-親] V.O. visit and thank the bride's family after the wedding (of a bridegroom)
[1]**xièqīng** 蟹青 N. greenish-gray
[2]**xièqīng** 卸清 R.V. unload
xièqīngsè 蟹青色 N. greenish-gray
xiěqìzhīyǒng 血气之勇[-氣--] *See xuèqìzhīyǒng*
[1]**xiéqū** 邪曲 V.P. crooked; wicked
[2]**xiéqū** 胁驱[脅驅] N. side traps (in yoking horses)
xiéqǔ* 撷取 V. pick; select
xiéqù 谐趣 N. ① humor; fun; pleasantry ② harmonious interests/charm
xiěquán 写全[寫-] R.V. write down sth. completely
xièquè 谢却[-卻] V. decline; reject (politely)
[1]**xiēr** 歇儿 N. nap; break; rest
[2]**xiēr** 些儿 N. ① a short while ② a little bit
xǐ'ér 洗儿 N. <*coll.*> neonate's third-day bath
[1]**xǐ'ěr*** 洗耳 V.O. lend an attentive ear
[2]**xǐ'ěr** 葸耳 N. cocklebur
xì'ér 细儿 N. <*topo.*> young son *See also xìr*
xiěrǎnshāchǎng 血染沙场[-場] *See xuèrǎnshāchǎng*
xí'érbùchá 习而不察[習-] F.E. ① overlook through familiarity ② do sth. without studying but with practice
xiérè 邪热[-熱] N. <*Ch.med.*> pathogenic heat
xièrè* 泻热[瀉熱] V.O. <*Ch.med.*> purge heat
xiěrèn 血刃 *See xuèrèn*
xièrèn* 卸任 V.O. ① leave office ② be relieved of one's office
xǐ'ěrgōngtīng 洗耳恭听[-聽] F.E. listen respectfully
xiéròu 胁肉[脅-] N. flank steak
xièròu* 蟹肉 N. crab meat
xiěròuhéngfēi 血肉横飞[-飛] *See xuèròuhéngfēi*
xiěròumóhú 血肉模糊 *See xuèròumóhu*
xī èrshǒuyān 吸二手烟[-煙] V.O. be subjected to second-hand smoke
xiěrù 写入[寫-] V.P. ① write in ② <*comp.*> write; read in; enter; store
xiésānjiǎoxíng 斜三角形 N. <*math.*> scalene triangle
xiéshānchāohǎi 挟山超海[挾-] F.E. sheer impossibility
xiēshǎng(r) 歇晌(儿) V.O. take a siesta
xiéshāng* 协商[協-] V. consult; talk things over ♦N. agreement
xiéshāng huìyì 协商会议[協-議] N. consultative conference M: *cì*
xiéshāng jiějué 协商解决[協-決] V.P. compromise/negotiated settlement
xiéshāng wěiyuánhuì 协商委员会[協-] P.W. consultative committee/commission
xiéshé 鞋舌 N. shoe flap
xiéshè* 斜射 V. <*mil.*> shine/fire obliquely
xiéshégài 鞋舌盖[-蓋] N. shoe flap
xièshén 谢神 V.O. thank the gods by offering sacrifices
xiěshēng* 写生[寫-] V.O. draw/paint/sketch from nature/life
xièshèng 亵圣[褻聖] V.O. commit sacrilege
xiěshēngbù 写生簿[寫-] N. sketch book M: [1]*běn*/[4]*cè*
xiěshēnghuà 写生画[寫-畫] N. ① sketch ② painting from life M: [10]*fú*
xiéshēngzì 谐声字[-聲-] N. <*lg.*> phonetic-plus-semantic character
xiēshí 楔石 N. keystone M: [2]*kuài*
[1]**xiéshí** 邪实[-實] N. <*Ch. med.*> excessiveness of pathogen
[2]**xiéshí** 挟食[挾-] n. <*med.*> dyspepsia
[1]**xiéshì** 斜视 V. ① <*med.*> have strabismus ② cast a sidelong glance ③ look askance at sb.
[2]**xiéshì** 挟势[挾勢] V.O. <*wr.*> ① presume upon one's influence/high position ② take advantage of one's power
[3]**xiéshì** 邪世 N. evil age
xiěshī 写诗[寫-] V.O. write poetry
xiěshí* 写实[寫實] V.O. write/paint realistically
xièshì 谢世 V.O. <*wr.*> pass away; die
xiěshípài 写实派[寫實-] N. realist school
xiěshípiàn 写实片[寫實-] N. realistic movie M: [2]*bù*
xiéshìtú 斜视图[-圖] N. <*mach.*> oblique drawing M: [1]*zhāng*
xiěshí wénxué 写实文学[寫實-] N. non-fiction
xiéshìyǎn* 邪视眼 N. strabismus
xièshīyàn 谢师宴[-師-] N. dinner party given by graduating students in honor of their teachers M: [1]*xí*
xièshìzhīnián 解世之年 N. be of an age to understand
xiěshízhǔyì 写实主义[寫實-義] N. realism (in writing)
xiěshízhǔyìzhě 写实主义者[寫實-義-] N. realist M: *ge*/[1]*míng*/[2]*wèi*
xiěshīzuògē 写诗作歌[寫-] V.P. write poems and songs
xiěshīzuòhuà 写诗作画[寫-畫] V.P. write poems and do paintings
xiěshīzuòwén 写诗作文[寫-] V.P. write poems and essays
xiēshǒu 歇手 V.O. stop doing sth.
xiéshǒu* 携手[攜-] V.O. ① be hand in hand ② cooperate
xiéshǒubìngjìn 携手并进[攜-並進] F.E. go forward hand-in-hand
xiéshǒutóngxīn 携手同心[攜-] F.E. cooperate
xiéshǒutóngxíng 携手同行[攜-] F.E. ① go hand-in-hand ② be in agreement; cooperate
xiéshù* 邪术[-術] N. sorcery; demonic magic
xièshù 解数[-數] N. ① postures in martial arts ② skill; art; competence *See also jiěshù*
xiéshuā(r/zi) 鞋刷(儿/子) N. shoe brush M: *ge*/[1]*bǎ*
xiěshuānzhèng 血栓症 *See xuèshuānzhèng*
xièshuǐ 泄/泻水[瀉-] V.O. sluice; seep out from cracks
xièshuǐdào 泄水道 N. sluiceway M: [1]*tiáo*
xièshuǐkǒng 泄水孔 N. outlet
xièshuǐkǒu 泄水口 N. sluice
xièshuǐzhá 泄水闸 N. sluice gate; sluice
xiéshuō 邪说 N. heresy; fallacy
xiéshuōbàoxíng 邪说暴行 F.E. depraved speech and tyrannous action
xiěsī 血丝[-絲] N. a trace of blood
xiēsīdǐlǐ 歇斯底里 N. <*loan*> hysteria
xiè sīfèn 泄私愤 V.O. vent personal spite
xiěsīhūla 血丝胡拉[-絲--] F.E. bloodshot
xiěsīr 血丝儿[-絲-] *See xuèsīr*
xièsōng 懈松[-鬆] V.P. be relaxed
xiēsù* 歇宿 V.O. stop overnight
xièsù 屑窣 N. tiny squeaks; slight noise
xiésuì 邪祟 N. evil thing/doing
xiétǎ 斜塔 N. leaning tower M: [4]*zuò*
xiētái 歇台[-臺] V. take a rest (for a day or two) during a series of performances
xiētáijiǎo 楔台脚[-檯腳] N. wedge the leg of a table
xié Tài Shān chāo Běi Hǎi 挟泰山超北海[挾-] ID. an impossibility
xié Tài Shān yǐ chāo Běi Hǎi 挟泰山以超北海[挾-] ID. ① sheer impossibility ② mere fantasy
xiétālar 鞋趿拉儿 N. <*coll.*> slippers
xiétán 谐谈 N. humorous talk
xiétǎng 斜躺 V. recline
xiětāngzi 血汤子[-湯-] *See xuètāngzi*
xiètào 卸套 V.O. unharness
xiétǐ* 斜体[-體] N. slanting script (of handwriting)
xiètì 泄涕 V.O. come to tears; cry
xiè tiānjī 泄天机 V.O. make a secret known; leak
xiètiānxièdì 谢天谢地 F.E. thank goodness/heaven
xié tiānzǐ yǐ lìng zhūhóu 挟天子以令诸侯[挾-] F.E. ① <*hist.*> control the emperor and command the nobles ② usurp power by holding the emperor as a hostage and acting in his name ③ order people around in the name of a superior
[1]**xiétiáo** 协调[協-] V. coordinate; harmonize; bring into line ♦S.V. in a concerted way; balanced; harmonious
[2]**xiétiáo** 谐调 N. mus. harmony *See also xiédiào*
xiétiáo fāzhǎn 协调发展[協-發-] V.P. coordinated development
xiétiáo wěiyuánhuì 协调委员会[協-] P.W. coordination committee
xiétiáoxìng 协调性[協-] N. harmony
xiètiě 谢帖 N. <*trad.*> thank-you note M: [2]*fēng*/[1]*fèn*/[1]*zhāng*
xiétǐzì 斜体字[-體-] N. italics
[1]**xiétóng*** 偕同 V. be in the company of
[2]**xiétóng** 协同[協-] V. work in coordination with; cooperate with ♦N. coordination; teamwork; synergism
[3]**xiétóng** 携同[攜-] V. <*wr.*> bring along
[4]**xiétóng** 鞋童 N. shoeshine boy M: *ge*/[1]*míng*
xiétǒng 协统[協-] N. <*trad.*> commander of a brigade
xiétòng 胁痛[脅-] N. <*Ch. med.*> pain in the ribs
xiétóng fāyīn 协同发音[協-發-] N. <*lg.*> coarticulation
xiétóngxué 协同学[協-] N. synergetics
xiétóng yìyì 协同意义[協-義] N. <*lg.*> associative meaning
xiětǒng zhèngmíngshū 血统证明书[--證-書] *See xuètǒng zhèngmíngshū*
xiétóu* 鞋头 N. toe cap
xiètóu 卸头 V.O. take off a hair decoration
xiétú 邪途 N. evil way
xiètǔ 泻土[瀉-] N. barren/salty land
xiètù* 泻吐[瀉-] V. have diarrhea and vomit
xiētuǐ(r) 歇腿(儿) V.O. stop for a rest; rest at a place
xiètuō 卸脱 V. deny responsibility
xié-wà 鞋袜[-襪] N. shoes and socks
xiěwāi 写歪[寫-] R.V. write askew
xiéwǎn 谐婉 V.P. <*mus.*> harmonious and soft
xiěwán* 写完[寫-] R.V. finish writing sth.
xièwán 亵玩[褻-] V. dally (with women)
xiéwàng 邪妄 V.P. absurd; abnormal
xiéwǎngzhīdào 邪枉之道 N. crooked path
Xiè Wǎnyíng 谢婉莹[-瑩] (1900–1999) N. writer better known as Bing Xin
xiēwēi* 些微 N. a bit ♦ADV. slightly
xiéwěi 邪伪 V.P. false; deceitful
xiéwèi 斜位 N. <*lg.*> oblique (case)
xièwěi 谢委 V. express thanks (to a superior) for a nomination
xiēwěi zōngbānjiū 楔尾棕斑鸠 N. turtledove M: [2]*zhī*
xiéwén 斜纹 N. <*txtl.*> twill (weave)
xiéwénbù 斜纹布 N. twill; drill M: [2]*kuài*

xiēwǔ 歇午 V.O. take a noon break
xiéwù 携物[攜-] V.O. carry sth.
xiěwū* 血污 *See xuèwū*
xiěwù 写物[寫-] V.O. describe objects
xièwù 屑物 N. leftovers
xiéwùbùshì 邪物不视 F.E. Do not look at uncanny things.
xiéwūdǐng 斜屋顶 N. pitched roof
xiēxi* 歇息 V. ① have a rest ② go to bed ③ put up for the night
xiéxī 胁息[脅-] S.V. very scared
xiéxì 谐戏[-戲] N. <wr.> joke; jest
xièxì 械系[-繫] V. shackle a prisoner
[1]**xiēxià** 歇夏 V.O. <coll.> take a summer vacation
[2]**xiēxià** 歇下 R.V. take a break
xiéxià 胁下[脅-] N. ① armpit ② rib area
xiěxià 写下[寫-] R.V. write down
xièxiá 亵狎[褻-] V. treat with disrespect because of over-intimacy
[1]**xièxià*** 卸下 R.V. ① strip; disassemble ② unload
[2]**xièxià** 泻下[瀉-] R.V. <Ch. med.> draining purgation
xiě xiàlai 写下来[寫-] R.V. write down
xiēxián 歇闲 V. <topo.> rest
xiéxián 挟嫌[挾-] V.P. <wr.> bear a grudge
xiéxiàn* 斜线 N. ① oblique line ② <print.> slash ③ <lg.> slanting bar
xiéxiánbàofu 挟嫌报复[挾-報復] F.E. bear resentment against sb. and retaliate
xiéxiànfú 斜线符 N. diagonal
[1]**xiéxiàng*** 斜向 V. face sideways ♦ATTR. slant; skew; oblique
[2]**xiéxiàng** 斜项 N. <archi.> neck
xiěxiàng 写象[寫-] N. <lg.> mapping
xiéxiàngr 邪像儿 N. <topo.> weird appearance
xiéxiànhào 斜线号[-號] N. slant (/)
xiēxiǎo* 些小 ATTR. ① tiny ② a little
xièxiào 谢孝 V.O. visit and thank relatives/friends for attending a funeral
xièxiáqīngtiāo 亵狎轻佻[褻-輕-] F.E. be intimate with and act frivolously
xièxiàyào 泻下药[瀉-藥] N. purgative drug
[1]**xiēxie** 些些 N. <coll.> a little; a few
[2]**xiēxie(r)** 歇歇(儿) R.F. <coll.> take a short rest; have a brief break
xièxie* 谢谢 V. thank you
[1]**xièxiè** 泄泻[-瀉] V. have diarrhea
[2]**xièxiè** 屑屑 R.F. <wr.> trifling; trivial
xiéxié de 斜斜的 ATTR. slanting
xiēxie jiǎo 歇歇脚[-腳] V.O. <coll.> rest the feet; tarry
xiēxie qì 歇歇气[-氣] V.O. ① have a rest ② blow (of horses/mules)
xiēxiēshìshì 蝎蝎螫螫 R.F. ① There is too much detail. ② dispute over every detail
xièxièsōngsōng 懈懈松松[-鬆鬆] R.F. not well disciplined; slack
xièxiètàtà 泄泄沓沓 R.F. very slowly and repeatedly
xièxiè xiǎoshì 屑屑小事 N. a trifling matter
xiēxīn 歇心 V.O. ① not worry; be relaxed ② be in a relaxed mood
xiéxīn 邪心 N. evil thought(s)
xiěxīn 血心 *See xuèxīn*
xiěxìn* 写信[寫-] V.O. write a letter
xièxìn 谢信 N. thank-you letter M: [2]fēng
xiéxìnácū 挟细拿粗[挾-] ID. provoke a dispute
xiēxíng 楔形 N. wedge-shape ♦ATTR. <lg.> cuneiform
xiéxing 邪行 N. <coll.> ① weird/odd/peculiar behavior ② evil deeds *See also* [2]*xiéxíng*
xiéxīng 谐星 N. ① star of comic dialogue ② a comedian
[1]**xiéxíng*** 偕行 V. <wr.> ① go/walk/travel together/with ② coexist
[2]**xiéxíng** 邪行 N. evil deed(s); immoral conduct *See also xiéxing*
xiěxíng 写形[寫-] V.O. ① make portraits ② describe a patient's looks
xièxíng 蟹行 V. move sideward/laterally
xiéxíngjīn 斜形筋 N. <phys.> trapezius muscle
xiéxingjìnr 邪行劲儿[--勁] N. <topo.> unpredictability; perversity
xiéxíngliàng 携行量[攜-] N. a load of materials carried by men
xiěxīngqì 血腥气[-氣] N. ① smell of blood ② image of violence
xiěxīngwèi 血腥味 *See xuèxīngwèi*
xiēxíng wénzì* 楔形文字 N. cuneiform (writing)
xièxíng wénzì 蟹行文字 N. lateral/horizontal writing
xiēxíngzhuān 楔形砖[-磚] N. <archi.> cuneiform brick M: [2]kuài
xiēxū 些须 ATTR. a few; a little; a bit
xiēxǔ* 些许 ATTR. a few; a little; a bit
xiéxuàn(zi) 鞋楦(子) N. last for shaping shoes; shoe tree
xiéxuè 谐谑 V. ① banter; wisecrack ② joke; kid; tease
xiéxuèqǔ 谐谑曲 N. <mus.> scherzo M: [2]shǒu
xiéxǔshuō 邪许说 N. yo-he-ho theory
xièyā 泄压[-壓] N. decompression
xiěyājì 血压计[-壓-] N. blood-pressure cuff
[1]**xiéyǎn(r)*** 斜眼(儿) N. ① <med.> strabismus ② wall-eye; cross-eye ③ wall-eyed/cross-eyed person
[2]**xiéyǎn(r)** 鞋眼(儿) N. shoelace eye/loop
xièyán 泻盐[瀉鹽] N. Epsom salt
xiéyáng* 斜阳[-陽] N. setting sun
xiéyàng(r) 鞋样(儿)[-樣-] N. shoe pattern; outline of the sole
xiéyángzìzhòng 挟洋自重[挾-] F.E. <wr.> rely on the support of foreigners
xiéyǎn kàn rén 斜眼看人 V.P. look askance at sb.
xiéyǎnyīpiǎo 斜眼一瞟 F.E. throw sb. a sidelong glance
xièyào 泻药[瀉藥] N. laxative
[1]**xiēyè*** 歇业[-業] V.O. go out of business
[2]**xiēyè** 歇夜 V.O. put up for the night
xiéyè 鞋业[-業] N. shoe business
xièyè 泄液 N. drainage
xiéyè'ān 斜叶桉[-葉-] N. Tasmanian oak M: [2]kē
xiěyèkē 血液科 N. blood specialty
xiéyǐ 斜倚 V. incline; recline
[1]**xiéyì*** 协议[協議] V. ① agree on ② discuss; negotiate ♦N. agreement
[2]**xiéyì** 挟义[挾義] V.O. stand on one's own rights
[3]**xiéyì** 谐易 N. humorous and easygoing
xiěyì 写意[寫-] N. <art> ① freehand brushwork ② free sketch; spontaneous expression ♦S.V. relaxed; contented *See also* [4]*xièyì*
xièyī 亵衣[褻-] N. ① <wr.> underwear ② dirty clothing M: [2]jiàn
xièyí 谢仪[-儀] N. ① honorarium ② a gift in token of gratitude; a return present M: [1]fèn
[1]**xièyì** 谢意 N. gratitude
[2]**xièyì** 懈意 N. indolence; inactivity
[3]**xièyì** 屑意 V. mind; take offense
[4]**xièyì** 写意[寫-] S.V. <topo.> comfortable; enjoyable *See also xiěyì*
[5]**xièyì** 解㑊 N. <med.> weariness
xiěyìhuà 写意画[寫-畫] N. Chinese painting done with freehand brushwork M: [1]zhāng/[10]fú
xiē yīhuì(r) 歇一会(儿) V.P. take a short break
xiéyì líhūn 协议离婚[協議離-] N./V.P. divorce by consent
xiēyīn 歇荫[-蔭] V.O. rest in the shade
xiéyīn* 谐音 N. ① homophonic; homonymic; harmonic ② <mus.> partials ③ <lg.> euphony
xiéyín 邪淫 N. debauchery; licentiousness
xiéyīng 撷英 V.O. <wr.> select essence
xiéyīnzì 谐音字 N. <lg.> meaning-plus-sound character
xiěyìr 写意儿[寫-] N. ① sketch; rough draft ② <coll.> write out a money pledge
xiéyì shēngmíng 协议声明[協議聲-] N. agreed announcement M: [1]fèn
xiéyìshū 协议书[協議書] N. written statement of agreement M: [1]fèn
xiēyīxiē 歇一歇 V.P. take a rest/break
xiēyīxiǔ 歇一宿 V. stay/rest for the night
xiéyìzhūfá 挟义诛伐[挾義-] F.E. <wr.> condemn someone in the name of justice
xièyòng 械用 N. implements
xiéyóu* 鞋油 N. shoe polish M: hé
xiéyòu 携幼[攜-] V.O. <wr.> take one's young children along
xiěyōu 写忧[寫憂] V.O. dispel sadness/boredom
xièyǒu 燮友 N. gentle; good-natured
[1]**xiéyǔ*** 谐语 N. humorous remark; joke; witticism
[2]**xiéyǔ** 邪语 N. evil language
[1]**xièyú** 卸鱼 V.O. unload fish
[2]**xièyú** 屑于[-於] V.P. be worth doing
[1]**xièyǔ** 亵语[褻-] N. obscene utterances; obscenities
[2]**xièyǔ** 廨宇 N. government office building
xiéyuàn 挟怨[挾-] V.O. harbor a grudge
xiéyuē* 协约[協-] N. agreement; treaty M: [1]fèn
xiéyuè 斜月 N. first quarter of the moon
Xiéyuēguó 协约国[協-國] P.W. <hist.> Entente countries in World War I
xiéyuē guójìfǎ 协约国际法[協-國際-] N. conventional international law
xiéyùn 协/叶韵[協韻] V. rhyme with; rhyme; put into rhyme ♦N. rhyme
xiěyùn* 血晕 N. bruise *See also xuèyùn*
xièyùn gǎngkǒu 卸运港口[-運--] N. port of debarkation
xiéyùpáng(r) 斜玉旁(儿) N. Kangxi radical 96 with slanted last stroke
xièzài 卸载 V. ① unload cargo (from a vehicle) ② unload; discharge
xiézàn 协赞[協-] V. assist (in a matter/affair/duty)
xiézāng'értáo 携赃而逃[攜贓-] F.E. escape with one's booty
xiēzào 歇灶 V.O. close for the day/etc. (of restaurants/etc.)
xièzé 卸责 V.O. shirk/lay down one's responsibility
xiězhàixiěhuán 血债血还[-還] *See xuèzhàixuèhuán*
xiězhàn 血战[-戰] *See xuèzhàn*
xiězhàng* 写帐[寫-] N. treasurer ♦V.O. keep accounts
xièzhāng 谢章 N. letter of thanks to one's lord/emperor/etc.
xiézhàng'érxíng 携杖而行[攜-] V.P. walk with a cane
[1]**xiézhào** 鞋罩 N. spats; gaiters
[2]**xiézhào** 斜照 V. shine sideways ♦N. setting sun
[1]**xiězhào*** 写照[寫-] N. portrayal; portraiture ♦V. portray (a person/character)
[2]**xiězhào** 血诏 *See xuèzhào*
xièzhǎowén 蟹爪纹 N. <art> crab-claw mark (in a glaze design)
xièzhǎozhī 蟹爪枝 N. <art> crab-claw branch (in painting)
xiézhèn 谐振 N. <phy.> resonance
xiězhēn* 写真[寫-] N. portrait ♦V.O. ① portray a person ② describe sth. as it is
xiězhēnbǎn 写真版[寫-] N. <print.> stereotype plate
xiēzhèng 楔正 R.V. wedge up
xiézhèngbùfēn 邪正不分 F.E. not distinguishing between good and bad
xiézhèngshèngshuāi 邪正盛衰 F.E. ① healthy energy ② evil struggle
xiězhēnzhīyán 写真之言[寫-] N. accurately descriptive words
xiēzhēshāng 蝎螫伤[-傷] N. scorpion sting
xiēzhī 歇枝 V.O. bear less fruit after a prolific year
[1]**xiézhì*** 挟制[挾-] V. force sb. to do one's bidding
[2]**xiézhì** 胁制[脅-] V. force; compel
xièzhí 卸职[-職] V.O. be relieved of office
xièzhì 獬豸 N. a fabulous animal reputed to be able to distinguish between good and evil
xièzhìguān 獬豸冠 N. <trad.> cap worn by a judge

X

xièzhíqiāng 泄殖腔 N. <zoo.> cloacal chamber; cloaca
xiézhóu 斜轴 N. ① <math.> oblique axes ② phy. clinoaxis
xiézhóuxiàn 斜轴线 N. oblique axis
xiēzhù 楔住 R.V. put a wedge in to fasten
xiézhù* 协助[協-] N./V. assist; help ♦ATTR. auxiliary
xièzhuǎ 蟹爪 N. crab's claws
xiēzhuàng 楔状[-狀] N. wedge; cuneiform
[1]**xièzhuāng*** 卸妆[-妝] V.O. <trad.> take off formal dress and ornaments
[2]**xièzhuāng** 卸装[-裝] V.O. remove stage makeup and costume
[1]**xiēzi** 楔子 N. ① wedge ② peg ③ prologue/interlude in a drama/novel
[2]**xiēzi** 蝎子 N. scorpion M: ge/[2]zhī
xiēzǐ 些子 ATTR. a little
xiézi 鞋子 N. shoes M: [1]shuāng
xiězì* 写字[寫-] V.O. write (characters)
[1]**xièzi** 屑子 N. crumb
[2]**xièzi** 蟹子 N. crab
xiězìjiān 写字间[寫-] P.W. office room M: [1]jiān
xiězìlóu 写字楼[寫-樓] P.W. office building M: [4]dòng
xiězìr 写字儿[寫-] V.O. <coll.> make a contract
xiězìtái 写字台[寫-檯] N. writing/business desk M: [1]zhāng
xiézìtǐ 斜字体[-體] N. <print.> italics
xiězìyuán 写字员[寫-] N. scribe; clerk M: ge/[1]míng
xiézòu 协奏[協-] ATTR. <music> concerted; accompanied
xiézòuqǔ 协奏曲[協-] N. <mus.> concerto M: [2]shǒu
xiēzuǐ 歇嘴 V.O. stop talking; shut up
xièzuì* 谢罪 V.O. apologize for an offense
xièzuìqǐngyòu 谢罪请宥 F.E. acknowledge a fault and beg for forgiveness
xièzūn 亵尊[褻-] V. <wr.> condescend; deign to
xiēzuò 歇坐 V. take a brief rest after three rounds of drink
xiézuò 协作[協-] N. cooperation; coordination
xiězuò* 写作[寫-] N./V. writing
xiězuò bānzi 写作班子[寫-] N. writing group M: ge/tào
xiézuò jiàoxué 协作教学[協-] N. team teaching
xiězuò jìqiǎo 写作技巧[寫-] N. writing technique
xiézuòqū 协作区[協-區] P.W. coordinated regions
xiězuòxué 写作学[寫-] N. <lg.> creative writing
xīfǎ 西法 N. Western method
xīfā 晞发[-髮] V.O. <wr.> loosen the hair in order to dry it
xǐfà 洗发[-髮] V.O. shampoo ♦N. hairdressing
xìfà 细发[-髮] S.V. fine; smooth
xìfǎ(r)* 戏法(儿)[戲-] N. magic; trick
xǐfàfěn 洗发粉[-髮-] N. shampoo powder M: [1]bāo
xǐfàgāo 洗发膏[-髮-] N. shampoo paste M: píng
xǐfàjì 洗发剂[-髮劑] N. shampoo M: píng
xīfàjiǎn 稀发剪[-髮-] N. thinning shears M: [1]bǎ
xīfàn* 稀饭 N. watery rice gruel; porridge; congee M: wǎn
xífān 席帆 N. matsail
xīfāng* 西方 P.W. ① the west ② the West; the Occident ③ <Budd.> Western Paradise ♦N. Double Surname
xīfáng 西房 P.W. ① room on the west side of a house ② house on the west side of a square compound
xǐfáng 喜房 P.W. ① bridal chamber ② private room temporarily given over to the delivery of a baby
xìfǎng 细纺 N. finespinning
xīfāng guójiā 西方国家[--國-] P.W. Western countries
Xīfāng Jílè Shìjiè 西方极乐世界[--極樂--] P.W. <Budd.> Western Paradise; heaven
xīfāng jìngtǔ 西方净土[--淨-] N. ① heavenly paradise ② <Budd.> the happy/Pure Land in the west
xīfāngrén 西方人 N. Westerner
xīfānlián 西番莲 N. <bot.> ① passion flower ② dahlia
xīfǎnshè 膝反射 N. knee jerk; knee reflex
xǐfàshuǐ 洗发水[-髮-] N. liquid shampoo M: píng
xǐfà xiāngbō 洗发香波[-髮--] N. shampoo M: píng
xīfēi 西鲱 N. sprat; shad
Xīfēi* 西非 P.W. West Africa
xīfèi 矽肺 N. <med.> silicosis
xífēi 习非[習-] V.P. <wr.> learn sth. wrong
xífēichéngshì 习非成是[習-] F.E. through habit accept wrong as right
[1]**xīfèn** 息忿 V.O. <wr.> calm down; cool off
[2]**xīfèn** 稀粪[-糞] N. loose stool
xìfēn 细分 N. partition; division
xìfěn* 细粉 N. bean threads; vermicelli
xìfèn(r) 戏份(儿)[戲-] N. <trad.> actors' share of receipts
[1]**xīfēng*** 西风 N. west/westerly wind
[2]**xīfēng** 吸风 N. induced draft
[3]**xīfēng** 熄风 N. <Ch. med.> relieve dizziness, high fever, etc.
xífēng 袭封 V.P. <trad.> receive hereditary rank
xǐfēng(r) 喜封(儿) N. <trad.> money given by a family celebrating a happy event
[1]**xìfèng** 细缝 N. narrow opening
[2]**xìfèng** 隙缝 N. crack; chink; crevice
xífēng bójué 袭封伯爵 V.O. <wr.> inherit an earldom
xìfēngbǔyǐng 系风捕影[係-] F.E. make groundless accusations
xīfēngcánzhào 西风残照[--殘-] F.E. a setting sun in the west wind
xīfēngdài 西风带[-帶] N. westerlies
xīfēngdōngjiàn 西风东渐 F.E. <wr.> the spread of Western influences to the East
xífēngfùhòu 席丰履厚[-豐--] F.E. ① live a life of luxury ② be very well off
XīFèngjiǔ 西凤酒[-鳳-] N. a famous hard liquor distilled in Fengxiang County, Shaanxi
xífēnglǚhòu 席丰履厚[-豐--] F.E. coddle oneself
xīfēngluòyè 西风落叶[-葉] F.E. autumn west wind and fallen leaves
xīfēngxiāosè 西风萧瑟[--蕭-] F.E. the moaning of the west wind
xīfēngyǐnlù 吸风饮露 F.E. endure the hardship of traveling/fieldwork
xī fēnyīn 惜分阴[-陰] V.O. <wr.> be careful not to waste even a moment; harness one's time
[1]**xīfú** 西服 N. Western-style clothes M: [2]jiàn/tào
[2]**xīfú** 惜福 V.O. be moderate in enjoyment of good fortune
[3]**xīfú** 锡福 V.O. <wr.> bestow happiness; bless
xīfù 吸附 N. <chem.> adsorption
xífú 习服[習-] N. acclimatization
xífù* 媳妇[-婦] N. ① daughter-in-law ② wife of sb. of a younger generation *sūn*~ grandson's wife ③ maidservant M: ge/[1]míng
xìfù 系缚[繫-] V. <wr.> fetter; fasten; tie
xīfúdiàn 西服店 P.W. store making/selling Western-style clothing M: [1]jiā
xīfǔ hǎitáng 西府海棠 N. <bot.> midget crabapple
xīfùjì 吸附剂[-劑] N. adsorbent
Xīfújíníyà 西弗吉尼亚[-亞] P.W. West Virginia
xīfúliào 西服料 N. materials for western-style clothes
xífur 媳妇儿[-婦-] N. <topo.> ① wife ② young married woman M: ge/[1]míng
xīgài 膝盖[-蓋] N. knee
xīgàigǔ 膝盖骨[-蓋-] N. kneecap
xīgān 吸干[-乾] R.V. suck dry
xīgāng 矽钢[-鋼] N. silicon steel
xī gāngē 息干戈 V. <wr.> end hostilities; stop fighting
xīgāngpiàn 矽钢片[-鋼-] N. silicon-steel slabs
xígāo 隰皋 N. <liv.> wet low ground for pasturage
xìgāo* 细高 S.V. thin and tall
xìgāotiāo(r) 细高挑(儿) N. <topo.> tall, slender figure/person
xǐgē 喜歌 N. song congratulating sb.'s happy event M: [2]shǒu
xīgēn 吸根 N. <bot.> sucker
xìgēng nóngyè 细耕农业[-農業] N. intensive farming
xīgōng* 西宫[-宮] P.W. <trad.> ① residence of an imperial concubine ② imperial concubine
Xīgòng 西贡 P.W. Saigon
[1]**xǐgōng** 铣工 N. ① milling (work) ② miller; milling machine operator M: ge/[1]míng/[2]wèi
[2]**xǐgōng** 喜功 V.O. be ambitious for achievements
xìgōng 细工 N. fine workmanship
xīgōng niángniang 西宫娘娘[-宮--] N. <trad.> imperial concubine
xìgǒu 细狗 N. greyhound
xǐgòuqiúbān 洗垢求瘢 F.E. look for faults
[1]**xīgǔ** 溪谷 N. ① gully ② vale
[2]**xīgǔ** 析骨 V.O. <wr.> break apart a skeleton
[3]**xīgǔ** 谿谷 N. <wr.> valley
Xīgǔ 矽谷 P.W. <comp.> Silicon Valley
xìgù* 细故 N. trivial matter; trifle
xīguā* 西瓜 N. watermelon M: ge/[2]zhī/[2]kuài
xǐguā 洗刮 V. wash and scrape
xìguà 系挂[繫-] V. <wr.> be concerned about; have many worries
xīguān 西关[-關] P.W. the west pass
xīguǎn(r) 吸管(儿) N. ① pipette ② straw
xīguàn 锡罐 N. can; tin; tin can M: ge/[2]zhī
xíguàn* 习惯[習-] N. habit; custom M: [1]zhǒng ♦V. be accustomed/used to
xǐguàn 徙贯 V.O. <wr.> move one's residence
xígù'ānchǎng 袭故安常 F.E. contented with old ways and loath to change
xíguàn chéng zìrán 习惯成自然[習-] F.E. ① Habit becomes second nature. ② Habit makes things natural.
xíguànfǎ 习惯法[習-] N. common/customary law
xīguāng 曦光 N. <wr.> morning sunlight
xíguànhuà 习惯化[習-] N. habituation
xīguānjié 膝关节[-關節] N. knee joint
xíguànxìng 习惯性[習-] N. inertia ♦ATTR. habitual
xíguàn yòngfǎ 习惯用法[習-] N. traditional use
xíguànyǔ 习惯语[習-] N. idiom
xìguǎnzi 戏馆子[戲-] P.W. theater M: [1]jiā/[4]zuò
xíguàn zuòfǎ 习惯做法[習-] N. prevailing practice
xīguāpí 西瓜皮 N. watermelon skin/rind M: [2]kuài
xīgua rángzi 西瓜瓤子 N. <coll.> pulp of a watermelon
xīguashuǐ 西瓜水 N. ① watermelon juice ② <slang> blood from a severed head
xīguāzǐ(r) 西瓜子(儿) N. watermelon seed M: [3]lì/[1]kē
xīguī 蠵龟[-龜] N. loggerhead turtle
xīguì* 希贵 S.V. rare and precious
xīguīfēntǔ 析圭分土 F.E. <wr.> divide land and confer it on feudal princes
xīgǔmǐ 西谷米[-穀-] N. <bot.> sago
xǐguǒ 喜果 N. ① sweets presented to friends/etc. at a wedding ② eggs colored red and shared with friends one month after the birth of a child
xīguǒyè'é 吸果夜蛾 N. fruit-piercing moth
xīgǔ yēzi 西谷椰子[-穀--] N. <bot.> sago palms
xīhái* 析骸 V.O. <wr.> break apart a skeleton
xīhǎi 醯醢 N. <wr.> pickled mincemeat
xīhǎi'àn 西海岸 P.W. west coast
xīhǎitún 嬉海豚 N. porpoise
xǐ hǎizǎo 洗海澡 V.O. bathe in the sea
xīhan* 希/稀罕 S.V. rare; scarce; uncommon ♦V. ① value as a rarity; cherish ② care; value ♦N. rarity
xīhàn 锡焊 N. soldering

Xī Hàn 西汉[-漢] N. Western Han dynasty (206 B.C.-A.D. 8)

xīhanwù(r) 希罕物(儿) N. rarity M: [2]jiàn

xīhào 息耗 N. <wr.> news (esp. reports of sickness or battle)

xíhào 习好[習-] N. long-term habit; addiction

xǐhào* 喜好 V. like; love; be fond of

xīhe(r)* 嘻/嬉和(儿) V. <coll.> ①smile genially and speak tactfully ② please with affable looks and soft words

[1]**xīhé** 溪河 N. small streams M: [1]tiáo

[2]**xīhé** 熙和 V.P. ① <wr.> happy and harmonious ② warm

[3]**xīhé** 翕合 V. <wr.> join/put together

[1]**xīhè** 谿壑 N. <wr.> ① voracious cupidity ② unsatiable appetite

[2]**xīhè** 翕赫 V.P. <wr.> vigorous; thriving

xīhé dàgǔ 西河大鼓 N. a variety of *dagu* popular in Hebei and Henan provinces

xīhézhītòng 西河之痛 N. <wr.> condolence for a friend on losing a son

xīhèzhīxīn 谿壑之心 N. insatiable desire/greed

xīhóngshì 西红柿 N. tomato M: ge/[2]zhī

xīhu 惜乎 INTJ. <wr.> What a pity!

xīhū 翕忽 V.P. <wr.> swift; agile; nimble

xīhú 锡壶[-壺] N. tin pot M: [1]bǎ

Xī Hú* 西湖 P.W. West Lake (in Hangzhou)

xìhú 潟湖 N. <wr.> lagoon

xīhuā 夕花 N. <bot.> nocturnal flower

[1]**xīhuà*** 西化 N. Westernization ♦V. Westernize

[2]**xīhuà** 西画[-畫] N. western painting M: [10]fú

xìhuā 系花 N. department beauty queen

xīhuái* 膝踝 N. knee and ankle

xìhuái 系怀[繫懷] V. <wr.> be worried/concerned

xǐhuan 喜欢[-歡] V. ① like; love; be fond of ② be happy/elated/delighted ***Jiēdào nǐ de láixìn wǒ hǎobù ~.*** I was extremely delighted to hear from you.

[1]**xīhuáng*** 悕惶 V.P. <wr.> ① vexed; troubled ② frightened; worried

[2]**xīhuáng** 栖遑[棲-] V.P. <wr.> uneasy; anxious ♦ADV. in a hurry; hastily

XīHuáng 羲黄 N. <hist.> the legendary rulers Fu Xi and Huang Di

Xīhuángshàngrén 羲皇上人 N. <hist.> people who lived before the legendary ruler Fu Xi; the "noble savage"

xīhuī 夕晖 N. radiance from the setting sun

xīhuīqì 吸灰器 N. vacuum cleaner M: [1]jià/[1]tái

xīhúlàn 稀糊/胡烂[-爛] V.P. ① completely mashed/smashed/destroyed ② extremely hard-pressed

xīhúlu 西葫芦[-蘆] N. <bot.> pumpkin; summer squash

xīhuǒ 熄火 V.O. ① put out a fire ② be dead; die (of an engine)

[1]**xīhuò** 稀货 N. hard-to-find goods

[2]**xīhuò** 息祸[-禍] V.O. <wr.> bring disasters to an end

[3]**xīhuò** 翕霍 ADV. <wr.> open and close alternately

xìhuó(r)* 细活(儿) N. skilled work

xìhuǒ(r) 细火(儿) N. <topo.> slow/low fire; gentle heat

xìhuò 系获[繫獲] V. <wr.> capture

xīhuǒqì 熄火器 N. fire extinguisher M: [1]jià/[1]tái

xīhuǒshān 息火山 N. dormant volcano M: [4]zuò

xīhūqìr 吸呼气儿[--氣-] N. breath

Xī Hú quányú 西湖全鱼 N. poached whole fish with sweet-and-sour sauce

xījí 西极[-極] N. <trad.> the remote regions in the west

[1]**xījì** 希冀 V. <wr.> hope/wish for

[2]**xījì** 息迹[-跡] V.O. live in retirement

[1]**xíjī*** 袭击[-擊] V. make a surprise attack ♦N. surprise attack; raid

[2]**xíjī** 席箕 N. <wr.> hay as feed for horses

xíjì 袭迹[-跡] V.O. <wr.> follow suit; follow in the footsteps of predecessors

xǐjì 洗剂[-劑] N. lotion; wash

xījiā 西家 N. family help/helpers

xījiǎ 犀甲 N. <trad.> armor made of rhinoceros hide

xǐjiǎ 洗甲 V.O. <wr.> end hostilities; have a truce

xìjiā* 戏家[戲-] N. drama/opera actor/actress

xījiǎlìbīng 犀甲利兵 F.E. well-equipped and -prepared army

[1]**xījiān** 西间 P.W. room on the west side of a house

[2]**xījiān** 息肩 V.O. ① stop ② rest and recuperate ③ <wr.> lay down one's burdens

[1]**xījiàn** 膝腱 N. patellar tendon

[2]**xījiàn** 溪涧 N. mountain stream

xíjiān* 席间 ADV. in the course of a banquet

xíjiàn 习见[習-] V.P. commonly seen

xǐjiǎn 洗碱[-鹼] V.O. desalinize soil

xījiàn fǎnshè 膝腱反射 N. <phys.> patellar reflex; knee jerk

xījiang 锡匠 N. tinsmith M: ge/[1]míng

xījiāng 西疆 N. western border

xījiàng 醯酱[-醬] N. pickled condiment

xìjiǎng* 细讲[-講] V. state in detail

xǐjiànyúmiàn 喜见于面[--於-] F.E. a face lit up with pleasure

xī jiāo 息交 V. <wr.> have no intercourse with the world

xījiǎo 犀角 N. ① rhinoceros horn ② bone of the forehead

xǐjiǎo* 洗脚[-腳] V.O. wash one's feet

xǐjiào 喜轿[-轎] N. bridal sedan chair M: [1]jià/[4]zuò

xǐjiǎochí 洗脚池[-腳-] N. footbath

xījiāojuéyóu 息交绝游[--絕-] F.E. shut oneself in and cut oneself off from social life; go into seclusion

xìjiáomànyàn 细嚼慢咽 F.E. ① chew carefully and swallow slowly ② chew food well before swallowing

xǐjiǎopén 洗脚盆[-腳-] N. foot basin M: ge/[2]zhī

xījiāoyān 吸胶烟[-膠煙] N. glue-sniffing

xījiē 悉皆 ADV. <wr.> altogether; entirely; without exception

xījiè 息借 V. take out a loan

xǐjié 洗劫 V. loot; sack

xìjié* 细节[-節] N. details; particulars

xǐjiéyīkōng 洗劫一空 F.E. robbed of everything one had

xījīn 息金 N. <com.> interest M: [2]bǐ

Xījīn 锡金 P.W. Sikkim

xījìn 西进[-進] V. <mil.> march westward

Xī Jìn* 西晋[-晉] N. Western Jin dynasty (265–316)

xìjǐn 细谨 V.P. <art> detailed and cautious (style of painting)

xījīng 西经[-經] N. west longitude ♦V. go through or pass a certain place to the west

Xījīng 西京 N. <trad.> the Western Capital

[1]**xījìng*** 蹊径[-徑] N. <wr.> ① path; way ② shortcut M: [1]tiáo

[2]**xījìng** 西境 N. western border

[3]**xījìng** 西净[-淨] N. <Budd.> the western lavatory (of a monastery)

xǐjìng 洗净[-淨] V. ① wash clean ② wash up

xìjīnglì 细晶粒 N. fine grain

xījīngpiàn 矽晶片 N. <phy.> silicon chip

xǐjìnr 喜劲儿[-勁-] N. happiness; joyfulness

xījiǔ 昔酒 N. <wr.> old/vintage wine

xǐjiǔ* 喜酒 N. ① liquor drunk at a wedding feast ② wedding feast M: bēi

xìjiū 细究 V. delve deeply

xǐjiǔqián 喜酒钱[-錢] N. money sent as a wedding gift M: [2]bǐ

xījū 析居 V. <wr.> ① live separately (of family members) ② divide the family property

xījù 西距 N. westing

Xījù 锡剧[-劇] N. Wuxi opera M: [1]chū

xǐjū 徙居 V. change domicile

xǐjù 喜剧[-劇] N. comedy M: [1]chū

xìjū 隙驹 ID. <wr.> How time flies!

[1]**xìjù*** 戏剧[戲劇] N. drama; play; theater

[2]**xìjù** 戏具[戲-] N. <thea.> stage properties M: tào

xíjuǎn 席卷 V. ①take away everything ②sweep across; engulf ♦V.P. pack one's bags

xíjuǎn'érqù 席卷而去 F.E. make a clean sweep and flee

xíjuǎn'értáo 席卷而逃 F.E. flee with all the booty

xíjuǎn quánqiú 席卷全球 V.O. sweep across the globe

xíjuǎn tiānxià 席卷天下 V.O. <wr.> ① conquer the world ② carry the world before one

xíjuǎnyīkōng 席卷一空 F.E. abscond with everything

xìjù biāndǎo 戏剧编导[戲劇-導] N. <thea.> playwright-director M: ge/[1]míng/[2]wèi

xíjué 袭爵 V.O. <trad.> receive hereditary rank

xìjù fānyì 戏剧翻译[戲劇-譯] N. <lg.> drama translation

xìjùhuà 戏剧化[戲劇-] V. dramatize; playact; theatricalize ♦S.V. dramatic; theatrical

xìjùjiā 戏剧家[戲劇-] N. dramatist; playwright M: ge/[1]míng/[2]wèi

xìjùjiè 戏剧界[戲劇-] N. theatrical circles

[1]**xìjūn** 细菌 N. germ; bacterium

[2]**xìjūn** 细君 N. <topo.> one's wife

xǐjū nèidì 徙居内地 V.O. move inland (to the less developed areas of China)

xìjūn féiliào 细菌肥料 N. bacterium fertilizer

xìjūn nóngyào 细菌农药[-農藥] N. bacterial pesticide

xìjūnxué 细菌学 N. bacteriology

xìjūnzhàn 细菌战[-戰] N. bacteriological/germ warfare M: [3]cháng

xǐjùpiàn 喜剧片[-劇-] N. comedy film M: [2]bù

xìjùshì fǎnyǔ 戏剧式反语[戲劇-] N. <lg.> dramatic irony

xìjù shíyàn xuéxiào 戏剧实验学校[戲劇實-] P.W. experimental drama school M: [1]jiā/[1]suǒ

xìjùtuán 戏剧团[戲劇團] N. <thea.> dramatic troupe

xìjùxìng 戏剧性[戲劇-] N. dramatic nature ***Zhè jiàn shìr fùyǒu ~.*** This is a very dramatic event.

xǐjù yǎnyuán 喜剧演员[-劇--] N. comedian M: ge/[1]míng/[2]wèi

xīkǎ 谿卡 N. <hist.> plantation belonging to an official, slaveowner, or temple in Tibet

xīkān 奚堪 V.P. <wr.> How can we bear?!

xìkān 系刊 N. department journal M: běn/[2]qī/[1]fèn

xìkàn* 细看 V. ① scan carefully ② examine in detail

Xìkǎo 戏考[戲-] N. <thea.> ① *A Study of Ch. Drama (book)* ② collections of Beijing opera

xīkē 膝磕 N. kneecap

xīkě 奚可 V.P. <wr.> How can?

[1]**xīkè*** 稀客 N. rare visitor M: ge/[1]míng/[2]wèi

[2]**xīkè** 谿刻 V.P. <wr.> scathing; mean (of criticism)

xīkǒu 西口 P.W. gates in the western sections of the Great Wall

xīkuǎn 息款 N. <com.> interest

xīkuàng 锡矿[-礦] N. tin ore/mine M: [4]zuò

xīkūntǐ 西昆体[-體] N. <thea.> a style of Chinese poetry

xīla 锡鑞 N. <topo.> ① tin solder; soldering tin ② tin ③ pewter

Xīlà* 希腊[-臘] P.W. Greece

Xīlà cíyǔ 希腊词语[-臘--] N. <lg.> Hellenism

xīlāhú 稀拉胡[-鬍] N. <topo.> ① a goat's beard ② a wispy beard

Xīlàhuà 希腊化[-臘-] V. Hellenize

xīlài 锡赉 V. <wr.> award; bestow; bless

xílái* 袭来 V. attack/onslaught toward oneself

xīláirǎngwǎng 熙来攘往 F.E. ①bustle ②swarm (of crowds)

Xīlà Jiàohuì 希腊教会[-臘--] N. Greek Orthodox Church; Orthodox Eastern Church

xīlālā 稀拉拉 R.F. <coll.> thin; sparse

Xīlán 锡兰[-蘭] P.W. <geog.> Ceylon (former name of Sri Lanka)

xīlàn* 稀烂[-爛] V.P. ① completely mashed; pulpy ② smashed to pieces; broken to bits

xīlǎng 稀朗 S.V. scattered, bright, and clear (of torches/stars)
xīlàngyíngyíng 喜浪盈盈 F.E. jumping for joy
xīlǎoliánpín 惜老怜贫[--憐-] F.E. cherish the old and care for the poor
Xīlàyǔ 希腊语[-臘--] N. Greek language
Xīlà Zhèngjiào 希腊正教[-臘--] N. Greek Orthodox Church; Orthodox Eastern Church
Xīlà zìmǔ 希腊字母[-臘--] N. Greek alphabet
xǐlè* 喜乐[-樂] S.V. happy ♦N. joy; gladness; great pleasure
xìlè 戏乐[戲樂] V. play and amuse
xǐlèi* 嬉泪[-淚] N. <wr.> tears of joy
xìlěi 系累[係-] N. encumbrance ♦V. <wr.> ① tie up; take into custody ② burden ③ implicate; involve
xīléngléng 稀棱棱 R.F. thin; sparse
xīlí 析离[-離] N. isolation
[1]**xīlì** 犀利 S.V. sharp; incisive; trenchant
[2]**xīlì** 吸力 N. ① suction ② attraction ③ <phy.> gravitation
[3]**xīlì** 惜力 V.O. be sparing of one's energy; not do one's best
[4]**xīlì** 淅沥[-瀝] ON. ① sound of rain ② sound of falling leaves in the wind
[5]**xīlì** 悉力 V.O. spare no effort
[6]**xīlì** 西历[-曆] N. western/Gregorian calendar
xǐlǐ* 洗礼[-禮] N. ① <rel.> baptism ② severe test
xìlì 细粒 N. fine/pulverized stuff
xīlián 惜怜[-憐] V. be tender and considerate towards sb.
xǐlián 喜联[-聯] N. couplet used at a wedding
xǐliǎn* 洗脸 V.O. wash face
xǐliàn 洗练/炼[-練/煉] S.V. terse; succinct; polished
xìliàn 系恋[繫戀] V. ① be reluctant to leave (a place) ② be inextricably in love with
Xīliáng 西凉[-涼] N. one of the 16 tribal states during the Jin dynasty (265–316)
xìliáng* 细粮[-糧] N. wheat-flour and rice
xīliàngguǎn 吸量管 N. pipette
xìliáng zuòwù 细粮作物[-糧--] N. fine grain crop
xǐliǎnjì 洗脸剂[-劑] N. cleansing lotion for the face
xǐliǎn miànjīn 洗脸面巾 N. washcloth; washrag M: [2]kuài
xǐliǎnpén(r) 洗脸盆(儿) N. washbasin; washbowl M: ge/[2]zhī
xǐliǎn shǒujīn 洗脸手巾 N. washcloth M: [2]kuài
xǐliǎn shǒujīnjià 洗脸手巾架 N. towel rack
xǐliǎnshuǐ 洗脸水 N. water (in a basin) for washing
xīliào 稀料 N. solvent; diluent
xīliáobēi 吸疗杯[-療-] N. cupping glass
[1]**xìliè** 系列 N. series; set
[2]**xìliè** 细裂 N. minute cracks; crackle
xìliè chǎnpǐn 系列产品[--產-] N. series/line of products M: tào
xìliè dòngcí jiégòu 系列动词结构[--動--構] N. <lg.> serial verb construction
xìlièhào 系列号[-號] N. serial number
xìlièhuà 系列化 V. serialize
xìlièjù 系列剧[-劇] N. serialized play
xìlièpiàn 系列片 N. ① serialized movie ② film series M: [2]bù
Xīlǐ'ěr zìmǔ 西里尔字母 N. <loan> Cyrillic alphabet
xīlièshāng 膝捩伤[-傷] N. sprained knee
xìlièwén cíqì 细裂纹瓷器 N. crackleware
xìliè xuéxífǎ 系列学习法[---習-] N. <lg.> serial learning
xīlihuālā 稀/唏里哗啦[-裡嘩-] ON. rustling sound ♦R.F. ① in disorder ② completely smashed
xīlihuālang 西里哗啷[-裡嘩-] ON. sound of metal/wood struck against each other
xīlihulu 稀里胡芦[-裡-蘆] R.F. muddleheaded
xīlihūlū* 稀/唏里呼噜[-裡--] ON. the sound of snoring/slurring/etc.
xīlihútu 稀里糊涂[-塗] R.F. ① muddleheaded ② careless; casual; perfunctory
xīlimǎhu 稀里马虎 R.F. careless
xìlǐn 饩廪[餼廩] N. <trad.> grain allowances for salaried graduates
xìlíng 细绫 N. high-quality damask silk
Xīlíng Xiá 西陵峡[-峽] P.W. <geog.> one of the Three Gorges on the upper Yangtze
xǐlǐpán 洗礼盘[-禮盤] N. font; receptacle for holy water
xīliu 稀溜 S.V. <coll.> soft and mushy
xīliú* 溪流 N. brook; rivulet M: [2]dào
xíliú 习流[習-] N. <trad.> navy
xìliú 细流 N. trickle; small creek M: [2]dào ♦V. trickle
xīliūliū(r)* 稀溜溜(儿) R.F. very thin (of congee/soups)
xìliūliū(r) 细溜溜(儿) R.F. long and slender
xīliúsuān 稀硫酸 N. diluted sulfuric acid
xìlóu 戏楼[戲樓] N. <trad.> multi-story building for opera performances M: [4]zuò
xīlù 鼷鹿 N. <zoo.> chevrotain M: ge/[2]zhī
xìlǔ 舄/舃卤[-鹵] N. <wr.> saline-alkali soil
[1]**xìlù*** 戏路[戲-] N. actor's repertoire
[2]**xìlù** 细路 N. <topo.> narrow path
xīlǜ* 息率 N. fixed rate of interest; interest rate
xìlǚ 细缕[-縷] N. very fine thread/strand
xīluàn 稀乱[-亂] V.P. <coll.> in a mess/muddle
xīluànbāzāo 稀乱八糟[-亂--] F.E. <coll.> in a mess/muddle; at sixes and sevens
xìlù kuān 戏路宽[戲-寬] V.P. can portray a wide range of character types
xìlùn 细论 V. <wr.> discuss in detail; elaborate
[1]**xīluò** 奚落 V./N. ① satirize; ridicule ② abandon; treat coldly
[2]**xīluò** 稀落 S.V. sparse
xīluǒbíquè 西裸鼻雀 N. western tanager
xīluò yī fān 奚落一番 V.P. take a dig at sb
xìlù zhǎi 戏路窄[戲-] V.P. can portray only a narrow range of character types
xìlùzi 戏路子[戲-] N. the range of character types that an actor can portray
[1]**xìmǎ(r)** 戏码(儿)[戲-] N. <trad.> theatrical program
[2]**xìmǎ** 系马[繫-] V.O. tie up a horse *See also* [1]*jìmǎ*
xīmài 息脉[-脈] V. <Ch. med.> pulse beat
xǐmài 喜脉[-脈] N. <Ch. med.> the regular throbbing of the arteries that indicates pregnancy
xìmài* 细脉[-脈] N. <Ch. med.> thready pulse
xīmalār de 稀嘛拉儿的 V.P. <topo.> sparse; scant; thin
Xǐmǎlāyǎ Shān 喜马拉雅山 N. Himalayas
xímào 席帽 N. <wr.> straw hat
xìmáo* 细毛 N. fuzz; fine/thin/soft hair/fur
xǐmáojī 洗毛机 N. wool-washing machine M: [1]tái
xìmáoyáng 细毛羊 N. fine-wool sheep M: [2]zhī
xǐméi 洗煤 N./V.O. <min.> coal washing
xīměicǎodìliù 西美草地鹨 N. western meadowlark
xǐméichǎng 洗煤厂[-廠] P.W. coal washery; coal-cleaning plant M: [1]jiā
xīměigǒumù 西美狗木 N. large-flowered dogwood M: [2]kē
xīměilàméi 西美腊梅[--臘-] N. spicebush M: [2]kē
xǐméixiàoyǎn 喜眉笑眼 F.E. beam with joy
xīmén 西门 P.W. west gate in a city wall ♦N. double Surname
xìméngméng 细蒙蒙 R.F. drizzly
[1]**xīmǐ** 西米 N. <bot.> sago
[2]**xīmǐ** 淅米 V.O. <wr.> wash rice
xìmí 戏迷[戲-] N. theater fan M: ge/[1]míng/[2]wèi
xìmì* 细密 S.V. ① fine and closely woven; close ② meticulous; detailed ③ careful; cautious; circumspective
xīmiàn(r)* 西面(儿) P.W. west side
xímiàn 席面 N. ① banquet ② food presented at a banquet ③ the seat opposite the host
xǐmiàn 洗面 ATTR. facial cleansing
xǐmiàngāo 洗面膏 N. (facial) cleaning cream
xìmiáo 细描 V. give fine depictions of characters
[1]**xīmiè*** 熄灭[-滅] V. ① go/die out ② put out; extinguish
[2]**xīmiè** 息灭[-滅] V. extinguish; die out
xímiè 席篾 N. thin bamboo strips for mats
xīmièqì 熄灭器[-滅-] N. extinguisher M: [1]jià
xìmièr 细篾儿 N. <topo.> reed splints used in weaving mats
xìmīmī 细眯眯 R.F. narrow (of eyes)
xìmín 细民 N. <wr.> civilians; ordinary people
[1]**xīmìng** 惜命 V.O./S.V. value one's life
[2]**xīmìng** 锡命 N. <hist.> imperial edict ennobling princes
xīmìniǎo 吸蜜鸟 N. friarbird; honey eater M: [2]zhī
xīmì yīngwǔ 吸蜜鹦鹉 N. <zoo.> lory M: [2]zhī
xìmò 隙末 N. ephemeral friendship
xīmòqì 吸墨器 N. blotter M: ge/[2]zhī
xīmòrújīn 惜墨如金 F.E. write/paint sparingly
xīmòzhǐ 吸墨纸 N. blotting paper M: [1]zhāng
[1]**xīmù** 夕暮 N. nightfall
[2]**xīmù** 希慕 V. <wr.> long for; be desirous of
xǐmù 洗沐 V. wash; bathe
[1]**xìmù*** 细目 N. ① detailed catalogue ② specific item; detail
[2]**xìmù** 戏目[戲-] N. theatrical program
xìmùgōng 细木工 N. ① joinery; cabinetwork ② joiner; cabinetmaker; carpenter M: ge/[1]míng/[2]wèi
xìmùgōngyì 细木工艺[--藝] N. cabinetmaking
[1]**xīn*** 新 S.V. new; fresh; up-to-date ♦B.F. ① renew *fānxīn* ② newly married *xīnrén* ♦N. Xin dynasty (9–24 A.D.) ♦AB. *Xīnjiāng*
[2]**xīn** 心 N. ① heart ② mind; feeling ③ fifth of the twenty-eight constellations ♦B.F. center; core [1]*zhōngxīn*, [1]*héxīn*
[3]**xīn** 薪 B.F. ① <trad.> firewood; fuel *fǔdǐchōuxīn* ② salary *xīnshuǐ*, [1]*yuèxīn*
[4]**xīn** 芯 B.F. ① rush pith *dēngxīncǎo* ② lamp/candle wick *dēngxīn* ③ pencil lead *qiānbǐxīn* *See also* [5]*xìn*
[5]**xīn** 锌[鋅] N. zinc
[6]**xīn** 辛 B.F. ① hot in taste; pungent *xīnlà* ② bitter; acrid [2]*xīnwèi* ③ hardworking *xīnkǔ* ④ suffering [1]*xīnsuān* ♦N. ① 8th of the 10 Heavenly Stems ② Surname
[7]**xīn** 欣/忻/䜣[-/-/訢] B.F. happy; joyful *xīnshǎng*, [2]*huānxīn*
[8]**xīn** 昕 B.F. just before sunrise *xīnxīcónggōng*
[9]**xīn** 馨 B.F. pervasive fragrance [4]*xīnyì*, [2]*sùxīn*
[10]**xīn** 歆 B.F. admire [2]*xīnmù*, *xīnxiàn*
[11]**xīn** 炘 B.F. rising heat [4]*xīnxīn*
xín 寻[尋] *See* [1]*xún*
xǐn 伈 in *xǐnxǐn*
[1]**xìn** 信 N. letter; mail ♦V. believe; give credence to ♦B.F. ① message; word; information *xìnr*, *xìnxī* ② confidence; trust; faith *xìnyòng* ③ sign; evidence *xìnhào* ④ at will/random; without a plan *xìnkǒu*, *xìnbù* ⑤ true [2]*xìnshǐ* ⑥ fuse *xìnguǎn*, *yǐnxìn*
[2]**xìn** 衅[釁] B.F. ① <trad.> offer blood sacrifice; anoint with blood *xìngǔ* ② quarrel; dispute *tiǎoxìn*
[3]**xìn** 囟 B.F. fontanel *xìnmén*, *tóuxìnr*
[4]**xìn** 焮 B.F. ① burn *xìntiān* ② (skin) inflamed and swollen *xìnzhǒng*
[5]**xìn** 芯 B.F. wick; fuse; core *xìnzi* *See also* [4]*xīn*
xīnà 吸纳 V. take in; admit
xīn'ài 心爱[-愛] V. love; treasure
xīnǎiqì 吸奶器 N. <med.> breast pump
[1]**xīnán** 西南 P.W. ① southwest ② Southwest China; the Southwest
[2]**xīnán** 息男 N. <wr.> one's own son
xīn'ān 心安 V.P. have peace of mind; be carefree
xīnánbù 西南部 P.W. southwest (part)
xīnánfāng 西南方 P.W. southwest (direction)
Xīnán Fēi 西南非 P.W. <geog.> Southwest Africa
xīnánfēng 西南风 N. southwest/southwesterly wind
xīnánjiǎo 西南角 P.W. southwest corner
xīn'ānjífú 心安即福 F.E. Peace of mind is a blessing.

Xīnán Lián-Dà 西南联大[--聯-] AB. *Xīnán Liánhé Dàxué*
Xīnán Liánhé Dàxué 西南联合大学[--聯---] P.W. Southwest United University
xīn'ānlǐdé 心安理得 F.E. have an easy conscience
xīnánmiàn 西南面 P.W. southwest (direction)
xīn'ānshénxián 心安神闲 F.E. One's heart is at rest and one's spirit at ease.
xīnányí 西南夷 N. <*trad.*> general name of the tribes in Guizhou
xīnào 嬉/嘻闹[-鬧] V. frolic
xǐnǎo* 洗脑[-腦] N./V.O. brainwashing
Xīn'ào'ěrliáng 新奥尔良[-奧--] P.W. New Orleans
xīnbái 锌白 N. zinc white
[1]**xīnbǎn*** 新版 N. new edition
[2]**xīnbǎn** 芯板 N. core; veneer core
[3]**xīnbǎn** 心板/版 N. ① core; core band; veneer core ② mind [1]*yìn zài A ~ shàng* be impressed on A's mind
[4]**xīnbǎn** 锌版/板 N. zinc plate; sheet zinc
xīnbàn 新办[-辦] ATTR. ① newly established ② newly published
xīnbàng 心棒 N. axle
xīnbànmó 心瓣膜 N. cardiac valve; valves of the heart
xīnbāo 心包 N. <*bio.*> pericardium
xìnbǐ 信笔[-筆] F.E. write freely/aimlessly
xīnbiān* 新编 N. newly compiled; new version ♦ATTR. newly organized
xīnbiàn 忻/欣忭 V.P. <*wr.*> great joy; overjoyed
xìnbiāo 信标[-標] N. <*elec.*> beacon
xìnbiāodēng 信标灯[-標燈] N. beacon light
[1]**xīnbīng*** 新兵 N. new recruit M: *ge/*[1]*míng/*[2]*wèi*
[2]**xīnbīng** 新冰 N. young ice; fresh ice
xīnbìng(r) 心病(儿) N. ① worry; anxiety ② sore point; secret trouble ③ mental disorder ④ <*med.*> heart disease
xīnbīng bàodàozhàn 新兵报到站[--報--] P.W. military reception center/station; recruiting depot
xīnbìng háiděi xīnyào zhì 心病还得心药治[--還--藥-] ID. The cure of a broken heart is to have heartening news.
xìnbǐniānlái 信笔拈来[-筆--] F.E. write freely/spontaneously
xīnbǐtiāngāo 心比天高 V.P. very ambitious
xìnbǐtúyā 信笔涂鸦[-筆塗-] F.E. write carelessly
xìnbǐzhíshū 信笔直书[-筆-書] F.E. write freely as fancy dictates
xīnbō 心波 N. <*Budd.*> the activity of the mind
xīnbó* 心搏 N. <*bio.*> heartbeat
xīnbódòng 心搏动[-動] N. heartbeat
xīnbólǜ 心搏律 N. <*phys.*> heart rate
xīnbó tíngzhǐ 心搏停止 V.P. heart failure; cardiac arrest
xìnbù 信步 V. stroll aimlessly
xìnbude 信不得 R.V. not be creditable
xìnbùguò 信不过 R.V. mistrust ♦S.V. incredible
xìnbují 信不及 R.V. lack credibility
xìnbulái 信不来 R.V. lack credibility
xìnbùláidào 信步来到 F.E. come to a place in aimless wandering
xīnbùrújiù 新不如旧[-舊] F.E. The new is not so good as the old
xīnbùtāshi 心不踏实[-實] F.E. <*coll.*> uneasy; upset
xìnbùxiánduó 信步闲踱 F.E. walk about aimlessly
xīnbùyóuzhǔ 心不由主 F.E. ① cannot help ② lose mental control
xīnbùzàiyān 心不在焉 F.E. absent-minded; inattentive
[1]**xīncái** 心裁 N. idea; conception; mental plan
[2]**xīncái** 心材 N. heartwood
xīncáichǎng 薪材场[-場] P.W. firewood yard M: [4]*zuò*
xīnchá* 新茶 N. newly picked and processed tea leaves M: *hé/*[1]*bāo*
xìnchā 信插 N. mail slot
xīnchái 薪柴 N. firewood
xìnchāi* 信差 N. <*trad.*> ① messenger ② postman; mailman M: *ge/*[1]*míng/*[2]*wèi*
xīncháng(r)* 心肠(儿)[-腸-] N. ① heart ② intention ③ <*topo.*> state of mind; mood *Wǒ xiànzài méiyǒu ~ qù kàn diànyǐng.* I'm not in the mood to go see a movie. ④ affection
xìnchàng 衅鬯[釁-] N. fragrant wine for anointing a dead body
xīn Chángzhēng 新长征 N. the new Long March
xīn Chángzhēng tūjīshǒu 新长征突击手[----擊-] N. <*pol.*> shock worker of the new Long March (i.e., modernization) M: *ge/*[1]*míng/*[2]*wèi*
xīnchǎnpǐn 新产品[-產-] N. new product M: [2]*jiàn/*[1]*zhǒng*
xīn chǎnyè gémìng 新产业革命[-產業--] N. new industrial revolution
[1]**xīncháo** 新潮 N. ① new tide ② fashion
[2]**xīncháo** 心潮 N. tidal surge of emotion
xīncháogǔnfān 心潮滚翻[--滾-] F.E. One's heart is in a turmoil.
xīncháoliú 新潮流 N. new trend
xīncháopài 新潮派 N. avant-garde school
xīncháopéngpài 心潮澎湃 F.E. feel an upsurge of emotion; be filled with (deep) emotion
xīncháoqǐfú 心潮起伏 F.E. tidal surge of emotions
xìnchén 信臣 N. ① emissary ② emperor's favorite courtier M: *ge/*[1]*míng/*[2]*wèi*
xīnchéndàixiè 新陈代谢 N. <*bio.*> metabolism ♦F.E. the new superseding the old
[1]**xīnchéng** 心诚 S.V. sincere
[2]**xīnchéng** 新城 P.W. new city
[3]**xīnchéng** 心程 F.E. <*coll.*> mood; feeling
xīnchéngshénjìng 心澄神净[-淨] F.E. have a pure spirit/heart
xīnchéngyuán 新成员 N. newcomer M: *ge/*[1]*míng/*[2]*wèi*
xīnchéngzélíng 心诚则灵[-靈] F.E. work only when one believes in it sincerely
xīnchíshénwǎng 心驰神往 F.E. ① feel excited ② have a deep longing for
[1]**xīnchóu*** 薪酬 N. salary
[2]**xīnchóu** 新愁 N. fresh sorrows
xīnchǒu 辛丑 N. 38th year of the Sexagenary Cycle (1901, 1961, 2021 etc.)
xīnchòu 辛臭 S.V. acrid and stinking
xīnchóujiùhèn 新仇旧恨[--舊-] F.E. new hatreds piled on old ones
Xīnchǒu Tiáoyuē 辛丑条约[--條-] N. 1901 Treaty ending the Boxer war
xīnchǔ 辛楚 V.P. sad; sorrowful
[1]**xīnchuán** 心传[-傳] V. pass on personal teachings to pupils ♦N. ① doctrine/theory passed on from generation to generation ② the secret of teaching
[2]**xīnchuán** 薪传[-傳] V. pass down from teacher to pupil
xīnchuāng 心窗 N. window into one's heart
xīnchuàng* 新创[-創] ATTR. newly devised/started/founded
xīnchuàngcí 新创词[-創-] N. coined word; neologism
xīnchūlú 新出炉[-爐] ATTR. ① freshly baked ② newly produced/manufactured
xīnchūn 新春 N. beginning of Spring
xīnchūnhèsuì 新春贺岁[-歲] F.E. wish sb. a happy New Year on New Year's Day
xīnchūshǒur 新出手儿 N. <*coll.*> new hand; inexperienced person
xīnchūtǔ 新出土 ATTR. newly unearthed (of historical objects/relics)
[1]**xīncí** 新词 N. new word; neologism
[2]**xīncí** 心慈 V.P. softhearted; kind; kindhearted
xīncí de chuàngzào 新词的创造[---創-] N. <*lg.*> coinage
xīncímiànruǎn 心慈面软 F.E. kindhearted and obliging
xīncíshǒulà 心慈手辣 F.E. have a hand of iron but a heart of gold
xīncíshǒuruǎn 心慈手软 F.E. softhearted
xīncíyǔ 新词语 N. <*lg.*> neologism
xìncóng 信从[-從] V. ① trust and comply with ② obey (God/etc.) ③ listen to
xīncū 心粗 V.P. careless; thoughtless
xīncūn 新村 P.W. new residential quarter M: [4]*zuò*
xīncúnjiǎoxìng 心存侥幸[--僥-] F.E. leave things to luck
xīncúnjièdì 心存芥蒂 F.E. nurse a grievance
xīncúnwèiquè 心存魏阙 F.E. undying loyalty to one's own country while living in a strange land
xīncūqìfú 心粗气浮[--氣-] F.E. ① hotheaded; thoughtless and impetuous ② not sober and cool-headed
xīndài 欣戴 V. support (a leader/cause/etc.)
xìndài* 信贷 N. credit
xìndài'é 信贷额 N. credit volume
xìndài édù 信贷额度 N. line of credit; credit limit
xìndài xiàn'é 信贷限额 N. credit limit/line
xìndài yèwù 信贷业务[-業務] N. ① credit operations ② credit line
Xīn Dàlù 新大陆[-陸] P.W. the New World; the Americas
xīndǎn 心胆[-膽] N. ① will and courage; guts ② heart and gallbladder
xīndàng 心荡[-蕩] V.P. ① beat furiously (of the heart) ② be passionately taken with sth.
xīndàngshénchí 心荡神驰[-蕩--] F.E. be infatuated with
xīndǎnjùliè 心胆俱裂[-膽--] F.E. be terror-stricken
[1]**xīndào*** 新到 V. have just arrived
[2]**xīndào** 心到 N. sincerity of heart
xìndào 信道 N. <*lg.*> channel
xīn dāpèi 新搭配 N. <*lg.*> new collocation
xīndé 心得 N. what one has learned from work/study/etc.
xìndeguò 信得过 R.V. ① trust; have faith in ② be trustworthy/dependable
xìndejí 信得及 R.V. ① trust ② be trustworthy
xìndelái 信得来 R.V. ① trust ② be trustworthy
Xīndélǐ 新德里 P.W. New Delhi
xīndēng 心灯[-燈] N. <*Budd.*> intelligence
Xìndéyǔ 信德语 N. Sindhi language
xīn de zìtǐ 新的字体[-體] N. <*lg.*> new character
xīndǐ 心底 N. ① the bottom of one's heart ② <*topo.*> intention
xīndì* 心地 N. character; moral nature
xìndǐ(r/zi) 信底(儿/子) N. ① draft of a letter ② scratch paper
xīndiàn* 新店 P.W. newly opened store M: [1]*jiā* *See also Xīndiàn*
Xīndiàn 新店 N. a town near Táiběi *See also xīndiàn*
xīndiàngǎnyìng 心电感应[-電-應] N. telepathy
xīndiànmiáojìqì 心电描计器[-電---] N. <*med.*> electrocardiograph M: [1]*jià/*[1]*tái*
xīndiàntú 心电图[-電圖] N. <*med.*> electrocardiogram M: [1]*zhāng*
Xīndiàn Wénhuà 辛店文化 N. <*archeo.*> Xindian/Hsintien Culture
xìndié 信牒 N. certificate of appointment/deputation
xīndìguāngmíng 心地光明 F.E. always open and aboveboard
xīndíjiā 辛迪加 N. <*loan/econ.*> syndicate
xīndì shànliáng 心地善良 V.P. good-natured; kind-hearted
xīndì xiázhǎi 心地狭窄[--狹-] V.P. be narrow-minded
xīndòng 心动[-動] N. heartbeat ♦V.P. be aroused
xīndòng tíngzhǐ 心动停止[-動--] V.P. cardiac arrest
xīndú 心毒 V.P. wicked; vicious; malignant
xìndù* 信度 N. <*lg.*> reliability
xìnduān 衅端[釁-] N. <*wr.*> cause for a quarrel/dispute
xín duǎnjiàn 寻短见[尋-] *See xún duǎnjiàn*

xīndúkǒulà 心毒口辣 F.E. be vicious and sharp-tongued

xīnduō 心多 V.P. over-suspicious

xīndúshǒulà 心毒手辣 F.E. callous and cruel; vicious and ruthless

xīnèifān 膝内翻 N. bowleg

xìnèn 细嫩 S.V. ① delicate; tender ② fair (of the skin)

xīn'ér* 心儿 N. heart

xīn'ěr 心耳 N. <*phys.*> auricle (of the heart); auricular appendage

xìn'éryǒuzhēng 信而有征[-徵] F.E. reliable and borne out by evidence

xìn'éryǒuzhèng* 信而有证[-證] F.E. reliable and borne out by evidence

[1]**xīnfǎ(r)** 新法(儿) N. ①new law ②new method

[2]**xīnfǎ** 心法 N. <*Budd.*> ① teaching without scriptures - (through persuasion and meeting of minds) ② teaching by sharing the tutor's thoughts with his pupils

xīnfāmíng 新发明[-發-] N. new invention

xīnfán* 心烦 V.P. be vexed/perturbed

xìnfān 信幡 N. ① banner bearing the title of a commander ② banner of a Buddhist

[1]**xīnfáng*** 心房 P.W. ① <*med.*> atrium ② soul; mind

[2]**xīnfáng** 新房 P.W. ① bridal chamber ② new house M: [1]*jiān*

xìnfǎng 信访 N. complaint letter/visit; petition letter

xìnfǎngbàn 信访办[-辦] N. ①complaints office ②offices set up by the Party and government at various levels to handle letters from and visits of the masses

xìnfǎng bùmén 信访部门 P.W. departments set up by the Party and government at various levels to handle letters from and visits of the masses

xìnfǎng gōngzuò 信访工作 N. work of an ombudsman

xīnfáng kuòdà 心房扩大[--擴-] V.P. <*med.*> dilation of heart

xīnfáng xiānchàn 心房纤颤[--纖-] N. <*med.*> atrial fibrillation

xīnfánjìyǎng 心烦技痒[-癢] F.E. itch to exercise one's skill

xīnfányìluàn 心烦意乱[-亂] F.E. ① be terribly upset ② be confused and worried

[1]**xīnfēi*** 心扉 N. ① way of thinking ② the door of one's heart

[2]**xīnfēi** 心非 F.E. What one thinks is different (from what one says).

xīnféi 锌肥 N. zinc fertilizer

xīn-fèi 心肺 ATTR. heart-lung; cardiopulmonary

xīn-fèijī 心肺机 N. heart-lung machine M: [1]*tái*

xīnfěn 锌粉 N. zinc powder

xīnfēng 新风 N. new trend

xīnféng 欣逢 V. be happy to meet sb. or be present at (an event/occasion/etc.)

xīnfèng 薪俸 N. salary

[1]**xìnfēng(r)*** 信封(儿) N. envelope

[2]**xìnfēng** 信风 N. <*met.*> trade wind

xìnfèng 信奉 V. believe in

xīnféngjiājié 欣逢佳节[-節] F.E. on the happy occasion of the festival

xīnfēngmào 新风貌 N. new appearance

[1]**xīnfú** 心服 V.P. be genuinely convinced

[2]**xīnfú** 心浮 V.P. be flighty and impatient; be unstable

[1]**xīnfù** 心腹 N. ① faith; loyalty ② trusted subordinate ③ <*med.*> chest and abdomen ④ <*mil.*> strategic position ♦ATTR. confidential

[2]**xīnfù** 新妇[-婦] N. bride M: *ge/*[1]*míng/*[2]*wèi*

xìnfú* 信服 V. completely accept; be convinced

xīnfùdàhuàn 心腹大患 F.E. be a mortal malady

xīnfùhuà 心腹话 N. private words spoken only between best friends

xīnfúkǒufú 心服口服 F.E. be sincerely convinced

xīnfù péngyou 心腹朋友 N. a bosom friend M: *ge/*[1]*míng/*[2]*wèi*

xīnfúqìzào 心浮气躁[--氣-] F.E. be flighty and impetuous; be unsettled and short-tempered

xīnfùrén 心腹人 N. a confidant; one's most trusted follower/friends/etc. M: *ge/*[1]*míng/*[2]*wèi*

xīnfùshì 心腹事 N. secret deep in the heart

xīnfùzhīhuàn 心腹之患 N. hidden trouble/danger

xīnfùzhījiāo 心腹之交 N. a bosom friend

xìnfúzhōngwài 信孚中外 F.E. have the confidence both of foreigners and of one's own people

[1]**xīng** 星 N. ①star ②heavenly body ③bit; particle ④ weight marks on a steelyard ⑤ twenty-fifth of the twenty-eight constellations

[2]**xīng** 兴[興] V. ① prosper; rise; prevail; become popular ② start; begin ③ encourage; promote ④ <*wr.*> get up; rise ⑤ <*topo.*> permit; allow ♦ADV. maybe; perhaps ***See also*** [5]*xìng*

[3]**xīng** 腥 S.V. fishy smell ♦B.F. raw meat; meat/fish [1]*hūnxīng*

[4]**xīng** 惺 B.F. ① intelligent [2]*xīngxīng* ② awake; aware [1]*xīngsōng*

[5]**xīng** 猩 B.F. orangutan; gorilla [2]*xīngxing*

[6]**xīng** 骍[騂] B.F. the reddish color of some horses, cows, etc. [3]*xīngxīng*

[7]**xīng** 箵 in [2]*língxīng*

[1]**xíng** 行 S.V. ① all right; acceptable ② capable; competent ♦B.F. ① go; walk *zìxíngchē*, [2]*bùxíng* ② travel [1]*lǚxíng* ③ be current; prevail; circulate [1]*liúxíng* ④ do; perform; carry out; engage in [1]*shíxíng* ⑤ temporary; makeshift *xínggōng* ⑥ <*wr.*> soon *xíngjiāng* ⑦ behavior; conduct *xíngwéi* ⑧ running script [1]*xíngshū* ***See also*** [1]*háng*, [3]*hàng*, *heng*

[2]**xíng** 形 B.F. ①form; shape [1]*xíngzhuàng* ②body; entity; contour *xíngtǐ* ③ appear; look; image [1]*xíngxiàng* ④ compare; contrast [1]*xiāngxíng*

[3]**xíng** 型 B.F. ① mold *móxíng* ② model; pattern; type [1]*xīnxíng*, [1]*dàxíng*, *xuèxíng*

[4]**xíng** 刑 B.F. ① punishment; sentence *pànxíng*, [2]*túxíng* ② <*trad.*> torture; corporal punishment [1]*shòuxíng*

[5]**xíng** 饧[餳] S.V. drowsy ♦V. become soft; sticky (of dough/candy/etc.) ♦B.F. malt treacle; sweet foods *zhōuxíng* ***See also*** [1]*táng*

[6]**xíng** 陉[陘] B.F. break in a mountain ridge [2]*xiǎoxíng*

Xíng 邢 N. Surname ♦in *Xíngyáo*

[1]**xǐng** 醒 V. ① wake up; be awake ② sober up; come to ♦B.F. ① be clear in mind *qīngxǐng* ② be striking to the eye [1]*xǐngmù* ③ realize; understand; wake up to reality; become aware of *xǐngwù*

[2]**xǐng** 擤 V. blow one's nose

[3]**xǐng** 省 B.F. ① be introspective *fǎnxǐng* ② be conscious/aware ③ visit (parents/superiors) *xǐngqīn* ***See also*** [1]*shěng*

[1]**xìng*** 性 B.F. ① nature; character; disposition *gèxìng*, [1]*xìngzi* ② property; quality [1]*xìngzhì* ③ sex/gender *xìngbié* ④ <*lg.*> grammatical class; part of speech; fender [2]*cíxìng*, *yīnxìng*, *yángxìng* ♦SUF. -ty; -ness; -ism; -ity *kěnéng*~ possibility

[2]**xìng** 姓 N./V. surname; family/clan name

[3]**xìng(r)** 杏(儿)[-(兒)] N. apricot ♦B.F. almond *xìngrén*

[4]**xìng** 幸/倖 B.F. ① luck; good fortune *xìngyùn*, *xìngfú* ② fortunately; luckily *xìngkuī* ③ <*wr.*> favor [2]*déxìng* ④ <*wr.*> come; arrive (of an emperor) *xúnxìng* ⑤ <*wr.*> hope; trust *xìngwùtuīquè* ♦N. Surname

[5]**xìng** 兴[興] B.F. mood/desire to do sth.; interest; excitement *xìngqù*, *gāoxìng* ***See also*** [2]*xīng*

[6]**xìng** 悻 B.F. anger *xìngrán*, [1]*nǎoxìng*

[7]**xìng** 荇 in *xìngcài*

xìng'ài 性爱[-愛] N. passion; sexual love

xìng'ài gémìng 性爱革命[-愛--] N. sexual revolution

[1]**xīngān(r)*** 心肝(儿) N. ①darling ②conscience ③character; energy; guts ④sincerity; cordiality

[2]**xīngān** 心甘 S.V. willing

xīngǎn 心感 N. feeling (in mind/heart)

xíng'àn 刑案 N. criminal case M: [2]*jiàn*

xīngān bǎobèi 心肝宝贝[--寶-] N. a sweetheart

xīngānqíngyuàn 心甘情愿[-願] F.E. be perfectly happy to

xīngān(r)ròu 心肝(儿)肉 N. <*coll.*> darling; sweetheart

xīngānshèzhǔyì 新干涉主义[-義] N. new interventionism

xīngānyìyuàn 心甘意愿[-願] F.E. wholeheartedly consent

xīngāo 心高 V.P. proud

xìngǎo* 信稿 N. draft of a letter M: [1]*fèn*

xīngāoqì'ào 心高气傲[--氣-] F.E. ambitious and proud; proud and arrogant

xīngāoqìshèng 心高气盛[--氣-] F.E. ambitious and proud

xīngāozhìdà 心高志大 F.E. have high ambitions

xíng bǎi lǐ zhě bàn jiǔshí 行百里者半九十 F.E. The last bit of a task is the hardest to complete.

xīngbàn* 兴办[興辦] V. initiate; set up

[1]**xíngbǎn** 型板 N. <*mach.*> template; templet

[2]**xíngbǎn** 行板 N. <*mus.*> andante; slow movement

[3]**xíngbǎn** 型版 N. stenciling

xīngbāng 兴邦[興-] V.O. rejuvenate a country

xìngbànlǚ 性伴侣[-侶] N. sex partner

xíngbǎn pēnshuā 型版喷刷 N. stenciling

xīngbào 星爆 N. star burst

xìngbào* 性暴 V.P. hot-tempered; irascible

xīngbēn 星奔 V. travel by night

xìngběnnéng 性本能 N. Eros; sexual instinct

xìngběnshàn 性本善 F.E. the theory of Mencius that men are born good

xíngbì 行痹 N. <*Ch. med.*> migratory pains caused by wind heteropathy

[1]**xíngbiàn** 形变[-變] N. <*phy.*> deformation ♦V. <*lg.*> transform

[2]**xíngbiàn** 形便 N. advantages offered by terrain

xìngbiàntài 性变态[-變態] N. sex perversion

xīngbiāo* 星标[-標] N. <*print.*> asterisk

xīngbiǎo 星表 N. <*astr.*> star catalogue

xìngbiǎoxiàn 性表现 N. expression of sexuality

xíngbié 型别 N. model; type

xìngbié* 性别 N. sexual distinction; sex; gender

xìngbiébǐ 性别比 N. gender ratio

xìngbié bù biàn 性别不辨 N. unisex

xìngbié hónggōu 性别鸿沟[-溝] N. gender gap

xìngbié qíshì 性别歧视 N. sexism; sexual discrimination

xìngbié qíshì yǔyán 性别歧视语言 N. sexist language

xìngbié yǐngxiǎng yíchuán 性别影响遗传[---響-傳] N. sex-influenced inheritance

xìngbiézhǔyì 性别主义[-義] N. sexism

xìngbié zuòyòng 性别作用 N. sexual role

xíngbìguǒ 行必果 V.P. be resolute in deed

xìngbǐlì 性比例 N. sex ratio

xìngbǐlǜ 性比率 N. sex ratio

xīngbīng 兴兵[興-] V.O. send an army; start war

xìngbìng* 性病 N. venereal disease (VD)

xīngbīngdòngwǔ 兴兵动武[興-動-] F.E. start hostilities

xīngbīngtǎofá 兴兵讨伐[興-] F.E. send a punitive expedition against

xīngbīngwènzuì 兴兵问罪[興-] F.E. send a punitive expedition against

xǐng bíti 擤鼻涕 V.O. blow one's nose

xǐng bízi 擤鼻子 V.O. blow one's nose

xíngbō 行波 N. <*radio/elec.*> traveling/moving/progressing wave

xíngbōluó 行波螺 N. helix

xīngbōzuòlàng 兴波作浪[興-] F.E. stir up troubles

xīngbǔ 星卜 N. astrology and divination

Xíngbù* 刑部 P.W. <*hist.*> Ministry of Punishments

xíngbude 行不得 R.V. be unpractical

xíngbùgùyán 行不顾言[--顧] F.E. not practice what one preaches

xīngbukāi 兴不开[興-開] R.V. can't become popular (of clothing/etc.); can't be widely accepted

xíngbukāi* 行不开[-開] R.V. can't be carried out (of a policy/etc.)

xīngbùqǐlai 兴不起来[興-] R.V. be unable to rise or become popular

xíngbuqù 行不去 F.E. <topo.> It won't do. Impossible.

xíng bù shàng dàfū 刑不上大夫 N. High officials are exempt from the penalties prescribed by the law.

xíngbù shàngshū 刑部尚书[-書] N. <trad.> minister of punishments

xíngbù shìláng 刑部侍郎 N. <trad.> assistant minister of ministry of punishments

xíngbutōng 行不通 R.V. won't do/work; get nowhere

xíngbuxíng 行不行 V.P. Will it do? Is it all right?

xíngbùyóujìng 行不由径[-徑] F.E. follow proper rules

xíngcái 型材 N. material type

xìngcài* 荇菜 N. banana-plant; *Nyphoides peltatum*

xīngcǎi lánbǎoshí 星彩蓝宝石[--藍寶-] N. star sapphire M: [1]kē/[3]lì

xíngcáng 行藏 N. <wr.> conduct

xìngcánshànyí 性残善疑[-殘--] F.E. be suspicious and cruel

xíngcǎo 行草 N. running/cursive hand (in calligraphy)

xǐngchá 省察 V. introspect (for mistakes /etc.); examine oneself critically

xīngchǎng 星场[-場] N. star field

xíngcháng 形常 ADV. ordinary; usual; common

xíngchǎng* 刑场[-場] P.W. execution ground M: [4]zuò

xíngchē 行车 V.O. drive a vehicle ♦N. movement of vehicles *See also hángchē*

xíngchēbiǎo 行车表 N. schedule of a bus/train/etc. M: [1]zhāng

xíngchē lǐchéng 行车里程 N. mileage; distance traveled by a vehicle

xīngchén* 星辰 N. stars

xíngchén 刑臣 N. eunuch

xìngchén 幸臣 N. court favorite

[1]**xíngchéng** 形成 R.V. take shape; form ♦N. formation

[2]**xíngchéng** 行程 N. ① route/distance of travel; itinerary ② <mach.> stroke; throw; travel ♦V. start out (on a journey)

[3]**xíngchéng** 行成 V.P. hold peace talks; obtain peace

xíngchéngcéng 形成层[-層] N. <bot.> cambium

xíngchéng fēngqì 形成风气[-氣] V.P. become a common practice

xìngchéngshóuqī 性成熟期 N. sexual maturation

xìngchéngshú 性成熟 N. sexual maturity

xíngchéngxíng pínggū 形成型评估 N. <lg.> formative evaluation

xíngchéng yīnjié de zìyīn 形成音节的字音[---節---] N. <lg.> syllabic consonant

xíngchéngyúsī 行成于思[--於-] F.E. success depends on forethought

xíngchē shíjiān 行车时间[--時-] N. time on the road (of a train/etc.)

xíngchē shíjiānbiǎo 行车时间表[--時--] N. train schedule/timetable M: [1]zhāng

xíngchētú 行车图[-圖] N. road map M: [1]zhāng

xíngchē zhízhào 行车执照[--執-] N. driver's/driving license M: [1]zhāng/[1]fèn

xīngchí 星驰 V. hurry off on a journey ♦N. urgent nighttime trip

xīngchóng 星虫[-蟲] N. <zoo.> siphon worm M: ge/[2]zhī

xìngchōngchōng 兴冲冲[興沖沖] ADV. animatedly

xìngchōngdòng 性冲动[-衝動] N. sexual drive; sex impulse

xīngchòu 腥臭 N. stench

xíngchǒuxīnshàn 形丑心善[-醜--] F.E. have a rough appearance but a good heart

xíngchuán 行船 V.O. sail a boat; navigate ♦N. passing of boats

xíngchuáng 行床 N. ① camp bed ② stretcher

xìngchuàngshāng 性创伤[-創傷] N. sexual trauma

xīngchún 猩唇 N. ① red lips ② ape's lips

xíngcí 型词 N. <lg.> type-word

xíngcì* 行刺 V. assassinate

xìngcōngcōng 兴匆匆[興-] R.F. excitedly

xìngcuīcán 性摧残[-殘] N. carnal abuse

xìngcún 幸存 V. survive by good luck

xìngcúnzhě 幸存者 N. ① survivor ② survival M: ge/[1]míng/[2]wèi

xíngcuò 刑措 V. shelve/discard punishments (because the people abide by the laws)

xíng dàlǐ 行大礼[-禮] V.O. pay the highest respect by kowtowing

xíngdānyǐngzhī 形单影只[-隻] F.E. extremely lonely; solitary

Xīngdǎo* 星岛[-島] P.W. Singapore

xíngdào 行道 V.O. ① practice what one has learned ② preach one's beliefs ③ <Budd.> follow Buddha's way ④ circle around Buddha's statue *See also hángdao*

xìngdàodé 性道德 N. sexual morality; morality

xíng dào hé zhōng bù huàn mǎ 行到河中不换马[-----換-] ID. Never swap horses in midstream.

xíngdàoshù 行道树[-樹] N. trees that line a street M: [2]kē/[1]pái

xīngdé 腥德 N. evil conduct; debauchery; dissipated ways

xìngdé* 幸得 V.P. ① fortunately; thanks to. . . ② obtain by chance

xíng de chūnfēng yǒu xiàyǔ 行得春风有夏雨 ID. Do unto others as you would have them do unto you.

xíngdekāi 行得开[-開] R.V. can be carried out; be applicable

xīngděng* 星等 N. <astr.> stellar magnitude

xíngdēng 行灯[-燈] N. portable lamp

xīngdeqǐlai 兴得起来[興-] R.V. be able to rise or become popular

xíngdetōng 行得通 R.V. will work

xìngdì 性地 N. one's natural quality of mind and character

xīngdiǎn(r) 星点(儿)[-點-] N. a tiny bit *Tā méiyǒu ~ jiàzi.* He doesn't at all put on airs.

xíngdiǎn* 刑典 N. criminal/penal code

xìngdiānkuángzhèng 性癫狂症 N. fetishism

xíngdòng 行动[-動] N. ① action; operation ② conduct; behavior ♦V. ① move/get about *Ta ~ hěn kuài.* He gets about quickly. ② act; take action

xíngdòngcí 形动词[-動-] N. <lg.> participle

xíngdòng diànhuà 行动电话[-動電-] N. cellular telephone M: [2]bù

xíngdòng dòngcí 行动动词[-動動-] N. <lg.> activity/action verb

xíngdòng fāng'àn 行动方案[-動--] N. action scheme

xíngdòng fāngzhēn 行动方针[-動--] N. course of action

xíngdòng gānglǐng 行动纲领[-動綱-] N. program of action

xìngdòngjī 性动机[-動-] N. sex drive

xíngdòng qǐlai 行动起来[-動--] R.V. go into action

xíngdòng shèngyú kōnghuà 行动胜于空话[-動勝於--] F.E. Actions speak louder than words.

xíngdòng yīzhì 行动一致[-動--] V.P. act in concert

xíngdòngzìrú 行动自如[-動--] F.E. move freely or without impediment

xíngdòng zìyóu 行动自由[-動--] N. freedom of movement

xíngdòngzuòwò 行动坐卧[-動-臥] F.E. <coll.> actions; daily movements

xīngdǒu 星斗 N. stars

xīngdǔ 星赌 V. gamble with loaded dice

xíngdū* 行都 P.W. temporary capital

xǐngdǔnr 醒盹儿 V.O. <topo.> wake up from a nap

Xīngdūsītǎnyǔ 兴都斯坦语[興-] N. Hindustani language

xīngē* 新歌 N. new song M: [2]shǒu/[4]zhī

xìngē 信鸽 N. carrier/homing pigeon M: [2]zhī

xìng'è 性恶[-惡] N. the theory advocated by Xunzi that men are born evil

xīngēn(r) 心根(儿) N. secret in one's heart

xīngēngtǔ 新耕土 N. freshly plowed soil

xìng'ér 幸而 V.P. luckily; fortunately

xíng'érbùguǒ 行而不果 F.E. be undecided on one's course of action

xíng'érshàng 形而上 ATTR. metaphysical; noumenal; abstract; immaterial; meta-

xíng'érshàngxué 形而上学 N. <phil.> metaphysics

xíng'érshàng yǔyán 形而上语言 N. <lg.> metalanguage

xíng'érshàng yǔyánxué 形而上语言学 N. <lg.> metalinguistics

xíng'érxià 形而下 ATTR. physical; phenomenal

xīngfā 星发[-發] V. start out by night

xíngfa 刑法 N. corporal punishment; torture *See also xíngfǎ*

[1]**xíngfá** 刑罚 N. penalty; punishment

[2]**xíngfá** 行罚 V. carry out punishment

xíngfǎ* 刑法 N. penal code; criminal law *See also xíngfa*

xìngfā 性发[-發] V. get mad

[1]**xíngfàn** 行贩 N. itinerant peddler M: ge/[1]míng/[2]wèi

[2]**xíngfàn** 型范[-範] N. model; pattern

xìngfǎncháng 性反常 N. sexual perversion

[1]**xíngfáng** 刑房 N. <trad.> officials in charge of case files ♦P.W. ① torture room ② department of criminal prosecution

[2]**xíngfáng** 行房 V.O. have sexual intercourse with one's spouse

xíng fāngbian 行方便 V.O. make things convenient (for sb.); be accommodating

xíngfāngbùmíng 行方不明 F.E. whereabouts unknown

xìngfànlàn 性泛滥[-濫] N. sexploitation

xìngfànzuì 性犯罪 N. sexual offense

xíngfáxué 刑罚学 N. penology

xíngfǎxué* 刑法学 N. criminal jurisprudence

xīng-fèi 兴废[興廢] V. <wr.> rise and fall

xīngfèicúnwáng 兴废存亡[興廢-] F.E. restore what has been abolished

xīngfèn* 兴奋[興奮] S.V. excited ♦N. <bio.> excitation

xìngfèn 性分 N. one's temperament/personality

xīngfèndiǎn 兴奋点[興奮點] N. <phys.> focus of excitation

xīngfēngxuèyǔ 腥风血雨 F.E. carnage; reign of terror

xīngfēngzuòlàng 兴风作浪[興-] F.E. stir up trouble

xīngfènjì 兴奋剂[興奮劑] N. stimulant

xīngfènruòkuáng 兴奋若狂[興奮-] F.E. be crazy with excitement

xīngfènxìng 兴奋性[興奮-] N. excitability; irritability

xīngfù 兴复[興復] V. revive; restore

xíngfú 形符 N. ①pictogram; pictograph ② <lg.> signifier ♦ATTR. radical

xìngfú* 幸福 N. happiness ♦S.V. happy

xìngfǔ 杏脯 N. preserved/candied apricot *See also xìngpú*

xìngfùbùqiǎn 兴复不浅[興復-淺] F.E. deep and continuous interest

xìngfú xiǎosūbǐng 幸福小酥饼 N. fortune cookie

xíngfú xìtǒng 形符系统 N. <lg.> pictogram system

xìngfúyuàn 幸福院 P.W. welfare home set up by the state or collectively for childless old people
xìngfúzhǔyì 幸福主义[-義] N. eudaemonism
xìnggǎn 性感 N. ① sex appeal; sexuality ② eroticism ♦S.V. sexy
xìnggǎndài 性感带[-帶] N. <*psy.*> erogenous zones
xínggāng 型钢[-鋼] N. fashioned iron; structural steel
xìnggānghàodòu 性刚好斗[-剛-鬥] F.E. be obstinate and pugnacious
xìnggāngshìjiǔ 性刚嗜酒[-剛--] F.E. be flinty and given to drink
xìnggǎn míngxīng 性感明星 N. sexpots; sexy stars M: *ge*/[1]*míng*/[2]*wèi*
xìnggānr 杏干儿[-乾-] dried apricot slices
xìnggāocǎiliè 兴高采烈[興-] F.E. in high spirits; jubilant
xìnggāocháo 性高潮 N. orgasm; climax
xīnggē 星哥 <*coll.*> N. a male star
xīnggé 兴革[興-] V. <*wr.*> reform; renovate
xìnggé(r)* 性格(儿) N. nature; disposition; temperament
xìnggé bùhé 性格不合 V.P. incompatibility of temperament
xìnggé fēnxi 性格分析 N. character analysis
xìnggé kāilǎng 性格开朗[--開-] V.P. have a bright and cheerful disposition
xìnggé kèhuà 性格刻画[-畫] N. personification
xìnggémìng 性革命 N. sexual revolution
xìnggēn 性根 N. <*Budd.*> one's inborn character
xínggéshìjìn 形格势禁[--勢-] F.E. have one's hands tied
xìnggé zhàng'ài 性格障碍[-礙] N. character disorder
xīnggōng 兴工[興-] V.O. start construction
xínggōng* 行宫[-宮] P.W. abode of an emperor on tour
xínggòuhuà 形构化[-構-] N. <*lg.*> formalize
xínggòuhuà de jiàshì 形构化的架式[-構----] N. <*lg.*> formalized schema
xínggǔ 行贾 N. <*wr.*> itinerant trader; traveling businessman ♦V.O. go to other provinces to do business
xíngguǎn 行馆 P.W. temporary dwelling place of a high official M: [4]*zuò*
xīngguāng 星光 N. starlight
xīngguāngcànlàn 星光灿烂[-燦爛] F.E. ① star-studded gathering ② The stars in the sky are shining/bright. ③ be spangled with stars
xīngguāngdiǎndiǎn 星光点点[-點點] F.E. sparkling stars in the sky
xìngguānxi 性关系[-關係] N. sexual intercourse/relationships
xīngguó* 兴国[興國] V.O. rejuvenate a country
xíngguó 行国[-國] N. nomadic tribe
xīngguó'ānbāng 兴国安邦[興國-] F.E. rejuvenate and stabilize a country
xíngguòyúyán 行过于言[--於-] F.E. be better than one's words
xínghái 形骸 N. <*wr.*> human body/skeleton
Xīnghàn 星汉[-漢] N. <*wr.*> ① Milky Way ② the stars
xìnghán* 性寒 V.P. cold in nature; cold-natured
xīnghào 星号[-號] N. asterisk (*)
xínghǎo(r) 行好(儿) V.O. be merciful/charitable; do charitable deeds
xínghào 型号[-號] N. model; type
xìnghǎo* 幸好 F.E. fortunately; luckily
Xīnghé 星河 N. Milky Way
xínghéfǎ 形合法 N. <*lg.*> hypotaxis
xīnghēisuìbìng 腥黑穗病 N. <*agr.*> bunt; stinking smut
xìnghér 杏核儿 N. apricot stone *See also xìnghúr*
xínghéshì 形合式 N. <*lg.*> hypotaxis
xīnghóng(sè)* 猩红(色) N. ①scarlet ②cinnabar
xìnghóng 杏红 N. yellowish/apricot pink
xīnghóngrè 猩红热[-熱] N. <*med.*> scarlet fever
xìnghóngsè 杏红色 N. yellowish red
xínghuà 行化 V. ① be gradually absorbed by the body ② be digested
xìnghuā* 杏花 N. apricot flower
xìnghuāchūnyǔ 杏花春雨 F.E. apricot blossoms and spring rain
xìnghuācūn 杏花村 N. rustic springtime scenery
xìnghuáng(sè) 杏黄(色) N. apricot color
xìnghuār 杏花儿 N. apricot blossom/flower
[1]**xīnghuí** 兴回[興-] V. <*coll.*> rally; come back
[2]**xīnghuí** 星回 F.E. A year has elapsed.
xīnghuì 腥秽[-穢] V.P. smelly and dirty
xínghuì* 行贿 V.O. bribe
xǐnghuì 省会 V. ①instruct; exhort ②understand; know *See also shěnghuì*
[1]**xìnghuì** 幸会 F.E. <*pol.*> Very pleased to meet you.
[2]**xìnghuì** 兴会[興-] N. a sudden flash of inspiration; brain wave
xìnghuìlínlí 兴会淋漓[興-灕] F.E. showing much interest and enthusiasm
xìnghuìlù 性贿赂 N. sexual favor as a form of bribery
xínghuìshòuhuì 行贿受贿 F.E. give or receive bribes; offer and take bribes
xínghuìshòuhuìzuì 行贿受贿罪 N. the offense of bribery
xīnghuǒ* 星火 N. ① spark ② shooting star; meteor ③ very urgent matter
xínghuò 行货 V.O. transport merchandise *See also hánghuò*
xǐnghuò 醒豁 V.P. be clear/explicit
xìnghuò 幸获[-獲] V. obtain by luck
xìnghuódòng 性活动[-動] N. sexuality
xīnghuǒliáoyuán 星火燎原 F.E. A single spark can start a prairie fire.
xìnghúr 杏核儿 N. apricot stone *See also xìnghér*
xīngjì 星际[-際] ATTR. interplanetary; interstellar
xíngjī 形击[-擊] V. simultaneously portray and criticize
xíngjí 形级 N. form class
[1]**xíngjì*** 行迹[-跡] N. trace; mark; track
[2]**xíngjì** 形迹[-跡] N. ① person's bearing and demeanor ② formality ③ trace; vestige
xìngjí 性急 V.P. impatient; short-tempered
xīngjiā 星家 N. astrologer
xīngjiālìyè 兴家立业[興-業] F.E. bring prosperity to one's family and establish personal credentials
xīngjiàn* 兴建[興-] V. build; construct
xíngjiān 行奸 V.O. commit adultery
xíngjiǎn 行检 N. <*wr.*> ① code of conduct ② self-control
xíngjiāng 行将[-將] V.P. <*wr.*> about to; on the verge of
xíngjiānggàoqìng 行将告罄[-將--] F.E. run short
xíngjiāngjiùdào 行将就道[-將--] F.E. be about to set out on a journey
xíngjiāngjiùmù 行将就木[-將--] F.E. be near death
xíngjiāngjiùxù 行将就绪[-將--] F.E. about to be in order; about to be ready
xíngjiāngwángōng 行将完工[-將--] F.E. The project will soon be completed.
xíngjiǎo 行脚[-腳] V. travel far and wide (of a monk)
xìngjiāo* 性交 N./V. have sex
xíngjiǎosēng 行脚僧[-腳-] N. wandering monk M: *ge*/[1]*míng*/[2]*wèi*
xìngjiàoyù 性教育 N. sex education
xīngjiě 星姐 <*coll.*> N. a female star M: *ge*/[1]*míng*/[2]*wèi*
xíngjié* 行劫 V. commit robbery; rob; loot
xíngjiě 形解 N. postmortem; dismemberment of a body
xìngjiěfàng 性解放 N. <*loan*> sexual liberation
xīngjì hángxíng 星际航行[-際--] N. space flight/travel; interstellar travel
xīngjì hángxíngyuán 星际航行员[-際---] N. astronaut; cosmonaut M: *ge*/[1]*míng*/[2]*wèi*
xíngjìkěyí 形迹可疑[-跡--] F.E. suspicious-looking
xīngjì lǚxíng 星际旅行[-際--] N. interstellar/space travel
xíngjìn* 行进[-進] V. march forward; advance
xìngjìn 幸进[-進] V. <*wr.*> be promoted because of luck
xìngjìnbēilái 兴尽悲来[興盡-] F.E. After pleasure comes sadness.
[1]**xíngjīng** 行经[-經] V. go/pass by ♦V.O. menstruate
[2]**xíngjīng** 行旌 N. banner of a high-ranking official on an inspection trip
[1]**xíngjǐng*** 刑警 N. police handling criminal matters M: *ge*/[1]*míng*/[2]*wèi*
[2]**xíngjǐng(r)** 形景(儿) N. circumstances; general outlook/condition
xíngjìng 行径[-徑] N. ① action; move ② path; trail
xíngjǐngduì 刑警队[-隊] N. vice squad M: [4]*zhī*
xìngjìngqíngyì 性静情逸[-靜--] F.E. quiet and easy disposition
xìngjìnjì 性禁忌 N. sex taboo
xíngjìnjiān shèjī 行进间射击[-進--擊] N. <*mil.*> marching fire
xìngjīsù 性激素 N. <*bio.*> sex hormone
xíngjiǔ 行酒 V.O. <*wr.*> serve a round of liquor to the guests
xǐngjiǔ* 醒酒 V.O. sober up; dry out
xíng jiǔlìng 行酒令 V.O. play a drinker's forfeit game
xíngjìwúdìng 行迹无定[-跡--] F.E. wander about; lead a vagrant life
xīngjū 兴居[興-] N. one's daily life
[1]**xíngjù*** 刑具 N. instruments of torture M: [2]*jiàn*/*tào*
[2]**xíngjù** 行具 N. walking-stick doubling as a defense club
xǐngjué 醒觉[-覺] V. awake; wake
xǐngjuézhě 醒觉者[-覺-] N. awakener M: *ge*/[1]*míng*/[2]*wèi*
xíngjūn 行军 V.O. <*mil.*> ① march ② employ/deploy military force
xīngjūnàfú 兴居纳福[興-] F.E. May you keep in good health and be prosperous.
xíngjūn bùdù 行军步度 N. <*mil.*> marching pace
xíngjūnchuáng 行军床 N. camp bed/cot M: [1]*zhāng*
xíngjūnguō 行军锅[-鍋] N. field cauldron M: *ge*/[2]*zhī*/*kǒu*
xíngjūnhú 行军壶[-壺] N. canteen M: [2]*zhī*/[1]*bǎ*
xíngjūnnáng 行军囊 N. sleeping bag M: [2]*zhī*
xíngjūnzào 行军灶 N. field kitchen M: [4]*zuò*
xīngkāi 兴开[興開] V. become fashionable
xíngkǎi* 行楷 N. running-hand script (in calligraphy)
xīngkāile 兴开了[興開-] V.P. have become popular
xíngkè 行客 N. travelers
xíngkè bài zuòkè 行客拜坐客 F.E. It's up to newcomers to pay courtesy calls on the old-timers in town.
xìngkēxué 性科学 N. the science of sex; sexology
xīngkōng 星空 N. starlit/starry sky
xǐngkuáng 醒狂 N. wild and unrestrained person
xìngkuī 幸亏[-虧] ADV. fortunately; luckily
xǐnglái 醒来 R.V. wake up
xínglàngyìhái 形浪意骸 F.E. given to sensual pleasures
xìnglào 杏酪 N. almond milk
xíngle* 行了 V.P. that's all right; O.K.
xínglè 行乐[-樂] V.O. <*wr.*> seek amusement; make merry
[1]**xínglèi** 形类[-類] N. <*lg.*> form class
[2]**xínglèi** 型类[-類] N. type
xínglèibǐ 型类比[-類-] N. <*lg.*> type-token ratio
xínglèibiāo 形类标[-類標] N. <*lg.*> formative
xínglèicí 形类词[-類-] N. <*lg.*> form class word
xínglèjíshí 行乐及时[-樂-時] F.E. make merry while one can

X

xìnglěnggǎnxìng 性冷感性 ATTR. undersexed

xìnglěnggǎnzhèng 性冷感症 N. <med.> frigidity

xínglètú 行乐图[-樂圖] N. <art> life portrait M: [10]*fú*/[1]*zhāng*

xínglè xū jíshí 行乐须及时[-樂--時] F.E. Enjoy life before it's too late!

xīnglì 星历[-曆] N. sidereal calendar M: [1]*fèn*

xíngli* 行李 N. ① luggage; baggage M: [2]*jiàn* ② <trad.> traveler ③ messenger

xínglǐ 行礼[-禮] V.O. ① salute ② carry out a ceremony ③ present gifts

xìngliǎn 杏脸 N. almond-shaped face (of a beautiful woman)

xìngliáng 性凉[-涼] V.P. cool-natured; phlegmatic

xìngliǎnshēngchūn 杏脸生春 F.E. the happy face of a beautiful woman

xìngliánsuǒ 性连锁 N. sex-link; sex-linkage

xínglichē 行李车 N. ① baggage car ② luggage car M: [3]*liàng*

xīnglìchúbì 兴利除弊[興-] F.E. promote the beneficial, abolish the harmful

xīnglìchúhài 兴利除害[興-] F.E. bring good and remove evil

xínglidài 行李袋 N. traveling bag; duffel bag M: *ge*/[2]*zhī*

xìnglìdàn 杏力蛋 N. omelet

xīngliè 星列 ATTR. arrayed like stars

xíngliè* 行猎[-獵] V. <wr.> hunt

xìngliè 性烈 V.P. fiery-tempered; having a fiery disposition

xìnglièrúhuǒ 性烈如火 F.E. a passion like a fierce fire

xínglifáng 行李房 P.W. baggage-claim room M: [1]*jiān*

xínglijià 行李架 N. luggage/baggage rack

xíngli jìcúnchù 行李寄存处[-處] P.W. left-luggage office; check-room

xínglijuǎn(r) 行李卷(儿) N. bedroll; bedding pack

xìnglín 杏林 ID. the profession of Chinese medicine; the circle of doctors of Chinese medicine

xìnglínchūnmǎn 杏林春满 ID. in praise of high medical skill

xīnglíng 星灵[-靈] N. astral spirit

xínglìng* 行令 V.O. ① play drinking games ② issue orders

xìnglíng 性灵[-靈] N. ① <wr.> natural disposition and intelligence ② soul; personality

xínglipái 行李牌 N. baggage (claim) tag; luggage label M: [2]*kuài*

xínglipiào 行李票 N. baggage check; luggage voucher M: [1]*zhāng*

xíngli rènlǐngpái 行李认领牌[--認--] N. baggage check; claim check M: [2]*kuài*

xínglǐrúyí 行礼如仪[-禮-儀] F.E. perform acts of ceremony

xīngliú 星流 V. act quickly

xínglixiāng 行李箱 N. luggage/baggage trunk M: *ge*/[2]*zhī*

xìnglǐxué 性理学 N. philosophy of human reason and nature advocated by Song dynasty scholars

xīnglíyǔsàn 星离雨散[-離--] F.E. scattered like the stars

xīnglóng 兴隆[興-] S.V. prosperous; thriving

[1]**xínglù** 行路 V.O. ① walk ② go on a journey

[2]**xínglù** 刑戮 N. <wr.> punishment

[3]**xínglù** 型录[-錄] N. catalog of products

[4]**xínglù** 行露 N. exposure of a lady's chastity to danger

[1]**xínglǚ** 行旅 N. traveler; wayfarer

[2]**xínglǚ** 行侣[-侶] N. traveling companions

xínglǜ* 刑律 N. criminal law

xīngluóqíbù 星罗棋布[-羅--] F.E. spread all over

xīngluòyúnsàn 星落云散[--雲-] ID. be routed

xínglùrén 行路人 N. ① passers-by ② totally disinterested parties

xīngmā 星妈 N. <coll.> woman who chaperons her actress/singer daughter overprotectively

xíngmǎ* 形码 N. <comp.> input code based on the shape of Chinese characters

xíngmǎn 刑满 V.P. serve a punishment

xīngmáng 星芒 N. pointed rays of a star

xíngmǎnshìfàng 刑满释放[--釋-] F.E. release after serving a sentence

xíngmào 形貌 N. ①appearance ②countenance

xíngmàoxué 形貌学 N. topography

xǐng-mèng zhuàngtài 醒梦状态[-夢狀態] N. <psych.> oneirism

xìngmiǎn* 幸免 V. escape by sheer luck

xìngmiàn 杏面 N. beautiful face of a woman

xìngmiǎnyīsǐ 幸免一死 F.E. escape death by sheer good luck

xìngmiǎnyúnàn 幸免于难[-於難] F.E. ①escape death by sheer luck or by a hair's breadth ② have a close shave

xīngmiè 兴灭[興滅] N. rise and fall (of a state/etc.)

xīngmièjìjué 兴灭继绝[興滅繼絕] F.E. restore a fallen state/dynasty

xīngmièjǔfèi 兴灭举废[興滅舉廢] F.E. restore what has been abolished

xīngmíng 星名 N. star names

xīngmìng 星命 N. astrology

[1]**xíngmíng** 形名 N. form and name

[2]**xíngmíng** 刑名 N. ① laws ② name of penalty or punishment

xìngmíng* 姓名 N. full name

xìngmìng 性命 N. life

xíng-míng fùhécí 形名复合词[--複--] N. <lg.> adjective-noun compound

xìngmìnggānlián 性命干连 F.E. It's a serious matter once the life of a person is involved.

xìngmìngjiāoguān 性命交关[-關] F.E. of vital importance; a matter of life and death

xìngmínglù 姓名录[-錄] N. directory M: [1]*běn*/[2]*bù*

xìngmìng nánbǎo 性命难保[--難-] V.P. One's life will be difficult to save.

xíngmíng piānzhèngshì fùhécí 形名偏正式复合词[-----複--] N. <lg.> adjective-noun compound

xíngmíngshīyé 刑名师爷[-師爺] F.E. <trad.> government secretary in charge of legal cases

xìngmìngyōuguān 性命攸关[-關] F.E. of vital importance

xíngmíngzhīxué 刑名之学 N. philosophy of the Legalist School in the Warring States period

xíngmó 型模 N. ① model ② mold; pattern

xīngmóu 星眸 N. starry/bright eyes

xīngmù 猩木 N. poinsettia

[1]**xǐngmù*** 醒目 S.V. ① eye-catching ② awake

[2]**xǐngmù** 省墓 V.O. <wr.> visit a relative's grave

[3]**xǐngmù** 醒木 N. story-teller's gavel

xíngnáng 行囊 N. <wr.> traveling bag M: *ge*/[2]*zhī*

xǐngnǎo 醒脑[-腦] N. refreshment

xíngnèi 行内 P.W. within the palace

xìngnéng 性能 N. natural capacity; function (of machine/etc.); property

xìngnénglì 性能力 N. sexual competence

xìngnéng shìyàn 性能试验 N. performance test

xīngnì 腥腻 S.V. smelly and greasy

xíngnián 行年 N. to be at the age of *Tā ~ sìshí* He's at the age of forty.

xìngnüèdàikuáng 性虐待狂 F.E. sadism M: *ge*/[1]*míng*

[1]**xīngōng** 薪工 N. wage; pay

[2]**xīngōng** 新宫[-宮] P.W. newly built palace

xīngōngbù fèiyòng 薪工部费用 N. <acct.> payroll department expenses

xīngōngdān 薪工单 N. <acct.> payroll; pay sheet M: [1]*fèn*/[1]*zhāng*

xīngōngr 心工儿 N. time/skills/etc. spent in making/achieving sth.

xīngōngshuì 薪工税 N. payroll tax M: [2]*bǐ*

xīngpán 星盘[-盤] N. astrolabe; astrolabium

xíngpáng 形旁 N. <lg.> ① semantic part of a semantic-plus-phonetic character; radical ② signific

xǐngpí 醒脾 V.O. ① make fun of ② refresh one's mind ③ <Ch. med.> strengthen the function of spleen [5]*yáng* ◆ATTR. entertaining

xìngpǐ* 性癖 N. idiosyncrasy; hobby; likes and dislikes

xíngpiàn 行骗 V. cheat; deceive

xíngpìn 行聘 V.O. <trad.> give betrothal gifts (to a girl's family)

xìngpú* 杏脯 N. preserved apricot *See also xìngfǔ*

xìngpǔ 姓谱 N. genealogy

xīngqi 腥气[-氣] N. fishy smell ◆S.V. stinking; fishy *See also xīngqì*

xīngqī* 星期 N. ① week ② Sunday

xīngqǐ 兴起[興-] V. ① rise; spring up; be on the upgrade ② <wr.> rise in excitement; be aroused

xīngqì 腥气[-氣] N. bad smell (of fish/etc.) *See also xīngqi*

[1]**xíngqī** 刑期 N. prison term

[2]**xíngqī** 行期 N. departure date

xíngqí 行棋 V.O. play chess

xíngqǐ 行乞 V. beg (bread/alms)

xíngqì 行气[-氣] V.O. <Ch. med.> ① promote the circulation of *qì* ② activate vital energy

[1]**xìngqì** 性气[-氣] N. personality; temperament

[2]**xìngqì** 性器 N. sexual/reproductive organs; genitals

xíngqián 行前 N. prior to departure

xíngqiāng* 行腔 V.O. <thea.> handle tunes according to one's own understanding

xǐngqiāng 醒腔 A.T. come to realize

xìngqiáng 性强[-強] V.P. aggressive; brusque

xíngqiào 型壳[-殼] N. shell

xìngqiǎo* 幸巧 ADV. luckily

xìngqì bù hǎo 性气不好[-氣--] V.P. bad-tempered

[1]**xíngqiè** 行窃[-竊] V. steal

[2]**xíngqiè** 行箧[-篋] N. <wr.> traveling suitcase

Xīngqī'èr 星期二 N. Tuesday

xìngqìguān 性器官 N. <bio.> genitals; sexual organs

xīngqījǐ 星期几 PR. which day of the week?

xíngqìkāiyù 行气开郁[-氣開鬱] F.E. <Ch. med.> activate vital energy and release stagnation of emotions

Xīngqīliù 星期六 N. Saturday

xǐngqīn 省亲[-親] V.O. visit one's parents/elders

xìngqíng 性情 N. disposition; temperament; temper

xìngqíng bàozào 性情暴躁 V.P. have an irascible temperament; be short-tempered

xìngqíng guāilì 性情乖戾 V.P. perverse in temperament

xìngqíng róushùn 性情柔顺 V.P. be of a yielding disposition

xìngqíng wēnhé 性情温和 V.P. have a sweet temper; be moderate in temper

Xīngqīrì 星期日 N. Sunday

xīngqīrì gōngchéngshī 星期日工程师[-師] N. high-level technical personnel who on days off to help township enterprises

Xīngqīsān 星期三 N. Wednesday

xíngqìsànjié 行气散结[-氣--] F.E. <Ch. med.> set the *qì* in motion and disperse congelation

Xīngqīsì 星期四 N. Thursday

Xīngqītiān(r) 星期天(儿) N. Sunday

xīngqiú* 星球 N. celestial/heavenly body

xíngqiú 刑求 V. <trad.> extort confession by torture

Xīngqiú Dàzhàn 星球大战[-戰] N. <loan> *Star Wars*

xīngqiúrén 星球人 N. extraterrestrial being; (E.T.)

Xīngqīwǔ 星期五 N. Friday

xíngqīwúxíng 刑期无刑 F.E. The enforcement of law is aimed at creating a society in which no penalty is needed.

X

Xīngqīyī 星期一 N. Monday
xíngqī yǐ jìn 行期已近 V.P. The date of departure is drawing near.
xīngqū 星区[-區] N. constellation
xìngqù(r)* 兴趣(儿)[興-] N. interest ***Dàjiā gè yǒu gè de ~.*** Tastes differ.
xīngqún 星群 N. a group of stars; constellation
xìngqùxiāngtóu 兴趣相投[興-] F.E. have similar tastes and interests
xīngr 星儿 N. ① tiny drops of liquid ② small dots on scales/etc. representing numbers
xìngr* 杏儿 N. apricot
xìngrán 悻然 V.P. angry
xìngrǎnsètǐ 性染色体[-體] N. sex chromosome
xìngrè 性热[-熱] V.P. <*Ch. med.*> hot-natured
[1]**xíngrén*** 行人 N. ① pedestrian; traveler on foot ② passer-by
[2]**xíngrén** 刑人 N./V.O. execute a criminal
xìngrén(r) 杏仁(儿) N. almond
xìngrénbǐng 杏仁饼 N. ①apricot cake ②almond cake M: [2]*kuài*
xìngrénchá 杏仁茶 N. almond tea/soup M: *bēi*
xíngrén chuānyuèdào 行人穿越道 N. pedestrian crossing M: [1]*tiáo*
xíngréndào 行人道 N. sidewalks of a street M: [1]*tiáo*
xìngrén dòufu 杏仁豆腐 N. almond curd in syrup
xìngrénfěn 杏仁粉 N. almond powder M: [1]*bāo*
xìngrénjīng 杏仁精 N. apricot essence M: [1]*bāo/píng*
xìngrénlù 杏仁露 N. syrup of almonds M: *píng*
xíngrénpéngpéng 行人彭彭 F.E. a great congregation of people
xǐngrénpíwèi 醒人脾胃 F.E. refresh one's mind
xíngrénqíng(r) 行人情(儿) V.O. spend money to gain favor or maintain social relations
xìngrénshuǐ 杏仁水 N. almond drink M: *píng*
xìngréntáng 杏仁糖 N. praline M: [2]*kuài*
xíngrén tiānqiáo 行人天桥[-橋] N. pedestrian bridge; overhead walkway M: [4]*zuò*
xìngrényǎn 杏仁眼 N. almond-eyed
xíngrén zǒu biàndào 行人走便道 F.E. Pedestrians, keep to the sidewalk/footpath!
[1]**xīngróng** 兴荣[興榮] S.V. prosperous
[2]**xīngróng** 兴戎[興-] V.O. mobilize troops; open hostilities
xíngróng* 形容 V. ①describe ②mimic; imitate; ape ♦N. <*wr.*> appearance; countenance
xíngróngbēiqī 形容悲戚 F.E. face ravaged with grief
xíngróngbuchū 形容不出 R.V. be unable to describe sth.
xíngróngcí 形容词 N. <*lg.*> adjective; stative verb
xíngróngcí bǔyǔ 形容词补语[---補-] N. <*lg.*> adjective complement
xíngróngcí de biànhuà 形容词的变化[----變-] N. <*lg.*> declension of adjectives
xíngróngcíhuà 形容词化 N. <*lg.*> adjectivization
xíngróngcíhuà míngcí 形容词化名词 N. <*lg.*> adjectival noun
xíngróngcí jiégòu 形容词结构[-構] N. <*lg.*> adjectival structure
xíngróngcí piànyǔ 形容词片语 N. <*lg.*> adjective phrase
xíngróngcí wèiyǔ 形容词谓语 N. <*lg.*> adjectival predicate
xíngróngcíxìng cóngjù 形容词性从句[----從-] N. <*lg.*> ①adjectival clause ②relative clause
xíngróngcíxìnghuà 形容词性化 N. <*lg.*> adjectivalization
xíngróngcíxìng míngcí 形容词性名词 N. <*lg.*> adjectival noun
xíngróngcí xiūshìyǔ 形容词修饰语 N. <*lg.*> attributive
xíngróngcí yǔzǔ 形容词语组 N. <*lg.*> adjective phrase; phrase adjectival
xíngróng de 形容的 ATTR. <*lg.*> adjectival; attributive

X

xíngróng fùcí 形容副词 N. <*lg.*> attributive adverb
xíngróngjìnzhì 形容尽致[--盡-] F.E. accurate and detailed description
xíngróngjù 形容句 N. <*lg.*> adjectival sentence
xíngróngkūgǎo 形容枯槁 F.E. look haggard; thin and emaciated
xíngróngqiáocuì 形容憔悴 F.E. wan-looking; thin and pallid
xíngróngwěisuǒ 形容猥琐 F.E. a frivolous portrayal
xíngróngxiāoshòu 形容消瘦 F.E. be gaunt and thin
xíngróngyǔ 形容语 N. <*lg.*> adjectival modifier
xíngrǔ 刑辱 V. <*wr.*> cruelly injure/humiliate with punishment/torture
xíngrúgǎomù 形如槁木 F.E. thin and emaciated
xìngrúlièhuǒ 性如烈火 F.E. have a violent temper
xíngruòwúshì 行若无事 F.E. behave as if nothing happened
xīngsàn 星散 V.P. <*wr.*> be scattered far and wide
xīngsāo 腥臊 N. ① stench ② putrid administration/etc.
xìngsāorǎo 性骚扰[-擾] N. sexual harassment
xīngsè 猩色 N. scarlet
[1]**xíngsè*** 形色 N. appearance
[2]**xíngsè** 行色 N. conditions/scene at departure
[1]**xìngsè** 杏色 N. apricot color
[2]**xìngsè** 性色 N. colors indicative of different sexes of animals, esp. insects
xíngsècānghuáng 形色仓皇[-倉-] F.E. ① look anxious and fearful ② appear in a big hurry to get away
xíngsècōngcōng 行色匆匆 F.E. be in a hurry to set out (depart)
xíngsèzìruò 形色自若 F.E. One's countenance remains as before.
xīngshā 星鲨 N. <*zoo.*> gummy shark; dogfishes M: [1]*tiáo*
xīngshà* 星煞 N. an unlucky star
xíngshā 型砂 N. <*mach.*> molding sand
xīngshān 腥膻 V.P. smelling of fish/mutton/etc.
xíngshàn* 行善 V.O. do good works
xìngshàn 性善 N. the theory of Mencius that people are born good
xíngshàn bù yù rén zhī 行善不欲人知 V.P. do good works with no desire to be known
[1]**xíngshāng** 行商 V.O. do business ♦N. itinerant trader; peddler M: *ge*/[1]*míng*/[2]*wèi*
[2]**xíngshāng** 刑伤[-傷] N. injury caused by corporal punishment
[3]**xíngshāng** 行觞[-觴] V.O. pour liquor for guests
[1]**xíngshǎng*** 行赏 V.O. give awards; dispense rewards/honors
[2]**xíngshǎng** 刑赏 N. punishment and awards
xíngshàng 形上 ATTR. immaterial; metaphysical
xíngshàngliú 行上流 N. counter-flow; eddy; upstream
xìngshànlùn 性善论 N. theory of the original goodness of human nature
xíngshànrén 行善人 N. philanthropist; charitable person M: *ge*/[1]*míng*/[2]*wèi*
xíngshànzuìlè 行善最乐[-樂] F.E. take pleasure in doing good
xīngshè 兴设[興-] V. set up
xíngshén 形神 N. body and spirit
xǐngshén 醒神 V.O. induce resuscitation
xìngshèn* 幸甚 F.E. <*wr.*> ①truly happy ②very fortunate indeed ♦V.P. ardently hope
xīngshèng* 兴盛[興-] S.V. prosperous; flourishing; in the ascendant
xíng-shēng 形声[-聲] N. <*lg.*> ① semantic-plus-phonetic ②principle of semantic-phonetic compounds
xíngshěng 行省 N. <*hist.*> provincial administration
xíngshèng 形胜[-勝] N. ① vantage ground ② scenic spot
xìngshēnghuó 性生活 N. <*loan*> sex life

xíngshèngzhīdì 形胜之地[-勝--] N. advantageous terrain
xíng-shēngzì 形声字[-聲-] N. <*lg.*> phonetic compound; phonogram; semantic-plus-phonetic characters
xìngshénjīngbìng 性神经病[--經-] N. sexual neurosis
xìngshènmíngshuí 姓甚名谁 F.E. what one's full name is
xīngshī 兴师[興師] V.O. <*wr.*> dispatch troops
[1]**xīngshí** 兴时[興時] S.V. fashionable; in vogue; popular
[2]**xīngshí** 星蚀 N. <*astr.*> occultation
xīngshì 星使 N. honorific title for an envoy
xīngshì 星士 N. astrologer
[1]**xíngshí** 行时[-時] V.P. ① be all the rage; be popular/fashionable ② be in the ascendant (of a person)
[2]**xíngshí** 行实[-實] N. one's life story
[1]**xíngshǐ** 行驶 V. go (of vehicles/boats/etc.)
[2]**xíngshǐ** 行使 V. exercise; perform
[1]**xíngshì*** 形式 N. form; shape ♦ATTR. formal
[2]**xíngshì** 形势[-勢] N. ① terrain; topographical features ② situation; circumstances
[3]**xíngshì** 刑事 ATTR. criminal; penal
[4]**xíngshì** 行事 V.O. handle; execute ♦N. behavior; conduct
[5]**xíngshì** 行世 V.O. be known
[6]**xíngshì** 型式 N. type; pattern; model
[7]**xíngshì** 行视 V. inspect
xǐngshī 醒狮[-獅] N. awakened lion M: [1]*tóu*
[1]**xǐngshì** 醒世 V.O. rouse the public; awaken the world
[2]**xǐngshì** 省事 V.O. perceptive and alert; observant ***See also*** [1]*shěngshì*
[3]**xǐngshì** 省视 V. ① call upon; pay a visit to ② examine carefully; inspect
xìngshí 杏实[-實] N. apricot fruit
[1]**xìngshì** 姓氏 N. surname
[2]**xìngshì** 幸事 N. good fortune; blessing; sth. that happened out of luck
xíngshì biànhuà 形式变化[--變-] N. <*lg.*> flection; formal variation; inflection
xíngshì biǎoxiàn 形式表现 N. <*lg.*> elucidating formans
xíngshì bǐjiàojí 形式比较级 N. <*lg.*> formal comparative
xíngshì bīnyǔ 形式宾语[--賓-] N. <*lg.*> formal object
xíngshìbīrén 形势逼人[-勢--] F.E. the situation is pressing; the situation demands immediate action
xíngshì chéngdu 形式程度 N. <*lg.*> degree of formality
xíngshì chuàngxīn 型式创新[--創-] V.P. n. model change
xíngshì chǔfèn 刑事处分[--處-] N. criminal sanction
xíngshìcí 形式词 N. <*lg.*> form word
xíngshì dòngcí 行事动词[--動-] N. <*lg.*> performative verb
xīngshīdòngzhòng 兴师动众[興師動衆] F.E. drag in many people (to do sth.)
xíngshì duìděng 形式对等[--對-] N. <*lg.*> formal equivalence; equivalence in form
xíngshìfǎ 刑事法 N. criminal law M: [2]*bù*
xíngshìfàn 刑事犯 N. criminal M: *ge*/[1]*míng*/[2]*wèi*
xíngshì fànzuì 刑事犯罪 N. criminal offense; criminal act
xíngshì fǎtíng 刑事法庭 P.W. criminal court
xíngshì gōngnéng 行事功能 N. <*lg.*> performative function
xíngshìhuà 形式化 N. formalization
xíngshì huàyǔ 行事话语 N. <*lg.*> performative
xíngshì jǐngchá 刑事警察 N. criminal police M: *ge*/[1]*míng*/[2]*wèi*
xíngshì jùzi 行事句子 N. <*lg.*> performative sentence
xíngshìlèi 形式类[-類] N. <*lg.*> form class
xíngshìlì 行事历[-曆] N. calendar

xíngshì liàngbiǎo 形式量表 N. <lg.> scale of formality
xíngshìlùn 形式论 N. formalism
xíngshì luóji 形式逻辑[--邏-] N. <loan> formal logic
xíngshìměi 形式美 N. beauty in form
xǐngshìmíngyán 醒世名言 F.E. enlightening well-known dictum
xíngshì pǔbiàn xiànxiàng 形式普遍现象 N. <lg.> formal universal
xíngshǐquán 行使权[-權] N. right to exercise the powers inherent in one's office
xíngshìshang 形式上 N. nominally ♦ATTR. in form; formal
xíngshì shèhuìxué 形式社会学 N. formal sociology
xíngshì sùsòng 刑事诉讼 N. criminal procedure/suit
xíngshì sùsòngfǎ 刑事诉讼法 N. <law> code of criminal procedure M: [2]bù
xíngshì wénfǎ 形式文法 N. <lg.> formal grammar
xīngshīwènzuì 兴师问罪[興師-] F.E. send a punitive expedition against
xǐngshìwúgū 省释无辜[-釋--] F.E. release the innocent
xíngshìxiǎnyào 形势险要[-勢--] F.E. strategically important terrain
xíngshìxìng chéngdu 形式性程度 N. <lg.> degree of formality
xíngshì xìtǒng 形式系统 N. formal device
xíngshì yìyì 形式意义[-義] N. <lg.> formal meaning
xíngshì yǔduàn 形式语段 N. <lg.> formal text
xíngshì yǔfǎ 形式语法 N. formal grammar
xíngshì yǔyán lǐlùn 形式语言理论 N. <lg.> formal language theory
xíngshì yǔyánxué 形式语言学 N. ① semiotics ② formal linguistics
xíngshì zérèn 刑事责任 N. responsibility for a crime
xǐngshìzhēnyán 醒世箴言 F.E. enlightening admonition
xíngshǐ zhíquán 行使职权[-職權] V.O. exercise one's functions and powers
xǐngshìzhīyán 醒世之言 N. good advice that cautions the age
xíngshì zhǒnglèi 形式种类[-種類] N. <lg.> form class
xíngshǐ zhǔquán 行使主权[-權] V.O. exercise sovereignty
xíngshìzhǔyì 形式主义[-義] N. ① formalism ② formality; act of just going through the motions
xíngshì zhǔyǔ 形式主语 N. <lg.> formal subject
xíngshīzǒuròu 行尸走肉[-屍--] F.E. ① utterly worthless person ② walk around without any feeling/emotion
xīngshù 星术[-術] N. astrology
[1]**xíngshū*** 行书[-書] N. ① running hand (in calligraphy) ② running script; cursive style
[2]**xíngshū** 刑书[-書] N. text of criminal law
xíngshǔ 行署 P.W. provincial administrative office
xíngshù 行述 N. brief biography of a deceased person (usu. accompanying an obituary notice)
xìngshù 杏树[-樹] N. apricot tree; apricot M: [2]kē
xīng-shuāi 兴衰[興-] N. rise and decline; ups and downs; vicissitudes
xìng shuāiruò 性衰弱 V.P. sexual weakness/incompetence
xīngshuāng 星霜 N. ① whole year ② time (in terms of years)
xíngshuǐ 行水 <wr.> N. flowing water ♦V.O. ① travel on water (of boats) ② prevent floods by water control ③ inspect rivers for purposes of flood control
xǐngshuì* 醒睡 V. keep alert while in bed; sleep very lightly
xíngsì* 形似 V.P. be similar in form/appearance
xǐngsī 省思 V. reflective thinking

xíngsìcí 形似词 N. <lg.> paronym
xíngsìshífēi 形似实非[--實-] F.E. similar in form but not in reality
[1]**xīngsōng*** 惺忪/松[-鬆] V.P. ① drowsy-eyed ② wavering; indecisive ③ <wr.> awake; conscious; clearheaded
[2]**xīngsōng** 惺憽 V.P. intelligent; wise ♦N. a man of intelligence
xīngsòng 兴讼[興-] V.O. commence litigation
[1]**xīngsù*** 星速 ADV. at full speed; without delay
[2]**xīngsù** 星宿 N. constellation *See also xīngxiù*
[1]**xíngsù** 行速 N. ①speed of movement ② <elec.> stroke speed
[2]**xíngsù** 形素 N. <lg.> morpheme; morph
xīngsuàn 星算 N. astronomical calculation
xìngsūhézhé 幸苏涸辙[-蘇--] F.E. help sb. out of a critical situation
xíngsuǒwúshì 行所无事 F.E. be unruffled
xíngtà 行踏 V. ① walk ② frequent (a place)
xíngtái 行台[-臺] N. ① <hist.> frontier official post ② temporary residence of a high-ranking official ③ makeshift stage
xíngtài* 形态[-態] N. ① form; shape; pattern ② <lg.> ⓐ morphology ⓑ feature; manner
xíngtài biànhuà 形态变化[-態變-] N. <lg.> inflection; morphological change
xíngtài dānwèi 形态单位[-態--] N. <lg.> morpheme
xíngtài fùcí 形态副词[-態--] N. <lg.> adverbial of manner
xíngtài gòucífǎ 形态构词法[-態構--] N. <lg.> morphological formation; word formation
xíngtài qūbié 形态区别[-態區-] N. <archeo.> morphological differences
xíngtài xìtǒng 形态系统[-態--] N. <lg.> morphophonemics
xíngtàixué 形态学[-態-] <lg.> N. morphology ♦ATTR. morphological
xíngtàixué fēnlèifǎ 形态学分类法[-態--類-] N. <lg.> morphological classification
xíngtàixué gòucífǎ 形态学构词法[-態-構--] N. <lg.> morphological formation
xíngtài yàosù 形态要素[-態--] N. <lg.> formative
xíngtài yīnsù 形态音素[-態--] N. <lg.> morphophoneme
xíngtài yīnsùxué 形态音素学[-態---] N. <lg.> morphophonemics
xíngtài yīnwèi 形态音位[-態--] <lg.> N. morphophoneme ♦ATTR. morphophonemic
xíngtài yīnwèixué 形态音位学[-態---] N. <lg.> morphophonemics
xíngtàizhǒng 形态种[-態種] N. form species; morphospecies
[1]**xīngtàn*** 兴叹[興嘆] V. <wr.> heave a sigh
[2]**xīngtàn** 星探 N. talent scout in the movie industry M: ge/[1]míng/[2]wèi
xìngtán 杏坛[-壇] N. the teaching profession
xīngtāng 腥汤[-湯] N. <topo.> broth; soup with meat
[1]**xíngtáng*** 刑堂 P.W. torture room
[2]**xíngtáng** 行堂 P.W. ① monks' bedrooms in the temple ② room in the temple for visiting monks
xīngténg 兴腾[興-] V. gain vigor; rise
xīngtǐ 星体[-體] N. celestial/heavenly body
xīngtì 兴替[興-] V. <wr.> rise and fall ♦N. vicissitudes
xíngtǐ* 形体[-體] N. ① physique ② form and structure *Zhōngguózì de* ~ form and structure of Chinese characters ③ <lg.> script; style ④ <Ch. med.> the physical body
xīngtiáoqí 星条旗[-條-] N. Stars and Stripes M: [1]miàn
xíngtíng 刑庭 P.W. criminal court
xíngtǐ yǔyán 形体语言[-體--] N. body language; sign language
[1]**xíngtóng** 形同 V.P. ① be similar in form/shape ② act/be as if
[2]**xíngtóng** 行童 N. Buddhist novice who runs errands in a monastery

xíngtónggǒuzhì 行同狗彘 F.E. behave like dogs and pigs
xíngtóngqínshòu 行同禽兽[-獸] F.E. act like beasts
xíngtóngxiāojìng 行同枭獍[--梟-] F.E. act in an unfilial manner
xíngtóngxūshè 形同虚设[--虛-] F.E. perform practically no function; exist in name only
xíngtou 行头 N. ① outfit; actor's costume and paraphernalia ② a person's wardrobe M: tào *See also hángtóu*
xìngtóu(r)* 兴头(儿)[興-] N. enthusiasm; keen interest
xìngtóurshàng 兴头儿上[興-] F.E. at the height of one's enthusiasm
xīngtú 星图[-圖] N. <astr.> star chart/map/atlas M: [1]zhāng/[1]běn
xīngtuán 星团[-團] N. <astr.> star cluster
xīngǔ* 新谷[-穀] N. newly harvested grain
xìngǔ 衅鼓[釁-] V.O. <trad.> consecrate a drum by rubbing animal blood on it (before a battle)
xīnguǎ 新寡 N. new widow
xìnguǎn 信管 N. <elec.> fuse
xīnguǎngtǐpàng 心广体胖[-廣體-] F.E. carefree and contented
xīn guān shàngrèn 新官上任 V.P. a new official takes up his post
xīn guān shàngrèn sān bǎ huǒ 新官上任三把火 F.E. a new broom sweeps clean
xīngǔdiǎn 新古典 N. new classics ♦ATTR. neoclassical
xīngǔdiǎn xuépài 新古典学派 N. neoclassical school
xīngǔdiǎnzhǔyì 新古典主义[-義] N. neoclassicism
xīnguǐ 新鬼 N. spirit of the newly deceased M: ge/[1]míng
xīnguì* 新贵 N. ① parvenu; upstart ② a newly appointed high official M: ge/[1]míng/[2]wèi
xīnguìmǐzhū 薪桂米珠 F.E. The cost of living is very high.
xīngūniang 新姑娘 N. bride M: ge/[1]míng/[2]wèi
xīngūye 新姑爷[-爺] N. our new son-in-law (term used by the bride's family) M: ge/[1]míng/[2]wèi
xīng-wáng 兴亡[興-] N. rise and fall (of a nation)
xīngwàng* 兴旺[興-] S.V. prosperous; flourishing
xíngwǎng 刑网[-網] N. criminal code
xīngwàngfādá 兴旺发达[興-發達] F.E. flourish and grow
xíng wànlǐ lù 行万里路[-萬--] V.O. travel thousands of miles
[1]**xīngwèi(r)** 腥味(儿) N. fishy/tasty smell
[2]**xīngwèi** 星位 N. position of a star in the sky (that in astrology influences human affairs)
xíngwéi* 行为 N. action; behavior; conduct; acts
xíngwěi 形尾 N. <lg.> inflectional affix
xíngwèi 形位 N. <lg.> ① morpheme ② state
[1]**xìngwèi(r)** 兴味(儿)[興-] N. interest; tastes; pleasure
[2]**xìngwèi** 幸位 N. undeserved official salary and rank
xìngwèi'àngrán 兴味盎然[興-] F.E. with genuine interest
xíngwèi biàntǐ 形位变体[-變體] N. <lg.> allomorph
xíngwéi bù jiǎn 行为不检 V.P. behave recklessly
xíngwéi bùzhèng 行为不正 V.P. misbehave
xíngwéi dòngcí 行为动词[--動-] N. <lg.> activity verb
xíngwéifàn 行为犯 N. criminal caught in the act M: ge/[1]míng/[2]wèi
xíngwéi guīfàn 行为规范[-範] N. behavioral norm
xíngwéi huò bù xíngwéi 行为或不行为 V.P. act or omission
xíngwéijù 行为句 N. <lg.> performative
xíngwéi kēxué 行为科学 N. <loan> behavioral science

X

xíngwéilùn 行为论 N. behavior science

xíngwéilùn xīnlǐxué 行为论心理学 N. behavioristic psychology

xíngwéi míngcí 行为名词 N. <lg.> action noun

xíngwéi móshì 行为模式 N. behavior pattern

xíngwéi mùdì 行为目的 N. behavioral objective

xìngwèishēng 性卫生[-衛-] N. sex hygiene

xíngwéi shǒuzé 行为守则 N. codes of conduct

xìngwèisuǒrán 兴味索然[興-] F.E. uninterested; bored stiff

xíngwèi tújiě 形位图解[--圖-] N. <lg.> state diagram

xíngwéi xiāngbànwù 行为相伴物 N. behavioral concomitant

xìngwèixiāngtóu 兴味相投[興-] F.E. have similar tastes and interests

xíngwéixué 行为学 N. ethology

xíngwéi zérèn 行为责任 N. responsibility for one's behavior

xíngwèi zhǔnzé 行为准则[--準-] N. behavioral criterion

xíngwéizhǔyì 行为主义[-義] N. behaviorism

xíngwéizhǔyì lǐlùn 行为主义理论[---義--] N. <psy.> behaviorist theory

xíngwéizhǔyì xīnlǐxué 行为主义心理学[---義---] N. <psy.> behaviorist psychology

xíngwéizhǔyì yǔyánxué 行为主义语言学[---義---] N. <lg.> behaviorist linguistics

xīngwén 腥闻 N. malodorous reputation; notoriety

xíngwén* 行文 N. style/manner of writing ♦V.O. ① compose; write ② transmit official document

xíngwèn 刑问 V. submit to questioning

xǐngwèn 省问 V. <wr.> ask about; send one's respects to

xìngwēn 性温 V.P. <Ch. med.> warm in nature; warm-natured

xíngwénjiānkè 行文尖刻 F.E. wield a skillful pen

xīngwényǎnwǔ 兴文偃/匽武[興-] F.E. promote culture and economy and desist from war

xīngwū 猩污 V.P. smelly and dirty

xǐngwù* 醒/省悟 V. come to realize; wake up to reality

xìngwùjiànguài 幸勿见怪 F.E. I hope that you will not be offended.

xìngwùjiànwài 幸勿见外 F.E. Don't treat me as a stranger, please.

xīngwúmièzī 兴无灭资[興-滅-] F.E. <pol.> foster what is proletarian, eliminate what is bourgeois

xìngwúnéng 性无能 N. (sexual) impotence

xǐngwù qiánqiān 醒悟前愆 V.O. become conscious of past faults

xìngwùtuīquè 幸勿推却[-卻] F.E. I hope that you will not refuse. Please do not refuse.

xīngxì* 星系 N. galaxy

xíngxī 行息 V.O. bear interest

xìngxǐ 幸喜 ADV. fortunately; luckily

xìngxì 姓系 N. family line

xíngxià 形下 ATTR. material; concrete; physical

xíngxiáhàoyì 行侠好义[-俠-義] F.E. be chivalrous and given to doing good deeds

xíngxiǎn 行险 V.O. take great risks

xíngxiàn 行宪[-憲] V. implement the constitution

xìngxiàn* 性腺 N. <bio.> sex gland

[1]**xīngxiàng** 星象 N. astrology

[2]**xīngxiàng** 星相 N. horoscope

xíngxiāng 行香 N. <trad.> ① burning and offering of incense at Buddhist temples on special national occasions by officials ② hold or participate in a prayer service at a temple

[1]**xíngxiàng*** 形象 N. ① image; form; figure ② <art> imagery ③ form as contrasted to substance ④ visualization ⑤ <Ch. med.> physical appearance

[2]**xíngxiàng** 形相 N. form; appearance ♦V.P. look somebody up and down

[1]**xìngxiàng** 性向 N. ① disposition ② aptitude

[2]**xìngxiàng** 性相 N. <Budd.> appearance and nature manifested in man

xíngxiàngbīzhēn 形象逼真 F.E. be lifelike in shape and form

xìngxiàng cèshì 性向测试 N. <psy.> aptitude test

xìngxiàng cèyàn 性向测验 N. <psy.> aptitude test

xīngxiàngguǎn 星象馆 P.W. planetarium M: [4]zuò

xíngxiànghuà 形象化 N. symbolization

xíngxiànghuà miáoshù 形象化描述 N. <lg.> imagery

xīngxiàngjiā 星象家 N. astrologer M: ge/[1]míng/[2]wèi

xìng xiāng jìn, xí xiāngyuǎn 性相近,习相远[---,習-遠] F.E. People are born about the same, but habits make them differ.

xíngxiàng sīwéi 形象思维 N. thinking in (terms of) images/symbols

xīngxiàng xiānsheng 星相先生 N. astrologer M: ge/[1]míng/[2]wèi

xíngxiàngxìng biǎoxiàng 形象性表象 N. iconic representation

xīngxiàngxué 星象学 N. astrometry

xīngxiàngyí 星象仪[-儀] N. celestial globe M: [1]jià/[1]tái

xíngxiàng yìshù 形象艺术[-藝術] N. visual art

xíngxiāo 行销 V. be on sale; sell

xíngxiāo fèiyòng 行销费用 N. cost of selling

xíngxiāo guāndiǎn 行销观点[-觀點] N. marketing concept

xíngxiāogǔlì 形销骨立 F.E. emaciated

xíngxiāowǎng 行销网[-網] N. sales network

xíngxiázhàngyì 行侠仗义[-俠-義] F.E. have a strong sense of justice and desire to help the weak

xīngxié 星协[-協] N. stellar association

xíngxiě* 行血 V.O. <Ch. med.> activate the blood *See also xíngxuè*

xīngxìjì 星系际[-際] N. intergalactic

[1]**xíngxīn** 形心 N. ① center of form ② <math.> centroid; center of figure

[2]**xíngxīn** 型心 N. <metal.> core

[1]**xīngxing*** 星星 N. <coll.> star ***See also*** [1]*xīngxīng*

[2]**xīngxing(r)** 猩猩(儿) N. orangutan M: [2]zhī

[1]**xīngxīng** 星星 N. tiny spot; speck ***See also*** [1]*xīngxing*

[2]**xīngxīng** 惺惺 R.F. ① clearheaded; awake ② wise; intelligent ♦ON. twittering/chirping of orioles

[3]**xīngxīng** 骍骍 R.F. harmonious

xīngxíng 星形 N. star; starlike; stellate

xíngxīng 行星 N. planet M: [1]kē

xíngxíng 行刑 V.O. ① carry out the death sentence ② torture (prisoners)

xíngxìng 行幸 N. imperial tour away from the capital

xǐngxǐng(r) 醒醒(儿) R.F. Wake up!

xìngxíng 性行 N. character; nature and conduct

xìngxìng 悻悻 R.F. angry; resentful

xīngxingcǎo 猩猩草 N. <bot.> painted euphorbia

xíngxíngchǎng 行刑场[-場] P.W. execution ground

xīngxīngdiǎndiǎn 星星点点[-點點] R.F. tiny spots; bits and pieces

xíngxíngduì 行刑队[-隊] N. executioners; firing squad M: [4]zhī

xìngxìng'érqù 悻悻而去 F.E. leave in a huff

xìngxīngfèn 性兴奋[-興奮] N. sexual heat

xíngxinghǎo* 行行好 V.P. <coll.> show mercy *See also xíngxínghǎo*

xíngxínghǎo 行行好 V.P. please have a heart *See also xíngxinghǎo*

xíngxīngjì 行星际[-際] N. interplanetary

xíngxīngjì hángxíng 行星际航行[--際--] N. interplanetary flight/travel

xìngxìngrán 悻悻然 ADV. angrily; furiously

xíngxíngsèsè 形形色色 R.F. of every shade and description

xīngxíng wǎnglù 星形网路[--網-] N. <comp.> star network

xìngxíngwéi 性行为 N. the sex act; sexual behavior

xīngxīngxiāngxī 惺惺相惜 F.E. The wise appreciate each other.

xīngxīng xī xīngxīng 惺惺惜惺惺 ID. The wise appreciate one another.

xíngxīngyí 行星仪[-儀] P.W. planetarium M: [1]tái

xīngxīngzhīhuǒ 星星之火 N. a single spark

xīngxīngzuòtài 惺惺作态[-態] F.E. have affected manners

xìngxīnlǐ bìngtài 性心理病态[-態] N. sexual psychopathy

xíngxiōng 行凶 V.O. assault; murder

xíngxiōng fànfǎ 行凶犯法 V.P. break the law and commit evil

xíngxiōng qiǎngjié 行凶抢劫[--搶-] V.P. mugging; robbery with violence

xíngxiōng shārén 行凶杀人[--殺-] V.P. commit murder

xíngxiōng zuò'è 行凶作恶[-惡] V.P. break the law and commit crimes

xīngxìtuán 星系团[-團] N. cluster of galaxies

xīngxiū* 兴修[興-] V.O. start construction

xīngxiù 星宿 N. <astr.> constellation ***See also*** [2]*xīngsù*

xīngxìyùn 星系晕 N. <astr.> galactic halo

xīngxǔ 兴许[興-] ADV. <topo.> perhaps; maybe ♦V. <coll.> permit

xìngxuǎnzé 性选择[-選擇] N. sexual selection

[1]**xīngxué** 兴学[興-] V.O. establish schools; promote learning

[2]**xīngxué** 星学 N. ① astronomy ② astrology

xíngxuè 行血 V.O. promote circulation of blood *See also xíngxiě*

xìngxué* 性学 N. sexology

xìngxuéjiā 性学家 N. sexologist M: ge/[1]míng/[2]wèi

xíngxùn 刑讯 V. grill under torture

xíngxùnbīgòng 刑讯逼供 F.E. extort a confession by torture

xīngyǎn 星眼 N. woman's charming eyes

xǐngyǎn 醒眼 V.O. <topo.> catch the eye

xìngyǎn* 杏眼 N. large eyes of a beautiful woman

xíngyàng 形样[-樣] N. mold; pattern

xīngyángr 兴扬儿[興揚-] V. spread out (of a new fashion/etc.)

xìngyǎnliǔyāo 杏眼柳腰 F.E. almond-like eyes and willowy waistline of a beauty

xìngyǎntáosāi 杏眼桃腮 F.E. almond-shaped eyes and peach-red cheeks

xìngyǎnxiùméi 杏眼秀眉 F.E. almond-shaped eyes and long eyebrows

xìngyǎnyuánzhēng 杏眼圆睁[-睜] F.E. ①angry look of a woman ②almond-shaped eyes glaring with rage

Xíngyáo 邢窑[-窯] P.W. <art> Tang-dynasty ceramic kiln (in Hebei)

xīngyāozuòguài 兴妖作怪[興-] F.E. stir up trouble

xīngyè* 星夜 N. starry night ♦ADV. by night (of travel/etc.)

xíngyè 行业[-業] N. <Budd.> karma ***See also*** [1]*hángyè*

xìngyè 杏靥[-靨] N. ①apricot blossom ②beauty of a girl ③ beautiful oval face

xīngyèbēnchí 星夜奔驰 F.E. travel urgently by night (and day)

xīngyè chūfā 星夜出发[-發] V.P. set out by starlight

xīngyè qǐchéng 星夜启程[--啟-] V.P. set out by starlight; set out in great haste

xīngyì 星翳 N. white spots on the cornea

xíngyī* 行医[-醫] V.O. practice medicine

[1]**xíngyì** 行义[-義] V.O. uphold justice

[2]**xíngyì** 行役 V.O. go on a mission

[3]**xíngyì** 行谊 N. conduct and virtues

xīngyídǒuzhuǎn 星移斗转[-轉] F.E. ① change of seasons; passage of time ② A night has passed.

xíngyījìshì 行医济世[-醫濟-] F.E. practice medicine to save people

xíngyín 行吟 V. hum, chant, or sing while walking

xíngyíng 行营[-營] P.W. field headquarters

xíngyǐng* 形影 N. ① form and shadow ② silhouette

xíngyǐngbùlí 形影不离[-離] F.E. inseparable

xíngyǐngxiāngdiào 形影相吊 F.E. extremely lonesome

xíngyǐngxiāngsuí 形影相随[-隨] F.E. ① be always together ② inseparable; very intimate ③ follow like a shadow

xíngyín shīrén 行吟诗人 N. minstrel M: ge/1míng/2wèi

xíng-yīn wénzì 形音文字 N. <lg.> acrophonetic writing

xíngyìquán 形意拳 N. a school of boxing

xíngyītiānxià 行医天下[-醫--] V.P. travel around practicing medicine

xíngyìwǔ 形意舞 N. interpretative/interpretive dance

xīngyíwùhuàn 星移物换[-換] F.E. Things change with the passing of years.

xíngyìzhīnán 行易知难[-難] F.E. To do is easier than to know. It is easier done than said.

xìngyǒu 幸有 V.P. be fortunate to have

xìngyòuyǐn wùzhì 性诱引物质[-質] N. sex attractant; sex lure

xíngyǒuyúlì 行有余力 F.E. have extra resources (besides actual necessities)

xīngyú 星鱼 N. <zoo.> starfish M: 1tiáo

xíngyú 刑余/馀 N. ① eunuch ② ex-convict

xìngyù* 性欲 N. sexual desire/urge

xíngyuán 行辕 N. ①field headquarters ②temporary quarters of a traveling high official M: 4zuò

xíngyuǎn bì zì'ěr 行远必自迩[-遠--邇] F.E. To go far one must start from near.

xīngyuánxué 星原学 N. cosmogony

xíngyuǎnzì'ěr 行远自迩[-遠-邇] F.E. tackle easy problems before hard ones

xìngyù chōngdòng 性欲冲动[-衝動] N. sexual impulse/excitement

xíngyúcísè 形于辞色[-於辭-] F.E. show in one's words and expression

xīng-yuè* 星月 N. the moon and the stars

xìngyuè 杏月 N. second month of the lunar year

xīngyuèjiāohuī 星月交辉 F.E. ① The moon and stars vie in brilliance. ② gathering of famous personalities

xīngyún 星云[-雲] N. <astr.> nebula

xīngyǔn 星殒 N. ① the falling of a meteoroid ② the death of an important person

xíngyùn 行运[-運] N. operation

xìngyùn* 幸运[-運] S.V. very fortunate ♦N. good fortune/luck

xìngyùn'ér 幸运儿[-運-] N. fortune's favorite M: ge/1míng/2wèi

xíngyúnliúshuǐ 行云流水[-雲--] F.E. natural and smooth (of writing style)

xíngyún-liúshuǐmiáo 行云流水描[-雲---] N. <art> the style of leisurely and smooth strokes (in painting)

xìngyùnquàn 幸运券[-運-] N. lottery

xìngyùnzhīshén 幸运之神[-運--] N. god/goddess of fortune and luck

xìngyùzhǔyì 性欲主义[-義] N. sensualism

xìngyù zuòyòng 性欲作用 N. <psy.> sexuality

xíngzài 行在 N. <trad.> lodging for an emperor on tour

xìngzāilèhuò 幸灾乐祸[-災樂禍] F.E. gloat at another's misfortune

xíngzào 行灶 N. makeshift cooking stove M: 4zuò

xìngzǎoshóu 性早熟 N. sexual precocity

xíngzé 刑责 N. criminal liability

xíngzhà 行诈 V. cheat

xīngzhān 星占 V. ① divine by astrology ② cast a horoscope

xíngzhāng* 刑章 N. penal law

xíngzhàng 刑杖 N. club, rod, or bunch of sticks used for torture M: 2gēn/1tiáo

xīngzhānshù 星占术[-術] N. astrology

xīngzhànxué 星占学 N. astrology

xíngzhào 行照 N. license

xíngzhě 行者 N. ① <wr.> pedestrian ② <wr.> passerby ③<Budd.> wandering monk ④abbot's servant M: ge/1míng/2wèi

xīngzhèn 星震 N. <astr.> starquake

xíngzhēn* 行针 V.O. <Ch.med.> practice acupuncture ♦N. hand-manipulating of needles

xìngzhēn 性真 N. <Budd.> the real self; one's natural quality/property

xíngzhèng* 行政 N. ①administration ②executive branch of government

xìngzhēng 性征[-徵] N. ① sexuality ② <lg.> characteristic

xíngzhèng bùmén 行政部门 P.W. administrative department; executive branch; administration

xíngzhèng bùzhǎng 行政部长 N. head of the administrative department M: ge/1míng/2wèi

xíngzhèng chǔfèn 行政处分[--處-] N. administrative/disciplinary sanction

xíngzhèngcūn 行政村 P.W. administrative village

xíngzhèng dānwèi 行政单位 N. administrative unit

xíngzhèng de xiàonéng 行政的效能 N. administrative efficiency

xíngzhèngfǎ 行政法 N. administrative law

xíngzhèng fǎguī 行政法规 N. administrative regulations

xíngzhèng fǎyuàn 行政法院 P.W. administrative court

xíngzhèng fùyì 行政复议[-覆議] N. administrative redress

xíngzhèng gōngshǔ 行政公署 P.W. administrative office

xíngzhèngguān 行政官 N. <law> an agent of the administration; administrator M: ge/1míng/2wèi

xíngzhèng guǎnlǐ 行政管理 N. administration; administrative management

xíngzhèng jīgòu 行政机构[-構] P.W. administrative body M: 1jiā

xíngzhèng jīguān 行政机关[-關] P.W. administrative organ M: 1jiā

xíngzhèngjú 行政局 P.W. administrative bureau/office

xíngzhèng jūliú 行政拘留 N. administrative detention

xíngzhèng mìnglìng 行政命令 N. administrative decree/order

xíngzhèngqū 行政区[-區] P.W. administrative area

xíngzhèngquán 行政权[-權] N. <law> executive/administrative power

xíngzhèng qūyù 行政区域[--區-] P.W. administrative district

xíngzhèng rényuán 行政人员 N. administrative personnel/staff

xìngzhēngsè 性征色[-徵-] N. sexual coloration

xíngzhèng shìguānzhǎng 行政士官长 N. <TW/mil.> sergeant major M: ge/1míng/2wèi

xíngzhèng shǒuduàn 行政手段 N. administrative measures

xíngzhèng sùsòng 行政诉讼 N. administrative suit/action

xíngzhèng xìtǒng 行政系统 N. administrative system

xíngzhèngxué 行政学 N. studies of administration

Xíngzhèngyuàn 行政院 P.W. <TW> Executive/Administrative Yuan

Xíngzhèng yuànzhǎng 行政院长 N. <TW> head of the Executive Yuan

xíngzhèng zhǎngguān 行政长官 N. chief executive M: ge/1míng/2wèi

xíngzhe yǎnr 行着眼儿[-著--] V.O. <topo.> gazing blankly

xíngzhǐ 行止 N. <wr.> ① whereabouts (of a person) ② person's movements ③ personal behavior; conduct ④ ways/methods of doing things

1xíngzhì 形质[-質] N. <phy.> form quality

2xíngzhì 形制 N. design/structure (of a manufactured object) ♦V. command a situation by holding a strategic position

3xíngzhì 形志 N. shape

xìngzhí 悻直 V.P. blunt; bluff; brusque

1xìngzhì* 性质[-質] N. quality; nature; character

2xìngzhì 兴致[興-] N. interest; mood to enjoy

xìngzhì bié fèiyòng 性质别费用[-質---] N. <acct.> natural expenses

xìngzhìbóbó 兴致勃勃[興-] F.E. full of zest/enthusiasm

xíngzhǐbùmíng 行止不明 F.E. whereabouts unknown

xìngzhì dòngcí 性质动词[-質動-] N. <lg.> quality verb

xíngzhì gǔpǔ 形制古朴[-樸] V.P. a design of primitive simplicity

xìngzhìnèi dòngcí 性质内动词[-質-動-] N. <lg.> quality intransitive verb

xìngzhìshàng de 性质上的[-質--] ATTR. <lg.> qualitative

xìngzhīshi 性知识[-識] N. sex knowledge

xìngzhīsuǒzhì 兴之所致[興-] F.E. when the mood sets in; when one is in high spirits

xìngzhìwài dòngcí 性质外动词[-質-動-] N. <lg.> quality transitive verb

xìngzhì xíngróngcí 性质形容词[-質---] N. <lg.> quality adjective

xíngzhǐyǒukuī 行止有亏[-虧] F.E. His conduct has some shortcomings.

xíngzhīyǒuxiào 行之有效 F.E. effective in practice

xíngzhǒng 刑种[-種] N. kinds of punishment

Xīngzhōnghuì 兴中会[興-] N. predecessor of the KMT

Xīngzhōu* 星洲/州 P.W. Singapore

xíngzhōu 行舟 V.O. sail a boat

xìngzhōuqī 性周期 N. sexual cycle

xīngzhǔ 星主 N. <trad.> minister/etc. who possesses a star in the sky and is capable of controlling the country

xīngzhù* 兴筑[興築] V. build; construct

xìngzhuǎnbiàn 性转变[-轉變] N. sex reversal

xīngzhuàng 星状[-狀] ATTR. starlike; stellate

xíngzhuāng 行装[-裝] N. outfit for a journey; luggage

1xíngzhuàng* 形状[-狀] N. form; appearance; shape

2xíngzhuàng 行状[-狀] N. <trad.> ① brief obituary ② brief biography of the deceased

xìngzhuàng 性状[-狀] N. shape and properties; character

xíngzhuāngfǔxiè 行装甫卸[-裝--] F.E. have just concluded a homeward journey

xīngzhuàngtǐ 星状体[-狀體] N. star-shaped object

xíngzhūbǐmò 形诸笔墨[--筆-] F.E. ① commit to writing ② It's written out.

xíngzhuóyánqīng 行浊言清[-濁--] F.E. stainless in words but foul in deeds

xīngzi 星子 N. ① <coll.> fleck; speck ② <astr.> planetesimal

xíngzī 行资 N. traveling expenses

1xìngzi* 性子 N. ① temper ② strength; potency ③ disposition

2xìngzi 杏子 N. apricot

xìngzìyóu 性自由 N. <loan> sexual freedom

xíngzōng 行踪[-蹤] N. ① whereabouts; track ② behavior; conduct

xíngzōngbùdìng 行踪不定[-蹤--] F.E. whereabouts unknown; here today and gone tomorrow

xíngzōngbùmíng 行踪不明[-蹤--] F.E. whereabouts unknown

xíngzōngguǐmì 形踪诡秘[-蹤--] F.E. ①of dubious background ② secret in one's movements

xíngzōngpiāohū 行踪飘忽[-蹤--] F.E. travel here and there without a fixed itinerary; have no definite time of coming and going

X

xíngzǒu 行走 V. ① walk; go about ② have some connection/relationship ♦N. <trad.> part-time worker in a government office
xìngzuìcuò 性罪错 N. sex-related crimes and misdeeds
[1]**xīngzuò** 星座 N. <astr.> constellation
[2]**xīngzuò** 兴作[興-] V. build; found
xíngzuǒshíyòu 形左实右[--實-] F.E. <pol.> "Left" in form but "Right" in essence
xīnhǎi 心海 N. the vast inner world of one's feelings
xīnhài* 辛亥 N. 48th year of the Sexagenary Cycle (1911, 1971, 2031 etc.)
Xīnhài Gémìng 辛亥革命 N. <hist.> 1911 Revolution
xīnhán 心寒 S.V. <topo.> bitterly disappointed
xìnhán* 信函 N. letter M: [2]fēng
Xīnhǎnbùshí'ěr 新罕布什尔 P.W. New Hampshire
xīnhánchǐlěng 心寒齿冷[--齒-] F.E. be bitterly disappointed
xīnhándǎnqiè 心寒胆怯[--膽-] F.E. shuddering and fearful
xīnhánmáoshù 心寒毛竖[-豎] F.E. The heart shudders and the hair stands on end.
xìnhào(r) 信号(儿)[-號-] N. signal
xìnhàobīng 信号兵[-號-] N. signalman M: ge/[1]míng/[2]wèi
xìnhào cìjī 信号刺激[-號--] N. <psy.> signal stimulus
xìnhàodàn 信号弹[-號-] N. signal flare M: [1]kē
xìnhàodēng 信号灯[-號燈] N. ① signal lamp ② semaphore M: [1]zhǎn
xìnhàojī 信号机[-號-] N. signal device M: [1]tái
xìnhàoqí 信号旗[-號-] N. signal flag; semaphore M: [1]miàn
xìnhàoqiāng 信号枪[-號槍] N. <mil.> flare pistol; signal pistol M: [1]bǎ
xìnhàotǎ 信号塔[-號-] P.W. signal tower M: [4]zuò
xìnhàotái 信号台[-號臺] P.W. signal station M: [4]zuò
xìnhào xìtǒng 信号系统[-號--] N. signal system
xìnhàoxué 信号学[-號-] N. symbolization
xīnhēishǒulà 心黑手辣 F.E. black-hearted and cruel
xīnhěn 心狠 S.V. cruel; merciless
xīnhěnshǒulà 心狠手辣 F.E. cruel and merciless
xīnhěnyìdú 心狠意毒 F.E. cruel and merciless
xīnhóngsìhuǒ 心红似火 F.E. One's heart is as red as fire.
xīnhuá 锌华[-華] N. <chem.> zinc oxide
xīnhuà* 心画[-畫] N. letter; character; language
xīnhuái 心怀[-懷] V. harbor; entertain; cherish ♦N. ① intention; purpose ② state of mind; mood
xīnhuáibùguǐ 心怀不轨[-懷--] F.E. cherish/harbor evil designs
xīnhuáibùmǎn 心怀不满[-懷--] F.E. nurse a grievance
xīnhuáibùpíng 心怀不平[-懷--] F.E. feel aggrieved
xīnhuáibùshàn 心怀不善[-懷--] F.E. cherish evil thoughts
xīnhuáichóuhèn 心怀仇恨[-懷--] F.E. nurse hatred in one's heart
xīnhuáidíyì 心怀敌意[-懷敵-] F.E. have evil intentions
xīnhuái'èryì 心怀二意[-懷--] F.E. harbor disloyal sentiments
xīnhuáiguǐtāi 心怀鬼胎[-懷--] F.E. have ulterior motives
xīnhuáipǒcè 心怀叵测[-懷--] F.E. harbor dark designs; have an evil intent towards. . .
xīnhuān 新欢[-歡] N. new sweetheart/lover M: ge/[1]míng/[2]wèi
xīnhuāng 心慌 S.V. flustered; nervous; alarmed ♦V.P. <topo.> palpitate
xīnhuāngyìluàn 心慌意乱[-亂] F.E. be alarmed and nervous
xīnhuānùfàng 心花怒放 F.E. be elated
Xīnhuáshè 新华社[-華-] P.W. Xinhua News Agency
xīnhuāyàng 新花样[-樣] N. new style/pattern/etc.; newfangled thing(s)
xīnhuī* 心灰 N. discouragement; depression
xìnhuì 信汇[-匯] N. money order; mail transfer (M/T)
xīnhuīyìlǎn 心灰意懒 F.E. be disheartened; feel discouraged/hopeless
xīnhuīyìlěng 心灰意冷 *See xīnhuīyìlǎn*
xīnhuíyìzhuǎn 心回意转[-轉] F.E. ① repent; start a new life ② change one's mind/heart
xīnhūn* 新婚 ATTR. newly married; newlywed
xīnhún 心魂 N. mind
xīnhūn bùrú jiǔbié 新婚不如久别 F.E. Reunion after a long separation is better than a wedding night.
xīnhūn fūfù 新婚夫妇[-婦] N. a newly married couple; newlyweds M: [1]duì
xīnhūnlǚxíng 新婚旅行 F.E. honeymoon tour M: cì
xīnhūnyàn'ěr 新婚燕尔 F.E. ① newlyweds ② happy wedding
xīnhuó 心活 V.P. be indecisive and changeable
[1]**xīnhuǒ** 心火 N. ① <Ch. med.> internal heat ② the fidgets ③ pent-up fury/worries; hidden anger
[2]**xīnhuǒ** 薪火 N. ① torch ② torch of learning passed from master to student
xīnhuò* 新货 N. new goods
xīnhuǒshàngyán 心火上炎 F.E. <Ch. med.> fire of the cardiac system flaming upward
xīní 稀泥 N. thin mud
Xīní 悉尼 P.W. Sydney
xǐní 洗泥 V.O. give a dinner to welcome a distant visitor
xìnì* 细腻 S.V. ① fine and smooth ② exquisite; minute
[1]**xīnián** 昔年 N. <wr.> in former years
[2]**xīnián** 蜡年 N. <wr.> childhood years
xìniàn* 系念[繫-] V. <wr.> be concerned about
xǐniáng* 喜娘 N. <trad.> woman attendant serving as the bride's counsel M: ge/[1]míng/[2]wèi
xìniáng 细娘 N. cute young woman
xī niàntou 息念头 V.O. <wr.> give up the idea
xìniántǔ 细粘土 N. fine clay
xīniǎo 犀鸟 N. <zoo.> hornbill M: [2]zhī
xīníbèng 吸泥泵 N. dredge pump M: [1]tái
Xīníng 西宁[-寧] P.W. Xining (capital of Qinghai)
[1]**xīniú** 犀牛 N. <zoo.> rhinoceros M: [1]tóu
[2]**xīniú** 牺牛[犧-] N. sacrificial ox M: [1]tóu
xīniújiǎo 犀牛角 N. rhinoceros horn
xìnìzhìjí 细腻至极[-極] F.E. <wr.> fine/smooth to the utmost degree
[1]**xīnjī*** 心机 N. thinking; scheming
[2]**xīnjī** 心肌 N. <bio.> cardiac muscle; myocardium
[1]**xīnjí** 心急 S.V. impatient; short-tempered
[2]**xīnjí** 心疾 N. ① heart disease ② mental illness/ailment ♦V.P. feel ill at ease
xīnjǐ 薪给 N. salary
[1]**xīnjì** 心计 N. calculation; scheming; planning
[2]**xīnjì** 心迹[-跡] N. true state of mind; true motive/feeling
[3]**xīnjì** 心悸 N. ① <med.> palpitation ② <wr.> be scared
[4]**xīnjì** 新霁[-霽] N. clearing up (right after rain/snow)
xīnjiā 新家 P.W. new home
xīnjiān 心尖 N. ① <med.> tip of the heart; apex cordis ② bottom of one's heart (fig.) ③ <topo.> darling
xīnjiàn 新建 ATTR. new-built
xìnjiān 信笺[-箋] N. letter/writing paper M: [1]běn
xìnjiǎn 信简 N. letter; mail M: [2]fēng
xìnjiàn* 信件 N. letter; mail M: [2]fēng
xīnjiàn de 新建的 ATTR. newly established
Xīnjiāng* 新疆 P.W. Xinjiang
xīnjiàng 心匠 N. welding of ideas into plans
xīnjiàniáng 新嫁娘 N. bride M: ge/[1]míng/[2]wèi
xīnjiānrúshí 心坚如石[-堅--] F.E. One's heart is as firm as a rock.
xīnjiānshíchuān 心坚石穿[-堅--] F.E. ① determination can overcome all difficulties ② Where there's a will, there's a way
xīnjiànxīng 新见星 N. new star M: [1]kē
xīnjiānzi 心尖子 N. <coll.> darling; sweetheart
[1]**xīnjiāo** 心焦 S.V. anxious; worried
[2]**xīnjiāo** 新交 N. new acquaintance/friend M: ge/[1]míng/[2]wèi
[3]**xīnjiāo** 心交 N. close/intimate friend M: ge/[1]míng/[2]wèi
Xīnjiào 新教 N. Protestantism
xìnjiào* 信教 V.O. profess a religion
xīnjiāogùzhī 新交故知 F.E. new and old friends
xīnjiāoqì'ào 心骄气傲[-驕氣-] F.E. be arrogant and haughty
xīnjiǎotòng 心绞痛 N. <med.> angina pectoris
xīnjiàotú 新教徒 N. Protestant M: ge/[1]míng/[2]wèi
xìnjiào zìyóu 信教自由 N. religious freedom
Xīnjiāpō 新加坡 P.W. Singapore
xīnjì bùrú bǐjì 心记不如笔记[----筆-] V.P. A written record is better than trusting memory.
xīnjì bùrú mòjì 心记不如墨记 V.P. A mental note is not as good as a written one.
xīnjìdúlà 心计毒辣 F.E. The clever schemes are poisonous and cruel.
xīnjiě 心解 V.P. understand
xīnjiè* 新界 P.W. new territory
xīnjī gěngsè 心肌梗塞 N. <med.> myocardial infarction
xīnjíhuǒliǎo 心急火燎 F.E. burn with anxiety
xīnjìjiànwàng 心悸健忘 F.E. <Ch. med.> palpitation and amnesia
xīnjíkǒukuài 心急口快 F.E. impatient and outspoken
xīnjìlù 新记录[-錄] N. new record M: [1]fèn
xīnjīn 薪金 N. salary M: [2]bǐ
[1]**xīnjìn*** 新近 N. recently; lately; in recent times
[2]**xīnjìn(r)** 心劲(儿)[-勁-] N. ① thought; idea ② brains
[3]**xīnjìn** 新进[-進] ATTR. newly imported/hired/etc.
[1]**xīnjīng*** 心惊[-驚] V.P. be scared; be very worried
[2]**xīnjīng** 心经[-經] N. ① thought; mind ② Buddhist sutra of the heart of prajna
[3]**xīnjīng** 心旌 N. <wr.> nervous excitement; flurry
Xīnjīng 新经[-經] N. the New Testament
[1]**xīnjìng** 心境 N. state/frame of mind; mood
[2]**xīnjìng** 心静[-靜] V.P. be calm
[3]**xīnjìng** 心净[-淨] V.P. ① one's mind is pure ② cleared of worries; at ease
[4]**xīnjìng** 欣敬 V. pay glad homage to
[5]**xīnjìng** 心镜 N. <Budd.> the heart, mirror which lights up everything
xīnjìng bù hǎo 心境不好 V.P. be in a bad mood
xīnjīngdǎnliè 心惊胆裂[-驚膽-] F.E. utterly demoralized with fear
xīnjīngdǎnpà 心惊胆怕[-驚膽-] F.E. be filled with apprehension
xīnjīngdǎntiào 心惊胆跳[-驚膽-] F.E. be filled with apprehension
xīnjīngdǎnzhàn 心惊胆战[-驚膽戰] F.E. tremble with fear
xīnjìng dì zì liáng 心净地自凉[-淨--涼] F.E. When the mind is free of worries and cares, one will feel cooler(in hot weather).
xīnjìngjiè 新境界 N. frontier
xīn jīngjìxué 新经济学[-經濟-] N. new economics
xīnjīngròutiào 心惊肉跳[-驚--] F.E. shake with fear; be jumpy; have the jitters
xīnjīngyuàn zhéxué 新经院哲学[-經---] N. neo-scholasticism
xīnjìnhuǒchuán 薪尽火传[-盡-傳] F.E. learning/skill/etc. passing from master to student
xīnjìn rényuán 新进人员[-進--] N. newcomers; new recruits

xīnjìn yǐnyù 新近隐喻[--隱-] N. <lg.> recent metaphor
xīnjīnzhàng 薪金帐 N. <acct.> wage and salary books
xīnjírúfén 心急如焚 F.E. burn with impatience/anxiety
xīnjírúhuǒ 心急如火 F.E. burn with impatience/anxiety
xīnjìshù 新技术[-術] N. new (or up-to-date) technique M: [1]zhǒng
xīnjí shuǐ bù fèi 心急水不沸 F.E. A watched pot never boils.
xīnjí shuǐ bù kāi 心急水不开[-開] F.E. A watched pot never boils.
xīnjítuǐmàn 心急腿慢 F.E. the more impatient the slower the movement
xìnjítúnyú 信及豚鱼 ID. be famed for great faith
xīn-jiù 新旧[-舊] N. the old/conventional and the new
xīnjiùjiāotì 新旧交替[-舊--] F.E. transition from the old to the new
xīnjiùr 新旧儿[-舊-] N. degree of newness; how new/old sth. is
xīn-jiù shèhuì liǎngchóng tiān 新旧社会两重天[-舊-----] F.E. There is a world of difference between the old and the new society.
Xīn-Jiùyuē 新旧约[-舊-] N. Old and New Testaments
xīnjīyán 心肌炎 N. <med.> myocarditis
xīnjìyuán 新纪元 N. new era/epoch
xīnjū* 新居 P.W. new home/residence
[1]**xīnjù** 新句 N. original expression (in poetry)
[2]**xīnjù** 新剧[-劇] N. Western-style drama
xìnjù 信据[-據] N. ① reliable evidence; absolute proof ② evidence; proof M: [1]fèn
xīnjuān 新镌[-鐫] ATTR. newly published
xīn júmiàn 新局面 N. new situation/dimension; fresh progress
xīnjūn 新军 N. ① Western-style army at the end of Qing dynasty ② newly organized army
xìnjúzi 信局子 P.W. private mail-delivery firm before the post office system
[1]**xīnkāi** 新开[-開] ATTR. newly opened
[2]**xīnkāi** 心开[-開] V.P. have one's mind opened
xīnkāifā 新开发[-開發] ATTR. newly developed ♦N. new development
xīnkāimù 新开幕[-開-] ATTR. newly opened
xīnkāipì-dì 新开辟地[-開--] P.W. frontier
xín kāixīn 寻开心[尋開-] *See xún kāixīn*
xīnkān 新刊 N. newly published (of periodicals)
xīnkǎn(r)* 心坎(儿) N. bottom of one's heart *Zhè huà shuō dào wǒ ~ shang le.* These words touch me deeply.
xìnkào 信靠 V. trust
xīnkē 新科 ATTR. <trad.> newly admitted (through the imperial exams)
xīnkè* 新课 N. new course
xīnkěn 心肯 N. inner approval/assent
xīnkǒng 心孔 N. intellectual capacity
xīnkǒu* 心口 N. ① pit of the stomach ② one's utterances and real thoughts
xìnkǒu 信口 A.T. ①say one thing, think otherwise ② speak thoughtlessly
xīnkǒubùyī 心口不一 F.E. say what one doesn't think
xìnkǒucíhuáng 信口雌黄 F.E. make irresponsible remarks
xìnkǒu huídá 信口回答 V.P. answer casually
xìnkǒuhúshuō 信口胡说 F.E. talk nonsense
xìnkǒuhúzhōu 信口胡诌[--謅] F.E. speak thoughtlessly
xìnkǒukāihé 信口开河/合[--開-] F.E. talk irresponsibly
xīnkǒurúyī 心口如一 F.E. say what one thinks; be frank
xìnkǒu shuōchū 信口说出 V.P. blurt out
xīnkǒutòng 心口痛 N. stomachache; heartburn
xīnkǒuwōr 心口窝儿[--窩-] P.W. heart area
xīnkǔ 辛苦 S.V. hard; laborious ♦V. ① work hard ② endure hardship
xīnkuài 欣快 S.V. glad; joyful ♦N. <psy.> euphoria
xīnkuān 心宽[-寬] V.P. ① broad-minded; open-minded ② carefree; optimistic
xīnkuàng* 锌矿[-礦] N. zinc mine M: [4]zuò
xìnkuāng 信筐 N. out-tray M: ge/[2]zhī
xīnkuàngshényí 心旷神怡[-曠--] F.E. carefree and happy
xīnkuàngtǐpàng 心旷体胖[-曠體-] F.E. carefree and contented
xīnkuāntǐpán 心宽体胖[-寬體-] F.E. carefree and contented
xīnkǔfèi 辛苦费 N. gift of money paid to sb. for doing sth. requested M: [2]bǐ
xīnkuī 心亏[-虧] N. guilty conscience
xīnkuīlǐqiè 心亏理怯[-虧--] F.E. have a guilty conscience and an unjust cause
xīnkǔ zuòchéng 辛苦作成 V.P. arduously accomplish
xīnlà 辛辣 S.V. pungent; hot; bitter
xīnlái 新来 ATTR. just come/arrived
xìnlài* 信赖 V. trust; count on; have faith in
xīnláizhàdào 新来乍到 F.E. newly arrived
xīnláizhě 新来者 N. newcomer M: ge/[1]míng/[2]wèi
xīnláng 新郎 N. bridegroom M: ge/[1]míng/[2]wèi
xīn làngcháo 新浪潮 N. new trend/wave
xīnlángguān(r) 新郎官(儿) N. bridegroom M: ge/[1]míng/[2]wèi
[1]**xīnláo*** 辛劳[-勞] N./V. toil
[2]**xīnláo** 心劳[-勞] N. <med.> impairment of the heart caused by overstrain
xīn-lǎo 新老 N. the old and the new
xīnlǎojiāotì 新老交替 F.E. transmission of power/etc. from the old to the new
xīnláojìchù 心劳计绌[-勞--] F.E. rack one's brains in vain; be at one's wits' end
xīnláolìzhuō 心劳力拙[-勞--] F.E. feel tired in mind and exhausted in strength
xīnláorìzhuō 心劳日拙[-勞--] F.E. fare worse and worse for all one's scheming
xīnlàxìng 辛辣性 N. acidity
xīnli 心里[-裡] P.W./ADV. in the heart; in one's heart/mind
xīnlǐ* 心理 N. psychology; mentality
[1]**xīnlì** 心力 N. ① mental and physical effort ② force of character
[2]**xīnlì** 新历[-曆] N. solar calendar
xīnliángbànjié 心凉半截[-涼--] F.E. be stricken to the heart
xīnli ànxiào 心里暗笑[-裡--] F.E. laugh up one's sleeve
xīnliánxīn 心连心 V.P. heart linked to heart
xīn liánzhe xīn 心连着心[--著-] V.P. heart linked to heart
xīnli bēitòng 心里悲痛[-裡--] V.P. be sore at heart
xīnli bièniu 心里别扭[-裡--] V.P. feel out of sorts
xīnlǐ bìngtài 心理病态[-態] N. morbid state of mind
xīnli bù'ān 心里不安[-裡--] V.P. not feel at ease
xīnli bù ānshēng 心里不安生[-裡---] V.P. <coll.> troubled; in turmoil
xīnli chénzhòng 心里沉重[-裡--] V.P. weigh heavily on one's heart
xīnli dǎgǔ 心里打鼓[-裡--] V.P. ① be nervous/worried ② feel diffident
xīnli dǎpǔ 心里打谱[-裡--] V.P. <coll.> work out a plan in one's mind
xīnli fāmáo 心里发毛[-裡發-] V.P. feel nervous
xīnli fāmèn 心里发闷[-裡發-] V.P. ① feel a constriction in the heart ② be moody
xīnli fánmèn 心里烦闷[-裡--] F.E. be sick at heart
xīnlǐ fēnxi 心理分析 N. psychoanalysis
xīnlǐ fēnxijiā 心理分析家 N. <psy.> psychoanalyst M: ge/[1]míng/[2]wèi
xīnli hàipà 心里害怕[-裡--] V.P. be afraid at heart
xīnlihuà 心里话[-裡-] N. innermost thoughts and feelings *shuō ~* speak one's mind
xīnlǐ jiànshè 心理建设 N. mental readjustment
xīnlìjiāocuì 心力交瘁 F.E. be mentally and physically exhausted
xīnlijìnr 心里劲儿[-裡勁-] N. unexpressed negative feelings
xīnlǐ jìshù 心理技术[-術] N. <psy.> psychotechnology
xīnlì-jiùlì 新历旧历[-曆舊曆] N. ① solar and lunar calendars ② new and old calendars
xīnlǐjù 心理剧[-劇] N. psychodrama M: [1]chū
xīnli liàngtang qǐlai le 心里亮堂起来了[-裡-----] V.P. <coll.> began to comprehend
xīnlǐ liáofǎ 心理疗法[--療-] N. psychotherapy
xīnlǐměi 心里美[-裡-] N. a kind of sweet turnip with green peel and purple-red flesh ♦V.P. ① have a good heart ② happy; pleased
xīnli méi bìng 心里没病[-裡--] V.P. <coll.> have a clear conscience
xīnli méi dǐ(r) 心里没底(儿)[-裡---] V.P. <coll.> wishy-washy; indecisive; unsure
xīnli míngbai 心里明白[-裡--] V.P. be clear in one's mind
xīnli nánguò 心里难过[-裡難-] V.P. The heart is filled with pain.
xīnlíng* 心灵[-靈] N. ① heart; soul; spirit; mind ② psyche ♦V.P. clever; intelligent; quick-witted
xīnlǐng 心领 V. ① understand without verbal exchange ② appreciate sb.'s kind offer but have to decline
xīnlíng gǎnyìng(shù) 心灵感应(术)[-靈-應(術)] N. telepathy
xīnlínglùn 心灵论[-靈-] N. immaterialism
xīnlíngměi 心灵美[-靈-] V.P. have a beautiful heart
xīnlǐngshénhuì 心领神会 F.E. ① readily take a hint ② understood tacitly
xīnlíngshǒuqiǎo 心灵手巧[-靈--] F.E. clever and deft
xīnlíngxué 心灵学[-靈-] N. parapsychology
xīnlǐngyù 新领域 P.W. frontier; hinterland
xīnlíngzhǔyì 心灵主义[-靈-義] N. mentalism
xīnlíngzhǔyìzhě 心灵主义者[-靈-義-] N. <lg.> mentalist M: ge/[1]míng/[2]wèi
xīnli nìle 心里腻了[-裡--] V.P. <coll.> sick at heart; nauseated at
xīnli pánsuàn 心里盘算[-裡盤-] V.P. turn things over in one's mind
xīnlǐ shàng de 心理上的 ATTR. mental
xīnlǐ shēngwùxué 心理生物学 N. <psy.> psychobiology
xīnlǐ shízài 心理实在[--實-] N. <lg.> psychological reality
xīnlì shuāijié 心力衰竭 N. <med.> heart failure
xīnli shūtan 心里舒坦[-裡--] V.P. <coll.> be content
xīnli tāshi 心里塌实[-裡-實] V.P. <coll.> ① have a clear conscience ② be sure of oneself ③ feel at ease
xīnlǐ tèzhēng 心理特征[-徵] N. psychological trait
xīnlitou 心里头[-裡-] P.W. (in) one's heart
xīnli tuōdǐ 心里托低[-裡--] V.P. <coll.> be relaxed; be free from anxiety; be at ease
xīnlǐ wèishēng 心理卫生[--衛-] N. mental hygiene
xīnli wōhuǒ 心里窝火[-裡窩-] V.P. <coll.> seethe with anger
xīnlǐxì 心理系 N. department of psychology
xīnlǐ xiànxiàng 心理现象 N. psychological phenomenon
xīnlǐxué 心理学 N. psychology
xīnlǐxuéjiā 心理学家 N. psychologist M: ge/[1]míng/[2]wèi
xīnlǐxuéshǐ 心理学史 N. history of psychology M: [2]bù
xīnlǐxuéxì 心理学系 N. department of psychology
xīnli yī lèng 心里一愣[-裡--] V.P. <coll.> ① shocked ② The heart missed a beat.
xīnlǐ yīshēng 心理医生[--醫-] N. clinical psychologist M: ge/[1]míng/[2]wèi
xīnlǐ yìxiàng 心理意象 N. mental imagery

xīnli yǒudǐ 心里有底[-裡--] V.P. <*coll.*> be sure (about sth.)
xīnli yǒuguǐ 心里有鬼[-裡--] V.P. have ulterior motives
xīnli yǒupǔ 心里有谱[-裡--] V.P. have a plan in mind
xīnlǐ yǒushù 心理有数[-數] V.P. ① be aware of something but not speak out ② know very well in one's heart
xīnli yǒu yǎngzhàng 心里有仰仗[-裡---] V.P. <*coll.*> have moral support
xīnli yuè pà guǐ yuè lái 心里越怕鬼越来[-裡-----] V.P. The more you fear sth., the more likely it is to happen.
xīnli yùmèn 心里郁闷[-裡鬱-] F.E. feel depressed
xīnlǐ yǔyánxué 心理语言学 N. psycholinguistics
xīnli zhāgēn 心里扎根[-裡--] F.E. strike roots in one's heart
xīnlǐzhàn 心理战[-戰] N. psychological warfare M: [3]*cháng*
xīnlǐ zhìliáo 心理治疗[-療] N. psychotherapy
xīnlǐ zhǔyǔ 心理主语 N. <*lg.*> psychological subject
xīnlǐ zuòyòng 心理作用 N. imaginary perception; imagination; mental reaction
xīnlù(r) 心路(儿) N. ① scheme; artifice ② tolerance ③ intention; motive ④ train of thought <*coll.*> ⑤ brains; wit ⑥ ideas
[1]**xīnlǜ** 心律 N. <*med.*> rhythm of the heart; heart rate
[2]**xīnlǜ** 新绿 N. ① light green ② fresh foliage
[3]**xīnlǜ** 心率 N. heart rate
xīnluàn 心乱[-亂] V.P. be upset/distracted
xīnluànrúmá 心乱如麻[-亂--] F.E. be terribly upset
xīnlǜbùqí 心律不齐[-齊] F.E. <*med.*> arhythmia
xīnlüè 心略 N. scheming; scheme
xīnlǜqì 心律器 N. pacemaker M: [1]*tái*
xīnlùzi 新路子 N. new method/approach/path M: [1]*tiáo*
Xīn-Mǎ 新马 P.W. Singapore and Malaysia
xìnmǎ* 信码 N. <*lg.*> code
xīnmáng 心盲 N. <*med.*> mental or psychic blindness
xīnmǎnyìzú 心满意足 F.E. be perfectly content/satisfied
xīnmǎo 辛卯 N. 28th year of the Sexagenary Cycle (1891, 1951, 2011 etc.)
xīnmào* 新貌 N. new look
xìnmǎyóujiāng 信马由缰[-韁] F.E. ① ride with lax reins ② give free rein to (one's imagination/etc.) ③ have no fixed opinion ④ stroll about aimlessly ⑤ act/do as one pleases
xīnméisù 新霉素 N. <*med.*> neomycin
xìnmén 囟门 N. <*phys.*> fontanel
xīnmí 心迷 V.P. be confused of mind; be puzzled.
xīnmǐ* 新米 N. fresh rice; newly harvested rice
xìnmí 信迷 V.O. be superstitious
xīn miànkǒng 新面孔 N. new face M: [1]*zhāng*
xìnmiàntūntàn 衅面吞炭[釁-] F.E. disguise oneself to seek vengeance
xīnmiáo 新苗 N. ① bud; young shoots/sprouts ② promising youth/successor M: [2]*kē*
xīnmín 新民 N. the new people (of a new time)
xìnmìng 信命 V.O. believe in fate
xīn míngcí 新名词 N. <*lg.*> new term; neologism
xīnmíngrújìng 心明如镜 F.E. ① devoid of personal emotions/feelings ② One's mind is as clear as a mirror.
xīnmíngyǎnliàng 心明眼亮 F.E. ① see and think clearly ② be frank
xīn mínzhǔzhǔyì 新民主主义[-義] N. new democracy
xīn mínzhǔzhǔyì gémìng 新民主主义革命[----義--] N. new democratic revolution
Xīnmòxīgē 新墨西哥 P.W. New Mexico
[1]**xīnmù** 心目 N. ① mood; frame of mind ② memory ③ mind; mental view ④ mind's eye
[2]**xīnmù** 欣/歆慕 V. <*wr.*> admire
xīnmùshǒuzhuī 心慕手追 F.E. emulate sb. whom one admires
xīnmù zhōng 心目中 P.W. ① in one's heart/mind; in one's mental view ② in one's memory
xīnnáng 心囊 N. <*phys.*> pericardium
xīnnángyán 心囊炎 N. <*med.*> pericarditis
xínnào 寻闹[尋鬧] *See xúnnào*
xìnnǎoménr 囟脑门儿[-腦--] N. <*phys.*> fontanel
xīnnèimó 心内膜 N. <*phys.*> endocardium
xīn néngyuán 新能源 N. new energy resources
xīnnián* 新年 N. New Year
xīnniàn 心念 N. ① thought ② idea
xìnniàn 信念 N. faith; belief; conviction
xīnniáng(zi) 新娘(子) N. bride M: *ge*/[1]*míng*/[2]*wèi*
xīnniángzhuāng 新娘装[-裝] N. bride's wedding dress M: [2]*jiàn*/*tào*
xìnniàn xìtǒng 信念系统 N. <*lg.*> belief system
xìnniǎo 信鸟 N. a kind of sea gull M: [2]*zhī*
xìnnǚ 信女 N. <*Budd.*> ① devout women ② female believer M: *ge*/[1]*míng*/[2]*wèi*
xīn nǚxìng 新女性 N. <*trad.*> new woman (early 20th-century term for a woman with progressive ideas) M: *ge*/[1]*míng*/[2]*wèi*
xīnóng 醯酞[-醲] V.P. <*wr.*> highly flavored
XīNóng 羲农[-農] N. <*hist.*> legendary rulers Fu Xi and Shen Nong
xīnòng 嬉弄 V. <*wr.*> rollick
xìnòng* 戏弄[戲-] V. make fun of; play tricks on; tease ***Tā zài ~ nǐ.*** He's kidding you! ♦N. prank
xīnpài* 新派 N. fashion leaders
xìnpái 信牌 N. identification sign used in delivering official messages
xīnpài yǔfǎjiā 新派语法家 N. neogrammarian M: *ge*/[1]*míng*/[2]*wèi*
xìnpào 信炮 N. gun signal for daybreak
xīn pēngpēng tiào 心怦怦跳//心砰砰跳 V.P. The heart thumped wildly.
xīnpí 心皮 N. <*bot.*> carpel
xìnpí(r)* 信皮(儿) N. <*coll.*> envelope
[1]**xīnpiàn*** 新片 N. new movie M: [2]*bù*
[2]**xīnpiàn** 芯片 N. chip; wafer
[3]**xīnpiàn** 锌片 N. <*med.*> zinc supplementary pills
xìnpiàn 信片 N. postcard M: [1]*zhāng*
xīnpiàn yùgào 新片预告 N. notice announcing upcoming films; movie preview
xīn piānzhāng 新篇章 N. new page/chapter M: [2]*bù*
xīnpì de 新辟的 ATTR. newly established
xīnpíliǎngxū 心脾两虚[-虛] F.E. <*Ch. med.*> heart-spleen deficiency
xīnpǐndiéchū 新品迭出 F.E. New varieties are introduced one after another.
xīnpíngqìhé 心平气和[--氣-] F.E. ① even-tempered and good-humored ② be perfectly calm
xīn píng zhuāng jiù jiǔ 新瓶装旧酒[--裝舊-] ID. old wine in new bottles
xīn pǐnzhǒng 新品种[-種] N. new strain
xīn pīpíng 新批评 N. the new criticism
xīn pīpíng pài 新批评派 N. the new school of criticism
xīnpò 心魄 N. soul
xīnqī 心期 N. ① what one secretly aspires to ② mutual approval/admiration
[1]**xīnqí*** 新奇 S.V. strange; novel; new
[2]**xīnqí** 心齐[-齊] V.P. be united in spirit ***Wǒmen dàjiā xīn hěn qí.*** We are of one heart and mind. ***~ lìliang dà.*** In union there is strength.
xīnqǐ 欣企 V. <*wr.*> look forward to
[1]**xīnqì(r)** 心气(儿)[-氣-] N. ① intention ② will ③ state of mind; (open or narrow) mindedness ④ ambition; aspiration ⑤ <*Ch. med.*> strength of heartbeat
[2]**xīnqì** 心契 N. ① bosom friend ② team work
xínqián de 寻钱的[尋錢-] N. beggar
xīnqiǎo 新巧 S.V. novel and exquisite
xīnqiào(r)* 心窍(儿)[-竅-] N. capacity for clear thinking
xīnqiǎolínglóng 心巧玲珑 F.E. very quick of mind
xīnqì bù shùn 心气不顺[-氣--] V.P. in a bad mood
[1]**xīnqiè** 心切 V.P. eager; anxious
[2]**xīnqiè** 心怯 V.P. afraid
xīnqiènányán 心怯难言[--難-] F.E. be timid and inarticulate
xīnqì gāo 心气高[-氣-] V.P. have high aspirations
xīnqín 辛勤 S.V. industrious; hardworking
[1]**xīnqíng** 心情 N. frame/state of mind; mood
[2]**xīnqíng** 新晴 V.P. newly cleared (of sky)
xīnqíng bùjiā 心情不佳 V.P. in low spirits
xīnqíng chénzhòng 心情沉重 V.P. with a heavy heart
xīnqínghuānchàng 心情欢畅[-歡暢] F.E. be filled with joy
xīnqínghuòdá 心情豁达[-達] F.E. liberal in affection
xīn qīngnián* 新青年 N. youths of new ideas/fashion/etc. ***See also*** *Xīn Qīngnián*
Xīn Qīngnián 新青年 N. an influential magazine in the 1920's and 30's ***See also*** *xīn qīngnián*
xīnqíngshūchàng 心情舒畅[-暢] F.E. ① have ease of mind ② be free from anxiety
xīnqíng yúkuài 心情愉快 V.P. in a good mood
xīnqiū 新秋 N. early autumn
xīn qìxiàng 新气象[-氣-] N. new atmosphere/scene
xìnqǐxiāoqiáng 衅起萧墙[釁-蕭牆] F.E. There is internal strife.
xīnqǐyítuán 心起疑团[-團] F.E. arouse one's suspicion
xīnqì zhǎi 心气窄[-氣-] V.P. narrow-minded
xīnqū* 新区[-區] P.W. ① newly developed area; newly added district ② newly liberated area
[1]**xīnqǔ** 心曲 N. ① <*wr.*> innermost being; mind ② sth. weighing on one's mind
[2]**xīnqǔ** 新曲 N. new music/song M: [2]*shǒu*/[4]*zhī*
xīnqùnánliú 心去难留[--難-] F.E. difficult to keep sb. against his will
xīnqù rénnánliú 心去人难留[---難-] F.E. You can't hold on to sb. who insists on leaving.
xìnr 信儿 N. information; news
xīnrán* 欣然 ADV. <*wr.*> joyfully; with pleasure
xìnrán 信然 ADV. ① <*wr.*> indeed ② <*wr.*> true; really so
xīnráncóngmìng 欣然从命[--從-] F.E. obey without reluctance
xìnrángr 信瓤儿 N. <*topo.*> letter enclosed in an envelope
xīnránjiēshòu 欣然接受 F.E. accept with pleasure
xīnránlǐngnuò 欣然领诺 F.E. accept with enthusiasm
xīnránmìngbǐ 欣然命笔[-筆] F.E. ① write as inspiration dictates ② be happy to start writing
xīnrányìngchéng 欣然应承[--應-] F.E. jump at the offer
xīnránzìdé 欣然自得 F.E. proud and self-satisfied
xīnrén(r) 新人(儿) N. ① people of a new type ② new personality/talent ③ newlywed ④ bride or bridegroom ⑤ Homo sapiens M: *ge*/[1]*míng*/[2]*wèi*
xīnrèn 新任 ATTR. newly appointed ♦N. new appointment
xìnrén 信人 N. honest/sincere/trustworthy person M: *ge*/[1]*míng*/[2]*wèi*
xìnrèn* 信任 V. trust; have confidence in
xīnrénbèichū 新人辈出 F.E. More and more people of a new type will come to the fore.
xīnrénfáng 新人房 P.W. room of a newly married couple M: [1]*jiān*
xīn rénkǒulùn 新人口论 N. <*PRC*> new population theory (advanced by Ma Yinchu in 1957)
xīn rénshēngguān 新人生观[-觀] N. new outlook on life; new view toward life
xìnrèn tóupiào 信任投票 N. vote of confidence

X

xīn rénwénzhǔyì 新人文主义[-義] N. new humanism
xīn rénwù 新人物 N. ① newcomer ② persons of new ideas M: *ge/[1]míng/[2]wèi*
xīnrén-xīnshì 新人新事 N. new people and things; new people and new happenings
xìnrènzhuàng 信任状[-狀] N. letter of credence; credentials M: *[1]fèn*
xīnróng 欣荣[-榮] V.P. flourishing; prosperous
xīnruǎn 心软 V.P. be softhearted; tenderhearted
xīnruǎn'érkū 心软而哭 F.E. melt into tears
xīnrúbīngtàn 心如冰炭 F.E. be heartless and cold as ice
xīnrúdāocì 心如刀刺 F.E. feel as if a knife were piercing the heart
xīnrúdāogē 心如刀割 F.E. ① be heartbroken ② be touched to the quick
xīnrúdāojiǎo 心如刀绞 F.E. feel as if a knife were being twisted in one's heart
xīnrúdāozhā 心如刀扎 F.E. One's heart seems pierced with a knife.
xīnrúgǔncháo 心如滚潮[--滾-] F.E. One's mind is in a tumult.
xīnrúhuǒfén 心如火焚 F.E. One's heart is afire.
xīnruì 新锐 N. newly displayed talent
xīnrújīnshíjiān 心如金石坚[-堅] F.E. The heart is as constant as metal and stone.
xīnrúkūjǐng 心如枯井 F.E. lose all hope
xīnrúlěikuài 心如累块[-塊] F.E. weighed down by anxious cares
xīnrúshéxiē 心如蛇蝎 F.E. have the heart of a scorpion
xīnrúshíchén 心如石沉 F.E. lose all hope
xīnrúsǐhuī 心如死灰 F.E. ①hopelessly apathetic ② One's heart is like dead ashes.
xīnrútiěshí 心如铁石[--鐵-] F.E. be stony-hearted; be hard-hearted
xīnrúxuánjīng 心如悬旌[--懸-] F.E. One's mind is in a whirl.
xīnrúxuánzhōng 心如悬钟[-懸鐘] F.E. be on tenterhooks
xīnrúxué 新儒学 N. Neo-Confucianism
xīnrúxuéjiā 新儒学家 N. Neo-Confucianist M: *ge/[1]míng/[2]wèi*
xīnrúzhēnzhā 心如针扎 F.E. feel as if pricked to the heart
xīnrúzhǐshuǐ 心如止水 F.E. ① a heart without worries/cares ② One's mind settled as still water
xīnsàngqìjǔ 心丧气沮[-喪氣-] F.E. The heart mourns and the spirit droops.
xīnshàn 心善 N. a kind heart ♦S.V. kindhearted
xīnshang 心上 P.W. in the heart; at heart
xīnshāng 心伤[-傷] V.P. <*wr.*> feel hurt/sad
xīnshǎng* 欣赏 V. appreciate; enjoy; admire
xìnshǎngbìfá 信赏必罚 F.E. impartially reward merit and punish offenses
xīn shàng de gēda 心上的疙瘩 N. <*coll.*> trouble in one's heart
xīnshǎnglì 欣赏力 N. ability to appreciate sth.
xīnshàngrén 心上人 N. sweetheart M: *ge/[1]míng/[2]wèi*
xīnshǎngxìng yuèdú lǐjiě 欣赏性阅读理解[----讀--] N. <*lg.*> appreciative comprehension
xīnshànmiànlěng 心善面冷 F.E. A cold demeanor belies a heart of gold.
xīnshè 新设 ATTR. newly established/inaugurated/activated
xīn shèhuì 新社会 N. <*PRC*> new society (post-1949)
xīn-shēn 心身 N. mind and body ♦ATTR. psychosomatic
xīnshén* 心神 N. ① (state of) mind ② attention ③ <*Ch. med.*> psychic constitution; mind
xìnshén 信神 V.O. believe in God
xīnshénbìng 心神病 N. mental disorder
xīnshénbùdìng 心神不定 V.P. feel uneasy in one's mind; feel restless; be disturbed; feel ill at ease
xīnshénbùjì 心神不羁 F.E. difficult to concentrate one's mind on sth.
xīnshènbùjiāo 心肾不交[-腎--] F.E. <*Ch. med.*> cardiac and renal systems not in contact
xīnshén bùníng 心神不宁[-寧] V.P. feel ill-at-ease
xīnshén diāndǎo 心神颠倒 V.P. be utterly confused
[1]xīnshēng* 新生 N. ① new life; rebirth; regeneration ② new student M: *ge/[1]míng/[2]wèi* ♦ATTR. newborn; newly born
[2]xīnshēng 心声[-聲] N. ① heartfelt wish; aspiration; thinking ② expression of one's thoughts
[3]xīnshēng 新声[-聲] N. ① new voice/opinion ② new music/songs
xīnshèng 心盛 V.P. ① <*coll.*> be ambitious ***Tā xīn hěn shèng.*** He's very ambitious. ② in high spirits; enthusiastic
Xīnshēngdài 新生代 N. <*geol.*> Cenozoic Era
xīnshēngdì 新生地 P.W. reclaimed/tidal land
xīnshēng'ér 新生儿 N. ① newborn ② rebirth; new life; regeneration M: *ge/[1]míng*
xīnshēng gōngyè 新生工业[--業] N. infant industry
Xīnshēnghuó Yùndòng 新生活运动[-運動] N. <*hist.*> New Life Movement (started February 19, 1934 by Chiang Kai-shek) M: *[3]cháng*
Xīnshēngjiè 新生界 N. ① <*geol.*> Cenozoic Era ② new generation
xīnshēng lìliàng 新生力量 N. newly emerging force
xīnshēngmìng 新生命 N. new life
xīnshēng shìwù 新生事物 N. novelty
xīnshēngyījì 心生一计 F.E. hit upon an idea
xīnshénhuǎnghū 心神恍惚 F.E. perturbed; perturbed in mind
xīnshén lǐnghuì 心神领会 V.P. understand tacitly
xīnshén sàngshī 心神丧失[--喪-] V.P. lose one's mind
xīnshēnzhèng 心身症 N. <*med.*> psychosomatic disease
xīnshi 心事 N. ① weight on one's mind; worry ② secrets in one's mind
xīnshī 新诗 N. ① free verse written in the vernacular ② a new poem M: *[2]shǒu*
xīnshí 心实[-實] V.P. honest; truthful
[1]xīnshì* 新式 ATTR. new-style
[2]xīnshì 心室 N. <*phys.*> ventricle
[3]xīnshì(r) 新事(儿) N. new/modern things M: *[2]jiàn*
[4]xīnshì 新市 N. new market M: *[4]zuò*
[5]xīnshì 辛螫 V.P. ① painfully sting ② suffering from punishment
[1]xìnshí 信实[-實] V. believe sth. to be true; trust ♦V.P. trustworthy; honest; reliable
[2]xìnshí 信石 N. arsenic
[1]xìnshǐ 信使 N. courier; messenger M: *ge/[1]míng/[2]wèi*
[2]xìnshǐ 信史 N. true/authentic history M: *[2]bù*
[1]xìnshì 信誓 N. faithful oaths/pledges
[2]xìnshì 信士 N. ① male Buddhist devotee; believer; follower of religion ② <*wr.*> a man of his word; a man of honor M: *ge/[1]míng/[2]wèi*
xīnshìchóngchóng 心事重重 F.E. be laden with anxiety; be weighed down with care
xīn shídài 新时代[-時-] N. new era
xìnshìdàndàn 信誓旦旦 F.E. pledge; vow solemnly (usu. of lovers)
Xīn shìjiè 新世界 P.W. the New World
xīnshì pīnfǎ 新式拚法 N. <*lg.*> new spelling
xīn shíqī 新时期[-時-] N. the new period
Xīnshíqì Shídài 新石器时代[---時-] N. Neolithic Age
Xīnshíqì wénhuà 新石器文化 N. <*archeo.*> Neolithic cultures
xìnshǐwǎnghuán 信使往还[-還] F.E. exchange of correspondence and emissaries
xīn shìwù 新事物 N. newly emerging thing M: *[1]jiàn*
xīnshì xiānchàn 心室纤颤[--纖-] N. <*med.*> ventricular fibrillation
xīnshì xīnbàn 新事新办[-辦] N. new-style wedding management
xīn shízàilùn 新实在论[-實--] N. new realism; neorealism
xīn shì-zhèn 新市镇 P.W. new town; satellite city/town M: *[4]zuò*
xīnshǒu(r)* 新手(儿) N. new hand; raw recruit M: *ge/[1]míng/[2]wèi*
[1]xìnshǒu 信守 V. abide/stand by
[2]xìnshǒu 信手 ADV. conveniently; spontaneously; effortlessly
xìnshǒubùqì 信守不弃[-棄] F.E. be unswervingly faithful
xìnshǒubùyú 信守不渝 F.E. be unswervingly true/faithful (to one's promise/etc.)
xīnshōuchéng 新收成 N. new crop
xìnshǒuniānlái 信手拈来 F.E. ①get sth. without effort ② have material at one's fingertips and write freely; write freely without too much hesitation ③ pick at random
xìnshǒu nuòyán 信守诺言 V.O. keep a promise
xīnshǒuxiāngyìng 心手相应[-應] F.E. ① the hand responding perfectly to the mind; mind and hand in accord ② amazingly skillful
xīnshū* 新书[-書] N. ① new book ② just-published book M: *[1]běn/[4]cè*
[1]xīnshù 心术[-術] N. ① intention; design ② calculation; planning
[2]xīnshù 心数[-數] N. scheming; planning
[3]xīnshù 心树[-樹] N. <*Budd.*> thought (which grows like a tree)
xīnshùbùzhèng 心术不正[-術--] F.E. harbor evil intentions
xīnshui* 薪水 N. salary; wages
xīnshuǐ 心水 N. <*med.*> edema involving the heart
xìnshuǐ 信水 N. <*wr.*> menstruation
xīnshuǐ jiējí 薪水阶级[--階-] N. white-collar working class
xīnshū mùlù 新书目录[-書-錄] N. accession catalogue M: *[2]bù/[1]běn*
xīnshùn 心顺 V.P. in a good mood
xīnshuō 心说 V. think to oneself
xīnshūyā 心舒压[-壓] N. diastolic pressure
xīnshū yàngběn 新书样本[-書樣-] N. advance copy M: *[1]běn/[4]cè*
xīnsi* 心思 N. ①thought; idea ***Méi rén zhīdao tā de ~.*** Nobody knows what he thinks. ②thinking ③ state of mind; mood ④ intentions
xīnsǐ 心死 V.P. ① be hopeless/desperate/demoralized ② be shameless/barefaced
xīnsì 辛巳 N. 18th year of the Sexagenary Cycle (1881, 1941, 2001 etc.)
xínsi 寻思[尋-] *See xúnsi*
xínsǐ 寻死[尋-] *See xúnsǐ*
xīn sìhàozì 新四号字[--號-] N. <*print.*> pica
Xīnsìjūn 新四军 N. New Fourth Army
xínsǐmìhuó 寻死觅活[尋-] *See xúnsǐmìhuó*
xīnsīmǐnjié 心思敏捷 F.E. be smart and flexible
xīn sīxiǎng 新思想 N. new/modern thoughts/thinking
xínsīyījì 寻思一计[尋-] *See xúnsīyījì*
xìnsù 信宿 N. <*wr.*> a stay of two consecutive nights; two nights' time
[1]xīnsuān* 辛酸 S.V. bitter; miserable ♦N. hardship
[2]xīnsuān 心酸 V.P. ① be grieved; feel sad ② be disappointed in
xīnsuàn 心算 N. mental arithmetic ♦V. calculate mentally
xīnsuàn gāoshǒu 心算高手 N. lightning calculator M: *ge/[1]míng/[2]wèi*
xīnsuānlèi 辛酸泪[-淚] N. hot and bitter tears
xīnsuānwǎngshì 心酸往事 F.E. sad/poignant memories
xīnsuǐ 心髓 N. innermost feelings
[1]xīnsuì* 心碎 V.P. be heart-broken
[2]xīnsuì 新岁[-歲] N. beginning of a year; a new year
xínsùr 寻宿儿[尋-] *See xúnsùr*
xīntài 心态[-態] N. ① psychology ② way of thinking ③ mentality

xīn Táibì 新台币[-臺幣] N. the New Taiwan Dollar (NT$)
xīntāi'ér 新胎儿 N. neofetus
xīn-tàncái 薪炭材 N. firewood; fuel wood
Xīn Táng 新唐 N. a journal of romanized Chinese published during the 80s
xīn-tànlín 薪炭林 N. forest for firewood/charcoal
xìntàor 信套儿 N. envelope
xīntè 新特 N. <wr.> one's new mate/match
xīnténg 心疼 S.V./V. ① love dearly ② feel sorry; be distressed
xīntǐ 新体[-體] N. new style
xīntián* 心田 N. ① heart ② intention
xìntiān 焮天 ADV. fiercely burning
xīn tiāndì 新天地 P.W. frontier; new field M: [1]piàn
xīntiánqìhé 心恬气和[--氣-] F.E. a pleasant peaceful frame of mind
xìntiānwēng 信天翁 N. albatross M: [2]zhī
xìntiānyóu 信天游 N. a kind of Shaanxi local melody M: [2]shǒu
xīntiào* 心跳 V.P. ① palpitate ② heartbeat
xìntiáo 信条[-條] N. precept; tenet
xīntiàokǒutiào 心跳口跳 F.E. be in an extreme hurry
xīntíngduìqì 新亭对泣[--對-] ID. ① worry about the unsettled affairs of state ② long for one's motherland
xīntìr 新屉儿[-屜-] N. fresh from the oven (of food)
xīntǐshī 新体诗[-體-] N. modern poetry M: [2]shǒu
xīntòng* 心痛 S.V. ① love dearly ② feel sorry/distressed ③ cardiac pain
xìntǒng(zi) 信筒(子) N. pillar-box; mailbox M: ge/[4]zuò
xīntònggrújiǎo 心痛如绞 F.E. have an excruciating pain in the chest
xīntòngyùsuì 心痛欲碎 F.E. One's heart is breaking.
xīntóu 心头 N. mind; heart
xīntóuhèn 心头恨 N. rankling hatred
xīntóuhuǒqǐ 心头火起 F.E. burn with anger; One's heart burns.
xīntóuròu 心头肉 N. favorite M: [2]kuài
xīntóushíluò 心头石落 F.E. as if a heavy stone had been removed from the pit of one's stomach
xīntóuxiǎolù 心头小鹿 F.E. with a throbbing heart
xīntóuyìhé 心投意合 F.E. be in perfect agreement; be of the same opinion; hit it off perfectly
[1]**xīntǔ** 新土 N. earth freshly dug up
[2]**xīntǔ** 心土 N. <agric.> subsoil
xìntú* 信徒 N. believer; disciple M: ge/[1]míng/[2]wèi
xìntuō 信托 V. trust; entrust
xìntuō cúnkuǎn 信托存款 N. <acct.> trust deposits
xìntuō fàngkuǎn 信托放款 N. <acct.> outside loan
xìntuō gōngsī 信托公司 P.W. trust company M: [1]jiā
xìntuō jījīn 信托基金 N. <acct.> trust fund M: [2]bǐ
xìntuōjú 信托局 P.W. trust bureau/agent
xìntuō shāngdiàn 信托商店 P.W. commission shop/agent M: [1]jiā
xìntuō tóuzī gōngsī 信托投资公司 P.W. trust and investment company
xìntuō zījīn 信托资金 N. trust capital M: [2]bǐ
[1]**xīnú** 奚奴 N. <trad.> boy servant
[2]**xīnú** 锡奴 N. <wr.> tin footwarmer filled with hot water
xīnù* 息怒 V.O. calm one's anger
xīnǚ 息女 N. <wr.> one's own daughter
xǐnù'āilè 喜怒哀乐[-樂] F.E. the gamut of human emotions
xǐ-nù bù xíng yú sè 喜怒不形于色[----於-] F.E. poker-faced; expressionless
xǐnùwúcháng 喜怒无常 F.E. subject to changing moods
xìnwài 信外 ADV. accompanying the letter
xìnwàng 信望 N. prestige
xīnwánzhí 辛烷值 N. <chem.> octane number/rating
[1]**xīnwèi** 欣慰 S.V. be gratified
[2]**xīnwèi** 辛味 N. acrid/bitter taste
[3]**xīnwèi** 辛未 N. 8th year of the Sexagenary Cycle (1871, 1931, 1991 etc.)
xīnwéixíngyì 心为形役 F.E. The heart is being put to toil by the body.
xīnwéizhīdòng 心为之动[-動] F.E. be tempted
xīnwēn 辛温 V.P. <Ch. med.> acrid and warming
[1]**xīnwén*** 新闻 N. news M: [1]tiáo
[2]**xīnwén** 欣闻 F.E. (I'm) delighted to learn that. . .
xìnwén 信文 N. content of a letter
xīnwénbào 新闻报[-報] N. gazette M: [1]zhāng/[1]fèn
xīnwén bàodǎo 新闻报导[-報導] N. news report/story/coverage M: [1]piān
xīnwénchù 新闻处[-處] P.W. information service
xīnwén diànbào 新闻电报[-電報] N. press telegraph M: [1]fèn
xīnwén diànxùn 新闻电讯[--電-] N. press dispatch M: [1]tiáo
xīnwén fābùhuì 新闻发布会[--發--] P.W. news conference
xīnwén fānyì 新闻翻译[-譯] N. <lg.> journalistic translation; news translation
xīnwén fēngsuǒ 新闻封锁 N. news blackout
xīnwéngǎo 新闻稿 N. press/news release M: [1]fèn/[1]piān
xīnwén gōngbào 新闻公报[-報] N. press communiqué M: [1]fèn/ge/[1]zhāng
xīnwénguān 新闻官 N. information officer M: ge/[1]míng/[2]wèi
xīnwén guǎngbō 新闻广播[--廣-] N. newscast
xīn wénhuà 新文化 N. modern/new culture
Xīn Wénhuà Yùndòng 新文化运动[-運動] N. <hist.> New Culture Movement
xīnwén jiǎnbào 新闻简报[-報] N. news summary M: [1]fèn[1]zhāng
xīnwén jiǎnchá 新闻检查 N. press censorship
xīnwén jiàzhí 新闻价值[--價-] N. news value/worthiness
xīnwénjiè 新闻界 P.W. press circles; the press
xīnwén jìlùpiàn 新闻记录片[---錄-] N. documentary film M: [2]bù
xīnwén jìzhě 新闻记者 N. reporter; journalist M: ge/[1]míng/[2]wèi
xīnwén jìzhěxí 新闻记者席 N. press gallery
xīnwénjú 新闻局 P.W. news bureau/agency
xīnwénlùntán 新闻论坛[-壇] N. <comp.> list server
xīnwén méitǐ 新闻媒体[-體] N. news media
xīnwénpiàn(r/zi) 新闻片(儿/子) N. newsreel; news film M: [2]bù
xīnwén rénwù 新闻人物 N. person briefly prominent in the news M: ge/[1]míng/[2]wèi
xīnwénshè 新闻社 P.W. news agency M: [1]jiā
xīnwén shìyè 新闻事业[-業] N. journalism
xīnwén tōngxùnshè 新闻通讯社 P.W. news and communication agency
xīnwén wéntǐ 新闻文体[-體] N. journalese; journalistic style
xīnwénxì 新闻系 N. department of journalism
[1]**xīn wénxué** 新文学 N. new vernacular literature
[2]**xīnwénxué** 新闻学 N. journalism
xīn wényì 新文艺[-藝] N. new literature and art
xīnwényǐn 新闻瘾[-癮] N. addiction to the news
xīnwénzhǐ 新闻纸 N. newsprint
xīnwén zhǔbō 新闻主播 N. news anchor
Xīn Wénzì 新文字 *See Lādīnghuà Xīn Wénzì*
xīnwén zìyóu 新闻自由 N. freedom of the press
xīnwénzǔ 新闻组 P.W. newsgroups
xīnwō(r/zi) 心窝(儿/子)[-窩-] N. <coll.> ① pit of the stomach ② deep down in one's heart
xīnwū 新屋 P.W. new house M: [4]zuò/[1]jiān
xìnwù* 信物 N. token (of trust); authenticating object; keepsake M: [2]jiàn
xīn-wù èrchóngshuō 心物二重说 N. <phil.> double-aspect theory
xīnwú'èryòng 心无二用 F.E. can't keep one's mind on two things at once; one should concentrate on one thing at a time
xīn-wù èryuánlùn 心物二元论 N. <phil.> dualism
xīnwúpángwù 心无旁骛 F.E. single-minded; without distraction
xīn-wù píngxínglùn 心物平行论 N. <phil.> psychophysical parallelism
xīnwúwàiwù 心无外骛 F.E. <wr.> His heart is in his work.
xīnxī 欣悉 V. be happy to learn
[1]**xīnxǐ** 欣喜 V. be joyful/happy
[2]**xīnxǐ** 新禧 F.E. Happy New Year!
[1]**xīnxì** 心系 N. <med.> the heart system
[2]**xīnxì** 心细 S.V. be careful/scrupulous
xìnxī* 信息 N. information; news; message
xìnxì 衅隙[釁-] N. <wr.> enmity
xīnxià'ànr 新下案儿 ATTR. newly made
xīnxiān* 新鲜 S.V. ①fresh ②new; novel; strange
xīnxián 心弦 N. heartstrings
xīnxiǎn 心险 V.P. crafty and evil-minded
xīnxiàn 欣/歆羡 V. <wr.> ① admire ② adore; admire and envy
[1]**xīnxiāng** 馨香 N. ① <wr.> fragrance ② smell of burning incense
[2]**xīnxiāng** 心香 N. ① sincerity ② devotion ③ piety
[1]**xīnxiǎng** 心想 V.P. think; assume
[2]**xīnxiǎng** 薪饷 N. soldier's pay and rations
[1]**xīnxiàng** 心象 N. mental image; imago
[2]**xīnxiàng** 心向 N. mind-set
xìnxiāng* 信箱 N. ①letter box; mailbox ②post-office box M: ge/[2]zhī
xīnxiàng Běijīng 心向北京 V.P. one's heart turns to Beijing
xīnxiāngdǎozhù 馨香祷祝[--禱-] F.E. ① burn incense and pray to the gods ② earnestly pray for sth; sincerely wish
xīnxiāngfùyù 馨香馥郁 F.E. be very fragrant
xīnxiāngliào 辛香料 N. spice; flavor
xīnxiàngwǎngzhī 心向往之 F.E. yearning for sb./sth.
xīnxiāngwànshì 馨香万世[--萬-] F.E. one's fame is handed down to myriad generations
xīn xiàngzhēngzhǔyì 新象征主义[--徵-義] N. new symbolism; neo-symbolism
xīnxianjìnr 新鲜劲儿[--勁-] N. freshness
xīnxianshìr 新鲜事儿 N. ① new event/thing ② news
xīn xiànshízhǔyì 新现实主义[--實-義] N. neorealism; new realism
xīnxiánshǒumǐn 心闲手敏 F.E. do sth. with consummate skill
xīnxiān xuèyè 新鲜血液 N. fresh blood
xīnxiānyàngr 新鲜样儿[--樣-] N. new style
xīn xiāoxi 新消息 N. news; new information M: [1]tiáo
xīnxiàshùr 新下树儿[--樹-] ATTR. newly picked (of fruit)
xìnxī bàozhà 信息爆炸 N. information explosion
xìnxī biānmǎ 信息编码 N. <comp.> information encoding
xīnxǐbùyǐ 欣喜不已 F.E. be ecstatic/overjoyed/en-chanted
xìnxīchā 信息差 N. information gap
Xìnxī Chǎnyèbù 信息产业部[--產業-] P.W. Ministry of Information Industries
xìnxī chuándì 信息传递[-傳遞] N. <lg.> communication
xìnxī chuándì gōngnéng 信息传递功能[--傳遞--] N. <lg.> informative function
xìnxīchuāng 信息窗 N. section in a publication or regular feature on radio or television dedicated to disseminating various types of information
xìnxī chuánshì 信息传视[--傳-] N. videotext

xìnxī chǔlǐ 信息处理[--處-] N. information processing
xīnxīcónggōng 新/昕夕从公[-從-] F.E. devote oneself to official duties day and night
xìnxī cúnchǔqì 信息存储器 N. <comp.> information-storing device M: ge/[2]zhī
xìnxīdiǎn 信息点[-點] N. information point/booth/etc.
xīnxié 新鞋 N. new shoes M: [1]shuāng
xīnxiě báifèi 心血白费 V.P. waste one's efforts
xīn xiěfǎ 新写法[-寫-] N. neographism
xīn xiěshízhǔyì 新写实主义[-寫實-義] N. neorealism
xīnxiéxínghuì 心邪形秽[-穢] F.E. Evil will reveals itself in one's appearance.
xìnxī fānyì 信息翻译[-譯] N. <lg.> information translation
xīnxífu(r) 新媳妇(儿)[--婦-] N. <coll.> bride M: ge/[1]míng/[2]wèi
xìnxī fùhè 信息负荷 N. <lg.> information load
xìnxī fúwù 信息服务[-務] N. information service
xìnxī gāosù gōnglù 信息高速公路 N. information highway
xìnxī gōngnéng 信息功能 N. <lg.> informative function
xìnxī gōngyè 信息工业[-業] N. information industry
xìnxī gōngzuòzhě 信息工作者 N. information workers M: ge/[1]míng/[2]wèi
xìnxī héxīn 信息核心 N. <lg.> information focus
xìnxī jiāgōng 信息加工 N. information processing
xìnxī jiāodiǎn 信息焦点[-點] N. <lg.> information focus
xìnxī jiāohuàn 信息交换[-換] N. information interchange
xìnxī jiāojì 信息交际[-際] N. <lg.> informative communication
xìnxī jīchǔ 信息基础[-礎] N. <lg.> grounding
xìnxī jiégòu 信息结构[-構] N. <lg.> information structure
xìnxī jīngjì 信息经济[-經濟] N. information economy
xìnxī jìshù 信息技术[-術] N. information technology
xìnxī jìshù chǎnyè 信息技术产业[-術產業] P.W. information-technology industry
xìnxī kēxué 信息科学 N. information science
xìnxī kòngxì 信息空隙 N. <lg.> information gap
xìnxīkù 信息库 P.W. information bank/base
Xīnxīlán 新西兰[-蘭] P.W. ① New Zealand ② <PRC> short for Xīnjiāng, Xīzàng, Lánzhōu (punning complaint at a distant job assignment)
xìnxīliàng 信息量 N. information volume
xìnxīlùn 信息论 N. <math.> information theory
[1]**xīnxīn** 欣欣//忻忻//䜣䜣[--//--//訢訢] R.F. ① joyful; glad; happy ② thriving
[2]**xīnxīn(r)** 新新(儿) R.F. <coll.> new
[3]**xīnxīn** 歆歆 R.F. move; affect; touch (mentally)
[4]**xīnxīn** 炘炘 R.F. brilliant and bright
xīnxīn 伈伈 R.F. <wr.> fear
xìnxīn* 信心 N. confidence; faith; belief
xìnxīnbǎibèi 信心百倍 F.E. with unbounded confidence
xīnxīndéyì 忻忻得意 F.E. be delighted/pleased
xìnxī nèiróng 信息内容 N. <lg.> information content
[1]**xīnxīng*** 新兴[-興] ATTR. new and developing; rising; burgeoning
[2]**xīnxīng** 新星 N. ① <astr.> nova ② new star M: [1]kē
[1]**xīnxíng** 新型 ATTR. of new type/pattern
[2]**xīnxíng** 心行 N. change of mind ♦V. bear sth. in mind constantly
[3]**xīnxíng** 心形 N. heart-shape
[1]**xīnxìng** 欣幸 A.T. ① be glad and thankful ② rapture
[2]**xīnxìng** 心性 N. temperament; disposition
xīnxīng gōngyèguó 新兴工业国[-興-業國] P.W. newly industrialized country (NIC)
xīnxīngguó 新兴国[-興國] P.W. a new country
xīnxīng lìliàng 新兴力量[-興--] N. new/rising force
xìnxíngr 信行儿 N. <coll.> sth. (e.g., note/certificate) used as proof
xīnxīng shìchǎng 新兴市场[-興-場] P.W. developing markets
xīnxīng shìlì 新兴势力[-興勢-] N. rising force/power
xīnxīng shìyè 新兴事业[-興-業] N. rising business/enterprise
xīn xíngwéizhǔyì 新行为主义[-義] N. neo-behaviorism
xīn xíngwéizhǔyì jiàoyù 新行为主义教育[----義--] N. neo-behavioristic education
xīnxīnkǔkǔ 辛辛苦苦 R.F. take great pains ♦ADV. painstakingly
Xīnxīnnàtí 辛辛那提 P.W. Cincinnati
xīnxīnniànniàn 心心念念 R.F. longingly; yearningly ♦V. keep thinking about/of
xīnxīnrán 欣欣然 ADV. happily; complacently
xīn xīnwénxué 新新闻学 N. new journalism
xīnxīnxiàngróng 欣欣向荣[-榮] F.E. ① flourishing; prosperous ② blossoming (of flowers in the spring)
xīnxīnxiāngyìn 心心相印 F.E. be a kindred spirit
xīnxiōng 心胸 N. ①breadth of mind ②aspiration; ambition
xīnxiōng kāikuò 心胸开阔[--開-] V.P. broad-minded; unprejudiced
xīnxiōng xiázhǎi 心胸狭窄[--狹-] V.P. small-minded; intolerant
xīnxǐquèyuè 欣喜雀跃[-躍] F.E. dance with joy
xìnxī róngliàng 信息容量 N. <lg.> information content
xīnxìrúfà 心细如发[-髮] F.E. very perceptive
xīnxǐruòkuáng 欣喜若狂 F.E. be wild with joy
xìnxī shèhuì 信息社会 N. information society
xìnxī sùlǜ 信息速率 N. <lg.> information rate
[1]**xīnxiù** 新秀 N. up-and-coming youngster M: ge/[1]míng/[2]wèi
[2]**xīnxiù** 心秀 V.P. be intelligent without looking so
xínxiūr 寻休儿[尋-] *See xúnxiūr*
xínxiǔr* 寻宿儿[尋-] *See xúnsùr*
xìnxīwǎng 信息网[-網] N. information network
xìnxī wénxiàn 信息文献[-獻] N. <lg.> informative text
xìnxīxué 信息学 N. information science
[1]**xìnxīyuán** 信息员 N. survey taker M: ge/[1]míng/[2]wèi
[2]**xìnxīyuán** 信息源 N. source
xīnxǐyùkuáng 欣喜欲狂 F.E. be overjoyed
xīnxū* 心虚[-虛] S.V. ①have a guilty conscience ② lack self-confidence; be diffident ③ have an open mind ♦N. <med.> deficiency syndromes of the heart
xīnxǔ 心许 V. <wr.> ① tacitly accept ② praise; admire ③ give her heart to sb.
xīnxù 心绪 N. state of mind; mood
xīnxuǎn 新选[-選] ATTR. newly elected
xīnxuánliǎngdì 心悬两地[-懸--] F.E. ①divided attention ②worry about families/etc. separated in two different places
xīnxùbùníng 心绪不宁[-寧] F.E. in a flutter
xīnxūdǎnqiè 心虚胆怯[-虛膽-] F.E. apprehensive and cowardly
[1]**xīnxué** 心学 N. the philosophy of the mind
[2]**xīnxué** 新学 N. new learning ♦ATTR. newly learned
xīnxuè* 心血 N. ① painstaking care/effort ② <Ch.med.> the heart blood
xīnxuèguǎnbìng 心血管病 N. vascular disease
xīnxuèguǎn xìtǒng 心血管系统 N. <phys.> cardiovascular system
xīnxuèláicháo 心血来潮 F.E. be seized by a whim
xīn xuépài 新学派 N. new school (of theory)
xīnxuèyūzǔ 心血瘀阻 F.E. <Ch. med.> blood coagulation obstruction in cardiac system
xīnxùfánluàn 心绪烦乱[-亂] F.E. emotionally upset; in an emotional turmoil
xīnxùfèiténg 心绪沸腾 F.E. One's heart is in turmoil.
xīnxùliáoluàn 心绪缭乱[-亂] F.E. in a confused state of mind
xīnxǔmùchéng 心许目成 F.E. convey love by exchanging longing glances
xīnyá* 新芽 N. sprouting; bud
Xīnyá 心芽 N. a series of children's books in pinyin published during the 90s
xīnyǎ 新雅 S.V. fresh and elegant
xīnyǎn(r)* 心眼(儿) N. ① heart; mind ② intention ③ intelligence; cleverness ④ unfounded misgivings ⑤ tolerance
xīnyàn 歆艳[-艷] V. envy; admire
xīnyǎn bùtōng 心眼不通 <coll.> V.P. ① be stupid/imperceptive ② blocked consciousness
xīn yāncǎo 新烟草[-煙-] N. new/fresh tobacco
xīnyǎng 心痒[-癢] V.P. have an itch for ♦N. intense desire
xìnyǎng* 信仰 V. believe
xīnyáng bùzú 心阳不足[-陽--] V.P. <Ch. med.> cardiac *yáng* energy insufficiency
xìnyǎng liáofǎ 信仰疗法[--療-] N. faith cure/healing
xìnyǎnglùn 信仰论 N. gnosticism
xīnyángmáo 新羊毛 N. virgin wool
xīnyǎngnánsāo 心痒难骚[-癢難-] F.E. have a problem but be unable to deal with it
xìnyǎng tǐxì 信仰体系[--體-] N. belief system
xìnyǎng wēijī 信仰危机 N. belief crisis; credibility crisis
xìnyǎng yīshì 信仰医士[--醫-] N. faith healer M: ge/[1]míng/[2]wèi
xìnyǎngzhǔyì 信仰主义[-義] N. fideism
xìnyǎng zìyóu 信仰自由 N. freedom of belief/conscience
xīnyǎnhuófàn 心眼活泛 F.E. be quick-witted
xīnyǎn kuài 心眼快 V.P. <coll.> quick-witted; shrewd
xīnyǎnr duō 心眼儿多 V.P. ① be intuitive/wary ② be scheming
xīnyǎnr hǎo 心眼儿好 V.P. good-natured; kindhearted
xīnyǎnr líng 心眼儿灵[-靈] V.P. <coll.> intelligent; quick-witted
xīnyǎnr sǐ 心眼儿死 V.P. <coll.> ① dull-witted; slow-minded ② inflexible
xīnyǎnr xiǎo 心眼儿小 V.P. ① oversensitive ② petty
xīnyǎn tài hǎo 心眼太好 V.P. <coll.> too considerate for one's own good
xīnyào 心药[-藥] N. ① medicine for the heart ②sth. that releases one's worry ③psychological treatment
[1]**xīnyī** 新医[-醫] N. ① new Chinese medicine (i.e., influenced by Western medicine) ② Western medicine
[2]**xīnyī** 新衣 N. new clothes M: jiàn
[1]**xīnyí** 辛夷 N. <Ch. med.> flower bud of lily magnolia
[2]**xīnyí** 心疑 V.P. suspect; become/be suspicious
[3]**xīnyí** 心仪[-儀] V. <wr.> admire/respect in the heart
[1]**xīnyì** 心意 N. ① regard; kindly feeling ② intention; purpose ♦CONS. *xīn A yì B* very AB *xīnmǎn-yìzú* perfectly satisfied
[2]**xīnyì** 新意 N. new idea
[3]**xīnyì** 新异[-異] V.P. novel; unusual
[4]**xīnyì** 馨逸 N. perfume extending a long distance
[5]**xīnyì** 心译[-譯] N. <lg.> mental translation
[1]**xìnyì*** 信义[-義] N. (good) faith *Tā hěn* [1]*jiǎng ~.* He acts in good faith.
[2]**xìnyì** 信译[-譯] N. <lg.> faithful translation
xīnyīdài 新一代 N. new generation
Xìnyìhuì 信义会[-義-] N. the Lutheran Church
xīn yīliáofǎ 新医疗法[-醫療-] N. new medical treatment method

xīnyīn* 心音 N. <*phys.*> cardiac sounds
xīnyìn 心印 N. <*Budd.*> the truth imprinted directly in one's heart by the spirit of a Buddha
[1]**xīnyǐng*** 新颖 S.V. new and original; novel
[2]**xīnyǐng** 心影 N. impression; mental image
xīnyìng 心硬 V.P. hardhearted; callous
xīnyíngmùzhù 心营目注[-營--] F.E. wholly concentrate on sth.
xīnyǐngxìng 新颖性 N. novelty
xīn yíngyú 新盈余 N. <*acct.*> new surplus
xīn yìnxiànghuàpài 新印象画派[---畫-] N. neo-impressionism
xīn yìnxiàngpài 新印象派 N. neo-impressionism
xīnyíqírén 心仪其人[-儀--] F.E. admire/respect that person
xìnyìr 信意儿 V.O. believe what sb. says
xìnyìsùzhù 信义素著[-義--] F.E. be always righteous and true
xìnyì wéi lìyè zhī běn 信义为立业之本[-義--業--] V.P. Honesty is the basis of a successful business.
xìnyǐwéizhēn 信以为真 F.E. accept sth. as true
xīnyìxiāngtóu 心意相投 F.E. have similar intentions
xīnyīyàoxué 新医药学[-醫藥-] N. new medicine and pharmacology
xīnyíyǐjiǔ 心仪已久[-儀--] F.E. have long had a high regard for sb.
xīnyìyú 新翼鱼 N. <*bio.*> eusthenopteron
xīnyìzōnghétǐ 新艺综合体[-藝--體] N. cinemascope
xìnyòng 信用 N. trustworthiness; credit
xìnyòng dàikuǎn 信用贷款 N. unsecured loan; loan on credit
xìnyòng diàochá 信用调查 N. credit investigation
xìnyòng fàngkuǎn 信用放款 V.P. make a loan on credit
xìnyòng hézuòshè 信用合作社 P.W. credit cooperative M: [1]*jiā*
xìnyòng jiāoyì 信用交易 N. margin trading/transaction
xìnyòng jiè(fàng)kuǎn 信用借(放)款 N. <*acct.*> fiduciary loan
xìnyòng jīngjì 信用经济[-經濟] N. credit economy
xìnyòngkǎ 信用卡 N. <*loan*> credit card M: [1]*zhāng*
xìnyòngkuǎn 信用款 N. (commercial) credits M: [2]*bǐ*
xìnyòngshè 信用社 P.W. credit cooperative M: [1]*jiā*
xìnyòng zhàiquàn 信用债券 N. <*acct.*> debentures; debenture bonds M: [1]*zhāng*
xìnyòngzhāozhù 信用昭著 F.E. One's credit is evident.
xìnyòngzhèng(quàn) 信用证(券)[--證-] N. letter of credit (L/C) M: [1]*zhāng*
xìnyòng zhèngquàn 信用证券[--證-] N. instrument of credit M: [1]*zhāng*
xìnyòngzhuàng 信用状[-狀] N. letter of credit M: [1]*zhāng*
xīnyōu 薪优[-優] V.P. The salary is generous.
xīnyǒu* 辛酉 N. 58th year of the Sexagenary Cycle (1921, 1981, 2041 etc.)
xīn yǒu língxī yīdiǎn tōng 心有灵犀一点通[--靈--點-] V.P. quick-witted mind
xīnyǒupángwù 心有旁骛 F.E. preoccupied (with sb. else)
xīnyóuwèigān 心犹未甘[-猶--] F.E. be somewhat dissatisfied
xīn yǒuyú ér lì bùzú 心有余而力不足 V.P. unable to do what one wants very much to do
xīnyǒuyújì 心有余悸 F.E. have lingering fears
[1]**xīnyǔ** 新语 N. new phrase; neologism
[2]**xīnyǔ** 新雨 N. <*wr.*> ① early spring rain ② new friend
[1]**xìnyù*** 信誉[-譽] N. prestige; credit; reputation
[2]**xìnyù** 衅浴[釁-] V. bathe and anoint with fragrant essences (before worship)
xīnyuàn* 心愿[-願] N. ① cherished desire; aspiration; wish ② promise to a god
xìnyuán 信源 N. information source
xīnyuànlìwéi 心愿力违[-願-違] F.E. The spirit is willing but the flesh is weak.
xīnyuányìmǎ 心猿意马 ID. ① capricious; restless ② indecisive
Xīnyuē* 新约 N. <*rel.*> New Testament
[1]**xīnyuè** 新月 N. ① crescent ② <*astr.*> new moon
[2]**xīnyuè** 欣悦 S.V. happy; delighted
[3]**xīnyuè** 欣跃[-躍] V. dance for joy
xīnyuèchéngfú 心悦诚服 F.E. be completely convinced
Xīnyuē Quánshū 新约全书[-書] N. New Testament
xīnyuèrúgōng 新月如弓 F.E. The new moon looks like a bow.
xīnyuèxíng 新月形 N. crescent shape
xīnyuèzhuàng 新月状[-狀] N. crescent shape
xīn yǔfǎxuépài 新语法学派 N. <*lg.*> neogrammarian
xìnyùgōu 信誉沟[-譽溝] N. credibility gap
xìnyùkǎ 信誉卡[-譽-] N. credit card M: [1]*zhāng*
xīnyúlìchù 心余力绌 F.E. bite off more than one can chew
xīnyúlìjié 心余力竭 F.E. Strength falls short of one's wishes.
xīnyúlìzhuō 心余力拙 F.E. Strength falls short of one's wishes.
xīnyúmòmíng 欣愉莫名 F.E. pleased beyond expression
xīn yǔwénxué 新语文学 N. <*lg.*> modern philology
xīn yǔyánxué 新语言学 N. ① neolinguistics ② modern linguistics
xìnyùzhāozhù 信誉昭著[-譽--] F.E. enjoy a high reputation
xīnzàng 心脏[-臟] N. heart
xīnzàngbìng 心脏病[-臟-] N. heart disease
xīnzàngbìng fāzuò 心脏病发作[-臟-發-] V.P. have a heart attack
xīnzàngbódòng 心脏搏动[-臟-動] N. heartbeat
xīnzàng dìdài 心脏地带[-臟-帶] P.W. heartland
xīnzàngjìng 心脏镜[-臟-] N. <*med.*> cardioscope M: [1]*jià*
xīnzàng mábì 心脏麻痹[-臟--] N. <*med.*> cardiac paralysis
xīnzàng qǐbóqì 心脏起博器[-臟---] N. (cardiac) pacemaker M: [1]*tái*/*ge*/[2]*zhī*
xīnzàngxíng 心脏形[-臟-] N. heart-shape
xīnzàngxué 心脏学[-臟-] N. <*med.*> cardiology
xīnzàng yízhí 心脏移植[-臟--] N. heart transplant
xīnzào 新造 ATTR. newly built/manufactured
xīnzàocí 新造词 N. <*lg.*> ①neologism ②coinage
xīnzào cíyǔ 新造词语 N. <*lg.*> coinage
xīnzáyīn 心杂音[-雜-] N. <*med.*> heart murmur
xīnzēng 新增 ATTR. newly increased
xīnzēng jiàzhí 新增价值[--價-] N. added value; newly increased value
xīnzēng rénkǒu 新增人口 N. recently added population
Xīnzéxī 新泽西[-澤-] P.W. New Jersey
xìnzhá 信札 N. letters M: [2]*fēng*
xīnzhāi 心斋[-齋] N. The mind's tranquility is like the fasting of one's heart.
xīnzhǎi* 心窄 V.P. narrow-minded
xīnzhàn 心战[-戰] N. psychological battle
xīnzhàng 心胀 N. distention related to the heart
xīnzhào 心照 V.P. understand without being told
xīnzhàobùxuān 心照不宣 F.E. have tacit understanding
xīnzhāor 新招儿 N. new trick/strategy
xìnzháwǎnglái 信札往来 F.E. exchange of correspondence
xīnzhé 心折 V. be filled with admiration
xīnzhēng 新正 N. first month of the lunar year
[1]**xīnzhèng*** 新政 N. renovated government administration
[2]**xīnzhèng** 心证[-證] N. <*Budd.*> evidence/experience of accord between mind and truth ♦V. make a judgment after listening to the arguments of both parties
xīn zhèng bù pà xié 心正不怕邪 F.E. If the heart is upright, one need not fear depravity
[1]**xīnzhī** 新知 N. <*wr.*> ① new friends ② new knowledge/learning
[2]**xīnzhī** 心知 N. ① intelligence ② the mind; consciousness
xīnzhǐ 新址 N. new address
[1]**xīnzhì** 心智 N. intelligence; wisdom; noema
[2]**xīnzhì** 心志 N. willpower; fortitude; resolution
[3]**xīnzhì** 新制 N. new system
xìnzhǐ* 信纸 N. letter/writing paper M: [1]*zhāng*
xīnzhì biǎoxiàng 心智表象 N. mental image
xīnzhībǐgēng 心织笔耕[-織筆-] F.E. The pen labors on the ideas of the mind. (of a writing career)
xīn zhìdù 新制度 N. new system/regulations/etc.
xīnzhīdùmíng 心知肚明 F.E. know tacitly
xīnzhīguān zé sī 心之官则思 F.E. The function of the mind is to think.
xīnzhíkǒukuài 心直口快 F.E. frank; outspoken
xīn zhímíndì 新殖民地 P.W. neocolony
xīn zhímínzhǔyì 新殖民主义[-義] N. <*loan*> neocolonialism
xīnzhīsuǒzhī 心之所之 F.E. Where the mind longs to be.
xīn zhìxù 新秩序 N. new order
xīnzhì yǐngxiàng 心智影象 N. mental imagery
xīnzhōng* 心中 P.W. in the heart/mind
xīnzhòng 心重 V.P. worried stiff
xìnzhōng 衅钟[釁鐘] V.O. <*trad.*> consecrate a bell by rubbing animal blood on it
xīnzhǒng 焮肿[-腫] N. <*med.*> skin swelling/inflammation
xīnzhōng'ànxǐ 心中暗喜 F.E. be secretly pleased
xīnzhōngbùfú 心中不服 F.E. not be fully supportive; be mutinous in one's heart
xīnzhōnghuáinù 心中怀怒[--懷-] F.E. nourish anger in one's heart
xīnzhōnghúyí 心中狐疑 F.E. The heart is tortured by doubts.
xīnzhōngnàmèn 心中纳闷 F.E. be grieved and disappointed
xīnzhōngnǎohuǒ 心中恼火[--惱-] F.E. <*coll.*> become livid with rage
xīnzhōng nìle 心中腻了 V.P. <*coll.*> become disgusted
xīnzhōngnóng 新中农[-農] N. new middle peasants
xīnzhōngqiūhè 心中丘壑 F.E. be wedded to one's own ideas
xīnzhōngwúshù 心中无数[-數] F.E. have no idea
xīnzhōngyìyù 心中抑郁[-鬱] F.E. One's mind is depressed.
xīnzhōngyǒuguǐ 心中有鬼 F.E. have ulterior motives; have sth. to hide
xīnzhōngyǒukuì 心中有愧 F.E. have a guilty conscience
xīnzhōngyǒushù 心中有数[-數] F.E. ① have pretty good idea/knowledge of ② know the score
xīnzhóu 心轴 N. <*mach.*> mandrel
xīnzhū 心珠 N. <*Budd.*> pearl-like spirit
xīnzhǔ* 新主 N. new owner/head/etc. M: *ge*/[1]*míng*/[2]*wèi*
xīnzhù 新著 N. new work (by a writer) M: [1]*běn*/[2]*bù*
[1]**xīnzhuāng** 新装[-裝] N. ① new clothes M: [2]*jiàn*/*tào* ② new look ♦ATTR. newly installed
[2]**xīnzhuāng** 新妆[-妝] N. ① the look of a woman immediately after make-up ② new fashion in dressing
xīnzhǔhàn 心主汗 F.E. <*med.*> the heart controls perspiration
xīnzhuōkǒubèn 心拙口笨/夯 F.E. dull-witted and slow-tongued; tongue-tied

xīnzhǔshénmíng 心主神明 V.P. <*Ch. med.*> the heart governs mental activities
xīnzhǔyán 心主言 V.P. <*med.*> the heart governs speech
xīnzi 心子 N. ① center; core; heart ② <*topo.*> heart of a pig/sheep/etc. as food ③ kernel
xīnzī* 薪资 N. salary; wages
xìnzi 芯子 N. ① fuse; wick ② forked tongue of a snake ③ core
xīn zìyóuzhǔyì 新自由主义[-義] N. neoliberalism
xīnzuì 心醉 V.P. be charmed/enchanted/fascinated
xīnzuìhúnmí 心醉魂迷 F.E. be overcome with admiration
xīnzuìshénmí 心醉神迷 F.E. ecstasy
xīnzuò 新作 N. new work
xīnzuǒpài jīngjìxué 新左派经济学[---經濟-] N. new-left economics
[1]**xiōng*** 胸 N. chest; bosom; thorax ♦B.F. mind; heart ***xīnxiōng***, ***xiōngyǒuchéngzhú***
[2]**xiōng** 凶/兇 S.V. ① fiendish; ferocious; murderous ② terrible; fearful; to an extreme degree ***bìngshì hěn ~*** terribly ill ♦B.F. ① inauspicious; ominous ***jí-xiōng***, [1]***xiōngshì*** ② act of violence; murder ***xíngxiōng*** ③ crop failure; famine ***xiōngnián***
[3]**xiōng** 兄 B.F. ①elder brother ***xiōngdi***②courteous address between men ***lǎoxiōng*** ③ elder male relative of the same generation ***biǎoxiōng***
[4]**xiōng** 汹[洶] B.F. rushing/gushing water ***xiōngyǒng***
[5]**xiōng** 恟/忷 B.F. fear [2]***xiōngjù***, [3]***xiōngxiōng***
[6]**xiōng** 芎 in ***xiōngqióng***, ***Chuānxiōng***
[7]**xiōng** 匈 in ***Xiōngnú***, [2]***xiōngxiōng***
[1]**xióng** 雄 B.F. ① male ***xióngxìng*** ② grand; imposing ***xióngwěi*** ③ powerful/influential person/state/etc. ***yīngxióng*** ④ powerful; mighty [1]***xióngshī***
[2]**xióng** 熊 N. ① bear ② Surname ♦V. <*coll.*> ① scold ② oppress; tyrannize ♦S.V. ① mean; malicious; merciless ② loutish; oafish
xiòng 敻/夐 B.F. distant; far off (in space or time) ***xiònggǔ***, ***xiòngjué***, ***yōuxiòng***
xiōng'àn 凶案 N. murder/homicide case
xiōngbǎ 胸靶 N. chest silhouette (used as a target in shooting practice)
xióngbái 熊白 N. fat in a bear's back
xiōngbǎn 胸板 N. plastron; breastplate
xiōngbào* 凶暴 S.V. fierce and brutal
xióngbāo 熊包 N. <*coll.*> lout; deadbeat
xióngbào 熊抱 N. bear hug
xióngbàyīfāng 雄霸一方 F.E. ① dominate an area/territory (of a warlord/etc.) ② rule by force in a region
xiōngbì 胸壁 N. chest wall
xióngbiàn 雄辩 N. convincing argument; eloquence ♦S.V. convincing; eloquent
xióngbiàngāotán 雄辩高谈 F.E. a vigorous debate and lofty discourse
xióngbiànjiā 雄辩家 N. rhetorician M: *ge*/[1]*míng*/[2]*wèi*
xióngbiàntāotāo 雄辩滔滔 F.E. be very eloquent in argument
xióngbīng 雄兵 N. crack troops; powerful army
xiōngbù 胸部 N. chest; thorax
xióngcái 雄才 N. great talent
xióngcáidàlüè 雄才大略 F.E. great talent and bold vision
xiōngcán 凶残[-殘] S.V. fierce and cruel; savage ♦N. <*wr.*> a fierce and cruel person
xiōngcáo 胸槽 N. cleavage (in the breast)
xióngchìlù 雄赤鹿 N. hart
xiōngcì 胸次 N. <*wr.*> ① breadth of mind ② ambition; aspiration ③ mind; mood
xiōngcìgāokuàng 胸次高旷[-曠] F.E. high/broad minded
xiōngcìshūchàng 胸次舒畅[-暢] F.E. have ease of mind; feel happy
xióngdà 雄大 V.P. great and mighty
xiōngdài 胸带[-帶] N. shoulder
xióngdǎn 熊胆[-膽] N. <*Ch. med.*> gall bladder or gall secretion of a bear
xióngdànbāo 熊蛋包 N. <*topo.*> lout; worthless creature; good-for-nothing
xiōngdi 兄弟 N. ① <*coll.*> younger brother ② familiar address for a younger man ③ your humble servant; I ***See also*** *xiōng-dì*
xiōng-dì* 兄弟 N. ① brothers ② a familiar form of address for a younger man ③ <*humb.*> I (used by a man, usu. in public speech) ♦ATTR. fraternal; brotherly ***See also*** *xiōngdi*
xióngdiāo 雄貂 N. <*zoo.*> wolverine
xiōng-dìdǎng 兄弟党[-黨] N. fraternal parties
xiōng-dì dānwèi 兄弟单位 N. fraternal units
xiōng-dì gōngsī 兄弟公司 P.W. fraternal company M: [1]*jiā*
xiōngdì-jiěmèi 兄弟姐妹 N. brothers and sisters
xiōngdì-jiěmèi kànghéng 兄弟姐妹抗衡 N. <*psy.*> sibling rivalry
xiōng-dì liǎ 兄弟俩 N. two brothers
xiōng-dì mínzú 兄弟民族 N. fraternal ethnic groups
xiōng-dì rú shǒu-zú 兄弟如手足 F.E. Brothers are like hands and feet.
xiōngdì xífur 兄弟媳妇儿[---婦-] N. younger brother's wife
xiōngdìxìqiáng 兄弟阋墙[-鬩牆] F.E. internal dispute/strife
xiōng-dì yuàn-xiào 兄弟院校 P.W. fraternal institutions M: [1]*suǒ*/[1]*jiā*
xiōngdòng* 汹动[洶動] V.P. unquiet; restless; disturbed
xióngdòng 熊洞 N. bear cave
xiōngdōu 胸兜 N. stomacher
xióngdòujī 雄斗鸡[-鬥雞] N. gamecock
xiōngdú* 凶毒 S.V. vicious
xióngdú 雄犊[-犢] N. <*zoo.*> male calf M: [1]*tóu*
xióngduàn 雄断[-斷] V.P. decisive
xiōngduōjíshǎo 凶多吉少 F.E. bode ill rather than well
[1]**xiōng'è** 胸轭 N. breast collar
[2]**xiōng'è** 凶恶[-惡] S.V. ferocious; fiendish
xiōngfàn* 凶犯 N. murderer M: *ge*/[1]*míng*
xióngfān 雄藩 N. <*trad.*> powerful governor or feudal lord
xióngfán 熊蹯 N. palm of a bear (a delicacy)
xióngfēi 雄飞[-飛] V. push ahead vigorously
xiōngféidìshòu 兄肥弟瘦 F.E. profound fraternal love
xióngfēitūjìn 雄飞突晋[-飛-晉] F.E. ① soar up bravely and advance suddenly ② A man of great ambition pushes his way ahead.
[1]**xióngfēng** 雄风 N. ① strong wind ② stately bearing
[2]**xióngfēng** 雄蜂 N. <*zoo.*> drone; male bee M: [2]*zhī*
[3]**xióngfēng** 熊蜂 N. <*zoo.*> bumblebee M: [2]*zhī*
Xióng Fóxī 熊佛西 (1900–1965) N. playwright, educator, critic; a leading creator of "popular drama"
xiōngfú 凶服 N. <*wr.*> mourning apparel M: [2]*jiàn*
xiōngfù* 胸腹 N. ① chest and belly ② vital points
xiōnggé 胸膈 N. ① diaphragm ② feelings
xiónggēqú 雄歌鸲 N. cock robin M: [2]*zhī*
xiōnggézhàngmǎn 胸膈胀满 F.E. <*Ch. med.*> fullness over the chest
xiōnggōu 胸沟[-溝] N. cleavage (in the breast)
xiōnggǔ* 胸骨 N. breastbone; sternum
xiònggǔ 敻/夐古 N. ancient times
xiōng guà chuánshēng 胸挂传声[-傳聲] N. microphone hung on the chest
xióngguān 雄关[-關] N. impregnable pass
xiōngguāng 凶光 N. murderous gleam
xióngguànpèijiàn 雄冠佩剑 F.E. fully armed
xióng háizi 熊孩子 <*topo.*> N. a mean child ♦V.O. scold a child
[1]**xiōnghàn** 凶悍 S.V. ferocious; cruel
[2]**xiōnghàn** 凶汉[-漢] N. hoodlum; gangster M: *ge*/[1]*míng*
xiōnghào* 凶耗 N. news of sb.'s death
xiónghāo 雄豪 N. powerful persons ♦V.P. ① powerful ② martial
xiōnghěn 凶狠 S.V. ①ferocious; cruel ②powerful
xiōnghèng 凶横 S.V. violent; brutal
xiónghóu 熊猴 N. <*zoo.*> Assamese macaque M: [2]*zhī*
xiónghòu* 雄厚 S.V. rich; solid; abundant
xiónghǔ 熊虎 N. bear and tiger ♦ID. intrepid; fierce
xiōnghuā* 胸花 N. corsage
xiónghuā 雄花 N. <*bot.*> male/staminate flower
xiōnghuái 胸怀[-懷] N. mind; heart ♦V. keep in mind; cherish
xiōnghuái dàzhì 胸怀大志[-懷--] V.O. cherish high aspirations
xiōnghuái kuānguǎng 胸怀宽广[-懷寬廣] V.P. broad-minded; large-minded
xiōnghuái lěiluò 胸怀磊落[-懷--] F.E. frank; honest; harboring no evil thought
xiōnghuái quánjú 胸怀全局[-懷--] V.O. keep the overall situation
xiōnghuáiruògǔ 胸怀若谷[-懷--] F.E. One's broad-mindedness is vast as the ocean.
xiōnghuái tǎnbái 胸怀坦白[-懷--] F.E. openhearted; frank
xiōnghuáitāolüè 胸怀韬略[-懷韜-] F.E. One's bosom hides a strategy.
xiōnghuái xiázhǎi 胸怀狭窄[-懷狹-] V.P. narrow-minded; small-minded
xiōnghuái zǔguó 胸怀祖国[-懷-國] V.O. have the entire motherland in mind
xiōnghuāng 凶荒 V.P. lean (year)
xiónghuáng* 雄黄 N. <*min.*> realgar; red orpiment
xiónghuángjiǔ 雄黄酒 N. realgar wine (traditionally drunk during the Dragon Boat Festival to ward off poisonous creatures) M: *bēi*
xiónghún 雄浑 S.V. vigorous and firm; forceful
xiónghuò 熊货 N. ① coward ② useless person
xiónghǔzhījiàng 熊虎之将[-將] N. a brave general
xiónghǔzhīshì 熊虎之士 N. brave warriors
xiōngjī 胸肌 N. <*spine*> chest muscle
xióngjī* 雄鸡[-雞] N. cock; rooster M: [2]*zhī*
xiōngjiǎ 胸甲 N. cuirass; breastplate
xiōngjiǎlèi 胸甲类[-類] N. <*zoo.*> *Thoracostraca*
[1]**xióngjiàn** 雄健 S.V. robust; vigorous; powerful
[2]**xióngjiàn** 雄剑 N. <*hist.*> one of a pair of famous swords
xióngjiàng 雄将[-將] N. ① top-notch soldier/general ② man of great physical strength
xióngjié 雄杰[-傑] V.P. outstanding ♦N. outstanding figures
xióngjiézhīshì 雄杰之士[-傑--] N. a man of great talent
xiōngjīn* 胸襟 N. ①breadth of mind ②ambition; aspiration
xióngjìn 雄劲[-勁] S.V. strong; vigorous and powerful
xióngjīng 雄精 N. <*Ch. med.*> realgar; red orpiment
xiōngjīnhuòdá 胸襟豁达[-達] F.E. liberal-minded; open-minded
xiōngjīn kāikuò 胸襟开阔[--開-] V.P. broad-minded; large-minded
xióngjīsù 雄激素 N. <*phys.*> androgen
xióngjiūjiū 雄赳赳 ADV. valiantly; gallantly
xióngjiūjiū qì'áng'áng 雄赳赳气昂昂[---氣--] F.E. valiant and spirited; full of mettle
[1]**xiōngjù** 凶具 N. coffin; casket
[2]**xiōngjù** 恟惧[-懼] S.V. afraid; frightened
xióngjù* 雄踞 V. be magnificently situated
xiòngjué 敻/夐绝[-絕] V.P. peerless; second to none
[1]**xióngjùn** 雄俊 V.P. eminently talented ♦N. eminently talented people
[2]**xióngjùn** 雄峻 V.P. high, steep and imposing (of mountains)
xióngjūyīfāng 雄据一方[-據--] F.E. dominate an area/territory

X

xiōngkǎ 胸卡 N. name tag; identification badge M: [1]*zhāng*
xiōngkǎi 胸铠[-鎧] N. breastplate
xiōngkǎn(r) 胸坎(儿) N. pit of the stomach
xióngkǒngquè 雄孔雀 N. peacock M: [2]*zhī*
xiōngkǒu 胸口 N. ① pit of the stomach ② chest; middle of the chest
xiōngkuān 胸宽[-寬] N. chest breadth
xiōngkuáng 凶狂 S.V. fierce and ruthless
xiōngkuò 胸廓 N. thorax; rib cage
xióng kǔrén 熊苦人 V.O. <*topo.*> tyrannize a person
xióngle 熊了 V.P. <*topo.*> beaten; bested; forced to the knees
xiōnglǐ 凶礼[-禮] N. funeral rites
xiónglì* 雄丽[-麗] V.P. magnificent; majestic
xiónglù 雄鹿 N. stag; buck M: [2]*zhī*/[1]*tóu*
xiónglüè 雄略 N. ambitious scheme; great aspiration
xiōngmǎn 胸满 N. sensation of fullness in the chest
xiōngmáng 汹茫[洶-] V.P. surging (of water)
xiōngmáo 胸毛 N. chest hair
[1]**xióngmāo*** 熊猫[-貓] N. panda M: [2]*zhī*
[2]**xióngmāo** 雄猫[-貓] N. tomcat; tom M: [2]*zhī*
xiōng-mèi 兄妹 N. brother and sister
xiōngmén 凶门 N. white funeral festoon
xiōngmèn* 胸闷 N. ① feeling of suppression in the chest ② <*Ch. med.*> chest pressure
xiōngměng* 凶猛 S.V. violent; ferocious
xiōngmèng 凶梦[-夢] N. bad dream; nightmare
xiōngmènyù'ǒu 胸闷欲呕[-嘔] F.E. chest tightness and nausea
xiōngmó 胸膜 N. <*bio.*> pleura
xiōngmóyán 胸膜炎 N. pleurisy
xiōngnián 凶年 N. famine year
xiōngnián'èsuì 凶年恶岁[-惡歲] F.E. lean year
Xiōngnú* 匈奴 N. <*hist.*> Xiongnu; Huns
xiōngnù 汹怒[洶-] V.P. violent (of natural occurrences)
xiōngnüè 凶虐 S.V. ① villainous ② brutal; tyrannical; fierce; cruel
xiōng'ōu 凶殴[-毆] V. viciously beat up
xióngpáo 雄狍/麅 N. roebuck
xiōng pèi hónghuā 胸佩红花 V.P. pin a red flower on sb.'s chest
xiōng pèi huīzhāng 胸佩徽章 V.P. pin a badge on sb.'s chest
xiōngpī 胸披 N. pectoral
xiōngpǐ 胸痞 N. <*med.*> a feeling of stuffiness in the chest
[1]**xióngpí*** 熊皮 N. bear's skin M: [1]*zhāng*/[2]*kuài*
[2]**xióngpí** 熊罴[-羆] N. fierce fighters; valiant warriors
xióngpírùmèng 熊罴入梦[-羆-夢] F.E. May you have a son! (a congratulatory greeting to a friend when he begets a child)
xiōngpú(r) 胸脯(儿) N. chest
xiōngqí 胸鳍 N. pectoral fin
[1]**xiōngqì*** 凶器 N. criminal/lethal tools/weapons/etc. M: [2]*jiàn*
[2]**xiōngqì** 凶气[-氣] N. ① angry/fierce manner ② ferocious expression/look
xióngqí 雄奇 S.V. magnificent and strange
xióngqì 雄气[-氣] N. gallant disposition
xiōngqián 胸前 P.W. space in front of one's chest; bosom
xiōngqiāng* 胸腔 N. thoracic cavity
xiōngqiáng 胸墙[-牆] N. <*mil.*> breastwork; parapet
xiōngqióng 芎穷 N. <*bot.*> a kind of herb found in Sichuan and Yunnan
xiōngqú 凶渠 N. gang leader
xióngr 雄儿 N. a man among men; a hero
xióngrén 熊人 <*coll.*> N. oaf; deadbeat ♦V.O. upbraid a person
xiōngròu 胸肉 N. brisket
xióngruǐ 雄蕊 N. <*bot.*> stamen
xiōngrúlěikuài 胸如垒块[-壘塊] F.E. The mind is full of grievances.
xiōngrúměnghǔ 凶如猛虎 F.E. with the ferocity of a tiger
xiōngsǎo 兄嫂 N. elder brother and his wife
xióngsè 熊色 N. cowardly manner
xiōngshā* 凶杀[-殺] V. murder; homicide
xiōngshà 凶煞 N. demon
xiōngshā'àn 凶杀案[-殺-] N. murder case M: [2]*jiàn*
xiōngshēn 凶身 N. assassin
xiōngshén* 凶神 N. demon; fiend
xiōngshén'èshà 凶神恶煞[--惡-] F.E. devils; fiends
xiōngshénfùtǐ 凶神附体[-體] F.E. be possessed by an evil ghost
xióngshèng 雄胜[-勝] N. strategic pass/position/etc.
[1]**xiōngshì** 凶事 N. ① malign matters (war/death/etc.) ② violence involving casualties
[2]**xiōngshì** 兄事 A.T. treat as an older brother
[3]**xiōngshì** 胸饰 N. pendant; brooch; stomacher M: [2]*jiàn*
[1]**xióngshī*** 雄师[-師] N. powerful army; crack troops M: [4]*zhī*
[2]**xióngshī** 雄狮[-獅] N. male lion (lit./fig.) M: [2]*zhī*/[1]*tóu*
[1]**xióngshì** 熊市 N. <*econ./loan*> bear market
[2]**xióngshì** 雄视 V. ① look proudly (at) ② dominate (in a field)
xiōngshì hūxī 胸式呼吸 N. chest breathing
Xióng Shílì 熊十力 (1884–1968) N. philosopher who combined elements of Neo-Confucianism and Mahayana Buddhism
xióngshìyīfāng 雄视一方 F.E. cut a conspicuous figure in a place
xiōngshìyòngzhēn 胸饰用针 N. breast pin
xiōngshìzhī 兄事之 A.T. treat as an older brother
xiōngshǒu 凶手 N. murderer; assassin M: *ge*/[1]*míng*
xiōngsǐ* 凶死 V. meet a violent end
xióngsì 雄肆 V.P. powerful and unrestrained
xiōngsuì 凶岁[-歲] N. <*wr.*> ① bad year ② famine year
xiōngtái 兄台 N. <*court.*> brother (address for a friend)
xiōngtáng 胸膛 N. chest; thorax
xióngtǐ 雄体[-體] N. male
xiōngtú* 凶徒 N. ruffian; cutthroat; villain; murderer M: *ge*/[1]*míng*
xióngtú 雄图[-圖] N. great ambition; grandiose plan
xióngtúdàlüè 雄图大略[-圖--] F.E. a great design and a big plan
xióngtúdàyè 雄图大业[-圖-業] F.E. a grandiose and noble enterprise; a great cause
xióngtǔshòujī 雄吐绶鸡[-雞] N. turkey-cock M: [2]*zhī*
xiōngwàikē 胸外科 N. chest surgery
xiōngwán* 凶顽 S.V. fierce and uncontrollable
xióngwán 熊丸 N. a mother's instructions
xiōngwéi 胸围[-圍] N. chest measurement/circumference; bust
xióngwēi 雄威 S.V. majestic
xióngwěi* 雄伟[-偉] S.V. imposing; magnificent
xióngwěiqìpò 雄伟气魄[-偉氣-] F.E. have great boldness and vision
xióngwěizhuànglì 雄伟壮丽[-偉壯麗] F.E. grand; sublime; magnificent
xióngwén 雄文 N. profound and powerful writing; great work M: [1]*piān*
xióngwǔ 雄武 S.V. ① mighty ② martial; valiant
xiōngwúchéngfǔ 胸无城府 F.E. artless; simple and candid
xiōngwúdàzhì 胸无大志 F.E. sb. without much ambition
xiōngwúdiǎnmò 胸无点墨[--點-] F.E. unlearned; unlettered
xiōngwújièdì 胸无芥蒂 F.E. harbor no grudges
xiōngwúsùwù 胸无宿物 F.E. frank; candid; guileless
xiōngxián 凶嫌 N. <*law*> murder suspect M: *ge*/[1]*míng*
xiōngxiǎn* 凶险 N. critical state; danger ♦S.V. ① dangerous; perilous; critical ② ruthless and treacherous
xiōngxiàn 胸腺 N. <*phys.*> thymus gland
[1]**xiōngxiàng** 凶相 N. ferocious looks/features M: [1]*fù*
[2]**xiōngxiàng** 胸像 N. (sculpted) bust M: [4]*zuò*/[1]*zūn*
xiōngxiàngbìlù 凶相毕露[-畢-] F.E. unleash all one's ferocity
xióngxiāzi 熊瞎子 N. <*topo.*> bear M: [2]*zhī*
Xióng Xīlíng 熊希龄[-齡] (1867–1937) N. government official; premier of the "first-caliber cabinet" of 1913–1914
xiōngxìn(r) 凶信(儿) N. news of sb.'s death
xióngxīn* 雄心 N. great ambition; lofty aspiration
xióngxīnbàodǎn 熊心豹胆[-膽] ID. fearlessness; tremendous bravery/courage; guts
xióngxīnbóbó 雄心勃勃 F.E. ① very ambitious ② determination and zeal
xióngxìng 雄性 N. male
xióngxìng bùyù 雄性不育 N. <*bio.*> male sterility
xióngxìng jīsù 雄性激素 N. <*bio.*> androgen
xióngxīnwànzhàng 雄心万丈[--萬-] F.E. be extremely ambitious
xióngxīnwèisǐ 雄心未死 F.E. undying ambition; still full of ambition
xióngxīnzhuàngzhì 雄心壮志[--壯-] F.E. lofty aspirations and high aims/ideals
[1]**xiōngxiōng** 汹汹[洶洶] <*wr.*> R.F. ① violent; truculent ② tumultuous; agitated ♦ON. sound of roaring waves
[2]**xiōngxiōng** 匈匈 R.F. clamorous
[3]**xiōngxiōng** 恟恟//忷忷 R.F. tumultuous
xióngxióng* 熊熊 R.F. flaming; ablaze; raging
xiòngxiòng 夐夐//敻敻 R.F. long
xióngxióng dàhuǒ 熊熊大火 N. big blazing fire
xióngxióng lièhuǒ 熊熊烈火 N. raging flames
xióngxióng ránshāo 熊熊燃烧[-燒] R.F. blaze
Xiōngyálì 匈牙利 P.W. Hungary
Xiōngyálìyǔ 匈牙利语 N. Hungarian; Magyar language
xiōngyàn 凶焰 N. ① ferocity ② aggressive arrogance
xióngyàng 熊样[-樣] N. <*coll.*> pitiful/sheepish look
Xióngyángzuò 雄羊座 N. <*astr.*> the Ram
xiōngyànwànzhàng 凶焰万丈[--萬-] F.E. extremely ferocious
xióngyāohǔbèi 熊腰虎背 F.E. ① heavy and muscular physical build ② tough and strong
xiōngyī* 胸衣 N. corsets; shirt-front M: [2]*jiàn*
xiōngyì 胸臆 N. ① the chest ② feelings
[1]**xióngyǐ** 雄蚁[-蟻] N. male ant M: [2]*zhī*
[2]**xióngyǐ** 熊蚁[-蟻] N. a large ant; *Campontus marginasus* M: [2]*zhī*
xiōngyīn 胸音 N. <*lg.*> cerebral sound
xióngyīng 雄鹰 N. powerful eagle M: [2]*zhī*
xióngyìxuān 雄刈萱 N. citronella
xiōngyǒng 汹涌[洶-] S.V. tempestuous; turbulent
xiōngyǒngpéngpài 汹涌澎湃[洶-] F.E. surging; turbulent; tempestuous
xióngyóu 熊油 N. bear's oil
xiōngyǒuchéngfǔ 胸有城府 F.E. mental reservation; reticence *See also* *xiōngyǒuchéngzhú*
xiōngyǒuchéngzhú 胸有成竹 F.E. have a well-thought-out plan/stratagem/etc.
xiōngyǒudìgōng 兄友弟恭 F.E. show love and respect between brothers
xiōngyǒumiàosuàn 胸有妙算 F.E. have some tricks up one's sleeve
xiōngyǒuqiūhè 胸有丘壑 F.E. circumspect and farsighted
xiōngyǒuquánjú 胸有全局 F.E. have the whole situation in mind
xiōngyǒuzhāoyáng 胸有朝阳[-陽] F.E. have the morning sun in one's heart
xiōngyǔ 胸宇 N. ambition; aspiration
xióngyú* 雄鱼 N. male fish M: [1]*tiáo*
xiōngzhái 凶宅 P.W. ① haunted house ② a house where a murder/etc. took place M: [4]*zuò*

X

xiōngzhāng 胸章 N. badge M: [4]méi
xiōngzhǎng* 兄长 N. <court.> address for an elder brother or male friend
[1]**xióngzhǎng** 熊掌 N. bear's paw (as a delicacy) M: ge/[2]zhī
[2]**xióngzhǎng** 雄长 N. hegemony
[1]**xiōngzhào** 凶兆 N. ill omen
[2]**xiōngzhào** 胸罩 N. brassière; bra
xiōngzhēn* 胸针 N. brooch M: [4]méi
xióngzhèn 雄镇 N. strategic city
xióngzhī 熊脂 N. bear's grease
xióngzhì* 雄峙 V. stand imposingly
xiōngzhōng 胸中 P.W. (in) one's mind/heart
xiōngzhōngdìjí 兄终弟及 F.E. inherit (a wife) from one's late older brother
xiōngzhōngjiǎbīng 胸中甲兵 F.E. ①well-versed in military strategy/tactics ② expert in military strategy
xiōngzhōnglínjiǎ 胸中鳞甲 F.E. ① treacherous/vicious plans/ideas ② dangerous and treacherous
xiōngzhōngpǐbiān 胸中痞鞭 F.E. <med.> feeling of stuffiness and choking in the chest
xiōngzhōngqiūhè 胸中丘壑 F.E. be obstinate in one's notions
xiōngzhōngwúshù 胸中无数[-數] F.E. have no idea how things stand
xiōngzhōngxìmò 胸中隙末 F.E. friendly at first, but ending as enemies
xiōngzhōngyǒushù 胸中有数[-數] F.E. have a good idea how things stand
xióngzhǔ 雄主 N. a king of great talent and bold vision M: ge/[1]míng/[2]wèi
xióngzhuàng 雄壮[-壯] S.V. ① magnificent; majestic ② martial
xiōngzhuī 胸椎 N. <bio.> thoracic vertebra
xióngzī 雄姿 N. majestic appearance; heroic posture
xióngzīyīngfā 雄姿英发[-發] F.E. cut a bold and successful figure
Xī Ōu 西欧[-歐] P.W. Western Europe
Xī Ōu Gòngtóng Shìchǎng 西欧共同市场[-歐---場] P.W. European Common Market
xǐpái 洗牌 V.O. shuffle cards
xīpán 吸盘[-盤] N. <zoo.> sucking disc; sucker
xǐpén 洗盆 N. washbowl
xípéng* 席棚 N. mat canopy/shed/hoarding M: [4]zuò
xǐpéng 喜棚 N. reed/mat/etc. canopy set up for an open-air banquet/etc. M: [4]zuò
[1]**xīpí*** 嬉皮 N. <loan> hippy M: ge/[1]míng/[2]wèi
[2]**xīpí** 西皮 N. <opera> one of the two chief types of music
xīpǐ 嬉痞 N. <loan> hippy
xǐpiàn 洗片 V.O. <photo.> develop a film; process a photo
xīpiānběi 西偏北 N. west by north
xǐpiànjī 洗片机 N. <photo.> developing machine M: [1]tái
xīpiānnán 西偏南 N. west by south
xīpiào 息票 N. interest/dividend coupon
xípiào 席票 N. <wr.> food ticket, purchased in advance as a gift M: [1]zhāng
xìpiào* 戏票[戲-] N. theater ticket M: [1]zhāng
xìpíbáiròu 细皮白肉 F.E. delicate skin and fair complexion
xīpílàiliǎn 嬉皮赖脸 F.E. have a sloppy appearance; be shameless
xìpínènròu 细皮嫩肉 F.E. delicate/tender skin
xǐpíng 洗瓶 N. test tube
xìpíng* 戏评[戲-] N. review of a play M: [1]piān
xǐpíngjī 洗瓶机 N. bottle-cleaning machine M: [1]tái
xīpíshì 嬉皮士 N. <loan> hippy; hippie M: ge/[1]míng/[2]wèi
xīpí wángguó 嬉皮王国[-國] P.W. hippiedom
xīpíxiàoliǎn 嬉皮笑脸 F.E. grinning cheekily
xīpò 稀破 V.P. tattered; torn
xìpǔ 系谱 N. genealogy (of male lineage)
xìpǔ fēnlèi 系谱分类[-類] N. <phy.> phylogenetic classification
xìpǔ fēnlèifǎ 系谱分类法[---類-] N. genealogical classification
xìpǔshù 系谱树[-樹] N. <lg.> genealogical tree
xìpǔxué fēnlèi 系谱学分类[-類] N. genealogical branch
xīqí 希/稀奇 S.V. ① rare; strange; curious ② be of value; be of importance; be appreciated
xīqǐ 希企 V. <wr.> hope for/to
[1]**xīqì** 吸气[-氣] V.O. breathe in; inhale ♦N. inhalation; ingressive air
[2]**xīqì** 锡器 N. tinware; tin objects
xíqì* 习气[習氣] N. bad habit/practice
xǐqī 喜期 N. ① wedding date ② birth due-date
xǐqì 喜气[-氣] N. happy atmosphere M: [2]gǔ
xīqià 熙洽 V.P. <wr.> peaceful and prosperous
[1]**xīqián** 息钱[-錢] N. interest (money)
[2]**xīqián** 犀钱[-錢] N. <trad.> coin made of rhinoceros horn
xǐqian 喜钱[-錢] N. <trad.> tip given on a happy occasion
xǐqián* 洗钱[-錢] V.O. launder money
xìqiáng 阋墙[鬩牆] ID. <wr.> quarrel within the family
xìqiáng zhīhuò 阋墙之祸[鬩牆-禍] N. <wr.> domestic strife; internal trouble
xī-qiān héjīn 锡铅合金 N. pewter
xīqiāo 蹊跷[-蹺] S.V. odd; queer; fishy *See also* *qīqiāo*
xìqiáo 细瞧 V. scrutinize
xìqiǎo* 细巧 S.V. exquisite; dainty; delicate
xíqíbùyì 袭其不意 F.E. catch sb. unprepared
xǐqiē 铣切 V. <mach.> mill
xīqígǔguài 希奇古怪 F.E. strange; rare
Xī Qín* 西秦 P.W. <hist.> one of the 16 northern states in the Jin dynasty (265–316)
xìqīn 系亲[-親] N. relation by marriage
xǐqīng 洗清 R.V. wash clean
xǐqìng* 喜庆[-慶] S.V./N. ① joyous; jubilant ② happy event/occasion ♦V. celebrate
[1]**xìqíng** 细情 N. details
[2]**xìqíng** 戏情[戲-] N. plot of a play
xīqiú 希求 V. crave ♦N. what one hopes/wishes for
xīqiúshì 希求式 N. <lg.> imperative/optative mood
xīqiú yǔqì 希求语气[-氣] N. <lg.> optative mood
xǐqìyángyáng 喜气洋洋[-氣--] F.E. ① jubilant ② cheerful look/expression
xǐqìyángyì 喜气洋溢[-氣--] F.E. be overflowing with happiness
xīqìyīn 吸气音[-氣-] N. <lg.> ingressive sound/consonant; click
[1]**xīqǔ** 吸取 V. ① absorb; draw; assimilate ② suck (liquids)
[2]**xīqǔ** 奚取 V.P. <wr.> What advantage can be obtained?
[3]**xīqǔ** 析取 N. extraction; disjunction
xíqǔ 袭取 V. ① take by surprise ② take over from the past
xǐqù 洗去 R.V. wash out
xìqǔ* 戏曲[戲-] N. ①traditional opera ②singing parts in *chuánqí* and *zájù* ③ drama; play
xī-quē 稀缺 S.V. rare
xǐque* 喜鹊[-鵲] N. magpie M: [2]zhī
xǐquebàoxǐ 喜鹊报喜[--報-] F.E. The magpie forecasts good news.
xī-quē guīlǜ 稀缺规律 N. <econ.> law of scarcity
xī-quē shāngpǐn 稀缺商品 N. goods in short supply M: [2]jiàn/[1]zhǒng
xī-quēxìng 稀缺性 N. scarcity
xīqǔ jiàoxùn 吸取教训 V.O. draw a lesson
xìqǔpiàn 戏曲片[戲--] N. screen adaptation of a traditional opera M: [2]bù
xīqǔ shuǐfèn 吸取水份 V.O. absorb water
xìr 细儿 A.T. meticulous; precise *See also* *xì'ér*
xīrán 翕然 V.P. <wr.> united; harmonious
xírǎn* 习染[習-] V. <wr.> contract a bad habit ♦N. bad habit
xǐ-rǎn 洗染 V. clean and dye
xǐ-rǎndiàn 洗染店 P.W. cleaner and dyer; laundering and dyeing shop M: [1]jiā
[1]**xīrǎng** 熙壤/攘 V.P. <wr.> restless
[2]**xīrǎng** 息壤 N. <wr.> fertile soil
xíráo 袭扰[-擾] V. <mil.> harry; harass
xīrè 吸热[-熱] V.O. absorb heat
[1]**xīrén** 昔人 N. people of the past
[2]**xīrén** 西人 N. Westerner
[3]**xīrén** 锡人 N. <wr.> tin figure buried with a corpse
xǐrén* 喜人 V.O. delight; make happy
xǐrèn 徙任 V.O. <wr.> be transferred to another post
xìrén 细人 N. <wr.> ①humble people ②narrow-minded people ③ concubine
xírénqùzhì 袭人故智 F.E. <wr.> copy an old trick
xīrì* 昔日 N. former days/times
xǐrì 喜日 N. happy day (e.g., wedding/birth day)
xīróng 希荣[-榮] V.O. <wr.> aspire for the glory of high office
Xīróng 西戎 N. <hist.> tribesmen of the western borders in the Zhou dynasty
xǐróng 喜容 N. ① happy look ② portrait of sb. while living
xìróng* 细茸 V.P. small; tiny; fine
xīròu* 息肉 N. <med.> polyp; polypus
xìróu 细柔 S.V. soft and delicate
xìròuyú 细肉鱼 N. weakfish M: [1]tiáo
[1]**xīrú** 奚如 F.E. <wr.> would it be better to. . .
[2]**xīrú** 翕如 V.P. <wr.> harmonious and magnificent (of music)
xīrù* 吸入 N. inhalation; suction; absorption ♦V. imbibe
xírù 袭入 V.P. break into
xìruǎn 细软 N. valuables (jewelry/silks/etc.)
Xīrú Ěrmùzī 西儒耳目资 N. first book using a romanization system (compiled by N. Trigault in 1625)
xìrùn 细润 S.V. fine and glossy
xīruò 奚若 F.E. <wr.> would it be better to. . .?
xìruò* 细弱 S.V. ① thin and delicate; slim and fragile ② low; weak (of voice)
xìruòchén'āi 细若尘埃[--塵-] F.E. <wr.> as fine as dust
xīrùyīn 吸入音 N. <lg.> ingressive sound
xīsà 淅飒 ON. rustling; crackling
xǐsān 洗三 N. <coll> neonate's third-day bath
xìsǎng 细嗓 N. naturally thin voice
xǐsè* 喜色 N. happy expression; joyful look
xìsè 细色 S.V. ① <Budd.> handsome looks ② <wr.> exquisite commodity
xīsèqì 析色器 N. color-analyzing filter M: [1]jià/[1]tái
xīshā 矽砂 N. silicon sand
xíshā 袭杀[-殺] V. massacre in a raid
xǐshà 喜煞 V. <coll.> thrill; delight
[1]**xìshā*** 细沙 N. fine sand
[2]**xìshā** 细纱 N. <txtl.> spun yarn M: [2]kuài/[1]pǐ
xīshài* 西晒[-曬] V. ①face west (of rooms) ②be exposed to the intense heat of the afternoon sun
xǐshài 洗晒[-曬] V. wash and dry in the sun
xìshājī 细沙机 N. <txtl.> spinning frame M: [1]tái
xǐshàn 徙善 V.O. <wr.> change for the better; reform
[1]**xíshàng** 席上 N. <wr.> scholars; the learned ♦P.W. on the dining table
[2]**xíshàng** 习尚[習-] N. ① common practice; custom ② fashion
xǐshàngjiāxǐ 喜上加喜 F.E. Two happy events come one after the other.
xǐshàngméishāo 喜上眉梢 F.E. be radiant with joy
xīshàngxíng 膝上型 ATTR. lap-top
xíshàngzhīzhēn 席上之珍 N. <wr.> personal virtue
xíshànmiè'è 习善灭恶[習-滅惡] F.E. <wr.> learn good and forsake evil
xīshǎo 稀/希少 S.V. few; rare; scarce
Xīshā Qúndǎo 西沙群岛[-島] P.W. Xisha (Paracel) Islands (in the South Seas)

X

xǐshàrén 喜煞人 V.P. <*coll.*> delightful
xǐshātáojīn 洗沙淘金 V.P. pan sand for gold
xìshāyán 细砂岩 N. <*geog.*> fine sand layer
xìshāzhǐ 细砂纸 N. fine sandpaper M: [1]*zhāng*
xǐshèn 洗肾[-腎] V.O. <*med.*> dialysis
[1]**xīshēng*** 牺牲[犧-] V. ① sacrifice oneself; die a martyr's death ② do sth. at the expense of oneself or sb. else ♦N. ① beast slaughtered for a sacrifice ② sacrifice
[2]**xīshēng** 吸声[-聲] V.O. <*archi.*> absorb sound
xīshèng 希圣[-聖] V.O. aspire to equal the sages
xìshēng 细声[-聲] N. thin voice
xìshéng 细绳[-繩] N. thin/fine rope M: [2]*gēn*
xīshēng cáiliào 吸声材料[-聲--] N. <*archi.*> sound-absorbing material
xīshēng cízhuān 吸声瓷砖[-聲-磚] N. acoustic tiles M: [2]*kuài*
xīshēngdǎ 牺牲打[犧-] N. <*sport*> sacrifice hit
xīshēngdiào 牺牲掉[犧-] R.V. sacrifice
xīshēngpǐn 牺牲品[犧-] N. ① victim; prey ② <*com.*> loss leader ③ sacrificial lamb M: [2]*jiàn*
xīshēngwǎ 吸声瓦[-聲-] N. acoustic tile M: [2]*kuài*
xìshēngxìqì 细声细气[-聲-氣] F.E. in a soft voice; soft-spoken
xīshēngzhě 牺牲者[犧-] N. victim M: *ge*/[1]*míng*/[2]*wèi*
[1]**xīshī** 稀湿[-濕] V.P. completely wet
[2]**xīshī** 吸湿[-濕] V.O./ATTR. <*met.*> absorption of moisture; moisture absorption
Xī Shī 西施 (5th cent. B.C.) N. also known as Xīzǐ; acme of beauty
[1]**xīshí** 吸食 V. suck; take in (liquids/narcotics/etc)
[2]**xīshí** 昔时[-時] N. in former times
[1]**xīshì** 西式 N. Western style
[2]**xīshì** 稀释[-釋] <*chem.*> V. dilute ♦N. dilution; thinning
[3]**xīshì** 息事 V.O. settle a matter
[4]**xīshì** 希世 ATTR. extremely rare ♦V.O. seek to conform to the world
[1]**xǐshì*** 喜事 N. ① happy event; joyous occasion ② wedding
[2]**xǐshì** 洗拭 V. <*wr.*> wash; wipe
[1]**xìshì** 细事 N. trifling matter
[2]**xìshì** 系世 N. family/genealogical tree
[3]**xìshì** 细视 V. look at carefully
xīshìbùfán 稀世不凡 F.E. be really sth. else
xìshìchóurén 盻视仇人 F.E. <*wr.*> glare at the foe
xīshìjì 吸湿剂[-濕劑] N. moisture absorbent
xīshìjì* 稀释剂[-釋劑] N. diluter
xīshìníngrén 息事宁人[--寧-] F.E. ① patch up a quarrel and reconcile disputants ② make concessions to avoid trouble
xìshíqì 细石器 N. <*archeo.*> microlith
xìshíqì wénhuà 细石器文化 N. <*archeo.*> microlithic culture
xīshīshé 西施舌 N. <*bio.*> small edible shellfish
xīshīxìng 吸湿性[-濕-] N. hygroscopicity
xīshìyè 稀释液[-釋-] N. thinner
xīshìzhēnběn 稀世珍本 F.E. one of the world's rare books
xīshìzhībǎo 希世之宝[-寶] N. rare treasure
xīshìzhīcái 稀世之才 N. supramundane power of intellect
xīshìzhīzhēn 希/稀世之珍 N. a rare treasure
xīshōu* 吸收 V. ① absorb; suck up; assimilate ② recruit; enroll; admit
xīshǒu 息手 V.O. ① stop; give up ② pause
xīshòu 惜售 V. ① be unwilling to sell ② hold back on sales in anticipation of higher prices
xǐshǒu 洗手 V.O. ① wash one's hands ② go to the lavatory ③ reform (of criminals)
xǐshòu 玺绶[璽-] N. <*wr.*> imperial seal and attached cord
xìshòu 细瘦 S.V. thin and small
xǐshǒubùgān 洗手不干[-幹] F.E. ① stop doing evil and reform oneself ② wash one's hands of sth.
xīshōu guīlǜ 吸收规律 N. <*lg.*> rule of absorption
xīshōujì 吸收剂[-劑] N. absorbent
xǐshǒujiān 洗手间 P.W. toilet; lavatory; washroom
xīshōulǜ 吸收率 N. absorbency
xīshōuxìng 吸收性 N. quality of absorption
xīshōu zuòyòng 吸收作用 N. absorption
xīshū 稀疏 S.V. few and scattered; sparse
[1]**xīshǔ*** 悉数[-數] V. <*wr.*> enumerate in full detail ***See also*** *xīshù*
[2]**xīshǔ** 鼷鼠 N. house mouse; chevrotain
xīshù 悉数[-數] N. <*wr.*> complete amount; all ***See also*** [1]*xīshǔ*
xíshū 檄书[-書] N. ① <*wr.*> official call to arms ② official denunciation of enemy ③ war proclamation M: [2]*fēng*/[1]*fèn*
xíshú 习熟[習-] V. <*wr.*> be familiar with; understand
xǐshū 玺书[璽書] N. <*wr.*> documents sealed with personal/official seals
[1]**xǐshù** 洗漱 V. wash one's face and rinse one's mouth
[2]**xǐshù** 喜树[-樹] N. <*bot.*> garden plant believed to contain cancer-curing properties M: [2]*kē*
xìshǔ 系属[係屬] V. belong to; be answerable to ♦ATTR. generic
[1]**xìshù** 细述 V. narrate in detail ♦N. one-sided story from an unreliable person
[2]**xìshù** 系数[係數] N. <*math.*> coefficient
xīshuǎ 嬉耍 V. romp; frolic; play
xǐshuā* 洗刷 V. ①wash and brush; scrub ②clear oneself (of a stigma/etc.) ***Tā ~le zìjǐ dè huài míngshēng.*** He cleared his bad reputation.
xìshuǎ 戏耍[戲-] V. make fun of; tease
xǐshuābùqīng 洗刷不清 R.V. unable to vindicate oneself
xīshuài 蟋蟀 N. <*zoo.*> cricket
xīshuàicǎo 蟋蟀草 N. <*bot.*> yard grass
xǐshuàn 洗涮 V. rinse
xīshùfènghuán 悉数奉还[-數-還] F.E. return all that has been borrowed or taken away
[1]**xīshuǐ*** 溪水 N. mountain stream
[2]**xīshuǐ** 吸水 N. water uptake/absorption
xìshuǐ 戏水[戲-] V.O. <*wr.*> play with/in water
xìshuǐchángliú 细水长流 F.E. ① economize to avoid shortage ② go about sth. little by little without letup
xīshuǐdōngdiào 西水东调 F.E. transfer water from the west to the east
xīshuǐxìng 吸水性 N. quality of water absorption
xīshuǐzhǐ 吸水纸 N. absorbent paper M: [1]*zhāng*
xǐshuǐ zhíwù 喜水植物 N. watercress M: [1]*zhǒng*
xīshūlíngluò 稀疏零落 F.E. sparse and scattered
xīshǔn 吸吮 V. suck; absorb
xìshuō 细说 V. tell in detail ♦N. <*wr.*> ①calumny ② one-sided story from a mean fellow
xìshuō běnmò 细说本末 V.O. <*wr.*> recount the developments from the beginning
xìshuō fēnmíng 细说分明 V.P. give a clear and detailed account
xìshuō xiángqíng 细说详情 V.O. relate everything in elaborate detail
xīsì 奚似 F.E. <*wr.*> would it be better to. . .?
xìsī* 细丝[-絲] N. fine thread
xīsōng* 稀松[-鬆] S.V. ① poor; sloppy ② unimportant; trivial ③<*coll.*> heedless; unconcerned ④ loose; porous
xīsòng 息讼 V. stop litigation
xīsū 窸窣 ON. rustle; squeak
xísú* 习俗[習-] N. custom; convention
xīsuān 矽酸 N. silicic acid
xīsuānyán 矽酸盐[-鹽] N. <*chem.*> silicate
[1]**xīsuì** 昔岁[-歲] N. <*wr.*> last year
[2]**xīsuì** 蹊隧 N. <*wr.*> path; trail
xìsuì* 细碎 S.V. in small broken bits
xìsuì shēngcài 细碎生菜 N. coleslaw
[1]**xìsuǒ** 细琐 S.V. trivial
[2]**xìsuǒ** 细索 N. fine rope
xìsuǒbiǎo 系索表 N. thesaurus
xīsuǒbìfù 悉索敝赋 F.E. <*wr.*> mobilize all military forces for a punitive war
xìsuōkǒng 细缩孔 N. pinhole
xísúshǐrán 习俗使然[習-] F.E. <*wr.*> usage makes practice
xísúyírén 习俗移人[習-] F.E. <*wr.*> habit/custom can change one's nature
Xītái 西台[-臺] N. <*trad.*> the Censorate
xìtái* 戏台[戲臺] N. <*coll.*> stage M: [4]*zuò*
Xītàihòu 西太后 N. <*hist.*> Empress Dowager Ci Xi
xītǎn 膝袒 V. <*trad.*> walk on one's knees and bare one's breast (a gesture of deepest apology)
[1]**xìtán*** 细谈 V. discuss in detail
[2]**xìtán** 戏谈[戲-] N. playful conversation
[1]**xǐtáng** 喜糖 N. sweets presented to friends/etc. at a wedding M: [1]*bāo*/[5]*dài*/[1]*kē*
[2]**xǐtáng** 喜堂 P.W. hall where a wedding ceremony is held M: [4]*zuò*
xītāngguǎshuǐ 稀汤寡水[-湯--] F.E. watery (of porridge/soup/etc.); thin and tasteless
Xītèlè 希特勒 N. Hitler
xítí* 习题[習-] N. exercises (in schoolwork) M: [2]*dào*
xìtǐ 细体[-體] N. <*print.*> light-face type
Xītiān 西天 P.W. <*Budd.*> ① Western Paradise ② India
xītiào 膝跳 N. knee jerk
xìtiao(r)* 细挑/条(儿)[-條-] S.V. slender
xìtiáo 细调 N. fine control; regulating
xìtiáomiàn 细条面[-條麵] N. vermicelli
xìtiáo miànhù 细条面糊[-條麵-] N. fettuccini
xìtiáotiáo 细条条[-條條] N. slim/thin piece of sth. ♦V.P. slender; willowy (of sb.'s figure)
xǐtiě 喜帖 N. wedding invitation M: [1]*zhāng*/[1]*fèn*/[2]*fēng*
xītiěshí 吸铁石[-鐵-] N. magnet; lodestone M: [2]*kuài*
xītīng 烯烃[-烴] N. <*chem.*> alkene; olefin
xìtīng* 细听[-聽] V. listen carefully
xǐtīnglèwén 喜听乐闻[-聽樂-] F.E. listen to. . .with pleasure
xītīngzūnbiàn 悉听尊便[-聽--] F.E. please yourself
xītīngzūnmìng 悉听尊命[-聽--] F.E. I will do everything as you order.
xītóng 奚童 N. <*trad.*> boy servant M: *ge*/[1]*míng*
xìtǒng* 系统 N./ADV. system; device; process
xìtǒng chéngshì yǔyán 系统程式语言 N. <*comp.*> system programming language
xìtǒng cuòwù 系统错误 N. <*lg.*> systematic error
xìtǒngfǎ 系统法 N. <*lg.*> systems approach
xìtǒng fēnxi 系统分析 N. <*comp.*> system analysis
xìtǒng fēnxīqì 系统分析器 N. <*comp.*> system analyzer M: [1]*tái*
xìtǒng gōngchéng 系统工程 N. systems engineering M: [3]*xiàng*
xìtǒnghuà 系统化 N./V. systematize
xìtǒng kòngzhìqì 系统控制器 N. <*comp.*> system controller M: [1]*tái*
xìtǒnglùn 系统论 N. systems theory
xìtǒngpán 系统盘[-盤] N. <*comp.*> system disk
xìtǒngqián de 系统前的 ATTR. <*lg.*> presystematic
xìtǒng tú 系统图[-圖] N. <*sur.*> system diagram M: [1]*zhāng*/[1]*fèn*
xìtǒngxìng 系统性 N. systematicity; systematic nature; systematicness ♦ATTR. systematic
xìtǒng yīnwèixué 系统音位学 N. <*lg.*> systematic phonemics
xìtǒng yǔfǎ 系统语法 N. <*lg.*> systemic grammar
xìtǒng yǔyán 系统语言 N. <*comp.*> system language
xìtǒng yǔyánxué 系统语言学 N. <*lg.*> systemic linguistics
xìtǒng zhōngduānjī 系统终端机 N. <*comp.*> system terminal M: [1]*tái*
xìtǒng zīliào huìliúpái 系统资料汇流排[----匯--] N. <*comp.*> system data bus
[1]**xītou** 膝头 N. <*topo.*> knee
[2]**xītou** 螅头 N. hydrocephalus

xītóu 西头 N. ① the west ② the west end (of a street/etc.)
xǐtóu* 洗头 V.O. wash one's hair ♦N. shampoo
xǐ tóufa 洗头发[-髮] V.O. wash one's hair ♦N. shampoo
xǐtóugāo 洗头膏 N. shampoo gel M: *píng*
xītóur 西头儿 P.W. western end (of a street/etc.)
xǐtóushuǐ 洗头水 N. ① water for washing the hair ② shampoo; hair lotion M: *píng*
xītú* 希图[-圖] V. ① try/attempt to ② scheme for
[1]**xītǔ** 西土 P.W. ① <*wr.*> the Western lands ② <*Budd.*> Buddhist paradise/heaven ③ India ④ <*trad.*> old name of Chang'an
[2]**xītǔ** 息土 N. fertile soil
[3]**xītǔ** 稀土 N. rare earth
xītǔ jīnshǔ 稀土金属[-屬] N. <*chem.*> rare-earth metal
xǐtuō 洗脱 V. cleanse; purge
[1]**xiū*** 修 V. ① embellish; decorate ② repair; mend; overhaul ③ write; compile ④ study; cultivate ⑤ build; construct ⑥ trim; prune ♦S.V. <*wr.*> long; tall and slender ♦AB. *xiūzhèngzhǔyì*
[2]**xiū** 休 B.F. ① stop; cease [1]*xiūxué* ② rest *xiūxi* ③ take leave/vacation *xiūjià* ④ <*wr.*> good fortune [2]*xiū-qī* ♦ADV. do not ♦V. <*trad.*> cast off one's wife and send her home
[3]**xiū** 羞 V. shame; embarrass ♦S.V. bashful; shy ♦B.F. ①shameful; disgraceful *xiūchǐ* ②ashamed; embarrassed *xiūsào* *See also* [4]*xiū*
[4]**xiū** 馐/羞[饈/-] B.F. tasty food; delicacy *zhēnxiū*, [2]*shànxiū* *See also* [3]*xiū*
[5]**xiū** 咻 B.F. clamor *yīfùzhòngxiū* ♦ON. sound of breathing/panting [3]*xiūxiū*, *qìxiūxiū*
[6]**xiū** 脩 B.F. ① dried meat ② student's gift to a teacher as tuition *xiūfǔ*, [2]*shùxiū*
[7]**xiū** 貅 in *píxiū*
[8]**xiū** 鸺[鵂] in *xiūliú*, *chīxiū*
[9]**xiū** 庥 V. <*wr.*> shelter
[1]**xiǔ** 宿 M. *for nights* *See also* [5]*sù*, [6]*xiù*
[2]**xiǔ** 朽 S.V. rotten; decayed ♦B.F. ① decrepit; senile *lǎoxiǔ* ② decay *bùxiǔ*
[1]**xiù** 锈[鏽] N./V. rust
[2]**xiù** 绣[繡] V. embroider ♦B.F. embroidery *xiùxié*, *Sūxiù*
[3]**xiù** 嗅 V. smell (sth.)
[4]**xiù** 袖/褎 B.F. ① sleeve *xiùzi*, [1]*xiùkǒu* ② tuck inside the sleeves *xiùshǒupángguān*
[5]**xiù** 秀 V. put forth flowers/ears (of grain crops) ♦B.F. ① elegant; beautiful *xiùlì* ② excellent *yōuxiù*
[6]**xiù** 宿 B.F. <*Ch. astr.*> constellation *Jīxiù*, [2]*nǚxiù* *See also* [5]*sù*, [1]*xiǔ*
[7]**xiù** 臭 B.F. odor; smell; scent [2]*xiùxiàn* *See also* *chòu*
[8]**xiù** 溴 N. <*chem.*> bromine
[9]**xiù** 岫 B.F. ① mountain *yuǎnxiù* ② cave
xiù'àn 锈暗[鏽-] V.P. dark (of color)
xiùbá 秀拔 V.P. ① fine (of a calligraphic style) ② beautiful and forceful
xiǔbài 朽败 S.V. decayed and rotten
xiūbǎn 修版 N. ① <*print*> color-separation drafting; retouching ② <*photo.*> print finishing
xiùbān* 锈斑[鏽-] N. rust spot M: [2]*kuài*
xiùbèi 绣被[繡-] N. embroidered bedding M: [1]*tiáo*
xiùbiānr 绣边儿[繡邊-] V.O. embroider the edge of a piece of silk/etc.
xiùbiāo 袖标[-標] N. armband M: [2]*kuài*
xiūbīng* 休兵 <*wr.*> V.O. cease fire ♦N. ①rested and reorganized troops ② truce; armistice
xiùbìng 锈病[鏽-] N. <*agr.*> rust
xiūbǔ* 修补[-補] V. mend; repair; revamp
xiùbǔ 绣补[繡補] V. darn
xiūbùgǎndá 羞不敢答 F.E. be too ashamed to attempt to reply
xiùcai 秀才 N. <*hist.*> ① a scholar who passed the imperial examination at the county level ② scholar; skillful writer ③ fine talent M: *ge*/[1]*míng*/[2]*wèi*
xiùcai rénqíng 秀才人情 N. ① gifts from scholars (scrolls/paintings/etc.) ② small gifts (usu. books)
xiùcai rénqíng zhǐ bàn zhāng 秀才人情纸半张 F.E. Scholars express friendship on paper.
xiūcán 羞惭 S.V. be ashamed *Tā zìjǐ gǎndào ~.* She's ashamed of herself.
xiūcánmǎnmiàn 羞惭满面 F.E. be overwhelmed with shame
xiūcánwúdì 羞惭无地 F.E. be almost too ashamed to show one's face
xiūcháng* 修长 S.V. tall and thin; slender
[1]**xiùcháng** 袖长 N. outside sleeve
[2]**xiùcháng** 绣裳[繡-] N. embroidered skirt
xiūchángbǔduǎn 修长补短[--補-] F.E. make up a deficiency by a surplus
xiū chángchéng 修长城 <*coll.*> V.O. play mahjongg
xiūchí 修持 V. <*rel.*> practice perfection
xiūchǐ* 羞耻[-恥] N. (sense of) shame
xiūchì 修饬 V. <*wr.*> repair and maintain
xiūchǐzhīxīn 羞耻之心[-恥--] N. sense of shame
[1]**xiùchū** 嗅出 R.V. smell
[2]**xiùchū** 秀出 V.P. outstanding
xiūchuán 修船 V.O. repair ships
xiūchuánchǎng 修船厂[-廠] P.W. shipyard; dockyard; repairing yard M: [1]*jiā*
xiūchuánwù 修船坞[-塢] P.W. shipyard; dockyard M: [4]*zuò*
xiùchūbānháng 秀出班行 F.E. a notch above the others
xiūcí* 修辞[-辭] N. rhetoric ♦ATTR. rhetorical; stylistic
xiūcì 修刺 V.O. prepare a visiting card
xiùcì 袖刺 V.P. <*trad.*> put one's visiting cards in the sleeve
xiūcí biàntǐ 修辞变体[-辭變體] N. <*lg.*> stylistic variant
xiūcígé 修辞格[-辭-] N. <*lg.*> figures of speech
xiūcí gōngnéng 修辞功能[-辭--] N. <*lg.*> rhetorical function
xiūcí jiégòu 修辞结构[-辭-構] N. <*lg.*> rhetorical structure
xiūcí shǒuduàn 修辞手段[-辭--] N. <*lg.*> figure of speech
xiūcí wènjù 修辞问句[-辭--] N. <*lg.*> rhetorical question
xiūcíxìng yíwènjù 修辞性疑问句[-辭----] N. <*lg.*> rhetorical interrogation
xiūcíxué 修辞学[-辭-] N. <*lg.*> rhetoric; stylistics
xiūcí zhòngyīn 修辞重音[-辭--] N. accent
xiùdā 袖搭 N. the part of the cloth to be cut into sleeves
xiūdādā 羞答答 R.F. coy; shy; bashful
xiùdài 绣带[繡帶] N. embroidered ribbon M: [1]*tiáo*
xiūdào 修道 V.O. <*rel.*> cultivate/practice a doctrine
xiùdào* 嗅到 R.V. smell
xiū dāo nán rù qiào 羞刀难入鞘[--難--] ID. What is done can't be undone.
xiūdàorén 修道人 N. <*rel.*> person cultivating/practicing a doctrine M: *ge*/[1]*míng*/[2]*wèi*
xiūdàoshì 修道士 N. <*rel.*> monk; priest M: *ge*/[1]*míng*/[2]*wèi*
xiūdàoyuàn 修道院 P.W. <*rel.*> monastery; convent M: [4]*zuò*
xiūdé 修德 V.O. cultivate virtue
xiū de huāng 羞得慌 R.V. ①bashful ②ashamed
xiū de liǎnhóng 羞得脸红 V.P. Shame flushed the cheeks.
xiūdéxíngshàn 修德行善 F.E. strive after virtue and practice good deeds
xiùdiàn 绣垫[繡墊] N. embroidered cushion
xiùdiāo 绣雕[繡-] N. cutwork embroidery
xiūdìng* 修订 V. revise
xiùdǐng 秀顶 N. bald head ♦ATTR. baldheaded
xiūdìngbǎn 修订版 N. revision; revised edition
xiūdìngběn 修订本 N. revised edition M: [1]*běn*
xiūdìnggǎo 修订稿 N. revised manuscript M: [1]*fèn*
xiūdìnghòu yùsuàn 修定后预算[--後--] N. revised budget
xiūdìng wénběn 修订文本 N. revised text
xiū dìqiú 修地球 <*coll.*> V.O. farm; till land *Tā fùqin xiūle yībèizi dìqiú* His father farmed his entire life.
xiūdīzhùbà 修堤筑坝[-築壩] F.E. repair dykes and build dams
xiūdú* 修读[-讀] V. study
xiǔdù 朽蠹 V.P. ①decay and be eaten by worms/etc. ② over-hoard grain so that it rots
xiū-duǎn 修短 N. <*wr.*> length
xiūduǎndézhōng 修短得中 F.E. of medium height
xiūduǎnyǒumìng 修短有命 F.E. One's life span is decided by fate.
xiùdūn 绣墩[繡-] N. garden stool; ceramic stool with an embroidered cover
xiūduōluó 修多罗[-羅] N. a Buddhist sutra
xiù'érbùshí 秀而不实[-實] F.E. ① flowering but bearing no fruit ② fine in appearance but empty in substance
xiūfà 修发[-髮] V.O. trim one's hair
xiùfā 秀发[-發] V.P. ① blooming ② good-looking *See also* *xiùfà*
xiùfà* 秀发[-髮] N. beautiful hair *See also* *xiùfā*
xiùfàchuíjiān 秀发垂肩[-髮--] F.E. beautiful hair hanging about the shoulders
xiùfáng 绣房[繡-] P.W. young girl's bedroom M: [1]*jiān*
xiū-fèn 羞愤 S.V. ashamed and resentful
xiùfēng 秀峰 N. beautiful mountain peaks M: [4]*zuò*
xiūfènjiāojí 羞愤交集 F.E. with mingled shame and resentment
xiūfènjiāojiā 羞愤交加 F.E. with mingled shame and resentment
xiùfó 绣佛[繡-] N. embroidered Buddha image
xiūfú 修福 V.O. do good deeds in order to win blessings
xiūfǔ 脩脯 N. ① dried meat ② student's gift to teacher as tuition
xiūfù* 修复[-復] V. repair; restore; renovate
xiǔfǔ 朽腐 V.P. rotten; rotting
xiūfù jiùguān 修复旧观[-復舊觀] V.P. restore to the original shape
xiūfùshù 修复术[-復術] N. prosthesis
xiūfù wàikē 修复外科[-復--] N. reconstructive surgery
xiūfúxiūshòu 修福修寿[--壽] F.E. strive for happiness and longevity
xiūfùxué 修复学[-復-] N. prosthetics
xiūgǎi* 修改 V. revise; amend; alter
xiūgài 修盖[-蓋] V. build; rebuild
xiūgǎi cǎo'àn 修改草案 N./V.O. draft an amendment
xiūgǎi chéngxù 修改程序 N./V.O. update a routine
xiūgǎi zhǐlìng 修改指令 N./V.O. <*comp.*> modify instructions
xiùgé 绣阁[繡-] P.W. young girl's bedroom
xiūgēng 休耕 V. lie fallow
xiūgēngdì 休耕地 P.W. fallow land M: [2]*kuài*
xiùgōng(r) 绣工(儿)[繡-] N. ① embroidery worker M: *ge*/[1]*míng* ② embroidery; embroidery work
xiūgōu 修沟[-溝] V.O. construct/repair a ditch
xiǔgǔ 朽骨 N. decaying bones
xiùgū* 袖箍 N. armband
xiūguài 休怪 V. don't blame
xiùguǎn 袖管 N. <*topo.*> sleeve
xiūhán 修函 V.O. <*wr.*> write a letter
xiūhǎo 修好 R.V. ① <*wr.*> foster cordial relations between states ② <*topo.*> do good works
xiūhé 休和 V. conciliate and unite
xiùhébāo 绣荷包[繡-] N. embroidered pouch for money/etc.
xiūhènjiāojí 羞恨交集 F.E. with mingled shame and resentment
xiūhóng 羞红 V. blush
xiūhù* 修护[-護] V. maintain; repair

xiùhǔ 绣虎[繡-] N. literary genius
xiùhù 绣户[繡-] N. young lady's chamber; boudoir
xiūhuā 羞花 N. women's radiant beauty
xiùhuā(r)* 绣花(儿)[繡-] V.O. do embroidery ♦N. <art> decoration drawn in paste with a pointed instrument
xiùhuā bèimiàn 绣花被面[繡-] N. embroidered quilt cover M: [2]kuài/[1]tiáo
xiūhuābìyuè 羞花闭月 F.E. ① so beautiful as to cause the flowers to blush and the moon to hide (of women) ② an incomparable beauty
xiǔhuài 朽坏[-壞] V.P. decayed; rotten
xiùhuānǚ 绣花女[繡-] N. woman who does embroidery for a living M: ge/[1]míng/[2]wèi
xiùhuā shāluó 绣花纱罗[繡-羅] N. embroidered gauze
xiùhuā sīxiàn 绣花丝线[繡-絲-] N. floss silk; embroidery silk
xiùhuàwù 溴化物 N. <chem.> bromide
xiùhuāxié 绣花鞋[繡-] N. embroidered shoes M: [1]shuāng
xiùhuàyín 溴化银 N. silver bromide
xiùhuāzhēn 绣花针[繡-] N. embroidery needle M: [2]gēn/[4]méi
xiùhuā zhěntào 绣花枕套[繡-] N. embroidered pillowcase M: ge/[2]zhī/[1]duì
xiùhuā zhěntou 绣花枕头[繡-] N. ①pillow with embroidered case ② an outwardly attractive but worthless person M: ge/[2]zhī/[1]duì
xiūhúdāo 修胡刀[-鬍-] N. razor M: [1]bǎ
xiūhuí 休回 A.T. <trad.> divorce one's wife
[1]xiūhuì* 休会 V.O. adjourn a meeting
[2]xiūhuì 修会 N. religious order/congregation/institution
xiǔhuì 朽秽[-穢] V.P. rotten and filthy
xiùhuì 秀慧 S.V. elegant and intelligent
xiūhuìqījiān 休会期间 N. between sessions; when the meeting stands adjourned
xiùhuó* 绣活[繡-] N. embroidery M: [2]jiàn
xiùhuò 绣货[繡-] N. embroidery M: [2]jiàn
xiūhuǒshān 休火山 N. dormant volcano M: [4]zuò
[1]xiūjǐ 修己 N. self-cultivation
[2]xiūjǐ 休己 V.O. cultivate oneself
xiūjià 休假 V.O./N. have a holiday/vacation/leave
xiūjiān 修尖 R.V. sharpen
xiūjiǎn 修剪 V. prune; trim; clip
xiūjiàn* 修建 V. ① build; construct; erect ② repair; rebuild (of building)
xiùjiàn 袖箭 N. arrow shot by a spring concealed in the sleeve M: [4]zhī/[4]méi
xiūjiànduì 修建队[-隊] N. construction team M: [4]zhī
xiūjiànián 休假年 N. sabbatical leave
xiūjiàn Jiāngdōng fùlǎo 羞见江东父老 ID. be ashamed to return after defeat and be unwilling to face one's fellow-countrymen
xiūjiǎn zhěngqí 修剪整齐[-齊] R.V. trim (the hair/hedge/etc.)
xiūjiǎn zhījia 修剪指甲 V.O. manicure
xiūjiǎo 修脚[-腳] N./V.O. pedicure
xiūjiǎodāor 修脚刀儿[-腳--] N. tiny knife for paring toenails
xiūjiǎoshī 修脚师[-腳師] N. pedicurist M: ge/[1]míng/[2]wèi
xiūjiǎozhě 修脚者[-腳-] N. pedicurist M: ge/[1]míng
xiū jiāpǔ 修家谱 V.O. revise the family genealogy
xiūjiàrì 休假日 N. holiday; days off
xiūjīn 脩金 N. <trad.> tuition fees
xiùjìn* 秀劲[-勁] V.P. beautiful and vigorous (of calligraphy)
xiūjǐng* 修井 V.O. repair a well
xiūjìng 脩敬 N. salary presented to a tutor/teacher
xiūjiǔ 修久 N. a very long time
xiūjiù* 休咎 N. weal and woe
xiūjiùlìfèi 修旧利废[-舊-廢] F.E. repair and recycle
xiūjiùrúxīn 修旧如新[-舊--] F.E. repair sth. old and make it as good as new
xiūjiǔwèiwù 脩久未晤 F.E. have not seen for a long time
xiùjué 嗅觉[-覺] N. sense of smell *Tā zhèngzhì ~ língmǐn.* He's politically sharp.
xiùjué bù líng 嗅觉不灵[-覺-靈] V.P. have a poor sense of smell
xiùjuéqì 嗅觉器[-覺-] N. olfactory organ
xiūjùn* 修浚 V. dredge
xiùjūn 锈菌[鏽-] N. rust fungus
xiùjùn 秀俊 V.P. pretty
xiūkān 休刊 V.O. stop publication; suspend
[1]xiūkè 休克 V./N. <loan/med.> shock; coma
[2]xiūkè 修课 V.O. take a course
xiūkè liáofǎ 休克疗法[--療-] N. shock therapy/treatment
xiùkǒng 袖孔 N. armhole
xiūkǒu 羞口 V.P. be loathe to raise a matter
[1]xiùkǒu(r)* 袖口(儿) N. cuff (of a sleeve); wrist band
[2]xiùkǒu 绣口[繡-] N. talented in literary expression
xiùkòu 袖扣 N. cuff links; sleeve buttons
xiūkǒunánkāi 羞口难开[-難開] F.E. be too shy/embarrassed to speak (out)
xiūkuì 羞愧 S.V. ashamed; abashed
xiūkuìbù'ān 羞愧不安 F.E. feel ashamed and ill at ease
xiūkuìnándāng 羞愧难当[-難當] F.E. feel terribly ashamed; be embarrassed beyond words
xiūkuìnányán 羞愧难言[--難-] F.E. be ashamed beyond words
xiǔlàn 朽烂[-爛] S.V. rotten
xiùlángjìng 秀郎镜 N. wire-rimmed glasses M: [1]fù
xiūlǎo 休老 V.O. retire owing to old age
xiūlǐ* 修理 V. ① repair; mend; fix ② <slang> punish
xiùlì 秀丽[-麗] S.V. beautiful; handsome; pretty
xiūliǎn 修脸 V.O. shy/bashful countenance
xiūliàn* 修炼[-煉] V. <rel.> practice asceticism
xiūlǐbù 修理部 P.W. maintenance office
xiūlǐchǎng 修理厂[-廠] P.W. repair shop M: [1]jiā
xiūlǐ dìqiú 修理地球 V.O. cultivate/till the soil; work the land
xiūliè 休烈 N. brilliant and shining achievement
xiūlǐfèi 修理费 N. <acct.> repairs M: [2]bǐ
xiūlǐ hángyè 修理行业[-業] N. repairing trades
xiūlǐjiàng 修理匠 N. repair person M: ge/[1]míng
xiùlín 秀林 N. beautiful woods/grove/etc. M: [4]zuò
xiūlǐ qǐlai 修理起来 R.V. start to repair
xiùlǐr 袖里儿[-裡-] P.W. the inside of sleeves
xiùlìtǐngbá 秀丽挺拔[-麗--] F.E. stand tall and elegant
xiūliú 鸺鹠 N. <zoo.> owl
xiūlǐ zhǔnbèi 修理准备[-準備] N. reserve for repairs
xiùlóng 袖笼 N. muffs
xiūlù 修路 V.O. repair a road
xiùlǜ 锈绿[鏽-] N. rusty green
xiūlùjī 修路机 N. road-roller M: [1]tái
xiūluó 修罗[-羅] N. <Budd.> demon; genie
xiūluóchǎng 修罗场[-羅場] P.W. <Budd.> scene of bloody slaughter
xiǔmài 朽迈[-邁] V.P. <wr.> senile; decrepit
xiùmào 秀茂 V.P. great; rich; blooming (of talent)
xiùméi 秀眉 N. pretty brows M: [1]duì/[1]shuāng
xiùměi* 秀美 S.V. graceful; elegant
xiùmèi 秀媚 S.V. pretty and charming; lovely; elegant and graceful
xiùméidàyǎn 秀眉大眼 F.E. big eyes and slender eyebrows
xiūmián 休眠 N. <bio.> dormancy
xiūmiàn* 修面 V.O. <topo.> shave
xiùmiàn 绣面[繡-] N. ① facial tattoo of an aborigine girl ② painted face or make-up
xiūmiàngāo 修面膏 N. shaving cream M: píng
xiūmián huǒshān 休眠火山 N. dormant volcano M: [4]zuò
xiūmiànjiànrén 羞面见人 F.E. feel ashamed to see others
xiūmiánqī 休眠期 N. <bio.> dormancy; rest period
xiūmiànshuā 修面刷 N. shaving brush M: [1]bǎ
[1]xiūmíng 修明 V.P. <wr.> honest and enlightened (of government)
[2]xiūmíng 羞明 N. <med.> photophobia
[3]xiūmíng 修名 N. high prestige; good reputation
[1]xiūmù 修墓 V.O. renovate/tend ancestral graves
[2]xiūmù 修睦 V.P. cultivate friendship with neighbors
[3]xiūmù 休沐 N. <trad.> official holiday on every fifth or tenth day of the month
xiǔmù* 朽木 N. ① rotten wood/tree M: [2]gēn ② hopeless case; a good-for-nothing
xiǔmù bùkě diāo 朽木不可雕 ID. ① can't teach old dogs new tricks ② a useless fellow; an intractable person
xiǔmùfèntǔ 朽木粪土[--糞-] ID. worthless person; useless stuff
xiūmùjiǎngxìn 修睦讲信[--講-] F.E. foster harmonious relations and good faith
xiūnǎn 羞赧 V. <wr.> blush bashfully
xiūnǎngǎn 羞赧感 N. sense of embarrassment; shyness
xiūnǎo 羞恼[-惱] S.V. ① humiliated and indignant ② angry and ashamed
xiūnǎochéngnù 羞恼成怒[-惱--] F.E. become angry from shame
xiūní 羞怩 V.P. embarrassed
xiūnǚ* 修女 N. <rel.> nun; sister M: ge/[1]míng/[2]wèi
xiùnǚ 秀女 N. <trad.> women in the emperor's harem M: ge/[1]míng/[2]wèi
xiùpáo 绣袍[繡-] N. embroidered gown M: [2]jiàn
xiūpèi 修配 V. make repairs and supply replacements
xiūpèichǎng 修配厂[-廠] P.W. repair a plant/factory M: [1]jiā
xiūpèizhàn 修配站 P.W. repair station/center M: [1]jiā
xiùpǐn 绣品[繡-] N. embroidery M: [1]jiàn
[1]xiūqī 休妻 V.O. <trad.> discard one's wife
[2]xiū-qī 休戚 N. weal and woe; joys and sorrows
xiūqí 修齐[-齊] R.V. make sth. even (by cutting/etc.)
[1]xiūqì* 休憩 V. have/take a rest
[2]xiūqì 修葺 V. repair; renovate
[3]xiūqì 休弃[-棄] V. <wr.> divorce one's wife
xiùqi 秀气[-氣] N./S.V. ① delicate; elegant ② refined (of manners) ③ well-made (of articles) *See also* [1]xiùqì
xiùqī 秀期 N. <thea.> showtime
xiùqí 秀颀 V.P. <wr.> beautiful and tall
[1]xiùqì 秀气[-氣] N. invigorating sight of a marvelous landscape *See also* xiùqi
[2]xiùqì 嗅器 N. olfactory organ
xiū qiānbǐ 修铅笔[-筆] V.O. sharpen a pencil
xiūqiáobǔlù 修桥补路[-橋補-] F.E. ① build or repair bridges and mend roads ② do philanthropic acts; finance philanthropic projects
xiūqiáopūlù 修桥铺路[-橋--] *See xiūqiáobǔlù*
xiūqiè 羞怯 V. be shy/timid/sheepish
xiūqièchéngnù 羞怯成怒 F.E. become angry from shame
xiūqièchényán 羞怯陈言 F.E. speak/tell shyly and nervously
xiūqìqiánxián 休弃前嫌[-棄--] F.E. repudiate a previous grievance
xiùqiú 绣球[繡-] N. ①ball of silk strips ②<bot.> big-leaf hydrangea
xiùqiúfēng 绣球风[繡-] N. <Ch. med.> pruritus scrotum
xiùqiúhuā(r) 绣球花(儿)[繡-] N. pincushion; a plant of the family hydrangea M: [2]duǒ
xiūqīxiāngguān 休戚相关[-關] F.E. be bound by a common cause
xiūqìyīxīn 修葺一新 F.E. ① be completely renovated ② take on a new look after renovation

xiūqīyǔgòng 休戚与共[--與-] F.E. share weal and woe
xiùqún 绣裙[繡-] N. emboidered skirt/dress M: [1]tiáo
xiūrán 修然 V.P. subject to orderly control
xiùránjǔshǒu 褎然举首[--舉-] F.E. tower above the rest in intellect
xiūrén* 羞人 V.O. feel embarrassed/ashamed ***Bié tí le, xiūsǐ rén la.*** Don't mention it anymore. It's terribly embarrassing.
xiùrèn 袖刃 V.O. hide a dagger in one's sleeve
xiūréndādā 羞人答答 F.E. ① feel shy and awkward ② flush with embarrassment
[1]**xiūróng** 修容 V.O. ① make up one's features ② modify one's face through surgery
[2]**xiūróng** 羞容 N. shy/embarrassed appearance
xiūróngyuàn 修容院 P.W. beauty parlor M: [1]suǒ/[1]jiā
xiūrǔ 羞辱 V. humiliate; put sb. to shame ♦N. shame; dishonor; humiliation
xiùrúchōng'ěr 褎如充耳 F.E. turn a deaf ear to
xiūrùn 修润 V. revise and polish (writing)
xiūsào 羞臊 S.V. feel ashamed
[1]**xiūsè*** 羞涩[-澀] S.V. shy; bashful; embarrassed
[2]**xiūsè** 修色 V.O. embellish
xiùsè 秀色 N. ①beautiful scenery ②good looks
xiùsèkěcān 秀色可餐 F.E. ravishingly beautiful
xiùsèmírén 秀色迷人 F.E. be ravished by the beauty of
xiūsèruǎnnáng 羞涩阮囊[-澀--] F.E. embarrassed for being short of money; utterly broke
xiùsè sūndié 秀色孙鲽[--孫-] N. yellowtail
xiūshàn 修缮 V. renovate
xiūshànduì 修缮队[-隊] N. repair team M: [4]zhī
xiūshànfèi 修缮费 N. repair expenses M: [2]bǐ
xiūshàn yòngpǐn 修缮用品 N. operating and maintenance supplies M: [2]jiàn
xiūshàrényě 羞煞人也 F.E. feel extremely embarrassed; shame one to death
xiūshēn 修身 V.O. cultivate one's moral character
xiūshēngměiyù 休声美誉[-聲-譽] F.E. fine reputation
xiùshénjīng 嗅神经[-經] N. olfactory nerve
xiūshēnqíjiā 修身齐家[--齊-] F.E. cultivate oneself and manage the family well
xiūshēnyǎngxìng 修身养性[--養-] F.E. behave properly to improve one's character
xiūshēnzhǐbàng 修身止谤 F.E. correct one's ways to stop gossip
xiūshēnzìxǐng 修身自省 F.E. ①look after one's conduct by self-examination ② cultivate one's moral character by introspection
xiūshǐ 修史 V.O. write history
[1]**xiūshì*** 修饰 N./V. ①decorate; adorn; embellish ② make/dress up ③ polish (a piece of writing) ④ <lg.> qualify; modify
[2]**xiūshì** 修士 N. ① <trad.> a man of irreproachable conduct ② <rel.> brother; friar M: ge/[1]míng/[2]wèi
xiùshí 锈蚀[鏽-] V. rust; corrode
xiùshì 秀士 N. ① man of outstanding ability/virtue ② <trad.> lowest degree conferred upon successful candidates under the civil-service examination system
xiūshì biānfú 修饰边幅[--邊-] V.O. groom oneself
xiūshì biāojì 修饰标记[--標-] N. <lg.> subordinating particle
xiūshì chéngfen 修饰成分 N. <lg.> modifier; adjunct
xiūshì guānxi 修饰关系[-關係] N. <lg.> attribution
xiūshì guīzé 修饰规则 N. <lg.> rule of attribution
xiūshìhuà 修饰化 N. <lg.> adjectivalized
xiūshì míngcí de 修饰名词的 ATTR. <lg.> adnominal
xiūshìxìng 修饰性 N. <lg.> figurative
xiūshìxìng cígé 修饰性辞格[---辭-] N. <lg.> rhetorical figure
xiūshìxìng xíngróngcí 修饰性形容词 N. <lg.> attributive adjective
xiūshìxìng zhuàngyǔ 修饰性状语[---狀-] N. <lg.> adjunct
xiūshì yányǔ 修饰言语 N. <lg.> modified speech
xiūshìyǔ 修饰语 N. <lg.> modifier; attribute
xiūshì zhuǎnyí 修饰转移[--轉-] V.P. <lg.> transferred epithet
xiūshǒu 修手 N. manicure
xiùshǒu* 袖手 A.T. look on unconcerned
xiùshǒupángguān 袖手旁观[-觀] F.E. look on unconcerned
xiùshǒushěnxiào 袖手哂笑 F.E. smile with folded arms
xiūshǒuxiūjiǎo 羞手羞脚[-腳] F.E. afraid to go ahead because of shyness; timid; dare not move
[1]**xiūshū** 休书[-書] N. letter by a husband to his wife announcing divorce; bill of divorcement M: [2]fēng
[2]**xiūshū** 修书[-書] V.O. ① <trad.> compile a book ② write a letter
xiùshuǐ 秀水 N. beautiful water
xiū shuǐlì 修水利 V.O. build up a water-conservancy system
xiūsǐ 羞死 R.V. feel ashamed
Xiūsīdūn 休斯敦 P.W. Houston
xiùsuān 溴酸 N. <chem.> bromic acid
xiùsuì(r) 秀穗(儿) V.O. put forth flowers/ears (of grain)
xiùsǔn 锈损[鏽-] V. corrode
xiùtào 袖套 N. oversleeve M: [1]fù/[1]duì
xiūtí 休提 V. don't mention
xiūtíng* 休庭 V.O. <law> adjourn
xiùtǐng 秀挺 S.V. tall and elegant
xiùtǒng(r) 袖筒(儿) N. sleeve
xiùtóur 袖头儿 N. ends of sleeves
xiùwàihuìzhōng 秀外慧/惠中 F.E. beautiful and intelligent
xiūwěi 修伟[-偉] V.P. <wr.> big and tall
xiūwéirénshī 羞为人师[-師] F.E. be ashamed to be called a teacher
xiùwèixiāngtóu 臭味相投 F.E. have the same tastes/interests/etc; be kindred spirits ***See also*** *chòuwèixiāngtóu*
xiùwéizi 绣围子[繡圍-] N. embroidered table cloth, etc.
xiūwén 修文 V.O. develop culture and education
xiūwényǎnwǔ 修文偃武 F.E. pursue learning and discard the sword
xiūwù 羞恶[-惡] V.O. <wr.> be ashamed of evil deeds
xiūwùzhīxīn 羞恶之心[-惡--] N. a sense of shame
xiūxi* 休息 V. have/take a rest ***Huìyì ~ shí fēnzhōng.*** The meeting adjourned for a ten-minute recess.
xiūxí 修习[-習] V. study
xiūxì 修禊 V.O. hold a purification ceremony
xiǔxī 宿夕 N. ① single night ② short period of time ***See also*** [3]*sùxī*
xiūxiān 修仙 V.O. train to become an immortal
xiūxián* 休闲 V. ① be idle ② <agr.> lie fallow
xiūxiàn 修宪[-憲] V.O. amend a constitution
[1]**xiùxiàn** 绣线[繡-] N. embroidery thread
[2]**xiùxiàn** 臭腺 N. <zoo.> scent gland (a gland which secretes an odoriferous substance) ***See also*** *chòuxiàn*
xiūxiándì 休闲地 P.W. fallow land
xiūxiánfú 休闲服 N. casual/sports wear M: [2]jiàn
xiūxiǎng* 休想 AUX. forget; don't think (that)
xiùxiàng 绣像[繡-] N. ① tapestry/embroidered portrait ② exquisitely drawn portrait M: [10]fú
xiùxiàng xiǎoshuō 绣像小说[繡-] N. novel with illustrated fine-lined portraits of leading characters M: [1]běn/[2]bù
xiūxián huódòng 休闲活动[-動] N. leisure activities
xiūxidàimìng 休息待命 F.E. rest until needed again
xiūxiē 休歇 V. (stop to) rest
xiūxié 修鞋 V.O. mend shoes
xiùxié* 绣鞋[繡-] N. embroidered shoes M: [1]shuāng
xiūxīndǔxíng 修心笃行 F.E. become pure in heart and good in behavior
xiūxíng* 修行 V. ①practice an art/etc. ② <rel.> ⓐ practice perfection ⓑ practice Buddhism or Daoism
xiūxǐng 修省 V. examine one's conscience and seek perfection
xiūxíngzhě 修行者 N. ① Buddhist monk/nun ② ascetic M: ge/[1]míng/[2]wèi
xiūxīnyǎngxìng 修心养性[--養-] F.E. ①cultivate oneself through meditation ② cultivate one's mind and improve one's character
xiūxirì 休息日 N. day off; holiday; day of rest
xiūxishì 休息室 P.W. lounge; lobby; vestibule; foyer M: [1]jiān
xiūxitīng 休息厅[-廳] P.W. lounge hall M: [4]zuò
[1]**xiūxiū** 修修 R.F. well-arranged
[2]**xiūxiū** 休休 R.F. ① good at heart ② quiet and serene
[3]**xiūxiū** 咻咻 ON. ① animal-breathing sounds ② sound of heavy breathing
xiūxiubǔbǔ 修修补补[-補補] R.F. patch up; tinker
xiūxiudādā 羞羞答答 R.F. shy; bashful
[1]**xiūxué** 休学 V.O. suspend schooling
[2]**xiūxué** 修学 V. attend school; study
xiūxué lǚxíng 修学旅行 N. study tour
xiūxuésheng 休学生 N. student who temporarily suspends his studies M: ge/[1]míng
xiùyǎ 秀雅 S.V. beautiful and elegant
xiùyán 嗅盐[-鹽] N. smelling salts
xiùyǎn(r)* 绣眼(儿)[繡-] N. <zoo.> silver-eye; white-eye
[1]**xiūyǎng** 休养[-養] V. recuperate; convalesce
[2]**xiūyǎng** 修养[-養] N. ①accomplishment; training; mastery ② self-cultivation ♦V. recuperate; convalesce
xiūyǎng jīngshén 修养精神[-養--] V.O. cultivate one's mind
xiūyàngr 羞样儿[-樣-] N. shy manner
xiūyǎngshēngxī 休养生息[-養--] F.E. recuperate and rebuild (a country)
xiūyǎngsuǒ 休养所[-養-] P.W. sanatorium; rest home M: [1]jiā
xiūyǎngyuán 休养员[-養-] N. a convalescent M: ge/[1]míng/[2]wèi
xiūyángzhījìng 脩/修羊之敬 N. ①emoluments for a teacher ② a private tutor's remuneration
xiù yānhébāo 绣烟荷包[繡煙-] N./V.O. embroidered tobacco pouch
xiùyǎnniǎo 绣眼鸟[繡-] N. <zoo.> silver-eye; white-eye M: [2]zhī
xiùyánshí 岫岩石 N. <wr.> jade-like serpentine; Manchurian jade/jasper M: [2]kuài
xiūyào 休要 AUX. be not allowed to ~ ***zhèyàng*** Don't be like this.
[1]**xiūyè** 休业[-業] V.O. ①suspend business ②end (a course/etc.)
[2]**xiūyè** 修业[-業] V.O. study at school
xiūyè niánxiàn 修业年限[-業--] N. length of schooling
xiūyèqīmǎn 修业期满[-業--] F.E. finish one's school training
xiūyèshì 休业式[-業-] N. semester-closing ceremony
xiūyè zhèngshū 修业证书[-業證書] N. certificate for the completion of a course of study M: [1]zhāng/[1]běn/[1]fèn
xiūyǐ 休矣 INTJ. That's the end!; That's it!
xiùyī 绣衣[繡-] N. embroidered clothes M: [2]jiàn
[1]**xiùyì*** 秀逸 S.V. elegant and graceful
[2]**xiùyì** 秀异[-異] V.P. outstanding; excellent
xiùyīzhízhǐ 绣衣直指[繡-] F.E. Han official post responsible for suppressing bandits
xiūyú 羞于[-於] V.P. be ashamed to do (sth.)
xiūyuàn 修院 P.W. <rel.> monastery; convent; seminary M: [1]suǒ/[1]jiā

xiūyǔkuàiwǔ 羞与哙伍[-與--] F.E. be ashamed to associate with sb.
xiūyún 修匀[-勻] N. graduation ♦V.P. smooth
xiūyúqǐchǐ 羞于启齿[-於啟齒] F.E. be too shy to speak one's mind
xiūyǔwéiwǔ 羞与为伍[-與--] F.E. disdain associating with sb.
xiūzào 修造 V. ① build; reconstruct ② repair
xiūzhàn 休战[-戰] V.O. cease fire; have a truce
xiùzhāng 袖章 N. armband M: [2]*kuài*
xiùzhēn 袖珍 ATTR. pocket-size
xiùzhēnbǎn 袖珍版 N. pocket edition
xiùzhēnběn 袖珍本 N. pocket edition M: [4]*cè*
xiùzhēn dàxiǎo 袖珍大小 N. pocket-size
[1]**xiūzhěng** 修整 V. ① repair and maintain ② prune; trim
[2]**xiūzhěng** 休整 V. <mil.> rest and reorganize
xiūzhèng* 修正 V. ① revise; amend; correct; repair ② revise pervertedly; mutilate
xiūzhèng'àn 修正案 N. ①revised draft ②amendment M: [2]*jiàn*
xiūzhèngfǎ 修正法 N. amendment M: [2]*bù*
xiūzhèngjiǎo 修正角 N. correction angle (of airplanes)
xiūzhèngyè 修正液 N. correction fluid M: *píng*
xiūzhèngzhǔyì 修正主义[-義] N. revisionism
xiūzhèngzhǔyìzhě 修正主义者[---義-] N. revisionist M: *ge*/[1]*míng*/[2]*wèi*
xiùzhēn jìsuànqì 袖珍计算器 N. pocket calculator M: *ge*/[2]*zhī*
xiùzhēnshì 袖珍式 N. portable/mini style
xiùzhēnxíng 袖珍型 N. portable/mini style/type
xiūzhēnyǎngjìng 修真养静[-養靜] F.E. achieve true peace of mind
xiūzhēnyǎngxìng 修真养性[--養-] F.E. engage in self-cultivation
xiùzhēn zìdiǎn 袖珍字典 N. pocket dictionary M: [1]*běn*/[4]*cè*
xiūzhī 修枝 V.O. <agr.> prune
xiūzhí 休职[-職] V.O. retire
xiūzhǐ* 休止 V. stop; cease ♦N. a pause
[1]**xiūzhì** 修治 V. ① dredge ② repair and adjust
[2]**xiūzhì** 休致 V.P. retire from office because of poor health or old age
xiūzhǐfú 休止符 N. <mus.> rest
xiū zhǐjiǎ 修指甲 V.O. manicure/trim the fingernails
xiūzhījiǎn 修枝剪 N. pruning scissors/shears
xiūzhǐjiǎzhě 修指甲者 N. manicure; manicurist M: *ge*/[1]*míng*
xiūzhǐ zhuàngtài 休止状态[-狀態] N. dormant state
xiūzhú 修竹 N. thin and long bamboo M: [2]*gēn*/[5]*zhī*/[4]*zhī*
xiūzhù* 修筑[-築] V. build; construct; put up
xiūzhuàn 修撰 V. edit; compile ♦N. <hist.> Tang court historiographer
xiūzhúmàolín 修竹茂林 F.E. tall bamboo and thick forest
xiūzhuó 修琢 V. <wr.> work meticulously on
xiùzi 袖子 N. sleeve
xiūzuǎn 修纂 V. compile
xiūzuò 羞怍 V.P. feel ashamed
xīwàifān 膝外翻 N. knock-knee
xīwān 膝弯[-彎] N. hollow/back of the knee
xǐwǎn* 洗碗 V.O. wash dishes
xǐ wǎn-dié 洗碗碟 V.O. do the dishes
xīwàng* 希望 V./N. hope; wish *dà yǒu chénggōng de* ~ have high hopes of success
xìwǎng 细网[-網] N. fine screen
Xīwàng Gōngchéng 希望工程 N. Project Hope (to help poor rural children get an education)
xīwàngluòkōng 希望落空 F.E. fail to attain one's hopes
Xīwángmǔ 西王母 N. (mythical) Queen Mother of the West ♦P.W. name of an ancient state
xǐwǎnjī 洗碗机 N. dishwasher M: [1]*tái*
[1]**xīwēi** 熹微 V.P. <wr.> dim; pale (of light) ♦N. faint light/warmth at dawn
[2]**xīwēi** 希微 V.P. <wr.> extremely/very little
xīwéi 犀围[-圍] N. <wr.> belt with rhinoceros horn
xīwěi 溪尾 N. ending of a small stream
Xī Wèi 西魏 N. Western Wei dynasty (535–557)
xíwèi* 席位 N. seat (at an assembly/gathering)
[1]**xǐwèi** 喜慰 V. be relieved by good news
[2]**xǐwèi** 洗胃 V.O. <med.> gastric lavage
xìwēi 细微 S.V. slight; fine; subtle
[1]**xìwéi** 系维[係-] V. maintain; hold together
[2]**xìwéi** 系为[係-] V.P. that is
xìwèi 细味 V.O. ① ponder carefully ② slowly enjoy a taste
xìwēi chābié 细微差别 N. fine distinction; subtle difference
xìwēimòjié 细微末节[-節] F.E. trivial/minor details; side issues
xìwēi zhīzhì 细微之至 N. <wr.> extremely small
[1]**xíwén*** 檄文 N. <trad.> ① official call to arms ② official denunciation of the enemy ③ war proclamation M: [1]*piān*/[2]*dào*
[2]**xíwén** 习闻[習-] V. often hear
[3]**xíwén** 席纹 N. basket
[1]**xìwén** 戏文[戲-] N. ①theatrical writing; drama ② actor's part/lines ③ a classical local opera of Wenzhou in Zhejiang
[2]**xìwén** 细纹 ATTR. fine-grained
xìwèn 细问 V. make detailed inquiries
xǐwénlèjiàn 喜闻乐见[--樂-] F.E. love to see and hear
xìwénmù 细纹木 N. fine-grained wood M: [1]*zhǒng*/[2]*kuài*
xīwén shàngshēn zìmǔ 西文上伸字母 N. <print.> ascending letters
xīwén xiàshēn zìmǔ 西文下伸字母 N. <print.> descending letters
xīwō* 膝窝[-窩] N. the hollow/back of the knee
xìwō 隙窝[-窩] N. lacuna
xīwū* 西屋 P.W. room on the west side of a house M: [1]*jiān*
xīwù 惜物 V.O. take good care of things
xìwǔ 戏侮[戲-] V. tease; mock
xǐwùcáo 洗物槽 N. washing sink M: [1]*tiáo*
xǐwùpén 洗物盆 N. wash basin M: *ge*/[2]*zhī*
[1]**xīxī** 淅淅//析析 ON. whistling (of wind/rain)
[2]**xīxī** 西西 M. <loan> cubic centimeter (cc)
[3]**xīxī** 嘻嘻 ON. laughing happily
[4]**xīxī** 恓恓 R.F. <wr.> ① vexed; troubled ② lonesome; lonely
[5]**xīxī(r)** 稀稀(儿) R.F. <coll.> ① thin (of liquid) ② sparse (of plants/hair/etc.)
[6]**xīxī** 昔昔//夕夕 R.F. <wr.> every night
[7]**xīxī** 熙熙 R.F. <wr.> peaceful and happy
[8]**xīxī** 栖栖[棲棲] R.F. <wr.> anxious; jittery; jumpy; agitated
[1]**xīxí** 西席 N. <trad./wr.> family tutor
[2]**xīxí** 膝席 V.O. <wr.> kneel on a mat
xīxì* 嬉戏[-戲] V.O. <wr.> play; sport
xíxí 习习[習習] R.F. ①blowing gently (of wind) ② flying; lively ③ numerous; abundant
xǐxǐ 諰諰 R.F. <wr.> apprehensive
xǐxì 喜戏[-戲] N. comedy
xìxī 戏嬉[戲-] N. <wr.> play; merrymaking
[1]**xìxì(r)** 细细(儿) R.F. ① very thin/fine; delicate ② very light ③ very low (of voice) ④ very careful
[2]**xìxì** 虩虩 R.F. <wr.> fear
xīxià* 膝下 N. <wr.> ①children ②self-address to one's parents (in letters) ***fùqin dàrén*** ~ Dear Father
XīXià 西夏 P.W. <hist.> Western Xia kingdom (1032–1227) ♦N. Tangut people
xìxià 隙罅 N. <wr.> crack; slit; fissure
xīxiàchénghuān 膝下承欢[-歡] F.E. <wr.> ① please one's parents by living with them ② children give delight to their parents
xīxià ér-nǚ 膝下儿女 N. <wr.> children living together with their parents
xīxiān 豨莶 N. <Ch. med.> common St. Paulswort
xīxián 昔贤[-賢] N. <wr.> ancient sages
xīxiǎn 巇/巇险/崄[-嶮] V.P. ① <wr.> steep; difficult to ascend. ② full of danger/hardship
xīxiàn 溪线 N. river valley
xìxiàn* 细线 N. fine thread
xīxiàng 析像 N. ① exploring ② scansion
xǐxiang(r) 喜相(儿) ATTR. <coll.> kindly; affable; amiable
xìxiāng 戏箱[戲-] N. <thea.> costume trunk
xìxiǎng* 细想 V. think carefully
xìxiāngcōng 细香葱[-蔥] N. chive
xīxiāngliányù 惜香怜玉[--憐-] F.E. *See xīyùliánxiāng*
xīxiàng piāoyí 西向漂移 N. westward drift
xìxiàntiáo(r) 细线条(儿)[--條-] N. hachure; hatching (on a map)
[1]**xīxiào** 嘻/嬉笑 V. ① laugh and play ② giggle; titter ③ laugh merrily
[2]**xīxiào** 熙笑 V. <wr.> laugh happily
xǐxiāo 洗削 V. wipe away (disgrace/ etc.)
xìxiǎo* 细小 S.V. very small; tiny; fine; trivial
xìxiào 戏笑[戲-] V. ① laugh and play ② make fun of
xīxiàonùmà 嬉笑怒骂[-罵] F.E. <wr.> light style of humor and abuse
xǐxiàopínkāi 喜笑频开[-開] F.E. light up with pleasure
xǐxiāoshì 洗消室 P.W. decontamination chamber M: [1]*jiān*
xǐxiàoyánkāi 喜笑颜开[-開] F.E. ①be wreathed in smiles ② be wild with joy
xīxiàozìruò 嬉笑自若 F.E. laugh and play as if in one's own home
xīxiàwú'ér 膝下无儿 F.E. have no little son to rock on one's knee
xīxiàwúzǐ 膝下无子 F.E. have no son
xīxiàyóuxū 膝下犹虚[-猶虛] F.E. have no children
xìxiázi 戏匣子[戲-] N. <coll.> ① phonograph ② radio M: *ge*/[2]*zhī*
xīxiě* 吸血 *See xīxuè*
xīxiè 溪蟹 N. river crab M: *ge*/[2]*zhī*
xīxī'érlái 熙熙而来 F.E. coming in large crowds
xīxīhāhā 嘻嘻哈哈 R.F./ON. laughing and joking; mirthful
xīxīhuánghuáng 栖栖惶惶//遑遑//皇皇[棲棲--//--//--] R.F. <wr.> ① anxious; nervous; jumpy ② vexed; troubled
xīxilālā 稀稀拉拉 R.F. ①sparse; thinly scattered ② slack; remiss
xīxīlìlì 淅淅沥沥[-瀝瀝] ON. the continuous patter of raindrops
xīxīluòluò 稀稀落落 R.F. sparse
[1]**xīxīn** 悉心 ADV. with utmost care
[2]**xīxīn** 息心 V.O./V.P. ① <coll.> feel relieved ② <wr.> clear the mind
xǐxīn 洗心 V. purify the heart
xǐxìn(r) 喜信(儿) N. happy news
[1]**xìxīn*** 细心 S.V. careful; attentive
[2]**xìxīn** 细辛 N. <Ch. med.> root of Chinese wild ginger
[3]**xìxīn** 系心[繫-] V.O. be concerned/worried about
xìxìn 阋衅[鬩釁] N. <wr.> causes of strife
xìxīnchuǎimó 细心揣摩 F.E. think of carefully
xǐxīndílǜ 洗心涤虑[-滌慮] F.E. fully repent
[1]**xīxíng** 西行 V. <wr.> travel westward
[2]**xīxíng** 膝行 V. <wr.> crawl on one's knees (in submission)
[1]**xīxìng** 奚幸 V./N. be vexed/worried
[2]**xīxìng** 稀性 ATTR. diluted
xíxìng* 习性[習-] N. habit and characteristic
xǐxìng 喜幸 V.P. <wr.> happy and gay; delighted
xìxíng 细行 N. <wr.> behavior in trivial matters
xìxíngbùjīn 细行不矜 F.E. <wr.> did not attend to trifling matters
xǐxīngémiàn 洗心革面 F.E. thoroughly reform oneself
xíxìngxué 习性学[習-] N. ethology
xǐxíngyúsè 喜形于色[--於-] F.E. light up; beam with pleasure
xīxīnián 西夕年 N. <wr.> old age

xǐxinòngnòng 洗洗弄弄 R.F. do housework
xìxīnrén 细心人 N. careful observer M: ge/[1]míng/[2]wèi
xǐxīnxiánjiù 喜新嫌旧[-舊] F.E. abandon the old for the new
xǐxīnyànjiù 喜新厌旧[-厭舊] F.E. be fickle in affection
xǐxīnzìxīn 洗心自新 F.E. sincerely repent and mend one's ways
xīxīqiūfēng 淅淅秋风 F.E. <*wr.*> soughing of the autumn breeze
xīxīrán 栖栖然[棲棲-] V.P. <*wr.*> bustling/excited
xīxīrǎngrǎng 熙熙攘攘//壤攘 R.F. bustling with activity
xǐxishuànshuàn 洗洗涮涮 R.F. wash; do laundry
xīxīxiāngguān 息息相关[-關] F.E. be closely linked; be closely bound up
xīxīxiāngtōng 息息相通 F.E. be closely linked
xīxīyōuguān 息息攸关[-關] F.E. be closely linked/connected
xīxū* 唏/欷嘘[-噓] V. <*wr.*> sob; sigh
xīxù 西序 N. ① <*trad.*> side space on the west of a hall. ② western wing of a Buddhist monastery
xǐxuǎn 洗选[-選] V. <*min.*> ore dressing (by washing)
[1]**xīxué** 西学 N. Western learning
[2]**xīxué** 鼷穴 N. mousehole
xīxuè 吸血 V.O. suck blood ♦ATTR. blood-sucking
[1]**xǐxuě** 洗雪 V. ① wipe out (a disgrace) ② redress (a wrong) ③ cleanse (lit./fig.)
[2]**xǐxuě** 喜雪 N. <*wr.*> timely/seasonable snow
xìxuè* 戏谑[戲-] V. banter; crack jokes; ridicule
xīxuèchóng 吸血虫[-蟲] N. blood fluke M: [2]zhī
xìxuè de duìxiàng 戏谑的对象[戲--對-] N. <*wr.*> sport; butt of jokes
xīxuédōngjiàn 西学东渐 F.E. eastern trend of Western learning
xīxuèguǐ 吸血鬼 N. bloodsucker; vampire M: ge/[1]míng
xǐxuě guóchǐ 洗雪国耻[-國恥] V.O. wipe out a national disgrace
xī-xué-zhōng rényuán 西学中人员 N. Western doctors learned in Chinese medicine
xìxù kǔqíng 细叙苦情[-敘--] V.O. <*wr.*> narrate one's bitter feelings in detail
xīxūliútì 欷歔流涕 F.E. sigh and sob; shed tears
xǐxùn 喜讯 N. happy/good news M: [2]jiàn/[1]tiáo/ge
xǐxùn chuánkāi 喜讯传开[-傳開] F.E. Happy news spreads/circulates widely.
xǐxùnpínchuán 喜讯频传[-傳] F.E. Good news keeps pouring in.
xīyā 溪鸭 N. <*zoo.*> big mandarin duck M: [2]zhī
XīYà* 西亚[-亞] P.W. Southwest Asia
[1]**xīyān*** 吸烟[-煙] V.O. smoke (a pipe/etc.)
[2]**xīyān** 夕烟[-煙] N. evening mist
[3]**xīyān** 析烟[-煙] V.O. <*trad.*> divide the family property and live apart (of brothers)
xīyán 矽岩 N. <*geol.*> quartz
xīyàn 西谚 N. <*lg.*> Western proverb M: ge/[1]tiáo
Xī Yàn 西燕 P.W. <*trad.*> one of the 16 tribal states in the Jin dynasty (265-316)
[1]**xǐyán** 喜筵 N. wedding/congratulatory feast M: [1]xí
[2]**xǐyán** 洗盐[-鹽] N. desalinization of soil by flooding
xǐyǎn 洗眼 V.O. ① wash the eyes ② watch attentively
xǐyàn 喜宴 N. wedding banquet M: [1]xí
xìyán 戏言[戲-] N. joke; witticism; jest M: [3]cháng
xìyǎn(r) 戏眼(儿)[戲-] N. best part of a play
xǐyǎnbēi 洗眼杯 N. eyecup M: ge/[2]zhī
xíyānbùchá 习焉不察[習-] F.E. too accustomed to sth. to question it
xīyānchē 吸烟车[-煙-] N. smoking-car M: [3]liàng
xíyánchéngfēng 习沿成风[習-] F.E. usage arises from constant practice
[1]**xīyáng*** 夕阳[-陽] N. setting sun
[2]**xīyáng** 西洋 P.W. the West; the Western world
xìyáng 饩羊[餼-] N. <*trad.*> sacrificial sheep M: [2]zhī
xīyángbù 西洋布 N. bleached muslin; calico M: [2]kuài
xīyángcài 西洋菜 N. <*bot.*> watercress M: [1]kē
xīyáng chǎnyè 夕阳产业[-陽產業] P.W. sunset industry
xīyáng fǎnzhào 夕阳反照[-陽--] N. glow of the setting sun
xīyáng gōngyè 夕阳工业[-陽-業] N. declining traditional industry
xīyánghuà 西洋画[-畫] N. Western painting M: [10]fú/[1]zhāng
xīyángjǐng* 西洋景 N. ① peep show ② hanky-panky; trickery
xīyángjìng 西洋镜 N. ① peep show ② hanky-panky; trickery
xīyáng lǐzi 西洋李子 N. <*bot.*> damson M: ge/[2]zhī
xīyángqí 西洋棋 N. Western-style chess M: [1]fù
xīyángrén 西洋人 N. Westerner M: ge/[1]míng/[2]wèi
xīyǎngsāobèi 膝痒搔背[-癢--] ID. ① address the lesser aspect/problem ② entirely miss the point ③ irrelevant
xīyáng shānyú 西洋杉榆 N. cedar elm M: [2]kē
xīyángshēn 西洋参[-參] N. <*Ch. med.*> American ginseng M: [4]zhī/[5]zhī/[2]gēn
xīyángshǐ 西洋史 N. history of the Western world M: [2]bù
xīyángshì* 西洋式 N. Western style
xīyáng wénxué 西洋文学 N. <*wr.*> Western literature
xīyángxīxià 夕阳西下[-陽--] F.E. sun setting
xǐyángyáng 喜洋洋 R.F. beaming with joy; radiant
xīyáng yúhuī 夕阳余辉[-陽--] N. afterglow of sunset
xǐyǎnjì 洗眼剂[-劑] N. <*med..*> eyewash
xīyānkè 吸烟客[-煙-] N. smoker M: ge/[1]míng/[2]wèi
xīyānqū 吸烟区[-煙區] P.W. smoking area
xīyānshì 吸烟室[-煙-] P.W. smoking room/compartment; smoker M: [1]jiān
xīyánsuān 稀盐酸[-鹽-] N. <*chem.*> diluted hydrochloric acid M: píng
xǐyǎn yàoshuǐ 洗眼药水[--藥-] N. eyewash M: píng
xǐyányuèsè 喜颜悦色 F.E. a happy countenance
xīyānzhě 吸烟者[-煙-] N. smoker M: ge/[1]míng/[2]wèi
[1]**xīyào*** 西药[-藥] N. Western medicine
[2]**xīyào** 蹊要 N. <*wr.*> strategic point on a path
[1]**xìyāo** 细腰 N. ① slim/slender waist ② slim-waisted wasp
[2]**xìyāo** 系腰[繫-] N. <*wr.*> girdle; waistband
xīyàofáng 西药房[-藥-] P.W. <*med.*> pharmacy M: [1]jiā
xǐyáqì 洗牙器 N. water toothpick; water pick
Xīyǎtú 西雅图[-圖] P.W. Seattle
xīyé 息爷[-爺] N. sb. living off the interest from a large investment
xīyè* 息业[-業] V.O. stop one's trade/business
xīyī* 西医[-醫] N. ① Western medicine ② doctor trained in Western medicine M: ge/[1]míng/[2]wèi
[1]**xīyí** 析疑 V.O. <*wr.*> clear up doubtful points
[2]**xīyí** 熙怡 V.P. <*wr.*> amiable and cordial
[1]**xīyì** 蜥蜴 N. lizard M: [2]zhī/[1]tiáo
[2]**xīyì** 析义[-義] V.O. analyze the meaning (of a word/etc.)
[3]**xīyì** 翕翼 V.O. <*wr.*> fold the wings
xíyì 习艺[習藝] V.O. learn a skill/trade
xǐyī 洗衣 V.O. wash clothes; do one's washing
xǐyí 徙移 V. <*zoo.*> migrate (of birds/fish/etc.)
xǐyǐ 徙倚 V. <*wr.*> ① linger in hesitation ② pace up and down
xǐyì 徙义[-義] V.O. <*wr.*> change one's course toward what is right
xìyī 戏衣[戲-] N. stage costume M: [2]jiàn/tào
xìyí 细姨 N. <*topo.*> youngest aunt
xǐyībǎn 洗衣板 N. washboard M: [2]kuài
xíyǐchéngsú 习以成俗[習-] F.E. get accustomed to sth.
xǐyīchí 洗衣池 N. laundry tub M: [4]zuò
xǐyīdiàn 洗衣店 P.W. laundry M: [1]jiā
xǐyīduì 洗衣队[-隊] N. laundry unit
xǐyī fáng 洗衣房 P.W. laundry room; laundry M: [1]jiān
xǐyīfèi 洗衣费 N. laundry fee M: [2]bǐ
xǐyīfěn 洗衣粉 N. washing-powder for clothes; laundry detergent M: [1]bāo/[5]dài/hé
xǐ yīfu* 洗衣服 V.O. do laundry
xǐyīfù 洗衣妇[-婦] N. laundress; washerwoman M: ge/[1]míng
xīyíguǎn 吸移管 N. <*chem.*> pipette
xǐyījī 洗衣机 N. washing machine M: [1]tái
xǐyījiàng 洗衣匠 N. laundryman M: ge/[1]míng
xǐyījú 洗衣局 P.W. laundry service; laundry
xīyìlèi 蜥蜴类[-類] N. <*zoo.*> saurians
xǐyìméishāo 喜溢眉梢 F.E. light up with joy
xǐyìméiyǔ 喜溢眉宇 F.E. be radiant with joy
[1]**xīyīn** 惜阴[-陰] V.O. value one's time
[2]**xīyīn** 吸音 V.O. <*phy.*> absorb sound; be sound-absorbent
[3]**xīyīn** 唏音 N. <*lg.*> hushing sound
xīyǐn* 吸引 V. attract; draw; fascinate
xǐ-yìn 洗印 V. develop and print (film)
xìyīn 细音 N. <*lg.*> ① fine sound ② [1]hū with initial *i* or umlaut *u*
xīyīnbǎn 吸音板 N. acoustic board M: [2]kuài
xǐ-yìn chējiān 洗印车间 P.W. film laboratory
Xīyìndù Qúndǎo 西印度群岛[-島] P.W. West Indies
xīyǐng* 息影 V.O. <*wr.*> retire from public life
Xī-yǐng 西影 AB. *Xī'ān Diànyǐng Zhìpiànchǎng*
xīyǐn gāoxián 扱引高贤[-賢] V.O. <*wr.*> gather men of wisdom
xǐyíngyíng 喜盈盈 R.F. happy
xǐyíngyúsè 喜盈于色[--於-] F.E. be radiant with joy
xīyíngzhǐ 吸蝇纸[-蠅-] N. flypaper M: [1]zhāng
xǐyìnjī 洗印机 N. (film) processor M: [1]tái
xīyǐnlì 吸引力 N. attraction; affinity; appeal M: [2]gǔ
xīyǐnqì 吸引器 N. <*med.*> aspirator M: [1]jià/[1]tái
xīyǐnrén 吸引人 S.V. attractive; interesting
xǐyīpù 洗衣铺 N. laundry; cleaning service M: [1]jiā
xīyǐróngyù 锡以荣誉[-榮譽] F.E. <*wr.*> confer honor on
xǐyīshāng 洗衣商 N. laundry business M: ge/[1]míng/[2]wèi
xǐyīshì 洗衣室 P.W. laundry room M: [1]jiān
xǐyīshuā 洗衣刷 N. wash brush M: [1]bǎ
xíyìsuǒ 习艺所[習藝-] P.W. <*wr.*> vocational-training institution M: [1]jiā
xíyǐwéicháng 习以为常[習-] F.E. be used to sth.
xǐyīzuō 洗衣作 N. <*wr.*> laundry shop M: [1]jiā
[1]**xíyòng** 习用[習-] V. habitually use
[2]**xíyòng** 袭用 V. take over from the past
xíyòng lǎopǔ 袭用老谱 V.O. follow old practices
xíyòngxìng 习用性[習-] N. convention
xíyòngyǔ 习用语[習-] N. idiom
xīyóu 嬉游 V. play about/around
xīyǒu* 稀/希有 S.V. rare; unusual
xǐyōucānbàn 喜忧参半[-憂參-] F.E. a mixed blessing
xīyǒu guìjīnshǔ 稀有贵金属[-屬] N. rare precious metals
Xīyóu Jì 西游记 N. *Journey to the West*
xīyǒu jīnshǔ 稀有金属[-屬] N. <*chem.*> rare metal
xīyóuqǔ 嬉游曲 N. <*mus.*> divertissement; divertimento M: [2]shǒu
xīyǒu yuánsù 稀有元素 N. <*chem.*> rare element
xīyǒuzhīshì 希有之事 N. rarity; uncommon occurrence
xīyǔ 西语 N. ① Western languages ② Spanish
Xīyù 西域 P.W. <*trad.*> Western Regions (from Han times on, west of Dunhuang)
xíyú 习于[習於] V.P. be used/accustomed to
xíyǔ 习语[習-] N. idiom
xǐyǔ 喜雨 N. seasonable rain M: [3]cháng

X

xǐyù 洗浴 V. bathe
[1]**xìyǔ*** 细雨 N. drizzle; fine rain M: [3]*cháng*
[2]**xìyǔ** 细语 N. low and tender talk; pillow talk ♦V. speak softly; whisper
xīyuán 西元 N. ① Christian era ② Gregorian calendar ③ A.D. (Anno Domini)
xīyuàn 西院 P.W. courtyard on the west of a compound
xǐyuān 洗冤 V.O. ① right a wrong ② vindicate oneself
xìyuàn* 戏院[戲-] P.W. theater M: [4]*zuò*
xìyuánzi 戏园子[戲園-] P.W. playhouse; theater M: [4]*zuò*
xīyuè 西乐[-樂] N. Western music
[1]**xǐyuè*** 喜悦 S.V. happy; joyous
[2]**xǐyuè** 喜跃[-躍] V. jump for joy
xìyuè 细乐[-樂] N. <*mus.*> Chinese stringed and woodwind music
xǐyuèbiànwǔ 喜跃抃舞[-躍--] F.E. dance for joy
xìyǔfēifēi 细雨霏霏 F.E. a light drizzle
xìyǔfēnfēn 细雨纷纷 F.E. a steady fall of drizzling rain
xīyùliánxiāng 惜玉怜香[--憐-] F.E. ①especially solicitous toward girls ②be tender toward pretty girls
xìyǔméngméng 细雨蒙蒙 F.E. continuous drizzling
xìyǔmiánmián 细雨绵绵 F.E. drizzle continuously
xìyún 细匀[-勻] S.V. fine-featured
xǐyùshì 洗浴室 P.W. bathroom M: [1]*jiān*
xīyǔxì 西语系 P.W. department of Western languages
xìyǔxiéfēng 细雨斜风 F.E. drizzling and slanting breeze
xíyǔxìngchéng 习与性成[習與-] F.E. habit becomes second nature
xìyúyīfà 系于一发[繫於-髮] F.E. hanging by a hair; very precarious
xīzǎi 西崽 N. <*trad.*> servant in a foreign-owned establishment
xǐzàixīntou 喜在心头 F.E. feel jubilant
xīzāiyánmìng 息灾延命[-災--] F.E. <*wr.*> end disasters and prolong lives
Xīzàng 西藏 P.W. Tibet
Xīzàng áoquǎn 西藏獒犬 N. <*zoo*> Tibetan mastiff M: [1]*tiáo*/[1]*tóu*
Xīzàng-Miǎndiàn yǔxì 西藏缅甸语系 N. <*lg.*> Tibeto-Burmese language family
xīzāo 稀糟 V.P. ① coarse ② messed up
xǐzǎo* 洗澡 V.O. take a bath ***Wǒ xǐle ge lěngshuǐ zǎo.*** I took a cold bath.
xǐzǎofáng 洗澡房 P.W. shower room; bathroom M: [1]*jiān*
xǐzǎojiān 洗澡间 P.W. shower room; bathroom M: [1]*jiān*
xǐzǎopén 洗澡盆 N. bathtub M: *ge*/[2]*zhī*
xǐzǎoshuǐ 洗澡水 N. bath water
xǐzǎotáng 洗澡塘 N. bath pool
xìzé 细则 N. detailed rules and regulations M: [1]*tiáo*
xīzhā 稀渣 N. <*txtl.*> shoddy
xīzhài 息债 N. borrowing at interest
xǐzháiwàngqī 徙宅忘妻 F.E. <*wr.*> ① sth. absurd/preposterous ② extreme forgetfulness
xīzhàn 息战[-戰] V.O. cease fire; stop fighting
xízhàn 袭占 V. <*mil.*> capture by surprise
xǐzhǎn 洗盏[-盞] V.O. continue drinking
xìzhān* 细毡[-氈] N. fine felt
xīzhāng 翕张 V.P. <*wr.*> furl and unfurl; close and open
xīzhàng 锡杖 N. <*Budd.*> monk's cane M: [2]*gēn*/[1]*tiáo*
[1]**xǐzhàng** 喜帐 N. list of wedding gifts
[2]**xǐzhàng** 喜幛 N. inscribed oblong sheet of red silk presented at a wedding M: [2]*kuài*
xìzhàng* 细帐 N. itemized account M: [2]*bǐ*
xǐzhānwùyào 喜占勿药[-藥] F.E. No more medicine is required.
[1]**xīzhào*** 夕照 N. glow of the setting sun
[2]**xīzhào** 西照 N. glow of the setting sun
[3]**xīzhào** 膝罩 N. kneeboot
[4]**xīzhào** 犀照 V.P. <*wr.*> very discerning
xìzhào 戏照[戲-] N. photo of an actor in stage costume M: [1]*zhāng*
xǐ zhàopiàn 洗照片 V.O. develop photographs
xīzhá xiǎoxiāpái 西炸小虾排[---蝦-] N. batter-fried shrimp "slabs" (small shrimp skewered together)
[1]**xīzhé*** 西哲 N. <*phil.*> European/American sages
[2]**xīzhé** 息摺 N. <*com.*> interest passbook
xīzhě 昔者 N. <*wr.*> ① (in) the past; (in) former times ② yesterday
xīzhēn 希/稀珍 V.P. rare and precious
xízhēndàipìn 席珍待聘 F.E. a person of ability awaiting employment
xīzhēng 西征 N. <*mil.*> westward march
xīzhēnghéhǎo 息争和好[-爭--] F.E. bury the hatchet
xìzhēnmìlǚ 细针密缕[-縷] F.E. work meticulously ♦N. delicate/fine needlework
xīzhènqì 吸振器 N. <*mach.*> vibration absorber M: [1]*tái*
[1]**xīzhǐ** 锡纸 N. silver paper; tinfoil; aluminum foil M: [1]*zhāng*
[2]**xīzhǐ** 息止 V. stop; cease; end
[3]**xīzhǐ** 希旨/指 V. <*wr.*> cater to the wishes of a superior
xīzhì 矽质[-質] N. silicon (quality)
xìzhī 细枝 N. slender twig; twiggery M: [2]*gēn*
xìzhì* 细致[-緻] S.V. ① careful; meticulous; painstaking ② fine and delicate; exquisite
xǐzhībùjìn 喜之不尽[-盡] F.E. be supremely happy
xízhī de 习知的[習-] ATTR. familiar
xìzhīmòjié 细枝末节[-節] F.E. minor details; nonessentials
xìzhīnènyè 细枝嫩叶[-葉] F.E. slender twigs and tender leaves
xìzhīshā 细支纱 N. <*txtl.*> fine-count yarn
xīzhǐshīzhǎng 惜指失掌 F.E. penny-wise and dollar-foolish
xìzhìzhōudào 细致周到 F.E. meticulous and attending to minute details in everything
xīzhī zhuómùniǎo 吸汁啄木鸟 N. sapsucker M: [2]*zhī*
xìzhǒng 系踵[係-] V. follow closely
xì zhōng yǒu xì 戏中有戏[戲-戲] V.P. there are plays within plays
xīzhōu* 稀粥 N. thin porridge; water gruel M: *wǎn*
Xī Zhōu 西周 N. Western Zhou dynasty (1045–771 B.C.)
xìzhòu 细皱[-皺] N. small wrinkles
[1]**xīzhú** 息/熄烛[-燭] V.O. blow out the candle
[2]**xīzhú** 犀烛[-燭] N. rhinoceros-horn candle
[1]**xīzhù*** 吸住 R.V. ① draw by suction ② be attracted to
[2]**xīzhù** 析箸 V.O. <*wr.*> set up separate households
xìzhuān 细砖[-磚] N. bricks of fine quality M: [2]*kuài*
[1]**xīzhuāng*** 西装[-裝] N. Western-style clothes M: [2]*jiàn*/*tào*
[2]**xīzhuāng** 舾装[-裝] N. outfitting of a ship (anchor/masts/pipelines etc.)
xìzhuāng 戏装[戲裝] N. theatrical/stage costume M: [2]*jiàn*/*tào*
xīzhuānggélǚ 西装革履[-裝--] F.E. Western-style clothes
xīzhuānggōng 西装工[-裝-] N. <*wr.*> Western-style tailoring M: *ge*/[1]*míng*
xīzhuāngkù 西装裤[-裝-] N. Western-style trousers/pants M: [1]*tiáo*
xīzhuāng mǎtou 舾装码头[-裝--] N. outfitting quay
xīzhuāngrè 西装热[-裝熱] N. the fad of wearing Western-style business suits
xǐzhuó 洗濯 V. wash; cleanse; launder
xìzhǔrèn 系主任 N. head/chairman of a department (in a college) M: *ge*/[1]*míng*/[2]*wèi*
xǐzhúyánkāi 喜逐颜开[-開] F.E. beam with smiles
Xīzǐ 西子 N. Xī Shī, a beauty during the Warring States period
[1]**xīzì** 惜字 V.O. treat written/printed paper with respect
[2]**xīzì** 奚自 ADV. <*wr.*> wherefrom?
xízi 席子 N. <*coll.*> mat M: [1]*tiáo*/[1]*zhāng*
xízì 习字[習-] V.O. do calligraphy exercises
xǐzi 蟢子 N. a small spider with long legs *Petragnatha*
xìzi* 戏子[戲-] N. <*derog.*> actor; actress M: *ge*/[1]*míng*
xìzì 细字 N. <*wr.*> fine print; characters of very small size
Xīzǐ Hú 西子湖 N. West Lake (in Hangzhou)
xīzìliǎn 西字脸 N. broad-shaped face
xízìtiè 习字帖[習-] N. calligraphy model; copybook M: [1]*běn*
xī zìzhǐ 惜字纸 V.O. treat written/printed paper with respect
xǐzīzī 喜滋滋//孜孜 R.F. filled with joy
xìzú 系族 N. <*wr.*> family lineage; genealogy
xǐzuì 洗罪 V.O. clear sb. of criminal charges
xīzuǐquè 锡嘴雀 N. hawfinch M: [2]*zhī*
xīzuǐ xīniǎo 犀嘴犀鸟 N. rhinoceros hornbill M: [2]*zhī*
xīzūn 牺尊[犧-] N. ancient wine vessel (often in the shape of an ox)
xízuò* 习作[習-] N./V. exercise in composition/drawing/etc.
xìzuò 细作 N. spy; secret agent
X-jiégòu X结构[-構] N. X-structure
X-jí piàn X级片 N. X-rated movie M: [2]*bù*
x-píngfāng X平方 N. <*math.*> chi square
X-shèxiàn X射线 N. X-ray
xu 蓿 in **mùxu**
[1]**xū** 须[須] ADV. must; have to ♦CONJ. <*wr.*> await; wait till ♦N. Surname ***See also*** [2]*xū*
[2]**xū** 须[鬚] N. ① beard; moustache ② palpus; tassel ***See also*** [1]*xū*
[3]**xū** 需 B.F. need; want; require; requirements [1]***xūyào, xūqiú, jūnxū***
[4]**xū** 虚[虛] S.V. ①empty; unoccupied ②diffident; timid ③weak; in poor health ♦B.F. ①false; faked ***xūwěi*** ② nominal ***xūshè*** ③ humble; modest ***qiānxū*** ④ virtual ***xūxiàng*** ⑤ guiding principles; theory [1]***wùxū, yìxūdàishí*** ♦N. ①void; emptiness ② 11th of the 28 constellations ♦ADV. in vain
[5]**xū** 嘘[噓] V. ① exhale gently ② sigh ③ heat; scald ④ <*topo.*> boo; hiss ♦INTJ. Sh!; Shush! ***See also*** [8]*shī*
[6]**xū** 戌 N. 11th of the 12 Earthly Branches ***See also*** [18]*qū*
[7]**xū** 吁 V. sigh; exclaim ♦INTJ. *expressing surprise/amazement* ♦in [2]***xūxū***, ***qìxūxū*** ***See also*** [2]*yū*, [25]*yù*
[8]**xū** 圩/墟 B.F. <*topo.*> market; country fair [1]***xūshì***, [2]***chènxū*** ***See also*** [7]*wéi*, [9]*xū*
[9]**xū** 墟 B.F. ruins ***fèixū*** ***See also*** [8]*xū*
[10]**xū** 胥 ADV. all; completely ♦B.F. <*trad.*> minor official ***lìxū***
[11]**xū** 盱 B.F. open the eyes and look upward ***xūxì***, [3]***xūxū***
[12]**xū** 欻 B.F. suddenly ***xūhū*** ***See also*** *chuā*
[13]**xū** 歔 in [1]***xūxī***
[14]**xū** 魖 in ***hēixūxū***
xú 徐 S.V./ADV. <*wr.*> slow(ly) ♦N. Surname
[1]**xǔ*** 许[許] V. ① allow; permit ② promise ③ be betrothed (to) ***Nà gūniang yǐjing ~le rén le.*** That girl is already betrothed. ♦B.F. ①praise ***zànxǔ*** ② <*wr.*> and more ***sìshí*** ~ over 40 ③ <*wr.*> place ***hé*** ~ what place? ♦ADV. ① maybe; perhaps ② somewhat ♦N. Surname ***See also*** [4]*hǔ*
[2]**xǔ** 诩[詡] B.F. boast; brag [1]***zìxǔ***
[3]**xǔ** 醑 B.F. ①fine wine ②spirit (alcohol solution) ***xǔjì***
[4]**xǔ** 讦[訏] in [2]***xǔxǔ***
[5]**xǔ** 栩 in [1]***xǔxǔ, xǔxǔrán***

[6]**xǔ** 浒[滸] *used in place names*
[1]**xù** 蓄 B.F. ① store/save up *chǔxù* ② grow *xùfà* ③ entertain (an idea); harbor [1]*hánxù, xùyì*
[2]**xù** 续[續] V. ① be continuous/successive ② continue; extend; join ③ add; supply more
[3]**xù** 序 N. preface ♦B.F. ① introductory; initial [2]*xùmù* ② order; sequence [1]*cìxù*, [1]*zhìxùàn zìmǔ wéi* ~ in alphabetical sequence ③ arrange in order [1]*xùcì* ④ <*trad.*> village school *xiángxù*
[4]**xù** 叙[敘] V. ① talk; chat ② narrate; recount; relate ③ assess; appraise ④ arrange in order ♦N. preface
[5]**xù** 絮 B.F. ① cotton wadding [1]*miánxù* ② be long-winded *xùyǔ* ♦V. wad with cotton
[6]**xù** 绪[緒] B.F. ① beginning of a matter *tóuxù* ② remnants *xùyú* ③ mood; emotions *qíngxù* ④ affair; matter; business *xùyè*
[7]**xù** 畜 B.F. raise (domestic animals) [1]*xùmù See also* [3]*chù*
[8]**xù** 婿 B.F. ①son-in-law *nǚxu, xùshēng*②husband *fūxù*
[9]**xù** 恤 B.F. ① pity; sympathize *tǐxù* ② care for; give relief *xùgū, fǔxù*
[10]**xù** 旭 B.F. first rays of the morning sun [1]*xùrì, zhāoxù*
[11]**xù** 洫 B.F. irrigation ditch between fields *gōuxù*
[12]**xù** 酗 B.F. drink to excess *xùsòng, chénxù*
[13]**xù** 煦/昫 B.F. warm; balmy *xùhé, fúxù, xùyù*
[14]**xù** 鲊[鱮] B.F. silver carp *fángxù*
[15]**xù** 慉 B.F. support *xùjié*
[16]**xù** 勖/勗 B.F. encourage *xùmiǎn*
xù'ài 蓄艾 V.O. keep talented men for future use
[1]**xuān** 宣 B.F. ① declare; proclaim; announce *xuānbù* ② drain off (liquids) *xuānxiè* ♦N. Surname
[2]**xuān** 暄 S.V. <*topo.*> fluffy; soft ♦B.F. warm *hánxuān*
[3]**xuān** 煊 B.F. ① warmth of the sun ② bright; brilliant [2]*hèxuān, xuānhè*
[4]**xuān** 揎 V. push (with the hand)
[5]**xuān** 喧[-/諠] B.F. loud; noisy *xuānhuá, xuānnào*
[6]**xuān** 萱 B.F. daylily *xuāncǎo, chūnxuān*
[7]**xuān** 轩[軒] B.F. ①high *xuān-zhì*②<*trad.*> high-front curtained carriage ③ room or veranda with windows (used in names of teahouses, studios, etc.)
[8]**xuān** 翾 B.F. soar; fly about [2]*xuānxuān, piānxuān*
[9]**xuān** 儇 B.F. frivolous *xuānbó*
[10]**xuān** 谖[諼] B.F. ①forget ②cheat ♦in *xuāncǎo*
[11]**xuān** 咺 in [2]*hèxuān*
[12]**xuān** 嬛 in *xuānníng See also* [11]*huán*
[1]**xuán** 悬[懸] V. ①hang; suspend ②outstanding; unresolved *Zhè shìr hái ~zhe ne.* This matter is still unsettled. ♦B.F. ① feel anxious; be solicitous *xuánniàn* ② imagine [2]*xuánxiǎng* ③ far apart *xuánshū* ♦S.V. <*topo.*> dangerous
[2]**xuán** 旋 B.F. ① revolve; circle; spin *xuánzhuǎn* ② return; come back *kǎixuán* ③ circle; whorl *xuánr* ♦ADV. <*wr.*> soon; before long *See also* [1]*xuàn*
[3]**xuán** 玄 S.V. profound; abstruse ♦B.F. ① black; dark *xuánqīng* ② <*coll.*> unreliable; incredible *xuánmiào*
[4]**xuán** 漩 B.F. whirlpool; eddy *xuánwō, pàoxuán*
[5]**xuán** 璇 B.F. fine jade [2]*xuánjī*
[6]**xuán** 痃 in *héngxuán*
[1]**xuǎn*** 选[選] V. select; choose; elect ♦B.F. selection; anthology *wénxuǎn, shīxuǎn*
[2]**xuǎn** 癣[癬] N. tinea; ringworm
[3]**xuǎn** 烜 B.F. bright; imposing *xuǎnhè, xuǎnhèyìshí*
[1]**xuàn** 旋 V. turn sth. on a lathe; pare ♦B.F. ① turning; spinning *xuànfēng* ② a vessel for warming wine [2]*xuànzi* ♦ADV. at the time *See also* [2]*xuán*
[2]**xuàn** 楦 V. ①shape with a last/block ② <*topo.*> fill up with padding ♦B.F. shoe last; hat block [1]*xuànzi*
[3]**xuàn** 碹 N. arch ♦V. build an arch by laying bricks/stones
[4]**xuàn** 券 B.F. arch *xuànmén, gǒngxuàn See also* [2]*quàn*
[5]**xuàn** 炫/眩/衒 B.F. display; dazzle; show off *xuànlù, xuànyù, zìxuàn See also* [6]*xuàn*, [7]*xuàn*
[6]**xuàn** 炫 B.F. bright; dazzling light [1]*xuànmù See also* [5]*xuàn*
[7]**xuàn** 眩 B.F. dizzy; dazzled; bewildered *xuànyùn, mùxuàn See also* [5]*xuàn*
[8]**xuàn** 绚[絢] B.F. gorgeous; splendid *xuànlì*
[9]**xuàn** 渲 B.F. a wash technique in Ch. painting *xuànrǎn*
[10]**xuàn** 泫 B.F. drip; trickle *xuànrán*
xuán'àn 悬案[懸-] N. ① unsettled law case ② outstanding issue; unsettled question M: [2]*jiàn*
xuān'áng 轩昂 V.P. ①dignified; imposing ②high; lofty
xuān'ángqìyǔ 轩昂气宇[--氣-] F.E. dignified; exalted; manly
xuán'ànwèijié 悬案未结[懸-] F.E. The case is still not settled.
xuán'ào 玄奥[-奧] S.V. abstruse ♦N. mysteries and profundities
xuǎnbá 选拔[選-] V. select sb. for promotion or special assignment
xuànbǎnjī 旋板机 N. rotary lathe; peeler machine M: [1]*tái*
xuǎnbá réncái 选拔人才[選-] V.O. select talented people
xuǎnbásài 选拔赛[選-] N. <*sport*> selective trials M: [2]*chǎng*
xuǎnbá wěiyuánhuì 选拔委员会[選-] P.W. selection board
xuǎnběn 选本[選-] N. selected works; anthology M: [1]*běn*/[2]*bù*
Xuānbǐ 宣笔[-筆] N. a high-quality writing-brush made in Xuancheng, Anhui M: [4]*zhī*
xuánbì* 悬臂[懸-] N. <*mach.*> cantilever
xuǎnbiān 选编[選-] N./V. selected works; anthology
xuánbìliáng 悬臂梁[懸-] N. cantilever (beam)
xuānbīnduózhǔ 喧宾夺主[-賓奪-] F.E. the secondary supersedes the primary
xuánbīng 悬冰[懸-] N. ice-fall; hanging ice
xuánbīngchuān 悬冰川[懸-] N. hanging glacier
xuánbìqiáo 悬臂桥[懸-橋] N. cantilever bridge M: [1]*jià*/[4]*zuò*
xuánbì qǐzhòngjī 悬臂起重机[懸-] N. cantilever crane M: [4]*zuò*
xuánbìshì 悬臂式[懸-] N. cantilever type
xuānbó 儇薄 V.P. <*wr.*> frivolous
xuǎnbō* 选播[選-] N. selected material for broadcast
xuānbù 宣布 V. declare; proclaim; announce
xuǎnbuchū 选不出[選-] R.V. be unable to elect/select
xuānbù dúlì 宣布独立[--獨-] V.O. declare/proclaim independence
xuānbù wúxiào 宣布无效 V.O. ① declare sth. invalid ② set aside
xuānbù xíngwéi 宣布行为 N. <*lg.*> declarative
xuānbù yī jiàn shì 宣布一件事 V.O. make an announcement
xuǎncái 选材[選-] V.O. ① select material ② select a suitable person
xuāncǎo 萱/谖草 N. tawny daylily
xuǎncáo* 选曹[選-] N. <*trad.*> officials in charge of appointments
xuāncǎowàngyōu 萱草忘忧[-憂] ID. A son is a comfort to his mother.
xuānchǎng* 轩敞 V.P. spacious and bright
xuǎnchǎng 选场[選場] N. selected scenes (from an opera, etc.)
xuánchángguàdù 悬肠挂肚[懸腸-] F.E. feel deep anxiety; cause extreme worry and distress
xuānchǎo 喧吵 V. talk noisily (of a crowd)
xuánchē 悬车[懸-] V.O. resign from the government
xuānchēng 宣称[-稱] V. assert; declare; profess
xuǎnchū 选出[選-] R.V. pick out; select; elect
xuánchuǎi 悬揣[懸-] V. suppose; guess; speculate; conjecture
xuānchuán 宣传[-傳] N./V. propagate; disseminate; give publicity to
xuānchuánbù 宣传部[-傳-] P.W. ministry/department of propaganda
xuānchuánchē 宣传车[-傳-] N. advertisement/propaganda truck/car equipped with a loud-speaker M: [3]*liàng*
xuānchuándān 宣传单[-傳-] N. propaganda slips/sheets M: [1]*zhāng*
xuānchuán diànyǐng 宣传电影[-傳電-] N. public-relations movie M: [2]*bù*
xuānchuánduì 宣传队[-傳隊] N. propaganda team M: [4]*zhī*
xuànchuáng(r/zi) 旋床(儿/子) N. <*mach.*> (turning) lathe M: [1]*tái*
xuānchuán gōngjù 宣传工具[-傳--] N. instrument/means of propaganda/publicity
xuānchuán gōngzuòzhě 宣传工作者[-傳---] N. propagandist M: *ge*/[1]*míng*/[2]*wèi*
xuānchuánhuà 宣传画[-傳畫] N. picture poster M: [10]*fú*/[1]*zhāng*
xuānchuán jiàoyù 宣传教育[-傳--] N. propaganda and education
xuānchuán jīgòu 宣传机构[-傳-構] N. propaganda organ M: [1]*jiā*
xuānchuán jīqì 宣传机器[-傳--] N. propaganda machine
xuānchuán méijiè 宣传媒介[-傳--] N. mass media; means of publicity
xuānchuánpǐn 宣传品[-傳-] N. propaganda/publicity material M: [1]*fèn*
xuānchuánwǎng 宣传网[-傳網] N. propaganda network
xuānchuányuán 宣传员[-傳-] N. propagandist; publicist M: *ge*/[1]*míng*/[2]*wèi*
xuānchuánzhàn 宣传战[-傳戰] N. propaganda war M: [3]*cháng*
xuānchuánzhōu 宣传周[-傳-] N. publicity/propaganda week
xuánchuí 悬垂[懸-] V. overhang
xuánchuí de xiūshìyǔ 悬垂的修饰语[懸-] N. <*lg.*> dangling modifier
xuánchuíxiàn 悬垂线[懸-] N. overhanging line
xuǎncí 选词[選-] N. phraseology
xuǎncí biāozhǔn 选词标准[選-標準] N. <*lg.*> lexical-entry selection standard
xuǎncíxué 选词学[選-] N. <*lg.*> phraseology
xuǎncuì 选粹/萃[選-] V. select the best
xuáncún de 玄存的 ATTR. <*lg.*> subsistent
xuǎndáfǎ 选答法[選-] N. multiple-choice method
xuǎndá kǎoshì 选答考试[選-] N. multiple-choice test
xuāndǎo* 宣导[-導] V. ① dredge (to improve the flow of water) ② guide people by creating better understanding
xuǎndào 选道[選-] V. seek
xuǎndátí 选答题[選-] N. multiple-choice question M: [2]*dào*
xuándé 玄德 N. ① latent/hidden virtues ② <*Budd.*> fabulous and subtle faith
xuándehu 悬的乎[懸-] <*coll.*> S.V. dangerous
xuándēngjiécǎi 悬灯结彩[懸燈-] F.E. hang up lanterns and festoons; adorn with lanterns and colored streamers
xuándéxuánshī 旋得旋失 F.E. gain and lose within a short while (as in stock speculation)
xuāndì* 暄地 N. soft/loose soil
xuándí 旋笛 N. siren M: [4]*zhī*
xuǎndiǎn 选点[選點] N. reconnaissance
xuándiào 悬吊[懸-] V. overhang
xuǎndiào* 选调[選-] V. select and transfer; recruit
xuándiàoshì 悬吊式[懸-] N. suspension type
xuándìfangr 悬地方儿[懸-] N. (geologically) dangerous place/spot
xuǎndìng 选定[選-] V. select; designate
xuǎndìng rìqī 选定日期[選-] V.O. fix a date
xuāndú* 宣读[-讀] V. read out (in public)
xuǎndú 选读[選讀] N. selected readings ♦V. ① select and read ② take an elective course

X

xuánduàn 悬断[懸斷] V. infer groundlessly
xuǎnduàn* 选段[選-] N. selections
xuán'érbùjué 悬而不决[懸-決] F.E. leave in the air; leave hanging
xuán'érwèijué 悬而未决[懸-決] F.E. ① unresolved ② in suspense
xuàn'ěrzhīshēng 炫耳之声[-聲] N. talks that brighten the ears
xuánfǎ 悬法[懸-] V.O. display written laws in public
xuǎnfá* 选伐[選-] N. <*forest.*> selective felling
xuānfèifǎ 宣肺法 N. <*Ch. med.*> method of transmitting the lung *qì*
xuānfen* 喧分 S.V. fluffy; soft
xuànfěn 旋粉 N. ground beans made into thin sheets
xuánfēng 悬峰[懸-] N. perpendicular peak M: [4]*zuò*
xuǎnfēng 选锋[選-] N. select combat force
xuànfēng* 旋风 N. ① whirlwind M: [1]*zhèn* ② unrivaled skills or personages
xuànfēngchénzhù 旋风尘柱[--塵-] N. dust whirl; dust devil
xuànfēngshì 旋风式 N. whirlwind or rapidly revolving style
xuánfēngshì fǎngwèn 旋风式访问 N. whirlwind visit
xuǎnfóchǎng 选佛场[選-場] P.W. <*Budd.*> place where monks are ordained
xuānfǔ 宣抚 V. pacify/mollify by propaganda
xuānfù 宣付 V. remit by order of the emperor
[1]**xuánfú*** 悬浮[懸-] N. <*chem.*> suspension
[2]**xuánfú** 玄服 N. dark dress/clothing M: [2]*jiàn*
xuánfú gùtǐ 悬浮固体[懸-體] N. suspended solids
xuánfùhuā 旋覆花 N. <*bot.*> convolvulus M: [2]*duǒ*/[2]*kē*
xuánfú kēlìwù 悬浮颗粒物[懸-] N. suspended particles
xuánfú lièchē 悬浮列车[懸-] N. levitating train M: [1]*liè*
xuánfútǐ 悬浮体[懸-體] N. suspended substance; suspension
xuǎngàn 选干[選幹] V.O. select cadres
xuāngào 宣告 V. declare; proclaim
xuāngào chénglì 宣告成立 V.O. proclaim the founding of (an organization/etc.)
xuāngào pòchǎn 宣告破产[-產] V.O. declare bankruptcy; go bankrupt
xuāngào wúxiào 宣告无效 V.O. declare sth. null and void
xuángé 悬隔[懸-] V.P. ① far apart ② remote; inaccessible
xuángēn 玄根 N. <*Dao.*> mysterious root of all things
xuángēng 旋耕 N. rotary tillage
xuángēngjī 旋耕机 N. rotary cultivator M: [1]*tái*
xuángétiāndì 悬隔天地[懸-] F.E. as far apart as heaven and earth
xuángéwèijué 悬隔未决[懸-決] F.E. hold in the balance
[1]**xuángōng*** 玄宫[-宮] P.W. ① palace for a ruler to meditate in ② inner palaces
[2]**xuángōng** 璇宫[-宮] P.W. swanky palace; luxuriously furnished hall
xuàngōng 旋工 N. <*mach.*> turner M: *ge*/[1]*míng*/[2]*wèi*
xuǎngòu 选购[選購] V. choose and buy
xuángōuzi 悬钩子[懸鉤-] N. <*bot.*> raspberry
xuángǔ 悬谷[懸-] N. <*geog.*> hanging valley
xuánguà 悬挂[懸-] V. hang; fly (a flag) ♦N. car suspension
xuànguài 炫怪 V. try to attract attention by sensationalism
xuánguàlí 悬挂犁[懸-] N. mounted plow M: [1]*jià*
xuánguān 玄关[-關] N. ① vestibule; entrance ② entrance to Buddhism
xuánguǎn 旋管 N. coil; coiled pipe
xuǎnguān* 选官[選-] V.O. select officials ♦N. officials in the department of appointments
xuánguāng 旋光 ATTR. rotation; rotatory
xuànguāng* 眩/炫光 N. dazzle; glare
xuánguàshì huáxiáng 悬挂式滑翔[懸-] N. hang-gliding
xuánguī 璇闺 N. exquisite, cozy boudoir ornamented with fine jade
xuānguō 喧聒 V.P. noisy
xuānhán 暄寒 V.P. <*wr.*> exchange banal remarks
xuǎnhào 选号[選號] N. numerical selection
xuǎnhè* 煊赫 V.P. of great renown and influence
xuánhé 悬河[懸-] N. ① embanked river above the countryside M: [1]*tiáo* ② <*wr.*> waterfall M: [2]*dào*/[1]*tiáo* ③ torrent of words; volubility
xuǎnhè 烜赫 V.P. of great renown and influence
xuānhéng 喧鸻 N. killdeer (a bird)
xuánhéng* 悬衡[懸-] V. show (laws/etc.) as a public standard
xuánhéxièshuǐ 悬河泻水[懸-瀉-] F.E. a flood of eloquence
xuǎnhèyīshí 烜赫一时[-時] F.E. have renown and influence for a time; be far-famed for a time
xuānhu 喧乎 S.V. fluffy; soft
xuānhū 喧呼 V. shout loudly
[1]**xuánhu*** 悬乎[懸-] S.V. <*topo.*> dangerous; unsafe
[2]**xuánhu** 玄乎 S.V. <*coll.*> unreliable; incredible
[1]**xuánhú** 玄狐 N. black fox M: [2]*zhī*
[2]**xuánhú** 悬壶[懸壺] V.O. <*wr.*> practice medicine (on one's own)
[3]**xuánhú** 悬弧[懸-] V.O. hang a bow (on the door to signify the birth of a son)
xuánhǔ 玄虎 N. <*art*> Somber Warrior, symbol of the North and of Winter
xuānhuá* 喧哗[-嘩] N./V. hubbub; uproar
xuānhuà 宣化 V. diffuse elevating/edifying influence
[1]**xuánhuā** 旋花 N. <*bot.*> Japanese bindweed
[2]**xuánhuā** 璇花 N. blossoms as pure and white as jade
xuánhuáng* 玄黄 N. ① color ② heaven and earth ③ superficial thing ④ dark yellow ♦V.P. sick; ill
xuànhuáng 炫熿 V. illumine
xuànhuàng 眩晃 V.P. dazzled
xuánhuángfānfù 玄黄翻覆 F.E. overthrow of heaven and earth
xuánhuángwèipàn 玄黄未判 F.E. before creation; before heaven and earth were separated
xuānhuī 喧豗 N. din produced by wind/water
xuánhuí* 旋回 N. <*geol.*> cycle ♦R.V. turn/circle round
xuánhújìshì 悬壶济世[懸壺濟-] F.E. practice medicine/pharmacy in order to help the people/public
xuānhūmǎndào 喧呼满道 F.E. Shouting fills the roads.
xuānhuo 喧和 S.V. fluffy; soft
xuānhuò 轩豁 V.P. ①open; spacious ②sanguine
xuànhuò* 眩惑 V. ① be dizzy and confused ② dazzle and delude
xuánhuǒlún 旋火轮 N. <*Budd.*> wheel of fire
xuánhúxíngyī 悬壶行医[懸壺-醫] F.E. begin the practice of medicine
xuánhúzhīqìng 悬壶之庆[懸壺-慶] N. birthday of a male
xuānjī 揎击[-擊] V. hit with the bare fist
[1]**xuánjī** 玄机 N. <*Dao.*> ① mysteries of fate or of the universe ② a profound theory
[2]**xuánjī** 璇玑 N. <*astr.*> jade armillary sphere
xuánjí 旋即 ADV. soon; forthwith
xuánjì 悬记[懸-] N. prophecy; prediction; forecast
[1]**xuǎnjí*** 选集[選-] N. selected works; anthology M: [2]*bù*/[1]*běn*/[4]*cè*
[2]**xuǎnjí** 选辑[選-] V. select and compile ♦N. selections
xuānjià 轩驾 N. emperor's carriage
xuǎnjiā* 选家[選-] N. <*trad.*> collector of eight-legged compositions for the reference of participants in the civil-service examinations
xuānjiàn 轩槛[-檻] N. railings of a balcony
xuǎnjiān 选间[選-] N. a short time; a moment
xuǎnjiǎn 选拣[選揀] V. select
xuǎnjiàn* 选件[選-] N. option
xuānjiǎng 宣讲[-講] V. ① publicize and explain ② preach (a religious doctrine) ③ orate
xuānjiǎnghuì 宣讲会[-講-] N. teach-in
[1]**xuānjiào*** 喧叫 V. shout loudly
[2]**xuānjiào** 宣教 N. propaganda and education ♦V. preach a religion
xuánjiào 玄教 N. Daoism
xuānjiàoshī 宣教师[-師] N. missionary M: *ge*/[1]*míng*/[2]*wèi*
xuǎnjiè 癣疥 N. tinea; ringworm
xuǎnjiè zhī jí 癣疥之疾 N. only a slight ailment; only a skin complaint
xuánjīn 玄津 N. <*Budd.*> mysterious ferry/path leading to salvation
xuánjìng 悬旌[懸-] V. be uneasy
xuánjiǔ 玄酒 N. <*trad.*> ① water used in worshiping ② diluted wine M: *bēi*
xuánjīxièlòu 玄机泄露 F.E. A key secret is divulged.
xuánjī-yùhéng 璇玑玉衡 N. ancient astronomical instrument
xuānjǔ 轩举[-舉] N. gentlemanly and distinguished manner/air (of a person)
xuǎnjǔ* 选举[選舉] V./N. ① elect (by vote) ② <*trad.*> select by examination
xuǎnjǔ-bàmiǎnfǎ 选举罢免法[選舉罷-] N. electoral and recall laws
xuǎnjǔ chéngxù 选举程序[選舉-] N. electoral procedure/proceedings
xuǎnjǔ dānwèi 选举单位[選舉-] N. electoral unit
xuánjué 悬绝[懸絕] V.P. completely different
xuǎnjǔfǎ 选举法[選舉-] N. electoral law
xuǎnjǔ jiéguǒ 选举结果[選舉-] N. election results/returns
xuǎnjǔ mǎi piào huìxuǎn 选举买票贿选[選舉買-選] V.P. vote-buying
xuánjūn 悬军[懸-] N. isolated troops
xuǎnjǔpiào 选举票[選舉-] N. ballot M: [1]*zhāng*
xuǎnjǔqū 选举区[選舉區] P.W. electoral quotient
xuǎnjǔquán 选举权[選舉權] N. franchise; right to vote
xuǎnjǔrén 选举人[選舉-] N. voter; elector M: *ge*/[1]*míng*/[2]*wèi*
xuǎnjǔrì 选举日[選舉-] N. election day
xuǎnjǔ shìwùsuǒ 选举事务所[選舉-務-] P.W. electoral affairs office M: [1]*jiā*
xuǎnjǔ sùsòng 选举诉讼[選舉-] N. <*law*> electoral lawsuit
xuǎnjǔ tóupiào 选举投票[選舉-] N. poll; electoral voting
xuānkāi 揎开[-開] R.V. <*topo.*> push open
xuánkāi* 旋开[-開] R.V. unscrew
xuánkāiqiáo 旋开桥[-開橋] N. swing bridge M: [4]*zuò*
xuǎnkān 选刊[選-] N. selected writings
xuānkē 宣科 V.O. incant
xuǎnkē 选科[選-] N. elective course
xuǎnkè* 选课[選-] V.O. choose a course (of students)
xuǎnkèbiǎo 选课表[選-] N. list of course offerings; class schedule M: [1]*fèn*/[1]*zhāng*
xuánkōng(r) 悬空(儿)[懸-] V.O. ① hang in the air; suspend in midair ② be divorced from reality
xuánkōng diànchē 悬空电车[懸-電-] N. cable car M: [3]*liàng*
xuánkōng lǎnchē 悬空缆车[懸-纜-] N. cable car M: [3]*liàng*
xuánkōng suǒdào 悬空索道[懸-] N. aerial conveyor M: [1]*tiáo*
xuánkuàng 悬旷[懸曠] A.T. <*Budd.*> mysterious and immense (e.g., the truth)
xuǎnkuàng* 选矿[選礦] N. ore dressing; mineral separation
xuánlǎn 玄览[-覽] V. observe with a tranquil mind

xuànlàn* 绚烂[-爛] S.V. splendid; gorgeous
xuānlǎng 轩朗 V.P. <wr.> bright and airy; sunny (room)
xuānláo* 宣劳[-勞] V. contribute *See also xuānlào*
xuānlào 宣劳[-勞] V. <trad.> ① comfort by an official message ② issue a decree rewarding sb.'s services *See also xuānláo*
xuānlì 宣力 V.O. exert oneself for others
[1]**xuánlǐ** 玄理 N. profound/abstruse doctrine
[2]**xuánlǐ** 旋里 V.O. <wr.> return home
xuànlì* 绚丽[-麗] S.V. gorgeous; magnificent
xuànliàn 绚练[-練] V.P. flashing; brilliant with lighting and colors
xuānliáng 暄凉[-涼] V.O. exchange banal remarks
xuánliáng* 悬梁[懸-] V.O. ① hang from a beam ② <coll.> hang oneself from a beam
xuánliángcìgǔ 悬梁刺股[懸-] F.E. study assiduously; grind away at one's studies
xuánliángzìjìn 悬梁自尽[懸-盡] F.E. hang oneself from a beam
xuànlìduōcǎi 绚丽多彩[-麗--] F.E. bright and colorful; gorgeous
xuānlìng 宣令 V. issue an order
xuánlíngmù 悬铃木[懸-] N. <bot.> plane tree; sycamore M: [2]kē
[1]**xuánliú*** 旋流 N. rotational flow
[2]**xuánliú** 玄流 N. <Budd.> monks and nuns (in black garments)
xuǎnliú 选留[選-] V. select and retain the good ones
xuǎnlù* 选录[選錄] N. selected writings
xuànlù 炫露 V. show off one's talent
[1]**xuánlǜ** 旋律 N. <mus.> melody tune
[2]**xuánlǜ** 悬虑[懸慮] V. worry about
xuànluàn 眩/炫乱[-亂] V.P. dazzling
xuánluó 旋螺 N. ① screw ② a variety of the mollusk family with a univalve shell
xuànmài 炫卖[-賣] V. extol one's wares
xuànmào 眩冒 N. vertigo
xuánmáochóng 旋毛虫[-蟲] N. trichina M: [1]tiáo/[2]zhī
xuánmáochóngbìng 旋毛虫病[--蟲-] N. trichinosis
xuǎnměi 选美[選-] N. beauty contest
xuǎnměi bǐsài 选美比赛[選-] N. beauty contest M: [2]chǎng
xuǎnměi dàhuì 选美大会[選-] N. beauty pageant M: cì
xuānméitǔqì 轩眉吐气[-氣] F.E. an air of pride and satisfaction
[1]**xuánmén*** 悬门[懸-] N. suspended gate which can be dropped
[2]**xuánmén** 玄门 N. ① Buddhism ② Daoism
xuànmén 券门 N. arched door/gate; arch M: [4]zuò
xuánmì 玄秘 S.V. mysterious
xuānmiǎn 轩冕 N. <trad.> ① carriages and garments for high officials ② eminent personages and high officials
xuánmiào 玄妙 S.V. mysterious; abstruse
xuánmiàomòcè 玄妙莫测 F.E. difficult to guess or comprehend
xuǎnmín 选民[選-] N. voter; constituency; electorate; voter M: ge/[1]míng/[2]wèi
xuǎnmínbǎng 选民榜[選-] N. list of eligible voters M: [2]kuài
xuānmíng 宣明 V. declare
xuánmíngfěn 玄明粉 N. <Ch. med.> compound of Glauber's salt and licorice
xuǎnmínqū 选民区[選-區] P.W. constituency
xuǎnmínzhèng 选民证[選-證] N. voter-registration card M: [1]zhāng
xuánmò 玄默 V.P. taciturn and meditative
xuánmóu 玄谋 N. subtle and profound scheme
xuǎnmù 选募[選-] V. raise troops by selection
[1]**xuànmù*** 炫目 S.V. dazzling; blinding ♦N./V.O. glare
[2]**xuànmù** 旋木 N. wood turning
xuánmùquè 旋木雀 N. tree creeper M: [2]zhī
xuānnáo 喧呶 N. uproar; tumult

xuānnào* 喧闹[-鬧] V. make a noise/racket
xuānnào qǐlai 喧闹起来[-鬧--] R.V. raise a clamor
xuánnǐ 悬拟[懸擬] V. ①conjecture ②fabricate; make up
xuánniàn 悬念[懸-] N. suspense (felt as a story/play/film/etc. builds to a climax) ♦V. <wr.> be concerned (about sb. who is elsewhere)
xuánniǎo 玄鸟 N. ① swallow ② crane M: [2]zhī
xuānnìng 嬛佞 V.P. sycophantic; given to flattery
xuánniǔ 旋钮/纽 N. <mach.> knob
xuánniǔmǎxiānhāo 旋扭马先蒿 N. alpine lousewort
xuànnòng 炫弄 V. show off; display; parade
xuànnǚ 炫女 N. a girl who flaunts her beauty
xuānnuǎn 暄暖 V.P. <wr.> warm and comfortable
xuǎnpài 选派[選-] V. select and depute/detail
xuǎnpāi zhàoxiàngjī 选拍照相机[選-] N. candid camera M: [1]jià/ge/[2]zhī
xuānpàn* 宣判 V. pronounce judgment
xuánpán 旋盘[-盤] V. spiral; circle around
xuānpàn wúzuì 宣判无罪 V.P. <law> pronounce sb. not guilty
xuānpàn yǒuzuì 宣判有罪 V.P. pronounce sb. guilty
xuǎnpèi 选配[選-] V. pair; match ♦N. selective breeding
xuānpì 轩辟 V.P. open-minded; generous
xuǎnpiào 选票[選-] N. ballot M: [1]zhāng
xuǎnpìn 选聘[選-] V. select and engage/appoint
Xuánpǔ 玄圃 P.W. mythical fairyland in the Kunlun Mountains
xuánpù* 悬瀑[懸-] N. cascade; waterfall
xuánqí 悬旗[懸-] V.O. hoist/hang a flag
xuánqǐ* 悬起[懸-] R.V. hang; dangle
xuánqì 旋器 N. spigot
xuānqiān 轩骞 N. soaring aloft
xuánqiàn* 悬欠[懸-] V. buy on account credit
xuánqiánzhuǎnkūn 旋乾转坤[--轉-] F.E. immense power to reverse a situation
xuānqiào 宣窍[-竅] N. <Ch. med.> therapies to treat mental confusion due to mucus blocking the orifices of the heart
xuánqiáo* 旋桥[-橋] N. swing bridge; turn bridge M: [4]zuò
xuànqiào 炫俏 V.P. show off one's charms; try to be cute
xuánqīng 玄青 N. deep black
xuánqióng 玄穹 N. sky; heaven
xuānqú 轩渠 V.P. laughing; merry; cheerful
xuǎnqū* 选区[選區] P.W. electoral district; constituency
[1]**xuǎnqǔ** 选曲[選-] N. selected songs
[2]**xuǎnqǔ** 选取[選-] V. select
xuánquán 悬泉[懸-] N. ①water clock; clepsydra ②falling cataract
xuānquánluōxiù 揎拳捋袖 F.E. ① pull up the sleeves and raise the fists ② get ready to fight
xuānquánlǔxiù 揎拳掳袖[--擄-] *See xuānquánluōxiù*
xuánquē 悬缺[懸-] N. unfilled vacancy/opening (in a government agency)
xuǎnqǔmǎ 选取码[選-] N. access code
xuǎnqǔxiàng 选取项[選-] N. <lg.> disjunction
xuánr 旋儿 N. ① circle; whorl ② the part of the scalp where the hair is whorled
xuānrán 轩然 V.P. ①delighted ②towering; lofty
xuānrǎn 宣染 V. give full play
xuànrán 泫然 ADV. trickling down; in tears
xuànrǎn* 渲染 V. ① apply colors to a drawing ② play up; exaggerate; pile it on
xuānrándàbō 轩然大波 F.E. great disturbance; mighty uproar
xuānrǎng 喧嚷 V. clamor; hubbub; din
xuànránlèixià 泫然泪下[--淚-] F.E. tears rolling down one's cheeks; tears trickling from one's eyes
xuānránzìdé 轩然自得 F.E. be delighted and satisfied

xuānrǎo* 喧扰[-擾] V. be tumultuous; disturb by noisy talk ♦N. tumult
xuánrào 旋绕[-繞] V. curl up; wind around; orbit
xuǎnrèn* 选任[選-] V. select (a suitable person) for a post; choose and appoint
xuànrén 眩人 N. <trad.> magician
xuànrén'ěrmù 眩人耳目 F.E. confuse the ears and eyes of the people
xuǎnrénwéixián 选人唯贤[選-賢] F.E. choose none but the best
xuǎnrèn zhíwèi 选任职位[選-職-] N. elective office
xuǎnrù 选入[選-] V.P. be admitted
xuánsāi* 旋塞 N. ① spigot ② turncock
xuánsài 玄塞 N. the Great Wall
xuānsāo 喧骚 N. uproar; disturbance
xuánsè 玄色 N. dark black
xuánshang 玄裳 N. black dress
xuánshǎng* 悬赏[懸-] V.O. offer/post a reward
xuánshǎngjīná 悬赏缉拿[懸-] F.E. offer a reward for sb.'s arrest
xuánshǎngshǒují 悬赏首级[懸-] F.E. offer a reward for sb.'s head
xuānshè 宣赦 V. announce an amnesty
xuánshēn 玄参[-參] N. <Ch. med.> root of Zhejiang figwort
xuānshēng* 喧声[-聲] N. clamor
xuǎnshèng 选胜[選勝] V.O. visit the most famous sites
[1]**xuānshì*** 宣誓 V. take/swear an oath; vow
[2]**xuānshì** 宣示 V. announce; proclaim
xuánshí 玄石 N. magnetic stone M: [2]kuài
[1]**xuánshì** 悬饰[懸-] N. pendant
[2]**xuánshì** 玄室 P.W. ① mausoleum; tomb/grave ② dark room M: [1]jiān
[3]**xuánshì** 璇室 P.W. gem-studded room M: [1]jiān
[1]**xuǎnshì** 选士[選-] N. <trad.> picked scholars of a district
[2]**xuǎnshì** 选侍[選-] V.O. select girls as maids in the imperial palace
[1]**xuànshì** 炫示 V. show off; display
[2]**xuànshì** 炫士 N. boastful scholar; one who shows off his learning
xuānshì jiùzhí 宣誓就职[-職] V.P. be sworn in; take an oath of office
xuánshìr 悬事儿[懸-] N. dangerous matter/issue
xuānshìshì 宣示式 N. <lg.> declarative
xuānshìshū 宣誓书[-書] N. written oath; affidavit M: [1]fèn
xuānshì shuōmíngshū 宣誓说明书[-書] N. affidavit M: [1]fèn
xuānshìxiàozhōng 宣誓效忠 F.E. take an oath of fealty
xuānshìzhèngshí 宣誓证实[-證實] F.E. depose
xuānshìzuòzhèng 宣誓作证[-證] F.E. depose
xuánshǒu 悬首[懸-] V.O. hang the head of a decapitated criminal in the market or over the city gate
xuǎnshǒu* 选手[選-] N. <sport> ① player selected as a contestant; athlete ② champion M: ge/[1]míng/[2]wèi
xuánshǒuchéngmén 悬首城门[懸-] F.E. display sb.'s head over the city gate
xuǎnshǒuquán 选手权[選-權] N. right to elect
xuánshǒushìzhòng 悬首示众[懸-眾] F.E. display sb.'s head in public as a warning to all
xuánshū 悬殊[懸-] S.V. greatly disparate
xuānshuǎng 轩爽 V.P. bright and airy
xuānshuō 喧说 V. talk loudly
xuánsī 悬思[懸-] N. empty dreams/thoughts
xuǎnsòng 选送[選-] V. select and send (the best persons/things/etc.)
xuànsú 炫俗 V.O. show off; flaunt
xuánsūn 玄孙[-孫] N. great-great-grandson M: ge/[1]míng
xuánsuǒ 悬索[懸-] N. <elec.> span wire M: [2]gēn/[1]tiáo

X

xuánsuǒ jiégòu 悬索结构[懸-構] N. <archi.> suspension structure; suspended-cable structure

xuánsuǒqiáo 悬索桥[懸-橋] N. suspension bridge M: [4]zuò

xuánsuǒ tiělù 悬索铁路[懸-鐵-] N. suspension cable railway M: [1]tiáo

xuánsùxué 玄素学 N. the art of lovemaking

xuántà 悬榻[懸-] V.O. extend a warm welcome

[1]xuántán 玄谈 N. ① profound, abstruse words of Laozi ② foreword/introduction to a Buddhist scripture

[2]xuántán 悬谈[懸-] V. make a rambling talk

xuāntáng 萱堂 PR. <wr.> your mother

xuānteng 暄腾 S.V. <topo.> fluffy; soft

xuānténg* 喧腾 N. hubbub

[1]xuántī 悬梯[懸-] N. hanging ladder M: [1]jià/[1]tiáo

[2]xuántī 旋梯 N. spiral staircase M: [4]zuò

xuántí 悬蹄[懸-] N. <zoo.> dewclaw

xuǎntí* 选题[選-] N. selected topic

xuǎntǐ 选体[選體] N. the style of poems and prose

xuāntiān* 喧天 V.O. make deafening sounds; fill the air with noise

xuāntián 喧阗 V.P. <wr.> full of confused noises; bustling and crowded

xuántiān 玄天 N. the Northern Sky

Xuántiān Shàngdì 玄天上帝 N. <Dao.> God of Northern Heaven

xuāntiānzhèndì 喧天震地 F.E. a great ovation

xuántiǎo 悬挑[懸-] N. overhang

xuántíng 悬停[懸-] V. hover (of helicopters/etc.) ♦N. hovering (flight)

xuǎntīng* 选听[選聽] N. <lg.> shadowing (selective listening)

xuántíngqì 悬停器[懸-] N. hovercraft M: [1]tái

xuāntōng 宣通 V. <Ch. med.> promote an unimpeded flow

xuàntou 楦头 N. wooden shoe last

xuāntǔ 暄土 N. soft earth

xuántū* 悬突[懸-] N. overhang

xuántú 璇图[-圖] N. state; nation

Xuāntuǐ 宣腿 N. Xuanwei ham (from Xuanwei, Yunnan)

xuántuójiùshí 悬驼就石[懸-] ID. put the cart before the horse

xuántūtǐ 悬突体[懸-體] N. overhang

xuāntǔwōr 暄土窝儿[--窩-] P.W. soft/loose-earth quarry

xuánwàn(r) 悬腕(儿)[懸-] V.O. raise the wrist (from the desk in writing big characters)

xuánwàng 悬望[懸-] V. look forward eagerly

xuānwēi 宣威 V.O. extend one's power

xuānwēishǐ 宣威使 N. <trad.> pacification commissioner

xuánwō* 旋/漩涡[-渦] N. ① whirlpool; vortex; eddy ② turbulent and difficult situation

xuànwō(r) 旋涡(儿)[-渦-] N. vessel for warming wine in hot water

xuánwō huàpài 旋涡画派[-渦畫-] N. <art> vorticism

xuánwō xīngyún 旋涡星云[-渦-雲] N. <astr.> spiral nebula

xuánwōyù 旋涡浴[-渦-] N. whirlpool bath

[1]xuánwǔ* 玄武 N. ① tortoise ② seven constellations of the northern sky ③ <Dao.> Northern Sky spirit

[2]xuánwǔ 旋舞 V. whirl

xuánwù 玄晤 N. profound understanding of an abstruse theory

xuǎnwù 选务[選務] N. electoral affairs

xuánwǔqǔ 旋舞曲 N. waltz M: [2]shǒu

xuǎnwùsuǒ 选务所[選務-] N. electoral-affairs office M: [1]jiā/[1]suǒ

xuánwǔyán 玄武岩 N. <geol.> basalt M: [2]kuài

xuánxì 悬系[懸繫] V. be worried/concerned about sb./sth.

xuǎnxí* 选习[選習] V. study

xuánxiànbōdǎo 旋线波导[-導] N. helix

xuánxiāng 旋乡[-鄉] V.O. return to one's hometown

[1]xuánxiǎng* 玄想 N. illusion

[2]xuánxiǎng 悬想[懸-] V. imagine; fancy

xuánxiàng 悬/玄象[懸-] N. celestial phenomena

xuǎnxiàng 选项[選-] N. <comp.> option

xuǎnxiàngbiǎo 选项表[選-] N. <comp.> menu M: [1]zhāng

xuǎnxiàngdān 选项单[選-] N. <comp.> menu M: [1]zhāng

xuǎnxiánjǔnéng 选贤举能[選賢舉-] F.E. select the worthy and promote the capable; appoint good and able men to office

xuǎnxiánrènnéng 选贤任能[選賢-] F.E. appoint good and able men to office

xuǎnxiántúzhì 选贤图治[選賢圖-] F.E. select highly capable persons to administer the country

xuǎnxiányǔnéng 选贤与能[選賢與-] V.P. appoint good and able people to office; elect the wise and able

xuānxiāo* 喧嚣 V. clamor; make noise

[1]xuānxiào 喧笑 V. loud noise and laughter

[2]xuānxiào 喧啸[-嘯] V. roar; din

xuānxiāobùyǐ 喧嚣不已 F.E. clamor without stopping

xuānxiāogǔzào 喧嚣鼓噪 F.E. stir up a commotion; make a clamor

xuānxiāoyīshí 喧嚣一时[-時] F.E. make a din for a time

xuānxiè 宣泄 V. ① drain off (liquids) ② unbosom oneself ③ rant

xuānxiè hóngshuǐ 宣泄洪水 V.O. drain off floodwater

xuánxīn 悬心[懸-] S.V. worried about ♦N. center of suspense

xuánxīndiàodǎn 悬心吊胆[懸-膽] F.E. filled with anxiety/fear

xuánxīn'érshuì 悬心而睡[懸-] F.E. sleep a troubled sleep

xuānxiù 轩秀 V.P. eminent; distinguished

xuǎnxiū* 选修[選-] V. take as an elective course *Xià xuéqī nǐ ~ shénme kè?* What courses are you taking next semester?

xuǎnxiūkē 选修科[選-] N. elective subject of study M: mén/[3]xiàng

xuǎnxiūkè* 选修课[選-] N. elective course M: mén/[3]xiàng

xuánxū 玄虚[-虛] N. ruse ♦S.V. illusory

[1]xuānxuān 轩轩 R.F. ① smug; complacent ② outstanding ③ <wr.> imposing; proud; dignified

[2]xuānxuān 翾翾 R.F. flitting

xuánxuán 悬悬[懸懸] R.F. <wr.> ① feel anxious ② be remote

[1]xuànxuàn* 眩眩 R.F. ① see; look ② deep; profound; unfathomable

[2]xuànxuàn 炫炫 R.F. dazzling; sparkling

[3]xuànxuàn 泫泫 R.F. ① tearful ② dripping

xuānxuānrǎngrǎng 喧喧嚷嚷 R.F. make a din

xuānxuānzìdé 轩轩自得 F.E. be delighted and satisfied with oneself

xuānxùdiào 宣叙调[-敘-] N. <mus.> recitative

xuánxué* 玄学 N. ① mysterious doctrine ② 3rd-4th century neo-Daoism ③ <derog.> metaphysics ④ Buddhism ⑤ spiritualism

xuǎnxué 选学[選-] V. choose to take/study (of subjects/courses/etc.)

xuánxuéjiā 玄学家 N. spiritualist; metaphysicist M: ge/[1]míng/[2]wèi

xuánxuéshī 玄学诗 N. metaphysical poetry M: [2]shǒu

xuánxuézhě 玄学者 N. metaphysician M: ge/[1]míng/[2]wèi

xuànxuézhīshì 炫学之士 N. a proud/pedantic scholar M: ge/[1]míng/[2]wèi

xuányá 悬崖[懸-] N. overhanging cliff; precipice M: [2]dào/[4]zuò

xuányájuébì 悬崖绝壁[懸-絕-] F.E. steep precipices and cliffs

xuányálèmǎ 悬崖勒马[懸-] ID. ① rein in at the last moment ② wake up to danger at the last moment ③ stop before it is too late

[1]xuānyán* 宣言 N. declaration; manifesto M: [1]fèn/[1]piān

[2]xuānyán 暄妍 V.P. agreeable and pretty (of the countryside)

xuányán 悬岩[懸-] N. cliff

xuǎnyán 选言[選-] N. <lg.> disjunction

xuànyǎn 眩眼 S.V. be dazzling

xuǎnyánfǎ 选言法[選-] N. disjunctive proof method

xuānyáng* 宣扬[-揚] V. publicize; propagate; advertise

xuǎnyàng 选样[選樣] N. sample; sampling

xuǎnyàng diàochá 选样调查[選樣-] N. sample survey

xuǎnyán mìngtí 选言命题[選-] N. <log.> disjunctive proposition

xuǎnyán sānduànlùn 选言三段论[選-] N. disjunctive syllogism

xuānyánshū 宣言书[-書] N. declaration; manifesto M: [1]fèn

xuǎnyán shùjù 选言述句[選-] N. <log.> disjunctive statement

xuǎnyán tuīlǐ 选言推理[選-] N. disjunctive syllogism

xuǎnyán wènjù 选言问句[選-] N. <lg.> disjunctive question

xuányáo 旋窑[-窯] P.W. rotary kiln

[1]xuànyào* 炫耀 V. show off; flaunt ♦V.P. bright; brilliant

[2]xuànyào 眩耀 V.P. dazzling ♦V. dazzle

xuànyào wǔlì 炫耀武力 V.O. make a show of force

xuànyàoxìng xiāofèi 炫耀性消费 N. conspicuous consumption

xuányáqiàobì 悬崖峭壁[懸-] F.E. steep cliff

xuányáshēngǔ 悬崖深谷[懸-] F.E. high cliffs and deep gullies

xuānyè 轩掖 N. forbidden palace

xuányè* 旋叶[-葉] N. vane

xuányí* 悬/玄疑[懸-] N. suspense

xuányǐ 悬椅[懸-] N. swing

xuányì 悬异[懸異] V.P. greatly disparate

xuànyì 炫异[-異] V.O. show off one's talents

xuányìjī 旋翼机 N. rotary-wing aircraft; rotorcraft M: [1]jià

xuányījià 悬衣架[懸-] N. clothes hanger

xuànyìlùcái 炫异露才[-異--] F.E. show off and display one's ability

xuānyín* 宣淫 V.O. engage in lascivious activities in public

xuányǐn 悬饮[懸-] N. <Ch.med.> pleural effusion

xuǎnyòng 选用[選-] V. select and use/apply

xuányōngchuí 悬雍垂[懸-] N. <bio.> uvula

xuǎnyù* 选育[選-] V./N. select and breed (seed)

xuànyù 炫/眩鬻 V.P. <wr.> show off; flaunt

Xuānyuán* 轩辕 *See Huángdì*

xuányuān 旋渊[-淵] N. abyss

xuányuán 悬园[懸園] P.W. hanging garden

xuányuǎn 玄远[-遠] V.P. profound and lasting

xuányuè 玄月 N. ninth moon in the lunar calendar

xuǎnyuè* 选阅[選-] V. review and select

xuànyùgǔshí 炫玉贾石 ID. ① preach like a saint but act like a crook ② sell stones as jade

xuànyún 泫沄 N. gushing; spurting; seething

xuànyùn* 眩晕 N. ① dizziness ② vertigo

xuányúnmìbù 玄云密布[-雲--] F.E. Dark clouds closely spread over.

xuànyùn yī zhèn 眩晕一阵 N. a fit of dizziness

xuànyùqiúshòu 炫玉求售 ID. puff up one's talent to get a job

xuǎn yǔ shīdàng 选语失当[選-當] V.P./N. metonymy

xuānzá 喧杂[-雜] S.V. clamorous

xuán zài kōngzhōng 悬在空中[懸-] V.P. suspend or be suspended in midair

Xuánzàng 玄奘 (600–664) N. <hist.> Budd. priest, also known as San Zang or Tripitaka; visited India 629–645, returned with many Buddhist scriptures

xuānzào 喧噪 N. uproar
xuǎnzé 选择[選擇] N./V. select; opt; alternative *Wǒ méiyǒu ~ de yúdì.* I have no choice at all.
xuǎnzé chǎngdì 选择场地[選擇場-] V.O. <sport> choose ends
xuǎnzé dá'àn 选择答案[選擇-] N./V.O. <lg.> alternative
xuǎnzé géshì 选择格式[選擇-] N. <lg.> alternative pattern
xuǎnzé guānxi 选择关系[選擇關係] N. <lg.> choice relation
xuǎnzé huídátí 选择回答题[選擇-] N. <lg.> alternative response item
xuǎnzé liáncí 选择连词[選擇-] N. <lg.> alternative conjunction
xuǎnzélǜ 选择率[選擇-] N. rate of selection
xuǎnzéquán 选择权[選擇權] N. option
xuǎnzéshì 选择式[選擇-] N. <lg.> alternative
xuǎnzé shǔxìng 选择属性[選擇屬-] N. <lg.> selectional property
xuǎnzétí 选择题[選擇-] N. multiple-choice question/test; choice question
xuǎnzé wènjù 选择问句[選擇-] N. <lg.> choice-type question; disjunctive question
xuǎnzéxiàng 选择项[選擇-] N. <comp.> option
xuǎnzé xiànzhì 选择限制[選擇-] N. <lg.> selectional restriction
xuǎnzéxìng 选择性[選擇-] N. selectiveness; selectivity
xuǎnzéxìng huíbì 选择性回避[選擇-] N. selective avoidance
xuǎnzéxìng zhǎnlù 选择性展露[選擇-] N. selective exposure
xuānzhàn 宣战[-戰] V.O. declare war
xuānzhànshū 宣战书[-戰書] N. declaration of war M: [1]fèn
xuānzhào 宣召 V. summon to imperial audience
[1]**xuánzhēn** 悬针[懸-] N. upright stroke in calligraphy
[2]**xuánzhēn** 玄真 N. jade
xuānzhǐ 宣旨 V.O. announce an imperial decree
Xuānzhǐ* 宣纸 N. <art> high quality paper from Xuancheng, Anhui M: [1]zhāng
xuān-zhì 轩轾 V.P. <wr.> high or low; good or bad
xuánzhì 悬置[懸-] N. <engineering> suspension
xuánzhīyòuxuán 玄之又玄 F.E. extremely mysterious and abstruse
xuánzhǒng 旋踵 <wr.> V.P. ① in an instant; in a very short time ② turn back/around (usu. preceded by [1]bù)
xuǎnzhǒng* 选种[選種] V.O./N. select seed
xuǎnzhòng 选中[選-] R.V. pick/decide/settle on
xuánzhǒng'érzhì 旋踵而至 F.E. arrive in close succession
xuánzhǒngjíshì 旋踵即逝 F.E. vanish in a flash
xuǎnzhǒngyùzhǒng 选种育种[選種-種] F.E. select and cultivate seed
xuánzhǒu 悬肘[懸-] V.O. raise the wrist (from the desk in writing big characters)
xuánzhǒufǎ 悬肘法[懸-] N. method of raising the wrist (from the desk in writing big characters)
xuànzhòugǎoyè 炫昼搞/缟夜[-晝--] F.E. illuminate day and night
xuánzhù 玄著 N. profound/abstruse writings
xuánzhuǎn 旋转[-轉] V. revolve; gyrate; spin
xuánzhuǎn cāntīng 旋转餐厅[-轉-廳] P.W. revolving restaurant M: [1]jiā
xuánzhuǎnfǎ 旋转法[-轉-] N. revolving method
xuánzhuǎnmén 旋转门[-轉-] N. revolving door M: [1]shàn
xuánzhuǎnqiánkūn 旋转乾坤[-轉--] F.E. earth-shaking
xuánzhuǎnqiánkūn zhī lì 旋转乾坤之力[-轉----] N. power to change the world
xuánzhuǎnqiú 旋转球[-轉-] N. spin (in tennis)
xuánzhuǎntái 旋转台[-轉臺] N. revolving stage M: [4]zuò
xuánzhuǎntǐ 旋转体[-轉體] N. revolving object
xuǎnzhǔn 选准[選準] R.V. make the right choice
xuǎnzì 选自[選-] V.P. extract/take from
[1]**xuànzi*** 楦子 N. ① shoe last/tree ② hat block
[2]**xuànzi** 旋子 N. ① copper plate (for making sheets of bean-starch jelly) ② hot-water container for warming wine ③ whirlpool ④ cyclone ⑤ sidewise somersault
Xuánzōng 玄宗 N. the Buddhist religion
xù-bá 序跋 N. preface and postscript
xùbǎn 续版[續-] N. reprint (of a book)
xūbàng 虚谤[虚-] V. accuse groundlessly
xūbào* 虚报[虚報] V. make a false report
xùbào 续报[續報] V. resubmit
xūbàomàolǐng 虚报冒领[虚報-] F.E. make a fraudulent application and claim
xūbào míng'é 虚报名额[虚報-] V.O. There are many registered names of people who don't exist.
xūbào niánlíng 虚报年龄[虚報-齡] V.O. lie about one's age
xūbàoyāogōng 虚报邀功[虚報-] F.E. seek merit by false pretenses
xūbào zhàngmù 虚报帐目[虚報-] V.O. cook/falsify the accounts
Xú Bēihóng 徐悲鸿 (1895–1953) N. artist renowned for creative development of both Chinese and Western painting techniques
xù bèizi 絮被子 V.O. wad a quilt with cotton
xùběn(r) 续本(儿)[續-] N. continuation of a book M: [4]cè
xùbiān 续编[續-] N. continuation (of a book); sequel *xiǎoshuō ~* sequel of a novel M: [1]běn/[4]cè
xùbié 叙别[敘-] V. have a farewell talk
xùbìng 恤病 V.O. show sympathy for the sick
xūbìnhàorán 须鬓皓然[鬚鬢-] F.E. white beard and white hair
xúbù 徐步 V. walk slowly
xùbǔ* 续补[續補] V. ① continue an unfinished book/etc. ② write a sequel or supplement(to a book/etc.)
xùbù 序部 N. prelude
xúbù'érxíng 徐步而行 F.E. walk with slow steps
xūbùyǎnshí 虚不掩实[虚-實] F.E. False appearances can never cover up the facts.
xùcái 蓄财 V.O. store up money/wealth
xūcáikǒngjí 需才孔亟 F.E. urgently need persons of ability
xùcáng 蓄藏 V. lay in/up; store
xùchǎn 畜产[-產] N. livestock/animal products *See also chùchǎn*
xūcháng 圩场[-場] P.W. <topo.> country fair; market
xù chángfà 蓄长发[-髮] V.O. grow long hair
xùchǎnpǐn 畜产品[-產-] N. animal by-products
xùcháochí 蓄潮池 N. tidal basin M: ge/[4]zuò
xùchǐ 序齿[-齒] N. <wr.> in order of seniority/age
xūchōng 虚冲[虚沖] V.P. modest; humble; unpretentious
xūchuǎn 虚喘[虚-] N. <Ch. med.> shortness of breath
xūchǔlǐjī 虚处理机[虚處-] N. virtual processor
xūcí* 虚词[虚-] N. <lg.> function/form/cenematic/empty/syncategorematic word; functive; particle
xūcì 需次 V.P. wait for an official appointment
[1]**xùcí** 序词 N. prologue; preface
[2]**xùcí** 叙词[敘-] N. <lg.> descriptor
[1]**xùcì** 序次 N. order; sequence ♦V.O. arrange in order
[2]**xùcì** 叙次[敘-] V.O. <wr.> arrange in order
xùcíbiǎo 叙词表[敘-] N. thesaurus M: [1]zhāng/[1]běn
xūcìshēngyòng 需次升用 F.E. be promoted according to qualifications
xūcún cèlüè 虚存策略[虚-] N. virtual memory strategy
xūcún guǎnlǐ 虚存管理[虚-] N. virtual memory management
xūcún jiégòu 虚存结构[虚-構] N. virtual memory structure
xūcún jìsuànjī 虚存计算机[虚-] N. virtual memory computer M: [1]tái
xūdài 须待 V.P. ① have to wait until ② expect; look forward to
xūdàn 虚诞[虚-] V.P. unreal; fantastic; preposterous
xūdāng 须当[-當] AUX. must
xùdao 絮叨 S.V. <coll.> long-winded; wordy
xùdaodao 絮叨叨 R.F. talk endlessly; nag
xū de 虚的[虚-] ATTR. <lg.> empty; indefinite; syncategorematic
xūděi 须得 AUX. must have; should have
xùdēng 续登[續-] V. publish in installments
xūdǐ 虚底[虚-] N. <lg.> constructed base
xūdiǎn 虚点[虚點] N. imaginary point
xùdiǎn 恤典 N. <trad.> court ceremony for a deceased official
xùdiàn* 蓄电[-電] V.O. charge a battery
xùdiànchí 蓄电池[-電-] N. storage battery; accumulator
xùdiànliàng 蓄电量[-電-] N. capacity for storing electricity
xùdiāo 续貂[續-] ID. <wr.> ① add sth. bad to sth. good ② appoint incompetent persons to important posts ③ incompetently continue another's unfinished job
xùdìng 续订[續-] V. renew a subscription (to a magazine/etc.)
xūdǐshì 虚底式[虚-] N. <lg.> constructed base form
xūdù 虚度[虚-] V. waste time
xùduàn 续断[續斷] N. <Ch. med.> teasel root
xūdù guāngyīn 虚度光阴[虚-陰] V.O. fritter/idle away one's time
xūdù niánhuá 虚度年华[虚-華] V.O. idle away one's time; waste one's life
xǔduō 许多 ATTR. many; much; a lot of
xūdù sháoguāng 虚度韶光[虚-] V.O. idle away one's glorious youth
xūdù shíguāng 虚度时光[虚-時-] V.O. idle away one's time
xūdù suìyuè 虚度岁月[虚-歲-] V.O. idle away one's years
xūdù yī shēng 虚度一生[虚-] V.O. idle away one's life
[1]**xuē** 靴 B.F. boots *xuēzi*
[2]**xuē** 削 B.F. pare; whittle; cut (reading used mostly in compound terms) *xuēruò, bōxuē See also* [2]*xiāo*
Xuē 薛 N. Surname
[1]**xué*** 学[學] V. ① study; learn *~ wénhuà* learn to read and write ② imitate; mimic ♦B.F. ① learning; knowledge *xuéwen* ② subject of study; branch of learning *xuékē* ③ school; college *xuéxiào, dàxué* ♦SUF. -ics; -ism; -ization; -logy; study [1]*shùxué, shèhuìxué*
[2]**xué** 穴 N. ① cave; den; hole ② grave ③ <Ch. med.> acupuncture point; acupoint
[3]**xué** 踅 V. ① whirl ② turn back ③ walk to and fro
[4]**xué** 噱 B.F. laugh [1]*xuétóu, fāxué See also* [10]*jué*
[5]**xué** 茓 in *pánxué*
[6]**xué** 鸴[鷽] in [2]*xuéjiū*
[7]**xué** 昳 in *xuélou*
[1]**xuě** 雪 N. snow ♦B.F. ① snow-white *xuěbái* ② wipe out (a humiliation); avenge (a wrong) *xuěchǐ, xuěhèn*
[2]**xuě** 鳕[鱈] B.F. cod [1]*xuěyú*
[1]**xuè** 血 N. blood ♦B.F. ① related by blood *xuèqīn* ② energetic and high-spirited *xuèxìng* ③ menses *jīngxuè See also* [2]*xiě*
[2]**xuè** 谑[謔] B.F. joke; tease *xuèxuè, èxuè*
xuè'ái 血癌 N. leukemia
xué'àn 学案 N. works recording scholars' lives and philosophical thoughts M: [2]jiàn
xuè'àn* 血案 N. murder case M: [2]jiàn
xuè'ànrúshān 血案如山 F.E. a long list of bloody crimes
xuě'āo 雪凹 N. niche

X

xuébà 学霸 N. scholar-tyrant M: ge/[1]míng
xuěbái 雪白 V.P. snow-white; snowy white
xué bǎi yì ér wú yī jīng 学百艺而无一精[--藝----] V.P. Jack of all trades and master of none.
xuěbǎn 雪板 N. <sport.> skis M: [2]kuài
xuèbān* 血斑 N. bloodstains; caked blood M: [2]kuài
xuébànr 学伴儿 N. study companion M: ge/[1]míng
xuébào* 学报[-報] N. ① learned journal ② (college) journal/ periodical/ magazine M: [1]běn/[1]fèn/[2]qī
[1]**xuěbào** 雪暴 N. snowstorm; blizzard M: [3]cháng
[2]**xuěbào** 雪豹 N. <zoo.> snow leopard M: [2]zhī
xuèběn(r) 血本(儿) N. principal; (hard earned) original capital M: [2]bǐ
xuěbēng* 雪崩 N. snowslide; avalanche M: cì/[3]cháng
xuèbēng 血崩 N. <med.> metrorrhagia; endometrorrhagia
xuěbēng xiàoyìng 雪崩效应[-應] N. <phys.> avalanche effect
xuèbēngzhèng 血崩症 N. <med.> metrorrhagia
xuèběnwúguī 血本无归[-歸] F.E. no return of hard-earned capital *See also xiěběnwúguī*
xuēbì 削壁 N. precipice; cliff M: [2]dào/[4]zuò
xuèbiàn 血便 N. bloody stool
xuèbǐng 血饼 N. cake of blood; coagulated blood
xuēbìshēnhè 削壁深壑 F.E. steep peaks and deep ravines
xuèbǐshuǐnóng 血比水浓[-濃] V.P. Blood is thicker than water.; Blood relations are closer than other relations.
xuébō 穴播 N. <agr.> bunch planting
xuébù* 学步 V. learn to walk
Xuébù 学部 P.W. ① Qing Ministry of Education ② a division in the Chinese Academy of Sciences
xuébùhándān 学步邯郸 F.E. lose one's own identity while unsuccessfully imitating others
xuébuhuì 学不会 R.V. be unable to learn how to do sth.
xuébulái 学不来 R.V. can't learn sth. (from sb.)
xuébuliǎo 学不了 R.V. be unable to learn/study sth.
xuébùwán 学不完 R.V. have an endless amount to learn
xuébùxiàng 学不象 R.V. try in vain to imitate
xuébùyàn 学不厌[-厭] R.V. tireless in learning
xuěchǎng 雪场[-場] P.W. snow pack
xuécháo 学潮 N. student strike; campus upheaval M: cì
xuěchē 雪车 N. sled; sledge; sleigh
[1]**xuèchén** 血沉 N. <med.> erythrocyte sedimentation rate (ESR)
[2]**xuèchén** 血忱 N. sincerity; loyalty
xuēchènbù 靴衬布[-襯-] N. boot linings M: [2]kuài
[1]**xuéchéng*** 学成 R.V. successfully complete one's study
[2]**xuéchéng** 学程 N. a period/session of learning/study
xuèchēng 谑称[-稱] N. informal/playful name
xuèchéng 血诚 N. sincerity; loyalty
xuéchéngguīguó 学成归国[-歸國] F.E. return to one's own country after finishing studies abroad
xuěchǐ 雪耻[-恥] V.O. avenge an insult/humiliation
xuěchǐbàochóu 雪耻报仇[-恥報-] F.E. wipe out a disgrace and avenge a grievance
xuěchǐfùguó 雪耻复国[-恥復國] F.E. rebuild the country and avenge an insult/humiliation
xuèchìsù 血赤素 N. hemoglobin
xuèchóu 血仇 N. blood feud
xuēchú* 削除 R.V. ① peel/cut off ② take out; omit
xuéchǔ 穴处[-處] V. <wr.> live in caves
xuěchú 雪锄 N. snowplow
xuěchuāng 雪窗 ID. very diligent in study
xuěchuāngyínghuǒ 雪窗萤火[--螢-] ID. studying under difficult conditions

xuēcì 雪刺 N. white, short hair (of an old man)
xuēcōng 削葱[-蔥] ID. slender fingers of a lady
xuēdài* 靴带[-帶] N. bootlace M: [1]tiáo/[2]gēn/[1]fù
xuědài 雪带[-帶] P.W. snow belt M: [1]tiáo
xuēdài fāng'àn 靴带方案[-帶--] N. bootstrap scheme
xuēdāo 削刀 N. sharpener M: [1]bǎ
[1]**xuédào*** 学到 R.V. learn
[2]**xuédào** 穴道 N. acupuncture point; acupoint
[3]**xuédào** 学道 V.O. learn knowledge; be enlightened
xuědào 雪道 P.W. <sport> snow trail M: [1]tiáo
xuédào hóunián 学到猴年 V.P. <coll.> study for God knows how long
xuédào lǎo, xuébuliǎo 学到老,学不了 V.P. ① Learning is an endless process. ② One is never too old to learn.
xuédàoshǒu 学到手 R.V. learn; master
xué de bùcuò 学得不错 V.P. imitate with creditable results
xué de bù huài 学得不坏[-壞] R.V. imitate with creditable results
xuè de jiàoxùn 血的教训 N. a lesson paid for in blood
xuédexiàng 学得像/象 R.V. imitate/copy with marked skill
xuědī 雪堤 P.W. snowbank M: [2]dào
xuědì* 雪地 P.W. snowfield
xuèdī 血滴 N. bloody spots; drops of blood; blood splashes
xuédiàn 学店 P.W. school interested more in making money than in students' progress M: [1]jiā
xuèdiǎn(r)* 血点(儿)[-點-] N. blood drops/splashes/spots
[1]**xuědiāo** 雪貂 N. <zoo> ferret
[2]**xuědiāo** 雪雕 N. snow carving/sculpture M: [4]zuò
xuědì-bīngtiān 雪地冰天 P.W. land of snow and ice; frozen land
xuēdīng 靴钉 N. hobnails M: [4]méi/[1]kē/ge/[2]zhī
xuědǐng* 雪顶 N. snowcap
xuědì qìchē 雪地汽车 N. snowmobile M: [3]liàng
xuēdǐr 靴底儿 N. soles of boots
xuèdīshí 血滴石 N. <min.> bloodstone M: [2]kuài
xuédòng 穴洞 N. cavern M: [4]zuò
xuédǒngxuétōng 学懂学通 F.E. understand and have a good grasp of. . .
xuědòu 雪豆 N. snow peas; Chinese peapods M: [1]kē/[3]lì
xuěduī 雪堆 N. snow drift M: [4]zuò
xuēduó* 削夺[-奪] V. deprive of; take by force
xuěduǒ 雪朵 N. flakes of snow
xuèdúzhèng 血毒症 N. blood poisoning
xué'é 学额 N. student capacity of a school
xuè'érbùnüè 谑而不虐 F.E. tease/joke without hurting or embarrassing; banter
xué'érbùsī 学而不思 F.E. learn without reflecting
xué'érbùyàn 学而不厌[-厭] F.E. have an insatiable desire to learn
xué'érhòu 学而后[-後] ATTR. acquired
xué'érhòunéng 学而后能[--後-] N. acquired ability
xué ér shíxízhī 学而时习之[--時習-] F.E. ① A student on completing his studies should apply himself as an official. ② learn and constantly review
xué'éryōu zé shì 学而优则仕[--優--] F.E. When a student finds that he can more than cope with his studies, then he takes office.; Officialdom is the natural outlet for good scholars.
xué'érzhīzhī 学而知之 F.E. wisdom obtained by study
xuēfà 削发[-髮] V.O. ① shave one's head ② take the tonsure; become a monk/nun
xuéfá* 学阀 N. ① domineering scholar; scholar-tyrant ② academic clique M: ge/[1]míng
xuéfáng 学房 P.W. old-style private school M: [1]suǒ
xuèfáng* 血防 N. prevention (and cure) of snail fever
xuěfǎngchóu 雪纺绸 N. <txtl.> chiffon M: [2]kuài/[1]pǐ

xuēfàpīzī 削发披缁[-髮--] F.E. shave one's head and become a monk
xuēfàwéiní 削发为尼[-髮--] F.E. shave one's head and become a Buddhist nun
xuēfàwéisēng 削发为僧[-髮--] F.E. shave one's head and become a monk
xuēfàxiūxíng 削发修行[-髮--] F.E. shave one's head and enter the religious life
xuéfěi 学匪 N. a misbehaving student M: ge/[1]míng
xuéfèi* 学费 N. ① tuition fee ② price for what one has learned to one's cost M: [2]bǐ
xuéfēisuǒyòng 学非所用 F.E. What one is doing has nothing to do with one's training.
xuéfēn* 学分 N. course credit
xuèfēn 血分 N. blood system
xuèfěn 血粉 N. blood meal; dried blood
xuèfèn 血粪[-糞] N. bloody stool
xuéfēng 学风 N. ① style of study ② academic/school atmosphere ③ school discipline ④ school traditions
xuéfēng bùzhèng 学风不正 V.P. lack of academic discipline
xuéfēn kèchéng 学分课程 N. credit course
xuéfēn lěijībiǎo 学分累积表[---積-] N. academic progress check M: [1]zhāng/[1]fèn
xuèfēnrè 血分热[-熱] N. <Ch. med.> heat in the blood section
xuéfēn xiǎoshí 学分小时[-時] N. credit hour
xuéfēnzhì 学分制 N. credit system
xuéfú 穴蝠 N. cave bat
xuéfǔ* 学府 P.W. ① institution of higher learning ② college/university circles M: [4]zuò/[1]suǒ
xuěfū 雪肤[-膚] N. snow-white skin
xuěfūhuāmào 雪肤花貌[-膚--] F.E. ① skin as white as snow and complexion as beautiful as flowers ② a beauty
Xuěfúlái 雪芙莱 N. Chevrolet
xuéfùwǔchē 学富五车 F.E. be rich in knowledge
xuěgāo 雪糕 N. <topo.> ① ice cream ② Eskimo Pie
xuěgē 雪鸽 N. pigeon M: [2]zhī
xuègēncǎo 血根草 N. bloodroot
[1]**xuégōng** 学工 V.O. learn industrial production
[2]**xuégōng** 学宫[-宮] P.W. institution of higher learning
xuégōngxuénóng 学工学农[-農] F.E. learn industrial skills and farming matters
xuéguāi 学乖 V.O. <coll.> learn from experience
xuéguǎn 学馆 P.W. school (usu. small, for private tutoring) M: [1]jiā/[4]zuò/[1]suǒ
xuěguān 雪冠 N. snowcap
xuèguǎn(r)* 血管(儿) N. <bio.> blood vessel
xuéguāng 学光 R.V. learn sth. thoroughly
xuéguàngǔjīn 学贯古今 F.E. be well versed in both ancient and modern learning
xuèguǎn yìnghuà 血管硬化 N. <med.> vascular sclerosis; hardening of the arteries
xuégùn 学棍 N. educator-despot
xuéhǎi 学海 A.T. persevere in one's studies until one reaches the goal ♦N. ① a learned scholar ② sea of learning
xuěhài 雪害 N. snow damage
xuèhǎi* 血海 N. sea of blood
xuèhǎishēnchóu 血海深仇 F.E. profound hatred
xuèhán 血寒 N. <Ch. med.> blood cold
xuèhàn* 血汗 N. blood and sweat; sweat and toil
xuèhànqian 血汗钱[-錢] N. money earned by hard toil M: [2]bǐ
xuèhànsuǒdé 血汗所得 F.E. earned by sweat and blood
xuéhǎo 学好 V.O. learn from or emulate good examples ♦R.V. learn well
xuéhǎoxuétōng 学好学通 F.E. study hard to grasp the essence
xuěhèn 雪恨 V.O. wreak vengeance; avenge
xuèhóng 血红 ATTR. blood red
xuèhóng dànbái 血红蛋白 N. hemoglobin
xuèhóngsè 血红色 N. blood red

xuèhóngsù 血红素 N. <bio./chem.> ① heme; protoheme ② hemoglobin

xuéhòu cèshì 学后测试[-後--] N. <lg.> post-test

xuéhuà 学话 V.O. learn to speak *Tā gāng kāishǐ* ~ She has just started to learn to speak.

xuěhuā(r)* 雪花(儿) N. snowflake

xuèhuā 血花 N. ① bloodstains ② sprays of spurting blood

xuěhuāfēiwǔ 雪花飞舞[--飛-] F.E. Snowflakes are whirling.

xuěhuāgāo 雪花膏 N. vanishing/facial cream M: *píng*

xuéhuài 学坏[-壞] V.P. ① follow bad examples ② be corrupted by bad examples

xuéhuài róngyì xuéhǎo nán 学坏容易学好难[-壞----難] V.P. It is easy to learn evil, hard to learn good.

xuěhuālào 雪花酪 N. a kind of ice cream

xuěhuālián 雪花莲 N. <bot.> snowdrop

xuèhuāluànfēi 血花乱飞[-亂飛] F.E. Blood spattered everywhere.

xuěhuāpiāopiāo 雪花飘飘 F.E. Snow is falling.

xuěhuāpiāoxuán 雪花飘旋 F.E. The snow whirled about.

xuěhuāshígāo 雪花石膏 N. alabaster

xuéhuì 学会 N. learned society; (scholarly) association ♦R.V. learn; master

xuējí 削籍 V.O. remove from office

xuējì 削迹[-跡] V.O. lead a reclusive life

[1]**xuéjí** 学籍 N. status as a student; name in the school registry

[2]**xuéjí** 学级 N. <trad.> classes and grades in school

[1]**xuějī** 雪鸡[-雞] N. <zoo.> snow cock; snow chukar M: [2]*zhī*

[2]**xuějī** 雪肌 N. now-white skin

[3]**xuějī** 雪屐 N. a pair of skis M: [1]*fù*

xuějì 雪霁[-霽] V.P. It's stopped snowing and is clearing up.

[1]**xuèjì*** 血迹[-跡] N. bloodstain

[2]**xuèjì** 血祭 N. blood sacrifice/offering

xuējià* 削价[-價] V.O. cut/lower prices *See also* [1]*xiāojià*

xuějiā 雪茄 N. <loan> cigar M: [4]*zhī*/[2]*gēn*/*hé*

xuèjiā 血痂 N. encrusted blood; scab

[1]**xuējiān** 削肩 N. sloping/drooping shoulders (trad. feature of feminine beauty)

[2]**xuējiān** 靴尖 N. boot tip

xuējiǎn* 削减[-減] V. cut down; reduce

xuéjiān 学监[-監] N. <trad.> educational inspector; proctor M: *ge*/[1]*míng*/[2]*wèi*

xuéjiàn 穴见 N. limited view

xuèjiāng 血浆[-漿] N. <bio.> blood plasma

xuèjiànmǎnshēn 血溅满身[-濺--] F.E. Blood stains spattered one's dress.

xuējiānxìyāo 削肩细腰 F.E. slim-waisted, with somewhat sloping shoulders

xuějiàobīngtiān 雪窖冰天 F.E. ① a land of ice and snow ② a very cold place

xuējiàshuǎimài 削价甩卖[-價-賣] F.E. dump goods on the market at a fraction of their cost

xuějiāyān 雪茄烟[-煙] N. <loan/wr.> cigar M: [4]*zhī*/[2]*gēn*/*hé*

xuèjìbānbān 血迹斑斑[-跡--] F.E. all covered with bloodstains; bloodstained

xuéjiè* 学界 P.W. educational/academic circles

xuèjié 血竭 N. <Ch. med.> *Resina Draconis*

xuéjīn 学金 N. tuition

xuějīng 雪晶 N. <met.> snow crystal

xuějǐng* 雪景 N. snow scene

xuějìng 雪镜 N. snow goggles

xuèjīng 血晶 N. <min.> blood-red quartz crystal

xuèjìnyúnüè 谑近于虐[--於-] F.E. make cutting jokes

[1]**xuéjiū** 学究 N. ① pedant ② master of a private school M: *ge*/[1]*míng*/[2]*wèi*

[2]**xuéjiū** 鸴鸠[鷽-] N. a kind of pigeon

xuéjiūqì 学究气[-氣] N. pedantry

xuéjiūshì wèntí 学究式文体[-體] N. academese

xuéjiūxiàopéng 鸴鸠笑鹏[鷽-] F.E. an ignorant person laughs at a learned person

xuéjū 穴居 V. live in caves

xuéjūn 学军 V.O. learn military affairs

xuéjūrén 穴居人 N. cave dweller; troglodyte

xuéjūyěchǔ 穴居野处[-處] F.E. dwell in caves in the wilds

xuékē 学科 N. ① branch of learning; course; subject; discipline ② theoretical courses offered in military or physical training

xuékē dàitóurén 学科带头人[--帶--] N. pace-setter in scientific research; academic leader M: *ge*/[1]*míng*/[2]*wèi*

xuèkǒupēnrén 血口喷人 F.E. venomously slander

xuèkù 血库 N. <med.> blood bank M: [4]*zuò*

xuèkuài(r/zi) 血块(儿/子)[-塊-] N. coagulated blood clot

xuèkuī 血亏[-虧] N. <Ch. med.> anemia

xuélái 学来 CONS. *cóng A* ~ learn from A

xuèlàng 谑浪 V.P. have restrained fun

xuèlàngxiào'áo 谑浪笑敖 F.E. ① with scornful words and jeering smiles ② perpetrate a joke

xuèlèi 血泪[-淚] N. tears of blood

xuèlèibānbān 血泪斑斑[-淚--] F.E. full of blood and tears; stained with blood and tears

xuèlèichóu 血泪仇[-淚-] N. deep-seated hatred

xuèlèijiāshǐ 血泪家史[-淚--] N. family history full of blood and tears M: [2]*bù*

xuèlèishǐ 血泪史[-淚-] N. ① history full of blood and tears ② heart-rending story M: [2]*bù*

xuèlèiyāngqiú 血泪央求[-淚--] F.E. pray to sb. with tears of blood

xuèlèizhàng 血泪帐[-淚-] N. debts of blood and tears M: [1]*běn*

xuélǐ 学理 N. ① principles of a school of thought ② scientific principle or law

[1]**xuélì*** 学历[-歷] N. record of formal schooling

[2]**xuélì** 学力 N. ① knowledge; educational level; academic attainments ② scholarship

[1]**xuělí** 雪梨 N. snow pear M: *ge*/[2]*zhī*

[2]**xuělí** 雪犁 N. snow plow M: [1]*jià*

xuèlì 血痢 N. <med.> dysentery with bloody stool

xuélián* 学联[-聯] N. ① student federation ② federation of students and scholars

xuělián 雪莲 N. snow lotus (Saussurea involucrata)

xuěliàng* 雪亮 V.P. bright as snow; shiny

xuèliàng 血量 N. total amount of blood in a human body; blood volume

xuěliánhuā 雪莲花 N. snow lotus (Saussurea involucrata)

xuěliánzhǐ 雪连纸 N. a kind of writing paper with one smooth side M: [1]*zhāng*

xuělǐhóng 雪里红/蕻[-裡-] N. <bot.> potherb mustard M: [2]*kē*

xuělìjiǔ 雪利酒 N. <loan> sherry M: *píng*

xuèlìn 血淋 N. <Ch. med.> stranguria complicated with hematuria

xuélíng 学龄[-齡] N. school age

xuélíng értóng 学龄儿童[-齡--] N. school-age children M: *ge*/[1]*míng*

xuélíngqián 学龄前[-齡-] ATTR. preschool age

xuélíngqián értóng 学龄前儿童[-齡---] N. preschool children; preschoolers M: *ge*/[1]*míng*

xuélíng rénkǒu 学龄人口[-齡--] N. school-age population

xuèlínlín 血淋淋 R.F. ① bleeding; bloody; gory ② down-to-earth/unvarnished (of truth/facts/etc.) *See also xiělínlín*

xuělǐqīng 雪里青[-裡-] N. <bot.> ilex

xuělǐsòngtàn 雪里送炭[-裡--] ID. provide timely help

xuělǐtànméi 雪里探梅[-裡--] ID. Brave danger to seek beauty.

xuěliǔ 雪柳 N. <bot.> fontanesia M: [2]*kē*

xuèliú* 血流 N. blood flow; bloodstream

xuèliúbùzhǐ 血流不止 F.E. The flow of blood could not be stanched.

xuèliúchénghé 血流成河 F.E. bloodbath; Blood flowed in rivers.

xuèliúchéngqú 血流成渠 F.E. ① Slaughter makes a sanguinary stream. ② Blood flows in streams.

xuéliūfēng 踅溜风 N. whirlwind; cyclone

xuèliúpiāochǔ 血流飘/漂杵 F.E. ① a bloody battle ② scene of a big slaughter ③ great massacre

xuèliúrúzhù 血流如注 F.E. blood gushing out like running water

xuélì zhèngshū 学历证书[-歷證書] N. academic certificate M: [1]*fèn*/[1]*zhāng*

xuélou 眣瞜[-瞜] V. <topo.> stare at; gawk

xuélù 学路 *See guǎngkāi xuélù*

xuělú 鳕鲈[-鱸] N. river blackfish M: [1]*tiáo*

xuèlù* 血路 N. ① desperate way/road ② escape route ③ blood vessel M: [1]*tiáo*

xuèlùlù 血渌渌 R.F. blood dripping all around; sanguinary

xuèlún 血轮 N. <bio.> corpuscles

xuèmài 血脉[-脈] N. ① blood vessels ② blood relationship ③ <Ch. med.> blood circulation

xuèmài liútōng 血脉流通[-脈--] V.P. blood circulation

xuèmàixiāngtōng 血脉相通[-脈--] F.E. ① be related by blood ② be of one blood

xuěmáng 雪盲 N. snow blindness M: *ge*/[1]*míng*

xuèmǎnzhēngpáo 血满征袍 F.E. The battle robe is soaked in blood.

xuémén 学门 N. door to learning

xuéménliǎohù 踅门了户 F.E. loiter and chat at a friend's/neighbor's house

xuēmiàn 靴面 N. vamp (of shoe)

xuémiào 学庙[-廟] P.W. Confucian temple M: [4]*zuò*

xuémíng 学名 N. ① scientific name (e.g., Latin name for plants/etc.) ② formal name used at school (vs. pet name at home)

xuēmo 削摩 V. <coll.> try to find out; nose around

[1]**xuémo*** 踅/学摸 V. <coll.> ① browse; look around/into ② guess ③ think; ponder ④ seek

[2]**xuémo** 学磨 V. <topo.> search; look for

xuēmo jīhuì 削摩机会 V.O. <coll.> look for an opportunity

xuēmo qián 削摩钱[-錢] V.O. <coll.> look for an opportunity to grab some money

xuèmòzi 血沫子 N. blood foam formed on the surface of a pool of blood

xuēmùwéibīng 削木为兵 F.E. pare/sharpen wooden poles and use them as weapons; use whatever is available as a weapon (in popular uprisings)

xuēmùwéilì 削木为吏 F.E. refuse humiliation from any source

xuění 雪泥 N. slush

xuénián 学年 N. school/academic year

xuénián kǎoshì 学年考试 N. year-end examination M: *cì*

xuéniǎo 穴鸟 N. jackdaw M: [2]*zhī*

xuěniǎo 雪鸟 N. snowbird M: [2]*zhī*

xuèniào* 血尿 N. <med./phys.> blood in the urine; bloody urine; hematuria; hematuresis

xuěníhóngzhǎo 雪泥鸿爪 ID. traces of the past; vestiges of past events

xuění lúntāi 雪泥轮胎 N. mud and snow tires

xuènínggù 血凝固 N. blood coagulation

xuèníngjié 血凝结 N. blood coagulation

xuèníngkuài 血凝块[-塊] N. blood clot

xuèniú 血牛 N. blood seller

xuénóng* 学农[-農] V.O. learn agricultural production

xuènòng 血弄 V. play tricks on; make fun of

xuènóngyúshuǐ 血浓于水[-濃於-] F.E. Blood is thicker than water.

xuěnüèfēngtāo 雪虐风饕 F.E. a ferocious blizzard

xuépài 学派 N. school of thought; -ism

xuē-pàn 靴袢 N. bootstrap

xuē-páo 靴袍 N. <*trad.*> official gown worn with boots on formal occasions
xuèpào* 血泡 N. blood blister
xuèpéndàkǒu 血盆大口 F.E. ① gaping blood-thirsty mouth (of wild animals, etc.) ② one's bloody mouth
xuěpiàn 雪片 N. *usu. fig.* snowflake
xuěpiàn fēilái 雪片飞来[--飛-] V.P. fly in like snowflakes
xuēpíng 削平 R.V. ① <*wr.*> quell; suppress; subdue ② pare; smooth (with a knife)
xuěpō 雪坡 N. ① snowbank ② <*sport.*> snow slope
xuèpō* 血泊 N. pool of blood
xuèpò 血珀 N. crimson amber
xuéqī* 学期 N. school term (semester, quarter, etc.)
xuèqì 血气[-氣] N. ① animal spirits; vigor; temperament ② courage and uprightness
xuéqián értóng 学前儿童 N. pre-school-age child M: ge/[1]míng
xuéqián jiàoyù 学前教育 N. preschool education
xuéqiánqī 学前期 N. preschool years/age
xuéqián yuèdú jìnéng 学前阅读技能[---讀--] N. pre-school reading skill
xuěqiāo 雪橇 N. ① sled; sledge; sleigh ② ski M: [1]fù
xuèqìfānggāng 血气方刚[-氣-剛] F.E. full of sap/vigor
xué qǐlai 学起来 R.V. start to learn sth.
xuèqīn 血亲[-親] N. blood kin; consanguinity M: ge/[1]míng/[2]wèi
xuèqīnfùchóu 血亲复仇[-親復-] F.E. blood feud
xuěqīng 雪青 ATTR. lilac (color)
xuèqīng* 血清 N. <*bio.*> (blood) serum
xuèqīng liáofǎ 血清疗法[--療-] N. <*med.*> serotherapy
xuěqīngsè 雪青色 N. light purple
xuèqīn hūnpèi 血亲婚配[-親--] N. incest
xuěqiū 雪丘 N. snowbank M: [4]zuò
xuěqiú* 雪球 N. snowball
xuèqiú 血球 N. <*bio.*> blood cell/corpuscle
xuèqiú jìshù 血球计数[-數] N. blood count
xuèqìwèidìng 血气未定[-氣--] F.E. physical vigor of young people
xuèqìxūruò 血气虚弱[-氣虛-] F.E. weak constitution; debility
xuèqìzhīyǒng 血气之勇[-氣--] N. foolhardiness; brute courage; reckless bravery
xuéqū* 学区[-區] P.W. school district
xuěqū 雪区[-區] P.W. snow patch; snow region
xuěquè 雪雀 N. <*zoo.*> snow finch M: [2]zhī
xuéqūzhì 学区制[-區-] N. school-district system
xuèrǎn 血染 ATTR. bloodstained
xuèrǎngāngdāo 血染钢刀[--鋼-] F.E. a blood-stained knife
xuèrǎnhéshān 血染河山 F.E. Blood dyed the mountains and rivers red.
xué ránhòu zhī bùzú 学然后知不足[--後---] V.P. ① The more you learn, the less you feel you know. ② One discovers one's ignorance only through learning.
xuèrǎnhuángshā 血染黄沙 F.E. The countryside was drenched with blood.
xuèrǎnkuánglán 血染狂澜 F.E. Blood dyed the billows red.
xuèrǎnshāchǎng 血染沙场[--場] F.E. die or be wounded in battle
xuèrè 血热[-熱] V./N. <*Ch. med.*> blood heat
xuérén* 学人 N. scholar; student M: ge/[1]míng/[2]wèi
xuěrén 雪人 N. ① snowman ② yeti M: ge/[1]míng
xuèrèn 血刃 V.O. bloody one's blade to kill ♦N. blood-stained blade of a sword/knife
xuěrì 雪日 N. a day of snow
xuè-ròu 血肉 N. flesh and blood
xuèròuhéngfēi 血肉横飞[--飛] F.E. Blood and flesh fly in every direction.; body blown to pieces (by bombs/etc.)
xuèròumóhu 血肉模糊 F.E. be badly mangled/mutilated
xuèròuxiānglián 血肉相连 F.E. as close as flesh and blood
xuèròuzhīqū 血肉之躯[--軀] N. the human body
xuérúbùjí 学如不及 F.E. study as if one could never learn enough
xuérúnìshuǐxíngzhōu 学如逆水行舟 F.E. either progress or be washed backward
xuēruò 削弱 V. weaken; cripple
xuèrúquányǒng 血如泉涌 F.E. Blood gushes out like a fountain.
xuèsāi 血塞 N. thrombosis
xuèsè 血色 N. ① scarlet color ② complexion
xuèsèsù 血色素 N. <*bio.*> hemochrome
xuèsèzhì 血色质[-質] N. <*med.*> hemoglobin
[1]**xuěshān** 雪山 P.W. snow-capped mountain M: [4]zuò
[2]**xuěshān** 雪杉 N. <*bot.*> spruce M: [2]kē
xuěshāncǎoyuán 雪山草原 F.E. snow-capped mountains and grasslands
xuěshàng fēijī 雪上飞机[--飛-] N. ski-plane M: [1]jià
xuěshàngjiāshuāng 雪上加霜 ID. one disaster after another
xuěshàng qìchē 雪上汽车 N. snowmobile M: [3]liàng
xuěshàng qǐluò 雪上起落 V.P. takeoff and land on snow
xuéshé 学舌 V.O. parrot ♦ATTR. gossipy
[1]**xuéshè*** 学社 P.W. ① study group ② society of scholars
[2]**xuéshè** 学舍 P.W. school building M: [4]zuò
xuéshēn 踅身 V.O. turn the body; turn around
xuěshēn(zi)* 雪糁(子)[-糝] N. <*topo.*> snow pellets; graupel; soft hail
xuésheng* 学生 N. ① student; pupil ② disciple; follower ③ <*topo.*> boy; lad M: ge/[1]míng/[2]wèi
xuèshēng 血牲 N. sacrificial animal
xuésheng dàiliánhuì 学生代联会[---聯-] N. student representative association
xuéshēngguān 学生官 N. graduates from military academies
xuéshenghuì 学生会 N. student union/association
xuésheng liánhéhuì 学生联合会[--聯--] N. student federation
xuéshengqiāng 学生腔 N. student jargon M: [1]fù/kǒu
xuésheng quānnèi wénhuà 学生圈内文化 N. student subculture
xuésheng shídài 学生时代[--時-] N. student days
xuésheng shǒucè 学生手册[-冊] N. student handbook M: [1]běn
xué shēngyi 学生意 V.O. be an apprentice to a merchant
xuésheng yùndòng 学生运动[-運動] N. student movement M: [3]cháng
xuéshengzhèng 学生证[-證] N. student I.D. M: [1]zhāng
xuéshēngzhuāng 学生装[-裝] N. school uniform M: tào
xuéshī 穴施 A.T. apply manure in small holes near the plants
[1]**xuéshí*** 学识[-識] N. learning; knowledge; scholarly attainments
[2]**xuéshí** 学时[-時] N. class hour; period
xuéshì 学士 N. ① scholar ② bachelor; B.A. degree M: ge/[1]míng/[2]wèi
[1]**xuèshí** 血食 V. enjoy the animal killed as a sacrifice (of spirits or gods)
[2]**xuèshí** 血石 N. <*min.*> bloodstone M: [2]kuài
xuèshì 血誓 N. vow; solemn promise
xuéshíguòrén 学识过人[-識--] F.E. excel others in knowledge
xué shímáo 学时髦[-時-] V.O. follow the fashion
xuéshíqiǎnbó 学识浅薄[-識淺-] F.E. have little learning
xuèshísuǐ 血石髓 N. <*min.*> bloodstone M: [2]kuài
xuéshì xuéwèi 学士学位 N. bachelor's degree
xuéshíyuānbó 学识渊博[-識淵-] F.E. be erudite
xuēshòu 削瘦 S.V. thin
xuéshú 学塾 P.W. old-style private school M: [1]jiā
xuéshù* 学术[-術] N. learning; science ♦ATTR. academic
xuèshū 血书[-書] N. letter written in blood M: [2]fēng ♦V. write in blood
xuèshǔ 血属[-屬] N. blood relatives
xuèshuān 血栓 N. <*med.*> thrombus
xuèshuān xíngchéng 血栓形成 N. <*med.*> thrombus
xuèshuānzhèng 血栓症 N. <*med.*> thrombus; thrombosis
xuéshù bàogào 学术报告[-術報-] N. learned/academic report M: [1]fèn
xuéshù bùmén 学术部门[-術--] P.W. branch of learning
xuéshù dìwèi 学术地位[-術--] N. academic position/standing
xuéshù fānyì 学术翻译[-術-譯] N. <*lg.*> academic translation
xuéshù fēngqì 学术风气[-術-氣] N. academic atmosphere
xuěshuǐ* 雪水 N. melted snow
xuèshuǐ 血水 N. ① thin blood ② bloodstained water
xuèshuǐcǎo 血水草 N. snowpoppy
xuéshùjiè 学术界[-術-] P.W. academic circles
xuéshùjiè rénshì 学术界人士[-術---] N. scholars
xuéshùkē 学术科[-術-] P.W. research/academic department
xuéshù lùnwén 学术论文[-術--] N. research/scientific paper; thesis M: [1]piān
xuéshuō 学说 N. theory; doctrine
xuéshù réncáikù 学术人才库[-術---] N. brain bank
xuéshù tǎolùn 学术讨论[-術--] N. academic discussion
xuéshù tǎolùnhuì 学术讨论会[-術---] N. academic discussion; symposium
xuéshùxìng 学术性[-術-] N. scholarly
xuéshù xiūjià 学术休假[-術--] N. sabbatical
xuéshù xiūjiànián 学术休假年[-術---] N. sabbatical year
Xuéshù Yīngyǔ 学术英语[-術--] N. English for Academic Purposes (EAP)
xuéshù zàoyì 学术造诣[-術--] N. academic achievement
xuéshù zìyóu 学术自由[-術--] N. academic freedom
[1]**xuèsì** 血嗣 N. one's offspring/descendants
[2]**xuèsì** 血祀 N. blood sacrifice/offering
xuèsīchóng 血丝虫[-絲蟲] N. <*zoo.*> filaria
xuèsīr 血丝儿[-絲-] ① detectable traces of blood (in sputum/etc.) in silky/fibrous form ② bloodshot vein ③ flecks of blood
xuěsōng 雪松 N. <*bot.*> cedar; white pine M: [2]kē
xuétàn 踅探 V. spy; peep; watch and investigate stealthily
xuètán* 血痰 N. blood sputum
xuétáng* 学堂 P.W. <*trad.*> school M: [1]suǒ/[4]zuò
xuètáng 血糖 N. <*med.*> blood sugar
xuètāngzi 血汤子[-湯-] N. <*coll.*> blood; pool/etc. of blood
xuětì 雪涕 V.O. wipe away tears
xuétián 学田 N. <*trad.*> school-owned land
xuětiān* 雪天 N. snowy day
xuětiáo 雪条[-條] N. <*topo.*> popsicle
xuētiěrúní 削铁如泥[-鐵--] F.E. ① keen-edged ② cut through iron like butter
[1]**xuētǒng** 靴筒 N. the leg of a boot; bootleg
[2]**xuētǒng** 靴统 N. the leg of a boot; bootleg
xuétóng* 学童 N. school children M: ge/[1]míng
xuètǒng 血统 N. blood relationship/lineage *Zhōngguó ~ de Měiguórén* Americans of Chinese descent
xuètǒng gōngrén 血统工人 N. (industrial) worker of working-class parentage

xuètǒnglùn 血统论 N. theory of the bloodline
xuétóng yùnshū 学童运输[--運-] N. schoolchildren transport
xuètǒng zhèngmíngshū 血统证明书[--證-書] N. ① certificate of blood relationship ② pedigree certificate (of a pet) M: [1]zhāng/[1]fèn
[1]xuétóu 噱头 <topo.> N. words/acts meant to amuse ♦S.V. funny; amusing; comical
[2]xuétóu(r) 穴头(儿) <coll.> N. agent who organizes performances and runs the show
xuétú* 学徒 N. apprentice; trainee; student M: ge/[1]míng ♦V. serve an apprenticeship
xuětù 雪兔 N. snow hare M: [2]zhī
xuétúgōng 学徒工 N. apprentice M: ge/[1]míng
xuétú qīmǎn 学徒期满 V.P. have completed one's apprenticeship
xuétúzhì 学徒制 N. apprenticeship
xuēwà 靴袜[-襪] N. boot sock
xuè wàngxíng 血妄行 F.E. <Ch. med.> uncontrolled motion of blood
[1]xuéwèi 学位 N. academic degree; degree
[2]xuéwèi 穴位 N. <Ch. med.> acupuncture point; acupoint
xuěwéicài 雪维菜 N. chervil
xuéwen 学问 N. learning; knowledge; scholarship *Qízhōng dà yǒu ~.* There is much to learn from it.
xué wénhuà 学文化 V.O. <PRC> acquire an elementary education; learn to read and write
xuéwèn wéi jìshìzhīběn 学问为济世之本[---濟---] F.E. Knowledge/learning is fundamental to good government of a society.
xuéwèn wú jiéjìng 学问无捷径[-徑] F.E. There is no royal road to learning.
xuéwenyuānbó 学问渊博[--淵-] F.E. have great learning
xuěwū 雪屋 P.W. igloo; snowhouse M: [4]zuò
xuěwú 雪鹀 N. snowbird
xuèwū* 血污 N. bloodstain ♦ATTR. blood-stained
xuéwúchángshī 学无常师[-師] F.E. One need not learn from only one teacher.
xuéwù dàchén 学务大臣[-務--] N. <trad.> minister of education M: ge/[1]míng/[2]wèi
xuéwúlǎoyòu 学无老幼 F.E. It is never too late to learn.
xuéwútǎntú 学无坦途 F.E. There is no smooth road to learning.
xuéwúzhǐjìng 学无止境 F.E. knowledge is limitless/infinite
xuéxí* 学习[-習] V. study; learn; emulate ♦N. learning
[1]xuéxì 学系 N. department (of a college)
[2]xuéxì 穴隙 N. hole; crack
xuèxǐ 血洗 N./V. bloody slaughter; bloodbath
xuéxián(r)* 学衔(儿) N. academic rank/title
xuěxiàn 雪线 N. <geol.> snow line M: [1]tiáo
xuèxiàng 血象 N. <med.> hemogram
xué xiānjìn 学先进[-進] V.O. emulate the advanced
xué xiānjìn bǐ xiānjìn 学先进比先进[--進--進] F.E. learn from the advanced and compete with them
xuéxiánzhì 学衔制 N. academic title system
xuéxiào 学校 P.W. school; educational institution M: [1]jiā/[1]suǒ
xuèxiǎobǎn 血小板 N. <bio.> blood platelet
xuéxiào jiàoyù 学校教育 N. school education
xuéxiào rìzhì 学校日志 N. school journal M: [2]bù
xuéxiào yǔfǎ 学校语法 N. <lg.> school grammar
xuéxíbān 学习班[-習-] N. study class M: [2]qī
xuèxìbāo 血细胞 N. blood cells
xuèxìbāo jìshù 血细胞计数[-數] N. <med.> blood count
xuéxí cèlüè 学习策略[-習--] N. learning strategy
xuèxīchóng 血吸虫[-蟲] N. blood fluke
xuèxīchóngbìng 血吸虫病[--蟲-] N. snail fever; schistosomiasis
xuéxí cídiǎn 学习词典[-習--] N. <lg.> learner's dictionary M: [1]běn/[2]bù
xuěxié 雪鞋 N. snowshoes M: [1]shuāng
xuéxífǎ 学习法[-習-] N. methods of learning
xuéxí fāngfǎ 学习方法[-習--] N. learning style
xuéxí gāoyuán 学习高原[-習--] N. period of little or no growth
xuéxíhuì 学习会[-習-] N. political study session
xuéxí jìnéng 学习技能[-習--] N. study skills
xuéxílùn 学习论[-習-] N. learning theory
xuèxīn 血心 N. sincerity and loyalty *See also xiěxīn*
xuéxí nénglì cèyàn 学习能力测验[-習----] N. learning ability test
xué-xíng 学行 N. scholarship and moral conduct
xuèxīng* 血腥 ATTR. reeking of blood; sanguinary
xuèxíng 血型 N. <bio.> blood group/type
xuèxìng 血性 N. ① courage and uprightness ② strong sense of righteousness
xuéxíngchē 学行车 N. walker (for a baby learning to walk) M: [3]liàng
xuèxíng fēnlèi 血型分类[-類] N. typing of blood
xuèxíng jiàndìng 血型鉴定[--鑒-] N. blood grouping
xuéxíngjùjiā 学行俱佳 F.E. Both scholarship and character are excellent.
xuèxìng qīngnián 血性青年 N. courageous and upright youths M: ge/[1]míng/[2]wèi
xuèxīng tǒngzhì 血腥统治 N. sanguinary/bloodstained rule
xuèxīngtúshā 血腥屠杀[-殺] F.E. drench in a bloodbath
xuèxīngwèi 血腥味 N. smell of blood
xuèxīng zhènyā 血腥镇压[-壓] V.P. carry out a bloody suppression
xuéxí niánxiàn 学习年限[-習--] N. period of schooling
xuèxǐ quánchéng 血洗全城 V.O. kill all the inhabitants of the city
xuèxǐ quáncūn 血洗全村 V.O. kill everybody in the village
xuéxí qūxiàn 学习曲线[-習--] N. learning curve M: [1]tiáo
xuéxí wán 学习完[-習-] R.V. finish studying
xuéxí wénhuà 学习文化[-習--] V.O. acquire an elementary education; learn to read and write
xuéxí xīndé 学习心得[-習--] N. study notes
xuéxí zhàng'ài 学习障碍[-習-礙] N. learning disorder
xuèxū 血虚[-虛] N. <Chi. med.> deficiency of blood and its ensuing pathological changes
xuēxuàn 靴楦 N. boot last; boot tree
xuèxuè 谑谑 R.F. cheerful; happy
xuèxúnhuán 血循环[-環] N. <phys.> blood circulation
xuěyā 雪压[-壓] V. crush by snow
xuèyā* 血压[-壓] N. <bio.> blood pressure
xuèyā gāo 血压高[-壓-] V.P. have high blood pressure; have hypertension
xuěyàn 雪雁 N. snow goose
xuéyǎng 学养[-養] N. <wr.> scholarship and self-cultivation
xuéyàng 学样[-樣] V.O. imitate sb.'s example
xuěyáng 雪羊 N. mountain goat M: [2]zhī
xuèyàng* 血样[-樣] N. blood sample; blood specimen
xuēyào(r) 靴靿(儿) N. upper part of a boot
xuěyāshuāngqī 雪压霜欺[-壓--] F.E. be slighted and insulted by others
xuéyè 学业[-業] N. one's studies; schoolwork
xuěyè 雪夜 N. snowy night
xuèyè* 血液 N. ① blood ② lifeblood; lifeline
xuéyè dīluò 学业低落[-業--] N. academic underachievement
xuèyè jiǎnyàn 血液检验 N. blood analysis
Xuéyè Nénglì Cèshì 学业能力测试[-業----] N. Scholastic Aptitude Test (SAT)
xuèyè nínggù 血液凝固 N. blood coagulation
xuèyè tòuxī 血液透析 N. <med.> hemodialysis
xuēyēzi 靴掖子 N. double layer of padding in a boot
xuéyī 学医[-醫] V.O. study medicine
xuéyì* 学艺[-藝] N. ① knowledge and skill ② science and art ♦V.O. learn a trade
xuèyī 血衣 N. bloodstained clothes M: [2]jiàn
[1]xuèyìn 血印 N. bloodstain
[2]xuèyìn 血胤 N. offspring; descendants
xuěyīniáng 雪衣娘 N. white parrot; cockatoo
xuéyǐzhìyòng 学以致用 F.E. study for the purpose of application
xuéyòngjiéhé 学用结合 F.E. integration of learning and doing
xuēyòngwà 靴用袜[-襪] N. boothose M: [1]shuāng
xuéyòngyīzhì 学用一致 F.E. integrate study with application
xuéyǒu 学友 N. classmates; schoolmates; fellow students M: ge/[1]míng/[2]wèi
xuèyǒubìng 血友病 N. hemophilia
xuéyǒujìnjìng 学有进境[--進-] F.E. have made some progress in studies
xuèyǒuzhèng 血友症 N. hemophilia
xuéyǒuzhuānchǎng 学有专长[--專-] F.E. have acquired a specialty
xuéyóuzi 学油子 N. student malingerer
[1]xuěyú* 鳕鱼 N. cod M: [1]tiáo
[2]xuěyú 雪鱼 N. whiting (a delicacy) M: [1]tiáo
xuèyū 血淤/瘀 N. <med.> coagulation of blood; blood stasis
xuèyú 血余 N. <Ch. med.> human hair
xuèyù 血郁[-鬱] N. <Ch. med.> blood stasis
xuéyuán 学员 N. ① member of an institution of learning ② <court.> student M: ge/[1]míng/[2]wèi
xuéyuàn* 学院 P.W. college; academy; institute ♦ATTR. scholastic M: [1]suǒ/[4]zuò/[1]jiā
xuěyuān 雪冤 V.O. clear of a false charge
xuěyuán 雪原 N. snowfield
xuèyuán 血缘 N. ties of blood; consanguinity
xuèyuánhūn 血缘婚 N. consanguineous marriage
xuèyuán jiātíng 血缘家庭 N. consanguineous family
xuéyuànpài 学院派 N. academic group/school/clique
xuéyuàn yòngyǔ 学院用语 N. scholastic jargon
xuéyuàn yuànshì 学院院士 N. academician M: ge/[1]míng/[2]wèi
xuěyúgānyóu 鳕鱼肝油 N. cod-liver oil M: píng
xuéyùn* 学运[-運] N. student movement M: [3]cháng
xuèyùn 血晕 N. <Ch. med.> coma after childbirth due to excessive loss of blood *See also xiěyùn*
xuèyùsuǐ 血玉髓 N. bloodstone M: [2]kuài
xuèyǔxīngfēng 血雨腥风 F.E. ① scene of carnage ② <PRC> reactionary reign of terror
xuézáfèi 学杂费[-雜-] N. tuition and miscellaneous fees M: [2]bǐ
xuèzhài 血债 N. blood debt M: [2]bǐ
xuèzhàilěilěi 血债累累 F.E. have a mountain of blood debts
xuèzhàixuèhuán 血债血还[-還] F.E. blood for blood; Blood demands blood.; Debts of blood must be paid in blood. *See also xiězhàixiěhuán*
xuèzhài yào yòng xuè lái huán 血债要用血来还[-還] V.P. Blood will have blood.; Blood must atone for blood.
xuèzhàiyuānchóu 血债冤仇 F.E. debts of blood
xuèzhàn 血战[-戰] N. sanguinary/bloody battle M: [3]cháng ♦V. fight a bloody battle
xuèzhàn dàodǐ 血战到底[-戰--] V.P. fight to the bitter end
xuézhǎng 学长 N. ① <court.> fellow student ② <trad.> department/division head in a college/university ③ <trad.> one's senior at school M: ge/[1]míng/[2]wèi
[1]xuězhàng* 雪仗 N. snow fight M: [3]cháng
[2]xuězhàng 雪杖 N. <sport.> ski pole; ski stick M: [2]gēn/[2]zhī
xuèzhào 血诏 N. <trad.> imperial decree written in the monarch's own blood M: [1]fèn
xuězhàofēngnián 雪兆丰年[--豐-] F.E. Snowfall is an omen of an abundant year.

X

xuézhě 学者 N. scholar; learned person ♦SUF. -ist M: ge/¹míng/²wèi
xuězhèn 雪阵 N. snow flurry
xuézhèng 学政 N. <trad.> provincial educational commissioner
xuèzhèng* 血证[-證] N. bloody evidence (e.g., murderer's bloodstained clothes)
xuēzhí 削职[-職] V.O. ①be demoted ②remove from office
xuézhí 穴植 N. <agr.> dibbling
xuézhì* 学制 N. ① educational/school system ② length of schooling
xuèzhì 血痔 N. <Ch. med.> internal hemorrhoids that bleed easily
xuēzhīqiánggàn 削枝强干[-強幹] F.E. reinforce the trunk by cutting off the branches
xuēzhìshìlǚ 削趾适履[--適-] F.E. impractical solution of a problem
xuēzhíwéimín 削职为民[-職--] F.E. demote an official to commoner rank
xuèzhǒng 血肿[-腫] N. <med.> hematoma
xuèzhòngdú 血中毒 N. blood poisoning
xuězhōng gāoshì 雪中高士 N. poetic name of plum blossoms
xuězhōng jūnzǐ 雪中君子 *See xuězhōng gāoshì*
xuězhōngsòngtàn 雪中送炭 ID. provide timely help
xuézhuàn 踅转[-轉] V. whirl; turn; rotate
xuēzi 靴子 N. boots
xuézi 茓/踅子 N. ① matting silo ② coarse mat
xuézǐ* 学子 N. <wr.> student; disciple
xuèzì 血渍 N. bloodstain
xuézū* 学租 N. rent collected on school-owned land
xuězǔ 雪阻 V.P. be snowbound
xuèzú 血族 N. clan
xuézuò 穴座 N. pit
xuēzúshìlǚ 削足适履[--適-] F.E. make sb. fit on the Procrustean bed
xuèzú xiānghūn 血族相婚 N. incest
xūfā 虚发[虛發] V. shoot without hitting the target
xūfā* 须发[鬚髮] N. beard and hair
xùfā 蓄发[-髮] V.O. wear one's hair long
xūfàjiēbái 须发皆白[鬚髮--] F.E. The hair and beard become all white.
xūfán 虚烦[虛-] N. <Ch. med.> general anxiety/insomnia/etc. due to *yīn* depletion
xùfan* 絮烦 V. be tired/sick of ♦S.V. wordy
xūfǎnbiān 虚反边[虛-邊] N. mock cuff
xūfànchóu yuánzé 虚范畴原则[虛範疇-] N. <lg.> empty category principle
xūféiliàng 需肥量 N. fertilizer requirement
xùfēng 绪风 N. late-season win ♦ID. lasting influence
xūfēnliàng 虚分量[虛-] N. imaginary component
xūfú* 虚浮[虛-] V.P. impractical; superficial
¹**xùfú** 煦伏 V. <wr.> raise and educate
²**xùfú** 续凫[續鳧] ID. make an absurd and futile effort
xùfúzhī'ēn 煦伏之恩 N. the kindness of providing shelter and protection
xùgān 煦干[-乾] R.V. dry sth. on gentle heat/fire
xūgāo 虚糕[虛-] N. sweetened jelly of yam and rice flour
¹**xūgēn** 须根[鬚-] N. <bot.> ① fiber ② fibrous root
²**xūgēn** 虚根[虛-] N. <math.> imaginary root
xùgēng 絮羹 V.O. add seasoning to broth
xùgōng 叙功[敘-] V.O. <wr.> assess and reward service
xùgōngxíngshǎng 叙功行赏[敘-] F.E. go over the records and decide on awards; go over the merits and grant awards
xūgòu 虚构[虛構] V. fabricate; make up ~ *de rénwù* fictional character
xūgòu shìjiàn 虚构事件[虛構-] N. pseudo-event
xūgòuxìng huàyǔ 虚构性话语[虛構-] N. <lg.> fictional discourse
xūgǔ 虚股[虛-] N. watered stock
xùgū* 恤孤 V.O. care for orphaned children and the lonely elderly
xùguàn 序贯 ATTR. sequential
xùguàn biānmǎ 序贯编码 N. sequential coding
xūguāng 虚光[虛-] N. highlighting
xǔguó 许国[-國] V.O. <wr.> dedicate oneself to one's country
xùguō* 絮聒 V. ① chatter; be long-winded and tiresome ② bother; importune
xùguōbùxiū 絮聒不休 F.E. din in one's ears
xūgù yuángōng 虚雇员工[虛-] V.O. featherbed
xūhǎi'ōu 须海鸥[鬚-鷗] N. whiskered tern
xūhǎiquè 须海雀[鬚-] N. whiskered auklet
xūhán 虚寒[虛-] N. <Ch. med.> depletion cold
xūhàn* 虚汗[虛-] N. abnormal sweating due to general debility
xùháng 续航[續-] V. continue a journey without refueling (of an airplane/ship)
xùhánglì 续航力[續-] N. endurance; flying range (of an airplane); cruising radius (of a ship)
xù hánwēn 叙寒温[敘-] V.O. exchange greetings
xūhánwènnuǎn 嘘寒问暖[噓-] ID. inquire after sb.'s well-being
xù hánxuān 叙寒暄/喧[敘-] V.O. exchange greetings
xūhánzhèng 虚寒症[虛-] N. <Ch. med.> pathoconditions of depletion cold
xūhào 虚耗[虛-] V. waste; squander
xùhào* 序号[-號] N. serial number
xūhào gōngtǎng 虚耗公帑[虛-] V.O. waste public funds
xùhé 煦和 V.P. <wr.> warm; genial
xùhèn 蓄恨 N. long-pent-up hatred
xūhéng 盱衡 V. <wr.> ① stare ② survey; take stock of
xūhéng dāngshì 盱衡当世[--當-] V.O. know what is going on
xūhéng lìsè 盱衡厉色[--厲-] V.O. gaze with stern countenance
xūhéng rénwù 盱衡人物 V.O. keep an open eye on people and things
xùhóng 蓄洪 V.O. store floodwater
xùhóngbà 蓄洪坝[-壩] P.W. flood dam
xùhóng gōngchéng 蓄洪工程 N. flood-storage project M: ³xiàng
xùhóngqū 蓄洪区[-區] P.W. flood-storage areas
xùhòu 续后[續後] ADV. later; afterward
xūhū 欻忽 ADV. suddenly; quickly; swiftly
xūhuá* 虚华[虛華] S.V. flashy ♦N. ostentation; empty show
¹**xūhuà** 虚话[虛-] N. empty talk; idle prating
²**xūhuà** 虚化[虛-] V. become void/empty/null
xùhuà 叙话[敘-] V.O. chat
xūhuái 虚怀[虛懷] B.F. unpretentious; unobtrusive *xūhuáiruògǔ*
xūhuáiruògǔ 虚怀若谷[虛懷-] F.E. be extremely open-minded
xūhuáitīngnà 虚怀听纳[虛懷聽-] F.E. receive instruction in a humble manner
xūhuàn* 虚幻[虛-] S.V. unreal; illusory
xúhuǎn 徐缓 ADV. slowly; unhurriedly
xūhuànbùshí 虚幻不实[虛-實] F.E. unreal; illusory
xúhuǎn'érxíng 徐缓而行 F.E. move slowly
¹**xūhuǎng** 虚晃[虛-] V. feint; make a deceptive move
²**xūhuǎng** 虚谎[虛-] ATTR. false ~ ¹*huà shuōle* ¹*yī* ¹*dà duī* told a pile of lies
xūhuǎngyīqiāng 虚晃一枪[虛-槍] F.E. feint to deceive the enemy; make a gesture of attacking/firing
xūhuǎng yīxià 虚晃一下[虛-] V.P. make a false move; feint
xūhuàn jìngjiè 虚幻境界[虛-] P.W. visionary world
xùhuì 续会[續-] P.W. ① extended session ② follow-up meeting
xǔhūn 许婚 V.O. betroth a girl
xūhuǒ* 虚火[虛-] N. <Ch. med.> ① depletion fire disorder; fire-syndrome caused by ³*yīn* deficiency ② (relying on) sb. else's power/influence
¹**xùhuǒ** 煦火 N. mild fire
²**xùhuǒ** 蓄火 V.O. <trad.> preserve fire (for future use)
xūhuǒshàngshēng 虚火上升 F.E. easily excited; irascible
xūjǐ 虚己[虛-] V.P. be receptive
xǔjì 酗剂[-劑] N. <med.> spirit (alcohol solution)
xùjī 蓄积[-積] V. store/save up
xùjí* 续集[續-] N. continuation (of a book); sequel
xūjiǎ* 虚假[虛-] S.V. false; sham
xūjià 虚价[虛價] N. <econ.> nominal price
xǔjià 许嫁 V. betroth a daughter
xùjià 续假[續-] V.O. extend a leave of absence
xù jiācháng 叙家常[敘-] V.O. chat about family trivia; talk about daily life
xùjiàn 续建[續-] V. resume construction
xùjiǎng 叙奖[敘獎] V.P. <wr.> determine prizes
xūjiāo 虚骄[虛驕] N. false pride; superficial and arrogant
xūjiāoshìqì 虚骄恃气[虛驕-氣] F.E. assume a superior air
xūjiàzi 虚架子[虛-] N. a pretentious incompetent
xùjí biāozhǔn 叙级标准[敘-標準] N. grading standards
xūjié 须捷 N. <trad.> ① rags; tattered clothes ② person in rags
xùjié 慉结 V. <wr.> be melancholy/depressed
xùjiè* 续借[續-] V. renew (a library book)
xùjīn 恤金 N. pension; relief payment
¹**xūjīng** 虚惊[虛驚] N. false alarm
²**xūjīng** 须鲸[鬚-] N. baleen whale; whalebone whale; rorqual; Mysticeti
xūjǐnghuànyǐng 虚景幻影[虛-] F.E. a phantasmagoria; a castle in the air
xūjīng yī chǎng 虚惊一场[虛驚-場] V.P. have a false alarm
xǔjiǔ* 许久 ADV. for a long time; for ages
xùjiǔ 酗酒 V.O. drink excessively
xùjiù 叙旧[敘舊] V.O. reminisce
xùjiùlùnxīn 叙旧论新[敘舊-] F.E. talk of old times and present friendship
xùjiǔzīshì 酗酒滋事 F.E. get drunk and rowdy
xùjīwù 蓄积物[-積-] N. stored/saved stuff
xūjǐyǐtīng 虚己以听[虛-聽] F.E. listen to advice with an open mind
xūkǎn 虚砍[虛-] V. pretend to cut
xǔkě 许可 N./V. permit; allow *zài tiáojiàn ~ de qíngkuàng xià* where conditions permit
xǔkěfāng 许可方 N. licensor
xǔkěxìng jìzhǔ 许可性寄主 N. permissive host
xǔkě xìnhào 许可信号[-號] N. enabling signal
xǔkězhèng 许可证[-證] N. license; permit
xǔkězhì 许可制 N. license system
xūkōng 虚空[虛-] S.V. ①empty; void ②unreal; unsubstantial ♦N. ① upper space ② <Budd.> void; emptiness of material world
xūkuā 虚夸[虛誇] V.P. be bombastic/boastful
xūkuǎn 需款 V.O. need money; be in need of money ♦N. money needed
xùkuǎn* 恤款 N. disaster-relief funds
xūkuáng 虚诳[虛-] N. falsehood; deceit
xūkuǎnkǒngjí 需款孔急 F.E. Money is urgently needed.
xūkūchuīshēng 嘘枯吹生[噓-] F.E. make the dead return to life
xùkuì 恤匮 ID. <wr.> relieve the distressed
xūlài 胥赖 V. thoroughly depend on
xūláo 虚劳/痨[虛勞/癆] N. <Ch. med.> consumption; consumptive disease
xùlǎo* 恤老 V.O. relieve the aged
¹**xūlǐ*** 虚礼[虛禮] N. insincere courtesy
²**xūlǐ** 墟里 P.W. small village
¹**xūlì** 虚利[虛-] N. nominal profit
²**xūlì** 胥吏 N. <wr.> petty official
xùlí 恤嫠 V.O. relieve widows

xùlì 芧栗 N. small chestnut
[1]**xūliàng** 虚量[虛-] N. imaginary quantity
[2]**xūliàng** 需量 N. demand
xùliè 序列 N. <lg.> ① alignment; array ② sequence-class; rank; order
xùliè chéngshì shèjì 序列程式设计 N. <comp.> serial programming
xùliè fēnxi 序列分析 N. sequential analysis
xùliè guīzé 序列规则 N. <lg.> sequencing rules
xùlièhuà 序列化 N. <lg.> sequencing
xùlièhuà guīzé 序列化规则 N. <lg.> sequencing rules
xùliè yīnyuè 序列音乐[-樂] N. serialism
xùliè yǔzǔ 序列语组 N. <lg.> ordered construction
xūliú 须留 V. wait a moment; stay a while
xùliú* 续流[續-] ATTR. follow current
Xùlìyà 叙利亚[敘-亞] P.W. Syria
xùlù 叙录[敘錄] N. commentaries
[1]**xùlùn** 绪论 N. introduction; preface
[2]**xùlùn** 序论 N. introduction; preface ♦V. narrate in order
[3]**xùlùn** 叙论[敘-] V. discuss point-by-point
xūmài 虚脉[虛脈] N. <Ch. med.> feeble pulse
xùmǎn 蓄满 R.V. fill up (of a liquid container)
xūmáo 须毛[鬚-] N. beard; moustache
xūméi 须眉[鬚-] N. <wr.> ① beard and eyebrows ② man; male
xūméijiāobái 须眉交白[鬚-] F.E. gray-haired
xūméijiēbái 须眉皆白[鬚-] F.E. The beard and the eyebrows have all turned gray.
xūméi nánzi 须眉男子[鬚-] N. a manly man
xūmǐ 虚靡[虛-] V.P. decadent
xùmián* 絮棉 N. cotton for wadding
xùmiǎn 勖勉 V. encourage
xù miányī 絮棉衣 V.O. line/wad one's clothes with cotton
xūmiǎo 虚渺[虛-] S.V. ① unreal ② dim; misty
xūmíguāngyīn 虚靡光阴[虛-陰] F.E. idle away one's time
xūmíjièzi 须弥芥子[-彌--] ID. a sheer impossibility
xùmín 恤民 V.O. care for people; be mindful of the people's hardships
xūmíng* 虚名[虛-] N. ① undeserved/false reputation ② nominal title
xūmìng 胥命 V.P. <wr.> await orders
xùmìngtāng 续命汤[續-湯] N. decoction to revive (stimulate) a dying person; lifesaver
xūmíngwúshí 虚名无实[虛-實] F.E. have an empty reputation
Xūmíshān 须弥山[-彌-] P.W. <Budd.> Mt. Sumeru; abode of the gods
xūmízuò 须弥座[-彌-] N. <Budd.> base/pedestal in the shape of Mt. Sumeru supporting a statue of Buddha
xūmó 讦谟 N. great counsels/plans
xùmò* 呴沫 V.O. drool
xùmóu 蓄谋 V. premeditate; secretly scheme
xùmóupànbiàn 蓄谋叛变[-變] F.E. harbor plans for an insurrection
xùmóuyǐjiǔ 蓄谋已久 F.E. long premeditated
xūmù 墟墓 N. neglected burial ground
xùmǔ 续母[續-] N. stepmother
[1]**xùmù*** 畜牧 N. animal husbandry ♦V. rear/raise livestock
[2]**xùmù** 序幕 N. prologue; prelude
[3]**xùmù** 序目 N. preface and contents
xùmùchǎng 畜牧场[-場] P.W. animal/(live)stock farm M: [4]zuò
xùmùqún 畜牧群 N. group/flock of livestock animals
xùmù shídài 畜牧时代[--時-] N. pastoral age
xùmùxué 畜牧学 N. animal husbandry; animal science
xùmùyè 畜牧业[-業] N. animal/livestock husbandry
[1]**xūn** 熏 V. ①smoke; fumigate ②cure (meat/etc.) with smoke ③assail the nostrils ♦B.F. ①smoked ***xūnyú, xūnjī*** ② <wr.> warm ***xūnfēng*** ***See also*** [6]*xùn*
[2]**xūn** 窨 V. fumigate; bake (into) ~ ***cháyè*** scent tea leaves with jasmine ***See also*** [5]*yìn*
[3]**xūn** 勋[勛/勳] B.F. merit; meritorious service ***xūnzhāng, gōngxūn***
[4]**xūn** 薰 B.F. fragrance of flowers, incense, etc. ***xūnlú, huāxūn***
[5]**xūn** 醺 B.F. drunk ***zuìxūnxūn, wēixūn***
[6]**xūn** 埙[塤] B.F. <trad.> ancient wind instrument ***xūn-chí***
[7]**xūn** 焄 in ***xūnhāoqīchuàng***
[8]**xūn** 纁[纁] B.F. light red; pink ***xūnshang***
Xūn 獯/荤[-/葷] in ***Xūnyù*** ***See also*** [2]*hūn*
[1]**xún*** 寻[尋] V. search; seek ♦B.F. ordinary [1]***xúncháng*** ♦M. *of length equal to about eight* [1]*chǐ* ***See also*** *xín*
[2]**xún** 循 B.F. follow; abide by ***zūnxún***
[3]**xún** 巡 B.F. patrol; make one's rounds ***xúnluó*** ♦M. *for rounds of drinks*
[4]**xún** 旬 M. ① period of 10 days ② period of 10 years (in age, of the elderly) ***jiǔ~ zǔfù*** 90-year-old grandfather
[5]**xún** 询[詢] B.F. ask; inquire [1]***xúnwèn***, [1]***cháxún***
[6]**xún** 洵 ADV. <wr.> truly; indeed
[7]**xún** 恂 B.F. ① honest; sincere ***xúndá*** ② fearful; in awe of [3]***xúnlì***
[8]**xún** 鲟[鱘] B.F. sturgeon ***xúngǔ, bāixún***
[9]**xún** 峋 in ***línxún***
[10]**xún** 荨[蕁] in ***xúnmázhěn*** ***See also*** [10]*qián*
[1]**Xún** 荀 N. Surname
[2]**Xún** 郇 N. ①name of an ancient state ②Surname ♦in ***xúnchú***
[1]**xùn** 讯[訊] B.F. ① message; dispatch ***chuánxùn*** ② interrogate; question ***xùnwèn***
[2]**xùn** 训[訓] V. ① lecture; teach; train; explain ②scold; admonish ♦B.F. ①teachings; instruction; a "lesson" ***jiàoxun*** ② <trad.> standard; model; example ***jiāxùn*** ③ train ***xùnliàn*** ④ critical explanation of a text ***xùngǔ***
[3]**xùn** 殉 B.F. ① be buried alive with the dead ***xùnzàng*** ② die for [1]***xùnguó***
[4]**xùn** 驯[馴] B.F. tame; docile ***xùnfú, xùnliáng***
[5]**xùn** 逊[遜] B.F. ① abdicate ***xùnwèi*** ② <wr.> be inferior ***xùnsè*** ③ modest; unassuming ***qiānxùn***
[6]**xùn** 熏 V. poison by gas; suffocate from fumes ***See also*** [1]*xūn*
[7]**xùn** 蕈 N. <bot.> gill fungus; mushrooms
[8]**xùn** 迅 B.F. fast; quick ***xùnsù, fènxùn***
[9]**xùn** 汛 B.F. seasonal flooding along a river ***fángxùn, xùndì***
[10]**xùn** 巽 N. one of the eight trigrams ♦in ***xùnyán***
[11]**xùn** 徇 B.F. ① practice favoritism ***xùnsī*** ② die for a cause ***xùnyì***
[12]**xùn** 噀 B.F. squirt/spray from the mouth ♦in ***shāxùn***
xún'àn 巡按 N. <trad.> ① inspector-general in the Ming dynasty ② governor of a province M: *ge*/[1]*míng*/[2]*wèi*
xún'ànshǐ 巡按使 N. provincial governor (in the early years of the Chinese Republic) M: *ge*/[1]*míng*/[2]*wèi*
xùnbàn 讯办[-辦] V. put on trial and convict; prosecute
xúnbào 旬报[-報] N. <acct.> ten-day report M: [1]*fèn*/[2]*qī*/[1]*zhāng*
xúnbēi 巡杯 V.O. toast each of the guests around the table
xúnbiàn 循便 V.P. take advantage of expediency; be guided by expediency in performing tasks, etc.
xúnbiānshòujiāng 巡边狩疆[-邊--] F.E. proceed on a tour of inspection of the frontiers
xúnbiānyuán 巡边员[-邊-] N. <sport> linesman M: *ge*/[1]*míng*/[2]*wèi*
xúnbīng 巡兵 N. <mil.> patrol M: *ge*/[1]*míng*
xúnbǔ 巡捕 N. <hist.> police (in the former foreign concessions) M: *ge*/[1]*míng*/[2]*wèi*
xúnbǔfáng 巡捕房 P.W. <hist.> police station (in the former foreign concessions) M: [1]*jiā*
xúnbuzháo 寻不着[尋-著] R.V. be unable to find
xùncái 殉财 V.O. die for money
xūncǎo 薰草 N. aromatic grass
[1]**xúnchá** 巡查/察 V. make a tour of inspection; make one's rounds
[2]**xúnchá** 询察 V. inform oneself; inquire
xúncháduì 巡察队[-隊] P.W. patrol team M: [4]*zhī*
xúnchāi 巡差 N. watchman; patrolman; policeman M: *ge*/[1]*míng*
xūncháng 熏肠[-腸] N. smoked sausage M: [1]*tiáo*/[2]*gēn*
[1]**xúncháng*** 寻常[尋-] S.V. ordinary; usual; common
[2]**xúncháng** 循常 S.V. usual; ordinary; common
xúnchángbǎixìng 寻常百姓[尋-] F.E. ordinary citizens/people M: *ge*/[1]*míng*/[2]*wèi*
xúnchángkējiù 寻常窠臼[尋-] F.E. hackneyed narrative cliché
xūn cháyè 熏茶叶[-葉] V.O. scent tea with jasmine/etc.
xūnchén 勋臣 N. official with a meritorious record M: *ge*/[1]*míng*/[2]*wèi*
xùnchéng 汛城 N. guard a city
xūn-chí 埙篪 N. ① two musical instruments played together harmoniously ② the love between brothers
xúnchǐ 寻尺[尋-] N. ruler, foot-measure M: [1]*bǎ*
[1]**xùnchì*** 训斥 V. reprimand; rebuke
[2]**xùnchì** 训饬 V. severely admonish and censure a junior/subordinate
xúnchū* 寻出[尋-] R.V. find out
xúnchú 郇厨[-廚] N. sumptuous feast
xúnchūn 寻春[尋-] V.O. go on a spring outing
xùncí 训词/辞[-辭] N. admonition; instructions
xúncǐqiánjìn 循此前进[-進] F.E. proceed along this line
xùncóng 驯从[-從] S.V. tame
xúndá 恂达[-達] V.P. intelligent
xūndài 勋带[-帶] N. lanyard
xùndǎo* 训导[-導] V. teach and guide; lecture sb. (for wrongdoing, etc.)
xùndào 殉道 V.O. die for a cause
xùndǎochù 训导处[-導處] P.W. office of the dean of students
xúndàogōng 巡道工 N. trackwalker M: *ge*/[1]*míng*
xùndào jīngshén 殉道精神 N. martyrdom
xùndǎozhǎng 训导长[-導-] N. <trad.> the dean of students (in a college) M: *ge*/[1]*míng*/[2]*wèi*
xùndàozhě 殉道者 N. martyr for a cause M: *ge*/[1]*míng*/[2]*wèi*
xùndǎo zhǔrèn 训导主任[-導--] N. dean of students (at a high school or elementary school) M: *ge*/[1]*míng*/[2]*wèi*
xúndì* 寻的[尋-] ATTR. <mil.> homing; target-seeking
xùndí 训迪 V. <wr.> instruct; enlighten and teach
xùndì 汛地 P.W. garrison area (in the Qing dynasty)
xùndiǎn 训典 N. <trad.> books authored by sages and good emperors M: [2]*bù*/[1]*běn*
xúndīng 巡丁 N. watchman; patrolman; policeman M: *ge*/[1]*míng*
xùnduàn 讯断[-斷] V. hand down a judgment/verdict
xún duǎnjiàn 寻短见[尋-] V.O. commit suicide; take one's own life
xún dú hánshù 寻读函数[尋讀-數] N. <comp.> search read function
xùndùn 逊遁[遜-] V.P. humble and retiring ♦V. ① shirk; shun ② be cowardly
xùnéng 蓄能 N. energy storage
xūnfá 勋阀 N. ① family noted for distinctive achievements ② meritorious services
xúnfǎ* 循法 V.O. follow the laws
xūnfáng 熏房 P.W. smokehouse M: [1]*jiān*
xúnfāng 寻芳[尋-] V.O. ① enjoy beautiful scenery ② visit prostitutes
xúnfáng 巡防 N. patrolman; watchman M: *ge*/[1]*míng* ♦V. patrol (esp. in civil defense)
[1]**xúnfǎng*** 寻访[尋-] V. try to locate; inquire about

X

[2]**xúnfǎng** 询访 V. ① interview sb. ② visit (a country)
xúnfángjiàn 巡防舰[-艦] N. frigate M: [1]sōu/[1]tiáo
xúnfāngtàcuì 寻芳踏翠[尋-] F.E. take a walk across the flowers and grass
xūnfēi 熏鲱 N. bloater
xúnfèn 循分 V.O. do one's duty
xūnfēng* 熏/薰风 N. <wr.> warm southerly breeze
xúnfēng 巡风 V.O. keep watch ♦N. a lookout for a criminal gang
xùnfēng 迅风 N. gale
xūnfēngfúchí 熏风拂池 F.E. The summer breeze blows over the pond.
xūnfēngxíxí 薰风习习[-習習] F.E. ① The south wind blows gently. ② warm breeze
xūnfēngxúlái 熏风徐来 F.E. Fresh warm breezes played leisurely on. . .
xúnfǔ 巡抚 N. <hist.> ① circuit inspector ② provincial governor M: ge/[1]míng/[2]wèi
xùnfú* 驯服 S.V. docile; tractable ♦V. tame
xùnfú hóngshuǐ 驯服洪水 V.O. bring a flood under control
xúngāi 循陔 V.O. serve one's parents
xūngān 熏干[-乾] N. smoke-dried beancurd
xúngēn 寻根[尋-] V.O. seek one's roots
xúngēng 巡更 V.O. <trad.> keep night watch
xúngēngshǒuyè 巡更守夜 F.E. outwatch the night
xúngēnjiūdǐ 寻根究底[尋-] F.E. get to the bottom of things; inquire deeply into
xúngēnsuǒyuán 寻根索源[尋-] F.E. probe to the bottom
xúngēnwèndǐ 寻根问底[尋-] F.E. search deeply
xúngēn wénxué 寻根文学[尋-] N. "roots" literature
xūngōng* 勋功 N. meritorious services
xúngōng 巡功 N. make an inspection tour (of an emperor)
xùngòng 讯供 V. <law> interrogate and obtain a confession/deposition
xúngǔ 鲟骨[鱘-] N. edible cartilage from the head of a sturgeon
xùngǔ* 训诂 N. ① commentary on an ancient text; exegesis ② the explanation of the meaning of words as found in the classics
xūnguān 勋官 N. title conferred for meritorious services M: ge/[1]míng/[2]wèi
xúnguān* 巡官 N. <trad.> inspector (of government/military/etc.) M: ge/[1]míng/[2]wèi
xùnguāngdēng 汛光灯[-燈] N. floodlighting M: [1]zhǎn
xùnguāng tóushèqì 汛光投射器 N. floodlighting M: [1]jià/[1]tái
xùnguāng zhàomíng 汛光照明 N. floodlighting
xūnguì 勋贵 N. nobility and ministers with close connections with the emperor
xúnguīdǎojǔ 循规蹈矩 F.E. follow rules; toe the line
xūnguīyú 熏鲑鱼 N. lox M: [1]tiáo
[1]**xùnguó** 殉国[-國] V.O. die for one's country
[2]**xùnguó** 逊国[遜國] V.O. surrender the rule of a state to another; abdicate
xùngǔxué 训诂学 N. ① scholium ② exegetics ③ commentariology ④ <lg.> Chinese traditional semantics
xùngǔxuézhě 训诂学者 N. scholiast M: ge/[2]wèi
xūnhān 醺酣 V.P. warm; balmy (of weather)
xúnháng 巡航 V. cruise
xúnháng dǎodàn 巡航导弹[--導-] N. <loan> cruise missile M: [4]méi
xúnhángshǔmò 寻行数墨[尋-數-] F.E. read without absorbing content
xùnhào 讯号[-號] N. signal
xùnhàoqí 讯号旗[-號-] N. signal flag M: [1]miàn
xùnhàoqiāng 讯号枪[-號槍] N. signal gun M: [1]bǎ
xūnhāoqīchuàng 焄蒿凄怆[-愴] F.E. Odors of sacrifices affect the offerer.
xúnhé 巡和 V.P. mild; good-natured; gentle
xùnhé* 驯和 S.V. docile; tamed
xūnhēi 熏黑 V. darken/blacken by smoke
xūnhōng 熏烘 V. fumigate
xúnhū* 寻呼[尋-] V. page; beep ♦N. paging
xùnhǔ 驯虎 V.O. train tigers
[1]**xùnhuà** 训话 V.O. <trad.> admonish; exhort
[2]**xùnhuà** 驯化 V. domesticate; tame
xūnhuāchá 薰花茶 N. scented tea M: [1]bāo/hé/[5]dài
xúnhuán 循环[-環] V. circulate; cycle
xúnhuán duìlì 循环对立[-環對-] N. <lg.> cyclic opposition
xúnhuánfǎ 循环法[-環-] N. ① teaching by presenting a subject with progressively more complicated materials ② cyclical approach
xún-huáng 鲟鳇[鱘-] N. ① a giant fish ② Chinese sturgeon M: [1]tiáo
xùnhuāng* 逊荒[遜-] V.O. withdraw into the desert
xúnhuán guīlǜ 循环规律[-環--] N. <lg.> cyclic rules
xúnhuán guīzé 循环规则[-環--] N. recursive rule
xúnhuán jījīn 循环基金[-環--] N. <acct.> revolving fund
xúnhuánlùnzhèng 循环论证[-環-證] F.E. <log.> argue in circles
xúnhuán qìguān 循环器官[-環--] N. <phys.> circulatory organs
xúnhuán qìliú 循环气流[-環氣-] N. air circulation
xúnhuánquān 循环圈[-環-] N. a cycle
xúnhuánsài 循环赛[-環-] N. <sport> round-robin M: [2]chǎng
xúnhuán wǎngfù 循环往复[-環-復] V.P. move/run in circles
xúnhuán xiǎoshù 循环小数[-環-數] N. <math.> repeating decimal
xúnhuánxìng 循环性[-環-] ATTR. circulatory; circular; circulating
xúnhuánxìng de jiějué fāngfǎ 循环性的解决方法[-環---決--] N. <lg.> circular solution
xúnhuánxìng shīyè 循环性失业[-環--業] N. cyclical unemployment
xúnhuán xìnyòngzhèng 循环信用证[-環--證] N. revolving letter of credit M: [1]zhāng
xúnhuán xìtǒng 循环系统[-環--] N. <bio.> circulatory system
xúnhuānzuòlè 寻欢作乐[尋歡-樂] F.E. roister; skylark
xúnhuāwènliǔ 寻花问柳[尋-] ID. visit brothels ♦F.E. enjoy a beautiful spring scene
xúnhū fúwùyè 寻呼服务业[尋-務業] P.W. paging services
xúnhuí* 巡回 V. tour; make a circuit of **Tāmen zhèngzài ~ yǎnchū.** They're taking the performance on tour.
xùnhuì 训诲 N./V. <wr.> instruct; teach
xúnhuíchē 巡回车 N. tourbus M: [3]liàng
xúnhuí dàshǐ 巡回大使 N. roving ambassador M: ge/[1]míng/[2]wèi
xúnhuí fàngyìng 巡回放映 N. road-show
xúnhuí fàngyìngduì 巡回放映队[-隊] P.W. mobile film-projection unit M: [4]zhī
xúnhuí fǎtíng 巡回法庭 P.W. circuit court M: [4]zuò
xúnhuí fǎyuàn 巡回法院 P.W. circuit court M: [1]suǒ
xúnhuí jiǎncè 巡回检测 N. scan test
xúnhuí jùtuán 巡回剧团[-劇團] P.W. touring theatrical troupe/company
xúnhuí shūkù 巡回书库[--書-] N. circulating library
xúnhuí túshūguǎn 巡回图书馆[--圖書-] P.W. circulating library M: [1]suǒ/ge
xúnhuí xuéxiào 巡回学校 P.W. mobile school M: [1]suǒ/ge
xúnhuí yǎnchū 巡回演出 V.P. go on a performing tour M: [2]chǎng
xúnhuíyīliáo 巡回医疗[-醫療] F.E. make the rounds visiting patients
xúnhuí yīliáoduì 巡回医疗队[-醫療隊] N. mobile medical team; traveling dispensary M: [4]zhī/ge
xúnhūjī 寻呼机[尋-] N. pager; bleeper; beeper M: [1]jià/ge/[2]zhī
xúnhúr 巡壶儿[-壺-] V.O. At a dinner party, a wine pot is passed among the guests.
xùnhǔshī 驯虎师[-師] N. person who tames/trains tigers M: ge/[1]míng/[2]wèi
xūnǐ 虚拟[虛擬] ATTR. ① fictitious ② suppositional; hypothetical ③ virtual
xùnjiàn 蓄念 V. premeditate; harbor an idea ♦N. long-conceived idea/plan/etc.
xúniáng 徐娘 N. a faded beauty M: ge/[2]wèi
xúniángbànlǎo 徐娘半老 F.E. ① flirtatious middle-aged woman who still retains traces of her erstwhile beauty ② woman in middle age
xùniànyǐjiǔ 蓄念已久 F.E. have long entertained such ideas
xūnǐ chǔlǐjī 虚拟处理机[虛擬處--] N. virtual processor
xūnǐ cúnchǔqì 虚拟存储器[虛擬-] N. virtual memory
xūnǐ huánjìng 虚拟环境[虛擬環-] N. virtual environment
xūnǐshì 虚拟式[虛擬-] N. <lg.> subjunctive mood
xūnǐshì yǔqì 虚拟式语气[虛擬-氣] N. <lg.> subjunctive mood
xūnǐ yǔqì 虚拟语气[虛擬-氣] N. <lg.> subjunctive mood
xūnǐ zhǔcí 虚拟主词[虛擬-] N. <lg.> empty subject
xūnjī 熏鸡[-雞] N. smoked chicken
xūnjí 勋级 N. ranks for different degrees of meritorious service
xūnjì 勋绩 N. meritorious service; outstanding contribution
[1]**xúnjī** 寻机[尋-] V.O. <wr.> seek an opportunity
[2]**xúnjī** 巡缉 V. patrol against thieves/smugglers
[3]**xúnjī** 寻缉[尋-] V. search for a criminal at large
[1]**xùnjí*** 迅即 ADV. immediately
[2]**xùnjí** 迅疾 S.V. swift; rapid
[3]**xùnjí** 迅急 S.V. swift; speedy
xúnjià hánjiàn 询价函件[-價--] N. a letter of inquiry
xúnjiǎn* 巡检 N. <trad.> frontier official vested with militia training and policing authority
xùnjiǎn 讯检 V. interrogate the defendant and examine the pertinent evidence
xùnjiào 殉教 V.O. suffer religious martyrdom
xùnjiàozhě 殉教者 N. martyr M: ge/[1]míng/[2]wèi
xúnjiē 循阶[-階] V.P. advance step by step
xúnjié 巡劫 V. prowl
[1]**xùnjié** 迅捷 S.V. fast; rapid
[2]**xùnjié** 殉节[-節] V.O. ① die to preserve one's chastity ② die out of loyalty to one's country/dynasty/regime ③ commit suicide rather than remarry (of a widow)
xùnjiè* 训诫/戒 V. admonish; reprimand
xúnjǐng* 巡警 N. <trad.> policeman M: ge/[1]míng/[2]wèi ♦V. inspect; patrol
xúnjìng 巡靖 V. pacify (areas with rebel units)
xúnjǐng gézi 巡警阁子 N. police station M: [4]zuò
xūnjiù 勋旧[-舊] N. <trad.> meritorious official with close connections with the emperor M: ge/[1]míng/[2]wèi
xúnjiū* 寻究[尋-] V. investigate thoroughly
xúnjiǔ 巡酒 N. a round of drinks
xúnjì wùchā 循迹误差[-跡--] N. tracking error
xùnjū 讯鞠 V.O. hold a trial
xūnjué 勋爵 N. ① rank based on meritorious service ② (British) lord M: ge/[1]míng/[2]wèi
xún kāixīn 寻开心[尋開-] V.O. <topo.> ① seek fun ② make fun of ③ poke fun at; joke
xúnkān 旬刊 N. publication appearing very ten days M: [1]fèn/[2]qī
xūnkǎo 熏烤 V. fire-cure
xùnkǒu 汛口 N. river checkpoint
xúnláixúnqù 寻来寻去[尋-尋-] V.P. search high and low

xūnláo 勋劳[-勞] N. meritorious service
xúnlè 寻乐[尋樂] V.O. seek amusement/entertainment; look for distractions
xùnléi 迅雷 N. sudden clap of thunder
xùnléi bùjí yǎn'ěr 迅雷不及掩耳 F.E. as sudden as lightning; with lightning speed
[1]xúnlǐ* 巡礼[-禮] V.O. make a pilgrimage ♦N. tour; sight-seeing
[2]xúnlǐ 循理 V.O. accord with reason
[1]xúnlì 循例 V.O. follow convention ♦N. precedents
[2]xúnlì 循吏 N. <wr.> upright official M: ge/[1]míng/[2]wèi
[3]xúnlì 恂栗 V.P. severe-looking; awe-inspiring
xùnlì 殉利 V.O. die for money
xùnliàn 训练[-練] V. ① train; drill ② train animals
xùnliànbān 训练班[-練-] N. training class/course M: [2]qī
xùnliàn chūlai 训练出来[-練--] R.V. be successful in training sb./etc.
xùnliàn fāngfǎ 训练方法[-練--] N. discipline
xùnliànfèi 训练费[-練-] N. training fee M: [2]bǐ
[1]xúnliáng 循良 V.O. <wr.> be law-abiding; discharge official duties with a meritorious record
[2]xúnliáng 寻凉[尋涼] V. <topo.> relax in cool place
xùnliáng* 驯良 S.V. tractable; docile
xùnliànsuǒ 训练所[-練-] P.W. training institute M: [1]jiā
xùnliàn yǒusù 训练有素[-練--] V.P. be well-trained
xùnliàn zhuǎnyí 训练转移[-練轉-] V.P. transfer of training
xùnlìng 训令 N. <trad.> instructions; order; directive
xùnlìng hàomǎ 训令号码[--號-] N. instruction code
xùnliú 迅流 N. rapid stream
xūnlóng 熏笼 N. bamboo frame placed over a stove for drying small clothes/etc. M: ge/[2]zhī
xūnlú 熏/薰炉[-爐] N. small incense burner; censer M: ge/[2]zhī
xùnlù* 驯鹿 N. <zoo.> reindeer
xúnluó 巡逻[-邏] V. patrol
xúnluóduì 巡逻队[-邏隊] N. military patrol party M: [4]zhī
xúnluó hùwèijiàn 巡逻护卫舰[-邏護衛艦] N. patrol escort M: [1]sōu/[1]tiáo
xúnluójī 巡逻机[-邏-] N. patrol aircraft M: [1]jià
xúnluóshào 巡逻哨[-邏-] N. roving sentry; patrol M: ge/[1]míng
xúnluótǐng 巡逻艇[-邏-] N. patrol boat M: [1]sōu/[1]tiáo
xùnmǎ 驯马 V.O. break in a horse
xùnmǎrén 驯马人 N. broncobuster M: ge/[1]míng/[2]wèi
xùnmǎshī 驯马师[-師] N. broncobuster M: ge/[1]míng/[2]wèi
xùnmǎzhàng 驯马障 N. cavalletti
xúnmázhěn 荨麻疹[蕁-] N. <med.> nettle rash; urticaria
xúnméng 寻盟[尋-] V.O. restate old treaties and renew friendly relations
xúnmèng 寻梦[尋夢] V.O. follow a dream
xùnméng 训蒙 V. educate children
xùnměng* 迅猛 S.V. swift and violent
xùnměngxīngqǐ 迅猛兴起[-興-] F.E. develop rapidly and vigorously
xún ménlu(r) 寻门路(儿)[尋-] V.O. try to establish connections with useful people for personal gain
xúnmì 寻觅[尋-] V. seek; look for
xūnmiǎn 勋勉 V. encourage
xùnmiǎn* 训勉 V. ① give a homily ② exhort and encourage
[1]xùnmíng 殉名 V.O. win fame at the expense of one's own life
[2]xùnmíng 训名 N. name given by one's parents/teacher
xúnmíngzéshí 循名责实[-實] F.E. ① see that reality corresponds to pretensions ② do things in a pragmatic manner ③ do rather than preach ④ stress results rather than rhetoric
xúnmo 寻摸[尋-] V. <coll.> ① seek ② ponder
xūnmù 熏沐 V. bathe and apply perfume
xùnmù* 恂目 A.T. in the twinkling of an eye
xūnmùyǐdài 薰沐以待 F.E. perfume and bathe oneself in anticipation of meeting someone
xùnnàn 殉/徇难[-難] V.O. die for the cause one follows; die for one's country
xùnnànzhě 殉难者[-難-] N. martyr M: ge/[1]míng/[2]wèi
xúnnào 寻闹[尋鬧] V.O. pick/provoke a quarrel
xúnnián 旬年 N. ① full year ② ten years
xùnpǎo 迅跑 V. race
xùnpǎoxiè 迅跑蟹 N. racing crab
xúnqì 寻气[尋氣] V.O. <coll.> pick a quarrel
xùnqī* 汛期 N. flood/high-water season
xúnqīn 寻亲[尋親] V.O. look for lost relatives
[1]xùnqíng 汛情 N. flood situation
[2]xùnqíng 殉情 V.O. <wr.> die for love
[3]xùnqíng 徇情 V.O. <wr.> practice favoritism
xùnqíngwǎngfǎ 徇情枉法 F.E. bend the law for relatives/friends
xūnqīngyú 熏青鱼 N. red herring
xùnqíngzhě 殉情者 N. martyrs to love M: ge/[1]míng/[2]wèi
xúnqiú 寻求[尋-] V. seek; explore
xùnqǔ kǒugòng 讯取口供 V.O. extort oral testimony
xūnrán 薰然 V.P. gently; amiably; warmly
xūnrǎn* 熏/薰染 V. influence (negatively)
xúnrán 恂然 ADV. sincerely
xūnrándàzuì 醺然大醉 F.E. dead drunk
xùnràng 逊让[遜讓] V. abdicate
xúnrén* 寻人[尋-] V.O. look for sb. missing
xùnrén 训人 V.O. <coll.> ① upbraid sb. ② exhort people ♦N. <trad.> teacher; tutor
xùnrénmù 殉人墓 N. tomb with human victims M: [4]zuò
xúnrén qǐshì 寻人启事[尋-啟-] N. a notice in a missing-persons column M: [1]fèn
xúnrì 旬日 N. ten days
xūnròu 熏肉 N. smoked meat M: [2]kuài/[1]tiáo
xūnròushì 熏肉室 P.W. smokehouse M: [1]jiān
xùnrúgāoyáng 驯如羔羊 F.E. as gentle as a lamb
xùnrúshǎndiàn 迅如闪电[-電] F.E. as swift as lightning
xùnsǎo 汛扫[-掃] V. sweep/wash away; offset (one's former achievements)
xùnsè 逊色[遜-] S.V. inferior
xùnshàn 驯善 S.V. good-natured; mild; gentle
xūnshang 纁裳 N. light red dress
xùnshānhú 蕈珊瑚 N. mushroom coral
xūnshāo 熏烧[-燒] V. smoke; cure by smoking
xúnshào* 巡哨 V. scout; go on patrol ♦N. military patrol M: ge/[1]míng
xùnshēn 殉身 N. die for a cause
xúnshēng 寻声[尋聲] V.O. follow the sound (to find sb./sth.)
xúnshí 恂实[-實] V.P. sincerely honest
[1]xúnshì* 巡视 V. ① make an inspection tour ② cast one's eyes around
[2]xúnshì 寻视[尋-] V. cast one's eyes around
[3]xúnshì 寻事[尋-] V.O. pick a quarrel
xùnshī 驯狮[-獅] V.O. train lions
xùnshí 讯实[-實] V.O. be proved true by trial
xùnshì 训示 V. admonish ♦N. instructions or orders
xúnshìguān 巡视官 N. ombudsman M: ge/[1]míng/[2]wèi
xúnshìrěfēi 寻事惹非[尋-] F.E. seek a quarrel
xùnshīrén 驯狮人[-獅-] N. lion tamer M: ge/[1]míng/[2]wèi
xúnshìshēngfēi 寻事生非[尋-] F.E. make trouble; seek a quarrel
xúnshǒu 巡守 N. imperial inspection tour M: ge/[1]míng/[2]wèi ♦V. make an imperial inspection tour
xúnshòu 巡狩 See xúnshǒu
xùnshǒu 徇首 V.O. show the heads of decapitated offenders (to warn others)
xùnshòu* 驯兽[-獸] N. animal training
xùnshòushī 驯兽师[-獸師] N. animal tamer M: ge/[1]míng/[2]wèi
xùnshòuzhě 驯兽者[-獸-] N. animal trainer M: ge/[1]míng/[2]wèi
xúnshǔ 洵属[-屬] V.P. truly; certainly
xùnshú* 驯熟 S.V. ① obedient; tamed ② skilled
xùnshuǐmǔ 蕈水母 N. mushroom jellyfish
xúnshǔkěguì 洵属可贵[-屬--] F.E. <wr.> truly valuable
[1]xùnshùn 驯顺 S.V./V. docile; tame; tractable
[2]xùnshùn 逊顺[遜-] V.P. respectfully obedient; humble and yielding
xúnshuò 旬朔 N. ① ten days ② one month
xūnsǐ 熏死 V. choke to death by smoke
xúnsi 寻思[尋-] V. <coll.> ponder; mull over
xúnsǐ 寻死[尋-] V.O. ① seek death; attempt suicide ② commit suicide
xùnsī* 徇私 <wr.> V.O. practice favoritism ♦N. nepotism
xùnsǐ 殉死 V. ① be buried alive with the dead ② commit suicide at the death of sb.
xúnsījīdào 巡私缉盗[-盜] F.E. patrol against thieves and smugglers
xúnsǐmìhuó 寻死觅活[尋-] F.E. repeatedly threaten suicide
xùnsīpiāntǎn 徇私偏袒 F.E. be partial to
xùn sīqíng 徇私情 V.O. practice favoritism
xùnsīwǎngfǎ 徇私枉法 F.E. bend the law for relatives/friends
xùnsīwǔbì 徇私舞弊 F.E. ① engage in favoritism and commit irregularities ② do sth. wrong to serve one's friends or relatives
xúnsīyījì 寻思一计[尋-] F.E. cudgel one's brains for a ruse (to)
xúnsòng 寻诵[尋-] V. peruse repeatedly
[1]xúnsú 循俗 V.O. follow customs and traditions
[2]xúnsú 寻俗[尋-] V.P. ordinary
xùnsù* 迅速 S.V. rapid; speedy; prompt
xúnsuì 旬岁[-歲] N. the whole year
xúnsuǒ 寻索[尋-] V. search for
xúnsùr 寻宿儿[尋-] V.O. look for a lodging
xūntáo* 熏/薰陶 V. influence (positively)
xúntǎo 寻讨[尋-] V. look for; search
xūntiān* 熏天 V.P. overwhelming
xúntiān 巡天 V.O. make an aerial tour/reconnaissance
xúntiān guāncè 巡天观测[--觀-] N. sky patrol; aerial survey
xùntīng 讯听[-聽] V. make inquiries
xǔnuò 许诺 N./V. promise
xùnwáng 逊王[遜-] N. abdicated king
xùnwǎng* 讯网[-網] N./ATTR. <comp.> on-line
xūnwèi 勋位 N. rank (in the army, royal family, etc.)
xúnwèi* 寻味[尋-] V.O. ruminate; think over
xùnwèi 逊位[遜-] V.O. abdicate
[1]xúnwèn* 询问 V. (formally) inquire
[2]xúnwèn 寻问[尋-] V. ask around/about sth.
xùnwèn 讯问 V. ① interrogate; question ② ask about; inquire ♦N. correspondence
xùnwèn ànjiàn 讯问案件 V.O. hear/try a case
xúnwènchù 询问处[-處] P.W. information desk; inquiry office
xūnwénxiāng 熏蚊香 N. mosquito-repellent incense
xūn wénzi 熏蚊子 V.O. smoke out mosquitoes
xúnwù 寻物[尋-] V.O. look for sth. lost
xūnxī 熏夕 N. twilight; dusk
xúnxī 巡锡 V.P. <Budd.> travel around with a walking stick to solicit alms
xúnxì 寻隙[尋-] V.O. pick a quarrel
xùnxī* 讯息 N. news; information; messages
xūnxiāng* 薰香 N. ① perfume; fragrance ② burning incense
xùnxiàng 驯象 V.O. train an elephant
xúnxiàngqì 寻像器[尋-] N. view-finder M: [1]jià/ge

X

xúnxiāngtànyàn 寻香探艳[尋-艷] F.E. seek fragrance and visit beauties
xùnxī chǔlǐ 讯息处理[--處-] N. information processing
xùnxīduàn 讯息段 N. <comp.> message block
xùnxiè 逊谢[遜-] V. decline humbly and modestly
xùnxī jiāohuàn 讯息交换[-換] N. <comp.> message exchange
xùnxījí xiànqì 讯息集线器 N. <comp.> message concentrator M: [1]jià/ge
xūnxīn 薰心 V.O. becloud the mind (with lust, greed, sexual desire, etc.)
xúnxìn* 寻衅[尋釁] V.O. pick a quarrel; provoke
xúnxíng 巡行 V. make the rounds of inspection
xúnxìng* 巡幸 V.O. <trad.> make an imperial inspection tour
[1]**xùnxíng** 蕈形 ATTR. mushroom-shaped
[2]**xùnxíng** 徇行 V. make the rounds of inspection
xúnxìnzīshì 寻衅滋事[尋釁] F.E. try to pick a quarrel
xúnxiū 旬休 N. one day of rest in ten for government officials
xúnxiūr 寻休儿[尋-] V.O. <coll.> look for a lodging
xùnxī zhuǎnhuàn 讯息转换[-轉換] N. <comp.> message switching
xūnxū 熏胥 V. involve (in trouble)
xúnxū 寻虚[尋虛] V.O. <Dao.> pursue emptiness
xúnxù* 循序 ADV. in proper order/sequence
xúnxù chǔlǐ 循序处理[--處-] N. sequential processing
xúnxù dàng'àn 循序档案[--檔-] N. <comp.> sequential files
xùnxué 训学 V.O. give moral teachings to students
xúnxù jiànjìn 循序渐进[-進] V.P. proceed step by step
xúnxù kòngzhì 循序控制 N. <comp.> sequential control
[1]**xūnxūn** 熏熏 R.F. pleased; delighted
[2]**xūnxūn** 醺醺 R.F. inebriated; tipsy
[1]**xúnxún*** 循循 ADV. methodically; in an orderly manner
[2]**xúnxún** 恂恂 ADV. ① faithfully; trustingly ② courteously
xūnxūndàzuì 醺醺大醉 F.E. dead drunk
xúnxúnmìmì 寻寻觅觅[尋尋-] R.F. search for; seek
xúnxúnshànyòu 循循善诱 F.E. guide patiently and systematically
xúnxù qǔyàng 循序取样[-樣] V.P. sequential sampling
xūnyān 熏烟[-煙] N. fumigation; smoking
xúnyǎn* 巡演 V. <thea.> go on tour
xùnyán 巽言 N. mild/humble speech
xūnyānfáng 熏烟房[-煙-] P.W. smokehouse M: [1]jiān
xùnyǎng 驯养[-養] V. raise and train (animals); domesticate
xúnyángjiàn 巡洋舰[-艦] N. <mil.> cruiser M: [1]sōu/[1]tiáo
xūnyè 勋业[-業] N. <wr.> meritorious service and outstanding achievements
xúnyè* 巡夜 V.O. go on night patrol
xūnyī 熏衣 V.O. fumigate clothing with aromatic smoke
[1]**xúnyì*** 巡弋 V.P. cruise (of warships)
[2]**xúnyì** 寻绎[尋繹] V. <wr.> probe repeatedly
[3]**xúnyì** 巡役 N. watchman; patrolman; policeman M: ge/[1]míng
xùnyì 徇/殉义[-義] V.O. die a martyr's death
xūnyīcǎo 熏/薰衣草 N. lavender; *Lavandula angustifolia*
xúnyì fēidàn 巡弋飞弹[--飛-] N. cruise missile M: [4]méi
xūnyìn 勋荫[-蔭] N. hereditary honor due to one's ancestors
xūn-yóu 薰莸[-蕕] N. ① fragrant and stinky grasses ② good and evil people

[1]**xúnyōu** 寻幽[尋-] V.O. ① seek out beautiful sites ② search deeply; do profound research
[2]**xúnyōu** 寻优[尋優] N. optimizing ♦V. <math.> search
xúnyóu* 巡游 V. ① make an inspection circuit ② go the rounds ③ stroll about; ramble
xùnyòu 训诱 V. <wr.> instruct and guide
xūn-yóu bùtóngqì 薰莸不同器[-蕕---] ID. Good people must stay away from bad.
xúnyōufǎngshèng 寻幽访胜[尋-勝] F.E. visit scenic spots
xúnyōulǎnshèng 寻幽览胜[尋-覽勝] F.E. visit places of scenic beauty
xúnyōutànshèng 寻幽探胜[尋-勝] F.E. visit scenic spots
xūnyóutóngqì 薰莸同器[-蕕--] ID. good coexists with evil
xūnyóuyìqì 薰莸异器[-蕕異-] ID. ① Good people must stay away from bad. ② good and bad cannot be classed together
xūnyú 熏/醺鱼 N. smoked fish M: [1]tiáo
Xūnyù 獯鬻//荤粥 N. Huns
xúnyú 鲟鱼[鱘-] N. ① sturgeon ② trout M: [1]tiáo
xùnyú 逊于[遜於] V.P. inferior to
xùnyǔ 训语 N. admonition
[1]**xùnyù*** 训喻/谕 V. <wr.> instruct
[2]**xùnyù** 训育 N. moral teachings; discipline ♦V. educate and train
[1]**xúnyuè** 巡阅 V. make rounds of inspection; inspect
[2]**xúnyuè** 旬月 N. ① whole month ② ten months
xúnyuèshǐ 巡阅使 N. commanding officer or civil administrative chief of a large region (in the early Republic) M: ge/[1]míng/[2]wèi
xúnyúròu 鲟鱼肉[鱘-] N. sturgeon M: [2]kuài
xùnyù zhǔrèn 训育主任 N. disciplinarian M: ge/[1]míng/[2]wèi
xùnzàng 殉葬 V. be buried alive with the dead
xùnzàngpǐn 殉葬品 N. funerary/sacrificial object M: [2]jiàn
xùnzàngzhě 殉葬者 N. one buried alive with the dead M: ge/[1]míng/[2]wèi
xùnzàng zhìdù 殉葬制度 N. practice of burying the living with the dead
xùnzé 训责 V. enjoin and admonish
xúnzhǎn 巡展 N./V. itinerant exhibition M: cì/[3]cháng
xūnzhāng* 勋章 N. medal; decoration M: [4]méi/ge/[2]zhī
xúnzhǎng 巡长 N. inspector M: ge/[1]míng/[2]wèi
xúnzhāngzhāijù 寻章摘句[尋-] F.E. ① write in clichés without originality ② labor over the wording in a pointless manner
xúnzhǎo 寻找[尋-] V. seek; look for
xúnzhǎo chūlai 寻找出来[尋-] R.V. seek; find out
xúnzhe* 循着[-著] V.P. follow
xùnzhě 驯者 N. tamer (of animals) M: ge/[1]míng/[2]wèi
xúnzhěn 巡诊 V. <med.> make the rounds
xūnzhēng* 熏/薰蒸 V. ① stifle; suffocate ② <Ch. med.> treat by fuming/steaming ③ fumigate ♦V.P. sultry; sweltering; stifling; suffocating
xùnzhèng 训政 N. ① political tutelage ② participation in political affairs by the abdicated emperor or the empress dowager
xūnzhēngjì 熏蒸剂[-劑] N. fumigant
xùnzhèng shíqī 训政时期[--時-] N. period of political tutelage
[1]**xūnzhì** 熏制[-製] V. ① smoke; cure ② fumigate
[2]**xūnzhì** 熏炙 V. cauterize
xúnzhí 恂直 V.P. frank and sincere
xùnzhí* 殉职[-職] V.O. die in the line of duty
[1]**xùnzhì** 驯治 V. domesticate
[2]**xùnzhì** 驯至 V. develop gradually (of a situation)
xúnzhǐjiān 巡指间 N. in a short moment
xúnzhīzhāiyè 寻枝摘叶[尋-葉] ID. focus on minor matters
xùnzhízhě 殉职者[-職-] N. martyrs to duty M: ge/[1]míng/[2]wèi

xūnzhuósìfāng 熏灼四方 F.E. terrorize/bully people (of powerful officials)
xúnzhuōzhì 寻拙志[尋-] V.O. commit suicide
xúnzī 循资 V.O. get promotions according to seniority
xúnzōngmìjì 寻踪觅迹[尋蹤-跡] F.E. trace out
xùnzǒu 迅走 V. go fast; hurry on
xūpán 虚盘[虛盤] N. non-firm offer
xūpàng 虚胖[虛-] N. <med.> puffiness
xǔpèi 许配 V. betroth a girl (in an arranged marriage)
xùpiān 续篇[續-] N. sequel; continuation
xūpiāo 虚飘[虛-] ADV. as if floating in air; as if weightless
xūpiāopiāo 虚飘飘[虛-] R.F. shaky; unsteady
xǔpìn 许聘 V. betroth; affiance
xùpín 恤贫 V.O. give relief to the poor
xùpìn* 续聘[續-] V. continue to employ sb. ♦N. continuation of employment
xūqì 嘘气[噓氣] V.O. exhale slowly; blow
Xú Qiān 徐谦 (1871–1940) N. legal expert who helped reform the judicial system
xùqiān* 续签[續-] V. renew a visa/passport
xūqiè 虚怯[虛-] S.V. ① diffident ② weak
xǔqīn* 许亲[-親] V.O. accept a marriage proposal
xùqīn 叙亲[敘親] V.O. talk about family relations
xùqíng 叙情[敘-] V.O. bare one's heart (in conversation/writing/etc.)
xūqíngjiǎyì 虚情假意[虛-] F.E. ① phony affection; pretended friendship ② hypocrisy; insincerity
xùqī quánlì 续期权力[續-權-] N. right of renewal
xūqiú 需求 N. requirement; demand
xūqiúliàng 需求量 N. volume of demand
xūqiúmiàn 需求面 N. extent/range of demand
xūqiú qūxiàn 需求曲线 N. <econ.> demand curve
[1]**xùqǔ** 序曲 N. <mus.> overture; prelude M: [2]shǒu/[4]zhī
[2]**xùqǔ** 续娶[續-] V. remarry (after wife's death)
xùrán 恤然 ADV. startlingly; astonishingly
xūránrújǐ 须髯如戟[鬚-] F.E. beard bristling like halberds
xūrè 虚热[虛熱] N. <Ch. med.> depletion heat
xùrénjiéyì 煦仁孑义[-義] F.E. petty kindness
[1]**xùrì** 旭日 N. rising sun
[2]**xùrì** 煦日 N. ① warm sun ② warm and fine day
xùrìchūshēng 旭日初升 F.E. early in the morning
xùrìdōngshēng 旭日东升 F.E. ① the sun is rising ② display of vitality
xūróng 虚荣[虛榮] N. vanity
xūróngxīn 虚荣心[虛榮-] N. vanity
xùruì 蓄锐 V.O. husband one's strength and store up energy
xūruò 虚弱[虛-] S.V. in poor health; weak; debilitated
xūruòbùkān 虚弱不堪[虛-] F.E. as weak as a cat
xūshāor 须梢儿[鬚-] N. tip of the beard/mustache
xūshè 虚设[虛-] V. be nominal; exist in name only
xǔshēn 许身 V.O. dedicate oneself to
xǔshēnbàoguó 许身报国[-報國] F.E. offer/dedicate oneself to the nation
[1]**xūshēng*** 嘘声[噓聲] N. ① hissing; hooting; catcall ② hushing sound
[2]**xūshēng** 须生[鬚-] N. <opera> elderly male
[3]**xūshēng** 虚声[虛聲] N. ① empty reputation ② echo
xùshēng 婿甥 N. son-in-law
xùshēngchéngběn 续生成本[續-] N. <acct.> recurring cost
xūshēngdònghè 虚声恫吓[虛聲-嚇] F.E. threaten; intimidate

xūshēngsìqǐ 嘘声四起[嘘聲-] F.E. resound with catcalls; hiss and boo everywhere
xùshēngsǔnyì 续生损益[續-] F.E. <acct.> recurrent profit and loss
[1]xū-shí* 虚实[虛實] N. actual situation ♦ATTR. ① theoretical and practical ② empty and full ③ false and true
[2]xūshí 戌时[-時] N. 7–9 P.M.
[1]xūshì 圩/墟市 P.W. <topo.> village fair
[2]xūshì 虚饰[虛-] V. gild over
xǔshì 许是 V.P. perhaps; maybe
xùshī 序诗 N. prologue poem M: [2]shǒu
xùshì 叙事[敘-] V.O. narrate; recount
xūshíbìngjǔ 虚实并举[虛實並舉] F.E. do both ideological and practical work
xùshìdàifā 蓄势待发[-勢-發] F.E. accumulate energy/power and wait for action
xùshí dòngcí 叙实动词[敘實動-] N. <lg.> factive verb
xùshì gējù 叙事歌剧[敘-劇] N. ballad opera M: [1]chū/[2]mù
xùshí jìlù 序时记录[-時-錄] N. <acct.> book of original entry M: [4]cè/[1]běn
xùshìjù 叙事剧[敘-劇] N. epic theater M: [1]chū/[2]mù
xùshìqǔ 叙事曲[敘-] N. <mus.> ballade M: [2]shǒu
xùshìshī 叙事诗[敘-] N. narrative poem; ballad M: [2]shǒu
xùshìtǐ 叙事体[敘-體] N. descriptive style
xùshìwén 叙事文[敘-] N. narrative; narrative prose M: [1]piān
xùshì wénxué 叙事文学[敘-] N. narrative literature
xùshíxìng 叙实性[敘實-] N. <lg.> factuality
xùshízhàng 序时帐[-時-] N. accounting journal M: [1]fèn
xùshí zhàngbù 序时帐簿[-時--] N. <acct.> book of original entry M: [1]běn/[4]cè
xūshù 虚数[虛數] N. ① unreliable figure ② <math.> imaginary number
[1]xùshù* 叙述[敘-] V. narrate; recount; relate ♦N. <lg.> description; narrative; statement
[2]xùshù 序数[-數] N. ordinal number
xùshù chūlai 叙述出来[敘-] R.V. tell out
[1]xùshùcí 序数词[-數-] N. <lg.> ordinal number
[2]xùshùcí 叙述词[敘-] N. <lg.> predicate; verb
xùshù guāndiǎn 叙述观点[敘-觀點] N. <lg.> viewpoint
xùshuǐ 蓄水 V.O. retain/store water
xùshuǐbà 蓄水坝[-壩] N. storage dam M: [4]zuò
xùshuǐ bǎoshāng 蓄水保墒 V.P. store water and retain soil moisture
xùshuǐcáo 蓄水槽 N. catch basin M: [1]tiáo
xùshuǐchí 蓄水池 N. cistern; reservoir M: [4]zuò
xūshuǐliàng 需水量 N. water demand; water requirement
xùshuǐliàng* 蓄水量 N. water demand
Xú Shù jìn Cáoyíng 徐庶进曹营[--進-營] ID. hold one's tongue
xùshùjù 叙述句[敘-] N. <lg.> declarative sentence; statement
xùshuō 叙说[敘-] V. tell; narrate
xùshùshì 叙述式[敘-] N. <lg.> declarative form
xùshùshì juésuànbiǎo 叙述式决算表[敘--決--] F.E. <acct.> explanatory statement
xùshùwén 叙述文[敘-] N. <lg.> narrative text M: [1]piān
xùshùxìng 叙述性[敘-] ATTR. <lg.> descriptive
xùshùxìng yìyì 叙述性意义[敘-義] N. <lg.> descriptive meaning
xùshù yīndiào 叙述音调[敘-] N. <lg.> descriptive intonation
xùshùzhě 叙述者[敘-] N. narrator
xùsòng 酗讼 V. engage in a drunken quarrel
xūsuì 虚岁[虛歲] N. nominal age (counting one year at birth)
xūsuǒ* 需索 V. ① demand ② exact; extort ③ must
xùsuō 蓄缩 ADV. lazily
xūsuǒwúyàn 需索无厌[-厭] F.E. make rapacious extortions
xùsùxué 序素学 N. <lg.> tactics
xūtáilìrùn 虚抬利润[虛-] F.E. inflated profits
xūtán 虚谈[虛-] N./V. empty/impractical talk
xùtán* 叙谈[敘-] V. chat
xùtánqìkuò 叙谈契阔[敘-] F.E. chat over happenings since separation
xūtàozi 虚套子[虛-] N. mere formalities; conventionalities
xùtiān 续添[續-] V. go on adding (coals to the fire)
xūtóubānǎo 虚头巴脑[虛-腦] N. <coll.> insincerity; pretense
xùtǔ* 虚土[虛-] N. <topo.> upturned soil
xútú 徐图[-圖] V. <wr.> plan slowly/deliberately
xútú fāzhǎn 徐图发展[-圖發-] V.P. gradually plan for future development/expansion/etc.
xútú kuòzhǎn 徐图扩展[-圖擴-] V.P. plan deliberately for expansion
xūtuō 虚脱[虛-] V./N. <med.> collapse
xùwán 续完[續-] V.P. the end (of a serial story/etc.)
xūwàng 虚妄[虛-] V.P. unfounded; fabricated; invented
xūwěi* 虚伪[虛-] S.V. sham; false; hypocritical ♦N. hypocrisy
xūwèi 虚位[虛-] V.O. leave a seat vacant
xùwèi 序位 N. <lg.> tagmeme
xūwěi chénshù 虚伪陈述[虛-] N. misstatement
xùwèixué 序位学 N. <lg.> tagmemics
xūwèiyǐdài 虚位以待[虛-] F.E. leave a seat vacant for sb.
xūwén 虚文[虛-] N. mere formalities; empty forms; dead letter
xùwén* 序/叙文[敘-] N. preface; foreword M: [1]piān
xūwénfúlǐ 虚文浮礼[虛-禮] F.E. mere formalities
xūwénrùjié 虚文褥节[虛-節] F.E. empty forms; red-tape
xùwō 絮窝[-窩] V.O. make a nest/lair
xūwú* 虚无[虛-] N. ① nothingness ② the firmament
xùwù 叙晤[敘-] V. <wr.> chat
xūwúdǎng 虚无党[虛-黨] N. nihilists
xūwú jiǎshè 虚无假设[虛-] N. <lg.> null hypothesis
xūwúpiāomiǎo 虚无缥缈[虛-] F.E. purely imaginary; illusory; entirely unreal
xūwú wàngxiǎng 虚无妄想[虛-] N. <psy.> nihilism; nihilistic delusion
xūwúzhǔyì 虚无主义[虛-義] N. nihilism
[1]xūxī* 嘘唏//欷歔[噓-//--] V. <wr.> sob; sniffle; sigh
[2]xūxī 歔吸 V. suck; draw
xūxì 盱阋[-鬩] V. knit one's brows; frown
xǔxià 许下 V. make (a vow/promise/etc.)
xūxián 虚衔[虛-] N. nominal title
xūxiàn* 虚线[虛-] N. ① a line of dots/dashes ② <math.> imaginary line
xùxián 续弦[續-] V.O. <trad.> remarry after one's wife's death ♦N. second wife (after the death of one's first wife)
xūxiàng 虚像/象[虛-] N. <phy.> virtual image
Xú Xiàngqián 徐向前 (1901–1990) N. Communist military commander; one of the Ten Great Marshals
xùxiánzhīxǐ 续弦之喜[續-] N. happy occasion of marrying a second wife
xūxībùyǐ 歔欷不已 F.E. sob on and on
xūxiě* 虚写[虛寫] V. describe indirectly
xùxiè 蓄泄 V. block up and let out
xūxīn 虚心[虛-] S.V. ① modest; reserved; open-minded ② timid; fearful
xúxíng* 徐行 V. <wr.> walk slowly
xùxíng 恤刑 V.O. very careful in meting out punishment
xūxīnhàoxué 虚心好学[虛-] F.E. be modest and eager to learn
xūxīnqiújiào 虚心求教[虛-] F.E. be willing to take advice
xūxīnxiàqì 虚心下气[虛-氣] F.E. modest and humble; reserved
xūxīn xuéxí 虚心学习[虛-習] V.P. learn with an open mind
xūxīnyǎnr 虚心眼儿[虛-] N. <coll.> ① deceit ② guilty conscience
xūxī tànxī 嘘唏叹息[噓-嘆-] V.P. sob and sniffle
xūxi yáotóu 嘘唏摇头[噓-] V.P. shake the head and sigh deeply
xūxíyǐdài 虚席以待[虛-] F.E. reserve a seat for sb.
[1]xūxū 嘘嘘[噓噓] ON. hissing sound
[2]xūxū 吁吁 ON. <on.> pant; puff hard
[3]xūxū 盱盱 R.F. staring with eyes wide open
xúxú* 徐徐 ADV. <wr.> ①slowly; gently ②steady; calm; relaxed and dignified
[1]xǔxǔ 栩栩//诩诩 R.F. vivid; lively
[2]xǔxǔ 讦讦 R.F. large; immense (of a river/lake/etc.)
xùxù 诩畜 R.F. very attractive/lovely
xùxū 蓄须[-鬚] V.O. grow a beard
[1]xùxù 絮絮 N. garrulity; drivel ♦R.F. indecisive
[2]xùxù 煦煦 R.F. ① kind; gracious; benevolent ② warm and fine; balmy
[3]xùxù 续续[續續] ADV. continuously; successively; incessantly
[4]xùxù 旭旭 R.F. ① proud; smug; complacent ② uproarious ③ rising (of the sun)
xūxuán* 虚悬[虛懸] N. unfounded supposition ♦V. imagine; invent
xūxuǎn 须癣[鬚-] N. barber's itch; sycosis; tinea barbae
xùxùbùxiū 絮絮不休 F.E. chatter; be annoyingly talkative; jabber continuously
xùxudāodāo 絮絮叨叨 R.F. talking endlessly
xǔxǔduōduō 许许多多 R.F. very many; lots and lots of
xúxú'érlái 徐徐而来 F.E. come with relaxed and dignified steps
xùxūmíngzhì 蓄须明志[-鬚--] F.E. vow to keep a beard until sth. has been accomplished
xùxūn 叙勋[敘-] N. contributions
xǔxǔrán 栩栩然 V.P. very glad and pleased
xǔxǔrúhuì 栩栩如绘 F.E. be vivid
xǔxǔrúshēng 栩栩如生 F.E. lifelike
xūxūshíshí 虚虚实实[虛虛實實] R.F. ①reality and pretense ② the true mingled with the false
xùxùwéirén 煦煦为仁 F.E. little acts of benevolence
xǔxǔyùhuó 栩栩欲活 F.E. lifelike
xǔxǔzìdé 栩栩自得 F.E. well-satisfied
xūyán 虚言[虛-] N. <wr.> ①empty talk; platitude ② lie; falsehood; unfounded statement
xūyǎn 虚掩[虛-] V. leave the door unlocked/unlatched
xùyán* 序/叙言[敘-] N. preface; foreword
xūyǎng 需氧 ATTR. aerobic
[1]xùyǎng* 蓄养[-養] V. store up; accumulate
[2]xùyǎng 恤养[-養] V. raise (orphans/etc.); aid in the sustenance (of the sick, etc.)
xùyǎng jījīn 恤养基金[-養--] N. pension fund M: [2]bǐ
xùyǎngjīn 恤养金[-養-] N. pension M: [2]bǐ
xùyǎng zhǔnbèi 恤养准备[-養準備] N. <acct.> reserve for pensions
xūyánwàngyǔ 虚言妄语[虛-] F.E. lies and falsehoods; unfounded remarks
[1]xūyào 需要 AUX./N. need; want; require; demand
[2]xūyào 须要 AUX. must; have to
xūyào'é 需要额 N. amount needed
xūyào fēnxi 需要分析 N. <lg.> needs analysis
xūyàoliàng 需要量 N. quantity of demand
xūyàopǐn 需要品 N. necessities; essentials M: [2]jiàn/[1]zhǒng
xūyào pínggū 需要评估 N. needs assessment
xùyè 绪业[-業] N. business; calling
xūyègōngxián 虚曳弓弦[虛-] F.E. lay hands upon one's bow and make as if to shoot
xūyì 虚义[虛義] ATTR. empty ~ dòngcí empty verb

X

xùyí 蓄疑 V.O. harbor suspicion
xùyì* 蓄意 ADV. premeditatedly; deliberately ♦N. <lg.> pun
xùyì gōngjī 蓄意攻击[-擊] V.P. a calculated attack
xūyīn 嘘音[噓-] N. ① hush ② hushing sound ③ <lg.> fricative
xùyǐn* 序引 N. prologue M: ^{1}piān
xūyìnggùshì 虚应故事[虛應-] F.E. do sth. perfunctorily; perform a duty perfunctorily
xùyīnqì 蓄音器 N. phonograph M: ^{1}jià/ge
xùyì shāhài 蓄意杀害[--殺-] V.P. premeditated murder
xùyì tiǎoxìn 蓄意挑衅[-釁] V.P. premeditated provocation
xùyì xúnxìn 蓄意寻衅[-尋釁] V.P. seek to pick quarrels
xùyìyǐjiǔ 蓄意已久 F.E. a long-contemplated scheme
xùyì yílòu 蓄意遗漏 V.P. malicious omission
xūyòng* 需用 V.P. need; be necessary
xǔyòng (de) 许用(的) ATTR. allowable; permissible; permitted
xùyòng 叙用[敘-] V. appoint; employ (officials)
xǔyòngcí 许用词 N. permitted term
xūyòng gōnglǜ 需用功率 N. required power
xūyòngliàng 需用量 N. expense
xūyòngpǐn 需用品 N. supply M: ^{1}zhǒng
xūyǒuqíbiǎo 虚有其表[虛-] F.E. appear better than it is
xūyú* 须臾 N. <wr.> moment; instant
xūyù 虚誉[虛譽] N. empty reputation; false fame
xùyú 绪余 N. remnants; surplus
xùyǔ 絮语 N. incessant chatter
xùyù 煦/呴育/妪[-嫗] V. caress (of sunshine)
xǔyuàn* 许愿[-願] V.O. ① make a vow (to a god) ② promise sb. a reward
xùyuàn 蓄怨 V.O. harbor animosity or ill will
xūyú bùkělí 须臾不可离[-離] F.E. cannot do without even for a moment
xùyuè 戌月 N. the ninth month of a lunar year
xùyuē* 续约[續-] V.O. renew a treaty/contract ♦N. ① renewed treaty/contract ② supplementary contract
xùyùwànwù 煦育万物[--萬-] F.E. make all things grow by warmth
xūyǔwēiyí 虚与委蛇[虛與-] ID. pretend interest and sympathy
xūyúzhījiān 须臾之间 F.E. in a moment; in a flash
xūyǔzhōuxuán 虚与周旋[虛與-] F.E. act diplomatically with sb.
xūzào 虚造[虛-] V. fabricate; invent
xūzébǔzhī 虚则补之[虛-補-] F.E. <med.> treating deficiency with tonification
xūzhà 虚诈[虛-] V.P. hypocritical; crafty; deceitful
xùzhái 恤宅 P.W. <trad.> the room where the emperor mourns M: ^{1}jiān/^{4}zuò
xùzhǎn 续展[續-] V. extend an exhibition
xùzhàn* 序/绪战[-戰] N./V. <mil.> initial battle M: cì/^{3}cháng
xūzhāng* 虚张[虛-] V. bluster
xūzhàng 虚帐/账[虛-] N. nominal account
xūzhāngshēngshì 虚张声势[虛-聲勢] F.E. ① be swashbuckling ② bluff and bluster
xūzhèng 虚症[虛-] N. <Ch. med.> asthenia syndrome
xùzhèng* 恤政 N. benevolent government
xūzhī* 须知 N. points for attention; notice ♦V. one should know that; it must be understood that
xūzhí 虚职[虛職] N. a nominal position; a position in name only
xūzhǐ 虚指[虛-] N. <lg.> indefinite denotation
xūzhì 虚掷[虛擲] V. waste
xùzhì 蓄志 V.O. ① maintain an ambition ② N. long-conceived hope/ambition
xūzhìguāngyīn 虚掷光阴[虛擲-陰] V.O. fritter away one's time
xūzhǐlìng 虚指令[虛-] N. <comp.> dummy order
Xú Zhìmó 徐志摩 (1896–1931) N. poet and essayist
xùzhìyuǎndà 蓄志远大[--遠-] V.P. aspire to greatness
xūzhǒng 虚肿[虛腫] N. swollen; puffiness
xūzhōngzhīxū 虚中之虚[虛-虛] N. the shadow of a shadow
xūzhóu 虚轴[虛-] N. imaginary axis
xùzhuàn 序传[-傳] N. preface by the author
xùzhuàng (de) 絮状(的)[-狀-] ATTR. cottony; flocculent
xūzhǔcí 虚主词[虛-] N. empty subject
xūzi 须子[鬚-] N. ① palpus; tassel ② beard
xūzì* 虚字[虛-] N. ① empty/function/form word ② particle
xǔzì 许字 V.O. <wr.> betroth a girl
xūzìyǎn(r) 虚字眼(儿)[虛-] N. function/form word
xùzòu 序奏 N. prelude M: ^{4}zhī
xùzú 蓄足 R.V. store enough (of sth.)
xùzuǐ 絮嘴 V.O. chatter
xùzuó 续昨[續-] A.T. <wr.> continue from yesterday
xūzuòrénqíng 虚做人情[虛-] V.O. make a little show of kindness
xūzuǒyǐdài 虚左以待[虛-] F.E. reserve the seat of honor for sb.
xūzuòyǐdài 虚座以待[虛-] F.E. reserve a seat for sb.

Y

ya 呀 M.P. *replacing a when preceding word ends in a, e, i, o, or (y)u* ***Kuài lái ~!*** Come quickly! ***See also*** *[1]yā*
[1]yā* 呀/哑[-/啞] INTJ. *expressing surprise* ah; oh ♦ON. creak; squeek; squawk ***See also*** *ya, [1]yǎ*
[2]yā 压[壓] V. ①press; push/hold down ②control; quell ③ pigeonhole; shelve ④ approach; be getting near ⑤ risk (money/etc.) on sth.; stake ♦B.F. ① pressure ***yālì*** ② rhyme ***[1]yāyùn*** ***See also*** *[4]yà*
[3]yā 押 V. ① mortgage; pawn; pledge ② detain; take into custody ③ escort; send under escort ④ shelve ♦B.F. ① rhyme ***[1]yāyùn*** ② sign (a document) ***[1]yāwěi*** ③ signature; mark in lieu of signature ***huāyā, huàyā***
[4]yā 鸭[鴨] B.F. duck ***[1]yāzi***
[5]yā 鸦[鴉] B.F. crow ***[1]wūyā***
[6]yā 桠/丫[椏/-] B.F. fork; crotch (in a tree) ***[2]yāchā, zhīyā*** ***See also*** *[7]yā*
[7]yā 丫 B.F. ① hair combed into two tufts ***[2]yājiǎo*** ② girl; servant girl ***[1]yātou, yāhuan*** ♦in ***sā yāzi*** ***See also*** *[6]yā*
[8]yā 垭[埡] B.F. narrow mountain pass ***yākǒu***
[9]yā 雅 in ***yāpiàn, Yākùtèyǔ*** ***See also*** *[2]yǎ*
[1]yá 牙 N. tooth ♦B.F. ① ivory ***[2]yákuài*** ② broker ***[2]yázi, yáháng***
[2]yá 芽 B.F. ① bud; sprout; shoot ***yár*** ② (edible) bean sprouts ***dòuyá, yácài***
[3]yá 崖 B.F. precipice; cliff ***shānyá, xuányá***
[4]yá 涯 B.F. ①edge of the water; shore ②boundary; border ***[2]yájì, tiānyádìjiǎo*** ③ realm ***shēngyá***
[5]yá 衙 B.F. <*trad.*> government office ***yámen***
[6]yá 蚜 B.F. aphid; aphis ***[2]yáchóng***
[7]yá 睚 B.F. corner of the eye ***yázì***
[8]yá 伢 B.F. <*topo.*> child ***[1]yázi***
[1]yǎ 哑/痖[啞/瘂] V. mute; dumb ♦S.V. hoarse ♦B.F. dud ***yǎpào*** ***See also*** *[1]yā*
[2]yǎ 雅 S.V. ①refined; elegant ②standard; proper ♦N. ① dynastic-hymns sections in the *Book of Songs* ② <*wr.*> acquaintance; friendship ♦ADV. <*wr.*> ① very ② usually; often ♦PR. <*court.*> your ***yǎ'ài*** your affection/help ***See also*** *[9]yā*
[1]yà 轧[軋] V. ① crush; run/roll over ② oust; squeeze/push out ♦ON. humming/clicking/squeaking sound ***See also*** *[2]gá, [3]zhá*
[2]yà 亚[亞] B.F. ① inferior ***yàyú*** ② second ***yàjūn*** ♦AB. *Yàzhōu* Asia
[3]yà 讶[訝] B.F. surprised; astonished ***yàyì, jīngyà***
[4]yà 压[壓] in ***yàgēn*** ***See also*** *[2]yā*
[5]yà 砑 V. press and smooth
[6]yà 娅[婭] in ***yīnyà***
[7]yà 迓 B.F. meet; welcome ***yíngyà***
[8]yà 揠 B.F. pull ***yàmiáozhùzhǎng***
[9]yà 氩[氬] N. argon
yǎ'ài 雅爱[-愛] N. <*court.*> your affection/help
yà'ǎixīng 亚矮星[亞-] N. subdwarf star
[1]yá'àn 崖岸 N. ①cliff ②embankment ③proud and bad-tempered; haughty ④ rigid; austere
[2]yá'àn 涯岸 N. edge; limit
yā'āo 压凹[壓-] N. shallow recessing
yā'āo yìnshuājī 压凹印刷机[壓-] N. die stamping M: *[1]tái*
yǎba 哑巴[啞-] N. dumb person; mute ♦V. be dumb; keep mum
yǎba chī huánglián 哑巴吃黄连/莲[啞-] V. be unable to complain ♦N. ① a mute victim ② inarticulate misery
yábagǔ 牙巴骨 N. <*coll.*> jaws
yábái* 牙白 ATTR. as white as ivory
yábǎi 崖柏 N. arborvitae
yábáikǒuqīng 牙白口清 F.E. speak distinctly
yǎbakuī 哑巴亏[啞-虧] N. bottled-up grievances ***Tā chīle ge ~.*** He swallowed his grievances in silence.
yābǎn* 压板[壓-] N. seesaw; teeterboard M: *[2]kuài*
yábǎn 牙板 N. dental lamina; dental plate
yàbǎnjī 轧板机 N. mangle M: *[1]tái*
yābǎo* 压/押宝[壓寶] N. gambling game played with dice under a bowl
yábāo 芽孢/胞 N. <*bio./bot.*> gemma (of a fungus); spore
yábǎo 牙保 N. agent; broker; intermediary
yābǎr 丫把儿 N. fork of tree branches
yǎbāwùr 哑巴物儿[啞-] N. lifeless thing/object
yàběijí 亚北极[亞-極] P.W. subarctic
yā běnqian 压本钱[壓-錢] V.O. <*coll.*> tie up capital
yáběnzhì 牙本质[-質] N. <*phys.*> dentine
yābī 压逼[壓-] V. force; compel; coerce; pressure
yábì* 崖壁 N. precipice
yàbì 轧毙[-斃] V. run over and kill
yābiǎn* 压扁[壓-] R.V. press flat; flatten
yábiàn 芽变[-變] N. <*bio.*> bud mutation/variation; (bud) sport
yàbiànzhǒng 亚变种[亞變種] N. <*bio.*> subvariety
yābiāojīn 押标金[-標-] N. bond for a bid
yābiě 压瘪[壓-] R.V. press to make flat
yābìn 鸦鬓[-鬢] N. raven black hair of a woman
yǎbù 雅步 N. leisurely and graceful steps
yābù'éxíng 鸭步鹅行 F.E. waddle
yābuguò 压不过[壓-] R.V. can't outrun
yàbùjī 轧布机 N. mangle; calender; pressing machine M: *[1]tái*
yàbùluò 亚部落[亞-] N. subtribe
yābuzhù 压不住[壓-] R.V. can't keep under control
yácài 芽菜 N. bean sprouts
yācāngshuǐ 压舱水[壓艙-] N. water ballast
yācāngwù 压舱/仓物[壓艙/倉-] N. ballast; sandbag
yácáo 牙槽 N. <*phys.*> alveolus
yàcéng 亚层[亞層] N. subgrade
[1]yāchā* 压差[壓-] N. pressure difference
[2]yāchā 桠叉[椏-] V. branch out
yāchà 桠/丫杈[椏-] N. fork (of a tree); crotch ♦ATTR. crotched; forked
yáchá 芽茶 N. bud tea; young tea leaves
yāchāi 押差 V./N. escort
yāchǎng* 压场[壓場] V.O. ① control an audience/crowd/etc. ***yā bù zhù chǎng*** cannot hold the audience's attention ② <*thea.*> place the best performance last
yǎchǎng 哑场[啞場] N. awkward silence at a meeting
yàcháng 轧场[-場] V.O. ① thresh grain on a threshing ground with a stone roller ② level a threshing floor with a stone roller
yàchángxíng 亚常型[亞-] N. subtype
yācháoshēngfèng 鸦巢生凤[-鳳] F.E. ① a phoenix from a crow's nest ② a distinguished man from a humble family
yāchē* 押/压车[壓-] V.O. ① escort goods on a truck/etc. ② delay unloading (a truck/train)
yàchē 轧车 N. (road) roller
yáchen 牙碜[-磣] S.V. <*coll.*> ① gritty (of food) ② jarring; coarse (of language)
yāchèng 压秤[壓-] V. be relatively heavy per unit volume
yáchéng 牙城 N. <*trad.*> the city where a commanding general was stationed
yàchéng* 轧成 R.V. be crushed to. . .
yáchǐ 牙齿[-齒] N. tooth
yáchǐ dǎzhàn 牙齿打颤/战[-齒-戰] V.P. teeth are chattering
yāchìxí 鸭翅席 N. a banquet featuring ducks and fish fins
yáchǐ zhèngwèiqì 牙齿正位器[-齒---] N. dental braces
[1]yáchóng 芽虫[-蟲] N. budworm
[2]yáchóng 蚜虫[-蟲] N. aphid; aphis
yáchóu 牙筹[-籌] N. counters; tokens
[1]yāchū* 压出[壓-] N. pinching-out; extrusion
[2]yāchū 押出 R.V. ①send out under escort ②give as security; mortgage; pawn; pledge
yāchú 鸭雏[-雛] N. duckling
yāchuán 压船[壓-] V. delay sailing because of slow unloading
yāchuáng 押床 N. an instrument of torture, to which a prisoner was fastened
yáchuáng(zi)* 牙床(子) N. ① <*phys.*> gums ② bed with ivory-inlaid decoration ③ dental pad ④ jaw
yáchuánggǔ 牙床骨 N. jawbone
yáchuáng zhōngxīn 牙床中心 P.W. <*lg.*> jaw control center
yǎcí 雅词 N. elegant diction
Yà-Dà 亚大[亞-] AB. *Yàzhōu* and *Dàyángzhōu*
[1]yādàn* 鸭蛋 N. ① duck's egg M: *ge/[2]zhī/[3]dá* ② zero (score)
[2]yādàn 丫蛋 N. <*topo.*> ①maid servant ②young girl
[3]yādàn 鸦蛋 N. crow egg
[1]yǎdàn 哑弹[啞-] N. dud M: *[1]kē/[4]méi*
[2]yǎdàn 雅淡 S.V. simple and elegant
yādàng 押当[-當] V. pawn sth. ♦P.W. small pawnshop
yādànhuángr 鸭蛋黄儿 N. duck egg yolk
yādànliǎn(r) 鸭蛋脸(儿) N. oval face M: *[1]zhāng*
yādànqīng 鸭蛋青/清 N. pale blue
yǎdànshūzhuāng 雅淡梳妆[-妝] F.E. be simply but tastefully dressed
yādànxíng 鸭蛋形 N. <*topo.*> oval
yādànyuán(r)* 鸭蛋圆(儿) N. <*topo.*> oval
yàdānyuán 亚单元[亞-] <*phy.*> subunit
yādǎnzi 鸦胆子[-膽-] N. <*Ch. med.*> Java brucea
yādǎo 压倒[壓-] R.V. overwhelm; overpower
yādàochē 压道车[壓-] N. steam roller M: *[3]liàng*
yādǎo duōshù 压倒多数[壓-數] N. overwhelming majority
yādàojī 压道机[壓-] N. road roller M: *[3]liàng*
yàdàojī* 轧道机 N. <*topo.*> road roller M: *[3]liàng*
yādǎoxìng 压倒性[壓-] ATTR. overwhelming
yādǎoxìng shènglì 压倒性胜利[壓--勝-] N. overwhelming victory
yā de huāng 压得慌[壓-] R.V. be uncomfortably pressed under sth.
Yàdélǐyà Hǎi 亚得里亚海[亞--亞-] P.W. Adriatic Sea
yādezhù 压得住[壓-] R.V. be able to press down; be able to keep under control; can control one's anger

yādī* 压低[壓-] V. ① weight down ② lower (the voice/etc.)
yādǐ 押抵 V. mortgage; give sth. as security for payment of a debt/loan
yàdì 轧地 V.O. flatten the ground with a roller
[1]yādiǎn 压点[壓點] N. <phys.> pressure point
[2]yādiǎn 押典 V.O. mortgage
Yǎdiǎn* 雅典 P.W. Athens
yádiāo 牙雕 N. ivory carving M: *ge/[1]zūn/[4]zuò*
yádiāo yùshì 牙雕玉饰 N. ivory carvings and jade ornaments
yādī jiàgé 压低价格[壓-價-] V.O. force down prices
yādǐng* 压顶[壓-] V.O. ① cover the sky with dark clouds ② <coll.> occupy a height ③ weigh heavily on one ♦N. rooftop
yādìng 押定 V. sign an agreement
yádīng 牙疔 N. pustule of the gum
Yàdōng 亚东[亞-] N. East Asia
yádòu 芽豆 N. sprouted broad bean
yāduàn 压锻[壓-] V. <metal.> press forging
yāduì 压/押队[壓隊] V.O. bring up the rear
yā'érbùfú 压而不服[壓-] F.E. Coercion will never result in convincing people.
Yǎ'ěrtǎ 雅尔塔 N. Yalta
yāfā 押发[-發] V.O. send away prisoners/goods under guard
Yà-Fēi 亚非[亞-] N. Afro-Asia
Yà-Fēi-Lā 亚非拉[亞-] AB. *Yàzhōu, Fēizhōu* and *Lādīng Měizhōu*
yāfēiquèluàn 鸦飞雀乱[-飛-亂] F.E. utter disorder
yáfěn 牙粉 N. tooth powder
[1]yāfēng 桠枫[椏-] N. trident maple M: *[2]kē*
[2]yāfēng 押封 V. seal and attach
yāfèng 押缝 V.O. sign the last page, first page, or both pages of an old manuscript as a testimonial
yáfēng 牙风 N. <Ch. med.> dental caries
yáfèng(r)* 牙缝(儿) N. chink between the teeth
yáfènzhīshì 涯分之事 N. <wr.> a matter of one's duty
yāfú* 压服/伏[壓-] V. force/compel sb. to submit
yāfù 押赴 V. send a criminal under escort
yǎfǔyīn 哑辅音[啞-] N. <lg.> mute consonant
Yǎfú yǔxì 雅弗语系 N. <lg.> Japhetic language family
yāgài 压盖[壓蓋] N. <mach.> a gland
yágān 牙疳 N. <med.> noma; cancrum oris
yāgǎng 压港[壓-] N. cargo held up on the wharf unable to be loaded and shipped in time
yágāng* 牙缸 N. mug for mouth-rinsing/tooth-cleaning; tooth mug M: *ge/[2]zhī*
yágāo 牙膏 N. toothpaste M: *[4]zhī*
yágāoguǎn 牙膏管 N. dentifrice tube M: *[4]zhī*
yágāopí 牙膏皮 N. toothpaste tube M: *[4]zhī*
yǎgē 雅歌 V. sing highbrow songs ♦N. the Song of Solomon
yāgěi 押给 V. give as security; mortgage; pawn; pledge
yágēn* 牙根 N. root of a tooth
yàgēn(r) 压根(儿)[壓-] ADV. <coll.> ① from the start; in the first place ② altogether; entirely; totally ③ at all; simply
yágòu 牙垢 N. tartar; dental calculus
yágǔ* 崖谷 N. ① valley; ravine ② between precipices
yǎgù 雅故 N. an old friend ♦ADV. usually
yāguǎn 压管[壓-] N. control; suppress
[1]yáguān 牙关[-關] N. <phys.> mandibular joint
[2]yáguān 牙冠 N. <phys.> crown (of a tooth); dental crown
yǎguān* 雅观[-觀] S.V. refined; tasteful
yàguāng 砑/轧光 <txtl./mach.> N. calendering; mangling; pressing ♦V. calender
yàguāngjī 砑/轧光机 N. <txtl./mach.> calender M: *[1]tái*
yáguān jǐnbì 牙关紧闭[-關緊-] V.P. <med.> lockjaw
yáguànshù 牙冠术[-術] N. crownwork

yāguì 押柜[-櫃] N. <trad.> deposit; security money
yàguǐdào 亚轨道[亞-] ATTR. suborbital
yāgǔn 压磙[壓-] V. press with a roller ♦N. roller
yāguò 压过[壓-] R.V. exceed; surpass
yàhándài 亚寒带[亞-帶] N. subfrigid zone
yáháng 牙行 N. <trad.> ① brokerage ② middleman
yāhào 押号[-號] N. a private mark used as a signature
yǎhào* 雅号[-號] N. ① <court.> esteemed name ② <humor> nickname
yǎhàor 哑号儿[啞號-] N. <topo.> secret sign/gesture
yāhén 压痕[壓-] N. impress; impression; indentation
yàhéng 迓衡 V. secure the establishment of order
yā hòu shěnxùn 押后审讯[-後審-] N. <law> adjournment of a hearing; an adjourned hearing
Yǎhǔ 雅虎 P.W. Yahoo
yāhuā 压花[壓-] N. emboss
yáhuā(zi)* 牙花(子) N. ① tartar; plaque; scale (on teeth) ② <topo.> gum (in the mouth)
yáhuà 崖画[-畫] N. Buddhist sculptures or bas-reliefs on cliffs
yàhuā 轧花 N. <txtl.> cotton ginning
yà huābiān 轧花边[-邊] V.O. calender/press a decorative border/lace
yāhuā bōli 压花玻璃[壓-] N. pattern glass M: *[2]kuài*
yàhuāchǎng 轧花厂[-廠] P.W. cotton-ginning mill M: *[1]jiā*
yāhuài* 压坏[壓壞] V. damage with high pressure; crush; squash
yǎhuái 雅怀[-懷] N. ① a generous heart ② refined taste and disposition
yàhuājī 轧花机 N. cotton gin M: *[1]tái*
yāhuan 丫鬟 N. <trad.> ① slave girl ② servant girl M: *ge/[1]míng*
yāhuáng 鸭黄 N. <topo.> duckling
yāhuāwén 压花纹[壓-] N. embossing
yāhuí 押回 V. escort back under guard
yāhuì 押汇[-匯] V.O. documentary draft negotiation
yáhuì* 牙慧 N. trite expression *[8]shírén*~ plagiarize
yǎhuì 雅诲 ID. <court.> your esteemed opinion
yāhuì huìpiào 押汇汇票[-匯匯-] N. documented bill; documentary bill/draft
yāhuìzhèng 押汇证[-匯證] N. cash against documents (C.A.D.)
[1]yāhuò* 押货 V.O. ① mortgage goods ② escort a shipment of goods from one place to another
[2]yāhuò 压货[壓-] V.O./N. overstock
yǎhuǒ 哑火[啞-] V. ① fail to explode (of shells/bombs/etc.) ② remain dumb; keep mum
yājǐ* 压挤[壓擠] <mach.> N. extrusion ♦V. extrude
yājì 鸦髻 N. glossy headdress of a woman
yájǐ 牙脊 N. dental ridge
[1]yájì 牙祭 N. feast
[2]yájì 涯际[-際] N. bound; limit
yǎjí 雅集 V. <wr.> assemble scholars
yǎjì 哑迹[啞跡] N. puzzling remark; riddle
yājià* 压价[壓價] V.O. force prices down
[1]yájiǎ 芽甲 N. budding leaves on trees
[2]yájiǎ 牙甲 N. water scavenger beetle
yājià chūshòu 压价出售[壓價-] V. undersell
Yǎjiādá 雅加达[-達] P.W. Jakarta
yájiān* 牙尖 N. <archeo.> cusp; peak
yájiǎn 崖检 A.T. austere (of character and manner)
yǎjiàn 雅鉴[-鑒] F.E. for your perusal
yājiāndiébèi 压肩迭背[壓-] F.E. press breast-to-back and shoulder-to-shoulder
yájiàng 牙将[-將] N. subaltern officer
yájiàngzhīcái 牙将之才[-將--] N. the ability of a petty military officer

yájiànkāng diàochá 牙健康调查 N. dental-health survey
[1]yājiǎo 鸭脚[-腳] N. duck feet
[2]yājiǎo 丫角 N. girls' horn-like coiffure
yājiào 鸭叫 N. quack of a duck
yǎjiào* 雅教 F.E. <court.> your esteemed views
yàjiāo 亚胶[亞膠] N. gelatin
yājiàzhě 压价者[壓價-] N. price-cutter M: *ge/[1]míng*
yájíbìng 牙疾病 N. tooth disease
yājiè* 押解 V. escort (criminals/captives/goods)
yájiē 芽接 N. <bot.> bud grafting; budding
yǎjié 雅洁[-潔] S.V. elegant and immaculate
yàjié 亚节[亞節] N. subsegment
yājiě chūjìng 押解出境 V.P. deport under escort
yājīn* 押金 N. cash pledge; deposit M: *[2]bǐ*
yājǐn 压紧[壓緊] V. press tight; constrict; pack
yājìn 押禁 V. lock up; imprison
yājīn cúnkuǎn 押金存款 N. <acct.> margin deposit
yājīng 压惊[壓驚] V.O. help sb. get over a shock
yājǐng 压井[壓-] V.O. kill the well(in drilling for oil)
yājìng* 压境[壓-] V.O. <trad./mil.> press on to the border
yǎjìng 哑静[啞靜] S.V. <coll.> quiet down; shut up
yǎjìng 雅静[-靜] S.V. refined and quiet/tranquil
yājīngbìxié 压惊辟邪[壓驚-] F.E. allay fear and ward off evil influences
yájiǔ 芽韭 N. leek shoots
yàjíxìng 亚急性[亞-] N. <med.> subacute
yājíyājià 压级压价[壓-壓價] F.E. claim sth. is of a lower grade so as to lower the price
yājù 压具[壓-] V. tamp; hold down
yájù 牙具 N. dental toiletries
yǎjù* 哑剧[啞劇] N. dumb show; pantomime M: *[1]chū/[2]mù*
yājuàn 压卷[壓-] N. unsurpassed composition
yàjūn 亚军[亞-] N. <sport> runner-up
yǎjù yǎnyuán 哑剧演员[啞劇-] N. pantomimist M: *ge/[1]míng/[2]wèi*
yákē* 牙科 N. dentistry
yákè 崖刻 N. cliff carving
yàkē 亚科[亞-] N. subfamily
yākèlì 压克力[壓-] N. <chem.> acrylic resin
yákēxué 牙科学 N. dentistry
yákē yīshēng 牙科医生[--醫-] N. dentist; dental surgeon M: *ge/[1]míng/[2]wèi*
yákē zhěnsuǒ 牙科诊所 P.W. dental clinic M: *[1]jiā*
yákǒng 牙孔 N. cavity
yākǒu 垭口[埡-] N. <topo.> mountain pass
yákou(r)* 牙口(儿) N. ① age of a draft animal as shown by the number of teeth ② condition of an old person's teeth
yǎkǒuwúyán 哑口无言[啞-] F.E. be left speechless
yākǒu xiǎogōu 垭口小沟[埡-溝] N. col gully
yākuǎ 压垮[壓-] V. ① collapse under pressure ② overwhelm
[1]yákuài 牙侩 N. <wr.> middleman; broker
[2]yákuài 牙筷 N. ivory chopsticks M: *[1]fù/[1]shuāng*
yākuǎn 押款 <com.> V.O. borrow money on security ♦N. loan on security; mortgage/secured loan
yākuì 压溃[壓-] V. squash
Yàkùtèyǔ 雅库特语 N. <lg.> Yakut
Yàlābāmǎ 亚拉巴马[亞-] P.W. Alabama
yáláng 牙郎 N. <trad.> agent
yā(r)lí 鸭(儿)梨 N. a kind of pear grown in Hebei M: *ge/[2]zhī*
yālì* 压力[壓-] N. ① pressure ② overwhelming force
yálì 衙吏 N. <trad.> government clerk M: *ge/[1]míng*
yàlì 轧轹[-轢] V. crush
yǎliàng 雅量 N. ① magnanimity; generosity ② great capacity for liquor
yālìbiǎo 压力表[壓-] N. pressure meter/gauge M: *ge/[2]zhī*
yálié 牙列 N. denture; dentition

Y

yālìguō 压力锅[壓-鍋] N. pressure cooker M: ge/2zhī
yālìjī 压力机[壓-] N. <mach.> press; punching machine M: 1tái
yālìjì* 压力计[壓-] N. piezometer; pressure meter M: ge/2zhī
yālíng 哑铃[啞-] N. dumbbell M: ge/2zhī/1fù
yālì qiángdù 压力强度[壓-強-] N. pressure; intensity of pressure
Yàlìsāngnà 亚利桑那[亞-] P.W. Arizona
yālì tuántǐ 压力团体[壓-團體] P.W. pressure group
yàliúsuān 亚硫酸[亞-] N. <chem.> sulfurous acid
yālú 鸭炉[-爐] N. a censer
yàlù* 轧路 V.O. roll a road with a roller
yálüè 崖略 N. <wr.> outline; essential points
yālùjī 压路机[壓-] N. road roller M: 3liàng
Yālù Jiāng 鸭绿江 P.W. Yalu River (on the China-Korea border)
yálún 牙轮 N. cog; gear; gear wheel
yǎluóyú 雅罗鱼[-羅-] N. dace
Yǎlǔzàngbù Jiāng 雅鲁藏布江 P.W. Yarlung Zangbo (Yalu Tsangpo) River (in Tibet)
yàmá 亚麻[亞-] N. flax
yàmábù 亚麻布[亞-] N. linen cloth; table linen M: 2kuài
Yámǎijiā 牙买加[-買-] P.W. Jamaica
yāmàiqì 压脉器[壓脈-] N. <med.> tourniquet M: ge/1jià
yà mǎlù 轧马路 <coll.> V.O. saunter; stroll
1yāmáo 鸭毛 N. duck feather
2yāmáo 鸭茅 N. orchard grass
yàmárén 亚麻仁[亞-] N. flaxseed; linseed
yàmárényóu 亚麻仁油[亞-] N. linseed oil M: píng
yàmáshā 亚麻纱[亞-] N. linen M: 2kuài
Yàmǎsūn Hé 亚马孙河[亞-孫-] P.W. Amazon river
yàmáyóu 亚麻油[亞-] N. linseed oil M: píng
yàmá zhìpǐn 亚麻制品[亞-製-] N. lingerie M: 2jiàn
yàmázǐ 亚麻籽[亞-] N. linseed; flaxseed
yàmázǐyóu 亚麻籽油[亞-] N. linseed oil M: píng
Yàměilìjiā 亚美利加[亞-] P.W. America
Yàměiníyà Gònghéguó 亚美尼亚共和国[亞--亞--國] P.W. Republic of Armenia
Yǎměizú 雅美族 N. Yami ethnic minority (in Taiwan)
yámen* 衙门 N. <hist.> yamen; government office
yámén 牙门 N. <trad.> ① flag raised before a military commander's residence ② yamen; residence of a mandarin ③ tribunal
yàmén 亚门[亞-] N. subdivision
Yàméng 亚盟[亞-] P.W. Asian Alliance
yámenkǒu 衙门口 N. gate of a yamen
yǎmí(r)* 哑谜(儿)[啞-] N. puzzling remark; enigma; riddle
yàmǐ 轧米 V.O. husk rice
yàmián 轧棉 V.O. gin cotton ♦N. cotton ginning
yàmiánjī 轧棉机 N. cotton gin; gin; ginning machine M: 1tái
yàmiáo 揠苗 V.O. pull the shoots up
yàmiáozhùzhǎng 揠苗助长 F.E. spoil things by excessive enthusiasm
yāmíngquèzào 鸦鸣鹊噪 F.E. full of confused voices
yāmoqiǎojìngr 鸦默雀静儿[---靜-] F.E. <coll.> very quiet; as silent as a grave
yāmòqiāoshēng 鸦默悄声[-聲] F.E. remain silent
yámù 崖墓 N. rock-tombs
yàmù* 亚目[亞-] N. <bio.> suborder
1yān 烟[煙/菸] N. ① smoke ② mist; vapor ③ tobacco; cigarette ④ opium ♦V. be irritated by smoke See also 5yū
2yān 淹/渰 V. ① flood; submerge ② irritate the skin (of sweat/etc.) ♦B.F. ① delay; procrastinate yānchí ② stay; be stranded yānliú ③ <wr.> erudite; well-read 1yānbó See also 4yǎn, 7yǎn
3yān 腌 V. ① salt; pickle; cure ② marinate See also 4ā
4yān 阉/奄[閹/-] V. castrate; spay ♦B.F. eunuch yānrén See also 2yǎn, 7yǎn
5yān 咽 B.F. throat; pharynx yānhóu See also 1yàn, 7yè
6yān 殷 B.F. dark red 2yānhóng See also 4yīn
7yān 焉 PR. <wr.> where; how? ♦B.F. thus; thereupon yúyān, 2yānbó
8yān 嫣 B.F. beautiful 1yānrán, chányān
9yān 胭 B.F. rouge; makeup 1yānzhī, 1yānfěn
10yān 湮/洇 B.F. inundate; bury; cover up yānmòwúwén, yān'è See also 5yīn
11yān 恹/厌[懨/懕/厭] in yānyān See also 2yàn
12yān 阏[閼] in 3yānzhī See also 17è
1Yān 燕 N. ① short name for Hebei ② <hist.> a Zhou-period state in the present Hebei area ③ Surname See also 6yàn, 7yàn
2Yān 崦 in Yānzī
3Yān 鄢 N. Surname
1yán 沿 COV. along ♦V. trim (a border/etc.) ♦B.F. ① edge; border biānyán ② follow (a pattern/etc.) yányòng
2yán 盐[鹽] N. salt
3yán 言 B.F. ①speech; word; talk; language yǔyán ②character; syllable (in poetry) qīyánshī ③morpheme 2yánwèi ④ say; talk; speak huànyánzhī ♦CONS. 3zhǐ A(ér) ~ (this) refers to A See also ér yán
4yán 严[嚴] S.V. tight; strict; rigorous ♦B.F. ① majestic; imposing 1wēiyán ② <trad.> father 1jiāyán ♦N. Surname
5yán 炎 B.F. ① scorching hot yánrè ② inflamed 2fāyán ♦SUF. inflammation; -itis mángcháng~ appendicitis
6yán 岩[-/巖/巗/巌/喦/嵒/嵓] B.F. ① rock 2yánshí ② cliff; crag (often used in place names) xuányán
7yán 檐 B.F. ① eaves wūyán ② ledge; brim màoyán
8yán 研 V. grind ♦B.F. study; research yánjiū
9yán 延 B.F. ①prolong; extend; protract yáncháng ② postpone; delay yánqī ③ engage; send for; invite yánpìn
10yán 颜[顏/顔] B.F. ①face; countenance; facial expression yánmiàn, 1róngyán ② prestige; dignity 1hòuyán ③ color yánsè ♦N. Surname
11yán 妍 B.F. beautiful 2yánlì, 2chányán
12yán 筵 B.F. banquet 3yánxí
13yán 莚 B.F. spread; extend 2yánmàn
14yán 蜒 in wānyán, yányóu
15yán 芫 in yánsui See also 19yuán
1Yán 阎[閻] N. Surname ♦in Yánluówáng
2Yán 闫[閆] N. Surname
1yǎn* 眼 N. ① eye ② small hole; aperture ③ salient/weighted point ④ trap (in chess/etc.) ♦M. for wells/caves/etc. ♦V.M. look; glance Wǒ yī ~ jiù bǎ tā rèn chūlai le. I recognized him at first glance.
2yǎn 演 V. perform; play; act ♦B.F. ① develop; evolve yǎnbiàn ② drill; practice 1yǎnxí ③ deduce; elaborate 1yǎnyì ④ progressive yǎnjìn
3yǎn 掩 V. ①cover; hide ②shut; close ③ambush ④ <topo.> get nipped/pinched
4yǎn 魇[魘] V. ① have a nightmare ② <topo.> talk in one's sleep ♦B.F. sleep paralysis mèngyǎn
5yǎn 衍 B.F. ① spread; develop yǎnbiàn ② redundant fūyǎn
6yǎn 偃/匽 B.F. ① fall on one's back; lie supine yǎnpū ② cease; desist xiūwényǎnwǔ
7yǎn 奄 B.F. suddenly yǎnhū ♦in qìxīyǎnyǎn See also 2yān, 4yān
8yǎn 俨[儼] B.F. solemn; majestic 1yǎnrán ♦in yǎnrú
9yǎn 弇 B.F. cover; hide yǎnlòu
10yǎn 罨 B.F. ① bird net; fish net ② cover 2rèyǎn
11yǎn 琰 B.F. a kind of jade yǎnguī
12yǎn 鼹[鼴] B.F. mole yǎnqú, 2zhēnyǎn
13yǎn 扊[扊] in 2yǎnzi
14yǎn 扊 in yǎnyí
15yǎn 蝘 in yǎntíng
16yǎn 黡 in yǎndǎn
17yǎn 菴 in yǎn'ǎi See also 2ān
1yàn 咽 V. swallow See also 5yān, 7yè
2yàn 厌[厭] B.F. ① detest; loathe 1yànwù ② be disgusted/bored with yànfán ③ be surfeited/satiated tāndéwúyàn See also 11yān
3yàn 堰 N. weir
4yàn 验[驗] V. ① examine; check; test ② prove effective ♦B.F. intended effect; desired result xiàoyàn
5yàn 雁 N. wild goose
6yàn 宴/晏/燕/讌/醼 B.F. ① banquet; dinner party 1yànhuì ② give a dinner yànkè ③ pleasure; joy yànlè ④ leisure yàn'ān See also 1Yān, 7yàn, 11yàn
7yàn 燕 B.F. swallow 1yànzi See also 1Yān, 6yàn
8yàn 艳[艷] B.F. ① beauteous; gorgeous yànlì ② romantic yànqíng ③ <wr.> admire yànxiàn
9yàn 砚[硯] B.F. inkstone; inkslab yàntai
10yàn 酽[釅] S.V. thick; strong (of tea/etc.)
11yàn 晏 B.F. late suìyàn See also 6yàn
12yàn 焰/焱/燄 B.F. flame huǒyàn, yànhuǒ
13yàn 彦[彥] B.F. talented; worthy 2yànhuì, 3shíyàn
14yàn 唁 B.F. expression of condolence yànhán, wèiyàn
15yàn 谚[諺] B.F. proverb; metaphor 1yànyǔ, 2bǐyàn
16yàn 赝[贋] B.F. counterfeit 1yànbì, zhēnyàn
17yàn 餍[饜] B.F. ① eat to satisfaction 2yànyù ② satisfied tāndéwúyàn
18yàn 滟[灩] in liànyàn, Yànyù Duī
19yàn 谳[讞] B.F. pass judgment; determine guilt yàndú, 3yànyù
20yàn 鷃[鴳/鷃] B.F. small quail-like bird 2yànquè, péngyàn
yān'ǎi* 烟霭[煙-] N. <wr.> mist and clouds
yán'āi 延挨 V. postpone; delay
yǎn'ǎi 菴蔼 V.P. luxuriant
yán'āi shírì 延挨时日[--時-] V.O. play/stall for time
yān'àn 烟岸[煙-] N. <wr.> misty river/lake/etc. bank
Yán'ān 延安 P.W. Yan'an (in Shaanxi)
1yán'àn* 沿岸 V.O. skirt the bank/coast ♦ATTR. littoral; riparian
2yán'àn 岩岸 N. <geol.> cliff; rocky bluff/coast
yàn'ān 宴/燕安 N. <wr.> peace; rest; comfort; ease; leisure; idleness
Yán'ān jīngshén 延安精神 N. <PRC> the Yan'an spirit
yàn'ānzhèndú 宴安鸩毒 ID. ① Voluptuous comfort is poison. ② indulge in pleasures and ruin the country (of a ruler)
Yán'ān zhěngfēng yùndòng 延安整风运动[-運動] N. <PRC> Yan'an rectification movement
Yán'ān zuòfēng 延安作风 N. <PRC> Yan'an style/spirit
yánbā 盐巴[鹽-] N. <topo.> salt
yǎnbābā(r) 眼巴巴(儿) R.F. (waiting) anxiously; helplessly; eagerly
yànbāgē 燕八哥 N. <zoo.> starling M: 2zhī
yānbài 淹败 V.P. damaged by water
yǎnbái* 眼白 N. <topo.> white of the eye
yánbáicài 岩白菜 N. purple bergenia herb
1yánbàn 严办[嚴辦] V. deal with severely
2yánbàn 研办[-辦] V. study and handle
yánbàng 研棒 N. pestle
yǎnbǎodùjī 眼饱肚饥 F.E. Although one's eyes feasted, one's belly starved.
yǎn-bǎojiàncāo 眼保健操 N. eye exercises
yǎnbāojūndú 眼胞菌毒 N. mushroom-like growth from the eyelid
yǎnbāor 眼胞儿 N. eyelid
yǎnbēi 眼杯 N. eyecup M: 2zhī/ge
yànběn 赝本[贋-] N. spurious copy/edition M: 1běn/4cè
yánbēng 岩崩 N. rockfall; rockslide
yānbì 淹毙[-斃] V. drown
yánbì* 岩壁 N. ① cliff ② dike; palisades M: 2dào

yǎnbí 掩鼻 V.O. hold one's nose

yǎnbì 掩蔽 V. screen; shelter; cover

[1]yànbì 赝币[贋幣] N. <wr.> counterfeit money

[2]yànbì 艳婢[艷-] N. beautiful maidservant M: ge/[1]míng

yánbiān(r) 沿边(儿)[-邊-] V.O. trim (with tape/ribbon/etc.); braid ♦ADV. along the edge

yǎnbiàn* 演/衍变[-變] V./N. develop; evolve ♦N. change; progressive change; transformation

yǎnbiànchéng 演变成[-變-] R.V. develop/evolve into

yǎnbiàndào 演变到[-變-] R.V. develop/evolve into

yànbiānfur 燕蝙蝠儿 N. <topo.> bat

yǎnbiānr 眼边儿[-邊-] N. corner of the eye; area near the eye

yǎnbiàn yǔyánxué 演变语言学[-變---] N. evolutionary linguistics

yǎnbìbù 掩蔽部 N. <mil.> shelter ***fángkōng*** ~ air-raid shelter

yǎnbí'érchǎng 掩鼻而尝[-嘗] F.E. taste sth. one strongly dislikes

yǎnbí'érguò 掩鼻而过 F.E. cover the nose and hurry away (from a stench)

yànbìměitóng 艳婢美童[艷-] F.E. a pretty maidservant and a handsome boy servant

yānbìng 阉病 N. eunuchism

yǎnbīng 偃兵 V.O. stop a military action

yǎnbìng* 眼病 N. eye disease

yánbīngǎng 岩滨港[-濱-] P.W. rocky harbor

yǎnbīngchǎng 演兵场[-場] P.W. <mil.> drill ground

yǎnbìqī 掩蔽期 N. eclipse period

yǎnbìshēng 掩蔽声[-聲] N. masking sound

yǎnbìsuǒ 掩蔽所 N. dugout M: ge/chù

yǎnbìwù 掩蔽物 N. <mil.> screen M: ge/[2]jiàn

yán bì xìn, xíng bì guǒ 言必信,行必果 F.E. be as good as one's word

yánbìyǒuxìn 言必有信 F.E. be as good as one's word

yánbìyǒuzhòng 言必有中 F.E. always speaking to the point

yǎnbì zhèndì 掩蔽阵地 P.W. <mil.> covered position

yānbō 烟波[煙-] N. ① mist-covered waters ② lakes; ponds

[1]yānbó 淹博 S.V. <wr.> wide; broad

[2]yānbó 焉博 A.T. broad and profound

yánbō 研钵[-缽] N. mortar (a grinding vessel) M: ge/[2]zhī

yánbó 岩鷒 N. <zoo.> rock wallaby

[1]yǎnbō* 演播 V. broadcast (a performance)

[2]yǎnbō 眼波 N. ① an affectionate glance (esp. of women) ② a flirting glance

yànbó 雁帛 N. letters; correspondence

yǎnbōběn 演播本 N. acting version

yǎnbōduì 演播队[-隊] P.W. troupe M: [4]zhī

yānbōhàomiǎo 烟波浩渺/淼[煙-] F.E. a vast expanse of misty, rolling waters

yānbōluó 烟波萝[煙-蘿] N. <topo.> tobacco pouch made of plaited willow branches

yǎnbōshì 演播室 P.W. television studio M: [1]jiān

yǎnbōtái 演播台[-臺] N. dais M: [4]zuò

yánbōtǎoyuán 沿波讨源 F.E. follow the current to look for the source; make a thorough investigation

yānbóxuéwen 淹博学问 F.E. deep and wide in learning

yānbù 咽部 N. <lg.> pharynx

yǎnbù* 眼部 N. eye; eye region

yànbù 验布 N. <txtl.> perching

yǎnbù bǎohù 眼部保护[-護] N. eye protection

yān bù chū, huǒ bù jìn 烟不出,火不进[煙--,--進] F.E. <coll.> insulated; detached; unresponsive

yánbùdédàng 言不得当[-當] F.E. spoken inaptly/inappropriately

yánbù'èrjià 言不二价[-價] F.E. The prices are fixed.; no bargaining

yánbùfúshí 言不符实[-實] F.E. The statement doesn't square with the facts.

yǎnbùguānxié 眼不观邪[--觀-] F.E. see no evil

yánbùgùxíng 言不顾行[--顧-] F.E. Talk does not match action.

yǎn bùjiàn, qīngjìng 眼不见,清静[---,-靜] F.E. Out of sight, out of mind.

yǎn bùjiàn, wéi jìng 眼不见,为净/静[---,-淨/靜] F.E. Out of sight, out of mind.

yǎn bùjiàn, xīn bù fán 眼不见,心不烦 F.E. Out of sight, out of mind.

yánbùjìnyì 言不尽意[-盡-] F.E. words can't express all that's in one's heart/mind

yánbùjíxíng 言不及行 F.E. Words are not equal to practice.

yánbùjíyì 言不及义[-義] F.E. talk nonsense

yānbùlízuǐ 烟不离嘴[煙-離-] F.E. be wedded to one's pipe

yànbuxià 咽不下 R.V. can't swallow (sth.)

yánbùyìngdiǎn 言不应点[-應點] F.E. break one's word

yánbùyóuzhōng 言不由衷 F.E. speak insincerely

yánbùzhòngkěn 言不中肯 F.E. not speak to the point

yǎnbuzhù 掩不住 R.V. be unable to cover up or hide

yāncài* 腌菜 V.O./N. salt/pickle vegetables

yàncài 燕菜 N. <topo.> ①bird's nest ②delicacies made from birds' nests

yáncáishòuzhí 沿才授职[-職] F.E. confer an office/position/etc.; assignment on merit basis

yǎncáng* 掩藏 V. hide; conceal

yàncāng 验舱[-艙] V.O. hold inspection

yāncǎo* 烟草[煙-] N. tobacco; tobacco plant

yǎncǎo 演草 V.O. perform mathematical calculations

yāncǎoshāng 烟草商[煙-] N. tobacconist M: ge/[1]míng/[2]wèi

[1]yáncéng 岩层[-層] N. rock stratum/formation

[2]yáncéng 盐层[鹽層] N. salt deposit/bed

yǎnchà 眼岔 V. mistake one for another

yànchá* 酽茶[釅-] N. strong tea

yǎncháhēi 眼楂黑 ADV. <topo.> at dusk; at twilight

yānchán 淹缠[-纏] V. ① linger a long time (of illness) ② delay; drag along (of business)

yánchán 延缠[-纏] V. prolong; last longer than expected (of illness)

yǎnchán* 眼馋[-饞] V. <topo.> covet; be envious

yǎnchándùbǎo 眼馋肚饱[-饞--] F.E. insatiably greedy

yáncháng* 延长 R.V. lengthen; prolong; extend *Huìyì ~le yī tiān.* The meeting was extended one day. ♦N. <lg.> lengthening

yánchǎng 盐场[鹽場] P.W. saltern; saltworks

yǎnchàng 演唱 V. sing in a performance

yánchǎng gōngshǔ 盐场公署[鹽場-] N. <hist.> saltworks administration

yánchánghào 延长号[-號] N. <mus.> pause

yǎnchànghuì 演唱会 N. vocal recital M: cì/[2]chǎng

yánchángxiàn 延长线 N. extension; extended line M: [1]tiáo

yǎnchàngzhě 演唱者 N. singer; vocalist M: ge/[1]míng/[2]wèi

[1]yàncháo 燕巢 N. swallow's nest M: ge/[2]zhī

[2]yàncháo 晏朝 N. an evening session of the imperial court

yàncháomùshàng 燕巢幕上 ID. dangerous situation

yàncháoqì 验潮器 N. <met.> tide gauge M: ge/[2]zhī/[1]jià

yánchàyǔcuò 言差语错 F.E. make mistakes/slips in speaking; erroneous utterances

[1]yānchén 烟尘[煙塵] N. ① smoke and dust ② air pollution ③ <trad.> battle; war; smoke and dust of war

[2]yānchén 淹沉 V. ① be bed-ridden for a long time ② procrastinate

[3]yānchén 湮沉 V. have no chance to rise in the world

yánchéng* 严惩[嚴懲] V. punish severely

yǎnchéng 演成 R.V. develop/evolve into

yànchēng 艳称[艷稱] V. <wr.> ① speak highly of ② be famed for her beauty

yánchéngbùdài 严惩不贷[嚴懲-] F.E. punish mercilessly

yánchénjīwù 盐沉积物[鹽-積-] N. salt deposit

yānchí 淹/奄迟[-遲] S.V. slow; dilatory

yánchī 妍媸/蚩 N. <wr.> the beautiful and the ugly

[1]yánchí* 延迟[-遲] V. delay; postpone

[2]yánchí 盐池[鹽-] P.W. salt pond

[1]yánchì 严饬[嚴-] V. <wr.> give strict orders ♦A.T. <wr.> careful and precise

[2]yánchì 炎炽[-熾] ATTR. burning hot; scorching; blazing

yǎnchī 眼眵 N. gum (in the eyes)

yànchí 砚池 P.W. (concave) inkstone

yànchǐ 雁齿[-齒] N. things laid out in a neat row or in good order

yànchì 燕翅 N. swallow-wing

yānchíqíxíng 淹迟其行[-遲--] F.E. delay one's departure

yānchír 烟池儿[煙-] P.W. ashtray

yánchíxiàn 延迟线[-遲-] N. postponed deadline

yǎnchóngzǎo 眼虫藻[-蟲-] N. <zoo.> euglena

yǎnchǒu 眼瞅 V. <coll.> see before one's eyes

yǎnchǒucángzhuō 掩丑藏拙[-醜--] F.E. cover up shame and conceal inferiority

yǎnchǒuzhe 眼瞅着[-著] V.P. <coll.> watch helplessly ♦ADV. soon; in no time

[1]yánchǔ 严处[嚴處] AB. *yánsù chǔlǐ*

[2]yánchǔ 研杵 N. pestle; grinder; pulverizer

yǎnchū* 演出 V./N. perform; show

yànchū 燕出 V. go out in secrecy

yànchú 燕雏[-雛] N. baby swallow M: [2]zhī

[1]yánchuán* 言传[-傳] V. explain in words

[2]yánchuán 檐椽 N. <archi.> eaves-rafter

yǎnchuān 眼穿 V. anxiously awaiting; eagerly expecting

yǎnchuán 衍传[-傳] V. ① pass on; transmit ② spread out

[1]yánchuáng 岩床 N. <geol.> ① intrusive sheet ② lava bed

[2]yánchuáng 盐床[鹽-] N. salt bed

yánchuánshēnjiào 言传身教[-傳--] F.E. teach by personal example as well as by verbal instruction

yǎnchūběn 演出本 N. acting version; playscript; script

yánchūbìxíng 言出必行 F.E. suit the action to the word

yǎnchū dānwèi 演出单位 N. producer M: [1]jiā

yǎnchūduì 演出队[-隊] P.W. performing troupe M: [4]zhī

yánchūfǎsuí 言出法随[-隨] F.E. <trad.> once given, the orders will be strictly enforced

yánchūrúshān 言出如山 F.E. Promises must be kept.

yánchūshēnzhèng 言出身证[-證] F.E. vouch for one's words with one's deeds

[1]yáncí* 言词/辞[-辭] N. ① words; expression; what one says; speech; utterance ② <lg.> utterance

[2]yáncí 严词[嚴-] N. strong/stern terms/words

[3]yáncí 严慈[嚴-] N. <wr.> father and mother

yáncì 言次 N. <wr.> in the course of the conversation

yǎncí 衍词 N. <lg.> redundant word

yáncìbǎi 岩刺柏 N. rock cedar M: [2]kē

yáncíbiànlùn 言词辩论 F.E. oral statements, verbal argument

yáncí biǎodá 言辞表达[-辭-達] N. speech act

yáncíbùxùn 言辞不逊[-辭-遜] F.E. make impertinent remarks; speak insolently

yáncíbùyǎ 言词不雅 F.E. use slang or low-class/vulgar language

yáncífēnglì 言词锋利 F.E. speak daggers; use sharp words

yáncí jùjué 严词拒绝[嚴-絕] V.P. give a stern rebuff; give a flat refusal

yáncíkěnqiè 言辞恳切[-辭懇-] F.E. be sincere in what one says
yáncí qiǎnzé 严词谴责[嚴-] V.P. denounce in strong terms; sternly condemn
yáncí qíngjǐng 言辞情景[-辭--] N. <lg.> situation of utterance
yáncí shǎnshuò 言词闪烁[-爍] N. incoherent speech
yáncí shēnchì 严词申斥[嚴-] V.P. subject to harsh criticism
yǎncìtòng 眼刺痛 N. eye irritation
yáncí tòngchì 严词痛斥[嚴-] V.P. come down hard on sb.
yáncí xíngwèi 言辞行为[-辭--] N. <lg.> locutionary action
yáncí yìyì 言辞意义[-辭-義] N. <lg.> utterance meaning
yáncí zébèi 严词责备[嚴-備] V.P. read the riot act
yáncí zhǐzé 严词指责[嚴-] V.P. rant
yāncōng 烟囱[煙囪] N. <topo.> chimney; funnel M: ge/[4]zuò
yāncōngguǎn 烟囱管[煙囪-] N. stovepipe M: [2]gēn/[4]zhī
yāncōnglínlì 烟囱林立[煙囪-] F.E. factories with their forests of chimneys
yáncuìbǎi 岩翠柏 N. festoon pine M: [2]kē
yáncuìqǔ 盐萃取[鹽-] N. salt extraction
yāncūn 烟村[煙-] P.W. a village shrouded in mist
yáncún chǔjīn 延存储金 N. deferred savings
yándǎ 严打[嚴-] V. crack down; take severe measures against
yān dà huǒmiáo dī 烟大火苗低[煙-] F.E. Where smoke is thick, the fire is feeble.
yāndài* 烟袋[煙-] N. small-bowled long-stemmed tobacco pipe
yándài 岩带[-帶] P.W. rock zone
yāndàigǎnr 烟袋杆儿[煙-] N. stem of a tobacco pipe
yāndàiguō(r/zi) 烟袋锅(儿/子)[煙-鍋-] N. ① bowl of a (long-stemmed) pipe ② long-stemmed pipe
yāndài hébāo 烟袋荷包[煙-] N. pouch for pipe tobacco
yāndài tànzi 烟袋探子[煙-] N. sliver for clearing a smoking pipe
yāndài yóuzi 烟袋油子[煙-] N. deposit accumulated in a smoking pipe
yāndàizuǐ(r/zi) 烟袋嘴(儿/子)[煙-] N. mouthpiece of a long-stemmed pipe
yǎndǎn 黤黮 S.V. dark
yāndǎng 阉党[-黨] P.W. eunuch faction
yándàng* 延宕 V. delay; keep putting off; postpone; procrastinate
yāndào* 烟道[煙-] N. flue M: [1]tiáo
[1]yándào(r) 沿道(儿) ADV. along the road; on the way
[2]yándào 言道 V. speak; say
yǎndào 眼到 V. lay eyes on
yǎndàoshǒudào 眼到手到 F.E. take down notes while reading, as a diligent scholar does
yǎndàxīnféi 眼大心肥 F.E. be proud and arrogant
yāndé 焉得 F.E. <wr.> How can one be. . .?
yǎn de guòhuǒ 演得过火 R.V. ham; ham it up
yāndēng 烟灯[煙燈] N. a small lamp used for preparing opium M: ge/[2]zhī/[1]zhǎn
yāndì* 烟蒂[煙-] N. cigarette end/butt
yándī 檐滴 N. dripping water from the eaves
Yán Dì 炎帝 N. <hist.> legendary emperor Shen Nong
yǎndǐ 眼底 N. <phys.> fundus of the eye (fundus oculi)
yàndī 砚滴 N. small cup for adding water to an inkstone
yàndì 砚弟 N. <trad.> junior fellow student
yándiàn 盐店[鹽-] P.W. salt store M: [1]jiā
yǎndiǎn 眼点[-點] N. eyespot; stigma
yàndiàn* 唁电[-電] N. telegram of condolence
yàndiànqì 验电器[-電-] N. electroscope M: ge/[2]zhī
yǎn diànyǐng 演电影[-電-] V.O. ① show a film ② perform in a film
yāndiér 烟碟儿[煙-] N. ashtray M: ge/[2]zhī
[1]yándìng 研订 V. study and work out
[2]yándìng 言定 V. agree on
yàndǐng 赝鼎[贗-] N. counterfeit; imitation
yàndìng* 验定 V./N. assay
yàndǐngluànzhēn 赝鼎乱真[贗-亂-] F.E. A spurious tripod rivals a genuine one.
yǎn dǐxia 眼底下 P.W. ① right before one's eyes ② at the moment
yándōng* 严冬[嚴-] N. severe winter
[1]yándòng 岩洞 N. <geog.> grotto; abra; abri M: [4]zuò/ge
[2]yándòng 言动[-動] N. words and conduct; speech and behavior
yǎndòng 眼动[-動] N. eye movement
yándòngbùgǒu 言动不苟[-動--] F.E. ① careful words and practice ② be prudent in speech and behavior
yándōngkùshǔ 严冬酷暑[嚴-] F.E. hot summer and bitter winter
yándōnglàyuè 严冬腊月[嚴-臘-] F.E. the middle of a bitterly cold winter
yāndǒu 烟斗[煙-] N. tobacco/opium pipe M: ge/[4]zhī
yāndǒuguǎn 烟斗管[煙-] N. pipestem M: [2]gēn
yāndǒujià 烟斗架[煙-] N. pipe rack
yāndǒusī 烟斗丝[煙-絲] N. pipe tobacco
yāndǒutóu 烟斗头[煙-] N. bowl of a smoking pipe
yāndú 烟毒[煙-] N. ① the poisoning effect of opium-smoking ② narcotics
yándú* 研读[-讀] V. study and read intensively
yándù 盐度[鹽-] N. salinity
yǎndú 眼毒 N. ① piercing gaze ② hostile look
yàndú 谳牍[讞牘] N. records of criminal cases
yándúbān 研读班[-讀-] N. research seminar M: [2]qī
yāndúfàn 烟毒犯[煙-] N. junkie M: ge/[1]míng
yánduī 岩堆 N. talus
yánduì* 言对[-對] V. meet and talk; converse ♦N. coupling of words
yánduōbìshī 言多必失 F.E. He that talks much errs much.
yánduōyǒushī 言多有失 F.E. If you talk too much, you may say the wrong thing.
yánduōyǔshī 言多语失 F.E. silence is golden
yàndùyīngcán 燕妒莺惭[--鶯-] F.E. ravishingly beautiful (of a woman)
yān'è 湮厄 ATTR. clogged; blocked
yán'è 严恶[嚴惡] S.V. severe (of a teacher/etc.)
yàn'é* 燕蛾 N. dagger moth M: [2]zhī
yánèi 衙内 N. ① <hist.> children of bureaucrats ② <trad.> officials as palace guards
yǎn'ěr* 掩耳 V.O. stop one's ears; refuse to listen
[1]yàn'ěr 燕尔 ID. be recently happily married
[2]yàn'ěr 宴尔 N. bliss of newlyweds
yán'érbùkē 严而不苛[嚴-] F.E. strict but not harsh
yán'érbùkù 严而不酷[嚴-] F.E. be strict, but not stern
yǎn'ěrbùwén 掩耳不闻 F.E. turn a deaf ear
yǎn'ěrdàolíng 掩耳盗铃[--盜-] F.E. deceive oneself
yán'érwúxìn 言而无信 F.E. go back on one's word
yàn'ěrxīnhūn 燕尔新婚 F.E. the joy of a new marriage
yán'éryǒuxìn 言而有信 F.E. be as good as one's word
yàn'ěrzhīlè 宴尔之乐[-樂] N. the happiness of newlyweds
yàn'ěrzhīxǐ 宴尔之喜 N. the joy of entertaining with a feast
[1]yánfā* 研发[-發] N. research and development (R&D)
[2]yánfā 延发[-發] N. <mil.> delayed action
yánfǎ 盐法[鹽-] N. salt laws
yànfán 厌烦[厭-] V. be fed up with
yánfāng 炎方 N. the south (where the weather is hot)
yánfáng* 严防[嚴-] V. take strict precautions against
yànfāng 验方 N. <Ch. med.> proven/effective prescription M: [1]zhāng
yànfàng 验放 V. allow goods to pass after checking the contents
yánfā yǐnxìn 延发引信[-發--] N. delayed-action fuse; delay fuse
yānfēi 烟霏[煙-] N. dispersed mist/fog/etc.
yānfēiyú 腌鲱鱼 N. pickle-herring M: [1]tiáo
[1]yānfěn 胭粉 N. rouge and powder
[2]yānfěn 烟粉[煙-] N. tobacco powder
yánfěn 盐粉[鹽-] N. powdered salt
yánfèn* 盐分[鹽-] N. salt content; salinity
yànfèn 验粪[-糞] V.O. <med.> stool test
[1]yánfēng* 岩峰 N. cliff; crag M: [4]zuò
[2]yánfēng 炎风 N. northeast wind
yǎnfēng 眼风 N. hint given with the eyes
yànfēng 雁封 N. letter; written message
yǎnfèngr 眼缝儿 N. half-closed eyes
yānfěn xiǎoshuō 胭粉小说 N. novels featuring romantic plots M: [1]běn
[1]yánfù 严父[嚴-] N. father; stern father M: ge/[2]wèi
[2]yánfù 延付 V. defer payment
[3]yánfù 盐赋[鹽-] N. salt tax
Yán Fù 严复[嚴復] (1854–1921) N. prolific translator of Western works into classical Chinese
yǎnfú* 眼福 N. ① feast for the eyes ② the good fortune of seeing sth. rare or beautiful
[1]yànfú 艳福[艷-] N. luck in love(of males)
[2]yànfú 艳服[艷-] N. gorgeous dress M: [2]jiàn/tào
[3]yànfú 燕服[讌-] N. everyday/informal/leisure dress
yǎnfúbùqiǎn 眼福不浅[-淺] F.E. be lucky enough to see sth.
yànfúbùqiǎn* 艳福不浅[艷-淺] F.E. have success in love affairs
yánfùcímǔ 严父慈母[嚴-] F.E. stern father and compassionate mother (the conventional conception of parenthood)
yánfù cuījiāo gǔkuǎn 延付催交股款 N. <acct.> calls in arrears
yánfù dàikuǎn 延付贷款 N. deferred payment
yánfùhánqì 炎附寒弃[--棄] ID. curry favor with influential and wealthy persons and spurn poor and mean ones
yánfūmù 盐肤木[鹽膚-] N. <bot.> Chinese sumac
yánfūmù gēn pí 盐肤木根皮[鹽膚-] N. <Ch. med.> root and bark of Chinese sumac
yánfúqíshí 言符其实[-實] F.E. The statement tallies with the facts.; What one says conforms to reality.
yànfù tiáokuǎn 验付条款[--條-] N. payment-after-inspection clause
yánfúyúxíng 言浮于行[--於-] F.E. Practice does not match words.; Speak above one's abilities.
[1]yāng 秧 N. ① seedling; sprout ② rice seedling ③ vine ④ young (of food animals); fry (of fish/etc.)
[2]yāng 央 B.F. ① entreat **yāngqiú** ② <wr.> end; finish **wèiyāng** ③ center **zhōngyāng**
[3]yāng 殃 B.F. disaster **[1]yāngjí, zāoyāng**
[4]yāng 泱 B.F. vast **[1]yāngyāng, yāngmǎngwújì**
[5]yāng 鞅 B.F. ① <trad.> leather horsecollar ② overburdened; weary **[3]yāngyāng, yāngzhǎng** *See also* [6]yàng
[6]yāng 鸯[鴦] in **yuānyang**
[7]yāng 洋 in **lǎnyāngyāng, nuǎnyāngyāng** *See also* [2]yáng
[1]yáng 羊 N. ① sheep ② Surname
[2]yáng 洋 B.F. ① ocean **hǎiyáng** ② <trad.> silver coin **yángqián** ③ vast **yángyì** ④ foreign **[2]yángzhuāng** *See also* [7]yāng

Y

[3]yáng 扬/飏[揚/颺] B.F. ① raise *yángshǒu* ② wave; flutter [1]*piāoyáng* ③ exalt; praise *biǎoyáng* ④ winnow [1]*yángcháng* ⑤ spread; make known [1]*yángyán*

[4]yáng 杨[楊] B.F. poplar *yángshù* ♦N. Surname

[5]yáng 阳[陽] B.F. ① <Ch. phil.> positive/active/male principle in nature *yīnyáng* ② the sun *tàiyáng* ③ male genitals [2]*yángwù* ④ in relief [1]*yángwén* ⑤ open; overt *yánggōu* ⑥ belonging to this world *yángjiān* ⑦ <lg.> masculine *yángxìng* ⑧ south side of a hill *Héngyáng* ⑨ north bank of a river *Luòyáng*

[6]yáng 佯 B.F. feign; pretend *yángsǐ* ♦in *dǎyángr, tǎngyáng*

[7]yáng 炀/烊[煬/-] B.F. ① melt; smelt *yángjīn* ② brightly burning fire *bàodéyánghé See also* [5]*yàng*

[8]yáng 疡[瘍] B.F. ulcer *pàoyángbìng, gǔyáng*

[9]yáng 徉 in *pángyáng, chángyáng*

[1]yǎng 养[養] V. ① support; provide for ② raise; maintain ③ give birth to ④ form; cultivate ♦B.F. ① rest; recuperate *yǎngbìng* ② foster; adoptive *yǎngzǐ, yǎngnǚ*

[2]yǎng 仰 B.F. ① face upward *yǎngwò* ② admire; respect; look up to [1]*jǐngyǎng* ③ rely/depend on *yǎnglài* ④ <trad.> hope; request (used in official documents transmitting orders/requests) [1]*yǎngwàng*

[3]yǎng 氧 N. <chem.> oxygen

[4]yǎng 痒[癢] V. itch; tickle

[1]yàng* 样[樣] B.F. ① appearance; shape; form *yàngzi, yàngr* ② sample; model; pattern [1]*shìyàng* ♦M. kind; type; class

[2]yàng 漾 V. ① ripple ② overflow

[3]yàng 恙 B.F. illness *yàngmǎn, wúyàng*

[4]yàng 怏 in *yànghè,* [2]*yìyàng*

[5]yàng 烊 in [1]*dǎyàng See also* [7]*yáng*

[6]yàng 鞅 in *niúyàng See also* [5]*yāng*

yāngāi 淹该 V. erudite and well-versed

yāngài 湮盖[-蓋] V. inundate

yángǎi 沿改 N. successive changes

yǎngài* 掩盖[-蓋] V. cover; conceal

yáng'ài 洋艾 N. wormwood

yǎngàiwù 掩盖物[-蓋-] N. cover; shelter

yāngān* 烟杆[煙-] N. stem of a long-stemmed tobacco/opium pipe M: [2]*gēn*/[4]*zhī*

yāngǎn 焉敢 F.E. <wr.> How dare. . .?

yāngāng* 烟缸[煙-] N. ashtray M: *ge*/[2]*zhī*

yángāng 盐缸[鹽-] N. salt jar M: *ge*/[2]*zhī*

yāngānkǒukǔ 咽干口苦[-乾--] F.E. dry throat with a bitter taste

yāngānzi 烟杆子[煙-] N. <topo.> ① stem of an opium pipe ② opium addict M: [2]*gēn*

yān'gāo(r/zi) 烟膏(儿/子)[煙-] N. extract of crude opium

yǎngāo* 眼膏 N. eye ointment M: [4]*zhī*

yángāolán 岩高兰[-蘭] N. red crowberry

yǎngāoshǒudī 眼高手低 F.E. have high aims but low abilities

yǎngāoxīn'ào 眼高心傲 F.E. have a haughty look and a proud heart

yǎngbachā 仰八叉 F.E. <topo.> fall flat on one's back *shuāi le gè* ~ fall flat on one's back with legs pointing up

yángbāgǔ 洋八股 N. <coll.> foreign ways/mannerisms

yángbài 佯败 V. pretend to be defeated

yángbáicài 洋白菜 N. cabbage M: [1]*kē*

yángbǎihé 洋百合 N. artichoke

yángbáitóng 洋白铜 N. alloy of copper, zinc, and nickel

yángbáitóu 扬/羊白头[揚-] N. <med.> albino

yǎngbājiǎor 仰八脚儿[--腳-] ADV. <coll.> ① spread-eagled on one's back; sprawled out ~ [1]*tǎngzhe* lying on the back all sprawled out ② good-for-nothing

yàngbǎn 样板[樣-] N. ① sample/proof plate ② template ③ model; prototype; example M: *ge*/[2]*kuài* ♦ATTR. tabular; slaty; platy

yángbànfǎ 洋办法[-辦-] N. foreign methods

yāngbǎng 殃榜 N. astrologer's certificate of the horoscope of the deceased, etc.

yángbàng* 扬棒[揚-] V.O. <coll.> be self important; complacent

yàngbǎntián 样板田[樣-] N. demonstration field/plot M: [2]*kuài*

yàngbǎnxì 样板戏[樣-戲] N. <Cult.Rev.> model theater M: [1]*chū*/[2]*chǎng*

yángbāozi 洋包子 N. <coll.> ① Chinese educated abroad or in western-oriented schools in China ② city slicker; smart aleck

yángbáqiā 洋菝葜 N. sarsa; sarsaparilla

yàngběn(r) 样本(儿)[樣-] N. ① sample; specimen ② sample pages of a printed book M: [1]*běn*

yàngběn guīmó 样本规模[樣-] N. sample size

yàngběnhuà 样本化[樣-] N. sampling

yàngběnliàng 样本量[樣-] N. sample size

yángbiān 扬鞭[揚-] V.O. flourish a whip

yángbiāncuīmǎ 扬鞭催马[揚-] F.E. ① whip one's horse on ② urge sb. to do sth. at full speed

yángbiāo 扬镳[揚-] V. part from a friend

yángbīng 洋兵 N. foreign soldier

yángbìng 佯病 V.O. ① malinger ② pretend to be ill

yǎngbīng 养兵[養-] V.O. <trad.> maintain an army

yǎngbìng* 养病[養-] V.O. recuperate; convalesce

yǎngbìngyuàn 养病院[養-] P.W. convalescent hospital M: [1]*jiā*/[1]*suǒ*

yángbō* 扬波[揚-] N. swelling of waves

yàngbō 漾波 N. ripples

yángbòheyóu 洋薄荷油 N. penner oil; pennyroyal oil

yǎngbór 仰脖儿 V.O. look upward

yángbóshì 洋博士 N. a Chinese with a foreign Ph.D. M: *ge*/[1]*míng*/[2]*wèi*

yángbù 洋布 N. <coll.> ① machine-woven cloth ② calico M: [2]*kuài*

yǎngbùkuìtiān 仰不愧天 F.E. have nothing to feel ashamed of before God

yǎngbuqǐ 养不起[養-] R.V. unable to support/provide for

yángcái* 洋财 N. windfall fortune *fā* ~ make an unexpected big fortune M: [2]*bǐ*

yángcǎi 洋彩 N. painted enamelware

yángcài 洋菜 N. agar

yángcàijiāo 洋菜胶[-膠] N. agar-agar

yǎngcán 养蚕[養蠶] V.O. raise silkworms

yǎngcányè 养蚕业[養蠶業] N. sericulture

yàngcè(r/zi) 样册(儿/子)[樣冊-] N. album of embroidery patterns M: [1]*běn*

yángchāduì 洋插队[-隊] V.P. struggle to survive in a foreign country

[1]yángcháng* 扬/飏场[揚/颺場] V.O. winnow

[2]yángcháng 扬长[揚-] ADV. swaggeringly

[3]yángcháng(r/zi) 羊肠(儿/子)[-腸-] N. sheep/goat intestines

yángchǎng 洋场[-場] P.W. ① <hist.> foreign settlement ② thriving metropolis

yángchángbìduǎn 扬长避短[揚-] F.E. use pluses and ignore minuses

yángchángbǔduǎn 扬长补短[揚-補-] F.E. bring out one's strengths to make up for one's weaknesses

yángcháng'érqù 扬长而去[揚-] F.E. stalk/swagger off

yángchǎng'èshào 洋场恶少[-場惡-] F.E. ① rich young urban bully ② juvenile delinquent M: *ge*/[1]*míng*

yángchángjī 扬场机[揚場-] N. winnowing machine; winnower M: [1]*tái*

yángchǎngkuòshào 洋场阔少[-場--] F.E. rich young fellow M: *ge*/[1]*míng*/[2]*wèi*

yángchángniǎodào 羊肠鸟道[-腸--] F.E. meandering footpath M: [1]*tiáo*

yángchángxiàn 羊肠线[-腸-] N. <med.> catgut (suture) M: [2]*gēn*

yángchángxiǎodào 羊肠小道[-腸--] F.E. meandering path M: [1]*tiáo*

yángchángxiǎojìng 羊肠小径[-腸-徑] F.E. meandering path M: [1]*tiáo*

yángchángxiǎolù 羊肠小路[-腸--] F.E. meandering path M: [1]*tiáo*

yángchǎngzhǎng 洋厂长[-廠-] N. foreign manager of a factory M: *ge*/[1]*míng*/[2]*wèi*

[1]yángchē 洋车 N. <coll.> rickshaw M: [3]*liàng*

[2]yángchē 羊车 N. goat cart M: [3]*liàng*

yángchēfū 洋车夫 N. rickshaw puller M: *ge*/[1]*míng*

yángchén* 扬尘[揚塵] V.O. raise dust

yǎngchén 仰尘[-塵] N. <wr.> ceiling

yángchēnbónù 佯嗔薄怒 F.E. feigned anger

yángchēng 佯称[-稱] V. lie; tell lies

yángchéng 扬程[揚-] N. water-lift (in water conservancy)

[1]yǎngchéng* 养成[養-] R.V. cultivate; raise

[2]yǎngchéng 仰承 V. ① <wr.> depend/rely on ② <court..> in compliance with your wishes

yǎngchéng jiàoyù 养成教育[養-] N. <mil.> education in decorum and regulations

yǎngchéngsuǒ 养成所[養-] N. training school/seminar

yángchǐ 羊齿[-齒] N. bracken; fern

yángchǐlèi zhíwù 羊齿类植物[-齒類--] N. ferns

yángchǐ zhíwù 羊齿植物[-齒--] N. <bot.> ferns

yàngchóng 恙虫[-蟲] N. chigger

yàngchóngrè(bìng) 恙虫热(病)[-蟲熱-] N. scrub typhus

yǎngchù 痒处[癢處] P.W. itchy spot

yángchuán 洋船 N. foreign ship M: [1]*tiáo*/[1]*sōu*

yángchūn 阳春[陽-] N. ① springtime ② title of an ancient tune ③ enlightened rule

yángchūnbáixuě 阳春白雪[陽-] F.E. ① "Spring Snow" (melody of the Chǔ élite) ② highbrow culture

yángchūnmiàn 阳春面[陽-麵] N. <topo.> noodles in a simple sauce M: *wǎn*

yángcí 洋瓷 N. <coll.> enamelware

yángcōng 洋葱[-蔥] N. onion M: *ge*/[2]*zhī*/[1]*kē*

yángcōngtóu 洋葱头[-蔥-] N. onion bulb M: *ge*/[2]*zhī*/[1]*kē*

yǎngdà 养大[養-] R.V. bring up (children)

yángdǎgōngzǎi 洋打工仔 N. foreigner working as a casual laborer in China M: *ge*/[1]*míng*

[1]yángdào 阳道[陽-] N. ① the ways/virtues of males ② external affairs (outside the household) ③ male reproductive organ

[2]yángdào 羊道 N. trails worn by sheep/goats M: [1]*tiáo*

yángdǎor 洋倒儿 <coll.> N. foreign profiteer M: *ge*/[1]*míng*

yángdǎoyé 洋倒爷[-爺] N. foreigner engaged in speculation in China M: *ge*/[1]*míng*

yáng-dà-quán 洋大全 A.T. foreign, big, and all-inclusive

[1]yángdēng 洋灯[-燈] N. ① kerosene lamp ② electric light M: [1]*zhǎn*

[2]yángdēng 羊灯[-燈] N. sheep-shaped lantern M: *ge*/[2]*zhī*

yǎngdeqǐ 养得起[養-] R.V. ① can afford to raise (children/etc.) ② be able to support financially

yángdǐ 洋底 N. ocean floor/bed

Yáng Dì 炀帝[煬-] (580-618) N. <hist.> execrated last emperor of the Sui dynasty

yǎngdì* 养地[養-] V.O. <agr.> enrich the soil

yángdiàn 阳电[陽電] N. positive electricity

yángdiānfēng 羊癫风 N. <med.> epilepsy

yángdiànhè 阳电荷[陽電-] N. <phy.> positive charge

yángdiǎnxīn 洋点心[-點-] N. cake M: [2]*jiàn*

yángdiànzǐ 阳电子[陽電-] N. positive electricity; positron antielectron

yángdìhuáng 洋地黄 N. <Ch. med.> digitalis

yángdīng(zi) 洋钉(子) N. nail M: *ge*/[1]*kē*/[4]*méi*

yángdòng 佯动[-動] V. ① feign activity ② make a feint; feint ♦N. feigned activity; feint

yángdòu 羊痘 N. sheep pox

yǎngdú 仰毒 V.O. <wr.> take poison
yángduàn 洋缎 N. a kind of satin-like fabric M: [2]kuài/[1]pǐ
yǎngduànchētíng 鞅断车停[-斷--] F.E. The halter broke and the carriage stopped.
yángdǔjùn 羊肚菌 N. hickory chick; morel
yángdǔr shǒujīn 羊肚儿手巾 N. <coll.> Turkish hand towel M: [2]kuài
yángdǔxùn 羊肚蕈 N. <bot.> morel; edible fungus
yángdǔzi 羊肚子 N. <coll.> sheep/goat stomach (as food)
yǎngdúzìjìn 仰毒自尽[-盡] F.E. <wr.> commit suicide by taking poison
yángdǔzi máojīn 羊肚子毛巾 N. <topo.> Turkish towel M: [2]kuài
yāngē 阉割 V. ① castrate; spay; emasculate (lit./fig.) ② deprive a theory/etc. of its essence
[1]**yángē** 延搁 V. ①procrastinate; delay ②neglect
[2]**yángē** 岩鸽 N. rock dove/pigeon M: [2]zhī
[1]**yángé*** 严格[嚴-] S.V. strict; rigorous ~ ***shuō lái, tā bùnéng rùxué.*** Strictly speaking, he shouldn't be admitted to the school.
[2]**yángé** 沿革 N. course of change and development; evolution; history
yǎngé 眼格 N. <topo.> field of vision; view; outlook
yàngē 艳歌[艷-] N. <trad.> love songs M: [2]shǒu/[4]zhī
yángé fǎjì 严格法纪[嚴-] V.O. strictly enforce the law
yāngěng* 咽哽 V. choke with sobs
yàngēng 砚耕 V. live by writing
yángěnghóujiān 言梗喉间 F.E. Words stuck in the throat.
yāngē qíngjiē 阉割情结 N. castration complex
yǎng'érbùjiào 养而不教[養-] F.E. bear/raise children without educating them
yǎng'érfánglǎo 养儿防老[養-] F.E. raise sons as insurance against the insecurity of old age
yáng'érlán 羊耳兰[-蘭] N. fen orchid
yángé shuōlái 严格说来[嚴-] V.P. strictly speaking
yángéxìng 严格性[嚴-] N. stringency
yángé zhíxíng 严格执行[嚴-執-] V.P. execute to the letter
yángézhǔyì 严格主义[嚴-義] N. rigorism
yángfǎ(r/zi) 洋法(儿/子) N. <coll.> foreign method/way of doing sth.
yángfān* 扬/飏帆[揚/颺-] V.O. <wr.> hoist sails
yángfàn 洋饭 N. Western-style meal
yángfáng 洋房 P.W. Western-style building M: [4]zuò/[4]dòng
yángfānguòhǎi 扬帆过海[揚-] F.E. sail across the seas
yángfānqǐháng 扬帆起航[揚-] F.E. make sail; set sail
yángfānzhāohún 扬幡招魂[揚-] F.E. ① call back the soul of a dying person ② try to revive what is obsolete
yǎngféi 养肥[養-] V.O. ① batten on ② fatten
yángfěn 洋粉 N. agar-agar
yǎngfèn* 养分[養-] N. nutrient
yángfēng(r) 扬风(儿)[揚-] V.O. ① raise a wind ② <coll.> spread the news ③ winnow
yǎngfēng* 养蜂[養-] V.O. raise bees (for honey)
yǎngfēngchǎng 养蜂场[養-場] P.W. apiary M: [4]zuò/[1]jiā
yángfèngyángwéi 阳奉阳违[陽-陽違] F.E. overtly agree but covertly oppose
yǎngfēngyè 养蜂业[養-業] N. apiculture; beekeeping
yángfèngyīnwéi 阳奉阴违[陽-陰違] F.E. feign compliance
yángfú 洋服 N. Western-style clothes M: [2]jiàn/tào
yǎngfu 养妇[養婦] N. girl raised in the home of her future in-laws M: ge/[1]míng
yǎngfù* 养父[養-] N. foster father M: ge/[1]míng/[2]wèi
yǎngfù-mǔ 养父母[養-] N. foster parents
yāngfǔyīn 央辅音 N. <lg.> central consonant
yǎngfǔzhījiān 仰俯之间 P.W. between heaven and earth; everywhere
yánggāncǎo 洋甘草 N. licorice
yánggāng 阳刚[陽剛] ATTR. ① strong; staunch ② manly; virile
yánggāngzhīqì 阳刚之气[陽剛-氣] N. manliness; virility
yánggǎnlǎn 洋橄榄[-欖] N. olive M: ge/[2]zhī/[1]kē
yǎnggānzīshèn 养肝滋肾[養-腎] F.E. <Ch. med.> nourish the liver and kidneys
yānggao 央告 V. beg; plead
yánggāo(r)* 羊羔(儿) N. lamb M: [2]zhī
yánggǎo 洋镐 N. pickax M: [1]bǎ
yànggǎo 样稿[樣-] N. <print.> galley proof M: [1]fèn
yāngge(r)* 秧歌(儿) N. ① a popular rural folk dance ② songs M: [2]shǒu
yánggē 洋歌 N. non-Chinese song
yǎnggē 氧割 N. oxygen lancing
yānggejù 秧歌剧[-劇] N. *yāngge* opera M: [1]chū/[2]chǎng/[2]mù
yánggēng 羊羹 N. sweet gelatinized red-bean cake M: [2]kuài
yānggewǔ 秧歌舞 N. a popular rural folk dance M: [1]chū
[1]**yánggōng*** 佯攻 V. <mil.> feint; feign an attack
[2]**yánggōng** 羊工 N. hired herdsman M: ge/[1]míng
yǎnggōng 仰攻 V. attack upward
yánggōnghè 羊公鹤 N. undeserved reputation
yánggōu 阳沟[陽溝] N. open drain; ditch M: [1]tiáo
yánggǒu 洋狗 N. foreign dog; a dog of foreign breed M: [2]zhī
yǎnggǒu* 养狗[養-] V.O. keep a dog
[1]**yánggǔ** 扬谷[揚穀] V.O. winnow
[2]**yánggǔ** 洋鼓 N. Western drum M: [2]zhī
yǎngguāi 养乖[養-] V. domesticate (of animals)
yángguān(r)* 羊倌(儿) N. shepherd M: ge/[1]míng
Yángguān 阳关[陽關] N. name of a farewell song: "Sunny Pass"
yángguān dàdào 阳关大道[陽關-] N. broad road; thoroughfare M: [1]tiáo
yángguāndào 阳关道[陽關-] N. broad road; thoroughfare M: [1]tiáo
yángguāng 阳光[陽-] N. sunlight; sunshine M: [2]dào/[3]lǚ
yángguāngcànlàn 阳光灿烂[陽-燦爛] F.E. The sun is shining brightly.
yángguāng dìdài 阳光地带[陽-帶] P.W. sunbelt
yángguānghéxù 阳光和煦[陽-] F.E. genial sunshine
yángguāngmíngmèi 阳光明媚[陽-] F.E. The sun is shining brightly.
yángguāngpǔzhào 阳光普照[陽-] F.E. Sunlight floods the earth.
yángguāngyǔlù 阳光雨露[陽-] F.E. (bathed in) sunshine, rain, and dew
yángguǎngzáhuò 洋广杂货[-廣雜-] F.E. foreign goods imported through Guangdong
Yángguān sān dié 阳关三叠[陽關-疊] N. ① parting tune with a thrice-repeated refrain ② bidding farewell to a departing friend
Yángguān yī qǔ 阳关一曲[陽關-] N. a valedictory song; a song sung to one departing
yàngguī 样规[樣-] N. template
Yáng Guìfēi 杨贵妃[楊-] (d. 756) N. <hist.> favorite concubine of emperor Minghuang
yángguǐzi 洋鬼子 N. <derog.> foreign devil M: ge/[1]míng
yánggǔqùbǐ 扬谷去秕[揚穀-] F.E. winnow chaff from grain
yánggǔqùkāng 扬谷去糠[揚穀-] F.E. winnow the chaff from the grain
yǎng háizi 养孩子[養-] V.O. give birth to and raise children
yǎnghàn 养汉[養漢] V.O. commit adultery (of women); keep a lover (of women)
yāngháng 央行 N. central bank
yángháng* 洋行 N. <trad.> foreign firm M: [1]jiā
yǎnghàn lǎopo 养汉老婆[養漢-] N. <topo.> a wife who supports her husband through prostitution
[1]**yángháo*** 羊毫 N. goat's-hair writing brush M: [4]zhī
[2]**yángháo** 洋毫 N. silver coin
yánghào 洋号[-號] N. Western trumpet M: [4]zhī
yángháobǐ 羊毫笔[-筆] N. goat's-hair writing brush M: [4]zhī
yǎngháochǎng 养蚝场[養-場] P.W. oyster bed M: [1]jiā/[4]zuò
yánghé* 阳和[陽-] V.P. warm; balmy
yànghè 怏吓[-嚇] V. scare; frighten
yánghěnlángtān 羊狠狼贪 F.E. exploit and oppress the people
yánghóng 洋红 N. carmine
yánghóngsè 洋红色 N. vermilion; bright red
yānghòu yuányīn 央后元音[-後--] N. <lg.> central back vowel
yǎnghù 养护[養護] V. ① maintain; look after; conserve ② bear and educate (children)
[1]**yánghuā** 扬花[揚-] V.O. <agr.> flower (of cereal crops)
[2]**yánghuā** 杨花[楊-] N. poplar flowers/blossoms/filaments
[1]**yánghuà** 洋话 N. foreign (usu. Western) language
[2]**yánghuà** 洋化 N. foreignization
yǎnghuā* 养花[養-] V.O. grow flowers
yǎnghuà 氧化 V. <chem.> oxydize
yánghuābù 洋花布 N. cloth with a printed pattern M: [2]kuài/[1]pǐ
yánghuái(shù) 洋槐(树)[-(樹)] N. locust (tree) M: [2]kē
yǎnghuàjì 氧化剂[-劑] N. oxidizing agent
yánghuà jiàoyù 洋化教育 N. Westernized education
yánghuāshuǐxìng 杨花水性[楊-] F.E. be of easy virtue
yǎnghuàwù 氧化物 N. oxide; oxidizing material
yānghuàxìng 央化性 N. <lg.> centralization
Yáng Hǔchéng 杨虎城[楊-] (1893–1949) N. <hist.> military leader best known for role in the 1936 Xi'an Incident
yánghuī* 洋灰 N. <coll.> cement
yǎnghuì 养晦[養-] V.O. live in retirement and wait for the opportune moment to stage a comeback
yǎnghuìdàishí 养晦待时[養-時] F.E. live in retirement and bide one's time
yánghuīdì 洋灰地 N. cement floor M: [2]kuài
yánghuī dìbǎn 洋灰地板 N. cement slab
yánghuījiāng 洋灰浆[-漿] N. concrete
yánghuīlù 洋灰路 N. cement/concrete road M: [2]kuài
yānghuò 殃祸[-禍] N. disasters and calamities
yánghuǒ 洋火 N. <coll.> matches M: hé
yánghuò 洋货 N. imported goods M: [2]jiàn
yǎnghuo* 养活[養-] R.V. <coll.> ① support; feed ② raise (animals)
yánghuòdiàn 洋货店 P.W. store that sells imported goods M: [1]jiā
yánghuǒgùnr 洋火棍儿 N. match stick M: [2]gēn
yánghuǒhér 洋火盒儿 N. match box M: ge/[2]zhī
yánghuòluàn 羊霍乱[-亂] N. sheep cholera
yánghuòzhuāng 洋货庄[-莊] P.W. store that sells foreign goods M: [1]jiā
yǎnghǔshāngshēn 养虎伤身[養-傷-] ID. keep a bad subordinate who will one day bring ruin to his protector
yǎnghǔyíhuàn 养虎贻患[養-] ID. appeasement brings disaster
yāngjī 秧鸡[-雞] N. water rail (bird) M: [2]zhī
[1]**yāngjí** 殃及 V. bring disaster to
[2]**yāngjí** 央及 V. earnest request; appeal
yángjī 阳基[陽-] N. <bio.> tegmen
yángjí 阳极[陽極] N. <phy.> positive pole
yángjǐ 洋脊 N. <geol.> oceanic ridge
yángjì 洋蓟 N. artichoke
yǎngjī* 养鸡[養雞] V.O. raise chickens
yǎngjǐ 仰给 V. rely on the support of others

Y

yǎngjì 养济[養濟] V. ① convalesce ② support (parents) ③ relieve (the poor/etc.)
yàngjī 样机[樣-] N. ① prototype of a machine ② sample machine M: ¹tái
yǎngjiā 养家[養-] V.O. support a family
yǎngjiāfèi 养家费[養-] N. family-support allowance given to an employee sent on a long assignment away from home M: ²bǐ
yǎngjiāhúkǒu 养家糊口[養-] F.E. support one's family
yǎngjiāhuókǒu 养家活口[養-] F.E. support one's family
yángjiān* 阳间[陽-] P.W. this world
yángjiǎn 洋碱[-鹼] N. <topo.> soap
yàngjiàn 样件[樣-] N. exemplar; sample piece
yángjiāng 洋姜 N. <coll.> Jerusalem artichoke
yāngjiǎo 秧脚[-腳] N. bottom part of rice seedlings
yángjiǎo 羊角 N. ① ram's horns ② <wr.> cyclone; whirlwind ③ jujube tree
¹yángjiào 洋教 N. Western religion
²yángjiào 羊叫 N. bleating of a sheep/goat
yǎngjiǎo* 仰角 N. angle of elevation
yángjiǎochuí 羊角锤 N. claw hammer M: ¹bǎ
yángjiǎofēng 羊角风/疯 N. epilepsy
yángjiǎojiē 阳角接[陽-] N. miter joint
yángjiǎosū 羊角酥 N. croissant
yángjiàotiáo 洋教条[-條] N. foreign dogmas
yǎngjīchǎng 养鸡场[養雞場] P.W. chicken run/farm M: ¹jiā/⁴zuò
yāngjíchíyú 殃及池鱼 F.E. ① innocent people caught up in turmoil ② bring disaster to innocent people
yángjiè 羊疥 N. sheep mange
yángjīn 炀/烊金[煬-] N. molten metal
yángjǐng 洋井 N. <trad.> motor-pumped wells and tube wells M: kǒu
yǎngjìng* 养静[養靜] V.O. flee the hubbub to cultivate mental calm
yángjīngbāng 洋泾浜[-涇-] N. <lg.> pidgin
yángjīngbānghuà 洋泾浜化[-涇--] N. <lg.> pidginization hypothesis
yángjīngbānghuà de 洋泾浜化的[-涇---] ATTR. <lg.> pidginized form
yángjīngbāng Yīngyǔ 洋泾浜英语[-涇---] N. Pidgin English
yángjīngbāngyǔ 洋泾浜语[-涇--] N. <lg.> pidgin
yángjīngbāngyǔhuà 洋泾浜语化[-涇---] N. <lg.> pidginization
yángjīngbāngyǔ xíngshì 洋泾浜语形式[-涇----] N. <lg.> pidginized form
yángjīnglǐ 洋经理[-經-] N. foreign manager of a company M: ge/¹míng/²wèi
yǎngjīngxùruì 养精蓄锐[養-] F.E. husband one's energy
yángjīnhuā 洋金花 N. <bot.> datura flower M: ²duǒ/²kē
yángjìnr 洋劲儿[-勁-] N. foreign style/way of carrying oneself
¹yángjiǔ 洋酒 N. liquor imported from the West M: píng
²yángjiǔ 阳九[陽-] N. critical period; evil days
yāngjíwúgū 殃及无辜 F.E. Trouble enmeshes/involves innocent people.
yǎngjǐyúrén 仰给于人[--於-] F.E. depend/rely on other(s) for support
yǎngjízhīzhào 仰即知照 F.E. Let it be understood at once.
yǎngjízūnzhào 仰即遵照 F.E. We hope that you will act accordingly at once.
yángjú 洋菊 N. <bot.> dahlia M: ²kē/²duǒ
yángjù* 阳具[陽-] N. male reproductive organ; penis
Yángjù 扬剧[揚劇] N. Yángzhōu opera
yǎngjú 养局[養-] N. <art> protectors (of scrolls); narrow strips of brocade or a special silk, one at the top and one at the bottom of a scroll
yángjuàn 羊圈 N. sheepfold M: ge/⁴zuò
yǎngjūnqiānrì 养军千日[養-] F.E. be prepared for emergencies

yángkāng 扬糠[揚-] V.O. winnowing
yángkè* 阳刻[陽-] V.P. carved in relief
yǎngkē 养疴[養痾] V.O. undergo a period of recuperation
yāngkěn 央恳[-懇] V. beg; plead; implore
yǎngkǒu* 养口[養-] V.O. support one's family
yǎngkòu 养寇[養-] N. let brigands multiply
yángkuáng 佯/阳狂[陽-] V.O. <wr.> feign madness
yángkuàngkuang 洋框框 N. restrictive foreign conventions
yánglà 洋蜡[-蠟] N. candle
yǎnglài 仰赖 V. rely on
¹yánglán 羊栏[-欄] N. sheepcote; sheepyard; fold
²yánglán 洋兰[-蘭] N. imported/foreign orchid M: ²kē
yánglào(r) 洋落(儿) N. <coll.> ① loot; booty ② stroke of luck ③ windfall
yǎnglǎo* 养老[養-] V.O. ① provide for the aged ② live out one's life in retirement
yǎnglǎo bǎoxiǎn 养老保险[養-] N. old-age insurance
yǎnglǎofèi 养老费[養-] N. money saved up for old age M: ²bǐ
yǎnglǎojīn 养老金[養-] N. old-age pension M: ²bǐ
yǎnglǎoyuàn 养老院[養-] P.W. old-people's home M: ¹jiā/¹suǒ
yánglázi 洋揦子 N. <topo.> glass bottle
yánglèi 阳类[陽類] N. masculine
¹yánglì 阳历[陽曆] N. solar calendar
²yánglì 扬厉[揚厲] V. <wr.> develop
yǎnglián 养廉[養-] N. <trad.> ① salary for public officials ② living expenses
yǎngliǎn* 仰脸 V.O. raise one's face; look upward
yǎngliào 养料[養-] N. ①nutriment; nourishment ② feed for animals
yánglìji 羊痢疾 N. sheep dysentery
yānglíng 秧龄[-齡] N. maturing time of rice seedlings
yánglíng* 羊羚 N. goat antelope M: ²zhī
Yánglìnián 阳历年[陽曆-] N. solar New Year
yángliú 洋流 N. <geog.> ocean current
yángliǔ* 杨柳[楊-] N. ① poplar and willow ② willow M: ²kē
yángliǔdīchuí 杨柳低垂[楊-] F.E. willow branches hanging downward
yángliyángqì 洋里洋气[-裡-氣] R.F. in ostentatiously foreign style
yánglízi 阳离子[陽離-] N. positive ion; cation
yánglóu 洋楼[-樓] N. foreign-style storied building M: ⁴dòng/⁴zuò
yǎnglù 养路[養-] V.O. maintain a road/railway
yǎnglù dàobān 养路道班[養-] N. road-maintenance crew
yǎnglùduì 养路队[養-隊] P.W. road gang; road-maintenance crew M: ⁴zhī
yǎnglùgōng 养路工[養-] N. road/rail-maintenance gang M: ge/¹míng
yángluòhǔkǒu 羊落虎口 ID. hopelessly perilous situation
yángluósī 阳螺丝[陽-絲] N. bolt (as distinct from nut) M: ge/²zhī/¹kē
yǎnglùshuì 养路税[養-] N. highway-maintenance tax M: ²bǐ
yánglúzi 洋炉子[-爐-] N. <topo.> iron coal-burning stove M: ⁴zuò/¹tái
yāngmǎ 秧马 N. vehicle for transporting rice plants to the rice fields
yángmá* 洋麻 N. <bot.> kenaf
yǎngmǎchǎng 养马场[養-場] P.W. horse ranch M: ⁴zuò/¹jiā
yàngmǎn 恙螨 N. chigger; tsutsugamushi
yāngmǎngwújì 泱漭无际[-際] F.E. vast without limit
¹yángmáo* 羊毛 N. sheep's wool; fleece
²yángmáo 羊茅 N. fescue grass; fescue
yǎngmāo 养猫[養貓] V.O. keep a cat
yàngmào 样貌[樣-] N. appearance; shape

yángmáo chū zài yáng shēnshang 羊毛出在羊身上 ID. In the end, you have to pay for what you get. There's no free lunch.
yángmáodài 羊毛袋 N. woolsack M: ²zhī
yángmàojìn 洋冒进[-進] N. modern great leap forward
yángmáopí 羊毛皮 N. sheepskin M: ²kuài
yángmáoshān 羊毛衫 N. woollen sweater M: ²jiàn
yángmáowà 羊毛袜[-襪] N. woolen socks/stockings M: ¹shuāng
yángmáoyī 羊毛衣 N. woolen wear M: ²jiàn
yángmáozhān 羊毛毡[-氈] N. felted wool M: ²kuài
yángmáozhī 羊毛脂 N. wool oil
yángmáozhuàng 羊毛状[-狀] ATTR. sheep's-wool-like
yángmáozi 洋毛子 N. <topo.> Westerner M: ge/¹míng
yángmǎzi 洋码子 N. <topo.> Arabic numerals
¹yángméi 杨梅[楊-] N. ① red bayberry M: ge/¹kē ② arbutus M: ²kē
²yángméi 洋莓 N. strawberry M: ge/¹kē
yángméichuāng 杨梅疮[楊-瘡] N. <coll.> syphilis
yángméiguǒ 杨梅果[楊-] N. red bayberry M: ge/¹kē
yáng méi tǔqì 扬眉吐气[揚-氣] V.P. feel proud and elated
yángmí 洋迷 N. person fascinated with things Western M: ge/¹míng
¹yángmiàn 洋面 N. sea surface
²yángmiàn(r) 阳面(儿)[陽-] N. ① sunny side ② frank/open/candid side (of sth./sb.)
yǎngmiàn* 仰面 V.O. face upward
yángmiànbāo 洋面包 N. Western-style bread M: ge/²zhī
yǎngmiàncháotiān 仰面朝天 F.E. lie on one's back; fall flat on one's back
yǎngmiàndàxiào 仰面大笑 F.E. throw back one's head and laugh
yǎngmiàndiēzú 仰面跌足 F.E. stamp on the ground in irritation and perplexity
yǎngmiànqiúrén 仰面求人 F.E. humbly implore sb.
yāngmiáo 秧苗 N. rice seedling M: ²kē
yāngmín 殃民 V.P. bring disaster to the people
¹yángmíng 扬名[揚-] V.O. ① become famous ② become notorious
²yángmíng 阳明[陽-] N. ① sunlight ② <Ch. med.> yang brightness channel
yángmínghǎiwài 扬名海外[揚-] F.E. make one's reputation abroad
yángmíngtiānxià 扬名天下[揚-] F.E. become world-famous
Yángmíng xuépài 阳明学派[陽-] N. <phil.> school of Wang Yangming
yángmíngyúshì 扬名于世[揚-於-] F.E. become world-famous
yángmiù 佯谬 N. <phy.> paradox
yángmó 羊膜 N. <bio.> amnion
yángmógu 洋蘑菇 N. mushroom; *Agaricus campestris* M: ge/²zhi
yángmòli 洋茉莉 N. heliotrope M: ²duǒ/²kē
yángmòshuǐ 洋墨水 N. <coll.> ① foreign ink ② education received in the West
yángmóu 阳谋[陽-] N. do openly/aboveboard
yángmù 杨木[楊-] N. poplar M: ²kē
yǎngmǔ 养母[養-] N. foster mother M: ge/¹míng/²wèi
¹yǎngmù* 仰慕 V. admire; look up to
²yǎngmù 氧幕 N. oxygen tent
yàngmù 样木[樣-] N. sample trees
yángnǎi* 羊奶 N. ewe/goat milk M: píng/bēi
yàngnǎi 漾奶 V.O. throw up milk (of babies)
yángnānnān 洋囡囡 N. doll M: ge/²zhī
yǎngnénghéyì 仰能合意 F.E. hope it is what you want
yángnián 羊年 N. the year of the sheep
yǎngniáng 养娘[養-] N. ① a maid ② wet nurse ③ foster mother M: ge/¹míng

yāngniǎo 秧鸟 N. wood rail (a bird) M: 2zhī
yǎngniǎo* 养鸟[養-] V.O. keep pet birds
yǎngniǎoshì 养鸟室[養-] P.W. aviary M: 1jiān
yángníngméng 洋柠檬[-檸-] N. lemon; citrus limon M: ge/2zhī
yángniūr 洋妞儿 N. Western girl; young non-Chinese woman M: ge/1míng/2wèi
yángnú 洋奴 N. <derog.> flunky of foreigners M: ge/1míng
yǎngnǚ 养女[養-] N. adopted daughter M: ge/1míng
yángnú mǎibàn 洋奴买办[-買辦] N. lackeys and compradors in the service of foreign bosses; slavish compradors M: ge/1míng
yángnú sīxiǎng 洋奴思想 N. slavish mentality that admires everything of foreign origin
yángnú zhéxué 洋奴哲学 N. slavish comprador philosophy; blind worship of everything foreign
yángōng* 盐工[鹽-] N. salt worker M: ge/1míng
yàngōng 验工 V.O. inspect work ♦N. quality inspector (in a factory/etc.)
yángōu 檐沟[-溝] N. eaves gutter M: 2dào/1tiáo
yángòu 盐垢[鹽-] N. salt crust/deposit
yángōucǎo 沿沟草[-溝-] N. brookgrass
yángpái 羊排 N. mutton/lamb chop M: 2kuài
yángpán 洋盘[-盤] N. <topo.> ① bumpkin ② raw hand
yǎngpān* 仰攀 V. ① climb up ② seek higher connections; climb socially
yǎngpàng 养胖[養-] V.O. gain weight
yǎngpāngāoguì 仰攀高贵 F.E. butter up to the high and mighty
yángpào 洋炮 N. <coll.> foreign-made cannon M: 1jià/4zuò
yángpén 洋盆 N. <geog.> ocean basin
yángpí 羊皮 N. sheepskin M: 1zhāng/2kuài
yàngpiàn(r) 样片(儿)[樣-] N. <photo.> ① print; rush; rush sample ② sample movie/telefilm; movie/telefilm produced for examination/preview M: 2bù
yángpí'ǎo 羊皮袄[-襖] N. sheepskin jacket M: 2jiàn
yángpífá 羊皮筏 N. sheepskin raft
yàngpǐn 样品[樣-] N. ① sample (product); specimen ② prototype M: 2jiàn
yàngpǐnfèi 样品费[樣-] N. expenses for samples M: 2bǐ
yángpíng 阳平[陽-] N. <lg.> ① second/rising tone in Standard Chinese ② one of the eight possible tonal categories in Chinese ③ lower even tone
yángpíngshēng 阳平声[陽-聲] N. <lg.> lower even tone
yàngpǐnshì 样品室[樣-] P.W. sample room M: 1jiān
yángpípa 洋琵琶 N. mandolin M: 1bǎ
yángpípaqín 洋琵琶琴 N. mandolin
yángpízhǐ 羊皮纸 N. parchment M: 1zhāng
yángpō 阳坡[陽-] N. southern slope of a mountain
yángqī 洋漆 N. paint
1yángqí 扬旗[揚-] V.O. <traf.> semaphore
2yángqí 阳畦[陽-] N. <agr.> seed bed with windbreaks
yángqǐ 扬起[揚-] R.V. ① kick up ② elevate
1yángqì* 扬弃[揚棄] V. ① sift; pick and choose ② <phil.> sublate ③ discard; renounce
2yángqì 洋气[-氣] N. ① foreign flavor; Western style ② outlandish ways
3yángqì 阳气[陽氣] N. masculine/positive life-energy
4yángqì 扬气[揚氣] A.T. self-satisfied (of merchants)
1yǎngqì 氧气[-氣] N. oxygen
2yǎngqì 养气[養氣] V.O. ① <wr.> foster moral character ② <Dao.> do breathing exercises ③ <chem.> oxygen
yángqián 洋钱[-錢] N. <coll.> silver coin/dollar
yāngqiàng 央戗[-戧] A.T. dragging on (of a business/illness/etc.)
yángqiāng* 洋枪[-槍] N. foreign guns M: 1bǎ
yángqiáng 阳强[陽強] N. penis ultraerection
yángqiāngdàpào 洋枪大炮[-槍--] F.E. firearms; guns
yángqiāngduì 洋枪队[-槍隊] P.W. forces armed with foreign guns M: 4zhī
yángqiánpiào 洋钱票[-錢-] N. paper currency
yǎngqì miànzhào 氧气面罩[-氣--] N. oxygen mask M: ge/2zhī
yángqín* 扬/洋琴[揚-] N. ① dulcimer ② piano M: 1jià
yǎngqīn 养亲[養親] V.O. support and serve parents
yāngqing 央请 V. make a request
yángqīngjīzhuó 扬清激浊[揚-濁] F.E. ① eliminate vice and extol virtue ② publicize the good deeds of good people in the hope that others will emulate them
yǎngqǐngyǔnzhǔn 仰请允准[-準] F.E. we beg for your kind permission
yǎngqìpíng 氧气瓶[-氣-] N. oxygen cylinder M: ge/2zhī
yángqì shízú 洋气十足[-氣--] V.P. be very outlandish; be full of foreign flavor
yāngqiú* 央求 V. beg; plead; implore
yǎngqiú 仰求 V. ① implore ② be dependent on sb.
yángqǔdēngr 洋取灯儿[--燈-] N. <coll.> matches
yángquè 扬榷[揚-] V. <wr.> expound briefly
yángquè gǔ-jīn 扬榷古今[揚-] V.O. briefly review the past and the present
yǎngqǔfǔshí 仰取俯拾 F.E. thriftily accumulate
yángqún 羊群 N. sheep flock
yángqún lǐtou chū luòtuo 羊群里头出骆驼[--裡----] ID. stand out like a camel in a flock of sheep
yāngr 秧儿 N. ① plants (in general) ② cereal plants to be replanted
yàngr* 样儿[樣-] N. sample; model; pattern
yàngrán 怏然 V.P. <wr.> ① self-important; arrogant ② unhappy; discontented
yángrén 洋人 N. foreigner M: ge/1míng/2wèi
yǎngrénbíxī 仰人鼻息 F.E. be at sb.'s beck and call
yāngrénshuōqíng 央人说情 F.E. ask sb. to speak on one's behalf
yángróng 羊绒 N. fine sheep wool; cashmere
yángróngshān 羊绒衫 N. cashmere sweater M: 2jiàn
yángròu 羊肉 N. mutton M: 2kuài
yángròuchuàn(r) 羊肉串(儿) N. mutton kebab
yángròu chuángzi 羊肉床子 P.W. mutton shop
yángròuguǎnr 羊肉馆儿 P.W. restaurant that serves mainly mutton dishes M: 1jiā
yángrǔ 羊乳 N. sheep/goat milk M: bēi
yángrùhǔkǒu 羊入虎口 ID. extreme danger
yángrùlángqún 羊入狼群 ID. in a perilous position
yángrǔlào 羊乳酪 N. goat-milk cheese
1yángsǎn 阳伞[陽傘] N. parasol; sunshade; umbrella M: 1bǎ
2yángsǎn 洋伞[-傘] N. steel-frame umbrella M: 1bǎ
yángsǎngzi 洋嗓子 N. voice trained in the Western style of singing
yángshā 洋纱 N. ① muslin ② machine-spun cotton yarn M: 2kuài
yángshàn 扬善[揚-] V.O. make known another's good deeds
yǎngshàn* 养赡[養-] V. support (one's parents/etc.)
yángshāng 洋商 N. foreign merchant M: ge/1míng/2wèi
yǎngshāng* 养伤[養傷] V.O. heal one's wounds
yángshàngshù 羊上树[-樹] ID. <coll.> contrary; perverse
yángshànqù'è 扬善去恶[揚-惡] F.E. develop what is good and discard what is evil
yángshānyù 洋山芋 N. <topo.> potato M: ge/2zhī
Yǎngsháo 仰韶 P.W. <archeo.> Neolithic site in Mianchi, Henan
Yǎngsháo Wénhuà 仰韶文化 N. Yangshao (neolithic) Culture
yángshè 羊舍 N. sheepfold; sheepcote M: 4zuò
yāngshégēnyīn 央舌根音 N. <lg.> medievelar
yángshēn 洋参[-參] N. ginseng M: 2gēn/4zhī/5zhī
yǎngshēn 养身[養-] V. ① take care of one's health ② nourish one's personal vital principle
yǎngshén* 养神[養-] V.O. ① refresh one's spirits ② <Dao.> foster one's spiritual essence
yángshēn biāojì 羊身标记[--標-] N. sheep-branding
1yángshēng 扬声[揚聲] V.O. ① raise one's voice ② make public ③ <wr.> become famous
2yángshēng 阳声[陽聲] N. <lg.> yùn ending in a nasal
yángshèng 阳盛[陽-] N. overabundance of yáng ♦V.P. <Ch. med.> yáng abundance
yǎngshēng* 养生[養-] V.O. ① keep in good health ② nourish one's vital principle
yángshēng diànhuà 扬声电话[揚聲電-] N. speaker-phone M: 1jià/2bù
yángshēngqì 扬声器[揚聲-] N. loudspeaker M: ge/2zhī/1jià
yǎngshēngsòngsǐ 养生送死[養-] F.E. ① births and funerals ② support one's parents when they are alive and look after their funeral arrangements upon their death
yángshēngyùn 阳声韵[陽聲韻] N. <lg.> yùn ending in a nasal
yángshēng yùnmǔ 阳声韵母[陽聲韻-] N. <lg.> nasal final
yǎngshēngzhīdào 养生之道[養-] N. the way to keep in good health
yángshí 洋什 N. <trad.> miscellaneous foreign goods
1yángshì 阳世[陽-] N. land of the living; this world
2yángshì 洋式 N. Western style
3yángshì(r) 洋事(儿) N. job in a foreign business
yǎngshí 仰食 V. sponge (on others)
yǎngshì 仰视 V. look up at
yàngshì* 样式[樣-] N. pattern; type; style; form
yǎngshìfǔxù 仰事俯畜 F.E. support one's parents as well as one's wife and children; support one's family
yǎngshìtú 仰视图[-圖] N. upward view; vertical view M: 1zhāng
yǎngshíyúrén 仰食于人[--於-] F.E. depend on another for a living
yǎngshíyútiān 仰食于天[--於-] F.E. depend on another for a living
yángshìzi 洋柿子 N. <topo.> tomato M: 2zhī/ge
yángshǒu* 扬手[揚-] V.O. raise the hand and beckon
yángshòu 阳寿[陽壽] N. predestined life-span
yǎngshǒu 仰首 V.O. <wr.> raise one's head
yǎngshǒudàxiào 仰首大笑 F.E. throw one's head back and laugh
yǎngshǒushēnméi 仰首伸眉 F.E. a look of exultation
yángshù* 杨树[楊樹] N. poplar M: 2kē
yàngshū 样书[樣書] N. sample book M: 1běn/4cè
yàngshù 样数[樣數] N. kind; type
1yángshuǐ 羊水 N. <phys.> amniotic fluid
2yángshuǐ 扬水[揚-] V.O. pump up water
yángshuǐbèng 扬水泵[揚-] N. lift pump M: 1tái/4zuò
yángshuǐzhàn 扬水站[揚-] P.W. pumping station M: 4zuò
yángshūzhàbài 佯输诈败 F.E. pretend to be defeated
yángshǔ zhíwù 杨属植物[楊屬-] N. poplar
yángsǐ 佯死 V.O. feign death
yǎngsīsī 痒斯斯[癢-] R.F. itchy
yángsōng 洋松 N. Oregon pine M: 2kē
yángsú 洋俗 N. foreign custom

Y

yángsuì 阳燧/遂[陽-] N. brass mirror placed in the sun to generate enough heat to ignite dry grass
yángsūmù 洋苏木[-蘇-] N. logwood M: [2]kē
yángsǔnjíyīn 阳损及阴[陽-陰] F.E. deficiency of *yáng* affecting *yīn*
yángsuǒ 洋锁 N. padlock M: [1]*bǎ*
yángsūyè 洋苏叶[-蘇葉] N. <*bot.*> salvia M: [2]*kē*
yángtái 阳台[陽臺] N. ① balcony; terrace; deck ② trysting place
yàngtài 样态[樣態] ATTR. modal
yàngtài yǔcí 样态语词[樣態-] N. <*lg.*> modal term
yàngtài zhùcí 样态助词[樣態-] N. modal auxiliary
yángtāngzhǐfèi 扬汤止沸[揚湯-] ID. ① adopt half-measures ②stupid way of solving a problem ③ provide temporary relief to the suffering people
yángtáo 羊/杨桃[楊-] N. carambola; star fruit M: *ge*/[2]*zhī*/[1]*kē*
yángtí 羊蹄 N. <*bot.*> Japanese patience
yāngtián* 秧田 N. rice-seedling bed M: [1]*piàn*
yángtián 洋钿 N. <*topo.*> silver dollar
yǎngtiān 仰天 V.O. look up at the sky
yǎngtiānchángtàn 仰天长叹[-嘆] F.E. lift up one's eyes and sigh; sigh deeply
yǎngtiānchángxiào 仰天长啸[-嘯] F.E. cry out at length to heaven; make a long throaty noise in the open air
yǎngtiāndàxiào 仰天大笑 F.E. laugh sardonically
yángtiě 洋铁[-鐵] N. ① tinplate ② galvanized iron
yángtiěbǎn 洋铁板[-鐵-] N. tin plate M: [2]*kuài*
yángtiěbó 洋铁箔[-鐵-] N. tinfoil M: [1]*zhāng*
yángtiěguànr 洋铁罐儿[-鐵--] N. tin can M: *ge*/[2]*zhī*
yángtiěpù 洋铁铺[-鐵-] P.W. tin-plate shop M: [1]*jiā*
[1]**yángtóng** 杨桐[楊-] N. a tall evergreen tree; *Cleyera japonica* M: [2]*kē*
[2]**yángtóng** 阳童[陽-] N. concubine's son who died young M: *ge*/[1]*míng*
yángtóu 羊头 N. sheep's head
yǎngtóu* 仰头 V.O. ① face upward ② raise one's head
yǎngtóudiǎn 仰头点[-點] N. <*art*> raised-head dot (in painting)
yángtǔ 扬土[揚-] V.O. stir up dust
yàngtú* 样图[樣圖] N. master drawing M: [1]*zhāng*
yǎngtùchǎng 养兔场[養-場] N. rabbit warren M: [1]*jiā*/[4]*zuò*
yángtuǐ 羊腿 N. leg of mutton

yāngtuō* 央托 V. entreat sb. to do sth.; request; entrust
yángtuó 羊驼 N. alpaca (Lama alpacos) M: [1]*tóu*
yángtuómáo 羊驼毛 N. alpaca fiber/wool
yángù 严固[嚴-] S.V. tightly consolidated; strong of defenses
[1]**yānguǎn** 烟馆[煙-] P.W. opium shop/house M: [1]*jiā*/[4]*zuò*
[2]**yānguǎn** 烟管[煙-] N. tobacco pipe M: [2]*gēn*
[1]**yānguàn** 淹灌 N. <*agr.*> basin irrigation
[2]**yānguàn** 淹贯 V. <*wr.*> have a thorough understanding of
[1]**yánguān** 严关[嚴關] N. strategic pass
[2]**yánguān** 言官 N. imperial censors
yánguàn 盐罐[鹽-] N. saltcellar; saltshaker
yànguān* 验关[-關] V.O. go through customs examination
yǎn guān bí, bí guān xīn 眼观鼻,鼻观心[-觀-,-觀-] F.E. sit in concentrated introspection
yānguǎndǔkū 烟馆赌窟[煙-] F.E. opium parlors and gambling houses
yǎnguāng(r)* 眼光(儿) N. ① eye ② sight; foresight; insight; vision ③ view; way of looking at things ***Bùyào yòng lǎo ~ kàn wǒ.*** Don't judge me by what I used to be. ④ intention; desire
yànguāng 验光 V.O. examine the eyes ♦N. optometry
yǎnguāng duǎnqiǎn 眼光短浅[-淺] V.P. be shortsighted
yǎnguāng fàngyuǎn 眼光放远[-遠] V.P. take the long view
yànguāng jìshī 验光技师[-師] N. optometrist M: *ge*/[1]*míng*/[2]*wèi*
yǎnguāng shuǐpíng 眼光水平 N. eye level
yǎnguāng yuǎndà 眼光远大[--遠-] V.P. be farsighted/prescient
yànguànqúnfāng 艳冠群芳[艷-] F.E. (its) beauty surpasses all flowers
yānguànqúnshū 淹贯群书[-書] F.E. <*wr.*> be well-read; be learned; be widely knowledgeble about books
yānguǎnzi 烟管子[煙-] N. coal stove chimney
yán guǎ yóu, xíng guǎ huǐ 言寡尤,行寡悔 F.E. make few mistakes in speech and action
yāngǔguǎn 烟鼓管[煙-] N. <*phys.*> Eustachian tube
yānguǐ* 烟鬼[煙-] N. ① opium addict ② heavy smoker M: *ge*/[1]*míng*
yǎnguī 琰圭 N. jade tablet with a pointed top
yán guǐdào yùnxíng 沿轨道运行[---運-] F.E. orbiting; circling; circumrotation
yánguìjiǎnjié 言贵简洁[-潔] F.E. Brevity is the soul of wit.
yánguīyúhǎo 言归于好[-歸於-] F.E. become reconciled
yánguīzhèngzhuàn 言归正传[-歸-傳] F.E. return to the topic
yānguō 烟锅[煙鍋] N. <*topo.*> pipe bowl M: *ge*/[2]*zhī*
yànguòbámáo 雁过拔毛 F.E. ① seize any opportunity ② squeeze whenever possible
yǎn guòláo 眼过劳[-勞] V.P./N. strain one's eyes; eyestrain
yánguòqíshí 言过其实[-實] F.E. exaggerate; overstate
yānguōzi 烟锅子[煙鍋-] N. <*coll.*> bowl of a pipe; pipe
yán gù xíng, xíng gù yán 言顾行,行顾言[-顧-,-顧-] F.E. One's words must square with one's deeds.
yàngùxǐxīn 厌故喜新[厭-] F.E. dislike the old and delight in the new
yǎngwǎndēng 仰碗灯[-燈] *See huā ge yǎngwǎndēng*
[1]**yǎngwàng** 仰望 V. ① look up at ② <*wr.*> look to for guidance/support ③ hope
[2]**yǎngwàng** 养望[養-] V. cultivate one's reputation
yāngwǎngqīshēng 鞅罔欺生 F.E. Worthless persons take advantage of strangers.
yángwáwa* 洋娃娃 N. doll
yǎng wáwa 养娃娃[養-] V.O. <*topo.*> give birth to a child
yángwàzi 洋袜子[-襪-] N. socks M: [1]*shuāng*
yángwēi* 扬威[揚-] V.O. flaunt one's strength
yángwěi 阳痿/萎[陽-] N. <*med.*> impotence
yángwèi(r) 洋味(儿) N. ① foreign flavor; Western style ② outlandish ways
yángwéibùjiàn 佯为不见 F.E. shut one's eyes to another's faults
yángwèiyángtóu 羊胃羊头 F.E. the untouchables who hold high government posts
yángwéizhōngyòng 洋为中用 F.E. make foreign things serve China
[1]**yángwén** 阳文[陽-] N. characters cut in relief
[2]**yángwén** 洋文 N. foreign language
[3]**yángwén** 阳纹[陽-] N. the external thread; the male screw
yángwén qiānzì 阳文铅字[陽-] N. raised type
yángwénshū 洋文书[-書] N. book written in a foreign language
yǎngwò 仰卧[-臥] V. lie supine
yǎngwò-qǐzuò 仰卧起坐[-臥--] N. <*sport*> sit-up
[1]**yángwù** 洋务[-務] N. foreign affairs
[2]**yángwù** 阳物[陽-] N. penis
yángwùpài 洋务派[-務-] N. <*hist.*> officials advocating Westernization in the 19th century.
yǎngwūxīngtàn 仰屋兴叹[-興嘆] F.E. find no way out
Yángwù Yùndòng 洋务运动[-務運動] N. <*hist.*> Westernization Movement (19th century)
yǎngwūzhùshū 仰屋著书[-書] F.E. dedicate oneself to writing
[1]**yǎngxī*** 养息[養-] V./N. ① preserve one's health ② <*wr.*> adopted son
[2]**yǎngxī** 仰息 V. be dependent on the pleasure of others
yǎngxí 养媳[養-] N. young girl brought up in her future husband's home till the age of marriage M: *ge*/[1]*míng*
yǎng xiàlai 养下来[養-] R.V. ① give birth to ② manage to raise/provide for
yángxiánfēng 羊痫风/疯[-癇-] N. epilepsy
yángxiàng 洋相 N. faux pas; social blunder ***chū*** ~ make an ass of oneself
yángxiàngbǎichū 洋相百出 F.E. make a spectacle of oneself
yángxiào* 佯笑 V. feign a smile
yǎngxiǎo 养小[養-] <*coll.*> V.O. keep a concubine
yǎng xiǎolǎopo 养小老婆[養-] V.O. keep a mistress
yángxié 阳邪[陽-] N. <*Ch. med.*> pathogen of *yáng* nature
yǎngxīn 养心[養-] V.O. cultivate mental calm
yángxìng* 阳性[陽-] N. ① <*med.*> positive energy/etc. ② <*lg.*> masculine gender
yǎngxìng 养性[養-] V.O. discipline one's temperament
yángxìng fǎnyìng 阳性反应[陽-應] N. positive reaction
yángxìng míngcí 阳性名词[陽-] N. <*lg.*> masculine noun
yángxīngtāng 羊腥汤[-湯] N. <*topo.*> mutton soup
yángxìng zhíwù 阳性植物[陽-] N. sun plant
Yáng Xióng 杨雄[楊-] (53 B.C.-A.D. 18) N. philosopher, rhapsodist, dialectician; argued man's nature is neither good nor evil
yángxiū 佯羞 V.P. <*wr.*> pretend to be shy
yángxiùqiú 洋绣球[-繡-] N. <*bot.*> geranium M: [2]*kē*
yángxū 阳虚[陽虛] N. <*Ch. med.*> ① lack of vital energy ② *yáng* depletion
yǎngxùn 养驯[養-] V. tame
yángxūzhèng 阳虚症[陽虛-] N. <*Ch. med.*> pathocondition of *yáng* depletion
yángyālì 扬压力[揚壓-] N. uplifted pressure
yángyān 洋烟[-煙] N. ① imported cigarettes M: [1]*bāo*/*hé*/[4]*zhī*/[2]*gēn* ② <*coll.*> opium
[1]**yángyán*** 扬言[揚-] V.O. ① broadcast threats ② spread words; exaggerate
[2]**yángyán** 佯言 V.O. <*wr.*> tell lies; lie
[1]**yāngyāng** 泱泱 R.F. <*wr.*> ①vast ②magnificent ③ turbulent (of clouds)
[2]**yāngyāng** 央央 R.F. ①bright (of flags) ②jangling (of bells)
[3]**yāngyāng** 鞅鞅 R.F. discontentedly
[1]**yángyáng*** 扬扬//洋洋[揚揚//-] R.F. ① complacent ② vast; impressive ♦ADV. extremely; greatly
[2]**yángyáng** 阳阳[陽陽] R.F. satisfied; contented
yǎngyang(r) 痒痒(儿)[癢癢-] R.F./N. <*coll.*> itch; tickle
yǎngyǎng 养养[養養] R.F. troubled; anxious; uneasy
[1]**yàngyàng** 怏怏 R.F. ① disgruntled ② discontented; dispirited
[2]**yàngyàng(r)** 样样(儿)[樣樣-] R.F. all kinds; every aspect ***Chànggē, tiàowǔ, tā ~ [1]xíng.*** He's good at singing, dancing, etc.
[3]**yàngyàng** 漾漾 R.F. rippling
yàngyàngbùlè 怏怏不乐[-樂] F.E. morose
yāngyāngdàfēng 泱泱大风 F.E. impressive manner of a great country

yángyángdàguān 洋洋大观[-觀] F.E. spectacular; grandiose
yāngyāngdàguó 泱泱大国[-國] F.E. great and impressive country
yángyángdàpiān 洋洋大篇 F.E. a magnificent piece of writing
yángyángdéyì 扬扬//洋洋得意[揚揚//-] F.E. be very pleased with oneself; be elated
yàngyàngdōuhuì 样样都会[樣樣-] F.E. can do everything
yàngyàngdùrì 怏怏度日 F.E. mope the time away
yàngyàng'érbié 怏怏而别 F.E. march off sulkily
yàngyàng'érchū 怏怏而出 F.E. withdraw sulkily
yàngyàng'érfǎn 怏怏而返 F.E. return home in a very melancholy mood
yàngyàng'érguī 怏怏而归[-歸] F.E. come back quite crestfallen
yángyánggé 扬扬格[揚揚-] N. spondee (of prosody)
yāngyānghǎiyáng 泱泱海洋 F.E. boundless and bottomless ocean
yǎngyangjīnr 痒痒筋儿[癢癢-] N. <coll.> ①elbow funny bone ②favorite activity; personal passion
yǎngyangròu(r) 痒痒肉(儿)[癢癢-] N. <coll.> ticklish spot
yángyángsǎsǎ 洋洋洒洒[-灑灑] R.F. voluminous and fluent (of writing)
yàngyàngtōng 样样通[樣樣-] N. jack-of-all-trades
yángyángwànyán 洋洋万言[--萬-] F.E. ① be very lengthy ② run to ten thousand words
yàngyàngzhàobàn 样样照办[樣樣-辦] F.E. follow sb. in every detail
yángyángzìdé 扬扬//洋洋自得[揚揚//-] F.E. ① be puffed up ② be complacent
yángyào* 洋药[-藥] N. ① imported opium ② Western medicine
yǎngyào 仰药[-藥] V. <wr.> take poison
yángyèhuà 杨叶桦[楊葉樺] N. American gray birch M: [2]kē
yángyì* 洋溢 V. be permeated with
yàngyì 怏悒 ADV. melancholy; sad
yángyìgé 扬抑格[揚-] N. trochee (of prosody)
yángyín 洋银 N. silver coin/dollar
yángyīnfú 扬音符[揚-] N. <lg.> acute accent
yǎngyīnrùnzào 养阴润燥[養陰-] F.E. <Ch. med.> nourish the *yīn* and moisten the dry factors
yáng yī tào, yīn yī tào 阳一套,阴一套[陽--, 陰--] F.E. be engaged in double-dealing
yángyìyìgé 扬抑抑格[揚-] N. <lg.> dactyl
yǎngyōng 养痈[養癰] V.O. let an abscess mature
yǎngyǒng* 仰泳 N. <sport> backstroke
yǎngyōngchénghuàn 养痈成患[養癰-] F.E. Leaving evil unchecked spells ruin.
yǎngyōngyíhuàn 养痈遗患[養癰-] F.E. Appeasement will bring greater disasters afterwards.
[1]yángyóu 洋油 N. ① imported oil ② kerosene
[2]yángyóu 羊油 N. sheep's fat
yángyóudēng 洋油灯[-燈] N. <coll.> kerosene lamp M: [1]zhǎn
yángyú 羊鱼 N. goatfish; mullid M: [1]tiáo
yángyù 洋芋 N. <topo.> potato M: ge/[2]zhī
yǎngyú 养鱼[養-] V.O. raise fish
yǎngyù* 养育[養-] V. bring up; rear
yàngyù 怏郁[-鬱] V.P. gloom; melancholy
yāngyuányīn 央元音 N. <lg.> central/mixed/neutral vowel; midvowel
yāngyuányīnhuà 央元音化 N. <lg.> vocalic centralization
yǎngyúchí 养鱼池[養-] P.W. fishpond M: [4]zuò
yángyuè 阳月[陽-] N. the 10th month in the lunar calendar
yǎngyúgāng 养鱼缸[養-] N. aquarium M: [2]zhī
yángyùn 阳韵[陽韻] N. Chinese characters with *m*, *n* or *ng* as the terminal sound
yǎngyùyuàn 养育院[養-] P.W. nursery M: [1]jiā/[1]suǒ
yǎngyùzhī'ēn 养育之恩[養-] N. gratitude for the love and care given one from childhood
yǎngyúzhònghuā 养鱼种花[養-種-] F.E. raise fish and cultivate flowers
yángzhái 阳宅[陽-] P.W. <trad.> ① this world (vs. netherworld) ②dwelling; human habitation M: [4]zuò
yángzhàn 羊栈[-棧] P.W. sheep/goat shed/pen
yāngzhǎng 鞅掌 N. weariness ♦V.P. be overburdened
yǎngzhàng* 仰仗 V. rely on; look to sb. for support
yàngzhāng 样张[樣-] N. <print.> specimen page M: [1]zhāng
yāngzhǎngwúníng 鞅掌无宁[-寧] F.E. harassed without rest; so busy as to have no leisure to tidy oneself up
yāngzhēn 秧针 N. first sprouts of rice seedlings
yǎngzhēn* 养真[養-] V.O. discipline one's temperament
[1]yángzhī 羊只[-隻] N. sheep
[2]yángzhī 羊脂 N. suet (from sheep/goat)
[3]yángzhī 扬枝[揚-] N. tender willow branch M: [2]gēn
yángzhì 阳识[陽識] N. characters engraved in relief
yǎngzhí* 养殖[養-] V. breed; cultivate (aquatics)
yǎngzhǐ 仰止 N. admiration
yǎngzhì 养志[養-] V.O. ① cherish aspirations ② be obedient to one's parents; be a dutiful son
yàngzhí 样值[樣-] N. sample value; sample
yángzhī bēibēi 羊脂白杯 N. a cup made of fine white tallow jade M: ge/[2]zhī
yángzhī báiyù 羊脂白玉 N. fine white tallow jade
yǎngzhíchǎng 养殖场[養-場] P.W. aquatic breeding farm M: ge/[4]zuò/[1]jiā
yǎngzhí hǎidài 养殖海带[養-帶] V.O. cultivate kelp
yángzhìhǔpí 羊质虎皮[-質--] F.E. sheep in wolf's clothing
yángzhī-jìngshuǐ 杨枝净水[楊-淨-] N. tender willow branches and clean water
yángzhīwúlì 杨枝无力[楊-] F.E. lack strength to resist the prevailing customs
yǎngzhíyè 养殖业[養-業] N. aquaculture
yángzhīyú 杨枝鱼[楊-] N. pipefish M: [1]tiáo
yángzhīyù* 羊脂玉 N. <art> "mutton-fat" jade M: [2]kuài
yǎngzhíyúyè 养殖渔业[養-業] N. pisciculture
yǎngzhí zhēnzhū 养殖珍珠[養-] N. cultured pearl
yángzhízhú 羊踯躅[-躑-] N. <bot.> Chinese azalea; rhododendron
yángzhōng 洋中 N. spring(time)
yángzhōngjǐ 洋中脊 N. <geog.> mid-oceanic ridge
Yángzhōu* 扬州[揚-] P.W. Yangzhou (in Jiangsu)
yángzhòu 洋绉[-縐] N. crepe
yàngzhōu 漾舟 V.O. enjoy boating
Yáng Zhū 杨朱[楊-] (4th cent. B.C.) N. philosopher advocating ethical egoism
yángzhú 洋烛[-燭] N. Western-style candle M: [2]gēn/[4]zhī
[1]yǎngzhū* 养猪[養豬] V.O. raise pigs
[2]yǎngzhū 养珠[養-] N. cultured pearls
[1]yángzhuāng 佯装[-裝] V. pretend
[2]yángzhuāng 洋装[-裝] N. ① Western-style bookbinding ② Western-style clothes
[3]yángzhuāng 洋庄[-莊] P.W. <trad.> export-import house
yángzhuāngjīngchà 佯装惊诧[-裝驚-] F.E. pretend to be surprised
yángzhuànglíba 羊撞篱笆[--籬-] F.E. unable either to advance or retreat
yángzhuāngshū 洋装书[-裝書] N. books with Western-style binding M: [1]běn/[4]cè/[2]bù
yángzhuāng shúshuì 佯装熟睡[-裝--] V.P. pretend to be asleep
yǎngzhūchǎng 养猪场[養豬場] P.W. pig farm; piggery M: [4]zuò/[1]jiā/ge
yǎngzhuō 养拙[養-] V. cultivate one's spirit with a simple lifestyle
yǎngzhǔr 养主儿[養-] N. sponsor
yāngzi 秧子 N. ① seedling; sprout ② rice seedling ③ vine ④ young (of food animals); fry (of fish/etc.) ⑤ naive children of rich families
yángzì 洋字 N. Western words
yǎngzǐ 养子[養-] N. adopted/foster son ♦V.O. bear or bring up children
yàngzi* 样子[樣-] N. ① appearance; shape ② manner; air *Wǒ bù xǐhuan tā nà ~.* I don't like his manner. ③ sample; model; pattern ④ <coll.> tendency; likelihood *Kàn ~ tiān yào xiàyǔ.* It looks like rain. ⑤ proof sheet
yángzǐ'è 扬子鳄[揚-鱷] N. Chinese alligator M: [1]tiáo
yàngzihuò 样子货[樣-] N. sth. better looking than useful
yàngzijiān 样子间[樣-] P.W. sample-display room M: [1]jiān
yángzuìjiǎdiān 佯醉假癫 F.E. make a false show of drunkenness and insanity
yǎngzūnchǔyōu 养尊处优[養-處優] F.E. live in clover
yángzuò 佯作 V. pretend to be
yángzuòbùjiàn 佯作不见 F.E. ①feign blindness ② look through one's fingers
yángzuòbùzhī 佯作不知 F.E. feign ignorance; pretend not to know
yángzuòhuángkǒng 佯作惶恐 F.E. feign the greatest astonishment
yángzuòzhènjīng 佯作震惊[-驚] F.E. pretend great surprise
yānhǎi 烟海[煙-] N. ① heavy fog ② sth. vast and voluminous ③ sth. many; numerous
yānhài 烟害[煙-] N. damage by smoke
[1]yánhǎi* 沿海 ATTR./N. along the coast; coastal; littoral
[2]yánhǎi 炎海 N. ① tropical areas along the South China Sea ② extremely hot weather
yánhǎi dǎoyǔ 沿海岛屿[-島嶼] P.W. offshore islands M: [4]zuò
yánhǎi dìdài 沿海地带[-帶] P.W. coastal areas
yánhǎi dìqū 沿海地区[-區] P.W. coastal areas; coastland
yánhǎi guójiā 沿海国家[--國-] P.W. coastal/littoral state/country
yánhǎi jūmín 沿海居民 N. coastal residents
yánhǎi màoyì 沿海贸易 N. coasting trade
yánhǎi yīdài 沿海一带[-帶] P.W. coastal region(s)
yánhǎi yúyè 沿海渔业[-業] N. inshore fishing
yánhán* 严寒[嚴-] N. severe cold
yánhàn 炎旱 V.P. burning hot and dry
YánHàn 炎汉[-漢] N. Han dynasty
yànhán 唁函 N. message of condolence M: [2]fēng/[1]fèn
yánhánbīngxuě 严寒冰雪[嚴-] F.E. (in) winter's snow and ice
yànháng 雁行 N. ① file; queue ② brothers *See also yànxíng*
yànhángzhéyì 雁行折翼 F.E. <wr.> death of a brother
yànhànhǔjǐng 燕颔虎颈[-頸] F.E. powerful; mighty; majestic
yánhánkùshǔ 严寒酷暑[嚴-] F.E. bitter cold or torrid heat
yǎnhánlèihuā 眼含泪花[--淚-] F.E. eyes dimmed with tears
yǎnhánxiōngguāng 眼含凶光 F.E. There is a fierce gleam in one's eyes.
yǎnháo 掩壕 N. slit trench
yànhǎo* 燕好 N. <wr.> harmony ♦V.P. be happily married
yānhé(r)* 烟盒(儿)[煙-] N. cigarette case M: ge/[2]zhī
[1]yánhé 言和 V.P. make peace
[2]yánhé 沿河 ADV. along the river
[3]yánhé 研核 V. examine with great care
yánhè 岩壑 N. a rocky mountain valley
[1]yànhé 砚盒 N. case for an inkstone M: ge/[2]zhī

Y

²yànhé 验核 V. examine; check
yànhè 燕贺 V. offer congratulations on the completion of a new residence
yānhébāo 烟荷包[煙-] N. <coll.> tobacco pouch M: ge/²zhī
yànhéhǔjǐng 燕颔虎颈[-頸] F.E. a noble look
yǎnhēi 眼黑 <topo.> N. ① nightfall ② pupil (of the eye) ♦V.P. avaricious
yànhèn 厌恨[厭-] V. loathe; hate
yànhéng 燕鸻 N. <zoo.> swallow plover
¹yānhóng 嫣红 N. <wr.> bright red
²yānhóng 殷红 N. blackish/dark red
³yānhóng 胭红 N. carmine
yǎnhóng* 眼红 V.P. ① covet; be envious/jealous ② be furious
yànhóng 艳红[艷-] N. bright red
yànhóngsè 焰红色 N. fiery red
yānhóu* 咽喉 N. ① <phys.> pharynx and larynx; throat ② strategic/vital passage ③ key link
yánhòu 颜厚 V.P. thick-skinned; shameless
yànhòu 验后[-後] ADV. after examination
yánhòuchóngfù 延后重复[-後-複] F.E. delayed repetition (in pedagogy)
yànhòufàngxíng 验后放行[-後--] F.E. release or let pass after examination (in customs/etc.)
yánhòuqiánghuà 延后强化[-後強-] F.E. <edu.> delayed reinforcement (in pedagogy)
yānhóu ruǎn'èyīn 咽喉软颚音 N. <lg.> faucal sound
yánhòu xíngwéi 言后行为[-後--] N. <lg.> perlocutionary act
yānhóuyán 咽喉炎 N. sore throat
yānhóu yàodì 咽喉要地 P.W. ① strategic point ② key junction/link
yānhú(r) 烟壶(儿)[煙壺] N. snuff bottle M: ge/¹bǎ/²zhī
¹yánhú 盐湖[鹽-] P.W. salt lake
²yánhú 沿湖 ATTR. along the lake
yánhù 盐户[鹽-] N. salt-producing households
yǎnhū 奄忽 ADV. <wr.> suddenly; quickly
yǎnhù* 掩护[-護] V. screen; shield; cover; camouflage; be defensive about sth.
¹yànhù 燕鹱 N. petrel
²yànhù 雁户 N. transient resident
yānhuā 烟花[煙-] N. ① fireworks ② prostitution ③ <wr.> spring animation
¹yánhuā 盐花[鹽-] N. <topo.> ① pinch of salt ② salt efflorescence
²yánhuā 檐花 N. <archi.> antefix
yánhuá 岩滑 N. rock slide; rock slip
yánhuà 岩画[-畫] N. cliff painting; rock painting
yǎnhuā 眼花 F.E. have dim eyesight or blurred vision
yǎnhuà* 演化 N. evolution
yǎnhuà chū 演化出 R.V. evolve into
yǎnhuā'ěrrè 眼花耳热[-熱] F.E. blurred eyes and burning ears (from intoxication)
yānhuāfěndài 烟花粉黛[煙-] F.E. singsong girls; courtesans
yānhuāfěnliǔ 烟花粉柳[煙-] F.E. prostitutes
yǎnhuái 掩怀[-懷] V.O. throw on a garment without buttoning up
yǎnhuāliáoluàn 眼花缭乱[-亂] F.E. be dazzled
yānhuāliǔxiàng 烟花柳巷[煙-] F.E. brothel
yǎnhuàlùn 演化论 N. theory of evolution
yānhuāménxiàng 烟花门巷[煙-] F.E. houses of ill-fame
yānhuàn 阉宦 N. <wr.> eunuch
yánhuān 言欢[-歡] V. talk cheerfully
yánhuǎn* 延缓 V. delay; postpone; put off
yánhuǎn chéngběn 延缓成本 N. postponable cost
yánhuǎn de xuǎnzé 延缓的选择[-選擇] N. <lg.> deferred selection
yánhuāng 炎荒 N. the southern frontiers
Yán Huáng* 炎黄 N. the mythical Hot Emperor and the Yellow emperor
yānhuánggua 腌黄瓜 N. pickle M: ¹tiáo/píng
Yán-Huáng zǐsūn 炎黄子孙[-孫] N. descendants of Yan Di and Huang Di; Chinese
yānhuānǚ 烟花女[煙-] N. prostitute M: ge/¹míng
yānhuāpàozhú 烟花炮竹[煙-] F.E. fireworks
yǎnhuār 眼花儿 N. darling; apple of one's eye
yānhuāxiàng 烟花巷[煙-] F.E. red-light district M: ¹tiáo
yǎnhuāxīnluàn 眼花心乱[-亂] F.E. The eyes are not clear and the heart is confused.
yǎnhù bùduì 掩护部队[-護-隊] P.W. <mil.> covering force M: ⁴zhī
yǎnhù huǒlì 掩护火力[-護--] N. <mil.> covering fire
yānhuī 烟灰[煙-] N. tobacco/cigarette ash
yán-huí 沿洄 <wr.> V. go upstream and downstream
¹yánhuì 延会 V.O. put off a meeting
²yánhuì 筵会 N. feast; banquet
yǎnhuí 演回 N. playback
¹yànhuì* 宴会 N. banquet; dinner party
²yànhuì 彦会 N. gathering of distinguished personalities
yānhuīdié 烟灰碟[煙-] N. ashtray M: ge/²zhī
yānhuīgāng 烟灰缸[煙-] N. ashtray M: ge/²zhī
yānhuīpán 烟灰盘[煙-盤] N. ashtray M: ge/²zhī
yànhuìtīng 宴会厅[-廳] P.W. banquet hall M: ⁴zuò
yànhuì zhǔchírén 宴会主持人 N. toastmaster M: ge/¹míng/²wèi
yānhuǒ(r)* 烟火(儿)[煙-] N. ① smoke and fire ② cooked food ③ fireworks ④ joss sticks and candles ⑤ beacon-fire
yànhuǒ 焰火 N. <topo.> fireworks
yànhuò 验货 V.O. inspect goods
yānhuǒmǎntiān 烟火满天[煙-] F.E. Smoke and fire hide the heavens.
yānhuǒqì 烟火气[煙-氣] N. <Dao.> worldly ways/customs/etc.
yānhuǒshí 烟火食[煙-] N. cooked food
yānhuǒ tàncèqì 烟火探测器[煙-] N. smoke detector M: ge/¹jià
yānhuǒyàoxué 烟火药学[煙-藥-] N. pyrotechnics
yàn hùzhào 验护照[-護-] V.O. examine/check a passport
yàniǎn 轧碾 V. crush/grind by a roller
yàniántǔ 亚粘土[亞-] N. clayey soil
yānjī 阉鸡[-雞] N. capon M: ²zhī
yānjì 淹迹[-跡] V.O. lose trace of
yánjī 盐基[鹽-] N. <chem.> base
¹yánjí 延及 V. involve; implicate
²yánjí 言及 V. talk about; touch on; mention
yǎnjī 掩击[-擊] V. waylay; mount a surprise attack
¹yǎnjì* 演技 N. ① acting (skill) ② exhibition ♦V.O. show off one's talents
²yǎnjì 演绩 N. performance
yànjī 燕几 N. a stool much used at one's leisure
¹yànjí 宴集 V. get together for dinner
²yànjí 验级 V.O. check and grade
yànjì 晏寂 V.P. very quiet and silent
yánjiā* 严加[嚴-] ADV. sternly
¹yánjià 延假 V.O. extend leave
²yánjià 盐价[鹽價] N. price of salt
yànjià 晏驾 N. <hist.> death of an emperor
yánjiā chéngfá 严加惩罚[嚴-懲-] V.P. punish sb. severely
yánjiā guǎnjiào 严加管教[嚴-] V.P. subject sb. to strict discipline
yánjiā guǎnshù 严加管束[嚴-] V.P. exercise strict discipline over (juniors/subordinates/etc.); control rigorously
yānjiāhuo 烟家伙[煙-] N. smoking equipment that goes with opium smoking M: tào
yānjiān 淹煎 A.T. vexed; worried
¹yānjiǎn 烟碱[煙鹼] N. nicotine
²yānjiǎn 淹蹇 V. <wr.> ① be frustrated ② delay; hold up
yānjiàn 淹践[-踐] V. ① trample down ② use roughly; abuse (a machine)
yánjiǎn 盐碱[鹽鹼] N. saline-alkali
yánjiàn 延见 V. <wr.> ① receive; introduce ② give an audience to
yǎnjiān 眼尖 V.P. <coll.> sharp-eyed; observant
¹yǎnjiǎn 眼睑 N. eyelid
²yǎnjiǎn 偃蹇 V.P. ① be arrogant ② sit idle on the pretext of being ill
yǎnjiàn* 眼见 ADV. right away; soon
yànjiǎn 燕剪 N. <wr.> swallow's tail
yǎnjiànde 眼见得 V.P. <topo.> be evident (of sth. unpleasant)
yánjiǎndì 盐碱地[鹽鹼-] N. saline-alkali soil
yǎnjiǎn fúzhǒng 眼睑浮肿[-腫] N. <Ch. med.> puffiness of the eyelid
¹yánjiāng 岩浆[-漿] N. <geol.> magma
²yánjiāng 沿江 ATTR. along the river
yánjiǎng 言讲[-講] V. say
yǎnjiǎng* 演讲[-講] N./V. lecture; make a speech
yǎnjiǎng bǐsài 演讲比赛[-講--] N. oratorical contest M: ²chǎng
yǎnjiǎngcí 演讲词/辞[-講辭] N. speech; address
yǎnjiǎnggǎo 演讲稿[-講-] N. written text of a speech M: ¹piān/¹fèn
yǎnjiǎnghuì 演讲会[-講-] N. lecture M: cì/²chǎng
yǎnjiǎngshù 演讲术[-講術] N. oratory
yǎnjiǎngtán 演讲坛[-講壇] N. rostrum M: ⁴zuò
yǎnjiǎng tíshìqì 演讲提示器[-講---] N. teleprompter M: ge/¹jià
yánjiǎnhuà 盐碱化[鹽鹼-] N. salinization; alkalinization (of soil)
yǎnjiànmùdǔ 眼见目睹 F.E. see with one's own eyes
yǎnjiànshìshí 眼见是实[-實] F.E. Seeing is believing.
yánjiǎntān 盐碱滩[鹽鹼灘] N. salt marsh
yánjiǎntǔ 盐碱土[鹽鹼-] N. saline-alkaline soil
yánjiǎnyìgāi 言简意赅 F.E. concise and comprehensive; compendious
yánjiāo 岩礁 N. rock; reef
yánjiǎo 檐角 N. corner of eaves
¹yánjiào 言教 V. teach by word of mouth
²yánjiào 炎徼 N. the southern frontiers
yǎnjiǎo(r)* 眼角(儿) N. corner of the eye; canthus
yánjiāoliáo 岩鹪鹩 N. rock wren M: ²zhī
yǎnjiǎomó 眼角膜 N. <phys.> cornea
yánjiāpībó 严加批驳[嚴-] F.E. refute sternly
yānjiār 烟夹儿[煙夾-] N. cigarette case
yánjiāzébèi 严加责备[嚴-備] F.E. haul a person over the coals
yánjiāzhǐzé 严加指责[嚴-] F.E. scold; flay
yánjiāzhùshì 严加注视[嚴-註-] F.E. keep a sharp lookout
¹yánjiē* 沿街 ADV./N. along the street
²yánjiē 延接 V. <wr.> receive (a guest)
yánjié 严洁[嚴潔] ATTR. spotlessly clean
yǎnjiè 眼界 N. field of vision/view; outlook ***Zhè ràng wǒ dàkāi ~.*** This has really opened my eyes.
yánjiēcǎo 沿阶草[-階-] N. <bot.> dwarf lilyturf
yánjiē dàolù 沿街道路 N. frontage road M: ¹tiáo
yǎnjiègāo 眼界高 V. set one's standard high
yánjiē jiàomài 沿街叫卖[-賣] V.P. hawk in the streets
yánjiē láibīn 延接来宾[-賓] V.O. <wr.> receive visitors
yǎnjiémáo 眼睫毛 N. <coll.> eyelash
yǎnjiémó 眼结膜 N. conjunctiva
yánjiē qǐtǎo 沿街乞讨 V.P. beg in the streets
yǎnjījiǎor 眼犄角儿 N. corner of the eye; canthus
yánjílìbì 严戢吏弊[嚴-] F.E. put a stop to official abuses
¹yānjìn 淹浸 V. submerge; flood; inundate
²yānjìn 烟禁[煙-] N. prohibition of opium smoking
¹yánjǐn 严谨[嚴-] S.V. ① rigorous; strict ② compact; well-knit ***Zhè piān lùnwén jiégòu ~.*** The essay is tightly written. ③ careful; cautious
²yánjǐn 严紧[嚴緊] S.V. ① strict; rigorous (of regulations/etc.) ② tight; close
yánjìn* 严禁[嚴-] V. strictly prohibit

yǎnjīn(r) 掩襟(儿) N. <coll.> lower hem of a garment
yǎnjìn 演进[-進] V. evolve; progress gradually
yǎnjìndào 演进到[-進-] R.V. evolve into
yānjīng 烟晶[煙-] N. smoky quartz/topaz M: ²kuài
Yānjīng 燕京 P.W. old name for Beijing
yānjǐng 烟景[煙-] N. ① cloud-and-mist-covered scene ② beautiful scenery ③ vapor over a lake
yánjīng 研经[-經] V.O. study the classics
yánjǐng 盐井[鹽-] N. salt well M: kǒu
yǎnjing* 眼睛 N. eye M: ¹duì
yǎnjìng(r) 眼镜(儿) N. glasses; spectacles M: ¹fù
yǎnjing áohóng 眼睛熬红 V.P. eyes red with fatigue
yǎnjing báidèng 眼睛白瞪 V.P. roll one's eyes in fury
yánjǐng'érwàng 延颈而望[-頸--] F.E. crane one's neck to watch
yǎnjing fānbái 眼睛翻白 V.P. turn up the whites of the eyes
yǎnjìnghér 眼镜盒儿 N. glasses case M: ge/²zhī
yǎnjìnghóu 眼镜猴 N. <zoo.> tarsier M: ²zhī
yánjǐngjiùfù 延颈就缚[-頸--] F.E. submit without resistance
yánjǐngjǔzhǒng 延颈举踵[-頸舉-] F.E. look forward anxiously
yǎnjìngkuàng(r) 眼镜框(儿) N. eyeglass frame; spectacles frame
yǎnjing kūhóng 眼睛哭红 V.P. eyes red from crying/weeping
yǎnjing kūzhǒng 眼睛哭肿[-腫] V.P. eyes swollen from weeping
yǎnjing màohuǒ 眼睛冒火 V.P. eyes flashing fire
yǎnjìngpiàn(r) 眼镜片(儿) N. lenses of glasses M: ¹piàn
yǎnjing píláo 眼睛疲劳[-勞] N. eyestrain
yǎnjìng pùzi 眼镜铺子 P.W. optician's shop M: ¹jiā
yánjǐngqǐzhǒng 延颈企踵[-頸--] F.E. look forward to
yánjǐngqǐzú 延颈企足[-頸--] F.E. stand on tiptoe and crane forward to see
yǎnjìngshé 眼镜蛇 N. cobra M: ¹tiáo
yǎnjìng wángshé 眼镜王蛇 N. king cobra M: ¹tiáo
yǎnjing xiàngxià 眼睛向下 V.P. direct/cast one's eyes downward
yǎnjingxuěliàng 眼睛雪亮 F.E. have a discerning eye
yǎnjingyīshùn 眼睛一瞬 F.E. in the twinkling of an eye
yǎnjìngyú 眼镜鱼 N. moonfish M: ¹tiáo
yánjīnliǔgǔ 颜筋柳骨 F.E. calligraphy of the highest order
yánjǐnxìng 严谨性[嚴-] N. ① strictness; rigorism ② compactness
yánjìn xīyān 严禁吸烟[嚴-煙] V.O. Smoking is strictly prohibited.
yánjìnyúcǐ 言尽于此[-盡於-] F.E. have said all; have nothing more to say
yánjīnzhīhé 延津之合 N. reunion after parting
yánjìnzhǐyuǎn 言近旨远[-遠] F.E. words simple but profound
yǎnjíshǒukuài 眼疾手快 F.E. quick of eye and deft of hand
yánjí tārén 延及他人 V.P. have an effect on others
yān-jiǔ 烟酒[煙-] N. cigarettes and liquor
yánjiū* 研究 V./N. ① study; research ② consider; discuss; deliberate
yánjiūbùdài 严究不贷[嚴-] F.E. (The offender) will be strictly prosecuted.
yān-jiǔ bù fēnjiā 烟酒不分家[煙-] F.E. things one must share with others as social amenities
yánjiū bǔzhùjīn 研究补助金[--補--] N. research grants
yánjiūchū 研究出 R.V. achieve sth. through research
yánjiū chūlai 研究出来 R.V. achieve sth. through research
yánjiūfǎ 研究法 N. method (of research); methodology
yánjiūfèi 研究费 N. research funds/expenditures M: ²bǐ
yān-jiǔ gōngmàijú 烟酒公卖局[煙--賣-] P.W. bureau administering the sale of tobacco and alcohol
yánjiū gōngzuòzhě 研究工作者 N. research worker M: ge/¹míng/²wèi
yánjiūhuì 研究会 N. research association
yánjiū jìhuà 研究计划[-劃] N. research project M: ³xiàng/ge
yánjiū jīhuì 研究机会 N. research opportunity
yánjiūjīn 研究金 N. fellowship M: ²bǐ
yánjiū jīngfèi 研究经费[--經-] N. research fund M: ²bǐ
yánjiūjú 研究局 P.W. research bureau
yánjiū mùdì 研究目的 N. research objective
yánjiū qǐlai 研究起来 R.V. start to research/investigate
yánjiū rényuán 研究人员 N. research worker
yánjiūshēng 研究生 N. graduate student M: ge/¹míng/²wèi
yánjiūshēng-bù 研究生部 P.W. graduate faculty
yánjiūshēng jiàoyù 研究生教育 N. post-graduate education
yánjiūshēng-yuàn 研究生院 P.W. <PRC> graduate school M: ¹suǒ/¹jiā
yánjiūshēng zīgé kǎoshì 研究生资格考试 N. graduate admission examination; Graduate Record Examination (GRE) M: cì
yánjiūshì 研究室 P.W. research room; department M: ¹jiān
yánjiū shìzhì 研究试制[-製] N. research and development
yānjiǔshuì 烟酒税[煙-] N. alcohol and tobacco tax M: ²bǐ
yánjiūsuǒ 研究所 P.W. research institute M: ¹jiā
yánjiū tí'àn 研究提案 N. research proposal M: ¹fèn/¹jiàn
yánjiū tímù 研究题目 N. research topic
yánjiū xiàngmù 研究项目 N. research project
yànjiùxǐxīn 厌旧喜新[厭舊-] F.E. dislike the old and delight in the new
yānjiǔyìbāng 淹久异邦[--異-] F.E. stay long in a foreign country
yánjiūyuán* 研究员 N. research fellow M: ge/¹míng/²wèi
yánjiūyuàn 研究院 P.W. ① research institute ② graduate school M: ¹jiā/¹suǒ
yánjiū yǔ fāzhǎn 研究与发展[--與發-] N. <econ.> research and development (R and D)
yánjiūzhě 研究者 N. investigator; researcher M: ge/¹míng/²wèi
yān-jiǔ zhuānmài 烟酒专卖[煙-專賣] N. state monopoly on sales of tobacco and alcohol
yǎnjízuǐkuài 眼疾嘴快 F.E. quick of eye and deft of beak (of birds)
yānjù 烟具[煙-] N. smoking paraphernalia M: tào
yǎnjù* 演剧[-劇] V.O. put on or act in a play ♦ N. drama
yànjū 宴/燕居 V. lead a life of leisure; live at ease
yānjuǎn(r) 烟卷(儿)[煙-] N. <coll.> cigarette M: ⁴zhī/²gēn
yǎnjuàn 掩卷 V.O. <wr.> ① close the book ② stop studying
yànjuàn* 厌倦[厭-] V. be weary of
yānjuǎntóur 烟卷头儿[煙-] N. cigarette butt
yǎnjuànxìxiǎng 掩卷细想 F.E. close the book and (carefully) think
yànjué 艳绝[艷絕] V.P. stunningly beautiful
yánjújī 盐焗鸡[鹽-雞] N. chicken baked in salt
yǎnjù liáofǎ 演剧疗法[-劇療-] N. drama therapy
yánjūn 严君[嚴-] N. ① stern father ② stern monarch
Yánjūn 阎君 N. King of Hell
yánjùn* 严峻[嚴-] S.V. stern; severe; grim
yánjūxuéchù 岩居穴处[-處] F.E. ① live/dwell in mountain caves ② live in seclusion as a recluse
yǎnkāiyǎnbì 眼开眼闭[-開--] F.E. turn a blind eye to
yǎnkàn* 眼看 ADV. soon; in a moment ♦ V. ① see sth. happen ② watch helplessly
yànkān 验勘 V. check and correct
yànkàn 验看 V. ① examine; inspect ② check closely
yǎnkànzhe 眼看着[-著] V.P. ① watch helplessly ② look on passively ♦ ADV. soon; in a moment
yánkǎo 研考 V. study and inspect
yánkǎohuì 研考会 N. meeting for study and inspection
yānkè 烟客[煙-] N. ① smoker ② opium smoker M: ge/¹míng
yánkē* 严苛[嚴-] V.P. strict and harsh
¹yánkè 严刻[嚴-] V.P. harsh; exacting
²yánkè 盐课[鹽-] N. salt tax
yǎnkē 眼科 N. (department of) ophthalmology
yànkè 宴客 V.O. entertain guests at banquet
yǎnkē dàifu 眼科大夫 N. ophthalmologist; oculist; eye doctor M: ge/¹míng/²wèi
yánkēng 盐坑[鹽-] N. salt pit
yǎnkēxué 眼科学 N. ophthalmology
yánkěyánr 严可严儿[嚴-嚴-] V.P. <coll.> ① full to overflowing; brimming ② crowded; jampacked
yǎnkē yīshēng 眼科医生[--醫-] N. ophthalmologist; eye-doctor M: ge/¹míng/²wèi
yánkòng* 严控[嚴-] V. strictly control
yǎnkǒng 眼孔 N. eyelet; orifice
yànkǒng 验孔 A.T. verify
yǎnkōngsìhǎi 眼空四海 F.E. profound contempt for everybody and everything
yǎnkǒu* 掩口 V.O. cover one's mouth with one's hand
yànkǒu 焰口 N. <Budd.> hungry ghosts spitting fire
yǎnkǒubùshuō 掩口不说 F.E. suddenly stop talking
yānkǒudài 烟口袋[煙-] N. tobacco pouch
yǎnkǒu'érxiào 掩口而笑 F.E. hide one's smile
yǎnkǒuhúlu 掩口葫芦[--蘆] F.E. cover the mouth with the hand and laugh
¹yánkù* 严酷[嚴-] ATTR. ① harsh; bitter; grim ② cruel; ruthless
²yánkù 炎酷 ATTR. burning hot; scorching; blazing
yǎnkù 眼库 N. <med.> eye bank
yǎnkuài 眼快 V.P. sharp-eyed
yǎnkuàishǒukuài 眼快手快 F.E. quick of eye and deft of hand
yánkuàng 盐矿[鹽礦] N. salt mine M: ⁴zuò
yǎnkuàng(r/zi)* 眼眶(儿/子) N. ① eye socket; orbit ② rim of eye
yǎnkuānrénshú 眼宽人熟[-寬--] F.E. sociable
yànláihóng 雁来红 N. <bot.> tricolor amaranth M: ²kē
yánláiyǔqù 言来语去 F.E. talk back and forth; argue
yānlán 烟岚[煙-] N. mountain mists/vapor
yánlǎn* 延揽[-攬] V. <wr.> recruit talent
yánláng 檐廊 P.W. <archi.> colonnade
yànlào 唁劳[-勞] V. offer condolences
yànlè 宴/燕乐[-樂] N. peace and happiness ♦ V. have a festival of wining and dining; entertain; please *See also* yànyuè
yánlèi 盐类[鹽類] N. salt (of various kinds)
yǎnlèi* 眼泪[-淚] N. tears
yǎnlèi-bítì 眼泪鼻涕[-淚--] N. weeping and sniffling
yǎnlèicéncén 眼泪涔涔[-淚--] F.E. a flood of tears
yǎnlèihéngliú 眼泪横流[-淚--] F.E. stream with tears
yǎnlèikūgān 眼泪哭干[-淚-乾] F.E. cry until one had no more tears to shed
yǎnlèimǎnkuàng 眼泪满眶[-淚--] F.E. tears fill the eyes

Y

yǎnlèimíméng 眼泪迷蒙[-淚--] F.E. eyes mist with tears
yǎnlèipūsù 眼泪扑簌[-淚撲-] F.E. on the verge of tears
yǎnlèirúyǔ 眼泪如雨[-淚--] F.E. tears fall like rain
yǎnlèishàngyǒng 眼泪上涌[-淚--] F.E. tears gush forth
yǎnlèisùsù 眼泪簌簌[-淚--] F.E. tears fall fast
yǎnlèiwāngwāng 眼泪汪汪[-淚--] F.E. eyes brim with tears; full of tears
yǎnlèixiàochū 眼泪笑出[-淚--] F.E. laugh till tears come
yǎnlèixǐmiàn 眼泪洗面[-淚--] F.E. tears bathe the face
yánlèixué 岩类学[-類-] N. petrography
yǎnlèiyǎnmiàn 眼泪掩面[-淚--] F.E. be bathed in tears
yǎnlèiyíngkuàng 眼泪盈眶[-淚--] F.E. tears fill the eyes
yǎnlèiyǒngyǒng 眼泪涌涌[-淚--] F.E. tears gush forth
yǎnlèiyùdī 眼泪欲滴[-淚--] F.E. Tears well up.
yǎnlèizhítǎng 眼泪直淌[-淚--] F.E. burst into a flood of tears
yǎnlèizhūr 眼泪珠儿[-淚--] N. teardrop
yánlěng 严冷[嚴-] ATTR. ① cold and stern ② bitter cold
yánleyǎnr 严了眼儿[嚴-] F.E. <topo.> up to the eyeballs; full to overflowing; jampacked
[1]**yánlì*** 严厉[嚴厲] S.V. stern; severe
[2]**yánlì** 妍丽[-麗] S.V. beautiful; charming
[3]**yánlì** 沿例 V.O. follow precedents
[4]**yánlì** 岩栎[-櫟] N. rock chestnut oak M: [2]kē
[5]**yánlì** 沿历[-歷] V. go by way of
yǎnlí 眼离[-離] V. <topo.> have hallucinations; see things
yǎnlǐ 眼里[-裡] P.W. within one's vision; in one's eyes *Tā ~ yǒu huór.* He knows where he can be useful.
yǎnlì 眼力 N. ① eyesight; vision ② judgment; discrimination
yànlǐ 雁李 N. wild-goose plum
yànlì 艳丽[艷麗] S.V. gorgeous; resplendent
yǎnlián 眼帘[-簾] N. <wr.> eyesight; eyes
yǎnliàn* 演练[-練] V. drill; practice
yánliǎnbēngsāi 严脸绷腮[嚴-繃-] F.E. tight; close; narrow
yǎnliànchǎng 演练场[練場] P.W. drill ground M: [4]zuò
yānliàng 淹量 N. flood discharges
yánliáng* 炎凉[-涼] V.P. ① hot and cold ② snobbish ♦N. ① snobbishness ② change in attitude toward persons ③ variations in temperature *See also shìtàiyánliáng*
[1]**yǎnliàng** 眼亮 V.P. clear-sighted; sharp-eyed
[2]**yǎnliàng** 眼量 N. perceptivity
yánliángfān'àn 炎凉翻案[-涼--] F.E. reversal of fortunes
yánliàngjì 盐量计[鹽-] N. salinometer M: ge/[2]zhī
yánliángshìtài 炎凉世态[-涼-態] F.E. the state of worldly affairs, now hot, now cold
yǎnliǎnjiǎkū 掩脸假哭 F.E. cover one's face and pretend to weep
yǎnliánzhū 演连珠 N. <log.> deductive succession
yánliào 颜料 N. <art> pigment; color
yánliàoshāng 颜料商 N. businessmen engaged in dyestuffs M: ge/[1]míng/[2]wèi
yǎnlì bùcuò 眼力不错 V.P. have good taste and good eyes
yánlì chéngfá 严厉惩罚[嚴厲懲-] V.P. severely punish ♦N. a stiff penalty
yánlì chǔlǐ 严厉处理[嚴厲處-] V.P. deal with severely
yànlìduómù 艳丽夺目[艷麗奪-] F.E. of dazzling beauty
yánliè* 严烈[嚴-] S.V. severe; stern
yànliè 雁列 ATTR. <geog.> enechelon

yǎnlìjiàn(r) 眼力见(儿) F.E. <coll.> sharp-eyed; observant
yánlíng 岩羚 N. <zoo.> chamois
yánlìng 严令[嚴-] N. strict order ♦V. strictly command
yànlíng* 雁翎 N. wild-goose down
yánlíngyáng 岩羚羊 N. <zoo.> chamois M: [2]zhī
yánlì shēnchì 严厉申斥[嚴厲--] V.P. skin sb. alive (fig.)
yānliú* 淹/奄留 V. <wr.> stay for a long period
yánliú 岩流 N. <geol.> lava flow
Yánliú 炎刘[-劉] N. Han dynasty (206 B.C.-A.D. 220)
yánliù 檐溜 N. dripping water from the eaves
yǎnlǐ yǒuhuó(r) 眼里有活(儿)[-裡---] V.P. see where there's work to be done
yǎnlòu 弇陋 F.E. <wr.> have meager knowledge
yánlǔ 盐卤[鹽鹵] N. bittern (salt residue)
[1]**yánlù*** 沿路 N. along the road; on the way
[2]**yánlù** 言路 N. channels for communication with the leadership
yānlǚ* 烟缕[煙縷] N. wisps of smoke
yánlǜ 严律[嚴-] N. strict law/rules/discipline
yànlǚ 燕侣[-侶] N. harmonious couple
yànlǜ 艳绿[艷-] ATTR. bright green
yǎnlùjīngyì 眼露惊异[-驚異] F.E. There is a startled look in one's eyes.
yánlùn 言论 N. open discussion; speech
yánlùnzìyóu 言论自由 F.E. freedom of speech
Yánluó 阎罗[-羅] N. <Budd.> Yama, King of Hell
Yánluódiàn 阎罗殿[-羅-] P.W. <Budd.> Hades; Hell M: [4]zuò
Yánluówáng 阎罗王[-羅-] N. ① Yama, King of Hell ② tyrant
yǎnlùshāqì 眼露杀气[-殺氣] F.E. A wicked light shone in one's eyes.
yànlǚyīngchóu 燕侣莺俦[-侶鶯儔] F.E. happily married couple
yánmǎ 檐马 N. tiny metallic ornaments/bells/etc. hanging down from the eaves and tinkling in the wind
yānmái 淹埋 V. flow/blow over and cover completely (of mud/sand/etc.)
yánmài 岩脉[-脈] N. <geol.> rock vein
yǎnmái* 掩埋 V. bury
yànmài 燕麦[-麥] N. oats
yǎnmàicǎo 偃麦草[-麥-] N. couch grass; twitch grass
yǎnmáichǎng 掩埋场[-場] P.W. burial ground M: [4]zuò
yànmàipiàn 燕麦片[-麥-] N. oatmeal; rolled oats
[1]**yánmàn** 延蔓 V. spread like a vine
[2]**yánmàn** 莚蔓 V. <wr.> spread; extend
[1]**yánmào** 延袤 V. <wr.> extend; stretch; continuous; unbroken
[2]**yánmào** 颜貌 N. features; looks
yǎnmáo(r)* 眼毛(儿) N. eyelash
yǎnmàojīnxīng 眼冒金星 F.E. see stars
yǎnmàonùhuǒ 眼冒怒火 F.E. eyes flashed with rage
yānméi* 烟煤[煙-] N. bituminous/soft coal
yánméi 盐梅[鹽-] N. ① salted plums ② clever policy
yǎnméi 眼眉 N. <topo.> eyebrow
[1]**yǎnmèi** 魇寐[魘-] V. have a nightmare
[2]**yǎnmèi** 魇魅[魘-] A.T. kill by magic/witchcraft
yànměi 艳美[艷-] S.V. delicate and charming
yánmén 沿门 V.O. go from door to door
yǎnmén* 掩门 V.O. close/shut the door
yánmén'āihù 沿门挨户 F.E. from door to door
yǎnmèng 魇梦[魘夢] N. paranoia
yánménqǐtǎo 沿门乞讨 F.E. beg from door to door
yánménqiúqǐ 沿门求乞 F.E. beg from door to door
yánmén tuīxiāoyuán 沿门推销员 N. door-to-door salesman/peddler M: ge/[1]míng/[2]wèi
yánméntuōbō 沿门托钵[-缽] F.E. beg alms from door to door

yánmì 严密[嚴-] S.V. ① tight; close ② strict; rigorous ③ confidential; strictly secret
yánmián 延绵 V. stretch long and unbroken
yánmiàn* 颜面 N. ① face ② prestige
yǎnmiànchōuqì 掩面抽泣 F.E. cover one's face and sob
yǎnmiàndàkū 掩面大哭 F.E. hide one's face and sob bitterly
yǎnmiàn'érqì 掩面而泣 F.E. cover one's face and weep
yánmiàngǔ 颜面骨 N. facial bone
yǎn miànqián 眼面前 N. in front of one's eyes
yǎn miànqián de shì 眼面前的事 N. daily things; everyday events M: [2]jiàn
yǎnmianqiánr 眼面前儿 P.W. <coll.> ① in front of one's eyes *Bié zài wǒ ~ zhànzhe.* Don't stand in my way. ② in common use; frequently seen *~ de zì* commonly used characters ③ ordinary; uncomplicated; simple *~ de huór* a simple job
yánmiànsǎodì 颜面扫地[--掃-] F.E. completely lose face
yánmiàn shénjīng 颜面神经[-經] N. facial nerve
yǎnmiànshīsè 掩面失色 F.E. hide one's surprise
yǎnmiàntòngkū 掩面痛哭 F.E. weep bitter tears
yǎnmiànwūyè 掩面呜咽[--嗚-] F.E. bury the face in the hands and begin to weep
yánmiànyōuguān 颜面攸关[-關] F.E. have to do with one's face/status
yānmiáo 烟苗[煙-] N. opium poppy
yánmì de 严密的[嚴-] ATTR. precise
yānmiè 湮灭[-滅] V. ① annihilate ② destroy (evidence)
yánmì fángwèi 严密防卫[嚴-衛] N. tight defense
yánmì fēngsuǒ 严密封锁[嚴-] V. impose a tight blockade
yánmì jiānshì 严密监视[嚴-監-] V. put under close surveillance; keep close watch over
yānmín* 烟民[煙-] N. smoker
yánmín 盐民[鹽-] N. people who live by mining or transporting salt
[1]**yánmíng*** 严明[嚴-] V. ① be strict and impartial ② strictly enforce (discipline)
[2]**yánmíng** 言明 V. state explicitly
yánmìng 严命[嚴-] N. <wr.> ① strict order ② father's command
yànmíng 验明 V. verify
yánmìngjú 延命菊 N. <bot.> true daisy M: [2]kē
yánmíng jūnjì 严明军纪[嚴-] V.O. enforce and maintain strict military discipline
yǎnmíngrén 眼明人 N. a person with a discerning eye; a person of good sense M: ge/[2]wèi
yǎnmíngshǒukuài 眼明手快 F.E. quick of eye and deft of hand
yǎnmíngxīnliàng 眼明心亮 F.E. be sharp-eyed and clear-headed
yànmíngzhèngshēn 验明正身 F.E. ① prove through examination; identify ② verify the identity of a convict prior to execution
[1]**yānmò*** 淹没 V. ① flood; inundate; drown ② disappear; fall into oblivion
[2]**yānmò** 湮没 V. fall into oblivion ♦N. <phy.> annihilation
yánmó 研磨 V. ① grind; pestle ② abrade; polish
yánmò 研墨 V.O. rub an ink stick on an ink slab
yǎnmó 掩模 N. mask
yǎnmò 掩没 V. cover; conceal
yánmójī* 研磨机 N. <mach.> grinder M: [1]tái
yánmójì 研磨剂[-劑] N. pulverizer
yánmóliào 研磨料 N. abrasives
yánmònányù 言莫难喻[--難-] F.E. beyond description
yǎnmóu 眼眸 N. pupil of the eye
yānmòwúwén 湮/洇没无闻 F.E. sink into oblivion
yānmù* 烟幕[煙-] N. smoke screen (lit./fig.)
yǎnmù 眼目 N. ① eyes ② spy ③ supervisor; watchdog ④ ability to appreciate ⑤ essential points/parts

Y

yǎnmùbǔquè 掩目捕雀 F.E. fool/deceive oneself
yānmùdàn 烟幕弹[煙-] N. smoke shell/bomb M: *kē/⁴méi*
yánnà 延纳 V. employ (talents)
yánnǎo 延脑[-腦] N. <*phys.*> medulla oblongata
yǎnnèiwúzhū 眼内无珠 F.E. indiscriminate
yǎnnèiyā 眼内压[-壓] N. intraocular pressure
yānnéng 焉能 F.E. <*wr.*> How can. . .?
yānnì* 淹溺 V. be drowned
yánnǐ 研拟[-擬] V. discuss and work out
yànnì 厌腻[厭-] V. detest; abhor; be tired of sth.
yánnián 延年 V.O. prolong life
yánniánxiāozai 延年消灾[-災] F.E. make sb. live longer and keep him out of danger
yánniányìshòu 延年益寿[-壽] F.E. promise longevity (of tonics/etc.)
yànniào 验尿 V.O. test the urine
yānniú 阉牛 N. ox; bullock; steer M: *¹tóu*
yànnìzhīsī 燕媠之私 N. conjugal happiness
yānnóng 烟农[煙農] N. tobacco grower M: *ge/¹míng*
yānnú 阉奴 N. eunuch M: *ge/¹míng*
yànnǚ 燕女 N. delight in women
yànnǚpǐ 厌女癖[厭-] N. misogyny
yànnǚtiānshēng 艳女天生[艷-] F.E. naturally beautiful woman
yàn'ōu 燕鸥[-鷗] N. <*zoo.*> tern M: *²zhī*
yánpài gǔlì 延派股利 N. <*acct.*> deferred dividends
¹yánpàn 严判[嚴-] N./V. severe judgment
²yánpàn 研判 V. discuss and decide
yānpào(r) 烟泡(儿)[煙-] N. opium bubble (from opium burned in a pipe)
yǎnpāo(r)* 眼泡(儿) N. upper eyelid
yānpàozhī 腌泡汁 N. marinade
yānpǐ 烟癖[煙-] N. addiction to smoking
yánpí 妍皮 N. agreeable physical appearance
yǎnpí(r/zi)* 眼皮(儿/子) N. eyelid
¹yànpí 雁皮 N. a plant whose fiber can be made into paper
²yànpí 燕皮 N. dried pork sheet (Fujian)
yǎnpiàn 掩片 N. masking sheet
yànpiào 验票 V.O. check tickets
yánpí bù guǒ chī gǔ 妍皮不裹媸骨 F.E. pretty and intelligent
yàn pí bù guǒ chī gǔ* 艳皮不裹媸骨[艷-] F.E. beauty without and intellect within
yǎnpí dǐxià 眼皮底下 P.W. ① right before one's eyes; under sb.'s nose ② at the moment
yānpìgu 烟屁股[煙-] N. <*coll.*> cigarette butt
yǎnpíkūhóng 眼皮哭红 F.E. eyelids are red with tears
yǎnpíkūzhǒng 眼皮哭肿[-腫] F.E. eyes are swollen from crying
yǎnpímáo 眼皮毛 N. eyelashes
yánpìn 延聘 V. engage; employ
yànpǐn* 赝品[贋-] N. counterfeit; fake; sham M: *²jiàn*
yánpíng(r) 盐瓶(儿)[鹽-] N. saltcellar; salt-shaker
yǎnpí qiǎn 眼皮浅[-淺] V.P. <*coll.*> ① short-sighted ② shallow
yǎnpír kuān 眼皮儿宽[-寬] V.P. <*topo.*> be widely connected; knowing many people in all walks of life
yǎnpír zá 眼皮儿杂[-雜] V.P. be widely connected; know many people in all walks of life
yǎnpí tiào 眼皮跳 V.P. eyelids twitch
yǎnpízi dǐxià 眼皮子底下 P.W. ① right before one's eyes ② at the moment
yǎnpízi gāo 眼皮子高 V.P. fastidious; hard to please
yǎnpízi qiǎn 眼皮子浅[-淺] *See yǎnpí qiǎn*
yánpǔ* 盐埔[鹽-] P.W. place known for its production of salt
yǎnpū 偃仆 V. fall down flat; fall on one's back
yānqì 烟气[煙氣] N. smell of smoke
yánqī* 延期 V.O. postpone; defer; extend **bànlǐ qiānzhèng ~ shǒuxù** extend a visa
yánqì 延企 V. <*wr.*> eagerly look forward to
¹yǎnqì 掩泣 V. cover one's face with one's hands and start weeping
²yǎnqì 眼气[-氣] V.P. <*topo.*> green with envy; envious
yànqì 厌气[厭氣] V.P. <*coll.*> disgusting; loathsome *See also ⁵yànqì*
yànqǐ 晏/宴起 V. get up late
¹yànqì 厌弃[厭棄] V. ① reject; loathe ② lonely; lonesome
²yànqì 咽气[-氣] V.O. breathe one's last; die
³yànqì 验讫 V. be checked/inspected ♦N. "Examined" applied to finished products
⁴yànqì 验契 N. official verification of real-estate titles
⁵yànqì 厌气[厭氣] ATTR. unwelcome; displeasing *See also yànqi*
yānqiān(zi) 烟签(子)[煙-] N. needle-like stick used in opium smoking
yánqián 檐前 P.W. before the eaves of a house
yǎnqián* 眼前 P.W. ① before one's eyes ② at the moment; at present; now
yǎnqiǎn 眼浅[-淺] V.P. shortsighted
yànqián 验前 N. before an examination
yānqiāng* 烟枪[煙槍] N. ① opium pipe ② chain smoker M: *⁴zhī/¹bǎ*
¹yánqiáng 檐墙[-牆] N. wall topped with eave tiles
²yánqiáng 严墙[嚴牆] N. high wall
yànqiāng 验枪[-槍] V.O. <*mil*> inspect arms
yánqiángwēi 岩蔷薇[-薔-] N. <*bot.*> *Cistus ladamiferus* M: *²kē*
yánqiángzhīxià 岩墙之下[-牆--] F.E. a perilous situation
yǎnqiánhuān 眼前欢[-歡] N. ① immediate fun/enjoyment ② short-term happiness ③ pleasure of the moment
yǎnqiánhuār 眼前花儿 N. <*topo.*> ① apples of one's eyes; one's children ② standing in sb's way
yǎnqiánkuī 眼前亏[-虧] N. trouble right before one's eyes
yǎnqián lìyì 眼前利益 N. immediate interests; momentary interests of the day
yǎnqiánqīhēi 眼前漆黑 F.E. All became black (as lacquer) before one's eyes.
yǎnqiáozhe 眼瞧着[-著] V.P. see sth. happen with one's eyes; witness
yánqī chángfù 延期偿付[--償-] N. moratorium
yánqī-chángfùquán 延期偿付权[--償-權] N. <*law*> moratorium
yànqīchǒufū 艳妻丑夫[艷-醜-] F.E. a beautiful wife and an ugly husband
yánqī jiāohuò 延期交货 N. back order
yànqì jìhào 验讫记号[-號] N. proof mark
yànqijìnr 厌气劲儿[厭氣勁-] N. disfavor; odiousness
yánqīn* 严亲[嚴親] N. father
yànqǐn 晏寝[-寢] V. sit up late
yánqíng 言情 ATTR. romantic
yánqǐng 延请 V. engage; employ; send for
yànqíng 艳情[艷-] N. ① eroticism ② erotic poetry
yànqǐng* 宴请 V. entertain (to dinner); fete
yánqíng xiǎoshuō 言情小说 N. love story; romance M: *¹běn/²bù*
yánqīngxíngzhuó 言清行浊[-濁] F.E. impeccable in words but foul in deeds
yánqī niánjīn 延期年金 N. <*acct.*> deferred annuity
yánqìshuǐ(r) 盐汽水(儿)[鹽-] N. salt soda water M: *píng*
yánqiú 研求 V. delve into; explore
yǎnqiú* 眼球 N. eyeball
yǎnqiújīn 眼球筋 N. ocular muscles
yǎnqíxīgǔ 偃旗息鼓 F.E. ① cease hostilities; cease all activities ② halt the noisy show
yánqī zhàdàn 延期炸弹 N. delayed-action bomb M: *¹kē/⁴méi*
yánqī zhīfù 延期支付 N. deferred payment
yánqū* 盐区[鹽區] P.W. districts for administration of the salt industry
yǎnqú 鼹鼩[鼴-] N. mole shrew
yānquān 烟圈[煙-] N. smoke ring
¹yánquán 盐泉[鹽-] N. brine/salt spring
²yánquán 言泉 N. glib talk
yǎnquān(r)* 眼圈(儿) N. ① eye socket; orbit ② rim of the eye
yǎnquān hóngle 眼圈红了 V.P. ① be on the verge of tears ② rim of the eye
¹yànquè 燕雀 N. brambling; bramble finch M: *²zhī*
²yànquè 鹨雀[鴳-] N. <*trad.*> quails and sparrows; small birds
yànquèchǔtáng 燕雀处堂[--處-] ID. live in a fool's paradise
yànquèlèi 燕雀类[-類] N. <*zoo.*> passerines
yànquèxiānghè 燕雀相贺 F.E. congratulation on the completion of one's house-building
yānr 燕儿 N. <*zoo.*> swallow M: *²zhī*
yánr* 沿儿 N. rim; edge; brim (esp. of hats)
yǎnr 眼儿 N. ① eye ② tiny hole; orifice
¹yānrán 嫣然 ADV. <*wr.*> ① gayly ② graciously
²yānrán 阉然 V.P. eunuch-like
¹yǎnrán* 俨然[儼-] V.P. <*wr.*> ① solemn; dignified ② neatly arranged ③ just like
²yǎnrán 奄然 V.P. <*wr.*> suddenly
yànrán 晏然 V.P. peaceful; comfortable
yānránlèshí 燕然勒石 ID. military merits that deserve to be engraved in stone
yǎnrányīsè 俨然一色[儼-] F.E. exactly the same in color
yānrányīxiào 嫣然一笑 F.E. give a charming/winsome smile
yánrè* 炎热[-熱] S.V. scorching/blazing hot
yǎnrè 眼热[-熱] V. covet; be envious
yānrén 阉/奄人 N. ① a castrated person ② eunuch M: *ge/¹míng*
yǎnrén'ěrmù 掩人耳目 F.E. hoodwink people
yānrén gēshǒu 阉人歌手 N. castrato M: *ge/¹míng*
yánrénrénshū 言人人殊 F.E. everyone gives a different version
yànrgu 谚儿咕 V. <*topo.*> slander; speak ill of
yánrì 炎日 N. burning sun
yānróng 烟容[煙-] N. sallow face (of an opium addict)
yánróng* 岩溶 N. <*geol.*> karst
yánróng dìxíng 岩溶地形 N. karst topography
yānròu 腌肉 N. salted meat; bacon M: *²kuài* ♦V.O. marinate meat
yānròuzhī 腌肉汁 N. marinade
yánrù 延入 V. invite to enter
yǎnrú* 俨如[儼-] V. be just like
yànrú 晏如 V.P. peaceful and easy
yǎnrúbáizhòu 俨如白昼[儼-晝] F.E. as bright as day
yānrùn 淹润 V.P. amiable but timid
yǎnruò 俨若[儼-] V. be just like
yǎnruòliúxīng 眼若流星 F.E. eyes like glittering stars
yǎnrúqiūshuǐ 眼如秋水 F.E. bright-eyed
yǎnrúshuǐxìng 眼如水杏 F.E. have beautiful eyes
yànsāihú 堰塞湖 N. barrier lake
yánsānyǔsì 言三语四 F.E. ① thoughtlessly criticize ② make irresponsible remarks
yānsè 烟色[煙-] N. dark brown
yánse 颜色 N. coloring; tinting *See also yánsè, yánshǎi*
yánsè* 颜色 N. ① color ② countenance; facial expression ***Gěi tā diǎnr ~ kànkan.*** Teach him a lesson. ③ <*coll.*> pigment; dyestuff *See also yánse, yánshǎi*
yǎnsè 眼色 N. ① glance as a signal ② facial expression
¹yànsè 堰色 ATTR. dam; damming; barrier
²yànsè 艳色[艷-] N. beauty of a woman
³yànsè 焰色 N. flame color
yánsècí 颜色词 N. <*lg.*> color term
yánsèzìruò 颜色自若 F.E. be composed (in countenance)
yǎnshā 掩杀[-殺] V. <*wr.*> pounce on and slaughter

Y

yánshǎi 颜色 N. <coll.> pigment/dyestuff *See also yánse, yánsè*
yānshāng 烟商[煙-] N. tobacco merchants M: ge/[1]míng/[2]wèi
[1]**yánshāng*** 盐商[鹽-] N. salt merchant M: ge/[1]míng/[2]wèi
[2]**yánshāng** 研商 V. study and discuss
yánshàng 筵上 N. feast
yǎnshàng 掩上 R.V. shut (the door/window)
[1]**yànshāng** 验伤[-傷] V.O. check a wound; examine an injury
[2]**yànshāng** 验墒 V.O. check the moisture of the soil
yànshàng-shuǐtóu 堰上水头 N. weir head
yànshānjiāng 艳山姜[艷-] N. shellflower; torch ginger
yánshāo 延烧[-燒] V. spread (of fire)
yǎnshāo* 眼梢 N. <topo.> corner of the eye *See also diào yǎnshāo*
yǎnshè* 衍射 N. <phy.> diffraction
yànshè 艳射[艷-] V.P. dazzling
[1]**yánshēn*** 延伸 V. extend; stretch ♦N. <lg.> extension
[2]**yánshēn** 沿伸 V. stretch; extend; elongate
yǎnshēn 衍伸 N. <lg.> derivation
yǎnshén(r) 眼神(儿) N. ① expression in one's eyes; meaningful glance; wink ② <topo.> eyesight
[1]**yánshēng(r)** 言声(儿)[-聲] V.O. <topo.> say; talk; speak
[2]**yánshēng** 严声[嚴聲] ADV. in a stern voice
[1]**yǎnshēng*** 眼生 S.V. <coll.> strange; unfamiliar
[2]**yǎnshēng** 衍生 V. derive ♦N. derivation ♦ATTR. <lg.> generative
yǎnshēng biànxíng yǔfǎ 衍生变形语法[--變---] N. generative transformational grammar
yánshéngdiào 延绳钓[-繩-] N. longline fishing
Yǎnshèng Gōng 衍圣公[-聖-] N. title of the eldest direct descendent of Confucius in each generation
yánshēnghèwèn 严声喝问[嚴聲-] F.E. snap out one's questions
yánshēnglìsè 严声厉色[嚴聲厲-] F.E. stern in voice and countenance
yǎnshēngwù 衍生物 N. derivative M: [1]zhǒng
yǎnshēngxìng fùzháo yǔsù 衍生性附著语素 N. <lg.> derivational bound morpheme
yǎnshēng yǔfǎ 衍生语法 N. <lg.> generative grammar
yǎnshēng yǔyánxué 衍生语言学 N. <lg.> generative linguistics
yǎnshēng yǔyìxué 衍生语义学[---義-] N. <lg.> generative semantics
yǎnshēng zuòyòng 衍生作用 N. <lg.> generation
yánshēn huǒlì 延伸火力 N. <mil.> creeping fire; lift fire
yánshēnyì 延伸义[-義] N. <lg.> figurative meaning
yānshí 淹识[-識] N. profundity; erudition
yánshi 严实[嚴實] S.V. <coll.> ① tight; close ② safely hidden ♦ADV. safely; securely
[1]**yánshī** 严师[嚴師] N. strict teacher M: ge/[1]míng/[2]wèi ♦V. respect one's teacher
[2]**yánshī** 延师[-師] V.O. engage a teacher
[1]**yánshí** 延时[-時] V.O. delayed; deferred
[2]**yánshí** 岩石 N. rock M: [2]kuài
yánshì 盐市[鹽-] N. salt market
[1]**yǎnshí** 掩食 N. eclipse
[2]**yǎnshí** 眼时[-時] N. <coll.> current time; present; nowadays
yǎnshǐ 眼屎 N. gum in the eyes
[1]**yǎnshì*** 掩饰 V. cover up; gloss over
[2]**yǎnshì** 演示 V. demonstrate
[1]**yànshī** 验尸[-屍] N./V.O. postmortem; autopsy
[2]**yànshī** 艳诗[艷-] N. love poem; erotic poetry M: [2]shǒu
[1]**yànshí** 砚石 N. inkstone M: [2]kuài
[2]**yànshí** 厌食[厭-] N. lack of appetite
[3]**yànshí** 餍食[饜-] V.O. eat to repletion
[4]**yànshí** 燕食 N. <trad.> lunch and supper
yànshǐ 艳史[艷-] N. ① love story; romantic narration ② erotic/amorous adventures M: [2]bù
[1]**yànshì** 厌世[厭-] V.O. ① be world-weary ② die ♦N. misanthropy
[2]**yànshì** 艳事[艷-] N. romantic adventures
[3]**yànshì** 砚室 N. case for an inkslab
[4]**yànshì** 彦士 N. refined and accomplished scholar
[5]**yànshì** 餍事[饜-] N. plenty to do; things that keep one busy
yán shì ài, sōng shì hài 严是爱,松是害[嚴-愛,鬆--] F.E. Strictness helps, indulgence spoils.
yánshí báopiàn jiàndìng 岩石薄片鉴定[----鑒-] N. <archeo.> rock-chip identification
yánshì biāoyīn 严式标音[嚴-標-] N. <lg.> narrow transcription/notation
yànshìbìng 厌世病[厭-] N. world-weariness
yánshī chū gāotú 严师出高徒[嚴師-] F.E. A strict teacher produces outstanding students.
yánshì de 严式的[嚴-] ATTR. narrow
yǎnshìfǎ 演示法 N. demonstration method
yànshīguān* 验尸官[-屍-] N. coroner M: ge/[1]míng/[2]wèi
yànshìguān 厌世观[厭-觀] N. pessimism
yánshíhéfèng 严实合缝[嚴實-] F.E. tightly sealed
yànshìjísú 厌世嫉俗[厭-] F.E. become disgusted with life
yánshí kāi-guān 延时开关[-時開關] N. <elec.> delay switch
yánshíkè 岩石刻 N. petroglyph
yānshìmèixíng 烟视媚行[煙-] F.E. look down at the floor and walk slowly
yànshīnóngcí 艳诗浓词[艷-濃-] F.E. love poems in a flowery style
yánshí shèyǐng 延时摄影[-時攝-] N. time-lapse photography
yānshíshíshì 淹识时事[-識時-] F.E. be well-informed of current events
yànshīsuǒ 验尸所[-屍-] N. mortuary M: [1]jiā
yànshì tiàoshuǐ 燕式跳水 N. <sport> swallow dive
yánshī-wèiyǒu 严师畏友[嚴師-] N. severe teacher and an esteemed friend
yánshíxué 岩石学 N. petrology
yánshì yīnbiāo 严式音标[嚴-標] N. <lg.> narrow transcription
yánshì yīnbiāofǎ 严式音标法[嚴--標-] N. <lg.> narrow transcription
yánshí zhàdàn 延时炸弹[-時--] N. delayed-action bomb M: [1]kē/[4]méi
yànshìzhě 厌世者[厭-] N. pessimist M: ge/[1]míng/[2]wèi
yànshízhèng 厌食症[厭-] N. <med.> anorexia
yánshīzhèngyǒu 严师诤友[嚴師諍-] F.E. a strict teacher and a friend who will give unpalatable advice
yànshìzhǔyì 厌世主义[厭-義] N. world-weariness
yànshìzìshā 厌世自杀[厭-殺] F.E. commit suicide in despair of the wearisome world
yánshǒu 严守[嚴-] V. ①closely observe ②guard closely
yánshòu 延寿[-壽] V.O. prolong life
yànshōu* 验收 V. check on delivery
yànshōudān 验收单 N. receipt issued after examination and acceptance of goods M: [1]zhāng
yánshǒu gǎngwèi 严守岗位[嚴-崗-] V.O. be responsible for a task
yànshòuhuánféi 燕瘦环肥[--環-] ID. beautiful women each attractive in her own way
yánshǒu jìlǜ 严守纪律[嚴-] V.O. observe strict discipline
yánshǒu mìmì 严守秘密[嚴-] V.O. ① maintain strict secrecy ② be strictly confidential
yánshǒuyuǎnwàng 延首远望[--遠-] F.E. crane forward and gaze into the distance
yánshǒu zhèndì 严守阵地[嚴-] V.O. <mil.> hold the position
yánshǒu zhōnglì 严守中立[嚴-] V.O. observe strict neutrality
yánshǔ 炎暑 N. dog days
yǎnshú* 眼熟 S.V. familiar-looking
yǎnshǔ 鼹鼠[鼴-] N. ① <zoo.> mole shrew M: [2]zhī ② economic spy
[1]**yánshuāng** 严霜[嚴-] N. ①cold/killing/severe/heavy frost ② severe temperament
[2]**yánshuāng** 盐霜[鹽-] N. salt efflorescence
yānshuǐ 淹水 N. waterflooding
yānshuì 烟税[煙-] N. tax on tobacco
yánshuǐ* 盐水[鹽-] N. salt solution; brine
yánshuì 盐税[鹽-] N. salt tax/gabelle
yànshuǐ 堰水 N. sluice
yànshuǐhúr 砚水壶儿[--壺-] N. water container for an ink slab M: [1]bǎ/ge/[2]zhī
yánshuǐjī 盐水鸡[鹽-雞] N. salt-boiled chicken M: [2]zhī
yánshuǐ shūyè 盐水输液[鹽-] N. <med.> saline infusion
yánshuǐ xuǎnzhǒng 盐水选种[鹽-選種] V.P. seed-sorting by salt water
yánshuǐyā 盐水鸭[鹽-] N. pickled duck M: [2]zhī
yánshuǐ zhùshè 盐水注射[鹽-] N. <med.> salt injection
yǎnshùmùhéng 眼竖目横[-豎--] F.E. stare in anger/contempt
yānshuō 燕说 N. strained interpretation; far-fetched analogy
yǎnshuō* 演说 V. ① deliver a speech; make an address ② treat/develop a subject ♦N. speech; address
yǎnshuōcí 演说辞[-辭] N. speech; address M: [1]piān/[1]fèn
yǎnshuōgǎo 演说稿 N. manuscript of a lecture M: [1]piān/[1]fèn
yǎnshuōjiā 演说家 N. orator M: ge/[1]míng/[2]wèi
yǎnshuōshù 演说术[-術] N. oratory; elocution
yǎnshuōzhě 演说者 N. speaker M: ge/[1]míng/[2]wèi
yǎnshǔqiū 鼹鼠丘[鼴-] N. molehill
yānsī 烟丝[煙絲] N. cut/pipe tobacco
yānsǐ* 淹死 R.V. drown
yānsì 阉寺 N. <wr.> eunuch
yānsī 燕私 N. private feast after worship
yānsǐguǐ(r) 淹死鬼(儿) N. victim of drowning M: ge/[1]míng
yánsīhéfèng 严丝合缝[嚴絲-] F.E. dovetail perfectly
yǎnsìqiūbō 眼似秋波 F.E. eyes sparkling with animation
Yán-Sòng 炎宋 N. the Song dynasty
yānsù 淹宿 N. overnight
yánsù* 严肃[嚴肅] S.V. serious; solemn ♦V. ① strictly enforce ② enforce
yánsuān* 盐酸[鹽-] N. <chem.> hydrochloric acid
yǎnsuàn 演算 N./V. perform mathematical calculations
yànsuàn 验算 N./V. check computations
yǎnsuànfǎ 演算法 N. method of mathematical calculation
yànsuàn gōngshì 验算公式 N. <math.> a check formula
yánsuān quēfázhèng 盐酸缺乏症[鹽-] N. <med.> pellagra
yǎnsuànshù 演算术[-術] V.O. do calculations
yánsù chǔlǐ 严肃处理[嚴肅處-] V.P. deal with severely
yánsù dǎngjì 严肃党纪[嚴肅黨-] V.O. enforce Party discipline
yánsui* 芫荽 N. coriander
yánsuǐ 延髓 N. <phys.> medulla oblongata
yánsuì 研碎 R.V. grind to pieces
yànsǔn 燕隼 N. <zoo.> hobby falcon M: [2]zhī
yánsù pīpíng 严肃批评[嚴肅-] V.P. criticize with sharp words
yánsù qìfēn 严肃气氛[嚴肅氣-] N. a solemn atmosphere
yánsù rènzhēn 严肃认真[嚴肅認-] V.P. be serious and conscientious
yánsù tàidu 严肃态度[嚴肅態-] N. a stiff attitude

yánsù yīnyuè 严肃音乐[嚴肅-樂] N. classical music; serious music
yánsùzhǔyì 严肃主义[嚴肅-義] N. gravity; seriousness; strictness
yàntai 砚台[-臺] N. inkstone; inkslab M: ge/[2]zhī
yántān 盐滩[鹽灘] P.W. ① salt field; salt marsh ② a beach for making sea salt
yántán* 言谈 N. content/manner of speech; discourse; utterance
yàntán 验痰 V.O. examine sputum under the microscope
yántán cèlüè 言谈策略 N. <lg.> discourse strategy
yántán fànwéi 言谈范围[-範圍] N. <lg.> field of discourse
yántán fēizhàoyìng 言谈非照应[-應] N. <lg.> discourse-nonanaphoric
yántán fēnxi 言谈分析 N. <lg.> discourse analysis
yàntáng 雁堂 P.W. <trad.> a Buddhist hall
yántán gōngyòng 言谈功用 N. <lg.> communicative/discourse function
yántán guīhuà 言谈规划[-劃] N. <lg.> discourse planning
yántán huàtí shānchú 言谈话题删除[----刪-] N. <lg.> discourse theme deletion
yántán jiégòu 言谈结构[-構] N. <lg.> discourse structure
yántán jǔzhǐ 言谈举止[--舉-] N. speech and deportment
yántánlínsǒu 言谈林薮[-藪] F.E. a good talker
yántán qǔxiàngyǔ 言谈取向语 N. <lg.> discourse-oriented languages
yántānshāgěng 沿滩沙埂[-灘--] N. barrier beach; offshore barrier
yántánwēizhòng 言谈微中 F.E. One's speech is subtle.
yántán yǔzhòu 言谈宇宙 N. <lg.> universe of discourse
yántán zhàoyìng 言谈照应[-應] N. <lg.> discourse-anaphoric
yántán zhījiān 言谈之间 N. while talking
yántǎo 研讨 V. deliberate; study and discuss
yántǎohuì 研讨会 N. seminar; symposium
yántǎozhuō 研讨桌 N. seminar/conference table M: [1]zhāng
yàntǎtímíng 雁塔题名 F.E. have attained the doctor's degree
yántǐ 岩体[-體] N. rock mass
Yántǐ 颜体[-體] N. calligraphic style of Yan Zhenqing (708–784)
yǎntǐ* 掩体[-體] N. <mil.> blindage; bunker
yǎntì 演替 N. <bio.> succession
yántiān 炎天 N. ①hot weather; summer ②<wr.> the South
yántián* 盐田[鹽-] N. salt pan; salina
yàntián 砚田 N. <trad.> ① inkstone ② writing as a livelihood
yàntiánzhīshí 砚田之食 N. earn/make a living by writing
yántiào 延眺 V. crane the neck to look
yǎntiào* 眼跳 V.P. twitching of the eyelids
yántiáor 沿条儿[-條-] N. trimming tape/ribbon; welt; braid/tape for joining parts of a dress
yántiě 盐铁[鹽鐵] N. <hist.> (manufacture of) salt and iron
yántiěbù 盐铁部[鹽鐵-] P.W. department of salt and iron
yántiěmǎ 檐铁马[-鐵-] See yánmǎ
yǎntíng 蝘蜓 N. <zoo.> gecko
yántīngjìcóng 言听计从[-聽-從] F.E. always follow sb.'s advice
yántīngjìyòng 言听计用[-聽--] F.E. One's words are obeyed.
yāntong* 烟筒[煙-] N. chimney; funnel; stovepipe
yāntōng 淹通 V. be well-versed
[1]**yǎntóng** 眼瞳 N. pupil of the eye
[2]**yǎntóng** 眼同 CONJ. together with
yāntōnggǔjīn 淹通古今 F.E. be thoroughly acquainted with the past and the present
[1]**yāntóu(r)** 烟头(儿)[煙-] N. cigarette end/butt
[2]**yāntóu** 咽头 N. <phys.> pharynx
yāntóu hòubì 咽头后壁[--後-] P.W. back wall of the pharynx
yāntóuhuà 咽头化 N. <lg.> pharyngealization
yāntóuyán 咽头炎 N. <phys.> pharyngitis
yāntóuyīn 咽头音 N. <lg.> pharyngeal sound
yǎntōuzhēn 眼偷针 F.E. <med.> sty
yāntū 烟突[煙-] N. chimney; funnel
yāntǔ 烟土[煙-] N. crude opium
yántú* 沿途 ADV. on the way; throughout a journey
[1]**yántǔ** 盐土[鹽-] N. saline soil
[2]**yántǔ** 炎土 N. southwestern China
yàn tuòmo 咽唾沫 V.O. crave; covet
yántuózi 盐坨子[鹽-] N. <topo.> a heap of salt
yánǜ 牙衄 N. gingival hemorrhage
yànwǎ 砚瓦 N. ink slab
yánwài 言外 P.W. beyond the words spoken; between the lines
yǎnwàikē shǒushù 眼外科手术[-術] N. eye surgery
yánwài xíngwéi 言外行为 N. <lg.> illocutionary act
yánwàiyǒuyì 言外有意 F.E. More is meant than meets the ear.
yánwàizhīlì 言外之力 N. <lg.> illocutionary force
yánwàizhīyì 言外之意 N. implication; insinuation
yànwǎn 燕婉 S.V. friendly; genial
Yánwang 阎王 N. ①Yama, King of Hell ②tyrant
Yánwangdiàn 阎王殿 P.W. Yama's Palace M: [4]zuò
yǎnwǎngmó 眼网膜[-網-] N. retina
Yánwangyé 阎王爷[-爺] N. King of Hell
Yánwangzhài 阎王债 N. usurious loan M: [2]bǐ
Yánwangzhàng 阎王帐 N. <coll.> usurious loan M: [2]bǐ
yànwǎnzhīhuān 燕婉之欢[-歡] N. harmonious happiness between husband and wife
yànwǎnzhīqiú 燕婉之求 N. seek/demand an ideal husband
yānwèi(r)* 烟味(儿)[煙-] N. cigarette/tobacco taste/smell
yánwēi 炎威 V.P. oppressively imposing ♦N. oppressiveness
[1]**yánwèi** 盐味[鹽-] N. salty taste; saltiness
[2]**yánwèi** 言位 N. morpheme
yànwěi 燕尾 N. forked tail; swallowtail
yànwěifú 燕尾服 N. swallowtail; tails M: [2]jiàn
yànwěiqí 燕尾旗 N. swallowtailed flag M: [1]miàn
yánwéishàngbīn 延为上宾[-賓] F.E. secure sb. as guest of honor
yánwéixīnshēng 言为心声[-聲] F.E. words are the voice of the mind
yǎnwén* 衍文 N. <print.> duplication; redundancy
yànwén 谚文 N. <lg.> onmun; han'gul; Korean vernacular writing
yán-wén duìzhào 言文对照[--對-] N. Literary Sinitic writings with modern (vernacular) translation on facing pages
yànwénjiùshì 厌闻旧事[厭-舊-] F.E. tired of hearing about past things
yǎnwénxiūwǔ 偃文修武 F.E. lay aside the book for the gun
yán-wén yīzhì 言文一致 V.P. unification of spoken language and written language
yǎnwō(r) 眼窝(儿)[-窩-] N. eye socket
[1]**yǎnwò** 偃卧[-臥] V. lie supine
[2]**yǎnwò** 衍沃 N. fertile plains
yànwō* 燕窝[-窩] N. edible bird's nest
yànwōtāng 燕窝汤[-窩湯] N. swallow's-nest soup M: wǎn
yǎnwòzhīqū 衍沃之区[-區] P.W. rich and fertile region
yànwōzhōu 燕窝粥[-窩-] N. bird's-nest soup M: wǎn
yānwù 烟雾[煙霧] N. smoke; mist; smog
[1]**yánwù*** 延误 V. ① incur loss through delay ② arrive too late
[2]**yánwù** 盐务[鹽務] N. administration of the salt industry
yǎnwǔ 演武 V.O. practice martial arts
[1]**yànwǔ** 燕舞 N. the swallow-like motions of a dancing girl
[2]**yànwǔ** 艳舞[艷-] N. voluptuous dances
[1]**yànwù** 厌恶[厭惡] V. detest; be disgusted with
[2]**yànwù** 厌物[厭-] N. detestable thing/person
yànwù bāozi 厌恶包子[厭惡-] N. sb. others dislike
yánwúbùjìn 言无不尽[-盡] F.E. speak without reserve
yǎnwǔchǎng 演武场[-場] P.W. martial-arts arena
yánwù guǎnlǐjú 盐务管理局[鹽務-] P.W. bureau/department of salt administration
yánwújìnjì 言无禁忌 F.E. speak without inhibitions
yànwù liáofǎ 厌恶疗法[厭惡療-] N. <psy.> aversion therapy
yānwùmímàn 烟雾弥漫[煙霧彌-] F.E. be full of smoke; be enveloped in mist; be permeated with thick fog and smoke
yānwūrǎn 烟污染[煙-] N. smoke pollution
yánwù shíjī 延误时机[--時-] V.O. miss an opportunity because of delay
yánwù shírì 延误时日[--時-] V.O. lose time
yānwùténgténg 烟雾腾腾[煙霧-] F.E. filled with steam and smoke
yǎnwǔxiūwén 偃武修文 F.E. promote culture over military activities; give up the sword for the pen
yānwùzhuàngwù 烟雾状物[煙霧狀-] N. mist
[1]**yánxí** 研习[-習] V. examine and study; research
[2]**yánxí** 沿袭 V. ① carry on as before; follow ② follow the old practice
[3]**yánxí** 筵席 N. <wr.> ① mat for sitting ② feast; banquet
[4]**yánxí** 沿习[-習] V.O. follow custom
yánxǐ 延禧[-釐] N. a good-luck inscription on the wall facing the gate
[1]**yánxì** 岩系 N. rock series/formation
[2]**yánxì** 严细[嚴-] V.P. careful; precise; meticulous
[1]**yǎnxī** 偃息 V. ① rest ② <wr.> cease
[2]**yǎnxī** 奄息 V. stop for a rest
[1]**yǎnxí*** 演习[-習] V./N. <mil.> maneuver; exercise; drill; practice
[2]**yǎnxí** 掩袭 V. launch a surprise attack
yǎnxì 演戏[-戲] V.O. ① put on or act in a play ② playact; pretend
yànxī 宴息 V. rest
[1]**yànxí** 宴席 N. banquet; feast
[2]**yànxí** 砚席 N. <wr.> ① inkslab and sitting mat ② place where one studies and teaches
yànxǐ 燕喜 V. carouse
yānxiá 烟霞[煙-] N. clouds and mist in twilight
[1]**yánxià** 炎夏 N. dog days
[2]**yánxià** 檐下 P.W. underside of the eaves
[3]**yánxià** 言下 N. implication
yǎnxià* 眼下 N. ① at present; now ② <phys.> subocular
yànxià 咽下 R.V. swallow; gulp down
yǎnxiā'ěrlóng 眼瞎耳聋 F.E. deaf and blind
yānxiágùjí 烟霞痼疾[煙-] F.E. deep-rooted love for nature
yánxiàlièrì 炎夏烈日 F.E. scorching sun on hot summer days
[1]**yánxiàn*** 沿线 N. along the line
[2]**yánxiàn** 严限[嚴-] V. strictly limit
yǎnxiàn 眼线 N. ①informer ②scout ③eyeliner ④ <coll.> spy; enemy observer
yànxiàn 艳羡[艷-] V. <wr.> admire
yǎnxiànbǐ 眼线笔[-筆] N. eyeliner M: [4]zhī
yǎnxiánchìlàn 眼弦赤烂[-爛] F.E. <Ch. med.> blepharitis
yànxiǎng* 宴飨[讌饗] V. give a great dinner ♦N. feast; banquet
yànxiàng 赝象[贗-] N. artifact
yánxiángnàfú 延祥纳福 F.E. induce good luck
[1]**yánxiāo** 盐硝[鹽-] N. saltpeter
[2]**yánxiāo** 盐枭[鹽梟] N. illegal salt dealer

yánxiào* 言笑 V. talk and laugh
yānxiāohuǒmiè 烟消火灭[煙-滅] F.E. vanish completely; disappear; come to an end
yānxiāoyúnsàn 烟消云散[煙-雲-] F.E. vanish like mist and smoke
yánxiào zhījiān 言笑之间 N. while talking and laughing
yánxiàozìruò 言笑自若 F.E. talk and laugh imperturbably
yānxiápǐ 烟霞癖[煙-] N. <wr.> addiction to opium smoking; opium habit
yàn xiàqu 咽下去 R.V. swallow; gulp down
yánxiàshèngshǔ 炎夏盛暑 F.E. broiling summer heat
yǎnxiàwō 眼下窝[-窩] N. eye socket
yánxià yǒngzhòu 炎夏永昼[-晝] N. endless summer days
yánxiàzhīyì 言下之意 N. implication
yánxiè 岩屑 N. rock fragments; detritus; talus
yànxiě* 验血 *See yànxuè*
yánxíhuì 研习会[-習-] N. conference; symposium; seminar; workshop
yánxí jiùxí 沿袭旧习[-舊習] V.O. follow the old routine
yánxíjuān 筵席捐 N. tax on a banquet/feast
yánxīn* 岩心 N. <geol.> (drill) core
yànxīn 焰心 N. center of a flame
yànxìn 唁信 N. condolatory letter
[1]**yán-xíng*** 言行 N. words and deeds
[2]**yánxíng** 严刑[嚴-] N. cruel torture; severe punishment
yánxìng 延性 N. <phy.> ductility
yǎnxīng 掩星 N. occultation (of stars)
yǎnxíng 衍形 N. extension of shape
yànxíng 雁行 V. go single file *See also yànháng*
yánxíngbīgòng 严刑逼供[嚴-] F.E. extract confession by torturing
yánxíngbùfú 言行不符 F.E. One's practice is not what one preaches.; Words do not match deeds.
yánxíngbùyī 言行不一 F.E. say one thing and do another; The deeds do not match/square with the words.
yánxíngbùzhāo 严刑不招[嚴-] F.E. deny flatly, even under torture
yànxíngchéngháng 雁行成行 F.E. ideal brotherly relationships
yǎnxíng'ěrrè 眼饧耳热[-餳-熱] F.E. One's eyes burned and one's ears glowed.
yánxínghéyī 言行合一 F.E. be as good as one's word
yánxíngjǐnshèn 言行谨慎 F.E. mind one's p's and q's
yánxíngjùnfá 严刑峻罚[嚴-] F.E. severe/draconian law
yánxíngjùnfǎ* 严刑峻法[嚴-] F.E. draconian law
yánxíng kǎodǎ 严刑拷打[嚴-] V.P. cruelly beat up; cruelly torture
yánxínglù 言行录[-錄] N. ①book recording the words and deeds of a sage ② memoir M: [1]*běn*
yánxíngruòyī 言行若一 F.E. live up to one's words
yánxíngxiāngbèi 言行相悖 F.E. practice contrary to what one preaches
yánxíngxiānggù 言行相顾[-顧] F.E. practice what one preaches
yánxíngxìndǔ 言行信笃 F.E. be faithful in word and deed
yánxìngxué 岩性学 N. <geol.> lithology
yán-xíng yīzhì 言行一致 V.P. be as good as one's word
yànxíngzhéyì 雁行折翼 *See yànhángzhéyì*
yánxìnxíngguǒ 言信行果 V.P. be truthful in speech and firm in action
yànxiōng 砚兄 N. <trad.> senior fellow student
yànxiōngyàndì 砚兄砚弟 F.E. schoolmates; classmates
yǎnxìr 眼系儿 N. structure of nerves and muscles within the eye

Yán Xīshān 阎锡山 (1883–1960) N. Shanxi warlord in the Republican Period
yánxiū 研修 V. ① engage in advanced studies ② study and revise ③ do research work
yánxiūbān 研修班 N. class engaged in research and advanced study M: [2]*qī*
yánxiūshēng 研修生 N. ① researcher ② personnel engaged in research and study M: *ge*/[1]*míng*/[2]*wèi*
yánxù* 延续[-續] V. continue; go on; last
yǎnxù 衍续[-續] V. flourish and continue
yànxù 雁序 N. <wr.> ①"V" formation ②brothers
yánxuán 言旋 V. <wr.> return
yánxù dào 延续到[-續-] R.V. continue/last till; go on until
yánxué 岩穴 N. grotto; cave
yànxué 厌学[厭-] V.O. be weary of studying
yànxuè* 验血 V.O. do blood tests ♦N. blood test
yánxuézhìshì 岩穴之士 N. a hermit
yānxūn* 烟熏[煙-] V. smoke-cure
yánxùn 严讯[嚴-] V. sternly interrogate
yānxūnhuǒliǎo 烟熏火燎[煙-] F.E. smoky
yānxūnshì 烟熏室[煙-] P.W. smokehouse M: [1]*jiān*
yānxūn shípǐn 烟熏食品[煙-] N. smoked foods M: [1]*zhǒng*
yānxūn xiànxiàng 烟熏现象[煙-] N. fumigation
yánxùtǐ 延续体[-續體] N. continuum
yánxù xiàqu 延续下去[-續--] R.V. continue; go on; last
yánxùxìng 延续性[-續-] N. continuity
yānxùzàiwài 淹恤在外 F.E. live in exile
yānyǎ 淹雅 V.P. deep and refined
[1]**yányá** 岩崖 N. rock cliff
[2]**yányá** 檐牙 N. projecting tiles on the eaves (for ornamental purposes)
yányǎ 妍雅 V.P. beautiful and elegant
yǎnyā* 眼压[-壓] N. intraocular pressure
yānyǎhuáměi 淹雅华美[--華-] F.E. cultured and beautiful
yányājī 延压机[-壓-] N. flattener M: [1]*tái*
yànyāliè 雁鸭猎[-獵] N. waterfowling
yānyān 恹恹//厌厌[懨懨//懕懕//厭厭] R.F. <wr.> ① sickly; rundown ② peaceful; content; tranquil
yānyán 咽炎 N. pharyngitis
yānyàn 烟焰[煙-] N. smoke and flame
yányān 盐腌[鹽-] V. salt-cure
[1]**yányán*** 炎炎 R.F. ① scorching; sweltering ② impressive; awe-inspiring
[2]**yányán** 严严[嚴嚴] R.F. tightly
[3]**yányán** 岩盐[-鹽] N. rock salt
[1]**yányàn** 妍艳[-艷] S.V. colorful and beautiful
[2]**yányàn** 炎焰 N. flame; fire
[3]**yányàn** 筵宴 V.O. banquet; feast
yǎnyán 眼炎 N. <med.> ophthalmia
[1]**yǎnyǎn** 奄奄 R.F. feeble (of breathing)
[2]**yǎnyǎn** 衍衍 R.F. walk fast
yànyàn 晏晏 R.F. mild and tender
yānyǎnbùzhèn 奄奄不振 F.E. dispirited; in low spirits
yǎnyǎndàibì 奄奄待毙[-斃] F.E. on the point of dying
yǎnyǎnfǎ 掩眼法 N. cover up; camouflage
yānyáng 阉羊 N. wether M: [2]*zhī*
[1]**yányáng*** 岩羊 N. blue sheep; bharal M: [2]*zhī*
[2]**yányáng** 炎阳[-陽] N. ① burning sun ② great heat of summer
yányàng 岩样[-樣] N. ① <geol.> rock specimen ② <min.> core sample
yǎnyàng 演漾 V. gradually taper off
yànyáng 艳阳[艷陽] N. sunny spring weather
yànyǎng 厌氧[厭-] N. anaerobism ♦ATTR. anaerobic
yànyángtiān 艳阳天[艷陽-] N. bright spring day
yànyǎng wēishēngwù 厌氧微生物[厭-] N. anaerobe
yányánhèhè 炎炎赫赫 R.F. blazingly hot
yànyànqídé 谳谳其德[讞讞-] F.E. Upright is his virtue.
yányánshíshí 严严实实[嚴嚴實實] R.F. solid

yányánwānwān 蜒蜒蜿蜿 R.F. wriggling as a worm
yányán xiàrì 炎炎夏日 N. scorching summer sun
yǎnyǎnyīxī 奄奄一息 F.E. on the verge of death
yànyànyúfēi 燕燕于飞[-於飛] F.E. deeply attached to each other (of husband and wife)
yānyānyùshuì 恹恹欲睡[懨懨-] F.E. feel weak and sleepy
yányánzhěmiè 炎炎者灭[-滅] F.E. Over-elation brings disaster.
yǎnyào 眼药[-藥] N. eye medicine; eyedrops
yǎnyàogāo 眼药膏[-藥-] N. eye ointment M: [4]*zhī*
yǎnyàoshuǐ(r) 眼药水(儿)[-藥--] N. eyedrops M: *píng*
yànyǎoyúchén 雁杳鱼沉 ID. without news/letters from sb.
yānyǎzhīshì 淹雅之士 N. a deeply cultured and refined scholar
[1]**yānyè(r/zi)*** 烟叶(儿/子)[煙葉-] N. tobacco leaf M: [1]*zhāng*/[1]*piàn*
[2]**yānyè** 烟液[煙-] N. tobacco juice
[1]**yányè** 盐业[鹽業] P.W. salt industry
[2]**yányè** 盐液[鹽-] N. saline solution
yànyě 艳冶[艷-] S.V. pretty and coquettish
yányī 延医[-醫] V.O. send for a doctor
yányí 颜仪[-儀] N. face; social standing
yányì 岩邑 N. strategically important city
yǎnyi 演义[-義] <coll.> N. exaggeration ♦V. exaggerate *See also* [2]*yǎnyì*
yǎnyí 扊扅 N. <wr.> (door) bolt; (door) bar
[1]**yǎnyì*** 演绎[-繹] <log.> N. deduction ♦V. deduce
[2]**yǎnyì** 演义[-義] N. historical novel/romance M: [1]*běn*/[2]*bù* *See also yǎnyi*
[3]**yǎnyì** 演艺[-藝] N. performing arts
[4]**yǎnyì** 衍义[-義] N. derivative meaning
[5]**yǎnyì** 衍绎[-繹] V. develop; evolve
[6]**yǎnyì** 眼翳 N. <wr.> mist; cloudiness
[1]**yànyì** 验疫 <med.> V. inspect for an epidemic ♦N. quarantine
[2]**yànyì** 燕翼 V. <wr.> help; support
yǎnyì chǎngsuǒ 演艺场所[-藝場-] P.W. places for performances
yǎnyìchū 演绎出[-繹-] R.V. develop/evolve into
yányīchūzhěn 延医出诊[-醫--] F.E. ask a doctor to come and see (sb.)
yǎnyìfǎ 演绎法[-繹-] N. deductive method; deduction; analysis
yǎnyìfǎ zhuǎnyì 演译法转译[-譯-轉譯] N. <comp.> algorithm translation
yǎnyì jiàoxuéfǎ 演绎教学法[-繹---] N. <lg.> deductive learning; learning by deduction
yǎnyìjiè 演艺界[-藝-] N. performing-arts circles
yán yǐ lǜjǐ, kuān yǐ dàirén 严以律己,宽以待人[嚴---,寬---] F.E. be strict with oneself and tolerant toward others
yǎnyì luójí 演绎逻辑[-繹邏-] N. deductive logic
yānyīn 咽音 N. <lg.> pharyngeal
yānyǐn* 烟瘾[煙癮] N. craving for tobacco/opium; tobacco/opium addiction ***Tā ~ hěn dà.*** He's a heavy smoker. ***Tā ~ fā le.*** He's dying for a smoke.
yányīn 延音 N. <mus.> tenuto
yǎnyīn 衍音 N. <lg.> extension of sound
yǎnyǐn 掩隐[-隱] V. hide away
yànyǐn 宴/晏饮[讌-] V. wine and dine ♦N. feast; banquet
yànyǐnfānghān 宴饮方酣 F.E. The banquet is at its height.
yānyǐn fāzuò 烟瘾发作[煙癮發-] V.P. show signs of withdrawal
yǎnyǐng* 眼影 N. eye-shadow
yǎnyìng 掩映 V. ① set off (one another) ② mingling/contrast of light and shadow
yǎnyǐngfěn 眼影粉 N. eye-shadow powder
yànyǐngfēnfēi 雁影纷飞[-飛] F.E. separation of brothers
yānyīnhuà 咽音化 N. <lg.> pharyngealization

yǎnyìquān 演艺圈[-藝-] P.W. the world of performing arts; performing-arts circles

yǎnyì shìyè 演艺事业[-藝-業] N. performing-arts enterprises

yǎnyìsìhǎi 衍溢四海 F.E. overflowing to the four seas

yǎnyì tuīlǐ 演绎推理[-繹--] N. syllogism

yǎnyì xuéxí 演绎学习[-繹-習] N. <lg.> deductive learning

yǎnyìyíhuàn 衍溢贻患 F.E. Overflowing brings calamity.

yànyìyímóu 燕翼贻谋 F.E. hand down a good plan to posterity

yānyòng 焉用 F.E. <wr.> Why is it necessary to use. . .?; Is it needed?

yányòng* 沿用 V. continue to use (old methods/etc.)

yānyóu* 烟油[煙-] N. tobacco tar

yānyǒu 焉有 F.E. <wr.> How could there be such. . .?

yányóu 蜒蚰 N. <topo.> slug

yǎnyǒu 奄有 V. put under one's control

[1]**yànyóu** 燕游 V. make a pleasant trip

[2]**yànyóu** 宴游 N. leisurely trip

yànyǒu 砚友 N. <trad.> fellow student; classmate M: ge/[1]míng/[2]wèi

yán yǒu jìn ér yì wúqióng 言有尽而意无穷[--盡---窮] F.E. There's an end to the words, but not to their message.

yányóuzài'ěr 言犹在耳[-猶--] F.E. sb.'s words/promises are still fresh in one's mind

yānyóuzi 烟油子[煙-] N. tobacco tar

yānyú 腌鱼 N. salted fish M: [1]tiáo

yānyǔ 烟雨[煙-] N. misty rain

yányu 言语 V. <coll.> ① speak; talk ② answer *See also yányǔ*

yányú 岩榆 N. cork-elm M: [2]kē

yányǔ* 言语 N. spoken language; speech *See also yányu*

yányù 延誉[-譽] V.O. <wr.> spread sb's fame

yǎnyǔ 眼语 V. indicate/hint with one's eyes

yǎnyù 眼浴 N. eye-douche; ophthalmic bath

yànyú 燕鱼 N. Spanish mackerel

[1]**yànyǔ** 谚语 N. proverb; saying; adage; saw

[2]**yànyǔ** 燕语 N. soft chirping of swallows

[3]**yànyǔ** 雁宇 P.W. <trad.> a Buddhist hall

[1]**yànyù** 艳遇[艷-] N. ① encounter with a beautiful woman ② affairs; one's romantic history

[2]**yànyù** 餍饫[饜-] V.O. eat to repletion

[3]**yànyù** 谳狱[讞-] V.O. sentence to prison

yānyuǎn 湮远[-遠] V.P. very long (in time)

yǎnyuán* 演员 N. performer M: ge/[1]míng/[2]wèi

yǎnyuánbiǎo 演员表 N. cast (of performers) M: [1]zhāng

yányǔ biàntǐ 言语变体[-變體] N. <lg.> speech variety

yányǔ bìnglǐxué 言语病理学 N. speech pathology

yányǔchǎng 言语场[-場] N. <lg.> domain

yányǔ cūlǔ 言语粗鲁 V.P. speak rudely/coarsely

yányǔ cuòwù 言语错误 N. <lg.> speech error

yányǔ cūsú 言语粗俗 V.P. be coarse and vulgar in speech

yányǔ cūyě 言语粗野 V.P. be coarse and wild in speech

yányǔdàoduàn 言语道断[-斷] F.E. <Budd.> highest principle/essence, which cannot be explained in words

yányǔ dòngcí 言语动词[--動-] N. <lg.> verb of saying/locution

Yànyù Duī 滟滪堆[灧澦-] P.W. a dangerous steep cliff in the middle of the Yangtze River in Sichuan ♦ID. a navigator's nightmare

yānyuè 淹月 N. a whole month

yǎnyuè 偃月 N. crescent moon

yànyuè* 宴/燕乐[-樂] N. festival music *See also yànlè*

yǎnyuèdāo 偃月刀 N. <trad.> big crescent shaped knife with a long shaft (as a weapon); scimitar M: [1]bǎ

yǎnyuètíngyīn 掩乐停音[-樂--] F.E. order the cessation of music and other sounds

yányǔ fādòng zhōngxīn 言语发动中心[--發動--] P.W. speech control center

yányǔ fēnggé 言语风格 N. <lg.> speech styles

yányǔ gǎnzhī 言语感知 N. <lg.> speech perception

yányǔ héchéng 言语合成 N. speech synthesis

yányǔhuà 言语化 N. <lg.> verbalization

yányǔ huódòng 言语活动[-動] N. <lg.> speech event

yányǔ jiǎozhì 言语矫治[--矯-] N. speech therapy

yányǔ jiégòu 言语结构[-構] N. <lg.> verbal construction

yányǔ jiézòu 言语节奏[--節-] N. <lg.> speech rhythm

yányǔ jìnéng 言语技能 N. <lg.> speech repertoire

yányǔ jítuán 言语集团[-團] P.W. <lg.> speech community

yányǔkù 言语库 N. <lg.> speech repertoire

yányǔlèi liánxùtǐ 言语类连续体[--類-續體] N. <lg.> speech continuum

yányǔ lèixíng 言语类型[--類-] N. <lg.> genre

yányǔ lèixíng túshì 言语类型图式[--類-圖-] N. <lg.> scheme

yányúlǜjǐ 严于律己[嚴於-] F.E. be strict with oneself

yányǔ miào tiānxià 言语妙天下 F.E. speak incomparably wittily

yānyún* 烟云[煙雲] N. ① mist and clouds ② passing scene

yǎnyùn 眼晕 V.P. ① dizzy; giddy ② (cosmetics) eye-shadow

yànyún 谚云 F.E. as the proverb says; as the saying goes

yǎnyùndòng 眼运动[-運動] N. eye movement

yānyúngòngyǎng 烟云供养[煙雲-養] F.E. Painters get inspiration only from painting.

yānyúnguòyǎn 烟云过眼[煙雲-] F.E. ephemeral; transient; as transient as a fleeting cloud

yànyǔnínán 燕语呢喃 F.E. swallows twitter

yányùnshǐ 盐运使[鹽運-] N. <hist.> salt commissioner

yányǔ qíngjǐng 言语情景 N. <lg.> speech situation

yányǔ quēxiàn 言语缺陷 N. <lg.> speech defect

yānyǔshānyǐng 烟雨山影[煙-] F.E. Mist veils the distant mountains in rainy weather.

yányǔ shètuán 言语社团[-團] P.W. a speech community

yányǔ shíbié 言语识别[--識-] N. speech recognition

yányǔ shìjiàn 言语事件 N. <lg.> speech event

yányǔ shītiáo 言语失调 N. <lg.> speech disorder

yányǔtángtū 言语唐突 F.E. brusque in speech

yányǔ wúwèi 言语无味 V.P. keep on jawing

yányǔ xíngwéi 言语行为 N. speech performance/act

yányǔ xíngwéi fēnlèi 言语行为分类[-類] N. <lg.> speech act classification

yányǔ xíngwéi lǐlùn 言语行为理论 N. <lg.> speech act theory

yányǔ xīnlǐxué 言语心理学 N. psychology of speech

yányǔxué 言语学 N. ① philology ② linguistics

yányǔ xuéxí 言语学习[-習] N. <lg.> verbal learning

yànyǔyīngshēng 燕语莺声[-鶯聲] ID. ① pleasant scene of spring ② young woman's sweet voice in talking and laughing

yànyúyóulè 餍于游乐[饜於-樂] F.E. be satiated with pleasure

yányǔ zhīlí 言语支离[-離] V.P. give ambiguous statements

yányǔ zhīwu 言语支吾 V.P. stammer in an attempt to hide sth.; prevaricate

yányǔ zōnghé 言语综合 N. <lg.> speech synthesis

yǎnzá 眼杂[-雜] S.V. <topo.> having wide social intercourse

yánzào 盐灶[鹽-] N. stove for boiling (in salt manufacture)

[1]**yánzé** 言责 N. responsibility to speak up

[2]**yánzé** 严责[嚴-] V. blame/scold/reprimand severely

yánzhǎn 延展 V. extend; stretch; send

yànzhàn* 厌战[厭戰] V.O. be weary of war

yānzhàng* 烟瘴[煙-] N. miasma

yánzhàng 炎瘴 N. the far south frontiers where miasma and malaria prevail

yànzhàn qíngxù 厌战情绪[厭戰-] N. war-weariness

yánzhǎnxìng 延展性 N. extendability

yánzhǎo 盐沼[鹽-] N. salt marsh

yǎnzhao 掩着[-著] V. <coll.> close (the door/window/etc.)

yǎnzhào(r)* 眼罩(儿) N. ① eyeshade ② blinkers (for horses/donkeys/etc.) M: ge/[2]zhī

yánzhe 沿着[-著] V.P. following; along

yánzhe biǎomiàn 沿着表面[-著--] ADV. surfacewise

yǎnzhemáo 眼遮毛 N. eyelashes

yànzhèn 雁阵 N. "V" formation

yánzhěng 严整[嚴-] V.P. in a neat formation

[1]**yánzhèng** 严正[嚴-] V.P. serious and principled; stern

[2]**yánzhèng** 炎症 N. inflammation

[3]**yánzhèng** 盐政[鹽-] N. salt administration

yǎnzhèng 演证[-證] V. illustrate

yànzhèng* 验证[-證] V. test and verify ♦N. verification

yánzhèng kēxué 严正科学[嚴-] N. exact science

yànzhèng lǐlùn 验证理论[-證--] V.O. verify a theory

yànzhèng shìyàn 验证试验[-證--] N. demonstration test

yànzhèngxìng cèliáng 验证性测量[-證---] N. confirmatory measurements

yǎnzhēngzhēng 眼睁睁[-睜睜] V.P. ① with wide-open eyes ② in everyone's view ③ looking on helplessly ♦V. at fixedly

yànzhènjì 验震计 N. seismograph M: ge/[2]zhī

yànzhènlüèkōng 雁阵掠空 F.E. Wild geese in "V" formation fly through the azure sky.

yànzhēnnánbiàn 赝真难辩[贋-難-] F.E. It is hard to distinguish the false from the authentic (of painting/etc.).

yànzhènnánfēi 雁阵南飞[-飛] F.E. A flock of wild geese fly south in a "V" formation.

Yán Zhēnqīng 颜真卿 (708–784) N. <hist.> upright official, learned scholar, master calligrapher

yánzhènyǐdài 严阵以待[嚴-] F.E. be/remain in combat readiness

yánzhě wúzuì 言者无罪 V.P. the speaker is not to be blamed; don't blame the speaker

[1]**yānzhī** 胭脂 N. rouge M: hé

[2]**yānzhī** 焉知 F.E. <trad.> how can. . .know?

[3]**yānzhī** 阏氏 N. <hist.> Xiongnu chief's formal wife

yānzhǐ 烟纸[煙-] N. ① paper spill ② cigarette paper

[1]**yānzhì** 腌制[-製] V. make by pickling/salting/curing

[2]**yānzhì** 淹滞[-滯] N. talented persons holding inferior posts

[1]**yánzhì*** 研制[-製] V. ① prepare; manufacture; develop ② <Ch. med.> prepare medicinal powder by grinding

[2]**yánzhì** 延至 V.P. delay until

[3]**yánzhì** 延滞[-滯] V. ① delay; slow down ② stop

yánzhībùyù 言之不预 F.E. have not been forewarned or told beforehand

yānzhīcǎi 胭脂彩 N. <art> glaze with gold as the main ingredient

yánzhīchénglǐ 言之成理 F.E. sound reasonable

Y

yānzhīchóng 胭脂虫[-蟲] N. cochineal insect M: [2]zhī
yānzhīfēifú 焉知非福 F.E. How could you know it is not a blessing?
yānzhifěn 胭脂粉 N. rouge M: hé
yánzhīguòshèn 言之过甚 F.E. an exaggerated statement
yánzhīguòzǎo 言之过早 F.E. still too early to say; premature to say
yānzhihóng 胭脂红 N. carmine
yānzhihǔ 胭脂虎 N. <topo./derog.> ① domineering wife ② a shrew; a virago
yānzhihuā 胭脂花 N. <bot.> four-o'clock
yánzhīkěchǐ 言之可耻[-恥] F.E. It is disgraceful to say it.
yānzhìpǐn 烟制品[煙製-] N. tobacco products M: [1]zhǒng
yánzhīshàngzuò 延之上座 F.E. lead sb. to a seat of honor
yānzhì shípǐn 腌制食品[-製--] N. cured foods M: [1]zhǒng
yánzhīwúwù 言之无物 F.E. be just empty verbiage
yánzhīwúxīn 言之无心 F.E. say things one doesn't mean
yānzhìxiáncái 湮滞贤才[-滯賢-] V.O. restrain a talented person
yánzhīyǒujù 言之有据[-據] F.E. speak on good grounds
yánzhīyǒulǐ 言之有理 F.E. sound reasonable
yánzhīyǒuwù 言之有物 F.E. carry weight (of a speech/etc.)
yánzhīyǒuxìn 言之有信 F.E. honor one's own words
yánzhīzáozáo 言之凿凿[-鑿鑿] F.E. speak on good grounds
yánzhǒng 炎肿[-腫] N. inflammation with swelling
[1]yánzhòng* 严重[嚴-] S.V. serious; grave; critical
[2]yánzhòng 言重 V.P. ① speak seriously ② exaggerate
yǎnzhōng 眼中 P.W. in sb.'s eyes
yánzhòng bùdàng xíngwéi 严重不当行为[嚴--當--] N. grave misconduct
yǎnzhōngcì 眼中刺 N. ① most hated person ② eyesore
yǎnzhōngdīng 眼中钉 N. thorn in one's side
yǎnzhōngdīng ròuzhōngcì 眼中钉肉中刺 F.E. a thorn in one's side/flesh
yánzhòng duǎnquē 严重短缺[嚴-] N. serious shortage
yǎnzhōnghánlèi 眼中含泪[-淚] F.E. eyes swimming with tears
yánzhòng hòuguǒ 严重后果[嚴-後-] N. serious/grave consequences
yánzhòngjiǔdǐng 言重九鼎 F.E. One's opinions are of great importance.
yǎnzhōngrén 眼中人 N. loved one M: ge/[1]míng/[2]wèi
yǎnzhōngwúrén 眼中无人 F.E. haughty; arrogant; bloated with pride
yánzhòngxìng 严重性[嚴-] N. gravity; seriousness
yánzhōng xíngwéi 言中行为 N. <lg.> locutionary act
yánzhōngzhīyì 言中之意 N. <lg.> locutionary meaning
yànzhōu 堰洲 P.W. land barrier
yànzhōudǎo 堰洲岛[-島] P.W. barrier island
yānzhū 阉猪[-豬] N. castrated hog M: [2]zhī
[1]yānzhù 烟柱[煙-] N. column of smoke M: [2]dào
[2]yānzhù 咽住 R.V. swallow
[1]yánzhù 延伫[-佇] V. <wr.> ① stand/stay for long time ② look forward to ③ hesitate ④ delay; put off ⑤ live in seclusion
[2]yánzhù 檐柱 N. <archi.> peripheral column
[1]yǎnzhu 掩住 R.V. ① cover ② get squeezed
[2]yǎnzhu 魇住[魘-] R.V. have a nightmare
yǎnzhū(r/zi)* 眼珠(儿/子) N. ① eyeball ② the apple of sb.'s eye ③ vision

[1]yánzhuāng 严装[嚴裝] V.P. dress neatly and properly
[2]yánzhuāng 严妆[嚴妝] N. formal attire
yánzhuàng 言状[-狀] V. describe ♦N. description
yànzhuāng* 艳装[艷裝] N. gaudy dress M: tào
yànzhuānghuáfú 艳装华服[艷裝華-] F.E. make up and dress gaudily
yànzhuāngzhě 艳装者[艷裝-] N. butterfly; social butterfly M: ge/[1]míng/[2]wèi
yǎnzhūgānsè 眼珠干涩[-乾澀] F.E. dryness and foreign-body sensation in the eyes
yǎnzhuō 眼拙 <humb.> V.P. ① poor at recalling/seeing ② my bad eyes ③ my bad memory
yǎnzhūqiānxié 眼珠牵斜[--牽-] F.E. strabismus; squint
yǎnzhū yī zhuàn 眼珠一转[-轉] V.P. roll one's eyes
yānzi 烟子[煙-] N. soot
Yānzī 崦嵫 P.W. ① Yanzi Mountain (in Gansu) ② the western region where the sun sets
yānzì 腌渍 V. preserve in brine/vinegar/etc.; pickle
yánzi 檐子 N. <coll.> eaves
yánzì 盐渍[鹽-] N. salt marsh
[1]yǎnzi 眼子 N. <coll.> small hole; eyelet
[2]yǎnzi 靥子[靨-] N. mole on the cheek
yǎnzì 眼眦[-眥] N. ① corners of the eyes ② <topo.> eye discharge/mucus
[1]yànzi* 燕子 N. swallow (bird)
[2]yànzi 雁子 N. wild goose
[3]yànzi 艳姿[艷-] N. beautiful appearance; charming looks *See also* yànzī
yànzī 艳姿[艷-] N. beautiful looks/appearance *See also* [3]yànzi
yànzì 雁字 N. flight pattern of wild geese
yànzi hán ní lěi dà wō 燕子含泥垒大窝[----壘-窩] ID. slow but steady; Many a little makes a lot.
yànzihuā 燕子花 N. <bot.> iris
yǎnziqián 眼子钱[-錢] N. wasted money
yānzì shūcài 腌渍蔬菜 N./V.O. pickle
yánzìtǔ 盐渍土[鹽-] N. salinized soil
yǎnzòu 演奏 V. <mus.> give an instrumental performance
yǎnzòuhuì 演奏会 N. concert; recital M: cì/[2]chǎng
yǎnzòujiā 演奏家 N. an accomplished performer (on a musical instrument); performer M: ge/[1]míng/[2]wèi
yǎnzòu néngshǒu 演奏能手 N. <mus.> virtuoso M: ge/[1]míng/[2]wèi
yǎnzòushī* 演奏师[-師] N. <mus.> virtuoso M: ge/[1]míng/[2]wèi
yǎnzòushì 演奏室 P.W. concert hall M: [1]jiān
yǎnzòutái 演奏台[-臺] N. stage for playing instruments M: [4]zuò
yǎnzòutīng 演奏厅[-廳] P.W. concert hall M: [4]zuò
yǎnzòuzhě 演奏者 N. <mus.> instrumentalist M: ge/[1]míng/[2]wèi
[1]yànzú 餍足[饜-] <wr.> V. ① satisfy ② surfeited; satiated
[2]yànzú 雁足 N. <wr.> letter; correspondence
yánzuān 研钻[-鑽] V. closely study and investigate
yànzúchuánshū 雁足传书[-傳書] F.E. pass on a message/letter
yānzuǐ(r) 烟嘴(儿)[煙-] N. cigarette holder
yànzuò 宴坐 V. <wr.> sit quietly
[1]yāo 腰 N. ① waist; small of the back ② <phys.> loins ③ waist of a garment ④ pocket ♦B.F. ① middle part *shānyāo* ② <geog.> strait; isthmus *tǔyāo* ③ strategic pass ④ kidney *yāozi*
[2]yāo 邀 V. invite; request ♦B.F. ① solicit; seek *yāozhǔn* ② intercept [1]*yāojié*
[3]yāo 要 B.F. ① demand *yāoqiú* ② coerce [1]*yāoxié* *See also* [1]*yào*
[4]yāo 妖 B.F. ① goblin; demon; evil spirit *yāoguài*, *yāojing* ② supernatural; weird [1]*yāoshù* ③ seductive; bewitching [1]*yāomèi*
[5]yāo 约[約] V. <coll.> weigh *See also* [1]*yuē*

[6]yāo 幺[么] NUM. <coll.> one (widely used in PRC instead of [1]yī for telephone numbers, etc.) ♦B.F. youngest [2]*yāomèi* *See also* [1]*má*, *me*
[7]yāo 夭 B.F. die young *yāozhé*, *zǎoyāo*
[8]yāo 吆 in *yāohe*
[9]yāo 喓 in [2]*yāoyāo*
[1]yáo 摇[搖] V. ① shake; wave ② scull; row ③ agitate
[2]yáo 窑[窯] N. ① kiln ② (coal) pit ♦B.F. ① cave dwelling [2]*yáodòng* ② brothel *yáozi*
[3]yáo 谣[謠/謡] B.F. ① ballad; rhyme; folk song *mínyáo*, *tóngyáo* ② rumor *yáoyán*
[4]yáo 遥[遙] B.F. <wr.> distant; remote; far *yáoyuǎn*, *yáokòng*
[5]yáo 爻 B.F. solid and broken lines that form the eight trigrams *yáocí*
[6]yáo 瑶[瑤] B.F. fine jade ♦in *Yáozú*, *jiāngyáo*
[7]yáo 肴[餚] B.F. food consisting of or containing meat/fish *càiyáo*, *jiǔyáo*
[8]yáo 峣[嶢] B.F. lofty [4]*yáoyáo*, [2]*yáoqí*
[9]yáo 徭/繇 B.F. conscript/corvée labor *yáofū*, *yáoyì*, *zūyáo* *See also* [1]*yóu*
[10]yáo 珧 B.F. clam/scallop/etc. shell; mother-of-pearl *jiāngyáo*, *jiāngyáozhù*
[11]yáo 鳐[鰩] B.F. <zoo.> skate *wényáoyú*
[12]yáo 猺 in *qīngyáo*
[13]yáo 飖[颻] in *piāoyáo*
[1]Yáo 尧[堯] N. <hist.> legendary founding emperor, a model of wisdom and virtue
[2]Yáo 姚 N. Surname ♦in *piàoyáo*
[1]yǎo 咬 V. ① bite; snap at ② bark ③ incriminate sb. else (usu. falsely) ④ pronounce distinctly ⑤ be nitpicking (about use of words) ⑥ <topo.> corrode (metals); irritate (the skin)
[2]yǎo 舀 V. spoon/scoop up/out ♦B.F. ladle; dipper; scoop [1]*yǎozi*
[3]yǎo 杳/窈/窅 B.F. obscure; distant; deep; secluded *yǎo'ǎi*, [2]*yǎoyǎo*, [1]*yǎorán* *See also* [4]*yǎo*
[4]yǎo 窈 B.F. quiet and modest *yǎotiǎo* *See also* [3]*yǎo*
[1]yào* 要 V./AUX. want/wish (to); ask (for) ♦AUX. shall; will; be about to ♦B.F. ① must; should; need to [2]*xūyào* ② important; essential; vital *zhòngyào*, *yàojǐn* ③ <wr.> summarize; outline *gàiyào* ♦CONJ. if; suppose; in case ♦CONS. *gēn* A ~ B ask A for B *gēn tā ~ qián* ask him for money *See also* [3]*yāo*
[2]yào 药[藥] N. medicine; drug; remedy ♦N./V. poison ♦V. <wr.> cure ♦B.F. certain chemicals *huǒyào*
[3]yào 耀 B.F. ① bright; dazzling *yàoyǎn*, *zhàoyào* ② honor; acclaim *róngyào*
[4]yào 曜 B.F. sunlight; bright; illuminate *yàolíng*, *Qīyào*
[5]yào 钥[鑰] B.F. key [1]*yàoshi* *See also* [10]*yuè*
[6]yào 疟[瘧] B.F. *this pronunciation used only in* yàozi malaria [3]*yàozi* *See also* [1]*nüè*
[7]yào 靿/袎 B.F. leg of a boot/sock *xuēyào*, *wàyàozi*
[8]yào 鹞[鷂] B.F. ① sparrow-hawk; kite [2]*yàozi* ② hawk/kite-like objects *yàoyú*, [3]*zhìyào*
yǎo'ǎi 杳/窈霭 V.P. far and deep
yào'ài* 要隘 N. strategic pass
yào'àn 要案 N. vital/major case M: [2]jiàn
yáobà 摇把 N. handle on a machine/etc.
yáobǎi 摇摆[-擺] V. sway; swing; oscillate
yáobǎibùdìng 摇摆不定[-擺--] F.E. sway; swing; wave; vacillate
yáobǎiwǔ 摇摆舞[-擺-] N. ① waggle dance (of bees) ② rock and roll
yáobǎi yīnyuè 摇摆音乐[-擺-樂] N. swing music
yáobǎiyuè 摇摆乐[-擺樂] N. swing; swing music
yāobǎn(r)* 腰板(儿) N. ① waist and back ② body; physique; build
yáobǎn 摇板 N. ① rocker; rocking chair ② <opera> continuing slow rhythm without a definite beat
yàobān 耀斑 N. <astr.> solar flare

yāobǎnbóyìng 腰板脖硬 F.E. stiff/rigid in movement
yāobāo* 腰包 N. ① purse; pocket ② purse carried at the belt ③ one's money
[1]yàobāo 药包[藥-] N. bag/satchel/etc. for medicine
[2]yàobāo 药胞[藥-] N. <bot.> loculus
yàobǎorén 要保人 N. proposer of insurance M: ge/[1]míng/[2]wèi
yàobǎoshū 要保书[-書] N. proposal of insurance M: [1]fèn
yāo-bèi* 腰背 ATTR. dorsolumbar
yàobēi 药杯[藥-] N. medicine glass M: ge/[2]zhī
yāo-bèi téngtòng 腰背疼痛 N. pain in the back and loins
yáobì 摇臂 N. <mach.> rocker; rocking arm
yáobiàn 窑变[窯變] N. kiln transmutation
yàobiàn* 要便 ADV. often; usually
yáobiàn huāpíng 窑变花瓶[窯變-] N. a flambé vase M: ge/[2]zhī
yào biǎodá de yìyì 要表达的意义[--達--義] N. <lg.> intended meaning
yáobǐjílái 摇笔即来[-筆--] F.E. be brimming with ideas; be gifted with the ability of writing quickly
yàobǐng 药饼[藥-] N. a cake of medicine
[1]yāobù* 腰部 N. waist; small of the back
[2]yāobù 腰布 N. loin cloth M: [2]kuài
yàobǔ 药补[藥補] V. build up one's health by taking tonic
[1]yàobù 要不 CONJ. otherwise; or else; or
[2]yàobù 药布[藥-] N. sterilized gauze
yàobǔ bùrú shíbǔ 药补不如食补[藥補-補] F.E. Diet cures more than medicine.; Food cures better than doctors.
yàobude 要不得 R.V. no good; intolerable
yǎobudòng 咬不动[-動] R.V. be unable to bite/chew
yàobujia 要不价/家[-價] CONJ. <coll.> if not; otherwise
yàoburán 要不然 CONJ. otherwise; or else; or
yāobùròu 腰部肉 N. haunch
yàobushì 要不是 CONJ. if it were not for; but for ♦CONS. ~ *A jiùshì B* if it isn't A then it's B
yǎobuzháo 咬不着[-著] R.V. be unable to seize with teeth (of animals)
yàocái* 药材[藥-] N. medicinal herbs
yàocài 要菜 V.O. ① be arrogant/snobbish ② order a favorite dish in a restaurant
yǎo càigēn 咬菜根 V.O. ① bite the stem (of vegetables) ② have a very hard life
yáocǎo 瑶草 N. a fairyland plant
yàocǎo* 药草[藥-] N. medicinal herbs
yǎocáoguǐ 咬槽鬼 N. trouble-maker M: ge/[1]míng
yáocǎoqíhuā 瑶草琪花 F.E. jade flowers of fairyland
yáocè 遥测 V. telemeter
yáocèjì 遥测计 N. telemeter M: ge/[2]zhī
yáocèshù 遥测术[-術] N. telemetry
yàochā 药叉[藥-] N. <Budd.> ① yaksha (a malevolent spirit) ② a hideous, ferocious person
yàochá* 药茶[藥-] N. medicinal tea M: bēi
yāochán* 腰缠[-纏] N. money carried when traveling
yáochàn 摇颤 V. wave; shake
yàochǎng 药厂[藥廠] P.W. pharmaceutical factory M: [1]jiā
yāochánwànguàn 腰缠万贯[-纏萬-] F.E. wealthy
yáochē 窑车[窯-] N. kiln car M: [3]liàng
yáochèn 窑衬[窯襯] N. kiln lining
Yáochí 瑶池 P.W. Jade Lake (abode of immortals)
yáochífǎnjià 瑶池返驾 F.E. condolence for the death of a woman
yǎochǐjiáochún 咬齿嚼唇[-齒--] F.E. grind one's teeth and bite one's lips
yāochǒng 邀宠 V. pander to
yàochōng* 要冲[-衝] P.W. communications center/hub; key place
[1]yáochuán 谣传[-傳] V./N. rumor
[2]yáochuán 摇船 V.O. row a boat
yáochuáng 摇床 N. <min.> table
yáochúngǔshé 摇唇鼓舌 F.E. wag one's tongue; engage in loose talk (to stir up trouble)
yǎochúnpǐ 咬唇癖 N. lip-biting
yáocí 爻辞[-辭] N. explanations of diagrams for divination M: [1]piān
yāocū 腰粗 V.P. <slang> be wealthy; rich
yāodài* 腰带[-帶] N. ① waistband; belt; girdle ② <phys.> pelvic area M: [1]tiáo/[2]gēn
yàodài 药袋[藥-] N. medicine bag M: ge/[2]zhī
yàodān(r/zi) 药单(儿/子)[藥-] N. prescription M: [1]zhāng
yáodàng 摇荡[-蕩] V. ① rock; sway ② be unstable
yāodāo 腰刀 N. side sword M: [1]bǎ
yāodào 妖道 N. ①Daoist sorcerer ②witchcraft; black magic
yáodào 摇到 R.V. row to
yàodào* 要道 N. ①thoroughfare; important line ②essential points (of what is good/appropriate)
yàodàobìngchú 药到病除[藥-] F.E. As the medicine takes effect, the symptoms lessen/vanish.
yàodé 要得 R.V. <topo.> ①good; fine; desirable; well done ② acceptable; OK
yāodì 幺弟[么-] N. <topo.> youngest brother
yàodì* 要地 P.W. important place; strategic point
[1]yàodiǎn* 要点[-點] N. ①main points; essentials; gist ② key strongpoint
[2]yàodiǎn 药典[藥-] N. pharmacopoeia M: [2]bù
yàodiàn 药店[藥-] P.W. drugstore; pharmacy M: [1]jiā
yàodiànfēilóng 药店飞龙[藥-飛-] F.E. thin and bony
yāodiào* 妖调 V.P. lascivious; bewitching
yáodiào 窑调[窯-] N. <slang> songs sung in a brothel
yàodiāo 鹞雕 N. harrier eagle M: [2]zhī
yāodǐbù 腰骶部 P.W. lumbosacral region
yǎodīng 咬钉 N. rivet
yǎodìng* 咬定 V. assert emphatically; insist
yàodǐng 药鼎[藥-] N. <Dao.> tripod vessel for making pills of immortality M: [2]zhī
[1]yáodòng 摇动[-動] R.V. wave; sway; rock
[2]yáodòng 窑洞[窯-] N. ① cave dwelling ② opening of a kiln M: [4]zuò/ge
yāodòu 腰豆 N. cashew nut M: [1]kē
yáodú 遥读[-讀] N. distance-reading
yáodù* 遥度 V. form a wrong estimate
yǎoduàn* 咬断[-斷] R.V. break by biting/chewing with the teeth; bite
yàoduān 要端 N. main points; essentials
yáoduì 遥对[-對] V. parallel each other at a distance
yāo'é(r)* 幺蛾(儿)[么-] N. <coll.> ① lousy idea; bad suggestion ② unpopular suggestion; unpleasant development
yāo'è 夭遏 V. stop; prevent
yào'è 要厄 N. <wr.> strategic place
yáo'émáoshàn 摇鹅毛扇 F.E. mastermind a plot
yāo'ér* 幺儿[么-] N. youngest son
yào'ěr 药饵[藥-] N. medicines; tonics
yǎo ěrduo 咬耳朵 V.O. <coll.> whisper in sb.'s ear
yāo'èrsān 幺二三[么-] N. one, two, three (the lowest combination in dice)
yào'éryánzhī 要而言之 F.E. to sum up; to put it briefly
yāo'ézi 幺蛾子[么-] *See yāo'é* N. <coll.> ①lousy idea; bad suggestion ② unpopular suggestion; unpleasant development
yāofǎ 妖法 N. sorcery; witchcraft; black art
yǎofàn 舀饭 V.O. <coll.> ladle rice
yàofán 药烦[藥-] N. <Ch. med.> drug allergy
[1]yàofàn* 要犯 N. important criminal M: ge/[1]míng
[2]yàofàn 要饭 V.O. beg (for food/money)
yàofàn de 要饭的 N. beggar M: ge/[1]míng
yāofáng 腰房 P.W. <trad.> side rooms connected with the main court by a corridor M: [1]jiān
yàofāng(r/zi) 药方(儿/子)[藥-] N. prescription *kai* ~ write out a prescription M: [1]zhāng
yàofáng* 药房[藥-] P.W. ①drugstore; pharmacy ② hospital pharmacy; dispensary M: [1]jiā
yàofáng xiānsheng 药房先生[藥-] N. <Ch. med.> pharmacist M: ge/[1]míng/[2]wèi
yāoféi 腰肥 N. waistline
yàofèi* 药费[藥-] N. expenses for medicine M: [2]bǐ
yāofēn 妖氛 N. ① demonic aura; evil portent; evil influence ② abnormal conditions (e.g., chaos, moral degeneracy, etc.)
yàofěn* 药粉[藥-] N. medicinal powder M: [1]bāo
yàofèn 鹞鲼 N. <zoo.> bonnet skate
yāofēng* 妖风 N. evil wind; noxious trend M: [1]zhèn
yáofēng 谣风 N. rumor-mongering
yāofēngdúwù 妖风毒雾[-霧] F.E. evil wind and miasma
yāofù* 妖妇[-婦] N. seductive/evil woman M: ge/[1]míng
yáofù 徭/繇赋 N. compulsory labor service; conscript labor
yàofūfǎ 药敷法[藥-] N. medicated compress
yāogǎn(r/zi) 腰杆(儿/子) N. ①back ②backing; support
yáogān 窑干[窯乾] N. kiln drying
[1]yáogǎn* 遥感 N./V. remote sensing
[2]yáogǎn 摇杆 N. <mach.> ①rock lever ②rocker
yàogāng 要纲[-綱] N. key points; essentials
yàogǎng* 要港 P.W. important/key/strategic port
yáogǎnqì 遥感器 N. <elec.> remote sensor M: [1]jià/[1]tái
yāogǎnzi 腰杆子 N. ①back ②backing; support
yāogǎnzi yìng 腰杆子硬 V.P. have strong support
yàogāo 药膏[藥-] N. ointment; salve M: [4]zhī
yáogé 遥隔 V. be far-off
yàogēwǎngnián 要搁往年 F.E. <coll.> (if it were) some years ago
yāogōng* 邀/要功 V.O. <wr.> take credit for sb. else's achievements
[1]yàogōng 药工[藥-] N. pharmaceutical worker M: ge/[1]míng
[2]yàogōng 要公 N. <trad.> urgent/important official business
yāogōngqǐngshǎng 邀功请赏 F.E. take credit and seek rewards for sb.'s else's achievements
yāogōngtúshǎng 邀功图赏[--圖-] F.E. ① toot one's own horn ②try to steal credit for another's accomplishments
yǎogōu 咬钩[-鉤] V. bite
[1]yāogǔ(r) 腰鼓(儿) N. ① waist drum ② waist-drum dance
[2]yāogǔ 腰骨 N. cashew nut
[3]yāogǔ 妖蛊[-蠱] V. bewitch a man with seductive charms (of a woman)
yāoguài 妖怪 N. ① monster; goblin; demon ② siren ③ spirit transformed from a very old animal/tree/etc. M: ge/[1]míng
yàoguàn(r/zi) 药罐(儿/子)[藥-] N. ① pot for decocting herbal medicine ② chronic invalid M: ge/[2]zhī
yàoguāng 耀光 N. luster; sparkle; sparkling
yāoguì* 腰柜[-櫃] N. cash box M: ge/[2]zhī
yǎoguī 咬龟[-龜] N. loggerhead; large sea turtle
yáogǔn 摇滚[-滾] N. <loan> rock and roll
yáogǔnwǔ 摇滚舞[-滾-] N. <loan> rock-and-roll dance
yáogǔnyuè 摇滚乐[-滾樂] N. <loan> rock 'n roll
yāoguō 腰锅[-鍋] N. <topo.> gourd-shaped pot M: ge/[2]zhī
yāoguǒ* 腰果 N. cashew nut; cashew M: [1]kē
yāoguǒshù 腰果树[-樹] N. <bot.> cashew tree M: [2]kē
yáogǔr 摇鼓儿 N. small drum with a handle and two suspended beads
yāogǔtou 腰骨头 N. spine at the waist
yāogǔwǔ 腰鼓舞 N. waist-drum dance

yàohài 要害 N. ① vital part; crucial point ② strategic point

yàohài bùjiàn 要害部件 N. vitals

yàohài bùmén 要害部门 P.W. key department

yàohàichù 要害处[-處] P.W. critical spot

yāohǎn* 吆喊 V. cry out; call

yáohàn 摇撼 V. shake violently

yáohán 瑶函 F.E. yours of (such-and-such date) (used in correspondence)

yàoháng 药行[藥-] P.W. pharmacy; drugstore M: [1]jiā

yàohǎo 要好 S.V. ① be on good terms; be close friends ② be eager to improve oneself

yào hǎokàn 要好看 V.O. embarrass; make a fool of ***Zhè jiǎnzhí [1]shì yào wǒ de hǎokàn.*** This is simply to embarrass me.

yāohe* 吆/邀喝 V. ① cry out ② cry one's wares ③ loudly urge on (an animal)

yáohé 肴核[餚-] N. meat/fish dishes and nuts

yǎohé 咬合 V. interlock; engage; mesh (of gear wheels, etc.) ♦N. occlusion

yàohé 药盒[藥-] N. medical kit M: ge/[2]zhī

yáohēi(r/zi) 窑黑(儿/子)[窯-] N. <coll.> coal miner

yàohéng 药衡[藥-] N. apothecary's measure/weight

yàohérqián 要核儿钱[-錢] N. <topo.> the limit of one's ability; one's fullest capacity

yāohe shēngkou 吆喝牲口 V.O. <coll.> holler at cattle

yāohou* 吆吼 V. <coll.> shout; holler; bawl

yāohóu 妖猴 N. ① evil monkey ② Sun Wukong, a monkey in *Journey to the West* M: [2]zhī

yāohu 吆呼 V. call out; cry out loudly

yāohuā(r)* 腰花(儿) N. scallop-shaped pork/lamb kidneys

yáohuá 瑶华[-華] N. ① blossoms as white and pure as jade ② precious/fine jade

yàohuádòu 耀华豆[-華-] N. glory pea M: [1]kē

yāohuan 吆唤[-喚] V. cry out; call

yáohuang* 摇晃 V. rock; sway; shake

yàohuǎng 要谎 V.O. ask a fantastic price (as a bargaining chip)

yáohuángwèizǐ 姚黄魏紫 ID. rare and fine varieties of peonies

yáohuányú'ěr 瑶环瑜耳[-環--] ID. one's dear/beloved child

yáohuì 摇会 V.O. throw the dice to determine who should get the loan at the periodic meeting of a small-loan association

yáohuī jiāféi 窑灰钾肥[窯-] N. flue ash potash

yāohūn 夭昏 V. die young from a dissipated life

yáohuò* 摇惑 V. puzzle

yàohuò 要货 V.O. require goods ♦N. important goods

Y

[1]yāojī 邀/要击[-擊] V. waylay; intercept (the enemy)

[2]yāojī 妖姬 N. seductive woman M: ge/[1]míng

yāojí* 邀集 V. invite to assemble; invite to a gathering

yāojì 腰际[-際] N. waist; small of the back

[1]yáojì 遥祭 V. offer a sacrifice to the dead whose remains are buried far away

[2]yáojì 遥寄 V. send wishes to sb. a long distance away

yàojì 药剂[藥劑] N. medicament; drug

yǎojià 咬架 V.O. fight against each other

yàojià(r)* 要价(儿)[-價-] V.O. ask a price; charge ♦N. asking price

yàojià guògāo 要价过高[-價--] V.P. demand an exorbitant price; ask too much

yàojià-huánjià 要价还价[-價還價] V.P. bargain; haggle

yāojiān 腰间 N. (around) one's waist

yáojiān 瑶笺[-箋] F.E. <court.> your letter

yáojiàn 遥见 V. see at a distance

yàojiǎn 药检[藥-] N. drug test

[1]yàojiàn* 要件 N. ① important document ② important condition; prerequisite

[2]yàojiàn 药箭[藥-] N. a poisoned arrow M: [4]zhī

[1]yáojiǎng* 摇奖[-獎] N. lottery

[2]yáojiǎng 摇桨[-槳] V.O. row

yáojiàng 窑匠[窯-] N. ① brick maker ② potter M: ge/[1]míng

yáojiǎng de 摇桨的[-槳-] N. rower

yāojiǎo 夭矫[-矯] ATTR. <wr.> ① supple ② tangled; twisted

yǎojiáo* 咬嚼 V. masticate; chew

yàojiāo 药椒[藥-] N. allspice

yàojiǎo(r) 要角(儿) N. important figure

yàojì bànzhǒng 药剂拌种[藥劑-種] V.P. mix/process seeds with pesticide

yàojìbù 药剂部[藥劑-] P.W. pharmacy

[1]yāojié 邀截 V. intercept (enemy troops)

[2]yāojié 腰衱 N. <wr.> procession

yáojiě(r)* 窑姐(儿)[窯-] N. <topo.> prostitute M: ge/[1]míng

yàojiē 要街 N. important road; main route

yàojì fángzhì 药剂防治[藥劑-] N. chemical control

yāojī láosǔn 腰肌劳损[--勞-] V.P. strain of lumbar muscles

[1]yāojīn 腰筋 N. <phys.> lumbar muscles

[2]yāojīn 腰巾 N. <trad.> scarf used to tie around the waist M: [2]kuài/[1]tiáo

yǎojīn 咬筋 N. maxillary muscle

yǎojǐn 咬紧[-緊] R.V. grip tightly with one's teeth

yàojīn 要津 P.W. ① <wr.> key post/position ② key road ③ key place ④ <Budd.> important turning point

yàojǐn* 要紧[-緊] S.V. ① important; essential ② critical; serious ***Bù ~.*** Never mind. ③ <topo.> in a hurry to; anxious to ***Wǒ ~ jìnchéng*** I am in a hurry to go to the town.

[1]yàojìn(r) 药劲(儿)[藥勁-] N. efficacy of a drug

[2]yàojìn(r) 要劲(儿)[-勁-] V.O. make a strenuous effort

[3]yàojìn 要近 N. important official position close to the emperor

yāojing* 妖精 N. ① evil spirit; demon ② alluring woman; siren M: ge/[1]míng

yáojīng 瑶京 P.W. domicile of immortals

yǎojīnjiáotiě 咬金嚼铁[-鐵] F.E. stick to what one says

yāojīnlùnliǎng 邀斤论两 F.E. haggle over every bit

yàojìnr 要劲儿[-勁-] ATTR. crucial; vital; requiring utmost effort

yǎojǐnyáguān 咬紧牙关[-緊-關] F.E. endure doggedly

yàojìshī 药剂师[藥劑師] N. pharmacist; druggist M: ge/[1]míng/[2]wèi

yáojìshù 遥记术[-術] N. telegraphy

yāojǐtòng 腰脊痛 N. <Ch. med.> pain along the spinal column

yàojiǔ* 药酒[藥-] N. medicinal liquor M: bēi/píng

yàojiù 要就 CONJ. either; or ~ ***A*** ~ ***B*** either A or B

yáojì xìtǒng 遥记系统 N. telegraphy

yàojìxué 药剂学[藥劑-] N. pharmaceutics; pharmacy

yàojìyòng héngzhì 药剂用衡制[藥劑-] N. apothecaries' weight

yàojú(zi) 药局(子)[藥-] N. ① druggist's store; dispensary; pharmacy ② wholesale pharmaceutical house

yàojué 要诀 N. ① secret of success ② important tricks of the trade; knack

yáojuégòuzhuó 谣谲诟诼 F.E. concoct all sorts of rumors

yǎokāi 咬开[-開] V. bite open

yāokāotòng 腰尻痛 N. <Ch. med.> lumbosacral pain

yāokè* 邀客 V.O. invite guests

yàokē 药科[藥-] N. pharmaceutics; pharmacy

yáokēng 窑坑[窯-] N. pit; hole

yáokǒng 窑孔[窯-] N. entrance of a cave dwelling

yáokòng* 遥控 N./V. remote control

yàokǒnghǎidǎn 钥孔海胆[鑰-膽] F.E. <zoo.> keyhole urchin

yàokǒngqī 钥孔蝛[鑰-] N. <zoo.> keyhole limpet

yáokòngtái 摇控台[-臺] N. remote control board M: [4]zuò

yáokòng xìnhào 遥控信号[-號] N. remote control signals

yàokǒu 要口 N. important checkpoint

yàokù 药库[藥-] N. medicine storage room/place M: [4]zuò

yāokuà 腰胯 N. hip; hip joint

yàokuò 要括 N. summarize

yàolǎbā 药喇叭[藥-] N. <bot.> jalap

yáoláiyáoqù 摇来摇去 F.E. ① swagger along ② swing to and fro

yáolán(r) 摇篮(儿)[-籃-] N. ① cradle M: ge/[2]zhī ② place of origin

yáolánqǔ 摇篮曲[-籃-] N. lullaby; cradlesong M: [2]shǒu

yāolè 邀勒 V. force sb. to stay

[1]yāolì 腰力 N. the physical strength of one's waist

[2]yāolì 妖厉[-厲] N. ominous things which bring about catastrophes

[1]yàolǐ 药理[藥-] N. ① pharmacodynamics ② pharmacology

[2]yàolǐ 要理 N. ① the principal reason ② principal points of a doctrine ③ catechism

yàolì* 药力[藥-] N. efficacy of a medicine

yàoliǎn 要脸 V.O. care for or save "face"

yáoliáng 徭粮[-糧] N. food provisions for forced laborers

[1]yàoliàng* 药量[藥-] N. dosage

[2]yàoliàng 耀亮 N. shining light

yào liǎnmiàn 要脸面 V.O. care for or save "face"

yàoliào 药料[藥-] N. medicinal materials

yàoliáofǎ 药疗法[藥療-] N. medication

yāolihèng 腰里横[-裡-] V.P. <coll.> be wealthy; rich

yáolín 遥临[-臨] V. approach from afar

yáolíng(r) 摇铃(儿) V.O. ring a bell

yáolǐng 遥领 V. control a position from a distance

yàolíng 曜灵[-靈] N. the sun

yàolǐng* 要领 N. main points; essentials; gist

yāolitóu 腰里头[-裡-] P.W. ① around one's waist ② pocket

yāoliú 邀留 V.P. invite to stop over

yàolǐxué 药理学[藥-] N. pharmacology

yāoliyāoqì 妖里妖气[-裡-氣] R.F. <derog.> seductive and bewitching; sexy

yàolóng 药笼[藥-] N. medicine chest M: ge/[2]zhī

yàolóngzhōngwù 药笼中物[藥-] ID. talents kept in reserve for a future appointment; talent in reserve

yáolóu 摇耧[-樓] V.O. <agr.> plant with a drill barrow

yáolǔ 摇橹 V.O. row; scull

[1]yàolù* 要路 N. ① important road/route/position ② eminent position

[2]yàolù 药露[藥-] N. medicated water

yáoluàn 肴乱[-亂] V. confuse; mislead

Yāolǔbāyǔ 约鲁巴语 N. <lg.> Yoruba

yàolüè 要略 N. ① outline; summary ② important plan

yáomǎ 摇马 N. rocking horse

yàomá* 药麻[藥-] N. <med.> drug anesthesia

yāomǎirénxīn 要/邀买人心[-買--] V.P. buy popular support; court popularity

yàomáméimá 要吗没吗 F.E. <coll.> lack all necessities

yǎománg 杳茫 V.P. <wr.> distant and out of sight

yàome 要么[-麼] CONS. ① ~ V may; let's ~ ***wǒmen yīqǐ qù ba.*** Let's go together, shall we? ② ~ V1 ~ V2 may V1 or V2 ***Nǐ ~ qù xuéxiào, ~ qù túshūguǎn. Bié zài jiā [2]dāizhe.*** You may either go to school or go to the library. Don't stay at home.

[1]yāomèi 妖媚 S.V. seductive; bewitching; sexy

[2]yāomèi 幺妹[么-] N. <topo.> youngest sister

yāomén 腰门 N. side door

yāoméng 要盟 V.O. obtain a treaty by threat of force

yáomì 摇蜜 V.O. extract honey
yàomián* 药棉[藥-] N. absorbent/sterilized cotton
yàomiàn(r) 药面(儿)[藥麵-] N. medicinal powder
yàomiánhua 药棉花[藥-] N. absorbent/sterilized cotton
yào miànzi 要面子 V.O. be concerned about appearances
yǎomiǎo* 杳渺/眇 V.P. <wr.> dimly discernible; misty
yàomiǎo 要眇 V.P. ① attractive ② subtle and profound; significant and abstruse
Yáomín 瑶民 N. Yao ethnic minority in Guangxi, Hunan, and Yunnan
yàomín* 要民 N. important people
yǎomíng 杳/窈冥 V.P. <wr.> ① dim; dusky; obscure ② far and indistinct
yàomíng 药名[藥-] N. name of a medicine
yàomìng* 要命 V.O. ① drive sb. to death; kill ② be a nuisance/aggravation/etc. ***Zhè zhēnshì yàole wǒ de mìng.*** That's really killing me. ♦CMP. extremely; awfully; terribly ***rè de ~*** terribly hot ♦S.V. ① annoying; aggravating ② dangerous; perilous
yàomìngguǐ(r) 要命鬼(儿) N. <coll.> ① one who compounds sb.'s difficulties; a pest ② a pest of a child; a little devil M: *ge/[1]míng*
yàomìngshāng 要命伤[-傷] N. fatal wound
[1]yāomó* 妖魔 N. evil spirit; demon M: *ge/[1]míng*
[2]yāomó 幺麽[么麼] ATTR. <wr.> petty; insignificant; paltry
[3]yāomó 幺模[么-] ATTR. unimodular
yāomò 夭殁[-歿] V. die young
yàomò(r) 药末(儿)[藥-] N. medicinal powder
yāomóguǐguài 妖魔鬼怪 F.E. evil spirits of every description
yāomóxiǎochǒu 幺麽小丑[么麼-醜] F.E. a despicable wretch
[1]yàomù 要目 N. ① principal items ② <trad.> statistics
[2]yàomù 耀目 V.O. dazzle
yàonáng 药囊[藥-] N. medicine bag M: *ge/[2]zhī*
yàonào 要闹[-鬧] ATTR. busy (of thoroughfares)
yáoniàn 遥念 V. think of or miss sb. a long distance away
yàoniǎnr 药捻儿[藥-] N. fuse (for igniting an explosive charge) *See also yàoniǎnzi*
yàoniǎnzi 药捻子[藥-] N. <Ch. med.> medicated paper/gauze (for insertion into wounds/etc.)
yāoniè* 妖孽 N. ① unlucky omens ② calamities ③ evildoer
yǎoniè 咬啮[-囓] V. gnaw
yāoniǔshāng 腰扭伤[-傷] N. lumbar/back sprain
yàonóng 药农[藥農] N. medicinal-herb grower/collector M: *ge/[1]míng*
yāonǚ 妖女 N. fairy enchantress M: *ge/[1]míng*
yāonǚshì 妖女饰 N. gorgon; repulsive woman
yāopái 腰排 N. kidney chop
yáopǐ 窑痞[窯-] N. rowdy who disturbs a brothel
yàopiàn(r) 药片(儿)[藥-] N. medicinal tablet/lozenge M: *[1]piàn*
yàopǐn 药品[藥-] N. medicines and chemical reagents; drugs
yàopíng(r/zi) 药瓶(儿/子)[藥-] N. medicine bottle M: *ge/[2]zhī*
yāopó* 妖婆 N. femme fatale M: *ge/[1]míng*
yǎopò 咬破 R.V. ① break by the teeth; bite through ② make a revealing remark about sth.
yàopó 药婆[藥-] N. <trad.> medicine woman M: *ge/[1]míng*
yàopù 药铺[藥-] P.W. herbal medicine shop M: *[1]jiā*
yāoqì* 妖气[-氣] N. bewitching/bizarre/sinister appearance M: *[2]gǔ See also yāofēn*
[1]yáoqí 摇旗 V.O. wave a flag
[2]yáoqí 峣崎[嶢-] N. ① turns and twists ② complications of an affair
yáoqì 窑器[窯-] N. pottery; earthen ware
yàoqiān 药签[藥-] N. swab M: *[4]zhī*
yàoqián* 要钱[-錢] V.O. ① ask for money ② charge
yàoqiáng 要强[-強] V.O. be eager to excel; be competitive
yáoqiánshù 摇钱树[-錢樹] N. ready source of money M: *[2]kē*
yāoqiào 妖俏 S.V. seductively attractive (of women)
yáo qǐlai 摇起来 R.V. start to rock/wave/shake
yáoqín 瑶琴 N. lute studded/ornamented with gems
yáoqínàhǎn 摇旗呐喊 F.E. cheer on
yāoqǐng* 邀请 N./V. invite
yàoqíng 要情 N. important intelligence
yāoqǐngguó 邀请国[-國] P.W. host country
yāoqǐnghán 邀请函 N. invitation letter M: *[2]fēng*
yāoqǐngsài 邀请赛 N. <sport> invitational tournament M: *[2]chǎng*
yāoqǐngshū 邀请书[-書] N. letter of invitation; invitation M: *[2]fēng/[1]fèn*
yāoqǐngxìn 邀请信 N. letter of invitation M: *[2]fēng*
yāoqiú* 要求 V./N. demand; request
yàoqiú 药球[藥-] N. <sport> medicine ball
yāoqiú bàojià 要求报价[-報價] V.O. request for an offer
yāoqiú chánghuán 要求偿还[-償還] V.O. claim reimbursement
yāoqiú fāyán 要求发言[--發-] V.P. ask for the floor; ask to be heard
yàoqū 要区[-區] P.W. important areas
yǎoqún(r) 咬群(儿) V.O. <coll.> be prone to fight within the herd/group (of animals/humans)
[1]yāor 腰儿 N. waist
[2]yāor 妖儿 N. demon; goblin; monster
[1]yǎorán 杳然 V.P. quiet and silent; lonely
[2]yǎorán 窅然 V.P. <wr.> far and deep; remote and obscure
yǎoránwúzōng 杳然无踪[-蹤] F.E. left without a trace
yāoráo 妖娆[-嬈] V.P. <wr.> enchanting; bewitching
yāorén 妖人 N. <wr.> ① sorcerer ② evil enchanter M: *ge/[1]míng*
yàorén* 要人 N. important personage; V.I.P.
yàorénshànwàng 要人善忘 F.E. A person of importance easily forgets.
yáorhuàngr de 摇儿晃儿的 ATTR. waddling
yàorì 耀日 N. <wr.> day (in astronomic reckoning of days of the week)
yāoròu 腰肉 N. loin
yáoròu* 肴肉 N. a kind of cured pork
yǎorúhuánghè 杳如黄鹤 ID. gone forever
yāorúxiānliǔ 腰如纤柳[--纖-] F.E. slender waist as supple as an osier
yàosài 要塞 N. fort; fortification; strategic spot
yàosǎn 药散[藥-] N. medicinal powder
yāosānhèsì 吆三喝四 F.E. cause a ruckus
yáoshā 摇纱 N. <txtl.> reeling
yáoshājī 摇纱机 N. <txtl.> reeling frame M: *[1]jià/[1]tái*
yāoshàn 腰疝 N. lumbar hernia
yáoshàn 摇扇 V.O. wave a fan
yàoshàn* 药膳[藥-] N. ① health-building diet ② medicated food
yāoshāng 夭殇[-殤] V. <wr.> die young
yāoshǎng* 邀赏 V. ① seek rewards for sb. else's achievements ② pander to ③ ask to be rewarded for service rendered
yáoshāng 瑶觞[-觴] N. jade wine cup
yǎoshāng 咬伤[-傷] R.V. wound by biting; bite
yàoshāng 药商[藥-] N. druggist; chemist M: *ge/[1]míng/[2]wèi*
yáoshānzhènyuè 摇山振岳 F.E. (Loud cries of lamentation) made the hills tremble and the mountains shake.
yàoshǎo 要少 V.P. not ask for enough of sth.
yào shá yǒu shá 要啥有啥 V.P. have everything one needs
yáoshé* 摇舌 V.O. talk glibly
yǎoshé(r/zi) 咬舌(儿/子) V.O. lisp ♦N. lisp(er)
yāoshēn 腰身 N. waistline; girth
yǎoshēng 咬声[-聲] N. barking (of dogs/etc.)
yāo shēngkou 吆牲口 V.O. <coll.> drive cattle
yāoshēngyāoqì 妖声妖气[-聲-氣] F.E. ① speak in an affected manner ② speak flirtatiously (of women)
yáoshēnyībiàn 摇身一变[-變] F.E. ① undergo metamorphosis ② change identity and sneak into the revolutionary ranks
yāoshì 夭逝 V. die young
[1]yàoshi(r)* 钥匙(儿)[鑰-] N. key M: *[1]bǎ*
[2]yàoshi 要是 CONJ. if; suppose; in case- ♦CONS. *~ A jiù B* if A then B
yàoshī 药师[藥師] N. pharmacist; druggist; chemist; apothecary M: *ge/[1]míng/[2]wèi*
yàoshí 药石[藥-] N. ① medicines and stone needles for acupuncture ② remedies ③ sincere admonitions
yàoshì 要事 N. important matter M: *[2]jiàn*
yàoshibāo 钥匙包[鑰-] N. key case M: *ge/[2]zhī*
yàoshi guà bǎn 钥匙挂板[鑰-] N. board on which keys are hung M: *[2]kuài*
yàoshikǒng 钥匙孔[鑰-] N. keyhole
yàoshiliàn 钥匙链[鑰-] N. key ring M: *[1]tiáo/[2]gēn*
yàoshiquān 钥匙圈[鑰-] N. key ring
yàoshíwǎngxiào 药石罔效[藥-] F.E. All medicines have failed to effect a cure.; can't be cured by medicine
yàoshiyǎnr 钥匙眼儿[鑰-] N. ① hole on a key ② keyhole
yàoshí zhī yán 药石之言[藥-] N. ①exhortations ② unpalatable but salutary/needed advice
yāoshòu 夭寿[-壽] V. die young
[1]yáoshǒu* 摇手 V.O. wave the hand horizontally to show disapproval ♦N. handle
[2]yáoshǒu 摇首 V.O. shake one's head in disapproval
yǎoshǒu 咬手 V.O. <topo.> ① prick the hand ② be expensive
yāoshū 妖书[-書] N. magical books M: *[1]běn*
[1]yāoshù* 妖术[-術] N. sorcery; witchcraft
[2]yāoshù 要束 N. restriction; restraint ♦V. restrain
yáoshù 徭/繇戍 N. compulsory service on the frontier
yàoshù 药树[藥樹] N. loblolly tree M: *[2]kē*
yǎoshuǐ 舀水 V.O. ladle water
yàoshuǐ(r)* 药水(儿)[藥-] N. ①liquid medicine ② lotion M: *píng*
yǎoshuǐsháo 舀水勺 N. bailer
yàoshuǐzhēn 药水针[藥-] N. syringe
Yáo-Shùn 尧舜[堯-] N. <hist.> Yao and Shun (legendary monarchs)
yàoshuō 要说 CONJ. as for
yǎosǐ 咬死 R.V. be bitten to death
[1]yàosǐ* 要死 ADV. <coll.> extremely
[2]yàosǐ 药死[藥-] V. kill with poison
yàosǐyàohuó 要死要活 V.P. desperate
yáosú 谣俗 N. <wr.> ① popular customs ② folklore
yàosù* 要素 N. essential factor; key element; property
yāosuān 腰酸 V.P. backache; pain in the small of the back
yāosuānbèiténg 腰酸背疼 F.E. have a sore waist and an aching back (after heavy physical work/etc.)
yāosuānbèitòng 腰酸背痛 F.E. ① be aching all over ② have a pain in the back
yǎosuì 咬碎 R.V. bite into pieces
yáosùjùyǒu 肴蔌俱有 F.E. There are both meat and vegetables.
yáosúyóucún 谣俗犹存[--猶-] F.E. folk songs and rustic customs are still in existence
yàosùzhǔyì jiàoyù 要素主义教育[---義--] N. essentialist education
yáotái 瑶台[-臺] N. ①jade terrace ② dwelling of immortals
yǎotāng* 舀汤[-湯] V.O. ladle out soup
[1]yàotáng 药糖[藥-] N. candied medicine
[2]yàotáng 药膛[藥-] N. gunpowder chamber (in firearms)

yāotáonónglǐ 夭桃浓/秾李[--濃/穠-] ID. as gorgeous as the bloom of a peach/plum (said of a beautiful young lady)

yāoténg 腰疼 N. lumbago

Yáotiān 尧天[堯-] N. ① the age of Emperor Yao ② a golden age

yáotiānshùnrì 尧天舜日[堯-] ID. ① the days of Yao and Shun ② the golden age of Chinese history ③ days of sagely rule

yāotiānzhīxìng 邀天之幸 N. be very lucky/fortunate

yǎotiǎo 窈窕 V.P. <wr.> ① a graceful (of a woman) ② a seductive woman

yàotiáojiǔ 药调灸[藥-] N. <Ch. med.> medicinal moxibustion

yǎotiǎoshūnǚ 窈窕淑女 F.E. quiet and modest maiden

yāotòng* 腰痛 N. lumbago

yàotǒng 药筒[藥-] N. ① medicinal tube ② cartridge case; cartouche

yàotǒngbáfǎ 药筒拔法[藥-] N. <Ch. med.> medicinal cupping for pus drainage

yáotǒngzi 窑桶子[窯-] N. coal tunnel

yāotóu 腰头 N. waistband

yáotóu* 摇头 V.O. shake one's head

yàotóu 药头[藥-] N. ① herbal medicine ② gunpowder

yáotóubǎiwěi 摇头摆尾[--擺-] F.E. assume an air of complacency/levity

yáotóuhuàngnǎo 摇头晃脑[-腦] F.E. bobbing one's head in a self-satisfied manner

yāotóu ménjīn 腰头门襟 N. <txtl.> overlapping top of trousers

yáotóutàixī 摇头太息 F.E. shake one's head and sigh

yáotóu tànxī 摇头叹息[--嘆-] V.P. heave a deep sigh

Yáotóuwán 摇头丸 N. Ecstasy (drug)

yáotóu xiàngjī 摇头相机 N. panorama camera M: [1]jià

yáotóuyèwěi 摇头曳尾 F.E. ① shake the head and lash the tail (of animals) ② assume an air of complacency

yàotú* 要图[-圖] N. ① important plan/scheme ② military maps and diagrams ③ outline map

yàotù 要吐 V.P. feel nauseous

yāo-tuǐ(r) 腰腿(儿) N. ① hips and legs ② nimbleness of one's waist and legs

yāo-tuǐ suānruǎn 腰腿酸软 N. <Ch. med.> lassitude in loins and legs

yāotún 幺豚[么-] N. little pig

yā'ǒu 哑呕[啞嘔] ON. ① the crying of a child ② the sound of oars

yāowàibǎn 腰外板 N. <naut.> wales (thick outside planking on a ship)

yàowán(r/zi) 药丸(儿/子)[藥-] N. <med.> pill M: [1]kē/[3]lì/ge

yāowáng 夭亡 V. ① die young ② abort

yāowàng 妖妄 ATTR. weird; fantastic; absurd

yáowǎng 谣网[-網] N. grapevine

yáowàng* 遥望 V. look into the distance

yàowáng 药王[藥-] N. <Budd.> the "King of Remedies"

yāowàngzhishuō 妖妄之说 N. dangerous fallacy

yāowéi 腰围[-圍] N. waistline; girdle

yàowèi(r)* 药味(儿)[藥-] N. ① herbal medicines in a prescription ② flavor of a drug; medicine-like taste

yàowèi de 药喂的[藥-] N. weapon soaked in poison

yáowěiqǐlián 摇尾乞怜[-憐] F.E. fawn (on)

[1]yáowén 遥闻 V. hear/smell from afar

[2]yáowén 摇蚊 N. midge; chironomid

yàowén* 要闻 N. important news; headlines M: [2]jiàn

yàowénbǎn 要闻版 N. front page of a newspaper

yǎowénjiáozì 咬文嚼字 F.E. be pedantic ◆N. hypercorrection

yāowō(r) 腰窝(儿)[-窩] N. ① middle of one's waist ② filet (of beef/lamb/etc.)

[1]yāowù 妖物 N. evil spirit; monster

[2]yāowù 妖雾[-霧] N. ①mountain mist ②miasma

[1]yàowù* 药物[藥-] N. medicines; pharmaceuticals; medicaments

[2]yàowù 要务[-務] N. important affair/mission M: [2]jiàn

yāowúfēnwén 腰无分文 F.E. completely penniless

yàowù guòmǐn 药物过敏[藥-] N. drug allergy

yāowǔhēliù 吆五喝六 F.E. ① call out (in gambling) ② be peremptory

yàowù huàxué 药物化学[藥-] N. pharmaceutical chemistry

yǎowúrénjì 杳无人迹[-跡] F.E. All was quiet with no one about.

yǎowúrénshēng 杳无人声[-聲] F.E. Silence reigned and not a human sound was to be heard.

yǎowúrényān 杳无人烟[-煙] F.E. remote and desolate

yǎowúxìnxī 杳无信息 F.E. there has been no news whatsoever about sb.; has never been heard of since

yàowùxué 药物学[藥-] N. materia medica

yàowù yágāo 药物牙膏[藥-] N. medicinal toothpaste M: [4]zhī

yàowǔyángwēi 耀武扬威[--揚-] F.E. flaunt one's strength

yǎowúyǐngzōng 杳无影踪[-蹤] F.E. gone without leaving a trace

yǎowúyīnxìn 杳无音信 F.E. be completely without news of (sb.)

yǎowúyīnxùn 杳无音讯 F.E. there has been no news whatsoever about sb.; have never been heard of since

yàowù zhòngdú 药物中毒[藥-] N. drug poisoning

yǎowúzōngjì 杳无踪迹[-蹤跡] F.E. disappear without a trace

yǎoxià 咬下 V.P. take a bite

yàoxiàn 药线[藥-] N. ① fuse ② medicated thread

yāoxiáng 妖祥 N. bad and good omens

yáoxiǎng 遥想 V. ① recall ② reminisce

yáoxiàng 爻象 N. diagrams for divination

yàoxiāng* 药箱[藥-] N. medical kit; medicine chest M: ge/[2]zhī

yàoxiàng 要项 N. key points/items

yáoxiānghūyìng 遥相呼应[-應] F.E. coordinate with each other from afar

yāoxiāo 妖鸮 N. elf owl

yāoxiǎo 幺小[么-] ATTR. diminutive; puny; minute

yàoxiào* 药效[藥-] N. efficacy of a drug/medicine/pesticide/etc.

[1]yāoxié* 要挟[-挾] V. ① coerce ② blackmail

[2]yāoxié 妖邪 ATTR. weird; wicked; monstrous

[3]yāoxié 要胁[-脅] V. threaten; coerce; put pressure on

yàoxiè 药械[藥-] N. insecticide-spreading equipment

yáoxìn 遥信 N. remote signaling

yāoxīng 妖星 N. star of evil omens; comet

yáoxǐng* 摇醒 R.V. shake awake

yàoxīng 耀星 N. flare star

yàoxìng 药性[藥-] N. property of a medicine

yāoxíngguàizhuàng 妖形怪状[-狀] F.E. grotesque

yàoxìngqì 药性气[藥-氣] N. ① smell of medicine or medical herbs ②flavor of medicinal decoctions

yáoxìn xìtǒng 遥信系统 N. telemetry system

yáoxìn zhuāngzhì 遥信装置[--裝-] N. telecommunication equipment M: [1]tái/tào

yāoxìrúfēng 腰细如蜂 F.E. a slender waist like a wasp's

yāo xuán lìrèn 腰悬利刃[-懸--] N. scimitar hanging from one's girdle

yáoxué 窑穴[窯-] N. <archeo.> storage pit

yàoxué* 药学[藥-] N. pharmacy

yǎoyá 咬牙 V.O. ①clench/gnash the teeth ②grind the teeth (in sleep) ③ gnaw ◆N. bruxism; teeth-gnashing

yǎo yágēn 咬牙根 V.O. grit/set/clench/gnash one's teeth

yāoyán 妖言 N. ① heresy; fallacy ② legend; fable

yāoyǎn(r) 腰眼(儿) N. <coll.> ① either side of the small of the back ② nub of a matter

[1]yāoyàn 妖艳[-艷] S.V. ① pretty and coquettish ② seductive

[2]yāoyàn 邀宴 V. invite to a feast/lunch/dinner party

yáoyán* 谣言 N. rumors

yáoyàn 谣谚 N. folk songs and proverbs

[1]yàoyán 要言 N. important words/statements

[2]yàoyán 药言[藥-] N. <wr.> sincere admonitions

yàoyǎn 耀眼 V.O./S.V. dazzling

yàoyánbùfán 要言不繁/烦 F.E. be terse/succinct

yáoyánfēnyún 谣言纷纭 F.E. Rumors are flourishing.

yáoyàng 遥漾 V. rock with the waves

yàoyàng(r)* 要样(儿)[-様-] V.O. ① stress appearances ② be fond of ostentation

yáoyán gōngshì 谣言攻势[-勢] N. rumor-mongering campaign

yāoyánhuòzhòng* 妖言惑众[-眾] F.E. spread rumors to deceive people

yáoyánhuòzhòng 谣言惑众[-眾] N. spread rumors to deceive people

yàoyánkěqǔ 药言可取[藥-] F.E. Sincere admonitions are acceptable.; Good advice is acceptable.

yáoyán mǎntiān fēi 谣言满天飞[-飛] V.P. All sorts of rumors are going the rounds.

yàoyǎnzēngguāng 耀眼增光 F.E. dazzling

yàoyánzhī 要言之 V.P. in summary; in a word

yáoyán zhǐyú zhìzhě 谣言止于智者[---於--] F.E. The wise will not listen to rumors.

[1]yāoyāo 夭夭 R.F. ①smiling ②gracious; amiable

[2]yāoyāo 喓喓 N. <wr.> the cry of insects; chirp

[1]yáoyáo* 遥遥 R.F. far away; long way off; distant

[2]yáoyáo 摇摇 R.F. shaky; shaking

[3]yáoyáo 尧尧[堯堯] R.F. lofty; sublime; high

[4]yáoyáo 峣峣[嶢嶢] R.F. ① towering (of mountains) ② upright (of people)

[1]yǎoyǎo 杳杳 R.F. ① somber ② deep

[2]yǎoyǎo 窈窈 R.F. ① obscure; dusky ② far and deep; profound

yàoyào 耀耀 R.F. bright

yáoyáobǎibǎi 摇摇摆摆[-擺擺] R.F. swaggering

yáoyáodàngdàng 摇摇荡荡[-蕩蕩] R.F. rocking; swaying

yáoyáohuànghuàng 摇摇晃晃 R.F. tottering; faltering

yáoyáolǐngxiān 遥遥领先 F.E. be far ahead

yáoyáo shǒu 摇摇手 V.O. shake one's hand

yáoyáo tóu 摇摇头 V.O. shake the head

yáoyáowúqī 遥遥无期 F.E. not (realizable/etc.) within the foreseeable future

yǎoyǎowúzōng 杳杳无踪[-蹤] F.E. gone without leaving a trace

yáoyáoxiāngduì 遥遥相对[-對] F.E. face each other across a distance

yáoyáoyùdiē 摇摇欲跌 F.E. tottering; shaky (of the economy/regime/etc.)

yáoyáoyùzhuì 摇摇欲坠[-墜] F.E. tottering; crumbling

yáoyáozàiwàng 遥遥在望 F.E. be in sight a long distance away

yǎoyáqièchǐ 咬牙切齿[-齒] F.E. gnash the teeth (fig.)

yǎoyárěnshòu 咬牙忍受 F.E. grit one's teeth and bear it

yǎoyáshèshì 咬牙设誓 F.E. swear through clenched teeth

yāoyě 妖冶 S.V. ① flashily seductive ② meretricious

[1]yáoyè* 摇曳 V. ① flicker ② sway ③ wave gently; flutter
[2]yáoyè 遥夜 N. <wr.> a long night
yàoyè 药液[藥-] N. medicinal liquid
yáoyèduōzī 摇曳多姿 F.E. <wr.> sway with willowy motions
yáoyèshēngzī 摇曳生姿 F.E. sway with willowy motions
yāoyì 妖异[-異] N. abnormal omens or events
yáoyǐ* 摇椅 N. rocking chair M: [1]bǎ
yáoyì 徭/繇役 N. corvée
yàoyì 要义[-義] N. essentials; key points
yáoyìbǎixìng 徭/繇役百姓 F.E. force the masses to labor for the government
yáoyì-dìzū 徭役地租 N. rent paid in labor
yáoyìfánxīng 徭/繇役繁兴[-興] F.E. excessive corvée labor
yáoyì fēijī 摇翼飞机[--飛-] N. moving-wing aircraft M: [1]jià
yàoyīn 要因 N. important cause; essential factor
[1]yàoyǐn* 药引[藥-] N. <Ch. med.> ①supplement ② an ingredient added to enhance the efficacy of a dose of medicine
[2]yàoyǐn 药瘾[藥癮] N. drug addiction
yāoyìng* 腰硬 V.P. ① having an influential backer ② carrying a pistol ③ <Ch. med.> stiffness of the waist in children
yáoyǐng 遥影 N. distant shadow
yàoyīng 鹞鹰 N. sparrow hawk M: [2]zhī
yàoyǐnzi 药引子[藥-] N. <Ch. med.> efficacy-enhancer added to medicine
yàoyīzi 药衣子[藥-] N. coating of a medicinal pill
yàoyòng 药用[藥-] ATTR. for medicinal purposes/uses
yàoyòngtàn 药用炭/碳[藥-] N. medical charcoal
yàoyòngyóu 药用油[藥-] N. mineral oil
yàoyòng zhíwù 药用植物[藥-] N. medicinal plant
yàoyòng zhíwùxué 药用植物学[藥-] N. medicinal botany
yāoyóu 邀游 V. invite sb. for an outing
yàoyǒu* 要有 V. need; require
yàoyú 鹞鱼 N. ray (a fish) M: [1]tiáo
yàoyù* 药浴[藥-] N. ① <liv.> dipping ② medicated bath
[1]yāoyuán 腰圆 ATTR. oval-shaped/kidney-shaped(of fat men)
[2]yāoyuán 幺元[么-] N. identical/identity element; unit-element
yáoyuǎn* 遥远[-遠] S.V. distant; remote
[1]yàoyuán 药园[藥園] P.W. <Ch. med.> herbal garden M: [4]zuò
[2]yàoyuán 要员 N. <trad.> important official M: ge/[1]míng/[2]wèi
yàoyuánxìng jíbìng 药原性疾病[藥-] N. drug-borne disease
yàoyùchí 药浴池[藥-] N. <liv.> dipping vat/tank M: [4]zuò
[1]yāoyuē 邀约 V. invite; give an appointment
[2]yāoyuē 要约 V. enter into an agreement/contract
yāoyuèchàngyǐn 邀月畅饮[--暢-] F.E. drink together with the moon as one's company
yáo yǔmáoshàn de 摇羽毛扇的 N. <coll.> counsellor; advisor M: ge/[1]míng/[2]wèi
yāozāi 妖灾[-災] N. calamities and prodigious things
yàozài* 要在 V.P. the important thing is that . . .
yáozào 窑灶[窯-] N. kiln M: [4]zuò
yàozào* 药皂[藥-] N. medicated soap M: [2]kuài
yàozé 要则 N. important regulations/principles M: [1]tiáo
yāozhá 夭札 V. die young
yàozhā(r)* 药渣(儿)[藥-] N. dregs of a decoction
yàozhài 要寨 N. fort
yāozhǎn* 腰斩 V.P. ① cut sth. in half ② <hist.> execute by cutting in two at the waist
yáozhān 遥瞻 V. <wr.> look into the distance
yàozhàng 要帐/账 V.O. dun; demand payment
yàozhàng de 要帐/账的 N. debt collector
yāozhànr 腰站儿 P.W. roadside rest place for travelers
yàozhāo 要着[-著] N. necessary/effective step/measure; an important move
yāozhé 夭折 V. ① die young/prematurely ② come to a premature end
yǎozhe bù sāzuǐ 咬着不撒嘴[-著---] V.P. <coll.> insist that one is right; hold tenaciously to a view
yáozhēn* 摇针 N. <Ch. med.> shaking/rotating the needle
yàozhēn 药针[藥-] N. injection syringe
yàozhěn 药疹[藥-] N. <med.> drug-induced rash/eruption
yāozhèng 幺正[么-] ATTR. <math.> unitary
[1]yàozhèng* 要政 N. essential policies
[2]yàozhèng 药政[藥-] N. drug administration
yàozhèyàonà 要这要那[-這--] V.P. ask for this and that
yāozhī 腰肢 N. waistline; figure
yáozhǐ 遥指 V. <wr.> point in the distance
yáozhì 遥制 N. remote control
yàozhī 要之 V.P. in a nutshell; in short; to sum up
yàozhí* 要职[-職] N. important post
yàozhǐ 要旨/指 N. main idea; gist
yàozhì 要质[-質] N. essential qualities
yǎozhǐjiapǐ 咬指甲癖 F.E. nail-biting
yāozhōu 腰舟 N. <coll.> empty gourd tied to the waist as a lifejacket
Yàozhōuyáo 耀州窑[-窯] P.W. <art> Song ceramic kiln (in Tongchuan, Shaanxi)
yāozhù 腰柱 N. <Ch. med.> lumbar splint
[1]yáozhǔ 遥瞩[-矚] V. <wr.> look into the distance
[2]yáozhǔ 窑主[窯-] N. owner of a kiln M: ge/[1]míng/[2]wèi
[1]yáozhù 遥祝 V. <wr.> send greetings from a distance
[2]yáozhù 瑶柱 N. scallop (esp. dried)
yǎozhù* 咬住 R.V. ① bite into; grip with the teeth ② grip/hold firmly
yàozhū 药珠[藥-] N. ① pulverized pearls used as medicine ② false pearls
yáozhuàn 肴馔 N. sumptuous food
yāozhuī 腰椎 N. lumbar vertebra
yāozhuīchuāncì 腰椎穿刺 F.E. <med.> lumbar puncture
yāozhǔn 邀准[-準] N. <wr.> be approved
yáozhuó 谣诼 N. <wr.> ① rumors ② slander; calumny
yáozhuófēnyún 谣诼纷纭 F.E. There are many rumors going the rounds.
yāozi* 腰子 N. <coll.> kidney
yāozī 妖姿 N. seductive looks/appearance
yáozi 窑子[窯-] P.W. <topo.> brothel; whorehouse ♦N. prostitute M: [4]zuò
[1]yǎozi 舀子 N. dipper; ladle; scoop
[2]yǎozi 咬子 N. sth. to chew on by a teething child
yǎozì(r) 咬字(儿) V.O. ① enunciate clearly ② <opera> vocalize extravagantly ♦N. <lg.> (old) opera pronunciation
[1]yàozi 要子 N. ① straw rope ② cloth/etc. strap for binding packages
[2]yàozi 鹞子 N. ① sparrow hawk ② <topo.> kite M: [2]zhī
[3]yàozi 疟子[瘧-] N. <coll.> malaria
yǎozì de qīngzhòng 咬字的轻重[---輕-] N. <lg.> stressing
yàozi fānshēn 鹞子翻身 V.P. ① hawk's turn (a fast motion in Chinese boxing or martial arts) ② do a somersault
yǎozìqīngxī 咬字清晰 F.E. enunciate clearly
yǎo zìyǎn(r) 咬字眼(儿) V.O. split hairs
Yáozú 瑶族 N. Yao minority (in SW China)
yǎozuǐ 咬嘴 V.O. ① be difficult to articulate ② <topo.> sow discord
yàozuǐchī 要嘴吃 V.P. ask for food gluttonously
yàozuǐr 要嘴儿 V.O. <topo.> kiss
yāpài 压派[壓-] V. ride roughshod over
yápái* 牙牌 N. dominoes
yǎpào 哑炮[啞-] N. <mil.> dud
yǎpì 哑屁[啞-] N. soundless fart
yāpiàn* 鸦/雅片 N. <loan> opium
yàpiàn 轧片 V. roll/press flat
yāpiànguǐ 鸦片鬼 N. opium addict M: ge/[1]míng
yāpiànjì 鸦片剂[-劑] N. laudanum
yāpiànyān 鸦片烟[-煙] N. opium (to be smoked)
yāpiànyānguǎn 鸦片烟馆[--煙-] P.W. opium den M: [4]zuò
yāpiànyānguǐ 鸦片烟鬼[--煙-] N. opium addict M: ge/[1]míng
yāpiànyānyǐn 鸦片烟瘾[-煙癮] N. opium addiction
Yāpiàn Zhànzhēng 鸦片战争[-戰爭] N. <hist.> Opium War (1840–1842)
yāpiào* 押票 N. warrant for arrest
yàpiào 轧票 V.O. punch/stamp a ticket
yàpiàojī 轧票机 N. ticket punch; ticket-stamping machine M: [1]jià/[1]tái
yàpiàokǒu 轧票口 N. ticket window
yāpíng* 压平[壓-] R.V. ① press to make flat ② flatten; even
yápíng 牙鲆 N. <zoo.> lefteye flounder
yàpíng 轧平 R.V. roll even/flat
Yàpíngníng Shānmài 亚平宁山脉[亞-寧-脈] P.W. the Apennines
yāpíng wùjià zhèngcè 压平物价政策[壓--價--] N. price-rollback policy
yǎpíshì 雅皮士 N. <loan> yuppie M: ge/[1]míng/[2]wèi
[1]yāpò* 压迫[壓-] N./V. ① oppress; repress ② constrict ③ <phys.> stress
[2]yāpò 压破[壓-] V. break sth. by applying pressure
yápō 崖坡 N. escarpment M: [2]dào
yápó 牙婆 N. <trad.> procuress trafficking in young girls
yāpò jiējí 压迫阶级[壓-階-] N. oppressor class
yāpòzhě 压迫者[壓-] N. oppressor M: ge/[1]míng
yāpù 押铺 P.W. pawn shop M: [1]jiā
yāqī 押期 N. pawning time period
[1]yāqì 压气[壓氣] V.O. calm sb.'s anger ♦N. <mach.> air injection
[2]yāqì 压器[壓-] N. depressor M: [1]tái
[3]yāqì 押契 N. mortgage deed
yáqí 牙旗 N. <trad.> flag raised in front of a camp/headquarters M: [1]miàn
yǎqì* 雅气[-氣] N. ① elegance ② <wr.> vital energy
yāqián 押钱[-錢] V.O. ① place one's bet in a gambling game ② leave a deposit or earnest money
yáqiān(r)* 牙签(儿) N. ① toothpick M: [2]gēn/[4]zhī ② ivory book-pendant fitting into a loop
[1]yáqián 牙钳 N. dental forceps M: [1]bǎ
[2]yáqián 衙前 N. <trad.> errand man in a government office
yàqiān 亚铅[亞-] N. zinc
yāqiáng 压强[壓強] N. <phy.> intensity of pressure
yāqiángjì 压强计[壓強-] N. <phy.> pressure gauge M: ge/[2]zhī
yāqiāngpǎo 压枪跑[壓槍-] V.O. <sport> beat the gun
yàqiáomù 亚乔木[亞喬-] N. medium-sized trees such as peach/peas/etc.
yāqìbèng 压气泵[壓氣-] N. compression pump M: [1]tái
yáqífēng 牙棋风 N. <Ch. med.> gingival abscess
yāqìjī 压气机[壓氣-] N. air-compressor M: [1]tái
[1]yāqīng 压青[壓-] N. <agr.> green manuring/dressing
[2]yāqīng 鸦青 N. reddish blue
yǎqù* 雅趣 N. elegant taste; refined pleasure
yàqū 亚区[亞區] P.W. subzone; subregion
yāquè 鸦雀 N. <zoo.> crow tit
yāquèwúshēng 鸦雀无声[-聲] F.E. silence reigns
yāquèwúwén 鸦雀无闻 F.E. silence reigns

Y

yàqún 亚群[亞-] N. subgroup; subset
yár 芽儿 N. shoot; sprout; bud
yǎrán* 哑然[啞-] <wr.> ADV. in silence ♦N. the sound of laughter ~ *shìxiào* can't help laughing
yàrán 讶然 V.P. look surprised
yàrǎn 轧染 V. <txtl.> pad dye
yàránshījīng 讶然失惊[-驚] F.E. be taken unaware and become quite frightened
yàránshīsè 讶然失色 F.E. <wr.> turn pale with fright
yǎránshīxiào 哑然失笑[啞-] F.E. can't help laughing
yǎránwúshēng 哑然无声[啞-聲] F.E. silence reigns
yàrèdài 亚热带[亞熱帶] P.W. subtropics; semitropics
yàrèdài qìhòu 亚热带气候[亞熱帶氣-] N. subtropical climate
yārén* 压人[壓-] V.O. intimidate/pressure people
yárén 牙人 N. sales agent; broker
[1]yǎrén 哑人[啞-] N. a mute
[2]yǎrén 雅人 N. <wr.> a person of refined tastes and poetic temperament
yǎréngāoyùn 雅人高韵[-韻] F.E. men of refinement and high tone
yàrénkǒu 亚人口[亞-] N. subpopulation
yǎrénshēnzhì 雅人深致 F.E. refined pleasures of esthetes
yǎrényǎshì 雅人雅事 F.E. activities of esthetes
yārguǎnglí 鸭儿广梨[--廣-] *See yālí*
yāróng 鸭绒 N. eiderdown
yāróngbèi 鸭绒被 N. eiderdown quilt M: [1]*tiáo*
yāróngfú 鸭绒服 N. eiderdown coat M: [2]*jiàn*
yāròu 鸭肉 N. duck meat M: [2]*kuài*
yàrù 轧入 V.P. roll into
yàsài 亚赛[亞-] V. can be compared to; may be likened to; be just like
yǎsǎngzi 哑嗓子[啞-] N. husky/hoarse voice
yāsè 鸦色 N. reddish blue
yásè* 牙色 N. ivory-colored; creamy white
yǎsè 哑涩[啞澀] S.V. husky
yàsènányán 轧色难言[--難-] F.E. stammer
yāshān 压山[壓-] V.O. <topo.> set (of the sun)
yáshāng 牙商 N. <trad.> intermediary; commercial broker M: *ge*/[1]*míng*/[2]*wèi*
yàshāng* 轧伤[-傷] V. run over and injure
yāshānr 压山儿[壓-] V.O. set (of the sun)
yàshātǔ 亚砂土[亞-] N. (sandy) loam
yāshébǎn 压舌板[壓-] N. <med.> tongue depressor M: [2]*kuài*
yāshécǎo 鸭舌草 N. pickerelweed
yāshémào 鸭舌帽 N. peaked cap M: [1]*dǐng*
Yàshèng 亚圣[亞聖] N. the lesser sage (Mencius)
yāshépiàn 压舌片[壓-] N. tongue depressor M: [2]*kuài*
yāshéqì 压舌器[壓-] N. tongue depressor
yāshí 压石[壓-] N. <archeo.> curb M: [2]*kuài*
yáshí 牙石 N. tartar; dental calculus/deposit
[1]yǎshì* 雅士 N. ① a refined scholar ② a person of refined tastes M: *ge*/[1]*míng*/[2]*wèi*
[2]yǎshì 雅事 N. refined activities of the intelligentsia M: [2]*jiàn*
yàshìmín 亚市民[亞-] <coll.> N. suburbanite without an urban residence card
yáshǔ* 衙署 P.W. <trad.> government office
yàshǔ 亚属[亞屬] N. <bio.> subgenus
yáshuā(r/zi) 牙刷(儿/子) N. toothbrush M: [1]*bǎ*
yáshuāxū 牙刷须[-鬚] N. toothbrush mustache
yáshuì 牙税 N. taxes paid by brokers
yāshuǐjī 压水机[壓-] N. (water) pump M: [1]*tái*
yāshùshāor 压树梢儿[壓樹-] V.O. <topo.> set (of the sun)
yāsǐ 压死[壓-] R.V. crush to death
yásì 涯涘 N. ① the edge of a body of water ② limits
yàsǐ* 轧死 R.V. kill by running over
yàsì 亚似[亞-] V. can be compared to; may be likened to; be just like
yǎsībìng 雅司病 N. <med.> yaws
yāsòng 押送 V. send under escort
yǎsòu 哑嗽[啞-] N. cough accompanied by hoarseness
yǎ-sú* 雅俗 N. the refined and the vulgar
yǎsù 雅素 N. ① personal background ② old friendship ③ virtue in simplicity
Yàsù'ěr Qúndǎo 亚速尔群岛[亞-島] P.W. the Azores
yǎsúfēnchéng 雅俗纷呈 F.E. mixture of elegance and plainness
yǎsúgòngshǎng 雅俗共赏 F.E. suit both refined and popular tastes
[1]yāsuì* 压碎[壓-] R.V. crush to pieces
[2]yāsuì 压岁[壓歲] V.O. give children money as a lunar New Year gift
yásuǐ 牙髓 N. <phys.> dental pulp
yàsuì 轧碎 R.V. crush to pieces
yāsuìpán 压岁盘[壓歲盤] N. a plate of goodies given to children on New Year's Eve
yāsuìqián 压/押岁钱[壓歲錢] N. New Year money gift to children
yásuǐyán 牙髓炎 N. <med.> pulpitis
yāsuō 压缩[壓-] V. ① condense; reduce ② compress ♦N. compression; shortening
yāsuō bǐnggān 压缩饼干[壓-乾] N. ship biscuit; hardtack M: [2]*kuài*
yāsuōjī 压缩机[壓-] N. compressor; compression engine M: [1]*tái*
yāsuō kōngqì 压缩空气[壓-氣] N. compressed air
yāsuōlì 压缩力[壓-] N. compression
yāsuōpán 压缩盘[壓-盤] N. <comp.> zip disk
yāsuōqì 压缩器[壓-] N. compressor M: [1]*jià*/[1]*tái*
yāsuō qìtǐ 压缩气体[壓-氣體] N. compressed gas
yāsuōxìng 压缩性[壓-] N. compression
yāsuōyǎng 压缩氧[壓-] N. compressed oxygen
yātái 压台[壓臺] V.O. present a theatrical performance as the last item on a program
Yà-Tài* 亚太[亞-] AB. *Yàzhōu* and *Tàipíngyáng*
Yà-Tài Dìqū 亚太地区[亞-區] P.W. Asia-Pacific region
YàTài Jīnghé 亚太经合[亞-經-] P.W. Asia-Pacific Economic Cooperation (APEC)
YàTài Jīnghé Zǔzhī 亚太经合组织[亞-經--織] *See YàTài Jīnghé*
yātáixì 压台戏[壓臺戲] N. last/best act of a program M: [1]*chū*
Yàtèlándà 亚特兰大[亞-蘭-] P.W. Atlanta
yāténg 压藤[壓-] V.O. <agr.> cover part of a vine with soil
yáténg* 牙疼 V.P. toothache
yātí* 押题 V.O. predict what question(s) will be in a exam
yátǐ 芽体[-體] N. sprout; bud
[1]yātiáo 压条[壓條] N./V. <agr.> layering
[2]yātiáo 鸭条[-條] N. fine-sliced duck
yātiáofǎ 压条法[壓條-] N. <agr.> layering
yátiě 牙帖 N. business license of a brokerage firm
yàtiě* 亚铁[亞鐵] ATTR. <chem.> ferrous; ferrous iron
yātòng 压痛[壓-] N. <med.> tenderness; pressure pain
yátòng* 牙痛 N. <med.> toothache
yātòngdiǎn 压痛点[壓-點] N. tender point
[1]yātou 丫头 N. ① <topo.> girl ② <trad.> maid; servant girl; slave girl M: *ge*/[1]*míng*
[2]yātou(r) 押头(儿) N. ① mortgage; pawn; security ② <trad.> chief henchman (in a *yamen*)
yātoupiànzi 丫头片子 N. <coll.> ① silly little girl ② girl; baby girl M: *ge*/[1]*míng*
yātóuwà 鸦头袜[-襪] N. <trad.> *tabi* sock M: [1]*shuāng*
yātou yǎng de 丫头养的[--養-] N. <slang> bastard
yātǔjī 压土机[壓-] N. a roller M: [1]*tái*
yáwàikē yīshī 牙外科医师[-醫師] N. dental surgeon M: *ge*/[1]*míng*/[2]*wèi*
yāwān* 压弯[壓彎] R.V. bend
yāwàn 压蔓[壓-] V.O. keep down the vines of a creeping plant by periodically covering them with earth
yǎwán 雅玩 N. ①pleasures of esthetes ②refined enjoyment ♦F.E. polite expression in presenting a curio, etc. to a friend
yǎwàng 雅望 F.E. your spotless fame/reputation
yǎwàngfēicháng 雅望非常 F.E. ① a man of elegant appearance and courteous manner ② an extraordinary reputation for culture
[1]yāwěi 押/压尾[壓-] V.O. sign/mark in lieu of signature at the end of a legal document
[2]yāwěi 压尾[壓-] V.O. bring up the rear
yāwěishāo 鸭尾艄 N. fantail (of a boat)
yàwénhuà 亚文化[亞-] N. subculture
yàwénhuàqún 亚文化群[亞-] N. subculture (group)
yǎwǔ 雅舞 N. ritual dance
yáxì 牙系 N. dentition
yāxià 压下[壓-] V. bottle up a case
yāxiàn 压线[壓-] N. ① <sport> line ball ② be kept busy on another's account
yáxiàn* 牙线 N. dental floss
yāxiāngdǐ(r) 压箱底(儿)[壓-] V.O. store at the bottom of a suitcase
yāxiāngdǐr qián 压箱底儿钱[壓-錢] N. secret savings; pin money (of a wife/etc.) M: [2]*bǐ*
yǎxiào 哑笑[啞-] V. laugh silently
yā xiàqu 压下去[壓-] R.V. press; push down; hold down
yǎxìng 雅兴[-興] N. ① esthetic mood ② enthusiasm in refined pursuits ③ delicate, refined tastes
yǎxìngbùqiǎn 雅兴不浅[-興-淺] F.E. have strong esthetic interests
yāxíng'ébù 鸭行鹅步 F.E. waddle
Yàxìyà 亚细亚[亞-亞] P.W. <loan> Asia
yǎxùn 雅驯 V.P. <wr.> polished; refined; elegant (of writing/remarks)
yāya 鸭鸭 N. toddling (of a baby)
yāyā* 哑哑[啞啞] ON. ① the cries of a crow; caw ② the sound of a baby learning to speak; babble ③ the creaking of carts
yáyá 牙牙 ON. babble
yǎyǎ 雅雅 R.F. cultivated; elegant; of good form/manners
yàya 轧轧 ON. creaking sound of a machine in operation *See also yàyà*
yàyà 轧轧 ON. noise of carriages/machines/etc. *See also yàya*
yāya jiǎo(r) 压压脚(儿)[壓壓腳-] V.O. <coll.> succor
yāya jīng 压压惊[壓壓驚] V.O. <coll.> allay fear
yāyán 压延[壓-] V. press/roll heavily to flatten out
yáyán 崖盐[-鹽] N. rock salt
yáyǎn 芽眼 N. <bot.> eye (the bud of a potato)
yáyàn 崖燕 N. cliff swallow M: [2]*zhī*
yǎyán* 雅言 N. ① well-intentioned criticism; honest advice ② things one often talks about
yāyánjī 压延机[壓-] N. machine for pressing/flattening out sth. M: [1]*tái*
yāyánqiáng 压檐墙[壓-牆] N. parapet wall
yàyàshēng 轧轧声[-聲] N. click sound
yáyáshuō 牙牙说 N. <lg.> ta-ta theory
yáyáxuéyǔ 牙牙学语 F.E. babble out one's first words; begin to babble; prattle
yāya yán 压压言[壓壓-] V.O. <coll.> shut up; stop talking
yǎyè 哑咽[啞-] ON. the wailing of a child
yāyì* 压抑[壓-] V. constrain; inhibit ♦S.V. oppressive; stifling; depressing
yáyì 衙役 N. yamen runner
yáyī 牙医[-醫] N. dentist M: *ge*/[1]*míng*/[2]*wèi*
yáyì 崖异[-異] V.P. <wr.> standing aloof to be different from others
yǎyì 雅意 F.E. <court.> your opinion/intention
yàyì 讶异[-異] V. be surprised at
Yàyì 亚裔[亞-] N. foreign citizen of Asian origin M: *ge*/[1]*míng*/[2]*wèi*

yāyìgǎn 压抑感[壓-] N. suppressed/oppressed feeling
yāyìn 压印[壓-] N. stamp; impression ♦V. <print.> emboss; press
yáyīn 牙音 N. ① gutterals or velars (in traditional Chinese phonology) ② <lg.> velar sound
yáyín* 牙龈[-齦] N. <phys.> gum; gingiva
yáyìn(r/zi) 牙印(儿/子) N. teeth print (left on sth.)
yǎyīn 哑音[啞-] N. <lg.> mute consonant/sound; aphonon
Yàyín 亚银[亞-] P.W. Asian Bank
yǎyīnqì 哑音器[啞-] N. fuzzbox M: *ge*/[1]*jià*
yàyīnsù 亚音速[亞-] N. <phys.> subsonic speed
yáyínyán 牙龈炎[-齦] N. <med.> gingivitis
yáyīshī 牙医师[-醫師] N. dentist M: *ge*/[1]*míng*/[2]*wèi*
yāyìxìng fǎlǜ 压抑性法律[壓-] N. repressive law
[1]**yǎyǔ*** 哑语[啞-] N. <lg.> sign language
[2]**yǎyǔ** 雅语 N. elegant verbiage
yàyú 亚于[亞於] V.P. be second/inferior to ***Nà wèi lǎorén de jīnglì bù ~ dāngnián.*** That old man is no less vigorous than before.
yāyuánr 鸭圆儿 N. an oval shape; elliptic-
yàyuánzǐ 亚原子[亞-] N. <chem./phy.> subatomic
yàyuánzǐxìng 亚原子性[亞-] ATTR. subatomic
yǎyuè 雅乐[-樂] N. ① high-brow music ② <trad.> ceremonial/court music ③ <trad> ceremonial music
[1]**yāyùn*** 押/压韵[壓韻] V.O. rhyme
[2]**yāyùn** 押运[-運] V. escort (goods) in transportation
yǎyùn 雅韵[-韻] N. refined/sophisticated taste
Yàyùn 亚运[亞運] N. Asian Games
yāyùncí 押韵词[-韻-] N. <lg.> rhyme word
Yàyùncūn 亚运村[亞運-] P.W. Asian Games Village M: [4]*zuò*
yāyùn fānyì 押韵翻译[-韻-譯] N. <lg.> rhymed translation
Yàyùnhuì 亚运会[亞運-] AB. *Yàzhōu Yùndònghuì*
yāyùn lǐyǔ 押韵俚语[-韻--] N. <lg.> rhyming slang
yāyùn shīgē 押韵诗歌[-韻--] N. <lg.> rhyming verses M: [2]*shǒu*
yāyùnyuán 押运员[-運-] N. transport guards M: *ge*/[1]*míng*/[2]*wèi*
yāzǎi* 压载[壓-] V. ballast of a ship
yázǎi 牙崽 N. <topo.> child; kid
yāzàicāng 压载仓/舱[壓-倉/艙] N. ballast tank
yázàng 崖葬 N. coffin burial by suspension on a cliff
yǎzéi 雅贼 N. thief who steals only books and works of art
yāzhà 压榨[壓-] V. ① press; squeeze; extract (liquid) by applying high pressure ② oppress and exploit
yǎzhàcáozá 哑咤嘈杂[啞吒-雜] F.E. the noisy sound of a crowd
yāzhài fūren 押/压寨夫人[壓-] N. wife of a brigand chief M: *ge*/[1]*míng*/[2]*wèi*
yāzhàjī 压榨机[壓-] N. squeezer; mangle M: [1]*tái*
yāzhǎng* 鸭掌 N. duck's web (a delicacy); flippers; fins
yāzhàng 押帐/账 V.O. give sth. as security for a loan
yázhāng 牙獐 N. <zoo.> river deer
yāzhàqì 压榨器[壓-] N. mangle M: *ge*/[1]*jià*/[1]*tái*
yāzhèjī 压蔗机[壓-] N. sugarcane mill M: [1]*jià*/[1]*tái*
yāzhēn(r) 鸭胗(儿) N. duck's gizzard
[1]**yāzhèn*** 压阵[壓-] V.O. ① bring up the rear ② keep troops in battle array ③ keep a situation well under one's control ♦N. crack troops
[2]**yāzhèn** 压镇[壓-] V. suppress
[1]**yǎzhèng** 哑症[啞-] N. mutism
[2]**yǎzhèng** 雅正 V.P. <wr.> ① correct; standard ② upright; righteous ♦F.E. <court.> please correct my errors
yāzhēngānr 鸭胗肝儿 N. duck's gizzard (a delicacy)
yàzhèngcháng 亚正常[亞-] ATTR. subnormal
[1]**yāzhī** 丫/桠枝[椏-] N. forked branch; crotch
[2]**yāzhī** 压枝[壓-] N. <agr.> layering ♦V. weigh/hang on the branches
[1]**yāzhì*** 压制[壓-] V. ① suppress; stifle; inhibit ② <mach.> press ③ <mil.> neutralize (enemy fire by massive bombardment, etc.)
[2]**yāzhì** 押质[-質] V. pawn; mortgage
yázhì 牙质[-質] ATTR. made of ivory ♦N. <phys.> dentine
yǎzhì 雅致 S.V. refined; tasteful ♦N. refined tastes; refinement
yāzhìbǎn 压制板[壓-] N. pressboard M: [2]*kuài*
yāzhícǎo 鸭跖草 N. <Ch. med.> dayflower
yāzhìchá 压制茶[壓-] N. pressed tea
yāzhīfǎnbǔ 鸦知反哺 ID. Filial children know enough to provide for their parents.
yāzhǐxíngjī 压纸型机[壓-] N. <print.> stereotype press M: [1]*tái*
yāzhìxìng shuìshōu 压制性税收[壓-] N. pressive tax
yàzhǒng 亚种[亞種] N. <bio.> subspecies
yàzhǒngqún 亚种群[亞種-] N. subpopulation
yàzhōngxīn 亚中心[亞-] P.W. subcenter
yāzhòu(r) 压轴(儿)[壓-] N./V.O. ① <thea.> be the next to the last item ② climax
Yàzhōu* 亚洲[亞-] P.W. <loan> Asia
Yàzhōubēi 亚洲杯[亞-] N. Asian Cup/Games
yázhōubìng 牙周病 N. periodontosis
yāzhòu hǎoxì 压轴好戏[壓-戲] *See yāzhòuxì*
Yàzhōurén 亚洲人[亞-] N. Asian
yāzhòuxì 压轴戏[壓-戲] N. ① <thea.> next-to-last item on a program ② climax M: [1]*tái*
Yàzhōu Xiéhuì 亚洲协会[亞-協-] P.W. Asia Society
Yàzhōuxíng liúgǎn 亚洲型流感[亞-] N. Asian flu
yázhōuyán 牙周炎 N. periodontitis
Yàzhōu Yùndònghuì 亚洲运动会[亞-運動-] N. Asian Games
yāzhòuzi 压轴子[壓-] N./V.O. <thea.> next to last item on a program
[1]**yāzhù*** 压住[壓-] R.V. suppress; put down by force
[2]**yāzhù** 押注 V.O. stake sth. (in gambling)
[3]**yāzhù** 压铸[壓鑄] N. <metal.> diecasting
yázhù 牙箸 N. ivory chopsticks
yǎzhǔ 雅嘱[-屬] F.E. <court.> your orders/advice
yāzhùjī 压铸机[壓鑄-] N. die-casting machine M: [1]*tái*
yāzhūn 鸭肫 N. duck's gizzard
yāzhūngān 鸭肫肝 N. duck gizzard and liver
yāzhuōr 压桌儿[壓-] V.O. one who eats longer than others at a dining table
yāzhuōrcài 压桌儿菜[壓-] N. the main/best course(s) of a banquet
yāzhùzhènjiǎo 押/压住阵脚[壓-腳] F.E. hold in battle array
[1]**yāzi*** 鸭子 N. ① duck ② <coll.> the feet
[2]**yāzi** 丫子 N. ① girl ② <coll.> feet; soles of the feet
yāzì 押字 V.O. sign one's name at the end of a legal document
[1]**yázi** 伢子 N. <topo.> child; kid
[2]**yázi** 牙子 N. ① <coll.> serrated edge ② <trad.> middleman
yázì 睚眦[-眥] N. <wr.> ① angry stare ② small grievance
yǎzi 哑子[啞-] N. <topo.> dumb person; mute
yàzǐ 亚子[亞-] N. a second son
yázìbìbào 睚眦必报[-眥-報] F.E. seek revenge for the smallest grievance
yāzifángr 鸭子房儿 P.W. duckhouse
yāzǐr 鸭子儿 N. <coll.> duck's egg
yāzǐxī 压子息[壓-] A.T. adopt a child in the hope that the couple may thus give birth to their own child
yázìzhīyuàn 睚眦之怨[-眥--] N. a trifling injury/grievance
yāzū* 押租 N. rent deposit
yàzú 亚族[亞-] N. <bio.> subtribe
yāzuǐ 鸦嘴 N. crow's bill
yāzuǐbǐ 鸭嘴笔[-筆] N. drawing/ruling pen M: [4]*zhī*
yāzuǐchú 鸦嘴锄 N. mattock M: [1]*bǎ*
yāzuǐlóng 鸭嘴龙 N. <paleo.> duck-billed dinosaur
yāzuǐmào 鸦嘴帽 N. cap M: [1]*dǐng*
yāzuǐqián 鸭嘴钳 N. duckbill pliers M: [1]*bǎ*
yāzuǐshòu 鸭嘴兽[-獸] N. platypus; duckbill M: [2]*zhī*
yǎzuò(r) 雅座(儿) N. ① private room (in a restaurant/etc.) ② comfortable seats
[1]**yē** 噎 V. ① hiccup; choke ② <coll.> squelch; choke off
[2]**yē** 掖 V. <coll.> tuck away; hide; conceal *See also* [9]*yè*
[3]**yē** 暍 B.F. sunstroke ***shǔyē***
[4]**yē** 椰 B.F. coconut ***yēzi, yēkě, yóuyē***
[5]**yē** 倻 in ***jiāyēqín***
Yē 耶 in ***Yēhéhuá, Yēsū*** *See also* [1]*yé*, [2]*yé*
[1]**yé** 爷[爺/耶] B.F. ① grandfather ***yéye*** ② <topo.> father ***yé-niáng*** ③ <court.> "uncle" (a polite form of address for older men) ***dàyé*** ④ master [1]***lǎoye*** ⑤ a worshipper's form of address for a god ***Yánwangyé*** *See also Yē*, [2]*yé*
[2]**yé** 耶 B.F. vestigial particle from classical Chinese ***shìyéfēiyé*** *See also Yē*, [1]*yé*
[3]**yé** 揶 in ***yéyú***
[4]**yé** 邪 in ***yéhū, Mòyé*** *See also* [5]*xié*
[5]**yé** 铘[鋣] in ***Mòyé***
[1]**yě*** 也 ADV. ① also; too; as well; either ② even ***Wǒ xiǎng ~ méi xiǎngdào.*** I didn't even think of it. ③ more or less; by and large ***Tā de Zhōngwén ~ hái kěyǐ.*** His Chinese is passable. ♦CONS. ① *(suīrán/jíshǐ) v.1 ~ v.2* (even) if v.1 nevertheless v.2 ***Wǒ shǎo chī yī dùn ~ wúsuǒwèi.*** I don't mind skipping a meal. ***Jíshǐ tā méi shuō, wǒ ~ zhīdao.*** Even if she hadn't mentioned it, I would have known. ② *~ A ~ B* be both A and B ♦M.P. *<wr.> used in classical language at the end of a sentence or clause* ***Shì kě rěn ~,*** [3]***shú bù kě rěn ~.*** If this can be tolerated, what cannot? ***Rén zhī guò ~, gè yú qí dǎng.*** People's faults are characteristic of the classes to which they belong.
[2]**yě** 野 B.F. ① open country ***yěwài*** ② limit; bounds ***fēnyě*** ③ people not in power ***zàiyě*** ♦S.V. ① wild; undomesticated ② boorish; rude ③ unruly ♦SUF. <coll.> extremely ***Tiān lěng~ le.*** It's getting bitterly cold.
[3]**yě** 冶 B.F. ① smelt ***yějīn*** ② seductive ***dūyě***
[1]**yè** 夜 N. night; evening
[2]**yè** 业[業] B.F. ① line of business; trade; industry [1]***hángyè***, [1]***gōngyè*** ② occupation; profession; employment; job [1]***zhíyè*** ③ school studies ***xuéyè*** ④ enterprise; undertaking [1]***shìyè*** ⑤ property ***chǎnyè*** ⑥ <Budd.> karma; deed; action ***yèyīn*** ♦V. engage in ♦ADV. already ♦N. Surname
[3]**yè** 叶[葉] N. ① leaf; foliage ② Surname ♦M. page; leaf ♦B.F. epoch [1]***mòyè*** *See also* [9]*xié*
[4]**yè** 页[頁] M. page ♦B.F. leaf (in a book) ***chāyè, huóyè***
[5]**yè** 液 B.F. ① liquid; fluid ***yètǐ*** ② juice [2]***zhīyè***
[6]**yè** 腋 B.F. ① axilla; armpit ***yèwō*** ② axil
[7]**yè** 咽 B.F. catch in the throat; choking sensation ***yèsāi, wūyè*** *See also* [5]*yān*, [1]*yàn*
[8]**yè** 曳/拽 B.F. drag ***lāyè, tuōyèjī*** *See also zhuāi, zhuài*
[9]**yè** 掖 B.F. ① support by the arm ***fúyè*** ② at the side ***yèmén*** *See also* [2]*yē*
[10]**yè** 晔[曄] B.F. bright [3]***yèyè, yèrán***
[11]**yè** 谒[謁] B.F. <wr.> call on (a superior); pay respects to [2]***yècì, qūyè***
[12]**yè** 靥[靨] B.F. dimple ***jiǔyè, yèfǔ***
Yè 邺[鄴] N. ① an ancient placename ② Surname
yè'ān* 液氨 N. liquid ammonia
yè'àn 夜暗 N. dark of night

yěbà* 也罢[-罷] F.E. ① all right; never mind ② OK, if necessary ③ *V1* ~ *V2* ~ whether V1 or V2 ***Tā lái ~, bù lái ~, qíngkuàng bù huì gǎibiàn.*** Whether he comes or not, the situation will remain unchanged.
yèba 曳把 V. <*topo.*> nurture; rear
yèbái 曳白 V.O. <*wr.*> hand in a blank paper in an imperial examination
yèbài* 谒拜 V. call on
yěbǎihé 野百合 N. a kind of lily
yèbān(r)* 夜班(儿) N. night shift
yèbàn 夜半 N. about midnight
yèbānbìng 叶斑病[葉-] N. <*agr.*> leaf spot
yèbàngēngshēn 夜半更深 F.E. late at night
yèbànpòmén 夜半破门 F.E. break into sb.'s house at midnight
yěbǎo 野堡 N. field work
yèbào* 业报[業報] N. <*Budd.*> good will be rewarded with good, and evil with evil (the doctrine of karmic retribution)
yèbèng 液泵 N. liquid nitrogen M: [1]*tái*
yèbiān 页边[-邊] N. page margin
yèbiān kòngbái 页边空白[-邊--] N. page margin
yèbiànlǐfú 夜便礼服[--禮-] N. dinner suit M: [2]*jiàn*
yèbǐng 叶柄[葉-] N. <*bot.*> petiole; leafstalk
yěbōcài 野菠菜 N. wild spinach
yěbòhe 野薄荷 N. wild mint
yē bózi 噎脖子 V.O. <*coll.*> stick in the throat; be hard to bear
yěbù 野簿 N. field notes
yèbù* 曳步 V. shuffle
yèbù'ānzhěn 夜不安枕 F.E. toss about in bed
yèbùbìhù 夜不闭户 F.E. law and order prevail
yèbùchéngmèi 夜不成寐 F.E. lie awake all night
yè bù guānmén qióng zhuàngdǎn 夜不关门穷壮胆[--關-窮壯膽] F.E. A poor man doesn't shut his door at night because he fears no loss of property.
yèbùjiāojié 夜不交睫 F.E. not sleep a wink at night
yě bùkězhī 也不可知 V.P. be uncertain
yēcài 椰菜 N. <*bot.*> ① round cabbage ② cauliflower ③ iceberg lettuce M: [1]*kē*
yěcài* 野菜 N. edible wild herbs M: [2]*kē*
yècàilèi 叶菜类[葉-類] N. leaf vegetables
yècàilèi sìliào 叶菜类饲料[葉-類--] N. leaf vegetables
yěcān* 野餐 V./N. picnic M: *dùn*
yěcán 野蚕[-蠶] N. tussah; wild silkworm M: [2]*zhī*
yècān 夜餐 N. midnight supper/snack M: *dùn*
yěcānhuì 野餐会 N. picnic party M: *cì*
yěcánsī 野蚕丝[-蠶絲] N. wild silk; tussah
yěcānyóu 野餐游 N. cookout
yěcǎo 野草 N. weeds
yěcǎocóngshēng 野草丛生[--叢-] F.E. be overgrown
yěcǎoméi 野草莓 N. wood strawberry M: [1]*kē*
yěcǎoxiánhuā 野草闲花 F.E. ①weeds and wild flowers ② <*trad.*> prostitutes
yècha 夜叉 N. <*Budd.*> ①yaksha (a malevolent spirit) ②hideous monster ③Buddhist guardian spirit
yèchā'é 夜叉蛾 N. hagmoth M: [2]*zhī*
yèchán 叶蝉[葉-] N. <*zoo.*> leafhopper M: [2]*zhī*
yèchāng 夜娼 N. night street walker M: *ge*/[1]*ming*
yèchǎng* 夜场[-場] N. evening show/performance
Yè Chāngchì 叶昌炽[葉-熾] (1849–1917) N. historian, bibliophile, and government official
yèchángmèngduō 夜长梦多[--夢-] F.E. long delays cause many hitches
yèchàngniǎo 夜唱鸟 N. night singer
yèchángrìduǎn 夜长日短 F.E. The night gains on the day.
yěchāor 野吵儿 V. <*topo.*> be quarrelsome; quarrel
yèche 曳扯 V. take great pains to bring up (a child)
yèchē* 夜车 N. night train ***kāi*** ~ burn the midnight oil
yèchòu 腋臭 N. armpit odor
yěchuán 野传[-傳] N. <*sport.*> wild throw
yěchuánqiú 野传球[-傳-] N. <*sport*> passed ball (in baseball)
Yè Chǔcāng 叶楚伧[葉-傖] (1887–1946) N. anti-Manchu revolutionary, historian, journalist, editor
yèchū dòngwù 夜出动物[--動-] N. nocturnal animal
yěchuī 野炊 V. cook a meal in the open
yèchūzhòufú 夜出昼伏[--晝-] F.E. appear by night and hide by day
[1]**yècì** 页次 N. page number
[2]**yècì** 谒刺 N. visiting/calling card
yěcōng 野葱[-蔥] N. <*bot.*> death camass
yècóng* 叶丛[葉叢] N. foliage
yěcūn xiǎodiàn 野村小店 P.W. a little inn in a village M: [1]*jiā*
[1]**yè-dà** 业大[業-] N. spare-time university
[2]**yè-dà** 夜大 N. evening university M: [1]*suǒ*
Yēdàn 耶诞 N. Christmas Day
yědàng 冶荡[-蕩] V.P. ① frivolous and dissolute ② lewd; lascivious
Yēdànjié 耶诞节[-節] N. Christmas
yèdǎo 夜祷[-禱] N. matins
yèdào* 夜盗[-盜] N. burglar
yè-dàxué 夜大学 N. evening university M: [1]*suǒ*
Yè Déhuī 叶德辉[葉-] (1864–1927) N. Hunanese classical scholar, historian, bibliophile
yěděi 也得 V.P. <*coll.*> cannot but; have no choice but to; be obliged to ~ ***lái*** must (also) come
yědì* 野地 N. ① wild country; wilderness ② countryside
yèdī 液滴 N. liquid drop; drop; drip
yèdiǎn* 夜点[-點] N. nightspot
yèdiàn 靥钿[靨-] N. <*trad.*> a dab of color on a woman's cheeks
yèdiànbào 夜电报[-電報] N. night letter M: [1]*fēn*/[2]*fēng*
yēdiāo 椰雕 N. coconut-shell carving M: *ge*/[2]*zhī*
yědiàowúqiāng 野调无腔 F.E. unbridled speech
yèdié 叶蝶[葉-] N. leaf butterfly M: [2]*zhī*
yèdòubànlǜ 叶豆瓣绿[葉-] N. watermelon begonia
yèdùniáng 夜度娘 N. prostitute M: *ge*/[1]*ming*
yèdùyā 夜渡鸦 N. night raven
yèdùzī 夜度资 N. money charged by a prostitute for a night
yè'é 夜蛾 N. <*zoo.*> noctuid M: [2]*zhī*
yè'épūhuǒ 夜蛾扑火[--撲-] ID. seek one's own doom
yé'erliǎ 爷儿俩[爺-] N. two persons belonging to two different generations ***See also*** *yéliǎ*
yèfàn 夜饭 N. ① midnight meal ② <*coll.*> supper; dinner M: *dùn*
yěfāng 冶坊 N. smelting works
yèfánhuāmào 叶繁花茂[葉-] F.E. be in bloom
yèfēn 夜分 N. <*wr.*> midnight
yěfēng* 野蜂 N. wild bee M: [2]*zhī*
yèfēng 叶蜂[葉-] N. <*zoo.*> sawfly M: [2]*zhī*
yěfú* 野服 N. simple dress (as opposed to formal dress) M: [2]*jiàn*
yèfǔ 靥辅[靨-] N. dimples in the face
yēgān 椰干[-乾] N. copra
yěgāncǎo 野甘草 N. broomwort; broomweed M: [2]*kē*
yěgānjú 野甘菊 N. feverfen M: [2]*kē*
yěgānlán 野甘蓝[-藍] N. wild cabbage M: [1]*kē*
yěgǎnlǎn* 野橄榄[-欖] N. wild olive M: [1]*kē*/*ge*
yègào 谒告 V. ask for leave of absence
yēgé* 噎嗝 N. <*Ch. med.*> cancer of the esophagus
yěgē 野鸽 N. ① jungle fowl ② wild pigeon M: [2]*zhī*
yěgé 野葛 N. <*bot.*> ① elegant jessamine ② poison ivy
yè(r)ge 夜(儿)个[-個] N. <*topo.*> yesterday
yēgé'ái 噎嗝癌 N. <*Ch. med.*> cancer of the esophagus
yègěng 叶梗[葉-] N. stalk of a leaf
yègēngfǎ 液耕法 N. tank farming
yěgēzi 野鸽子 N. wild pigeon M: [2]*zhī*
yěgōng 冶工 N. blacksmith M: *ge*/[1]*ming*/[2]*wèi*
yègōng* 夜工 N. night work/job
Yè Gōngchāo 叶公超[葉-] (1904–1981) N. also known as George K.C. Yeh; Western-trained scholar and diplomat
Yè Gōngchuò 叶恭绰[葉-] (1881–1968) N. government official; specialist in railway administration
yègōnghàolóng 叶公好龙[葉-] ID. professed love of what one really fears
yěgǒu 野狗 N. wild/stray dog M: [1]*tiáo*/[2]*zhī*
yěgǒuzhúshí 野狗逐食 F.E. (like) mongrels fighting over garbage
yēgu 掖咕 V. <*coll.*> toss aside; misplace
yèguāng 夜光 ATTR. luminous in the dark; noctilucent
yèguāngbēi 夜光杯 N. cup made of phosphorescent jade M: *ge*/[2]*zhī*
yèguāngbiǎo 夜光表 N. luminous watch M: [2]*kuài*/[2]*zhī*
yèguāngchóng 夜光虫[-蟲] N. noctiluca M: [2]*zhī*
yèguāngdàn 曳光弹 N. <*mil.*> tracer bullet/shell; tracer M: [4]*méi*
yèguāngdàntǒng 曳光弹筒 N. flare
yèguāngdàntóu 曳光弹头 N. tracer bullet M: *ge*/[1]*kē*
yèguāngluó 夜光螺 N. green snail M: *ge*/[2]*zhī*
yèguāngqī 夜光漆 N. luminous paint
yèguāngzhì 夜光质[-質] N. noctilucence
yèguī 谒归[-歸] V. go home on leave
yěguǒ* 野果 N. wild fruit
yèguǒ 液果 N. juicy fruit
yèhǎi 业海[業-] N. <*Budd.*> ocean of (bad) karma
yèhài* 液氦 N. liquid helium
yěhǎitáng 野海棠 N. <*bot.*> begonia M: [2]*kē*
yěháizi 野孩子 N. street urchin M: *ge*/[1]*ming*
yèhàn 腋汗 N. profuse sweating in the armpit
yèháng 夜航 N. night flight/navigation
yěhànzi 野汉子[-漢-] N. a woman's secret lover M: *ge*/[1]*ming*
yěhǎo 也好 V.P. may as well; that's fine ♦CONS. *V1* ~ *V2* ~ no matter whether V1 or V2 ***Qù*** ~, ***bù qù*** ~. It doesn't matter whether we go or not.
yěhé 野合 V. ① copulate ② have sex out-of-doors ③ commit adultery
yěhè* 野鹤 N. ① wild crane ② a recluse M: [2]*zhī*
yèhé 夜合 N. ① silk tree ② <*topo.*> tuber of multiflower knotweed
Yēhéhuá 耶和华[-華] N. Jehovah
yèhēi 夜黑 N. dark of night
yěhèxiányún 野鹤闲云[-雲] ID. free and unrestrained
yèhóngsù 叶红素[葉-] N. <*bio.*> carotene
yèhóu 叶猴[葉-] N. leaf monkey M: [2]*zhī*
yēhū 邪呼 V. answer in unison
yēhǔ 邪许 V. yell in unison; yo-ho-ho
yèhú* 夜壶[-壺] N. chamber pot M: [1]*bǎ*
yèhù 业户[業-] N. owner of property
yěhuā(r) 野花(儿) N. ① wild flower ② harlot M: [2]*duǒ*
yěhuà 野话 N. historical folk tales
[1]**yèhuà*** 液化 V. liquify
[2]**yèhuà** 夜话 N. <*wr.*> evening/night talk/chat
yěhuáilán 野槐兰[-蘭] N. wild indigo M: [2]*kē*
yēhuājiǔ 椰花酒 N. toddy (drink) M: *píng*
yěhuángméi 野黄莓 N. cloudberry M: [1]*kē*
yèhuángsù 叶黄素[葉-] N. <*bio.*> xanthophyll
yèhuāngyúxī 业荒于嬉[業-於-] F.E. ① Distraction deprives work of excellence. ② neglect one's business for pleasure
[1]**yèhuàqì** 液化气[-氣] N. liquefied gas
[2]**yèhuàqì** 液化器 N. liquefier M: [1]*jià*/[1]*tái*
yèhuà tiānránqì 液化天然气[-氣] N. liquefied natural gas

yěhuāxiáncǎo 野花闲草 ID. women of easy virtue
yèhuā-xiānrénzhǎng 夜花仙人掌 N. <bot.> night-blooming cereus
yěhúcānchán 野狐参禅[--参-] F.E. imitate others without knowing one's own limitations
yěhúchán 野狐禅 N. <Budd.> non-Buddhist ascetics; heterodoxy in general
yèhuī 夜辉 N. nightglow
yěhúluóbo 野胡萝卜[--蘿-] N. wild carrot M: [2]gēn/ge
yěhuǒ* 野火 N. ① prairie/bush fire ② will-o'-the-wisp ③ farm fire (for clearing fields)
yèhuó(r) 夜活(儿) N. night job
yèhuǒ 业火[業-] N. <Budd.> fire of retribution
yèhuòcāng 液货舱[-貨艙] N. cargo tank
yèhuòchuán 液货船 N. tanker M: [1]tiáo/[2]zhī
yějī 野鸡[-雞] N. ① (ring-necked) pheasant ② unregistered prostitute ③ unlicensed dealings M: [2]zhī
yějì 野祭 V. sacrifice in the open during the Qingming Festival
yèjì* 业绩[業-] N. outstanding achievement
yèjià 邺架[鄴-] N. <trad.> library
[1]**yèjiān*** 夜间 N. at night
[2]**yèjiān** 叶尖[葉-] N. tip/point of a leaf
yèjiàn 谒见 V. call on (a superior)
yèjiānbān 夜间班 N. night shift
yèjiānbù 夜间部 N. night division (of school/college/etc.)
yèjiān dàxué 夜间大学 N. evening university M: [1]suǒ
yèjiānr 叶尖儿[葉-] N. tip of a leaf
yèjiànshì 谒见室 N. throne room M: [1]jiān
yèjiān xíngjūn 夜间行军 N. night march
Yè Jiànyīng 叶剑英[葉-] (1897–1986) N. Communist general; one of the Ten Great Marshals
yèjiāoténg 夜交藤 N. <Ch. med.> vine of multiflower knotweed M: [2]kē
yějīchē 野鸡车[-雞-] N. cruising taxi M: [3]liàng
yějī dàxué 野鸡大学[-雞--] N. diploma mill M: [1]jiā/[1]suǒ
[1]**yèjiè** 业界[業-] N. trade; industry; line of business
[2]**yèjiè** 页界 N. page boundary
yèjìhuīhuáng 业绩辉煌[業-] F.E. Achievements are glorious.
yějīn* 冶金 N. metallurgy
yějìn(r) 野劲(儿)[-勁] N. unrestrained strength/vigor
yèjīn 叶筋[葉-] N. veins of a leaf
[1]**yèjìn** 夜禁 N. night curfew
[2]**yèjìn** 谒禁 N. ban on visitors/audiences
yějǐng 野景 N. wild landscape
[1]**yèjīng** 业经[業經] ADV. already
[2]**yèjīng** 液晶 N. liquid crystal
[3]**yèjīng** 夜惊[-驚] N. nocturnal phobia; night terror
[1]**yèjǐng*** 夜景 N. night scene/view
[2]**yèjǐng** 夜警 N. night police M: ge/[1]ming
yèjìng 夜静[-靜] N. dead of night; still of the night
yèjìnggēngshēn 夜静更深[-靜--] F.E. in the deep of night
yèjìngr 夜净儿[-淨-] N. chamber pot
yèjīng xiǎnshìqì 液晶显示器[--顯--] N. <comp.> LCD monitor
yèjīngyúqín 业精于勤[業-於-] F.E. Mastery of work comes from diligent application.; The essential of work is diligence.
yějīn jiāotàn 冶金焦炭 N. smelter coke
yějīnshù 冶金术[-術] N. metallurgy
yějīnxué 冶金学 N. metallurgy
yějī qìchē 野鸡汽车[-雞--] N. cruising taxi M: [3]liàng
yějiù 也就 CONJ. . . ., and then. . .
yějiùshìshuō 也就是说 V.P. in other words
yějī yīshēng 野鸡医生[-雞醫-] N. quack doctor M: ge/[1]ming
yějú* 野菊 N. <bot.> chrysanthemum indicum M: [2]duǒ/[2]kē
yèjù 业屦[業屨] N. <trad.> partly finished sandals
yèjuǎnchóng 叶卷虫[葉-蟲] N. <zoo.> leaf roller M: [2]zhī
yějúhuā 野菊花 N. mother chrysanthemum flower M: [2]duǒ/[2]kē
yèjūwángmén 曳裾王门 F.E. live as a protégé of a feudal lord
yèkāihuā 夜开花[-開-] N. nightflower
yēké* 椰壳[-殼] N. coconut husk
yěkè 野客 N. ① a rustic ② a highlander
yèkè 夜课 N. evening class M: [2]táng
yēké xiānwéi 椰壳纤维[-殼纖-] N. coir/cocos fiber; coir
yě kěyǐ 也可以 V.P. ① may also ② It makes no difference.
yèkōng 夜空 N. night sky
yèlái 夜来 N. <wr.> ① yesterday ② in the night; at night
yèláixiāng 夜来香 N. tuberose M: [2]kē
yèlán 夜阑 V.P. <wr.> late at night; in the dead of night
yělánggōng 野郎公 N. adulterer; tertium quid
yèlángzìdà 夜郎自大 F.E. ignorant/parochial arrogance; self-deluded conceit
yèlánrénjìng 夜阑人静[-靜] F.E. in the still/dead of night
yè lánshān 夜阑珊 ID. <wr.> late at night
yělǎo 野老 N. aged rustic; old peasant; old man M: ge/[1]ming/[2]wèi
yèlěng 液冷 ATTR. <mach.> liquid cooling/cooled
yèli* 夜里[-裡] N. at night; nighttime
yèlǐ 页理 N. the laminated structure of shale; lamellation
[1]**yèlì** 曳力 N. <phy.> drag force
[2]**yèlì** 液力 ATTR. <mach.> hydraulic
yé(r)liǎ 爷(儿)俩[爺-] N. <coll.> ① father and son ② two male relatives of different generations
yěliàn 冶炼[-煉] V. smelt
yèliàng 液量 N. ① liquid measure ② quantity of liquid
yèliàng dùliáng 液量度量 N. liquid measure
yèliángfēngjìng 夜凉风静[-涼-靜] F.E. The night was cool but windless.
yèliángrúshuǐ 夜凉如水[-涼--] F.E. chilly (autumn) night
yèlǐfú 夜礼服[-禮-] N. evening dress; formal wear M: [2]jiàn
yèlige 夜里个[-裡個] N. <coll.> yesterday
yēlín 椰林 N. coconut trees
[1]**yèlíng** 夜铃 N. night bell
[2]**yèlíng** 谒陵 V.O. pay homage at sb.'s mausoleum
yèlǐtou 夜里头[-裡-] N. <coll.> night
yěliǔ 野柳 N. wild willow M: [2]kē
yèlì zhìdòngqì 液力制动器[---動-] N. hydraulic brake M: [1]jià/[1]tái
yèlòu 夜漏 N. in the nighttime
Yēlǔ* 耶鲁 P.W. Yale
[1]**yělù** 野鹿 N. wild deer M: [2]zhī
[2]**yělù** 野录[-錄] N. private (non-official) historical works M: [1]běn
yèlù 夜鹭 N. night heron M: [2]zhī
yělǘ 野驴[-驢] N. Asiatic wild ass; kiang M: [1]tóu
Yēlǔdàxuéshì 耶鲁大学式 N. <lg.> Yale Romanization
Yēlǔ fāng'àn 耶鲁方案 N. <lg.> Yale Romanization
yèlún 叶轮[葉-] N. <mach.> impeller; vane wheel
yèlún jīxiè 叶轮机械[葉-] N. turbomachine
yèluòguīgēn 叶落归根[葉-歸-] F.E. return finally to one's ancestral home
yěluólè 野罗勒[-羅-] N. wild basil
yěluòtuo 野骆驼 N. wild camel M: [1]tóu/[2]zhī
yèluòzhīqiū 叶落知秋[葉-] F.E. ① One leaf's falling tells the coming of autumn. ② Revealing signs foretell things to come.
Yēlùsālěng 耶路撒冷 P.W. Jerusalem
yèlǜsù 叶绿素[葉-] N. chlorophyll
yèlǜtǐ 叶绿体[葉-體] N. <bio.> chloroplast
yěmá 野麻 N. ① wild flax; wild hemp ② bluish dogbane M: [2]kē
yěmǎ* 野马 N. ① wild horse ② Przhevalski's horse ③ floating mist/clouds ④ uncontrolled person M: [1]pǐ
yèmǎ 页码 N. page number
yěmài 野麦[-麥] N. wild wheat
yèmài* 叶脉[葉脈] N. leaf vein
yěmán 野蛮[-蠻] S.V. ① uncivilized; savage ② barbarous; cruel
yèmáng 夜盲 N. night blindness
yèmángyǎn 夜盲眼 N. night blindness
yèmángzhèng 夜盲症 N. night blindness
yěmánjìn(r) 野蛮劲(儿)[-蠻勁-] N. <coll.> ruthlessness
yèmànmàn 夜漫漫 V.P. long is the night
yěmánrén 野蛮人[-蠻-] N. barbarians M: ge/[1]ming
yěmán zhuāngxiè 野蛮装卸[-蠻裝-] N. stevedore mishandling of goods
yěmāo(r)* 野猫(儿)[-貓-] N. ① wildcat ② stray cat ③ <topo.> hare M: [2]zhī
yèmāo 夜猫[-貓] N. <topo.> ① owl ② sb. who goes to bed late; night owl M: [2]zhī
yèmáo 腋毛 N. armpit hair
yèmào 叶茂[葉-] V.P. leafy
yěmāo dìhuáng 野猫地黄[-貓--] N. wild foxglove
yěmāogēn 野猫茛[-貓-] N. hedgehog
yěmāoshì bàgōng 野猫式罢工[-貓-罷-] N. <loan> a wildcat strike
yèmāozi 夜猫子[-貓-] N. <coll.> ① owl ② night owl (fig.) M: [2]zhī
yěmǎwújiāng 野马无缰[-韁] ID. Emotions are running free.
yé(r)men(r)* 爷(儿)们(儿)[爺-] N. <topo.> ① man; menfolk ② husband ③ men of two or more generations
Yěmén 也门 P.W. Yemen
yèmén 掖门 N. small side door of a palace M: [1]shàn/[2]dào
yěmián 野棉 N. wild cotton
[1]**yèmiàn*** 液面 N. liquid level
[2]**yèmiàn** 页面 N. <print.> text page; page layout
yèmíngshā 夜明砂 N. bat's feces/dung
yèmíngzhū 夜明珠 N. a legendary luminous pearl M: [1]kē
yěmó 野模 <coll.> N. amateur/inexperienced model
yèmòzhù 页末注[-註] N. endnote
yèmù 夜幕 N. curtain of night; gathering darkness
yèmùchénchén 夜幕沉沉 F.E. The land is enveloped in a curtain of darkness.
yěmǔdān 野牡丹 N. <bot.> a kind of peony; *Melastoma* M: [2]kē
yèmùjiànglín 夜幕降临[-臨] F.E. Evening closes in.
yěmùxu 野苜蓿 N. wild alfalfa; sickle alfalfa; medicago falcata M: [2]kē
yé-niáng 爷/耶娘[爺-] N. father and mother
yěniángrmenr 野娘儿们儿 N. <coll.> loose women
yěniǎo(r)* 野鸟(儿) N. wild bird(s) M: [2]zhī
yèniào 夜尿 N. <med.> nocturnal enuresis
yèniàozhèng 夜尿症 N. bed-wetting; enuresis
yěníngméng 野柠檬[-檸-] N. wild lemon
yěniú 野牛 N. wild ox; bison; buffalo M: [1]tóu
yěniúcǎo 野牛草 N. buffalograss; *buchoe dactyloides*
yènóng 业农[業農] V.O. engage in farming M: ge/[1]ming
yěpán(r) 野盘(儿)[-盤-] N. camping
yěpào* 野炮 N. field gun/artillery M: [1]jià/[1]tái/[4]zuò
yèpào 液泡 N. <bio.> vacuole
yèpéi 夜陪 <coll.> N. taxi driver's night assistant
yèpénr 夜盆儿 N. chamber pot

Y

[1]**yèpiàn** 叶片[葉-] N. ① <bot.> (leaf) blade ② <mach.> vane M: [1]piàn
[2]**yèpiàn** 谒片 N. visiting/calling card M: [1]zhāng
yèpiànzhuàng 页片状[-狀] N. lamellar
yěpíngguǒ 野苹果[-蘋-] N. crabapple; wild apple M: ge/[2]zhī
yěpútáo 野葡萄 N. <bot.> ① a kind of bryony ② wild grape M: [2]kē/[1]chuàn
yěqì* 野气[-氣] N. gross/uncouth manners
[1]**yèqì** 夜气[-氣] N. refreshed spirit after a night's rest
[2]**yèqì** 腋气[-氣] N. armpit odor
yěqiángwēi 野蔷薇[-薔-] N. multiflora/wild rose M: [2]kē
yěqiāngyědiào(r) 野腔野调(儿) F.E. slang language
yèqiānlǐ 野千里 N. a vast expanse of land
yèqián péixùn 业前培训[業-] N. prejob training
yèqiào 叶鞘[葉-] N. <bot.> leaf sheath
yěqín 野禽 N. wild fowl M: [2]zhī
yèqín* 夜勤 N. night duty
yèqīng 液氢[-氫] N. liquid hydrogen
yěqù 野趣 N. ① enjoyment of the countryside ② rustic charm
yèqǔ* 夜曲 N. <mus.> nocturne; serenade M: [2]shǒu/[4]zhī
yěquǎn* 野犬 N. wild dog M: [1]tiáo/[2]zhī
yèquán 业权[業權] N. (real estate) title
yěquèzi 野鹊子 N. <topo.> Chinese magpie M: [2]zhī
yér 爷儿[爺-] N. <coll.> a senior male member of a family together with one or more junior members
yèrán 晔然[曄-] V.P. prosperous; thriving
[1]**yērén** 噎人 S.V./V.O. <coll.> vehement; blusterous
[2]**yērén** 椰仁 N. coconut kernel/meat
yěrén* 野人 N. ① savage ② rustic people M: ge/[1]ming
yěrěndōng 野忍冬 N. wild honeysuckle M: [2]kē
yērénqān 椰仁干[-乾] N. desiccated coconut; copra
yěrénxiànpù 野人献曝[--獻-] F.E. <humb.> my trivial contribution/present
yěrénxiànrì 野人献日[--獻-] F.E. <humb.> my trivial contribution/present
yèrge 夜儿个[-個] N. <topo.> yesterday
yérjǐgè 爷儿几个[爺-個] N. <coll.> grandpa and his grandchildren
yěróng* 椰蓉 N. fine coconut mash (used as a filling for cakes)
yěróng 冶容 V.P. seductively made up ♦N. seductive looks
yěrónghuìyín 冶容诲淫 F.E. Seductive looks incite to wantonness.
yěróng yuèbǐng 椰蓉月饼 N. coconut mooncake
yěròu* 椰肉 N. coconut meat
yèròu 叶肉[葉-] N. <bot.> mesophyll
yérsā 爷儿仨[爺-] N. three male family members of different generations
yèrùmínzhái 夜入民宅 F.E. break into sb.'s house at night
yèrùsīzhái-zuì 夜入私宅罪 N. <law> burglary
yèsāi 咽塞 N. ① obstruction of the pharynx ② difficulty in breathing
yěsè 野色 N. wildness
yèsè* 夜色 N. dim light of night
yèsècāngmáng 夜色苍茫[-蒼-] F.E. twilight at dusk
yèsèchénchén 夜色沉沉 F.E. The night is dark..
yèsèjiànglín 夜色降临[-臨] F.E. Night fell.
yèsèjiànnóng 夜色渐浓[-濃] F.E. The night grows blacker.
yèsèlǒngzhào 夜色笼罩 F.E. be enveloped in (by) darkness
yèsèqīhēi 夜色漆黑 F.E. It was pitch dark
yèshān 叶栅[葉柵] ATTR. louver
yěshānshēn 野山参[-參] N. wild ginseng M: [4]zhī/[5]zhī

yěshānyáng 野山羊 N. wild goat M: [2]zhī
yěshāo 野烧[-燒] N. prairie fire
yèshè 谒舍 P.W. hostel; guest house
[1]**yèshēn** 夜深 N. late at night
[2]**yèshēn** 叶身[葉-] N. <bot.> leaf blade
yěshēng 野生 ATTR. wild; feral
yèshéngdiào 曳绳钓[-繩-] N. trolling (a fishing)
yěshēng dòngwù 野生动物[--動-] N. wild animal; wildlife
yěshēng guǒshù 野生果树[--樹] N. wild fruit tree M: [2]kē
yèshēnghuó 夜生活 N. nightlife
yěshēngjù 野生苣 N. chicory M: [2]kē
yěshēng shēngwù 野生生物 N. wildlife M: [1]zhǒng
Yè Shèngtáo 叶圣陶[葉聖-] (1894–1988) N. writer, essayist, educator
yěshēng zhíwù 野生植物 N. wild plant M: [1]zhǒng
yèshēnlòucán 夜深漏残[-殘] F.E. in the dead of night
yèshēnrénjìng 夜深人静[-靜] F.E. ① in late-night silence ② the quiet of the late night
yèshēnrénjìng bù mián shí 夜深人静不眠时[---靜--時] F.E. in the still watches of the night
yěshí(r) 野食(儿) N. ① food picked in the wild ② irregular extra income
yěshǐ 野史 N. unofficial history M: [2]bù
yěshì 也是 V.P. be also the same
yèshī 业师[業師] N. one's teacher M: ge/[1]ming/[2]wèi
[1]**yèshì*** 夜市 N. ①night market M: [4]zuò ②business activities in night hours
[2]**yèshì** 页式 N. page; paging
[3]**yèshì** 叶饰[葉-] N. leaf; foliage
[4]**yèshì** 夜视 N. night vision
yèshìqì 夜视器 N. <mil.> snooperscope M: [1]jià
yèshìyí 夜视仪[-儀] N. <mil.> night-vision device/instrument M: [1]jià
yèshì yìnshuā 页式印刷 N. page printing
yěshòu* 野兽[-獸] N. wild animal M: [2]zhī
yèshǒu 页首 N. page heading
yěshòupài 野兽派[-獸-] N. <art/archi.> fauvism; brutalism
yěshòupài huìhuà 野兽派绘画[-獸--畫] F.E. fauvism (in painting)
yěshòupài yìshù 野兽派艺术[-獸-藝術] N. fauvism (in art)
yēshù 椰树[-樹] N. coconut palm/ tree M: [2]kē
yěshǔ 野鼠 N. field rat M: [2]zhī
yèshù* 页数[-數] N. number of pages
yěshǔkuí 野蜀葵 N. wild hollyhock M: [2]kē
yèshùlán 页数栏[-數欄] N. the folio column
yēsī 椰丝[-絲] N. shredded coconut meat (used as a topping for cakes)
yēsǐ* 噎死 V. choke to death (by food)
yěsì 也似 V.P. be alike
yěsǒu 野叟 N. an old peasant
yèsòu* 夜嗽 N. nocturnal cough
yěsǒucūnfū 野叟村夫 F.E. an elderly rustic and an uneducated countryman
Yēsū 耶稣 N. Jesus
yèsuān 叶酸[葉-] N. <chem.> folic acid; folacin
Yēsūhuì 耶稣会 N. Society of Jesus; Jesuits
Yēsūjiào 耶稣教 N. Protestantism
Yēsū Jīdū 耶稣基督 N. Jesus Christ
Yēsū jìyuán 耶稣纪元 N. Anno Domini (A.D.)
yètái 夜台[-臺] N. grave
yètài* 液态[-態] N. liquid state
yètài jīnshǔ 液态金属[-態-屬] N. liquid metal; hot metal
yětáixì 野台戏[-臺戲] N. opera performed on a stage in the open fields M: [1]chū
yètàiyǎng 液态氧[-態-] N. liquid oxygen
yětáizixì 野台子戏[-檯-戲] N. opera performed on a stage in the open fields
yètán 夜谈 N. <wr.> night-time talk/story
yètānzi 夜摊子[-攤-] N. nighttime peddler stands
yètí 夜啼 N. <med.> sustained night crying of babies
yètǐ* 液体[-體] N. liquid

yětiāndì 野天地 N. open field/area
yětiān'é 野天鹅 N. wild swan M: [2]zhī
yètiānguāng 夜天光 N. night glow
yětiě 冶铁[-鐵] V.O. smelt iron
yètíng 掖庭 P.W. side apartments/quarters of a palace
Yè Tǐng* 叶挺[葉-] (1897–1946) N. Communist military commander; headed New Fourth Army
yètí'ǒutù 夜啼呕吐[--嘔-] F.E. <med.> sustained nocturnal crying and vomiting (of babies)
yètǐ ránliào 液体燃料[-體--] N. liquid fuel
yètóu shūmíng 页头书名[--書-] N. <print.> running head
yětóuyěnǎo 野头野脑[-腦] F.E. wild head and unruly brain
yětù(r) 野兔(儿) N. hare M: [2]zhī
yětùrè 野兔热[-熱] N. <med.> tularemia
yěwài 野外 P.W. ①open country; field ②outdoors
yěwài diàochá gōngzuò 野外调查工作 N. field-work
yèwài fèiyòng 业外费用[業-] N. <acct.> non-operating expenses
yěwàijù 野外剧[-劇] N. opera performed on an open-field stage M: [1]chū
yěwài lǚxíng 野外旅行 N. an outing; excursion M: cì
yèwài shōuyì 业外收益[業-] N. <acct.> non-operating income/earnings
yèwài yíngyè 业外营业[業-營業] N. <acct.> outside ventures
yěwài zhèndì 野外阵地 N. <mil.> field
yèwǎn 夜晚 N. evening; night; dark hour
yěwāndòu 野豌豆 N. <bot.> vetch
yèwàngjìng 夜望镜 N. <mil.> snooperscope M: [1]jià
yèwǎnglèi 曳网类[-網類] N. dragnet; trawl
yěwèi(r)* 野味(儿) N. game (food)
yèwěi 页尾 N. page footing
yě wèikězhī 也未可知 V.P. Who knows but that/perhaps. . .; maybe
yèwěitúzhōng 曳尾涂中[--塗-] F.E. live in seclusion
yèwèiyāng 夜未央 N. <wr.> ① before dawn ② the night is not yet spent
yèwō 腋窝[-窩] N. armpit
yěwōjù* 野莴苣[-萵-] N. fireweed; wild lettuce M: [2]kē
yèwōjù 叶莴苣[葉萵-] N. leaf lettuce M: [2]kē
yěwù 野物 N. wild animals
[1]**yèwù** 业务[業務] N. ① professional work ② business
[2]**yèwù** 夜雾[-霧] N. night mists
yèwù bānzi 业务班子[業務-] N. professional ranks M: tào
yèwù bèiwànglù 业务备忘录[業務備-錄] N. appointment memorandum M: [1]běn
yèwùbù 业务部[業務-] P.W. business department
yèwūchōuqì 咽呜抽泣[-嗚--] F.E. be seized with convulsive sobbing
yèwù dìyī 业务第一[業務-] V.P. professional work comes first
yèwùguàshuài 业务挂帅[業務-帥] F.E. professional work takes command
yèwù jiānzi 业务尖子[業務-] N. top-notch professional person M: ge/[1]míng/[2]wèi
yèwùjú 业务局[業務-] P.W. business bureau
yèwù nénglì 业务能力[業務-] N. professional ability/qualifications
yèwù shōuyì 业务收益[業務-] N. <acct.> earnings
yèwù shuǐpíng 业务水平[業務-] N. professional skill, vocational level
yèwūtíkū 咽呜啼哭[-嗚--] F.E. cry and sob softly
yèwù xuéxí 业务学习[業務-習] N. vocational study
yèwùyuán 业务员[業務-] N. business manager M: ge/[1]míng/[2]wèi

yèwù zhuāncháng 业务专长[業務專-] N. professional specialty
yèxí* 夜袭 N. night attack/intrusion M: cì
yèxì 夜戏[-戲] N. night show; evening performance M: [1]chū/[1]tái
yèxià 腋下 P.W. armpit
yěxiàncài 野苋菜 N. tumbleweed M: [2]kē
yěxiàngjiāo 野橡胶[-膠] N. wild rubber
yèxiǎngqǔ 夜想曲 N. <mus.> nocturne M: [2]shǒu/[4]zhī
yěxiàngrìkuí 野向日葵 N. wild sunflower M: [2]kē
yěxiào 冶笑 N. a seductive smile
yèxiāo 夜宵/消 N. ① nighttime snack ② food taken late at night
[1]**yèxiào*** 夜校 P.W. night/evening school M: [1]jiā/[1]suǒ
[2]**yèxiào** 业校[業-] P.W. part-time school M: [1]jiā/[1]suǒ
yèxiǎolǐfú 夜小礼服[--禮-] N. tuxedo M: [2]jiàn
yěxiǎomài 野小麦[-麥] N. wild wheat M: [2]kē
yèxiàoshēng 夜校生 N. night-school students M: ge/[1]míng/[2]wèi
yěxiǎozi 野小子 N. ① naughty/wild young boy (under 20 years) ② a boor M: ge/[1]míng
yèxiàwǎn(r) 夜下晚(儿) N. <topo.> last night
yěxīn* 野心 N. wild ambition; careerism
yèxīn 页心 N. <print.> typeset portion of a page
yěxīnbóbó 野心勃勃 F.E. vaulting ambition
yěxīnbùsǐ 野心不死 F.E. cling to one's ambitions
yěxīng 也兴[-興] V.P. <topo.> maybe; perhaps; it may be that
yěxíng 也行 V.P. All right!; That will do, too.
yěxìng 野性 N. ①wild nature; unruliness ②love of retreat/isolation
yèxíng* 夜行 V. night trip/voyage
yèxíngjūn 夜行军 N. night march M: cì
yěxìngnánxùn 野性难驯[--難-] F.E. untamable
yèxíngrén 夜行人 N. ①night travelers ②thieves/etc. who move about at night M: ge/[1]míng
yèxíngzhèng 夜行症 N. <med.> night-walking; sleepwalking
yèxíngzhòufú 夜行昼伏[--晝-] F.E. march by night and conceal oneself by day
yěxīnjiā 野心家 N. careerist M: ge/[1]míng
yěxīnláng 野心狼 N. a person of ruthless ambition
yěxīn rénshì 野心人士 N. ambitious person M: ge/[1]míng
yèxiùbìng 叶锈病[葉鏽-] N. <agr.> leaf rust
yěxǔ* 也许 AUX. perhaps; probably; maybe
yèxù 叶序[葉-] N. <bot.> phyllotaxy; leaf arrangement
yèxué 夜学 P.W. night school
yěyā(zi) 野鸭(子) N. mallard; wild duck M: [2]zhī
yèyā* 液压[-壓] N. hydraulic pressure
[1]**yèyá** 叶芽[葉-] N. budding leaf
[2]**yèyá** 腋芽 N. axillary bud
yèyābèng 液压泵[-壓-] N. hydraulic pump M: [1]tái
yěyācǎo 野鸭草 N. tealgrass
yèyājī 液压机[-壓-] N. hydraulic press M: [1]tái
yèyā jìshù 液压技术[-壓-術] N. hydraulic pressure technique
yěyàmá 野亚麻[-亞-] N. wild flax
[1]**yěyàn** 冶艳[-艷] S.V. <wr.> pretty and coquettish
[2]**yěyàn** 野宴 N. ① picnic ② barbecue
yèyán 页岩 N. <geol.> shale
yèyǎn 夜眼 N. person with night vision
yèyàn* 夜宴 N. dinner party M: [1]xí
yěyáng 野羊 N. mountain sheep M: [2]zhī
yèyǎng* 液氧 N. liquid oxygen
yèyán jiācéng 页岩夹层[-夾層] N. shale band
yèyányóu 页岩油 N. shale oil
yěyāzi 野鸭子 N. wild duck M: [2]zhī
yéye* 爷爷[爺爺] N. ① (paternal) grandfather ② <court.> Grandpa ③ father
[1]**yèyè** 夜夜 N. every night
[2]**yèyè** 业业[業業] R.F. <wr.> ① cautious ② vigorous
[3]**yèyè** 晔晔[曄曄] R.F. prosperous; thriving
[4]**yèyè** 叶腋[葉-] N. <bot.> angle formed by a branch and the end of a leaf
[5]**yèyè** 靥靥[靨靨] R.F. twinkling (of stars at dawn)
yěyèchàngtiáo 冶叶倡条[-葉-條] F.E. women of easy virtue
yēyēgàigai 掖掖盖盖[-蓋蓋] R.F. stealthily; clandestinely
yēyèwūwū 咽咽呜呜[-嗚嗚] R.F. break out into sobs
yèyī 业医[業醫] V. practice medicine
yèyǐ* 业已[業-] ADV. already
yèyǐjìrì 夜以继日[--繼-] F.E. day and night; round the clock; lengthen the day by taking in the night
yèyīn* 业因[業-] N. <Budd.> karmic cause
yèyǐn 曳引 V. tow; tug
yěyíng* 野营[-營] V. camp; bivouac; outdoor camping
[1]**yèyīng** 夜莺[-鶯] N. nightingale M: [2]zhī
[2]**yèyīng** 夜鹰 N. nightingale; nightjar; goatsucker M: [2]zhī
yèyíng 夜营[-營] P.W. night camp
yèyǐng 曳影 N. shadow
yěyíngdì 野营地[-營-] P.W. camping ground
yèyīngmíngzhuàn 夜莺鸣啭[-鶯-囀] F.E. A nightingale warbles.
yěyīngtao 野樱桃 N. wild cherry M: [2]kē/[1]kē
yèyǐnjī 曳引机 N. tractor M: [1]tái
yèyǐnlì 曳引力 N. traction
yèyǐnshéng 曳引绳[-繩] N. towline M: [2]gēn
yěyìr 野意儿 N. rustic flavor (on an outing)
yèyòng wàngyuǎnjìng 夜用望远镜[---遠-] N. night glasses M: [1]jià
yēyóu 椰油 N. coconut oil/butter
[1]**yěyóu** 野游 V. have an outing
[2]**yěyóu** 冶游 V. visit prostitutes
yěyǒu 也有 V.P. ① There are. . .in addition ② There are others who/which. . .
yèyóu* 夜游 N. night travel
yěyòubànhuā 野鼬瓣花 N. wild hemp
yěyǒu'èpiǎo 野有饿殍 F.E. In the fields lay bodies of the starved.
yèyóurén 夜游人 N. nightwalker M: ge/[1]míng
yèyóushén 夜游神 N. ① legendary guardian of the night ② night owl (fig.) M: ge/[1]míng
yèyǒusuǒmèng 夜有所梦[-夢] F.E. One tends to dream during the night of what one thinks of during the day.
yèyóuwèiyāng 夜犹未央[-猶--] F.E. The night is still young.
yèyóuzhèng 夜游症 N. sleep-walking; somnambulism
yèyóuzi 夜游子 N. night owl (fig.)
yéyú* 揶揄 V. <wr.> ridicule; deride
yěyù 野芋 N. <bot.> wild taro M: ge/[2]zhī
yèyú 业余[業-] N. spare time; after-hours ♦ ATTR. amateur
yèyǔ 腋羽 N. axillaries
yèyú àihào 业余爱好[業-愛-] N. hobby M: [1]zhǒng
[1]**yèyuán** 叶缘[葉-] N. margin of a leaf
[2]**yèyuán** 业缘[業-] N. <Budd.> karmic cause
[3]**yèyuán** 掖垣 N. sidewalls of a palace
yěyuānyāng 野鸳鸯 N. ① wild mandarin duck ② illicit lovers M: [2]zhī/[1]duì
yèyǔduìchuáng 夜雨对床[--對-] F.E. have a heart-to-heart talk after a long separation (of friends/brothers)
yěyuèguì 野月桂 N. ① bayberry ② wild cinnamon M: [2]kē
yèyuèjìngmíng 夜月静明[-靜-] F.E. The night is still and the moon is at its full.
yèyú'ěryǐn 夜鱼饵蚓 N. night-crawler
yèyú gēshǒu 业余歌手[業-] N. amateur singer M: ge/[1]míng/[2]wèi
yèyú gōngdà 业余工大[業-] P.W. part-time engineering college
yèyú Huáqiáo 业余华侨[業-華僑] N. youths who pretend to be overseas Chinese by dressing and making up M: ge/[1]míng
yèyú jiàoyù 业余教育[業-] N. sparetime education
yěyúnquè 野云雀[-雲-] N. meadow lark M: [2]zhī
yèyú xuéxiào 业余学校[業-] P.W. part-time school M: [1]jiā/[1]suǒ
yē zài yāo lǐ 掖在腰里[-裡] V.P. <coll.> tuck into the belt
yězàng 野葬 V. bury in the wilderness
yēzǎo 椰枣[-棗] N. ① date palm ② date M: [1]kē
yězhàn* 野战[-戰] N. ① field operations/battle M: [3]cháng/cì ② guerrilla warfare
yèzhàn 夜战[-戰] N. ① night fighting ② night work M: cì/[3]cháng ♦ V. work at night
yězhàn bùduì 野战部队[-戰-隊] P.W. <mil.> combat troops M: [4]zhī
[1]**yèzhàng** 业障[業-] N. ① <derog.> vile spawn ② <Budd.> retribution in this life for the sins of a previous existence
[2]**yèzhàng** 曳杖 N. walking-stick
yězhàn gōngshì 野战工事[-戰--] N. <mil.> fieldwork
yězhànjūn 野战军[-戰-] P.W. field army M: [4]zhī
yězhàn kǒuliáng 野战口粮[-戰-糧] N. <mil.> combat rations
yězhànpào 野战炮[-戰-] N. fieldpiece; field gun M: [4]zuò
yězhàn yīyuàn 野战医院[-戰醫-] P.W. field hospital M: [1]suǒ/[1]jiā
[1]**yèzhě** 业者[業-] N. businessman
[2]**yèzhě** 谒者 N. <trad.> an official in charge of receptions/etc.
yèzhēn 叶针[葉-] N. <bot.> leaf thorns
[1]**yèzhī(r)** 液汁(儿) N. juice; liquid; fluid; sap
[2]**yèzhī** 叶枝[葉-] N. leaf branch
yèzhīdù 液汁度 N. juiciness (of food); succulence
yězhīmá 野芝麻 N. <bot.> white nettle
yězhǒng* 野种[-種] N. bastard
yèzhōng 夜中 ADV. in the night
[1]**yèzhǒng** 业种[業種] N. ① seeds of misfortune ② bastard
[2]**yèzhǒng** 曳踵 V.O. drag one's feet
yēzhù 噎住 R.V. ① choke (on food) ② choke off (a speech)
yězhū 野猪[-豬] N. wild boar M: [2]zhī
yězhù 冶铸[-鑄] V. smelt metal and cast utensils ♦N. smelting and founding
yèzhǔ* 业主[業-] N. proprietor M: ge/[1]míng/[2]wèi
yèzhuàng 叶状[葉狀] ATTR. leaf-shaped
yèzhuàngtǐ 叶状体[葉狀體] N. <bot.> thallus
yèzhǔ quányì 业主权益[業-權-] N. rights of the owners of businesses
yèzhùxiǎoxíng 夜住晓行[--曉-] F.E. rest at night and travel by day
yèzhǔ xiéyì 业主协议[業-協議] N. master agreement M: [1]fèn
yězhù yízhǐ 冶铸遗址[-鑄--] P.W. ancient metallurgical site
yēzi 椰子 N. ① coconut palm/tree M: [2]kē ② coconut M: [1]kē
[1]**yèzi*** 叶子[葉-] N. leaf M: [1]piàn/[1]zhāng
[2]**yèzi** 页子 <coll.> N. paper money; note
yēzihé 椰子核 N. copra
yèzihuó 页子活 <coll.> V. make big money; get rich
yēzilèi 椰子类[-類] N. coconut
yēzishù 椰子树[-樹] N. coconut tree; cocoa palm M: [2]kē
yēzitáng 椰子糖 N. coconut candy M: [1]kē
yèzixì 叶子戏[葉-戲] N. card game
yèziyān 叶子烟[葉-煙] N. sun-cured or flue-cured tobacco leaves
yēziyóu 椰子油 N. coconut oil/butter
yēzizhī 椰子汁 N. coconut milk
yēzōng 椰棕 N. coconut fiber
yèzǒnghuì 夜总会[-總-] P.W. nightclub M: [1]jiā
yèzú 曳足 V.O. drag one's feet
yèzú'érxíng 曳足而行 F.E. walk with a shuffling gait
yèzuò 夜作 N. night work; night job

1yī* 一 NUM. ①one ②once *kě ~ bùkě èr.* Once is forgivable, not twice. ♦B.F. ① each; per *~ zhuō bā rén* eight people per table ② whole; all; throughout *Wǒ ~ tiān dōu bù zài jiā.* I won't be at home all day. ③ single; alone ④ same *yìjiàn bù ~* opinions differ ♦ADV. ① as soon as *tiānqì ~ lěng* as soon as the weather turns cold ② a little *kàn~kàn* take a look ③ "empty" adverb in four-syllable expressions *wèizhī~zhèn* be buoyed up by it ④ also; otherwise *~ míng* be also known as ♦CONS. ① *~ A jiù B* as soon as A (then) B ② *~ A èr B* ⓐ very AB, where AB is a two-syllable s.v. *~ qīng èr jìng* absolutely quiet ⓑ one or two AB, where AB is a noun *~ chà èr cuò* one or two mistakes ③ *~ A bàn A/B* a little of A and of A or B, where A and B are identical or similar in meaning *Zhège gōngchéng kě bù shì ~ tiān bàn tiān néng wán de.* This project can't be finished in a short time. ④ *~ V1 ér V2* V2 immediately after V1 *~nù'érqù* flare up and leave ⑤ *~ N (yě) bù/méi V* not V even one N; without omitting a single N *~zìbùlòu* without omitting a single character ⑥ *V ~ VM* V a VM *yǎo ~ kǒu* take a bite ⑦ *~ V1 bù V2* inalterably V1 *~qùbùfǎn* gone never to return ⑧ *~ N1 ~ N2* ⓐ all or the whole of N1N2 *~shēng~shì* all one's life ⓑ each/every N1/N2 *~yán~xíng* every word and deed ⑨ *~ V1 ~ V2* ⓐ do V1/V2 in succession (where V1/V2 are similar in meaning) *~bèng~tiào* skip and jump ⓑ do V1/V2 alternately (where V1/V2 contrast in meaning) *~wèn~dá* one asks and the other answers ⑩ *~ A ~ B* one A, one B (where A/B are opposite in meaning) *~ dōng ~ xī* one east, one west *~ V1 2zài V1* keep on doing V1 *~cuòzàicuò* keep on making mistakes ♦N. a note of the scale in *gōngchěpǔ*

2yī 衣 B.F. ① clothing; clothes; garment *yīfu* ② coating; covering *tángyī* ③ <*Ch. med.*> placenta *tāiyī See also 15yì*

3yī 依 V. ① depend/count on ② comply with; agree; consent ♦COV. according to; judging by *~ wǒ kàn, zhè jiàn shìr néng chénggōng.* In my opinion, this will be successful.

4yī 医[醫] B.F. ① doctor (of medicine) *yīshī, 1yīshēng* ② medical science/service; medicine *yīxué* ♦V. cure; treat

5yī 伊 PR. <*wr.*> he; she ♦N. Surname

6yī 壹 NUM. one (form used on checks/etc.)

7yī 铱[銥] N. <*chem.*> iridium

8yī 噫 INTJ. ① *expressing regret* ② *expressing surprise*

9yī 咿 in *4yīwú, yīyā*

10yī 揖 B.F. clasp one's hands and bow in salutation *bàiyī, 2yīkè*

11yī 漪 B.F. waves; ripples *yīlán, liányī*

12yī 猗/欹 M.P. <*wr.*> *similar in function to colloq.* a ♦INTJ. *expressing approval* ♦in *yīmǐ, táoyī See also 4ē*

1yí 移/迻 V. move; remove; shift ♦B.F. transform; change; alter *běnxìngnányí*

2yí 咦 INTJ. *of surprise/disapproval*

3yí 仪[儀] B.F. ① appearance; bearing *1yíbiǎo* ② etiquette; ceremony; rite *lǐyí* ③ present; gift *xièyí* ④ apparatus; instrument *1yíqì*

4yí 姨 N. mother's sister; maternal aunt ♦B.F. ① wife's sister; sister-in-law *dàyízi* ② "Auntie" *āyí* ③ concubine *yítàitai*

5yí 疑 B.F. ①doubt; suspect *huáiyí* ②be doubtful/uncertain *yíxīn*

6yí 宜 B.F. ① right; suitable *1shìyí* ② should *1bùyí*

7yí 遗[遺] B.F. ① lose *1yíshī* ② leave behind; keep back *yíliú* ③ omit; leave out *yílòu* ④ bequeath *yíchuán* ⑤ regret *yíhàn* ⑥ sth. lost *bùyí* ⑦ incontinence *1yíniào See also 10wèi*

8yí 夷 B.F. ① <*wr.*> level; smooth *yíwéipíngdì* ② safe and sound *huàxiǎnwéiyí* ③ calm; contented ④ raze ⑤ exterminate *yímiè* ⑥ <*hist.*> "barbarian" tribes, esp. in the east *yídí* ⑦ <*trad.*> foreign country; foreigner *3yíqíng*

9yí 胰 N. <*phys.*> pancreas

10yí 怡 B.F. happy *1yíhé, 1yírán*

11yí 彝[彞] B.F. ① ancient wine/sacrificial vessel *3yíqì* ② Ch. ethnic minority *Yízú, Yíjū*

12yí 痍 B.F. wound *shāngyí*

13yí 颐[頤] B.F. ① cheek/chin *yífǔ* ② nourish; care for *2yíyǎng*

14yí 匜 B.F. <*trad.*> gourd-shaped washbowl *pányí*

15yí 嶷 B.F. lofty; outstanding *2wéiyí, qíyí*

16yí 荑 B.F. eliminate weeds *shānyí See also 7tí*

17yí 贻[貽] B.F. bequeath; hand down; pass on *2yízèng, 2yíwù*

18yí 饴[飴] B.F. malt sugar *yítáng, hányí*

19yí 蛇 in *3yíyí, 4wēiyí See also 1shé*

20yí 迤/迆 in *2wēiyí See also 9yǐ*

21yí 池/訑[訑/詑] in *4yíyí*

22yí 簃 in *5yíyí*

23yí 扅 in *yǎnyí*

Yí 沂 N. name of a river

1yǐ 以 COV. ① using; taking *~ héchéng xiàngjiāo dàitì tiānrán xiàngjiāo* use synthetic rubber in place of natural rubber ② because of *~ shèngchǎn hóngchá zhùmíng* famous for abundantly producing black tea ③ in order to; so as to *~ yìng jíxū* in order to meet an urgent need ♦SUF. *"empty" verb suffix jiā~* add *gěi~* give ♦CONS. ① *~ A wéi B* take/regard A as B ② *~ A lái shuō* as far as A is concerned ♦B.F. from a point on *yǐxià, yǐběi*

2yǐ 已 B.F. ① stop; cease; end *bùyǐ* ② finish *éryǐ* ♦ADV. ① already ② <*wr.*> thereafter; afterward ③ too ♦N. <*mus.*> a note of the scale in *gōngchěpǔ*

3yǐ 乙 N. ① 2nd of the 10 Heavenly Stems ② second ♦PR. someone; so-and-so *mǒu jiǎ mǒu ~* Mr. X and Mr. Y

4yǐ 椅 B.F. chair *yǐzi*

5yǐ 倚 V. lean/rest on/against ♦B.F. ① rely/count on *yǐzhàng* ② <*wr.*> biased; partial *bùpiānbùyǐ*

6yǐ 矣 M.P. *classical particle, similar in function to modern 1le* ♦B.F. *dàiyǐzāi, 2yǐyǐ*

7yǐ 尾 B.F. tail *yǐba, mǎyǐr See also 1wěi*

8yǐ 蚁[蟻] B.F. insects of the ant family *mǎyǐ, báiyǐ*

9yǐ 迤/迆 B.F. toward; extending to *yǐlǐ, 1lǐyǐ See also 20yí*

10yǐ 酏 B.F. elixir *yǐjì*

11yǐ 钇[釔] N. <*chem.*> yttrium

12yǐ 齮[齮] B.F. bite *2yǐhé*

13yǐ 旖 in *yǐnǐ*

14yǐ 苡 in *1yìmǐ, 1yìyǐ*

1yì 亿[億] NUM. hundred million

2yì 易 B.F. ① easy *1róngyì* ② amiable; gentle *2píngyì* ③ change *4yìxìng* ④ exchange *1jiāoyì* ♦V. <*wr.*> despise ♦N. Surname

3yì 意 B.F. ① meaning; idea *1yìyì, yìsi* ② wish; desire; intention *1yìyuàn* ③ suggestion; hint; trace *yìliào* ④ regard; attention *1zhùyì* ⑤ think; expect *yìxiǎngbudào* ♦AB. *Yìdàlì* Italy

4yì 亦 ADV. <*wr.*> also; too

5yì 益 B.F. ① benefit; good; advantage *yìchu, 2déyì* ② beneficial; profitable *3yǒuyì* ③ increase *zēngyì* ④ all the more; even more *rìyì*

6yì 翼 B.F. ① wing *1shuāngyì* ② flank *zuǒyì* ③ <*wr.*> shelter; protect; assist *2yìbì* ♦N. 2nd of the 28 constellations

7yì 译[譯] V. translate; interpret *Bǎ zhè piān wénzhāng ~chéng Zhōngwén.* Translate the article into Chinese. ♦CONS. *A ~ B* translated from A to B *Yīng ~ Rì* translated from English into Japanese ♦B.F. ① rendering *Yīngyì* ② translator; interpreter *2yìyuán*

8yì 异[異] B.F. ①different *yì-tóng, chāyì* ②strange; unusual *1qíyì* ③ other; another *2yìwèi* ④ foreign (place) *yìguó, 1yìxiāng* ⑤ disloyal *yìxīn* ⑥ separate *lìyì* ⑦ feel surprised *chàyì* ⑧ treat specially

9yì 忆[憶] B.F. recall; recollect; remember *1huíyì*

10yì 议[議] V. confer; discuss ♦B.F. ① criticize; suggest *jiànyì* ② opinion; view *2yìyì* ③ treatise; argumentation *yìlùn*

11yì 溢 V. <*wr.*> overflow; brim over ♦B.F. excessive; undue *yìměi*

12yì 义[義] B.F. ① justice; righteousness *1zhèngyì* ② chivalry; sense of honor *yìqi* ③ meaning; significance *1yìyì, 3zìyì* ④ human ties; relationship *3qíngyì* ⑤ adopted; adoptive *yìzǐ, yìnǚ* ⑥ artificial; false *yìchǐ* ⑦ volunteer *1yìwù*

13yì 艺[藝] B.F. ① skill; craftsmanship *2gōngyì* ② art *1yìshù* ③ <*wr.*> norm; standard; criterion ④ <*wr.*> limit *tānhuìwúyì* ⑤ plant; grow *1yuányì*

14yì 抑 B.F. press; restrain; curb *2yìzhì* ♦CONJ. <*wr.*> ① or ② but

15yì 衣 B.F. ① wear (clothing) *yìjǐnyèxíng* ② give (clothing) to others to wear *jiěyīyìwǒ See also 2yī*

16yì 艾 B.F. punish *5chéngyì See also 4ài*

17yì 谊[誼] B.F. friendship *2yǒuyì*

18yì 役 B.F. labor; (required) service *yáoyì, zhànyì*

19yì 毅 B.F. resolute *1yìzhì, jiānyì*

20yì 疫 B.F. epidemic *4yìlì, 1miǎnyì*

21yì 逸/佚/轶[-/-/軼] B.F. ① leisure *ānyì* ② escape *1táoyì* ③ lost *2yìshū* ④ excel *chāoyì, 1yìcái*

22yì 裔 B.F. descendant *yìsūn, Huáyì*

23yì 奕 B.F. great; grand *4yìyì, hèyì*

24yì 镱[鐿] N. <*chem.*> ytterbium

25yì 佾 B.F. rows in an ancient dance formation *yìwǔ*

26yì 刈 B.F. cut; mow *yìcǎo, 2shōuyì*

27yì 屹 B.F. towering mountain peaks *2yìlì*

28yì 弈 B.F. chess; *wéiqí*/go (the game) *yìjù, 2bóyì*

29yì 弋 B.F. arrow with a trailing string, used for hunting birds *1yìqǔ, 1xúnyì, xúnyì fēidàn*

30yì 懿 B.F. perfect; perfect virtue *yìdé, 5shūyì*

31yì 浥 B.F. become wet/moist *16yìyì, yìrùn*

32yì 绎[繹] B.F. ①unravel; sort out ②continuous *yìrú, luòyì*

33yì 翌 B.F. next *1yìrì, yìchén*

34yì 翳 B.F. cover; conceal *21yìyì, 4wùyì*

35yì 肄 B.F. study *2yìxí, 1yìyè*

36yì 臆 B.F. ① chest *xiōngyì* ② subjectively *1yìcè*

37yì 诣[詣] B.F. ① go to a person or place to pay respects *2yìyè* ② accomplishment; attainment *1zàoyì*

38yì 邑 B.F. city; town *3chéngyì* ♦in *19yìyì*

39yì 勚[勩] B.F. ① <*trad.*> toil ② worn-out; dull; blunted *yìkǒu*

40yì 呓[囈] B.F. talk in one's sleep *1yìyǔ, 4hányì*

41yì 埸 B.F. boundary *jiāngyì*

42yì 怿[懌] B.F. happy; pleased *yìyuè*

43yì 悒/唈 B.F. worried; upset *12yìyì, 3yùyì, 1wūyì*

44yì 挹 B.F. dip; ladle out *2yìjū, 2yìqǔ*

45yì 熠 B.F. bright; shining *5yìyì, 6yùyì*

46yì 缢[縊] B.F. strangle with a rope; die by hanging *yìsǐ, 2zìyì*

47yì 翊 B.F. assist *18yìyì, 1yìdài*

48yì 驿[驛] B.F. <*trad.*> post/courier station *3yìlì, chíyì*

49yì 鹝[鷊] B.F. a kind of waterfowl mentioned in ancient books *4yìshǒu*

50yì 泄 in *yìtà, 11yìyì See also 6xiè*

51yì 羿 in *yìshèng*

52yì 蜴 in *1xīyì*

53yì 昳 in *8yìlì*

54yì 瘗 in *1yìbìng*

55yì 薏 in *1yìyǐ, yìmǐ*

56yì 仡 in *15yìyì, 6yìrán See also Gē*

57yì 狖 in *lìnyì*

58yì 佅 in *5xièyì*

Yī'āhuá 衣阿华[-華] P.W. Iowa

yí'ài 遗爱[-愛] N. love/benevolence left behind by a dead person

yǐ'àijiéchóu 以爱结仇[-愛--] F.E. turn love into hate

yī'àixūqiú 依爱需求[-愛--] N. dependency needs

yī'àn 医案[醫-] N. report on a medical case M: *2jiàn*

1yí'àn 疑案 N. unsettled case; mystery M: *2jiàn*

2yí'àn 遗案 N. cases left over M: *2jiàn*

yì'àn* 议案[議-] N. proposal; motion M: *2jiàn*

yì'ānzhībǐ 易安之笔[-筆] F.E. facile writing

yībà 一霸 N. <*derog.*> powerful person/force/ etc. in an area
yība* 尾巴 N. <*topo.*> tail (of an animal) *See also wěiba*
yī bǎ hǎoshǒu 一把好手 N. a skilled/adroit hand
yī bǎ huìjiàn zhǎn qíngsī 一把慧剑斩情丝[-絲] F.E. cut the thread of carnal love with the sword of wisdom
[1]**yībǎi*** 一百 NUM. one hundred; 100
[2]**yībǎi** 衣摆[-擺] N. lower hem of a gown
yībài 揖拜 V. make a bow with the hands folded in front
yībǎichéng(r) 一百成(儿) NUM. one hundred percent
yībǎi èrshí ge 一百二十个[-個] ADV. <*coll.*> perpetually ~ *bù héshì* perpetually dissatisfied
yībǎi guàlíng 一百挂零 NUM. <*coll.*> a little over a hundred
yībǎijì 以百计 V.P. per centum; percent
yī bāi liǎng kāi 一掰两开[-開] V.P. break into two (lit./fig.)
yībǎi líng yī 一百零一 NUM. one hundred and one
yībǎi liùshí biàn 一百六十遍 N. <*coll.*> countless times; repeatedly; over and over again
yībàirúshuǐ 一败如水 F.E. suffer a crushing defeat
yībàitúdì 一败涂地[--塗-] F.E. suffer a crushing defeat
yībáiwéihēi 以白为黑 F.E. confuse right and wrong
yībǎiyī 一百一 ADV. <*coll.*> ① fully ② very much ♦ATTR. perfect; faultless; ideal
yībǎi zhōunián 一百周年 N. centenary; centennial
yī bǎ lāzhù 一把拉住 V.P. take/grab hold of
[1]**yībān*** 一般 S.V. ① general; ordinary; common ② same as ③ just like ♦N. sort; kind
[2]**yī bān** 一斑 N. ① one spot ② one of a number of similar things; a speck
yībàn(r) 一半(儿) NUM. one half; in part
yībàn 翼瓣 N. <*bot.*> wings
yībān cíhuì 一般词汇[-彙] N. <*lg.*> general/ common vocabulary
yībān de shuō 一般地说 V.P. generally speaking
yībān de xìnhàoxué 一般的信号学[----號-] N. general symbolization
yībān'éryán 一般而言 V.P. generally speaking
yībānfǎ 一般法 N. general/common law
yībǎng 一榜 N. <*trad.*> a group of scholars who passed the same government-service examination and whose names were announced in the same official notice
yībàng 依傍 V. ① depend on ② slavishly imitate
yībàng 疑谤 V.P. suspected and slandered
yībǎng 已榜 N. <*trad.*> candidate who passed the provincial civil-service examination
yībàng 倚傍 V. pattern after; emulate
yībāng* 异邦[異-] P.W. foreign country
yī bāng rén 一帮人[-幫-] N. a crowd
yībān guīlǜ 一般规律 N. general law
yībānhuà 一般化 N. vague generalization
yībānhuà zīliào chǔlǐ 一般化资料处理[-----處-] N. <*comp.*> generalized data manipulation
yībān jiànshi 一般见识[-識] V.P. lower oneself to the same level as sb.
yībān jièshuō 一般界说 N. <*lg.*> general definition
yībān jūnhéng 一般均衡 N. <*comp.*> general economic equilibrium
yībān lái shuō 一般来说 V.P. generally speaking
yībān liányīn 一般连音 N. <*lg.*> general sandhi
yībān lǐlùn 一般理论 N. general theory
[1]**yībān rén** 一般人 N. people in general
[2]**yī bān rén** 一班人 N. ① members of a squad ② a small body of people working together
yībǎn-sānyǎn 一板三眼 N. a rhythm in Beijing Opera ♦F.E. rigid (in carrying out discipline)
yībān shuōlái 一般说来 V.P. generally speaking
yībān tèzhì 一般特质[-質] N. <*lg.*> general properties
yī-bàn tiān 一半天 N. <*coll.*> in a day or two; pretty soon
yībānwú'èr 一般无二 F.E. exactly alike
yībānxiàng 一般项 N. general term; average term
yībānxìng 一般性 N. ① vague generalization; generality; universality ② common quality
yībānxìng biànlùn 一般性辩论 N. general debate
yībānxìng cídiǎn 一般性词典 N. <*lg.*> general dictionary
yībānxìng cuòwù 一般性错误 N. mistakes of an ordinary nature
yībānxìng de fānyì 一般性的翻译[-譯] N. <*lg.*> general translation
yībānxìng fānyì lǐlùn 一般性翻译理论[----譯--] N. <*lg.*> general translation theory
yībānxìng tóngyìcí 一般性同义词[----義-] N. <*lg.*> general synonym
yībānxìng zhīshi 一般性知识[-識] N. <*lg.*> general knowledge
yībān yíwènjù 一般疑问句 N. <*lg.*> yes-no question
yībǎnyīyǎn 一板一眼 F.E. ① scrupulous and methodical ② (sing) in an expert manner ③ follow a prescribed pattern in speech/action
yībān yùndòng nénglì cèyàn 一般运动能力测验[--運動----] N. general motor-ability tests
yībān yǔyánxué 一般语言学 N. <*lg.*> general linguistics
yībǎnzhèngjīng 一板正经[-經] F.E. <*coll.*> stern and forbidding; serious
yībān zhuǎnhuàn 一般转换[-轉換] N. <*lg.*> generalized transformation
yībao(r) 衣胞(儿) N. placenta
yībāo* 衣包 N. clothing bag used for travel
yībāo 刈包 V.O. cut open a bag (in order to steal)
yī báo céng 一薄层[-層] N. skim; thin layer
yībāoduī 一包堆 N. <*topo.*> everything; whole lot
yī bào huán yī bào 一报还一报[-報還-報] F.E. retribution paid in kind; tit for tat
yībàowù 易爆物 N. explosive substance M: [1]*zhǒng*
yībǎoyǎnfú 一饱眼福 F.E. feast one's eyes (on. . .)
yībàoyìbào 以暴易暴 F.E. Change one tyranny for another.
yībāozàinèi 一包在内 F.E. <*coll.*> ①all expenses are covered ② all included
yìbàozhà huòwù 易爆炸货物 N. explosive cargo; explosives M: [1]*zhǒng*
yībàozhìbào 以暴制暴 F.E. Violence must be met by violence.
yībǎshǒu 一把手 N. ①a party to an undertaking; a member ②a good hand; able person ③head; chief; first in command; number one man
yī bǎ sǐná 一把死拿 V.P. <*topo.*> inflexible; stubborn
yī bāzhang 一巴掌 N. a slap
yībǎzhuā 一把抓 V.P. ① take everything into one's own hands ② tackle problems without prioritizing ③ <*trad./coll.*> ♦N. all-purpose domestic servant
yī bǎ zhuāzhù 一把抓住 V.P. take/grab hold of
yībǎzi 一把子 N. <*coll.*> band; group of sworn brothers
yībǎzi niánjì 一把子年纪 N. <*coll.*> a goodly number of years old; old
yībǎzi rén 一把子人 N. <*topo.*> a group of people; a group of sworn brothers
yíbèi 贻贝 N. mussel
yīběi 以北 SUF. to the north of . . . *Chángchéng* ~ to the north of the Great Wall
[1]**yībèi*** 以备[-備] ADV. <*wr.*> in order to; in preparation for
[2]**yībèi** 椅背 N. the back of a chair
yībèi 衣被 V.O. ① cover (with blankets/etc.) ② do sb. a favor
yībèibùcè 以备不测[-備--] F.E. be prepared for accidents
yībèi bùshízhīxū 以备不时之需[-備-時--] F.E. be prepared for the unexpected
yībèibùyú 以备不虞[-備--] F.E. be prepared for any contingency
yībèicāngshēng 衣被苍生[--蒼-] F.E. ①spread all-around benefit to the people ② provide clothes and shelter for the poor
yībèila 一背拉 ADV. <*topo.*> all included; all together
yībēishuǐzhǔyì 一杯水主义[-義] N. very casual attitude toward sexual relations
yībèiwànyī 以备万一[-備萬-] F.E. provide against any accidental happenings; be prepared for any contingency
yìbēiyìxǐ 亦悲亦喜 F.E. with alternate tears and smiles
yī bèizi 一辈子 N. all one's life; a lifetime
yìběn 译本[譯-] N. translated version; translation; version
yī běndì biāozhǔn wéi yīguī 以本地标准为依归[---標準--歸] V.P. <*lg.*> endonormic
yībèngsāntiào 一蹦三跳 F.E. ① hopping and jumping ② very happy
yībèngyītiào 一蹦一跳 V.P. skipping and hopping
yī běn nán niàn de jīng 一本难念的经[--難--經] N. <*coll.*> a hard row to hoe; a story of trouble/hardship
yīběnwànlì 一本万利[--萬-] F.E. make a big profit with a small investment
yīběnzhèngjīng 一本正经[-經] F.E. always serious
yībǐ* 一笔[-筆] N. ① one/individual stroke (in calligraphy) ② one sum (of money)
[1]**yībì** 一碧 N. <*wr.*> an expanse of blue or green
[2]**yībì** 一壁 ADV. <*trad.*> at the same time; simultaneously
yíbǐ 遗笔[-筆] N. writings of a deceased person
yǐbì 倚畀 V. rely on (sb. for advice)
[1]**yìbǐ** 译笔[譯筆] N. ①translator's skill ②quality of a translation
[2]**yìbǐ** 意笔[-筆] N. a facile pen
[1]**yìbì** 役毕[-畢] V.P. finish military service
[2]**yìbì** 翼蔽 V. <*wr.*> shield; protect; screen; cover
[3]**yìbì** 翼庇 V. ① protect ② patronize
yībiān(r) 一边(儿)[-邊-] N. one side; either side ♦CONJ. ① at the same time; simultaneously ② on the one/other hand ♦ADV. <*coll.*> equally ♦CONS. ~ *V1* ~ *V2 V1* while *V2*
yǐbiàn* 以便 CONJ. ① so that; in order to; with the aim of ② for the convenience of
yìbiàn 易变[-變] N. mutability
yībiāndǎo 一边倒[-邊-] V.P. <*pol.*> ① lean to one side; side with sb. ② have overwhelming superiority
yìbiàndòng jiàgé 易变动价格[-變動價-] N. flexible price
yǐbiānhàokǎ 已编号卡[--號-] N. numbered card
yībiānrén 一边人[-邊-] N. <*coll.*> of the same group/clique
yìbiànxìng 易变性[-變-] N. changeability
yī biānzi guāi bǎnzi 一鞭子乖板子 ID. <*topo.*> painful experience ~ *xuélái de* learned from painful experience
yíbiāo 移标[-標] N. <*comp.*> cursor
[1]**yíbiǎo*** 仪表[儀-] N. ① appearance; bearing ② meter; gauge M: *ge*/[2]*zhī* ③ model; example
[2]**yíbiǎo** 姨表 N. maternal cousin
[3]**yíbiǎo** 遗表 N. memorial left for the emperor by a high minister before his death
yìbiǎo 意表 N. expectation
yíbiǎobǎn 仪表板[儀-] N. instrument panel M: [2]*kuài*
yíbiǎobùfán 仪表不凡[儀-] F.E. an imposing appearance
yíbiǎochǎng 仪表厂[儀-廠] P.W. instrument and meter factory M: [1]*jiā*

yībiǎodàfang 仪表大方[儀-] F.E. poised and graceful
yībiǎofēisú 一表非俗 F.E. remarkable looking
yíbiǎohūn 姨表婚 N. parallel cousin marriage
yíbiǎo jiěmèi 姨表姐妹 N. cousin sisters on one's mother's side
yíbiǎopán 仪表盘[儀-盤] N. (car/etc.) dashboard
yíbiǎoqīn 姨表亲[-親] N. relatives on one's mother's side
yībiǎoréncái 一表人才/材 N. ① handsome; dashing ② a man of striking appearance ③ the appearance of a talent
yíbiǎotángtáng 仪表堂堂[儀-] F.E. imposing; noble and dignified
yǐbiǎoxīnyì 以表心意 F.E. in order to express one's feeling
yíbiǎo xiōngdì 姨表兄弟 N. male maternal cousins
yībié 揖别 V. bid adieu
yībǐ gōuxiāo 一笔勾销[-筆--] V.P. ① cancel completely ② settle an account once and for all ③ wipe out; write off at/in one stroke
yībǐhuà* 一笔画[-筆畫] N. drawing with one stroke M: [10]fú
yìbǐhuà 意笔画[-筆畫] N. painting in free-sketch style M: [10]fú
yī bíkǒng chūqì 一鼻孔出气[-氣] V.P. sing the same tune; echo one another's opinions
Yībǐlìyàyǔ 伊比利亚语[---亞-] N. <lg.> Iberian
yībìlǚchuān 衣敝履穿 F.E. in ragged clothes and worn-out shoes
yībǐ mǒshā 一笔抹杀/煞[-筆-殺] V.P. totally negate
[1]**yībìng*** 一并[-併] ADV. along with all the others; in a lump
[2]**yībìng** 医病[醫-] V.O. treat a patient; cure a disease
yíbīng 疑兵 N. decoy force M: [4]zhī
yíbìng 疑病 N. hypochondriasis; hypochondria; hypo
yìbīng 义兵[義-] N. a righteous army
yìbǐng 异禀[異稟] N. extraordinary endowments/talents
[1]**yìbìng** 癔病 N. <med.> hysteria
[2]**yìbìng** 疫病 N. epidemic disease
yībìngbùqǐ 一病不起 F.E. fall ill and die
yìbìng chuánrǎn 疫病传染[--傳-] N. contagion
yībīngduōnéng 一兵多能 F.E. a many-sided soldier
yībīngduōyòng 一兵多用 F.E. a fighter with multiple skills
yíbìnghuànzhě 疑病患者 N. hypochondriac M: ge/[1]míng/[2]wèi
yībìngshēnwáng 一病身亡 F.E. die of a serious illness; fall ill and die
yībǐngzhìgōng 一秉至公 F.E. most equitable; perfectly just
yǐbīngzhìshéng 以冰致绳[-繩] ID. an impossibility
yī bǐ qián 一笔钱[-筆錢] N. a sum of money; wad
yìbǐshì 易比士 N. <loan> yippie
yībǐshuāngxiě 一笔双写[-筆雙寫] F.E. treat two sides of a problem at once
yībìwànqǐng 一碧万顷[--萬-] F.E. ①boundless/vast water ② watery blue reaching far beyond the horizon
yībìxiāng 一壁厢[-廂] ATTR. to be by the side
yībǐ-yīhuà 一笔一划[-筆-劃] V.P. write strokes (of Chinese characters)
yǐ bíyīn fāshēng 以鼻音发声[-發聲] V.P. <lg.> nasalize
yībìzhīlì 一臂之力 N. a helping hand
yǐbǐzhùcǐ 挹彼注此 F.E. make up the deficiency of one by drawing upon the surplus of another
yǐbǐzhùzī 挹彼注兹[-茲] F.E. draw from one to make good the deficits of another
yībízihuī 一鼻子灰 ID. meet rejection; be rebuffed; run into a stone wall

[1]**yībō*** 衣钵[-缽] N. ① <Budd.> monk's mantle and alms-bowl handed down to a favorite disciple ② legacy; mantle
[2]**yī bō(r)** 一拨(儿)[-撥-] N. same group
yībó 衣帛 N. clothes
yíbó 移泊 N. shift/move a ship/berth
yǐbó 倚薄 V. ① gather together ② come one after another (of illnesses)
yìbóbùjīng 艺博不精[藝-] F.E. be erudite but not precise
yībōbùxīng 一波不兴[-興] F.E. There is not a ripple on the water.
yībō chuánrén 衣钵传人[-缽傳-] N. the disciple who inherits a Buddhist monk's mantle and alms-bowl
yībōsānzhé 一波三折 F.E. a series of frustrations; twists and turns; ups and downs
yībóshíròu 衣帛食肉 F.E. wear silk and eat meat
yībōxiāngchuán 衣钵相传[-缽-傳] F.E. inherit the mantle and alms-bowl
yǐbóyīcàn 以博一粲 F.E. for your entertainment
yǐbóyīxiào 以博一笑 F.E. provoke a smile
yìbóyúntiān 义薄云天[義-雲-] F.E. high morality reaching up to the clouds
yībōzhēnchuán 衣钵真传[-缽-傳] F.E. be the keeper of true teaching
yībózìguǎi 一脖子拐 V.P. <coll.> a box to the ears; a clout
yíbù* 移步 V.O. move one's steps; walk
yǐbù 椅布 N. awnings
yìbù 异步[異-] ATTR. asynchronous
yǐ bùbiàn yìng wànbiàn 以不变应万变[-變應萬變] F.E. cope with a constantly changing situation by sticking to a fixed principle/policy
yībùbìtǐ 衣不蔽体[-體] F.E. wear rags
yībùbùràng 一步不让[-讓] V.P. not yield a step/inch
yī bù chéngxiàng zhàoxiàngjī 一步成像照相机 N. an instant camera; one-step camera M: [1]jià
yìbù chuánshū 异步传输[異-傳-] N. <comp.> asynchronous transmission
yìbùcínán 义不辞难[義-辭難] F.E. not shrink back from danger for justice
yībude 依不得 R.V. shouldn't/can't follow sb.'s wishes
yībùdēngtiān 一步登天 F.E. have a meteoric rise
yībùfǎ 一步法 N. one-step method/process
yībùfen 一部分 N. part of; a portion of ♦ ATTR. partial ♦ ADV. partially
yībùjiědài 衣不解带[-帶] V.P. not undress
yìbù jìsuànjī 异步计算机[異-] N. asynchronous computer M: [1]tái
yībùkězài 一不可再 F.E. Just this one time and no more.
yībùliǎngyí 一步两移 F.E. cover two paces with every stride
yībùliū 一不溜 ADV. <topo.> recklessly; rashly
yìbùmiàn 翼部面 N. profile
yībǔr 衣补儿[-補-] N. <coll.> Kangxi radical 145 as a side element
yìbùróngcí 义不容辞[義-辭] F.E. be duty-bound
yī bù sān huítóu 一步三回头 F.E. turn to look back at every step
yǐbǔsuǒshī 以补所失[-補--] F.E. repay the loss
yībǔxīngxiàng 医卜星相[醫-] F.E. ①medicine, prophecy, astrology and physiognomy ② the occult science or the practitioners of such
yībùyī'ái 一步一挨 F.E. pause at every step
yībùyībù 一步一步 R.F. step by step
yībùyīdiān 一步一颠 F.E. stagger along, head nodding with every stride
yībùyīduó 一步一踱 F.E. pace slowly along
yī bù yī gè jiǎoyìn(r) 一步一个脚印(儿)[--個腳--] V.P. ① make progress one step at a time ② work steadily and make solid progress
yībùyīguǐ 一步一鬼 F.E. see ghosts at every step

yībùyīkàn 一步一看 F.E. take one step and look around before taking another
yìbùyìqū 亦步亦趋[-趨] F.E. slavishly imitate
yībùyīqué 一步一瘸 F.E. walk with a limp
yībùyīyìn 一步一印 F.E. leave one's mark with every step
yī bù zuò, èr bù xiū 一不做,二不休 F.E. once started, carry a job through
yī bù zuòyè 一步作业[-業] N. one-shot job; one-step operation
yícāi 疑猜 V. be suspicious; have misgivings
yícái 遗才 N. talents who failed in the civil-service examinations
[1]**yìcái** 轶/逸材/才 N. <wr.> outstanding talent; talents above the average
[2]**yìcái** 异才[異-] N. <wr.> special/extraordinary talent
yìcǎi* 异彩/采[異-] N. radiant splendor
yīcāijiùzhòng 一猜就中 F.E. guess correctly straightway
yǐcáizhàngshì 倚财仗势[-勢] F.E. rely on one's wealth and power
yīcān* 一餐 N. a meal
yǐcán 蚁蚕[蟻蠶] N. newly-hatched silkworm
yìcāng 义仓[義倉] N. public granary
yícáo 仪曹[儀-] N. <trad.> official in charge of ceremonies in the court
yìcǎo* 刈草 V.O. mow/cut grass
yīcǎofùmù 依草附木 F.E. curry favor with those in power
yìcǎojī 刈草机 N. mowing machine; mower M: [1]jià/[1]tái
yīcǎoyīmù 一草一木 F.E. every blade of grass and every tree/bush; every little thing
yícè 遗策 N. ① mistake; wrong move ② plan left behind by the dead
[1]**yìcè*** 臆测 V. conjecture; surmise; assume
[2]**yìcè** 翼侧 P.W. <mil.> flank
yìcè gōngjī 翼侧攻击[-擊] V.P. <mil.> flank attack
yīcèyōushì 一侧优势[-優勢] N. lateral dominance
yìcè yūhuí 翼侧迂回 V.P. <mil.> outflank
yīchà 一刹[-剎] N. a moment; a very short time
yī cháchí róngliàng 一茶匙容量 N. teaspoonful; teaspoon
yīchà'ercuò 一差二错 F.E. mistake; mishap
yīchàjiān 一刹间[-剎-] N. in a twinkling
yīchàn 一划[-剗] N. <topo.> without exception; one and all
yíchǎn* 遗产[-產] N. legacy; inheritance M: [2]bǐ
yīchànà 一刹那[-剎-] N. <Sanskrit loan> a moment; a very short time
yíchǎn běnjīn 遗产本金[-產--] N. <acct.> corpus
yíchǎn běnzhí 遗产本值[-產--] N. <acct.> estate corpus
yíchǎn chéngshòurén 遗产承受人[-產---] N. legatee M: ge/[1]míng/[2]wèi
yǐchǎndìngxiāo 以产定销[-產--] F.E. base sales on production
yìcháng* 异常[異-] S.V. unusual; extraordinary; abnormal ♦ ADV. extremely; particularly; exceedingly
yìchǎng 议场[議場] P.W. an assembly hall
yīchàngbǎihè 一倡/唱百和 F.E. meet with general approval
yī chǎng chūnmèng 一场春梦[-場-夢] N. a fleeting illusion; a pipe dream
yī chǎng èmèng 一场恶梦[-場惡夢] N. a terrible dream; a nightmare
yī chǎng hǎo mèng 一场好梦[-場-夢] N. a beautiful dream
yīchǎngkōng 一场空[-場-] F.E. all in vain; futile
yīchǎngkōngxǐ 一场空喜[-場--] F.E. One's joy comes to naught.
yīchángliǎngduǎn 一长两短 F.E. unexpected misfortune
yìchánglùnduǎn 议长论短[議-] F.E. gossip
yīchàngsāntàn 一唱三叹[-嘆] F.E. deeply moving

yǐchángsùyuàn 以偿夙愿[-償-願] F.E. realize one's long-cherished hope
yī chǎng xuě 一场雪[-場-] N. a snowfall
yī chǎng xūjīng 一场虚惊[-場虛驚] N. a false alarm
yīchàngyīhè 一唱一和 F.E. echo each other
yīchángzhīhuì 衣裳之会 N. <wr.> conference dealing with peace-time matters
yíchǎn kuàijì 遗产会计[-產--] N. <acct.> estate accounting
yíchǎn shōuyì 遗产收益[-產--] N. <acct.> estate income M: [2]bǐ
yíchǎnshuì 遗产税[-產-] N. inheritance/estate tax; death duty M: [2]bǐ
yǐcháo 蚁巢[蟻-] N. ant nest M: ge/[2]zhī
yī cháo tiānzǐ yī cháo chén 一朝天子一朝臣 V.P. a new chief brings in new aides
yīchàshí 一刹时[-剎時] N. in an instant
yìchē 驿车[驛-] N. <trad.> ① courier carriage at a post house ② stage carriage M: [3]liàng
yǐ chē dàibù 以车代步 V.P. take a bus/car instead of walking
yíchén 遗臣 N. surviving officials of a previous dynasty M: ge/[1]míng/[2]wèi
yìchén* 翌晨 N. <wr.> next morning
yīchénbùrǎn 一尘不染[-塵--] F.E. ① spotless; incorruptible ② remain uncontaminated
yī chén bù shì èr zhǔ 一臣不事二主 F.E. A man cannot serve two masters.
yīchéng 一程 N. a short distance
yíchéng 疑城 P.W. sham castles (for deceiving the enemy) M: [4]zuò
yǐchèng(r) 椅掌(儿) N. the crossbar of a chair
[1]**yìchéng*** 议程[議-] N. agenda M: [3]xiàng
[2]**yìchéng** 驿丞[驛-] N. posthouse official
[3]**yìchéng** 译成[譯-] R.V. translate into; turn into; put into
yīchéngbùbiàn 一成不变[-變] F.E. invariable; unalterable
yǐchéngdìngjú 已成定局 F.E. be a foregone conclusion
yìchéng mìmǎ 译成密码[譯-] V.O. encrypt
yǐ chéngshì wéi yītuō 以城市为依托 V.P. with support from cities
yǐchéngxiāngdài 以诚相待 F.E. treat sb. with all sincerity
yǐchéngxiāngyǔ 以诚相与[-與] F.E. be honest with
yīchéngyīlǚ 一成一旅 F.E. narrow in territory and scanty in troops; weak in force
yīchéngzi 一程子 N. <coll.> a period of time
yìchǐ 义齿[義齒] N. <med.> false tooth
yìchì* 翼翅 N. wing
yíchōng 移充 V. use sth. for a purpose not originally intended
yìchóng* 益虫[-蟲] N. beneficial insect M: ge/[2]zhī/[1]zhǒng
yǐ chóng chúchóng 以虫除虫[-蟲-蟲] V.P. use insects to fight insect pests
yīchǒngxìng(r) 一宠性(儿) N. willfulness
yīchòngzixìngr 一铳子性儿 F.E. <topo.> on the spur of the moment; on impulse
yīchóu* 一筹[-籌] N. bit; notch; cut *Tā de jìnéng bǐ nǐ de gāo ~.* His skill is a bit better than yours.
yíchóu 遗筹[-籌] N. miscalculation
yíchòu 遗臭 N. infamy
yǐchǒu 乙丑 N. 2nd year of the Sexagenary Cycle (1865, 1925, 1985 etc.)
yǐchóubàochóu 以仇报仇[--報-] F.E. avenge wrong with wrong
yīchóumòzhǎn 一筹莫展[-籌--] F.E. be at wits' end
yíchòuwànnián 贻/遗臭万年[--萬-] F.E. ① leave a name that will stink to eternity ② be cursed by posterity
yīchú 衣橱[-櫥] N. ① wardrobe ② closet M: ge/[2]zhī
yīchù(r) 一处(儿)[-處-] N. the same place
yíchū 移出 R.V. move out
yìchu* 益处[-處] N. benefit; profit; good
yìchū 溢出 R.V. overflow
yìchú 刈除 V. cut off; root out; eradicate
yìchǔ 议处[議處] V.P. consider the punishment for an offending official
yìchù 役畜 N. draft animal
yíchuán* 遗传[-傳] V. bequeath; pass on to the next generation ♦N. heredity
yìchuán 驿传[驛傳] N. <trad.> system for delivering official documents and expediting traveling officials
yíchuánbìng 遗传病[-傳-] N. hereditary disease
yíchuán gōngchéng 遗传工程[-傳--] N. genetic engineering
yíchuán gōngchéngxué 遗传工程学[-傳---] N. genetic engineering
yīchuànhóng 一串红 N. red sage; sagebrush
yíchuánjiù'àn 移船就岸 F.E. move one's boat to get ashore
yíchuánmáo 移船锚 N. kedge anchor
yíchuán mìmǎ 遗传密码[-傳--] N. <loan> genetic code
yī chuàn shēngyīn 一串声音[--聲-] N. <lg.> sound sequence
yī chuán shí, shí chuán bǎi 一传十,十传百[-傳-,-傳-] F.E. from mouth to mouth (of rumors/etc.)
yíchuánxìng 遗传性[-傳-] ATTR. ① genetic ② hereditary
yíchuán xìnxī 遗传信息[-傳--] N. <loan> genetic information
yíchuánxué 遗传学[-傳-] N. genetics
yíchuánxuéjiā 遗传学家[-傳--] N. geneticist M: ge/[1]míng/[2]wèi
yíchuán yīnzǐ 遗传因子[-傳--] N. genetic factor
yìchū chángguǐ 逸出常轨 V.O. ① go against the regular practice ② swerve from the right path
yíchūdiǎn 移出点[-點] N. <lg.> extraction site
yíchūguó 移出国[-國] P.W. country of emigration
yīchuídìngyīn 一锤定音 F.E. have the final word
yī chuízi mǎimai 一锤子买卖[-買賣] N. ① <derog.> one-shot business dealing ② important decision which cannot be reversed
yīchùjíbào 一触即爆[-觸--] F.E. may be triggered at any moment; be on the verge of breaking out
yīchùjífā 一触即发[-觸-發] F.E. imminent crisis
yīchùjíkuì 一触即溃[-觸--] F.E. collapse at first encounter
yǐchún 乙醇 N. ethanol; alcohol
yīchuōjiùchuān 一戳就穿 F.E. break at the slightest touch
yìchūtíwài 逸出题外 F.E. digress from the subject
yī chū xì 一出戏[-戲] N. play; theatrical performance
yìchūyǔ 译出语[譯-] N. <lg.> source language
yìchū zhèngdào 逸出正道 V.O. stray from the path of duty
yìchū zhǐlìng 译出指令[譯-] V.P. decode
[1]**yīcì** 依次 ADV. in proper order; successively
[2]**yīcì** 一次 ATTR. ① <math.> linear ② <elec.> primary *See also* [1]cì
yǐcǐ* 以此 CONJ. <wr.> hence
yǐcì 以次 ADV. in proper order ♦ATTR. ① the following ② in turn
yìcí 异词/辞[異辭] N. dissenting words/opinion
yī cì bù chéng lì 一次不成例 V.P. Once is no rule.
yǐcìchōnghǎo 以次充好 F.E. ① sell seconds at best-quality prices ② adulterate ♦ATTR. shoddy
yī cì chǔlǐ 一次处理[--處-] N. <comp.> batch process
yīcí-duōlèi 一词多类[-類] N. <lg.> multiple-category membership
yīcí-duōxióng 一雌多雄 N. polyandry
yīcí-duōyì 一词多义[-義] N. <lg.> polysemy
yīcì fāngchéng 一次方程 N. <math.> linear equation
yīcì fāngchéngshì 一次方程式 N. <math.> equation of the first degree
yīcì fāyán 依次发言[--發-] N. <lg.> turn-taking
yǐcíhàiyì 以词害意 F.E. allow the words to interfere with the thought
yīcì hánshù 一次函数[-數] N. <math.> linear function
yīcì jiēchùyīn 一次接触音[---觸-] N. <lg.> flap; tap
yīcǐlèituī 依此类推[--類-] F.E. the rest may be deduced by analogy; and so on/and so forth
yǐcǐlèituī* 以此类推[--類-] F.E. on the analogy of this
yīcímòzàn 一辞莫赞[-辭--] F.E. unable to put forward any opinion
yīcì néngyuán 一次能源 N. primary energy
yǐcǐwéijiàn 以此为鉴[-鑒] F.E. take this as a warning
yǐcǐwéijiè 以此为戒 F.E. take this as a lesson; take warning from this
yǐcǐwéipíng 以此为凭[-憑] F.E. This will serve as certification.
yīcǐwéishèn 一此为甚 F.E. Once is enough.
yǐcǐwéixiàn 以此为限 F.E. be within the limit of this; not exceed this
yīcìxìng 一次性 ATTR. ① one-time ② disposable ~ *kuàizi* disposable chopsticks
yīcìxìng fùkuǎn 一次性付款 N. lump-sum payment
yīcìxìng niàobù 一次性尿布 N. disposable diaper M: [2]kuài
yīcìxìng shōurù 一次性收入 N. lump-sum income M: [2]bǐ
yīcìxìng xiāojià 一次性削价[-價] N. bargain sale; sale
[1]**yīcóng*** 依从[-從] V. comply with; yield to
[2]**yīcóng** 一从[-從] CONJ. ever since
yìcóng 义丛[義叢] N. <lg.> cluster
yī cóng cuìzhú 一丛翠竹[-叢--] N. a bright green bamboo grove
yìcuàn 异爨[異-] V. <wr.> form separate families (of brothers)
yīcù'érjī 一蹴而几 F.E. succeed at the first try
yīcù'érjí* 一蹴而及 F.E. accomplish in one move
yīcù'érjiù 一蹴而就 F.E. succeed at the first try
yǐcuījiǎo gǔběn 已催缴股本 N. paid-up capital/stock
yīcún* 依存 V.P. depend on for existence
yícún 遗存 V. remain; continue to exist ♦N. historical remains
yī cùn dānxīn 一寸丹心 N. a loyal heart
yīcúndù 依存度 N. degree of dependence
yī cùn guāngyīn yī cùn jīn 一寸光阴一寸金 [---陰---] F.E. time is precious
yīcún guānxi 依存关系[-關係] N. <lg.> dependency relation
yīcún guānxi yǔfǎ 依存关系语法[--關係--] N. <lg.> dependency grammar
yǐcún shùjù 已存数据[-數據] N. canned/stored data
yīcúnxìng 依存性 N. dependence
yīcúnyīwáng 一存一亡 F.E. One has luckily survived, but the other is gone.
yīcún yǔfǎ 依存语法 N. <lg.> dependency grammar
[1]**yìcuò** 抑挫 V. curb
[2]**yìcuò** 译错[譯-] R.V. misinterpret
yīcuòzàicuò 一错再错 F.E. repeat an error
yīdā 一搭 ADV. ① <topo.> together; in common ② at the same place
yī dà* 医大[醫-] AB. *yīkē dàxué* university of medical sciences
yīdàbàn 一大半 N. more than half
yīdà'èrgōng 一大二公 F.E. large in size and collective in nature (of people's communes)
[1]**yīdài*** 一带[-帶] N. ① district; region ② the area around a particular place
[2]**yīdài** 一代 N. ① dynasty ② era ③ all one's life ④ generation
[3]**yīdài** 衣袋 N. pocket

[4]yīdài 衣带[-帶] N. (clothing) belt M: [2]gēn/[1]tiáo
[5]yīdài 依戴 V. rely on and look up to
yǐ dài 以待 V. wait for (what is expected); treat with
[1]yìdài 翼/翊戴 V. assist and support (a ruler)
[2]yìdài 异代[異-] N. different age/era
yī dài bǎ yān 一袋把烟[-煙] N. <coll.> a pouch of tobacco
yīdài'érguò 一带而过[-帶-] F.E. ① glance off/from ② make a casual remark in passing
yìdàijiāo 异代交[異-] N. admiration for historical personalities
yīdàiliǎngbiàn 一带两便[-帶--] F.E. do sth. that doesn't require any extra effort
yīdàixié 一带鞋[-帶-] N. one-strap women's shoes
yīdàizōngjiàng 一代宗匠 F.E. a greatly respected master
yǐ dàjú wéizhòng 以大局为重 V.P. ①emphasize the general interest ② take the whole situation into account
Yìdàlì 意大利 P.W. Italy
yīdāliǎngyòng 一搭两用 F.E. ① make two uses of one thing ② achieve two goals with one endeavor
Yìdàlì ròubǐng 意大利肉饼 N. pizza
yīdàn 一旦 N. in a single day; in very short time ♦CONJ. once; some time or other; whenever
yídàng 怡荡[-蕩] V. <wr.> lead a life of dissipation
yìdàng* 轶/佚荡[-蕩] V.P. unrestrained; easygoing; indulgent
yǐdǎngdàizhèng 以党代政[-黨--] F.E. <pol./PRC> usurpation of government by the Party
yīdàngr 一当儿[-當-] N. <coll.> one event ~ *gēnzhe* ~ one event after another
yīdǎngzhì 一党制[-黨-] N. single-party system
yǐdǎngzhìguó 以党治国[-黨-國] F.E. rule by a political party
yīdǎngzhuānzhèng 一党专政[-黨專-] F.E. one-party dictatorship
yīdàngzi 一档子[-檔-] N. <coll.> the same kind/nature
yīdàngzi shìr 一挡子事儿[-擋---] N. <coll.> ① the same kind of work ② the same group of people
yīdànrtiāo 一担儿挑[-擔--] ID. <topo.> husbands of sisters; brothers-in-law
[1]yīdào* 一道 N. the same doctrine/group/way/means/etc. ♦ADV. together
[2]yīdào 医道[醫-] N. art of healing
yídào 移到 R.V. move to
[1]yìdào 驿道[驛-] N. ① post road ② courier route
[2]yìdào 异道[異-] N. ① different route/path ② different viewpoints
[3]yìdào 刈稻 V.O. cut down rice
yìdàobǐdào 意到笔到[--筆-] F.E. write with ease
yìdàobǐsuí 意到笔随[-筆隨] F.E. write with ease
yǐdàobǔdào 以盗捕盗[-盜-盜] F.E. Set a thief to catch a thief.
yī dào cài 一道菜 N. a course (at a banquet)
yīdàohuò 一道货 N. <derog.> same category/class/kind (of people)
yīdàokǎnr 一道坎儿 N. <coll.> ① a trying situation ② a difficult stretch of terrain
yīdāoliǎngduàn 一刀两断[-斷] F.E. ① make a clean break ② decide categorically
yīdāoqiē 一刀切 V.P. achieve procrustean uniformity
yídǎosù 胰岛素[-島-] N. <med.> insulin
yídǎoxiàn 胰岛腺[-島-] N. <phys.> islets of the pancreas
yǐdàqīxiǎo 以大欺小 F.E. The big bully the small.
yīdǎsānfǎn 一打三反 F.E. <PRC> one thing to attack and three things to oppose (1969–1970)
yīdàshǎng 一大晌 N. <topo.> very long time
yīdàtàng 一大趟 N. <topo.> a long line/row
yīdàtiān 一大天 N. <topo.> ten [2]mǔ of land
yídàtóujiān 遗大投艰[-艱] F.E. vested with important and arduous tasks
yīdàxiē 一大些 N. <topo.> large extent/part
yǐdàyāxiǎo 以大压小[--壓-] F.E. The big coerce the small.
yīdāyīdàng 一搭一档[-檔] F.E. act hand-in-hand with (sb.)
yīdǎyīlā 一打一拉 F.E. carrot and stick
yǐdàyìxiǎo 以大易小 F.E. exchange the great for the small
yīdàzǎo 一大早 N. at dawn
[1]yīdé* 医德[醫-] N. medical ethics
[2]yīdé 一得 N. a good idea
yì de 异的[異-] ATTR. different
yìdé 懿德 N. <wr.> perfect virtue
yǐdébàodé 以德报德[-報-] F.E. One good turn deserves another.
yǐdébàoyuàn 以德报怨[--報-] F.E. return good for evil; requite evil with good
yǐdédàijià 已得代价[-價] N. value received
yǐdéfúrén 以德服人 F.E. win a popular following owing to one's virtue
yǐdégǎnrén 以德感人 F.E. influence others by goodness
yīděng* 一等 N. ① first-class; first-rate ② a category/kind/etc.
yǐděng 乙等 N. second grade
yìděng 异等[異-] V.P. unusual/remarkable (talent/etc.) ♦N. different grade
yīděngbīng 一等兵 N. private first-class (Pfc) M: ge/[1]míng/[2]wèi
yīděnggōng 一等功 N. merit citation, first class
yīděng mìshū 一等秘书[--書] N. first secretary (diplomatic title) M: ge/[1]míng/[2]wèi
yīděngpǐn 一等品 N. first-rate/top-quality product M: ge/[2]jiàn
yīdēngrúdòu 一灯如豆[-燈--] F.E. The light of a rapeseed oil lamp is as small as a pea.
yīdéyīshī* 一得一失 F.E. a gain here, a loss there
yìdéyìshī 易得易失 F.E. Easy come, easy go.
yīdéyīxīn 一德一心 F.E. unanimity in feelings/actions/etc.
yì dé zhě yì shī 易得者易失 F.E. Easy come, easy go.
yīdézhīgōng 一得之功 N. a passing achievement
yīdézhījiàn 一得之见 N. one's personal understanding
yīdézhīyú 一得之愚 N. my humble opinion
yídí 夷狄 N. <trad.> tribes in the east and north
yìdī 抑低 V. restrain; repress; curb; keep down
yìdí 抑籴[-糴] V. forced purchase of grain from the people at low prices
[1]yìdì* 异地[異-] P.W. strange/foreign land
[2]yìdì 义地[義-] P.W. <trad.> potter's field
[3]yìdì 义帝[義-] N. pseudo-emperor; usurper
[4]yìdì 易地 V.O. ① change place/post ② change places ♦ADV. elsewhere
[5]yìdì 义弟[義-] N. younger sworn brother M: ge/[1]míng/[2]wèi
yīdiǎn(r)* 一点(儿)[-點-] N. ① point *Wǒ míngbai zhè ~.* I understand this point. ② an hour ♦ADV. a little; a bit; a small amount *Wǒ ~ dōu bù lèi.* I'm not in the least tired.
yídiǎn 疑点[-點] N. doubtful/suspicious point
yǐdiàn(r/zi) 椅垫(儿/子)[-墊-] N. chair cushion M: ge/[2]zhī/[2]kuài
yìdiàn 译电[譯電] V.O. ① encode/encipher a telegram ② decode/decipher a telegram
yīdiǎnbùjiǎ 一点不假[-點--] F.E. absolutely true
[1]yǐdiǎndàimiàn 以点带面[-點帶-] F.E. Let one unit guide or be a model for a whole area.
[2]yǐdiǎndàimiàn 以点代面[-點--] F.E. fan out from a point to an area
yīdiǎndiǎn(r) 一点点(儿)[-點點-] R.F. a little bit; a bit
yīdiǎnjiùpò 一点就破[-點--] F.E. Once hinted at, it becomes clear.
Yīdiàn Lèyuán 伊甸乐园[-樂園] P.W. <loan> Garden of Eden
yīdiǎnlùn 一点论[-點-] N. the doctrine that everything has only one aspect
yīdiǎnr yīdiǎnr 一点儿一点儿[-點--點-] R.F. little by little
yǐ diànxíng chǔsǐ 以电刑处死[-電-處-] F.E. electrocute
yīdiǎn-yīdī 一点一滴[-點--] N. every little bit
Yīdiànyuán* 伊甸园[-園] P.W. <loan> Garden of Eden; paradise
yìdiànyuán 译电员[譯電-] N. code clerk; cryptographer M: ge/[1]míng/[2]wèi
yīdiǎnzi 一点子[-點-] N. a bit
yìdiànzǔ 译电组[譯電-] P.W. code and cipher section
[1]yídiào 移调 N. <mus.> transposition
[2]yídiào 移掉 V. move away
yídiào yuèqì 移调乐器[--樂-] N. <mus.> transposing instrument M: [2]jiàn/ge
yīdīdīr 一滴滴儿 R.F. a little bit
yídié 移牒 V.O. formal notification addressed to a foreign government organization of corresponding level
yǐdié* 蚁垤[蟻-] N. <wr.> anthill
yī dié kǎpiàn 一叠卡片[-疊--] N. a deck of cards
[1]yìdì'érchǔ 易地而处[-處] F.E. look at a matter from sb. else's viewpoint
[2]yìdì'érchǔ 异地而处[異-處] F.E. change places with another person; be in another man's shoes
yìdì'érjūzhě 易地而居者 N. relocatee M: ge/[1]míng/[2]wèi
yìdìjiērán 易地皆然 F.E. It's the same everywhere.
yìdì jiésuàn 异地结算[異-] N. long-distance transaction
yīdìli 一地里[-裡] P.W. <topo.> everywhere
yìdì liáoyǎng 异地疗养[異-療養] V.P. go elsewhere for recuperation
yīdìng* 一定 ATTR. ① fixed; specified; definite; regular ②certainly; surely; necessarily ③given; particular; certain ④ proper
yídǐng 移鼎 V.O. change a regime/dynasty
yǐdìng 已定 V.P. already settled/established
[1]yìdìng 议定[議-] V. decide (after negotiations)
[2]yìdìng 议订[議-] V. negotiate
yī "dīng" bù shí 一丁不识[-識] V.P. be illiterate
yǐdìng de yìyì 已定的意义[-義] N. <lg.> established sense
yīdīngdiǎn(r) 一丁点(儿)[--點-] N. <coll.> a wee bit
yīdīngdīngr 一钉钉儿 R.F. <coll.> a tiny bit/speck/trifle
yìdìng héyuē 议订和约[議-] V.O. negotiate a peace treaty
yìdìngshū 议定书[議-書] N. protocol M: [1]fèn
yìdìng wénběn 议定文本[議-] N. agreed text M: [1]fèn
yīdīngxīngr 一丁星儿 N. <topo.> a little bit
yīdìngzhīguī 一定之规 N. ① fixed pattern ② one's own way
yǐdìngzuìzhě 已定罪者 N. convicted person M: ge/[1]míng
Yīdìpàsī qíngjié 伊底帕斯情结 N. <psy.> Oedipus complex
yīdìqū 一地区[-區] P.W. a belt; a stretch
yīdiūdiǎnr 一丢点儿[--點-] N. <coll.> tiny bit; trifle
yīdiūdiūr 一丢丢儿 R.F. <coll.> tiny bit; trifle
yīdiūjiùwàng 一丢就忘 F.E. out of sight, out of mind
Yīdìyǔ 依地语 N. <lg.> Yiddish
yìdì zé jiērán 易地则皆然 F.E. It is the same everywhere.
yīdìzhǐ 一地址 ATTR. one-address; single-address
yīdōng 一冬 N. one winter season

yīdòng(r) 一动(儿)[-動-] N. a move; a jerk; a jolt ♦V.P. move once ♦ADV. ① easily; readily ② at every turn ♦CONS. <coll.> ~ *jiù V* V at the drop of a hat (have the desire to do sth.)
yídòng* 移动[-動] R.V. move; shift
yìdōng 以东 SUF. to the east of . . .
yìdòng 蚁动[蟻動] V. swarm like ants; formicate
yìdǒng 易懂 V.P. easy to understand/comprehend
yìdòng 异动[異動] N. ① unusual action ② changes; reshuffle
yídòngbì 移动臂[-動-] N. <mach.> mobile/movable arms
yī dòng bù dòng 一动不动[-動-動] V.P. keep the body absolutely still
yī dòng bùrú yī jìng 一动不如一静[-動---靜] F.E. Inaction is better than action.
yídōngbǔxī 移东补西[--補-] F.E. rob Peter to pay Paul
yídòng diànhuà 移动电话[-動電-] N. cellular/portable telephone M: [1]*jià*/[2]*bù*/*ge*
yídòng fùcí 移动副词[-動--] N. <lg.> movable adverb
yídòng jiāodiǎn 移动焦点[-動-點] N. <lg.> movable focus
yídòng jìhuà 移动计划[-動-劃] N. a periodic projection M: [3]*xiàng*
yídòng jīqìrén 移动机器人[-動---] N. mobile robot
yídònglǜ 移动率[-動-] N. rate of movement
yídòngshì 移动式[-動-] ATTR. movable; mobile
yídòng tōngxìn 移动通信[-動--] N. mobile communications
yídòng tōngxùnyè 移动通讯业[-動--業] P.W. portable-communications industry
yídòngxìng 移动性[-動-] N. movability
yīdòngyīdòng 一动一动[-動-動] R.F. move intermittently
yīdōu(r) 衣兜(儿) N. pocket
yídòu* 疑窦[-竇] N. <wr.> cause for suspicion
yīdōugǒu 衣兜狗 N. lapdog
yídòuquánxiāo 疑窦全消[-竇--] F.E. All doubt was removed.
Yīdòu Zhūdǎo 伊豆诸岛[-島] P.W. Izu Archipelago (Jp.)
yīdú 一读[-讀] V.P. first reading
yīdù* 一度 N. once; on one occasion; for a time *Wǒmen ~ shì hǎo péngyou.* We were once good friends.
yídú 遗毒 N. ① evil legacy ② pernicious influence ③ congenital syphilis
[1]**yìdú** 异读[異讀] N. <lg.> variant pronunciation
[2]**yìdú** 易读[-讀] V.P. readable
[1]**yìdù** 逸度 N. elegant air; refined manner
[2]**yìdù** 亿度[億-] V. estimate
yīduān 一端 N. ① one aspect/side of the matter ② one end
yíduān 疑端 N. doubtful point
yìduān* 异端[異-] N. heterodoxy; heresy
yìduàn 臆断[-斷] V. assume; suppose
yìduàn de 臆断的[-斷-] ATTR. arbitrary
yīduànluò 一段落 N. one period/episode
yǐduàntóuluǎn 以碫投卵 F.E. combat the weak with the strong
yìduān-xiéshuō 异端邪说[異-] N. heresy
yīdùdiàn 一度电[-電] N. kilowatt hour
yǐdúgōngdú 以毒攻毒 F.E. meet fire with fire
yǐdùhòuhuàn 以杜后患[--後-] F.E. forestall future trouble
yíduì 仪队[儀隊] P.W. honor guard
yī duì bìrén 一对璧人[-對--] N. ideal couple (of newlyweds)
yī duì dādàng 一对搭档[-對-檔] N. a pair
yīduìyī 一对一[-對-] ATTR. one-to-one
yīduìyī duìděngcí 一对一对等词[-對-對--] N. <lg.> one-to-one equivalent
yīduìyī duìyìng 一对一对应[-對-對應] N. <lg.> one-to-one correspondence
yīduìyī duìyìngcí 一对一对应词[-對-對應-] N. <lg.> one-to-one correspondent
yīduìyī fānyì 一对一翻译[-對--譯] N. binary translation
yī duì yuàn'ǒu 一对怨偶[-對--] N. an ill-matched couple
yīdūluò 一嘟络 N. <coll.> a bunch; a cluster
yī dùn chòumà 一顿臭骂[-頓-罵] V.P. give sb. a good dressing-down
yī dùn dúdǎ 一顿毒打 V.P. give sb. a severe beating
yìduō 益多 A.T. more and more
yìduó* 臆度 V. <wr.> ① surmise ② guess/conjecture
yīduōbàn 一多半 N. the greater part
yīduòliǎngduàn 一剁两段 F.E. cut into two at a stroke
yīduǒluo 一朵落 N. <coll.> a cluster; a bunch
yǐduōshèngshǎo 以多胜少[--勝-] F.E. use a large force to defeat a small one
yǐ duōshùpiào jībài 以多数票击败[--數-擊-] V.P. outvote
[1]**yǐduōwéishèng** 以多为胜[-勝] F.E. ① crush an enemy by numerical superiority ② make up by numbers
[2]**yǐduōwéishèng** 倚多为胜[-勝] F.E. win by sheer numbers
yīduōzàiduō 一多再多 V.P. more and yet more
yīdù shāoshāng 一度烧伤[-燒傷] N. first-degree burn
yìdúxìng 易读性[-讀-] N. readability
yǐ dúzhě wéi qǔxiàng de 以读者为取向的[-讀-----] ATTR. <lg.> reader-oriented
yìdùzhí 易度值 N. <lg.> facility value
yīdùzi* 一肚子 N. <coll.> a bellyful; a stomachful
yìdúzì 异读字[異讀-] N. a character with variant pronunciations
yīdùzi āngzang jì 一肚子肮脏计[---骯髒-] N. <topo.> be full of treachery
yīdùzi guǐ 一肚子鬼 N. <coll.> be full of treachery
yīdùzi láosāo 一肚子牢骚 N. <coll.> be full of grievances
yīdùzi qì 一肚子气[-氣] N. fury; indignation
yīdùzi wōnángqì 一肚子窝囊气[---窩-氣] N. <coll.> be filled with grievances
yī'é 衣蛾 N. clothes moth M: [2]*zhī*
yì'é 溢额 N. the amount in excess; excess; overage; surplus
[1]**yì'è*** 抑遏 V. curb; repress; restrain
[2]**yì'è** 溢恶[-惡] V. be excessively abusive
yǐ'èbào'è 以恶报恶[-惡報惡] F.E. give tit for tat
yǐ'échuán'é 以讹传讹[--傳-] F.E. compound errors
yǐ'èkàng'è 以恶抗恶[-惡-惡] F.E. oppose evil with evil
yǐ'ēnbàodé 以恩报德[--報-] F.E. recompense kindness with kindness
yī-èr* 一二 NUM. one or two; just a few/little
yí'èr 疑贰 V. be of two minds because of suspicion
yǐ'ér 已而 V.P. ① later on; shortly afterwards ② <wr.> that's all, simply that; no more ③ giving up one's vain pursuit
yī-èr bàoshù 一二报数[-報數] V.P. <mil.> call out "one, two - one, two"
yì'érbùjué 议而不决[議-決] F.E. discuss sth. without reaching decision
yǐ'ěrdàimù 以耳代目 F.E. rely upon hearsay instead of seeing for oneself
yī ér èr, èr ér yī 一而二,二而一 F.E. exactly the same thing
Yī'èr-Jiǔ Yùndòng 一二九运动[-運動] N. <hist.> December 9th Movement (1935 anti-Japanese demonstrations)
yī ér zài, zài ér sān 一而再,再而三 F.E. again and again
yīfā 一发[-發] ADV. ① (even) more ② together *See also fā*
yīfǎ* 依法 V.O. according to law
yífǎ 遗法 N. handed-down conventional practice
[1]**yìfā** 益发[-發] ADV. all the more; increasingly
[2]**yìfā** 亦发[-發] ADV. simply
yìfà 义发[義髮] N. false hair
yī fā bùkěshōushí 一发不可收拾[-發----] V.P. get out of hand
yìfádàixíng 以罚代刑 F.E. replace punishment with a fine
yī fā ér bùkě shōu 一发而不可收[-發----] V.P. be impossible to halt once started
yǐfā gǔběn 已发股本[-發--] N. capital stock outstanding
yǐ fǎlǜ wéi zhǔnshéng 以法律为准绳[-準繩] V.P. take law as the criterion
yīfǎn* 一反 V. contrary to or reversal of (past practice, behavior, etc.)
[1]**yífàn** 遗范[-範] N. good example set by our predecessors
[2]**yífàn** 疑犯 N. a criminal suspect M: *ge*/[1]*míng*
[3]**yífàn** 仪范[儀範] N. ① demeanor ② model of conduct
yìfàn 懿范[-範] N. a fine example of womanly virtue
yīfānánshōu* 一发难收[-發難-] F.E. Once started it can hardly stop.
yìfānánshōu 易发难收[-發難-] F.E. easy to start but hard to stop
yì fā nán zhì 易发难制[-發難-] V.P. It's easier to start something than to stop it.
yīfǎnchángtài 一反常态[-態] F.E. be/act out of character
yīfānfēngshùn 一帆风顺 F.E. plain/smooth sailing
[1]**yīfāng*** 医方[醫-] N. prescription M: [1]*zhāng*/[1]*fēn*
[2]**yīfāng** 一方 N. ① area; region ② party (in a contract/etc.); one side
yífáng 移防 V. be shifted elsewhere for garrison duty
yǐfáng 以防 V.P. avoid
[1]**yìfāng** 异方[異-] P.W. foreign land
[2]**yìfāng** 义方[義-] N. <wr.> the right way of conduct
yǐfángbùcè 以防不测 F.E. provide against any misfortune
yǐfánghòuhuàn 以防后患[--後-] F.E. guard against future evil
yī fāngmiàn 一方面 CONJ. on one side ♦CONS. ~ . . ., ([1]*lìng*) ~ . . . on the one hand. . ., on the other hand. . .; for one thing. . ., for another. . .
yìfàngnánshōu 易放难收[--難-] F.E. It's easier to indulge in an expensive habit than to get rid of it.
yìfāngshūsú 异方殊俗[異-] F.E. different customs in alien countries
yǐfángwànyī 以防万一[--萬-] F.E. be prepared for all contingencies; provide against emergencies
yīfāngzhījì 一方之寄 N. a responsible government position which carries considerable authority
yìfāngzhījiào 义方之教[義-] N. instruction in the principle of justice
yīfāngzhīrèn 一方之任 N. a responsible government position which carries considerable authority
yī fān hánxuān 一番寒暄 F.E. an exchange of amenities
yī fān hǎoyì 一番好意 N. good will/intentions; a piece of kindness
yīfànqiānjīn 一饭千金 ID. reward a benefactor handsomely; requite an obligation generously
yīfànzhī'ēn 一饭之恩 N. the gift of a meal
yīfàqiānjūn 一发千钧[-髮--] F.E. in imminent peril
yǐ fǎ zhìguó 以法治国[-國] V.P. run the country according to law
yǐ fǎ zhìshuì 以法治税 V.P. collect taxes according to law
yǐfèi 已废[-廢] ATTR. ① abandoned; abolished ② waste; useless; disused ③ deposed; dethroned ④ <lg.> obsolete
yīfēichōngtiān 一飞冲天[-飛沖-] F.E. soar up into the sky with one start

Y

yìfēiquánhuài 亦非全坏[-壞] F.E. not altogether bad

[1]**yìfèn** 义愤[義-] N. righteous/moral indignation

[2]**yìfèn** 悒愤 V.P. resentful

yífēng* 遗风 N. custom handed down from the past

yǐfēng 蚁封[蟻-] N. ant hill

yìfēng 义风[義-] N. a prevailing sense of justice

yǐfēngbǔqiàn 以丰补歉[-豐補-] F.E. ① store up in fat years to make up for lean ones ② have high-yield areas help low-yield areas ③ make up for possible shortages with a surplus

yīfēngchuī 一风吹 V.P. ① cancel everything/completely ② become popular all of a sudden

yī fēn gēngyún 一分耕耘 N. one's share of work ~, *yī fēn shōuhuò.* Work hard and you'll be rewarded.

yífēngyìsú 移风易俗 F.E. transform social traditions

yífēngyúliè 遗风余烈 F.E. customs and influences handed down from past generations

yìfènjī'áng 义愤激昂[義-] F.E. be aroused to righteous indignation

yī fēn jiàqián yī fēn huò 一分价钱一分货[--價錢---] F.E. You get what you pay for.

yī fēn qián yī fēn huò 一分钱一分货[--錢---] F.E. You get what you pay for.

yī fēn shōuhuò 一分收获[-穫] N. one's due reward *Yī fēn gēngyún, ~.* Work hard and you'll be rewarded.

yìfèntiánxiōng 义愤填胸[義-] F.E. be filled with righteous indignation

yìfèntiányīng 义愤填膺[義-] F.E. be filled with righteous indignation

yīfēnwéi'èr 一分为二 F.E. ① One divides into two. be two-sided ② There are two sides to everything. ③ see both sb.'s good points and shortcomings

yī-fēnzhōng xiǎoshuō 一分钟小说[--鐘--] N. mini-story M: [1]*piān*

yī-fēnzhōng zhàoxiàng 一分钟照相[--鐘--] N. instant photography M: [1]*zhāng*

yī fènzǐ 一分子 N. one member (of an organization); one element

yīfu* 衣服 N. clothing; clothes M: [2]*jiàn*

yīfū 一夫 N. ① a single person ② a solitary person (abandoned by others)

yīfù 依附 V. ① depend on; attach oneself to ② submit to

yífu 姨夫/父 N. husband of one's maternal aunt; uncle M: *ge/*[2]*wèi*

yǐfǔ 颐辅 N. cheek

yífù 遗腹 ATTR. posthumous

yǐfú 倚伏 V. ① <*wr.*> be causally related ② bend over ③ contrast

Y

[1]**yǐfù** 倚负 V. rely on; depend on

[2]**yǐfù** 蚁附[蟻-] V. swarm over like ants

yìfū 役夫 N. laborer; servant M: *ge/*[1]*míng*

[1]**yìfú** 意/义符[義-] N. <*lg.*> ① ideograph; ideogram ② radical; signific; determinative; semantic complement

[2]**yìfú** 异服[異-] N. outlandish costume; strange clothing

[3]**yìfú** 刈幅 N. swath

yìfǔ 易腐 V.P. perishable

[1]**yìfù** 义父[義-] N. ① adoptive father ② foster father M: *ge/*[2]*wèi*

[2]**yìfù** 异父[異-] N./ATTR. different fathers (but the same mother)

[3]**yìfù** 议付[議-] N. negotiation

yìfǔbàiyè 诣府拜谒 F.E. <*court.*> come to your house to pay a visit

yīfūdāngguān 一夫当关[-當關] F.E. hold/defend a key position single-handedly

yǐfù dìngkuǎn 已付定款 N. down payment

yīfū-duōqī 一夫多妻 N. polygyny

yīfū-duōqīzhì 一夫多妻制 N. polygyny

yìfǔhuò 易腐货 N. perishable goods

yìfūjiéfù 义夫节妇[義-節婦] F.E. righteous husbands and faithful wives

yīfūkěshǒu 一夫可守 F.E. can be defended by one man

yìfǔlànxìng 易腐烂性[--爛-] N. perishability

yīfuliào 衣服料 N. fabric M: [2]*kuài*

yìfú tóngyìcí 意符同义词[---義-] N. <*lg.*> ideographic synonym

yìfú wénzì 意符文字 N. <*lg.*> ideographic writing

yīfùxìng císù 依附性词素 N. <*lg.*> bound morpheme

yìfù xiōngdì 异父兄弟[異-] N. half brothers

yǐfùyǎngnóng 以副养农[-養農] F.E. support agriculture with sideline production

yīfū-yīqī 一夫一妻 N. monogamy

yīfū-yīqīzhì 一夫一妻制 N. monogamy

yīfùzhòngxiū 一傅众咻[--眾-] F.E. ① Too many detractors can undo the teachings of the wise. ② fruitless teaching

yífùzǐ 遗腹子 N. child born after the father's death M: *ge/*[1]*míng*

yīgài 一概 ADV. one and all; without exception; totally; categorically

yīgài bù lǐ 一概不理 V.P. categorically ignore

yīgài'érlùn 一概而论 F.E. ① treat (different matters) as the same; stereotype ② generalize

yīgǎiguzhé 一改故辙 F.E. cut loose from old habits

yīgàiqíyú 一概其余 F.E. draw inferences about other cases from one instance

yī gān* 一干 N. <*coll.*> ① a related group ② all those involved

yǐgān 乙肝 N. hepatitis B

yī gān dàodǐ* 一竿到底 V.P. carry sth. down to the grassroots level *See also* *yī gānzi chā dàodǐ*

yī gàn dàodǐ 一干到底[-幹--] V.P. go right to the end with what one has begun

yīgān'èrjìng 一干二净[-乾-淨] F.E. ① thoroughly; completely ② thoroughly cleaned-up

yīgāngdàimù 以纲带目[-綱帶-] F.E. use the key link to set everything else in motion

yīgāngwéigāng 以钢为纲[-鋼-綱] F.E. take steel as the key link

yìgānhùbǔ 异干互补[異-補] V.P. <*lg.*> supplete

yīgānjìndòng 一杆进洞[--進-] F.E. (golf) hole in one

yī gān rénfàn 一干人犯 N. ① the criminals and all those involved in a case ② a bunch of criminals

yī gān rénzhèng 一干人证[-證] N. all the witnesses relevant to a case

yìgǎnxìng 易感性 N. susceptibility; susceptivity

yìgǎnzhě 易感者 N. <*med.*> a susceptible person M: *ge/*[1]*míng/*[2]*wèi*

yī gānzi chā dàodǐ 一竿子插到底 V.P. carry a task down to the grass-roots level

yígǎo* 遗稿 N. posthumous manuscript M: [1]*piān/*[2]*bù*

yìgǎo 译稿[譯-] N. manuscript of a translation M: [1]*piān/*[2]*bù*

yìgāodǎndà 艺高胆大[藝-膽-] F.E. ① Boldness of execution stems from superb skill. ② One will be brave if he has high skills.

yìgé 逸格 N. <*wr.*> masterpiece

yīgè-bàngèr 一个半个儿[-個-個-] N. one or two of sth.

yī ge bāzhang pāi bu xiǎng 一个巴掌拍不响[-個----響] F.E. It takes two to make a quarrel.

yī ge bíkǒng chūqì 一个鼻孔出气[-個---氣] ID. have the same evil thoughts

yī gēda 一疙瘩 N. <*topo.*> knot; hard lump

yī ge dīngzi yī ge yǎn 一个钉子一个眼[-個---個-] ID. give tit for tat

yī gēdǔ 一圪堵 N. <*topo.*> bunch; cluster; string

yī gēdui 一疙堆 N. <*topo.*> a bunch; a cluster; a string of

yīgègè(r) 一个个(儿)[-個個-] R.F. each/every one ♦ ADV. one by one

yīgèguòr 一个过儿[-個--] ADV. thoroughly

yígěi 遗给 V. will/bequeath to

yī ge jiāngjūn yī ge lìng 一个将军一个令[-個將--個-] ID. New lords, new laws.

yī gè jìn(r) 一个劲(儿)[-個勁-] ADV. continuously; persistently

yī ge luóbo yī ge kēng 一个萝卜一个坑[-個蘿--個-] ID. ① everybody has his own task ② be dependable

yī gēn biǎndan tái dàodǐ 一根扁担抬到底[---擔---] ID. <*topo.*> loyal and unswerving; patient and untiring

yīgēnbóliánggǔ 一根脖梁骨 F.E. <*topo.*> rigid; inflexible; stubborn

yǐgēngdì 已耕地 P.W. cultivated land

yī gēn jīn 一根筋 N. ① one muscle/tendon/fiber ② <*coll.*> stubborn; inflexible

yī gēn zhāqiāng 一根扎枪[-槍] N. <*coll.*> a lance; a spear

yī ge pūhǔr 一个扑虎儿[-個撲--] N. <*topo.*> pouncing

yīgèr-bùgèr 一个儿不个儿[-個--個-] V.P. <*coll.*> not even a single one

yī ge shíchen 一个时辰[-個時-] N. ① a period of two hours ② <*coll.*> a time

yī ge shù 一个数[-個數] <*coll.*> N. one hundred yuan

yī ge xīnyǎnr 一个心眼儿[-個---] N. ① devotedly ② single-mindedly; of one mind

yī ge yàngr 一个样儿[-個樣-] N. identical; simiiar

yī ge yòu yī ge 一个又一个[-個--個] ADV. one by one

yī ge Zhōngguó zhèngcè 一个中国政策[-個-國--] N. one-China policy

yī ge zìyóudù 一个自由度[-個---] N. one degree of freedom

yīgōng 一工 N. day's work done by a laborer

yīgòng* 一共 ADV. altogether; in all; all told

yìgōng 义工[義-] N. volunteer worker M: *ge/*[1]*míng/*[2]*wèi*

yǐgōngbǔnóng 以工补农[-補農] F.E. develop rural industry to support agriculture

yǐgōngdàigàn 以工代干[-幹] F.E. appoint a worker as an official

yǐgōngdàizhèn 以工代赈 F.E. relieve disaster with work program

yìgōngduì 艺工队[藝-隊] P.W. performing-arts team; arts troupe M: [4]*zhī*

yígōnghuànyǔ 移宫换羽[-宮換-] F.E. variation of a musical theme

yīgōnghuór 一工活儿 N. work that fits women

yǐgōngjìsī 以公济私[--濟-] F.E. further one's private ends by means of official resources

yìgōngnánshǒu 易攻难守[--難-] F.E. easy to attack and hard to defend

yǐgōngwéishǒu 以攻为守 F.E. make a preemptive attack

yìgōngyìnóng 亦工亦农[-農] F.E. be both worker and peasant

yīgōu(r)* 衣钩(儿)[-鉤-] N. clothes hook M: *ge/*[2]*zhī*

[1]**yìgòu** 议购[議購] V. buy at a negotiated price

[2]**yìgòu** 异构[異構] N. <*chem.*> isomerism

yìgòutǐ 异构体[異構體] N. <*chem.*> isomer

yígū* 遗孤 N. orphan M: *ge/*[1]*míng*

[1]**yígǔ** 遗骨 N. remains (of the deceased)

[2]**yígǔ** 疑古 V.O. be skeptical of antiquity

[1]**yǐgù** 已故 V.P. deceased; late

[2]**yǐgù** 以故 CONJ. <*wr.*> therefore; so

yìgù 意故 N. reason

yǐguǎdízhòng 以寡敌众[-敵眾] F.E. fight against heavy odds

yīguǎi-yīguǎi 一拐一拐 R.F. <*coll.*> in a limping fashion

[1]**yī-guān** 衣冠 N. ① hat and clothes; dress ② the appearance of a gentleman; the gentry

[2]**yīguān** 医官[醫-] N. ① military doctor ② faculty of a public hospital M: *ge/*[1]*míng/*[2]*wèi*

yīguǎn 医馆[醫-] P.W. ① hospital ② doctor's office

[1]**yīguàn*** 一贯 ATTR. consistent; persistent; all along

[2]**yīguàn** 医贯[醫-] V.P. <*Ch. med.*> thorough knowledge of medicine
yíguān 仪观[儀觀] N. manner; bearing
yìguān 译官[譯-] N. interpreter M: *ge*/[1]*míng*/[2]*wèi*
yìguǎn 驿馆[驛-] P.W. post house; courier station/house M: [1]*jiā*
yīguānbànzhí 一官半职[-職] F.E. ① unimportant official post ② some official post or other
yīguānbùzhěng 衣冠不整 F.E. be sloppily dressed
yīguānchǔchǔ 衣冠楚楚 F.E. be immaculately dressed
Yīguàndào 一贯道 N. reactionary secret society under the cover of religious activities
yīguǎndí 一管笛 N. a flute
yīguàn fāngzhēn 一贯方针 N. consistent policy
yǐguǎngzhāolái 以广招徕[-廣--] F.E. so as to attract more customers; with a view to promoting sales
yǐguānhòuxiào 以观后效[-觀後-] F.E. (lighten a punishment and) see how the offender behaves
yǐguǎnkuītiān 以管窥天 F.E. look at the sky through a tube
yīguānmù 衣冠墓 N. cenotaph M: [4]*zuò*
yīguānqínshòu 衣冠禽兽[-獸] F.E. beast in human clothing/attire
yī-guān wénwù 衣冠文物 N. civilization and culture
yīguàn xiàlai 一贯下来 V.P. continuous; consistent; all along
yīguānxiāojìng 衣冠枭獍[--梟-] F.E. a beast in human attire
yīguànxìng 一贯性 N. consistency
yīguānzhàngshì* 依官仗势[-勢] F.E. rely on an official and take advantage of his influence
yǐguānzhàngshì 倚官仗势[-勢] F.E. count on one's powerful connections; presume on official power
yīguànzhì 一贯制 N. well-established system
yī-guānzhǒng 衣冠冢 N. tomb containing personal effects of the deceased but not his remains M: [4]*zuò*
yī-guān zhōng rén 衣冠中人 N. the gentry
yī gǔcāng 一谷仓[-穀倉] N. a barnful
yīgǔ'érjiān 一鼓而歼[-殲] F.E. finish off at one blow; annihilate at one stroke
yīgǔ'érxià 一鼓而下 F.E. conquer (a city or strategic point) in an overpowering attack
yǐgǔfēijīn 以古非今 F.E. disparage the present by extolling the past
yī gǔ fēng 一股风 N. ① a gust of wind ② sth. fleetingly the rage
yǐgǔfěngjīn 以古讽今 F.E. use the past to satirize the present
yīguī 依归[-歸] CONJ. ① according to ② <*wr.*> depending on ♦N. reliance
yīguì* 衣柜[-櫃] N. wardrobe; armoire M: *ge*/[2]*zhī*
yíguǐ 移晷 V.P. <*wr.*> time passes
yīguīwéizhèn 以规为瑱 F.E. pay no attention to another's advice
yīgǔjie* 一股节[-節] F.E. <*coll.*> disjointed; disconnected; bit by bit
yīgǔjié 一骨节[-節] N. <*coll.*> a section; a length; a stretch
yī gūjier de língchī 一箍节儿的零吃[--節---] N. <*topo.*> snack in dribs and drabs
yīgǔjìn(r) 一股劲(儿)[--勁-] ADV. insistently; doggedly; without let-up; in one vigorous effort ♦N. diligence; drive
yīgǔjìn de měnggàn 一股劲地猛干[--勁--幹] V.P. <*coll.*> work feverishly
yīgǔjùjiān 一鼓聚歼[-殲] F.E. wipe out all at one stroke
yīgǔkědé 一鼓可得 F.E. achieve in one beat of the drum
yīgǔlǒngzǒng 一股拢总[-總] ADV. together (in using strength/etc.)
yīgūlu 一骨碌 <*coll.*> N. ①coil; loop ②section; stump ♦ATTR. tumbling; rolling ♦ADV. in a gulp; in one fell swoop
yīgūlún 一骨轮 N. <*coll.*> in one fell swoop
yīgǔnǎo(r) 一股/古脑(儿)[--腦-] N. <*topo.*> completely; root and branch
yī gùnzi dǎsǐ 一棍子打死 V.P. finish off with one blow
yīguó 医国[醫國] V.O. cure a country of its ills
yíguó 移国[-國] V.O. usurp political power
yǐguò 已过 V.P. be already past
yìguó* 异国[異國] P.W. foreign country
yīguōduān 一锅端[-鍋-] V.P. ① get rid of completely ② round up all enemies in one fell swoop ③ express opinions completely
yīguòjiùwàng 一过就忘 F.E. Out of sight, out of mind.
yīguóliǎngzhì 一国两制[-國--] F.E. <*pol.*> one country, two systems
yīguǒnǎozi 一裹脑子[--腦-] N. <*topo.*> completely; thoroughly; entirely
yìguó qíngdiào 异国情调[異國-] N. an exotic atmosphere; an exotic touch in a foreign land
yīguósāngōng 一国三公[-國--] F.E. divided leadership
yǐguǒwéiyīn 以果为因 F.E. take the effect for the cause
yìguǒzhēnxiū 异果珍馐[異-] F.E. rare fruits and delicacies
yī guō zhōu 一锅粥[-鍋-] N. <*coll.*> ① a pot of congee ② a mess
yī guō zhǔ 一锅煮[-鍋-] V.P. handle two different problems in the same way
yīgǔqì(r) 一股气(儿)[--氣-] N. <*coll.*> in one breath; continuously
yī gǔ rèjìn(r) 一股热劲(儿)[--熱勁-] N. <*coll.*> a spurt of affection
yī gǔ shǎjìn 一股傻劲[--勁] N. great enthusiasm
yīgǔshuō 一股/古说 V.P. <*topo.*> generally speaking
yīgǔzi 一股子 N. a somersault
yīgǔzuòqì 一鼓作气[-氣] F.E. ① press on to finish without letup ② accomplish with one effort
yíhái* 遗骸 N. remains of the dead; corpse; carcass
[1]**yíhài** 贻害 V. leave a legacy of trouble (to sb.)
[2]**yíhài** 遗害 N. disastrous aftermath
yǐhài 乙亥 N. 12th year of the Sexagenary Cycle (1875, 1935, 1995 etc.)
yíhài hòurén 贻害后人[--後-] V.O. bring calamity upon posterity
yíhàiwúqióng 贻/遗害无穷[-窮] F.E. involve/have endless troubles; cause never-ending trouble
yíhàn* 遗憾 S.V./N. regret; pity
yìhán 意含 N. <*lg.*> connotation
yīháng(r)* 一行(儿) N. a profession/field
yíháng 移行 V.O. hyphenate at the end of a line
yīhánrúcǐ 一寒如此 F.E. be down and out
yíhàn zhōngshēn 遗憾终身 V.P. regret sth. to the end of one's days
yíhàn zhōngshēng 遗憾终生 V.P. regret sth. to the end of one's days
yīháo(r) 一毫(儿) N. a small bit
yīhào(r)* 一号(儿)[-號-] N. ① number one ②the first day of a month ③size one (of clothes/etc.) ④ <*slang*> toilet
yìháo 邑豪 N. village bully
yīhào diànchí 一号电池[-號電-] N. D battery
yī hǎo zhē bǎi chǒu 一好遮百丑[-醜] F.E. For one good deed a hundred ill deeds should be overlooked.
yīhé 一何 ADV. Why?; Wherefore?
[1]**yíhé** 怡和 V.P. <*wr.*> ① on pleasant terms ② affable; genial ♦N. EWO (Jardine, Matheson & Co.)
[2]**yíhé** 宜合 N. <*lg.*> problematic judgment
[1]**yǐhé** 蚁合[蟻-] V. swarm to a place from all sides
[2]**yǐhé** 齮龁[-齕] V. ① bite; gnaw ② grudge; squeeze out able men out of jealousy
[1]**yìhé*** 议和[議-] V.O. negotiate peace
[2]**yìhé** 议合[議-] V. discuss together
yìhéfǎ 意合法 N. <*lg.*> parataxis
yìhéjī 刈禾机 N. reaper; reaping machine M: [1]*tái*
yǐ héjiě jiějué 以和解解决[-決] V.P. settle by compromise
yíhén 遗痕 N. vestige
yíhèn* 遗恨 N. eternal regret
yíhènmiánmián 遗恨绵绵 F.E. a lasting remorse
yíhènzhōngshēn 遗恨终身 F.E. regret all one's life
yìhéshì 意合式 N. <*lg.*> parataxis
yīhétong 依合同 F.E. by contract
Yìhétuán 义和团[義-團] N. <*hist.*> Boxers (1900)
Yìhétuán yùndòng 义和团运动[義-團運動] N. <*hist.*> Boxer Rebellion (1900)
Yíhéyuán 颐和园[-園] P.W. Summer Palace (in Beijing)
yǐhéyúshān 蚁合于膻[蟻-於-] F.E. Ants swarm to rankness.
yìhóngbà 溢洪坝[-壩] N. overflow dam M: [4]*zuò*
yìhóngdào 溢洪道 N. spillway M: [1]*tiáo*
yīhōng'érchū 一哄而出 V.P. rush noisily out
yīhōng'érqǐ 一哄而起 V.P. rush headlong into mass action
yīhōng'érsàn 一哄而散 V.P. ① disperse in a hubbub ② abruptly stop initiated projects
yīhōng'érshàng 一哄而上 V.P. roused to precipitate action
yī hóng qīng bì 一泓清碧 N. a pond of clear water
yī hóng qiūshuǐ 一泓秋水 N. an expanse of limpid water in autumn
yǐhóngwēicuì 倚红偎翠 ID. frequent brothels
[1]**yǐhòu*** 以后[-後] ADV. after; afterwards; later; hereafter
[2]**yǐhòu** 蚁后[蟻-] N. queen (of an ant colony)
[1]**yìhóu** 邑侯 N. former district magistrate
[2]**yìhóu** 疫喉 N. throat infection
yìhòu biānjí 译后编辑[譯後-] N. <*lg.*> post-translation editing; post-editing
yī hòu kuài 一厚块[-塊] N. a thick chunk
yìhóushā 疫喉痧 N. scarlet fever
yīhòushǎng 一后晌[-後-] N. <*topo.*> all afternoon
yíhòuyè 移后页[-後-] N. <*acct.*> balance carried down
yīhù* 医护[醫護] N. doctors and nurses
yíhū 宜乎 ADV. fittingly; rightly
yìhù 翼护[-護] V. shield sb. with one's own body
yīhuà 医话[醫-] N. <*Ch. med.*> ① medical notes ② medical essay
[1]**yìhuà*** 异化[異-] N. ① <*phil.*> alienation ② <*lg.*> dissimilation
[2]**yìhuà** 逸话 N. anecdote
yíhuācáncǎo 遗花残草[--殘-] F.E. discarded flowers and trampled grass
yìhuāchuánfěn 异花传粉[異-傳-] N. cross-pollination
yīhuādúfàng 一花独放[--獨-] F.E. Only one flower is allowed to bloom.
yīhuādúfàng bù shì chūn 一花独放不是春[--獨----] ID. One swallow does not make a summer.
yíhuājiēmù 移花接木 F.E. ① <*agr.*> graft; join scion and stock ② pawn off one thing for another ③ palm off the spurious as genuine
yī huála 一划拉 F.E. <*coll.*> slapdash; perfunctory
yìhuàlùn 异化论[異-] N. theory of alienation
[1]**yíhuàn** 贻患 V.O. ① sow seeds of disaster ② leave a legacy of trouble
[2]**yíhuàn** 遗患 N. calamity
[3]**yíhuàn** 移换[-換] V. change (places/seats/etc.)
[1]**yǐhuán*** 已还[-還] V. already repaid
[2]**yǐhuán** 以还[-還] V.P. since
yīhuàng(r)* 一晃(儿) V. pass in a flash ♦ADV. in a fast manner; in an instant; in a short period

yìhuáng 疫蝗 N. plague locust
yī huán kòu yī huán 一环扣一环[-環--環] V.P. a closely linked succession; closely linked
yíhuànwúqióng 遗患无穷[-窮] F.E. a constant source of further troubles
yīhuán-yībào 一还一报[-還-報] V.P. tit for tat; eye for an eye
yī huán zhé quán liàn duàn 一环折全链断[-環---斷] F.E. With one link broken, the whole chain is broken.
yìhuāqímù 异花奇木[異-] F.E. rare flowers and trees
yìhuāshòufěn 异花授粉[異-] N. cross-pollination
yìhuāshòujīng 异花受精[異-] N. cross-fertilization
yìhuà xiànxiàng 异化现象[異-] N. <lg.> dissimilation
yǐhuázhìhuá 以华制华[-華-華] F.E. play off one group of Chinese against the other
yìhuà zuòyòng 异化作用[異-] N. <bio.> ① dissimilation ② differentiation
yīhūbǎinuò 一呼百诺 F.E. have hundreds at one's beck and call
yīhūbǎiyìng 一呼百应[-應] F.E. hundreds respond to a single call
yīhùbīng 医护兵[醫護-] N. medical officer M: *ge/[1]míng/[2]wèi*
yìhūchángrén 异乎常人[異-] F.E. different from ordinary men
yī hú cù qián 一壶醋钱[-壺-錢] N. <coll.> pittance; trifling sum
yīhuí 一回 N. ① once; one time ② one chapter
yīhuì(r) 一会(儿) *See yīhuì*
yīhuì(r) 一会(儿) N. a little while ♦CONS. ~ *A* ~ *B* one moment A the next B ~ *kū* ~ *xiào* cry one moment and laugh the next
[1]yìhuì* 议会[議-] N. parliament; legislative assembly
[2]yìhuì 意会 V. sense; receive spontaneously
yìhuìchū 意会出 R.V. sense sth.
yìhuì dàolù 议会道路[議-] N. parliamentary road to socialism
yìhuì dàshà 议会大厦[議-廈] P.W. parliament house M: *[4]zuò*
yīhuī'érjiù 一挥而就 F.E. finish at one go
yìhuìmí 议会迷[議-] N. infatuation with the parliamentary system M: *ge/[1]míng/[2]wèi*
yīhuìr gōngfu 一会儿工夫 N. <coll.> a very short period of time
yīhuìr jiàn 一会儿见 V.P. See you in a while.
yīhuìr jiù 一会儿就 V.P. immediately
yī huí shēng, èr huí shú 一回生,二回熟 F.E. ① strangers at the first meeting, friends at the second ② difficult the first time, easy the second
yīhuíshì(r) 一回事(儿) N. ① one and the same thing ② one thing
yìhuì zhèngzhì 议会政治[議-] N. parliamentary politics
yìhuìzhì 议会制[議-] N. parliamentarism
yìhuì zǒuláng 议会走廊[議-] N. lobby
yīhūjiān 一忽见 V.P. in a moment
yīhūliu 一忽溜 V.P. <coll.> speedy; like a streak
yī húlu huà piáo 依葫芦画瓢[--蘆畫-] ID. ① apply old knowledge to new situations ② copy mechanically
yīhúluōr 一胡捋儿[-鬍--] N. <coll.> a twinkling; a flash
yǐhūn 已婚 V.P. married
yīhuǒ(r/zi) 一伙(儿/子) N. band; gang; party; group
[1]yíhuò* 疑惑 N./V. ① be perplexed/uncertain ② doubt ③ suspect
[2]yíhuò 贻祸[-禍] V.O. bring harm to another
[3]yíhuò 遗祸[-禍] V.O. leave behind disaster and cause people to suffer
[4]yíhuò 移祸[-禍] V.O. shift trouble/blame to another
yìhuǒ 益火 V.O. <Ch. med.> boost fire
[1]yìhuò 抑或 CONJ. <wr.> or else; could it be that. . .?
[2]yìhuò 弋获[-獲] V. <wr.> ① shoot (birds) ② catch (criminals/etc.); capture
[3]yìhuò 易货 V.O./N. barter
[4]yìhuò 亦或 CONJ. or
yíhuòbùjiě 疑惑不解 F.E. feel puzzled; have doubts
yíhuòbùjué 疑惑不决[-決] F.E. hang/remain in doubt
yíhuòhòushì 贻祸后世[-禍後-] F.E. entail woes for later ages
yǐhuǒjiùhuǒ 以火救火 F.E. pour oil on the fire
yǐ huǒlì bāowéi 以火力包围[-圍] F.E. <mil.> encirclement by firepower
yìhuò màoyì 易货贸易 N. barter
yíhuò rénmín 遗祸人民[-禍--] V.O. bring harm to the people
yìhuò xiédìng 易货协定[--協-] N. agreement on the exchange of commodities M: *[1]fèn*
yǐhuòyìhuò 以货易货 F.E. barter trade
yīhúqiānjīn 一壶千金[-壺--] ID. Things ordinarily worthless become valuable when needed.
yīhūr 一忽儿 N. <topo.> ① a brief moment; in a moment; a little while ② the immediate future
yìhūxúncháng 异乎寻常[異-尋-] F.E. unusual; extraordinary
yīhúzhīyè 一狐之腋 N. the best part of sth.
yī hù zhùzhái 一户住宅 N. one-room flat
yījī 一击[-擊] N. a blow
yījí 一级 N. ① one-level; Class A; senior grade ② first order
yījǐ 一己 ATTR. personal; private ♦PR. oneself
yījì 一纪 N. twelve years
yíjí 移疾 V.O. <trad.> write a letter to the authorities asking to resign on the pretext of being ill
[1]yíjì 遗迹[-跡] N. historical remains; vestiges; traces M: *ge/chù*
[2]yíjì 疑忌 N. ① suspicion ② jealousy
[3]yíjì 遗计 N. mistake; loophole; drawback
[1]yǐjí* 以及 CONJ. as well as; along with; and
[2]yǐjí 已极[-極] V.O. <wr.> reach an extremity
yǐjì 酏剂[-劑] N. elixir
[1]yìjí 亦即 V.P. that is; i.e.; namely
[2]yìjí 忆及[憶-] V. remember; recollect the past; call to mind
yìjǐ 异己[異-] N. ① alien; outsider ② dissident
[1]yìjì 艺妓[藝-] N. <Jp.> geisha M: *ge/[1]míng*
[2]yìjì 异迹[異跡] N. miracle
[3]yìjì 义髻[義-] N. wig
[1]yījiā(r) 一家(儿) N. ① same family ② whole family ③ group *Wǒmen liǎ* ~. We both belong to the same group. *See also [1]jiā*
[2]yījiā 衣夹[-夾] N. clothespin
[3]yījiā 医家[醫-] N. skilled doctor
yījià(r/zi) 衣架(儿/子) N. coat hanger; clothes rack/stand
yíjiā 宜家 V.O. suited to bringing harmony to a family
yìjiā 益加 ADV. increasingly; all the more
yìjiǎ 义甲[義-] N. finger caps for playing stringed instruments
[1]yìjià* 议价[議價] V.O. negotiate a price ♦N. negotiated price
[2]yìjià 抑价[-價] V.O. keep down the price
[3]yìjià 溢价[-價] V.O. soar beyond the original price ♦N. a premium
yǐjiǎchānzhēn 以假搀真[--攙-] F.E. pass off fake imitations as genuine
yǐjiǎchōngzhēn 以假充真 F.E. pass off the false as genuine
yījiàfànnáng 衣架饭囊 F.E. a good-for-nothing or useless person
yījiā lǎo-xiǎo 一家老小 N. whole family, old and young
yìjiàliáng 议价粮[議價糧] N. grain with a negotiated price
yǐjiǎluànzhēn 以假乱真[--亂-] F.E. mix bad with good
yǐjiǎmiùzhēn 以假谬真 F.E. mix the spurious with the genuine
yíjiǎn 夷简 V.P. simple life
yìjian* 意见 N. ① idea; view; opinion; suggestion *Zhè zhǐ shì wǒ de yìdiǎnr* ~. It's just my suggestion. ② objection; complaint *hěn yǒu* ~ strongly object
yìjiǎn 绎茧[繹繭] V.O. ① unwind a cocoon ② explain
[1]yìjiàn 异见[異-] N. objection; dissent
[2]yìjiàn 臆见 N. a subjective view
yìjiànbù 意见簿 N. visitor's/suggestion book M: *[1]běn*
yījiànchènxīn 一见称心[--稱-] F.E. like each other from the first meeting
yījiànchuíxián 一见垂涎 F.E. At the sight of. . . one's mouth starts watering.
yìjiàn de 意见的 ATTR. <lg.> notional
yìjiāndēng 翼尖灯[-燈] N. wing-tip light
yìjiàn dìngyì 意见定义[-義] N. <lg.> notional definition
yìjiàn fēnqí 意见分歧 V.P. Opinions are divided.
yíjiāng* 饴浆[-漿] N. maltose
yǐjiàng 以降 CONJ. <wr.> since (some past date)
yìjiàng 意匠 N. ① creative concept ② creativity ③ invention; proceeding
yījiàngāodī 一见高低 F.E. fight it out
yìjiàngcǎndàn 意匠惨淡[--慘-] F.E. an ingenious composition and color scheme (of painting)
yī jiāng chūnshuǐ xiàngdōng liú 一江春水向东流 F.E. a river of spring water rolling towards the east
yī jiàng gōng chéng wàn gǔ kū 一将功成万骨枯[-將--萬--] F.E. ① a single general's reputation is made out of 10,000 corpses ② The many must labor for the one.
yìjiàn gōutōng 意见沟通[--溝-] V.P. communication
yījiāngrúliàn 一江如练[-練] F.E. <wr.> The river is as smooth as silk.
yījiāngsìmǎ 一缰四马[-韁--] F.E. a four-in-hand carriage
yījiànjiàn 一件件 R.F. each one (of objects) ♦ADV. one by one (of things)
Yíjiàn Kělè 怡健可乐[-樂] N. Diet Coke
yìjiàn lǐngxiù 意见领袖 N. an opinion leader
yījiànqīngxīn 一见倾心 F.E. fall in love at first sight
yìjiàn rénshì 异见人士[異-] N. dissident
yījiànrúgù 一见如故 F.E. feel like old friends at first meeting; take to each other at once
yījiànsàngdǎn 一见丧胆[-喪膽] F.E. lose courage at the very sight of
yìjiànshū 意见书[-書] N. written opinions; proposals submitted in written form M: *[1]fèn/[2]fēng*
yījiànshuāngdiāo 一箭双雕[--雙-] F.E. ① kill two birds with one stone ② win the affection of two beauties at the same time
yījiànwéikuài 一见为快 F.E. be glad to see sb./sth.
yìjiànxiāng 意见箱 N. suggestion box M: *ge/[2]zhī*
yìjiàn xiāngzuǒ 意见相左 V.P. disagree in opinion
yìjiǎnyángāi 意简言赅 F.E. a few simple ideas succinctly expressed
yī jiàn yī jiàn 一件一件 *See yījiànjiàn*
yìjiàn yīzhì 意见一致 V.P. see eye-to-eye
yījiànzhīchóu 一箭之仇 N. (retaliate) in kind
yījiànzhīdì 一箭之地 N. a stone's throw away
yījiànzhīyáo 一箭之遥 N. within a stone's throw
yījiànzhònggǔ 一箭中鹄 F.E. shoot and hit with the first arrow
yījiànzhōngqíng 一见钟情[-鐘-] F.E. fall in love at first sight
yìjiàn zìyóu 意见自由 N. freedom of expression
[1]yījiǎo 一角 N. a corner; one fraction *See also [2]jiǎo*
[2]yījiǎo 衣角 N. a corner of a garment
yíjiāo* 移交 V. ① turn over; transfer ② hand over one's job to a successor
yíjiào 遗教 N. legacy of advice/teachings; instructions left by the dead

yìjiào 异教[異-] N. ① paganism; heathenism ② heterodox religion
yījiǎogāoxià 一较高下 F.E. contest with each other
yìjiàohuà 异教化[異-] V. paganize ♦N. paganization
yī jiào jiù dào 一叫就到 V.P. answer to a call in a flash
yījiāoshuāidǎo 一跤摔倒 F.E. tumble over and fall down
yī jiǎo tī 一脚踢[-腳-] V.P. one swift kick
yī jiǎo tīfān 一脚踢翻[-腳--] V.P. send sb. sprawling with one kick
yī jiǎo tīfēi 一脚踢飞[-腳-飛] V.P. kick sth. out of sb.'s hand
yī jiǎo tīkāi 一脚踢开[-腳-開] V.P. ① kick away ② brush sb. aside
yìjiàotú 异教徒[異-] N. pagan; heathen M: *gè/*[1]*míng*
yī jiào xǐnglái 一觉醒来[-覺--] V.P. wake up after a sound sleep
yǐjiǎozīběn 已缴资本 N. paid-in capital
yījiārén 一家人 N. ① a household/family ② all of the same family
yījiā-sāndài 一家三代 N. three generations from the same family
yìjià shāngpǐn 议价商品[議價-] N. commodity with a negotiated price M: [1]*zhǒng*/[2]*jiàn*
yījiāshùkǒu 一家数口[--數-] V.P. There are several members in one's family.
yījiātuányuán 一家团圆[--團-] F.E. One's family is reunited.
yījiāyán 一家言 N. ① school of thought ② authority in a certain field
yìjiàyóu 议价油[議價-] N. oil with a negotiated price
yìjià zhàiquàn 溢价债券[-價--] N. premium bond M: [1]*zhāng*
yījiāzhīyán 一家之言 N. ① one doctrine or school of thought ② authority in a certain field
yījiāzhīzhǔ 一家之主 N. master of a house
yījiāzi* 一家子 N. ① a family ② the whole family
yījiǎzi 一甲子 N. cycle of sixty years
yǐjǐduórén 以己度人 F.E. judge others by oneself
yījī-duōyòng 一机多用 V.P. a tractor/machine serves several purposes
yījiē(r) 一阶(儿)[-階-] ATTR. first-order
yījiè* 医界[醫-] N. medical circles
[1]yíjié 仪节[儀節] N. etiquette; protocol
[2]yíjié 移节[-節] V.O. transfer local authority
yíjiě 姨姐 N. elder sister of one's wife; sister-in-law
[1]yíjiè 移借 N. ① borrowing ② loan
[2]yíjiè 移解 V. *<trad.>* transfer a criminal
yǐjié 蚁结[蟻-] V. band together
yìjié 义节[義節] N. sense of righteousness
yìjiě 译解[譯-] V. decipher
[1]yìjiè 艺界[藝-] P.W. (performing) arts circles
[2]yìjiè 译介[譯-] V. translate and write an introduction (to a book)
yījièbùqǔ 一介/芥不取 F.E. not take a single penny unrightfully (of public servants)
yǐjiědàoxuán 以解倒悬[-懸] F.E. so as to relieve one's distress
yíjiè de fānyì 移借的翻译[-譯] N. borrowed translation
yíjiè gōngrén 移借工人 N. loaned labor
yī jiè hánrú 一介寒儒 N. a poor scholar
yǐ jiējí dòuzhēng wéi gāng 以阶级斗争为纲[-階-鬥爭-綱] F.E. *<PRC>* take class struggle as the key link
yìjiéjīnlán 义结金兰[義-蘭] ID. become sworn brothers/sisters
yíjiěmèi 姨姐妹 N. female cousins on one's mother's side
yǐjièméishòu 以介眉寿[-壽] F.E. ① Many happy returns of the day. ② best wishes for long life
yī jì ěrguāng 一记耳光 N. box on the ears; slap on the face
yījì'érxíng 依计而行 F.E. act according to the plan
yī jiè shūshēng 一介书生[--書-] N. a mere scholar
yī jiè wǔfū 一介武夫 N. a fighter; a warrior
yījiē yǔyán 一阶语言[-階--] N. *<log.>* first-order language
yījífēng 一级风 N. *<met.>* force-1 wind; light air
yíjìjiānghú 遗迹江湖[-跡--] F.E. ① go away from home and roam about the world ② retire to a lake district
yījí jiàoshī 一级教师[-師] N. a professional title for middle-rank primary and middle school teachers M: *gè/*[1]*míng*/[2]*wèi*
yǐjǐlǜrén 以己律人 F.E. judge others by oneself
yījīn* 衣襟 N. ① front of a Chinese jacket ② lapels
yǐjìn 以近 V.P. up to
yìjìn 义近[義-] N. *<lg.>* cognate meaning
yìjīnbǐ 铱金笔[-筆] N. iridium-point pen M: [4]*zhī*
[1]yījīng 一惊[-驚] V. be surprised
[2]yījīng 一经[-經] CONJ. as soon as; once
[3]yījīng 医经[醫經] N. *<Ch. med.>* medical classics
[1]yījìng 衣镜 N. full-length mirror M: [2]*kuài*
[2]yījìng 一径[-徑] ADV. directly
yíjīng 遗精 N. nocturnal emission
yǐjīng* 已经[-經] ADV. already
[1]yìjīng 益精 V.O. *<Ch. med.>* increase the semen
[2]yìjīng 译经[譯經] V.O. translate scriptures/classics/etc.
[3]yìjīng 逸经[-經] N. classical learning which did not originate from the orthodox classics
Yìjīng 易经[-經] N. *Book of Changes*
[1]yìjǐng 缢颈[-頸] V.O. hang oneself
[2]yìjǐng 义警[義-] N. sb. who volunteers to do police work M: *gè/*[1]*míng*/[2]*wèi*
yìjìng 意境 N. ① creative concept ② mood; frame of mind
yìjīngmíngmù 益精明目 F.E. replenish vital essence to improve eyesight
yǐjìngquángōng 以竟全功 F.E. ① bring a task to a successful conclusion ② accomplish the whole task at one stroke
yǐjǐngxiàoyóu 以儆/警效尤 F.E. punish sb. as a warning to others; warn others against following a bad example
yìjīngxué 译经学[譯經-] N. hermeneutics
yìjǐnhuánxiāng 衣锦还乡[-還鄉] F.E. return home after making good
yījìnr 一劲儿[-勁-] ADV. *<topo.>* ① continuous; unceasing ② strenuous
yìjǐnrónggui 衣锦荣归[-榮歸] F.E. return home with high honors
yìjǐnshàngjiǒng 衣锦尚䌹 F.E. wear an outer garment on top of a silk dress
yǐjìnwéituì 以进为退[-進--] F.E. pretend to move ahead in order to hide one's intention to retreat
yìjìnxìng 易近性 N. accessibility
yǐjìnyǎngchū 以进养出[-進養-] F.E. use imports to serve the expansion of exports
yìjǐnyèxíng 衣锦夜行 F.E. not have due appreciation
yìjǐnzhòuxíng 衣锦昼行[--晝-] F.E. ① parade beautifully dressed in broad daylight ② act for show
yījípǐn 一级品 N. first-grade products M: [2]*jiàn*
yījǐsījiàn 一己私见 F.E. *<humb.>* my opinion
yījǐsīlì 一己私利 F.E. one's own selfish/personal interests
yījiù* 依旧[-舊] ADV. as before; still
yǐjiǔ 已久 V.P. (for) a long time already
yǐjiù 已就 V.P. *<coll.>* done; has happened; took place
yìjiù 忆旧[憶舊] V.O. recollect the past
yījiùgùwǒ 依旧故我[-舊--] F.E. I am just as before
yǐjiùhuànxīn 以旧换新[-舊換-] F.E. replace the new with the old
yǐjiùméijí 以救眉急 F.E. answer urgent needs
yǐjiùránméi 以救燃眉 ID. meet a pressing need
yǐjiǔ sānfēnzuì 倚酒三分醉 F.E. behave wildly as if very drunk
yí jiǔzú 夷九族 V.O. *<trad.>* exterminate nine branches of a family/clan
yījǐwèisī 一己为私 F.E. pursue one's own ends; be motivated purely by self-interest
yíjìyóucún 遗迹犹存[-跡猶-] F.E. Historical relics remain.
yījí zhànbèi 一级战备[-戰備] N. first-degree combat readiness
yījìzhīcháng 一技之长 N. ① professional skill/specialty ② in a particular line
yījǐzhījiàn 一己之见 N. one's own opinion
yījǐzhīsī 一己之私 N. one's own selfish interests; one's private ends
yījí zhǔyào dòngcí 一级主要动词[----動-] N. primary main verb
yījǔ 一举[-舉] ADV. at one stroke
yījù* 依据[-據] CONJ. according to; on the basis of; judging by ♦N. basis; foundation
yíjū 移居 V.O. ①move one's residence ②migrate
[1]yíjù 疑惧[-懼] V. be apprehensive
[2]yíjù 移距 V.P. shift; move
Yíjù 彝剧[彝劇] N. Yi opera
yǐjù 蚁聚[蟻-] V. swarm to a place from all sides
[1]yìjū 逸居 V. ①live in idleness ②be comfortably lodged
[2]yìjū 挹掬 V. scoop up water with the hands
yìjǔ 义举[義舉] N. magnanimous/virtuous act
yìjù 弈具 N. *<wr.>* black and white stones and the chessboard for the *go* game
yìjuān 义捐[義-] V. offer sth. for public benefit
yìjuān ménzhěn 义捐门诊[義-] N. free consultations
yījǔ chénggōng 一举成功[-舉--] V.P. succeed in one stroke
yījǔ chéngmíng 一举成名[-舉--] V.P. become famous overnight
yījǔdénán 一举得男[-舉--] F.E. get a son as one's first child
yíjùdùnxiāo 疑惧顿消[-懼--] F.E. have lost all fears and doubts
yījǔduōdé 一举多得[-舉--] F.E. kill two birds with one stone; achieve many things at one stroke
yījué* 一绝[-絕] N. special skill; unique talent/accomplishment
yíjué 贻厥 N. descendants; offspring
yǐjué 已决[-決] V.P. have already decided
yìjué 议决[議決] V. resolve; pass a resolution
yìjué'àn 议决案[議決-] N. resolution (at a meeting); formal expression; act M: [2]*jiàn*
yījuébùzhèn 一蹶不振 F.E. collapse after one setback
yījuécíxióng 一决雌雄[-決--] ID. compete for a championship
yǐjuéfàn 已决犯[-決-] N. convicted prisoner M: *gè/*[1]*míng*
yǐjuéhòuhuàn 以绝后患[-絕後-] F.E. avoid trouble later on
yíjuéxiàng 遗觉象[-覺-] N. eidetic image
yǐjuéyīzhàn 以决一战[-決-戰] F.E. fight to the finish
yíjū guówài 移居国外[--國-] N. expatriate; expatriation ♦V.P. emigrate
yíjùhéngshēng 疑惧横生[-懼--] F.E. apprehension rises on every hand
yī jù huà 一句话 N. in a word; in short
yī jù kōnghuà 一句空话 N. a meaningless term; a mere/empty phrase
yījǔliǎngdé 一举两得[-舉--] F.E. kill two birds with one stone
yìjūn 义军[義-] P.W. volunteer army M: [4]*zhī*
yìjūntūqǐ 异军突起[異-] ID. new factor changing the situation
yíjūrùjìng 移居入境 F.E. immigration
yījǔshíshāng 一举十觞[-舉-觴] F.E. toss off bumper after bumper (of wine)
yī jǔshǒu yī tóuzú 一举手一投足[-舉----] N. every movement and every action; behavior

yī jǔshǒuzhīláo 一举手之劳[-舉--勞] N. a slight effort

yī jū tóngqíng zhī lèi 一掬同情之泪[-淚] F.E. shed tears of sympathy

yījǔyīdòng 一举一动[-舉-動] F.E. ① one's every action; every act and every move ② behavior

yíkāi 移开[-開] R.V. move away

yǐkāifā guójiā 已开发国家[-開發國-] P.W. developed country

yìkāiguàn 易开罐[-開-] N. ring-pull can M: *ge*/[2]*zhī*

yīkàn'èrbāng 一看二帮[-幫] F.E. observe and help

yī kàn jiù dǒng 一看就懂 V.P. apprehend at a glance

yīkǎnliǎngbàn 一砍两半 F.E. cleave sth. in two

yīkào* 依靠 V. rely/depend on ♦N. support; backing

yǐkào 倚靠 V. ① lean/rest on/against ② rely/depend on ♦N. ① support; backing ② back of a chair

yīkē* 医科[醫-] N. medical courses in general; medicine

[1]**yī kè** 一刻 N. a short time *See also* [2]*kè*

[2]**yīkè** 揖客 V.O. greet a guest/visitor (by folding one's hands in front)

yìkè 异客[異-] N. a stranger

yī kè bù fán èr zhǔ 一客不烦二主 F.E. one guest should not bother two hosts (said when asking an additional favor of sb.)

yīkèbùlí 一刻不离[-離] F.E. not leave sb. for a single moment

yīkē dàxué 医科大学[醫-] N. university of medical sciences

yīkèqiānjīn 一刻千金 F.E. every minute is precious

yīkèrúnián 一刻如年 F.E. (feel that) a quarter of an hour is like a year

yīkōng* 一空 ADV. completely

yǐkǒng 蚁孔[蟻-] N. ant hole

yǐ kōngjiān zhēngqǔ shíjiān 以空间争取时间[---爭-時-] V.P. trade space for time (as a military strategy)

yīkǒngzhījiàn 一孔之见 N. narrow/limited view

yīkǒu* 一口 N. ① a bite ② a mouthful ③ accent *Tā jiǎng ~ Běijīnghuà.* He speaks pure Pekingese. ♦ADV. readily; flatly *~ duàndìng* flatly assert ♦NUM. *for wells/bells/etc.*

yīkòu 一扣 N. 90-percent discount ♦V.P. button up

yǐkòu 蚁寇[蟻-] N. petty thief/robber

[1]**yìkǒu** 逸口 V.O. make an indiscreet remark

[2]**yìkǒu** 溢口 N. spillway

yìkòu 勚扣 N. worn-out thread (of a screw)

yǐkòuchéngqún 蚁寇成群[蟻-] F.E. Petty robbers form gangs.

yī kǒu chī bù chéng pàngzi 一口吃不成胖子 ID. ① Nothing can be accomplished in one single effort. ② Rome wasn't built in a day.

yī kǒu cuìliǎn 一口啐脸 V.P. spit in sb.'s face

yī kǒu dāying 一口答应[-應] V.P. promise without hesitation

yìkǒu'érchū 逸口而出 F.E. escape one's lips

yī kǒu fàn 一口饭 N. ① a bite of food ② sth. one lives on; job

yīkǒuguān 一口观[-觀] N. egotistical view; bourgeois individualism

yī kǒu Jīngpiànzi 一口京片子 N. <*coll.*> speaking everything in perfect Pekingese

yīkōukōur 一抠抠儿[-摳摳-] R.F. <*coll.*> speck; smidgin

yīkǒuqì(r) 一口气(儿)[--氣-] N. ① one breath ② at one go; without a break *~ niànwán 50 yè* finish reading 50 pages in one stretch ③ honor, face, etc.

yìkǒutóngshēng 异口同声[異-聲] F.E. (speak) with one voice

yìkǒutóngyīn 异口同音[異-] F.E. (speak) with one voice

yī kǒu tūnxià 一口吞下 V.P. gobble up at one gulp; gulp down all at once

yī kǒu yǎodìng 一口咬定 V.P. ① arbitrarily assert/allege ② stick to one's statement ③ cling to one's view

yīkǒuyīshēng 一口一声[-聲] F.E. without interruption

yī kǒu zhōng 一口钟[-鐘] N. ① a (big) bell ② <*topo.*> mantle; cape; cloak

yī-kù* 衣裤 N. clothing (shirt/jacket/etc. and pants) M: *tào*

yìkǔ 忆苦[憶-] V.O. recall suffering

yīkuà'érguò 一跨而过 F.E. take in one's stride

yīkuài(r)* 一块(儿)[-塊] ADV. ① at the same place ② together ♦N. piece; block; lot

yíkuài 移块[-塊] V.O. <*comp.*> move a block

yīkuàiduīr 一块堆儿[-塊--] N. <*topo.*> all together; in one place; in common

yī kuài shítou luòdì 一块石头落地[-塊----] ID. the mind is at last set at rest; feel relieved

yǐkuàizhìgāo 以快制高 F.E. <*sport*> play fast against tall players

yīkuāngbùdài 以匡不逮 F.E. correct one's mistakes or make up for one's shortcomings

yīkuāngtiānxià 一匡天下 F.E. unite the whole empire under one government; unite the country

yìkǔfàn 忆苦饭[憶-] N. poor meal prepared to recall past suffering M: *dùn*

yìkǔhuì 忆苦会[憶-] N. <*PRC*> gatherings to recall past bitterness M: *cì*

yíkuì 遗馈 V.O. heritage; legacy; inheritance

yǐkuì* 蚁溃[蟻-] V. disperse like ants

yīkuīquánbào 一窥全豹 F.E. see the whole picture

yīkuìshíqǐ 一馈十起 ID. very busy

yǐkuìsìfāng 蚁溃四方[蟻-] F.E. scatter like ants in all directions

yīkuíyǐzú 一夔已足 ID. One able man is enough for the job

yīkuìzhīgōng 一篑之功 F.E. the effort that assures final success

yìkǔ jiàoyù 忆苦教育[憶-] N. <*PRC*> education to recall past bitterness

yìkǔsītián 忆苦思甜[憶-] F.E. contrast past misery with present happiness; speak of one's past sufferings and present happy life

yìlāguàn 易拉罐 N. easy-open tin can; pop-top/ring-pull can M: *ge*/[2]*zhī*

yīlái 一来 ADV. ① in the first place, . . . ② as soon as (someone) arrives

yīlài 依赖 V. rely/depend on

yílái 移来 R.V. move to

yǐlái* 以来 SUF. ① since ② above; over ♦CONS. *(zì)cóng A ~* from A till now

yǐlài 倚赖 V. ① rely on; be dependent on ② presume on sb's authority to browbeat others

yīlàidù 依赖度 N. degree of dependence

yīlái'èrqù 一来二去 F.E. in the course of contacts/encounters

yīlái'èrwǎng 一来二往 F.E. in the course of contacts; gradually

yīlài guānxi 依赖关系[-關係] N. dependency

yīlài jìnkǒu 依赖进口[--進-] V.P. be dependent on imports

yīlài sīxiǎng 依赖思想 N. the dependent mentality

yǐlàixīn 倚赖心 N. dependency

yīlàixìng 依赖性 N. dependence

yìláiyìqù 易来易去 V.P. easy come, easy go

yīláiyīwǎng 一来一往 F.E. back and forth; in and out

yīlàiyúrén 依赖于人[--於-] F.E. depend on others

Yīlākè 伊拉克 P.W. Iraq

yīlāliùr 一拉溜儿 N. <*coll.*> row; series

yīlán 漪澜 N. ripples

yīlǎn* 一览[-覽] N. general survey; bird's-eye view

yīlǎnbiǎo 一览表[-覽-] N. table; schedule; list; chart; systematic inventory M: [1]*zhāng*/[1]*fèn*

yīlándàngyàng 漪澜荡漾[--蕩-] F.E. The surface of the water ripples.

Yīlǎng* 伊朗 P.W. Iran

yìláng 艺廊[藝-] P.W. art gallery M: [4]*zuò*/*ge*

yī làng jiē yī làng 一浪接一浪 V.P. wave upon wave

yǐlánwàngyuè 倚栏望月[-欄--] F.E. lean against the railing and look at the moon

yīlǎnwúyí 一览无遗[-覽--] F.E. cover all at one glance; get everything at a glance

yīlǎnwúyú 一览无余[-覽--] F.E. take in everything at a glance

yìlǎnxīnhuī 意懒心灰 F.E. greatly discouraged

yǐlányuǎntiào 倚栏远眺[-欄遠-] F.E. lean against the railing and gaze into the distance

yīlǎnzi 一揽子[-攬-] ATTR. ① comprehensive ② wholesale; package

yīlǎnzi bǎoxiǎn 一揽子保险[-攬---] N. package insurance

yīlǎnzi huìyì 一揽子会议[-攬--議] N. a package meeting

yīlǎnzi jiāoyì 一揽子交易[-攬---] N. a package deal

yīlǎnzi jìhuà 一揽子计划[-攬--劃] N. a package plan

yīlǎnzi lǚyóu 一揽子旅游[-攬---] N. a package tour

yīlǎnzi xuéxiào 一揽子学校[-攬---] N. elementary education, sparetime education, and societal cultural work

yílǎo 遗老 N. ① adherent of a defunct dynasty ② old fogy/diehard ③ ministers of the preceding emperor (father of the current emperor) ④ old, experienced men ⑤ <*wr.*> old people who have witnessed big social changes M: *ge*/[1]*míng*/[2]*wèi*

yǐ lǎodà zìjū 以老大自居 F.E. pride oneself on one's seniority

yílǎolao 姨姥姥 N. sister of one's maternal grandmother; great-aunt

yǐlǎomàilǎo 倚老卖老[--賣-] F.E. exploit one's seniority

yílǎoyíshào 遗老遗少 F.E. old and young diehards

yīláoyǒngyì 一劳永逸[-勞--] F.E. do sth. once and for all

yīlāpíng 一拉平 V.P. distribute evenly

yílè* 怡乐[-樂] V.P. cheerful; happy

[1]**yìlè** 逸乐[-樂] N. comfort and pleasure; enjoyment of an easy life

[2]**yìlè** 抑勒 V. repress and restrain (one's anger/etc.)

yīlěi 一垒[-壘] N. <*sport*> first base

yīlèi 一类[-類] N. same class/type

yílěi 贻累 V. involve/implicate another

yǐlèi 乙类[-類] N. class B

yìlèi* 异类[異類] N. ① different/heterogeneous species/group ② <*trad.*> foreign peoples; people not of the same clan

yīlěidǎ 一垒打[-壘-] N. single (in baseball)

yīlěishǒu 一垒手[-壘-] N. <*sport*> first-baseman

yǐlèixǐmiàn 以泪洗面[-淚--] F.E. ① have a tearful face ② Tears bathed the cheeks.

yīlèng(r) 一愣(儿) V.P. be taken aback

yīlěngyīrè 一冷一热[-熱] V.P. ① now cold, now hot; changes in temperature ② sometimes close, sometimes aloof

yīlèyě 一乐也[-樂-] V.P. great delight/blessing

[1]**yīlǐ** 医理[醫-] N. principles of medicine

[2]**yīlǐ** 一理 N. the same reason

[1]**yīlì** 一力 ADV. do one's best; do all one can

[2]**yīlì** 一例 ADV. same; without exception

yílǐ 仪礼[儀禮] N. etiquette; rite; protocol

yǐlǐ 迤/迆逦[-邐] V.P. ① winding; tortuous; meandering ② joined together

yǐlì 倚立 V. lean on/against

yìlǐ 义理[義-] N. ① argumentation ② reason and good sense ③ principles; reason

[1]**yìlì*** 毅力 N. willpower; will; stamina

[2]**yìlì** 屹立 V. stand towering (lit./fig.)

Y

[3]yìlì 驿吏[驛-] N. posthouse officer M: ge/[1]míng/[2]wèi
[4]yìlì 疫疠[-癘] N. ① plague; pestilence ② fulminant dysentery ③ <Ch. med.> communicable acute infectious disorders
[5]yìlì 逸丽[-麗] N. elegance; beauty
[6]yìlì 溢利 V.O. profit; gain
[7]yìlì 义例[義-] N. outline/scope of a book
[8]yìlì 昳丽[-麗] V.P. radiantly beautiful
[9]yìlì 译吏[譯-] N. official interpreter M: ge/[1]míng/[2]wèi
[1]yīlián* 一连 ADV. ① in a row; in succession; running ② <mil.> a company (of foot soldiers)
[2]yīlián 漪涟 N. <wr.> ripples
yī liǎn 一脸 P.W. all over the face
yīliàn 依恋[-戀] V. ① be reluctant to leave ② continue to long for
yīliánchuàn(r) 一连串(儿) F.E. series/string/chain of
yǐliàngduìzhì 以量对质[-對質] F.E. pit quantity against quality
yī liǎn gēdā 一脸疙瘩 N. <coll.> a face full of pimples
yǐliángwéigāng 以粮为纲[-糧-綱] F.E. take grain as the key link
yī liǎn héngròu 一脸横肉 N. ugly and ferocious look
yī liǎn jiù shèhuì 一脸旧社会[--舊--] <coll.> N. ① solemn face ② sad; unhappy
yīliánqìr 一连气儿[--氣-] N. <coll.> one after another; continuously
yīliánshùzǎi 一连数载[--數-] F.E. for several years in succession
yī liǎn sǐxiàng 一脸死相 N. stamp of death on one's face
yìliánxiǎng de 易联想的[-聯--] ATTR. <lg.> available
yī liǎn xiōngxiàng 一脸凶相 N. a fierce look on one's face
yīliànzhīqíng 依恋之情[-戀--] N. devotion
yīliáo* 医疗[醫療] N. medical treatment
yīliǎo 一了 ADV. <coll.> from beginning to end; throughout; unfailingly
yīliào(r) 衣料(儿) N. material for clothing M: [2]kuài
yǐliǎo 已了 V.P. <topo.> finished; concluded
yìliào 意料 V./N. anticipate; expect
yīliǎobǎiliǎo 一了百了 F.E. ① solve the main problem and everything will follow ② death ends all one's troubles
yīliáo bǎojiàn 医疗保健[醫療-] N. medical care
yìliào budào 意料不到 R.V. unable to foresee/predict
yīliáo bǔzhù 医疗补助[醫療補-] N. medical aid M: [2]bǐ
yìliào dào 意料到 R.V. foresee; realize
yīliáoduì 医疗队[醫療隊] P.W. medical team M: [4]zhī
yīliào máshā 衣料麻纱 N. dress linen
yīliáo shèbèi 医疗设备[醫療-備] N. medical equipment
yīliáo shèhuì gōngzuò 医疗社会工作[醫療-] N. medical social work
yīliáo tǐyù 医疗体育[醫療體-] N. medico-athletics
yīliáo yòngjù 医疗用具[醫療-] N. medical instruments
yīliáozhàn 医疗站[醫療-] P.W. medical station; health center M: [1]jiā
yìliào zhīwài 意料之外 N. contrary to expectation
yìliào zhīzhōng 意料之中 N. in accordance with expectation/prediction
yǐlǐbàotáo 以李报桃[--報-] F.E. reciprocate a favor
yìlìbùdòng 屹立不动[-動] F.E. stand rock-firm
yìlìbùyáo 屹立不摇 F.E. stand firmly erect; stand towering like a giant
yǐlícèhǎi 以蠡测海 ID. make an appraisal in the light of limited knowledge; have limited experience
yīlìchéngquán 一力成全 F.E. spare no effort to help sb. accomplish sth.
yíliè* 遗烈 N. achievements of one's forefathers
yìliè 蚁䴕[蟻-] N. <zoo.> wryneck (a bird)
[1]yìliè 义烈[義-] ATTR. <wr.> staunch and upright
[2]yìliè 弋猎[-獵] V. hunt
yǐlí'ěrshǔ 以狸饵鼠 ID. use ineffective measures
yǐlǐfúrén* 以理服人 F.E. convince people by reasoning
yǐlìfúrén 以力服人 F.E. force people to submit; dominate others by force
yīlìliǎngluó 一枥两骡[-櫪--] ID. have two women at the same time (of a man)
yǐlìmínshēng 以利民生 F.E. for the benefit of people's livelihood
yīlín 医林[醫-] P.W. ① medical circles ② medical faculty
[1]yìlín* 艺林[藝-] P.W. <trad.> ① literary/artistic circles ② library ③ artistic/literary salon
[2]yìlín 弈林 P.W. chess-playing circles
yīlínbànzhǎo 一鳞半爪 F.E. odd bits; fragments
yīlíng 医龄[醫齡] N. length of service as a medical worker
yīlǐng(r)* 衣领(儿) N. collar; neck
yílíng 移灵[-靈] V.O. move a corpse to a funeral parlor
[1]yìlíng 役龄[-齡] N. enlistment age
[2]yìlíng 艺龄[藝齡] N. length of an artistic career
[3]yìlíng 臆羚 N. chamois
[1]yìlǐng 溢领 V. overdraw (money)
[2]yìlǐng 翼领 N. wing collar
yìlín gāoshǒu 弈林高手 N. master chess player M: ge/[1]míng/[2]wèi
yīlíngmiàoyīn 一聆妙音 F.E. like to hear sb. sing
yīlíngr 一零儿 N. ① a fraction ② <topo.> odd
yìlín guībǎo 艺林瑰/瓌宝[藝-寶] N. collection of art treasures
Yīlìnuòsī 伊利诺斯 P.W. Illinois
yǐlínwéihè 以邻为壑[-鄰--] F.E. shift one's troubles onto others
yǐlínwéihè zhèngcè 以邻为壑政策[-鄰----] N. beggar-my-neighbor policy/tactics (in diplomacy)
yǐlǐpéihuà 以理陪话 F.E. speak to sb. with all courtesy
yī lí qián jīngshén 一厘钱精神[-釐錢--] N. penny-pinching spirit
yǐlǐtuīduó 以理推度 F.E. infer by reasoning
yīliú* 一流 ATTR. ① first-class; first-rate; top-grade ② the same kind; of the same kind
yīliù(r) 一溜(儿) N. ① row ② neighborhood; vicinity ③ a short period of activity
yíliú 遗留 V. leave behind; hand down
yìliú 溢流 V. overflow; brim over; spillover ♦N. effusion
yìliúbà 溢流坝[-壩] N. overfall dam; spillway dam M: [4]zuò
yīliùfēng 一溜风 N. in a flash
yīliúhuà 一硫化 N. <chem.> sulfide
yīliúhuàgǒng 一硫化汞 N. cinnabar
yī liǔ jiǎfà 一绺假发[-髮] N. a toupée
yīliúpíngjìn 依流平进[-進] F.E. be promoted step-by-step according to status and service
yī liǔ qīngsī 一绺青丝[-絲] N. a lock; a tress
yī liǔ tóufa 一绺头发[-髮] N. a tangle of hair
yī liù wāixié 一溜歪斜 V.P. <topo.> stagger in a zigzag
yíliú wèntí 遗留问题 N. remaining problems
yíliúwù 遗留物 N. remnant of the old society M: [2]jiàn
yíliú xiàlai 遗留下来 R.V. leave over; hand down
yīliùyān(r) 一溜烟(儿)[--煙-] N. <coll.> in a flash; swiftly; like a wisp of vapor
yǐlǐxiāngdài 以礼相待[-禮--] F.E. treat sb. with due respect
yǐlǐxiāngzhēng 以礼相争[-禮-爭] F.E. argue with sb. in a civil way
yìlìyìsī 意里意思[-裡--] F.E. <topo.> speak hesitatingly and indistinctly
yǐlìyú 以利于[-於] V.P. for the sake/benefit of
yìlǐzhāozhù 义理昭著[義-] F.E. The principles of righteousness are evident.
yǐlǐzhìjūn 以礼制军[-禮-] F.E. discipline the army according to propriety
yīlǒngdì 一拢地 N. <coll.> a furrow of land
yīlóngjiǔzhǒng 一龙九种[-種] F.E. A dragon has nine kinds of offspring.
yīlòngr 一弄儿 N. <coll.> the whole lot; altogether; all the lot
yīlóngyīshé 一龙一蛇 ID. Actions and manners change with the circumstances.
yīlóngyīzhū 一龙一猪[-豬] ID. One is very capable, the other extremely incompetent.
yīlóu 一楼[-樓] P.W. ground floor; first floor
yílòu* 遗漏 V. omit; leave out
[1]yìlòu 溢漏 N. overflow drain
[2]yìlòu 逸漏 V. escape
yīlù(r)* 一路(儿) N. ① the whole journey ② of the same kind ③ going the same way; taking the same route *Zánmen* ~. We are going the same way. ④ single file
[1]yìlù 夷戮 V. slaughter
[2]yílù 移/迻录[-錄] V. <wr.> copy out; transcribe
[1]yìlù 驿路[驛-] N. post road
[2]yìlù 异路[異-] N. a different road
yī-lǚ 衣履 N. clothes and shoes; clothesser
yīlǜ 一律 ADV. equally; without exception ♦V.P. same; alike; uniform
yílǜ* 疑虑[-慮] V. have misgivings/doubts
yǐlǘ 倚闾 N. parental love
yìluǎn 翼卵 ID. protect; patronize
yìluàn* 意乱[-亂] N. <Ch. med.> mental chaos
yǐluǎnjīshí 以卵击石[--擊-] ID. fight a hopeless battle
yīluǎnluánshēng 一卵孪生[--孿-] N. identical twins
yìluànqíngmí 意乱情迷[-亂--] F.E. be bewildered
yīluǎnshuāngbāo 一卵双胞[--雙-] N. identical twins; monozygotic twin
yīluǎnshuāngbāotāi 一卵双胞胎[--雙--] N. identical twins
yīluǎnshuāngshēng* 一卵双生[--雙-] N. identical twin; one-egg twin; uniovular twin
yìluǎnshuāngshēng 异卵双生[異-雙-] N. fraternal twins
yìluǎnshuāngtāi 异卵双胎[異-雙-] N. non-identical twins
yǐluǎntóushí 以卵投石 ID. fight a hopeless battle
yìluǎnzhī'ēn 翼卵之恩 N. <wr.> the graciousness of rearing (a person)
yīlùbǎozhòng 一路保重 F.E. Take good care of yourself on the journey.
yīlǚbìchuān 衣履敝穿 F.E. in rags; ragged clothing
yílǜbùjué 疑虑不决[-慮-決] F.E. suspicious and irresolute
yīlǚbùzhěng 衣履不整 F.E. carelessly dressed
yílǜchóngchóng 疑虑重重[-慮--] F.E. suspicion and mistrust
yílǜdùnxiāo 疑虑顿消[-慮--] F.E. One's suspicions were allayed.
yīlüè'érguò 一掠而过 V.P. skim over
yǐlǘ'érwàng 倚闾而望 F.E. eagerly await sb.'s return
yīlùfúxīng 一路福星 F.E. Bon voyage!
yīlùhuò 一路货 N. <coll.> ① the same kind of cargo ② birds of a feather ③ two faces of one coin
yīlù huòsè 一路货色 *See yīlùhuò*
yīlǜjìzhēng 依率计征[-徵] F.E. taxation according to fixed rates
yīlù lǐngxiān 一路领先 V.P. lead all the way
yīlùn 医论[醫-] N. symposium on medical topics
yílún 彝伦[彜-] N. cardinal human relationships

Y

yìlún 轶伦 V.O. <wr.> tower above one's contemporaries
yìlùn* 议论[議-] V. debate; discuss ♦N. discussion
yìlùnfēnfēn 议论纷纷[議-] F.E. give rise to much discussion; widespread comment
yìlùnfēngshēng 议论风生[議-] F.E. create a lively atmosphere by one's talk
yī lún hóngrì 一轮红日 N. a huge red sun
yī lún míngyuè 一轮明月 N. full bright moon; a full moon
yìlùnwén 议论文[議-] N. argumentation; argumentative writing M: [1]piān
yī lún yuányuè 一轮圆月 N. the full moon, round like a chariot wheel
yíluò* 遗落 V. ① lose ② <wr.> discard ③ be carefree/indifferent
yìluò 邑落 N. ① hamlet ② tribe
Yìluòkuírén 易洛魁人 N. Iroquois
yīluòqiānzhàng 一落千丈 F.E. suffer a disastrous decline
yīlùpíng'ān 一路平安 F.E. Have a safe journey!; Bon voyage!
yīlǚqīngyān 一缕青烟[-縷-煙] F.E. a curl of smoke
yīlùshàng 一路上 P.W. all the way; throughout the journey
yīlùshùnchē 一路顺车 F.E. have a good trip; have a pleasant journey
yīlùshùnfēng 一路顺风 F.E. Have a nice trip!
yī lǚ tóufa 一缕头发[-縷-髮] N. a lick of hair
yī lǚ yōuxiāng 一缕幽香[-縷--] N. a wave of sweet perfume
yīlǚzi 一缕子[-縷-] N. <coll.> in a straight line; straight as an arrow
yímā* 姨妈 N. <coll.> (married) maternal aunt; aunt M: ge/[2]wèi
yìmǎ 倚马 N. great facility in writing
[1]yìmǎ 译码[譯-] V.O./N. decode; decipher
[2]yìmǎ 役马 N. workhorse
[3]yìmǎ 驿马[驛-] N. post/relay/courier horse M: [1]pǐ
yī mǎ bù pèi liǎng ān 一马不配两鞍 ID. One's loyalty is limited to one person.
yìmǎchē 驿马车[驛-] N. stagecoach M: [3]liàng
yīmǎdāngxiān 一马当先[--當-] F.E. take the lead; be in the forefront
yīmāhēi 一麻/抹黑 V.P. pitch-dark
yìmài 义卖[義賣] N. charity bazaar
yǐmàidàixiū 以卖带修[-賣帶-] F.E. sales with repairs
yìmàihuì 义卖会[義賣-] N. sale for charitable purposes; bazaar
yìmài shìchǎng 义卖市场[義賣-場] P.W. charity fair; bazaar
yīmàixiāngchéng 一脉相承[-脈--] F.E. ① derived from the same origin ② run in a single line
yīmàixiāngchuán 一脉相传[-脈-傳] F.E. ① derived from the same origin ② run in a single line
yīmàixiānglián 一脉相连[-脈--] *See* *yīmàixiāngtōng*
yīmàixiāngtōng 一脉相通[-脈--] F.E. be intimately tied up with; be kindred to
yìmǎjī 译码机[譯-] N. code translator M: [1]jià/ge
yìmǎ jìshù 译码技术[譯-術] N. interpretation technique
yǐmǎkědài 倚马可待 F.E. can write very fast; wield a facile pen
yǐmǎn* 已满 V.P. ① already full; already filled up ② already expired (of a time limit)
yìmǎn 溢满 V.P. brim over; overflow
yī mǎn chí 一满匙 N. a spoonful
yī màn, èr kàn, sān tōngguò 一慢,二看,三通过 F.E. slow down first, then look both ways before crossing intersections
yī mǎn pán 一满盘[-盤] N. a trayful
yī mǎn sháo 一满勺 N. a ladleful; a dipperful
yī mǎn xiāng 一满箱 N. a trunkful

yīmáo* 一毛 N. a hair; insignificant thing *See also* [1]*máo*
yī-mào 衣帽 N. clothes and hat
yǐmǎo 乙卯 N. 52nd year of the Sexagenary Cycle (1915, 1975, 2035 etc.)
yīmáobùbá 一毛不拔 F.E. miserly; stingy
yī-màojià 衣帽架 N. clothes/hat tree/stand M: [4]zuò/ge
yī-màojiān 衣帽间 P.W. cloakroom M: [1]jiān
yī máolì fēnpèi 依毛利分配 N. <acct.> distribution on gross profit
yǐmàoqǔrén 以貌取人 F.E. judge people solely by their appearance
yīmāpíng 一抹平 V.P. ①the same; equal ②level; smooth *See also yīmǒpíng*
yīmǎpíngchuān 一马平川 N. flat country; boundless expanse of flat land
yìmǎqì 译码器[譯-] N. decoder; decipherer M: [1]jià/ge
yǐmǎqiānyán 倚马千言 F.E. write with great facility
yīmàr 一骂儿[-罵-] ADV. <topo.> maybe; possibly
yīmǎrxīn 一码儿新 V.P. <coll.> brand new
yī mǎ shì 一码事 N. one and the same matter
yìmǎxīnyuán 意马心猿 F.E. indecisive; wavering
yīmǎzi 一码子 N. <coll.> same kind
yímèi 姨妹 N. younger sister of one's wife; sister-in-law M: ge/[2]wèi
yìměi* 溢美 V. praise excessively
yīmèi'er 伊妹儿 <loan.> N. email
yìměizhīcí 溢美之词 N. fulsome praise
yìměizhīyán 溢美之言 N. fulsome praise
yímén 仪门[儀-] N. ① <trad.> secondary gate to an official residence ② a side door M: [1]shàn/[2]dào
yǐmén* 倚门 N. ① parental love ② prostitute
[1]yìmén 义门[義-] N. family noted for righteousness
[2]yìmén 翼门 N. wing gate M: [1]shàn/[2]dào
[3]yìmén 诣门 V.O. <court.> visit sb.
yìmèn 悒闷 V.P. <wr.> depressed; dejected; in low spirits
yǐménbànghù 倚门傍户 F.E. depend on and follow others
yǐmén'érwàng 倚门而望 F.E. lean against the door and crane one's neck
yīměngzi 一猛子 N. <coll.> suddenly; unexpectedly
yǐménmàiqiào 倚门卖俏[--賣-] *See yǐménmàixiào*
yǐménmàixiào 倚门卖笑[--賣-] F.E. ① be a prostitute ② invite attention (of coquettish women)
yīménxīnsī 一门心思 F.E. whole-heartedly
yǐményǐlǘ 倚门倚闾 F.E. eagerly await the return of one's son
yīménzhōngliè 一门忠烈 F.E. All the members of a family died as martyrs.
yī ménzi rén 一门子人 N. <coll.> persons of the same surname; fellow clansmen
yīmǐ 猗靡 V.P. flowing and fluttering with the wind
yīmì 一秘 N. first secretary (diplomatic title)
yǐmí 乙醚 N. <chem.> ether
[1]yìmǐ 苡米 N. <Ch. med.> seed of Job's tears
[2]yìmǐ 迤/迆靡 ATTR. joined; connected
yìmǐ* 薏米 N. ① pearl barley ② <Ch. med.> seed of Job's tears
[1]yīmiàn(r) 一面(儿) N. one side/aspect ♦CONJ. at the same time; simultaneously ♦CONS. ~ *A* ~ *B* on the one hand A, on the other hand B
[2]yīmiàn 伊面[-麵] N. deep-fried noodles
yǐmiǎn* 以免 CONJ. in order to avoid; so as not to
yǐmiàn 椅面 N. seat (of a chair)
yīmiàndǎo 一面倒 V.P. lean to one side; be partisan; lopsided; one-sided
yīmiàndǎo bǐsài 一面倒比赛 N. a one-sided game (of baseball)

yǐmiǎnjíkǒu 以免藉口 F.E. remove sth.that could be used as a pretext
yīmiàn(r)lǐ 一面(儿)理 N. ① one side's statement/version ② one-sided argument
yīmiànr guānsi 一面儿官司 N. a lawsuit in which one party has a great advantage over the other
yīmiànrújiù 一面如旧[-舊] F.E. become intimate friends at the first meeting
yīmiànzhīcí 一面之词 N. one-sided statement
yīmiànzhījiāo 一面之交 N. nodding acquaintance
yīmiànzhīyuán 一面之缘 N. meet once (as ordained by fate)
yímiáo 移苗 V.O./N. transplant seedlings
yìmiáo* 疫苗 N. vaccine
yìmiào 邑庙[-廟] P.W. district temple M: [4]zuò
yímiè* 夷灭[-滅] V. ① <wr.> massacre; wipe out ② bury
yìmiè 翳灭[-滅] V. disappear
yǐmǐhòuhuàn 以弭后患[--後-] F.E. in order to forstall calamities
[1]yímín* 移民 V. emigrate ♦N. ① emigrant/immigrant ② people who refuse to take official jobs in a new dynasty ③ descendants
[2]yímín 遗民 N. ① adherents of the former dynasty ② survivors of a great upheaval M: ge/[1]míng/[2]wèi
yǐmín 蚁民[蟻-] N. <trad./wr.> we, the common people
[1]yìmín 义民[義-] N. people with a deep sense of justice
[2]yìmín 逸民 N. hermit; recluse
yímíndiǎn 移民点[-點] N. resettlement place
yímínfǎ 移民法 N. immigration laws M: [2]bù
yī míng 一名 N. ①one person (in a list) ②place in a sequence *zuìhòu* ~ last place ♦V.P. be also known as *Hónglóu Mèng* ~ *Shítou Jì The Dream of the Red Chamber* is also known as *The Story of the Stone*
yī mìng 一命 N. ① the life (of a person/animal) ② a minor/subordinate post (in public employment)
yímìng 遗命 N. will; testament
[1]yìmíng* 艺名[藝-] N. stage name
[2]yìmíng 译名[譯-] N. ① translated name/term ② transliteration ③ onomasticon
[3]yìmíng 佚名 N. lost name
[4]yìmíng 亦名 V.P. be also called. . .
[5]yìmíng 异名[異-] N. different name; synonym; variant name
[6]yìmíng 易名 V.O. ①change one's name ②give a posthumous title to a person
yīmíngbùshì 一瞑不视 F.E. ① die ② close one's eyes and die
yǐmìngdǐmìng 以命抵命 F.E. a life for a life
yī mìng dǐ yī mìng 一命抵一命 F.E. demand a life for a life
yìmíng guīfànhuà 译名规范化[譯--範-] N. <lg.> standardization of terminology
yīmìngguītiān 一命归天[--歸-] F.E. quit this world; pass away; die
yīmìngguīxī 一命归西[--歸-] F.E. die
yīmìngguīyīn 一命归阴[-歸陰] F.E. quit this world; pass away; die
yīmíngjīngrén 一鸣惊人[--驚-] F.E. become famous overnight
yīmíngliǎng'àn 一明两暗 F.E. apartment with one room that can be reached by sunlight and two rooms that can't
yīmìngwūhū 一命呜呼[--嗚-] F.E. ① kick the bucket ② die; breathe one's last
yímínjú 移民局 P.W. immigration bureau/department/office/service
yímín qiānzhèng 移民签证[-證] N. immigrant visa M: [1]fèn
yímínqū 移民区[-區] P.W. settlement; colony
yímínzhě 移民者 N. ① emigrant ② immigrant
yímínzhībāng 移民之帮[-幫] N. a nation of immigrants

yīmǐnzi 一抿子 N. <coll.> ① brushing of the hair ② trifle; pinch
yīmǒ* 一抹 N. faint trace of something
yímò 遗墨 N. posthumous letters/paintings/etc.
yīmōhēi 一摸黑 V.P. <coll.> ① at the onset of twilight ② be ignorant (in certain areas)
yīmóhuótuōr 一模活脱儿 F.E. <topo.> very alike
yīmǒpíng 一抹平 V.P. ① treat as the same ② flat *See also yīmāpíng*
yímóu 贻谋 N. policy handed down to offspring
yǐmòxiāngrú 以沫相濡 F.E. help each other when both are in humble circumstances
yīmóyīyàng 一模一样[-樣] F.E. be exactly alike
yīmù 依慕 V. adore
yímǔ 姨母 N. maternal aunt; aunt M: ge/[2]wèi
yímù 怡目 V.O. pleasing to the eye
yǐmù 蚁慕[蟻-] V. yearn for; long for
[1]**yìmǔ*** 义母[義-] N. ①adoptive mother ②foster mother M: ge/[2]wèi
[2]**yìmǔ** 异母[異-] N./ATTR. different mothers (but the same father)
yìmù 溢目 V.P. <wr.> more than the eye can take in
yìmǔcǎo 益母草 N. <Ch. med.> motherwort
yǐmùchuánqíng 以目传情[--傳-] F.E. cast affectionate glances
yǐmùdàigāng 以目代纲[-綱] F.E. use the secondary to replace the primary
yīmúhuótuō 一模活脱 F.E. <topo.> as like as two peas
yīmùliǎorán 一目了然 F.E. be clear at a glance
yīmùnánzhī 一木难支[--難-] ID. ① a single post can't support (a big building) ② one person cannot save the situation by himself
yīmùnánzhī dàshà 一木难支大厦[--難--廈] ID. ① a single post can't support a big building ② one person cannot save the situation by himself
yìmù-qícǎo 异木奇草[異-] N. rare trees and herbs
yī mǔ sān fēn dìr 一亩三分地儿[-畝----] N. <coll.> a small piece of land
yīmùshíháng 一目十行 F.E. read rapidly
yǐmùshìyì 以目示意 F.E. make a sign with the eyes
yīmǔsuǒshēng 一母所生 V.P. be born of one mother
yìmǔ xiōngdì 异母兄弟[異-] N. brothers born of different mothers
yīmúyīyàng 一模一样[-樣] F.E. *See yīmóyīyàng*
[1]**yīn*** 因 CONJ. because; as ♦COV. <wr.> on the basis of; on account of ♦B.F. ① cause; reason [1]*yuányīn* ② carry on; continue *yīnxún* ③ rely on; accord with ♦CONS. ~ *A ér V* to V because of A ~ *bìng ér shì* die because of illness
[2]**yīn** 音 N. <lg.> phone ♦B.F. ① sound [1]*shēngyīn* ② tone *yīnlǜ* ③ news; tidings *yīnxìn* ④ <lg.> syllable *yīnjié* ⑤ phoneme [2]*yīnwèi* ⑥ pronunciation [1]*fāyīn*
[3]**yīn** 阴[陰] N. ① <phil.> female/passive/negative principle in nature ② Surname ♦B.F. ① the moon [1]*yīnlì* ② shaded orientation *bèiyīn* ③ north side of a hill ④ south bank of a river ⑤ reverse side of a stele *bēiyīn* ⑥ vagina [1]*yīndào* ⑦ penis *yīnjīng* ⑧ in intaglio [1]*yīnwén* ⑨ covert; concealed; hidden *yīngōu* ⑩ of the nether world *yīnjiān* ⑪ negative [1]*yīnjí* ♦S.V. ① overcast *Tiān ~ le.* It's getting overcast. ② sinister; treacherous *Nàge rén hěn ~.* That person is very sinister.
[4]**yīn** 殷 N. ① alternative name for the latter part of the Shang dynasty ② Surname ♦B.F. ① thriving *yīnshí* ② ardent; eager *yīnqín* ③ hospitable *yīnqiè* ④ grand; magnificent ⑤ numerous; many *See also* [6]*yān*
[5]**yīn** 洇/湮 V. blotch; splotch *See also* [10]*yān*
[6]**yīn** 姻 B.F. ① marriage *hūnyīn* ② related by marriage *yīnbó*
[7]**yīn** 铟[銦] N. <chem.> indium
[8]**yīn** 茵 B.F. mattress; (fig.) carpet *yīnbì*, [2]*lǜyīn*
[9]**yīn** 喑 B.F. hoarse; lose one's voice *yīnyǎ, yīnwù*
[10]**yīn** 荫[蔭] *See* [3]*yìn See also* [3]*yìn*
[11]**yīn** 氤[-/絪] in *yīnyūn*
[12]**yīn** 愔 in [3]*yīnyīn*
[1]**yín** 银[銀] N. silver ♦B.F. ① relating to currency/money *yínháng, yínbì* ② silver-colored [1]*yínsè*
[2]**yín** 吟 V./N. <wr.> sing/song; chant ♦B.F. ① groan *shēnyín* ② cry (of certain animals and insects) *yuányín, chányín*
[3]**yín** 寅 N. 3rd of the 12 Earthly Branches
[4]**yín** 淫 B.F. ① excess *yínwēi, yínyǔ* ② wanton; lewd *yínfù*, [1]*yíncí*
[5]**yín** 垠 B.F. boundary *yínjì, wúyín*
[6]**yín** 夤 B.F. ① feel awe [2]*yínyuān* ② deep [1]*yínyè*
[7]**yín** 龈[齦] B.F. gums [1]*yínyán, yáyín*
[8]**yín** 霪 in *yínyǔ*
[9]**yín** 崟 in [3]*yínyín*, [2]*qīnyín*
[10]**yín** 狺 in [1]*yínyín, yínyínkuángfèi*
[11]**yín** 龂[齗] in [2]*yínyín*, [2]*yínxiào*
Yín 鄞 N. county in Zhejiang province
[1]**yǐn** 引 V. lead; guide ♦B.F. ① draw; pull; stretch *qiānyǐn* ② cause; make *yǐnfā* ③ seduce *yǐnyòu* ④ quote; cite *yǐnshù* ⑤ leave ~*bì* avoid; make way for ⑥ induce ♦N. introduction; preface ♦M. <trad.> ① *of length (33 1/3 meters)* ② *of units of salt certificates*
[2]**yǐn** 饮[飲] V. <wr.> ① drink ② swallow (insults/etc.) ③ be hit (by a bullet/etc.) ♦B.F. ① keep in the heart; nurse *yǐnhèn* ② drinks *yǐnliào* ③ <Ch. med.> a decoction of Chinese medicine to be taken cold ④ retained fluid *See also* [2]*yìn*
[3]**yǐn** 隐[隱] B.F. ① conceal; hide *yǐncáng* ② live as a recluse *yǐnjū* ③ latent; dormant *yǐnhuàn* ④ hidden; secret [2]*yǐnqíng* ⑤ painful
[4]**yǐn** 瘾[癮] N. ① addiction ② passion (for)
[5]**yǐn** 尹 B.F. <trad.> an official title *fǔyǐn, lìngyǐn* ♦N. Surname
[6]**yǐn** 蚓 B.F. ① earthworm *qiūyǐn* ② sth. worm-like *yǐntǔ*
[7]**yǐn** 檃 B.F. form/clamp for straightening/shaping wood *yǐnkuò*
[8]**yǐn** 靷 B.F. leather strap for pulling a cart *juéyǐn'érchí*
[9]**yǐn** 吲 in *yǐnduǒ*
[1]**yìn** 印 N. ① seal; stamp; chop ② Surname ♦V. print; engrave ♦B.F. ① mark; trace; image *yìnzi*, [1]*yìnxiàng* ② tally; conform *yìnzhèng*
[2]**yìn** 饮[飲] V. give water to animals *See also* [2]*yǐn*
[3]**yìn** 荫[蔭] S.V. <coll.> sunless; chilly and damp ♦B.F. ① shady *yìnliáng* ② <hist.> confer privileges on sb.'s descendants in consideration of distinguished service *fēngqīyìnzǐ See also* [10]*yīn*
[4]**yìn** 胤 B.F. posterity; descendants *yìnsì, zǐyìn*
[5]**yìn** 窨 B.F. cellar *yìnshì, dìyìnzi See also* [2]*xūn*
[6]**yìn** 茚 N. <chem.> indene
[7]**yìn** 慭 in *yìnyìn*
yínǎinai 姨奶奶 N. ① <coll.> concubine ② sister of one's paternal grandmother; great aunt
yīnǎitóngbāo 一奶同胞 N. siblings born of the same parents
[1]**yínán*** 疑难[-難] N. difficulty; problem ♦ATTR. difficult
[2]**yínán** 宜男 N. prolific of male children (of a woman)
yǐnán 以南 SUF. to the south of . . .
yìnán 役男 N. males 18 to 45 who are eligible for military service
yīn'àn* 阴暗[陰-] S.V. dark; gloomy
yǐn'àn 隐暗[隱-] N. dark; gloominess
yínánbǎichū 疑难百出[-難--] F.E. Difficulties crop up everywhere.
yīnán-bànnǚ 一男半女 N. a few children
yínánbīngshì 疑难冰释[-難-釋] F.E. The suspicions have dissolved completely.
yínánchóngchóng 疑难重重[-難--] F.E. filled with puzzles and perplexities
yīn'àngézhí 因案革职[-職] F.E. get fired because of involvement in a scandal
yīn'ànmiàn 阴暗面[陰-] N. dark side of things
yínánzázhèng 疑难杂症[-難雜-] N. ① <Ch. med.> a difficult/nontypical illness case ② a knotty problem
yǐnǎo 乙脑[-腦] N. epidemic encephalitis B
yī nǎoménzi guānsī 一脑门子官司[-腦----] N. <coll.> looking for a fight; touchy; testy
yī nǎozi 一脑子[-腦-] N. completely/thoroughly/utterly concentrated on sth.
yǐnbǎ 隐靶[隱-] N. vanishing target
yínbái 银白 N. silvery white
yínbáisè 银白色 N. silvery white
yínbáitóng 银白铜 N. nickel (metal)
yínbáiyáng 银白杨[-楊] N. white poplar M: [2]kē
yīnbǎn 音板 N. soundboard
yìnbǎn* 印版 N. (printing) plate M: [2]kuài
yīnbàng 音棒 N. clave; tuning bar M: [2]gēn
yīnbǎn kèhuà 阴版刻画[陰-畫] N. negative scribing
yīnbào 音爆 N. sonic boom
yínbào 淫暴 V.P. licentious and cruel
[1]**yǐnbào*** 引爆 V. ignite; detonate
[2]**yǐnbào** 隐报[隱報] N. deceptive reporting
yìnbàozhǐ 印报纸[-報-] N. newsprint paper
yìnbàzi 印把子 N. seal of authority; official seal
yínbēi 银杯 N. silver cup M: ge/[2]zhī
yínbēn 淫奔 V. elope (esp. of a woman)
yìnběn* 印本 N. printed book M: [1]běn/[4]cè
yínběnwèi 银本位 N. <econ.> silver standard
yīnbì 茵庇 V. protect; patronize
yínbì 银币[-幣] N. silver coin M: [2]kuài
[1]**yǐnbǐ** 隐笔[隱筆] V.P. describe in a subtle way
[2]**yǐnbǐ** 隐比[隱-] N. metaphor
[1]**yǐnbì*** 隐蔽/避[隱-] V. conceal; take cover
[2]**yǐnbì** 引避 V. ① avoid ② make way for
yìnbí 印鼻 N. knob/handle of a seal
[1]**yìnbì** 荫庇[蔭-] N. <trad.> protection by one's elders/ancestors ♦V. shelter; protect; harbor; bless
[2]**yìnbì** 荫蔽[蔭-] V. ① be shaded/hidden by foliage ② cover; conceal ♦N. shadowing; shading
yīnbiàn 音变[-變] N. <lg.> ① phonetic change; sound change/shift ② tone sandhi
yīnbiànliàng 因变量[-變-] N. <math.> dependent variable
yīnbiànshù 因变数[-變數] N. <math.> function
yīnbiāo* 音标[-標] N. <lg.> phonetic symbol; transcription; phonogram
yīnbiǎo 音表 N. <lg.> phonetic chart/symbol
yīnbiāobiǎo 音标表[-標-] N. <lg.> table of phonetic symbols M: [1]zhāng
yīnbiāo pīnfǎ 音标拼法[-標--] N. <lg.> phonetic spelling
yīnbiāo wénzì 音标文字[-標--] N. phonetic writing/transcription; phonography
yìnbìkāijìn 荫蔽开进[蔭-開進] F.E. advance under cover
yīnbīng 阴兵[陰-] N. women soldiers
yīnbìng* 因病 V.P. due to illness; because of illness
yínbìng 龈病[齦-] N. gingival disease
yǐnbīng 饮冰 V.O. cool oneself by drinking ice water
yínbǐngr 银饼儿 N. silver coin
yǐnbīngrúbò 饮冰茹檗 ID. ① the hard life of a widow ② be in straitened circumstances
yīnbìngxiàyào 因病下药[-藥] F.E. apply medicine according to indications; suit the medicine to the disease
yìnbì qiánfú 荫蔽潜伏[蔭-潛-] N. ambush
yǐnbǐxíngmò 引笔行墨[-筆--] F.E. process of composition
yīnbō* 音波 N. sound wave
yīnbó 姻伯 N. brother's/sister's father-in-law M: ge/[2]wèi
yínbó 银箔 N. foil; silver foil M: [1]zhāng
yīnbō jìlùjī 音波记录机[---錄-] N. <lg.> kymograph M: [1]jià/[1]tái
[1]**yīnbù*** 阴部[陰-] P.W. private parts; pudenda
[2]**yīnbù** 音部 N. <mus.> vocal section
[3]**yīnbù** 音步 N. a foot (of poetry)

Y

yǐnbù 引布 N. two parallel strips of white cloth within which the relatives of the deceased march behind the coffin

yīnbù fānyì 音步翻译[-譯] N. <lg.> metrical translation

yìncái 印材 N. materials used to make seals (e.g., jade/etc)

yīncáiqìshǐ 因材器使 F.E. suit the capability to the task

yīncáishījiào 因材施教 F.E. ① teach according to student ability ② suit the instruction to the student's level

yīncáishījiào-zhì 因材施教制 *See yīncáishījiào*

yīncáishīyì 因财失义[-義] F.E. gain wealth at the expense of justice

yīncǎn 阴惨[陰慘] V.P. ① cloudy ② dismal

yǐncáng 隐藏[隱-] V. hide; conceal

yǐncángshì 隐藏式[隱-] ATTR. undercover; hidden

yǐncángzhù 隐藏住[隱-] R.V. hide; conceal

yíncānjù 银餐具 N. silverware; table silver M: *tào*

yīncáo(-dìfǔ) 阴曹(地府)[陰-(--)] P.W. hell

yíncāyīn 龈擦音[齦-] N. <lg.> alveolar fricative

yǐncè 隐恻[隱-] N. commiseration; sympathy

[1]**yīnchā** 音差 N. <lg.> difference in sound

[2]**yīnchā** 音叉 N. tuning fork M: [4]*zhī*/[1]*bǎ*

yǐnchá* 饮茶 V.O. <wr.> ① drink tea ② have tea and refreshments ③ have lunch together

yǐnchái 引柴 N. kindling

yǐnchájìndiǎn 饮茶进点[-進點] F.E. have tea and snacks

yǐncháliáotiān 饮茶聊天 F.E. talk over a cup of tea

yínchán 银蟾 N. the moon

yǐnchǎn* 引产[-產] <med.> V. induce labor ♦N. induced labor

yīncháng 音长 N. <lg.> length/duration/quantity of a sound; sound quantity

yínchāng 银鲳 N. <zoo.> silvery pomfret; dollarfish; harvestfish M: [1]*tiáo*

yínchàng* 吟唱 V. chant; recite

yǐnchǎng 饮场[-場] N./V.O. <opera> the practice of singers having a drink of water onstage before a long aria

yínchánrǎnshàng 银蟾冉上 F.E. The moon is coming up.

yǐnchá xiūxi 饮茶休息 N. tea break

yǐnchēmǎijiāng 引车买浆[-買漿] F.E. low-class professions

[1]**yīnchén** 阴沉[陰-] V.P. ① overcast; gloomy; somber ② quiet and designing (of a person)

[2]**yīnchén** 茵陈 N. <Ch. med.> capillary artemisia

[3]**yīnchén** 音尘[-塵] N. <wr.> ① traces; whereabouts ② news; message; information

[4]**yīnchén** 湮沉 V. fall into obscurity

yīnchénchén 阴沉沉[陰-] R.F. heavily cloudy (e.g., before rain)

yīnchéng 音程 N. <mus.> interval

yìnchéng* 印成 R.V. print out

yīnchénmù 阴沉木[陰-] N. hard wood which has long been buried in the earth M: [2]*kuài*

yínchīmǎoliáng 寅吃卯粮[-糧] F.E. living hand-to-mouth

yǐnchóngjì 引虫剂[-蟲劑] N. insect attractant

yǐnchū* 引出 R.V. draw forth; lead to

yìnchū 印出 R.V. print out

Yínchuān* 银川 P.W. Yinchuan (in Ningxia)

yínchuàn 银钏 N. silver bracelet M: [4]*zhī*

yínchuānxièdì 银川泻地[--瀉-] F.E. A bright moon lit up the ground.

yìn chūlai 印出来 R.V. print out

yīnchún 阴唇[陰-] N. <phys.> labia (of the vulva); labium; labia majora; labia minora

yǐnchúnzìzuì 饮醇自醉 F.E. win sb.'s heart with one's virtue

yìnchū sùdù 印出速度 N. print-out rate

yīncǐ* 因此 CONJ. therefore; consequently

yīncì 因次 N. <phy.> dimension

[1]**yíncí** 淫辞/词[-辭] N. <wr.> unbridled/obscene talk

[2]**yíncí** 淫祠 P.W. temples for worshiping unorthodox gods

yǐncí 引词 N. <lg.> call-word

yìncì 印次 N. <print.> ① impression ② printing

yīncóng 音丛[-叢] N. <lg.> cluster

yīncóng suōjiǎn 音丛缩减[-叢-減] N. <lg.> cluster deduction

yìncuò 印错 R.V. make a mistake/error in printing

yǐncuò fāngxiàng 引错方向 V.P. misdirection

yīncuòyángchā 阴错阳差[陰-陽-] F.E. ① comedy of errors ② unlucky/inauspicious day

yīndài* 音带[-帶] N. vocal cords

yǐndài 引带[-帶] V. guide; direct

yíndàmǎhāyú 银大马哈鱼 N. silver/jack salmon M: [1]*tiáo*

yǐndàn 饮弹 V.O. <wr.> be hit by a bullet

yǐndànbìmìng 饮弹毕命[--畢-] F.E. die of a bullet wound

yīndàng 音档[-檔] N. level of sound

yíndàng* 淫荡[-蕩] V.P. lascivious; lewd

yíndàngwúchǐ 淫荡无耻[-蕩-恥] F.E. licentious and shameless

yǐndànshēnwáng 饮弹身亡 F.E. be killed by a bullet

yīndānshìlín 阴丹士林[陰-] N. a kind of dyestuff (usu. blue)

yǐndàn zìjìn 饮弹自尽[-盡] V.P. <wr.> kill oneself by a bullet

[1]**yīndào** 阴道[陰-] N. ① vagina ② <wr.> the "subordinate way" (i.e., of inferiors to superiors) ③ shaded road ④ the art of love

[2]**yīndào** 荫道[蔭-] N. arbor

yǐndǎo* 引导[-導] V. guide; lead ♦N. <Dao.> exercises leading to immortality

yǐndào 引道 V.O. approach

yǐndǎo cāozuò 引导操作[-導--] N. pilot operation

yǐndǎochū 引导出[-導-] R.V. draw forth; lead to

yǐndǎocí 引导词[-導-] N. <lg.> complementizer; introducer

yǐndǎo guàncí 引导冠词[-導--] N. <lg.> introductory article

yǐndàopō 引道坡 N. approach ramp

yǐndǎoxìng xiězuò 引导性写作[-導-寫-] N. <lg.> guided writing

yǐndǎoxìng yìyì 引导性意义[-導--義] N. <lg.> directive meaning

yīndàoyán 阴道炎[陰-] N. vaginitis

yǐndǎoyuán 引导员[-導-] N. usher M: *ge*/[1]*míng*/[2]*wèi*

yǐndǎozhě 引导者[-導-] N. guide; leader M: *ge*/[1]*míng*/[2]*wèi*

yīndé 阴德[陰-] N. good deeds done in secret

yǐndé* 引得 N. <loan> index

yīn de biànhuà 音的变化[--變-] N. <lg.> phonetic change

yīn de chángduǎn 音的长短 N. <lg.> length of a sound

yīn de chéngfèn 音的成分 N. <lg.> phonetic feature

yīn de dùnruì 音的钝锐 N. <lg.> pitch

yīn de gāodī 音的高低 N. pitch

yīn de gòuchéng 音的构成[--構-] N. <lg.> formation of a sound

yǐn de gòuqiàng 瘾得够呛[癮-夠嗆] V.P. <topo.> be desperate for a "fix"

yīn de jiànjù 音的间距 N. <lg.> duration

yíndēng 银灯[-燈] N. mercury-vapor lamp

yīn de qūshì 音的趋势[-趨勢] N. <lg.> phonetic tendency

yīn de tónghuà 音的同化 N. <lg.> assimilation

yīn de xíngtài jíhétǐ 音的形态集合体[---態--體] N. <lg.> bundle of phonetic features

yīn de xìwēi de fēnbié 音的细微的分别 N. <lg.> shades of sound

yīn de yāsuō 音的压缩[--壓-] N. <lg.> compression of a sound

[1]**yīndì*** 阴蒂[陰-] N. clitoris

[2]**yīndì** 阴地[陰-] P.W. ① a shaded place; shade ② graveyard

[3]**yīndì** 荫地[蔭-] N. swale; shady place

[1]**yǐndì** 隐地[隱-] P.W. ① non-cadastral land ② place good to retire to

[2]**yǐndì** 引地 P.W. area of private salt monopoly obtained by paying a salt tax

yīndiǎn 音点[-點] N. <lg.> point of articulation

yīndiàn* 阴电[陰電] N. negative electricity

yǐndiàn 饮店 P.W. a shop selling drinks M: [1]*jiā*

Yìndì'ānnà 印第安纳 P.W. Indiana

Yìndì'ānnàbōlìsī 印第安纳波利斯 P.W. Indianapolis

Yìndì'ānrén 印第安人 N. (American) Indian

yīndiànzǐ 阴电子[陰電-] N. negative electron

yīndiāo 阴雕[陰-] N. intaglio

yīndiào* 音调 N. <lg.> ① tone; tonality ② pitch; intonation; key

yīndiào biànhuà 音调变化[--變-] N. <lg.> pitch movement

yīndiào děngjí 音调等级 N. <lg.> pitch level

yīndiào fànwéi 音调范围[-範圍] N. <lg.> pitch range

yīndiàolèi 阴调类[陰-類] N. <lg.> upper tone

yīndiào qūxiàn 音调曲线 N. <lg.> tone contour

yīndì'éryì 因地而异[-異] F.E. differ from region to region

yīndìjué 阴地蕨[陰-] N. <bot.> *Botrychium ternatum* M: [2]*kē*

yíndìng 银锭 N. silver ingot M: [2]*kuài*

yīndìyīnshí 因地因时[-時] F.E. in accordance with the time and place

Yìndìyǔ 印地语 N. Hindi language

yīndì zhíwù 阴地植物[陰-] N. shade plant M: [1]*zhǒng*

yīndìzhìyí 因地制宜 F.E. suit measures to local conditions

yǐndòng 引动[-動] R.V. stir emotions

yǐndòu 引逗 V. ① tantalize; tease ② lure; entice

[1]**yīndú** 阴毒[陰-] S.V. insidious; sinister ♦V. secretly harm

[2]**yīndú** 音读[-讀] N. reading pronunciation; reading

[1]**yīndù*** 音度 N. <lg.> shades of sound

[2]**yīndù** 音渡 N. <lg.> glide; juncture

yǐndù 引渡 V. <law> extradite

Yìndù 印度 P.W. India

yīnduǎn 音短 N. <lg.> shortness of a sound

yīnduàn 音段 N. <lg.> stretch; segment; fraction

yīnduàn chángdù 音段长度 N. <lg.> utterance length

yīnduàn yīnwèixué 音段音位学 N. <lg.> segmental phonemics

Yìndù Bàndǎo 印度半岛[-島] P.W. Indian subcontinent

yǐnduì 引对[-對] V. summon for an imperial court interview

Yìndùjiào 印度教 N. Hinduism

yíndùn 银盾 N. silver plaque M: [2]*kuài*

yǐndùn* 隐遁[隱-] V. live in reclusion

Yìndùníxīyà 印度尼西亚[-亞] P.W. Indonesia

yǐnduǒ 吲哚 N. <chem.> indole

Yìndù-Rì'ěrmàn yǔzú 印度日耳曼语族 N. <lg.> Indo-Germanic language family

Yìndù Yáng 印度洋 P.W. Indian Ocean

Yìndù-Yīlǎngyǔ 印度伊朗语 N. <lg.> Indo-Iranian

Yìndù-Yīlányǔ 印度伊兰语[---蘭-] N. <lg.> Indo-Iranian

Yìndùzhīnà 印度支那 P.W. Indochina

Yìndùzhīnà yǔzú 印度支那语族 N. <lg.> Indochinese language family

yīn'è 阴恶[陰惡] N. undiscovered evil deeds

yín'é* 吟哦 V. chant/hum verse

yǐnèi 以内 SUF. within; less than

yín'èjiān de 龈颚间的[齦-] ATTR. <lg.> prepalatal

[1]**yìnéng** 艺能[藝-] N. ①technical ability ②artistic skill

[2]**yìnéng** 异能[異-] N. ① different function ② extraordinary talents

yīn'ér* 因而 CONJ. ① consequently ② and so; thereupon

yín'ěr 银耳 N. <Ch. med.> white fungus
yǐn'érbùfā 引而不发[-發] F.E. ① be prepared but hold back ② show people what to do without doing it for them
yǐn'èyángshàn 隐恶扬善[隱惡揚-] F.E. veil sb.'s faults and praise his merits
[1]**yín'èyīn** 龈腭音[齦齶-] N. <lg.> alveo-palatal sound
[2]**yín'èyīn** 龈颚音[齦-] N. <lg.> prepalatal sound
yínfà 银发[-髮] N. silvery hair
yǐnfā* 引发[-發] V. ① evoke (emotion/etc.) ② initiate; trigger; touch off ♦N. ① <chem.> initiation ② <lg.> elicitation
yìnfā 印发[-發] V. print and distribute
yǐnfāfǎ 引发法[-發-] N. <lg.> elicitation
yínfàng 淫放 V. give free rein to passion
yínfànwǎn 银饭碗 N. silver rice bowl M: ge/[2]zhī
yínfěn 银粉 N. silvery powder
[1]**yīnfēng*** 阴风[陰-] N. ① chilly wind ② ill wind M: [1]zhèn
[2]**yīnfēng** 音峰 N. <lg.> peak (of a syllable)
yínfēng 淫风 N. ①wanton customs ②immorality
yǐnfēngcānlù 饮风餐露 F.E. live a primitive and hard life
yīnfēngchuīhuǒ 因风吹火 ID. handle matters by making use of the opportunity
yǐnfēngchuīhuǒ* 引风吹火 ID. ① fan the flames ② excite or stir up trouble
yínfēngnòngyuè 吟风弄月 ID. ①write carefree verse ② write sentimental verse
yínfēngshènchì 淫风甚炽[-熾] F.E. Debauchery is very widespread.
yīnfēngxíngchí 因风行迟[-遲] F.E. becalm
yīnfēngxíxí 阴风习习[陰-習習] F.E. A chilly breeze blows about.
yínfǒuzhīlè 吟缶之乐[-樂] N. the joy of singing folk songs
[1]**yīnfú*** 音符 N. ① <mus.> note ② <lg.> ⓐ phonogram; phonetic symbol ⓑ phonetic part of phonetic compound characters
[2]**yīnfú** 阴伏[陰-] V. ① one's sins are unknown to others ② ambush secretly
yīnfǔ 阴府[陰-] N. underworld; world of the dead
[1]**yīnfù** 殷富 S.V. ① well-off ② prosperous
[2]**yīnfù** 阴阜[陰-] N. mons pubis/veneris; pubis
yínfù 淫妇[-婦] N. jezebel M: ge/[1]míng
[1]**yǐnfú** 隐伏[隱-] V. lie low
[2]**yǐnfú** 引服 V. be tortured into pleading guilty
yínfǔyīn 龈辅音[齦-] N. <lg.> palato-alveolar consonant
yínfūyínfù 淫夫淫妇[-婦] F.E. male and female adulterers
[1]**yīng*** 应[應] V. ① promise/agree (to do sth.) ② answer; respond ♦AUX. should; ought to ♦N. Surname *See also* [3]*yìng*
[2]**yīng** 鹰[鷹] N. hawk; eagle; falcon
[3]**yīng** 莺[鶯] B.F. warbler; oriole *huángyīng*
[4]**yīng** 缨[纓] B.F. ① tassel *yīngzi* ② ribbon
[5]**yīng** 英 B.F. ① hero; outstanding person *yīngxióng* ② England; Great Britain; English *Yīngguó, Yīngyǔ*
[6]**yīng** 婴[嬰] B.F. infant *yīng'ér*
[7]**yīng** 樱[櫻] B.F. cherry *yīngtáo*, [1]*yīnghuā*
[8]**yīng** 膺 B.F. ① bear; receive *yīngqī, yīngxuǎn* ② attack [1]*yīngchéng*
[9]**yīng** 嘤[嚶] ON. ① chirping of birds [3]*yīngmíng* ② sob [2]*yīngqì*
[10]**yīng** 撄[攖] B.F. ① come in contact with *yīngbìng, yīngqīfēng* ② disturb; stir up *yīngrénxīn*
[11]**yīng** 璎[瓔] B.F. jade-like stone [1]*yīngluò*
[12]**yīng** 罂[罌] B.F. ① a small-mouth jar ② something jar-shaped *yīngsù*
[13]**yīng** 鹦[鸚] B.F. parrot *yīngwǔ*, [1]*yīnggē*
[14]**yīng** 莹[瑩] in *lǜyīngyīng See also* [7]*yíng*
[1]**yíng** 营[營] N. battalion ♦B.F. ① camp; barracks *jūnyíng* ②seek; strive for [1]*yínglì* ③ operate; run; manage *yíngyè*, [1]*jīngyíng* ④ nourish [1]*yíngyǎng*
[2]**yíng** 迎 V. face ♦B.F. welcome; receive; meet *huānyíng*
[3]**yíng** 蝇[蠅] B.F. fly *cāngying*
[4]**yíng** 赢[贏] V. gain; win *Wǒ xiàqí ~le tā.* I beat him at chess.
[5]**yíng** 楹 N./M. column; pillar
[6]**yíng** 盈 B.F. ① be filled; full *chōngyíng* ② have a surplus [2]*yínglì*
[7]**yíng** 莹[瑩] B.F. jade-like stone; lustrous *yíngzé*, [2]*jīngyíng See also* [14]*yīng*
[8]**yíng** 萤[螢] B.F. firefly *yíngguāng, liúyíng*
[9]**yíng** 荧[熒] B.F. ①shimmer; glimmer *yíngguāng*, [3]*jīngyíng* ② dazzled; perplexed *yínghuò*
[10]**yíng** 瀛 B.F. sea; ocean *yínghǎi, Dōngyíng*
[11]**yíng** 茔[塋] B.F. grave [2]*yíngdì, fényíng*
[12]**yíng** 萦[縈] B.F. encompass; entangle *yíngrào, wúsuǒyínghuái*
[13]**yíng** 滢[瀅] in [2]*yínghuí*
Yíng 嬴 N. Surname
[1]**yǐng** 影 B.F. ① shadow; reflection; image *yǐngzi* ② trace; vague impression *yǐngzi* ③ photograph; picture *héyǐng* ④ film; movie *diànyǐng* ⑤ copy; trace ~ *Sòngběn* a facsimile edition of a Song book ♦V. <topo.> hide; conceal
[2]**yǐng** 颖[穎] B.F. ① intelligent; clever *yǐngwù* ② form; style [1]*xīnyǐng*
[3]**yǐng** 瘿[癭] B.F. goiter *yǐngliú, yǐngbìng*
[1]**Yǐng** 郢 B.F. capital of ancient kingdom of Chu *yǐngshūyānshuō*
[2]**Yǐng** 颍[潁] B.F. name of a river in Henan and Anhui *Jī-Yǐng*
[1]**yìng** 硬 S.V. ① hard; stiff ② firm; tough; obstinate ~ *de bù xíng, tāmen jiù lái ruǎn de.* When tough tactics did not work, they tried kid gloves. ③ good (of quality); able (of persons) *páizi* ~ a trademark of high standing; a prestigious trademark ♦ADV. ① doggedly ② manage to do sth. with difficulty
[2]**yìng** 映 V. reflect; mirror; shine ♦B.F. project (slides/etc.) *fàngyìng*
[3]**yìng** 应[應] B.F. ① respond *xiǎngyìng*, [1]*xiāngyìng* ② consent; comply *dāying, yìngnuò* ③ adapt to *yìngjǐng* ④ cope/deal with *yìngfu* ⑤ apply; applied *yìngyòng, yìngyòng kēxué See also* [1]*yīng*
[4]**yìng** 媵 B.F. ① accompany a bride in marriage [2]*yìngbì* ② concubine *yìngqiè*
[1]**yīngān** 阴干[陰乾] V. dry in the shade *See also* [2]*yīngān*
[2]**yīngān** 阴干[陰-] N. <Ch. astr.> the five even numbers in the Ten Heavenly Stems (*tiāngān*) *See also* [1]*yīngān*
yīngāng 殷钢[-鋼] N. <metal.> invar
yíngāng 银缸 N. lamp
yǐngǎng* 引港 V.O. pilot a ship (into or out of a harbor) ♦N. pilot (of a ship)
yǐngǎngfèi 引港费 N. pilotage fee M: [2]bǐ
yīngāo 音高 N. ① <music> pitch ② <lg.> height; pitch
yīngāo děngjí 音高等级 N. <lg.> pitch level
yīngāo qūxiàn 音高曲线 N. <lg.> pitch curve
yīngāo shēngjiàng qūxiàn 音高升降曲线 N. <lg.> pitch contour
yǐngāozhèng 隐睾症[隱-] N. <med.> cryptorchidism
yīngbá* 英拔 V.P. outstanding; distinguished; prominent
yíngbǎ 盈把 N. a handful
yíngbái 莹白[瑩-] V.P. shining and white
yìngbàn 应办[應辦] V.P. should be handled (of tasks/business/etc.)
yìngbān* 硬搬 V. copy everything mechanically
yìngbǎn 硬版 N. hard copy
Yīngbàng* 英镑 N. <loan> pound sterling
yìngbang 硬棒 S.V. <topo.> ① hale and hearty ② stiff; hard
yìngbāngbāng 硬邦邦//帮帮[-//幫幫] R.F. firm; rigid; inflexible
Yīngbàng jítuán 英镑集团[-團] P.W. sterling bloc
Yīngbàngqū 英镑区[-區] P.W. the sterling area/bloc
yǐngbànjìng 影半径[-徑] N. radius of a shadow
yīngbèi 樱贝 N. sea shell
yìngbèizhuāng 硬背装[-裝] N. ① hardbound book ② back support
yǐngběn 影本 N. model calligraphy for copying M: [4]cè/[1]běn
[1]**yìngbēngbēng** 硬绷绷[-繃繃] R.F. firm; rigid; inflexible
[2]**yìngbēngbēng** 硬崩崩 R.F. firm; rigid; inflexible
yǐngbì 影壁 N. ① screen wall facing a gate ② wall with carved murals M: [2]dào/[4]zuò
yìngbī 硬逼 V. ① compel; force; press hard ② be hard-pressed
yìngbǐ 硬笔[-筆] N. stiff brush (in calligraphy); hard-pointed writing instrument (i.e., not a Chinese brush) M: [4]zhī
[1]**yìngbì*** 硬币[-幣] N. ① coin; specie ② hard currency M: [2]kuài
[2]**yìngbì** 媵婢 N. maid who accompanies a bride to her new home M: ge/[1]míng
[1]**yìngbiàn** 应变[應變] V.O. ①meet a contingency ② <phy.> strain ③ adapt oneself to changes
[2]**yìngbiàn** 硬变[-變] N. cirrhosis
yìngbiàncí 应变词[應變-] N. <lg.> coined term
yìngbiàn cuòshī 应变措施[應變-] N. emergency measure
yìng-biān huàjiā 硬边画家[-邊畫-] N. <art> hard-edger painter M: ge/[1]míng/[2]wèi
yìng-biān huìhuà 硬边绘画[-邊-畫] N. <art> hard-edge painting M: [10]fú
yìngbiàn jìhuà 应变计划[應變-劃] N. ① contingency plan/planning ② crash program/project M: [3]xiàng
yìngbiàn nénglì 应变能力[應變-] N. adaptability
yíngbīn 迎宾[-賓] V.O. receive visitors
yīngbìng 撄病 V.O. attacked by disease
yǐngbìng* 瘿病 N. <Ch. med.> goiter
yìngbǐnggān 硬饼干[-乾] N. hardtack; ship biscuit M: [2]kuài/[1]piàn
yíngbīnguǎn 迎宾馆[-賓-] P.W. guest house M: [4]zuò
yíngbīn hángliè 迎宾行列[-賓--] N. receiving line
yíngbīnqǔ 迎宾曲[-賓-] N. ① music of welcome for guests ② strains of a welcome march M: [2]shǒu/[4]zhī
yìngbǐ shūfǎ 硬笔书法[-筆書-] N. hard-pen calligraphy
yīngbíyàomù 鹰鼻鹞目 F.E. hawk-nosed and vulture-eyed
yīngbíyàoyǎn 鹰鼻鹞眼 F.E. sinister and fierce-looking
yīngbízi 鹰鼻子 N. aquiline nose
yìngbōli 硬玻璃 N. hard glass M: [2]kuài
yíngbù 营部[營-] P.W. battalion headquarters
yīngcái* 英才 N. a person of outstanding ability M: ge/[1]míng/[2]wèi
yìngcái 硬材 N. hard wood
yìngcǎi 硬彩 N. <art> ① deep/dark colors on porcelain ② strong colors (of glaze); *famille verte* decoration
yīngcái guǎnlǐ 英才管理 N. meritocracy
yīngcái jiàoyù 英才教育 N. elite education
yīngcǎo 樱草 N. primrose M: [2]kē
yīngcǎohuā 樱草花 N. primrose M: [2]duǒ
yìngcǎomào 硬草帽 N. boater (hat) M: [1]dǐng
yìngchāi 应差[應-] V. ①wait to be sent ②accept an assignment
yíngcháo* 营巢[營-] V.O. build a nest
[1]**yǐngchāo** 影抄 V. copy in the Song and Yuan styles of writing
[2]**yǐngchāo** 影钞 V.P. make a true-to-life copy (of old books of great value, etc.)
yǐngchāoběn 影抄本 N. facsimile edition M: [4]cè/[2]bù
yǐngchāo shànběn 影钞善本 N. copy of a good/rare edition M: [4]cè/[2]bù
yíngchè 莹澈[瑩-] V.P. sparkling and crystal-clear
yíngchén 迎晨 N. at dawn/daybreak

yìngchèn* 映衬[-襯] V. set off by contrast ♦N. ① antithesis ② <lg.> analogy parallelism
yìngchènbù 硬衬布[-襯-] N. crinoline M: [2]kuài
[1]**yīngchéng** 膺惩[-懲] V. <wr.> ① send a punitive expedition against ② punish ③ be punished
[2]**yīngchéng** 婴城 V.O. patrol round a city in defense
yǐngchéng 影城 P.W. movie center M: [4]zuò
yìngchēng 硬撑[-撐] V. force oneself to do sth.
yìngchéng* 应承[應-] V. agree (to do sth.); promise; consent
yìngchènlǐbù 硬衬里布[-襯裡-] N. foundation muslin M: [2]kuài
yīngchǐ 英尺 M. foot
yìngchìzì 硬赤字 N. hard deficit
yīngchóng 瘿虫[-蟲] N. gall insect M: [2]zhī/ge
yìng chōng hǎohàn 硬充好汉[-漢] V.O. act the hero
yìngchou 应酬[應-] V. ①have social intercourse with ②treat with courtesy ♦N. <trad.> ①dinner party ② social appointments
yìngchóu 应酬[應-] ATTR. <lg.> phatic
yìngchouhuà(r) 应酬话(儿)[應-] N. social chitchat ***shuō jǐ jù*** ~ exchange a few polite words
yìngchou jǐ jù 应酬几句[應-] V.P. exchange a few polite words
yìngchóuxìng tánhuà 应酬性谈话[應-] N. <lg.> phatic communication
yìngchou xìnjiàn 应酬信件[應-] N. courtesy letter M: [2]fēng
yíngchū 迎出 V. greet; receive; go out to welcome
yìngchū* 映出 R.V. reflect; mirror; shine forth
yíngchuāng 萤窗[螢-] ID. <wr.> study hard despite one's poverty
yíngchuāngxuě'àn 萤窗雪案[螢-] ID. ① diligence in study ② study diligently in bad conditions
yīngchún 樱唇 N. cherry lips (of a pretty woman) M: [1]piàn
yíngchūn* 迎春 V.O. <trad> welcome spring; greet the new year ♦N. <bot.> jasmine M: [2]kē
yíngchūn diǎnlǐ 迎春典礼[-禮] N. ceremony of welcoming spring
yīngchúnhàochǐ 樱唇皓齿[-齒] F.E. cherry lips and gleaming teeth
yíngchūnhuā 迎春花 N. ① winter jasmine ② forsythia M: [2]duǒ
yíngchūnjiēfú 迎春接福 F.E. A happy and prosperous (lunar) New Year.
yīngcí 英雌 N. heroine
yìngcí* 硬瓷 N. hard porcelain
yìngcípán 硬磁盘[-盤] N. hard disks M: ge/[2]zhī
yīngcǐzhòngrèn 膺此重任 F.E. hold a post of great responsibility
yǐngcóng 影从[-從] V. <wr.> follow (a great master/leader, etc.); follow like a shadow
yìngcóng* 应从[應從] V. assent to; comply with; agree
Yīngcùn 英寸 M. inch
yìngdá 应答[應-] N./V. reply; answer
yíngdài 萦带[縈帶] V. wind around and around; coil
yìngdài* 映带[-帶] V. <wr.> ① set off each other ② enhance
Yīngdàn* 英担[-擔] M. hundredweight
yíngdǎn 蝇撢[蠅-] N. fly whisk
yīngdāng 应当[應當] AUX. should; ought to
yīngdāng yīngfèn 应当应分[應當應-] V.P. <coll.> should
yǐngdānxíngzhī 影单形只[-隻] F.E. be a forlorn soul
yíngdào 赢到 R.V. win
yìngdárúliú 应答如流[應-] F.E. reply readily and fluently
yīngdé 应得[應-] V. be (well) deserved; be due/merited
Yīng-Dé 英德 P.W. England and Germany
yíngdé* 赢得 R.V. win; gain
yíngdé lìngmíng 赢得令名 V.O. earn one's stripes
yíngdí 迎敌[-敵] V.O. engage the enemy forces
[1]**yíngdì*** 营地[營-] P.W. campsite M: [4]zuò
[2]**yíngdì** 茔地[塋-] P.W. graveyard; cemetery M: [2]kuài
[3]**yíngdì** 迎睇 V. <wr.> welcome
yǐngdì 影帝 N. king of the silver screen M: ge/[2]wèi
yìngdí 应敌[應敵] V.O. deal/cope with the enemy
yíngdiàn 营奠[營-] V. offer sacrifices; honor by a rite/service
yǐngdiàn 影殿 P.W. <Budd.> statuary hall M: [4]zuò
yìngdiǎn* 应典[應-] N. fulfil a promise
yìngdiàn 硬垫[-墊] V. forcibly fill up/make good
yìngdiànliú 应电流[應電-] N. <elec.> induced current
yíngdiànyíngzhāi 营奠营斋[營-營齋] F.E. manage sacrificial rites and perform rituals (after a death)
yīngdiāo 鹰雕 N. hawk; eagle M: [2]zhī
yǐngdiào* 影调 N. ① tone ② chiaroscuro
yǐngdiàojù 影调剧[-劇] N. opera popular in the Tangshan area of Hebei province M: [1]chū
yǐngdié* 影碟 N. video disk (VCD)
yìngdié 硬碟 N. <comp.> hard disk
yǐngdiéjī 影碟机 N. videodisk player M: [1]tái
yǐngdiépiàn 影碟片 N. videodisk M: [1]piàn
yìngdǐng 硬顶 V. ① contradict ② stand firmly up to ③ <coll.> be impudent
yíngdú 蝇毒[蠅-] N. fly poison
yìngdù* 硬度 N. <phy.> hardness
yīngduàn 英断[-斷] N. wise/intelligent decision
yíngdúcǎo 蝇毒草[蠅-] N. <bot.> *Phryma leptostachya*, whose root contains a fluid poisonous to flies M: [2]kē
yíngduì 营队[營隊] P.W. armed unit
[1]**yìngduì*** 应对[應對] V. ① reply; answer ~ ***détǐ*** reply properly ② receive (a guest) ♦N. ① repartee ② interaction; reaction
[2]**yìngduì** 映对[-對] V. reflect; mirror
yìngduìjìntuì 应对进退[應對進-] F.E. appropriate manners/behavior in a given situation
yìngduìrúliú 应对如流[應對-] F.E. give fluent replies
Yīngdūn 英吨[-噸] M. long/gross ton
yìngduó 映夺[-奪] V. dazzle or catch (the eyes)
yīngdùyànchēn 莺妒燕嗔[鶯-] ID. snatch a master's favor from a rival
yīngé 因革 N. course of change; evolution; vicissitudes
Yīng-É* 英俄 N. Britain and Russia; Anglo-Russian
yíng'ē 迎阿 V. flatter; act like a sycophant
yìng'è 硬腭[-齶] N. (hard) palate
yìng'è bànyuányīn 硬鄂半元音 N. <lg.> palatal glide
yìng'èhuà 硬腭化[-齶-] N. <lg.> palatalization
yíngēn 银根 N. <econ.> money market; money
yíngēn jǐn 银根紧[-緊] N. <econ.> tight money market
yíngēn jǐnsuō 银根紧缩[--緊-] N. credit squeeze
yíng'ēquánguì 迎阿权贵[--權-] F.E. toady to those who have influence and standing
yīng'ér* 婴儿 N. baby; infant M: ge/[1]míng
yǐng'ér 影儿 N. shadow
yīng'érchē 婴儿车 N. baby carriage; stroller M: [3]liàng
yīng'érchuáng 婴儿床 N. crib
yíng'ěrdù 盈耳度 N. <lg.> volume
yīng'ér huàixuèbìng 婴儿坏血病[--壞--] N. infantile scurvy
yīng'ér nǎifěn 婴儿奶粉 N. infant formula milk M: [1]bāo/[5]dài
yīng'érqī 婴儿期 N. infancy
yīng'érshì yǔyán 婴儿式语言 N. <lg.> baby talk
yīng'ér sǐwánglǜ 婴儿死亡率 N. infant mortality rate
yīng'éryǔ 婴儿语 N. <lg.> baby talk
yīng'éryuán 婴儿园[-園] N. kindergarten M: [1]jiā
yìng'èyīn 硬颚音 N. <lg.> palatal sound
yìng'è yuányīn 硬颚元音 N. <lg.> palatal vowel
yīngfā 英发[-發] V.P. <wr.> brilliant; transcendent (of talent/etc.)
Yīng-Fǎ* 英法 N. Britain and France
yíngfàn 营贩[營-] V. manage a sales business
yíngfáng 营房[營-] N. barracks M: [4]zuò
yīngfèn* 应分[應-] N. part of one's job
yíngfén 茔坟[塋墳] N. grave; tomb M: [4]zuò
yíngfèndiǎnyù 蝇粪点玉[蠅糞點-] F.E. a fly in the ointment
yīngfēng 英风 N. heroic spirit
yíngfēng* 迎风 V.O. ① face the wind ② go against the wind ③ down wind; with the wind
yíngfēng'áoxiáng 迎风翱翔 F.E. ride on the wind
yíngfēngfēiwǔ 迎风飞舞[--飛-] F.E. dance in the wind
yíngfēngfēixiáng 迎风飞翔[--飛-] F.E. fly against the wind
yíngfēngliúlèi 迎风流泪[-淚] F.E. One's eyes tear in the wind.
yíngfēngmàoxuě 迎风冒雪 F.E. brave wind and snow
yíngfēngmiàn 迎风面 N. windward side
yíngfēngpiānxiān 迎风翩跹[-躚] F.E. fluttering up and down in the gentle wind
yíngfēngpiāowǔ 迎风飘舞 F.E. whirl about in the wind
yíngfēngtàxuě 迎风踏雪 F.E. face the (north) wind and stride through the snow
yíngfēngyáoyè 迎风摇曳 F.E. bend before the wind
yíngfēngzhāozhǎn 迎风招展 F.E. flutter in the wind
yīng-fǒu 应否[應-] V.P. (whether one) should or not
yīngfù 应付[應-] ATTR. payable *See also yìngfu*
yíngfú 蝇拂[蠅-] N. fly swatter
yǐngfù 影附 V. follow closely
yìngfu* 应付[應-] V. ① deal/cope with; handle ② make do *See also yīngfù*
yīngfù chángqī piàojù 应付长期票据[應-據] N. <acct.> long-term notes payable
yīngfù fèiyòng 应付费用[應-] N. expenses payable M: [2]bǐ
yìngfu shìr 应付事儿[應-] V.O. go through the motions
yīngfù-wèifù 应付未付[應-] ATTR. <econ.> payable; outstanding
yīngfù-wèifù fèiyòng 应付未付费用[應-] N. <acct.> outstanding expenses M: [2]bǐ
yìng fǔyīn 硬辅音 N. <lg.> hard consonant
yìngfuyùrú 应付裕如[應-] F.E. ① be equal to the occasion ② handle with ease
yīngfù zhàngkuǎn 应付帐款[應-] N. account/debt payable M: [2]bǐ
yíngfúzhīdào 莹拂之道[瑩-] N. principle of purity
yīngfùzhīzé 应负之责[應-] N. inescapable responsibility
yìngfuzìrú 应付自如[應-] F.E. handle with ease
yīnggāi* 应该[應-] AUX. should; ought to; must
yǐnggài 影戤 N. imitation/forgery of trade names
yīnggāi yīngfèn 应该应分[應-應-] V.P. should
yìnggàn 硬干[-幹] V. forge ahead; do sth. tenaciously
yìnggāng 硬钢[-鋼] N. hard steel
yìnggāo 硬膏 N. plaster
[1]**yīnggē(r)*** 鹦哥(儿) N. parrot M: [2]zhī
[2]**yīnggē** 莺歌[鶯-] N. song of the oriole
yǐnggé(r) 影格(儿) N. model character sheet placed under tracing paper for calligraphy practice
yīnggēbí 鹦哥鼻 N. hooked nose
yìnggěi 硬给 V. stubbornly insist on giving
Yīnggélán 英格兰[-蘭] P.W. <loan> England
yīnggēlǜ 鹦哥绿 N. parrot green

yīnggēyànmíng 莺歌燕鸣[鶯-] ID. voices and laughter of women
yīnggēyànwǔ 莺歌燕舞[鶯-] ID. ①joy of spring ②ambience of prosperity ③a prosperous scene
yínggōng 营工[營-] <trad.> N. laborer M: ge/[1]míng ♦V.O. do paid labor
yìnggōng* 硬弓 N. a strong bow M: [1]zhāng
yínggōngdùrì 营工度日[營-] F.E. live only by selling one's labor power
yìnggōngfu 硬功夫 N. masterly skill M: tào
yìnggōngyìngdǎ 硬攻硬打 F.E. make head-on attacks
yīnggōubí(zi) 鹰钩鼻(子)[-鉤--] N. aquiline nose
yīnggǔ 莺谷[鶯-] ID. talented but remaining in obscurity
yínggǔ 楹鼓 N. a large drum strengthened with a crossbar M: [2]zhī
yìnggǔ* 硬骨 N. ① bone ② tough/unyielding person
yīngguàn 缨冠 ID. rush to save/help sb. ♦N. <trad.> eunuch M: [1]dǐng
yíngguàn* 盈贯 N. <wr.> drawn to the fullest extent (of a bow)
yíngguāng 荧/萤光[熒/螢-] N. fluorescent light/screen
yíngguāngbǎn 萤光板[螢-] N. fluorescent screen M: [2]kuài
yíngguāngbǐ 荧光笔[熒-筆] N. fluorescent pen M: [4]zhī
yíngguāngdēng 荧光灯[熒-燈] N. fluorescent lamp M: [1]zhǎn
yíngguāngjìng 荧光镜[熒-] N. fluoroscope M: [1]jià
yíngguāngmù 萤光幕[螢-] N. screen M: [2]kuài
yíngguāngpíng 荧光屏[熒-] N. fluorescent/luminescent screen M: [2]kuài
yíngguāngqī 萤光漆[螢-] N. fluorescent paint
yìngguīdǎojǔ 应规蹈矩[應-] F.E. toe the line
Yīngguó* 英国[-國] P.W. Britain; England
yǐngguǒ 颖果 N. <bot.> caryopsis
Yīngguóguǎn 英国管[-國-] N. <mus.> English horn
Yīngguó Guǎngbō Gōngsī 英国广播公司[-國廣---] P.W. British Broadcasting Corporation (B.B.C.)
Yīngguóhuà 英国话[-國-] N. English language
Yīngguó Yīngyǔ 英国英语[-國--] N. <lg.> British English
yìnggǔtou 硬骨头 N. dauntless, unyielding person
yìnggǔyú 硬骨鱼 N. ① bony fish ② <bio.> osteichthyes M: [1]tiáo
yīnghái(r)* 婴孩(儿) N. baby; infant M: ge/[1]míng
yínghǎi 瀛海 N. <wr.> sea; ocean
Yīng-Hàn* 英汉[-漢] ATTR. English-Chinese
[1]yìnghàn(zi) 硬汉(子)[-漢-] N. man of iron M: ge/[1]míng/[2]wèi
[2]yìnghàn 硬焊 ATTR. brazing
Yīng-Hàn cídiǎn 英汉词/辞典[-漢辭-] N. English-Chinese dictionary M: [1]běn/[4]cè/[2]bù
yīngháo 英豪 N. heroes; outstanding figures M: ge/[1]míng/[2]wèi
yínghé* 迎合 V. cater/pander to
yìnghè 应和[應-] V. echo; respond to
yǐnghén 影痕 N. ghost; phantom
yínghé rényì 迎合人意 V.O. fall in with the wishes of other persons
yínghé shíshàng 迎合时尚[--時-] V.O. pander to the trend of the times
yìnghóng 映红 V.P. turn red (of sky/etc.)
yínghòu* 迎候 V. await arrival of; greet
yǐnghòu 影后 N. film queen M: ge/[1]míng/[2]wèi
yínghǔ 蝇虎[蠅-] N. fly-eating spider M: [2]zhī
[1]yīnghuā* 樱花 N. oriental cherry M: [2]duǒ/[2]kē
[2]yīnghuā 莺花[鶯-] N. scene of spring
yīnghuá 英华[-華] N. ① luxuriant beauty ② glory; fame ③ English-Chinese
yǐnghuā 颖花 N. <bot.> glume flower

[1]yìnghuà 硬化 V. ① harden ② <med.> sclerose ③ become rigid or inflexible in attitudes/opinions/etc; ossify
[2]yìnghuà 硬话 N. tough words; defiant talk
yīnghuáhuànfā 英华焕发[-華煥發] F.E. Beauty and adornment are displayed externally.
yínghuái 萦怀[縈懷] V. occupy one's mind; linger in one's mind
yìnghuàjì 硬化剂[-劑] N. hardener; hardening agent
yínghuán 瀛寰 N. <wr.> whole world
yīnghuáng 莺簧[鶯-] N. melodious warble of the oriole
yìnghuángzhǐ 硬黄纸 N. paper polished with beeswax M: [1]zhāng
yìnghuánjìng 硬环境[-環-] N. material environment (natural geography, houses, buildings, etc.)
yìnghuàqì 映画器[-畫-] N. ①projector ②magic lantern M: ge/[2]zhī
yìnghuāqiúhuāliǔ 硬花球花柳 N. broccoli M: [1]kē
yìnghuàzhèng 硬化症 N. <med.> sclerosis
[1]yínghuí 萦回[縈-] V. hover; linger
[2]yínghuí 滢洄[瀅-] V. swirl
yǐnghuì* 颖慧 V.P. <wr.> bright; intelligent
yínghuínǎojì 萦回脑际[縈-腦際] F.E. linger in one's mind
yīnghún 英魂 N. spirit of a martyr
yínghùnzi 营混子[營-] N. ① <coll.> good-for-nothing soldier ② <trad.> army riffraff/ruffian
[1]yínghuǒ* 营火[營-] N. campfire
[2]yínghuǒ 萤/荧火[螢/熒-] N. firefly glow
[3]yínghuǒ 迎火 V. counter-fire
yínghuò 荧惑[熒-] V. <wr.> dazzle; confuse ♦N. ① god of war ② <astr.> Mars
yìnghuò 硬货 N. ① hard currency ② hard goods; hardware
yìnghuòbì 硬货币[-幣] N. hard currency
yínghuǒchóng(r) 萤火虫(儿)[螢-蟲-] N. firefly; glowworm M: ge/[2]zhī
yínghuǒhuì 萤火会[螢-] P.W. campfire gathering/party M: cì
yínghǔyúmén 迎虎于门[--於-] F.E. meet trouble half-way
yīngjí 婴疾 V.O. catch an illness; fall sick
yìngjì 应计[應-] ATTR. <econ.> accrued
yíngjī 迎击[-擊] V. ①meet head-on ②intercept
yíngjì 营妓[營-] N. prostitutes serving military units M: ge/[1]míng
yǐngjí* 影集 N. ① (photo/picture) album ② miniseries/miniseries M: [1]běn/[4]cè
yǐngjì 影迹[-跡] N. track; trace
[1]yìngjī 应机[應-] V.O. take an opportunity when it presents itself
[2]yìngjī 应激[應-] N. stress
yìngjí 应急[應-] V.O. meet an emergency
yīngjià 鹰架 N. building scaffold
yíngjiā* 赢家 N. winner M: ge/[1]míng/[2]wèi
[1]yíngjiàn* 营建[營-] V. construct; build
[2]yíngjiàn 迎见 V. receive (visitors)
yìngjiàn 硬件 N. <comp./PRC> hardware
yíngjiāng 迎将[-將] V. ① welcome and send off ② greet
yìngjiàn jiāndūqì 硬件监督器[--監--] N. <comp.> hardware monitors
yíngjiānmàiqiào 迎奸卖俏[--賣-] F.E. please a treacherous person sexually
yíngjiànyè 营建业[營-業] P.W. construction industry
yíngjiǎo 迎角 N. <aviation> angle of attack/incidence (of airplanes)
yíngjiàodǎoyuán 营教导员[營-導-] N. battalion political instructor M: ge/[1]míng/[2]wèi
yìngjiǎogǔ'é 应缴股额[應-] N. assessment
yīngjiàzhàntái 鹰架栈台[-棧臺] F.E. trestle-work
yìngjí cuòshī 应急措施[應-] N. emergency measure M: [3]xiàng
yìngjídēng 应急灯[應-燈] N. emergency light M: [1]zhǎn

yīngjié 英杰[-傑] N. heroes; outstanding figures
yīngjiè 应届[應屆] N. current; this year's
yíngjiē* 迎接 V. meet; welcome
yíngjié 莹洁[瑩潔] N. purity
yǐngjiè 影界 P.W. movie circles
yìngjiē 应接[應-] V. ① deal with; meet and welcome (visitors) ② cooperate in separate moves *bǐcǐ* ~ coordinate actions with one another
yìngjié 硬结 V. indurate; harden ♦N. <med.> scleroma
yīngjiè bìyèshēng 应届毕业生[應屆畢業-] N. graduating students or pupils; this year's graduates M: ge/[1]míng/[2]wèi
yìngjiēbùxiá 应接不暇[應-] F.E. have more (visitors/business) than one can attend to
yīngjì gōngzī 应计工资[應-] N. accrued wages
yìngjí jìhuà 应急计划[應-劃] N. ①contingency plan ② crash program M: [3]xiàng
yìngjí jījīn 应急基金[應-] N. contingency fund M: [2]bǐ
Yīngjílì 英吉利 P.W. <loan> England; Great Britain
yīngjílìbìng 英吉利病 N. rickets
yìngjīlìduàn* 应机立断[應-斷] F.E. ① make quick decisions when an opportunity offers itself ② act upon the opportunity
yìngjílìduàn 应急立断[應-斷] F.E. make a quick decision when an opportunity presents itself
Yīngjílì Hǎixiá 英吉利海峡[-峽] P.W. English Channel
yīngjīmáozhì 鹰击毛挚[-擊-摯] F.E. ruthless; fierce and tough
Yīngjīn 英斤 M. <trad.> pound (of weight)
yíngjìng 莹镜[瑩-] N. clear mirror
yìngjǐng(r)* 应景(儿)[應-] V.O. ① do sth. for the occasion ② suitable to the circumstances; timely
yìngjǐnggāngbì 硬颈刚愎[-頸剛-] F.E. obstinate; headstrong
yìngjǐngshī 应景诗[應-] N. occasional verses M: [2]shǒu
yìngjǐng wénzhāng 应景文章[應-] N. routine article M: [1]piān
yìngjìshù 硬技术[-術] N. technologies based primarily on machines
yíngjiù 营救[營-] V. succor; rescue
yìngjīxìng 应激性[應-] N. irritability; sensitivity
yìngjì zhàiwù 应计债务[應-務] N. accrued liabilities
yìngjì zhéjiù 应计折旧[應-舊] N. accrued depreciation
yíngjù 营具[營-] N. barrack furniture
yǐng-jù* 影剧[-劇] N. ①movie ②shadow show
yìngjǔ 应举[應舉] V.O. <hist.> take a civil-service exam
yíngjuàn 瀛眷 N. <court.> your family
yìngjuējuē 硬撅撅 R.F. <topo.> very stiff; very rigid
yǐng-jù fúzhuāng shèjìshī 影剧服装设计师[-劇-裝-師] N. costume designer M: ge/[1]míng/[2]wèi
yǐng-jùjiè 影剧界[-劇-] P.W. film and drama circles; the entertainment world
yīngjūn 英军 P.W. British troops/forces
yīngjùn* 英俊 N. ①eminent man ②handsome man
yīngjùnyǒuwéi 英俊有为 F.E. brilliant and promising
yǐng-jùquān 影剧圈[-劇-] P.W. film and opera circles
yǐng-jùyuàn 影剧院[-劇-] AB. *diànyǐngyuàn* and *jùyuàn* movie and theater
yìngkǎo 应考[應-] V. take an examination
yìngkǎobèi 硬拷贝 N. <loan> hard copy
yìngkēxué 硬科学 N. <loan> hard science
yìngkòu 应扣[應-] ATTR. deductible; the deducted
yìngkǒugài 硬口盖[-蓋] N. hard palate

Y

yīngkǒuyúxiāng 樱口余香 F.E. The cherry mouth exhaled a fragrant breath.
yíngkū 营窟[營-] P.W. den
yìngkuài 硬块[-塊] N. <med.> scleroma
yíngkuàng 盈眶 V. fill (the eyes with tears)
yìng kuàng xíngli 硬框行李 N. luggage trunk
yíng-kuī 盈亏[-虧] N. ① gain and loss ② lunar waxing and waning
yíng-kuī bāogān 盈亏包干[-虧-乾] F.E. be responsible for their own profits/losses
yíng-kuī bāogānzhì 盈亏包干制[-虧-乾-] N. system whereby enterprises are responsible for their own profits and losses
yíng-kuī fēnpèilǜ 盈亏分配率[-虧---] N. profit-and-loss sharing ratio
yíng-kuī línjièdiǎn 盈亏临界点[-虧臨-點] N. breakeven point
yíng-kuī zìfù 盈亏自负[-虧--] F.E. responsible for one's own profits and losses
yínglái* 迎来 R.V. welcome; meet
yìnglái 硬来 V. do something forcibly
yìnglài 硬赖 V. stubbornly deny
yíngláisòngwǎng 迎来送往 F.E. welcome visitors and see them off
yínglán 蝇兰[蠅蘭] N. fly orchid
yínglàng 迎浪 V.O. brave the waves
yìnglang* 硬朗 S.V. <coll.> hale and hearty
yìnglang jiēshi 硬朗结实[-實] V.P. strong; hale and hearty
yínglěi 营垒[營壘] N. ①barracks and enclosing walls ② camp
yīnglǐ 英里 M. mile
[1]**yínglì*** 营利[營-] V.O. seek profits
[2]**yínglì** 盈/赢利 V.O. make a profit/gain ♦N. profit; gain
yìnglì 应力[應-] N. <phy.> stress
yínglián* 楹联[-聯] N. couplet on a pillar/wall M: [1]fù
yìngliǎn 硬脸 V.O. not let personal feelings influence one's decision
Yīngliánbāng 英联邦[-聯-] P.W. British Commonwealth
Yīngliǎng 英两 M. ounce
yìngliánxiàn 硬连线 N. <elec.> hardwire
[1]**yíngliáo** 荧燎[熒-] N. light of fire
[2]**yíngliáo** 营疗[營療] V. treat/cure an illness
Yīnglǐ chéngbiāo 英里程标[-標] N. milepost
yīngliè 英烈 ATTR. heroic ♦N. ① hero; martyr ② <wr.> brilliant achievement; heroic deed
yīnglièfǎ 鹰猎法[-獵-] N. hawk hunting
yínglìgǔ 赢利股 N. bonus dividend/stock
yīnglín 婴鳞 ID. offend the ruler by blunt criticism
yínglín* 营林[營-] N. forest culture and management
yīnglín'èshì 鹰瞵鹗视 F.E. look at sth./sb. fiercely
yīnglíng* 英灵[-靈] N. ① spirit of a martyr; noble spirit ② charming atmosphere (of a scene;/etc.) ③ <wr.> a person of outstanding ability
yìnglǐng(r/zi) 硬领(儿/子) N. hard collar
yínglì qǐyè 营利企业[營-業] P.W. profit-seeking business M: [1]jiā
yínglì shìyè suǒdéshuì 营利事业所得税[營--業---] N. income tax for profit-earning enterprises
yǐngliú 瘿瘤 N. <Ch. med.> goiter and tumor
yìnglìxiǎomài 硬粒小麦[-麥] N. durum wheat
yínglìxìng 营利性[營-] N. profit-earning
yìnglǐzi 硬里子[-裡-] N. <topo.> leading role in Beijing opera
yīnglóng 鹰笼 N. mew (cage for a falcon); gull
yìnglóng* 应龙[應-] N. winged dragon
yìnglǚ 硬铝 N. duralumin
yíngluán 迎銮[-鑾] V.O. greet the imperial carriage
yíngluàn* 营乱[營亂] V.P. ① perplexing ② perplexed
Yīnglún Sāndǎo 英伦三岛[-島] P.W. British Isles
[1]**yīngluò** 璎珞 N. jade/pearl necklace
[2]**yīngluò** 缨络 N. ornamental fringes on a garment
yīngluòzǎor 璎珞枣儿[--棗-] N. a kind of oblong jujube
yíngmǎn 盈满 V.P. filled; full
yīngmào 缨帽 N. red-tasseled official hat (of Qing officials); hat or cap with tassels M: [1]dǐng
yìngmǎo(r)* 应卯(儿)[應-] V.O. ① <trad.> present oneself for the morning call (of officials) ② present oneself (at one's post/etc.) ③ answer the roll call at *mǎoshí* (i.e., 5–7 A.M.) ④ put in a routine appearance
Yīng-Měi* 英美 P.W. Britain and America; Anglo-American
yìngméi 硬煤 N. <topo.> anthracite
Yīng-Měifǎ 英美法 N. Anglo-American Law
yíngmén* 盈门 V.O. come to one's home
yìngmén 应门[應-] V.O. <wr.> ① be a door-keeper ② answer the door
yīngmèng 应梦[應夢] V.O. happen as fore-dreamed
yǐngmí 影迷 N. movie fan M: ge/[1]míng/[2]wèi
yíngmiàn(r)* 迎面(儿) V.O. head-on; face-to-face ~ *guòlai yī ge jǐngchá.* A policeman came from the opposite direction.
yìngmiàn(r) 硬面(儿)[-麵-] N. ① stiff-dough noodles; stiff dough ② hard-surface; hard face
yíngmiànfēng 迎面风 N. headwind M: [1]zhèn
yíngmiàngǔ 迎面骨 N. <coll.> chin
yíngmiànpūlái 迎面扑来[--撲-] V.P. buffet
[1]**yīngmíng*** 英明 S.V. ①wise; brilliant ②sagacious
[2]**yīngmíng** 英名 N. ① illustrious name ② fame; glory
[3]**yīngmíng** 嘤鸣 V. trill; chirp (of birds) ♦N. <wr.> friend seeking friend
[4]**yīngmíng(r)** 应名(儿)[應-] ADV. only in name; nominally ♦V.O. hold a title but have no real power
yìngmìng 应命[應-] V.O. comply with an order
yīngmíngguǒduàn 英明果断[-斷] F.E. be wise and resolute
yīngmíngjuécè 英明决策[--決-] F.E. wise decision/policy
yīngmíngsǎodì 英名扫地[--掃-] F.E. have one's great fame tarnished/soiled
yíngmíngyínglì 营名营利[營-營-] F.E. strive for fame and wealth
yīngmíngyuǎnjiàn 英明远见[--遠-] F.E. wisdom and foresight
[1]**yīngmó** 英模 N. heroic model M: ge/[1]míng/[2]wèi
[2]**yīngmó** 英膜 N. <bot.> capsule
yíngmóusuíshùn 营谋遂顺[營-] F.E. The scheme is carried out without hindrance.
Yīngmǔ 英亩[-畝] M. acre
[1]**yíngmù** 荧幕[熒-] N. screen M: [2]kuài
[2]**yíngmù** 营幕[營-] N. tent M: [4]zuò
yìngmú 硬模 N.<mach.> die
[1]**yìngmù*** 硬木 N. hardwood M: [2]kuài
[2]**yìngmù** 应募[應-] V.O. answer the call for recruits; enlist
yìngmú zhùzào 硬模铸造[--鑄-] N. diecasting
yīngnàshuì shōurù 应纳税收入[應-] N. taxable income M: [2]bǐ
yīngnián* 英年 N. youth
yíngnián 迎年 V.O. ① pray for a rich harvest ② welcome the arrival of the New Year
yìngnuò 应诺[應-] V. agree/promise to do sth.
[1]**yīngōng*** 因公 V.O. on duty; on business
[2]**yīngōng** 阴功[陰-] N. good deed done secretly
[1]**yǐngōng** 引弓 V.O. draw the bow
[2]**yǐngōng** 隐宫[隱宮] N. <trad.> castration (as punishment)
yīngōng chūchāi 因公出差 V.P. take an official trip
yǐngōngdàifā 引弓待发[-發] F.E. hold oneself ready for action
yīngōngfùshāng 因工负伤[-傷] F.E. work-related injury
yīngōngjīdé 阴功积德[陰-積-] F.E. do good deeds in secret
yīngōng sǐwáng 因公死亡 V.P. die while discharging an official assignment
yīngōng xīshēng 因公牺牲[-犧-] V.P. die while on duty
yīngōngxùnzhí 因公殉职[-職] F.E. die at one's post
yīngōu* 阴沟[陰溝] N. ①sewer; covered drain ② cloaca ③ vagina
yíngōu 银钩[-鉤] N. ① a fine stroke (in calligraphy) ② hook for a bamboo blind/etc.
yīngpài* 鹰派 N. <pol.> hawks (fig.); hawkish party
yíngpāi(zi) 蝇拍(子)[蠅-] N. flyswatter
yìngpài 硬派 N. hardliner
yìngpài xiǎoshēng 硬派小生 <coll.> N. young man with a strong personality M: ge/[1]míng/[2]wèi
yíngpán* 营盘[營盤] N. <trad.> barracks; camp M: [4]zuò
[1]**yìngpán** 硬盘[-盤] N. <comp.> hard disk/drive M: [1]piàn
[2]**yìngpán** 硬磐 N. <geol.> hardpan
yìngpèng 硬碰 V. counter with force
yìngpèngyìng 硬碰硬 F.E. ① meet force with force ②be demanding/exacting ③100 percent (genuine) ④ extremely rigid/inflexible
yǐngpiàn 影片 N. film; movie; picture M: [2]bù
yǐngpiàn jiǎnjí 影片剪辑 N. film editing
yǐngpiàn jiǎnjiē 影片剪接 N. film cut
yíngpiānlěidú 盈篇累牍[-牘] F.E. prolix; voluminous
yǐngpiānr 影片儿 *See yǐngpiàn*
yìngpīn 硬拼 V. fight desperately
yìngpìn* 应聘[應-] V.O. accept a job offer
yíngpíng 荧屏[熒-] N. ①telescreen ②fluorescent screen
yǐngpíng* 影评 N. film review M: [1]piān
yǐngpíngjiā 影评家 N. film critic M: ge/[1]míng/[2]wèi
yǐngpíngrén 影评人 N. movie critic M: ge/[1]míng/[2]wèi
yìngpíshū 硬皮书[-書] N. a hardback book M: [1]běn
yīngqī 膺期 N. receive; inherit (a title/throne/etc.)
[1]**yīngqì*** 英气[-氣] N. <wr.> ① heroic spirit ② bravery
[2]**yīngqì** 嘤泣 N./V. sob
yìngqi 硬气[-氣] S.V. <topo.> firm; strong-minded ♦V. have no qualms
yīngqiān 莺迁[鶯遷] V. <wr.> congratulate sb. on a promotion or on taking up a new residence
yíngqián* 赢钱[-錢] V.O. win money by gambling
yíngqiáng 营墙[營牆] N. the enclosing walls of military barracks
yíngqiānlěibǎi 盈千累百 F.E. hundreds and thousands
yíngqiānlěiwàn 盈千累万[-萬] F.E. numerous
yìngqiào 硬壳[-殼] N. ① <geol.> duricrust ② <zoo.> shell
yīngqìbóbó 英气勃勃[-氣--] F.E. full of heroic/martial spirit
yìngqiè 媵妾 N. concubine M: ge/[1]míng
yīngqífēng 撄其锋 V.O. blunt the thrust (of an attacking force)
yìngqìgōng 硬气功[-氣-] N. a type of *qìgōng*
yìngqǐlai 硬起来 R.V. harden; toughen
yīngqímíngyǐ 嘤其鸣矣 F.E. She is singing melodiously
yíngqīn* 迎亲[-親] V.O. <trad.> go fetch a bride
YíngQín 嬴秦 P.W. the state of Qin during the Warring States period
yǐngqīng 影青 N. shadowy/misty blue
yíngqīnsòngyǒu 迎亲送友[-親-] F.E. usher the guests and relatives in and out
yíngqiú 营求[營-] V. ① seek ② track down
yíngqū 营区[營區] P.W. camp; barracks
[1]**yíngqǔ*** 迎娶 V. take a wife
[2]**yíngqǔ** 赢取 V. win over
yīng-quǎn* 鹰犬 N. ① falcons and hounds ② hired thugs

yǐngquān 影圈 P.W. film-making circles
yīngquǎnzhǎoyá 鹰犬爪牙 ID. hired thugs
yíngquē 盈缺 V.P. waxing and waning (of the moon)
yíngrán 莹然[瑩-] V.P. sparkling and clean
yíngrào 萦绕[縈繞] V. ① hover; linger ② encircle; wind around
yīngrèn 膺任 V. ① appoint ② be appointed to or given (an office, etc.)
yíngrèn'érjiě 迎刃而解 F.E. ① be readily solved (of problems) ② advance without encountering resistance
yìng rènwu 硬任务[-務] N. demanding task with a definite quota requirement and time limit
yīngrénxīn 撄人心 N. disturb sb.'s peace of mind
yìngrì 映日 N. bright sunlight
yìngrù 映入 V.P. reflect in/on
yìngruǎn'èjiān 硬软腭间[--齶-] N. cacumenal sound
yìng rú gāngtiě 硬如钢铁[-鋼鐵] V.P. as hard as steel
yíngrùn 莹润[瑩-] V.P. lustrous
yìngrùyǎnlián 映入眼帘[-簾] F.E. heave in sight; leap to the eyes
yíngshàn 营缮[營-] N. civil-engineering activities
yīngshǎng 膺赏 V. reward ♦V.O. <wr.> receive an award
yíngshàng* 迎上 V. ① move toward in greeting ② meet head-on
yíng shànglai 迎上来 R.V. come up to
yíng shàngqu 迎上去 V. ① meet head-on ② greet; welcome
yìngshānhóng 映山红 N. <bot.> azalea M: [2]kē
yìngshāyán 硬砂岩 N. <geol.> graywacke
yīngshé 莺舌[鶯-] N. melodious warble of the oriole
yíngshè 营舍[營-] P.W. barracks M: [4]zuò
yǐngshè* 影射 V. ① insinuate; cast aspersions at ② counterfeit (trademarks/etc.); delude; humbug
yìngshè 映射 V. shine upon ♦N. <lg.> mapping
yìngshèbèi 硬设备[-備] N. hardware M: tào
yǐngshè gōngjī 影射攻击[-擊] V.P. attack by innuendo
yìngshēng(r) 应声(儿)[應聲-] V.O. <coll.> answer; respond
yíngsheng 营生[營-] <topo.> N. job; profession ♦V. make a living as a fruiterer *See also yíngshēng*
yíngshēng 营生[營-] V. earn/make a living *See also yíngsheng*
yìngshēng* 应声[應聲] ADV. at the sound (of) ♦N. echo
yìngshēngchóng 应声虫[應聲蟲] N. yes-man
yìngshēng'érdǎo 应声而倒[應聲--] F.E. fall as soon as the bang (of the gun) is heard
yǐng-shēng méijiè 影声媒介[-聲--] N. audiovisual media
yìngshēngshēng 硬生生 V. be very hard/stiff
yīngshēngyànyǔ 莺声燕语[鶯聲--] ID. woman's voice as pleasant as that of nightingales and swallows
yíngshén sàihuì 迎神赛会 N. ① noisy festivals held in honor of local deities ② an idolatrous procession
yǐngshè shǐxué 影射史学 N. <PRC> historical studies which use the past to disparage the present
yǐngshè wénxué 影射文学 N. literature of innuendoes
yǐngshè xiǎoshuō 影射小说 N. roman à clef
yīngshī 鹰师[-師] N. falconer
[1]**yīngshì** 应是[應-] V. probably be; should be
[2]**yīngshì** 鹰视 N. fierce look
yíngshí 萤石[螢-] N. fluorite; fluorspar M: [2]kuài
[1]**yǐng-shì** 影视 N. movies and television
[2]**yǐngshì** 影事 N. <Budd.> the theory that everything in this world is nothing but shadows
yìngshi 硬实[-實] S.V. <topo.> hale and hearty
yìngshí 应时[應時] ATTR. seasonable; seasonal; fashionable ♦ADV. ① at once ② at the appointed time ♦V.O. adapt oneself to the times
[1]**yìngshì*** 应试[應-] V.O. take an exam
[2]**yìngshì** 应市[應-] V.O. put on the market; accommodate the market
[3]**yìngshì** 硬是 V. <topo.> ① actually (accomplish sth. hard) ② just; simply ***Tā ~ bù tīng.*** He simply won't listen.
[4]**yìngshì** 硬式 ATTR. firm/hard type of
[5]**yìngshì** 应世[應-] V.O. know how to deal with social affairs and people
[6]**yìngshì** 媵侍 N. attendant
yìngshíchuòjǐng 应时辍景[應時--] F.E. meet the requirements of the times; seasonable and timely
yìngshídānglìng 应时当令[應時當-] F.E. ① be in the right season ② be in fashion
yìngshíduìjǐng 应时对景[應時對-] F.E. be fashionable and adapted to the environment
Yīngshì gǎnlǎnqiú 英式橄榄球[---欖-] N. rugby
yìngshígāo 硬石膏 N. <min.> anhydrite
yìngshí huòpǐn 应时货品[應時-] N. seasonable merchandise
yǐngshìjiàn 影视键 N. visual display key board
yǐng-shìjiè 影视界 P.W. movie and television circles
yīngshìlángbù 鹰视狼步 F.E. a wicked and fierce person
yìngshìluòdì 应试落第[應-] F.E. sit for an examination but fail to pass
yìngshìmiàn 硬饰面 N. hard finish
yìngshì shāngpǐn 应市商品[應-] N. commodities that meet the needs of the market
yìngshí shuǐguǒ 应时水果[應時-] N. fruits of the season
yīngshōu 应收[應-] ATTR. receivable
yíngshōu 营收[營-] N. revenue (of a firm)
[1]**yìngshǒu*** 应手[應-] ADV. smoothly; without a hitch
[2]**yìngshǒu(r)** 硬手(儿) N. capable/efficient person
yīngshōu piàojù 应收票据[應-據] N. bill receivable; note receivable
yīngshōurù jīn'é 应收入金额[應-] N. amount receivable M: [2]bǐ
yīngshōu zhàngkuǎn 应收帐款[應-] N. account receivable M: [2]bǐ
Yīngshǔ 英属[-屬] ATTR. under British administration
yíngshuǎir 蝇甩儿[蠅-] N. <topo.> horsetail whisk
yīngshuǎng 英爽 S.V. heroic
yìngshuǐ 硬水 N. <loan> hard water
yìngshuǐ féizào 硬水肥皂 N. hard-water soap M: [2]kuài
yīngshuìhuòwù 应税货物[應-] N. dutiable goods M: [2]jiàn
yìngshùjù 硬数据[-數據] N. hard data
yìngshuō 硬说 V. stubbornly insist
yǐngshūyānshuō 郢书燕说[-書--] F.E. give a distorted interpretation; distort the meaning in order to fit one's ideas
yíngsī 营私[營-] V.O. seek private gain
yíngsīwǔbì 营私舞弊[營-] F.E. practice graft
yíngsīzìféi 营私自肥[營-] F.E. enrich oneself by unlawful means
yíng-sòng 迎送 V. meet and see off
yīngsù 罂粟 N. opium poppy M: [2]kē
yīngsùhuā 罂粟花 N. poppy flowers M: [2]duǒ
yíngsuì 迎岁[-歲] V.O. celebrate New Year's
yīngsùkē 罂粟科 N. <Ch. med.> poppy capsule
yīng-sǔn 鹰隼 N. <wr.> ① hawks and falcons ② brutal/fierce people
yīngsuō 莺梭[鶯-] N. orioles flitting
[1]**yíngsuō*** 盈缩 V. progress and retreat; increase and decrease
[2]**yíngsuō** 赢缩 N. gain and loss
yǐngtán 影坛[-壇] P.W. movie/film circles
yǐngtáng 影堂 P.W. <trad.> ① hall with ancestral pictures ② temple with pictures of local deities/etc.
yìngtáng* 硬糖 N. hard candy M: [1]kē/[3]lì/ge
yīngtān-wèitān zhéjiù 应摊未摊折旧[應攤-攤-舊] N. accrued depreciation
yīngtáo* 樱桃 N. cherry M: [1]kē/ge
yìngtào 硬套 V. apply arbitrarily/mechanically
yīngtáohóng 樱桃红 N. bright cherry-red; cherry-red
yīngtáohóngsè 樱桃红色 N. bright cherry-red; cherry-red
yīngtáohuáng 樱桃黄 N. cherry (color)
yīngtáojiǔ 樱桃酒 N. cherry wine M: píng
yīngtáomù 樱桃木 N. cherry M: [2]kuài
yīngtáoshù 樱桃树[-樹] N. cherry tree M: [2]kē
yīngtáo xiànbǐng 樱桃馅饼 N. cherry pie M: [2]kuài
yīngtáoxiǎokǒu 樱桃小口 F.E. a small cherrylike mouth
yìngtǐ 硬体[-體] N. <comp./TW> hardware
yíngtián 营田[營-] V.O. ① engage in farming ② employ refugees/vagrants to cultivate public land
yìngtiānchuíxiàng 应天垂象[應-] F.E. fulfil the forecasts of Heaven
yìngtiānshùnrén 应天顺人[應-] F.E. ① in harmony with Heaven and men (of monarchs) ② please Heaven and be kind to the people
yǐngtiáo 影条[-條] N. <txtl.> shadow stripes
yīngtǐng* 英挺 S.V. dashing
yìngtǐng 硬挺 V. stick/hold out ♦S.V. rigid; stiff
yìngtǐngtǐng 硬挺挺 R.F. stiffly stretched/erect
yíngtīngwěilùn 莹听伟论[瑩聽偉-] F.E. <court.> I am delighted to hear your great speech.
yīngtíyànyǔ 莺啼燕语[鶯-] F.E. Orioles sing and swallows chatter.
yìngtōnghuò 硬通货 N. <loan> hard currency
yīng-tóng shòu nüè zhēnghòu qún 婴童受虐征候群[----徵--] N. battered-baby syndrome
yīngtóngzhīshēng 婴童之声[-聲] N. child pronunciation
[1]**yíngtóu(r)*** 迎头(儿) V.O. meet head-on/face-to-face/directly
[2]**yíngtóu** 蝇头[蠅-] N. ① head of a fly ② miniscule; tiny
yìngtóu 硬头 N. hardhead; head
yíngtóubànghè 迎头棒喝 F.E. deal head-on blows to
yíngtóu'érshàng 迎头而上 V.P. meet head-on
yíngtóu gǎnshàng 迎头赶上[--趕-] V.P. try hard to catch up
yìngtouhuò 硬头货 N. <coll.> ① durable thing ② food not easily digested ③ cash money
yìng tóupí 硬头皮 V.O. screw up one's courage; gird oneself
yíngtóutòngjī 迎头痛击[-擊] F.E. ① repulse a frontal assault ② launch a frontal assault before the enemy has a chance to catch his breath ③ deal head-on blows
yíngtóuwēilì 蝇头微利[蠅-] F.E. petty/trifling profits
yíngtóu xiǎokǎi 蝇头小楷[蠅-] N. minuscule handwritten characters
yíngtóuxiǎolì 蝇头小利[蠅-] ID. a pittance of a profit; a trifling profit
yíngtóu xiǎozì 蝇头小字[蠅-] N. very small characters
yìngtóuyìngnǎo 硬头硬脑[-腦] F.E. stubborn
yìngtóuyú 硬头鱼 N. hardhead fish M: [1]tiáo ♦ID. hardhead
yíngtǔ 赢土 N. fertile land/soil
yìngtǔ* 硬土 N. hardpan soil; hard bottom
yìngtuīxiāofǎ 硬推销法 N. hard-sale promotion
yǐngtuō 颖脱 V. distinguish oneself in performance
yìngtuō* 映托 V. set off; contrast
yǐngtuō'érchū 颖脱而出 F.E. come to the fore
[1]**yīngù** 因故 V.P. for some reason or other
[2]**yīngù** 姻故 N. parents and old relatives

yīnguān 阴官[陰-] N. ① reigning authorities in Hades ② the rain god
yínguāng 银光 N. silvery light/glow
yīngù gǎiqī 因故改期 F.E. be postponed for some reason
yínguǐ 淫鬼 N. demon of lust M: *ge/[1]míng*
yínguì* 银柜[-櫃] N. a safe M: *ge/[2]zhī*
yíngùn 淫棍 N. womanizer M: *ge/[1]míng*
yīn-guǒ 因果 N. ① cause and effect ② <*Budd.*> karma; preordained fate
yīnguǒbàoyìng 因果报应[-報應] F.E. <*Budd.*> retribution; karma; retributive justice
yīn-guǒ guānxi 因果关系[-關係] N. causality
yīn-guǒliàn 因果链 N. chain of causation M: *[1]tiáo*
yīn-guǒlǜ 因果律 N. the law of cause and effect; the law of causality/causation
yīn-guǒlùn 因果论 N. theory of causation
yīn-guǒxìng 因果性 N. causality
yǐngǔzhèngjīn 引古证今[--證-] F.E. quote the past to explicate the present
yīngwěi* 英伟[-偉] V.P. tall and handsome; strapping
yíngwèi 营卫[營衛] N. ① guards stationed at the barracks gate M: *ge/[1]míng* ② <*Ch. med.*> constructive and defensive *qì*
Yīngwén 英文 N. English (language)
Yīngwénbǎn 英文版 N. English edition
Yīngwénxì 英文系 N. English department
yìngwénxué 硬文学 N. academic writings
Yīngwénzì 英文字 N. English word
yìngwò 硬卧[-臥] N. hard sleeper (on a train)
[1]yīngwǔ* 鹦鹉 N. parrot M: *[2]zhī*
[2]yīngwǔ 英武 V.P. <*wr.*> soldierly; martial
yīngwù 英物 N. outstanding figure
yíngwǔ 营伍[營-] N. <*mil.*> the ranks
yíngwù 营务[營務] N. military matters
yǐngwù 颖悟 V.P. <*wr.*> brilliant; intelligent
yìngwù 应物[應-] N. the way one treats people
yīngwǔbēi 鹦鹉杯 N. a cup made of a kind of spiral shell M: *[2]zhī/ge*
yīngwǔhú 鹦鹉壶[-壺] N. <*pottery*> parrot-head ewer M: *[1]bǎ*
yīngwǔlǜ 鹦鹉绿 N. parrot green
yīngwǔluó 鹦鹉螺 N. nautilus M: *ge/[2]zhī*
yīngwǔrè 鹦鹉热[-熱] N. <*med.*> parrot fever; psittacosis
yìngwù xíngxiàng 应物形象[應-] N. <*art*> fidelity to the object in portraying forms
yīngwǔ xuéshé 鹦鹉学舌 V.P. parrot
yìngwúyōngyì 应毋庸议[應-議] F.E. *a cliché to say "no" in official correspondence* The matter should not be considered.
yíngxì 萦系[縈繫] V. worry
yǐngxì 影戏[-戲] N. ① shadow plays ② <*topo.*> movies
yìngxí* 硬席 N. hard seats/berths (on a train)
yǐngxiá 颖黠 V.P. <*wr.*> clever; cunning; intelligent
yǐngxiàn 影线 N. hatch
yìngxiàn* 映现 V. light up; bring out ♦N. <*lg.*> mapping
yǐngxiǎng* 影响[-響] N. ① influence ② false appearance; shadow (fig.); illusion ♦V. influence
yǐngxiàng 影像/象 N. image; portrait
yìngxiàng 映象 N. (reflected) image
yǐngxiàng chǎnshēngqì 影象产生器[--產--] N. <*comp.*> video generator M: *[1]jià/[1]tái*
yǐngxiǎngdào 影响到[-響-] R.V. have influence on
yìngxiàngguǎn 映像管 N. kinescope
yìngxiàngjiāo 硬橡胶[-膠] N. hard rubber
yíngxiānglěiqiè 盈箱累箧[-篋] F.E. fill boxes and baskets to the brim (with treasures)
yǐngxiǎnglì 影响力[-響-] N. influence
yìngxiàngpí 硬橡皮 N. ebonite; hard rubber; vulcanite M: *[2]kuài*
yǐngxiǎng píngjiàlǜ 影响评价率[-響-價-] N. impact assessment rate
yǐngxiàntú 影线图[-圖] N. figure with hatching M: *[1]zhāng/[10]fú*
Yīngxiānzuò 英仙座 N. <*astr.*> Perseus
yìngxíchē 硬席车 N. hard-seat coach (of a train) M: *[1]liè*
yǐngxiě 影写[-寫] V. ① imitate ② copy in the Song and Yuan styles of writing ③ make a tracing of; trace ④ make an exact copy of an old book
yǐngxiěbǎn 影写版[-寫-] N. photogravure M: *[2]kuài*
yíngxīn 迎新 V.O. ① see the new year in ② welcome new arrivals
yǐngxīng 影星 N. <*loan*> movie star M: *ge/[1]míng/[2]wèi*
yìngxìng* 硬性 N. ① hardness; rigidity ② stubborn/obstinate disposition ♦ATTR. hard; rigid; unchangeable
yìngxìng cídié 硬性磁碟 N. <*comp.*> hard disk M: *[1]piàn*
yìngxìng guīdìng 硬性规定 N. rigid rules
yīngxíng shìxiàng 应行事项[應-] N. things that should be done
yìngxíng tuīxiāo 硬行推销 N./V.P. ① high pressure selling ② hard selling; hard sales promotion
yǐngxíngxiāngsuí 影形相随[-隨] F.E. as the shadow following the substance
yīngxīngyìnggé 应兴应革[應興應-] F.E. necessary innovation and reform
yìngxìng zhǐbiāo 硬性指标[-標] N. rigid quotas
yíngxīnhuì 迎新会 P.W. party to welcome newcomers
yíngxīn liánhuānhuì 迎新联欢会[--聯歡-] P.W. welcome party; party to welcome newcomers
yíngxīnsòngjiù 迎新送旧[-舊] F.E. welcome/usher in the new and send off the old
yíngxīn wǎnhuì 迎新晚会 P.W. evening party to welcome newcomers
yìngxīnwén 硬新闻 N. hard news; straight news
yīngxióng 英雄 N. hero; great man M: *ge/[1]míng/[2]wèi* ♦ATTR. heroic
yīngxióngbèichū 英雄辈出 F.E. give birth to a multitude of heroes
yīngxióng běnsè 英雄本色 N. heroism; the true quality of a hero
yīngxióng chóngbài 英雄崇拜 N. hero worship
yīngxióng hǎohàn 英雄好汉[-漢] N. heroes; doughty warriors
yīngxióng háojié 英雄豪杰[-傑] N. outstanding figures; heroes
yīngxióng měirén 英雄美人 N. ideal combination of a hero and a beauty
yīngxióng mòlù 英雄末路 N. end of a hero
yīngxióng nánguò měirén guān 英雄难过美人关[--難---關] F.E. Even heroes fall for beauties.
yīngxióng nántáo měirén guān 英雄难逃美人关[--難---關] F.E. Even heroes fall for beauties.
yīngxióng qìduǎn 英雄气短[--氣-] F.E. ① Heroism is a passing thing. ② Even a hero is sometimes discouraged.
yīngxióng qìgài 英雄气概[--氣-] N. sublime heroism; heroic spirit
yīngxióng suǒjiàn lüètóng 英雄所见略同 F.E. great minds think alike
yīngxióng wú yòngwǔzhīdì 英雄无用武之地 F.E. no scope to exercise one's abilities
yīngxióng zào shíshì 英雄造时势[-時勢] N. Heroes make issues.; Heroes decide the course of history.
yīngxióng zhuàngzhì 英雄壮志[--壯-] N. heroic aspiration
yīngxióngzhǔyì 英雄主义[-義] N. ① heroism ② obsession with the idea of making oneself a hero
yīngxiù* 英秀 V.P. handsome and spirited ♦N. a person of outstanding ability
yǐngxiù 颖秀 V.P. outstandingly talented
yìngxí wòpù 硬席卧铺[--臥-] P.W. sleeping-carriage with hard berths; hard sleeper
yǐng-xìyuán 影戏园[-戲園] P.W. theater for drama/movies M: *[1]jiā*
yīngxū 应须[應-] AUX. should; ought to; be duty-bound
yīngxǔ* 应许[應-] AUX. ① agree; promise ② allow
yíng-xū 盈虚[-虛] V.P. waxing and waning
yīngxuǎn* 膺选[-選] V. <*wr.*> be elected
yìngxuǎn 应选[應選] V. run for election
yìngxuǎnrén 应选人[應選-] N. candidate for election M: *ge/[1]míng/[2]wèi*
yíngxué 茔穴[塋-] N. grave; tomb M: *[4]zuò*
yìngxuědúshū 映雪读书[-讀書] ID. study despite poverty
Yīngxún 英寻[-尋] M. fathom (6 feet)
yíngyà 迎迓 V. <*wr.*> meet; welcome
yīng-yàn 莺燕[鶯-] N. ① orioles and swallows ② spring(time) ③ courtesans
yíngyǎn 蝇眼[蠅-] N. fly's eye
[1]yìngyǎn 映眼 V.O. dazzling; glaring
[2]yìngyǎn 映演 V. project (a film/slide on the screen)
yìngyàn* 应验[應-] V. come true
[1]yīngyáng 鹰扬[-揚] V.P. <*wr.*> powerful; outstanding
[2]yīngyáng 鹰洋 N. <*trad.*> Mexican silver dollar M: *[2]kuài*
[1]yíngyǎng* 营养[營養] N. nutrition; nourishment
[2]yíngyǎng 迎养[-養] V. support one's parents/benefactors by taking them into one's own home
yíngyǎngbù 营养部[營養-] P.W. department of nutrition
yíngyǎng bùliáng 营养不良[營養-] V.P. malnutrition; undernourishment
yíngyǎng bùzú 营养不足[營養-] V.P. undernourishment; malnutrition
yíngyǎngjí 营养级[營養-] N. trophic/nutritional level
yíngyǎng jiàzhí 营养价值[營養價-] N. nutritional value
yíngyǎngliàn 营养链[營養-] N. foodchain
yíngyǎngliàng 营养量[營養-] N. amount of nutrition
yíngyǎngliào 营养料[營養-] N. nutriment
yíngyǎngpǐn 营养品[營養-] N. nutriment
yíngyǎng shítáng 营养食堂[營養-] P.W. special-diet dining hall M: *[1]jiā*
yíngyǎngsù 营养素[營養-] N. nutrient
yíngyǎngxué 营养学[營養-] N. nutritional science
yíngyǎngxuéjiā 营养学家[營養-] N. nutritionist M: *ge/[1]míng/[2]wèi*
yīngyángyàn 鹰扬宴[-揚-] N. <*trad.*> banquet to celebrate the results of a military-service examination
yíngyǎngzào 营养灶[營養-] N. special-diet kitchen
yīngyángzhīdǎn 鹰扬之胆[-揚-膽] N. great courage
yīngyǎnhóushǒu 鹰眼猴手 F.E. sharp and active
yīngyànmǎntáng 莺燕满堂[鶯-] F.E. a multitude of dancing and singsong girls
yìngyāo* 应邀[應-] V.O. receive an invitation
yìngyào 硬要 V. want/demand insistently
yìngyāo'érlái 应邀而来[應-] F.E. come by request
yíngyè* 营业[營業] V.O./N. do business
yǐngyè 影业[-業] N. film/movie industry; motion-picture industry; the cinema
yíngyè ānpái 营业安排[營業-] N. business arrangement
yíngyè bàogào 营业报告[營業報-] N. <*acct.*> business operating report M: *[1]piān/[1]fèn*
yíngyèbiǎo 营业表[營業-] N. <*acct.*> operating statement M: *[1]zhāng*
yíngyè bǐlǜ 营业比率[營業-] N. operating ratio
yíngyèbù 营业部[營業-] P.W. business office
yíngyè chéngběn 营业成本[營業-] N. cost of operation; operating cost/operation cost

yíngyèchù 营业处[營業處] P.W. business office
yíngyè'é 营业额[營業-] N. turnover; business volume
yíngyèfèi 营业费[營業-] N. general expenses of an enterprise M: ²bǐ
yíngyè máolì 营业毛利[營業-] N. gross business profit M: ²bǐ
yíngyè qìchē 营业汽车[營業-] N. cab M: ³liàng
yíngyèrì 营业日[營業-] N. <acct.> business day
yíngyè shíjiān 营业时间[營業時-] N. business hours
yíngyèshuì 营业税[營業-] N. business tax M: ²bǐ
yíngyè suǒdé 营业所得[營業-] N. business income
yíngyè wài shōurù 营业外收入[營業-] N. non-business income
yíngyèyuán 营业员[營業-] N. shop/business staff M: ge/¹míng/²wèi
yíngyè zhīchū 营业支出[營業-] N. operating expenses M: ²bǐ
Yīngyì* 英译[-譯] N. English translation
yíngyì 盈溢 V. brim over
¹yǐngyì 影艺[-藝] N. film art
²yǐngyì 颖异[-異] V.P. <wr.> ① brilliant ② new and original
yìngyì 硬译[-譯] N. forced translation
Yīngyì Fēizhōurén 英裔非洲人 N. Anglo-African
Yīngyì Měiguórén 英裔美国人[---國-] N. Anglo-American
yǐngyìn* 影印 V./N. ① print by photo-offset ② photocopy
yìngyīn 硬音 N. <lg.> front palatal sound
yìngyìn 硬印 V. laminate
yǐngyìnbǎn 影印版 N. <print.> process plate
yǐngyìnběn 影印本 N. photo-offset copy; facsimile M: ⁴cè/¹běn/²bù
¹yīngyīng 嘤嘤 ON. sound of chirping/whispering/sobbing
²yīngyīng 英英 R.F. bright; brilliant (of clouds/families)
¹yíngyíng 盈盈 R.F. ① limpid; clear ② lissome; graceful ③ delicate; dainty ④ brimming over
²yíngyíng 荧荧[熒熒] R.F. twinkling; glimmering
³yíngyíng 莹莹[瑩瑩] R.F. sparkling; glistening
⁴yíngyíng 营营[營營] R.F. ① <wr.> running hither and thither ② buzzing noise made by flies
⁵yíngyíng 蝇蝇[蠅蠅] R.F. wriggling; crawling
⁶yíngyíng 蝇营[蠅營] ID. hustle about trying to make some profits
yìngyíng 瘿蝇[-蠅] N. gallfly
yìngyìng* 硬硬 R.F. <coll.> hard
yǐngyǐngchāochāo 影影抄抄 R.F. shadowy; indistinct
yǐngyǐngchuòchuò 影影绰绰 R.F. shadowy; indistinct
yīngyīngchuòqì 嘤嘤啜泣 F.E. sobbing; faint sound of weeping
yíngyíngdúlì 盈盈独立[--獨-] F.E. stand alone
yíngyínggǒugǒu 蝇营狗苟[蠅營--] ID. shamelessly seek personal gain
yíngyíngqiūshuǐ 盈盈秋水 ID. young lady's sad look
yíngyíngqǐwǔ 盈盈起舞 F.E. dance gracefully
yīngyīngyànyàn 莺莺燕燕[鶯鶯--] R.F. a crowd of women chattering together; a bevy of young girls
yíngyíngzàimù 盈盈在目 F.E. strikingly beautiful
yǐngyìnjī 影印机 N. copying machine M: ¹jià/¹tái
yǐngyìnjiàn 影印件 N. <TW> photo-offset copy; facsimile; photocopy M: ¹fèn
yǐngyìn shíbǎn 影印石版 N. photolithograph
yǐngyìn zhìbǎn 影印制版[--製-] N. photo-mechanical process
yǐngyìn zhōngxīn 影印中心 P.W. copy center M: ¹jiā
yīngyǒng 英勇 V.P. heroic; valiant
yíngyǒng 蝇蛹[蠅-] N. pupa of a fly
yìngyòng* 应用[應-] V. apply; use ♦ATTR. applied; for practical application; practical ♦N. application
yīngyǒngbùqū 英勇不屈 F.E. heroic and indomitable
yìngyòng chéngshì 应用程式[應-] N. <comp.> application program
yìngyòng chéngshì zǔtào 应用程式组套[應-] N. <comp.> application package
yìngyòngdào 应用到[應-] R.V. apply to
yìngyòng duìbǐ yǔyánxué 应用对比语言学[應-對----] N. <lg.> applied contrastive linguistics
yīngyǒngduìdí 英勇对敌[-對敵] F.E. face the enemy valiantly
yìngyòng fānyì lǐlùn 应用翻译理论[應--譯--] N. <lg.> applied translation theory
yīngyǒngfènzhàn 英勇奋战[-奮戰] F.E. fight bravely; put up a fearless fight
yìngyòng gōngyì měishù 应用工艺美术[應--藝-術] N. applied arts
yīngyǒngjiùyì 英勇就义[-義] F.E. die a martyr's death
yìngyòng kēxué 应用科学[應-] N. applied science
yìngyòng lìxué 应用力学[應-] N. applied mechanics
yìngyòngpǐn 应用品[應-] N. ① necessities ② consumer goods
yìngyòng ruǎnjiàn 应用软件[應-] N. <comp.> application software
yīngyǒng shànzhàn 英勇善战[-戰] V.P. brave and skillful in battle
yìngyòngwén 应用文[應-] N. ① practical writing ② business writing M: ¹piān
yīngyǒngwúdí 英勇无敌[-敵] F.E. a warrior that no one can withstand
yìngyòngxìng 应用性[應-] ATTR. applied
yìngyòngxíng réncái 应用型人才[應-] N. practical personnel
yìngyòngxìng yánjiū 应用性研究[應-] N. applied research
yīngyǒngxīshēng 英勇牺牲[--犧-] F.E. give up one's life heroically
yìngyòng yǔyánxué 应用语言学[應-] N. <lg.> applied linguistics
yīngyǒngzhuójué 英勇卓绝[-絕] F.E. extremely brave
yìngyǒu 应有[應-] V.P. ① ought to have ② due; proper; deserved
yīng-yòu'ér 婴幼儿 AB. yīng'ér and yòu'ér
yìngyǒujìnyǒu 应有尽有[應-盡-] F.E. ① have everything that one should have ② have everything that one could wish for
yīngyǔ 莺语[鶯-] N. ① like an oriole singing ② the pleasant effect of a woman's speech
Yīngyǔ 英语 N. English (language)
yíngyū 萦纡[縈-] V.P. ①wind around ②tortuous; circuitous
yíngyú* 盈/赢余 N. surplus; profit
yíngyù 茔域[塋-] P.W. graveyard; cemetery
yìngyù 硬玉 N. <min.> jadeite M: ²kuài
yǐngyuàn* 影院 P.W. movie theater M: ¹jiā/⁴zuò
yìngyuán 应援[應-] V. respond to a call for help; come to sb.'s aid; make a move to reinforce
yìngyuánzhě 应援者[應-] N. people rendering assistance at another's request; people coming to the aid of others M: ge/¹míng/²wèi
yíngyuè 盈月 N. full/waxing moon
yìngyuē* 应约[應-] V.O. do (sth.) by appointment
yìngyuè 映月 V.O. study by moonlight
yìngyùfù yùnfèi 应预付运费[應--運-] F.E. freight to be prepaid
yíngyúgǔncún 盈余滚存[--滾-] F.E. enter the surplus in the accounts
Yīngyǔjiǎo 英语角 N. <lg.> English corner
Yīngyǔ jiàoxué 英语教学 N. <lg.> English Language Teaching (ELT)
yīngyǔn* 应允[應-] V. assent; consent
yíngyùn 营运[營運] N. operation; service (of vehicles/ships/etc)
yìngyùn 应运[應運] F.E. be predestined
yìngyùn'érqǐ 应运而起[應運-] F.E. emerge because of a favorable situation
yìngyùn'érshēng 应运而生[應運-] F.E. emerge because of a favorable situation
yīngyǔn hèjiě 应允和解[應-] V.P. give assent to a reconciliation
yíngyùn qìchē 营运汽车[營運-] N. commercial vehicle M: ³liàng
yíngyùn zījīn 营运资金[營運-] N. working capital; operating funds M: ²bǐ
Yīngyǔrè 英语热[-熱] N. popular enthusiasm for learning English
Yīngyǔ Shuǐpíng Cèshì 英语水平测试 N. English Proficiency Test (EPT)
Yīngyǔxì 英语系 P.W. department of English
Yīngyǔ Yǔyán Jiàoxué 英语语言教学 N. <lg.> English Language Teaching (ELT)
yīngzān 缨簪 N. official hairpin and tassel
yíngzàng 营葬[營-] V.O. manage a funeral
yíngzào 营造[營-] V. construct; build
yíngzàochǎng 营造厂[營-廠] P.W. construction firm ♦N. building constructor M: ¹jiā
yíngzàochǐ 营造尺[營-] N. standard foot during Qing (equal to 0.32 meter)
yíngzàoshāng 营造商[營-] N. building contractor M: ge/¹míng/²wèi
yíngzàoshū 营造书[營-書] N. construction design drawing M: ¹fèn
yíngzàoyè 营造业[營-業] P.W. construction industry
yíngzé 莹泽[瑩澤] V.P. ① transparent ② shiny
yíngzébìkuī 盈则必亏[-虧] F.E. ① When the highest point is reached, decline begins. ② waxing is necessarily followed by waning
yíngzhāi 营斋[營齋] V.O. provide monks with meals and have masses said for the departed
yíngzhài* 营寨[營-] N. <trad.> barracks M: ⁴zuò
yīngzhān 鹰鹯 N. powerful men
yíngzhàn* 迎战[-戰] V.O. meet (an approaching enemy) head-on
yǐngzhǎn 影展 N. ① photographic exhibition ② film fair/festival M: cì
yìngzhàn 应战[應戰] V.O. ① meet an enemy attack ② accept a challenge
yíngzhǎng* 营长[營-] N. <mil.> battalion commander M: ge/¹míng/²wèi
yíngzhàng 营帐[營-] N. tent (used as military barracks) M: ⁴zuò
yìngzhàng 硬仗 N. ① tough battle ② hard task M: ge/cì/³cháng
yìngzhanghuà 硬张话 N. defiant/unyielding words
yìngzhànshū 应战书[應戰書] N. letter accepting a challenge M: ¹fèn/²fēng
yīngzhǎo 鹰爪 N. talons/claws of a falcon/hawk/etc.
yìngzhāo 应招[應-] V. answer a recruitment/exam/etc. call
¹yìngzhào* 应召[應-] V.O. <wr.> respond to a call
²yìngzhào 映照 V. ① shine upon ② combine to make a pretty scene ③ be bright and shining
³yìngzhào 应诏[應-] V.O. ① receive an imperial command ② respond
yìngzhào chūlai 映照出来 R.V. shine upon; cast light upon
yìngzhāo dǎngchēgōng 应招挡车工[應-擋-] N. on-call personnel (in a textile mill)
yīngzhǎomáor 鹰爪毛儿 N. a kind of curly sheep's wool
yìngzhào nǚláng 应召女郎[應-] N. call-girl M: ge/¹míng
yìngzhào rùwǔ 应召入伍[應-] V.P. be drafted (for military service)
yìngzhàozhàn 应召站[應-] P.W. call girl center M: ¹jiā
yíngzhe* 迎着[-著] V.P. facing; in the face of; toward

yǐngzhé 颖哲 V.P. clever and wise
yìngzhe ěrgēnzi 硬着耳根子[-著---] V.P. *<coll.>* pretend one has not heard
yīngzhéjiù zīchǎn 应折旧资产[應-舊-產] N. *<acct.>* depreciable assets
yìngzhěn 应诊[應-] V. *<med.>* see patients
yìngzheng 硬挣[-掙] V. brace up; stiffen ♦S.V. *<topo.>* strong; heavy-duty (of paper/etc.)
yìngzhēng* 应征[應徵] V.O. ① enlist ② answer a summons ③ respond to a want ad ④ be recruited
yìngzhēngfúyì 应征服役[應徵-] F.E. be called to active duty in the army
yìngzhēng gǎojiàn 应征稿件[應徵-] N. contributions to a magazine, etc. at the editor's public invitation M: [1]fèn/[1]piān
yìngzhēng rùwǔ 应征入伍[應徵-] V.P. be recruited into the army; enlist in response to a call to service
yīngzhēngshuì de 应征税的[應徵-] ATTR. dutiable
yìngzhe tóupí 硬着头皮[-著--] V.O. ① brace oneself to do something; force oneself to ② risking everything ③ at the risk of losing face
yìngzhe xīn 硬着心[-著-] V.O. steel one's heart
Yīngzhì* 英制 N. British system (of measurement)
yíngzhì 营治[營-] V. construct
yǐngzhì 影质[-質] N. quality of images (on screen/etc.)
yìngzhī 硬脂 N. *<chem.>* stearin
yìngzhì 应制[應-] F.E. *<trad.>* write poetry/essays upon imperial order
yìngzhībǎn 硬纸板 N. cardboard; hardboard M: [2]kuài
yìngzhǐbiāo 硬指标[-標] N. ① mandatory quota; inflexible standard ② production quota to be fulfilled strictly according to specifications
yìngzhì héjīn 硬质合金[-質--] N. hard alloy/metal
yìngzhì lǜzhǐ 硬质滤纸[-質濾-] N. hardened filter paper M: [1]zhāng
yìngzhì shīwén 应制诗文[應-] N. *<trad.>* essays/poems written in examinations, or by imperial decree
yìngzhì sùliào 硬质塑料[-質--] N. rigid plastics
Yíngzhōu 瀛洲 P.W. a fabled abode of immortals
yīngzhǔ* 英主 N. wise emperor M: ge/[1]míng/[2]wèi
yíngzhù 楹柱 N. pillar; column
yíngzhuàn 营馔[營-] V. *<wr.>* prepare to eat
yíngzhuāng 迎妆[-妝] V.O. receive the dowry (on the eve of the wedding by the bridegroom's family and friends)
yìngzhuānjiā 硬专家[-專-] N. specialist proficient in only one field of work M: ge/[1]míng/[2]wèi
yīngzhuànyànmíng 莺啭燕鸣[鶯囀-] F.E. Orioles and swallows are twittering (amidst the leaves).
yīngzhuànyànyǔ 莺啭燕语[鶯囀-] *See yīngzhuànyànmíng*
yíngzhúmòguāng 萤烛末光[螢燭-] F.E. ① feeble light ② limited experience ③ low position
yìngzhuólù 硬着陆[-著陸] V.P. hard landing (of planes)
yīngzi 缨子 N. ① tassel ② something shaped like a tassel *luóbo* ~ radish leaves
yīngzī 英姿 N. ① heroic bearing ② dashing appearance
[1]**yíngzi** 蝇子[蠅-] N. *<topo.>* fly
[2]**yíngzi** 营子[營-] P.W. village; encampment
yǐngzi* 影子 N. ① shadow ② trace; sign; vague impression ③ reflection
yīngzīhuànfā 英姿焕发[-煥發] F.E. ① dashing and spirited ② heroic bearing
yǐngzi nèigé 影子内阁 N. *<loan>* shadow cabinet
yīngzīsàshuǎng 英姿飒爽 F.E. heroic bearing
yīngzisù 罂子粟 N. *<bot.>* opium poppy

yīngzitóng 罂子桐 N. tung-oil tree; tung tree M: [2]kē
yǐngzōng 影踪[-蹤] N. trace; sign
yǐngzōngquánwú 影踪全无[-蹤--] F.E. Not a trace remained.
yīngzuǐyú 鹦嘴鱼 N. parrot fish M: [1]tiáo
yìngzuò 硬座 N. hard seats (on trains)
yínhǎi 银海 N. moviedom; filmdom
yīnhán 阴寒[陰-] N. cold and humid
Yínhàn 银汉[-漢] N. *<wr.>* Milky Way
yǐnhán* 隐含[隱-] V. imply
yínháng* 银行 N. bank M: [1]jiā
[1]**yǐnháng** 引航 N. pilotage
[2]**yǐnháng** 引吭 V. sing at the top of one's voice
yínháng běnpiào 银行本票 N. promissory notes M: [1]zhāng
yínháng chóuláojīn 银行酬劳金[---勞] N. bank commission M: [2]bǐ
yínháng cúnkuǎn 银行存款 N. deposit in a bank M: [2]bǐ
yínháng cúnzhé 银行存折 N. bankbook; passbook M: [1]běn
yínháng fāshēng jǐduì 银行发生挤兑[--發-擠-] V.P. a run on a bank
yínháng fèiyòng 银行费用 N. banking expenses
yǐnháng gāogē 引吭高歌 V.P. belt out a song
yínhángjiā 银行家 N. banker M: ge/[1]míng/[2]wèi
yínhángjiè 银行界 P.W. banking circles
yínháng jièkuǎn 银行借款 N. loan from a bank M: [2]bǐ
yínháng lìxī 银行利息 N. interest earned from a deposit M: [2]bǐ
yínhángtuán 银行团[-團] P.W. banking consortium; consortium
yínháng wǎnglái yú'é 银行往来余额 N. bank balance
yínhángyè 银行业[-業] P.W. banking business
yǐnhánxìng fānyì 隐含性翻译[隱-譯] N. *<lg.>* covert translation
yǐnhánxìng xíngshì huàyǔ 隐含性行事话语[隱-] N. *<lg.>* implicit performative
yǐnhányìyì 隐涵意义[隱-義] N. *<lg.>* connotation
yínhànyú 银汉鱼[-漢-] N. *<zoo.>* silversides M: [1]tiáo
yīnhào 音耗 N. message; news
yínháo(zi) 银毫(子) N. fine long hair
yínhào* 银号[-號] P.W. private bank M: [1]jiā
yǐnhào(r) 引号(儿)[-號-] N. quotation marks
[1]**yīnhé** 阴河[陰-] N. underground river
[2]**yīnhé** 阴核[陰-] N. the clitoris
[3]**yīnhé** 音核 N. *<lg.>* nucleus
[4]**yīnhé** 因何 PR. why; for what reason
Yínhé 银河 N. Milky Way
yǐnhé 引河 N. ① irrigation channel ② diversion canal ♦V.O. dig a canal for irrigation
yìnhé* 印盒 N. seal box M: ge/[2]zhī
Yínhéchén 银河尘[-塵] N. galaxy dust
Yínhé dàoxiè 银河倒泄/泻[-瀉] V.P. silvery stream cascading downward; waterfall
yīnhédé'ǒu 因荷得藕 F.E. good connection leading to a happy marriage or good companionship
yínhégěnggěng 银河耿耿 F.E. The Milky Way was brilliant as if scattered with jade.
yīnhēi 阴黑[陰-] ATTR. dark and gloomy; murky; somber
yínhéjiǎojiǎo 银河皎皎 F.E. The Milky Way was unusually distinct.
Yínhéjì fēixíng 银河际飞行[--際飛-] N. intergalactic flight
yínhéjīn 银合金 N. silver alloy
yīnhěn 阴狠[陰-] V.P. ① cunning ② vicious ③ sinister ♦V. secretly harm
yǐnhèn* 饮恨 V.O. *<wr.>* ① nurse a grievance ② be defeated in a competition/contest
yìnhén 印痕 N. mark; trace; impression; imprint
yǐnhèn'érzhōng 饮恨而终 F.E. die with bottled-up grievance
yǐnhèntūnshēng 饮恨吞声[-聲] F.E. endure insults and injuries; endure suffering in silence

yǐnhènzhōngshēn 饮恨终身 F.E. harbor hatred all one's life
yǐnhéshídé 饮和食德 F.E. thank for the hospitality received
Yínhéxì 银河系 N. Milky Way Galaxy
Yínhé xīngtuán 银河星团[-團] N. *<astr.>* galactic cluster
yínhóng 银红 N. pale rose color
yínhóngsè 银红色 N. silver-red color
yīnhù 阴户[陰-] N. vaginal orifice
yínhú* 银狐 N. silver fox M: [2]zhī
[1]**yīnhuà** 音化 V./N. phoneticize; represent language with a simple phonetic script; pinyinize
[2]**yīnhuà** 阴画[陰畫] N. photographic negative M: [10]fú
yínhuā 银花 N. ① bright lamplight ② snow flakes ③ honeysuckle
[1]**yínhuà** 淫画[-畫] N. obscene picture M: [10]fú
[2]**yínhuà** 银桦[-樺] N. silver birch
yìnhuā(r)* 印花(儿) N. ① *<txtl.>* printing ② revenue stamp; stamp
yìnhuābù 印花布 N. prints; printed calico M: [2]kuài/[1]pǐ
yínhuāfēnfēi 银花纷飞[-飛] F.E. falling of snow
yǐnhuāguǒ 隐花果[隱-] N. syconium, such as a fig
yìnhuā miánbù 印花棉布 N. cotton print M: [2]kuài/[1]pǐ
yǐnhuàn 隐患[隱-] N. hidden danger
yīnhuáng 音簧 N. ① reed (as in a flute) ② gong
yínhuáng* 银黄 N. ① silver and gold ② gold or silver seal
Yínhuáng 银潢 N. the Milky Way
yǐn-Huáng guànqū 引黄灌区[-區] P.W. areas irrigated by the Yellow River
yínhuánshé 银环蛇[-環-] N. *<zoo.>* a poisonous snake with silver stripes on the body M: [1]tiáo
yìnhuāpiào 印花票 N. (revenue) stamp M: [1]zhāng
yìnhuā píngbù 印花平布 N. calico M: [1]kuài
yìnhuāshuì 印花税 N. stamp duty/tax M: [2]bǐ
yìnhuā shuìpiào 印花税票 N. revenue/fiscal stamp M: [1]zhāng
yǐnhuā zhíwù 隐花植物[隱-] N. *<bot.>* cryptogam M: [1]zhǒng
yīnhuì 阴晦[陰-] V.P. ① dark; gloomy ② shady; dismal
yínhuī 银灰 N. silvery gray
yínhuì 淫秽[-穢] V.P. obscene; salacious
[1]**yǐnhuì*** 隐讳[隱諱] V. ① taboo ② avoid mentioning
[2]**yǐnhuì** 隐晦[隱-] S.V. obscure; veiled
yínhuì lùxiàngdài 淫秽录像带[-穢錄-帶] N. obscene video cassette M: [1]pán/hé
yǐnhuìqūzhé 隐晦曲折[隱-] F.E. veiled and roundabout (of a statement)
yínhuì shū-huà 淫秽书画[-穢書畫] N. erotica; obscene books and pictures
yīnhún* 阴魂[陰-] N. soul; spirit; apparition
yínhūn 银婚 N. *<loan>* silver wedding anniversary
yīnhúnbùsàn 阴魂不散[陰-] F.E. *<coll.>* the evil influence remains
yínhūnlǐ 银婚礼[-禮] N. silver wedding celebration
yǐnhuǒ 引火 V.O. ignite; light; kindle
yǐnhuǒchái 引火柴 N. kindling
yīnhuòdéfú 因祸得福[-禍--] F.E. reap a benefit from misfortune
yǐnhuǒdiǎn 引火点[-點] N. the ignition point
yǐnhuǒfénshēn 引火焚身 F.E. get oneself into trouble
yínhuòliǎngqì 银货两讫 F.E. The goods are delivered and the bill is cleared.
yínhuòliǎngqīng 银货两清 F.E. completion of a business transaction with goods delivered and payment made
yǐnhuǒshāoshēn 引火烧身[--燒] ID. ① *<pol.>* make a self-criticism to encourage criticism from others ② ask for trouble

yǐnhuǒxiàn 引火线 N. blasting fuse M: [1]*tiáo*
yǐní 椅柅 V.P. soft and tender (of trees)
yǐnǐ* 旖旎 V.P. <*wr.*> ① charming and gentle ② exquisite ③ fluttering (of flags) ④ luxuriant; abundant
[1]**yíniàn** 疑念 N. suspicions; doubts
[2]**yíniàn** 遗念 N. things left by a dead person; a legacy
yìnián 翌年 N. <*wr.*> next year
[1]**yìniàn*** 意念 N. idea; thought
[2]**yìniàn** 忆念[憶-] V. ①think of; miss ②nostalgic memory
yīnián-bànzǎi 一年半载 N. around a year
yìniàn dàgāng 意念大纲[-綱] N. <*lg.*> notional syllabus
yī nián dàotóu 一年到头 N. throughout the year
yīniánfùshǐ 一年复始[--復-] F.E. at the start of the new year
yíniáng 姨娘 N. ① <*topo.*> (married) maternal aunt; aunt ② <*trad.*> one's father's concubine M: *ge*/[1]*míng*
yīniángēn 一年根 N. <*bot.*> annual root
yìniàn gōngnéng dàgāng 意念功能大纲[-綱] N. <*lg.*> notional-function syllabus
yīniánliǎngshú 一年两熟 F.E. yield two crops a year
yìniànlùn 意念论 N. <*lg.*> ideational theory
yìniànpiāohū 意念飘忽 F.E. flight of ideas
yīniánsānshú 一年三熟 F.E. bring in three harvests a year
yìniànshàng de 意念上的 ATTR. <*lg.*> ideational
yìniànshàng de liánjiē 意念上的联结[----聯-] N. <*lg.*> ideational association
yīniánshēng 一年生 N. <*bot.*> annual
yīniánshēnggēn 一年生根 F.E. annual root
yīniánshēng zhíwù 一年生植物 N. annual plant/annual
yīniánsìjì 一年四季 F.E. ① the four seasons of the year ② whole year round
yīnián-yīdù 一年一度 N. once a year; annually
yìniàn yǔfǎ 意念语法 N. <*lg.*> notional grammar
yīniànzhīchā 一念之差 N. ① a momentary slip with serious consequences ② a wrong decision made in a moment of weakness
yīniànzhīchéng 一念之诚 N. one sincere thought
yī nián zhī jì zàiyú chūn 一年之计在于春[----於-] F.E. the whole year's work depends on a good start in the spring
[1]**yíniào** 遗尿 N. bed-wetting
[2]**yíniào** 遗溺 N. incontinence (of urine)
yìniǎo* 益鸟 N. useful beneficial bird M: [2]*zhī*
yíniè 遗孽 N. evil legacy
yīniēnier 一捏捏儿 R.F. a little bit
yǐnǐfēngguāng 旖旎风光 F.E. romantic/charming sight; exquisite scenery
yīnǐngtóu 一拧头[-擰-] V.P. <*coll.*> in the twinkling of an eye; at a glance
yīniǔ 衣纽 N. button
[1]**yīnjí** 阴极[陰極] N. negative pole
[2]**yīnjí** 音级 N. sound/pitch level
yīnjì 音迹[-跡] N. sound track
yínjì 垠际[-際] N. limit
[1]**yǐnjí*** 隐疾[隱-] N. unmentionable disease
[2]**yǐnjí** 引疾 V.O. <*wr.*> resign on the grounds of ill health
yǐnjī 隐几[隱-] V.O. <*wr.*> lean on a table
[1]**yìnjì** 印迹[-跡] N. print; mark
[2]**yìnjì** 印记 N. ① seal ② imprint ③ print; track; mark ♦V. impress deeply on one's mind
yīnjiā 姻家 N. ① the families of the married couple ② the elders of a married couple
yínjiǎ 银甲 N. silver finger-cap for playing some stringed instruments
yínjià* 银价[-價] N. the price of silver
yīnjiān* 阴间[陰-] P.W. nether world
[1]**yīnjiàn** 音键 N. <*mus.*> key
[2]**yīnjiàn** 殷鉴[-鑒] N. <*wr.*> warnings from history
yínjiàn 淫贱[-賤] V.P. wanton
[1]**yǐnjiàn** 引见 V. introduce; present
[2]**yǐnjiàn** 引荐/见[-薦] V. recommend
[3]**yǐnjiàn** 饮饯[-餞] V. give a farewell party to a friend
[1]**yìnjiàn** 印鉴[-鑒] N. specimen impression of one's seal filed for checking purposes (e.g., by a bank)
[2]**yìnjiàn** 荫监[蔭監] N. Qing system admitting offspring of distinguished officials into the Imperial Academy in recognition of the latter's contribution
yīnjiànbùyuǎn 殷鉴不远[-鑒-遠] F.E. ① no need to look far for a lesson ② the lessons of history are close at hand
yínjiǎng* 银奖[-獎] N. silver award
yínjiàng 银匠 N. silversmith M: *ge*/[1]*míng*/[2]*wèi*
yínjiǎo* 银角 N. silver coins of small denominations
yǐnjiào 引酵 <*topo.*> N. leavening dough ♦V.O. leaven
yǐnjiàowù 引酵物 N. starter (in fermentation)
yínjiǎozi 银角子 N. <*topo.*> silver coins of small denominations
Yìnjiārén 印加人 N. Inca
yīnjiē 音阶[-階] N. <*mus.*> scale
yīnjié* 音节[-節] N. ① syllable ② <*mus.*> key; pitch
yínjiè 淫戒 N. guard against lust
yǐnjiē 引接 V. receive (guests)
yǐnjiè 引介 V. introduce
yìnjié 印结 N. seal of authority
yīnjiébiǎo 音节表[-節-] N. <*lg.*> syllabary M: [1]*zhāng*/[1]*fèn*
yīnjié de fēnjiè 音节的分界[-節---] N. <*lg.*> syllable boundary
yīnjiéfēng* 音节峰[-節-] N. <*lg.*> syllable peak
yīnjiéfèng 音节缝[-節-] N. <*lg.*> juncture
yīnjiéfú 音节符[-節-] N. syllabogram
yīnjiéhào* 音节号[-節號] N. <*lg.*> mark separating syllables
yīnjièháo 音界号[--號] N. <*mus.*> mark separating scales
yīnjié huàfēn 音节划分[-節劃-] N. <*lg.*> syllabification
yǐnjièjù 引介句 N. <*lg.*> presentative sentence
yīnjié pāizi jiézòu 音节拍子节奏[-節--節-] N. <*lg.*> syllable-timed rhythm
yīnjié wénzì 音节文字[-節--] N. syllabic script/writing; syllabary
yǐnjiēxiàn 引接线 N. lead wire M: [1]*tiáo*
yīnjiézhǔ 音节主[-節-] N. <*lg.*> syllabic
yīnjié zǐyīn 音节子音[-節--] N. <*lg.*> syllabic consonant
yīnjìn 音近 N. <*lg.*> near homophony; phonetic similarity
[1]**yǐnjìn*** 引进[-進] V. ①recommend ②introduce from elsewhere ③ draw into
[2]**yǐnjìn** 饮进[-進] V. drink off; drain
yīnjīng 阴茎[陰莖] N. penis
yínjìng 淫径[-徑] N. depraved ways
yǐnjǐng 引颈[-頸] V.O. crane one's neck
yìnjǐng* 窨井 N. inspection shaft/well
yīnjīng bóqǐ 阴茎勃起[陰莖-] V.P. <*phy.*> penile erection
yǐnjǐngchángmíng 引颈长鸣[-頸--] F.E. stretch the neck and utter a cry (of animals)
yǐnjǐng'érpàn 引颈而盼[-頸--] F.E. crane one's neck and wait
yǐnjǐng'érwàng 引颈而望[-頸--] F.E. stretch the neck to look
yínjìng fǎnyìng 银镜反应[-應] N. <*chem.*> mercury reaction
yǐnjǐngjiùlù 引颈就戮[-頸--] F.E. ① stretch the neck to be beheaded ② wait to be killed without resisting ③ meet one's death bravely
yǐnjīngjùdiǎn 引经据典[-經據-] F.E. ① quote authoritative works ② quote from ancient works ③ be pedantic
yǐnjǐngqīdài 引颈期待[-頸--] F.E. eagerly look forward to
yǐnjǐngqǐzú 引颈企足[-頸--] F.E. eagerly looking forward to
yǐnjǐngsìwàng 引颈四望[-頸--] F.E. crane one's neck and look around
yīnjīngtào 阴茎套[陰莖-] N. condom M: *ge*/[2]*zhī*
yǐnjǐngzìwěn 引颈自刎[-頸--] F.E. cut one's throat in suicide
yǐnjǐngzìzhào 引颈自照[-頸--] F.E. take a mirror to look at oneself
yǐnjìn zuòwù 引进作物[-進--] N. non-indigenous crop
yǐnjíqiútuì 引疾求退 F.E. ask to resign under the pretext of illness
yīnjí shèxiàn 阴极射线[陰極-] N. <*phys.*> cathode ray
yīnjí shèxiànguǎn 阴极射线管[陰極-] N. <*elec.*> Braun/cathoderay/electronray tube
yǐnjiǔ* 饮酒 V.O. drink liquor
yǐnjiù 引咎 V.O. <*wr.*> shoulder the blame
yǐnjiùcízhí 引咎辞职[-辭職] F.E. take the blame and resign
yǐnjiǔfùshī 饮酒赋诗 F.E. drink wine and write poems
yǐnjiǔguòliàng 饮酒过量 F.E. drink beyond one's capacity
yǐnjiǔjiěchóu 饮酒解愁 F.E. drown one's cares in wine
yǐnjiǔshǎnghuā 饮酒赏花 F.E. drink wine and look at the flowers
yǐnjiǔshǎngyuè 饮酒赏乐[-樂] F.E. drink wine and enjoy music
yǐnjiǔshì 饮酒室 P.W. drinking room; bar M: [1]*jiān*
yǐnjiǔwùshì 饮酒误事 F.E. Drinking slows one's business.
yǐnjiǔxiāochóu 饮酒消愁 F.E. drown one's cares in wine
yǐnjiùzìzé 引咎自责 F.E. blame oneself
yǐnjiǔzuòlè 饮酒作乐[-樂] F.E. drink and make merry
yǐnjū* 隐居[隱-] V. live in seclusion
[1]**yǐnjù** 引句 N. quotation
[2]**yǐnjù** 饮具 N. kitchenware
[3]**yǐnjù** 引据[-據] V. quote
yǐnjué 引决[-決] V. commit suicide
[1]**yǐnjūnzǐ** 瘾君子[癮-] N. ① opium eater; drug addict ② heavy/chain smoker M: *ge*/[1]*míng*/[2]*wèi*
[2]**yǐnjūnzǐ** 隐君子[隱-] N. retired scholar M: *ge*/[1]*míng*/[2]*wèi*
yǐnkāi 引开[-開] R.V. lure away
yǐnkāitóu 引开头[-開-] V.O. <*coll.*> lead the way; take the initiative
yīnkè* 阴刻[陰-] ATTR. incised ♦N. incised carving
[1]**yínkè** 吟客 N. poet M: *ge*/[1]*míng*/[2]*wèi*
[2]**yínkè** 寅刻 N. 3 a.m. to 5 a.m.
yìnkě 印可 V. <*Budd.*> approve; certify (e.g., attainment of illumination)
yīnkè zhào bǎn míngwén 阴刻诏版铭文[陰-] N. <*archeo.*> incised inscriptions of imperial edicts
yīnkǒng 因恐 CONJ. lest; for fear of
yínkù 银库 P.W. treasury M: [4]*zuò*
yìnkuǎn 印款 N. <*art*> seal and signature
yínkuàng 银矿[-礦] N. silver ore/mine M: [4]*zuò*
yǐnkuò 檃括 N. a piece of wood used in straightening bent wood
yǐnlái 引来 V. ① lead to; guide to ② lure to
yīnlàngjì 音浪计 N. <*lg.*> kymograph M: [1]*jià*/*ge*/[2]*zhī*
yǐnlángrùshì 引狼入室 ID. open the door to a dangerous foe
yínlǎo 淫潦 N. floods caused by excessive rain or overflowing rivers
yínlè 淫乐[-樂] N. debauchery ♦V. gratify carnal desires *See also* [1]*yínyuè*
yīnlèi 音类[-類] N. <*lg.*> ① phoneme ② sound category
yǐnlèi* 饮泪[-淚] V.O. swallow one's tears; weep silent tears

yīnlěng 阴冷[陰-] S.V. ① gloomy and cold; raw (of weather) ② somber; glum

yīnlǐ 音理 N. <lg.> nature of sound

[1]**yīnlì** 阴历[陰曆] N. lunar calendar

[2]**yīnlì** 阴吏[陰-] N. officials in Hades

yǐnlǐ 引理 N. <math.> lemma

[1]**yǐnlì*** 引力 N. ① gravitation ② attraction

[2]**yǐnlì** 隐力[隱-] N. latent force

yīnliáng(r) 阴凉(儿)[陰涼-] S.V. shady and cool ♦N. a cool place; shade

yīnliàng* 音量 N. ① volume of sound ② <lg.> length; sound quantity

yínliǎng 银两 N. ① silver (as currency) ② tael

yínliàng 银亮 ATTR. silvery

yìnliáng 荫凉[蔭涼] S.V. shady and cool

yīnliàng biànyì 音量变异[-變異] N. <lg.> variation of length

yīnliángchù 阴凉处[陰涼處] P.W. shaded/cool place

yínliánhuā 银莲花 N. pasqueflower M: [2]duǒ

yǐnliào 饮料 N. drink; beverage M: bēi

yǐnliàoshuǐ 饮料水 N. potable water M: bēi

yǐnlìbō 引力波 N. gravitational wave

yǐnlìchǎng 引力场[-場] P.W. gravitational field

yīnlìchéngbiàn 因利乘便 F.E. take the tide at the flood

yǐnlì dìnglǜ 引力定律 N. law of gravitation

yīnlíng 阴灵[陰靈] N. ghost; spirit; apparition

yínlíng 银铃 N. silver bell M: ge/[2]zhī

yǐnlǐng* 引领 V. <wr.> eagerly look forward to sth.

yǐnlǐng'érwàng 引领而望 F.E. crane one's neck to see; eagerly look forward to

yǐnliú 引流 N. <med.> drainage

yǐnliúhuáiyuán 饮流怀源[--懷-] F.E. gratitude for the source of benefits

yīnlízǐ 阴离子[陰離-] N. anion

yīnlóng 喑聋 N. ① deaf-and-mute ② deafmute

yínlóu 银楼[-樓] P.W. jeweler's shop M: [1]jiā

yīnlòujiùjiǎn 因陋就简 F.E. ① make do with what is available ② do things the easy way

yǐnlù 引路 V.O. lead the way

yīnlǜ 音律 N. ① <mus.> temperament ② <lg.> meter

yínluàn 淫乱[-亂] V.P. promiscuous; licentious

yínluànzhèng 淫乱症[-亂-] N. nymphomania

yīnlǜ dānwèi 音律单位 N. <lg.> mora

yīnlún* 洇/湮沦 V. decline; fall

yǐnlún 隐沦[隱-] ID. retired scholar ♦V. hide oneself; disappear

yīnluósī 阴螺丝[陰-絲] N. a nut (in mechanism) M: ge/[2]zhī

yǐnlùrén 引路人 N. a guide M: ge/[1]míng/[2]wèi

yìnlǜsè 荫绿色[蔭-] N. shadow green

yīnlǜxiéwǎn 音律谐婉 F.E. tunes harmonious and elegant

yīnlǜ yīnwèi 音律音位 N. <lg.> prosodeme

yīnmǎ 音码 N. <comp.> sound-based input code

yìnmǎ* 饮马 V.O. water horses

yīnmái 阴霾[陰-] N. haze

yīnmáimái 阴霾霾[陰-] R.F. hazy

yīnmáimìbù 阴霾密布[陰-] F.E. Dense clouds darken the sky.

yīnmáiwùzhàng 阴霾雾瘴[陰-霧-] F.E. dark clouds and dense fog

yǐnmán* 隐瞒[隱-] V. conceal; hide

yǐnmǎn 引满 R.V. ① draw a bow to the full ② fill the cup to the brim

yīnmáo 阴毛[陰-] N. pubic hair; pubes

yīnmǎqì 音码器 N. vocoder M: ge/[2]zhī

yìnmǎtóuqián 饮马投钱[-錢] ID. a thoroughly honest official

yínméi 淫媒 N. sb. who brings illicit lovers together

yīnmén 阴门[陰-] N. vaginal orifice

yínmí 淫靡 N. extravagance ♦V.P. extravagant

[1]**yǐnmì*** 隐秘[隱-] S.V. hidden; secret ♦N. secret

[2]**yǐnmì** 隐密[隱-] S.V. secret

yīnmiàn(r) 阴面(儿)[陰-] N. ① shaded side ② wolf in sheep's clothing

yīnmiànzi 阴面子[陰-] N. a friendly attitude with concealed viciousness

yǐnmì bù shuō 隐秘不说[隱-] V.P. not disclose a secret

yīnmiè* 洇/湮灭[-滅] V. douse (a fire/etc.)

yǐnmiè 隐灭[隱滅] V. disappear (of clouds/etc.)

yǐnmì hōngzhàjī 隐秘轰炸机[隱-轟--] N. stealth bomber M: [1]jià

[1]**yīnmíng** 因明 N. <phil.> Indian "science of cause"

[2]**yīnmíng** 音名 N. <mus.> ① musical alphabet ② names of notes

yǐnmíng* 隐名[隱-] V.O. remain anonymous

yǐnmíng gǔdōng 隐名股东[隱-] N. <acct.> silent partners; dormant partner M: ge/[1]míng/[2]wèi

yǐnmíng héhuǒrén 隐名合伙人[隱-] N. secret/sleeping/silent partner M: ge/[1]míng/[2]wèi

yǐnmíng juānkuǎn 隐名捐款[隱-] N. silent contribution M: [2]bǐ

yīnmò 姻末 PR. self-reference in addressing one's senior relatives by marriage

yǐnmò* 隐没[隱-] V. ① conceal ② vanish ③ pass unnoticed

yìnmó 印模 N. die; stamp; printer M: ge/[2]zhī

yìnmò 印墨 N. printing ink

yǐnmòshuǐ 隐墨水[隱-] N. invisible ink M: píng

yīnmóu 阴谋[陰-] N. plot; scheme ♦V. conspire

yīnmóuguǐjì 阴谋诡计[陰-] F.E. schemes and intrigues

yīnmóujiā 阴谋家[陰-] N. schemer; conspirator M: ge/[1]míng

yīnmóu jítuán 阴谋集团[陰-團] P.W. a conspiratorial clique

yīnmóu pòhuài 阴谋破坏[陰-壞] V.O. plot sabotage

yīnmóu shǒuduàn 阴谋手段[陰-] N. conspiratorial means

yīnmóu wénxué 阴谋文学[陰-] N. conspiracy literature

yīnmǔ 姻母 N. aunt by marriage M: ge/[2]wèi

yínmǔ 银母 N. mica

[1]**yínmù*** 银幕 N. (motion-picture) screen

[2]**yínmù** 淫目 N. lascivious looks/glances

yīnnáng* 阴囊[陰-] N. scrotum

yǐnnáng 隐囊[隱-] N. back cushion

yīnnánjiànqiǎo 因难见巧[-難--] F.E. a high degree of difficulty reflects masterly skill

yǐnnì* 隐匿[隱-] V. <wr.> ① lie low ② conceal; hide

yìnní 印泥 N. red ink-paste for seals

Yìnní 印尼 P.W. Indonesia

yínniàn* 淫念 N. carnal desire; lust

yǐnnián 引年 V.O. ① retire from office because of age ② extend one's life span

yǐnnì fànrén 隐匿犯人[隱-] V.O. conceal a criminal

yǐnnì shìshí 隐匿事实[隱-實] V.P. concealment and nondisclosure

yìnniǔ 印纽 N. knob/handle of a seal

Yīnniǔtèrén 因纽特人 N. Inuit

yǐnnì zhèngjù 隐匿证据[隱-證據] V.O. suppress evidence

yǐnnì zīchǎn 隐匿资产[隱-產] V.O./N. hidden assets

yǐnnìzuì 隐匿罪[隱-] N. <law> misprision

yǐnnì zuìzhèng 隐匿罪证[隱-證] V.O. conceal criminal evidence

yínnóngzhǒng 龈脓肿[齦膿腫] N. gumboil

yǐnóngdàigàn 以农代干[-農-幹] F.E. a peasant doing the job of a cadre

yǐnónglìguó 以农立国[-農-國] F.E. base a nation's economy on agriculture

yǐ nóngyè wéi jīchǔ 以农业为基础[-農業--礎] V.P. take agriculture as the foundation

yín'ōu 银鸥[-鷗] N. <zoo.> herring gull M: [2]zhī

Yìn-Ōu Rì'ěrmàn yǔzú 印欧日耳曼语族[-歐-----] N. <lg.> Indo-European (Germanic) language family

Yìn-Ōuyǔ 印欧语[-歐-] N. <lg.> Indo-European languages

Yìn-Ōu yǔxì 印欧语系[-歐--] N. Indo-European languages; Indo-European language family

Yìn-Ōuyǔxué 印欧语学[-歐--] N. Indo-European language studies

Yìn-Ōu yǔyán 印欧语言[-歐--] N. <lg.> Indo-European languages

Yìn-Ōu yǔzú 印欧语族[-歐--] N. <lg.> Indo-European language family

yínpái 银牌 N. silver medal M: [2]kuài

yínpán 银盘[-盤] N. ① silver dish/plate M: ge/[2]zhī ② the moon

yínpéngxiáyǒu 淫朋狎友 F.E. debauching company

yīnpì* 阴僻[陰-] N. secluded; out-of-the-way

yǐnpǐ 隐癖[隱-] N. secret addiction

yǐnpiàn* 饮片 N. <Ch. med.> shredded/prepared herbs ready for decoction

yìnpiān 印片 N. ① printing (out) ② motion-picture printing

yīnpiàn kètú 阴片刻图[陰-圖] N. negative scribing

yínpiào 银票 N. <trad.> silver draft (a form of paper money) M: [1]zhāng

yìnpiàojī 印票机 N. ticket-printing machine M: [1]tái

yīnpín* 音频 N. audio frequency

yīnpǐn 音品 N. ① tone color; timbre ② <lg.> sound quality

yǐnpǐn 饮品 N. soft drinks

yīnpíng 阴平[陰-] N. ① first tone in modern Chinese ② one of eight possible tonal categories in Mandarin ③ <lg.> upper even tone

[1]**yínpíng*** 银屏 N. TV screen

[2]**yínpíng** 银瓶 N. a silver pot/bottle/vase/etc. M: ge/[2]zhī

yínpíngjià 银平价[-價] N. parity of silver

yīnpín tiáozhì 音频调制 N. <radio> voice modulation

yīnpō 阴坡[陰-] N. the shady (north) a slope of a hill

yìnpǔ 印谱 N. an album of seal impressions M: [1]běn

[1]**yīnqī** 音期 N. <lg.> cycle

[2]**yīnqī** 姻戚 N. relatives by marriage M: ge/[1]míng/[2]wèi

[1]**yīnqì** 阴气[陰氣] N. <trad.> feminine/negative energy of life

[2]**yīnqì** 殷契 N. oracle-bone writing

yínqì 银器 N. silverware M: [2]jiàn/tào

yǐnqǐ* 引起 R.V. ① give rise to; lead to ② draw; attract

[1]**yǐnqì** 饮泣 V.O. <wr.> weep in silence

[2]**yǐnqì** 饮器 N. drinking vessel

yīnqiǎn 阴谴[陰-] N. punishment meted out by the hand of God

yínqián* 银钱[-錢] N. money

yìnqiān 印签 N. signature

yìnqiānbù 印签簿 N. list of authorized signatures M: [1]běn

yīnqiáng 音强[-強] N. ① sound intensity ② <lg.> intensity of sound; stress

yínqiǎo 淫巧 S.V. lewdly suave

yǐnqiáo* 引桥[-橋] N. bridge approach M: [4]zuò

yīnqiè 殷切 ATTR. ardent; eager

yīnqièqīwàng 殷切期望 F.E. earnestly expect

yǐnqǐ hōngdòng 引起轰动[-轟動] V.P. make a stir

yīnqīn 姻亲[-親] N. relation by marriage *Wǒ gēn Lǐ jiā shì ~.* I'm related to the Lis by marriage. M: ge/[1]míng/[2]wèi

yīnqín* 殷勤 S.V. eagerly attentive; solicitous

yǐnqīn 隐亲[隱親] V. ① attend to sth. with care ② comfort personally and thoughtfully

yīnqínbèizhì 殷勤备至[--備-] F.E. be all attention

yīnqìng 阴庆[陰慶] V. commemorate the birthdays of deceased parents

[1]**yǐnqíng*** 引擎 N. <loan> engine M: [1]tái/[1]jià

[2]**yǐnqíng** 隐情[隱-] N. secrets

yǐnqínggài 引擎盖[-蓋] N. hood

yīnqīn guānxi 姻亲关系[-親關係] N. relationship by marriage
yīnqinhuà 殷勤话 N. solicitous words
yīnqínxiāngdài 殷勤相待 F.E. treat sb. with the greatest honor
yīnqínzhōudào 殷勤周到 F.E. treat sb. with great consideration
yīnqìsēnsēn 阴气森森[陰氣-] F.E. an atmosphere of austere gloominess
yǐnqìtūnshēng 饮泣吞声[-聲] F.E. ① sob silently ② weep silent tears
yínqiū 吟秋 N. autumn songs of birds and insects
yínqiú* 银球 N. another name for table tennis
yīnqū 音区[-區] P.W. range; compass; register
yǐnqú 引渠 N. approach channel M: [1]tiáo
yǐnqù* 隐去[隱-] V. disappear from sight
yínquánshǎnshuò 银泉闪烁[-爍] F.E. Clear water sparkles in the streams.
yǐnquēxièyú 引缺泄余 F.E. bring in goods in short supply and release surplus goods
yīnqún 音群 N. <lg.> cluster; sound group
yīnr* 音儿 N. <topo.> ① voice ② implication
yǐnr 引儿 N. introductory remarks; introduction
yìnr 印儿 N. stamp; seal; mark; imprint
yīnrán 阴燃[陰-] V. burn with no flame; glow
[1]**yǐnrán** 隐然[隱-] V.P. ① faint ② dim
[2]**yǐnrán** 引燃 V. ignite ♦ATTR. ignitor
yìnrǎn* 印染 N. <txtl.> printing and dyeing
yìnrǎnchǎng 印染厂[-廠] P.W. printing and dyeing mill M: [1]jiā
yǐnránkějiàn 隐然可见[隱-] F.E. dimly visible
yīnránkěpà 阴燃可怕[陰-] F.E. ghastly and bloodcurdling
yǐnránkěwén 隐然可闻[隱-] F.E. faintly audible
yīnrén 阴人[陰-] N. women
yǐnrén* 引人 V.O. lead to
yǐnrěn 隐忍[隱-] V. bear patiently; forbear
yǐnrěnbùyán 隐忍不言[隱-] F.E. bear/suffer silently
yīnrénchéngshì 因人成事 F.E. ① rely on others for success in work ② create a job for a particular individual
yǐnrèn'érsǐ 饮刃而死 F.E. take one's own life by a sword
yīnrén'éryì 因人而异[-異] F.E. ① differ from person to person ② vary with each individual
yǐnrénfāxiào 引人发笑[--發-] F.E. make sb. laugh
yīnrénfèiyán 因人废言[--廢-] F.E. reject an opinion on account of the speaker
yīnréng 因仍 V. <wr.> carry on as before; follow
yīnréngjiùguàn 因仍旧惯[--舊-] V.O. follow the old routines
yīnréngjiùxí 因仍旧习[-舊習] V.O. <wr.> follow the old customs
yīnrénjièjìng 因人借镜 F.E. learn from others
yínrénqīnǚ 淫人妻女 F.E. violate another's wife or daughters (and yours will be also be violated)
yǐnrénrùgòu 引人入彀 F.E. lead people into a snare
yǐnrénrùshèng 引人入胜[-勝] F.E. fascinating; absorbing
yǐnrénshànggōu 引人上钩[-鉤] F.E. dangle bait to hook sb.
yǐnrénshēnsī 引人深思 F.E. cause one to think deeply about
yīnrénshèshì 因人设事 F.E. create a job to accommodate sb.
yīnrènshòuguān 因任授官 F.E. make sb. an official because of his talents
yǐnrényǐhé 饮人以和 F.E. treat others with kindness
yīnrénzhìyí 因人制宜 F.E. do what is suited to each individual; suit measures to different persons
yǐnrénzhǔmù* 引人瞩目[--矚-] F.E. noticeable; conspicuous; spectacular
yǐnrénzhùmù 引人注目 F.E. conspicuous; spectacular; catch one's eye
yǐnrénzhùyì 引人注意 F.E. catch the attention
yīnrì 阴日[陰-] N. overcast day
yīn-róng 音容 N. <wr.> voice and countenance (of a deceased)
yīnróngwǎnzài 音容宛在 F.E. The voice and face seem still here. (usu. inscribed on a funeral banner)
yīnróngxiàomào 音容笑貌 F.E. evocation (of a deceased)
yīnrù 茵褥/蓐/缛 N. <wr.> mattress
yínrǔ 淫辱 V. violate (women)
yǐnrù* 引入 V. lead/draw into
yǐnrù qítú 引入歧途 V.O. lead sb.astray
yìnrùxīnqiàn 印入心嵌 F.E. be stamped on one's memory
yīnsānxiàng 因三相 N. <log.> three characteristics of the middle term
[1]**yīnsè** 音色 N. <mus.> tone color; timbre
[2]**yīnsè** 洇色 N. diffusion/running of coloring matter; bleeding
[1]**yínsè*** 银色 N. ①grade of silver in coins ②silver color
[2]**yínsè** 淫色 N. lust
yìnse 印色 N. red ink-paste for seals
yīnsè biǎoyì 音色表意 N. <lg.> sound symbolism
yìnsèchí 印色池 N. container for seal ink paste
yìnsehé 印色盒 N. inkpad M: ge/[2]zhī
yīnsēn 阴森[陰-] V.P. ① gloomy; dark ② gruesome; ghastly
yìnsèní 印色泥 N. vermilion paste used for inking seals; seal vermilion
yīnsēnsēn 阴森森[陰-] R.F. gloomy and clammy
Yīn Shān 阴山[陰-] P.W. Yinshan (mountains in Mongolia)
yínshān* 银山 N. ① mountains rich in silver ② mountains of wealth ③ snow-covered mountains
yīnshān-bèihòu 阴山背后[陰-後] N. wild and desolate place
YīnShāng 殷商 N. the Shang/Yin dynasty
yīn shāngcán ér tuìzhí 因伤残而退职[-傷殘--職] F.E. be made invalid from a position
yǐnshāngkèyǔ 引商刻羽 F.E. highbrow music
yínshào 银哨 N. boatswain's pipe/whistle
yínshè 吟社 P.W. poetry circle
yǐnshè* 隐射[隱-] V. insinuate; hint
yǐnshéchūdòng 引蛇出洞 F.E. bait; entice
[1]**yǐnshēn** 引申/伸 V. ①extend (the meaning of a word/etc.) ②infer; induce ♦N. <lg.> derivation; extension; widening of meaning
[2]**yǐnshēn** 隐身[隱-] V.O. <Dao.> make oneself invisible
yǐnshēncǎo 隐身草[隱-] N. a person/thing acting as cover
yǐnshēn fēijī 隐身飞机[隱-飛-] N. stealth plane M: [1]jià
yīnshēng 阴声[陰聲] N. <lg.> upper tone
[1]**yīnshèng*** 阴盛[陰-] V.P. <Ch. med.> yīn abundance
[2]**yīnshèng** 殷盛 V.P. thriving; flourishing; prosperous; abundant
yínshēng 淫声[-聲] N. lewd songs
yínshéng 银绳[-繩] N. lightning
yìnshēng 荫生[蔭-] N. <hist.> student admitted to the Imperial College in recognition of the distinguished services of his father/ancestors
yīnshēng de 音声的[-聲-] ATTR. <lg.> phonological
yìn shēngkou 饮牲口 V.O. water farm animals
yīnshēngmén 音声门[-聲-] N. <lg.> vocal cords
yǐnshéngpáigēn 引绳排根[-繩--] F.E. ① investigate sb.'s fault and try to punish him ② collaborate with the powerful to exclude others
yīnshēng xuélǐ 音声学理[-聲--] N. <lg.> phonological theory
yīnshēngyùn 阴声韵[陰聲韻] N. <lg.> yùn not ending in a nasal consonant
yǐnshēnrén 隐身人[隱-] N. invisible man M: ge/[1]míng/[2]wèi
yǐnshēnshù 隐身术[隱-術] N. <Dao.> the art of making oneself invisible
yǐnshēn xīncí 引申新词 N. <lg.> derived neologism
yǐnshēnyì 引申/伸义[-義] N. extended/derived/transferred/figurative meaning
yǐnshēn yìyì 引申意义[-義] N. <lg.> extended meaning
yǐnshēn yòngfǎ 引申用法 N. <lg.> extended use of the *bǎ* construction
yǐnshēnzuò 引申作 V.P. extend to
[1]**yīnshī** 阴虱[陰-] N. crab louse M: [2]zhī
[2]**yīnshī** 阴湿[陰濕] V.P. dark and damp
[3]**yīnshī** 音诗 N. <mus.> tone poem M: [2]shǒu
yīnshí 殷实[-實] V.P. thriving; well-off
[1]**yīnshì** 阴事[陰-] N. <wr.> ①secret ②imperial harem affairs
[2]**yīnshì** 音势[-勢] N. <lg.> intensity of sound/length; stress
[3]**yīnshì** 因式 N. <math.> factor
[4]**yīnshì** 因是 V.P. because of this
[5]**yīnshì** 阴室[陰-] P.W. ① one's private quarters; one's bedroom ② underground cellar for storage of ice
yínshī 吟诗 V.O. recite poetry
yínshí 寅时[-時] N. 3 to 5 A.M.
yínshì 淫视 N. lascivious looks
yǐnshí* 饮食 N. food and drink; diet
[1]**yǐnshì** 隐士[隱-] N. ①recluse; hermit ②retired scholar M: ge/[1]míng/[2]wèi
[2]**yǐnshì** 隐事[隱-] N. secrets M: [2]jiàn
[3]**yǐnshì** 隐式[隱-] ATTR. implicit (expression)
yìnshì 窨室 P.W. cellar; vault
yīnshì de biànyì 音势的变异[-勢-變異] N. <lg.> stress variation
yǐnshídiàn 饮食店 P.W. café; snack bar; eating house M: [1]jiā
yínshìfēilǐ 淫视非礼[-禮] F.E. To look at lewd things is improper
yǐnshí fúwù hángyè 饮食服务行业[---務-業] P.W. catering trade/business
yǐnshí gōngyè 饮食工业[-業] P.W. food and beverage industry
yǐnshí guòdù 饮食过度 V.P. be gluttonous
yǐnshí liáofǎ 饮食疗法[--療-] N. dietetic therapy
yīnshìlìdǎo 因势利导[-勢-導] F.E. guide one's actions according to circumstances
yǐnshínánnǚ 饮食男女 ID. ① food, drink and sex; the prime wants ② the natural instincts of man
yīnshí pùbǎo 殷实铺保[-實--] N. shop guarantee
yǐnshí qǐjū 饮食起居 F.E. daily life
yǐnshí wèishēng 饮食卫生[--衛-] N. dietetic hygiene
yǐnshí wúwèi 饮食无味 V.P. have no appetite
yǐnshíxué 饮食学 N. dietetics
yǐnshíyè 饮食业[-業] P.W. catering trade; catering
yínshīyǒnghuái 吟诗咏怀[-詠懷] F.E. express one's feelings in verse
yǐnshíyǒudù 饮食有度 V.P. observe temperance in eating and drinking
yīnshízhìyí* 因时制宜[-時--] F.E. do what is suited to the occasion; act according to circumstances
yīnshìzhìyí 因事制宜 F.E. do what is suited to the occasion
yínshīzuòhuà 吟诗作画[-畫] F.E. chant poetry and paint pictures
yīnshòu 阴寿[陰壽] N. ① 10th posthumous birthday anniversary ② age after death
yǐnshǒu 引首 V.O. <wr.> crane one's neck; raise one's head
[1]**yìnshòu*** 印售 N. print and distribute
[2]**yìnshòu** 印绶 N. seal and its silk ribbon
yǐnshǒu bùdìngshì 隐首不定式[隱-] N. <lg.> bare infinitive
yīnshū 音书[-書] N. ① letters; correspondence ② information; news

yīnshù 因数[-數] N. <math.> factor; coefficient
yínshū 淫书[-書] N. pornographic book M: [1]běn/[4]cè/[2]bù
yínshǔ 银鼠 N. snow weasel M: [2]zhī
yínshù 银树[-樹] N. silver tree M: [2]kē
yǐnshù* 引述 V. premise; quote (sb.'s words) ~ *wǒ de huà* quote me ♦N. <lg.> allusion
yìnshū 印书[-書] V.O. print books
yìnshù 印数[-數] N. <print.> printing; impression; print
yìnshuā 印刷 N./V. print
yìnshuābǎn 印刷板 N. printed panel; galley; printing plate M: [2]kuài
yìnshuāchǎng 印刷厂[-廠] P.W. print shop; press M: [1]jiā
yìnshuā cuòwù 印刷错误 N. misprint; typographic error
yìnshuā diànlù 印刷电路[--電-] N. printed circuit
yìnshuāgōng 印刷工 N. printing house; press
yìnshuā gōngrén 印刷工人 N. printing worker; printer M: ge/[1]míng/[2]wèi
yìnshuāguǎn 印刷馆 P.W. printing office M: [1]jiā
yìnshuā héjīn 印刷合金 N. type metal
yìnshuājī 印刷机 N. <print.> printing machine; press; printing press M: [1]tái
yīnshuān 音栓 N. <music> stop
yìnshuāpǐn 印刷品 N. printed matter M: [2]jiàn
yìnshuārén 印刷人 N. printer M: ge/[1]míng/[2]wèi
yìnshuāshù 印刷术[-術] N. art of printing
yìnshuātǐ 印刷体[-體] N. block letter; print hand
yìnshuātǐ zìmǔ 印刷体字母[--體--] N. <lg.> block letter
yìnshuāwù 印刷物 N. printed material (e.g. books/etc.) M: [2]jiàn
yìnshuāzhě 印刷者 N. printer M: ge/[1]míng/[2]wèi
yìnshuāzhǐ 印刷纸 N. printing paper M: [1]zhāng/[1]juàn
yīnshù fēnxi 因数分析[-數--] N. factor analysis
yínshuǐ 淫水 N. ① flooding water ② sexual emission before or during intercourse
[1]yǐnshuǐ* 饮水 V.O. drink water ♦N. potable/drinking water
[2]yǐnshuǐ 引水 V.O. ① pilot a ship into a harbor ② draw/channel water ♦N. (water) diversion
yǐnshuì 引税 V.O. salt tax
yǐnshuǐ bùwàng juéjǐngrén 饮水不忘掘井人 never forget one's origins
yǐnshuǐdào 引水道 N. water conduit M: [1]tiáo
yǐnshuǐ gōngchéng 引水工程 N. water-diversion works M: [3]xiàng
yǐnshuǐguàntián 引水灌田 F.E. channel water into the fields
yǐnshuǐjī 饮水机 N. water/drinking fountain M: [4]zuò
yǐnshuǐqì 饮水器 N. drinking vessel M: ge/[1]tái
yǐnshuǐqú 引水渠 N. diversion canal M: [1]tiáo
yǐnshuǐrén 引水人 N. a harbor pilot M: ge/[1]míng/[2]wèi
yǐnshuǐ shàngshān 引水上山 V.P. draw water up a hill
yǐnshuǐsīyuán 饮水思源 ID. never forget one's origins
yǐnshuǐ suìdào 引水隧道 N. diversion tunnel M: [1]tiáo
yǐnshuǐyuán 引水员 N. pilot (for ships/boats) M: ge/[1]míng/[2]wèi
yǐnshuǐ zhìdù 引水制度 N. the system of pilotage
yínshùkāihuā 银树开花[-樹開-] ID. an impossibility
yǐnshūwéizhèng 引书为证[-書-證] F.E. cite proofs from books
yìnshūzhǐ 印书纸[-書-] N. ① mechanical-printing paper ② book paper M: [1]zhāng
[1]yīnsī 阴私[陰-] N. shameful secret; privacy
[2]yīnsī 阴司[陰-] N. official in Hell ♦P.W. the nether world
yīnsì 音似 N. similar sounding
yínsì 淫祀 N. <trad.> worship of unorthodox gods
yǐnsī* 隐私[隱-] N. personal secrets
yìnsì 胤嗣 N. descendants
yīnsǐbāhuó 阴死巴活[陰-] F.E. <topo.> ① lingering between life and death ② neither light nor dark; gray; overcast ③ neither burning well nor extinguished; smoldering; barely warm
yínsīkǔlǜ 淫思苦虑[-慮] F.E. think deeply and consider earnestly
yǐnsǐle 瘾死了[癮-] F.E. <topo.> be dying for a "fix"
yǐnsīquán 隐私权[隱-權] N. right of privacy
yínsīwǎng 银丝网[-絲網] N. filigree
yīnsīwǎngfǎ 因私枉法 F.E. flout the law for private considerations
yīnsī wénxué 阴私文学[陰-] N. confessional literature
yínsòng 吟诵 V. chant; recite
[1]yīnsù 因素 N. factor; element
[2]yīnsù 音速 N. velocity of sound
[3]yīnsù 音素 N. <lg.> phoneme; phone; phonetic feature; sound element
yīnsù biàntǐ 音素变体[-變體] N. <lg.> allophones
yīnsù biànyì 音素变异[-變異] N. <lg.> variation of articulation
yīnsù biāoyīn 音素标音[--標-] N. <lg.> phonetic script/notation
yīnsù fānyì 音素翻译[--譯] N. <lg.> phonemic translation
yīnsù fēnxi 因素分析 N. factor analysis
yīnsù fēnxīfǎ 因素分析法 N. factor analysis
yīnsùlùn 因素论 N. <phil.> theory of factors
yīnsǔn* 阴损[陰-] V. covertly harm
yínsǔn 银笋[-筍] N. icicles
yǐnsǔnhào 隐损耗[隱-] N. concealed loss
yīnsuō 阴桫[陰-] N. a hard wood
yīnsù wénzì 音素文字 N. <lg.> phonemic script; phonetic writing
yīnsùxué 音素学 N. <lg.> phonemics
yīntāi 荫胎[蔭-] N. stoppage of growth of a fetus
yīntài 音态[-態] N. <lg.> manner
yìntái* 印台[-臺] N. ink/stamp pad
[1]yíntán* 吟坛[-壇] P.W. poetry circles
[2]yíntán 淫谈 N. obscene talk
yǐntán 隐潭[隱-] N. hidden pool/pond
yǐntāng 饮汤[-湯] V.O. drink soup
yìntáng* 印堂 N. <Ch. med.> ① glabella ② space between the eyebrows
yíntè 淫慝 V.P. wanton and debauching
yǐntè* 隐/引慝[隱-] N. <wr.> hidden evil thoughts; concealed wickedness
yīntèwǎng 因特网[-網] N. <comp./loan> Internet
yīntèwǎng jiērù fúwù 因特网接入服务[--網---務] N. <comp.> Internet service provider
yīntiān 阴天[陰-] N. overcast sky; cloudy day
yīntiānwēixì 阴天微隙[陰-] F.E. breaks in overcast
yíntiáo 银条[-條] N. silver bar
yīntǐng 阴挺[陰-] N. <phys.> clitoris
yǐntīng* 隐听[隱聽] V. eavesdrop
yǐntǐxiàngshàng 引体向上[-體--] N. <sport.> pull-up; chinning; chin (up)
yīntóng 阴童[陰-] N. <trad.> son who died prematurely
yīntòng 音通 N. <lg.> sound change
yǐntòng* 隐痛[隱-] N. ① secret anguish ② <med.> dull pain
yīntóng de 音同的 ATTR. <lg.> homophonous
yīntóu 因头 N. <topo.> ① excuse; pretext ② cause; reason; origin
yǐntou 引头 N. <coll.> reminder; cue *See also* [2]*yǐntóu*
[1]yǐntóu(r)* 瘾头(儿)[癮-] N. ① addiction; strong interest ② passion (for)
[2]yǐntóu 引头 V.O. take the lead; lead *See also* *yǐntou*
yìntòu 印透 R.V. print through
yǐntóu huāxù 隐头花序[隱-] N. <bot.> hypanthium
yīntǔ 音吐 N. person's manner of talking
yíntù 银兔 N. the moon
yǐntū 蚓突 N. (vermiform) appendix
yǐntú* 饮徒 N. ① drinking companion ② drinker M: ge/[1]míng
yíntuán 银团[-團] P.W. banking consortium/association
[1]yǐntuì 隐退[隱-] V. go live in seclusion
[2]yǐntuì 引退 V. retire from office; resign
yǐntuìxìng quānnèi wénhuà 隐退性圈内文化[隱-] N. <socio.> retreatist subculture
yǐntuìzhǔyì 隐退主义[隱-義] N. <socio.> retreatism
Yīntuóluó 因陀罗[-羅] N. <Budd.> Indra
yínù 移怒 V.O. shift one's anger to a different person
yìnù* 易怒 V.P. be prone to anger; be irascible
yìnǚ 义女[義-] N. ① adopted daughter ② foster mother ③ goddaughter M: ge/[1]míng
yīnuǎnshíbǎo 衣暖食饱 F.E. be warmly clothed and well fed
yìnüè 疫疟[-瘧] N. endemic malaria
yīnù'érqù 一怒而去 V.P. leave in anger
yínuó 移挪 V. use money for a purpose not originally intended
yīnuòqiānjīn 一诺千金 F.E. a solemn promise
yínwā 淫哇 N. lewd songs
yínwá* 淫娃 N. depraved girl M: ge/[1]míng
yínwádàngzǐ 淫娃荡子[--蕩-] F.E. fast women and lewd men
yínwǎng 淫网[-網] N. entanglement by lust
yīnwǎngtuīlái 因往推来 F.E. judge the future from the past
[1]yīnwěi 音尾 N. <lg.> releasing phase
[2]yīnwěi 阴痿/萎[陰-] N. impotence
[1]yīnwèi* 因为 CONJ. because; for; on account of ♦CONS. ① ~ *A suǒyǐ B* because A therefore B ② ~ *de guānxi* because of ③ ~ *A ér V* to V because of A
[2]yīnwèi 音位 N. <lg.> ① phoneme; phonetic alphabet ② place
yínwēi 淫威 N. abuse of power; despotic power; imposing power
yínwěi 淫猥 ATTR. obscene; pornographic
yínwèi 吟味 V. recite with relish
yǐnwēi 隐微[隱-] N. latent; invisible
yǐnwéi 引为 V.P. take (pride/lessons/etc.) from sth.
yīnwèi biàntǐ 音位变体[-變體] N. <lg.> ① allophone ② variant
yīnwèi biāoyīn 音位标音[--標-] N. <lg.> phonemic notation
yīnwèi chóngxuǎn 音位重选[-選] N. <lg.> overlapping phonemes
yīnwèichuàn 音位串 N. <lg.> phoneme sequence
yīnwèifǎsùxué 音位法素学 N. phonotactics
yīnwèi fēnxi 音位分析 N. <lg.> phonemic analysis
yīnwèi fùdān 音位负担[-擔] N. <lg.> phonemic burden/load
yīnwèi guīzé 音位规则 N. <lg.> phonological rule
yǐnwéihènshì 引为恨事 F.E. much to one's regret
yīnwèihuà 音位化 N. <lg.> phonemization
yǐnwéijiànjiè 引为鉴戒[--鑒-] F.E. take warning from...
yǐnwéijǐrén 引为己任 F.E. take as one's own responsibility
yīnwèilùn 音位论 N. <lg.> phonemics
yīnwèi pèilièxué 音位配列学 N. <lg.> phonotactics
yǐnwéishēnjiè 引为深戒 F.E. serve as a grave warning
yīnwèi wénzì 音位文字 N. <lg.> phonemic script
yīnwèi xìtǒng 音位系统 N. <lg.> phonemic/phonological system

yīnwèixué 音位学 N. <lg.> phonology; phonemics
yīnwèixuéjiā 音位学家 N. phonologist M: ge/[1]míng/[2]wèi
yǐnwéizhījǐ 引为知己 F.E. regard sb. as a bosom friend
yīnwèi zhuǎnbiàn 音位转变[-轉變] N. metathesis
[1]yīnwén 阴文[陰-] N. ① intaglio characters ② <art> negative legend
[2]yīnwén 音纹 N. <lg.> harmonic
[3]yīnwén 阴纹[陰-] N. internal/female screw
yīnwèn 音问 N. news; tidings; message
[1]yǐnwén* 引文 N. quoted passage; quotation M: [1]piān
[2]yǐnwén 隐纹[隱-] N. muted pattern
Yìnwéntáo Wénhuà 印纹陶文化 N. <archeo.> Stamped Pottery Culture
yǐnwō 隐窝[隱窩] N. crypt
yīnwù 喑恶[-惡] V. yell; shout
yǐnwù* 引物 ATTR. primer
yīnxī 音息 N. message
[1]yīnxí* 因袭 V. follow (old customs/etc.); copy
[2]yīnxí 因习[-習] V. follow routines/conventions without change
[3]yīnxí 茵席 N. cushion; mat
yīnxì 音系 N. <lg.> phonetic/sound system
yínxì 淫戏[-戲] N. ① sexual intercourse ② pornographic play
yǐnxī 蚓蜥 N. two-headed snake
yìnxǐ 印玺[-璽] N. emperor's seal M: [1]kē/[4]méi
yǐnxià 饮下 V.P. drink
yīnxián 音弦 N. <lg.> intensity
yīnxiǎn* 阴险[陰-] S.V. insidious; treacherous
yǐnxián 引嫌 V.O. avoid actions that might arouse suspicion
yǐnxiǎn 隐显[隱顯] ATTR. invisible; disappearing
[1]yǐnxiàn 引线 N. ① <elec.> lead (wire) ② go-between ③ catalyst ④ fuse ⑤ <topo.> sewing needle
[2]yǐnxiàn 隐现[隱-] V. ① appear faintly ② be dimly visible; be intermittently visible
yínxiàncǎo 银线草 N. <bot.> *Chloranthus japonicus*
yǐnxiànchuānzhēn 引线穿针 ID. act as a go-between
yǐnxiàndāqiáo 引线搭桥[-橋] ID. bring sb. into contact with sb. else
yīnxiǎndúlà 阴险毒辣[陰-] F.E. sinister and ruthless
yīnxiāng 音箱 N. voice/loudspeaker box M: ge/[2]zhī
yīnxiǎng 音响[-響] N. ① sound; acoustics ② stereo; hi-fi ③ music center ④ sonority
yīnxiàng 音像 N. ①sound; acoustics ②resonance ③ audiovisual ④ phonotape and videotape ⑤ sound and video recording
yǐnxiàng 引向 V.P. lead to
[1]yìnxiàng* 印象 N. <psy.> impression *Gěi wǒ ~ zuì shēn de shì...* What impressed me most is...
[2]yìnxiàng 印相 V. <photo.> print
yīnxiàng chǎnpǐn 音像产品[--產-] N. audio-video product
yīnxiǎng diànzǐqín 音响电子琴[-響電--] N. synthesizer M: [1]jià
yīnxiǎngdù 音响度[-響-] N. <lg.> timbre
yìnxiàngfǎ 印象法 N. <lg.> impressionistic method
yīnxiǎng fēnpèi 音响分配[-響--] N. <lg.> allophone
yīnxiàng jiàoxué zīliào 音像教学资料 N. audio-visual teaching materials
yīnxiàng kètú 阴像刻图[陰-圖] N. negative scribing
yìnxiàngpài 印象派 N. impressionist school; impressionist
yīnxiàng shūdiàn 音像书店[--書-] P.W. audio-visual shop M: [1]jiā
yīnxiǎng shuǐléi 音响水雷[-響--] N. <mil.> sonic mine M: [1]kē
yīnxiǎng xiàoguǒ 音响效果[-響--] N. sound effect
yīnxiǎngxué 音响学[-響-] N. acoustics
yīnxiàngyè 音像业[-業] P.W. recording and video industry
yìnxiàngzhǐ 印相纸 N. photographic paper M: [1]zhāng/hé
yīnxiàng zhìpǐn 音像制品[--製-] N. audio and video appliances
yìnxiàngzhǔyì 印象主义[--義] N. impressionism
yǐnxiǎn mòshuǐ 隐显墨水[隱顯-] N. invisible ink M: píng
[1]yīnxiào* 阴笑[陰-] V. smile insidiously
[2]yīnxiào 音效 N. ① sound effects ② acoustics
[1]yínxiào 吟啸[-嘯] V. ① sing in freedom ② lament; sigh
[2]yínxiào 龂笑[齗-] V. laugh
yínxiào'èwàn 吟啸扼腕[-嘯--] F.E. wring one's hands and lament
yīnxiǎoshīdà 因小失大 F.E. penny wise and dollar foolish
yínxiàozìruò 吟啸自若[-嘯--] F.E. do as one pleases
yìnxiàzhīfú 荫下之福[蔭-] N. one's happiness under the care of one's parents
yīnxíchénguī 因袭陈规 F.E. follow outmoded rules
[1]yīn-xié 音协[-協] AB. *yīnyuèjiā xiéhuì*
[2]yīnxié 阴邪[陰-] N. <Ch. med.> pathogen of *yīn* nature
yínxiè* 淫亵[-褻] V. act indecently toward a woman ♦ ATTR. obscene; salacious
yínxièbìng 银屑病 N. <med.> psoriasis
yīnxīn 殷心 V. feel for
yīnxìn* 音信 N. ① mail; message; news ② resonance
yínxīn 淫心 N. immoral thoughts; sexual desire
yǐnxìn 引信 N. detonator; fuse
yìnxìn 印信 N. official seal
[1]yīnxíng 音型 N. <mus.> ① figure ② <lg.> sound pattern
[2]yīnxíng 音形 N. <lg.> sound shape
yīnxìng* 阴性[陰-] N. ① female ② <med.> negative ③ <lg.> feminine gender
[1]yínxíng 淫刑 N. atrocious punishment ♦ V. mete out excessive punishment
[2]yínxíng 吟行 N. traveling minstrel
[3]yínxíng 淫行 N. licentious conduct
yínxìng 银杏 N. <bot.> ginkgo M: [2]kē
yǐnxíng 隐形[隱-] V.O. make oneself invisible ♦ ATTR. invisible
yǐnxìng 隐性[隱-] N. recessiveness ♦ ATTR. <lg.> covert
yìnxíng 印行 V. print and distribute; publish
yǐnxìngcí 隐性词[隱-] N. opaque word
yīnxìng fǎnyìng 阴性反应[陰-應] N. negative reaction
yǐnxíng fēijī 隐形飞机[隱-飛-] N. stealth plane M: [1]jià
yǐnxíng hōngzhàjī 隐形轰炸机[隱-轟--] N. stealth bomber M: [1]jià
yǐnxìngmáimíng 隐姓埋名[隱-] F.E. live incognito
yīnxìng míngcí 阴性名词[陰-] N. <lg.> she-noun
yǐnxíngrén 隐形人[隱-] N. invisible man M: ge/[1]míng
yǐnxìng shīyè 隐形失业[隱-業] N. hidden/disguised unemployment
yínxìngshù 银杏树[-樹] N. <bot.> gingko tree M: [2]kē
yǐnxìng xíngwéi wènjù 隐性行为问句[隱-] N. <lg.> implicit performative
yǐnxìng xìngzhuàng 隐性性状[隱-狀] N. recessive characteristic (in genetics)
yǐnxíng yǎnjìng 隐形眼镜[隱-] N. contact lenses M: [1]fù
yīnxiōng 姻兄 N. ①older brother-in-law ②older cousin-in-law M: ge/[1]míng/[2]wèi
yīnxiōngdì 姻兄弟 N. brothers-in-law
yīnxí qiánrén 因袭前人 V.O. follow in the footsteps of one's predecessors
yǐnxiū 隐修[隱-] N. anchorite
yǐnxíxìng 隐袭性[隱-] N. insidiousness
yīnxí xíngwéi 因袭行为 N. conventional behavior M: [1]zhǒng
yīnxìxué 音系学 N. <lg.> phonology
yīnxū 阴虚[陰虛] N. <Ch. med.> deficiency of *yīn*
Yīnxū 殷墟 N. Yin (Shang) dynasty ruins
yīnxù* 音序 N. <lg.> phonetic ordering
yīnxué 阴穴[陰-] N. underground cave
yínxué 淫学 N. improper/unorthodox learning
yínxuè 淫谑 N. obscene jesting
[1]yǐnxuè* 饮血 V.O. ① weep in deep sorrow ② drink blood
[2]yǐnxuè 隐血[隱-] N. <med.> occult blood
yǐnxuèxiàxíng 引血下行 F.E. ensure proper downward flow of the blood
yīnxūhuǒwàng 阴虚火旺[陰虛-] F.E. <Ch. med.> *yīn* depletion with intense fire heteropathy
yīnxù jiǎnzìfǎ 音序检字法 N. <lg.> character-indexing system based on sound sequence
yīnxún 因循 V. ① follow the old routine ② procrastinate
yīnxùn* 音讯 N. mail; message; news ♦ V. communicate
yǐnxún 隐循[隱-] V. ① hide ② live in seclusion
yīnxúngǒuqiě 因循苟且 F.E. perfunctory and unimaginative in handling things
yīnxún jiùxí 因循旧习[-舊習] V.O. follow old customs
yīnxún lǎolì 因循老例 V.O. follow the old routine
yīnxúnshǒujiù 因循守旧[-舊] F.E. follow the beaten track
yīnxúntōuqíng 因循偷情 F.E. follow routine and do slipshod work
yīnxúnyánwù 因循延误 F.E. procrastinate until too late
yīnxúnzuòwù 因循坐误 F.E. procrastinate until too late
Yīnxū shūqì 殷墟书契[--書-] N. Shang oracle-bone writing
Yīnxū wénzì 殷墟文字 N. Shang oracle-bone writing
yīnxūzhèng 阴虚症[陰虛-] N. <Ch. med.> pathocondition of *yīn* depletion
yīnyǎ 喑哑[-啞] V.P. mute; dumb
yīnyà 姻娅/亚[-婭/亞] N. <wr.> relatives by marriage; in-laws
yínyá* 银牙 N. silver teeth M: ge/[1]kē/[2]zhī
yīnyán 音延 N. <lg.> duration
[1]yínyán 龈炎[齦-] N. gingivitis
[2]yínyán 银盐[-鹽] N. <chem.> silver salt
[1]yínyàn 银燕 N. ① silver swallow M: [2]zhī ② airplane M: [1]jià
[2]yínyàn 淫艳[-艷] V.P. seductive
yǐnyán* 引言 N. foreword; introduction
yǐnyàn 饮宴 V. wine and dine
yīnyáng* 阴阳[陰陽] N. <phil.> ① *yin* and *yang*; opposites ② ancient Chinese astronomy ③ occult arts ④ geomancer; astrologer; etc.
yínyáng 银洋 N. silver dollar M: [2]kuài
yīnyángduìzhuǎn 阴阳对转[陰陽對轉] F.E. <lg.> alternation between *yīnshēng* and *yángshēng*
yīnyángguàiqì 阴阳怪气[陰陽-氣] F.E. ① mystifying; enigmatic ② eccentric; queer
yínyánghuò 淫羊藿 N. <Ch. med.> longspur epimedium
Yīnyángjiā 阴阳家[陰陽-] N. <hist.> ①Warring States (475–221 B.C.) philosophical school ② astrologer; geomancer M: ge/[1]míng/[2]wèi
yínyàng làtóuqiāng 银样蜡头枪[-樣蠟-槍] N. ① sth./sb. showy but unsubstantial ② an impressive-looking but useless person ③ fine in appearance but of no use in reality

yīnyánglì 阴阳历[陰陽曆] N. lunisolar calendar

yīnyángrén 阴阳人[陰陽-] N. transsexual; hermaphrodite M: ge/[1]míng

yīn-yáng-shǎng-qù 阴阳上去[陰陽-] N. 1st, 2nd, 3rd, and 4th tones of Chinese

yīnyángshēng 阴阳生[陰陽-] N. astrologer

yīnyáng shèngfù 阴阳胜负[陰陽勝-] N. *yīnyáng* imbalance

yīnyángshuǐ 阴阳水[陰陽-] N. ① unboiled water and boiled water ② well water and river water

yīnyáng xiānshēng 阴阳先生[陰陽-] N. geomancer M: ge/[1]míng/[2]wèi

yǐnyào 引药[-藥] N. <Ch. med.> supplementary dose

yínyá ròusī 银芽肉丝[-絲] N. stir-fried bean sprouts and shredded pork

[1]**yínyè** 夤夜 N. <wr.> dead of night

[2]**yínyè** 淫液 N. <wr.> drunkenness

[3]**yínyè** 淫业[-業] P.W. the profession of prostitution

[4]**yínyè** 银叶[-葉] N. silver leaf

yínyèdēngchéng 夤夜登程 F.E. set/start off late at night

yīnyēfèishí 因噎废食[--廢-] F.E. give up at the slightest obstacle

yīnyī 因依 V. rely on; put trust in

yīnyí 音移 N. <lg.> metathesis

[1]**yīnyì*** 音译[-譯] N. transliteration; transcription ♦V. transcribe phonetic symbols

[2]**yīnyì** 阴/荫翳[陰/蔭-] V.P. <wr.> ① shaded by foliage ② lush

[3]**yīn-yì** 音义[-義] N. pronunciation and meaning of a text ♦ATTR. <lg.> ideophonetic

[1]**yínyì** 淫逸/佚 N. debauchery ♦V.P. debauched

[2]**yínyì** 寅谊 N. <wr.> friendship between colleagues

[1]**yǐnyì** 隐意[隱-] N. <lg.> covert sense

[2]**yǐnyì** 隐逸[隱-] V.P. ① reclusive ② live in seclusion ♦N. ① hermit; recluse ② retired person M: ge/[1]míng/[2]wèi

yìnyì 荫翳[蔭-] V.P. <wr.> ① shaded by foliage ② lush

yīnyì de cí 音译的词[-譯--] N. <lg.> transliteration

yínyìdùrì 淫逸度日 F.E. pass the days in luxurious ease

yínyìjiāoshē 淫佚骄奢[--驕-] F.E. ① lewd and indolent ② arrogant and extravagant

[1]**yīnyīn** 殷殷 R.F. ① abundant; thriving ② courteous; polite; civil ③ sorrowful; sad; mournful

[2]**yīnyīn** 茵茵 R.F. lush; luxuriant (of grass)

[3]**yīnyīn** 愔愔 R.F. peaceful; composed; serene; quiet and pleasant

yínyīn 龈音[齦-] N. <lg.> alveolar sound

[1]**yínyín** 狺狺 ON. <wr.> yap; yelp

[2]**yínyín** 龂龂[齗齗] R.F. disputing

[3]**yínyín** 崟崟 R.F. ① towering ② luxuriant; lush

yǐnyǐn* 隐隐[隱隱] R.F. ① indistinct; faint ② melancholy; sad ③ abundant

yìnyìn 慭慭 R.F. overcautious

yǐnyǐncángcáng 隐隐藏藏[隱隱-] R.F. evasive; elusive

yīnyīnchénchén 阴阴沉沉[陰陰-] R.F. gloomy; dusky; dreary

yīnyīnchuíjiè 殷殷垂诫 F.E. admonish sincerely

yīnyīnchuíwèn 殷殷垂问 F.E. inquire about anxiously

yǐnyǐnchuòchuò 隐隐绰绰[隱隱-] R.F. indistinct; faint

yīnyìng 因应[-應] V. cope with *See also yìnyìng*

[1]**yīnyǐng(r)*** 阴影(儿)[陰-] N. ① shadow ② <med.> spot; shadow

[2]**yīnyǐng** 荫影[蔭-] N. shadiness *See also yìnyǐng*

yìnyìng 因应[-應] V. adjust; react *See also yīnyìng*

yìnyǐng 荫影[蔭-] N. shade *See also* [2]*yīnyǐng*

yīnyìngbiànhuà 因应变化[-應變-] F.E. change according to the circumstances

yīnyìngzhīdào 因应之道[-應--] N. way to deal with a problem; countermeasure

yínyínkuángfèi 狺狺狂吠 F.E. bark frenziedly

yīnyīnqīwàng 殷殷期望 F.E. entertain ardent hopes

yīnyīntúntún 殷殷屯屯 R.F. well-off

yǐnyǐnyuēyuē 隐隐约约[隱隱-] R.F. faint; indistinct

yīnyīnzhǔfù 殷殷嘱咐[--囑-] F.E. enjoin sincerely

yǐnyǐnzuòtòng 隐隐作痛[隱隱-] F.E. feel dull pain

yínyìshēnhòu 寅谊深厚 F.E. The relationship among colleagues is deep and solid

yīn yī tào, yáng yī tào 阴一套,阳一套[陰--,陽--] F.E. be engaged in double-dealing

yǐnyǐwéi'ào 引以为傲 F.E. be proud of sth.

yǐnyǐwéichǐ 引以为耻[-恥] F.E. regard it as a disgrace; consider/think it shameful

yǐnyǐwéihàn 引以为憾 F.E. deem it regrettable

yǐnyǐwéiháo 引以为豪 F.E. enough to make oneself proud

yǐnyǐwéijiàn 引以为鉴[-鑒] F.E. take warning from it

yǐnyǐwéijiè 引以为戒 F.E. learn a lesson (from a previous error); take warning from sth.

yǐnyǐwéilì 引以为例 F.E. cite as examples

yǐnyǐwéiróng 引以为荣[-榮] F.E. take as a great honor; deem it an honor

yǐnyǐwéiwèi 引以为慰 F.E. take comfort in sth.

yǐnyǐwéixùn 引以为训 F.E. take (sth.) as a lesson

Yìn-Yī yǔxì 印伊语系 N. <lg.> Indo-Iranian language family

yīnyìzì 音译字[-譯-] N. transcription symbol; character used for its phonetic value; phonetic notation

yínyǒng 吟咏[-詠] V. chant/intone verse

[1]**yǐnyòng*** 引用 V. ① quote; cite ② recommend; appoint

[2]**yǐnyòng** 饮用 V. drink

yínyǒngchóuchàng 吟咏酬唱[-詠--] F.E. group chanting of poems

yìnyòng jiāopiàn 印用胶片[-膠-] N. print film

yínyǒng qíngxìng 吟咏情性[-詠--] V.O. chant about one's feelings

yǐnyòngshuǐ 饮用水 N. potable water

yīnyōu 殷忧[-憂] N. ① deep concern ② sorrow

yīnyóu(r) 因由(儿) N. <coll.> reason; cause

yǐnyōu 隐忧[隱憂] N. ① secret worry ② lurking dangers

yǐnyòu* 引诱 V. lure; seduce

yìnyóu 印油 N. stamp-pad ink

yīnyōuqǐshèng 殷忧启圣[-憂啟聖] F.E. Deep sorrow leads to enlightenment.

yínyóushīrén 吟游诗人 N. troubadour; minstrel M: ge/[1]míng/[2]wèi

yǐnyòuwù 引诱物 N. bait; lure; temptation; decoy

yínyōuxītì 寅忧夕惕[-憂--] F.E. be on tenterhooks from morning till evening

yǐnyòuzhě 引诱者 N. tempter; seducer; enticer M: ge/[1]míng

yīnyǔ* 阴雨[陰-] V.P. overcast and rainy

[1]**yīnyù** 阴/荫郁[陰/蔭鬱] V.P. gloomy; dismal *Nǐ kànshangqu qíngxù* ~. You look blue.

[2]**yīnyù** 音域 N. <mus.> range; compass; register

[3]**yīnyù** 茵芋 N. <bot.> *Skimmia reevesiana*

yínyú 银鱼 N. whitebait

yínyǔ 淫/霪雨 N. excessive rain

yínyù 淫欲 N. lust

[1]**yǐnyǔ** 隐语[隱-] N. ① parable ② cryptology ③ cant; argot; jargon ④ enigmatic language; riddle

[2]**yǐnyǔ** 引语 N. quotation

[1]**yǐnyù** 隐喻[隱-] N. ① metaphor ② <lg.> figurative phrase

[2]**yǐnyù** 饮誉[-譽] V.P. <wr.> be well-known to

[1]**yīnyuán*** 姻缘 N. destiny that brings lovers together

[2]**yīnyuán** 因缘 N. ① chance; opportunity ② predestined relationship ③ <Budd.> principal and secondary causes ④ chain of cause and effect

[1]**yínyuán** 银圆/元 N. silver dollar

[2]**yínyuán** 夤缘 V.O. climb socially through connections

yínyuàn 银苑 N. film circles

yínyuánjìhuì 夤缘际会[--際-] F.E. ride the crest of good luck

yínyuánqiúchǒng 夤缘求宠 ID. worm oneself into sb.'s favor

yīnyuánshēngfǎ 姻缘生法 F.E. law of mutual causation of all actions

yínyuán wàijiāo 银圆外交 N. dollar diplomacy

yínyuànxīnxiù 银苑新秀 F.E. a new film star M: ge/[1]míng/[2]wèi

yīnyuán yóu tiān dìng 姻缘由天定 F.E. Marriages are made in heaven.

yínyǔchéngzāi 淫雨成灾[-災] F.E. Excessive rains become a calamity.

yǐnyù duìděng 隐喻对等[隱-對-] N. <lg.> metaphorical equivalent

yīnyuè* 音乐[-樂] N. music

[1]**yínyuè** 淫乐[-樂] N. <wr.> decadent/obscene music *See also yínlè*

[2]**yínyuè** 寅月 N. first month of the lunar calendar

yǐnyuē 隐约[隱-] V.P. indistinct; faint

yīnyuè cházuò 音乐茶座[-樂--] N. music teahouse; seats in a music teahouse or tea garden

yīnyuè diànshì 音乐电视[-樂電-] N. music TV (MTV)

yīnyuèduì 音乐队[-樂隊] P.W. orchestra; band M: [4]zhī

yīnyuèhuì 音乐会[-樂-] N. concert M: [2]chǎng

yīnyuèjiā 音乐家[-樂-] N. musician M: ge/[1]míng/[2]wèi

yīnyuèjiā xiéhuì 音乐家协会[-樂-協-] P.W. musicians' association

yīnyuèjié 音乐节[-樂節] N. music festival

yīnyuèjiè* 音乐界[-樂-] P.W. music circles

yīnyuèjù 音乐剧[-樂劇] N. musical drama M: [1]chū

yǐnyuēkějiàn 隐约可见[隱-] F.E. may be seen indistinctly

yīnyuèkuáng 音乐狂[-樂-] N. melomania M: ge/[1]míng

yīnyuèpiàn 音乐片[-樂-] N. musical film M: [2]bù

yǐnyuēqící 隐约其词[隱-] F.E. use ambiguous language

yīnyuèshī 音乐师[-樂師] N. professional musician M: ge/[1]míng/[2]wèi

yīnyuèshǐ* 音乐史[-樂-] N. history of music M: [2]bù

yīnyuètái 音乐台[-樂臺] P.W. music broadcasting station M: [4]zuò

yīnyuètīng 音乐厅[-樂廳] P.W. concert/music hall M: [4]zuò

yīnyuèxì 音乐系[-樂-] P.W. department of music (in a college)

yīnyuèxìng 音乐性[-樂-] ATTR. musical

yīnyuèxué 音乐学[-樂-] N. musicology

yīnyuè xuéyuàn 音乐学院[-樂--] P.W. conservatory of music M: [1]suǒ/[1]jiā

yīnyuè yǎnzòu 音乐演奏[-樂--] N. musical performance M: [2]chǎng/cì

yīnyuèyuàn 音乐院[-樂-] P.W. conservatory/academy of music M: [1]suǒ/[1]jiā

yǐnyuēyuē 隐约约[隱-] R.F. faint; indistinct

yīnyuè zhuānkē xuéxiào 音乐专科学校[-樂專---] N. school of music

yínyùguòdù 淫欲过度 F.E. abandon oneself to (sexual) passion

yīnyǔliánmián 阴雨连绵[陰-] F.E. a run of wet weather

yínyǔmiánmián 淫/霪雨绵绵 F.E. rain excessively; drizzling for days on end

yīnyūn* 氤氲[--//絪-//烟-] V.P. <wr.> ① dense; thick (of smoke/mist) ② spirit of harmony (between heaven and earth) ③ spirit of vigor/prosperity
yīnyún 阴云[陰雲] N. dark clouds
[1]yīnyùn 音韵[-韻] N. ① musical sound ② harmonious sounds; rhyme and rhythm ③ initial, final, and tone of a Chinese character ④ phoneme; phonetic; initials and finals
[2]yīnyùn 阴韵[陰韻] N. Chinese characters ending in sounds other than *m, n, ng* and *b, d, g*
yīnyùn biànhuà 音韵变化[-韻變-] N. <lg.> phonetic/sound change
yīnyúnbìyuè 阴云蔽月[陰雲-] F.E. Dark clouds cover the moon.
yīnyùn chéngsù 音韵成素[-韻--] N. <lg.> sound element
yīnyùn duìbǐ 音韵对比[-韻對-] N. <lg.> phonemic contrast
yīnyùn'érhūn 因孕而婚 F.E. shotgun wedding
yīnyùn guīlǜ 音韵规律[-韻--] N. <lg.> phonological rules
yīnyùnjiā 音韵家[-韻-] N. phonologist M: *ge/[1]míng/[2]wèi*
yīnyúnmìbù 阴云密布[陰雲-] F.E. The sky is overcast.
yīnyúnrúhuì 阴云如晦[陰雲-] F.E. The sky was overcast with dark clouds.
yīnyúnsìhé 阴云四合[陰雲-] F.E. The sky clouded over.
yīnyùn xìliè 音韵系列[-韻--] N. <lg.> phonemic series
yīnyùn xìtǒng 音韵系统[-韻--] N. <lg.> phonological system
yīnyùnxué 音韵学[-韻-] N. <lg.> phonology; phonemics
yīnyùnxuéjiā 音韵学家[-韻--] N. <lg.> phonologist M: *ge/[1]míng/[2]wèi*
yīnyúnyùjié 阴云郁结[陰雲鬱-] F.E. The sky is dark and lowering.
yīnyúnzhēbì 阴云遮蔽[陰雲-] F.E. The sky is clouded over.
yǐnyù qíyì 隐喻歧义[隱-義] N. <lg.> metaphorical ambiguity
yǐnyùshīyì 引喻失义[-義] F.E. Quote phrases to confound the eternal principles of rectitude.
yǐnyǔ xíngshì 引语形式 N. <lg.> citation form
yǐnyùxìng xīncíyǔ 隐喻性新词语[隱-] N. <lg.> metaphorical neologism
yǐnyù yìyì 隐喻意义[隱-義] N. <lg.> metaphorical meaning
yǐnyùyǔ 隐喻语[隱-] N. <lg.> metaphor
yǐnyùzhīzhuān 引玉之砖[-磚] ID. presume to be the first speaker by way of breaking the ice *See also pāozhuānyǐnyù*
yǐnzāirěhuò 引灾惹祸[-災-禍] F.E. court disaster; invite trouble
yínzān 银簪 N. silver hairpin M: *ge/[4]zhī/[2]gēn*
yīnzhà 阴诈[陰-] S.V. crafty; deceitful; cunning
yīnzhái 阴宅[陰-] P.W. graveyard; tomb M: *[4]zuò*
yīnzhàng 音障 N. <phy.> sound/sonic barrier M: *[2]dào*
[1]yìnzhāng* 印章 N. seal; signet; stamp M: *ge/[4]méi/[1]kē*
[2]yìnzhāng 印张 N. <print.> sheet; signature for a book
yìnzhāngxué 印章学 N. sigilography; study of engraving of seals
yǐnzhāngzhāijù 引章摘句 F.E. quote remarkable passages and cull model sentences
yīnzhāor 阴着/招儿[陰著-] N. <topo.> sinister trick/method
yīnzhe* 因着[-著] CONJ. because
yǐnzhě 隐者[隱-] N. recluse; hermit M: *ge/[1]míng/[2]wèi*
yīnzhěn 殷轸 V.P. multitudinous; numberous
yínzhēn* 银针 N. ① silver needle ② stainless-steel acupuncture needle M: *[4]zhī/[2]gēn*
yǐnzhěn 瘾疹[癮-] N. <med.> urticaria
[1]yǐnzhèng* 引证[-證] V. cite as evidence
[2]yǐnzhèng 饮证[-證] N. fluid-retention syndrome
yìnzhèng 印证[-證] V. confirm; verify
yǐnzhèng zhèngjù 引证证据[-證證據] N. circumstantial evidence
yǐnzhènzhǐkě 饮鸩止渴 ID. ① makeshift measures compound one's difficulties ② The remedy is worse than the illness.
yīnzhī* 因之 V.P. ① therefore ② because of that
yīnzhí 音值 N. <lg.> ① (phonetic) value ② allophone
[1]yīnzhì 音质[-質] N. ① tone quality ② acoustic fidelity ③ <lg.> (sound) quality; timbre
[2]yīnzhì 阴鸷[陰鷙] V.P. <wr.> malicious and insidious
[3]yīnzhì 阴骘[陰-] <wr.> ID. ① quietly pacify ② good deed to the doer's credit in the next world ③ good deeds done in secret
[4]yīnzhì 因致 V.P. so as to cause
[5]yīnzhì 阴识[陰識] N. incised inscriptions with characters below the surface
yínzhǐ 银纸 N. silver paper
yínzhì 银质[-質] ATTR. silver
yǐnzhì 引致 V.P. result in
Yìn-Zhī 印支 AB. *Yìndùzhīnà*
yìnzhì 印制[-製] V. print
yìnzhì diànlù 印制电路[-製電-] N. printed circuit
yínzhìjiǎng 银质奖[-質獎] N. silver medal M: *[4]méi/[2]kuài/ge*
yínzhì jiǎngzhāng 银质奖章[-質獎-] N. silver medal M: *[4]méi/[2]kuài/ge*
yínzhīmǎoliáng 寅支卯粮[-糧] F.E. live hand-to-mouth
Yìn-Zhīyǔ 印支语 N. <lg.> Indochinese languages
yīnzhì zēng-jiǎn 音质增减[-質-減] N. <lg.> qualitative gradation
[1]yīnzhòng 音重 N. <lg.> intensity
[2]yīnzhòng 阴重[陰-] V. be prudent in making statements
yǐnzhōng 隐衷[隱-] N. unspoken feelings
yǐnzhǒng* 引种[-種] V.O. <agr.> introduce a fine variety *See also [1]yǐnzhòng*
[1]yǐnzhòng 引种[-種] V.O. plant an introduced variety *See also yǐnzhǒng*
[2]yǐnzhòng 引重 V. ① speak highly of sb. ② move/pull a heavy article
yīnzhōngwúguǒlùn 因中无果论 N. doctrine of effect being a new emergence
yīnzhōngyǒuguǒlùn 因中有果论 N. doctrine of pre-existence of effect in cause
yínzhū 银朱 N. vermilion
[1]yínzhú* 银烛[-燭] N. bright candle
[2]yínzhú 银竹 N. heavy rain
yīn-zhuān* 音专[-專] AB. *yīnyuè zhuānkē xuéxiào*
yīnzhuǎn 音转[-轉] N. <lg.> phonetic alternation; sound change
yīnzhuàng 阴状[陰狀] N. written accusation by sb. who committed suicide
yínzhuāng* 银庄[-莊] P.W. <trad.> bank
yīnzhuì 音缀 N. syllable ♦ ATTR. syllabic
yīnzhuìbiǎo 音缀表 N. <lg.> syllabary M: *[1]zhāng*
yǐnzhuīcìgǔ 引锥刺股 F.E. ① goad oneself to hard work ② study diligently
yīnzhǔn 音准[-準] N. <mus.> ① accuracy in pitch ② intonation
[1]yīnzǐ 因子 N. <math.> factor; divisor
[2]yīnzǐ 音子 N. <lg.> phone
yínzi* 银子 N. money; silver
[1]yǐnzi 引子 N. ① <thea.> actor's opening words ② <mus.> introductory music; prologue ③ introductory remarks; introduction ④ <Ch. med.> added dose
[2]yǐnzi 饮子 N. <Ch. med.> cold decoction
yǐnzì 引自 V. <wr.> cite from
yìnzi 印子 N. ① mark; trace; print ② <trad.> usury
yìnzì 印字 ATTR. printing; type
yīnzìbiāo 音字标[-標] N. <lg.> phonogram
yìnzìjī 印字机 N. (mechanical) printer M: *[1]tái*
yìnzì jīgòu 印字机构[-構] N. printing mechanism
yìnzìlún 印字轮 N. type wheel
yìnziqián 印子钱[-錢] N. <trad.> usury
yīnzú 音族 N. <lg.> phoneme
yīnzǔ* 音组 N. <lg.> ① digraph ② syllable
yīnzú dānyuán 音族单元 N. <lg.> allophone
yǐnzuì 饮醉 R.V. get drunk
yīnzuì shārén 因罪杀人[-殺-] V.P. capital murder
yǐnzújiùjīng 引足救经[-經] ID. action contrary to the motive
yínzūn 银樽 N. silver wine vessel
Yínzuò 银座 P.W. Ginza (a shopping center in Tokyo)
yǐnzuòyuán 引座员 N. usher M: *ge/[1]míng/[2]wèi*
yīnzǔ xiànxiàng 音阻现象 N. acoustic filtering
yī pài dàhǎo 一派大好 N. The situation is excellent.
yī pài húyán 一派胡言 N. complete nonsense; pack of lies; irresponsible talk
yīpāijíhé 一拍即合 F.E. <derog.> ① fit in readily ② chime in easily
yìpàitóngyuán 异派同源[異-] F.E. different schools of the same origin
yī pái yánbì 一排岩壁 N. a palisade
yī pán cài 一盘菜[-盤-] N. a dish of food
yī pán cídài 一盘磁带[-盤-帶] N. magnetic-tape reel
yīpáng* 一旁 N. a/one side
yìpáng 义旁[義-] N. <lg.> semantic indicator; radical
yī pán qí 一盘棋[-盤-] N. a chess game/set; a board of chess
yīpánsǎnshā 一盘散沙[-盤--] ID. ① in a state of disunity ② <derog.> individualism
yīpàodǎxiǎng 一炮打响[-響] ID. become an instant success
yīpào'érhóng 一炮而红 F.E. become famous all at once
yǐpén 椅盆 N. bucket seat
yǐpī 椅披 N. ① ornament on the back of chairs ② colorful silk chair cover
yīpiān 一偏 ATTR. one-sided
yípiān* 遗篇 N. posthumous writings
yī piàn bīngxīn 一片冰心 N. good-natured
yī piàn chénjì 一片沉寂 N. an oppressive silence
yī piàn chīxīn 一片痴心 N. strong affection (usu. one-sided, for a lover)
yī piàn chóuróng 一片愁容 N. a cloud of grief
yī piàn chūnsè 一片春色 N. Everywhere is a riot of spring.
yī piàn dānxīn 一片丹心 N. a heart of pure loyalty
yī piàn fèixū 一片废墟[-廢-] N. a heap of rubble
yǐpiāngàiquán 以偏概全 F.E. take a part for the whole
yī piàn hǎoyì 一片好意 N. an atmosphere of goodwill
yǐpiānjiùpiān 以偏救偏 F.E. <Ch. med.> save the unilateral with the unilateral
yīpiànpiàn 一片片 R.F. ① pieces of sth. ② fields of sth.
yīpiānzhījiàn 一偏之见 N. a one-sided view
yī piàn zuǐ liǎng piàn shé 一片嘴两片舌 F.E. double-talk (to sow discord)
yī piào dàodǐ 一票到底 V.P. covered by a through bill of freight
yī piē 一瞥 N. ① glimpse ② brief survey
yīpiěyīnà 一撇一捺 F.E. one stroke to the left and another to the right
yī pìgu 一屁股 ATTR. serious (of trouble/debts/etc.) ♦ ADV. sit heavily ~ *[2]zuò xiàqu* plump down
yī pìgu sāo 一屁股臊 N. <topo.> caught with one's pants down
yīpǐn* 一品 N. ① <trad.> highest rank (of officials) ② <wr.> a sort of
[1]yìpǐn 艺品[藝-] N. work of art
[2]yìpǐn 逸品 N. original/fine works

[3]**yìpǐn** 异品[異-] N. log. the middle term abides in things heterogeneous with the major term
yīpǐn dāngcháo 一品当朝[--當-] N. a first-rank court official
yī pīn dàodǐ 一拼到底 V.P. brave it out
yìpǐndiàn 艺品店[藝-] P.W. art store M: [1]*jiā*
yīpǐn fūren 一品夫人 N. <*trad.*> wife of the highest-ranking official M: [2]*wèi*
yīpíng* 依凭[-憑] V. rely/depend on
yìpíng 夷平 R.V. level
yìpíng 译评[譯-] N. <*lg.*> translation criticism
yīpíng'èrdiào 一平二调 F.E. equalitarianism and indiscriminate transfer of resources
yǐ píng mínfèn 以平民愤 V.P. in order to appease public indignation
yìpíngrén 译评人[譯-] N. <*lg.*> translation critic M: *ge*/[1]*míng*/[2]*wèi*
yīpíngrújìng 一平如镜 F.E. be as flat as a mirror
yīpǐnguō 一品锅[-鍋] N. chafing dish
yīpǐnhóng 一品红 N. poinsettia M: [2]*kē*
yīpínrúxǐ 一贫如洗 F.E. utterly penniless
yīpínyīxiào 一颦一笑 F.E. ① every facial expression of (a VIP) ② affected coquetry (of a seductive woman or prostitute) ③ slightest facial expression
yīpǐnzhīguān 一品之官 N. highest-ranking official
yǐ pīnzì dài yīn fǎ 以拼字代音法 N. <*lg.*> orthographic representation
yípó 姨婆 N. ① maternal aunt ② maternal grandmother's sisters M: *ge*/[2]*wèi*
yīpóuhuángtǔ 一抔黄土 ID. sth. utterly insignificant
yìpú 义仆[義僕] N. faithful servant; royal servant
yīpú'èrzhǔ 一仆二主[-僕--] F.E. It is hard to serve two masters.
yīpūnaxīnr 一扑纳心儿[-撲---] N. <*topo.*> with heart and soul; single-mindedly
yīpùshíhán 一暴/曝十寒 F.E. work by fits and starts
yīpùtān 一铺滩[-灘] N. <*coll.*> a vast amount; lots
yīqī 依期 ADV. on the date determined
yīqí 一齐[-齊] ADV. simultaneously; in unison; together
yīqǐ* 一起 ADV. ① in the same place ② together; in company ③ <*topo.*> altogether; in all
[1]**yīqì** 一气[-氣] ADV. ① at one go; at a stretch ② of the same gang; hand in glove ♦N. ① a spell; a fit ② primeval chaos ♦V.P. get angry ♦CONS. *V* ~ do V (viewed in a negative light) *zài běnzi shàng luànxiě* ~ scribble in a notebook
[2]**yīqì** 噫气[-氣] V.O. ① belch; burp ② give a sigh/exclamation
yíqī 移栖[-棲] N. migrancy ♦V.O. migrate
[1]**yíqì** 仪器[儀-] N. instrument; apparatus M: [1]*jià*/*tái*/*ge*
[2]**yíqì** 遗弃[-棄] V. ① abandon; forsake ② <*law*> fail to support one's legal dependents
[3]**yíqì** 彝器[彞-] N. ritual objects; sacral vessels
yǐqī 以期 V. wait/hope for
yìqi 义气[義氣] N. ① code of brotherhood ② personal loyalty ③ spirit of justice/righteousness
yìqī 懿戚 N. <*trad.*> emperor's relatives by marriage
[1]**yìqí** 义旗[義-] N. banner of righteousness
[2]**yìqí** 弈棋 N. go game ♦V.O. play chess
[3]**yìqí** 驿骑[驛-] N. <*trad*> horses kept at a courier station
yìqǐ 忆起[憶-] R.V. remember; recall; call to mind
[1]**yìqì** 意气[-氣] N. ① temperament; spirit ② impulse ~*-yòngshì de rén* man of moods ③ personal feelings
[2]**yìqì** 益气[-氣] V. <*Ch. med.*> increase *qì*
[3]**yìqì** 逸气[-氣] N. <*wr.*> high-mindedness; rectitude
yīqiān 一千 NUM. one thousand; 1,000
yǐqián* 以前 N. before; formerly; previously
yìqián 意钱[-錢] N. a gambling game
yīqiān biàn 一千遍 N. <*coll.*> a thousand times; repeatedly; over and over again
yìqián biānjí 译前编辑[譯-編輯] N. <*lg.*> pre-translation editing; pre-editing
yīqiánbùzhí 一钱不值[-錢--] F.E. not worth a cent
yīqiāng* 一腔 N. be full of (zeal/grievances/etc.)
Yìqiāng 弋腔 N. Ming opera style
yǐqiáng'érlì 倚墙而立[-牆--] F.E. stand leaning against a wall
yìqiángfúruò 抑强扶弱[-強--] F.E. curb the strong and help the weak
yǐqiánglíngruò 以强凌弱[-強--] F.E. ① oppress the weak by sheer strength ② The strong bully the weak.
yīqiāngwúmíng 一腔无明 F.E. be overwhelmed with unspeakable grief
yìqì'ángyáng 意气昂扬[-氣-揚] F.E. be high-spirited
yīqiángzhīgé 一墙之隔[-牆--] N. be separated only by a wall
yīqiánrúmìng 一钱如命[-錢--] F.E. be niggardly; stingy
yīqiàobùtōng 一窍不通[-竅--] F.E. ① quite stupid ② completely ignorant ③ be very poor at
yīqiáofēijià 一桥飞架[-橋飛-] F.E. throw a bridge across a river
yīqiàor 一窍儿[-竅-] F.E. a hole
yìqìbǔshén 益气补神[-氣補-] F.E. stimulate the vital forces
yìqìbǔxuè 益气补血[-氣補-] F.E. <*Ch. med.*> tonify energy and enrich the blood
yìqìchōngtiān 意气冲天[-氣沖-] F.E. high-spirited
yīqī-duōfū 一妻多夫 N. polyandry
yīqī-duōfūzhì 一妻多夫制 N. polyandry
yīqiè* 一切 N. all; every; everything
yìqiě 亦/抑且 CONJ. <*wr.*> moreover; also; furthermore
yīqièjiùxù 一切就绪 F.E. All is in order.
yīqièluòkōng 一切落空 F.E. a complete failure
yīqièrújiù 一切如旧[--舊] F.E. Everything remains unchanged.
yīqièrúyuàn 一切如愿[--願] F.E. May all go well.
yīqièxiǎn 一切险 N. all risks
yīqiè xiàng "qián" kàn 一切向钱看[---錢-] F.E. ① have a mercenary attitude ② put money above all else
yīqiè xiǎn tiáokuǎn 一切险条款[---條-] N. all-risks clause/insurance
yìqìfēngfā 意气风发[-氣-發] F.E. high-spirited and vigorous; daring and energetic
yìqìgāo'áng 意气高昂[-氣--] F.E. high-spirited
yīqī gōngchéng 一期工程 N. first-stage project
yīqìhēchéng 一气呵成[-氣--] F.E. ① flow smoothly (of essays/etc.) ② have no interruption/letup ③ complete in one breath
yìqìjǔsàng 意气沮丧[-氣-喪] F.E. dispirited; utterly disheartened; depressed
yīqīn* 衣衾 N. burial clothes
[1]**yìqīn** 议亲[議親] V.O. negotiate a marriage
[2]**yìqīn** 懿亲[-親] N. <*wr.*> closest relative
yǐqínbǔzhuō 以勤补拙[--補-] F.E. make up for lack of ability by hard work
yīqīnfāngzé 一亲芳泽[-親-澤] F.E. ① caress, kiss, or sleep with a woman ② approach a woman
[1]**yíqíng** 移情 V.O. ① change one's mind/feelings ② empathize
[2]**yíqíng** 怡情 V.O. soothe/calm one's mind
[3]**yíqíng** 夷情 N. foreign situation
yìqíng* 疫情 N. epidemic situation
yìqíng bàogàozhàn 疫情报告站[--報--] P.W. a station for reporting epidemic diseases
yíqíngbiélìàn 移情别恋[-戀] F.E. shift one's love to another person; have a new sweetheart
yīqīng'èrbái 一清二白 F.E. perfectly clear
yīqīng'èrchǔ 一清二楚 F.E. be very clear about sth.
yīqīngjīsù 一倾积愫[--積-] F.E. pour out one's heart to sb.
yīqīn guānguǒ 衣衾棺椁[-槨] N. burial clothes and coffin
yíqíngyǎngxìng 怡情养性[-養-] F.E. contribute to inner tranquility
yíqíngyuèxìng 怡情悦性 F.E. make oneself happy; be relaxed and happy
yīqīngzǎo(r) 一清早(儿) N. early in the morning
yíqíng zuòyòng 移情作用 N. empathy
yǐqíntiǎozhī 以琴挑之 F.E. seduce (a woman) by zither music
yīqínyīhè 一琴一鹤 F.E. simple in baggage; very honest; incorruptible (of government officials)
yǐqīnzhàngshì 倚亲仗势[-親-勢] F.E. rely on one's powerful relatives
yīqióng'èrbái 一穷二白[-窮--] F.E. ① grinding poverty ② poor and blank
yíqīpāo'ér 遗妻抛儿[--拋-] F.E. forsake/abandon one's wife and children
yīqìr 一气儿[-氣-] <*coll.*> N. ① in one breath; continuously ② altogether ③ the same breed of cats ④ a while; a period of time
yīqiū 一秋 N. one autumnal season
yǐqiū 蚁丘[蟻-] N. anthill
yǐqiú* 以求 V.P. in order to; in an attempt to
yìqiú 逸囚 V.O. set free prisoners
yǐqiúmiǎnqù 以求免去 F.E. in order to be released from sth.
yǐqiúyīchěng 以求一逞 F.E. in a bid for success
yīqiūzhīhé 一丘之貉 N. <*derog.*> ① birds of a feather ② people of the same ilk
yìqìwéizhòng 意气为重[-氣--] F.E. remember first one's loyalty to each other
yìqìxiāngtóu 意气相投[-氣--] F.E. ① have the same outlook; be congenial ② One's temper and nature are in accord with sb.
yìqìxiāochén 意气消沉[-氣--] F.E. be in low spirits
yíqì xīnlǐ cèyàn 仪器心理测验[儀-] N. psychomotor test
yìqìxuān'áng 意气轩昂[-氣--] F.E. heroic bearing
yìqìyángyáng 意气扬扬[-氣揚揚] F.E. triumphant; elated; in high glee
yīqǐyīfú 一起一伏 F.E. rise and fall regularly
yìqìyòngshì 意气用事[-氣--] F.E. act on impulse
yīqī yùhé 一期愈合 N. primary healing
yíqì yǔyánxué 仪器语言学[儀-] N. <*lg.*> instrumental phonetics
yīqīzhì 一妻制 N. monogyny
yīqìzhīxià 一气之下[-氣--] F.E. in a fury; in a fit of anger
yìqìzhīyán 意气之言[-氣--] N. irrational comment
yìqìzhīzhēng 意气之争[-氣-爭] N. a dispute caused by personal feelings
yìqìzìdé 意气自得[-氣--] F.E. confident and dignified
yìqìzìrú 意气自如[-氣--] F.E. confident and dignified
yìqìzìruò 意气自若[-氣--] F.E. confident and dignified
yíqìzuì 遗弃罪[-棄-] N. the offense of abandonment
yī qǔ 一曲 N. a song
yíqù 移去 R.V. move away
yǐqù 已去 V.P. already gone
yìqū 疫区[-區] P.W. <*med.*> epidemic area
[1]**yìqǔ** 弋取 V. <*wr.*> catch; seize
[2]**yìqǔ** 挹取 V. <*wr.*> ladle out; scoop up
[1]**yìqù*** 意趣 N. interest and charm; intent; implication
[2]**yìqù** 异趣[異-] N. ① different interests ② special tastes
[3]**yìqù** 逸趣 N. refined interests/tastes
yī quān* 一圈 N. ① a circle; a lap ② one round (in a mahjongg game)
[1]**yǐquán** 乙醛 N. <*chem.*> acetaldehyde; ethanol

[2]**yǐquán** 蚁醛[蟻-] N. <chem.> formaldehyde

yìquán 役权[-權] N. <law> right to sb's service or land

yìquǎn 义犬[義-] N. a faithful dog M: [1]tiáo/[2]zhī

yǐquándàifǎ 以权代法[-權--] F.E. handle a case by using one's power instead of using legal channels

yǐquánmóusī 以权谋私[-權--] F.E. use/abuse one's power for personal gain

yǐquányìfǎ 以权易法[-權--] F.E. use the power of one's position to change the law

yīquányījiǎo 一拳一脚[-腳] F.E. a blow of one's fist and a kick from one's foot

yīqǔbìhán 衣取蔽寒 F.E. Clothing is for keeping warm.

yī qù bù fǎn 一去不返 V.P. past and gone

yī qù bù fùfǎn 一去不复返[---復-] V.P. gone never to return

yī qù bù huí 一去不回 V.P. gone never to return

yíquē 遗缺 N. ① vacancy ② a vacated post

yǐquē* 乙炔 N. <chem.> acetylene; ethyne

yìquē 诣阙 V.O. go to the palace to see the emperor

yǐquēhàn 乙炔焊 N. acetylene welding

yīquéyīguǎi 一瘸一拐 F.E. limp; hobble; walk lamely

yìqùhéngshēng 逸趣横生 F.E. replete with humor and refined interest

yīqún* 衣裙 N. female clothing

[1]**yìqún** 意群 N. <lg.> sense group; syntagma

[2]**yìqún** 逸/轶群 V.O. preeminent; outstanding; excel the rest

yīqúnzhě 衣裙褶 N. gore (in clothing)

yǐqūqiúshēn 以曲求伸 F.E. retreat in order to advance; recoil in order to extend

yìqǔtónggōng 异曲同工[異-] F.E. different approaches, same result

yír 姨儿 N. <coll.> mother's sister; maternal aunt; aunt

yīrán* 依然 ADV. still; as before

[1]**yírán** 怡然 V.P. happy; contented

[2]**yírán** 夷然 V.P. <wr.> calm

[3]**yírán** 宜然 V.P. suitable

yǐrán 已然 F.E. be already so; have already become a fact

[1]**yìrán** 毅然 ADV. resolutely; firmly

[2]**yìrán** 易燃 V.P. inflammable

[3]**yìrán** 亦然 ADV. also; similarly

[4]**yìrán** 屹然 ADV. towering; majestic

[5]**yìrán** 翼然 N. like extended wings aloft (of architectural features)

[6]**yìrán** 仡然 V.P. standing upright

[7]**yìrán** 悒然 ADV. <wr.> sadly

yīràng* 揖让[-讓] N. courtesy between host and guests ♦V. abdicate; give up a position for a better man

yǐrǎng 蚁壤[蟻-] N. ants' nest

yīrángùwǒ 依然故我 F.E. ① my circumstances haven't changed much ② I'm still my old self

yīràngzàisān 揖让再三[-讓--] F.E. bow complaisantly and give way again and again

yìrán huòwù 易燃货物 N. inflammable goods M: [1]zhǒng

yìránjuérán 毅然决然[--決-] F.E. ① without a moment's hesitation ②resolutely; determinedly; firmly

yīránrúgù 依然如故 F.E. remain as before

yìránwù 易燃物 N. combustibles M: [1]zhǒng

yīrányǒuxiào 依然有效 F.E. remain valid; still hold good

yíránzìdé 怡然自得 F.E. happy and pleased with oneself

yíránzìlè 怡然自乐[-樂] F.E. be contented and happy

[1]**yī rén** 一人 N. one person ♦ADV. by one person

[2]**yīrén** 伊人 PR. <wr.> that person

yīrèn 一任 V. <wr.> allow; let (sb. do as he pleases) *See also* [2]rèn

[1]**yírén** 宜人 S.V./V.O. pleasant; delightful

[2]**yírén** 夷人 N. <trad.> foreigner

[3]**yírén** 怡人 V.O. make people joyful/happy

yìrén 苡仁 N. <Ch. med.> seed of Job's tears

[1]**yìrén*** 艺人[藝-] N. ① entertainer; performer ② artisan

[2]**yìrén** 异人[異-] N. <trad.> ① an extraordinary person (referring to a supernatural being) ② another person; others; other people

[3]**yìrén** 易人 V.O. change personnel

[4]**yìrén** 役人 N. <trad.> underlings in a magistrate's office; attendant ♦V. order other people to do work; be served by others

[5]**yìrén** 义人[義-] N. righteous man

[6]**yìrén** 邑人 N. people of the same county/district

yī rén bù dǐ èr zhì 一人不抵二智 F.E. Two heads are better than one.

yírénbùyòng 疑人不用 F.E. A dubious person cannot be used.

yī rén cáng, shí rén zhǎo 一人藏,十人找 F.E. It takes ten people to find what one person has hidden.

yīrén cāozuò 一人操作 V.P. one-man operation

yīréndǐngliǎ 一人顶俩 F.E. One can do the work of two.

yīréndǐngliǎng 一人顶两 *See yīréndǐngliǎ*

yīréndútūn 一人独吞[--獨-] F.E. not share gains with others

yīréndúzhuó 一人独酌[--獨-] F.E. drink alone

yǐrénfèiyán 以人废言[--廢-] F.E. discount sb.'s statement because of his negative reputation

yīréng 一仍 ADV. still; as ever

yīréngjiùguàn 一仍旧贯[--舊-] F.E. ① follow the old routine ② keep the status quo

yírénhuàbǐng 贻人话柄 F.E. give occasion for talk; be a source of ridicule

yǐrénhuàxiàn 以人划线[-劃-] F.E. judge sb. by his attitude toward a certain person

yī rén kòngzhì 一人控制 V.P. one-man control

yírénkǒushí 贻人口实[-實] F.E. give grounds for talk

yīrénlíxià 依人篱下[--籬-] F.E. live under another's roof; depend on sb. for a living

yīrénménxià 依人门下 F.E. be dependent on others

yìrénmǐ 薏仁米 N. <Ch. med> the seed of Job's tears

yī rén nán chèn bǎi rén yì 一人难称百人意[--難稱---] F.E. You can't please everyone.

yī rén nán rú qiān rén yì 一人难如千人意[--難----] F.E. You can't please everyone.

yī rén píngpàn xìndù 一人评判信度 N. <lg.> intra-rater reliability

yīrénshùzhí 一人数职[-數職] F.E. One man holds many posts concurrently.

yīrén xiǎoniǎo 依人小鸟 N. a pretty young woman

yīrényīpiào 一人一票 F.E. one man one vote

yīrěnzàirěn 一忍再忍 V.P. bear and forbear

yīrénzhījiāo 一人之交 N. very intimate relations

yǐrènzīběn 已认资本[-認--] N. subscribed capital

[1]**yìrì** 翌日 N. <wr.> ① next day ② tomorrow

[2]**yìrì** 异日[異-] N. <wr.> ①bygone days ②some other day

[3]**yìrì** 翼日 N. next day

yǐrìdàngyè 以日当夜[--當-] F.E. make the day serve as night

yī rì fūqī bǎi rì ēn 一日夫妻百日恩 F.E. Husband and wife for one day, love lingers on for a hundred days.

yī rì guānsi shí rì dǎ 一日官司十日打 F.E. Fighting a lawsuit takes a long time.

yīrìjiǔqiān 一日九迁[-遷] F.E. quick promotion

yīrìliàng 一日量 N. daily dose

yīrìqiānlǐ 一日千里 F.E. with giant strides

yīrìrè 一日热[-熱] N. ① ephemeral fever ② three-day sickness ③ dengue fever of cattle

yīrìsāncān 一日三餐 F.E. take three meals a day

yīrìsānqiū 一日三秋 F.E. one day (away from a dear one) seems like three years

yīrìshùjīng 一日数惊[-數驚] F.E. be frequently frightened

yīrìshùqǐ 一日数起[--數-] F.E. several happenings/occurrences in one day

yīrìyóu 一日游 N. one-day tour

yīrìzhīcháng 一日之长 N. a slight superiority

yī rì zhī jì zàiyú chén 一日之计在于晨[-----於-] F.E. Morning hours are the best time of the day to work.

yīrìzhīyǎ 一日之雅 N. the pleasure of a day spent together

[1]**yíróng*** 遗容 N. ① remains of the deceased ② mortuary portrait

[2]**yíróng** 仪容[儀-] N. looks; appearance; demeanor

yìróng 易熔 V.P. fusible

yìróng héjīn 易熔合金 N. <metal.> fusible alloy

yìróngjīn 易熔金 N. fusible metal

yīróngjùróng 一荣俱荣[-榮-榮] F.E. Honor one and you honor all.

yǐróukègāng 以柔克刚[-剛] F.E. use softness to overcome hardness

yīrú* 一如 V.P. <wr.> be just like

yìrù 移入 V. immigrate

yìrú 绎如[繹-] A.T. continuous

yìrǔ 义乳[義-] N. falsies

yírùdiǎn 移入点[-點] N. <lg.> landing site

yìrúfǎnzhǎng 易如反掌 F.E. as easy as falling off a log

yīrújìwǎng 一如既往 F.E. just as before/always; as always

yìrùn 浥润 V.P. wet; moist

yīruò 一若 V.P. ① just as ② same as

yǐruòshèngqiáng 以弱胜强[-勝強] F.E. defeat of the strong by the weak

yīruòxuánchún 衣若悬鹑[--懸-] F.E. ragged dress like a beggar's

yìrúpòzhú 易如破竹 F.E. as easy as splitting bamboo

yīrúqímíng 一如其名 F.E. as its name implies

yì rú tànnángqǔwù 易如探囊取物 F.E. as easy as taking sth. out of one's pocket

yìrúwòxuě 易如沃雪 F.E. as easy as the melting of snow

yìrùyǔ 译入语[譯-] N. <lg.> target language

yìrúzhǐzhǎng 易如指掌 F.E. as easy as pointing at one's palm

yīrúzūnmìng 一如遵命 F.E. It shall be as you wish.

yìsài 义赛[義-] N. <sport> benefit match

yìsàn 逸散 V. dissipate

yìsāo 抑搔 V. massage and scratch itches

yīsǎo'érguāng 一扫而光[-掃--] F.E. make a clean sweep

yīsǎo'érkōng 一扫而空[-掃--] F.E. make a clean sweep

yísè* 怡色 N. pleased/cheerful look

[1]**yìsè** 意色 N. mental condition and facial expression

[2]**yìsè** 抑塞 V. give no chance to; reject ♦N. despondency; dejection

Yǐsèliè 以色列 P.W. Israel

yīshà* 一霎 N. in a flash

yìshā 缢杀[-殺] V. strangle to death; hang

yīshà bùjiàn 一霎不见 V.P. vanish in the twinkling of an eye

yīshǎi(r) 一色(儿) N. <coll.> single color/type

yīshàjiān 一霎间 N. in a flash

yīshān* 衣衫 N. ① coat ② clothing; dress (in general)

yíshān 移山 V.O. move a mountain

yīshānbàngshuǐ* 依山傍水 F.E. a stream in front and a hill at the back

yǐshānbàngshuǐ 倚山傍水 F.E. ① be close to mountains and rivers ② a beautiful place

yīshānbùzhěng 衣衫不整 F.E. not properly dressed

yíshāndǎohǎi 移山倒海 F.E. transform nature ♦N. incredible/magical/ strength

yīshǎn'érguò 一闪而过 F.E. flash by

yīshang 衣裳 N. <coll.> clothing; clothes M: [2]jiàn

yīshǎng(r) 一晌(儿) N. ① a short moment ② a period of time

yǐshàng* 以上 N. ① more than; over; above ② the above/foregoing/above-mentioned ~ *gè zhāng* the above chapters

yīshanggōur 衣裳钩儿[--鉤-] N. clothes hook (on a wall/etc.)

yīshangguàr 衣裳挂儿 N. clothes hanger

yīshang guìzi 衣裳柜子[--櫃-] N. wardrobe; armoire M: *ge/[2]zhī*

yīshang jiàzi 衣裳架子 N. ① clothes hanger ② a good-for-nothing

yīshànglái 一上来 V.P. at first; at the beginning

yīshàngshǒur 一上手儿 V.P. at the beginning; at first

yìshāngxìng 易伤性[-傷-] N. vulnerability

yǐshāngyǎngwén 以商养文[--養-] F.E. support/sponsor cultural activities with the profits from doing business

yīshàngyīxià 一上一下 V.P. up and down

yīshānlánlǚ 衣衫褴褛[-襤褸] F.E. in rags

yī shān nán róng èr hǔ 一山难容二虎[--難---] ID. A great man cannot brook a rival.

yīshǎnniàn 一闪念 N. fleeting thought; brainstorm

yíshāntiángōu 移山填沟[-溝] F.E. remove hills and fill gullies

yíshāntiánhǎi 移山填海 F.E. remove mountains and fill seas

yī shàn yǎn bǎi è 一善掩百恶[-惡] F.E. For one good deed a hundred misdeeds should be overlooked.

yíshānyìhé 移山易河 F.E. move mountains and change the course of rivers

yīshǎnyīshǎn 一闪一闪 R.F. twinkle

yīshānyīshí 一山一石 F.E. each mount and crag

yīshānyīshuǐ 一山一水 F.E. every hill and every stream

yíshānzàotián 移山造田 F.E. remove hills to create farmland

yīshānzhīgé 一山之隔 N. be separated only by a mountain

yíshānzhìhé 移山治河 F.E. level mountains and harness rivers

yīshǎnzhīniàn 一闪之念 N. a fleeting thought

yíshào* 遗少 N. young fogy/diehard

yìshāo 翼梢 N. tip of a wing

yīsháohuì 一勺烩 V.P. treat similarly

yǐshǎojīzhòng 以少击众[-擊眾] F.E. fight against longer odds

yī shào rénmǎ 一哨人马 N. <coll.> a group of men and horses

yìshāoshāng 易烧伤[-燒傷] N. burnability

yǐshǎoshèngduō 以少胜多[--勝-] F.E. use the few to defeat the many

yīshàshí 一霎时[-時] N. an instant

yīshàyǎn 一霎眼 N. suddenly; in an instant

yīshà zhījiān 一霎之间 N. in the twinkling of an eye

[1]yìshè 译社[譯-] P.W. <lg.> translation agency M: *[1]jiā*

[2]yìshè 驿舍[驛-] N. posthouse M: *[4]zuò*

yī shēn(r)* 一身(儿) N. ① the whole body; all over the body *Tā déle ~ de [2]bìng.* He had medical problems all over his body. ② a single person ③ a mass of debts/etc.

yīshěn 一审[-審] N. <law> first instance

[1]yíshén 怡神 V.O. <wr.> make sb. relaxed

[2]yíshén 颐神 V.O. rest one's mind

yíshěn 移审[-審] V. transfer a legal case to an appellate court

yǐshèn 已甚 ADV. <wr.> too; excessively

yìshēn 邑绅 N. gentry M: *ge/[1]míng/[2]wèi*

yìshěn 译审[譯審] N. a first-grade translator/interpreter M: *ge/[1]míng/[2]wèi*

yìshèn 益肾[-腎] V.O. tonifying the kidney

yīshēnchòuhàn 一身臭汗 N. stink with perspiration

yīshēnchòumíng 一身臭名 N. earn a very bad name for oneself

yīshēndāndāng 一身担当[-擔當] V.P. face everything oneself

yīshēn'èrrèn 一身二任 F.E. hold two posts simultaneously

[1]yīshēng* 医生[醫-] N. doctor M: *ge/[1]míng/[2]wèi*

[2]yīshēng 一生 N. ① all/throughout one's life ② <Budd.> a life (in the succession of existences)

yīshèng 医圣[醫聖] N. <trad.> medical sage M: *ge/[1]míng/[2]wèi*

[1]yíshēng 怡声[-聲] N. pleasingly soft and tender voice

[2]yíshēng 姨甥 N. I (when addressing one's uncle/aunt on one's mother's side)

[1]yìshēng 逸声[-聲] N. decadent music

[2]yìshēng 佾生 N. young boy dancers at the court or temple on ceremonial occasions, etc.

yìshèng 羿圣[-聖] N. a wizard at go

yīshēngǎosù 一身缟素 F.E. be dressed in white mourning clothes

yī shēng bù kēng 一声不吭[-聲--] V.P. not say a word

yī shēng bù xiǎng 一声不响[-聲-響] V.P. not utter a sound

yī shēng chángtàn 一声长叹[-聲-嘆] V.P. heave a long sigh

yī shēng chūnléi 一声春雷[-聲--] N. a clap of spring thunder

yī shēng hàolìng 一声号令[-聲號-] V.P. issue an order

yī shēng huàn 一声唤[-聲喚] V.P. raise a cry

yǐshēngliángdàn 以升量石 ID. ① A little man can't understand the ways of a man of true wisdom. ② depend on superficial comprehension to make an appraisal of profound truth

yīshēnglìngxià 一声令下[-聲--] F.E. as soon as the order is given everyone will rush forward to engage the enemy

yīshēngpàoxiǎng 一声炮响[-聲-響] F.E. The sound of a bomb rent the air.

yīshēngrìrduō 一生日儿多 V.P. <coll.> fully one year old and more

yīshēng shòuyòngbùjìn 一生受用不尽[-盡] F.E. enjoy a benefit/reward all one's life

yīshēnguǒqiú 一身裹裘 F.E. be wrapped in furs from head to toe

yíshēngxiàqì 怡声下气[-聲-氣] F.E. with a subdued and soft voice

yīshēngyīshì 一生一世 F.E. one's whole life

yīshēng zhèngmíng 医生证明[醫-證-] N. medical certificate M: *[1]fèn/[1]zhāng*

yīshēnhuànrán 一身焕然[--煥-] F.E. be arrayed in finery from head to foot

Yīshénhuì 一神会 P.W. <rel.> Unitarian Church

yīshénjiào 一神教 N. <rel.> monotheism

yīshēnliǎngyì 一身两役 F.E. hold two jobs at the same time; serve in a dual capacity

yīshēnlíngluó 一身绫罗[-羅] F.E. be dressed in silks and satins

yīshénlùn 一神论 N. monotheism

yīshēnnángchuài 一身囊揣 F.E. <coll.> a flabby body

yīshēnróngyào 一身荣耀[--榮-] F.E. be loaded with honors

yīshēnshìbìng 一身是病 V.P. be afflicted by several ailments; be burdened with illness

yīshēnshìdǎn 一身是胆[-膽] V.P. know no fear

yǐshēnshìfǎ 以身试法 F.E. personally defy the law

yīshēnshìhàn 一身是汗 V.P. be sweaty all over

yīshēnshìzhài 一身是债 V.P. be deep in debt

yīshēnsùguǒ 一身素裹 F.E. be dressed all in white

yīshēntóngchòu 一身铜臭 F.E. covetous

yīshēntòngzhòng 一身痛重 F.E. general pain and heaviness

yǐshēnxiāngxǔ 以身相许 F.E. pledge to marry sb.

yǐshēnxǔguó 以身许国[-國] F.E. dedicate oneself to the country's cause

yǐshēnxùnguó 以身殉国[-國] F.E. give one's life for one's country

yǐshēnxùnzhí 以身殉职[-職] F.E. die on duty

yíshényǎngxìng 怡神养性[--養-] F.E. soothe one's spirit and nourish one's nature

yíshényíguǐ 疑神疑鬼 F.E. ① afraid of one's own shadow ② be filled with suspicions

yīshēnyōngzhǒng 一身臃肿[-腫] F.E. be heavily padded

yīshēnzhòngxiào 一身重孝 F.E. be in full mourning

yǐshēnzuòzé 以身作则 F.E. set an example

yīshī 医师[醫師] N. ① physician ② (qualified) doctor M: *ge/[1]míng/[2]wèi*

[1]yīshí 一时[-時] N. ① a period of time ② a short while ~ *xiǎng bu qǐlai* can't recall it offhand ♦CONS. ~ *A* ~ *B* now A, now B; one moment A, the next B *Tiānqì ~ lěng, ~ rè.* The weather is now cold, now hot. ♦ADV. accidentally

[2]yī-shí 衣食 N. clothes and food

[3]yīshí 依实[-實] V. ① comply with ② accord with the facts

[4]yīshí 一十 NUM. ten; 10

yīshǐ 伊始 N. <wr.> ① beginning ② from this time forth

[1]yīshì 一事 N. <topo.> related (organizationally/professionally); belonging to the same organization *See also [2]shì*

[2]yīshì 一世 N. ① all one's life ② one generation/epoch ③ the whole world ④ a moment ♦ADV. momentarily

[3]yīshì 医士[醫-] N. ① herb doctor ② doctor's assistant ③ practitioner with secondary medical-school training M: *ge/[1]míng/[2]wèi*

[4]yīshì 一是 N. everyone; everything

[5]yīshì 一式 N. ① the same form ② duplicate

[6]yīshì 医事[醫-] N. medical matters

[7]yīshì 衣饰 N. dress and personal adornment; dress; clothes and ornaments

[8]yīshì 依恃 V. count/rely on

[1]yíshī 遗失 V. lose

[2]yíshī 遗诗 N. posthumous poetry M: *[2]shǒu*

yíshí 移时[-時] N. <wr.> a short period; a moment

yíshǐ 遗矢 ID. <wr.> defecate

[1]yíshì 仪式[儀-] N. ceremony; rite

[2]yíshì 遗事 N. ① incidents/deeds of past ages ② deeds of those now dead

[3]yíshì 遗世 V.O. abandon the complexities of the world

yǐshī 蚁狮[蟻獅] N. ant lion

[1]yǐshì 倚恃 V. depend on; rely on

[2]yǐshì 已事 N. past event

[3]yǐshì 以是 V.P. therefore

[4]yǐshì 蚁视[蟻-] V. despise

yìshi* 意识[-識] N. consciousness; mentality *See also yìshi dào*

[1]yìshī 义师[義師] N. righteous army M: *[4]zhī*

[2]yìshī 佚失 V. scatter and disappear; be lost

[3]yìshī 轶/逸诗 N. poems not included in anthologies; scattered poems M: *[2]shǒu*

[4]yìshī 浥湿[-濕] V.P. wet; moist

yìshí 异时[異時] N. ① past time ② <lg.> diachronic

[1]yìshǐ 役使 V. work (an animal/laborer); use

[2]yìshǐ 驿使[驛-] N. courier M: *ge/[1]míng/[2]wèi*

[3]yìshǐ 逸史 N. unofficial history M: *[2]bù*

[1]yìshì 议事[議-] V.O. discuss official business

[2]yìshì 逸/轶事 N. anecdote; episode M: *[2]jiàn*

[3]yìshì 义士[義-] N. ① righteous person ② <TW> freedom-seeker; patriot M: *ge/[1]míng/[2]wèi*

[4]yìshì 艺事[藝-] N. cultural activity

[5]yìshì 易事 N. simple matter

[6]yìshì 异事[異-] N. ① peculiar affair; strange thing ② different matter; another affair ♦V. be engaged in different occupations

[7]yìshì 译释[譯釋] V. translate and explain

[8]yìshì 逸士 N. ① a man of great virtue ② a scholar retiring from the world M: *ge/[1]míng/[2]wèi*

[9]yìshì 异士[異-] N. a person of rare talent M: *ge/[1]míng/[2]wèi*

[10]yìshì 抑是 CONJ. <wr.> or

[11]yìshì 懿事 N. <wr.> exemplary actions

yīshì-bājiē 一市八街 P.W. <topo.> ①everywhere ② entirely; completely
yīshí-bànhuǐr 一时半会儿[-時---] N. <coll.> brief period of time
yīshí-bànkè 一时半刻[-時--] N. a short time
yīshíbùzhōu 衣食不周 F.E. cannot feed or clothe oneself properly
yī shì chéng, shìshì chéng 一事成,事事成 F.E. Nothing succeeds like success.
yīshíchōngdòng 一时冲动[-時衝動] F.E. be seized with a sudden impulse
yìshìchuí 议事槌[議-] N. a gavel
yī shì dāngqián 一事当前[--當-] V.P. (when) a matter presents itself
yìshi dào 意识到[-識-] R.V. be conscious/aware of; realize ~ *wēixiǎn* become aware of the danger
yìshǐ dòngwù 役使动物[--動-] N. beasts of burden; draft animals
yíshìdúlì 遗世独立[--獨-] F.E. shun society
yīshí'èrniǎo 一石二鸟 F.E. kill two birds with one stone
yīshīfǎ 医师法[醫師-] N. laws regarding medical practice
yīshífùmǔ 衣食父母 ID. those on whom one's livelihood depends (as customers to businessmen)
yīshī gōnghuì 医师公会[醫師-] P.W. medical association
yǐshìgōngpíng 以示公平 F.E. show fairness/impartiality
yìshì guīzé 议事规则[議-] N. rules of procedure; rules of debate M: [1]*tiáo*
yīshí jīdòng 一时激动[-時-動] V.P. do sth. on the spur of the moment
yīshìjie 一世界 <coll.> P.W. everywhere; high and low; the whole place; the entire area ♦ADV. entirely; completely
yìshíjūnpào 蚁食菌泡[蟻-] N. kohlrabi
yīshì liǎng fèn 一式两份 V.P. in duplicate; with a duplicate copy
yìshī liángjī 逸失良机 V.O. let slip an opportunity
yīshíliǎngniǎo 一石两鸟 F.E. kill two birds with one stone
yǐshìlíngrén 依势凌人[-勢--] F.E. take advantage of one's position to bully people
yǐshìlíngrén* 倚势凌人[-勢--] F.E. throw one's weight around
yìshiliú 意识流[-識-] N. <loan> stream of consciousness
yìshìlù 议事录[議-錄] N. journal; minutes M: [1]*běn*
yǐshìlùnshì 以事论事 F.E. consider the matter itself (ignoring personalities)
yǐshíqǐbì 以时启闭[-時啟-] F.E. open and close according to schedule
yǐshìqīrén 倚势欺人[-勢--] F.E. take advantage of one's position to bully people
yíshī qǐshì 遗失启事[--啟-] N. classified ad announcing the annulment of a lost seal, ID card, check, etc. M: [1]*fèn*
yǐshìqúnyí 以释群疑[-釋--] F.E. allay doubt in the public's mind
yìshì rìchéng 议事日程[議-] N. agenda; order of the day
yīshì sān fèn 一式三份 V.P. in triplicate; triplicate
yīshí-sānkè 一时三刻[-時--] N. a short time; a little while
yíshī shēngmíng 遗失声明[--聲-] N. lost-property notice
yīshìshēnshǒu 一试身手 F.E. try one's hand
yǐ shìshí wéi gēnjù 以事实为根据[--實--據] F.E. base on fact
yī shìshí xuāngào wúzuì 依事实宣告无罪[--實----] F.E. acquittal on the basis of the facts
yīshì sì fèn 一式四份 V.P. quadruplicate
yìshìtīng 议事厅[議-廳] P.W. assembly hall M: [4]*zuò*
yī shì tōng, bǎi shì sōng 一事通,百事松[---,--鬆] F.E. Success in one thing makes success in other things easier.
yīshìtóngrén 一视同仁 F.E. treat equally without discrimination
yǐshítóushuǐ 以石投水 ID. ① test the water ② get along well with each other
yíshīwù 遗失物 N. lost item/thing M: [2]*jiàn*
yīshìwúchéng 一事无成 F.E. accomplish nothing; get nowhere
yīshì wǔ fèn 一式五份 V.P. quintuplicate
yīshíxìngfā 一时性发[-時-發] F.E. flare up
yīshíxìng hēiyùn 一时性黑晕[-時---] N. blackout
yìshi xíngtài 意识形态[-識-態] N. ① <pol.> ideology ② values; thought
yǐshìyārén 以势压人[-勢壓-] F.E. overwhelm others by one's power
yī shì yī, èr shì èr 一是一,二是二 V.P. carefully
yīshí yī ge yàng 一时一个样[-時-個樣] V.P. at one time, this way; at another time, another way
yíshìyíjiā 宜室宜家 F.E. live harmoniously; make a harmonious and orderly home (congratulatory message on a wedding)
yīshíyīkè 一时一刻[-時--] F.E. ① for a single moment ② every moment
yǐshìyīqiè 蚁视一切[蟻-] F.E. regard everything with contempt
yīshíyīshì 一时一事[-時--] F.E. a short period or a single incident (in one's life)
yíshìyǔ 仪式语[儀-] N. <lg.> ritual language
yìshiyù 意识域[-識-] N. <psy.> sphere of consciousness
yīshíyúliàng 一时瑜亮[-時--] ID. two equally talented/outstanding contemporaries
yíshì yǔyán 仪式语言[儀-] N. <lg.> ritual language
yǐshìzhàngguì 倚势仗贵[-勢--] F.E. misuse one's power and influence
yíshī zhāolǐng 遗失招领 N. lost-and-found notice
yīshǐzhīdì 一矢之地 N. ① a bow-shot ② a short distance
yīshízhījì 一时之计[-時--] N. temporizing measure
yīshízhījiān 一时之间[-時--] N. for a while; momentary
yīshízhīkuài 一时之快[-時--] N. a temporary relief; a moment's comfort
yīshízhīnù 一时之怒[-時--] N. a momentary burst of anger; a temporary annoyance
yíshī zhīpiào 遗失支票 N. lost check
yīshìzhīxióng 一世之雄 N. a great hero of his time; the outstanding person of the age
yīshízhùxíng 衣食住行 F.E. basic necessities of life
yī shīzú chéng qiāngǔhèn 一失足成千古恨 F.E. a single slip may cause lasting sorrow
yī-shí zú ér zhī róngrǔ 衣食足而知荣辱[-----榮-] F.E. When food and clothing are adequate, men have a sense of honor and shame.
yīshǒu(r)* 一手(儿) N. ① proficiency; skill ② trick; move ♦ADV. single-handedly; alone
yìshōu 溢收 V. earn more than planned
[1]**yìshǒu** 易手 V.O. change hands
[2]**yìshǒu** 抑首 V.O. bow one's head
[3]**yìshǒu** 义手[義-] N. artificial hand
[4]**yìshǒu** 鹢首 N. bow of a boat
[1]**yìshòu** 益兽[-獸] N. useful animal M: [1]*zhǒng*
[2]**yìshòu** 异兽[異獸] N. rare animals M: [1]*zhǒng*
[3]**yìshòu** 益寿[-壽] V.O. lengthen/prolong one's life
yìshòu'ànshì 易受暗示 F.E. suggestibility
yīshǒubāobàn 一手包办[-辦] F.E. ①dictatorial; arbitrary ② do sth. all by oneself
yǐ shōu dìng zhī 以收定支 V.P. expenditure is determined by revenue
yìshǒu dòngwù 翼手动物[--動-] N. bat; chiropteran
yīshǒu fúyǎng 一手扶养[-養] V.P. raise sb. all by oneself
yìshòugōngjīxìng 易受攻击性[---擊-] N. susceptibility
yīshǒu hǎozì 一手好字 N. write a fair/good hand
yǐshōu huìpiào 已收汇票[--匯-] N. receipted bill
yǐshǒujiā'é 以手加额 F.E. <wr.> ①be very gratified ② place one's hand over one's forehead in greeting
yīshǒu jiāohuò 一手交货 V.P. transaction in cash; cash on delivery
yīshǒu jiāoqián 一手交钱[-錢] V.P. transaction in cash; cash on delivery
yìshǒulèi 翼手类[-類] N. <zoo.> chiropter; bat
yìshǒulóng 翼手龙 N. pterodactyl
yìshǒunángōng 易守难攻[--難-] F.E. easy to hold but hard to attack
yǐshòuqíjiān 以售其奸 ID. ① in order to carry out an evil plot ② in order to achieve one's treacherous purpose
yīshǒuqíngtiān 一手擎天 F.E. hold up the sky with one hand
yī shǒu yìng yī shǒu ruǎn 一手硬一手软 F.E. promote one thing and neglect another thing at the same time
yīshǒuzàochéng 一手造成 F.E. be solely responsible for (a bad situation, etc.)
yǐ shǒu zhēliǎn 以手遮脸 V.P. veil one's face with one's hand
yīshǒuzhētiān 一手遮天 F.E. hoodwink the public
yīshǒuzhīkuān 一手之宽[-寬] N. handbreadth
yīshū 医书[醫書] N. medical book
yīshù 医术[醫術] N. medical skill; art of healing
[1]**yíshū** 遗书[-書] N. ① posthumous papers M: [1]*fèn*/[1]*piān* ② deathbed note M: [1]*fèn*/[1]*piān* ③ <wr.> lost books M: [1]*běn* ④ letters written by a suicide M: [2]*fēng* ⑤ ancient books scattered or lost M: [1]*běn*/[2]*bù*
[2]**yíshū** 移书[-書] V.O. write a letter to sb.
yíshǔ 遗属[-屬] N. ① family members of the deceased ② <wr.> a will
yǐshù 蚁术[蟻術] N. diligence; industry
[1]**yìshū** 义疏[義-] N. commentary
[2]**yìshū** 逸书[-書] N. ① ancient works no longer extant ② ancient books which have been partly lost or are in a private collection M: [1]*běn*/[2]*bù*
[3]**yìshū** 异书[異書] N. rare book M: [1]*běn*/[2]*bù*
[4]**yìshū** 驿书[驛書] N. <trad.> letter/document (delivered through the postal/courier system) M: [2]*fēng*/[1]*fèn*
yìshú 义塾[義-] P.W. <trad.> private/community free schools M: [1]*jiā*
yìshǔ 役属[-屬] V. control; master
[1]**yìshù*** 艺术[藝術] N. ① art ② skill
[2]**yìshù** 异数[異數] N. <wr.> ① special favor ② different rank
[3]**yìshù** 忆述[憶-] V. recall and relate
[4]**yìshù** 译述[譯-] V. translate/render freely
[5]**yìshù** 溢数[-數] N. flattery; excessive praise
yīshuā 衣刷 N. clothes brush M: [1]*bǎ*
yíshuāng 遗孀 N. widow M: *ge*/[1]*míng*/[2]*wèi*
yīshùbǎihuò 一树百获[-樹-獲] F.E. Encouraging the talented will be rewarded manifold.
yìshù fēnggé 艺术风格[藝術-] N. artistic style
yìshù fùzhìpǐn 艺术复制品[藝術複製-] N. artistic replica M: [2]*jiàn*
yìshù gēqǔ 艺术歌曲[藝術-] N. <mus.> *Lied*; art song M: [2]*shǒu*
yìshù gòusī 艺术构思[藝術構-] N. artistic conception
yìshùguǎn 艺术馆[藝術-] P.W. art museum M: [4]*zuò*
yìshùhuà 艺术化[藝術-] V. put/represent in art form
yīshuí 一谁 PR. Who?
[1]**yìshuǐ*** 溢水 V.O. overflow; overfall
[2]**yìshuǐ** 疫水 N. contaminated water
yǐshuìdàilì 以税代利 F.E. ① substitute taxation for delivery of profit to the state ② introduce corporate taxation
yǐshuǐjiùshuǐ 以水救水 ID. aggravate a situation instead of checking it

yīshuǐr 一水儿 N. <topo.> all of the same color
yīshuǐzhīgé 一水之隔 N. separated only by a strip of water
yìshùjiā 艺术家[藝術-] N. artist M: ge/[1]míng/[2]wèi
yìshù jiāgōng 艺术加工[藝術-] N. artistic adaption/modification/etc.
yìshùjié* 艺术节[藝術節] N. art festival
yìshùjiè 艺术界[藝術-] P.W. world of art; artistic circles
yìshù jīngjìxué 艺术经济学[藝術經濟-] N. economics of art
yìshù jùyuàn 艺术剧院[藝術劇-] P.W. art theater
yī shù líhuā yā hǎitáng 一树梨花压海棠[-樹--壓--] ID. be married to a woman many years younger than oneself
yìshù liúpài 艺术流派[藝術-] N. genre/schools of art
[1]**yīshùn** 一瞬 N. an instant; a flash
[2]**yīshùn** 依顺 V. obey; be obedient
[3]**yīshùn(r)** 一顺(儿) N. in the same order/way/direction/sequence
yīshùnjiān 一瞬间 N. a flash; a very short moment
yīshùnjíshì 一瞬即逝 F.E. disappear/vanish in a flash
yīshùn zhījiān 一瞬之间 N. in the twinkling of an eye
yī shuō 一说 N. ① one consideration/interpretation ② brief explanation ♦V.P. as soon as said
[1]**yìshuō*** 臆说 N. ① assumption; supposition; opinion ② scientific hypothesis
[2]**yìshuō** 异说[異-] N. ① dissenting/different views ② absurd remarks
yìshuò 熠烁[-爍] V. twinkle; glimmer; glisten
yī shuō jiù zuò 一说就做 V.P. suit the action to the words
yī shuō kāile tóu 一说开了头[--開--] V.P. <coll.> once conversation began (then . . .)
yìshùpiān 艺术片[藝術-] N. art film M: [2]bù
yìshùpǐn 艺术品[藝術-] N. work of art M: [2]jiàn
yíshūqiúyuán 贻书求援[-書--] F.E. send a letter begging for assistance
yìshù shùyǔ 艺术术语[藝術術-] N. <lg.> artistic term
yìshù sīwéi 艺术思维[藝術-] N. artistic thinking
yìshù tiāncái 艺术天才[藝術-] N. gift for art; artistic talent M: ge/[1]míng/[2]wèi
yìshù tǐcāo 艺术体操[藝術體-] N. artistic gymnastics
yìshùtīng 艺术厅[藝術廳] P.W. art auditorium M: [4]zuò
yìshù wú guójìng 艺术无国境[藝術-國-] F.E. Art knows no national boundary.
yìshùxì 艺术系[藝術-] P.W. department of art
yìshù xiǎngshòu 艺术享受[藝術-] N. appreciation/enjoyment of art
yìshù xiàoguǒ 艺术效果[藝術-] N. artistic effects
yìshù xìbāo 艺术细胞[藝術-] N. special gift in art
yìshùxìng 艺术性[藝術-] N. artistic quality; artistry
yìshùxìng fānyì 艺术性翻译[藝術-譯] N. <lg.> artistic translation
yìshù xiūyǎng 艺术修养[藝術-養] N. artistic taste
yìshùxuéxì 艺术学系[藝術-] P.W. department of fine arts (in a college/university)
yìshù xuéxiào 艺术学校[藝術-] P.W. art school
yìshù xuéyuàn 艺术学院[藝術-] P.W. college of art M: [1]jiā/[1]suǒ
yìshùyuàn 艺术院[藝術-] P.W. academy of art M: [1]jiā/[1]suǒ
yìshù yǔyán 艺术语言[藝術-] N. artistic language
[1]**yìshùzhě** 译述者[譯-] N. translator who doesn't claim literal accuracy M: ge/[1]míng/[2]wèi
[2]**yìshùzhě** 艺术者[藝術-] N. artist M: ge/[1]míng/[2]wèi
yīshúzhì 一熟制 N. single cropping
yìshùzhìshàngzhǔyì 艺术至上主义[藝術-義] F.E. art for art's sake
yìshù zhuānkē xuéxiào 艺术专科学校[藝術專-] P.W. art school M: [1]jiā/[1]suǒ
yìshùzì 艺术字[藝術-] N. (printed/written) characters in a fancy style
yīsì 一似 V.P. <wr.> just like; the same as
[1]**yísì** 疑似 V. be suspected to be ♦ATTR. doubtful
[2]**yísì** 夷俟 V. squat and wait
yǐsǐ 已死 V.P. already dead
yǐsì 乙巳 N. 42nd year of the Sexagenary Cycle (1905, 1965, 2025 etc.)
yìsi* 意思 N. ① meaning; idea ***Wǒ de ~ shì shuō. . .*** I mean to say. . . ② opinion; wish; desire ***Nǐ de ~ ne?*** What's your opinion? ③ <court.> a token of affection/appreciation/etc. ④ suggestion; hint; trace ⑤ interest; fun ***Wǒ juéde zhège huàtí méiyǒu ~.*** I don't think this is an interesting topic.
yìsī 绎思[繹-] V. think of continuously
yìsǐ 缢死 V. hang oneself
yīsǐbǎiliǎo 一死百了 F.E. Death squares all accounts.
yìsi biǎoshì 意思表示 N. <law> declaration of wishes/desires
yīsībùchà 一丝不差[-絲--] V.P. exactly the same
yīsībùcuò 一丝不错[-絲--] V.P. all correct; all true
yīsībùgǒu 一丝不苟[-絲--] F.E. be conscientious and meticulous; neglect no detail
yīsībùguà 一丝不挂[-絲--] F.E. ① be stark naked ② be free/disengaged
yī sī chóuyún 一丝愁云[-絲-雲] N. a feeling of sadness; a cloud of sorrow
yī sī chūnyì 一丝春意[-絲--] N. a touch of spring
yǐsīfèigōng 以私废公[--廢-] F.E. allow private feelings to outweigh public duty
Yīsīlán 伊斯兰[--蘭] N. Islam
Yīsīlánjiào 伊斯兰教[--蘭-] N. Islamism
yīsǐliǎozhī 一死了之 F.E. end one's troubles/worries by death
yīsǐr 一死儿 ADV. stubbornly
yǐsǐ shòuhàirén 已死受害人 N. deceased victim
yǐsīwànggōng 以私忘公 F.E. be careless of the common weal and indulge one's private feelings
yǐsǐwēixié 以死威胁[-脅] F.E. threaten sb. with death
yī sī xiàoyì 一丝笑意[-絲--] N. a faint smile; a ghost of a smile
yísìxīnxīng 疑似新星 F.E. <astr.> a suspected nova
yīsī-yīháo(r) 一丝一毫(儿)[-絲---] N. an iota; a trace
yī sǐ yǐ píng mínfèn 一死以平民愤 F.E. sacrifice one's life to appease public indignation
yìsiyìsi 意思意思 F.E. <coll.> as a mere token
yísìzhīcí 疑似之词 N. ambiguous words
yísì zhījiān 疑似之间 N. doubtful
[1]**yísòng** 移送 V. send/move/escort to
[2]**yísòng** 遗送 V. will/bequeath to
yī sù 一粟 N. a grain (lit./fig.)
yísú* 遗俗 N. trad. customs/practices
[1]**yìsú** 易俗 V.O. change/reform customs/practices
[2]**yìsú** 异俗[異-] N. ① different custom ② bad custom
yìsù 义素[義-] N. <lg.> sememe; semanteme; semantic factors
yīsuàn* 一算 V.P. count; calculate
[1]**yǐsuān** 乙酸 N. <chem.> acetic acid
[2]**yǐsuān** 蚁酸[蟻-] N. formic acid
yìsùcéng 义素层[義-層] N. <lg.> sememic stratum
yīsuí 依随[-隨] V. follow; comply with
yìsuì* 易碎 V.P. easily broken (usu. of glass/etc.); fragile; breakable
yīsuìxià-xiǎochùpí 一岁下小畜皮[-歲----] N. yearlings
yǐsuíxīnyuàn 以遂心愿[-願] F.E. in order to answer one's expectation; in order to crown one's wishes
yìsūn 裔孙[-孫] N. <wr.> remote descendants
[1]**yìsǔn*** 易损 N. vulnerability
[2]**yìsǔn** 抑损 V. ① reduce (personnel/staff/etc.) ② be modest
[3]**yìsǔn** 役损 V. weaken from fatigue
yìsǔnhuàixìng 易损坏性[--壞-] N. vulnerability
yīsǔnjùsǔn 一损俱损 F.E. Injure one and you injure all.
yīsuǒdénán 一索得男 F.E. produce a male heir (by a woman in her first childbirth)
yìsùrénjiāng 义粟仁浆[義-漿] F.E. alms; contributions to charity
yísúzhīlèi 遗俗之累 N. the burden of inherited customs
yìtà 泄沓 V.P. ① garrulous and disorderly ② easygoing
yītāguāzi 一塌刮子 F.E. <topo.> all; whole kit and caboodle
yītàhéngchén 一榻横陈 F.E. lie in bed; lie crosswise on the bed
yītāhútu 一塌糊涂[-塗] F.E. in a complete mess
yītāi 一胎 N. ① a birth ② a first born ♦M. a litter of
yítài* 仪态[儀態] N. <wr.> bearing; deportment
yǐtài 以太 N. <phy.> ether
[1]**yìtài** 意态[-態] N. mien; demeanor; bearing
[2]**yìtài** 异态[異態] N. strange bearing/manner
yītāi-duōzǐ de 一胎多子的 N. multiparous
yītāihuà 一胎化 V. have one child per couple
yītāilǜ 一胎率 N. ratio of single births
yītāi-sān'ér 一胎三儿 N. triplets
yītāi-sānzǐ 一胎三子 N. triplets
yítàitai 姨太太 N. <coll.> concubine M: ge/[1]míng/[2]wèi
yìtáitóngcén 异苔同岑[異-] F.E. good terms between friends
yítàiwànfāng 仪态万方[儀態萬-] F.E. regal/glamorous bearing
yítàiwànqiān 仪态万千[儀態萬-] F.E. distinguished air of elegance and beauty
yìtàixiāosǎ 意态潇洒[-態瀟灑] F.E. be natural and unrestrained
yìtàizìruò 意态自若[-態--] F.E. appear calm and at ease
yītán 医坛[醫壇] P.W. medical circles
yìtán* 艺坛[藝壇] P.W. art circles
yītáng* 一堂 N. in the same hall; under the same roof
yítáng 饴糖 N. malt sugar
yǐtǎng 倚躺 ATTR. recumbent
yītāngchí 一汤匙[-湯-] N. tablespoonful
yítángguǒ 饴糖果 N. barley candy
yī táng kè 一堂课 N. a period of teaching and learning at school
yǐtāngwòfèi 以汤沃沸[-湯--] F.E. a remedy worse than the sickness
yǐtāngwòxuě 以汤沃雪[-湯--] F.E. easy to do
yǐtāngzhǐfèi 以汤止沸[-湯--] F.E. ① of no avail ② do sth. counterproductive
yī tān ní 一滩泥[-灘-] N. <coll.> ① a stretch of mud ② dead tired [2]***lèi*** [3]***de*** [3]***xiàng ~*** be dead tired
yī tán sǐshuǐ 一潭死水 N. ① a pool of stagnant water ② stagnant condition
yī tāntān 一滩滩[-灘灘] N. puddles (of water)
yī tánzhǐ 一弹指 N. a flick of the finger
yītānzi 一滩子[-灘-] N. ① a puddle of (water) ② a bunch/mess (of sth.)
yī tào* 一套 N. ① set way; convention ② phony promise; insincere gesture ***See also tào***
yǐtào 椅套 N. chair slipcover
yītǐ 一体[-體] N. ① an organic/integral whole ② all concerned
yítǐ 遗体[-體] N. ① remains (of the dead) ② one's body (handed down by one's parents)

yìtí* 议题[議-] N. topic for/under discussion M: [3]*xiàng*

[1]yìtǐ 异体[異體] ATTR. allo-; variant form ♦N. alternative/different style

[2]yìtǐ 艺体[藝體] N. rhythmic/artistic gymnastics

yī tiān* 一天 F.E. ① one day ② whole sky of (stars/clouds/etc.) ③ a day ④ the whole day; all day (long); from morning till night

yǐtiān 倚天 V.O. be backed up by Heaven

yìtián 义田[義-] N. fields leased to others with the rental collected for the profit of one's own clan

yī tiān bǐ yī tiān 一天比一天 V.P. more and more; day by day ***Wǒmen de rìzi ~ hǎo.*** Our life is getting better day by day.

yī tiān dào wǎn 一天到晚 V.P. all day long

yítiānhuànrì 移天换日[--換-] ID. perpetrate a gigantic fraud

yītiānjia 一天价[-價] N. <*coll.*> all day long

yī tiāntiān 一天天 N. day after day; every day

yītiānxīngdǒu 一天星斗 ID. exaggerate

yítiānyìrì 移天易日 ID. usurp power/throne

yī tiān yī tiān 一天一天 ADV. day after day; every day

yī tiào* 一跳 N. a jump

yǐtiáo 已调 ATTR. modulated

yītiáobiān 一条鞭[-條-] N. <*hist.*> "Single Whip" tax system

Yītiáobiān shuìfǎ 一条鞭税法[-條---] N. <*hist.*> Single-Whip Tax System (16th-cent. fiscal reform merging all separate levies into one combined annual tax)

yī tiáo dàor pǎodào hēi 一条道儿跑到黑[-條-----] ID. cling obstinately to one course

yī tiáo lóng 一条龙[-條-] N. ① one dragon ② one continuous line; a connected sequence

yītiáoténgr 一条藤儿[-條--] N. sharing the same origin/interest/etc.

yī tiáotiáo 一条条[-條條] N. ① strips of sth. long and thin ② items; articles (in a written document/etc.)

yī tiáo xīn 一条心[-條-] N. be of one mind

yītiē 依贴 V. lean close to

yī tiē yào 一贴药[-藥] N. herbal medicines listed in a prescription for a particular ailment

yītǐhuà 一体化[-體-] V. unify; integrate ♦N. integration

yītǐliǎngmiànlùn 一体两面论[-體---] N. double-aspect theory

yìtíng 驿亭[驛-] P.W. courier station; post house

yǐtíngyè gōngsī 已停业公司[--業--] P.W. defunct company M: [1]*jiā*

yìtǐ shòujīng 异体受精[異體-] N. allogamy; cross-fertilization

yìtǐzì 异体字[異體-] N. variant form of a Chinese character; doublet characters

yītóng* 一同 ADV. together

yītǒng 一统 V. unify (a country)

yì-tóng 异同[異-] N. ① similarities and differences ② <*wr.*> objection; dissent

yītōngbǎitōng 一通百通 F.E. grasp this one thing and you'll grasp everything

yìtónggǔròu 义同骨肉[義-] F.E. have an affection for one another which surpasses that of blood relations

yītǒng jiāngshān 一统江山 N. territories under one sovereign ♦V.O. unify the whole country

yìtóngshǒuzú 谊同手足 F.E. be as close as brothers

yītǒng tiānxià 一统天下 V.O. unify the whole country

yǐtòngwéishū 以痛为输 F.E. <*Ch. med.*> pain-point needling

yī tōng wénshū 一通文书[-書] N. an official document

yìtóng-yīnchā 意同音差 N. synonym

yī tóu(r) 一头(儿) N. ① one head (of cattle/etc.) ② one headful (of ornaments/etc.) ***Tā ~ báifà.*** His hair is all white. ③ one end ④ jerky motion of the head ⑤ <*topo.*> side; gang ♦ADV. ① suddenly ***~ zhuàngshang*** suddenly run into ② at the same time; simultaneously ③ directly; headlong ④ <*topo.*> in a group; together ♦CONS. ***~ A ~ B*** now A, now B ***~ xiě ~ kū*** cry as one writes ***dōng ~ xī ~ luànpǎo*** run about in all directions

yītóurchén 一头儿沉 V.P. <*topo.*> ① desk with cupboard/drawers at one end ② the side to which one shows partiality ♦V. be partial (in mediation)

yītóurè 一头热[-熱] N. one-sided enthusiasm

yītóushǎng 一头晌 N. <*topo.*> whole morning; entire forenoon

yī tóu wùshuǐ 一头雾水[--霧-] N. <*coll.*> in bewilderment/confusion; not knowing what's the matter

yī tóu zāijìn 一头栽进[-進] V.P. throw oneself into

yī tóu zhādào 一头扎到 V.P. <*coll.*> be engrossed/absorbed in; be devoted to

[1]yìtú 意图[-圖] N./V. intention; intent

[2]yìtú 异途[異-] N. ① different road ② unusual way

[3]yìtú 异图[異圖] N. ①unusual plot ②traitorous intentions

[4]yìtú 艺徒[藝-] N. <*topo.*> apprentice M: *ge*/[1]*míng*

[5]yìtú 弈徒 N. go player/fan M: *ge*/[1]*míng*

yítuán 疑团[-團] N. a maze of doubts

yítuánbīngshì 疑团冰释[-團-釋] F.E. All doubts were resolved.

yítuánchóngchóng 疑团重重[-團--] F.E. doubts lurk in one's mind

yítuándùnshì 疑团顿释[-團-釋] F.E. The suspicions were cleared up at once.

yī tuán héqì 一团和气[-團-氣] N. ① sb. on good terms with everyone ② prevailing mood of harmony

yítuánjìnshì 疑团尽释[-團盡釋] F.E. All the suspicions are cleared up.

yítuánmòshì 疑团莫释[-團-釋] F.E. cannot dissipate one's doubts

yī tuán qīhēi 一团漆黑[-團--] N. ①pitch-black; completely in the dark ② utterly hopeless

yī tuántuán 一团团[-團團] N. (round-shaped) pieces of sth.

yītuánzāo 一团糟[-團-] N. complete mess; chaos

yítuì 遗蜕 N. <*wr.*> remains (esp. of a Daoist priest)

yītuījiùdǎo 一推就倒 F.E. be overthrown by a mere push

yī tuī liù'èrwǔ 一推六二五 F.E. <*coll.*> ①round off ② avoid unnecessary problems/work ③ evade all responsibility

yǐtuìwéijìn 以退为进[-進] F.E. retreat in order to advance

yītuō* 依托 V. rely/depend on ♦N. support; backing

yítuō 遗托 N. <*law*> precatory trust

yìtútóngguī 异途同归[異-歸] F.E. ① reach the same goal by different routes ② All roads lead to Rome.

yītǔwéikuài 一吐为快 F.E. ① feel relief after getting it all out ② cannot rest until one has one's say ③ get sth. off one's chest

yītǔxīnshēng 一吐心声[-聲] F.E. unbosom

yǐwài 以外 SUF. beyond; outside; other than; except ***lǐ wǒmen cūn wǔ lǐ ~*** five *li* beyond our village ***Chú tā ~, wǒ méiyǒu biéde nánpéngyou.*** He's my only boyfriend.

[1]yìwài* 意外 S.V. unexpected; unforeseen ♦N. accident; mishap

[2]yìwài 异外[異-] V.P. unusual; exceptional

yìwài bǎoxiǎn 意外保险 N. accident insurance

yíwài biànxíng 移外变形[--變-] N. <*lg.*> extraposition

yìwài fēngbō 意外风波 N. unforeseen trouble

yìwài shìgù 意外事故 N. accident M: [2]*jiàn*/*ge*

yìwài shìjiàn 意外事件 N. accident M: *ge*/[2]*jiàn*

yìwài shìxiàng zhǔnbèijīn 意外事项准备金 [----準備-] N. <*acct.*> contingent fund M: [2]*bǐ*

yìwài shōuhuò 意外收获[-穫] N. windfall benefit

yìwài sǐwáng 意外死亡 N. accidental death

yìwài sǔnshī jījīn 意外损失基金 N. <*acct.*> contingent fund M: [2]*bǐ*

yìwài suǒdé 意外所得 N. bonanza M: [2]*bǐ*

yìwài tiáokuǎn 意外条款[--條-] N. contingency clause M: [1]*tiáo*/[3]*xiàng*/*ge*

yìwàixiǎn 意外险 N. accident insurance M: *ge*/[2]*bǐ*

yīwàn 一万[-萬] NUM. ten thousand

[1]yǐwán 已完 V.P. be already finished/completed; bring to completion

[2]yǐwán 乙烷 N. <*chem.*> ethane

yìwàn* 亿万[億萬] NUM. hundreds of millions; millions upon millions

yìwàn fùwēng 亿万富翁[億萬-] N. trillionaire M: *ge*/[1]*míng*/[2]*wèi*

yīwāng(r/zi) 一汪(儿/子) N. a puddle of water

yíwàng 遗忘 V. forget

yǐwáng 蚁王[蟻-] N. queen ant

yǐwǎng* 以/已往 N. before; previously; formerly; in the past ***~ zhèli yǒu yī zuò miào.*** There used to be a temple here.

yǐwàng 倚望 V. depend on

yìwàng 懿望 N. good reputation

yīwǎngdǎjìn 一网打尽[-網-盡] F.E. round up the whole gang

yīwàng'érzhī 一望而知 F.E. see at a glance

yǐwǎngjiànlái 以往鉴来[--鑒-] F.E. take the past as a guide for the future

yīwǎngqíngshēn 一往情深 F.E. be passionately devoted

yīwāng shuǐr 一汪水儿 <*coll.*> N. ① an expanse of water ②juicy (of fruit) ♦ID. beautiful; handsome (of people)

yīwàngwúbiān 一望无边[-邊] F.E. stretch as far as the eye can see; stretch to the horizon

yīwàngwújì 一望无际[-際] F.E. beyond the horizon; stretch to the horizon

yīwǎngwúqián 一往无前 F.E. press resolutely forward

yīwàngwúyín 一望无垠 F.E. stretch to the horizon

yìwàngzhèng 易忘症 N. amnesia

yīwǎngzhíqián 一往直前 F.E. go ahead bravely without looking back

yìwàn nián 亿万年[億萬-] N. eon

yī wǎn shuǐ duānpíng 一碗水端平 ID. be impartial; be fair in handing matters

yìwànsīnián 忆万斯年[憶萬-] F.E. trillions of years; eons, time without end; eternity

yī wān xīnyuè 一弯新月[-彎--] N. a new (crescent) moon

yīwēi 依偎 V. snuggle up to

[1]yīwéi 依违[-違] V.P. <*wr.*> equivocal; undecided

[2]yīwéi 一维 ATTR. <*math.*> one-dimensional; unidimensional

yīwèi 一味 ADV. ① blindly ② stubbornly ③ invariably

yíwéi 疑为 V.P. be suspected to be

[1]yíwèi 移位 N. <*lg.*> ① dislocation ② extra position

[2]yíwèi 疑位 N. doubtful position (in navigation)

[3]yíwèi 仪卫[儀衛] N. escort; honor guard M: *ge*/[1]*míng*

yǐwēi 倚偎 V. ① snuggle up to ② lean close to

yǐwéi* 以为 V. think/believe/consider erroneously ***Rénmen ~ wǒ mílù le.*** People thought I had lost my way.

yǐwèi 乙未 N. 32nd year of the Sexagenary Cycle (1895, 1955, 2015 etc.)

[1]yìwèi 意味 N. ① meaning; significance; implication ② interest; overtone; flavor

Y

[2]yìwèi(r) 异味(儿)[異-] N. ① exquisite flavor ② rare delicacy ③ peculiar smell
[3]yìwèi 义位[義-] N. <lg.> noeme; glosseme; sememe
[4]yìwèi 益胃 V.O. tonify the stomach
[5]yìwèi 易位 V.O. ① change places or positions; transpose ② dethrone
[6]yìwèi 意谓 V. ① <wr.> It seems to say . . . ② <lg.> signify
[7]yìwèi 绎味[繹-] V.O. seek out the meaning
yīwéibùjué 依违不决[-違-決] F.E. be undecided; shilly-shally
yǐwéidéjì 以为得计 F.E. pride oneself on having done something smart
yì wéi diànmǎ 译为电码[譯-電-] V.P. encode
yíwèi dòngcí* 移位动词[--動-] N. <lg.> verb of motion
yìwèi dòngcí 易位动词[--動-] N. <lg.> displacement verb; verb of displacement
yǐwēifúrén 以威服人 F.E. overawe sb. into submission
yǐwéigǔgōng 倚为股肱 F.E. count on as a right hand
yīwèigūxíng 一味孤行 F.E. go one's own way
yīwéiliǎngkě 依违两可[-違--] F.E. ① shilly-shally; be undecided ② be equivocal in one's attitude
Yīwèilùnpài 一位论派 N. <rel.> Unitarianism
yīwèi mángàn 一味蛮干[-蠻幹] V.P. persist in acting blindly
yīwèi mánggàn 一味盲干[-幹] V.P. act blindly
yíwéipíngdì 夷为平地 F.E. raze to the ground
yīwèi qiānjiù 一味迁就[--遷-] V.P. make endless concessions; make one concession after another
yǐwéirán 以为然 V. <wr.> approve; consider just
yìwèi shēncháng 意味深长 V.P. have deep meaning; have profound significance; be full of meaning *Tā de huà ~.* What he said implied much.
yìwèishēngjīn 益胃生津 F.E. tonify the stomach and promote fluid
yīwèi tuìràng 一味退让[-讓] V.P. retreat constantly
yīwèi tuōyán 一味拖延 V.P. procrastinate
yīwèi yínghé 一味迎合 V.P. go all the way to meet
yíwèiyǔ 移位语 N. <lg.> mover
yìwèizhe 意味着[-著] V.P. signify; mean; imply
yíwèi zhǐlìng 移位指令 N. <comp.> shift instructions
yīwèizi 一味子 N. <topo.> monotonously; over and over again
yīwén 伊蚊 N. yellow-fever mosquito
[1]yíwén 遗文 N. writings left by one deceased M: [1]piān
[2]yíwén 遗闻 N. ① hearsay ② tradition; lore M: [1]tiáo/[2]jiàn
yíwèn* 疑问 N. question; doubt
[1]yìwén 译文[譯-] N. translated text; translation M: [1]piān
[2]yìwén 逸/轶闻 N. anecdote M: [1]tiáo/[2]jiàn
[3]yìwén 异闻[異-] N. ①strange news ②different report M: [1]tiáo/[2]jiàn
[4]yìwén 艺文[藝-] N. ①art and literature ②books
[5]yìwén 逸文 N. ancient writings no longer extant M: [1]piān
[6]yìwén 异文[異-] N. <lg.> alternative script
yīwénbùhuā 一文不花 F.E. not pay a single cent; not spend a cent
yīwénbùmíng 一文不名 F.E. penniless
yīwénbùzhí 一文不值 F.E. not worth a cent; be utterly worthless
yíwèncí 疑问词/辞[-辭] N. <lg.> ① question word ② wh-word
yíwèncí hénjì 疑问词痕迹[-跡] N. <lg.> wh-trace
yìwén cíhuì 译文词汇[譯-彙] N. <lg.> target lexis
yíwèn cíjù 疑问词句 N. <lg.> question phrase

yíwèncí wènjù 疑问词问句 N. <lg.> question-word question
yíwèncí yíwèi 疑问词移位 N. <lg.> Wh-movement
yíwèn dàicí 疑问代词 N. <lg.> interrogative pronoun
yíwèn dàimíngcí 疑问代名词 N. <lg.> interrogative pronoun
yíwèn fànyù 疑问范域[--範-] N. <lg.> scope of question
yíwèn fùcí 疑问副词 N. <lg.> interrogative adverb
yíwènhào 疑问号[-號] N. question mark (?)
yǐwénhuìyǒu 以文会友 F.E. make friends through literary activities; associate by means of literature
yíwèn jiāodiǎn 疑问焦点[-點] N. <lg.> focus of a question
yíwènjù 疑问句 N. <lg.> interrogative/question sentence; interrogative question
yī wèn sān bùzhī 一问三不知 F.E. ① know nothing ② keep one's mouth tightly shut
yīwēnshíbǎo 衣温食饱 F.E. well fed and clothed
yīwènyīdá 一问一答 F.E. ① exchange questions and answers ② answer each question successively
yíwèn yīndiào 疑问音调 N. <lg.> interrogative intonation
yīwényīwǔ 一文一武 F.E. one military and the other civil
yìwényìwǔ* 亦文亦武 F.E. engage in civilian as well as military affairs
yíwèn yìyì 疑问意义[-義] N. <lg.> interrogative meaning
yíwèn yǔdiào 疑问语调 N. <lg.> question intonation
yìwén yǔfǎ 译文语法[譯-] N. <lg.> target grammar
yǐwényùnshì 以文运事[--運-] F.E. use words to carry events
yìwénzhì 艺文志[藝-] N. bibliographical treatise
yīwō 咿喔 ON. loud crowing of a rooster
yī wō fēng 一窝蜂[-窩-] N. ① a swarm of bees ② a crowd ♦ ATTR. swarming
yīwōfēngchuī 一窝风吹[-窩--] F.E. dismiss altogether; cancel the whole thing
yīwōzi 一窝子[-窩-] N. <coll.> whole kit and caboodle
yīwōzi bā kuài 一窝子八块[-窩--塊] N. <topo.> ① a nest of eight ② an entire family
[1]yīwú 一无 ADV. not in the least
[2]yīwú 一吾 ON. the sound of reading
[3]yīwú 伊吾 V. murmur
[4]yīwú 咿唔 ON. the sound of reading aloud ♦ V. recite; intone
[1]yīwù 衣物 N. clothing and other articles of daily use
[2]yīwù 医务[醫務] N. medical matters
[3]yīwù 依物 ADV. according to material/physical evidence ♦ N. things that can be depended/relied on
[1]yíwù 遗物 N. things left by one deceased; remains; relics M: [2]jiàn
[2]yíwù 贻误 V. ① mislead ② bungle; spoil ③ disrupt
yìwǔ 佾舞 N. ① rows of ceremonial dancers ② a dance performed especially on Confucius's birthday at the sage's shrine
[1]yìwù* 义务[義務] N. ① duty; obligation ② volunteer duty
[2]yìwù 异物[異-] N. ① foreign matter/body ② <wr.> cadaver ③ a rare object; a peculiar/strange thing
[3]yìwù 役物 N. <wr.> use things at one's discretion
yìwùbīng 义务兵[義務-] N. conscripted army M: ge/[1]míng/[2]wèi
yìwù bīngyìzhì 义务兵役制[義務-] N. compulsory military service; conscription
yīwúchángwù 一无长物 F.E. have just the necessities of living

yíwù dàjú 贻误大局 V.O. disrupt the general plan
yīwù dàodé 医务道德[醫務-] N. medical ethics
yīwù'érwù 一误而误 F.E. fail through slowness
yìwúfǎngù 义无返顾[義-顧] F.E. pursue justice with no turning back
yìwùgōng 义务工[義務-] N. voluntary labor service
yìwù jiàoyù 义务教育[義務-] N. compulsory education
yīwújiéguǒ 一无结果 F.E. Nothing was saved.
yīwújǐncún 一无仅存[--僅-] F.E. Nothing was saved.
yīwúkěqǔ 一无可取 F.E. ① good-for-nothing ② have nothing to recommend one
yìwù kòngzhì 义务控制[義務-] N. <lg.> obligatory control
yìwù láodòng 义务劳动[義務勞動] N. voluntary labor
yìwù qíngtài 义务情态[義務-態] N. <lg.> deontic modality
yīwù rényuán 医务人员[醫務-] N. medical personnel; public-health worker
yíwù róngjī 贻误戎机 V.O. hinder military operations
yìwǔshēng 佾舞生 N. ceremonial dancers
yīwùshì 医务室[醫務-] P.W. small clinic M: [1]jiān
yīwúshìchù 一无是处[-處] F.E. be devoid of any merit
yīwùsuǒ 医务所[醫務-] P.W. clinic M: ge/[1]jiā
yīwúsuǒcháng 一无所长 F.E. have no special skill
yīwúsuǒchéng 一无所成 F.E. have no success; accomplish nothing
yīwúsuǒdé 一无所得 F.E. Nothing is gained.
yīwúsuǒhuò 一无所获[-獲] F.E. end up with nothing
yīwúsuǒnéng 一无所能 F.E. can do nothing
yīwúsuǒqiú 一无所求 F.E. make no request for anything
yīwúsuǒshì 一无所恃 F.E. not have a thing to rely on
yīwúsuǒyǒu 一无所有 F.E. not own a thing in the world
yīwúsuǒzhī 一无所知 F.E. know nothing about sth.
yīwùxiāng 衣物箱 N. suitcase; trunk M: ge/[2]zhī
yīwúxiāngshí 一无相识[-識] F.E. There is not a single person one knows.
yī wù xiáng yī wù 一物降一物 F.E. everything has its nemesis/vanquisher
yīwǔyīshí 一五一十 F.E. ① (narrate) systematically and in full detail ② count by fives or tens
yǐwùyìwù 以物易物 F.E. exchange of goods; barter
yīwúyuànyán 一无怨言 F.E. without a word of complaint
yīwùzàiwù 一误再误 F.E. ① make one mistake after another ②make things worse by repeated delays
yíwù zhànjī 贻误战机[-戰-] V.O. hinder military operations
yìwúzhǐjìng 艺无止境[藝-] F.E. skill that knows no limit
yíwù zhōngshēn 贻误终身 V.O. bring evil upon one's whole life
yī wūzi rén 一屋子人 N. <coll.> a roomful of people
[1]yīxī* 依稀 V.P. vague; dim ♦ ADV. probably; very likely
[2]yīxī 噫嘻 INTJ. Wow! (exclamation of admiration)
[3]yīxī 一息 N. ① a breath ② respiration
yīxí 一袭 N. a suit of clothes
yíxǐ 移徙 V. ① emigrate; move ② remove; resettle
[1]yǐxī 以西 SUF. to the west
[2]yǐxī 乙烯 N. ethylene; ethene

Y

yìxī 忆昔[憶-] V.O. recollect/remember/recall the past
¹yìxí 议席[議-] N. seat in a legislative assembly
²yìxí 肄习[-習] V. practice
¹yīxià(r) 一下(儿) N. ① one time; once ② in a short while; all at once; all of a sudden *xiūxi* ~ rest a while *shuì ~ jiào* nap a while
²yīxià 一夏 N. a summer season
yíxià 遗下 V. leave behind
yǐxià* 以下 SUF. below; under *Tāmen dōu shì qīsuì ~ de értóng.* They are all children under seven. ♦N. the following ~ *gè zhāng* the following chapters
¹yìxiá 义侠[義俠] N. ① chivalry ② chivalrous person M: *ge/¹míng/²wèi*
²yìxiá 逸暇 N. leisure; spare time
yìxià 意下 N. ① opinion; view ② in the mind/heart
yǐxiàjiǎnchēng 以下简称[-稱] F.E. hereinafter referred to as
¹yīxiàn* 一线 N. ① ray; gleam ② a thread
²yīxiàn 依限 ADV. within the allotted time
¹yíxiàn 胰腺 N. pancreas
²yíxiàn 彝宪[彝憲] N. laws; regulations; rules
yìxiān 逸仙 N. ① hermit; recluse M: *ge/¹míng/²wèi* ② given name of Sun Yat-sen
yíxiàn'ái 胰腺癌 N. cancer of the pancreas
yīxiàn-duōyòng 一线多用 V.P. joint use
yīxiāng 衣箱 N. suitcase; trunk; chest M: *ge/²zhī*
yīxiàng* 一向 ADV. ① consistently; all along; up to now ② earlier on; lately
yíxiang 疑相 N. <*topo.*> misconception; misinterpretation; misunderstanding
¹yíxiàng 遗像 N. portrait of the deceased M: *¹⁰fú*
²yíxiàng 移项 N. <*math.*> transposition ♦V. transpose; transplant
³yíxiàng 移向 V. move toward
¹yìxiāng 异乡[異鄉] P.W. alien land (i.e., not one's hometown)
²yìxiāng 异香[異-] N. rare fragrance
yìxiáng 邑庠 N. <*trad.*> ① county school ② county-school graduates
¹yìxiǎng 意想 V./N. intend; expect *chūhū wǒmen de* ~ beyond our expectation.
²yìxiǎng 臆想 N. subjective idea
³yìxiǎng 忆想[憶-] V. recall the past
⁴yìxiǎng 异响[異響] N. abnormal sound
⁵yìxiǎng 逸想 N. idealistic thoughts
¹yìxiàng 意向 N. intention; purpose; inclination
²yìxiàng 意象 N. ① image; imagery ② concept; idea
³yìxiàng 义项[義-] N. gloss; brief explanation
⁴yìxiàng 异相[異-] N. strange phenomena
⁵yìxiàng 异像[異-] N. extraordinary image
yīxiāngbìnyǐng 衣香鬓影[--鬢-] F.E. rich attire; perfumed clothes and gorgeous hair (of ladies in high society)
yìxiǎngbudào 意想不到 R.V. ① unimaginable ~ *de shì* unimaginable things ② unexpected
yìxiāngbùsàn 异香不散[異-] F.E. The air was filled with various fragrances.
yìxiǎng dào 意想到 R.V. imagine; expect
yǐxiǎngdúzhě 以飨读者[-饗讀-] F.E. offer to the reader
yìxiānggūkè 异乡孤客[異鄉-] F.E. a stranger in a strange land
yìxiāngmǎnshì 异香满室[異-] F.E. A miraculous fragrance filled the chamber.
yìxiāngpūbí 异香扑鼻[異-撲-] F.E. A strong/strange perfume assailed the nostrils.
yīxiāngqíngyuàn 一相/厢情愿[-廂-願] F.E. one's own wishful thinking
yìxiāngrén 异乡人[異鄉-] N. a non-native M: *ge/¹míng/²wèi*
yìxiàngshū 意向书[-書] N. letter of intent M: *²fēng/¹fèn*
yìxiǎngtiānkāi 异想天开[異-開] F.E. let imagination run riot
yǐxiǎngtiānnián 以享天年 F.E. enjoy one's declining years
yìxiàng xiūcí 意象修辞[-辭] N. <*lg.*> imagery rhetoric
yìxiāng-yìqì 异香异气[異-異氣] N. unusual fragrance
yìxiǎngzhǔyì 意想主义[-義] N. imagism
yìxiàngzhǔyì* 意象主义[-義] N. imagism
yīxiánqín 一弦琴 N. <*mus.*> a monochord M: *¹bǎ*
yī xiàn shēngjī 一线生机 N. a slim chance of survival
yīxiǎnshēnshǒu 一显身手[-顯--] F.E. display one's skill
yī xiàn xīwàng 一线希望 N. a gleam of silver lining; a ray of hope
yíxiànyán 胰腺炎 N. pancreatitis
yīxiǎo(r) 一小(儿) V.P. <*topo.*> since childhood
yíxiào* 贻笑 V. invite ridicule
yìxiāo 议销[議-] V. sell at negotiated prices ♦N. negotiated-price sale
yìxiǎo 易晓[-曉] V.P. clear and intelligible
yì-xiào 艺校[藝-] AB. *yìshù xuéxiào*
yíxiàodàfāng 贻笑大方 F.E. incur the ridicule of experts
yǐxiāodìngchǎn 以销定产[-產] F.E. plan production according to sales
yīxiàodùnshì 一笑顿释[-釋] F.E. bring sb. round with a laugh
yīxiào'érqù 一笑而去 F.E. leave with a smile
yíxiàohòurén 贻笑后人[--後-] F.E. a butt for future ridicule
yìxiāohuò 易销货 N. marketable goods M: *¹zhǒng/²jiàn*
yìxiāo huòwù 易销货物 N. marketable goods
yìxiāo jiàgé 议销价格[議-價-] N. negotiated sales price
yǐxiǎojǐdà 以小挤大[--擠-] F.E. minor projects squeeze out major ones
yīxiàoliǎozhī 一笑了之 F.E. laugh away
yíxiàoqiāngǔ 贻/遗笑千古 F.E. a laughing-stock down the centuries
yīxiàoqiānjīn 一笑千金 F.E. an enchanting smile
yīxiàoqīngchéng 一笑倾城 F.E. A single smile would overthrow a city.
yīxiǎozhènr 一小阵儿 N. <*topo.*> very brief period of time
yīxiàozhìzhī 一笑置之 F.E. ① laugh it off ② dismiss with a laugh
yīxiàozuòdá 一笑作答 F.E. answer only with a smile
yíxiàozuòzhōng 移孝作忠 F.E. change filial piety into fidelity to a prince/country/etc.
yìxiàrúhé 意下如何 F.E. How about it? What do you think?
¹yīxiē(r)* 一些(儿) N. a number of; certain; some; a few/little
²yīxiē 一歇 N. for a while
yīxiè 揖谢 V. bow in thanks
yī xiè bùrú yī xiè 一蟹不如一蟹 ID. each worse than the last
yīxiēge 一些个[-個] N. <*coll.*> some; several
yīxiēge rén 一些个人[--個-] N. <*coll.*> many people
yīxièqiānlǐ 一泻千里[-瀉--] F.E. ① rushing along (of streams) ② bold and flowing (of calligraphy)
yǐxiètiānxià 以谢天下 F.E. in order to appease public indignation
yìxīfǔjīn 忆昔抚今[憶-] F.E. think of past suffering and present happiness
yīxí huà 一席话 N. a bit/snatch of conversation
yǐxījī 乙烯基 N. <*chem.*> vinyl
yīxìliè 一系列 N. a series of
¹yīxīn* 一心 N. one mind ♦ADV. wholeheartedly
²yīxīn 一新 ADV. (make) new *¹xiūzhěng* ~ make entirely new; renovate
yíxīn 疑心 N. doubt; suspicion
yìxīn 异心[異-] N. disloyalty; dishonesty
yíxīnbìng 疑心病 N. ① suspicious frame of mind ② hypochondria
yī xīn bùnéng èr yòng 一心不能二用 F.E. One should not pursue two things at the same time.
yíxìncānbàn 疑信参半[--參-] F.E. half believing, half doubting
yīxīn'ěrmù 一新耳目 F.E. new/fresh look/appearance
yīxīn'èryòng 一心二用 F.E. divide one's attention
yīxīng(r) 一星(儿) N. tiny bit
yīxíng 一行 N. group traveling together; party
yíxíng 仪刑[儀-] N. model; rule
¹yìxíng 异形[異-] N. ① strange form/shape ② suppletion
²yìxíng 易行 V.P. easy to do
³yìxíng 义行[義-] N. righteous deed
⁴yìxíng 翼型 N. wing section (of a plane)
⁵yìxíng 异行[異-] N. <*wr.*> extraordinary action/condition
⁶yìxíng 懿行 N. <*wr.*> exemplary conduct; virtuous deed (of women)
⁷yìxíng 异型[異-] N. abnormal shape
¹yìxìng* 异性[異-] N. ① opposite sex ② different nature ♦ATTR. heterogeneous
²yìxìng 意兴[-興] N. interest; enthusiasm
³yìxìng 异姓[異-] N. ① different surname ② those with different surnames
⁴yìxìng 易姓 V.O. ① change one's family name ② <*hist*> change dynasties
⁵yìxìng 逸兴[-興] N. refined interest/taste
⁶yìxìng 义性[義-] N. semantic quality
yīxíngbǎixiào 一行百效 F.E. If one makes a start, others will follow suit.
yīxīng-bàndiǎn(r) 一星半点(儿)[---點-] F.E. <*coll.*> a tiny bit
yìxìngbóbó 意兴勃勃[-興--] F.E. be highly enthusiastic
yìxīngfèn 易兴奋[-興奮] N. <*psy.*> irritability
yìxíng gāngcái 异形钢材[異-鋼-] N. <*archi.*> compromise rail
yǐxíng gānyán 乙型肝炎 N. hepatitis B
yìxínghéyī 议行合一[議-] F.E. combination of legislative and executive powers
Yíxīnghú 宜兴壶[-興壺] N. famous pottery teapots made in Yixing, Jiangsu M: *¹bǎ*
yíxīnghuàndǒu 移星换斗[--換-] ID. be extremely powerful
yīxīngjí lǚguǎn 一星级旅馆 P.W. one-star hotel M: *¹jiā*
yìxìnglánshān 意兴阑珊[-興--] F.E. ① feel dispirited ② with flagging interest
yìxìngliàn 异性恋[異-戀] N. heterosexuality
yìxìngliànzhě 异性恋者[異-戀-] N. heterosexual M: *ge/¹míng/²wèi*
yīxīngr 一星儿 N. a bit; a little
yìxìngsuǒrán 意兴索然[-興--] F.E. have not the least interest
yìxìngtǐ 异性体[異-體] N. ① opposite sex ② things of different nature
yìxíng tóngyīn yìyìcí 异形同音异义词[異---異義-] N. <*lg.*> heteronym; homophone
yíxīn guòzhòng 疑心过重 V.P. be too ready to suspect
yíxíngwúchéng 疑行无成 F.E. Hesitation leads to failure.
yīxīngxīngr 一星星儿 N. a tiny bit
Yíxīngyáo 宜兴窑[-興窯] P.W. <*art*> a Jin/Tang ceramic kiln
yìxíngyúsè 义形于色[義-於-] F.E. with indignation written on one's face
yǐxīnhuànjiù 以新换旧[-換舊] F.E. new for old
yìxīn jiàzhí 易新价值[--價-] N. <*acct.*> trade-in value
yìxīn jiégòu 异心结构[異-構] N. <*lg.*> exocentric construction
yìxīnmǎnzú 意心满足 F.E. rest satisfied with
yìxīnqì 益心气[-氣] F.E. <*Ch. med.*> benefit the heart-energy
yíxīn shēng àn guǐ 疑心生暗鬼 F.E. suspicions create fantastic fears
yīxīnwèigōng 一心为公 F.E. devote oneself to the public interest

Y

yīxīnxiàngdǎng 一心向党[-黨] F.E. be wholeheartedly devoted to the Party
yīxīnxiàngwǎng 一心向往 F.E. give one's heart completely
yīxīnyīdé 一心一德 F.E. be of one heart and mind
yīxīnyīyì 一心一意 F.E. ① heart and soul; wholeheartedly ② bent on (doing sth.)
yíxīnzìwù 疑心自误 F.E. miss out for being overly suspicious
[1]**yíxiōng*** 疑凶 N. suspected murderer/assailant
[2]**yíxiōng** 姨兄 N. an older male cousin on one's mother's side M: ge/[1]míng/[2]wèi
yìxiōng 义兄[義-] N. elder foster brother M: ge/[1]míng/[2]wèi
yíxiōngdì 姨兄弟 N. male cousins on one's mother's side
yīxióng-duōcí 一雄多雌 N. polygamy
yíxiōngyídì 宜兄宜弟 F.E. affectionate brothers
yīxīshàngcún 一息尚存 F.E. so long as one still has a breath left
yīxīshùjīng 一夕数惊[-數驚] F.E. in constant fear (in troubled times)
yī xí tán 一席谈 N. a snatch of conversation
yìxī tīngyīn 异息听音[異-聽-] N. <lg.> dichotic listening
yīxiǔ(r) 一宿(儿) N. <topo.> all night; all night long; an overnight stay
yīxiù* 衣袖 N. sleeves
yíxiū 贻羞 V.P. cause shame/scandal
yìxiù 逸秀 N. talents above the average
yīxiùzhēliǎn 衣袖遮脸 F.E. hide one's face in one's sleeve
yīxīyǎnyǎn 一息奄奄 F.E. in the last gasp
yīxízhīdì 一席之地 N. a space for one person; a tiny space
yīxīzhīgé 一息之隔 N. a heartbeat away
yīxù* 依序 ADV. in order/rank
yíxù 遗绪 N. the cause left to us by our forefathers
yìxù 意绪 N. state of mind; mood
yǐxùcùnóng 以畜促农[-農] F.E. promote agriculture with animal husbandry
yǐxūdàishí 以虚带实[-虛帶實] F.E. Let correct ideology guide practical work.
yìxùdīchén 意绪低沉 F.E. low-spirited; depressed
yīxué* 医学[醫-] N. medical science; medicine
yǐxué 蚁穴[蟻-] N. ① ant nest ② small losses (which accumulated can cause disaster)
yìxué 义学[義-] N. <trad.> ①free school M: [1]suǒ ② study of Song philosophic principles
Yìxué 易学 N. studies of the *Book of Changes*
yìxuè 溢血 N. hemorrhage
yīxué bóshì 医学博士[醫-] N. Doctor of Medicine; M.D. M: ge/[1]míng/[2]wèi
yīxué gōngchéng 医学工程[醫-] N. biomedical engineering
Yìxuéguǎn 译学馆[譯-] P.W. late-Qing school for training students in foreign languages
yǐxuèhuánxuè 以血还血[--還-] F.E. demand blood for blood
yīxuéjiā 医学家[醫-] N. medical scientist M: ge/[1]míng/[2]wèi
yīxué jiǎnyànsuǒ 医学检验所[醫-] P.W. medical laboratory M: [1]jiā
yīxuéjiè 医学界[醫-] P.W. medical circles
yīxué kēxuéyuàn 医学科学院[醫-] P.W. academy of medical sciences M: [1]suǒ
yìxuénánjīng 易学难精[--難-] F.E. easy to learn but difficult to master
yīxuéshǐ* 医学史[醫-] N. history of medicine M: [2]bù
yīxuéshì 医学士[醫-] N. Bachelor of Medicine M: ge/[1]míng/[2]wèi
yīxuéxì 医学系[醫-] P.W. department of medicine
yǐxuèxǐxuè 以血洗血 F.E. an eye for an eye
yīxuéyuàn 医学院[醫-] P.W. medical school M: [1]jiā/[1]suǒ
yīxún* 依循 V. follow and abide by
[1]**yíxùn** 遗/贻训 N. teachings of one deceased
[2]**yíxùn** 彝训[彞-] N. regular exhortations
yìxùn 义训[義-] N. explanation of meaning
yīxūnyīyóu 一薰一莸[-蕕] F.E. one good and one evil
yīxùzhōngqǔ 一叙衷曲[-敘--] F.E. have a hearty talk
yīyā* 咿呀/哑[-啞] ON. ① squeak; creak ② prattle; babble
yìyā 抑压[-壓] V. constrain; depress; inhibit
yǐyáhuányá 以牙还牙[--還-] F.E. eye for an eye, tooth for a tooth; repay evil with evil; tit for tat
yīyán 一言 N. one sentence; a brief remark
yīyǎn 一眼 N. a glimpse; a quick look at; a glance
[1]**yíyán** 遗言 N. deathbed words/testament
[2]**yíyán** 怡颜 N. pleasant look
[1]**yìyán** 异言[異-] N. <wr.> dissenting opinion
[2]**yìyán** 逸言 N. ① extravagant talk ② <lg.> obsolete word
[3]**yìyán** 懿言 N. <wr.> fine words
yìyǎn* 义演[義-] N. benefit performance
yīyánbànyǔ 一言半语 F.E. a word or two
yīyǎnbiànzhī 一眼便知 F.E. can tell at a glance
yīyánbìzhī 一言蔽之 F.E. in a word; in short
yī yàn bùchéng xià 一燕不成夏 F.E. One swallow doesn't make a summer.
yīyánbùdá 一言不答 V.P. make no reply at all
yīyánbùfā 一言不发[-發] V.P. not say a word
yīyánbùhé 一言不合 V.P. a single jarring note in conversation
yīyánbùliú 一言不留 V.P. not leave a word unspoken
yī yán chāo bǎi zǒng 一言抄百总[-總] F.E. in a word; in short; in brief
yǐyándàifǎ 以言代法 F.E. put oneself above the law
yīyándàopò 一言道破 F.E. lay bare its secret with one remark
[1]**yīyàng(r)*** 一样(儿)[-樣-] S.V. the same; equally; alike ♦ATTR. kind; type; class
[2]**yīyàng** 依样[-樣] V.O. follow a model
yíyāng 贻殃 V. bring misery/adversity on posterity
[1]**yíyǎng** 怡养[-養] V. enjoy good health and live a happy life
[2]**yíyǎng** 颐养[-養] V. <wr.> ① keep fit ② give tender care to
[1]**yìyáng** 抑扬[-揚] V. ① rise and fall; modulate ② praise and censure ♦N. ① flow of sentiments in a writing ② <lg.> intonation
[2]**yìyáng** 亿阳[億陽] N. eon
[1]**yìyàng** 异样[異樣] N. ① variation; variety ② difference ♦S.V. unusual; peculiar
[2]**yìyàng** 悒怏 V.P. dejected; depressed
yìyàngbùyǐ 悒怏不已 F.E. remain depressed
yìyángdùncuò 抑扬顿挫[-揚--] F.E. cadence; modulation in tone
yìyánggé 抑扬格[-揚-] N. ① iambic ② <lg.> iamb
yíyāngguómín 贻殃国民[--國-] F.E. bring misfortune on the people
yīyàng huà húlu 依样画葫芦[-樣畫-蘆] ID. copy mechanically
yīyǎnghuàqiān 一氧化铅 N. <chem.> lead monoxide
yīyǎnghuàtàn 一氧化碳 N. <chem.> carbon monoxide (CO)
yīyǎnghuàtàn zhòngdú 一氧化碳中毒 N. carbon monoxide poisoning
yīyànghúlú 依样葫芦[-樣-蘆] ID. copy mechanically
yìyángqiāng 弋阳腔[-陽-] N. Ming opera style
yíyǎngtiānnián 颐养天年[-養--] F.E. keep fit; take care of oneself
yīyàngyangjià 一样样价[-樣樣價] N. <topo.> the very same
yǐyǎnhuányǎn 以眼还眼[--還-] F.E. an eye for an eye
yī yán jì chū, sìmǎ nán zhuī 一言既出,驷马难追[----,--難-] F.E. A word spoken is past recalling
yīyánjiǔdǐng 一言九鼎 F.E. ① solemn pledge ② weighty advice
yīyǎnkànchuān 一眼看穿 V.P. see through at a glance
yīyǎnkànqù 一眼看去 V.P. ① take a sweeping look ② at first glance
yīyǎnkànzhòng 一眼看中 V.P. become infatuated with sb. at first sight
yīyánnánjìn 一言难尽[-難盡] F.E. it's a long story
yīyánsàngbāng 一言丧邦[--喪-] F.E. A single wrong statement may bring disaster to the nation.
yīyántáng 一言堂 ID. what sb. says goes
yīyánwéidìng 一言为定 F.E. that's settled then
yīyánwèiliǎo 一言未了 F.E. Before one finishes speaking. . .
yīyánxīngbāng 一言兴邦[--興-] F.E. A timely warning may avert a national crisis.
yī yán yǐ bì zhī 一言以蔽之 F.E. sum up in a word
yīyányīxíng 一言一行 F.E. every word and deed
yīyányīyǔ 一言一语 F.E. every word and phrase
yíyányuèsè 怡颜悦色 F.E. cheerful countenance and contented appearance
yìyánzhī 易言之 V.P. in other words
yīyánzuòpì 一言作譬 F.E. have a parable for explaining sth.
yīyào* 医药[醫藥] N. medicine
yìyào 熠耀 V. shine; glitter
yīyào bǎoxiǎn 医药保险[醫藥-] N. medical insurance
yīyàofèi 医药费[醫藥-] N. medical expenses/costs M: [2]bǐ
yīyàopǐn 医药品[醫藥-] N. medical products
yīyào qìhòuxué 医药气候学[醫藥氣-] N. medical climatology
yīyào rénlèixué 医药人类学[醫藥-類-] N. medical anthropology
yīyào wǎngxiào 医药罔效[醫藥-] V.P. not curable by medicine
yīyào wúxiào 医药无效[醫藥-] V.P. not curable by medicine
yīyàoxiāng 医药箱[醫藥-] N. medical/doctor's bag M: ge/[2]zhī
yīyàoxué 医药学[醫藥-] N. pharmacology
yīyáoyībǎi 一摇一摆[-擺] F.E. waddling
yīyào zhàogu tǐxì 医药照顾体系[醫藥-顧體-] N. medical-care system
yīyāxuéyǔ 咿哑学语[-啞--] F.E. begin to babble/prattle/lisp (of a baby)
yīyǎyīsú 一雅一俗 F.E. One is elegant, the other vulgar.
yīyāyǔ 咿呀语 N. babbling
[1]**yíyè** 遗业[-業] N. work left unfinished by one's predecessor/ancestor
[2]**yíyè** 胰液 N. pancreatic juice
yǐyè 乙夜 N. the second watch (around 10 P.M.)
[1]**yìyè*** 肄业[-業] V.O. ① study in school/college ② study stopping short of graduation
[2]**yìyè** 诣谒 V. pay a visit to
yīyèbìmù 一叶蔽目[-葉--] F.E. penny wise and dollar foolish
yī yè fūqī bǎi yè ēn 一夜夫妻百夜恩 F.E. husband and wife for one night, love lingers on for a hundred nights
yíyèguǎn 移液管 N. pipette
yìyèlǎoyāzuǐ 翼叶老鸦嘴[-葉---] N. black-eyed susan
yīyèliǎngdòu 一页/叶两豆[-葉--] ID. hide the truth from sb.
yī yè piānzhōu 一叶扁舟[-葉--] N. a tiny boat; a skiff; a small rowboat; a single-sail boat
yíyèsù 胰液素 N. pancreatin; insulin
yìyètáiduān 诣谒台端 F.E. pay you a call
yī yè xìnjiān 一页信笺[-箋] N. a one-sheet letter
yíyèxīyíguǎn 移液吸移管 N. pipette
yīyèzhàngmù 一叶障目[-葉--] F.E. have one's view overshadowed by the trivial

yìyè zhèngshū 肄业证书[-業證書] N. transcript M: [1]fèn/[1]zhāng

yīyèzhīqiū 一叶知秋[-葉--] F.E. It is a straw in the wind.

[1]yīyī 一一 ADV. one by one; one after another; each one

[2]yīyī 依依 R.F. ① reluctant to part ② supple; flexible ③ think of with affection

[3]yīyī 咿咿//伊伊 ON. inarticulate sounds of insects/hens/pigs

[4]yīyī 猗猗 R.F. splendid and flourishing

[1]yīyì 一亿[-億] NUM. hundred million

[2]yīyì 一意 ADV. ① with complete devotion ② stubbornly

[3]yīyì 一义[-義] N. <lg.> one meaning

yíyi 姨姨 N. ① aunt (on one's mother's side) ② polite address to woman of one's mother's age ③ <*trad.*> polite address to one's father's concubine

[1]yíyí 贻遗 V. hand down (to posterity)

[2]yíyí 怡怡 R.F. ① harmonious as brothers ② affable; amiable; cordial ③ harmony

[3]yíyí 蛇蛇 R.F. ① facile (of words) ② calmly; leisurely

[4]yíyí 池池//诡诡 R.F. arrogant

[5]yíyí 觺觺 R.F. <wr.> sharp (of horns)

[1]yíyì 疑义[-義] N. doubtful point/word/etc.

[2]yíyì 移易 V. <wr.> change

[3]yíyì 移/迻译[-譯] V. <wr.> translate

[4]yíyì 疑意 N. doubt; suspicion

[1]yǐyǐ 已已 R.F. cease; stop

[2]yǐyǐ 已矣 V.P. expression indicating total disappointment/desperation

[1]yǐyì 薏苡 N. <bot.> Job's tears

[2]yǐyì 役蚁[-蟻] N. amazon ant

[3]yǐyì 翼椅 N. wing chair

[1]yìyì* 意义[-義] N. meaning; sense; significance *Zhè jù huà méi* ~. This sentence doesn't make sense.

[2]yìyì 异议[異議] N. objection; dissent

[3]yìyì 意/义译[義譯] V./N. free translation; paraphrase

[4]yìyì 奕奕 R.F. ① energetic; vigorous ② grand; great ③grand and graceful; gorgeous ④anxious; unsettled

[5]yìyì 熠熠 R.F. <wr.> glistening; bright

[6]yìyì 翼翼 <wr.> R.F. ① in neat formation; in orderly array ② robust; vigorous ③ thriving; prosperous ④ numerous

[7]yìyì 异义[異義] N. different meaning

[8]yìyì 抑抑 R.F. cautious and grave

[9]yìyì 易易 R.F. very easy

[10]yìyì 逸逸 R.F. decently and in good order

[11]yìyì 泄泄 <wr.> R.F. ①flap the wings ②leisurely; at one's ease

[12]yìyì 悒悒 R.F. sad; worried

[13]yìyì 役役 R.F. belabor; overwork

[14]yìyì 屹屹 R.F. high and sheer/steep/abrupt

[15]yìyì 仡仡 R.F. ① strong ② tall

[16]yìyì 浥浥 R.F. moist

[17]yìyì 绎绎[繹繹] R.F. ① galloping (of horses) ② successive

[18]yìyì 翊翊 R.F. respectful

[19]yìyì 邑邑 R.F. depressed

[20]yìyì 驿驿[驛驛] R.F. growing vigorously (of grain)

[21]yìyì 翳翳 R.F. <wr.> ① dim; obscure; hazy ② veiled; vague

yìyìbùlè 悒悒不乐[-樂] F.E. feel depressed; mope

yìyìbùrán 悒悒不然 F.E. sadly

yīyībùshě 依依不舍[-捨] F.E. can't bear to part

yìyì chéngfèn fēnxi 意义成分分析[-義----] N. <lg.> componential analysis

yìyì chéngjù 意义程距[-義--] N. <lg.> range of meaning

yǐyīchíwàn 以一持万[-萬] F.E. grasp the key point

yǐyìdàiláo 以逸待劳[-勞] F.E. wait for the enemy to exhaust himself

yīyīdàishuǐ 一衣带水[--帶-] F.E. separated only by a narrow strip of water

yǐyīdāngbǎi 以一当百[--當-] F.E. Every one (of them) is worth a hundred.

yǐyīdāngshí 以一当十[--當-] F.E. pit one against ten

yìyì dānwèi 意义单位[-義--] N. <lg.> semanteme

yìyì de pànzhǔn 意义的判准[-義--準] N. <lg.> criterion of meaningfulness

yìyì de yì-tóng 意义的异同[-義-異-] N. <lg.> differential meaning

yīyīdǐbǎi 一以抵百 F.E. be a match for a hundred men

yīyīdǐshí 一以抵十 F.E. ① pit one against ten ② One is able to resist ten.

yīyī duìyìng 一一对应[-對應] V.P./N. correspond one-to-one

yìyìfēng 译意风[譯-] N. simultaneous-interpretation system/installation

yǐyīfèngbǎi 以一奉百 F.E. One hundred (people) are supported by one (person) only.

yìyì fènzǐ 异议分子[異議-] N. dissident M: gè/[1]míng/[2]wèi

yīyīguànzhī 一以贯之 F.E. one unity pervades all things

yīyìgūxíng 一意孤行 F.E. insist on doing things one's own way

yǐyījǐngbǎi 以一警百 F.E. punish one to warn others

yìyì lǐlùn 意义理论[-義--] N. <lg.> theory of meaning

yìyì máodùn 意义矛盾[-義--] N. <lg.> contradiction

yìyǐmíngzhū 薏苡明珠 ID. ① accuse someone falsely of taking a bribe ② suffer injustice and be vilified

yīyīn 一音 N. <lg.> one sound

yǐyīn 倚音 N. <mus.> appoggiatura

[1]yìyīn* 译音[譯-] V.O./N. <lg.> ① transliterate; transcribe; transcription by nonlettered characters ② phonetic rendering; transliteration; transcription of Chinese

[2]yìyīn 异音[異-] N. extraordinary sound

[3]yìyīn 抑音 N. <lg.> ① grave accent ② a stop sound

yìyín 意淫 V.P. get pleasure by imagining a sexual act

yìyì nèibāo 意义内包[-義--] N. <lg.> meaning inclusion

yīyǐn'érjìn 一饮而尽[-盡] V. down in one swallow

Yìyīn fúhào 译音符号[譯-號] N. the National Romanization; Gwoyeu Romatzyh (GR)

yīyìng* 一应[-應] ATTR. all; everything

yíyǐng 疑影 N. shadow of suspicion ♦V.O. harbor suspicions

yīyīngjùquán 一应俱全[-應--] F.E. everything needed is there

yǐ yíngyú bǔcháng kuīsǔn 以盈余补偿亏损[---補償虧-] F.E. set gains against losses

yìyīnjié 异音节[異-節] N. <lg.> heterosyllabic

yǐyǐntóuyú 以蚓投鱼 ID. venture sth. small in order to obtain a large return

yǐyīnwéiguǒ 以因为果 F.E. take the cause for the effect

yì-yīn wénzì 意音文字 N. <lg.> morphophonetic script

yīyīn-yīyì 一音一义[-義] N. <lg.> monosemy

yīyǐnyīzhuó 一饮一啄 ID. One does not try to get what is denied him by destiny.

yīyīn-yīzì 一音一字 ATTR. <lg.> monosyllabic

yíyīnyóuzài 遗音犹在[-猶-] F.E. memory of the words of sb. dead

yìyì páichì 意义排斥[-義--] N. <lg.> meaning exclusion

yìyì qiánshì 意义潜势[-義潛勢] N. <lg.> meaning potential

yìyì qūfēn 意义区分[-義區-] N. <lg.> differentiation of meaning

yìyǐrén 薏苡仁 N. the seed of Job's tears

yìyì rénshì 异议人士[異議-] N. dissident

yīyīrúmìng 一一如命 F.E. Everything is as you wish.

yìyìshàng de 意义上的[-義--] ATTR. <lg.> sense

yìyìshàng de zhǔyǔ 意义上的主语[-義----] N. <lg.> sense subject

yìyìshìshuō 意义是说[-義--] V.P. the mean is. . .

yìyì shùjù 意义述句[-義--] N. <lg.> meaning statement

yìyi-sīsī 意意思思 R.F. hesitate in speech

yīyīwúwú 咿咿唔唔 F.E. <on.> sound of reading books; intoning/chanting in reading

yìyì xiànzhì 意义限制[-義--] N. <lg.> meaning constraint

yīyīxībié 依依惜别 F.E. reluctant to part

yìyìxué 意义学[-義-] N. <lg.> semantics

yìyìyánggé 抑抑扬格[--揚-] N. a form of classic poem composition; anapest

yìyìyángyáng 抑抑扬扬[-揚揚] R.F. <lg.> anapest

yīyīyāyā 咿咿呀呀 ON. squeak; creak ♦R.F. babble

yǐ yìzhě wéi zhōngxīn de 以译者为中心的[-譯-----] ATTR. <lg.> translator-centered

yìyǐzhībàng 薏苡之谤 F.E. be accused of corruption

yǐyízhìyí 以夷制夷 F.E. play off one foreign power against another

yìyì zhuǎnyí 意义转移[-義轉-] N. <lg.> transfer of meaning

yīyōng 一拥[-擁] ADV. in a thronging rush

yīyòng 医用[醫-] ATTR. medical; clinical

yíyòng 移用 V. ① use/apply elsewhere ② misappropriate; embezzle

[1]yìyǒng* 义勇[義-] ATTR./N. ① righteous and courageous ② volunteer

[2]yìyǒng 毅勇 N. fortitude

yìyòng 役用 V. ① draft; recruit ② use

yìyǒngbīng 义勇兵[義-] N. volunteer soldiers; militia M: gè/[1]míng/[2]wèi

yīyòng diànshì 医用电视[醫-電-] N. medical television

yìyǒngduì 义勇队[義-隊] P.W. voluntary troops; militia M: [4]zhī

yīyōng'érrù 一拥而入[-擁--] F.E. swarm in

yīyōng'érshàng 一拥而上[-擁--] F.E. ① rush forward ② rush up in a crowd

yìyǒng jiànduì 义勇舰队[義-艦隊] P.W. merchant marine reorganized into a navy M: [4]zhī

yìyǒngjūn 义勇军[義-] N. volunteer army M: [4]zhī

yīyōu 咿呦 N. ① inarticulate human voices ② sounds made by animals

yíyóu 夷由/犹[-猶] V.P. ① undecided ② unhurried; leisurely

yǐyǒu 乙酉 N. 22nd year of the Sexagenary Cycle (1885, 1945, 2005 etc.)

[1]yìyóu 佚游 V. <wr.> roam freely about

[2]yìyóu 溢油 V.O. spill oil

yìyǒu* 益友 N. helpful friend; friend and mentor M: gè/[1]míng/[2]wèi

yìyóuwèijìn 意犹未尽[-猶-盡] F.E. ① wish to continue doing sth. one has been doing ② have not given full expression to one's views

yǐyǒuyìwú 以有易无 F.E. trade what one has in abundance for what one doesn't have

yǐyòuzhìzuǒ 以右治左 F.E. <Ch. med.> puncture the left side to treat the right

[1]yīyú 一隅 N. a corner ♦ATTR. ① limited ② unilateral

[2]yīyú 衣鱼 N. silverfish

[3]yīyú 猗欤[-歟] INTJ. *indicating admiration*

yīyǔ 一语 N. one penetrating remark

yīyù 伊郁[-鬱] ADV. melancholy ♦N. dejection

yíyú 宜于[-於] V.P. be suitable for

[1]yíyù 疑狱 N. <wr.> hard-to-judge law case

[2]yíyù 移玉 ID. <wr.> May I request your company at (some place)?

[1]yìyú* 易于[-於] V.P. be apt to; be easy to ♦ADV. easily

[2]yìyú 异于[異於] V.P. differ from
[1]yìyǔ 呓语[囈-] N. ① talk in one's sleep ② incoherent talk
[2]yìyǔ 译语[譯-] N. <lg.> target language
[3]yìyǔ 易与[-與] V.P. <wr.> be easy to get along with
[1]yìyù 意欲 N. volition; desire ♦V. intend to; want to
[2]yìyù 抑郁[-鬱] S.V. depressed; despondent; gloomy
[3]yìyù 异域[異-] P.W. ① foreign country ② place away from one's hometown ③ a strange land
[4]yìyù 逸豫 N. <wr.> idleness and pleasure
[5]yìyù 溢誉[-譽] V.O. excessively praise
[6]yìyù 悒郁[-鬱] V.P. melancholy; disconsolate
[7]yìyù 逸欲 N. idleness and lust
[8]yìyù 熠煜 V. shine; glitter
[1]yīyuán 一元 ATTR. unitary; unary; mono-
[2]yīyuán 一员 N. a member; a/one (field commander or top lieutenant)
yīyuàn* 医院[醫-] P.W. hospital M: [1]jiā
yíyuàn 遗愿[-願] N. deathbed behest
yǐyuǎn 以远[-遠] SUF. beyond
[1]yìyuán 议员[議-] N. member of a legislative body M: ge/[1]míng/[2]wèi
[2]yìyuán 译员[譯-] N. interpreter; translator M: ge/[1]míng/[2]wèi
[3]yìyuán 义园[義園] P.W. potter's field
[4]yìyuán 翼缘 N. flange
[5]yìyuán 艺员[藝-] N. ① actor ② artist M: ge/[1]míng/[2]wèi
[1]yìyuàn 意愿[-願] N. wish; desire; aspiration
[2]yìyuàn 议院[議-] P.W. legislature; parliament; congress
[3]yìyuàn 艺苑[藝-] P.W. ① artistic and literary circles ② artistic/literary salon; art gallery
yǐyuànbàodé 以怨报德[-報-] F.E. ① return evil for good ② requite kindness with ingratitude
yǐyuànbàoyuàn 以怨报怨[--報-] F.E. return evil for evil
yìyuàn dòngcí 意愿动词[-願動-] N. <lg.> volitional verb
yīyuán fāngchéng 一元方程 N. equation with one unknown
yīyuán fāngchéngshì 一元方程式 N. equation with one unknown
yīyuánfùshǐ 一元复始[--復-] F.E. the restart of the first
yīyuánhuà 一元化 V./N. centralize; unify
yīyuánhuà lǐngdǎo 一元化领导[-導] N. centralized leadership
yīyuánlùn 一元论 N. <phil.> monism
yìyuànqípā 艺苑奇葩[藝-] F.E. exquisite works of art
yìyuànshì 意愿式[-願-] N. <lg.> voluntative
yīyuánshuō 一元说 N. monism
yīyuán shùyǔ 一元述语 N. <lg.> one-place predicate
yīyuàn tàipíngjiān 医院太平间[醫-] P.W. mortuary in a hospital
yīyuán wèicí 一元谓词 N. <lg.> one-element predicate
yìyuán xùnliàn 译员训练[譯-練] N. <lg.> translator training
yǐ yuányīn shōuwěi 以元音收尾 N. <lg.> vocalic ending
yīyuànyòng yīng'érchuáng 医院用婴儿床[醫-] N. bassinet
yīyuànzhì 一院制 N. unicameral legislature/system
yīyǔbùfā 一语不发[-發] F.E. not say a word; keep one's mouth shut
yìyùbùlè 抑郁不乐[-鬱-樂] F.E. depressed and unhappy
yìyùbùpíng 抑郁不平[-鬱--] F.E. feel disgruntled
yīyǔchéngchèn 一语成谶 F.E. a casual remark that turned out to be prophetic
yīyǔchéngqiū 一雨成秋 F.E. <wr.> A sudden shower brings autumn coolness.
yīyǔchéngzāi 一雨成灾[-災] F.E. One rainfall creates a flood.
yīyǔdàopò 一语道破 F.E. ① hit the nail on the head ② dispose of with one word
yī yú duō 一与多[-與-] N. <log.> one and many
yīyuē 依约 V.O. ① follow conventions and traditions ② in accordance with the promise ♦V.P. indistinct; obscure
Yīyuè* 一月 N. January
yíyuè 怡悦 V.P. happy ♦V. find joy in; delight
yíyuè 怿悦[懌-] V.P. delighted; pleased
yīyuè'érguò 一跃而过[-躍--] V.P. leap over at a bound
yīyuè'érqǐ 一跃而起[-躍--] V.P. spring to one's feet
yīyuè'érxià 一跃而下[-躍--] V.P. leap down
yìyù gōngnéng 意欲功能 N. <lg.> cognitive function
yìyùguǎhuān 悒郁寡欢[-鬱-歡] F.E. depressed; melancholy; gloomy of disposition and sullen of temper
yīyúhúdǐ 伊于胡底[-於--] F.E. Where will it all end?
yìyú jīdòng 易于激动[-於-動] V.P. have a short fuse
yīyǔ jīng sìzuò 一语惊四座[--驚--] F.E. One's remark surprises everyone.
yīyǔ jīngxǐng mèngzhōngrén 一语惊醒梦中人[-驚-夢--] V.P. make sb. see the light with one remark
yìyú jìnxíng 易于进行[-於進-] V.P. easy to proceed/manage
yīyǔjīzhòng 一语击中[--擊-] F.E. The word goes right to the heart of the matter.
yīyǔ-liǎngwén 一语两文 N. two-script system; digraphia
yīyǔn 依允 V. ① comply with ② assent; consent
yíyún* 疑云[-雲] N. misgivings/suspicions clouding one's mind
[1]yìyùn 义/意蕴[義-] N. ① implication ② connotation
[2]yìyùn 异韵[異韻] N. <lg.> different rhyme
yìyùnchù 驿运处[驛運處] P.W. transport station
yīyǔpòdì 一语破的 F.E. hit the nail on head
yī yú rén 依于仁[-於-] V.P. cleave to virtue
yì yú rén* 役于人[-於-] V.P. serve others
yīyúsānfǎn 一隅三反 F.E. draw inferences from one instance
yìyúshēngqì 易于生气[-於-氣] F.E. have a short fuse
yīyúshèngzāi 猗欤盛哉[-歟--] F.E. <wr.> Magnificent! Superb!
yīyǔ-shuāngguān 一语双关[-雙關] N. a single phrase with a double meaning; a double-edged remark; pun on a word
yīyǔ-shuāngwén 一语双文[--雙-] N. two-script system; digraphia
yìyúwàiwù 役于外物[-於--] F.E. be a slave to material comfort
yìyùwángshēn 逸豫亡身 F.E. idleness and pleasure lead to ruin
yǐyúwǎnnián 以娱晚年 F.E. gladden one's declining years
yìyùwéizhī 意欲为之 F.E. purpose to do sth.
yìyúyánbiǎo 溢于言表[-於--] F.E. show (feelings) clearly in one's words and manner
yǐyúyǎnmù 以娱眼目 F.E. please the eye
yìyùzhèng 抑郁症[-鬱-] N. <med.> depression
yīyúzhīdì 一隅之地 N. a very small area; a small plot of land
yīyúzhījiàn 一隅之见 N. a very narrow/limited view
yīzài* 一再 ADV. time and again; again and again ♦CONS. *yī V zài V* to V again and again *yī ràng zài ràng* make one concession after another
yízāi 移栽 V. transplant
yìzāi 异哉[異-] V.P. <wr.> How strange!
yìzǎi 邑宰 N. <trad> county magistrate
yìzài 意在 V.P. the meaning/idea is to be found in
yìzàibǐxiān 意在笔先[--筆-] F.E. work out a composition before starting to write
yìzàiyánwài 意在言外 F.E. the meaning is implied
[1]yìzàn 翊赞 V. assist
[2]yìzàn 翼赞 V. assist and support
yízàng 胰脏[-臟] N. pancreas
yīzāngyīpǐ 一臧一否 F.E. one good and the other bad
yìzànzhōngshū 翊赞中枢[-樞] F.E. assist the central administration
yízānzhuìjù 遗簪坠屦[-墜屨] F.E. <wr.> old things
yīzāo(r) 一遭(儿) ADV. <coll.> completely; entirely ♦N. one time/turn
yīzǎo(r)* 一早(儿) <coll.> N. early in morning ♦ADV. at dawn
yízào 胰皂 N. <topo.> soap
yìzào 臆造 V. fabricate; concoct (story/etc.)
yīzǎochén 一早晨 N. the whole morning
[1]yīzé* 一则 CONS. ~ *A èrzé B* firstly A secondly B; on the one hand, on the other hand
[2]yīzé 衣帻 N. clothes and turbans
[1]yízé 仪则[儀-] N. a model of conduct
[2]yízé 遗泽[-澤] N. benevolence left by one deceased
yìzé 易箦 V.O. change the mat for a dying person
yǐzéiqínzéi 以贼擒贼 F.E. Set a thief to catch a thief.
[1]yízèng 遗赠 V. bequeath ♦N. legacy; the present
[2]yízèng 贻赠 V. ① present (a gift) ② leave something to posterity
yízèngrén 遗赠人 N. devisor; legator M: ge/[1]míng/[2]wèi
yízèngwù 遗赠物 N. legacy; bequest M: [2]jiàn
yízèngzhě 遗赠者 N. donor; legator M: ge/[1]míng/[2]wèi
yízézàimín 遗泽在民[-澤--] F.E. beneficence left behind for the masses
yī zé zīliào 一则资料 N. an item; a piece of material
yī zhǎba yǎnr 一眨巴眼儿 V.P. <coll.> in the blink of an eye
yǐzhàiyǎngzhài 以债养债[--養-] F.E. borrow money to pay debts
yī zhǎ mī yǎnr 一眨眯眼儿 V.P. <coll.> in the blink of an eye
[1]yìzhǎn 艺展[藝-] P.W. art exhibition
[2]yìzhǎn 翼展 N. wingspan
[1]yìzhàn* 驿站[驛-] P.W. <trad.> relay station (in the postal/courier system)
[2]yìzhàn 义战[義戰] N. a just war
yīzhàn'érshèng 一战而胜[-戰-勝] F.E. gain victory by a single blow
yīzhānfēngcǎi 一瞻风采 F.E. have a look at sb.'s beautiful appearance
yīzhàng 依仗 V. count/rely on
[1]yízhàng 姨丈 N. husband of one's mother's sister M: ge/[1]míng/[2]wèi
[2]yízhàng 仪仗[儀-] N. ① flags/etc. carried by the guard of honor ② insignia carried before the emperor
yǐzhàng 倚仗 V. rely/count on ♦N. <coll> pretext; excuse
yìzhǎng* 议长[議-] N. speaker (of a legislative body); president M: ge/[1]míng/[2]wèi
yìzhàng 翳障 N. <med.> cataract
yízhàngduì 仪仗队[儀-隊] P.W. guard of honor M: [4]zhī
yǐzhàngquánshì 倚仗权势[-權勢] F.E. rely on one's power and position
yīzhāngyīchí 一张一弛 F.E. tension alternating with relaxation
yīzhǎngzhì 一长制 N. one-man management
yízhàng zhǔnbèi 疑帐准备[-準備] N. <acct.> reserve for doubtful accounts
yìzhàn mǎchē 驿站马车[驛-] N. stagecoach M: [3]liàng
yǐzhànqiúhé 以战求和[-戰--] F.E. achieve peace through military means

yǐzhànqùzhàn 以战去战[-戰-戰] F.E. eliminate war with war
yìzhànzhǎng 驿站长[驛-] N. head of a post station M: ge/[1]míng/[2]wèi
yīzhāo 一朝 N. ① one day ② once
yīzhào* 依照 COV. ① according to; in light of ② in compliance with
[1]**yízhào** 遗诏 N. instructions/decrees of a dying emperor M: [1]fèn
[2]**yízhào** 遗照 N. photographs of a deceased before death M: [1]zhāng
yìzhāo 翌朝 N. tomorrow morning
[1]**yìzhào** 异兆[異-] N. strange omen
[2]**yìzhào** 亿兆[億-] NUM. ① astronomical in number; countless; numberless ② people; masses
yīzhāo-bànrì 一朝半日 N. ① a couple of days ② a short time
yīzhāobànshì 一招半式 F.E. a smattering of knowledge
yīzhāofēnmiǎn 一朝分娩 F.E. do something quickly
yīzhào piàomiàn jiàgé 依照票面价格[----價-] N. <acct.> at par
yīzhāoqiāngǔ 一朝千古 F.E. die suddenly
yīzhāor 一招儿 N. a strategy; a skill
yī zhāo xiān chī biàn tiān 一招鲜吃遍天 F.E. When you have a skill, you can eat your fill.
yī zhāo xiān zǒu biàn tiān 一招鲜走遍天 F.E. If you develop an unsurpassed skill, you will be well received everywhere.
yǐzhāoxìnshǒu 以昭信守 F.E. in witness whereof
yīzhāoyīshì 一招一式 F.E. every gesture and motion
yīzhāo-yīxī 一朝一夕 N. ① a single day ② overnight ③ a short period of time
yīzhāozhīfèn 一朝之忿 N. sudden outburst of anger
yǐzhàpòhé 以炸迫和 F.E. force peace talks by bombing
yī zhǎyǎn(r) 一眨眼(儿) V.P. in the blink of an eye; in a short moment; a blink
yī zhā yī zhā de liáng 一楂一楂地量 V.P. <coll.> measure by the distance between the thumb and the middle finger of an outstretched hand
yīzhe* 依着[-著] COV. in accordance with
yīzhé 一折 N. ① ten-percent discount ② one fold
yīzhě 医者[醫-] N. doctor M: ge/[1]míng/[2]wèi
yízhé 遗摺 N. memorial left for the emperor by a high minister before his death
yǐzhe 倚着[-著] V.P. count on sb.'s support; have sb./sth. to depend on
yìzhé 易辙 V.O. <wr.> change one's course
yìzhě 译者[譯-] N. translator M: ge/[1]míng/[2]wèi
yīzhéliǎngduàn 一折两段 F.E. break sth. in two
yīzhèn(r/zi)* 一阵(儿/子) N. a burst of temper/rain/etc.
yízhèn 疑阵 N. <mil.> feint
[1]**yìzhěn** 义诊[義-] N. free medical diagnosis
[2]**yìzhěn** 疫疹 N. an epidemic of measles/etc.
yī zhèn fēng 一阵风 N. ① a breeze ② a short period of time ♦ADV. ① suddenly ② rushing through sth.
yìzheng 呓怔[囈-] N. talk in a dream
[1]**yìzhèng*** 议政[議-] V.O. discuss affairs of government; discuss political and other major matters
[2]**yìzhèng** 疫症 N. pestilence
yìzhèngcíyán 义正词/辞严[義-辭嚴] F.E. speak with the force of justice
yǐzhèngdàiqǐ 以政代企 F.E. substitute government for enterprise administration
yīzhēngduǎncháng 一争短长[-爭--] F.E. vie with each other
yǐzhèngguófǎ 以正国法[--國-] F.E. be tried according to the law of the state
yī zhěngliè 一整列 N. a whole train/array/row (of)
yī zhěngnián 一整年 N. a whole year
yī zhèn gōngfu 一阵功夫 F.E. <coll.> a while; a short period of time
yǐzhèngshìtīng 以正视听[-聽] F.E. so as to ensure correct understanding of the facts
yī zhěngtào jìshù 一整套技术[-術] N. technological package
yī zhěngtiān 一整天 N. whole day
yìzhèngxué 疫症学 N. <med.> epidemiology
yìzhèngyáncí 义正严词[義-嚴-] F.E. speak with the force of justice
yīzhěnhuángliáng 一枕黄梁 ID. a brief dream of grandeur
yīzhēnjiànxiě 一针见血 ID. hit the nail on the head
yǐ zhēnxiàng wéi jīchǔ de 以真相为基础的 [----礎-] ATTR. <lg.> truth-based
yǐ zhēnxiàng wéi zhōngxīn de 以真相为中心的 ATTR. <lg.> truth-centered
yīzhèn xīnsuān 一阵心酸 N. <coll.> a pang of sadness
yīzhēn-yīxiàn 一针一线 N. ① a single needle and a single thread ② stitch by stitch ③ small things
yīzhèn yīzhèn 一阵一阵 R.F. intermittently
yīzhènzhèn 一阵阵 R.F. one period after another; intermittently
yīzhènzi 一阵子 N. a burst/fit of anger/etc. ♦N. <coll.> a while; a short period of time
yìzhěsānyǒu 益者三友 F.E. There are three kinds of worthy friends (honest friends, understanding friends, and learned friends).
yìzhě zhù 译者注[譯-註] N. <lg.> translator's note
yīzhí* 一直 ADV. ① straight ② continuously; always; all along
[1]**yīzhì** 一致 S.V. ① identical; unanimous ② consistent ♦N. agreement
[2]**yīzhì** 医治[醫-] V. cure; treat; heal
[3]**yīzhì** 一至 V.P. to such an extent
[1]**yízhí** 移植 V./N. ① transplant ② <med.> graft
[2]**yízhí** 移殖 V. move people for colonization ♦N. colonization
[3]**yízhí** 遗职[-職] N. ①vacated position ②position made vacant by the departure or death of the original holder
[1]**yízhǐ** 遗址 P.W. ① ruins; relics ② (archeo.) site
[2]**yízhǐ** 颐指 V. arrogantly command by facial expressions
[1]**yízhì** 遗志 N. ① deathbed behest ② work bequeathed by the deceased
[2]**yízhì** 移置 V. move (elsewhere)
[3]**yízhì** 仪制[儀-] N. ceremony; etiquette; usages
yǐzhī 已知 ATTR. known
[1]**yǐzhì** 以致 CONJ. so that; with the result that
[2]**yǐzhì** 以至 CONJ. ① down/up to ② to such an extent as to. . .; so. . .that. . .
yìzhī 义肢[義-] N. <med.> artificial limb
[1]**yìzhǐ** 意旨/指 N. intention; wish; will ♦V. <lg.> signify
[2]**yìzhǐ** 抑止 V. restrain; check
[3]**yìzhǐ** 懿旨 N. empress's order
[1]**yìzhì** 意/毅志 N. will; determination; volition; willpower
[2]**yìzhì** 抑制 V. restrain; control; check ♦N. ① <psy.> inhibition ② <psy.> depressing ③ restraint
[3]**yìzhì** 译制[譯製] V. dub (a film)
[4]**yìzhì** 易帜[-幟] V.O. change hands/direction; change one's allegiance
[5]**yìzhì** 逸致/志 N. ①leisure and mood to do sth. ② a carefree mood ③ easygoing habit
[6]**yìzhì** 益智 V. grow in intelligence/wisdom ♦N. <bot.> longan
[7]**yìzhì** 易志 V.O. change orientation/focus/goal/etc.
[8]**yìzhì** 异质[異質] ATTR. of a different nature/quality
[9]**yìzhì** 异志[異-] N. subversive/revolutionary schemes/plans
[10]**yìzhì** 役志 V.O. <wr.> be overcome by temptation
[11]**yìzhì** 意智 N. savoir-faire
yìzhìbān 益智班 N. ① remedial class ② special class for mentally retarded children
yīzhībànjiě 一知半解 F.E. half-baked
yǐzhíbàoyuàn 以直报怨[--報-] F.E. meet resentment with upright dealing; requite grudge with fairness
yìzhìbóruò 意志薄弱 F.E. weak-willed; infirm of purpose
yìzhìbóruòzhě 意志薄弱者 N. a person of weak will M: ge/[1]míng
yízhící 移植词 N. nativized word
yǐzhī dàichuán xìnxī 已知待传信息[---傳--] N. <lg.> given information waiting to be processed or transmitted
yǐzhīdìngshōu 以支定收 F.E. Revenue is determined by expenditure.
yīzhīdúxiù 一枝独秀[--獨-] F.E. outshine others
yīzhì fāngzhēn 一致方针 N. concerted approach
yīzhì guānxi 一致关系[-關係] N. <lg.> concord; agreement
yī zhī huā 一枝花 N. ① a flower (including stem) ② a fine thing
yìzhìjì 抑制剂[-劑] N. ① <chem.> inhibitor ② negative catalyst
yìzhì jiàgé 抑制价格[--價-] V.O. check/restrain price rises
yìzhì jiānqiáng 意志坚强[-堅強] V.P. strong-willed
yìzhì jìnkǒu guānshuì 抑制进口关税[--進-關-] N. prohibitive import duties
yìzhì jīqíng 抑制激情 V.O. curb one's passions
yìzhì jízhōng 意志集中 V.P. focus one's will
yīzhǐjùwén 一纸具文 F.E. a piece of worthless paper (of a violated treaty, etc.)
yīzhǐkōngwén 一纸空文 F.E. a mere scrap of paper
yìzhìlì 意志力 N. will power
yīzhì liánxì 一致联系[-聯繫] N. <lg.> agreement
yìzhǐlóng 翼指龙 N. pterodactyl
yǐzhǐnáofèi 以指挠沸[--撓-] F.E. overrate one's capability
yízhípiàn 移植片 N. graft; transplant
yìzhìpiàn* 译制片[譯製-] N. dubbed film M: [2]bù
yīzhìqiānjīn 一掷千金[-擲--] F.E. squander money
yízhǐqìshǐ 颐指气使[--氣-] F.E. be insufferably bossy; arrogant; be bossy to others
yǐzhìqǔshèng 以智取胜[-勝] F.E. win by wisdom
yìzhì shēngyù zhèngcè 抑制生育政策 N. antinatalist policy
yǐzhìshēnwáng 以致身亡 F.E. cause to die; die as a result of
yī zhī shǒu pāi bu xiǎng 一只手拍不响[-隻--響] F.E. It takes two to make a quarrel.
yǐzhīshù 已知数[-數] N. known number
yìzhīsuǒzài 义之所在[義-] F.E. where justice lies
yìzhìtǐ 异质体[異質體] N. heterogeneous body
yìzhìtóngxiàng 异质同象[異質-] F.E. isomorphism
yìzhìtú 益智图[-圖] N. puzzle of 15 pieces of wood that can be variously assembled
yīzhīwéishèn 一之为甚 F.E. One mistake is enough.
yīzhīwèishèn* 一之谓甚 F.E. Even once is too much.; Once is bad enough.
yízhíwù 移植物 N. graft; transplant
yìzhìxiāochén 意志消沉 F.E. demoralized; despondent; pessimistic; depressed; dejected
yìzhì xiāofèi 抑制消费 V.O. control/inhibit consumption
yīzhìxìng 一致性 N. continuity; communality
yīzhì xíngdòng 一致行动[-動] N. concerted action
yìzhìxìng sīwéi 抑制性思维 N. inhibitory thinking

yǐzhī xìnxī 已知信息 N. <lg.> known information
yī zhǐ xiūshū 一纸休书[-書] N. a divorce paper
yìzhì yǎnlèi 抑制眼泪[-淚] V.O. hold back one's tears
yǐ zhì yōu wéi míng 以质优为名[-質優--] F.E. well-known for its fine quality
yǐzhìyú 以至于[-於] V.P. to such an extent as to. . .; so. . .that. . .
yīzhìyúcǐ 一至于此[--於-] F.E. come to such a pass
yīzhīzhīqī 一枝之栖[-棲] N. ① a shelter or a minor position (for people out of luck) ② get a branch to roost on
yìzhì zuòyòng 抑制作用 N. repression
yízhǒng 疑冢 N. false graves (for distracting body-snatchers or tomb-sackers) M: [4]zuò
yízhòng 移种[-種] V. transplant
[1]yǐzhǒng 乙种[-種] N. category B
[2]yǐzhǒng 蚁冢[蟻-] N. anthill
yǐzhòng* 倚重 V. ① heavily rely/count on ② entrust a person with heavy responsibility
yìzhōng 意中 ATTR. expected; anticipated
[1]yìzhǒng 义冢[義-] N. potter's field (burial ground for strangers and the friendless poor)
[2]yìzhǒng 役种[-種] N. classification of military-service status such as militia, reserve, standing,etc.
yǐzhòngbàoguǎ 以众暴寡[-眾--] F.E. bully the minority
yǐzhòngliàngjì 以重量计 F.E. measure by weight
yìzhōngrén 意中人 N. one's beloved M: gè/[1]míng/[2]wèi
yìzhòngrúshān 义重如山[義-] F.E. One's integrity is as firm as the mountains.
yìzhōngshì 意中事 N. sth. that is to be expected M: [2]jiàn
yǐzhōngtiānnián 以终天年 F.E. complete one's allotted span of life
yīzhōngyītái 一中一台[-臺] F.E. one China, one Taiwan (the position of the Taiwan authorities with regard to the relationship between the mainland and Taiwan)
yǐzhōngyúshēng 以终余生 F.E. live out the rest of one's life
yìzhōngzhīshì 意中之事 N. sth. that is expected
yìzhòu 裔胄 N. descendents; offspring
yīzhōu-yīfàn 一粥一饭 N. a bowl of congee or rice; energy meal
yīzhǒuzi 一肘子 N. a jab with the elbow
yīzhǔ 医嘱[醫囑] N. doctor's instructions
yīzhù 医助[醫-] N. assistant doctor (in the army)
yízhū 遗珠 N. unrecognized talent
yízhǔ* 遗嘱[-囑] N. ① testament; will ② deathbed behest ③ heredity M: [1]fèn
[1]yízhù 遗著 N. posthumous writing M: [1]běn
[2]yízhù 仪注[儀註] N. ① rules of etiquette and ceremony ② rules/instructions on astronomical observation
[3]yízhù 移住 V. change one's dwelling ♦N. migrancy
yìzhǔ 易主 V.O. change owners/masters
[1]yìzhù 译著[譯-] N. translation M: [1]běn
[2]yìzhù 译注[譯註] N./V. translate and annotate
[3]yìzhù 挹注 V. draw from one to make up the deficit in another
yīzhuājiùlíng 一抓就灵[-靈] F.E. Once (sth. is) grasped, all problems can be solved.
yízhuǎn 移转[-轉] N. <lg.> transfer
yìzhuān* 艺专[藝專] P.W. school of art M: [1]jiā/[1]suǒ
yìzhuàn 译传[譯傳] N. translated biography M: [1]běn
yīzhuānduōnéng 一专多能[-專--] F.E. expert in one thing and good at many
yīzhuāng* 衣装[-裝] N. ① clothes; attire ② clothes and luggage
yízhuàng 仪状[儀狀] N. one's personal appearance
yìzhuāng 义庄[義莊] P.W. leased farmstead with rental allocated for the relief of the needy among one's own clan
yìzhuàng 异状[異狀] N. ① strange state ② unusual situation/condition
yǐzhuāngdàifā 倚装待发[-裝-發] F.E. leaning against the luggage, ready to start on a journey
yǐzhuàngguānzhān 以壮观瞻[-壯觀-] F.E. beautify the appearance
yìzhuāngpǐ 易装癖[-裝-] N. transvestitism
yìzhuāngpǐzhě 易装癖者[-裝--] N. transvestite
yǐzhuàngshēngshì 以壮声势[-壯聲勢] F.E. spread the impression of. . .
yǐzhuàngxíngsè 以壮行色[-壯--] F.E. give money to provide for a proper style of traveling
yìzhuāngyìxié 亦庄亦谐[-莊--] F.E. seriocomic; serious and facetious at the same time
yízhuǎn mìnglìng 移转命令[-轉--] N. <comp.> transfer command
yízhuǎnshuì 移转税[-轉-] N. turnover tax
yìzhuǎnxīnhuí 意转心回[-轉--] F.E. change one's mind
yīzhuǎnyǎn 一转眼[-轉-] V.P. in a short moment
yīzhuān-yīwǎ 一砖一瓦[-磚--] N. a single brick and tile
yìzhuànzhīwén 臆撰之文 N. an original essay
yízhǔ fùjiāshū 遗嘱附加书[-囑--書] N. codicil M: [1]fèn
yīzhuīzhīdì 一锥之地 N. (live in) a little hole-in-the-wall
yízhǔ jiǎnyàn 遗嘱检验[-囑--] V.P./N. probate
yīzhǔn(r) 一准(儿)[-準-] ATTR./ADV. <coll.> certain; definite
yīzhuó* 衣着[-著] N. clothing; headgear and footwear
yìzhuó 挹酌 V. pour out wine
yīzhuó huálì 衣着华丽[-著華麗] V.P. be loudly dressed
yīzhuó jiǎngjiu 衣着讲究[-著講-] V.P. in smart clothes
yīzhuó rùshí 衣着入时[-著-時] V.P. dress fashionably, in accord with the times
yīzhuó yànlì 衣着艳丽[-著艷麗] V.P. in one's colorful dress
yīzhuó zhěngjié 衣着整洁[-著-潔] V.P. be neatly dressed
yīzhùqíngtiān 一柱擎天 F.E. sb. who can shoulder important tasks
yízhǔrén 遗嘱人[-囑-] N. testator M: gè/[1]míng/[2]wèi
yǐzhūtánquè 以珠弹雀 ID. make a big investment for a small return; give much to get little
yízhūzhīhàn 遗珠之憾 N. A talented person out of employment is as pitiful as a pearl lost.
yízhūzhīhèn 遗珠之恨 N. regrets for being unable to employ all one's talents
yízhǔ zhíxíngrén 遗嘱执行人[-囑執--] N. executor M: gè/[1]míng/[2]wèi
[1]yī zì 一字 N. one word ♦ADV. in a line; in a row
[2]yīzì 一自 CONJ. since
yízi 胰子 N. ① <coll.> pancreas (of animals) ② <topo.> soap
yízì 遗字 N. printing omission
yǐzi* 椅子 N. chair M: [1]bǎ
yǐzī 以资 CONJ. as a means of
yǐzǐ 椅梓 N. <bot.> catalpa
yìzǐ 义子[義-] N. ① adopted son ② <lg.> foster son ③ seme M: gè/[1]míng
yīzìbāobiǎn 一字褒贬 F.E. ① a strict, deliberate choice of words ② praise or criticize with a single word
yǐzibèir 椅子背儿 N. back of chair
yīzìbùchà 一字不差 V.P. Not a single word is wrong.
yīzìbùcuò 一字不错 V.P. Every word is correct.
yīzìbùlòu 一字不漏 V.P. not drop a letter
yīzìbùshí 一字不识[-識] V.P. be completely illiterate
yīzìbùshuǎng 一字不爽 V.P. word for word; exact to the word
yīzìbùtí 一字不提 V.P. not breathe a single word about
yī zì chángshézhèn 一字长蛇阵 N. ① strung out in a long line ② single-line battle array
yǐzidàng 椅子档[-檔] N. rung of a chair
yīzìdiǎn 一字点[-點] N. <art> character "one" dot (in painting)
yǐzidiànr 椅子垫儿[--墊-] N. chair cushion
yǐzidǐng 椅子顶 N. balancing on a pyramid of chairs
yìzi'érshí 易子而食 F.E. exchange children for food (of people in a severe famine)
yízifěn 胰子粉 N. <topo.> soap powder
yǐzīgǔlì 以资鼓励[-勵] F.E. as an encouragement
yīzì hài yījù 一字害一句 F.E. One word spoils the whole sentence.
yǐzìháng 以字行 V.P. be known only by one's alias (while hiding the real name)
yízihér 胰子盒儿 N. <topo.> soap box/container
yīzìlǐng 一字领 N. boat neck; wide collar
yǐzīmíbǔ 以资弥补[-彌補] F.E. make up the deficit
yízipàor 胰子泡儿 N. bubble blown from soapy water
yīzìqiānjīn 一字千金 F.E. ① a single word is worth a thousand pieces of gold ② a highly finished literary product ③ Learning is more precious than gold.
yīzìqiānjūn 一字千钧 F.E. One word weighs a thousand kilograms.
yīzir 一子儿 N. <topo.> ① a hank; small bundle ② in a row; in a line
yīzìr* 一字儿 N. in a row; in a line
yīzìshī 一字师[-師] N. sb. who makes minimal corrections and thereby improves a piece of writing
yīzǐ-shuāngtiāo 一子双祧[--雙-] V.P. a son who inherits two estates
yīzì-shùyì 一字数义[-數義] N. <lg.> homograph
yìzì-tóngyì 异字同义[異-義] V.P. ① different characters having the same meaning ② synonyms
"yī" zìxíng zuàntóu 一字形钻头[---鑽-] N. bull bit
yīzìyībǎn 一字一板 F.E. (speak) slowly and clearly
yīzì-yījù 一字一句 N. every single word or phrase
yīzìyīlèi 一字一泪[-淚] F.E. a teardrop for every word (of sentimental writing); pathos
yīzìyīzhū 一字一珠 F.E. with a sweet mellow voice
yīzì-yīzì 一字一字 R.F. word by word
yǐzīzhèngmíng 以资证明[--證-] F.E. this is to certify that; in witness whereof
yīzìzhībāo 一字之褒 N. one word of commendation
yīzìzhībiǎn 一字之贬 N. one word of censure
yīzìzhīchā 一字之差 N. change of one word (which would make a great deal of difference)
yīzìzì 一字字 R.F. word by word
yīzōng(r) 一宗(儿) N. ① an assembly; a collection ② a kind/sort
yīzǒng(r)* 一总(儿)[-總-] ADV. <coll.> totally; completely; altogether
yízōng 遗踪[-蹤] N. traces
yīzōng bìdú 医宗必读[醫-讀] V.P. essential readings for medical professionals
yízǒu 移走 R.V. move away
yǐzòufūgōng 以奏肤功[--膚-] F.E. complete a monumental task
yīzǒuliǎozhī 一走了之 F.E. pack up and leave an obligation
[1]yízú 夷族 V.O. <trad.> exterminate an entire family/clan (as punishment)
[2]yízú 遗族 N. ① the family of the deceased ② descendants (of the clan of the deceased) ③ survivor of a clan/family

Yízú 彝族[彝-] N. Yi ethnic minority (in Yunnan, Sichuan, and Guizhou)
yǐzú 已足 V.P. already sufficient
[1]yìzú* 异族[異-] N. ① different race/ethnicity/clan/tribe ② clan of a different surname
[2]yìzú 役卒 N. runners; attendants M: *ge/[1]míng*
[3]yìzú 义足[義-] N. artificial leg
[4]yìzú 驿卒[驛-] N. courier; posthouse runner M: *ge/[1]míng*
[5]yìzú 逸足 N. fleet-footed
yízú bǎoxiǎn 遗族保险 N. survivor's insurance
yī zuǐ 一嘴 N. a mouthful of
yī zuì bùkě liǎng zhì 一罪不可两治 ID. Never hang a man twice for one offense.
yīzuìfāngxiū 一醉方休 F.E. get good and drunk
yìzúmù dòngwù 异足目动物[異--動-] N. <*archeo.*> pteropod
yízūn* 移樽 ID. go to sb. for advice
yìzūn 邑尊 N. town chief; county magistrate
yízūnjiùjiào 移樽就教 ID. ①go to sb. for advice ② be accommodating
yīzuó 一昨 N. in the old days
[1]yízuò* 遗作 N. posthumous work M: *[1]piān/[1]běn/[2]bù*
[2]yízuò 移作 V. turn into
[1]yìzuò 亦作 V.P. be also written as. . .
[2]yìzuò 译作[譯-] N. translations M: *[1]fèn/[2]bù*
yǐzuògùrén 已作故人 F.E. have passed away
yī zuò jiù cuò 一做就错 V.P. Whatever one does goes wrong.
yīzuòyáo 一座窑[-窯] N. <*coll.*> a coal mine
yǐ zuòzhě wéi zhōngxīn de 以作者为中心的 ATTR. <*lg.*> author-centered
yìzú tōnghūn 异族通婚[異-] N. mixed marriages; exogamy; intermarriage
yo* 哟[喲] INTJ. Oh!; Ouch! ♦M.P. *indicating exhortation* ***Yònglì lā ~!*** Heave ho! ***See also*** *[1]yō*
[1]yō 哟[喲] INTJ. Oh! ***See also*** *yo*
[2]yō 唷 INTJ. Yo!
[3]yō 育 in ***hángyō See also*** *[8]yù*
[1]yōng 拥[擁] V. ① embrace; hold ② gather around; surround ③ swarm; throng ♦B.F. ① support; uphold ***yōnghù*** ② have; possess ***yōngyǒu***
[2]yōng 痈[癰] N. carbuncle
[3]yōng 壅 B.F. ① stop up; obstruct ***[1]yōngsè*** ② mound soil or fertilizer around the base of a plant ***yōngtǔ***
[4]yōng 庸 B.F. commonplace; mediocre ***yōngsú, píngyōng***
[5]yōng 佣[傭] B.F. ① hire ***gùyōng*** ② servant ***yōngfù See also*** *[2]yòng*
[6]yōng 慵 B.F. weary; lethargic ***yōngduò, shūyōng***
[7]yōng 臃 B.F. swollen ***[1]yōngzhǒng***
[8]yōng 雍 B.F. harmonious ***yōnghé, yōngróng***
[9]yōng 墉 B.F. city wall; a high wall ***yōngyuán***
[10]yōng 饔 B.F. ① fine food ***yùyōngqiónglǐ*** ② breakfast ***yōng-sūn***
[11]yōng 鳙[鱅] B.F. variegated carp ***yōngyú***
Yōng 邕 N. another name for Nanning (in Guangxi)
[1]yóng 喁 B.F. fish with its mouth out of water ***[1]yóngyóng***
[2]yóng 颙[顒] B.F. ①big; great ***[2]yóngyóng*** ②look up to; admire ***yóngwàng***
[1]yǒng 涌 V. ① gush; well up; pour ② rise; surge; emerge
[2]yǒng 永 ADV. perpetually; forever; always
[3]yǒng 蛹 N. pupa
[4]yǒng 勇 B.F. ① brave; valiant; courageous ***[1]yǒnggǎn*** ② soldier; conscript ***liànyǒng***
[5]yǒng 咏[詠] B.F. ① chant; declaim ***gēyǒng, yínyǒng*** ② narrate in poetic form ***yǒnghuái***
[6]yǒng 泳 B.F. swim ***[1]yóuyǒng, yǒngchí***
[7]yǒng 俑 B.F. tomb figurine ***mùyǒng***
[8]yǒng 甬 B.F. ①corridor; path ***[1]yǒngdào, yǒnglù*** ② river in Zhejiang ③ nickname for Ningbo ***Yǒngjù***
[9]yǒng 踊[踴] B.F. jump; leap ***yǒngyuè***
[10]yǒng 恿 in ***sǒngyǒng***

[1]yòng* 用 V. ① use; employ; apply ② eat; drink ③ spend ④ need ♦B.F. ① expense ***fèiyong*** ② good; use ***Shuō yě méi~.*** It's no use talking. ♦COV. with ***See also bùyòng***
[2]yòng 佣[傭] B.F. commission; brokerage fee ***yòngjīn See also*** *[5]yōng*
yōng'àn 庸暗 V.P. <*wr.*> ignorant
yǒng'ān* 永安 N. perpetual peace
yōngbǎo 佣保[傭-] N. hired labor; employee
yōngbào* 拥抱[擁-] V. embrace
yǒngbǎo 永保 V. remain/retain forever
yǒngbǎoqīngchūn 永保/葆青春 F.E. remain youthful forever; retain one's youthful vigor
yǒngbǎotàipíng 永保太平 F.E. remain peaceful for all time
yōngbèi'érqǐ 拥被而起[擁-] V.P. get up quickly from one's quilt/blanket
yōngbèi'érwò 拥被而卧[擁-臥] V.P. lie down and cover oneself with a quilt
yǒngbèi gōngshì 永备工事[-備--] N. permanent fortifications
yǒngbèi huǒlìdiǎn 永备火力点[-備--點] P.W. permanent firing point
yǒngbèi jīchǎng 永备机场[-備-場] P.W. permanent airport M: *[4]zuò*
yǒngbèizi 永辈子 N. forever; for life
yōngbí 拥鼻[擁-] V.O. hold one's nose
[1]yōngbì 壅闭 V. block; stop up
[2]yōngbì 壅蔽 V. <*wr.*> hide from view; cover; conceal
yòngbì* 用毕[-畢] V.P. after using (durable articles)
yōngbìbùtōng 壅闭不通 F.E. obstructed and constipated
yǒngbié 永别 V. be parted by death; part forever
yōngbīng 佣兵[傭-] N. mercenary soldier M: *ge/[1]míng*
yòngbīng* 用兵 V.O. ① resort to arms ② direct military operations
yòngbīngrúshén 用兵如神 F.E. be a superb military commander
yòngbīngyīshí 用兵一时[--時] F.E. the use of the military force is only occasional/temporary (although it is maintained permanently)
yōngbīngzìwèi 拥兵自卫[擁-衛] F.E. maintain an army for personal safety
yōngbīngzìzhòng 拥兵自重[擁-] F.E. maintain an army and defy orders from the central government
yōngbó 拥脖[擁-] N. <*topo.*> horse collar
yǒngbō* 涌波 N. bore
yǒngbù 永不 V.P. will never; never
yǒngbù biànsè 永不变色[--變-] V.P. will never change color
yòngbude 用不得 R.V. can't be used; not be allowed to use
yǒngbù fēnlí 永不分离[-離] V.P. never to be separated
yòngbuguàn 用不惯 R.V. be not used/accustomed to using sth.
yǒngbùkědǎng 勇不可挡[-擋] F.E. too forceful to be met with
yòngbuliǎo 用不了 R.V. ① not require all of (sth.) ② use less than. . .
yòngbuqǐ 用不起 R.V. can't afford to use
yǒngbù tuìsè 永不褪色 V.P. will never fade
yòngbuwán 用不完 R.V. cannot be used up
yǒngbùxùyòng 永不叙用[--敘-] F.E. never to be employed again (of a disgraced official)
yòngbuzháo 用不着[-著] R.V. there is no need to/for
yōngcái 庸才/材 N. <*wr.*> mediocre person; mediocrity
yòngcáilín 用材林 P.W. commercial/timber forest M: *[4]zuò*
yòngcān 用餐 V.O. eat a meal
yòngchá 用茶 V.O. drink tea
yōngcháng 庸常 V.P. mediocre
yǒngchàng 咏唱[詠-] V. chant; sing
yòngchǎng* 用场[-場] N. ① use; usefulness ② application

yǒngcháo 涌潮 N. tidal/sea bore
yòngchá shíjiān 用茶时间[--時-] N. teatime
yōngchéng 壅城 N. enclosure outside a city gate
yǒngchí 泳池 P.W. swimming pool M: *[4]zuò*
yǒngchū 涌出 R.V. gush; gush/pour out
yòngchu* 用处[-處] N. use; practical application
yōngchuāng 痈疮[癰瘡] N. carbuncle
yǒngchuíbùxiǔ 永垂不朽 F.E. be immortal; last forever
yǒngchuíqīngshǐ 永垂青史 F.E. go down in history
yǒngchuíshǐcè 永垂史册[-冊] F.E. be ever remembered in the annals of history
yòng chūlai 用出来 R.V. ①use; exert ②become easier to handle with use; be broken in
yǒngchūn 永春 N. everlasting spring
[1]yǒngcí 永辞[-辭] V. pass away; die
[2]yǒngcí 永磁 N. <*phy.*> permanent magnetism
yòngcí* 用词 N. wording ♦ATTR. verbal
yòngcí bùdàng 用词不当[-當] V.P. misnomer
yòngcí cuòwù 用词错误 N. <*lg.*> catachresis
yòngcí hányì bùzú 用词含义不足[---義--] V.P. <*lg.*> underextension
yòngcí néngshǒu 用词能手 N. skilled wordman M: *ge/[1]míng/[2]wèi*
yōngcù 拥簇[擁-] V. gather round
yǒngcún 永存 V. be eternal
yòngcuò 用错 R.V. misuse
yōngdài 拥戴[擁-] V. support (sb. as leader)
[1]yǒngdào 甬道 N. ①corridor (covered or within walls) ② central vestibule in a hall M: *[1]tiáo*
[2]yǒngdào 泳道 N. lane (in a swimming race) M: *[1]tiáo*
yòngdào* 用到 R.V. be used
yǒngdé 勇德 N. a hero; a bravo
yòng de bùdàng 用得不当[-當] V.P. misdirect; misuse
yòngdeliǎo 用得了 R.V. need that much/many
yòngdezháo 用得着[-著] R.V. ①find sth. useful; need ② there is need to
yòngdì 用地 N. land used for a certain purpose
yǒngdiànquán 永佃权[-權] N. <*law*> lease in perpetuity
yǒngdiànzhì 永佃制 N. permanent tenancy
yòngdiào 用掉 R.V. use up (a certain amount of)
yǒngdòngcéng 永冻层[-層] N. permafrost
yǒngdòngjī 永动机[-動-] N. perpetual-motion machine M: *[1]tái/[1]jià*
yǒngdòngtǔ 永冻土 N. ever-frozen soil; permafrost
yòngdù 用度 N. ① expense; outlay ② habit of spending money
yǒngduàngéténg 永断葛藤[-斷--] F.E. sever relations forever
yōngduò 慵惰 V.P. <*wr.*> lazy; indolent
yòng duōshǎo mǎi duōshǎo 用多少买多少[---買--] V.P. hand-to-mouth buying
[1]yōng'è 雍阏 V. block; stop up; obstruct
[2]yōng'è 拥遏[擁-] V. obstruct; block
yǒng'érwúmóu 勇而无谋 F.E. be brave but without plans; be foolhardy
yòngfǎ(r) 用法(儿) N. ① use; usage ② instructions (included in appliances, etc.) ③ way to use
yòngfàn 用饭 V.O. eat a meal
yǒngfàngguāngmáng 永放光芒 F.E. will shine forever
yòngfèi 用费 N. expense; cost
yòngfēisuǒcháng 用非所长 F.E. ① have a person do work which he does not excel in ② fail to put one's specialized skill to best use
yòngfēisuǒxué 用非所学 F.E. ① be engaged in an occupation not related to one's training. ② fail to apply what one has learned
yōngfū* 庸夫 N. mediocre person M: *ge/[1]míng*
yōngfù 佣妇[傭婦] N. woman servant; maid M: *ge/[1]míng*
yǒngfù 勇妇[-婦] N. virago M: *ge/[1]míng/[2]wèi*
yōngfūfánzú 庸夫凡卒 F.E. common laborers; ordinary men

yōngfūsúzǐ 庸夫俗子 F.E. ① ordinary persons and laymen ② philistines
yōngfū-yúfù 庸夫愚妇[-婦] N. simple/ignorant people
yōngfǔzhījiàn 庸腐之见 N. a simple and stale point of view M: [1]zhǒng
[1]**yǒnggǎn** 勇敢 S.V. brave; courageous
[2]**yǒnggǎn** 永感 N. eternal regrets (for parents' death)
yǒnggǎnbùwàng 永感不忘 F.E. be everlastingly grateful
yǒnggǎnchénzhuó 勇敢沉着[-著] F.E. brave and steady
yǒnggǎnshànzhàn 勇敢善战[-戰] F.E. brave and resourceful in battle
yòng gāoyā shǒuduàn 用高压手段[--壓--] V.O. be heavy-handed
yōnggé 壅隔 V. block up; dam
yǒnggē* 咏歌[詠-] V.O. ① sing; chant ② recite (a poem/etc.) and sing
yōnggōng 佣工[傭-] N. <trad.> hired laborer; servant M: ge/[1]míng
[1]**yònggōng*** 用功 S.V. hardworking; studious
[2]**yònggōng** 用工 V.O. recruit and use (workers)
yòng gōngfu 用工夫 V.O. be diligent
yōnggōng jièshàosuǒ 佣工介绍所[傭-] P.W. housework job agency M: [1]jiā
yònggōngliàng 用工量 N. amount of labor used
yònggōng qǐlai 用功起来 R.V. start to work hard
[1]**yǒnggǔ** 永古 N. time immemorial
[2]**yǒnggǔ** 咏古[詠-] V.O. write poems on ancient subjects
yǒnggù* 永固 V. remain secure forever
yōngguān 庸官 N. incompetent officials M: ge/[1]míng
yòngguàn* 用惯 R.V. be used/accustomed to using sth.
yòngguāng 用光 R.V. use up; exhaust
yǒngguànsānjūn 勇冠三军 ID. unique bravery
yǒngguì 踊贵[踴-] V. rise in value
yòng gùnzi dǎrén 用棍子打人 V.P. give sb. the stick
yǒnggù yóumò 永固油墨 N. permanent ink
yǒnghàn 勇悍 V.P. bold and intrepid
yōnghé 雍和 N. harmony
yǒnghéng 永恒[-恆] ATTR. eternal; perpetual
yǒnghéng cáichǎn 永恒财产[-恆-產] N. inheritance
yǒnghéng zhēnlǐ 永恒真理[-恆--] N. eternal truth
yōnghù 拥护[擁護] V. support; endorse
yònghù(r)* 用户(儿) N. consumer; user
yǒnghuà 蛹化 N. pupation
yǒnghuái 咏怀[詠懷] V.O. express feelings in verse/song
yǒnghuáishī 咏怀诗[詠懷-] N. poems from the heart M: [2]shǒu
yònghù diànbào 用户电报[-電報] N. telex M: [1]fèn/[2]fēng
yònghùfèi 用户费 N. user charge M: [2]bǐ
yònghuì 用汇[-匯] V.O. use foreign exchange
yònghùmíng 用户名 N. user name
yònghù shǒucè 用户手册[-冊] N. user's manual M: [1]běn
yònghùzhìshàng 用户至上 F.E. customers/clients first
yònghù zhōngduān 用户终端 N. user terminal
yōngjǐ* 拥挤[擁擠] S.V. crowded; pushed and squeezed together *Bùyào ~!* Don't push!
yòngjì 用计 V.O. use tricks
yǒngjiàn* 勇健 V.P. ①brave and strong ②healthy
yòngjiàn 用间 V.O. sow discord
[1]**yǒngjiàng** 勇将[-將] N. fearless general M: ge/[1]míng/[2]wèi
[2]**yǒngjiàng** 泳将[-將] N. swimming athlete M: ge/[1]míng/[2]wèi
yōngjǐbùkān 拥挤不堪[擁擠-] F.E. intolerably crowded; crowded to capacity
yǒngjié 永劫 ADV. <Budd.> eternally; for ever and ever
yǒngjiéqínjìn 永结秦晋[-晉] ID. ensure perpetual alliance between two families by a marriage
yōngjìn 拥进[擁進] S.V. crowd into
yǒngjìn 涌进[-進] S.V. ① swarm/rush into ② pour
yòngjīn* 佣金[傭-] N. commission; middleman's fee M: [2]bǐ
[1]**yòngjìn(r)** 用劲(儿)[-勁-] V.O. exert oneself (physically)
[2]**yòngjìn** 用尽[-盡] R.V. exhaust; use up completely
yòngjīn běnwèi 用金本位 N. be on a gold basis
yòngjìn fāngfǎ 用尽方法[-盡--] V.O. exhaust one's wits; resort to every available means
yōngjīngwènjí 拥经问疾[擁經-] F.E. treat a former teacher with respect
yòngjīnháng 佣金行[傭-] P.W. commission house M: [1]jiā
yòngjìn xīnjī 用尽心机[-盡--] V.O. have tried every means
yǒngjiǔ 永久 ATTR. permanent; perpetual; everlasting
yǒngjiǔchǐ 永久齿[-齒] N. permanent teeth
yǒngjiǔ cítiě 永久磁铁[-鐵] N. <phy.> permanent magnet M: [2]kuài
yǒngjiǔ dìzhǐ 永久地址 N. permanent address
yǒngjiǔ dòngtǔ 永久冻土 N. permafrost
yǒngjiǔ jūliúzhèng 永久居留证[-證] N. permanent residence permit M: [1]zhāng/[1]fèn
yǒngjiǔxìng 永久性 N. eternity; perpetuity
yǒngjiǔxìng cáichǎn 永久性财产[-產] N. permanent property M: [2]bǐ
yǒngjiǔxìng chǔcúnqì 永久性储存器 N. <comp.> nonvolatile storage M: ge/[1]jiā
yǒngjiǔxìng jìyìtǐ 永久性记忆体[-憶體] N. <comp.> nonvolatile memory
yǒngjiǔ zhǔquán 永久主权[-權] N. permanent sovereignty
yǒngjiǔ zīběn 永久资本 N. <acct.> permanent capital M: [2]bǐ
yǒngjiǔ zūdìquán 永久租地权[-權] N. lease in perpetuity
yǒngjiǔ zǔzhī 永久组织[-織] N. permanent organization
yòngjìxiànhài 用计陷害 F.E. use tricks to get sb. in trouble
yōngjǐxuānxiāo 拥挤喧嚣[擁擠-] F.E. hustle and bustle
yǒngjìzàixīn 永记在心 F.E. remain forever in one's heart
yōngjū 痈疽[癰-] N. ulcer
Yōngjù 邕剧[-劇] N. Guangxi drama
Yǒngjù 甬剧[-劇] N. local opera popular in the Ningbo area of Zhejiang
yòngjù* 用具 N. utensil; appliance M: [2]jiàn/tào
yōngjuàn 慵倦 V.P. tired and sleepy
[1]**yǒngjué** 永诀 V. <wr.> be parted by death
[2]**yǒngjué** 勇决[-決] V.P. ① brave and resolute ② <wr.> decisive; determined
yōngjūn 拥军[擁-] V.O. support the armed forces
yōngjūn'àimín 拥军爱民[擁-愛-] F.E. support the army and cherish the people
yōngjūnyōushǔ 拥军优属[擁-優屬] F.E. support soldiers and their dependents
yòngkāi 用开[-開] R.V. be widely used; become popular
yòngkuǎn 用款 N. money allocated for certain expenses
yōngkùn 慵困 V.P. tired and sleepy
yònglái 用来 V.P. be used for
yōnglǎn 慵懒 V.P. <wr.> sluggish; indolent; lethargic
yǒnglàng 涌浪 N. ① huge waves ② swell
yōnglì 拥立[擁-] V. set up a ruler/leader and declare allegiance to him
yǒnglì 勇力 ATTR. brave and powerful
yònglì* 用力 V.O. exert oneself (physically)
yòngliào huìzǒngbiǎo 用料汇总表[--匯總-] N. <acct.> summary of materials consumed M: [1]zhāng/[1]fèn
yōngliè 庸劣 V.P. ordinary and inferior
yònglì guòdù 用力过度 V.P. make too-strenuous efforts
yǒnglìguòrén 勇力过人 F.E. be the boldest of the bold
yǒngliú 涌流 V. gush
yòng lìzi shuōmíng 用例子说明 V.P. exemplify
yōnglù* 庸碌 V.P. mediocre and unambitious
yǒnglù 甬路 N. a paved path leading to a main hall or tomb M: [1]tiáo
yǒnglüè 勇略 ATTR. brave and wise
yōnglúshǎngxuě 拥炉赏雪[擁爐-] F.E. enjoy the view of snow by the fireplace
yōnglùwúnéng 庸碌无能 F.E. mediocre and incompetent
yōnglúyǐnjiǔ 拥炉饮酒[擁爐-] F.E. cuddle up to the stove and drink
yōnglùzhībèi 庸碌之辈 ID. ordinary people; the common run of men
yōngmén 壅门 N. enclosure outside a city gate
yǒngměng 勇猛 S.V. brave and fierce
yǒngměngguǒduàn 勇猛果断[-斷] F.E. bold and resolute
yǒngměngguǒgǎn 勇猛果敢 F.E. bold and decisive
yǒngměng qiánjìn 勇猛前进[-進] V.P. march boldly forward
yǒngměngrúhǔ 勇猛如虎 F.E. as bold/brave as a lion
yǒngměngshànzhàn 勇猛善战[-戰] F.E. be brave and resourceful in battle
yǒngměngwúbǐ 勇猛无比 F.E. unrivaled in bravery
yǒngmián 永眠 V. die
yōngmín 庸民 N. common people
yǒngmìng 永命 N. long life; longevity
yòngmìng* 用命 V.O. <wr.> obey orders
yōngmù* 雍睦/穆 V.P. harmonious; friendly
yǒngmù 永慕 V. remember forever
yōngmùbùzhēng 壅穆不争[-爭] F.E. be free from discord and disagreement
yòng mùsǔn dǒuhé 用木榫斗合[---鬥-] A.T. <archeo.> mortise-and-tenon method
yòngnǎo chéngdu 用脑程度[-腦--] N. mental skill required
yòngnǎo guòdù 用脑过度[-腦--] V.P. overstrain one's nerves
yǒngnián 永年 N. ① all year round ② long life; longevity
yòngpǐn 用品 N. articles for use; appliances
yòngpǐn páncún 用品盘存[--盤-] N. <acct.> inventory of supplies
yǒngqī 蛹期 N. <zoo.> pupa stage
yǒngqǐ 涌起 R.V. surge
yǒngqì* 勇气[-氣] N. courage; nerve
yòngqì 用器 N. things for use
yòngqian 佣/用钱[傭錢] N. commission; brokerage
yòngqián* 用钱[-錢] V. ① spend money ② spend money like water
yǒngqiào 蛹壳[-殼] N. puparium; larval shell
yòngqìhuà 用器画[-畫] N. instrumental drawing
yòngqǐlai 用起来 R.V. when put in use
yōngqīn 拥衾[擁-] V.O. go to bed
yòngqíng 用情 V.O. ① appeal to emotion ② be serious about a love affair
yòngqíng bù zhuān 用情不专[-專] V.P. be frivolous in affairs of the heart
yòngqù 用去 R.V. have spent/used
yǒngquán 涌泉 N. bubbling fountain
yǒngquánchánchán 涌泉潺潺 F.E. the bubbling of the spring
yōngrén 庸人 N. mediocre person M: ge/[1]míng
yòngren 用/佣人[傭-] N. (domestic) servant M: ge/[1]míng
yòngrén* 用人 V.O. ① employ/handle people ② manipulate (for one's own benefit) ③ need hands
yòngrén dānwèi 用人单位 P.W. employing unit M: [1]jiā

Y

yōngrénduōfú 庸人多福 F.E. Simple men enjoy the most happiness.
yòngrénjīngfèi 用人经费[--經-] F.E. <acct.> personnel expenditure
yòngrénquán 用人权[-權] N. power to promote or demote staff
yōngrénzìrǎo 庸人自扰[-擾] F.E. ① bark at the moon ② stupid people create trouble for themselves
yǒngrì 永日 N. long day; all the day
yōngróng 雍容 V.P. dignified; graceful and poised
yōngróngbùpò 雍容不迫 F.E. poised
yōngróngdàfāng 雍容大方 F.E. decorous
yōngróng'ěryǎ 雍容尔雅 F.E. display poise and refinement
yōngrónghuáguì 雍容华贵[--華-] F.E. poised and stately; elegant and poised
yōngróngqídé 雍容其德 F.E. affable; friendly
yōngróngyǎbù 雍容雅步 F.E. calm and graceful steps
yōngróngzìdé 雍荣自得[-榮--] F.E. poised; possessed of peace of mind
yōngrù 拥入[擁-] V. crowd into
yǒngruì 勇锐 V.P. brave and strong (of soldiers)
yǒngsàn 涌散 V. swarm
yǒngsāngyùliǔ 咏桑寓柳[詠-] ID. express one's hidden sentiments by means of gentle allusions and ambiguous phrases
yòng sān zhǒng yǔyán de 用三种语言的[--種---] ATTR. trilingual
[1]**yōngsè** 壅塞 V.P. be clogged up; be jammed/congested
[2]**yōngsè** 拥塞[擁-] V. jam; block up
yòngshājiéshéng 用沙结绳[-繩] ID. do the impossible
yòngshàn 用膳 V.O. eat a meal
yǒngshang 涌上 R.V. well up; stream; rush
yòngshàng* 用上 R.V. ① be made use of; make use of ② be put to use
yōng shànglai* 拥上来[擁-] R.V. come in a swarm
yǒng shànglai 涌上来 R.V. ① well up ② come in a sweep
yōngshàng xīn lái 拥上心来[擁-] V.P. well up (of memories/etc.)
yǒngshēng 永生 N. eternal life ♦V. be immortal; live forever ♦ADV. forever ♦ATTR. immortal
yǒngshēngbùsǐ 永生不死 F.E. immortal
yǒngshēngliú 涌升流 N. upwelling
yǒngshēngnánwàng 永生难忘[--難-] F.E. never forget for all one's life
yǒngshēngyǒngshì 永生永世 F.E. for ever and ever
yòngshěxíngcáng 用舍行藏[-捨--] F.E. go forward if employed or stay out of sight if set aside
yǒngshī 咏诗[詠-] V.O. chant poems
yǒngshǐ 咏史[詠-] V.O. sing of or versify historic events
[1]**yǒngshì*** 勇士 N. brave man; warrior M: ge/[1]míng/[2]wèi
[2]**yǒngshì** 永世 N. ①forever ②the whole lifetime
[3]**yǒngshì** 永逝 V. die
[1]**yòngshì** 用事 V.O. ① manage; handle ② act ③ <wr.> be in power
[2]**yòngshì** 用世 V.O. be employed in a way in which one can do good for the world
[3]**yòngshì** 用是 A.T. therefore; for this reason
yǒngshì bùdé fānshēn 永世不得翻身 F.E. never rise again
yǒngshìbùwàng 永矢不忘 F.E. will always remember in one's heart
yǒngshìbùxiǔ 永世不朽 F.E. ① last forever ② be everlasting
yǒngshì chángcún 永世长存 V.P. remain forever
yòng shídào fāchū de 用食道发出的[---發--] ATTR. <lg.> esophageal
yòng shītǐ xiě de 用诗体写的[--體寫-] ATTR. <lg.> metrical
yǒngshìwúqióng 永世无穷[-窮] F.E. perpetual and inexhaustible
yǒngshǐwùxuān 永矢勿谖 F.E. keep the memory alive
[1]**yōngshū*** 佣书[傭書] V. be hired as a scribe
[2]**yōngshū** 拥书[擁書] V.O. possess a large collection of books
yōngshù 庸竖[-豎] N. mediocre person
yòngshuǐ 用水 V.O. use water ♦N. water for specific use
yōngshuǐhú 壅水湖 N. dammed lake
yōngsú 庸俗 S.V. vulgar; philistine
yōngsúcí 庸俗词 N. four-letter word
yōngsúhuà 庸俗化 N./V. vulgarize; debase
yōng-sūn 饔飧 N. breakfast and supper
yōngsūnbùjì 饔飧不继[-繼] F.E. <wr.> not know where the next meal will come from
yōngsúxiàliú 庸俗下流 F.E. vulgar and mean
yōngsúzhǔyì 庸俗主义[-義] N. vulgarism
yǒngtàn 咏叹[詠嘆] V. ① intone; sing; chant ② wax eloquent on
yǒngtàndiào 咏叹调[詠嘆-] N. <mus.> aria
yòngtè 用特 F.E. Therefore, I specially. . . . (a conventional phrase in formal letters)
yǒngtiāozhòngdàn 勇挑重担[-擔] F.E. bravely to take on heavy responsibilities
yòngtou 用头 N. ① use (to which a thing can be put) ② purpose (for which a thing may be employed)
yōngtǔ 壅土 N. <agr.> hilling; mounding
yǒngtǔ 涌吐 N. emetic therapy
yòngtū 用秃[-禿] V. be worn down
yòngtú* 用途 N. ① use ② purpose
yǒngtuān 涌湍 V.P. rapid and turbulent (of flowing water)
yǒngtuì 勇退 V. deign to withdraw/retire
yòng wàibì biāojià 用外币标价[-幣標價] V.P. denominated in foreign currency
yòngwán 用完 R.V. use up; exhaust
yóngwàng 颙望 V. hope; be eager for
yǒngwǎng* 勇往 N. advance courageously
yǒngwǎngzhíqián 勇往直前 F.E. advance bravely
yòngwán jí rēng 用完即扔 V.P. use up and throw away
yǒngwéi* 勇为 V.P. do sth. courageously; be heroic
yòngwéi 用为 V.P. be used as
yōngwěn 拥吻[擁-] V. hug and kiss
yǒngwò 蛹卧[-臥] ID. live in seclusion
yǒngwǔ 勇武 V.P. valiant
yǒngwù 咏物[詠-] V.O. chant poems about tangible objects
yòngwǔ* 用武 V.O. ①use force ②display one's abilities
yǒngwùgǎnhuái 咏物感怀[詠-懷] F.E. chant things recollecting past memories
yǒngwǔguòrén 勇武过人 F.E. surpass others in valor
yǒngwúníngrì 永无宁日[--寧-] F.E. Never will there be days of peace.
yǒngwùshī 咏物诗[詠-] N. poems describing objects M: [2]shǒu
yǒngwúxiūzhǐ 永无休止 F.E. be endless; last forever
yòngwǔzhīdì 用武之地 N. suitable/favorable position/place for the use of one's skills
yǒngwúzhǐjìng 永无止境 F.E. without end; endless; boundless
yōngxì 饔饩[-餼] V. present slaughtered or live animals
yǒngxiàn* 涌现 V. emerge in large numbers
yòngxián 用贤[-賢] V.O. employ men of wisdom and virtue
yǒngxiǎng 永享 V. enjoy forever
yǒngxiàng* 涌向 V.P. surge up
yòngxiàng 用项 N. items of expenditure; expenditures
yòngxiánrènnéng 用贤任能[-賢--] F.E. use the capable and employ the skilled
yòngxīn 用心 V.O. be diligent/attentive ~ *xiǎng yī xiǎng* do some hard thinking ♦N. motive; intention ♦S.V. careful
yōngxíng 庸行 N. regular course of action
yòngxíng* 用刑 V.O. put sb. to torture; torture; apply corporal punishment
yòngxíngshěcáng 用行舍藏[--捨-] come forward if employed and stay out of sight if set aside
yòngxīn héqídúyě 用心何其毒也 F.E. What a sinister motive!
yòngxīnjiélì 用心竭力 F.E. attentively and diligently
yòngxīnliángkǔ 用心良苦 F.E. ① cudgel one's brains ② lay oneself out
yōngxū 庸虚[-虛] V.P. <humb.> mediocre and incapable
yǒngxù niánjīn 永续年金[-續--] N. <acct.> perpetuities
yǒngxù páncún(zhì) 永续盘存(制)[-續盤--] N. <acct.> perpetual inventory/stock; running inventory
yǒngxù shōuhuò 永续收获[-續-穫] N. sustained yield
yǒngxùzhīcái 咏絮之才[詠-] N. woman talented in composing verses
yōngyán* 庸言 N. banality; cliché
yǒngyán 永言 V.P. be remembered forever
yōngyáng 痈疡[癰瘍] N. a large carbuncle
yòng yǎn shìyì 用眼示意 V.P. hint by the eyes
yōngyányōngxíng 庸言庸行 F.E. commonplace words and deeds
yòng yányǔ biǎodá 用言语表达[-達] V.P. put into words
yòngyào 用药[-藥] V.O. application of medicine
yǒngyè 永夜 N. long night
yōngyī 庸医[-醫] N. ① quack; charlatan M: ge/[1]míng ② <Ch. med.> emesis; method that leads heteropathy upward and out
[1]**yǒngyì** 勇毅 V.P. ① brave and firm ② steadfast
[2]**yǒngyì** 涌溢 V. gush out
[3]**yǒngyì** 永逸 V. be at ease and free from trouble forever
yòngyǐ 用以 CONJ. in order to; so as to
yòngyì* 用意 N. intention; purpose
yòngyìn 用印 V.O. affix a seal (to a document)
yòng yìngbì zhīfù 用硬币支付[--幣--] V.P. payment in specie
yòng Yīngyǔ jiàoxué de xuéxiào 用英语教学的学校 P.W. <lg.> English-medium school
yōngyīshārén 庸医杀人[-醫殺-] F.E. homicide by medical quackery
yōngyōng* 雍雍//邕邕 R.F. harmonious; peaceful
[1]**yóngyóng** 喁喁 R.F. <wr.> ①look at expectantly ② in whispers
[2]**yóngyóng** 颙颙 R.F. ① admiring ② turbulent ③ dignity; solemnity
yóngyóngdàibǔ 喁喁待哺 F.E. wait with open mouth to be fed
yōngyōngjǐjǐ 拥拥挤挤[擁擁擠擠] R.F. <coll.> crowded
yǒngyònglì 永用历[-曆] N. permanent calendar
yōngyōnglùlù 庸庸碌碌 R.F. very mediocre
yóngyóngnóngnóng 喁喁哝哝[-噥噥] R.F. whispering
yóngyóngqínghuà 喁喁情话 F.E. whisper tender words to each other
yóngyóngsīyǔ 喁喁私语 F.E. ① talk in whispers ② bill and coo
yóngyóngwàngzhì 喁喁望治 F.E. look hopefully to those in power
yōngyōngzhībèi 庸庸之辈 N. the common run of men
yōngyǒu 拥有[擁-] V. possess; have; own
yōngyǒu chūkǒu yōushì 拥有出口优势[擁-優勢] V.O. hold the trump-cards in the export of. . .
yōngyǒuliàng 拥有量[擁-] N. the amount possessed
yōngyǒuquán 拥有权[擁-權] N. ownership

Y

yōngyú 鳙鱼 N. variegated carp; bighead M: [1]*tiáo*

yǒngyú 勇于[-於] V.P. have courage to

yòngyú 用于[-於] V.P. use in/on

yòngyǔ* 用语 N. <*lg.*> ① wording; phraseology; term ② diction; discourse; jargon

yōngyuán 墉垣 N. city wall

yǒngyuán 泳员 N. swimmer M: *gè/*[1]*míng/*[2]*wèi*

yǒngyuǎn* 永远[-遠] ADV. always; forever

yǒngyuǎn bù sǐ 永远不死[-遠--] V.P. be immortal

yǒngyuè 踊跃[踴躍] V. leap; jump ♦ADV. eagerly; enthusiastically

yǒngyuèshūjiàng 踊跃输将[踴躍-將] F.E. contribute willingly

yǒngyúkāituò 勇于开拓[-於開-] F.E. dare to blaze new trails

yòngyùn 用韵[-韻] V.O. use rhyme

yǒngzàn 咏赞[詠-] V. ① praise ② sing the praise of

yǒngzhěbùjù 勇者不惧[-懼] F.E. Bravery admits no fear.

yòngzhěchēngbiàn 用者称便[--稱-] F.E. be user-friendly

yōngzhèng 拥政[擁-] V.O. support the government

yōngzhèng'àimín 拥政爱民[擁-愛-] F.E. support the government and cherish the people (spoken of the army)

yōngzhì* 壅滞[-滯] V.P. ① stagnant; stalemated ② remain in an inferior position for a long time

[1]**yǒngzhì** 永志 V. have an undying memory of

[2]**yǒngzhì** 涌至 V. arrive like a flood

yòngzhībùjié 用之不竭 F.E. inexhaustible

yǒngzhìbùwàng 永志不忘 F.E. remember forever

yòng zhīpiào zhuǎnzhàng 用支票转帐[---轉-] V.P. transfer by check

yōngzhīsúfěn 庸脂俗粉 F.E. a commonplace woman

[1]**yōngzhǒng*** 臃/拥肿[擁腫] S.V. ① obese ② bloated ③ overstaffed ④ rugged; gnarled (of rock) ⑤ stupid; ignorant

[2]**yōngzhǒng** 痈肿[癰腫] N. <*med.*> abscess

yōngzhòng 雍重 V.P. cumbersome

yōngzhōngjiǎojiǎo 庸中佼佼 F.E. ① outstanding ② a giant among dwarfs

yǒngzhòu 永昼[-晝] N. long day

yōngzhù 拥住[擁-] R.V. embrace; hug

yòngzhǔ(r)* 用主(儿) N. customer

yǒngzhuāng* 泳装[-裝] N. swimming suit M: [2]*jiàn/tào*

yǒngzhuàng 勇壮[-壯] V.P. brave and strong

yòngzì 用字 N. wording; diction

yǒngzì bāfǎ 永字八法 N. the eight representative strokes as contained in the character *yǒng*

yòngzìfǎ 用字法 N. phraseology

yòng zìmǔ zuò fúhào 用字母做符号[-號] F.E. alphabetism

yòngzú 用足 V.P. use full strength/capacity/etc.

yōngzuò 佣作[傭-] V. be hired to do sth.

yòngzuò* 用作 V. use for the purpose of; use as

yǒngzūquán 永租权[-權] N. perpetual lease

yòngzú yǔyán 用族语言 N. <*lg.*> cognate

[1]**yōu** 优[優] B.F. ① excellent; superior *yōuliáng* ② ample; abundant [2]*yōuyù* ③ free; leisurely *yōuyóu* ④ give preferential treatment *yōudài* ⑤ <*trad.*> actor; actress [2]*yōulíng*

[2]**yōu** 悠 V. <*coll.*> swing ♦B.F. ① remote in time/space *yōujiǔ, yōuyuǎn* ② leisurely [1]*yōuxián* ③ melancholy; pensive [1]*yōurán* ④ melodious *yōuyáng* ⑤ absurd *yōuyōuzhītán*

[3]**yōu** 忧[憂] B.F. ① worry; be worried *yōulǜ* ② sorrow; anxiety *yōuchóu*

[4]**yōu** 呦 INTJ. *of surprise*

[5]**yōu** 幽 B.F. ① remote; secluded [1]*yōujìng, qīngyōu* ② secretive [2]*yōuhuì* ♦in *yōumò*

[6]**yōu** 攸 B.F. thus; that which [2]*yōurán, zéyōuyōuguī*

[7]**yōu** 麀 B.F. female deer; doe *yōulù*

[8]**yōu** 油 in *lǜyōuyōu, bìyōuyōu See also* [2]*yóu*

[9]**yōu** 黝 in [1]*hēiyōuyōu See also* [6]*yǒu*

[1]**yóu** 由/繇 V. ① let (sb. do sth.) ~ *tā qù ba.* Leave him alone. ② be up to sb; rest with sb ③ follow; obey ♦B.F. cause; reason *lǐyóu* ♦COV. ① from ② via ③ owing/due to ④ by; through ♦CONS. ~ *A V* be V-ed by A *Yùnshū wèntí ~ tāmen jiějué.* The transportation issue is to be resolved by them. *See also* [9]*yáo*

[2]**yóu** 油 N. oil; fat; grease ♦V. ① apply paint/oil/varnish ② be stained with oil/grease ♦S.V. ① oily; greasy ② glib; slick ♦B.F. ① petroleum; petroleum products [1]*shíyóu,* [1]*qìyóu, méiyóu* ② spontaneously [1]*yóurán See also* [8]*yōu*

[3]**yóu** 游/遊 V. swim; float ♦B.F. ① travel *lǚyóu* ② rove *yóuguàng* ③ associate with ④ reaches of a river [1]*shàngyóu,* [1]*xiàyóu* ♦N. Surname

[4]**yóu** 铀[鈾] N. <*chem.*> uranium

[5]**yóu** 尤 ADV. especially; particularly ♦B.F. ① fault; wrongdoing *xiàoyóu* ② blame; indict *yuàntiānyóurén* ♦N. Surname

[6]**yóu** 犹[猶] <*wr.*> ADV. still; yet ♦V./CONJ. just as; like; as if

[7]**yóu** 邮[郵] V. post; mail ♦B.F. post; postal *yóujú,* [1]*yóupiào*

[8]**yóu** 疣 N. wart

[9]**yóu** 柚 B.F. teak [2]*yóumù See also* [12]*yòu,* [6]*zhú*

[10]**yóu** 猷 B.F. plan; scheme *móuyóu,* [2]*zhuàngyóu*

[11]**yóu** 莸[蕕] B.F. ① common bluebeard ② <*trad.*> a noisome weed *lányóu, xūnyóuyìqì*

[12]**yóu** 蚰 B.F. centipede-like creatures *yóuyan, mǎyóu*

[13]**yóu** 輶[輶] B.F. ancient light-weight carriage [2]*yóuchē, yóuxuān*

[14]**yóu** 莜 in *yóumài*

[15]**yóu** 蝣 in [2]*fúyóu*

[16]**yóu** 蝤 in *yóumóu See also* [14]*qiú*

[17]**yóu** 鱿[魷] in [2]*yóuyú*

[18]**yóu** 鲉[鮋] in *guǐyóu*

[1]**yǒu*** 有 V. ① have; possess ② be; exist ♦CONS. ① ~ *A* ~ *B* both A and B ~ *shuō* ~ *xiào* talking and laughing ② ~ *A wú B* have A but not B ~ *zēng wú jiǎn* increase but not decrease ③ ~ *N kě V* there is N which (one) can/may V ~ *fàn kě chī* have food to eat ♦PREF. *before names of dynasties* <*wr.*> ~ *Xià* the Xia dynasty *See also* [7]*yòu*

[2]**yǒu** 友 B.F. ① friend *péngyou* ② associate [1]*xiàoyǒu,* [2]*gōngyǒu*

[3]**yǒu** 酉 N. 10th of the 12 Earthly Branches

[4]**yǒu** 牖 B.F. window *yǒuhù,* [2]*hùyǒu*

[5]**yǒu** 莠 B.F. ① bristlegrass; weeds *chúyǒujī* ② bad; undesirable [1]*yǒumín, liángyǒubùqí*

[6]**yǒu** 黝 B.F. black; dark *yǒuhēi, ànyǒu See also* [9]*yōu*

[7]**yǒu** 铕[銪] N. <*chem.*> europium

[8]**yǒu** 卣 B.F. <*trad.*> a small-mouthed wine bottle *xiāoyǒu*

[1]**yòu** 又 ADV. again; moreover ~ *guòle yī tiān* another day passed ~ *shì tā.* It's him again. (disapprovingly) ♦CONJ. ① and; in addition *sān ~ wǔ fēnzhī sì* three and four-fifths ② but; on the other hand *Wǒ xiǎng mǎi, ~ pà tài guì.* I thought of buying it, but was afraid that it was too expensive. ♦CONS. ~ *A* ~ *B* both A and B ~ *piányi ~ hǎo* cheap as well as good

[2]**yòu** 右 B.F. ① right side; the right *yòubian* ② politically on the right; conservative *yòupài* ③ west *Jiāngyòu* ④ <*trad.*> right side as the side of precedence *yòuzhì* ⑤ <*wr.*> favor *yòuwén*

[3]**yòu** 幼 B.F. ① young; under-age *yòuxiǎo* ② children; the young *yòu'ér,* [1]*fùyòu*

[4]**yòu** 诱[誘] B.F. ① guide; lead; induce *yòudǎo* ② lure; seduce; entice *yǐnyòu, yòuhuò*

[5]**yòu** 釉 N. glaze

[6]**yòu** 鼬 N. weasel

[7]**yòu** 有 <*wr.*> ADV. also ♦CONS. *A ~ B* round number A and fractional amount B *sìshí ~ bā nián* 48 years *See also* [1]*yǒu*

[8]**yòu** 佑/祐 B.F. protect *yòuhù, bǎoyòu*

[9]**yòu** 侑 B.F. urge (sb.) to eat or drink [2]*yòushí, yòushāng*

[10]**yòu** 囿 B.F. ① animal yard/farm [2]*yuányòu* ② limit; constraint [1]*yòuyú,* [2]*jūyòu*

[11]**yòu** 宥 B.F. forgive; be lenient/indulgent *yòudài, kuānyòu, tèyòu*

[12]**yòu** 柚 B.F. ① pomelo [1]*yòuzi* ② grapefruit [3]*yuányòu, pútáoyòu See also* [9]*yóu,* [6]*zhú*

[13]**yòu** 蚴 B.F. larvae of tapeworm, etc. *máoyòu, wěiyòu*

[1]**yǒu'ài** 友爱[-愛] N. friendly affection; fraternal love

[2]**yǒu'ài** 有碍[-礙] V. be a hindrance to; obstruct

yǒu'àiguānzhān 有碍观瞻[-礙觀-] F.E. be unsightly; offend the eye; be an eyesore

yǒu'àishìróng 有碍市容[-礙--] <*coll.*> F.E. be an eyesore

yòu'ái yīnsù 诱癌因素 N. carcinogen

[1]**yōu'àn*** 幽暗 V.P. dim; gloomy

[2]**yōu'àn** 悠暗 V.P. far and dim

yòu'àn 右岸 N. right bank

yǒu àn kě chá 有案可查 V.P. be a matter of record; be on the record; can be checked against a file

yǒu àn kě jī 有案可稽 V.P. be matter of record

yóu'áo 游遨 V. <*wr.*> roam

yǒu áotou 有熬头 V.O. <*coll.*> show promise; have prospects

yǒu bǎ jiāhuo 有把家伙 V.P. <*coll.*> have talent/skill

yóubān 邮班[郵-] N. mail pickup

yóubàn* 游伴 N. traveling companion

yǒubàn 友伴 N. friend M: *gè/*[1]*míng/*[2]*wèi*

yǒu bànfǎ 有办法[-辦-] V.O. ① have a way to solve a problem; know how to do something ② be resourceful

[1]**yǒubāng** 友邦 P.W. friendly nation

[2]**yǒubāng** 有邦 P.W. feudal state

yòubànqiú 右半球 P.W. <*lg.*> right hemisphere

yóubàn shālā 油拌沙拉 N. tossed salad

yǒubǎnyǒuyǎn 有板有眼 F.E. <*coll.*> ① rhythmical ② systematic; methodical; orderly

yóubāo(r)* 邮包(儿)[郵-] N. postal parcel; parcel M: *gè/*[2]*zhī*

yóubào 邮报[郵報] N. gazette M: [1]*fèn*

yǒu bǎoliú 有保留 V.O. have reservations

yóubāo shōujù 邮包收据[郵-據] N. parcel-post receipt

yǒu bǎozhèng 有保证[-證] V.O. be guaranteed

yǒu bǎozhèng shōurù 有保证收入[--證--] N. guaranteed income

yǒu bǎwò 有把握 V.O. confident of success

yóubēi 油杯 N. oilcan

yòubèi* 幼辈 N. younger generation

yǒubèichángqíng 有悖常情 F.E. perverse; abnormal

yǒu bèijǐng 有背景 V.O. have powerful connections

yǒubèiwúhuàn 有备无患[-備--] F.E. preparedness averts peril; be prepared, just in case

yòubēiyòuxǐ 又悲又喜 F.E. tragicomic

yóubèng 油泵 N. oil pump M: [1]*tái*

yǒu běnlǐng 有本领 V.O. be capable/talented/resourceful; have sth. on the ball

yǒu bèntóu(r) 有奔头(儿) V.O. <*coll.*> have bright prospects

yōubì 幽闭 V. ① <*wr.*> confine ② <*hist.*> sterilize a woman (as punishment)

yòubī* 诱逼 V. lure and threaten

yòubì 右臂 N. ① right arm ② right-hand man; important helper

yóubiān 邮编[郵-] N. zip code; postal code

yǒubiàn 有便 F.E. at your convenience

yòubian(r)* 右边(儿)[-邊-] P.W. right-hand side; the right

yǒu biànbié zì de 有辨别字的 ATTR. <*lg.*> distinctive

yòubiānfēng 右边锋[-邊-] N. <*sport*> outside right; right wing M: *gè/*[1]*míng/*[2]*wèi*

yǒubiānr 有边儿[-邊-] V.O. <*coll.*> ① be likely/possible ② begin to take shape; be likely to succeed

yǒubiān tǒngguǎn 有边筒管[-邊--] N. spool; bobbin
yǒubiān tǒngzi 有边筒子[-邊--] N. spool
yǒu biàn yì yīn de xíngtài 有辨义音的形态[--義---態] N. <lg.> differentiating form
yóubiāo 游标[-標] N. ① <mach.> vernier ② <comp./TW> cursor
yǒu biāojì 有标记[-標-] V.O. be marked
yǒubiāojì cí 有标记词[-標--] N. <lg.> marked term
yóubiǎojílǐ 由表及里[-裡] F.E. proceed from outside to inside
yǒubiāojìxìng 有标记性[-標--] N. <lg.> markedness
yǒubiāoxìng 有标性[-標-] N. <lg.> markedness
yǒubié 有别 V.O. be different; have differences
yǒubié yú 有别于[-於] V.P. be distinguished from
yōubì kǒngjùzhèng 幽闭恐惧症[---懼-] N. claustrophobia
yóubīng 游兵 P.W. militia men; irregulars M: ge/[1]míng
yóubǐng(r) 油饼(儿) N. ① deep-fried dough cake ② <agr.> oil cake M: [2]kuài
yǒubìng* 有病 V.O. be sick; fall ill; feel unwell
[1]yòubīng 诱兵 V.O. feign flight to lead the enemy into an ambush
[2]yòubīng 幼冰 N. calved ice; calf
yòubīngbùzhuī 诱兵不追 F.E. not press troops that pretend to flee
yǒu bìyào 有必要 V.O. be obliged; be necessary
yóubìzhuàng 油碧幢 N. ① tent with a green oiled-cloth cover ② painted cart cover
yǒu bízi yǒu yǎn(r) 有鼻子有眼(儿) ID. ① <coll.> in vivid detail ② minutely lifelike ③ plausible; convincing
yóubō* 邮拨[郵撥] N. postal money order
yóubó 油驳 N. oil barge/tank barge M: [1]tiáo
yóubù* 油布 N. oilcloth; tarpaulin M: [2]kuài
yòubǔ 诱捕 V. ① lure a criminal out of hiding and arrest him ② trap (animals)
yóubude 由不得 R.V. ① be beyond the control of ② cannot help
yóubù jiǎbǎn 游步甲板 P.W. promenade deck
yóubuliǎo 由不了 R.V. be beyond the control of
yǒu bùshì 有不是 V.O. have done wrong
yòubǔ xíngdòng 诱捕行动[--動] N. sting operation
yóu bùyí 尤不宜 V.P. particularly improper
yǒu bùzhòu jìnxíng 有步骤进行[---進-] V.P. be done step by step
yóubuzì 油不渍 V.P. <coll.> oil-soaked; smeared with oil
yóucǎi 油彩 N. greasepaint; paint
yóucài* 油菜 N. <bot.> ①rape; canola ②Chinese cabbage M: [2]kē
yǒucái 有才 S.V./V.O. gifted; talented
yòucǎi 釉彩 N. colorful glaze
yǒu cái biàn yǒushì 有财便有势[-勢] F.E. One who has money has power.
yóucàihuā 油菜花 N. <bot.> canola flowers
yǒu cáiliaor 有材料儿 ADV. <topo.> be possible; be hopeful
yōucáilièyòng 优才劣用[優-] F.E. talent poorly used
yǒucáiwúdé 有才无德 F.E. have ability but no principles
yǒucáiwúmìng 有才无命 F.E. be gifted but unlucky
yǒucáiyǒushì 有财有势[-勢] F.E. be rich and powerful
yǒucáizhīshì 有才之士 N. a man of talent
[1]yóucāng* 油舱[-艙] N. oil tank; feul tank (of a ship) M: [4]zuò
[2]yóucāng 邮仓[郵倉] P.W. mail room (aboard a ship) M: [1]jiān
yóucáng 油藏 N. oil deposit; oil pool
yóucáo 油槽 N. oil sink M: [1]tiáo
yóucáochē 油槽车 N. tank truck; oil carrier M: [3]liàng
yóucáo tuōchē 油槽托车 N. tank trailer M: [3]liàng
yòucè 右侧 P.W. right side
yóucéng 油层[-層] N. oil layer/horizon
yóuchá* 油茶 N. ① oil-tea camellia ② gruel of sweetened fried flour
yǒuchá(r) 有碴(儿) V.O. <coll.> have differences; lack mutual understanding
yóuchāi 邮差[郵-] N. <trad.> postman M: ge/[1]míng
yóuchámiàn(r) 油茶面(儿)[--麵-] N. gruel of sweetened fried flour
yòuchán 幼蟾 N. toadlet
[1]yōucháng* 悠长 V.P. long; long-drawn-out
[2]yōucháng 优长[優-] N. one's special merit/excellence/advantage
yóuchǎng 油厂[-廠] P.W. ① oil refinery ② oil-extracting mill M: [1]jiā/[4]zuò
yǒucháng 有偿[-償] V.O. be burdened with repayment
yǒu chángfù nénglì 有偿付能力[-償---] V.O. ① be solvent ② be loan-worthy
yǒucháng fúwù 有偿服务[-償-務] N. paid/compensable service
yǒucháng qìyuē 有偿契约[-償--] N. onerous contract
yǒucháng xíngwéi 有偿行为[-償--] N. non-gratuitous
yǒucháng xīnwén 有偿新闻[-償--] N. news paid for at space rates
yǒuchàngyǒuhé 有唱有和 F.E. in harmony with
yǒu chángzhài lì 有偿债力[-償--] V.O. be solvent ♦N. solvency
yǒuchǎn jiējí 有产阶级[-產階-] N. the propertied class
yǒuchǎnzhě 有产者[-產-] N. a man of property M: ge/[1]míng/[2]wèi
yóuchǎomiàn 油炒面[-麵] N. fried flour
Yǒucháoshì 有巢氏 N. legendary Chinese ancestor who lived in a tree
yǒucháoshuǐyù 有潮水域 N. tidal water
yóucháshù 油茶树[-樹] N. tea-oil tree M: [2]kē
[1]yóuchē 邮车[郵-] N. ① postal/mail car ② vehicle M: [3]liàng
[2]yóuchē 輶车 N. light carriage
yōuchén* 幽沉 V.P. ① low and deep (of sound) ② dim (of view)
yóuchén 游尘[-塵] N. ① floating particles of dust ② trivial things
yóuchéng 游程 N. distance covered
yǒuchéng* 有成 V.O. <wr.> have achieved success
yòu chēng 又称[-稱] V.P. ① also called; also known as ② say further that. . .
yǒuchéngfènlùn 有成分论 N. <PRC> theory of class background
yǒu chénggōng de bǎwò 有成功的把握 V.O. have it made
yòuchénghuàbǐng 又成画饼[--畫-] ID. another failure
yóuchī 油鸱 N. <zoo.> oilbird M: [2]zhī
yóuchí 油池 P.W. <mil.> gasoline dump M: [4]zuò
[1]yóuchǐ* 游尺 N. sliding scale/gauge M: [1]bǎ
[2]yóuchǐ 油尺 N. dipstick M: [1]bǎ
yòuchǐ 右尺 N. <Ch. med.> right foot
yǒuchìnánfēi 有翅难飞[-難飛] ID. unable to make use of one's ability
yǒuchìnánzhǎn 有翅难展[--難-] ID. unable to make use of one's ability
yǒuchīyǒuchuān 有吃有穿 V.P. have ample food and clothing
yǒuchīyǒuhē 有吃有喝 V.P. have plenty to eat and drink
yóuchóng 油虫[-蟲] N. cockroach M: ge/[2]zhī
yòuchóng* 幼虫[-蟲] N. larva M: ge/[2]zhī
yòuchóngdēng 诱虫灯[-蟲燈] N. moth-killing lamp M: [1]zhǎn
yòuchóng guāngpǔ 诱虫光谱[-蟲--] N. insect-attracting light
yōuchóu* 忧愁[憂-] V.P. worried; sad; depressed ♦N. melancholy; grief
yóuchóu 油绸 N. oiled silk M: [2]kuài/[1]pǐ
yōuchóu'érsǐ 忧愁而死[憂-] F.E. die of grief
yǒuchóu láodòng 有酬劳动[-勞動] N. <econ.> paid labor
yòuchòuyòucháng 又臭又长 V.P. fetid and wordy
yòuchòuyòuyìng 又臭又硬 V.P. hard-nosed; willful; stubborn
yòuchòuyòuzāng 又臭又脏[-髒] V.P. reeking and squalid
yóuchóuzi 油绸子 N. silk made waterproof by coating with wood oil
yòuchū* 诱出 V. lure out
yòuchú 幼雏[-雛] N. young/baby bird; nestling M: [2]zhī
yòuchù 幼畜 N. young animal/stock M: [2]zhī/[1]tóu
[1]yóuchuán* 游船 N. pleasure boat; yacht M: [1]tiáo/[1]sōu
[2]yóuchuán 油船 N. oil tanker M: [1]tiáo/[1]sōu
[3]yóuchuán 邮船[郵-] N. ① ocean liner ② mail-boat; packet ship M: [1]tiáo/[1]sōu
[4]yóuchuán 邮传[郵傳] V. <wr.> ① send by post/mail ② postal/mail delivery
yóuchuàn 游串 V. wander; walk/travel around idly
Yóuchuánbù 邮传部[郵傳-] P.W. Qing Ministry of Communications
yóuchuán mǎtou 游船码头 P.W. marina
yóuchūn 游春 V.O. go on a spring outing ♦N. spring outing
yóuchuō(r) 邮戳(儿)[郵-] N. postmark
yóuchuōwéipíng 邮戳为凭[郵-憑] F.E. Postmark serves as proof.
yǒu chūrù 有出入 V.O. have discrepancies; disagree; be inconsistent
yǒu chūxi 有出息 V.O. <coll.> have good prospects; will go far
yóucí 游词/辞[-辭] N. <wr.> ① unfounded remarks; groundless statement ② joke; jest
yóucǐ* 由此 V.P. from this; therefrom; thus
yóucì 油刺 N. blackheads
yǒu cìdì 有次第 V.P. have proper order
yóucǐguānzhī 由此观之[--觀-] F.E. judging from this
yóucǐjíbǐ 由此及彼 F.E. proceed from one point to another
yóucǐkànlái 由此看来 V.P. judging from this; in view of this
yóucǐkějiàn 由此可见 V.P. thus it can be seen (that)
yóucǐlèituī 由此类推[--類-] V.P. by parity of reasoning; by the same token
yóucǐqiánwǎng 由此前往 F.E. go from here
yòucìqīng 又次清 N. <lg.> voiceless fricative; "double voiceless" denoting voiceless fricative
yǒu cíxíng biànhuà de 有词形变化的[---變--] ATTR. <lg.> inflecting
yǒucǐyīshuō 有此一说 V.P. There has been such a report/theory/etc.
yòu cìzhī 又次之 ADV. furthermore
yòucìzhuó 又次浊[-濁] N. <lg.> "double voiced" denoting voiced fricative
yōucóng 幽丛[-叢] N. seclusive woods/bushes
yòucùn 右寸 N. <Ch. med.> right inch
yǒucuòbìjiū 有错必纠 F.E. Every wrong will be righted.; Mistakes must be corrected whenever discovered.
yǒucuòzégǎi 有错则改 F.E. Once a mistake is made, one should correct it.
yóudǎ 由打 COV. <coll.> ① from; since ② via; by way of; through
Yóudà* 犹大[猶-] N. Judas
yǒu dàdú 有大毒 V.O. <Ch. med.> very toxic; extremely poisonous
yōudài* 优待[優-] N./V. give preferential/special treatment
yóudài 邮袋[郵-] N. mailbag M: ge/[2]zhī
yǒudài 有待 V. remain (to be done); be pending ~ *jiějué de wèntí* problems awaiting solution
yòudài 宥贷 V. <wr.> pardon
yǒu dàibiǎoxìng 有代表性 ATTR. representative
yǒudàilèi 有袋类[-類] N. <zoo.> marsupial
yǒudàimù 有袋目 N. <zoo.> Marsupialia

Y

yōudàiquàn 优待券[優-] N. complimentary ticket; discount ticket; coupon M: [1]zhāng

yǒudài yú 有待于[-於] V.P. wait on

yōudàng 悠荡[-蕩] V. ① swing/sway back and forth ② <coll.> dangle

yóudàng* 游荡[-蕩] V. loaf/drift about

yǒudǎng 友党[-黨] N. political parties in coalition; a friendly party

yóudàngwúdù 游荡无度[-蕩--] F.E. be totally dissipated

yǒu dǎnliàng 有胆量[-膽-] V.O. have the courage/guts

yǒudǎnyǒushí 有胆有识[-膽-識] F.E. courageous and knowledgeable

yǒudào 有道 V.O. ① learned and virtuous ② reasonable; right; lawful ③ have attained the way; adhere to principles of truth and right ♦A.T. Good government prevails.

yòudǎo* 诱导[-導] V. guide; lead; induce ♦N. <lg.> elicitation

yòudǎo chéngxù 诱导程序[-導--] N. <lg.> elicitation procedure

yǒu dàodé 有道德 V.O./S.V. have moral integrity

yòudǎo fǎnyìng 诱导反应[-導-應] N. <chem.> induction reaction

yòudǎo jìqiǎo 诱导技巧[-導--] N. <lg.> elicitation technique

yǒu dàolǐ 有道理 V.O./S.V. be reasonable/plausible/convincing

yǒudàomíngjūn 有道明君 F.E. a wise, enlightened ruler M: ge/[1]míng/[2]wèi

yóudǎor 油倒儿 <coll.> N. scalper of gas and edible oil

yǒudàor* 有道儿 F.E. There is a saying that. . .

yǒudàoshì 有道是 F.E. it is said that. . .

yòudǎoshì mófǎng 诱导式模仿[-導---] N. <lg.> elicited imitation

yòu dāshàng 又搭上 V.P. <coll.> in addition; furthermore

yòudǎyòulā 又打又拉 V.P. use both the carrot and the stick

yòudǎyòumà 又打又骂[-罵] V.P. beat and curse at the same time

yòu dāzhe 又搭着[-著] V.P. <coll.> in addition; furthermore

yóude 由得 *See* bùyóude

yǒude* 有的 PR. some ♦CONS. ~ V have or there is sth. to V *Jiāli ~ chī méiyǒu? . . .~.* Is there anything to eat in the house? . . .Yes, there is.

[1]yǒudé 有得 V.O. ① have learned/acquired sth. from work/study/etc. ② be in store

[2]yǒudé 有德 V.O. virtuous; righteous

yòu dédào 又得到 V.P. get back

yǒude-méide 有的没的 V.P. whether there is or not

yōuděng* 优等[優-] N. high-class; first-rate

yóudēng 油灯[-燈] N. oil lamp M: [1]zhǎn

yōuděngpǐn 优等品[優-] N. superior quality M: [2]jiàn

yōuděngshēng 优等生[優-] N. top student M: ge/[1]míng/[2]wèi

yōuděng zhǒngzú 优等种族[優-種-] N. superior race

yǒudeshì 有的是 F.E. have plenty of; there's no lack of *Zhèli shuǐguǒ ~.* There's a lot of fruit here.

yǒudéwúguò 有德无过 F.E. be virtuous and without fault

yǒudezhǔr 有的主儿 N. <coll.> rich person

yóudì* 邮递[郵遞] V. send by post/mail ♦N. postal/mail delivery

yǒudǐ 有底 V.O. <coll.> have a plan; know one's own mind

yòudí 诱敌[-敵] V.O. draw the enemy into an ambush

yōudiǎn* 优点[優點] N. merit; strong/good point; advantage

yóu-diàn 邮电[郵電] N. post and telecommunications

yǒudiǎn(r) 有点(儿)[-點-] ATTR. some; a little ♦ADV. somewhat; rather; a bit

yóudiǎndàomiàn 由点到面[-點--] F.E. take the experience gained at one unit and popularize it in a whole area

yóu-diànfèi 邮电费[郵電-] N. expenses for post/telephone etc. M: [2]bǐ

yóu-diànfèizhàng 邮电费帐[郵電-] N. postage and telegram book

yóu-diànjú 邮电局[郵電-] P.W. post and telecommunications office

yǒudiǎn xiǎng 有点想[-點-] V.P. have half a mind do sth.

yóudiǎnzi 油点子[-點-] N. greasy spots; oil stains

yǒudiǎn zuìyì 有点醉意[-點--] V.P. be tipsy

yòudiào'ěr 诱钓饵 N. chum; bait

yǒudiào yǔyán 有调语言 N. <lg.> tonal language

yǒudìfàngshǐ 有的放矢 F.E. have definite goal

yòudíjiānmiè 诱敌歼灭[-敵殲滅] F.E. trap and annihilate

yóudìng* 邮订[郵-] V. subscribe (to a magazine/etc.) through the mail

yǒudìng 有定 ATTR. <lg.> determinate; definite; finite

yǒudìng de guàncí 有定的冠词 N. <lg.> definite article

yǒudìng fēnyīn 有定分音 N. <lg.> conditioned variant

yǒudìnglùn 有定论 N. <phil.> determinism

yǒudìng píndù 有定频度 N. <lg.> definite frequency

yǒudìngshì 有定式 N. <lg.> finite mood

yǒudìng xiàncí 有定限词 N. <lg.> definite determiner

yǒudìngxìng 有定性 N. <lg.> specificity

yòudí qiánjìn 诱敌前进[-敵-進] V.P. entice the enemy to advance

yóudìqū 邮递区[郵遞區] P.W. postal delivery zone

yóudì qūhào 邮递区号[郵遞區號] N. zip/postal code

yòudíshēnrù 诱敌深入[-敵--] F.E. lure the enemy in deep

yǒudíwúwǒ 有敌无我[-敵--] F.E. If the enemy triumphs, there will be no place for us.

yǒudǐyāpǐn piàojù 有抵押品票据[-據] N. a bill with collateral security

yóudìyuán 邮递员[郵遞-] N. mailman M: ge/[1]míng/[2]wèi

yóudìzhān 油地毡[-氈] N. linoleum M: [2]kuài

yóudǐzi 油底子 N. <coll.> oil residue

yōudòng 悠动[-動] V. swing

yóudòng* 游动[-動] V. move about ♦ATTR. mobile; moving

yǒu dòngjī de 有动机的[-動--] ATTR. <lg.> motivated

yóudòngshào 游动哨[-動-] N. roving sentry; patrol M: ge/[1]míng

yóudòu 游斗[-鬥] V. parade sb. through the streets and denounce him publicly

yóudòufu 油豆腐 N. fried bean curd M: [2]kuài

yōudú 幽独[-獨] V.P. hidden and isolated

yǒudú* 有毒 ATTR. poisonous; venomous; deleterious ♦V.O. be poisonous

yòudú 又读[-讀] V.P. <lg.> also pronounced as . . .

yòuduān 右端 P.W. the right end

yòuduān biāozhì 右端标志[--標-] N. right-end marker

yòuduǎnyòucū 又短又粗 V.P. stumpy

yóuduī 铀堆 N. uranium reactor

[1]yóuduò 游堕[-墮] V. rove; roam; lead a hobo's life

[2]yóuduò 游惰 V. fool around and do nothing productive

yòuduò* 右舵 N. right rudder

yǒudúqīngtīng 有渎清听[-瀆-聽] F.E. I have trespassed on your patience in listening to me.

yǒudú qìtǐ 有毒气体[-氣體] N. toxic gas

yòudùyòuhèn 又妒又恨 V.P. be jealous of and hate

yǒu'è 黝恶[-惡] N. black pillars and white walls ♦V. decorate with both white paint and black paint

yòu'é* 幼鹅 N. gosling M: [2]zhī

yòu'édēng 诱蛾灯[-燈] N. moth-killing lamp M: [1]zhǎn/ge

yǒu'ēndàibào 有恩待报[-報] F.E. owe sb. a debt of gratitude

yòu'ér* 幼儿 N. child; infant M: ge/[1]míng

yòu'ěr 诱饵 N. bait

yòu'ér huàyǔ 幼儿话语 N. <lg.> baby talk

yòu'ér jiàoyù 幼儿教育 N. preschool education

yòu'érqī 幼儿期 N. infancy

yóu'érxiàozhī 尤而效之 F.E. imitate what one knows to be improper

yòu'ěr yōushì 右耳优势[-優勢] N. <lg.> right-ear advantage

yòu'éryuán 幼儿园[-園] P.W. <PRC> kindergarten; nursery school M: [1]jiā

yòu'éryuán jiàoshī 幼儿园教师[--園-師] N. kindergarten teachers M: ge/[1]míng/[2]wèi

[1]yóufā 邮发[郵發] V. send by mail

[2]yóufā 油发[-發] V. fry dried ingredients

yòufā* 诱发[-發] V. bring out (sth. latent); induce

yǒufǎbìyī 有法必依 F.E. ensure that the laws are strictly observed

yǒufǎkěyī 有法可依 F.E. There must be laws for people to follow.

yōufán* 忧烦[憂-] V.P. worried; vexed; depressed

yóufàn 油饭 N. stir-fried rice

yǒufǎnbìsù 有反必肃[-肅] F.E. Counter-revolutionaries must be eliminated wherever found.

yǒu fàn dàjiā chī 有饭大家吃 V.P. ① If there is food, let everybody share it. ② Let everyone have a finger in the pie.

yōufáng 幽房 P.W. secluded inner room

yóufāng 游方 V.P. <Budd./Dao.> ① wander for religious purposes ② roam all around ♦N. a form of institutionalized courtship among the Miao

[1]yóufáng 油坊 P.W. oil mill M: [4]zuò

[2]yóufáng 油房 P.W. oil storage room M: [1]jiān

yóufǎng 游舫 N. pleasure boat M: [1]tiáo

yǒufāng* 有方 V.O. ① be on the right course ② do sth. properly/ably

yòufāng 右方 P.W. the right (hand/side)

yóufāngsēng 游方僧 N. itinerant monk M: ge/[1]míng/[2]wèi

yóufǎngzhǐ 油仿纸 N. semitransparent paper for tracing calligraphy M: [1]zhāng

yóufǎnyìngduī 铀反应堆[--應-] N. uranium reactor M: [4]zuò

yǒu fànzuì xiányí 有犯罪嫌疑 V.O. suspected of being guilty

yòufāxìng wèntí 诱发性问题[-發---] N. leading question

yǒu fāyánquán 有发言权[-發-權] V.O. have the floor

yóufēi 尤非 ADV. especially not

[1]yóufèi* 邮费[郵-] N. <coll.> postage M: [2]bǐ

[2]yóufèi 油费 N. oil price/expense M: [2]bǐ

yòufēi 幼鲱 N. <zoo.> brit M: [2]zhī

yóufèi bùzú 邮费不足[郵-] V.P. insufficient postage

yóufèi miǎnfù 邮费免付[郵-] V.P. postage unpaid

yóufèi miǎnshōu 邮费免收[郵-] V.P. post-free

yóufèi wèifù 邮费未付[郵-] V.P. postage unpaid

yóufèi yǐfù 邮费已付[郵-] V.P. postpaid

yóufèizhàng 邮费帐[郵-] N. postage book

[1]yōufèn 忧愤[憂-] V.P. exasperated; indignant

[2]yōufèn 幽愤 V. sulk; resent

yǒufèn* 有分/份 N. have a share

yǒu fēncùn 有分寸 V.O. have a sense of propriety; know how far to go and when to stop

[1]yóufēng* 油封 N. <mach.> oil seal

[2]yóufēng 游蜂 N. ① male bee M: [2]zhī ② a man given to seducing women

[3]yóufēng 游风 N. <Ch. med.> urticaria

yòufēng 右锋 N. right forward (in basketball) M: ge/[1]míng/[2]wèi
yǒufèngjiùzuān 有缝就钻[-鑽] F.E. try to squeeze in wherever possible
yóufēnglàngdié 游蜂浪蝶 ID. dissipated youths given to lewdness
yǒufèngqiúhuáng 有凤求凰[-鳳--] ID. go about looking for a mate
yǒufènr 有份儿 V.O. have a share; take part in; participate in
yōufènyùjué 忧愤欲绝[憂-絕] F.E. One's sorrows make one wish to die.
yòufēnzhī de 右分枝的 ATTR. <lg.> right-branching
yǒufǒu 有否 V.P. have or not
yōufú 幽浮 N. <loan> UFO
yōufǔ* 优抚[優-] V. give special care to disabled servicemen and to family members of revolutionary martyrs/servicemen
yǒufú 有服 V.O. be in mourning
yǒu fúqì 有福气[-氣] V.O. be blessed/favored by fortune
yǒufútóngxiǎng 有福同享 F.E. share each other's fortunes
yǒufūzhīfù* 有夫之妇[-婦] N. a married woman M: ge/[1]míng/[2]wèi
yǒufùzhīfū 有妇之夫[-婦--] N. a married man M: ge/[1]míng/[2]wèi
yǒufùzhòngwàng 有负众望[--眾-] F.E. fail to live up to people's expectations
yóugài 油盖[-蓋] N. ①painted top of a carriage/cart ② oiled-paper umbrella
yǒugǎn 有感 ATTR. sense; feel ~ *dìzhèn* earthquake felt without a seismograph ♦N. ① a comment on sth. (usually a suffix of the title of a literary composition) ② thoughts on sth. *See also yǒugǎn yú*
yǒugǎn dìzhèn 有感地震 N. a perceptible earthquake
yǒugǎn'érfā 有感而发[-發] F.E. make a comment out of personal feelings
yóugǎnlǎn 油橄榄[-欖] N. olive M: [1]kē/ge/[2]zhī
yǒu gàntou 有干头[-幹-] V.O. <coll.> show promise; have good prospects
yòugānyòushòu 又干又瘦[-乾--] V.P. be thin and pale
yǒugǎn yú 有感于[-於] V.P. be moved by
yóugāo 油膏 N. ointment M: [4]zhī
yǒugé dàimíngcí 有格代名词 N. <lg.> possessive pronoun
yǒugé de 有格的 ATTR. <lg.> possessive
yǒugēn 有根 V.O. ① have basis/grounds (for an argument) ② well-grounded; qualified
yǒugén 有哏 V.O. comical; funny
yòugēn* 幼根 N. <bot.> radicle
yǒugēnyǒushāo 有根有梢 V.P. have both root and branch
yǒu ge zhuānao 有个抓挠[-個-撓] V.O. <coll.> ① clutch money ② make money ③ have sth. to hang on to ④ have hope ⑤ have security
yǒugōng* 有功 V.O. perform meritorious service
[1]**yòugōng** 釉工 N. a glazer
[2]**yòugōng** 幼功 N. skill (of actors/acrobats/etc.) acquired during childhood
yòugòng 诱供 V. trap sb. into confessing
yǒugōngbìshǎng 有功必赏 F.E. give credit when deserved
yǒugōngbùjū 有功不居 F.E. disclaim any achievement
yǒugōngbùshǎng 有功不赏 F.E. have meritorious service unrewarded
yǒugōngshìdào 有功世道 F.E. have merit for the promotion of morality in the world
yǒugōng xūnzhāng 有功勋章 N. order of merit
yòugòng yàowù 诱供药物[--藥-] N. truth drug
yǒugōng yú 有功于[-於] V.P. make a contribution to
[1]**yóugòu*** 邮购[郵購] N./V. mail order
[2]**yóugòu** 油垢 N. greasy dirt
[3]**yóugòu** 尤诟 N. <wr.> shame; disgrace
yòugòu 诱购[-購] V.O. purchase underhandedly
yóugòubù 邮购部[郵購-] P.W. mail-order department
yǒu gòucí nénglì 有构词能力[-構---] V.O. <lg.> be productive
yóugòu shāngdiàn 邮购商店[郵購-] N. mail-order house M: [1]jiā
yǒugōutāochóng 有钩绦虫[-鉤絛蟲] N. tapeworm; Taenia solium M: [1]tiáo
yòugǒuyú 幼狗鱼 N. <zoo.> pickerel
yōugǔ 幽谷 N. ① deep and secluded valley M: [4]zuò ② obscurity
yóuguā 油瓜 N. <bot.> large-fruited hodgsonia
yǒu guāgé 有瓜葛 V.O. ① have relations; have connections (with sb.) ② have complications
yòuguǎi 诱拐 V. abduct; kidnap
yǒuguāichánglǐ 有乖常理 F.E. run counter to reason
yǒuguāimǔjiào 有乖母教 F.E. flout her mother's teachings (of an independent-minded girl)
yòuguǎizhě 诱拐者 N. abductor; kidnapper M: ge/[1]míng
yōuguān 攸关[-關] V. <wr.> be related to *Cǐ shì(r) xìngmìng ~.* This is a vital matter.
yóuguān 游观[-觀] V. travel and see sights
[1]**yóuguǎn** 油管 N. oil pipe/tube M: [1]tiáo
[2]**yóuguǎn** 邮馆[郵-] P.W. inn
yóuguàn 油罐 N. oil tank; storage tank
yǒuguān* 有关[-關] V.O. have a bearing on; concern; be relevant ~ *A de wèntí* problems concerning A
yòuguān 右关[-關] N. <Ch. med.> right gate
yǒuguān bùmén 有关部门[-關--] P.W. the department concerned
yóuguànchē 油罐车 N. oil car/truck M: [3]liàng/[1]liè
yǒuguān dāngjú 有关当局[-關當-] P.W. the authorities concerned; the proper authorities
yǒuguān fāngmiàn 有关方面[-關--] N. the parties concerned; interested parties
yōuguāng 幽光 N. dim light
yóuguāng 油光 V.P. shiny; varnished
yóuguàng* 游逛 V. go sight-seeing; stroll about
yǒuguāng 有光 V.O. ① glazed ② <txl.> bright
yǒuguān gè fāng 有关各方[-關--] N. the concerned parties
yǒuguāngèjiè 有关各界[-關--] F.E. of relevance to all circles
yóuguāngguāng 油光光 R.F. <coll.> shiny; varnished
yóuguāngshuǐhuá(r) 油光水滑(儿) F.E. oily-smooth
yǒuguān guīdìng 有关规定[-關--] N. pertinent regulations
yǒu guāngzé 有光泽[-澤] S.V./V.O. glossy
yóuguāngzèngliàng 油光锃亮 F.E. glossy; shiny; varnished
yǒuguāngzhǐ 有光纸 N. glazed paper M: [1]zhāng
yǒuguān láiwén 有关来文[-關--] N. related communications
yǒuguān mìngtí de 有关命题的[-關---] ATTR. propositional
yóuguànqū 油罐区[-區] P.W. tank farm
yǒu guānxi 有关系[-關係] V.O./S.V. ① be relevant ②have connections; know sb. ③have involvement
yǒuguǎnxiàn 有管腺 N. tubulosaccular gland
yǒu guānxi de 有关系的[-關係-] ATTR. <lg.> connective
yǒuguǐ* 有鬼 V.O. there's sth. fishy
yòuguī 幼鲑 N. <zoo.> samlet; parr
yǒuguǐchē 有轨车 N. railcar M: [3]liàng
yǒuguǐ diànchē 有轨电车[--電-] N. tramcar; streetcar M: [3]liàng
yǒu guīlǜ 有规律 V.O. be regular/systematic ♦S.V./ADV. orderly
yōuguīshēngé 幽闺深阁 F.E. hidden boudoir
yōuguó 忧国[憂國] V.O. worry about one's country
yóuguō* 油锅[-鍋] N. ① frying pan M: ge/[2]zhī ② punishment for evil spirits in hell
yǒuguò 有过 V.O. have mistakes
yòuguò 宥过 V.O. excuse a mistake
yǒuguǒ bì yǒuyīn 有果必有因 F.E. Where there's smoke, there's fire.
yǒuguónántóu 有国难投[-國難-] F.E. Though one has a country one may not return.
yǒu guòshī 有过失 V.O. be at fault
yōuguóyōumín 忧国忧民[憂國憂-] F.E. be concerned about the nation and the people
yǒu guò zhī ér wú bùjí 有过之而无不及 F.E. go even further than; outdo
yǒu guò zhī wú bùjí 有过之无不及 F.E. go even further than; outdo
yǒu gǔqì 有骨气[-氣] V.O. have integrity
yǒu gǔtou 有骨头 V.O. be manly/indomitable
yǒu gùzhàng 有故障 V.O. be out-of-order/broken
yǒuhài 有害 V.O. harmful; pernicious; detrimental
yǒuhàiwúlì 有害无利 F.E. do harm rather than good
yǒuhàiwúyì 有害无益 F.E. not helpful but harmful; do harm rather than good
yóuhàn 油汗 N. oily sweat
yóuhángjī 邮航机[郵-] N. mailplane M: [1]jià
yǒuhángwúshì 有行无市 F.E. have only quotations but no actual trading (of the stock market, etc.)
yóuhào 油耗 N. oil consumption
yǒuhǎo* 友好 N. close friend ♦S.V. friendly; amicable
yǒuhǎo chéngshì 友好城市 P.W. cities of friendship; twin cities; sister cities
yǒu hǎochù 有好处[-處] V.O. pay; be useful
yǒu hǎo chūxi 有好出息 V.O. have good prospects
yǒuhǎo dàibiǎotuán 友好代表团[-團] P.W. goodwill mission
yōuhàodé 攸好德 F.E. What one loves is virtue.
yǒuhǎo hézuò 友好合作 N./V.P. friendly relations and cooperation
yǒuhǎo jiēdài 友好接待 V.P. receive cordially
yǒu hǎo jiéguǒ 有好结果 V.O. all for the best
yǒu hǎo jīhuì 有好机会 V.O. have a good opportunity
yǒuhǎo xiāngchǔ 友好相处[-處] V.P. live on friendly terms
yǒuhǎo xiéhuì 友好协会[--協-] P.W. friendship association
yǒuhǎo yāoqǐngsài 友好邀请赛 N. friendship invitational tournament M: [2]chǎng
yóuhàozi 油耗子 N. speculator who makes a huge profit by buying and selling oil M: ge/[2]zhī
yōuhe 悠和 A.T. in a leisurely/slow manner
yǒuhébùkě 有何不可 F.E. Why not?; What's wrong with this/that?
yǒu hé guójiā 有核国家[--國-] P.W. nation with nuclear power/weapons
yóuhēi 油黑 V.P. shiny-black
yǒuhēi* 黝黑 V.P. dark; swarthy
yǒuhémiànmù 有何面目 F.E. feel ashamed to do sth.
yōuhèn 幽恨 N. hatred
yǒuhéng 有恒[-恆] V.P. persevering
yǒuhéwéizhèng 有何为证[-證] F.E. Can you prove it?
yóuhóng 油红 N. <art> oil red
yòuhóngyòuzhǒng 又红又肿[-腫] V.P. be red and swollen
yòuhóngyòuzhuān 又红又专[-專] V.P. <pol.> both red and expert; both socialist-minded and vocationally proficient
yōuhòu* 优厚[優-] S.V. munificent; liberal
yǒuhòu 有后[-後] V.O. have offspring
yòuhòufāng 右后方[-後-] P.W. right rear
yòuhòuwèi 右后卫[-後衛] N. <sport> right back M: ge/[1]míng
yōuhū 悠忽 V.P. <wr.> lazy and idle
yōuhú 优弧[優-] N. <math.> major arc; major conjugate arc
yóuhú(r)* 油壶(儿)[-壺-] N. oilcan M: [1]bǎ
yǒuhù 牖户 N. window and door

yòuhù 佑护[-護] V. protect; bless

yōuhuà 优化[優-] V. ① optimize ② to make superior ♦N. optimization

[1]yóuhuā(r) 油花(儿) N. drops/blobs of oil/fat

[2]yóuhuā 邮花[郵-] N. stamps

yóuhuá 油滑 S.V. ① oily; greasy ② unctuous; foxy

yóuhuà(r)* 油画(儿)[-畫-] N. oil painting M: [10]fú

yóuhuáguǐr 油滑鬼儿 N. sly/foxy person M: ge/[1]míng

yóuhuáhuá 油滑滑 R.F. <coll.> oily; greasy

yǒu huā kān zhé zhíxū zhé 有花堪折直须折 F.E. Gather roses while you may.

yōuhuǎn 悠缓 V.P. leisurely

yōuhuàn* 忧患[憂-] N. ① suffering; misery ② concern; solicitude

yóuhuàn 游宦 N. <wr.> an official who serves away from home

yòuhuān 鼬獾 N. ferret badger

[1]yōuhuáng 忧惶[憂-] V.P. worried and apprehensive

[2]yōuhuáng 幽篁 N. <liter.> a secluded and restful bamboo grove

yóuhuǎnghuǎng 油晃晃 R.F. very oily

yōuhuàn yìshi 忧患意识[憂-識] N. worrying mentality

yōuhuànyúshēng 忧患余生[憂-] F.E. spend the rest of one's life in adversity and sorrow

yóuhuàyuàn 油画院[-畫-] P.W. oil-painting academy/school M: [1]jiā/[1]suǒ

yōuhuà zǔhé 优化组合[優-] N. optimization grouping ♦V.P. group together for optimization's sake

yóuhūhū 油乎乎 R.F. oily; greasy

[1]yōuhuì* 优惠[優-] V.P. preferential; favorable

[2]yōuhuì 幽会 N. tryst; a secret meeting of lovers; a lovers' rendezvous

yóuhuī 油灰 N. putty

yóuhuì 邮汇[郵匯] V. remit by post

yòuhuī 釉灰 N. substance used to produce glaze for pottery; glaze

yōuhuì dàikuǎn 优惠贷款[優-] N. loan on favorable terms M: [2]bǐ

yōuhuì dàiyù 优惠待遇[優-] N. preferential/favored treatment

yóuhuìdān 邮汇单[郵匯-] N. postal note M: [1]zhāng

yōuhuì guānshuì 优惠关税[優-關-] N. favorable customs duty

yōuhuìguó 优惠国[優-國] P.W. favored nation

yōuhuì jiǔbā 幽会酒巴 P.W. a dating bar

yóuhuìjú 邮汇局[郵匯-] P.W. post office

yōuhuì lìlǜ 优惠利率[優-] N. ① prime rate (of interest) ② preferential interest rate

yōuhuìqī 优惠期[優-] N. days of grace; grace period

yōuhuìquán 优惠权[優-權] N. preferential rights

yōuhuì shuìlǜ 优惠税率[優-] N. favored-nation import tariff rates

yōuhuì tiáojiàn 优惠条件[優-條-] N. preferential rights; concessional terms

yōuhuì tiáokuǎn 优惠条款[優-條-] N. preferential clause

yōuhuì xiāoshòu 优惠销售[優-] N. concessional sale

yǒuhuìzi 有会子 V.O. <coll.> quite a long while

yóuhúlu 油葫芦[-蘆] N. ① a kind of field cricket ② a gourd for oil ③ a piggishly fat person

yōuhūn 幽婚 N. marriage between two dead persons or one living and one dead

yōuhún* 幽魂 N. spirit; specter; ghost

yóuhún 游魂 N. ① wandering/homeless spirits/ghosts ② superannuation ③ listless person

yòuhuò 诱惑 V. ① tempt; seduce; lure ② attract; allure

yòuhuòlì 诱惑力 N. attractiveness; attraction

yóuhuǒr 油伙儿 N. cook's assistant

yòuhuò rénxīn 诱惑人心 V.O. tempt the hearts of the people

yōuhuǒrúfén 忧火如焚[憂-] F.E. burning with anxiety

yòuhuòsè 诱惑色 N. alluring colors (of animals/insects)

yòuhuòzhě 诱惑者 N. seducer; enticer; tempter M: ge/[1]míng

yōují 忧急[憂-] N. very worried

yōujì 幽寂 V.P. secluded

[1]yóujī 游击[-擊] V. fight guerrilla warfare ♦N. <hist.> a military rank

[2]yóujī 油鸡[-雞] N. fatty good-laying chicken M: [2]zhī

[3]yóujī 邮机[郵-] N. mail plane M: [1]jià

[1]yóujì* 邮寄[郵-] V. send by post; direct-mail

[2]yóujì 游记 N. travel notes M: [1]piān/[1]běn

[3]yóujì 油迹[-跡] N. oil stains; grease spots

[4]yóujì 油剂[-劑] N. <chem.> preparation in oil

[1]yǒujī 有机 ATTR. organic

[2]yǒujī 有奇 V.O. <wr.> odd; and a little more ***wǔbǎi yuán*** ~ five hundred-odd dollars

yòují 又及 F.E. postscript; P.S.

yōujiǎ 优假[優-] V. treat generously

yōujià 优价[優價] N. good/deserved price

yóujiā 尤佳 V.P. particularly good

yóujià* 油价[-價] N. oil price

yǒujià 有价[-價] V.O. having value; of value

yóujiālìshù* 尤/油加利树[-樹] N. <loan> eucalyptus M: [2]kē

yǒujiālìshù 有加利树[-樹] N. eucalyptus M: [2]kē

yōujiān 忧煎[憂-] V.P. in agonies of worry

yóujiān 油煎 V. fry

yóujiǎn 邮简[郵-] N. ① air letter M: [2]fēng ② stamped envelope M: [1]fēn/ge

yóujiàn* 邮件[郵-] N. postal items; post; mail M: ge/[2]jiàn

yǒujiàn 有间 <wr.> V.P. ① for a moment ② slightly improved (in health) ③ disloyal

[1]yòujiān 右肩 N. the right shoulder

[2]yòujiān 诱奸 V. seduce (sexually) ♦N. statutory rape

yòujiǎn 宥减[-減] V. <law> mitigate a punishment

yòujiānbǎng 右肩膀 N. right shoulder

yóujiàn bàozhàwù 邮件爆炸物[郵-] N. letter bomb

yóujiānbǐng 油煎饼 N. a kind of fried thin pancake M: [2]kuài

yóujiàn bǔcháng 邮件补偿[郵-補償] N. indemnity for mail matter

yóujiǎn'érfán 由简而繁 F.E. go from the simple to the complex

yóujiàn fúwùqì 邮件服务器[郵--務-] N. <comp.> mail server

yōujiǎng 优奖[優獎] N. a special prize

yóujiàng* 油匠 N. painter M: ge/[1]míng

yǒujiǎng chǔxù 有奖储蓄[-獎--] N. ① savings accounts with prizes ② lottery-attached deposit ③ savings deposit account which offers premiums

yǒu jiǎngjiu 有讲究[-講-] V.O. ① stick to formalities ② exacting; requiring particular skill

yǒujiǎng xiāoshòu 有奖销售[-獎--] N. sales with give-aways ♦V.O. offer a premium with the sale of an item

yóujiānhuǒliǎo 油煎火燎 F.E. anxious; alarmed

yóujiānjiǎor 油煎饺儿 N. potsticker M: ge/[2]zhī

yóujiǎnjífán 由简及繁 F.E. from the simple to the complex

yóujiǎnrùshē yì 由简入奢易 F.E. It is easy to go from frugality to extravagance.

yǒu jiànshí 有见识[-識] V.O./S.V. be farsighted; have an analytical mind

yǒujiànyú 有鉴于[-鑒於] V.P. in view of ~ ***zhè liǎng ge nándiǎn*** in view of these two difficulties

yǒujiànyúcǐ 有鉴于此[-鑒於-] V.P. in view of this; for this reason

yóujiàn zhàdàn 邮件炸弹[郵-] N. mail bomb M: [1]kē/[4]méi/ge

yōujiào 优教[優-] N. good education

yóujiǎo 油脚[-腳] N. oil dregs

yòujiǎo* 右脚[-腳] N. right foot

yòujiào 幼教 N. preschool education

yǒujiǎoshūchú 有脚书橱[-腳書櫥] N. a walking encyclopedia

yǒu jiáotou 有嚼头 V.O./S.V. <coll.> tasty

yǒujiàowúlèi 有教无类[-類] F.E. provide education for all without discrimination

yǒujiǎoyángchūn 有脚阳春[-腳陽-] ID. eulogize sb.'s virtues

yǒujiāwúyǐ 有加无已 F.E. ① increase without end ② become worse or more serious

yǒujià zhèngquàn 有价证券[-價證-] N. ① negotiable securities ② portfolio M: [1]zhāng

yǒujī bōli 有机玻璃 N. plexiglass; Plexiglas M: [2]kuài

yōujíchéngbìng 忧急成病[憂-] F.E. fall ill with anxiety and melancholy

yóujīdàn 油鸡蛋[-雞-] N. large hen's eggs M: ge/[2]zhī

yóujīduì 游击队[-擊隊] P.W. guerrilla force M: [4]zhī

yóujīduìyuán 游击队员[-擊隊-] N. guerrilla; partisan M: ge/[1]míng/[2]wèi

yōujiè 幽界 P.W. the lower world; Hades

yóujiē* 游街 V.O. ① parade sb. through the streets ② parade/demonstrate in the streets ③ stroll in the streets

yǒujiě 有解 V.O. have a solution

yǒujiè 有界 ATTR. <math.> bounded

yóujiēshìzhòng 游街示众[-眾] F.E. parade a criminal through the streets (to warn the public)

yǒujièwúhuán 有借无还[-還] F.E. borrow without returning

yǒujièxìng 有界性 N. boundness; boundedness

yǒujīféi 有机肥 N. organic fertilizer

yǒujī gēngzuò 有机耕作 N. organic farming/gardening

yǒu jìhuà 有计划[-劃] V.O./S.V. in a planned way; according to plan

yǒujī huàhéwù 有机化合物 N. <chem.> organic compound

yǒujī huàxué 有机化学 N. organic chemistry

yǒujīkěchéng 有机可乘 F.E. there are loopholes to exploit

yǒu jìlǜ 有纪律 V.O./S.V. self-disciplined

yóujì míngdān 邮寄名单[郵-] N. mailing list

yōujìn 幽禁 V. ① confine; imprison ② put under house arrest

yǒujìn(r)* 有劲(儿)[-勁] S.V./V.O. ① strong; zestful ② interesting; amusing

yóujìndēngmiè 油尽灯灭[-盡燈滅] ID. work oneself to death

yóujìn'éryuǎn 由近而远[-遠] F.E. from the near to the far

yōujǐng 幽景 N. peaceful scene

[1]yōujìng 幽静[-靜] S.V. secluded and quiet

[2]yōujìng 幽径[-徑] N. ① peaceful path ② quiet and secluded path M: [1]tiáo

yóujǐng* 油井 N. oil well M: kǒu

yǒujīngwúxiǎn 有惊无险[-驚--] F.E. threatening but not dangerous

yōujìngxué 优境学[優-] N. euthenics

yǒu jīngyàn 有经验[-經-] S.V. experienced; practiced ♦V.O. have had the experience of

yōujìngyǎzhì 幽静雅致[-靜--] F.E. retired and quiet

yòujīngyòuxǐ 又惊又喜[-驚--] V.P. be surprised and glad

yóujìnjíyuǎn 由近及远[-遠] F.E. from the near to the distant

yǒujīnrméimíngr 有今儿没明儿 F.E. show concern only for the present

yǒujìnwútuì 有进无退[-進--] F.E. only advance, never retreat

yǒujìnyǒuràng 有进有让[-進-讓] F.E. reciprocally decline out of modesty

yóujìnyú 油浸鱼 N. oil-soaked fish

yǒujìnzézhǐ 有禁则止 F.E. observe prohibitions strictly

yóujì píngzhèng 邮寄凭证[郵-憑證] N. postal receipts M: [1]fēn

yóujì qīngdān 邮寄清单[郵-] N. mailing list M: [1]zhāng
yóujīqū 游击区[-擊區] P.W. guerrilla area
yóujìrì 邮寄日[郵-] N. postdate
yóujīshǒu 游击手[-擊-] N. <sport> shortstop M: ge/[1]míng/[2]wèi
yǒujītǐ 有机体[-體] N. organism
yǒujī tónghuà 有机同化 N. <lg.> organic assimilation
yōujiǔ* 悠久 S.V. long in time
yǒujiǔ 有酒 V.O. ① store wine ② get drunk
[1]yǒujiù 有救 V.P. curable
[2]yǒujiù 有旧[-舊] V.O. <wr.> used to be on good terms; have a longtime friendship
yóujiǔdiàn 油酒店 P.W. <trad.> liquor store; bar M: [1]jiā
yóujì wènjuàn 邮寄问卷[郵-] N. mail questionnaire
yóujì wénxué 游记文学 N. travel literature
yǒujīwù 有机物 N. organic matter/substance
yǒujǐwúrén 有己无人 F.E. regardless of others; selfish
yǒujī wùzhì 有机物质[-質] N. organic matter/substance
yǒujīyán 有机盐[-鹽] N. ester
yòujīyòukě 又饥又渴 F.E. both hungry and thirsty
yóujīzhàn 游击战[-擊戰] N. guerrilla warfare
yóujī zhànshù 游击战术[-擊戰術] N. guerrilla tactics
yǒujīzhì* 有机质[-質] N. organic matter
yǒujǐzhí 有给职[-職] N. a paid position
yōujū 幽居 V. live in retirement ♦N. a place of seclusion; retreat; seclusion
yōujù 忧惧[憂懼] V.P. worried and apprehensive
yóujú* 邮局[郵-] P.W. post office M: [1]jiā
yóujù 油锯 N. chain saw M: [1]bǎ
yōujū hèzhīzhū 幽居褐蜘蛛 N. brown recluse spider
yóujūn 游军 P.W. militia; irregulars
yǒujūn* 友军 P.W. friendly forces M: [4]zhī
[1]yòujūn 右军 P.W. <hist.> right army (one of the emperor's three armies,i.e., the right, central and left) ♦N. another name of Wang Xizhi
[2]yòujūn 幼君 N. child emperor
yóujùshǒu 油锯手 N. chain-saw operator M: ge/[1]míng
yóujú shōujù 邮局收据[郵-據] N. postal receipt M: [1]zhāng
yōujùwànzhuàng 忧惧万状[憂懼萬狀] F.E. extremely anxious and fearful
yóukāi 游开[-開] R.V. ① swim away ② move away from
yōukàng 优抗[優-] V. give preferential treatment for dependents of soldiers
yǒu kàoshān 有靠山 V.O. have an influential supporter
yóukě 犹可[猶-] ADV. ① still alright; O.K. ② probably
yóukè* 游客 N. tourist; sightseer M: ge/[1]míng/[2]wèi
yòukē 幼科 N. pediatrics
yǒu kěnéng 有可能 V.O. be in the cards
yóukè xúnwénchù 游客询问处[-處] P.W. tourist information office
yóukèzhǐbù 游客止步 F.E. No trespassing (in tourist sites).
yōukǒng 忧恐[憂-] V.P. worried and apprehensive
yǒukòng(r)* 有空(儿) V.O. have time (to do sth.)
yòukòng 右空 N. <print.> right indent
yǒukǒngchóng 有孔虫[-蟲] N. <zoo.> foraminifer
yǒukǒng jiù zuān 有孔就钻[-鑽] V.P. deliberately squeeze into every opening
yǒukòng lái wánr 有空来玩儿 F.E. Come visit when you have time.
yǒukòngshi 有空时[-時] V.O. at leisure
yǒukǒng zhǎnlǎnbǎn 有孔展览板[---覽-] N. pegboard M: [2]kuài
yǒu kǒucái 有口才 V.O./S.V. be eloquent
yǒukǒujiēbēi 有口皆碑 F.E. win universal praise
yǒukǒunánbiàn 有口难辩[--難-] F.E. find it hard to vindicate oneself
yǒukǒunánfēn 有口难分[--難-] F.E. find it hard to vindicate oneself
yǒukǒunányán 有口难言[--難-] F.E. find it hard to bring up a matter
yǒukǒuwúxīn 有口无心 F.E. be sharp-tongued but not malicious
yōukǔ 忧苦[憂-] V.P. distressing
yóukū 油枯 N. <agr.> oil cake
yóukù* 油库 N. oil depot; tank farm M: [4]zuò
yòukuàiyòuhǎo 又快又好 V.P. very fast with excellent results; efficient
yòu kuài yòu lìsuo 又快又利索 V.P. <coll.> quickly and smartly
[1]yóukuàng 油矿[-礦] N. oil deposit/field M: [4]zuò
[2]yóukuàng 铀矿[-礦] N. uranium M: [4]zuò
yǒukuì 有愧 V.O. have qualms; feel regrets
yǒukuīzhíshǒu 有亏职守[-虧職-] F.E. guilty of dereliction of duty
yǒu kǔ nánshuō 有苦难说[--難-] V.P. find it hard to speak about one's suffering
yǒu kǔ shuōbuchū 有苦说不出 V.P. have unspeakable suffering/bitterness
yōukǔyǐzhōng 忧苦以终[憂-] F.E. be distressed to death
yòukūyòuhǎn 又哭又喊 V.P. whine
yòukǔyòutián 又苦又甜 V.P. bittersweet
yòukūyòuxiào 又哭又笑 V.P. cry and laugh at the same time
yóulabaji 油拉叭唧 V.P. <coll.> oily; greasy
yóulái* 由来 N. origin; cause ♦V.P. ① for a long time ② up to now; so far
yǒulài 有赖 V. depend/rest on
yòu lái le 又来了 V.P. ① <derog.> there you go (or sb. goes) again ② being repeated
yǒu láilì 有来历[-歷] V.O./S.V. ① have a good basis ② have a special background (which one must be wary of)
yǒu láitou 有来头 S.V./V.O. not the ordinary kind; of some special importance/distinction
yóuláiyǐjiǔ 由来已久 F.E. be of long standing
yǒuláiyǒuqù 有来有去 F.E. be reciprocal
yǒuláiyǒuwǎng 有来有往 F.E. ① reciprocal (of exchanging gifts or rendering help) ② give-and-take
yǒulài yú 有赖于[-於] V.P. depend/rest on
[1]yōulán 幽兰[-蘭] N. <wr.> orchid M: [2]kē
[2]yōulán 幽蓝[-藍] N. dull blue
yóulǎn* 游览[-覽] N./V. go sight-seeing; tour; visit
yóulǎnchē 游览车[-覽-] N. tourist coach/train/bus M: [3]liàng
yóulǎndì 游览地[-覽-] P.W. place for sight-seeing; excursion center
yóuláng 游廊 P.W. ① covered corridor linking buildings ② veranda M: [1]tiáo
yóulǎn lièchē 游览列车[-覽--] N. excursion train M: [1]liè
yóulǎnqū 游览区[-覽區] P.W. tourist area
yóulǎn shǒucè 游览手册[-覽-冊] N. tourist guide (booklet) M: [1]běn
yóulǎntú 游览图[-覽圖] N. tourist map M: [1]zhāng
yòulǎnyòuchán 又懒又馋[-饞] V.P. both lazy and greedy
yóulǎnzhě 游览者[-覽-] N. tourist M: ge/[1]míng/[2]wèi
yōuláo 忧劳[憂勞] N. careworn toil
yǒuláo* 有劳[-勞] F.E. ① please do me the favor of ② have troubled (sb.)
yōuláochéngjí 忧劳成疾[憂勞-] F.E. lose one's health because of worry; fall sick from grief and toil
yǒuláoděnghòu 有劳等候[-勞--] F.E. Sorry to keep you waiting.
yóulǎohǔ 油老虎 N. gas guzzler/hog M: [2]zhī
yǒuláoyǒuyì 有劳有逸[-勞--] F.E. alternate work with leisure
yòulāyòudǎ 又拉又打 V.P. use the carrot and the stick
yóulè* 游乐[-樂] V. amuse oneself; have fun; play
yǒule 有了 V.P. ①get what one wanted ②become pregnant ③ have found the answer or solution; I've got it!.
yóulèchǎng 游乐场[-樂場] P.W. ① playground ② amusement park
yǒuléngyǒujiǎo 有棱有角 F.E. ① have edges and corners ② sharp; pointed (of criticism) ③ aggressive and sharp-minded (of people)
yōulètóngxiǎng 忧乐同享[憂樂-] F.E. share joys and sorrows
yǒule tóuxù 有了头绪 V.O. be on the scent; have a lead
yōulèxiānggòng 忧乐相共[憂樂-] F.E. share worries and blessings
yóulèyuán 游乐园[-樂園] P.W. amusement park; playground M: [1]jiā/[4]zuò
yóulè yúyè 游乐渔业[-樂-業] P.W. game fishing
yōulǐ 优礼[優禮] N. special kindness/favor ♦V. treat with great courtesy
[1]yóulí 游离[-離] ATTR. ① dissociated; drifting ② <chem.> free
[2]yóulí 油梨 N. avocado M: [2]zhī
[1]yóulì 游历[-歷] V. travel for pleasure/information
[2]yóulì 邮吏[郵-] N. courier clerk M: ge/[1]míng
[1]yǒulǐ 有理 V.O. ① reasonable; justified; in the right ② <math.> rational
[2]yǒulǐ 有礼[-禮] V.O. be polite/courteous
[1]yǒulì* 有利 S.V./V.O. be advantageous/beneficial
[2]yǒulì 有力 S.V./V.O. strong; forceful; powerful
yǒuliǎn 有脸 V.O./S.V. ① have "face" ② be respectable ③ be favored
yōuliáng* 优良[優-] S.V. fine; good
yóuliàng 油亮 V.P. glossy
yóuliàngbiǎo 油亮表 N. fuel gauge M: ge/[2]zhī
yóuliàngliàng 油亮亮 R.F. shining with oily luster
yōuliáng pǐnzhì 优良品质[優-質] N. fine quality
yǒu liǎngshǒu 有两手 V.O. <coll.> be capable/talented
yǒu liǎngshǒu zhǔnbèi 有两手准备[-準備] V.P. have two strings to one's bow
yòuliángwéichāng 诱良为娼 F.E. induce innocent girls into prostitution
yǒu liǎngxiàzi 有两下子 V.P. <coll.> ① know one's stuff ② be talented; skillful
yǒu liánxì 有联系[-聯繫] V.O./S.V. relate to; be affiliated with
yóuliào 油料 N. petroleum; oil; lubricant
yóuliàokù 油料库 P.W. oil depot M: [4]zuò
yóuliào zhíwù 油料植物 N. oilseed plant
yóuliào zhǒngzi 油料种子[--種-] N. oilseed
yóuliàozuòwù 油料作物 N. oil-bearing crops; oil crops/plants
yǒulì bì yǒubì 有利必有弊 F.E. Advantages are inevitably accompanied by disadvantages.
yóulícéng 游离层[-離層] N. the ionosphere
yǒulì chā'é 有利差额 N. favorable balance
yǒulìchūlì 有力出力 F.E. Let those with strength contribute strength.
yōulì cúnkuǎn 优利存款[優-] N. preferential-interest deposit
yǒulì dìxíng 有利地形 N. <mil.> favorable terrain
yōu-liè* 优劣[優-] N. good and bad
yóuliè 游猎[-獵] V. ① hunt for sport ② browse; skim through
yōulièbùfēn 优劣不分[優-] F.E. no discrimination between good and bad
yóulí fènzǐ 游离分子[-離--] N. one who quits the collective
yòulǐhóng 釉里红[-裡-] N. underglaze red
yōulǐ jiàoshī 优礼教师[優禮-師] V.O. treat teachers with great courtesy

Y

yǒu lǐjù 有理据[-據] V.O./S.V. <lg.> be motivated

yǒu lǐjù xíyǔ 有理据习语[--據習-] N. <lg.> motivated idiom

yǒulìkětú 有利可图[-圖] V.P. profitable

yǒulìkěxún 有例可循 V.P. There is an example to follow.

yǒu lǐmào 有礼貌[-禮-] V.O./S.V. have good form; be courteous

yōulín 幽林 N. a secluded wood

yǒulín* 友邻[-鄰] N. friendly neighbor

yòulín 幼林 N. <forest.> young growth

[1]yōulíng* 幽灵[-靈] N. ghost; spirit

[2]yōulíng 优伶[優-] N. <trad.> actor; actress M: ge/[1]míng/[2]wèi

[3]yōulíng 幽囹 V. keep in confinement; confine

[1]yǒulíng 有灵[-靈] V.O. have power

[2]yǒulíng 有零 SUF. -odd *sānshí* ~ thirty-odd

yǒu lǐngdǎo de 有领导地[-導-] ADV. authoritatively; in a well-led way

yōulíngjī 幽灵机[-靈-] N. <mil.> reconnaissance plane M: [1]jià

yòulínglín 幼龄林[-齡-] N. <forest.> young growth M: [4]zuò

yōulíngshì 幽灵式[-靈-] ATTR. like a spirit/ghost

yōulíngxì 优伶戏[優-戲] N. comedy M: [1]chū

yǒulìngzéxíng 有令则行 F.E. obey orders strictly

yóulínjī 油淋鸡[-雞] N. oil-dripped chicken (Northern version of Cantonese deep-fried chicken)

yǒulǐshì 有理式 N. <math.> rational expression

yòulìshǒu 右利手 N. dextro-manual preference

yǒulǐshù 有理数[-數] N. <math.> rational number

yōuliú 幽流 N. subterranean flow of water

yǒulìwúbì 有利无弊 F.E. have everything to gain and nothing to lose

yǒulìwúhài 有利无害 F.E. gain everything and lose nothing

yǒulǐwúqíng 有理无情 F.E. act on the basis of principle in disregard of personal relations

yǒu lǐyóu 有理由 V.O./S.V. there are grounds/reasons to ...

yǒulìyǒubì 有利有弊 F.E. have both pros and cons

yǒulǐyǒubiǎor 有里有表儿[-裡---] F.E. tactful; considerate

yǒulǐyǒumiàn 有里有面[-裡--] F.E. <coll.> tactful; considerate

yǒulìzàixiān 有例在先 F.E. There are precedents for that.

yǒulìzhě 有力者 N. a powerful person M: ge/[1]míng/[2]wèi

yǒulǐ zǒubiàn tiānxià 有理走遍天下 F.E. If one's in the right, one can go anywhere.

yōulóng 游龙 N. playing/dancing dragon M: [1]tiáo

yòulóngyòuyǎ 又聋又哑[-聾-啞] V.P. deaf-and-dumb; deaf-mute

yóulǒu 油篓[-簍] N. rattan oil container M: ge/[2]zhī

yōulù 麀鹿 N. female deer; doe

yóulú 油炉[-爐] N. oil stove/furnace M: ge/[1]tái

yóulù* 邮路[郵-] N. mail route; postal network M: [1]tiáo

yòulù 幼鹿 N. fawn M: [2]zhī

yōulǜ* 忧虑[憂慮] S.V. worried; anxious ♦N. worry; anxiety

yóulǚ 游履 N. a pleasure trip

yóulǜ 油绿 N. glossy dark green

yōulǜbù'ān 忧虑不安[憂慮-] F.E. be worried

yōulǜchóngchóng 忧虑重重[憂慮-] F.E. sick at heart

[1]yóulún 油轮 N. oil tanker M: [1]tiáo/[1]sōu

[2]yóulún 邮轮[郵-] N. ocean liner M: [1]tiáo/[1]sōu

yóuluó 游逻[-邏] V. patrol

yǒuluòr 有落儿 V.O. have found a means of support or a way to make a living

yōulǜshāngshēn 忧虑伤身[憂慮傷-] F.E. Worry injures the health.

yōulǜwànfēn 忧虑万分[憂慮萬-] F.E. extremely worried

yǒu lùzi 有路子 V.O. have friends in high places

yóumá 油麻 N. linseed

yóumá càizǐ 油麻菜籽 N. flax seed used as a source of linseed oil

yóumài 莜/油麦[-麥] N. <bot.> sweet/naked oats

yòumán 幼鳗 N. <zoo.> elver M: [1]tiáo

yǒu máobing 有毛病 V.O. ① sick; ill ② have something wrong; be out of order

yóumáozhān 油毛毡[--氈] N. <archi.> treated/asphalt felt M: [2]kuài

yóumǎtou 油码头 P.W. oil jetty/wharf; tanker (loading) terminal

[1]yōuměi* 优美[優-] S.V. graceful; exquisite ♦N. anything that inspires a sense of joy

[2]yōuměi 幽美 V.P. secluded and beautiful; gentle; serene

yōumèi 幽昧 V.P. dark

yōuměidòngtīng 优美动听[優-動聽] F.E. pleasant to the ears

yǒu méimù 有眉目 V.O. begin to take shape

yǒuméiyǒuyǎn 有眉有眼 F.E. plausible

yōuměizìrú 优美自如[優-] F.E. with an easy grace

yōumén 幽门 N. <phys.> pylorus

yōumèn 忧闷[憂-] V.P. depressed

yóumén* 油门 N. ① throttle ② <coll.> accelerator

yóumèn 油焖 V. braise

yǒumén(r) 有门(儿) V.O. <coll.> ① be on the right track ② get the hang ③ be practical; have merit ④ be likely to be realized

yǒu méndào 有门道 V.O. have the hang of sth.

yōuměngyīguān 优孟衣冠[優-] F.E. ① follow another's example ② act on stage

yǒu ménlu 有门路 V.O./S.V. ① have a way out ② have powerful connections

yóumèn qiézi 油焖茄子 N. braised eggplant slices

yóumènsǔn 油焖笋[-筍] N. braised bamboo shoots

yòumènyòurè 又闷又热[-熱] V.P. sultry and stifling.

yǒumeyòng 有么用[-麼-] V.P. of what use

yōumiǎn 悠缅 V.P. far; distant (in space/time)

yòumiǎn 宥免 V. <wr.> forgive; pardon

[1]yòumiàn(r)* 右面(儿) P.W. right-hand side

[2]yòumiàn 釉面 N. glaze

yòumiànzhuān 釉面砖[--磚] N. glazed tile M: [2]kuài

yǒu miànzi 有面子 V.O./S.V. save/gain face

[1]yōumiǎo 悠渺 V.P. remote (in space and time)

[2]yōumiǎo 幽眇/渺 V.P. <wr.> profound and subtle; sophisticated

yóumiáo 油苗 N. oil seepage

yòumiáo* 幼苗 N. seedling M: [2]kē

yǒu miáo bù chóu zhǎng 有苗不愁长 ID. Once you have the sprouts you can expect them to grow.

yōumín 忧民[憂-] V.O. be distressed by people's suffering

yóumín* 游民 N. vagrant; vagabond M: ge/[1]míng

[1]yǒumín 莠民 N. wicked people; outlaws

[2]yǒumín 牖民 V.O. guide/educate the people

yóumínchéngqún 游民成群 F.E. There are crowds of wanderers.

[1]yōumíng 幽冥 V.P. gloomy; somber ♦N. <Budd.> netherworld

[2]yōu-míng 幽明 N. <wr.> ① this and the netherworld ② the stupid and the clever ③ the good and the bad

yǒumíng* 有名 S.V./V.O. well-known; famous

yǒumìng 有命 V.O. be alive

yòumíng 又名 V. also be called; be known also as

yǒu míngtang 有名堂 V.O./S.V. <coll> be promising; show encouraging signs

yǒu míngwàng 有名望 S.V./V.O. famous; distinguished; prestigious

yǒumíngwúshí 有名无实[-實] F.E. merely nominal; titular

yōumíngyìlù 幽明异路[--異-] F.E. The dead and the living do not mix.

yōumíngyǒnggé 幽明永隔 F.E. The dead and the living are separated forever.

yǒumíngyǒushí 有名有实[-實] F.E. both in name and in fact

yǒumíngyǒuxìng 有名有姓 V.P. real (non-fictitious) person

yóumín wúchǎnzhě 游民无产者[---產-] N. lumpen-proletariat M: ge/[1]míng

yōumiù 悠谬/缪 V.P. <wr.> fantastic; absurd; incredible; preposterous

yōumò* 幽默 N. <loan> humor

yóumó 油膜 N. oil slick

yóumò 油墨 N. printing ink

yōumò dàshī 幽默大师[-師] N. humorist

yōumòfēngqù 幽默风趣 F.E. have a fine sense of humor

yōumògǎn 幽默感 N. sense of humor

yǒu mólì de 有魔力的 ATTR. magical; attractive

yōumòqǔ 幽默曲 N. <mus.> humoresque M: [4]zhī/[2]shǒu

yóumóu 蝤蛑 N. swimming crab M: [2]zhī

yōumò wénxué 幽默文学 N. humorous literature

[1]yóumù* 游牧 V. move about in search of pasture ♦ATTR. nomadic

[2]yóumù 柚木 N. teak M: [2]kuài *See also* [2]yòumù

[3]yóumù 游目 V.O. let one's gaze roam

[4]yóumù 游幕 N. scholar attached to a governor's office as an advisor/secretary to draft official documents

[1]yòumù 幼木 N. young tree M: [2]kē

[2]yòumù 柚木 *See* [2]yóumù

yóumùchǎng 游牧场[-場] P.W. (cattle) range

yóumùchěnghuái 游目骋怀[--懷] F.E. look as far as one's eyes can see and give free rein to one's thoughts and feelings

yǒumùgòngdǔ 有目共睹 F.E. be obvious to all

yǒumùgòngjiàn 有目共见 F.E. be perfectly obvious

yǒumùgòngshǎng 有目共赏 F.E. have universal appeal

yóumù mínzú 游牧民族 N. nomadic people; nomads

yóumùqū 游牧区[-區] P.W. (nomadic) grazing area

yóumù shēnghuó 游牧生活 N. nomadic life; nomadism

yǒumùwúzhū 有目无珠 F.E. be as blind as a bat

yóumǔyèyán 油母页岩 N. oil shale

yǒu nǎi biànshì niáng 有奶便是娘 ID. ① suck up to whoever can give you some advantage ② one obeys those who give one money/power

yǒunàntóngdāng 有难同当[-難-當] F.E. join in with sb. to take a risk

yǒunánxìngzhēng 有男性征[-徵] V.O. be virile

yòunèifēng 右内锋 N. <sport> inside right

yòunèn 幼嫩 S.V. ① young and tender; delicate ② immature; naive; puerile

yóuní 油泥 N. greasy filth; grease

yóu nǐ 由你 V.P. as you please/like; whatever you say

yóunì* 油腻 S.V. greasy; oily ♦N. greasy/oily food

yǒunián 有年 <wr.> V.O. have existed for years ♦N. a year of plenty

yòunián* 幼年 N. childhood; infancy

yòuniánqī 幼年期 N. infancy; juvenile stage

yòuniánrén 幼年人 N. children

yǒu niántou le 有年头了 V.P. <coll.> have spent many years

yǒu nǐ de 有你的 F.E. ① praise sb.; Excellent! ② threaten sb.; Watch out!

yóu nǐ juédìng 由你决定[--決-] V.P. It's up to you to make the decision

yǒunǐméiwǒ 有你没我 F.E. We are sworn enemies.

yóunìzi 油泥子 N. putty

yǒu nóngshuǐr 有浓水儿[-濃--] V.O./S.V. wealthy; in the money

yóunǚ 犹女[猶-] N. <trad.> niece
yòunǚ* 幼女 N. young girl M: ge/¹míng
yǒunǚhuáichūn 有女怀春[--懷-] F.E. There is a girl in love.
yòunǚtóngjūn 幼女童军 P.W. brownie; girl scout
yòupài 右派 N. the Right; Rightist
yòupài fènzǐ 右派分子 N. a Rightist M: ge/¹míng/²wèi
yòupài màozi 右派帽子 N. the Rightist label M: ¹dǐng
yóupán 油盘[-盤] N. rectangular wooden tray
yǒupàn(r)* 有盼(儿) V.O. <topo.> become hopeful
yòupàyòuhèn 又怕又恨 V.P. both fear and hate
yǒupéng 友朋 N. <wr.> friends
yǒupéng tuōchē 有棚拖车 N. boxcar M: ³liàng
yōupì* 幽僻 V.P. peaceful and secluded
yóupí 油皮 N. <topo.> ① outermost layer of skin; epidermis ② skin of soya-bean milk
yòupí 柚皮 N. pomelo peel
yóupiàn 邮片[郵-] N. postcard M: ¹zhāng
yǒupiān 有偏 V.O. be biased
yòupiàn* 诱骗 V. inveigle; cajole; trick
yǒupiān jiéguǒ 有偏结果 N. biased result
yòupiānxìng 右偏性 N. dextrality
yǒu piānyǐ de fānyì 有偏倚的翻译[-譯] N. <lg.> biased translation
¹yóupiào 邮票[郵-] N. postage stamp M: ¹zhāng/tào
²yóupiào 油票 N. ①edible-oil coupon ②gasoline coupon M: ¹zhāng
yóupiào miànzhí 邮票面值[郵-] N. face value of a postage stamp
yóupiào tícái 邮票题材[郵-] N. subject matter of a postage stamp
yóupiào zhǎnlǎn 邮票展览[郵-覽] N. exhibition of stamps
yóupiào zhǔtí 邮票主题[郵-] N. subject matter of a postage stamp
yōupǐn 优品[優-] N. superior products
yóupíng 油瓶 N. oil bottle M: ge/²zhī
yǒupíngyǒujù 有凭有据[-憑-據] F.E. well-founded
yóupínzhìfù 由贫致富 F.E. from rags to riches
yóupír 油皮儿 N. <coll.> epidermis (of human skin)
yóupò 油粕 N. <agr.> oil cake
yòupò* 诱迫 V. trap and coerce
yōupósè 优婆塞[優-] N. <Budd.> Sanskrit *upasaka*, a layman who has sought refuge in the Three Jewels and observes the Five Precepts
yōupóyí 优婆夷[優-] N. <Budd.> Sanskrit *upasika*, a laywoman who has sought refuge in the Three Jewels and observes the Five Precepts
yǒupòyǒulì 有破有立 F.E. There is both destruction and construction.
yǒupǔr 有谱儿 V.O. <coll.> have sth. to go by; have confidence; be sure
¹yōuqī 忧戚[憂-] V.P. <wr.> worried and grieved
²yōuqī 幽期 N. lover's rendezvous; tryst
³yōuqī 幽栖[-棲] V. live away from society
yóuqī 油漆 N./V. paint
¹yóuqí* 尤其 ADV. especially
²yóuqí 游骑 N. mounted troopers
yóuqi 由起 A.T. from
¹yóuqì 游憩 V. relax and play
²yóuqì 油气[-氣] N. ① oil-associated gas ② oil and gas
³yóuqì 游气[-氣] N. ① faint breath; feeble breathing ② <wr> floating/fleeting clouds
yǒuqì(r) 有气(儿)[-氣-] V.O. ① be still alive; be breathing ② be angry
yòuqī 幼期 N. (at) the beginning stage
yōuqiān(r) 悠千(儿) N. trapeze; swing
yǒuqián* 有钱[-錢] V.O./S.V. be rich/wealthy *Tā dōu lǐ ~*. He's rich.
yǒuqiánbiànhuā 有钱便花[-錢--] F.E. Money burns a hole in one's pocket.
yǒuqiánchūqián 有钱出钱[-錢-錢] F.E. Let those with money contribute money.
yòuqiánfāng 右前方 P.W. right front
yóuqiāng 油枪[-槍] N. <mach.> oil gun M: ¹bǎ
yóuqiānghuádiào 油腔滑调 F.E. glib; unctuous
yǒu qiánkē 有前科 V.O. have a previous conviction
yòuqiánlún 右前轮 N. right-front wheel (of a car)
yǒuqián néng shǐ guǐ tuīmò 有钱能使鬼推磨[-錢-----] F.E. money can work miracles
yǒuqiánr de 有钱儿的[-錢--] N. rich person
yǒuqiánrén 有钱人[-錢-] N. the rich/wealthy M: ge/¹míng/²wèi
yǒuqián rénjiā 有钱人家[-錢--] N. the well-to-do M: ¹hù
yóuqiǎnrùshēn 由浅入深[-淺--] F.E. from the easy to the difficult; from the elementary to the profound
yòuqiánwèi 右前卫[-衛] N. <sport> right halfback; right half
yǒuqiányǒuhòu 有前有后[-後] F.E. differences in temporal sequence
yǒuqiányǒushì 有钱有势[-錢-勢] F.E. have wealth and influence
yóuqìbǐ 油气比[-氣-] N. oil-gas ratio
yóuqíbīng 游骑兵 N. ranger
yǒu qí fù bì yǒu qí zǐ 有其父必有其子 F.E. Like father, like son.
yóuqīgōng 油漆工 N. painter (of houses/etc.) M: ge/¹míng
yóuqījiàng 油漆匠 N. painter (of furniture/houses/etc.) M: ge/¹míng
yǒuqìméilì 有气没力[-氣--] V.P. have no strength
yóuqín 游禽 N. natatorial bird M: ²zhī
yòuqín* 幼禽 N. young fowl; chicks M: ²zhī
yōuqíng 幽情 N. ① exquisite/intimate thoughts/feelings ② pensive mood
¹yǒuqíng* 友情 N. friendly sentiments; friendship
²yǒuqíng 有情 V.O. ① warm; affectionate ② be in love ③ <Budd.> endowed with feeling/sentience ♦N. living creatures
¹yǒuqǐng 有请 F.E. ① request the pleasure of seeing you *Cūnzhǎng ~*. The village head requests the pleasure of seeing you. ② <court.> ask a visitor in
²yǒuqǐng 有顷 N. <wr.> ① a little while ② soon after ③ in an instant
yòuqīng 右倾 N. ① Right deviation ② right-leaning; conservative
yòuqīng fān'ànfēng 右倾翻案风 N. <pol.> Rightist Case Reversal Trend
yòuqīng jīhuìzhǔyì 右倾机会主义[-義] N. <pol.> Right opportunism
yǒuqíng liánjiē 友情连接 N. friendly links
yǒuqíngrén 有情人 N. lovers M: ge/¹míng/²wèi
yǒu qíngrén zhōng chéng juànshǔ 有情人终成眷属[-屬] F.E. Jack shall have Jill, all shall be well.
yòuqīng sīxiǎng 右倾思想 N. <pol.> right-deviationist thinking
yǒuqīngwúzhuó 有清无浊[-濁] F.E. <lg.> clearly voiceless
yǒuqíngyǒuyì 有情有义[-義] F.E. have affection and faith
yǒuqīniánjīn 有期年金 N. temporary annuity M: ²bǐ
yóuqīnjíshū 由亲及疏[-親--] F.E. from close relations to mere acquaintances; from near to far
yǒuqióng 有穷[-窮] V.O. have an end; be exhaustible
yǒu qǐsè 有起色 V.O. show signs of improvement/rise/etc.
yóuqíshènzhě 尤其甚者 V.P. furthermore; what's more
yóuqíshì 尤其是 V.P. especially
yóuqìtián 油气田[-氣-] P.W. oil-and-gas field M: ²kuài
yǒuqī túxíng 有期徒刑 N. <law> fixed term of imprisonment
yōuqiú 幽囚 V. imprison; confine
yǒuqiúbìyìng 有求必应[-應] F.E. accede to every plea; grant whatever is asked
yǒuqiúyú 有求于[-於] V.P. have a favor to ask of (sb.) *~ rén* have a favor to ask of others
yōuqiúzhōngshēn 幽囚终身 F.E. be imprisoned for life
yóuqíwúguī 游骑无归[-歸] F.E. rootless; no place to go back to
yǒuqìwúlì 有气无力[-氣--] F.E. ① lackluster ② feeble
yōuqīxiāngguān 忧/攸戚相关[憂-關] F.E. mutually connected/relevant
yòuqìyòukuì 又气又愧[-氣--] V.P. feel angry and ashamed
yǒu qí zhǔ bì yǒu qí pú 有其主必有其仆[-僕] F.E. Like master, like servant.
yōuqù 幽趣 N. the delight of refined seclusion
yóuqū 邮区[郵區] P.W. postal district
yǒuqù(r)* 有趣(儿) S.V./V.O. interesting; fascinating; amusing
yóuquán 油泉 N. oil spring
yǒuquán* 有权[-權] V.O./S.V. have the final say; have authority
yòuquǎn 幼犬 N. puppy M: ²zhī
yòuquàn 右券 N. <trad.> right half of a contract engraved on a wooden tablet which was cut into two parts
yǒuquán dàilǐ 有权代理[-權--] N. authorized agency
yǒuquányǒuzé 有权有责[-權--] V.P. have authority with responsibility
yōuquē 优缺[優-] N. excellent vacancy
yǒuquē* 有缺 V.O. have a job opening
yōuquēdiǎn 优缺点[優-點] N. advantages and disadvantages
yóuqún 油裙 N. apron (of a cook/etc.) M: ¹tiáo
yǒuqùwúhuán 有去无还[-還] F.E. ① gone never to return; gone forever ② cross the Rubicon
yǒuqùwúhuí 有去无回 F.E. cross the Rubicon
yǒuqǔyǒushě 有取有舍[-捨] F.E. be selective
¹yōurán* 悠然 V.P. ① carefree and leisurely ② long; distant ③ effortless
²yōurán 攸然 ADV. joyfully; leisurely
¹yóurán 油然 ADV. ① spontaneously; involuntarily ② densely; profusely
²yóurán 犹然[猶-] ADV. ① still ② just like/as ③ easy-going
yǒurǎn 有染 ID. ① be involved with ② have illicit sexual relations
yóurán'érshēng 油然而生 F.E. arise spontaneously (of feelings)
yōurán'érshì 悠然而逝 F.E. ① went off pretty easy ② past and gone
yōurǎng 幽壤 P.W. lower world; Hades
yōuránshénwǎng 悠然神往 F.E. let one's thoughts roam afar
yōuránzìdé 悠然自得 F.E. carefree and content
yǒurǎo 有扰[-擾] V. express thanks for hospitality
¹yōurén 幽人 N. <wr.> hermit; recluse M: ge/¹míng/²wèi
²yōurén 优人[優-] N. actor; actress M: ge/¹míng/²wèi
¹yóurén 游人 N. sightseer; tourist M: ge/¹míng/²wèi
²yóurén 尤人 V.O. blame others
¹yǒurén* 有人 V.O. some people; anyone ♦V.P. There are some people (in a place).
²yǒurén 友人 N. friend M: ge/¹míng/²wèi
yòurén 诱人 S.V./V.O. attractive; alluring
yòurénfànzuì 诱人犯罪 F.E. induce others to break the law
yǒu rénjiār 有人家儿 V.O. be engaged; be already betrothed (of a girl)
yòurénpiànjú 诱人骗局 F.E. make a feint to fool sb.
yòurénrùgòu 诱人入彀 F.E. use a trick to make sb. do sth.

Y

yóurénrúzhī 游人如织[-織] F.E. jammed with visitors

yòurénwéi'è 诱人为恶[-惡] F.E. lure others to evil

yóurènyǒuyú 游刃有余 F.E. be more than equal to a task

yǒu rényuánr 有人缘儿 V.O./S.V. be likable/popular

yòurénzuò'è 诱人作恶[-惡] F.E. lure sb. to do wrong

yǒu rìzi 有日子 V.O. ① for quite a few days; for days ② have fixed a date

[1]**yōuróng** 忧容[憂-] N. sad/worried look

[2]**yōuróng** 优容[優-] V. <wr.> treat with leniency

yōuróu 优柔[優-] V.P. ① indecisive; hesitating ② <wr.> ⓐ gentle; amiable. ⓑ leisurely; unhurried ⓒ weak in character

yōuróuguǎduàn 优柔寡断[優-斷] F.E. indecisive

yóurú 犹如[猶-] V.P. be just like/as

yǒurú* 有如 V.P. seem; be like

yòurù 诱入 V. lure into

yǒurǔjiāmén 有辱家门 F.E. have a family scandal

yǒurǔménméi 有辱门楣 F.E. disgrace one's family

yǒurǔmíngshēng 有辱名声[-聲] F.E. bring into discredit

yóurùn 油润 V.P. oily smooth ♦N. lubrication

yóuruò* 犹若[猶-] V.P. be just/almost like; be tantamount to

yòuruò 幼弱 V.P. young and delicate

yòurù qítú 诱入歧途 V.P. seduce into error

yǒu rǔ réngé de dàiyù 有辱人格的待遇 N. degrading treatment

yǒurǔsīwén 有辱斯文 F.E. be a disgrace to the educated class

yǒurùwúchū de yīn 有入无出的音 N. <lg.> implosive sound

yǒurǔzǔzōng 有辱祖宗 F.E. besmirch the fair name of one's forefathers

yòusāi 右腮 N. rear part of the right cheek

yóusàn 游散 V. take a stroll

yǒusāyǒuliǎ 有仨有俩 F.E. <coll.> have a little sth.

yǒusāyǒuliǎ de 有仨有俩的 F.E. <coll.> have a little extra cash

yōusè 忧色[憂-] N. worried look

yóusè 油色 N. oil colors; oils

yǒusè* 有色 V.O. have color ♦ATTR. colored

[1]**yòusè** 诱色 N. alluring coloration

[2]**yòusè** 釉色 N. glazed color

yǒusè jīnshǔ 有色金属[-屬] N. nonferrous metal

yǒusè rénzhǒng 有色人种[-種] N. people of color; colored races

yóushā 油砂 N. <min.> oil sand

[1]**yòushā*** 诱杀[-殺] V. lure to destruction; trap and kill

[2]**yòushā** 鼬鲨 N. tiger shark M: [1]tiáo

yǒusháchīshá 有啥吃啥 V.P. eat whatever is available

yòushādēng 诱杀灯[-殺燈] N. light trap (for bugs/etc.) M: [1]zhǎn

yǒushàn 友善 S.V. <wr.> friendly; amicable

yōushāng* 忧伤[憂傷] S.V. worried and grieved

yóushǎng 游赏 V. enjoy the sights

yóushàng 油上 R.V. apply (paint/etc.)

yǒushāng 有伤[-傷] V.P. harm

yòushāng 侑觞[-觴] V.O. urge a guest to drink

yòushàng 右上 ATTR. upper right

yǒushāng dàyǎ 有伤大雅[-傷--] F.E. ① constitute a breach of decorum ② offend against good taste

yǒushāng fēnghuà 有伤风化[-傷--] F.E. harmful to public morals

yǒushāng héqì 有伤和气[-傷-氣] F.E. detrimental to friendship

yǒu shāngliang(r) 有商量(儿) V.O. <coll.> have room to maneuver; be negotiable

yǒushāng tǐmian 有伤体面[-傷體-] F.E. lower one's dignity

yǒushǎngyǒufá 有赏有罚 F.E. ① mete out punishments/rewards as the case demands ② There should be due rewards and punishments.

yóushānwánshuǐ 游山玩水 F.E. go on a scenic tour

yòushāo 釉烧[-燒] N. glaze firing

yǒushǎor 有少儿 V.P. <coll.> be negotiable (of prices)

yòushāoyáo 釉烧窑[-燒窯] N. glaze kiln M: [4]zuò

yǒusháshuōshá 有啥说啥 V.P. speak one's mind

yóushé 游蛇 N. water snake M: [1]tiáo

yōushēn 幽深 V.P. remote and quiet

yóushèn 尤甚 V.P. ①most/worst of all ②especially so

yǒushēn 有身/娠 V.O. <wr.> be pregnant

yǒushén* 有神 S.V./V.O. ①spirited ②miraculous

yòushèn 右肾[-腎] N. right kidney M: ge/[2]zhī

yōushēng(xué) 优生(学)[優-] N. <bio.> eugenics

yōushèng* 优胜[優勝] ATTR. winning; superior

[1]**yǒushēng** 有声[-聲] V.O. ①have sound ②<wr.> have a reputation ♦ATTR. <lg.> voiced

[2]**yǒushēng** 有生 ATTR. <lg.> ①animate ②active

yōushèngbēi 优胜杯[優勝-] N. trophy/challenger cup

yǒushēng cídiǎn 有声词典[-聲--] N. pronouncing dictionary M: [2]bù

yǒushēng de 有生的 ATTR. animate

yǒushēng diànyǐng 有声电影[-聲電-] N. sound film M: [2]bù

yōushèngduì 优胜队[優勝隊] P.W. victorious team M: [4]zhī

yǒushēng dúwù 有声读物[-聲讀-] N. talking book; audio material M: [1]zhǒng

yǒushēngfú 有声符[-聲-] N. <lg.> nigori mark in Japanese

yǒushēng fǔyīn 有声辅音[-聲--] N. <lg.> voiced consonant

yōushèng hóngqí 优胜红旗[優勝-] N. red flag of victory M: [1]miàn

yǒushēnghuà 有声化[-聲-] N. <lg.> voicing

yǒushēng huàndēngpiàn 有声幻灯片[-聲-燈-] N. sound slidefilm

yōushèngjiǎng 优胜奖[優勝獎] N. winning prize

yōushènglièbài 优胜劣败[優勝-] F.E. survival of the fittest

yōushèngliètài 优胜劣汰[優勝-] F.E. survival of the fittest

yǒushēng lìliàng 有生力量 N. effective strength; effectives

yǒushēngméiqì 有声没气[-聲-氣] F.E. feeble

yǒushēng míngcí 有生名词 N. <lg.> animate noun

yǒu shēngmìng de 有生命的 ATTR. animate

yǒushēngpiàn(r) 有声片(儿)[-聲--] N. sound film; talkie M: [2]bù

yōushèngqí 优胜旗[優勝-] N. championship banner M: [1]miàn

yōushēngshǎoshēng 优生少生[優-] F.E. better and fewer births

yōushēng shǒushù 优生手术[優-術] N. eugenic operation

yǒushēng tíngdùn 有声停顿[-聲--] N. <lg.> filled pause

yǒushēngxìng 有生性 N. <lg.> animateness

yǒushēng xìnhán 有声信函[-聲--] N. voice mail M: [2]fēng/[1]zhǒng

yǒushēng xìnhào 有声信号[-聲-號] N. audible signal

yōushēngxué 优生学[優-] N. eugenics

yǒushēng yǐlái 有生以来 N. ever since birth

yǒushēngyīn 有声音[-聲-] N. <lg.> voiced

yǒushēngyǒusè 有声有色[-聲--] F.E. vivid and dramatic

yōushēngyōuyù 优生优育[優-優-] F.E. good pregnancy and good rearing; sound childrearing

yǒu shèngyú xìnxī de 有剩余信息的 ATTR. <lg.> redundant

yǒushēng yǔyán 有声语言[-聲--] N. <lg.> spoken language

yōushèngzhě 优胜者[優勝-] N. winner; champion M: ge/[1]míng/[2]wèi

yǒushēngzhīnián 有生之年 N. the rest of one's life; as long as one is alive

yǒushēng zǐyīn 有声子音[-聲--] N. <lg.> voiced consonant

yǒushénlùn 有神论 N. theism

yǒushénlùnzhě 有神论者 N. theist M: ge/[1]míng/[2]wèi

yǒu shēnzi 有身子 V.O. <coll.> be pregnant

yóushērùjiǎnnán 由奢入简难[-難] F.E. It is difficult to go from extravagance to frugality.

[1]**yōushì** 优势[優勢] N. superiority; preponderance

[2]**yōushì** 幽室 P.W. secret room M: [1]jiān

[1]**yóushí** 游食 V. live like a parasite

[2]**yóushí** 油石 N. whetstone M: [2]kuài

[1]**yóushì** 油饰 V. paint

[2]**yóushì** 油柿 N. wild kaki persimmon M: ge/[2]zhī

[3]**yóushì** 由是 V.P. <wr.> from this

[4]**yóushì** 游士 N. free-lance scholar M: ge/[1]míng/[2]wèi

yǒushī 有失 V. fail; lose (in fixed expressions)

[1]**yǒushí*** 有时[-時] V.O. sometimes; at times

[2]**yǒushí** 酉时[-時] N. 5–7 P.M.

[3]**yǒushí** 有识[-識] V.O. ① be wise in making decisions; be perceptive ② be possessed of understanding/insight

[1]**yǒushì** 有事 V.O. ① if problems arise ~ ***gēn tā shāngliang.*** Consult him when problems come up. ② be occupied/busy ***Duìbuqǐ, wǒ míngtiān*** ~. Sorry, I'm tied up tomorrow. ***Tā xīnli yīdìng*** ~ He must have sth. on his mind.

[2]**yǒushì** 有势[-勢] V.O. <derog.> be powerful/influential

[3]**yǒushì** 有室 V.O. have a home; have a wife

[1]**yòu-shī** 幼师[-師] AB. kindergarten teachers

[2]**yòushī** 幼狮[-獅] N. young lion M: ge/[2]zhī

[1]**yòushí** 幼时[-時] N. infancy; childhood

[2]**yòushí** 侑食 V.P. press sb.to eat

yòushǐ 诱使 V. inveigle into; lure

yòu shì 又是 V.P. ① also; again; moreover; besides ② still another ③ the same as

yōushì fāngyán 优势方言[優勢-] N. <lg.> dominant topolect/dialect/language

yòushǐ fànzuì 诱使犯罪 N. entrapment

yǒushī guānzhān 有失观瞻[--觀-] F.E. lose one's dignity

yóushìguānzhī 由是观之[--觀-] F.E. looking at it from this point of view

yǒushī guótǐ 有失国体[-國體] V.O. tarnish the honor of one's country

yǒushī héqì 有失和气[-氣] V.O. fail to keep on good terms

yǒushíhou(r) 有时候(儿)[-時--] V.O. sometimes; now and then ♦V.O. have time

yǒushìjià zhèngquàn 有市价证券[--價證-] N. <econ.> marketable securities M: [1]zhāng

yǒushìjīshēn 有事羁身 F.E. be busy with

yòushìláng 右侍郎 N. <trad.> title of a minor official in the court

yòu shì lǎodiào 又是老调 V.P. It's the same old tune again.

yǒu shìlì 有势力[-勢-] V.O./S.V. powerful; influential

yǒushí shèhuì 有识社会[-識--] N. knowledgeable society

yǒushī shēnfèn 有失身份 V.O. be beneath one's dignity

yǒushī tǐmian 有失体面[--體-] V.O. bring disgrace

yǒushī tǐtǒng 有失体统[--體-] V.O. bring disgrace

yǒushīwéizhèng 有诗为证[-證] F.E. There is a poem to prove the point.

yǒushìwúkǒng 有恃无恐 F.E. secure in the knowledge of having strong backing

yǒushǐwúzhōng 有始无终 F.E. start sth. but fail to carry it through
yǒushǐxiǎnzhōng 有始鲜终 F.E. have a beginning but seldom carry on to the end
yōushì xíngwéi 优势行为[優勢-] N. dominance behavior
yǒu shīyì 有诗意 V.O./S.V. poetic
yòu shì yī gè 又是一个[-個] V.P. still another one
yǒushǐyǐlái 有史以来 V.P. since the beginning/dawn of history; throughout history
yǒushǐyǒuzhōng 有始有终 F.E. carry sth. through to the end
yǒushízhě 有识者[-識-] N. a wise person M: ge/[1]míng/[2]wèi
yǒushízhīshì 有识之士[-識--] N. a person with breadth of vision
yóushízhītú 游食之徒 N. <derog.> sb. without a definite profession M: ge/[1]míng
yóushǒu 游手 V.O. remain idle
yóushòu 邮售[郵-] N. mail-order sale
yǒushǒu 有守 V.O. adhere to principles; have moral fortitude
[1]**yòushǒu*** 右手 N. ① right hand ② right-hand side
[2]**yòushǒu** 右首 N. right-hand side
yòushòu guǎnggào 诱售广告[--廣-] N. bait advertising M: [1]fèn
yóushǒuhàoxián 游手好闲 F.E. idle about; loaf
yóushòu shāngdiàn 邮售商店[郵-] P.W. mail-order house M: [1]jiā
yòushòuyòufá 又瘦又乏 V.P. be emaciated and weak
yǒushǒuyǒuwéi 有守有为 F.E. ① uphold principles; act according to principles ② have moral integrity and be promising
yòushòuyòuxiǎo 又瘦又小 V.P. be short and slight
yòushǒuzhǎng 右手掌 N. right palm
yóushǒuzìsuī 游手恣睢 F.E. wander around as a good-for-nothing
yǒushù(r)* 有数(儿)[-數-] V.O. ① know how things stand; be confident ② be predestined ③ be limited in number; be rare ④ know the exact number ⑤ be governed by principle
yòushǔ 鼬鼠 N. weasel M: [2]zhī
[1]**yòushù** 幼树[-樹] N. sapling M: [2]kē
[2]**yòushù** 宥恕 V. forgive; pardon; excuse
yóushuā 油刷 V. paint
yóushui(r) 油水(儿) N. <coll.> ① profit ②"squeeze" ③oil/fat in cooked foods ④cream/essence of sth.
yóushuǐ 游水 V.O. <coll.> swim
yóushuì* 游说 V. go lobbying/canvassing *See also yóushuō*
yòushuǐ 釉水 N. liquid glaze
yóushuǐ bù dà 油水不大 V.P. not very profitable
yóushuǐ bù xiāngróng 油水不相融 F.E. Water repels oil. (fig.)
yóushuìtuán 游说团[-團] N. lobby group
yóushuǐzhīqíng 油水之情 N. Oil will not mingle with water. (fig.)
yóushuō* 游说 V. persuade *See also yóushuì*
yòu shuō 又说 V.P. add; say also
yǒu shuōfúlì 有说服力 V.O./S.V. convincing; persuasive
yǒushuōyǒuxiào* 有说有笑 V.P. laughing and talking
yòushuōyòuxiào 又说又笑 F.E. talking and laughing at the same time
[1]**yōusī*** 忧思[憂-] V. worry about ♦N. troubled thoughts
[2]**yōusī** 幽思 V. ponder; meditate ♦N. ① melancholy brooding ② sober musing ③ thoughts on things remote
yōusǐ 优死[優-] N. euthanasia
yóusī 游丝[-絲] N. ① gossamer ② <mach.> hairspring
yóusì 犹似[猶-] V.P. just like/as; as if
yǒusī 有司 N. <wr.> officials
yǒusī fēnliè 有丝分裂[-絲--] N. <bio.> mitosis

yóusījuàn 油丝绢[-絲-] N. <txtl.> taffeta (for painting or writing)
yōusīwèi'ài 忧思未艾[憂-] F.E. worry continuously
yǒusǐwú'èr 有死无二 F.E. die loyally
yóusōng 油松 N. Chinese pine M: [2]kē
yóusòng* 邮送[郵-] V. deliver (mail)
yóusū 油酥 ATTR. crisp; flaky
yóusù 油素 N. fine silk for painting/calligraphy
yǒusù* 有素 A.T. ① attained; fulfilled ② <wr.> long acquainted ♦V.O. ①have a solid foundation ② be always/usually as specified
yóusuān 油酸 N. <chem.> oleic acid
yòusuānyòutián 又酸又甜 V.P. sweet yet tart
yóusūbǐng 油酥饼 N. shortcake M: [2]kuài/[1]zhāng
yóusū gāodiǎn 油酥糕点[-點] N. shortbread M: [2]jiàn
yōusuì 幽邃 V.P. <wr.> profound; unfathomable
yóusūn 犹孙[猶孫] N. sons of a nephew
yǒusǔn* 有损 V.O. be harmful
yǒusǔn dàyǎ 有损大雅 F.E. offend against good taste
yǒusǔn wēiyán 有损威严[-嚴] F.E. impair one's dignity
yǒusǔn yú 有损于[-於] V.P. be harmful to
yǒusuǒ 有所 A.T. to some extent; somewhat
yǒusuǒbùtóng 有所不同 F.E. be somewhat different
yǒusuǒbùwéi 有所不为 F.E. have sth. that one does not do
yǒusuǒbùzhī 有所不知 F.E. ① be unaware of sth. ② There are things which one doesn't know.
yǒusuǒchéngjiù 有所成就 F.E. get somewhere
yǒusuǒfāmíng 有所发明[--發-] F.E. have some inventions
yǒusuǒliǎojiě 有所了解 F.E. have gained some understanding
yǒusuǒsī 有所思 V.P. <wr.> be thinking of someone
yǒusuǒwéi 有所为 V.P. have an achievement
yóusuōzi 油梭子 N. scraps of fat
yǒusuǒzuòwéi 有所作为 F.E. be about to achieve sth.
Yóutā 犹他[猶-] P.W. Utah
Yóutài* 犹太[猶-] N. ① the Jews ② Judaism
yǒutāi 有胎 V.O. be pregnant
yòutài 幼态[-態] N. juvenile form
Yóutài Fùguózhǔyì 犹太复国主义[猶-復國-義] F.E. Zionism
Yóutàijiào 犹太教[猶-] N. Judaism
Yóutài mínzú 犹太民族[猶-] N. Jewish people
Yóutàirén 犹太人[猶-] N. a Jew
Yóutàirén huìtáng 犹太人会堂[猶-] P.W. synagogue M: [4]zuò
yóután* 游谈 V. ① go canvassing; canvass ② play and talk
yòután 右袒 V. <wr.> take sides with; be partial to
yǒutánxìng 有弹性 V.O./S.V. elastic
yóutáo 油桃 N. nectarine
[1]**yòutáo*** 诱逃 V. induce sb. to abscond or run away from home
[2]**yòutáo** 釉陶 N. glazed pottery
yóutāqù 由他/它去 V.P. Leave him/it alone. Let him/it be.
yǒu tāxīn 有他心 V.O. be disloyal/unfaithful
yǒu tèdìngzhǐ 有特定指 N. <lg.> definite specific
yǒutì 友悌 N. brotherly bonds
yòutǐ* 幼体[-體] N. <bio.> the young; larva
[1]**yóutián** 油田 P.W. oil field M: [2]kuài/[1]piàn
[2]**yóutián** 游田 N. <wr.> excursion and hunting
yóutián bànshēngqì 油田伴生气[-氣] N. oil-associated gas
yǒu tiāncái 有天才 V.O./S.V. have a gift (for)
yóutiān'érjiàng 由天而降 F.E. come down from heaven; come from nowhere
yǒu tiānfèn 有天分 V.O. be talented
yǒutiānméirì 有天没日 ID. ① outrageous (of remarks) ② total absence of justice

yǒutiānméirì de xiāshuō 有天没日地瞎说 V.P. reckless and dissipated in one's speech
yōutiānmǐnrén 忧天悯人[憂-] F.E. worry about the destiny of mankind
yóutiánqì 油田气[-氣] N. oil-associated gas
yǒutiānwúrì 有天无日 ID. devoid of justice
yóutiáo 油条[-條] N. ① deep-fried twisted dough sticks ② glib person
yǒutiáobùwěn 有条不紊[-條--] F.E. methodical; systematical
yǒu tiáojiàn 有条件[-條-] V.O. have/meet conditions/requirements/qualifications ♦ATTR. conditional; with conditions attached; conditioned
yǒu tiáojié de yīn 有调节的音[--節--] N. <lg.> articulate sound
yǒutiáoyǒulǐ 有条有理[-條--] F.E. systematic; orderly
yǒutǐ cáichǎn 有体财产[-體-產] N. tangible assets
yǒutí dòngwù 有蹄动物[--動-] N. hoofed animals; ungulate
yǒutílèi 有蹄类[-類] N. <zoo.> ungulates
yōutíng 悠停 S.V. unhurried
yóutīng 油听[-聽] N. oil can
yóutíng 邮亭[郵-] N. ① postal kiosk ② <trad.> lodge for couriers M: [4]zuò
yóutǐng* 游艇 N. yacht; pleasure-boat M: [1]tiáo/[1]sōu
yóutǐng mǎtou 游艇码头 N. marina
yōutingzhe 悠停着[-著] V.P. <topo.> take things easy
yóutóng 油桐 N. tung-oil tree; tung tree M: [2]kē
[1]**yóutǒng** 油桶 N. oil drum M: [2]zhī/ge
[2]**yóutǒng** 邮筒[郵-] N. postbox; mailbox M: ge/[2]zhī
yòutóng* 幼童 N. young child M: ge/[1]míng
Yòutóngjūn 幼童军 P.W. a Cub Scout
yǒutǒngyǒufēn 有统有分 F.E. <econ.> combination of individual and group management
yóutou 由头 N. <coll.> ① cause; reason for ② pretext
yóutóudàowěi 由头到尾 F.E. from the beginning to the end; from A to Z
yóutóufěnmiàn 油头粉面 F.E. heavily made-up woman or dandified man
yóutóuhuánǎo 油头滑脑[-腦] F.E. frivolous and tricky
yǒutóujū 有头疽 N. <Ch. med.> carbuncle
yóutòule 油透了 V.P. <coll.> extremely cunning; very crafty
yǒutóur 有头儿 V.O. begin to show promise of success
yǒutóuwúnǎo 有头无脑[-腦] F.E. stupid
yǒutóuwúwěi 有头无尾 F.E. ① quit doing something halfway ② leave sth. unfinished
yǒu tóuxù 有头绪 V.O. have found the clue
yǒutóuyǒuliǎn(r) 有头有脸(儿) <coll.> F.E. respected; have prestige; command respect ♦N. leader; famed person; VIP
yǒutóuyǒuwěi 有头有尾 F.E. ① complete ② have a beginning and an end; start sth. and finish it
yòutuǐ 右腿 N. right leg
yǒutuìwújìn 有退无进[-進] F.E. Only retreat, never advance.
yòu-tuō 幼托 AB. *yòu'éryuán* and *tuō'érsuǒ*
yǒutuō'értáo 有托而逃 F.E. shirk responsibility under an excuse
yǒu wàiyù 有外遇 V.O. have an extramarital affair
yōuwǎn 幽婉/宛 V.P. subtle and delicate; exquisite; profound and complicated
yóuwán* 游玩 V. ① amuse oneself; play ② go sight-seeing; stroll about
yǒuwàng 有望 V.P. hopeful; promising
yóuwāngwāng 油汪汪 R.F. ① dripping with oil ② glossy; shiny
yōuwēi 幽微 V.P. faint; weak (of sound/smell/etc.)

Y

yōuwéi 优为[優-] V.P. good at or proficient in sth.
yóuwéi 尤为 V.P. especially
yóuwèi 油位 N. <mach.> oil level
yǒuwéi* 有为 V.P. ① promising ② <Budd.> productive; active
yǒuwèi(r) 有味(儿) V.O./S.V. ① tasty ② delightful ③ smelly ④ be interesting; be meaningful
yóuwèibiǎo 油位表 N. oil (level) gauge M: ge/[2]zhī
yǒuwéichūzhōng 有违初衷[-違--] F.E. go back on one's original intentions
yǒu wèidao 有味道 V.O. be flavorsome
yóu wèidìng 犹未定[猶-] V.P. haven't decided yet
yóuwèidìngzháo 犹未定着[猶-著] F.E. haven't decided yet
yóuwèikězhī 犹未可知[猶-] F.E. don't know yet; maybe
yóuwéiwèizú 犹为未足[猶-] F.E. <wr.> as if not enough
yǒuwéiyǒushǒu 有为有守 F.E. have a commitment
yòuwén 右文 V.O. <wr.> favor/patronize literature and the arts ♦N. right-hand (phonetic) part of a character
yòuwèn* 又问 V.P. ask again
yǒuwènbìdá 有问必答 F.E. answer all questions asked
yǒuwénbìlù 有闻必录[-錄] F.E. record everything one has heard
yǒu wénhuà 有文化 V.O./S.V. be well-educated
yǒuwěnlèi 有吻类[-類] N. hemiptera; sucking insects
yòuwénshuō 右文说 N. <lg.> the thesis that the phonetic component of some characters carries meaning
yǒu wèntí 有问题 V.O. have questions ♦S.V. questionable; doubtful; unreliable; problematic
yǒu wénzì jìzǎi de lìshǐ 有文字记载的历史[------歷-] N. <archeo.> recorded history
yōuwò 优渥[優-] V.P. <wr.> liberal; munificent
yǒuwǒwúdí 有我无敌[-敵] F.E. If we are to survive, the enemy must be vanquished.
yóuwū* 油污 N. greasy/oily dirt
[1]**yóuwù** 尤物 N. <wr.> ①rare thing ②rare beauty ③ femme fatale ④ remarkable personage
[2]**yóuwù** 邮务[郵務] N. postal administration/service/affairs
yǒuwú 有无 V.P. have or not have
yòuwǔ 右武 V.O. <wr.> attach primary importance to military affairs
yóuwùshēng 邮务生[郵務-] N. assistant clerk in a post office M: ge/[1]míng
yǒuwúxiāngtōng 有无相通 F.E. render financial assistance among good friends
yóuwùyuán 邮务员[郵務-] N. ① postal clerk; postman ② senior postal clerk M: ge/[1]míng
yóuwùzuǒ 邮务佐[郵務-] N. junior postal clerk
[1]**yóuxī** 游息 V. ① stroll about or have a rest; play and relax ② move about and rest (of beasts/birds/etc.)
[2]**yóuxī** 游嬉 V. play; sport; frolic
yóuxì* 游戏[-戲] V. play ♦N. recreation; game
yǒuxǐ 有喜 V.O. be pregnant/expecting
[1]**yǒuxì** 有戏[-戲] V.O. hopeful
[2]**yǒuxì** 有隙 V.O. ① harbor a grudge ② there is a loophole
[1]**yóuxiá** 游侠[-俠] N. <hist.> knight-errant M: ge/[1]míng/[2]wèi
[2]**yóuxiá** 游狎 V. befriend and be intimate with
Yǒuxià 有夏 N. China
yòuxià* 右下 ATTR. lower right
yóuxià'érshàng 由下而上 F.E. from the bottom to the top; from below
yóuxià'érshàng pōuxī 由下而上剖析 N. <lg.> bottom-up parsing
yòuxiàgōu 右下勾 N. down stroke to the right with a hook (in a character)
yòuxià-guàhècǎi 釉下挂褐彩 N. <art> decorated underglaze with splashes of brown

yōuxiān 优先[優-] V. have priority ♦ATTR. preferential; preferred; priority
[1]**yōuxián** 悠/优闲[優-] S.V. leisurely and carefree
[2]**yōuxián** 幽闲/娴 V.P. ① gentle and serene (of women) ② leisurely and carefree
yóuxiān 游仙 N. fantasize
yǒuxián 有闲 S.V./V.O. have leisure
[1]**yǒuxiàn*** 有限 V.O./S.V. limited; finite
[2]**yǒuxiàn** 有线 V.O. wired
yòuxián 右舷 N. starboard (of a ship)
yòuxiàn 幼线 N. fine thread
yǒuxiàn chuánzhēn 有线传真[--傳-] N. wirephoto
yōuxiān cìxù 优先次序[優-] N. priority
yǒuxiàndiàn 有线电[-電] N. ① cable broadcast ② (radio/etc.) telegraph
yǒuxiàn diànbàoxué 有线电报学[--電報-] N. wire telegraphy
yǒuxiàn diànhuà 有线电话[--電-] N. wire telephone M: [1]jià/[2]bù
yǒuxiàn diànshì 有线电视[--電-] N. cable TV
yǒuxiàn dòngcí 有限动词[--動-] N. <lg.> finite verb
yōuxiāng 幽香 N. delicate/faint fragrance
[1]**yóuxiāng*** 油箱 N. fuel tank M: ge/[2]zhī
[2]**yóuxiāng** 邮箱[郵-] N. postbox; mailbox M: ge/[2]zhī
[3]**yóuxiāng** 油香 N. Muslim flour-and-salt cake fried in sesame oil
[4]**yóuxiāng** 游乡[-鄉] V.O. ① parade sb. through the village ② solicit customers throughout village
yǒuxiàng 有向 ATTR. directed
yòuxiáng 诱降 V.P. lure into surrender
yǒuxiàn gōngsī 有限公司 P.W. limited(-liability) company M: [1]jiā
yóuxián gōngzǐ 游闲公子 N. fop M: ge/[1]míng
yōuxiāngǔ(piào) 优先股(票)[優-] N. preference/preferred shares/stocks M: [1]fèn
yǒuxiàn guàncí 有限冠词 N. <lg.> definite article
yǒuxiàn guǎngbō 有线广播[--廣-] N. wire/wired broadcasting; rediffusion on wire
yǒuxiángyǒulüè 有详有略 F.E. differences in depth of detail
yǒuxiàn héhuǒ 有限合伙 N. <com.> limited partnership
yǒu xiān-hòu 有先后[-後] V.O. have proper sequence
yōuxiānjí 优先级[優-] N. priority; priority level
yǒu xiānjiànzhīmíng 有先见之明 V.O. farsighted; prescient
yǒuxián jiējí 有闲阶级[--階-] N. leisured class
yǒuxiàn jíshù 有限级数[--數] N. <math.> finite progression
yōuxiānquán 优先权[優-權] N. priority; preference
yóuxiānshī 游仙诗 N. poetry about immortals M: [2]shǒu
yǒuxiàn tōngxùn 有线通讯 N. wire communication
yǒuxiàn xíngwèi 有限形位 N. <lg.> finite state
yǒuxiàn xíngwèi yǔfǎ 有限形位语法 N. <lg.> finite-state grammar
yǒuxiàn xíngwèi yǔyán 有限形位语言 N. <lg.> finite-state language
yōuxiányìlè 悠闲逸乐[-樂] F.E. live in idleness/pleasure
yǒuxiàn Yīngyǔ shuǐpíng 有限英语水平 N. <lg.> limited English proficiency
yǒuxiàn zérèn 有限责任 N. limited liability
yōuxiánzhēnjìng 幽娴贞静[-靜] F.E. ① elegant and graceful ② retired and modest
yǒuxiànzhuàng 有限状[-狀] N. <lg.> finite state
yǒuxiàn zhuàngtài 有限状态[-狀態] N. <lg.> finite state
yōuxiánzìdé 优闲自得[優-] F.E. contented with one's leisure
yōuxiánzìzài 悠闲自在 F.E. leisurely and carefree

[1]**yǒuxiào*** 有效 V.O./S.V. efficacious; effective; valid; available
[2]**yǒuxiào** 有孝 V.P. be in mourning for one's parents or close relatives
yòuxiǎo 幼小 ATTR. immature
yóuxiǎobiàndà 由小变大[--變-] F.E. change from minor to major
yóuxiǎodàodà 由小到大 V.P. grow from small to big
yǒu xiǎodú 有小毒 V.O. <Ch. med.> be slightly poisonous/toxic
yǒuxiàopiào 有效票 N. valid ballot
yǒuxiàoqī 有效期 N. ① term/period of validity; time of efficacy ② shelf-life of perishable goods
yǒuxiào shùzì 有效数字[--數-] N. significant digits
yōuxiàoxìng 优效性[優-] N. optimal efficiency
yǒuxiàoxìng* 有效性 N. effectiveness; validity
yǒuxiào xūqiú 有效需求 N. effective demand
yòuxiǎoyòuqīng 又小又轻[-輕] V.P. be small and light
yǒuxiào zhànyǒu 有效占有 N. effective possession
yǒuxiàozhí 有效值 N. effective value; virtual value
yōuxǐcānbàn 忧喜参半[憂-參-] F.E. have mixed feelings
yóuxìchǎng 游戏场[-戲場] P.W. public amusement park/ground; playground M: [4]zuò
yǒuxī dàikuǎn 有息贷款 N. money lent at interest
yóuxì dòngjī 游戏动机[-戲動-] N. <sport> motivation for play
yóuxié 油鞋 N. shoes waterproofed with wood oil; waterproof shoes M: [1]shuāng
yǒuxiē(r)* 有些(儿) PR. some ♦ADV. somewhat; rather
yǒu-xié 友协[-協] AB. yǒuhǎo xiéhuì
yòuxié 诱胁[-脅] V. (alternately) cajole and coerce
yòuxiéxiàn 右斜线 N. <print.> slash (/)
yóuxìjī 游戏机[-戲-] N. recreational machine; video/TV game player M: [1]tái/[1]jià
yōuxǐjiāojí 忧喜交集[憂-] F.E. mingled sadness and joy
yǒuxìkěchéng 有隙可乘 F.E. There's a loophole to exploit.
yōuxīn 忧心[憂-] N. <wr.> worry; anxiety; a troubled heart
yóuxīn 游心 V.O. think deeply about sth.
yǒuxīn* 有心 V.O. ① have a mind to ② be careful/cautious ♦ADV. intentionally; purposely
yōuxīnchōngchōng 忧心忡忡[憂-] F.E. careladen; heavyhearted
yòuxīn'ěr 右心耳 N. right auricle
yōuxìng 优性[優-] N. dominance
[1]**yóuxīng(r/zi)** 油星(儿/子) N. ① blobs of fat ② spatterings
[2]**yóuxīng** 游星 N. planet
yóuxíng 游行 V. parade; march; demonstrate
[1]**yóuxìng** 游兴[-興] N. itch to travel/sightsee; wanderlust
[2]**yóuxìng** 游幸 N. imperial journey
[3]**yóuxìng(r)** 由性(儿) V.O. be willful
[4]**yóuxìng** 油性 N. oiliness; greasiness
yǒuxíng* 有形 ATTR. tangible; visible
[1]**yǒuxìng** 有幸 ADV. fortunately
[2]**yǒuxìng** 有性 ATTR. <phys.> sexual
yòuxíng 右行 N. writing from right to left ♦V. drive/proceed on the right
yǒuxíng cáichǎn 有形财产[-產] N. corporeal property
yǒuxíng cúnzài 有形存在 N. physical presence
yóuxíng duìwǔ 游行队伍[--隊-] P.W. contingents of paraders/marchers; procession M: [4]zhī
yǒuxíng màoyì 有形贸易 N. visible trade
yǒuxìng shēngzhí 有性生殖 N. sexual reproduction
yǒuxíngshī 有形诗 N. concrete poetry
yóuxíng shìwēi 游行示威 V. demonstrate ♦N. demonstration M: cì

yǒuxíng sǔnhào 有形损耗 N. material loss

yóuxīngwèir 油腥味儿 N. oily smell

yǒuxíng xiàngmù 有形项目 N. visibles

yōuxíngyúsè 忧形于色[憂-於-] F.E. ① wear a sad/worried expression ② look dismal and unhappy

yǒu xìngzhì 有兴致[-興-] V.O. be in the vein/mood (for)

yǒuxíng zīběn 有形资本 N. <com.> material capital; tangible assets

yǒuxíng zīchǎn 有形资产[-產] N. tangible assets; tangibles

yǒu xīnqíng 有心情 V.O. be in the vein/mood (for)

yǒuxīnrén 有心人 N. ①person with set purpose ② thinking/feeling people M: ge/[1]míng/[2]wèi

yōuxīnrúfén 忧心如焚[憂-] F.E. burning with anxiety

yōuxīnrújiān 忧心如煎[憂-] F.E. His heart burned with melancholy.

yòuxīnshì 右心室 P.W. right ventricle

yǒuxīnwúlì 有心无力 F.E. strong in will but weak in power

yóuxīnwùwài 游心物外 F.E. the mind soaring free from material things

yǒu xīnxiōng 有心胸 V.O./S.V. ① ambitious ② independent-minded

yǒu xīnyǎn(r) 有心眼(儿) V.O./S.V. <coll.> ① have a mind of one's own ② be quick-witted ③ have an ulterior purpose; be calculating

yōuxiòng 幽敻 V.P. <wr.> profound

yóuxìrénjiān 游戏人间[-戲--] F.E. ① playing through life; treating life as merely playing games ② a world of fun and frolic

yóuxìsānmèi 游戏三昧[-戲--] F.E. act completely without restraints

yóuxì shèbèi 游戏设备[-戲-備] N. <sport> sporting facilities M: tào

yóuxìshì 游戏式[-戲-] N. recreational type

yǒu xìtǒng 有系统 V.O. be systematic

yōuxiù 优秀[優-] S.V. outstanding; excellent

yōuxiù fènzi 优秀分子[優-] N. the elite M: ge/[1]míng/[2]wèi

yōuxiùjùnqiào 幽秀俊俏 F.E. be elegant and graceful

yòuxiūyòumèn 又羞又闷 V.P. be both ashamed and melancholy

yòuxiūyòunǎo 又羞又恼[-惱] V.P. be overwhelmed with shame and vexation

yǒu xīyǐnlì de jiàgé 有吸引力的价格[-----價-] N. attractive price

yòuxǐyòujù 又喜又惧[-懼] V.P. feel both joy and fear; feel pleased yet fearful

yōuxù 忧恤[憂-] N. comfort the bereaved

yóuxū 尤须 V. particularly need

yǒuxù* 有序 V.P. be orderly

yōuxuǎn* 优选[優選] V. select

yóuxuān 輶轩 N. light carriage for an imperial emissary

yòuxuán 右旋 N. turn/spin toward the right

yōuxuǎnfǎ 优选法[優選-] N. optimization

yòuxuántáng 右旋糖 N. <chem.> dextrose; glucose; grape sugar

yōuxuǎn yǔyìxué 优选语义学[優選-義-] N. <lg.> preference semantics

yǒu xuǎnzéquán 有选择权[-選擇權] V.O. have one's choice

yóuxuē 油靴 N. ①wood-oil waterproofed shoes ② oiled boots M: [1]shuāng

yóuxué* 游学 V. study abroad

yòuxué 幼学 N. schoolboy; schoolgirl

yǒu xuéwèn 有学问 V.O./S.V. learned; erudite

yǒuxuèyǒulèi 有血有泪[-淚] F.E. suffer blood and tears

yǒuxuèyǒuròu 有血有肉 F.E. ① true to life; vivid; lifelike ② full of vivid details

yòuxuézhuàngxíng 幼学壮行[--壯-] F.E. learn while young and practice when strong

yǒu xūméiqì 有须眉气[-鬚-氣] V.P. have manly qualities; be mannish (said of woman)

[1]**yōuyǎ*** 幽雅 S.V. quiet and tastefully laid out (of a place)

[2]**yōuyǎ** 优雅[優-] S.V. graceful; in good taste; elegant; beautiful (of manner/etc.)

yóuyā 油压[-壓] N. oil pressure

yòuyá 幼芽 N. young shoot; bud

yóuyābèng 油压泵[-壓-] N. oil-pressure pump M: [1]tái

yóuyābiǎo 油压表[-壓-] N. oil-pressure pump M: ge/[2]zhī

yóuyājī 油压机[-壓-] N. hydraulic press; oil press M: [1]tái

yōuyán 幽严[-嚴] A.T. in the depth of the mountains

yóuyan 蚰蜒 N. common house centipede

yóuyān(zi)* 油烟(子)[-煙-] N. lampblack

[1]**yóuyán** 油岩 N. oil rock

[2]**yóuyán** 游言 N. unfounded remarks; rumors

[3]**yóu-yán** 油盐[-鹽] N. oil and salt

yóuyǎn 油眼 N. oil hole

yǒuyán 莠言 N. dirty/bad words

yǒu yǎn bù shí Tài Shān 有眼不识泰山[---識--] ID. ① entertain an angel unawares ② fail to recognize a great person

yóuyancǎo 蚰蜒草 N. <bot.> alpine yarrow

yóu-yándiàn 油盐店[-鹽-] P.W. sundries store; grocery M: [1]jiā

yōuyáng* 悠扬/飏[-揚/颺] V. ① gently rise and fall (of sound/wind) ② melodious ③ extending far (of scenery)

yōuyǎng 优养[優養] N. good nurturing and training

yóuyáng 游扬[-揚] V. praise; extol

yǒuyǎng 有氧 V.O. have oxygen ♦ATTR. aerobic

yǒu yǎnguāng 有眼光 V.O./S.V. have good taste

yǒuyǎng wǔdǎo 有氧舞蹈 N. aerobic dancing

yǒuyǎng yùndòng 有氧运动[-運動] N. aerobics

yóu-yán-jiàng-cù 油盐酱醋[-鹽醬-] N. ① oil, salt, soybean sauce, and vinegar ② daily necessities

yǒu yǎnlì 有眼力 S.V./V.O. have judgment/discrimination

yóu-yánqì 油盐气[-鹽氣] N. low/coarse quality

yǒuyǎnwúzhū 有眼无珠 F.E. have eyes but fail to see

yóuyánzài'ěr 犹言在耳[猶-] F.E. ring in one's ears

yǒuyánzàixiān 有言在先 F.E. make clear beforehand; forewarn

yóuyānzi 油烟子[-煙-] N. <coll.> lampblack; soot

[1]**yòuyào** 又要 V.P. ① want to do something which has been done before ②make additional demands

[2]**yòuyào** 釉药[-藥] N. substance used to produce glaze for pottery; glaze

yǒuyàoméijǐn 有要没紧[-緊] F.E. <coll.> ① unimportant; insignificant ② important but not urgent

yǒuyāozi 有腰子 V.O./S.V. <coll.> have guts; have courage

yōuyè 幽咽 V.P. <wr.> ① whimpering ② murmuring (of water)

yóuyē 油椰 N. oil palm

yóuyě 游冶 V. indulge in the pursuit of pleasure

[1]**yòuyè*** 诱掖 V. <wr.> help and encourage

[2]**yòuyè** 右页 N. recto; right-hand page

yòuyèhòujìn 诱掖后进[-後進] F.E. help and encourage the younger generation

yòuyèjiǎnglì 诱掖奖励[-獎勵] F.E. help; praise; encourage

yóuyèyán 油页岩 N. oil shale

yóuyèyán zīyuán 油页岩资源 N. oil-shale resources

yóuyēzi 油椰子 N. oil palm

yōuyí 忧疑[憂-] V.P. worried and suspicious

[1]**yōuyì** 优异[優異] V.P. <wr.> excellent; outstanding

[2]**yōuyì** 忧悒[憂-] V.P. <wr.> depressed

[3]**yōuyì** 幽逸 V.P. hidden; retiring

yóuyi 犹疑[猶-] V. hesitate

[1]**yóuyī** 油衣 N. <topo.> oilskins

[2]**yóuyī** 游医[-醫] N. itinerant/traveling doctor M: ge/[1]míng/[2]wèi

yóuyí 游移 V. waver; vacillate

[1]**yóuyì** 游艺[-藝] N. entertainment; recreation

[2]**yóuyì** 游弋 V. cruise; patrol (of naval vessels)

[3]**yóuyì** 尤异[-異] V.P. <wr.> excellent; outstanding

[1]**yǒuyì*** 有意 V.O. ① have a mind to ② be interested in ♦ADV. intentionally; deliberately

[2]**yǒuyì** 友谊 N. friendship

[3]**yǒuyì** 有益 V.O. profitable; beneficial; useful *shàngle ~ de yī kè* learned a useful lesson

[4]**yǒuyì** 有异[-異] V.P. be different; have differences

yòuyì 右翼 P.W. ① right wing/flank ② the Right

yóu yī bān ér zhī quánbào 由一斑而知全豹 ID. from one spot one can learn the whole leopard

yóu yī bān kuī quánbào 由一斑窥全豹 ID. from one part learn all

yóuyíbùdìng 游移不定 F.E. keep on vacillating

yōuyìbùhuān 忧悒不欢[憂-歡] F.E. joyless; upset

yóuyíbùjué 犹疑不决[猶-決] F.E. be doubtful and unable to make a decision

yóuyìchǎng(r) 游艺场(儿)[-藝場-] P.W. amusement park/center M: [4]zuò/[1]jiā

yǒu yìchu 有益处[-處] S.V./V.O. advantageous; beneficial; useful; helpful

yǒu yī cì 有一次 V.P. on one occasion; once

yǒu yīdā méi yīdā 有一搭没一搭 F.E. ① make small talk ② putter along ③ be inconsequential ④ be unreliable

yóuyìdàonán 由易到难[-難] F.E. from the easier to the more advanced

yǒu yīdā wú yīdā 有一搭无一搭 *See yǒu yīdā méi yīdā*

yǒuyīdéyī 有一得一 F.E. no more, no less; just that much

yǒu yīdiǎn(r) 有一点(儿)[--點-] V.O. (have) a little ♦ADV. somewhat; rather

yǒuyì diāonàn 有意刁难[-難] V.P. make things difficult for sb. on purpose

yǒuyìfàn 有意犯 N. <law> ①intentional offense ② intentional offender M: ge/[1]míng

yòuyìfēng 右翼锋 N. outside right; right wing (in soccer) M: ge/[1]míng/[2]wèi

yòuyì fènzi 右翼分子 N. Rightist; Right-winger M: ge/[1]míng/[2]wèi

yǒu yīhào 有一号[-號] <coll.> V.O. have some fame; be considered one of the top in one's field

yǒu yī hā wú yī hā 有一哈无一哈 *See yǒu yīdā méi yīdā*

yóuyìhuì 游艺会[-藝-] P.W. entertainment party M: cì

yóuyìjī 游艺机[-藝-] N. arcade games/amusements M: [1]tái

yǒu yìjian 有意见 V.O./S.V. have an objection or a different opinion; have reservations; have something to say *duì móurén* ~ have a bone to pick with a certain person

yóuyì jiémù 游艺节目[-藝節-] N. program of a public performance

yǒu yī lì bì yǒu yī bì 有一利必有一弊 F.E. for every advantage there is a disadvantage

yōuyīn 幽音 N. <lg.> voiceless sound

yóuyìn 油印 V./N. mimeograph

yǒuyīn 有因 V.O. There's a reason for it.

yǒuyǐn 有瘾[-癮] S.V. be addicted to; have formed a habit

yòuyīn* 诱因 N. ① incentive; inducement ② cause (esp. of illness)

yòuyǐn 诱引 V. lure; seduce

yóuyìnběn 油印本 N. mimeographed booklet/pamphlet/etc. M: [4]cè

yōuyǐng 幽影 N. mirage

yǒuyǐngméiyǐng(r) 有影没影(儿) F.E. unfounded

yòuyìngyòuchòu 又硬又臭 V.P. be both stubborn and disgusting
yōuyīnhuà 幽音化 N. <*lg.*> devoicing
yóuyìnjī 油印机 N. mimeograph machine M: [1]*jià*/[1]*tái*
yóuyìn làzhǐ 油印蜡纸[--蠟-] N. stencil; stencil paper M: [1]*zhāng*/[1]*juàn*
yóuyīntuīguǒ 由因推果 F.E. from cause to effect; a priori
yóuyíqící 游移其辞[-辭] F.E. be hesitant in words
yǒuyìsài 友谊赛 N. <*sport*> friendly match M: [2]*chǎng*
yǒuyì shāngdiàn 友谊商店 P.W. friendship store specifically catering to foreign visitors M: [1]*jiā*
yóuyìshì 游艺室[-藝-] P.W. recreation room M: [1]*jiān*
yǒu yìshi* 有意识[-識] V.O. have awareness/consciousness ♦ADV. consciously
yǒu yīshǒu(r) 有一手(儿) V.O. ① have remarkable skill ② gang up with
yǒuyīshuōyī 有一说一 V.P. tell the whole truth
yǒu yìsi 有意思 V.O./S.V. ①significant; meaningful ② interesting; enjoyable ♦V. have the intention to
yǒu yī tào 有一套 V.O. have one's own (set) way of doing things
yǒu yī tiān 有一天 V.O. one day; some day
yǒuyì wāiqū 有意歪曲 V.P. deliberately insult
yǒuyìwéizhòng 友谊为重 F.E. set great store by friendship
yǒuyīwú'èr 有一无二 F.E. rare; unique; only one
yǒuyìwúyì 有意无意 F.E. wittingly or unwittingly
yǒuyìwúyì zhījiān 有意无意之间 F.E. between consciousness and unconsciousness; consciously or unconsciously
yǒu yīxiē 有一些 V.O. some ♦ADV. somewhat; rather
yǒuyì xíngwéi 有意行为 N. intentional act
yǒu yìyì 有意义[-義] V.O./S.V. have meaning/significance ♦ATTR. meaningful; significant
yǒuyìyìxìng 有意义性[--義-] N. <*lg.*> meaningfulness
[1]**yǒuyì yú** 有益于[-於] V.P. be good for
[2]**yǒuyì yú** 有意于[-於] V.P. <*wr.*> intent upon
[3]**yǒuyì yú** 有异于[-異於] V.P. <*wr.*> different from
[1]**yóuyǒng*** 游泳 V. swim
[2]**yóuyǒng** 游勇 N. stragglers and disbanded soldiers
yǒuyòng 有用 S.V. useful
yóuyǒngchí 游泳池 P.W. swimming pool M: [4]*zuò*
yóuyǒngguǎn 游泳馆 P.W. natatorium M: [4]*zuò*/[1]*jiā*
yóuyǒngkù 游泳裤 N. swimming trunks M: [1]*tiáo*
yóuyǒngmào(r) 游泳帽(儿) N. bathing cap/swimming cap M: [1]*dǐng*
yóuyǒngsài 游泳赛 N. swimming competition M: *cì*/[2]*chǎng*
yǒuyǒngwúmóu 有勇无谋 F.E. be foolhardy
yóuyǒngyī 游泳衣 N. swimsuit M: [2]*jiàn*
yóuyòngyú 尤用于[-於] V.P. particularly used in ~ *Měiyǔ* particularly used in American English
[1]**yōuyōu*** 悠悠 R.F. ① long; long-drawn-out; remote ② leisurely; unhurried ③ pensive ④ absurd; preposterous
[2]**yōuyōu** 幽幽 R.F. ① faint (of light/sound) ② <*wr.*> looming in the distance ③ deep; profound; unfathomable
[3]**yōuyōu** 幽忧[-憂] V.P. <*wr.*> distressed; laden with grief
[4]**yōuyōu** 呦呦 ON. <*wr.*> deer crying
[5]**yōuyōu** 优优[優優] R.F. <*wr.*> gentle; amiable
[6]**yōuyōu** 攸攸 R.F. ① far; distant ② deep
yōuyóu 优/悠游[優-] V.P. <*wr.*> ① leisurely and carefree ② indecisive ♦V. ① leave one's life to fate ② move about unhurriedly
[1]**yóuyóu** 油油 R.F. <*wr.*> ①glossy; shiny ②flowing smoothly and incessantly ③luxuriant and dense
[2]**yóuyóu** 犹犹[猶猶] R.F. ① leisurely ② hesitatingly
[3]**yóuyóu** 由由//繇繇 <*wr.*> R.F. contented; feel at ease and satisfied with oneself ♦V. hesitate; remain undecided
yǒuyǒu 黝黝 R.F. gloomy; dark
yōuyōucāngtiān 悠悠苍天[--蒼-] F.E. Oh thou vast and azure Heaven!
yōuyóuchǔzhī 优游处之[優-處-] F.E. take things easy; treat sth. with ease
yōuyōudādā 悠悠哒哒[-噠噠] R.F. <*coll.*> swaggering
yōuyoudàngdàng 悠悠荡荡[-蕩蕩] R.F. drifting gently
yōuyōuhūhū 悠悠忽忽 R.F. ① loiter languidly; lounge around; spend time idly ②be in a trance
yóuyǒujìnzhě 尤有进者[--進-] F.E. furthermore; in addition
yóuyǒukěwéi 犹有可为[猶-] F.E. still retrievable/reversible/salvageable/etc.
yōuyóulínxià 优游林下[優-] F.E. retire happily to the countryside
yóuyóumómó 游游磨磨 R.F. <*topo.*> ① lounging around ② dissipating
yōuyōurán 悠悠然 ADV. in a relaxed manner
yōuyóusuìyuè 优游岁月[優-歲-] F.E. pass one's days in carefree leisure
yóuyǒutóngxīn 犹有童心[猶-] F.E. aged person with a youthful heart; feel young though aged
yōuyóuyángyáng 悠游扬扬[-揚揚] F.E. soft and ringing
yōuyóuyǎnxī 优游偃息[優-] F.E. lie down in great ease
yóuyǒuyújì 犹有余悸[猶-] F.E. Even now one is scared.
yōuyōuyùyù 忧忧郁郁[憂憂鬱鬱] R.F. melancholy; low-spirited
yóuyóuyùyù* 犹犹豫豫[猶猶] R.F. hesitant; undecided
yōuyōuzhītán 悠悠之谈 N. a preposterous statement
yōuyōuzìdé 悠悠自得 F.E. carefree and content
yōuyóuzìzài 优游自在[優-] F.E. leisurely and carefree; be completely free and at ease
yōuyóuzúsuì 优游卒岁[優-歲] F.E. pass the year in pleasure
yōuyú 优于[優於] V.P. be better than
[1]**yōuyù** 忧郁[憂鬱] S.V. melancholy; dejected
[2]**yōuyù** 优裕[優-] S.V. affluent
[3]**yōuyù** 优育[優-] N. superior upbringing
[4]**yōuyù** 优遇[優-] V. treat specially
[1]**yóuyú** 由于[-於] CONJ. owing/due/thanks to; because of
[2]**yóuyú** 鱿鱼 N. squid; cuttlefish M: [1]*tiáo*
[3]**yóuyú** 游鱼 N. swimming fish
yóuyù* 犹豫[猶-] V. hesitate; be irresolute
yǒuyú 有余 V.O. have enough and to spare ♦SUF. more than *sìshí* ~ forty-odd
yǒuyǔ 有雨 V.O. rain
[1]**yòuyú** 囿于[-於] V.P. constrained/limited by
[2]**yòuyú** 幼鱼 N. scrod; adolescent fish M: [1]*tiáo*
yōuyuǎn 悠远[-遠] V.P. ① long (time) ago; distant ② far off/away
yōuyuàn 幽怨 N. bottled-up bitterness
[1]**yóuyuán*** 游园[-園] V.O. visit a garden/park
[2]**yóuyuán** 油元 N. petrodollars; money earned by petroleum-exporting countries
[1]**yǒuyuán** 有缘 V.O. ① be fated or bound by karma ② be naturally congenial
[2]**yǒuyuán** 有源 ATTR. <*elec.*> active
yǒuyuānbàoyuān 有冤报冤[--報-] F.E. an eye for an eye
yǒuyuán diànlù 有源电路[--電-] N. an active circuit
yóuyuánhuì 游园会[-園-] P.W. ① garden party; carnival ②mass celebration in a park M: [3]*chǎng*/*ge*
yǒu yuǎnjiàn 有远见[-遠-] V.O./S.V. be far-sighted
yǒuyuānnánshēn 有冤难伸[--難-] F.E. find no redress for one's grievances
yǒuyuán qiānlǐ lái xiānghuì 有缘千里来相会 F.E. Though born a thousand *li* apart, souls which are one shall meet.
yǒuyuán qiānlǐ xiāngféng 有缘千里相逢 F.E. Though born a thousand *li* apart, souls which are one shall meet
yǒuyuán qìjiàn 有源器件 N. active devices; active parts
yǒuyuānshēnyuān 有冤伸冤 F.E. Any injustice provokes an outcry.
yǒu yuān wúchù shēn 有冤无处伸[---處-] F.E. have no one to complain to of one's injustice
yóuyùbùdìng 犹豫不定[猶-] F.E. hesitate; remain undecided
yóuyùbùjué 犹豫不决[猶-決] F.E. shilly-shally
yòuyú chéngjiàn 囿于成见[-於--] V.P. bound by prejudice
yōuyuè 优越[優-] S.V. superior; outstanding
yōuyuègǎn 优越感[優-] N. superiority complex
yǒu yuēhuì 有约会 V.O. have a date/appointment
yōuyuèxìng 优越性[優-] N. superiority; advantage
yǒuyuēzàixiān 有约在先 F.E. have a previous engagement; as promised before
yóuyùguǎduàn 犹豫寡断[猶-斷] F.E. doubtful; undecided
yòuyú jiànwén 囿于见闻[-於--] V.P. ① be limited by what is within one's sight and hearing ② be handicapped by lack of knowledge and experience
yōuyùn 幽韵[-韻] N. the delight of elegant reclusion
yóuyùn 邮运[郵運] V. deliver by mail ♦N. mail transportation
yǒuyùn* 有孕 V.O. be pregnant/expecting
yóuyù qǐlai 犹豫起来[猶-] R.V. start to hesitate/vacillate
yòuyúsújiàn 囿于俗见[-於--] F.E. blinded by current biases/prejudices
yóuyù xiànxiàng 犹豫现象[猶-] N. <*lg.*> hesitation; hesitation phenomena
yòuyú xísú 囿于习俗[-於習-] V.P. be constrained by custom
yòuyúyīshí 囿于一时[-於-時] F.E. be limited by the situation at a certain time
yòuyúyīyú 囿于一隅[-於--] F.E. confined to a corner; unable to see widely enough; restricted to a narrow confine
yōuyùzhèng 忧郁症[憂鬱-] N. <*med.*> melancholia
yōuyùzhèng huànzhě 忧郁症患者[憂鬱-] N. hypochondriac M: *ge*/[1]*míng*
yǒuyúzhī'ài 友于之爱[-於-愛] N. brotherly love
yóuzài 犹在[猶-] V.P. still exist; persist
yōuzāiyóuzāi 优/悠哉游哉[優-] F.E. <*wr.*> leisurely and carefree
yóuzāo 油糟 N. <*agr.*> remains from pressing oil (sometimes in cake form)
yǒuzēngwújiǎn 有增无减[-減] F.E. ① increase steadily ② get steadily worse/serious
yǒuzēngwúyǐ 有增无已 F.E. ever-increasing; increasingly; continue to increase
yóuzhā 油渣 N. ① scraps of fat ② oil residue
yóuzhá* 油炸 V. deep fry
yóuzhà 油榨 N. a press for extracting oil from seeds/vegetables/etc.
yóuzhābǐng 油渣饼 N. oil cake M: [2]*kuài*
yóuzhàbǐng* 油炸饼 N. fried cake M: [2]*kuài*
yóuzháguì 油炸鬼 N. <*coll.*> deep-fried dough fritters M: [1]*tiáo*
yóuzhāguǒ 油渣果 N. <*bot.*> large-fruited hodgsonia
yóuzháguǒr 油炸果儿 N. deep-fried dough fritters
yóuzhájī 油炸机 N. oil press
yóuzhān* 油毡[-氈] N. <*archi.*> treated/asphalt felt M: [2]*kuài*
yóu-zhǎn 邮展[郵-] AB. *yóupiào zhǎnlǎn*

yǒuzhāngbùxún 有章不循 F.E. ignore rules and regulations
yǒuzhāngkěxún 有章可循 F.E. have rules to follow/abide by
yǒuzhāngyǒuchí 有张有驰 F.E. alternate tension and relaxation
yǒu zhǎngzhěfēng 有长者风 V.O. have the ways of a venerable elder
yǒuzhāofēiyì 有招非议[-議] F.E. invite public criticism
yǒu zháoluò 有着落[-著-] V.O. has been taken care of; has been solved *See also yǒu zhuóluò*
yǒuzhāoyīrì 有朝一日 F.E. ① some day in the future ② should the day come when
yóuzháyú 油炸鱼 N. fried fish M: [1]*tiáo*
yóuzhāzi 油渣子 N. oil cake
yōuzhe 悠着[-著] V.P. <*topo.*> ① take things easy ② refrain from excesses
yóuzhe 由着[-著] V.P. at one's will ♦ CONJ. by
yǒuzhe* 有着[-著] V.P. have; possess
yōuzhediǎn(r) 悠着点(儿)[-著點-] V.P. <*coll.*> ① carefully; gingerly; cautiously ② Take it easy! ③ keep oneself under control
yōuzhe jìnr 悠着劲儿[-著勁-] V.O. take things easy
yǒu zhēnduìxìng de 有针对性地[--對--] ADV. purposefully; with a focused goal
yóuzhèng 邮政[郵-] P.W. postal service/system
yóuzhèng bāoguǒ 邮政包裹[郵-] N. postal parcel M: *ge/*[2]*zhī*
yóuzhèng biānmǎ 邮政编码[郵-] N. zip code
yóuzhèng chǔjīn 邮政储金[郵-] N. postal-savings deposits M: [2]*bǐ*
yóuzhèng chǔjīnbù 邮政储金簿[郵-] N. postal-savings book M: [1]*běn*
yóuzhèng chǔxù 邮政储蓄[郵-] N. postal-savings deposit
yóuzhèng chǔxù cúnkuǎn 邮政储蓄存款[郵-] N. post-office savings deposits
yóuzhèng dàibànsuǒ 邮政代办所[郵--辦-] P.W. postal agency M: [1]*jiā*
yóuzhèng huàbō 邮政划拨[郵-劃撥] N. demarcated for postal service
yóuzhèng huìkuǎn 邮政汇款[郵-匯-] N. postal remittance
yóuzhèng huìpiào 邮政汇票[郵-匯-] N. postal (money) order M: [1]*zhāng*
yóuzhèngjú 邮政局[郵-] P.W. post office
yóuzhèngjúzhǎng 邮政局长[郵-] N. post-office head M: *ge/*[1]*míng/*[2]*wèi*
yóuzhèng kuàijiàn 邮政快件[郵-] N. express mail M: [2]*fēng/*[1]*fèn/*[2]*jiàn*
yóuzhèngwǎng 邮政网[郵-網] N. postal network
yóuzhèng xìntǒng 邮政信筒[郵-] N. mail box M: *ge/*[4]*zuò*
yóuzhèng xìnxiāng 邮政信箱[郵-] N. post-office box (P.O.B.) M: *ge/*[2]*zhī*
yǒu zhēngyì 有争议[-爭議] V.O. be controversial/contested
yǒu zhèngyìgǎn 有正义感[--義-] V.O./S.V. have a feeling for justice
yóuzhèng zhījú 邮政支局[郵-] P.W. postal suboffice
yóuzhèng zǒngjú 邮政总局[郵-總-] P.W. main post office
yōuzhe wánr 悠着玩儿[-著--] V.P. <*coll.*> jest; wisecrack
yóuzhe wǒ 由着我[-著-] V.P. let me do as I like
yōuzhì 优质[優質] ATTR. high/top quality/grade
[1]**yóuzhī** 油脂 N. oil; fat
[2]**yóuzhī** 由之 V.P. let sth. take its course
yóuzhǐ 油纸 N. oiled paper M: [1]*zhāng*
yǒuzhì 有志 V.O. be ambitious; have aspirations
yòuzhí 右职[-職] N. important position
yòuzhǐ 釉纸 N. glazed/glossy paper M: [1]*zhāng*
[1]**yòuzhì*** 幼稚 S.V. ① young ② childish; puerile; naive
[2]**yòuzhì** 釉质[-質] N. enamel
[3]**yòuzhì** 诱致 V. ① bring to pass ② lead to; cause ③ reduce; lure
yòuzhìbìng 幼稚病 N. <*psy.*> ① infantilism ② infantile disorder
yǒuzhì bù zài niángāo 有志不在年高 F.E. Success goes to the determined regardless of age.
yǒuzhǐ de 有指的 ATTR. <*lg.*> specific
yòuzhìduòluò 诱致堕落[--墮-] F.E. lead to one's degeneration
yōuzhìgāochǎn 优质高产[優質-產] F.E. a commodity which ranks high in both quality and production
yòuzhì gōngyè 幼稚工业[-業] P.W. infant industries
yóuzhīhū 犹之乎[猶-] V.P. <*wr.*> just as
yòuzhì jiàoyù 幼稚教育 N. preschool education
yǒuzhìjìngchéng 有志竟成 F.E. Where there's a will there's a way.
yòuzhìkěxiào 幼稚可笑 F.E. ridiculously childish; be childish and ignorant
yóuzhīlā 油吱拉 N. scraps of fat
yóuzhī máhuā 油脂麻花 N. <*coll.*> oily; greasy; grease-stained
yōuzhì míngpái 优质名牌[優質-] N. high quality and high output
yōuzhìpǐn 优质品[優質-] N. product of the best quality M: [2]*jiàn*
yǒuzhìrén wúzhìfǎ 有治人无治法 F.E. Good laws without capable law enforcers are useless.
yǒuzhì shēngmìng 有智生命 N. intelligent life/being
yòuzhì shīfàn 幼稚师范[-師範] P.W. child-education normal school
yǒuzhītiānyè(r) 有枝添叶(儿)[---葉-] ID. embellish (a story); deliberately embellish the facts
yǒuzhíwúquán 有职无权[-職-權] F.E. have a nominal appointment; have a position without power
yòuzhìwúzhī 幼稚无知 F.E. be young and ignorant; childish ignorance
yòuzhìxíng 幼稚型 N. infantilism
yǒu zhìxù 有秩序 V.O./S.V. be orderly ♦ ADV. orderly; in an orderly fashion
yòuzhīyǐlì 诱之以利 F.E. lure sb. by the promise of profit
yǒuzhìyītóng 有志一同 F.E. be of the same mind
yōuzhìyōujià 优质优价[優質優價] F.E. high quality and high price
yǒuzhíyǒuliàng 友直友谅 F.E. make friends with those who are straightforward and those who are sincere
yǒuzhíyǒuquán 有职有权[-職-權] F.E. ① hold both the post and the authority/power ② be entrusted with the responsibility and authority inherent in one's post
yǒuzhīyǒuyè 有枝有叶[-葉] F.E. addition to the truth; prevarication
yòuzhìyuán 幼稚园[-園] P.W. <*TW*> kindergarten M: [1]*jiā*
yǒuzhìzhě shì jìngchéng 有志者事竟成 F.E. Where there's a will there's a way.
yǒuzhìzhīshì 有志之士 N. person with lofty ideals M: *ge/*[1]*míng/*[2]*wèi*
yóuzhōng 由衷 ADV. ① from the heart ② sincere; heartfelt
yǒuzhǒng* 有种[-種] S.V./V.O. <*coll.*> brave; courageous *Tā zhēn ~.* He sure has guts.
yǒuzhōngkuīrì 牖中窥日 F.E. limited outlook and experience
yóuzhōngzhīyán 由衷之言 N. sincere words
yǒuzhǔ(r) 有主(儿) V.O. have an owner; have been taken; be spoken for *Zhè zuò fángzi yǐjing ~ le.* This house has already been taken.
yǒuzhù 有助 V.O. be helpful
yòuzhū* 幼株 N. seedling; shoot
yòuzhǔ 幼主 N. a youthful monarch; monarch crowned in childhood M: *ge/*[1]*míng/*[2]*wèi*
yòuzhù 佑助 V. help; aid; assist
yòuzhuǎn 右转[-轉] V. turn right
yóuzhuàng 油状[-狀] N. oil state; thick liquid
yòuzhuǎnwān 右转弯[-轉彎] V.P. turn right
yóuzhuì 疣赘 N. wart ♦ V.P. superfluous; useless
yǒu zhǔjiàn 有主见 V.O. know one's own mind
yǒuzhǔnr 有准儿[-準-] V.O. ① possible; likely ② aimed at a target ③ confident of success ④ determined; resolute ⑤ <*coll.*> be sure *Nǐ ~ néng chénggōng ma?* Are you sure you can succeed?
yǒu zhuóluò 有着落[-著-] V.O. have found reliable (financial) support *See also yǒu zháoluò*
yǒuzhuówúqīng 有浊无清[-濁--] ATTR. <*lg.*> clearly voiced
yǒuzhǔyǒucì 有主有次 F.E. A distinction should be made between what is primary and what is secondary.
yǒuzhù yú 有助于[-於] V.P. be conducive/helpful to
[1]**yóuzi** 油子 N. ① black sticky substance ② <*topo.*> slick/foxy fellow
[2]**yóuzi** 游子 N. (bird) decoy *See also* [1]*yóuzǐ*
[3]**yóuzi** 由子 N. <*topo.*> pretext
[1]**yóuzī*** 邮资[郵-] N. postage M: [2]*bǐ*
[2]**yóuzī** 游资 N. ① idle fund ② floating capital M: [2]*bǐ*
[1]**yóuzǐ** 游子 N. <*wr.*> ① sb. traveling/residing away from home M: *ge/*[1]*míng* ② <*chem*> ion *See also* [2]*yóuzi*
[2]**yóuzǐ** 犹子[猶-] N. <*wr.*> brother's son; nephew
[3]**yóuzǐ** 油籽 N. oilseeds
[1]**yóuzì** 油渍 N. oil/grease stain
[2]**yóuzì** 犹自[猶-] ADV. still
[1]**yòuzi** 柚子 N. pomelo; shaddock; grapefruit M: *ge/*[2]*zhī*
[2]**yòuzi** 釉子 N. glaze
yòuzǐ 幼子 N. youngest son M: *ge/*[1]*míng*
yóuzī bùzú 邮资不足[郵-] V.P. postage underpaid
yǒu zīgé 有资格 V.O./S.V. be capable/qualified
yóuzīmiǎnfù 邮资免付[郵-] F.E. post-free
yóuzǐsīqīn 游子思亲[-親] F.E. A wandering person misses his/her family.
yǒu zìwěi biànhuà de 有字尾变化的[---變--] ATTR. <*lg.*> inflected
yóuzī xìnfēng 邮资信封[郵-] N. stamped envelope
yóuzīyǐfù 邮资已付[郵-] F.E. postage-paid; postpaid
yǒuzīyǒuwèi(r) 有滋有味(儿) F.E. <*coll.*> ① delicious; tasty ② interesting; delightful ③ with relish; avidly
yóuzīzǒngfù 邮资总付[郵-總-] F.E. ① bulk postage ② postage paid by the licensee
[1]**yóuzōng** 油棕 N. oil palm M: [2]*kē*
[2]**yóuzōng** 游踪[-蹤] N. ① one's travels ② whereabouts of a traveler
yóuzōngbùdìng 游踪不定[-蹤--] F.E. travel from place to place without a fixed plan
yóuzǒu 游走 V. migrate
yóuzuǐ 油嘴 N. ① glib talker ② spray nozzle; spray head
yǒuzuì* 有罪 V.O. guilty; sinful
yòuzuì 宥罪 V.O. forgive an offense; pardon a crime
yóuzuǐhuáshé 油嘴滑舌 F.E. glib-tongued
yǒuzuǐwúxīn 有嘴无心 F.E. sharp-tongued but not malicious
yóuzuǐzi 油嘴子 N. a slick talker
yòuzuò 又作 V.P. be also written as. . .
yòuzuòbièlùn 又作别论 F.E. another thing; an exception
yòuzuò jiàshǐ 右座驾驶 N. right-hand drive (of cars)
yòuzuò jiàshǐ qìchē 右座驾驶汽车 N. right-hand-drive car M: [3]*liàng*
yǒu zuòwéi 有作为 V.O./S.V. capable of outstanding achievements
yòu zuò wūpó yòu zuò guǐ 又做巫婆又做鬼 ID. <*coll.*> pretend to be helpful while actually trying to do harm

Y

yǒu zǔzhī de 有组织地[--織-] ADV. in an organized way; systmatically
[1]**yū** 迂 S.V. abstruse; impractical ♦B.F. ① doctrinaire; pedantic ***yūfǔ*** ② circuitous; winding ***yūhuí*** ③ aberrant; beside the point
[2]**yū** 吁 INTJ. Whoa! ***See also*** [7]*xū*, [25]*yù*
[3]**yū** 淤 V. silt up ♦B.F. ① silt ***yūní*** ② <*med.*> stasis (of blood) ***yūxuè*** ♦S.V. <*slang*> superfluous; surplus; extra
[4]**yū** 瘀 B.F. stagnant ***yūrè***, ***yūxuè***, ***xuèyū***
[5]**yū** 菸 B.F. withered/dry leaves ***yūyì*** ***See also*** [1]*yān*
[6]**yū** 纡[紆] B.F. crooked; winding ***yūhuí***
[1]**yú** 于[於] COV./SUF. ① in; at; to; from; out of; by ***Tā shēng ~ 1970 nián.*** She was born in 1970. ***Tā jiànxiào ~ dàzhòng.*** He was scorned by the masses. ② than ***Rénmín de lìyì gāo~ yīqiè.*** The interests of the people stand higher than anything else. ***See also*** [9]*wū*, [1]*Yú*
[2]**yú** 鱼[魚] N. ① fish ② Surname
[3]**yú** 余/馀[餘] N. surplus; remainder ♦SUF. odd; plus ***wǔshí ~ yuán*** fifty-odd dollars ♦CONS. ***zài A zhī ~*** in addition to A; after A ***See also*** [5]*yú*, [2]*Yú*, [3]*Yú*
[4]**yú** 愚 B.F. ① foolish; stupid ***yúbèn***, ***yúchǔn*** ② <*humb.*> I/my ***jù běnrén ~ jiàn*** in my humble opinion ③ make a fool of; dupe ***yúnòng***
[5]**yú** 余/予 PR. <*wr.*> I; me ***See also*** [3]*yú*, [2]*Yú*, [4]*yú*
[6]**yú** 竽 N. 36-reed wind instrument
[7]**yú** 渔[漁] B.F. ① catch fish [1]***yúmín***, [1]***yúyè*** ② usurp; gain by ruse [2]***yúlì***
[8]**yú** 逾 B.F. ① exceed; go beyond [1]***yúqī*** ② <*wr.*> become even more ***yúshèn***
[9]**yú** 隅 B.F. ① corner; nook ***sìyú*** ② remote place [2]***hǎiyú*** ③ side; aspect
[10]**yú** 欤/与[歟/與] B.F. *classical final particle expressing surprise/etc.* [3]***yīyú***, ***yīyúshèngzāi*** ***See also*** [1]*yǔ*, [10]*yù*
[11]**yú** 愉 B.F. happy; pleased; joyful [1]***yúkuài***, [2]***fūyú***
[12]**yú** 娱[娛] B.F. amuse; entertain [1]***yúlè***, ***zìyú***
[13]**yú** 舆[輿] B.F. ① <*trad.*> chariot; carriage ***yúmǎ*** ② territory ***dìyútú*** ③ public; popular [1]***yúlùn***
[14]**yú** 俞 B.F. consent ***yúyǔn*** ♦N. Surname
[15]**yú** 榆 B.F. elm [1]***yúshù***, ***yújiá***
[16]**yú** 渝 B.F. change [3]***yúméng***, [2]***bùyú*** ♦N. short name for Chongqing
[17]**yú** 瑜 B.F. fine jade ***jǐnyú*** ♦in ***Yújiā***
[18]**yú** 盂 B.F. basin; wide-mouthed jar/pot ***tányú*** ♦in ***Yúlánpénhuì***
[19]**yú** 腴 B.F. ① plump; fat (of persons) ② ***fēngyú***fertile (land) ***gāoyúzhīdì***, ***wòyú***
[20]**yú** 虞 B.F. ① predict [1]***bùyú*** ② worry; anxiety [2]***wúyú*** ③ cheat; deceive ***ěryúwǒzhà*** ♦N. ① legendary dynasty ② a state during the Zhou dynasty ③ Surname
[21]**yú** 雩 B.F. ancient sacrificial ceremony performed to pray for rain [2]***yújì***, ***yútán***
[22]**yú** 揄 B.F. ① lead; draw ② raise; bring up ***yúyáng***, ***fúyú***
[23]**yú** 畬 B.F. fields cleared two years earlier [2]***zīyú*** ***See also*** [4]*shē*
[24]**yú** 窬 B.F. climb over a wall ***chuānyú***
[25]**yú** 觎[覦] B.F. covet [1]***jìyú***, ***yúxīnchìqì***
[26]**yú** 谀[諛] B.F. flatter ***yúcí***, ***chǎnyú***
[27]**yú** 踰 B.F. exceed what is proper ***yúchí***, [2]***yúfèn***
[28]**yú** 臾 in ***xūyú***
[29]**yú** 妤 in [4]***jiéyú***
[30]**yú** 萸 in ***màiyúzi***, [1]***zhūyú***
[31]**yú** 蝓 in ***kuòyú***
[32]**yú** 狳 in ***qiúyú***
[33]**yú** 艅 in ***yúhuáng***
[34]**yú** 禺 in ***Pānyú***
[1]**Yú** 于 N. Surname ***See also*** [1]*yú*
[2]**Yú** 余 N. Surname ***See also*** [3]*yú*, [5]*yú*
[3]**Yú** 馀[餘] N. Surname ***See also*** [3]*yú*
[1]**yǔ*** 与[與] B.F. ① give; offer ***zèngyǔ*** ② commend; support; assist ***yǔrénwéishàn*** ③ get along with [3]***yìyǔ*** ④ wait ♦COV. with; to ♦CONJ. and; together with ***See also*** [10]*yú*, [10]*yù*
[2]**yǔ** 雨 N. rain
[3]**yǔ** 语[語] B.F. ① language; tongue; words ***yǔyán*** ② saying; proverb ***súyǔ*** ③ means of communication ***shǒuyǔ*** ④ expression [1]***cíyǔ*** ⑤ single language; vernacular; speech ⑥ speak; say ***xiàoyǔ*** ***See also*** [26]*yù*
[4]**yǔ** 予 B.F. give ***yǔyǐ*** ***See also*** [5]*yú*
[5]**yǔ** 羽 B.F. ① feather; plume ***yǔmáo*** ② wing ***yǔchì*** ♦N. ① <*mus.*> fifth note of the pentatonic scale (*wǔyīn*) ② <*lg.*> fifth class of initials in ancient phonology
[6]**yǔ** 宇 B.F. ① eaves ***wūyǔ*** ② universe ***yǔzhòu***
[7]**yǔ** 屿[嶼] B.F. island; small island ***dǎoyǔ***, ***zhōuyǔ***
[8]**yǔ** 圉 B.F. stable; corral [1]***yǔrén***
[9]**yǔ** 庾 B.F. roofless enclosure for storing grain ***yǔbì***
[10]**yǔ** 伛[傴] B.F. bent; hunched (of the body) ***yǔlǚ***, ***niánlǎoyǔlǚ***
[11]**yǔ** 窳 B.F. bad; poor-quality; corrupt ***yǔkǔ***, [2]***kǔyǔ***, ***yǔbài***
[12]**yǔ** 圄 in [1]***língyǔ***
[13]**yǔ** 瘐 in ***yǔsǐ***
[14]**yǔ** 龉[齬] in ***jǔyǔ***
Yǔ 禹 N. Yu the Great, reputed tamer of floods and founder of the Xia dynasty
[1]**yù** 遇 B.F. ① meet; encounter [1]***yùdào*** ② treat; receive ***dàiyù*** ③ treatment; remuneration ***dàiyù*** ④ situation ⑤ chance; opportunity [1]***jīyù***
[2]**yù** 欲 B.F. wish; desire; want ***yùwàng*** ♦ADV. about to; on the point of
[3]**yù** 狱[獄] B.F. ① prison; jail ***jiānyù*** ② lawsuit; criminal case ***yuānyù***
[4]**yù** 愈 CONS. *~ A ~ B* the more A the more B ***~ dú ~ ài.*** The more I read it, the more I like it. ♦S.V. <*wr.*> better; superior ***bǐ ~ yú cǐ.*** That is better than this. ♦B.F. recover (from illness) ***bìngyù***
[5]**yù** 玉 N. jade ♦B.F. ① gems of all kinds [1]***měiyù*** ② <*wr.*> fair; beautiful (of women) [4]***yùyán*** ③ <*court.*> your [2]***yùzhào***
[6]**yù** 寓 B.F. ① residence [1]***yùsuǒ***, ***gōngyù*** ② reside; live ***yùjū*** ③ imply; contain [1]***yùyǒu*** ④ proverb [2]***yùyán*** ♦CONS. *~ A* [1]*yú B (zhīzhōng)* combine A and B ***~*** [6]***shí Hànzì*** [1]***yú xuéxí Hànyǔ zhīzhōng*** combine learning Chinese characters with studying spoken Chinese
[7]**yù** 誉[譽] B.F. ① (good) reputation; fame [1]***míngyù***, [1]***shēngyù*** ② praise; eulogize ***chēngyù***
[8]**yù** 育 B.F. ① give birth to [2]***shēngyù***, [1]***jiéyù*** ② rear; raise ***yǎngyù*** ③ educate [1]***jiàoyù*** ***See also*** [3]*yō*
[9]**yù** 预[預/豫] B.F. in advance ***yùbèi***, ***yùcè***, ***yùbào*** ***See also*** [10]*yù*, [11]*yù*, *Yù*
[10]**yù** 与/预[與/預] B.F. participate ***cānyù***, ***yùhuì***, [1]***yùzhèng*** ***See also*** [10]*yú*, [1]*yǔ*, [9]*yù*
[11]**yù** 豫 B.F. ① pleased; content; happy; comfortable [4]***yìyù***, [2]***yuèyù*** ② excursion [2]***qiūyù*** ③ hesitate ***yóuyù*** ***See also*** [9]*yù*, *Yù*
[12]**yù** 驭/御[馭/-] B.F. <*wr.*> drive (a carriage/etc.) ***jiàyù***, ***yùfū***, [1]***yùshǒu*** ***See also*** [13]*yù*, [14]*yù*
[13]**yù** 御 B.F. ① <*wr.*> control; manage [8]***yùshì*** ② imperial ***yùhuāyuán***, [1]***yùcì*** ***See also*** [12]*yù*, [14]*yù*
[14]**yù** 御[禦] B.F. resist; ward off ***fángyù*** ***See also*** [12]*yù*, [13]*yù*
[15]**yù** 域 B.F. ① domain ***lǐngyù*** ② region; area ***qūyù***
[16]**yù** 峪 B.F. valley; ravine (used in place names) ***yùkǒu***, ***Jiāyù Guān***
[17]**yù** 芋 B.F. ① taro ***yùtou*** ② tuber crops ***yángyù***
[18]**yù** 鹬[鷸] N. sandpiper; snipe
[19]**yù** 郁[鬱] B.F. ① lush; verdant ***cōngyù*** ② gloomy; depressed [1]***yōuyù***, ***yùmèn*** ***See also*** [20]*yù*
[20]**yù** 郁 B.F. fragrant ***fēnyù***, ***yùliè*** ♦N. Surname ***See also*** [19]*yù*
[21]**yù** 裕 B.F. abundant; affluent [1]***fùyù***, ***yùrú***
[22]**yù** 浴 B.F. bathe [3]***yùshì***, ***mùyù***, ***línyù***
[23]**yù** 喻 B.F. ① explain ② analogy; metaphor ***bǐyù***, [4]***yùyì***, [1]***ànyù***
[24]**yù** 谕[諭] B.F. inform (an inferior); order [2]***yùgào***, [1]***mìyù***
[25]**yù** 吁[籲/龥] B.F. appeal; plead [1]***hūyù***, [2]***yùqiú*** ***See also*** [7]*xū*, [2]*yū*
[26]**yù** 语[語] B.F. tell; inform [2]***yùrén*** ***See also*** [3]*yǔ*
[27]**yù** 煜/昱 B.F. shine; illuminate [6]***yùyì***, [8]***yìyù***, [3]***yùyù***
[28]**yù** 燠 B.F. warm; hot [3]***yùrè***, [5]***yùyù***
[29]**yù** 毓 B.F. *used especially in personal names* give birth; nurture ***zhōnglíngyùxiù***
[30]**yù** 聿 B.F. ① <*trad.*> writing instrument ② suddenly [5]***yùzhì*** ♦in [2]***yùhuáng***, ***yùyuè***
[31]**yù** 妪[嫗] B.F. old woman ***lǎoyù***, ***wēng-yù***
[32]**yù** 阈[閾] B.F. threshold; boundary; limit; scope [6]***shíyù***, ***gǎnjué yùxiàn***
[33]**yù** 饫[飫] B.F. full (from eating); satiated; satisfied ***hānyù***
[34]**yù** 汩 B.F. rapid [2]***yùliú*** ***See also*** [17]*gǔ*
[35]**yù** 鬻 B.F. sell, esp. improperly or in straitened circumstances [2]***yùwén***, [6]***yùyù***, ***yùzì***, ***màiqīyùnǚ*** ♦in ***Xūnyù***
[36]**yù** 矞 in [7]***yùyù***, ***yùyún***
[37]**yù** 滪[澦] in ***Yànyù Duī***
[38]**yù** 蓣[蕷] in ***shǔyù***
[39]**yù** 蜮 in ***guǐyù***
[40]**yù** 鹆[鵒] in ***qúyù***
[41]**yù** 谷 in ***Tǔyùhún*** ***See also*** [5]*gǔ*, [6]*gǔ*
Yù 豫 N. ① short name for Henan ② ancient name for Nanchang ***See also*** [9]*yù*, [11]*yù*
yú'ái 愚骙/呆 V.P. <*wr.*> ignorant and stupid; idiotic ***See also*** *yúdāi*
yù'ài* 欲爱[-愛] N. passionate love
[1]**yuān** 冤 N. wrong; injustice ♦S.V. loss; bad luck ♦B.F. bitterness; enmity ***yuānjia*** ♦V. <*topo.*> dupe; fool
[2]**yuān** 渊[淵] B.F. deep ***yuānbó***, [2]***shēnyuān***
[3]**yuān** 鸳[鴛] B.F. ① mandarin duck ***yuānyang*** ② in pairs; one of a pair ***yuānyāngméi***, ***yuānlǚ***
[4]**yuān** 鸢[鳶] B.F. hawk; kite ***yuāndiāo***, ***yuānfēiyúyuè***, ***mùyuān***
[5]**yuān** 鹓[鵷] B.F. legendary phoenix-like bird ***yuānchú***, ***yuānháng***
[6]**yuān** 箢 in [2]***yuānjī***
[7]**yuān** 嫚 in ***yuānyuan*** ***See also*** [8]*màn*
[8]**yuān** 宛 in ***Dàyuān*** ***See also*** [6]*wǎn*, [7]*wǎn*
[1]**yuán** 员[員] SUF. member; -er/-ist/etc. ***jiàoyuán***, ***fúwùyuán*** ♦B.F. personnel [1]***yuángōng***
[2]**yuán** 元/圆[-/圓] M. ① Chinese monetary unit ② dollar ***See also*** [3]*yuán*, [4]*yuán*
[3]**yuán** 元 B.F. ① first; primary ***Yuándàn*** ② basic; fundamental [1]***yuánsù***, [2]***yuányīn*** ③ chief; principal [1]***yuánshǒu*** ④ old; eminent ***yuánlǎo*** ⑤ vital state; vitality [1]***yuánqì*** ⑥ <*phil.*> origin ♦N. ① Yuan dynasty ② Surname ***See also*** [2]*yuán*
[4]**yuán** 圆[圓] S.V. round ♦B.F. ① satisfactory; comprehensive ***yuánmǎn*** ② make plausible; justify ***yuánchǎng***, ***zìyuánqíshuō*** ③ circle ***yuánzhōu*** ***See also*** [2]*yuán*
[5]**yuán** 原 B.F. ① primary; original [1]***yuánshǐ*** ② unprocessed; raw ***yuánliào*** ③ simple ④ pardon; forgive ***yuánliàng*** ⑤ plain; plateau ***cǎoyuán***, ***gāoyuán*** ⑥ origin; source [1]***yuándì*** ⑦ elemental; atom ***yuánzǐ*** ⑧ graveyard ♦N. Surname
[6]**yuán** 园[園] B.F. ① garden ***huāyuán*** ② place for public recreation [1]***gōngyuán***
[7]**yuán** 猿 N. ape
[8]**yuán** 源 B.F. ① source (of a river); fountainhead ***shuǐyuán*** ② source; cause; origin [1]***láiyuán***, ***gēnyuán***
[9]**yuán** 援 B.F. ① assist; support ***zhīyuán*** ② rescue; help [1]***yuánzhù*** ③ cite; quote ***yuányòng***
[10]**yuán** 缘[緣] B.F. ① reason; cause ***yuángù*** ② fate; predestination ***yuánfèn*** ③ edge; fringe; hem ***biānyuán*** ④ <*Budd.*> contribution to a temple ⑤ karmic affinity ♦V./COV. ① (go) along ② climb up
[11]**yuán** 辕[轅] N. shafts of a cart/carriage ♦B.F. <*hist.*> government office ***xíngyuán***
[12]**yuán** 鼋[黿] N. soft-shell turtle
[13]**yuán** 爰 ADV. <*wr.*> ① whence; from where ② thence; therefore ♦in [3]***yuányú***, [2]***yuánshū***
[14]**yuán** 垣 B.F. wall [2]***lìyuán***, ***yuányī***
[15]**yuán** 媛 B.F. beautiful / talented woman [3]***cáiyuán***, [1]***chányuán***, [1]***shūyuán*** ***See also*** [5]*yuàn*
[16]**yuán** 湲 B.F. flowing water [2]***chányuán***

[17]yuán 橼[櫞] B.F. citron *jǔyuán*, *[2]xiāngyuán*
[18]yuán 羱 in *yuányáng*
[19]yuán 芫 in *yuánhuā*, *[2]yuánjīng See also [15]yán*
[20]yuán 螈 in *róngyuán*
Yuán 袁 N. Surname ♦B.F. likeness of Yuan Shikai on a coin *Yuántóu, Yuándàtóu*
yuǎn* 远[遠] S.V. far; distant (lit./fig.) *chà de ~* be far behind *~ zài shíyī shìjì* as far back as the 11th century ♦B.F. keep away from; keep at a distance *jìng'éryuǎnzhī*
[1]yuàn 院 B.F. ① courtyard; compound *[1]yuànzi* ② branch of government *Xíngzhèngyuàn* ③ public facility *bówùyuàn* ④ institute; college; academy *xuéyuàn, yánjiūyuàn*
[2]yuàn 愿[願] AUX. willing to; want to ♦B.F. ① wish; desire *xīnyuàn* ② <wr.> honest; sincere ③ <rel.> vow
[3]yuàn 怨 V. blame; reproach; reprove ♦B.F. resentment; grudge; enmity *[1]bàoyuàn, yuànhèn*
[4]yuàn 苑 B.F. garden; park, esp. an enclosure for raising trees or animals
[5]yuàn 媛 B.F. beautiful woman *qiángyuàn See also [15]yuán*
[6]yuàn 垸 B.F. dyke; protective embankment *[2]yuànzi*, *[2]wéiyuàn*
[7]yuàn 掾 B.F. minor official; subordinate *yuànshǐ*, *[2]tíngyuàn*
yú'àn 愚暗 V.P. ignorant
yù'àn* 玉案 N. ① jade plate for food ② narrow jade table
yuān'àn 冤案 N. an unjust case; a case of injustice M: *[2]jiàn*
[1]yuán'àn* 原案 N. original documents of a case
[2]yuán'àn 援案 V.O. quote a precedent; be in accordance with a precedent
yuánbáicài 圆白菜 N. cabbage M: *[1]kē*
yuánbǎijiānyóu 圆柏尖油 N. savin oil
yuánbǎn 原版 N. original edition
yuánbǎn cídài 原版磁带[-帶] N. first generation tape; original/master tape M: *hé*
yuánbàng 圆棒 N. pole M: *[2]gēn*
yuánbǎnpiān 原版片 N. film in the original language M: *[2]bù*
yuánbānrénmǎ 原班人马 F.E. same troupe; old cast; former staff
yuánbǎnzhuàng 圆板状[-狀] N. round and thin shape
yuánbǎo 元宝[-寶] N. <trad.> ① silver/gold ingot used as money ② mock ingot of tinfoil paper to be burnt as an offering
yuánbáxiáncái 援拔贤才[--賢-] F.E. recommend a talent
yuānbèi 鸳被 N. bedding for a couple; double bedding (of newlyweds)
yuán-bèigào 原被告 N. <law> plaintiff and defendant; the two parties
[1]yuánběn* 原本 N. ① origin ② original/master copy *yǔ ~ xiāngtóng de wénběn* true copy (of the original) ③ original (from which a translation is made) ④ original bill ⑤ causes of an incident ♦ADV. originally; formerly ♦V. go back to the source
[2]yuánběn 源本 N. origin of events
Yuánběn 元本 N. Yuan-dynasty edition
yuànběn 院本 N. <trad.> ① play scripts used by actors during Jin and Yuan ② loose term for drama in Ming and Qing
[1]yuánbǐ 援笔[-筆] V.O. take up a pen
[2]yuánbǐ 圆笔[-筆] N. ball (point) pen M: *[4]zhī*
yuánbì 猿臂 N. ① ape's arms ② long arms
yuǎnbì* 远避[遠-] V. keep at a distance; hide in a faraway place
yuánbiānr 缘边儿[-邊-] N. ① edge ② <topo.> edging around clothing
yuǎnbié 远别[遠-] V. ① separate for a journey to a distant land ② part for a long time
yuǎnbìgāodǎo 远避高蹈[遠-] F.E. lead a hermit's life far away from the mundane world
yuánbìguīzhào 原璧归赵[-歸趙] F.E. return an article to the owner
yuánbǐjíshū 援笔疾书[-筆-書] F.E. take up a pen and write quickly
yuánbǐjìzhī 爰笔记之[-筆--] F.E. Thereupon, I held the pen and recorded thus.
yuánbǐlìjiù 援笔立就[-筆--] F.E. take up a pen and dash off sth.
yuǎnbīn 远滨[遠濱] N. offshore
yuánbīng* 援兵 N. reinforcements M: *[4]zhī*
yuánbǐng 圆饼 N. cake M: *[2]kuài*
yuānbó* 渊博[淵-] S.V. profound; erudite
yuǎnbō 远播[遠-] V. spread far and wide
yuǎnbó 远博[遠-] V. spread far and wide (of fame/news/etc.)
yuánbù 缘簿 N. book for recording contributions
yuànbù* 院部 P.W. institute; academy
yuànbude 怨不得 R.V. ① cannot blame ② no wonder
yuànbude rén 怨不得人 V.P. can't blame anyone
yuǎnbùjìjí 远不济急[遠-濟-] F.E. Distant water can't put out a nearby fire.
yuáncái* 圆材 N. <forest.> roundwood; log; spar
yuáncài 元菜 N. a kind of freshwater turtle
yuáncáiliào 原材料 N. raw and semifinished materials
yuáncánsìyù 原蚕饲育[-蠶--] F.E. rearing of parent silkworms
yuānchāi 鸳钗 N. a kind of hairpin
yuánchǎn 原产[-產] V. originate (in a place); be native
yuánchǎndì 原产地[-產-] P.W. country/place of origin; provenance
yuánchǎng 圆场[-場] V.O. mediate
yuánchǎnguó 原产国[-產國] P.W. country of origin
yuánchǎn yú 原产于[-產於] V.P. be native to
Yuáncháo 元朝 N. Yuan dynasty (1279–1368)
yuǎnchāoguò 远超过[遠-] V. far exceed
yuánchén* 元辰 N. ① New Year's Day ② auspicious day
yuǎnchén 远臣[遠-] N. officials from distant districts
yuánchéng 圆成 V. ① help sb. attain aim ② complete (a task)
yuǎnchéng* 远程[遠-] ATTR. long-distance; remote; long-range
yuǎnchéng chǔlǐ 远程处理[遠-處-] N. teleprocessing; remote processing
yuǎnchéng dǎodàn 远程导弹[遠-導-] N. long-range missile M: *[4]méi*
yuǎnchéng diànlì zhàoxiàngjī 远程电力照像机[遠-電----] N. telephoto M: *[1]jià*
yuǎnchéng diànlì zhàoxiàngshù 远程电力照像术[遠-電---術] N. telephotography
yuǎnchéng jiàoyù 远程教育[遠-] N. remote/distance learning
yuǎnchéng jìhuà 远程计划[遠-劃] N. long-range plan M: *[3]xiàng*
yuánchéngxù 源程序 N. <comp.> source program
yuánchéngyán 原成岩 N. <geol.> primary rocks
yuānchénhǎidǐ 冤沉海底 F.E. unable to get one's wrongs redressed
yuánchǐcùn 原尺寸 N. life size
yuānchōng 渊冲[淵沖] V.P. erudite but open-minded
[1]yuánchóng* 原虫[-蟲] N. <bio.> protozoan
[2]yuánchóng 元虫[-蟲] N. roundworm
yuānchóu* 冤仇 N. rancor; enmity
yuànchóu 怨仇 N. old enemy
yuānchóushēnjié 冤仇深结 F.E. a deeply-rooted malignity
yuānchóuzhàng 冤仇账 N. debt of injustice and enmity M: *[2]bǐ*
yuānchú 鹓雏[-雛] N. a bird resembling the legendary phoenix
yuánchū 原初 ADV. originally; formerly; at first ♦ATTR. primary; primeval
yuánchù 原处[-處] P.W. original place
yuǎnchù* 远处[遠處] P.W. distant place
yuánchuāng 圆窗 N. roundel
yuánchūn* 元春 N. New Year
yuánchún 圆唇 N. <lg.> rounded sound; lip-rounding
yuánchúnhuà 圆唇化 N. <lg.> labialization
yuánchúnhuà zuòyòng 圆唇化作用 N. <lg.> labialize
yuánchún ruǎn'èyīn 圆唇软颚音 N. <lg.> labiovelar (sound)
yuánchún yāngyuányīn 圆唇央元音 N. <lg.> rounded neutral vowel
yuánchúnyīn 圆唇音 N. <lg.> rounded sound
yuánchún yuányīn 圆唇元音 N. <lg.> rounded vowel
yuánchún yuányīnhuà 圆唇元音化 N. <lg.> vowel rounding
yuánchū yǔyán zīliào 原初语言资料 N. <lg.> primary linguistic data
yuáncí 原词 N. <lg.> primary word
yuáncuò 圆锉 N. round file M: *[1]bǎ*
yuǎndá 远达[遠達] V.P. reach as far as
yuǎndà* 远大[遠-] V.P. ① long-range; broad; ambitious ② very promising
yuándài 原带[-帶] N. original tape M: *hé*
Yuándài* 元代 N. Yuan dynasty (1279–1368)
yuándàn 圆弹 N. buckshot
Yuándàn* 元旦 N. New Year's Day
yuān-dànǎodai 冤大脑袋[--腦-] N. <coll.> gullible simpleton
yuándàngr 原档儿[-檔-] ATTR. <coll.> unaltered; original; authentic
Yuándànjié 元旦节[-節] N. New Year's Day
yuándānwèi 原单位 P.W. unit one formerly belonged to
[1]yuándào 原道 N. the original way (i.e., Confucianism)
[2]yuándào 圆到 S.V. ① satisfactory ② comprehensive
[1]yuǎndào(r)* 远道(儿)[遠-] N. a long way
[2]yuǎndào 远到[遠-] V.P. travel as far as
yuǎndàochuánwén 远道传闻[遠-傳-] F.E. rumor coming from a distant place
yuǎndào'érlái 远道而来[遠-] F.E. come a long way; come from afar
yuǎndàoláifǎng 远道来访[遠-] F.E. come from afar for a visit to. . .
yuāndàtóu* 冤大头 N. wastrel; a fool parted from his money; fathead
Yuándàtóu 袁大头 N. coin with Yuan Shikai's portrait
yuándàxiàng 原大像 N. life-size figure
yuándàxiǎo 原大小 N. life size
yuàndǎyuàn'āi 愿打愿挨[願-願-] F.E. be mutually agreeable
yuándèng 圆凳 N. round stool M: *ge/[2]zhī*
yuándéwǒsuǒ 爰得我所 F.E. <wr.> Thereupon I obtained my suitable lodging place.
[1]yuándì* 原地 P.W. former place ♦ATTR. indigenous; local
[2]yuándì 园地[園-] P.W. ① park/garden area ② field; scope ③ special section/page in periodical
[3]yuándì 元帝 N. the first emperor of a dynasty
yuǎndì 远地[遠-] P.W. distant place
yuàndí 怨敌[-敵] N. foe; enemy
[1]yuándiǎn 原点[-點] N. <math.> origin
[2]yuándiǎn(r) 圆点(儿)[-點-] N. dot
yuándiànlù 原电路[-電-] N. <elec.> primary circuit/wire
yuāndiāo 鸢雕 N. kite eagle
yuándiāo* 圆雕 N. sculpture M: *[4]zuò/[1]zūn*
yuǎndìdiǎn 远地点[遠-點] N. <astr.> apogee
yuándīng* 园丁[園-] N. ① gardener ② teachers M: *ge/[1]míng/[2]wèi*
yuándǐng(r) 圆顶(儿) N. <astr.> dome
yuándìng 原定 ATTR. originally decided (on)
yuándǐng dànyàokù 圆顶弹药库[---藥-] N. igloo M: *[4]zuò*
yuándìng jìhua 原订计划[-劃] N. original plan M: *[3]xiàng*
yuándǐng zhàngpeng 圆顶帐蓬 N. yurt M: *[4]zuò*

yuándìng zūjīn 原定租金 N. original rent M: [2]bǐ
yuándìng zūyuē 原订租约 N. original tenancy M: [1]fèn
yuándǐyā 原抵押 N. original mortgage
yuándì zhuàn 原地转[-轉] V./N. pirouette
yuándǐzi 原底子 N. original manuscript/draft
Yuǎndōng 远东[遠-] N. <loan> Far East
yuàndòngcí 愿动词[願動-] N. <lg.> optative verb
yuándòngjī 原动机[-動-] N. <mach.> prime mover/motor M: [1]tái
Yuǎndōng Jīngjì Pínglùn 远东经济评论[遠-經濟--] N. *Far Eastern Economic Review*
yuándònglì 原动力[-動-] N. motive power/force
yuándòngmén 圆洞门 N. moon gate M: [4]zuò
yuándòng míngcí 原动名词[-動--] N. <lg.> agentive noun
yuándòng qiānyǐnchē 原动牵引车[-動牽--] N. tow truck M: [3]liàng
yuándòngr 园洞儿[園-] N. round hole
yuándù 圆度 N. <geol.> roundness; circular degree
yuǎndù* 远渡[遠-] V. cross a broad expanse of water
yuàndú 怨毒 N. <wr.> enmity; hatred
yuǎnduān 远端[遠-] P.W. far end
yuándùchuāng 圆肚窗 N. bow window
yuándūdū 圆嘟嘟 R.F. full and plump; chubby
[1]**yuánduì*** 援队[-隊] P.W. support unit M: [4]zhī
[2]**yuánduì** 原对[-對] N. the original pair/couple (as of insects that breed)
yuànduì 怨怼[-懟] N. <wr.> resentment; enmity
yuànduìhéngshēng 怨怼横生[-懟--] F.E. hatred and grudges arise from every side
yuǎndùn 远遁[遠-] V. flee far
yuándūndūn 圆敦敦 R.F. full and plump; chubby
yuānduòfǔshǔ 鸢堕腐鼠[-墮--] F.E. He who is puffed up with pride and luxury is heading for a fall.
yuán'é* 员额 N. ① personnel quota ② specified number of personnel
yuán'è 元恶[-惡] N. <wr.> chief criminal; principal culprit
yuàn'è 怨恶[-惡] V. abhor
yuán'èdàduì 元恶大憝[-惡--] F.E. archcriminal; archenemy
yuǎn'èjìnshàn 远恶近善[遠惡-] F.E. shun evil and adhere to the good
yuánfǎ 缘法 V.O. follow established rules/laws ♦N. <Budd.> predestined relationship
yuánfǎ'érzhì 缘法而治 F.E. rule in accordance with established practices
yuánfājià 原发价[-發價] N. original offer
yuánfàn 圆饭 N. formal dinner on the day after the wedding when the new couple dine together
[1]**yuánfáng** 圆房 V.O. solemnize/consummate a marriage (of a son with a girl raised in his family)
[2]**yuánfáng** 原防 N. original garrison post
yuǎnfāng* 远方[遠-] N. distant place
yuǎnfáng 远房[遠-] N. distant branch of a family
yuánfāngjìfāng 元方季方 F.E. praise two brothers for their ability and political integrity
yuǎnfáng qīnqi 远房亲戚[遠-親-] N. distant relative M: [1]jiā
yuánfāxìng 原发性[-發-] N./ATTR. primary
yuǎnfēi* 远非[遠-] ADV. <wr.> far from; definitely not
yuànfěi 怨诽 N. accusations; curses ♦V. blame; curse
yuānfēilìtiān 鸢飞戾天[-飛--] F.E. The hawk flies up to heaven.
yuǎnfēirúcǐ 远非如此[遠-] F.E. far from being so
yuǎnfēixībǐ 远非昔比[遠-] F.E. be a far cry from the past
yuānfēiyúyuè 鸢飞鱼跃[-飛-躍] F.E. natural freedom of things in the universe
yuānfèn 冤愤 N. ① anger at injustice ② resentment; rancor
yuánfén 圆坟[-墳] V.O. <trad.> revisit a grave on the third day after burial
yuánfèn* 缘分 N. ① predestined affinity ② <Budd.> destiny
yuànfèn 怨愤 N. discontent; indignation; grudge
yuánfēng(r)* 原封(儿) N. (with) seal unbroken/intact
yuànfēng 院风 N. atmosphere of an institute
yuánfēngbùdòng 原封不动[-動] F.E. be left intact
yuánfēngtuìhuí 原封退回 F.E. return to the sender unopened
yuānfù* 渊富[淵-] V.P. rich and variegated
yuànfǔ 怨府 N. <wr.> object of general indignation
yuángài(r) 圆盖(儿)[-蓋-] N. ① round lid/cover ② dome
yuángān 辕杆 N. tongue tree; hitch pole
yuángāng 圆钢[-鋼] N. steel strip
yuángǎo(r) 原稿(儿) N. original manuscript; master copy M: [1]piān/[1]fèn
yuángào(r)* 原告(儿) N. <law> prosecutor; plaintiff; accuser M: ge/[1]míng/[2]wèi
yuángàorén 原告人 N. <law> prosecutor; plaintiff; accuser M: ge/[1]míng/[2]wèi
yuángǎozhǐ 原稿纸 N. squared/lined paper
yuángē 原鸽 N. wild/rock pigeon; dove M: [2]zhī
yuǎngé* 远隔[遠-] V.P. far; distant (in place/time)
yuǎngéchóngyáng 远隔重洋[遠-] F.E. be separated by vast oceans
yuángěi fēnshù 原给分数[-數] N. <lg.> raw score
yuángēnr 原根儿 N. original
yuǎngéqiānlǐ 远隔千里[遠-] F.E. be separated by a great distance
[1]**yuángōng*** 员工 N. staff; personnel
[2]**yuángōng** 圆工/功 V.O. achieve the desired results; complete a project
yuàngōng 院公 N. old servant
yuàngōngqūcè 愿供驱策[願-驅-] F.E. <humb.> be at your disposal
yuāngǔ 渊谷[淵-] N. deep valley
yuángù* 缘/原故 N. cause; reason
yuǎngǔ 远古[遠-] N. remote antiquity
yuàngǔ 怨骨 N. those who died with grudges/complaints
yuànguài 怨怪 V. blame
yuānguǎng* 渊广[淵廣] V.P. broad and extensive (of knowledge/etc.)
yuánguāng 圆光 N. <Budd.> halo of an idol
yuánguāngr 圆光儿 N. circular shape
Yuángǔdài 元古代 N. Proterozoic Era
yuángùgēdan 圆固圪蛋 F.E. <topo.> ① willful/obstinate person ② stubborn fortress; strong redoubt
yuángǔgǔ 圆鼓鼓 R.F. ① roly-poly ② rounded and bulging
yuānguǐ 冤鬼 N. ghost of sb. who died of injustice; wronged soul M: ge/[1]míng
yuánguī* 圆规 N. <math.> compass M: [1]bǎ/[4]zhī
yuànguǐ 怨鬼 N. the ghost of a wronged person M: ge/[1]míng
yuángūlu 圆骨碌 N. round; rounded
yuángūludu 圆鼓噜嘟 R.F. <coll.> bulging in a ball shape (of a bag/etc.)
yuángǔngǔn 圆滚滚[-滾滾] R.F. plump
yuángǔ shìjiè 原古世界 N. primeval world
yuān-hǎi 渊海[淵-] N. ① deep pool and big ocean ② deep and vast; profound and extensive
yuánhǎi 缘海 ATTR. along the sea; coastal
yuǎnhǎi* 远海[遠-] P.W. far seas; distant ocean
yuànhǎi 愿海[願-] ID. a profound wish
yuānháng 鹓行 N. courtiers as a collective body
yuǎnháng* 远航[遠-] N. ① oceangoing voyage ② take a long (sea) voyage
yuánháo 猿号[-號] N. an ape's call; gibbon's howls
[1]**yuánhào*** 圆号[-號] N. French horn; horn
[2]**yuánhào** 元号[-號] N. the first; number one
yuānhè 渊壑[淵-] N. deep valley
yuánhe 圆和 V.P. ① mediate a dispute ② flexible ③ mellow (of voice)
yuánhé* 缘何 PR. <wr.> why?
yuánheliǎnr 圆和脸儿 N. <coll.> round face
yuànhèn 怨恨 N./V. hate; grudge
yuānhóng 渊泓[淵-] V.P. profound and vast
yuánhóu 猿猴 N. apes and monkeys M: ge/[2]zhī
yuánhu 圆乎 ATTR. roundish; round
yuánhú* 圆弧 N. arc M: [2]dào
yuánhuā 芫花 N. lilac daphne
yuánhuá* 圆滑 S.V. tactful; slick; diplomatic
yuánhuà 原画[-畫] N. original painting
yuǎnhuà 远话[遠-] N. a stranger's words
yù'ànhuāchóu 玉黯花愁 ID. sad crying of a pretty woman
yuánhuāchuāng 圆花窗 N. rose window M: [1]shàn
yuánhuán 圆环[-環] N. rotary; traffic circle; ring
yuánhuǎng 圆谎 V.O. patch up lies/inconsistencies
yuánhuáxiàn 圆滑线 N. <mus.> slur
yuánhúguī 圆弧规 N. compass (for drawing circles) M: [4]zhī
yuánhūhū 圆乎乎 R.F. roundish
yuànhuǐ* 怨悔 V. ① deplore ② repent remorsefully
yuànhuì 院会 P.W. college-wide meeting
yuǎnhuíbō 远回波[遠-] N. distant echo
yuānhún* 冤魂 N. ghost of sb. wrongly accused
yuánhún 圆浑 V.P. <wr.> ① mellow (of sound) ② expressive and naturalistic (of art/poetry/etc.) ③ round and smooth
yuānhúnbùsàn 冤魂不散 F.E. <coll.> a jinx; a Jonah
yuánhuó 圆活 V.P. ① flexible; nimble ② full; rich (of sound)
yuánhuò píngdān 原货凭单[--憑-] N. certificate of origin
yuánhúxíng 圆弧形 N. circular arc
[1]**yuānjī** 鸳机 N. an embroidery kit
[2]**yuānjī** 篼箕 N. <topo.> a bamboo vessel
yuánjī 原鸡[-雞] N. jungle fowl
[1]**yuánjí*** 原籍 N. ancestral home
[2]**yuánjí** 原级 N. <lg.> positive degree
yuánjì 圆寂 N. <Budd.> death(of monks/nuns)
yuānjia 冤家 N. ① enemy; foe ② <trad.> sweetheart; lover; one's destined lover M: ge/[1]míng
yuánjià* 原价[-價] N. ① original price ② cost price ③ wholesaler's price to retailer ④ production cost ⑤ prime cost
yuǎnjià 远嫁[遠-] V. marry far off/away (of a daughter)
yuànjiā 怨家 N. adversary; foe; old enemy
yuānjiǎcuò'àn 冤假错案 F.E. <pol.> unjust, falsified, and mistaken cases M: [2]jiàn
yuānjia-duìtou 冤家对头[--對-] N. opponents bearing grudges/enmity; sworn enemies
yuānjiālùzhǎi 冤家路窄 F.E. ① enemies often cross paths ② one can't avoid one's enemy
[1]**yuánjiàn** 原件 N. original; master copy; manuscript
[2]**yuánjiàn** 元件 N. element; component
[3]**yuánjiàn** 援建 V. help build
yuǎnjiàn* 远见[遠-] N. foresight; vision
yuánjiāng 原浆[-漿] N. magma; protoplasm
yuǎnjiànzhuóshí 远见卓识[遠-識] F.E. foresight and sagacity
yuánjiào 圆教 N. <Budd.> the "Complete Doctrine," corresponding to the fourth period of Buddha's teaching
[1]**yuǎnjiāo*** 远郊[遠-] P.W. outer suburbs
[2]**yuǎnjiāo** 远交[遠-] N. outbreeding; crossbreeding
yuǎnjiāojìngōng 远交近攻[遠-] F.E. be friends with distant states while attacking those nearby
yuánjiàozhǐzhǔyì 原教旨主义[-義] N. fundamentalism

yuǎnjià tāxiāng 远嫁他乡[遠-鄉] V.P. be married off far away
yuānjia yí jiě bùyí jié 冤家宜解不宜结 F.E. Better make friends than make enemies. Better to get rid of an enmity than keep it alive.
yuànjì bǐsài 院际比赛[-際--] N. competition between colleges; intercollegiate competition
yuānjié 冤结 N. ① vengeance; revenge ② injustice
yuànjiē 怨嗟 V. <*wr.*> sigh in resentment
yuànjié* 怨结 N. pent-up hatred/grudge
yuǎnjìn 远近[遠-] N. ① far and near ② distance ③ perspective
yuǎnjìnchímíng 远近驰名[遠-] F.E. be widely known; be famous
[1]**yuánjīng** 圆精 N. the firmament
[2]**yuánjīng** 芫菁 N. blister beetle
yuánjǐng 员警 N. policeman
yuánjìng 圆径[-徑] N. diameter
yuǎnjǐng* 远景[遠-] N. ① distant view; prospect ② <*photo.*> long shot
yuǎnjìng 远镜[遠-] N. telescope
yuánjīngān 圆金柑 N. kumquat
yuǎnjǐng guīhuà 远景规划[遠-劃] N. long-range plan M: [3]*xiàng*
yuǎnjǐngtóu 远镜头[遠-] N. <*photo.*> long shot
yuǎnjǐng yánjiū 远景研究[遠-] N. advanced research
yuánjīngyǐndiǎn 援经引典[-經--] F.E. quote from classics and canons
yuǎnjìnjiāngù 远近兼顾[遠-顧] F.E. with due attention to both short and long-range targets
yuǎnjìnjiēzhī 远近皆知[遠-] F.E. be known far and wide
yuǎn-jìn pèijǐng 远近配景[遠-] N. perspective
yuǎnjìnwénmíng 远近闻名[遠-] F.E. be known far and wide
yuánjìsuànjī 源计算机 N. source computer
[1]**yuánjiù** 原旧[-舊] <*topo.*> ATTR. former; original ♦ADV. still; as before
[2]**yuánjiù** 援救 V. rescue; save
yuánjiùduì 援救队[-隊] P.W. rescue team M: [4]*zhī*
yuánjí xíngróngcí 原级形容词 N. <*lg.*> positive of an adjective
[1]**yuánjù** 援据[-據] V.O. adduce/cite as proof
[2]**yuánjù** 圆锯 N. <*mach.*> circular saw; buzzsaw M: [1]*bǎ*/[1]*jià*/[1]*tái*
yuǎnjù(lí)* 远距(离)[遠-(離)] ATTR. long-distance
yuānjuān 冤悁 V.P. ① sad; unhappy; worried; fretting ② angry; irritable
yuánjué 圆觉[-覺] N. <*Budd.*> "Perfect Illumination," as the Buddha's
yuǎnjùlí cāozòng 远距离操纵[遠-離-縱] N. remote control
yuǎnjùlí tōngxùn 远距离通讯[遠-離--] N. telecommunications
yuánjūn* 援军 P.W. reinforcements; relief troops M: [4]*zhī*
yuànjūn 院君 N. <*trad.*> lady of rank
yuǎnkè 远客[遠-] N. guest from afar M: *ge*/[1]*míng*/[2]*wèi*
yuánkǒng 圆孔 N. a round hole
yuánkǒulèi 圆口类[-類] N. <*zoo.*> cyclostome
yuānkǔ* 冤苦 N. wrong; injustice ♦V. wrong sb.; do sb. an injustice
yuànkǔ 怨苦 N. bitter resentment
yuánkuǎn 援款 N. financial aid
yuánkuàng 原矿[-礦] N. raw ore M: [4]*zuò*
yuánkuòhào 圆括号[-號] N. parentheses
yuánkuòhú 圆括弧 N. parentheses
yuánlái* 原来 N. ① originally; formerly ② as a matter of fact ~ ***shì nǐ ya!*** So it's you!
yuǎnlái 远来[遠-] V. come from far away
yuǎnlái héshang hào kànjīng 远来和尚好看经[遠-經] ID. take people from afar more seriously than local people
yuánláirúcǐ 原来如此 F.E. so that's how it is; so that's what's happened; I see

yuánlǎo 元老 N. ① senior statesman ② veteran member (of an organization/etc.) M: *ge*/[1]*míng*/[2]*wèi*
yuánlǎobēi 元老杯 N. <*sport*> seniors' cup (as a prize)
yuánlǎoyuàn 元老院 P.W. senate
yuánlèi 猿类[-類] N. <*zoo.*> the ape family
yuánlǐ* 原理 N. principle; tenet
yuánlì 援例 V.O. invoke precedent ♦ADV. according to precedent
yuǎnlí 远离[遠離] V. ① be far away ② stand aloof ③ be far off (the mark/etc.)
yuàn(r)lǐ 院(儿)里[-裡] P.W. courtyard
[1]**yuànlì** 愿力[願-] N. <*Budd.*> the power of a vow
[2]**yuànlì** 怨詈 V. <*wr.*> rail fretfully
yuánliǎn(r) 圆脸(儿) V.O. <*coll.*> save sb.'s face ♦N. round face M: [1]*zhāng*
yuánliáng 原粮[-糧] N. unprocessed food grains
yuánliàng* 原谅 V. excuse; pardon ***Qǐng ~, dǎrǎo nín le.*** Excuse me for interrupting you.
yuánliào 原料 N. raw material
yuánliào páncún 原料盘存[--盤-] N. material inventory
yuǎnlíchénxiāo 远离尘嚣[遠離塵-] F.E. far from the madding crowd
yuánlǐ cuòwù 原理错误 N. <*acct.*> errors of principle
yuǎnlí jiāxiāng 远离家乡[遠離-鄉] N. far away from one's native village
yuánlín 园林[園-] P.W. garden; park
yuánlíng 园陵[園-] P.W. ① tombs surrounded by a park; cemetery ② imperial tomb/mausoleum M: [4]*zuò*
yuánlǐng* 圆领 N. round collar
yuàn lǐngdǎo 院领导[-導] N. head of an institute/college
yuánlínhuà 园林化[園-] N. afforestation
yuánlínjú 园林局[園-] P.W. public landscaping bureau
yuánlín yìshù 园林艺术[園-藝術] N. landscaping
yuánlín zhíwù 园林植物[園-] N. ornamental plant
yuánliú 源流 N. ① source and course (of a river/etc.) ② origin and development ③ full particulars
yuánliūliūr 圆溜溜儿 R.F. <*coll.*> ① round ② ball-shaped
yuánlóng(r) 圆笼(儿) N. ① round tiered lunchbox with a handle ② large carrying food-basket
yuánlónggāowò 元龙高卧[-臥] ID. negligent in attending to one's guests
yuánlú 园庐[園廬] P.W. gardens and houses
yuánlù* 原路 N. original road M: [1]*tiáo*
yuǎnlù 远路[遠-] N. ① a long way; long distance ② roundabout way M: [1]*tiáo*
yuānlǚ 鸳侣[-侶] N. a spouse
yuānlǜ 渊虑[淵慮] N. profound thoughts/plans/etc.
yuǎnlǜ* 远虑[遠慮] N. foresight; long view ♦V. plan far ahead
yuǎnlüè 远略[遠-] N. great plan/strategy for the future ♦V. accomplish great achievements in a distant place
yuǎnlüèhóngguī 远略宏规[遠-] F.E. great plan/strategy for the future
yuánlú-fāngzhǐ 圆颅方趾[-顱--] N. a human being
yuànluò 院落 P.W. courtyard; compound
yuǎnlù wú qīngdàn 远路无轻担[遠-輕擔] F.E. Light burdens, long borne, grow heavy.
yuánmǎ 辕马 N. shaft horse M: [1]*pǐ*
yuánmài 元麦[-麥] N. highland barley
yuánmàifāng 原卖方[-賣-] N. first seller
yuánmǎn 圆满 S.V. satisfactory
yuánmǎn chénggōng 圆满成功 V.P. be crowned with complete success
yuánmǎn jiějué 圆满解决[-決] V.P. be settled satisfactorily

yuánmǎn jiéshù 圆满结束 V.P. bring to a successful close
yuánmào 原貌 N. original appearance
yuánméi 原/元煤 N. raw coal
[1]**yuánmén** 园门[園-] N. circular gate/entrance
[2]**yuánmén** 辕门 N. <*hist.*> ① residence/office of a high official; *yamen* ② outer gate of the *yamen*
yuǎnmén* 远门[遠-] N. ① long way from home ***chū*** ~ go on a long journey ② distant relatives
yuànmén 院门 N. courtyard gate
yuànmen 怨懑 V.P. discontented and indignant; resentful
yuānméng 鸳盟 N. a pledge between lovers
yuánmèng* 圆梦[-夢] V.O. ① interpret a dream ② make one's dream come true
yuānmèngchóngwēn 鸳梦重温[-夢--] F.E. rekindle an old flame of love; reunion of old lovers after a long separation
yuánmián 原棉 N. raw cotton
yuánmiàn* 圆面 N. disc
yuánmiàndà'ěr 圆面大耳 F.E. a round face and large ears
yuánmiànjī 圆面积[-積] N. spherical surface
yuánmíng* 原名 N. original/former name
yuànmìng 怨命 V.O. blame fate (for all one's misfortunes)
yuánmíngbiēyìng 鼋鸣鳖应[黿-應] ID. ① The lord and his vassals get along quite well. ② The king and his ministers united all efforts for a common purpose.
yuánmìngtí 原命题 N. <*log.*> original proposition
Yuánmíngyuán 圆明园[-園] P.W. imperial garden and palace burnt by British/French troops in 1860
yuānmò 渊默[淵-] N. <*wr.*> profound/deep silence
yuānmóu 渊谋[淵-] N. profound/erudite views/plans
yuǎnmóu* 远谋[遠-] N. ① grandiose plan ② long-term plan ③ plan far ahead ④ long view ⑤ foresight
Yuánmóurén 元谋人 N. Yuanmou Man (fossil remains found in Yunnan)
Yuánmóu yuánrén 元谋猿人 N. Yuanmou Man (fossil remains found in Yunnan)
yuánmóxíng 原模型 N. master mold
[1]**yuánmù*** 圆木 N. lumber; round log; log
[2]**yuánmù** 原木 N. log
[3]**yuánmù** 元目 N. <*lg.*> entity
yuànmù 怨慕 V. be dissatisfied and full of earnest desire
yuánmùqiúyú 缘木求鱼 F.E. fruitless approach
yuánmùtou 圆木头 N. log
yuánnáo 猿猱 N. monkeys
yuánnèi 园内[園-] P.W. area within a circle
yuánnián* 元年 N. first year (of a reign/etc.)
yuǎnnián 远年[遠-] N. ① many years ago; of long standing ② long ago
yuǎnniàn 远念[遠-] V. show concern for a dear one during separation
yuānniè 冤孽 N. ① foreordained enemy; one's stumbling block ② predestined relationship
yuānniè bāngzi 冤孽梆子 N. <*coll.*> spiteful person
yuánnóngqíngshēn 缘浓情深[-濃--] F.E. have a deep affection for sb. as though it were destined
yuànnù 怨怒 V. fume with anger; be furious
yuànnǚ 怨女 N. <*wr.*> old maid; spinster
yuànnǚkuàngfū 怨女旷夫[--曠-] F.E. unmarried women and men (who could be easily persuaded to marry to their mutual satisfaction)
yuàn'ǒu 怨偶/耦 N. <*wr.*> an unhappy couple
yuánpán* 圆盘[-盤] N. disk
yuánpàn 原判 N. original sentence/judgment
yuánpánbà 圆盘耙[-盤-] N. disk harrow M: [1]*jià*
yuánpánlí 圆盘犁[-盤-] N. disk plough M: [1]*jià*
yuánpàn qǔxiāo 原判取消 V.P. The original judgment was canceled.

Y

yuǎn páochú 远庖厨[遠-廚] V.O. <*wr.*> keep away from the kitchen (of gentlemen)

yuánpèi 元/原配 N. first wife

yuánpèi fūren 元/原配夫人 N. first wife M: *ge*/[1]*míng*/[2]*wèi*

yuánpí 原皮 N. rawhide

yuǎnpì* 远僻[遠-] ATTR. remote; out-of-the-way

yuánpiàn 圆片 N. disk; wafer

yuánpiànr 圆片儿 N. sth. round and thin; round plate

yuánpǔ 园圃[園-] P.W. ① garden ② orchard

yuānqǐ 鸳绮 N. magnificent fabrics

[1]**yuánqǐ** 缘起 N. ① genesis; origin ② introduction; preface ③ account of the initiation of a project/institution ④ <*Budd.*> karmic causation ⑤ *avadana* (Indian stories about causation and origins) ⑥ medieval vernacular tales about linked causal events (popular at Dunhuang)

[2]**yuánqǐ** 原起 A.T. originally

[1]**yuánqì*** 元气[-氣] N. vitality; vigor

[2]**yuánqì** 原器 N. standard (of units of weight and measurement)

yuǎnqī 远期[遠-] ATTR. ① long-term ② at a specified future date; forward; future

yuànqì 怨气[-氣] N. grievance; resentment

yuānqián 冤钱[-錢] N. money spent for nothing; misspent money

yuànqiáng 院墙[-牆] N. wall enclosing a house

yuánqiānyīmiàn 缘悭一面[-慳--] F.E. It was never my good fortune to meet him.

yuánqì dàshāng 元气大伤[-氣-傷] V.P. sap one's vitality

yuǎnqī hétóng 远期合同[遠-] N. ① forward contract ② long-term forward contract

yuǎnqī huìduì 远期汇兑[遠-匯-] N. <*econ.*> long/forward exchange

yuánqìjiàn 元器件 N. components and parts (of an apparatus, etc.)

yuǎnqī jiāohuò 远期交货[遠-] N./V.P. future/forward delivery

yuǎnqī jiāoyì 远期交易[遠-] N. forward; futures

yuánqǐn 园寝[園寢] P.W. ① cemetery for princes and second-rank imperial consorts ② temple in the imperial cemetery

yuǎnqīn* 远亲[遠親] N. ① distant relative ② relative who lives far away

yuǎnqīn bùrú jìnlín 远亲不如近邻[遠親-鄰] V.P. neighbors are dearer than distant relatives

yuānqíng* 冤情 N. facts of an injustice

[1]**yuánqīng** 元青 ATTR. black

[2]**yuánqīng** 芫青 N. <*zoo.*> meloid; blister beetle

yuánqīngbù 元青布 N. black cloth M: [2]*kuài*

yuánqīngliúqīng 源清流清 ID. ① If the leader is good, his followers will be good. ② clear source/stream

yuǎnqīn jiāopèi 远亲交配[遠親-] N. outbreeding

yuǎnqīnjìnlín 远亲近邻[遠親-鄰] F.E. distant relatives and next-door neighbors

yuǎnqīnjìnqī 远亲近戚[遠親-] F.E. near and distant relatives

yuánqì shízú 元气十足[-氣--] V.P. very vigorous

yuánqǐshū 缘起书[-書] N. prospectus

yuánqiū 圆丘 N. dome; knoll; hump

yuánqiú(r)* 圆球(儿) N. ① ball ② sphere; globe

yuánqiúfāng wèntí 圆求方问题 N. squaring the circle

yuǎnqī wàihuì 远期外汇[遠-匯] N. <*econ.*> forward exchange

yuánqì wàngshèng 元气旺盛[-氣--] V.P. be thriving; be full of vitality

yuánqíyǎluóyú 圆鳍雅罗鱼[---羅-] N. <*zoo.*> chub

yuánqíyú 圆鳍鱼 N. sea snail M: [1]*tiáo*

yuánqǐyuánmiè 缘起缘灭[-滅] F.E. the appearance and disappearance of sth. destined

yuānqū* 冤屈 V. treat unjustly ♦N. a grievance; a wrong

yuánqū 园区[園區] P.W. territory/area of a garden/park/etc.

Yuánqǔ 元曲 N. ① popular Yuan verse ② Yuan drama

yuǎnqū 远区[遠區] P.W. far field/zone

yuǎnqù 远去[遠-] V. ① disappear in the distance ② travel far

yuānquán 渊泉[淵-] N. deep springs

yuánquan 圆全 V.P. settled-in satisfactorily *See also* [2]*yuánquán*

yuánquān(r) 圆圈(儿) N. circle; ring

[1]**yuánquán*** 源泉 N. source; fountainhead

[2]**yuánquán** 圆全 V.P. <*topo.*> full; thorough; comprehensive *See also yuánquan*

[3]**yuánquán** 原权[-權] N. <*law*> primary rights

yuánquānshì 圆圈式 N. circular shape/style

yuánquánwànhú 源泉万斛[--萬-] F.E. exuberant, outpouring style

yuānrán'érjìng 渊然而静[淵-靜] F.E. profound; erudite

yuānrén 冤人 V.O. ① deceive sb. ② accuse sb. wrongly

[1]**yuánrén*** 猿人 N. ① ape-man ② anthropoid apes

[2]**yuánrén** 原人 N. ① primitive man ② honest man

[1]**yuánrèn** 原任 V. formerly held the post of ♦N. predecessor

[2]**yuánrèn** 元任 N. the first official to hold a post

yuǎnrén 远人[遠-] N. ① people living in faraway places ② stranger; a mere acquaintance

yuánrì 元日 N. first day of first lunar month; lunar New Year's Day

yuǎnrìdiǎn 远日点[遠-點] N. <*astr.*> aphelion

[1]**yuánróng** 元戎 N. <*wr.*> ① supreme commander ② large war chariot.

[2]**yuánróng** 园容[園-] N. ① park layout ② the appearance of a garden

[3]**yuánróng** 圆融 V.P. easy-going; mild (of personality)

yuánróu 圆柔 V.P. easy going; mild (of personality)

yuànrùgǔsuǐ 怨入骨髓 F.E. hate to the very marrow

yuánrùn 圆润 S.V. mellow and full

[1]**yuánsè*** 原色 N. primary color

[2]**yuánsè** 元色 N. primary colors (red, yellow, and blue)

yuànsè 怨色 N. resentful look

yuánshàichǐ 原晒豉[-曬-] N. ground brown-bean sauce

Yuánshān 元山 P.W. Wonsan (North Korea)

yuǎnshān* 远山[遠-] N. distant mountains

yuǎnshānjìnshuǐ 远山近水[遠-] F.E. <*wr.*> beautiful scenery

[1]**yuǎnshè** 远射[遠-] V. fire over a long range ♦N. long shot (in ball games)

[2]**yuǎnshè** 远摄[遠攝] V. telephotograph

[3]**yuǎnshè** 远涉[遠-] V. make a long, arduous journey (esp. across the sea)

yuǎnshèchéng 远射程[遠-] ATTR. long-range

yuǎnshèchéngpào 远射程炮[遠-] N. long-range gun M: [1]*jià*/[1]*tái*

yuǎnshèchóngyáng 远涉重洋[遠-] F.E. travel across the oceans; sail across the seas

yuǎnshèdēng 远射灯[遠-燈] N. spotlight M: [1]*zhǎn*

yuǎnshè jìngtóu 远射镜头[遠-] N. ① <*photo.*> long shot ② telephoto lens

yuānshēn* 渊深[淵-] V.P. deep; erudite

yuánshēn 圆鲹[-鰺] N. <*zoo.*> round/mackerel scad

yuánshěn 原审[-審] N. <*law*> first trial

[1]**yuánshēng** 原生 N. protogenesis; primary

[2]**yuánshēng** 猿声[-聲] N. the gibbon's howls/chatter

yuǎnshèng 远胜[遠勝] V. be much better than; far exceed

yuànshēng* 怨声[-聲] N. complaints; recriminations; mutterings

yuánshēngdài 原声带[-聲帶] N. original tape (sold to the public)

yuánshēng dòngwù 原生动物[--動-] N. <*bio.*> protozoan M: [1]*zhǒng*

yuánshēng kuàngwù 原生矿物[--礦-] N. primary minerals M: [1]*zhǒng*

yuánshēnglín 原生林 N. primeval/virgin forest M: [4]*zuò*

yuǎnshèng yú 远胜于[遠勝於] V.P. be far better than. . .

yuànshēngzàidào 怨声载道[-聲--] F.E. complaints are heard everywhere

yuánshēngzhì 原生质[-質] N. <*bio.*> protoplasm

yuānshí 渊识[淵識] V.P. erudite and sophisticated

yuánshi 圆实[-實] V.P. round and filled out; plump; chubby

yuánshí 圆石 N. round stone M: [2]*kuài*

[1]**yuánshǐ*** 原/元始 S.V. ① original; firsthand ② primeval; primitive; proto-

[2]**yuánshǐ** 源始 N. source; origin

[1]**yuánshì** 原是 V.P. originally was

[2]**yuánshì** 原式 N. <*lg.*> ① positive form ② simple form

[3]**yuánshì** 缘饰 N. ① trimming (of garments/etc.) ② verbal embellishment ③ glossing over a fault

yuǎnshí 远识[遠識] N. foresight ♦ATTR. forward-looking

yuǎnshì 远视[遠-] N. <*med.*> farsightedness ♦V. look from a distance

yuànshǐ 掾史 N. <*trad.*> secretary in a public office

yuànshì 院士 N. academician M: *ge*/[1]*míng*/[2]*wèi*

yuānshíbóxué 渊识博学[淵識-學] F.E. erudite; well-read

yuánshǐ bùluò 原始部落 N. primitive tribes

yuánshǐ chǎnpǐn 原始产品[--產-] N. primary products M: [1]*zhǒng*

yuánshǐ chéngběn 原始成本 N. original cost M: [2]*bǐ*

yuánshǐ chéngshì 原始程式 N. <*comp.*> source program

yuánshǐcí 原始词 N. <*lg.*> base

yuánshǐ cíqì 原始瓷器 N. proto-porcelain

yuánshǐ dānjù 原始单据[--據] N. <*acct.*> original documents M: [1]*fèn*

yuánshǐ de yǔyán 原始的语言 N. <*lg.*> primitive language

yuánshǐ de zìxíng 原始的字形 N. <*lg.*> original form of a character

yuánshǐ diànnǎo 原始电脑[-電腦] N. source computer M: [1]*tái*

yuánshǐ dòngwù 原始动物[--動-] N. primitive animals M: [1]*zhǒng*

yuánshǐ fēnshù 原始分数[-數] N. raw score

yuánshǐ gōngshè 原始公社 P.W. primitive commune

yuánshǐ jīlěi 原始积累[--積-] N. primitive accumulation

yuánshǐ jìlù 原始记录[-錄] N. original record M: [1]*fèn*

yuǎnshìjìng 远视镜[遠-] N. long-distance glasses M: [1]*fù*

Yuán Shìkǎi 袁世凯[-凱] (1859–1916) N. high Qing official; Beiyang militarist; replaced Sun Yat-sen as president in 1912; aspired to emperorship

yuánshǐ mǔyǔ 原始母语 N. <*lg.*> protolanguage

yuánshǐ mǔyǔqī 原始母语期 N. <*lg.*> protolanguage

yuánshǐ píngzhèng 原始凭证[-憑證] N. original evidence M: [1]*fèn*

yuánshǐ qīngdān 原始清单 N. source list M: [1]*zhāng*

yuánshǐqún 原始群 N. primitive horde

yuánshǐrén 原始人 N. primitive man

yuánshǐrén shíkè 原始人石刻 N. petroglyph

yuánshǐ sēnlín 原始森林 N. virgin forest M: [4]*zuò*

yuánshǐ shèhuì 原始社会 N. primitive society

yuánshǐ shídài 原始时代[--時-] N. primeval ages
yuánshǐ shìzú shíqī 原始氏族时期[----時-] N. *<archeo.>* primitive gens period
yuánshǐtiānzūn 元始天尊 F.E. *<Dao.>* Lord of Heaven and symbol of the creative power of the Dao
yuánshǐwǔ 原始舞 N. primitive dance
yuánshǐxíng 原始形 N. *<lg.>* original form
yuánshǐxìng* 原始性 N. primitiveness
yuǎnshìyǎn 远视眼[遠-] N. *<med.>* farsightedness; astigmatism
yuǎnshì yǎnjìng 远视眼镜[遠-] N. eye glasses for the farsighted M: [1]*fù*
yuánshǐyàozhōng 原始要终 F.E. search for the origin and the outcome of things
Yuánshǐ Yìn-Ōuyǔ 原始印欧语[---歐-] N. *<lg.>* Proto-Indo-European
yuánshǐyǔ 原始语 N. *<lg.>* ① parent language ② primitive language ③ proto-language
yuánshǐ yǔyán 原始语言 N. *<comp.>* source language
yuánshǐ zhàngbù 原始帐簿 N. *<acct.>* book of first record; book of original entry
yuánshǐzhǔyì 原始主义[-義] N. primitivism
yuánshǐ zīběn 原始资本 N. original capital
yuánshǐ zīliào 原始资料 N. firsthand information/data; source material
[1]**yuánshǒu** 元首 N. ① head of state ② the beginning
[2]**yuánshǒu** 援手 V.O. *<wr.>* aid; rescue ♦N. helper
[1]**yuánshū*** 原书[-書] N. original book/volume
[2]**yuánshū** 爰书[-書] N. record of the confession made by a criminal
yuánshú 圆熟 S.V. skillful; proficient
yuànshǔ 掾属[-屬] N. aides and subordinates of an official
yuánshuài 元帅[-帥] N. ① marshal ② supreme commander
yuánshuǐ 源水 N. fountainhead
yuǎn shuǐ bù jiě jìn kě 远水不解近渴[遠-] ID. aid is too slow in coming to be of any help
yuǎn shuǐ bù jiù jìn huǒ 远水不救近火[遠-] ID. A delayed remedy does not help in an emergency.
yuǎn shuǐ jiěbuliǎo jìn kě 远水解不了近渴[遠-] ID. distant water can't quench immediate thirst
yuǎnshuǐjìnhuǒ 远水近火[遠-] ID. belated aid for a pressing need
yuǎn shuǐ jiùbuliǎo jìn huǒ 远水救不了近火[遠-] ID. distant water can't douse a near fire
yuánshuō 圆说 V. ① justify oneself ② argue in favor of
yuánshuò* 元朔 N. origin; source
yuánshūzhǐ 元书纸[-書-] N. a kind of writing paper (produced in Zhejiang province) M: [1]*zhāng*/[1]*juàn*
yuānsǐ* 冤死 V. be wrongly persecuted to death
yuánsī 员司 N. *<trad.>* junior clerks/functionaries in government offices
yuānsǒu 渊薮[淵藪] N. haunt; purlieu; hotbed
[1]**yuánsù*** 元素 N. *<chem.>* element
[2]**yuánsù** 原素 ATTR. *<lg.>* primitive ♦N. elements
[3]**yuánsù** 原诉 N. *<leg.>* ① plaintiff's/prosecutor's accusation ② original suit
yuǎnsù 远溯[遠-] V. trace far back
yuánsùfǎ 元素法 N. *<lg.>* atomistic approach
yuánsūn* 元孙[-孫] N. great-grandson
yuǎnsūn 远孙[遠孫] N. distant progeny
yuánsùrén 原诉人 N. *<law>* plaintiff M: *ge*/[1]*míng*/[2]*wèi*
yuánsù zhōuqībiǎo 元素周期表 N. *<chem.>* periodic table of elements M: [1]*zhāng*
yuántái 圆台[-臺] N. *<math.>* frustum of a cone
yuǎntái* 远台[遠檯] ATTR. far from the table (in table tennis)
yuǎntái dǎfǎ 远台打法[遠檯-] N. off-table play (in table tennis)
yuǎntái fángshǒu 远台防守[遠檯-] N. long defense; far-from-table defense (in table tennis)
yuǎntái xiāoqiú 远台削球[遠檯-] N. off-table chop (in table tennis)
yuàntàn 怨叹[-嘆] V. sigh with bitterness
yuántáng 原糖 N. raw sugar
yuàntào 院套 P.W. *<topo.>* courtyard; yard; compound
yuàntàor 院套儿 P.W. house with a courtyard
[1]**yuántí** 元蹄 N. pig's feet
[2]**yuántí** 猿啼 N. the gibbon's howling
[1]**yuántián** 园田[園-] P.W. vegetable garden
[2]**yuántián** 原田 P.W. *<topo.>* plateau farmland
yuǎntiān 远天[遠-] N. ① the distant sky ② deep space
yuàntiān* 怨天 *See yuàntiānyóurén See also bù yuàntiān bù yóurén*
yuántiánhuà 园田化[園-] N. conversion into garden style
yuántiānmù 圆天幕 N. dome
yuàntiānyóurén 怨天尤人 F.E. blame everyone but oneself
yuántiáo 元条[-條] N. steel bar
yuǎntiào* 远眺[遠-] V. look afar
yuántiáomiàn 圆条面[-條麵] N. spaghetti
yuàntǐhuà 院体画[-體畫] N. imperial-court decorative painting M: [10]*fú*
yuántíhǔxiào 猿啼虎啸[-嘯] F.E. Monkeys cry and tigers roar.
[1]**yuántíng** 园庭[園-] P.W. garden and courtyard
[2]**yuántíng** 园亭[園-] P.W. arbor M: [4]*zuò*
yuāntǒng 冤桶 N. *<coll.>* fool
yuántōng 圆通 V.P. smooth; accommodating ♦N. *<Budd.>* omniprescience
yuántǒng* 圆筒 N. cylinder; barrel; drum
yuǎntónghuà 远同化[遠-] N. distant assimilation
yuántǒngxíng 圆筒形 N. cylinder-shape
yuántǒngzhuàng 圆筒状[-狀] N. cylindrical shape
yuāntóu 冤头 N. *<topo.>* enemy; foe
[1]**yuántóu*** 源头 N. fountainhead; source
[2]**yuántóu(r)** 圆头(儿) N. round end/tip of sth.
Yuántóu 袁头 N. silver coins with the head of Yuan Shikai on the obverse side
yuántóuyǐng 圆投影 N. circular projection
yuántóuzīběn 原投资本 N. original capital
yuántóuzī'é 原投资额 N. original investment
yuántú* 原图[-圖] N. original drawing; master map
yuǎntú 远图[遠圖] V. plan far ahead ♦N. a long-term plan
[1]**yuánwài** 援外 V.O. aid a foreign country
[2]**yuánwài** 员外 N. ① *<hist.>* a class of officials ② *<court.>* address for a rich person ③ *<trad.>* landlord; squire
[3]**yuánwài** 园外[園-] P.W. outside of a garden/etc.
yuànwài jítuán 院外集团[-團] N. lobby
yuànwài tiáojiě 院外调解 N. out-of-court settlement
yuánwài wùzī 援外物资 N. materials in aid of a foreign country
yuànwài zhìliáo 院外治疗[-療] N. *<med.>* extramural hospital treatment
yuānwang 冤枉 ATTR. wasted; unproductive **zǒu ~ lù** go the long way ♦V. wrong; treat unjustly
yuǎnwàng 远望[遠-] V. look afar
[1]**yuànwàng*** 愿望[願-] N. desire; wish; aspiration
[2]**yuànwàng** 怨望 N. *<wr.>* resentment; grudge; enmity
yuǎnwàngfújí 远望弗及[遠-] F.E. see sth. from afar but be unable to reach it
yuānwang hǎorén 冤枉好人 V.O. wrong innocent people
yuànwàngjù 愿望句[願-] N. *<lg.>* optative sentence
yuānwanglù 冤枉路 N. unnecessarily long way
yuānwangqì 冤枉气[-氣] N. unjust treatment; mistreatment
yuānwangqián 冤枉钱[-錢] N. wasted money M: [2]*bǐ*
yuànwàngshì 愿望式[願-] N. *<lg.>* voluntative
yuánwàngsīwéi 原望思维 F.E. wishful thinking
yuānwěi 鸢尾 N. iris; fleur-de-lis
yuánwéi 原为 V.P. originally be
yuánwěi* 原/源委 N. whole story; all details
yuánwèi 原位 P.W. original position where sth./sb. was placed; normal position; home position; in situ
YuánWèi 元魏 N. Northern Wei (386–534)
yuǎnwéi 远为[遠-] V.P. *<wr.>* much more
yuǎnwèi 远味[遠-] N. rare and delicious foods from distant places
yuánwěibùxiáng 源委不详 F.E. The details of the story are not known.
yuánwén(r) 原文(儿) N. original text ~ *rúcǐ* sic!
yuànwénqíxiáng 愿闻其详[願-] F.E. I would like to know the details.
yuánwén yǔfǎ 源文语法 N. *<lg.>* source grammar
yuánwō 圆涡[-渦] N. whorl
yuánwōwén 圆涡纹[-渦-] N. whorl pattern
yuānwū 冤诬 V. wrong sb.; frame sb.
yuánwù* 原物 N. original thing/item
yuánwūdǐng 圆屋顶 N. dome
yuánwūní 原污泥 N. raw sewage
yuánwǔqǔ 圆舞曲 N. waltz M: [2]*shǒu*
yuánxī 缘溪 ATTR. along the stream
yuánxí 原隰 N. plateaus and low, marshy land
yuánxì 原系[-係] V.P. *<wr.>* used to be
yuàn-xì* 院系 P.W. colleges and departments (of a university)
yuánxiàjū 辕下驹 N. sb. who is under restraint
yuánxiān* 原先 N. originally; at first ♦ATTR. former; original
yuǎnxiàn 远限[遠-] N. distant time limit
yuánxiàng 源项 N. source item
yuǎnxiàng* 远向[遠-] N. long time
Yuánxiāo 元宵 N. ① night of the 15th of the first lunar month ② sweet dumplings of glutinous rice flour
yuánxiào 猿啸[-嘯] N. monkey cry
yuǎnxiāo 远销[遠-] V. sell to distant places
yuàn-xiào* 院校 AB. *xuéyuàn* and *xuéxiào* school and university
yuǎnxiāo guówài 远销国外[遠-國-] V.P. be sold abroad
yuǎnxiāo hǎiwài 远销海外[遠-] V.P. find a market abroad
Yuánxiāojié 元宵节[-節] N. Lantern Festival (15th of the first lunar month)
yuǎn xiǎorén 远小人[遠-] V.O. keep your distance from mean persons
yuánxiāoyè 元宵夜 N. night of the Lantern Festival
yuànxiáshì 院辖市 P.W. *<TW>* municipality directly under the Executive Yuan
[1]**yuánxīn*** 圆心 N. center of a circle; center *<Budd.>* "perfect spirit" oriented to nirvana
[2]**yuánxīn** 原薪 N. original salary
yuànxīn 愿心[願-] N. ① offerings for Buddha ② vow ③ the wish of Buddha to save all people and the wish of all the faithful to become a Buddha
[1]**yuánxíng*** 圆形 ATTR./N. circular shape; round
[2]**yuánxíng(r)** 原形(儿) N. original/true form
[3]**yuánxíng** 原型 N. ① *<mach.>* prototype ② *<lg.>* infinitive
[4]**yuánxíng** 圆型 N. circular type
yuǎnxíng 远行[遠-] V. go on long journey
yuánxíngbìlù 原形毕露[--畢-] F.E. show one's true colors
yuánxíngcáo 圆形槽 N. round trough
yuánxíng dòngcí 原形动词[--動-] N. *<lg.>* infinitive
yuánxíng fànchóu 原型范畴[-範疇] N. *<lg.>* prototypic category
yuánxíng fùhécí 原型复合词[--複--] N. *<lg.>* primary compound

Y

yuánxíng jiànzhù 圆形建筑[-築] N. rotunda M: [4]*zuò*
yuánxíng jùchǎng 圆形剧场[-劇場] N. amphitheater M: [4]*zuò*
yuánxíngzhì 原形质[-質] N. *<bio.>* protoplasm
yuánxīnjiǎo 圆心角 N. *<math.>* central angle
yuǎnxīnlì 远心力[遠-] N. centrifugal force
yuánxiōng 元凶 N. ① arch-criminal; chief culprit ② ringleader M: *gè/*[1]*míng*
yuǎnxiù 远岫[遠-] N. distant hill/mountain
yuānxuán 渊玄[淵-] N. profundity; depth
yuánxūn 元勋 N. ① great merit ② public man of great merit M: *gè/*[1]*míng/*[2]*wèi*
yuānyǎgāoshàng 渊雅高尚[淵-] F.E. elegant and upright
yuányán 原盐[-鹽] N. crude salt
yuànyán* 怨言 N. complaint; spiteful remarks
yuānyang 鸳鸯 N. ① mandarin ducks ② affectionate couple
yuányáng 羱羊 N. *<zoo.>* ibex
yuányàng(r) 原样(儿)[-樣-] N. ① original appearance/taste/sample/shape ② the same old way
[1]**yuǎnyáng*** 远洋[遠-] N. the high seas ♦ATTR. ① oceanic ② oceangoing
[2]**yuǎnyáng** 远扬[遠揚] V. spread far and wide (of fame/reputation/notoriety etc.)
[3]**yuǎnyáng** 远飏[遠颺] V. *<wr.>* flee to a faraway place
yuānyāngbèi 鸳鸯被 N. bedding for a couple; double bedding (of newlyweds)
yuǎnyáng hángxíng 远洋航行[遠-] N. ocean-going voyage
Yuānyāng-húdiépài 鸳鸯蝴蝶派 N. *<hist.>* romantic literature school in the early Republican period
yuǎnyáng huòlún 远洋货轮[遠-] N. oceangoing freighter M: [1]*tiáo/*[1]*sōu*
yuānyānglóu 鸳鸯楼[-樓] N. apartments for newlyweds M: [4]*dòng/*[4]*zuò*
yuānyāngméi 鸳鸯梅 N. plums hanging in pairs from the same stalks
yuānyāngtáo 鸳鸯桃 N. a kind of peach
yuānyāngwǎ 鸳鸯瓦 N. roof tiles in pairs
yuānyāngxìshuǐ 鸳鸯戏水[--戲-] F.E. ① mandarin ducks playing in the water (a common painting scene) ② love-making
yuǎnyángyú 远洋鱼[遠-] N. pelagic fish
yuǎnyáng yúchuán 远洋渔船[遠-] N. deep-sea fishing boat M: [1]*tiáo/*[1]*sōu*
yuǎnyáng yùnshū 远洋运输[遠-運-] N. ocean carriage/shipping
yuǎnyáng yúyè 远洋鱼/渔业[遠-業] P.W. deep-sea fishery; pelagic fishery
yuānyāngzhěn 鸳鸯枕 N. double pillow (for the newly married)
yuānyangzuò 鸳鸯座 N. love seat
yuányànmài 原燕麦[-麥] N. green oats
yuányě* 原野 N. ① open country ② field; plain
[1]**yuányè** 原液 N. original/natural juice
[2]**yuányè** 缘业[-業] N. ① *<Budd.>* a man's fate as conditioned by his past ② relations between a man and a woman
Yuányè 元夜 N. night of 15th of first lunar month
yuǎnyè 远业[遠業] N. major enterprise
yuányèbǎi 元叶柏[-葉-] N. bald cypress M: [2]*kē*
[1]**yuānyì** 冤抑 N. unrighted wrong; unredressed injustice
[2]**yuānyì** 渊诣[淵-] A.T. deep and profound meaning
yuányī 垣衣 N. moss under old walls
[1]**yuányì** 园艺[園藝] N. horticulture; gardening
[2]**yuányì** 原意 N. meaning; original intention/meaning
[3]**yuányì** 原义[-義] N. *<lg.>* ① primary meaning ② etymon
[4]**yuányì** 原议[-議] N. original agreement/resolution/etc.
[1]**yuǎnyì** 远意[遠-] N. ultimate aim/goal
[2]**yuǎnyì** 远裔[遠-] N. distant descendants
yuànyì* 愿意[願-] AUX. ① be willing ② wish; want *Nǐ ~ jiù lái ba.* You may come if you wish.
yuànyì 怨艾 N. *<wr.>* resentment; grudge
yuǎnyìhuà 远异化[遠異-] N. distant dissimilation
yuányìjiā 园艺家[園藝-] N. horticulturist M: *gè/*[1]*míng/*[2]*wèi*
yuányì měihuàjiā 园艺美化家[園藝-] N. landscape gardener M: *gè/*[1]*míng/*[2]*wèi*
[1]**yuányīn*** 原因 N. cause; reason *Bié guǎn shì shénme ~.* Never mind the whys and wherefores.
[2]**yuányīn** 元音 N. *<lg.>* vowel
[3]**yuányīn** 原音 N. *<phy.>* fundamental tone
[4]**yuányīn** 缘因 N. ① *<Budd.>* good actions which help develop in people the nature of Buddha ② cause; reason
yuányín 猿吟 N. monkey's cry
yuányǐn 援引 V. ① cite examples ② help promote friends/favorites
yuǎnyīn 远因[遠-] N. remote cause
yuányīn biànhuà 元音变化[--變-] N. *<lg.>* umlaut
yuányīn biànhuàn 元音变换[-變換] N. *<lg.>* ablaut; metaphony
yuányīnbiǎo 元音表 N. *<lg.>* table of vowels
yuányīn chángdù 元音长度 N. *<lg.>* vowel length
yuányīn de héxié 元音的和谐 N. *<lg.>* vowel harmony
yuányīn děngcì 元音等次 N. *<lg.>* vowel gradation
yuányīndiǎn 元音点[-點] N. *<lg.>* syllable peak
yuányīn dìbiàn 元音递变[-遞變] N. *<lg.>* vowel gradation
yuányìnèizhàng 圆翳内障 N. *<Ch. med.>* cataract
yuányīn fēndú 元音分读[-讀] N. *<lg.>* hiatus
yuányīng 缘缨 N. fringe
yuányīn héxié 元音和谐 N. *<lg.>* vowel harmony
yuányīn héxiélǜ 元音和谐律 N. *<lg.>* vowel harmony
yuányīnhuà 元音化 *<lg.>* N. vocalization ♦ATTR. vocalized
yuányīn jiān de 元音间的 ATTR. *<lg.>* intervocalic
yuányīn jiāotì 元音交替 N. *<lg.>* ablaut; vocalic alternation; vowel gradation
yuányīn liáncí 原因连词 N. *<lg.>* causal conjunction
yuányīn liánjiēcí 原因连接词 N. *<lg.>* causal conjunction
yuányǐn lìzhèng 援引例证[-證] V.O. cite an example
yuányīnlǜ 原因律 N. law of causality
yuányīnlùn 原因论 N. etiology
yuányīn rónghé 元音溶合 N. *<lg.>* elision
yuányīn tìhuàn 元音替换[-換] N. *<lg.>* ablaut; vowel gradation
yuányīn tǐxì 元音体系[--體-] N. *<lg.>* vowel system
yuányīnxìng 元音性 N. *<lg.>* vocality
yuányīn yīnzhì 元音音质[-質] N. *<lg.>* vowel quality
yuányīn zhuǎnhuàn 元音转换[-轉換] N. *<lg.>* vowel alternation
yuányìshī 园艺师[園藝師] N. horticulturist M: *gè/*[1]*míng/*[2]*wèi*
yuányǐwéilì 援以为例 F.E. follow/invoke a precedent
yuányìxué 园艺学[園藝-] N. horticulture; gardening
yuányì zuòwù 园艺作物[園藝-] N. garden crop
yuányòng 援用 V. cite; invoke
yuányòng chénglì 援用成例 V.O. cite a precedent
[1]**yuányóu** 原/缘/源由 N. cause; reason
[2]**yuányóu** 原油 N. crude (oil)
yuányǒu* 原有 ATTR. ① original ② originally possessed ③ previously existing
[1]**yuányòu** 原宥 V. pardon; forgive
[2]**yuányòu** 园囿[園-] P.W. *<wr.>* ① garden ② zoological garden; zoo
[3]**yuányòu** 圆柚 N. grapefruit
yuǎnyóu 远游[遠-] V. *<wr.>* go on a long journey
yuànyóu 怨尤 V. fret and fume ♦N. grudge; enmity
yuànyòu 苑囿 P.W. animal farm/park
yuányóuhuì 园游会[園-] P.W. garden party M: *cì*
yuān yǒu tóu zhài yǒu zhǔ 冤有头债有主 F.E. ① every injustice has its perpetrator ② every debt has its debtor; No debts without creditors. ③ No hatred without cause.
yuānyù* 冤狱 N. miscarriage of justice
[1]**yuányú** 源于[-於] V.P. originated from
[2]**yuányú** 鼋/元/圆鱼[黿-] N. soft-shelled turtle
[3]**yuányú** 爰于[-於] V.P. *<wr.>* accordingly, (I took such and such an action on a certain date).
yuányǔ 原语 N. *<lg.>* source language
yuànyǔ 院宇 P.W. house and yard
yuānyuan 嫚嫚 R.F. charmingly tender
yuānyuān 渊渊[淵淵] R.F. deep and still ♦N. *<wr.>* sound of a drum
yuānyuán* 渊源[淵-] N. ① origin; source ② relationship
yuānyuǎn 渊远[淵遠] V.P. deep; profound
[1]**yuányuán** 源源 R.F. in a steady stream; continuously
[2]**yuányuán** 元元 R.F. *<wr.>* the common people
[3]**yuányuán(r)** 圆圆(儿) R.F. ① round; circular ② spheroid
[4]**yuányuán** 爰爰 R.F. *<wr.>* slow and cautious
yuǎnyuǎn(r) 远远(儿)[遠遠-] R.F. far away; distant
yuányuánběnběn 原原//元元//源源本本 R.F. from beginning to end
yuányuánbùduàn 源源不断[-斷] F.E. in a steady stream; continuously
yuányuánbùjué 源源不绝[-絕] F.E. in an endless stream; continuously
yuǎnyuǎnbùrú 远远不如[遠遠-] F.E. nothing like. . .; far inferior to. . .
yuányuán'érlái 源源而来 F.E. come in a steady/continuous stream
yuányuanhūhū 圆圆乎乎 R.F. *<coll.>* ① on good terms; cordial ② roundish
yuányuánjiējì 源源接济[-濟] F.E. continue to supply
yuǎnyuǎnjìnjìn 远远近近[遠遠-] R.F. far and near; far and wide
yuányuǎnliúcháng 源远流长[-遠--] F.E. long-standing and well-established
yuányuán mǔzhǒng 原原母种[-種] N. mother seeds of an original silkworm egg
yuānyuānxiāngbào 冤冤相报[-報] F.E. an eye for an eye
yuǎnyuán zájiāo 远缘杂交[遠-雜-] N. *<agr.>* distant hybridization
yuányuán (cán)zhǒng 原原(蚕)种[-(蠶)種] N. original silkworm egg
yuányǔ bèijǐng 源语背景 N. *<lg.>* source language setting
yuányuè* 圆月 N. full moon ♦ID. drink together on Mid-Autumn
Yuányuè 元月 N. ① first month of the lunar year ② January
yuǎnyuècháo 远月潮[遠-] N. apogee tide
yuǎnyuèdiǎn 远月点[遠-點] N. *<astr.>* apolune; aposelene
yuányǔ gānrǎo 源语干扰[-擾] N. *<lg.>* source-language interference
yuányǔ guīfàn 源语规范[-範] N. *<lg.>* source-language norm
[1]**yuányùn** 原韵[-韻] N. rhyme sequence of one person's poem which is used in sb. else's poem written in reply
[2]**yuányùn** 元韵[-韻] N. *<lg.>* assonance

yuányùndòng 圆运动[-運動] N. circular motion
yuányǔ wénxiàn 源语文献[-獻] N. <lg.> source-language text
[1]yuányǔyán 源语言 N. source language
[2]yuányǔyán 元语言 N. <lg.> metalanguage
yuányǔyánxué fēnxi 元语言学分析 N. <lg.> metalinguistic analysis
[1]yuánzǎi 原载 V.P. <wr.> originally published in
[2]yuánzǎi 元宰 N. prime minister
yuánzàibō 原载波 N. primary carrier
yuǎnzàiguòqù 远在过去[遠-] V.P. far back in the past
yuǎnzàihǎiwài 远在海外[遠-] V.P. far beyond the sea
yuǎnzàitiānbiān 远在天边[遠-邊] V.P. be as far as the edge of heaven
yuánzáofāngruì 圆凿方枘[-鑿--] ID. a square peg in a round hole; incompatible
yuánzé 原则 N. principle (of handling/doing something)
yuánzéshang 原则上 P.W. in principle
yuánzéxìng 原则性 N. sense of principle
yuànzhái 院宅 P.W. a residential house
yuǎnzhàn 远战[遠戰] N. distant fight
yuánzhǎng 园长[園-] N. sb. in charge of a garden/park/etc.
yuànzhǎng* 院长 N. ① director/president (of a museum/institute/etc.); dean of a college ② head of a branch of government M: ge/[1]míng/[2]wèi
yuánzhào 援照 V. adduce; cite (as an example/reason/etc.)
yuánzhěng 圆整 S.V. neat
yuǎnzhēng* 远征[遠-] N. ① expedition ② do battle in a distant land
yuǎnzhēngjūn 远征军[遠-] P.W. expeditionary force M: [4]zhī
yuánzhěngshù 圆整数[-數] N. round number
yuánzhī 原汁 N. (meat/vegetable/etc.) stock
[1]yuánzhí 原职[-職] N. former/same post/job
[2]yuánzhí 原值 N. original value
yuánzhǐ* 原址 P.W. former address; same (unchanged) address
yuánzhì 原质[-質] N. <chem.> element
yuǎnzhī 远支[遠-] N. distantly related clan
yuǎnzhì 远志[遠-] N. ①high aspirations ②<Ch. med.> polygala
yuànzhǐ 院址 P.W. institute
yuánzhìjīnrì 爰至今日 F.E. down to the present day
yuánzhīpiào 原支票 N. original check
yuánzhǒng 原种[-種] N. stock seed
yuánzhōngjītāng 原盅鸡汤[-雞湯] N. steamed chicken with broth
yuánzhōu* 圆周 N. circumference; circle
yuǎnzhòu 远胄[遠-] N. distant descendants
yuánzhōujiǎo 圆周角 N. inscribed angle
yuánzhōujù 圆周句 N. <lg.> periodic sentence
yuánzhōulǜ 圆周率 N. <math.> pi
yuánzhōu yùndòng 圆周运动[-運動] N. <phys.> circular motion
yuánzhū 圆珠 N. ball; ballpoint
[1]yuánzhǔ(r) 原主(儿) N. ① original owner ② legal owner
[2]yuánzhǔ 园主[園-] N. owner of a park/garden
[1]yuánzhù* 援助 N./V. support; aid
[2]yuánzhù 原著 N. original (work) M: [1]běn/[2]bù
[3]yuánzhù 圆柱 N. ①<math> cylinder ②column M: [2]gēn
[4]yuánzhù 原注[-註] N. original notes
yuǎnzhǔ 远瞩[遠矚] V. look far ahead; look at faraway places
yuánzhuāng* 原装[-裝] N. genuine product ♦ATTR. ① attached; included ② <slang> inborn; innate ③ completely manufactured in the country of origin
yuánzhuàng 原状[-狀] N. original/previous state; status quo ante
yuánzhuānghuò 原装货[-裝-] N. products imported intact (as distinct from those locally assembled/packed)
yuánzhuāng jìnkǒu 原装进口[-裝進-] V.P. imported with original packaging
yuánzhūbǐ 圆珠笔[-筆] N. <PRC> ballpoint pen M: [4]zhī
yuánzhūbǐxīn 圆珠笔心[--筆-] N. refill for a ballpoint pen
yuánzhùguó 援助国[-國] P.W. donor country
yuánzhuī(tǐ) 圆锥(体)[-(體)] N. circular cone; taper
yuánzhuī huāxù 圆锥花序 N. <bot.> panicle
yuánzhuī qūxiàn 圆锥曲线 N. <math.> conical section
yuánzhuītái 圆锥台[-臺] N. <math.> frustum (of a cone)
yuánzhuīxíng 圆锥形 N. cone
yuánzhùmín 原住/著民 N. <TW.> aborigine; indigenous people
yuánzhuō(r) 圆桌(儿) N. round table M: [1]zhāng
yuánzhuō huìyì 圆桌会议[-議] P.W. round-table conference
yuánzhuōmiàn 圆桌面 N. a detachable round tabletop (which can be put on a square table)
yuánzhùtǐ 圆柱体[-體] N. cylinder
yuánzhùxíng 圆柱形 N. cylinder ♦ATTR. cylindrical; cylinder-shaped
yuánzhùzhě 原著者 N. original author M: ge/[1]míng/[2]wèi
yuánzhùzhuàng 圆柱状[-狀] N. cylindrical shape
[1]yuánzi 园子[園-] P.W. ① garden ② theater
[2]yuánzi 圆子 N. ① dumpling of glutinous rice flour ② <topo.> (meat/fish/etc.) ball
[3]yuánzi 辕子 N. <coll.> cart/carriage shafts
yuánzǐ* 原子 N. atom
[1]yuánzì 源自 V.P. originate from
[2]yuánzì 源字 N. source word
[1]yuànzi 院子 P.W. courtyard; compound
[2]yuànzi 垸子 N. <topo.> dike
yuànzī 怨咨 V. grumble
yuánzǐbǐ 原子笔[-筆] N. ballpoint pen
yuánzǐbìng 原子病 N. nuclear-radiation sickness
yuánzǐchén 原子尘[-塵] N. fallout
yuánzǐdàn 原子弹[-彈] N. atom/atomic bomb M: [1]kē/[4]méi
yuánzǐ fǎnyìng 原子反应[-應] N. atomic reaction
yuánzǐ fǎnyìngduī 原子反应堆[---應-] N. atomic reactor/pile M: [4]zuò
yuánzǐ fēnliè 原子分裂 N. atomic fission
yuánzǐ fúshè 原子辐射 N. atomic radiation
yuánzǐhé 原子核 N. atomic nucleus
yuánzǐjià 原子价[-價] N. valence; atomicity
yuánzǐlì 原子粒 N. <phy.> transistor
yuánzǐliàng 原子量 N. atomic weight
yuánzǐlú 原子炉[-爐] N. atomic reactor M: [1]tái/[4]zuò
yuánzǐlùn 原子论 N. atomic theory; atomism
yuánzǐnéng 原子能 N. atomic energy
yuánzǐpào 原子炮 N. cannon firing atomic-tipped shells M: [4]zuò/[1]tái
yuánzǐ shídài 原子时代[--時-] N. atomic era
yuánzǐshù 原子数[-數] N. <phy.> atom number
yuánzǐshuō 原子说 N. atomic theory
yuánzǐ wǔqì 原子武器 N. atomic weapon M: [1]zhǒng/[2]jiàn/ge
yuánzǐxù 原子序 N. atomic number
yuánzǐxué 原子学 N. study of atoms
yuánzǐ xùshù 原子序数[-數] N. atomic number
yuánzǐ yīxué 原子医学[--醫-] N. atomic medicine
yuánzǐ zhànzhēng 原子战争[-戰爭] N. atomic war/warfare M: [3]cháng
yuánzǐzhōng 原子钟[-鐘] N. atomic clock M: [4]zuò/ge
yuǎnzǒu 远走[遠-] V. travel far away
yuǎnzǒugāofēi 远走高飞[遠-飛] F.E. be off to distant parts
[1]yuǎnzú* 远足[遠-] N. excursion; outing; walking tour; hike
[2]yuǎnzú 远族[遠-] N. remote clan; distant relatives
yuǎnzǔ 远祖[遠-] N. remote ancestor M: [2]wèi
yuānzuì 冤罪 N. wrong condemnation (by a court judge)
yuánzuì* 原罪 N. <rel.> original sin
[1]yuánzuò* 原作 N. original work/text M: [1]běn/[2]bù
[2]yuánzuò 缘坐 V.P. be punished by the law because of one's relationship with the offender
yuànzuǒ 掾佐 N. assistants/subordinates of an official
yuánzuòfāngruì 圆凿方枘[-鑿--] See *yuánzáofāngruì*
yuánzuòzhě 原作者 N. original author M: ge/[1]míng/[2]wèi
yuǎnzǔyíchuán 远祖遗传[遠-傳] F.E. <bio.> atavism
yúbà 渔霸 N. fishing overlord M: ge/[1]míng
yùbàbùnéng 欲罢不能[-罷--] F.E. continue perforce
yúbái* 鱼白 N. ①fish sperm; milt ②gray dawn ③ silver-gray
yùbài 窳败 V.P. <wr.> corrupt ♦V. rot; fall
yùbǎi 玉柏 N. <bot.> tree clubmoss M: [2]kē
yūbān* 淤斑 N. <med.> ecchymoses
yùbǎn 玉版 N. fine-quality rice paper
yú bāng shuǐ, shuǐ bāng yú 鱼帮水,水帮鱼[-幫-,-幫-] F.E. help one another
yùbàngxiāngzhēng 鹬蚌相争[-爭] ID. a quarrel/fight that benefits only a third party
yùbǎnxuān 玉版宣 N. strong white paper from Xuancheng, Anhui
yùbǎnyú 玉版鱼 N. sturgeon M: [1]tiáo
yùbǎnzhǐ 玉版纸 N. a fine-quality writing paper M: [1]zhāng
yǔbào 雨暴 N. <met.> rainstorm
yùbǎo 御宝[-寶] N. imperial jade seal M: [1]kē/[4]méi
yùbào* 预报[-報] V./N. forecast
yùbàoguāng 预曝光 N. <photo.> pre-exposure
Yǔbēi 禹碑 N. inscribed tablet attributed to the legendary ruler Yu M: [2]kuài/[4]zuò
yùbēi 玉杯 N. jade cup M: ge/[2]zhī
yùbèi* 预备[-備] V./N. prepare; get ready
yùbèibīng 预备兵[-備-] P.W. reservists M: ge/[1]míng
yùbèi dǎngyuán 预备党员[-備黨-] N. probationary Party member M: ge/[1]míng
yùbèiduì 预备队[-備隊] P.W. reserve force; reserves M: [4]zhī
yùbèi huìyì 预备会议[-備-議] P.W. preparatory/preliminary meeting/conference M: cì
yùbèijīn 预备金[-備-] N. reserve fund M: [2]bǐ
yùbèi jūnguān 预备军官[-備--] N. <mil.> probationary officer M: ge/[1]míng/[2]wèi
yùbèiqī 预备期[-備-] N. probationary period
yùbèi shìguān 预备士官[-備--] N. <mil.> probationary low-level officer M: ge/[1]míng/[2]wèi
yùbēixiàngzhù 玉杯象箸 F.E. ① jade cups and ivory chopsticks ② luxurious dining utensils
yùbèixìng 预备性[-備-] ATTR. preparatory
yùbèi xuéxiào 预备学校[-備--] P.W. preparatory school M: [1]jiā/[1]suǒ
yùbèiyì 预备役[-備-] N. <mil.> reserve duty
yùbèiyuán 预备员[-備-] N. reserve staff M: ge/[1]míng
yùbèi zhīshí 预备知识[-備-識] N. pre-knowledge
yúbèn* 愚笨 S.V. foolish; stupid; clumsy
yǔběn 语本 F.E. the saying originates in. . .
yǔbì 庾毙[-斃] V. <wr.> die of disease (of a prisoner)
yùbǐ* 御笔[-筆] N. handwriting/painting of the emperor
[1]yùbì 郁闭[鬱-] A.T. <forest.> closing
[2]yùbì 玉臂 N. girl's arms; pretty woman's arms
[3]yùbì 玉陛 N. white jade steps leading to the throne

Y

yùbiàn 遇便 V.O. when it's convenient; at sb.'s convenience

yùbiānjí 预编辑 N. preediting; preedition

yǔbiànxué 语变学[-變-] N. <lg.> semasiology

yùbiānyì chéngxù 预编译程序[--譯--] N. precompiler; precompiler program

yùbiànyùhuài 愈变愈坏[-變-壞] V.P. go from bad to worse

yúbiào* 鱼鳔 N. ① fish air bladder ② swim bladder

[1]**yǔbiāo** 语标[-標] N. <lg.> logogram

[2]**yǔbiāo** 雨飑 N. rainsquall; thundersquall

yùbìdù 郁闭度[鬱-] N. <forest.> canopy density

yúbīn 娱宾[-賓] V.O. entertain guests

yùbìn* 玉鬓[-鬢] N. white hair

yǔbīng 语冰 ID. have limited experience and knowledge

yǔbìng* 语病 N. ① faulty wording ② difficulty in speaking caused by vocal defects

yùbīngyúnóng 寓兵于农[-於農] F.E. <trad.> national defense under which soldiers worked as farmers in times of peace

yúbō* 余波 N. repercussions

yùbō 玉拨[-撥] N. jade hairpin

[1]**yùbó** 玉帛 N. <wr./hist.> ① gems and silk (as state gifts) ② friendship

[2]**yùbó** 郁勃[鬱-] ADV. luxuriantly; lushly

yúbōdàngyàng 余波荡漾[--蕩-] ID. The effect (of an event) is still being felt.

yúbōzhēnchuán 盂钵真传[-缽-傳] F.E. inherited teachings of a Buddhist master

yúbù 余步 N. latitude; a way out

[1]**yǔbù*** 雨布 N. waterproof cloth M: [2]kuài

[2]**yǔbù** 语部 N. <lg.> parts of speech

yùbǔ 预卜 V. augur; foretell

yùbù 玉步 N. ① your footsteps ② the footsteps of a pretty girl

yǔbǔcí 与补词[與補-] N. <lg.> expletive

yùbùkěcóng 欲不可从[-從] F.E. Desire must be kept under control.

yúbùkějí 愚不可及 F.E. ① height of folly ② hopelessly stupid

yùbùkězòng 欲不可纵[-縱] F.E. Desire must kept under control. *See also* *yùbùkěcóng*

yǔbùlízōng 语不离宗[--離-] F.E. talk shop

yùbushàng 遇不上 R.V. have no chance to encounter/meet

yùbùtōngfēng 狱不通风 F.E. prisoners completely isolated from the world

yúbùyǎnxiá 瑜不掩瑕 F.E. The merits do not outweigh the defects.

yǔbǔyǔ 与补语[與補-] N. <lg.> expletive

yù bù zhuó, bù chéngqì 玉不琢,不成器 ID. One must be disciplined and educated to be a useful person.

yùcái 育才 V.O. educate/cultivate the talented

yùcán 育蚕[-蠶] V.O. raise silkworms

yùcǎnhuāchóu 玉惨花愁[-慘--] ID. sad; weeping (of a woman)

yùcè 预测 N./V. calculate; forecast

yùcèbiǎo 预测表 N. forecasted statement M: [1]fēn/[1]zhāng

yùcè chū 预测出 R.V. forecast; foretell

yùcè jiàgé 预测价格[--價-] N. forecast price

yǔcéngyún 雨层云[-層雲] N. <met.> nimbostratus

yùcèqì 预测器 N. predictor M: [1]tái

yùcèxìng 预测性 N. predictability

yùcèzhě 预测者 N. forecaster; predictor M: ge/[1]míng/[2]wèi

yúchā 鱼/渔叉 N. fish spear/fork; harpoon M: [1]bǎ

yùchāi 玉钗 N. jade hairpin M: [4]zhī

[1]**yúchǎn*** 渔/鱼产[-產] N. aquatic products

[2]**yúchǎn** 余产[-產] N. <law> the residue

[1]**yùchán** 玉蟾 N. the moon

[2]**yùchán** 玉蝉 N. <bot.> Japanese iris

yúcháng 逾常 V.P. out of the ordinary; unusual

yúchǎng 渔/鱼场[-場] P.W. fishing grounds; fishery

yùchǎng* 浴场[-場] P.W. outdoor bathing place; bathing beach

yúchǎnliáng 鱼产量[-產-] N. fish crop/yield

yùchǎnqī 预产期[-產-] N. expected date of childbirth

yùcháodài 玉朝带[-帶] N. <art> court girdle decorated with plaques of jade

yùcháozhū 玉朝珠 N. <art> court beads

yúchèn 舆榇[-櫬] V.O. show one's determination to succeed or die by loading a coffin on one's carriage

yùchénchén 郁沉沉[鬱-] R.F. depressed; despondent; low-spirited

yùchénfēnfēi 玉尘纷飞[-塵-飛] ID. heavy snowfall

yúchēng 隅撑[-撐] N. angle brace

yúchéng 逾城 V.O. pass over the city wall

yǔchēng 宇称[-稱] N. <phy.> parity

[1]**yùchéng*** 玉成 V. <court.> help achieve sth.; kindly help secure the success of sth.

[2]**yùchéng** 育成 R.V. <agr.> experiment in growing sth.

yùchéng pǐnzhǒng 育成品种[-種] N. <agr.> improved variety

yùchéngqíshì 玉成其事 F.E. help sb. accomplish a task

yùchéng zájiāo 育成杂交[--雜-] N. improved crossing

yúchényànyǎo 鱼沉雁杳 ID. heard of no more

yúchī 愚痴 N. imbecility; feeblemindedness

yúchí* 鱼池 P.W. fishpond

yúchǐ 踰侈 V.P. too extravagant; too luxurious

yúchì 鱼翅 N. shark's-fin as a culinary delicacy

yǔchí 语迟[-遲] V.P. retardation in speech

yǔchì 羽翅 N. wing

[1]**yùchí** 浴池 P.W. ① common bathing pool (in a public bathhouse) ② public bathhouse

[2]**yùchí** 玉池 ID. <Dao.> the mouth

yùchǐ 玉齿[-齒] N. sparkling teeth

yúchì hǎishēn 鱼翅海参[-參] N. shark's fins and sea slugs

yúchóng 鱼虫[-蟲] N. water flea (fish feed)

yùchóu 预筹[-籌] V. raise ahead (of funds/etc.)

yúchū 逾出 R.V. exceed; be more than

yùchú 育雏[-雛] V.O. raise young fowl; brood

yùchù* 寓处[-處] P.W. residence; abode; dwelling place

yúchuán* 渔/鱼船 N. fishing boat M: [1]tiáo/[1]sōu

yúchuǎn 余喘 N. ① the last breath of a dying person ② the last days of one's life

yùchuán 欲传[-傳] F.E. a tendency to develop

yùchuàn 玉钏 N. jade bracelet

yúchuángzi 鱼床子 P.W. small pool for raising baby fish

yùchǔlǐ 预处理[-處-] N. pretreatment; preconditioning

yùchǔlǐ wénběn 预处理文本[-處---] N. preprocessed text

yúchún 鱼唇 N. fish's/shark's lip (as food)

yúchǔn* 愚蠢 S.V. stupid; foolish; silly

yúchǔn wú yào zhì 愚蠢无药治[---藥-] F.E. Folly is an incurable disease.

yúchǔnwúzhī 愚蠢无知 F.E. foolish and ignorant

yúchǔn yě néng chuánrǎn 愚蠢也能传染[---傳-] V.P. One fool makes many.

yùchúqì 育雏器[-雛-] N. brooder; incubator

yúcí 谀辞/词[-辭] N. flattering words; flattery

yúcǐ 于此[於-] V.P. here; in this place; hereof

yúcì 鱼刺 N. fish bone

yǔcí 语词 N. words and phrases; expression; term

yǔcì 语次 ADV. while speaking ♦N. sequence of words

[1]**yùcì*** 御赐 V. be bestowed by the emperor

[2]**yùcì** 遇刺 V.O. be assassinated

[3]**yùcì** 饫赐 V. grant; accord

yǔcí biànhuà 语词变化[--變-] N. <lg.> flection

yǔcí biàntǐ 语词变体[-變體] N. <lg.> allolog

yǔcí chǔlǐ 语词处理[--處-] N. word processing ~jī word processor

yǔcí de zhuǎnchéng 语词的转成[---轉-] N. <lg.> word formation

yǔcí jiāogǎn 语词交感 N. <lg.> contamination

yùcìshēnsǐ 遇刺身死 F.E. be assassinated

yǔcí suǒyǐn 语词索引 N. <lg.> concordance

yǔcǐtóngshí 与此同时[與-時] F.E. at the same time; moreover

yǔcǐxiāngfǎn 与此相反[與-] F.E. on the contrary

yǔcí xíngshì 语词形式 N. <lg.> word form

yǔcí xīnzuò 语词新作 N. neologism

yǔcí xīnzuò xíngshì 语词新作型式 N. intonation pattern

yǔcí yìyì 语词意义[-義] N. <lg.> word meaning

[1]**yùcōng** 郁葱[鬱蔥] V.P. ① verdant; luxuriantly green ② strong; rich

[2]**yùcōng** 玉葱[-蔥] ID. a lady's slender fingers ♦N. a kind of onion

yúcūn* 渔/鱼村 P.W. fishing village M: [4]zuò

yúcún 余存 N. balance; remainder

yǔdǎbājiāo 雨打芭蕉 F.E. Raindrops drummed against the banana leaves.

Yù Dáfū 郁达夫[-達-] (1896–1945) N. prominent 1920s writer; founding member of the Creation Society

yúdāi 愚呆 S.V. ① blockheaded; dull; slow to learn ② idiotic; moronic; fatuous *See also yú'ái*

yǔdài 雨带[-帶] P.W. rain belt

[1]**yùdài*** 玉带[-帶] N. jade-studded belt

[2]**yùdài** 欲待 V.P. intend to; want to

yùdàiqiáo 玉带桥[-帶橋] N. beautifully decorated arched bridge M: [4]zuò

yǔ dǎ liánhuā 雨打莲花 V.P. Raindrops were plopping on the lotus.

yūdàn 迂诞 V.P. preposterous; absurd

yúdǎng* 余党[-黨] N. remaining confederates

yǔdǎng 与党[與黨] N. friendly party

yūdào 迂道 N./V.O. detour

yúdǎo 渔岛[-島] P.W. fisherman's island M: [4]zuò

yúdào 鱼道 N. fishway; fish ladder M: [1]tiáo

[1]**yùdào*** 遇到 R.V. come across; run into; encounter; meet

[2]**yùdào** 御道 N. road for the imperial carriage M: [1]tiáo

yūdàoguòfǎng 迂道过访 F.E. ① go by a roundabout way ② break one's journey to call on sb.

yùdào máifu 遇到埋伏 V.O. run into an ambush

yǔdǎo xíngwéi 语导行为[-導--] N. <lg.> perlocutionary act

yǔdǎrìshài 雨打日晒[-曬] F.E. sun-scorched and rain-drenched

yúdàshuǐxiǎo 鱼大水小 ID. ① a big fish in shallow water ② a ponderous apparatus without sufficient resources for maintenance

yùdé 浴德 V.O. cultivate virtue

yùdézǎoshēn 浴德澡身 F.E. bathe one's body in virtue

yūdì 淤地 P.W. alluvial plain

[1]**yúdì** 余地 N. leeway; margin; room; latitude

[2]**yúdì** 舆地 N. ① territory ② land; the earth

[3]**yúdì** 愚弟 N. <humb.> I (address to an older friend or one of similar age)

yǔdī* 雨滴 N. raindrop

[1]**yùdí** 遇敌[-敵] V.O. encounter the enemy

[2]**yùdí** 御敌[禦敵] V.O. resist the enemy

yùdǐ 寓邸 P.W. official's dwelling M: [4]zuò

yùdì 御弟 N. brother of the emperor

Yùdì 玉帝 N. <Dao.> the Jade Emperor

yūdiǎn 淤点[-點] N. <med.> petechiae

yūdiàn 淤淀[-澱] V. silt up

yǔdiǎn(r)* 雨点(儿)[-點-] N. raindrop

Yǔdiǎn 禹典 N. the domain of China in prehistoric times

yǔdiǎncūn 雨点皴[-點-] N. <art> raindrop wrinkle (in painting)

yùdiànjīnquè 玉殿金阕 F.E. a temple of luxury and beauty

yǔdiào* 语调 N. <lg.> intonation; tone

yùdiāo 玉雕 N. jade carving/sculpture M: [4]zuò/[1]zūn

yǔdiào biǎoyì 语调表意 N. <lg.> semantic function of intonation

yǔdiào dānwèi 语调单位 N. <lg.> tone unit

yǔdiào de gāo-dī 语调的高低 N. <lg.> intonation contour

yùdiāo gōngrén 玉雕工人 N. jade carver M: *ge/*[1]*míng/*[2]*wèi*

yǔdiào lúnkuò 语调轮廓 N. <lg.> intonation contour

yǔdiào móshì 语调模式 N. <lg.> intonation patterns

yǔdiào shēng-jiàng qūxiàn 语调升降曲线 N. <lg.> intonation contour

yǔdiào yǔyán 语调语言 N. <lg.> language of intonation

yǔdiàozǔ 语调组 N. <lg.> tone group

yūdìbà 淤地坝[-壩] N. silt arrester (in water conservancy)

yùdíchéngwài 御敌城外[禦敵-] F.E. oppose the enemy outside the city wall

yùdié 玉牒 N. ① the genealogy of the royal house ② document used by the emperor when he officiated at the sacrifices to Heaven and Earth

yùdīng 狱丁 N. jailer

[1]**yùdìng*** 预定 V. predetermine; schedule ***Zhè*** [3]***xiàng gōngchéng ~ míngnián wángōng.*** This project is scheduled to be finished next year. ***Zhège zuòwei yǒu rén ~ le.*** This seat is reserved.

[2]**yùdìng** 预订 V. subscribe; book; place an order

yùdìngbǎn 预订版 N. subscription edition

yùdìng jīpiào 预订机票 V.O. book an air ticket

yùdìng lǚguǎn 预订旅馆 V.O. make reservations for hotel rooms

yùdìng rìqī 预定日期 N. target date

yùdìngyīkōng 预订一空 F.E. be booked up

yùdìng zuòxí 预订座席 V.O./N. seat reservation

yùdīshí 玉滴石 N. water opal; hyalite M: [2]*kuài*

yúdìzhìxué 舆地之学 N. study of geography

yúdòng(r) 鱼冻(儿) N. fish jelly

yǔdòushù 雨豆树[-樹] N. monkey pod

[1]**yúdú*** 余毒 N. ① residual poison ② pernicious vestige

[2]**yúdú** 鱼毒 N. lilac daphne used for poisoning fish

yúdǔ 鱼肚 N. fish maw (as food)

[1]**yǔduàn*** 羽缎 N. <txtl.> ① camlet ② sateen ③ lasting

[2]**yǔduàn** 语段 N. <lg.> ① syntagma ② linguistic unit; phrase ③ text

yùduàn 预断[-斷] V. prejudge

yǔduàn céngcì 语段层次[--層-] N. <lg.> text(ual) level

yǔduàn dìngxiàngxìng 语段定向性 N. <lg.> text-directedness

yǔduàn duìděng 语段对等[--對-] N. <lg.> textual equivalence

yǔduàn fēnxi 语段分析 N. <lg.> text analysis

yǔduàn guānliánxìng 语段关连性[--關--] N. <lg.> intertextuality

yǔduàn lèibié 语段类别[--類-] N. <lg.> text category

yǔduàn lèixíng 语段类型[--類-] N. <lg.> text typology

yǔduàn yǔyánxué 语段语言学 N. <lg.> text linguistics

yúdùbái 鱼肚白 N. ① fish-belly ② gray dawn

yǔduì 语对[-對] N. <lg.> pair

yùduì* 玉敦 N. <trad.> jade vessel used to hold blood during the oath-taking ceremony

yǔduì cèyàn 语对测验[-對--] N. <lg.> pair-test

yúdùn 愚钝 S.V. slow-witted; stupid

yúduó 渔夺[-奪] V. exploit (the people)

yǔduó* 予/与夺[與奪] V. ① grant and deprive ② award and punish

yǔduò 窳惰 V.P. <wr.> lazy and dissipated

yúduó bǎixìng 渔夺百姓[-奪--] V.O. plunder the people

yǔduōguāilì 语多乖戾 F.E. use absurd and offensive language

yùduōyùhǎo 愈多愈好 V.P. the more the better

yùduōyùyào 愈多愈要 F.E. The more one has, the more one wants.

[1]**yuē** 约[約] V. ① make an appointment ② ask; invite ③ reduce a fraction ♦B.F. ① restrict; restrain [1]***yuēshù*** ② economical; frugal [1]***jiéyuē*** ③ simple; brief [1]***jiǎnyuē*** ④ pact; agreement; contract [1]***héyuē*** ⑤ indistinct ***yǐnyuē*** ♦ADV. about; around; approximately ***See also*** [5]***yāo***

[2]**yuē** 曰 V. <wr.> ① say; speak ② call; name

[3]**yuē** 矱 B.F. measure; scale; standard ***zhǔnyuē***

yuě 哕[噦] ON. sound of vomiting ♦V. vomit

[1]**yuè*** 月 N. month ♦B.F. ① moon ***yuèliang*** ② monthly ***yuèkān***, [1]***yuèxīn***

[2]**yuè** 越 B.F. ① get/jump over [1]***yuèqiáng*** ② exceed; overstep ***yuèjiè*** ③ at a high pitch (of one's voice/emotions) [1]***jīyuè*** ♦N. ① <hist.> Viet (state in SE China) ② Surname ③ one of the Warring States ④ a name for eastern Zhejiang ♦CONS. ***~ A ~ B*** the more A the more B ***~ duō ~ hǎo*** the more the better ♦AB. ***Yuènán***

[3]**yuè** 跃[躍] B.F. leap; jump ***yuèjìn***

[4]**yuè** 阅[閱/閲] B.F. ① read; go over ***yuèdú*** ② review; inspect ***yuèbīng*** ③ experience; pass through [2]***yuèlì***

[5]**yuè** 乐[樂] B.F. music ***yīnyuè*** ♦N. Surname (not the same name as =Lè=) ***See also*** [1]***lè***

[6]**yuè** 悦[悅] B.F. ① happy; delighted [1]***xǐyuè*** ② to please; delight ***yuèmù***

[7]**yuè** 岳/嶽 B.F. high mountain peak [2]***Wǔyuè, Héngyuè,*** [2]***hé-yuè See also*** [8]***yuè***

[8]**yuè** 岳 B.F. wife's parents ***yuèmǔ, yuèfù*** ♦N. Surname ***See also*** [7]***yuè***

[9]**yuè** 龠 B.F. musical instrument; pipe [2]***guǎnyuè, tuóyuè***

[10]**yuè** 钥[鑰] B.F. key [1]***suǒyuè,*** [2]***mìyuè See also*** [5]***yào***

[11]**yuè** 刖 B.F. cut off the feet (as a form of punishment, in ancient China) ***duànshǒuyuèzú***

[12]**yuè** 钺[鉞] B.F. broadaxe; executioner's axe ***fǔyuè, jiéyuè***

[13]**yuè** 樾 B.F. tree shade [2]***yuèyīn***

[14]**yuè** 轭[軏] B.F. point where the crossbar is attached to the tongue of a carriage ***níyuè***

Yuè 粤[粵] N. short name for Guangdong/Guangxi

yū'è 淤阏 N. blocked/choked by silt

[1]**yú'é*** 余额 N. ① vacancies yet to be filled ② remaining sum

[2]**yú'é** 逾额 V.O. exceed the allotted number

yuè'ànqī 月暗期 N. dark of the moon

yuèbái(sè) 月白(色) N. pale bluish-white

yuèbáifēngqīng 月白风清 F.E. ① The moon is pale and the breeze is refreshing. ② a beautiful night

yuèbáirúyín 月白如银 F.E. The moon is bright as silver.

yuèbān 乐班[樂-] N. (musical) band; orchestra

yuèbàn* 月半 N. 15th day of a month

yuè bànyǐng shíshǐ 月半影食始 F.E. The moon enters the penumbra.

yuè bànyǐng shízhōng 月半影食终 F.E. The moon leaves the penumbra.

[1]**yuèbào** 月报[-報] N. ① monthly magazine; monthly ② monthly report M: [1]*fèn/*[2]*qī/*[1]*zhāng*

[2]**yuèbào** 阅报[-報] V.O. read a newspaper

yuèbàobiǎo 月报表[-報-] N. monthly reporting form M: [1]*fèn*

yuèbàoshì 阅报室[-報-] P.W. periodical reading room M: [1]*jiān*

yuèbì 阅毕[-畢] V.P. finish reading

[1]**yuèbiǎo** 月表 N. monthly chronology

[2]**yuèbiǎo** 乐表[樂-] N. staff (in music notation)

yuèbīng 阅兵 V.O. review troops

yuèbǐng* 月饼 N. moon cake M: [2]*kuài/hé*

yuèbīngchǎng 阅兵场[-場] P.W. parade ground M: [4]*zuò*

yuèbīng diǎnlǐ 阅兵典礼[-禮] N. dress parade

yuèbīnglǐ 阅兵礼[-禮] N. military review

yuèbīngshì 阅兵式 N. military review; parade

yuèbīngtái 阅兵台[-臺] P.W. stand/platform for reviewing troops; reviewing stand M: [4]*zuò*

yuèbó 岳伯 N. <trad.> frontier official

yuèbù 月布 N. sanitary belt

Yuèbù* 乐部[樂-] P.W. <hist.> Board of Music (a department of the Board of Rites)

yuēbudào 约不到 R.V. can't get an appointment with sb.

Yuècài 粤菜[粵-] N. Guangdong cuisine

yuècāo 阅操 V.O. watch/review a military drill

yuèchǎn 月产[-產] N. monthly output

yuèchángshí 月长石 N. moonstone M: [2]*kuài*

yuèchǎnliàng 月产量[-產-] N. monthly production

yuèchǎnzhí 月产值[-產-] N. monthly production value

yuècháo(xī) 月潮(汐) N. lunar tide

yuèchén 月尘[-塵] N. <astr.> lunar dust; moondust

yuēchéng* 约成 R.V. set a date; make an appointment

yuèchéng 月城 P.W. <wr.> semicircular bastion guarding a city gate

yú'é chéngqián 余额承前 V.P. <acct.> balance brought forward

yuèchí 乐池[樂-] P.W. orchestra pit

[1]**yuèchū(r)** 月初(儿) N. beginning of a month

[2]**yuèchū** 越出 R.V. reach out beyond the limit/boundary/etc.

[3]**yuèchū** 月出 N. moonrise

yuèchū shíkè 月出时刻[--時-] N. moonrise

yuècì 越次 V.O. <wr.> skip grade/rank

yuècóng 悦从[-從] V. follow/submit willingly

yuèdà 月大 N. a 30-day month of the lunar calendar; a 31-day month of the Gregorian calendar

Yuēdàn* 约旦 P.W. Jordan

yuèdàn 月旦 ID. appraise persons

yuèdànchūnqiū 月旦春秋 F.E. make comments about the good or the evil of a character

yuèdànxīngxī 月淡星稀 F.E. The moon grows pale and the stars dwindle.

yuèděng 越等 V.O. overstep one's proper rank

yuèdǐ 月底 N. end of the month

yuèdiǎn 乐典[樂-] N. musicology book M: [2]*bù*

yuèdiào 乐调[樂-] N. <mus.> tone; melody; musical note

yuèdiào zhòngyīn 乐调重音[樂-] N. musical accent

yuēdié 约迭 ADV. approximately; about

yuèdìlǐ 月地里[-裡] P.W. moonlit ground/field

yuēdìng 约定 V. agree upon

yuēdìng dìdiǎn 约定地点[-點] P.W. appointed place

yuēdìng lìxī 约定利息 N. <acct.> contract interest

yuēdìng qīxiàn 约定期限 N. stipulated duration

yuēdìng shíjiān 约定时间[--時-] N. appointed time

yuēdìngsúchéng 约定俗成 F.E. established by usage; conventional; customary

yuèdōng* 越冬 V.O. survive the winter

Yuèdōng 粤东[粵-] P.W. the eastern part of Guangdong province

yuèdòng 跃动[躍動] V. move up and down; quiver

yuèdòngmén 月洞门 N. moon gate M: [4]*zuò*

yuèdōng zuòwù 越冬作物 N. winter crop M: [1]*zhǒng*

yuèdú* 阅读[-讀] V./N. read; reading

yuèdù 月度 N. month

yuèduàn 乐段[樂-] N. <mus.> period

yuèdúběn 阅读本[-讀-] N. reading book; reader M: [4]*cè*

yuèdú cíhuì 阅读词汇[-讀-彙] N. <lg.> reading vocabulary

yuèdú cíhuìliàng 阅读词汇量[-讀-彙-] N. <lg.> reading vocabulary

yuèdúfǎ 阅读法[-讀-] N. <lg.> reading approach

yuèdú fùxífǎ 阅读复习法[-讀複習-] N. reading review

yuèduì 乐队[樂隊] P.W. orchestra; band M: [4]*zhī*

Y

yuèduìzhǎng 乐队长[樂隊-] N. band leader; orchestra conductor M: *ge/[1]míng/[2]wèi*
yuèduì zhǐhuī 乐队指挥[樂隊-] N. conductor; bandmaster M: *ge/[1]míng/[2]wèi*
yuèdújī 阅读机[-讀-] N. reading machine; viewer M: *[1]jià/[1]tái*
yuèdú jīchǔ jiàochéng 阅读基础教程[-讀-礎--] N. <*lg.*> basal reading program
yuèdú nénglì cèyànfǎ 阅读能力测验法[-讀-----] N. cloze procedure
yuè duō yuè hǎo 越多越好 V.P. the more, the better
yuèdúqì 阅读器[-讀-] N. <*mach.*> viewer M: *[1]jià/[1]tái*
yuèdú sùdù 阅读速度[-讀--] N. <*lg.*> reading speed; rate of reading
yuèdúxué 阅读学[-讀-] N. speed-reading research
yuèdúzhàn 阅读站[-讀-] P.W. public reading place
yuèdú zhàng'ài 阅读障碍[-讀-礙] N. alexia
yuèdú zuòyè 阅读作业[-讀-業] N. <*lg.*> reading assignment
yuè'é 月蛾 N. ① lunar immortal ② the moon
yuè'ěr 悦耳 V.O. pleasing to the ear; sweet-sounding
yuè'ěr yǔyīn 悦耳语音 N. euphony
yuēfǎ 约法 N. ① provisional constitution ② agreement
yuèfā* 越发[-發] ADV. more; more and more ***Tā zhǎng de ~ piàoliang.*** She's growing prettier and prettier.
yuèfǎ 越法 V.O. transgressing the law; unlawfully; illegally
yuēfǎng* 约访 V.P. invite people to come and discuss certain questions
[1]**yuèfáng** 月房 P.W. <*topo.*> a lying-in woman's bedroom M: *[1]jiān*
[2]**yuèfáng** 乐坊[樂-] P.W. music troupe
yuēfǎsānzhāng 约法三章 F.E. ① simple laws of the Han emperor Gaozu ② simple rules to be observed by all ③ verbal agreement
Yuè Fēi* 岳飞[-飛] (1103–1141) N. Song general, model of patriotism for his stand against the Jin invaders
yuèfèi 月费 N. monthly expenses M: *[2]bǐ*
yuēfēn 约分 V.O. <*math.*> reduce fractions
[1]**yuèfèn(r)*** 月份(儿) N. month
[2]**yuèfèn** 越分 V.O. overstep the bounds of propriety; be presumptuous
yuēfēnfǎ 约分法 N. <*math.*> method of reducing fractions
yuèfèng 月俸 N. wages; monthly salary M: *[2]bǐ*
yuèfèn huìzǒngbiǎo 月份汇总表[--匯總-] N. <*acct.*> monthly summary M: *[1]fèn*
yuèfèn jiésuànbiǎo 月份结算表 N. <*acct.*> monthly financial statement M: *[1]fèn*
yuèfènpái(r) 月份牌(儿) N. <*coll.*> calendar
yuèfú 悦服 V. ① gladly submit/accept ② heartily admire
Yuèfǔ 乐府[樂-] N. <*hist.*> ① official Music Bureau in the Han dynasty ② ballads and poems in folk style ③ collection of songs and poems
yuèfù* 岳父 N. wife's father; father-in-law M: *ge/[2]wèi*
yuèfù-mǔ 岳父母 N. wife's parents
Yuèfǔshī 乐府诗[樂--] N. folk-style ballads and poetry popular in the Han dynasty M: *[2]shǒu*
yuēgǎo 约稿 V.O. solicit contributions/submissions (for publication)
yuègē* 乐歌[樂-] N. ① music and song ② accompanied songs
Yuègē 粤歌[粵-] N. Cantonese songs M: *[4]zhī/[2]shǒu*
[1]**yuègōng** 月宫[-宮] P.W. ① the moon ② a legendary palace on the moon ③ the Lunar Palace
[2]**yuègōng** 乐工[樂-] N. musician(s) M: *ge/[1]míng/[2]wèi*
[3]**yuègōng** 月工 N. worker hired by the month M: *ge/[1]míng*
yuègōngzī 月工资 N. monthly pay/wages
yuègōu 月勾 N. a hook-shaped stroke (in a character); *héng-zhé-zhé-gōu*
yuēgū* 约估 V. estimate
yuègǔ 月谷 N. valley
yuèguā 越瓜 N. oriental pickling melon
yuèguàgāokōng 月挂高空 F.E. The moon is high in the sky.
yuèguān 乐官[樂-] N. <*hist.*> official in charge of music M: *ge/[1]míng/[2]wèi*
yuèguāng(r) 月光(儿) N. moonlight; moonbeam
yuèguāngcǎndàn 月光惨淡[--慘-] F.E. (in) the faint light of the moon.
yuèguāngfànyǐng 月光泛影 F.E. The moon cast its bright reflection on the water.
yuèguānghuā 月光花 N. large moon flower
yuèguāngjiǎojié 月光皎洁[-潔] F.E. The moon shines bright.
yuèguānglán 月光蓝[-藍] N. lavender blue
yuèguāngwēizhào 月光微照 F.E. The moonlight shines faintly.
yuèguāngxièdì 月光泻地[--瀉-] F.E. silver moonlight cascades to the ground
yuèguǐ* 越轨 V.O. ① exceed bounds; transgress ② deviate from
yuèguì 月桂 N. laurel; *Laurus nobilis*; bay
yuèguìguān 月桂冠 N. laurel wreath/crown
yuèguìhuā 月桂花 N. laurel flower M: *[2]duǒ/[2]kē*
yuèguìqián 月桂钱[-錢] N. <*trad.*> monthly allowance given to apprentices M: *[2]bǐ*
yuèguìshù 月桂树[-樹] N. laurel; bay tree M: *[2]kē*
yuèguǐ xíngwéi 越轨行为 N. impermissible behavior; transgression M: *[1]zhǒng*
yuèguìyè 月桂叶[-葉] N. bay leaf M: *[1]piàn*
[1]**yuèguò** 越过 R.V. ① cross; surmount ② exceed; go beyond
[2]**yuèguò** 跃过[躍-] R.V. jump/leap across/over
yuèhǎi* 越海 ATTR. across the sea
Yuèhǎi 粤海[粵-] P.W. ① South China Sea ② Guangdong Customs House
Yuēhànniú 约翰牛 N. John Bull; Britain; British
Yuè-Hàn Tiělù 粤汉铁路[粵漢鐵-] N. the Canton-Hankou railway
yuēhé 约合 V. invite to meet together; call together
yuèhēitiān 月黑天 N. moonless night
yuèhēitóu 月黑头 N. <*topo.*> moonless night
yuèhēiyè 月黑夜 N. moonless night
yuèhòufùbǐng 阅后付丙[-後--] F.E. Burn this as soon as read.
yuèhù 乐户[樂-] N. <*trad.*> ① female musicians under government control ② government-operated brothel
yuēhuà 约化 N. reduction; simplification
yuèhuá* 月华[-華] N. ① moonlight ② <*met.*> lunar corona
yuèhuáng 约黄 N. a kind of yellow powder for use on a lady's temples
yuèhuárúshuǐ 月华如水[-華--] F.E. a flood of moonlight
yuèhuárúzhòu 月华如昼[-華-晝] F.E. The moon is bright as day.
yuèhuásìshuǐ 月华似水[-華--] F.E. The moonlight shines like water.
yuēhuì(r) 约会(儿) N./V.O. appointment; engagement; date
yuè huó yuè chōuchou 越活越抽抽 <*coll.*> V.P. ① shrink; become shorter ② become more timid; have less interest in sth.
yuējí 约集 V. assemble by appointment
yuējì* 约计 V. count roughly; come roughly to
yuèjī 粤稽[粵-] V. investigate
[1]**yuèjí** 越级 V.O. ① bypass immediate superiors ② skip rank/grade
[2]**yuèjí** 乐籍[樂-] N. register of prostitutes
yuèjǐ 月给 N. monthly allotment/allocation
yuèjì 月季 N. Chinese rose M: *[2]kē*
[1]**yuèjiā** 越加 ADV. all the more; even more; more and more
[2]**yuèjiā** 岳家 N. family of wife's parents
yuèjiājí 月家疾 N. <*topo.*> illness following childbirth
Yuèjiājūn 岳家军 N. the invincible troops under the command of Yue Fei in Southern Song
yuējiǎn 约简 N. <*lg.*> reduction
yuējiàn* 约见 V. arrange an interview
yuèjiān 月间 ADV. during one month
yuèjiàn 月建 N. month
yuējiǎn fēnshù 约减分数[-減-數] N. <*math.*> reduced fraction
Yuè Jiāng 粤江[粵-] P.W. another name for the Pearl River ***See also** Zhū Jiāng*
Yuè Jiāng Liúyù 粤江流域[粵-] P.W. the Pearl River Valley
yuèjìbiǎo 月季/计表 N. <*acct.*> monthly balance (sheet)
yuèjié 月结 N. monthly balance (sheet)
yuèjiè* 越界 V.O. ① cross a border; infringe on a boundary ② encroach; trespass
yuèjiédān 月结单 N. <*acct.*> monthly statement M: *[1]fèn*
yuèjìhuā* 月季花 N. Chinese rose M: *[2]duǒ*
yuèjìhuà 月计划[-劃] N. monthly plan M: *[1]fèn*
yuèjìn 跃进[躍進] R.V. ① leap forward ② make rapid progress
yuèjīng 月经[-經] N. menses; period
yuèjǐng 月景 N. moonscape
yuèjìng* 越境 V.O. cross the border; infringe the boundary
yuèjīng bìzhǐ 月经闭止[-經--] V.P. <*med.*> amenorrhea; absence of menses
yuèjīngbù 月经布[-經-] N. sanitary belt M: *[1]tiáo*
yuèjīng bùtiáo 月经不调[-經--] V.P. irregular menses
yuèjīngdài 月经带[-經帶] N. sanitary belt/napkin M: *[1]tiáo*
yuèjīng guòduō 月经过多[-經--] V.P. excessive menstruation
yuèjīngqī 月经期[-經-] N. (menstrual) period
yuèjīng tíngzhǐ 月经停止[-經--] V.P. menopause
yuèjīng zhōuqī 月经周期[-經--] N. menstrual cycles
yuèjìntóu 月尽头[-盡-] N. end of the month
yuèjìpiào 月季票 N. monthly ticket (for a bus/etc.); season ticket M: *[1]zhāng*
yuējù 约据[-據] N. contract; deed; written agreement M: *[1]fèn*
yuèjū* 跃居[躍-] V. vault into ~ ***shìjiè shǒuwèi*** vault into world leadership
yuèjú 越橘 N. <*bot.*> cowberry
yuèjù 乐句[樂-] N. <*mus.*> phrase
[1]**Yuèjù** 越剧[-劇] N. Shaoxing opera
[2]**Yuèjù** 粤剧[粵劇] N. Guangdong opera
yuèjuàn(zi) 阅卷(子) V.O. read/correct examination papers
yuèjuànjī 阅卷机 N. test-scoring machine M: *[1]jià/[1]tái*
yuèjuànzǔ 阅卷组 P.W. grading team
yuèkān* 月刊 N. monthly magazine; monthly M: *[2]qī/[1]fèn/[1]běn*
yuèkàn 阅看 V. ① look at; take note of ② read
[1]**yuèkǎo** 月考 N. monthly check (of work attendance); monthly test (in school/etc.)
[2]**yuèkǎo** 粤考[粵-] V. examine
yuèkē 月窠 N. <*topo.*> a baby's first month of life
yuèké* 月壳[-殼] N. lunar crust ***See also** yuèqiào*
yuèkē'ér 月窠儿 N. a baby less than a month old
yuèkēng 月坑 N. lunar crater
yuèkēr háizi 月窠儿孩子 N. <*coll.*> a baby less than one month old
yuèkǒu 悦口 V.O. tasty; savory; palatable
yuèláiyuè 越来越 ADV. more and more ~ ***bù xiàngyàng*** become worse and worse
yuèláiyuèhǎo 越来越好 V.P. become better and better
yuèláiyuèzāo 越来越糟 V.P. get worse and worse

[1]**yuèlán** 月蓝[-藍] N. pale blue
[2]**yuèlán** 月阑 N. the halo of the moon
yuèlǎn* 阅览[-覽] V. read
yuèlǎnshì 阅览室[-覽-] P.W. reading room M: [1]*jiān*
yuèlǎo 月老 N. matchmaker M: *ge/*[1]*míng/*[2]*wèi*
yuèlè 悦乐[-樂] N. pleasure
yuè léichí yī bù 越雷池一步 F.E. transgress the bounds
[1]**yuèlǐ** 乐理[樂-] N. musicology
[2]**yuèlǐ** 越礼[-禮] N. indecorous conduct
[3]**yuèlǐ** 越理 V.O. unreasonable
[1]**yuèlì*** 月历[-曆] N. ① monthly calendar M: [1]*běn* ② <*trad.*> record of government orders to be announced every month
[2]**yuèlì** 阅历[-歷] N./V. experience
[3]**yuèlì** 月利 N. monthly interest
[4]**yuèlì** 岳立 N. hold oneself bolt upright
yuèliang 月亮 P.W. ① moon ② moonlight M: *ge/*[1]*lún*
yuèliangdì(r) 月亮地(儿) P.W. moonlit ground/spot
yuèliangguāngr 月亮光儿 N. moonlight
yuèliàngmǎr 月亮马儿 N. <*trad.*> straw horse as an offering in the monthly sacrificial ceremony
yuèliangmén(r) 月亮门(儿) N. <*archi.*> moon-shaped gate/door
yuèliangyé 月亮爷[-爺] N. the moon
yuèli Cháng'é 月里嫦娥[-裡--] N. ① legendary fairy of the moon ② the goddess of the moon ③ a beauty
yuèlìfēngfù 阅历丰富[-歷豐-] F.E. (He) has seen a great deal of life.
yuèlìng 月令 N. ① phenology of a lunar month ② a chapter in *the Book of Rites*
yuèlì qiǎn 阅历浅[-歷淺] V.P. inexperienced
[1]**yuèlǜ** 月率 N. rate per month
[2]**yuèlǜ** 乐律[樂-] N. <*mus.*> temperament
yuēlüè 约略 ADV. roughly; approximately; briefly ♦ATTR. rough; approximate
yuèlún 月轮 N. ① full moon ② the moon
yuèluò 月落 V.P. The moon goes down.
yuèluòshuānghán 月落霜寒 F.E. The moon went down and the frosty night was cold.
yuèluòwūtí 月落乌啼[--烏-] F.E. The crows caw when the moon goes down.
yuèluòxīchén 月落西沉 F.E. The moon sinks westward.
yuèluòxīngxī 月落星稀 F.E. The moon is sinking, the stars are fading.
yuèmǎ 跃马[躍-] V.O. spur a horse on
yuèmǎfēichí 跃马飞驰[躍-飛-] F.E. leap on a horse and ride swiftly
yuèmǎhéngdāo 跃马横刀[躍-] ID. take a challenging position
yuèmǎhénggē 跃马横戈[躍-] ID. take a challenging position
yuèmǎnzékuī 月满则亏[-虧] F.E. at apogee decline sets in
yuèméi 月眉 N. arc-shaped eyebrows
yuèmén 月门 N. moon gate
yuēméng 约盟 N. covenant; sworn compact
yuèmí 乐迷[樂-] N. music lover M: *ge/*[1]*míng/*[2]*wèi*
yuèmiàn 月面 ATTR. selenographic; lunar
yuèmiǎo 月杪 N. the end of a month
Yuèmiào* 岳庙[-廟] P.W. shrine dedicated to General Yue Fei of Southern Song M: [4]*zuò*
yuèmiáoyuèhēi 越描越黑 F.E. The more one tries to cover up a scandal, the more it stinks.
yuēmíng 约明 V. specify in an agreement; be with the mutual understanding that. . .
yuèmíngfēngqīng 月明风清 F.E. The moon is bright, the breeze is light.
yuèmíngrúzhòu 月明如昼[-晝] F.E. The moon is shining as bright as day.
yuèmíngxīnglǎng 月明星朗 F.E. The moon and stars shine brilliantly.
yuèmíngxīngxī 月明星稀 F.E. The moon is bright and the stars are few.
yuēmo* 约摸/莫 <*coll.*> V. ① think over; ponder; mull over ② not overexert
[1]**yuèmò** 月末 N. end of the month
[2]**yuèmò** 月没 N. moonset
yuèmò shíkè 月没时刻[--時-] N. moonset
yuèmǔ* 岳母 N. ① wife's mother; mother-in-law ② mother of Yue Fei M: *ge/*[2]*wèi*
yuèmù 悦目 V.O. pleasing to the eye; good-looking
Yuènán 越南 P.W. Vietnam
Yuènányǔ 越南语 N. Vietnamese language
yuènián 越年 V.P. after a year; the following year
yuèpī 阅批 V. read and write comments on a document
yuèpiānshí 月偏食/蚀 N. partial lunar eclipse
yuèpiào 月票 N. monthly bus pass M: [1]*zhāng*
yuèpiàojiā 月票夹[-夾] N. bus-pass holder M: *ge/*[2]*zhī*
yuèpíngjiā 乐评家[樂-] N. music critic M: *ge/*[1]*míng/*[2]*wèi*
yuèpíngjūn 月平均 N. monthly average
yuèpīyínzhuāng 月披银装[-裝] F.E. The moon came out mantled in silver.
yuèpózi 月婆子 N. <*coll.*> midwife
yuèpǔ 乐谱[樂-] N. music score; music M: [1]*běn/*[4]*cè*
yuèpǔ biāodiàofǎ 乐谱标调法[樂-標--] N. musical notation
yuèpǔjià 乐谱架[樂-] N. music stand
yuēqī 约期 V.P. fix/appoint time/date ♦N. ① appointment; engagement; appointed time ② term/duration of an agreement
yuèqī 越期 V.O. pass the time limit or deadline
yuèqǐ 跃起[躍-] R.V. leap up; jump up
yuèqì* 乐器[樂-] N. musical instrument M: [2]*jiàn*
yuèqian 月钱[-錢] N. ① monthly payment ② allowance M: [2]*bǐ*
yuèqiān* 跃迁[躍遷] N. <*phy.*> transition
[1]**yuèqiáng** 越墙[-牆] V.O. scale a wall; climb over a wall
[2]**yuèqiáng** 跃墙[躍牆] V.O. climb/leap over a wall
yuèqiáng'érguò 越墙而过[-牆--] F.E. leap/spring over a wall
yuèqiào 月壳[-殼] N. lunar crust *See also yuèké*
yuēqībùwù 约期不误 F.E. never to fail to keep an appointment
yuèqín 月琴 N. four-stringed round guitar M: [1]*bǎ*
yuēqǐng 约请 V. invite; ask
yú'é qīngdān 余额清单 N. statement of balance M: [1]*fèn/*[1]*zhāng*
yuēqǐng huìjiàn 约请会见 V.O. make an appointment to meet
yuèqiú 月球 N. the moon
yuèqiú zhuólù 月球着陆[-著陸] N. lunar landing
yuèqū 越区[-區] V.O. go beyond a defined district
yuèqǔ* 乐曲[樂-] N. musical composition M: [4]*zhī/*[2]*shǒu*
yuèquán 越权[-權] V.O. exceed power/authority
yuèquáncúnqǔ 越权存取[-權--] F.E. unauthorized access
yuèquǎnfèixuě 粤犬吠雪[粵-] ID. People are startled by an unusual phenomenon.
yuèquánshí 月全食/蚀 N. total lunar eclipse
yuèquēhuācán 月缺花残[-殘] F.E. the decline of beautiful things
yuèqǔjiā 乐曲家[樂-] N. maestro M: *ge/*[1]*míng/*[2]*wèi*
yú'ěr* 鱼饵 N. fish bait
yù'ér 育儿 V.O. nurture/raise a child
yuèrán 跃然[躍-] V.P. appear vividly
yuèrǎng 月壤 N. lunar soil
yuèránzhǐshàng 跃然纸上[躍-] F.E. appear vividly in writing/painting
yù'érdài 育儿袋 N. brood pouch; marsupium
yuèrén* 悦人 V.O. pleasant; pleasing; delightful
Yuèrén 粤人[粵-] N. a Cantonese
yuèrénduōyǐ 阅人多矣 F.E. have a great deal of experience of men/people
yù'érfǎ 育儿法 N. proper care and feeding of children/babies
yú ér hào zìyòng 愚而好自用 F.E. stupid but willful
yuèrì 越日 N. the following day; after a day
yù'ér móshì 育儿模式 N. child-rearing pattern
yuèrù 月入 N. monthly income
yù'éryùnǚ 育儿育女 F.E. bring up sons and daughters
[1]**yuèsè** 月色 N. moonlight
[2]**yuèsè** 悦色 N. a pleased look/expression
yuèsè chéngqīng 月色澄清 V.P. clear moonlight
yuèsè huīyìng 月色辉映 V.P. The moon is shining in the clear sky.
yuèsè hūnhuáng 月色昏黄 V.P. faint moonlight
yuèsè jiàn'àn 月色渐暗 V.P. The moon gets darker and darker.
yuèsè jīngyíng 月色晶莹[-瑩] V.P. The moon is as clear as crystal.
yuèsè mǎnjiē 月色满街 V.P. The moonlight floods the streets.
yuèsè ménglóng 月色朦胧 V.P. The moonlight is dim.
yuèsè míméng 月色迷朦 V.P. The moon becomes hazy.
yuèsè mínglǎng 月色明朗 V.P. The moon is bright.
yuèsè qīngbái 月色清白 V.P. The moon is white and clear.
yuèsè wúguāng 月色无光 V.P. The moon is dimmed.
yuèsè yìng hú 月色映湖 V.P. moonlight shimmers on the lake
yuèsè yíng tíng 月色盈庭 V.P. The courtyard is flooded by moonlight.
yuèshànglínshāo 月上林梢 F.E. The moon has arisen from behind the forest.
yuèshàngzhīshāo 月上枝梢 F.E. The moon peeps from behind the treetops.
yuèshén 月神 N. moon god/goddess
[1]**yuèshēng*** 跃升[躍-] V. leap up
[2]**yuèshēng** 乐声[樂聲] N. musical sound/voice M: [1]*zhèn*
yuèshèng 乐圣[樂聖] N. master composer/musician M: *ge/*[1]*míng/*[2]*wèi*
yuèshī 乐师[樂師] N. musician M: *ge/*[1]*míng/*[2]*wèi*
[1]**yuèshí*** 月食/蚀 N. lunar eclipse
[2]**yuèshí** 月石 N. <*chem.*> borax
[3]**yuèshí** 阅实[-實] V. verify
[4]**yuèshí** 阅时[-時] V.O. last a period of time
yuèshǐ 月史 N. lunar history
[1]**yuèshì** 越是 V.P. the more. . . ***Zhè háizi! Nǐ ~ shuō, tā ~ bù tīng.*** This child! The more you scold him, the less he obeys.
[2]**yuèshì** 阅世 V.O. <*wr.*> see the world
[3]**yuèshì** 月事 N. menses; periods; monthlies
yuèshìjiànshēn 阅世渐深 F.E. gain more and more experience of life
yuèshìpōshēn 阅世颇深 F.E. be deeply experienced in worldly affairs
yuèshǒu 乐手[樂-] N. <*mus.*> instrumental performer M: *ge/*[1]*míng/*[2]*wèi*
yuèshōurù 月收入 N. monthly income M: [2]*bǐ*
[1]**yuēshù** 约束 N./V. ① control; restrain; bind; dominate ***Tā zhège rén shì ~ bùzhù de.*** There's no holding him. ② <*lg*> dominate
[2]**yuēshù** 约数[-數] N. ① approximate number ② <*math.*> divisor
yuèshūjià 阅书架[-書-] N. bookrest; bookshelf
yuēshùlì 约束力 N. binding force
yuēshù lǐlùn 约束理论 N. <*lg.*> binding theory
yuèshuò 月朔 N. the first day of each month
yuēshù shuìlǜ 约束税率 N. bound tax rates
yuēshù zhèngfǔ 约束政府 V.O. restrain/control the government
yuètái 月台[-臺] P.W. railway platform
yuètáipiào 月台票[-臺-] N. platform ticket M: [1]*zhāng*
yuētán* 约谈 V.O. arrange talks; schedule a meeting

yuètán 乐坛[樂壇] N. music circles
yuètíng 乐亭[樂-] P.W. bandstand M: [4]*zuò*/*ge*
yuētóng 约同 V.O. <*wr.*> ask sb. to join one
yuètóu(r) 月头(儿) N. ① the beginning of a month ② time for monthly payments
yuètuán 乐团[樂團] P.W. philharmonic society/orchestra
yuètùyínhuī 月吐银辉 F.E. The moon begins to shed its silvery light.
yuèwài kōngjiān 月外空间 P.W. translunar space
yuèwàng 月望 N. the 15th day of each moon
yuèwānrúgōu 月弯如钩[-彎-鉤] F.E. The moon is curved like a hook.
yuèwěi 月尾 N. the last few days of the month
yuèwèi* 越位 N. ① <*sport*> offside ② <*lg.*> extraposition
yuèwēixiàngpiān 阅微相片 N. microphotocopy M: [1]*zhāng*/[1]*juàn*
yuèwō 月窝[-窩] N. <*topo.*> a baby's first month of life
yuèwǔ 乐舞[樂-] N. music and dance
[1]**yuèxī*** 月息 N. monthly interest
[2]**yuèxī** 月夕 N. <*wr.*> ① moonlit/moonlight night ② end of the month
[3]**yuèxī** 阅悉 F.E. from your letter I learn that. . .
Yuèxī 粤西[粵-] P.W. the western part of Guangdong province
yuèxí 越席 V.O. leave one's seat at the table
yuèxià 月下 P.W. under the moon
yuèxiàdúbù 月下独步[--獨-] F.E. walk by moonlight
yuèxiàgēchàng 月下歌唱 F.E. sing in the moonlight
yuèxiàhuāqián 月下花前 F.E. ① a place for lovers ② a place for rest and entertainment
yuèxiàlǎorén 月下老人 ID. matchmaker M: *ge*/[1]*míng*/[2]*wèi*
yuèxiàmànbù 月下漫步 F.E. roam in the moonlight
yuèxián 乐弦[樂-] N. <*mus.*> chord
[1]**yuèxiàn*** 越线 V.O. cross a line
[2]**yuèxiàn** 越限 V.O. exceed the time limit
yuèxiàng 月相 N. <*astr.*> phase of the moon
yuèxiǎngyuèqì 越想越气[-氣] V.P. The more one thinks about it, the madder one gets.
yuèxiànyuèshēn 越陷越深 V.P. be bogged down deeper and deeper
yuèxiǎo 月小 N. a 29-day month of the lunar calendar; a 30-day month of the Gregorian calendar
yuèxiàxiāng 月下香 N. <*bot.*> the tuberose
yuèxiàxiǎozhuó 月下小酌 F.E. have a little drink under the moon
yuèxièhánguāng 月泻寒光[-瀉--] F.E. The moon casts its cool light.
yuèxīhuāchén 月夕花晨 F.E. good time spent together (of lovers)
[1]**yuèxīn*** 月薪 N. monthly pay/salary
[2]**yuèxīn** 悦心 V.O. gladden; cheer
yuèxìn 月信 N. menstruation; menses; periods; monthlies
yuèxíng 月形 N. crescent-shaped figure
Yuèxiù 粤绣[粵繡] N. Guangdong-style embroidery
yuèyá(r) 月牙/芽(儿) N. <*coll.*> crescent moon
yuēyán* 约言 N. promise; pledge
yuèyán 月岩 N. lunar rock
yuèyáng 越洋 V.O. cross the ocean
yuèyáng tōngxìn 越洋通信 N. transoceanic communication
yuèyǎnxīng 月掩星 F.E. lunar occultation
yuēyánzhī 约言之 F.E. in brief
Yuèyáo 越窑[-窯] N. <*art*> Tang-dynasty ceramic kiln in Zhejiang
Yuèyàorì 月耀/曜日 N. <*wr.*> Monday
yuèyáxíng 月牙形 N. crescent
yuèyě 越野 ATTR. cross-country ~ ***(sài)pǎo*** cross-country race
yuèyè* 月夜 N. moonlit/moonlight night
yuèyě huáxuě 越野滑雪 N. <*sport*> cross-country skiing
yuèyě qìchē 越野汽车 N. cross-country vehicle M: [3]*liàng*
yuèyèwǎnguī 月夜晚归[-歸] F.E. return by moonlight
yuèyì 悦意 N. pleasantness; agreeableness; happiness
[1]**yuèyīn** 乐音[樂-] N. musical sound/tone; tone
[2]**yuèyīn** 樾荫[-蔭] N. protection from the powerful
yuèyíng 月盈 N. full moon
yuèyǐnghuāhén 月影花痕 F.E. the shadow of the moon and flowers
yuèyíngyuèquē 月盈月缺 F.E. waxing and waning
yuèyíngzékuī 月盈则亏[-虧] F.E. The moon waxes and wanes.
yuèyìnshuǐzhōng 月印水中 F.E. The moon implants her image in the water.
yuèyú 月余 N. more than a month
Yuèyǔ 粤语[粵-] N. Cantonese language
[1]**yuèyù*** 越狱 V.O. escape from prison
[2]**yuèyù** 悦豫 V.P. <*wr.*> pleased; delighted
yuèyuán 月圆 V.P. The moon is round.
yuèyuányuèquē 月圆月缺 F.E. waxing and waning
yuèyuánzékuī 月圆则亏[-虧] F.E. Decline inevitably follows culmination.
yuèyuè 越越 R.F. still more; more and more
yuèyuèhóng 月月红 N. American Beauty rose ♦V.P. meeting monthly production targets
yuèyù'értáo 越狱而逃 F.E. escape from prison
yuèyuèyùshì 跃跃欲试[躍躍-] F.E. itch to have a go/try
yuèyùfàn 越狱犯 N. prison escapee M: *ge*/[1]*míng*
yuèyùn 月晕 N. lunar halo
yuèyùnzhǔfēng 月晕主风 F.E. The haloed moon foretells a gale.
yuèzǎoyuèhǎo 越早越好 V.P. the sooner the better; as soon as possible
yuèzé 悦泽[-澤] V.P. pleasantly bright; gorgeous
yuēzhāng 约章 N. international treaty
yuèzhāng* 乐章[樂-] N. ① musical movement ② poem
[1]**yuèzhàng** 岳丈 N. wife's father; father-in-law M: *ge*/[2]*wèi*
[2]**yuèzhàng** 月账 N. monthly account
yuèzhànyuèqiáng 越战越强[-戰-強] F.E. The more one fights the stronger one grows
yuèzhàowūyán 月照屋檐 F.E. Moonlight gleams on the eaves of the building.
yuèzhàozhēngtú 月照征途 F.E. The moon lights one's road to battle.
yuèzhèn 月震 N. moonquake
yuēzhǐ 约指 N. finger ring
yuēzhì* 约制 V. keep within bounds; restrain; bind
yuèzhī 月支 N. monthly expenses ♦V. draw
Yuèzhī 月氏 N. <*hist.*> ① nomadic people living in Central Asia ② the Indo-Scyths
yuèzhì 岳峙 N. as noble as a lofty peak (of sb.'s character/bearing)
yuè zhī nǚshén 月之女神 N. moon goddess
yuèzhǐshìlǚ 刖趾适履[--適-] F.E. make (sb./sth.) fit the Procrustean bed
yuēzhīyǐlǐ 约之以礼[-禮] F.E. control one's conduct in accordance with rites
[1]**yuèzhōng*** 月中 N. middle of the month
[2]**yuèzhōng** 月终 N. end of the month
yuèzhòng 越重 V.O. exceed the weight limit
yuèzhōngrén 月中人 N. the man in the moon
yuèzi 月子 N. ①confinement ②month following childbirth
yuèzibìng 月子病 N. puerperal fever
yuèzǒng 月总[-總] N. <*acct.*> monthly reckoning of all accounts
yuèzǔdàipáo 越俎代庖 F.E. exceed one's functions and meddle in others' affairs
yǔfǎ* 语法 N. <*lg.*> ① grammar; syntax ② locution; manner of speaking
yùfā 愈发[-發] ADV. even more ***Tā de liǎnpáng ~ hóngrùn.*** Her face became rosier.
yǔfǎ biànhuà 语法变化[--變-] N. <*lg.*> grammatical change/variation
yǔfǎ biànhuànlǜ 语法变换律[--變換-] N. <*lg.*> grammatical transformation
yǔfǎ bùfen 语法部分 N. <*lg.*> syntactic component
yǔfǎcí 语法词 N. <*lg.*> syntactical/grammatical word
yǔfǎ císù 语法词素 N. <*lg.*> grammatical morpheme
yǔfǎ cízhuì 语法词缀 N. <*lg.*> grammatical affix
yǔfǎ cuòluàn 语法错乱[-亂] N. <*lg.*> agrammatism
yǔfǎ cuòluànzhèng 语法错乱症[---亂-] N. <*lg.*> agrammatism
yǔfǎ dānwèi 语法单位 N. <*lg.*> grammatical unit
yǔfǎ de fēnxi 语法的分析 N. <*lg.*> grammatical analysis
yǔfǎ duìděngcí 语法对等词[--對--] N. <*lg.*> grammatical equivalent
yǔfǎ fànchóu 语法范畴[-範疇] N. <*lg.*> grammatical category
yǔfǎ fāngshì 语法方式 N. <*lg.*> grammatical device
yǔfǎ fānyì 语法翻译[-譯] N. <*lg.*> grammatical translation
yǔfǎ fānyìfǎ 语法翻译法[---譯-] N. <*lg.*> Grammar Translation Method
yǔfǎ fēnxiqì 语法分析器 N. <*lg.*> syntactic parser M: [1]*jià*
yǔfǎ gōngnéng 语法功能 N. <*lg.*> grammatical function
yǔfǎ gōngnéngduàn 语法功能段 N. <*lg.*> tagmeme
yǔfǎ gòuzào 语法构造[--構-] N. <*lg.*> grammatical structure
yǔfǎ guānxi 语法关系[-關係] N. <*lg.*> grammatical relation
yǔfǎ guànyòngfǎ 语法惯用法 N. <*lg.*> grammatical usage
yǔfǎ guīfàn 语法规范[-範] N. <*lg.*> grammatical norm
yǔfǎ guīlǜ 语法规律 N. <*lg.*> grammatical rule
yǔfǎ guīzé 语法规则 N. <*lg.*> grammatical rule M: [1]*tiáo*
yǔfǎhuà 语法化 N. <*lg.*> grammaticalization
yǔfǎ jiégòu 语法结构[-構] N. <*lg.*> grammatical structure/meaning
yǔfǎlǜ 语法律 N. <*lg.*> grammatical rule
yǔfǎlǜ cìxù guīlǜ 语法律次序规律 N. <*lg.*> traffic rule
yúfǎn 隅反 V. assess, understand, or visualize by inference
yúfàn(zi)* 鱼贩(子) N. fishmonger M: *ge*/[1]*míng*
yùfàn 狱犯 N. convict; prisoner M: *ge*/[1]*míng*
yúfānchuán 渔帆船 N. fishing junk M: [1]*tiáo*/[1]*sōu*/[2]*zhī*
yǔfǎ nénglì 语法能力 N. <*lg.*> grammatical competence
[1]**yùfáng** 预防 V. prevent; guard against
[2]**yùfáng** 狱房 P.W. (jail) cell M: [1]*jiān*
yùfáng jiēzhòng 预防接种[-種] N. preventive inoculation
yúfāngshuǐfāng 盂方水方 ID. If the basin is square, the water in it will also be square. (fig.)
yùfángxìng jūliú 预防性拘留 N. <*law*> preventive detention
yùfáng yīxué 预防医学[--醫-] N. preventive medicine
yùfángzhēn 预防针 N. immunization injection
yùfānyì 预翻译[-譯] N. pretranslation
yǔfǎ qíyì 语法歧义[-義] N. <*lg.*> grammatical ambiguity
yǔfǎ shǒuduàn 语法手段 N. <*lg.*> grammatical device
yǔfǎ tiānshēng jiǎshuo 语法天生假说 N. <*lg.*> innateness position

yǔfǎ tóngyìcí 语法同义词[---義-] N. <lg.> grammatical synonym
yúfǎwújù 于法无据[於-據] F.E. It is against the law.
yǔfǎ-xiàng 语法项 N. <lg.> grammatical item
yǔfǎ xíngshì 语法形式 N. <lg.> grammatical/syntactic form
yǔfǎ xíngtài 语法形态[-態] N. <lg.> morphosyntax; syntactic form
yǔfǎ xìtǒng 语法系统 N. <lg.> grammatical system
yǔfǎxué 语法学 N. <lg.> syntax; grammar
yǔfǎ xùliè 语法序列 N. <lg.> grammatical sequence
yǔfǎ yìyì 语法意义[-義] N. <lg.> grammatical meaning
yǔfǎ zhèngquèxìng 语法正确性[---確-] N. <lg.> grammaticality
yǔfǎ zhuǎnhuàn 语法转换[-轉換] N. <lg.> grammatical transformation
yúfēi 于飞[-飛] V. <wr.> ① fly side by side ② enjoy conjugal bliss
yúféi 鱼肥 N. fish meal; dried fish used as fertilizer
yǔfēi 与非[與-] N. NAND (computer logic circuit); not-and/both operation
yùféi* 育肥 V. fatten
yúfēizhīlè 于飞之乐[-飛-樂] N. the happiness of a married couple deeply in love
yùféizhū 育肥猪[-豬] N. growing and fattening pigs
yúfěn* 鱼粉 N. fish meal/flour
[1]**yúfèn** 逾分 V.O. overdo ♦ATTR. exorbitant
[2]**yúfèn** 踰分 V.O. go beyond one's proper function/position
yùfèn 郁愤[鬱-] V.P. worried and indignant
[1]**yúfēng** 余风 N. remnant customs/practices
[2]**yúfēng** 鱼封 N. letters; epistles
[3]**yúfēng** 踰封 V.O. cross the national boundary
[1]**yǔfēng*** 语锋 N. ① thread of discourse ② topic of conversation
[2]**yǔfēng** 语风 N. language style
[1]**yùfēng** 御风 V.O. fly; ride the wind
[2]**yùfēng** 玉峰 N. beautiful mountain peak
yúfènwèipíng 余愤未平 F.E. anger not yet appeased
[1]**yùFó** 玉佛 N. jade Buddha statue
[2]**yùFó** 浴佛 V.O. bathe Buddha's image (in celebration of Buddha's birthday)
YùFójié 浴佛节[-節] N. <Budd.> festival of the "bathing" of buddha
yǔfǒu 与否[與-] SUF. whether or not (placed at end of sentence)
yūfǔ 迂腐 S.V. ① trite ② dogmatic; pedantic
[1]**yúfū** 渔夫 N. fisherman M: ge/[1]míng
[2]**yúfū** 舆夫 N. sedan-chair bearers M: ge/[1]míng
[1]**yúfú** 鱼符 N. tally in the shape of a fish
[2]**yú-fú** 舆服 N. one's carriage and clothing M: tào
[1]**yúfù** 渔妇[-婦] N. fisherwoman M: ge/[1]míng
[2]**yúfù** 渔父 N. <wr.> old fisherman M: ge/[1]míng/[2]wèi
[3]**yúfù** 渔腹 N. fish belly
yǔfú 语符 N. <lg.> glosseme; symbol
yùfū 御/驭夫 N. horse-carriage driver M: ge/[1]míng
yùfǔ 御府 P.W. royal palace
[1]**yùfù*** 预付 V. pay in advance
[2]**yùfù** 郁馥 N. strong fragrance; heavy perfume
yùfù dàikuǎn 预付贷款 N. cash before delivery
yùfù fèiyòng 预付费用 N. advance charges M: [2]bǐ
yùfùkuǎn 预付款 N. advance payment M: [2]bǐ
yùfù kuǎnxiàng 预付款项 N. advance payment M: [2]bǐ
yǔfúliè 语符列 N. <lg.> string
yǔfúliè yuánsù 语符列元素 N. <lg.> formative
yūfǔwúyòng 迂腐无用 F.E. doltish and useless
yǔfúxué 语符学 N. <lg.> glossematics
yùfūyǒushù 御/驭夫有术[-術] F.E. very skillful in keeping one's husband on a leash
yúfūyúfù 愚夫愚妇[-婦] F.E. ① the masses ② ignorant/uneducated people
yūfǔ zhī rú 迂腐之儒 N. a scholar behind the times
yūfūzi 迂夫子 N. ① pedant ② impractical scholar M: ge/[1]míng/[2]wèi
yùfù zūjīn 预付租金 N. prepaid rent; advance deposit
Yùfūzuò 御夫座 N. <astr.> Auriga
yǔgài 羽盖[-蓋] N. feathered carriage top
yùgàimízhāng 欲盖弥彰[-蓋彌-] F.E. The more one hides, the more one is exposed.
yúgān 鱼竿 N. fishing rod M: [2]gēn
yǔgǎn 语感 N. feel for language; linguistic sense; language intuition
yǔgàn 语干[-幹] N. <lg.> stem
yùgǎn* 预感 N./V. premonition; presentiment
yúgāng 鱼缸 P.W. ① tank for goldfish/etc. ② fish bowl/tank/globe M: ge/[2]zhī
yúgǎng* 渔港 P.W. fishing port/harbor
yūgàng 愚戆 V.P. stupidly honest
yùgāng 浴缸 P.W. bathtub M: ge/[2]zhī
yùgānyànféi 饫甘餍肥[--饜-] F.E. feed on the fat of the land
yúgānyóu 鱼肝油 N. cod-liver oil M: píng
yúgāo 鱼糕 N. breaded fish stick/cake
[1]**yùgào*** 预告 V. announce in advance; herald ♦N. advance notice
[2]**yùgào** 谕告 V. <wr.> give explicit instructions/directions; tell (of elders)
yùgàopiàn(r) 预告片(儿) N. ① previewed movie ② trailer (in a movie/TV) M: [2]bù
[1]**yúgē*** 渔歌 N. fisherman's song M: [4]zhī/[2]shǒu
[2]**yúgē** 余割 N. <math.> cosecant
yúgé 逾格 V.O. do sth. as an exception
yǔgé 与格[與-] N. <lg.> dative case
yǔgé biànhuà 语格变化[--變-] N. <lg.> declension
yǔgēn 语根 N. ① etymology ② <lg.> root
yúgēng 鱼羹 N. fish chowder
yǔgēn yǔcí 语根语词 N. <lg.> stem word
yúgōng 渔工 N. fisherfolk M: ge/[1]míng
Yú Gōng 愚公 N. Foolish Old Man (who moved a mountain)
yǔgòng* 与共[與-] V. share with sb.
Yǔgòng 禹贡 N. China's oldest known book of geography
yùgōng 寓公 N. bigwig retired away from home M: ge/[1]míng/[2]wèi
yúgōngjīngshén 愚公精神 ID. indomitable spirit
yúgōngyíshān 愚公移山 ID. Where there's a will, there's a way.
yúgōu(r) 鱼/渔钩(儿)[-鉤] N. fishhook
yúgǒu 鱼狗 N. kingfisher
[1]**yùgōu** 玉钩[-鉤] N. ① jade hook ② <wr.> crescent new moon
[2]**yùgōu** 御沟[-溝] N. ditch flowing through the imperial garden M: [1]tiáo
yùgòu* 预购[-購] V. purchase in advance
yùgòu dìngjīn 预购定金[-購--] N. advance payment for future purchases M: [2]bǐ
yùgòu hétóng 预购合同[-購--] N. forward purchasing contract M: [1]fèn
yǔgòuxué 语构学[-構-] N. study of the structure of a language
[1]**yúgǔ** 鱼骨 N. fishbones
[2]**yúgǔ** 鱼/渔鼓 N. ① bamboo percussion instrument used to accompany chanting of folk tales ② such chanting
[1]**yùgū*** 预估 N./V. predict
[2]**yùgū** 育孤 V.O. rear orphans
yùgǔ 御谷[-穀] N. cattail/pearl millet
yǔguā 雨刮 N. windshield wiper M: [2]gēn/[4]zhī
yūguàn 淤灌 N. <agr.> warping
Yúguān 榆关[-關] P.W. Elm Pass (another name for Shanhaiguan)
yúguàn* 鱼贯 ADV. one after the other; in a queue/file
yǔguān 羽冠 N. bird crest
yùguān 狱官 N. (prison) warden M: ge/[1]míng
yùguān 鹬冠 N. <trad.> cap adorned with snipe feathers
yúguàn'érchū 鱼贯而出 F.E. file out (of)
yúguàn'érjìn 鱼贯而进[-進] F.E. proceed in Indian/single file
yúguàn'érrù 鱼贯而入 F.E. file in one after another
yúguàn'érxíng 鱼贯而行 F.E. walk in single file
yúguāng 余光 N. diminishing light; twilight
yǔguǎnjiànqín 羽管键琴 N. harpsichord
yùgǔbīngjī 玉骨冰肌 F.E. ① elegant demeanor and lofty personality ② as pure as jade and as clean as ice
yúgǔdàoqíng 渔鼓道情 F.E. chanting of folk tales to the accompaniment of bamboo percussion instruments
yúguī 于归[-歸] V. <wr.> get married (of a girl)
yúguǐ* 余晷 N. <wr.> spare time
yúguīdàhǎi 鱼归大海[-歸--] ID. find one's métier
yǔguǐwéilín 与鬼为邻[與-鄰] F.E. be near death; be dying
yúguò 逾过 R.V. pass over; exceed
yǔguó* 与国[與國] P.W. friendly country; allied state
yùguó 裕国[-國] V.O. enrich a country
yǔ guò dìpí shī 雨过地皮湿[-濕] ID. do sth. superficially
yūguóhàimín 淤国害民[-國--] F.E. do harm to the nation and the people
yǔguòtiānqíng 雨过天晴 F.E. ① sky clears after rain ② return to normal after crisis
yùguóyùmín 裕国裕民[-國--] F.E. enrich the state and the people
yǔgǔwéitú 与古为徒[與-] F.E. imitate ancient ways
Yùgùzú 裕固族 N. Yugur (Yuku) ethnic minority (in Gansu)
yǔhá 雨蛤 N. tree toad
[1]**yùhǎi** 欲海 N. <derog.> sea of passion; great passion/desire
[2]**yùhǎi** 玉海 ID. <trad.> bladder
yùhài* 遇害 V.O. be murdered
yúhǎijiū 愚海鸠 N. <zoo.> foolish guillemot
yùhǎinántián 欲海难填[--難-] F.E. One's desires are insatiable.
yùhǎiwúbiān 欲海无边[-邊] F.E. Greed knows no bounds.
yùhàizhě 遇害者 N. victim M: ge/[1]míng/[2]wèi
yùhán 御寒[禦-] V.O. keep out the cold
yùhánchōngjī 御寒充饥[禦-] F.E. allay hunger and resist cold
yǔháng 宇航 N. space navigation
yǔhángfú 宇航服 N. space suit M: [2]jiàn/tào
yǔhángyuán 宇航员 N. astronaut M: ge/[1]míng/[2]wèi
yúhánshù 余函数[-數] N. <math.> remainder function
yūhé 淤河 N. river/stream choked up by silt M: [1]tiáo
yǔhé 羽翮 N. the shaft of a feather
[1]**yùhé*** 愈合 V. heal (of wounds)
[2]**yùhé** 遇合 V. ① hit it off ② be in sb.'s good graces ③ meet; come across; run into ④ enjoy the emperor's complete confidence
[3]**yùhé** 御河 P.W. ① river used exclusively by the emperor ② small stream running through the Forbidden City M: [1]tiáo
yùhēi 郁黑[鬱-] N. darkness
yúhén 余痕 N. vestiges
yùhènántián 欲壑难填[--難-] F.E. avarice knows no bounds
yúhéng 逾恒[-恆] V. <wr.> exceed the norm ♦ATTR. excessive
yùhéng* 玉衡 N. ancient instrument for observing heavenly bodies
yùhéxiānlí 欲合先离[-離] F.E. separation first and then reunion
yùhéyǒuyuán 遇合有缘 F.E. The meeting is destined.
yúhóu 虞侯 N. <hist.> official in charge of royal woods or hunting fields, etc.
yúhòu* 于后[於後] V.P. afterwards; as follows

yùhòu 预后[-後] N. <med.> prognosis
yǔhòuchūnsǔn 雨后春笋[-後-筍] F.E. spring up like mushrooms
yùhòuguāngqián 裕后光前[-後--] F.E. enrich one's posterity and honor one's ancestors
yǔhòusòngsǎn 雨后送伞[-後-傘] ID. give belated help
yúhú 渔壶[-壺] N. fish pot
yúhǔ 鱼虎 N. a kind of kingfisher
yúhù 渔户 N. fishers; fishing families M: [1]jiā
yǔhǔ 雨虎 N. <zoo.> sea hare
yùhú* 玉壶[-壺] N. ① jade wine-cup, symbolic of spiritual purity ② honest and virtuous ③ a jade hourglass M: [1]bǎ
yùhǔ 玉虎 N. ① jade tiger M: ge/[2]zhī ② pulley over a well
yùhù 玉笏 N. jade tablet held by a high official to attend the imperial early-morning court session M: [2]kuài/[4]zhī
yúhuā 鱼花 N. (fish) fry; minnows
[1]yǔhuà 羽化 V. <Dao.> die; become an immortal ♦N. <zoo.> eclosion
[2]yǔhuà 语画[-畫] N. word picture
yùhuā* 育花 V.O. cultivate flowers
yùhuà 鬻画[-畫] V.O. sell one's paintings
yǔhuàchéngxiān 羽化成仙 F.E. become an immortal
yǔhuàdēngxiān 羽化登仙 F.E. ① take flight to the land of the immortals; ascend and become an immortal ② <Dao.> die
yùhuái 寓怀[-懷] V. insinuate
yúhuáiwéizhǐ 逾淮为枳 F.E. decline in quality after replanting in another place
yūhuǎn 迂/纡缓 V.P. slow; cumbersome; dilatory
yùhuán* 玉环[-環] N. ① jade rings/bracelets ② the moon
yúhuáng 艅艎 N. <wr.> big warship
[1]yùhuáng 矞皇 ID. bright and beautiful ♦N. name of a deity
[2]yùhuáng 聿皇 A.T. fleet and nimble
Yùhuáng* 玉皇 N. Jade Emperor (Supreme Deity of Daoism)
Yùhuáng Dàdì 玉皇大帝 N. Jade Emperor (Supreme Deity of Daoism)
Yǔhuāshí 雨花石 N. colorful fine-grained pebbles found in the Yuhuatai area at Nanjing M: [2]kuài
yùhuāyuán 御花园[-園] P.W. imperial garden M: [4]zuò
yùhúchūnpíng 玉壶春瓶[-壺--] N. <pottery> pear-shaped vase with a flared lip
yūhuí 迂/纡回 V. outflank ♦ATTR. ① circuitous; roundabout ② <lg.> periphrastic
yúhuī 余辉/晖 N. ① afterglow ② persistence ③ sunset/evening glow
[1]yúhuì 余惠 N. small reward/benefit
[2]yúhuì 渔会 P.W. fishermen's association
yǔhuì 语汇[-匯] N. vocabulary; lexicon
yùhuì* 与会[與-] V.O. participate in a conference
yūhuí de shēngchǎn fāngfǎ 迂回的生产方法[----產--] N. round-about production process
yùhuìguó 与会国[與-國] P.W. participant countries in a conference
yūhuí jìnlù 迂回进路[--進-] V.P. make a roundabout advance
yūhuí lùyóu 迂回路由 V.P. alternative route
yūhuí qiánjìn 迂回前进[-進] V.P. advance by a roundabout route
yūhuíqící 迂回其词 F.E. beat about the bush
yūhuíqūzhé 迂回曲折 F.E. full of twists and turns; circuitous; tortuous
yūhuí shēngchǎn 迂回生产[-產] N. round-about production
yūhuí zhànshù 迂回战术[-戰術] N. outflanking tactics
yùhuìzhě 与会者[與-] N. conferee; participant M: ge/[1]míng/[2]wèi
yǔhuìzhīchéng 语汇之成[-匯--] N. <lg.> lexical entry
yūhuí zhùdòngcí 迂回助动词[---動-] N. <lg.> periphrastic auxiliary

yùhúmǎichūn 玉壶买春[-壺買-] ID. buy liquor/spirits
yǔhǔmóupí 与虎谋皮[與-] ID. ask sb. to act against his own interests
[1]yúhuǒ 余火 N. ember
[2]yúhuǒ 渔火 N. lights on fishing boats
[3]yúhuǒ 榆火 N. fire produced by rubbing pieces of elm wood
yúhuò 渔获[-獲] N. fishery harvesting
[1]yùhuǒ* 欲火 N. burning desire/passion
[2]yùhuǒ 郁火[鬱-] N. <Ch. med.> depressed fire
yúhuò chǎnzhí 鱼货产值[--產-] N. value of the catch
yúhuǒdiǎndiǎn 渔火点点[-點點] F.E. Lights from fishing boats are sparkling in the night.
yúhuǒfánliè 渔火繁列 F.E. Streaks of light come from the fishing boats.
yúhuò fēngshōu 渔获丰收[-獲豐-] N. good catch
yùhuǒfénshēn 欲火焚身 F.E. Lust consumes the body.
yúhuòliàng 鱼获量[-獲-] N. a catch (of fish)
yùhuǒzhōngshāo 欲火中烧[-燒] F.E. burning with lewd desire
yūjī 淤积[-積] V. silt up; deposit
[1]yújì 余悸 N. lingering fear
[2]yújì 雩祭 N. ritual praying for rain
[3]yújì 余迹[-跡] N. <astr.> trail/train *liúxīng* ~ meteoric trail
yǔjī 语基 N. <lg.> root
yǔjí 雨集 N. the rain falling abundantly
[1]yǔjì 雨季 N. rainy season
[2]yǔjì 雨霁[-霽] V.P. The rain is over.
Yǔjì 禹迹[-跡] N. area traversed by the legendary ruler Yu
[1]yùjī 郁积[鬱積] V. smolder; be pent-up ♦N. <med.> stasis
[2]yùjī 玉肌 N. the pure, snow-white skin of a woman
yùjí 御极[-極] V. ascend the throne
yùjì* 预计 N./V. calculate in advance; estimate
yújiā 渔家 N. fisher family M: [1]hù
Yújiā 瑜伽/珈 N. Yoga
yújiá 榆荚[-莢] N. elm seeds
yùjiā* 愈加 ADV. all the more; further; even more; increasingly
yùjià 御驾 N. ①imperial carriage ②the emperor
yújiàbùguī 逾假不归[-歸] F.E. absent overstaying leave
Yújiāgōng* 瑜伽功 N. <loan> Yoga
yùjiāgōng 预加工 N. prior operation
yújiā gūniang 渔家姑娘 N. a fisherman's daughter M: ge/[1]míng/[2]wèi
yūjiàn 迂见 N. ①absurd view ②pedantic ideas
yújiān 鱼笺[-箋] N. letter paper; stationery M: [1]zhāng
yújiǎn 鱼茧[-繭] N. fine-quality paper
yújiàn 愚见 F.E. my humble opinion
yǔjiàn 语见 F.E. the saying appears in. . .
yùjiān 玉尖 N. ① tapering fingers of a beautiful woman ② mountain peaks
[1]yùjiàn* 预见[豫-] V. foresee; predict ♦N. foresight; prevision; prediction *kēxué de* ~ scientific prediction
[2]yùjiàn 遇见 V. meet; come across ~ *nǐ hěn gāoxìng*. Pleased to meet you.
[3]yùjiàn 欲箭 N. <Budd.> the arrow of five desires that can harm all living beings
yūjiāng 淤浆[-漿] N. slurry
yǔjiāng 雨鳉[-鱂] N. rainwater fish
yùjiāng* 玉浆[-漿] N. good liquor
yùjiàng 玉匠 N. jade craftsman M: ge/[1]míng/[2]wèi
yújiànsuǒjí 愚见所及 F.E. as far as my humble opinion goes
yùjiǎnxiāngxiāo 玉减香消[-減--] F.E. become emaciated (of a beauty)
yùjiànxìng 预见性 N. foresight; farsightedness
yújiāo* 鱼胶[-膠] N. ① fish glue ② isinglass ③ <topo.> air bladder; swim bladder
[1]yújiǎo 余角 N. complementary angle
[2]yújiǎo 隅角 N. <math.> solid angle

yǔjiǎo 雨脚[-腳] N. dense raindrops
[1]yùjiāo 预交 V. pay in advance
[2]yùjiāo(zi) 玉茭(子) N. <topo.> maize; corn
[1]yùjiǎo 预缴 V. pay (taxes/etc.) in advance
[2]yùjiǎo 芋角 N. taro croquette (Guangdong)
yùjiāomiàn 玉茭面[-麵] N. maize flour; corn-meal
yùjiàoyúlè 寓教于乐[-於樂] F.E. ① teach entertainingly ②incorporate teaching into play
yùjiàoyúyú 寓教于娱[-於-] F.E. make entertainment a medium of education
yùjiàqīnzhēng 御驾亲征[--親-] F.E. ①under the emperor's personal command ② the emperor personally led the expedition
Yújiāshù 瑜伽/珈术[-術] N. the art of Yoga
yǔjiāxuě 雨夹雪[-夾-] N. sleet M: [3]cháng
yújiáyǔ 榆荚雨[-莢-] N. spring rain
Yújiāzōng 瑜伽宗 N. <Budd.> Yogacara; esoteric sect
yǔjì bǐyì 语际比译[-際-譯] N. <lg.> interlingual transposition
yújǐbùlì 于己不利[於-] F.E. detrimental to oneself
yùjì cáiwù bàobiǎo 预计财务报表[---務報-] N. pro forma financial statement M: [1]fèn
yùjì chéngběn 预计成本 N. predetermined costs
yǔjì cuòwù 语际错误[-際--] N. <lg.> interlingual error
yùjì dàodá shíjiān 预计到达时间[---達時-] N. estimated time of arrival (E.T.A.)
yújié 逾节[-節] V.O. exceed the limit/margin
yújiè 鱼介 N. fish and shellfish
yǔjié 语节[-節] N. <lg.> language segment; speech section
yǔjiè 语界 N. <lg.> language boundary
[1]yùjiē 御街 N. <trad.> streets in the capital M: [1]tiáo
[2]yùjiē 玉阶[-階] N. jade stairs M: [2]dào
[1]yùjié* 郁结[鬱-] V. be pent up ♦N. <Ch. med.> static congelation
[2]yùjié 玉洁[-潔] V.P. pure as jade
[1]yùjiè 预借 V. borrow/draw money (one's salary) in advance
[2]yùjiè 欲界 N. <Budd.> the realms of desire
yùjiébīngqīng 玉洁冰清[-潔--] F.E. pure and noble
yǔjìfǎ 语际法[-際-] N. <lg.> interlanguage
yǔjì fānyì 语际翻译[-際-譯] N. <lg.> interlingual translation
yǔjì jiāojì 语际交际[-際-際] N. <lg.> interlingual communication
yǔjì kěyìxìng 语际可译性[-際-譯-] N. <lg.> intertranslatability
yújīn 于今[於-] N. <coll.> ① up to the present ② nowadays; today; now
yújìn 余烬[-燼] N. ①ashes; embers ②defeated and dispersed troops
yǔjīn 雨巾 N. <trad.> rain hat
[1]yùjīn* 浴巾 N. ① bath towel ② washcloth M: [2]kuài
[2]yùjīn 郁金[鬱-] N. <Ch. med.> root-tuber of aromatic turmeric
yújǐng 榆景 ID. old age
yǔjǐng 雨景 N. <art> rain scene
yǔjìng 语境 N. <lg.> ① context; situation ② language environment
yùjǐng 玉粳 N. neat row of sparkling teeth
[1]yùjǐng* 预警 N. early warning
[2]yùjǐng 狱警 N. prison police/guards M: ge/[1]míng
Yùjǐng 玉井 N. ① <astr.> name of a constellation ② a legendary well in the mountains ③ <wr.> well M: kǒu ④ <trad.> ice storage in the ground
yǔjìng détǐ tiáncífǎ 语境得体填词法[---體---] N. <lg.> contextually appropriate method
yǔjìng fānyì 语境翻译[-譯] N. <lg.> contextual translation
yǔjìng juéshí 语境觉识[-覺識] N. <lg.> context-consciousness
yǔjìnglùn 语境论 N. <lg.> contextual theory

yǔjìng mǐngǎn yǔfǎ 语境敏感语法 N. <lg.> context-sensitive grammar
yǔjìng rǒngyú guīzé 语境冗余规则 N. <lg.> contextual redundancy rules
yǔjìng shǔxìng 语境属性[--屬-] N. <lg.> contextual feature
yǔjìngsìzuò 语惊四座[-驚--] F.E. The words startle all present.
yǔjìng tiáncífǎ 语境填词法 N. <lg.> contextually appropriate method
yǔjìng xiàndìng yǔyán 语境限定语言 N. <lg.> context-sensitive language
yǔjìng xiànzhì 语境限制 N. <lg.> contextual restriction
yǔjìng yīnsù 语境因素 N. <lg.> contextual factor
yǔjìng yìyì 语境意义[-義] N. <lg.> contextual meaning
yǔjìng zhàoyìng 语境照应[-應] N. <lg.> endophora
yǔjìng zhìyuē 语境制约 ATTR. <lg.> context-sensitive
yǔjìng zhìyuē guīzé 语境制约规则 N. <lg.> context-sensitive rule
yǔjìng zhìyuē yǔfǎ 语境制约语法 N. <lg.> context-restricted grammar
yǔjìng zìyóu 语境自由 ATTR. <lg.> context-free
yǔjìng zìyóu de cí 语境自由的词 N. <lg.> context-free word
yǔjìng zìyóulǜ 语境自由律 N. <lg.> context-free rule
yǔjìng zìyóu yǔfǎ 语境自由语法 N. <lg.> context-free grammar
yǔjìng zìyóu yǔyán 语境自由语言 N. <lg.> context-free language
yūjīnìníng 淤积泥泞[-積-濘] F.E. become filled with silt
yùjìnshuì 寓禁税 N. prohibitive tax
yūjīntuōyù 纡金拖玉 ID. dress and ornaments of prominent officials
yújīnwéiliè 于今为烈[於-] F.E. It is now more serious.
yùjīnxiāng 郁金香[鬱-] N. tulip M: [2]kē/[2]duǒ
yùjīnyú 玉筋鱼 N. <zoo.> sand lance M: [1]tiáo
yùjìnyúzhēng 寓禁于征[-於徵] F.E. try to prohibit a business by taxing it heavily
yùjì shōurù 预计收入 N. anticipated revenue M: [2]bǐ
yūjiǔ 迂久 N. a long time
yùjiù* 遇救 V.O. be rescued
yújǐwúsǔn 于己无损[於-] F.E. It doesn't hurt oneself (but may do a lot of good to others).
yújǐxíng 鱼脊形 N. herringbone
yújìyóucún 余悸犹存[--猶-] F.E. The memory of a frightening experience still lingers.
yǔjì yǔyánxué 语际语言学[-際---] N. <lg.> interlinguistics
yǔjìyǔ yǔyán cuòwù 语际语语言错误[-際-----] N. <lg.> interlingual error
yǔjì zhuǎnyí 语际转移[-際轉-] N. <lg.> interlingual transfer
yùjì zīchǎn fùzhàibiǎo 预计资产负债表[---產---] N. projected balance sheet M: [1]zhāng
yūjū 迂拘 V. stick to old rules and not bend to circumstances
yújǔ 逾矩 V. transgress the bounds of correctness
yújù 鱼/渔具 N. fishing tackle/gear M: tào/[2]jiàn
[1]yǔjù* 雨具 N. rain gear M: tào
[2]yǔjù 语句 N. ① sentence; phrase ② statement ③ minimal linguistic unit
yùjū 寓居 V. reside not in one's native place
[1]yùjù 浴具 N. bathing necessities M: tào
[2]yùjù 狱具 N. instruments of torture
Yùjù 豫剧[-劇] N. Henan opera
yǔjù chéngsù 语句成素 N. <lg.> sentence component
yǔjù de tìdài biǎoshì 语句的替代表示 N. <lg.> sentence surrogate
yūjué 纡谲 N. many twists and turns (of a story)
yùjué* 鬻爵 V.O. sell ranks
yǔjù jiégòu 语句结构[-構] N. <lg.> sentence construction/structure
yùjùn 玉菌 N. a kind of mushroom
yǔjù wénfǎ 语句文法 N. <lg.> syntax
yǔjù yìyì 语句意义[-義] N. sentence meaning
yùkāi fāpiào 预开发票[-開發-] N. pro forma invoice
yùkǎo 预考 N. preexamination; pretest
yúkē 榆科 N. elm family
yǔkè 羽客 N. Daoist priest
yùkē* 预科 N. preparatory course (in college)
yùkè 寓客 N. lodger
yúkělèituī 余可类推[--類-] F.E. the rest may be inferred by analogy
yúkēng 鱼坑 N. fishpond
yùkēniǎo 鹬科鸟 N. <zoo.> tattler M: [2]zhī
yùkēshēng 预科生 N. student in a preparatory course M: ge/[1]míng
yǔkòngzhuāngzhì 语控装置[--裝-] N. voice-operated device M: [1]tái
yúkǒu 鱼口 N. <med.> bubo
yùkǒu 峪口 N. entrance to a valley
[1]yùkòu* 御寇[禦-] V.O. guard against bandits/invaders
[2]yùkòu 预扣 V. withhold
yúkǒudīng 鱼口疔 N. <med.> bubo
yǔkǔ 窳楛 V.P. coarse and fragile
yǔkù 语库 N. <lg.> verbal repertoire
yùkù* 御库 N. imperial treasury
[1]yúkuài 愉快 S.V. happy; cheerful
[2]yúkuài 鱼块/脍[-塊] N. fish pieces (for cooking)
yǔkuàiwéiwǔ 与哙为伍[與-] F.E. associate with vulgar people
yùkuàiyùhǎo 愈快愈好 V.P. The sooner the better.
yúkuǎn 余款 N. spare money/cash M: [2]bǐ
yúkuàng 渔况[-況] N. fishing conditions/situation
yùkūnjīnyǒu 玉昆金友 ID. <court.> your brothers
yūkuò 迂阔 V.P. ① abstruse and impractical ② unrealistic
yūkuòzhīlùn 迂阔之论 N. impractical views
yūkuòzhītán 迂阔之谈 N. bombastic talk
yùkūwúlèi 欲哭无泪[-淚] F.E. feel like weeping but have no tears
yùláiyù 愈来愈 ADV. more and more
yùláiyù huài 愈来愈坏[-壞] V.P. worse and worse
yùláiyù zāo 愈来愈糟 V.P. worse and worse
yúlán 鱼篮[-籃] N. fish basket M: ge/[2]zhī
yúlàn 鱼烂[-爛] V. decay/corrupt from the inside
yùlán* 玉兰[-蘭] N. *yùlán* magnolia; *Magnolia denudata*
yùlǎn 御览[-覽] ATTR. for the emperor's inspection ♦N. books for the emperor's inspection
yúlàn'érwáng 鱼烂而亡[-爛--] F.E. fall because of internal strife (of a country)
yúláng 渔郎 N. fisherman M: ge/[1]míng
yùlánhuā 玉兰花[-蘭-] N. *yùlán* magnolia flower M: [2]duǒ/[2]kē
Yúlánpénhuì 盂兰盆会[-蘭--] N. <Budd.> Feast of All Souls (15th day of seventh lunar month)
yùlánpiàn 玉兰片[-蘭-] N. dried slices of bamboo shoot
yúlàn tóu xiān chòu 鱼烂头先臭[-爛---] F.E. Corruption starts at the top.
yúlāo 渔/鱼捞[-撈] N. fishery; fishing
yúlǎo 娱老 V.O. spend one's remaining years in happiness
yǔlào* 雨涝[-澇] N. waterlogging
yúlāokē 渔捞科[-撈-] P.W. department of fishery
yúlāoyè 渔捞业[-撈業] P.W. fishery
yùlǎoyùjiàn 愈老愈健 V.P. become more sturdy as one grows old
[1]yúlè 娱乐[-樂] N. amusement; entertainment; recreation
[2]yúlè 愉乐[-樂] V.P. happy; joyful; cheerful
yúlèbǎn 娱乐版[-樂-] P.W. entertainment section of a newspaper
yúlèbù 娱乐部[-樂-] P.W. recreation center
yúlèchǎng 娱乐场[-樂場] P.W. public place of entertainment M: ge/[4]zuò/[1]suǒ
yúlèchǎngsuǒ 娱乐场所[-樂場-] P.W. public place of entertainment M: ge/[4]zuò/[1]suǒ
yúlè huódòng 娱乐活动[-樂-動] N. recreational activities M: [1]zhong
yúléi 鱼雷 N. torpedo M: [1]kē/[4]méi/ge
yúlèi* 鱼类[-類] N. fish (as a general category)
[1]yǔlèi 羽类[-類] N. feathered tribe
[2]yǔlèi 雨泪[-淚] N. tears pouring down like rain
yùlèi 鹬类[-類] N. fishing birds
yúléi fēijī 鱼雷飞机[--飛-] N. torpedo aircraft M: [1]jià
yúléi kuàitǐng 鱼雷快艇 N. torpedo boat M: [1]tiáo/[1]sōu
yúléitǐng 鱼雷艇 N. torpedo boat M: [1]tiáo/[1]sōu
yúlèixué 鱼类学[-類-] N. ichthyology
yúlèi zīyuán 鱼类资源[-類--] N. stock of fish
yùlěng 预冷 V. precool
yúlèpiān 娱乐片[-樂-] N. entertainment/light film M: [2]bù
yúlè ruǎnjiànyè 娱乐软件业[-樂--業] P.W. entertainment software industry
yúlèshì 娱乐室[-樂-] P.W. recreation room M: [1]jiān
yúlèshuì 娱乐税[-樂-] N. cabaret tax M: [22]bǐ
yúlèxìng 娱乐性[-樂-] N. entertaining aspect
yúlèyè 娱乐业[-樂業] P.W. show business; entertainment industry
yúlèyuán 娱乐园[-樂園] P.W. amusement park; theme park
[1]yúlì* 余力 N. spare energy
[2]yúlì 渔利 V.O. profiteer ♦N. easy gains; spoils
[3]yúlì 余利 N. margin of profit
[4]yúlì 余沥[-瀝] N. <wr.> a small share of benefit
yǔlì 雨立 V. stand in the rain
yùlǐ 郁李 N. prune
[1]yùlì 狱吏 N. <trad.> warder; jailer M: ge/[1]míng
[2]yùlì 玉立 ID. ① gracious ② slim and graceful ③ <wr.> ⓐ chaste ⓑ firm; unbending
[3]yùlì 预力 N. <phy.> prestressing force
[4]yùlì 玉粒 N. ① grains ② grains of jade
yǔlián 雨帘[-簾] N. a curtain of rain M: [2]dào
yūliàng 淤量 N. silting-up
yúliáng 余粮[-糧] N. surplus grain
yúliàng 余量 N. allowance; margin
[1]yǔliàng* 雨量 N. <met.> rainfall
[2]yǔliàng 宇量 N. generosity; tolerance
yǔliàngbiǎo 雨量表 N. rain gauge M: ge/[2]zhī
yúliánghù 余粮户[-糧-] N. grain-surplus household M: [1]jiā
yǔliàngjí 羽量级 N. <sport> bantamweight; featherweight
yǔliàngjì* 雨量计 N. rain gauge M: ge/[2]zhī
yǔliánzi 雨帘子[-簾-] N. a curtain of rain M: [2]dào
yǔliào 语料 N. <lg.> corpus; data
yùliào* 预料 V./N. expect; predict; anticipate *Lìshǐ zhèngshíle tā de ~.* History confirmed his prediction.
yùliàobudào 预料不到 R.V. be unable to predict
yùliào dào 预料到 R.V. have predicted/anticipated
yǔliào gōngyìngrén 语料供应人[---應-] N. <lg.> informant
yǔliàokù 语料库 N. <lg.> corpus; data bank
yǔliàokù yǔyánxué 语料库语言学 N. <lg.> corpus linguistics
yúlǐbùtōng 于理不通[於-] F.E. improper and unreasonable
yúliè* 渔猎[-獵] N. fishing and hunting ♦V. seek illegal gain
[1]yǔliè 羽猎[-獵] V./N. hunt
[2]yǔliè 窳劣 V.P. of inferior quality
yùliè 郁烈 V.P. sharp-smelling; pungent
yùlì hùnníngtǔ 预力混凝土 N. prestressed concrete
yùlì hùnnítǔ 预力混泥土 N. prestressed concrete

Y

yúlín 鱼鳞 N. fish scales
[1]yǔlín* 雨林 P.W. <loan> rain forest M: [4]zuò
[2]yǔlín 羽林 N. armed escort; imperial guards
[3]yǔlín 雨淋 N./V. rain
yùlín 育林 V.O. afforest
yùlínbǎoshuǐ 育林保水 F.E. conserve water through afforestation
Yǔlíng 禹陵 N. monument of the legendary ruler Yu in Zhejiang
yùlíng* 育龄[-齡] N. child-bearing age
yùlìng 谕令 N. <wr.> order; command M: [2]dào
yùlíng fūfù 育龄夫妇[-齡-婦] N. child-bearing couple M: [1]duì
yùlíng fùnǚ 育龄妇女[-齡婦-] N. women of child-bearing age M: ge/[1]míng/[2]wèi
yùlíngqī 育龄期[-齡-] N. childbearing period
yùlìngshíxíng 谕令实行[--實-] F.E. order to put into operation
yùlìngzhìhūn 欲令智昏 F.E. Greed can benumb reason.
yùlínjūn 御林军 P.W. palace elite troops; crack units M: [4]zhī
yúlínkēng 鱼鳞坑 N. fish-scale pits (pits arranged like fish scales, dug on mountain slopes for holding water or planting trees)
Yúlín Kū 榆林窟 P.W. Yulin Grottoes (in Anxi, Gansu)
yúlínpiàn 鱼鳞片 N. fish-scale flakes
yǔlínqiángtóu-cūn 雨淋墙头皴[--牆--] N. <art> rain-soaked-wall wrinkle (in painting)
yǔlínrìshài 雨淋日晒[-曬] F.E. ① be worn and torn by weather ② exposure to the elements
yúlíntiānr 鱼鳞天儿 N. mackerel sky
yúlín túcè 鱼鳞图册[-圖冊] N. <trad.> cadastral plan/drawing
yùlíntún 妪鳞鲀[嫗-] N. queen triggerfish
yúlínxuǎn 鱼鳞癣 N. <med.> a kind of tinea that looks like fish scales
yùlínxué 育林学 N. silviculture
yúlǐshèndàng 于理甚当[於-當] F.E. appropriate; proper; justified
yùlìtíngtíng 玉立亭亭 F.E. a slender and beautiful figure
yúliú 余留 V. remain; be left
[1]yǔliú 语流 N. ① flow (of speech) ② <lg.> string
[2]yǔliú 羽流 N. Daoist priest
[1]yùliú* 预留 V. put aside for later use; keep sth. in reserve; reserve (a place)
[2]yùliú 汩流 N. rapids
yúlóng 鱼龙 N. <paleo.> ichthyosaur
yúlónghùnzá 鱼龙混杂[-雜] F.E. a mixed lot
yúlóngmànyǎn 鱼龙曼衍 F.E. put on different performances
yūlòu 迂陋 V.P. stale; hackneyed
yúlǒu 鱼篓[-簍] N. bamboo fish hamper M: ge/[2]zhī
yúlòu 愚陋 V.P. stupid and vulgar
yǔlóu* 伛偻[傴僂] N. humpback *See also* yǔlǚ
yǔlòu 窳陋 V.P. crude; coarse; inferior (of quality)
yùlóu 玉楼[-樓] P.W. ① fairyland; paradise ② jade tower M: [4]zuò
yùlòu 玉漏 N. <trad.> jade hourglass
yùlóufùzhào 玉楼赴召[-樓--] F.E. ① die (of soldiers, young scholars) ② early death of a scholar
yūlù 迂路 V.O. detour
yúlǔ 愚鲁 V.P. ① foolishly rude ② dull-witted; stupid
yúlù 鱼露 N. fish sauce M: píng
[1]yǔlù* 语录[-錄] N. recorded utterance; quotation (esp. in Zen Buddhism, Neo-Confucianism, and Mao Zedong Thought) M: [1]běn/[4]cè
[2]yǔlù 雨露 N. ① rain and dew ② favor; grace
[1]yùlù 玉露 N. ① dewdrops ② the best green tea
[2]yùlù 预录[-錄] V. pre-record
[3]yùlù 御路 N. roads for imperial use M: [1]tiáo
yǔlǚ 伛偻[傴僂] V.P. <wr.> ① hunchbacked ② inclined reverentially *See also* yǔlóu
yúluǎn 鱼卵 N. fish roe
yǔlùcāo 语录操[-錄-] N. <Cult. Rev.> calisthenics based on Mao Zedong's quotations
yùlù cídài 预录磁带[-錄-帶] N. recorded/prerecorded tape M: hé
yùlùjīngyíng 玉露晶莹[-瑩] F.E. The grass is all bespangled with dewdrops.
yūlùn 迂论 N. ① impractical argument ② pedantic talk
yúlún 渔轮 N. fishing vessel M: [1]tiáo/[1]sōu
[1]yúlùn* 舆论 N. public opinion
[2]yúlùn 余论 N. ① unfinished comments ② an epilogue/etc.
yùlún 玉轮 N. the moon
yúlùnfèiténg 舆论沸腾 F.E. Public opinion is in a very disturbed state.
yúlùn gōngjù 舆论工具 N. mass media
yúlùnhuárán 舆论哗然[--嘩-] F.E. Public opinion is seething with indignation.
yúlùnjiè 舆论界 P.W. the media; press circles
yúlùn méitǐ 舆论媒体[-體] N. the media; mass media
yùlùrúshuāng 玉露如霜 F.E. The pearly dew looks like frost.
yùlùrúzhū 玉露如珠 F.E. The dewdrops are as bright as pearls.
yǔlùtǐ 语录体[-錄體] N. the lecture style of writing
yú-mǎ 舆马 N. horse and carriage
yǔmǎ 语码 N. <lg.> code
yǔmǎ hùnhé 语码混合 N. <lg.> code-mixing
yūmái 淤埋 V. cover with silt
yúmài* 逾迈[-邁] V. pass away (as time/years)
yúmǎjùbèi 舆马俱备[-備] F.E. Carriage and horses are available.
yùmǎnquánguó 誉满全国[譽-國] F.E. be famed all over the country
yùmǎnquánqiú 誉满全球[譽-] F.E. famed the world over
yùmǎntiānxià 誉满天下[譽-] F.E. One's fame spreads throughout the world.
yǔmáo(r)* 羽毛(儿) N. ① feather; plume ② <txtl.> camlet
yǔmào 雨帽 N. rain hat/hood; raincap M: [1]dǐng
[1]yùmào 浴帽 N. bathing cap M: [1]dǐng
[2]yùmào 玉貌 N. a fair face; the face of a pretty girl
[3]yùmào 郁冒[鬱-] N. oppressive feeling and dizziness
yǔmáobèi 羽毛被 N. quilt stuffed with feathers M: [1]tiáo
yǔmáodǎn 羽毛掸 N. feather duster M: [1]bǎ
yǔmáoduàn 羽毛缎 N. sateen M: [2]kuài
yǔmáofēngmǎn 羽毛丰满[--豐-] F.E. experienced; mature
yǔmáohuà 羽毛画[-畫] N. feather patchwork; feather picture M: [10]fú
yǔmáoqiú 羽毛球 N. <sport> ① badminton ② shuttlecock
yǔmáoqiúchǎng 羽毛球场[-場] P.W. badminton court M: [4]zuò
yǔmáoqiúguǎn 羽毛球馆 P.W. indoor badminton court M: [1]jiā/[4]zuò
yǔmáoshàn 羽毛扇 N. feather fan [7]*yáo ~ de* the mastermind behind an intrigue M: [1]bǎ
yǔmáoshū 羽毛书[-書] N. <trad.> pressing military dispatch marked with a feather M: [2]fēng
yǔmáowèifēng 羽毛未丰[-豐] ID. unfledged; young and immature
yǔmáozhuàng 羽毛状[-狀] ATTR. feather-shaped
yǔmǎ zhuǎnhuàn 语码转换[-轉換] N. <lg.> code-switching
[1]yúmèi* 愚昧 S.V. ignorant; fatuous
[2]yúmèi 揄袂 V. walk with the hands in one's sleeves
yùmèi 欲寐 N. somnolence
yúmèiluòhòu 愚昧落后[-後] F.E. ignorant and backward
Yúměirén 虞美人 N. ① corn poppy ② mistress of Xiang Yu (3rd cent. B.C.)
yúmèiwúzhī 愚昧无知 F.E. be stupid and ignorant; benighted
[1]yùmén 狱门 N. ① prison gate ② gate to hell M: [1]shàn/[2]dào
[2]yùmén 御门 N. emperor's appearance at the gate of the imperial palace to listen to his ministers' administrative reports
yùmèn* 郁闷[鬱-] V.P. ① gloomy; depressed ② have pent-up emotions/thoughts
[1]yúméng 愚蒙 V.P. ignorant; stupid
[2]yúméng 愚氓 N. fool M: ge/[1]míng
[3]yúméng 渝盟 V.O. revoke a pact
yùménsuǒ 狱门锁 N. hasp lock M: [1]bǎ
[1]yùmǐ 玉米 N. ① maize; (Indian) corn ② ear of maize/corn
[2]yùmǐ 御米 N. ① rice for the emperor's kitchen ② poppy seeds
yùmiàn 玉面 N. ① a fair face ② face of a pretty girl
yùmiànhúli 玉面狐狸 ID. a pretty woman of loose morals
yùmiànlí 玉面狸 N. masked civet
yùmiànzhūchún 玉面朱唇 F.E. beautiful and fashionable (usu. woman)
yúmiáo* 鱼苗 N. fry; newly hatched fish
yùmiáo 育苗 V.O. raise seedlings
yùmiào 御庙[-廟] P.W. royal temple M: [4]zuò
yùmiáoqū 育苗区[-區] P.W. nursery garden
yǔmiàotiānxià 语妙天下 F.E. speak with inimitable wit
yùmǐbāo 玉米包 N. corn pone
yùmǐbǐng 玉米饼 N. johnnycake; hoecake M: [2]kuài/[1]zhāng
yùmǐchá(zi) 玉米楂(子) N. hulled, coarsely ground corn; hominy
yùmǐ dàbānbìng 玉米大斑病 N. <agr.> leaf blight of corn
yùmǐ dìdài 玉米地带[-帶] P.W. corn belt
yùmǐfěn 玉米粉 N. cornstarch
yùmǐ hēifěnbìng 玉米黑粉病 N. <agr.> corn smut
yùmǐhuā(r) 玉米花(儿) N. popcorn M: [5]dài
yùmǐ húhú 玉米糊糊 N. <topo.> cornmeal gruel M: wǎn
yùmǐlì(r) 玉米粒(儿) N. kernel/grain of corn; niblet
yùmǐmiàn(r) 玉米面(儿)[--麵-] N. cornmeal
yùmǐmíng 玉米螟 N. corn borer
[1]yúmín* 渔民 N. fisherfolk M: ge/[1]míng/[2]wèi
[2]yúmín 愚民 N. ignorant masses ♦ V.O. stultify the masses
yǔmín 窳民 N. idle and lazy people
yùmín 育民 V.O. educate the people
yùmíng 域名 N. <comp.> domain name
yǔmíngēngshǐ 与民更始[與-] F.E. <trad.> initiate reforms and make a fresh start with the people
yúmín zhèngcè 愚民政策 N. obscurantist policy; policy to keep the population ignorant M: [1]zhǒng/[3]xiàng
yǔmínzhēnglì 与民争利[與-爭-] F.E. seek gain at the people's expense (of officials)
yùmǐpiàn 玉米片 N. cornflakes
yùmǐruǐ 玉米蕊 N. corncob; cob
yùmǐshēn(r) 玉米糁(儿)[--糝-] N. ground grains of corn
yùmǐsuì 玉米穗 N. corncob
yùmǐ tángjiāng 玉米糖浆[-漿] N. corn syrup M: píng
yùmǐtián 玉米田 P.W. cornfield M: [1]piàn
yùmǐxīn 玉米芯 N. corncob; cob
yùmǐyóu 玉米油 N. corn oil M: píng
yúmǐzhīxiāng 鱼米之乡[-鄉] N. land of plenty
yùmǐzhōu* 玉米粥 N. maize gruel M: wǎn
yùmǐzhóu 玉米轴 N. corncob
yùmóu 预谋 V. premeditate; plan beforehand
yùmóu shārén 预谋杀人[--殺-] V.P. premeditate murder
[1]yúmù 榆木 N. elm wood M: [2]kuài
[2]yúmù 娱目 V.O. please the eyes

[3]**yúmù** 鱼木 N. a tropical brush (*Crataeva religiosa*) whose fruit can be used as fish bait
[4]**yúmù** 隅目 N. angry eyes
[5]**yúmù** 谀墓 N. flattering epitaph
yǔmù* 雨幕 N. rain curtain; heavy rain M: [2]*dào*
[1]**yùmù** 寓目 V. <*wr.*> ① look over; browse ② stare
[2]**yùmù** 郁穆 V.P. harmonious and refined
yǔmùfēngcān 雨沐风餐 F.E. be washed by rain and blown by wind
yúmù gēda 榆木疙瘩//圪塔 <*coll.*> N. stump of an elm tree ♦ID. stubborn/obstinate person
yúmùhùnzhū 鱼目混珠 ID. counterfeit; masquerade; pass of something sham as real
yúmùnǎodai 榆木脑袋[--腦-] F.E. <*coll.*> ① stubborn; obstinate ② blockhead; brainless person
yúmùzhīzuò 谀墓之作 N. adulatory writing
[1]**yūn** 晕[暈] V. faint; swoon ♦S.V. dizzy *See also* [3]*yùn*
[2]**yūn** 氲/缊[氳/緼/縕] in [1]*fēnyūn*, *yīnyūn* *See also* [11]*yùn*
[1]**yún*** 云[雲] N. ① cloud ② short name for Yunnan ③ Surname *See also* [2]*yún*
[2]**yún** 云 V. <*wr.*> say *See also* [1]*yún*
[3]**yún** 匀[勻] S.V. even; well-distributed ♦V. ① distribute evenly ② share
[4]**yún** 耘 B.F. to weed *yúntián*
[5]**yún** 筠 B.F. green skin of bamboo; bamboo *zhúyún*
[6]**yún** 沄 B.F. ① flowing water *xuànyún* ② large waves
[7]**yún** 纭/芸[紜/-] B.F. tangled; confused; numerous [2]*yúnyún*, *fēnyún* *See also* [8]*yún*, [9]*yún*
[8]**yún** 芸 B.F. ① rue [2]*yúncǎo*, *yúnxiāng* ② books [1]*yúntái*, *yúngé* *See also* [7]*yún*, [9]*yún*
[9]**yún** 芸[蕓] in [2]*yúntái* *See also* [7]*yún*, [8]*yún*
[10]**yún** 昀 in [3]*yúnyún*
Yún 郧[鄖] N. county in Hubei province
[1]**yǔn** 允 B.F. ① permit; allow; consent *yǔnxǔ* ② fair; just right *yǔndàng*
[2]**yǔn** 陨[隕] B.F. fall from outer space *yǔnluò*, *yǔnshí*, *yǔnxīng*
[3]**yǔn** 殒[殞] B.F. die *yǔnmò*, *yǔnmìng*, *cúyǔn*
[4]**yǔn** 狁 in *Xiǎnyǔn*
[1]**yùn** 运[運] V. carry; transport ♦B.F. ①use; wield; utilize *yùnyòng* ② revolve *yùnzhuàn* ③ fortune; luck; fate *yùnqi*
[2]**yùn** 熨 V. iron; press
[3]**yùn** 晕[暈] V. be dizzy; faint ♦B.F. <*met.*> halo *rìyùn*, *yuèyùn* *See also* [1]*yūn*
[4]**yùn** 孕 B.F. pregnancy; be pregnant *huáiyùn*, *yǒuyùn*
[5]**yùn** 韵[韻] N. <*lg*> rhyme; rhyme-class ♦B.F. ① tone; agreeable sound *yùndiào* ② charm; appeal *fēngyùn* ③ final; syllable final *yùnmǔ* ④ main vowel [2]*yùnfù* ⑤ allophone
[6]**yùn** 酝[醖/醞] B.F. ① ferment *yùnniàng* ② accumulate [2]*yùnjī*
[7]**yùn** 蕴[藴/蘊] B.F. contain; accumulate *yùncáng*, *dǐyùn*
[8]**yùn** 韫[韞] B.F. contain; store up *yùndú*
[9]**yùn** 恽[惲] B.F. deliberate; consult *yùnyì*, *yùnmóu*
[10]**yùn** 愠[慍] B.F. angry; irritated *yùnnù*, *jiěyùn*
[11]**yùn** 氲/缊[氳/緼/縕] B.F. ① coarse hemp ② old silk floss *yùnpáo* *See also* [2]*yūn*
yùnǎi 芋艿 N. taro
yún'ǎi* 云霭[雲-] N. floating clouds
yùn'ǎi 蕴蔼 V.P. exuberant; luxuriant
yùnàn 遇难[-難] V.O. ① suffer an accident ② be killed ③ be murdered
yùnànchuán 遇难船[-難-] N. castaway; ship in distress M: [1]*tiáo*/[1]*sōu*
yùnán'értuì 遇难而退[-難--] F.E. retreat in the face of trouble
yùnàn xìnhào 遇难信号[-難-號] N. distress signal
yùnànzhě 遇难者[-難-] N. victim M: *ge*/[1]*míng*/[2]*wèi*
yùnbái 韵白[韻-] N. <*opera*> ① rhythmical parts ② parts with variant Beijing pronunciation
yúnbān 云斑[雲-] N. patchiness; moiré; dark and light spots
yùnbān* 运搬[運-] V. transport; move
yúnbānshí 云斑石[雲-] N. <*min.*> porphyry M: [2]*kuài*
yúnbào 云豹[雲-] N. clouded leopard
yúnbì 云篦[雲-] N. decorative comb M: [1]*bǎ*
yùnbǐ* 运笔[運筆] V.O. wield the pen
yúnbiān 芸编 N. books
yùnbiàn* 韵变[韻變] N. <*lg.*> vowel gradation
yùnbiànhuà 韵变化[韻變-] N. <*lg.*> sound change
yúnbiǎo 云表[雲-] A.T. <*wr.*> high above the clouds
yùnbiǎo* 韵表[韻-] N. <*lg.*> rhyme chart M: [1]*fèn*/[1]*zhāng*
yúnbìn 云鬓[雲鬢] N. woman's billowy hairdo
yùnbīngchē 运冰车[運-] N. ice car M: [3]*liàng*
yùnbīngchuán 运兵船[運-] N. troopship M: [1]*tiáo*/[1]*sōu*
yùnbīng fēijī 运兵飞机[運-飛-] N. troop-carrier M: [1]*jià*
yùnbǐrúfēi 运笔如飞[運筆-飛] F.E. be quick in writing
yùnbù 韵部[韻-] N. <*lg.*> ① final segment ② category of words sharing the same final ③ rhyme class/category
yúnbuchū 匀不出[勻-] R.V. can't spare
yūncài 晕菜 <*coll.*> V.O. feel dizzy/confused
yúncai* 云彩[雲-] N. <*coll.*> clouds
yùncái 运材[運-] N. log transportation
yùncáng 蕴藏 V. hold in store; contain
yùncángliàng 蕴藏量 N. reserves; deposits
[1]**yúncǎo** 耘草 V.O. remove weeds; weed
[2]**yúncǎo** 芸草 N. strong-scented herb; rue
yùncáo* 运漕[運-] V.O. convey food by water
yúncéng 云层[雲層] N. cloud layer
yǔnchāi 允差 V.O. franchise
yùnchǎng 晕场[-場] V.O. be in a funk
yúnchē 云车[雲-] N. ① carriage equipped with a scaling ladder ② carriage carrying a fairy over the clouds ③ carriage with painted clouds M: [1]*jià*/[3]*liàng*
yùnchē* 晕车 V.O. become carsick/trainsick
yúnchen* 匀称[勻稱] S.V. well-proportioned; symmetrical
yúnchèn 云衬[雲襯] N. <*art*> figured silk mounting (of scrolls)
yúnchènchuánshén 匀称传神[勻稱傳-] F.E. balanced and rhythmic
yǔnchéng* 允承 V. agree/promise to do sth; undertake
[1]**yùnchéng** 运程[運-] N. a haul; distance transported
[2]**yùnchéng** 酝成[醞-] R.V. cause the result of; produce the outcome of
yúnchènxiétiáo 匀称协调[勻稱協-] F.E. balanced and harmonious
yùnchí 晕池 V.O. faint in a sweatroom/bathhouse/etc.
yùnchóu 运筹[運籌] V. plan; map strategy
yùnchóuwéiwò 运筹帷幄[運籌-] F.E. devise a campaign strategy
yùnchóuxué 运筹学[運籌-] N. operations research
yúnchū 匀出[勻-] R.V. spare/share something
yúnchú* 耘锄 N. hoe
[1]**yùnchū** 运出[運-] R.V. transport out
[2]**yùnchū** 孕出 R.V. conceive
yùnchù 孕畜 N. pregnant domestic animal
yùnchuán 晕船 V.O. become seasick
yúnchuāng 芸窗 ID. study
yúnchūwúxīn 云出无心[雲-] F.E. do without consideration
yúnchū yī fèn 匀出一份[勻-] V.P. portion out a share
yùnchūyùnfèi 运出运费[運-運-] F.E. <*acct.*> outward freight
yǔncóng 允从[-從] V. ① comply ② consent to; assent to
yùndān 运单[運-] N. bill of lading; waybill M: [1]*fèn*/[1]*zhāng*
yùndànchē 运弹车[運-] N. <*mil.*> ammunition carrier M: [2]*liàng*
yúndànfēngqīng 云淡风轻[雲-輕] F.E. ① peaceful situation ② nice weather
yǔndàng 允当[-當] V.P. proper; fair
yūndǎo* 晕倒 R.V. fall in a faint
yùndao 运道[運-] N. <*topo.*> fortune; luck; fate
yùndào 运到[運-] R.V. transport to
yùndào jiàgé 运到价格[運-價-] N. delivered price
yùn de 韵的[韻-] ATTR. <*lg.*> metrical
yúndechū 匀得出[勻-] R.V. can spare
[1]**yúndī** 云滴[雲-] N. droplet
[2]**yúndī** 云堤[雲-] N. cloud bank
yùndǐ* 运抵[運-] V. <*wr.*> ship to
yùndiào(r) 韵调(儿)[韻-] N. ① rhyme and tone ② musical tone
yúndǐng 云顶[雲-] N. <*met.*> cloud top
yùndong 运动[運動] V. arrange things or get things done through pull *See also* [1]*yùndòng*
[1]**yùndòng*** 运动[運動] V. ① move; turn around ② <*trad.*> arrange things through pull ♦N. ① sports; athletics; exercise ② movement; campaign; drive *See also yùndong*
[2]**yùndòng** 晕动[-動] N. motion sickness
yùndòngbìng 晕动病[-動-] N. motion sickness M: [1]*zhǒng*
yùndòngchǎng 运动场[運動場] P.W. sports/athletic ground; playground M: [4]*zuò*
yùndòng dìnglǜ 运动定律[運動-] N. <*phy.*> principles of motion
yùndòngfú 运动服[運動-] N. sportswear M: [2]*jiàn*/*tào*
yùndòng guīfàn 运动规范[運動-範] N. sports norms
yùndònghuì 运动会[運動-] P.W. sports meet; games M: *cì*
yùndòngjiā 运动家[運動-] N. outstanding sportsman; athlete M: *ge*/[1]*míng*/[2]*wèi*
yùndòng jiànjiàng 运动健将[運動-將] N. master of sports; sportsmaster; sportsman M: *ge*/[1]*míng*/[2]*wèi*
yùndòng jīngshén 运动精神[運動-] N. sportsmanship
yùndòngkù 运动裤[運動-] N. pants for sports/exercise M: [1]*tiáo*
yùndòngliàng 运动量[運動-] N. <*sport*> energy expenditure
yùndòng lìxué 运动力学[運動-] N. <*phy.*> kinetics
yùndòng qìcái 运动器材[運動-] N. sports supplies/equipment/goods M: [2]*jiàn*/*tào*
yùndòngshān 运动衫[運動-] N. sports shirt M: [2]*jiàn*
yùndòng shénjīng 运动神经[運動-經] N. motor nerves
yùndòngshǐ 运动史[運動-] N. history of a movement M: [2]*bù*
yùndòng shītiáo 运动失调[運動-] N. ataxia
yùndòng xìntiáo 运动信条[運動-條] N. sports creed
yùndòng xuǎnshǒu 运动选手[運動選-] N. athlete M: *ge*/[1]*míng*/[2]*wèi*
yùndòngxué 运动学[運動-] N. kinematics
yùndòngyī 运动衣[運動-] N. sports wear M: [2]*jiàn*
yùndòng yīxué 运动医学[運動醫-] N. sports medicine
yùndòngyuán 运动员[運動-] N. athlete; player M: *ge*/[1]*míng*/[2]*wèi*
yùndòngzhàn 运动战[運動戰] N. mobile war/warfare M: [3]*cháng*
yùndòng zhījué 运动知觉[運動-覺] N. <*psy.*> consciousness of motion
yùndòng zhìliáocāo 运动治疗操[運動-療-] N. therapeutic exercise
yúndòu 芸/云豆[雲-] N. kidney bean

Y

yùndǒu* 熨斗 N. flatiron M: ge/[2]zhī
yúndù* 匀度[勻-] N. evenness
yùndú 韫椟[韞櫝] ID. live like a recluse; prefer to be a commoner (of a talented person)
yùndù 韵度[韻-] N. ① outer appearance ② posture
yúnduān 云端[雲-] P.W. place high in the clouds
yùndúcángzhū 韫椟藏诸[韞櫝-] ID. ① be enclosed in a case ②waste a talent in retirement
yúndui 匀兑[勻-] V. ①share ②spare *See also yúnduì*
yúnduì* 匀兑[勻-] V. share *See also yúndui*
yùnduì 愠怼[-懟] V. resent
yúnduǒ 云朵[雲-] N. cloud mass
yǔnèi 宇内 P.W. in the world
yùnèi* 域内 P.W. <wr.> intra-area; intra-domain
yùnèi bìhù 域内庇护[-護] N. <law> territorial asylum
yǔnèi bǐyì 语内比译[-譯] N. <lg.> intralingual transposition
yǔnèi fānyì 语内翻译[-譯] N. <lg.> intralingual translation
yùnèi lùnyuán 域内论元 N. <lg.> internal argument
yǔnèi yǔyán cuòwù 语内语言错误 N. <lg.> intralingual error
yǔnéng sàngshīzhèng 语能丧失症[--喪--] N. <med.> aphasia
[1]**yún'ěr** 云耳[雲-] N. white tree fungus
[2]**yún'ěr** 云尔 <wr.> M.P. *used to mark off the end of a statement, emphasizing its finality*
yúnfáng 云房[雲-] P.W. chambers where Buddhist monks live
yùnfèi 运费[運-] N. transportation expenses; shipping cost M: [2]bǐ
yùnfèi fùqì 运费付讫[運-] N. freight paid
yùn fēijī 晕飞机[-飛-] V.O. airsickness
yùnfèi yùfù 运费预付[運-] N. freight prepaid; advanced freight
yúnfēn 匀分[勻-] V. divide evenly
yúnfēnbukāi 匀分不开[勻-開] R.V. unable to divide equally
[1]**yùnfú** 韵符[韻-] N. <lg.> ①vowel sign ②final ③ the six rhymes of the National Pronunciation
[2]**yùnfú** 运符[運-] N. <lg.> operator
yùnfǔ 韵府[韻-] N. dictionary of rhymes
[1]**yùnfù*** 孕妇[-婦] N. pregnant woman M: ge/[1]míng/[2]wèi
[2]**yùnfù** 韵腹[韻-] N. <lg.> main vowel in a compound vowel; main vowel in *yùn*; nuclear vowel
Yúnfúlíng 云茯苓[雲-] N. <Ch. med.> Yunnan *Poris cocos*
Yúngāng Shíkū 云冈石窟[雲岡-] P.W. Yungang Grottoes
yúngāo 云高[雲-] N. cloud level/height
yùngāor 晕高儿 V.O. <topo.> feel giddy when on a height
yúngé 芸阁 P.W. imperial library
Yún-Guì Gāoyuán 云贵高原[雲-] P.W. Yunnan-Guizhou Plateau
yūnguòqù 晕过去 R.V. pass out; faint
yúnguòyǔshōu 云过雨收[雲-] F.E. When the clouds dispersed the rain stopped.
yúnhǎi 云海[雲-] N. sea of clouds ♦S.V. <Budd.> numerous; abundant
Yúnhàn 云汉[雲漢] N. <wr.> Milky Way
yùnhán* 蕴涵/含 V. <wr.> ① contain ② <lg.> imply ♦N. <log.> implication; inclusion
yùnhán de pǔbiànxìng 蕴涵的普遍性 N. <lg.> implicational universal
yúnhánxīngdàn 云寒星淡[雲-] F.E. The clouds are cold and the stars without luster.
yúnhāo 芸蒿 N. <bot.> hare's-ear
yúnhe 匀和[勻-] V./S.V. <coll.> be just the right viscosity *See also yúnhuo*
yúnhé 云何 ADV. <wr.> how; why
yùnhé* 运河[運-] P.W. ① canal ② the Grand Canal M: [1]tiáo
yùnhèn 愠恨 N. indignation; rancor
yùnhéshuì 运河税[運-] N. canal dues
yúnhéwùjí 云合雾集[雲-霧-] F.E. ① clouds are merging ② chaotic situation
yúnhòuxīngshuò 云后星烁[雲後-爍] F.E. Stars are peeping through the clouds (after rain).
yúnhu 匀乎[勻-] V. <topo.> equalize ♦S.V. even; neat; uniform
yúnhuán 云鬟[雲-] N. bun (of hair)
yūnhúhú 晕糊糊 R.F. dizzy; half-conscious
[1]**yùnhuì** 运会[運-] N. ① trends of the time ② international situation
[2]**yùnhuì** 愠恚 V.O. feel resentment; be rancorous
yūnhūn 晕昏 N. dizziness
yúnhuo 匀和[勻-] S.V. <coll.> ① even; neat; uniform ② well-divided *See also yúnhe*
yùnhuò* 运货[運-] V.O. transport goods ♦N. freight
yùnhuòchē 运货车[運-] N. truck M: [3]liàng
yūní 淤泥 N. silt; sludge
[1]**yúnián** 余年 N. one's remaining years
[2]**yúnián** 踰年 N. the following year
yùniǎn 玉辇 N. the imperial carriage
yùniàn* 欲念 N. desire; craving; lust
yúniánkěshǔ 余年可数[-數] F.E. One's years are numbered.
yùniǎo 鹬鸟 N. <zoo.> a kiwi M: [2]zhī
yúniè 余孽 N. ① remaining evildoers ② evil aftermath
yūnítān 淤泥滩[-灘] N. mud flat
yúnjí* 云集[雲-] V. gather in a crowd; swarm
[1]**yúnjì** 云际[雲際] N. <wr.> a place in the clouds
[2]**yúnjì** 云髻[雲-] N. women's hair; lady's hair-coil
[1]**yùnjī** 晕机 V.O. become airsick
[2]**yùnjī** 蕴/酝积[醞積] V. accumulate
yùnjià 运价[運價] N. transportation charge/cost; traffic price
yùnjiàbiǎo 运价表[運價-] N. freight tariff M: [1]zhāng/[1]fèn
[1]**yùnjiǎo** 韵脚[韻腳] N. ① rhyming word ② (metrical) foot; rhyme
[2]**yùnjiǎo** 运脚[運腳] N. <topo.> transport charge
yùnjīdài 晕机袋 N. air-sickness bag M: ge/[2]zhī
yùnjié 蕴结 V.P. pent up
[1]**yùnjiè*** 蕴藉 V.P. <wr.> cultured and restrained
[2]**yùnjiè** 酝藉[醞-] V.P. cultivated and refined
yúnjǐn 云锦[雲-] N. ①brocade ②cloud pattern ③ figured satin
yùnjīnchéngfēng 运斤成风[運-] ID. an uncanny feat
yúnjìng 匀净[勻淨] S.V. uniform; even
yūnjué 晕厥 V. faint
yúnjuébōguǐ 云谲波诡[雲-] F.E. ① bewilderingly changeable ② ever-changing nature of things
yúnjù xìnhào 匀距信号[勻-號] N. regularly spaced signals
yúnkāijiànrì 云开见日[雲開-] F.E. The clouds lifted and the sun came out. *See also kāiyúnjiànrì*
yúnkāirìchū 云开日出[雲開-] F.E. The sun scatters the clouds.
yǔnkě 允可 N. permission
yùnlèi 韵类[韻類] N. <lg.> ① rhyme group ② classification of *Guǎngyùn* rhymes according to *sìhū*
yùnlì 运力[運-] N. transport capacity
yúnliǎn 匀脸[勻-] V.O. apply makeup evenly
yúnliàng 云量[雲-] N. <met.> cloudiness; cloud cover
yùnliáng 运粮[運糧] V.O. transport food/provisions
yùnliàng* 运量[運-] N. freight volume
yúnliu(r) 匀溜(儿)[勻-] S.V. ①even and smooth (in texture) ② of the right consistency
yúnlóngfēnghǔ 云龙风虎[雲-] ID. A great leader attracts capable followers.
yúnlù 云路[雲-] N. high official ranks
yúnlǚ 云履[雲-] N. shoes with a decorative design of wavy cloud
yùnlǜ* 韵律[韻-] N. ①meter (in verse) ②rules of rhyming; rhyme scheme ③ <lg.> rhythm; prosody
yùnlǜ de fēnxi 韵律的分析[韻-] N. <lg.> scansion
yùnlún 晕轮 N. lunar corona
yùnlún xiàoyìng 晕轮效应[-應] N. <lg.> halo effect
[1]**yúnluó** 云锣[雲鑼] N. gong chimes
[2]**yúnluó** 云罗[雲羅] N. dense clouds
yǔnluò* 陨/殒落 V.O. ① fall down ② decay (fig.) ③ fall from the sky ④ die
yùnlǜ tèzhēng 韵律特征[韻-徵] N. <lg.> prosodic features
yùnlǜ tǐcāo 韵律体操[韻-體-] N. rhythmic gymnastics
yùnlǜwǔ 韵律舞[韻-] N. aerobic dance
yùnlǜxué 韵律学[韻-] N. prosody; prosodics
yùnlǜ yìyì 韵律意义[韻-義] N. <lg.> prosodic meaning
yùnlǜ yǔyán tèzhēng 韵律语言特征[韻-徵] N. <lg.> prosody
yùnlǜ yǔyīn tèzhēng 韵律语音特征[韻-徵] N. <lg.> prosodic feature
yúnměi 匀美[勻-] S.V. fit and beautiful
yùnméichuán 运煤船[運-] N. coal carrier; collier M: [1]tiáo/[1]sōu
yúnmén 云门[雲-] N. ① <trad.> one of six ancient dances ② mansion of a wealthy family ③temple ④a branch of Chan Buddhism ⑤<Ch. med.> an acupuncture point
yúnmì 云幂[雲冪] N. <met.> cloud ceiling
yúnmiàn 匀面[勻-] A.T. equally; uniformly
yúnmiǎo 云杪[雲-] N. distant and high
yǔnmiè 陨/殒灭[-滅] V. ①fall from outer space and burn up ② exterminate ③ <wr.> perish; meet one's death
yǔnmìng* 殒/陨命 V.O. <wr.> perish
yùnmìng 运命[運-] N. fate; fortune
yùnmìnglùn 运命论[運-] N. fatalism
yǔnmò 殒殁/没[-歿] V. <wr.> die; pass away
yùnmóu 恽谋 V. scheme; plan
yúnmǔ* 云母[雲-] N. <min.> mica M: [1]piàn
yúnmù 云幕[雲-] N. <met.> ceiling
yùnmǔ 韵母[韻-] N. <lg.> ①vowel ②final sound ③ rhyme-indicating character ④ phoneme ⑤ rhyme
yùnmù 韵目[韻-] N. ①rhyme category ② <lg.> character representing a final
yùnmǔbiǎo 韵母表[韻-] N. <lg.> table of finals M: [1]zhāng/[1]fèn
yúnmù gāodù 云幕高度[雲-] N. <met.> ceiling height
yúnmǔpiàn 云母片[雲-] N. sheet mica
yúnmǔ píngfēng 云母屏风[雲-] N. mother-of-pearl screen
yúnmǔshí 云母石[雲-] N. sheet mica M: [2]kuài
Yúnnán 云南[雲-] P.W. Yunnan province
yùnnǎo 愠恼[-惱] V.P. angry; indignant; furious
yùnnéng 运能[運-] N. transport capacity; carrying capacity
[1]**yúnní(r)** 云霓(儿)[雲-] N. <wr.> clouds and rainbow presaging a rainstorm
[2]**yúnní** 云泥[雲-] N. great difference in standing/degree
yùnniàng 酝/蕴酿[醞釀] V. ① brew; ferment (lit./fig.) ② have a look at/into ③ make preparations; get ready
yùnniàngchéngxíng 酝酿成形[醞釀-] F.E. incubation
yùnní gōngjù 运泥工具[運-] N. earth-moving equipment M: [2]jiàn/tào
yúnní zhī bié 云泥之别[雲-] N. ①worlds/poles apart ② great difference in social standing
yùnnù 愠怒 N. chagrin
yǔnnuò 允诺 V. promise
yūnóng 淤/瘀浓[-濃] N. pus
yúnòng* 愚弄 V. deceive; make a fool of; dupe

yùnpáo 缊袍 N. ① gown padded with old silk floss ② coarse clothing
yúnpiàngāo 云片糕[雲-] N. rectangular sweetened rice wafers M: [2]kuài/[1]bāo
yùnpíng 熨平 R.V. iron
yùnpíngjī 熨平机 N. mangle; pressing machine M: [1]tái
yúnqì 云气[雲氣] N. thin, floating clouds
yùnqi* 运气[運氣] N. fortune; luck *See also* [1]yùnqì
yùnqī 孕期 N. <med.> pregnancy; gestation
[1]**yùnqì** 运气[運氣] V.O. ① control the breath ② move *qì* through the body *See also yùnqi*
[2]**yùnqì** 晕气[-氣] N. fog/mist/vapor that reflects the colors of the sun
yǔnqià 允洽 V.P. proper; fair; well settled
yúnqiānpiǎodài 芸签缥带[-帶] ID. <wr.> books
yúnqiáo 云桥[雲橋] N. <trad.> ladder used for attacking a city M: [1]jià
yúnqǐlóngxiāng 云起龙骧[雲-] ID. (the times) give rise to great heroes
yùnqiú 运球[運-] V.O. <sport> dribble
yùn qìyóu chē 运汽油车[運-] N. gasoline tank truck M: [3]liàng
yúnqú 云衢[雲-] N. high official ranks
yùnqú* 运渠[運-] P.W. large irrigation ditch that can also be used for water transportation M: [1]tiáo
yúnquè 云雀[雲-] N. skylark M: [2]zhī
yúnrǎn 匀染[勻-] N. <txtl.> even dyeing
yúnrǎo 云扰[雲擾] N. <wr.> turmoil; disorder
yúnréng 云仍[雲-] N. one's distant great-grandchildren
yùnrényùnshì 韵人韵事[韻-韻-] F.E. tasteful affairs of a cultivated man
yúnrénzhītián 耘人之田 F.E. manage a business on behalf of others
yùnróng 愠容 N. <wr.> angry/irritated look
yùnrù 运入[運-] V.P. transport into
yúnsàn 云散[雲-] V.O. disperse like the clouds
yúnsànrìxiàn 云散日现[雲-] F.E. The clouds rolled away and the sun came out.
yúnsàntiānqíng 云散天晴[雲-] F.E. The clouds dispersed and the sky cleared.
yúnsànyānxiāo 云散烟消[雲-煙-] F.E. disappear/vanish as if by evaporating
[1]**yùnsè** 愠色 N. <wr.> irritated/displeased look
[2]**yùnsè** 晕色 N. iridescence
yúnshān 云杉[雲-] N. ①dragon spruce ②spruce fir M: [2]kē
yúnshānwùzhào 云山雾罩[雲-霧-] F.E. ①clouds everywhere ②bombastic talk ③dazed; confused; muddled
yúnshāo 云梢[雲-] N. top of a cloud
yùnshè 韵摄[韻攝] N. <lg.> ① rhyme group ② termination ③ groups of *yùn*
yúnshēn 云深[雲-] N. <met.> cloud depth
yǔnshēn* 殒身 V.O. <wr.> meet one's death; perish
yúnshěng 芸省 P.W. imperial library
yúnshi 匀实[勻實] S.V. <coll.> even; neat; uniform
Yúnshí 云石[雲-] N. Yunnan marble M: [2]kuài
yúnshì 云室[雲-] N. <phy.> cloud chamber
yǔnshí* 陨石 N. stony meteorite M: [2]kuài
yùnshì 韵事[韻-] N. ① refined pastime ② romantic affair M: [2]jiàn
yǔnshíyǔ 陨石雨 N. meteorite shower M: [1]zhèn
yǔnshǒu 陨首 V.O. lower one's head
yǔnshōu pǐnzhì shuǐzhǔn 允收品质水准[---質-準] N. acceptable quality level (AQL)
yúnshōuyǔsàn 云收雨散[雲-] F.E. ① separation; dispersion ② the climax of sexual intercourse
yúnshǔ 芸署 P.W. imperial library
[1]**yùnshū*** 运输[運-] N./V. transport
[2]**yùnshū** 韵书[韻書] N. dictionary of rhymes; rhyme book/dictionary
yùnshù 运数[運數] N. <wr.> fortune; fate; luck
yùnshūchuán 运输船[運-] N. cargo ship M: [1]tiáo/[1]sōu
yùnshūduì 运输队[運-隊] P.W. transport corps/team M: [4]zhī
yùnshūfèi 运输费[運-] N. transportation; transport charge; freight; carriage M: [2]bǐ
yùnshū gōnghuì 运输公会[運-] P.W. transportation association
yúnshuǐcāngmáng 云水苍茫[雲-蒼-] F.E. infinity of heaven and sea
yùnshūjī 运输机[運-] N. ① transport plane ② <min.> conveyor M: [1]jià
yùnshūjiàn 运输舰[運-艦] N. ① cargo/transport ship ② naval supply ship M: [1]tiáo/[1]sōu
yùnshūliàng 运输量[運-] N. freight/transport volume
yùnshū màoyì 运输贸易[運-] N. transit trade
yùnshuò 韵数[韻數] N. <lg.> number of rhyme
yùnshūshāng 运输商[運-] N. transport dealer M: ge/[1]míng/[2]wèi
yùnshū shèbèi 运输设备[運-備] N. transportation facility M: tào
yùnshū shèbèi xiūhùfèi 运输设备修护费[運--備-護-] N. maintenance cost of a transportation facility M: [2]bǐ
yùnshūwǎng 运输网[運-網] N. transport network
yùnshūxiàn 运输线[運-] N. transportation route/line M: [1]tiáo
yùnshūyè 运输业[運-業] P.W. transportation; transport service; carrying trade
yǔnsì 陨泗 V.O. shed tears
yùnsī* 运思[運-] V. work out a concept
yùnsòng 运送[運-] V. transport; convey
yùnsòngfèi 运送费[運-] N. transportation/delivery charge M: [2]bǐ
yùnsòng fúwù 运送服务[運-務] N. delivery service
yùnsòngjī 运送机[運-] N. conveyer M: [1]jià
yúnsù 匀速[勻-] N. uniform velocity
yùnsuàn 运算[運-] N. <math.> operation
yùnsuànmǎ 运算码[運-] N. <comp.> computational code
yùnsuànqì 运算器[運-] N. ① calculator ② arithmetic unit M: [1]tái
yùnsuàn wùchā 运算误差[運-] N. arithmetic error
yùnsuànyuán 运算元[運-] N. <comp.> processing unit
yùnsuàn zhōuqī 运算周期[運-] N. <comp.> operation cycle
yùnsuànzǐ 运算子[運-] N. operators
yùnsuàn zìyuán 运算字元[運-] N. <comp.> operational character
yùnsuì 孕穗 N. <agr.> booting
yùnsuìqī 孕穗期 N. <agr.> boot stage
yúnsù yùndòng 匀速运动[勻-運動] N. <phy.> uniform motion
[1]**yúntái** 芸台[-臺] P.W. imperial library
[2]**yúntái** 芸薹[蕓-] N. <bot.> winter rape
yùntàng 熨烫[-燙] V. iron
yúntāo 云涛[雲濤] N. billowing waves
yúntī* 云梯[雲-] N. ① <trad.> scaling ladder ② firefighting ladder M: [1]jià
yǔntì 陨涕 N. tears falling
yún-tiān* 云天[雲-] N. ①clouds and sky ②high above
yúntián 耘田 V.O. weed fields
yúntiāngāoyì 云天高谊[雲-] F.E. great kindness and friendship (used mostly in correspondence)
yúntiao 匀调[勻-] S.V. ① evenly divided/arranged/etc. ② even; well-proportioned ③ balanced
yǔntiě 陨铁[-鐵] N. meteoric iron M: [2]kuài
yùntiē* 熨贴 V.P. ① calm; tranquil (of the mind) ② apt; appropriate; appropriate (of wording) ③ <topo.> well-handled ④ settled; taken care of (of matters)
yúnting 匀停[勻-] S.V. <coll.> ① even; uniform ② the right amount
yūntou 晕头 S.V. harebrained *See also yūntóu*
yūntóu 晕头 V.O. ① dizzy; faint ② addle-headed ♦N. <topo.> daft/balmy person *See also yūntou*
yúntóu* 云头[雲-] N. <topo.> cloud mass
yùntóu 韵头[韻-] N. <lg.> ① head vowel ② *yùn* initial ③ umlaut
yūntóubānǎo 晕头巴脑[-腦] *See yūntóuzhuànxiàng*
yúntóucūn 云头皴[雲-] N. <art> cloud head wrinkle (in painting)
yúntóur 云头儿[雲-] N. cloud pattern
yùntóu yuányīn 韵头元音[韻-] N. <lg.> *yùn* initial
yūntóuzhàngnǎo 晕头涨脑[-腦] F.E. ① confused and disoriented ② <coll.> addle-brained
yūntóuzhuànxiàng 晕头转向[--轉-] F.E. ① confused and disoriented ② <coll.> addle-brained
yúntú* 云图[雲圖] N. <met.> cloud atlas/chart/picture M: [10]fú/[1]zhāng
yùntú 韵图[韻圖] N. <lg.> rhyme chart/table M: [1]zhāng
yùntù 孕吐 N. <med.> morning sickness
yúntuán 云团[雲團] N. <met.> cloud cluster
yúntuǐ 云腿[雲-] N. Yunnan ham M: ge/[1]tiáo
yúntūn* 云吞[雲-] N. <topo.> wonton; dumpling soup M: ge/[2]zhī/wǎn
yúntún 云屯[雲-] V. <wr.> come together in crowds; gather; converge
yúntúnwùjí 云屯雾集[雲-霧-] F.E. as thick as fog/clouds
yúntuǒ 匀妥[勻-] S.V. even; equitable
yúnù* 余怒 N. lingering anger
yùnù 郁怒[鬱-] V.P. disgruntled; worried and indignant
[1]**yùnǚ** 浴女 N. a woman at her bath
[2]**yùnǚ** 御女 <trad.> N. court women ♦V.O. have sexual intercourse with a woman
Yùnǚ* 玉女 N. ①the Jade Maiden ②fairy damsel in the land of immortals *See also jīntóngyùnǚ*
yúnùbùxī 余怒不息 F.E. One's remaining anger is not yet quieted.
yúnuò 愚懦 V.P. stupid and timid
yúnùwèixī 余怒未息 F.E. be still angry/fuming
yúnùwèixiāo 余怒未消 F.E. be still angry/fuming; feel lingering anger
yùnúxiānshǒu 玉奴纤手[--纖-] F.E. the slender fingers of a girl
yùnwàn 运腕[運-] V.O. exercise control over the brush with wrist and elbow (in practicing calligraphy)
yùnwǎng 运往[運-] V. transport to
yùnwěi 韵尾[韻-] N. <lg.> ① terminal vowel ②syllable ending; ending; ending of a final; final
yùnwèi(r)* 韵味(儿)[韻-] N. lasting charm/appeal
yùnwěi fǔyīn 韵尾辅音[韻-] N. <lg.> final consonant
yùnwěi sāiyīn 韵尾塞音[韻-] N. <lg.> *yùn*-final stop
yúnwén 云纹[雲-] N. cloud-like decorative patterns
yùnwén* 韵文[韻-] N. rhymed prose/poetry M: [1]piān
yùnwén fānyì 韵文翻译[韻-譯] N. <lg.> metrical translation
yùnwěngtú 晕滃图[-圖] N. hachure map
yǔnwényǔnwǔ 允文允武 F.E. be good in civil and military affairs
yúnwù* 云雾[雲霧] N. ① clouds and mist; mist ② obscure places
yùnwù 运务[運務] N. transportation business
yúnwùchá 云雾茶[雲霧-] N. a brand of tea
yúnwùjǐng 云雾景[雲霧-] N. <art> cloud and mist scene
yúnwùshì 云雾室[雲霧-] N. <phy.> cloud chamber
yúnwùtiān 云雾天[雲霧-] N. soupy weather
[1]**yúnxì** 匀细[勻-] S.V. even and fine/dainty
[2]**yúnxì** 云系[雲-] N. <met.> cloud system
yúnxiá 云霞[雲-] N. ① beautiful/rosy clouds ② a person of high virtue

yúnxiāng 芸香 N. <*bot.*> rue
[1]**yúnxiāo** 云霄[雲-] N. the sky
[2]**yúnxiāo** 云箫[雲簫] N. a kind of panpipe M: [4]*zhī*
yùnxiāo* 运销[運-] V. transport to sell
yúnxiāofēichē 云霄飞车[雲-飛-] N. roller coaster
yúnxiāowùsàn 云消雾散[雲-霧-] F.E. ① the sky has cleared ② vanish into thin air (fig.) ③ The troubles are over.
yúnxiázhījiāo 云霞之交[雲-] N. high-minded friendship
yǔnxīng 陨星 N. <*astr.*> meteorite M: [1]*kē*
yùnxíng* 运行[運-] N./V. ① move; be in motion ② gravitate; orbit ③ <*comp.*> run (a program) ④ function
yùnxíng jīzhì 运行机制[運-製] N. operating mechanism
yùnxíngli diàntī 运行李电梯[運--電-] N. baggage elevator M: [1]*jià*
yùnxíngtú 运行图[運-圖] N. route map M: [1]*zhāng*
yúnxīngxiáwèi 云兴霞蔚[雲興-] ID. magnificent
yúnxíngyǔshī 云行雨施[雲-] ID. be benevolent to the people
yǔnxǔ* 允许 V. permit; allow
yùnxù 蕴蓄 V. have in store; be latent
yūnxuàn 晕眩 V.P. dizzy; giddy
yùnxué 韵学[韻-] N. ① prosody; metrics ② *yùn* study
yǔnxǔ wùchā 允许误差 N. allowable/permissible error
yǔnxǔ zǎihè 允许载荷 N. allowable load (of vehicles/etc.)
yúnyá 云崖[雲-] N. high cliff
yúnyān 云烟[雲煙] N. cloud, mist/smog, and whisps of smoke
yúnyānguòyǎn 云烟过眼[雲煙-] ID. transient glories
yúnyè 云液[雲-] N. ① wine ② mica
[1]**yúnyì** 云翳[雲-] N. ① lowering cloud ② <*Ch. med.*> corneal opacity
[2]**yúnyì** 耘艺[-藝] N. farming/cultivation skill
yùnyí* 运移[運-] V. migrate
yùnyì 恽议[-議] V. discuss; deliberate
yùnyībǎn 熨衣板 N. ironing board M: [2]*kuài*
yùnyīn 韵音[韻-] N. <*lg.*> finals
yúnyīng 云英[雲-] N. <*min.*> greisen
yúnyǐng 云影[雲-] N. shadow of a cloud
yùnyíng* 运营[運營] N. scheduled runs/operations (of buses/ships/etc.)
yúnyǒng 云涌[雲-] V. ① mass (of storm clouds) ② emerge in large numbers
yùnyòng* 运用[運-] V. ① utilize; wield; apply ② <*lg.*> engineering
yùnyòng jiēduàn 运用阶段[運-階-] N. <*lg.*> production stage
yùnyòng shàng 运用上[運-] P.W. application aspect
yùnyòng zhànghù 运用帐户[運-] N./V.O. <*acct.*> operate an account
yùnyòng zīběn 运用资本[運-] N. working capital
yùnyòng zīchǎn 运用资产[運-產] N. <*acct.*> working assets
yùnyòngzìrú 运用自如[運-] F.E. handle masterfully
yúnyóu 云游[雲-] V. roam; wander
yùnyóuchuán 运油船[運-] N. oil tanker M: [1]*tiáo*/[1]*sōu*
yún-yǔ 云雨[雲-] ID. <*wr.*> ①sexual intercourse ② grace and favor
[1]**yùnyǔ** 韵语[韻-] N. ① rhymed sentences/phrases; rhythmical language ②refined remarks
[2]**yùnyǔ** 韵宇[韻-] N. ① outer appearance ② posture
yùnyù* 孕育 V. ① be pregnant with; breed ② foster; nurture
yúnyuán 匀圆[勻-] S.V. nicely rounded
yǔnyuè 陨越 V. <*wr.*> ① fall into error ② fail to fulfill one's duties
yúnyǔjǐng 云雨景[雲-] N. <*art*> scene in misty rain
[1]**yúnyún*** 云云 R.F. <*wr.*> and so on
[2]**yúnyún** 纭纭//芸芸 R.F. ① diverse and confused ② numerous; multitudinous
[3]**yúnyún** 畇畇 R.F. <*wr.*> well-cultivated (of farms)
yùnyùn 蕴蕴 R.F. sweltering; sultry
yūnyunhūhū 晕晕忽忽 R.F. ① dizzy; giddy ② muddleheaded
yúnyún zhòngshēng 芸芸众生[--眾-] N. <*rel.*> all living things
yúnyǔwūshān 云雨巫山[雲-] ID. The couple are enraptured with love
yùnzài 运载[運-] V. carry; convey
yùnzài gōngjù 运载工具[運-] N. means of delivery
yùnzài huǒjiàn 运载火箭[運-] N. <*mil.*> carrier rocket M: [4]*zhī*
yùnzài jìshù 运载技术[運-術] N. delivery technology
yùnzàiliàng 运载量[運-] N. loading capacity
yúnzhāng 云章[雲-] N. <*trad.*> the emperor's handwriting
yǔnzhèn 殒阵 V.O. be killed in action; fall in battle
yùnzhēn* 晕针 V.O. <*Ch. med.*> faint during acupuncture treatment
yúnzhěng 匀整[勻-] S.V. neat and well-spaced; even and orderly
yúnzhēngxiáwèi 云蒸霞蔚[雲-] F.E. magnificent; radiant
yúnzhēwùzhàng 云遮雾障[雲-霧-] F.E. enveloped in mist; blurred; hazy
yúnzhì 芸帙 N. books
yùnzhí 韵值[韻-] N. <*lg.*> rhyme value
yùnzhì* 韵致[韻-] N. poise and charm; beauty
yúnzhōngbáihè 云中白鹤[雲-] ID. a man of unimpeachable integrity
yùnzhū 孕珠 V.O. <*wr.*> conceive; become pregnant
yùnzhuàn 运转[運轉] V. ①revolve; turn round ② work; operate ♦N. sudden change in fortune
yùnzhuǎndài 运转带[運轉帶] N. <*mach.*> conveyer belt
yǔnzhuì 陨坠[-墜] V. fall
yǔnzhǔn 允准[-準] V. permit; approve; grant
[1]**yùnzuò** 运祚[運-] N. <*wr.*> fate (esp. of a dynasty); fortunes
[2]**yùnzuò** 运作[運-] V. operate; work
yùnzuòyǔ 运作语[運-] N. <*lg.*> operator
yùnzuózhě 运作者[運-] N. operator M: *gè*/[1]*míng*/[2]*wèi*
[1]**yùpán** 玉盘[-盤] N. ① jade plate M: *gè*/[2]*zhī* ② <*wr.*> the moon
[2]**yùpán** 浴盘[-盤] P.W. bath pan
yúpàor 鱼泡儿 N. ① bubbles from fish (in a pond/etc.) ② air bag in fish
yǔpèi 羽旆 N. banner adorned with feathers
yùpèi* 玉佩 N. <*trad.*> jade pendant or personal ornament hung from the waist/chest/shoulder
yúpén 鱼盆 N. porcelain bowl for raising goldfish, etc. M: *gè*/[2]*zhī*
yùpén* 浴盆 N. bathtub M: *gè*/[2]*zhī*
yǔpéng 雨棚 N. ① temporary rain shelter ② canopy M: [4]*zuò*
[1]**yúpí*** 鱼皮 N. fish skin
[2]**yúpí** 榆皮 N. <*Ch. med*> elm bark
yǔpī 雨披 N. rain cape; poncho M: [2]*jiàn*
yùpī 御批 N. comments made by an emperor
yúpiàn* 鱼片 N. sliced fish meat; scrod
yǔpiān 语篇 N. <*lg.*> text
yǔpiàn 羽片 N. feather
yǔpiān fēnxī 语篇分析 N. <*lg.*> discourse analysis
yǔpiān jiégòu 语篇结构[-構] N. <*lg.*> discourse structure
yúpiāo 鱼漂 N. cork on a fishing line; float
yúpíjiāo 鱼皮胶[-膠] N. fish-skin glue
yùpíng 玉瓶 N. jade bottle/jar M: *gè*/[2]*zhī*
Yú Píngbó 俞平伯 (1900–1990) N. essayist, poet, historian, critic; specialist on the *Dream of the Red Chamber*
yúpǐn jiāgōngchuán 鱼品加工船 N. fish-factory ship M: [1]*tiáo*/[1]*sōu*
yúpó 渔婆 N. fisherwoman M: *gè*/[1]*míng*
yūqì 迂气[-氣] N. pedantry; pedantic style ♦ATTR. impractical
yúqi 愚气[-氣] N. foolish; silly-looking ***See also*** [1]*yúqì*
[1]**yúqī** 逾期 V.O. exceed the time limit; be overdue
[2]**yúqī** 渔期 N. fishing period
yúqí 鱼鳍 N. fish fin
[1]**yúqì** 愚气[-氣] N. needless anger ***See also*** *yúqi*
[2]**yúqì** 鱼契 N. tally in the shape of a fish
yǔqī 雨期 N. rain spell; rainy period
[1]**yǔqí** 与其[與-] CONJ. rather than ♦CONS. ~ *V1 bùrú V2* rather than V1 it is better to V2 ~ ***niánnián péiqián, bùrú tíngyè.*** Rather than lose money year after year, it would be better to close up the business.
[2]**yǔqí** 羽旗 N. flag decorated with feathers M: [1]*miàn*
[1]**yǔqì** 语气[-氣] N. ① tone; manner of speaking ② <*lg.*> ⓐ mood; modality ⓑ intonation
[2]**yǔqì** 雨泣 N. tears falling down like rain
[1]**yùqī*** 预期 V. expect; anticipate
[2]**yùqī** 御妻 V.O. <*wr.*> control one's wife ♦N. <*trad.*> a female official
[1]**yùqì** 玉器 N. jadeware; jade object/article M: [2]*jiàn*
[2]**yùqì** 玉砌 N. white marble steps
yūqiǎn 淤浅[-淺] V. become shallow due to sediment on the bottom (of water)
[1]**yúqián(r)*** 榆钱(儿)[-錢-] N. <*coll.*> young elm seeds
[2]**yúqián** 余钱[-錢] N. spare money/cash
yǔqián 雨前 N. tea picked before the Grain Rain
yùqián 御前 P.W. in the emperor's presence
yùqiàn 欲堑 N. the gulf of human desires
yúqiāng 鱼枪[-槍] N. fishing gun M: [1]*bǎ*
yúqiáng* 逾墙[-牆] V.O. climb over a wall
yǔqiāng 语腔 N. one's speaking voice
yǔqiáng 雨强[-強] N. raininess
yúqiángāo 榆钱糕[-錢-] N. cake made from young elm seeds and wheat flour M: [2]*kuài*
yúqiángkuīshì 窬墙窥视[-牆--] F.E. make a hole through a wall and peep through
yúqiángzuānxì 逾墙钻隙[-牆鑽-] ID. have illicit relations with sb.
yùqián huìyì 御前会议[-議] P.W. <*trad.*> conference in which the emperor takes part
yùqiànjīnxiāng 玉嵌金镶 F.E. inlaid with gold and jade
yùqiánxiànyǎn 御前献演[--獻-] V. give a command performance ♦N. command performance
yùqiǎofǎnzhuō 欲巧反拙 F.E. ①try to be clever but turn out the contrary ② be foolish
yúqiáogēngdú 渔樵耕读[-讀] F.E. <*trad.*> fisherman, woodcutter, farmer, scholar (the four respectable occupations)
yùqiǎole 遇巧了 V.P. by chance; accidentally
yǔqìcí 语气词[-氣-] N. <*lg.*> mood/modal particle
yùqī cuòwù 预期错误 N. <*lg.*> anticipation error
yùqìdiāolán 玉砌雕栏[-欄] F.E. jade steps and carved railings
yúqiē 余切 N. <*math.*> cotangent
yúqīfèi 逾期费 N. demurrage fee M: [2]*bǐ*
yǔqì fǒudìng 语气否定[-氣--] N. <*lg.*> modal negation
yùqī lǐlùn 预期理论 N. <*lg.*> expectancy theory
yùqī lìyì 预期利益 N. <*acct.*> anticipated profits
yúqīn 娱亲[-親] V.O. please one's parents
yúqíng 舆情 N. public sentiment; popular feelings
yúqìng 余庆[-慶] N. good fortune inherited from virtuous parents

yǔqíng 雨情 N. local rainfall
yùqǐng* 吁请 V. implore; plead; petition
yùqìng 玉磬 N. ancient musical instrument M: ge/[2]zhī
yúqíngfènjī 舆情愤激 F.E. Popular feeling is running high.
yūqīngtuōzǐ 纡青拖紫 F.E. dress and ornaments of high officials
yùqíngùzòng 欲擒故纵[-縱] F.E. loosen reins the better to tighten them
yù qióng qiānlǐ mù 欲穷千里目[-窮---] F.E. in order to see far away
yùqī shòumìng 预期寿命[--壽-] N. <med.> expectation of life
yǔqiú 羽球 N. badminton shuttlecock/bird
[1]yùqiú* 欲求 V. try/hope to ♦N. desire; wish; lust
[2]yùqiú 吁求 N./V. ① shout for help ② implore; plead; petition ③ urge
[3]yùqiú 狱囚 N. prisoner M: ge/[1]míng
yǔqiúguǎn 羽球馆 P.W. indoor badminton court M: [4]zuò
yùqīxìng jiàohuà 预期性教化 N. anticipatory socialization
yùqìyùnǎo 愈气愈恼[-氣-惱] V.P. aggravate
yǔqì zhùcí 语气助词[-氣--] N. <lg.> modality particle
yūqū 迂曲 V.P. ① tortuous; circuitous ② insinuating
yúqū 渔区[-區] P.W. fishing area
yǔqū* 雨区[-區] P.W. rain area/field/belt
[1]yúquán 渔权[-權] N. fishing rights
[2]yúquán 余权[-權] N. remaining power
yùquán* 玉全 ID. help others accomplish sth.
yúquányuèxiàn 逾权越限[-權--] F.E. ① transgress one's jurisdiction ② go beyond one's authority
yú-quē* 余缺 N. surplus and deficiency
yùquè 玉阙 P.W. ① the holy city ② gate to a holy land
yú-quē tiáozhěng 余缺调整 V.P. ①bring surplus goods to needy areas ② balance surplus with deficiency
yùqǔgūyǔ* 欲取姑与/予[-與] F.E. give in order to take; make concessions for the sake of future gains
yùqǔgùyǔ 欲取故与[-與] *See yùqǔgūyǔ*
yúqún* 鱼群 N. school/stock/shoal of fish
yǔqún 语群 N. <lg.> ① corpus ② language group; linguistic stock
yūqūqiúchǒng 纡曲求宠 ID. insinuate oneself into sb.'s favor
yúqǔyúqiú 予取予求 F.E. make unlimited demands
yúr 鱼儿 N. <coll.> fish M: [1]tiáo
[1]yùrán 郁然[鬱-] V.P. ① sad; worried ② <wr.> luxuriant
[2]yùrán 玉髯 N. bean sprouts as a vegetable
yūrè 瘀热[-熱] N. <med.> stagnant heat
yúrè* 余热[-熱] N. ① residual heat; surplus energy ② nuclear reaction afterheat ③ contribution/accomplishment after retirement
[1]yùrè 预热[-熱] V. preheat
[2]yùrè 郁热[鬱熱] V.P. sultry; muggy
[3]yùrè 燠热[-熱] V.P. ① very hot ② hot and suffocating; muggy
[1]yúrén* 渔人 N. fisherman; fishfolk M: ge/[1]míng
[2]yúrén 愚人 N. fool; simpleton M: ge/[1]míng
[3]yúrén 娱人 V.O. make sb. happy
[4]yúrén 虞人 N. <trad.> official in charge of forests, lakes, and imperial gardens
[5]yúrén 舆人 N. ① wheelwright ② lowly official ③ masses; people
[1]yǔrén 圉人 N. <wr.> groom; equerry
[2]yǔrén 羽人 N. ① immortal ② Daoist priest
[1]yùrén(r) 玉人(儿) N. ① jade carver ② jade statue ③ handsome person (esp.female)
[2]yùrén 语人 V.O. <wr.> tell others
yùrénbùshū 遇人不淑 F.E. be married to a bad husband
yúréndélì 渔人得利 ID. take advantage of others' quarrel
yǔrénfāngbiàn 与人方便[與-] V.P. ① make things easy for others ② accommodate others
Yúrénjié 愚人节[-節] N. <loan> April Fools' Day
yǔrénkǒushí 予人口实[-實] F.E. give critics a handle
yǔrénwéidí 与人为敌[與-敵] F.E. make an enemy of sb.; set oneself against
yǔrénwéinán 与人为难[與-難] F.E. make things difficult for sb.
yǔrénwéishàn 与人为善[與-] F.E. ① help others ② be well-disposed toward
yǔrénwúwǔ 与人无忤[與-] F.E. have no discord with others; bear no ill will against anybody
yùrénxiāngxiāo 玉人香消 F.E. the death of a beautiful woman
yǔrénxiāozāi 与人消灾[與-災] F.E. save sb. from disaster
yúrénzhīlì 渔人之利 ID. profit gained at the expense of others
yúrén zǒng xǐ qiáng chūtóu 愚人总喜强出头[--總-強--] V.P. A fool always rushes to the fore.
yùrèqì 预热器[-熱-] N. (water) heater M: [1]jià/[1]tái
[1]yúrì* 逾日 V.O. pass a day
[2]yúrì 余日 N. the rest of the days
yǔrì 雨日 N. rain day
yùrì 浴日 N. ① bright sunrise ② great exploits; eminent contributions
yǔrìjùhuī 与日俱辉[與-] F.E. The glory of. . . will shine on as long as the sun continues to shine.
yǔrìjùlóng 与日俱隆[與-] F.E. increase/flourish day by day
yǔrìjùzēng 与日俱增[與-] F.E. steadily increase; increase with each passing day
yǔrìtónghuī 与日同辉[與-] F.E. shine forever like the sun and the moon
yǔ rìyuè zhēngguāng 与日月争光[與--爭-] N. ① achieve glorious success ② die heroically for a just cause
yǔróng* 羽绒 N. eiderdown
[1]yùróng 玉容 N. ① <wr.> beautiful face/appearance ② <court.> your face
[2]yùróng 御容 N. ① portrait of the emperor ② face of the emperor
yǔróngbèi 羽绒被 N. down- and feather-filled quilt M: [1]tiáo
yǔróngfú 羽绒服 N. down-filled coat M: [2]jiàn
yùrónghuāmào 玉容花貌 F.E. a fair face and elegant form; beautiful and charming
yúróngmiànxù 余容面叙[-敘] F.E. as for the rest, I will speak of it to you (in correspondence)
yǔróngyī 羽绒衣 N. eider-down filled apparel M: [2]jiàn
yūròu 淤肉 N. gangrene
yúròu* 鱼肉 N. ① flesh of fish ② fish and meat ③ victims of oppression ♦V. cruelly oppress
yúròufěn 鱼肉粉 N. fish flour
yúròu rénmín 鱼肉人民 V.O. to prey upon the people
yúròusōng 鱼肉松[-鬆] N. dried fish floss (food)
yúròu xiānglǐ 鱼肉乡里[--鄉-] V.O. oppress/victimize village people
yúròu xiāngmín 鱼肉乡民[--鄉-] V.O. oppress/victimize village people
yúròu zhòngdú 鱼肉中毒 N. <med.> ciguatera
yūrú* 迂儒 N. impractical scholar; pedant M: ge/[1]míng
yùrú 裕如 ADV. ① effortlessly; with ease ② affluent; rich
yùrùn 玉润 V.P. smooth as jade
yùrùnzhūyuán 玉润珠圆 F.E. smooth and soft (of a singing voice)
yúruò 愚弱 V.P. stupid and weak
yūrúzhījiàn 迂儒之见 N. view of a pedant
yūrúzhīlùn 迂儒之论 N. pedantic views
[1]yúsāi 鱼腮 N. fish gill
[2]yúsāi 于思 A.T. <wr.> long and thick beard and mustache (after days without shaving)
yúsài 榆塞 N. frontier stronghold
yǔsài 与赛[與-] V.P. compete with
yùsāi 郁塞[鬱-] V.P. suffer from pent-up feelings *See also [2]yùsè*
yùsài* 预赛 N. <sport> preliminary contest M: [2]chǎng
yǔsāitái 羽鳃鲐 N. Indian mackerel
yǔsǎn 雨伞[-傘] N. umbrella M: [1]bǎ
yǔsànyúnshōu 雨散云收[--雲-] F.E. The rain stops and the sky clears up. ♦ID. ① separate, as friends ② aftermath of sexual intercourse
yùsāotóu 玉搔头 N. jade hairpin M: [4]zhī
yūsè* 淤塞 V.P. silt up
[1]yúsè 渔色 V.O. <wr.> womanize
[2]yúsè 愉色 N. pleased look; cheerful expression
yǔsè 语塞 V.P. be tongue-tied; hesitate to respond
[1]yùsè 玉色 N. ① jade green; light bluish green ② virtuous and pure ③ fair (of face)
[2]yùsè 郁塞[鬱-] V. be blocked up (of emotions/etc.) *See also yùsāi*
yúsèzhītú 渔色之徒 N. lecher; libertine M: ge/[1]míng
yūshā* 淤沙 N. silt
yúshǎ 愚傻 S.V. foolish; stupid
yǔshā 羽纱 N. camlet M: [2]kuài
yǔshàn 羽扇 N. feather fan M: [1]bǎ
yùshān 玉山 N. ① mountain rich in jade ② decorative jade mountain ③ dwelling place of Xīwángmǔ ④ mountainous wealth ⑤ <wr.> mountains ⑥ snow-covered mountains ⑦ a glamorous erudite man
yùshàn* 御膳 N. the food of the imperial household
yǔshàndòu 羽扇豆 N. <bot.> lupine
yùshànfáng 御膳房 P.W. imperial kitchen
yūshāng 瘀伤[-傷] N. contusion; bruise
yùshàng* 遇上 R.V. encounter; run into sb.
yǔshànguānjīn 羽扇纶巾 ID. ①calm; composed (said of a military commander) ② master strategist
yùshānqīngdǎo 玉山倾倒 ID. get drunk and collapse on the ground
yùshānqīngtuí 玉山倾颓 ID. get dead drunk and fall fast asleep
yǔshǎowàngshē 与少望奢[與-] F.E. expect much for little
[1]yùshè 预设 V. ①preinstall ② <lg.> presuppose ♦N. presupposition
[2]yùshè 寓舍 P.W. residential buildings
yúshèn 逾甚 V.P. become even greater; increase
yùshěn* 预审[-審] N. <law> ① preliminary hearing ② inquest
[1]yúshēng 余生 N. ① one's remaining years ② survival (after disaster) ③ survivor
[2]yúshēng 鱼生 N. finely sliced raw fish
yúshèng 余剩 N. surplus; remainder
[1]yǔshēng(r)* 雨声(儿)[-聲-] N. sound of rain
[2]yǔshēng 语声[-聲] N. speech sounds
yùshēng 玉声[-聲] N. pleasant voice (of females)
yǔshēngjùlái 与生俱来[與-] F.E. be born with; be innate
yúshèng suǒdé 余剩所得 N. residual income
yǔshēng tèxìng 语声特性[-聲--] N. characteristics of speech sounds
yúshēngzhōu 鱼生粥 N. rice gruel with finely sliced fish M: wǎn
yùshèzhí 预设值 N. <lg./comp.> default
[1]yúshī 舆师[-師] N. army
[2]yúshī 鱼虱 N. small parasites on fish
[1]yúshí 渔食 V. ① snatch away; take by force ② forage for food
[2]yúshí 逾时[-時] V.O. pass the deadline
[3]yúshí 于时[於時] V.P. <wr.> ① in the past ② thus
[1]yúshì* 于是[於-] V.P. thereupon; hence; consequently; as a result
[2]yúshì 鱼/渔市 P.W. fish market
[3]yúshì 余事 N. ① unfinished tasks ② extra tasks ③ matters of secondary importance

Y

[4]**yúshì** 余势[-勢] N. postlude
[1]**yǔshī** 语失 V.P. make an indiscreet remark
[2]**yǔshī** 雨师[-師] N. rain god
yǔshí 雨蚀 N. weathering
[1]**yǔshì** 雨势[-勢] N. amount and force of rainfall
[2]**yǔshì** 羽士 N. Daoist priest M: ge/[1]míng/[2]wèi
[3]**yǔshì** 语式 N. <lg.> ① mood ② morpheme
[4]**yǔshì** 语势[-勢] N. the force of an utterance/statement
[5]**yǔshì** 羽饰 N. feather decoration M: [2]jiàn
[1]**yùshī** 御师[-師] N. court physician; emperor's physician M: ge/[1]míng/[2]wèi
[2]**yùshī** 浴尸[-屍] V.O. bathe a corpse (in preparation for the funeral service)
[1]**yùshí** 玉石 N. <coll.> jade M: [2]kuài
[2]**yùshí** 遇时[-時] V.O. catch the right opportunity
[3]**yùshí** 御食 N. food for the emperor ♦V. attend on the senior person at the table
[4]**yùshí** 玉食 N. delicacies; dainties
[1]**yùshǐ** 御史 N. <trad.> imperial censor M: ge/[1]míng/[2]wèi
[2]**yùshǐ** 狱史 N. ① <trad.> prison official M: ge/[1]míng/[2]wèi ② history of a prison M: [2]bù
[1]**yùshì(r)** 遇事(儿) V.O. encounter sth.
[2]**yùshì** 预示 V. betoken; indicate; presage; forebode
[3]**yùshì** 浴室 P.W. bathroom; shower room M: [1]jiān
[4]**yùshì** 狱室 P.W. prison cell M: [1]jiān
[5]**yùshì** 谕示 V. <wr.> instruct (by seniors/elders)
[6]**yùshì** 预视 N. previewing
[7]**yùshì** 预试 N. preliminary examination
[8]**yùshì** 御事 V.O. manage affairs
[9]**yùshì** 御世 V.O. govern the empire
yùshí-bèiké fúdiāo 玉石贝壳浮雕[---殼--] N. cameo
yùshíbùfēn 玉石不分 ID. make no discrimination between the good and the bad
yǔshìbùhé 与世不合[與-] F.E. be out of sympathy with the times
yúshíbùhòu 逾时不候[-時--] F.E. We will not wait for those who are late.
yùshìbùhuāng 遇事不慌 F.E. unruffled
yúshìchǎng 鱼市场[-場] P.W. fish market
yǔshìchángcí 与世长辞[與-辭] F.E. die
yǔshìchángcún 与世长存[與-] F.E. remain forever
yǔshìchénfú 与世沉浮[與-] F.E. drift with the tide
yùshǐ dàfū 御史大夫 N. <trad.> imperial censor M: ge/[1]míng/[2]wèi
yǔshǐ de bǐjiào 语史的比较 N. comparative philology
yùshì fēnxīfǎ 预示分析法 N. <lg.> predictive analysis method
yǔshìfúchén 与世浮沉[與-] F.E. drift/swim with the tide; follow the trend
yǔshìfǔyǎng 与世俯仰[與-] F.E. drift/swim with the tide; follow the trend
yǔshìgéjué 与世隔绝[與-絕] F.E. live in solitude
yúshìhū 于是乎[於-] V.P. ① then ② thereupon; thus
yǔshìjiànruò 雨势渐弱[-勢--] F.E. The rain gradually died down.
yǔshì jiāqiáng 语势加强[-勢-強] N. <lg.> emphasis
yùshíjǐnyī 玉食锦衣 F.E. sumptuous food and luxurious clothing
yǔshìjuébié 与世诀别[與-] F.E. say good-bye to the world
yùshíjùfén 玉石俱焚 ID. destroy indiscriminately
yùshìlèguān 遇事乐观[-樂觀] F.E. look through rose-colored glasses
yùshìshēngfēng 遇事生风 F.E. sow discord whenever possible
yǔshìtuīyí 与世推移[與-] F.E. change with the times
yúshìwúbǔ 于事无补[於-補] F.E. ① It doesn't help the situation. ② It makes no difference to the matter.
yúshìwúyì 于事无益[於-] F.E. It will do no good.
yǔshìwúzhēng 与世无争[與-爭] F.E. hold oneself aloof from world
yùshì xiàodù 预示效度 N. <lg.> predictive validity
yúshìyān 于是焉[於-] V.P. thereupon
yùshìyàn* 预试验 N. trial test
yǔshìyǎnyǎng 与世偃仰[與-] F.E. ① have no independent thinking of one's own ② drift with the current
yúshízhī 鱼石脂 N. <med.> ichthammol; ichthyol
yùshízhūbǎo 玉石珠宝[-寶] F.E. jade, precious stones, pearls, and gems
yùshōu 预收 V. ① pay in advance ② collect money in advance
[1]**yùshǒu** 驭/御手 N. soldier in charge of pack animals M: ge/[1]míng
[2]**yùshǒu** 玉手 N. <wr.> slender white hands
yùshòu* 预售 V. sell in advance; book
yùshōu bǎozhèngjīn 预收保证金[---證-] N. margin money
yùshòu dìngjīn 预售定金 V.O. collect a deposit
yǔshǒujiētiān 语首接添 N. prefixation
yùshōu jìnkuǎn 预收进款[--進-] N. prepaid income
yùshòupiào 预售票 N. advance ticket
yùshōu shōuyì 预收收益 N. prepaid income
yùshǒuxiānxiān 玉手纤纤[-纖纖] F.E. the slender hands of a pretty young woman
yúshū 鱼书[-書] N. letter; missive
[1]**yúshù*** 榆树[-樹] N. elm M: [2]kē
[2]**yúshù** 余数[-數] N. <math.> ① remainder ② complement of a number
yǔshū 羽书[-書] N. urgent message M: [2]fēng
yùshū 御书[-書] N. ① books offered to the emperor for reading ② writings authored by the emperor M: [2]fēng
[1]**yùshù** 玉树[-樹] ID. a young person with talent and good looks ♦N. locust tree
[2]**yùshù** 育树[-樹] V.O. cultivate trees
yǔshuā* 雨刷 N. windshield wiper M: [1]bǎ/[4]zhī
yùshuā 浴刷 N. body friction brush M: [2]bǎ
yǔshuāijiǎn 雨衰减[-減] V.P. attenuation by rain
yūshuǐ 淤水 N. water accumulated due to a drain problem, etc.
yúshuǐ 鱼水 N. ① fish and water ② good understanding/agreement ③ conjugal harmony
yǔshuǐ* 雨水 N. ① rainwater; rainfall; rain ② Rain Water (2nd solar term)
yùshuǐdāqiáo 遇水搭桥[-橋] ID. bridge streams when encountered
yǔshuǐguǎn 雨水管 N. waterspout; downspout
yúshuǐhéxié 鱼水和谐 ID. ① live in harmony like fish and water ② marital harmony
yǔshuǐ qín 雨水勤 F.E. <coll.> abundant rain (in a season, etc.)
yú-shuǐqíng 鱼水情 N. closeness of fish and water
yúshuǐqíngshēn 鱼水情深 ID. be close as fish and water
yúshuǐxiāngféng 鱼水相逢 ID. the encounter of two true lovers/friends
yúshuǐxiāngyī 鱼水相依 F.E. be related to or depend on each other like fish and water
yǔshuǐ xiàshuǐdào 雨水下水道 N. storm sewer M: [1]tiáo
yúshuǐzhīhuān 鱼水之欢[-歡] N. the joy of being with one's true love/etc.
yúshuǐzhīqíng 鱼水之情 N. relations like fish to water
yǔshuǐ zú 雨水足 V.P. adequate rainfall
yùshùlínfēng 玉树临风[-樹臨-] ID. the manner of a delicate beauty
Yú Shùn 虞舜 N. legendary emperor of great wisdom
yūshuōfǎ 迂说法 N. <lg.> periphrasis
yúshùqián 榆树钱[-樹錢] N. young elm seeds
yùshǔshǔ 玉蜀黍 N. maize; corn
yǔ shùyàng wánquán fúhé 与束样完全符合[與-樣----] V.P. perfect match
yúsī 于斯[於-] V.P. in this place; here
yǔsī* 雨丝[-絲] N. drizzle
yǔsǐ 瘐死 V. <wr.> die of hunger/disease (of prisoners)
yùsī 狱司 P.W. <trad.> department of legal affairs and prisons
yúsǐwǎngpò 鱼死网破[--網-] ID. a life-and-death struggle
yúsōng* 鱼松[-鬆] N. dried fish floss (food)
yǔsōng 雨淞 N. glaze; glaze ice
yùsòng 狱讼 N. lawsuit
yūsǒu* 迂叟 N. impractical old man M: ge/[1]míng
yúsǒu 渔叟 N. <wr.> old fisherman M: ge/[1]míng
yǔsù 语素 N. <lg.> morpheme
yùsuàn 预算 N. budget ♦V. calculate in advance
yùsuàn'àn 预算案 N. budget as a bill in the assembly M: [2]jiàn
yùsuàn biānzhì 预算编制 N. <acct.> budget-making
yùsuànbiǎo 预算表 N. budget statement M: [1]zhāng
yùsuàn fēnféi 预算分肥 N. pork barrel (fig.)
yùsuànnèi 预算内 ATTR. budgetary
yùsuàn niándù 预算年度 N. budget year
yùsuàn shēnqǐngshū 预算申请书[-書] N. budget message M: [1]fèn
yùsuàn shù'é 预算数额[--數-] N. budget level/amount
yùsuànwài jīngfèi 预算外经费[---經-] N. extra-budgetary funds
yǔsù biàntǐ 语素变体[-變體] N. <lg.> allomorph
yùsùbùdá 欲速不达[-達] F.E. Haste makes waste.; More haste, less speed.
yǔsù duìyìcí 语素对译词[--對譯-] N. <lg.> calque
yùsuǐ 玉髓 N. ① exquisite wine ② <min.> chalcedony
yùsuì* 玉碎 ID. ① prefer death to dishonor ② die in glory
yǔsuìjùzhǎng 与岁俱长[與歲-] F.E. grow with one's years
yùsuìxiāngmái 玉碎香埋 ID. (The woman is dead like) broken jade and buried incense.
yùsuìzhūchén 玉碎珠沉 ID. ① the death of a beautiful woman ② talents gone to waste
yùsūn 御孙[-孫] N. emperor's grandchildren
yùsǔn* 玉笋[-筍] N. pretty fingers of a woman
yǔsǔnshī 雨损失 N. loss due to rain
yùsuō 预缩 V. preshrink
[1]**yùsuǒ*** 寓所 P.W. place of residence
[2]**yùsuǒ** 御所 P.W. emperor's lodging
yǔsù xíngshì 语素形式 N. <lg.> morph
yǔsùxué 语素学 N. <lg.> morphemics
yù sù zé bù dá 欲速则不达[-達] F.E. haste makes waste
yǔ tā hégān 与他何干[與-] V.P. What does it have to do with him?
yútái 舆台[-臺] N. coolies; mean laborers
yǔtài* 语态[-態] N. <lg.> voice
yǔtài qūjìn 语态趋近[-態趨-] N. <lg.> speech accommodation
yǔtài tónghuà 语态同化[-態--] N. <lg.> speech accommodation
yǔtài xiāngyìng 语态相应[-態-應] N. <lg.> speech accommodation
[1]**yútān(r/zi)** 鱼摊(儿/子)[-攤] P.W. fish stand (in an open market)
[2]**yútān** 渔滩[-灘] P.W. fishing bank
yútán 雩坛[-壇] N. platform for praying for rain
yǔtán* 羽坛[-壇] P.W. badminton circles; the badminton world
yútáng* 鱼塘 P.W. fishpond M: ge/[4]zuò
[1]**yùtáng** 浴堂 P.W. bathhouse; public bath M: ge/[4]zuò
[2]**yùtáng** 玉堂 ID. ① a rich and powerful family ② an imperial harem ③ name of an office in the Han dynasty
yútáo 余桃 N. male homosexuality

yùtáo* 郁陶[鬱-] V.P. melancholy; pensive; sad
yúténg 鱼藤 N. <bot.> trifoliate jewelvine
yūtǐ 纡体[-體] V.O. bend one's body; crouch; bow down
yútī 鱼梯 N. fishway; fish ladder
yǔtǐ 语体[-體] N. style; spoken style (in writing)
yùtí 御题 N. imperial writings; calligraphy by the emperor's hand
yùtǐ* 玉体[-體] N. ① beautiful body ② <court.> ⓐ your precious self ⓑ your health
yǔtiān* 雨天 N. rainy day
yùtiān 吁天 V.O. cry to Heaven; appeal to God
yùtiāncìfú 吁天赐福 F.E. implore Heaven for a blessing
yǔtiáo 语条[-條] N. <lg.> string
yútiàolóngmén 鱼跳龙门 ID. persons of humble family who endeavor to pass the national examinations
yútiāozi 鱼挑子 N. fish stand (in an open market) M: [1]fù
yùtǐhéngchén 玉体横陈[-體--] ID. the recumbent body of a beautiful woman
yǔtǐhuà 语体化[-體-] N. colloquialization
yútǐng 渔艇 N. fishing boat/launch M: [1]tiáo/[1]sōu
yùtǐwéihé 玉体违和[-體違-] F.E. ① sb. out of sorts ② Sorry to learn that you are indisposed.
yǔtǐwén 语体文[-體-] N. vernacular writing M: [1]piān
[1]**yútóu** 鱼头 N. fish head M: ge/[2]zhī
[2]**yútóu(r)** 余头(儿) N. <coll.> remainder
yùtou* 芋头 N. ① taro ② <topo.> sweet potato M: ge/[2]zhī
yǔtú 舆图[-圖] N. <wr.> map M: [1]zhāng
yǔtú 语图[-圖] N. sonagram; sound spectrogram
yùtù* 玉兔 N. <wr.> the Jade Hare (i.e., the moon)
yǔtuán 语团[-團] N. <lg.> language group
yùtùdōngshēng 玉兔东升 F.E. The moon rises in the east.
yùtuǐ 玉腿 N. beautiful naked legs of a woman
yùtuō* 寓托 V. imply by parables
yùtuó 鹬鸵 N. <zoo.> kiwi M: [1]tóu
yǔwā 雨蛙 N. <zoo.> tree toad M: [2]zhī
yúwài 余外 N. <topo.> ① additional items ② besides; apart from this
yùwài* 域外 P.W. foreign lands; abroad
yùwài bìhù 域外庇护[-護] N. extraterritorial asylum
yùwài fāngzhēn 御外方针[禦-] N. ways of resisting foreign aggression
yùwài lùnyuán 域外论元 N. <lg.> external argument
[1]**yúwán(zi)*** 鱼丸(子) N. fish ball; fish cake M: ge/[2]zhī
[2]**yúwán** 愚顽 V.P. ignorant and stubborn
yúwǎn 愚晚 PR. <humb.> I, your ignorant pupil
yùwàn 玉腕 N. the wrist and forearm of a beautiful woman
yúwǎng 鱼/渔网[-網] N. fishnet; fishing net
yúwàng 愚妄 V.P. stupid but conceited
yùwàng* 欲望 N. ① desire; passion ② <econ.> need; necessity
yúwàngzhītú 愚妄之徒 N. an ignorant and senseless fellow M: ge/[1]míng
yùwǎnjīn'ōu 玉碗金瓯[-甌] F.E. bowls and cups of jade or gold
yúwēi 余威 N. remaining prestige/influence
yúwěi 鱼尾 N. fish tail
yúwèi* 余味 N. agreeable aftertaste; pleasant impression
[1]**yǔwěi** 语尾 N. <lg.> suffix; ending
[2]**yǔwěi** 羽尾 N. feather tail
yǔwèi 语位 N. <lg.> phoneme; lexeme; morpheme
[1]**yùwéi** 誉为[譽-] V.P. honor
[2]**yùwéi** 喻为 V.P. be compared to; be metaphorized as
yúwěibǎn 鱼尾板 N. <railroad> fishplate M: [2]kuài
yǔwěicí 语尾词 N. <lg.> suffix
yúwěihào 鱼尾号[-號] N. boldface square brackets (【】)
yǔwěi jiētiān 语尾接添 N. <lg.> suffixation
yǔwěi shěnglüè 语尾省略 N. <lg.> apocope
yúwěiwén 鱼尾纹 N. crow's feet; facial wrinkles
yúwèiwúqióng 余味无穷[-窮] F.E. leave a lasting and pleasant impression/aftertaste
yǔwèixīnshēng 语为心声[-聲] F.E. Words are the mirror of one's mind.
yǔwěiyīn 语尾音 N. <lg.> ending sound of a word/sentence
yǔwèi yīnwèi 语位音位 N. <lg.> morphophoneme
yǔwěi zhùcí 语尾助词 N. <lg.> auxiliary word that occurs at the end of a sentence
[1]**yúwēn** 余温 N. lingering warmth
[2]**yúwēn** 鱼塭 P.W. fish farm
yúwén 鱼纹 N. fish patterns
yǔwén* 语文 N. ① (spoken and written) language ~ *xiàndàihuà* language modernization ② language and literature
[1]**yùwén** 与/预闻[與-] V. have a participant's knowledge of; be let into (a secret/etc.)
[2]**yùwén** 鬻文 V.O. write for pay
[3]**yùwén** 饫闻 V. have heard enough
yǔwén biǎoshì 语文表示 N. <lg.> linguistic expression
yǔwén biāozhǔn diǎnhuà 语文标准典化[--標準--] N. <lg.> language codification
yǔwén dānwèi 语文单位 N. <lg.> linguistic unit
yǔwén de 语文的 ATTR. philological; linguistic; verbal
yǔwén de huódòng 语文的活动[-動] N. <lg.> linguistic/verbal activity
yúwēng* 渔翁 N. old fisherman M: ge/[1]míng/[2]wèi
yùwěng 郁蓊[鬱-] N. luxuriant; lush
yúwēngdélì 渔翁得利 F.E. sb. who profits from the conflict of two others
yǔwénhuà guīzé 语文化规则 N. <lg.> grammaticality
yǔwén jièshuō 语文界说 N. <lg.> verbal definition
yǔwénkè 语文课 N. language and literature course/class M: [2]táng
yǔwén qīngxiàng 语文倾向 N. <lg> linguistic disposition
yùwénqíshì 与闻其事[與-] F.E. be in the know
yǔwén shètuán 语文社团[-團] N. <lg.> linguistic community
yǔwén shìwù 语文事物 N. <lg.> linguistic transaction
yǔwén tǎolùn 语文讨论 N. <lg.> verbal discussion
yùwénwéishēng 鬻文为生 F.E. make a living by writing
yǔwén xíngshì 语文形式 N. <lg.> linguistic form
yǔwén xíngwéi 语文行为 N. linguistic act; verbal behavior
yǔwénxué 语文学 N. philology
yǔwénxuéjiā 语文学家 N. philologist M: ge/[1]míng/[2]wèi
yǔwén yìyì 语文意义[-義] N. <lg.> linguistic meaning
yǔwén zhīwài de 语文之外的 ATTR. extralinguistic
yǔwén zhīwài de shìjiè 语文之外的世界 P.W. extralinguistic world
yǔwén zhīwài de shìwù 语文之外的事物 N. extralinguistic world
yǔwǒwúshè 与我无涉[與-] F.E. none of my business
yúwǒwúyì 于我无益[於-] F.E. It does not benefit me.
yǔwù 雨雾[-霧] N. misty rain
yùwǔ 御侮[禦-] V.O. resist foreign aggression
yú wù'ǎi zhīzhōng 于雾霭之中[於霧-] F.E. becloud
yǔwù fēnxi 语误分析 N. <lg.> error analysis
yǔwúlúncì 语无伦次 F.E. speak incoherently/irrationally
yǔwù nínggùhuà 语误凝固化 N. <lg.> fossilization
yǔwùwúwǔ 与物无忤[與-] F.E. have offended no one
yúxì 余隙 N. <mach.> clearance; play
yǔxí 羽檄 N. urgent message calling men to arms
yǔxì 语系 N. <lg.> language family; speech; subfamily; family of languages
[1]**yùxí*** 预习[-習] V. ① prepare lessons before class ② rehearse; drill
[2]**yùxí** 遇袭 V.O. be attacked (by an enemy/criminal)
[1]**yùxǐ** 玉玺[-璽] N. imperial jade seal M: [1]kē
[2]**yùxǐ** 预洗 V. prewash
yú-xiā* 鱼虾[-蝦] N. fish and shrimp
yúxiá 余暇 N. spare/leisure time; leisure
[1]**yúxià** 余下 ATTR. remaining
[2]**yúxià** 愚下 PR. <humb.> I; me
[3]**yúxià** 于下[於-] V.P. as follows; below
yǔxià 宇下 P.W. ① under the roof ② under sb.s protection
yùxiá 玉匣 N. ① a jade box for jewels ② coffin for the emperor in the Han dynasty M: ge/[2]zhī
yúxiàlai 余下来 R.V. be left over; have extra
yúxiān 鱼鲜 N. seafood
[1]**yúxián** 余闲 N. spare time; leisure
[2]**yúxián** 余弦 N. <math.> cosine
[3]**yúxián** 踰闲 V.O. break moral conventions; break decorum
[1]**yúxiàn** 逾限 V.O. exceed a limit (in time/place)
[2]**yúxiàn** 鱼线 N. fishing line; fishline
[3]**yúxiàn** 余羡 N. surplus; overplus; profit
yǔxiàn 围限 N. boundary; limit
[1]**yùxiān*** 预先[豫-] ADV. in advance; beforehand
[2]**yùxiān** 玉纤[-纖] N. delicate fingers of a beauty
yùxiǎn 遇险 V.O. run into danger
yùxiǎn chuánzhī 遇险船只[-隻] N. ship in distress M: [1]sōu/[1]tiáo
yúxiándàngjiǎn 逾闲荡检[--蕩-] F.E. licentious in conduct
[1]**yúxiāng** 余香 N. lingering fragrance
[2]**yúxiāng** 鱼箱 N. fish box M: ge/[2]zhī
[1]**yúxiàng** 余项 N. remainder term; remainder; residue
[2]**yúxiàng** 余像 N. after image
[1]**yùxiǎng*** 预想 V. anticipate; expect
[2]**yùxiǎng** 欲想 N. desire for wealth and women
yùxiàng 浴像 V.O. bathe Buddha's image
yùxiǎng dào 预想到 R.V. think of ahead of time
yúxiāngmǎnkǒu 余香满口 F.E. leave a lingering fragrance in one's mouth
yúxiāng ròusī 鱼香肉丝[-絲] N. fish-flavored shredded pork
yùxiān gūjì de fǎnyìng 预先估计的反应[-應] N. <lg.> anticipatory feedback
yùxiān jiǎdìng 预先假定 N. presupposition
yùxiān jiàoxué 预先教学 N. <lg.> pre-teaching
yúxiànjǐng 鱼陷阱 N. fish-trap
yùxiānshuō 预先说 V.P. foretell; prophesy
yùxiǎn xìnhào 遇险信号[-號] N. emergency/distress signal
yùxiānxiùměi 玉纤秀美[-纖--] F.E. The fingers of a beauty are graceful.
yùxiān yīnbiàn 预先音变[-變] N. <lg.> anticipation
yùxiànyùshēn 愈陷愈深 V.P. sink more and more deeply into the mire
[1]**yúxiào*** 余效 N. residual effect
[2]**yúxiào** 愚孝 N. blind devotion to one's parents
yùxiāo 玉箫[-簫] N. jade flute M: [4]zhī
yǔxié* 雨鞋 N. galoshes; rubbers M: [1]shuāng
yùxiè 玉屑 N. ① broken jade ② snow ③ exquisite writing
yǔxì guānxi 语系关系[-關係] N. <lg.> genetic relationship
yǔxíjiāochí 羽檄交弛 F.E. interchange urgent dispatches
yúxīn 舆薪 ID. something very obvious
yǔxìn* 语信 AB. *yǔyán xìnxī* language information
[1]**yùxīn** 欲心 N. one's desires

Y

[2]yùxīn 玉心 N. a heart as pure as jade
yúxīnbù'ān 于心不安[於-] F.E. not be set at rest
yúxīnbùgān 于心不甘[於-] F.E. unwilling to admit defeat
yúxīnbùrěn 于心不忍[於-] F.E. can't bear to; not to have the heart to
yúxīnchìqǐ 觎心炽起[--熾-] F.E. covetous desires blazing up
yūxíng 纡行 V. proceed through a winding and twisting path
yúxíng 鱼形 N. fish shape
yúxìng* 余兴[-興] N. ① lingering interest ② entertainment after meeting/banquet
yǔxīng(r) 雨星(儿) N. light drizzle; small raindrops
[1]yǔxíng 语型 N. <lg.> linguistic pattern
[2]yǔxíng 语形 N. <lg.> morpheme
yùxíng 预行 N. ① advance action ② trial run ♦V. ① carry out ahead of schedule ② apply beforehand
yùxìng 育性 N. <agr.> fertility
yǔxíng biànhuà 语形变化[--變-] N. <lg.> inflection
yúxīngcǎo 鱼腥草 N. strong fishy-smelling grass
yúxìng jiémù 余兴节目[-興節-] N. encore
yúxīngwèi 鱼腥味 N. fishy smell/taste
yúxīngxiāwèi 鱼腥虾味[--蝦-] F.E. smell of fish and prawns
yúxīngxiāxiè 鱼腥虾蟹[--蝦-] F.E. fish, shrimps, crabs, etc.
yùxíngyòuzhǐ 欲行又止 F.E. start to walk away, then stop
yúxīnhérěn 于心何忍[於-] F.E. How can you bear to do it?
yùxīnjiǎojié 玉心皎洁[-潔] F.E. ① A pure heart is unsullied. ② a clean mind
yúxīnwúkuì 于心无愧[於-] F.E. feel no compunction
yúxīnyǒukuì 于心有愧[於-] F.E. have a guilty conscience
yúxiōng 愚兄 PR. <humb.> I (a male)
yùxiū 燠休 V. <wr.> comfort; soothe (the distressed/afflicted)
yūxú 纡徐 ADV. <wr.> unhurriedly; leisurely
yúxù 余蓄 N. ① bank balance ② surplus savings ③ personal savings
yǔxù* 语序 N. <lg.> word order; morpheme sequence
yùxū 玉虚[-虛] P.W. fairyland
yùxuǎn 预选[-選] V. pre-elect; preselect ♦N. ① preliminary selection/contest ② primaries
yùxuǎnsài 预选赛[-選-] N. <sport> preliminary heat M: [2]chǎng
yùxuǎnsòng 预选送[-選-] N. preselection
yūxuè* 淤/瘀血 N. <med.> ① blood clot/stasis ② extravasated blood
yǔxuē 雨靴 N. rubber boots; galoshes M: [1]shuāng
yǔxué 语学 N. linguistics
yǔ-xuě 雨雪 N. rain and snow
[1]yùxuè 浴血 V.O. bathed in blood; bloody
[2]yùxuè 郁血[鬱-] N. <med.> venous stasis
yǔ-xuědiǎn 雨雪点[-點] N. <art> rain-and-snow dot (in painting)
yǔxuěfēnfēn 雨雪纷纷 F.E. a mixture of rain and snow
yùxuèfènzhàn 浴血奋战[-奮戰] F.E. fight a bloody battle
yùxuěkěniàn 玉雪可念 F.E. pure, white, and lovable (of sb.'s skin)
yùxuèkǔzhàn 浴血苦战[-戰] F.E. fight a bloody battle
yùxuěpéng 御雪棚[禦-] P.W. snow shelter M: [4]zuò
yúxùn* 鱼/渔汛 N. fishing season
yùxùn 玉蕈 N. a kind of mushroom
yūyán 迂言 N. absurd statements; impractical remarks
yúyān 于焉[於-] V.P. ① then; thereupon ② here
[1]yúyán 谀言 N. flattering words; flattery
[2]yúyán 鱼盐[-鹽] N. marine resources

yúyǎn 鱼眼 N. ① fish eyes ② bubbles on the water when it begins to boil
[1]yúyàn 鱼雁 N. <wr.> letters; epistles
[2]yúyàn 鱼堰 N. fishweir M: [2]dào
yǔyān 雨烟[-煙] N. misty rain
yǔyán* 语言 N. language; speech; tongue; word ~ *Yìngyòng Yánjiūsuǒ* Institute of Applied Linguistics
yǔyàn 雨燕 N. <zoo.> swift M: [2]zhī
[1]yùyán 预言 V. prophesize; predict; foretell ♦N. prophecy; prediction
[2]yùyán 寓言 N. allegory; parable; fable M: [1]piān
[3]yùyán 玉言 F.E. <court.> your words
[4]yùyán 玉颜 N. fair complexion
yùyǎn 预演 V. preview (a movie/performance)
[1]yùyàn 玉艳[-艷] N. complexion as smooth as jade
[2]yùyàn 御宴 N. royal feast
yǔyán bǎochí 语言保持 N. <lg.> language maintenance
yǔyán běnlǐng 语言本领 N. <lg.> linguistic competence
yǔyán biànhuà 语言变化[--變-] N. <lg.> language change
yǔyán biànqiān 语言变迁[--變遷] N. <lg.> ①change of language ②evolutionary linguistics
yǔyán biàntǐ 语言变体[-變體] N. <lg.> language variety; variety of language
yǔyán biànxiàng 语言变项[--變-] N. <lg.> language variable
yǔyán biànyì 语言变异[-變異] N. <lg.> language variation
yǔyán bù ānquán gǎn 语言不安全感 N. <lg.> linguistic insecurity
yǔyānbùxiáng 语焉不详 F.E. ① too sketchy ② not speak in detail; not elaborate
yǔyáncéng 语言层[-層] N. <lg.> ① linguistic level ② substrata
yǔyán céngcì 语言层次[--層-] N. <lg.> language strata; linguistic level
yǔyán chāo shí-kōng tèxìng 语言超时空特性[---時---] N. <lg.> displacement
yǔyán chéngjiù 语言成就 N. <lg.> language achievement
yǔyán chǔlǐ 语言处理[--處-] N. <lg.> language treatment
yǔyán chúnjiéhuà 语言纯洁化[---潔-] N. <lg.> language purification
yǔyán cūsú 语言粗俗 V.P. sb.'s language is vulgar
yǔyán dāngdìhuà 语言当地化[--當--] N. <lg.> naturalization; localization
yǔyán dānwèi 语言单位 N. <lg.> ① linguistic unit ② morpheme
yǔyán dàozhì 语言倒置 N. <lg.> metathesis
yǔyán de biāozhǔnhuà 语言的标准化[---標準-] N. <lg.> standardization of language
yǔyán de fēnzhī 语言的分支 N. <lg.> subfamily
yǔyán de gūlìxìng 语言的孤立性 N. <lg.> isolating character of a language
yǔyán de hùnchéng 语言的混成 N. <lg.> blending in language
yǔyán de pǔbiàn xìngzhì 语言的普遍性质[-質] N. <lg.> universality of language
yǔyán de rónghé 语言的融合 N. <lg.> blending in language
yǔyán de xìngzhì 语言的性质[-質] N. <lg.> nature of language
yǔyán de yìngyòng 语言的应用[---應-] N. language application
yǔyán de yìyì 语言的意义[-義] N. <lg.> linguistic meaning
yǔyán diàochá 语言调查 N. <lg.> linguistic survey
yǔyán dìlǐxué 语言地理学 N. <lg.> linguistic geography
yǔyán dìtú 语言地图[-圖] N. linguistic atlas/map M: [1]zhāng
yǔyán dìwèi guīhuà 语言地位规划[-劃] N. <lg.> status planning

yǔyán dòngcí 语言动词[--動-] N. <lg.> verb of locution
yùyán'érzhǐ 欲言而止 F.E. hold one's tongue
yǔyán fànchóu 语言范畴[-範疇] N. <lg.> linguistic category
yǔyán fāngzhèn 语言方阵 N. <lg.> phonetic matrix
yǔyán fānyìqì 语言翻译器[---譯-] N. <comp.> language translator M: [1]tái
yǔyán fāzhǎnqī cuòwù 语言发展期错误[--發----] N. <lg.> developmental error
yǔyán fēnggé 语言风格 N. <lg.> style of language
yǔyán fēnhuà 语言分化 N. <lg.> divergence
yǔyán fēnlèi 语言分类[-類] N. <lg.> language classification
yǔyán fēnlèifǎ 语言分类法[---類-] N. <lg.> language classification
yǔyán fēnliè 语言分裂 N. <lg.> cleavage of language
yǔyán fēnxi 语言分析 N. <lg.> phonetic analysis
yǔyán fúhào 语言符号[-號] N. <lg.> linguistic sign
yǔyán fùxīng fāng'àn 语言复兴方案[--復興--] N. <lg.> language revitalization M: [2]jiàn/ge
[1]yúyāng(r/zi)* 鱼秧(儿/子) N. fingerling
[2]yúyāng 余殃 N. calamity/misfortune which makes itself felt long after the seed was sown
yúyáng 揄扬[-揚] V. <wr.> ① praise; extol ② publicize; advocate
yùyāng 育秧 V.O. raise rice seedlings
yùyǎng 育养[-養] V. ①bring up; foster ②raise; breed
yǔyán gōngchéng 语言工程 N. <lg.> language engineering M: [3]xiàng
yǔyán gōngnéng 语言功能 N. <lg.> function of language; language functions
yǔyán gōngnénglùn 语言功能论 N. <lg.> functional theory
yǔyán gōngnéng piānxiàng 语言功能偏向 N. <lg.> lateralization
yǔyán guānlián 语言关联[-關聯] N. verbal association
yǔyán guīfàn 语言规范[-範] N. language norm
yǔyán guīfànhuà 语言规范化[---範-] N. <lg.> standardization of language
yǔyán guīhuà 语言规划[-劃] N. language planning
yǔyán guīzé 语言规则 N. ① <comp.> language rules ② <lg.> linguistic rule M: [1]tiáo
yǔyán gǔshēngwùxué 语言古生物学 N. <lg.> linguistic archeology
yúyāngzi 鱼秧子 N. fingerling
yǔyán huánjìng 语言环境[--環-] N. <lg.> linguistic context
yǔyán hùnhé 语言混合 N. <lg.> languages in contact
[1]yùyánjiā 预言家 N. ① prophet ② fortuneteller M: ge/[1]míng/[2]wèi
[2]yùyánjiā 寓言家 N. fabulist M: ge/[1]míng/[2]wèi
yǔyán jiànshī 语言渐失 N. <lg.> language attrition
yǔyán jiàntóng 语言渐同 N. <lg.> convergence
yǔyán jiāojì jiàoxuéfǎ 语言交际教学法[---際---] N. <lg.> communication language teaching
yǔyán jiàoshì 语言教室 P.W. language classroom M: [1]jiān
yǔyán jiāotōng lǐlùn 语言交通理论 N. <lg.> communication theory
yǔyán jiàoxué 语言教学 N. language teaching/pedagogy
yǔyán jiǎozuò 语言矫作[--矯-] V.P. Sb.'s language has a tinge of affectation.
yǔyán jiēchù 语言接触[-觸] N. <lg.> language contact
yǔyán jiěmǎ 语言解码 N. <lg.> linguistic decoding
yǔyán jīguān 语言机关[-關] N. <lg.> speech organ
yǔyán jìnéng 语言技能 N. <lg.> language skills

yúyǎn jìngtóu 鱼眼镜头 N. fish-eye lens (of a camera)
yǔyán jīngyàn jiàoxuéfǎ 语言经验教学法[--經----] N. <lg.> language experience approach
yǔyán jìqiǎo 语言技巧 N. <lg.> language skills
yǔyán jí shízhì 语言及实质[-實質] N. <lg.> word and being
yǔyán jítuán 语言集团[-團] N. <lg.> speech community
yǔyán jīxièlùn 语言机械论 N. <lg.> linguistic structuralism
yǔyán kèchéng shèjì 语言课程设计 N. <lg.> language program design
yǔyán kēxué 语言科学 N. <lg.> linguistic science; linguistics
yǔyán kuìfá 语言匮乏 N. <lg.> language deficit
yǔyán lèixíng 语言类型[--類-] N. typology
yǔyán lèixíngxué 语言类型学[--類--] N. linguistic/language typology; linguistic anthropology
yǔyánměi 语言美 V.P. ① beautiful speech ② beautification of language
yǔyán miáoxiě 语言描写[-寫] N. <lg.> linguistic description
yǔyán móxíng 语言模型 N. <lg.> language model
yǔyán nèibù fāzhǎn 语言内部发展[----發-] N. <lg.> internal linguistic development
yǔyán nénglì 语言能力 N. <lg.> ①competence ② linguistic competence
yǔyán nénglì sàngshī 语言能力丧失[----喪-] N. <lg.> language loss
yǔyán niándàixué 语言年代学 N. <lg.> glottochronology
yǔyán péiyǎng 语言培养[-養] N. <lg.> language cultivation
yǔyán pǔbiàn xiànxiàng 语言普遍现象 N. <lg.> language universal
yǔyán pǔbiànxìng 语言普遍性 N. <lg.> language universal
yǔyán qiánnéng 语言潜能[--潛-] N. <lg.> linguistic competence
yǔyán qiànquē xíngshì 语言欠缺形式 N. <lg.> verbal deficit hypothesis
yǔyán qìguān 语言器官 N. <lg.> speech organ
yǔyán qiútóng 语言求同 N. <lg.> convergence
yǔyán qíyì 语言歧义[-義] N. <lg.> linguistic ambiguity
yǔyánqū 语言区[-區] P.W. <lg.> linguistic area
yǔyán quēxiàn 语言缺陷 N. <lg.> language deficit
yǔyánqún 语言群 N. <lg.> language group
yǔyán rénlèixué 语言人类学[---類-] N. ethnolinguistics
yǔyán rǒngyú xiànxiàng 语言冗余现象 N. <lg.> redundancy
yǔyán sàngshī 语言丧失[--喪-] N. <lg.> language loss
yǔyán shèhuì xīnlǐxué 语言社会心理学 N. <lg.> social psychology of language
yǔyán shèhuìxué 语言社会学 N. <lg.> sociology of language
yǔyán shèhuìxuépài 语言社会学派 P.W. <lg.> sociolinguistic school
yǔyán shēngchéng 语言生成 N. <lg.> language generation
yǔyán shèqún 语言社群 N. <lg.> linguistic community
yǔyán shètuán 语言社团[-團] P.W. <lg.> language/linguistic community
yǔyán shíxíshì 语言实习室[--實習-] P.W. language lab M: ¹*jiān*
yǔyán shíyànshì 语言实验室[--實--] P.W. language lab M: ¹*jiān*
yǔyán shíyòngxué 语言实用学[--實--] N. <lg.> pragmatics
yǔyán shuǐpíng 语言水平 N. <lg.> language proficiency
yǔyán sùcái 语言素材 N. <lg.> corpus
yǔyán sùcái guīhuà 语言素材规划[-劃] N. <lg.> corpus planning M: ³*xiàng*
yǔyán sùzhì 语言素质[-質] N. <lg.> language aptitude
yǔyán sùzhì cèyàn 语言素质测验[---質--] N. <lg.> language aptitude test
yǔyán tàidù 语言态度[--態-] N. <lg.> language attitude
yǔyán tiáojiàn 语言条件[--條-] N. <lg.> linguistic condition
yǔyán tiáojiàn chà de rén 语言条件差的人[--條----] N. <lg.> linguistically disadvantaged
yǔyán tǐcái 语言体裁[--體-] N. <lg.> style of language
yǔyán tǒngjìxué 语言统计学 N. linguistic statistics
yǔyán tǒngyī 语言统一 N. <lg.> unification of language
yùyàntóuhuái 玉燕投怀[-懷] ID. wish sb. will give birth to a good son
yúyànwǎngfǎn 鱼雁往返 ID. have correspondence with
yúyànwǎnglái 鱼雁往来 ID. incoming and outgoing correspondence
yǔyán wǎngluò lǐlùn 语言网络理论[--網---] N. <lg.> semantic network theory
yǔyán wéichíxìng 语言维持性 N. <lg.> language maintenance
yǔyán wéihù 语言维护[-護] N. <lg.> language maintenance
yúyánwèijìn 余言未尽[-盡] F.E. unable to say all that one would like
yǔyán wěishàn 语言伪善 V.P. Sb.'s language has a tinge of hypocrisy.
yǔyán wénhuà gōngnéng 语言文化功能 N. <lg.> metalingual function
yǔyán wénhuà shìyìng 语言文化适应[-適應] N. <lg.> acculturation
yǔyán wénhuà yírù 语言文化移入 N. <lg.> acculturation
yǔyán wénzì 语言文字 N. spoken and written language
yǔyán wúwèi 语言无味 V.P. tasteless expression; insipid language
yǔyán xiāngduìlùn 语言相对论[---對-] N. <lg.> linguistic relativity
yǔyán xiāngduìxìng 语言相对性[---對-] N. <lg.> linguistic relativity
yǔyán xiāngguānxìng 语言相关性[---關-] N. <lg.> linguistic relatedness
yúyànxiǎntōng 鱼雁鲜通 ID. hardly write to one another
yǔyán xídé 语言习得[--習-] N. <lg.> language acquisition
yǔyán xídé jīzhì 语言习得机制[--習--製] N. <lg.> language acquisition
yǔyán xíguàn 语言习惯[--習-] N. <lg.> linguistic/speech habit
yǔyán xìngbiézhǔyì 语言性别主义[-義] N. <lg.> linguistic sexism
yǔyán xíngshì 语言形式 N. <lg.> linguistic form
yǔyán xíngtàixué 语言形态学[---態-] N. <lg.> morphology
yǔyán xíngwéi 语言行为 N. <lg.> performance; speech act
yǔyán xíngwéi mùdì 语言行为目的 N. <lg.> performance objective
yǔyán xìngxiàng 语言性向 N. <lg.> language aptitude
yǔyán xìngxiàng cèshì 语言性向测试 N. <lg.> language aptitude test
yǔyán xīnlǐxué 语言心理学 N. linguistic psychology
yǔyán xìnxī 语言信息 N. <lg.> linguistic information
yǔyán xìtǒng 语言系统 N. <lg.> speech system
yǔyán xìtǒng fāzhǎn 语言系统发展[----發-] N. <lg.> phylogeny; phylogenesis
yǔyánxué 语言学 N. linguistics; philology
yǔyánxué fāngfǎ 语言学方法 N. <lg.> linguistic method
yǔyánxué guāndiǎn 语言学观点[-觀點] N. linguistic point of view
yǔyánxuéjiā 语言学家 N. linguist; philologist M: *ge*/¹*míng*/²*wèi*
yǔyánxuéwài de 语言学外的 ATTR. extralinguistic
yǔyán xuéxí 语言学习[-習] N. <lg.> language learning
yǔyánxué yìyì 语言学意义[-義] N. <lg.> linguistic meaning
Yǔyán Yìngyòng Yánjiūsuǒ 语言应用研究所[--應----] N. Institute of Applied Linguistics
yǔyán yīnxiǎng zhōngshū 语言音响中枢[---響-樞] P.W. <lg.> auditory center
yǔyán yìshù 语言艺术[-藝術] N. <lg.> language arts
yǔyán yíwèi 语言移位 N. <lg.> language shift
yǔyán yìyì 语言意义[-義] N. <lg.> linguistic meaning
yǔyán yōushì 语言优势[-優勢] N. <lg.> language dominance
yùyányòuzhǐ 欲言又止 hold one's tongue
yǔyán yūfǔ 语言迂腐 V.P. Sb.'s language has a tinge of pedantry.
yùyǎnyùliè 愈演愈烈 V.P. ① get worse and worse ② grow in intensity
yǔyán yùnyòng 语言运用[--運-] N. <lg.> performance; linguistic performance
yǔyán yùnyòng fēnxi 语言运用分析[--運---] N. <lg.> performance analysis
yǔyán yùnyòng yīnsù 语言运用因素[--運---] N. <lg.> performance factors
yǔyán yùnyòng yǔfǎ 语言运用语法[--運---] N. <lg.> performance grammar
yǔyán zēngbǔ 语言增补[-補] N. <lg.> language enrichment
yǔyán zhàng'ài 语言障碍[-礙] N. language barrier
yǔyán zhǎngwò 语言掌握 N. <lg.> language acquisition
yǔyán zhèngcè 语言政策 N. <lg.> language policy
yǔyán zhěngtǐ 语言整体[-體] N. <lg.> verbal repertoire
yǔyán zhéxué 语言哲学 N. <lg.> linguistic philosophy
yúyán zhī lì 鱼盐之利[-鹽--] N. gain from marine resources
yǔyánzhīwài de 语言之外的 ATTR. <lg.> extralinguistic
yǔyán zhíyìqì 语言直译器[---譯-] N. <comp.> language interpreter M: ¹*tái*
yǔyán zhōngchéng 语言忠诚 N. <lg.> language loyalty
yǔyán zhōngxīn 语言中心 P.W. speech center M: ¹*jiā*
yǔyán zhōngzhēnxìng 语言忠贞性 N. <lg.> language loyalty
yǔyán zhuǎnbiàn 语言转变[-轉變] N. <lg.> language shift
yǔyán zhuǎnhuàn 语言转换[-轉換] N. <lg.> language shift
yǔyán zhuǎnhuànqì 语言转换器[--轉換-] N. <comp.> language converter M: ¹*tái*
yǔyán zhuǎnyí 语言转移[--轉-] N. <lg.> language transfer
yǔyán zìwǒ 语言自我 N. <lg.> language ego
yǔyán zìwǒgǎn 语言自我感 N. <lg.> language ego
yùyáo 御窑[-窯] P.W. imperial kiln for producing porcelain used in the court/palace M: ⁴*zuò*
yùyào* 欲要 AUX. desire; want to
¹yúyè* 渔/鱼业[-業] P.W. fishery
²yúyè 榆叶[-葉] N. Siberian elm leaf M: ¹*piàn*
yǔyè 雨夜 N. rainy night
yùyè 玉液 N. ① <wr.> fine liquor ② <Dao.> liquor of immortality
yúyè gōngsī 渔业公司[-業--] P.W. fishing company; marine products company M: ¹*jiā*
yúyèméi 榆叶梅[-葉-] N. flowering plum M: *ge*/¹*kē*/²*zhī*
yùyèqióngjiāng 玉液琼浆[-瓊漿] F.E. top-quality liquor; good wine

yùyèqióngzhī 玉叶琼枝[-葉瓊-] ID. imperial descendants
yúyèqū 渔业区[-業區] P.W. fishing zone
yúyèquán 渔业权[-業權] N. fishery rights
yūyì 菸邑 V. <wr.> wither
[1]**yúyì** 愉逸 V.P. happy and leisurely
[2]**yúyì** 愚意 N. my humble opinion
[3]**yúyì** 于役[於-] V.P. <wr.> serve in the army
[4]**yúyì** 逾译[-譯] N. <lg.> over-translation
[1]**yǔyī** 雨衣 N. raincoat M: [2]jiàn
[2]**yǔyī** 羽衣 N. ① Daoist priest ② plumage
yǔyí 羽仪[-儀] N. <trad.> parade of insignia and parasols when the emperor or queen went out of a palace
yǔyǐ* 予以 V. give; grant
[1]**yǔyì** 羽翼 N. ① wing ② assistant
[2]**yǔyì** 雨意 N. signs of approaching rain
[3]**yǔyì** 语义/意[-義] <lg.> ATTR. semantic ♦N. ① semanteme ② semantics
[1]**yùyī** 御医[-醫] N. imperial doctors M: ge/[1]míng/[2]wèi
[2]**yùyī** 浴衣 N. bathrobe; bathing costume M: [2]jiàn
[3]**yùyī** 郁伊[鬱-] V.P. melancholy; pensive; sad
yùyí 玉仪[-儀] N. ① complexion as smooth as jade ② jade-ornamented instrument for observing heavenly bodies
[1]**yùyì** 寓意 N. allusion; moral; message; implication
[2]**yùyì** 愈益 ADV. increasingly
[3]**yùyì** 郁悒/邑[鬱-] V.P. <wr.> dejected; melancholy
[4]**yùyì** 喻义[-義] N. <lg.> metaphoric(al) meaning
[5]**yùyì** 郁抑[鬱-] V.P. depressed; gloomy
[6]**yùyì** 煜熠 V.P. bright
yǔyì biànhuà 语义变化[-義變-] N. <lg.> semantic change
yǔyì biǎodá 语意表达[-達] N. <lg.> semantic representation
yǔyì biāojì 语义标记[-義標-] N. <lg.> semantic marker
yǔyì bùfen 语义部分[-義--] N. <lg.> semantic component
yǔyì céngcì 语义层次[-義層-] N. <lg.> semantic stratum
yǔyìchǎng 语义场[-義場] P.W. semantic field
yǔyìchǎng lǐlùn 语义场理论[-義場--] N. <lg.> theory of semantic fields
yǔyì chéngfèn 语义成份[-義--] N. <lg.> semantic feature
yǔyì cuòwù 语意/义错误[-義--] N. <comp.> semantic errors
yùyǐdàyì 谕以大义[-義] F.E. persuade sb. by presenting the overall picture
yǔyì de gǎibiàn 语义的改变[-義--變] N. <lg.> semantic change
yǔyì duìděng 语义对等[-義對-] N. <lg.> semantic equivalence
yǔyì duìlì 语义对立[-義對-] N. <lg.> semantic opposition
yǔyì fānyì 语义翻译[-義-譯] N. <lg.> semantic translation
yǔyì gàiniàn 语义概念[-義--] N. <lg.> semantic concept
yǔyì héchéngxìng 语意合成性 N. <lg.> compositionality
yùyǐhuàyì 寓以画意[--畫-] F.E. convey picturesquely
yǔyìjìchéng 羽翼既成 F.E. grown up and ready for independence
yǔyì jiégòu 语义结构[-義-構] N. <lg.> semantic structure
yǔyì jìyì 语义记忆[-義-憶] N. <lg.> semantic memory
yǔyì jīyuán 语义基元[-義--] N. <lg.> semantic factors
yǔyì juéduì xíngshì 语义绝对形式[-義絕對--] N. <lg.> semantic absolute
yǔyì juésè 语意角色 N. <lg.> semantic role
yǔyì kōnglíng 语意空灵[-靈] N. <lg.> semantically bleached verb
yǔyì kòngxì 语义空隙[-義--] N. <lg.> semantic gap
yǔyì kuòchōng 语意扩充[--擴-] N. <lg.> semantic broadening
yǔyì kuòzhǎn 语义扩展[-義擴-] N. <lg.> expansion
yùyǐlìhài 喻以利害 F.E. explain the advantages and disadvantages
yǔyì lùnyuán 语意论元 N. <lg.> semantic argument
yùyī měirén 浴衣美人 N. bathing beauty
yúyīn 余音 N. lingering sound
yúyìn 余荫[-蔭] N. <wr.> legacy
yǔyīn* 语音 N. ① speech sounds ② pronunciation ③ spoken (vs. written) pronunciation of characters ④ phone; sound; speech; tongue
yùyīn 玉音 N. <trad.> ① your letter ② valuable words ③ imperial decrees ④ beautiful sound
yǔyīn běnbù 语音本部 N. <lg.> speech sound proper
yǔyīn běnzhì 语音本质[-質] N. <lg.> phonetic substance
yǔyīn biànhuà 语音变化[--變-] N. <lg.> sound change
yǔyīn biānmǎ 语音编码 N. voice coding
yǔyīn biànqiān 语音变迁[-變遷] N. <lg.> phonetic change
yǔyīn biànqiān zhī xué 语音变迁之学[--變遷--] N. <lg.> evolutionary phonetics
yǔyīn biàntǐ 语音变体[-變體] N. <lg.> allophone
yǔyīn biànwèi 语音变位[--變-] N. <lg.> metathesis
yǔyīn biǎodá 语音表达[-達] N. <lg.> phonological representation
yǔyīnbù 语音部 N. <lg.> phonological component
yǔyīn bùfen 语音部分 N. <lg.> phonological component
yǔyīn chǔlǐ 语音处理[--處-] N. speech processing
yǔyīncí 语音词 N. <lg.> phonetic word
yǔyīn dìnglǜ 语音定律 N. <lg.> phonetic law
yǔyīn duìyìng 语音对应[-對應] N. <lg.> phonetic correspondence
yǔyīn fānyì 语音翻译[-譯] N. <lg.> phonological translation
yǔyīn fǎzé 语音法则 N. <lg.> phonetic law
yǔyīn fúhào 语音符号[-號] N. <lg.> ①phonetic symbol ② sound symbolism
yúyīng 鱼鹰 N. ① osprey; fish hawk; sea eagle ② cormorant
yǔyīng 雨缨 N. <trad.> tassels made of yak-tail hair worn by officials when they prayed for rain
[1]**yùyīng*** 育婴 V.O. nurse a baby
[2]**yùyīng** 玉英 N. ①jade of best quality ② cactus flowers
yùyīngfáng 育婴房 P.W. infant nursery M: [1]jiān
yùyīngshì 育婴室 P.W. infant nursery M: [1]jiān
yùyīngtáng 育婴堂 P.W. <trad.> foundling hospital M: [4]zuò
yùyīngyuàn 育婴院 P.W. infant asylum M: [1]jiā/[1]suǒ
yǔyīn héchéng 语音合成 N. <lg.> speech synthesis
yǔyīn héxié 语音和谐 N. <lg.> euphony
yǔyīn jiāotì 语音交替 N. <lg.> phonetic alternation
yǔyīn jǔzhèn 语音矩阵 N. <lg.> phonetic matrix
yǔyīn liánjiē 语音连接 N. <lg.> catenation
yǔyīnlǜ 语音律 N. <lg.> phonetic rule
yǔyīn móshì 语音模式 N. <lg.> sound pattern
yúyīnniǎoniǎo 余音袅袅[-裊裊] F.E. The music lingered long after the performance ended.
yúyīnràoliáng 余音绕梁[--繞-] F.E. the melody lingers on
yǔyīnshǐ 语音史 N. <lg.> phonetic history; phonology
yǔyīnshì* 语音室 P.W. language lab M: [1]jiān
yǔyīn tìhuàn 语音替换[-換] N. <lg.> phonetic substitution
yǔyīn wénzì 语音文字 N. <lg.> phonetic script
yǔyīn xiāngsìxìng 语音相似性 N. <lg.> phonetic similarity
yǔyīn xiàngzhēng 语音象征[-徵] N. <lg.> sound symbolism
yǔyīn xiéhuì 语音协会[--協-] P.W. phonetic association
yǔyīn xíngchéng 语音形成 N. <lg.> formation of a sound
yǔyīn xíngtài 语音形态[-態] N. <lg.> phonetic garb
yǔyīn xìtǒng 语音系统 N. <lg.> phonetic/sound system
yǔyīnxué 语音学 N. <lg.> phonetics; phonology
yǔyīnxuéjiā 语音学家 N. phonetician M: ge/[1]míng/[2]wèi
yǔyīn yǎnbiàn 语音演变[-變] N. <lg.> ①phonetic law ② sound shift
yúyīnyóuzài 余音犹在[--猶-] F.E. voice/sound lingering on
yǔyīn zìmǔbiǎo 语音字母表 N. phonetic alphabet M: [1]zhāng
yǔyīnzìxíng de 语音字形的 ATTR. morphophonemic
yǔyī piānxiān 羽衣翩跹[-躚] N. a gliding gait with feather clothes (like a Daoist's garb)
yǔyì qūfēn 语义区分[-義區-] N. <lg.> semantic differential
yǔyìqún 语义群[-義-] P.W. <lg.> group
yǔyì shàng de gé 语意上的格 N. <lg.> semantic case
yǔyì shēncháng 语意深长 V.P. The words are full of meaning.
yùyìshēnkè 寓意深刻 F.E. be pregnant with meaning; have a profound message
yùyìshēnzhǎng 寓意深长 F.E. have deep metaphorical meaning
yǔyì shuāngguān 语义双关[-義雙關] N. words with a double meaning
yǔyì shǔxìng 语意属性[--屬-] N. <lg.> semantic feature
yǔyì suǒzhǐ 语义所指[-義--] N. <lg.> semantic referential
yǔyì tèdiǎn 语意特点[-點] N. semantic feature
yǔyì tèxìng 语意特性 N. <lg.> semantic characteristics
yǔyì tèzhēng 语意特征[-徵] N. semantic feature
yǔyì xīncí 语义新词[-義--] N. <lg.> semantic neologism
yǔyì xuǎnzé 语意选择[-選擇] N. <lg.> semantic selection
yǔyìxué 语义/意学[-義-] N. <lg.> semantics
yǔyìxué gòucífǎ 语义学构词法[-義-構--] N. <lg.> semantic morphology
yǔyì yǎnbiàn 语义演变[-義-變] N. <lg.> semantic change
yùyì yánzhòng 愈益严重[--嚴-] V.P. aggravation
yǔyì yìcháng 语义异常[-義異-] N. <lg.> anomaly
yǔyìyǐfēng 羽翼已丰[-豐] F.E. mature and strong enough to make one's own way
yǔyì yīnzǐ 语义因子[-義--] N. <lg.> semantic factors
yǔyì yīzhì 语义一致[-義--] V.P. <lg.> semantic affinity
yǔyì yuánzé 语义原则[-義--] N. <lg.> semanticism
yǔyǐzhàogù 予以照顾[-顧] F.E. give preferential treatment
yǔyì zhòngdiǎn 语意重点[-點] N. semantic focus
yǔyì zhuàngkuàng 语义状况[-義狀況] N. <lg.> semantic status
yǔyì zhuǎnhuàn 语义转换[-義轉換] N. <lg.> semantic shift
yǔyì zǔhéxìng 语意组合性 N. <lg.> compositionality

yǔyòng 语用 N. <lg.> ① language use ② pragmatics
yùyòng* 御用 ATTR. ① for imperial use ② hired; in the pay of
yùyòng bàokān 御用报刊[--報-] N. hired/controlled press M: [1]fèn
yǔyòng cuòwù 语用错误 N. <lg.> pragmatic error
yǔyòng duìděng 语用对等[--對-] N. <lg.> pragmatic equivalence
yǔyòng duìyìng 语用对应[--對應] N. <lg.> pragmatic
yǔyòng fānyì 语用翻译[-譯] N. <lg.> pragmatic translation
yùyòng gōnghuì 御用工会 P.W. scab trade union
yùyòng gōngjù 御用工具 N. hired instrument
yúyǒngkěgǔ 余勇可贾 F.E. still full of energy/vitality; still have some fight left
yùyōngqiónglǐ 玉饔琼醴[--瓊-] F.E. valuable food and wine
Yǔyòngsuǒ 语用所 AB. *Yǔyán Yìngyòng Yánjiūsuǒ*
yùyòng wénrén 御用文人 N. hired/hack writer M: ge/[1]míng
yǔyòng xiànzhì 语用限制 N. <lg.> pragmatic constraint
yǔyòngxué 语用学 N. <lg.> pragmatics
yùyòng xuézhě 御用学者 N. hired scholar M: ge/[1]míng
yǔyòng yuánzé 语用原则 N. <lg.> pragmatic principle
[1]**yúyóu*** 鱼油 N. fish oil
[2]**yúyóu** 娱游 V. travel for pleasure
yúyǒu 渔友 N. fishing friend/companion M: ge/[1]míng/[2]wèi
yúyòu 于右[於-] V.P. ① on the right ② as above
[1]**yùyǒu** 寓有 V. contain; imply
[2]**yùyǒu** 遇有 V.P. in the event of; in case of
yùyòu 育幼 V.O. nurture children
yùyòudài 育幼袋 N. <zoo.> pouch (for a baby animal)
yúyóufǔzhōng 鱼游釜中 F.E. be doomed
Yú Yòurèn 于右任 (1879–1964) N. leader in the first civil war in the 1920s; scholar, poet, calligrapher, journalist, educator, high KMT government official
yùyòuyuàn 育幼院 P.W. nursery school M: [1]jiā/[1]suǒ
yūyú 纡余 V.P. winding and twisting
[1]**yūyù** 淤郁[-鬱] V.P. silted; blocked
[2]**yūyù** 纡郁[-鬱] V.P. sad; melancholy
yúyù 余裕 ATTR. enough and to spare; ample
yǔyù 语域 P.W. <lg.> linguistic field; register
yùyū 郁纡[鬱-] V.P. depressed
yùyú* 寓于[-於] V.P. ① reside in (fig.) ② imply ③ contain
[1]**yùyǔ** 玉宇 P.W. ① residence of the immortals ② the universe ③ splendid hall
[2]**yùyǔ** 遇雨 V.O. be caught in the rain
[3]**yùyǔ** 御宇 N. the reign of an emperor over the nation
[1]**yùyù** 郁郁[鬱-] R.F. <wr.> ① lush; luxuriant ② melancholy ③ strongly fragrant ④ elegant; refined ⑤ beautifully adorned
[2]**yùyù** 愈愈 R.F. wax more and more; become greater
[3]**yùyù** 昱昱//煜煜 R.F. dazzling; bright
[4]**yùyù** 裕裕 R.F. take it easy; be at peace with the world
[5]**yùyù** 郁燠[鬱-] V.P. ① scorching; blazing; burning hot (of weather) ② melancholy
[6]**yùyù** 鬻狱 V.O. accept bribes from litigants
[7]**yùyù** 矞矞 R.F. nature bursting into life
yūyuǎn 迂远[-遠] V.P. ① impractical; unrealistic ② long and twisting (of roads)
[1]**yúyuán** 鱼圆 N. <topo.> fish ball M: ge/[2]zhī
[2]**yúyuán** 逾垣 V.O. run away; escape
yúyuǎn 逾远[-遠] V.P. travel far
yǔyuán 语源 N. <lg.> etymology; derivative; etymon
yùyuán 遇缘 V.O. ① have luck ② as luck would have it; by chance
[1]**yùyuàn*** 御苑 P.W. imperial garden
[2]**yùyuàn** 欲愿[-願] AUX. wish; desire
yǔyuán cídiǎn 语源词典 N. etymological dictionary M: [1]běn/[2]bù
yūyuǎn'érkuò 迂远而阔[-遠--] F.E. impracticable and inapplicable
yǔyuánxué 语源学 N. <lg.> etymology
yúyuànyǐzú 于愿已足[於願-] F.E. have nothing left to wish for
yùyùbùlè 郁郁不乐[鬱鬱-樂] F.E. depressed; melancholy
yùyùcāngcāng 郁郁苍苍[鬱鬱蒼蒼] R.F. lush and green
yùyùchéngjí 郁郁成疾[鬱鬱-] F.E. fall ill of unhappiness
yùyǔchéngqīng 玉宇澄清 F.E. The sky is crystal-clear.
yùyùcōngcōng 郁郁葱葱[鬱鬱蔥蔥] R.F. ① green and luxuriant ② a wild profusion of vegetation
[1]**yúyuè** 愉悦 V.P. cheerful; delighted ♦V. please/entertain sb.
[2]**yúyuè** 逾越 V. ① exceed; go beyond ② transgress ③ pass over; scale (a wall/etc.)
[3]**yúyuè** 娱悦 V. please
[4]**yúyuè** 鱼跃[-躍] V. dive headfirst ♦N. fish dive (in volleyball)
[5]**yúyuè** 逾月 V.O. pass over to the next month; be longer than a month
yùyuē* 预约 V. ① make an appointment ② subscribe in advance
yùyuè 聿越 V. surpass; excel
yúyuè chángguī 逾越常规 V.O. depart from the usual practice
yùyuē guàhào 预约挂号[-號] V.P. have an appointment with a doctor
yúyuèjiùqiú 鱼跃救球[-躍--] F.E. <sport> diving save; diving retrieve
yúyuèlóngmén 鱼跃龙门[-躍--] ID. pass a competitive examination
yùyuēquàn 预约券 N. coupon for a subscription M: [1]zhāng
yùyù'érsǐ 郁郁而死[鬱鬱-] F.E. die of grief
yúyuèshuǐmiàn 鱼跃水面[-躍--] F.E. The fish leap out of the water.
yùyùfēifēi 郁郁菲菲 R.F. very fragrant
yǔyù fēnxī 语域分析 N. <lg.> register analysis
yùyùguǎhuān 郁郁寡欢[鬱鬱-歡] F.E. be depressed/melancholy; mope; feel low
yùyǔháixiū 欲语还休[--還-] F.E. decide not to speak what one was about to say
yúyǔn 俞允 V. <wr.> accede to (a request); consent; approve
yúyùn* 余韵[-韻] N. ① <wr.> remnant customs ② lingering sound
[1]**yǔyún** 雨云[-雲] N. <met.> nimbus; rain clouds
[2]**yǔyún** 语云 F.E. <wr.> As the saying goes, . . .
yùyún 矞云[-雲] N. clouds of many hues
yúyùnwúqióng 余韵无穷[-韻-窮] F.E. the charm/appeal lingers on
yùyǔnxiāngxiāo 玉殒香消 ID. death of a woman
yúyùnyōumiǎo 余韵悠渺[-韻--] F.E. lingering sounds (of poetry)
yùyùqiānqiān 郁郁芊芊[鬱鬱-] R.F. luxuriantly green
yùyǔqiónglóu 玉宇琼楼[-瓊樓] F.E. magnificent houses/buildings
yúyúqūzhé 于余曲折[於-] F.E. be tortuous/complicated
yú yǔ xióngzhǎng bùkě jiāndé 鱼与熊掌不可兼得[-與------] ID. be unable to make up one's mind as to which of two desirable things to choose
yúzāi 鱼栽 N. small young fish raised in a nursery
yùzài* 御载 N. debarkation
yùzān 玉簪 N. ① jade hairpin ② <bot.> fragrant plantain lily ③ tuberose M: [4]zhī
yùzāndìngpìn 玉簪定聘 F.E. present a jade hairpin to seal a betrothal
yùzānhuā 玉簪花 N. ornamental tops of railings, bridge posts, etc.
yúzǎo 鱼藻 N. waterweeds
yúzào 舆皂 N. lowly servant; menial
yǔzǎo 羽藻 N. algae whose leaves are arranged on stalks like feathers
yùzào* 浴皂 N. bath soap M: [2]kuài
yùzǎoyùhǎo 愈早愈好 V.P. The sooner the better.
yúzé 余泽[-澤] N. lasting benefit
yūzhā 淤渣 N. sludge
yúzhā* 余渣 N. residue
yúzhá 鱼闸 N. fish lock M: [2]dào
yúzhǎ 鱼鲊 N. salted fish
[1]**yùzhá** 御札 N. instruction/order issued by the emperor M: [2]fēng
[2]**yùzhá** 玉札 N. name of an herb used in Chinese medicine
yùzhāi 寓斋[-齋] P.W. residence
yúzhàn 逾站 ATTR. express through
[1]**yùzhǎn*** 预展 N./V. preview (of an exhibition)
[2]**yùzhǎn** 玉展 F.E. for your perusal (polite expression following the name of a person to whom a letter is addressed)
yúzhǎng* 隅掌 N. angle brace
[1]**yùzhàng** 欲障 N. <Budd.> desire as a barrier to salvation
[2]**yùzhàng** 御仗 N. imperial decree
yùzhāngjīnjiǎn 玉章金简 F.E. jade memorials and gold memoranda
yùzháo 遇着[-著] R.V. meet; encounter ***See also*** *yùzhe*
yùzhǎo 玉爪 ID. <wr.> ① beautiful woman's nails ② tea leaves
[1]**yùzhào*** 预兆 N. omen; sign; harbinger
[2]**yùzhào** 玉照 N. your photo
yú zhǎo yú, xiā zhǎo xiā 鱼找鱼,虾找虾[---, 蝦-蝦] ID. Like attracts like.
yúzhě 愚者 N. ① ignorant/unthinking people ② <humb.> I
yùzhe* 遇着[-著] V. encounter ***See also*** *yùzháo*
yùzhě 御/驭者 N. ① carriage driver ② attendant M: ge/[1]míng
yūzhěn 纡轸 V.P. ① winding and twisting; tortuous ② melancholy ♦N. hidden secrets in one's heart
yúzhèn* 余震 N. aftershock
[1]**yùzhēng*** 预征[-徵] V. precollect
[2]**yùzhēng** 郁蒸[鬱-] V.P. ① <wr.> sultry; muggy ② <Ch. med.> heavy steaming
[1]**yùzhèng** 预政 V.O. take an active part in politics
[2]**yùzhèng** 郁证[鬱證] N. <Ch. med.> stagnation syndrome; melancholia
yúzhěyìdé 愚者一得 F.E. a lucky hit by a fool
yúzhě yì jié qí zhì 愚者易竭其智 F.E. A fool's bolt is soon shot.
yūzhí 迂直 V.P. impractical and artless
[1]**yūzhì** 淤滞[-滯] V. ① silt up ② stasis (of blood or other bodily fluids)
[2]**yūzhì** 迂滞[-滯] V.P. dull; clumsy; slow
[1]**yúzhí** 余值 N. <math.> residual value
[2]**yúzhí** 愚直 N. stupidly honest
yúzhǐ 余址 P.W. ruin
yǔzhī 语支 N. <lg.> subgroup; branch; subfamily
[1]**yùzhī*** 预知 V. foreknow
[2]**yùzhī** 预支 N./V. draw money or get pay in advance
[3]**yùzhī** 谕知 V. inform by a directive/edict/etc.
[4]**yùzhī** 玉卮 N. jade cup M: ge/[2]zhī
[1]**yùzhǐ** 谕/御旨 N. imperial instructions M: [2]dào
[2]**yùzhǐ** 玉趾 N. <court.> your footsteps
[1]**yùzhì** 预制[-製] V. prefabricate
[2]**yùzhì** 御制[-製] ATTR. made by the emperor or by imperial order
[3]**yùzhì** 玉质[-質] N. jade-like quality
[4]**yùzhì** 郁滞[鬱滯] N. stasis
[5]**yùzhì** 聿至 V. arrive suddenly
yùzhìbǎn 预制板[-製-] N. prefabricated boards/panels M: [2]kuài

Y

yùzhìbǎnfáng 预制板房[-製--] N. prefabricated house; prefab M: [1]jiān
yùzhī fèiyòng 预支费用 N. prepaid expenses M: [2]bǐ
yùzhì gòujiàn 预制构件[-製構-] N. <archi.> prefabricated components
yùzhǐguānglín 玉趾光临[-臨] F.E. <court.> your honored presence
yùzhìjīnxiàng 玉质金相[-質--] F.E. have sterling qualities
yúzhìlóngwén 鱼质龙纹/文[-質--] ID. an inferior thing with an impressive appearance
yùzhì shípǐn 预制食品[-製--] N. prepared food
yúzhīshīshuǐ 鱼之失水 ID. a fish out of water; in extremities
yùzhì yányǔ 预制言语[-製--] N. <lg.> prefabricated speech/language
yùzhīyǐlǐ 喻知以理 F.E. reason with sb; try to make sb. see reason
yùzhì yǔyán 预制语言[-製--] N. <lg.> prefabricated speech
yúzhìzìxióng 予智自雄 F.E. conceited
[1]**yúzhōng** 愚忠 N. blind devotion (to a master/ruler/etc.)
[2]**yúzhōng** 隅中 V.P. approaching noontime
yúzhǒng 鱼种[-種] N. fingerling
yǔzhǒng 语种[-種] N. <lg.> language classification; language species
yùzhōng 域中 P.W. inside the country
yùzhǒng* 育种[-種] V.O. breed
yǔzhòngbùtóng 与众不同[與衆-] F.E. out of the ordinary
yùzhǒngchǎng 育种场[-種場] N. breeding farm M: [4]zuò
yùzhǒngjiā 育种家[-種-] N. breeder M: ge/[1]míng/[2]wèi
yǔzhōng jiētiān 语中接添 N. infixation
yǔzhòngxīncháng 语重心长 F.E. speak gravely and earnestly
yúzhōng-yúxiào 愚忠愚孝 N. blind fidelity, imprudent filial piety
yùzhǒng zāipéi 育种栽培[-種--] N. cultivation of plant varieties for breeding
yúzhōu 渔舟 N. <wr.> fishing boat M: [1]tiáo/[2]zhī
[1]**yǔzhóu** 语轴 N. <lg.> axis
[2]**yǔzhóu** 羽轴 N. feather quill
yǔzhòu* 宇宙 P.W. universe; cosmos
yùzhōu 玉舟 N. ① wine-cup ② splendidly decorated boat
yǔzhòubào 宇宙爆 N. cosmic burst
yǔzhòuchén 宇宙尘[-塵] N. <astr.> cosmic dust
yǔzhòu fēichuán 宇宙飞船[--飛-] N. spacecraft M: [1]sōu
yǔzhòu fēixíng 宇宙飞行[--飛-] N. space flight/travel
yǔzhòu fēixíngyuán 宇宙飞行员[--飛--] N. astronaut M: ge/[1]míng/[2]wèi
yǔzhòufēngkuáng 雨骤风狂 F.E. The wind blows hard and the rain comes down in sheets.
yǔzhòufú 宇宙服 N. spacesuit M: [2]jiàn/tào
yǔzhòuguān 宇宙观[-觀] N. world view/outlook
yǔzhòu hángxíng 宇宙航行 N. space navigation
yǔzhòu hángxíngyuán 宇宙航行员 N. astronaut M: ge/[1]míng/[2]wèi
yǔzhòu huǒjiàn 宇宙火箭 N. space rocket M: [4]zhī
yǔzhòu kōngjiān 宇宙空间 P.W. cosmic/outer space
yǔzhòulùn 宇宙论 N. cosmology
yǔzhòunián 宇宙年 N. cosmic year
yǔzhòurén 宇宙人 N. extraterrestrial; E.T. M: ge/[1]míng
yǔzhòu shēngchénglùn 宇宙生成论 N. cosmogony
yǔzhòu shèxiàn 宇宙射线 N. <phy.> cosmic ray
yǔzhòuxiàn 宇宙线 N. <phy.> cosmic ray; ultrarays
yǔzhòuxué 宇宙学 N. cosmology
yǔzhòu yīxué 宇宙医学[--醫-] N. space medicine
Yǔzhòuyǔ 宇宙语 N. Universal Language (designed by a Dutch scholar in the 1970's)
yǔzhòuyún 宇宙云[-雲] N. cosmic clouds
yǔzhòu zàoyīn 宇宙噪音 N. cosmic noise
yǔzhòuzhàn 宇宙站 P.W. space station
yǔzhòuzhì 宇宙志 N. cosmography
yǔzhū(r) 雨珠(儿) N. raindrop
yǔzhù 雨柱 N. pillar of rain
[1]**yùzhǔ** 预嘱[-囑] N. <law> a living will
[2]**yùzhǔ** 预煮 V. precook
[1]**yùzhù*** 预祝 V. congratulate beforehand
[2]**yùzhù** 预铸[-鑄] V. prefabricate
[3]**yùzhù** 玉箸 N. ① jade chopsticks ② snivel; tears ③ "small seal" style of calligraphy
yǔzhuàng 羽状[-狀] N. pinniform
yǔzhuàng fùyè 羽状复叶[-狀複葉] N. <bot.> pinnate compound leaf
yǔzhuàngmài 羽状脉[-狀脈] N. feather-shaped veins
yùzhūbǎo 玉珠宝[-寶] N. jade jewelry
yúzhūbìng 愚侏病 N. cretinism
yǔzhùcí 语助词 N. <lg.> grammatical particle; auxiliary; expletive
yùzhù hùnníngtǔ 预铸混凝土[-鑄---] N. precast concrete
yùzhùliújīn 玉箸流襟 F.E. tears running down one's lapels
yùzhǔn 御准[-準] N. royal assent
yūzhuō 迂拙 V.P. impractical and foolish
yūzhuó 淤浊[-濁] V.P. muddy and unclear
yúzhuō 愚拙 V.P. stupid and clumsy
yùzhuó* 玉镯 N. jade bracelet
yūzhuóbùqīng 淤浊不清[-濁--] F.E. muddy and unclear
yūzhuōzhīdào 迂拙之道 N. an impractical and stupid doctrine
yúzhuōzhījí 愚拙之极[-極] F.E. foolish to the extreme
yùzhuózi 玉镯子 N. jade bracelet M: ge/[2]zhī/[1]fù/[1]duì
yùzhùshì fángwū 预铸式房屋[-鑄---] P.W. prefabricated house; prefab M: [4]dòng
[1]**yúzǐ*** 鱼子 N. fish roe M: [3]lì
[2]**yúzǐ** 余子 N. ① the others; the rest ② children by a concubine
yǔzǐ 语子 N. <lg.> morph
yùzǐ 鬻子 N. trader in young children ♦ V.O. ① sell one's own child ② rear a child
yúzǐjiàng 鱼子酱[-醬] N. caviar M: píng
yúzǐlǜ 鱼子绿 N. fishroe green
"yǔ" zìtóur 雨字头儿 N. Kangxi radical 173
yúzǐwén 鱼子纹 N. <art> fishroe pattern (in glaze design)
yùzòu 预奏 N. rehearsal ♦ V. rehearse
[1]**yǔzú** 语族 N. <lg.> language group/branch/family
[2]**yǔzú** 羽族 N. birds
yǔzǔ 语组 N. <lg.> construction; phrase; word group
yùzú* 狱卒 N. <trad.> prison guard; turnkey M: ge/[1]míng
yùzǔ 遇阻 V.O. encounter an obstacle; be impeded
yǔzú de zhīpài 语族的支派 N. <lg.> subfamily
yǔzǔ de zhǔtǐ 语组的主体[-體] N. <lg.> head of a construction
yúzǔlì 余阻力 N. residual resistance
yūzūnjiàngguì 纡尊降贵 F.E. condescend to simple men
yúzuǒ 于左[於-] V.P. ① on the left ② as follows
yúzuò 隅坐 V. sit (humbly) in a corner
yùzuò* 御座 P.W. imperial throne
yǔzúxué 语族学 N. <lg.> glossography

Y

Z

[1]**zā** 咂 V. ① sip; suck ② taste/savor carefully
[2]**zā** 扎 V. tie; bind ♦M. a bundle *See also* [1]*zhā*, [7]*zhá*
[3]**zā** 匝 B.F. ① circle; go around *kēzā, zādào* ② everywhere; all over *zādì, mìzāzā*
[4]**zā** 臜[臢] in *āzā*
[5]**zā** 杂[雜] in *lālilāzā See also* [1]*zá*
[1]**zá*** 杂[雜] S.V. ① mixed; composite ② miscellaneous; sundry ♦B.F. mix; mingle *jiāzá See also* [5]*zā*
[2]**zá** 砸 V. ① pound; ram ② break; smash ③ <topo.> fail; bungle
zǎ 咋 ADV. <topo.> how; why *See also* [6]*zé*, [5]*zhā*, [6]*zhà*
zábacòur 杂八凑儿[雜-湊-] N. <topo.> a collection of all sorts of things; mixed bag; mélange; jumble
zǎbàn 咋办[-辦] V.P. What is to be done? *See also zhǎbàn*
zábànhuò 杂半货[雜-] N. <coll.> a jumble of things; a mixed bag of merchandise
zábànr 杂拌儿[雜-] N. ① assorted sweetmeats ② mixture; miscellany; hodgepodge
zā bǎzi 扎把子 V.O. <topo.> ① tie/bundle up ② unite; pull together
zábìng(zhèng) 杂病(症)[雜-] N. miscellaneous diseases
zábō 杂波[雜-] N. <elec.> clutter; noise wave
zábù 杂布[雜-] N. coarse cloth M: [2]*kuài*
zācǎi 扎彩 V.O. hang up festoons/bunting
zā cǎilóu 扎彩楼[-樓] V.O. put up a festooned platform
zácǎo 杂草[雜-] N. weeds; rank grass M: [2]*kē*
zácǎocóngshēng 杂草丛生[雜-叢-] F.E. be overgrown with weeds
zácè 杂厕[雜廁] ADV. disorderly and confused
záchǔ 杂处[雜處] V. live together unsegregated
zácír 砸词儿 N. <topo.> slip in speech; clumsy error
zácòu(r) 杂凑(儿)[雜湊-] V. jumble/knock together ♦N. bric-a-brac; odds and ends
zácuàn 杂爨[雜-] N. vaudeville/variety show
zácuò 杂错[雜-] V.P. mixed
zādài 扎带[-帶] N. ribbon M: [1]*tiáo*
zā dàizi 扎带子[-帶-] V.O. ① bind with a ribbon ② tighten the girdle
zādào 匝道 N. <wr.> ring road M: [1]*tiáo*
zádǎo* 砸倒 R.V. knock down (by sth. heavy and falling)
zādàoqiáo 匝道桥[-橋] N. ramp
zǎde(la) 咋的(啦) V.P. <topo.> what's the matter?
zādì 匝地 P.W. all over the ground; everywhere
záduàn 砸断[-斷] R.V. break by smashing with a stone/etc.
zāduì 咂对/兑[-對] V. <topo.> talk; discuss
záduì 砸兑 V. make sure; be sure
zá fànwǎn 砸饭碗 V.O. ① be out of work; lose one's job ② cause sb. to lose his job
zā fázi 扎伐子 V.O. <topo.> use sb. as a target to discharge one's anger/discontent
záféi 杂肥[雜-] N. ① farmyard manure ② miscellaneous fertilizers
záfèi* 杂费[雜-] N. ① incidental expenses ② sundry charges; extras
záfēn 杂酚[雜-] N. creosote
zāgān 咂干[-乾] R.V. suck dry; drink to the last drop
zágǎn* 杂感[雜-] N. ① random thoughts ② literature recording random thoughts
zǎge 咋个[-個] V.P. <topo.> how; why
zágōng 杂工[雜-] N. handyman M: [2]*wèi*
zāguǒ 扎裹 V. wrap and tie up
záguō* 砸锅[-鍋] V.O. <coll.> ① break an iron pot ② bring to wrack and ruin; bungle ③ fall through
záguōmàitiě 砸锅卖铁[-鍋賣鐵] ID. willing to sacrifice one's all
záhāng 砸夯 V. pound the earth to make a building foundation
zāhǎo 扎好 R.V. tie up; bind together
záhemiànr 杂合面儿[雜-麵-] N. mixture of different flours
záhuà 杂化[雜-] N. hybridization
záhuài 砸坏[-壞] R.V. smash; shatter
záhuǐ 砸毁[-毀] R.V. smash
záhuì* 杂烩[雜-] N. ① a dish of mixed ingredients ② mixture; miscellany; hodgepodge
zǎhuíshì 咋回事 V.P. <topo.> What's the matter?
záhūn 杂婚[雜-] N. mixed marriage; intermarriage
záhuó(r) 杂活(儿)[雜-] N. odd jobs
záhuò* 杂货[雜-] N. sundry goods; groceries M: [1]*xiē*
záhuocài 杂和菜[雜-] N. combined leftovers
záhuòdiàn 杂货店[雜-] P.W. general store; grocery M: [1]*jiān*/[1]*jiā*
záhuòháng 杂货行[雜-] P.W. department store M: [1]*jiā*
záhuomiàn(r) 杂和面(儿)[雜-麵-] N. <coll.> corn flour mixed with a little soybean flour
záhuòpù(r) 杂货铺(儿)[雜-] P.W. grocery store M: [1]*jiān*/*ge*
záhuòshāng 杂货商[雜-] N. sundries merchant; grocer M: [2]*wèi*
záhuò shāngdiàn 杂货商店[雜-] P.W. general store M: [1]*jiā*
[1]**zāi** 灾[災] B.F. ① disaster; calamity *zāihài, shuǐzāi* ② misfortune
[2]**zāi** 栽 V. ① plant; grow; raise ② tumble; fall ③ frame (sb.) ④ <slang> lose face
[3]**zāi** 甾 N. steroid
[4]**zāi** 哉 B.F. *a classical Ch. particle, extant in modern Ch. in fixed terms and phrases āizāi, qízāiguàiyě*
[1]**zǎi** 载[載] B.F. ① year *yīnián-bànzǎi* ② write down *jìzǎi See also* [3]*zài*
[2]**zǎi** 宰 V. ① slaughter ② overcharge; fleece ♦B.F. ① govern *zhǔzǎi* ② <hist.> minister; prefect; etc. *zǎixiàng*
[3]**zǎi** 崽 N. ① <topo.> son ② young animal; whelp
[4]**zǎi** 仔 B.F. ① son ② youth (male) ③ young of animals *zǎizi, māozǎi* ♦in *gēzǎixì See also* [18]*zī*, [4]*zǐ*
[1]**zài*** 在 V. ① be at/in/on ② exist; live ③ depend on; rest with ♦ADV. *indicating an action in progress* ♦COV. in; at; on; etc. *Wǒ ~ Běijīng* [1]*zhù.* I live in Beijing. ♦CONS. ① ~ A (*zhī*)*zhōng* in (the midst/process of) A ② ~ A *kàn(lái)* as A sees it; in A's opinion ~ *wǒ kànlai* as I see it.
[2]**zài** 再 ADV. ① again; once more; further(more) ② in a higher degree ③ and then; not (do sth.) before *Chīwán fàn ~ kàn diànshì.* Have your dinner before you watch TV. ♦V. <wr.> come back; return *Qīngchūn bù ~.* One's youth does not return.
[3]**zài** 载[載] V. ① transport ② record; publish ③ fill ♦CONS. *~A-~B* do A and B in parallel or sequence *See zàigēzàiwǔ See also* [1]*zǎi*
zài'àn 在案 V.O. be on record
zàibài 再拜 V. <wr.> bow twice (courteous expression in letters)
zàibǎn 再版 N./V. second printing/edition
zàibāng 在帮[-幫] V.O. be a member of a secret society
zāibāo 灾胞[災-] N. fellow victim of a calamity
zàibǎochuán 载宝船[-寶-] N. treasure ship M: [1]*sōu*
zàibǎoxiǎn 再保险 N. reinsurance (RI)
zàibāozhuāng 再包装[-裝] V. repackage
zāibiàn 灾变[災變] N. disaster; calamity; catastrophe
zàibiān* 在编 V.O. be on the regular payroll
zàibiān rényuán 在编人员 N. personnel on the permanent staff; those on the regular payroll M: [2]*wèi*
zàibiānyì 再编译[-譯] V. recompile
zàibiānzhì 再编制 V. reorganize
zāibō 栽播 V. plant; sow
zàibō* 载波 N. <elec.> carrier (wave)
zàibu 再不 CONJ. or else; or
zàibùrán 再不然 CONJ. if not; otherwise
zàicè gǔdōng 在册股东[-冊--] N. stockholder of record
zàicè xìndù 再测信度 N. <math./lg.> test-retest reliability
zāichā 栽插 V. transplant
zàichǎng 在场[-場] V.O. be on the scene/spot; be present
zàichǎnpǐn 在产品[-產-] N. goods in process; unfinished products
zàicháo 在朝 V.O. ① hold office at court ② be in power
zàicháodǎng 在朝党[-黨] P.W. party in power; ruling party
zāichā shuǐdào 栽插水稻 V.O. transplant rice seedlings
zàichén 在陈 V.P. be in financial straits
zàichéng 再乘 N. <math.> cube; third power
zàichéng gōngzuò 在程工作 N. work in process
zàichénzàifú 载沉载浮 F.E. now sinking, now rising again; bobbing up and down
zàichízàiqū 载驰载驱[-驅] F.E. darting and dashing (of a carriage)
zàichóngfù 再重复[-複] V. reduplicate
zàichù 在处[-處] P.W. everywhere
zàichuán 再传[-傳] ATTR. second-generation (of disciples) *Tā shì Kāng Yǒuwéi de ~dìzǐ.* He was a disciple of Kang Youwei's disciple.
zàichuáng 在床 V.O. be in bed
zàichūkǒu 再出口 V. <com.> reexport
zàichǔlǐ 再处理[-處-] V.P. retreat; reprocess
zāichūqu 栽出去 R.V. <coll.> fall head-first
zàicǐ 在此 P.W. here
zàicì* 再次 ADV. once more/again; second time
zàicǐyījǔ 在此一举[-舉] F.E. hang upon this single action
zàicìzhī 再次之 F.E. third(ly)
zàidǎng 在党[-黨] V.O. ① be a member of a political party ② be a Communist Party member
zāidǎo* 栽倒 R.V. fall down
zàidào 载道 V.O. ① fill the streets (with complaints/etc.); be heard all over (of voices) ② convey moral teachings
zài de 再的 ATTR. <coll.> other; additional

zàidiànguǐ 载电轨[-電-] N. live rail M: [1]*tiáo*

zàidiànxiàn 载电线[-電-] N. live wire M: [1]*tiáo*

zàidù 再度 ADV. once more/again; second time

zāi'è 灾厄[災-] N. <wr.> ①mishap ②catastrophe

zàifā 再发[-發] V. relapse

zàifàn 再犯 V. repeat an offense ♦N. second-time offender; recidivist; repeat offender

zàifànbùshè 再犯不赦 F.E. Repeated offenders are unpardonable.

zàifāshēng 再发生[-發-] V. recur ♦N. recurrence

zàifēnpèi 再分配 N./V. <econ.> redistribution

zāifènr 灾分儿[災-] N. ①disaster ②misfortune

zǎifū 宰夫 N. butcher M: [2]*wèi*

zǎifǔ* 宰辅 N. premier; prime minister M: [2]*wèi*

zàifú 载福 V.O. receive blessings; enjoy happiness

zǎifǔzhīliàng 宰辅之量 N. capacity to serve as prime minister

zǎifǔzhīzhí 宰辅之职[-職] N. office of a premier

zàigǎng 在岗[-崗] V.O. be on duty; be at one's post

zǎigē 宰割 V. ① cut up; dismember ② destroy ③ invade, oppress, and exploit ④ kill; slaughter

zāi gēndǒu 栽跟斗 V.O. tumble; fall

zàigēng 再耕 V. over-till

zāi gēntou 栽跟头 V.O. <coll.> ① come a cropper (lit./fig.) ② be greatly embarrassed

zàigēzàiwǔ 载歌载舞 F.E. sing and dance

zàigōng 在公 V.O. as part of one's duty officially; for the sake of the public

zǎiguān 宰官 N. <trad.> district head; subprefect M: [2]*wèi*

zài guāngtiānhuàrì zhīxià 在光天化日之下 F.E. in broad daylight

zàiguānyánguān 在官言官 F.E. speak of one side of a matter only; speak from the strictly official point of view

zàiguīrè 再归热[-歸熱] N. recurrent fever

zài guò jǐ tiān 再过几天 V.P. in a few more days

zāihài 灾害[災-] N. calamity; disaster

zāihài jiùjì 灾害救济[災-濟] N. calamity relief

zàiháng 在行 V.O. be adept/expert (in a trade/profession)

zàihǎo 再好 ADV. no matter how good ~ ***wǒ yě bù mǎi.*** I wouldn't buy it no matter how good it is.

zàihǎobùguò 再好不过 V.P. be perfect; can't be better

zài hǎozhuǎn zhōng 在好转中[--轉-] V.P. be on the mend

zàihè 载荷 N. load

zǎihéng 宰衡 N. premier; prime minister M: [2]*wèi*

zàihòu 在后[-後] N. ① behind; later on ② as follows

zàihu 在乎 V. ①care about; mind ②lie in; rest with

zāihuā 栽花 V.O. grow flowers

zàihuàhé 再化合 N. recombination

zāihuàn 灾患[災-] N. calamity; disaster

zāihuāng 灾荒[災-] N. famine due to crop failures

zāihuāzhímù 栽花植木 F.E. plant flowers and trees

zāihuāzhòngshù 栽花种树[-種樹] F.E. cultivate flowers and trees

zàihuì 再会 F.E. Good-bye.; See you again.

zàihūn 再婚 V. remarry

zāihuò* 灾祸[災禍] N. disaster; calamity

zàihuò 载货 V.O. carry cargo/freight

zàihuò dūnwèi 载货吨位[--噸-] N. deadweight cargo tonnage

zàihuòliàng 载货量 N. cargo tonnage; loadage

zāihuòliánnián 灾祸连年[災禍-] F.E. Calamities occurred in successive years.

zāihuòlíntóu 灾祸临头[災禍臨-] F.E. A great disaster is imminent

zàihuò zhèngquàn 载货证券[--證-] N. bill of lading M: [1]*zhāng*

zàijí 载籍 N. <wr.> books

zàijí* 在即 V.P. near at hand; shortly; soon; imminent

zàijì 载记 N. chronicles of minor states/dynasties (as distinct from regular dynastic histories)

[1]**zàijiā*** 在家 V.O. ① be at home; be in ② <rel.> remain a layman

[2]**zàijiā** 再加 V. in addition; besides

[1]**zàijià** 再嫁 V. remarry (of women)

[2]**zàijià** 在假 V.P. be on leave

zàijiābèi 再加倍 V.P. redouble

zàijiāchūjiā 在家出家 F.E. observe all monastic rules while retaining family ties

zài jiāgōng 再加工 N. reprocessing; reworking

zài jiālǐ 在家里[-裡] V.O. <coll.> belong to a secret society

[1]**zàijiàn** 再见 F.E. Good-bye.; See you again.

[2]**zàijiàn** 在建 V.P. be under construction

[3]**zàijiàn** 再建 V. reconstruct

zàijiānàfú 在家纳福 F.E. enjoy the blessings of life at home

zāijiāo 栽交 *See zāi gēntou*

[1]**zàijiào*** 在教 V.O. <rel.> be a believer

[2]**zàijiào** 再醮 V. <trad.> remarry (of widows)

zàijiàoyù 再教育 N./V. reeducation

zàijiā qiānrì hǎo 在家千日好 F.E. There is no place like home.

zàijiārén 在家人 N. <Budd.> lay person; layman

zàijiēhé 再接合 N./V. reunion

zàijiéhé* 再结合 N./V. reunion

zàijiénántáo 在劫难逃[--難-] F.E. there's no escaping fate

zàijièrù 再借入 N. <lg.> double borrowing

zàijiēzàilì 再接再厉/励[-厲/勵] F.E. make persistent efforts

zàijígāngē 载戢干戈 F.E. put away weapons; stop fighting

zàijìnkǒu 再进口[-進-] V. <com.> reimport

zàijìsuàn 再计算 V. recalculation

zāijiù* 灾咎[災-] N. unavoidable misfortune

zàijiù 在疚 V.O. be in mourning

zàijiùshì 再就是 V.P. and also; and. . .as well

zàijiǔwènzì 载酒问字 F.E. studious and inquisitive

zàijiùyè 再就业[-業] N. reemployment

zàijūliú(bǔ) 再拘留(捕) V. <law> rearrest

zàikāifā 再开发[-開發] N./V. revival

zàikè 载客 V.O. carry passengers

zàikònggào 再控告 V. <law> recharge

zàilái 再来 V. ①come again ②encore ③request/order a repetition

zàiláimǐ 在来米 N. a kind of rice cultivated in Taiwan

zàilái yī ge 再来一个[-個] V.P. encore; let's have another

zāilí 灾黎[災-] N. refugees created by disasters

[1]**zāilì** 灾戾[災-] N. disasters; calamities

[2]**zāilì** 灾沴[災-] N. disasters (e.g. droughts/floods)

zàilí 载离[-離] V. part; separate

zàilǐ(r)* 在理(儿) S.V. reasonable; sensible; right ***Tā shuōhuà, bànshì dōu ~.*** He's sensible in speech and action.

zàiliàng 载量 N. carrying capacity

zài liǎngkě 在两可 V.P. <coll.> be a toss-up; can go either way

zāiliánhuòjiē 灾连祸结[災-禍-] F.E. succession of disasters

zāilíbiànyě 灾黎遍野[災-] F.E. The land is filled with disaster-stricken refugees. Stricken masses fill the wilderness.

zāilíhuòzǎo 灾梨祸枣[災-禍棗] F.E. a book poorly written and not worth reading

Zàilǐjiào 在理教 P.W. secret society established at beginning of the Qing for the restoration of the Ming

zài lìnghán nèi 在另函内 V.P. under separate cover

zàilǐr 在理儿 S.V. reasonable ***Tā de huà hěn ~.*** What he says is quite reasonable. ♦N. a member of the *Zàilǐjiào*

zàilùyīn 再录音[-錄-] V. re-record

zàimǎn 载满 V.P. carry a full load; be fully laden

zāimín 灾民[災-] N. disaster victims

zàimíng 载明 V. record clearly

zǎimù 宰木 N. trees around a grave M: [2]*kē*

zǎimùyǐgǒng 宰木已拱 F.E. A long time has elapsed since (sb's) death.

zài nǎkuài 在哪块[-塊] V.O. <topo.> where?

zāinàn 灾难[災難] N. calamity; misfortune

zāinànshēnzhòng 灾难深重[災難-] F.E. disaster-ridden

zāinànxìng 灾难性[災難-] ATTR. disastrous

zāinànxìng cuòwù 灾难性错误[災難-] N. catastrophic error

zāinànxìng hòuguǒ 灾难性后果[災難-後-] N. disastrous consequences

zāinànxìng kòngzhì 灾难性控制[災難-] N. disaster control

zàinèi 在内 V.O. be included; including

zāinián 灾年[災-] N. ①disastrous year ②famine/lean year

zài nǐ kànlái 在你看来 V.P. in your view

zāipái 栽排 V. make arrangements for

zāipéi 栽培 V. ① cultivate; grow ② foster; train; educate ③ give/receive patronage

zāipéi réncái 栽培人才 V.O. cultivate and nourish talent

zāipéiyè 栽培业[-業] N. cultivation

zāipéi zhíwù 栽培植物 N. cultivated plant

zàipín 载频 N. carrier frequency (of radio)

zàipíngjià 再评价[-價] N. revaluation

zàiqí 在旗 V.O. ① be a bannerman ② be a Manchu *See also Bāqí*

zàiqǐ* 再起 V. ①recur; revive ②be rehabilitated

zàiqián 在前 P.W. formerly

zàiqícì 再其次 ADV. after the next; thirdly

zàiqǐdòng 再起动[-動] V. restart

zāiqíng 灾情[災-] N. disaster conditions

zāiqíngcǎnzhòng 灾情惨重[災-慘-] F.E. ①The situation in the afflicted area is serious. ②heavy losses; big damages (often used humorously)

zài qí wèi, móu qí zhèng 在其位,谋其政 F.E. Being at one's post, one will worry about any matter concerned with it.

zāiqū* 灾区[災區] P.W. disaster area

zàiqǔ 再娶 V. remarry (of men)

zàirán 再燃 V. rekindle

zǎirén* 宰人 V.O. overcharge; fleece sb.

zàirén 载人 ATTR. manned

zàirènshi 再认识[-認識] N./V. rerecognition

zàirén yǔzhòu fēichuán 载人宇宙飞船[----飛-] N. manned spaceship

zāiróng 栽绒 N. fabric woven with silk and velvet

zāiróngzhǐ 栽绒纸 N. paper made from fabric woven with silk and velvet M: [1]*zhāng*

zǎiròu 宰肉 V.O. cut up meat; chop meat

zǎirù* 载入 V.P. enter into; record in

zàirù 再入 V. reenter

zàirù chéngxù 载入程序 N. <comp.> loading procedure

zàirùjiàn 载入健 N. <comp.> load key

zǎirù jìlù 载入记录[-錄] V.P. record in the minutes; place on record

zàirùqì 载入器 N. <comp.> loading device

zǎirù shǐcè 载入史册[-冊] V.P. enter into the history books

zàirù zhuāngzhì 载入装置[--裝-] N. <comp.> load facility

zàisān 再三 ADV. over and over again

zàisān bàixiè 再三拜谢 V.P. thank someone again and again

zàisān sīwéi 再三思维 V.P. give a matter careful thought; think sth. over again and again

zàisānzàisì 再三再四 F.E. again and again

zāishà 灾煞[災-] N. noxious influences

zǎishā* 宰杀[-殺] V. slaughter

zàishān 在苫 V.O. stay home during the period of mourning for one's parent

zàishāngyánshāng 在商言商 F.E. To a businessman, profit comes first.

zāishàng zuìmíng 栽上罪名 V.O. frame sb.

zàishèjì 再设计 V. redesign

zàishēn* 在身 V.O. have (duty/illness/etc.)

zàishěn 再审[-審] V. ① review ② <law> retry

zàishēng 再生 V. ① be reborn ② regenerate; reclaim ③ be a second so-and-so (a well-known figure already dead) ♦ ATTR. <bio.> regenerative
zàishēngchǎn 再生产[-產] N./V. <econ.> reproduction
zǎishēngchǎng 宰牲场[-場] P.W. slaughter-house
zàishēngdào 再生稻 N. <agr.> ratooning rice
zàishēng dúqǔ 再生读取[-讀-] N. <comp.> regenerative reading
zàishēng fù-mǔ 再生父母 N. second parents (i.e., one's benefactors)
Zǎishēngjié 宰牲节[-節] N. <rel.> Corban
zàishēng jìyìtǐ 再生记忆体[-憶體] N. <comp.> regenerative memory
zàishēngmáo 再生毛 N. reclaimed wool
zàishēng néngyuán 再生能源 N. renewable sources of energy
zàishēngshì 再生式 ATTR. regenerative
zǎishēngsuǒ 宰生所 P.W. slaughterhouse
zàishēng xiàngjiāo 再生橡胶[-膠] N. reclaimed rubber
zàishēngxìng zīyuán 再生性资源 N. renewable resources
zàishēngzhǎng 再生长 V. regrowth
zàishēngzhīdé 再生之德 N. one's grateful acknowledgment
zàishì 在世 V.O. be living
zàishì 在事 V.O. hold a position; be in charge of
zàishì 在室 V.O. be still unmarried (of females)
zàishǐyòng 再使用 V./N. reuse
zǎishìzhīcái 宰世之才 N. talent sufficient to rule the country
zàishìzhījiāo 再世之交 N. friendship lasting into the second generation
zāishù* 栽树[-樹] V.O. plant trees
zàishù 在数[-數] V.O. ① be doomed; have one's number come up ② be included
zàishuāisānjié 再衰三竭 F.E. be nearing exhaustion
zàishuō 再说 CONJ. what's more; furthermore; besides *See also* ²*zài shuō*
zài shuō 再说 V. ① repeat; say again; please repeat (what you said) ② later *See also* ¹*zàishuō*
zàisīyǒuyì 再思有益 F.E. Second thoughts are best.
zàisuǒbùcí 在所不辞[-辭] F.E. will not hesitate to
zàisuǒbùjì 在所不计 F.E. irrespective of
zàisuǒbùjiū 在所不究 F.E. be forgivable; will not be prosecuted
zàisuǒbùmiǎn 在所不免 F.E. unavoidable; inevitable; natural
zàisuǒbùxī 在所不惜 F.E. will not grudge
zàisuǒnánmiǎn 在所难免[--難-] F.E. be unavoidable
zàitán 再谈 V. discuss (sth.) later
zàitáng 在堂 V.O. still alive (of one's parents)
zàitáo 在逃 V.P. <law> be at large
zàitáofàn 在逃犯 N. fugitive; escaped criminal
zàitǐ 载体[-體] N. ① <chem.> carrier ② <comp.> vehicle
zàitiānzhīlíng 在天之灵[-靈] N. souls in paradise
zàitiēxiàn 再贴现 V./N. <econ.> rediscount
zāitǐ jīsù 甾体激素[-體--] N. <phys.> steroid hormone
zàitóuzī 再投资 V. reinvest; plow back ♦ N. reinvestment
zàitú 载途 N. ① distance ② entire road
zàiwài 在外 V.O. ① outside; excluded ② away from home
zàiwài yòngcān 在外用餐 V.P. dine out
zàiwàng 在望 V.P. ① be visible; be in view ② be in the offing
zǎiwángr 宰王儿 N. <coll.> Kangxi radical 96
zàiwèi 在位 V.O. ① reign ② be at one's post
zài wǒ 在我 V.O. It's up to me.
zàiwò* 在握 V.P. ① be in one's hands ② grasp
zài wǒ kàn 在我看 V.P. in my opinion
zǎiwù 宰物 V.O. be able to manage affairs

zài wǔtái hòufāng 在舞台后方[--臺後-] V.O. <thea.> be upstage
zài wǔtái qiánfāng 在舞台前方[--臺--] V.O. <thea.> be downstage
zàixī 在昔 V.O. <wr.> in former times; in the past; formerly
zàixià 在下 PR. <trad./humb.> I ♦ V.O. below
zàixià kànlái 在下看来 V.P. in my humble opinion
zàixiān 在先 V.O. ① formerly; in the past; before ② in front; ahead
¹zàixiàn* 再现 V. ① reappear (of past events) ② re-create ♦ N. reenactment
²zàixiàn 在线 V.O. <elec.> be on line
zàixiàn fúwù 在线服务[-務] N. online service
zāi-xiáng 灾祥[災-] N. omen of good or bad; disaster or blessing
zǎixiàng* 宰相 N. <hist.> prime minister; chancellor M: ²*wèi*
zǎixiàng dùli néng chēngchuán 宰相肚里能撑船[---裡-撐-] ID. A great person is large-hearted or magnanimous.
zàixiāngsuíxiāng 在乡随乡[-鄉隨鄉] F.E. When in Rome do as the Romans do.
zǎixiàngzhīcái 宰相之才 N. talent sufficient to rule the country
zǎixiàngzhīqì 宰相之器 N. potential to be prime minister; talent for statesmanship
zàixiào 在校 V.O. at school
zàixiàoshēng 在校生 N. student enrollment
zàixiàozàiyán 载笑载言 F.E. talk and laugh at the same time
zàixīn 在心 V.O. <coll.> ① look after; care for ② mind; be attentive ③ feel concerned
zāixīng 灾星[災-] N. bane; bad luck
zàixué 在学 V.P. be at school
zài xúnhuán 再循环[-環] V. recycle
zàiyā 在押 V.P. be in custody
zàiyāfàn 在押犯 N. criminal in custody
¹zāiyāng 灾殃[災-] N. suffering; calamity
²zāiyāng(r/zi) 栽秧(儿/子) V.O. transplant seedlings
zāiyǎng 栽养[-養] V. grow
zǎiyáng* 宰羊 V.O. kill a sheep
zàiyě* 在野 V.O. ① be out of office ② be in opposition (of politicians)
zàiyè 在业[-業] V.O. be employed
zàiyěbù 再也不 V.P. never again
zàiyědǎng 在野党[-黨] P.W. ① party not in office ② opposition party
zàiyě jīngyīng 在野精英 N. <soc.> counter-elite
¹zāiyì 灾异[災異] N. disasters resulting from unusual phenomena
²zāiyì 灾疫[災-] N. pestilence
¹zàiyì* 在意 S.V. ① pay attention to *Tā bù ~ xiǎoshì.* He ignores trifles. ② mind; be bothered by
²zàiyì 再议[-議] V. talk about or discuss again/later
zài yī dá 在一达[-達] V.P. <topo.> be in one place; be together *Tāmen ~.* They're together.
zài yīháng, yuàn yīháng 在一行,怨一行 F.E. Everyone finds fault with his own trade.
zài yīqǐ 在一起 V.P. be together
zàiyòng jìsuànjī 在用计算机 N. active computer M: ¹*tái*
zàiyú* 在于[-於] V. ① lie in; rest with ② be determined by; depend on
¹zàiyù 载誉[-譽] V.O. <wr.> carry high honors
²zàiyù 再育 N. proliferation; prolification
zàiyuè 再阅 V. review
zàiyùguīlái 载誉归来[-譽歸-] F.E. come back winning high praise
zàiyùn 载运[-運] V. transport/convey by vehicles/ships/etc.
zàiyùnpǐn 在运品[-運-] N. goods in transit
zàiyùn xiànjīn 在运现金[-運--] N. <acct.> cash/money in transit
zàiyùnxíng 再运行[-運-] N./V.P. rerun

zàiyùnxíng chéngxù 再运行程序[-運---] N. <comp.> rerun routine
zàiyùnxīnsi 再运心思[-運--] F.E. reconsider
zàizǎ de 再咋的 V.P. <topo.> nevertheless; no matter what; come what may
¹zàizài 在在 R.F. <wr.> everywhere; in all aspects
²zàizài 再再 R.F. again and again; time and again; repeatedly
zàizàijiēshì 在在皆是 F.E. can be seen everywhere
zāizāng 栽赃[-贓] V.O. ① plant stolen goods on sb. to frame him ② frame sb.
zāizāngjiàhuò 栽赃嫁祸[-贓-禍] F.E. fabricate a charge against sb.
zāizāngwūhài 栽赃诬害[-贓--] F.E. incriminate sb. with planted evidence
zàizào 再造 V. be given a new lease on life
zàizàolín 再造林 N./V.P. reafforestation M: ¹*piàn*
zàizàowù 再造物 N./V.P. rebuilt structure
zàizàozhī'ēn 再造之恩 N. the grace of rebirth
zàizé 再则 CONJ. moreover; besides
zài zěnme 再怎么[-麼] V.P. <coll.> no matter what; come what may
zài zěnme shuō 再怎么说[--麼-] V.P. however you put it; in the end; after all
zàizhě 再者 CONJ. <wr.> moreover; besides
zāizhèn 灾赈[災-] N. disaster relief
zāizhí 栽植 V. plant; transplant
¹zǎizhí 宰执[-執] N. <trad.> prime minister M: ²*wèi*
²zǎizhí 宰职[-職] N. <trad.> the post of first minister
zǎizhì 宰制 V. rule; dominate
zàizhí* 在职[-職] V.O. be on the job ~ *jìnxiū Yīngyǔ* take an on-the-job refresher course in English
zāizhībìngyè 灾枝病叶[災-葉] F.E. infirmity and calamities
zàizhí gànbù 在职干部[-職幹-] N. cadres at their posts M: ²*wèi*
zàizhí gōngrén 在职工人[-職--] N. on-the-job worker
zàizhí jiàoyù 在职教育[-職--] N. on-the-job education
zàizhí péixùn 在职培训[-職--] N. on-the-job training
¹zàizhìpǐn 再制品[-製-] N. remanufactured goods
²zàizhìpǐn 在制品[-製-] N. goods being manufactured
zàizhìpǐn páncún 在制品盘存[-製-盤-] N. <acct.> work-in-process inventory
zàizhí qījiān 在职期间[-職--] N. during one's tenure of office
zàizhí wúyèzhě 在职无业者[-職-業-] N. people who are on the job yet have nothing to do
zàizhí xùnliàn 在职训练[-職-練] N. on-the-job training
zàizhìyán 再制盐[-製鹽] N. refined salt
zàizhí yánjiūshēng 在职研究生[-職---] N. ① cadres admitted to a postgraduate program ② working graduate student
zàizhì yuánliào 在制原料[-製--] N. material in process
zài zhǐyúzhìshàn 在止于至善[--於--] F.E. be (located) in the attainment of moral perfection
zàizhí zǒngtǒng 在职总统[-職總-] N. incumbent president M: ²*wèi*
zāizhòng* 栽种[-種] V. plant; grow
zàizhòng 载重 N. load; carrying capacity
zàizhòng biǎochǐ 载重表尺 N. deadweight scale
zàizhòng biāozhì 载重标志[--標-] N. Plimsoll mark/line
zàizhòngchē 载重车 N. truck M: ³*liàng*
zàizhòng dūnwèi 载重吨位[--噸-] N. deadweight tonnage
zàizhòngliàng 载重量 N. loading/deadweight capacity (DWC; DWT)

zàizhòng qìchē 载重汽车 N. heavy-duty truck M: [3]*liàng*
zàizhòngxiàn 载重线 N. load line; load waterline M: [1]*tiáo*
zàizhōu 载舟 V.O. bear a boat (of a river/ocean/ etc.)
zǎizhū 宰猪[-豬] V.O. butcher pigs
zāizi 栽子 N. seedling
zǎizi* 崽/仔子 N. <*coll.*> ① young animal; pup; cub ② young child ③ young scamp ④ son-of-a-bitch
zàizìjù 在字句 N. <*lg.*> existential sentence
zài zuìhòu shíkè 在最后时刻[--後時-] V.P. at the eleventh hour
zàizuò 在座 V.O. ① be present ② be at a gathering
zàizuòféngfù 再作冯妇[-婦] ID. take on a risky, difficult job again
zájí 杂集[雜-] N. miscellany; potpourri M: [1]*běn*
[1]**zájì*** 杂技[雜-] N. acrobatics
[2]**zájì** 杂记[雜-] N. ① jottings; random notes ② miscellanies (as a literary genre) M: [1]*běn*
zájiā 杂家[雜-] N. <*hist.*> writers on various subjects
zájiàn(r) 杂件(儿)[雜-] N. sundries
zájiāo 杂交[雜-] V. <*bio.*> cross; hybridize ♦N. ① hybridization ② promiscuity
zájiāo shuǐdào 杂交水稻[雜-] N. hybrid rice
zájiāo yùzhǒng 杂交育种[雜-種] N. <*agr.*> crossbreeding
zájiāozhǒng(r) 杂交种(儿)[雜-種-] N. hybrid; random breed
zājǐn 扎紧[-緊] R.V. tighten; fasten securely
zájìtuán 杂技团[雜-團] P.W. acrobatic troupe
zájì yǎnyuán 杂技演员[雜-] N. acrobat M: [2]*wèi*
zájū* 杂居[雜-] V. live in a place/area inhabited by different peoples
zájù 杂剧[雜劇] N. ① Yuan-dynasty comedy/ drama ② "Northern"-type drama ③ Song-dynasty variety play ④ variety show; comedy; farce
zájūn 杂菌[雜-] N. <*bio.*> hybrid bacterium
zákāi 砸开[-開] R.V. ① crack open ② force open
zákuài 杂脍[雜-] N. chop suey
zākǔn 扎捆 V. strap; bind
zálàn 砸烂[-爛] R.V. smash to pulp
zláo 杂劳[雜勞] N. <*Ch. med.*> chronic diseases of elderly people
zále 砸了 V.P. <*coll.*> ruined; spoiled; broken
zálèi 杂类[雜類] ATTR. sundry
zále jiǎo 砸了脚[-腳] V.P. have one's foot crushed
zále shǒu le 砸了手了 V.P. <*coll.*> failed; ruined; spoiled
záliáng(r) 杂粮(儿)[雜糧-] N. ① food grains other than wheat and rice ② coarse cereal
záliú 杂流[雜-] N. <*trad.*> ① petty officials ② people dealing in commerce and trade
zálù 杂录[雜錄] N. varia; miscellany
záluàn 杂乱[雜亂] S.V./ADV. disorderly; pell-mell
záluànbùkān 杂乱不堪[雜亂-] F.E. all in a jumble
záluànwúzhāng 杂乱无章[雜亂-] F.E. disorderly and unsystematic; disorganized
záluànwúzhāng de yīnxiǎng 杂乱无章的音响[雜亂-響] N. <*lg.*> noise
záluàn xìnhào 杂乱信号[雜亂-號] N. hash (in radio/radar/TV reception)
zámiàn(r) 杂面(儿)[雜麵-] N. flour/noodles made from various kinds of grains and beans
zāmo 咂摸 V. <*coll.*> ① flavor; savor ② get a feel for; get the hang of ③ consider; puzzle out
zāmochū diǎn wèir lái le 咂摸出点味儿来了[---點----] V.P. <*coll.*> got a little feel for a matter; understood a matter a little better
zāmotòule 咂摸透了 V.P. <*coll.*> puzzle through a problem

zāmo zīwèir 咂摸滋味儿 V.O. <*coll.*> ① savor; get the hang of ② turn over in the mind; consider
zámùcóngshēng 杂木丛生[雜-叢-] F.E. The undergrowth is dense.
[1]**zān** 簪 B.F. ① hairpin *zānr, yùzān* ② wear in the hair *zānhuā*
[2]**zān** 糌 in *zānba, zānbātuán*
zán* 咱 PR. ① we; you and I ② <*topo.*> I
[1]**zǎn** 攒[攢] V. accumulate; hoard *See also cuán*
[2]**zǎn** 趱[趲] B.F. hurry; urge on *zǎnlù*
[3]**zǎn** 拶 B.F. finger press (used for punishment in ancient China) *zǎnzi, zǎnzhǐ*
Zǎn 昝 N. Surname
[1]**zàn** 暂[暫] ADV. temporarily ♦B.F. for a short time *duǎnzàn*
[2]**zàn** 赞[贊] B.F. ①support; assist [1]*zànzhù* ②agree with *zànchéng See also* [3]*zàn*
[3]**zàn** 赞[贊/讚] B.F. praise; commend *zànyáng* ♦N. eulogy *See also* [2]*zàn*
[4]**zàn** 錾[鏨] V. engrave; chisel ♦B.F. engraving tool; chisel *zànzi, zàndāo*
zānba 糌粑 N. <*Tibetan loan*> zamba; roasted barley flour
zānbàng 簪棒 N. hairpin with flat spoonshaped ends M: [2]*gēn*
zānbātuán 糌粑团[-團] N. zamba (the staple of the Tibetan diet)
zānbǐ 簪笔[-筆] V.O. stick the writing brush in one's hair/behind the ear
zànbié 暂别 N. temporary separation
Zànbǐyà 赞比亚[-亞] P.W. Zambia
zànbùjuékǒu 赞不绝口[--絕-] F.E. praise profusely
zànbùshèngzàn 赞不胜赞[--勝-] F.E. be above/ beyond praise
zǎnchéng 趱程 V.O. journey hurriedly
zànchéng* 赞成 V./N. ① approve; endorse ② assist
zànchéng dòngcí 赞成动词[--動-] N. <*lg.*> verb of approval
zànchéngpiào 赞成票 N. affirmative votes M: [1]*zhāng*
zànchǐ 暂齿[-齒] N. milk teeth M: [1]*kē*
zàncí 赞辞/词[-辭] N. eulogy; tribute
zàncún 暂存 ATTR. temporary storage ♦V. store temporarily
zàncún jìyìtǐ 暂存记忆体[-憶體] N. <*comp.*> scratchpad memory
zàncúnqì 暂存器 N. <*comp.*> ① register ② temporary storage/memory
zàncúnqū 暂存区[-區] P.W. <*comp.*> temporary memory/space
zàncúntǐ 暂存体[-體] N. Random Access Memory (RAM)
zàncuòzhēn 錾锉砧 N. cutting block
zándàhuǒ(r) 咱大伙(儿) PR. <*topo.*> all of us
zàndài 暂代 V. temporarily replace
zàndāo 錾刀 N. burin; graver M: [1]*bǎ*
zǎndǐ 攒底 N. closing; final segment
zàndìng 暂定 V. tentatively set (time/etc.)
zàndìng bànfǎ 暂定办法[--辦-] N. provisional/ tentative measures
zàndìng yìchéng 暂定议程[--議-] N. tentative agenda
zànduǎn 暂短 V.P. short; brief
zàndùn 暂顿 N. <*lg.*> caesura
zǎnéng 咋能 V.P. <*topo.*> How is it possible?
zānfú 簪绂 N. high position and wealth
zànfú* 赞服 V. esteem
zànfù kuǎnxiàng 暂付款项 N. <*acct.*> temporary payment
[1]**zāng*** 脏[髒] S.V. dirty; filthy *Bié bǎ yīfu nòng ~ le.* Don't get your clothes dirty. *See also* [2]*zàng*
[2]**zāng** 赃[贓] N. ① booty; spoils; stolen goods ② bribes
[3]**zāng** 臧 B.F. good; right *zāngpǐ, yīzāngyīpǐ* ♦N. Surname
[4]**zāng** 牂 in *zāngyún, zāngzāng*
zǎng 驵[駔] B.F. good horse; trusty steed *zǎngzi, zǎngkuài*

[1]**zàng** 葬 V. bury; inter
[2]**zàng** 脏[臟] B.F. internal organs *nèizàng, xīnzàng, zàngdú See also* [1]*zāng*
[3]**zàng** 奘 B.F. ① robust; strong *zàngcū* ② coarse (in speech, attitude) *See also zhuǎng*
[4]**zàng** 藏 B.F. ①storage place *bǎozàng* ② <*Budd. Dao.*> scripture; sutra; canon *Dàzàngjīng, Dàozàng See also cáng, Zàng*
Zàng 藏 N. short name for Xizang (Tibet) *See also cáng,* [4]*zàng*
zàng'áo 藏獒 N. Tibetan mastiff
Zàngbāo 藏胞 N. Tibetan compatriots
zāngbìng 脏病[髒-] N. <*coll.*> venereal disease
zāng buguò 脏不过[髒-] R.V. very dirty
zāngchòu 脏臭[髒-] ATTR. dirty and stinking
zāngchuāng 脏疮[髒瘡] N. <*coll.*> syphilis
zàngcū 奘粗 V.P. stout; thick
zàngdào 葬悼 V. bury and mourn
zàngdì 葬地 P.W. grave(yard); cemetery
zāng dōngxi 脏东西[髒-] N. dirty thing; filth
zàngdú 脏毒[臟-] N. dysentery
zàngē 赞歌 N. paean; song of praise
zāngfáng 脏房[髒-] P.W. house in which sb. was murdered or died by violence M: [1]*jiān*
[1]**zàngfǔ** 脏腑[臟-] N. ① viscera ② one's integrity/aspirations/etc.
[2]**zàngfǔ** 藏府 P.W. ① storage; warehouse ②government coffers; depot; treasury ③viscera ④ heart (fig.)
zāngguān 赃官[贓-] N. corrupt official
zànghàntǎ 藏旱獭 N. <*zoo.*> Himalayan margot M: [2]*zhī*
zànghónghuā 藏红花 N. ① <*bot.*> saffron crocus M: [2]*kē* ② <*Ch. med.*> crocus
zānghuà 脏话[髒-] N. obscene language; obscenities M: [1]*jù*
zānghuò 赃货[贓-] N. things gained illegally (esp. by stealing) M: [1]*xiē*/[1]*pī*
Zàngjīng 藏经[-經] N. <*Budd.*> ① the Buddhist Canon ② Tibetan sutras *See also cángjīng*
zāngjù* 赃据[贓據] N. ① booty ② goods as evidence of theft/bribery/etc
Zàngjù 藏剧[-劇] N. Tibetan opera
zǎngkuài 驵侩 N. <*wr.*> ①horse broker ②broker
zǎngkuài yòngjīn 驵侩佣金[--傭-] N. broker's commission
zāngkuǎn 赃款[贓-] N. illicit money
zànglán(sè) 藏蓝(色)[-藍-] N. ① dark blue ② reddish-blue
zànglǐ* 葬礼[-禮] N. funeral rites; funeral
Zànglì 藏历[-曆] N. Tibetan lunar calendar
zāngluàn 脏乱[髒亂] S.V. dirty and messy (of a place)
zāng-luàn-chà 脏乱差[髒亂-] F.E. dirty, disorderly, and bad
zāngmài 赃埋[贓-] V. slander; accuse falsely
zàngmái* 葬埋 V. bury (the dead)
zāngpǐ 臧否 <*wr.*> V. pass judgment (on people) ♦A.T. good or bad
zāngpǐn 赃品[贓-] N. plunder; loot; booty M: [2]*jiàn*
[1]**zàngqì** 脏器[臟-] N. ① viscera ② <*Ch. med.*> depot organ
[2]**zàngqì** 脏气[臟氣] N. <*Ch. med.*> *qì* in the viscera
zāngqián 脏钱[髒錢] N. <*coll.*> ① loot ② ill-gotten money
Zàngqīng 藏青 N. navy blue
Zàngqīngguǒ 藏青果 N. <*bot.*> myrobalan; chinko (a kind of olive grown in Tibet) M: [2]*kē*
Zàngqīngsè 藏青色 N. navy blue color
zàngshēn 葬身 V.O. be buried
zàngshēnhuǒhǎi 葬身火海 F.E. be engulfed in a sea of flames
zàngshēnhuǒkū 葬身火窟 F.E. be engulfed in flames
zàngshēnyìyù 葬身异域[--異-] F.E. be buried in a strange land
zàngshēnyúfù 葬身鱼腹 F.E. die a watery death
zàngshēnzhīdì 葬身之地 N. burial ground
zāngshuǐ 脏水[髒-] N. ① dirty water ② sewage

Z

zāngshuǐchí 脏水池[髒-] N. puddle
zāngshuǐtǒng 脏水桶[髒-] N. slop bucket
zàngsòng 葬送 V. ① ruin (future hopes/etc.) ② waste
zàngsòngdiào 葬送掉 R.V. put an end to; ruin
zàngsú 葬俗 N. burial custom
zāngtǔ 脏土[髒-] N. ① dirt; dust; muck ② rubbish; garbage
zànguǎn 暂管 V. temporarily handle
Zàngwén 藏文 N. Tibetan language/writing
¹**zāngwū** 脏污[髒-] ATTR./N. ① dirty ② smear; smudge
²**zāngwū** 赃诬[贜-] V. defame
zāngwù* 赃物[贜-] N. ① booty; spoils ② bribes ③ pilfered/stolen goods M: ²jiàn/¹pī
zāngwùfàn 赃物犯[贜-] N. receiver of stolen goods; a fence
zāngwù wōcángrén 赃物窝藏人[贜-窩--] N. holder of stolen goods
zàngxì 奘细 V.P. thick and thin
Zàngxì* 藏戏[-戲] N. Tibetan drama
Zàngxiāng* 藏香 N. Tibetan incense
zàngxiàng 脏象[臟-] N. <Ch. med.> state of internal organs
zāngxīn 脏心[髒-] N. impure heart; dirty mind
zāngxīnlànfèi 脏心烂肺[髒-爛-] F.E. <coll.> vicious; malicious
zāngxīxī 脏兮兮[髒-] R.F. very much soiled; very dirty
Zàngyī 藏医[-醫] N. ① Tibetan medicine ② Tibetan doctor M: ²wèi
zàngyí* 葬仪[-儀] N. burial rites
zàngyíshè 葬仪社[-儀-] P.W. funeral parlor/home M: ¹jiā
Zàngyǔ 藏语 N. Tibetan language
zàngyùmáixiāng 葬玉埋香 F.E. ① bury a beauty ② untimely death of a beauty
zāngyún 牂云[-雲] N. dog-shaped clouds M: ²duǒ
zāngzāng 牂牂 R.F. thick; dense
zàngzào 脏躁/燥[臟-] N. <Ch. med.> hysteria
zàngzàozhèng 脏躁症[臟-] N. <med.> hysteria
zāngzhèng* 赃证[贜證] N. stolen goods as evidence
zāngzhèng 脏症[髒-] N. venereal disease
zāngzì(r)* 脏字(儿)[髒-] N. obscenity; swear word
zǎngzi 驵子 N. rascal; ruffian; mean person
zāng zìyǎnr 脏字眼儿[髒-] N. obscene word; swearword
Zàngzú 藏族 N. Tibetan ethnic minority
zànhé 赞和 V. approve
zànhòu 暂候 V. wait for a short time
zānhù 簪笏 N. high officials M: ²wèi
zānhuā 簪花 V.O. put flowers in the hair/cap/hat
zānhuāmiàobǐ 簪花妙笔[-筆] F.E. graceful style of handwriting
zànhuǎn 暂缓 V. postpone; defer
zānhuānòngmèi 簪花弄媚 F.E. wear flowers in the hair and act coquettishly
zānhuánshǒushi 簪环首饰[-環--] F.E. women's hairpins/rings/jewels/etc.
zániàn 杂念[雜-] N. distracting thoughts
zánjiā 咱家 PR. <topo.> we; ourselves
zànjì dàijié zhànghù 暂记待结帐户 N. <acct.> a clearing account
zànjì dàixiàng 暂记贷项 N. <acct.> suspense credits
zànjiè 暂借 V. lend or borrow for a short time
zànjìránméi 暂济燃眉[-濟--] F.E. temporarily relieve an urgent need
zànjìzhàng 暂记帐 N. suspense account M: ¹běn
zānjū 簪裾 N. clothing and ornaments of the nobility M: ¹shēn
zànlí* 暂离[-離] V. temporarily part
¹**zànlǐ** 赞礼[-禮] V.O. direct ceremonies ♦N. master of ceremonies
²**zànlǐ** 赞理 V. help to manage
zánliǎ 咱俩 PR. <coll.> we two
zànliú 暂留 V. stay for a short time
zǎnlù 趱路 V.O. hasten on a journey
zǎnmǎxiàngqián 趱马向前 F.E. urge on a horse
zànměi 赞美 V. praise; eulogize
zànměibùjìn 赞美不尽[-盡] F.E. be beyond praise
zànměigē 赞美歌 N. psalm; hymn M: ²shǒu
zànměishī 赞美诗 N. psalm; hymn M: ²shǒu
zánmen 咱们 PR. ① we; you and I ② <topo.> ⓐ I ⓑ you
zànpèi 赞佩 V. admire; esteem
zǎnqián 攒钱[-錢] V.O. save money *See also* cuánqián
zǎnqiánguàn 攒钱罐[-錢-] N. money-box
zànqiě 暂且 ADV. for the moment; temporarily ~ *jiù zhèyang ba.* That'll do for the present.
zànquē 暂缺 V. ① be temporarily left vacant ② be temporarily out of stock
zānr 簪儿 N. woman's hairpin M: ²gēn
zànshǎng 赞赏 V. appreciate; admire *fēicháng zhídé* ~ deserve highest admiration
zànshēng 暂声[-聲] N. <lg.> momentary consonant
zànshí 暂时[-時] ADV. temporarily ♦ATTR. temporary; transient
zànshí héhuǒ 暂时合伙[-時--] N. <acct.> temporary association
zànshímào 暂时貌[-時-] N. <lg.> delimitative aspect
zànshíxìng 暂时性[-時-] N. transiency; provisionality
zànshōukuǎn 暂收款 N. deposit
zànsòng 赞颂 V. extol; eulogize
zàntài 暂态[-態] N. temporary/transient state
zàntàn 赞叹[-嘆] V. cry out in admiration
zàntànbùyǐ 赞叹不已[-嘆--] F.E. be full of praise
zàntàntàixī 赞叹太息[-嘆--] F.E. praise and sigh with admiration
zàntíng 暂停 V. suspend ♦N. <sport> time out
zàntíng fùkuǎn 暂停付款 N./V.P. <acct.> suspend payment
zàntíngniǔ 暂停钮 N. <comp.> pause key/button
zàntíng zhǐlìng 暂停指令 N./V.O. <comp.> halt instructions
zàntóng 赞同 V. approve of; endorse
zànxī 暂息 V. stop temporarily; recess
zànxiàn 赞羡 V. admire
zànxiāng 赞襄 V. assist; aid
zànxiǎng* 赞飨[-饗] N. message dedicated to a deity
zànxiē 暂歇 V. rest for a while; stay for a short time
zǎnxíng 趱行 V. ① hurry/rush through ② urge (on)
zànxíng* 暂行 ATTR./ADV. provisional; temporary
zànxíngfǎ 暂行法 N. provisional/temporary law M: ²bù
zànxíng guīzé 暂行规则 N. provisional rule
zànxǔ 赞许 V. laud; praise; commend
zànyá 暂牙 N. temporary teeth M: ¹kē
zànyán 暂延 V. postpone/adjourn temporarily
zànyáng* 赞扬[-揚] V. praise; commend
zànyǎng 赞仰 V. esteem; admire
zànyì 赞翼 V. assist; aid
zànyīn 暂音 N. <lg.> close/stop sound; momentary sound
zānyīng 簪缨 N. <trad.> ① cap clasp and tassels of officials ② symbols of office
zānyīngshìzhòu 簪缨世胄 F.E. family producing public officials for successive generations
zānyīngzhīzú 簪缨之族 N. a family of the official class
zànyòng 暂用 V. use temporarily
zànyǔ 赞语 N. words of praise
zànyù* 赞誉[-譽] V. praise
zǎnzào 趱造 V. speed construction (of a house/road/etc.)
zǎnzhǐ 拶指 V.O./N. crush fingers between sticks (as torture)
¹**zànzhù** 赞助 V./N. support; assist
²**zànzhù** 暂住 V. reside temporarily
zànzhù jìhuà 赞助计划[-劃] N. affirmative-action program
zànzhùrén 赞助人 N. ① supporter ② patron; sponsor M: ²wèi
zànzhùzhě 赞助者 N. sponsor M: ²wèi
zànzhùzhèng 暂住证[-證] N. temporary residence permit
zānzi* 簪子 N. hair clasp/pin M: ²gēn
zǎnzi 拶子 N. sticks for crushing fingers
zànzi 錾子 N. chisel for cutting stone M: ¹bǎ
zànzì 錾字 V.O. engrave characters
¹**zāo** 遭 V. encounter ♦M. ① *for times/turns* **Ráole tā zhè yī ~ ba.** Let him go this time. ② round
²**zāo** 糟 S.V. ① rotten; spoiled (lit./fig.) ~ ***de hěn!*** It's awful! ***Tā bǎ zhè shì nòng~ le.*** He's made a mess of this job. ~ ***le, lòu yǔ la!*** Damn! The rain is leaking in! ***gèng ~ de shì. . .*** to make matters worse,. . . ② infirm ♦B.F. dregs ***jiǔzāo*** ♦V. pickle
záo 凿[鑿] V. cut a hole; chisel; dig ♦N. chisel
¹**zǎo*** 早 S.V. early ♦ADV. ① early on; some time ago ② in advance; beforehand ③ prematurely ♦B.F. morning ***zǎoshang*** ♦F.E. Good morning!
²**zǎo** 枣[棗] B.F. jujube; Chinese date ***zǎor, zǎozi***
³**zǎo** 藻 B.F. ① algae ***zǎolèi*** ② aquatic plants ¹***shuǐzǎo*** ③ literary elegance ³***zǎoshì***
⁴**zǎo** 澡 B.F. bathe; bath ***xǐzǎo, zǎochí***
⁵**zǎo** 蚤 B.F. flea ***tiàozao***
¹**zào** 造 V. ① make; build; create; establish ② concoct; fabricate ③ <wr.> go to; arrive at ④ achieve; attain ⑤ <coll.> spend lavishly; run wild; mess things up ♦N. ① parties in a lawsuit ② <topo.> crop ③ epoch; period
²**zào** 灶 N. ① kitchen stove ② <PRC> kitchen; mess; canteen
³**zào** 躁 S.V. ① rash; impetuous ② irascible ***Tā xìngzi*** ~ He's quick-tempered. ③ restless
⁴**zào** 噪 V. ① chirp ② make noise ③ clamor
⁵**zào** 燥 S.V. dry
⁶**zào** 皂 B.F. ① black ²***zàoxié, zào-bái*** ② soap ***féizào, xiāngzào*** ③ yamen runner ¹***zàolì*** ④ honey locust ²***zàocì***
⁷**zào** 簉 B.F. secondary ³***zàoshì, zàonòng***
⁸**zào** 唣 in ***luózào***
⁹**zào** 慥 in ***zàozào***
zǎo'ān 早安 F.E. Good morning!
zǎobābèizi 早八辈子 F.E. <coll.> ① long time ago ② for a long time
zào-bái 皂白 V.P. ① black and white ② right and wrong
zàobáibùfēn 皂白不分 F.E. fail to distinguish between right and wrong
zāo báiyǎn 遭白眼 V.O. meet with disapproval; be snubbed
zǎobān(r) 早班(儿) N. morning shift
zǎobānchē 早班车 N. early-hour bus M: ³liàng
zǎobànshǎngr 早半晌儿 N. morning; forenoon
zǎobàntiān(r) 早半天(儿) N. <coll.> morning; forenoon
zāobào 遭报[-報] V. suffer retribution
zǎobào* 早报[-報] N. morning newspaper
zàobào 造报[-報] V.O. compile a report on funds expended
zào bàobiǎo 造报表[-報-] V.O. draw up a financial report
zǎoběn 枣本[棗-] N. books; volumes
zàobì 造币[-幣] V.O. coin (money)
zāobiàn 遭变[-變] V. ① have an accident ② suffer a great misfortune
zàobiǎo 造表 V.O. draw up a form/list ♦N. tabulation; summarizing
zàobìchǎng 造币厂[-幣廠] P.W. mint M: ⁴zuò
záobīng* 凿冰[鑿-] V.O. make a hole in the ice
záobǐng 凿柄[鑿-] N. discrepancy
zàobìquán 造币权[-幣權] N. right of coinage
záobìtōuguāng 凿壁偷光[鑿-] ID. study very diligently; studious
zāobízi 糟鼻子 N. bulbous/brandy nose
zǎobō 早播 N. early sowing
zāobùkěyán 糟不可言 F.E. in an indescribable mess

Z

zǎocái 早材 N. <forest.> springwood
zǎocān 早餐 N. breakfast
zǎocāo* 早操 N. morning (setting-up) exercises
zǎocǎo 蚤草 N. fleabane M: [2]kē
zàocè 造册[-冊] V.O. ①draw up a list ②record in a document; make an overall report ③compile a register
zǎochá 早茶 N. ①morning tea ②spring tea
zǎochǎn* 早产[-產] N. premature birth
zàochǎn 造产[-產] N. village and township enterprise
zǎochǎn'ér 早产儿[-產-] N. premature baby
zǎochǎng(r) 早场(儿)[-場-] N. <thea.> morning show
[1]**zǎocháo** 早潮 N. morning tide
[2]**zǎocháo** 早朝 N./V. attend the imperial court session in the early morning (of an emperor)
zǎochē 早车 N. morning train/coach M: [1]bān
záochén 凿沉[鑿-] V. scuttle (a ship)
zǎochen* 早晨 N. ①(early) morning ②daybreak
zàochéng 造成 R.V. ①create; bring about ②complete (in constructing/making sth.) ♦N. production
zàochéngfǎ 造成法 N. <lg.> technique
zàochéng shēngfú-fǎ 造成声符法[--聲--] N. <lg.> loangraph technique
zàochéngyīn 造成音 N./V.P. <lg.> sound production
zǎochí 澡池 P.W. bathtub
zàochū* 造出 R.V. make; build
zàochú 造厨[-廚] V.O. cook
[1]**záochuān** 凿穿[鑿-] R.V. pierce through
[2]**záochuān** 凿川[鑿-] V.O. canalize
záochuán 凿船[鑿-] V.O. make a hole in a boat
zàochuán* 造船 V.O. build ships
zàochuánchǎng 造船厂[-廠] P.W. shipyard; dockyard M: [4]zuò
zǎochuáng 糟床 N. grain press; masher M: [1]tái
zàochuán gōngsī 造船公司 P.W. shipbuilding company M: [1]jiā
zàochuán gōngyè 造船工业[-業] P.W. shipbuilding industry
zàochuánshù 造船术[-術] N. naval architecture
zàochuányè 造船业[-業] P.W. shipbuilding industry
zàochū kōngqì 造出空气[-氣] V.O. <topo.> fabricate rumors
zǎochūn(r) 早春(儿) N. ①early spring ②early spring tea
zǎochūwǎnguī 早出晚归[-歸] F.E. go out early and return late (of a busy person)
zàocí* 造词 N. <lg.> word creation/formation
[1]**zàocì** 造次 V.P. <wr.> ①hurried; hasty ②rash; impetuous
[2]**zàocì** 皂刺 N. <Ch. med.> thorns on a honey locust
zàocìdiānpèi 造次颠沛 F.E. be in a hurried and disorderly situation
zāocǐhàojié 遭此浩劫 F.E. come to such a cruel end
zàocìxíngshì 造次行事 F.E. act rashly
zàocì zhījiān 造次之间 N. in a moment of haste
zāodǎ* 遭打 V. be beaten
zǎodá 早达[-達] V. succeed early in life
zāodàn 糟蛋 N. pickled egg
zāodào* 遭到 R.V. meet with; encounter (sth. bad)
záodāo 凿刀[鑿-] N. chisel M: [1]bǎ
zǎodǎo 早祷[-禱] N. morning prayer
[1]**zǎodào** 早到 V. arrive early; arrive ahead of time
[2]**zǎodào(zi)** 早稻(子) N. early rice
zàodào 皂纛 N. <trad.> army flag M: [1]miàn
zǎodàochízǒu 早到迟走[--遲-] F.E. go to work early and leave late
zǎodàotián 早稻田 N. early-rice field M: [2]kuài
zàodì 灶地 P.W. salt works (for obtaining salt by boiling out brine)
zǎodiǎn 早点[-點] N. (light) breakfast
zǎodiǎnr 早点儿[-點-] ADV. in advance; a bit earlier
zàodīng 灶丁 N. salt-maker
zàodìng* 造定 V. be doomed/destined
záodòng 凿洞[鑿-] V.O. bore/drill a hole
zàodòng* 躁动[-動] V. move restlessly
zàodǒu 皂斗 N. shell of an acorn
zāodòufu 糟豆腐 N. pickled beancurd
zàoduān 造端 V. <wr.> begin; originate
zāo èyùn 遭厄运[-運] V.O. <wr.> meet with disaster
zǎofàn* 早饭 N. breakfast
zàofǎn 造反 V. ①rebel; revolt ②<coll.> kick up a row
zàofàn 造饭 V.O. prepare food (usu. early vernacular)
zāofáng 糟坊 P.W. distillery M: [1]jiān
zǎofáng 澡房 P.W. bathroom M: [1]jiān
zàofáng 灶房 P.W. <topo.> kitchen M: [1]jiān
zàofǎng* 造访 V. <wr.> pay a visit; call on
zàofǎnpài 造反派 N. <Cult.Rev.> rebel faction
zàofǎnzuì 造反罪 N. treason
zǎofāxìng chīdāizhèng 早发性痴呆症[-發---] N. dementia praecox
zāofèn 糟粪[-糞] V.O. make manure (by composting grass/etc.)
zàofěn* 皂粉 N. soap powder
zāoféng 遭逢 V. come across; encounter ♦N. vicissitudes of life
zāoféng bùxìng 遭逢不幸 V.O. suffer misfortune
zāoféng shèngshì 遭逢盛世 V.O. live in prosperous times
zǎofǔ 枣脯[棗-] N. dried dates (preserved in honey)
zàofú* 造福 V.O. bring benefit to; benefit
zàofǔ 造府 V.O. <wr.> pay a visit
zàofú rénqún 造福人群 F.E. do good deeds to benefit mankind; confer benefits on society
zāogǎi 糟改 V. <topo.> tease; make fun of
zǎogāi* 早该 V.P. should have (done sth.) earlier
zàogān 皂苷 N. saponin
zāogāo* 糟糕 INTJ. <coll.> What a mess!; Too bad! *~, wǒ de biǎo diū le.* What bad luck! I lost my watch. ♦S.V. bad; messed up
zǎogāo 枣糕[棗-] N. date-dumplings; steamed cake with dates M: [2]kuài
zāogāotòudǐng 糟糕透顶 F.E. What a complete mess!
zàoguō 噪聒 V.P. <topo.> noisy; clamorous
zāohai 糟害 V. <topo.> ①waste; ruin ②damage
zāohài* 遭害 V.O. be murdered/assassinated
zàohài 造害 V. <coll.> ①harm ②get another into trouble
zǎohàn 藻翰 N. ①a beautiful feather ②elegant writing
zàohàn* 躁汗 N. agitation-induced sweat
zāoháng 糟行 P.W. distillery; winery; brewery M: [1]jiā
zǎohànmǎnzhǐ 藻翰满纸 F.E. Elegant phrases and sentences fill the paper.
zǎohémiáo 枣核描[棗-] N. <art> date-stone stroke (in painting)
zǎohér 枣核儿[棗-] N. date stone *See also* *zǎohúr*
zǎohóng(sè) 枣红(色)[棗-] N. purplish red; maroon
zàohù 灶户 N. salt-maker
zǎohuā 早花 N. <agr.> early blossoming
zàohua* 造化 N. good fortune/luck; blessing *See also* [1]*zàohuà*
zàohuā 造花 V.O. make artificial flowers
[1]**zàohuà** 造化 N. ①Heaven ②Mother Nature *See also zàohua*
[2]**zàohuà** 皂化 N. <chem.> saponification
zàohuà nòngrén 造化弄人 F.E. ①be a sport of fate ②The god of destiny makes fools of people.
zàohuà xiǎo'ér 造化小儿 N. fortune; destiny
zǎohuā xīguā 早花西瓜 N. a kind of early-maturing watermelon
zāohuǐ* 糟毁[-毀] V. <coll.> ①ruin; destroy ②snuff out life
[1]**zǎohuì** 早慧 V.P. <wr.> precocious (of a child)
[2]**zǎohuì** 藻绘 V. magnificently describe ♦N. magnificence; splendor; elegance
zǎohūn 早婚 V. marry early ♦N. early marriage
zàohuo 灶火 N. <topo.> ①kitchen ②kitchen range; cooking stove
zàohuǒkēng 灶火坑 N. firebox in a traditional kitchen stove
zàohuǒ yǎnzi 灶火眼子 N. firebox opening for fuel
zǎohúr 枣核儿[棗-] N. date stone/pit *See also zǎohér*
zāojī 糟鸡[-雞] N. boiled chicken marinated in wine-lees sauce M: [2]zhī
zāojì 遭际[-際] N. circumstances; lot ♦V. meet with; encounter
zǎojì 早计 N. early planning
zàojī 灶鸡[-雞] N. <zoo.> ovenbird *Furnarius* M: [2]zhī
zàojí* 躁急 V.P. restless; restive; impatient
zàojiá 皂荚[-莢] N. Chinese honey locust
zàojiǎ 造假 V.O. lie; fib; fabricate
zàojià* 造价[-價] N. cost of building/manufacturing
zāojiābùzào 遭家不造 F.E. be bereaved of a parent or parents
zāojian 糟践[-踐] V. ①ruin; waste ②insult; affront ③violate (a woman)
zǎojiān 早间 N. morning
zàojiān* 灶间 P.W. kitchen M: [1]jiān
zàojiàng 灶匠 N. tinker M: [2]wèi
zàojiǎo 皂角 N. Chinese honey locust
zào jiǎzhàng 造假帐 V.O. cook/manipulate the accounts
zāojié* 遭劫 V.O. meet with catastrophe
zàojié 燥结 N. <Ch. med.> constipation
zàojìn 躁进[-進] V.P. <wr.> anxious to push/get ahead
záojǐng* 凿井[鑿-] V.O. ①dig a well ②sink a shaft
zǎojīng 早经[-經] ADV. already; previously
zǎojǐng 藻井 N. decorated ceiling panel; plafond
zàojìng 躁竞 V.P. <wr.> be ambitious
zàojìng 躁竞[-競] V.P. <wr.> be impatient to excel others
záojǐng shèbèi 凿井设备[鑿-備] N. well rig/rigging
zǎojiù 早就 V.P. long since/ago
zàojiǔ 造酒 V.O. make wine; brew alcoholic beverages
zàojiù* 造就 V. bring up; train; help sb. to succeed in life ♦N. achievements
zàojiǔchǎng 造酒厂[-廠] P.W. brewery; distillery M: [4]zuò
zàojiù réncái 造就人才 V.O. make useful citizens through education
[1]**zàojù** 灶具 N. <topo.> cooking utensils
[2]**zàojù** 造句 V.O. <lg.> ①sentence-making ②syntax
[3]**zàojù** 造具 V. prepare; get ready (a report/etc.)
zàojùbù 造句部 N. <lg.> syntactic component
zàojùfǎ 造句法 N. <lg.> syntax
zàojù liànxí 造句练习[-練習] N. a sentence-making exercise
zàojù lǐlùn 造句理论 N. <lg.> syntactic theory
zǎojūn 藻菌 N. algae
Zàojūn* 灶君 N. kitchen god
záokāi 凿开[鑿開] R.V. bore through; cut open
zāokāng 糟糠 N. ①grains; husks; chaff; etc. ②foodstuffs for the poor ③wife married in poverty
zāokāng fūqī 糟糠夫妻 N. love in a cottage
zāokāngzhīqī 糟糠之妻 N. a wife who has shared her husband's hard lot
zāokāngzhīqī bù xiàtáng 糟糠之妻不下堂 V.P. A wife who has shared her husband's hard lot must never be cast aside.
zàoké 燥咳 N. <med.> dry cough
zàokě* 燥渴 V.P. very thirsty
zàokēng 灶坑 N. stove fuel pit
zàokě zhìjí 燥渴至极[-極] V.P. extremely thirsty

záokōng 凿空[鑿-] V.O. ① dig a hole ② tunnel through a hill to build a road ♦ATTR. <wr.> ① interpret more than what is meant ② forced; farfetched *See also zuòkōng*
záokǒng* 凿孔[鑿-] V.O. punch holes
záokōngzhīlùn 凿空之论[鑿-] N. ① debunking argument ② a farfetched argument
zàokǒu 灶口 N. stove opening (for fuel)
zàokuài 造块[-塊] N. <metal.> agglomeration
zàokuáng 躁狂 N. <wr.> mania ♦V.P. irritable and unrestrained
zàokuángzhě 躁狂者 N. maniac
zàokuángzhèng 躁狂症 N. mania
zāolàn 糟烂[-爛] V.P. ① rotten ② messed-up ③ decomposed; putrid
zǎolǎo 早老 V. early aging
zǎolǎozhèng 早老症 N. premature aging
zāole 糟了 INTJ. Oh my God!
zǎolèi 藻类[-類] N. algae
zāoléijī 遭雷击[-擊] V.O. be struck by lightning
zǎolèixué 藻类学[-類-] N. algology
zǎolèi zhíwù 藻类植物[-類--] N. algae
zāo lěngyù 遭冷遇 V.O. be cold-shouldered
zāolí* 遭罹 V. <wr.> suffer
zǎolì 藻丽[-麗] V.P. splendid
[1]**zàolì** 皂隶[-隸] N. yamen runner
[2]**zàolì** 躁戾 V.P. quick-tempered and cruel
[3]**zàolì** 皂枥[-櫪] P.W. a stable
zǎoliàn 早恋[-戀] N. early/puppy love
[1]**zàoliè** 燥裂 V.P. cracked/split from dehydration/desiccation
[2]**zàoliè** 燥烈 S.V. fiery (of food/drugs/etc.)
[1]**zǎolín** 枣林[棗-] P.W. jujube orchard M: [1]*piàn*
[2]**zǎolín** 蚤林 N. <bot.> herb paris
zàolín* 造林 V.O. afforest
zàolù yùndòng 造陆运动[-陸運動] N. <geol.> epeirogenic earth movement
[1]**zàomǎr** 灶马儿 N. ① paper image of the kitchen god ② nocturnal kitchen insect; house cricket
[2]**zàomǎr** 灶蚂儿 N. camel cricket M: [2]*zhī*
zǎoméi* 藻煤 N. boghead coal
zàoméi 噪鹛 N. <zoo.> laughing thrush M: [2]*zhī*
zàomén 灶门 N. firebox opening for fuel
záomì 凿密[鑿-] N. <mach.> caulking
zǎomiánzǎoqǐ 早眠早起 F.E. go to bed early and get up early
zàomìng 造命 V.O. ① be the master of sb. else's fate ② convert one's misfortune into fortune
zàomó 造模/魔 V.O. make an absurd statement
zǎomù 枣木[棗-] N. jujube wood
zǎomùshū(zi) 枣木梳(子)[棗-] N. jujube-wood comb M: [1]*bǎ*
zāonàn 遭难[-難] V.O. meet with misfortune; come to grief
zàonào 躁闹[-鬧] V. cause a disturbance
zǎoní(r) 枣泥(儿)[棗-] N. jujube paste
zǎonián 早年 N. ① early years ② some years ago
zàoniǎo 灶鸟 N. ovenbird
zāoniè 遭孽 V.O. endure hardships
zàoniè* 造孽 V.O. do evil
zàonièzuò'è 造蘖作恶[-櫱-惡] F.E. commit crime and do evil
zǎoní guōbǐng 枣泥锅饼[棗-鍋-] N. pancake filled with date paste
zǎoníxiàn(r) 枣泥馅(儿)[棗-] N. jujube-paste stuffing
zàonòng 簉弄 A.T. a ditty; a little tune
zàopai 造派 V. <coll.> slander; vilify
zǎopán 早盘[-盤] N. morning session
zǎopén(r) 澡盆(儿) P.W. bathtub M: [2]*zhī*
záopī* 凿坯[鑿-] V.O. bore through a wall
zàopí 燥皮/脾 V.P. pleasant; refreshing; stimulating
zàopiàn 皂片 N. soap chips/flakes
zàopījiān 灶披间 P.W. <topo.> kitchen M: [1]*jiān*
zào píjiǔ 造啤酒 V.O. brew beer
zǎopíng 澡瓶 N. <Budd.> ablution pot provided to monks by temples
zāopò 糟粕 N. waste matter; dregs
zāoqì 凿气[鑿氣] N. stubbornness; obstinacy
zǎoqī* 早期 N. early stage/phase/period
zǎoqǐ 早起 V. get up early ♦N. <topo.> ① morning ② early in the morning
zàoqì 燥气[-氣] N. <Ch. med.> pathogenic dryness
zāoqiánr 糟钱儿[-錢-] N. filthy lucre
zàoqiáo 造桥[-橋] V.O. build bridges
zàoqiáobǔlù 造桥补路[-橋補-] F.E. build bridges and repair roads
zàoqiáopūlù 造桥铺路[-橋--] F.E. build bridges and lay roads
zǎoqī báihuà 早期白话 N. early vernacular (before the May 4th Movement 1919)
zàoqiè 躁切 V.P. anxious; impatient
zǎoqī guānhuà 早期官话 N. <lg.> Early Mandarin
zǎoqī jīngdiǎn 早期经典[--經-] N. classics
zǎoqī Mǐnyǔ 早期闽语 N. <lg.> Early Min topolect/dialect
zǎoqīngr 早清儿 N. <topo.> morning
zàoqǐngzhūgōng 造请诸公 V.O. call on the various nobilities
zǎoqǐ sānzhāo dāng yī tiān 早起三朝当一天[----當--] F.E. To get up early for three mornings is equal to one day of time.
zǎoqī shànggǔ Hànyǔ 早期上古汉语[----漢-] N. <lg.> Early Archaic Chinese
zǎoqiū 早秋 N. early autumn
zǎoqǐwǎnshuì 早起晚睡 F.E. early to rise and late to bed
zǎoqī Wúyǔ 早期吴语 N. <lg.> Early Wu topolect/dialect
zǎoqī Yuèyǔ 早期粤语[--粵-] N. <lg.> Early Cantonese topolect/dialect
zǎoqǐzǎoshuì 早起早睡 F.E. get up early and go to bed early; keep early hours
zāor 遭儿 N. ① a time; an occasion ② full circle (of movement); complete turn
zǎor* 枣儿[棗-] N. dates
zàorǎng 噪嚷 V. shout
zāorǎo 糟扰[-擾] F.E. Thanks for your hospitality.
zàorǎo* 躁扰[-擾] N. noise ♦V. trouble; annoy
zàorè 燥热[-熱] V.P. hot and dry
zǎorén 枣仁[棗-] N. date kernels
zāo rén báiyǎn 遭人白眼 V.O. be snubbed/cold-shouldered
zǎorì 早日 ADV. at an early date; early; soon
zāoròu 糟肉 N. pickled meat
zàorshàng de 灶儿上的 N. <coll.> cook
záoruì 凿枘[鑿-] N. <wr.> mortise and tenon ♦ID. ① compatible; complementary ② incompatible; at variance; a square peg in a round hole *See also záoyuánruìfāng*
záoshān 凿山[鑿-] V.O. tunnel through a mountain
zǎoshang 早上 N. morning ♦SUF. earlier *shínián* ~ 10 years earlier
zǎoshang hǎo 早上好 F.E. Good morning!
záoshānpīlǐng 凿山劈岭[鑿-嶺] F.E. tunnel through mountains and cut across ridges
zàoshān yùndòng 造山运动[-運動] N. <geol.> orogenic movement
záoshānzàoqú 凿山造渠[鑿-] F.E. cut through mountains to build channels
záoshānzhìshuǐ 凿山治水[鑿-] F.E. cut through mountains to harness water
zǎoshēn 澡身 V.O. take a bath
Zàoshén* 灶神 N. kitchen god
zàoshēng 噪声[-聲] N. noise
zàoshēng wūrǎn 噪声污染[-聲--] N. noise pollution
zǎoshēnyùdé 澡身浴德 F.E. cleanse both physically and morally
zàoshén yùndòng 造神运动[-運動] N. <PRC> idol-making movement
zǎoshí 早时[-時] N. (in) former times
[1]**zǎoshì(r)*** 早市(儿) N. morning market/sales
[2]**zǎoshì** 早逝/世 V. <wr.> die young
[3]**zǎoshì** 藻饰 N. <wr.> embellishments in writing
[4]**zǎoshì** 早是 V.P. ① luckily; fortunately ② already
[5]**zǎoshì** 澡室 P.W. shower room M: [1]*jiān*
[6]**zǎoshì** 蚤世 V.O. <wr.> die prematurely
zào-shī 燥湿[-濕] N. ① degree of dryness or wetness ② <Ch. med.> eliminating dampness
zàoshí 皂石 N. soapstone M: [2]*kuài*
zàoshǐ 造始 A.T. the beginning
[1]**zàoshì** 造势[-勢] V.O. put a spin on sth.
[2]**zàoshì** 造士 N. an accomplished scholar ♦V.O. educate a talent
[3]**zàoshì** 簉室 N. <trad.> concubine
zǎoshìqífēi 藻饰其非 F.E. gloss over one's faults with flowery words
zǎoshìyǔnmìng 早世殒命 F.E. die an early death
zāoshòu 遭受 V. suffer; sustain
zāoshòu dào 遭受到 R.V. suffer
zǎoshóugǔ 早熟谷[-穀] N. early-ripening rice
zǎoshú* 早熟 V.P. ① precocious ② early-maturing ③ reaching puberty early
zǎoshù 枣树[棗樹] N. jujube tree M: [2]*kē*
zǎoshuāi* 早衰 N. premature senility
zàoshuài 躁率 V.P. impatient and careless
zǎoshuāizhèng 早衰症 N. premature senility
zǎoshuāng 早霜 N. early frost
zǎoshuì 早睡 V. go to bed early
zǎoshuìzǎoqǐ 早睡早起 F.E. early to bed, early to rise
zǎoshùlín 枣树林[棗樹-] P.W. jujube forest M: [1]*piàn*
zāoshùr 遭数儿[-數-] N. occurrences; times
zǎoshúzǎolàn 早熟早烂[-爛] F.E. Soon ripe, soon rotten.
zǎosī 藻思 N. fine/elegant inspiration (in writing)
záo sìfāngyǎn(r) 凿四方眼(儿)[鑿-] V.O. <coll.> chisel square holes ♦ID. make unreasonable demands for answers
záo sǐlǐr 凿死理儿[鑿-] V.O. <coll.> obstinate/stubborn
zàosù 皂素 N. saponin
zǎosuì 早岁[-歲] N. ① early years ② in one's youth
zāota 糟蹋/踏 V. ① ruin; waste ② insult; affront ③ violate (a woman)
zāota fùnǚ 糟蹋妇女[--婦-] V.O. violate a woman
zàotái 灶台[-臺] N. top of the kitchen range
zàotán 燥痰 N. <Ch. med.> sticky sputum
[1]**zǎotáng(r/zi)*** 澡堂(儿/子) P.W. <coll.> public bath(house) M: [1]*jiān*/[1]*jiā*
[2]**zǎotáng** 澡塘 P.W. ① common bathing pool ② public bath(house)
[1]**zàotáng** 灶膛 N. chamber of a kitchen range
[2]**zàotáng** 灶糖 N. malt sugar; maltose
zǎotángrsè 枣糖儿色[棗-] N. reddish-brown
zàotián 造田 V.O. turn land into cultivated fields
zāo tiāndǎléipī 遭天打雷劈 ID. be condemned by heaven/God
zàotiánzhíshù 造田植树[-樹] F.E. build up fields and plant trees
zàotiāo 躁佻 V.P. frivolous; rash
zàotǐngchǎng 造艇场[-場] P.W. boatyard
zàotǐng jìgōng 造艇技工 N. boatwright
zàotou 灶头 N. <topo.> ① stove ② kitchen
zāotòule 糟透了 V.P. What a mess!
zàotū 灶突 N. <wr.> chimney (of a kitchen stove)
zǎotuì 早退 V. ① retire early from a job ② leave early
zǎowǎn(r) 早晚(儿) ADV. ① morning and evening ② sooner or later ③ <coll.> when ④ <topo.> ⓐ all the time ⓑ some time/day ♦N. time
zǎowǎn fúwùbù 早晚服务部[---務-] P.W. before-and-after-hours shop; department for after-hours service M: [1]*jiā*
Zàowang* 灶王 N. Kitchen God
zàowàng 躁妄 V.P. impetuous
Zàowángyé 灶王爷[-爺] N. Kitchen God
zāowēn* 遭瘟 V.O. meet with disaster/misfortune/etc.
zàowěn 燥吻 N. dry lips

Z

zàowū 灶屋 P.W. <*topo.*> kitchen M: [1]*jiān*
zàowù* 造物 N. the divine force that created the universe; Nature
zǎowǔcān 早午餐 N. brunch
zàowù nòngrén 造物弄人 V.P. be a sport of fate
zàowù tú'àn 造物图案[--圖-] N. creative plan
Zàowùzhǔ 造物主 N. God; the Creator
zǎoxiá 早霞 N. glowing clouds at sunrise; rosy dawn
zǎoxiān(r) 早先(儿) N. previously; in the past
zàoxiàng 造像 N. statue ♦V.O. make an image/portrait
zàoxiàyǎng 灶下养[-養] N. cook; chef
zǎoxiē* 早些 ADV. a little earlier
zǎoxiè 早泄 N. premature ejaculation
[1]zàoxié 燥邪 N. <*Ch. med.*> dryness evil
[2]zàoxié 皂鞋 N. traditional black cloth shoes of older women M: [1]*shuāng*
zàoxiě 造血 N. functions of a department/district/unit/etc. in handling their own problems and development
zǎoxiēge 早些个[-個] ADV. sooner; earlier
zǎoxiēr 早些儿 ADV. sooner; earlier
zāoxīn 糟心 S.V./V.O. ① annoying; irritating ② <*coll.*> discouraged; downcast ③ unlucky
[1]zàoxíng 造型 N. ① modeling; mold-making ② model; mold
[2]zàoxíng 造形 V.O. create an image
zàoxíngbǎn 造型板 N. <*mach.*> mold board M: [1]*zhāng*
zàoxíng měiguān 造型美观[-觀] N. attractive/handsome appearance
zàoxíng shèjì 造形设计 N. modelling design
zàoxíngshù 造型术[-術] N. modeling
[1]zàoxíng yìshù 造型艺术[-藝術] N. plastic arts
[2]zàoxíng yìshù 造形艺术[-藝術] N. ①formative arts ② plastic arts
zàoxìngzi 躁性子 N. quick-temper; hot-temper
zàoxīntǔ 灶心土 N. <*Ch. med.*> earth from the center of an earthen cooking stove
zāoxiǔ 糟朽 V.P. decayed; crumbled; disintegrated
záoxué* 凿穴[鑿-] V.O. excavate a cave
zǎoxuě 澡雪 V. cleanse; clean; purify
zàoxuē 皂靴 N. <*trad.*> black riding boots, as part of formal dress M: [1]*shuāng*
zǎoxuě wǔzàng 澡雪五脏[-臟] V.O. clean the mind
zǎoyǎ 藻雅 V.P. elegant; graceful; fine
zǎoyǎfēnfāng 藻雅芬芳 F.E. refined and fragrant
záoyán 凿岩[鑿-] N. <*min.*> (rock) drilling
zāoyāng 遭殃 V.O. meet with disaster ♦N. misfortune
záoyánjī 凿岩机[鑿-] N. rock drill M: [1]*tái*
zǎoyāo 早夭 V. die young
zàoyáo* 造谣 V.O. start a rumor
zàoyáohuòzhòng 造谣惑众[-眾] F.E. spread rumors to confuse people
zàoyáoshēngshì 造谣生事 F.E. spread rumors to create trouble
zàoyáowūmiè 造谣诬蔑 F.E. concoct calumny and slander; start rumors and spread slanders
zàoyáoxiànhài 造谣陷害 F.E. fabricate rumors and trump up charges against sb.
zào yáoyán 造谣言 V.O. start a rumor
zàoyáozhòngshāng 造谣中伤[-傷] F.E. spread rumors to defame others
zàoyáozuòsuì 造谣作祟 F.E. start a rumor to cause trouble
zǎoyē 枣椰[棗-] N. date palm
zǎoyēyóu 枣椰油[棗-] N. date kernel oil
zǎoyǐ* 早已 V.P. ① long ago/since ② already
[1]zàoyì 造诣 N. (academic/artistic) attainments ♦V. visit with; call on
[2]zàoyì 造意 V.O. <*wr.*> initiate ♦N. originality (of art/writing)
zǎo yīdiǎn 早一点[-點] V.P. a little earlier
zàoyìfàn 造意犯 N. <*law*> instigator
záoyìn 凿印[鑿-] V.O. engrave a seal ♦N. chisel marks
zàoyīn* 噪音 N. noise; din
zàoyīn de 造因的 ATTR. causative
zàoyīn dòngcí 造因动词[--動-] N. <*lg.*> causative verb
zàoyǐng 造影 N. radiography
zàoyīn gōnghài 噪音公害 N. noise nuisance/pollution
zàoyīn wūrǎn 噪音污染 N. noise pollution
zàoyīn yìzhì 噪音抑制 N. <*radio*> noise suppression
zàoyīnyuán 噪音源 N. noise sources
zàoyīn zhǐshìjì 噪音指示计 N. noise meter
zàoyìpōshēn 造诣颇深 F.E. of great attainment
zàoyìshènshēn 造诣甚深 F.E. of great attainment
zǎo yīxiē 早一些 V.P. a bit earlier
zāoyú 糟鱼 N. pickled fish M: [1]*tiáo*
zāoyù* 遭遇 V. meet with; encounter sth. bad ♦N. vicissitudes of life; calamity
zǎoyú 早于[-於] V.P. earlier than
[1]zǎoyù 早育 N. early childbirth/child-bearing
[2]zǎoyù 藻玉 N. multicolored jade M: [2]*kuài*
zàoyǔ 造雨 N./V.O. rain-making
[1]zàoyù 造育 V. train
[2]zàoyù 造狱 V.O. start litigation ♦N. extraordinary criminal code
[3]zàoyù 躁郁[-鬱] ATTR. manic-depressive
zàoyuán 造园[-園] V.O. garden
zàoyuánfǎ 造园法[-園-] N. landscape gardening
zào yuánlín 造园林[-園-] V.O. landscape
záoyuánruìfāng 凿圆枘方[鑿-] ID. a square peg in a round hole; incompatible
zāoyùdào 遭遇到 R.V. encounter; incur
zào yúlùn 造舆论 V.O. create public opinion
zāoyùzhàn 遭遇战[-戰] N. <*mil.*> encounter; engagement M: [2]*chǎng*
zàoyùzhèng 燥郁症[-鬱] N. <*med.*> bipolar disorder; manic-depression; mania
zàoyùzhèng huànzhě 燥郁症患者[-鬱---] N. <*med.*> a manic-depressive
zàozá 噪杂[-雜] V.P. clamorous; noisy
zāozāi* 遭灾[-災] V.O. suffer a disaster
zǎo zài 早在 V.P. as far back as
záozáo 凿凿[鑿鑿] <*wr.*> R.F. real; indisputable; true; certain; verified ♦ADV. with certainty
zǎozǎo(r)* 早早(儿) R.F. as early as possible; well in advance
zàozào 慥慥 R.F. <*wr.*> honest and sincere; earnest; wholehearted
záozáoyǒujù 凿凿有据[鑿鑿-據] F.E. supported by irrefutable evidence
zǎozé 早则 V.P. ①luckily; fortunately ②already
zàozhā 造渣 V.O. <*metal.*> slag making; slag formation
zǎozhànwùyào 早占勿药[-藥] F.E. have gotten well early (of a sick person); get well very soon; wish sb. a speedy recovery from illness
zàozhèng 燥症 N. <*Ch. med.*> dryness pathology
zāozhì 遭致 V. suffer; meet with
zǎozhī 蚤知 V. <*wr.*> foretell the future
zàozhǐ* 造纸 V.O. make paper
zàozhǐchǎng 造纸厂[-廠] P.W. paper mill M: [4]*zuò*
zǎozhīrúcǐ 早知如此 F.E. If it had been known that things would turn out this way. . .
zǎozhōngfàn 早中饭 N. brunch
zǎozhōu 早粥 N. breakfast gruel
zàozhōuwéiliáng 造舟为梁 F.E. make a bridge of boats
zàozhuó 燥灼 V.P. very uneasy/anxious
záozi 凿子[鑿-] N. chisel M: [1]*bǎ*
zǎozi* 枣子[棗-] N. <*coll.*> jujube; Chinese date M: [1]*kē*
zàozì 造字 <*lg.*> V.O. coin words
zàozì de rén 造字的人 N. <*lg.*> script inventor
zāozuì* 遭罪 V.O. <*coll.*> endure hardships
zàozuì 造罪 V.O. do evils that may invite wrath from Heaven
zàozuo* 造作 S.V. affected; artificial *See also* *zàozuò*
zàozuò 造作 V. make; manufacture *See also* *zàozuo*
zápái 杂牌[雜-] N. less-known and inferior brands
zápáihuò 杂牌货[雜-] N. goods of an inferior brand M: [1]*xiē*
zápáijūn 杂牌军[雜-] P.W. ragtag troops M: [4]*zhī*
zá páizi 砸牌子 V.O. <*coll.*> ① lose one's reputation ② ruin a reputation
zápèi 杂佩[雜-] N. the various ornaments worn at the girdle
zápǐn 杂品[雜-] N. ①sundry goods ②groceries
zápíng 杂评[雜-] N. short commentary (in journals)
zápò 砸破 R.V. break sth. by smashing/knocking
záqīliùbā 杂七六八[雜-] F.E. <*coll.*> jumbled; mixed up; varied
záqīzábā 杂七杂八[雜-雜-] F.E. odds and ends
záqǔ 杂曲[雜-] N. miscellaneous songs; musical potpourri
zār 咂儿 N. <*topo.*> woman's breasts
zārǎn* 扎染 N. <*txtl.*> knot; tie(-dye)
zárán 杂然[雜-] V.P. all; unanimous
zárén 杂人[雜-] N. all kinds of people
záróu 杂糅[雜-] V. mix; mingle; blend
zásàn 杂散[雜-] S.V. stray; strayed
zásè 杂色[雜-] ATTR. multi-colored; motley ♦N. an inferior brand
zásètǐ 杂色体[雜-體] N. <*bot.*> chromoplast
záshāng 砸伤[-傷] V. be injured by a falling object; be injured by a crashing object
zāshang kǒudàizuǐr 扎上口袋嘴儿 ID. <*topo.*> be penniless
zāshéyīn 咂舌音 N. <*lg.*> click
záshí 杂食[雜-] ATTR. omnivorous
záshǐ 杂史[雜-] N. unofficial history
záshì(r)* 杂事(儿)[雜-] N. ① small matter ② odd job ③ miscellaneous affairs M: [2]*jiàn*/[1]*xiē*
záshí dòngwù 杂食动物[雜-動-] N. omnivorous animal
záshíshòu 杂食兽[雜-獸] N. <*zoo.*> omnivore
záshū 杂书[雜書] N. miscellaneous (inferior) books M: [1]*běn*
záshuǎ(r) 杂耍(儿)[雜-] N. variety show; vaudeville
záshuì 杂税[雜-] N. miscellaneous levies
záshùlín 杂树林[雜樹-] P.W. copse
záshuō 杂说[雜-] N. ① different versions ② <*wr.*> fragmentary argumentation/writing
záshuōbùyī 杂说不一[雜-] F.E. Accounts differ.
zǎshuōzǎbàn 咋说咋办[-辦] F.E. <*topo.*> do as one says
zásǐ 砸死 R.V. ① be killed by falling object ② stone to death ③ as a joke, hand a person an impossible task to perform
zásuàn 砸蒜 V.O. crush garlic
[1]zásuì 杂碎[雜-] N. ① chopped cooked entrails of sheep/oxen ② chop suey ③ trifles ♦ATTR. complicated and trifling
[2]zásuì 砸碎 R.V. pulverize; smash to bits
zásuì shípǐn 杂碎食品[雜-] N. hash
zásǔn-yì 杂损益[雜-] N. <*acct.*> miscellaneous profit and loss
zátà 杂沓/遝[雜-] V.P. confused; disorderly
zátān 砸坍 V. smash; knock down
[1]zátán* 杂谈[雜-] N./V. rambling talk; tittle-tattle
[2]zátán 杂坛[雜壇] P.W. acrobatic circles
[1]záwén 杂文[雜-] N. essay M: [1]*piān*
[2]záwén 杂闻[雜-] N. ① news tidbits ② varying accounts
záwénxué 杂文学[雜-] N. miscellaneous literature (narratives/commentaries/etc.)
[1]záwù 杂物[雜-] N. odds and ends
[2]záwù 杂务[雜務] N. odd jobs; sundry duties M: [1]*xiē*
záwùjīshēn 杂务羁身[雜務-] F.E. be occupied with sundry duties
záwùxiāng 杂物箱[雜-] N. glove compartment
záxià 砸下 R.V. smash; tamp
záxiǎn 杂险[雜-] N. miscellaneous risks
záxiang 杂项[雜-] N. all sorts/kinds *See also* *záxiàng*

Z

záxiàng 杂项[雜-] N. miscellaneous items *See also záxiang*

záxiàng fèiyòng 杂项费用[雜-] N. <acct.> miscellaneous expenses

záxiàng shōurù 杂项收入[雜-] N. miscellaneous income

záxiàng shuìshōu 杂项税收[雜-] N. sundry revenue

záxiàng wùzī 杂项物资[雜-] N. sundry supplies

záxiàng zhīchū 杂项支出[雜-] N. miscellaneous expenses

záxiàng zhǔnbèi 杂项准备[雜-準備] N. sundry reserves

záxing 杂星[雜-] N. of different sorts; not pure

záxìnghuā 杂性花[雜-] N. polygamous flower

záxìngshì 杂性式[雜-] N. polygamy; polygyny

záxué 杂学[雜-] N. unorthodox/unconventional learning

záxùn 杂讯[雜-] N. ① miscellaneous news ② <elec.> noise

zā yáhuāzi 咂牙花子 V.O. <coll.> suck on the teeth

záyán 杂言[雜-] N. miscellany

záyàng 杂样[雜樣] V.O. mix together different types of things

zǎyàng* 咋样[-樣] F.E. How are things? *See also zhǎyàng*

záyè 杂业[雜業] N. odd jobs

záyì 杂役[雜-] N. <wr.> ① odd jobs; chores ② handyman

zāyīn 咂音 N. <lg.> click

záyīn* 杂音[雜-] N. ① noise ② <elec.> static ③ <med.> murmur

záyǒng 杂咏[雜詠] V. narrate diverse subjects in poetic form

záyòng* 杂用[雜-] N. miscellaneous uses/expenses/etc.

záyòngjiān 杂用间[雜-] P.W. utility room M: [1]*jiān*

záyuàn(r) 杂院(儿)[雜-] P.W. compound occupied by many households M: [4]*zuò*

zāyuè 匝月 N. <wr.> a full month

zāzar 咂咂儿 R.F. <coll.> suck

zázhàngmù 杂帐目[雜-] N. <acct.> charge account

zǎzhe 咋着[-著] PR. <coll.> why?; how come?

zǎzhěng de 咋整的 V.P. <topo.> What happened?

zázhī 杂支[雜-] N. miscellaneous disbursements

zázhí 杂职[雜職] N. an official with minor duties

[1]**zázhì*** 杂志[雜-] N. ① magazine; journal; periodical ② miscellaneous notes; records; notes (often used in book titles) M: [1]*běn*

[2]**zázhì** 杂质[雜質] N. ① impurity ② <chem.> foreign matter

zázhǒng 杂种[雜種] N. ① <derog.> bastard; son-of-a-bitch ② half-breed; half-cast <bio.> hybrid; crossbreed

zázhǒng bùyùxìng 杂种不育性[雜種-] N. <bio.> hybrid sterility

zázhǒng yōushì 杂种优势[雜種優勢] N. <bio.> hybrid vigor

ázì 杂字[雜-] N. rhymed phrases of individual characters for easy memory

zázuǎn 杂纂[雜-] N. notes/records of miscellaneous/petty incidents/episodes/etc.

zāzuǐ(r) 咂嘴(儿) V.O. smack the lips (in praise/etc.)

zāzuǐyīn 咂嘴音 N. <lg.> click

zázuǐzi 杂嘴子[雜-] N. <coll.> a gossip

[1]**zé*** 则[則] B.F. ① rule; regulation **guīzé** ② standard; criterion **zhǔnzé** ♦M. *for written items* ♦V. <wr.> ① imitate ② do; make ③ be ♦ADV. then; in that case ♦CONS. *s.v.1 ~ s.v.1* It's s.v.1 all right, (but) ***Hǎo ~ hǎo, jiùshì tài guì.*** It's good all right, but it's too expensive. ♦SUF. *added to numbers indicating enumeration* ***yī~ A, èr~ B*** for one thing A, for another thing B

[2]**zé** 择[擇] B.F. ①select; choose **xuǎnzé** ② <wr.> differentiate *See also* [2]*zhái*

[3]**zé** 责[責] B.F. ① duty; responsibility ***zérèn*** ② demand; require ***zéchéng*** ③ interrogate ***zéwèn*** ④ blame; reprove [1]***zébèi*** ⑤ punish [1]***zéfá***

[4]**zé** 泽[澤] B.F. ① marsh ***zhǎozé***, [2]***zédì*** ② luster; sheen ***guāngzé***

[5]**zé** 啧[嘖] ON. click of the tongue ♦V. compete for a chance to speak; dispute

[6]**zé** 咋 B.F. bite down on ***zéshé*** *See also zǎ*, [5]*zhā*, [6]*zhà*

[7]**zé** 帻[幘] B.F. <trad.> a kind of turban/headdress [2]***yīzé***, ***sǎnzéxiézān***

[8]**zé** 箦[簀] B.F. bed mat of woven bamboo ***yìzé***

[9]**zé** 舴 in ***zéměng***

[10]**zé** 赜[賾] B.F. subtle; abstruse ***àozé***, ***tànzésuǒyǐn***

[1]**zè** 仄 ① <lg.> AB. ***zèshēng*** ♦B.F. ① narrow ***bīzè*** ② oblique ***qīngzè*** ③ uneasy ***qiànzè***

[2]**zè** 昃 B.F. sun in the west ***rìzhōngzézè***

[1]**zébèi** 责备[-備] A.T. blame; reprove

[2]**zébèi** 泽被[澤-] V.O. extend benefits

zébèitiānxià 泽被天下[澤-] F.E. Benefits spread to all people.

zébèiwànshì 泽被万世[澤-萬-] F.E. One's grace reached down to many generations.

zébiān* 责编 N. editor responsible for the finalization of a text/manuscript/etc.

zébiǎn 责贬 V. find fault; scold

zébùkāi 择不开[擇-開] R.V. inseparable; cannot be separated *See also zháibukāi*

zéchéng 责成 V. enjoin; charge (sb.) with a task

zéchì 责斥 V. reproach

zécì 择刺[擇-] V.O. ①take out fish bones ②clear up misunderstandings *See also zháicì*

zédǎ 责打 V. punish by flogging

[1]**zédì** 择地[擇-] V.O. choose a site (for a conference/building/etc.)

[2]**zédì** 泽地[澤-] N. morass

zédìng 择定[擇-] V. select (a date for an event)

zédù 则度 N. regulations; rules

zéduì 择对[擇對] V. select (a date for an event)

zéduó 择夺[擇奪] N. <math.> majority

[1]**zéfá*** 责罚 V. punish

[2]**zéfá** 择伐[擇-] ATTR. <forest.> selective (cutting); culling

zéfǎ 择法[擇-] N. choice

zéféi'érshì 择肥而噬[擇-] F.E. select sb. rich for extortion

zéfèn 责分 N. one's duty; one's share of responsibility

zéfù 责付 V. <law> turn over an accused to his family, which becomes answerable for his behavior

zé gānjìngr 择干净儿[擇乾淨-] R.V. shirk/escape one's responsibility

zégè 则个[-個] A.T. *used finally to indicate emphasis*

zéguài 责怪 V. blame

zéguó 泽国[澤國] P.W. <wr.> ①land abounding in rivers and lakes ② inundated area

zéi 贼[賊] N. thief ♦B.F. ①traitor ***màiguózéi*** ②enemy ***kòuzéi*** ③ <wr.> harm; murder ***qiāngzéi*** ♦S.V. wily; deceitful; evil ♦ADV. <topo.> ① extremely ② disagreeably

[1]**zéibīng** 贼兵 N. rebel soldiers; enemy soldiers

[2]**zéibīng** 贼冰 N. treacherous ice on roads in winter

zéicháo 贼巢 P.W. thieves' hideout/den/lair

zéichuán 贼船 N. ① pirate ship ② criminal gang M: [1]*tiáo*

zéichūguānmén 贼出关门[--關-] F.E. close the barn door after the horse is stolen

zéidǎng 贼党[-黨] P.W. ① rebel faction ② a gang of bandits/rebels

zéidǎnxīnxū 贼胆心虚[-膽-虛] F.E. have a guilty conscience

zéidiàn 贼店 P.W. inn operated illegally M: [1]*jiā*

zéifěi 贼匪 N. rebels; bandits M: [2]*huǒ*

zéifēng 贼风 N. ① draft coming in between the door and the frame ② <Ch. med.> harmful/evil wind

zéiguǐ 贼鬼 N. cunning and crafty person

zéiguǐliūhuá 贼鬼溜滑 F.E. dishonest; crafty; deceitful; sly

zéigǔtou 贼骨头 N. <topo.> innate depravity

zéihài 贼害 V. cause harm/injury

zéihǎnzhuōzéi 贼喊捉贼 F.E. thief crying "Stop thief!"

zéihuá* 贼滑 V.P. <coll.> shifty; slick; sly

zéihuà(r) 贼话(儿) N. words that incite people to evil

zéijiàng 贼将[-將] N. ①rebel general ②general of the enemy troops

zéikòu 贼寇 N. rebels; bandits

zéilà 贼辣 V.P. <coll.> very peppery ♦ADV. exceedingly

zéile 贼了 V.P. <coll.> superb; terrific

zéilěng 贼冷 V.P. <coll.> ① bitterly cold ② noticeably colder

zéiliàng 贼亮 V.P. <coll.> very bright; shiny; dazzling; glaring

zéiliūliū de 贼溜溜的 R.F. <coll.> extremely/very crafty/shifty

zéiméiliūyǎn 贼眉溜眼 F.E. <coll.> shifty-eyed; crafty-looking

zéiméishǔyǎn 贼眉鼠眼 F.E. <coll.> shifty-eyed; crafty-looking

zéi'ōu 贼鸥[-鷗] N. skua (gull)

zéipàng 贼胖 V.P. <coll.> noticeably fatter; increasingly fat

zéiqùguānmén 贼去关门[--關-] ID. lock the stable door after the horse is stolen

zéirè 贼热[-熱] V.P. <topo.> extremely hot

zéirén 贼人 N. thief

zéiréndǎnxū 贼人胆虚[-膽虛] F.E. have a guilty conscience; fear exposure

zéiròu 贼肉 <derog.> N. non-obvious flab

zéishang 贼上 V. <topo.> watch; keep an eye on

zéishǒu 贼首 N. chief robber; bandit chief

zéisǐ 贼死 CMP. <topo.> extremely; utterly

zéitóu 贼头 N. chief robber; bandit leader

zéitóuzéinǎo 贼头贼脑[-腦] F.E. stealthy; furtive

zéitū* 贼秃[-禿] N. <derog.> Buddhist monk

zéitú 贼徒 N. thief

zéiwō(r/zi) 贼窝(儿/子)[-窩-] P.W. thieves' hideout

zéixiàng 贼相 N. criminal looks M: [1]*fù*

zéixīn 贼心 N. ① wicked heart ② evil designs

zéixīnbùsǐ 贼心不死 F.E. persist with one's evil designs

zéixīng 贼星 N. <coll.> ① meteor ② evil star ③ small-time operator who hits the jackpot

zéixìng* 贼性 N. ① crafty/cunning disposition ② evil mind ♦ATTR. vicious; wicked

zéixìng bù gǎi 贼性不改 V.P. A thief cannot change his nature.

zéixīngfāwàng 贼星发旺[--發-] F.E. small-time operator hitting the jackpot

zéixìng nán gǎi 贼性难改[--難-] V.P. The habitual criminal is incorrigible.

zéiyǎn 贼眼 N. ① shifty eyes ② furtive glance

zéiyǎnjìyú 贼眼觊觎[--覬-] F.E. shifty eyes squinted right and left

zéiyǎnyīliū 贼眼一溜 F.E. cast a furtive look at sth.

zéiyíng 贼营[-營] P.W. camp of rebels/bandits/etc.

zéiyǔ 贼语 N. thieves' argot

zéizāng 贼赃[-贜] N. booty; spoils; stolen goods

zéizhài 贼寨 N. stronghold of bandits

zéizhe 贼着[-著] V.P. <topo.> watching secretly; keeping an eye on

zéizi 贼子 N. traitor

zéizǒuguānmén 贼走关门[--關-] ID. lock the barn door after the horse is stolen

[1]**zéjí** 择吉[擇-] V.O. <trad.> pick an auspicious day

[2]**zéjí** 泽及[澤-] V. (benefits will) spread to; reach

zéjǐ* 责己 V.O. blame oneself

zéjiāo 择交[擇-] V. choose friends

zéjícāngshēng 泽及苍生[澤-蒼-] F.E. spread all-round benefit to the people

Z

zéjíchéngqīn 择吉成亲[擇-親] F.E. <trad.> select the wedding day
zéjíkāizhāng 择吉开张[擇-開-] F.E. choose an auspicious day to start a business
zéjíkūgǔ 泽及枯骨[澤-] F.E. Benevolence extends even to the dead.
zéjíqīnchóu 泽及亲仇[澤-親-] F.E. charity took in both friend and foe
zéjíwànshì 泽及万世[澤-萬-] F.E. The good grace or benevolence will be felt for countless generations to come.
zéjǐ yán, zérén kuān 责己严,责人宽[--嚴,--寬] F.E. be severe with oneself and lenient towards others
zélán 泽兰[澤蘭] N. <bot.> Japanese Eupatorium
zélì 则例 N. set rule; precedent
zélín 择邻[擇鄰] V.O. select neighbors
zélìng 责令 V. order; instruct
zélǔ 泽卤[澤鹵] P.W. salty land that grows no crops
zémà 责骂[-罵] V. scold; rebuke
zémáor 择毛儿[擇-] V.O. <coll.> find a fault/flaw in sb.
zéměng 舴艋 N. <wr.> boat
zémín 泽民[澤-] V.O. benefit the people
zémínyìzhào 泽民亿兆[澤-億-] F.E. benefit myriads of people
zémù 择木[擇-] V.O. choose a master
zémù'érchǔ 择木而处[擇-處] F.E. <trad.> select a patron to serve
zěn* 怎 ADV. why; how ***Nǐ ~ bù zǎodiǎnr lái ya?*** Why don't you come earlier?
zèn 谮[譖] B.F. falsely charge; slander ***zènrén, zènyán, mèizèn***
zénán 责难[-難] V. prove to be demanding/exacting ***See also*** *zènàn*
zénàn* 责难[-難] V. ① censure; blame ② hold high expectations for sb. ***See also*** *zénán*
zěnbù 怎不 V.P. why not
zěnde* 怎得 ADV. how ***Zhè xiāoxi tāmen ~ zhīdào?*** How do they know the news? ***See also*** *zěndé*
zěndé 怎得 ADV. how could ***Tā ~ rúcǐ?*** How could he do such a thing? ***See also*** *zěnde*
zěndi 怎的/地 ADV. <topo.> what?; why?; how? ***~ bù jiàn nǐ tàitai?*** Why isn't your wife here?
[1]**zēng*** 增 B.F. increase; gain; add ***zēngjiā***
[2]**zēng** 憎 B.F. hate; dislike; loathe ***zēnghèn***
[3]**zēng** 曾 B.F. separated by two generations; great-(grandfather, grandchild, etc.) ***zēngzǔfù, zēngsūn See also*** [2]*céng*
[4]**zēng** 罾 N. square-shaped fishing net with poles as supports
[5]**zēng** 矰 B.F. arrow trailing a silk string, for shooting birds [1]***zēngzhuó***
[6]**zēng** 缯[繒] B.F. <trad.> silk fabrics ***zēngfān See also*** [3]*zèng*
[1]**zèng** 赠[贈] <wr.> V. give as a present
[2]**zèng** 甑 N. ①rice steamer ②utensil for distilling water/etc.
[3]**zèng** 缯[繒] B.F. tie up; bind ***zèngbeng See also*** [6]*zēng*
[4]**zèng** 锃[鋥] B.F. polished; shiny from polishing ***zèngliàng***
zěngǎn* 怎敢 V.P. How can one dare?
zěngàn 怎干[-幹] V.P. <topo.> What is to be done?; How can it be done?
zēngbáijì 增白剂[-劑] N. brightening agent; brightener
zēngbáishuāng 增白霜 N. fair-complexion cream
zèngběn 赠本 N. presentation copy
zèngbeng 缯绷[-繃] V.P. <topo.> tightly stretched/fastened
zèngbié 赠别 V. <wr.> give a parting gift/poem/etc.
zēngbīng 增兵 V.O. send in more troops; reinforce; augment one's forces
zēngbō 增拨[-撥] V. make additional allocation

zēngbō kuǎnxiàng 增拨款项[-撥--] V.O. make additional appropriations/allocations
zēngbǔ 增补[-補] V. augment; supplement
zēngbǔběn 增补本[-補-] N. enlarged edition
zēngbǔ cóngjù 增补从句[-補從-] N./V.O. <lg.> supplementing clause
zēngbǔ fēnpèilǜ 增补分配率 N. <acct.> supplementary rate
zēngbǔlǜ 增补率[-補-] N. <acct.> supplementary rate
zēngbǔxìng zhuàngyǔ 增补性状语[-補-狀-] N. <lg.> supplementive adverbial
zēngbǔ xìnxī 增补信息[-補--] N./V.O. supplemental information
zēngchǎn 增产[-產] V.O. increase production
zēngchǎnbǎoshōu 增产保收[-產--] F.E. increase production and ensure a good harvest
zēngchǎn bù zēngrén 增产不增人[-產---] F.E. increase production without increasing the work force
zēngchǎnjiéyuē 增产节约[-產節-] F.E. expand/increase production while practicing economy
zèngchénfǔyú 甑尘釜鱼[-塵--] ID. a state of stark poverty
zēngchēng 憎称[-稱] N. insulting name for sb. one hates
zēngchōngjì 增充剂[-劑] N. <chem.> extender
zēngdà* 增大 R.V. extend; magnify; amplify
zèngdá 赠答 V. present each other with gifts/poems/etc.
zēngdàfù 曾大父 N. paternal grandfather
zēngdānyī 缯单衣 N. unlined silk clothing M: [2]*jiàn*
zēngdìng 增订 V. revise and expand (a book)
zēngdìngbǎn 增订版 N. enlarged edition
zēngdìngběn 增订本 N. revised and enlarged edition M: [1]*běn*
zèngdìyíngyú 赠地盈余 F.E. <acct.> surplus from donated land
zēngdù 憎妒 V. bear a jealous hatred for
zēngduō 增多 V. increase (in number/quantity)
zēng'è 憎恶[-惡] V.O. hate evil ***See also*** *zēngwù*
zēngfān 缯幡 N. silken banners M: [1]*miàn*
zēngfáng 增防 V. reinforce; strengthen national defense
zēngféi 增肥 V. increase weight
zēngfú* 增幅 N. increasing range; growing rate
zèngfù 赠赙 V. contribute to funeral expenses
zēnggǎngjiāshào 增岗加哨[-崗--] F.E. increase the guards
zēnggāo* 增高 V. ①heighten ②increase; raise
zènggāo 甑糕 N. a kind of steamed ricecake with stuffing M: [2]*kuài*
zēnggāo biāojià 增高标价[-標價] V.O. mark up
zēnggěi 增给 V. increase the provision
zènggěi* 赠给 V. present to. . .
zènggǔ 赠股 N. donated stock
zēngguāng* 增光 V. ① add luster to ② glorify
zēngguǎng 增广[-廣] V. widen; broaden; extend
zēngguāngwǎliàng 锃光瓦亮 F.E. <topo.> shiny
Zēng Guófān 曾国藩[-國-] (1807-1872) N. key official in suppressing the Taiping Rebellion and creating the era known as the Tongzhi Restoration
zēnghèn 憎恨 V. hate; detest
zēnghòu 增厚 V. grow/become thicker
zēnghuī 增辉 V. <wr.> add luster to
zēngjí 憎嫉 V. feel a jealous hatred for
zēngjì* 增记 V. <acct.> write up
zēngjiā* 增加 V. increase; raise; add
zēngjià 增价[-價] N. increment ♦V.O. increase the price; appreciate in value
zēngjiā chāliàng 增加差量 N. <acct.> differential increment
zēngjiādào 增加到 R.V. increase
zēngjiālǜ 增加率 N. rate of increase
zēng-jiǎn* 增减[-減] V. increase and decrease; fluctuate ♦N..<lg.> gradation
zēngjiàn 增建 V. extend; expand
zèngjiǎng 赠奖[-獎] V.O. present an award

zēngjiā shōurù 增加收入 V.O. increase income
zēngjiā yínglì 增加盈利 V.O. increase profits
zēngjiāzhí 增加值 N. value added
zēngjìn* 增进[-進] V. enhance; promote; further
zèngjīn 赠金 V.O. give a cash gift ♦N. cash gift
zēngjìn shíyù 增进食欲[-進--] V.O. whet one's appetite
zēngjìn yǒuyì 增进友谊[-進--] V.O. promote friendship
zēngjì zuòyòng 增剂作用[-劑--] N. <med.> synergism
zēngjù 增剧[-劇] V.O. increase in severity
zēngkān 增刊 N. supplement (to a publication); supplementary issue M: [1]*běn*
zèngkuǎn 赠款 N. financial gift M: [2]*bǐ*
zèngkuǎnrén 赠款人 N. donor M: [2]*wèi*
zènglǐ 赠礼[-禮] N. gift; present ♦V.O. present sb. with a gift
zēngliàng 增量 N. <math.> increment
zèngliàng(r)* 锃亮(儿) V.P. shiny
zēnglíng 缯绫 V.P. rugged; not smooth
zēngmì 增密 N. density
Zēngmǔ Ànshā 曾母暗沙 P.W. Zengmu Reef; South Luconia Shoals
zēngmǔtóuzhù 曾母投杼 F.E. Persistent rumors against sb. can shake the strongest confidence in him.
zēngnéngqì 增能器 N. energizer
zēngnù 憎怒 V.P. hateful
zēngpài 增派 V. send more (people)
zēngpì 增辟 V. start a new column (in a newspaper/etc.)
zèngpiào 赠票 N. complimentary/free ticket M: [1]*zhāng*
zèngpǐn 赠品 N. gift; giveaway M: [2]*jiàn*
zèngpǐn guǎnggào 赠品广告[--廣-] N. advertising gift
zēngqiáng 增强[-強] V. strengthen; enhance
zēngqiáng tǐzhì 增强体质[-強體質] V.O. strengthen one's constitution
zèngquàn 赠券 N. complimentary/free ticket M: [1]*zhāng*
zēngrénsuǒzēng 憎人所憎 F.E. hate what the people hate
zēngsè 增色 V.O. add luster to ♦N. color; beauty
zēng-shān 增删[-刪] V. add and delete; emendate; revise; modify
zēngshè 增设 V. add; add on
zēngshēng 增生 V. proliferate; multiply
zēngshēngguòshèng 增生过盛 N. <med.> hyperplasia
zēngshēnshārén 曾参杀人[-參殺-] ID. Rumors are dreadful.
zēngshì 增饰 V. polish (writing)
zèngshī* 赠诗 V.O. dedicate a poem to sb.
zēngshōu 增收 AB. *zēngjiā shōurù*
zēngshōujiézhī 增收节支[--節-] F.E. increase revenue and reduce expenditure
zēngshōu yòngjīn shāngdiàn 增收佣金商店[--傭---] P.W. <econ.> commission house M: [1]*jiā*
zèngshū 赠书[-書] V.O. present sb. with a book ♦N. complimentary copy M: [1]*běn*
zèngsòng 赠送 V. present as a gift
zèngsòng yíshì 赠送仪式[--儀-] P.W. presentation ceremony
zēngsù 增速 V.O. increase speed; speed up
zēngsùjì 增塑剂[-劑] N. plasticizer
zēngsūn* 曾孙[-孫] N. great-grandson (of the same surname) M: [2]*wèi*
zēng-sǔn 增损 N. addition and subtraction ♦V.O. increase or decrease; fluctuate
zēngsūnmǔ 曾孙母[-孫-] N. <lg.> triphthong followed by a nasal (N. Trigault's term)
zēngsūnnǚ(r) 曾孙女(儿)[-孫--] N. great-granddaughter (of the same surname) M: [2]*wèi*
zēngtiān 增添 V. add; increase
zēngtiān xiàngmù 增添项目 N. addition item
zěngǔjìnr 怎股劲儿[--勁-] ADV. <coll.> how?
zēngwù 憎恶[-惡] V. abhor; loathe ***See also*** *zēng'è*
zēngxián 憎嫌 V. abhor

Z

zēngxiào 增效 N. synergism
zēngxiàojì 增效剂[-劑] N. synergist
zēngxīn 增薪 V.O. increase salary
zèngxù 赠序 N. farewell message for a departing person
zēngxuán 曾玄 N. collective term for one's great-grandson and great-great-grandson
zēngxuǎn* 增选[-選] V. elect more
zēngyā 增压[-壓] V.O. ① <elec.> boost ② pressurize
zēngyāfú 增压服[-壓-] N. pressurized suit
zēngyàn 憎厌[-厭] V. loathe
zèngyán* 赠言 N. parting words of advice to a friend
zēngyǎng jiànshēnfǎ 增氧健身法 N. aerobics; aerobic exercise
zēngyànjì 增艳剂[-艷劑] N. brightener
zēngyì* 增益 V.O. ① add; increase; augment ② <elec.> gain
zèngyí 赠遗 V. present; give; donate; bequeath
zēngyìfǎ 增译法[-譯-] N. <lg.> amplification method
zēngyīn 增音 N. <lg.> augment; epenthesis
zēngyìn* 增印 N. additional printing
zēngyíng 增盈 AB. *zēngjiā yínglì*
zēngyīn tónghuà 增音同化 N. <lg.> epenthetic assimilation
zèngyǔ 赠与/予[-與] V. ① give as a present ② donate to
zēngyuán* 增援 V.O. <mil.> reinforce
zēngyuàn 憎怨 V. bear a grudge against; feel bitterness toward
zèngyuè 赠阅 V. give (a publication) free
zèngyuèběn 赠阅本 N. complimentary copy M: [1]*běn*
zèngyǔguó 赠予/与国[-與國] P.W. donor country
zèngyǔzhě 赠予/与者[-與-] N. grantor M: [2]*wèi*
zēngzēng 增增 R.F. <wr.> numerous
zēngzhǎng 增长 N./V. increase; grow; enlarge
zēngzhǎng jiàgé 增长价格[--價-] N. <acct.> appreciated value
zēngzhǎngliàng 增长量 N. increment
zēngzhǎnglǜ 增长率 N. rate of increase
[1]**zēngzhí** 增值 V.O./N. <econ.> increase in value
[2]**zēngzhí** 增殖 V. ①proliferate; multiply ②breed; propagate
zēngzhí fúwù 增值服务[-務] N. value-added services
zēngzhíliàng 增值量 N. value added to products
zēngzhílǜ 增殖率 N. <liv.> rate of increase
zēngzhíshuì 增值税 N. <econ.> value-added tax (V.A.T)
zēngzhíxiàn 增殖腺 N. <phys.> adenoids
zèngzhōngshēngchén 甑中生尘[-塵] F.E. a state of stark poverty
zēngzhuāntiānwǎ 增砖添瓦[-磚--] ID. do/add one's bit
[1]**zēngzhuó** 矰缴 N. arrow/dart bird-shooting device
[2]**zēngzhuó** 缯缴 N. raw-silk string fastened to an arrow
zēngzī 增资 V.O. increase capitalization
zèngzi* 甑子 N. ① rice steamer ② utensil for distilling
zēngzǔ 曾祖 N. great-grandfather (of the same surname) M: [2]*wèi*
zēngzǔfù 曾祖父 N. great-grandfather (of the same surname)
zēngzǔmǔ 曾祖母 N. paternal great-grandmother
zēngzǔwángfù 曾祖王父 N. paternal grandfather
zēngzǔwángmǔ 曾祖王母 N. paternal grandmother
zěnhuì 怎会 V.P. How come?
zěn huí shìr 怎回事儿 V.P. <coll.> what's the matter
zěnjiàndé 怎见得 V.P. How?; Why?; How come?
zěnkěn 怎肯 V.P. How could I?
zěnme 怎么[-麼] ADV. how? ♦PR. what *Nǐ yào ~ jiù ~*. Do whatever you like.
zěnme bàn 怎么办[-麼辦] V.P. What to do now?; What should I do? What's to be done?
zěnme chéng 怎么成[-麼-] V.P. How could this be possible?
zěnme déliǎo 怎么得了[-麼--] V.P. This is one hell of a mess.
zěnme gǎo de 怎么搞的[-麼--] V.P. How did you mess it up?
zěnme gè 怎么个[-麼個] ATTR. what kind of
zěnme ge chá(r) 怎么个碴(儿)[-麼個--] V.P. <coll.> Why?; What's the matter?
zěnme hǎo 怎么好[-麼-] V.P. don't know what to do now
zěnme huì 怎么会[-麼-] V.P. How could this be possible?
zěnme huí shì(r) 怎么回事(儿)[-麼---] V.P. What's the matter?; How come? How did this happen?
zěnme jiǎng 怎么讲[-麼講] V.P. What do you mean by that? How do you mean that?
zěnmejie 怎么价[-麼價] V.P. <topo.> ① how? in which way? ② whichever; whatever
zěnme le 怎么了[-麼-] V.P. What's wrong?; What happened?; What's the matter? *Tā ~? Bìngle ma?* What's the matter with him? Is he sick?
zěnme shuō 怎么说[-麼-] V.P. What (did he/etc.) say?
zěnme xíng 怎么行[-麼-] V.P. ①That won't do. ② How could that work?
zěnmeyàng 怎么样[-麼樣] V.P. ① how? *Nǐ shuō ~?* What do you think? ②How are things?
zěnme yī huí shì 怎么一回事[-麼---] V.P. What's the matter?
zěnmezhe(r) 怎么着(儿)[--著-] V.P. what about? why? ♦PR. ① whatever *~ dōu kěyǐ*. Anything will be OK. ② whatever happens
zěnme zhěng 怎么整[-麼-] V.P. <coll.> what is to be done?
zěnnài 怎奈 CONJ. but; however ♦ADV. unfortunately
zěnnéng 怎能 V.P. How can (one do this)?
zěnnéng shuō 怎能说 V.P. How can you say this?
zènrén 谮人 V.O. slander others
zěnshēng 怎生 V.P. <coll.> how?; in which way?
zěnshēng xiāoshòu 怎生消受 V.P. How can one bear this?
zěnshuō 怎说 V.P. <topo.> How about it? What do you say?
zènyán 谮言 N. slander; calumny
zěnyàng 怎样[-樣] ADV. how?
zěnyàng hǎo 怎样好[-樣-] V.P. Which is the better way?; What (can we/I/etc.) do now?
zěn yī huí shì 怎一回事 V.P. <coll.> What's the matter?
zěn zhème 怎这么[-這麼] V.P. how/why so?
zé'ǒu 择偶[擇-] V.O. choose a spouse/mate
zépáo 泽袍[澤-] N. comrades in arms
zépèi 择配[擇-] V.O. choose a spouse
[1]**zéqī** 择期[擇-] V.O. pick a day
[2]**zéqī** 泽漆[澤-] N. <bot.> *Euphorbia helioscopia*
zéqīn 择亲[擇親] V.O. make marriage arrangements for one's children
zéqǔ 择取[擇-] V. select; choose
zéquán 责全 V.P. demand perfection in others
zéràng 责让[-讓] V. upbraid
zérén 责人 V.O. blame others
zérèn* 责任 N. ① duty; responsibility ② blame
zérèn bǎoxiǎn 责任保险 N. liability insurance
zérèn biānjí 责任编辑 N. ① copy editor ② executive editor
zérén'érshì 择人而事[擇-] F.E. ① choose the virtuous to serve ②find the right man to marry
zérèngǎn 责任感 N. sense of responsibility/duty
zérèn kuàijì 责任会计 N. responsibility accounting
zérèn nèigé 责任内阁 N. cabinet which is responsible to the parliament for its administrative measures
zérèn shìgù 责任事故 N. accident due to negligence M: [2]*jiàn*
zérèntián 责任田 P.W. <pol.> household responsibility field M: [2]*kuài*
zérén xiān zéjǐ 责人先责己 F.E. Do not complain about other people if you are as bad as they are.
zérènxīn 责任心 N. sense of responsibility
zérén yán ér lǜjǐ kuān 责人严而律己宽[--嚴---寬] F.E. The pot calls the kettle black.
zérènzhì 责任制 N. system of job responsibility
zérènzhuàng 责任状[-狀] N. formal guarantee to meet a certain goal M: [1]*zhāng*
zérèn zhǔnbèijīn 责任准备金[--準備-] N. liability reserve fund
zérènzìfù 责任自负 F.E. on one's own responsibility
zérì* 择日[擇-] V.O. select a date (for an event)
zèrì 仄日 N. setting sun
zérìchéngqīn 择日成亲[擇-親] F.E. <trad.> select the wedding day
zérìqǐchéng 择日起程[擇-] F.E. <trad.> fix a departure date
zé rìzi 择日子[擇-] V.O. select a day
zérùn 泽润[澤-] V.P. ① moist ② smooth; sleek ♦V. moisten; lubricate
zéshàn 责善 V.P. urge sb. to virtuous deeds
zéshàn'ércóng 择善而从[擇-從] F.E. choose what is good and follow it
zéshàngùzhí 择善固执[擇-執] F.E. choose what is good and stick to it
zéshé 咋舌 V.O. be left speechless (with wonder) *See also zhàshé*
zéshèn 则甚 V.P. <wr.> what for?; what's the good of?; why? (in early vernacular)
zéshēng 则声[-聲] V.O. ①make a sound ②utter a word
zèshēng* 仄声[-聲] N. <lg.> "oblique" tones; in traditional Chinese phonology, tones of the [4]**shǎng**, [1]**qù** and/or **rù** categories
zéshí 择食[擇-] V.O. select one's food
zéshì* 则是 V.P. then is
zéshǒuhuò 择手货[擇-] N. unsalable inferior goods
zétiānyuàndì 责天怨地 F.E. ① blame heaven and earth ② nag
zéwàng 责望 V. complain when sb. fails to accomplish a difficult task
zéwèn* 责问 V. ①reproachfully question ②call sb. to account
zèwén 仄闻 V. learn indirectly or by hearsay
zéwúpángdài 责无旁贷 F.E. be duty-bound
zéxiè 泽泻[澤瀉] N. <Ch. med.> rhizome of oriental water plantain
zéxù 择婿[擇-] V.O. choose a good husband for one's daughter
zéxuǎn 择选[擇選] V. select; choose; pick
zéxùjiànǚ 择婿嫁女[擇-] F.E. <trad.> choose a worthy husband for one's daughter
zéxùn 责询 V. interpellate ♦N. interpellation
zéyán 责言 N. reproach; reprimand
zéyào 择要[擇-] V.O./N. abstract
zéyè 择业[擇業] V.O. choose/select an occupation
zéyī 择一[擇-] ATTR. alternative
zéyī chéngběn 择一成本[擇-] N. <econ.> alternative cost
zéyī jiǎshè 择一假设[擇-] N. alternative hypothesis
zéyīn 择音[擇-] V.O. be at bay
zéyōu* 择优[擇優] V.O. choose the best; select the fittest ♦ATTR. preferential; preferred
zéyǒu 择友[擇-] V.O. choose friends
zéyǒufányán 啧有烦言 F.E. there are many complaints
zéyōulùqǔ 择优录取[擇優錄-] F.E. enroll only those who are outstanding

Z

zéyōulùyòng 择优录用[擇優錄-] F.E. select for employment on the basis of qualifications
zéyōutíshēng 择优提升[擇優-] F.E. promote according to qualifications
zéyōuxuǎngòu 择优选购[擇優選購] F.E. purchase goods on a selective basis
zéyǒuyōuguī 责有攸归[-歸] F.E. Responsibility should be placed where it belongs.
zéyuàn 责怨 V. blame
zèyùn 仄韵[-韻] N. poetry rhyming with *zèshēng* characters
zézé 啧啧 ON. ① click of the tongue ② sound of talking ③ <*wr.*> chirping ④ sound of approval/admiration ⑤ cries of a bird
zézéchēngqí 啧啧称奇[--稱-] F.E. click the tongue in wonder
zézéchēngxiàn 啧啧称羡[--稱-] F.E. click the tongue in admiration
zézéchēngzàn 啧啧称赞[--稱-] F.E. click the tongue in admiration
Z fēnshù Z分数[-數] N. <*lg.*> Z score
[1]**zhā*** 扎 V. ① prick; pierce ② <*topo.*> plunge into ③ be stationed/quartered ♦N. ① draft beer ② mug for draft beer *See also* [2]*zā*, [7]*zhá*
[2]**zhā(r)** 渣(儿)[-(兒)] N. dregs; residue; scraps
[3]**zhā** 猹 N. badger-like wild animal
[4]**zhā** 喳 ON. chirp *See also* [10]*chā*
[5]**zhā** 咋 ADV. <*topo.*> ① how?; what?; why? ② like this; this way *See also* *zǎ*, [6]*zé*, [6]*zhà*
[6]**zhā** 吒 in *Nézhā, fēngyúnchìzhā* *See also* [9]*zhà*
[7]**zhā** 哳 in *zhāozhā, zhōuzhā*
[8]**zhā** 挓 in [1]*zhāsha*
[9]**zhā** 楂 in *mìzhāzhā, ōuzhā* *See also* [8]*chá*
Zhā 查 N. Surname *See also* [2]*chá*
[1]**zhá** 闸[閘/牐] N. ① sluice gate ② (car) brake ③ (electric) switch ④ river tax station ♦V. dam up a stream/river/etc.
[2]**zhá** 炸/煠 V. ① deep-fry ② <*topo.*> scald (as a way of cooking) *See also* [1]*zhà*
[3]**zhá** 轧[軋] V. roll (steel or other material); press-roll into sheets *See also* [2]*gá*, [1]*yà*
[4]**zhá** 铡[鍘] B.F. sickle [1]**zhádāo** ♦V. cut with a sickle
[5]**zhá** 札 B.F. ① <*trad.*> thin slat used as a writing tablet *bǐzhá, zhájì* ② letter *xìnzhá*, [2]*shǒuzhá*
[6]**zhá** 劄 B.F. <*trad.*> a kind of official document *zháfù, mǎzhá*
[7]**zhá** 扎 in *zházheng, zhēngzhá* *See also* [2]*zā*, [1]*zhā*
[8]**zhá** 喋 in *shàzhá* *See also* [15]*dié*
[1]**zhǎ** 眨 V. blink; wink
[2]**zhǎ** 砟 B.F. chip; tiny fragment *zhǎzi*
[3]**zhǎ** 拃 V. measure with outstretched hand ♦M. distance between the outstretched thumb and the middle or little finger *Nàge chóngzi* [1]*yǒu* [1]*yī* ~ [1]*cháng.* That worm is one *zhǎ* long.
[4]**zhǎ** 鲊[鮓] B.F. salted fish *zhǎròu, yúzhǎ*
[5]**zhǎ** 苲 in *zhǎcǎo*
[1]**zhà** 炸 V. ① explode; burst ② blow up; blast; bomb ③ <*coll.*> fly into a rage ④ <*topo.*> flee in terror *See also* [2]*zhá*
[2]**zhà** 乍 ADV. ①first; newly ~ *yī kàn* at first glance ② suddenly; abruptly ♦V. spread; extend
[3]**zhà** 榨 V. press; extract ♦B.F. a press for extracting liquids *yóuzhà*
[4]**zhà** 诈[詐] V. ①cheat; swindle; dupe ②pretend; feign; beguile ③fish for information *Bié ná huà lái ~ wǒ.* Don't try to sound me out.
[5]**zhà** 栅[柵] B.F. fence *zhàlan, zhàzi* *See also* [13]*shān*
[6]**zhà** 咋 B.F. bite *zhàshé* *See also* *zǎ*, [6]*zé*, [5]*zhā*
[7]**zhà** 奓 B.F. open out/up *zhàzhe dǎnzi*
[8]**zhà** 蚱 in *zhàměng, màzha*
[9]**zhà** 咤[吒] in *zhàshí, chìzhà*, [2]*hèzhà* *See also* [6]*zhā*
[10]**zhà** 痄 in *zhàsāi*
zhábà 闸把 N. brake handle
zhǎba* 眨巴 V. <*topo.*> blink; wink
zhàbài 诈败 V. feign defeat
zhàbàiyángshū 诈败佯输 F.E. feign defeat
zhábākuài 炸八块[-塊] N. deep-fried chicken pieces (Beijing)
zhābàn* 咋办[-辦] V.P. <*topo.*> What is to be done? *See also zǎbàn*
zhábǎn 闸板 N. ① sluice board; lock; damper ② wooden panel to protect a window M: [2]*kuài*
zhǎba yǎn(r) 眨巴眼(儿) V.O. <*coll.*> blink the eyes
zhǎba yǎnlèi 眨巴眼泪[-淚] V.O. <*coll.*> blink away the tears
zhába zhába 扎巴扎巴 R.F. with tottering steps
zhǎba zhǎba* 眨巴眨巴 R.F. blink (the eyes)
Zháběi 闸北 P.W. <*geog.*> a section of Shanghai
zhàbìng 诈病 V.O. malinger
zhābu 咋不 V.P. <*topo.*> why not?
zhàcái 诈财 V.O. swindle
zhàcài* 榨菜 N. hot pickled mustard tuber
zhàcài ròusītāng 榨菜肉丝汤[-絲湯] N. shredded pork in Sichuan pickle soup
zhácáo 轧槽 N. groove M: [1]*tiáo*
zhǎcǎo* 苲草 N. <*bot.*> algae M: [2]*kē*
zhácǎojī 铡草机 N. hay/straw cutter M: [1]*tái*
zhàchán 蚱蝉 N. locust M: [2]*zhī*
zhàcháo 炸巢 V.O. fly squawking from the nest noisily when suddenly disturbed
zhàchén 炸沉 V. bomb and sink; sink by bombing
zhàchēng* 诈称[-稱] N. jactitation; flase claim/boast
zhàchéng 炸成 R.V. blow up; blast (to pieces etc.)
zháchì 劄饬 V.O. give orders to
zhàchì* 乍翅 V.O. spread wings
[1]**zhàchū** 榨出 R.V. squeeze out
[2]**zhàchū** 炸出 R.V. blast out (a channel/etc)
zháchuáng 铡床 N. <*mach.*> slotting machine M: [1]*tái*
zháchúdāo 铡除刀 N. guillotine; straw-chopper
zhācì(r) 扎刺(儿) V.O. be pricked by a thorn
zhàcìr 乍刺儿 V.O. <*coll.*> disobey; disagree
zhácuì 炸脆 N. sweet deep-fried wonton skin
zhádān 劄单 N. contract for goods M: [1]*zhāng*
zhàdàn* 炸弹 N. bomb M: [1]*kē*
zhàdànkēng 炸弹坑 N. bomb crater
zhàdàn xiùtànqì 炸弹嗅探器 N. bomb-sniffer
[1]**zhádāo*** 铡刀 N. hay-cutter; fodder-chopper; guillotine M: [1]*bǎ*
[2]**zhádāo** 闸刀 N. <*elec.*> knife (e.g., knife switch)
[1]**zhàdào** 乍到 V. ① has just arrived ② just happen to go there; arrive unexpectedly
[2]**zhàdào** 栅道[柵-] N. turnpike
zhádāo kāiguān 铡/闸刀开关[-開關] N. <*elec.*> knife/chopper/closing switch
Zhàdé 乍得 P.W. Chad
zhā de huang 扎得慌 R.V. be painfully pricked
zhàdiào 炸掉 R.V. blow up
zhǎdòng 眨动[-動] R.V. wink; blink
zhádòufu 炸豆腐 N. deep-fried bean curd
zhādǒushì 渣斗式 N. <*pottery*> refuse-vessel shape
zhāduī 扎堆 V.O. <*slang*> chew the fat
zhāduīr 扎堆儿 V.O. <*coll.*> get together
zhā duìzi 扎堆子 V.O. <*coll.*> get together
zhā ěrduo 扎耳朵 V.O. <*coll.*> grate on the ears
zhā ěrduoyǎnr 扎耳朵眼儿 V.O. pierce the earlobe (in order to wear earrings)
zháfá 闸阀 N. <*mach.*> throttle/gate valve
zhā fázi 扎筏子 V.O. <*topo.*> use as a whipping boy; use as a scapegoat
zháfù 劄复[-復] V. reply to an inferior officer
zhàfù* 乍富 N. sudden wealth
zhàgān 榨干[-乾] R.V. wring dry
zhágāng 轧钢[-鋼] V.O. roll steel
zhágāngchǎng 轧钢厂[-鋼廠] P.W. steel rolling mill M: [4]*zuò*
zhágāngjī 轧钢机[-鋼-] N. rolling mill M: [1]*tái*
zhàgānjī 榨干机[-乾-] N. drying press; wringer M: [1]*tái*
zhàgān xuèhàn 榨干血汗[-乾--] V.O. wring every ounce of sweat and blood out of sb.
zhà gānzhe 榨甘蔗 V.O. press sugar cane (for juice)
zhágāo 炸糕 N. fried cake M: [2]*kuài*
zhāgēn 扎根 V.O. ①take root ②<*coll.*> establish a basis; lay a foundation
zhāgēnbiānjiāng 扎根边疆[--邊-] F.E. take root in the border region
zhāgēn chuànlián 扎根串连 V.P. <*cut.*> gang together
zhāgēnnóngcūn 扎根农村[--農-] F.E. take root in the rural areas
zhāgōng 扎工 F.E. a mutual-aid system of poor peasants
zhāgu 扎固/顾[-顧] V. <*topo.*> ① cure; heal ② put in order; put a person in his place; deal with a person/situation
zhágǔn 轧辊 N. <*metal.*> roll; roller M: [2]*gēn*
zhāguǒ 札裹 V. ① wrap up and tie ② tidy up the clothes
zhàguō* 炸锅[-鍋] V.O. wrangle loudly
zhàguǒjī 榨果机 N. <*mach.*> juicer M: [1]*tái*
zhàhán 乍寒 N. cold wave
zhàhánzhàrè 乍寒乍热[-熱] F.E. The temperature changes abruptly
zháhé(r) 闸盒(儿) N. ① fuse box ② switch box
zhāhu* 咋呼/唬 V. <*topo.*> ① bluster ② show off
zhàhu 诈唬 V. bluff; bluster
zhāhuā(r) 扎花(儿) V.O. <*topo.*> embroider
Zháhuǎng 札幌 P.W. Sapporo (Jp.)
zhàhuǐ 炸毁[-毀] R.V. blow up; demolish
zhāhuó 扎活 V.O. <*coll.*> work as a hired hand
[1]**zhāi*** 摘 V. ① pick; pluck ② make extracts ③ point out (mistakes) ④ borrow money
[2]**zhāi** 斋[齋] B.F. ①vegetarian food *chīzhāi* ②studio *shūzhāi* ③ students' dormitory ④ <*trad.*> school ⑤temple hostel ⑥ <*Budd.*> fast ⑦give alms (to a monk) ⑧ purify (oneself) [1]**zhāijiè**
[3]**zhāi** 齐/斋[齊] B.F. *used for* [2]*zhāi in some ancient terms* pious; respectful [1]**zhāisù**, [2]**zhāisù**, **zhāizhuāng** *See also* [3]*qí*, [16]*zī*, [17]*zī*
[4]**zhāi** 侧[側] B.F. tilted; slanted **zhāiwai, zhāileng** *See also* [1]*cè*
[1]**zhái** 宅 B.F. residence; house **zhùzhái**
[2]**zhái** 择[擇] V. ① select; choose; pick over ② <*coll.*> distance/extricate oneself from *See also* [2]*zé*
zhǎi 窄 S.V. ① narrow ② petty ③ hard-up
[1]**zhài** 债[債] N. debt
[2]**zhài** 寨/砦 B.F. ① stockade; camp **yíngzhài, lùzhài** ② village (used in place names)
[3]**zhài** 瘵 B.F. illness **láozhài**
[4]**zhài** 捺 V. <*topo.*> sew onto ~ **huābiān** trim (a dress) with lace
zhǎiba 窄巴 S.V. <*topo.*> confining; stifling
zhǎibābā 窄巴巴 R.F. <*coll.*> extremely narrow
zhāibiān 摘编 V. extract and edit ♦N. extracts
zhǎibie 窄憋/鳖 V.P. <*coll.*> ① narrow; small (of space) ② confining; cramped ③ restricting; stifling
zháibukāi 择不开[擇-開] R.V. <*coll.*> ① be unable to undo ② can't get away from **yīdiǎnr gōngfu yě** ~ be fully occupied *See also zébùkāi*
zhāibuqù 摘不去 R.V. be unable to gain
zháicài 择菜[擇-] V.O. trim vegetables for cooking
zhǎicháng 窄长 V.P. narrow and long
zhāichāo 摘抄 V. make extracts ♦N. extracts; excerpts
zhāichú 摘除 R.V. <*med.*> excise
zháichuáng 择床[擇-] V.O. <*topo.*> be unable to sleep well in a new place
zháicì 择刺[擇-] V.O. <*coll.*> cut the gordian knot; solve a problem decisively *See also zécì*
zhǎidài 窄带[-帶] N. narrow band M: [1]*tiáo*
zhǎidào 窄道 N. lane; narrow path M: [1]*tiáo*
zhǎidàoxiāngféng 窄道相逢 F.E. meet on a narrow road
zhāidēng 摘登 V. publish extracts
[1]**zháidì** 宅第 N. <*wr.*> mansion M: [4]*zuò*
[2]**zhái-dì** 宅地 P.W. ①parterre; grounds ②homestead M: [2]*kuài*
zhái-dì dìzhǔ 宅地地主 N. ground landlord

Z

zháidìfǎ 宅地法 N. homestead law
zhāidōngbǔxī 摘东补西[--補-] F.E. ① try very hard to make both ends meet ② rob Peter to pay Paul
zhāiduì 摘兑 V. <*coll.*> borrow
zhàiduōbùchóu 债多不愁 F.E. Too many obligations will numb a person's sense of responsibility.; When there are too many debts, one stops worrying about them.
zhài'é 债额 N. amount of debt
zhāifā 摘发[-發] V. make charges (of crimes)
zhàifǎ* 债法 N. law of obligation
zhāifàn 斋饭[齋-] N. vegetarian food
zhǎifèng 窄缝 N. narrow slit; small clearance space M: [1]*tiáo*
zhǎifúbù 窄幅布 N. fabric with a narrow span of width M: [1]*pǐ*/[2]*kuài*
zhāigānjìng 摘干净[-乾淨] R.V. ① harvest completely (of fruit/etc.) ② pick withered parts off vegetables/etc. ③abandon all responsibilities
zháigānjìng* 择干净[擇乾淨] R.V. pick withered parts off vegetables/etc.
[1]**zhāigōng** 斋供[齋-] N. vegetarian offerings ♦V. give alms (to a monk)
[2]**zhāigōng** 斋宫[齋宮] N. a dwelling for fasting M: [4]*zuò*
[3]**zhāigōng** 斋公[齋-] N. ①acolyte ②vegetarian M: [2]*wèi*
zhāiguà 摘挂 V. detach railway cars
zhǎiguǐ 窄轨 N. narrow rail/track M: [1]*tiáo* ♦ATTR. narrow-gauge
zhǎiguǐ tiělù 窄轨铁路[--鐵-] N. narrow-gauge railway M: [1]*tiáo*
zhāiguǒ 斋果[齋-] N. <*rel.*> offerings
zhǎiháng 窄行 N. narrow row
zhàihù 债户 N. debtor
zhāihuā 摘花 V.O. pluck flowers
zhài huābiān 搸花边[-邊] V.O. <*topo.*> trim (a dress) with lace
zhāijì* 摘记 V. take notes ♦N. ① notes; observations ② extracts; excerpts M: [1]*piān*
zháijī 宅基 P.W. ① homestead with garden ② foundations/site of a house M: [2]*kuài*
zhàijiā 债家 N. creditor
zhāijiānfāfú 摘奸发伏[--發-] F.E. reveal treason/conspiracies and disclose secrets
zhāijiào 斋醮[齋-] N. Buddhist and Daoist ceremonies countering calamities/illness/etc.
[1]**zhāijiè** 斋戒[齋-] V. <*Budd.*> ① purify oneself by fasting ② abstain from meat, wine, etc.; fast
[2]**zhāijiè** 摘借 V. borrow money
Zhāijièjié 斋戒节[齋-節] N. <*Islam*> Ramadan; fast of Ramadan; al-Sawm; al-Siyam *See also Fēngjié*
zhāijièmùyù 斋戒沐浴[齋-] F.E. <*rel.*> purify oneself by fast and ablution
zhāijièrì 斋戒日[齋-] N. <*rel.*> fast day
zhāijièwúmén 摘借无门 F.E. have no place to borrow money
zhāijìng* 摘净[-淨] R.V. finish picking
zhàijīng 债精 N. inveterate debtor
zhāijù 摘句 N. quotations; quotes ♦V.O. make quotations
zháijuàn 宅眷 N. one's dependents
zhāijùchéngzhāng 摘句成章 F.E. stud a composition with picked-up phrases
zhāikāi 摘开[-開] R.V. unsnap
zhàikuǎn 债款 N. loan
zhāileng 侧棱 V. <*topo.*> incline; slant
zháilǐ* 宅里[-裡] N. <*trad.*> master (referred to by servants) ♦P.W. in the house/mansion
zhàilì 债利 N. interest on a loan
zhāilù* 摘录[-錄] V. make extracts ♦N. extracts
zhǎilù 窄路 N. narrow road M: [1]*tiáo*
zhāilù gōngnéng 摘录功能[-錄--] N. <*comp.*> copy function
zhāimào* 摘帽 V.O. <*PRC*> rehabilitate
zháimáo(r) 择毛(儿)[擇-] V.O. ① <*coll.*> pull out hair ② pick faults
zhāi màozi 摘帽子 V.O. doff a hat/cap (lit./fig.) *zhāidiào dìzhǔ màozi* remove the landlord stigma
zháimén* 宅门 N. ①gate of a mansion ②family living in a mansion M: [1]*shàn*
zhǎimén 窄门 N. a narrow door/gate
zhāimiánjī 摘棉机 N. <*agr.*> cotton picker; stripper M: [1]*tái*
zháipángdì 宅旁地 P.W. small field adjoining a house M: [2]*kuài*
zhàipiào 债票 N. bond; debenture M: [1]*zhāng*
zhǎipíndài 窄频带[-帶] N. narrow band (frequency)
zháipù 择铺[擇-] V.O. <*topo.*> be unable to sleep well in a new place
zhāiqī 斋期[齋-] N. fasting days
zhàiqiáng 寨墙[-牆] N. bulwark M: [1]*miàn*
zhāiqǔ 摘取 V. ① pick (out) ② extract
zháiqū* 宅区[-區] P.W. residential area/quarter
zháiquàn 宅券 N. house-ownership certificate M: [1]*zhāng*
zhàiquán 债权[-權] N. <*law*> creditor's rights
zhàiquàn* 债券 N. bond; debenture M: [1]*zhāng*
zhàiquàn chíyǒurén 债券持有人 N. bondholder M: [2]*wèi*
zhàiquàn chíyǒuzhě 债券持有者 N. bondholder M: [2]*wèi*
zhàiquán dǐyā 债权抵押[-權--] N. <*acct.*> pledge of obligation
zhàiquánguó 债权国[-權國] P.W. creditor nation
zhàiquánrén 债权人[-權-] N. creditor M: [2]*wèi*
zhàiquàn rèngòushū 债券认购书[-認購書] N. bond subscriptions M: [1]*zhāng*
zhàiquànshì piàojù 债券式票据[-據] N. <*acct.*> bond notes M: [1]*zhāng*
zhàiquán tóuzīrén 债权投资人[-權---] N. creditor-investor M: [2]*wèi*
zhàiquántuán 债权团[-權團] P.W. creditor corporation
zhàiquàn xìntuō qìyuē 债券信托契约 N. <*acct.*> bond indentures M: [1]*zhāng*
zhàiquàn yìjià 债券溢价[-價] N. <*acct.*> bond premium
zhàiquán yínháng 债权银行[-權--] P.W. credit bank
zhàiquánzhě 债权者[-權-] N. creditor
zhàiquán zhuǎn gǔquán 债权转股权[-權轉-權] N./V.P. debt-equity swap
zhāisēng 斋僧[齋-] V.O. provide Buddhist monks with meals
zhāi shāmào 摘纱帽 V.O. <*coll.*> dismiss an official
zhāishè 斋舍[齋-] P.W. <*trad.*> ① room for fasting ② temple hostelry ③ study ④ school M: [4]*zuò*
zháishè* 宅舍 P.W. house M: [4]*zuò*
zháishén 宅神 N. household deities; patron gods of a household
zhāishǒuhuò 摘手货 N. <*coll.*> wastage; unmarketable goods M: [1]*xiē*
[1]**zhāisù** 斋/齐宿[齋/齊-] V. show piety by passing the night in fasting
[2]**zhāisù** 斋/齐肃[齋/齊肅] V.P. grave and respectful
zhàitáigāozhù 债台高筑[-臺-築] F.E. be debt-ridden
zhāitán 斋坛[齋壇] N. ① altar for Buddhist/Daoist worship ② magic-arts altar M: [4]*zuò*
zhāitáng 斋堂[齋-] P.W. ① <*Budd.*> refectory ② temple hall M: [4]*zuò*
zhāiwai 侧歪 V. <*topo.*> slant
zhāiwù 斋务[齋務] N. <*trad.*> management of a school dormitory
zhàiwù* 债务[-務] N. debt; liabilities
zhàiwùchánshēn 债务缠身[-務纏-] F.E. embarrassed by debts
zhàiwùcóngjí 债务丛集[-務叢-] F.E. full of debts
zhàiwùguó 债务国[-務國] P.W. debtor nation
zhàiwùrén 债务人[-務-] N. debtor M: [2]*wèi*
zhāiwù zhǔrèn 斋务主任[齋務-] N. school proctor M: [2]*wèi*
zháixí* 择席[擇-] V.O. be unable to sleep in a strange place
zhàixī 债息 N. debt service
zhāixià* 摘下 R.V. take off
zhǎixiá 窄狭[-狹] S.V. narrow (space)
zhāi xiàlai 摘下来 R.V. pluck; take down (from one's head/etc.)
zhǎixiàng* 窄巷 N. narrow alley/lane/street M: [1]*tiáo*
zhàixiàng 债项 N. amount due
zhǎixiǎo 窄小 S.V. ① small; cramped ② tight (of clothes)
zhāixīn* 斋心[齋-] V.O. purify the mind
zháixīn 宅心 N. intention
zhàixìn 债信 N. <*acct.*> credit standing
zháixīnrénhòu 宅心仁厚 F.E. benevolent and generous nature; kindly disposition
zhāixuǎn 摘选[-選] V. select
zhāiyào 摘要 V.O. make a summary ♦N. summary; abstract
zhāiyào fābiǎo 摘要发表[--發-] V.P. publish extracts of sth.
zhāiyì 摘译[-譯] N. translation of selected passages
zhāiyǐn* 摘引 V. quote
zhāiyìn 摘印 V.O. deprive an official of his post
zhāiyì yìwén 摘译译文[-譯譯-] N. abridged/shortened translation
zhāiyóu* 摘由 V.O. make key extracts ♦N. résumé
zháiyōu 宅忧[-憂] V.P. be in mourning
zháiyuán 宅园[-園] P.W. house and garden/yard; private garden M: [4]*zuò*
zháiyuàn* 宅院 P.W. house (with a courtyard) M: [4]*zuò*
Zhāiyuè 斋月[齋-] N. ① <*rel.*> Ramadan ② <*Budd.*> 1st, 5th, and 9th lunar months
zhǎiyùn 窄韵[-韻] N. difficult rhyme; rarest rhyme in verses
zháizhào 宅兆 P.W. a tomb site
zhāi zhāopai 摘招牌 V.O. ① cause a business to close down (due to bad service/reputation) ② damage one's reputation
zhāizhǔ 斋主[齋-] N. the host of a Buddhist vegetarian dinner
[1]**zhàizhǔ*** 债主 N. creditor M: [2]*wèi*
[2]**zhàizhǔ** 寨主 N. chief of brigands M: [2]*wèi*
zhāizhuāng 斋/齐庄[齋/齊莊] V.P. respectful; sober; serious
zhàizhuǎngǔ 债转股[-轉-] N./V.P. debt-equity swap
zhàizhǔquán 债主权[-權] N. creditor's equity
zháizi 宅子 P.W. <*coll.*> residence; house M: [4]*zuò*
zhàizi* 寨子 N. ① stockaded village ② fence M: [4]*zuò*
[1]**zhájī** 炸鸡[-雞] V.O. fry chicken ♦N. fried chicken
[2]**zhájī** 轧机 N. rolling mill M: [1]*tái*
zhájì* 札/劄记 N. ① jottings; notes M: [1]*piān* ② notebook M: [1]*běn* ♦V. itemize
zhàjiàn 乍见 V. ① meet for the first time ② see suddenly
zhájiàng 炸酱[-醬] N. fried bean sauce ♦V. <*topo.*> ruin; wipe out; destroy
zhájiàngmiàn 炸酱面[-醬麵] N. noodles with fried bean sauce
zhà jiànmiàn 乍见面 V.P. <*topo.*> on first meeting
zhàjiāo 炸胶[-膠] N. <*chem.*> blasting gelatin
zhājìn shūduī lǐ 扎进书堆里[-進書-裡] V.P. bury oneself in books
zhā jīnzhēn 扎金针 V.O. acupuncture/puncture with a needle
zhàkāi 炸开[-開] R.V. bomb a hole
zhàkàn 乍看 V. at first sight/glance
zhàkànlái 乍看来 V.P. at first sight/glance
zhàkě 乍可 ADV. be preferable
zhākēng 渣坑 N. slag pit

zhā kōngqiāng 扎空枪[-槍] V.O. be engaged in business without capital; engage in a speculative venture

zhákǒu* 闸口 N. sluice gate M: [4]*zuò*

zhàkǒu 栅口[柵-] N. fence gate

zhākuài 渣块[-塊] N. clinker; slag block M: [2]*kuài*

zhākuǎn 扎款 V.O. <*coll.*> get money; make money

zhālá 咋喇 V. <*topo.*> harangue; shoot off the mouth

zhālai 咋来 V.P. <*topo.*> why?

zhālái* 乍来 V.P. <*topo.*> upon arriving

zhālaibù 咋来不 V.P. <*coll.*> why not?

zhàlan(r) 栅栏(儿)[柵欄-] N. ①railings; paling; bars ② <*mil.*> boom M: [2]*dào*

zhàlanménr 栅栏门儿[柵欄-] N. gate in a yard fence

zhàlanwǎng 栅栏网[柵欄網] N. boom nets M: [1]*miàn*

zhàle guō 炸了锅[-鍋] V.O. <*coll.*> in a noisy outburst

zhàléi* 炸雷 N. thunderclap

zhàlěi 栅垒[-壘] N. stockade

zhàlěngzhàrè 乍冷乍热[-熱] F.E. change temperature quickly

zhàle yíng 炸了营[-營] V.O. <*topo.*> abandon camp hurriedly; flee a camp

zhàlí 栅篱[柵籬] N. hedgerow M: [2]*dào*

zhàliáng 乍凉[-涼] V.P. ①suddenly getting cold ② <*topo.*> penetrating cold

zhàliáo 榨寮 N. <*topo.*> sugar refinery M: [4]*zuò*

zhàliè 炸裂 R.V. blow up/open

zhālizhāhōng 扎里扎哄[-裡--] R.F. <*coll.*> all wrought up; agitated about trifles

zhālizhāsha 扎里扎煞[-裡--] R.F. <*coll.*> sticking out irregularly (of hair/branches/etc.)

zhālu 喳噜 V. <*coll.*> talk noisily

zhá máhuā(r) 炸麻花(儿) N. sweet twisted pastry-strips fried in oil

zhàmáobiànsè 乍毛变色[--變-] F.E. <*topo.*> the hair standing on end and the face blanching with fright

zhāméi 渣煤 N. dross coal

zhāmén 扎门 V.O. stand guard at a gate

zhámén(r)* 闸门(儿) N. ① sluice/lock gate ② <*mach.*> throttle valve

zhàmén 栅门[柵-] N. door in a palisade; fence gate

zhàměng 蚱蜢 N. grasshopper M: [2]*zhī*

zhàměng de 乍猛地 ADV. <*coll.*> unexpectedly; suddenly

zhā měngzi 扎猛子 V.O. <*coll.*> ① immerse one's face in water ②swim under water ③dive

zhāmì 扎蜜 V.O. <*coll.*> chase a woman; look for a girlfriend

zhàmiào 诈/炸庙/妙[-廟] V.O. <*coll.*> ① raise hue and cry ② cause much ado about nothing

zhá míngxiā 炸明虾[-蝦] V.O. fry prawns

zhǎmiyǎnr 眨眯眼儿 V.O. <*coll.*> wink; blink

zhàmóuqíjì 诈谋奇计 F.E. crafty trick

[1]**zhān** 沾 V. ① moisten; soak ② be stained with ③ profit from ④ touch ♦S.V. <*topo.*> all right; O.K.

[2]**zhān** 粘 V. glue; stick; paste *See also* [2]*nián*

[3]**zhān** 毡[氈] B.F. felt; felt rug/carpet *zhānzi*

[4]**zhān** 占 B.F. practice divination *zhānbǔ*, *zhānxīng* ♦N. <*opera*> secondary female role *See also* [2]*zhàn*

[5]**zhān** 瞻 B.F. look; look at *zhānyǎng*, *gùzhān*, *qiánzhānhòuxìng*

[6]**zhān** 谵[譫] B.F. delirious *zhānyǔ*, [2]*zhānwàng*

[7]**zhān** 詹 B.F. talkative *zhānzhān* ♦N. Surname ♦in *zhānyín*

[8]**zhān** 饘[饘] B.F. thick gruel *zhānzhōu*

[9]**zhān** 旃 in *zhāntán*

[10]**zhān** 邅 in *zhūnzhān*

[11]**zhān** 鹯[鸇] in *yīngzhān*

[1]**zhǎn** 盏[盞] M. *for lamps* ♦B.F. small cup *jiǔzhǎn*

[2]**zhǎn** 展 V. open up; spread out; expand; develop ♦B.F. ① postpone; extend *zhǎnqī* ② exhibit *zhǎnlǎn* ③ visit (a tomb/etc.) ♦SUF. exhibition *huà~* painting exhibition ♦N. Surname

[3]**zhǎn** 斩[斬] V. ① chop; cut ② behead

[4]**zhǎn** 搌 V. sop up; dab

[5]**zhǎn** 崭[嶄] B.F. towering over; outstanding *zhǎnxīn* ♦S.V. <*topo.*> excellent

[6]**zhǎn** 辗[輾] B.F. roll over *zhǎnzhuǎn*, *zhuǎnzhǎn*

[1]**zhàn*** 站 V. ① (take a) stand ② stop; halt ♦N. station; stop

[2]**zhàn** 占/佔 V. ① occupy; take; possess ② constitute; make up; account for *See also* [4]*zhān*

[3]**zhàn** 战[戰] B.F. ① war; warfare; battle *zhànzhēng* ② fight (a battle) *bǎizhànbǎishèng* ③ struggle [1]*zhàndòu* ④ shiver; tremble *dǎzhàn* ♦N. Surname

[4]**zhàn** 蘸 V. dip in liquid

[5]**zhàn** 绽[綻] B.F. ① split; burst; open [1]*zhànkāi* ②ripped seam [3]*zhànxiàn* ③flaw in an argument *pòzhàn*

[6]**zhàn** 栈[棧] B.F. ①warehouse [1]*zhànfáng* ②shed; pen *yángzhàn* ③ inn [1]*kèzhàn* ④ cantilevered path or roadway constructed on a cliff face [1]*zhàndào*

[7]**zhàn** 颤[顫] B.F. tremble; shudder [2]*zhànlì*, *dǎzhàn* *See also* [2]*chàn*

[8]**zhàn** 湛 B.F. ① deep *zhànbì* ② clear *zhànqīng*

zhā nàohuàn 咋闹唤[-鬧喚] V.P. <*topo.*> What's to be done? How can we cope?

zhā nǎoménr 扎脑门儿[-腦--] N. protruding forehead

zhàn áotóu 占鳌头 V.O. tower above the rest; come out first

zhā nǎozi 扎脑子[-腦-] V.O. <*topo.*> pierced to the quick by biting words

zhānbài 瞻拜 V. look at with reverence

zhǎnbài 展拜 V. ① visit ② kotow

zhànbài* 战败[戰-] V. ① be defeated ② defeat

zhànbài dírén 战败敌人[戰-敵-] V.O. defeat the enemy

zhànbàiguó 战败国[戰-國] P.W. defeated nation

zhànbān(r) 站班(儿) V.O. <*trad.*> stand guard

zhānbāo 沾包 V. be involved (in trouble); get entangled with sb.

zhànbào* 战报[戰報] N. war communiqué; battlefield report M: [1]*zhāng*

zhànbèi 战备[戰備] N. war preparedness/preparation

zhànbèi děngjí 战备等级[戰備-] N. degree of combat readiness

zhànbèiliáng 战备粮[戰備糧] N. grain stock-piled in case of war

zhànbèi xíngjūn 战备行军[戰備-] V.P./N. tactical march movement

zhànbèi zhuàngtài 战备状态[戰備狀態] N. combat readiness

[1]**zhànbǐ*** 蘸笔[-筆] V.O. dip a pen/brush in ink ♦N. nib pen

[2]**zhànbǐ** 战笔[戰筆] N. strokes written with a shaking hand (as a writing style)

zhànbì 湛碧 ATTR. dark green

zhānbiān(r) 沾边(儿)[-邊-] V.O. ① touch (lightly) upon *Zhè shìr wǒ kě méi ~.* I have nothing to do with the matter. ② be close to what it should be *Tā shuō de huà yīdiǎnr yě zhānbushàng biānr.* What he said is wide of the mark. ③ <*coll.*> adjoin; be connected to ④ be relevant

zhànbiǎo 战表[戰-] N. <*trad.*> war declaration M: [1]*zhāng*

zhànbǐjíshū 蘸笔疾书[-筆-書] F.E. dip a brush in ink and write swiftly

zhǎnbō 展播 V./N. broadcast (radio/TV) series

zhānbǔ* 占卜 V.O. practice divination

zhǎnbu 搌布 N. <*topo.*> dishcloth; dish towel

zhǎnbù 展布 V. ① spread ② loom; appear ③ <*wr.*> ⓐ state; expound ⓑ display one's talents

zhànbuqǐlai 站不起来 R.V. can't stand up

zhànbuwěn 站不稳[-穩] R.V. unable to stand firmly

zhānbuzhù* 粘不住 R.V. fail to stick/adhere

zhànbuzhù 站不住 R.V. not have a leg to stand on

zhànbuzhù jiǎo 站不住脚[-腳] V.P. not have a leg to stand on

zhǎncǎochúgēn 斩草除根 F.E. destroy root and branch; eliminate the cause of a trouble

zhǎncèbùmèi 辗侧不寐 F.E. toss and turn in bed

zhànchǎng 战场[戰場] P.W. battlefield; front

[1]**zhànchē** 战车[戰-] N. <*mil.*> ① chariot ② armored vehicle; tank M: [3]*liàng*

[2]**zhànchē** 栈车[棧-] N. ancient vehicle made of wood and bamboo M: [3]*liàng*

zhànchén 战尘[戰塵] N. dust stirred up in battle

zhànchē tuītǔjī 战车推土机[戰-] N. <*mil.*> military bulldozer

zhànchēzhǎng 战车长[戰-] N. <*mil.*> tank commander

zhǎnchì 展翅 V.O. spread wings; fly

zhǎnchìfēixiáng 展翅飞翔[--飛-] F.E. spread wings to fly

zhǎnchìgāofēi 展翅高飞[-飛] F.E. soar to great heights

zhǎnchū* 展出 R.V. exhibit

zhǎnchú 斩除 R.V. root out; eradicate

zhànchuán 战船[戰-] N. warship M: [1]*sōu*

zhànchūlai 站出来 R.V. ①step forward ②step forward bravely; come out boldly

zhānchún* 沾唇 V.O. ① touch one's lips (of food/wine) ② eat and drink

zhǎnchún 展唇 ATTR. <*lg.*> lips open

zhǎnchún yuányīn 展唇元音 N. <*lg.*> open vowel

zhǎncuī 斩衰 N. mourning worn for one's parents or husband *See also zhǎnshuāi*

zhàncúnchǔqì 栈存储器[棧-] N. <*comp.*> stack memory

zhāndài 沾逮 V. receive a benefit

zhàndān 栈单[棧-] N. ①cargo receipt ②landing account; warehouse/storage receipt M: [1]*zhāng*

zhàndāo 战刀[戰-] N. saber M: [1]*bǎ*

[1]**zhàndào*** 栈道[棧-] N. plank road built along the face of a cliff M: [1]*tiáo*

[2]**zhàndào** 占到 R.V. occupy; gain

zhàn de gāo, kàn de yuǎn 站得高,看得远[---,--遠] F.E. stand high and see far; have vision; be far-sighted

zhàndezhù 站得住 R.V. be tenable/valid

zhàndezhù jiǎo 站得住脚[-腳] V.P. be tenable/valid

zhǎndì 展地 P.W. showplace

[1]**zhàndì*** 占地 V.O. occupy (space)

[2]**zhàndì** 战地[戰-] P.W. battlefield; combat zone

zhāndiàn 毡垫[氈墊] N. felt cushion M: [2]*kuài*

zhàndìbù 占地步 V.O. occupy a position/seat/etc

zhǎn díjiàng 斩敌将[-敵將] V.O. slay an enemy general

zhàndì jìzhě 战地记者[戰-] N. war correspondent M: [2]*wèi*

zhàndǐng 栈顶[棧-] N. <*comp.*> stack top

zhàndìng* 站定 R.V. ① halt ② stand still

zhǎndīngjiétiě 斩钉截铁[-鐵] F.E. resolute and decisive

zhàndì zhèngwù 战地政务[戰-務] N. civil administration in a war zone

zhàndìzhǐ 栈地址[棧-] P.W. <*comp.*> stack address

zhàndì zhōngshēng 战地钟声[戰-鐘聲] N. sound of tolling bells on a battlefield

zhàndòng 颤动[-動] V. vibrate; quiver *See also chàndòng*

zhàndǒu 战/颤抖[戰-] V. tremble; shiver

[1]**zhàndòu*** 战斗[戰鬥] N./V. fight; combat M: [2]*chǎng* ♦ATTR. militant; fighting

[2]**zhàndòu** 栈豆[棧-] N. fodder

zhàndòu dìqū 战斗地区[戰鬥-區] P.W. <*mil.*> zone of action
zhàndǒudǒu 颤抖抖 R.F. shivering
zhàndòuduì 战斗队[戰鬥隊] P.W. fighting force M: [4]*zhī*
zhàndòu hōngzhàjī 战斗轰炸机[戰鬥轟-] N. fighter-bomber M: [1]*jià*
zhàndòujī 战斗机[戰鬥-] N. fighter plane M: [1]*jià*
zhàndòujiàn 战斗舰[戰鬥艦] N. battleship M: [1]*sōu*
zhàndòulì 战斗力[戰鬥-] N. combat capacity/effectiveness
zhàndòu mìnglìng 战斗命令[戰鬥-] N. <*mil.*> combat order
zhàndòu qiánshào 战斗前哨[戰鬥-] P.W. combat outpost
zhàndòu rènwu 战斗任务[戰鬥-務] N. <*mil.*> combat mission; fighting task
zhàndòuxiàn 战斗线[戰鬥-] P.W. battle line/front
zhàndòuxìng 战斗性[戰鬥-] N. militancy
zhàndòu xúnyángjiàn 战斗巡洋舰[戰鬥-艦] N. battle cruiser M: [1]*sōu*
zhàndòu yǎnxí 战斗演习[戰鬥-習] N. military maneuvers/exercises; war games
zhàndòu yīngxióng 战斗英雄[戰鬥-] N. combat hero M: [2]*wèi*
zhàndòuyuán 战斗员[戰鬥-] N. fighter; combatant
zhǎndú 展读[-讀] V. open and read
zhānduàn 占断[-斷] V. find out by divination
zhǎnduàn* 斩断[-斷] R.V. cut off; cleave (in two)
zhànduān 战端[戰-] N. beginning of war
zhānduànjíxiōng 占断吉凶[-斷--] F.E. determine good or bad luck by divination
zhǎnduàn mózhǎo 斩断魔爪[-斷--] V.O. wipe out aggressors
zhǎnduànqīngsī 斩断青丝[-斷-絲] V.O. shave off one's hair to enter a monastery
zhǎnduàn qíngsī* 斩断情丝[-斷-絲] V.O. cut off the threads of love
zhǎnduànshù 斩断术[-斷術] N. guillotine
zhānduànxiōngjí 占断凶吉[-斷--] F.E. divine good or bad luck
zhānduì 瞻对[-對] V. respond to the emperor during a court audience
zhànduì* 站队[-隊] V.O. ① line/queue up; fall in ② side with
zhān'ēn* 沾恩 V.O. be granted special favors; be indebted to
zhàn'ēn 湛恩 N. great kindness
zhàn'ēnwānghuì 湛恩汪濊 F.E. Grace is deep and vast.
zhǎn'érbùzòu 斩而不奏 F.E. do sth. without reporting
zhàn'érshèngzhī 战而胜之[戰-勝-] F.E. overcome (the enemy)
zhǎnfá* 斩伐 V. ①conquer; subjugate ②execute; behead ③ fell (trees); prune
zhànfǎ 战法[戰-] N. military tactics
zhǎnfádàijìn 斩伐殆尽[-盡] F.E. execute nearly everyone
zhànfàn 战犯[戰-] N. war criminal
zhānfáng 毡房[氈-] P.W. yurt; ger M: [4]*zuò*
[1]**zhànfáng** 栈房[棧-] P.W. ① storehouse ② <*topo.*> inn M: [4]*zuò*
[2]**zhànfáng** 占房 V.O. <*topo.*> bear a child
zhànfàng* 绽放 V. blossom
zhànfángpào 战防炮[戰-] N. <*mil.*> anti-tank gun M: *mén*
zhànfèi 战费[戰-] N. war expense/cost
zhànfēngdòulàng 战风斗浪[戰-鬥-] F.E. battle wind and waves
zhǎnfēngpīlàng 斩风劈浪 F.E. speed through wind and waves
zhànfū 站夫 N. common laborer at a railway/etc. station
zhànfú* 战俘[戰-] N. prisoner of war (POW)
zhànfǔ 战斧[戰-] N. battle-ax M: [1]*bǎ*

zhànfúyíng 战俘营[戰-營] P.W. prisoner-of-war camp
[1]**zhāng*** 张[張] B.F. ① stretch; spread; expand ***zhāngkāi*** ② set out; display ③ start a business ***kāizhāng*** ④ magnify; exaggerate ***kuāzhāng*** ⑤ <*wr.*> fix a bowstring; stringed musical instruments ⑥ look ***dōngzhāng-xīwàng*** ⑦ give free rein to; indulge ♦M. ① *for flat objects* ② <*slang*> ⓐ *for ten-yuan notes* ***Wǒ huāle sān ~ mǎi zhè běn shū.*** I spent thirty *yuan* for this book. ⓑ *for units of ten, usu. referring to age* ***Wǒ yī shì kuài bēn sì ~ de rén le.*** I'm going to be forty soon. ♦N. ① <*trad.*> 26th of the 28 constellations ② Surname
[2]**zhāng** 章 B.F. ① chapter; section ***zhāngjié*** ② composition; structure [1]***wénzhāng*** ③ rules; regulations; constitution ***zhāngchéng*** ④ seal; stamp ***túzhāng*** ⑤ badge; medal; emblem [1]***huīzhāng*** ⑥ order ⑦ memorial to the throne ***zòuzhāng*** ⑧ make known ♦M. *for chapters/etc.* ♦N. Surname
[3]**zhāng** 彰 B.F. ① obvious ***zhāngmíng*** ② make known; display ***biǎozhāng***
[4]**zhāng** 璋 B.F. a jade ornament ***nòngzhāngzhīxǐ***, [2]***guīzhāng***
[5]**zhāng** 樟 B.F. camphor ***zhāngnǎo***
[6]**zhāng** 獐 B.F. river deer [1]***zhāngzi***, ***yázhāng***
[7]**zhāng** 嫜 B.F. husband's father ***gūzhāng***
[8]**zhāng** 蟑 in ***zhāngláng***
[9]**zhāng** 伥[倀] in [3]***zhānghuáng***
Zhāng 漳 B.F. ① river in Shanxi ② river in Fujian ③ Zhangzhou, city in Fujian ***Zhāngní***, ***Zhāngduàn***
[1]**zhǎng** 长[長] V. grow; grow up; increase ♦S.V. ① older; elder ② eldest ③ senior ♦B.F. chief; head [1]***shǒuzhǎng***, ***xiàozhǎng*** ***See also*** [1]*cháng*
[2]**zhǎng** 涨[漲] V. rise; go up (of water/prices/etc.) ***See also*** [6]*zhàng*
[3]**zhǎng** 掌 B.F. ① palm (of the hand) [2]***shǒuzhǎng*** ② feet; pad; sole ***jiǎozhǎng*** ③ shoe sole/heel ***qiánzhǎng*** ④ horseshoe ***mǎzhǎng*** ⑤ be in charge of ***zhǎngwò***, ***zhǎngquán*** ⑥ slap ***zhǎngzuǐ*** ⑦ <*topo.*> mend (a shoe sole) ***zhǎngxié*** ⑧ <*topo.*> put in (salt/oil/etc.)
Zhǎng 仉 N. Surname
[1]**zhàng** 帐/账[帳/賬] B.F. ① accounts; account book ***zhàngběn***, ***zhàngjí***, ***jiézhàng*** ② debt; credit; credit account ***See also*** [2]*zhàng*
[2]**zhàng** 帐[帳] B.F. ① curtain; canopy ***wénzhàng*** ② tent ***zhàngpeng*** ***See also*** [1]*zhàng*
[3]**zhàng** 仗 B.F. ① weapons; weaponry [2]***yízhàng*** ② hold (a weapon) ***zhàngjiàn*** ③ rely/depend on [2]***zhàngshì*** ♦N. <*wr.*> battle; war
[4]**zhàng** 丈 M. *of length equal to 10* [1]*chǐ (3 1/3 meters)* ♦V. measure land ♦B.F. ① <*court.*> male elder relative/person ***zhàngren*** ② husband ***zhàngfu***
[5]**zhàng** 胀[脹] V. ① inflate; distend ② swell
[6]**zhàng** 涨[漲] V. ①swell; bloat; distend ②exceed expectation ***See also*** [2]*zhǎng*
[7]**zhàng** 杖 B.F. ①cane; stick ***shǒuzhàng*** ②caning; flogging
[8]**zhàng** 障 B.F. ① obstruct; hinder ***yīyèzhàngmù*** ② barrier; obstruction; obstacle ***zhàng'ài*** ③ guard; safeguard [1]***bǎozhàng***
[9]**zhàng** 幛 B.F. silk banner carrying a congratulatory message [2]***zhàngzi***, [2]***hèzhàng***
[10]**zhàng** 瘴 B.F. miasma [2]***zhàngdì***, [1]***zhàngqì***, ***dúzhàng***
[11]**zhàng** 嶂 B.F. high cliff; screen-like mountain peak ***zhànggǔ***, ***diézhàng***
zhāngài 沾溉 V. <*wr.*> bestow bounties on; benefit
zhǎng'ái 长癌 V.O. get cancer
zhàng'ài* 障碍[-礙] V. hinder; obstruct ♦N. obstacle; barrier
zhàng'àichuán 障碍船[-礙-] N. <*mil.*> blockship M: [1]*tiáo*
zhàng'ài jìngzǒu 障碍竞走[-礙競-] V.P./N. <*sport*> compete in an obstacle course

zhàng'àisài 障碍赛[-礙-] N. <*sport*> obstacle race
zhàng'ài sàipǎo 障碍赛跑[-礙--] N. <*sport*> steeplechase; obstacle/hurdle race
zhàng'àiwù 障碍物[-礙-] N. obstacle; barrier
zhàng'ài zuòyòng 障碍作用[-礙--] N. obstruction
zhǎng'àn 掌案 N. <*trad.*> head of a bureau of files and archives M: [2]*wèi*
zhǎng'àn de 掌案的 N. <*coll.*> proprietor of a beef and lamb shop
zhàngǎng 站岗[-崗] V.O. stand sentry
zhàngǎngfàngshào 站岗放哨[-崗--] F.E. stand guard
zhǎngānjìng 展干净[-乾淨] R.V. <*coll.*> blot away
zhǎngbān(r) 掌班(儿) N. manager of a brothel or theatrical company
zhāngbǎng 张榜 V.O. post a notice
zhàngbāobao 账包包 N. <*topo.*> an account log
zhǎngbèi(r) 长辈(儿) N. elder generation M: [2]*wèi*
zhāngběn 张本 N. ①anticipatory action/remark ② copy as a model; ground plan/outline for future reference
zhàngběn(r)* 帐本(儿) N. account book M: [1]*běn*
zhāngbì* 张臂 V.O. stretch one's arms ♦N. arms spread
[1]**zhàngbì** 障蔽 V. ① block; obstruct ② screen
[2]**zhàngbì** 障壁 N. barrier M: [1]*miàn*
zhǎngbiān 掌鞭 N. <*topo.*> cart driver; carter
zhǎngbiāo 长膘 V.O. fatten
Zhāng Bǐnglín 章炳麟 (1869–1936) N. also known as Zhang Taiyan; renowned for studies in philology and textual criticism; anti-Manchu revolutionary
zhǎng bīngquán 掌兵权[-權] V.O. wield military power; command armed forces
zhàngbù 帐簿 N. account book M: [1]*běn*
[1]**zhǎngbuliǎo** 长不了 R.V. be unable to grow ***See also*** *chángbuliǎo*
[2]**zhǎngbuliǎo** 掌不了 R.V. be unable to control/manage
zhǎng cáiquán 掌财权[-權] V.O. have financial control
zhāngcán 樟蚕[-蠶] N. camphor silkworm M: [1]*tiáo*
zhāngcǎo 章草 N. a Later Han style of cursive writing
[1]**zhàngcè** 帐册[-冊] N. account book M: [1]*běn*
[2]**zhàngcè** 杖策 V.O. hold a whip in the hand
zhǎngcháng 长长 R.V. ①grow longer ②lengthen
zhāngchǎnghuàméi 张敞画眉[--畫-] F.E. marital bliss
zhǎngcháo* 涨潮 V.O. rise (of water) ♦N. rising tide
zhàngcháo 杖朝 N. <*trad.*> 80 years of age (when one can lean on a cane in court)
zhǎngcháodiǎn 涨潮点[-點] N. tide mark
zhāngcháyā 樟茶鸭 N. tea-leaf and camphor smoked duck (Sichuan)
zhāngcheng 章程 N. <*coll.*> way; procedure; solution ***See also*** *zhāngchéng*
zhāngchéng* 章程 N. rules; regulations; constitution ***See also*** *zhāngcheng*
zhǎngchéng 长成 R.V. grow up; grow into
zhāngchéng běnzi 章程本子 N. book/manual of rules/regulations/etc.
zhāngchí* 张弛 N. <*wr.*> tension and relaxation
zhǎngchǐ 掌尺 N. the palm (as a measurement of length)
zhàngchǐyǒushù 丈尺有数[-數] F.E. The measurement can be ascertained.
zhǎngchū* 长出 R.V. send forth; come into bud/leaf
zhǎngchú 掌厨[-廚] N. chef; chief cook M: [2]*wèi*
zhǎngchuāng 长疮[-瘡] V.O. be affected by scabies; ulcerate; have a boil
zhǎng chūlai 长出来 R.V. put forth; sprout

Z

zhāngdà 张大 R.V. ① open wide ② <wr.> magnify; exaggerate
zhǎngdà* 长大 R.V. grow up; mature
zhàngdà 胀大 R.V. expand; distend
zhǎngdà chéngrén 长大成人 V.P. be grown up
zhǎngdàchéngshú 长大成熟 F.E. cut one's eyeteeth
zhàngdān(r) 帐单(儿) N. ①bill; check ②invoice M: ¹*zhāng*
zhàngdǎnr 仗胆儿[-膽-] V.O. <coll.> give moral support; cheer up
zhàng dǎnzi 仗胆子[-膽-] V.O. screw up one's courage
zhāngdao 张叨 V. <coll.> be exuberant
Zhāng Dàolíng 张道陵 N. Eastern Han founder of ¹*Tiānshī* (Celestial Master) Sect
Zhāng Dàqiān 张大千 (1899–1983) N. internationally known painter
zhāngdàqící 张大其词/辞[-辭] F.E. exaggerate; overstate
zhǎngdà qǐlai 涨大起来 R.V. inflate; grow larger
zhāngdàqíshì 张大其事 F.E. publicize sth. widely; greatly exaggerate
zhǎng de 长得 V.P. look (of one's appearance) *Ta ~ hěn piàoliang.* She is/looks very pretty.
zhàng de huāng 胀得慌 V.P. <coll.> feel bloated
zhǎngdēng 掌灯[-燈] V.O. ① hold a lamp in one's hand ② light a lamp
zhāngdēngjiécǎi 张灯结彩[-燈--] F.E. be decorated with lanterns and colored streamers
¹zhàngdì 丈地 V.O. measure land
²zhàngdì 瘴地 P.W. miasmal place
zhǎngdiē 涨跌 V. rise and fall (of prices/etc.)
zhàngdǐng 帐顶 N. tent roof
zhāngdòng 章动[-動] N. <astr.> nutation
zhàngdú 瘴毒 N. miasma
zhàngdù* 胀肚 V.O. feel bloated
Zhāngduàn 漳缎 N. brocade produced in Zhangzhou, Fujian M: ¹*pǐ*
zhǎngduò 掌舵 V.O. steer a boat ♦N. ① helmsman; steersman ② man in charge
zhǎngduòrén 掌舵人 N. helmsman; steersman M: ²*wèi*
zhàngē* 战歌[戰-] N. battle/fighting song M: ²*shǒu*
zhàngé 栈阁[棧-] N. plank road built along the side of a cliff M: ¹*tiáo*
zhàng'é 帐额 N. finance charge
zhāngēda 毡疙瘩[氈-] N. <topo.> a kind of felt boot
zhāng'érbùchí 张而不弛 F.E. not go to extremes
zhàng'èrhéshàng 丈二和尚 ID. be all at sea
zhāngfǎ 章法 N. ① composition; structural pattern ② orderly ways ③ <art> suitable filling of space
zhāngfǎlǎochù 章法老处[-處] N. seasoned stylistic technique
zhāngfān 张帆 V.O. set sail
zhāngfāndàiháng 张帆待航 F.E. set sail
zhǎngfáng 长房 N. senior (family) branch (i.e., of the eldest son)
zhàngfáng(r)* 帐房(儿) P.W. <trad.> ① accountant's office ② cashier's office M: ¹*jiān* ♦N. ① accountant ② cashier; bursar M: ²*wèi*
zhāngfēng 张风 V.O. <coll.> cause tongues to wag
zhǎngfēng* 涨风 N. upward trend of prices
zhǎngfènr 长份儿 <coll.> V.O. raise one's social status and prestige
zhāngfú 章服 N. <trad> ceremonial dress with distinctive colors/designs for rulers/courtiers M: ²*jiàn*
zhǎngfú 涨幅 N. rate/range of increase (of commodity prices, stocks, etc.)
zhàngfu* 丈夫 N. husband *See also zhàngfū*
zhàngfū 丈夫 N. ① manliness ② brave man *See also zhàngfu*
zhàngfūnǚ 丈夫女 N. mannish woman
zhàngfūqì 丈夫气[-氣] N. manliness
zhàngfū qìgài 丈夫气概[--氣-] N. manliness
zhàngfūzǐ 丈夫子 N. <trad.> Sir
zhǎnggēn 掌根 N. <bot.> palmate root
zhǎnggèr 长个儿[-個-] V.O. grow taller (lit./fig.)
zhānggōngdājiàn 张弓搭箭 F.E. be combat-ready
zhānggōngmǎnyuè 张弓满月 F.E. draw the bow to its full extent
zhǎng gōngqian 长工钱[-錢] V.O. raise wages
zhǎnggōngzhǔ 长公主 N. ① sister of the emperor ② the eldest princess
zhànggōu(r/zi) 帐钩(儿/子)[-鉤-] N. bed-curtain or mosquito-net hook
zhǎnggǔ 掌骨 N. <phys.> metacarpal bone
zhǎnggù* 掌故 N. ①anecdotes ②stories of the past ③ national institutions ④ state archives
zhānggǔ 嶂谷 N. narrow gorge
zhāngguà 张挂 V. hang up (a picture/etc.)
zhǎngguān* 长官 N. <trad.> senior/commanding officer/official M: ²*wèi*
zhǎngguǎn 掌管 V. be in charge of
zhāngguānlǐdài 张冠李戴 ID. wrong attribution; mistaken identification
zhǎngguǎn shūjī 掌管枢机[--樞-] V.O. take the helm
zhǎngguān yìzhì 长官意志 N. senior official's determination
zhāngguàqǐ 张挂起 R.V. hang up; post (notices/etc.)
zhāngguà qǐlai 张挂起来 R.V. hang up
zhǎngguì 掌柜[-櫃] N. shopkeeper; manager M: ²*wèi*
zhǎngguì de 掌柜的[-櫃-] N. shopkeeper; manager M: ²*wèi*
zhǎngguō* 掌锅[-鍋] V.O. be the chef
zhàngguó 杖国[-國] ID. <trad.> 70 years of age (when one can walk with a cane throughout the country)
Zhāngguǒlǎo 张果老 N. <Dao.> a bearded figure carrying a drum and two drumsticks
Zhāng Guótāo 张国焘[-國燾] (1897–1979) <hist.> a founder of the CCP; throw in his lot with KTM in 1938
zhǎnggùzhīxué 掌故之学 N. study of historical records
zhǎng hángshì 长行市 V.O. hike prices
zhànghào 帐号[-號] N. account number (of a bank/etc.)
Zhāng Héng 张衡 (78–139) N. <hist.> famed scientist and writer
zhǎnghóng 涨红 R.V. flush; redden
zhànghù 帐户 N. (business/bank) account
¹zhānghuáng 张皇/惶 V. <wr.> ① be alarmed/flustered ② magnify; exaggerate
²zhānghuáng 章皇 V. be anxious/agitated and not know what to do
³zhānghuáng 怅惶 N. <wr.> dried sweetmeat
zhānghuángshīcuò 张皇/惶失措 F.E. panic; get into a panic
zhànghù fēnlèi 帐户分类[-類] N. <acct.> classification of accounts
zhānghuí 章回 ATTR. serial (fiction)
zhānghuítǐ 章回体[-體] N. serial fiction
zhānghuí xiǎoshuō 章回小说 N. ①serial fiction ② <trad.> fiction in chapters M: ¹*běn*
zhànghù míngchēng 帐户名称[-稱] N. name of an account
zhànghùshì 帐户式 N. <acct.> account form
zhǎngjī 长机 N. <mil.> lead aircraft
zhǎngjì 掌记 N. ① historiographer in charge of recording national events ② secretary in charge of official documents/communications
zhàngjī* 杖击[-擊] V. hit/beat with a cane
zhàngjí 账籍 N. accounts; books M: ¹*běn*
zhǎngjiá 掌颊[-頰] V.O. slap someone's face
zhǎngjià* 涨价[-價] V.O. rise in price
Zhāng jiā cháng Lǐ jiā duǎn 张家长李家短 ID. idle gossip
zhǎngjiàfēng 涨价风[-價-] N. tendency toward a general rise in prices
zhǎngjià máo'é 涨价毛额[-價--] N. <acct.> gross appreciation
zhàngjiàn 仗剑 V.O. carry a sword
zhàngjiàn'érchū 仗剑而出 F.E. come out with sword in hand
zhǎng jiànshi 长见识[-識] V.O. increase one's knowledge; gain experience
zhǎngjiào 掌教 N. <rel.> imam
zhǎngjià zhǔnbèi 涨价准备[-價準備] N. <acct.> reserve for appreciation
zhāngjié 章节[-節] N. chapters and sections
¹zhǎngjìn 长进[-進] N./V. make progress
²zhǎngjìn(r) 长劲(儿)[-勁-] V.O. grow stronger (of youths/etc.)
zhāngjù 章句 N. ① chapters, sections, sentences, and phrases in ancient writings ② text segmentation
zhāngjùzhīxué 章句之学 N. philological study of ancient texts
zhāngkāi 张开[-開] R.V. open; spread
zhāngkē 樟科 N. camphor family
zhāngkǒu 张口 V.O. ① open the mouth ② ask for a loan/favor ③ <topo.> yawn
zhāngkǒu biàn shuō 张口便说 V.P. talk carelessly; talk out of place
zhāngkǒujiéshé 张口结舌 F.E. ① be at loss for words ② gape with astonishment
zhāngkǒuqīngtīng 张口倾听[-聽] F.E. listen open-mouthed
zhāngkǒutǔshé 张口吐舌 F.E. stick out one's tongue in amazement/dismay
zhāngkǒuyùyán 张口欲言 F.E. be on the point of speaking
zhàngkuǎn 帐款 N. funds on account; credit
zhàngkuǎn dǐxiāo 帐款抵销 N. <acct.> offsets against accounts
zhāngkuáng 张狂 S.V. insolent; flippant ♦V. abandon oneself to pleasure
zhānglā 张拉 ATTR. stretch draw out
zhāngláng 蟑螂 N. cockroach M: ²*zhī*
zhǎnglǎo* 长老 N. ① village elders ② <rel.> elder; senior monk; a presbyter
zhǎnglào 涨落 V. rise and fall; fluctuate ***See also*** *zhǎng-luò*
Zhǎnglǎohuì 长老会 P.W. Presbyterian Church
Zhǎnglǎo jiàohuì 长老教会 P.W. Presbyterian Church
Zhǎnglǎopài 长老派 N. Presbyterian
zhānglì* 张力 N. <phy.> ① tension ② pulling force ③ effort
zhǎnglǐ 掌理 V. supervise; manage; take charge of
zhǎnglì 长吏 N. ① officials of higher seniority ② superiors M: ²*wèi* ***See also*** ³*chánglì*
zhànglí 杖藜 N. a staff of chenopodium ♦V.O. hold a walking-stick (to help oneself while walking)
zhànglì 瘴疠[-癘] N. diseases attributed to miasma
zhànglián 帐帘[-簾] N. screens/curtains for doors/windows M: ²*dào*
Zhāng Liáng 张良 (d. 189 B.C.) N. chief counsellor of Liu Bang
zhàngliáng* 丈量 V. measure (land)
zhàngliáng gōngzuò 丈量工作 N. surveying
zhānglìjì 张力计 N. tensiometer M: ²*zhī*
zhǎngliú 长瘤 V.O. grow a tumor
zhàngliùjīnshēn 丈六金身 N. <Budd.> great gilded statue of Buddha
zhànglǚ 杖履 PR. <trad.> you (respectful term to an old man)
zhànglǜ* 胀率 N. coefficient of dilation
zhāngluo* 张罗[-羅] V. ① attend to needs ② get together (money/etc.) ③ <coll.> arrange; prepare ④ greet and entertain (guests); attend to (customers, etc.) ⑤ raise funds ⑥ set a snare for birds ***See also*** *zhāngluó*
zhāngluó 张罗[-羅] V. extend a net (to catch birds) ***See also*** *zhāngluo*
zhǎng-luò 涨落 V. rise and fall; fluctuate ***See also*** *zhǎnglào*
zhàngluò 帐落 N. a place where nomads live together

Z

zhāngluóbùwǎng 张罗布网[-羅-網] F.E. lay a trap to lure
zhāngluo chī 张罗吃[-羅-] V.P. <coll.> prepare food to eat
zhāngluo mǎimai 张罗买卖[-羅買賣] V.O. <coll.> tend to business
zhāngluó réncái 张罗人才[-羅--] V.O. ① net talent ② set a snare for talent
zhǎnglǜxiùxìng 长绿锈性[--鏽-] N. patination
zhàngmǎhánchán 仗马寒蝉 ID. one who maintains a discreet silence
zhāngmǎn 张满 V.P. full-rigged (of a sailing ship)
zhǎngmǎn* 长满 R.V. grow all over
zhàngmǎn 胀满 R.V. distend; swell ♦N. <Ch. med.> swelling and fullness
zhàngmàn 帐幔 N. ① curtain ② tent
zhǎngmáo 长毛 V.O. <topo.> become mildewed *See also* ²chángmáo
zhǎngméi 长霉 V.O. mildew; become mildewy
zhǎngmén 掌门 V.O. <rel.> head a sect
zhǎngménrén 掌门人 N. <rel.> sect head M: ²wèi
zhàngmiàn(r) 帐面(儿) N. <acct.> ①accounting book ② as shown in an account book
zhàngmiàn chéngběn 帐面成本 N. <acct.> book cost
zhàngmiàn jiàzhí 帐面价值[-價-] N. <acct.> book value
zhàngmiàn jiàzhí chìzì 帐面价值赤字[--價--] N. <acct.> deficit on the books
zhàngmiàn jìlù 帐面记录[-錄] N. <acct.> book entry
zhàngmiàn zīchǎn 帐面资产[-產] N. <acct.> ledger assets
zhāngmíng 彰明 V. manifest; clarify
zhāngmíngjiàozhù 彰明较著 F.E. conspicuous; obvious; very obvious
zhāngmíngzhāozhù 彰明昭著 F.E. very clearly shown
zhàngmòrúxìn 杖莫如信 F.E. There is nothing like sincerity to trust in.
¹**zhāngmù** 樟木 N. camphor wood/tree
²**zhāngmù** 张目 V.O. ① open the eyes wide ② boost or build up sb. ③ help publicize an unworthy cause
³**zhāngmù** 张幕 V.O. pitch a tent
zhàngmu 丈母 N. wife's mother; mother-in-law
¹**zhàngmù*** 帐目 N. items of an account; accounts
²**zhàngmù** 帐幕 N. tent M: ⁴zuò
³**zhàngmù** 障目 V.O. cover one's eyes
zhàngmuniáng 丈母娘 N. wife's mother; mother-in-law
zhāngmùxiāng 樟木箱 N. camphor chest
zhāngmùzhùshì 张目注视 F.E. watch wide-eyed
zhǎngnán 长男 N. the eldest son
zhāngnǎo 樟脑[-腦] N. camphor
zhāngnǎojiǎo 樟脑脚[-腦腳] N. camphor remnants
zhāngnǎojīng 樟脑精[-腦-] N. essence of camphor
zhāngnǎowán 樟脑丸[-腦-] N. mothball
zhāngnǎo yāpiàndīng 樟脑鸦片酊[-腦---] N. paregoric
zhāngnǎoyóu 樟脑油[-腦-] N. camphor oil
Zhāngní 漳泥 N. seal ink produced in Zhangzhou, Fujian
zhàngní* 障泥 N. mudguard for a horse (to protect its rider from mud)
zhǎngnián 长年 N. <topo.> owner of a ship *See also* ¹chángnián
zhāngniǎo 张鸟 V.O. catch birds with a net
zhǎngnóng 长脓[-膿] V.O. suppurate
zhǎngnǚ 长女 N. eldest daughter
zhàngōng 战功[戰-] N. outstanding/meritorious military service
zhàngōngbiāobǐng 战功彪炳[戰-] F.E. illustrious military service
zhàngōngxiǎnhè 战功显赫[戰-顯-] F.E. Sb.'s military service is very illustrious.
zhǎngpàng 长胖 R.V. grow/become fat; gain weight
zhāngpéng 张篷 V.O. set sail
zhàngpeng* 帐篷/棚/蓬 N. tent M: ⁴zuò
zhàngpíng 仗凭[-憑] V. rely on; depend on
zhàngqī 杖期 N. one-year mourning after the death of one's wife or father's concubine
¹**zhàngqì*** 瘴气[-氣] N. miasma
²**zhàngqì** 胀气[-氣] N. <Ch. med.> flatulence ♦S.V. filled with air
³**zhàngqì** 仗气[-氣] V.O. rely on emotion
Zhāng Qiān 张骞 (2nd cent. B.C.) N. <hist.> diplomat famed for exploits in Inner Asia
zhǎngqíbīng 掌旗兵 N. <mil.> standard bearer
zhāngqídéwēi 章其德威 F.E. display one's virtue and dignity
zhǎngqǐlai 长起来 R.V. grow
zhǎngqīn 长亲[-親] N. elder relative; senior relatives
zhǎngquán 掌权[-權] V.O. exercise control
zhàngquánmóusī 仗权谋私[-權--] F.E. exploit one's position and power for personal gain
zhàngren* 丈人 N. wife's father *See also* zhàngrén
zhàngrén 丈人 N. <trad./court.> respectful address for an elderly man *See also* zhàngren
Zhàngrén Fēng 丈人峰 P.W. <geog.> a peak of Taishan ♦N. <coll.> father-in-law; wife's father
zhàngrénháng 丈人行 <wr.> N. respectful term of address for sb. older than oneself
Zhāngróng 漳绒 N. velvet produced in Zhangzhou, Fujian
zhǎngròu 长肉 V.O. put on flesh; fill out
zhǎngrù 长入 V.P. grow into; evolve
Zhāng Sān 张三 N. <coll.> ① John Doe ② wolf
zhāngsānlǐsì 张三李四 F.E. any Tom, Dick, or Harry
zhǎngsǎobǐmǔ 长嫂比母 F.E. ① give one's eldest brother's wife the same respect as one's mother. ② To younger brothers and sisters, a virtuous elder sister-in-law is comparable to their (deceased) mother.
zhǎngsǎo jìng rú mǔ 长嫂敬如母 F.E. The wife of an elder brother is to be respected like a mother.
zhǎngsǎorúmǔ 长嫂如母 F.E. To younger brothers and sisters, a virtuous elder sister-in-law is comparable to their (deceased) mother.
zhǎngshàn* 掌扇 N. a big fan with a long handle, used in parades M: ¹bǎ
zhàngshàn 障扇 N. long-handled parade parasol M: ¹bǎ
zhāngshàndàn'è 彰善瘅恶[-惡] F.E. praise good and hate evil
zhǎngshàng 长上 N. <trad.> ① elder; senior ② boss; superior M: ²wèi
zhǎngshàngmíngzhū 掌上明珠 ID. beloved daughter
zhǎngshàngxíng diànnǎo 掌上型电脑[-電腦] N. palm computer
zhǎngsháo(r) 掌勺(儿) <coll.> V.O. cook ♦N. a cook
zhǎngsháo(r) de 掌勺(儿)的 <coll.> N. cook; chef
zhāngshè 张设 V. set up curtains/decorations/etc. for a ceremony
zhāngshén 张神 V.O. <topo.> mind other people's business; meddle in the affairs of others
zhāngshēng 张声[-聲] V.O. <coll.> speak; utter sound
zhǎngshēng* 掌声[-聲] N. clapping; applause
zhǎngshēngléidòng 掌声雷动[-聲-動] F.E. thunderous applause
zhǎngshēngrúléi 掌声如雷[-聲--] F.E. thunderous applause
zhǎng shēntǐ 长身体[-體] V.O. grow (physically)
¹**zhǎngshì** 长势[-勢] N. ① <agr.> how a crop is growing ② <bot.> growth habit
²**zhǎngshì** 掌事 V.O. <topo.> be in charge of; administer
¹**zhàngshì*** 仗恃 V.O. rely on (an advantage)
²**zhàngshì** 仗势[-勢] V.O. take advantage of one's power or connections with influential people
zhàngshìbàdào 仗势霸道[-勢--] F.E. abuse one's power and bully people
Zhāng Shìchéng 张士诚 (d. 1367) N. <hist.> anti-Yuan rebel and rival of Zhu Yuanzhang
zhàngshìqīrén 仗势欺人[-勢--] F.E. take advantage of one's or sb. else's power to bully people
zhǎngshìxǐrén 长势喜人[-勢--] F.E. The crops are doing fine.
zhàngshìyǐcái 仗势倚财[-勢--] F.E. presume on one's power and wealth
zhàngshìzuò'è 仗势作恶[-勢-惡] F.E. use power to do evil
zhāngshǒu 张手 V.O. open one's hands
zhāngshù 樟树[-樹] N. camphor tree M: ²kē
zhǎngshuǐ 涨水 V.O. rise (of water level)
zhǎngsì jìchéngzhì 长嗣继承制[--繼--] N. primogeniture
zhǎngsūn 长孙[-孫] N. ① eldest grandson (of the same surname) ② Double Surname
zhàngsuō 涨缩 N. swelling and shrinking; elasticity
zhāngtái 章台[-臺] P.W. brothel
Zhāng tiānshī 张天师[-師] N. <hist.> title of the head priest of the Daoist sect
zhàngtiáor 账条儿[-條-] N. IOU
zhāngtiē 张贴 V. ①put up (a poster/etc.) ②post a message on the web
zhàngtòng 胀痛 V. be bloated and in pain
zhàngtóu 帐头 N. banking account
zhàngtóu mù'ǒu 杖头木偶 N. carved figure on the top of a walking-stick
zhàngtóuqián 杖头钱[-錢] N. money for drinks
zhāngtóushǔmù 獐头鼠目 ID. contemptible, ugly fellow
zhǎngtuǐ 长腿 V.O. be able to move around by oneself
zhāngù 瞻顾[-顧] V. <wr.> be on one's guard
¹**zhàngǔ*** 战鼓[戰-] N. war drum M: ¹miàn
²**zhàngǔ** 战骨[戰-] N. skeletons on the battlefield
zhānguà 占卦 V.O. divine using the Eight Trigrams
zhǎnguānduó'ài 斩关夺隘[-關奪-] F.E. take pass after pass
zhānguāng(r) 沾光(儿) V.O. benefit from association with sb./sth.
zhānguàwènbǔ 占卦问卜 F.E. consult the oracle
zhàngǔ dòng dì 战鼓动地[戰-動-] V.P. The roll of drums shook the earth.
zhǎnguì 展柜[-櫃] N. cabinet
zhàn guìtái 站柜台[-櫃檯] V.O. serve as a shop assistant
zhǎnguó 斩馘 V.O. cut off an enemy's left ear
Zhànguó 战国[戰國] N. Warring States period (475–221 B.C.)
zhànguǒ* 战果[戰-] N. results in battle
zhànguǒhuīhuáng 战果辉煌[戰-] F.E. brilliant military victory
Zhànguó qīxióng 战国七雄[戰國-] N. the seven powerful states in the Warring Kingdoms period
Zhànguó Shídài 战国时代[戰國時-] N. the Warring Kingdoms Period (475–221 B.C.)
zhàngwài 帐外 ATTR. off-the-books
zhàngwài zīchǎn 帐外资产[-產] N. <acct.> off-the-books property; invisible assets; unlisted assets
zhāngwǎng 张网[-網] V.O. trap/filter/standing net
zhāngwàng* 张望 V. ① look around/about ② peep (through a crack/etc.)
zhāngwǎngchálái 彰往察来 F.E. lay open the past and pore over the future; consider the past and weigh the future
zhàngwèi 仗卫[-衛] N. formal escort preceding an official
zhǎng wěibā 长尾巴 V.O. grow a tail

zhǎngwén 掌纹 N. palm print
zhǎngwénjiā 掌纹家 N. palm reader M: ²*wèi*
Zhāng Wéntiān 张闻天 (1900–1976) N. important CCP ideologue during the 1930s; CCP general secretary, 1935–1939
zhǎngwò 掌握 V. ① grasp; master ~ **Rìyǔ** have a good command of Japanese ② have in hand; control
zhǎngwò fēncùn 掌握分寸 V.O. exercise sound judgment; act with a good sense of propriety
zhǎngwò huìyì 掌握会议[-議] V.O. preside over a meeting
zhǎngwò júshì 掌握局势[-勢] V.O. have the situation under control
zhǎngwò zhīzhōng 掌握之中 P.W. be entirely in one's hands
zhǎngwò zhǔdòngquán 掌握主动权[-動權] V.O. have the initiative in one's hands
zhàngwù 帐务[-務] N. accounts in general
zhǎngxí 长媳 N. daughter-in-law of the oldest son
zhàngxiàlì 帐下吏 N. aide-de-camp
zhāngxiǎn 彰显[-顯] V. manifest; show forth; make obvious
zhǎngxiàng(r)* 长相/像(儿) N. appearance; looks
zhàngxiāng 杖乡[-鄉] ID. 60 years of age (when one can lean on a cane in one's village)
zhàngxiàng 帐项 N. <*acct.*> accounting item
zhàngxiàr 帐下儿 N. ① tent dwellers ② soldiers under one's command
zhǎngxié 掌鞋 V.O. mend shoes
zhāngxīn 张心 V.O. worry oneself/sb. with requests
zhǎngxīn(r)* 掌心(儿) N. hollow of the palm ♦V.O. control; influence
zhàngxíng 杖刑 N. punishment by beating with heavy bamboo
zhǎngxīnléi 掌心雷 N. ① Daoist magic bringing thunder by rubbing the palms ② small handgun
zhǎngxiōng 长兄 N. eldest brother
zhǎngxiù 长锈[-鏽] V.O. rust; get rusty
Zhāng Xuéliáng 张学良 (1901–2001) N. also known as the Young Marshal; top leader in Northeastern China before the 1931 invasion by the Japanese; detained Chiang Kaishek 1936; placed under house arrest
zhǎngyá 长牙 V.O. teethe ♦N. dentition *See also* *chángyá*
zhāngyálùchǐ 张牙露齿[-齒] F.E. show one's teeth
zhāngyǎn* 张眼 V.O. open one's eyes
zhàngyán 帐檐 N. flaps along the edge of a tent roof
zhàngyāndúwù 瘴烟毒雾[-煙-霧] F.E. miasmal clouds
zhàngyǎnfǎ 障眼法 N. ① cover-up; camouflage ② legerdemain ③ method to deflect suspicion from oneself
zhāngyáng 张扬[-揚] V. publicize; make widely known
zhāngyáng chūlai 张扬出来[-揚--] R.V. make widely known
zhàngyāo 仗腰 V.O. <*coll.*> support; back up; bolster
zhàng yāoyǎnzi de 仗腰眼子的 N. <*coll.*> powerful backer; influential patron
zhàng yāo(yǎn)zi 仗腰(眼)子 V.O. <*coll.*> back up sb.
zhǎngyár 长芽儿 V.O. grow (tender) shoots
zhāngyáwǔzhǎo 张牙舞爪 F.E. make threatening gestures
zhǎngyè tiěxiànjué 掌叶铁线蕨[-葉鐵--] N. <*bot.*> maidenhair
¹zhàngyì 仗义[-義] V.O. <*wr.*> ① act from a sense of justice ② be loyal to one's friends
²zhàngyì 障翳 V. <*wr.*> hide from view; cover; screen
³zhàngyì 涨溢 V. overflow (of a river)
zhǎngyìn* 掌印 V.O. hold power ♦N. man in charge

zhàngyìn 帐饮 V. give a farewell banquet in a tent
zhāngyìnglì 张应力[-應-] N. <*phy.*> tensile stress
zhàngyìshūcái 仗义疏财[-義--] F.E. be generous in aiding the needy
zhàngyìxíngrén 仗义行仁[-義--] F.E. uphold high principles and help those in need
zhàngyìyǒngwéi 仗义勇为[-義--] F.E. take up arms for justice
zhàngyìzhíyán 仗义执言[-義執-] F.E. stand up for the weak
zhǎngyòu 长幼 N. ① young and old ② seniority among family members
zhǎngyòuyǒuxù 长幼有序 F.E. respect for seniority
¹zhāngyú* 章鱼 N. octopus M: ¹*tiáo*
²zhāngyú 张鱼 V.O. net fish
zhàngyú 丈鱼 N. barracuda M: ¹*tiáo*
zhāngyuèyǐnyàn 张乐饮宴[-樂--] F.E. supply an orchestra and drinks
zhàngyǔmányān 瘴雨蛮烟[-蠻煙] F.E. pestilential rain and unhealthy mist
Zhāng Zǎi 张载 (1020–1076) N. philosopher, usu. called Zhāngzǐ or Master Zhang
zhǎngzào 掌灶 V.O. be the chef
zhǎngzào de 掌灶的 N. chef
zhāngzé* 章则 N. rules and regulations
zhàngzé 杖责 V. punish by caning/flogging
zhàngzhá 胀闸 N. hub brake
zhāngzhāng 彰彰//章章 R.F. ① obvious ② well-known
zhāngzhāngmíngshèn 章章明甚 F.E. very clear
zhāngzhāngrén'ěr 彰彰人耳 F.E. be clear to all
zhāngzhāngruòshì 彰彰若是 F.E. as clear as shown
zhāngzhāngzàimù 章章在目 F.E. be clear for all to see
zhāngzhāng zài rén ěrmù 彰彰在人耳目 F.E. be clear for all to see
zhǎngzhě* 长者 N. ① senior ② village gentry ③ venerable elder ④ influential figure M: ²*wèi*
zhàngzhe 仗着 V.P. rely/presume on (one's own advantage/etc.)
zhàngzhe běnshì 仗着本事[-著--] V.O. rely on one's own skill/ability
zhǎngzhèng 掌政 V.O. head a government
zhāngzhì 张致 V. put on airs to defraud others; make a pretense
zhǎng zhìqì 长志气[-氣] V.O. fortify one's high resolve
zhǎngzhōngxì 掌中戏[-戲] <*TW*> a kind of puppet show
Zhāngzhōu 漳州 P.W. Zhangzhou city (in Fujian)
zhǎngzhū 掌珠 ID. beloved daughter
zhǎngzhuàng 掌状[-狀] ATTR. palmate
zhǎngzhuàngmài 掌状脉[-狀脈] N. palmate vein
zhǎng zhuìyóu 长赘疣 V.O. vegetate
zhàngzhuōr 账桌儿 N. cashier's counter M: ¹*zhāng*
zhàngzhǔzi 帐主子 N. <*topo.*> creditor
¹zhāngzi 獐子 N. river deer M: ²*zhī*
²zhāngzi 章子 N. <*topo.*> seal; stamp
³zhāngzi 张子 N. mahjongg tile
zhǎngzi 掌子 N. ① <*min.*> face; work area ② horseshoe
¹zhǎngzǐ* 长子 N. eldest son *See also* ²*chángzi*
²zhǎngzǐ 长姊 N. eldest sister
¹zhàngzi 帐子 N. ① bed-curtain ② mosquito net M: ¹*dǐng*
²zhàngzi 幛子 N. silk scroll containing felicitations/condolences M: ¹⁰*fú*
³zhàngzi 障子 N. ① hedge; barrier of reeds/shrubs/etc. ② screen
zhǎngzǐ 涨紫 V.P. become purple (from bruise/etc.)
zhǎngzǐdàifù 长子代父 F.E. An elder son must take his father's place.
zhǎngzǐ jìchéngquán 长子继承权[--繼-權] N. (right of) primogeniture; birthright

zhǎngzǐ jìchéngzhì 长子继承制[--繼--] N. primogeniture
zhǎngzimiàn 掌子面 N. working face/area (e.g., in a mine)
zhāngzòu 章奏 N. memorial to the emperor
zhǎngzú 长足 R.V. be fully grown *See also* *chángzú*
zhāngzuǐ* 张嘴 V.O. ① open the mouth (to say sth.) ② ask for a loan/favor
zhǎngzuǐ 掌嘴 V.O. slap sb.'s face
zhānhán* 沾寒 V.O. catch cold; suffer from a cold
zhànhàn 战汗[戰-] V.O. shiver and sweat
zhànháo* 战壕[戰-] N. trench; dugout M: ¹*tiáo*
zhànhǎo 站好 R.V. stand properly
zhànháokǒuyán 战壕口炎[戰-] N. <*med.*> trenchmouth
zhānhòu 占候 V.O. prognosticate from weather observations
zhànhòu* 战后[戰後] N. postwar
zhānhu 沾乎 V. <*coll.*> ① be connected/related to ② touch upon; impinge upon
zhǎnhuǎn* 展缓 V. ① postpone; prolong ② extend a deadline
zhànhuàn 战患[戰-] N. disaster of war
zhǎnhuǎn xiànqī 展缓限期 V.O. extend the time limit
zhānhuārěcǎo 沾花惹草 ID. be sexually promiscuous (of males)
zhǎnhuò 斩获[-獲] A.T. very successful
¹zhànhuǒ* 战火[戰-] N. flames of war
²zhànhuǒ 蘸火 V.O. <*coll.*> quench (metal)
zhànhuò 战祸[戰禍] N. disasters/calamities of war
zhànhuǒfēnfēi 战火纷飞[戰-飛] F.E. flames of war
zhànhuǒ kǎoyàn 战火考验[戰-] F.E. the test of the raging flames of war
zhànhuǒliántiān 战火连天[戰-] F.E. The flames of the war raged across the land.
zhànhuǒmànyán 战火蔓延[戰-] F.E. The flames of war are spreading.
zhànhuǒmímàn* 战火弥漫[戰-彌-] F.E. The flames of war are filling the air.
zhànhuòmímàn 战祸弥漫[戰禍彌-] F.E. spread of the disaster of war
zhǎnjì 展技 V.O. fully demonstrate one's ability
zhànjī 战机[戰-] N. ① opportunity for victory ② fighter plane M: ¹*jià*
¹zhànjì* 战绩[戰-] N. military successes
²zhànjì 战技[戰-] N. proficiency in battle
³zhànjì 颤悸 V. shiver and palpitate with terror
zhànjiàn 战舰[戰艦] N. warship M: ¹*sōu*
zhànjiàng 战将[戰將] N. ① experienced general ② indispensable assistant ③ warrior M: ¹*yuán*
zhǎnjiàngqiānqí 斩将搴旗[-將--] F.E. behead enemy generals and capture their flags
zhǎnjiānhòu 斩监候[-監-] <*trad.*> N. delayed death penalty (Qing dynasty)
zhǎnjiào 展教 V. show and teach
zhǎnjiǎshí 斩假石 N. <*archi.*> artificial stone; imitation stone
zhānjiē 粘接 V. splice
zhànjìhuīhuáng 战绩辉煌[戰-] F.E. brilliant combat performances
zhānjīn 沾襟 V.O. wet the sleeves with tears
zhànjìng* 战兢[戰-] V. tremble; be on guard
zhànjìng 湛静[-靜] V.P. profound quiet
zhǎnjìnshājué 斩尽杀绝[-盡殺絕] F.E. ① kill all ② exterminate
zhànjú* 战局[戰-] N. war situation
¹zhànjù 占据[-據] V. occupy; hold
²zhànjù 战具[戰-] N. implements of war; weapons
zhǎnjuàn 展卷 V. ① <*wr.*> apply oneself to study ② turn over and over
zhǎnjuànyǒuyì 展卷有益 F.E. It is beneficial to read.
zhǎnjué 斩决[-決] V. <*wr.*> behead (a criminal) ♦ADV. resolutely

zhǎnkāi* 展开[-開] R.V. ① spread out; unfold; open up ② launch; develop

[1]**zhànkāi** 绽开[-開] R.V. burst forth

[2]**zhànkāi** 站开[-開] R.V. stand clear; stand back

zhǎnkāilái 展开来[-開-] R.V. ① spread out; unfold ② develop; expand

zhǎnkāishì 展开式[-開-] N. expansion

zhānkè 占课 V.O. divine by tossing coins ♦ N. art of divination

zhǎnkè 斩客 *<coll.>* V.O. charge exorbitant prices

zhànkè* 站客 N. standee

zhànkǒuyú 战口鱼[戰-] N. *<zoo.>* warmouth; bigmouth M: [1]*tiáo*

zhǎnkuān 展宽[-寬] R.V. widen

zhànkuàng 战况[戰況] N. battlefield situation

zhǎnlǎn* 展览[-覽] V./N. exhibit; show; display

zhànlán 湛蓝[-藍] N. azure blue

zhǎnlǎnguǎn 展览馆[-覽-] P.W. exhibition center/hall M: [4]*zuò*

zhān lánguì 沾栏柜[-欄櫃] V. *<topo.>* work in a shop; clerk

zhǎnlǎnhuì 展览会[-覽-] P.W. exhibition

zhǎnlǎnhuìchǎng 展览会场[-覽-場] P.W. exhibition site

zhǎnlǎnpǐn 展览品[-覽-] N. exhibit; display item M: [2]*jiàn*

zhǎnlǎnshì 展览室[-覽-] P.W. showroom; exhibit room M: [1]*jiān*

zhǎnlǎntíng 展览亭[-覽-] P.W. exhibition booth M: [4]*zuò*

zhǎnlǎn wēnshì 展览温室[-覽--] P.W. display greenhouse M: [4]*zuò*

zhànléitóu 战雷头[戰-] N. torpedo warhead

[1]**zhānlǐ** 沾理 V.O./S.V. be reasonable

[2]**zhānlǐ** 瞻礼[-禮] N. *<Catholicism>* ① festival/holy day ② day of the week *~'èr* Monday *~qī* Saturday *See also Zhǔrì*

zhānlì(r) 毡笠(儿)[氈-] N. felt rainhat M: [1]*dǐng*

zhànlǐ(r) 占理(儿) V.O. reasonable

[1]**zhànlì*** 站立 V. stand

[2]**zhànlì** 颤/战栗[戰慄] V. tremble; shiver; quake

[3]**zhànlì** 战例[戰-] N. object-lesson battles

[4]**zhànlì** 战力[戰-] N. combat effectiveness; fighting capacity

zhānlián* 粘连 N. *<med.>* adhesion

zhànliàn 栈恋[棧戀] N. sentimental attachment to a person/place

zhànliè 绽裂 R.V. split open/apart

zhànlièjiàn 战列舰[戰-艦] N. battleship M: [1]*sōu*

zhànliè xúnyángjiàn 战列巡洋舰[戰-艦] N. battle cruiser M: [1]*sōu*

zhānlìjiùzǒu 沾利就走 F.E. *<coll.>* settle for whatever one can get

zhànlǐng 占领 V. capture; occupy

zhànlǐngjūn 占领军 P.W. occupation army

zhànlǐngqū 占领区[-區] P.W. occupied area

zhànlǐng shìchǎng 占领市场[-場] V.O. monopolize the field

zhànlìpǐn 战利品[戰-] N. spoils of war M: [2]*jiàn*

zhànlì qǐlai 站立起来 R.V. stand up

Zhānlǐrì 瞻礼日[-禮-] N. *<Catholicism>* Sunday

zhànlóng 站笼 *<trad.>* N. ① torture cage ② pillory cage ♦ V.O. cage a criminal and display him in public

zhǎnlǒng* 站拢 V. hold together

zhǎnlù* 展露 V. *<wr.>* emerge

[1]**zhànlù** 绽露 V. *<wr.>* appear

[2]**zhànlù** 湛露 N. great imperial kindness

zhànlǜ 湛绿 N. dark green

zhànluàn 战乱[戰亂] N. chaos of war

zhǎnlù chūlai 展露出来 R.V. unfold; reveal

zhànlüè 战略[戰-] N. strategy

zhànlüè bùshǔ 战略部署[戰-] N. strategic plan

zhànlüècūn 战略村[戰-] P.W. strategic hamlet

zhànlüè dǎodàn 战略导弹[戰-導-] N. *<mil.>* strategic guided missile

zhànlüè fǎngōng 战略反攻[戰-] N./V.P. strategic counterattack

zhànlüè fángyù 战略防御[戰-禦] N. strategic defense

zhànlüè héwǔqì 战略核武器[戰-] N. strategic nuclear weapon

zhànlüè hōngzhàjī 战略轰炸机[戰-轟--] N. strategic/long-range bomber

zhànlüèjiā 战略家[戰-] N. strategist M: [2]*wèi*

zhànlüè jìhuà 战略计划[戰-劃] N. *<mil.>* strategic plan

zhànlüè jìngōng 战略进攻[戰-進-] N./V.P. *<mil.>* strategic attack

zhànlüè tuìquè 战略退却[戰-卻] N./V.P. *<mil.>* strategic retreat

zhànlüè wùzī 战略物资[戰-] N. *<mil.>* supplies

zhànlüèxìng 战略性[戰-] ATTR. strategic

zhànlüèxué 战略学[戰-] N. science of strategy

zhànlüè zhuǎnyí 战略转移[戰-轉-] N. strategic shift

zhǎnlù tóujiǎo 崭露头角 V.O. burst into the limelight; stand out conspicuously

zhànmǎ 战马[戰-] N. war-horse M: [1]*pǐ*

zhǎnmài 展卖[-賣] V. exhibit and sell (goods and products)

zhànmǎn 占满 R.V. completely fill (a space)

zhānmǎn lèizì 沾满泪渍[--淚-] V.O. be stained with tears

zhānmǎn xiānxuè 沾满鲜血 V.O. be stained with blood; be gory

zhānmào(r) 毡帽(儿)[氈-] N. felt hat M: [1]*dǐng*

zhǎnméi 展眉 V.O. *<wr.>* look delighted; beam with joy

zhānmèng 占梦[-夢] V.O. divine by interpreting dreams

zhǎnmiánjī 展绵机 N. silk spreader M: [2]*tái*

zhànmiǎnyújiǔ 湛湎/沔于酒[--於-] F.E. indulge in wine

zhànmò 战殁[戰歿] V. die in battle

[1]**zhānmù** 毡幕[氈-] N. felt tent M: [1]*dǐng*

[2]**zhānmù** 沾沐 V. receive favors

zhǎnmù 展墓 V.O. visit a tomb

zhànmù* 战幕[戰-] N. opening of a war ***lākāi*** ~ start a war/match

zhānní* 毡呢[氈-] N. felt M: [2]*kuài*

zhànnì 湛溺 V. addict oneself to

zhānnián 沾粘 S.V. glutinous ♦ V. glue; stick

zhānniàn* 瞻念 V. look to; think of

zhānniàn qiántú 瞻念前途 V.O. think of the future

zhānniǎojiāo 粘鸟胶[-膠] N. birdlime

zhànpái 站排 V. stand in a line/row

zhànpáo(r) 战袍(儿)[戰-] N. *<trad.>* combat uniform M: [2]*jiàn*

zhān piányi 沾便宜 *See zhàn piányi*

zhàn piányi* 占便宜 V.O. ① profit at another's expense ② be in an advantageous position ③ gain a small advantage ♦ ATTR. advantageous; favorable

zhànpiào(r) 站票(儿) N. standing-room ticket M: [1]*zhāng*

zhànpiào guānzhòng 站票观众[-觀衆] N. standee

zhānpídàigǔ 粘皮带骨[--帶-] F.E. ① (meat) with the skin and bone ② involved; tangled (of things) ③ not clear-cut; not frank and straightforward

zhǎnpǐn 展品 N. exhibit; item on display M: [2]*jiàn*

zhǎnpǐnchú 展品橱[-櫥] N. cabinet

zhǎnpíng 展评 V. display for appraisal

zhǎnpǐnjià 展品架 N. easel

zhànpò 绽破 R.V. burst; split

zhànqǐ 占起 R.V. occupy

zhǎnqī* 展期 N. exhibition period ♦ V.O. extend the time limit

zhǎnqí 斩/崭齐[-齊] V.P. ① orderly ② perfectly uniform

zhànqí 战旗[戰-] N. battle flag M: [1]*miàn*

zhānqià 沾洽 V. ① be moistened by copious rain ② be well-informed ③ be permeated with royal favors

zhànqián 战前[戰-] N. prewar

zhānqiángùhòu 瞻前顾后[-顧後] F.E. ① be overcautious and indecisive ② be on one's guard ③ think over carefully

zhànqiáo 栈桥[棧橋] P.W. loading pier/platform M: [4]*zuò*

zhànqiáoshì mǎtou 栈桥式码头[棧橋-] P.W. jetty; pier M: [4]*zuò*

zhànqǐlai 站起来 R.V. stand up; rise

zhānqīn* 沾亲[-親] *See zhānqīndàigù See also bù zhānqīn bù dàigù*

zhànqín 战勤[戰-] N. civilian war service

zhānqīndàigù 沾亲带故[-親帶-] F.E. *<coll.>* ① have ties of kinship/friendship ② rub off some glory on friends and relatives

zhànqīng 湛清 V.P. clear; limpid

zhānqīnguàguǎi 沾亲挂拐[-親--] F.E. *<topo.>* rub shoulders with; have connections; be related to

zhǎnqísuǒcháng 展其所长 F.E. give full play to one's strong point

zhānqiú 毡裘[氈-] N. ① felt garment worn by northern nomads ② nomad chieftain

zhānqiúzhījūn 毡裘之君[氈-] N. nomad chieftain

zhànqū* 战区[戰區] P.W. war zone; (military) theater

zhànqǔ 占取 V. occupy; seize

zhànqù 占去 V. hold

zhānrǎn* 沾染 V. ① be infected by ② gain a small advantage

zhǎnrán 崭然 V.P. ① *<wr.>* rising steeply ② outstanding ③ completely changed

zhànrán 湛然 V.P. ① transparent (of water) ② quiet; calm

zhānrǎn èxí 沾染恶习[-惡習] V.O. slide into bad habits

zhānrǎnqū 沾染区[-區] P.W. contaminated area

zhānrǎnshìsú 沾染世俗 F.E. be corrupted by worldly ways

zhānrǎnxíqì 沾染习气[-習氣] F.E. be corrupted by bad customs

zhānrě 沾惹 V. provoke

zhān rén de biān 沾人的边[-邊] V.O. associate with a person

zhān rén de guāng 沾人的光 V.O. benefit from association with sb./sth.

zhānrùn 沾润 V.O. *<wr.>* ① gain benefits ② moisten; wet

zhānsè 沾色 V.O. stain

zhànsè* 战色[戰-] N. obsequious demeanor

zhānshàng* 沾上 R.V. ① become stained with ② become addicted to ③ be stuck with (a hanger-on)

zhànshāng 战伤[戰傷] N. war wound

zhànshàng 蘸上 R.V. bathe

zhàn shàngfēng 占上风 V.O. take the lead; gain the upper hand

zhànshānhánghǎi 栈山航海[棧-] F.E. have a long and hard journey

zhànshānwéiwáng 占山为王 F.E. be a local despot

zhànshào 站哨 V. *<topo.>* stand/mount guard; be on sentry duty

zhànshēn 湛深 V.P. profound

zhànshén* 战神[戰-] N. god of war

zhànshēng 颤声[-聲] N. trembling voice *See also chànshēng*

zhànshèng* 战胜[戰勝] V. defeat; vanquish; be victorious

zhànshènggōngqǔ 战胜攻取[戰勝-] F.E. triumph in every battle and succeed in every invasion

zhànshèngguó 战胜国[戰勝國] P.W. victorious nation

zhānshī 沾湿[-濕] V. ① moisten; dampen ② steeped in; imbued with

[1]**zhānshì** 瞻视 V. look; behold; look up to

[2]**zhānshì** 占筮 V.O. practice divination

[1]**zhǎnshì*** 展示 V. reveal; lay bare; show; display; exhibit

[2]**zhǎnshì** 展室 P.W. exhibition room; showroom M: [1]*jiān*

zhànshī 蘸湿[-濕] V. ① moisten ② dip in liquid

zhànshí 战时[戰時] N. wartime

zhànshǐ 战史[戰-] N. annals of war; military history

[1]zhànshì 战士[戰-] N. ① soldier; combatant; warrior ② champion M: [1]míng

[2]zhànshì 战事[戰-] N. war; hostilities

zhànshí biānzhì 战时编制[戰時-] N. <mil.> war footing

zhǎnshìchū 展示出 R.V. display

zhànshí guójì gōngfǎ 战时国际公法[戰時國際-] N. wartime international law

zhǎnshìhuì 展示会 P.W. exhibition; show

zhànshí huódòng 战时活动[戰時-動] N. wartime activities

zhànshí jìnzhìpǐn 战时禁制品[戰時-製-] N. contraband of war

zhànshí tiáolì 战时条例[戰時條-] N. wartime regulations

zhànshí wéijìnpǐn 战时违禁品[戰時違-] N. contraband of war

zhànshí zhuàngtài 战时状态[戰時狀態] N. state of war

zhānshǒu 沾手 V.O. <coll.> ① touch with one's hand ② have a hand in

zhǎnshǒu* 斩首 V.O. behead

zhǎnshòu 展售 V. exhibit for sale

zhànshǒu 战守[戰-] N. <mil.> offense and defense

zhǎnshòu huìchǎng 展售会场[-場] P.W. exhibition park

zhǎnshǒushìcáo 斩首市曹 F.E. execute sb. by decapitation in the marketplace

zhǎnshǒushìzhòng 斩首示众[-眾] F.E. behead a criminal and exhibit the head as a warning; expose a cut-off head to public view as a warning

zhànshū 战书[戰書] N. written declaration of war M: [2]fēng

zhànshù* 战术[戰術] N. military tactics

zhǎnshuāi 斩衰 See zhǎncuī

zhànshù hōngzhàjī 战术轰炸机[戰術轟-] N. tactical short-range bomber M: [1]jià

zhànshù huǒjiàn 战术火箭[戰術-] N. tactical rocket M: [4]méi

zhānshuǐ 沾水 V.O. ① get wet ② soak in water

zhànshuǐ gāngbǐ 蘸水钢笔[-鋼筆] N. pen with nib fixed into its penholder M: [2]zhī

zhànshùjiā 战术家[戰術-] N. <mil.> tactician M: [2]wèi

zhànshùxué 战术学[戰術-] N. science of tactics

zhànsǐ 战死[戰-] V. die in battle

zhànsǐshāchǎng 战死沙场[戰-場] F.E. be killed in battle

zhǎnsuō 展缩 V. be flexible; distend and shrink ♦N. flexibility

zhàntái 站台[-臺] N. (railway) platform M: [4]zuò

zhàntáipiào(r) 站台票(儿)[-臺--] N. platform ticket M: [1]zhāng

zhāntán 旃檀 N. <trad.> sandalwood M: [2]kē

zhāntǎn* 毡毯[氈-] N. felt rug/carpet M: [2]kuài

zhàntiāndòudì 战天斗地[戰-鬥-] ID. ① brave the elements ② combat nature

Zhān Tiānyòu 詹天佑 (1861–1919) N. engineer; pioneer railroad builder

zhāntiáo(r) 毡条(儿)[氈條-] N. <topo.> ① strip of felt ② felt rug M: [2]kuài

zhāntiē 粘贴 V. paste; stick

zhǎntiějiédīng 斩铁截钉[-鐵--] ID. resolute and decisive

zhǎntóuqùwěi 斩头去尾 F.E. quote out of context

zhànuǎnhuánhán 乍暖还寒[--還-] F.E. become warmer but occasionally turn cool

zhànuǎnzhàhán 乍暖乍寒 F.E. The temperature changes abruptly.

[1]zhānwàng 瞻望 V. look forward; look far ahead

[2]zhānwàng 谵妄 N. <med.> delirium

zhǎnwàng* 展望 V. look into the distance/future ♦N. ① prospects ② survey

zhānwàng wèilái 瞻望未来 V.O. look to the future

zhǎnwèi* 展位 N. position (of an organization) in an exhibition

[1]zhànwèi 占位 V.O. seize a seat

[2]zhànwèi 战位[戰-] P.W. <mil.> position

zhànwéijǐyǒu 占为己有 F.E. appropriate to oneself (what rightfully belongs to others)

zhànwěn 站稳[-穩] R.V. ① come to a stop ② stand firm

zhànwěn jiǎogēn 站稳脚跟[-穩腳-] V.O. get a firm foothold

zhānwū 沾污 V. ① contaminate ② make dirty; soil

zhànwúbùshèng 战无不胜[戰-勝] F.E. invincible

zhànwùyuán 站务员[-務-] N. staff member of a railway/bus/etc. station M: [2]wèi

zhàn xiàfēng 占下风 V.O. be at a disadvantage

[1]zhǎnxiàn* 展现 V. ① unfold before one's eyes ② develop

[2]zhǎnxiàn 展限 V.O. extend the time limit or deadline

zhànxiān(r) 占先(儿) V.O. take the lead; strive for first place; preempt

[1]zhànxiàn 战线[戰-] N. battle line; front M: [1]tiáo

[2]zhànxiàn 占线 V.O. be busy (of phone lines)

[3]zhànxiàn 绽线 V.O. have a ripped seam

[4]zhànxiàn 站线 N. station tracks

zhǎnxiànchū 展现出 R.V. unfold before one's eyes; display

zhànxiàng 站相 N. proper stance

zhān xiāngyíng* 沾相赢 V.O. <topo.> ① take unfair advantage; get the better of ② get a good bargain

zhàn xiāngyìng 占香应[-應] V.O. <topo.> ①take unfair advantage ② get the best of

zhǎnxiāo 展销 V. exhibit and sell

zhǎnxiāohuì 展销会 P.W. trade fair

zhàn xiǎopiányi 占小便宜 V.O. gain petty advantages (at others' expense)

zhǎnxiāopǐn 展销品 N. demo goods displayed for sale M: [2]jiàn

zhǎnxiāotīng 展销厅[-廳] P.W. exhibition and sales hall M: [1]jiān

zhānxié 毡鞋[氈-] N. felt shoes M: [1]shuāng

zhǎnxīn* 斩/崭新 ATTR. brand new; completely new

zhànxīn 湛新 ATTR. brand new

zhānxīng* 占星 V.O. cast a horoscope

zhǎnxìng 展性 N. <phy.> malleability

zhānxīngjiā 占星家 N. astrologer

zhānxīngshù 占星术[-術] N. astrology

zhānxīngxué 占星学 N. astrology

zhānxuē 毡靴[氈-] N. felt boots M: [1]shuāng

zhānxùn 瞻徇 V.O. ① practice favoritism ② be unduly lenient in the enforcement of law

zhànxùn* 战讯[戰-] N. battlefield report

zhànyā 占压[-壓] V. ① overstock ② occupy

zhānyàn 占验 N. confirmation of an oracle

[1]zhǎnyán* 展延 V. extend; postpone

[2]zhǎnyán 展颜 V.O. put on a happy face

zhǎnyǎn 展演 V. put on a show to display commodities

zhānyǎng* 瞻仰 V. ① look at with reverence ② look up at

zhǎnyàng 展样[-様] V.O. stately

zhānyǎng yíróng 瞻仰遗容 V.O. pay one's respects to sb.'s remains

zhǎnyánwēixiào 展颜微笑 F.E. crack a smile

zhǎnyāo 斩妖 V.O. exorcise evil spirits

zhānyè 瞻谒 V. <wr.> have an audience with

[1]zhānyī 沾衣 V.O. clothing soaked through (by sweat/rain/etc.)

[2]zhānyī 瞻依 V. <wr.> look up to one's father as an example

zhǎnyí 展仪[-儀] V. perform rites

zhǎnyì 斩刈 V.O. mow down

zhànyì* 战役[戰-] N. campaign; battle

zhānyīn 沾荫[-蔭] ID. <topo.> more-or-less all right; just a shade wrong

zhānyǐn 詹尹 N. <trad.> official in charge of divination

zhànyīn* 战因[戰-] N. causes of war

zhǎnyìng 展映 V. exhibit and show (a movie/etc.)

zhànyīng* 战鹰[戰-] N. fighting eagle (a fighter plane) M: [1]jià

zhànyōng 战庸[戰-] N. military exploits; distinguished services in war

zhànyòng* 占用 V. occupy; take over

zhànyōu 湛忧[-憂] N. deep worry

[1]zhànyǒu* 战友[戰-] N. comrade-in-arms M: [2]wèi

[2]zhànyǒu 占有 V. ①own; have ②occupy; hold; take possession of

zhànyòu 蘸釉 N. <pottery> glazing immersion

zhànyǒurén 占有人 N. occupant; possessor

zhàn yōushì 占优势[-優勢] V.O. gain the upper hand

zhānyǔ* 谵语 N. <wr.> delirious speech; ravings

Zhànyǔ 占语 N. <lg.> Cham (language)

zhànyún 战云[戰雲] N. ① war clouds ② murderous environment

zhànyúnmímàn 战云弥漫[戰雲彌-] F.E. War is imminent.

zhānzhān 詹詹 R.F. <wr.> argumentative; quarrelsome

zhànzhàn* 湛湛 R.F. ①dewy ②deep; profound

zhànzhǎng 站长 N. ① station/center/etc. head ② station agent M: [2]wèi

zhànzhǎngshì 站长室 P.W. office of the stationmaster M: [1]jiān

zhànzhànjīngjīng 战战兢兢[戰戰-] R.F. with fear and trepidation

zhànzhànlìlì 战战栗栗[戰戰慄慄] R.F. tremble with fear

zhànzhanr 站站儿 R.F. <coll.> stand for a moment

zhānzhānzìxǐ 沾沾自喜 F.E. be pleased with oneself

zhànzhe 站着[-著] V.P. stand

zhànzhe máofáng bù lāshǐ 占着茅房不拉屎[-著-----] ID. <slang> hog a place but do nothing; be inconsiderate of others

zhànzhe máokēng bù lāshǐ 占着茅坑不拉屎[-著-----] ID. <coll.> ① goldbrick ② be a dog in the manger

zhànzhèn 战阵[戰-] N. deployment of troops; order of battle

zhànzhēng 战争[戰爭] N. war; warfare M: [2]chǎng

zhànzhēng biānyuán zhèngcè 战争边缘政策[戰爭邊-] N. brinkmanship

zhànzhēng fànzi 战争贩子[戰爭-] N. warmonger

zhànzhēng jìhuà 战争计划[戰爭-劃] N. war plan

zhànzhēng jījīn 战争基金[戰爭-] N. war chest

zhànzhēng jīqì 战争机器[戰爭-] N. war machine; war apparatus

zhànzhēngkuáng 战争狂[戰爭-] N. war hysteria

zhànzhēng shèhuìxué 战争社会学[戰爭-] N. sociology of war

zhànzhēngxiǎn 战争险[戰爭-] N. war-risk insurance

zhànzhēng xiēsīdǐlǐ 战争歇斯底里[戰爭-] N. <loan> war hysteria

zhànzhēng zhuàngtài 战争状态[戰爭狀態] N. state of war

zhànzhēngzuì 战争罪[戰爭-] N. war crime

zhànzhēng zuìfàn 战争罪犯[戰爭-] N. war criminal

zhǎnzhì 展至 V. extend to

zhànzhí* 站直 R.V. stand straight

zhānzhìpǐn 毡制品[氈製-] N. felting products; felt goods

zhānzhōu 馇粥 N. congee; porridge

zhānzhōulìshí 馇粥粝食[--糲-] F.E. plain and coarse food

zhānzhù 粘住 R.V. glue; stick; paste; adhere

zhànzhǔ 栈主[棧-] N. innkeeper M: [2]wèi

[1]**zhànzhù*** 站住 R.V. ① stop; halt ② hold one's ground ③hold water; be tenable ***Tā de lùndiǎn zhànbuzhù*** [1]***jiǎo.*** His argument is untenable.
[2]**zhànzhù** 占驻 V. occupy and be stationed at
[3]**zhànzhù** 占住 R.V. hold; seize
zhǎnzhuǎn 辗/展转[-轉] V. ① pass through many hands/places; take a roundabout course ② toss about; turn round and round
zhǎnzhuǎnfǎncè 辗转反侧[-轉--] F.E. toss about (in bed)
zhǎnzhuǎnliúchuán 辗转流传[-轉-傳] F.E. ① wind about ② pass through many hands; spread from place to place
zhǎnzhuǎnnánwàng 辗转难忘[-轉難-] F.E. revolving a thing over and over in the mind
zhǎnzhuǎnsīwéi 辗转思维[-轉--] F.E. rack one's brains
zhǎnzhuǎnténgnuó 展转腾挪[-轉--] F.E. shift funds around
zhǎnzhuǎnxiānggào 辗转相告[-轉--] F.E. pass from mouth to mouth
zhǎnzhuǎnxúnsī 辗转寻思[-轉尋-] F.E. turn over and over in one's mind
zhànzhùjiǎo 站住脚[-腳] V.O. ① stop; halt ② hold one's ground ③ hold water; be tenable
zhānzi* 毡子[氈-] N. ① felt ② felt rug/blanket M: [2]*kuài*
zhānzì 沾渍 V. be imbued with; soak in
zhànzū 栈租[棧-] N. storage; warehouse rent/charge
zhǎnzuì 斩罪 N. ①capital crime ②punishment of decapitation
zhànzuòr 占座儿 V.O. hold seat(s) for sb. else
[1]**zhāo** 招 V. ①beckon ②enlist; recruit ③attract; incur ④provoke; tease ⑤infect; be contagious ⑥ confess ***See also*** [2]*zhāo*
[2]**zhāo** 着/招[著/-] V.M. *for tricks/devices/moves in chess, martial arts, etc.* ***zǒucuò yī*** ~ make a bad move ♦B.F. trick; device; move; method ***zhāor, zhāoshù See also*** [1]*zhāo*, [3]*zhāo, zháo, zhe*, [11]*zhù*, [1]*zhuó*
[3]**zhāo** 着[著] V. <*topo.*> ①add; put in ***Tāng lǐ ~ diǎn wèijīng.*** Put a little MSG in the soup. ② all right; OK ***Zhè huà ~ wa!*** That sounds fine! ***See also*** [2]*zhāo, zháo, zhe*, [11]*zhù*, [1]*zhuó*
[4]**zhāo** 朝 B.F. morning [1]***zhāo-xī, zhāoxiá See also*** [1]*cháo*
[5]**zhāo** 昭 B.F. ① clear; obvious ***zhāozhù*** ② clear (sb.'s name) ***zhāoxuě***
[6]**zhāo** 钊[釗] B.F. exhort (mostly used in names)
[7]**zhāo** 嘲 in ***zhāojiū, zhāozhā See also*** [4]*cháo*
[8]**zhāo** 啁 in ***zhāozhā, huīzhāo See also*** [11]*zhōu*
zháo 着[著] V. ① touch; come in contact with ② feel; be affected by (cold/etc.) ③ catch fire ④ <*topo.*> fall asleep ⑤ burn ♦CMP. *indicating* ① *hitting the mark* ***Nǐ shuō~ le.*** You've made the important point. ② *accomplishment in r.v.* ***Nǐ cāi~ le.*** You've guessed exactly right. ***Tā shuì~ le.*** She's fallen asleep. ***Tā shuìbu~.*** She can't fall asleep. ***See also*** [2]*zhāo*, [3]*zhāo, zhe*, [11]*zhù*, [1]*zhuó*
[1]**zhǎo*** 找 V. ①look for; seek ②call on; approach; ask for ③ give change
[2]**zhǎo** 爪 N. claw; talon ***See also*** *zhuǎ*
[3]**zhǎo** 沼 B.F. (natural) pond ***zhǎozé, húzhǎoxuē, chízhǎo***
[1]**zhào** 照 V. ① shine; illuminate ② reflect; mirror ③ take a picture/photograph ④ take care of; look after ⑤ notify ⑥ contrast ♦B.F. ① illumination; glow ② photograph; picture ***zhàopiàn*** ③ license; permit ***zhízhào*** ♦COV. ① towards ② according to; in accordance with ***~ wǒ kànlái. . .*** It seems to me that. . .
[2]**zhào** 罩 V. cover; shade ♦B.F. ① cover; hood ***zhàozi, dēngzhào*** ②overalls; smock ***zhàoyī*** ♦N. ① bamboo fish trap ② bamboo chicken coop ③ cage
[3]**zhào** 兆 NUM. ① million ② <*trad.*> trillion ③ <*comp.*> million; mega- ♦B.F. sign; omen; portent ***zhàotou*** ♦V. portend; foretell
[4]**zhào** 召 V. ① call; convene; summon ② solicit; recruit ♦N. temple; monastery (used chiefly in Inner Mongolia)
[5]**zhào** 棹 <*topo.*> N. oar ♦V. row (a boat)
[6]**zhào** 肇 B.F. ① cause [1]***zhàoshì***, [1]***zhàohuò*** ② beginning ***zhàoxù*** ♦N. Surname
[7]**zhào** 诏[詔] B.F. imperial order/edict [1]***zhàoyù, āizhào***
[8]**zhào** 笊 in [2]***zhàobì, zhàoli***
Zhào 赵[趙] N. ① a state in the Eastern Zhou period ②ancient term for present-day southern Hebei area ③ Surname
zhāo'ān 招安 V.O. offer amnesty and enlistment to rebels
zhāo-bàn 招办[-辦] AB. ***zhāoshēng bàngōngshì***
zhàobān 照搬 V. indiscriminately imitate; copy
zhàobàn* 照办[-辦] V. act accordingly
zhàoběn chūshòu 照本出售 V.P. sell at cost price
zhàoběnr 照本儿 ADV. (sell) at original price
zhàoběn xuāndú 照本宣读[-讀] V.P. ① echo/repeat/see what the books say ② report a speech verbatim ③ go by the book
zhàoběn xuānkē 照本宣科 V.P. parrot a text
[1]**zhàobì** 照壁 N. screen wall facing the gate of a house M: [1]*miàn*
[2]**zhàobì** 笊篦 N. skimmer (usu. made of bamboo) M: [1]*bǎ*
zháobiān(r)* 着边(儿)[著邊-] V.O. be to the point; be relevant
zhǎobiàn 找遍 V.O. search everywhere
zhāobiāo 招标[-標] V.O. invite tenders/bids
zhāobiāo chéngbāo 招标承包[-標--] V.P. contract through public bidding
zhāobiāo-tóubiāo zhìdù 招标投标制度[-標-標--] N. contracted responsibility system based on public bidding
zhǎo bièniu 找别扭 V.O. <*coll.*> pick a quarrel; purposely cross sb.
zhāobīng* 招兵 V.O. recruit soldiers
zhǎobìng(r) 找病(儿) V.O. <*coll.*> ① find fault; pick flaws ② invite trouble ③ bring vexation on oneself
zhāobīngjùjiàng 招兵聚将[-將] F.E. summon troops
zhāobīngmǎimǎ 招兵买马[--買-] F.E. raise an army
zhàobù 昭布 V. declare publicly
zhǎobu* 找补[-補] V. ① supplement; make up a deficiency ② pay or return what is owed (either by the buyer or by the seller)
[1]**zhàobǔ** 照补[-補] V. supplement according to precedent
[2]**zhàobǔ** 罩捕 V. net; trap
zhāobùbǎoxī 朝不保夕 F.E. be in a precarious state
zhǎobuchū 找不出 R.V. can't find out
zhǎobudào 找不到 R.V. can't find
zhǎobukāi 找不开[-開] R.V. have no small change for (money of a higher denomination)
zhāobùlǜxī 朝不虑夕[--慮-] F.E. be unable to plan ahead
zhāobùmóuxī 朝不谋夕 F.E. ①fail to plan even for the immediate future ② be unable to plan one's day ③ be in a precarious state
zhǎobushàng 找不上 R.V. can't find
zhǎobuzháo 找不着[-著] R.V. can't find
zhàobuzhù 罩不住 R.V. be unable to control a situation
zhāobuzhù jìnr 招不住劲儿[---勁-] V.P. <*coll.*> be unable to bear; be unbearable/intolerable
zhǎo bù zìzai 找不自在 V.O. <*coll.*> ask for trouble/beating
zhāocáijìnbǎo 招财进宝[-進寶] F.E. ① let riches and treasures come in (a store good-luck placard) ② bring in wealth and treasure (a felicitous wish for making money)
zhāocānxīsù 朝餐夕宿 F.E. take one's meals by day and sleep at night
zhāocè 招册[-冊] N. register of criminal confessions M: [1]*běn*
zhǎo chājù 找差距 V.O. find out where one has lagged behind
zhǎochǎng 找场[-場] V.O. try to save one's face
zhàocháng* 照常 ADV. as usual
zhàocháng bàngōng 照常办公[--辦-] V.P. The office is open as usual.
zhàocháng yíngyè 照常营业[-營業] V.P. business as usual
zhàochāo 照抄 V. ① copy word-for-word ② indiscriminately imitate; copy
zhāocháoxiè 招潮蟹 N. fiddler crab; fiddler M: [2]*zhī*
zhàochāozhàobān 照抄照搬 F.E. copy mechanically
zhǎochár 找碴/茬儿 V.O. <*topo.*> find fault; pick a quarrel
zhǎochátiāocuò 找碴挑错 F.E. pick a quarrel
zhǎocháxúnxìn 找碴寻衅[-尋釁] F.E. pick a quarrel
zhǎo chàzi 找岔子 V.O. be fussy
zhāochéng* 招承 V. confess ♦N. confession
zhàochéng 罩成 V. cover; overspread; wrap
zháochī 着吃[著-] S.V. <*coll.*> be bountiful (of food)
zhàochǐ* 照尺 N. ① surveyor's elevation gauge ② rifle sighting gear
zhàochì 诏敕 N. imperial rescript M: [2]*dào*
zhāochū 招出 R.V. confess
zhǎochū* 找出 R.V. find out
zhàochū 照出 R.V. break forth; emit/give light
zhàochuán 棹船 V.O. row a boat
zhǎochūlai* 找出来 R.V. find out
zhàochūlai 照出来 R.V. be able to show
zhǎo chūlù 找出路 V.O. seek a way out
zhàocǐ 照此 V.O. according to this
zhàocǐlèituī 照此类推[--類-] V.P. draw analogous conclusions
zhàocípán 兆磁盘[--盤] N. <*comp.*> megabyte disk
zhǎocìr 找刺儿 V.O. <*coll.*> find fault
zhāocūnmùguō 朝村暮郭 F.E. be in the village at dawn and in the city at night
zhǎocuò 找错 R.V. not find the right one
zhǎocuò duìxiàng 找错对象[--對-] V.O. bark up the wrong tree
zhǎocuò méndào 找错门道 V.O. take the wrong road
zhǎocuòr 找错儿 V.O. ① find fault ② pick a quarrel
zhāodǎ 招打 V. bring on a beating
[1]**zhāodài** 招待 V. receive (guests); serve (customers) ♦N. ① reception ② receptionist
[2]**zhāodài** 昭代 N. <*trad.*> enlightened age/reign
zhāodàifèi 招待费 N. entertainment expenses
zhāodàihuì 招待会 P.W. reception
zhāodàiquàn 招待券 N. complimentary ticket M: [1]*zhāng*
zhāodàishì 招待室 P.W. reception room M: [1]*jiān*
zhāodàisuǒ 招待所 P.W. guest house; hostel M: [1]*suǒ*
zhāodàiyuán 招待员 N. ① receptionist ② tour guide ③steward ④usher ⑤attendants; service personnel M: [2]*wèi*
zhāodǎmùmà 朝打暮骂[--罵] F.E. be beaten by day and misused by night
zhàodān 罩单 N. cover; hood M: [1]*zhāng*
zhāodào 招到 R.V. ① incur; invite (trouble) ② find
zhǎodào* 找到 R.V. find; seek out
zhàodào 照到 R.V. shine upon; light up
zhào dàolǐ jiǎng 照道理讲[-講] V.P. according to common sense
zhào dàolǐ shuō 照道理说 V.P. according to common sense
zhàodé 照得 F.E. seeing that; in view of the fact that
zhǎodechū 找得出 R.V. be able to find out
zhāodèng 招瞪 V.O. incur resentment/disgust
zhàodēng* 照登 V. publish sth. as it is (i.e., without alterations)

Z

zhǎodezháo 找得着[-著] R.V. be able to find out
zháodì* 着地[著-] V.O. touch the ground (in jumping/etc.) *See also* [1]*zhuódì*
zhǎodì 沼地 P.W. marshland
zhàodù 照度 N. <*phy.*> illuminance
zhàoduān 肇端 N. <*wr.*> origin; beginning
zhǎodui 找对[-對] V. <*coll.*> pick flaws; find fault
zhàoduì* 照对[-對] V. contrast; compare
zhǎo duìtou 找对头[-對-] V.O. look for an adversary
zhǎo duìxiàng 找对象[-對-] V.O. seek a marriage partner
zhàodūn 兆吨[-噸] N. megaton
zhǎo'éshēngshì 找讹生事 V.P. <*coll.*> look for an excuse to cause trouble
zhāofǎ 着法[著-] N. ① a move in chess/*wǔshù* ② trick; device
zhàofā* 照发[-發] V. ① issue/pay as before ② be approved for distribution
zhāofān 招翻 V. make angry; offend
zhàofāngpèiyào 照方配药[-藥] F.E. fill a prescription
zhǎo fànwǎn 找饭碗 V.O. look for a job
zhāofāxīzhì 朝发夕至[-發--] F.E. make a short journey
zhāofēng* 招风 V.O. ①attract too much attention and invite trouble ② provoke mischief
zháofēng 着风[著-] V.O. ① catch cold ② be chilled by the wind
zhāofēng'ěr 招风耳 N. jug/protruding ears
zhāofēngrěcǎo 招风惹草 ID. provoke discord
zhāofēngrěyǔ 招风惹雨 ID. provoke mischief
zhāofēngyǐndié 招蜂引蝶 ID. ① attract bees and butterflies ② be flirtatious (of a woman); flirt with men
zhǎo fèngzi 找缝子 V. ① look for a crack ② look for an opening for attack; look for a chance ③ find fault; nitpick
zhāofú 招福 V.O. elicit blessings
zhāofǔ 招抚 V. offer amnesty and enlistment to rebels
zhāofù 招附 V. call the enemy to join one's own side
zhàofú* 照拂 V. <*wr.*> look after; care for; attend to
[1]**zhàofù** 照付 V. pay as charged
[2]**zhàofù** 照复[-復] V. reply officially
zhāofǔshǐ 招抚使 N. <*trad.*> high commissioner for pacification
zhàogǎi* 照改 V. revise according to
zhàogài 罩盖[-蓋] N. shroud
zhāogān 招柑 N. a kind of orange M: [2]*kē*
zhāogàn* 招干[-幹] V.O. advertise for cadres
zhāogào* 昭告 V. proclaim publicly
Zhào Gāo 赵高[趙-] (d. 207 B.C.) N. <*hist.*> eunuch who conspired with Li Si to influence the succession to the First Emperor
zhàogào 诏告 V. proclaim (of the emperor)
zhàogē 棹歌 N. boat song M: [2]*shǒu* ♦V. chant a boat song
zhǎo gēnyuán 找根源 V.O. go to the root of
zhāogōng 招工 V.O. recruit workers ♦N. confession (of a criminal)
zhāogòng* 招供 V. confess
zhāogòng chūlai 招供出来 R.V. confess
zhāogōng kǎoshì 招工考试 N. placement test
zhāogōngquán 招工权[-權] N. the power to recruit staff and workers
zhàogōngxíngshǎng 照功行赏 F.E. reward according to merit
Zhào Gōng Yuánshuài 赵公元帅[趙-帥] N. Marshal Zhao (Zhao Gongming, God of Wealth)
zhāogǔ 招股 V.O. raise capital by floating shares
zhàogu* 照顾[-顧] V./N. ① look after; care for; attend to ② consider; take into account ③ <*trad.*> patronize (as a customer)
zhàoguǎn 照管 V. look after; tend
zhàoguǐqūguǐ 召鬼驱鬼[--驅-] ID. call in Beelzebub to cast out Satan
zhàogu jiàgé 照顾价格[-顧價-] N. preferential price
zhàogu miànzi 照顾面子[-顧--] V.O. be careful of one's respectability
zhàoguó 肇国[-國] V.O. found a country
zhāogǔ zhāngchéng 招股章程 N. prospectus
zhàogùzhǔr 照顾主儿[-顧--] N. <*coll.*> patron; customer M: [2]*wèi*
zhàohé 照合 N. <*lg.*> concordant
zhàohè* 兆赫 M. <*elec.*> megahertz; megacycle per second
zhǎohén 爪痕 N. paw print M: [1]*tiáo*
zhàohòu 兆候 N. sign; omen; portent
zhàohóujìng 照喉镜 N. laryngoscope
zhāohu* 招呼 V./N. ① call ② greet; say hello to ③ notify; tell ④ take care lest ⑤ mind; take care of ⑥ <*topo.*> get into a fight ⑦ work hard
zhàohù 照护[-護] V. look after (patients/etc.)
zháohuā 着花[著-] V.O. come to flower *See also zhuóhuā*
zhāohuàn 招唤[-喚] V. summon; call
zhǎohuán 找还[-還] V. give change
zhǎohuàn 找换[-換] V. give change for money of larger denomination
zhàohuàn* 召唤[-喚] V. call; summon
zhāohuǎng 招幌 N. shop sign M: [1]*miàn*
zháohuāng* 着慌[著-] V.O. be panicky/jittery
zhǎohuànjīn 找换金[-換-] N. <*acct.*> change funds
zhāohuārěcǎo 招花惹草 ID. play Don Juan or Casanova
zhāohu'érguò 招呼而过 F.E. give sb. a passing recognition
[1]**zhāohuī** 朝晖 N. morning sunlight
[2]**zhāohuī** 朝麾 V.O. <*wr.*> command an army
zhāohuí 招回 R.V. recall (e.g., diplomats)
zhāohuì 朝会 P.W. morning rally/assembly (in school)
zhǎohuí 找回 R.V. retrieve
zhàohuí* 召回 R.V. recall (e.g., diplomats)
zhàohuì 照会 N. diplomatic note/notification
zhào húlu huà piáo 照葫芦画瓢[--蘆畫-] ID. copy; mechanically imitate
zhāohún 招魂 V.O. call back the spirit of the dead ♦N. spiritism
zhāohúnfān 招魂幡 N. pennant before a coffin M: [1]*miàn*
zhāohúnlíng 招魂铃 N. bell to summon lost souls
zhāohúnsòngguǐ 招魂送鬼 F.E. search for the lost soul or send the departed's spirit off
zhāohúnyǐnpò 招魂引魄 F.E. summon the spirits
zhāohuò 招祸[-禍] V.O. invite trouble/disaster
zháohuǒ* 着火[著-] V.O. catch or be on fire
[1]**zhàohuò** 肇祸[-禍] V.O. cause disaster/trouble/accident; incur misfortune ♦N. trouble; accident
[2]**zhàohuò** 召祸[-禍] V.O. <*wr.*> court disaster
zháohuǒdiǎn 着火点[著-點] N. ignition/kindling point
zhāo huòhài 招祸害[-禍-] V.O. court disaster; invite calamity
zhāohuòlínshēn 招祸临身[-禍臨-] F.E. bring misery/evil on oneself
zhāohūyǔ 招呼语 N. <*lg.*> a call
zhāohuzhàn 招呼站 P.W. designated bus/taxi stop; flag stop
[1]**zhāojí** 招集 V. convene; assemble; summon (people)
[2]**zhāojí** 招嫉 V.O. invite jealousy/envy
zháojí 着急[著-] S.V./V. worry; feel anxious *Bié* ~. Don't worry.
zhàojī 肇基 V.O. pave the way
zhàojí* 召集 V. call together; convene
zhāojià* 招架 V. ① parry blows; carry on; continue to bear up ② receive guests
zháojiā(r) 着家(儿)[著-] V.O. be at home
zhǎojiǎ 爪甲 N. talons (of animals)
zhàojià 照价[-價] ADV. according to set prices
zhāojiàbuzhù 招架不住 R.V. be no match (for sb.)
[1]**zhàojiàn** 召见 V. ① call in (a subordinate) ② summon (an envoy) for an interview
[2]**zhàojiàn** 照见 V. <*coll.*> meet
[3]**zhàojiàn** 肇建 V. create upheaval/trouble; start confusion/uprising/etc.
zhàojiǎng 棹桨[-槳] V.O. pull an oar
zhàojiǎo 照缴 V. pay according to the stipulated amount
zhàojià shōumǎi 照价收买[-價-買] V.P. buy/requisition according to the declared price
zhāojiàzhīgōng 招架之功 N. ability to ward off blows
zhǎo jièkǒu 找借口 V.O. seek a pretext
zhàojí huìyì 召集会议[-議] V.O. call a conference
zhāojīmùyán 朝齑暮盐[-齏-鹽] ID. lead a very hard life
zhào jìngzi 照镜子 V.O. see oneself in the mirror
zhàojìngzìlián 照镜自怜[-憐] F.E. think oneself pathetic when looking in the mirror
zháojí qǐlai 着急起来[著-] R.V. become worried/anxious
zhàojírén 召集人 N. convener M: [2]*wèi*
zhāojiū 啁啾 N. ① twitter of birds ② confusing noise *See also cháojiū*
zhāojiù 招咎 V.O. invite trouble
zhàojiù* 照旧[-舊] ADV. as before/usual
zhāojùn 朝菌 N. ephemeral fungus; morning mushrooms
zhàokāi 召开[-開] V. convene; convoke
zhàokàn 照看 V. <*coll.*> look after; watch
zhàokàn yīng'ér 照看婴儿 V.O. baby-sit
zhāokǎo 招考 V. admit (applicants) by examination
zhàoké 罩壳[-殼] N. housing; cover piece
zhǎokòng 找空 V.O. find time
zhàokōngdēng 照空灯[-燈] N. searchlight M: [1]*zhǎn*
zhǎokuàngchóng 找矿虫[-礦蟲] N. doodlebug M: [2]*zhī*
Zhào Kuāngyìn 赵匡胤[趙-] (917–975) N. founder of the Song dynasty
[1]**zhāolái** 招来 R.V. attract; incur; court
[2]**zhāolái** 招徕 V. solicit (customers/business)
zhāolái hènghuò 招来横祸[-禍] V.O. court disaster
zhāoláimùwǎng 朝来暮往 F.E. make frequent visits
zhāolǎn 招揽[-攬] V. ① solicit/canvass for business ② collect; gather together
zhāolǎn gùkè 招揽顾客[-攬顧-] V.O. solicit customers
zhāolǎn shēngyì 招揽生意[-攬--] V.O. canvass business orders; drum up trade
zhāolǎn sòngshì 招揽讼事[-攬--] V.O. incite/instigate litigation for personal gain
zháolào(r)* 着落(儿)[著-] N. <*coll.*> ① way out of difficulties; refuge ② hope; prospects; expectations ③ assurance; feeling of security *See also zháoluò*
zhǎolào(r) 找落(儿) V.O. <*topo.*> ① find one's bearings ② seek livelihood/security
zhāolěng 招冷 V.O. catch cold
zhāolèr 招乐儿[-樂-] V.O. seek entertainment
zhàoli 笊篱[-籬] N. bamboo/wicker/wire strainer M: [1]*bǎ*
zhàolǐ* 照理 ADV. normally ♦V. <*coll.*> take care of
zhàolì 照例 ADV. according to precedent/practice
zhāoliáng 招凉[-涼] V.O. catch a cold/chill
zháoliáng 着凉[著涼] V.O. catch a cold/chill
zhàoliáng 照量 V. <*coll.*> size up; check
zhàoliàng* 照亮 R.V. illuminate
zhàoliào 照料 V. take care of; comfort; tend; mind
zhàolín 照临[-臨] V. ① shine on; illuminate ② <*court.*> be honored by your arrival (said to a guest) ③ <*wr.*> enlighten and rule

zhāolǐng* 招领 V. ① advertise for the owner of lost property ② regain lost property by showing ownership

zhàolǐng 诏令 N./V. imperial decree M: [2]*dào*

zhāolǐngchù 招领处[-處] P.W. lost-and-found

zhāolìngmùgǎi 朝令暮改 F.E. make unpredictable changes in policy

zhāolìngxīgǎi 朝令夕改 F.E. make unpredictable changes in policy

zhǎo lòudòng 找漏洞 V.O. pick holes in

zhǎo lóuzi 找楼子[-樓-] V.O. <*coll.*> ask for trouble

zhǎo lòuzi* 找漏子 V.O. <*coll.*> ask for trouble

[1]**zhāolù*** 朝露 N. ① morning dew ② sth. ephemeral

[2]**zhāolù** 招录[-錄] V. recruit

zhàolù 照录[-錄] V. record/copy exactly as said/written

zhàoluàn 肇乱[-亂] V. <*wr.*> create discord

zháoluò(r) 着落(儿)[著-] N. solution (for a difficulty) *See also zhāolào*

zhǎoluòr 找落儿 V.O. search for a steady job

zhāomà 招骂[-罵] V.O. provoke abuse

zhǎomà* 找骂[-罵] V.O. ask for a scolding

zhàomǎduìzhé 照码对折[--對-] F.E. offer a 50-percent discount on the tagged price

zhǎo máfan 找麻烦 V.O. ① look for trouble ② cause sb. trouble; pick on sb.; find fault

zháománg 着忙[著-] V. ① be in hurry/rush ***Bié ~, láidejí.*** Don't hurry, there's time. ② be anxious/nervous/panicky *See also zhuómáng*

zhǎo máobing 找毛病 V.O. find fault

zhāomāodòugǒu 招猫逗狗[-貓--] ID. <*coll.*> ① associate with undesirable people ② stir up trouble

zhàomāohuàhǔ 照猫画虎[-貓畫-] ID. copy sth. without catching its spirit

zhǎoméi 沼煤 N. moor coal; peat

zhāomén* 招门 V.O. <*coll.*> bring a son-in-law into the family

zhàomén 照门 V.O. <*topo.*> guard the door

zhǎo ménlu 找门路 V.O. seek help from connections

zhāoménnàxù 招门纳婿 F.E. <*trad.*> take a husband into the wife's family (children thus born will bear the wife's family name)

zháomí 着迷[著-] V.O. be fascinated/captivated

zhàomiàn(r) 照面(儿) V.O. <*coll.*> ① meet face-to-face ② put in an appearance; show/turn up

zhàomiànbù 罩面布 N. veil M: [2]*kuài*

zhǎo miànzi 找面子 V.O. try to recover lost face; try to save face

zhàomín 兆民 N. the people/masses

zhāomíng 昭明 S.V. evident; clear ♦V. become bright

zhàomíng* 照明 R.V./N. illuminate

zhàomìng 诏命 N. imperial edict M: [2]*dào*

zhàomíngdàn 照明弹 N. flare; star shell M: [2]*kē*

zhàomíngdēng 照明灯[-燈] N. light; headlamp M: [1]*zhǎn*

zhàomíng shèbèi 照明设备[-備] N. illuminating equipment; photo flash equipment

zháomó 着魔[著-] S.V./V.O. ① be obsessed/possessed ② be fascinated

[1]**zhāomù*** 招募 V. ① recruit; enlist ② solicit (investment/etc.)

[2]**zhāo-mù** 朝暮 N. <*wr.*> morning and/to night

[3]**zhāomù** 昭穆 N. <*trad.*> a system of arranging emperors' temples

zhàomù 召募 V. enlist; recruit (soldiers)

zhāomùrén 朝暮人 N. a person destined to die soon

zhāonà 招纳 V. <*wr.*> recruit

zháonǎo 着恼[著惱] V.O./S.V. annoy

zháoniányǔ 着粘语[著-] N. <*lg.*> agglutinating language

zhāo nǚxu 招女婿 V.O. seek a son-in-law who will live in the wife's family

zhāopai* 招牌 N. ① shop sign; signboard ② reputation of a business M: [2]*kuài*

zhàopái 照排 N. phototypesetting; filmsetting

zhàopáijī 照排机 N. film setter M: [1]*tái*

zhāopán* 招盘[-盤] V.O. put a business up for sale

zhàopán 召盘[-盤] V.O. seek sb. to take over a going business

zhàopáo 罩袍 N. overalls; overgown M: [2]*jiàn*

zhàopéng 罩棚 N. awning M: [4]*zuò*

zhàopiàn 照片 N. photograph; picture M: [1]*zhāng*

zhàopiānr 照片儿 <*coll.*> *See zhàopiàn*

zhào piānzi 照片子 V.O. take an X-ray picture

zhāopìn 招聘 V. invite applications for a job

zhǎopíng 找平 R.V. make level

zhāopìn guǎnggào 招聘广告[--廣-] N. want ad; employment ad

zhāopìn kǎoshì 招聘考试 N. recruitment examination

zhǎo pójiā 找婆家 V.O. look for a husband

zhāoqǐ 招起 R.V. incur

zhāoqì* 朝气[-氣] N. ① morning freshness ② youthful spirit ③ vigor; vitality

zhǎoqí 找齐[-齊] R.V. ① make uniform; even up ② make up a deficiency ③ assemble a whole set/group

zhǎoqì 沼气[-氣] N. marsh gas; methane

zhǎoqián 找钱[-錢] V.O. give change

zhàoqiáng 照墙[-牆] N. screen wall facing the gate of a house M: [1]*miàn*

zhàoqiángùhòu 照前顾后[-顧後] F.E. examine what is coming and reflect on the consequences

zhāoqiánxītì 朝乾夕惕 F.E. diligent and alert from morning to night

zhǎo qiàomén(r) 找窍门(儿)[-竅--] V.O. find the key to a problem

zhāoqìbóbó 朝气勃勃[-氣--] F.E. full of youthful vigor

zhǎoqìchí 沼气池[-氣-] N. methane-generating pit

zhǎoqìdēng 沼气灯[-氣燈] N. methane lamp M: [1]*zhǎn*

zhāoqīn 招亲[-親] V.O. ① seek a son-in-law who will live in the wife's family ② marry into and live with one's bride's family ③ take a wife by one's own choice

zhàoqǐng 召请 V. give an invitation

zhāoqínmùchǔ 朝秦暮楚 F.E. fickle; capricious

zhāoqìpéngbó 朝气蓬勃[-氣--] F.E. full of vigor and vitality; full of youthful spirit

zhāoquán 招权[-權] V.O. abuse one's power

zhāoquánnàhuì 招权纳贿[-權--] F.E. abuse one's power and take bribes

zhàoqún 罩裙 N. tunic M: [2]*jiàn*

zhāor* 着/招儿[著-] N. ① move (in chess/etc.) ② idea; plan; trick ③ methodology; technique

zhàor 罩儿 N. hood

zhāorán 昭然 V.P. obvious

zhāoránruòjiē 昭然若揭 F.E. abundantly clear

zhāore* 招惹 V. ① provoke; incur; court ② <*topo.*> tease; provoke (usu. used in the negative)

zháorè 着热[著熱] V.O. <*coll.*> suffer heat prostration

zhāore bùqǐ 招惹不起 R.V. cannot be provoked

zhāorén 招人 V.O. be infectious

zhāorèn* 招认[-認] V. confess to a crime ♦N. confession

zhǎorén 找人 V.O. look for sb.

zhāorén jiùzuò 招人就座 V.P. motion a person to a seat

zhāorénshāngxīn 招人伤心[--傷-] F.E. <*coll.*> cause a person grief

zhāorénwùyì 招人物议[-議] F.E. incur criticism

zhāorényànwù 招人厌恶[-厭惡] F.E. incur odium

zhāore shìfēi 招惹是非 V.O. provoke dispute

zhāorì 朝日 N. morning sun

zhāoróng 昭容 N. <*trad.*> ① lady official ② Han-dynasty musical style

zhāorúrìxīng 昭如日星 F.E. as obvious as the sun and the stars

zháosānbùzháoliǎng 着三不着两[著--著-] F.E. ill-considered; thoughtless

zhāosānmùsì 朝三暮四 F.E. ① hoodwink the gullible ② play fast and loose; be fickle

zháosè 着色[著-] V.O. add color (to a black-and-white photo/etc.) *See also zhuósè*

zhàoshān 罩衫 N. <*topo.*> overalls M: [2]*jiàn*

zhāoshāng* 招商 V.O. ① attract business ② invite outside investment

zhàoshàng 罩上 R.V. cover; overspread

zhàoshè 照射 V. irradiate; shine on; light up

zhàoshèliàng 照射量 N. exposure

zhāoshēng 招生 V.O. recruit students

zhāoshēng bàngōngshì 招生办公室[--辦--] P.W. admission office

zhāoshēng jiǎnzhāng 招生简章 N. student-recruitment brochure

zhāoshēngmùsì 朝生暮死 F.E. an ephemeral existence; transient

zhāoshēng wěiyuánhuì 招生委员会 P.W. commission for handling student admissions

zhāoshēng zhìdù 招生制度 N. enrollment/admissions system

zhàoshēnjìng 照身镜 N. full-length mirror M: [1]*miàn*

[1]**zhāoshì** 昭示 V. make clear to all; declare publicly

[2]**zhāoshì** 招事 V.O. <*coll.*> invite trouble

[3]**zhāoshì** 招式 N. movements in martial arts or traditional opera

zháoshí 着实[著實] <*coll.*> V.P. concrete; substantial ♦ADV. really; indeed *See also* [1]*zhuóshí*

[1]**zhǎoshì(r)** 找事(儿) V.O. ① look for a job ② pick quarrels

[2]**zhǎoshì** 爪士 N. retainer; lackey

zhàoshí 照实[-實] V.O. tell the truth ♦ADV. based on fact

zhàoshǐ 肇始 V. <*wr.*> start; initiate

[1]**zhàoshì*** 肇事 V.O. create a disturbance

[2]**zhàoshì** 诏示 V. instruct by imperial edict

zhāoshìquánguó 昭示全国[-國] F.E. declare to the whole nation

zhàoshìrén 肇事人 N. troublemaker

zhàoshìshēngfēi 肇事生非 F.E. create an incident

zhàoshìzhě 肇事者 N. troublemaker

zhàoshìzuòluàn 肇事作乱[-亂] F.E. create an incident

zhāoshōu 招收 V.P. ① recruit; take in ② advertise for student apprentices/etc.

zhāoshǒu(r) 招手(儿) V.O. beckon; wave (the hands)

zháoshǒu(r)* 着手(儿)[著-] V.O. set to; get to work

zhàoshōu 照收 V.P. duly received

zhāoshǒuchē 招手车 N. bus without regular stops M: [3]*liàng*

zháoshǒuhuíchūn 着手回春[著-] F.E. restore to health each patient treated

zhāoshǒuzhìyì 招手致意 F.E. ① wave one's greetings ② wave back in acknowledgement

zhāoshù(r)* 招/着数/术(儿)[著數/術-] N. ① move (in chess/etc.) ② idea; plan; trick ③ methodology; technique

[1]**zhàoshū** 诏书[-書] N. ① instruction ② imperial edict M: [2]*dào*

[2]**zhàoshū** 召书[-書] N. letter of recall

zhàoshù 照数[-數] ADV. according to the original amount/number

zhǎoshuǐ 找水 V.O. water exploration; tracing ground water

zhāoshuo 招说 N. <*coll.*> ① tricks of the trade ② methodology; technique ♦V. ① be annoying ② confess; acknowledge

zhàoshuō* 照说 ADV. ordinarily; as a rule

zhǎosǐ 找死 V.O. court death

zhāosīmùpàn 朝思暮盼 F.E. yearn day and night

zhāosīmùxiǎng 朝思暮想 F.E. yearn day and night

zhàosòng 肇讼 V. go to law; cause a lawsuit

zhāosū 昭苏[-蘇] V. <*wr.*> come to life; wake up

zhàosuàn 照算 V. ① calculate/charge sth. according to (precedent/convention/etc.) ② charge without deduction/discount/etc.

zhàosuì 肇岁[-歲] N. beginning of a new year ♦V.O. start a new year

zhǎo táijiē(r) 找台阶(儿)[-臺階-] V.O. find an excuse or way out

zhāotǎo 招讨 V. call for surrender and quell a rebellion

zhāotǎoshǐ 招讨使 N. officer responsible for quelling uprisings M: [2]wèi

zhāotí 招提 P.W. <loan> temple

zhāotiē 招贴 N./V. poster; placard; bill M: [1]zhāng *Bù zhǔn ~.* Post no bills.

zhāotiēhuà(r) 招贴画(儿)[--畫-] N. pictorial poster/placard M: [1]zhāng

zhāotiēzhě 招贴者 N. sb. who posts bills

zhǎotou(r) 找头(儿) N. ① change (from money paid) *~ nǐ liúzhe ba.* Keep the change. ② balance of an account (to be paid)

zhàotou* 兆头 N. sign; omen; portent

zhāotūn 朝暾 N. the morning sun

zhāowa 着哇[著-] V.P. <topo.> right; correct; You got it.

Zhǎowā* 爪哇 P.W. Java

Zhǎowāguó 爪哇国[--國] P.W. ①Java ②<coll.> somewhere unknown *diū dào ~* lose thoroughly *pǎo dào ~* run off to who-knows-where

zhǎo wàijǐngdì 找外景地 V.O. hunt for a location (for a movie)

Zhǎowārén 爪哇人 N. <archeo.> Pithecanthropus (Java Man)

zhàowèi 兆位 M. <comp.> megabyte

zhāowéndào xīsǐkěyǐ 朝闻道夕死可矣 F.E. Once enlightened, one can die happily.

zhāowénxīgǎi 朝闻夕改 F.E. rapid amendment

zhāowénxīsǐ 朝闻夕死 F.E. be willing to die to hear the truth

zhāo wùyì 招物议[-議] V.O. incur criticism

[1]**zhāo-xī** 朝夕 N. ①from morning to night; daily ② a very short time

[2]**zhāoxī** 朝曦 N. the morning sun

zhāoxiá 朝霞 N. rosy clouds of dawn

zhào xiàlai 照下来 R.V. ① shine ② take a picture of

zhāoxiámǎntiān 朝霞满天 F.E. The rosy color of dawn spreads all over the sky.

zhāoxián* 招贤[-賢] V.O. ① summon men of worth to serve their country (of a ruler) ② call the able to service

zhāoxiǎn 昭显[-顯] V.P. prominent; eminent; famous

zhāoxiánbǎng 招贤榜[-賢-] N. roster of talented recruits M: [1]zhāng

zháo xiānbiān 着先鞭[著-] V.O. go to the fore *See also zhuó xiānbiān*

zhāoxiáng 招降 V.O. summon sb. to surrender

zhàoxiàng* 照相/像 V.O. photograph

[1]**zhàoxiàngbǎn** 照相版 N. <photo.> process plate

[2]**zhàoxiàngbǎn** 照相板 N. phototype; photogravure

zhàoxiàngbù 照相簿 N. photo album M: [1]běn

zhàoxiàngdàn 照相弹 N. <mil.> photo-flash bomb; flash bomb M: [1]kē

zhàoxiàng dǎyàng 照相打样[-樣] N. photo proof

zhàoxiàng dǎzìjī 照相打字机 N. phototypesetting machine M: [1]tái

zhàoxiàngfǎ 照相法 N. photography

zhàoxiàng fùzhì 照相复制[-複製] N. photocopy

zhàoxiàngguǎn(r) 照相馆(儿) P.W. photo studio M: [1]jiā

zhàoxiàngjī 照相机 N. camera M: [1]tái

zhàoxiàng jiàzi 照相架子 N. tripod for a camera

zhàoxiàngjī tòujìng 照相机透镜 N. photographic camera lens

zhāoxiángnàpàn 招降纳叛 F.E. ① recruit deserters and traitors ②welcome the submissive and receive the favorable

zhàoxiàng páibǎn 照相排版 N./V.P. phototypesetting

zhàoxiàng páizì 照相排字 N./V.P. filmsetting; phototype setting

zhàoxiàng pīnbǎn 照相拼版 N./V.P. photomounting; photomontage

zhàoxiàngqì 照相器 N. camera M: [1]tái

zhàoxiàngshī 照相师[-師] N. photographer M: [2]wèi

zhāoxiángshū* 招降书[-書] N. demand to surrender M: [2]fēng

zhàoxiàngshù 照相术[-術] N. photography

zhāoxiánguǎn 招贤馆[-賢-] P.W. center to receive those answering the ruler's call for public service M: [4]zuò

zhàoxiàng xiázi 照相匣子 N. <coll.> camera M: [1]tái

zhàoxiàngyuán 照像员 N. cameraman M: [2]wèi

zhàoxiàngzhǐ 照相纸 N. photographic paper M: [1]zhāng

zhàoxiàng zhìbǎn 照相制版[--製-] N. photomechanical process

zhàoxiàng zhìtú 照相制图[-製圖] N. photomap

zhāoxiánjǔnéng 招贤举能[-賢舉-] F.E. enlist able and upright men

zhāoxiánnàshì 招贤纳士[-賢--] F.E. seek out able men

zhǎo xiāolù 找销路 V.O. find/seek a market

zhāoxiàor 招笑儿 V.O./S.V. <topo.> funny; laughable

zhāoxiáyìnghú 朝霞映湖 F.E. The glory of the morning is mirrored in the lake.

zhāoxībù'ān 朝夕不安 F.E. can find no peace or rest day and night

zhāoxībùjuàn 朝夕不倦 F.E. be busy day and night

zhāoxībùxiá 朝夕不暇 F.E. be busy day and night

zhāoxié 招携[-攜] V. <wr.> recruit deserters and traitors

zhāoxīmèngxiǎng 朝夕梦想[--夢-] F.E. dream day and night of. . .

zhàoxìn 肇衅[-釁] V. stir up trouble

zhāoxīnánbǎo 朝夕难保[--難-] F.E. live precariously; live from hand to mouth

zhàoxīng 肇兴[-興] V. cause (trouble etc.)

zhàoxíng* 照行 V. act accordingly

zhāoxìntiānxià 昭信天下 F.E. show good faith to the world

zhāoxìnzhōngwài 昭信中外 F.E. show good faith to the nation and abroad

zhǎoxìr 找细儿 V.O. try to do one's work more carefully

zhàoxiù 罩袖 N. <topo.> sleevelet; oversleeves

zhāoxīxiāngchǔ 朝夕相处[-處] F.E. be closely associated

zhāoxù* 朝旭 N. the rising sun

zhàoxù 肇绪 N. the beginning

zhāoxuě* 昭雪 ID. exonerate; rehabilitate

zhǎoxué 沼穴 N. pothole

zhǎoxun 找寻[-尋] V. <topo.> ①find fault with; pick on ② try to pick a quarrel with *See also zhǎoxún*

zhǎoxún* 找寻[-尋] V. look for; seek *See also zhǎoxun*

zhǎoyá 爪牙 N. ①talons and fangs ②henchmen

zhǎoyáguān 爪牙官 N. lackeys of a ruthless ruler

zhǎoyálì 爪牙吏 N. official serving as a tool of a tyrannical ruler

zhāoyán 招延 V. recruit (the capable/virtuous)

zhāoyǎn* 招眼 V.O. ① attract attention ② be conspicuous

zháoyǎn 着眼[著-] V.O. ① perceive ② stare ③ attract attention *See also zhuóyǎn*

zhàoyǎn 照眼 V.O./S.V. <coll.> glaring

zháoyǎndiǎn 着眼点[著-點] N. focal point *See also zhuóyǎndiǎn*

zhāo yǎndú 招眼毒 V.O. cause jealousy

zhāoyáng* 朝阳[-陽] N. ①rising sun ②eastern slope of a mountain

zhàoyàng(r) 照样(儿)[-樣-] ADV. ① after a pattern/model ②in the same old way; as before *~ yào xiè nǐ.* I have to thank you anyway.

zhàoyàng chūshòu 照样出售[-樣--] V.P. sell by sample

zhàoyàng fǎngzào 照样仿造[-樣--] V.P. follow a pattern in manufacturing sth.

zhāoyáng gōngyè 朝阳工业[-陽-業] N. new/fledgling industry

zhàoyàng huíjìng 照样回敬[-樣--] V.P. return like for like

zhāoyángjiànshēng 朝阳渐升[-陽--] F.E. The sun is rising on the horizon.

zhāoyángmíngfèng 朝阳鸣凤[-陽-鳳] ID. outspoken admonitions

zhào yàngpǐn dìnghuò 照样品定货[-樣---] V.P. order from a sample

zhāoyāo 招邀/要 V. invite/request sb. to come

zhāoyáo* 招摇 V. act ostentatiously

zhàoyào 照耀 V. shine; illuminate

zhāoyáoguòshì 招摇过市 F.E. ① swagger around town ② blatantly seek publicity

zhàoyāojìng 照妖镜 N. ① <Dao.> demon-detecting mirror ② magic mirror M: [1]miàn

zhāoyáozhuàngpiàn 招摇撞骗 F.E. swindle by posing as a VIP

zhǎoyáyīngquǎn 爪牙鹰犬 ID. lackeys and hired ruffians

zhǎo yěshí 找野食 V.O. <coll.> seek undeserved wealth; try to get easy pickings (e.g., by graft)

zhāoyí 昭仪[-儀] N. official rank for ladies in the imperial palace

zhàoyī* 罩衣 N. overalls M: [2]jiàn

[1]**zhāoyǐn*** 招引 V. attract; induce

[2]**zhāoyǐn** 招隐[-隱] V.O. ① recruit people in retirement for government service ② rusticate

zhǎoyìn 爪印 N. nail mark; trace; print

zhàoyīn 肇因 N. cause; origin

zhàoying* 照应[-應] V. look after; take care of *See also* [1]*zhàoyìng*

[1]**zhàoyìng** 照应[-應] V. coordinate; correlate ♦N. <lg.> anaphora *See also zhàoying*

[2]**zhàoyìng** 照映 V. shine

zhàoyìngcí 照应词[-應-] N. <lg.> anaphor

zhàoyíngyìngxuě 照萤映雪[-螢--] ID. study diligently

zhàoyìngyǔ* 照应语[-應-] N. <lg.> anaphor

zhàoyìngyù 照应域[-應-] N. <lg.> anaphoric island

zhàoyǐngzi 照影子 <topo.> N. doubt; suspicion ♦V.O. be skeptical; smell a rat

zháoyòng 着用[著-] V. <coll.> be usable for a long time; be long-lasting

zhāoyōngxīsūn 朝饔夕飧 F.E. do nothing but eat and drink

zhǎoyóu 找油 V.O. detect oil

zháoyǔ 着雨[著-] V.O. be wet by rain

zhàoyú 罩鱼 V.O. trap fish with a basket

[1]**zhàoyù*** 诏谕 N. imperial decree/instructions

[2]**zhàoyù** 兆域 P.W. grave

zhāoyuàn 招怨 V.O. invite hatred

zhāo yuànhèn 招怨恨 V.O. incite hatred

zhào yuánjià 照原价[-價] V.O. go by the original price (despite a price hike)

zhāoyuànrěhèn 招怨惹恨 F.E. sow seeds of hatred

Zhào Yuánrèn 赵元任[趙-] (1892–1982) N. better known as Y.R. Chao; internationally known linguist; author of a monumental grammar of Mandarin, and chief creator of *Gwoyeu Romatzyh* (*Guóyǔ Luómǎzì*)

zhāoyuànshùdí 招怨树敌[-樹敵] F.E. arouse animosity and opposition

zhāoyuānxuěhèn 昭冤雪恨 F.E. wrong has been righted

Zhào Yún 赵云[趙雲] (d. 228) N. Three Kingdoms hero who sided with Liu Bei

zhāozāi 招灾[-災] V.O. invite disaster; bring disaster upon oneself

zhāozāirěhuò 招灾惹祸[-災-禍] F.E. court disaster
zhàozào 肇造 V. found; establish
zhǎozé 沼泽[-澤] P.W. marsh; swamp; bog
zhǎozédì 沼泽地[-澤-] P.W. marshland
zhǎozé dìdài 沼泽地带[-澤-帶] P.W. marshland
zhāozhā 嘲/啁哳 V. <wr.> twitter
zhāozhǎn 招展 V. flutter; wave
zhāozhāng* 昭彰 V.P. clear; manifest; evident
zhǎozhàng 找账 V.O. <coll.> revenge
zhàozhāng 照章 V.O. in accordance with the rules/regulations
zhàozhāng bànlǐ 照章办理[--辦-] V.P. carry on according to the rules/regulations/etc.
zhàozhāng bànshì 照章办事[--辦-] V.P. proceed according to regulations
zhàozhāng nàshuì 照章纳税 V.P. deliver/pay taxes as required
[1]**zhāozhāo** 朝朝 R.F. day by day
[2]**zhāozhāo** 昭昭 R.F. <wr.> ① clear; evident ② brilliant; bright
[3]**zhāozhāo** 招招 R.F. beckoning
zhǎozhāo* 找着[-著] R.V. find
zhàozhào 兆兆 N. <phy.> trillion
zhāozhāomùmù 朝朝暮暮 R.F. every day; always; day and night
zháozháor 着着儿[著著-] R.F. <coll.> soundly (asleep)
zhāozhāoxīxī 朝朝夕夕 R.F. for days and nights
zhāozhāozàimù 昭昭在目 F.E. obvious in the people's eyes
zhǎozhé 找辙 V.O. <coll.> seek grounds/justification/solution
zhàozhe* 罩着[-著] V.P. <coll.> scrutinize; watch
zhàozhèn 兆朕 N. portent; sign; omen
zhāozhì* 招致 V. ①seek; recruit (followers/etc.) ② incur; lead to
zhàozhí 照直 ADV. ①straight ②straightforwardly
zhàozhǐ 诏旨 N. ①imperial decree ②intention of an imperial decree M: [2]dào
zhāozhījílái* 招之即来 F.E. come as soon as called; be on call at any hour
zhàozhījílái 召之即来 F.E. come as soon as called; be on call at any hour
zhàozhíshuō 照直说 V.P. frankly speaking
zháozhòng(r) 着重(儿)[著-] V. ① emphasize; attach importance to ②have a big responsibility ③become severe (of sickness/etc.) ♦N. emphasis
zhàozhōu 兆周 M. <elec.> megacycle
zhāozhù* 昭著 V.P. ① clear; evident; obvious ② famous; eminent
zhàozhu 罩住 R.V. <comp.> highlight
zhāozhuì 招赘 V.O. seek a son-in-law who will live in the wife's family
zhàozhǔn 照准 <trad.> V.P. request granted ♦R.V. aim at ♦N. <mach.> ① alidade ② collimation
zhàozhǔnyí 照准仪[-儀] N. <mach.> alidade M: [1]tái
zhāozhuó 昭灼 V.P. bright; shining; dazzling
zhāozi 招子 N. ① poster ② shop sign ③ trick; device; move
zhàozi* 罩子 N. cover; hood; casing
zhàozìjié 兆字节[-節] M. <comp.> megabyte (MB)
Zhào Zǐyáng 赵紫阳[趙-陽](1919 -) N.premier of the State Council,1980-1986; CCP Secretary Gen eral,1987-1989
zhǎozòu 找揍 V.O. look for trouble
zhāozū* 招租 V. to let; be for rent (of a house/ etc.)
zhàozū 召租 V. to let; be for rent (of a house/ etc.)
zhàozú 棹卒 N. navy; naval unit
zhāozuì 招罪 V.O. ① confess in court ② invite curses from Heaven ③ bring sth. bad upon oneself
zhāozuò 招做 V. recruit; have sb. become . . .
zhāozūtiē(r) 招租帖(儿) N. for-rent notice M: [1]zhāng
zhāpéngkē 扎蓬棵 N. uncombed hair
zhāpí 扎啤 <coll.> N. draft beer
zhàpiàn 诈骗 V. defraud; swindle
zhàpiànfàn 诈骗犯 N. swindler
zhàpiàn qiáncái 诈骗钱财[--錢-] V.O. defraud of money
zhàpiànwéishēng 诈骗为生 F.E. make one's living by deception
zhá pīntou 札姘头 V.O. cohabit with a member of the opposite sex
zhāpò 扎破 R.V. pierce through
zhàqī 诈欺 N./V. fraud; deception
zhāqiāng 扎枪[-槍] N. <coll.> red tasseled lance/spear M: [1]bǎ
zhàqiǎoxūwěi 诈巧虚伪[--虛-] F.E. cunning and hypocritical
zhàqǐlai 乍起来 R.V. <coll.> stand on end
zhàqíngzhàyǔ 乍晴乍雨 F.E. sudden changes from rain to shine
zhàqīqǔcái 诈欺取财 <law> F.E. swindle ♦N. fraud
zhàqīzuì 诈欺罪 N. <law> fraud
[1]**zhàqǔ** 诈取 V. obtain sth. by cheating; defraud
[2]**zhàqǔ** 榨取 V. extort; squeeze; exploit
zháquānr 炸圈儿 N. fried large hog intestines
zhàqún 炸群 V.O. <topo.> scamper (of animals)
zhār 渣儿 <coll.> N. weakness; shortcoming; defect
zhàrán 乍然 ADV. suddenly; unexpectedly; abruptly
zhàránxiāngféng 乍然相逢 F.E. suddenly find oneself face to face with sb.
zhàrén qiáncái 诈人钱财[--錢-] V.O. swindle money out of sb.
zhǎròu 鲊肉 N. <topo.> pork steamed with ground glutinous rice
zhàrǔqì 榨乳器 N. milker; milking machine M: [1]tái
zhāsǎ 扎撒 V.P. <coll.> ①in disarray ②disheveled ③ with hair standing on end in fright
zhàsāi 痄腮 N. <med.> mumps
[1]**zhāsha** 挓挲 V. <topo.> ① spread; stretch out (of hands/branches/etc.) ② stand on end (of hair/etc.)
[2]**zhāsha** 扎煞 V. <topo.> ① spread; stretch out (of hands/etc.) ② stand on end (of hair/etc.
zhàshāng 炸伤[-傷] R.V. be injured in an explosion
zhàshé 咋舌 V.O. ①cluck the tongue (in surprise/ etc.) ② be left speechless (from wonder/fear) *See also zéshé*
zhāshi* 扎实[-實] S.V. ①sturdy; strong ②solid; sound
zhāshì 扎势[-勢] <coll.> N. style; manner; air
zhàshī 诈尸[-屍] N. belief that a corpse can stand up before encoffining ♦V.O. <topo.> burst out screaming and storming
zhàshí 咤食[吒-] V. eat noisily
zhàshì 炸市 V.O. flee in all directions
zhāshiwúhuá 扎实无华[-實-華] F.E. simple and unadorned
zhāshǒu 扎手 <coll.> S.V. thorny; prickly (lit./ fig.) *Zhè shì(r) zhēn ~.* It's a thorny matter. ♦V.O. prick the hand
zhāshǒuwǔjiǎo 扎手舞脚[-腳] F.E. make exaggerated gestures
zhàshù 诈术[-術] N. <law> fraudulent means
zhàshūzhàshù 乍疏乍数[-數] F.E. <Ch. med.> irregularity in sequence (of pulse beat)
zhāsǐ 扎死 R.V. fasten/tie tightly
[1]**zhàsǐ*** 炸死 R.V. kill by explosion
[2]**zhàsǐ** 诈死 V.P. play dead
zhāsuàn 咋算 V.P. <topo.> What is to be done?
zhàsuì 炸碎 R.V. break into pieces by explosion
zhàtáng 栅塘[栅-] P.W. fenced-off pond
zhá-tǔdòutiáo 炸土豆条[-條] N. French fries
zháwǎ 闸瓦 N. <mach.> brake shoe
zháwánzi 炸丸子 N. fried meat balls ♦V.O. fry meat balls
zhàwěi 诈伪 V. be counterfeit
zhàwéibùzhī 诈为不知 F.E. pretend not to know
zháwén* 札文 N. orders from a superior officer
zhàwén 乍闻 V. suddenly hear of sth.; learn for the first time
zhàwō 炸窝[-窩] V.O. ①leave a nest/hive when startled ② scamper; flee in terror
zhā wōzi 扎窝子[-窩-] V.O. ① bury oneself at home ② crowd together in a talk-fest
zhàxiàn 乍现 V. suddenly appear
zhàxiáng 诈降 V. feign surrender
zhá xiāqiú 炸虾球[-蝦-] V.O./N. fried shrimp balls
zhāxīn 扎心 V.O. distress; upset
zháxún 劄询 V. write to inquire
zhàyá 炸牙 S.V./V.O. <coll.> so cold the teeth hurt
zhāyǎn 扎眼 V.O./S.V. ①loud; garish ②offensively conspicuous
zhǎyǎn* 眨眼 V.O. ① wink; blink ② in a blink
zhāyàng 咋样[-樣] V.P. <topo.> What kind of?; How does one? *See also zǎyàng*
zhǎyǎnjiān 眨眼间 N. the twinkling of an eye; a very short moment
zhǎ yǎnjing 眨眼睛 V.O. twinkle; wink
zhàyānr 炸烟儿[-煙-] V.O. <topo.> become furious; lose one's temper
zhà yǎn yī kàn 乍眼一看 V.P. at first sight
zhā yānzhēn 扎烟针[-煙-] V.O. <topo.> inject an opiate
zhàyào 炸药[-藥] N. explosive (charge); dynamite
zhàyàobāo 炸药包[-藥-] N. ① satchel charge/ explosive ② <slang> packaged goodies or cartons of cigarettes used as gifts
zhàyī 乍一 CONS. ~ V. at first V.; on first V-ing ~ *kàn* at first glance
Zhāyī'ěr 扎伊尔 P.W. Zaire
zhāyíng* 扎营[-營] V.O. encamp; pitch a tent; bivouac
zhàyíng 炸营[-營] V.O. <topo.> scurry about
zhàyītīng 乍一听[-聽] V.P. at first hearing
zhāyóu 渣油 N. <petroleum.> residual oil; residuum; tar
zhàyóu* 榨油 V.O. extract oil
zhàyóuchǎng 榨油厂[-廠] P.W. oil mill M: [4]zuò
zhàyóujī 榨油机 N. oil press M: [1]tái
zhāyóulù 渣油路 N. residual-oil road M: [1]tiáo
zhà yóushui 榨油水 V.O. ① squeeze ② extort money from people ③obtain money by political pressure
zhá yóutiáo 炸油条[-條] V.O. fry twisted dough-strips
zháyú* 炸鱼 N. deep-fried fish
zhàyǔ 诈语 N. lie; falsehood
zhàyù 炸狱 V.O. riot (of prisoners)
zhá yúbǐng 炸鱼饼 V.O./N. fish croquette
zháyú shípǐn 炸鱼食品 N. deep-fried fish
zháyúwán 炸鱼丸 N. fish croquette
zhàyǔzhàqíng 乍雨乍晴 F.E. suddenly rain and suddenly clear up
zhāzhā 喳喳 N. chattering; jabbering *See also chācha*
zhàzhà de 乍乍的 N. just now
zhàzhahuhu 诈诈乎乎 R.F. ① pretend to be important ② show off
zhāzhài 扎寨 V.O. <trad./mil.> ① set up a temporary base (of an army) ② pitch a camp; camp; station soldiers
zhāzhashíshí 扎扎实实[-實實] R.F. very firm/ solid
zhàzhe dǎnzi 乍/奓着胆子[-著膽-] V.O. <topo.> pluck up one's courage
zhāzhēn 扎针 V.O. give/have acupuncture treatment
zházheng 扎挣[-掙] V. <topo.> ①struggle; exert to the fullest ② move with difficulty (because of physical weakness)
zházhengbuzhù 扎挣不住[-掙--] F.E. struggle/ strive in vain
zházhī 劄知 V. <wr.> communicate with an inferior
zházhì* 轧制[-製] N. <metal.> rolling
zházhìgāng 轧制钢[-製鋼] N. rolled steel

Z

zhàzhījī 榨汁机 N. <*mach.*> juicer; mill; wine-press M: [1]*tái*
zhàzhòng 炸中 R.V. hit and explode
zházhù* 闸住 R.V. shut off a sluice gate
zhàzhù 栅柱[柵-] N. stake M: [2]*gēn*
zhàzhuàng kǎojià 栅状烤架[柵狀-] N. grill (for cooking)
zhāzi* 渣子 N. <*coll.*> dregs; lees; scraps
zhāzǐ 渣滓 N. ① dregs; residue ② feces
zházi 札子 N. document sent by a superior
zhǎzi 砟子 N. tiny fragments of stone/coal/etc
zhàzi 栅子[柵-] N. <*coll.*> railing; paling; bars M: [2]*dào*
zhāzuǐ 扎嘴 V.O./S.V. <*coll.*> unpleasant-tasting
zhàzuò bùzhī 诈作不知 V.P. pretend ignorance
zhe 着[著] A.M. ① *indicating continuing progress/state, often paired with final* ne ***Tā shuì~ ne.*** She's sleeping. ② *used for emphasis* ***Nǐ kàn~.*** Just take a look. ***Tīng~!*** Listen to me! ③ *coverb-forming after some verbs* ***wèi~*** for; in order to ***yán~ hé*** along the river ♦CONS. *s.v.*+ ~ greatly s.v. ***Tā zài Zhōngguó de péngyou duō~ ne!*** He has lots of friends in China. ***See also zháo,*** [1]*zhuó*, [2]*zhāo*, [3]*zhāo*, [11]*zhù*
[1]**zhē** 遮 V. ① conceal; cover ② block; impede
[2]**zhē** 折 V. <*coll.*> ① turn/roll over; toss ② pour liquid back and forth between two containers ***See also*** [3]***shé***, [1]***zhé***
[3]**zhē** 蜇 V. sting; bite ***See also*** [9]***zhé***
[1]**zhé** 折 V. ① break; snap ② lose ③ turn back ④ admire ⑤ humiliate ⑥ percentage discount; sell at a lower rate ⑦ fold; bend ⑧ die young ⑨ be convinced ⑩ convert into; amount to ♦B.F. bent; twisted [1]***qūzhé*** ♦N. ① discount; rebate ② turning stroke in calligraphy ③ folder; booklet ④ act (of a play) ***See also*** [3]***shé***, [2]***zhē***
[2]**zhé** 辙[轍] N. ① ruts; wheel tracks ② route ③ rhyme (of a song/etc.) ④ <*topo.*> way; method
[3]**zhé** 哲 B.F. wise; sagacious ***zhéxué***, [1]***xīzhé***
[4]**zhé** 摺 B.F. ① fold [2]***dǎzhé*** ② folder; record book ***báizhézi***
[5]**zhé** 蛰[蟄] B.F. hibernate [2]***zhéfú***, ***bìzhé***, ***Jīngzhéjié***
[6]**zhé** 磔 B.F. ① dismemberment (as punishment, in ancient Ch.) [2]***chēzhé*** ② a stroke in Ch. calligraphy, same as [2]***nà*** [2]***bōzhé***
[7]**zhé** 谪[謫] B.F. <*trad.*> demote to a remote minor post [2]***zhéjū***, ***biǎnzhéjiāngjī***
[8]**zhé** 辄[輒] B.F. ① wheel track; rut ② direction of traffic ***mǐzhé*** ③ way of doing sth. ***zhérán***, ***dòngzhédǎmà***
[9]**zhé** 蜇 in ***zhépí***, ***hǎizhé*** ***See also*** [3]***zhē***
[1]**zhě** 者 SUF. ① nominalizer; one who; -er ***zuò~*** author ② <*wr.*> used with numbers ***èr~*** these two ③ <*wr.*> used after a word, phrase, or clause to mark a pause, as in definitions ***rén~, rényě*** benevolence is acting like a human being ④ <*topo.*> used at the end of a command ♦PREF. <*topo.*> this ***~biān*** this side; here
[2]**zhě** 褶 N. pleat; crease
[3]**zhě** 锗[鍺] N. <*chem.*> germanium
[4]**zhě** 赭 B.F. reddish brown ***zhěsè***, ***dànzhě***
[1]**zhè*** 这[這] PR. this ♦ADV. now ***See also zhèi***
[2]**zhè** 蔗 B.F. sugar cane ***gānzhe***, ***zhèjiǔ***, ***yázhèjī***
[3]**zhè** 柘 B.F. cudrania [1]***zhèsī***, ***zhūzhè***
[4]**zhè** 蟅 in ***zhèchóng***
[5]**zhè** 鹧[鷓] in ***zhègū***
Zhè 浙 N. short name for Zhejiang
zhé'ài 哲艾 N. a wise elder
zhébàn 折半 V.O. give a 50-percent discount
zhèbān* 这般[這-] PR./ADV. such; so; like this
zhèbān dìbù 这般地步[這-] N. such a sad sate of affairs
zhèbān guāngjǐng 这般光景[這-] N. such a sad state of affairs
zhéběi 折北 ID. be defeated
zhēbì* 遮蔽 V. ① hide from view ② obstruct; block ③ <*mil.*> defilade
zhěbì 褶襞 N. furbelow
zhèbì 这壁[這-] P.W. this side
zhébiàn 折变[-變] V. ① replace sth. by sth. else of equal value/price ② auction one's property to pay debts
[1]**zhěbiān** 褶边[-邊] N. ruffle
[2]**zhěbiān** 者边[-邊] P.W. <*wr.*> this side; here
zhèbiān(r)* 这边(儿)[這邊-] P.W. this side; here
zhēbiǎo 遮表 N. <*log.*> negation and affirmation
zhébìng 折并[-併] V. convert to; amount to
zhēbìwù 遮蔽物 N. cover; shelter
zhèbìxiāng 这壁厢[這-廂] P.W. this side
zhēbìzhào 遮蔽罩 N. eyeshade; blinker
zhébùduàn 折不断[-斷] R.V. ① be unable to break ② be unbreakable
zhébùjī 折布机 N. <*txtl.*> folding machine M: [1]*tái*
zhēbuliǎo 遮不了 R.V. cannot cover up or be covered up
zhè bù tiándì 这步田地[這-] N. such a pass; such a deplorable situation
zhēbuzhù 遮不住 R.V. be unable to cover up or be covered up
zhè cái xiànghuà 这才像话[這-] V.P. Now that's the way to talk.
zhècán 柘蚕[-蠶] N. silkworms fed on the leaves of the *zhè* tree
zhēcáng 遮藏 V. conceal; cover up
zhěcéng 褶层[-層] N. pleat
zhéchā 辙叉 N. (railway) frog
zhē chǎngmiàn 遮场面[-場-] V.O. save face
zhéchéng 折成 R.V. ① snap; break ② fold into ③ convert into (foreign currency); amount to
zhè chéngzi 这程子[這-] N. <*coll.*> these days ♦ADV. recently
zhéchǐ 折尺 N. folding rule M: [1]*bǎ*
zhéchōng* 折冲[-衝] V. <*wr.*> repulse/subdue (the enemy)
zhéchóng 蛰虫[蟄蟲] N. hibernating insects M: [1]*tiáo*
zhèchóng 蟅虫[-蟲] N. <*zoo.*> ground beetle M: [2]*zhī*
zhéchōngyùwǔ 折冲御侮[-衝禦-] ID. repel foreign aggression
zhéchōngzūnzǔ 折冲樽俎[-衝--] ID. ① win by diplomacy ② engage in diplomatic negotiations
zhēchǒu 遮丑[-醜] V.O. conceal (shame/etc.)
zhēchuánbǎn 遮椽板 N. <*archi.*> rafter-hiding board M: [2]*kuài*
zhēchuāng* 遮窗 N. jalousie
zhéchuáng 折床 N. folding bed M: [1]*zhāng*
zhècì 这次[這-] PR. this time ♦ATTR. current; present
zhècì huìyì 这次会议[這-議] P.W. present session
zhèdàn 柘弹 N. slingshot made of the *zhè* tree
zhēdǎng* 遮挡[-擋] V. ① fend off ② shelter from; keep out ♦N. a shelter; a cover
zhèdāng(r) 这当(儿)[這當-] N. <*coll.*> at this time
zhēdào 遮道 V.O. block the way
zhédāo(r)* 折刀(儿) N. ① clasp/folding/pocket knife ② Tibetan knife M: [1]*bǎ*
zhédǎo 折倒 R.V. break
zhèdār 这搭儿[這-] P.W. here; this place
zhédèng 折凳 N. camp stool M: [1]*zhāng*
zhèděng* 这等[這-] PR./ATTR. this/these kind of; such
zhédǐ 折抵 V. set off against
zhè diǎn 这点[這點] PR. this point
zhèdiǎnr 这点儿[這點-] PR. this (few/little)
zhédié 折叠[-疊] V. fold
zhédiéchuáng 折叠床[-疊-] N. folding bed; cot M: [1]*zhāng*
zhédiédāo 折叠刀[-疊-] N. jackknife
zhédiéjiǎn 折叠剪[-疊-] N. folding scissors M: [1]*bǎ*
zhédié qǐlai 折叠起来[-疊--] R.V. fold
zhédiésǎn 折叠伞[-疊傘] N. folding umbrella M: [1]*bǎ*
zhédiéshàn 折叠扇[-疊-] N. folding fan M: [1]*bǎ*
zhédiéwéi 折叠为[-疊-] R.V. fold into
zhédiéyǐ 折叠椅[-疊-] N. folding chair M: [1]*bǎ*
zhédiéyì fēijī 折叠翼飞机[-疊-飛-] N. folding-wing aircraft M: [1]*jià*
zhēdú 蜇毒 N. <*wr.*> sting poison; venom of an insect/etc.
zhēduàn 遮断[-斷] R.V. ① <*mil.*> interdict ② block from view; obstruct ♦N. <*lg.*> interruption
zhéduàn* 折断[-斷] R.V. snap; break
zhēduàn shèjī 遮断射击[-斷-擊] N. <*mil.*> interdiction fire
zhèduànxǐ 蔗段洗 N. <*pottery*> washing bowl with cut sugar-cane pattern
zhéduì 折兑 V. convert money
zhéfǎn 折返 V. turn back (half-way)
zhěfān 者番 PR. this time
zhèfān* 这番[這-] PR. this; these
zhēfēng 遮风 V.O. shield from the wind
zhēfēngdǎngyǔ 遮风挡雨[--擋-] F.E. keep out the wind/rain
zhēfú 遮幅 N. cropping (of film/etc.)
zhēfù 遮覆 V. cover; veil
zhéfū 哲夫 N. a wise person
[1]**zhéfú*** 折服 V. ① try to convince ② be convinced; acknowledge the superiority of others; submit ③ subdue
[2]**zhéfú** 蛰伏[蟄-] V. hibernate
[3]**zhéfú** 折福 V.O. <*wr.*> ① overdraw on the reserve of happiness ② enjoy inordinately
zhéfù 哲妇[-婦] N. ① a capable woman ② a knowledgeable woman ③ a virtuous woman
zhēfúshì diànyǐng 遮幅式电影[---電-] N. wide-screen film on a screen with normal dimensions M: [2]*bù*
zhéfúyǐjiǔ 蛰伏已久[蟄-] F.E. ① have hibernated for a long time ② have been hiding for a long time
zhēgài 遮盖[-蓋] V. ① cover; overspread ② conceal; cover up
zhēgàiqǐ 遮盖起[-蓋-] R.V. ① cover; overspread ② cover up
zhēgài qǐlai 遮盖起来[-蓋--] R.V. ① cover; veil ② cover up
zhégān(r) 折干(儿)[-乾-] V.O. give a gift of money instead of articles
zhēgè(r) 折个(儿)[-個-] V.O. turn over
zhège* 这个[這個] PR. ① this one; this ② <*coll.*> so; such ♦INTJ. hesitation marker (e.g., hem/hum/etc.) ***See also zhèige***
zhègēda 这疙瘩[這-] P.W. <*coll.*> here; this place
zhège nàge 这个那个[這個-個] N. <*coll.*> such-and-such
zhège nàge de 这个那个的[這個-個-] N. wavering; irresolute; hesitant
zhē gēntou 折跟头 V.O. <*coll.*> turn a somersault
zhégépíng 折隔屏 N. accordion partition/screen M: [1]*miàn*
zhégōng* 折肱 A.T. <*wr.*> experienced
zhègōng 柘弓 N. bow made of the *zhè* tree
zhègū 鹧鸪 N. Chinese partridge M: [2]*zhī*
zhēguāng* 遮光 V.O. block the light ♦N. shading
zhéguāng 折光 V.O. reflect/refract light
zhēguāngbǎn 遮光板 N. visor M: [2]*kuài*
zhéguāngdù 折光度 N. <*phy.*> diopter
zhéguāngtǐ 折光体[-體] N. refractive body
zhēguāng yǎnzhào 遮光眼罩 N. <*photo.*> eyeshade
zhēguāngzhào 遮光罩 N. <*photo.*> lens hood
zhègūbān 鹧鸪斑 N. <*art*> partridge-feather mottle (in glaze design)
zhéguì 折桂 V.O. ① pass the imperial examinations ② carry off first prize; win a championship
zhēguò(r) 折过(儿) V.O. turn over
zhè hái liǎode 这还了得[這還-] V.P. ① How can such a thing be tolerated? ② This is really going too far!
zhēhàn 遮捍/扞 V. <*trad.*> blunt enemy blows
zhè hào rén 这号人[這號-] N. <*topo.*> people of this sort
zhè hào shì 这号事[這號-] N. <*coll.*> this kind of situation/affair

zhéhé 折合 V. ① convert into; amount to ② be equivalent to
zhéhén* 折痕 N. crimp; crease M: [2]*dào*
zhěhén 褶痕 N. crease; wrinkle
zhēhù 遮护[-護] V. protect
zhéhuan 折还[-還] V. pay in money for sth. lost
zhéhuàn* 折换[-換] V. convert
zhěhuáng* 赭黄 N. yellow ocher; sienna
zhèhuáng 柘黄 N. yellow dye made from the bark of the *zhè* tree
zhéhuántiānxià 辙环天下[-環--] F.E. travels covering the whole world
zhéhuí 折回 R.V. turn back; retrace
zhèhuì(r)* 这会(儿)[這-] PR. <*coll.*> now; at present; at this moment
zhèhuìzi 这会子[這-] PR. <*coll.*> this time
zhèhuǒ(r) 这伙(儿)[這-] PR. this gang of
zhèi 这[這] PR. <*coll.*> this ***See also*** [1]*zhè*
zhèige 这个[這個] PR. <*coll.*> ① this ② filler expression like English uh . . . uh . . . ***See also*** *zhège*
zhèiliùr 这溜儿[這-] P.W. <*coll*> this side ***See also*** *zhèliùr*
zhèizhǒng 这种[這種] PR./ATTR. <*coll.*> this kind ***See also*** *zhèzhǒng*
zhējī 遮击[-擊] V. intercept; ambush
zhéjī 折屐 V.O. be overjoyed at good news
zhéjǐ* 折戟 V.O. break the spear (as a token of peace/truce)
zhējià 遮架 V. defend; fend off
zhéjià* 折价[-價] V.O. ① evaluate in terms of money ② mark down in price
zhéjià chūshòu 折价出售[-價--] V.P. sell at cut-rate prices
zhéjiān 谪奸 V.O. punish the wicked
zhéjiàn* 折箭 V.O. break an arrow
zhéjiānfāfú 谪奸发伏[-發-] F.E. condemn the wicked and disclose secrets
zhéjiàng 谪降 V. ① demote and exile to the frontier ② descend to the earth (of immortals)
[1]**zhèjiāng** 蔗浆[-漿] N. sugarcane pulp
[2]**zhèjiāng** 柘浆[-漿] N. sugarcane juice
Zhèjiāng* 浙江 P.W. Zhejiang province
zhějiǎnjī 折裥机 N. pleating machine M: [1]*tái*
zhéjiànwéiméng 折箭为盟 F.E. break an arrow as a vow/pledge to keep one's promise
zhéjiànwéishì 折箭为誓 F.E. break an arrow as a pledge
zhéjiāo 折交 V. pay proportionately
zhéjiǎo* 折角 N. dog-ear
zhéjià péicháng 折价赔偿[-價-償] V.P. pay compensation at the market price
zhéjiàwù 折价物[-價-] N. ① trade-ins ② article of equivalent value ③ reduced-price article
zhéjiàwù zhékòu 折价物折扣[-價---] N. trade-in allowance
zhéjiàzhàn 折价战[-價戰] N. price war
zhéjǐchénshā 折戟沉沙 ID. ① reminder of a fierce battle ② disastrous/crushing defeat
zhējié 遮截 V. stop; block; shut off
zhéjié* 折节[-節] V.O. ① act obsequiously ② change a habit or way of living
zhéjiédúshū 折节读书[-節讀書] F.E. take a sudden liking to studying/learning
zhéjiéxiàjiāo 折节下交[-節--] F.E. humble oneself in making acquaintances
zhèjìng 蔗境 A.T. improving (of circumstances)
zhéjǐngduàngǔ 折颈断骨[-頸斷-] F.E. break one's neck
zhějīngtǐ 锗晶体[-體] N. germanium crystalloid
zhē jìnqu 折进去[-進-] <*coll.*> R.V. ① lose (money) in a business or through gambling ② put in jail
zhéjiù* 折旧[-舊] N. <*econ.*> depreciation
zhèjiǔ 蔗酒 N. rum
zhèjiù 这就[這-] V.P. right away; at once
zhéjiùfèi 折旧费[-舊-] N. depreciation charge
zhéjiùhòu jìngshōuyì 折旧后净收益[-舊後淨--] N. <*acct.*> net income after depreciation
zhéjiùhuànxīn 折旧换新[-舊換-] F.E. trade in sth. old for sth.new
zhéjiùlǜ 折旧率[-舊-] N. depreciation rate
[1]**zhéjū** 蛰居[蟄-] V. <*wr.*> live in seclusion
[2]**zhéjū** 谪居 V. live in exile
zhējué 遮绝[-絕] V. separate; interrupt
zhéjū-shūzhāi 蛰居书斋[蟄-書齋] V.P. cloister oneself in one's study
zhékǒu 辙口 N. rhyme
zhékòu* 折扣 N. discount; rebate ***Tīng tā de huà yào dǎ ge ~.*** We should take what he says with a grain of salt.
zhékòu chánglì 折扣常例 N. <*acct.*> customary discount
zhékòulǜ 折扣率 N. discount rate; rate of discount
zhè kǒuzi 这口子[這-] N. <*coll.*> this person (usu. of husband and wife referring to each other)
zhèkuàir 这块儿[這塊-] P.W. <*coll.*> ① here; at this place ② this lump
zhēláizhēqù 折来折去 V.P. roll about
zhēlán 遮拦[-攔] V. block; impede
zhéléi 蛰雷[蟄-] N. the first spring thunder
zheli 着哩[著-] ***See*** *zhene*
zhélǐ 哲理 N. philosophic theory; philosophy
zhèlǐ* 这里[這裡] P.W. here
zhēlián(r) 遮帘(儿)[-簾] N. blinds M: [1]*tiáo*
zhēliǎn* 遮脸 V.O. cover the face; veil
zhéliè 折裂 R.V. jackknife
zhéliǔ* 折柳 V.O. <*wr.*> send off a friend
zhèliú 柘榴 N. pomegranate M: [2]*kē*
zhèliùr 这溜儿[這-] P.W. <*coll.*> ① this side ② here; at this place; hereabouts ***See also*** *zhèiliùr*
zhèliúshí 柘榴石 N. <*min.*> garnet M: [2]*kuài*
zhē liūzi 遮溜子 V.O. <*topo.*> ① cover up ② disguise one's true motives/reason/action
zhé liūzi* 折溜子 V.O. <*coll.*> cover up; resort to subterfuge; disguise one's intent
zhēlù 遮路 V.O. block a road
zhéluànqímǐ 辙乱旗靡[-亂--] F.E. <*mil.*> ① in headlong flight ② be defeated and dispersed
zhè lù huór 这路活儿[這-] N. <*coll.*> this kind of work
zhélúmiáo 折芦描[-蘆-] N. <*art*> bent-reed stroke (in painting)
zhēluofàn 折罗饭[-羅-] N. <*topo.*> leftovers
zhè lù rén 这路人[這-] N. <*coll.*> this sort of person
zhè lù shì 这路事[這-] N. <*coll.*> this kind of situation
zhémài 折卖[-賣] V. sell (one's property/belongings/etc.)
zhémàidǐzhài 折卖抵债[-賣--] F.E. sell property to pay a debt
zhēmán 遮瞒 V. withhold (information); hide the truth
zhème 这么/末[這麼] ADV. so; such; this way; like this ***Nǐ ~ kě bùduì.*** Your doing this really isn't right.
zhème diǎn(r) 这么点(儿)[這麼點] PR./ADV. such a little bit
zhème gè 这么个[這麼個] ATTR. such a
zhémén 折门 N. folding/accordion door
zhème xiē 这么些[這麼-] PR./ADV. so much/many
zhèmeyàng 这么样[這麼樣] PR./ADV. so; such; like this; this way ***Nǐ ~ kě bùxíng.*** Your doing this really won't do.
zhème yīlái 这么一来[這麼-] V.P. as a result of that; as a result; in this way; consequently
zhèmezhe 这么着[這麼著] PR./ADV. so; such; like this; this way ***Nǐ děi ~ cái xíng.*** You just have to do it this way.
zhēmiàn 遮面 V.O. cover the face
zhěmiàn 赭面 V.O. dye the face red
zhè miàn(r)* 这面(儿)[這-] P.W. this side; this aspect
zhémiànzhuō 折面桌 N. Pembroke table M: [1]*zhāng*
zhèmíng 蔗螟 N. sugarcane borer
zhēmò 遮没 V. block out; screen
zhémo* 折磨 V. ① persecute; torment ② submit to an ordeal
[1]**zhēn*** 真 S.V. true; real; genuine ♦ADV. ① really; truly; indeed ② clearly ♦N. <*Dao.*> ① original character of human beings ② newcomer among the immortals
[2]**zhēn** 针[針/鍼] N. ① needle; pin ② stitch ③ injection; shot ♦B.F. acupuncture [1]***zhēnjiǔ***
[3]**zhēn** 斟 V. pour (tea/wine etc.)
[4]**zhēn** 帧[幀] M. *for paintings/etc.*
[5]**zhēn** 珍/珎 B.F. ① precious; rare ***zhēnzhū, bǎozhēn*** ② value highly [1]***zhēnxī, xiùzhēnshì***
[6]**zhēn** 侦[偵] B.F. investigate; secretly investigate [2]***zhēnchá, cèzhēnsuǒ***
[7]**zhēn** 贞[貞] B.F. ① loyal; faithful [1]***jiānzhēn*** ② chastity ***zhēndé***
[8]**zhēn** 砧/椹/碪 B.F. ① hammering block; anvil [2]***zhēnzi*** ② cutting board (for kitchen use) ***zhēnbǎn*** ③ chopping block (for executing convicts) [2]***zhēnzhì***
[9]**zhēn** 榛 B.F. <*bot.*> hazel ***zhēnlì,*** [1]***zhēnzi***
[10]**zhēn** 甄 B.F. examine and distinguish; evaluate ***zhēnbá, zhēnbié, táozhēn***
[11]**zhēn** 箴 B.F. admonish ***zhēnguī,*** [1]***zhēnyán,*** [2]***guīzhēn***
[12]**zhēn** 臻 B.F. reach; arrive at; attain ***jiànzhēn, hékèzhēncì***
[13]**zhēn** 桢[楨] B.F. post supporting a wall; core member of a group ***zhēngàn***
[14]**zhēn** 祯[禎] B.F. auspicious (often used in personal names) ***zhēnxiáng***
[15]**zhēn** 胗 B.F. gizzard ***zhēngān, yāzhēn***
[16]**zhēn** 獉 in ***zhēnpī, pīzhēn***
[17]**zhēn** 蓁 in [2]***zhēnzhēn***
[1]**zhěn** 枕 V. rest the head on ♦B.F. ① pillow ***zhěntou*** ② <*mach.*> block ③ crosstie [1]***zhěnmù***
[2]**zhěn** 疹 B.F. rash; measles [1]***zhěnzi, mázhěn***
[3]**zhěn** 诊[診] B.F. diagnose ***zhěnduàn,*** [1]***ménzhěn***
[4]**zhěn** 畛 B.F. path between fields ***zhěnyù, qízhěn***
[5]**zhěn** 缜[縝/稹] B.F. fine; close; meticulous ***zhěnmì, zhěnmìyìlǐ***
[6]**zhěn** 轸[軫] B.F. ① crosspiece of a carriage; carriage ② mourn [2]***zhěnmù, zhěnniàn***
[7]**zhěn** 紾[紾] B.F. twist; turn ***zhěnbì***
[1]**zhèn** 阵[陣] N. ① battle array ② position; front ③ a period of time ♦V.M. *for passing phases/spells* ♦B.F. battle; fight ***zhènwáng***
[2]**zhèn** 镇[鎮] N. ① town ② garrison post ③ trading center ♦V. ① press/keep down ② cool with cold water or ice ③ guard; garrison ④ suppress demons by magic ⑤ <*slang*> excel ♦B.F. calm; tranquil ***zhèndìng***
[3]**zhèn** 震 V. ① shake; quake ② shock by thunder ③ be shocked/terrified ④ <*slang*> excel ♦N. ① thunderclap ② earthquake ③ one of the Eight Trigrams
[4]**zhèn** 振 V. ① shake; flap ② vibrate; activate ③ relieve (famine/etc.) ④ restore order ⑤ terrify ⑥ abandon ⑦ brace/buoy up
[5]**zhèn** 赈[賑] B.F. aid; relieve [1]***zhènjì***
[6]**zhèn** 朕 PR. <*wr./hist.*> I (used by an emperor)
[7]**zhèn** 瑱 B.F. piece of jade attached to an earring ***yǐguǐwéizhèn***
[8]**zhèn** 鸩[鴆] B.F. ① mythical poisonous bird ② kill sb. with poisoned wine ***zhèndú***
[9]**zhèn** 圳 N. <*topo.*> irrigation ditch ***See also*** *Shēnzhèn*
[1]**zhēn'ài** 珍爱[-愛] V. treasure; love dearly
[2]**zhēn'ài** 真爱[-愛] N. true love
zhēnbá* 甄拔 V. <*wr.*> select
zhènbá 振拔 V. <*wr.*> rebound; bounce back
zhēnbái 贞白 N. ① chastity ② integrity
zhēnbǎn* 砧板 N. chopping block M: [2]*kuài*
zhēnbàn 侦办[-辦] V. investigate (a crime) and handle (the case)
zhěnbàn 枕伴 N. a bed fellow
zhēn bàng 真棒 V.P. <*coll.*> truly wonderful; It's really great!
zhēnbǎo* 珍宝[-寶] N. jewelry; treasure M: [2]*jiàn*
zhènbào 镇暴 N./ATTR. riot control
zhènbàoduì 镇暴队[-隊] P.W. riot squad M: [4]*zhī*

Z

zhēnbǎo pēnqìshì fēijī 珍宝喷气式飞机[-寶-氣-飛-] N. jumbo jet M: [1]*jià*
zhēnběi 真北 P.W. true north
zhēnběn 珍本 N. rare edition/book M: [1]*běn*/[1]*juàn*
zhēnběn túshūguǎn 珍本图书馆[--圖書-] P.W. rare-book library
zhēnbí(r) 针鼻(儿) N. eye of a needle
zhěnbì 紾臂 V.O. twist the arm
zhènbǐ 振笔[-筆] V.O. wield a pen
zhènbì* 振臂 V.O. raise an arm
[1]**zhēnbiān** 针砭 N. ① acupuncture ② remonstrance; admonition
[2]**zhēnbiān** 箴砭 N. stone probes (used in acupuncture)
zhěnbiānrén 枕边人[-邊-] N. one's wife
zhěnbiānxìyǔ 枕边细语[-邊--] F.E. intimate talk between husband and wife
zhěnbiānyán 枕边言[-邊-] N. intimate talk between husband and wife
zhēnbiāoběn 真标本[-標-] N. <*archeo.*> original specimen
zhēnbié 甄别 V. ① screen; discriminate ② reexamine a case ♦N. screening (of applicants/etc.)
zhēnbié kǎoshì 甄别考试 V.P./N. screen; grade by examination
zhènbìgāohū 振臂高呼 F.E. raise one's arm and shout
zhènbǐjíshū 振笔疾书[-筆-書] F.E. take up the pen and write rapidly
[1]**zhěnbìng*** 诊病 V.O. ① diagnose a disease ② examine a patient
[2]**zhěnbìng** 疹病 N. <*med.*> exanthem
zhènbīng 振兵 V.O. rally troops
zhènbìyīhū 振臂一呼 F.E. ① issue a call for action ② raise one's hand and issue a rousing call
zhènbǐzhíshū 振笔直书[-筆-書] F.E. ① wield the pen furiously ② take up the pen and write vigorously
zhènbō 震波 N. seismic wave
zhēnbù* 针布 N. <*txtl.*> carded cloth
zhènbù 振怖 V. alarm
zhēn bù èrjià 真不二价[-價] V.P. have only one price
zhēn bùshǎo 真不少 V.P. a lot; a great many; much
zhēnbǔ wénzì 贞卜文字 N. oracle-bone characters
zhēncáishíxué 真才实学[--實-] F.E. genuine talent
zhēncáng 珍藏 V. ① collect (rare books, etc.) ② treasure; keep as a treasure
zhēncángmìliǎn 珍藏密敛 F.E. keep/hide in a very safe place
zhēncángpǐn 珍藏品 N. trophy M: [2]*jiàn*
zhēncāo* 贞操 N. ① chastity; virginity (of women) ② loyalty; moral integrity
zhēncǎo 真草 N. standard style and script style in Chinese calligraphy
zhēncè* 侦测 V. sense; detect
zhèncè 震测 N. seismic exploration
[1]**zhēnchá*** 侦查 V. <*law*> investigate (a crime)
[2]**zhēnchá** 侦察 V. <*mil.*> reconnoiter; scout
[3]**zhēnchá** 斟茶 V.O. pour tea
zhěnchá 诊察 V. examine (a patient)
zhēnchábīng 侦察兵 N. <*mil.*> scout M: [1]*míng*
zhēnchá bùduì 侦察部队[-隊] P.W. reconnaissance troops M: [4]*zhī*
zhēnchá cáiliào 侦察材料 N. data obtained through reconnaissance
zhēncháchuán 侦察船 N. reconnaissance ship M: [1]*sōu*
zhēnchá fēixíng 侦察飞行[--飛-] N. reconnaissance flight
zhēnchájī 侦察机 N. reconnaissance plane M: [1]*jià*
zhēnchájiàn 侦察舰[-艦] N. <*mil.*> frigate M: [1]*sōu*
zhēnchálián 侦察连 N. reconnaissance company
zhènchàn 震颤 V. tremble; quiver
zhènchànxìng mábì 震颤性麻痹 N. Parkinson's disease
zhènchànxìng zhānwàng 震颤性谵妄 N. delirium tremens
zhènchànyīn 震颤音 N. <*lg.*> trill
zhěncháshì 诊察室 P.W. consulting room M: [1]*jiān*
zhěnchásuǒ 诊察所 P.W. doctor's office M: [1]*jiān*
zhēnchá wèixīng 侦察卫星[--衛-] N. reconnaissance/spy satellite M: [1]*kē*
zhēncháyuán 侦察员 N. scout M: [2]*wèi*
zhēnchē 针车 N. sewing machine M: [1]*tái*
[1]**zhēnchén** 贞臣 N. faithful and loyal minister M: [2]*wèi*
[2]**zhēnchén** 斟愖 V. hesitate
zhēnchéng* 真诚 S.V. sincere; genuine; true
zhènchéng 镇城 P.W. small city/town M: [4]*zuò*
zhēnchéng hézuò 真诚合作 N. sincere cooperation
zhēnchéng huǐguò 真诚悔过 V. sincerely/genuinely repent
zhēnchéngshíyì 真诚实意[--實-] F.E. with the utmost sincerity and cordiality
zhēnchéngwúsī 真诚无私 F.E. be sincere and selfless
zhēnchéngxiāngjiàn 真诚相见 F.E. genuine meeting of minds
zhènchǐ* 镇尺 N. paperweight in the shape of a ruler M: [1]*bǎ*
zhènchì 振翅 V.O. flap the wings; flutter (of birds)
zhènchìgāofēi 振翅高飞[-飛] F.E. flutter and soar high
zhēnchú 真除 V. ① be confirmed ② be appointed officially as
zhēnchǔ* 砧杵 N. stone block and wooden club for laundering clothes
zhēnchuán 真传[-傳] V. ① be taught the essence of ② be handed down in a direct line from the master
zhēnchún 真纯 V.P. pure; sincere
zhēn-chūnfēndiǎn 真春分点[-點] N. true equinox
zhēn-chūxuézhě 真初学者 N. <*lg.*> true beginner
zhēncì 针刺 ATTR. acupuncture
zhēncì liáofǎ 针刺疗法[--療-] N. acupuncture treatment
zhēncì mázuì 针刺麻醉 N. acupuncture anesthesia
zhēncì zhèntòng 针刺镇痛 V.P. acupuncture analgesia
zhēncōng 针枞[-樅] N. <*bot.*> spruce M: [2]*kē*
Zhèndàn 震旦 P.W. ancient Indian name of China
zhèndànfùxīng 震旦复兴[-復興] F.E. return of prosperity
[1]**zhèndàng** 震荡[-蕩] V. shake; shock; quake
[2]**zhèndàng** 振荡[-蕩] N. ① <*phy.*> vibration ② <*elec.*> oscillation
zhèndàngqì 振荡器[-蕩-] N. oscillator
zhèndàngshāng 震荡伤[-蕩傷] N. concussion injury
Zhèndànjì 震旦纪 N. <*geol.*> Sinian Period
zhěndào* 轸悼 V. <*wr.*> mourn with deep grief
zhèndào 震悼 V. be shocked and grieved
zhèndǎoqì 振捣器[-搗-] N. vibrator
zhēndāozhēnqiāng 真刀真枪[-槍] ID. the real thing
zhēndé 贞德 N. chastity; virginity
zhèndezhù 镇得住 R.V. be able to keep under control
zhēndì 真谛 N. true essence/meaning
zhèndì* 阵地 P.W. <*mil.*> ①battlefield ②position; situation
zhěndiàn 枕簟 N. bedding
zhēndiāo 真鲷 N. genuine/red porgy M: [1]*tiáo*
zhēndié 侦谍 N./V. <*wr.*> detective
zhèndì gōngjī 阵地攻击[-擊] N. positional attack
zhèndìng 镇定 V.P. calm; cool; composed
zhēn dǐngdiǎn 真顶点[-點] N. true vertex
zhèndìngjì 镇定剂[-劑] N. downer; depressant; sedative
zhèndìngzìruò 镇定自若 F.E. be perfectly calm and collected
zhēn dìpíng 真地平 N. <*astr.*> true horizon
zhèndìzhàn 阵地战[-戰] N. positional warfare
[1]**zhèndòng** 震动[-動] R.V. shake; shock; vibrate
[2]**zhèndòng** 振动[-動] R.V. ① <*phy.*> vibrate ② shake; tremble ♦N. vibration
zhèndòngqì 振动器[-動-] N. vibrator; oscillator
zhèndòngshù 振动数[-動數] N. frequency
zhèndòngtǐ 振动体[-動體] N. vibrating object
zhèndòng zhōuqī 振动周期[-動--] N. <*phy./lg.*> period
zhèndú 鸩毒 N. <*wr.*> ① poisoned wine ② poison
zhěnduàn 诊断[-斷] V. diagnose (a disease)
zhěnduàn cèshì 诊断测试[-斷--] N. <*lg.*> diagnostic test
zhěnduànqì 诊断器[-斷-] N. diagnosing equipment
zhěnduànshū 诊断书[-斷書] N. medical certificate M: [1]*zhāng*
zhěnduànxué 诊断学[-斷-] N. <*med.*> semiology
zhēnduì 针对[-對] V. be directed against; be aimed at; counter ***Tā zhè huà shì ~ nǐ shuō de.*** What she said was directed to you. ♦CONJ. in the light of; in connection with ***~ mùqián qíngkuàng cǎiqǔ shìdàng cuòshī*** take appropriate steps according to existing circumstances
zhēn duìbuqǐ 真对不起[-對--] V.P. I'm really sorry.
zhēnduìxìng 针对性[-對-] N. focus; focalization
zhene 着呢[著-] SUF. very; greatly ***Xīhan de shì duō~.*** There are lots of strange things. ***Tā kuò~.*** He's awfully rich.
zhèn'è 镇遏 V. curb; quell
zhèn'ěr 震耳 V.O. deafen
zhēn'érbùliàng 贞而不谅 F.E. firm but not stubborn
zhèn'ěryùlóng 震耳欲聋 F.E. deafening
zhēnfǎ* 针法 N. needle technique (in acupuncture/knitting/etc.)
zhěnfǎ 诊法 N. diagnostic method
[1]**zhènfā** 阵发[-發] N. paroxysm
[2]**zhènfā** 振发[-發] V. ① rouse ② bring about prosperity
zhènfǎ 阵法 N. tactical deployment of troops
zhènfǎn 镇反 V.O. suppress counterrevolutionaries
zhēnfáng 侦防 V. reconnoiter and defend
zhēnfángfú 真魴鮄 N. <*zoo.*> gray gurnard M: [1]*tiáo*
zhènfǎn yùndòng 镇反运动[-運動] N. counterrevolutionary activity
zhènfāxìng 阵发性[-發-] N. paroxysm
zhěnfèi 诊费 N. <*med.*> consultation fee
zhènfèn 振奋[-奮] V. ① inspire; stimulate ② rouse oneself ③ exciting; encouraging
zhēnfēng* 针锋 N. point of a needle
zhènfēng 阵风 N. gust of wind
zhēnfēngxiāngduì 针锋相对[-對] F.E. ① be diametrically opposed ②give tit for tat ③oppose each other with equal harshness
zhènfèn rénxīn 振奋人心[-奮--] V.O. inspiring; stimulating
zhēnfēnshù 真分数[-數] N. <*math.*> proper fraction
zhēnfǔ 砧斧 N. ancient weapons/instruments for killing M: [1]*bǎ*
zhēnfù 贞妇[-婦] N. chaste woman M: [2]*wèi*
[1]**zhènfú*** 振幅 N. <*phy.*> amplitude (of vibration)
[2]**zhènfú** 镇服 V. <*wr.*> subdue; conquer
[3]**zhènfú** 震幅 N. amplitude of the earthquake wave
zhènfǔ 镇抚 V. suppress and pacify
zhènfú fēngzhí 振幅峰值 N. <*phy./lg.*> amplitude peak
[1]**zhēng** 睁[睜] V. open (the eyes)

[2]**zhēng** 争[爭] V. ① contend; vie ② argue; delate; disagree ③ <*topo.*> be short of; be wanting ♦ADV. <*poetry*> how; why

[3]**zhēng** 蒸 B.F. ① evaporate [1]***zhēngfā*** ② steam
[2]***zhēngqì*** ♦V. to steam (in food preparation)

[4]**zhēng** 征[徵] B.F. ① levy taxes/etc. ***zhēngshuì, zhēngshōu*** ② requisition [1]***zhēngdiào*** ③ draft; conscript ***zhēngbīng*** ④ solicit; ask for ***zhēngqiú*** ⑤ evidence; proof ***zhēngyàn*** ⑥ sign; symptom ***zhēngxiàng See also*** [5]*zhēng*, [8]*zhǐ*

[5]**zhēng** 征 B.F. ① go on a journey, esp. a military march ***chángzhēng*** ② undertake a military campaign ***zhēngfá See also*** [4]*zhēng*

[6]**zhēng** 正 B.F. first month of the lunar year ***zhēngyuè, xīnzhēng See also*** [1]*zhèng*

[7]**zhēng** 怔 B.F. panic-stricken ***zhēngyíng, chōngzhēng See also*** [4]*zhèng*

[8]**zhēng** 烝 B.F. multitudinous ***zhēnglí, zhēngmín***

[9]**zhēng** 症[癥] B.F. abdominal tumor ***zhēngjié See also*** [5]*zhèng*

[10]**zhēng** 筝[箏] B.F. ①stringed musical instrument [1]***gǔzhēng, zhēngjī*** ② kite ***fēngzheng***

[11]**zhēng** 钲[鉦] B.F. <*trad.*> long bell-like musical instrument used by troops on the march ***zhēnggǔ, tóngzhēng***

[12]**zhēng** 狰[猙] in ***zhēngníng***

[13]**zhēng** 峥[崢] in [1]***zhēngróng***

[14]**zhēng** 丁 in [3]***zhēngzhēng, dōngzhēng See also*** [3]*dīng*

[15]**zhēng** 挣[掙] in ***zhēngzhá See also*** [3]*zhèng*

[16]**zhēng** 铮[錚] in ***zhēngcōng***, [1]***zhēngzhēng See also*** [8]*zhèng*

[1]**zhěng** 整 S.V. entire; whole; full ♦B.F. ①neat; tidy ***zhěngqí*** ② put in order; arrange; consolidate ***zhěnglǐ*** ③ repair; mend ***zhěngxiū*** ♦V. ① make sb. suffer; punish ② <*topo.*> do

[2]**zhěng** 拯 B.F. save; rescue ***zhěngjiù***

[1]**zhèng*** 正 S.V. straight; upright ♦B.F. ① central ***zhèngfáng*** ② exact; due; sharp ***zhèngwǔ*** ③ obverse; recto; right ***zhèngmiàn*** ④ pure; unmixed (of flavors/etc.) ***chúnzhèng*** ⑤ correct; orthodox ***zhèngdàng*** ⑥ main; fundamental ***zhèngwén*** ⑦ <*phy.*> positive; plus [2]***zhèngdiàn*** ⑧ <*math.*> positive ⑨ honest; upright [1]***zhèngzhí*** ⑩ just; unbiased [1]***zhèngyì*** ⑪ standard; standardized [2]***zhèngtǐ*** ⑫ principal; chief ***~-fù zhǔrèn*** director and deputy director ⑬ rectify; correct ***jiūzhèng*** ⑭ carry out (a sentence) ♦V. set/put right ♦ADV. ① precisely; punctually ② just; just now ***See*** *zhèngzài* ♦PREF. regular ***~bābiānxíng*** regular octagon ***See also*** [6]*zhēng*

[2]**zhèng** 政 B.F. ①government ***zhèngfǔ, xiànzhèng*** ②politics; political [1]***zhèngzhì*** ③affairs of a family or an organization ***jiāzhèng***

[3]**zhèng** 挣[掙] V. ① struggle; strive ② earn ***See also*** [15]*zhēng*

[4]**zhèng** 怔 V. stare blankly ***See also*** [7]*zhēng*

[5]**zhèng** 症[-/證] B.F. ①disease; illness ***bìngzhèng*** ② symptoms ***zhèngzhuàng See also*** [6]*zhèng*

[6]**zhèng** 证[證/証] B.F. ① prove; testify; demonstrate [1]***zhèngmíng*** ② evidence; proof; testimony [1]***zhèngjù*** ③ certificate; card; credentials [1]***zhèngshū, gōngzuòzhèng*** ④ disease; illness ***zhènghòu See also*** [5]*zhèng*

[7]**zhèng** 诤[諍] B.F. frankly criticize; admonish [1]***zhèngyán, yánshīzhèngyǒu***, [2]***jiànzhèng***

[8]**zhèng** 铮[錚] B.F. bright; brightly polished ***míngguāngzhèngliàng See also*** [16]*zhēng*

Zhèng 郑[鄭] N. ① name of a state during the Zhou period ② Surname ♦in [1]***zhèngzhòng***

zhēngān(r)* 胗肝(儿) N. gizzard and liver

zhēngàn 桢干[-幹] N. <*wr.*> core member; chief support; backbone (element)

zhēng'ān 征鞍 N. horse for a long journey

zhēngba 争巴[爭-] V. <*coll.*> argue; debate

zhēngbà* 争霸[爭-] V. strive for supremacy

zhèngbābiānxíng 正八边形[--邊-] N. regular octagon

zhěngbǎn 整版 N. a full page

zhèngbǎn* 正版 ATTR. legal

zhèngbǎng 正榜 N. <*trad.*> official list of successful examinees

zhěngbǎn kōnggé 整版空格 N. justifying/justification space

zhēngbà shìjiè 争霸世界[爭-] V.O. contend for world domination

zhēngbàzhàn 争霸战[爭-戰] N. struggle for power; fight for hegemony M: [2]*chǎng*

[1]**zhěngbèi** 整倍 N. multiple

[2]**zhěngbèi** 整备[-備] V. reorganize and outfit (troops)

zhèngběi* 正北 P.W. due north

zhěngbèi gōngrén 整备工人[-備--] N. hostler

zhèngběn(r) 正本(儿) N. ① original (of a document) ② reserved copy (of a library book)

zhěngběndàtào 整本大套 N. the whole (of book volumes/drama/etc.)

zhèngbēng 挣绷[掙繃] V. break loose (from rope fetters)

zhèngběnqīngyuán 正本清源 F.E. effect radical reforms; thoroughly overhaul

zhèngběn tídān 正本提单 N. original bill of lading M: [1]*běn*

zhēngbì 征辟[徵-] V.O. <*wr.*> appoint a commoner to public office ***See also*** *zhēngpì*

zhěngbǐ 整笔[-筆] N. lump sum

[1]**zhèngbǐ*** 正比 N. <*math.*> direct ratio

[2]**zhèngbǐ** 正笔[-筆] N. ① direct description ② direct style

zhēngbiàn* 争辩[爭-] V. argue; contend

zhěngbiān 整编 V. reorganize (troops); regroup

zhèngbiàn 政变[-變] N. coup d'état

zhēngbiāo* 争标[爭標] V.O. compete for a trophy

zhèngbiǎo 正表 N. ① exhibit ② main schedule

zhèngbǐlì 正比例 N. <*math.*> direct proportion

zhèngbǐlǜ 正比率 N. direct ratio

zhēngbīng* 征兵[徵-] V.O. <*mil.*> draft; call up ♦N. <*mil.*> conscript

zhēngbǐng(r) 蒸饼(儿) N. steamed cake M: [2]*kuài*

zhèngbǐng 政柄 N. <*wr.*> reins of government

zhēngbīng'é 征兵额[徵-] N. draft quota

zhēngbīngfǎ 征兵法[徵-] N. conscription/draft law

zhěngbīngjiānlěi 整兵坚垒[-堅壘] F.E. maintain order and strengthen defenses

zhēngbīngzhì 征兵制[徵-] N. <*mil.*> ① conscription system ② universal military service

zhěngbǐ zhīfù 整笔支付[-筆--] N. <*acct.*> single payment; lump-sum payment

zhēngbìzǔbǐ 烝畀祖妣 F.E. present to ancestors, male and female

zhēngbó 争搏[爭-] V. strive; compete

zhěngbǔ 整补[-補] V. consolidate and replenish

[1]**zhěngbù** 整部 N. the whole of sth.

[2]**zhěngbù** 整步 N. synchronizing

zhèngbù* 正步 N. <*mil.*> parade/goose step

zhēngbudào 争不到[爭-] R.V. can't compete with others to get sth.

zhēngbukāi 睁不开[睜-開] R.V. can't open one's eyes (due to sleepiness/etc.)

zhēngbulái 争不来[爭-] R.V. can't get/achieve

zhèngbuliǎo 挣不了[掙-] R.V. can't earn (money/etc.)

zhèngbushàng 挣不上[掙-] R.V. can't earn (money/etc.)

zhèngbùyāxié 正不压邪[-壓-] F.E. Good does not overcome evil.

zhèngbuzháo 挣不着[掙-著] R.V. can't earn (money/etc.)

zhèngbù zǒu 正步走 V.P. march/walk in step

zhèngcáijiè 政财界 P.W. political and financial circles

zhèngcān 正餐 N. ① dinner ② a regular meal served in a restaurant

zhěngcǎo 整草 V.O. <*coll.*> cut grass

[1]**zhèngcè** 政策 N. policy; political tactic

[2]**zhèngcè** 正册[-冊] N. Qing register of "good people"

zhèngcègōngxīn 政策攻心 F.E. <*PRC*> try to win over by explaining the Party's policy

zhèngcè kēxué 政策科学 N. the science of policy-making

zhèngcèxìng 政策性 N. adherence to policy

zhèngcèxìng bǔtiē 政策性补贴[---補-] N. subsidies granted on the basis of policy considerations

zhèngcèxìng kuīsǔn 政策性亏损[---虧-] N. policy-related losses

zhèngcèxìng yínháng 政策性银行 N. bank solely devoted to making low-interest loans for state projects

zhèngchá(r) 正茬(儿) N. main crop in a crop-rotation area

zhēngchǎn 争产[爭產] V.O. fight for an inheritance

zhēngcháng 争长[爭-] V. vie with one another in doing things ***See also*** *zhēngzhǎng*

zhèngcháng* 正常 S.V. normal; regular

zhèngcháng biāozhǔn fēnshù 正常标准分数[--標準-數] N. normalized standard score

zhèngcháng chéngběn 正常成本 N. <*acct.*> normal cost

zhèngcháng de yìyì 正常的意义[-義] N. <*lg.*> normal meaning

zhèngchánghuà 正常化 N. normalization

zhèngcháng jiàgé 正常价格[--價-] N. regular price

zhēngchángjìngduǎn 争长竞短[爭-競-] F.E. squabble over trifles

zhēngchánglùnduǎn 争长论短[爭-] F.E. squabble; argue

zhèngcháng shēngchǎn nénglìang 正常生产能量[--產-] N. normal capacity

zhèngchángshí 正长石 N. <*min.*> orthoclase

zhèngchángshì* 正常式 N. normalization

zhèngchángxìng 正常性 N. normality

zhèngchángyán 正长岩 N. <*geol.*> syenite

zhèngcháng yīncháng 正常音长 N. normal length of sound

zhèngcháng zhòngyīn 正常重音 N. <*lg.*> normal stress

zhēngchǎo* 争吵[爭-] N./V. quarrel; wrangle

zhèngcháo 政潮 N. political upheaval/crisis/unrest

zhèngchǎo 正炒 <*coll.*> V. lavish praise on sb./sth. through the mass media

zhēngchǎobùxiū 争吵不休[爭-] F.E. bicker endlessly

zhěngchē 整车 N. the full load of a vehicle

zhěngchēhuò 整车货 N. carload

[1]**zhēngchén*** 征尘[-塵] N. dust of travel

[2]**zhēngchén** 争臣[爭-] N. ① censor ② official who dares speak frankly before the emperor

zhèngchén 诤臣[諍-] N. official who dares speak frankly before the emperor M: [2]*wèi*

zhēngchénfǔxiè 征尘甫卸[-塵--] F.E. just returned from a long trip

zhēngchéng 征程 N. journey

zhēngchéngduóchí 争城夺池[爭-奪-] F.E. conquer cities and capture territories by force of arms

zhēngchénglüèdì 争城略地[爭-] F.E. conquer cities and capture territories

zhēngchí 争持[爭-] V. stick to one's guns ***Shuāngfāng ~le bàntiān.*** Both parties stuck to their guns for a long time.

zhěngchì* 整饬 V. ① put in order ② rectify ③ consolidate ♦ATTR. in good order; neat; tidy; orderly; systematic

zhēngchí bùxià 争持不下[爭-] R.V. stick to their own stand; refuse to give in ***Shuāngfāng ~.*** Both sides refuse to back down.

zhěngchì jìlǜ 整饬纪律 V.O. strengthen discipline

zhěngchìróngxíng 整饬戎行 F.E. preserve order and discipline in the army

zhèngchǐyīn 正齿音[-齒-] N. ①dentals ②class of initials in *děngyùn* phonology

zhēngchōng 怔忡 N. <*Ch. med.*> palpitation

zhēngchǒng* 争宠[爭-] V.O. curry favor

zhēngchǒngduó'ài 争宠夺爱[爭-奪愛] F.E. snatch sb.'s favor from a rival

zhēngchǒngmàiqiào 争宠卖俏[爭-賣-] F.E. make the most of one's charms to compete for one's master's favor

zhēngchǒngqiúróng 争宠求荣[爭-榮] F.E. strive for a superior's favor and for high honors

zhēngchóu 征筹[徵籌] V. impose; assess

zhěngchú* 整除 V. <math.> divide exactly

zhèngchū 正出 N. children born by the legal wife

zhèngchuài 挣揣[掙-] V. <wr.> struggle; strive hard

zhěngchuànr 整串儿 N. the whole string of sth.

zhèngchūduōmén 政出多门 F.E. each department acting on its own

zhèngchūyīmén 政出一门 F.E. highly centralized leadership

zhèngcí 证词[證-] N. ① testimony ② evidence

zhèngcífǎ 正词法 N. <lg.> orthography

zhěngcí jiàoxuéfǎ 整词教学法 N. <lg.> whole-word method; word method

zhēngcōng 铮锹[錚鏦] ON. clank; clang

zhēngcún 争存[爭-] V. fight for survival

zhěngcún 整存 N. whole deposit; full storage

zhěngcúnlíngfù 整存零付 F.E. deposit a sum and withdraw the interest in monthly installments

zhěngcúnzhěngfù 整存整付 F.E. deposit a sum and withdraw the principal and interest in a lump sum at the expiration of the deposit period

zhēngdá 征答[徵-] V.O. seek answers

zhèngdà* 正大 V.P. upright; honest

zhèngdàguāngmíng 正大光明 F.E. open and aboveboard

Zhēngdàn 正旦 N. <wr.> first day of the lunar year *See also* *zhèngdàn*

zhèngdān 证单[證-] N. certificate M: [1]*zhāng*

zhèngdàn* 正旦 N. ①first day of a year ②<thea.> ⓐ role of a virtuous woman ⓑ female lead *See also* *Zhēngdàn*

zhěngdǎng 整党[-黨] V.O. consolidate Party organization; Party rectification

zhēngdāng 正当[-當] V.P. just when/as *See also* *zhèngdàng*

zhèngdǎng* 政党[-黨] P.W. political party

zhèngdàng 正当[-當] V.P. ① proper; legitimate ② correct; proper (of behavior/etc.) *See also* *zhēngdāng*

zhèngdàng fángwèi 正当防卫[-當-衛] N. legitimate/justified defense

zhèngdǎng fēnféizhì 政党分肥制[-黨---] N. spoils system

zhèngdàng gōnggào 正当公告[-當--] N. formal announcement

zhěngdǎngjiàndǎng 整党建党[-黨-黨] F.E. <PRC> rectify and build the Party

zhēngdāngjiānr 正当间儿[-當--] P.W. <coll.> right in the midst of

zhèngdàng lǐyóu 正当理由[-當--] N. proper reason

zhèngdǎnglúntì 政党轮替[-黨--] F.E. the alternation of political parties

zhèngdǎng nèigé 政党内阁[-黨--] P.W. ministerial cabinet of a party

zhèngdāngnián 正当年[-當-] V.P. be in one's prime

zhèng dāngshí 正当时[-當時] F.E. the right season/time

zhèngdàng yāoqiú 正当要求[-當--] N. appropriate request; justifiable demand

zhèngdàngzhèngpài 正当正派[-當--] F.E. upright (in behavior); honorable

zhèngdǎng zhèngzhì 政党政治[-黨--] N. government by the majority party

zhèngdāngzhōng 正当中[-當-] P.W. right in the middle/center

zhēngdào 征到[徵-] R.V. levy

zhěngdǎo 整倒 V. <coll.> topple; knock over

[1]**zhèngdao** 挣到[掙-] R.V. earn; make

[2]**zhèngdao** 正道 S.V. <coll.> bonafide; genuine; possessing acceptable credentials ♦N. <Budd.> the right/straight path *See also* [1]*zhèngdào*

[1]**zhèngdào*** 正道 N. ① right way/course ② the correct principle *See also* [2]*zhèngdao*

[2]**zhèngdào** 政道 N. government administrative measures

[3]**zhèngdào** 证道[證-] N. sermon ♦V.O. <Budd.> gain enlightenment

[1]**zhēngdé*** 征得[徵-] V. ①levy ②seek approval

[2]**zhēngdé** 争得[爭-] R.V. win ♦A.T. How can it be?

zhèngdé 正德 N. virtue

zhèng de duō, huā de kuài 挣得多,花得快[掙--,---] V.P. The more money one earns, the more one spends.

zhěngdì* 整地 V.O. prepare soil (i.e., for sowing)

zhèngdí 政敌[-敵] N. political opponent

zhěngdiǎn 整点[-點] N. <math.> integral point

zhèngdiǎn(r) 正点(儿)[-點-] N. on schedule

[1]**zhèngdiàn*** 正殿 P.W. main hall (in a palace/temple) M: [4]*zuò*

[2]**zhèngdiàn** 正电[-電] N. positive electricity

zhèngdiànhè 正电荷[-電-] N. <elec.> positive charge

zhèngdiǎnlǜ 正点率[-點-] N. on-time rate (of trains/ships/etc.)

zhèngdiǎn yùnxíng 正点运行[-點運-] N. running on schedule

zhèngdiànzǐ 正电子[-電-] N. <elec.> positive electron

[1]**zhēngdiào*** 征调[徵-] V. requisition; call up

[2]**zhēngdiào** 蒸掉 R.V. evaporate

zhěngdiao 整掉 R.V. <coll.> do in; topple; knock over; cut down *See also* *zhěngdiào*

zhěngdiào 整掉 R.V. purge oneself of; get rid of *See also* *zhěngdiao*

zhēngdiào wùzī 征调物资[徵-] N. requisition supplies

zhēngdìng* 征订[徵-] V.P. solicit subscriptions

zhěngdìng 整定 N. adjust; set

zhèngdōng 正东 N. due east

zhēngdōngcúxī 征东徂西 F.E. mount a strategic feint

zhēngdòu 争斗[爭鬥] V. fight; struggle

zhèngdú 正读[-讀] N. <lg.> ①classical reading ② first pronunciation

zhēngduān* 争端[爭-] N. conflict; dispute; controversy

zhèngduàn 挣断[掙斷] R.V. break one's shackles

zhěngduì* 整队[-隊] V.O. <mil.> dress the ranks; line up

zhèngduì 正对[-對] ATTR. ①analogous parallels ② parallels juxtaposed to bring out similarities

zhèngduìmiàn 正对面[-對-] ADV. (located) right across from

zhěngduì rùchǎng 整队入场[-隊-場] V.P. file into the arena/auditorium/etc.

zhěngdùn 整顿 N./V. rectify; reorganize

zhěngdùn gǎizào 整顿改造 V.P. be reorganized and transformed

zhēngduó* 争夺[爭奪] V. vie with sb. for sth.

zhèngduò 正舵 N. amidship

zhèngduōbiānxíng 正多边形[--邊-] N. <math.> regular polygon

zhèngduōjiǎoxíng 正多角形 N. <math.> regular polygon

zhēngduōlùnshǎo 争多论少[爭-] F.E. haggle over

zhēngduózhàn 争夺战[爭奪戰] N. contest M: [2]*chǎng*

zhēngè 真个[-個] ADV. <topo.> really; truly; indeed

zhěngēdàidàn 枕戈待旦 F.E. maintain combat readiness

zhěngēdàidí 枕戈待敌[-敵] F.E. maintain combat readiness

zhěngēdàimìng 枕戈待命 F.E. eagerly await an order

zhēngéde* 真格的 <topo.> N. ① reality; truth ② to tell the truth

zhēngè de 真个的[-個-] N. <topo.> ①factually; seriously ② Is it truly impossible to do?

zhěngēqǐnjiǎ 枕戈寝甲[--寢-] F.E. be on the alert; maintain combat readiness

zhèng'èrbābǎi 正二八摆[-擺] F.E. <coll.> honest and true; proper; only as it should be

zhēngè xiāohún 真个销魂[-個--] V.P. really captivating (of women)

zhěngēyǐdài 枕戈以待 F.E. maintain combat readiness

[1]**zhēngfā*** 蒸发[-發] V. evaporate

[2]**zhēngfā** 征发[徵發] N. requisition

zhēngfá 征伐 N./V. go on a punitive expedition

[1]**zhèngfǎ** 正法 V.O. execute (a criminal) ♦N. proper law/rule

[2]**zhèngfǎ** 政法 N. politics and law

zhēngfādiào 蒸发掉[-發-] R.V. evaporate

zhēngfājì 蒸发计[-發-] N. evaporimeter

zhèng-fǎ jīgòu 政法机构[-構] P.W. procuratorial, judicial, and public security organizations

zhēngfāmǐn 蒸发皿[-發-] N. evaporating utensils

[1]**zhēngfān** 征帆 N. <wr.> a ship on a long journey

[2]**zhēngfān** 筝帆[箏-] N. kite M: [2]*zhī*

zhēngfàn 蒸饭 V.O. steam rice ♦N. steamed rice

zhèng-fǎn* 正反 N. positive and negative ~ ***liǎng fāngmiàn de lǐyóu*** the pros and cons

[1]**zhèngfàn** 挣饭[掙-] V.O. <coll.> make a living

[2]**zhèngfàn** 正犯 N. <law> principal offender ♦V. directly address a topic

zhèngfàn chī 挣饭吃[掙-] V.P. make a living

zhèngfāng* 正方 N. square ♦V.O. adjust to the right course

zhèngfáng 正房 P.W. principal rooms M: [1]*jiān* ♦N. primary wife (vs. a concubine)

zhēngfāngdòuyàn 争芳斗艳[爭-鬥艷] F.E. contend in fragrance and fascination

zhèngfāngtǐ 正方体[-體] N. cube

zhèngfāngxiàng 正方向 N. positive direction; forward

zhèngfāngxíng 正方形 N. square

zhèng-fǎnhé 正反合 N. <log.> thesis-antithesis-synthesis

zhèng-fǎn wènjù 正反问句 N. <lg.> A-not-A question; yes-no interrogative; V-not-V question

zhèng-fǎn yíwènjù 正反疑问句 N. <lg.> A-not-A

zhēngfā pánzi 蒸发盘子[-發盤-] N. evaporating dish

zhēngfāqì 蒸发器[-發-] N. evaporating equipment

zhěngfǎr 整法儿 N. <topo.> method; way of doing

zhèng-fǎ xuéyuàn 政法学院 P.W. institute of political science and law M: [1]*suǒ*

zhěngfàyóu 整发油[-髮-] N. lacquer (for hair)

zhēngfēnduómiǎo 争分夺秒[爭-奪-] F.E. race against time

zhēngfēng 争锋[爭-] V.O. <wr.> fight for mastery; strive

zhěngfēng* 整风 V.O. <pol.> rectify incorrect work-styles

[1]**zhèngfēng** 正风 N. ① beneficial/salutary impulse/impetus ② <wr.> some excerpts from the *Book of Odes*

[2]**zhèngfēng** 政风 N. government style (in ideology and work)

zhēngfēngchīcù 争风吃醋[爭-] ID. ①fight for the affection of a man or woman ② be jealous of a rival in a love affair

zhēngfēngduìlěi 争锋对垒[爭-對壘] F.E. match on the battlefield

zhěngfēng yùndòng 整风运动[-運動] N. <pol.> rectification campaign

zhěngfénjiùnì 拯焚救溺 F.E. deliver the people from extreme misery

[1]**zhēngfū** 征夫[徵-] V.O. recruit people into service *See also* [2]*zhēngfū*

Z

[2]**zhēngfū** 征夫 N. ① traveler who has journeyed far ② warrior; soldier *See also* [1]*zhēngfū*

zhēngfú 征服 V. conquer; subjugate

zhěngfú 整幅 N. the whole/complete expanse (of a painting/etc.)

zhěngfù 整复[-復] V. rectify

zhèngfǔ* 政府 P.W. government

zhèng-fù 正负 ATTR./N. ① <math.> plus-minus ② positive and negative

zhèngfǔ cǎigòu 政府采购[-購] V.P. government procurement

zhèngfǔdǎng 政府党[-黨] P.W. ruling party

zhēng fǔ'è 征腐恶[-惡] V.O. attack all corruption and evil

zhèng-fùhào 正负号[-號] N. positive-and-negative sign; plus-minus sign (±)

zhèngfǔjūn 政府军 P.W. government armed forces

zhèngfǔ xiāofèi 政府消费 N. public consumption

zhēngfúzhě 征服者 N. conqueror

zhèng-fù zhǔrèn 正副主任 N. director and deputy directors

zhēngfú zìrán 征服自然 V.O. conquer nature

zhěnggǎi 整改 AB. *zhěngdùn* and *gǎigé*

zhènggāi* 正该 AUX. should; must; it is proper to

zhènggāng 政纲[-綱] N. political program

zhènggǎnshàng 正赶上[-趕-] V.P. just in time for

zhēnggǎo 征稿[徵-] V.O. solicit contributions (to a journal/etc.)

zhènggào* 正告 V. sternly admonish

zhēnggē 征歌[徵-] V.O. ① summon singers/musicians to perform ② solicit songs

zhěnggè(r)* 整个(儿)[-個-] ATTR. whole; entire

zhènggē 正割 N. <math.> secant

zhènggé 正格 N. the orthodox style of Chinese poetry

zhēng ge gāodī 争个高低[爭個-] V.P. vie with each other to see who is the better

zhēng ge míngbai 争个明白[爭個-] V.P. have it out

zhēnggēxuǎnsè 征歌选色[徵-選-] F.E. pursue sensory pleasure

zhēnggōng 争功[爭-] V.O. strive for merit/credit

[1]**zhènggōng*** 政工 N. political and ideological work

[2]**zhènggōng** 正宫[-宮] N. ① empress ② palace of the empress

[3]**zhènggōng** 政躬 F.E. <wr./court.> your health

zhènggōngkāngtài 政躬康泰 F.E. <wr.> have a healthy and carefree life

zhènggōng niángniang 正宫娘娘[-宮--] N. ① empress ② imperial concubine of the first rank

zhēnggōngwěiguò 争功诿过[爭-] F.E. attribute merit to oneself but shift blame to others

zhènggōngwéihé 政躬违和[--違-] F.E. be indisposed while on duty (of officials)

zhènggōngzǔ 政工组 N. political work section/office

[1]**zhēnggòu** 征购[徵購] V. requisition by purchase ♦N. <mil.> procurement

[2]**zhēnggòu** 争购[爭購] V. rush to purchase

zhēnggǔ 钲鼓 N. gongs and drums to signal a stop in military advance

[1]**zhènggǔ*** 正骨 N. <Ch. med.> bonesetting

[2]**zhènggǔ** 正鹄 ID. hit the bull's-eye (lit./fig.)

zhēngguǎn 征管[徵-] N. collection and control

zhēngguāng 争光[爭-] V.O. win honor/glory; do credit to

zhèngguī* 正规 S.V. regular; standard

zhèngguǐ 正轨 N. right/correct path

zhèngguīhuà 正规化 V. normalize; regularize ♦N. normalization; regularization; standardization

zhèngguījūn 正规军 P.W. regular army M: [4]*zhī*

zhèngguīzhàn 正规战[-戰] N. conventional warfare M: [2]*chǎng*

zhènggǔkē 正骨科 N. bonesetting

zhēnggǔmǐ 蒸谷米[-穀-] N. preboiled rice

zhēngguō 蒸锅[-鍋] N. pot for steaming food; steamer M: *kǒu*

[1]**zhèngguǒ*** 正果 N. <Budd.> rebirth as a human/animal/etc. depending upon one's actions in a former life

[2]**zhèngguǒ** 证果[證-] V.O. <Budd.> rewards

zhěnggǔshù 整骨术[-術] N. osteopathy

zhěnggǔzhě 整骨者 N. osteopath

zhěngháng 整行 N. the whole line

zhěnghǎo 整好 R.V. <coll.> put in good order; restore to good condition

zhènghǎo* 正好 V.P. ① just right; at an opportune moment ② happen to; chance to; as it happens ♦ADV. exactly

zhènghào(r) 正号(儿)[-號-] N. ① positive/plus-sign; plus-mark ② main store/shop

zhěnghé* 整合 N. <geog.> conformity; concordancy; integration ♦ATTR. <comp.> integrated

zhènghé 正合 V.P. exact

Zhèng Hé 郑和[鄭-] (? - 1431) N. leader of Ming naval expeditions

zhēnghéng 争衡[爭-] V. strive for supremacy

zhènghéshì 正合适[-適] ADV. exactly right/appropriate/fit/etc.

zhènghéwǒyì 正合我意 F.E. It's exactly what I am hoping for.

zhěnghéwúyí 整合无疑 F.E. undoubted(ly)

zhènghéwúyì* 正合吾意 F.E. suit to perfection

Zhèng Hé xià Xīyáng 郑和下西洋[鄭-] N. <hist.> Zheng He's voyages (1405–1431) in the South Seas as far as Africa

zhěnghéxìng 整合性 N. integration

zhěnghé xìtǒng 整合系统 N. <comp.> integrated system

zhènghóng 正红 N. pure red

zhēnghòu* 征候[徵-] N. sign; indication

zhènghou 症候 N. <med.> ① disease ② symptom

zhènghòu 证候 N. <Ch. med.> syndrome

zhènghòufāng 正后方[-後-] N. dead astern; right astern

zhènghòuqún 症候群 N. <med.> syndrome

zhēnghòuxué 征候学[徵-] N. symptomatology

zhěnghuà 整化 N. <math.> integralization

zhènghuà* 正话 N. ① main body/segment (in cross-talk) ② serious words ③ what one really means

zhěnghuí 整回 R.V. <coll.> retrieve; bring back

zhènghuíshòu 正回授 N. positive feedback

zhēnghūn* 征婚[徵-] V.O. advertise for a marriage partner

zhènghūn 证婚[證-] V.O. witness/officiate at a wedding

zhēnghūn guǎnggào 征婚广告[徵-廣-] N. lonely-hearts ad

zhēnghūn qǐshì 征婚启事[徵-啟-] N. lonely-hearts ad

zhēnghūnrén 征婚人[徵-] N. marriage-seeker; spouse-seeker

zhènghūnrén* 证婚人[證-] N. one who officiates at a wedding M: [2]*wèi*

zhènghuǒ 正火 N. <metal.> normalizing

zhènghuò* 正货 N. legal tender; hard currency

zhēngjí 征集[徵-] V. ① collect ② draft; call up; recruit

zhēngjì 筝妓[箏-] N. zither-playing courtesan

zhěngjī 整机 N. overall unit; complete machine

zhěngjì 整纪 V.O. strengthen discipline

[1]**zhèngjí** 正极[-極] N. <elec.> anode

[2]**zhèngjí** 正脊 N. <archi.> main ridge of a roof

zhèngjǐ 正己 V.O. correct oneself

[1]**zhèngjì*** 政绩 N. achievements in one's official career

[2]**zhèngjì** 政纪 N. rules for government workers

zhēngjiǎ 症瘕[癥-] N. <Ch. med.> concretion

zhēngjiǎjījù 症瘕积聚[癥-積-] F.E. <Ch. med.> lump in the abdomen causing distension and pain

zhèngjiālìyè 挣家立业[掙-業] F.E. establish a home and oneself in the world

zhěngjiàn 整建 V. renovate and build

[1]**zhèngjiàn*** 证件[證-] N. credentials; papers; document; certificate M: [1]*zhāng*

[2]**zhèngjiàn** 政见 N. political view

[3]**zhèngjiàn** 诤谏[諍-] V. <wr.> admonish

[4]**zhèngjiàn** 证见[證-] N. ① evidence ② eye-witness; witness

zhěngjiàn gōnghuì 整健工会 V.O. consolidate and improve trade-union organizations

zhèngjì ànjiàn 政纪案件 N. infractions of administrative regulations

zhèngjiǎnxíngqīng 政简刑清 F.E. little government work and few criminal cases

zhēngjiǎo 蒸饺 N. steamed dumplings; ravioli

zhèngjiāo 正交 ATTR. orthogonal; perpendicular; normal ♦N. orthogonality; quadrature

zhèngjiǎo 正角 N. <math.> right/positive angle *See also* [1]*zhèngjué*

zhèngjiào* 政教 N. ① politics and education ② state and church

Zhèngjiào 正教 N. Orthodox Church

zhèngjiàofēnlí 政教分离[-離] F.E. separation of church and state

zhèngjiāo hánshù 正交函数[-數] N. <math.> orthogonal coefficient

zhèngjiàohéyī 政教合一 F.E. unification of church and state

zhèngjiāoshuì 证交税[證-] N. tax on securities trade/transactions

zhèngjiāoyuán 正交圆 N. <math.> orthogonal circle

zhèngjíbǎn 正极板[-極-] N. <elec.> positive plate

zhēngjié 症结[癥-] N. ① crux; crucial reason ② obstruction of the bowels ③ the crux of the problem

zhěngjié* 整洁[-潔] S.V. clean and tidy; neat

zhèngjié 正截 N. abscissa

zhèngjiè 政界 P.W. political/government circles

zhēngjiésuǒzài 症结所在[癥-] F.E. crux of the problem; where the trouble lies

zhěngjié yùndòng 整洁运动[-潔運動] N. cleanup campaign

zhèngjì-fǎjì 政纪法纪 N. law and discipline

zhèngjìfěirán 政绩斐然 F.E. The achievements of one's official career are remarkable.

zhēngjílìng 征集令[徵-] N. <mil.> call-up

zhěngjīn 正襟 N. arrange one's clothes correctly

zhēngjìng 争竞[爭競] V. <topo.> ① haggle over; fuss about ② argue; dispute

zhěngjīng 整经[-經] N. <txtl.> warping

zhèngjing* 正经[-經] S.V. ① honorable; decent ② serious; proper ③ authentic; standard (of goods/etc.) ④ <topo.> really; truly; indeed *See also Zhèngjīng*, [1]*zhèngjīng*

[1]**zhèngjīng** 正经[-經] N. <Ch. med.> regular channels *See also zhèngjing, Zhèngjīng*

[2]**zhèngjīng** 政经[-經] N. political economy

Zhèngjīng 正经[-經] N. <trad.> The Thirteen Confucian Classics; canonical books *See also zhèngjing*, [1]*zhèngjīng*

zhèngjingbābǎi 正经八百/摆[-經-擺] F.E. <topo.> serious; earnest

zhèngjīng de 正经的[-經-] ATTR. canonical

zhèngjinghuà 正经话[-經-] N. serious words

zhèngjinghuò 正经货[-經-] N. standard goods

zhěngjīngjī 整经机[-經-] N. warping machine

zhèngjing qǐlai 正经起来[-經--] R.V. become serious

zhèngjingrén 正经人[-經-] N. a decent person M: [2]*wèi*

zhèngjingshì(r) 正经事(儿)[-經--] N. serious affairs M: [2]*jiàn*

zhèngjing xiě 正经写[-經寫] V.P. <coll.> pay serious attention to what one is writing

zhēngjīnlùnliǎng 争斤论两[爭-] ID. ① fuss about trifles ② be calculating

zhěngjìnr 整劲儿[-勁] ADV. with all of one's strength/effort

zhèngjīnwēizuò 正襟危坐 F.E. <wr.> sit upright and look straight ahead

zhēngjí qiānmíng 征集签名[徵-] V.O. collect signatures (for an appeal)
zhēngjīshīyáng 争鸡失羊[爭雞-] ID. penny-wise and dollar-foolish
zhěngjiù 拯救 V. save; rescue ♦N. deliverance
zhěngjiùrúxīn 整旧如新[-舊--] F.E. ① repair something and make it like new ② restore sth. to its original appearance
zhèngjú 政局 N. political situation/scene
[1]**zhèngjù*** 证据[證據] N. evidence; proof; testimony
[2]**zhèngjù** 正剧[-劇] N. serious drama
[1]**zhèngjué** 正角 N. <thea.> leading role *See also zhèngjiǎo*
[2]**zhèngjué** 正觉[-覺] N. <Budd.> ① real awakening to truth ② become a Buddha
zhèngjùlì 证据力[證據-] N. probative value
zhěngjūn 整军 N. rectification of the army ♦V.O. rectify the army; conduct ideological military education
zhěngjūnjīngwǔ 整军经武[--經-] F.E. ① build up a country's military strength ② reorganize and strengthen the military power
zhèngjùquèzáo 证据确凿[證據確鑿] ID. irrefutable/conclusive evidence
zhēngkāi* 睁开[睜開] R.V. open (the eyes)
zhèngkāi 挣开[掙開] R.V. throw off (restraints)
zhèngkǎi 正楷 N. regular script
zhēngkāi yǎnjing 睁开眼睛[睜開-] V.O. open the eyes
zhēngkāi yǎnjing shuō xiāhuà 睁开眼睛说瞎话[睜開-] V.P. tell a barefaced lie
zhèngkǎizì 正楷字 N. characters in regular script
[1]**zhēngkè** 征课[徵-] V. levy
[2]**zhēngkè** 征客 N. traveler
[1]**zhèngkè*** 政客 N. <derog.> politician M: [2]wèi
[2]**zhèngkè** 正课 N. ① <trad.> taxes and revenues ② regular courses (at school/etc.) ③ required courses (in college)
zhēng kǒuqì 争口气[爭-氣] V.O. fight to excel
zhěngkuǎ 整垮 V. <coll.> topple; overthrow
zhěngkuài(r) 整块(儿)[-塊-] N. solid block; entire piece ♦ATTR. monolithic
zhèngkuàng 政况[-況] N. political situation
zhěngláodònglì 整劳动力[-勞動-] N. full labor force
zhēnglí 烝黎 ID. people; masses
zhēnglì 争利[爭-] V.O. scramble for profit
zhěnglǐ* 整理 V. put in order; arrange
zhènglǐ 正理 N. correct principle/reason/argument/procedure
zhènglì 政历[-歷] N. political history
[1]**zhēngliǎn** 争脸[爭-] V.O. try to win honors
[2]**zhēngliǎn** 征敛[徵-] V. collect (taxes)
zhēngliáng* 征粮[徵糧] V.O. impose grain taxes
zhèngliáng 正梁 N. <archi.> ridge purlin
zhèngliàng 正量 N. ① <math.> positive quantity ② <acct.> full legal weight
zhěngliànghuà 整量化 V. quantize
zhěng liǎnzi 整脸子 V.O. have an unhappy look
zhěngliào 整料 N. single piece of material that can be used to make sth. (e.g., a garment) M: [2]kuài
zhěnglǐ chūlai 整理出来 R.V. sort out; put in order
zhěngliè 整列 V. form neat lines (of a group of people) ♦N. whole row/column
zhěnglǐ fángjiān 整理房间 V.O. put the room in order
zhěnglǐhǎo 整理好 R.V. put in order
zhènglíng 正零 N. positive zero
zhènglìng* 政令 N. government decree M: [2]dào
zhènglìngbùxíng 政令不行 F.E. Government orders are not obeyed.
zhēngliú* 蒸馏 N. distillation
zhēngliù 蒸溜 V. distill ♦N. distillation
zhěngliú 整流 N. <elec.> rectification; commutation; rectifying
zhèngliùbiānxíng 正六边形[--邊-] N. regular hexagon
zhèngliùmiàntǐ 正六面体[-體] N. cube
zhēngliúqì 蒸馏器 N. still; distiller
zhěngliúqì* 整流器 N. <phy.> ① rectifier ② commutator
zhēngliúshuǐ 蒸馏水 N. distilled water
zhēngliúshuǐ yámen 蒸馏水衙门 <coll.> P.W. government offices that give the lowest salaries and no bonuses
zhēngliútǎ 蒸馏塔 P.W. distillation column/tower
zhēngliúyè 蒸馏液 N. distillate
zhěnglǐ zhàng 整理帐 N. <acct.> adjusting entries
zhěnglǐ zhàngmù 整理帐目 N. <acct.> adjustment account
zhènglízǐ 正离子[-離-] N. positive ion
zhēnglóng* 蒸笼 N. food steamer
zhěnglóng 整笼 N. a full basket
zhènglóng 正隆 V.P. prosperous; thriving; in the ascendant
zhènglù(r) 正路(儿) N. right way/course
zhěngluàntào 整乱套[-亂-] F.E. <topo.> cause commotion/trouble
zhènglüè 政略 N. political strategy
zhēnglùn* 争论[爭-] N./V. controvert; dispute
[1]**zhènglùn** 政论 N. political comment
[2]**zhènglùn** 正论 N. correct view; sound statement
zhēnglùn bùxiū 争论不休[爭-] V.P. argue endlessly
zhènglùnjiā 政论家 N. political commentator/writer M: [2]wèi
zhènglùnwén 政论文 N. political essay M: [1]piān
zhēnglùn wèntí 争论问题[爭-] N. controversial issue
zhēngmǎ 征马 N. battle steed; war horse
zhěngmǎilíngmài 整买零卖[-買-賣] F.E. buy wholesale and sell retail
zhēngmāodiūniú 争猫丢牛[爭貓-] ID. seek small gains but incur big losses
zhèngmén(r) 正门(儿) N. main entrance
zhèngmiàn(r) 正面(儿) N. ① obverse/right side ② front; facade ♦ATTR. positive ♦ADV. directly; openly
zhèngmiàn gōngjī 正面攻击[-擊] N. frontal attack
zhèngmiàn jiàoyù 正面教育 N. education by positive example
zhèngmiàn jīngyàn 正面经验[-經-] N. positive experience
zhèngmiàn rénwù 正面人物 N. positive character
zhèngmiàntú 正面图[-圖] N. front view; elevation;obverse M: [1]zhāng
zhèngmiàn zhìcái 正面制裁 N. positive sanction
zhēng miànzi 争面子[爭-] V.O. try to win credit/honor
zhēngmín 烝民 N. <wr.> people; masses
[1]**zhēngmíng** 争鸣[爭-] V. contend
[2]**zhēngmíng** 争名[爭-] V.O. strive for fame
[1]**zhèngmíng*** 证明[證-] V. prove; testify; bear out ♦N. certificate; identification; testimonial; proof
[2]**zhèngmíng** 正名 N. <wr.> ① right name ② rectification of names/terms
[1]**zhèngmìng** 挣命[掙-] V.O. fight for one's life
[2]**zhèngmìng** 正命 N. natural death
zhèngmíng chūlai 证明出来[證-] R.V. prove; testify
zhēngmíngduólì 争名夺利[爭-奪-] F.E. strive for fame and wealth
zhèngmíngshū 证明书[證-書] N. certificate; testimonial M: [1]zhāng
zhèngmíngwán 证明完[證-] R.V. <log./math.> quod erat demonstrandum (Q.E.D.)
zhèngmíngwéijiǎ 证明为假[證-] F.E. falsification
zhèngmíng wénjiàn 证明文件[證-] N. certificate; credential
zhèngmíngxìn 证明信[證-] N. certificate M: [2]fēng
zhèngmíngzéshí 正名责实[-實] F.E. call a thing by its right name
zhěng mín yú shuǐ-huǒ zhīzhōng 拯民于水火之中[--於----] F.E. deliver the people from extreme sufferings
zhēngmo 蒸馍 N. <topo.> steamed bun
[1]**zhēngmù** 征募[徵-] V. enlist; recruit
[2]**zhēngmù** 睁目[睜-] N. glaring eyes
zhēngmùnùméi 睁目怒眉[睜-] F.E. dart fierce looks of hate
zhēngmùyóu 蒸木油 N. creosote
zhēngnài 争奈[爭-] CONJ. <trad.> ① nevertheless ② unfortunately
zhèngnán 正南 P.W. due south
zhēngnào 争闹[爭鬧] V. quarrel
zhěngnián 整年 N. the whole year
zhěngnìjiùwēi 拯溺救危 F.E. assist the weak and oppressed
zhēngníng 狰狞[猙獰] V.P. ferocious; savage
zhēngníngmiànmù 狰狞面目[猙獰-] *See miànmùzhēngníng*
zhēngōng* 针工 N. needlework
zhènggōng 震宫[-宮] P.W. palace of a prince
zhēn gōngfu 真功夫 N. true skill/accomplishment
zhèngōngsuǒ 镇公所 P.W. town hall; townhouse M: [1]suǒ
zhèngpāi 正拍 N. <sport> forehand
zhèngpái(r) 正牌(儿) N. original/real thing/brand
[1]**zhèngpài*** 正派 S.V. upright; honest; decent ♦N. legitimate descendant
[2]**zhèngpài** 政派 N. political grouping/faction
zhèngpàirén 正派人 N. a decent person
zhèngpái Wáng Mázi 正牌王麻子 ID. <coll.> the real McCoy; genuine article
zhēngpèi 征旆 N. <trad.> military standards for troops marching to war
zhěngpèi* 整旆 V. set out; begin a journey
zhèngpèng 正碰 N. direct impact; head-on collision
zhēngpì 征辟[徵-] V.O. appoint *See also zhēngbì*
zhěngpī* 整批 N. ① the whole of a number of things/people ② batch bulk
zhěngpiàn 整片 N. the whole stretch
zhèngpiān 正偏 ATTR. positively biased
zhèngpiàn* 正片 N. ① (photo) positive ② (film) copy ③ feature film
zhèngpiānr 正片儿 N. <coll.> *See zhèngpiàn*
zhěngpī chǔlǐ 整批处理[--處-] N. <comp.> batch (data) processing
zhēngpìn 征聘[徵-] V. advertise for (a teacher/etc.); solicit a competent person for a vacancy
zhèngpǐn* 正品 N. certified/quality products/goods
zhēngpìnlán 征聘栏[徵-欄] N. want ads; job listing
[1]**zhēngqǐ** 争起[爭-] R.V. argue; dispute
[2]**zhèngqǐ** 挣起[掙-] R.V. struggle to get up
[3]**zhēngqǐ** 睁起[睜-] R.V. open one's eyes wide; glare
[1]**zhēngqì** 蒸汽/气[-氣] N. steam
[2]**zhēngqì** 蒸气[-氣] N. <phy.> vapor; steam
[3]**zhēngqì** 争气[爭氣] V.O. fight to excel ***Nǐ yào gěi Zhōngguórén ~.*** You should win credit for the Chinese people. ♦N. combative spirit
zhěngqí* 整齐[-齊] S.V. ① in good order; neat; tidy ② even; regular ③ well-balanced
zhèngqī 正妻 N. one's legal wife
zhèngqǐ 政企 N. government administration versus business enterprise
zhèngqì 正气[-氣] N. ① healthy atmosphere/tendency ② righteousness ③ <Ch. med.> vital energy
zhēngqiān 征迁[-遷] V. relocate local residents
zhěngqián 整钱[-錢] N. round sum of money
zhèngqián* 挣钱[掙錢] V.O. earn/make money
zhèngqiánfāng 正前方 P.W. ① place straight ahead ② dead ahead; right ahead
zhēngqiāng 铮锵[錚鏘] N. clang

zhēngqiáng* 争强[爭強] V.O. compete for supremacy

zhēngqiǎng 争抢[爭搶] V. scramble for

zhēngqiángdòushèng 争强斗胜[爭強鬥勝] F.E. fight for the leading role

zhēngqiánghàoshèng 争强好胜[爭強-勝] F.E. compete for supremacy; extremely competitive by nature

zhèngqiánhúkǒu 挣钱糊口[掙錢-] F.E. earn one's livelihood

zhèngqiáo 正桥[-橋] N. the main structure of a bridge

zhèngqiǎo* 正巧 ADV. by a happy chance; at just the right time

zhèngqǐbùfēn 政企不分 F.E. integration of government administration and enterprise management

zhēngqì chǎnshēngqì 蒸汽产生器[--產--] N. steam generator M: 1tái

zhēngqìchuán 蒸汽船 N. steamer (boat) M: 1sōu

zhēngqìchuí 蒸汽锤 N. steam hammer

zhēngqídòuyàn 争奇斗艳[爭-鬥艷] F.E. ① vie with each other for glamor (of flowers/etc.) ② contend in beauty and fascination

zhèngqiē 正切 N. *<math.>* tangent

zhēngqì fādòngjī 蒸汽发动机[--發動-] N. steam engine

zhèng-qǐ fēngōng 政企分工 N. division of work between government and enterprises

zhèngqǐfēnlí 政企分离[-離] F.E. separate government administration from enterprise management

zhēngqìguō 蒸汽锅[-鍋] N. boiler

zhēngqì guōlú 蒸汽锅炉[-鍋爐] N. steam boiler M: 1tái

zhèng-qǐ héyī 政企合一 V.P. merge government administration with enterprise management

zhěngqíhuā 整齐花[-齊-] N. *<bot.>* regular flower

zhěngqíhuàyī 整齐划一[-齊劃-] F.E. be adjusted to uniformity (of weights and measures)

zhēngqìjī* 蒸汽机 N. steam engine M: 1tái

zhēngqìjì 蒸气计[-氣-] N. vaporimeter

zhèngqìlǐnrán 正气凛然[-氣凜-] F.E. awe-inspiring righteousness

zhèngqǐn 正寝[-寢] N. ① main bedroom in a house ② final rest

zhèngqíng 政情 N. political situation

zhèngqìshàngshēng 正气上升[-氣--] F.E. a healthy atmosphere prevails

zhēngqiú 征求[徵-] V. solicit; seek

zhēngqiúdiǎn 争球点[爭-點] N. *<sport>* face-off spot

zhēngqiú dìnghù 征求订户[徵-] V.O. solicit subscriptions

zhēngqiú huìyuán 征求会员[徵-] V.O. recruit/enlist members; canvass for members

zhēngqiúquān 争球圈[爭-] N. *<sport>* face-off circle

zhēngqiú yìjiàn 征求意见[徵-] V.O. solicit others' views; seek opinions

zhēngqiú yìjiàn běn 征求意见本[徵-] N. trial edition

zhēngqì wōlú 蒸气涡炉[-氣渦爐] N. steam turbine

zhēngqìyù 蒸汽浴 N. steam/Turkish bath; sauna

zhēngqì yùndǒu 蒸汽熨斗 N. steam iron

zhēngqì yùshì 蒸汽浴室 P.W. sauna; steam room M: 1jiān

zhèng-qǐ zhízé fēnkāi 政企职责分开[--職--開] V.P. separate government and enterprise functions

zhēngqìzhuàng 蒸汽状[-狀] ATTR. vaporous

zhēngqǔ* 争取[爭-] V. strive/fight/compete for

zhēngqù 蒸去 V. evaporate; steam

zhèngqǔ 正取 V. be formally admitted (of students/etc. contrasted with alternative candidates); officially enroll

zhēngquán 争权[爭權] V.O. fight for power

zhèngquán 政权[-權] N. political/state power; regime

zhèngquàn* 证券[證-] N. negotiable securities

zhēngquánduólì 争权夺利[爭權奪-] F.E. scramble for power and wealth

zhēngquánduówèi 争权夺位[爭權奪-] F.E. strive for power and position

zhèngquàn jiāoyì 证券交易[證-] N. securities trading

zhèngquàn jiāoyìsuǒ 证券交易所[證-] P.W. stock exchange/market M: 1suǒ

zhèngquán jīguān 政权机关[-權-關] P.W. organs of state/political power

zhèngquàn jīngjì 证券经济[證-經濟] N. brokerage services

zhèngquàn jīngjìrén 证券经纪人[證-經--] N. bill/stock broker

zhēngquánqīngyà 争权倾轧[爭權-] F.E. struggle for power among themselves

zhèngquànshāng 证券商[證-] N. stockbroker M: 2wèi

zhèngquàn shìchǎng 证券市场[證-場] P.W. stock market

zhēngqǔdào 争取到[爭-] R.V. win over

zhèngqū dìtú 政区地图[-區-圖] N. administrative map M: 1zhāng

zhēngquè 征榷[徵-] N. tax and monopoly (of liquor/tobacco/etc.)

zhèngquè* 正确[-確] S.V. correct; right; proper

zhèngquèdù 正确度[-確-] N. accuracy

zhèngquè wúwù 正确无误[-確--] V.P. be right on the beam

zhèngquèxìng 正确性[-確-] N. correctness; validity

zhèngqǔshēng 正取生 N. formally admitted student

zhēngqǔ shíjiān 争取时间[爭-時-] V.O. race/work against time

zhēngqǔ shuōfú 争取说服[爭-] V.P. direct propaganda at sb. to win him over

zhèngqūtú 政区图[-區圖] N. administrative map M: 1zhāng

zhēngqǔ xuǎnpiào 争取选票[爭-選-] V.O. canvass for votes

zhēngqǔ zhǔdòng 争取主动[爭-動] V.O. take the initiative

zhěngr 整儿 N. *<topo.>* whole/integral amount *còu ge* ~ round out

zhèngrbājīng 正儿八经[-經] V.P. *<coll.>* ① real ② of good quality ③ serious; earnest

zhēngrè 蒸热[-熱] V. warm up by steaming (of food); steam

zhēngrén 征人 N. *<trad.>* ① a traveler on a long journey ② a soldier sent on an expedition

zhěngrén 整人 V.O. ① fix sb.; make sb. suffer ② persecute others

1zhèngrén* 证人[證-] N. witness M: 2wèi

2zhèngrén 正人 N. honest/loyal man; gentleman

zhèngrèn 证认[證認] N. *<law>* identification

zhèngrén jūnzǐ 正人君子 N. ① man of honor; gentleman ② a decent person

zhèngrénmǎilǚ 郑人买履[鄭-買-] ID. ① dogmatism ② dogmatist

zhèngrénxí 证人席[證-] N. *<law>* witness box/stand

zhèngrén xiān lǜjǐ 正人先律己 F.E. set a good example with one's own conduct

zhěngrì 整日 N. whole day; all day long

zhěngrìjia 整日价[-價] N. the whole day; all day

zhěngrìzhěngyè 整日整夜 F.E. whole day and night

1zhēngróng 峥嵘[崢嶸] V.P. ① lofty and steep; towering ② outstanding; extraordinary ③ deep (of a chasm) ④ glacial

2zhēngróng 蒸融 V. melt by steaming

zhěngróng* 整容 V.O. ① spruce up ② have a haircut have a face-lift

zhěngróngshì 整容室 P.W. beauty salon/parlor M: 1jiān

zhěngróngshù 整容术[-術] N. cosmetic operation

zhēngróngsuìyuè 峥嵘岁月[崢嶸歲-] F.E. ① memorable years ② months and years of hard struggles

zhěngróng wàikē 整容外科 N. plastic/vanity surgery

zhēngróngxuānjùn 峥嵘轩峻[崢嶸-] F.E. be in perfect condition and undiminished splendor

zhěngróng yīshēng 整容医生[--醫-] N. plastic surgeon M: 2wèi

zhēngrù 蒸溽 V.P. steaming (of summer heat); sultry

zhèngrú* 正如 V.P. be just like/as; be exactly as

zhēngsài 争赛[爭-] V. compete; match

zhèngsānjiǎoxíng 正三角形 N. *<math.>* equilateral triangle

zhèngsè 正色 N. ① fundamental colors ② stern countenance ♦V.O. adopt a stern countenance

zhèngsèlìshēng 正色厉声[-厲聲] F.E. with a severe countenance and a harsh voice

zhēngshāchéngfàn 蒸沙成饭 ID. hopeless task

zhèng-shāng 政商 N. government and business

zhèngshāngyù 正商誉[-譽] N. *<acct.>* positive goodwill

zhèngshǎohuāduō 挣少花多[掙-] F.E. live beyond one's means

zhěngshè 整社 V.O. *<PRC>* rectify cooperatives

zhèng-shè fēnkāi 政社分开[-開] V.P. separate government administration from commune management

zhèng-shè héyī 政社合一 V.P. *<pol.>* integration of governmental administration and commune management

zhèngshēn* 正身 N. ① one's own/real person ② in person; not by proxy ③ identity

zhèng-shěn 政审[-審] AB. *<PRC>* *zhengzhi shencha*

zhēngshèng 争胜[爭勝] V.O. compete for first place or the upper hand

1zhèngshēng* 正声[-聲] N. *<lg.>* ① correct pronunciation ② basic sounds ③ the five classes of initials (labials, dentals, alveolars, laterals, and glottals)

2zhèngshēng 政声[-聲] N. *<trad.>* an official's reputation for administration

3zhèngshēng 正生 N. *<opera>* main male role

Zhèngshēng 郑声[鄭聲] N. *<mus.>* ① Zheng (Zhou-dynasty) airs ② languorous music

zhèngshèngxiéshuāi 正盛邪衰 F.E. Good rises and evil falls.

zhèngshénr 怔神儿 V.O. *<topo.>* stare blankly; be in a daze

zhēngshí 蒸食 N. steamed wheaten foods

zhēngshī 征诗[徵-] V.O. ask another for a poem

zhēngshí 征实[徵實] V. impose levies in kind

zhēngshì 征士[徵-] V.O./N. a man of learning and virtue who refuses the emperor's call to service

1zhěngshì 整式 N. *<math.>* integral expression

2zhěngshì 整饰 V. renovate and decorate

1zhèngshí 证实[證實] V. confirm; verify

2zhèngshí 正时[-時] N. correct timing/time

zhèngshǐ 正史 N. standard/authorized history

1zhèngshì* 正式 S.V. ① formal (of actions/speeches/etc.) ② official; regular ③ *<lg.>* final

2zhèngshì 正是 V.P. be exactly/precisely

3zhèngshì 正视 V. face squarely ~ *zìjǐ de zérèn* face up to one's responsibilities

4zhèngshì 政事 N. government affairs

5zhèngshì(r) 正事(儿) N. one's proper duty/business M: 2jiàn

6zhèngshì 正室 N. *<trad.>* ① legal wife ② wife's eldest son; inheritor

zhèngshì cāozuò jiēduàn 正式操作阶段[----階-] N. *<lg.>* formal operation stage

zhèngshì chádiǎn 正式茶点[-點] N. high tea

zhèngshì chéngrèn 正式承认[-認] *<law>* V. be duly admitted ♦N. due admittance

zhèngshì chéngyuán 正式成员 N. full-scale members; full member

zhèngshì dìwèi 正式地位 N. formal status

Z

zhèngshì fānyì 正式翻译[-譯] N. <*lg.*> formal translation
zhèngshì jiégòu 正式结构[-構] N. formal structure
zhèngshìshēng 正式生 N. regular student
zhèngshì shòuquán 正式授权[-權] V. duly authorize ♦N. due authorization
zhèngshìtú 正视图[-圖] N. <*mach.*> front view; elevation M: [1]*zhāng*
zhèngshì wénběn 正式文本 N. official text
zhèngshì wéntǐ 正式文体[-體] N. <*lg.*> formal level of speech
zhèngshìxìn 正式信 N. epistle M: [2]*fēng*
zhèngshì yányǔ 正式言语 N. formal speech
zhèngshì Yīngyǔ 正式英语 N. <*lg.*> formal English
zhèngshí yíwènjù 证实疑问句[證實-] N. <*lg.*> confirmative question
zhèngshì yǔyán 正式语言 N. <*lg.*> formal language
zhèngshì yǔyù 正式语域 N. <*lg.*> official register
zhēngshōu* 征收[徵-] V. levy; collect (taxes/etc.)
zhěngshòu 整寿[-壽] N. advanced age in round decades (e.g., 80/90)
zhèngshǒu 正手 N. <*sport*> forehand
zhèngshǒu chōuqiú 正手抽球 N. forehand drive (in table-tennis)
zhēngshōu guānlì 征收官吏[徵-] N. tax collector
zhēngshōu jīguān 征收机关[徵-關] P.W. government revenue collecting office
[1]**zhēngshǔ** 征属[徵屬] N. dependents of conscripts/servicemen *See also zhēngzhǔ*
[2]**zhēngshǔ** 蒸暑 N. steaming heat (in summer)
zhēngshù 蒸庶 ID. <*wr.*> the people; the populace
zhěngshù(r) 整数(儿)[-數-] N. ① <*math.*> integer; whole number ②round number/figure
[1]**zhèngshū*** 证书[證書] N. certificate; credentials M: [1]*zhāng*
[2]**zhèngshū** 正书[-書] N. regular script
[3]**zhèngshū** 政枢[-樞] N. core of a regime
zhèngshù 正数[-數] N. <*math.*> positive number
zhēngshuì* 征税[徵-] V.O. levy/collect taxes
zhèngshuì 正税 N. regular tax
zhēngshuì huòwù 征税货物[徵-] N. dutiable goods
zhēngshuì jīchǔ 征税基础[徵-礎] N. tax base
zhèngshuò 正朔 N. first day of the first lunar month
zhěngshù yùsuàn 整数预算[-數--] N. <*acct.*> lump-sum budget
zhěngsǐ* 整死 R.V. persecute severely (or to death)
zhèngsì 正似 V.P. just like; just as
zhèngsìbiānxíng 正四边形[--邊-] N. regular quadrilateral
zhèngsìmiàntǐ 正四面体[--體] N. regular tetrahedron
zhēngsòng* 争讼[爭-] V.O. contest a lawsuit
zhèngsòng 诤讼[諍-] V.O. contest a lawsuit
zhēngsū 蒸酥 R.V. make soft by steaming
zhěngsù* 整肃[-肅] S.V. strict; rigid ♦V. ①purge ②rectify; consolidate
zhěngsù jìlǜ 整肃纪律[-肅--] V.O. strengthen/enforce discipline
zhèngtài fēnbù 正态分布[-態--] N. normal distribution (in statistics)
zhèngtán 政坛[-壇] P.W. political circles
zhèngtáng 正堂 P.W. ① main room M: [1]*jiān* ② <*trad.*> ⓐ government office ⓑ magistrate
zhēngtǎo* 征讨 V. mount a punitive expedition
zhěngtào 整套 N. complete/whole set
zhěngtào shíxítí 整套实习题[--實習-] N. <*acct.*> practice set
zhēngténg 蒸腾 V. rise (of steam)
zhěngtǐ* 整体[-體] N. whole; entirety
zhèngtí 正题 N. ① main topic ② <*phil.*> thesis
[1]**zhèngtǐ** 政体[-體] N. system/form of government
[2]**zhèngtǐ** 正体[-體] N. ①standard form ②block letter *See also zhèngtǐzì*
zhěngtiān 整天 N. ① the whole day; all day (long) ② day after day; always
zhěngtiānji 整天际[-際] <*topo.*> the whole day; all day (long)
zhěngtiānjie 整天价/家[-價] N. <*topo.*> the whole day; all day (long)
zhěngtiānzhěngyè 整天整夜 F.E. day and night
zhēng tiāo zhòngdàn 争挑重担[爭-擔] V.P. step forward to be the first to carry heavy loads
zhěngtǐ cuòwù 整体错误[-體--] N. global error
zhěngtǐfǎ 整体法[-體-] N. <*lg.*> holistic approach
zhěngtǐ guānniàn 整体观念[-體觀-] N. <*Ch. med.*> an organic conception of the human body
zhěngtǐ guīhuà 整体规划[-體-劃] N. corporate planning
zhěngtǐhuà 整体化[-體-] V. integrate ♦N. integration
zhěngtǐ jiégòu 整体结构[-體-構] N. the overall pattern/framework
zhěngtǐ jiégòufǎ 整体结构法[-體-構-] N. <*lg.*> structural global method
zhèngtīng 正厅[-廳] P.W. ① main (central) hall M: [1]*jiān* ② <*thea.*> stalls
zhěngtǐshì 整体式[-體-] ATTR. unitary
zhěngtǐ wèn-dátí 整体问答题[-體---] N. <*lg.*> global question
zhěngtǐxìng fānyì 整体性翻译[-體--譯] N. <*lg.*> holistic translation
zhěngtǐyǔ 整体语[-體-] N. <*lg.*> holophrase
zhèngtǐzì 正体字[-體-] N. ① standard form of Chinese characters ② regular script ③ block letter ④ standard character
zhèngtōng 政通 V.P. government is good
zhèngtǒng* 正统 N. ① orthodox ideas/tradition ② standard line of succession ♦ATTR. orthodox; authorized; classical
zhèngtǒng guānniàn 正统观念[--觀-] N. orthodox ideas
zhèngtǒngpài 正统派 N. orthodox party/school
zhèngtōngrénhé 政通人和 F.E. The country enjoys a good government and support of the people.
zhèngtǒng sīxiǎng 正统思想 N. orthodox ideas
zhèngtóu xiāngzhǔ 正头香主 N. one's male heirs
zhèngtóuyǐng 正投影 N. orthographic projection
zhēngtú* 征途 N. journey
zhèngtú 正途 N. right/proper course
zhěngtuán(r) 整团(儿)[-團-] N. the whole lump/mass of sth.
zhěngtūn 整吞 V. swallow whole
zhěngtuō 整托 V. put one's child in a boarding nursery
zhèngtuō* 挣脱[掙-] V. throw off
zhèngtuō jiāsuǒ 挣脱枷锁[掙-] V.O. throw off the shackles
zhēngū(r) 针箍(儿) N. <*topo.*> thimble
zhēngǔ 砧骨 N. <*phys.*> incus; anvil
zhēngù 贞固 V. stick to righteousness and virtue
zhěngǔ* 枕骨 N. <*phys.*> occiput; occipital bone
zhèngǔ 振古 V.P. from ancient times
zhēnguài 珍怪 N. ①rarity ②strange happening
zhēnguān* 真官 N. functionary in the world of immortals
zhènguān 震矜 V.P. <*wr.*> self-satisfied
zhēnguī 箴规 N. warnings; admonitions ♦V. admonish; exhort
zhēnguì* 珍贵 S.V. valuable; precious
[1]**zhēnguǒ** 榛果 N. filbert M: [1]*kē*
[2]**zhēnguǒ** 真果 N. <*bot.*> true fruit
zhèngǔshuòjīn 震古烁/铄今[--爍/鑠-] F.E. earthshaking
zhèngǔ yǐlái 振古以来 V.P. since ancient times
zhěngwánle 整完了 V.P. <*coll.*> ① did in; overthrew ② finished repairing or putting to rights
zhèngwěi* 政委 N. political commissar
[1]**zhèngwèi** 正味 N. made by time-tested recipe
[2]**zhèngwèi(r)** 正位(儿) N. ① seat/position of chairperson ② principal seat; seat of honor
zhèngwěihuì 政委会 P.W. political committee
Zhèng-Wèi zhī yīn 郑卫之音[鄭衛-] N. decadent music
zhēngwén 征文[徵-] V.O. ① solicit articles ② cite a text in support
zhèngwén(r)* 正文(儿) N. main body (of a book/etc.); text
zhēngwén qǐshì 征文启事[徵-啟-] N. notice soliciting contributions for a special issue, etc.
zhèngwén wénběn 正文文本 N. <*comp.*> main text
zhèngwū 正屋 P.W. central/main room M: [1]*jiān*
zhèngwǔ 正午 N. high noon
[1]**zhèngwù*** 政务[-務] P.W. government affairs/administration
[2]**zhèngwù** 证物[證-] N. <*law*> exhibit (produced as evidence) M: [2]*jiàn*
[3]**zhèngwù** 正误 V.O. correct (typographical) errors ♦ATTR. true-false
zhèngwǔbiānxíng 正五边形[--邊-] N. regular pentagon
zhèngwùbiǎo 正误表 N. errata; corrigenda M: [1]*zhāng*
zhèngwùguān 政务官[-務-] N. high civil servants M: [2]*wèi*
zhèngwù pànduàntí 正误判断题[---斷-] N. <*lg.*> true-false item
zhèngwù pànduànxiàng 正误判断项[---斷-] N. <*lg.*> true-false item
zhèngwù wěiyuán 政务委员[-務--] N. member of the state administrative council M: [2]*wèi*
zhèngwùyuàn 政务院[-務-] P.W. state administrative council
zhēngxí 争席[爭-] V.O. contend for a seat
zhèngxī 正西 P.W. due west
zhèngxí* 正席 N. table of honor in a grand feast
zhēngxiān* 争先[爭-] V.O. vie to be first to do sth.
zhèngxián 正弦 N. <*math.*> sine
zhèngxiàn 正献[-獻] N. ①ceremony of offering sacrifices in the main hall ② chief in such a ceremony
zhèngxiánbō 正弦波 N. <*math.*> sine wave
zhēngxiāng* 争相[爭-] AUX. vie with each other to. . .
zhēngxiàng 征象[徵-] N. sign; symptom
[1]**zhèngxiàng** 正象 V.P. be just like
[2]**zhèngxiàng** 正向 N. <*elec.*> forward direction
[3]**zhèngxiàng** 正项 N. <*math.*> positive term
[4]**zhèngxiàng** 挣项[掙-] N. income
zhèngxiāngfǎn 正相反 V.P. quite the reverse
zhèngxiāngfǎnduì de 正相反对的[---對-] ATTR. antithetical
zhēngxiānggòumǎi 争相购买[爭-購買] F.E. fall over each other in eagerness to buy
zhèngxiāngguān 正相关[-關] N. positive correlation
zhèngxiànghòu 正向后 P.W. astern
zhēngxiāngluózhì 争相罗致[爭-羅-] F.E. compete for the service of (a capable person)
zhèngxiàng qiánghuà 正向强化[--強-] N. <*psy.*> positive reinforcement
zhèngxiāngsì 正相似 N. direct analogy
zhèngxiàng zhuǎnyí 正向转移[--轉-] N. <*lg.*> positive transfer
zhēngxiānkǒnghòu 争先恐后[爭-後] F.E. vie to be first
zhēng xiánqì 争闲气[爭-氣] V.O. become angry/jealous over trifles
Zhèng-Xié 政协[-協] P.W. Chinese People's Political Consultative Conference (CPPCC)
zhèngxiě cídiǎn 正写词典[-寫--] N. orthographical dictionary
zhèngxiěfǎ 正写法[-寫-] N. <*lg.*> orthography

zhēngxìn 征信[徵-] N. financial statement of income and expenditure of a foundation, etc.
zhèngxīn* 正心 A.T. rectification of oneself
zhēngxìn bùmén 征信部门[徵-] P.W. credit department
zhěngxíng 整形 <med.> N. ① plastic surgery ***Zhè cì de ~ bù chénggōng.*** The plastic surgery wasn't successful this time. ② orthopedics ♦V.O. perform/have plastic surgery ***zhěngguò xíng zhīhòu*** after plastic surgery
zhěngxíng shǒushù 整形手术[-術] N. plastic surgical operation/procedure
zhěngxíngshù 整形术[-術] N. plastic surgery
zhěngxíng wàikē 整形外科 N. plastic surgery
zhēngxìnlù 征信录[徵-錄] N. report on financial management
zhēngxìnshè 征信社[徵-] P.W. credit-information bureau M: [1]*jiā*
zhēngxìnsuǒ 征信所[徵-] P.W. credit-information bureau M: [1]*jiā*
zhēngxióng* 争雄[爭-] V.O. strive for supremacy
zhèngxiōng 正凶 N. <*law*> principal murderer
zhěngxiū* 整修 V. renovate; recondition
zhěngxiǔ(r) 整宿(儿) N. all night
zhěngxù* 拯恤 V. save and help (refugees/etc.)
zhèngxū 正虚[-虛] N. weakened body resistance
zhèngxuǎn duìyuán 正选队员[-選隊-] N. regular member of a sports team (i.e., not an alternate) M: [1]*míng*
zhèngxué 正学 N. orthodox learning
zhèngxuéxì 政学系 P.W. political science department
zhēngxún* 征询[徵-] V. consult; solicit opinion
zhěngxùn 整训 V. train and consolidate (troops)
zhèngxùn 政训 N. political indoctrination
zhēngxùn wènjù 征讯问句[徵-] N. <*lg.*> information-seeking question
zhēngxún yāoqiú 征询要求[徵-] N. request for references
zhēngyán 争妍[爭-] V.O. contend in beauty
zhēngyǎn* 睁眼[睜-] V.O. open the eyes
zhēngyàn 争艳[爭艷] V.O. contend in beauty and brightness
[1]**zhèngyán** 诤言[諍-] N. <*wr.*> forthright admonition
[2]**zhèngyán** 证言[證-] N. ① deposition ② testimony
[3]**zhèngyán** 正言 N. wholesome talk
[4]**zhèngyán** 正盐[-鹽] N. normal salt
zhèngyǎn 正眼 V.O. set one's eyes straight ahead
zhèngyàn 证验[證-] V. verify ♦N. real results; efficacy
zhēngyǎn bù guǎn 睁眼不管[睜-] V.P. look on unconcerned
zhēngyándòuyàn 争妍斗艳[爭-鬥艷] F.E. contend in beauty and appeal
zhēngyǎn'érshuì 睁眼而睡[睜-] V.P. sleep with one's eyes open
zhèngyánlìsè 正颜厉色[--厲-] F.E. look serious and severe; be stern
zhēngyǎnxiā(zi) 睁眼瞎(子)[睜-] N. ①illiterate person ② a blind person with eyes wide open
[1]**zhèngyào** 政要 N. ① government platform ② government VIPs
[2]**zhèngyào** 正要 V.P. be just about to
zhèngyáxué 正牙学 N. ① orthodox learning ② orthodontics
zhěngyè 整夜 N. whole night; all night long
zhèngyè* 正业[-業] N. ① regular occupation; proper duties ② an honest occupation
zhēngyī 征衣 N. ①traveling clothes ②warrior's costume M: [2]*jiàn*
zhēngyì 争议[爭議] V./N. dispute; controversy
zhěngyī 整衣 V.O. adjust one's clothes
[1]**zhèngyì*** 正义[-義] N. ① justice ② orthodox/rectified interpretation (of ancient texts) ♦ATTR. just; righteous
[2]**zhèngyì** 正译[-譯] N. <*lg.*> correct translation
zhèngyìgǎn 正义感[-義-] N. ①sense of justice/righteousness ② a sense of what is right

zhěng yīguān 整衣冠 V.O. adjust one's hat and dress
zhēng yī kǒu qì 争一口气[爭-氣] V.O. strive for vindication; struggle to prove one's worth
zhèngyìlǐnrán 正义凛然[-義凜-] F.E. awe-inspiring righteousness
zhèngyìmíngdào 正义明道[-義--] F.E. upright friendliness and bright virtue
zhēngyǐn* 征引[徵-] V. ① quote; cite ② recommend a person (for a job/etc.) ③ cite as evidence; prove
zhèngyīn 正音 V.O. correct pronunciation ♦N. standard pronunciation
zhèngyīn cídiǎn 正音词典 N. orthoepic/pronouncing dictionary
zhèngyīnfǎ 正音法 N. <*lg.*> orthoepy
zhēngyíng 怔营[-營] V.P. <*wr.*> terrified
zhèngyìnglì 正应力[-應-] N. <*phy.*> direct stress
zhèng yīnjiéfèng 正音节缝[--節-] N. <*lg.*> plus juncture
zhèngyīn shūyuàn 正音书院[--書-] P.W. college for correct pronunciation
zhēngyǐn wénxiàn 征引文献[徵-獻] N. bibliography
zhēng yī rì zhī chángduǎn 争一日之长短[爭--] F.E. strive for only temporary superiority
zhèngyìxìng 正义性[-義-] N. sense of justice
zhēng yī yǎn, bì yī yǎn 睁一眼,闭一眼[睜--,---] V.P. turn a blind eye to
zhèngyì zhànzhēng 正义战争[-義戰爭] N. a just war
zhèngyìzhīshī 正义之师[-義-師] N. army dedicated to a just cause
[1]**zhēngyòng*** 征用[徵-] V. commandeer; requisition
[2]**zhēngyòng** 争用[爭-] N. contention
zhèngyòng 正用 N. proper use
zhēngyòngquán 征用权[徵-權] N. <*law*> eminent domain
[1]**zhēngyǒu** 征友[徵-] V.O. advertise for friends
[2]**zhēngyǒu** 争友[爭-] N. honest/frank friend
[1]**zhèngyǒu*** 诤友[諍-] N. <*wr.*> admonitory friend
[2]**zhèngyǒu** 政友 N. political partisan/sympathizer
zhēngyù 蒸郁[-鬱] N. rising of steam/vapor
zhēngyuán 睁圆[睜-] R.V. open wide (of eyes)
zhēng yuánliào 争原料[爭-] V.O. compete for raw materials
zhèngyuànr 正院儿 P.W. main courtyard
zhěng yuànzi 整院子 V.O. straighten out the yard ♦N. the whole courtyard
zhēngyuè* 正月 N. first month of the lunar year
zhěngyuè 整月 N. whole month
zhèngzài 正在 V.P. be in the process/course of; exactly at (a position/etc.)
zhèngzài guǎngbō 正在广播[--廣-] V.P. be on the air
zhèngzài jìnxíng 正在进行[--進-] V.P. be in progress ♦ATTR. <*lg.*> progressive
zhèngzàijìnxíng-shí 正在进行时[--進-時] N. <*lg.*> progressive aspect
zhèngzàijìnxíng-shì 正在进行式[--進--] N. <*lg.*> progressive form
zhèngzài xīngqǐ 正在兴起[--興-] V.P. on the upsurge; on the rise
zhèngzé 正则 N. proper way/method ♦V. adjust rules/regulations/etc.
zhēngzhá 挣扎[掙-] V. struggle
[1]**zhēngzhàn** 征战[-戰] V.O. ①go on a campaign ② send out a punitive expedition to overthrow a tyrant or quell a rebellion
[2]**zhēngzhàn** 争战[爭戰] V. fight
zhēngzhǎng 争长[爭-] V.O. vie for first place *See also zhēngcháng*
[1]**zhèngzhāng*** 证章[證-] N. badge
[2]**zhèngzhāng** 正张 N. important pages of a newspaper
[1]**zhēngzhào*** 征兆[徵-] N. sign; omen; portent
[2]**zhēngzhào** 征召[徵-] V. ① draft; conscript ② <*wr.*> appoint to official position

zhèngzháo 正着[-著] V.P. right into, onto, up to sth.
zhēngzhàorùwǔ 征召入伍[徵-] F.E. enlist in the army
zhēngzhe* 争着[爭著] V.P. compete
zhèngzhé 正辙 N. right track/path
[1]**zhēngzhēng** 铮铮[錚錚] ON. clank; clang ♦R.F. incorruptible; upright
[2]**zhēngzhēng** 蒸蒸 R.F. ① rising and flourishing ② sincere and filial
[3]**zhēngzhēng** 丁丁 ON. <*wr.*> clang; clank
zhěngzhěng(r)* 整整(儿) R.F. ① whole; full ② exactly
zhèngzhèng 怔怔 R.F. <*topo.*> blankly; dazedly
zhèngzhengjīngjīng 正正经经[-經經] R.F. in a formal/serious manner; in earnest; on the straight
zhèngzhèngpàipài 正正派派 R.F. upright (of behavior/etc.)
zhěngzhěngqíqí 整整齐齐[-齊齊] R.F. neatly arranged; tidy; be arranged to a nicety
zhèngzhèngr 正正儿 R.F. upright; vertical
zhēngzhēngrìshàng 蒸蒸日上 F.E. flourish; thrive
zhèngzhěngshù 正整数[-數] N. positive integer
zhēngzhe yǎnjing shuō xiāhuà 睁着眼睛说瞎话[睜著-] V.P. tell a bare-faced lie
zhēngzhí 争执[爭執] V. argue opinionatedly; wrangle; dispute
zhēngzhì 蒸制[-製] V. <*Ch. med.*> process by steaming
zhěngzhi 整治 V. <*coll.*> fix; deal with a problem ***~ zhuōzi*** fix a table *See also zhěngzhì*
zhěngzhī 整枝 V.O. <*agr.*> train; prune
zhěngzhì 整治 V. ① renovate; repair ② dredge (a river/etc.) ③ punish; discipline ④ do; work at ⑤ prepare; make ready ⑥ arrange; regulate ⑦ deal with a problem or adversary *See also zhěngzhi*
zhèngzhī 正支 N. branch of the eldest son
[1]**zhèngzhí** 正直 S.V. honest; upright; fair-minded
[2]**zhèngzhí** 正值 V.P. just when; just at that time
[3]**zhèngzhí** 正职[-職] N. principal (as opposed to deputy)
[1]**zhèngzhì*** 政治 N. politics; political affairs
[2]**zhèngzhì** 正治 N. <*Ch. med.*> normal/routine treatment
[3]**zhèngzhì** 政制 N. political system
zhèngzhì bèijǐng 政治背景 N. political background
zhēng zhǐbiāo zhēng xiàngmù 争指标争项目[爭-標爭--] F.E. vie with each other for large quotas and more new construction projects
zhèngzhì bìhù 政治庇护[-護] N. political asylum
zhèngzhì bìnàn 政治避难[-難] N. political asylum
zhèngzhì bìnànquán 政治避难权[-難權] N. right of political asylum
zhèngzhìbù 政治部 P.W. political department
zhēngzhíbùxià 争执不下[爭執-] F.E. stick to one's guns
zhèngzhì dàiyù 政治待遇 N. political treatment
zhèngzhì dìlǐxué 政治地理学 N. geopolitics
zhèngzhì dòuzhēng 政治斗争[-鬥爭] N. political struggle
zhèngzhì dúlì 政治独立[--獨-] N. political independence
zhèngzhìfǎ 正治法 N. <*Ch. med.*> method of direct therapy
zhèngzhìfàn 政治犯 N. political prisoner/offender
zhěngzhì fàn-cài 整治饭菜 V.O. prepare food
zhèngzhì fǔdǎoyuán 政治辅导员[---導-] N. <*PRC*> political counselors
zhèngzhì gǎnmào 政治感冒 N. insensitivity regarding the political situation
zhèngzhì gémìng 政治革命 N. political revolution
zhèngzhì gōngzuò 政治工作 N. political work

Z

zhèngzhìguàshuài 政治挂帅[-帥] F.E. politics in command

zhèngzhìjiā 政治家 N. statesman; politician M: [2]wèi

zhèngzhìjiā fēngdù 政治家风度 N. statesmanship

zhèngzhì jiàodǎoyuán 政治教导员[---導-] N. political instructor (of a PLA battalion)

zhèngzhìjiè 政治界 P.W. political circles

zhèngzhì jīngjìxué 政治经济学[--經濟-] N. political economy

zhèngzhì jítuán 政治集团[-團] P.W. political group

zhěngzhì jiǔ-ròu 整治酒肉 V.O. <topo.> prepare liquor to drink and meat to eat

zhèngzhìjú 政治局 P.W. political bureau

zhèngzhì juéwù 政治觉悟[--覺-] N. <pol.> political consciousness

zhèngzhìkè 政治课 N. political class/course M: [2]táng

zhèngzhì lìchǎng 政治立场[-場] N. political stand

zhèngzhì lùxiàn 政治路线 N. <pol.> political line

zhèngzhì miànmù 政治面目 N. political affiliation/background

zhèngzhì piànzi 政治骗子 N. political swindler

zhèngzhì quánlì 政治权利[-權-] N. political rights

zhèngzhì rènwu 政治任务[-務] N. political task

zhèngzhì shang 政治上 P.W. in politics

zhèngzhì shěnchá 政治审查[--審-] N./V.P. check (sb.'s) political background

zhēngzhí shìjiàn 争执事件[爭執-] N. a matter in dispute

zhěngzhìshù 整指数[-數] N. <math.> integral exponent

zhèngzhì sùzhì 政治素质[-質] N. political caliber

zhèngzhì táifēng 政治台风[--颱-] N. political incidents that have great effects on society

zhèngzhì tóunǎo 政治头脑[-腦] N. political savvy

zhèngzhì wěiyuán 政治委员 N. political commissar

zhèngzhì wǔtái 政治舞台[-臺] N. political arena

zhèngzhì xiélǐyuán 政治协理员[--協--] N. political assistant (of a PLA regiment and above)

Zhèngzhì Xiéshāng Huìyì 政治协商会议[--協--議] P.W. Chinese People's Political Consultative Conference (CPPCC)

zhèngzhìxìng 政治性 N. political nature

zhèngzhì xìnyǎng 政治信仰 N. political belief/faith

zhèngzhì xiùjué 政治嗅觉[-覺] N. political intuition

zhèngzhìxué 政治学 N. political science; politics

zhèngzhì xuéxí 政治学习[-習] N. <PRC> political studies

zhēng zhī yǎn, bì zhī yǎn 睁只眼,闭只眼[睜隻-,-隻-] F.E. turn a blind eye

zhèngzhì yèxiào 政治夜校 P.W. <PRC> political night school

zhèngzhì yìyuàn 政治意愿[-願] N. political will

zhèngzhì yìzhì 政治意志 N. political will

zhèngzhì yōngrén 政治庸人 N. a political mediocrity

zhèngzhì yùndòng 政治运动[-運動] N. political movement

zhèngzhìzhàng 政治帐 N. <PRC> weigh political advantages and disadvantages when handling certain matters

zhèngzhì zhǐdǎoyuán 政治指导员[---導-] N. political instructor (of a PLA company)

zhèngzhì zhìdù 政治制度 N. political system

zhěngzhì zhuāngjia 整治庄稼[--莊-] V.O. field management

zhèngzhì zīběn 政治资本 N. <derog.> political capital

zhēngzhōng 怔忪 V.P. <wr.> terrified; panic-stricken

zhèngzhōng 正中 P.W. precise middle; center *See also* [2]zhèngzhòng

[1]zhèngzhòng* 郑重[鄭-] S.V. serious; earnest

[2]zhèngzhòng 正中 V. be just what one hopes for *See also* zhèngzhōng

zhèngzhònggǔdì 正中鹄的 F.E. hit the target

zhèngzhōngjiān 正中间 P.W. precise middle; center

zhèngzhòngqíshì 郑重其事[鄭-] F.E. seriously; in earnest

zhèngzhòngxiàhuái 正中下怀[-懷] F.E. be just what one hopes for

zhèngzhōngyāng 正中央 P.W. center; midpoint

zhèngzhòngyàohài 正中要害 F.E. hit the nail on the head

Zhèngzhōu 郑州[鄭-] P.W. Zhengzhou (capital of Henan)

zhēngzhū 征诛 V. ① exterminate ② send out a punitive expedition to overthrow a tyrant or quell a rebellion

[1]zhēngzhú* 争逐[爭-] V. strive for; scramble for

[2]zhēngzhú 征逐[徵-] V. exchanges of visits/etc.

zhēngzhǔ 征属[-屬] V. subjugate; suppress *See also* [1]zhēngshǔ

zhèngzhuàn 正传[-傳] N. ① main theme ② formal biographical sketch; true story

zhēngzhuàng 征状[徵狀] N. symptom

[1]zhěngzhuāng 整装[-裝] V.O. make oneself ready (for a journey/order/etc.) ♦N. <art> uncut mounting (of scrolls)

[2]zhěngzhuāng 整庄[-莊] V.P. whole; intact; entire

zhèngzhuāng 正装[-裝] N. genuine; possessing acceptable credentials

zhèngzhuàng* 症状[-狀] N. symptom

zhěngzhuāngdàifā 整装待发[-裝-發] F.E. ① ready and waiting ② be ready to start out

zhěngzhuāngdàimìng 整装待命[-裝--] F.E. be ready for orders; be prepared to await further instructions

zhěngzhuāngjiùdào 整装就道[-裝--] F.E. dress up and prepare for a journey

zhēngzhú shēng-sè 征逐声色[徵-聲-] V.O. indulge in women and song

zhèngzì 正字 V.O. correct a wrongly written character or misspelt word ♦N. regular script ♦ATTR. standardized

zhèngzìfǎ 正字法 N. orthography

zhèngzìfǎ cí 正字法词 N. <lg.> orthographic word

zhèngzìfǎ cídiǎn 正字法词典 N. orthographical dictionary M: [1]běn

zhèngzōng 正宗 N. orthodox school ♦S.V. genuine

zhēngzuǐ 争嘴[爭-] V.O. <coll.> ① talk back ② hog food; fight for food ③ quarrel; squabble

zhèngzuǒ 证左[證-] N. witness

[1]zhèngzuò* 正座 N. <thea.> ① central-section seats ② seats in the stalls

[2]zhèngzuò 正坐 V. sit straight

zhēngzuòr 争座儿[爭-] V.O. ① try to occupy a seat ② vie for patrons (of taxis/etc.)

zhènhài 震骇 V.P. shocked; stunned

zhènhán 振寒 N. <med.> shiver

zhènhàn* 震撼 V. shake; shock; vibrate

zhēn hángxiàng 真航向 N. true course/heading

zhènhànlì 震撼力 N. power to rouse

zhènhàn rénxīn 震撼人心 V.O. be stirring/thrilling

zhènhàn zuòyòng 震撼作用 N. power to move

zhēnhé(r)* 针盒(儿) N. box/case for needles

zhènhé 振翮 V.O. spread/flap the wings; be ready to take off

zhènhè 镇吓[-嚇] V. threaten

zhènhégāofēi 振翮高飞[-飛] F.E. flap wings and soar high

zhēnhòu 侦候 V. <mil.> reconnoiter; scout

zhěnhòu* 诊候 V. examine and diagnose; treat (a patient)

zhēnhuà 真话 N. true words; truth M: [1]jù

zhěnhuái 轸怀[-懷] V. sorrowfully cherish the memory of sb.

zhènhūn 震昏 V. shock/jolt into unconsciousness (by explosion/earthquake/etc.)

zhēnhuò 真货 N. authentic product/artwork/etc.

zhēn huójiànguǐ 真活见鬼 F.E. <coll.> This is a hell of a mess!

zhènián 这年[這-] N. (in) this/that particular year

zhè niántou(r) 这年头(儿)[這-] N. <coll.> nowadays

zhèniányuè 这年月[這-] N. <coll.> in these times; nowadays

zhēníbǎn 遮泥板 N. mud guard M: [2]kuài

[1]zhēnjī* 侦缉 V. track down and arrest

[2]zhēnjī 榛鸡[-雞] N. hazel grouse

zhēnjí 针极[-極] N. stylus

[1]zhēnjì 针剂[-劑] N. <med.> injection

[2]zhēnjì 真迹[-跡] N. authentic work (of painting/calligraphy) M: [10]fú

[3]zhēnjì 真际[-際] N. <wr.> reality; truth

zhènjī 赈饥 V. feed the hungry (refugees); relieve the famine

zhènjí 震级 N. magnitude of an earthquake

[1]zhènjì 赈/振济[-濟] V. relieve; aid

[2]zhènjì 震悸 V.P. terrified; shocked

zhēn-jiǎ 真假 N. true and false; genuine and sham

zhēnjiǎmòbiàn 真假莫辨 F.E. not know the real from the false

zhēnjiān(r)* 针尖(儿) N. point of a needle; pinpoint

zhēnjiàn 箴谏 V. admonish; exhort

zhēn jiànguǐ 真见鬼 INTJ. Shiver my timbers!

zhēnjiānr duì màimángr 针尖儿对麦芒儿[---對麥--] ID. <coll.> equally matched

zhēnjiān xiǎo de chàzi 针尖小的岔子 ID. the tiniest mistake

zhēnjiao(r) 针脚(儿)[-腳-] N. stitch

zhènjiǎo* 阵脚[-腳] N. ① front line ② position; situation; circumstances

zhēnjīduì 侦缉队[-隊] P.W. search-and-arrest team M: [4]zhī

[1]zhēnjié* 贞节[-節] N. ① chastity; virginity (of women) ② moral integrity (of men) ③ loyalty; constancy

[2]zhēnjié 贞洁[-潔] V.P. ① pure and chaste ② virtuous

zhēnjiě 真解 N. genuine solution

zhēnjiè 箴诫 N. admonition

zhěnjiè 枕藉 ID. <wr.> lie in disorder

zhēnjiépáifāng 贞节牌坊[-節--] F.E. <trad.> stone arch erected by the government to honor a chaste woman widowed at a young age

zhēnjiéwúxiá 贞节无瑕[-節--] F.E. There is not a speck on his honor.

zhēnjièxiāngtóu 针芥相投 ID. ① Human beings are gregarious.. ② be attracted to each other

zhènjìhuì 赈济会[-濟-] P.W. relief society

zhènjī liáofǎ 震击疗法[-擊療-] N. shock therapy

[1]zhěnjīn 枕巾 N. pillow cover M: [1]tiáo

[2]zhěnjīn 诊金 N. ① consultation fee ② hospital fee

zhēn jīn bù pà huǒ liàn 真金不怕火炼[-煉] ID. A person of integrity can stand severe tests.

zhēnjīng 真经[-經] N. practical/real knowledge

zhēnjìng 贞静[-靜] V.P. <wr.> chaste and gentle

[1]zhènjīng 震惊[-驚] S.V. shock; amaze; astonish

[2]zhènjīng 镇惊[-驚] V. relieve convulsion

zhènjìng* 镇静[-靜] S.V. calm; composed

zhènjìngjì 镇静剂[-靜劑] N. sedative; tranquilizer

zhěnjīngjíshǐ 枕经籍史[-經--] F.E. be excessively fond of ancient books

zhěnjīngjíshū 枕经籍书[-經-書] F.E. be excessively fond of ancient books

zhènjìngyào 镇静药[-靜藥] N. sedative; tranquilizer
zhēnjīnlièhuǒ 真金烈火 ID. be strengthened by adversity
[1]zhēnjiǔ* 针灸 N. acupuncture and moxibustion
[2]zhēnjiǔ 斟酒 V.O. pour liquor
zhènjiǔ 鸩酒 N. poisoned liquor
zhènjiù 赈救 V. relieve/help (the poor) with money
zhēnjiǔ liáofǎ 针灸疗法[--療-] N. acupuncture and moxibustion treatment
zhēnjiǔ tóngrén 针灸铜人 N. a bronze figure marked with acupuncture points
zhènjì zāimín 赈济灾民[-濟災-] V.O. relieve the people in stricken areas
zhēnjù* 针具 N. acupuncture equipment; needle-type instrument
zhènjù 震惧[-懼] V.P. terrified
zhènjuān 赈捐 V. make a donation (for a disaster/etc.)
[1]zhēnjūn 真菌 N. fungus
[2]zhēnjūn 真君 N. deferential title of an immortal
zhēnjùzhuóyì 斟句酌意 F.E. study a sentence intensively and elicit its meaning
zhēnkē 针科 N. acupuncture as a branch of medicine
zhēnkè* 针刻 N. drypoint; needle etching
zhēnkōng* 真空 N. <phy.> ①vacuum ②vacuum tube
zhēnkǒng 针孔 N. pin/needle hole
zhènkǒng 震恐 V. be shocked
zhēnkōng bāozhuāng 真空包装[-裝] N. vacuum packaging
zhēnkōngbèng 真空泵 N. vacuum pump M: [1]*tái*
zhēnkōng dìdài 真空地带[-帶] P.W. <mil.> no-man's-land
zhēnkōngguǎn(r) 真空管(儿) N. <elec.> vacuum tube
zhēnkōng xīchénqì 真空吸尘器[---塵-] N. vacuum cleaner M: [1]*tái*
zhēnkǒng zhàoxiàngjī 针孔照像机 N. pin-hole camera
zhènkuǎ 震垮 V. shake and collapse
zhěnkuài 枕块[-塊] ID. be in mourning for one's parents
zhěnkuàiqǐnshān 枕块寝苫[-塊寢-] ID. mourning for one's parents
zhènkuǎn 赈款 N. relief fund
zhènlěi 阵垒[-壘] P.W. camp
zhěnlěngqīnhán 枕冷衾寒 ID. ① after the departure of one's spouse ② feel cold and lonely while lying in bed alone
zhēnlǐ* 真理 N. truth
zhēnlì 榛栗 N. hazel nut
zhěnlì 诊例 N. <med.> cases (of treatment)
zhènlì 震栗[-慄] V. tremble from fear
zhènliáng 赈粮[-糧] N. disaster/emergency relief food
zhěnliáo 诊疗[-療] V. diagnose and treat
zhěnliáo jīxiè 诊疗机械[-療--] N. medical instruments
zhěnliáo qìcái 诊疗器材[-療--] N. medical instruments
zhěnliáoshì 诊疗室[-療-] P.W. consulting room M: [1]*jiān*
zhěnliáosuǒ 诊疗所[-療-] P.W. clinic; dispensary M: [1]*jiā*
zhěnliáozhàn 诊疗站[-療-] P.W. clinic M: [1]*jiā*
zhēnlǐbìshèng 真理必胜[-勝] F.E. Truth will prevail.
zhēnlǐ de duìyìnglùn 真理的对应论[---對應-] N. <lg.> correspondence theory of truth
zhēnliè 贞烈 N. one ready to die to preserve chastity
[1]zhènliè* 震裂 R.V. shatter; crack
[2]zhènliè 阵列 N. array
zhēnlǐguān 真理观[-觀] N. conception of truth
zhènlíng 振铃 V.O. ring a bell
zhēnliū(r) 真溜(儿) V.P. <coll.> eloquent; fluent
zhènliúqì 镇流器 N. <elec.> ballast
zhěnliúshùshí 枕流漱石 ID. live a reclusive life in the countryside
zhēnlǐxiǎng 真理想 N./V.P. proper ideal
zhènlóng 震聋 V. deafen by a loud explosion/etc.
zhènlóngfākuì 振聋发聩[--發-] ID. (loud enough to) arouse the insensible
zhēnlóngtiānzǐ 真龙天子 N. emperor
[1]zhēnlù 甄录[-錄] V. employ by an examination
[2]zhēnlù 针路 N. compass course
zhènlǚ 振旅 N. orderly return of a victorious army
zhènlùchōngtíng 振鹭充庭 F.E. The court is filled with the wise and the virtuous.
zhēnlún 针轮 N. pinwheel
zhēnluò 针烙 N. cautery therapy with heated needle
zhēn-má 针麻 N. acupuncture anesthesia
zhěnmài 诊脉[-脈] V.O. feel the pulse
zhēnmǎn 斟满 R.V. fill up (a wine cup)
zhēnmáng* 针芒 N. point of a needle
zhēnmǎng 榛莽 N. <wr.> luxuriant vegetation
zhēnmáng-háofà zhī shì 针芒毫发之事[---髮--] ID. trivial matters; insignificant things
zhènméi 鸩媒/煤 V. slander; libel
[1]zhēnmì 珍密 N. treasure which one keeps to oneself
[2]zhēnmì 珍秘 V. prize and guard carefully
zhěnmì* 缜密 S.V. careful; meticulous; deliberate
[1]zhènmǐ 赈米 N. disaster/emergency relief rice
[2]zhènmǐ 振靡 V. awaken the weak and enervated
zhēnmiàn 砧面 N. anvil face
zhēn miànmù 真面目 N. true features/colors
zhènmín 镇民 N. townsman; urbanite M: [2]*wèi*
[1]zhēnmíng* 真名 N. real name
[2]zhēnmíng 箴铭 N. admonitions/warnings carved on a stone
zhēnmìng 真命 N. ordained by Heaven
zhènmíng 振鸣 V. reverberate
zhēnmíngshíxìng 真名实姓[--實-] F.E. real name
zhěnmìyǐlì 缜密以栗 F.E. have a fine and close texture
zhènmò 阵殁[-歿] V. be killed in action
[1]zhēnmù 贞木 N. ① hardwood ② men of rectitude/loyalty
[2]zhēnmù 砧木 N. <agr.> stock (in grafting)
[1]zhěnmù* 枕木 N. <traf.> sleeper; tie M: [1]*tiáo*
[2]zhěnmù 轸慕 V. remember with deep emotion
zhěnniàn 轸念 V. <wr.> think anxiously about
zhěnniànshíjiān 轸念时艰[-時艱] F.E. bear in mind the critical national situation
zhènnù 震怒 V. be enraged/furious
zhēnnǚ 贞女 N. ① virgin (female) ② widow who does not remarry
zhēnnǚ bù gēng èr fū 贞女不更二夫 F.E. A chaste woman never remarries.
zhēnnǚ bù shì èr fū 贞女不事二夫 F.E. A chaste woman never remarries.
zhènóng 蔗农[-農] N. sugarcane grower
zhènpài 震派 N. <Cult.Rev.> instigators of sudden political incidents
zhēnpán 针盘[-盤] N. syringe plate
zhěnpàn* 枕畔 ADV. beside the pillow
zhēnpī 榛狉 F.E. <wr.> The vegetation is luxuriant and the beasts run wild.
zhēnpí* 真皮 N. ① <phys.> derma ② genuine leather
zhēnpín 帧频 N. TV frame/picture frequency
[1]zhēnpǐn* 珍品 N. ① treasure; gem ② delicacy M: [2]*jiàn*
[2]zhēnpǐn 真品 N. <art> genuine/authentic work M: [2]*jiàn*
zhènpín 赈贫 V.O. relieve the poor
zhēnpíngshíjù 真凭实据[-憑實據] F.E. conclusive proof
zhènpínjìfá 振贫济乏[--濟-] F.E. provide relief for the poor
zhēnpīwèigǎi 榛狉未改 ID. <wr.> primitive state
zhēnpò* 侦破 R.V. crack (a criminal case)
zhènpò 震破 R.V. shatter
zhēnpò ànjiàn 侦破案件 V.O. crack a criminal case
zhēnpǔ 真朴[-樸] S.V. sincere and plain
zhēnqī 真漆 N. lacquer
[1]zhēnqí* 珍奇 ATTR. rare
[2]zhēnqí 侦骑 N. mounted patrol
zhēnqì 真气[-氣] N. <Ch. med.> inborn vitality
zhènqǐ 振起 R.V. ① stir up ② get aroused
zhènqián 阵前 P.W. on the battlefield
zhēnqiāngshídàn 真枪实弹[-槍實彈] F.E. live ammunition
zhènqián qǐyì 阵前起义[-義] V.P. defect in the course of a battle
zhēnqiè* 真切 V.P. vivid; clear; distinct ♦N. sincerity
zhěnqiè 诊切 V. check the pulse
zhēnqín 珍禽 N. rare birds M: [2]*zhī*
zhēnqíng* 真情 N. ① real/true situation; the facts/truth ② true feelings/sentiments
zhènqíng 震情 N. earthquake situation
zhēnqíngbìlù 真情毕露[--畢-] F.E. not disguise one's feelings
zhēnqíngliúlù 真情流露 F.E. reveal one's true feelings
zhēnqíngshígǎn 真情实感[--實-] F.E. one's real feelings
zhēnqíngshíhuà 真情实话[--實-] F.E. real sentiments and truthful words
zhēnqíngshíyì 真情实意[--實-] F.E. genuine sincerity
zhēnqínyìshòu 珍禽异兽[-異獸] F.E. rare birds and beasts
zhènqióngxùguǎ 振穷恤寡[-窮--] F.E. provide relief for the poor and the helpless
zhènqū 震区[-區] P.W. earthquake region; seismic area; fault zone
zhēnquán 真诠 N. <lg.> correct meaning/explanation; true interpretation
zhēnquè 真确[-確] V.P. ① true; real; authentic ② clear; distinct
[1]zhēnrén 真人 N. ① real person ② <Dao.> immortal
[2]zhēnrén 贞人 N. person of high moral standing and integrity
[3]zhēnrén 榛仁 N. kernel of a hazelnut
zhēnrén bù lùxiàng 真人不露相 F.E. A man of substance does not like to flaunt his true worth.
zhēnrénr 榛仁儿 N. hazelnut meat
zhēnrén-zhēnshì 真人真事 N. actual persons and events
zhènrì 镇日 N. <wr.> whole day; all day long
zhēnróng 真容 N. ① portrait ② original appearance
zhènróng* 阵容 N. ① battle array ② lineup; disposition ③ cast of a movie
zhènróng zhěngqí 阵容整齐[-齊] V.P. ①flawless deployment of troops ② Everyone is a top choice. (of sports team, etc.)
zhēnrú 真如 N. <Budd.> absolute Reality; Suchness
zhēnrúgǒngbì 珍如拱璧 F.E. as precious as a large jade
zhēnsè 榛色 N. filbert
zhēnshā 针砂 N. <Ch. med.> iron dust from the grinding of a needle point, used as medicine
zhènshā* 鸩杀[-殺] V. poison (sb.)
zhēnshàn* 珍膳 N. fine dishes
zhènshàn 赈赡 N./V. help
zhēnshǎng 珍赏 V. treasure and enjoy; prize
zhěnshang qiāoqiāohuà 枕上悄悄话 N. pillow talk
zhènshangshīfēng 阵上失风 ID. be caught in the act
zhēn-shàn-měi 真善美 F.E. the true, the good, and the beautiful
zhěnshānqīgǔ 枕山栖谷[--棲-] ID. retire from political life and live in seclusion
zhènshānyáogǔ 震山摇谷 F.E. shake the hills and the valleys

Z

zhēnshè 珍摄[-攝] V. <wr.> take good care of one's health
[1]**zhènshè*** 震慑[-懾] V. awe; frighten
[2]**zhènshè** 镇慑[-懾] V. ① submit ② cow sb. into submission
zhènshèlì 震慑力[-懾-] N. deterrence
zhēnshēn 真身 N. real body of God/Buddha
zhēnshěn* 甄审[-審] V. screen and select (candidates)
zhēnshēngmǔ 真声母[-聲-] N. <lg.> complete initial
zhēnshi 真是 V.P. truly is/are ♦INTJ. *expressing displeasure/annoyance See also* [2]*zhēnshì*
[1]**zhēnshí*** 真实[-實] S.V. true; real; authentic ♦N. truth
[2]**zhēnshí** 榛实[-實] N. hazelnut
[3]**zhēnshí** 箴石 N. stone probes or needles (used in acupuncture)
[4]**zhēnshí** 贞石 N. ① <trad.> hard rock ② tombstone
[1]**zhēnshì(r)** 真事(儿) N. a true story M: [2]*jiàn*
[2]**zhēnshì** 真是 V.P. really is *See also zhēnshi*
[3]**zhēnshì** 珍视 V. prize; cherish; treasure
[4]**zhēnshì** 针式 N. pin/needle type
[5]**zhēnshì** 贞士 N. man of virtue/integrity
[6]**zhēnshì** 甄试 V. examine and distinguish
[7]**zhēnshì** 真释[-釋] N. true/correct explanation
[1]**zhěnshì** 诊视 V. examine (a patient)
[2]**zhěnshì** 诊室 P.W. consulting room M: [1]*jiān*
zhènshí 震时[-時] N. time of an earthquake
[1]**zhènshì** 阵势[-勢] N. ① <mil.> disposition of forces ② situation; circumstances
[2]**zhènshì** 阵式 N. battle array/formation
[3]**zhènshì** 镇市 P.W. market town
zhēnshi de 真是的 INTJ. *expressing displeasure/annoyance*
zhēnshígǎn 真实感[-實-] N. sense of reality
zhēnshíkěxìn 真实可信[-實--] F.E. genuine and believable
zhěnshíshùliú 枕石漱流 ID. ① retire from the world ② live in seclusion
zhēnshí wènjù 真实问句[-實--] N. <lg.> factual question
zhēnshí xiànzài 真实现在[-實--] N. <lg.> real present
zhēnshíxìng 真实性[-實-] N. truthfulness; authenticity; validity
zhēnshí yuánzé 真实原则[-實--] N. reality principle
zhēnshí yǔqì 真实语气[-實-氣] N. <lg.> real mood
[1]**zhènshǒu** 镇守 V. guard (a region/etc.); garrison
[2]**zhènshǒu** 阵首 N. forward echelons of combat troops
zhènshǒushǐ 镇守使 N. <hist.> provincial garrison commander M: [2]*wèi*
[1]**zhēnshū** 真书[-書] N. regular script
[2]**zhēnshū** 贞淑 V.P. <wr.> chaste and kind-hearted
[1]**zhēnshù*** 针术[-術] N. acupuncture
[2]**zhēnshù** 真数[-數] ATTR. <math.> natural
zhènshù 镇戍 V. garrison
zhènshuā 振刷 V. <wr.> bestir/exert oneself; display vigor
zhēnshuài 真率 V.P. sincere; unaffected
zhēnshuàikàngshuǎng 真率伉爽 F.E. sincere and straightforward
zhènshuāiqǐbì 振衰起蔽 F.E. rise with force and spirit
zhēnsī* 真丝[-絲] N. silk
zhēnsì 真似 V.P. be exactly like
zhènsǒng 震悚 V. <wr.> ①shock; astonish ②be terrified; be frightened
zhēnsǒu 榛薮[-藪] N. dense wood
zhēnsuǐ* 真髓 N. essence
zhènsuì 震碎 R.V. shatter (by shock waves, collision, etc.)
zhěnsuǒ 诊所 P.W. dispensary; clinic M: [1]*jiā*
zhēntái 砧台[-臺] N. anvil
zhēntài* 甄汰 V. eliminate by examination

zhēn tàiyángrì 真太阳日[--陽-] N. real solar day
zhēntàn 侦探 V. do detective work♦N. detective; spy M: [2]*wèi*
zhēntàn gùshì 侦探故事 N. whodunit (story)
zhēntàn xiǎoshuō 侦探小说 N. detective story M: [1]*běn*
zhēntànzhǎng 侦探长 N. head detective M: [2]*wèi*
zhēntáo 甄陶 V.O. make sth. of clay♦V. appraise people of talent
zhěntào(r)* 枕套(儿) N. pillowcase
zhèntiān* 震天 V.O. shake heaven
zhèntián 赈田 P.W. farmland whose produce is used for relief
zhèntiāndòngdì 震天动地[--動-] F.E. world-shaking
zhèntiānhàidì 震天骇地 F.E. shake heaven and earth
zhèntiānhàndì 震天撼地 F.E. shake heaven and earth
zhèntiānjiexiǎng 震天价响[-價響] F.E. sound loud enough to rouse the heavens
zhēntīng* 侦听[-聽] V. <mil.> monitor/intercept (radio/etc.)
zhèntíng 震霆 N. sudden peal of thunder
zhēntīngqì 侦听器[-聽-] N. bug; eavesdropping device
zhēntīngtái 侦听台[-聽臺] P.W. intercept station
zhēntǒng 针筒 N. syringe
[1]**zhèntòng*** 镇痛 V.O. relieve pain ♦N. <med.> analgesia
[2]**zhèntòng** 阵痛 N. labor pains
zhèntòngjì 镇痛剂[-劑] N. <med.> anodyne; painkiller; analgesic
zhēntóu* 针头 N. <med.> ① syringe needle ② pinhead
zhěntou 枕头 N. pillow
zhěntoutào 枕头套 N. pillowcase; pillowslip; pillow cover
zhěntouxiāng 枕头箱 N. small box for valuables
zhēntóu-xiànnǎo(r) 针头线脑(儿)[---腦-] F.E. <coll.> odds and ends of sewing needs
zhěntouxīnr 枕头心儿 N. pillow (without the pillowcase)
zhèntóuyǔ 阵头雨 N. <topo.> thundershower
zhěntóuzhàn 枕头战[-戰] N. pillow fight
zhèntú 阵图[-圖] N. battle formations
zhēnwán 珍玩 N. rare curios
zhēn-wàng 真妄 N. <Budd.> reality and illusion; the real and the illusory
zhènwáng* 阵亡 V. die in action
zhènwáng jiāngshì 阵亡将士[--將-] N. servicemen killed in action
zhènwáng jiàngshì jìniànbēi 阵亡将士纪念碑[--將----] P.W. monument in honor of servicemen killed in action
zhēn-wěi* 真伪 N. the true/genuine and/or the false
zhēnwèi 珍味 N. rare delicacies; dainties
zhènwēi 振威 V. inspire awe
zhēnwěimòbiàn 真伪莫辨 F.E. cannot distinguish between genuine and fake, true and false
zhēnwěiyā 针尾鸭 N. pintail duck M: [2]*zhī*
zhēn-wěi zhí 真伪值 N. truth value
zhēnwén* 珍闻 N. ①news tidbits; fillers ②rare/sensational news ③ very valuable information
[1]**zhēnwèn** 斟问 V. inquire
[2]**zhēnwèn** 侦问 V. detect; investigate
zhēnwǒ 真我 N. <phil.> actual self
[1]**zhēnwú** 榛芜 N. wilderness ♦V.P. bushy and weedy ♦ID. humble; inferior
[2]**zhēnwú** 真吾 N. the true "I"
zhēnwù 珍物 N. ①treasure; valuables ②delicacy
zhènwù* 镇物 N. talisman
zhēn wú liǎngtóu lì 针无两头利 ID. It is impossible to do two things at once.
[1]**zhēnxī*** 珍惜 V. treasure; cherish
[2]**zhēnxī** 珍稀 ATTR. valuable and rare

zhěnxī 轸惜 V. mourn with deep regret; have pity on
zhěnxí 枕席 N. ① pillow mat ② bedding
zhēnxiàn 针线 N. ①needlework ②needle and thread ③ indication; sign; track
zhènxiàn* 阵线 N. alignment; line of battle; front
zhēnxiànbāo 针线包 N. sewing kit
zhēnxiàn bólí 针线箔篱[-籬] N. <topo.> wicker sewing basket
zhēnxiáng 祯祥 V.P. auspicious
zhēnxiàng* 真相/像/象 N. real/true situation; the real facts/truth
zhěnxiāng 枕箱 N. small box/case under a pillow used to store valuables
zhènxiǎng 震响[-響] V. make a deafening sound
zhēnxiàngbìlù 真相毕露[--畢-] F.E. <derog.> have one's true face/identity/color completely exposed
zhēnxiàngdàbái 真相大白 F.E. the truth is out; the whole thing is clear
zhēnxiànhér 针线盒儿 N. sewing kit
zhēnxiànhuó(r) 针线活(儿) N. needlework; sewing
zhēnxiànkuāng 针线筐 N. sewing basket
zhēnxiàn pǒluo 针线笸箩[-籮] N. sewing basket
zhēnxiànxiánshú 针线娴熟 F.E. be a deft hand with a needle
zhěnxíbù'ān 枕席不安 F.E. toss about in bed
zhēnxīfēnyīn 珍惜分阴[-陰] F.E. improve/treasure every moment
zhēnxīn* 真心 N. true heart; sincerity
zhěnxīn 枕心 N. pillow (without a pillowcase)
zhènxīn 镇心 V.O. calm oneself
zhěnxínán'ān 枕席难安[--難-] F.E. very worried and anxious
zhēnxīnchéngyì 真心诚意 F.E. wholeheartedly; sincerely
zhēnxìng 真性 N. real nature ♦ATTR. genuine; true; real
zhěnxíng 枕形 N. pincushion; pillow-like
zhènxīng* 振兴[-興] V. develop vigorously; promote; vitalize
Zhènxīng 镇星 N. <astr.> Saturn
zhènxíng 阵型 N. formation
zhènxìngfèn 阵兴奋[-興奮] N. adrenaline
zhènxīng jiàoyù 振兴教育[-興--] V.O. vitalize education
zhēnxíngwù 砧形物 N. anvil
zhēnxíngyè 针形叶[-葉] N. <bot.> needle-shaped leaves
zhènxīng Zhōnghuá 振兴中华[-興-華] F.E. revitalize China ♦N. China's revitalization
zhēnxīnhǎoyì 真心好意 F.E. good intentions
zhēnxīnhuà 真心话 N. sincere words M: [1]*jù*
zhēnxīnhuǐgǎi 真心悔改 F.E. sincerely repent and earnestly reform oneself
zhēnxīnshànyì 真心善意 F.E. with sincerity and good intentions
zhēnxīnshíyì 真心实意[--實-] F.E. wholeheartedly; sincerely
zhēnxīnzhēnyì 真心真意 F.E. genuine and sincere desire (to do sth.)
zhēnxiū* 珍馐/羞 N. <wr.> delicacies; dainties
zhēnxiù 针绣[-繡] N. needlework
Zhěnxiù 轸宿 N. one of the twenty-eight constellations
zhěnxíwèi'ān 枕席未安 F.E. toss about in bed
zhěnxízìjiàn 枕席自荐[-薦] F.E. be willing to become a wife/concubine
zhěnxù 轸恤 V. pity deeply
zhènxù* 赈恤 V. offer disaster relief
zhēnxuǎn 甄选[-選] V. select; pick
zhēn xuán a 真玄啊 INTJ. <coll.> It is a near thing!
zhēnxuànyùn 真眩晕 N. rotary vertigo
zhènxuě 阵雪 N. snow shower
zhēnxùn 侦讯 V. investigate and interrogate
zhènyā 镇压[-壓] V. ① suppress; repress; put down ② <coll.> execute (a counterrevolutionary) ♦N. <agr.> rolling; compacting; tamping

zhēnyan 针眼 N. <*med.*> sty
[1]zhēnyán* 箴言 N. ① admonition; exhortation ② maxim; precept
[2]zhēnyán 真言 N. ① true words ② incantation; mantra
[1]zhēnyǎn(r) 针眼(儿) N. ① eye of a needle ② pinprick
[2]zhēnyǎn 针鼹[-鼴] N. echidna; spiny anteater M: [2]*zhī*
zhēnyàn 真赝[-贗] V.P. true or false; genuine or fake
zhènyāng* 震央 N. epicenter; focus
zhènyáng 振扬[-揚] V. bestir oneself; display vigor
zhēnyánshíyǔ 真言实语[--實-] F.E. tell the truth
zhēnyǎnzi 针眼子 N. ① the eye of a needle ② pinprick
Zhēnyánzōng 真言宗 N. <*Budd.*> Tantrism
zhēnyáoyìzhuàn 珍肴异馔[--異-] F.E. dainty meats and fine dishes
zhènyāqì 镇压器[-壓-] N. <*agr.*> (land) roller
zhēnyè 针叶[-葉] N. conifer needle
zhēnyèlín 针叶林[-葉-] P.W. conifer forest
zhēnyèshù 针叶树[-葉樹] N. coniferous tree; conifer M: [2]*kē*
[1]zhēnyì* 真意 N. true meaning
[2]zhēnyì 珍异[-異] ATTR. rare
[3]zhēnyì 真义[-義] N. true sense; real meaning
zhènyī 振衣 V.O. shake one's clothing
zhènyì 振翼 V.O. spread the wings; flap; prepare to take off
zhènyīn 震音 N. <*mus.*> tremolo
zhēnyǐng 真影 N. ancestral portraits hung at a sacrificial ceremony
zhènyīng 振缨 ID. become an official
zhènyíng* 阵营[-營] P.W. ① interest group; clique; (ideological) camp ② camp; barracks
zhēnyīnzhí 真音值 N. <*lg.*> real sound value
zhēnyǐzìjǐng 箴以自警 F.E. admonish oneself
zhēnyòng 甄用 V. employ by examination
zhěnyōu 轸忧[-憂] V.P. worried and grieved
zhēn yǒu cǐshì 真有此事 INTJ. Do tell!
zhēn yǒu nǐ de 真有你的 INTJ. <*coll.*> You're really something!
zhēnyú 针鱼 N. saury fish M: [1]*tiáo*
zhēnyù 珍御 N. expensive items of clothing
zhěnyù 畛域 N. <*wr.*> ① boundary; range; scope ② distinction
zhènyǔ* 阵雨 N. shower
[1]zhēnyuán 侦员 N. investigator M: [2]*wèi*
[2]zhēnyuán 真元 N. <*Dao.*> vital spirit of a man
zhènyuán* 震源 P.W. hypocenter; focus (of an earthquake)
zhēnyǔjù 真语句 N. true statement
zhènyūn* 震晕 R.V. shock into unconsciousness (by an explosion/etc.)
zhènyún 阵云[-雲] N. dense clouds
zhēnyúnmǔ 珍云母[-雲-] N. ruby mica
zhēnyùnmǔ* 真韵母[-韻-] N. <*lg.*> ① true rhyme ② complete final
zhēnyúwánshàn 臻于完善[-於--] F.E. attain perfection
zhēnyúzhìshàn 臻于至善[-於--] F.E. be at one's best
zhēnyúzhìzhì 臻于郅治[-於--] F.E. secure peace and prosperity
Zhēnzǎi 真宰 N. Almighty; Heaven
[1]zhènzāi* 赈灾[-災] V.O. provide disaster relief
[2]zhènzāi 震灾[-災] N. earthquake disaster
zhènzāihuì 赈灾会[-災-] P.W. disaster-relief organization
zhènzāiyìyǎn 赈灾义演[-災義-] F.E. benefit performance for the people in stricken areas
zhènzāi zījīn 赈灾资金[-災--] N. disaster-relief fund
zhēnzāng 真赃[-贓] N. stolen goods; loot
zhēnzāngshífàn 真赃实犯[-贓實-] F.E. irrefutable proof of guilt; material evidence of a crime
zhēnzǎo 甄藻 V. discern talent
zhēn zāogāo 真糟糕 INTJ. Oh my God!
zhēnzhā 针扎 N. pin cushion
zhēnzhān 针毡[-氈] ID. be on pins and needles
zhènzhang 阵仗 N. war; battle; combat
zhènzhǎng* 镇长 N. town headman M: [2]*wèi*
zhēnzhāngr* 真章儿 N. <*coll.*> a practical/workable method/approach
zhènzhangr 阵仗儿 N. <*coll.*> war; battle
zhènzhào 朕兆 N. sign; omen; portent
zhēnzhe 真着[-著] V.P. <*coll.*> ① genuine; real ② clear; easy to see
[1]zhēnzhēn 榛榛 R.F. overgrown with wild plants
[2]zhēnzhēn 蓁蓁 R.F. <*wr.*> ① luxuriant ② overgrown with brambles ③ dense; thick (of grass/trees)
zhěnzhěn 轸轸 R.F. grand; magnificent; majestic
[1]zhènzhèn* 阵阵 R.F. *for intermittent occurrences*
[2]zhènzhèn 振振 R.F. benevolent and generous
zhēnzhēnchéngchéng 真真诚诚 R.F. with all one's heart
zhēnzhèn dǎyìnjī 针阵打印机 N. stylus printer M: [1]*tái*
zhēnzhèng 真正 ATTR. genuine; true; real
zhēnzhèng de sāiyīn 真正的塞音 N. <*lg.*> true stop
zhēnzhèng yīndú 真正音读[-讀] N. <*lg.*> true pronunciation
zhēnzhèng zhùmíngcí 真正助名词 N. <*lg.*> auxiliary noun proper
zhēnzhèng zhǔyǔ 真正主语 N. <*lg.*> real subject
zhēnzhēnjiǎjiǎ 真真假假 R.F. the true mingled with the false; a mixture of truth and falsehood
zhēnzhēnr 真真儿 R.F. <*coll.*> clearly; genuinely
zhènzhènyǒucí 振振有词/辞[-辭] F.E. speak plausibly and volubly
[1]zhēnzhī 针织[-織] V. knit
[2]zhēnzhī 真知 N. genuine/real knowledge
zhēnzhí 真值 N. truth value
zhēnzhǐ 针黹 N. <*wr.*> needlework
[1]zhēnzhì 真挚[-摯] V.P. sincere; cordial
[2]zhēnzhì 砧锧//椹质[-鑕//-質] N. <*trad.*> chopping block used in executing convicts
zhěnzhì* 诊治 V. diagnose and treat
zhènzhǐ 镇纸 N. paperweight
zhēnzhíbiǎo 真值表 N. <*log.*> truth table
zhēnzhīchǎng 针织厂[-織廠] P.W. knit goods mill M: [4]*zuò*
zhēnzhī chéngyī 针织成衣[-織--] V.P./N. knitted garment
zhēnzhījī 针织机[-織-] N. knitting machine M: [1]*tái*
zhēnzhīliào 针织料[-織-] N. <*txtl.*> stockinet M: [2]*kuài*
zhēnzhīpǐn 针织品[-織-] N. knit goods; knitwear M: [2]*jiàn*
zhēnzhī wàiyī 针织外衣[-織--] N. knitted coat M: [2]*jiàn*
zhēnzhīzhuójiàn 真知灼见 F.E. penetrating insight
zhēnzhòng* 珍重 V. treasure ♦F.E. take good care of yourself
zhènzhōng 震中 P.W. earthquake epicenter
zhènzhòng 镇重 N. ballast
zhènzhōngqū 震中区[-區] P.W. epicentral area
zhěnzhōngshū 枕中书[-書] N. Daoist secret alchemistic formulas
zhēnzhū* 珍/真珠 N. natural pearl M: [1]*kē*
Zhēnzhǔ 真主 N. <*rel.*> Allah
[1]zhènzhù 镇住 R.V. put down; suppress
[2]zhènzhù 震住 R.V. <*slang*> shock; surprise
[3]zhènzhù 赈助 V. offer emergency/disaster aid
zhēnzhuàng 针状[-狀] ATTR. needle-like; acicular
zhēnzhūbèi 珍珠贝 N. pearl shell/oyster
zhēnzhūcài 珍珠菜 N. <*bot.*> loosestrife
zhēnzhūcéng 珍珠层[-層] N. pearly/nacreous layer
zhēnzhǔcí 真主词 N. <*lg.*> real subject
Zhēnzhǔdǎng 真主党[-黨] N. Hezbollah
zhēnzhūdiàn 珍珠店 P.W. pearl shop M: [1]*jiā*
Zhēnzhū Gǎng 珍珠港 P.W. Pearl Harbor
zhēnzhūhuā 珍珠花 N. <*bot.*> ① tiger lily ② Java elder tree ③ spirea
zhēnzhūhūn 珍珠婚 N. 30th wedding anniversary
zhēnzhūjī 珍珠鸡[-雞] N. guinea fowl M: [2]*zhī*
zhēnzhūméi 珍珠梅 N. <*bot.*> false spirea M: [2]*kē*
zhēnzhūmǐ 珍珠米 N. maize; (Indian) corn
zhēnzhūmǔ 真珠母 N. mother-of-pearl
zhēnzhuó 斟酌 V. ① consider; deliberate ② fill a cup/glass to the brim
zhēnzhuóbànlǐ 斟酌办理[--辦-] F.E. act at one's discretion
zhēnzhuójìnshàn 斟酌尽善[--盡-] F.E. consider the best plan
zhēnzhuó juédìngquán 斟酌决定权[--決-權] N. discretionary power
zhēnzhuó zhēnzhuó 斟酌斟酌 R.F. think the matter over (and over) again
zhēnzhū ròuwán 珍珠肉丸 N. meatballs rolled in glutinous rice and steamed
zhēnzhūshuāng 珍珠霜 N. "pearl powder" facial cream
zhēnzhūyán 珍珠岩 N. pearlite
zhēnzhū yǎngzhí 珍珠养殖[--養-] N. pearl culture
[1]zhēnzi 榛子 N. ① hazel ② hazelnut
[2]zhēnzi 砧子 N. <*coll.*> hammering block; anvil
zhēnzì 真字 N. characters in standard script
[1]zhěnzi 疹子 N. <*coll.*> measles; rash
[2]zhěnzi 轸子 N. tuning peg
[1]zhènzi* 镇子 P.W. <*topo.*> small town; market town
[2]zhènzi 阵子 <*topo.*> M. *for a passing phase/spell*
zhēnzìzhuójù 斟字酌句 F.E. weigh every word
zhēnzōng 甄综 V. choose
zhēnzuò 砧座 N. anvil; anvil block
zhènzuò* 振作 V. ① bestir/exert oneself ② stimulate
zhènzuò jīngshen 振作精神 V.O. pluck up one's spirits
zhènzuò qǐlai 振作起来 R.V. brace up; bestir oneself
zhènzuò shìqì 振作士气[-氣] V.O. raise the morale
zhènzuòyǒuwéi 振作有为 F.E. bestir oneself to do sth.
zhèpáo 柘袍 N. imperial yellow robe M: [2]*jiàn*
zhēpéng* 遮篷 N. awning
zhépéng 折篷 N. folding awning
zhépí 蜇皮 N. dried jellyfish (as food)
zhéqiān 谪迁[-遷] V. <*trad./wr.*> be banished to a minor post in an outlying district
zhèqiěbùlùn 这且不论[這-] F.E. We will not speak of it now.
zhèqiěbùtán 这且不谈[這-] F.E. Let it pass.
zhè qījiān 这期间[這-] N. in the meantime; meanwhile
zhéqǐlai 折起来 R.V. fold up/together
zhěqū 褶曲 N. ① <*geol.*> folds; bend ② <*wr.*> wrinkle (in the skin)
zhéquàn 折券 V.O. renounce the right of repayment
zhéqún 折裙 N. pleated skirt M: [1]*tiáo*
zhěqún* 褶裙 N. pleated skirt M: [1]*tiáo*
zhěr 褶儿 N. pleats
zhèr* 这儿[這-] P.W. <*coll.*> ① here ② now
zhérán 辄然 V.P. be still
zhéràng 折让[-讓] V. <*acct.*> allowances; rebates; discounts and allowances
zhéràng jí huíkòu 折让及回扣[-讓---] N. <*acct.*> allowances and rebates
zhērèbǎn 遮热板[-熱-] N. insulation board M: [2]*kuài*
zhérén 哲人 N. <*wr.*> sage; philosopher M: [2]*wèi*
zhērén'ěrmù 遮人耳目 F.E. hoodwink people
zhérénqíwěi 哲人其萎 F.E. The wise man is dead. (eulogy at a funeral service)
zhèr nàr 这儿那儿[這-] P.W. here and there
zhérǔ* 折辱 V. <*wr.*> humiliate

zhérù 折入 V. ①turn into another street ②capital recovered after suffering losses in business
zhěsè 赭色 N. reddish brown; auburn
zhéshā 折杀/煞[-殺] V. ① <early vernacular> feel undeserving ② overwhelm sb. with special favor
zhéshàn(r) 折扇(儿) N. folding fan M: [1]bǎ
zhēshang* 遮上 R.V. shade
zhēshāng 蜇伤[-傷] R.V. sting
zhè shān wàngzhe nà shān gāo 这山望着那山高[這--著---] F.E. Think the grass is greener on the other side.
zhéshè 折射 N. <phy.> refraction
zhéshè dìnglǜ 折射定律 N. <phy.> law of refraction
zhéshèguāng 折射光 N. refracted light
zhéshèjiǎo 折射角 N. angle of refraction; refracting angle
zhéshèlǜ 折射率 N. <phy.> index of refraction; refracting power
zhéshèxiàn 折射线 N. <phy.> refracted ray
zhēshì 遮饰 V. conceal
zhéshí 折实[-實] V. ① reckon the actual amount after a discount ② adjust payment in accordance with the price index of certain commodities
zhěshí* 赭石 N. ocher; umber
zhèshí 这时[這時] N. (at) this time/moment
zhè shìdào 这世道[這-] N. <coll.> nowadays
zhéshì lúnyǐ 折式轮椅 N. folding wheelchair M: [3]liàng
zhěshísè 赭石色 N. ocher color
zhéshōu 折收 V. collect (tickets/etc.)
[1]**zhéshòu*** 折寿[-壽] V.O. shorten one's life by over-indulgence
[2]**zhéshòu** 折受 V. <topo.> be unbearably respectful/obsequious
[3]**zhéshòu** 蛰兽[蟄獸] N. hibernating animal M: [2]zhī
zhéshù* 谪戍 V. <trad.> be banished to a frontier post (of officials)
zhèshù 柘树[-樹] N. silkworm thorn tree M: [2]kē
zhèshuāng 蔗霜 N. cane sugar
zhéshùbiānchuí 谪戍边陲[--邊-] F.E. banish to the frontier
zhéshuǐ 折水 N. discount in exchange
zhēshuō 遮说 V. ① speak/argue for ② <topo.> whitewash; cover up; make excuses
zhésǐ* 折死 R.V. superstitiously shorten a life (by various means)
zhésì 哲嗣 N. polite reference to another's son
[1]**zhèsī** 柘丝[-絲] N. silk from worms fed on zhè leaves M: [2]gēn
[2]**zhèsī** 这厮[這廝] N. <trad./derog.> this fellow/guy
zhésuàn 折算 V. ① convert ② calculated at; equivalent to (of the value of property/possessions/etc.)
zhésǔn 折损 V./N. damage (in property/reputation/etc.)
zhē tàiyáng 遮太阳[-陽] V.O. ① shade from the sun ② block out the sun
zhètáng 蔗糖 N. ① <chem.> sucrose ② cane sugar
zhēteng 折腾 V. <coll.> ① toss and turn ② do sth. over and over again ③ range back and forth ④ maneuver ⑤ cause physical/mental suffering ⑥ squander; spend freely
zhēteng lái zhēteng qù 折腾来折腾去 V.P. <coll.> range back and forth; rampage
zhétī 折梯 N. folding ladder M: [1]jià
zhètiān* 这天[這-] N. this/that day
zhètián 蔗田 P.W. sugarcane field
zhētiānbìrì 遮天蔽日 F.E. blot out the sky and the sun; cover all the sky
zhētiāngàidì 遮天盖地[--蓋-] F.E. blot out the sky and cover up the earth; cover the sky and earth
zhétou(r) 折头(儿) N. <topo.> discount; rebate
zhètóu(r)* 这头(儿)[這-] P.W. this end
zhētóugàimiàn 遮头盖面[--蓋-] F.E. ① cover one's head and face ② act stealthily
zhětǔ 赭土 N. ocher
zhéwān 折弯[-彎] V.O. bend; twist
zhèwǎn(r)* 这晚(儿)[這-] N. <coll.> this time; now
[1]**zhéwén(r)** 折纹(儿) N. wrinkle (of clothes/paper/etc.)
[2]**zhéwén** 折文 N. <wr.> complicated expression
zhéxī 折息 N. rate on private loans/deposits
zhèxià(r) 这下(儿)[這-] N. this time
zhéxiān 谪仙 N. the Banished Immortal Li Bo
[1]**zhéxiàn*** 折线 N. <math.> broken line
[2]**zhéxiàn** 折现 V.O. convert into cash
zhéxiāng 折箱 N. bellows
zhèxiē 这些[這-] PR./ATTR. these
zhèxiēge 这些个[這-個] PR. <topo.> these
zhēxiū 遮羞 V.O. hush up a scandal; cover up one's embarrassment
zhēxiūbù 遮羞布 N. fig leaf (fig.); loincloth M: [2]kuài
zhēxiūfèi 遮羞费 N. money paid to cover up shame, immoral conduct, etc.
zhēxiūliǎn 遮羞脸 N. <court.> token of one's gratitude
zhēxiūyǎnmiàn 遮羞掩面 F.E. hide one's shame by covering one's face
zhéxué 哲学 N. philosophy
zhéxué guāndiǎn 哲学观点[-觀點] N. philosophical viewpoint
zhéxuéjiā 哲学家 N. philosopher M: [2]wèi
zhēxuěpéng 遮雪棚 N. snowshed M: [4]zuò
zhéxuéshǐ 哲学史 N. history of philosophy
zhéxuéxì 哲学系 P.W. department of philosophy
zhéxué yǔyánxué 哲学语言学 N. <lg.> philosophical linguistics
zhēyán(r) 遮檐(儿) N. awning
zhēyǎn* 遮掩 V. ① cover; envelop ② cover up; hide
zhèyàn 柘砚 N. ink slabs from a place in Shantung
zhēyǎnfǎ 遮眼法 N. camouflage
zhēyáng 遮阳[-陽] N. sunshade ♦V.O. shade/protect from the sunlight
zhèyàng(r/zi)* 这样(儿/子)[這樣-] PR. so; such; like this; this way
zhēyángbǎn 遮阳板[-陽-] N. <archi.> sunshading board M: [2]kuài
zhēyángmào 遮阳帽[-陽-] N. ① sunbonnet ② sombrero M: [1]dǐng
zhèyàng nàyàng 这样那样[這樣-樣] V.P. this or that; one kind or another; in one way or another
zhēyángsǎn 遮阳伞[-陽傘] N. parasol M: [1]bǎ
zhèyàng yīlái 这样一来[這樣-] V.P. therefore; by doing this; because of this; hence
zhèyàngzi 这样子[這樣-] PR. this manner; this look ♦ADV. (do) in this way
zhēyǎn qǐlai 遮掩起来 R.V. ① hide from view; envelope ② cover up; conceal
zhéyāo 折腰 V.O. <wr.> ① bow ② cringe
zhéyè 折页 V.O. <print.> fold ♦N. folding
zhéyèjī 折页机 N. folding machine M: [1]tái
zhéyǐ* 折椅 N. folding chair M: [1]bǎ
zhěyī 赭衣 N. <trad.> red clothing worn by convicts M: [2]jiàn
zhè yīchéngzi 这一程子[這-] N. <coll.> the past few days
zhè yīdài 这一带[這-帶] P.W. this area
zhè yīdiǎn 这一点[這-點] N. this point
zhè yī huí 这一回[這-] N. this time
zhè yīlái 这一来[這-] V.P. this way
zhēyīn 遮阴/荫[-陰/蔭] V. shade
zhēyīnbù 遮阴布[-陰-] N. cache-sexe M: [2]kuài
zhēyīnpiàn 遮阴片[-陰-] N. codpiece
zhè yīqì 这一气[這-氣] N. <topo.> at this time; for the moment
zhěyīsètú 赭衣塞途 F.E. Criminals were found everywhere.
zhè yīxià(r/zi) 这一下(儿/子)[這-] N. this time/occurrence/etc.
zhè yīxiàng 这一向[這-] N. the near past
zhè yīyàng(r) 这一样(儿)[這-樣-] N. this kind/type
zhè yīzhènzi 这一阵子[這-] N. recently; currently
zhéyù 折狱 V.O. decide a lawsuit
zhèyuán 蔗园[-園] P.W. sugarcane farm M: [4]zuò
zhéyuè 折阅 V. sell at a loss
zhéyú jiàzhí 折余价值[--價-] N. <acct.> depreciated value
zhèzan 这咱[這-] PR. now; at the moment; at present
zhèzhā 蔗渣 N. bagasse
zhēzhàng* 遮障 V. cloud; hide; shelter from; keep out
zhézhàng 折帐 V.O. pay a debt in kind
zhēzhào 遮罩 N. shade
zhézhé 蛰蛰[蟄蟄] R.F. <wr.> in a cluster (of insects)
zhézhebaba 折折巴巴 R.F. wrinkled
zhēzhēgàigài 遮遮盖盖[-蓋蓋] R.F. ① conceal an unpleasant sight ② try to cover up sth.
zhēzhēn 蜇针 N. <zoo.> sting; stinger
zhèzhèn(r)* 这阵(儿)[這-] PR. <coll.> ① this time/occasion ② recently; nowadays ③ now; at the moment
zhézhēng 折徵 N. receive a tax in money (instead of grain)
zhè zhèn wǎnr 这阵晚儿[這-] N. <coll.> ① such a time; now ② as late as now
zhēzhēyǎnyǎn 遮遮掩掩 R.F. try to cover up; be secretive
zhēzhǐ 遮止 V. stop sb's progress
zhézhī 折枝 V.O. ① massage ② snap a twig ③ bend over to pick up sth.
zhézhǐ* 折纸 V.O./N. paper folding
zhèzhī 蔗汁 N. sugarcane juice
zhézhǐgōng 折纸工 N. paper folding (as manual training in elementary school)
zhézhǐpǐn 折纸品 N. origami M: [2]jiàn
zhézhōng* 折中/衷 V. compromise; take a middle road
zhèzhǒng 这种[這種] PR./ATTR. ① this (kind of) ② such *See also* zhèizhǒng
zhézhōngfǎ 折中/衷法 N. <lg.> eclectic method
zhézhōngtuǒxié 折中/衷妥协[-協] F.E. compromise
zhézhōngwù 折中/衷物 N. (object of) compromise
zhézhōngzhì 折中/衷制 N. ① compromise solution ② eclecticism
zhézhōngzhìlùn 折中/衷之论 N. balanced statement; compromise
zhézhōngzhǔyì 折中/衷主义[-義] N. eclecticism
zhězhòu 褶皱[-皺] N. ① <geol.> fold; folding ② wrinkle (in skin/cloth)
zhězhòushān 褶皱山[-皺-] N. folded mountains
zhēzhù 遮住 R.V. cover; block; obstruct; shade
zhézhuǎn 折转[-轉] R.V. turn back
zhézi 折子 N. notebook in accordion form
zhězi* 褶子 N. wrinkle; pleat; crease; fold
zhězile 褶子了 V.P. <coll.> bungled; mismanaged
zhéziqián 折子钱[-錢] N. <topo.> usury
zhézixì 折子戏[-戲] N. opera highlights
zhézòu 折奏 N. <hist.> memorial submitted to the emperor M: [2]dào
zhézúfùsù 折足覆餗 ID. not equal to the task
zhézuì 折罪 V.O. atone for a crime
zhèzuò 蔗作 N. sugarcane
[1]**zhī** 之 <wr.> CONS. ① A ~ B in a B relationship to A *sāntiān ~nèi* within three days ***huíjiā ~ qián*** before returning home ***zhōnggǔ ~ shēng*** the sound of bells and drums ② A ~*lèi/liú* A and the like ***Xītèlè ~liú*** Hitler and his like ③ . . . ~*s.v.* so s.v. that . . . ***Tiānqì ~lěng, lián wūzi lǐ de shuǐ dōu jiébīng le.*** The weather was so cold that even the water in the room froze. ***déyì ~jí*** be very pleased with oneself ♦PR. *used only in object position* it; him; her; this ***nuò ~***

Z

promise it/her/him ◆V. go; leave **bù zhī suǒ ~** don't know where (he) went ◆B.F. this ~ [1]**zi** this person

[2]**zhī** 只[隻] M. *for animals, vessels, some utensils, one of a pair of things* ◆B.F. single **zhīzìwèití** *See also* [1]*zhǐ*

[3]**zhī** 知 V. know; realize; sense ◆B.F. ① inform; notify **tōngzhī** ② <*trad.*> administer [2]**zhīxiàn** ③be expert in ④knowledge; information **qiúzhī** *See also* [12]*zhì*

[4]**zhī** 支 V. ① support; sustain; bear ② dispatch; send away; put sb. off ③ pay/draw (money) ④protrude; raise ◆B.F. ①branch; offshoot [1]**zhīliú** ② the 12 Earthly Branches **dìzhī, gānzhī** ◆M. *for slender objects, military contingents, songs, wattage, etc.* ◆N. Surname

[5]**zhī** 枝 N. branch ◆M. *for slender items See also* [9]*qí*

[6]**zhī** 织[織] V. ① weave ② knit

[7]**zhī(r)** 汁(儿)[-(兒)] N. juice

[8]**zhī** 吱 ON. creak *See also* [3]*zī*

[9]**zhī** 脂 B.F. ①fat **zhīfáng** ②resin [2]**shùzhī** ③rouge **zhīfěn**, [1]**yānzhī**

[10]**zhī** 芝 B.F. <*trad.*> iris **zhī-lán** ◆in **zhīma**

[11]**zhī** 肢 B.F. limb (of the body); arm/leg **zhītǐ**, [1]**sìzhī**

[12]**zhī** 卮/巵 B.F. <*trad.*> an ancient wine vessel [4]**yùzhī, lòuzhī**

[13]**zhī** 祗 B.F. respect **zhīsù**, [2]**zhīhòu**

[14]**zhī** 稙 B.F. early-planted/maturing (grain) **zhīzhuāngjia**

[15]**zhī** 蜘 in **zhīzhū**

[16]**zhī** 胝 in [2]**piánzhī, piánshǒuzhīzú**

[17]**zhī** 搘 in **zhīzhǔ**

[18]**zhī** 氏 in [3]**yānzhī, Yuèzhī** *See also* [13]*shì*

[19]**zhī** 枳 in **zhīshǒushé** *See also* [13]*zhǐ*

[20]**zhī** 栀[梔] in [3]**zhīzi**

[21]**zhī** 鸡[鳷] in **zhīquè**

[1]**zhí** 直 S.V. ①straight ②vertical ③just; righteous; honest ④ frank; forthright ⑤ stiff; numb ◆V. straighten ◆N. vertical stroke (in characters) ◆ADV. ① directly; straight ② continuously ③ just; simply

[2]**zhí** 值 V. ①be worth ②happen when; coincide with ◆B.F. ① be on duty; take one's turn at sth. **zhíbān** ② value; price **jiàzhí**

[3]**zhí** 植 V. ① plant; grow ② set up; establish

[4]**zhí** 执[執] V. hold in the hand ◆B.F. ① persist in; stick to [1]**zhíyì, gùzhi** ② carry out; implement [1]**zhíxíng** ③ direct; manage [1]**zhízhǎng, zhízhèng** ④ <*wr.*> catch; capture **jūzhí** ⑤ written acknowledgement; voucher **huízhí** ⑥ friend; companion **zhíyǒu** ⑦ <*Budd.*> attachment to things/people

[5]**zhí** 职[職] B.F. ① duty; job; profession [1]**zhíwù**, [1]**zhíyè** ② post; office **zhíwèi** ③ manage; direct [2]**zhízhǎng** ◆CONJ. <*wr.*> because of

[6]**zhí** 侄 B.F. brother's son/daughter; nephew; niece **zhízi, zhínǚ**

[7]**zhí** 殖 B.F. ① propagate [1]**fánzhí** ② colonize **zhímíndì** *See also* [2]*shi*

[8]**zhí** 摭 B.F. take and use **zhíqǔ, jīzhí**

[9]**zhí** 埴 B.F. clay **zhítǔ, lúzhí**

[10]**zhí** 絷[縶] B.F. ① tie; bind **wéizhí** ② restrain; retain; hold **zhíwéi** ③ reins

[11]**zhí** 蹠/跖 B.F. sole of the foot; metatarsus [2]**zhígǔ, yāzhícǎo, gāozhǎngyuǎnzhí** *See also* *Zhí*

[12]**zhí** 踯[躑] in **zhízhú, yángzhízhú**

Zhí 跖 B.F. short for Dào Zhí, a notorious brigand of ancient times **zhígǒufèiyáo** *See also* [11]*zhí*

[1]**zhǐ*** 只[-/衹] ADV. only; merely *See also* [2]*zhī*, [15]*qí*

[2]**zhǐ** 指 B.F. ① finger [1]**shǒuzhǐ, zhǐtou** ② toe **jiǎozhǐtou** ◆M. fingerbreadth; digit **liǎng~ kuān de zhǐtiáo** a strip of paper two fingers wide ◆V. ① point at/to/out **~chūlai** point out ② refer to ③ rely/depend/count on **~zhe wǒ yǎngjiā.** I'm the support of the family.

[3]**zhǐ** 纸[紙] N. paper ◆M. *for pieces/sheets of paper* **yī ~ gōngwén** a document

[4]**zhǐ** 止 V. ① stop; halt; arrive at ② suppress; prohibit ③ stay; detain ◆CONS. **dào A wéi~** until A **dào mùqián wéi~** until now ◆ADV. only; merely ◆N. <*wr.*> bearing; demeanor

[5]**zhǐ** 旨 B.F. ① meaning; intention; aim **zhǔzhǐ** ② decree; edict **shèngzhǐ** ③ <*wr.*> delicious **gānzhǐ, zhǐjiǔ**

[6]**zhǐ** 趾 B.F. ① toe **jiǎozhǐ**, [1]**zhǐgǔ** ② foot **zhǐgāoqìyáng**

[7]**zhǐ** 酯 N. <*chem.*> ester

[8]**zhǐ** 徵 N. ①<*mus.*> fourth note of the pentatonic scale (*wǔyīn*) ② <*lg.*> fourth class of initials in ancient phonology *See also* [4]*zhēng*

[9]**zhǐ** 址 B.F. ① foundation of a building [1]**yízhǐ** ② position **wèizhi, dìzhǐ**

[10]**zhǐ** 咫 B.F. <*trad.*> ancient measure, equivalent to eight *cùn* (inches) **zhǐchǐ**

[11]**zhǐ** 祉 B.F. good fortune [2]**zhǐlù, fúzhǐ**

[12]**zhǐ** 扺 B.F. strike one's palm with one's fist [2]**zhǐzhǎng**

[13]**zhǐ** 枳 B.F. trifoliate orange **zhǐjí, Huáizhǐ** *See also* [19]*zhī*

[14]**zhǐ** 沚 B.F. small pieces of earth protruding through the surface of the water; small islets **zhōuzhǐ**

[15]**zhǐ** 黹 B.F. needlework; embroidery **zhēnzhǐ**

[16]**zhǐ** 芷 in **zhǐruò**, [2]**báizhǐ**

[1]**zhì** 制 B.F. ① work out; formulate; stipulate [1]**zhìdìng** ② restrict; control; govern **kòngzhì, guǎnzhì** ③ system; institution **zhìdù** ④ <*wr.*> three-year mourning for parents ◆SUF. -ism *See also* [2]*zhì*

[2]**zhì** 制[製] V. make; manufacture; create *See also* [1]*zhì*

[3]**zhì** 至 COV. to; until; till ◆ADV. extremely; most ◆V. <*wr.*> arrive; reach

[4]**zhì** 治 B.F. ① manage; administer; rule [1]**zhìlǐ, zhìguó** ② punish [2]**chǔzhì** ③ study; research [1]**zhìxué** ◆N. ① administration ② peaceful ◆V. ① treat (diseases); cure ② wipe out; eliminate

[5]**zhì** 质[質] N. quality ◆B.F. ① nature; character; temperament [1]**xìngzhì** ② matter; substance [1]**wùzhì** ③ question **zhìwèn** ④ pawn; mortgage; pledge ⑤ hostage [1]**rénzhì** ⑥ simple; plain [1]**zhìpǔ** ⑦ sincere; frank

[6]**zhì** 致 V. ①send; extend; deliver ②return; give up ◆B.F. ①incur; cause **dǎozhì** ②invite; collect (scholars/etc.) **zhāozhì** ③ devote (one's efforts, etc.); concentrate on; work for [2]**zhìlì** ④ charm ⑤ fascination; interest [2]**xìngzhì** *See also* [7]*zhì*

[7]**zhì** 致[緻] B.F. fine; delicate; meticulous **xìzhì**, [1]**jīngzhì** *See also* [6]*zhì*

[8]**zhì** 置 V. ①place; put ②set up; install ③buy

[9]**zhì** 掷[擲] V. throw; cast; fling; hurl

[10]**zhì** 志 N. will; aspiration; ideal; ambition ◆B.F. be devoted to [1]**zhìshì** ◆V. <*topo.*> weigh; measure *See also* [11]*zhì*

[11]**zhì** 志[誌] B.F. ① records; annals **fāngzhì** ② magazine [1]**zázhì** ③ mark; sign [1]**biāozhì** ④ remember; keep in mind **yǒngzhìbùwàng** *See also* [10]*zhì*

[12]**zhì** 智/知 B.F. wisdom; resourcefulness; wit [1]**zhìhuì** *See also* [3]*zhī*

[13]**zhì** 痣 N. <*phys.*> nevus; mole

[14]**zhì** 痔 N. hemorrhoids; piles

[15]**zhì** 雉 N. pheasant

[16]**zhì** 秩 B.F. ① order; sequence [1]**zhìxù** ② <*trad.*> official rank [2]**lùzhì**

[17]**zhì** 帜[幟] B.F. flag; banner [1]**qízhì**

[18]**zhì** 稚 B.F. immature [1]**yòuzhì**, [1]**zhìqì**

[19]**zhì** 滞[滯] B.F. ① stagnant; stopped up **zhìdù** ② hold up; detain [1]**zhìliú**

[20]**zhì** 挚[摯] B.F. sincere [1]**zhēnzhì**, [1]**zhìyǒu**

[21]**zhì** 峙 B.F. stand erect; tower [3]**zhìlì**, [3]**qízhì**

[22]**zhì** 炙 B.F. ① bake ② baked/roasted meat **mìzhì Yúntuǐ** ③ cauterize [3]**zhìfǎ**

[23]**zhì** 窒 B.F. stopped/plugged up **zhìxī, mènzhì**

[24]**zhì** 蛭 B.F. leech [2]**zhìshì**, [6]**jīzhì**

[25]**zhì** 帙 B.F. ① cloth slip-case for a book (in traditional Ch. binding) ②books **juànzhìhàofán** ◆M. *for string-bound books with cloth slip-covers*

[26]**zhì** 彘 B.F. pig; pork [2]**zhìjiān, gǒu-zhì**

[27]**zhì** 忮 B.F. jealous **zhìqiú**

[28]**zhì** 栉[櫛] B.F. comb **zhìbǐ**, [3]**mùzhì**

[29]**zhì** 桎 B.F. fetters; shackles [1]**zhìgù**, [1]**gùzhì**

[30]**zhì** 膣 B.F. old term for vagina [5]**zhìyán**

[31]**zhì** 豸 B.F. ① beasts of prey ② <*trad.*> (legless) worms **xièzhì, xièzhìguān**

[32]**zhì** 贽[贄] B.F. gift presented to a teacher/superior on one's first visit [5]**zhìyí, wèizhì**

[33]**zhì** 踬[躓] B.F. encounter an obstacle; trip and fall [4]**zhì'ài**, [2]**bázhì**

[34]**zhì** 郅 B.F. extreme; most [3]**zhìzhì** ◆N. Surname

[35]**zhì** 锧[鑕] B.F. ① chopping block ② <*trad.*> executioner's block **fūzhì**, [4]**fǔzhì**

[36]**zhì** 陟 B.F. ① ascend; climb high **dēngshānzhìlǐng** ② promote **zhìfá, chùzhì**

[37]**zhì** 骘[騭] B.F. arrange; settle [3]**yīnzhì**, [2]**píngzhì**

[38]**zhì** 鸷[鷙] B.F. fierce; violent **zhìniǎo, zhìhàn, rěnzhì**

[39]**zhì** 识[識] B.F. ① remember ② mark; sign; record [2]**fùzhì, jìnzhì** *See also* [6]*shí*

[40]**zhì** 迟[遲] B.F. **zhìdàn** *See also* [1]*chí*

[41]**zhì** 懥 in [2]**fènzhì**

[42]**zhì** 轾[輊] in **xuān-zhì**

zhì'āi 志/致哀 V.O. show mourning; pay respects to the dead; condole

[1]**zhì'ái** 致癌 V.O. cause cancer

[2]**zhì'ái** 治癌 V.O. treat cancer

[1]**zhì'ài*** 挚爱[摯愛] N. true love

[2]**zhì'ài** 窒碍[-礙] V. <*wr.*> be obstructed

[3]**zhì'ài** 滞碍[滯礙] V. block (up); obstruct

[4]**zhì'ài** 踬碍[躓礙] V. obstruct

zhì'ái huánjìng 致癌环境[--環-] P.W. carcinogenic environment

zhì'àijùfén 芝艾俱焚 F.E. The noble and the lowly alike met their fate.; The good perished with the bad.

zhì'àinánxíng 踬/窒/滞碍难行[躓/滯礙難-] F.E. obstructed and difficult passage

zhì'àiqīnpéng 至爱亲朋[-愛親-] F.E. close relatives and good friends

zhì'àitóngfén 芝艾同焚 F.E. The good perish with the bad.

zhì'ái wùzhì 致癌物质[-質] N. <*med.*> carcinogen

zhì'áixìng 致癌性 N. carcinogenesis

zhì'ái zuòyòng 致癌作用 N. carcinogenesis

zhì'ān 治安 N. public order/security

zhì'ān fǎguān 治安法官 N. magistrate M: [2]*wèi*

zhì'ān fǎyuàn 治安法院 P.W. magistrates' court

zhì'ānguān 治安官 N. justice of the peace M: [2]*wèi*

zhì'ān jīguān 治安机关[-關] P.W. law-enforcement office

zhì'ān wěiyuán 治安委员 N. public-security committee member M: [2]*wèi*

zhí'ào 执傲[執-] V.P. stubborn and supercilious

zhíbái 直白 S.V. frank

zhībáishǒuhēi 知白守黑 ID. know all but remain silent

zhíbān(r)* 值班(儿) V.O. be on duty

[1]**zhǐbǎn** 纸板 N. cardboard; paperboard M: [1]*zhāng*/[2]*kuài*

[2]**zhǐbǎn** 纸版 N. <*print.*> paper mold/matrix

zhìbǎn 制版[製-] V.O. <*print.*> make a plate

[1]**zhìbàn** 置办[-辦] V. ①buy; purchase ②procure; secure

[2]**zhìbàn** 治办[-辦] N. successful discharge of duties

zhǐbàng* 止谤 V. stay and rest

zhìbàng 掷棒[擲-] V.O. toss sticks (as in juggling)

zhǐbàng mòrú zìxiū 止谤莫如自修 F.E. Nothing stops gossip so much as correcting one's own ways.

zhǐbǎnhé 纸板盒 N. carton; cardboard box

zhǐbǎnhuà 纸版画[-畫] N. block-print pictures M: [1]*zhāng*

zhìbàn jiājù 置办家具[-辦--] V.O. buy furniture

zhíbānshì 值班室 P.W. security post; office for a person on duty M: [1]*jiān*

zhǐbǎnxiāng 纸板箱 N. carton; cardboard box

Z

zhībānyuán 值班员 N. person on duty M: [2]*wèi*
zhíbǎo 植保 N. plant/crop protection
zhǐbāo(r)* 纸包(儿) N. paper wrapping
[1]**zhìbǎo** 至宝[-寶] N. most valuable treasure
[2]**zhìbǎo** 治保 N. public security
zhǐ bāobuzhù huǒ 纸包不住火 ID. truth will come out
zhǐbàojìnfēi 止暴禁非 F.E. stop tyranny and prohibit evil
zhìbǎo xiǎozǔ 治保小组 P.W. public-security committee
zhíbèi* 植被 N. <*bot.*> ① vegetation ② vegetation-cover over an area
zhǐbēi 纸杯 N. Dixie/paper cup
zhǐbèi 纸背 N. verso; reverse side
[1]**zhìbèi** 置备[-備] V. purchase (equipment/etc.)
[2]**zhìbèi** 制备[製備] N. <*chem.*> preparation
[3]**zhìbèi** 滞背[滯-] A.T. unfashionable and unsalable
[4]**zhìbèi** 炙背 V.O. expose the back to the sun
[5]**zhìbèi** 稚贝 N. juvenile mollusk
zhìbèihuò 滞背货[滯-] N. slow-selling/unmarketable
zhìbēiwéihào 掷杯为号[擲-號] F.E. drop a cup as a signal
zhǐběizhēn 指北针 N. compass
zhǐběn 纸本 N. <*art*> paper scroll; painting on paper
zhìběn* 治本 V.O. get at the root (of a problem/etc.); take radical measures
zhǐběnr 纸本儿 N. (pupil's) notebook
zhībì 支臂 N. support arm; bracket
[1]**zhíbǐ*** 执笔[執筆] V.O. write; do the actual writing
[2]**zhíbǐ** 直笔[-筆] V. ① write down accurately ② straight-forward style of writing
zhǐbì 纸笔[-筆] N. <*topo.*> a matter worth recording; an important matter *See also* *zhǐbǐ*
zhǐbǐ 纸笔[-筆] N. ①paper and pen ②stationery *See also zhǐbì*
zhǐbì 纸币[-幣] N. paper money/currency; note M: [1]*zhāng*
zhìbǐ 栉比[櫛-] V. <*wr.*> be sardined together
zhìbì 制币[-幣] N. standard national currency ♦V.O. coin
[1]**zhībiān** 支边[-邊] V.O. support the border areas
[2]**zhībiān** 织边[織邊] N. selvage
zhíbiān 执鞭[執-] V.O. ① hold a whip ② be a teacher ♦N. ① <*wr.*> coachman ② <*humb.*> (I am) your servant
zhǐbiān(r) 纸边(儿)[-邊] N. margin on paper
[1]**zhìbiàn*** 质变[質變] N. <*phil.*> qualitative change
[2]**zhìbiàn** 置辩 V. <*wr.*> argue (in self-defense)
zhíbiānsuídèng 执鞭随镫[執-隨-] F.E. follow sb.
zhǐbiāo* 指标[-標] N. ① target; quota; norm; index sign; indicator ② <*math.*> characteristic
zhǐbiǎo 纸裱 N. <*art*> front mounting of paper (of scrolls)
zhìbiāo 治标[-標] V.O. ① merely alleviate symptoms of illness ② take stopgap measures
zhìbiǎo 制表 V. tabulate ♦N. tabulation
zhìbiāo bù zhìběn 治标不治本[-標---] F.E. provide palliatives; treat the symptoms, not the disease
zhìbiāo fāngfǎ 治标方法[-標--] N. palliative
zhì biāoqiāng 掷标枪[擲標槍] V.O. <*sport*> throw the javelin
zhǐbiāo xiāngtóng de 指标相同的[-標---] ATTR. <*lg.*> co-indexed
zhǐbiāozì 指标字[-標-] N. index word
zhíbǐbùhuì 直笔不讳[-筆-諱] F.E. give a plain uncolored account
zhìbìchǎng 制币厂[-幣廠] P.W. mint M: [4]*zuò*
zhíbǐdǎnglùn 直笔谠论[-筆讜-] F.E. unprejudiced writings and outspoken criticisms
zhíbié 职别[職-] N. official rank
zhìbǐ'érjū 栉比而居[櫛-] F.E. dwell closely together
zhíbǐ'érshū 直笔而书[-筆-書] F.E. write according to facts
zhìbǐlíncì 栉比鳞次[櫛-] F.E. row upon row of (houses)
zhībīn 知宾[-賓] N. <*topo.*> head receptionist at a ceremony
zhībīng 知兵 V.O. be well-versed in military arts
zhìbīng 治兵 V.O. lead troops; direct military affairs
[1]**zhìbìng*** 治病 V.O. treat illness
[2]**zhìbìng** 致病 V.O. cause illness ♦ATTR. pathogenic
zhìbīngchǎng 制冰厂[製-廠] P.W. icehouse; ice plant M: [4]*zuò*
zhíbìnghài 植病害 N. plant disease
zhìbīngjī 制冰机[製-] N. ice machine M: [1]*tái*
zhìbìng jiùrén 治病救人 V.P. cure sickness to save a patient
zhìbìngjūn 致病菌 N. <*med.*> pathogenic bacteria
zhìbìngqiángshēn 治病强身[--強-] F.E. cure diseases and improve health
zhìbìngqiúběn 治病求本 F.E. search for the primary cause of disease in treatment
zhìbīng shèbèi 制冰设备[製-備] N. ice-making equipment
zhībǐzhījǐ 知彼知己 F.E. know both sides
zhìbìzhīzhù 指臂之助 N. mutual assistance
zhībō 支拨[-撥] V. ①make a payment ②make available (of funds/etc.)
[1]**zhíbō*** 直播 N./V. ① <*agr.*> direct seeding ② live broadcast (on TV/etc.)
[2]**zhíbō** 直拨[-撥] V. ①dial (a telephone) directly ② direct allocation (of money/etc.)
zhǐbó 纸箔 N. joss paper
zhìbō 制播[製-] V. record and broadcast
zhībōdān 支拨单[-撥-] N. voucher M: [1]*zhāng*
zhíbō diànhuà 直拨电话[-撥電-] N. direct-dialing service; direct line
zhíbór 直脖儿 V.O. <*topo.*> gape; stare as though dumbstruck
zhībǔ 织补[織補] N./V. darning; invisible mending
[1]**zhībù*** 织布[織-] V.O. weave cloth
[2]**zhībù** 支部 P.W. branch (of a party/etc.)
zhǐbù 止步 V.O. halt; stop; go no farther
zhǐbùbùqián 止步不前 F.E. ① halt; stand still ② cease to advance
zhībùchǎng 织布厂[織-廠] P.W. weaving mill M: [4]*zuò*/[1]*jiā*
zhíbudàng 值不当[-當] R.V. <*topo.*> not be worthwhile
zhíbude 值不得 R.V. <*coll.*> not be worthwhile
zhǐbùdìng 指不定 ADV. <*topo.*> perhaps; maybe; probably ♦ATTR. probable
zhìbufú 治不服 R.V. can't control/subject
zhībùgōng 织布工[織-] N. weaver M: [1]*míng*
zhǐ buguò 只不过 CONJ. only; just; merely ***Zhè ~ shì shíjiān wèntí.*** It's just a question of time.
zhìbuhǎo 治不好 R.V. ① can't cure (a disease) ② can't restore (good order/etc.)
zhībùjī* 织布机[織-] N. loom M: [1]*tái*
zhìbujì 至不济[-濟] ADV. <*coll.*> at least ~ ***yě huì yī-zhǒng wàiyǔ*** can speak at least one foreign language
zhìbùkěmǎn 志不可满 F.E. not have one's wish fulfilled
zhìbùkěqū 志不可屈 F.E. indomitable ambition
zhíbuleng 直不棱 V.P. <*coll.*> fixed but not focused (of eyes)
zhíbulengdeng 直不棱瞪 <*coll.*> fixed but not focused (of eyes)
zhǐbuliǎo 止不了 R.V. can't stop/prevent (sth. from happening)
zhìbuliǎo* 治不了 R.V. ①can't cure (a sickness) ② can't subdue; can't keep under control
Zhíbùluótuó Hǎixiá 直布罗陀海峡[--羅--峽] P.W. Strait of Gibraltar
zhībùniáng 织步娘[織-] N. grasshopper M: [2]*zhī*
zhībùniǎo 织布鸟[織-] N. weaverbird; Java sparrow M: [2]*zhī*
zhībuqǐ 支不起 R.V. can't underprop or shore up
zhǐbùshèngqū 指不胜屈[--勝-] F.E. countless; innumerable
zhībù shūji 支部书记[--書-] N. <*pol.*> branch secretary M: [2]*wèi*
zhībù wěiyuán 支部委员 N. member of the branch committee M: [2]*wèi*
zhìbùyùjì 治不育剂[--劑] N. fertility drug
zhìbùzàicǐ 志不在此 F.E. have ambitions centered elsewhere
zhìbùzàimíng 志不在名 F.E. have no aspirations for fame
zhǐbuzhù* 止不住 R.V. be unable to stop
zhìbuzhù 治不住 R.V. can't keep under control
zhícǎi 摭采 V. collect
[1]**zhìcái*** 制裁 V./N. ①sanction; punish ②restrain
[2]**zhìcái** 至材 N. great talent; genius
[3]**zhìcái** 制材[製-] V.O. saw lumber; do wood-working
zhìcǎi 掷采[擲-] V.O. throw dice
zhìcài 治菜 V.O. <*topo.*> cook food
zhìcái duìxiàng 制裁对象[--對-] N. object of sanctions
[1]**zhìcán** 致残[-殘] V.O. ① cripple ② become disabled
[2]**zhìcán** 稚蚕[-蠶] N. young silkworm M: [1]*tiáo*
zhìcángguānzài 智藏官在 F.E. The wise are left to live in obscurity while the corrupt hold office.
zhǐcānjīn 纸餐巾 N. paper napkins M: [1]*zhāng*
zhìcánrén 智残人[-殘-] N. mentally retarded person
zhícānshù 值参数[-參數] N. value parameter
zhīcǎo* 芝草 N. a kind of parasitic fungus
zhǐcǎo 纸草 N. papyrus
zhīcǎowúgēn 芝草无根 ID. a hero of humble origins
zhìcè 制策 N. <*trad.*> examination on political topics given by the emperor
zhīchà 枝杈 N. branch; twig
zhǐchà* 只差 V.P. only need . . .; except for
zhìchá 制茶[製-] V.O. tea making
zhīchāi 支差 V.O. ① dispatch; send ② do enforced and unpaid work for the government/landlord
zhíchǎn 殖产[-產] V.O. increase one's property and holdings
[1]**zhìchǎn*** 置产[-產] V.O. buy property (esp. an estate); buy real estate
[2]**zhìchǎn** 治产[-產] V.O. manage property
[3]**zhìchǎn** 滞产[滯產] N. prolonged/protracted labor
zhícháng 直肠[-腸] N. rectum ♦ATTR. sincere
zhícháng'ái 直肠癌[-腸-] N. rectal cancer
zhíchángjìng 直肠镜[-腸-] N. proctoscope
zhíchángzhídù 直肠直肚[-腸--] ID. straightforward; frank
zhíchángzi 直肠子[-腸-] <*coll.*> ID. frank/guileless chap
zhìchǎo 炙炒 V. broil
[1]**zhíchén*** 直陈 V. state outright; speak frankly
[2]**zhíchén** 直臣 N. outspoken subject/courtier M: [2]*wèi*
zhǐchén 指陈 V. state
zhìchén 滞尘[滯塵] V.O. keep dust down
zhīchēng* 支撑[-撐] V. prop up; sustain; support ♦N. <*archi.*> strut; brace
[1]**zhīchéng** 支承 ATTR. supporting; bearing
[2]**zhīchéng** 织成[織-] R.V. weave
[3]**zhīchéng** 祇承 V. accept with respect
zhíchēng 职称[職稱] N. technical/professional job title
zhíchéng 值乘 V.O. be on duty (of crewmen)
zhǐchēng 指称[-稱] V. <*lg.*> designate; reference
[1]**zhìchéng** 至诚 N. complete sincerity ♦V.P. sincere; straightforward
[2]**zhìchéng** 制成[製-] R.V. have completed production/making; have produced/manufactured
[3]**zhìchéng** 挚诚[摯-] V.P. sincere; earnest

[4]**zhìchéng** 志成 V. have one's wish fulfilled
[5]**zhìchéng** 质成[質-] V. ask a third party to arbitrate a dispute, etc.
zhíchēng děngjí 职称等级[職稱-] N. professional rank
zhīchēngdiǎn* 支撑点[-撐點] N. strong point; center of resistance/support
zhīchéngdiǎn 支承点[-點] N. <archi.> bearing point
zhìchénggǎnshén 至诚感神 F.E. Utmost sincerity can move even gods.
zhìchénggāojié 至诚高节[-節] F.E. a person of supreme sincerity and nobility
zhìchénggétiān 至诚格天 F.E. Sincerity moves Heaven.
zhīchēngjià 支撑架[-撐-] N. scaffolding
zhīchénglì 支承力 N. supporting force
zhǐchēng lǐlùn 指称理论[-稱--] N. <lg.> theory of reference
zhìchéng língjiàn 制成零件[製-] N. finished parts
zhīchēng ménmian 支撑门面[-撐--] V.O. keep up an appearance
zhìchéngpǐn 制成品[製-] N. finished products; manufactured goods M: [2]jiàn
zhǐchēng shǔxìng 指称属性[-稱屬-] N. <lg.> referential property
zhīchēng wēijú 支撑危局[-撐--] V.O. play the leading role during a national crisis
zhíchénjù 直陈句 N. <lg.> narrative sentence
zhīchí* 支持 N./V. ① sustain; hold out; bear ② support; back; stand by
zhīchǐ 知耻[-恥] V.O. have a sense of shame
zhíchǐ 直尺 N. straightedge M: [1]bǎ
zhǐchǐ 咫尺 V.P. <wr.> very close
zhǐchì 指斥 V. reprove; denounce
zhìchí 至迟[-遲] ADV. <coll.> at the latest
[1]**zhìchǐ** 智齿[-齒] N. <phys./loan> wisdom tooth
[2]**zhìchǐ** 稚齿[-齒] N. young people; children; toddlers
zhíchìbùhuì 直斥不讳[-諱] F.E. openly reprimand
zhīchíbuzhù 支持不住 F.E. can't stand (the pressure/difficulty/etc.) any longer
zhīzhù chǎnyè 支持产业[-產業] P.W. industries supportive of pillar industries
zhīchǐ jìnhū yǒng 知耻近乎勇[-恥---] F.E. to know shame is to be near to fortitude
zhíchìlèi 直翅类[-類] N. <zoo.> orthoptera
zhīchílì 支持力 N. supporting force
zhīchílǜ 支持率 N. rate of support
zhíchǐlún 直齿轮[-齒-] N. <mach.> straight gear
zhǐchǐqiānlǐ 咫尺千里 F.E. physically close but socially distant
zhǐchǐshānhé 咫尺山河 F.E. physically very near but separated as if by long distances
zhǐchǐtiānyá 咫尺天涯 F.E. so near and yet so far
zhǐchǐzhījiān 咫尺之间 F.E. <wr.> close at hand; very close by
zhīchízhù 支持住 R.V. be able to bear; hold out; sustain
zhìchóng 稚虫[-蟲] N. <zoo.> naiad
zhǐchòu 止臭 V.O. deodorize ♦ATTR. deodorant
zhìchóuyìmǎn 志酬意满 F.E. have one's wish fulfilled and be contented
[1]**zhīchū** 支出 R.V. pay (money); expend; disburse ♦N. expenditure; outlay; disbursement
[2]**zhīchū** 织出[織-] R.V. weave
[3]**zhīchū** 之初 N. inchoation; inception
zhīchù 支绌 V.P. not enough; insufficient (of funds)
zhǐchū* 指出 R.V. ① point out (that) ~ *tā de quēdiǎn* lay one's finger on his weak spot ② <lg.> specify
zhìchū 掷出[擲-] R.V. throw out
zhìchù 陟黜 V. <wr.> promote or demote/dismiss
zhíchuān* 直穿 V. pierce
zhìchuán 治船 V. <topo.> repair a boat
zhìchuāng 痔疮[-瘡] N. hemorrhoids; piles
zhǐchuánmíngzhú 纸船明烛[-燭] F.E. paper boats and candles (for funerals)
zhīchū bǎoliúshù 支出保留数[-數] N. <acct.> an appropriation encumbrance
zhīchūbiǎo 支出表 N. account of payment M: [1]zhāng
zhīchū chìzì 支出赤字 N. deficit spending
zhíchuī 执炊[執-] V. cook; prepare meals
zhǐchuípíng 纸槌瓶 N. <pottery> paper-mallet vase
zhīchū yùsuàn 支出预算 N. <acct.> appropriation budget
zhīcí 枝辞/词[-辭] N. <wr.> ① superfluous words ② florid language
zhícì 值此 F.E. <wr.> on this occasion
zhící 直刺 N. ①straight thrust (in fencing) ②<Ch. med> perpendicular inserting (in acupuncture)
[1]**zhǐcí** 指词 N. <lg.> demonstrative
[2]**zhǐcí** 止词 N. <lg.> object of a preposition or transitive verb; complement
[1]**zhìcí*** 致辞/词[-辭] V.O. deliver an address; make a speech
[2]**zhìcí** 置辞[-辭] N. choice of words ♦V.O. find words to say
[3]**zhìcí** 质词[質-] N. <lg.> quality word
[4]**zhìcí** 制瓷[製-] N. porcelain making
zhìcǐ 至此 ADV. ① to here ② so far ③ to this extent
zhícǐ'éryǐ 职此而已[職-] F.E. It is only for this reason.
zhìcìlínbǐ 栉次鳞比[櫛-] F.E. be sardined together
zhīcímànyǔ 支辞蔓语[-辭--] F.E. incoherent speech; unintelligible expression; lengthy and confused talk
zhǐcǐyīhuí 只此一回 F.E. only this time and no more
zhǐcǐyījiā 只此一家 F.E. ① have a monopoly ② have no branches
zhǐcǐyīzāo 只此一遭 F.E. for once in one's life; only once
zhícìyúnxiāo 直刺云霄[--雲-] F.E. soar into the clouds
zhícǐzhīgù 职此之故[職-] F.E. for this reason
zhìcún huòpǐn 置存货品 N. <acct.> carrying stock
zhìcuò 治错 R.V. treated wrongly/improperly (of a sickness)
zhīcuòbùgǎi 知错不改 V.P. cling to a mistake instead of correcting it
zhīcuòzégǎi 知错则改 V.P. If you know you have made mistakes, correct them!
zhīcūyèmào 枝粗叶茂[--葉-] ID. sturdy and vigorous
zhīda 支搭 V. <coll.> put a wedge/etc. under (e.g. a table leg) to stabilize it
zhídá* 直达[-達] V. ①go nonstop to ②directly inform
zhí-dà 职大[職-] AB. *zhígōng dàxué*
zhìdà 至大 ATTR. greatest; extremely large
zhìdàcáishū 志大才疏 F.E. have great ambition but little talent
zhídáchē 直达车[-達-] N. through train/bus M: [1]bān/[1]liè
zhìdàcí 指大词 N. <lg.> augmentative
zhídá fēixíng 直达飞行[-達飛-] N. direct (nonstop) flight
zhīdài 肢带[-帶] N. limb cincture
zhídài 直待 V. wait until; go on waiting
[1]**zhǐdài(r)*** 纸袋(儿) N. paper bag
[2]**zhǐdài** 纸带[-帶] N. paper ribbon/tape M: juǎn
zhìdāi 滞呆[滯-] V.P. dull; vacuous
zhǐdàicí 指代词 N. <lg.> demonstrative pronoun
zhí-dài-huì 职代会[職-] AB. *zhígōng dàibiǎo dàhuì*
zhídá kuàichē 直达快车[-達--] N. express train/bus M: yītàng
zhídálì 执达吏[執達-] N. <law> bailiff M: [2]wèi
[1]**zhīdān** 支单 N. ① voucher to get sth. from public storage ② a certificate for drawing money M: [1]zhāng
[2]**zhīdān** 知单 N. <trad.> ①list of invitees ②invitation on which the invitee signs "acknowledged"
zhǐdān(r/zi)* 纸单(儿/子) N. paper slip (of receipts/etc.) M: [1]zhāng
zhǐdàn 纸弹 N. ① psywar leaflets ② ballot
zhìdàn 迟旦[遲-] N. <wr.> dawn; daybreak *See also chídàn*
zhìdànbīng 掷弹兵[擲-] N. grenadier M: [1]míng
zhīdāng 支当[-當] V. shoulder (a responsibility/task/etc.)
zhídǎng 植党[-黨] V.O. establish a party/coterie/etc.
zhídàng 值当[-當] S.V. <topo.> be worthwhile
zhǐdàng* 只当[-當] V.P. ① pretend; act just as ② should only
zhìdàng 至当[-當] V.P. <wr.> most suitable/appropriate
zhìdàngbùyí* 至当不移[-當--] F.E. most suitable and not subject to change
zhìdàngbùyì 至当不易[-當--] F.E. most suitable and not subject to change
zhídǎngyíngsī 植党营私[-黨營-] F.E. band together for selfish purposes
zhìdàntǒng 掷弹筒[擲-] N. grenade launcher
zhīdao* 知道 V. know; realize; be aware of
zhīdào 知道 *See zhīdao*
[1]**zhídǎo** 执导[執導] V. direct
[2]**zhídǎo** 直捣[-搗] V. <mil.> drive straight on
[1]**zhídào** 直到 V.P. ① until ② up to
[2]**zhídào(r)** 直道(儿) V. talk candidly ♦N. ① a true saying ② direct route ③ correct/orthodox doctrine ♦S.V. candid; straightforward
zhǐdǎo 指导[-導] V. guide; direct ♦N. direction; guidance
zhǐdào 只道 V. think; assume (incorrectly)
zhìdǎo 制导[-導] V. control and guide (missiles/etc.)
[1]**zhìdào** 志悼 V. condole
[2]**zhìdào** 治道 N. the way of running a country
zhídào'érxíng 直道而行 F.E. ① follow the straight path ② act with rectitude ③ not be led astray; handle affairs without bias
zhídǎohuánglóng 直捣黄龙[-搗--] ID. ① drive straight on an enemy stronghold ② press forward to the enemy's capital
zhǐdǎojià 指导价[-導價] N. state-set price range
zhǐdǎo jìhuà 指导计划[-導-劃] N. master plan
zhǐdǎo lǎoshī 指导老师[-導-師] N. academic advisor M: [2]wèi
zhǐdǎorén 指导人[-導-] N. director M: [2]wèi
zhídàoshìrén 直道事人 F.E. serve sb. in a righteous way
zhǐdǎo sīxiǎng 指导思想[-導--] N. <pol.> guiding ideology; concept
zhǐdǎo wěiyuánhuì 指导委员会[-導---] P.W. steering committee
zhìdǎo wǔqì 制导武器[-導--] N. guided weapon
zhǐdǎoxìng 指导性[-導-] ATTR. guideline
zhǐdǎoxìng jìhuà 指导性计划[-導--劃] N. <pol.> guided planning; guidance plan
zhǐdǎoxìng pǔbiàn guīlǜ 指导性普遍规律[-導-----] N. <lg.> implicational universal
zhìdǎo xìtǒng 制导系统[-導--] N. guidance system
zhǐdǎoyuán 指导员[-導-] N. <mil.> ① PLA political instructor ② instructor M: [2]wèi
zhǐdǎo yuánzé 指导原则[-導--] N. guiding principle
zhídǎzhí 直打直 ADV. <coll.> straightforward; blunt; pointblank
zhídǎzhí de shuō 直打直地说 V.P. to put it bluntly
zhìdàzhìgāng 至大至刚[-剛] F.E. greatest and strongest
zhìdàzhìgōng 至大至公 F.E. most high and most just

Z

zhíde* 值得 S.V./AUX. merit; deserve *Zhè běn shū ~ yī dú.* This book is worth reading.
zhǐdé 只得 AUX. have to *Wǒ ~ rèncuò.* I must admit that it was my fault. *See also* zhǐděi
zhìdé 至德 N. highest virtue
zhì de fēiyuè 质的飞跃[質-飛躍] N. <phil.> qualitative leap
zhǐděi 只得 V. have to *See also* zhǐdé
zhìdeliǎo 治得了 R.V. ① be curable ② be able to cure
zhíděng 职等[職-] N. <trad.> official rank
zhǐdēng* 纸灯[-燈] N. paper lamp M: [1]zhǎn
zhídèngdèng 直瞪瞪 V.P. <coll.> staring straight ahead
zhǐdēngzhào 纸灯罩[-燈-] N. paper lamp shade
zhīdeqǐ 支得起 R.V. be able to prop up
zhíde yī kàn 值得一看 V.P. be worth a look
zhìdéyìmǎn 志得意满 F.E. smug; complacent; self-satisfied
zhíde yī tí 值得一提 V.P. be worth noting
zhì de zhǔnzé 质的准则[質-準-] N. <lg.> quality criteria
zhīdǐ(r) 知底(儿) V.O. know the inside story
zhīdì 织地[織-] N. texture
zhídǐ 直抵 V. (fly) nonstop; (go) through
zhìdí 制敌[-敵] V.O. subdue the enemy
[1]zhìdì* 质地[質-] N. ① quality of material; texture ② character; disposition; endowments
[2]zhìdì 置地 V.O. <coll.> buy land
[3]zhìdì 掷地[擲-] V.O. throw to the ground
[4]zhìdì 质的[質-] N. target
[5]zhìdì 治第 V.O. build a dwelling
zhīdiǎn 支点[-點] N. <phy.> fulcrum; point of support
zhīdiàn 支店 P.W. branch store
zhǐdiǎn* 指点[-點] V./N. ① give directions/pointers/etc. ② direct; guide ③ gossip about sb.'s faults
zhìdiǎn 质点[質點] N. <phy.> particle
[1]zhìdiàn 致电[-電] V.O. <wr.> send a telegram (to); get a message to, call to
[2]zhìdiàn 致奠 V.O. <trad.> offering of personal condolences/sacrifices to the family of a deceased high official by a representative of the emperor
zhǐdiǎnbiāo 指点标[-點標] N. marker
zhìdiǎn lìxué 质点力学[質點-] N. <phy.> particle mechanics
zhǐdiǎn míjīn 指点迷津[-點--] V.O. show sb. how to get on the right path
zhìdiào 掷掉[擲-] R.V. throw; throw down; drop
zhǐdié* 纸碟 N. paper plates
zhìdié 雉堞 N. <archi.> crenelation
zhǐdiēhuíshēng 止跌回升 F.E. stop dropping and begin to gain (of stocks)
zhìdìjiānrèn 质地坚韧[質-堅韌] F.E. strong but pliable in texture
zhìdìjīngliáng 质地精良[質-] F.E. be of excellent/best quality
zhìdìjīnshēng 掷地金声[擲-聲] F.E. extremely elegant and valuable
zhìdíjīxiān 制敌机先[-敵--] F.E. get the jump on the enemy
zhìdìkǎojiū 质地考究[質-] F.E. superior in quality (used in advertising)
[1]zhǐdīng 指疔 N. <med.> whitlow; felon
[2]zhǐdīng 趾疔 N. <med.> boil on the toe
[1]zhǐdìng 纸锭 N. paper ingots (burned as offerings to the dead)
[2]zhǐdìng 指定 V. ① appoint; assign *~ tā dāng jīnglǐ* appoint her as manager ② indicate clearly and with certainty ♦N. <lg.> specification
[1]zhìdìng* 制定 V. formulate; draft; institute; establish
[2]zhìdìng 制订 V. work/map out; formulate
zhìdìng chūlai 制定出来 R.V. formulate; draw up; enact
zhǐdìngcí 指定词 N. determiner
zhìdìngfǎ 制定法 N. statutory law
zhǐdǐnghuā 指顶花 N. <bot.> foxglove
zhǐdìngrén 指定人 N. <law> appointor; assigner M: [2]wèi
zhìdìngrén* 制订人 N. implementer M: [2]wèi
zhǐdìngrén tídān 指定人提单 N. <com.> order bill of lading M: [1]zhāng
zhǐdìngrén zhīpiào 指定人支票 N. <com.> order check M: [1]zhāng
zhǐdìng yízèng 指定遗赠 N. specific legacy
zhǐdìng zuòyòng 指定作用 N. <lg.> designation
zhìdísìmìng 制敌死命[-敵--] F.E. have the enemy by the throat
zhìdìxìmì 质地细密[質-] F.E. of close texture; fine-grained
zhìdìyōuliáng 质地优良[質-優-] F.E. fine quality
zhìdìyǒushēng 掷地有声[擲-聲] ID. forceful and lofty (of speech)
zhídìzǐlǐ 执弟子礼[執-禮] F.E. regard oneself as a pupil in dealing with sb. one holds in high esteem
zhǐdòng 止动[-動] N. stopping; fastening; locking
[1]zhìdòng* 制动[-動] R.V. brake; apply the brakes
[2]zhìdòng 致动[-動] ATTR. causative
zhǐdōngdàoxī 指东道西 ID. ① say one thing and mean another; insinuate ② make bossy remarks ③ make pointless comments; be irrelevant
zhǐdōnghuàxī 指东画/划/话西[--畫/劃/-] ID. ① be irrelevant ② skip from one subject to another ③ speak evasively
zhìdòng huǒjiàn 制动火箭[-動--] N. retro-rocket M: [4]méi
zhìdòngjī 制动机[-動-] N. brake
zhǐdòng jīgòu 止动机构[-動-構] N. <mach.> stop motion
zhǐdōngjīxī 指东击西[--擊-] ID. make a feint
zhìdòng jùlí 制动距离[-動-離] N. braking/stopping distance
zhìdòngqì 制动器[-動-] N. brake
zhǐdōngshuōxī 指东说西 ID. talk irrelevantly; evade the subject
zhìdòngyè 制动液[-動-] N. brake fluid
zhìdòu 智斗[-鬥] V. match wits; argue craftily
zhìdòulìdí 智斗力敌[-鬥-敵] F.E. a battle of wits and a contest of strength
zhìdòushézhàn 智斗舌战[-鬥-戰] F.E. have a verbal battle with sb.
zhǐdú 只读[-讀] ATTR. <comp.> read-only
zhǐdù 止妒 V.O. suppress jealousy
zhìdǔ 滞堵[滯-] V. block; obstruct
zhìdù* 制度 N. system; institution; rules
zhǐduān 指端 N. fingertip
zhǐduǎnqíngcháng 纸短情长 F.E. The paper is too short to describe one's feelings.
zhǐdú-bùxiědài 只读不写带[-讀-寫帶] N. <comp.> read-only tape
zhǐdú cúnchǔqì 只读存储器[-讀---] N. <comp.> read-only memory (ROM)
zhǐdú guòchéng 只读过程[-讀--] N. <comp.> read-only procedure
zhìdùhuà 制度化 V./N. ① set up a systematic procedure ② systematize; institutionalize
[1]zhīduì* 支队[-隊] P.W. <mil.> detachment
[2]zhīduì 支对[-對] V. answer a question
zhìduì 质对[質對] V. ① confront (in court) ② verify; check
zhīduìzhǎng 支队长[-隊-] N. branch leader M: [2]wèi
zhìdù jīngjìxué 制度经济学[--經濟-] N. institutional economics
[1]zhìdùn 滞钝[滯-] V.P. obtuse
[2]zhìdùn 踬顿[躓-] V. stumble and stop
zhīdūnbà 支墩坝[-壩] N. buttress dam M: [1]tiáo
zhīduō 之多 SUF. as many as . . . *Cānjiā huìyì de yǒu yībǎi rén ~.* As many as a hundred people attended the meeting.
zhíduō 直裰 N. <Budd./Dao.> monk's/priest's robe
zhìduō* 至多 ADV. at (the) most *~ shí ge* at most 10
zhìduōxīng 智多星 N. ① nickname for Wu Yong (a character in *Water Margin*) ② a resourceful person
zhìdùxìng shùyǔ 制度性术语[---術-] N. <lg.> institutional term
[1]zhǐ'è 止遏 V. ① stop; suppress ② quench (thirst)
[2]zhǐ'è 止呃 V.O. <Ch. med.> relieve hiccup
zhí'è'è 直愣愣 R.F. stunned; stupefied
zhī'ēn 知恩 N. gratitude
zhī'ēnbàodé 知恩报德[--報-] F.E. return the hospitality that one has received
zhī'ēn bù bào fēi wéirén yě 知恩不报非为人也[---報----] F.E. It is inhuman to forget a generous act.
zhī'érbùyán 知而不言 F.E. be reticent about what one knows
zhí'ěr'értīng 植耳而听[-聽] F.E. listen attentively
zhí'érshíqí 值而实绮[--實-] F.E. plain yet elegant
zhífǎ* 执法[執-] V.O. enforce the law
zhǐfǎ 指法 N. <mus.> ① fingering ② book/manual explaining how fingers perform a task
zhìfá 陟罚 V.P. <wr.> promote and demote; reward and punish
[1]zhìfǎ 治法 N. <Ch. med.> therapy
[2]zhìfǎ 制法[製-] N. formula/process/way/method of making sth.
[3]zhìfǎ 炙法 N. cautery
zhífǎbìyán 执法必严[執-嚴] F.E. Enforcement of laws must be strict.
zhífǎ bùmén 执法部门[執-] P.W. law-enforcing departments
zhífǎduì 执法队[執-隊] P.W. law-enforcement team
zhīfǎfànfǎ 知法犯法 F.E. knowingly violate the law
zhífǎguān 执法官[執-] N. ① law-enforcement officer ② military judge M: [2]wèi
zhīfāng 知方 V.O. <wr.> recognize the rules of righteous conduct
zhīfáng* 脂肪 N. fat
zhìfāng 陟方 V.O. <wr.> make an imperial inspection tour in the country
zhìfàng 置放 V. put; lay up
zhīfángbùrǎn 脂肪不染 F.E. wear no make-up
zhīfánggān 脂肪肝 N. <med.> fatty liver
zhīfángsuān 脂肪酸 N. <chem.> fatty acid
zhīfángtǐ 脂肪体[-體] N. adipose
zhīfángxiàn 脂肪腺 N. sebaceous glands
zhīfángxìng 脂肪性 N. adiposeness
zhīfáng zǔzhī 脂肪组织[-織] N. <phys.> adipose tissue
zhǐfànwǎn 纸饭碗 ID. insecure job
zhīfányèmào 枝繁叶茂[--葉-] F.E. with luxuriant foliage
zhífǎ rényuán 执法人员[執-] N. law-enforcement officers
zhífǎrúshān 执法如山[執-] F.E. enforce the law strictly
zhīfǎshǒufǎ 知法守法 F.E. know the laws and abide by them
zhífǎxiāngshéng 执法相绳[執-繩] F.E. strictly observe the law
zhífǎzhě 执法者[執-] N. law enforcer
zhífàzhǒng 直发种[-髮種] N. Mongolian race (characterized by straight hair)
zhīfēi 知非 V.O. realize one's mistakes
zhīfèi 支费 N. expenses; payment
zhífēi* 直飞[-飛] V. fly directly to
zhīfēizhīnián 知非之年 N. 50 years of age
zhīfěn* 脂粉 N. cosmetics
zhífèn 职分[職-] N. ① duty ② official post; position
zhìfèn 滞愤[滯-] V.O. accumulated anger; piled-up indignation
zhífēnbù lǐlùn 值分布理论 N. <math.> value distribution
zhīfěnchǎngzhōng 脂粉场中[--場-] F.E. among pretty ladies (of men)

Z

zhīfèng* 祗奉 V. ①respect; hold in great respect ②accept with respect

zhīfēng 职蜂[職-] N. worker bee

zhīfēngcǎo 知风草 N. <bot.> Korean/wind lovegrass

zhìfēngmùyǔ 栉风沐雨[櫛-] F.E. ①brave wind and rain ②hardworking; industrious ③be long exposed to the elements as one travels about

zhǐfèngr 指缝儿 N. space between the fingers

zhīfénhuìtàn 芝焚蕙叹[-嘆] ID. One is saddened over the fall of a kindred spirit.; Like grieves for like.

zhīfěnqì 脂粉气[-氣] N. womanlike ways; femininity

zhīfǔ 知府 N. ① <trad.> district/prefectural magistrate ② prefect M: 2wèi

zhīfù* 支付 V. pay (money); defray

1zhífú 执绋[執-] V. take part in a funeral procession

2zhífú 直幅 N. scroll mounted for vertical hanging

1zhífù 侄妇[-婦] N. <wr.> wife of one's brother's son; nephew

2zhífù 直赴 V. go directly to

zhǐfú 指幅 N. fingerbreadth

zhǐfù 止付 V. stop payment

1zhìfú 制伏/服 V. check; subdue; bring under control

2zhìfú 制服 N. ① uniform ② <trad.> mourning dress ♦V. subdue; bring under control; conquer

3zhìfú 至福 N. felicity

4zhìfú 滞伏[滯-] V. ①lie hidden ②lack ambition

zhìfù 致富 V.O. become rich

zhīfù jīngfèi 支付经费[--經-] V.O. pay expenses

zhīfù mìnglìng 支付命令 N. payment order

zhìfúní 制服呢 N. woolen cloth (usu. for uniforms) M: 1pǐ

zhīfù shǒuduàn 支付手段 N. means of payment

zhífú sòngbìn 执绋送殡[執-殯] F.E. ① hold a staff wrapped in white paper in the funeral procession ② attend a funeral

zhífú sòngsāng 执绋送丧[執-喪] F.E. attend a funeral

zhǐfù tōngzhīshū 止付通知书[-書] N. stop-payment notice M: 1zhāng

zhǐfùwéihūn 指腹为婚 F.E. <trad.> prenatal betrothal; betrothed when still in the womb by the parents of both parties

zhìfùzhīdào 致富之道 N. way to acquire wealth

zhǐfù zhīpiào 止付支票 N. stopped check M: 1zhāng

zhīgā 吱嘎 ON. creak

zhígǎi 职改[職-] N. reform of professional titles

zhīgàn* 枝干[-幹] N. ① branch and trunk ② the 12 Earthly Branches and the 10 Heavenly Stems

zhígǎn 直感 N. intuitive feeling

zhǐgān 旨甘 N. delicacy; dainty

zhìgān 炙干[-乾] R.V. dry by applying heat; bake to make dry

zhí gāngē wèi shèjì 执干戈卫社稷[執--衛--] F.E. take up arms to defend the state

zhígǎnrén 直杆人 N. <topo.> straightforward/outspoken person

zhígǎnzi 直杆子 N. <topo.> rifle

zhīgāo* 脂膏 N. ① fat; grease ② fruits of the people's labor ③ riches; fortune

zhígāo 职高[職-] P.W. professional high school

zhìgāo 至高 ADV. at most; not higher than

zhìgào 制诰 N. imperial edict

zhīgāobùrùn 脂膏不润 F.E. incorruptible official

zhìgāodiǎn 制高点[-點] P.W. <mil.> commanding point/height

zhǐgāoqì'áng 趾高气昂[--氣-] F.E. pompous; arrogant

zhǐgāoqìyáng* 趾高气扬[-氣揚] F.E. pompous; arrogant

zhìgāoqìyáng 志高气扬[-氣揚] F.E. aspiring and high-spirited

zhìgāowúshàng 至高无上 F.E. paramount; supreme

zhìgé 制革[製-] V.O. process hides; tan

zhìgéchǎng 制革厂[製-廠] P.W. tannery M: 1jiā/4zuò

zhígediǎnr 直个点儿[-個點-] ADV. <coll.> quickly; vigorously; attentively

zhìgé gōngchǎng 制革工厂[製-廠] P.W. tannery M: 1jiā/4zuò

zhīgěi 支给 V. defray

zhǐgěi* 指给 V.P. point to/at/out (for sb.)

1zhīgēn* 支根 N. <bot.> lateral root

2zhīgēn 枝根 N. <bot.> ramose roots

1zhígēn 直根 N. taproot

2zhígēn 植根 V.O. establish a base; take root

zhīgěng* 枝梗 N. branch and stem

zhígēng 值更 N. <topo.> night watch

zhīgēngniǎo 知更鸟 N. <zoo.> robin M: 2zhī

zhīgēngquè 知更雀 N. <zoo.> robin M: 2zhī

zhīgēnr 知根儿 V.O. be an expert

zhīgēnzhīdǐr 知根知底儿 F.E. ① know the inside story of sb.'s secret ②know sb. thoroughly ③ know the background

zhǐgēwéiwǔ 止戈为武 F.E. Military forces are to be used for the maintenance of peace and order.

1zhīgōng 织工[織-] N. weaver

2zhīgōng 支工 V.O. aid industrial production

1zhígōng* 职工[職-] N. workers and staff members (with permanent jobs) M: 2wèi

2zhígōng 执公[執-] V.O. have a public post

3zhígōng 直躬 ID. sb. considered upright in his conduct

4zhígōng 直供 N. direct supply

zhígòng 职贡[職-] N. tributes paid by a vassal state

zhǐgōng 纸工 N. paper craftwork

1zhìgōng 至公 V.P. absolutely just/unbiased

2zhìgōng 治功 N. services rendered to the state

3zhìgōng 治躬 V.O. cultivate oneself

zhígòngbùhuì 直供不讳[-諱] F.E. present the truth without reserve

zhígōng dàibiǎo dàhuì 职工代表大会[職-] P.W. employees' representatives conference

zhígōng dàxué 职工大学[職-] P.W. workers' university

zhígōng fúlì 职工福利[職-] N. employee benefits

zhígōnghuì 职工会[職-] P.W. labor union

zhígōng jiǎngjīn 职工奖金[職-獎-] N. <acct.> employees' bonus

zhígòngní 直贡呢 N. <txtl.> venetian

zhígōng péixùn 职工培训[職-] N. vocational training for workers/staff

zhìgōngwúsī 至公无私 F.E. absolute justice and no prejudice

zhígōng xīnjīn 职工薪津[職-] N. employees' salary and bonus

zhígōng yùndòng 职工运动[職-運動] N. labor movement; trade-union movement

zhīgòu 织构[織構] N. texture

zhǐgòu* 只够[-夠] V.P. only enough for/to

zhígǒufèiyáo 跖狗吠尧[-堯] ID. Everyone is for his master.

zhígōugōu 直勾勾 R.F. with fixed eyes

zhīgǔ 肢骨 N. bones of one's limbs

1zhígǔ 殖谷[-穀] V.O. plant rice

2zhígǔ 蹠骨 N. <phys.> metatarsal bones

1zhǐgǔ 趾骨 N. <phys.> toe bone(s)

2zhǐgǔ 指骨 N. <phys.> phalanx (of fingers)

1zhǐgù 指顾[-顧] V.P. <wr.> in an instant; in no time

2zhǐgù 只顾[-顧] V.P. ① be absorbed in ② be concerned only with ③merely; simply ④single-mindedly; just/only (do sth.)

1zhìgù* 桎梏 N. <wr.> shackles

2zhìgù 滞固[滯-] V.P. obstinate; inflexible

zhíguà 直挂 ATTR. direct link

zhìguài 志怪 N. tales of anomalies; supernatural stories

1zhíguān 直观[-觀] N. direct observation ♦ATTR. ① directly perceived through the senses ② audiovisual

2zhíguān 职官[職-] N. ① official post ② officials M: 2wèi

zhíguǎn 执管[執-] V. be in charge of; take care of

zhǐguān 止观[-觀] V. <Budd.> keep mental calm while observing the universe

zhǐguǎn* 只管 V.P. ① by all means ② merely; simply ③ only concerned with

zhìguāng 智光 N. light of wisdom/intelligence

zhíguān jiàocái 直观教材[-觀--] N. audiovisual teaching materials

zhíguān jiàojù 直观教具[-觀--] N. visual aids

zhíguān jiàoshòu 直观教授[-觀--] N. direct teaching method

zhíguān jiàoxué 直观教学[-觀--] N. teaching by direct observation

zhǐguānjié 指关节[-關節] N. knuckle

zhìguānjǐnyào 至关紧要[-關緊-] F.E. the most important; of the utmost importance

zhíguānshuō 直观说[-觀-] N. <phil.> intuitionism

zhíguāntú 直观图[-觀圖] N. pictorial diagram

zhíguān tuīduàn 直观推断[-觀-斷] N./V.P. heuristic

zhíguānzhǔyì 直观主义[-觀-義] N. intuitionism

1zhǐguī 指归[-歸] N. <wr.> aim; intention

2zhǐguī 旨归[-歸] N. ① principle ② objective

zhǐguìluòyáng 纸贵洛阳[-陽] ID. be popular (of publications)

zhǐgùjiān 指顾间[-顧-] N. in a short while

zhǐgùjiānshì 指顾间事[-顧--] N. in no time at all; very soon

zhīgǔjīn(r) 知古今(儿) N. <coll.> sb. with extensive knowledge

zhígùnr 直棍儿 N. <coll.> sb. who is too straightforward

zhīguò 知过 V.O. realize one's mistake

zhìguó* 治国[-國] V.O. administer/run a country

1zhìguǒ 致果 V.O. achieve victory; attain results

2zhìguǒ 掷果[擲-] ID. lady's man

zhìguó'ānbāng 治国安邦[-國--] F.E. administer state affairs well and ensure national security

zhìguó'ānmín 治国安民[-國--] F.E. run a country well and give people peace

zhīguòbìgǎi 知过必改 F.E. Always correct an error when one becomes aware of it.

zhīguògǎiguò 知过改过 F.E. acknowledge one's faults and correct them

zhìguǒpān'ān 掷果潘安[擲-] ID. flirtation

zhíguòr 直过儿 V.P. <coll.> done without difficulties

zhìguòwànrén 智过万人[--萬-] F.E. extremely intelligent

zhīguōwǎr 支锅瓦儿[-鍋--] N. <topo.> steel ring to stabilize a wok

zhīguò zé gǎizhī 知过则改之 F.E. When you know your mistakes, correct them.

zhìgùshēnglíng 桎梏生灵[-靈] F.E. fetter and handcuff living beings

zhìgǔ shǒufǎ 治骨手法 N. bone-setting technique

zhǐgù yīshí 只顾一时[-顧-時] V.P. take a short view

zhǐgù zhījiān 指顾之间[-顧--] N. in a short while

zhǐgù zìjǐ 只顾自己[-顧--] V.O. care only for oneself

zhīhái 支骸 N. human skeleton

zhìhǎiquán 制海权[-權] N. mastery of the seas; naval supremacy

zhìhán* 致函 V.O. <wr.> send a letter

zhìhàn 鸷悍[鷙-] V.P. fierce and tough; ferocious

zhīháng 支行 P.W. ① branch bank/shop ② sub-branch

1zhíháng* 直行 N. vertical columns *See also* 2zhíxíng

2zhíháng 直航 N. direct voyage; straight flight

zhǐháng 纸行 P.W. paper shop M: 1jiā

zhìháng 滞航[滯-] V. lie to; be stationary pointed windward (of a ship)

zhíhànzi 直汉子[-漢-] N. forthright and honest fellow

zhǐhǎo* 只好 ADV. have to; be forced to; can only; may as well; have no choice but

[1]zhìhǎo 治好 R.V. cure; heal

[2]zhìhǎo 至好 N. best/closest friend ♦ATTR. best ♦ADV. at best

zhǐhǎo zuòbà 只好作罢[-罷] V.P. be forced to give up

zhǐhé* 纸盒 N. cardboard case/box; carton

[1]zhìhé 治河 V.O. regulate a river

[2]zhìhé 痔核 N. <med.> blind piles

zhìhè 致贺 V. extend congratulations

zhǐhēidàobái 指黑道白 F.E. call black white

zhǐhén 指痕 N. fingermarks; marks made by fingernails

[1]zhìhéng 制衡 V. check and balance

[2]zhìhéng 雉鸻 N. <zoo.> jacana M: [2]zhī

zhìhéng yuánlǐ 制衡原理 N. principle of checks and balances

zhǐhéshì 纸盒式 ATTR. like a cardboard box (of shape/etc.)

[1]zhìhóng 治洪 V.O. control flood

[2]zhìhóng 滞洪[滯-] V.O. block/slow a flood ♦ATTR. flood detention

zhìhóngqū 滞洪区[滯-區] P.W. flood detention/retarding basin

[1]zhīhòu* 之后[-後] SUF. later; after; afterwards *cóng nà* ~ since then

[2]zhīhòu 祗候 <trad.> V. wait upon respectfully ♦N. official receptionist

[1]zhìhòu 致候 V. send greetings to

[2]zhìhòu 滞后[滯後] V.P. lagging; delayed

[3]zhìhòu 置后[-後] V. postpone

[4]zhìhòu 挚厚[摯-] V.P. sincere and profound

zhìhòu yǐngxiǎng 滞后影响[滯-響] N. delayed effect

zhìhù 陟岵 V.O. <wr.> ① ascend the tree-clad hill ② look toward the residence of one's father

zhīhuā 织花[織-] V.O. weave figures into fabrics

[1]zhīhuà 织画[織畫] N. woven picture M: [1]zhāng/[10]fú

[2]zhīhuà 支化 N. <chem.> branching

zhíhuà 直话 N. frank speech

zhǐhuā* 纸花 N. paper flower M: [2]duǒ

zhǐhuà 指画[-畫] V. point at/to; gesture with the finger *See also zhǐshǒuhuàjiǎo* ♦N. finger painting M: [1]zhāng

[1]zhìhuà 治化 V. govern by stressing morality

[2]zhìhuà 质化[質-] N. materialization

zhīhuágǎn 脂滑感 N. creamy/oily texture/feeling

zhì Huái 治淮 V.O. regulate/control the Huai River

zhǐhuáimàliǔ 指槐骂柳[--罵-] ID. make oblique accusations

zhǐhuán* 指环[-環] N. (finger) ring

zhìhuán 掷还[擲還] V. <wr.> please return (to the writer/etc.)

zhìhuǎn 滞缓[滯-] V.P. slow; tardy; sluggish

zhìhuàn 置换[-換] V. <chem.> displace; replace

zhìhuáng 治蝗 V.O./N. locust control

zhì Huáng* 治黄 ATTR. control/regulate the Yellow River

zhìhuànjì 致幻剂[-劑] N. psychedelic; hallucinogen

zhīhuā táibù 织花台布[織-檯-] N. damask M: [2]kuài

zhíhuàzhíshuō 直话直说 F.E. be plainspoken and straightforward

zhīhui 知会 V. <topo.> ① notify orally ② know

zhīhuì 支会 P.W. branch (of a society, association, etc.); chapter

zhǐhuī 指挥 V. command; direct; conduct ♦N. ① commander; director ② <mus.> conductor

zhìhuī 稚晖 N. innocence of childhood

[1]zhìhuì* 智慧 N. ① wisdom; intelligence ② <Budd.> perfect wisdom

[2]zhìhuì 置喙 V. ① <wr.> intervene; interpose ② refute

zhǐhuībàng 指挥棒 N. baton M: [2]gēn

zhǐhuībù 指挥部 P.W. command post; headquarters

zhìhuì cáichǎnquán 智慧财产权[-產權] N. intellectual property rights

zhǐhuīcāng 指挥舱[-艙] N. command module (in space) M: [1]jiān

zhǐhuīchē 指挥车 N. command car M: [3]liàng

zhǐhuīchù 指挥处[-處] P.W. command post

zhǐhuīdāo 指挥刀 N. officer's sword M: [1]bǎ

zhǐhuífá 止回阀 N. check valve

zhǐhuīguān 指挥官 N. commanding officer; commander M: [2]wèi

zhǐhuīgùnr 指挥棍儿 N. <coll.> baton M: [2]gēn

zhǐhuījiā 指挥家 N. <mus.> conductor M: [2]wèi

zhìhuìjiàn 智慧剑 N. the power of making decisions in difficult situations

zhìhuìjuédǐng 智慧绝顶[--絕-] F.E. extremely intelligent

zhǐhuīruòdìng 指挥若定 F.E. ① direct (work/etc.) with ease ② provide highly competent leadership

zhǐhuīsuǒ 指挥所 P.W. command post

zhǐhuītǎ 指挥塔 P.W. control tower

zhǐhuī tǎtái 指挥塔台[-臺] P.W. control tower (in aviation)

zhìhuìxíng 智慧型 ATTR. intelligent

zhìhuìxíng gōngzuòzhàn 智慧型工作站 P.W. <comp.> intelligent work station M: [1]tái

zhǐhuī xìtǒng 指挥系统 N. command system

zhǐhuīyǒufāng 指挥有方 F.E. direct in the right way

zhǐhuīyuán 指挥员 N. commander M: [2]wèi

zhīhù jiégòu 支护结构[-護-構] N. supporting structure

zhǐhú lǎohǔ 纸糊老虎 N. paper tiger

[1]zhǐhūn 指婚 N. marriage of members of the royal family with mates picked by the emperor

[2]zhǐhūn 纸婚 N. first wedding anniversary

zhíhuò 殖货 V.O. prosper in commercial dealings; increase one's possession of property and goods

[1]zhìhuǒ 炙火 V.O. warm at a fire

[2]zhìhuǒ 滞火[滯-] ATTR. fire-retardant

zhìhuò* 滞货[滯-] N. slow-selling goods M: [1]pī

zhíhūqímíng 直呼其名 F.E. address sb. disrespectfully without an honorific title

zhī-hū-zhě-yě 之乎者也 N. ① pedantic terms; literary jargon; archaisms ② <coll.> blah-blah-blah

zhījī 织机[織-] N. loom M: [1]tái

zhījí 之极[-極] SUF. extremely

[1]zhījǐ 知己 V.O. ① know oneself ② be intimate/close ♦N. bosom/intimate friend

[2]zhījǐ 知几 V.P. discover sth. at its very beginning

zhījì* 之际[-際] SUF. <wr.> the time of...; when...

zhíjī 植基 N. establish a foundation

zhíjǐ 直己 V.O. devote oneself to justice/fairness

zhíjì 执纪[執-] V.O. implement disciplinary rules

zhǐjí 枳棘 N. thorns ♦ATTR. thorny

[1]zhìjī 稚鸡[-雞] N. chick M: [2]zhī

[2]zhìjī 雉鸡[-雞] pheasant; tartar pheasant

[3]zhìjī 滞积[滯積] V. pile up

[1]zhìjí 至极[-極] ADV. to the utmost point; extremely

[2]zhìjí 至急 ATTR. most/extremely urgent

[3]zhìjí 陟级 V.O. <wr.> ① promote an official ② be promoted in rank

[1]zhìjì 制剂[製劑] N. <med.> (pharmaceutical) preparation

[2]zhìjì 治绩 N. the achievements of a regime/government

[3]zhìjì 治迹[-跡] N. achievements/aftermath of a regime

[4]zhìjì 致祭 V.O. offer sacrifices

zhījià 支架 N. support; stand; trestle

zhíjià 值价[-價] S.V. <topo.> costly; valuable

zhǐjia* 指甲 N. fingernail

zhǐjiā 纸夹[-夾] N. paper clip

zhǐjiǎ 趾甲 N. toenail

zhìjiā 治家 V.O. manage a household

zhǐjiacǎo 指甲草 N. <bot.> garden balsam M: [2]kē

zhì jiāchǎn 治家产[-產] V.O. <coll.> buy real estate

zhǐjia cuòdāo 指甲锉刀 N. nail file M: [1]bǎ

zhǐjiadāo 指甲刀 N. nail clippers M: [1]bǎ

zhǐjiagàir 指甲盖儿[--蓋-] N. <coll.> fingernail

Zhījiāgē 芝加哥 P.W. Chicago

zhìjiā géyán 治家格言 N. maxims on managing a household

zhǐjiahóng 指甲红 N. henna

zhǐjiahuā 指甲花 N. garden balsam

zhìjiālìshì 置家立室 F.E. marry and set up a home

zhījiān* 之间 SUF. among; between

zhíjiǎn 植检 N. plant protection and quarantine

zhíjiàn 直谏 V. <wr.> advise/admonish (the emperor) frankly

[1]zhǐjiān 指尖 N. fingertip

[2]zhǐjiān 趾尖 N. tiptoe

zhǐjiàn 只见 V.P. ① only see ② be surprised to see ♦ADV. surprisingly; unexpectedly

[1]zhìjiān 质监[質監] N. quality control

[2]zhìjiān 彘肩 N. shoulder of a hog

[1]zhìjiǎn 治碱[-鹼] V.O. combat alkalinity

[2]zhìjiǎn 质检[質-] N. quality testing/inspection

[1]zhìjiàn 制件[製-] N. part; component

[2]zhìjiàn 贽见[贄-] V. <wr.> bring gifts and request an audience

zhìjiāndǎnzhuàng 志坚胆壮[-堅膽壯] F.E. have the guts and the resolve (to)

zhíjiǎng 直讲[-講] V. explain classics in the vernacular

zhǐjiāng* 纸浆[-漿] N. paper pulp

zhìjiàng 陟降 V. <wr.> ① ascend and descend ② promote and demote

zhǐjiāngbǎn 纸浆板[-漿-] N. pulp board M: [2]kuài

zhǐjiāngchǎng 纸浆厂[-漿廠] P.W. pulp mill M: [4]zuò/[1]jiā

zhǐjiāng shāilǜqì 纸浆筛滤器[-漿篩濾-] N. pulp strainer

zhíjiàng shèjī 直降射击[-擊] N. <mil.> plunging/diving fire/attack

zhìjiàn lǎoshī 贽见老师[贄-師] V.O. <wr.> visit one's teacher with a gift

zhìjiànlǐ 贽见礼[贄-禮] N. <wr.> presents offered when calling on sb.

zhìjiānrúgāng 志坚如钢[-堅-鋼] F.E. have an iron will

zhījiāo 知交 N. bosom/intimate friend M: [2]wèi

zhījiào 支教 V.O. support educational undertakings

zhíjiāo 直交 ATTR. <math.> orthogonal

zhíjiǎo 直角 N. <math.> right angle

[1]zhíjiào 执教[執-] V. ① teach ② coach

[2]zhíjiào 职教[職-] N. vocational education

zhǐjiào* 指教 V. give advice/comments

[1]zhìjiāo 至交 N. best/closest friend M: [2]wèi

[2]zhìjiāo 掷交[擲-] V. hand over; please hand... to

zhíjiǎobǎn 直角板 N. set square M: [2]kuài

zhíjiǎobiān 直角边[-邊] N. side of a right angle M: [1]tiáo

zhíjiǎofǎ 执角法[執-] N. <log.> method of refuting an incorrect dilemma

zhíjiǎo sānjiǎoxíng 直角三角形 N. right-angled triangle

zhíjiǎotǐ 直角体[-體] N. <math.> cuboid

zhījiāoyǒunián 知交有年 F.E. be on intimate terms with a person for years

zhíjiǎo zuòbiāoxì 直角坐标系[---標-] N. <math.> rectangular coordinate system

zhǐjiaqián 指甲钳 N. nail clippers M: [1]bǎ

zhǐjiaxīnr 指甲心儿 P.W. where fingernail joins flesh

zhǐjiayìnr 指甲印儿 N. mark left by nails

zhǐjiayóu 指甲油 N. nail polish

zhǐjiāzi 纸夹子[-夾-] N. ① folder ② manila folder

zhìjībùxiāo 滞积不销[滯積-] F.E. overstocked and unsalable

zhījīcǎo 枳机草 N. <bot.> splendid achnaturum; *Achnatherum splendens* M: 2kē
zhìjí de 至极地[-極-] ADV. utmost
zhījiē 枝接 N. <agr.> scion grafting
1zhījié 枝节[-節] N. ① branches and nodes ② minor matters ③ complications ④ ramifications
2zhījié 支节[-節] N. articulation
zhījiě 支/肢/枝解 V. dismember
zhíjiē* 直接 S.V./ADV. direct; immediate
zhíjié 直捷 S.V. simple and direct
1zhìjié 志节[-節] N. one's ambition and moral fortitude
2zhìjié 桎节[-節] N. complications
zhíjiē bīnyǔ 直接宾语[--賓-] N. <lg.> direct object
zhíjiē bǔyǔ 直接补语[--補-] N. <lg.> direct object
zhíjiē chéngfèn 直接成分 N. <lg.> immediate constituent
zhíjiē cìxù 直接次序 N. <lg.> direct order
zhíjiē cízǔ dānwèi 直接词组单位 N. <lg.> immediate constituent
zhījiécóngshēng 枝节丛生[-節叢-] F.E. bristling with complications
zhíjiě de 直解的 ATTR. literal
zhíjiē de bīnwèi 直接的宾位[---賓-] N. <lg.> accusative case
zhíjiē duìguāng 直接对光[--對-] N. direct focusing (in photography)
zhíjiēfǎ 直接法 N. <lg.> direct method
zhíjiē fānyì 直接翻译[-譯] N. <lg.> direct translation
zhíjiē huìwù 直接会晤 V./N. meet sb. in person
zhíjiē jiāoshè 直接交涉 N. direct negotiations
zhíjiē jiàoxuéfǎ 直接教学法 N. direct method (in pedagogy)
zhíjiē jiāoyì 直接交易 N. direct transaction
zhíjiē jièyòng 直接借用 V.P. <lg.> intimate borrowing
zhíjiē jīngyàn 直接经验[--經-] N. <phil.> direct experience
zhíjiē jìyì cúnqǔ 直接记忆存取[---憶--] N. <comp.> direct memory access (DMA)
zhíjiéliǎodàng 直截了当[-當] F.E. <coll.> straightforward; blunt
zhíjiē mínzhǔzhì 直接民主制 N. direct democracy
zhíjiē réngōng chéngběn 直接人工成本 N. <acct.> direct labor cost
zhíjiē shòucí 直接受词 N. <lg.> direct object
zhíjiē shòugé 直接受格 N. <lg.> direct object
zhíjiēshuì 直接税 N. direct tax
zhíjiē tánhuà 直接谈话 V.P. <lg.> direct discourse
zhíjiē tuīlǐ 直接推理 N./V.P. direct inference
zhíjiē wènjù 直接问句 N. <lg.> direct question
zhījié wèntí 枝节问题[-節--] N. side issue
zhíjiē xiāoshòu 直接销售 V.P. direct sales
zhíjiē xuǎnjǔ 直接选举[-選舉] N. direct election
zhíjiē yǐnyǔ 直接引语 N./V.P. <lg.> direct speech
zhíjiē zhǐlìng 直接指令 N. <comp.> direct instruction
zhíjiē zhuólù 直接着陆[-著陸] V.P. straight-in landing
zhíjìfǎ 直计法 N. system of direct estimating
zhījǐhuà 知己话 N. heart-to-heart talk
zhìjīlíng 雉鸡翎[-雞-] N. <opera.> pheasant's tailfeather used on stage M: 2gēn
zhǐjīmàgǒu 指鸡骂狗[-雞罵-] ID. scold indirectly or by circumlocution
zhījīn 知津 V.O. know the ford/way
zhījǐn 织锦[織-] N. picture-weaving in silk M: 2kuài ♦V.O. brocade
zhījìn 知近 ATTR. close (of friends)
1zhǐjīn 纸巾 N. ① facial tissue ② paper towel M: juǎn/1zhāng
2zhǐjīn 只今 N. at present; currently; now
zhìjīn* 至今 V.P. up to now; so far
zhījǐnchǎng 织锦厂[織-廠] P.W. brocade mill M: 1jiā
zhījǐnduàn 织锦段[織-] N. tapestry/brocade satin M: 1pǐ
zhíjìng 直径[-徑] N. ① <math.> diameter ② straight path/road
zhǐjìng 止境 N. end; limit
1zhìjīng 治经[-經] V.O. study the classics
2zhìjīng 雉经[-經] ID. commit suicide by hanging
1zhìjìng* 致敬 V. pay tribute/respects to
2zhìjìng 至竟 ADV. after all; ultimately
3zhìjìng 贽敬[贄-] N. <wr.> money offered to a teacher/tutor
zhìjìngdiàn 致敬电[-電] N. message of greeting M: 2fēng
zhíjīngwènnán 执经问难[執經-難] F.E. ①hold the classics and discuss the text ②put questions to pupils
zhǐ jìng yīshān bù jìng rén 只敬衣衫不敬人 F.E. The clothes, not the men, are respected.
zhījǐn huíwén 织锦回文[織-] N. palindrome
zhìjìnnéngsuǒ 知尽能索[-盡-] F.E. knowledge exhausted and energy gone
zhījīshíbiàn 知机识变[-識變] F.E. grasp the situation and adjust oneself to its changes
zhījiǔ* 之久 SUF. the duration of. . .
zhǐjiǔ 旨酒 N. <wr.> excellent liquor
zhìjiū 雉鸠 N. turtledove M: 2zhī
zhìjiǔ 置酒 V.O. throw a banquet; give a feast
zhìjiǔjiànbié 治酒饯别[--餞-] F.E. prepare a farewell banquet
zhǐjiǔjiāyáo 旨酒佳肴 F.E. high-quality liquor and delicious food
zhìjiǔkuǎndài 置酒款待 F.E. entertain with a feast
zhǐjiūr 纸阄儿[-鬮-] N. slips of paper for drawing lots
zhījīxùjiǔ 只鸡絮酒[隻雞-] F.E. <wr.> sacrifice offered to the dead
zhījǐ yǒurén 知己友人 N. friend who knows one well M: 2wèi
zhījǐzhībǐ 知己知彼 F.E. know one's self and know the enemy
zhí jīzhǒu 执箕帚[執-] V.O. <humb.> become sb's wife
zhījú* 支局 P.W. suboffice
zhījù 只句[隻-] N. ① single sentence ② brief note
zhìjù 治剧[-劇] V.O. handle many important matters
zhījuàn 织绢[織-] N. weaving silk M: 1pǐ
zhǐjuǎn* 纸卷 N. scroll
zhǐjuǎnzi 纸卷子 N. a roll of paper
zhījué 知觉[-覺] N. ① consciousness ② <psy.> perception
1zhíjué* 直觉[-覺] N. intuition
2zhíjué 直橛/蹶 <topo.> N. straight post ♦V.P. ① straight and stiff ② upright; honest
zhìjué 踬蹶[躓-] V. stumble and fall
zhìjuébùqǐ 踬蹶不起[躓-] F.E. stumble and be unable to rise
zhījué chángxìng 知觉常性[-覺--] N. <psy.> perceptual constancies
zhījué fēnxi 知觉分析[-覺--] N. perceptual analysis
zhíjuējuē 直撅撅 R.F. <topo.> rigid (of body/arm/etc.)
zhījuélì 知觉力[-覺-] N. perceptivity; sensibility
zhījué shénjīng 知觉神经[-覺-經] N. sensory nerves
zhíjuéshuō 直觉说[-覺-] N. intuitivism
zhíjué yǔyán 直觉语言[-覺--] N. intuitive language
zhíjué zhìlì 直觉智力[-覺--] N. intuitive intelligence
zhíjuézhǔyì 直觉主义[-覺-義] N. <psy.> intuitionism
1zhìjūn 治军 V.O. direct military affairs; direct troops
2zhìjūn 制军 N. governor; viceroy (in Qing)
zhǐkǎ 纸卡 N. paper card M: 1zhāng
zhīkāi 支开[-開] R.V. send sb. away with an excuse
zhì kāimùcí 致开幕词[-開--] V.O. make an opening speech
zhǐkào 指靠 V. depend on for one's livelihood
zhìkǎo* 炙烤 V. roast; grill
zhìkào 至靠 N. most dependable/faithful friend
zhīkē 枝柯 N. <wr.> branch; twig
zhīkè 知客 N. <trad.> ① master of ceremonies ② monk in charge of a monastery reception
zhíkē 执柯[執-] ID. be a matchmaker
zhǐké 止咳 V.O. relieve cough
1zhǐkě* 止渴 V.O. quench thirst
2zhǐkě 只可 V.P. the only thing to do is; can only
zhìkè 滞客[滯-] N. stranded traveler
zhǐképíngchuǎn 止咳平喘 F.E. relieve cough and asthma
zhǐké tángjiāng 止咳糖浆[-漿] N. cough syrup
zhǐkěxiāoláo 止渴消劳[-勞] F.E. relieve thirst and fatigue
zhíkēzuòfá 执柯作伐[執-] ID. be a matchmaker
zhǐkòng 指控 V. accuse; charge
zhìkōngquán 制空权[-權] N. <mil.> air domination/supremacy
zhìkù 质库[質-] P.W. pawnshop
zhí-kuài* 直快 AB. *zhídá kuàichē*
zhìkuài 质块[質塊] N. mass
zhīkuǎn* 支款 V. withdraw money
zhìkuān 致宽[-寬] N. broadening
zhǐkuàng 纸框 N. paper frame
zhǐlāhuā 纸拉花 N. festoon
zhíláizhíqù 直来直去 V.P. ① frank and outspoken; blunt ② go and return without undue delay
zhíláizhíwǎng 直来直往 V.P. be straightforward
zhī-lán 芝兰[-蘭] N. iris and orchid ♦ID. noble; virtuous; excellent
zhīlánqìwèi 芝兰气味[-蘭氣-] ID. high-minded friendship
zhī-lánshì 芝兰室[-蘭-] ID. a morally fine environment
zhīlányùshù 芝兰玉树[-蘭-樹] ID. worthy followers/disciples
zhīlánzhīshì 芝兰之室[-蘭--] ID. morally fine environment
zhīlánzǐdì 芝兰子弟[-蘭--] ID. excellent descendants
zhìlàochǎng 制酪厂[製-廠] P.W. dairy/creamery M: 1jiā/4zuò
zhǐlǎohǔ 纸老虎 N. paper tiger
zhìlàojī 制酪机[製-] N. dairy machinery M: 1tái
zhì lǎoyáng 掷老羊[擲-] V.O. <topo.> a dice game
zhìlè 至乐[-樂] V.P. extremely happy and jubilant
zhīlèi* 之类[-類] SUF. such like
zhǐlèi 酯类[-類] N. ester
zhìlěi 滞累[滯-] N. burden of the temporal world
zhìléitǒng 掷雷筒[擲-] N. mine thrower
zhīleng 支棱/楞 V. <coll.> ① prick up (one's ears) ② stand upright; stick up
zhīlěng 肢冷 N. <Ch. med.> cold limbs
zhìlěng* 制/致冷[製-] V. refrigerate
zhìlěngjī* 制/致冷机[製-] N. refrigerator M: 1tái
zhìlěngjì 制/致冷剂[製-劑] N. refrigerant
zhílènglèng 直愣愣 R.F. <coll.> staring blankly
zhìlěngqì 制冷器[製/致-] N. refrigerator M: 1tái
zhìlěng shèbèi 制冷设备[製-備] N. refrigeration facility
zhīlěngzhīrè 知冷知热[-熱] F.E. love sb. (esp. one's husband or wife) tenderly
zhīlí 支离[-離] V.P. ① fragmented; broken; disorganized ②jumbled; incoherent (of writing)
zhīlǐ 知礼[-禮] V.O. know the rules of propriety
zhīlì 只立[隻-] V. stand alone
1zhílǐ 执礼[執禮] V.O. <wr> observe the rules of etiquette
2zhílǐ(r) 直理(儿) N. truth
1zhílì 直立 V. stand erect/straight
2zhílì 植立 V. set up; erect
3zhílì 殖利 V.O. make a profit

Z

4zhílì 直隶[-隸] V. be directly under the jurisdiction of ♦P.W. <hist.> Hebei province
1zhìlǐ* 治理 V. ① administer; govern ② bring under control; put in order
2zhìlǐ 至理 N. ① truth ② <wr.> best politics ③ famous dictum; maxim
3zhìlǐ 制礼[-禮] V.O. establish rites and ceremonies
1zhìlì 智力 N. intelligence; intellect
2zhìlì 致力 V.O. devote oneself (to)
3zhìlì 峙立 V. tower
4zhìlì 质粒[質-] N. <bio.> plasmid
Zhìlì 智利 P.W. Chile
zhíliàn 直链 N. <chem.> straight chain
zhīliàn fǎnyìng 支链反应[-應] N. chain reaction
zhīliàng 支量 N. component
zhíliáng 直梁 N. straight beam
zhíliàng 直谅 N. honest and understanding
zhìliàng* 质量[質-] N. ① quality ② <phy.> mass
zhìliàng biāozhǔn 质量标准[質-標準] N. quality standards
zhìliàngbìngzhòng 质量并重[質-並-] F.E. give equal weight to quality and quantity
zhìliàng bù miè dìnglǜ 质量不灭定律[質--滅--] N. law of conservation of mass
zhìliàng bù miè lǜ 质量不灭率[質--滅-] N. law of conservation of mass
zhìliàng chājià 质量差价[質-價] N. price differentials based on quality
zhìliàngcí 质量词[質-] N. <lg.> quality word
zhìliàng dì-yī 质量第一[質-] V.P. quality first
zhìliàng fúdù 质量幅度[質-] N. quality latitude
zhìliàng guǎnlǐ 质量管理[質-] N. quality control (QC)
zhìliàngjiǎng 质量奖[質-獎] N. quality award/prize
zhìliàng jīngjìxué 质量经济学[質-經濟-] N. quality economics
zhìliàng shang 质量上[質-] P.W. qualitatively
zhìliàng shǒuhéng 质量守恒[質-恆] N. <phy.> conservation of mass
zhìliàngshù 质量数[質-數] N. <phy.> mass number; nuclear/nucleon number
zhíliǎngyòngzhōng 执两用中[執-] F.E. hold to the middle; be impartial
zhìliàngyuè 质量月[質-] N. "quality month" (when workers stress quality in manufacture)
zhìliàngyuè huódòng 质量月活动[質-動] N. "quality month" activities
zhǐliánr 纸帘儿[-簾-] N. paper curtain M: 2dào
zhīliǎo 知了 N. <zoo.> cicada
zhìliáo* 治疗[-療] V. treat; cure ♦N. treatment; cure
zhìliào 质料[質-] N. material; raw materials
zhìliáofǎ 治疗法[-療-] N. remedy
zhìliáoxué 治疗学[-療-] N. therapeutics
zhìlì bōxuē 智力剥削 N. intellectual exploitation
zhìlì cèyàn 智力测验 N. intelligence test
zhìlì cèyàn jiémù 智力测验节目[----節-] N. quiz show
zhìlì chāoqún 智力超群 V.P. tower above the rest in intellect
zhìliè 质劣[質-] V.P. poor quality
zhìlì fēngshāhuà 治理风沙化 N. measures to deal with shifting of sand dunes
zhìlì gōngyè 智力工业[-業] P.W. knowledge-based industry
zhìlìjī 制粒机[製-] N. granulator M: 1tái
zhìlì jiégòu 智力结构[-構] N. personnel makeup
zhílìjīng 直立茎[-莖] N. erect stem M: 2gēn
zhìlì jìngsài 智力竞赛[-競-] N. knowledge game; intelligence test/contest/competition
zhìlì kāifā 智力开发[-開發] N. expanding/exploiting knowledge/brainpower
zhìlìkù 智力库 P.W. where there is a big convergence of talented people of various professions
zhílìmiàn 直立面 N. vertical plane
zhìlǐ míngyán 至理名言 N. famous dictum/maxim
zhīlǐng 支领 V. draw money
zhǐlìng* 指令 V. instruct; order; direct ♦N. ① instructions; order; directive ② <comp.> command M: 1tiáo
1zhìlíng 智龄[-齡] N. mental age
2zhìlíng 稚龄[-齡] N. tender age
zhǐlìngcāng 指令舱[-艙] N. command module
zhǐlìngchuàn 指令串 N. <comp.> string of commands
zhǐlìng chǔcúnqū 指令储存区[-區] P.W. <comp.> instruction storage
zhǐlìng gōngnéng 指令功能 N. <comp.> command functions
zhǐlìngjí 指令集 N. <comp.> instruction set
zhǐlìng jīngjì 指令经济[-經濟] N. command economy
zhǐlìngmǎ 指令码 N. <comp.> command/instruction/repertory code
zhǐlìngxìng 指令性 N. directive nature ♦ATTR. directive; commanding
zhǐlìngxìng jìhuà 指令性计划[-劃] N. <pol.> mandatory/indicative planning
zhǐlìngxìng mùbiāo 指令性目标[-標] N. mandatory target
zhǐlìng xíngwéi 指令行为 N. <lg.> directive
zhǐlìng xìtǒng 指令系统 N. instruction repertoire/set
zhǐlìngzhǎng 指令长 N. commander M: 2wèi
zhìlì niánlíng 智力年龄[-齡] N. mental age
zhīlípòsuì 支离破碎[-離--] F.E. torn to pieces; broken up; fragmented; completely disintegrated
zhílì qǐlai 直立起来 R.V. erect
Zhílìrén 直立人 N. Homo erectus
zhìlǐsānfèi 治理三废[-廢] F.E. recovery of the three wastes (waste gas, waste water, and industrial residue)
zhīlísǎnluàn 支离散乱[-離-亂] F.E. all jumbled up
zhìlì shāngshù 智力商数[-數] N. intelligence quotient (IQ)
zhílǐshèngōng 执礼甚恭[執禮-] F.E. be punctilious in observing the rules of etiquette
zhìlì tóuzī 智力投资 N. investment in the development of talent; educational investment
zhìlì túxiàng 智力图像[--圖-] N. mental picture
1zhīliú 支流 N. ① tributary; affluent ② minor aspects; nonessentials
2zhīliú 之流 SUF. such like
3zhīliú 脂瘤 N. <med.> lipoma
zhíliu 直溜 S.V. <coll.> perfectly straight
zhíliú 直流 N. <elec.> direct current
1zhìliú* 滞留[滯-] V. ① be detained ② be held up ③ remain at a standstill
2zhìliú 滞流[滯-] N. ① sluggish stream/current ② viscous flow
zhíliúdiàn 直流电[-電] N. <loan> direct current (DC)
zhíliú fādiànjī 直流发电机[--發電-] N. <elec.> direct-current generator
zhìliúfēng 滞留锋[滯-] N. stagnant atmospheric mass; stationary front
Zhìliújì 志留纪 N. <geol.> the Silurian Period
zhíliūliū(r) 直溜溜(儿) R.F. ① dead/perfectly straight; erect ② bolt upright
zhìlì wánjù 智力玩具 N. intellectual toy
zhìlǐ wūrǎn 治理污染 N. pollution treatment
zhílìxiàn 直立线 N. vertical line
Zhìlì xiāoshí 智利硝石 N. sodium nitrate
zhìlì yǐnjìn 智力引进[-進] N. importing of professional talent
zhìlìyú 致力于[-於] V.P. devote oneself to
Zhílì Yuánrén 直立猿人 N. Pithecanthropus
zhìlìzǎocǎo 治痢蚤草 N. fleabane
zhìlǐ zhěngdùn 治理整顿 V.P. improvement and rectification ♦N. economic improvement and rectification
zhìlìzhībiān 智力支边[-邊] F.E. help remote areas to develop education, science, and technology
zhílìzhōu 直隶州[-隸-] P.W. municipality/province directly under the central government
zhìlì zīyuán 智力资源 N. intellectual resources
zhìlǐzuòyuè 制礼作乐[-禮-樂] F.E. establish rules for ceremonies and compose appropriate music for different occasions
zhìlóng 郅隆 V.P. <wr.> extremely flourishing/prosperous
zhǐlǒu(r/zi)* 纸篓(儿/子)[-簍-] N. wastepaper basket
zhìlòu 痔漏/瘘[-瘺] N. <med.> anal fistula; hemorrhoids
zhīlù 支路 N. ①branch (way) ②<elec.> branch circuit
zhílù* 直路 N. ① straight road ② direct route
1zhǐlù 指路 V.O. provide guide/direction
2zhǐlù 祉禄 N. happiness and wealth
zhìlù 秩禄 N. <wr.> official salaries
zhǐlǜ* 指率 N. index percent
1zhìlǜ 制律 N. <lg.> discovery
2zhìlǜ 智虑[-慮] N. wisdom
3zhìlǜ 治率 N. cure rate
zhìluàn 治乱[-亂] N. order and disorder; peace and upheaval ♦V.O. quell disorder
zhìluànxīngwáng 治乱兴亡[-亂興-] F.E. rise and fall of a nation; order and confusion of a society
zhìluànzhīdào 治乱之道[-亂--] N. proper way of government
zhǐlùbiāo 指路标[-標] N. signpost; finger post; guidepost
zhǐlù biāozhì 指路标志[--標-] N. fingerpost; guide sign
zhìlǜ chéngxù 制律程序 N. <lg.> discovery procedure
1zhìlüè 智略 N. ① wisdom and resourcefulness; cleverness ② tactics; strategy
2zhìlüè 志略 N. ① ambition and talent ② annals ③ sketch; synopsis ♦V.O. record the general outline
zhìlǜjiāohóng 稚绿娇红[--嬌-] F.E. profusion of flowers of all colors
zhǐlù míngdēng 指路明灯[-燈] N. beacon light M: 1zhǎn
zhìlùn 至论 N. the most valuable theory/comment
zhīlúnbùfǎn 只轮不返[隻-] F.E. routed
zhíluò* 直落 V. <sport> have an unbroken string of victories
zhǐluò 枳落 N. thorn hedge
zhǐlùpái(r) 指路牌(儿) N. signpost; guidepost M: 2kuài
zhīlúr 支炉儿[-爐-] N. earthen pan with a sieve-like bottom, used for baking cakes
zhǐlùwéimǎ 指鹿为马 ID. deliberately misrepresent
zhīma* 芝/脂麻 N. ① sesame ② sesame seed 1*jiǎn le ~, diū le xīguā* penny wise and dollar foolish
zhīmá 织麻[織-] V.O. weave linen
zhǐmǎ 纸马 N. <topo.> funerary paper horses/carriages/etc.
zhīmabǐng 芝麻饼 N. sesame biscuit
zhīmagǎnr 芝麻杆儿 N. sesame stalk M: 2gēn
zhīmaguān 芝麻官 N. <coll> petty official M: 2wèi
zhīmài* 支脉[-脈] N. offshoot (of a mountain range); branch range M: 1tiáo
zhímài 直脉[-脈] N. <bot.> straight veins
zhìmǎi 置买[-買] V. buy (usu. of real estate, etc.)
zhīmájiá 芝麻荚[-莢] N. sesame pod
zhīmajiàng 芝麻酱[-醬] N. sesame paste
zhīmajiē 芝麻秸 N. sesame stalk
zhīmakāihuā 芝麻开花[--開-] ID. shoot up higher and higher (like sesame flowers)

Z

zhīma kāihuā jiéjié gāo 芝麻开花节节高[--開-節節-] ID. rise steadily (of living standards, etc.)

zhīmalìr 芝麻粒儿 N. sesame seeds

zhīmàn* 枝蔓 N. branches and tendrils ♦ID. complicated and confused

zhìmǎn 秩满 V. <wr.> have completed the tenure of a public post

zhìmàoshāng 制帽商[製-] N. hatter M: [2]wèi

zhímáoshù 植毛术[-術] N. hair transplant

zhī máoyī 织毛衣[織-] V.O. knit a sweater

zhīmá xiǎoshì 芝麻小事 N. trifle

zhīmayóu 芝麻油 N. sesame oil

zhìmǎzhǎngzhě 制马掌者[製-] N. horseshoer

zhīméi 芝眉 N. dignified eyebrows

zhǐméi(r/zi)* 纸煤/媒(儿/子) N. paper spill (for lighting candles/etc.)

zhìméi 雉媒 N. domesticated pheasant used as a decoy

zhíméidèngyǎn 直眉瞪眼 F.E. ① stare in anger ② stare blankly

[1]zhìmèn 窒闷 V.P. close; stuffy; badly ventilated

[2]zhìmèn 滞闷[滯-] V. have pent-up feelings

zhìměng 鸷猛[鷙-] V.P. fierce; cruel; ruthless

zhìménqì 制门器 N. doorstop

zhímí* 执迷[執-] V. obstinately stick to

zhǐmí 指迷 V. show/indicate the way; give advice/guidance

zhìmǐ 制米[製-] N. rice-milling

zhìmì 致密 V.P. ① fine and close; compact ② delicate appropriate; irreproachable

zhímián 植棉 N. cotton

zhǐmiànjīn 纸面巾 N. paper towels M: [1]zhāng

zhǐmiàn shang 纸面上 P.W. on the surface (of paper)

zhímiáo 植苗 V.O. transplant saplings

zhímíbùwù 执迷不悟[執-] F.E. persist in error; be obstinately foolish

zhìmǐjī 制米机[製-] N. rice polisher

zhìmì jiégòu 致密结构[-構] N. <geol.> compact texture

zhímín 殖民 V.O. establish a colony; colonize

zhímín chéngshì 殖民城市 P.W. colonial city M: [4]zuò

zhímíndì 殖民地 P.W. colony M: [2]kuài

zhímín dìguó 殖民帝国[-國] P.W. colonial empire

zhīmíng* 知名 ATTR. noted; famous ♦V.O. make one's name known

zhīmìng 知命 ID. age of 50 ♦V.O. know one's destiny

[1]zhǐmíng 指明 V. demonstrate; point out

[2]zhǐmíng 指名 V.O. mention by name; name

[1]zhìmíng 志铭 N. epitaph

[2]zhìmíng 质明[質-] N. daybreak; dawn

[1]zhìmìng 致命 ATTR. fatal; mortal; deadly ♦V.O. sacrifice one's life

[2]zhìmìng 治命 N. the sensible orders/instructions left by a dead man

zhīmìng'ānshēn 知命安身 F.E. be contented with one's lot

zhìmìngchù 致命处[-處] P.W. ① vital spot/point (on the human body) ② key points in a plan, etc.

zhìmìng cuòwù 致命错误 N. fatal error

zhìmìngdǎjī 致命打击[-擊] F.E. deal a death-blow

zhǐmíngdàoxìng 指名道姓 F.E. mention sb.'s name; name names

zhīmíngdù 知名度 N. ① celebrity rating ② popularity; renown

zhǐmíng gōngjī 指名攻击[-擊] V.P. assail sb. by name

zhìmìnglǜ 致命率 N. fatality rate

zhīmíng rénshì 知名人士 N. celebrity M: [2]wèi

zhǐmíngrǔmà 指名辱骂[-罵] F.E. call a person names

zhìmìngshāng 致命伤[-傷] N. ① mortal wound ② vulnerability; weak point

zhìmìng shīxiào 致命失效 N. catastrophic failure

zhìmìngxìng 致命性 N. vulnerability

zhìmìng yī jī 致命一击[-擊] N. deathblow

zhīmìngzhīnián 知命之年 N. the age of fifty

zhīmíngzhīrén 知名之人 N. public figure; celebrity M: [2]wèi

zhīmíngzhīshì 知名之士 N. public figure; celebrity M: [2]wèi

zhímínhuà 殖民化 N./V. colonize

zhímínzhě 殖民者 N. colonizer

zhímín zhèngcè 殖民政策 N. colonial policy; colonialism

zhímínzhǔyì 殖民主义[-義] N. colonialism

zhímínzhǔyìzhě 殖民主义者[---義-] N. colonialist

zhǐmó 指模/摹 N. finger/thumb print

zhìmóu 智谋 N. resourcefulness

zhīmǔ 知母 N. ① <Ch. med.> rhizome of wind-weed ② <bot.> wind-weed

zhǐmù 指目 N. feeling the pulse with the fingertip

zhìmú* 制模[製-] N. molding; patternmaking

[1]zhìmù 质木[質-] ID. simple; natural; without affectation

[2]zhìmù 栉沐[櫛-] V. wash and dress

zhìmúyòng niántǔ 制模用粘土[製-] N. modelling clay

Zhīnà 支那 P.W. <trad./Budd.> China (now derogatory)

zhīnàihuā 支奈花 N. <bot.> a variety of wormwood M: [2]kē

zhìnàjīn 滞纳金[滯-] N. overdue fine

zhǐnán* 指南 N. guide; guidebook

zhìnàn 质难[質難] V. blame; censure; reproach

zhǐnánchē 指南车 N. <trad.> south-pointing carriage; compass M: [3]liàng

zhīnán'érjìn 知难而进[-難-進] F.E. advance despite difficulties

zhīnán'értuì 知难而退[-難--] F.E. retreat from difficulties

zhìnáng 智囊 N. ① highly knowledgeable and intelligent person; wise advisor ② brain truster M: [2]wèi

zhìnáng jīgòu 智囊机构[-構] P.W. brain trust

zhìnángkù 智囊库 P.W. think tank

zhìnángliúshī 智囊流失 F.E. brain drain

zhìnáng rénwù 智囊人物 N. brain truster; think tanker M: [2]wèi

zhìnángtuán 智囊团[-團] P.W. brain trust; think tank

zhīnánxíngyì 知难行易[-難--] F.E. It's easier to do a thing than to understand it.

zhǐnányú 指南鱼 N. compass made in the shape of a fish

zhǐnánzhēn 指南针 N. compass

zhìnàshuìkuǎn 滞纳税款[滯-] N. overdue tax payment

Zhīnàtōng 支那通 N. <trad.> China expert; Sinologue (usu. a Japanese)

Zhīnàyǔ 支那语 N. <trad.> Chinese language (term used by Japanese)

zhīnèi 之内 SUF. inside of; among; within

zhìnèn 稚嫩 S.V. ① young and tender ② puerile; immature

zhīnéng 知能 N. consciousness; sense of awareness

zhínéng* 职能[職-] N. function

zhǐnéng 只能 V.P. can only

[1]zhìnéng 智能 N. intelligence and ability

[2]zhìnéng 质能[質-] N. <phy.> mass-energy

zhínéng bùmén 职能部门[職-] P.W. functional department

zhìnéng bùzú 智能不足 V.P. mental retardation

zhìnéng cèyàn 智能测验 N. proficiency test

zhínéng dìngjià 职能定价[職-價] N. functional pricing

zhínéng gànbù 职能干部[職-幹-] N. responsible cadre

zhìnénghuà chǎnpǐn 智能化产品[---產-] N. intelligent products

zhìnéngjī 智能机 N. intelligent machine

zhìnéng jīqìrén 智能机器人 N. intelligent robot

zhìnéngkǎ 智能卡 N. <comp.> smart card

zhìnéng mónǐ 智能模拟[-擬] N. artificial intelligence (AI)

zhìnéng qiànquē 智能欠缺 V.P. mental deficiency

zhìnéngquán 智能权[-權] N. intellectual right

zhínéng zhìliáo 职能治疗[職-療] N. occupational therapy

zhīní 芝泥 N. stamp ink

zhíní* 执泥[執-] V.P. obstinate; set in one's ways

zhìní 滞泥[滯-] A.T. ① with much obstruction; bumpy; rough (of progress) ② slow ③ be a stickler for (form, etc.)

zhínián 值年 N. year of entry into service

zhǐniǎn(r/zi)* 纸捻(儿/子) N. paper spill

[1]zhìnián 智年 N. mental age

[2]zhìnián 稚年 N. childhood

zhìniàn 志念 V.O. send sth. as a souvenir

zhìniǎo 鸷鸟[鷙-] N. bird of prey M: [2]zhī

zhìniǎobùqún 鸷鸟不群[鷙-] ID. Talented persons stand alone.

zhǐniàopiàn 纸尿片 N. nappy; paper diapers

zhīniè 支孽 N. son of a concubine

zhíniù 执拗[執-] S.V. mulish; stubborn

zhí niú'ěr 执牛耳[執-] V.O. rule the roost

zhīnóng 支农[-農] V.O. <PRC> help agriculture

zhǐnù 止怒 V.O. check one's anger

zhīnǚ 织女[織-] N. ① woman weaver ② Girl Weaver in the legend "The Cowherd and the Girl Weaver"

zhínǚ(r)* 侄女(儿) N. brother's daughter; niece M: [2]wèi

zhìnǚ 稚女 N. young girls

zhìnüè 治疟[-瘧] V.O. prevent and cure malaria

Zhīnǚxīng 织女星[織-] N. <astr.> Vega

zhínǚxu 侄女婿 N. husband of one's brother's daughter; niece's husband M: [2]wèi

zhǐpà 只怕 V.P. (only) fear ***Bùpà màn, ~ zhàn.*** Don't mind slow progress as long as you keep going. ♦ADV. very likely

zhīpai 支派 V. designate; assign ***See also zhīpài***

zhīpài 支派 V. order; send; dispatch ♦N. branch; sect; offshoot ***See also zhīpai***

zhǐpái(r) 纸牌(儿) N. playing cards M: [1]fù

zhǐpài* 指派 V. <coll.> appoint; name; designate

zhǐpáijú 纸牌局 N. card games

zhǐpáixì 纸牌戏[-戲] N. card game

zhípàn* 执判[執-] V. act as referee (of a competition)

zhìpàn 至盼 V. urgently request

zhīpèi 支配 V. ① arrange; allocate; budget ② control; dominate; govern ♦N. <lg.> government

zhīpèi dìwèi 支配地位 P.W. dominant position

zhīpèi guānxi 支配关系[-關係] N. <lg.> government

zhīpèilì 支配力 N. power/force to dominate

zhīpèiquán 支配权[-權] N. eminent domain; right to control

zhǐpéng 纸棚 N. paper canopy/tent M: [4]zuò

zhípí* 植皮 <med.> N. skin grafting ♦V.O. graft skin

zhǐpí 纸皮 N. paper cover M: [1]zhāng

zhìpí 制皮[製-] V. tan (leather)

zhǐpiàn(r)* 纸片(儿) N. ① scrap paper ② slip of paper M: [2]kuài/[1]piàn

zhìpiàn 制片[製-] V.O. movie-making

zhìpiànchǎng 制片厂[製-廠] P.W. film studio M: [4]zuò/[1]jiā

zhìpiàn gōngchǎng 制片工厂[製-廠] P.W. film studio M: [4]zuò/[1]jiā

zhìpiànrén 制片人[製-] N. movie producer M: [2]wèi

zhìpiànzhě 制片者[製-] N. movie producer M: [2]wèi

zhīpiào* 支票 N. (bank) check M: [1]zhāng

zhǐpiào 纸票 N. paper money M: [1]zhāng

zhīpiàobù 支票簿 N. checkbook M: [1]běn

zhīpiào cúngēn 支票存根 N. check stub

zhīpiào dēngjìbù 支票登记簿 N. <acct.> check register M: [1]běn

zhīpiào duìqǔ 支票兑取 N. check collection

zhīpiào piàogēn 支票票根 N. stub of a check M: [1]*zhāng*
zhípiào rén 执票人[執-] N. <*acct.*> holder; bearer
zhípiàorén zhīpiào 执票人支票[執-] N. <*acct.*> bearer check M: [1]*zhāng*
zhīpǐn 织品[織-] N. textiles
zhìpín 治贫 V.O. eliminate poverty
[1]**zhìpǐn*** 制品[製-] N. products; manufactured goods M: [2]*jiàn*
[2]**zhìpǐn** 至品 N. ① best products ② highest grade
zhípíng 职评[職-] N. evaluation process for granting professional titles
[1]**zhìpíng*** 置评 V. comment
[2]**zhìpíng** 治平 V. ① govern the nation and bring peace to the world ② peace and prosperity as a result of enlightened government
[3]**zhìpíng** 掷瓶[擲-] V.O. throw the bottle (in launching a ship)
zhì-píngdìng 秩评定 N. ranking
zhípíqi(r) 直脾气(儿)[--氣-] N. candor; forthrightness
zhípíshù 植皮术[-術] N. <*med.*> skin grafting
zhīpó 支婆 N. <*trad.*> father's concubine
zhǐpò* 指破 R.V. point out (a scheme/etc.); disclose
zhǐpò míjīn 指破迷津 V.O. point out where one has gone astray from the right path
zhípǔ 直朴[-樸] S.V. honest and straightforward
[1]**zhìpǔ*** 质朴[質樸] S.V. simple and unadorned; unaffected; plain
[2]**zhìpǔ** 质谱[質-] N. <*phy.*> mass spectra
zhìpù 质铺[質-] P.W. pawnshop M: [1]*jiā*/[1]*jiān*
zhìpǔyí 质谱仪[質-儀] N. <*phy.*> mass spectrometer/spectrograph M: [1]*tái*
zhīqī 枝栖[-棲] N. complications; complexities
zhǐqí(zi) 纸旗(子) N. small paper flag M: [1]*miàn*
zhìqi* 志气[-氣] N. aspiration; ambition
zhìqǐ 陟屺 V. <*wr.*> ① ascend a bare hill ② look toward the residence of one's mother
[1]**zhìqì** 稚气[-氣] N. childishness
[2]**zhìqì** 制气[-氣] V.O. <*coll.*> become angry
[3]**zhìqì** 滞气[滯氣] N. indolent/apathetic temperament
[4]**zhìqì** 智器 N. talent
[1]**zhīqián*** 之前 SUF. before; prior to; ago
[2]**zhīqián** 支前 V.O. support the front (troops)
[3]**zhīqián** 支钱[-錢] V.O. disburse money
[1]**zhíqián** 值钱[-錢] S.V. costly; valuable
[2]**zhíqián** 直前 V.O. go straight ahead
zhǐqián(r) 纸钱(儿)[-錢-] N. paper money burned for the dead
zhìqián(r) 制钱(儿)[-錢-] N. <*trad.*> copper cash M: [4]*méi*
zhìqiàn 致歉 V.O. apologize
zhǐqiáncí 指前词 N. <*lg.*> anaphoric word
zhíqián jiàoyù 职前教育[職-] N. pre-vocational education
zhì qiānqiú 掷铅球[擲-] V.O. <*sport*> heave a shot put
zhǐqiānr 纸签儿 N. tag; label (attached to luggage, etc.)
zhīqiānshíjiǎn 知悭识俭[-慳識-] F.E. know how to be economical
zhǐqiào 枳壳[-殼] N. a variety of orange used in herbal medicine
zhìqiǎo* 智巧 N. <*wr.*> brains and tact
zhī qí bùkě ér wéi zhī 知其不可而为之 F.E. do what one knows is impossible
zhìqiè 挚切[摯-] V.P. sincere; earnest; cordial
zhìqīfèi 滞期费[滯-] N. demurrage charges
zhīqìguǎn(r) 支气管(儿)[-氣--] N. <*phys.*> bronchus; bronchial tubes
zhīqìguǎnyán 支气管炎[-氣--] N. bronchitis
zhíqíliǎngduān 执其两端[執-] F.E. examine opposing views
zhíqín* 执/值勤[執-] V.O. be on duty (of police/military/etc.)
zhìqīn 至亲[-親] N. close kin; closest relative
zhīqīng 知青 AB. *zhīshi qīngnián*
zhīqíng* 知情 V.O. ① know the facts of a case ② be grateful (for) ♦N. gratitude
[1]**zhìqíng** 至情 N. close/intimate feelings
[2]**zhìqíng** 挚情[摯-] N. ① true feelings ② deep emotion/feeling
zhìqìng 志庆[-慶] V. offer congratulations
zhīqíngbùbào 知情不报[-報] F.E. conceal knowledge; know the truth (of a case/etc.) but maintain silence
zhīqíngbùjǔ 知情不举[-舉] *See zhīqíngbùbào*
zhīqíngdálǐ 知情达理[--達-] F.E. reasonable; sensible
zhīqīngdiǎn 知青点[-點] N. post/settlement of urban youth in the countryside (during the Cultural Revolution)
zhīqíngdǐbǎo 知情底保 F.E. offer a guarantee based on full knowledge of all the facts
zhīqīng gōngzuò 知青工作 N. work among educated youth
zhíqíngjìngxíng 直情径行[--徑-] F.E. act heedlessly
zhīqíngrén 知情人 N. person in the know; insider M: [2]*wèi*
zhīqīng shāngdiàn 知青商店 P.W. stores run by educated youths M: [1]*jiān*
zhìqīn gǔròu 至亲骨肉[-親--] N. closest relative
zhīqīng wénxué 知青文学 N. literature of educated youth
zhīqíngzhě jiāoyì 知情者交易 N. insider dealing
zhìqīn hǎoyǒu 至亲好友[-親--] N. close relatives and good friends
zhíqín jūnguān 值勤军官 N. duty officer
zhìqínměngshòu 鸷禽猛兽[鷙-獸] F.E. vultures and beasts
zhíqín rényuán 值勤人员 N. personnel on duty M: [2]*wèi*
zhìqīnwúwén 至亲无文[-親--] F.E. One does not have to stand on ceremony in dealing with close relatives and friends.
zhìqióngcáijié 智穷才竭[-窮--] F.E. be at one's wits' end
zhìqióngcáijìn 智穷才尽[-窮-盡] F.E. be at the end of one's resources; be at one's wits' end
zhìqióngjìjié 智穷计竭[-窮--] F.E. be at one's wits' end
zhìqiónglìjié 智穷力竭[-窮--] F.E. be at the end of one's rope
zhìqióngzhìfù 治穷致富[-窮--] F.E. cure poverty and bring about prosperity
zhìqiú 忮求 V.P. jealous and greedy
zhìqiúmǔpǐ 雉求牡匹 ID. A female courts a male.
zhìqiúqíshǔ 治求其属[-屬] F.E. treat a disease according to its nature
zhìqìwèituō 稚气未脱[-氣--] F.E. still possess the innocence of childhood
zhìqìxuān'áng 志气轩昂[-氣--] F.E. aiming high in life; aspiration
zhī qí yī, bùzhī qí èr 知其一,不知其二 F.E. know only one aspect
zhìqìyóucún 稚气犹存[-氣猶-] F.E. still possess the innocence of childhood
zhīqú 支渠 N. branch (irrigation) canal M: [1]*tiáo*
zhīqǔ 支取 V. draw (money)
zhīqù(r) 知趣(儿) ATTR./V.O. be tactful
zhíqǔ 摭取 V. ①pick up; take; collect ②plagiarize
zhǐqù 旨趣 N. <*wr.*> purport; objective
zhìqú 治渠 V.O. excavate ditches
zhìqǔ 智取 V. take (a fort/etc.) by strategy; outwit
[1]**zhìqù(r)*** 志趣(儿) N. aspiration and interest; inclination; bent
[2]**zhìqù** 掷去[擲-] R.V. fling away
zhíquán* 职权[職權] N. official powers
[1]**zhìquán** 治权[-權] N. administrative power
[2]**zhìquán** 质权[質權] N. ①pledge ②mortgage
zhíquán fànwéi 职权范围[職權範圍] N. limits/scope of one's functions/powers; terms of reference
zhìquánrén 质权人[質權-] N. pawnee
zhìquè 鸩鹊 N. <*zoo.*> jay M: [2]*zhī*
zhìqūn 指囷 V.O. help a friend in need
zhìqǔwéishàng 智取为上 F.E. The better course is to take it by strategy.
zhìqùxiāngtóu 志趣相投 F.E. have similar/same purpose and interest (of friends/etc.)
zhíqùzhílái 直去直来 V.P. go and return without undue delay
zhír 侄儿 N. brother's son; nephew M: [2]*wèi*
zhìrán 秩然 V.P. <*wr.*> orderly; neat
zhìránbùwěn 秩然不紊 F.E. orderly; shipshape
zhìràng 质让[質讓] V. admonish bluntly
zhìránjì 滞燃剂[滯-劑] N. flame retardant
zhìrányǒuxù 秩然有序 F.E. <*wr.*> orderly; shipshape
[1]**zhìrè** 炙热[-熱] ATTR. broiling
[2]**zhìrè** 窒热[-熱] V.P. stuffy and sultry
zhǐrèjì 止热剂[-熱劑] N. febrifuge
zhīrén 知人 V.O. <*wr.*> assess people
zhírèn 职任[職-] N. one's position/duties in an office
zhǐrén(r)* 纸人(儿) N. paper or papier-mâché human figure
zhǐrèn 指认[-認] V. identify (a suspect, lost item, etc.)
[1]**zhìrén** 治人 V.O. ①rule people ② <*coll.*> teach sb. a lesson
[2]**zhìrén** 智人 N. man; Homo sapiens sapiens
[3]**zhìrén** 至仁 N. highest degree of kindness and magnanimity
[4]**zhìrén** 至人 N. ① saint; sage; man of virtue ② <*Budd.*> perfect man, i.e. Sakyamuni
zhírènbùhuì 直认不讳[-認-諱] F.E. ① plead guilty to a charge ② confess frankly
zhīrénlùnshì 知人论世 F.E. understand writers and their times
zhīrénshànrèn 知人善任 F.E. know subordinates and assign them jobs commensurate with their abilities
zhìrénsǐmìng 制人死命 F.E. get a stranglehold on sb.
zhìrénwújǐ 至人无己 F.E. A sage is selfless.
zhìrénwúmèng 至人无梦[-夢] F.E. A virtuous man seldom has dreams.
zhǐrènxìng 指认性[-認-] N. <*lg.*> identifiability
zhì-rén-yǒng 智仁勇 F.E. wisdom, kindheartedness, and bravery
zhīrénzhīcháng 知人之长 F.E. know others' merit/worth
zhī rén zhī miàn bù zhī xīn 知人知面不知心 F.E. Don't trust people too easily.
zhīrénzhīmíng 知人之明 F.E. capacity to judge a person's qualities
zhīrì 只日[隻-] N. odd days of a lunar month
zhírì* 值日 V.O. be on duty for the day
zhǐrì 指日 V.P. in a matter of days; soon
Zhìrì 至日 N. Summer Solstice or Winter Solstice
zhírìbiǎo 值日表 N. duty roster M: [1]*zhāng*
zhírìguān 值日官 N. officer on duty M: [2]*wèi*
zhǐrìkěchéng 指日可成 F.E. can finish on a definite date
zhǐrìkědài 指日可待 F.E. imminent
zhǐrìkěshǔ 指日可数[-數] F.E. The days (of. . .) are numbered.
zhǐrìkěxià 指日可下 F.E. capture a (enemy-held) city
zhírìshēng 值日生 N. student on duty
zhǐrìwéishì 指日为誓 F.E. swear by the sun
zhíróng* 植绒 N. <*txtl.*> flocking
zhìróng 治戎 V. ① use military force ② make preparations for war
zhīróngjì 脂溶剂[-劑] N. fat solvent
[1]**zhírù*** 植入 N. <*med.*> implantation
[2]**zhírù** 直入 V. go right into
zhìrú 至如 CONJ. as to. . .; with regard to
zhìrù 置入 N. embedding; merging
zhīruǎn 肢软 N. <*Ch. med.*> weak limbs
zhírúcǎojiè 直如草芥 F.E. as worthless as a stalk of mustard
zhírùgōngtáng 直入公堂 F.E. right to the point; straightforward
zhìrùn 置闰 V. intercalate ♦N. intercalation

zhǐruò 芷若 N. <bot.> angelica
[1]zhìruò* 稚弱 V.P. tender and delicate
[2]zhìruò 至若 CONJ. <wr.> as for; as to
zhìruòwǎngwén 置若罔闻 F.E. pay no heed to
zhírxífu 侄儿媳妇[-婦] N. wife of one's nephew M: [2]*wèi*
zhìsāi 窒塞 V. block; obstruct *See also* [3]*zhìsè*
zhìsāibùtōng 滞塞不通[滯-] F.E. obstructed and impeded
zhǐsǎn 纸伞[-傘] N. umbrella made of oiled paper with a bamboo frame M: [1]*bǎ*
zhìsāng 治丧[-喪] V.O. make funeral arrangements
zhìsāngcóngjiǎn 治丧从俭[-喪從-] F.E. be frugal in attending to funeral rites
zhǐsāngdàohuái 指桑道槐 ID. hidden allusions and innuendoes
zhǐsāngmàhuái 指桑骂槐[--罵-] ID. make oblique accusations; scold sb. indirectly
zhìsāng wěiyuánhuì 治丧委员会[-喪---] P.W. funeral committee
zhǐsè 纸色 N. paper color
[1]zhìsè* 滞塞[滯-] V. hold up; block
[2]zhìsè 滞涩[滯澀] V.P. ① dull; slow ② obscure
[3]zhìsè 窒塞 V. stop up; block *See also zhìsāi*
zhìshā 治沙 ATTR. sand-control
zhìshài 炙晒[-曬] V. expose to the sun
zhì shǎizi 掷色/骰子[擲-] V.O. throw dice *See also zhì tóuzi*
zhǐshàn* 纸扇 N. paper folding fan M: [1]*bǎ*
zhìshàn 至善 N. acme of perfection
zhīshàng* 之上 SUF. on; above; over
zhíshàng 直上 V. go straight up
[1]zhìshāng 智商 N. intelligence quotient (IQ)
[2]zhìshāng 致伤[-傷] V. wound
zhìshàng 至上 ATTR. ①supreme; highest ②most revered ♦V. come first
zhǐshàng lìrùn 纸上利润 N. paper profit
zhíshàngqīngyún 直上青云[-雲] F.E. ① get the highest literary honors ② meteoric rise
zhǐshàngtánbīng 纸上谈兵 ID. be an armchair quarterback/strategist
zhíshàngyúnxiāo 直上云霄[--雲-] F.E. soar to the sky
zhíshàngzhíxià 直上直下 F.E. very steep; straight up and down
zhìshānxùnshuǐ 治山驯水 F.E. tame rivers and mountains
zhìshànzhìměi 至善至美 F.E. be perfection itself
zhìshānzhìshuǐ 治山治水 F.E. transform mountains and tame rivers
zhīshāo 枝梢 N. tip of a branch
zhìshǎo* 至少 ADV. at (the) least ~ ***kěyǐ shuō, tā bù kěkào.*** He's not reliable, to say the least.
zhíshè 直射 V. shine/fire directly
zhǐshè* 指涉 <lg.> V. refer to ♦N. reference
zhǐshè biǎoshì 指涉表示 N. <lg.> referring expression
zhǐshè bùtóng 指涉不同 V.P. <lg.> different reference
zhǐshè de dōngxi 指涉的东西 N. <lg.> referent
zhǐshè duìxiàng 指涉对象[--對-] N. <lg.> referent
zhíshèguāng 直射光 N. direct rays
zhíshè guāngxiàn 直射光线 N. direct rays
zhíshè jùlí 直射距离[-離] N. point-blank range
zhǐshèlèi 指涉类[-類] N. <lg.> reference class
zhǐshèlùn 指涉论 N. <lg.> referential theory
zhīshēn 只身[隻-] ADV. alone; by oneself
[1]zhìshēn* 置身 V.O. stay; place/keep oneself
[2]zhìshēn 致身 V.O. dedicate/give one's life to (a cause/etc.)
zhìshēndùwài 置身度外 F.E. keep oneself from getting involved; be indifferent
zhīshēnfùdí 只身赴敌[隻-敵] F.E. go alone to fight the enemy
zhīshēng 吱声[-聲] V.O. cheep *See also* [3]*zīshēng*
[1]zhíshēng 直升 V. shoot/go straight up
[2]zhíshēng 直声[-聲] N. reputation for honesty ♦V.O. yell because of pain/fear
zhǐshéng(r) 纸绳(儿)[-繩-] N. paper twisted to form string M: [2]*gēn/juǎn*
zhìshēng 治生 V.O. make a living
zhìshéng 制绳[製繩] V.O. make rope
[1]zhìshèng* 制胜[-勝] V. get the upper hand; subdue
[2]zhìshèng 至圣[-聖] N. the greatest sage (i.e., Confucius) ♦ATTR. most sagacious
[3]zhìshèng 致胜[-勝] V.O. win a victory; succeed
[4]zhìshèng 志乘 N. local history; gazetteer
zhíshēng fēijī 直升飞机[--飛-] N. helicopter; chopper M: [1]*jià*
zhíshēngjī 直升机 N. helicopter; chopper M: [1]*jià*
zhíshēngjīchǎng 直升机场[-場] P.W. heliport; helipad
zhīshēngjiéwài 枝生节外[-節-] ID. Side issues or new problems crop up unexpectedly.
zhíshēngjīpíng 直升机坪 P.W. heliport; helipad
zhìshèng xiānshī 至圣先师[-聖-師] N. the greatest sage and teacher (i.e., Confucius)
zhīshèngyèmào 枝盛叶茂[--葉-] F.E. luxuriant in branches and leaves
zhī shēng yě méi zhī 吱声也没吱[-聲---] V.P. <coll.> didn't utter a sound
zhìshèngzhīdào 制胜之道[-勝--] N. a way to get the upper hand
zhìshèngzhìmíng 至圣至明[-聖--] F.E. most sagacious and intelligent
zhìshēnjúwài 置身局外 F.E. keep aloof from
zhìshēnqíjiān 置身其间 F.E. be involved
zhìshēnshìwài 置身事外 F.E. stay aloof from a matter
zhīshēnxìngmiǎn 只身幸免[隻-] F.E. be the sole survivor
zhīshēnzàiwài 只身在外[隻-] F.E. be away from home all by oneself
zhǐshè qíngjìng 指涉情境 N. <lg.> situation of reference
zhǐshè qīngmíng 指涉清明 V.P. <lg.> be referentially transparent
zhǐshè shàng de 指涉上的 ATTR. <lg.> referential
zhǐshè shàng de guānlián 指涉上的关联[-關聯] N. <lg.> referential connection
zhǐshè xiāngfǎn 指涉相反 V.P. contrary reference
zhǐshè xiāngtóng 指涉相同 V.P. <lg.> coreferential
zhǐshèxìng 指涉性 N. <lg.> referentiality
zhīshi* 知识[-識] N. knowledge
zhīshǐ 支使 V. <coll.> ① send on an errand ② order sb. around ③ send away; put sb. off
[1]zhīshì 知事 N. ① <hist.> county magistrate ② <Japan> governor ♦ATTR. sensible ♦V.O. begin to know things (as a child grows up)
[2]zhīshì 肢势[-勢] N. standing posture of domestic animals
[3]zhīshì 芝士 N. <loan> cheese
zhíshi 执事[執-] N. <trad.> paraphernalia of the guard of honor *See also* [2]*zhíshì*
zhíshí 摭拾 V. <wr.> pick; gather; collect
[1]zhíshì 直视 V. look steadily at
[2]zhíshì 执事[執-] N. ① <wr.> attendant ② Sir; you (in correspondence) ③ <Christianity> church officer; deacon M: [2]*wèi See also zhíshi*
[3]zhíshì 职事[職-] N. ① <wr.> post; duties; job ② <trad.> occupation; profession; vocation
[4]zhíshì 直是 V.P. it is always
[5]zhíshì 职是[職-] V.P. <wr.> It is for (this reason) that. . .
zhǐshí 枳实[-實] N. <Ch. med.> dried immature fruit of citron or trifoliate orange
zhǐshǐ 指使 V. ① instigate; incite ② give orders to
[1]zhǐshì 只是 V.P. merely/only/just/simply be ♦CONJ. however; but then
[2]zhǐshì 指示 V. ① indicate; point out ② instruct ♦N. ① directive; instructions ② <lg.> direction; presentation; indication; indicator; suggesting; deixis; demonstrative
[3]zhǐshì 指事 N. <lg.> self-explanatory characters (one of the *liùshū*); indicator; simple ideographic/indicative principle
[1]zhìshí 智识[-識] N. knowledge
[2]zhìshí 蛭石 N. <min.> vermiculite
[1]zhìshǐ 致使 V. cause; result in
[2]zhìshǐ 制使 N. <trad.> imperial emissary/envoy M: [2]*wèi*
[1]zhìshì 志士 N. person of ideals and integrity; man of high ambition M: [2]*wèi*
[2]zhìshì 制式 N. ① standard ② regulation ③ system
[3]zhìshì 治世 N. time of peace and prosperity
[4]zhìshì 治事 V.O. ① transact business ② handle
[5]zhìshì 智士 N. ① very smart and wise person ② brainpower; intellect M: [2]*wèi*
[6]zhìshì 致仕/事 V.O. <wr.> ① resign from office ② resign from an official post
zhǐshìbǎn 指示板 N. indicator board M: [2]*kuài*
zhīshi bàozhà 知识爆炸[-識--] N. knowledge explosion
zhīshi biǎnzhí 知识贬值[-識--] N. low valuation of knowledge and intellectual pursuits
zhīshi chǎnquán 知识产权[-識產權] N. <loan> intellectual property right
zhǐshìcí 指示词 N. <lg.> demonstrative
zhǐshì dàicí 指示代词 N. <lg.> demonstrative pronoun
zhǐshì dàimíngcí 指示代名词 N. <lg.> demonstrative adjective/pronoun
zhǐshìdēng 指示灯[-燈] N. pilot/indicator lamp/light
zhīshi fènzǐ* 知识分子[-識--] N. ① educated person (high school or college equivalent) ② intelligentsia M: [2]*wèi*
zhìshí fènzǐ 智识分子[-識--] N. intellectuals; educated people; the intelligentsia M: [2]*wèi*
zhǐshì fùcí 指示副词 N. <lg.> demonstrative adverb
zhīshi gēngxīn 知识更新[-識--] V.P. update one's knowledge ♦N. the updating of one's knowledge
zhīshi gōngchéngxué 知识工程学[-識---] N. <lg.> knowledge engineering
zhǐshì gōngnéng 指示功能 N. <lg.> deixis
zhíshìguān 执事官[執-] N. managerial officer M: [2]*wèi*
zhīshihuà 知识化[-識-] N. intellectualization (e.g., filling positions with intellectuals)
zhǐshìjì 指示剂[-劑] N. <chem.> indicator
zhìshì jiàoliàn 制式教练[-練] N. formation drill
zhīshijiè 知识界[-識-] P.W. intellectual circles; intelligentsia
zhīshi jiēcéng 知识阶层[-識階層] N. intellectual class
zhīshi jiējí* 知识阶级[-識階-] N. intellectual class
zhìshí jiējí 智识阶级[-識階-] N. intellectual class
zhīshi jiùshì lìliàng 知识就是力量[-識----] V.P. knowledge is power
zhīshikù 知识库[-識-] N. knowledge base
zhīshi lǎohuà 知识老化[-識--] N. obsolescence of knowledge
zhīshi lìshǒu 知识里手[-識裡-] N. know-it-all
zhīshilùn 知识论[-識-] N. <phil.> epistemology; theory of knowledge
zhīshi mìjíxíng jīngjì 知识密集型经济[-識---經濟] N. knowledge-intensive economy
zhīshi mìjíxíng shēngchǎn 知识密集型生产[-識----產] N. intelligence intensive production
zhǐshìqì 指示器 N. indicator; indicating instrument
zhīshi qīngnián 知识青年[-識--] N. school graduates; educated youth; school learners
zhíshí qún yán 摭拾群言 V.O. collect views from various sources
zhìshìrénrén 志士仁人 F.E. people with lofty ideals
zhīshi shèhuì 知识社会[-識--] P.W. knowledge society

Z

zhīshi sīyǒu 知识私有[-識--] V.P. regard knowledge as private property
zhìshì wǔqì 制式武器 N. standard weapon
zhīshi xídé 知识习得[-識習-] N./V.P. <lg.> knowledge acquisition
zhǐshì xíngróngcí 指示形容词 N. <lg.> demonstrative adjective
zhíshì xīnzàng shǒushù 直视心脏手术[---臟-術] N. <med.> open heart surgery
zhǐshì xìtǒng 直示系统 N. <lg.> deixis
zhǐshì yīndú 指示音读[-讀] N. <lg.> suggesting sound
zhíshíyíwén 摭拾遗文 F.E. make random quotes
zhǐshì yìyì 指示意义[-義] N. <lg.> referential meaning
zhǐshìyǔ 指示语 N. <lg.> specifier; deictic expression
zhīshi yuānbó 知识渊博[-識淵-] V.P. be erudite/learned
zhíshìzhīgù 职是之故[職-] N. for this particular reason
zhīshǒu 只手[隻-] ADV. singlehandedly
[1]zhíshǒu* 职守[職-] N. post; duty
[2]zhíshǒu 执手[執-] V.O. hold hands
zhǐshòu 指授 V. instruct
zhìshòu 制售[製-] V. make and sell
zhīshǒu bùnéng zhē tiān 只手不能遮天[隻-] F.E. one person cannot accomplish much by oneself
zhǐshǒuhuájiǎo 指手划脚[-腳] F.E. ① gesticulate ② make indiscrete remarks/gestures
zhǐshǒuhuàjiǎo* 指手画/划脚[-畫/劃腳] F.E. ① gesticulate wildly ② make indiscreet remarks/criticisms
zhìshǒukěrè 炙手可热[-熱] F.E. ① scorching hot ② one's power at its height ③ extremely popular and powerful
zhíshòur 直受儿 V.P. ① accept oppression meekly ② fail to return a salutation or gift
zhīshǒushé 枳首蛇 N. two-headed snake M: [1]tiáo
zhíshǒutóngxíng 执手同行[執-] F.E. walk together
zhíshǒutóngyóu 执手同游[執-] F.E. stroll holding each other's hand
zhíshǒuwéilǐ 执手为礼[執-禮] F.E. shake hands
zhìshǒuzhìjiǎo 窒手窒脚[-腳] F.E. obstructing hand and foot; difficult; troublesome
[1]zhīshū 支枢[-樞] N. <mach.> pivot
[2]zhīshū 支书[-書] N. Party/League branch secretary M: [2]wèi
zhīshǔ 支属[-屬] N. relatives
[1]zhīshù 支数[-數] N. <txtl.> (yarn) count
[2]zhīshù 支庶 N. son of a concubine
zhíshū 直书[-書] V. write straightforwardly
zhíshǔ 直属[-屬] V. be directly subordinate to
zhíshù 植树[-樹] V.O. plant trees; afforest
zhǐshū 指书[-書] V./N. write with the finger
zhǐshù* 指数[-數] N. ①<econ.> index (number); indicator ② <math.> exponent
[1]zhìshū 致书[-書] V.O. send a letter
[2]zhìshū 志书[-書] N. gazetteer; local history
[1]zhìshù 智术[-術] N. trickery; stratagem
[2]zhìshù 质数[質數] N. <math.> prime number
[3]zhìshù 治术[-術] N. ways and means of a good government
[4]zhìshù 制数[-數] N. <math.> order
zhíshuài 直率 S.V. frank; candid
zhíshuǎng 直爽 S.V. candid; forthright
zhíshùbǎotǔ 植树保土[-樹--] F.E. plant trees to prevent soil erosion
zhīshūdálǐ 知书达礼[-書達禮] F.E. ① study the classics and know the rules of propriety ② be well-educated; cultured ③ educated and reasonable
zhǐshù hánshù 指数函数[-數-數] N. <math.> exponential function
zhīshuǐ(r) 汁水(儿) N. <topo.> juice
zhǐshuǐ 止水 N. stagnant/still water
[1]zhìshuǐ* 治水 V.O. maintain water control
[2]zhìshuǐ 滞水[滯-] N. stagnant water
zhǐshuǐbùbō 止水不波 ID. pure heart; quiet mind
zhǐshuǐshuān 止水栓 N. stopcock; stopper
zhíshùjī 植树机[-樹-] N. tree-planting machine; tree planter
Zhíshùjié 植树节[-樹節] N. Arbor Day
zhíshūjǐjiàn 直抒己见 F.E. state views frankly
zhìshǔjìqì 掷鼠忌器[擲-] ID. ①fear impeaching a corrupt official for fear of incriminating the emperor ② fear the repercussions of a certain action ③ have scruples in doing sth.
zhìshūkéjī 制书壳机[製書殼-] N. book-cover-making machine M: [1]tái
zhíshuō* 直说 V. speak frankly
zhǐshuō 指说 V. state
zhǐ shuō bù zuò 只说不做 V.P. be all talk and no action
zhíshuōfǎ 直说法 N. <lg.> indicative mood
zhíshuōshì 直说式 N. <lg.> indicative form
zhīshù piānchā 支数偏差[-數--] N. <txtl.> (yarn) count deviation
zhìshùr 智数儿[-數-] N. intelligence quotient (IQ)
zhīshūshílǐ 知书识礼[-書識禮] F.E. be well-educated and a model of propriety
zhíshū wénzì 直书文字[-書--] N. vertical writing
zhíshùzàolín 植树造林[-樹--] F.E. afforestation; plantation
zhísī 职司[職-] <wr.> N. job; duty ♦V. be in charge of
[1]zhìsǐ* 致死 V. ① cause death; be lethal/deadly ② die
[2]zhìsǐ 至死 ADV. unto/till death
[3]zhìsǐ 治死 R.V. punish to death
zhìsǐbùbiàn 至死不变[-變] F.E. unswerving/constant till death
zhìsǐbùgǎi 至死不改 F.E. refuse to change to the very end; be incorrigible
zhìsǐbùqū 至死不屈 F.E. stick to one's principles/faith/etc. to the last breath; not yield even unto death
zhìsǐbùwù 至死不悟 F.E. ① be incorrigibly stubborn ② never to repent even at death's door
zhìsǐbùxiè 至死不泄 F.E. carry the secret to the grave
zhìsǐbùyú 至死不渝 F.E. remain faithful until death; will never change until death
zhìsǐ dàmà 至死大骂[-罵] V.P. abuse. . . to the last breath
zhìsī'érfén 治丝而棼[-絲--] ID. mess up sth. by mishandling
zhìsǐfāngxiū 至死方休 F.E. not stop until death
zhìsǐliàng 致死量 N. lethal dose (LD)
zhīsǐmǐtā 之死靡它 F.E. ① swear never to remarry (of a widow) ② be unwaveringly steadfast ③ swear everlasting fidelity to sb.
zhìsǐshāng 致死伤[-傷] N. mortal wound
zhìsǐ wú dàshì 至死无大事 F.E. Nothing is dreadful to a man who is willing to die.
zhí sǐxíng 执死刑[執-] N. execution
zhìsǐxìng dúqì 致死性毒气[-氣] N. lethal gas
zhìsīyìfén 治丝益棼[-絲--] ID. make confusion worse
zhìsīyùfén 治丝愈棼[-絲--] ID. make confusion worse
[1]zhìsòng 致送 V. send (a gift/etc.); give
[2]zhìsòng 滞讼[滯-] N. prolonged lawsuit
zhìsǒu 智叟 N. wise old man
zhīsù 祗肃[-肅] V.P. respectful; reverent
zhísù* 值宿 V.O. be on the night shift
zhǐsù 止宿 V. put up; stay at (for the night)
[1]zhìsù 质素[質-] N. ①quality ②factor; element ♦ATTR. simple; plain
[2]zhìsù 窒素 N. <chem.> nitrogen
zhīsuān 脂酸 N. fatty acid
[1]zhǐsuàn* 只算 V.P. take as though/if
[2]zhǐsuàn 指算 N. ① counting on the fingers ② use of the abacus
zhìsuān 制酸 V.P. relieve hyperacidity
zhìsuānjì 制酸剂[-劑] N. antacid
zhìsuānxìng 制酸性 ATTR. antacid
zhísūn 侄孙[-孫] N. brother's grandson; grand-nephew (of the same surname)
zhísūnnǚ 侄孙女[-孫-] N. brother's granddaughter; grandniece (of the same surname)
zhísūnnǚxu 侄孙女婿[-孫--] N. husband of one's grandniece (of the same surname)
zhìsuō 掷梭[擲-] V.O. pass as quickly as a shuttle (of time)
[1]zhìsuǒ* 制锁[製-] N. lockmaking
[2]zhìsuǒ 治所 P.W. seat of local government
zhǐsuōcǎo 纸莎草 N. papyrus
zhīsuǒxiānhòu 知所先后[-後] V.O. know what should precede and what should follow
zhīsuǒyǐ 之所以 A.T. the reason why
zhǐtà 指沓 N. thimble
zhìtái 制台[-臺] N. <hist.> governor-general M: [2]wèi
zhítǎng 直躺 V. lie straight
zhìtáng* 制糖[製-] V.O. refine sugar
zhìtángchǎng 制糖厂[製-廠] P.W. sugar refinery M: [1]jiā/[4]zuò
zhìtáng gōngchǎng 制糖工厂[製-廠] P.W. sugar refinery M: [1]jiā/[4]zuò
zhītào 指套 N. cot; sheath
zhìtáoshù 制陶术[製-術] N. ceramics
zhīteng 支腾 V. <coll.> try hard; struggle to
zhǐténg* 止疼 V.O. relieve/stop pain
zhīténgzháorè 知疼着热[-著熱] F.E. ①love sb. (esp. one's husband or wife) tenderly ② look after sb.with meticulous care
zhītǐ 肢体[-體] N. limbs and trunk; body
zhǐtiānhuàdì 指天画地[--畫-] F.E. gesticulate excitedly
zhǐtiānshìrì 指天誓日 F.E. swear by heaven and the sun
zhǐtiānshūdì 指天书地[--書-] F.E. talk straight and frankly
zhītiáo 枝条[-條] N. branch; twig M: [2]gēn
zhítiáo 直条[-條] N. a strip
zhǐtiáo(zi)* 纸条(子)[-條-] N. paper strip
zhì tiěbǐng 掷铁饼[擲鐵-] V.O. <sport> throw a discus
zhì tiěqiú 掷铁球[擲鐵-] V.O. <sport> put a shot
zhìtiěsuǒ 制铁所[製鐵-] P.W. steel works M: [1]jiā
zhítǐngtǐng 直挺挺 R.F. bolt upright
zhītǐ yǔyán 肢体语言[-體--] N. body language
zhítōng* 直通 V. lead directly to
zhǐtǒng 纸筒 N. paper sleeve
zhǐtòng 止痛 V.O. relieve/stop pain
zhìtóng 智童 N. prodigy; super-intelligent child
zhìtòng 治痛 V.O. relieve/stop pain
zhítōngchē 直通车 N. direct/through train M: [1]liè
zhìtóngdàohé 志同道合 F.E. have a common goal; be congenial
zhítóng'érxì 直同儿戏[-戲] F.E. It's mere child's-play.
zhǐtōnghuò 纸通货 N. paper currency
zhǐtòngjì 止痛剂[-劑] N. pain reliever
zhǐtòngpiàn 止痛片 N. pain-killer tablet M: [1]piàn
zhítōngtōng 直通通 R.F. straightforwardly; frankly
zhítǒngtǒng* 直筒筒 R.F. <topo.> perfectly straight
zhǐtòngyào 止痛药[-藥] N. anodyne; analgesic; painkiller
zhītòngzháorè 知痛着热[-著熱] F.E. feel for sb. else like oneself
zhítǒngzi 直筒子 N. <coll.> straightforward/guileless person
zhītóu 枝头 N. tip of a branch/twig
zhǐtou(r)* 指头(儿) N. ① finger ② toe M: [2]gēn
zhǐtóu 纸头 N. <topo.> paper
zhǐtoudùr 指头肚儿 N. <topo.> ① fleshy part of a finger ② face of the fingertip
zhǐtoufèngr 指头缝儿 N. the space between fingers
zhǐtouhuà 指头画[-畫] N. finger painting

zhǐtoujiānr 指头尖儿 N. fingertip
zhǐtouyìnr 指头印儿 N. fingerprint
zhì tóuzi 掷骰子[擲-] V.O. cast/throw dice *See also zhì shǎizi*
zhítǔ 埴土 N. clay
zhǐtù 止吐 ATTR. antiemetic
zhìtú* 制图[製圖] V.O. ① <*geog.*> chart ② <*mach.*> draft
zhìtúbǎn 制图板[製圖-] N. drafting board M: 2kuài
zhìtúfǎ 制图法[製圖-] N. cartography
zhítuì 直退 V. ① back-up straight ② give a full refund
zhìtújiā 制图家[製圖-] N. draftsman M: 2wèi
zhìtúshì 制图室[製圖-] P.W. drafting/drawing room M: 1jiān
zhǐtūshuōxiā 指秃说瞎[-禿--] F.E. ① talk circuitously ② point at one, but abuse another
zhìtúxué 制图学[製圖-] N. cartography
zhìtú yíqì 制图仪器[製圖儀-] N. drawing/drafting instruments
zhìtúyuán 制图员[製圖-] N. ① cartographer ② draftsman M: 2wèi/1míng
zhīwà 织袜[織襪] V.O. knit socks/stockings
zhīwài 之外 SUF. beyond; apart from; excluding; in addition *chú tā* ~ apart from him, except for him
zhìwàifǎquán 治外法权[-權] N. <*law*> extraterritoriality
zhīwàjī 织袜机[織襪-] N. hosiery machine M: 1tái
1zhìwǎn 至晚 ADV. not later than
2zhìwǎn 治晚 V.P. start treatment late (of sickness)
zhīwǎng 织网[織網] V.O. knit a(fishing) net
zhǐwang* 指望 V. look to; count on ♦N. prospect; hope
zhīwéi 脂韦[-韋] V.P. unctuous; obsequious; servile
zhīwěi 支委 AB. *zhībù wěiyuán*
zhīwèi 祇畏 V. hold in awe; revere
zhíwéi 絷维[縶-] V. retain (a man of talent)
zhíwěi 执委[執-] AB. *zhíxíng wěiyuán*
zhíwèi* 职位[職-] N. position; post
1zhǐwéi 指为 V.P. name sth. as
2zhīwéi 枳维 ID. maintain a relationship
1zhǐwèi 只为 V.P. only for the purpose of
2zhǐwèi 指位 N. <*mus.*> fingering
zhìwěi 雉尾 N. pheasant tail M: 1tiáo
zhìwèi 滞胃[滯-] N. indigestion
zhìwèibìng 治未病 N. preventive treatment of disease
zhíwèi fēnlèi 职位分类[職-類] N. job/status classification
zhīwěihuì 支委会 AB. *zhībù wěiyuánhuì*
zhíwěihuì* 执委会[執-] AB. *zhíxíng wěiyuánhuì*
zhíwèi kòngquē 职位空缺[職-] N. job vacancy
zhìwěi shuǐzhì 雉尾水雉 N. <*zoo.*> pheasant-tailed jacana M: 2zhī
zhì wèitòng 治胃痛 V.O. treat sb. for stomachache
zhīwén 织纹[織-] N. woven pattern
zhíwén 直纹 N. <*art*> perpendicular pattern; prominent perpendicular ridges on the body of a vessel
zhǐwén(r)* 指纹(儿) N. ① loops and whorls on the fingers ② fingerprint
zhìwèn 质问[質-] V. question; call to account
zhǐwénkǎ 指纹卡 N. fingerprint record cards M: 1zhāng
zhīwénluó 织纹螺[織-] N. <*zoo.*> ① dog whelk ② a kind of snail
zhì wénxué 治文学 V.O. do research on literature
zhīwǒzuìwǒ 知我罪我 F.E. If you understand me, well and good; if not, I don't care.
zhīwu 支吾//吱唔 V. ① equivocate; hem and haw ② speak haltingly ③ deal with just for the occasion ④ avoid; evade
zhīwū 织乌[織烏] N. the sun
1zhīwú 枝梧/捂 V. <*wr.*> prevaricate; equivocate; hem and haw

2zhīwú 之无 N. ① the characters *zhī* and *wú* ② the simplest and most common characters *bùshí* ~ be illiterate
zhīwù 织物[織-] N. fabric; cloth; textile
1zhíwù* 职务[職務] N. post; job; duties
2zhíwù 植物 N. plant; flora
zhìwū 治污 V.O. control pollution
zhíwù bǎohù 植物保护[-護] N. plant/crop protection
zhíwù biāoběn 植物标本[--標-] N. herbarium; botanical specimen
zhíwù bìnghài 植物病害 N. plant disease
zhíwù bìnglǐxué 植物病理学 N. phytopathology
zhīwúbùyán 知无不言 F.E. say all you know
zhíwù děngjí gōngzīzhì 职务等级工资制[職務-] N. wage scale based on work ranks
zhíwù fēnlèi 职务分类[職務-類] N. job classification
zhíwù gōngzī 职务工资[職務-] N. payment according to rank
zhíwù huàshí 植物化石 N. <*geog.*> fossil plant
zhíwù jiājǐ 职务加给[職務-] N. allowance for a post (as distinct from regular pay)
zhíwù jiǎnyì 植物检疫 N. plant quarantine
zhíwù jiǎnyìfǎ 植物检疫法 N. plant-quarantine law
zhíwùjiāo 植物胶[-膠] N. vegetable gum/glue
zhíwùjiè 植物界 P.W. plant/vegetable kingdom
zhīwù jīng-wěi mìdù 织物经纬密度[織-經緯--] N. <*txtl.*> thread count
zhíwù jīntiē 职务津贴[職務-] N. allowance for a post (as distinct from regular pay)
zhīwuliǎoshì 支吾了事 F.E. hurry through sth. carelessly
zhīwuqící 支吾其词/辞[-辭] F.E. speak evasively; hem and haw
zhíwùqū 植物区[-區] P.W. a botanical zone
zhíwù qúnluò 植物群落 N. <*bot.*> phytocommunity
zhíwùqūxì 植物区系[--區-] N. flora
zhíwùrén 植物人 N. a vegetable (fig. of people)
zhīwutángsāi 支吾搪塞 F.E. evade the issue; hedge; quibble
zhíwùtǐ 植物体[-體] N. botanic body
zhíwù xiānwéi 植物纤维[--纖-] N. plant fiber
zhíwùxìng 植物性 ATTR. vegetal; botanical
zhíwùxìng shénjīng 植物性神经[-經] N. <*phys.*> autonomic nerve
zhíwùxué 植物学 N. botany
zhíwùxuéjiā 植物学家 N. botanist M: 2wèi
zhíwù yǎngfèn 植物养分[--養-] N. plant nutrient
zhīwúyǐduì 支吾以对[-對] F.E. hem and haw
zhíwùyóu 植物油 N. vegetable/plant oil
zhíwù yóuzhī 植物油脂 N. vegetable oil and fat
zhíwùyuán 植物园[-園] P.W. botanical garden M: 4zuò
zhíwù yùzhǒng 植物育种[-種] N. plant breeding
zhíwù zhèngshū 职务证书[職務證書] N. certificate of job qualification M: 1zhāng
zhíwùzhì 植物志 N. flora
zhīxī* 知悉 V. know; learn; be informed of
zhīxí 织席[織-] V.O. weave/make a mat
zhīxì 支系 N. subfamily
zhíxì 直系 ATTR. direct; directly related (of one's ancestors and descendants)
zhǐxī 止息 V. cease; stop
zhìxī 窒息 V.O. stifle; suffocate
zhìxǐ 志喜 V.O. offer congratulations (as on sb.'s wedding day)
zhīxià 之下 SUF. ① under; below *yī rén* ~ under only one person ② or less; not more than
zhíxiá* 直辖 V. be directly under the jurisdiction of (usu. the central government)
zhíxià 直下 V. fall straight down
zhǐxiá 纸匣 N. small paper box
1zhìxià 置下 R.V. <*coll.*> buy

2zhìxià 治下 ATTR. under the rule/jurisdiction of ♦PR. I (self-reference in reporting to a superior)
3zhìxià 掷下[擲-] R.V. ① please hand . . . to me ② throw down
4zhìxià 滞下[滯-] N. <*Ch. med.*> ① dysentery ② diarrhea
zhīxiān 之先 SUF. prior to
1zhīxiàn 支线 N. branch/feeder line
2zhīxiàn 知县[-縣] N. <*trad.*> county magistrate M: 2wèi
zhíxián 职衔[職-] N. post and rank
zhíxiàn* 直线 N. straight line M: 1tiáo ♦ATTR. steep; sharp (rise or fall)
zhǐxiàn 只限 V.P. be limited to (a certain number) *Cǐ piào* ~ *yī rén.* This ticket is good only for one person.
1zhìxiàn 制宪[-憲] V.O. draw up a constitution
2zhìxiàn 制限 V. limit; restrict
zhíxiànfǎ 直线法 N. <*acct.*> straightline method
zhǐxiàng* 指向 ATTR. directional ♦V. point to; direct to; be directed toward
zhìxiang 志向 N. aspiration; ideal; ambition
zhǐxiàngbiāo 指向标[-標] N. beacon
zhìxiāngguān 秩相关[-關] N. rank correlation
zhǐxiàng tiānxiàn 指向天线 N. directional antenna
zhǐxiàngxìng 指向性 N. directionality
zhìxiàngyuǎndà 志向远大[--遠-] F.E. One's aspiration is far-reaching.
zhíxiàn jùlí 直线距离[-離] N. straight-line distance (between two points)
zhíxiànxíng 直线形 N. rectilinear figure
zhǐ xiànyú 只限于[-於] V.P. be limited to (followed by an unnumbered noun) *Běn yóulèchǎng* ~ *értóng.* This playground is reserved for children.
zhīxiǎo 知晓[-曉] V. know; be aware of; understand
zhíxiāo 直销 V. sell directly ♦N. direct sale (by a factory)
zhíxiào 职校[職-] P.W. vocational school M: 1suǒ
zhǐxiāo 只消 V.P. need only to
zhǐxiǎo 指小 ATTR. <*lg.*> diminutive
zhìxiāo* 滞销[滯-] V. be unsalable/unmarketable ♦N. sales slump
1zhìxiǎo 至小 ADV. at least
2zhìxiǎo 稚小 V.P. childish
1zhìxiào 至孝 V.P. extremely filial
2zhìxiào 治校 V.O. run/manage a school
zhìxiāo chǎnpǐn 滞销产品[滯-產-] N. slow seller; unmarketable goods
zhìxiāo chéngběn 制销成本[製-] N. <*acct.*> cost to make and sell
zhǐxiǎocí 指小词 N./ATTR. <*lg.*> diminutive
zhìxiāohuò 滞销货[滯-] N. ① unsalable (or slow-selling) goods ② drug on the market M: 1pī
zhìxiǎo nánchéng dàshì 志小难成大事[--難--] F.E. It's difficult to achieve a great cause with small aspirations.
zhíxiáshì 直辖市 P.W. municipality directly under the central government
zhǐxiázi 纸匣子 N. small paper box
zhīxíbiānjù 织席编屦[織-屨] F.E. weave mats and make straw sandals
zhǐxiě 止血 V.O. stop bleeding *See also zhǐxuè*
1zhǐxiè 止泻[-瀉] V.O. stop diarrhea
2zhǐxiè 纸屑 N. scraps of paper
zhìxié 制鞋[製-] V.O. make shoes
zhìxiè* 致/志谢 V. extend thanks (to)
zhìxī'érsǐ 窒息而死 F.E. be stifled to death
zhǐxièyào 止泻药[-瀉藥] N. antidiarrheal medicine
zhíxífu 侄媳妇[-婦] N. wife of brother's son; nephew's wife M: 2wèi
zhìxíjiēfēng 治席接风 F.E. give a feast in honor of the newly arrived
1zhīxīn* 知心 ATTR. intimate; understanding
2zhīxīn 支薪 V.O. pay salaries
3zhīxīn 知新 V.O. know sth. new
1zhìxīn 至心 N. ① most sincere heart/thought ② <*Budd.*> with the utmost/perfect mind

Z

²**zhìxīn** 质心[質-] N. <phy.> center of mass
³**zhìxīn** 忮心 N. jealousy
zhìxìn 置信 V. believe
zhìxìndù 置信度 N. degree of confidence
¹**zhī-xíng** 知行 N. knowing and doing; knowledge and action
²**zhīxíng** 枝形 ATTR. branch-shaped
zhìxìng 知性 N. intellect
zhíxīng 值星 V.O. <mil.> be on duty for the week
¹**zhíxíng*** 执行[執-] V. carry out the execution; carry out; execute ♦ATTR. executive
²**zhíxíng** 直行 V. go straight ahead *See also* ¹*zhíháng*
zhíxìng(r/zi) 直性(儿/子) N. forthright/straightforward person
¹**zhǐxíng** 纸型 N. <print.> paper mold/matrix
²**zhǐxíng** 指形 ATTR. finger; finger-type
¹**zhì-xíng** 志行 N. one's aspirations and conduct; purpose/ambition and behavior
²**zhìxíng** 至行 N. most virtuous conduct
³**zhìxíng** 治行 V. prepare for a journey ♦N. results of an administration
¹**zhìxìng** 至性 N. ① natural disposition to love one's family ② great capacity for love
²**zhìxìng** 智性 ATTR. enlightening; stimulating
³**zhìxìng** 滞性[滯-] N. stickiness; sluggishness
zhīxíng diàodēng 枝形吊灯[-燈] N. chandelier
zhíxíng dǒngshì 执行董事[執-] N. executive director
zhíxíng fùzǒngcái 执行副总裁[執--總-] N. executive vice president
zhíxíng gōngnéng 执行功能[執-] N. <lg.> performing function
zhíxíngguān 值星官 N. officer on duty for the week M: ²*wèi*
zhíxíngguān* 执行官[執-] N. executive M: ²*wèi*
zhīxínghéyī 知行合一 F.E. the unity of knowledge and practice
zhíxíng jīgòu 执行机构[執-構] P.W. executive body
zhíxíng jīguān 执行机关[執-關] P.W. executive organ
zhíxínglǜ 执行率[執-] N. implementation rate
zhíxíng mìshū 执行秘书[執-書] N. executive secretary M: ²*wèi*
zhíxíng qǐlai 执行起来[執-] R.V. execute; carry out
zhíxíng shíjiān 执行时间[執-時-] N. <comp.> execution time
zhíxíng sǐxíng 执行死刑[執-] V.O. carry out a death sentence; execute a condemned convict
zhíxíng wěiyuán 执行委员[執-] N. ① administrative officers ② persons appointed by a ruling party or an assembly to carry out their decisions ③ members of an executive committee M: ²*wèi*
zhíxíng wěiyuánhuì 执行委员会[執-] P.W. executive committee
zhíxíng xìtǒng 执行系统[執-] N. <comp.> executive system
zhíxíng yèwù gǔdōng 执行业务股东[執-業務--] N. <acct.> managing/working partner M: ²*wèi*
zhíxíngyuán 执行员[執-] N. <law> marshal (responsible for executing all civil and criminal case decisions concerning questions of property M: ²*wèi*
zhíxíngzhǎng 执行长[執-] N. chief executor M: ²*wèi*
zhíxíngzhě 执行者[執-] N. executor M: ²*wèi*
zhíxíng zhǔxí 执行主席[執-] N. executive/presiding chair M: ²*wèi*
zhíxíng zǒngjiān 执行总监[執-總監] N. executive director
zhīxīnhuà 知心话 N. heart-to-heart talk
zhīxīnhuànmìng 知心换命[--換-] F.E. stick together through thick and thin
zhǐxīnjiànxìng 指心见性 F.E. <Budd.> behold the Buddha-nature within oneself
zhīxīn péngyou 知心朋友 N. intimate friend; alter ego M: ²*wèi*
zhīxīnrén 知心人 N. intimate/bosom friend M: ²*wèi*
zhī xīnshui 支薪水 V.O. <coll.> advance (salary)
zhíxīnyǎn(r) 直心眼(儿) N. <coll.> frank; straightforward
zhīxióngshǒucí 知雄守雌 ID. possessing strength, but retaining gentleness
zhíxìqīn 直系亲[-親] N. lined relatives
zhíxì qīnshǔ 直系亲属[-親屬] N. near kin
zhīxiù 织绣[織繡] N. tapestry and emboidery
zhìxīxìng dúqì 窒息性毒气[-氣] N. asphyxiating gas
zhíxìxuèqīn 直系血亲[-親] N. blood relatives (parents and children)
zhìxíyíngbīn 治席迎宾[-賓] F.E. give a banquet in honor of guests
zhīxīzhǒngqiè 知悉种切[--種-] F.E. be fully acquainted with everything
zhíxū 直须 AUX. should then; should immediately
zhǐxū 只须 V.P. only need
zhǐxǔ 只许 V.P. only allow/permit
zhìxù 旨蓄 N. store/hoard of delicacies
¹**zhìxù*** 秩序 N. ① order; sequence ② arrangement
²**zhìxù** 秩叙[-敘] N. <wr.> an official's pay according to his rank and qualifications
zhíxuǎn 直选[-選] ATTR. directly elected
zhìxùbiǎo 秩序表 N. program M: ¹*zhāng*
zhìxùdàluàn 秩序大乱[-亂] V.P. <wr.> in total disorder
zhǐxuè 止血 V.O. stop/stanch bleeding *See also* *zhǐxiě*
¹**zhìxué*** 治学 V. pursue study; do scholarly research
²**zhìxué** 志学 V.O. have a liking for study
zhǐxuèdài 止血带[-帶] N. tourniquet M: *juǎn*
zhǐxuèjì 止血剂[-劑] N. coagulant
zhǐxuèmián 止血绵/棉 N. hemostatic cotton
zhǐxuè miánsāi 止血棉塞 N. tampon
zhǐxuèyào 止血药[-藥] N. medicine to stop bleeding
zhìxuézhīnián 志学之年 N. <wr.> the age of fifteen
zhìxùjǐngrán 秩序井然 F.E. <wr.> in perfect order
zhìxūn 炙薰 V. smoke (fish/etc.)
zhìxún* 质询[質-] V. ① request an explanation ② interpellate ③ address inquiries
zhīyā 枝桠/丫[-椏] N. branch; twig
zhǐyā* 指压[-壓] ATTR. chiropractic; acupressure
¹**zhìyā** 制压[-壓] V. ① overpower; overwhelm; suppress ② <mil.> neutralize (enemy fire)
²**zhìyā** 质押[質-] V. mortgage
zhìyá 智牙 N. wisdom tooth
zhǐyā liáofǎ 指压疗法[-壓療-] N. acupressure treatment
zhīyán 知言 N. words of wisdom ♦V.O. know the true meaning of sb.'s words
zhīyǎn 只眼[隻-] N. ① discerning insight ② original idea; fresh view
¹**zhíyán*** 直言 V. speak bluntly ♦N. outspoken remarks
²**zhíyán** 执言[執-] V.O. make positive assertions
zhǐyān 纸烟[-煙] N. cigarette M: ⁴*zhī*
zhìyān 滞淹[滯-] V. remain at a standstill
¹**zhìyán** 至言 N. ① pertinent remarks; profound words; words of the utmost importance/significance ② most virtuous or proper utterances ③ <Budd.> words of complete explanation
²**zhìyán** 质言[質-] N. <wr.> truthful words; honest/plain talk
³**zhìyán** 制盐[製鹽] V.O. manufacture salt
⁴**zhìyán** 滞延[滯-] V. be detained; be held in abeyance
⁵**zhìyán** 膣炎 N. vaginal inflammation
zhíyánbùhuì 直言不讳[-諱] F.E. not mince words
zhīyǎnfēi 脂眼鲱 N. <zoo.> Pacific round herring M: ¹*tiáo*
zhīyǎng 祗仰 V. revere; hold in high esteem
zhǐyǎng* 止痒[-癢] V.O. stop/alleviate itching
zhǐyàng 纸样[-樣] N. dress pattern (in tailoring)
zhíyángǔhuò 直言贾祸[-禍] F.E. straight talk brings trouble
zhìyánjiànbié 治筵饯别[--餞-] F.E. give a farewell banquet
zhíyán mìngtí 直言命题 N. <log.> categorical proposition
zhíyán pànduàn mìngtí 直言判断命题[---斷--] N. <log.> categorical judgment proposition
zhīyánpiànyǔ 只言片语[隻-] F.E. a word or two; a few isolated words and phrases
zhíyánquànjiàn 直言劝谏[--勸-] F.E. use blunt words to remonstrate
zhíyán sānduànlùn 直言三段论 N. <log.> categorical syllogism
zhíyánwúhuì 直言无讳[-諱] F.E. speak without reservation
zhíyánwúyǐn 直言无隐[-隱] F.E. speak one's mind
zhìyánzhī 质言之[質-] F.E. to put it bluntly; frankly speaking; in short
zhīyánzhīrén 知言知人 F.E. To know the force of words is to know men.
¹**zhǐyào*** 只要 CONJ. so long as; provided ♦CONS. ~*A jiù B* if only A then B ~ ***nǔlì jiù néng jìnbù.*** You'd progress if you'd only work hard. ♦V.P. want only. . .
²**zhǐyào** 指/旨要 N. <wr.> essential point/idea; gist
³**zhǐyào** 纸鹞 N. kite M: ²*zhī*
¹**zhìyào** 制药[製藥] V.O. manufacture medicine ♦N. pharmacy
²**zhìyào** 至要 ATTR. most important; imperative
³**zhìyào** 治要 N. principal arts of ruling a country
zhìyàochǎng 制药厂[製藥廠] P.W. pharmaceutical factory M: ¹*jiā*/⁴*zuò*
zhìyàoshù 制药术[製藥術] N. pharmaceutical recipe/treatise
zhìyàoxué 制药学[製藥-] N. pharmaceutics
zhìyāpǐn 质押品[質-] N. collateral security M: ²*jiàn*
zhìyāshū 质押书[質-書] N. letter of hypothecation M: ¹*zhāng*
zhìyā zīchǎn 质押资产[質-產] N. <acct.> hypothecated assets
¹**zhī-yè** 枝叶[-葉] N. branches and leaves ♦ID. ① nonessentials; minor details ② children; offspring; descendants
²**zhīyè** 汁液 N. juice
¹**zhíyè*** 职业[職業] N. occupation; profession; vocation ***Wǒ de ~ shì lǜshī.*** I'm a lawyer by profession. ♦ATTR. professional
²**zhíyè** 值夜 V.O. be on night duty/shift
³**zhíyè** 执业[執業] V.O. ① be sb's disciple ② learn/follow/pursue a profession/trade ③ run a business (especially referring to doctors/lawyers) ♦N. property; estate
zhǐyè 纸业[-業] P.W. paper industry/enterprise
¹**zhìyè** 志业[-業] N. ambition
²**zhìyè** 置业[-業] V.O. set up a business
zhíyèbān 值夜班 V.O. be on duty for the night
zhíyèbìng 职业病[職業-] N. occupational disease
zhíyè cházhàngyuán 职业查帐员[職業-] N. <acct.> professional auditor M: ²*wèi*
zhíyè dàodé 职业道德[職業-] N. professional ethics
Zhíyè Dàxué 职业大学[職業-] P.W. vocational college M: ¹*suǒ*
zhíyè fānyìyuán 职业翻译员[職業-譯-] N. professional translator M: ²*wèi*
zhíyè fùnǚ 职业妇女[職業婦-] N. career women; working girls
zhīyèfúshū 枝叶扶疏[-葉--] F.E. luxuriant (of trees)
zhīyèfǔsū 枝叶抚苏[-葉-蘇] F.E. branches profusely covered with leaves
zhíyè gōnghuì 职业工会[職業-] P.W. trade union

Z

zhǐyè gōngsī 纸业公司[-業--] P.W. pulp and paper mill M: [1]jiā
zhíyè jiàoyù 职业教育[職業-] N. vocational education
zhíyè jièshàosuǒ 职业介绍所[職業-] P.W. employment agency; job-information center M: [1]jiā
zhīyèmàoshèng 枝叶茂盛[-葉--] F.E. with exuberant foliage
zhíyè tèxìng 职业特性[職業-] N. professionalism
zhíyè tuántǐ 职业团体[職業團體] P.W. professional organization
zhíyè wàijiāoguān 职业外交官[職業-] N. career diplomat M: [2]wèi
zhíyèxìng 职业性[職業-] ATTR. occupational; professional
zhíyèxìng fānyì 职业性翻译[職業-譯] N. <lg.> professional translation
zhíyè xuésheng 职业学生[職業-] N. ① agents provocateurs posing as college students ② athletes admitted to a school with fat scholarships
zhíyè xuéxiào 职业学校[職業-] P.W. vocational school M: [1]suǒ
zhíyè yùndòngyuán 职业运动员[職業運動-] N. professional athlete M: [2]wèi
zhíyè yǔyán 职业语言[職業-] N. professional language
zhíyè zhōngxué 职业中学[職業-] P.W. vocational high school
zhíyè zhuānkē xuéxiào 职业专科学校[職業專-] P.W. vocational junior college M: [1]suǒ
zhǐyèzi 纸叶子[-葉-] N. <topo.> playing cards
zhīyī 之一 SUF. one of *Zhōngguó shì wǔ ge Ānlǐhuì chéngyuánguó* ~. China is one of the five permanent member states of the UN Security Council.
[1]**zhīyí** 支移 V. make up a deficit by drawing on the surplus
[2]**zhīyí** 支颐 V.O. <wr.> support one's chin with a hand
[3]**zhīyí** 芝仪[-儀] ID. <court.> your noble face
zhíyī 执一[執-] V.O. persist
[1]**zhíyì** 执意[執-] V. ① insist on; be bent on *Tā ~ yào qù.* She insists on going. ② hold to one's opinion
[2]**zhíyì** 直译[-譯] V. translate literally ♦N. literal translation
[3]**zhíyì** 职艺[職藝] N. skill
zhǐyī 纸衣 N. paper-made clothes M: [2]jiàn
[1]**zhǐyì** 旨意 N. ① decree; order ② will; intention
[2]**zhǐyì** 旨义[-義] N. order
[1]**zhìyí*** 质疑[質-] V. call in question; challenge
[2]**zhìyí** 置疑 V. doubt
[3]**zhìyí** 制宜 V.P. suit measures to different conditions
[4]**zhìyí** 致疑 V.O. raise doubts
[5]**zhìyí** 贽仪[贄儀] N. <wr.> ① ceremonial presents ② presents of homage
[6]**zhìyí** 滞颐[滯-] N. wet cheek
zhìyǐ 致以 V.P. extend/give (greetings/etc.)
[1]**zhìyì** 致意 V.O. ① devote attention to ② send best regards ③ send one's greetings
[2]**zhìyì** 制义/艺[-義/藝] N. stereotyped writing
[3]**zhìyì** 至意 N. best and sincerest intention
zhíyìbùcóng 执意不从[執-從] F.E. obstinately refuse to yield
zhìyìbùdá 志意不达[-達] F.E. fail to achieve one's goal
zhíyìbùkěn 执意不肯[執-] F.E. opinionated; stubborn; insistingly disagreeing
zhī yī bùzhī shí 知一不知十 ID. know only one aspect of a thing and be ignorant of the whole situation
zhīyídúzuò 支颐独坐[--獨-] F.E. sit alone resting one's head on an arm
zhìyìjiā 制艺家[-藝-] N. "eight-part essay" expert M: [2]wèi
zhìyǐjìnyǐ 至矣尽矣[--盡-] F.E. have done everything possible (to help/encourage/etc.)
zhìyí lǐlùn 制宜理论 N. contingency theory

zhíyìmǎ 直译码[-譯-] N. direct translating code
zhīyīn 知音 N. ① understanding/intimate friend ② lover ③ sb. well-versed in music
zhíyīn 直音 N. <lg.> indicating pronunciation of one character by citing another character
zhǐyīn 只因 V.P. only because
zhǐyǐn* 指引 V. point the way; guide; show *zài A de ~ xià* under the guidance of A ♦N. <lg.> index
zhǐyìn 指印 N. fingerprint; finger mark
zhìyín 滞淫[滯-] V. remain at a standstill
zhìyìn 治印 V.O. make a seal
zhíyīnfǎ 直音法 N. <lg.> indication of pronunciation by using homophones
zhīyǐng 只影[隻-] ADV. all alone; all by oneself
zhīyìng* 支应[-應] V. ① <coll.> cope/deal with ② equivocate ③ wait on; attend to ④ act as cashier
zhíyíng 直营[-營] V. be run directly by a manufacturer
zhìyīng 鸷鹰[鷙-] N. falcon; eagle; hawk M: [2]zhī
zhíyìnglì 直应力[-應-] N. normal stress
zhǐ yíniào 止遗尿 V.O. arrest bed-wetting
zhìyīnqì 制音器 N. <mus.> damper
zhīyīnshíqù 知音识趣[--識-] F.E. be on fully understanding and harmonious terms with each other
zhìyīnshù 质因数[質-數] N. <math.> prime factor
zhǐyǐnxìng xìnxī 指引性信息 N. <lg.> indexical information
zhíyìqì 直译器[-譯-] N. direct/literal translating device
zhíyìshì 直译式[-譯-] N. literal translation; word-for-word translation
zhìyìshū 志异书[-異書] N. book of fabulous stories M: [1]běn
zhìyíwènnàn 质疑问难[質-難] F.E. present doubts and difficulties for discussion
zhīyìxíngnán 知易行难[-難] F.E. It is easier said than done.
zhíyì yǔsù fǎngzào cíyǔ 直译语素仿造词语[-譯------] N. <lg.> calque
zhīyīzhēn 织衣针[織-] N. knitting needle M: [1]fú
[1]**zhīyòng*** 支用 V. disburse
[2]**zhīyòng** 之用 SUF. for the purpose of *Zhège cídiǎn zuòwéi fānyì* ~. The dictionary is for the purpose of translation.
zhǐyòng 只用 V. only need
zhìyǒng 鸷勇[鷙-] V.P. fierce and brave
[1]**zhìyòng** 置用 V. buy for use
[2]**zhìyòng** 致用 V.P. attain practical use; be for practical purposes
[3]**zhìyòng** 陟用 V. <wr.> promote to a higher position; pick and promote (promising employees)
zhìyǒngguòrén 智勇过人 F.E. be wiser and bolder than most others
zhìyǒngjiānbèi 智勇兼备[-備] F.E. be both intelligent and brave
zhìyǒngshuāngjué 智勇双绝[-雙絕] F.E. be exceptionally brave and resourceful
zhìyǒngshuāngquán 智勇双全[--雙-] F.E. be both brave and resourceful
zhīyóu 脂油 N. <topo.> ① leaf fat; leaf lard ② tallow oil
zhīyǒu 知友 N. intimate friend M: [2]wèi
zhíyóu 直邮[-郵] N. direct mail
zhíyǒu 执友[執-] N. <wr.> ① bosom friend ② father's friend M: [2]wèi
zhǐyǒu* 只有 V.P. only; alone ♦CONS. *~A cái B* B only if A ~ *hǎohao xuéxí cái néng dé hǎo fēnr.* The only way to get good grades is to study hard. ♦ADV. have to; be forced to
[1]**zhìyǒu** 挚友[摯-] N. intimate/bosom friend M: [2]wèi
[2]**zhìyǒu** 至友 N. closest friend; close friend M: [2]wèi
zhìyōujiàlián 质优价廉[質優價-] F.E. super quality and competitive price
zhìyǒu jījīn zhǔnbèi 置有基金准备[-準備] N. <acct.> funded reserve

zhìyǒuliángpéng 挚友良朋[摯-] F.E. intimate friends and good companions
zhíyǒuzhě 执有者[執-] N. possessor; holder M: [2]wèi
zhīyǔ 芝宇 ID. <wr.> your countenance (epistolary style)
zhīyù 知遇 ATTR. receive encouragement from a superior
[1]**zhíyù** 直喻 N. <lg.> simile
[2]**zhíyù** 值遇 V. <wr.> meet/happen by chance
[3]**zhíyù** 值域 N. <lg.> range
[1]**zhǐyú** 纸鱼 N. silverfish; fish moth M: [1]tiáo
[2]**zhǐyú** 止于[-於] V.P. end/stop at
zhǐyǔ 指语 N. finger alphabet
[1]**zhìyú** 至于[-於] CONJ. as for/to ♦ADV. (go) so far as to
[2]**zhìyú** 置于[-於] V.P. place in/at
[3]**zhìyú** 志于[-於] V.P. aim for
[4]**zhì-yú** 智愚 N. intelligence or ignorance
[5]**zhìyú** 治愚 V. eliminate ignorance and backwardness
[1]**zhìyù*** 治愈 R.V. restore health; cure; mend
[2]**zhìyù** 智育 N. intellectual development/ education
[3]**zhìyù** 制御 V. tame
[4]**zhìyù** 滞育[滯-] N. <zoo.> diapause
[5]**zhìyù** 制欲 V.O. repress one's passions; be ascetic
[6]**zhìyù** 滞狱[滯-] N. prolonged lawsuit
[7]**zhìyù** 窒欲 V.O. restrain one's lusts
zhīyuán* 支援 N./V. support; assist; help
zhíyuán 职员[職-] N. office worker; staff member; functionary M: [2]wèi
zhǐyuān 纸鸢 N. <wr.> kite M: [2]zhī
zhìyuán 智源 N. intelligence resources
zhìyuàn 志愿[-願] N. aspiration; wish; ideal ♦V. pledge to do sth.; volunteer
zhīyuán biānyuǎn dìqū 支援边远地区[--邊遠-區] V.O. support the remote border regions
zhìyuànbīng 志愿兵[-願-] N. volunteer soldier M: [1]míng
zhīyuán bùduì 支援部队[-隊] P.W. support unit; supporting troops M: [4]zhī
zhìyuànjūn 志愿军[-願-] P.W. volunteer army M: [4]zhī
zhíyuánlù 职员录[職-錄] N. roster of staff members
zhīyuán ruǎnjiàn 支援软件 N. <comp.> support software
zhìyuànshū 志愿书[-願書] N. application-plus-pledge form M: [1]zhāng
zhìyuánxíngfāng 智圆行方 F.E. ① flexible and principled ② have a good disposition and an upright character
zhīyuán yìngjiàn 支援硬件 N. <comp.> support hardware
zhìyúbùgù 置于不顾[-於-顧] F.E. disregard; ignore
zhìyù dì-yī 智育第一 V.P. give priority to intellectual education
zhìyuē 制约 V. restrict; condition ♦N. <lg.> inhibition; constraint
zhìyuē de 制约的 ATTR. <lg.> sensitive
zhìyuē fǎnshè 制约反射 N. conditioned reflex
zhìyuē fǎnyìng 制约反应[-應] N. conditioned response
zhìyuē gōngnéng 制约功能 N. <lg.> regulatory function
zhìyuē tiáojiàn 制约条件[--條-] N. conditioning
zhìyùlǜ 治愈率 N. <med.> cure/recovery rate
zhǐyūn* 止晕 V.O. relieving fainting
zhìyùn 滞运[滯運] V. be held up (of freight transport) ♦N. ① bad fortune; adversity ② retarded transport
zhíyùn tídān 直运提单[-運--] N. straight bill of lading M: [1]zhāng
zhìyúsǐdì 置于死地[-於--] F.E. put sb. to death
Zhìyù Wénhuà 峙峪文化 N. <archeo.> Zhiyu/ Chihyü Culture

Z

zhīyùzhī'ēn 知遇之恩 N. gratitude for encouragement from a superior
zhǐyúzhìshàn 止于至善[-於--] F.E. attain perfection; arrive at supreme goodness
zhǐzài 旨在 V.P. <wr.> be aimed at
zhìzàibìdé 志在必得 F.E. be determined to have/win
zhìzàiqiānlǐ 志在千里 F.E. have a long-range goal
zhìzàiqīngyún 志在青云[-雲] F.E. have high ambitions
zhìzàisìfāng 志在四方 F.E. eager to serve anywhere
zhǐzāisīyán 旨哉斯言 F.E. <wr.> What an admirable statement/remark!
zhìzàizhìsān 至再至三 F.E. repeatedly
zhīzào 织造[織-] V. weave
zhìzào* 制造[製-] V. ① make; manufacture ② engineer; create; fabricate
zhìzào bùmén 制造部门[製-] P.W. manufacturing department
zhìzàochǎng 制造厂[製-廠] P.W. factory; plant; manufactory M: [4]zuò/[1]jiā
zhìzào chǎngshāng dàibiǎo 制造厂商代表[製-廠---] N. manufacturer's representative M: [2]wèi
zhìzào gōngzuò 制造工作[製-] N. manufacturing operation
zhìzào guòchéng 制造过程[製-] N. manufacturing process
zhìzào jiǎxiàng 制造假象[製-] V.O. put up a false front
zhìzàojú 制造局[製-] N. arsenal
zhìzàopǐn 制造品[製-] N. manufactured goods; manufacture M: [2]jiàn
zhìzào qǐyè 制造企业[製-業] P.W. manufacturing firm
zhìzàoshāng 制造商[製-] N. manufacturer M: [2]wèi
zhìzào shuōmíngshū 制造说明书[製-書] N. manufacturing specifications M: [1]zhāng/[1]běn
zhìzàoyè 制造业[製-業] P.W. manufacturing industry
zhìzàoyòng wùpǐn 制造用物品[製-] N. manufacturing supplies
zhìzàozhě 制造者[製-] N. manufacturer M: [2]wèi
zhīzé 脂泽[-澤] N. well-oiled and glossy
zhízé 职责[職-] N. duty; obligation; responsibility
zhǐzé* 指责 V. censure; criticize
[1]**zhìzé** 质责[質-] V. castigate; reprove
[2]**zhìzé** 治则 N. <Ch. med.> rules of treatment
zhízé bùmíng 职责不明[職-] V.P. lack clear-cut job responsibilities
zhízé bùqīng 职责不清[職-] V.P. confusion of responsibilities (of government organs)
zhìzèng 致赠 V. present with
zhízésuǒzài 职责所在[職-] F.E. be duty-bound
zhīzhā 吱喳 V. twitter *See also zīzhā*
zhǐzhāi 指摘 V. criticize; censure
[1]**zhízhǎng** 执掌[執-] V. wield; be in control of; direct; control; manage; superintend
[2]**zhízhǎng** 职掌[職-] <wr.> N. duty; charge ♦V. be in charge of
zhǐzhāng* 纸张 N. ① paper ② stationery
[1]**zhǐzhǎng** 指掌 V.O. point at one's palm ♦N. fingers and palms
[2]**zhǐzhǎng** 抵掌 V.O. <wr.> knock one's fist against the palm (to show happiness)
zhìzhàng 滞胀[滯-] N. <econ.> stagflation
zhízhǎng cáiwù 职掌财务[職-務] V.O. be in charge of financial affairs
zhǐzhǎng'értán 抵掌而谈 F.E. have a happy and intimate chat
zhízhàng'éryún 植杖而耘 F.E. weed while leaning on a care
zhǐzhànyuán 指战员[-戰-] N. PLA officers and men M: [2]wèi
zhízhǎnyún 直展云[-雲] N. <met.> cloud with vertical development
zhīzhāo(r) 支招(儿) <coll.> V.O. give counsel; think of a way
zhīzhào 知照 V. inform; notify; tell ♦F.E. for your information
zhízhào(r)* 执照(儿)[執-] N. license; permit M: [1]zhāng
zhǐzhǎo 指爪 N. paw
zhìzhào 制诏 N. imperial edict
zhīzhāor 支着儿[-著-] V.O. <topo.> offer advice
zhīzhàowùwéi 知照勿违[-違] F.E. I hereby inform you, and you must not disobey (in official correspondence).
zhīzhe 支着[-著] V.P. <coll.> protruding; sticking out
zhīzhě 知者 N. wise man
zhìzhě* 智者 N. the wise; sage
zhīzhěbùhuò 知者不惑 F.E. The one who knows is not perplexed.
zhìzhěbùhuò* 智者不惑 F.E. The wise have no perplexity.
zhìzhě bù shàng liǎng huí dàng 智者不上两回当[-當] F.E. The wise will not be fooled twice.
zhǐzhé fēijī 纸折飞机[--飛-] N. (folded) paper airplane
zhìzhě gǎiguò yúzhě wán 智者改过愚者顽 F.E. A wise man changes his mind, a fool never.
zhìzhě guìyú chéngshí 智者贵于乘时[---於-時] F.E. The wise man takes the occasion when it serves.
zhìzhělèshuǐ 智者乐水[--樂-] F.E. A wise man enjoys rivers and lakes.
[1]**zhīzhēn** 织针[織-] N. knitting needle M: [1]fù
[2]**zhīzhēn** 枝针 N. pine needles and the like
zhǐzhēn* 指针 N. ① indicator; pointer; needle ② guiding principle; guide ③ <Ch. med.> acupressure
zhǐzhèn 纸镇 N. paperweight
zhìzhēn 滞针[滯-] N. <Ch. med.> sticking of needles (in acupuncture)
zhīzhèng 知政 V.O. administer the government
zhízhèng* 执政[執-] V.O. hold power; govern
[1]**zhǐzhèng** 指正 V. ①note mistakes for correction ②<humb.> make comment/criticism *Qǐng dàjiā* ~. Please critique (my work) for me.
[2]**zhǐzhèng** 指证[-證] V. produce evidence (in court/etc.)
[1]**zhìzhèng** 质证[質證] V.O. confront
[2]**zhìzhèng** 致政 V.O. retire from official life; resign from government
zhízhèngdǎng 执政党[執-黨] P.W. ruling party
zhízhèngguān 执政官[執-] N. ① presiding officer ② <mil.> executive officer M: [2]wèi
zhǐzhènglìlì 指证历历[-證歷歷] F.E. Evidence is abundant.
zhízhèngtáng 执政堂[執-] P.W. a government office
zhízhèngtuán zhèngtǐ 执政团政体[執-團-體] P.W. juntaocracy
zhìzhèngyǒudào 质正有道[質-] F.E. present to scholars for advice and criticism
zhīzhēngzhāoxī 只争朝夕[-爭--] F.E. make good use of one's time
zhízhèngzhě 执政者[執-] N. ruler M: [2]wèi
zhìzhě qiān lǜ, bì yǒu yī shī 智者千虑,必有一失[---慮,----] F.E. Nobody is infallible.
zhìzhěshàntīng 智者善听[-聽] F.E. The wise are always good listeners.
zhìzhězhīrén 智者知人 F.E. An intelligent man understands others.
zhīzhī 吱吱 ON. ① creak ② cheep ♦R.F. make a sound *See also* [2]*zīzī*
[1]**zhīzhǐ** 知止 V.P. know where to stop
[2]**zhīzhǐ** 枝指 N. ① supernumerary finger/toe ② sth. superfluous
zhīzhì 之至 SUF. <wr.> extremely ***huānyíng*** ~ You are extremely welcome.
zhízhí(r) 直直(儿) R.F. straight
zhízhǐ 直指 V. direct/aim at
[1]**zhízhì** 直至 CONJ. ① till; until ② up to
[2]**zhízhì** 职志[職-] N. <wr.> ① lifework; mission ② <trad.> flag officer
[3]**zhízhì** 直致 V. express straightforwardly ♦ADV. until; so that
[4]**zhízhì** 执贽[執贄] V. offer a present to one's master
[5]**zhízhì** 职秩[職-] N. government post and emolument
zhìzhī 致知 V.O. ① pursue knowledge; attain/acquire knowledge ② extend one's knowledge *See also géwùzhìzhī*
zhìzhí 质直[質-] V.P. upright; straightforward; direct ♦N. sincerity
[1]**zhìzhǐ*** 制止 V. curb; prevent; stop
[2]**zhìzhǐ** 滞止[滯-] N. stagnation
[1]**zhìzhì** 致志 V.P. concentrate one's energies on
[2]**zhìzhì** 栉栉[櫛櫛] R.F. placed close together
[3]**zhìzhì** 郅治 V.P. <wr.> extremely well-governed (of nation/etc.)
zhìzhībùdá 置之不答 F.E. make no response to
zhìzhībùgù 置之不顾[-顧] F.E. leave out of account; ignore; disregard
zhìzhībùlǐ 置之不理 F.E. ignore; brush aside
zhìzhībùwèn 置之不问 F.E. pass by . . . in silence
zhǐzhǐchuōchuō 指指戳戳 R.F. ① censure ② gossip behind sb.'s back
zhízhìcǐshí 直至此时[-時] F.E. up to this moment
zhǐzhǐdiǎndiǎn 指指点点[-點點] R.F. ① gesticulate ② point; point out; indicate
zhìzhīdùwài 置之度外 F.E. give no thought to; leave out of consideration
zhīzhìgào 知制诰 N. <trad.> official in charge of secretarial matters
zhìzhíhàoyì 质直好义[質-義] F.E. upright and righteous
zhīzhī jiào 吱吱叫 V.P. peep; squeek
zhīzhījiéjié 枝枝节节[-節節] R.F. complications; minor issues
zhízhíliūliū 直直溜溜 R.F. <coll.> straight as a post; ramrod straight
zhìzhǐlǒu 掷纸篓[擲-簍] N. wastebasket
zhìzhīnǎohòu 置之脑后[-腦後] F.E. commit to oblivion; put out of mind
zhìzhìnínì 滞滞泥泥[滯滯-] R.F. ① stubborn and inflexible ② sticky in doing things
zhì zhī sǐdì érhòu kuài 置之死地而后快[-----後-] F.E. be content only with sb.'s destruction
zhì zhī sǐdì érhòu shēng 置之死地而后生[-----後-] F.E. Confront a person with the danger of death and he will fight to live.
zhìzhǐ tōnghuò péngzhàng 制止通货膨胀 V.O. curb/halt inflation
zhízhí tuǐ 直直腿 V.O. stretch one's legs
zhìzhíwúwén 质直无文[質-] F.E. plain and elegant
zhīzhīwúwú 支支吾吾 R.F. equivocate
zhīzhī xiǎng 吱吱响[-響] V.P. squeak
zhìzhīyīxiào 置之一笑 F.E. dismiss with a laugh
zhízhīzàng 直肢葬 N. <archeo.> extended burial
zhīzhīzhāzhā 吱吱喳喳 ON. ① chirping together (of birds) ② talking in confusion (of people) *See also zīzīchāchā*
zhīzhōng* 之中 SUF. inside; among; within ***qúnzhòng***~ among the masses/people
zhízhōng 执中[執-] V.P. impartial
zhìzhōng 制中 V. be in mourning
zhìzhǒng 制种[製種] V.O. prepare seeds
zhìzhòng 滞重[滯-] ATTR. viscous
zhízhòngkěnqìng 直中肯綮 F.E. right into the middle of a subject
zhīzhōu* 知州 N. <hist.> chief of a prefecture M: [2]wèi
zhīzhóu 织轴[織-] N. <txtl.> beam (of a loom)
zhízhōushēng 值周生 N. students on weekly duty
zhīzhū 蜘蛛 N. spider M: [2]zhī
zhìzhǔ 搘拄 N. prop; support
zhīzhù* 支柱 N. pillar; prop; mainstay; backbone
zhízhū 植株 N. <agr.> plant
zhízhú 踯躅[躑-] V. <wr.> ① vacillate ② loiter around

zhízhù 执住[執-] R.V. hold

zhǐzhù 止住 R.V. stop; halt; bring to a stop

zhìzhǔ 至嘱[-囑] F.E. ① See that you act accordingly. ② instructions of the utmost importance/urgency ③ instruct/exhort most earnestly

[1]zhìzhù 制住 R.V. check; subdue

[2]zhìzhù 滞住[滯-] R.V. impeded; stopped; detained

zhìzhuān 制砖[製磚] ATTR. brickmaking

zhǐzhuānbùhóng 只专不红[-專--] F.E. <PRC> be professionally proficient but not socialist-minded

zhīzhuāng 支桩[-樁] V. stall

zhízhuàng 直戆 V.P. blunt; outspoken

zhǐzhuàng 纸状[-狀] N. paperish; paperlike

zhìzhuāng* 治装[-裝] V.O. <wr.> prepare necessities (chiefly clothes) for a journey abroad

zhīzhuàng dēngjià 枝状灯架[-狀燈-] N. chandelier

zhìzhuāngfèi 治装费[-裝-] N. expenses for *zhìzhuāng*

zhīzhuāngjia 稙庄稼[-莊-] N. <agr.> early-plant crops

zhīzhūbàodàn 蜘蛛抱蛋 N. <bot.> (common) aspidistra

zhīzhù chǎnyè 支柱产业[-產業] P.W. support/pillar industry

zhìzhūdùwài 置诸度外 F.E. give no thought to

zhízhú'érxíng 踯躅而行[躑-] F.E. ① shuffle along ② stagger

zhìzhūgāogé 置诸高阁 F.E. pay no attention to it

zhīzhùgēn 支柱根 N. <bot.> prop root

zhízhuī 直追 V. directly/hotly pursue

zhízhújiētóu 踯躅街头[躑-] F.E. tramp the streets

zhīzhūjīng 蜘蛛精 N. spider goblin

zhízhuó* 执着[執著] S.V. ① rigid; punctilious ② persistent; persevering ③ <Budd.> attached to things; obsessed with

zhìzhuō 稚拙 V.P. crude and childish (of creations)

zhízhuóxìng 执着性[執著-] N. persistence; perseverance

zhīzhūsī 蜘蛛丝[-絲] N. gossamer; thread spun by spiders M: [2]gēn

zhīzhūwǎng 蜘蛛网[-網] N. spider web; cobweb

zhìzhūzàiwàng 智珠在望 ID. cope with all matters with schemes and strategies

zhìzhūzàiwò 智珠在握 F.E. be endowed with high native intelligence

[1]zhīzi 枝子 N. branch; twig M: [2]gēn

[2]zhīzi 支子 N. ① stand; support ② gridiron (for cooking) *See also* [2]zhīzǐ

[3]zhīzi 栀子[梔-] N. <bot.> Cape jasmine M: [2]kē

[1]zhīzǐ 之子 PR. <wr.> this man/woman

[2]zhīzǐ 支子 N. son of a concubine *See also* [2]zhīzi

zhīzì 只字[隻-] N. a single word/character

zhízi* 侄子 N. brother's son; nephew M: [2]wèi

zhízì 植字 V.O. set type for printing

[1]zhìzi 稚子 N. ① (innocent) child ② bamboo shoots

[2]zhìzi 志子 N. <topo.> a measure (of weight/length/etc.)

zhìzǐ 质子[質-] N. ① <phy.> proton ② <hist.> a prince sent to a neighboring state as a hostage

zhízìbǎn 植字板 N. printing plate for setting type M: [2]kuài

zhīzìbù'é 只字不讹[隻-] F.E. Every word of it is true.

zhīzìbùtán 只字不谈[隻-] F.E. say nothing about (sth.)

zhīzìbùtí 只字不提[隻-] F.E. not say a single word (about sth.)

zhīzihuā 栀子花[梔-] N. <bot.> Cape jasmine flower M: [2]duǒ

zhīzìlù 之字路 N. zigzag course; S-curve in a road M: [1]tiáo

zhī zǐ mòruò fù 知子莫若父 F.E. No one knows a son better than his father.

zhīzì-piànyǔ 只字片语[隻-] N. a short note; a word or two

zhīzì-piànzhǐ 只字片纸[隻-] N. very brief note/letter

zhīzìwèití 只字未提[隻-] F.E. didn't say a word *Wǒ duì nà shì(r) ~.* I didn't say a single word about it.

zhīzìxiàn 之字线 N. zigzag

zhīzìxíng 之字形 N. "z" shape; zigzag

zhīzǐyúguī 之子于归[-於歸] F.E. <wr.> ①marry (of women) ②The bride goes to her new home.

zhīzǒu 支走 R.V. send sb. away (with an excuse)

[1]zhīzú* 知足 V.O. ① be content with one's lot ② contentment brings happiness

[2]zhīzú 支族 N. subfamily

zhìzǔ 滞阻[滯-] V. block up

zhīzúbùrǔ 知足不辱 F.E. Being contented with one's lot is no disgrace.

zhīzúchánglè 知足长/常乐[-樂] F.E. be content with one's lot

zhīzuì 知罪 V.O. admit one's guilt

zhìzuì* 治罪 V.O. punish sb. for a crime

zhǐzuìjīnmí 纸醉金迷 F.E. (life of) luxury and dissipation

zhīzuǐr 支嘴儿 V.O. <topo.> ① kibitz ② give advice; make suggestions

zhìzūn 至尊 N. ①the most revered and respected (the emperor) ② <Budd.> Sakyamuni

zhīzuǒ 支左 V.O. <Cult.Rev.> support the Left (by the PLA)

zhīzuò 支座 N. <archi.> abutment

zhìzuò* 制作[製-] V. make; manufacture; create (of art/music/etc.); formulate

zhí zuǒquàn 执左券[執-] V.O. ① hold the creditor's half of a contract ② be sure of success

zhìzuòrén 制作人[製-] N. producer M: [2]wèi

zhìzuòzhě 制作者[製-] N. maker M: [2]wèi

zhīzúwúqiú 知足无求 F.E. One who is content with what he has asks for nothing more.

[1]zhōng* 中 B.F./SUF. ① center; middle; interior *[1]zhōngxīn* ② China *Zhōngguó* ③ middle; mid *zhōngyāng* ④ medium; intermediate *zhōngděng* ⑤ mean; halfway between two extremes *[1]zhōngjiān* ⑥ neutral *[1]zhōnglì* ⑦ <lg.> neutral *zhōngxìng* ⑧fit for; good for *zhōngyòng* ♦S.V. <topo.> all right; OK. *Zhèyàng ~ bu ~?* Is this OK? *See also* [3]zhòng

[2]zhōng 终[終] B.F. ①end; finish *[1]niánzhōng* ②die *[1]línzhōng* ③ whole; entire (time) *zhōngrì* ♦ADV. eventually; after all; in the end ♦N. Surname

[3]zhōng 钟[鐘] N. ① bell ② clock ③ <archeo.> *náo* musical instrument hung upside down to produce a clearer sound when struck ♦B.F. time *diǎnzhōng, fēnzhōng* *See also* [4]zhōng, [5]zhōng

[4]zhōng 钟/锺[鍾] B.F. concentrate (affection/etc.) *zhōng'ài* ♦N. Surname *See also* [3]zhōng, [5]zhōng

[5]zhōng(r) 盅/钟/锺(儿)[-/鍾(兒)] N. handleless cup *See also* [3]zhōng, [4]zhōng

[6]zhōng 忠 B.F. loyal; devoted; faithful; honest *[3]zhōngxīn, zhōngyán*

[7]zhōng 衷 B.F. ①inner feelings; heart *[2]zhōngxīn, wúdòngyúzhōng* ②middle; medium *zhézhōng*

[8]zhōng 舯 in *zhōngpōumiàn*

[9]zhōng 螽 in *zhōngsī, [2]fùzhōng*

[10]zhōng 忪 in *zhēngzhōng* *See also* [6]sōng

[1]zhǒng 种[種] N. <bio.> species ♦B.F. ① race *zhǒngzú* ② seed; strain; breed *[1]zhǒngzi, pèizhǒng* ③ kind *zhǒnglèi* ④ <topo.> guts; grit *yǒuzhǒng* ♦M. for kinds/sorts/types *See also* [2]zhòng

[2]zhǒng 肿[腫] V. swell ♦S.V. swelling; swollen

[3]zhǒng 冢 B.F. grave; tomb *zhǒngfù, [2]fāzhǒng*

[4]zhǒng 踵 B.F. ① heel *jǔzhǒng* ② go in person *zhǒngméndàoxiè* ③ follow; carry on *zhǒngwǔ*

[1]zhòng 重 N. weight ♦S.V. ① heavy ② weighty; important *Tā huà shuō de tài ~ le.* He's putting it too strongly. ♦B.F. ① considerable in amount/value *zhòngjià* ② serious; solemn *[1]yánzhòng* ③ discreet *shènzhòng* ④ deep ⑤ lay stress on; attach importance to *[1]zhòngshì* *See also* [2]chóng

[2]zhòng 种[種] V. plant; cultivate; sow *See also* [1]zhǒng

[3]zhòng 中 V. ① hit (a target); attain ② be hit by ③ fall into ④ pass an exam ♦SUF. accurately; on the dot *Nǐ cāi~ le.* You guessed right. *See also* [1]zhōng

[4]zhòng 众[眾] B.F. ①crowd; multitude *qúnzhòng* ② many; multitudinous; numerous (of people) *zhòngduō, zhòngrén* ③ audience *guānzhòng*

[5]zhòng 仲 B.F. ①middle; intermediate ②second among brothers *bózhòng* ③ second month of the season *zhòngchūn*

zhōng'ài 钟爱[-愛] V. dote on

zhōngbā* 中巴 AB. *zhōngxíng bāshì* M: [3]liàng *See also* Zhōng-Bā

Zhōng-Bā 中巴 N./ATTR. Sino-Pakistan *See also* zhōngbā

zhòngbǎ 中靶 V.O. hit the target (in shooting)

zhōngbǎi 钟摆[鐘擺] N. pendulum

zhōngbān* 中班 P.W. ① middle/swing shift ② middle class in kindergarten

zhōngbǎn 中板 N. ① <metal.> medium plate ② <mus.> moderato

zhòngbàn 重办[-辦] V. severely punish (a criminal)

[1]zhōng-bǎo* 中保 N. ① middleman and guarantor ② mediator M: [2]wèi

[2]zhōngbǎo 中饱 V. embezzle

zhòngbǎo 重宝[-寶] N. treasure of great value

zhōngbǎorén 中保人 N. mediator M: [2]wèi

zhōngbǎosīnáng 中饱私囊 ID. ① pocket all the money ② embezzle public funds

Zhōngběibù 中北部 P.W. the Middle North region

zhòngbì 重臂 N. <phy.> distance between the fulcrum of scales and the point from which weights are hung; short arm

zhōngbiàn 中变[-變] N. unexpected change in events

[1]zhōngbiǎo* 钟表[鐘-] N. ① timepiece M: ge/[2]zhī ② clocks and watches

[2]zhōngbiǎo 中表 N. first cousin (with a different surname)

zhòngbiāo 中标[-標] V.O. win bid/tender

zhōngbiǎodiàn 钟表店[鐘-] P.W. watchmaker's shop M: [1]jiā

zhōngbiǎojiàng(r) 钟表匠(儿)[鐘-] N. clocksmith; watchmaker M: [2]wèi

zhōngbiǎomiàn 钟表面[鐘錶-] N. clock dial/face

zhōngbiǎopù 钟表铺[鐘-] P.W. clock/watch/watchmaker's shop M: [1]jiān/[1]jiā

zhōngbiǎoxué 钟表学[鐘-] N. horology

zhòngbiāozhě 中标者[-標-] N. successful bidder

zhǒngbié 种别[種-] N. differentiation by type

zhòngbīng 重兵 N. massive forces

zhòngbǐng 重柄 N. <wr.> great political power

[1]zhòngbìng* 重病 N. serious illness M: [2]chǎng

[2]zhòngbìng 中病 V.O. <coll.> fall ill

zhòngbīngqì 重兵器 N. heavy weapon

zhòngbìngsuǒjī 重病所羁 F.E. be struck down with a serious illness

zhòngbìngzàichuáng 重病在床 F.E. be confined to one's bed with a serious illness

zhōngbō 中波 N. medium(-frequency) wave

zhòngbózhījiān 仲伯之间 F.E. There is no choice between the two.

zhōngbù 中部 P.W. ① central section ② middle; mid

zhòngbù'érxíng 重步而行 F.E. plod (along)

zhōngbuliū(r) 中不溜(儿) V.P. <coll.> fair to middling

zhōngbù yuányīn 中部元音 N. <lg.> mid vowel

zhōng bu zhōng 中不中 V.P. <topo.> Okay?

zhōngcái 中材/才 N. person of average/mediocre/ordinary ability/talent

Zhōngcài 中菜 N. Chinese dishes

zhòngcái* 仲裁 V. arbitrate

zhòngcǎi 中彩 V.O. win prize

zhòngcài 种菜[種-] V.O. plant/grow vegetables

zhòngcái fǎtíng 仲裁法庭 P.W. arbitration tribunal; court of arbitration

zhòngcái fǎyuàn 仲裁法院 P.W. arbitration court

zhòngcǎihào 重彩号[-號] N. severely wounded soldier; a severe casualty case

zhòngcǎiqīngzào 重采轻造[-採輕-] F.E. Trees were felled without reforestation.

zhòngcáirén 仲裁人 N. arbitrator M: [2]wèi

zhòngcáishū 仲裁书[-書] N. (arbitration) ruling/award M: [1]zhāng

zhòngcái wěiyuánhuì 仲裁委员会 P.W. arbitration commission

zhōngcàixīchī 中菜西吃 F.E. eat Chinese food by dividing it, Western style, into individual portions

Zhōngcān 中餐 N. ① Ch. meal/food ② midday meal

zhōngcáng 衷藏 N. heartfelt sentiments

Zhōngcǎoyào 中草药[-藥] N. Chinese herbal medicine

zhōngcè 中策 N. second-best plan

zhōngcéng 中层[-層] N. middle level

zhōngcéng gànbù 中层干部[-層幹-] N. middle-level/middle-ranking cadres

zhōngcéng shèhuì fāngyán 中层社会方言[-層----] N. <lg.> mesolect

zhǒngchā 种差[種-] N. <log.> specific difference

zhòngcháiyóu 重柴油 N. diesel fuel oil

zhōngchǎn 中产[-產] *See zhōngchǎn jiējí*

[1]zhōngcháng 衷肠[-腸] N. <wr.> words from the heart

[2]zhōngcháng 中常 V.P. middling; average

[1]zhōngchǎng* 终场[-場] N. ① end of a performance ② <trad.> final session in an examination

[2]zhōngchǎng 中场[-場] P.W. <sport> ①midfield ② half-time

zhōng-chángpǎo 中长跑 N. middle- and long-distance running

zhōng-chángqī 中长期 ATTR. medium- and long-range

zhōngcháng xiānwéi 中长纤维[--纖-] N. medium-length fiber; medium-staple fiber

zhōngchángxíng duǎn xiānwéi 中长型短纤维[----纖-] N. medium-length short fibers

zhōngchǎn jiēcéng 中产阶层[-產階層] N. middle class, bourgeoisie

zhōngchǎn jiējí 中产阶级[-產階-] N. <pol.> middle class; bourgeoisie

zhōngcháo 中朝 N. ① court (government) ② government officials

[1]zhōngchén* 忠臣 N. official loyal to the sovereign M: [2]wèi

[2]zhōngchén 忠忱 N. loyalty; faithfulness ♦V.P. loyal; faithful; staunch

zhòngchén 重臣 N. <wr.> high-ranking official with heavy responsibility M: [2]wèi

zhōngchén bù pàsǐ 忠臣不怕死 F.E. A loyal subject/official does not fear death.

zhōngchén bù shì èr zhǔ 忠臣不事二主 F.E. A loyal subject/official never serves two masters.

[1]zhōngchéng* 忠诚 V.P. loyal; faithful; staunch

[2]zhōngchéng 中程 N. intermediate/medium range

zhòngchéng 重惩[-懲] V. punish severely

zhòngchéngbùdài 重惩不贷[-懲--] F.E. punish with severity, without leniency

zhōngchéng dǎodàn 中程导弹[--導-] N. medium-range missile M: [4]méi

zhōngchéng fēidàn 中程飞弹[--飛-] N. medium-range missile M: [4]méi

zhōngchéng hōngzhàjī 中程轰炸机[--轟--] N. medium bomber M: [1]jià

zhōngchénghuàbǐng 终成画饼[--畫-] ID. result in failure

zhōngchéng lǎoshi 忠诚老实[-實] N. honest and faithful

zhōngchéngpàoyǐng 终成泡影 ID. come to naught

Zhōngchéngyào 中成药[-藥] N. prepared Chinese medicine

zhōngchénlièshì 忠臣烈士 F.E. righteous governors and those who died for their country

zhōngchī 中吃 S.V. taste good

zhòngchóu 重酬 N. handsome/substantial reward

zhǒngchù 种畜[種-] N. breeding/stud stock M: [1]tóu

zhòngchǔ* 重处[-處] V. severely punish

zhòngchuāng 重创[-創] V. inflict heavy casualties ♦N. serious wound

zhòngchuí 重锤 N. ① heavy hammer ② harsh criticism

zhōngchuíxiàn 中垂线 N. <math.> perpendicular bisector

zhōngchuízi 钟槌子[鐘-] N. pendulum of a clock

zhōngchún 忠纯 N. loyal and pure-minded

zhòngchūn* 仲春 N. second month of spring; middle of spring

zhòngchún 重唇 N. <lg.> bilabial

zhòngchúnyīn 重唇音 N. <lg.> bilabial sounds; bilabials

zhōngchuò 中辍 V. give up halfway ♦N. interruption; suspension

zhōngcí 中词 N. <log.> middle term

zhòngcuò 重挫 N. cause a severe setback to an opponent/enemy

Zhōng Dà 中大 AB. *Zhōngshān Dàxué*

zhǒngdà 肿大[腫-] V./N. swell; enlarge

zhòngdá 重达[-達] V. <wr.> be as heavy as

zhòngdǎ 重打 V. flog heavily

zhòngdà* 重大 V.P. great; weighty; major; significant

zhòngdà gòngxiàn 重大贡献[-獻] N. major contribution

zhòngdà guòshī 重大过失 N. severe mistake

zhǒngdàn 种蛋[種-] N. breeding eggs

[1]zhòngdàn* 重担[-擔] N. heavy burden; difficult task

[2]zhòngdàn 中弹 V.O. be shot

zhōngdàng 中档[-檔] N. medium class

[1]zhōngdào 中道 N. ①the golden mean ②middle course ③ halfway

[2]zhōngdào 中稻 N. semi-late/middle-season rice

zhòngdào* 种稻[種-] V.O. plant/grow rice

zhōngdào'érfèi 中道而废[-廢] F.E. give up halfway

zhòngdà shìjiàn 重大事件 N. big event/incident

zhòngdà tūpò 重大突破 N. quantum jump/leap

zhòngdà xīnwén 重大新闻 N. big news

zhǒngdàzhèng 肿大症[腫-] N. swelling symptom

zhòngdé 种德[種-] V.O. accumulate virtuous deeds

zhōngděng(r) 中等(儿) ATTR. ① medium; middling ② secondary

zhōngděngcháng 中等长 N. medium length

zhōngděnggè(r) 中等个(儿)[--個-] N. medium height

zhōngděng jiàoyù 中等教育 N. secondary-school education

zhōngděng jiējí 中等阶级[--階-] N. middle class; bourgeois; white-collar workers

zhōngděng jìshù xuéxiào 中等技术学校[---術--] P.W. middle-school of techonology

zhōngděngshēng 中等生 N. student of average academic achievement

zhōngděng shīfàn jiàoyù 中等师范教育[--師範--] N. secondary normal education

zhōngděng shīfàn xuéxiào 中等师范学校[--師範--] P.W. secondary normal school M: [1]suǒ

zhōngděng xuéxiào 中等学校 P.W. secondary school M: [1]suǒ

zhōngděng zhuānkē xuéxiào 中等专科学校[--專---] P.W. secondary specialized school; polytechnic school M: [1]suǒ

zhōngdǐ 终底 ATTR. terminal

[1]zhòngdì* 重地 P.W. important place (usu. closed to the public)

[2]zhòngdì 种地[種-] V.O. till/cultivate land

[3]zhòngdì 中的 V.O. hit the mark

[4]zhòngdì 中第 V. <wr.> pass the civil examinations

[1]zhōngdiǎn 终点[-點] N. ① terminal point; destination ② <sport> finish line ③ <lg.> goal

[2]zhōngdiǎn 中点[-點] N. ① <math.> midpoint ② Chinese dessert

[3]zhōngdiǎn(r) 钟点(儿)[鐘點-] N. <coll.> ① time for sth. to be done or happen ~ ***dào le, qǐng jiāojuàn.*** Time's up. Please hand in your papers. ② hour

zhōngdiàn 中殿 P.W. <archeo.> central chamber

[1]zhòngdiǎn* 重点[-點] N. focal point; stress; emphasis; keynote; key point

[2]zhòngdiǎn 重典 N. <wr.> ①severe punishment; heavy sentence; severe provisions ②important ancient books and records

zhòngdiǎnbān 重点班[-點-] P.W. tracked class for gifted students

zhòngdiǎn bǎohù 重点保护[-點-護] N. <archeo.> protection of important historical monuments

zhòngdiǎn dānwèi 重点单位[-點--] P.W. key unit

zhòngdiǎn dàxué 重点大学[-點--] P.W. key university M: [1]suǒ

zhòngdiǎn fǎngwèn 重点访问[-點--] N. focused interview

zhōngdiǎnfèi 钟点费[鐘點-] N. remuneration paid by the hour

zhōngdiǎngǎng 终点港[-點-] P.W. destination harbor/port

zhòngdiǎn gōngchéng 重点工程[-點--] N. major/priority project

zhòngdiǎn hángyè 重点行业[-點-業] P.W. key trades

zhòngdiǎnhù 重点户[-點-] N. <pol.> key household

zhòngdiǎn hùlǐ bìngshì 重点护理病室[-點護---] P.W. intensive care unit (ICU) M: [1]jiān

zhòngdiǎn jìngōng 重点进攻[-點進-] N./V.P. <mil.> attack against key sectors

zhōngdiǎnjuéshèng 终点决胜[-點決勝] F.E. decide the winner at the final

zhōngdiǎn shèyǐng 终点摄影[-點攝-] N. photo finish

zhòngdiǎn tūchū 重点突出[-點--] V.P. give prominence to the key points

zhōngdiǎnxiàn 终点线[-點-] N. endpoint; terminus; finishing line M: [1]tiáo

zhòngdiǎn xuéxiào 重点学校[-點--] P.W. key school/institute/university M: [1]suǒ

zhòngdiǎn yònghù 重点用户[-點--] N. major customers

zhōngdiǎnzhàn 终点站[-點-] P.W. <comp.> terminal station; terminus

zhōngdīchǎntián 中低产田[--產-] P.W. farmland that provides low or medium yields

zhōng-dīdàng 中低档[-檔] N. low and medium grade

zhòngdì de 种地的[種-] N. farmer; peasant

zhōngdǐng rénjiā 钟鼎人家[鐘-] N. rich household with many members

zhōngdǐngshānlín 钟鼎山林[鐘-] ID. <wr.> power-holders and recluses

zhōngdǐngwén 钟鼎文[鐘-] N. bronze inscriptions

zhōngdǐ tuīyǎn gōngshì 终底推演公式 N. terminal derivation

zhōngdǐyúchéng 终底于成[--於-] F.E. succeed in the end

zhōngdǐ yǔyán 终底语言 N. <lg.> terminal language

Zhōngdōng* 中东 P.W. <loan> Middle East

zhōngdòng 中动[-動] N. <lg.> middle voice

zhòngdōng 仲冬 N. second month of winter; midwinter

Zhōngdōng dìqū 中东地区[-區] P.W. the Middle East

Zhōngdōng guójiā 中东国家[--國-] P.W. Middle East countries

zhōngdòngtài 中动态[-動態] N. <lg.> middle voice

Zhōngdōng Tiělù 中东铁路[--鐵-] N. Chinese Eastern Railway

zhòngdòu 种痘[種-] V.O. vaccinate (against smallpox)

zhòngdòudédòu 种豆得豆[種-] ID. As you sow, so shall you reap.

zhòngdòudémài 种豆得麦[種-麥] ID. a matter which cannot come to pass

zhòng dòuzi 种痘子[種-] V.O. vaccinate (against smallpox)

zhǒngdú 肿毒[腫-] N. swelling; tumor

[1]**zhòngdú*** 中毒 V.O. be poisoned ♦N. poisoning; toxicosis

[2]**zhòngdú** 重读[-讀] V. <lg.> stress; accent

zhòngdù 重度 ATTR. severe; serious

zhōngduān 终端 N./ATTR. terminal

[1]**zhōngduàn*** 中断[-斷] V. suspend; break off

[2]**zhōngduàn** 中段 N. middle piece/section

zhōngduǎnbō 中短波 N. medium-short wave

zhōngduàndiǎn 中断点[-斷點] N. point where sth. discontinues/breaks

zhōngduānjī 终端机 N. <elec.> terminal M: [1]tái

zhōngduànjiàn 中断键[-斷-] N. <comp.> break key

zhōngduānjī zǔjiàn 终端机组件 N. <comp.> terminal component

zhōngduānjú 终端局 P.W. terminal station (in the postal service)

zhōngduān kòngzhì dānyuán 终端控制单元 N. <comp.> central terminal unit

zhōngduān wǎngluò 终端网络[--網-] N. <comp.> terminal network

zhōngduān yònghù 终端用户 N. end user

zhōngduān yǔfúliè 终端语符列 N. <lg.> terminal string

zhōngduānzhàn 终端站 P.W. <comp.> terminal station

zhōngduān zhōubiān zhuāngzhì 终端周边装置[---邊裝-] N. <comp.> terminal peripherals

zhōngduì 中队[-隊] P.W. <mil.> ① unit corresponding to a company; squadron ② unit composed of several groups

zhōngduìfù 中队副[-隊-] N. deputy leader of a brigade

zhōngduìzhǎng 中队长[-隊-] N. head of a brigade

zhōngdù kāifā 中度开发[-開發] V.P. intermediate in the scale of development

zhòngdūn 重吨[-噸] M. gross ton; long ton

zhòngduō 众多[眾-] V.P. multitudinous; numerous

zhòngdúqún 重读群[-讀-] N. <lg.> stress group

zhōngdù shēngdiào 中度声调[--聲-] N. <lg.> middle tone

zhòngdú xuǎnzé 重读选择[-讀選擇] N. <lg.> tonicity

zhòngdúyīn 重读音[-讀-] N. <lg.> tonic accent

zhòngdú yīnjié 重读音节[-讀-節] N. <lg.> stressed syllable

zhòngdú yīnjié qián de 重读音节前的[-讀-節--] ATTR. <lg.> pretonic

zhōng'è mócāyīn 中颚摩擦音 N. <lg.> cacuminal fricative

zhōng'ěr 中耳 N. <phys.> middle ear

zhōng'ěryán 中耳炎 N. <med.> tympanitis

zhōng'è sāiyīn 中颚塞音 N. <lg.> cacuminal occlusive

zhōng'èyīn 中颚音 N. <lg.> cacuminal sound

zhòngfá 重罚 V. severely punish

[1]**zhōngfān** 中幡 N. acrobatics on a high flag pole

[2]**zhōngfān** 中帆 N. topsail

zhōngfàn* 中饭 N. ① midday meal; lunch *[2]Liú xiàlai chī ~ hǎo ma?* Won't you stay and have lunch with me? ② Chinese food ♦ADV. in the middle of a meal

zhòngfàn 重犯 N. major/important criminal *See also chóngfàn*

Zhōngfāng 中方 P.W. the Chinese side

Zhōng-Fǎ Zhànzhēng 中法战争[-戰爭] N. <hist.> Sino-French War (1884–1885)

Zhōngfēi* 中非 P.W. Central Africa ♦AB. Sino-African

zhōngfèi 中费 N. agent's fee

zhǒngféi 种肥[種-] N. seed manure

zhōngfēn 中分 N. a part in the middle (of hair) ♦V. divide sth. equally into two halves

zhōngfēng* 中锋 N. <sport> center (basketball); center forward (soccer)

zhōngfèng 中缝 N. ① vertical space between two attached pages ② vertical seam on the back of clothing M: [1]tiáo

[1]**zhòngfēng** 中风 V.O. have a stroke ♦N. ① paralysis ② <Ch. med.> paralytic strokes caused by wind attack

[2]**zhòngfēng** 中疯 N. <topo.> epilepsy

zhòngfēngbìng 中风病 N. apoplexy

zhōngfēnshù 中分数[-數] N. <math.> mid-score

[1]**zhōngfú** 中伏 N. ① second of the three 10-day periods of the hot season ② first day of the second period of the hot season *See also zhòngfú*

[2]**zhōngfú** 终伏 N. ① last of the three 10-day periods of the hot season; end of summer ② first day of the last period of the hot season

[3]**zhōngfú** 中孚 N. 61st of the 64 hexagrams of the *Book of Changes*

Zhōngfú 中服 N. traditional Chinese clothing

zhǒngfù 冢妇[-婦] N. <wr.> eldest daughter-in-law

zhòngfú 中伏 V.O. be ambushed *See also [1]zhōngfú*

[1]**zhòngfù*** 重负 N. heavy burden

[2]**zhòngfù** 仲父 N. uncle; father's younger brother M: [2]wèi

zhōngfúbiāo 钟浮标[鐘-標] N. bell buoy

zhōngfùbù 中腹部 P.W. midriff

zhòngfùqīngnóng 重副轻农[-輕農] F.E. stress side-occupations at the expense of farm production

zhōngfùyǔ 中附语 N. <lg.> infix

zhōnggānyìdǎn 忠肝义胆[-義膽] F.E. have good faith, virtue, and patriotism

zhōnggāo 中高 ATTR. <lg.> rising-falling

zhōnggào* 忠告 V. sincerely advise; admonish ♦N. sincere advice

zhōnggāodàng 中高档[-檔] N. medium and high grades

zhōnggāodàng chǎnpǐn 中高档产品[--檔產-] N. medium- and high-grade manufactured goods

zhōnggāodiào 中高调 N. <lg.> rising-falling tone

zhōnggāopín 中高频 N. medium-high frequency

zhōnggàoshàndào 忠告善道 F.E. offer advice with sincerity and tact

zhōnggēng* 中耕 V. <agr.> intertill

zhōnggěng 忠鲠 V.P. loyal and outspoken; honest and upright

zhōnggēngjī 中耕机 N. <agr.> cultivator

zhōnggěngzǔ 中梗阻 N. obstruction from middle-level cadres

zhōnggēng zuòwù 中耕作物 N. cultivated/intertilled crop

zhònggēnr 种根儿[種-] V.O. plant seeds of future trouble

[1]**zhōnggōng** 中宫[-宮] N. ① empress ② <astr.> polar regions

[2]**zhōnggōng** 中工 N. practitioner with ordinary skill

Zhōng-Gòng* 中共 N. Chinese Communist Party

zhònggōng 重工 N. ① heavy work ② heavy industry

zhǒnggōngmǎ 种公马[種-] N. stallion M: [1]tóu

zhǒnggōngniú 种公牛[種-] N. breeding bull M: [1]tóu

zhònggōngqīngnóng 重工轻农[-輕農] F.E. stress industry at the expense of agriculture

zhònggōngyè 重工业[-業] P.W. heavy industry

Zhōng-Gòng Zhōngyāng 中共中央 P.W. Central Committee of the Chinese Communist Party

Zhōng-Gòng Zhōngyāng Xuānchuánbù 中共中央宣传部[-----傳-] P.W. Propaganda Department of the CP Central Committee

zhōnggòuzhīyán 中冓之言 N. ① talk of the inner chamber ② gossip about debauchery

[1]**zhōnggǔ** 中古 N. ① middle antiquity (3rd to 9th cent.) ② Middle Ages ♦P.W. China and Cuba; Sino-Cuban

[2]**zhōng-gǔ** 钟鼓[鐘-] N. bell and drum

[3]**zhōnggǔ** 终古 ADV. <wr.> ① eternally ② for a long time ③ for all antiquity

[4]**zhōnggǔ** 忠骨 N. loyal bones; remains of a martyr

zhòng-guǎ 众寡[眾-] N. ① number of people ② large number and small number (of people)

zhòngguǎbùdí 众寡不敌[眾-敵] F.E. be outnumbered

zhòngguādéguā 种瓜得瓜[種-] ID. As you sow, so shall you reap.

[1]**zhōngguān** 中观[-觀] N. intermediate perspective

[2]**zhōngguān** 中官 N. ① eunuch ② officials in the capital

[3]**zhōngguān** 中关[-關] N. second trial

zhòngguǎxuánshū 众寡悬殊[眾-懸-] F.E. great disparity in numerical strength

zhōnggǔ Hànyǔ 中古汉语[--漢-] N. <lg.> Ancient Chinese

zhōnggǔ hóngyán duō bómìng 终古红颜多薄命 F.E. Since old times, beautiful women have suffered a harsh life.

zhōngguī* 终归[-歸] ADV. eventually; in the end; after all *Tā ~ huì míngbai de.* He'll understand eventually.

zhōngguì 中贵 N. <wr.> high-ranking eunuch

zhōngguīyījù 终归一句[-歸--] F.E. To sum up in one sentence,. . .

zhōngguīzhōngjǔ 中规中矩 F.E. straight and narrow

zhōnggǔ Lādīngyǔ 中古拉丁语 N. <lg.> Vulgar Latin

zhōng-gǔlóu 钟鼓楼[鐘-樓] N. bell/clock tower M: [4]zuò

zhǒnggǔlù 肿骨鹿[腫-] N. <zoo.> thick-jawed deer M: [1]tóu

Zhōngguó 中国[-國] P.W. ① China ② Middle Kingdom

Zhōngguó běnbù 中国本部[-國--] P.W. China proper

Zhōngguó biǎoyīnzì 中国表音字[-國---] N. <lg.> Chinese phonetic script

Zhōngguócài 中国菜[-國-] N. Chinese cuisine

Zhōngguóchéng 中国城[-國-] P.W. Chinatown

Zhōngguó dàhélí 中国大河狸[-國---] N. <zoo.> *Tragotherium Sinensis*

Zhōngguó dàlù 中国大陆[-國-陸] P.W. China's mainland; mainland China

Zhōngguó Gòngchǎndǎng 中国共产党[-國-產黨] P.W. Chinese Communist Party (CCP)

Zhōngguó Gòngchǎnzhǔyì Qīngniántuán 中国共产主义青年团[-國-產-義--團] P.W. Communist Youth League of China

Zhōngguó Gōng-Nóng Hóngjūn 中国工农红军[-國-農--] P.W. Chinese Workers' and Peasants' Red Army (1928–1937)

Z

Zhōngguó guójí 中国国籍[-國國-] N. Chinese nationality

Zhōngguó Guójì Lǚxíngshè 中国国际旅行社[-國國際---] P.W. Chinese International Travel Service

Zhōngguó Guójì Màoyì Cùjìnhuì 中国国际贸易促进会[-國國際---進-] P.W. China Council for Promotion of International Trade

Zhōngguó Hǎi 中国海[-國-] P.W. China Sea

[1]Zhōngguóhuà 中国话[-國-] N. (spoken) Chinese language; Chinese

[2]Zhōngguóhuà 中国画[-國畫] N. traditional Chinese painting M: [10]fú

[3]Zhōngguóhuà 中国化[-國-] V. sinicize

Zhōngguó Kēxuéyuàn 中国科学院[-國---] P.W. the Chinese Academy of Sciences

Zhōngguó Lǚxíngshè 中国旅行社[-國---] P.W. China Travel Agency

Zhōngguó Mínzhǔ Cùjìnhuì 中国民主促进会[-國---進-] P.W. China Association for Promoting Democracy

Zhōngguó Mínzhǔ Tóngméng 中国民主同盟[-國----] P.W. China Democratic League

zhōngguǒpí 中果皮 N. <bot.> mesocarp

Zhōngguó qū 中国区[-國區] P.W. China proper

Zhōngguórè 中国热[-國熱] N. fascination with China

Zhōngguórén 中国人[-國-] N. a Chinese

Zhōngguó Rénmín Jiěfàngjūn 中国人民解放军[-國-----] P.W. Chinese People's Liberation Army (PLA)

Zhōngguó Rénmín Zhìyuànjūn 中国人民志愿军[-國---願-] P.W. the Chinese People's Volunteers

Zhōngguó Shèhuì Kēxuéyuàn 中国社会科学院[-國-----] P.W. <PRC> the Chinese Academy of Social Sciences

Zhōngguóshǐ 中国史[-國-] N. Chinese history; history of China

Zhōngguóshì* 中国式[-國-] N. Chinese style

Zhōngguóshì Yīngyǔ 中国式英语[-國---] N. <lg.> Singlish; Chinglish; Chinese English

Zhōngguótōng 中国通[-國-] N. old China hand; Sinologue

Zhōngguó Tóngménghuì 中国同盟会[-國---] P.W. the United League of China (1905–1912, predecessor of the Kuomintang)

Zhōngguó wénxué 中国文学[-國--] N. Chinese literature

Zhōngguó Xīnwénshè 中国新闻社[-國---] N. China News Agency

Zhōngguóxué 中国学[-國-] N. Chinese studies; Sinology

Zhōngguó yīnyùnxuéshǐ 中国音韵学史[-國-韻--] N. <lg.> history of Chinese phonology

Zhōngguó Yīyào Xuéyuàn 中国医药学院[-國醫藥--] P.W. College of Chinese Medicine

Zhōngguó Yuánrén 中国猿人[-國--] N. <archeo.> Peking Man; Sinanthropus

Zhōngguó yǔyánxué 中国语言学[-國---] N. <lg.> Chinese linguistics

Zhōngguó yǔyīnshǐ 中国语音史[-國---] N. <lg.> history of Chinese phonetics

Zhōngguózì 中国字[-國-] N. Chinese characters; Chinese written language

zhōnggǔqímíng 钟鼓齐鸣[鐘-齊-] F.E. Bells and drums sound simultaneously.

zhōnggǔshǐ 中古史 N. medieval history

zhōnggǔ shìjì 中古世纪 N. the Middle Ages

Zhōnggùwěi 中顾委[-顧-] AB. *Zhōnggòng Zhōngyāng Gùwèn Wěiyuánhuì*

zhōnggǔyīn 中古音 N. <lg.> ancient Chinese phonology/sounds

zhōnggǔ yùnmǔ 中古韵母[--韻-] N. <lg.> ancient final

zhōnggǔ yǔyīn 中古语音 N. <lg.> medieval pronunciation

zhònghán 中寒 V.O. catch cold

Zhōng Háng 中行 P.W. the People's Bank of China *See also* [2]*zhōngxíng*

zhōnghào 中号[-號] N. medium size

zhònghàobìchá 众好必察[眾-] F.E. investigate what people like

zhōnghé* 中和 V. neutralize ♦N. justice and peace ♦V.P. ① impartial ② even-tempered

zhònghè 重荷 N. heavy burden

zhōnghéjì 中和剂[-劑] N. <chem.> neutralizer

zhōnghélì 中和力 N. ability to mediate

zhòng hétong 重合同 V.O. strictly abide by contracts

zhòng hétong, shǒu xìnyòng 重合同,守信用 F.E. honor contracts and abide by one's word

zhōnghé zuòyòng 中和作用 N. <lg.> neutralization

zhònghōngzhàjī 重轰炸机[-轟--] N. heavy bomber M: [1]jià

zhōnghòu 忠厚 S.V. ① honest and considerate ② <coll.> weak-willed; too easy-going; naive

zhōnghòu lǎoshí 忠厚老实[-實] V.P. simple-mindedly loyal, considerate, and honest

zhōng-hòuqī 中后期[-後-] N. middle to late stage

zhōnghòu réndé 忠厚仁德 V.P. be loyal, generous, kind, and virtuous

zhònghù 种户[種-] N. farmer household

zhōnghuā 螽花 N. <bot.> spikelet

Zhōnghuá 中华[-華] P.W. China

Zhōnghuà 中画[-畫] N. Chinese painting M: [10]fú

zhònghuā(r)* 种花(儿)[種-] V.O. ① grow flowers ② <topo.> vaccinate (against smallpox) ③ <topo.> grow cotton

zhònghuà 重话 N. ① hurtful remarks ② hard/harsh words

Zhōnghuá Mínguó 中华民国[-華-國] P.W. Republic of China

Zhōnghuá mínzú 中华民族[-華--] N. the Chinese people/ nation/ ethnic group

Zhōnghuá Quánguó Táiwān Tóngbāo Liányìhuì 中华全国台湾同胞联谊会[-華-國-灣--聯--] P.W. All-China Federation of Taiwan Compatriots

Zhōnghuá Quánguó Zǒnggōnghuì 中华全国总工会[-華-國總--] P.W. All-China Federation of Trade Unions

Zhōnghuá Rénmín Gònghéguó 中华人民共和国[-華----國] P.W. People's Republic of China

Zhōnghuá wénhuà 中华文化[-華--] N. Chinese culture

zhònghuā yǎngniǎo 种花养鸟[種-養-] V.P. plant flowers and keep birds

zhònghuāzhímù 种花植木[種-] F.E. plant/grow flowers and trees

zhōnghuǐ 中悔 V. change one's mind in mid-course

zhōnghún 忠魂 N. loyal soul

zhònghuó(r)* 重活(儿) N. heavy work

[1]zhònghuò 重货 N. heavy cargo; deadweight cargo

[2]zhònghuò 种祸[種禍] V.O. sow the seeds of calamity/misfortune

[1]zhōngjí* 中级 N. middle rank/level

[2]zhōngjí 终极[-極] N. end; final outcome ♦ATTR. ultimate

[1]zhōngjì 中技 AB. *zhōngděng jìshù xuéxiào*

[2]zhōngjì 中继[-繼] V. <elec.> relay

zhòngjī 重击[-擊] V. whack

[1]zhòngjì 中计 V.O. ① be taken in ② fall into a trap

[2]zhòngjì 重寄 N. appointment having heavy responsibility

zhōngjià 终价[-價] N. final value

zhòngjià* 重价[-價] N. high price

zhōngjiā chéngfèn 中加成分 N. <lg.> infix

[1]zhōngjiān(r)* 中间(儿) P.W. ① center; middle ② intermediate; interspace ♦COV. between; among

[2]zhōngjiān 中坚[-堅] N. ① nucleus; hard core; backbone ② crack troops

zhōngjiàn 中见 N. eyewitness

zhǒngjiàn 踵见 V. call repeatedly in person

zhòngjiàn 重剑 N. <sport> épée M: [1]bǎ

zhōngjiān chǎnpǐn 中间产品[--產-] N. middling/intermediate product

zhōngjiān dìdài 中间地带[--帶] P.W. intermediate zone

[1]zhōngjiān fènzǐ 中间分子 N. middle-of-the-roader

[2]zhōngjiān fènzǐ 中坚分子[-堅--] N. backbone elements; mainstay; hard core

zhōngjiāng 终将[-將] ADV. finally about to

zhōngjiàng 中将[-將] N. <mil.> lieutenant general; vice admiral

[1]zhòngjiǎng* 中奖[-獎] V.O. draw the prizewinning ticket/number; win the prize

[2]zhòngjiǎng 重奖[-獎] V.O. give ample rewards to ♦N. a handsome reward

zhòngjiǎngzhòngyòng 重奖重用[-獎--] F.E. give a large bonus and a big promotion

zhōngjiān jiēcéng 中间阶层[-階層] N. intermediate strata

zhōngjiān jiégòu 中间结构[-構] N. <lg.> intermediate structure

zhōngjiān lìliàng 中间力量 N. middle-of-the-road forces; intermediate forces

zhòngjiànluòmǎ 中箭落马 F.E. be hit by an arrow and fall from one's steed

zhōngjiān lùxiàn 中间路线 N. middle road

zhōngjiānpài 中间派 N. fence-sitters; straddlers; middle-of-the-roaders

zhōngjiān pànjué 中间判决[-決] V.P. <law> interlocutory judgment

zhōngjiānrén 中间人 N. middle-man; mediator M: [2]wèi

[1]zhōngjiān rénwù 中间人物 N. persons who are not heroic or advanced

[2]zhōngjiān rénwù 中坚人物[-堅--] N. key personnel M: [2]wèi

zhōngjiānsè 中间色 N. ① a color that is the mixture of two other colors ②a color of medium characteristics (not showy nor too dark)

zhōngjiānshāng 中间商 N. broker; jobber M: [2]wèi

zhōngjiān shìyàn 中间试验 N. pilot-scale experiment; pilot run

zhōngjiāntǐ 中间体[-體] N. intermediate object

zhōngjiānxìng 中间性 N. neutrality

zhōngjiānxìng de yīn 中间性的音 N. neutral sound

zhǒngjiān zájiāo 种间杂交[種-雜-] N. <agr.> interspecific hybridization

zhōngjiāo* 中焦 N. <Ch. med.> body cavity between the diaphragm and the umbilicus

zhōngjiào 中觉[-覺] N. afternoon nap

zhòngjìbèiqín 中计被擒 F.E. fall into a trap and be captured

[1]zhōngjié* 终结 N. end; final stage

[2]zhōngjié 终节[-節] N. <mus.> finale

zhōngjiè 中介 N. intermediary; medium

zhǒngjiē 踵接 V.P. crowded like sardines

zhòngjié 中节[-節] V.P. ① rhythmic ② proper and just

zhòngjiè 仲介 N. mediator; go-between

zhōngjiè chéngfèn tǐxì 中介成分体系[----體-] N. <lg.> system of intermediate constituents

zhōngjiè de yuányīn 中介的元音 N. <lg.> medial vowel

zhōngjiéjù 终结句 N. <lg.> ending sentence

zhōngjiè lǐlùn 中介理论 N. the golden mean

zhōngjiēyǔ 中阶语[-階-] N. <lg.> mesolect

zhōngjiè yuányīn 中介元音 N. <lg.> intercalary vowel

zhōngjiè yǔyán 中介语言 N. <lg.> interlanguage

zhōngjié zhàngbù 终结帐簿 N. <acct.> book of final entry M: [1]běn

zhōngjiézhě 终结者 N. one who brings sth. to conclusion

zhōngjièzhě* 中介者 N. ① tertium quid ② go-between

zhòngjīguānqiāng 重机关枪[-關槍] N. heavy machine gun

zhōngjí mùbiāo 终极目标[-極-標] N. ultimate aim
zhòngjīn 重金 N. ① huge wealth ② a huge sum of money ③ <loan/mus.> heavy metal
zhōngjǐng* 中景 N. <film> medium shot
zhōngjìng 终竟 ADV. finally; after all; in the end ♦V. end; come to an end
zhòngjīn gòumǎi 重金购买[-購買] V.P. pay a high price for
zhòngjīngshí 重晶石 N. <min.> barite; heavy spar
zhòngjīnlǐpìn 重金礼聘[--禮-] F.E. employ with good pay
zhòngjīnpìnyòng 重金聘用 F.E. engage sb. at a high price
zhòngjīnshǔ 重金属[-屬] N. <chem.> heavy metal
zhōngjípǐn 中级品 N. middle-level products
zhòngjīqiāng 重机枪[-槍] N. heavy machine gun
zhōngjí qīwàng 终极期望[-極--] N. ultimate aspiration
zhōngjiū* 终究 ADV. eventually; in the end; after all
zhōngjiǔ 终久 ADV. eventually; in the end; after all ♦V. last long *bù néng* ~ can't last long
zhòngjiǔ 中酒 V.O. drunk; intoxicated
Zhōngjìwěi 中纪委 AB. *Zhōnggòng Zhōngyāng Jìlǜ Jiǎnchá Wěiyuánhuì*
zhōngjìxiàn 中继线[-繼-] N. trunk line
zhòngjīxiè 重机械 N. heavy machine
zhōngjíyīn 中级音 N. middle tone
zhōngjìzhàn 中继站[-繼-] P.W. relay station
[1]zhōngjú* 终局 N. end; outcome
[2]zhōngjú 中局 N. <sport> middle game
zhōngjù 中距 N. mid-range
zhòngjǔ 中举[-舉] V. <trad.> pass the imperial exams at the provincial level
zhōngjuān 中涓 N. palace eunuchs
zhōngjué 中绝[-絕] V. ① stop midway ② perish/vanish before reaching a conclusion
zhǒngjuézhǒuxiàn 踵决肘见[-決--] F.E. tattered dress
zhōngjùlí 中距离[-離] N. <sport> middle distance
zhōngjùlí (sài)pǎo 中距离(赛)跑[--離--] N. <sport> middle-distance race
zhōngjūn* 中军 P.W. <trad.> central column; main army
zhōngjùn 终竣 V. be completed
zhōngjūn 冢君 N. <wr.> ancient term for a sovereign
zhòngjūn 众军[眾-] N. ① all the forces/armies ② military forces of all sides
zhōngjūn'àiguó 忠君爱国[-愛國] F.E. be loyal to the sovereign and devoted to the country
zhōngkàn* 中看 V. be pleasant to the eyes
zhòngkàn 重看 V. attach importance to; take as serious
zhōngkàn bù jīngyòng 中看不经用[---經-] F.E. be pleasant to the eyes but of no use
zhōngkàn bù zhōngchī 中看不中吃 F.E. be pleasant to the eyes but not to the taste
zhōngkàn bù zhōngyòng 中看不中用 F.E. be pleasant to the eyes but of no use
zhōngkǎo 中考 N. ① mid-term exam ② entrance examination for senior-level middle school
zhòngkē 重科 N. serious crime (e.g., murder, etc.)
zhòngkēbùshè 重科不赦 F.E. A serious crime is unpardonable.
zhòngkěn 中肯 S.V. ① apropos; pertinent; to the point ② <phy.> critical
zhòngkěn zhìliàng 中肯质量[--質-] N. <phy.> critical mass
zhòngkěqùqiè 重可去怯 F.E. <Ch. med.> mental disorder may be cured with heavy sedation
Zhōngkēyuàn 中科院 AB. *Zhōngguó Kēxuéyuàn*
zhōngkōng 中空 N. hollow inside
zhòngkǒufēnyún 众口纷纭[眾-] F.E. everybody talks at once
zhòngkǒujiāozhé 众口交谪[眾-] F.E. be censured by everybody
zhòngkǒunántiáo 众口难调[眾-難-] F.E. It's hard to please everyone.
zhòngkòuqīngdiào 重扣轻吊[--輕-] F.E. combine hard smashes with drop shots (in tennis)
zhòngkǒurúyī 众口如一[眾-] F.E. with one voice
zhòngkǒushuòjīn 众口铄金[眾-鑠-] F.E. Public clamor can confound right and wrong.
zhòngkǒusuǒchuán 众口所传[眾-傳] F.E. be in everybody's mouth
zhòngkǒutóngshēng 众口同声[眾-聲] F.E. People are unanimous in their opinion.
zhòngkǒuxiāngchuán 众口相传[眾-傳] F.E. spread from mouth to mouth
zhòngkǒuyīcí 众口一词[眾-] F.E. with one voice; unanimously
zhǒngkuài 肿块[腫塊] N. lump; swelling; tumor
zhōngkuǎn 忠款 N. sincerity; frankness
Zhōng Kuí* 钟馗[鍾-] N. mythic exorciser of demons
zhōngkuì 中馈 N. <wr.> ① housework ② wife
zhōngkuìfárén 中馈乏人 F.E. have no wife; have no one to cook one's food
zhōngkuìyóuxū 中馈犹虚[-猶虛] F.E. have not yet taken a wife; be unmarried
zhōngkuòhú 中括弧 N. square brackets
zhōnglán 中栏[-欄] N. <sport> intermediate hurdles
zhōngláng 中郎 N. <trad.> military officer in charge of the security of the royal palace
zhōnglángjiàng 中郎将[-將] N. military officer in charge of the security of the royal palace
zhōnglǎo 终老 V.P. spend one's remaining years till death
zhōnglǎogùxiāng 终老故乡[-鄉] F.E. spend one's remaining years in one's hometown
zhōng-lǎonián 中老年 AB. [1]*zhōngnián* and *lǎonián*
zhǒnglèi 种类[種類] N. kind; type; variety; category
zhǒnglèi míngcí 种类名词[種類-] N. <lg.> species noun
zhǒnglèi yǔfǎ 种类语法[種類-] N. <lg.> categorical grammar
[1]zhōnglì* 中立 N. ① neutrality ② indifference
[2]zhōnglì 中砾[-礫] N. cobble; pebble
zhònglǐ 中理 V.O. reasonable
[1]zhònglì 重利 N. high interest/profit ♦V.O. place great value on money; value material gain
[2]zhònglì 重力 N. <phy.> gravity; gravitational force
zhōngliáng 忠良 V.P. loyal and honest ♦N. a faithful and upright person; a virtuous person
zhǒngliàng 种量[種-] N. plant/animal community/population
zhòngliàng* 重量 N. weight
zhōngliàngjí 中量级 N. <sport> middleweight
zhòngliàngjí* 重量级 N. <sport> heavyweight
zhòngliàngjì 重量计 N. scale
zhòngliàngqīngzhì 重量轻质[-輕質] F.E. stress quantity over quality
zhōngliǎo 终了 V. end; be completed
zhōngliǎo xìnxī 终了信息 N. termination message
zhònglìbǎi 重力摆[-擺] N. pendulum
zhònglìbō 重力波 N. gravitational wave
zhònglìchǎng 重力场[-場] P.W. gravitational field
zhōnglìcí 中立词 N. <lg.> neutral word
zhōngliè 忠烈 V. ① be loyal till death ② die for one's country ♦N. ① national hero ② martyr ③ martyrdom ④ patriotism
zhōnglìècí 忠烈祠 P.W. martyrs' shrine M: [4]zuò
zhōnglìguó 中立国[-國] P.W. neutral state
zhōnglì guójiā 中立国家[--國-] P.W. neutral state
zhōnglìhuà 中立化 N. neutralization
zhònglì jiāsùdù 重力加速度 N. <phy.> gravitational acceleration
zhōnglíngyùxiù 钟灵毓秀[-靈--] F.E. A favorable ambience nurtures talent.
zhōnglìpài 中立派 N. neutral side/group
zhònglìpánbō 重利盘剥[--盤-] F.E. lend money at usurious rates; be a loan-shark
zhònglìqīngyì 重利轻义[-輕義] F.E. value material gains above justice
zhōnglìqū 中立区[-區] P.W. neutral zone
zhōnglìshí 中砾石[-礫-] N. cobble-stone
zhōngliū(r) 中溜(儿) N./ATTR. <coll.> (of) medium grade; (of) second quality
zhōngliú 中流 N. ① midstream ② middle; average
zhǒngliú* 肿瘤[腫-] N. tumor
zhōngliúdǐzhù 中流砥柱 ID. one who stands rock-firm; mainstay
zhōngliúqìgāo 中流弃篙[--棄-] F.E. give up half-way
zhōnglì wèizhì 中立位置 N. neutral position
zhōnglìzhǔyì 中立主义[-義] N. neutralism
zhōnglóu 钟楼[鐘樓] P.W. bell/clock tower M: [4]zuò
zhōnglù 中路 N. ① midway ② mediocre in quality
zhònglǜ 重率 N. <phy.> gravity
zhōnglüè 中略 F.E. part omitted (used as an ellipsis mark within brackets in a quoted passage) ♦N. <lg.> syncope
zhōnglùhuò 中路货 N. mediocre goods
zhōngluò* 中落 V. decline (of fortunes)
zhǒngluò 种落[種-] N. tribe
Zhōnglǚshè 中旅社 AB. *Zhōngguó Lǚxíngshè*
zhòngmá 种麻[種-] V.O. plant hemp/flax/etc.
zhǒngmǎ* 种马[種-] N. stud horse; stallion M: [1]*pǐ*
zhǒngmǎchǎng 种马场[種-場] P.W. stud farm M: [4]*zuò*
zhòngmàidémài 种麦得麦[種麥-麥] F.E. One reaps what one sows.
zhōngmǎn 中满 N. <Ch. med.> abdominal flatulence
Zhōngměi 中美 P.W. Central America ***See also*** *Zhōng-Měi*
Zhōng-Měi* 中美 ATTR. China and the U.S.A.; Sino-American ***See also*** *Zhōngměi*
Zhōngměizhōu 中美洲 P.W. Central America
zhǒngmén 踵门 V.O. call at sb.'s house in person
zhǒngménbàibié 踵门拜别 F.E. pay a farewell call in person
zhǒngméndàoxiè 踵门道谢 F.E. call in person to express one's thanks
zhòngmí 中迷 V. be absorbed by; be very interested in
zhōngmiàn 钟面[鐘-] N. clock dial/face
zhǒngmiáo 种苗[種-] N. sprout
zhòngmíng 重名 N. ① great reputation ② fame ♦V.O. value fame
zhōngmíngdǐngshí 钟鸣鼎食[鐘-] F.E. ① live an extravagant life ② enjoy affluence
zhōngmíngdǐngshí zhī jiā 钟鸣鼎食之家[鐘-] N. ① a stately house/mansion ② a family of great wealth
zhōngmínglòujìn 钟鸣漏尽[鐘-盡] ID. be in one's declining years
zhōngmò 终末 ATTR. terminal
zhòngmó* 中魔 V.O. ① meet with a demon ② be mesmerized by sth. ③ be possessed (by evil spirits)
zhòngmóuqiānyòng 众谋佥用[眾-僉-] F.E. use advice from all sources
zhòngmùgòngdǔ 众目共睹[眾-] F.E. what everyone can see for himself
zhòngmùkuíkuí 众目睽睽[眾-] F.E. be in the glare of the public eye
zhòngmùsuǒshì 众目所视[眾-] F.E. be in the limelight
zhòngmùsuǒzhǔ 众目所瞩[眾-矚] F.E. be in the limelight

zhōngmǔyīn 中母音 N. <lg.> neutral vowel
zhòngmùzhāozhāng 众目昭彰[眾-] F.E. ① the masses are sharp-eyed ② be clear to all
zhōngmuzhǐ 中拇指 N. middle finger
zhōngnán 中男 N. second son
Zhōngnán Bàndǎo 中南半岛[-島] P.W. Indochina Peninsula
Zhōngnánbù 中南部 P.W. Middle South region
Zhōngnánhǎi 中南海 P.W. residential compound in Beijing housing top party leaders
zhōngnánjiéjìng 终南捷径[-徑] F.E. ① short cut to officialdom ② royal road to fame
zhòngnánqīngnǚ 重男轻女[--輕-] F.E. regard men as superior to women
zhōngnǎo 中脑[-腦] N. <phys.> mesencephalon; midbrain
zhǒngnèi zájiāo 种内杂交[種-雜-] N. <agr.> intraspecific hybridization
Zhòngní 仲尼 N. Confucius
[1]zhōngnián 中年 N. middle age
[2]zhōngnián 终年 N. ① all/throughout the year ② age at which one dies
zhōngniánjí 中年级 N. intermediate level of classes
zhōngniánrén 中年人 N. a middle-aged person
zhǒngniú 种牛[種-] N. breeding bull M: [1]*tóu*
zhòng niúdòu 种牛痘[種-] V.O. vaccinate against smallpox
zhōngnóng 中农[-農] N. <pol.> middle peasant
zhòngnóngyìshāng 重农抑商[-農--] F.E. favor agriculture and disfavor commerce
zhòngnóngzhǔyì 重农主义[-農-義] N. agrarianism
zhòngnù 众怒[眾-] N. public wrath
zhòngnùnánfàn 众怒难犯[眾-難-] F.E. It's dangerous to anger the masses.
Zhōng'ōu* 中欧[-歐] P.W. Central Europe *See also Zhōng-Ōu*
Zhōng-Ōu 中欧[-歐] ATTR. Sino-European *See also Zhōng'ōu*
zhōngpài 中派 N. centrist
zhōngpàizhǔyì 中派主义[-義] N. centrism
zhōngpán 中盘[-盤] N. <sport> middle game
zhòngpànqīnlí 众叛亲离[眾-親離] F.E. be utterly isolated
zhōngpánqǔshèng 中盘取胜[-盤-勝] F.E. score a mid-game victory
zhōngpǎo 中跑 N. middle-distance race
zhǒngpào 肿疱[腫皰] N. pimple; acne
zhòngpào* 重炮 N. heavy artillery M: *mén*
zhǒngpí 种皮[種-] N. seed coat
[1]zhōngpiān 中篇 N. ① medium-length novel; novelette ② volume 2 (of a 3-volume book)
[2]zhōngpiān 终篇 V.O. <wr.> finish writing/reading sth.
zhōngpiān xiǎoshuō 中篇小说 N. medium-length novel; novelette M: [2]*bù*
zhōngpín 中频 N. intermediate/medium frequency
zhōngpíng 中平 N. ordinary/middle quality
zhōngpōumiàn 舯剖面 N. midships section
zhōngpú 忠仆[-僕] N. loyal servant M: [2]*wèi*
Zhōng-Pú 中葡 P.W. Sino-Portuguese
zhōngpù* 中铺 P.W. middle berth
zhōngqī* 中期 N. ① midterm ② middle period
zhòngqǐ 种起[種-] R.V. start to plant
zhòngqì 重器 N. <wr.> ① treasure ② a great mind
[1]zhòngqiān(r) 中签(儿) V.O. ① draw the lucky number ② be chosen by lot
[2]zhòngqiān 重迁[-遷] V.P. <wr.> be unwilling to be moved from where one lives *See also chóngqiān*
zhòngqiāng 中枪[-槍] V.O. get/be shot
Zhōngqiáowěi 中侨委[-僑-] AB. *Zhōngyāng Rénmín Zhèngfǔ Huáqiáo Shìwù Wěiyuánhuì*
zhǒngqiè 种切[種-] SUF. <wr.> and so on; etc.
zhǒngqíhòuchén 踵其后尘[-後塵] F.E. follow in sb.'s footsteps
zhǒngqǐlai 肿起来[腫-] R.V. swell up
zhōngqín 钟琴[鐘-] N. <mus.> carillon
[1]zhōngqíng* 钟情 V.O. be deeply in love; fall in love
[2]zhōngqíng 衷情 N. heartfelt emotion; inner feelings
[1]zhòngqīng 重轻[-輕] N. degree of seriousness
[2]zhòngqīng 重氢[-氫] N. <chem.> heavy hydrogen; deuterium
zhòngqíng 重情 V.O. attach importance to matters of emotion
zhòngqīnglǜ 重轻律[-輕-] N. trochee
zhōng-qīngnián 中青年 AB. [1]*zhōngnián* and *qīngnián*
zhòngqīngqīnglǜ 重轻轻律[-輕輕-] N. dactyl
zhōngqīngtóng 钟青铜[鐘-] N. bell bronze; bell metal
zhòngqíngyìjǔ 众擎易举[眾-舉] F.E. many hands make light work
zhōngqítiānnián 终其天年 F.E. live one's full span
Zhōngqiū* 中秋 N. Mid-Autumn Festival (15th day of the eighth lunar month)
zhòngqiū 仲秋 N. second month of autumn; mid-autumn
zhòngqiú 重裘 N. thick and heavy fur coat M: [2]*jiàn*
Zhōngqiūjié 中秋节[-節] N. Mid-Autumn Festival (15th day of the eighth lunar month)
Zhōngqiū yuèbing 中秋月饼 N. moon cake for the Mid-Autumn Festival M: [2]*kuài*
zhōngqíyīshēng 终其一生 F.E. all his life
[1]zhōngqū* 中区[-區] P.W. middle region/area
[2]zhōngqū 衷曲 N. <wr.> heartfelt emotion; inner feelings
zhōngqǔ 终曲 N. <mus.> finale
zhōngquán 中权[-權] N. ①main army ②central administration
zhǒngqún 种群[種-] N. plant/animal community/population
zhǒngqún bàofā 种群爆发[種-發] V.P. population explosion
zhōngr 钟儿[鐘-] N. bell M: [4]*zuò*
zhòng ránnuò 重然诺 V.P. be judicious about giving promises
zhōngrén 中人 N. ① go-between; mediator; intermediary ② one of ordinary stature/appearance/ability/etc; an average man M: [2]*wèi*
[1]zhǒngrén 种人[種-] N. people of the same race
[2]zhǒngrén 种仁[種-] N. kernel
zhòngrén* 众人[眾-] N. ① everybody ② many people; crowd
zhòngrèn 重任 N. important task; heavy responsibility
zhòngrénjiēzhī 众人皆知[眾-] F.E. Everybody knows.
zhòngrén shíchái huǒyàn gāo 众人拾柴火焰高[眾-] ID. The more people, the more strength.
zhòngrén yǎnjing shì gǎn chèng 众人眼睛是杆秤[眾-] ID. Public opinion is objective.
zhōngrì* 终日 N. all day (long)
Zhōng-Rì 中日 AB. Sino-Japanese; Chinese-Japanese
zhōngrìhūnhūn 终日昏昏 F.E. drunk all day long
zhōngrǔ 钟乳[鐘-] N. stalactites
zhōngrǔdòng 钟乳洞[鐘-] N. stalactitic grotto
zhōngrǔshí 钟乳石[鐘-] N. stalactite
Zhōngshān 中山 N. courtesy name of Sun Yat-sen
Zhōngshān Dàxué 中山大学 P.W. Sun Yat-sen University (in Guangzhou and also in Taiwan)
Zhōngshānfú 中山服 N. Chinese tunic suit; Mao jacket M: [2]*jiàn*
[1]zhōngshāng 中伤[-傷] V. defame; discredit *See also* [2]*zhòngshāng*
[2]zhōngshāng 中殇[-殤] V. die between 12 and 15
zhōngshàng 中上 ATTR. so-so; slightly above average
zhòngshang 种上[種-] R.V. <agr.> plant
[1]zhòngshāng* 重伤[-傷] N. serious wound; severe injury
[2]zhòngshāng 中伤[-傷] V. slander; malign *See also* [1]*zhōngshāng*
zhòngshǎng 重赏 N. handsome reward ♦V. reward generously
zhòngshāngfēng 重伤风[-傷-] N. severe cold
zhòngshāng hǎorén 中伤好人[-傷--] V.O. malign an innocent person
zhòngshāngzhǔyì 重商主义[-義] N. mercantilism
zhōngshānláng 中山狼 N. ①person who repays good with evil ② perfidious person
Zhōngshānlíng 中山陵 P.W. Sun Yat-sen Mausoleum (in Nanjing)
Zhōngshānzhuāng 中山装[-裝] N. Chinese tunic suit; Mao jacket M: [2]*jiàn*
Zhōngshā Qúndǎo 中沙群岛[-島] P.W. Zhongsha Islands (Scarborough Shoal)
[1]zhōngshēn* 终身 ATTR./ADV. lifelong; all one's life ♦N. marriage *See also sītuōzhōngshēn*
[2]zhōngshēn 中身 N. trunk
zhōngshěn 终审[-審] N. <law> last instance; final judgment
zhòngshēn(zi) 重身(子) N. pregnant woman
zhōngshēn bànlǚ 终身伴侣[-侶] N. ① lifelong companion ② one's husband or wife
zhōngshēn bù jià 终身不嫁 V.P. never marry throughout her whole life
zhōngshēn bù qǔ 终身不娶 V.P. never marry throughout his whole life
zhōngshēn bù wàng 终身不忘 V.P. keep in memory throughout one's whole life
zhōngshēn dàshì 终身大事 N. important event in one's life (i.e., marriage)
zhōngshēn-dìzhèn 中深地震 N. intermediate earthquake
zhōngshěn fǎtíng 终审法庭[-審--] P.W. <law> court of last resort
zhōngshěn fǎyuàn 终审法院[-審--] P.W. <law> court of last instance
[1]zhōngshēng* 终生 N. entire life
[2]zhōngsheng 钟声[鐘聲] N. sound of tolling bell
zhòngshēng 众生[眾-] N. ① all living creatures ② beasts/animals
Zhōngshēngdài 中生代 N. <geol.> Mesozoic Era
zhōngshēng nánwàng 终生难忘[--難-] V.P. never forget in one's life
zhōngshēn gùyōng 终身雇佣[-傭] V.P. permanent employment
zhòngshēngxiàng 众生相[眾-] N. <Budd.> the idea that all sentient beings are produced by the skandhas (aggregates)
zhōngshēng yíhàn 终生遗憾 N. lifelong regret
zhōngshēn jiàoshòu 终身教授 N. tenured professor M: [2]*wèi*
zhōngshēn jiàoyù 终身教育 N. lifelong education
zhōngshēn niánjīn 终身年金 N. life annuity
zhōngshěnquán 终审权[-審權] N. power of final adjudication
zhōngshěn shàngsù 终审上诉[-審--] N. <law.> final appeal
zhōngshēn shìyè 终身事业[-業] N. lifelong career; career/endeavor/undertaking/etc. to which one dedicates one's whole life
zhōngshēn shòugù 终身受雇 V.P. life employment
zhōngshēn yǎnglǎojīn 终身养老金[--養--] N. life annuity
zhōngshēn yíhèn 终身遗恨 V.P. regret all one's life
zhōngshēnyǒukào 终身有靠 F.E. can depend on sb. all one's life
zhōngshēnzhí 终身职[-職] N. office for life, lifetime job
zhōngshēnzhì* 终身制 N. lifelong-tenure system
zhōngshēnzhījiāo 终身之交 N. (became) lifelong friends

zhòng shēnzi 重身子 V. be pregnant ♦V.O. a pregnant woman

zhōngshī 中师[-師] AB. teacher-training school; normal school

1zhōngshí 忠实[-實] ATTR. true; faithful; reliable/truthful

2zhōngshí 终食 A.T. duration of a meal

1zhōngshǐ 终始 N. from beginning to end

2zhōngshǐ 中使 N. messenger from the palace

1zhōngshì 中士 N. <mil.> sergeant; petty officer second-class; staff sergeant M: 1míng

2zhōngshì 钟式[鐘-] ATTR. clock-type; bell-type

3zhōngshì 中室 P.W. <archeo.> central chamber M: 1jiān

4zhōngshì 中世 N. medieval times; Middle Ages

5zhōngshì 终世 ADV. all one's life

Zhōngshì 中式 ATTR. Chinese-style *See also* 2*zhòngshì*

zhòngshí 重石 N. heavy stone M: 2kuài

1zhòngshì* 重视 V. attach importance to; take sth. seriously; value

2zhòngshì 中式 V.O. pass the imperial examinations *See also Zhōngshì*

3zhòngshì 中试 V.O. pass a test/etc.

Zhōngshì Hànyǔ 中世汉语[--漢-] N. <lg.> Middle Chinese/Sinitic

Zhōngshìjì 中世纪 N. Middle Ages

zhōngshí kěkào 忠实可靠[-實--] V.P. be honest and trustworthy; be devoted

Zhōngshì pēngrèn 中式烹饪 N. Chinese cuisine

Zhōngshíqì Shídài 中石器时代[---時-] N. <geol.> Mesolithic Period

zhǒngshìzēnghuá 踵事增华[-華] F.E. <wr.> take over and carry forward even more vigorously

zhòngshǐzhīdì* 众矢之的[眾-] N. target of public criticism/censure

zhòngshìzhīdì 众视之的[眾-] F.E. the center of attention

zhōngshòu 中寿[-壽] N. middle-range longevity

zhōngshū* 中枢[-樞] P.W. center; pivot; control center

1zhōng-shù 忠恕 V.P. loyal and considerate ♦N. magnanimity

2zhōngshù 中数[-數] N. <math.> median

zhòngshǔ 中暑 N./V.O. heatstroke; sunstroke

1zhòngshù 种树[種樹] V.O. plant trees

2zhòngshù 众数[眾數] N. mode (in frequency distribution)

3zhòngshù 众庶[眾-] N. <wr.> common people; masses; people

zhòngshuāi 重摔 V. fall down heavily

zhōngshuāng 终霜 N. <met.> latest frost

zhòngshuǐ 重水 N. <chem.> heavy water

zhòngshuì* 重税 N. heavy taxation

zhōngshuǐqī 中水期 N. normal water level period (of a river/etc.)

zhōngshūlìng 中书令[-書-] N. head of the secretariat M: 2wèi

zhōngshùn 忠顺 S.V. loyal and obedient

zhòngshuō 众说[眾-] N. diverse opinions

zhòngshuōbùyī 众说不一[眾-] F.E. views differ

zhòngshuōfēnyún 众说纷纭[眾-] F.E. opinions vary

Zhōngshūshěng 中书省[-書-] P.W. <trad.> Imperial Secretariat (Tang dynasty)

zhōngshū shénjīng 中枢神经[-樞-經] N. ① nerve center ② central nervous system

zhōngshū shénjīng xìtǒng 中枢神经系统[-樞-經係-] N. <med.> central nervous system

zhōngshùzhīdào 忠恕之道 N. the principle/doctrine of loyalty and forgiveness

zhōngsī 螽斯 N. katydid

zhǒngsì* 冢嗣 N. oldest son; inheritor

zhōngsīyǎnqìng 螽斯衍庆[-慶] ID. May your offspring be as numerous as a katydid's. (a congratulatory expression used when a son is born to a friend)

1zhōngsù 中速 N. intermediate speed

2zhōngsù 终速 N. final speed

3zhōngsù 钟速[鐘-] N. clock rate

zhōngsuì 终岁[-歲] V.P. all year round

zhōngsuìsuǒyuàn 终遂所愿[-願] F.E. fulfil one's long-felt wish

zhòngsuǒzhōuzhī 众所周知[眾-] F.E. as everyone knows

zhòngsuǒzhùmù 众所注目[眾-] F.E. center of attention

zhōngtǎ 钟塔[鐘-] P.W. bell tower M: 4zuò

zhōngtài 终态[-態] N. <phy.> final state

zhōngtài dòngcí 中态动词[-態動-] N. <lg.> verb in the middle voice

zhōngtàijù 中态句[-態-] N. <lg.> middle-voiced sentence

zhōngtáng* 中堂 N. ① central scroll (hung in main room) M: 10fú ② <hist.> grand secretary (in Ming/Qing)

Zhōngtáng 中唐 N. <hist.> mid-Tang dynasty

zhōngtàngāng 中碳钢[-鋼] N. medium carbon steel

zhòngtànsuānnà 重碳酸钠 N. <chem.> sodium bicarbonate

1zhōngtiān 中天 N. ① <astr.> culmination; meridian passage/transit ② the heavenly vault; the firmament ③ the middle of the sky ④ in the sky

2zhōngtiān 终天 ADV. ① all day long ② <wr.> ⓐ forever ⓑ all one's life

zhòngtián* 种田[種-] V.O. till land; farm

zhòngtián de 种田的[種-] N. farmer

zhōngtiānnián 终天年 V.O. live one's allotted lifespan

zhòngtiánrén 种田人[種-] N. farmer

zhōngtiānzhīhèn 终天之恨 N. lifelong regret

zhōngtiānzhīmù 终天之慕 N. life long respect

zhōngtiáo 中条[-條] N. <art> medium-size hanging scroll M: 10fú

zhòngtǐlì láodòng 重体力劳动[-體-勞動] N. heavy labor

1zhōngtīng* 中听[-聽] S.V. pleasant to the ear

2zhōngtīng 中厅[-廳] P.W. foyer;lobby M: 1jiān

zhōngtíng 中停 V. stop in the middle; interrupt; suspend

zhòngtīng 重听[-聽] S.V./V. be hard-of-hearing

zhōngtíqín 中提琴 N. viola M: 1bǎ

Zhōngtǐ-Xīyòng 中体西用[-體--] N. Chinese (learning as the) essence and Western (learning for its)utility

Zhōngtǒng 中统 P.W. <PRC> KMT spy organization

zhǒngtòng* 肿痛[腫-] V.P. swollen and painful

zhōngtóu* 钟头[鐘-] N. <coll.> hour

zhòngtóu 重头 ATTR. of vital importance; of great value

zhòngtóuxì 重头戏[-戲] N. ① opera with much singing and stage business ② opera that is difficult to perform ③ most important parts of a project

zhōngtú* 中途 N. halfway; midway

Zhōngtǔ 中土 P.W. ① Central Plains ② China; Cathay

zhōngtú biànguà 中途变卦[--變-] F.E. change one's mind in mid course

Zhōngtú Dǎo 中途岛[-島] P.W. Midway Island

zhōngtúhuànmǎ 中途换马[--換-] F.E. swap horses in midstream

zhòngtuō 重托 N. great trust

zhōngtú tíngyè 中途停业[-業] V.P. terminate operations before their scheduled expiration

zhōngtú tuìchǎng 中途退场[-場] V.P. leave before the meeting is over

zhōngtú yāozhé 中途夭折 F.E. die on the vine

zhōngtú zhuǎnyùn 中途转运[-轉運] V.P. transship en route

Zhōng-wài 中外 P.W. China and foreign countries; Sino-foreign

zhōngwàibǐ 中外比 N. <math.> golden section

Zhōng-wài hézī 中外合资 N. Chinese-foreign joint venture

zhōngwàiyěshǒu 中外野手 N. <sport> centerfielder (in baseball)

zhōngwàiyīlǐ 中外一理 F.E. Truth, human nature, and so on are the same everywhere.

1zhòngwàng 众望[眾-] N. people's expectations; popular confidence

2zhòngwàng 重望 N. ① great renown ② great expectations

zhòngwàngsuǒguī 众望所归[眾-歸] F.E. enjoy popular confidence

zhōngwěi 中委 AB. *zhōngyāng wěiyuán*

1zhōngwèi* 中尉 N. <mil.> first lieutenant; lieutenant junior-grade

2zhōngwèi 中卫[-衛] N. center halfback (in soccer)

zhòngwèi 众位[眾-] PR. you gentlemen

zhōngwěidù 中纬度[-緯-] P.W. middle latitudes

zhōngwèishù 中位数[-數] N. median

Zhōngwén* 中文 N. Chinese (written) language

zhòngwén 重文 N. emphasis on literature and art *See also chóngwén*

Zhōngwén diànnǎo 中文电脑[-電腦] N. Chinese-language-programmable computer M: 1tái

Zhōngwén píngtái xìtǒng 中文平台系统 N. <comp.> Chinese-language platform system

zhòngwénqīngwǔ 重文轻武[--輕-] F.E. ① put intellectual pursuits above martial arts ② emphasize civil administration at the expense of national defense

zhòngwénqīngyǔ 重文轻语[--輕-] F.E. privilege writing and slight speech

Zhōngwénxì 中文系 P.W. department of Chinese

Zhōngwén xìnxī chǔlǐ 中文信息处理[----處-] N. Chinese information processing

zhōngwǔ* 中午 N. noon; midday

zhǒngwǔ 踵武 ID. <wr.> follow in sb.'s footsteps; imitate; follow suit; carry on the work of one's predecessors

zhòngwù 重物 N. a weight

zhòngwǔqì 重武器 N. heavy weapons M: 2jiàn

zhòngwǔqīngwén 重武轻文[--輕-] F.E. Prize the arts of war above the arts of peace.

Zhōng-Xī* 中西 AB. ① China and the West ② Chinese and Western

zhōngxí 终席 V.O. end; come to a close (of a dinner party)

zhōngxià* 中下 ATTR. lower-middle

Zhōngxià 中夏 P.W. ① mid-summer ② ancient name for China

1zhòngxià 种下[種-] R.V. plant (seeds/etc.)

2zhòngxià 仲夏 P.W. second month of summer; midsummer

zhòngxià huògēn 种下祸根[種-禍-] V.O. sow seeds of calamity, misfortune, future troubles

1zhōngxiàn 中线 N. midline; center/neutral line M: 1tiáo

2zhōngxiàn 终献[-獻] N. <trad.> third wine offering in a sacrificial ceremony

zhōngxiǎng* 钟响[鐘響] N. toll; tolling (of bells)

zhōngxiàng 钟向[鐘-] N. clockwise

1zhōngxiāo 中宵 N. midnight

2zhōngxiāo 终宵 ADV. all night

zhōngxiǎo 中小 ATTR. middle-sized and small

1zhōng-xiào* 忠孝 V.P. loyal and filial

2zhōngxiào 中校 N. <mil.> lieutenant colonel; commander

zhòngxiào 重孝 N. solemn mourning dress; heavy mourning

zhōng-xiào bùnéng liǎngquán 忠孝不能两全 F.E. Loyalty and filial piety are incompatible.

zhōngxiàojiéyì 忠孝节义[-節義] F.E. loyalty, filial piety, chastity, and righteousness

zhōngxiàoliǎngquán 忠孝两全 F.E. both loyal to one's country and filial to one's parents

zhōngxiǎo qǐyè 中小企业[-業] P.W. small- and medium-size businesses

zhōngxiàoshuāngquán 忠孝双全[--雙-] F.E. consummate in fidelity and filial piety

zhōngxiǎoxíng 中小型 N. middle and small types

Z

zhōng-xiǎoxué 中小学 AB. *zhōngxué* and *xiǎoxué*

zhōngxiàozhīdào 忠孝之道 N. teachings of loyalty and filial piety

zhòngxiàyè 仲夏夜 N. midsummer night

zhōng-xiàyóu 中下游 P.W. middle and lower reaches of a river

Zhōngxībù 中西部 P.W. Midwest Region

zhōngxiè 踵谢 V. <wr.> thank in person

zhòngxié* 中邪 V.O. ① be bewitched ② be possessed (by evil spirits)

zhōngxīhébì 中西合璧 F.E. combination of Chinese and Western content

Zhōng-Xī jiéhéyī 中西结合医[-醫] N. a doctor well-versed in traditional Chinese and Western medicine M: [2]*wèi*

[1]**zhōngxīn*** 中心 P.W. center; heart; hub; focus ♦N. persons holding important positions

[2]**zhōngxīn** 衷心 ATTR. heartfelt; cordial

[3]**zhōngxīn** 忠心 N. loyalty; devotion ♦ATTR. loyal

zhōngxìn 忠信 ATTR. faithful and honest; loyal and trustworthy

zhòngxīn 重心 P.W. ① <*phy.*> center of gravity ② heart; core; focus

zhōngxīn'àidài 衷心爱戴[--愛-] F.E. love wholeheartedly

zhōngxīn bàoguó 忠心报国[-報國] V.P. repay one's country with loyalty

zhōngxīn chéngfèn 中心成分 N. <*lg.*> head

zhōngxīn chéngshì 中心城市 P.W. key city

zhōngxīnchìdǎn 忠心赤胆[-膽] F.E. wholehearted devotion

zhōngxīncí 中心词 N. <*lg.*> head-word

zhōngxīndiǎn* 中心点[-點] P.W. ① center ② at/in the heart

zhōngxīndiàn 中心店 P.W. main store M: [1]*jiā*

zhōngxīn dìdài 中心地带[-帶] P.W. <*lg.*> center

zhōngxīn fāyán 中心发言[--發-] N. main speech

zhōngxīng 中兴[-興] N. ① renaissance; resurgence ② resurgence of a nation; restoration of a dynasty

[1]**zhōngxíng*** 中型 ATTR. medium-/middle-sized

[2]**zhōngxíng** 中行 N. the middle road/path *See also Zhōng Háng*

zhōngxìng 中性 ATTR. ① <*chem.*> neutral ② <*lg.*> neuter; neuter gender

zhǒngxíng 种型[種-] N. genotype

[1]**zhǒngxìng** 种姓[種-] N. ① caste (in India) ② clan

[2]**zhǒngxìng** 种性[種-] N. character of a race/seed/species/etc.

[1]**zhòngxíng** 重型 ATTR. heavy-duty; heavy

[2]**zhòngxíng** 重刑 N. ①severe sentence ②severe physical punishment of a criminal/etc.

zhōngxīn gǎnxiè 衷心感谢 V.P. thank from the bottom of one's heart

zhōngxíng bāshì 中型巴士 N. mini-bus M: [3]*liàng*

zhōngxīng dàyè 中兴大业[-興-業] N. the grand enterprise of reviving a country/party/etc.

zhōngxīngěnggěng 忠心耿耿 F.E. loyal and devoted

zhòngxīnggǒngdǒu 众星拱斗[眾-] F.E. All stars turn toward the polestar.

zhòngxīnggǒngyuè 众星拱月[眾-] ID. a host of lesser lights around the leading one

zhōngxìnghuā 中性花 N. asexual flower

zhōngxínghuā zhíwù 钟形花植物[鐘-] N. <*bot.*> bluebells

zhōngxìng míngcí 中性名词 N. <*lg.*> neuter noun; it-noun

zhòngxīngpěngyuè 众星捧月[眾-] F.E. regard sth./sb. as core

zhōngxìngtǔ 中性土 N. neutral soil

zhōngxìngxiàn 中性线 N. neutral line M: [1]*tiáo*

zhōngxìngyán 中性盐[-鹽] N. <*chem.*> neutral salt

zhōngxīngyí 中星仪[-儀] N. <*astr.*> meridian/transit instrument

zhōngxìng yuányīn 中性元音 N. <*lg.*> neutral vowel

zhǒngxìng zhìdù 种姓制度[種-] N. caste system

zhōngxīnjiǎo 中心角 N. central angle

zhōngxīn jiàzhí 中心价值[-價-] N. central value

zhōngxīn mǎnyì 衷心满意 V.P. be sincerely satisfied with . . .

zhōngxīn míngcí 中心名词 N. <*lg.*> head noun

zhōngxīn míngcízǔ 中心名词组 N. <*lg.*> head NP

zhōngxīn rénwù 中心人物 N. central/key figure M: [2]*wèi*

zhōngxīnrúfén 中心如焚 F.E. burning with passion

Zhōngxīnshè 中新社 AB. *Zhōngguó Xīnwénshè*

Zhōngxīnshì 中新世 N. <*geol.*> Miocene Epoch

zhōngxīn sīxiǎng 中心思想 N. central idea; gist

zhōngxīntǐ 中心体[-體] N. ① central apparatus ② <*bio.*> centrosome

zhōngxīnwèiguó 忠心为国[-國] F.E. be true and loyal to the state

zhōngxīnxiàn 中心线 N. <*mach.*> center line M: [1]*tiáo*

zhōngxīnxiàng 中心项 N. <*phil.*> central term

zhōngxīn xiǎoxué 中心小学 P.W. core/key elementary school M: [1]*suǒ*

zhōngxīnxìng 中心性 N. centrality

[1]**zhōngxīn yìyì** 中心意义[-義] N. <*lg.*> central meaning

[2]**zhōngxīnyìyì** 中心悒悒 F.E. sad at heart

zhōngxīnyōnghù 衷心拥护[-擁護] F.E. give wholehearted support

zhōngxīn yuányīn 中心元音 N. <*lg.*> central vowel

zhōngxīnzhéfú 衷心折服 F.E. admire from the heart

zhōngxīn zhěnsuǒ 中心诊所 P.W. central clinic

zhōngxīnzhùyuàn 衷心祝愿[-願] F.E. congratulate sb. heartily

zhòngxiōng 仲兄 N. second-eldest brother

[1]**zhōngxiū** 中休 V. take a break ♦N. a pause for rest

[2]**zhōngxiū** 中修 N. a semi-major repair

Zhōng-Xī wénhuà 中西文化 N. Chinese and Western civilizations/culture

Zhōng-Xīyī 中西医[-醫] N. *Zhōngyī* and *Xīyī*

Zhōng-Xīyī jiéhé 中西医结合[--醫--] N./V.P. combine traditional Chinese and Western medicine

zhōngxū 终须 V.P. have to. . .in the end; be unavoidable in the long run

zhòngxuǎn 中选[-選] V. be chosen/selected

Zhōngxuānbù 中宣部 AB. *Zhōng-Gòng Zhōngyāng Xuānchuánbù*

zhōngxué* 中学 P.W. middle school M: [1]*suǒ See also Zhōngxué*

Zhōngxué 中学 N. <*trad.*> Chinese learning *See also zhōngxué*

zhōngxuéshēng 中学生 N. middle-school student M: [1]*míng*

zhōngxuéxiào 中学校 P.W. middle school M: [1]*suǒ*

zhōngxuéxīyòng 中学西用 F.E. apply Chinese studies in the West

zhōngxún 中旬 N. middle 10 days of a month

zhòng xúnyángjiàn 重巡洋舰[-艦] N. <*mil.*> heavy cruiser M: [1]*sōu*

Zhōngyà* 中亚[-亞] P.W. Central Asia

zhòngyā 重压[-壓] N. heavy/great weight/pressure/load

zhōngyán 忠言 N. sincere/earnest advice

zhōngyāng* 中央 P.W. ①center; middle ②central authorities (of a state/party/etc.)

zhōngyǎng 终养[-養] V. resign from one's office to care for one's parents at home

zhǒngyáng 肿疡[腫瘍] N. ① painful swellings of the body surface ② early stage of pyogenic infection of skin ③ <*Ch. med.*> lesion

zhōngyāng chǔlǐjī 中央处理机[--處--] N. <*comp.*> central processing unit (CPU); central processor

zhōngyāng chǔlǐqì 中央处理器[--處--] N. <*comp.*> central processing unit (CPU)

Zhōngyāng hòubǔ wěiyuán 中央候补委员[---補--] N. alternate member of the Central Committee (of the Chinese Communist Party) M: [2]*wèi*

zhōngyángjǐ 中洋脊 P.W. mid-ocean ridge

zhōngyāng jíquán 中央集权[-權] N./V.P. centralization (of authority); centralized government

Zhōngyāng-jú 中央局 P.W. regional bureaus of the Central Committee

Zhōngyāng quánhuì 中央全会 N. plenary session of the Central Committee

Zhōngyāng Rénmín Zhèngfǔ 中央人民政府 P.W. Central Government of the People

zhōngyāng sǎomiáo huílù 中央扫描回路[--掃---] N. <*comp.*> central scanning loop

Zhōngyāngshè 中央社 P.W. Central News Agency

zhōngyāngshuì 中央税 N. taxes which go to the central government

Zhōngyāng Shūjìchù 中央书记处[--書-處] P.W. <*pol.*> Secretariat of the Central Committee

Zhōngyāngtái 中央台[-臺] P.W. Central Broadcasting Station (in Beijing)

Zhōngyāng wěiyuán 中央委员 N. member of the Central Committee M: [2]*wèi*

Zhōngyāng Wěiyuánhuì 中央委员会 P.W. <*pol.*> Central Committee

Zhōngyāng Yánjiūyuàn 中央研究院 P.W. <*TW*> Academia Sinica

Zhōngyāng Yínháng 中央银行 P.W. central bank Central Bank of China

zhōngyāng yùbèifèi 中央预备费[---備-] N. reserve funds at the disposal of the central authorities

zhōngyāng zhèngfǔ 中央政府 P.W. central government

zhōngyánnì'ěr 忠言逆耳 F.E. the truth hurts; honest advice often grates on the ear

zhǒngyǎnpāo 肿眼泡[腫-] N. swollen upper eyelid

Zhōngyányuàn 中研院 AB. *Zhōngyāng Yánjiūyuàn*

zhōngyānzhīzhì 中焉之志 F.E. choose the place for one's retirement

zhōngyāo 中腰 P.W. the middle (of height/length)

Zhōngyào 中药[-藥] N. traditional Chinese medicine

zhòngyào* 重要 S.V. important; significant; major

Zhōngyàofáng 中药房[-藥-] P.W. Chinese pharmacy M: [1]*jiā*/[1]*jiān*

zhòngyào guānjiàn 重要关键[--關-] N. key (to a problem); crucial point

zhòngyào guāntóu 重要关头[--關-] N. critical moment/point

Zhōngyàopù 中药铺[-藥-] P.W. Chinese pharmacy M: [1]*jiā*/[1]*jiān*

zhòngyào rénwù 重要人物 N. important/great figure, VIP M: [2]*wèi*

zhòngyào shìshí 重要事实[-實] N. material facts

zhòngyào wèntí 重要问题 N. important question/issue

zhòngyàoxìng 重要性 N. importance; significance

Zhōngyàoxué 中药学[-藥-] N. traditional Chinese pharmacology

Zhōngyàxìyà 中亚细亚[-亞-亞] P.W. Central Asia

[1]**zhōngyè** 中叶[-葉] N. middle period

[2]**zhōngyè** 终夜 ADV. whole night

[3]**zhōngyè** 中夜 N. midnight

[1]**zhōngyī** 中衣 N. underpants; underwear M: [2]*jiàn*

[2]**zhōngyī** 衷衣 N. undergarments

Zhōngyī* 中医[-醫] N. ① traditional Chinese medicine ② doctor of traditional Chinese medicine M: [2]*wèi*
zhōngyì 忠义[-義] ATTR. loyal and righteous
[1]**zhòngyì** 中意 V.O. be to one's liking
[2]**zhòngyì** 众议[眾議] N. general opinion
zhòngyìfēnyún 众议纷纭[眾議-] F.E. opinions differ
Zhōngyījiè 中医界[-醫-] P.W. Chinese medical circles
[1]**zhōngyīn** 中音 N. <*mus.*> ① alto ② mediant; media; neutral sound
[2]**zhōngyīn** 中阴[-陰] N. <*Budd.*> mid life (between death and birth)
[1]**zhòngyīn*** 重音 N. ① <*lg.*> stress; accent; tonic ② <*mus.*> accent
[2]**zhòngyīn** 种因[種-] V.O. do things that will entail grave consequences
Zhōng-Yìn biānjìng zhēngduān 中印边境争端[--邊-爭-] N. Sino-Indian border dispute
zhōngyīnbù 中音部 N. <*mus.*> alto
zhòngyīn fúhào 重音符号[-號] N. <*mus.*> stress mark; accent
zhōngyìngdù 中硬度 N. medium hardness
zhōngyīnhào 中音号[-號] N. <*mus.*> althorn; alto horn
zhòngyīnjié 重音节[-節] N. <*lg.*> stressed syllable
zhòngyīn móxíng 重音模型 N. <*lg.*> stress pattern
zhòngyīn pāizi jiézòu 重音拍子节奏[----節-] N. <*lg.*> stress-timed rhythm
zhōngyīnqū 中音区[-區] P.W. <*mus.*> alto section
zhòngyīnqún 重音群 N. <*lg.*> stress group
zhòngyīnshì 重音式 N. <*lg.*> tonic form
zhòngyīn xìtǒng 重音系统 N. <*lg.*> accentual system
zhòng yìqì 重义气[-義氣] V.O. value loyalty to friends
zhòngyìqīnglì 重义轻利[-義輕-] F.E. value justice above material gains
zhòngyìqīngzī 重义轻赀[-義輕-] F.E. value justice above material gain
Zhōngyīxué 中医学[-醫-] N. traditional Chinese medicine
Zhōngyī xuéyuàn 中医学院[-醫--] P.W. college of traditional Chinese medicine M: [1]*suǒ*
Zhōngyī yánjiūyuàn 中医研究院[-醫---] P.W. academy of traditional Chinese medicine
zhòngyìyuán 众议员[眾議-] N. congressman (U.S.) M: [2]*wèi*
Zhòngyìyuàn* 众议院[眾議-] P.W. House of Representatives (U.S.)
zhōngyōng 中庸 N. ① golden mean (of Confucianism) ② *Doctrine of the Mean* ③ mediocrity
zhōngyǒng 忠勇 V.P. loyal and brave
zhōngyòng 中用 V.P. of use; useful
zhòngyòng* 重用 V. put sb. in an important position *See also chóngyòng*
zhòngyòngqīngyǎng 重用轻养[-輕養] F.E. overuse farmland without proper attention to the maintenance of its fertility
zhōngyōngzhīdào 中庸之道 N. doctrine of the mean
zhōngyǒngzhīxīn 忠勇之心 N. loyalty and courage
zhōngyóu* 中游 P.W. ① middle reaches (of a river) ② middling state
zhòngyóu 重油 N. heavy oil
zhòng yǒuqíng 重友情 V.O. set store by friendship
zhōngyóu sīxiǎng 中游思想 N. middling mentality
zhōngyōuyīn 中幽音 N. <*lg.*> stop
zhōngyǒuyīrì 终有一日 F.E. One day it will happen that. . .
[1]**zhōngyú*** 终于[-於] ADV. at (long) last; in the end; finally
[2]**zhōngyú** 忠于[-於] V.P. be loyal/devoted to
zhōngyǔ 中雨 N. <*met.*> moderate rain
zhōngyù 终誉[-譽] N. everlasting name; immortality; long-lasting fame
zhòngyú 重于[-於] V.P. be heavier/weightier than
zhōngyuán 中元 N. 15th of the seventh lunar month
Zhōngyuán* 中原 P.W. ①Central Plains ②middle of a plain
Zhòngyuàn 众院[眾-] AB. *Zhòngyìyuàn*
zhōngyuándǐngfèi 中原鼎沸 F.E. China amidst turbulence
Zhōngyuánjié 中元节[-節] N. Festival of the Dead Spirits (15th day of the seventh lunar month)
zhòngyuánsù 重元素 N. <*chem.*> heavy element
zhōngyuányīn* 中元音 N. <*lg.*> medial/mid vowel
Zhōngyuányīn 中原音 N. Northern pronunciation used in Yuan drama
zhōngyuánzhúlù 中原逐鹿 ID. fight for hegemony (among contending princes/warlords/ etc.)
zhōngyuèzhāng 终乐章[-樂-] N. <*mus.*> finale
zhōngyú guójiā 忠于国家[-於國-] V.O. be faithful to one's country
zhōngyún* 中云[-雲] N. <*met.*> medium cloud
zhōngyǔn 中允 V.P. <*wr.*> just; fair; impartial
zhòngyútàishān 重于泰山[-於--] ID. ① be weightier than Mount Tai ② be of greatest significance
zhōngyúzhíshǒu 忠于职守[-於職-] F.E. be devoted to one's duty
zhǒngzǎi 冢宰 N. <*wr.*> prime minister
zhòngzài* 重载 N. heavy load
zhōng zài sìyuàn yīn zài wài 钟在寺院音在外[鐘-----] ID. <*topo.*> widely known; known far and wide
zhōngzàng 中藏 N. imperial treasure *See also Zhōngzàng*
Zhōngzàng* 中藏 P.W. <*geog.*> Central Tibet *See also zhōngzàng*
zhōngzào 中灶 N. mid-grade (cafeteria) food ♦P.W. mess for medium-ranking cadres
zhòngzǎo* 重枣[-棗] N. reddish brown (like dried dates)
zhòngzé 重责 N. ①major responsibility ②severe rebuke ♦V. scold/flog severely
zhòngzédàrèn 重责大任 F.E. serious and important responsibility
zhōngzhàn 终站 P.W. terminal stop/station
zhǒngzhàng* 肿胀[腫-] V.P. ①swelling ②<*Ch. med.*> edema and abdominal distension
[1]**zhòngzhàng** 重杖 V. flog severely
[2]**zhòngzhàng** 重障 N. ① serious obstacle/ handicap ② great frustration
zhōngzhāo 终朝 ADV. <*wr.*> ① all morning ② all day long
zhōngzhēn* 忠贞 V.P. loyal and steadfast
zhòngzhèn 重镇 P.W. strategic place; key position; key figure
zhōngzhēnbù'èr 忠贞不贰 F.E. unswerving in loyalty
zhōngzhēnbùqū 忠贞不屈 F.E. staunch and indomitable
zhōngzhēnbùyú 忠贞不渝 F.E. unswervingly loyal
[1]**zhōngzhèng** 中正 V.P. <*wr.*> fair; equitable ♦N. courtesy name of Chiang Kai-shek
[2]**zhōngzhèng** 中证[-證] N. personal witness
zhòng zhèngjù 重证据[-證據] V.O. lay emphasis on evidence
zhōngzhēnrúyī 忠贞如一 F.E. be loyal from first to last
zhōngzhī 中支 N. <*txtl.*> medium-counts
[1]**zhōngzhí** 忠直 V.P. loyal and righteous
[2]**zhōngzhí** 中值 N. median; mid-value
[3]**zhōngzhí** 中直 P.W. (departments) directly under the Central Committee of the Chinese Communist Party
[1]**zhōngzhǐ** 终止 V. stop; end ♦V. ① termination; annulment; abrogation ② <*mus.*> cadence
[2]**zhōngzhǐ** 中止 V. discontinue; suspend; break off; stop halfway
[3]**zhōngzhǐ** 中指 N. middle finger
[4]**zhōngzhǐ** 中趾 N. middle toe
zhōngzhì 终制 V.O. <*trad.*> complete the three-year mourning for one's parents
zhǒngzhì 踵至 V. arrive upon the heels of another
zhòngzhí* 种植[種-] V. plant; grow
zhòngzhìchéngchéng 众志成城[眾-] F.E. In union there is strength.
zhōngzhǐfú 终止符 N. full stop; period (punctuation)
zhōngzhí jīguān 中直机关[-關] P.W. <*PRC*> organ under central jurisdiction
zhōngzhǐ jìhào 终止记号[-號] N. <*mus.*> fine
zhōngzhǐ rìqī 终止日期 N. closing date
zhōngzhīshā 中支纱 N. <*txtl.*> medium-count yarn
zhǒngzhǐxiāngjiē 踵趾相接 F.E. follow the footsteps
zhòngzhíyè 种植业[種-業] P.W. plant-products industry
zhòngzhíyuán 种植园[種-園] P.W. plantation M: [4]*zuò*
zhòngzhíyuánzhǔ 种植园主[種-園-] N. plantation owner M: [2]*wèi*
zhòng zhìyù qīng déyù 重智育轻德育[---輕--] F.E. stress intellectual development and neglect moral education
zhōngzhǐ zhàndòu 终止战斗[-戰鬥] V.O. <*mil.*> disengage
zhǒngzhǒng* 种种[種種] R.F. all sorts/kinds of; a variety of
zhòngzhòng 重重 R.F. heavy; severe *See also* [1]*chóngchóng*
zhǒngzhǒng de 肿肿的[腫腫-] ATTR. <*coll.*> swollen
zhǒngzhōngkūgǔ 冢中枯骨 F.E. ① dried bones in a tomb ② a good-for-nothing
zhǒngzhǒngyàngyàng 种种样样[種種樣樣] R.F. all kinds of
Zhōngzhōu 中州 P.W. ①Central Plains ②Honan province
zhōngzhóu* 中轴 N. axis
Zhōngzhōuyùn 中州韵[-韻] N. Zhongzhou intonations (used by actors in traditional opera)
zhǒngzhū 种猪[種豬] N. breeding pig M: [1]*tóu*
zhōngzhuān 中专[-專] AB. technical secondary school; polytechnic school M: [1]*suǒ*
zhōngzhuǎn* 中转[-轉] V. ① change trains/ etc. ② change hands
Zhōngzhuāng 中装[-裝] N. traditional Chinese clothing M: [2]*jiàn*
zhōngzhuǎngǎng 中转港[-轉-] P.W. entrepot;harbor M: [4]*zuò*
zhòngzhuāngbèi 重装备[-裝備] N. heavy equipment
zhōngzhuàng huāguān 钟状花冠[鐘狀-] N. <*bot.*> campanulate corolla
zhòng zhuāngjia 种庄稼[種莊-] V.O. till the land
zhōngzhuǎn huánjié 中转环节[-轉環節] N. intermediate link
zhōngzhuǎn màoyì 中转贸易[-轉--] N. entrepot/indirect/transit trade
zhōngzhuǎn qiānzì 中转签字[-轉--] V.P. sign a transfer (for a railway passenger)
zhōngzhuǎnzhàn 中转站[-轉-] P.W. transfer station
zhōngzhuì 中缀 N. <*lg.*> infix
zhòngzhuó 重浊[-濁] V.P. ① low and deep (of voice) ② overcast; lowering
zhòngzhǔtǐ qīngpèitào 重主体轻配套[--體輕--] F.E. concentrate on the principal parts of a project and neglect the auxiliary aspects
zhōngzi 盅子 N. <*coll.*> handleless small cup
zhōngzǐ 中子 N. <*phy.*> neutron M: [3]*lì*

Z

[1]zhǒngzi* 种子[種-] N. ① seed M: [1]*kē*/[3]*lì* ② <*sport*> seeded player M: [2]*wèi*
[2]zhǒngzi 冢子 N. <*wr.*> ① eldest son ② crown prince
zhòngzi 仲子 N. <*wr.*> one's second son
zhōngzǐdàn 中子弹 N. neutron bomb M: [1]*kē*
zhǒngzǐdì 种子地[種-] P.W. seed field M: [2]*kuài*
zhǒngzǐduì 种子队[種-隊] P.W. <*sport*> team winning the right to participate in a meet; seeded team M: [4]*zhī*
zhōngzǐ fàngshè fēnxi 中子放射分析 N. <*archeo.*> neutron-radiation analysis
zhòngzī kēxué 重资科学 N. big science
zhōngzǐliú 中子流 N. <*phy.*> neutron current
zhōngzìwǔ 忠字舞 N. loyalty dance (during the Cultural Revolution)
zhǒngzǐ xuǎnshǒu 种子选手[種-選-] N. <*sport/loan*> seeded player M: [2]*wèi*
zhǒngzizhàn 种子站[種-] P.W. seed stations M: [4]*zuò*
zhǒngzú 种族[種-] N. race; ethnic group
zhǒngzú chōngtū 种族冲突[種-衝-] N. racial/ethnic conflict
zhǒngzú gélí 种族隔离[種-離] N. apartheid; racial/ethnic segregation
zhòngzuì 重罪 N. felony; serious crime/offense
zhòngzuìdúxǐng 众醉独醒[眾-獨-] F.E. All are drunk except for one who is sober.
zhòngzuìfàn 重罪犯 N. felon
zhòngzuìqīngpàn 重罪轻判[--輕-] V.P. underpunishment; lenient sentence
zhǒngzú mièjué 种族灭绝[種-滅絕] N. racial extermination; genocide
zhǒngzú piānjiàn 种族偏见[種-] N. racial prejudice; racism
zhǒngzú píngděng 种族平等[種-] N./V.P. racial equality
zhǒngzú qīngxǐ 种族清洗[種-] N. ethnic cleansing
zhǒngzú qíshì 种族歧视[種-] N. racial/ethnic discrimination
zhǒngzú yǔyì fānyì 种族语意翻译[種-譯] N. <*lg.*> ethno-semantic translation
zhǒngzú-zhìshàngzhǔyì 种族至上主义[種-義] N. racial supremacy
zhǒngzú-zhōngxīnzhǔyì 种族中心主义[種-義] N. ethnocentrism
zhǒngzúzhǔyì 种族主义[種-義] N. ① racism ② ethnocentrism
zhǒngzúzhǔyìzhě 种族主义者[種--義-] N. racist
[1]zhōu* 洲 N. continent ♦B.F. ① river islet; sand bar; shoal *shāzhōu* ② (river) delta *sānjiǎozhōu*
[2]zhōu 周/週 B.F. ① circumference; circle; ring; periphery *zhōuwéi* ② whole; entirety *zhōushēn* ③ weekly *zhōukān* ④ <*elec.*> cycle *zhōubō* ⑤ perfect; complete [1]*zhōuquán* ⑥ thoughtful; attentive *zhōudao* ⑦ make a circuit; move in a circular course *zhōuzhuǎn* ⑧ help sb. out [2]*zhōujì* ♦V. overturn *bǎ zhuōzi ~ le* overturned the table ♦M. week ♦N. ① Zhou dynasty (c. 1045–221 B.C.) ② Surname
[3]zhōu 粥 N. gruel; porridge; congee
[4]zhōu 州 N. ① <*trad.*> administrative division ② (autonomous) prefecture
[5]zhōu 舟 N. <*wr.*> boat; ship
[6]zhōu 诌[謅] B.F. make up stories *húzhōu, xiāzhōu*
[7]zhōu 侜 B.F. deceive; cheat [2]*zhōuzhāng*
[8]zhōu 绉[縐] in *wēnzhōuzhōu See also* [8]*zhòu*
[9]zhōu 辀[輈] in [3]*zhōuzhāng*
[10]zhōu 鸼[鵃] in *gǔzhōu*
[11]zhōu 啁 in *zhōujiū, zhōuzhā See also* [8]*zhāo*
[1]zhóu 轴[軸] N. ① axle; shaft ② axis ③ spool; rod ♦M. *for thread/paintings/etc. See also* [10]*zhòu*
[2]zhóu 妯 in *zhóuli*
[3]zhóu 碡 in *liùzhou*
[1]zhǒu 肘 B.F. elbow *gēbozhǒu*
[2]zhǒu 帚 B.F. broom *sàozhou,* [2]*zhǒuzi*
[1]zhòu 皱[皺] N./V. wrinkle
[2]zhòu 昼[晝] <*wr.*> N. daytime; daylight; day
[3]zhòu 骤[驟] ADV. suddenly; abruptly ♦B.F. ① trot (of horses) *chízhòu* ② incrementally *bùzhòu*
[4]zhòu 咒 N. incantation ♦V. curse; damn; swear
[5]zhòu 宙 B.F. all time, past, present and future *zhòuhé, yǔzhòu*
[6]zhòu 籀 B.F. ① read aloud; recite ② an old writing form, *dàzhuàn*, or "great seal" characters *zhòushū, niàozhòu*
[7]zhòu 胄 B.F. <*trad.*> ① imperial or noble descendants *zhòuyì, yìzhòu* ② battle helmet *jiǎzhòu*
[8]zhòu 绉[縐] B.F. crepe [1]*zhòuwén, zhòushā, Húzhòu See also* [8]*zhōu*
[9]zhòu 酎 B.F. ① re-fermented fine wine ② tribute given by feudal lords to the emperor for sacrificial purposes *zhòujīn*
[10]zhòu 轴[軸] in *dàzhòuzi, yāzhòuxì See also* [1]*zhóu*
Zhòu 纣[紂] B.F. last emperor of the Shang dynasty *jiézhòuzhī'è, fànzhòu*
zhòubābā 皱巴巴[皺-] R.F. <*coll.*> crumpled; wrinkled
zhōubào 周报[-報] N. weekly (publication) M: [1]*fèn*/[1]*zhāng*
zhōubèi 周备[-備] V.P. <*wr.*> thorough
zhōubì* 周痹 N. <*Ch. med.*> migratory arthralgia
zhòubì 皱襞[皺-] N. <*wr.*> crease; wrinkles; lines
zhōubiān* 周边[-邊] P.W. periphery
zhōubiàn 周遍 V.P. ① general ② extending all over
zhòubiàn 骤变[-變] N. sudden change
zhōubiàn de xuǎnzé 周遍的选择[-選擇] N. <*lg.*> comprehensive selection
zhōubiān shèbèi 周边设备[-邊-備] N. <*comp.*> peripheral
zhōubiān zhuāngzhì huìliúpái 周边装置汇流排[-邊裝-匯--] N. <*comp.*> peripheral bus
zhòubiè 皱别[皺-] V.P. unpleasantly narrow; close; confining
zhǒubǐng 帚柄 N. broom handle M: [2]*gēn*/[1]*bǎ*
zhōubō* 周波 N. <*elec.*> cycle
zhōubó 州伯 N. <*wr.*> governor of a *zhōu* M: [2]*wèi*
zhòubō 皱波[皺-] N. ripple
zhōubù 周布 A.T. all over
zhǒubù 肘部 P.W. elbow
zhòubù* 绉布[縐-] N. cotton crepe M: [2]*kuài*
zhōucháng* 周长 N. girth; circumference; perimeter M: [2]*wèi*
zhōuchǎng 粥厂[-廠] P.W. soup kitchen M: [1]*jiā*
Zhòuchángquān 昼长圈[晝-] P.W. <*geog.*> Tropic of Cancer
zhòuchángyèduǎn 昼长夜短[晝-] F.E. (In summer) the days are long and the nights short.
zhòuchángyèduǎnbiǎo 昼长夜短表[晝-] N. horoscope
Zhōucháo 周朝 N. Zhou Dynasty (c. 1045–221 B.C.)
zhōu-chē 舟车 N. ① <*wr.*> vessel and vehicle ② journey
zhōuchēláodùn 舟车劳顿[--勞-] F.E. travel-worn
zhóuchèn 轴衬[-襯] N. <*mach.*> axle bushing
zhōuchéng 州城 N. town within a *zhōu* M: [4]*zuò*
zhóuchéng* 轴承 N. <*mach.*> bearings
zhōuchēzhīkǔ 舟车之苦 F.E. hardships of a journey
zhòuchī 绉絺[縐-] N. fine linen cloth; crepe linen
zhòuchóu 绉绸[縐-] N. crepe silk M: [2]*kuài*
zhōuchuánrúyǐ 舟船如蚁[-蟻] F.E. a fleet of boats as thick as a swarm of ants
zhòuchū dòngwù 昼出动物[晝-動-] N. diurnal animal
zhōucì 舟次 N. boat trip schedule ♦A.T. moor a boat
Zhōudài 周代 N. Zhou dynasty (1045–221 B.C.)
zhōudao 周到 S.V. ① attentive; considerate ② thorough ③ thoughtful
Zhòuduǎnquān 昼短圈[晝-] P.W. <*geog.*> Tropic of Capricorn
zhòuduǎnyècháng 昼短夜长[晝-] F.E. (In winter) the days are short and the nights are long.
zhóuduìchèn 轴对称[-對稱] N. <*math.*> axial symmetry
Zhōu Dūnyí 周敦颐 (1017–1073) N. usu. called Zhōuzǐ or Philosopher Zhou; ranked next to Zhu Xi
Zhōu Ēnlái 周恩来 (1898–1976) N. first premier of the PRC
zhōu'érfùshǐ 周而复始[--復-] F.E. move in cycles; repeat a process again and again
zhōufàn 粥饭 N. porridge
zhòufēn 昼分[晝-] N. high noon
zhòufú 咒符 N. magic charm
zhòufúyèchū 昼伏夜出[晝-] F.E. hide by day and come out at night
zhòufúyèxíng 昼伏夜行[晝-] F.E. hide by day and act at night
zhòufúyèyóu 昼伏夜游[晝-] F.E. hide by day and emerge at night
zhóugǎn 轴杆 N. <*art*> wooden rod around which the scroll is rolled
zhōugào 周告 V. public notice
zhǒugāoliang 帚高粱 N. broom corn M: [2]*kē*
zhǒugěi rén 肘给人 V. <*topo.*> help sb. shoulder a load
Zhōu Gōng 周公 (d. 1105 B.C.) N. <*hist.*> Duke of Zhou, extolled for his role in founding the Zhou dynasty
zhōuguān 州官 N. <*trad.*> ① officials in a *zhōu* ② magistrate of a *zhōu* M: [2]*wèi*
zhōuguānfànghuǒ 州官放火 ID. Officials are free to indulge in any mischief.
zhòuguāng 昼光[晝-] N. daylight
zhǒuguānjié 肘关节[-關節] N. elbow joint
zhòuhé 宙合 A.T. <*wr.*> all-embracing/encompassing
zhòuhén 皱痕[皺-] N. wrinkles
zhōuhuā 州花 N. a state flower
zhōuhuí 周回 P.W. <*wr.*> circumference; all around; on all sides
[1]zhōuhuì* 周会 P.W. weekly meeting
[2]zhōuhuì 粥会 P.W. meeting at which congee and simple fare are served
zhòuhuì 昼晦[晝-] V.P. dim sunshine
[1]zhōují 舟楫 N. <*wr.*> ① vessels ② capable assistant ③ great minister
[2]zhōují 周急 V. help sb. tide over
[1]zhōujì* 洲际[-際] ATTR. intercontinental
[2]zhōujì 周济[-濟] V. help out (the needy); relieve
[3]zhōujì 周忌 N. first anniversary of sb.'s death
[4]zhōujì 州际[-際] ATTR. interstate
zhōujiā 周浃[-浹] V.P. thorough; complete
zhòu-jiǎ* 胄甲 N. helmet and armor
zhōujiàn 舟舰[-艦] N. boat; ship; warship
zhòujiǎn* 骤减[-減] V. suddenly reduce
zhòujiàng 骤降 V. rapid fall of temperature/snow/etc.
zhōujiāo 啁噍 N. <*zoo.*> very small wren-like bird
zhòujiǎo* 皱脚[皺腳] N. wrinkled feet
zhōujì dàndào dǎodàn 洲际弹道导弹[-際--導-] N. intercontinental-trajectory missile M: [4]*méi*/[1]*kē*
zhōujì dǎodàn 洲际导弹[-際導-] N. <*mil.*> intercontinental missile M: [4]*méi*/[1]*kē*
zhōujiē 周接 V. aid financially
zhōujiè* 周界 N. circumference; perimeter
zhǒujiē 肘接 N. <*mach.*> toggle/elbow joint
zhǒujié 肘节[-節] N. <*mach.*> toggle
zhōujì fēidàn 洲际飞弹[-際飛-] N. intercontinental missile
zhōujì gōnglù 州际公路[-際--] N. interstate highway/road
zhōujì hōngzhàjī 洲际轰炸机[-際轟--] N. intercontinental bomber
zhōujì màoyì 洲际贸易[-際--] N. intercontinental trade
zhòujīn 酎金 N. <*trad*> contributions of nobles to the emperor for sacrificial purposes

zhōujìng 周径[-徑] N. diameter
zhòujǐngmùxún 昼警暮巡[晝-] F.E. be on the alert round the clock
zhōujiū 啁啾 ON. <wr.> twitter; chirp; warble
zhóujù 轴距 N. wheelbase (of a vehicle)
zhōujùn 州郡 P.W. <trad.> administrative district
zhōukān 周刊 N. weekly (publication) M: [1]fèn
zhóukǒng 轴孔 N. wheel hub
Zhōukǒudiàn 周口店 P.W. <archeo.> Palaeolithic site in Fangshan, Beijing, home of Peking Man
zhōulǎole 周老了 V.P. <topo.> drank too much
zhōulǐ 州里 N. <trad.> ① administrative unit ② neighborhood
Zhōulǐ 周礼[-禮] N. *Rites of the Zhou Dynasty*
zhōulì 州立 ATTR. ① established by the *zhōu* ② state-run(U.S.)
zhóuli* 妯娌 N. wives of one's brothers; sisters-in-law
zhōulì dàxué 州立大学 P.W. state university (U.S.) M: [1]suǒ
zhōulíngjū 周龄驹[-齡-] N. yearling (colt)
zhōuliú 周流 V. circulate
zhóuliúbèng 轴流泵 N. axial/axialflow pump
zhōuliúbùxī 周流不息 F.E. (like water) flowing round without stopping
zhōulǘ 州闾 P.W. <wr.> small village; hamlet; neighborhood
zhōulǜ* 周率 N. <phy.> ① frequency ② cycle
zhòumà 咒骂[-罵] V. curse; abuse; revile
zhòumáng 昼盲[晝-] N. ① day blindness ② <med.> hemeralopia
zhòumàshēng 咒骂声[-罵聲] N. the sound of cursing
zhòuméi 皱/绉眉[皺/縐-] V.O. frown; knit the brows
zhòuméicù'é 皱眉蹙额[皺-] F.E. knit/wrinkle one's brows; frown
zhòu méitóu 皱眉头[皺-] V.O. frown; knit the brows
zhòumèng 昼梦[晝夢] N. daydream
zhōumì 周密 S.V. ① careful; thorough; attentive to every detail ② dense; squeezed together
zhóumiàn 轴面 N. axial plane
zhòumiàn zhīwù 皱面织物[皺-織-] N. wrinkly cloth
zhōumíng 州名 N. name of a state/prefecture
zhōumò 周末 N. <loan> weekend
zhōumù 州牧 N. <trad.> governor; magistrate M: [2]wèi
zhōunèi 周内 ID. <wr.> bring a false charge against an innocent person; frame a charge
zhòuní 绉呢[縐-] N. crepe M: [2]kuài
zhōunián 周年 N. anniversary
zhōunián jìniàn 周年纪念 N. anniversary celebration
zhōupàn 州判 N. <trad.> official rank roughly equivalent to a deputy governor
Zhōu Péiyuán 周培源 (1903–1993) N. leading scientist in developing China's nuclear weapons
zhōupéng 粥棚 P.W. soup kitchen M: [4]zuò
zhòupí 皱皮[皺-] N. wrinkled skin
zhóupíqi 轴脾气[-氣] N. perverse personality
zhōuqī* 周期 N. period; cycle; revolution
zhòuqǐ 皱起[皺-] R.V. wrinkle
zhōuqībiǎo 周期表 N. <chem.> periodic table M: [1]zhāng
zhōuqīlǜ 周期律 N. <chem.> periodic law
zhōuqīn 周亲[-親] N. closest relatives
zhòuqǐn* 昼寝[晝寢] V. take a nap; sleep during the day
zhòuqǐnfèishí 昼寝废时[晝寢廢時] F.E. To sleep in the day and keep irregular hours.
zhōuqīxìng 周期性 N. periodicity; cyclicity
zhōuqīxìng jīngjì wēijī 周期性经济危机[---經濟--] N. periodic/cyclical economic crisis
zhōuqīxìng shīyè 周期性失业[-業] N. cyclical unemployment
[1]**zhōuquán** 周全 S.V. ①thorough; comprehensive ② <trad.> help sb. attain an aim
[2]**zhōuquán** 州权[-權] N. states rights (U.S.)

zhǒu qūshēn jǔzhòng 肘屈伸举重[---舉-] V.P. <sport> lift weights with the elbows bending and stretching
zhóur* 轴儿 N. axis; pivot; axle
zhǒur 肘儿 N. ① upper part of a leg of pork ② elbow
zhòurán 骤然 ADV. suddenly; abruptly
zhòurán yī jīng 骤然一惊[-驚] F.E. be startled; be stupefied
zhōurén 舟人 N. boatman
zhóurén 轴人 N. <topo.> opinionated/close-minded person
zhòurén* 咒人 V.O. curse people
zhōurì* 周日 N. weekday ♦ ATTR. <astr.> diurnal
zhòurì 昼日[晝-] N. day; daytime
zhòushā 绉纱[縐-] N. crepe (fabric)
zhōushǎosēngduō 粥少僧多 ID. not enough to go around
zhōushēn 周身 P.W. whole body; all over the body
zhōushēn dǎliang 周身打量 F.E. eye sb.from head to foot
zhōushēn duānxiang 周身端详 F.E. eye sb. from head to foot
[1]**zhōushī** 舟师[-師] N. <wr.> navy
[2]**zhōushī** 舟鰤[-鰤] N. pilotfish M: [1]tiáo
zhòushū 籀书[-書] N. "large seal" type of Chinese calligraphy
Zhōu Shùrén 周树人[-樹-] N. writer better known as Lu Xun
zhòusī 绉丝[縐絲] N. crepe
zhòusǐ* 咒死 V. ① call down death on sb. ② harshly curse sb.
zhōusuì 周岁[-歲] N. one full year of life/age (of an infant)
zhòusuō 皱/绉缩[皺/縐-] V. ①shrink ②crimp; wrinkle
zhòusuō'ěr 皱缩耳[皺-] N. cauliflower ear
zhóutào 轴套 N. <mach.> axle sleeve
zhōutiān 周天 N. <wr.> ① the universe ② a complete circle of 360 degrees
zhòutiáobù 绉条布[縐條-] N. <txtl.> seersucker
zhōutīng 洲汀 P.W. island in a river
zhóutóu 轴头 N. <art> ornamental butts of a scroll roller
zhóuwǎ 轴瓦 N. <mach.> axle bush
zhǒuwān 肘弯[-彎] N. elbow
zhōuwéi* 周围[-圍] P.W. ① vicinity; surroundings; all around ② circumference (of a round object) ③ periphery
zhòuwèi 皱胃[皺-] N. <phys.> abomasum
zhōuwéi huánjìng 周围环境[-圍環-] N. surroundings; environment
zhōuwéi shénjīng xìtǒng 周围神经系统[-圍-經--] N. <phys.> peripheral nervous system
[1]**zhòuwén(r)** 皱/绉纹(儿)[皺/縐-] N. wrinkles; lines
[2]**zhòuwén** 咒文 N. incantation
[3]**zhòuwén** 籀文 N. style of calligraphy current in the Zhou dynasty
zhòuwénqī 皱纹漆[皺-] N. crinkle paint
zhòuwénzhǐ 皱/绉纹纸[皺/縐-] N. crepe paper M: [1]zhāng
zhǒuwō 肘窝[-窩] N. ① armpit ② crook of the arm
zhōuxī 周息 N. <econ.> annual interest
zhōuxiàn 州县[-縣] P.W. county within a *zhōu*
zhóuxiàn* 轴线 N. ① <mach.> axis; axle ② <geol.> axial trace/cord ③ spool thread/cotton
zhòuxiàn 绉线[縐-] N. crepe
zhōuxiáng* 周详 S.V. comprehensive; complete; careful
[1]**zhōuxiàng** 周相 ATTR. phase
[2]**zhōuxiàng** 周向 N. circumference
zhóuxiàng 轴向 N. <mach.> axial direction
zhòuxiǎngyèmèng 昼想夜梦[晝-夢] F.E. think about by day and dream of by night
zhōuxīn 周薪 N. weekly wage/salary
zhóuxīn* 轴心 N. ① <mach.> axle center ② axis

zhóuxīncí 轴心词 N. <lg.> axis
zhōuxíng 粥饧[-餳] N. sweetened congee
zhǒuxīng* 帚星 N. ① <astr.> comet ② <trad.> jinx
Zhóuxīnguó 轴心国[-國] P.W. Axis powers
zhòuxíngyèsù 昼行夜宿[晝-] F.E. travel by day and rest by night
zhóuxīnjù 轴心句 N. <lg.> pivotal construction
zhóuxīn yǔfǎ 轴心语法 N. <lg.> pivot grammar
zhōuxù 周恤 V. <wr.> sympathize and help
zhōuxuán 周旋 V. ① socialize ② deal with ③ circle round; spiral
zhōuxuán dàodǐ 周旋到底 V.P. fight to the end (of litigation/quarrels/etc.)
zhōuyán 周延 N. <log.> distribution
zhǒuyè 肘腋 N. ① elbow and armpit ② <wr.> the vicinity; close quarters
zhòu-yè* 昼夜[晝-] N. day and night; round the clock
zhòuyèbùtíng 昼夜不停[晝-] F.E. round/around the clock; the clock round
zhòuyèbùxī 昼夜不息[晝-] F.E. day and night without rest/stop
zhòuyèfěixiè 昼夜匪懈[晝-] F.E. not slacken day or night
zhòuyèjiānchéng 昼夜兼程[晝-] F.E. travel day and night at top speed
zhòuyè'ōuqín 皱叶欧芹[皺葉歐-] N. parsley M: [2]kē
zhòu-yè píngfēn 昼夜平分[晝-] N. equinox
zhòu-yè píngfēnxiàn 昼夜平分线[晝-] N. equinoctial line
zhòuyè wōjù 皱叶莴苣[皺葉萵-] N. curled lettuce M: [2]kē
zhǒuyèzhīhuàn 肘腋之患 N. trouble coming from those closest
Zhōuyī* 周一 N. Monday
zhòuyì 胄裔 N. distant progeny
zhòuyìfányǎn 胄裔繁衍 F.E. Descendants are great in numbers.
zhōuyóu 周游 V. journey round; tour
zhōuyóu gèguó 周游各国[-國] V.O. travel to many countries; travel far and wide
Zhōu Yǒuguāng 周有光 (1905–) N. leading applied linguist and prolific script reformer
zhōuyóu lièguó 周游列国[-國] V.O. tour the various states
zhōuyóu shìjiè 周游世界 V.O. travel all over the world
Zhōu Yú 周瑜 (d. 210) N. <hist.> a leading adherent of the Wu-kingdom faction
zhōuyǔ 洲屿[-嶼] P.W. island in a river
[1]**zhòuyǔ** 骤雨 N. sudden rainstorm
[2]**zhòuyǔ** 咒语 N. ① incantation ② curses ③ hocus-pocus ④ imprecation
zhōuyuán 周缘 N. outer edge (as of a wheel); rim
zhòuyuàn* 咒愿[-願] N. oath; pledge
zhòuyǔkuángfēng 骤雨狂风 F.E. torrential rain and strong wind
zhōuzā 周匝 N. one time around
zhōuzāo 周遭 ADV. around; round; about
zhōuzhā 啁哳 V. twitter
[1]**zhōuzhāng** 周章 A.T. <wr.> ① be scared ② trouble; effort
[2]**zhōuzhāng** 侜张 V. <wr.> deceive; cheat
[3]**zhōuzhāng** 辀张 V.P. <wr.> ①flurried ②insolent
zhōuzhǎng* 州长 N. ① <trad.> governor of a *zhōu* ② governor of a state (in the USA) M: [2]wèi
zhòuzhǎng 骤涨 V. rise suddenly
zhōuzhāngshīcuò 周章失措 F.E. be scared out of one's wits
zhōuzhé* 周折 N. twists and turns; setbacks
[1]**zhòuzhé** 皱折[皺-] N. ripple; fold; lap
[2]**zhòuzhé** 皱褶[皺-] N. crease
zhòuzhě(r) 皱/绉褶(儿)[皺/縐-] N. crease; fold; ripple
zhōuzheng 周正 S.V. <topo.> ①regular; straight ② properly in place
zhōuzhèngfǔshuì 州政府税 N. state tax

zhōuzhī 周知 V.P. ① everybody is informed/aware ②generally known ♦N. public knowledge
zhōuzhǐ 洲沚 P.W. island in a river
[1]zhōuzhì 周至 V.P. ① thorough ② thoughtful; considerate ♦P.W. name of a county in Shaanxi province
[2]zhōuzhì 州治 P.W. <wr.> capital city of a *zhōu*
[1]zhòuzhǐ* 骤止 V. stop quickly
[2]zhòuzhǐ 绉/皱纸[縐/皺-] N. crepe/wrinkled paper M: *[1]zhāng*
zhòuzhì 骤至 V. arrive suddenly; come without warning
zhōuzhōng 周中 N. midweek
zhōuzhōngdíguó 舟中敌国[-敵國] ID. treacherous close friends
zhōuzhōu 粥粥 ON. chuckchuck; cackling sound
zhòuzhòubābā 皱皱巴巴[皺皺--] R.F. wrinkled; crumpled; full of creases; shriveled
zhōuzhōuwúnéng 粥粥无能 F.E. weak and incompetent (of a person)
zhōuzhǔ 洲渚 P.W. island in a river
zhóuzhù* 轴柱 N. <bot./zoo.> columella
zhōuzhuǎn* 周转[-轉] N./V. <econ.> ①turnover; circulating/revolving (funds) ② have enough to meet the need
zhòuzhuàn 籀篆 N. "large seal" type of Ch. calligraphy
zhōuzhuǎn bù líng 周转不灵[-轉-靈] V.P. be in financial straits; be short of cash
zhōuzhuǎn jījīn 周转基金[-轉--] N. working-capital fund; revolving/circulation fund
zhōuzhuǎnjīn 周转金[-轉-] N. revolving fund
zhōuzhuǎnliáng 周转粮[-轉糧] N. turnover grain
zhōuzhuǎnlǜ 周转率[-轉-] N. turnover rate
zhōuzhuǎnqī 周转期[-轉-] N. turnover period
zhōuzhuǎn xiànjīn 周转现金[-轉--] N. working cash
zhōuzhuǎn xìnyòng 周转信用[-轉--] N. revolving credit
zhōuzhuǎnzhōng huòbìliàng 周转中货币量[-轉--幣-] N. amount of money in circulation
zhōuzhuǎn zījīn 周转资金[-轉--] N. working/revolving fund
zhōuzhuō 周桌 N. turn over a table in anger
zhōuzǐ 舟子 N. <wr.> boatman
zhóuzi 轴子 N. ① roller (for a scroll) ② (tuning) peg
[1]zhǒuzi* 肘子 N. ① upper part of a leg of pork ② elbow
[2]zhǒuzi 帚子 N. broom M: *[1]bǎ*
zhòuzǐ 胄子 N. eldest son
zhōuzībófǎng 周咨博访 F.E. inquire around and visit everywhere
zhōuzìwén 舟字纹 N. <art> saucer pattern (like *quāndàiwén* but with dot at center of each circle)
zhòuzǔ 咒诅 V. curse; swear at
[1]zhū 猪[豬] N. pig; hog; swine ♦B.F. a symbol of man's stupidity *chǔnzhū*
[2]zhū 株 M. *for trees* ♦B.F. ① stump/trunk of a tree *shǒuzhūdàitù* ② stem of a plant ③ (entire) plant *zhízhū*
[3]zhū 珠 B.F. ① pearl *zhēnzhū* ② bead *zhūzi* ③ small, spherical object *yǎnzhū, lèizhū*
[4]zhū 诸[諸] PREF. all; various
[5]zhū 朱 B.F. ① vermilion *zhūhóng* ② cinnabar *[1]zhūshā* ♦N. Surname
[6]zhū 蛛 B.F. spider *zhīzhū, zhūsī, zhūwǎng*
[7]zhū 侏 B.F. dwarf; dwarfism *[2]zhūrú, yúzhūbìng*
[8]zhū 诛[誅] B.F. ①punish *kǒuzhūbǐfá* ②execute *[2]zhūlù, fúzhū*
[9]zhū 槠[櫧] B.F. an evergreen oak *shízhū*
[10]zhū 橥[櫫] B.F. tether peg for livestock *jiēzhū*
[11]zhū 潴[瀦] B.F. ① pool; puddle; place where water collects *zhūhuì* ② <med.> retain (fluids) *zhūliú, niàozhūliú*
[12]zhū 铢[銖] B.F. <trad.> one twenty-fourth of a *liǎng*, or 'ounce'; a very small amount *[2]zhūyī, jīzhūlěicùn*
[13]zhū 茱 in *[1]zhūyú*

[1]zhú 竹 B.F. bamboo *zhúzi, zhúlín*
[2]zhú 逐 B.F. ① pursue *zhuīzhú* ② expel; banish *qūzhú* ♦ADV. one by one; one after another
[3]zhú 烛[燭] B.F. ① candle *làzhú* ② illuminate; light up *zhúzhào* ♦M. watt
[4]zhú 竺 B.F. ①a kind of bamboo ②India *Zhúxué, [2]tiānzhú* ♦N. Surname
[5]zhú 蠋 B.F. larva of butterfly/moth; caterpillar *shāzhú*
[6]zhú 柚 B.F. cylinder that carries the threads of the warp on a loom *zhùzhú See also [9]yóu, [12]yòu*
[7]zhú 躅 in *zhízhú'érxíng, júzhú*
[8]zhú 舳 in *zhúlú*
[9]zhú 术[術] in *zhújiǔ, báizhú See also [5]shù*
[1]zhǔ 主 B.F. ① master *zhǔ-pú* ② owner *zhǔrén* ③ person/party concerned *[1]mǎizhǔ* ④ host *zhǔrén* ⑤ opinion; view *[1]zhǔguān* ⑥ manage; direct *zhǔguǎn* ⑦indicate; betoken ⑧advocate *zhǔzhāng* ⑨main; principal *[1]zhǔyào* ⑩ancestral tablet *shénzhǔ* ♦N. God
[2]zhǔ 煮 V. boil; cook
[3]zhǔ 拄 V. lean on (a stick/etc.)
[4]zhǔ 嘱[囑] B.F. ① enjoin; advise *zhǔfu* ② entrust *zhǔtuō*
[5]zhǔ 渚 B.F. small islet *shāzhǔ* ♦in *Liángzhǔ Wénhuà*
[6]zhǔ 属[屬] B.F. ① join together *liánzhǔ* ② fix one's attention on *[2]zhǔmù See also [2]shǔ*
[7]zhǔ 瞩[矚] B.F. gaze; look at steadily *[1]zhǔmù, [2]lìzhǔ*
[8]zhǔ 麈 B.F. <trad.> deer-like animal whose tail was used as a duster *zhǔtán, huīzhǔ*
[9]zhǔ 褚 in *[3]zhǔmù, kèjīkèzhǔ See also Chǔ*
[1]zhù* 住 V. live; reside; stay ♦B.F. stop; cease *[3]zhùshǒu, zhùkǒu* ♦CMP. tightly; firmly *zhuā~* grasp firmly *zhuābu~* unable to grasp
[2]zhù 筑[築] V. build; construct
[3]zhù 驻[駐] V. ① halt; stay ② be stationed at ~ *Huá dàshǐ* ambassador to China
[4]zhù 柱 N. ① post; upright; pillar; column ② <math.> cylinder
[5]zhù 注 B.F. ① pour; put (a liquid) into *zhùrù* ② concentrate *[1]zhùyì* ③ stakes (in gambling) *[1]dǔzhù* ♦M. *for business deals See also [6]zhù*
[6]zhù 注[註] V. annotate ♦B.F. record; register *zhùcè* ♦N. notes; annotation *See also [5]zhù*
[7]zhù 祝 V. ① bless; invoke blessings ② express good wishes; wish *~ nín chángshòu.* Many happy returns. ♦B.F. cut off *zhùfà* ♦N. ① <hist.> officer administering sacrifices ② Surname
[8]zhù 铸[鑄] V. <metal.> cast; found
[9]zhù 助 V. help; assist; aid
[10]zhù 蛀 V. eat/bore into/through ♦B.F. ① insect that eats books/etc. *zhùchóng* ② dental cavities *zhùyá*
[11]zhù 著 V. ① write (books/etc.) ② show; manifest; prove ♦B.F. ① outstanding; notable *[1]zhùmíng* ② book; work *[1]míngzhù See also [2]zhāo, [3]zhāo, zháo, zhe, [1]zhuó*
[12]zhù 贮[貯] B.F. store; save; lay aside *zhùcún*
[13]zhù 炷 B.F. ① wick (of an oil lamp) *[2]dēngzhù* ② burn (joss sticks) *zhùxiāng* ♦M. *for joss sticks*
[14]zhù 杼 B.F. reed (in a loom); shuttle *zhùzhú, [3]jīzhù*
[15]zhù 箸 B.F. chopsticks *[2]zhùzi, jùzhù*
[16]zhù 伫[佇] B.F. stand for a long while *[1]zhùlì, [1]yánzhù*
[17]zhù 翥 B.F. take off; fly up (of birds) *luánxiángfèngzhù*
[18]zhù 苎[苧] in *zhùmá*
[19]zhù 纻[紵] in *báizhù*
[1]zhuā* 抓 V. ① grab; seize ② scratch ③ arrest; catch; press-gang ④stress; pay special attention to ⑤ be responsible for; take charge of *Tā shénme dōu xiǎng ~.* He intends to take charge of everything. ⑥ attract; draw; fascinate
[2]zhuā 挝[撾] B.F. knock; beat (a drum) *zhuāgǔ See also [7]wō*
zhuǎ 爪 B.F. ① claw; talon *zhuǎzi* ② paw of a small animal *zhuǎr* ③ foot of a utensil *See also [2]zhǎo*

zhuā biànzi 抓辫子 V.O. seize on sb.'s mistake/shortcoming
zhuābiāo 抓膘 V.O. fatten (cattle/etc.)
zhuābīng 抓兵 V.O. dragoon sb. into the army
zhuābǔ 抓捕 V. catch; arrest
zhuābudào 抓不到 R.V. can't catch
zhuābuqǐ 抓不起 R.V. cannot lift off the ground (by one's hands)
zhuābuqǐlai 抓不起来 R.V. ① cannot lift off the ground (by one's hands) ② cannot manage sth.
zhuābuzhù 抓不住 R.V. ① can't catch/find sb. ② can't grab/catch with one's hands
zhuācǎi 抓彩 V.O. draw a lottery; raffle
zhuāchāi 抓差 V.O. press sb. into service
zhuāchár 抓碴/茬儿 V.O. <coll.> ① find flaws ② pick quarrels
zhuāchū 抓出 R.V. grab a handful out
zhuādào 抓到 R.V. succeed in grabbing/catching/seizing
zhuā dàtóu 抓大头 V.O. <coll.> ①play a person for a fool *Bié zhuā wǒ de dàtóu.* Don't make a fool of me. ② cheat; swindle ③ draw lots to decide who is to play the host
zhuādezhù 抓得住 R.V. ① can catch/find sb. ② be able to grab/catch with the hands
zhuādiǎn(r) 抓点(儿)[-點-] V.O. <pol.> concentrate work at selected units as models
zhuādiǎndàimiàn 抓点带面[-點帶-] F.E. draw experience from selected units to promote overall work
zhuādīng 抓丁 V.O. press-gang able-bodied men
zhuādǒu 抓斗 N. <mach.> grab bucket; grab
zhuādǔ 抓赌 V.O. raid unlicensed gambling houses; break up a gambling party
zhuā'ěrnáosāi 抓耳挠腮[--撓-] F.E. ① scratch the face/head in agitation ② <coll.> harried-looking; distraught ③ depressed; anguished
zhuāfàn 抓饭 N. pilaf; pilau
zhuāfèn 抓粪[-糞] V.O. <topo.> spread manure/nightsoil
zhuāfū 抓夫 V.O. press-gang
zhuāgāngzhìguó 抓纲治国[-綱-國] F.E. grasp the key link and stabilize the country
zhuāgāngzhìjūn 抓纲治军[-綱--] F.E. grasp the key link and consolidate the army
zhuā gémìng, cù shēngchǎn 抓革命,促生产[---,--產] F.E. <Cult.Rev.> seize on revolution, promote production
zhuāgén 抓哏 V.O. <thea.> make ad-lib jokes; throw in impromptu lines (of a comedian/etc.)
zhuā gēnběn 抓根本 V.O. grab hold of the most important task
zhuā gōngfu(r) 抓工/功夫(儿) V.O. ① make good use of one's time ② find time (to do sth.)
zhuāgōu 抓钩[-鉤] N. grapple; grab hook
zhuāgǔ 挝/抓鼓[撾-] V.O. beat a drum
zhuā guānchāi 抓官差 V.O. <trad.> press sb. into service
zhuāhǎo 抓好 R.V. do a good job of; make great efforts to
zhuāhén 抓痕 N. scratch M: *[1]tiáo*
zhuāhuài 抓坏[-壞] R.V. break by grabbing/crunching with the hands
zhuāhuì 抓会 V.O. bid for a loan from a private monetary cooperative ♦N. a club in which subscribers pay a certain amount monthly, the sum going to the person who wins at dice
zhuāhuò 抓获[-獲] V. ① arrest ② capture; seize
zhuāi 拽 V. fling; throw; hurl *See also [8]yè, zhuài*
zhuǎi 转[轉] V. lard one's speech with literary phrases to display erudition *See also zhuǎn, [1]zhuàn*
zhuài* 拽 V. pull; drag; haul *See also [8]yè, zhuāi*
zhuàikāi shuāngjiǎo 拽开双脚[-開雙腳] V.P. walk quickly
zhuàiquánshǐjiǎo 拽拳使脚[-腳] F.E. shake one's fist at
zhuǎiwén 转文[轉-] V.O. flaunt one's learning by larding one's speech with literary allusions *See also zhuǎnwén*

zhuājì* 抓髻 N. one of the two braids on the sides of the head ♦ATTR. interdependent; closely knit

zhuājì 髽髻 N. <*trad.*> a kind of hairdo worn by young girls and maid servants

zhuājiān(r) 爪尖(儿) N. pig's trotters

zhuājiānr 抓尖儿 V.O. <*topo.*> come off first

zhuājiānrmàikuài 抓尖儿卖快[---賣-] F.E. go out of one's way to curry favor

zhuā jīhuì 抓机会 V.O. seize/grasp an opportunity

zhuājǐn 抓紧[-緊] R.V. ① firmly grasp; pay close attention to ② hurry

zhuājǐn shíjī 抓紧时机[-緊時-] V.O. seize the opportunity

zhuājǐn shíjī xíngshì 抓紧时机行事[-緊時---] V.P. make hay while the sun shines

zhuājǐn xuéxí 抓紧学习[-緊-習] V.O. attend to one's studies in earnest; study hard

zhuājǐnzhuāhǎo 抓紧抓好[-緊--] V.P. grasp firmly and well

zhuājiū(r) 抓阄(儿)[-鬮-] V.O. draw lots

zhuājú 抓局 V.O. raid a gambling den

zhuājǔ* 抓举[-舉] N. <*sport*> snatch

zhuājù 抓具 N. gripping apparatus

zhuākōng(zi) 抓空(子) V.O. fail in an attempt

zhuākòng(r)* 抓空(儿) V.O. <*coll.*> seize the occasion/opportunity

zhuālāo 抓捞[-撈] V. <*coll.*> paw over; rummage through

zhuāláo* 抓牢 R.V. pounce

zhuā láogōng 抓劳工[-勞-] V.O. press-gang workers

zhuāluàn 抓乱[-亂] R.V. mess up sth. by grabbing/scratching

zhuā miáotou 抓苗头 V.O. watch out for the first signs

zhuā míhú 抓迷糊 V.O. <*topo.*> prey upon the masses

[1]**zhuān** 专[專] S.V./ADV. special; focused; concentrated ♦B.F. ① arbitrary; tyrannical [1]*zhuānzhì* ② monopolize [1]*zhuānlì, zhuānmài* ③ <*lg.*> proper; specialized ***zhuānyǒu míngcí***

[2]**zhuān** 砖[磚] N. ① brick; building block ② tile (for floor/ground/wall, not roof)

[3]**zhuān** 颛[顓] B.F. ignorant ***zhuānméng***, [2]***zhuānzhuān***

zhuǎn* 转[轉] V. ① turn; shift; change ② convey; pass on; transfer; transmit ♦N. <*lg.*> alternation of rhyme ***See also*** *zhuǎi*, [1]*zhuàn*

[1]**zhuàn** 转[轉] V. turn; revolve; rotate ♦M. *for turns/revolutions* ***See also*** *zhuǎi, zhuǎn*

[2]**zhuàn** 赚[賺] V. ① make a profit; gain ② <*topo.*> earn ♦N. <*topo.*> profit ***See also*** [3]*zuàn*

[3]**zhuàn** 传[傳] N. ① commentaries on the classics ② biography ③ historical novel ***See also*** [2]*chuán*

[4]**zhuàn** 篆 B.F. ① seal ***zhuànkè*** ② seal-style characters ***zhuànzì***, [3]***zhuànshū*** ③ write seal characters ***zhuàn'é***

[5]**zhuàn** 撰 B.F. write [1]***zhuànwén, zhuàngǎo***

[6]**zhuàn** 啭[囀] B.F. calling/singing of birds [3]***míngzhuàn, zhuànhóu***

[7]**zhuàn** 馔[饌] B.F. food ***shèngzhuàn, zhuànjù, kuìzhuàn***

zhuān'àn* 专案[專-] N. special case for investigation

zhuàn'ān 撰安 F.E. <*wr.*> Pray for your literary health.

zhuān'àn bōkuǎn 专案拨款[專-撥-] N. special appropriations from the central government

zhuān'àn chǔlǐ 专案处理[專-處-] V.P. handle as a special case

zhuān'àn fǎguān 专案法官[專-] N. ad hoc judge M: [2]*wèi*

zhuān'àn rényuán 专案人员[專-] N. those engaged in the examination of a case

zhuān'àn xiǎozǔ 专案小组[專-] P.W. special investigation team

zhuān'ànzǔ 专案组[專-] P.W. special investigation team

zhuānao(r) 抓挠(儿)[-撓-] <*coll.*> V. ① grasp; clutch ② rummage through ③ bicker; quarrel ④ scramble around; run hither and thither ⑤ make a little money ⑥ fight ⑦ prepare sth. hastily ♦N. ① way out of difficulties; prospect ② sb. or sth. that one can rely on

zhuānao bàntiān 抓挠半天[-撓--] V.P. <*coll.*> scurry around for a long time

zhuānáo qǐlai 抓挠起来[-撓--] R.V. <*coll.*> begin to quarrel

zhuǎnbàiwéigōng 转败为功[轉-] F.E. turn failure into success

zhuǎnbàiwéishèng 转败为胜[轉-勝] F.E. turn defeat into victory

zhuānbǎn* 专版[專-] N. special section

zhuānbàn 专办[專辦] V. special in dealing with sth.

zhuǎnbāo* 转包[轉-] V. transfer a contracted project to sb. else

zhuǎnbào 转报[轉報] V. forward and report (to a higher authority)

zhuǎnbāo hétong 转包合同[轉-] N. subcontract

zhuǎnbèi 转背[轉-] <*topo.*> V.O. turn round; face rearward ♦ADV. a very short time

zhuǎnbēiwéixǐ 转悲为喜[轉-] F.E. change sorrow into joy

zhuǎnbiàn 转变[轉變] N./V. ① change; transform; shift ② <*lg.*> metathesis

zhuǎnbiàn chéng 转变成[轉變-] R.V. turn/change into

zhuǎnbiànle de yìyì 转变了的意义[轉變-義] N. transferred meaning

zhuǎnbiàn lìchǎng 转变立场[轉變-場] V.O. change one's stand; shift one's ground

zhuǎnbiàn wéi 转变为[轉變-] V.P. turn/change into

zhuànbǐdāo 转笔刀[轉筆-] N. pencil sharpener M: [2]*zhī*

zhuǎnbìng 转病[轉-] V.O. become ill

zhuānbīngbǐngzhèng 颛兵秉政 F.E. assume military responsibility and hold the political power

zhuǎnbō 转播[轉-] V. relay (radio/TV broadcasts)

zhuǎnbōchē 转播车[轉-] N. broadcast van M: [3]*liàng*

zhuǎnbōqì 转播器[轉-] N. relay instrument (for broadcast)

zhuǎnbōtái 转播台[轉-臺] P.W. relay station M: [4]*zuò*

zhuǎnbōzhàn 转播站[轉-] P.W. relay station M: [4]*zuò*

zhuǎnbǔ 转补[轉補] V. transfer sb. to fill (an official post)

zhuànbuchū 赚不出 R.V. can't profit from

zhuǎnbuguò 转不过[轉-] R.V. ① can't turn around ② can't make a turn

zhuāncái 专才[專-] N. specialist; person specially good at sth.

zhuǎncáo 转漕[轉-] V.O. transport by land and water

zhuǎncè 转侧[轉-] V.O. <*wr.*> ① change one's position; move about ② toss about (in bed)

zhuǎncèdádàn 转侧达旦[轉-達-] F.E. lie tossing and turning all night

zhuānchá 砖茶[磚-] N. brick tea

zhuānchāi 专差[專-] N. ① special mission/errand/messenger/emissary ② person sent on a special mission

zhuǎnchǎn 转产[轉產] V.O. change products/production

zhuāncháng* 专长[專-] N. specialty; special skill/knowledge *Nǐ de ~ shì shénme?* What's your specialty?

[1]**zhuānchǎng** 专场[專場] N. special performance

[2]**zhuānchǎng** 砖厂[磚廠] P.W. brickyard M: [4]*zuò*

zhuǎnchǎng 转场[轉場] N. <*thea.*> transition (between sets/scenes/etc.)

zhuāncháng rènjiào 专长任教[專-] V.P. teach in one's specialty

zhuānchē* 专车[專-] N. special/reserved train/vehicle M: [1]*liè*/[3]*liàng*/[2]*bù*

zhuǎnchē 转车[轉-] V.O. change trains/buses

[1]**zhuānchéng*** 专程[專-] N. special trip

[2]**zhuānchéng** 专诚[專-] ADV. ① sincerely ② for a particular purpose; specially

[1]**zhuǎnchéng** 转乘[轉-] N. tranship

[2]**zhuǎnchéng** 转成[轉-] N. derivation; formation

zhuānchéng bàifǎng 专诚拜访[專-] V.P. pay a special visit to sb.

zhuǎnchéngyǔ 转成语[轉-] N. <*lg.*> derivative

zhuǎnchéng yǔfǎ 转成语法[轉-] N. <*lg.*> derivation

zhuǎnchēnwéixǐ 转嗔为喜[轉-] F.E. anger gives way to joy

zhuǎnchēpán 转车盘[轉-盤] N. turntable

zhuǎnchēpiào 转车票[轉-] N. transfer (ticket) M: [1]*zhāng*

zhuànchētái 转车台[轉-臺] N. turntable; carriage turntable

zhuǎnchì 转饬[轉-] V. <*wr.*> order/instruct (subordinates) in accordance with orders/instructions received from one's superior

zhuānchǒng 专宠[專-] V.O. monopolize the favor (of a ruler)

zhuǎnchū 转出[轉-] R.V. move/shift out

zhuǎnchuán 转船[轉-] V.O. change to another ship; tranship

zhuǎnchuán zhuāngyùn 转船装运[轉-裝運] V.P. tranship

zhuǎnchuán zhǔndān 转船准单[轉-準-] N. <*acct.*> transshipment permit M: [1]*zhāng*

zhuànchūlai 撰出来 R.V. write out

zhuāncí 专祠[專-] P.W. temple honoring sb. who contributed much to society

zhuāncǐ* 专此[專-] F.E. (I) especially hereby... (correspondence closure) ~ ***shùnsòng*** Respectfully yours.

zhuàncì 撰次 V. <*wr.*> compile

zhuǎndá 转达[轉達] V. pass on; convey; communicate ***Qǐng xiàng tā ~ wǒ de wènhòu.*** Please give him my regards.

[1]**zhuǎndào** 转道[轉-] V.O. make a detour; go by way of ♦N. <*trad.*> official route of shipping food

[2]**zhuǎndào** 转到[轉-] R.V. transfer to

zhuàndào* 赚到 R.V. earn (money)

zhuàndechū 赚得出 R.V. can profit from

zhuāndì 砖地[磚-] P.W. brick floor

zhuǎndì* 转递[轉遞] V. forward; relay

[1]**zhuāndiàn** 专电[專電] N. special dispatch/telegram M: [2]*fēng*

[2]**zhuāndiàn** 专店[專-] P.W. exclusive retail outlet

zhuāndiāo 砖雕[磚-] N. brick carving

zhuǎndiào* 转调[轉-] N. <*mus.*> modulation ♦V. be transferred to another post (of a government employee, etc.)

zhuǎndié 转碟[轉-] V.O. (acrobatic) plate-spinning

zhuǎndì liáoyǎng 转地疗养[轉-療養] V.P. change of air for one's health

zhuǎndòng 转动[轉動] R.V. turn (round); move ***See also*** *zhuàndòng*

zhuàndòng* 转动[轉動] R.V. turn; revolve; rotate ***See also*** *zhuǎndòng*

zhuǎndòngzhóu 转动轴[轉動-] N. axis of spin M: [2]*gēn*

zhuǎndù 转渡[轉-] N. transition

zhuānduàn 专断[專斷] V. act arbitrarily

zhuānduì 专对[專對] V. face up to a situation

zhuàn'é 篆额 V.O. inscribe characters on the top of a tablet in the seal style

zhuǎn'ér 转而[轉-] CONJ. conversely

zhuǎn'éryīxiǎng 转而一想[轉-] F.E. on second thought

zhuǎnfā* 转发[轉發] V. ① transmit ② reprint (articles published elsewhere)

zhuǎnfǎ 转法[轉-] N. <*mil.*> facing

zhuǎn fǎlún 转法轮[轉-] V.O. <*Budd.*> preach the doctrines of Buddhism
zhuānfáng 砖房[磚-] P.W. brick house M: [4]*zuò*
zhuānfǎng* 专访[專-] N. ① report produced by a journalist after paying a special visit to the person concerned ② special interview with sb. or special coverage of sth.
zhuǎnfánwéishèng 转凡为圣[轉-聖] F.E. turn an ordinary man into a sage
zhuǎnfēngyìsú 转风易俗[轉-] F.E. change a convention/tradition
[1]zhuāng* 装[裝] V. ① play the part/role of; act ② dress up ③ pretend; feign ④ install; fit; assemble ⑤ load; pack; hold ♦B.F. ① outfit; dress; clothing; costume *fúzhuāng* ② stage makeup/costume *xìzhuāng* ③ binding (of books) [2]*píngzhuāng, jīngzhuāng*
[2]zhuāng 庄[莊] B.F. ①village; hamlet *cūnzhuāng* ② manor ③ place of business *cházhuāng* ④ banker (in a gambling game) [2]*zhuāngjia* ⑤ serious; grave *zhuāngyán* ♦N. Surname
[3]zhuāng 桩[樁] N. stake; pile ♦M. *for items/matters*
[4]zhuāng 妆[妝] B.F. ① makeup; cosmetics *cuīzhuāng* ② make up; apply makeup [1]*huàzhuāng* ③ jewelry/adornments worn by women
zhuǎng 奘 S.V. <*topo.*> stout; robust *See also* [3]*zàng*
[1]zhuàng 撞 V. ① run into; strike; collide ***Wǒ gēn tā ~le ge mǎnhuái.*** I collided with him. ②meet by chance ③rush; dash ④dupe ⑤take one's chance ⑥ trust to; try
[2]zhuàng 状[狀] B.F. ①form; shape [1]*xíngzhuàng* ② state; condition *zhuàngkuàng* ③ account; record *gòngzhuàng* ④ written complaint; plaint *gàozhuàng* ⑤ certificate *jiǎngzhuàng* ⑥ describe; narrate *miáozhuàng* ⑦ <*lg.*> (adverbial) modifier *zhuàngyǔ*
[3]zhuàng 壮[壯] S.V. strong; robust; sturdy ♦B.F. ①in the prime of life *zhuàngnián* ②magnificent *xióngzhuàng* ♦V. make better/stronger *See also* *Zhuàng*
[4]zhuàng 幢 M. *for buildings See also* [2]*chuáng*
[5]zhuàng 戆[戇] B.F. simple and honest; tactless *zhuàngzhí, hànzhuàng See also* [3]*gàng*
Zhuàng 壮[壯/僮] B.F. (a member of) the Zhuang ethnic minority *Zhuàngzú See also* [3]*tóng*, [3]*zhuàng*
zhuāngàn 专干[專幹] N. full-time cadre
zhuǎn'gàn* 转干[轉幹] V.O. become a cadre
zhuān'gǎo 专稿[專-] N. manuscript article written for a special need M: [1]*piān*
zhuǎngào* 转告[轉-] V. transmit (a message); communicate; pass on (word)
zhuàngǎo 撰稿 V.O. write articles
zhuàn'gǎorén 撰稿人 N. drafter (of a manuscript); author M: [2]*wèi*
zhuàn'gǎoyuán 撰稿员 N. copywriter M: [2]*wèi*
zhuāngbǎi 装摆[裝擺] V. decorate
zhuāngbǎn 装板[裝-] N. <*art*> mounting board (of scrolls) M: [2]*kuài*
zhuāngbàn* 装扮[裝-] V. ① dress up; attire; deck out ② disguise; masquerade ③ pretend; feign
zhuāngbànchéng 装扮成[裝-] R.V. disguise as; masquerade as
zhuāngbàn yìxìng 装扮异性[裝-異-] V.O. dress up as a transvestite; cross-dress
zhuāngbāo 装包[裝-] V. pack/wrap up
zhuāngbèi 装备[裝備] V. equip; outfit ♦N. equipment; outfit
zhuāngbèixiàn shēngchǎn 装备线生产[裝備-產] N. assembly-line production
zhuàngbì 撞壁 V.O. ① be up against a blank wall ② be faced with difficulties
zhuāngbiǎo 装裱[裝-] V. mount (a scroll/etc.)
zhuāngbìng 装病[裝-] V.O. malinger
zhuāngbìngzhě 装病者[裝-] N. malingerer
zhuāngbōli-gōng 装玻璃工[裝-] N. glazier
zhuāngbuxià 装不下[裝-] R.V. can't hold; be not big enough to hold (of containers)
zhuāngbǔxué 装补学[裝補-] N. prosthetics
zhuàngcán 壮蚕[壯蠶] N. grown silkworm
zhuāngcāng 装舱[裝艙] V.O. load the hold (with cargo)
zhuāngcǎojià 装草架[裝-] N. hayrack
zhuāngchē* 装车[裝-] V.O. load vehicles
zhuàngchē 撞车 V.O. ① collide (of vehicles) ② have a time conflict ③ clash (of opinions/interests)
zhuāngchéng* 装成[裝-] R.V. disguise; pretend
zhuàngchéng 撞成 R.V. hit/smash and change into
zhuāngchēnsājiāo 装嗔撒娇[裝-嬌] F.E. act in an affectedly charming manner
zhuāngchí* 装池[裝-] V.O. mount a painting/calligraphic work
zhuāngchǐ 装齿[裝齒] N. <*mach.*> toothing
zhuāngchīmàishǎ 装痴卖傻[裝-賣-] F.E. feign ignorance
zhuāngchōng 装充[裝-] V. pretend; be pretentious
zhuāngchū 装出[裝-] R.V. pretend; act as
zhuāngchuán 装船[裝-] V.O. load ships
zhuāngchuán dàilǐchù 装船代理处[裝-處] N. shipping agent
zhuāngchuánfèi 装船费[裝-] N. loading charges
zhuāngchūlai 装出来[裝-] R.V. pretend to be
zhuāngcì 妆次[妝-] F.E. your ladyship
zhuàngcí* 状词[狀-] N. ① written complaint; plaint; indictment ② contents of an accusation
zhuàngdǎ 撞打 V. hit/smash against
zhuàngdà* 壮大[壯-] V.P. ① grow in strength; expand ② thick and strong; bulky; big and strong; vigorous
zhuāngdài 装袋[裝-] N. bagging
zhuāngdàn 装弹[裝-] V.O. load a gun
zhuàngdǎn(r/zi)* 壮胆(儿/子)[壯膽-] V.O. embolden
zhuàngdǎo* 撞倒 R.V. knock down by bumping; run/shove/push down
zhuàngdào 撞到 R.V. run into; meet unexpectedly
zhuàng dàyùn 撞大运[-運] V.O. try one's luck
[1]zhuāngdiǎn 装点[裝點] V. decorate; dress; deck
[2]zhuāngdiǎn 妆点[妝點] V. decorate
zhuāngdìng* 装订[裝-] V. bind books
zhuàngdīng 壮丁[壯-] N. <*trad.*> able-bodied man (subject to conscription)
zhuāngdìngchǎng 装订厂[裝-廠] P.W. plant for binding books; bindery M: [1]*jiā*
zhuāngdìng chējiān 装订车间[裝-] P.W. bookbindery; bindery
zhuāngdìngchéngcè 装订成册[裝-冊] F.E. bind in a volume
zhuāngdìng gōngchǎng 装订工厂[裝-廠] P.W. bindery M: [1]*jiā*
zhuāngdìngjī 装订机[裝-] N. bookbinding machine M: [1]*tái*
zhuāngdìngsuǒ 装订所[裝-] P.W. binding room/workshop M: [1]*jiā*
zhuǎngěi 转给[轉-] V.P. hand/pass to
zhuàngfān 撞翻 R.V. knock sth. down/over
zhuāngfáng 庄房[莊-] P.W. country home; villa; farm M: [4]*zuò*
zhuāngfēngmàishǎ 装疯卖傻[裝-賣-] F.E. play the fool/madman
zhuàngfū 壮夫[壯-] N. able-bodied person; sturdy person
zhuànggào 状告[狀-] V. sue
zhuānggé 装格[裝-] N. decorative shelving
zhuàng ge mǎnhuái 撞个满怀[-個-懷] V.P. bump into sb.
zhuànggōng 壮工[壯-] N. unskilled laborer
zhuānggòu zhàndào 桩构栈道[樁構棧-] N. pile trestle
zhuāngguàn 装罐[裝-] V.O. can (food/etc.)
zhuàngguān* 壮观[壯觀] N. magnificent sight ♦S.V. magnificent
zhuàngguī 撞归[-歸] N. a method of division using an abacus
zhuàngguǐ* 撞鬼 V.O. ① encounter a ghost ② run around in distraction
zhuāng guǐliǎn 装鬼脸[裝-] V.O. make a face; grimace
zhuànggùn 状棍[狀-] N. ① pettifoggers ② fomenters of litigation
zhuāngguo 装裹[裝-] V. dress/shroud a corpse ♦N. shroud; burial suit
zhuānghān(r) 装憨(儿)[裝-] V.O. <*coll.*> pretend ignorance
zhuānghǎo 装好[裝-] R.V. pack/load properly
zhuānghù 庄户[莊-] N. peasant household M: [1]*hù*
zhuànghuài 撞坏[-壞] R.V. damage by bumping
zhuānghuáng 装潢/璜[裝-] V. ① mount (a picture/etc.) ② decorate ③ paste; glue ♦N. ① mounting; packaging ② decor; furnishings
zhuānghuáng cáiliào 装潢材料[裝-] N. ① mounting materials ② materials used for room decor
zhuānghuáng ménmian 装潢门面[裝-] V.O. put up a facade
zhuāng huǎngzi 装幌子[裝-] V.O. ① pretend ② put up a front; maintain an outward show; keep up appearances
zhuànghuǐ 撞毁[-毀] R.V. smash; shatter; destroy
zhuānghuò 装货[裝-] V.O. ① load (cargo) ② package merchandise
zhuānghuòchù 装货处[裝-處] P.W. place of loading
zhuānghuòdān 装货单[裝-] N. shipping order M: [1]*zhāng*
zhuānghuògǎng 装货港[裝-] P.W. port of shipment/loading M: [4]*zuò*
zhuānghùrén 庄户人[莊-] N. peasant
zhuāng hútu 装糊涂[裝-塗] V.O. feign ignorance
zhuāngjī 桩基[樁-] N. pile foundation
zhuàngjī* 撞击[-擊] V. ram; dash against; strike
[1]zhuāngjia* 庄稼[莊-] N. ① crops ② farming
[2]zhuāngjia 庄家[莊-] N. ①banker (in a gambling game) ② farmhouse
[1]zhuāngjiǎ 装甲[裝-] N. plate armor ♦ATTR. armored
[2]zhuāngjiǎ 装/妆假[裝/妝-] V.O. pretend; feign; make believe
zhuāngjiǎbīng 装甲兵[裝-] P.W. armored force/troops
zhuāngjiǎ bīngtuán 装甲兵团[裝-團] P.W. armored/panzer corps
zhuāngjiǎ bùduì 装甲部队[裝-隊] P.W. armor; armored unit
zhuāngjiachá 庄稼茬[莊-] N. stubble
zhuāngjiǎchē 装甲车[裝-] N. armored car M: [3]*liàng*
zhuāngjiadì 庄稼地[莊-] P.W. <*coll.*> cropland; fields; farm M: [2]*kuài*
zhuāngjia dǐzi 庄稼底子[莊-] N. <*topo.*> farming background
zhuāngjia guāngjǐng 庄稼光景[莊-] N. <*coll.*> crop prospects
zhuāngjiahàn 庄稼汉[莊-漢] N. farmer; peasant
zhuāngjiahù(r) 庄稼户(儿)[莊-] N. <*coll.*> wealthy farmer; landlord
zhuāngjiahuó(r) 庄稼活(儿)[莊-] N. farm work; farming
zhuāngjiǎjiàn 装甲舰[裝-艦] N. ironclad (a warship) M: [1]*sōu*
zhuāngjialǎor 庄稼佬/老儿[莊-] N. farmer; bumpkin
zhuāngjiǎ lièchē 装甲列车[裝-] N. armored train M: [1]*liè*
[1]zhuàngjiàn 撞见 V. meet/discover by chance
[2]zhuàngjiàn 壮健[壯-] S.V. sturdy
zhuàngjiàn héshàng 撞见和尚 V.O. encounter a bad omen

zhuàngjiànrúniú 壮健如牛[壯-] F.E. be as strong as an ox
zhuāngjiarén 庄稼人[莊-] N. peasant; farmer
zhuāngjiǎshī 装甲师[裝-師] N. armored division
zhuāngjiǎ shūsòngchē 装甲输送车[裝-] N. armored carrier M: ³liàng
Zhuàngjǐn 壮锦[壯-] N. Zhuang brocade
zhuàngjìn* 撞进[-進] R.V. thrust into; burst into
zhuāngjǐng 桩景[樁-] N. miniature gardening
zhuāngjìng* 庄静[莊靜] V.P. dignified and reticent; demure
zhuāngjìngzìqiáng 庄敬自强[莊-強] F.E. have self-respect and self-reliance
zhuāngjī róngliàng 装机容量[裝-] N. <elec.> installed capacity
zhuàngjǔ 壮举[壯舉] N. magnificent feat
zhuàngkāi 撞开[-開] R.V. knock away by bumping; burst open
zhuāngkè* 庄客[莊-] N. ① farm worker ② tenant farmer ③ <trad.> traveling salesman and purchasing agent
zhuàngkè 撞客 N. man possessed by an evil spirit
zhuāng kěliánxiàng 装可怜相[裝-憐-] V.O. make/pull a pitiful/sad face
zhuāngkǒu 庄口[莊-] P.W. market
zhuāngkuǎn 庄款[莊-] N. money exchanged between banks
zhuāngkuàng 装框[裝-] V.O. frame (picture/ etc.)
zhuàngkuàng* 状况[狀況] N. ① condition/ state (of affairs) ② situation; status
zhuàngkuàng zhèngjù 状况证据[狀況證據] N. circumstantial evidence M: ¹zhāng
zhuàngkuò 壮阔[壯-] V.P. glorious; magnificent
zhuānglǎo 装老[裝-] N. <trad.> burial clothes for the dead ♦V.O. pretend to be old
zhuàngláolì 壮劳力[壯勞-] N. ① strong labor power ② an ablebodied adult (esp. for farming)
zhuāng lǎoshixiàng 装老实相[裝-實-] V.O. put on a show of meekness
zhuàngle 壮了[壯-] V.P. <coll.> enlarged; increased; thickened
zhuànglì 壮丽[壯麗] V.P. majestic; magnificent
zhuānglián* 妆奁[妝奩] N. ① trousseau ② lady's dressing case
zhuāngliàn 装殓[裝-] V. dress and encoffin a corpse
zhuāngliào 装料[裝-] V.O. feed (a machine) ♦N. <metal.> loading; charging
zhuàngliè 壮烈[壯-] V.P. ① heroic; brave ② on a grand and spectacular scale
zhuàngliè xīshēng 壮烈牺牲[壯-犧-] V.P. die as a martyr
zhuànglíng 撞凌 V.O. smash ice by an icebreaker
zhuānglóngzuòshǎ 装聋作傻[裝-] F.E. pretend ignorance
zhuānglóngzuòyǎ 装聋作哑[裝-啞] F.E. pretend to be deaf and dumb; pretend to be ignorant of sth.
zhuānglóu 妆楼[妝樓] P.W. lady's private boudoir M: ¹jiān
zhuānglùn 庄论[莊-] N. dignified statement
zhuāngmǎn 装满[裝-] R.V. fill up (a container); fill
zhuàngmào 状貌[狀-] N. appearance; form
zhuàng mǎtou 撞码头 V.O. <coll.> bum/roam around; see sth. of life
zhuàngměi 壮美[壯-] V.P. magnificent; sublime
zhuāng ménmian* 装门面[裝-] V.O. put up a front
zhuàng ménmian 壮门面[壯-] V.O. create a good public impression
zhuàngmiáo 壮苗[壯-] N. strong sprout
zhuāngmózuòyàng 装模作样[裝-樣] F.E. put on an act
zhuàngmùzhōng 撞木钟[-鐘] V.O. <coll.> ① swindle ② do sth. in vain
zhuàngnián 壮年[壯-] N. prime of life
zhuàngniánrén 壮年人[壯-] N. middle-aged people
zhuāngnú 庄奴[莊-] N. tenant farmer
¹zhuāngōng 专攻[專-] V. specialize in; do specialized study
²zhuāngōng 砖工[磚-] N. brickwork
zhuǎngōngwéishǒu 转攻为守[轉-] F.E. change from the offensive to the defensive
zhuāngpèi 装配[裝-] V. ① assemble; fit together ② provide with accessories; decorate ③ install
zhuāngpèichǎng 装配厂[裝-廠] P.W. assembly factory/workshop M: ¹jiā
zhuāngpèichéng 装配成[裝-] R.V. assemble
zhuāngpèigōng 装配工[裝-] N. assembler; fitter
zhuāngpèi gōngchǎng 装配工厂[裝-廠] P.W. assembly factory
zhuāngpèihuà shīgōng 装配化施工[裝-] N. prefabricated construction
zhuāngpèijiàn 装配件[裝-] N. assembly parts
zhuāngpèi qǐlai 装配起来[裝-] R.V. assemble; hook up
zhuāngpèishì 装配式[裝-] ATTR. prefabricated
zhuāngpèixiàn 装配线[裝-] N. assembly line M: ¹tiáo
zhuàngpiàn 撞骗 V. swindle
zhuāngpiào 庄票[莊-] N. banknote M: ¹zhāng
zhuāngpíng 装瓶[裝-] N. bottling
zhuàngpò 撞破 R.V. ① hurt/damage by bumping ② surprise sb. in an illegal act or awkward situation
zhuāngqǐ* 装起[裝-] R.V. assemble; hook up
zhuàngqì 壮气[壯氣] V.O. <coll.> urge on ♦N. brave morale
zhuāngqiāng* 装/妆腔[裝/妝-] V.O. <coll.> behave affectedly; be artificial
zhuàngqiáng 撞墙[-牆] V.O. encounter a stone wall
zhuàng qiāngkǒu shang 撞枪口上[-槍--] <coll.> V.O. ① look for trouble; bring about one's own downfall ② run into; meet ③ be in time for
zhuāngqiāngzuòshì 装腔作势[裝-勢] F.E. be affected/pretentious; strike a pose
zhuāng qǐlai* 装起来[裝-] R.V. assemble; set/ hook up
zhuàng qǐlai 壮起来[壯-] R.V. strengthen; become strong
zhuāngqióngjiàokǔ 装穷叫苦[裝窮-] F.E. plead poverty
zhuàngqiú 撞球 N. ① billiard balls ② billiards
zhuàngqiúchǎng 撞球场[-場] P.W. <sport> billiard parlor
zhuàngrán 壮然[壯-] V.P. ① forbidding (of terrain) ② dignified-looking
zhuāngrén 装人[裝-] V.O. <coll.> entrap; enmesh; implicate
zhuāngrù* 装入[裝-] V. put/stuff into
zhuàngrù 撞入 R.V. thrust into; burst into
zhuàngrúfēngkuáng 状如疯狂[狀-] F.E. look mad/crazy
zhuàngrùn 壮润[壯-] V.P. strengthen
zhuàngsāng 撞丧[-喪] N. <topo./derog.> push and shove
zhuāngshǎ 装傻[裝-] V.O. pretend to be naive/ stupid
zhuāngshàng 装上[裝-] R.V. put/stuff into
zhuàngshāng 撞伤[-傷] R.V. injure by bumping (as in car accidents)
zhuàngshàng* 撞上 R.V. ① hit on sth. ② run into; meet unexpectedly
zhuāngshè 装设[裝-] V. install; equip
zhuàngshèng 壮盛[壯-] V.P. strong and prosperous; healthy
zhuàng shēngshì 壮声势[壯聲勢] V.O. make it appear more vigorous and impressive
zhuāngshénnòngguǐ 装神弄鬼[裝-] F.E. ① pretend to go into a trance and sing incantations ② be deliberately mystifying
¹zhuāngshì* 装饰[裝-] V./N. decorate; adorn; ornament; deck
²zhuāngshì 妆饰[妝-] V. ① adorn; dress up ② pretend ♦N. makeup
zhuàngshi 壮实[壯實] S.V. sturdy; robust
zhuàngshī 状师[狀師] N. <trad.> lawyer
zhuàngshì 壮士[壯-] N. hero; warrior
zhuāngshìbù 装饰布[裝-] N. upholstery fabrics M: ²kuài
zhuāngshìdīng 装饰钉[裝-] N. rosette
zhuāngshì dǐngdài 装饰顶带[裝-帶] N. headband
zhuàngshìduànwàn 壮士断腕[壯-斷-] F.E. make a quick decision
zhuāngshìhuà 装饰画[裝-畫] N. decorative painting M: ¹⁰fú/¹zhāng
zhuāngshìhuán 装饰环[裝-環] N. rosette
zhuàngshìjiěwàn 壮士解腕[壯-] F.E. make a quick decision
zhuāngshìlǐng 装饰领[裝-] N. gorget
zhuāngshìpǐn 装饰品[裝-] N. ornament M: ²jiàn
zhuāngshì qiáodūn 桩式桥墩[樁-橋-] P.W. pile pier
zhuāngshìshī 装饰师[裝-師] N. decorator
zhuāngshìxìng 装饰性[裝-] N. decorative nature
zhuāngshìxiù 装饰袖[裝-] N. foresleeve; hanging sleeve
zhuāngshìyīn 装饰音[裝-] N. <mus.> grace note; grace; ornament
zhuāngshì yìshù 装饰艺术[裝-藝術] N. decorative art
zhuāngshìyòng pígé 装饰用皮革[裝-] N. upholstery leather
zhuāngshìyòng wéiqún 装饰用围裙[裝--圍-] N. ① fancy apron ② dirndl apron
zhuāngshū 妆梳[妝-] V. ① make up and dress up ② comb and dress one's hair
zhuāngshù* 装束[裝-] N. dress; attire ♦V. pack up (for a journey); get ready for travel
zhuāngshuì 装睡[裝-] V.P. pretend/sham/feign sleep
zhuàngshuò 壮硕[壯-] V.P. sturdy
zhuāngshùrùshí 装束入时[裝-時] F.E. in fashionable dress/attire
zhuāngsǐ* 装死[裝-] V.P. feign death
zhuàngsǐ 撞死 R.V. kill or be killed by a collision
zhuāngsǐmàihuó 装死卖活[裝-賣-] ID. act shamelessly
zhuāngsóng 装㞞[裝㞞] <coll.> V.P. pretend to be incompetent and cowardly
zhuāngsù 庄肃[莊肅] V.P. serious; solemn; earnest; dignified (of ceremonies/gatherings)
zhuāngsuàn 装蒜[裝-] V.O. <coll.> ① act stupid; play dumb ② be pretentious/affected
zhuāngsuānkūqióng 装酸哭穷[裝-窮] F.E. feign poverty
zhuāng sūnzi 装孙子[裝孫-] V.O. ① hoodwink ② <coll./derog.> play dumb; pretend sth. (e.g., forgetting) ③ pretend to be helpless and miserable
zhuàngsuǒ 撞锁 N. spring lock M: ¹bǎ ♦V.O. <coll.> find that sb. is not home
zhuāngtái 妆台[妝檯] N. dressing table
zhuàngtài* 状态[狀態] N. state (of affairs); condition; status
zhuàngtài biànhuà dòngcí 状态变化动词[狀態變-動-] N. <lg.> inchoative verb
zhuàngtàibiǎo 状态表[狀態-] N. status chart/ table/etc.
zhuàngtài dòngcí 状态动词[狀態動-] N. <lg.> stative/state verb
zhuàngtài fùyǔ 状态副语[狀態-] N. <lg.> adverbial of manner; manner adverbial
zhuàngtài liánghǎo 状态良好[狀態-] V.P. be in good condition
zhuàngtàinèi dòngcí 状态内动词[狀態-動-] N. <lg.> status intransitive verb
zhuàngtàitú 状态图[狀態圖] N. status chart/ diagram/etc.
zhuàngtài zàncúnqì 状态暂存器[狀態-] N. <comp.> status register

Z

zhuàngtàizì 状态字[狀態-] N. <*lg.*> status word
zhuāngtí 装蹄[裝-] V.O. to shoe (a horse/etc.)
[1]**zhuāngtián** 装填[裝-] V. stuff; ram in
[2]**zhuāngtián** 庄田[莊-] P.W. ① farm ② tenant farm
zhuāngtiánshǒu 装填手[裝-] N. person who loads guns/missiles
zhuāngtóu* 庄头[莊-] N. supervisor of tenant farmers
zhuàngtóu 状头[狀-] N. appellant; plaintiff
zhuàngtú 壮图[壯圖] N. great plan; grand prospect; ambitious attempt
zhuǎngǔ 转毂[轉轂] V.O. transport by carts
zhuānguǎn 专管[專-] V. be in charge of a specific job/field/etc.; take exclusive charge of (a matter)
zhuǎn guānxi 转关系[轉關係] V.O. have a personal file transferred
zhuānguì* 专柜[專櫃] N. special sales counter
zhuǎnguī 转归[轉歸] V. ① return to ② <*med.*> pass a crisis
zhuǎnguǐ 转轨[轉-] V.O. turn to another track/direction
zhuǎnguò 转过[轉-] R.V. ① turn around ② pass by
zhuǎn guòlai 转过来[轉-] R.V. turn around
zhuānguónòngquán 专国弄权[專國-權] F.E. act arbitrarily and despotically
zhuǎn guòqu 转过去[轉-] R.V. turn away from
zhuànguòr 转过儿[轉-] R.V. <*topo.*> turn over; overturn
zhuāngwéi* 装为[裝-] V.P. pretend
zhuàngwěi 壮伟[壯偉] V.P. ① imposing ② grand; magnificent
Zhuàngxì 壮戏[壯戲] N. Zhuang opera
zhuāngxiá 妆匣[妝-] P.W. toilet box
zhuāngxià* 装下[裝-] R.V. be able to hold/contain
zhuāngxiāng* 装箱[裝-] N. container; crate ♦V.O. pack up
zhuāngxiàng(r) 装相(儿)[裝-] V.O. <*coll.*> put on an act
zhuāngxiāngfèi 装箱费[裝-] N. packing charges
zhuāng-xiè 装卸[裝-] V. ① load and unload ② assemble and disassemble
zhuāngxiébìngzuò 庄谐并作[莊-並-] F.E. combine sobriety with humor
zhuāng-xiègōng 装卸工[裝-] N. loader; stevedore
zhuāng-xiè gōngrén 装卸工人[裝-] N. stevedores
zhuāngxīn 妆新[妝-] N. <*topo.*> a complete outfit for newlyweds (including clothes and bedding)
zhuàngxīn* 壮心[壯-] N. lofty aspirations
zhuāngxióng 装熊[裝-] V.O. <*coll./derog.*> give in/up; feign incompetence
zhuāngxiū 装修[裝-] V./N. fit up; renovate (a house/etc.)
zhuāngxiū ménmian 装修门面[裝-] V.O. fit up the front of a shop
zhuāngyān 装烟[裝煙] V.O. wad tabacco into a pipe
zhuāngyán* 庄严[莊嚴] V.P. ① solemn; dignified; stately ② adorn ③ make solemn
zhuāngyǎn 装演[裝-] V. act (a role)
zhuāngyáng 装佯[裝-] V.O. <*topo.*> ① practice fraud; use trickery ② put on airs
zhuàngyáng* 壮阳[壯陽] V.O. stimulate male virility
zhuàngyángjì 壮阳剂[壯陽劑] N. aphrodisiac
zhuāng yángsuàn 装洋蒜[裝-] V.O. <*coll.*> play dumb
zhuāngyánguóhuī 庄严国徽[莊嚴國-] F.E. the sacred national emblem
zhuāng yàngzi 装样子[裝樣-] V.O. put on an act
zhuāngyán sùmù 庄严肃穆[莊嚴肅-] V.P. in a solemn atmosphere
zhuāngyán xuāngào 庄严宣告[莊嚴-] V.P. solemnly proclaim
zhuāngyán xuānshì 庄严宣誓[莊嚴-] V.P. take a solemn oath (before. . .)
zhuāngyāo 装幺[裝么] V.P. behave affectedly; be artificial
zhuāngyào* 装药[裝藥] N. <*mil.*> powder charge; filling
zhuàngyāo 壮腰[壯-] V.O. support; back up
zhuāngyǒu* 装有[裝-] V. hold; contain (of containers/etc.)
[1]**zhuàngyóu** 壮游[壯-] N. splendid tour; exciting/ambitious trip ♦V. take a long trip for an ambitious project
[2]**zhuàngyóu** 壮猷[壯-] N. great achievement/strategy/plan
zhuāngyǔ 庄语[莊-] N. dignified statement
zhuàngyǔ* 状语[狀-] N. <*lg.*> adverbial modifier; adverbial
Zhuàngyǔ 壮语[壯-] N. Zhuang language
[1]**zhuāngyuán** 庄园[莊園] P.W. manor M: [4]*zuò*
[2]**zhuāngyuán** 庄员[莊-] N. farmer of a collective farm
zhuāngyuàn 庄院[莊-] P.W. big house in a village M: [4]*zuò*
zhuàngyuan* 状元[狀-] N. ① <*trad.*> Number One Scholar (title conferred on top scorer in highest imperial examination) ② the very best (in any field) M: [2]*wèi*
zhuàngyuánhóng 状元红[狀-] N. a high-quality Shaoxing wine
zhuàngyuan jídì 状元及第[狀-] N. top three in the imperial examinations during Ming/Qing
zhuàngyuánláng 状元郎[狀-] N. <*trad.*> Number One Scholar (title conferred on the top scorer in the highest imperial examination) M: [2]*wèi*
zhuāngyuánzhǔ 庄园主[莊園-] N. manor owner M: [2]*wèi*
zhuàngyǔ cóngjù 状语从句[狀-從-] N. <*lg.*> adverbial clause
zhuàngyuè 壮月[壯-] N. eighth lunar month
zhuàngyǔháoyán 壮语豪言[壯-] F.E. grand and heroic words
zhuāngyùn 装运[裝運] V. load and transport; ship
zhuāngyùn huòyàng 装运货样[裝運-樣] N. shipment sample
zhuàng yùnqi 撞运气[-運氣] V.O. try one's luck; take a chance
zhuāngzài* 装载[裝-] V. load
zhuàngzāi 壮哉[壯-] INTJ. How great!
zhuāngzài bùzú 装载不足[裝-] V.P. short shipping
zhuāngzàiliàng 装载量[裝-] N. loading capacity
zhuāngzhài 桩砦[樁-] N. <*mil.*> post obstacles
zhuāngzhēn* 装帧[裝-] N. binding and layout (of a book/etc.)
zhuàngzhēn 撞针 N. <*mil.*> firing pin M: [2]*gēn*
zhuāngzhēn yòng hòu mábù 装帧用厚麻布[裝-] N. buckram used in bookbinding M: [2]*kuài*
zhuāngzhe wán(r) 装着玩(儿)[裝著-] V.P. <*coll.*> sham; play little games
zhuāngzhì* 装置[裝-] V. install; fit ♦N. installation; unit; device
zhuàngzhí 戆直 V.P. <*wr.*> ① blunt and tactless ② simple and honest
zhuàngzhǐ 状纸[狀-] N. complaint form M: [1]*zhāng*
zhuàngzhì 壮志[壯-] N. lofty ideal/aspiration
zhuāngzhìchéng 装置成[裝-] R.V. install; assemble
zhuāngzhì chéngběn 装置成本[裝-] N. installation cost
zhuàngzhìlíngyún 壮志凌云[壯-雲] F.E. with soaring aspirations
zhuāngzhìnèi 装置内[裝-] P.W. on-site
zhuāngzhìwài 装置外[裝-] P.W. off-site
zhuàngzhìwèichóu 壮志未酬[壯-] F.E. with one's lofty aspirations unrealized
zhuāngzhìyè 装置业[裝-業] P.W. installation business
zhuāngzhòng* 庄重[莊-] S.V. serious; grave; solemn
zhuàngzhōng 撞钟[-鐘] V.O. strike/toll a bell
Zhuāng Zhōu 庄周[莊-] *See Zhuāngzǐ*
zhuāngzhǔ 庄主[莊-] N. <*trad.*> ① village head ② rich landlord M: [2]*wèi*
zhuāngzhuāng 庄庄[莊莊] R.F. serious; grave
zhuàngzhuang mǎtou jiàn shìmiàn 撞撞码头见世面 V.P. <*coll.*> knock about and see the world
zhuāngzhuī 桩锥[樁-] N. hammer
[1]**zhuāngzi*** 庄子[莊-] N. <*coll.*> ① village; hamlet ② manor house *See also Zhuāngzǐ*
[2]**zhuāngzi** 桩子[樁-] N. stake; pile M: [2]*gēn*
Zhuāngzǐ 庄子[莊-] N. (c. 369–286 B.C) Daoist philosopher; Master Zhuāng, also known as Zhuāng Zhōu *See Zhuāng Zhōu See also* [1]*zhuāngzi*
zhuàngzi 状子[狀-] N. <*coll.*> written complaint M: [1]*zhāng*
zhuàngzì 壮字[壯-] N. <*lg.*> status word
zhuāng zǐdàn 装子弹[裝-] V.O. load a gun/pistol
Zhuàngzú 壮族[壯/僮-] N. Zhuang (Chuang) ethnic minority (in Guangxi, Yunnan, and Guangdong)
zhuàngzuàn 撞钻[-鑽] N. jack-hammer drill
zhuāngzuì 装醉[裝-] V.P. pretend to be drunk
zhuāngzuò 装作[裝-] V. pretend; feign
zhuānhán 专函[專-] N. letter written for a specific purpose M: [2]*fēng*
zhuǎnháng 转行[轉-] V.O. change profession *See also yìháng*
[1]**zhuānhào*** 专号[專號] N. special issue (of a periodical)
[2]**zhuānhào** 专好[專-] V. be addicted to; have a predilection for
zhuǎnhǎo 转好[轉-] R.V. turn/become better
zhuānhèng 专横[專-] V.P. imperious; peremptory
zhuānhèngbáhù 专横跋扈[專-] F.E. imperious and despotic
zhuānhóngrǎng 砖红壤[磚-] N. lateritic soil
zhuānhóngsè 砖红色[磚-] N. brick-red
zhuànhóu 啭喉[囀-] V. speak/sing with pleasant voices
zhuānhù 专户[專-] N. special bank account
zhuǎnhuà 转化[轉-] N./V. ① change; transform ② react chemically
zhuǎnhuán 转圜[轉-] V. ① save (a situation) ② mediate ③ readily listen to counsel/advice
zhuǎnhuàn* 转换[轉換] V. change; transform ♦N. <*lg.*> transformation; alternation; transposition
zhuǎnhuàn bùfen 转换部分[轉換-] N. <*lg.*> transformational component
zhuǎnhuàn chéngfèn 转换成分[轉換-] N. <*lg.*> transformational component
zhuǎnhuàn guīzé 转换规则[轉換-] N. <*lg.*> transformational rules
zhuǎnhuànjù 转换句[轉換-] N. <*lg.*> a transform
zhuǎnhuàn liànxí 转换练习[轉換練習] N. <*lg.*> transformation drill
zhuǎnhuànqī 转换期[轉換-] N. transition period
zhuǎnhuànqì* 转换器[轉換-] N. converter
zhuǎnhuānr 转欢儿[轉歡-] V. <*coll.*> frolic; romp about
zhuǎnhuàn shēngchéng lǐlùn 转换生成理论[轉換-] N. <*lg.*> generative transformational theory
zhuǎnhuàn shēngchéng yǔfǎ 转换生成语法[轉換-] N. <*lg.*> generative transformational grammar
zhuǎnhuàn wénfǎ 转换文法[轉換-] N. <*lg.*> transformational grammar
zhuǎnhuányúdì 转圜余地[轉-] F.E. room/leeway for changing a plan/etc.

zhuǎnhuàn yǔfǎ 转换语法[轉換-] N. <lg.> transformational grammar
zhuǎnhuàn yǔfǎ de jīchǔbù 转换语法的基础部[轉換----礎-] N. <lg.> base
zhuǎnhuàn yǔyánxué 转换语言学[轉換-] N. <lg.> transformational linguistics
zhuǎnhuánzhīdì 转圜之地[轉-] N. room/leeway for changing a plan/etc.
zhuǎnhuà zuòyòng 转化作用[轉-] N. derivation
zhuānhuì 专会[專-] A.T. delight in (usu. behaving negatively)
zhuǎnhuí 转回[轉-] R.V. ① change back into ② come back ♦N. transmigration of souls; metempsychosis *See also zhuànhuí*
zhuànhuí* 转回[轉-] R.V. ① come back ② spin/turn back to the original position *See also zhuǎnhuí*
zhuǎnhuòwéifú 转祸为福[轉禍-] F.E. turn a disaster into a blessing
zhuā niúbízi 抓牛鼻子 V.O. grasp the key link
zhuānjī 专机[專-] N. ① special/private/chartered plane ② secure phone M: [2]bù/[1]jià
[1]**zhuānjí*** 专辑[專-] N. ① special issue of a periodical ② special collection of pamphlets, short films, etc. M: *tào*/[1]*běn*/[1]*zhāng*
[2]**zhuānjí** 专集[專-] N. special collection of works M: *tào*/[1]*běn*
zhuānjì 专技[專-] ATTR. technical
zhuǎnjī 转机[轉-] N. turn for the better ♦V.O. change planes
zhuǎnjì 转寄[轉-] V. ① forward a letter to one's new address ② forward a letter to sb. else
zhuànjì 传记[傳-] N. ① biography ② record M: [1]*běn*
zhuānjiā* 专家[專-] N. expert; specialist M: [2]*wèi*
zhuǎnjià 转嫁[轉-] V. ① remarry (of women) ② shift (a burden)
zhuānjiā gùwèntuán 专家顾问团[專-顧-團] P.W. brain-trust
zhuānjiā lùxiàn 专家路线[專-] N. the "experts line" (Leftist derision of esteem for expertise)
zhuānjiā ménzhěn 专家门诊[專-] N. expert consultation
zhuànjiān 传笺[傳箋] N. comments on ancient books
zhuānjiàng 砖匠[磚-] N. ① bricklayer; tiler ② brick-maker
zhuānjiào 砖窖[磚-] N. brick kiln M: [4]*zuò*
zhuǎnjiāo* 转交[轉-] V. pass on; transmit
zhuǎnjiǎo(r) 转角(儿)[轉-] P.W. (street) corner
zhuǎnjiǎochù 转角处[轉-處] P.W. corner
zhuǎnjià wēijī 转嫁危机[轉-] V.O. shift one's crises onto others
zhuǎnjià xíngwéi 转嫁行为[轉-] N. <psy.> redirected behavior
zhuānjiā xìtǒng 专家系统[專-] N. <comp.> expert system
zhuānjiā zhèngrén 专家证人[專-證-] N. expert witness
zhuānjiā zhìguó 专家治国[專-國] V.P. technocracy
zhuānjiāzhìshàng 专家至上[專-] F.E. experts above all
zhuānjiā zhíyè 专家职业[專-職業] N. profession
zhuǎnjì dìzhǐ 转寄地址[轉-] P.W. forwarding address
zhuǎnjiē 转接[轉-] N. <lg.> transition
zhuǎnjiè* 转借[轉-] V. lend to sb. else sth. one has borrowed
zhuǎnjìn 转进[轉進] R.V. retreat
zhuànjīn* 转筋[轉-] V.O. ① twitch ② <*Ch. med.*> have a cramp (esp. in the leg); have a twisted muscle ♦N. convulsion; spasm
zhuānjīng 专精[專-] V.O. concentrate one's efforts/energy on
zhuànjìpiàn 传记片[傳-] N. biographical film M: [2]*bù*
zhuànjì wénxué 传记文学[傳-] N. biographical literature

zhuānjì yìyì 专技意义[專-義] N. technical term
zhuǎnjì zhàngbù 转记帐簿[轉-] N. <acct.> book of secondary entry
zhuǎnjù 转剧[轉劇] V.P. aggravate; intensify; exacerbate
zhuànjù* 馔具 N. food vessels
zhuǎnkāiqù 转开去[轉開-] R.V. go away
zhuānkān 专刊[專-] N. ① special issue/column ② monograph M: [2]*qī*/[1]*juàn*
zhuānkē* 专科[專-] N. ① specialized subject ② junior-college education; (college for) professional training
zhuǎnkē 转科[轉-] V.O. transfer from one academic/hospital department to another
zhuànkè 篆刻 N. seal cutting ♦V. cut a seal in the seal style
zhuānkē cídiǎn 专科词典[專-] N. special-subject dictionary M: [1]*běn*
zhuānkē xuéxiào 专科学校[專-] N. ① technical/professional school/college ② junior college M: [1]*suǒ*
zhuānkē yīshēng 专科医生[專-醫-] N. medical specialist M: [2]*wèi*
zhuānkòng 专控[專-] ATTR. specially controlled by the state
zhuānkòng shāngpǐn 专控商品[專-] N. controlled commodities
zhuānkòng shāngpǐn zhìdù 专控商品制度[專-] N. approval system for the purchase of commodities under special government control
zhuǎnkǒu 转口[轉-] V.O. ① <econ.> transport between ports ② change one's attitude/tone ③ change the subject ♦N. transit port; entrepot
zhuǎnkǒugǎng 转口港[轉-] P.W. transit port; entrepot M: [4]*zuò*
zhuǎnkǒuhuò 转口货[轉-] N. transit goods M: [1]*pī*
zhuǎnkǒu huòwù 转口货物[轉-] N. transit goods M: [1]*pī*
zhuǎnkǒu màoyì 转口贸易[轉-] N. transshipping trade
zhuǎnkǒu shāngpǐn 转口商品[轉-] N. merchandise in transit
zhuǎnkǒushuì 转口税[轉-] N. transit duties
zhuǎnkǒu yùnshū 转口运输[轉-運-] N. transshipment
zhuānkuài(r) 砖块(儿)[磚塊-] N. brick M: [2]*kuài*
zhuānkuǎn* 专款[專-] N. special fund M: [2]*bǐ*
zhuànkuǎn 篆款 N. <art> inscription in "seal" characters
zhuānkuǎnzhuānyòng 专款专用[專-專-] F.E. earmark a fund for its specified purpose only
zhuǎnkuīwéiyíng 转亏为盈[轉虧-] F.E. show a turn from loss to profit
zhuānkǔn 专阃[專-] N. <trad.> army commander with full powers outside the capital
zhuǎnkūwéixiào 转哭为笑[轉-] F.E. smile through (one's) tears
zhuǎnláizhuǎnqù 转来转去[轉-轉-] V.P. ① turn this way and that way ② change direction again and again ③ go through many procedures ④ hang around *See also zhuànláizhuànqù*
zhuànláizhuànqù* 转来转去[轉-轉-] V.P. walk back and forth *See also zhuǎnláizhuǎnqù*
zhuānlán(r)* 专栏(儿)[專欄-] N. special column
zhuǎnlán 转栏[轉欄] N. <print.> a jump (of a column or page)
zhuānlán zuòjiā 专栏作家[專欄-] N. columnist M: [2]*wèi*
zhuǎnlèi 转类[轉類] N. <lg.> conversion
zhuānlèi chūbǎnwù 专类出版物[專類-] N. a special-category publication
zhuǎnlèifǎ 转类法[轉類-] N. <lg.> conversion
[1]**zhuānlì*** 专利[專-] N. ① patent ② special privilege ③ monopoly
[2]**zhuānlì** 专力[專-] V.O. concentrate efforts
[1]**zhuànlì** 赚利 V.O. derive profit/interest
[2]**zhuànlì** 篆隶[-隸] N. a style of calligraphy that has characteristics of both *lìshū* and *zhuànshū*

zhuǎnliǎn 转脸[轉-] V.O. turn one's face; do an about face ♦ADV. in no time
zhuānliè* 专列[專-] N. special train M: [1]*liè*
zhuǎnliè 转捩[轉-] V. turn; change
zhuǎnlièdiǎn 转捩点[轉-點] N. turning point
zhuānlìfǎ 专利法[專-] N. patent law
zhuānlì liánsuǒdiàn 专利连锁店[專-] P.W. franchise chain M: [1]*jiā*
zhuǎnlìng 转令[轉-] V.O. request a higher office to order another agency to do sth.
zhuānlìpǐn 专利品[專-] N. patent; patented article M: [2]*jiàn*
zhuǎnlìqì 转力器[轉-] N. (automobile) transmission
zhuānlìquán 专利权[專-權] N. patent (rights)
zhuānlìshuì 专利税[專-] N. patent tax
zhuānlì yàopǐn 专利药品[專-藥-] N. patent medicines
zhuānlì zhéjiù 专利折旧[專-舊] V.P. <acct.> depreciation on franchises
zhuǎnlù* 转录[轉錄] V. make a copy of a prerecorded cassette tape or video tape; copy; dub
zhuànlú 转炉[轉爐] N. <metal.> converter M: [4]*zuò*
zhuànlù 撰录[-錄] V. make a selection
zhuànlüè 传略[傳-] N. short biography; biographical sketch
zhuànlúgāng 转炉钢[轉爐鋼] N. converter steel
zhuānlùmiàn 砖路面[磚-] N. brick paving
zhuānlùn 专论[專-] N. monograph M: [2]*bù*
zhuànlúnshǒuqiāng 转轮手枪[轉-槍] N. revolver M: [1]*bǎ*
zhuǎnlúnwáng 转轮王[轉-] N. <Budd.> universal monarch ((Sanskrit) *cakrartin*)
zhuānmài* 专卖[專賣] V. have a monopoly; monopolize
zhuǎnmài 转卖[轉賣] V. resell to a third party
zhuānmàidiàn 专卖店[專賣-] P.W. special store
zhuānmàijú 专卖局[專賣-] P.W. monopoly bureau
zhuānmàipǐn 专卖品[專賣-] N. proprietary articles
zhuānmàiquán 专卖权[專賣權] N. patent; monopoly right; monopoly
zhuānmài tèxǔzhèng 专卖特许证[專賣-證] N. patent
zhuānmàndì 砖墁地[磚-] P.W. floor/ground paved with bricks
zhuānmàn yuànzi 砖墁院子[磚-] P.W. brick-floored courtyard
zhuānměi 专美[專-] V.O. <wr.> ① monopolize praise ② have an exclusive claim to fame
zhuānměiyúqián 专美于前[專-於-] F.E. monopolize praise in front of others
zhuānmén* 专门[專門] S.V. ① special; specialized ② technical
zhuànmén 转门[轉-] N. revolving door
zhuānmén chūkǒu 专门出口[專-] N./V.P. special export
zhuānmén cíyǔ 专门词语[專-] N. <lg.> technical word
zhuānmén fānyì 专门翻译[專-譯] N. <lg.> specialized translation
zhuānméng 颛蒙 V.P. <wr.> ignorant
zhuānménhuà 专门化[專-] N. specialization
zhuānménjiā 专门家[專-] N. expert; specialist
zhuānmén jiàoyù 专门教育[專-] N. technical/professional education
zhuānmén jīgòu 专门机构[專-構] P.W. special agency
zhuānmén míngcí 专门名词[專-] N. technical term
zhuānmén réncái 专门人材/才[專-] N. people with professional skill; specialists
zhuānmén rénmín fǎyuàn 专门人民法院[專-] P.W. special people's court
zhuānmén shùyǔ 专门术语[專-術-] N. nomenclature; technical terms; jargon
zhuānmén wěiyuán 专门委员[專-] N. senior specialist in the government M: [2]*wèi*

Z

zhuānmén xuéxiào 专门学校[專-] P.W. technical/professional school M: [1]*suǒ*

zhuānmén yǔyán 专门语言[專-] N. <*lg.*> special languages

zhuānmén zhīshi 专门知识[專-識] N. expertise; specialized knowledge

zhuānmiàn 砖面[磚-] N. brick surface (of a floor/building/etc.)

zhuǎnmiànwúqíng 转面无情[轉-] F.E. turn against a friend and show him no mercy

zhuānmiànzi 砖面子[磚-] N. polish powder

zhuǎn miànzi* 转面子[轉-] V.O. regain lost face

zhuānmíng* 专名[專-] N. <*lg.*> proper noun/name

zhuānmìng 专命[專-] V.O. do sth. without waiting for orders from above

zhuānmíngcí 专名词[專-] N. <*lg.*> proper noun

zhuānmínghào 专名号[專-號] N. ① proper name ② a line under or beside a word to show that it is a proper noun

zhuànmíngshēng 啭鸣声[囀-聲] N. warble

zhuānmíngxué 专名学[專-] N. <*lg.*> onomastics

zhuànmo 转磨[轉-] V. ①hang around ②wander about *See also zhuànmò*

zhuànmò* 转磨[轉-] V.O. ① turn a millstone ② be at a loss what to do *See also zhuànmo*

zhuànmobukāi 转磨不开[轉-開] R.V. <*coll.*> be unable to comprehend

zhuànmòkai 转磨开[轉-開] R.V. <*topo.*> be able to understand or puzzle out

zhuànmòmo(r) 转磨磨(儿)[轉-] R.F. <*coll.*> ① dither; vacillate ② tag along; stick with a person/group ③ be at a loss what to do

zhuānnèichèn 砖内衬[磚-襯] N. brick lining

zhuànnǐ 撰拟[-擬] V. <*wr.*> draw up or compose (a document)

zhuǎnnián 转年[轉-] V.O. ① coming/next year ② <*topo.*> following year

zhuǎnniàn* 转念[轉-] V.O. reconsider an idea

zhuǎnniànjiān 转念间[轉-] ADV. in a moment; before you know it

zhuānniántǔ 砖粘土[磚-] N. <*geol.*> brick clay

zhuǎnniàn zhījiān 转念之间[轉-] N. the moment while one is thinking/reconsidering

zhuānong diǎnr qián 抓弄点儿钱[--點-錢] V.P. <*coll.*> scratch together a little money

zhuǎnpàn 转盼[轉-] V. turn the eyes

zhuànpán* 转盘[轉盤] N. ① turntable ② <*sport*> giant stride ③ disk-spinning (in acrobatics) ④rotary table (in petroleum activity)

zhuànpán sùdù 转盘速度[轉盤-] N. rotary speed

zhuǎnpéng 转蓬[轉-] V. float aimlessly

zhuānpī 砖坯[磚-] N. unfired brick

zhuānpiàn 砖片[磚-] N. pieces of broken brick

zhuānpíng 专凭[專憑] V. depend solely on

zhuànqián 赚钱[-錢] V.O. ① make money; make a profit ② earn a living

zhuānqiáng 砖墙[磚牆] N. brick wall M: [1]*miàn*

zhuānqì lúdǐng 砖砌炉顶[磚-爐-] N. masonry arch

zhuānqì miàncéng 砖砌面层[磚-層] N. brick facing

zhuǎnqíng 转晴[轉-] V.O. turn clear/sunny

zhuǎnqī piàojù 转期票据[轉-據] N. <*acct.*> note renewal M: [1]*zhāng*

zhuānqū 专区[專區] P.W. prefecture; sub-provincial administrative region

zhuǎnqù 转去[轉-] R.V. turn and go; go back

zhuànqǔ* 赚取 V. earn; make a profit

zhuānquán 专权[專權] V.O. monopolize power

zhuànquān(r)* 转圈(儿)[轉-] V.O. ① rotate ② circle; ring

zhuǎnràng 转让[轉讓] V. transfer possession (to sb.)

zhuǎnràng jiāoyì 转让交易[轉讓-] N. transfer transaction

zhuǎnràngrén 转让人[轉讓-] N. <*leg.*> assignor

zhuǎnràng shǒuxùfèi 转让手续费[轉讓-續-] N. transfer charges

zhuānrén* 专人[專-] N. person specially assigned for a task/job

zhuānrèn 专任[專-] V. be appointed to take full charge of ♦ATTR. full-time; regular

zhuǎnrèn 转任[轉-] V. transfer to another official post

zhuānrèn jiàoyuán 专任教员[專-] N. full-time teacher

zhuǎnrù 转入[轉-] V. shift/switch to

zhuǎnruòwéiqiáng 转弱为强[轉-強] F.E. change from weak to strong

zhuānshàn 专擅[專-] V. act without authorization; usurp authority

zhuānshàndúduàn 专擅独断[專-獨斷] F.E. usurp power and decide everything by oneself

zhuānshè 专设[專-] ATTR. ad hoc

zhuānshén 专神[專-] V.O. be absorbed in

zhuǎnshēn* 转身[轉-] V.O. face about; turn round

zhuǎnshēng 转生[轉-] N./V.O. <*Budd.*> reincarnation; transmigration

zhuǎnshèngwéibài 转胜为败[轉勝-] F.E. turn victory into defeat

zhuānshè zhòngcáitíng 专设仲裁庭[專-] N. ad hoc arbitration

zhuānshí 砖石[磚-] N. ① bricks and stones ② masonry

[1]zhuānshǐ 专使[專-] N. special envoy M: [2]*wèi*

[2]zhuānshǐ 专史[專-] N. topical history

zhuānshì 专事[專-] V.O. be in charge of a designated task

zhuǎnshì* 转世[轉-] N. <*Budd.*> reincarnation; transmigration

zhuàn shí bù shēng tái 转石不生苔[轉-] ID. A rolling stone gathers no moss.

zhuānshí jiégòu 砖石结构[磚-構] N. masonry structure

zhuānshìmù 砖室墓[磚-] N. brick-chambered tomb M: [4]*zuò*

zhuǎnshǒu* 转手[轉-] V.O. ①pass on; transmit; change hands ② sell what one has bought ♦N. ① very brief period of time ② sth. very easy to do

zhuǎnshòu 转售[轉-] V. sell transit goods

zhuǎnshǒuchéngkōng 转手成空[轉-] F.E. lose. . . all of a sudden

zhuǎnshǒudǎomài 转手倒卖[轉-賣] F.E. buy sth. and resell at a profit

zhuānshǒu fángyù 专守防御[專-禦] N. purely protective defense

zhuǎnshòu shǐyòng xǔkě 转受使用许可[轉-] N. sublicensing

zhuǎnshǒuwéigōng 转守为攻[轉-] F.E. change from the defensive to the offensive

[1]zhuānshǔ 专署[專-] P.W. prefectural commissioner's office

[2]zhuānshǔ 专属[專屬] ATTR. ① ad hoc ② exclusive

zhuǎnshù* 转述[轉-] V. retell; report

[1]zhuànshū 撰书[-書] V.O. write a book

[2]zhuànshū 转枢[轉樞] N. hinge

[3]zhuànshū 篆书[-書] N. seal character (a style of calligraphy, often used on seals)

[1]zhuànshù 撰述 N. writings ♦V. ① expound ② write; compile

[2]zhuànshù 转数[轉數] N. <*mach.*> revolution; rotation

zhuānshǔ hǎiyù 专属海域[專屬-] P.W. exclusive fishing area

zhuānshǔ jīngjìqū 专属经济区[專屬經濟區] P.W. exclusive economic zone

zhuǎnshùn 转瞬[轉-] V.O. ① twinkle; flash ② turn the eyes

zhuǎnshùnjiān 转瞬间[轉-] N. in an instant; in a flash

zhuǎnshùnjíshì 转瞬即逝[轉-] F.E. gone in a flash; insubstantial

zhuǎnshùn zhījiān 转瞬之间[轉-] N. in the blink of an eye

zhuǎnshuō 转说[轉-] V. pass word around; tell others

zhuānshǔ quánlì 专属权力[專屬權-] N. exclusive right

zhuānshū suǒyǐn 专书索引[專書-] N. book index

zhuǎnshù yǐnyǔ 转述引语[轉-] F.E. <*lg.*> reported speech

zhuānshǔ yúqū 专属渔区[專屬-區] P.W. exclusive fishing zone

zhuānshǔ zhǔquán 专属主权[專屬-權] N. exclusive sovereignty

zhuānsī 专司[專-] V. be in charge of a designated task

zhuǎnsòng 转送[轉-] V. ① pass on; transmit ② make a present of what one has been given

zhuànsù 转速[轉-] N. rotational speed

zhuànsùbǐ 转速比[轉-] N. rate of rotational speed

zhuànsùbiǎo 转速表[轉-] N. tachograph; tachometer; speed counter

zhuàntái 转台[轉臺] N. ① revolving stage ② turntable

zhuāntí* 专题[專-] N. special subject/topic

zhuǎntí 转题[轉-] V.O. change the subject

zhuǎntǐ 转体[轉體] V. <*sport*> turn; twist

zhuàntǐ 篆体[-體] N. seal character

zhuāntí bàogào 专题报告[專-報-] N. position paper M: [1]*piān*

zhuāntí dìtú 专题地图[專-圖] N. thematic maps M: [10]*fú*/[1]*zhāng*

zhuǎntiēxiàn 转贴现[轉-] N. <*acct.*> rediscount; bills rediscounted

zhuāntí gāngyào 专题纲要[專-綱-] N. schematic outline

zhuāntí lùnwénjí 专题论文集[專-] N. symposium papers M: [1]*běn*

zhuāntí tǎolùn 专题讨论[專-] N. seminar

zhuǎntǐtiào 转体跳[轉體-] N. <*sport*> turning leap

zhuǎntǐ tiàoshuǐ 转体跳水[轉體-] N. <*sport*> twist dive

zhuāntíxìng 专题性[專-] N. topicality

zhuāntí yǎnjiǎng 专题演讲[專-講] N. lecture on a special topic

zhuāntí yánjiū 专题研究[專-] N. monographic study

zhuāntí zhùzuò 专题著作[專-] N. monograph M: [1]*běn*

zhuāntí zuòtánhuì 专题座谈会[專-] P.W. symposium

zhuāntóu* 砖头[磚-] N. ① brick fragment ② <*topo.*> brick M: [2]*kuài*

zhuǎntóu 转头[轉-] V.O. ① turn one's head ② change direction ③ make a U-turn ④ repent

zhuàntou(r) 赚头(儿) N. <*coll.*> ①profit ②way to make a living

zhuǎntóu jiù zǒu 转头就走[轉-] V.P. turn around and go away immediately

zhuǎn tóuzī 转投资[轉-] V.O. transfer investments

zhuǎn tuǐdùzi 转腿肚子[轉-] V.O. take to one's heels; run away

zhuǎntuō 转托[轉-] V. ① foist a request on sb. else ② request through a third person

zhuān-wǎ 砖瓦[磚-] N. brick and tile

zhuān-wǎjiàng 砖瓦匠[磚-] N. bricklayer

zhuǎnwān(r) 转弯(儿)[轉彎-] V.O. turn a corner; make a turn

zhuǎnwān chēdào 转弯车道[轉彎-] N. turning lane M: [1]*tiáo*

zhuǎnwǎng 转往[轉-] V.P. transfer to

zhuǎnwān(r)mòjiǎo(r) 转弯(儿)抹角(儿)[轉彎-] F.E. ① full of twists and turns ② beat around the bush

zhuànwānr 转弯儿[轉彎-] V.O. make a detour

zhuǎnwān shìxiàngdēng 转弯示向灯[轉彎-燈] N. turn-signal light

zhuǎn wānzi 转弯子[轉彎-] V.O. ① come around to an idea ② beat about the bush
zhuānwǎyáo 砖瓦窑[磚-窯] N. brickyard; brick kiln M: ⁴zuò
zhuǎnwéi 转为[轉-] V.P. change to
zhuǎnwēiwéi'ān 转危为安[轉-] F.E. pull through; be past danger
zhuǎnwèi yīnchéng 转位音程[轉-] N. <mus.> inversion
zhuānwén 专文[專-] N. articles focusing on a subject; special article
zhuǎnwén 转文[轉-] V.O. flaunt one's learning by larding one's speech with literary allusions *See also zhuǎiwén*
¹**zhuànwén*** 撰文 V.O. write articles
²**zhuànwén** 篆文 N. *See zhuànzì*
zhuānwù* 专务[專務] V. devote oneself to
zhuànwù 篆务[-務] N. official affairs
zhuānxí* 专席[專-] N. special reserved seat
zhuǎnxǐ 转徙[轉-] V. migrate from place to place; wander about
zhuǎnxì 转系[轉-] V.O. transfer from one department to another (of a college student)
zhuàn xiàlai 赚下来 R.V. earn
zhuānxiàn 专线[專-] N. special railway/telephone/etc. line; hot line M: ¹tiáo
zhuānxiàng 专项[專-] ATTR. earmarked
zhuǎnxiǎng 转想[轉-] V. think over
zhuǎnxiàng 转向[轉-] V.O. ① change directions (of the wind) ② change a political stand *See also zhuànxiàng*
zhuànxiàng* 转向[轉-] V.O. lose one's bearings/way *See also zhuǎnxiàng*
zhuānxiàng dàikuǎn 专项贷款[專-] N. special deposit
zhuǎnxiāngfǎngxiào 转相仿效[轉-] F.E. copy each other
zhuǎnxiàngjià 转向架[轉-] N. bogie (fitted under a railway carriage)
zhuǎnxiāngjǐnggào 转相警告[轉-] F.E. warn each other
zhuānxiāngmiàn 砖镶面[磚-] N. brick veneer
zhuǎnxiàngqì 转向器[轉-] N. <mach.> steering equipment
zhuānxiàng xùnliàn 专项训练[專-練] N. specialized training
zhuǎnxiàng zhuāngzhì 转向装置[轉-裝-] N. steering gear
zhuānxiàng zījīn 专项资金[專-] N. special fund
zhuānxiào* 专校[專-] P.W. specialized school M: ¹suǒ
zhuǎnxiāo 转销[轉-] V. buy goods in one area to sell in another
zhuǎnxiǎo 转小[轉-] R.V. become small/little
zhuānxiāo shāngpǐn 专销商品[專-] N. goods on special sale
zhuǎn xiàyè 转下页[轉-] V.P. <print.> carryover
zhuǎnxiě 转写[轉寫] N. transliteration
zhuànxiě* 撰写[-寫] V. write; compose
zhuànxiěrén 撰写人[-寫-] N. author
zhuānxīn* 专心[專-] S.V./V.O. be absorbed in; concentrate one's efforts on
zhuǎnxīn 转心[轉-] V.O. change one's mind/ideas/feelings *See also zhuànxīn*
zhuànxīn 转心[轉-] V.O. harbor evil thoughts *See also zhuǎnxīn*
¹**zhuǎnxíng*** 转型[轉-] V.O. transform; change the style/type/etc. ♦N. transformation
²**zhuǎnxíng** 转形[轉-] N. change the shape
zhuǎnxìng 转性[轉-] V.O. change one's sex
zhuǎnxíngqī 转形期[轉-] N. transition period
zhuànxīnpíng 转心瓶[轉-] N. <art> vase with reticulated exterior and independently revolving interior
zhuānxīn xuéxí 专心学习[專-習] V.P. study with undivided attention
zhuānxīnyīyì 专心一意[專-] F.E. concentrate on
zhuānxīnyīzhì 专心一志[專-] F.E. concentrate/focus one's attention/thoughts/efforts on
zhuānxīnzhìzhì 专心致志[專-] F.E. with single-hearted devotion
zhuānxiū 专修[專-] V. specialize in (an area of study)
zhuānxiūkē 专修科[專-] N. special training course
zhuǎnxǐwéibēi 转喜为悲[轉-] F.E. laugh prematurely
zhuànxù 撰序 V.O. write a preface
zhuǎnxué 转学[轉-] V.O. transfer to another school
zhuǎnxuéshēng 转学生[轉-] N. transfer student
zhuǎnyā 转押[轉-] V. sub-mortgage
zhuǎnyán 转延[轉-] V. return
zhuǎnyǎn* 转眼[轉-] V.O. ① glance ② in the blink of an eye
zhuǎnyǎnbiànwàng 转眼便忘[轉-] F.E. Out of sight, out of mind.
zhuǎnyǎnbùjiàn 转眼不见[轉-] F.E. disappear in the twinkling of an eye
zhuǎnyǎnchéngkōng 转眼成空[轉-] F.E. lose out at the last moment
zhuǎnyǎnjiān 转眼间[轉-] N. in the blink of an eye
zhuǎnyǎn zhījiān 转眼之间[轉-] N. in a trice
zhuānyáo 砖窑[磚窯] N. brick kiln M: ⁴zuò
zhuānyè* 专业[專業] N. ① special field of research; specialty; discipline ② <PRC> major (in university)
¹**zhuǎnyè** 转业[轉業] V.O. ① <mil.> be transferred to civilian work ② change career; change one's trade
²**zhuǎnyè** 转页[轉-] V.O. turn the page
zhuānyè biāozhǔn 专业标准[專業標準] N. professional standard
zhuǎnyèbīng 转业兵[轉業-] N. soldier transferred to civilian work
zhuānyè chǎngjiā 专业厂家[專業廠-] P.W. specialized factory/plant
zhuānyè chéngbāo 专业承包[專業-] V.P. responsibility contracts for specialties
zhuānyècūn 专业村[專業-] P.W. village specializing in production
zhuānyèduì 专业队[專業隊] P.W. specialized working team M: ⁴zhī
zhuānyè-duìwǔ 专业队伍[專業隊-] P.W. professional contingent M: ⁴zhī
zhuǎnyèfèi 转业费[轉業-] N. decommission pay
zhuānyè fēnggé 专业风格[專業-] N. professional mannerism
zhuānyè fúwù 专业服务[專業-務] N. professional services
zhuānyèhù 专业户[專業-] N. professional/specialized household
zhuānyèhuà 专业化[專業-] N. specialization; professionalization
zhuānyè jiàoyù 专业教育[專業-] N. education in the subjects of one's specialization
zhuānyè jīngshén 专业精神[專業-] N. dedication to a job
zhuānyè jīngyīng 专业精英[專業-] N. professional elite
zhuānyè jítǐ 专业集体[專業-體] P.W. specialized collective
zhuǎnyè jūnrén 转业军人[轉業-] N. army man transferred to civilian work
zhuānyèkè 专业课[專業-] N. specialized course M: ²táng/mén
zhuānyè rénshì 专业人士[專業-] N. professionals; personnel in a specific field
zhuānyè rényuán 专业人员[專業-] N. professionals; personnel in a specific field M: ²wèi
zhuānyè shēnfen 专业身份[專業-] N. professional identity
zhuānyè wéntǐ 专业文体[專業-體] N. <lg.> technical style of writing
zhuānyèxìng 专业性[專業-] N. specialization; technicality
zhuānyè xuéxiào 专业学校[專業-] P.W. vocational/specialized school M: ¹suǒ
zhuānyè yìtài 专业意态[專業-態] N. professional ideology
zhuānyè yòngyǔ 专业用语[專業-] N. <lg.> language for special purposes
zhuānyè yǔyán 专业语言[專業-] N. <lg.> special language
zhuānyè zhǔnzé 专业准则[專業準-] N. professional code
zhuānyè zǔzhī 专业组织[專業-織] P.W. professional organization
zhuānyī 专一[專-] V.P. be single-minded/concentrated
¹**zhuānyì** 专意[專-] ADV. single-mindedly; specifically; specially
²**zhuānyì** 专义[專義] ATTR. <lg.> specialized
zhuǎnyí* 转移[轉-] V. ① shift; transfer; divert ② change; transform ♦N. ① <med.> metastasis ② transition ③ removal; displacement
¹**zhuǎnyì** 转义[轉義] N. <lg.> transferred meaning; figurative sense; connotation
²**zhuǎnyì** 转译[轉譯] V. ①translate ②retranslate
zhuànyǐ 转椅[轉-] N. swivel chair M: ¹bǎ
zhuǎnyídiǎn 转移点[轉-點] N. transition point
zhuǎnyì fānyìfǎ 转义翻译法[轉義-譯-] N. <lg.> trope device
zhuǎnyí jiēduàn 转移阶段[轉-階-] N. <lg.> transfer stage
zhuǎnyí mùbiāo 转移目标[轉-標] V.O. divert sb.'s attention
zhuǎnyīn 转音[轉-] N. <comp.> entering characters by strings of pinyin
zhuǎnyǐn* 转引[轉-] V. quote from secondary sources
zhuànyīn 啭音[囀-] N. warble tone; wobble
zhuānyíng 专营[專營] N. monopoly
zhuǎn yǐngbì 转影壁[轉-] V.O. <topo.> try to avoid a person; dodge a person
zhuānyíngquán 专营权[專營權] N. franchises
zhuānyíngquán zhéjiù 专营权折旧[專營權-舊] N. <acct.> depreciation on franchises
zhuǎnyí réngōng 转移人工[轉-] N./V.O. transferred labor
zhuǎnyíshì 转移式[轉-] N. <lg.> displacement
zhuǎnyí shíjiān 转移时间[轉-時-] N. <comp.> transfer time
zhuǎnyí shìxiàn 转移视线[轉-] V.O. ① turn the gaze ② divert public attention
zhuānyīxìng 专一性[專-] N. specificity; selectivity
zhuǎnyí yìyì 转移意义[轉-義] N./V.P. <lg.> transferred meaning
zhuǎnyí zhèndì 转移阵地[轉-] V.O. <mil.> evacuate a position
zhuànyizhuàn 转一转[轉-轉] V.P. take a short walk/ride (for exercise, etc.); take a turn
zhuānyòng* 专用[專-] V. use for special purpose ♦ATTR. proper; specialized
zhuǎnyòng 转用[轉-] V. convert to another use
zhuānyòng chéngshì 专用程式[專-] N. <comp.> proprietary program
zhuānyòng diànhuà 专用电话[專-電-] N. telephone for special use
zhuānyòng juésuànbiǎo 专用决算表[專-決--] N. <acct.> special-purpose statements M: ¹zhāng
zhuānyòng lièchē 专用列车[專-] N. train for special use
zhuānyòng míngcí 专用名词[專-] N. <lg.> proper name
zhuānyòng shèbèi 专用设备[專-備] N. specialized equipment
zhuānyòng Yīngyǔ 专用英语[專-] N. <lg.> English for Special Purposes (ESP)
zhuānyǒu 专有[專-] ATTR. ① <lg.> proper ② proprietary ③ unique
zhuànyou* 转悠/游[轉-] V. <coll.> ① turn; move from side to side ② stroll
zhuǎnyóufáng 转油房[轉-] P.W. run-down house M: ⁴zuò
zhuānyǒu jìshù 专有技术[專-術] N. proprietary technology/know-how

Z

zhuānyǒu míngcí 专有名词[專-] N. ①technical term/nomenclature ② <lg.> proper noun/name
zhuānyǒu míngzì 专有名字[專-] N. proper name
zhuānyǒuquán 专有权[專-權] N. patent/exclusive right
zhuǎnyōuwéixǐ 转忧为喜[轉憂-] F.E. change from sorrow to joy
zhuānyǒu xíngróngcí 专有形容词[專-] N. <lg.> proper adjective
zhuǎnyù 转喻[轉-] N. <lg.> trope; metonymy
zhuānyuán* 专员[專-] N. ① assistant director; (administrative) commissioner ② person specially assigned to a job ③ senior official M: [2]wèi
zhuǎnyuàn 转院[轉-] V.O. transfer to another hospital
zhuānyuán gōngshǔ 专员公署[專-] N. prefectural commissioner's office
zhuānyuánshí 砖缘石[磚-] N. brick curb M: [2]kuài
zhuānyuē 专约[專-] N. convention
[1]**zhuǎnyùn** 转运[轉運] V. ① forward; transship ② be in a constant cyclic motion ♦ V.O. have luck turn in one's favor
[2]**zhuǎnyùn** 转韵[轉韻] V.O. change to a new rhyme
zhuǎnyùngǎng 转运港[轉運-] P.W. transit port M: [4]zuò
zhuǎnyùn kǒu'àn 转运口岸[轉運-] P.W. entrepot
zhuǎnyùnshǐ 转运使[轉運-] N. official in charge of transportation (Tang/Song dynasties) M: [2]wèi
[1]**zhuǎnyùnzhàn** 转运站[轉運-] P.W. transit station
[2]**zhuǎnyùnzhàn** 转运栈[轉運棧] P.W. storage depot on a transportation route
zhuǎnzǎi 转载[轉-] V. reprint elsewhere
zhuànzàn 传赞[傳-] N. historian's comments at the end of biographies in dynastic histories
zhuānzào 砖造[磚-] ATTR. made of brick
zhuānzé 专责[專-] N. specific responsibility
zhuǎnzèng 转赠[轉-] V. make a present of sth. given to one
zhuànzhà 转栅[轉柵] N. turnstile
zhuǎnzhāi 转摘[轉-] V. quote
zhuǎnzhǎn 转辗[轉-] V. ① pass through many hands/places ② toss around
zhuǎnzhàn* 转战[轉戰] V. fight in one place after another
zhuǎnzhǎnbùmèi 转辗不寐[轉-] F.E. toss about all night in bed
zhuǎnzhǎnfǎncè 转辗反侧[轉-] F.E. toss and turn
zhuǎnzhàng* 转帐[轉-] V.O. transfer accounts
zhuànzhāng 篆章 N. seal; chop M: [4]méi
zhuǎnzhàng chuánpiào 转账传票[轉-傳-] N. <acct.> transfer slip/voucher M: [1]zhāng
zhuǎnzhànnánběi 转战南北[轉戰-] F.E. fight in one place after another
zhuǎnzhé 转折[轉-] N. ① turn in the course of events ② transition in an essay ③ complications; twists and turns ♦ ATTR. disjunctive
zhuǎnzhédiǎn 转折点[轉-點] N. turning point
zhuǎnzhé liáncí 转折连词[轉-] N. <lg.> adversative
zhuǎnzhěn 转诊[轉-] V. refer to a different hospital
zhuānzhēng 专征[專-] V. have full power in military decisions without waiting for orders from the emperor
zhuānzhèng* 专政[專-] N. dictatorship
zhuǎnzhèng 转正[轉-] V.O. ① <pol.> become a full Party member after probation ② change from temporary to regular worker ③ change to a legitimate livelihood
zhuǎnzhèngdìngjí 转正定级[轉-] F.E. pass the probationary period to become a permanent employee with fixed salary grade

zhuānzhèng duìxiàng 专政对象[專-對-] N. <pol.> target of dictatorship
zhuānzhèng gōngjù 专政工具[專-] N. <PRC> instruments of dictatorship
zhuānzhèng jīguān 专政机关[專-關] P.W. <PRC> organs of dictatorship
zhuǎnzhéqì 转辙器[轉-] N. (railway) switch
zhuǎnzhé wènjù 转折问句[轉-] N. <lg.> disjunctive question
zhuānzhí* 专职[專職] N. ① sole/specific duty ② full-time task
zhuānzhǐ 专指[專-] N./V. <lg.> specialization
[1]**zhuānzhì** 专制[專-] N. autocracy ♦ S.V. autocratic; despotic
[2]**zhuānzhì** 专挚[專摯] V.P. ① constant in love ② true; sincere
[3]**zhuānzhì** 专治[專-] V. especially for treating/curing (of medicine)
zhuǎnzhí 转职[轉職] V.O. change one's job/profession
[1]**zhuǎnzhì** 转致[轉-] V. convey/send (messages) through another person
[2]**zhuǎnzhì** 转置[轉-] N. <math.> transposition
zhuānzhí bǎomǔ 专职保姆[專職-] N. maid
zhuānzhì jūnzhǔ 专制君主[專-] N. autocrat
zhuānzhì qǐlai 专制起来[專-] R.V. start to be autocratic
zhuānzhì réngé 专制人格[專-] N. authoritarian personality
zhuānzhí shūjì 专职书记[專職書-] N. full-time secretary M: [2]wèi
zhuānzhì xìnggé 专制性格[專-] N. authoritarian character
zhuānzhì zhèngfǔ 专制政府[專-] P.W. autocratic government
zhuānzhì zhèngtǐ 专制政体[專-體] P.W. autocracy
zhuānzhì zhèngzhì 专制政治[專-] N. autocracy
zhuānzhìzhǔyì 专制主义[專-義] N. absolutism; despotism; autocracy
zhuànzhǒu 转肘[轉-] N. hinge
zhuànzhóu* 转轴[轉-] N. ① spin axis ② <coll.> idea; plan *Tā mǎn nǎozi jìn shì ~.* Her head is full of ideas. ③ axle
zhuànzhòu 篆籀 N. a type of *zhuànshū* calligraphy
[1]**zhuānzhù*** 专著[專-] N. monograph; treatise M: [1]běn
[2]**zhuānzhù** 专注[專-] V. be absorbed in
zhuǎnzhù 转注[轉-] N. <lg.> ① figurative extension of meaning (one of the *liùshū* categories) ② deflected characters ③ extended meaning ④ mutually interpretive principle
[1]**zhuànzhù** 撰著 V. write; compose
[2]**zhuànzhù** 传注[傳註] N. <lg.> commentary
[1]**zhuānzhuān** 专专[專專] R.F. focus one's attention on
[2]**zhuānzhuān** 颛颛 R.F. <wr.> ① stupid; ignorant ② careful; respectful
zhuànzhuan* 转转[轉轉] R.F. take a short walk; go for a stroll
zhuānzhuāndújū 颛颛独居[--獨-] F.E. <wr.> live a lonely and ignorant life
zhuǎnzhùzì 转注字[轉-] N. <lg.> extended meaning
zhuānzì 专恣[專-] V. especially indulge in
zhuànzǐ 转子[轉-] N. rotor
zhuànzì* 篆字 N. seal character (a style of calligraphy, often used on seals)
zhuānzú 专足[專-] N. special courier
zhuǎnzū* 转租[轉-] V. sublet; sublease
zhuānzuò 专座[專-] N. special reserved seat
zhuāpāi 抓拍 V. candid shot
zhuāpò 抓破 R.V. ① break by scratching ② injure/damage the skin by scratching/clawing
zhuāpò liǎn(r) 抓破脸(儿) V.O. ① scratch one's face ② <coll.> openly turn against sb.; bring a dispute into open; don't care about matters of face ♦ N. white flowers flecked with red
zhuāqǐ 抓起 R.V. ① arrest; catch ② grab up
zhuāqiān(r)* 抓签(儿) V.O. draw lots

zhuāqián 抓钱[-錢] V.O. seize money; go after money
zhuāqiān juédìng 抓签决定[--決-] V.P. decide by lot
zhuāqǐlai 抓起来 R.V. ① arrest; catch ② grab up
zhuāqǔ 抓取 R.V. take by grasping/gripping
zhuāqù* 抓去 R.V. arrest/seize and take away
zhuāquán 抓权[-權] V.O. seize power
zhuǎr 爪儿 N. <coll.> ① paw of a small animal ② foot of a utensil
zhuārén 抓人 V.O. arrest sb.; take sb. into custody
zhuāshādǐshuǐ 抓沙抵水 ID. make a futile effort
zhuāshāng 抓伤[-傷] R.V. wound by scratching/clawing
zhuā shēngchǎn 抓生产[-產] V.O. lead the work in the area of production
zhuā sīxiǎng 抓思想 V.O. <PRC> grab hold of ideology
zhuātóu 抓头 V.O. grab/scratch the head
zhuātǔyángyānr 抓土扬烟儿[--揚煙-] ID. <coll.> small details; ins and outs; nuts and bolts
zhuāxiā 抓瞎 V.P. ① lose one's head ② <coll.> grope blindly for an answer; be at a loss
zhuā xiǎobiànzi 抓小辫子 V.O. seize on sb.'s mistake/shortcoming
zhuāxīnnáogān 抓心挠肝[-撓-] F.E. be upset; worry
zhuāxún 抓寻[-尋] V. search for; look for
zhuāyǎng 抓痒[-癢] V.O. scratch where it itches
zhuā yǎngyang(r) 抓痒痒(儿)[-癢癢-] V.O. <coll.> tickle; scratch an itchy place
zhuāyánjī 抓岩机 N. <min.> grab loader; grab
zhuāyào 抓药[-藥] V.O. <Ch. med.> fill a prescription
zhuā yī bǎ 抓一把 V.O. take a handful
zhuāzǎor 抓早儿 ADV. as early as possible; before too late
zhuāzéi 抓贼 V.O. catch a thief
zhuāzhe jīhuì 抓着机会[-著--] V.O. grasp an opportunity
zhuāzhōur 抓周儿 V.O. have a baby select sth. from a number of things to predict the baby's future interests
zhuāzhù 抓住 R.V. ① catch/seize hold of; grip; grasp ② catch; capture ③ grip sb.'s attention
zhuāzhuānáonáo 抓抓挠挠[-撓撓] R.F. hurriedly
zhuā zhuàngdīng 抓壮丁[-壯-] V.O. press-gang able-bodied men
zhuāzhù bǎbǐng 抓住把柄 V.O. have sth. on sb.
zhuāzhù jīhuì 抓住机会 V.O. seize the opportunity
zhuāzhù jīyù 抓住机遇 V.O. seize the opportunity
zhuāzhuólì 抓着力[-著-] N. grip
zhuāzhù yàohài 抓住要害 V.O. grasp a vital point
zhuǎzi 爪子 N. <coll.> claw; paw; talon
zhuāzǐr 抓子儿 V.O. game played with small stones or sheep bone joints
zhuāzǒngr 抓总儿[-總-] V.O. <coll.> assume overall responsibility (in carrying out a project, etc.)
zhuāzǒu 抓走 R.V. arrest; take into custody
zhùbà 筑坝[築壩] N. damming M: [1]tiáo
Zhūbājiè 猪八戒[豬-] N. Pigsy, a character in *Journey to the West*
Zhū Bājiè dàodǎ yī pá 猪八戒倒打一耙[豬-] ID. make a counterattack
zhūbān 诸般 ATTR. various; different kinds of; many
zhúbǎn(r) 竹板(儿) N. bamboo clappers M: [1]fù
zhǔbàn* 主办[-辦] V. direct; sponsor; host
zhǔbàn dānwèi 主办单位[-辦--] P.W. organizer; sponsor
zhūbàng* 珠蚌 N. ① pearl oyster ② <wr.> the bright moon
zhúbàng 竹棒 N. bamboo cane/stick M: [2]gēn
zhǔbànguó 主办国[-辦國] P.W. host country

Z

zhùbǎnjiān 铸版间[鑄-] P.W. foundry
zhúbǎn píngdiāo 竹板平雕 N. bamboo board with shallow relief carving
zhǔbànquán 主办权[-辦權] N. the right to host
zhúbǎnshū 竹板书[-書] N. bamboo clappers
zhūbǎnyóuzhī 猪板油脂[豬-] N. leaf lard
zhǔbànzhě 主办者[-辦-] N. sponsor; host; organizer
zhūbǎo 珠宝[-寶] N. jewelry M: ²jiàn
zhūbǎodiàn 珠宝店[-寶-] P.W. jewelry store M: ¹jiā
zhūbǎoháng 珠宝行[-寶-] P.W. jewelry store/dealer M: ¹jiā
zhúbàopíng'ān 竹报平安[-報--] F.E. report in a letter home that everything is well
zhūbǎoshāng 珠宝商[-寶-] N. jeweler M: ²wèi
zhùbàoyào 助爆药[-藥] N. <mil.> booster charge; booster; primer
zhùbǎozìshǒu 筑堡自守[築-] F.E. throw up earthworks for self-defense
zhūbèi 珠贝 N. shellfish that produce pearls
zhúběi 逐北 V.O. <wr.> chase a defeated enemy
zhùbèi* 贮备[貯備] V. store up; lay aside
zhùbèijīn 贮备金[貯備-] N. reserve funds
zhūbí 猪鼻[豬-] N. hog nose
zhūbǐ 朱笔[-筆] N. writing brush dipped in red ink
zhǔbǐ* 主笔[-筆] N. ① editor in chief ② chief commentator ③ editorial writer of a newspaper M: ²wèi
¹**zhùbì** 铸币[鑄幣] N. coin; specie ♦V.O. mint (coins)
²**zhùbì** 驻跸[-蹕] V. <wr.> make a stopover on tour (by the emperor)
zhúbiān 竹编 N. woven bambooware
¹**zhǔbiān*** 主编 N. chief editor/compiler; editor-in-chief M: ²wèi ♦V. supervise publication of (a newspaper/magazine/etc.); edit
²**zhǔbiān** 主鞭 V./N. serve as a coach
zhúbiānpǐn 竹编品 N. bamboo woven ware M: ²jiàn
zhùbìchǎng 铸币厂[鑄幣廠] P.W. mint M: ⁴zuò
zhùbìfèi 铸币费[鑄幣-] N. cost of minting coins
zhǔbīn 主宾[-賓] N. guest of honor M: ²wèi
zhǔ-bīn-dòng yǔyán 主宾动语言[-賓動--] N. <lg.> SOV language
zhùbīng 驻兵 V.O. station/install troops
zhūbìngbìngfā 诸病并发[-併發] F.E. <med.> multiple onset of diseases
zhǔbīnhuàbié 主宾话别[-賓--] F.E. Both the host and guest bid adieu.
zhǔbīnxí 主宾席[-賓-] N. ① head table ② seat for the guest of honor
zhǔbīn yǔjù 主宾语句[-賓--] N. <lg.> subject-predicate sentence
zhùbìquán 铸币权[鑄幣權] N. privilege of minting coins
zhúbìzi 竹箅子 N. bamboo grid for steaming food
zhūbó 珠箔 N. curtain of pearls; screen of beads M: ²dào
zhúbó 竹帛 N. ① bamboo slips and silk (for writing) ② ancient books
zhǔbō* 主播 N. anchor (TV)
zhùbō 驻波 N. standing/stationary wave
zhúbō'érqù 逐波而去 F.E. be carried away by waves; go over the waves
zhùbózhīdì 驻泊之地 P.W. mooring site
¹**zhúbù*** 逐步 ADV. step-by-step; progressively
²**zhúbù** 竹布 N. light-blue fine-grained cotton cloth M: ²kuài
zhǔbù 主部 N. ① principal part ② <lg.> subject
zhǔbùjiàn 主部件 N. master unit
zhùbukāi 住不开[-開] R.V. not have enough space to accommodate
zhǔbuliǎo 主不了 R.V. ① can't make a decision ② not be authorized to do sth.
zhùbuliǎo* 住不了 R.V. not have enough space to accommodate
zhùbuqǐ 住不起 R.V. can't afford to live in (a residence/etc.)
zhùbuxià 住不下 R.V. not have space to accommodate
zhǔbùxiānkè 主不先客 F.E. The host must defer to the guest.
zhùbuzhù 住不住 R.V. be unable to lodge at
zhúcái 竹材 N. bamboo wood
zhúcài 竹菜 N. edible plant
¹**zhǔcài*** 主菜 N. principal dish; entree
²**zhǔcài** 煮菜 V.O. prepare food/dishes
zhǔcān* 主餐 N. main meal; dinner
zhùcán 助残[-殘] N. help for the disabled
zhùcáng 贮藏[貯-] V. store up; lay in ♦N. <min.> deposits
zhùcángcāng 贮藏仓[貯-倉] P.W. silo M: ⁴zuò
zhùcánggēn 贮藏根[貯-] N. roots in storage
zhùcáng huòbì 贮藏货币[貯-幣] V.O. hoard money
zhùcāng jiǎbǎn 住舱甲板[-艙--] N. berth deck
zhùcángqì 贮藏器[貯-] N. storage equipment
zhùcáng qīxiàn 贮藏期限[貯-] N. shelf-life
zhùcángshì 贮藏室[貯-] P.W. storage room M: ¹jiān
zhùcáng zǔzhī 贮藏组织[貯-織] N. <phys.> reserve tissue
zhūcǎo* 猪草[豬-] N. greenfeed for pigs
zhǔcǎo 属草[屬-] V.O. <wr.> draft a document
zhùcáo 贮槽[貯-] P.W. storage tank
zhùcè 注册[註冊] V.O. register
zhùcèchù 注册处[註冊處] P.W. registration/registrar's office; registrar (place)
zhùcèfǎ 注册法[註冊-] N. registration law
zhùcèfèi 注册费[註冊-] N. registration fees
zhùcè shāngbiāo 注册商标[註冊-標] N./V.O. registered trademark
zhùcè shǒuxù 注册手续[註冊-續] N. registration procedures
zhùcèyuán 注册员[註冊-] N. registrar (person) M: ²wèi
zhùcè zhǔrèn 注册主任[註冊-] N. registrar (person) M: ²wèi
zhùcè zīběn 注册资本[註冊-] N. <acct.> registered capital
zhūchá* 珠茶 N. a kind of green tea (whose leaves look like beads)
zhúchá 烛察[燭-] V. have an insight into
zhǔchǎn 主产[-產] N. main product
zhùchǎn* 助产[-產] V.P. ① aid childbirth ② practice midwifery
zhùchǎnfù 助产妇[-產婦] N. midwife
zhūchǎng(r/zi)* 猪场(儿/子)[豬場-] P.W. pig farm; piggery M: ⁴zuò
zhǔchǎng 主场[-場] P.W. <sport> ① major competition arena ② home field
zhǔchàng 主唱 N. leading singer/actor/actress in opera/etc. M: ²wèi
zhùchǎnshì 助产士[-產-] N. midwife
zhǔchǎnwù 主产物[-產-] N. main products
zhùchǎnxué 助产学[-產-] N. midwifery
zhǔcháo 主潮 N. trend
zhùcháo* 筑巢[築-] V.O. build a nest
zhúchén 逐臣 N. banished subject
zhǔchén 主臣 PR. <humb.> I (in address to the emperor)
zhùchén* 柱臣 important ministers of a nation M: ²wèi
zhúchēng 竹蛏[-蟶] N. <zoo.> razor clam/shell M: ²zhī
zhǔchéng 煮成 R.V. prepare by boiling
zhùchēng* 著称[-稱] V. <wr.> be widely known as/for
¹**zhùchéng** 铸成[鑄-] R.V. cast into; make
²**zhùchéng** 筑成[築-] R.V. build
³**zhùchéng** 筑城[築-] V.O. build a castle/city wall; fortify
zhǔchéng bànshú 煮成半熟 V.P. parboil
zhùchéng dàcuò 铸成大错[鑄-] V.P. make a gross error
zhùchéngqíshì 助成其事 F.E. help to finish a business
zhǔchéngshì 主程式 N. <comp.> main program
zhǔchéngxù 主程序 N. main/master program/routine
zhùchēngyúshì 著称于世[-稱於-] F.E. world-renowned
zhūchéngzhàofú 诸承照拂 F.E. <wr.> Everything received your kind attention.
Zhū-Chén zhī hǎo 朱陈之好 N. the union of two families
zhùchēzhùchuán 注车注船 F.E. <Ch. med.> car-sickness and sea-sickness
zhǔchí* 主持 V. ① take charge/care of; manage; direct ② uphold; stand for ③ preside over; chair
zhùchí 住持 N. <Budd./Dao.> abbot M: ²wèi
zhùchǐ 蛀齿[-齒] N. decayed tooth; dental cavity M: ¹kē
zhǔchírén 主持人 N. host; anchor; chair M: ²wèi
zhùchírìqī-zhīpiào 注迟日期支票[註遲-] N. post-dated check M: ¹zhāng
zhǔchí zhèngyì 主持正义[-義] V.O. uphold justice; champion the cause of justice
zhūchóng 诸虫[-蟲] N. parasites
zhùchóng* 蛀虫[-蟲] N. insect that eats clothes/etc. M: ¹tiáo
zhùchóng huīsè 蛀虫灰色[-蟲--] N. moth gray
zhúchóu* 竹筹[-籌] N. bamboo chip M: ²zhī
zhúchòu 逐臭 V.O. have differing tastes/preferences/proclivities
zhúchòuzhīfū 逐臭之夫 N. ① an eccentric person; an eccentric ② a person seeking fame and fortune
¹**zhūchú** 诛除 R.V. kill; wipe out
²**zhūchú** 诛锄 V. <wr.> ① uproot ② kill; wipe out
zhúchū 逐出 R.V. drive out; expel; oust
zhúchù 逐处[-處] P.W. ① everywhere ② in all respects
zhǔchú 主厨[-廚] V.O. be the chef ♦N. chef
zhùchǔ 柱础[-礎] N. stone base of a column; plinth
zhùchù* 住处[-處] P.W. residence; lodging; quarters
zhūchuàn(r) 珠串(儿) N. necklace
zhǔchuándòng 主传动[-傳動] N. main/master drive
zhúchuānghuà 竹窗画[-畫] N. paintings on bamboo curtains M: ¹⁰fú
zhǔ-chǔcúnqì 主储存器 N. <comp.> main storage
zhúchūménwài 逐出门外 F.E. drive out of the door
zhūchúnhàochǐ 朱唇皓齿[-齒] F.E. very pretty/handsome
zhūchú yìjǐ 诛锄异己[--異-] V.O. liquidate dissenters
zhúcí 逐词 ADV. word-by-word
zhúcì 逐次 ADV. seriatim; gradually
zhǔcí 主词 N. <log.> subject
zhǔcì* 主次 N. primary and secondary
¹**zhùcí** 祝词/辞[-辭] N. ① congratulatory speech; congratulations ② <trad.> prayers at sacrificial rites
²**zhùcí** 助词 N. <lg.> ① auxiliary word ② auxiliary particle ③ auxiliary verb ④ expletive ⑤ particle
zhúcì bījìnfǎ 逐次逼近法 N. successive approximation
zhǔcì bù fēn 主次不分 V.P. confuse primary and secondary
zhúcí fānyì 逐词翻译[-譯] N. word-by-word translation
zhǔcì fēnmíng 主次分明 V.P. distinguish between primary and secondary
zhúcìjìnsì 逐次近似 F.E. successive approximation
zhǔcíshì 主词式 N. <lg.> subject form
zhùcí wènjù 助词问句 N. <lg.> particle question
zhùcí zhòngdú 助词重读[-讀] N. <lg.> auxiliary verb stress
zhúcóng 竹丛[-叢] P.W. small bamboo grove

Z

zhǔcóng* 主从[-從] N. ① principal and subordinate ② master and his servant/servants
zhǔcóng fùhéjù 主从复合句[-從複--] N. <lg.> ① subordinate compound ② complex sentence
zhǔcóng fùjù 主从复句[-從複-] N. <lg.> compound sentence; principal-subordinate composite sentence
zhǔcóng guānxi 主从关系[-從關係] N. relationship between principal and subordinate; subordination
zhǔcóng jiégòu 主从结构[-從-構] N. <lg.> hypotaxis
zhǔcóngjù 主从句[-從-] N. <lg.> main clause
zhǔcóng xìtǒng 主从系统[-從--] N. master-slave system
zhūcuì 珠翠 N. pearls and jade; ornaments made of pearls and jade
zhǔcún 主存 N. <comp.> main memory
zhùcún* 贮存[貯-] V. store; stockpile; deposit
zhǔ-cúnchǔqì 主存储器 N. <comp.> main memory
zhùcúnxiāng 贮存箱[貯-] N. (storage) bin
zhùcuò 铸错[鑄-] V.O. commit blunders; make grave mistakes
zhǔdài 主带[-帶] N. master tape
zhūdāndú 猪丹毒[豬-] N. swine erysipelas
zhùdǎnr 助胆儿[-膽-] V.O. encourage
zhǔdānwèi 主单位 N. basic unit (as a standard of measurement)
zhǔdāo 主刀 V.O. head a surgical operation ♦N. head surgeon
zhǔdǎo* 主导[-導] ATTR. leading; dominant; guiding ♦N. head; kernel
zhùdǎo 祝祷[-禱] V. pray; say one's prayers
zhǔdǎocí 主导词[-導-] N. <lg.> pivotal/main word; headword; prop word; kernel of a phrase
zhǔdǎofēng 主导风[-導-] N. prevailing wind
zhǔdǎo lìliàng 主导力量[-導--] N. the leading/main force
zhǔdǎoquán 主导权[-導權] N. initiative
zhǔdǎo sīxiǎng 主导思想[-導--] N. <pol.> dominant ideas; guiding ideology
Zhǔdǎowén 主祷文[-禱-] N. Lord's Prayer
zhúdāoyú 竹刀鱼 N. saury pike; skipper M: [1]tiáo
zhǔdǎo zhǔtí 主导主题[-導--] N. <mus.> leitmotif
Zhū Dé 朱德 (1886–1976) N. a Red Army founder and leading general
zhúdèng 竹凳 N. bamboo stool M: [1]zhāng
zhūdī 珠滴 N. droplet
zhūdì 诸娣 N. <wr.> all the concubines
zhúdí 竹笛 N. bamboo flute M: [2]zhī
zhùdī 筑堤[築-] V.O. build dikes
[1]zhùdì* 驻地 P.W. ① place where troops/etc. are stationed ② seat (of a local administrative organ)
[2]zhùdì 住地 P.W. dwelling place
zhūdiān 猪癫[豬-] N. epilepsy
zhúdiàn 逐电[-電] V.O. go as quickly as a flash of lightning
zhǔdiǎn 主点[-點] N. main points
[1]zhùdiǎn 祝典 N. celebration
[2]zhùdiǎn 驻点[-點] N. <phy.> arrest point ♦V.P. stay to investigate
zhùdiàn* 住店 V.O. lodge in a hotel/motel/etc.
zhùdiǎnhóng 贮点红[貯點-] N. <zoo.> redpoll; linnet
zhǔdiànnǎo 主电脑[-電腦] N. host computer
[1]zhúdiāo 竹雕 N. bamboo carving
[2]zhúdiāo 竹鲷 N. bamboo fish M: [1]tiáo
[1]zhǔdiào* 主调 N. ① main argument; major emphasis ② keynote (of a speech/etc.) ③ <mus.> top melody of a homophonic piece
[2]zhǔdiào 煮掉 R.V. boil off; get rid of by boiling
zhǔdiào yīnyuè 主调音乐[-樂] N. homophony
zhǔ-dǐkàngxiàn 主抵抗线 N. main line of resistance
zhúdīng 竹钉 N. bamboo peg/dowel
zhùdǐng 柱顶 N. <archi.> capital; upmost portion of a column/pillar

[1]zhùdìng* 注定[註-] ADV. be doomed/destined
[2]zhùdìng 住定 R.V. live permanently in a place
[3]zhùdìng 铸锭[鑄-] N. ingot casting
zhūdǐnghè 朱顶鹤 N. redcrowned crane M: [2]zhī
zhūdǐngquè 朱顶雀 N. redpoll (linnet) M: [2]zhī
zhùdǐngshí 柱顶石 N. <archi.> coping stone at the top of a column
zhūdǐngyīng 朱顶莺[-鶯] N. <zoo.> redpoll M: [2]zhī
zhùdīwéitáng 筑堤围塘[築-圍-] F.E. build a dike enclosing a part of the sea
zhùdízhāngmù 助敌张目[-敵--] F.E. serve to inflate the arrogance of the enemy
zhǔdòng* 主动[-動] ATTR. ① initiative ② <lg.> active ♦ADV. on one's own initiative ♦S.V. ① active ② <mach.> driving
[1]zhùdòng 助动[-動] ATTR. <lg.> modal; auxiliary
[2]zhùdòng 蛀洞 N. cavity (in a tooth)
zhǔdòng bànjù 主动办句[-動辦-] N. <lg.> active phrase
zhǔ-dòng-bīn yǔyán 主动宾语言[-動賓--] N. <lg.> SVO language
zhùdòngcí 助动词[-動-] N. <lg.> auxiliary/modal verb
zhǔdòng dòngcí 主动动词[-動動-] N. <lg.> active verb
zhǔdònggé 主动格[-動-] N. <lg.> ergative case
zhǔdòngjù 主动句[-動-] N. <lg.> subject-predicate sentence
zhǔdòng línghuó 主动灵活[-動靈-] V.P. take the initiative and be flexible
zhǔdònglún 主动轮[-動-] N. driving gear
zhǔdòngmài 主动脉[-動脈] N. <phys.> aorta
zhǔdòngquán 主动权[-動權] N. right to take the initiative
zhǔdòngrén 主动人[-動-] N. key person (in organizing an action/etc.)
zhǔdòngshì 主动式[-動-] N. <lg.> ① active voice; active form ② main verb form; subject-verb form
zhǔdòngtài 主动态[-動態] N. <lg.> active voice
zhǔdòngxìng 主动性[-動-] N. initiative
zhǔdòng yǔtài 主动语态[-動-態] N. <lg.> active voice
zhǔ-dòng yǔzǔ 主动语组[-動--] N. <lg.> subject-verb phrase
zhǔdòngzhě 主动者[-動-] N. <lg.> agent
zhǔdòng zhīshi 主动知识[-動-識] N. <lg.> active knowledge
zhǔdòuránqí 煮豆燃萁 ID. fratricidal strife
zhūdǔ* 猪肚[豬-] N. pork tripe
zhùdú 住读[-讀] V. attend boarding school
zhǔduàn 主段 N. principal piece
zhùduàn gōngchéngshī 驻段工程师[-師] N. chief resident engineer M: [2]wèi
zhǔdú cúnchǔqì 主读存储器[-讀---] N. <comp.> read-mostly memory
zhúduì 逐队[-隊] V.O. follow the crowd
zhǔduì* 主队[-隊] P.W. <sport> home/host team
zhūdùn 铢钝 N. dull knives and spears
zhūduō 诸多 ATTR. <wr.> a good deal; a lot of
zhūduōbùbiàn 诸多不便 F.E. quite a lot of trouble/inconvenience
zhùdúshēng 住读生[-讀-] N. resident student; boarder
zhūdǔzi 猪肚子[豬-] N. pork tripe
zhū'èmòzuò 诸恶莫作[-惡--] F.E. No form of evil can be perpetrated.
zhúfá* 竹筏 N. bamboo raft M: [2]zhī
zhǔfá 主伐 N. <forest.> final felling/cutting
zhùfǎ 助法 N. ① <hist.> corvée on the central portion in the well-field system ② <law> auxiliary laws
zhùfà 祝发[-髮] V.O. <wr.> cut one's hair ♦ID. become a monk
zhǔ-fādiànchǎng 主发电厂[-發電廠] P.W. main power station M: [4]zuò
zhǔfān 主帆 N. mainsail M: [1]zhāng
[1]zhǔfàn* 主犯 N. <law> prime culprit
[2]zhǔfàn 煮饭 V.O. <coll.> cook rice; cook food

zhúfānchuán 竹帆船 N. junk with bamboo sail M: [2]zhī
[1]zhùfáng 住房 P.W. housing; lodging M: [1]jiān ~ gǎigé housing reform
[2]zhùfáng 驻防 V.O. be on garrison duty; garrison
zhùfáng bǔtiē 住房补贴[--補-] N. rental/housing allowance
zhùfáng fēnpèi 住房分配 N. allocation of housing
zhūfánshùnshì 诸凡顺适[-適] F.E. Everything goes smoothly.
zhùfàwénshēn 祝发纹身[-髮--] F.E. cut off one's hair and tattoo the body
zhúfēi 竹扉 N. bamboo door/gate M: [1]shàn
zhǔfèi* 煮沸 V. boil
Zhūfēng 珠峰 AB. *Zhūmùlángmǎ Fēng*
zhúfēng 竹蜂 N. Sichuan bees that usually build their nests in wild bamboos M: [2]zhī/[1]qún
zhǔfēng* 主峰 P.W. ① highest peak in a mountain range M: [4]zuò ② <met.> primary front
zhūfù 诸父 N. father's brothers; paternal uncles
zhǔfu* 嘱咐/付[囑-] V. enjoin; tell; exhort
zhǔfù 主妇[-婦] N. ① housewife ② hostess
zhùfú 祝福 V. ① invoke a blessing ② wish happiness to ♦N. <hist.> New Year's sacrifice (in part of Zhejiang)
zhúfūrén 竹夫人 N. pillow-shaped bamboo ware used as an armrest and footrest in bed during the summer
zhūgān(r) 猪肝(儿)[豬-] N. pork liver
zhūgàn 株干[-幹] N. trunk of a tree
zhúgān(r)* 竹竿(儿) N. bamboo pole M: [2]gēn
zhǔgān 煮干[-乾] R.V. boil dry
zhǔgàn 主干[-幹] N. ① <bot.> trunk ② main force; mainstay
zhúgàng* 竹杠 N. bamboo carrying pole
zhǔgāng 主缸 N. <mach.> master cylinder
zhùgāng 铸钢[鑄鋼] N. cast steel
zhǔgàn jiātíng 主干家庭[-幹--] N. stem family
zhūgānmiàn 猪肝面[豬-麵] N. noodles prepared with pig's liver
zhūgānsè 猪肝色[豬-] N. liver color; purplish red
zhūgāntāng 猪肝汤[豬-湯] N. pig's liver broth/soup
zhǔgǎo* 主稿 N. ① chief writer ② person who drafts (statements/etc.) based on materials supplied by others M: [2]wèi ♦V. be responsible for the first draft; be the chief writer
zhǔgào 嘱告[囑-] V. enjoin; exhort
zhùgào 祝告 V. ① pray; say one's prayers ② invoke; implore in prayer
zhúgè* 逐个[-個] ADV. one by one
zhǔgé(r) 主格(儿) N. <lg.> nominative form/case; subjective case
zhǔgé bǔyǔ 主格补语[--補-] N. <lg.> subject complement
zhúgè císù de fānyì 逐个词素的翻译[-個----譯] N. <lg.> morpheme-for-morpheme translation
Zhūgě Liàng 诸葛亮 (181–234) N. <hist.> ① famed counsellor of Liu Bei; popularly known as Kongming ② mastermind
Zhūgěliànghuì 诸葛亮会 P.W. brainstorming conference
zhǔgēn 主根 N. main root; taproot
zhùgēng 助耕 V. help others till the land
zhùgēngbāohù 助耕包户 F.E. aid with farming and take responsibility for households (by volunteer youths)
zhùgēngduì 助耕队[-隊] P.W. farming-aid teams (of rural people)
zhùgěngjī 筑埂机[築-] N. <agr.> ridger M: [1]tái
zhúgēnqīng 竹根青 N. bamboo green color
zhǔgéshì 主格式 N. <lg.> subject form
zhūgōng* 诸公 N. <wr.> all the gentlemen
zhúgōng 竹工 N. bamboo artisan(ry)
[1]zhǔgōng 主攻 N. main attack
[2]zhǔgōng 主公 N. Your Majesty; My Lord
[1]zhùgōng 铸工[鑄-] N. ① foundry work ② foundry worker

2zhùgōng 助攻 N. holding/secondary attack ♦V. help attack
3zhùgōng 助工 AB. *zhùlǐ gōngchéngshī*
zhūgōng-bèiquè 珠宫贝阙[-宫--] P.W. palace for the god of water
zhǔgōng bùduì* 主攻部队[-隊] P.W. main attack force M: 4*zhī*
zhùgōng bùduì 助攻部队[-隊] P.W. holding element; secondary force M: 4*zhī*
zhùgōng chējiān 铸工车间[鑄-] P.W. foundry (shop)
zhūgōngdiào 诸宫调[-宮-] N. medley; a prosimetric genre of oral performance popular in the 11th century.
zhǔgōng fāngxiàng 主攻方向 N. direction of the main attack
zhǔgōngshǒu 主攻手 N. <*sport*> ① ace spiker ② individual/unit having a vanguard role
zhūgōngtónghào 诸公同好 F.E. persons of the same taste
zhúgōngyè 竹工业[-業] P.W. bamboo industry
zhūgǒngzuǐr 猪拱嘴儿[豬-] N. <*topo.*> meat from the area around a pig's mouth
zhū-gǒu 猪狗[豬-] N. <*derog.*> swine and cur (in cursing)
zhū-gǒu bùrú 猪狗不如[豬-] V.P. worse than pigs or dogs
zhǔgòujiàn 主构件[-構-] N. main/primary member/element
zhūgū 诸姑 N. father's sisters
zhǔgù* 主顾[-顧] N. customer; client M: 2*wèi*
zhùgǔ 祝嘏 V.O. wish someone a happy birthday
zhūguǎizi 猪拐子[豬-] N. pig's feet/calves
zhūguān(r) 猪倌(儿)[豬-] N. swineherd
zhúguǎn 竹管 N. bamboo tube M: 2*gēn*
zhúguàn 竹罐 N. bamboo jar M: 2*zhī*
1zhǔguān 主观[-觀] N. subjectivity ♦S.V. subjective
2zhǔguān 主官 N. hierarchical superior M: 2*wèi*
zhǔguǎn* 主管 V. be responsible for; be in charge of ♦N. person in charge; boss; chief M: 2*wèi*
zhùguàn 住惯 R.V. be used to living in a place
zhǔguǎn bùmén 主管部门 P.W. competent department; controlling body
zhǔguǎndào 主管道 N. trunk line; main; main pipe-line M: 1*tiáo*
zhǔguān de shùjù 主观的述句[-觀---] N. subjective statement
zhūguāng 珠光 N. pearly luster
zhúguāng* 烛光[燭-] N. ① <*phy.*> candlepower ② candlelight
zhūguāngbǎoqì 珠光宝气[-寶氣] F.E. heavily bejewelled
zhúguāngrúdòu 烛光如豆[燭-] F.E. The candle flames were burning low, as small as little peas.
zhūguāngtǐ 珠光体[-體] N. <*min.*> pearlite
zhǔguǎn jīguān 主管机关[-關] P.W. authorities concerned; agency in charge of (a program/etc.)
zhǔguān jīngshen 主观精神[-觀--] N. subjective consciousness
zhǔguān néngdòngxìng 主观能动性[-觀-動-] N. <*phil.*> subjective initiative; conscious activity
zhǔguān pànduànfǎ 主观判断法[-觀-斷-] N. heuristic method
zhǔguǎnrén 主管人 N. boss M: 2*wèi*
zhǔguān wéixīnzhǔyì 主观唯心主义[-觀---義] N. subjective idealism
zhǔguānxìng 主观性[-觀-] N. subjectivity
zhǔguān yuànwàng 主观愿望[-觀願-] N. subjective desire; wishful thinking
zhǔguānzhǔyì 主观主义[-觀-義] N. subjectivism
zhǔ-gù guānxi 主顾关系[-顧關係] N. agency-client relationship
zhūgǔlì 朱古力 N. <*topo./loan*> chocolate M: 2*kuài*
zhūgǔlìtáng 朱古力糖 N. <*topo./loan*> chocolate M: 2*kuài*

zhǔgǔn 煮滚[-滾] V. be boiling (of water)
zhǔguō 煮锅[-鍋] N. saucepan M: *kǒu*/2*zhī*
zhúguó fēnxi 逐国分析[-國--] N. country-by-country analysis
zhúgūr 竹箍儿 N. bamboo hoop/band
zhūgūzǐmèi 诸姑姊妹 F.E. all the ladies
zhǔhǎiwéiyán 煮海为盐[-鹽] F.E. boil seawater for salt
zhūhàn 珠汗 N. beads of perspiration
zhúhán* 逐寒 V.O. <*Ch. med.*> eliminate cold
zhūhángbǎiyì 诸行百艺[-藝] F.E. every trade and profession
zhǔhángdào 主航道 N. main channel (for shipping/etc.) M: 1*tiáo*
zhúháng duìzhào fānyì 逐行对照翻译[--對--譯] N. <*lg.*> interlinear translation
zhǔhé 主和 V.O. advocate peace
zhùhè* 祝贺 V. congratulate ♦N. congratulation
zhǔhèfénqín 煮鹤焚琴 ID. ① destroy sth. valuable/fine ② vandalism
zhǔhépài 主和派 N. ① peace party ② doves
zhǔhéqǔ fànshì 主合取范式[---範-] N. <*log.*> principal conjunctive normal form
zhùhè xīnnián 祝贺新年 V.O. wish sb. a happy New Year
zhūhóng(sè) 朱红(色) N. vermilion; bright red
1zhūhóu* 诸侯 N. <*hist.*> feudal lords
2zhūhóu 珠喉 N. smooth and sweet voice of a vocalist
zhùhòu 伫候[佇-] V. <*wr.*> ① stand and wait ② look forward to
zhùhòu jiāyīn 伫候佳音[佇-] V.O. look forward to hearing good news from you
zhūhóuzhēngbà 诸侯争霸[--爭-] F.E. The feudal lords vied for supremacy.
zhūhù 珠户 N. pearl divers
zhùhù* 住户 N. household; resident
zhūhuā 珠花 N. pearl head-ornaments
zhúhuā 烛花[燭-] N. ① candle snuff ② <*wr.*> candle flame
zhù Huá* 驻华[-華] ATTR. stationed in China (of embassies/etc.)
zhúhuābàoxǐ 烛花报喜[燭-報-] F.E. The candle flame announces a family reunion.
zhù Huá dàshǐ 驻华大使[-華--] N. ambassador to China
zhù Huá dàshǐguǎn 驻华大使馆[-華---] P.W. embassy in China
zhūhuān* 猪獾[豬-] N. hog/sand badger M: 2*zhī*
zhūhuán 珠还[-還] N. pearl diver
zhūhuáng* 朱黄 N. <*trad.*> revision work
1zhúhuáng 竹黄 N. bamboo with its green covering removed
2zhúhuáng 竹簧 N. bamboo reed
zhúhuángjūn 竹黄菌 N. <*Ch. med.*> bamboo parasitic fungus
zhūhuánhépǔ 珠还合浦[-還--] *See hépǔzhūhuán*
zhù Huá shǐjié 驻华使节[-華-節] N. diplomatic envoys from various countries to China
zhūhuì 潴汇[豬匯] V.O. <*Ch. med.*> retain water
zhǔhūn* 主婚 V.O. officiate at a wedding
zhùhūn 祝婚 V.O. celebrate sb.'s wedding
zhǔhūnrén 主婚人 N. ① sb. who presides over a wedding ceremony ② parents/guardians of the marrying couple at a wedding ceremony M: 2*wèi*
zhúhuǒ 烛火[燭-] N. candle flame
1zhuī* 追 V. ① chase; pursue ② trace; look into; find out ③ seek; go after ④ court (a woman); woo ♦B.F. ① recall; reminisce *zhuīyì* ② retroactively; posthumously 1*zhuīdào*
2zhuī 锥[錐] B.F. ① awl *zhuīzi* ② screwdriver *gǎnzhuī* ③ <*math.*> cone *yuánzhuī* ♦V. bore/drill with an awl
3zhuī 椎 B.F. vertebra 1*zhuīgǔ See also* 4*chuí*
4zhuī 骓[騅] B.F. brindle; piebald *wūzhuī*
1zhuì 坠[墜] V. ① fall; drop ② weigh down ♦B.F. weight; hanging object; pendant *zhuìzi*

2zhuì 缀[綴] V. sew; stitch ♦B.F. ① put words together correctly; compose 1*zhuìjí* ② embellish; decorate; adorn *diǎnzhui* ③ <*lg.*> affix *qiánzhuì*, *hòuzhuì See also* 3*chuò*
3zhuì 赘[贅] B.F. ① man who marries into his wife's family and takes her surname *rùzhuì* ② appendage; protuberance *ròuzhuì*, *fùzhuìxuányóu* ③ superfluous; extra; redundant 1*zhuìliú* ④ <*topo.*> burdensome; cumbersome *léizhui* ♦V. tiresomely follow around (as children)
4zhuì 缒[縋] V. let down (with a rope)
5zhuì 惴 B.F. worried and fearful; anxious *zhuìjù*, *zhuìlì*
zhuībào 追报[-報] V. ① make a report after the event ② make a supplementary report
zhuīběnqióngyuán 追本穷源[--窮-] F.E. get to the root/source of the matter
zhuīběnsùyuán 追本溯源 F.E. get at the root/source of the matter
zhuībēnzhúběi 追奔逐北 F.E. chase an enemy force in full retreat
zhuībī* 追逼 V. ① pursue closely (a fleeing enemy) ② press (for repayment) ③ extort (a confession)
zhuìbǐ 赘笔[-筆] N. superfluous touch/stroke
zhuībīng 追兵 N. pursuing troops
zhuībō 追播 N. reseeding
1zhuībǔ* 追捕 V. pursue and capture
2zhuībǔ 追补[-補] V. ① add to (the original amount) ② make up; remedy; make good; compensate
zhuìbǔ 缀补[-補] V. ① patch up (clothes) ② compensate
zhuībudào 追不到 R.V. unable to catch up with
zhuībushàng 追不上 R.V. can't catch up with
zhuīchá 追查 V. investigate; trace; find out
zhuīchá yáoyán 追查谣言 V.O. trace a rumor to its source
zhuīchéng* 追惩[-懲] V. investigate and punish (criminals)
zhuìchéng 缒城 V.O. climb down a city wall by a rope
zhuīchǐlún 锥齿轮[-齒-] N. <*mach.*> bevel/angle gear
zhuìchū 缀出 R.V. decorate
zhuīchǔnángzhōng 锥处囊中[-處--] ID. talent will eventually manifest itself
zhuìcí 赘词 N. redundant verbiage
zhuìcí wénfǎ 缀词文法 N. <*lg.*> affix grammar
zhuīdǎ 追打 V. chase to beat
1zhuīdào* 追悼 V. mourn a death
2zhuīdào 追到 R.V. catch up with
zhuìdào 坠道[墜-] N. tunnel
zhuīdàohuì 追悼会 P.W. memorial meeting
zhuīdào shǒu 追到手 V.O. succeed in chasing (a girlfriend)
zhuīdāozhīmò 锥刀之末 N. petty profits; small gains
zhuìdēng 缒登 V. climb by a rope
zhuìdì 坠地[墜-] <*wr.*> V.O. ① be born; come to this world ② fall; decline ♦N. failure
1zhuìdiǎn 缀点[-點] V. decorate
2zhuìdiǎn 坠典[墜-] N. <*trad.*> historical books or national institutions
zhuīdǐng 锥顶 N. vertex of a cone; conic node
zhuīdù* 锥度 N. <*mach.*> taper
zhuìdù 坠肚[墜-] V.O. have loose bowels
zhuìfǎ 缀法 N. lesson on sentence construction and composition
zhuīfǎng* 追访 V. track down sb. to interview
zhuīfàng 追放 V. banish
zhuīféi 追肥 N. <*agr.*> top application; topdressing (of fertilizer)
zhuīfēng 追封 V.O. confer a posthumous title
zhuīfēngzhúdiàn 追风逐电[-電] ID. run swiftly (of a train, etc.)
zhuīfú 追福 V.O. perform rites to help the deceased attain bliss/beatitude
zhuīgǎn 追赶[-趕] V. chase after; pursue
zhuīgǎn shàng 追赶上[-趕-] R.V. catch up with

Z

zhuīgēn(r) 追根(儿) V.O. get to the root of sth.
zhuīgēnjiūdǐ 追根究底 F.E. get to the bottom/root of sth.
zhuīgēnqiúyuán 追根求源 F.E. go to the root of
zhuīgēnsùyuán 追根溯源 F.E. find by hard and thorough search
zhuīgēnwèndǐ 追根问底 F.E. raise one question after another (in order to reach the bottom of a matter)
zhuīgēnxúnyuán 追根寻源[--尋-] F.E. go to the heart of the matter
zhuīgōng 锥工 N. awl-work (incising with a pointed instrument)
[1]zhuīgǔ 椎骨 N. vertebra
[2]zhuīgǔ 锥股 ID. <wr.> study with great diligence
zhuīguāng 追光 N. <thea.> spotlight
zhuīgǔhuáijiù 追古怀旧[-懷舊] F.E. think of past affairs
zhuīguò 追过 R.V. overrun
zhuìhé 缀合 V. compose
zhuīhuā 锥花 N. incised decoration
zhuīhuái* 追怀[-懷] V. bring to mind
zhuìhuài 坠坏[墜壞] R.V. fall to the ground and be damaged
zhuīhuáigùjiù 追怀故旧[-懷-舊] F.E. bring old acquaintances to mind
zhuīhuái wǎngshì 追怀往事[-懷--] V.O. reminisce about the old days
zhuīhuān 追欢[-歡] V.O. pursue pleasure
zhuīhuán* 追还[-還] R.V. recover; retrieve
zhuìhuān 坠欢[墜歡] N. pleasures of the past ♦V.O. lose favor with sb.
zhuìhuānchóngshí 坠欢重拾[墜歡-] F.E. ① take back a deserted wife ② revive an old romance
zhuīhuán jiùzhài 追还旧债[-還舊-] V.O. demand payment on an old debt
zhuīhuí* 追回 R.V. recover; retrieve
zhuīhuǐ 追悔 V. repent; regret
zhuìhuǐ 坠毁[墜毀] R.V. fall and disintegrate; crash
zhuīhuǐmòjí 追悔莫及 F.E. be too late to regret/repent
zhuīhuí zāngwù 追回赃物[--臟-] V.O. recover stolen property
[1]zhuījī* 追击[-擊] V. pursue and attack
[2]zhuījī 追缉 V. pursue and capture
zhuījì 追记 V. ① write an immediate record of an event ② award posthumously ♦N. postscript
zhuìjī 坠机[墜-] N. airplane crash
[1]zhuìjí 缀辑 V. ① collate/compile and edit ② compose
[2]zhuìjí 赘及 N. postscript ♦V. add to; append to
zhuījiā 追加 V. ① add (to the original amount) ② confer a posthumous title
zhuījiā bǎozhèngjīn 追加保证金[---證-] N. <econ.> margin calls
zhuījiā bōkuǎn 追加拨款[--撥-] N. supplementary appropriations
zhuījiān* 追歼[-殲] V. pursue and wipe out
zhuījiàn 追荐[-薦] V. seek blessings for the dead; pray for the dead
zhuījiānpán 椎间盘[-盤] N. intervertebral/spinal disc
zhuījiàn wánglíng 追荐亡灵[-薦-靈] V.O. pray for blessings on the dead
[1]zhuījiǎo 追缴 V. ① demand payment (of a debt/etc.) ② recover
[2]zhuījiǎo 追剿 V. pursue and wipe out
zhuījiǎoduì 追剿队[-隊] P.W. pursuit detachment M: [4]zhī
zhuījiā tiáokuǎn 追加条款[--條-] N. rider; additional clause
zhuījiā yùsuàn 追加预算 V.O. make a supplementary budget
zhuījībùtài 追击步态[-擊-態] F.E. hot in pursuit
zhuìjíchéngshū 缀辑成书[-書] F.E. compile a book out of various materials
zhuījiū 追究 V. ① look into; find out; investigate ② punish (the guilty)
zhuījiūlái 追究来 R.V. ferret out
zhuījiū zérèn 追究责任 V.O. call to account
zhuījīzhàn 追击战[-擊戰] N. <mil.> battle in pursuit of the enemy M: [2]chǎng
zhuījīzhě 追缉者 N. pursuer
zhuìjù 惴惧[-懼] V.P. anxious and worried; in fear and trembling
zhuìjùchéngzhāng 缀句成章 F.E. put sentences together in a composition
zhuīkē 追科 V.O. demand the payment of taxes
zhuīkǒng* 锥孔 V.O. make a hole with an awl
zhuìkǒng 惴恐 V. fear; dread
zhuīlì 锥栗 N. <bot.> chinquapin
zhuìlì* 惴栗[-慄] V. <wr.> ① be anxious and fearful ② tremble with fear
zhuīliàn 追恋[-戀] V. love and court (sb. of the opposite sex)
zhuìlián* 缀连 V. connect with thread/etc.
[1]zhuìliú 赘瘤 N. ① neoplasm; wen ② sth. serving no purpose
[2]zhuìliú 赘旒 N. figurehead; puppet
[3]zhuìliú 缀旒 N. tassels attached to a banner/flag
zhuìlóu 坠楼[墜樓] V.O. ① fall off a building ② commit suicide by jumping off a building
zhuīlǔ 椎鲁 N. lout; oaf
zhuìluò 坠落[墜-] V. fall; drop
zhuìmǎ 坠马[墜-] V.O. fall off a horse
zhuìmǎ'érwáng 坠马而亡[墜-] F.E. fall from the saddle and die on the spot
zhuīmái 椎埋 V. <wr.> ① kill and bury ② pillage tombs *See also chuímái*
zhuīměi 追美 V.O. honor the memory (of sb.)
zhuīmiàn 锥面 N. ① <math.> conical surface; cone ② <min.> pyramidal face
zhuīmìngguǐ 追命鬼 N. ① life-snatching ghost; god of death ② harsh taskmaster
zhuīmíngqiúyù 追名求誉[-譽] F.E. seek fame and honor
zhuīmíngzhúlì 追名逐利 F.E. seek fame and fortune
zhuīná 追拿 V. pursue and apprehend
zhuīniàn 追念 V. ① recall (heroic deeds, etc.) ② reminisce
zhuīniàn wǎngshì 追念往事 V.O. reminisce about the past
zhuīniè 追蹑[-躡] V.O. <wr.> follow the trail of; track; trace
zhuīniú 椎牛 V.O. fell an ox *See also chuíniú*
zhuīpéi 追陪 V. <wr.> accompany sb.
zhuìpò 坠破[墜-] R.V. drop on the ground and break
zhuìqín 坠琴[墜-] N. <mus.> a kind of bowed instrument
zhuīqiú 追求 V. ① seek; pursue ② woo; court
zhuīqiú chǎnliàng 追求产量[--產-] V.O. devote exclusive attention to output
zhuīqiúdào 追求到 R.V. pursue
zhuīrèn 追认[-認] V. ① recognize retroactively ② admit/confer posthumously
zhuīrèn wènjù 追认问句[-認--] N. <lg.> confirmative question
zhuìrù 坠入[墜-] V. fall/drop into
zhuìrù wǔlǐwùzhōng 坠入五里雾中[墜---霧-] F.E. be plunged into a dense fog
zhuīshā 追杀[-殺] V. chase to kill
zhuīshàng 追上 R.V. ① catch up to/with ② court (a woman) and succeed
zhuìshēng 赘生 N. excrescence; tumor
zhuīshì* 追谥 V. confer a posthumous title upon
[1]zhuìshì 缀饰 N. decoration
[2]zhuìshì 赘饰 N. unnecessary decoration/accessory
zhuī shímáo 追时髦[-時-] V.O. follow the fashion
zhuīshòu 追授 V. posthumously award
zhuīshù* 追述 V. narrate past happenings
zhuìshù 赘述 V. give unnecessary details ♦N. ① repetitious/superfluous statement ② verbosity; redundancy
zhuīsī 追思 V. ① recall; reminisce ② cherish the memory of
zhuīsī lǐbài 追思礼拜[--禮-] P.W. memorial ceremony
zhuīsī mísa 追思弥撒[--彌-] P.W. Christian memorial mass
[1]zhuīsù 追诉 V. <leg.> prosecute
[2]zhuīsù 追溯 V. trace back to; date from
zhuīsùdào 追溯到 R.V. trace back to
zhuīsù fānyìfǎ 追溯翻译法[---譯-] N. <lg.> retrospective method
zhuīsuí 追随[-隨] V. ① follow (a leader/etc.) ② accompany (sb.)
zhuīsuíbùshě 追随不舍[-隨-捨] F.E. follow sb. closely
zhuīsuí cháoliú 追随潮流[-隨--] V.O. go with the tide
zhuīsuí shíshàng 追随时尚[-隨時-] V.O. follow a fad
zhuīsuízhě 追随者[-隨-] N. follower; adherent; following M: [2]wèi
zhuīsù jìwǎng 追溯既往 V.O. trace the origin of sth. past
zhuīsuǒ 追索 V. ① dun ② pursue; explore; trace; seek
zhuīsuǒ sùsòng 追索诉讼 N. <law> a recourse action
zhuīsùquán 追诉权[--權] N. <law> right of prosecution; right to prosecute sb. for an offense committed long ago
zhuīsùquán shíxiàofǎ 追诉权时效法[--權時--] N. <law> statute of limitations
zhuīsù shíxiào 追诉时效[--時-] N. period stipulated in a statute of limitations
zhuìtāi 坠胎[墜-] V.O. *See duòtāi*
zhuìtāiyào 坠胎药[墜-藥] N. abortifacient
zhuītàn 锥探 N./V. exploration by drilling into the earth
zhuītǎo 追讨 V. ① dun ② demand payment of an old debt
zhuītǐ* 锥体[-體] N. cone
zhuìtǐ 坠体[墜體] N. <phy.> falling body
zhuītóu 锥头 N. cone tip
zhuìtuǐr 坠腿儿[墜-] N. <coll.> stumbling block; obstacle to movement
zhuīwángzhúběi 追亡逐北 F.E. give chase to a routed enemy
zhuīwěi* 追尾 <coll.> V.O. tailgate
zhuīwèi 追味 V. recall and think over
zhuīwèn* 追问 V. question/examine minutely/closely
zhuìwén 缀文 V.O. write a composition
zhuīwènjù 追问句 N. <lg.> tag question
zhuìwù 赘物 N. sth. superfluous
zhuīxī 追昔 V.O. recall the past
zhuìxià 坠下[墜-] R.V. fall/drop down
zhuīxiǎng 追想 V. recall; reminisce
zhuīxíng* 锥形 N. pyramid; taper; cone
zhuìxīng 坠星[墜-] N. aerolite; stray meteorite
zhuīxíngpíng 锥形瓶 N. Erlenmeyer flask; flat-bottomed conical laboratory flask
zhuīxīngzú 追星族 <coll.> P.W. fan club; groupies; star-struck fans
zhuīxīnqiúyì 追新求异[-異] F.E. seek out whatever is novel
zhuīxīnqìxuè 锥心泣血 F.E. extreme sorrow
zhuīxīnshígǔ 锥心蚀骨 ID. extreme suffering
zhuīxīnzhúyì 追新逐异[-異] F.E. seek whatever is novel
zhuīxù* 追叙[-敘] V. recount the past ♦N. flashback
[1]zhuìxù 赘婿 N. son-in-law living in the home of his wife's parents
[2]zhuìxù 坠绪[墜-] N. failing (business/etc.); hopeless case
zhuīxún 追寻[-尋] V. pursue; search; track down
[1]zhuìyán 赘言 N. ① unnecessary talk ② <lg.> redundancy; tautology
[2]zhuìyán 坠言[墜-] N. slip of the tongue
zhuīyì 追忆[-憶] V. recollect; recall

zhuīyǐng 追影 V.O. paint sb.'s likeness after his death
zhuìyou(r) 坠悠(儿)[墜-] V.P. <coll.> swing
zhuìyóu* 赘疣 N. ①wart ②anything superfluous/useless
zhuìyú 赘余 V.P. unnecessary; superfluous
zhuìyǔ* 赘语 N. <lg.> pleonasm
zhuīyuán* 追源 V.O. trace the origin of
zhuīyuǎn 追远[-遠] V.O. honor one's ancestors with sacrifices
zhuīyuánsùshǐ 追源溯始 F.E. trace the origin/source
zhuīzāng 追赃[-贜] V.O. make sb. disgorge spoils
zhuīzèng 追赠 V. confer (a title) posthumously
zhuīzhài* 追债 V.O. press for payment
zhuìzhái 缀宅 N. physical human body
zhuīzhàng 追账 V.O. dun
zhuīzhēng 追征[-徵] V. demand payment of taxes
zhuīzhǐ 锥指 V.P. <wr.> ① have a meagre knowledge of sth ②have a very limited outlook
zhuīzhú 追逐 V. ① pursue; chase ② seek
[1]zhuīzhuàng 锥状[-狀] N. taper; coniform
[2]zhuīzhuàng 追撞 V. chase to hit
zhuìzhuì 惴惴 R.F. afraid; fearful; apprehensive
zhuìzhuìbù'ān 惴惴不安 F.E. be on tenterhooks
zhuīzhúzhě 追逐者 N. follower
zhuīzi* 锥子 N. awl M: [1]bǎ
zhuìzi 坠子[墜-] N. <topo.> ① plummet ② pendant ③ ear pendant; earrings ④ ballad with drum accompaniment ⑤ <Jp. loan> netsuke (belt pendant)
zhuìzǐ 赘子 V.O. <trad.> sell one's son as a slave
zhuīzijiānr 锥子尖儿 N. tip of an awl
zhuīzōng 追踪[-蹤] V.O. ① follow a trail; track ② follow the example of predecessors
zhuīzōngchúcuò 追踪除错[-蹤--] F.E. <comp.> trace debug
zhuīzōngjì 追踪剂[-蹤劑] N. tracer
zhuīzōngqiú 追踪球[-蹤-] N. <comp.> trackball
zhuīzòngsǎodàng 追纵扫荡[-縱掃蕩] F.E. pursue and annihilate the enemy
zhuīzuānbùchuān 锥钻不穿[-鑽--] F.E. Neither awl nor drill can bore through it.
zhuīzūn 追尊 V. bestow posthumous honors
[1]zhūjī 珠玑 N. <wr.> ①pearl; gem ②exquisite/excellent wording of a piece of writing
[2]zhūjī 珠鸡[-雞] N. guinea fowl M: [2]zhī
zhūjì 诸季 N. all the younger brothers
zhújī 竹鸡[-雞] N. bamboo partridge M: [2]zhī
zhújí 逐级 ADV. gradually
zhǔjī* 主机 N. ①<mach.> main engine ②<mil.> lead plane ③ <comp.> host computer
[1]zhǔjì 主祭 V.O. officiate at funeral/sacrificial rites ♦N. person officiating at such a service
[2]zhǔjì 主计 N. treasurer (Han dynasty)
[1]zhùjī 贮积[貯積] V. store up; lay in; stockpile
[2]zhùjī 柱基 N. ①<bot.> stylopodium ②<archi.> plinth; pillar base
[1]zhùjì 注记[註-] N. annotation; note
[2]zhùjì 著绩 N. well-known achievements
[1]zhújià 竹架 N. bamboo shelf/frame
[2]zhújià 烛架[燭-] N. candlestick; candlestand
zhǔjiā 主家 P.W. master's house ♦V.O. manage household affairs
[1]zhùjiā* 住家 V.O. ① reside ② visit her parents' home (of a married woman) ♦P.W. residence
[2]zhùjiā 铸痂[鑄-] N. scab
zhùjià 柱架 N. pillar support
zhūjiān 诛奸 V.O. punish the traitorous
zhújiǎn 竹简 N. <trad.> bamboo slip (for writing)
zhújiàn* 逐渐 ADV. gradually; by degrees
zhǔjiān 主监[-監] N. chief proctor M: [2]wèi
zhǔjiàn 主见 N. one's own judgment/view *méiyǒu*~ have no definite views of one's own
zhùjiàn 铸件[鑄-] N. cast; casting
Zhū Jiāng 珠江 P.W. Zhujiang (Pearl River)
zhújiāng 竹浆[-漿] N. bamboo pulp
zhújiàng 竹匠 N. bamboo worker
zhǔjiǎng* 主讲[-講] V. be the speaker; give a lecture ♦N. main speaker M: [2]wèi
zhǔjiàng 主将[-將] N. ① commanding general ② key person ③ star athlete M: [2]wèi
zhǔjiǎngrén 主讲人[-講-] N. speaker; lecturer M: [2]wèi
zhújiānguǒ 烛坚果[燭堅-] N. candlenut
zhújiǎn jìshì 竹简纪事 V.P. bamboo slips for making memorandums
zhùjiànwéilí 铸剑为犁[鑄-] F.E. beat swords into plowshares
zhūjiǎo 猪脚[豬腳] N. pig's feet M: [2]zhī
zhūjiào 猪叫[豬-] N./V.P. grunting of hogs
[1]zhǔjiǎo(r) 主角(儿) N. main role (in a drama/etc.)
[2]zhǔjiǎo 煮饺 V.O. boil dumplings ♦N. boiled dumplings
zhǔjiào 主教 N. <rel.> bishop M: [2]wèi
zhùjiǎo* 注脚[註腳] N. footnote
zhùjiào 助教 N. teaching assistant M: [2]wèi
zhǔjiāochā 主交叉 N. coking coal
zhǔjiāodiǎn 主焦点[-點] N. principal focus
zhūjiǎodòng 猪脚冻[豬腳-] N. jellied pig's feet
zhǔjiàoliàn 主教练[-練] N. <sport> the principal coach M: [2]wèi
zhǔjiāoméi 主焦煤 N. coking coal
zhǔjiǎor 煮饺儿 N. boiled dumplings
[1]zhùjiǎor 注脚儿[註腳-] N. footnotes
[2]zhùjiǎor 驻脚儿[-腳-] N./V.O. temporary lodging
zhùjiǎoshí 柱脚石[-腳-] N. stone base of a pillar
zhǔ jiǎozi 煮饺子 V.O. boil ravioli or stuffed dumplings
zhùjiār de 住家儿的 P.W. residence area
zhùjiāshì guàchē 住家式挂车 N. house trailer M: [3]liàng
zhújiāyú 竹筴鱼 N. saurel; horse mackerel M: [1]tiáo
zhǔjìchù* 主计处[-處] P.W. central accounting office
zhùjīchǔ 柱基础[-礎] N. column foundation; plinth
zhūjīcùnlěi 铢积寸累[-積--] F.E. accumulate bit by bit
zhǔjīdàn 煮鸡蛋[-雞-] V.O./N. ① boil eggs ② boiled egg
zhújié 竹节[-節] N. bamboo joint
[1]zhùjié 祝捷 V.O. celebrate victory
[2]zhùjié 驻节[-節] V.O. <trad.> be stationed abroad
zhùjiě* 注解[註-] V. annotate; explain with notes ♦N. explanatory note; annotation; interpretation
zhújiébiān 竹节鞭[-節-] N. <trad.> iron whip sectioned like bamboo M: [2]gēn/[1]tiáo
zhújiécài 竹节菜[-節-] N. <bot.> *Commelina chinensis*
zhújiéchóng 竹节虫[-節蟲] N. stick insect; walkingstick M: [1]tiáo
zhù jiēfang 住街坊 V.O. <coll.> live as neighbors
zhújiégāng 竹节钢[-節鋼] N. corrugated/ribbed bar
zhújié gāngjīn 竹节钢筋[-節鋼-] N. corrugated bar
zhùjié gōngshǐ 驻节公使[-節--] N. minister resident
zhùjiéwéinüè 助桀为虐 F.E. be an accomplice in evil
zhújiéxǐ 竹节洗[-節-] N. <pottery> bamboo-joint bowl
zhūjīn 株金 N. capital
zhūjǐn 朱槿 N. Chinese hibiscus M: [2]kē
zhùjīn* 铸金[鑄-] N. gold refining/casting
Zhújīng 竺经[-經] N. Buddhist scriptures; Indian sutras
zhújìng 竹径[-徑] N. bamboo paths M: [1]tiáo
zhǔjǐng 主井 N. <min.> main shaft M: kǒu
zhùjǐng* 驻警 V.O. stationed police
zhùjīngnáng 贮精囊[貯-] N. seminal vesicles
zhújìnyuèchén 烛烬月沉[燭燼--] F.E. The candles went out and the moon sank in the sky.
zhùjī qǐlai 贮积起来[貯積--] R.V. accumulate; save up
zhǔjìrén 主祭人 N. person who officiates at funeral/sacrificial rites M: [2]wèi
zhǔjìshì 主计室 P.W. auditing/accounting department M: [1]jiān
zhùjìshù 助记术[-術] N. mnemonics
zhǔ-jìsuànjī 主计算机 N. host/master computer M: [1]tái
zhūjiù 诸舅 N. all the maternal uncles
zhújiǔ 术酒[術-] N. medicinal wine
zhùjiǔ* 祝酒 V.O. toast; offer a toast
zhùjiù 铸就[鑄-] V.P. <metal.> cast into
zhùjiǔcí 祝酒词 N. (spoken) toast
zhùjìyì 助记忆[-憶] ATTR. mnemonic
zhùjìyì biānmǎ 助记忆编码[--憶--] N. mnemonic coding
zhùjìyì shíqī 助记忆时期[--憶時-] N. mnemonic stage of writing
zhǔ-jìyìtǐ 主记忆体[-憶體] N. <comp.> main memory
zhǔjìzhǎng 主计长 N. comptroller general M: [2]wèi
zhūjù 株距 N. spacing in rows
zhújù 逐句 ADV. sentence-by-sentence
zhǔjù* 主句 N. <lg.> ① main/principal clause ② main/matrix sentence
zhùjū 住居 V. occupy; dwell
[1]zhūjuàn* 猪圈[豬-] P.W. pigsty; pigpen M: [4]zuò
[2]zhūjuàn 朱卷 N. <trad.> red-ink copy of test papers used in civil-service examinations
zhǔjuàn 主卷 N. master volume
zhǔjué(r) 主角/脚(儿)[-腳-] N. leading role; lead; protagonist M: [2]wèi
zhūjūn 诸君 N. Gentlemen; Sirs; everyone
zhǔjūn 主军 N. chief commander M: [2]wèi
zhùjūn* 驻军 V.O./N. garrison
zhǔkāi 煮开[-開] R.V. boil
zhǔkāiguān 主开关[-開關] N. <elec.> main switch
zhǔkǎo 主考 V. be in charge of an examination ♦N. chief examiner (in a school/etc.) M: [2]wèi
zhǔkǎoguān 主考官 N. official in charge of an imperial examiner (in a school/etc.) M: [2]wèi
zhūkē 猪窠[豬-] P.W. pigsty
[1]zhúkè* 逐客 V.O. exile
[2]zhúkè 竹刻 N. bamboo carving/engraving
[1]zhǔkè 主客 N. ① host and guest ② guest of honor M: [2]wèi
[2]zhǔkè 主课 N. main subject/course M: [2]táng
[1]zhùkè 住客 N. ① hotel/motel/etc. guest ② tenant M: [2]wèi
[2]zhùkè 铸刻[鑄-] V. engrave in a mold
zhǔkèdiāndǎo 主客颠倒 F.E. reverse the positions of host and guests
zhǔkèjìnhuān 主客尽欢[-盡歡] F.E. both host and guest are completely happy
zhúkèlìng 逐客令 N. order for a guest to leave
zhǔkòng* 主控 N. <elec.> master control
zhùkōng 蛀空 R.V. eat holes in
zhǔkòng chéngshì 主控程式 N. <comp.> master control program
zhǔkòng chéngxù 主控程序 N. master control program
zhùkǒu 住口 V.O. <impolite> shut up; stop talking
[1]zhúkuài 竹筷 N. bamboo chopsticks M: [1]fù/[1]shuāng
[2]zhúkuài 逐块[-塊] ADV. piece-by-piece; bit-by-bit
zhúkuǎn 逐款 ADV. article-by-article
[1]zhūlán 猪栏[豬欄] N. pigsty; pigpen
[2]zhūlán 珠兰[-蘭] N. <bot.> tree with fragrant yellow beadlike seeds
zhúlán(r)* 竹篮(儿)[-籃-] N. bamboo basket M: [2]zhī
zhǔlàn 煮烂[-爛] R.V. boil until soft; stew until tender
zhùlàn 蛀烂[-爛] R.V. be destroyed by moths/worms
zhúlán dǎshuǐ yī chǎng kōng 竹篮打水一场空[-籃---場-] ID. all in vain
zhùláng 柱廊 N. <archi.> colonnade M: [1]tiáo

zhūlányùqì 朱栏玉砌[-欄--] F.E. walls of jasper and balustrades of ruby
zhǔlǎo 煮老 R.V. cook a little more
zhǔlǎole 煮老了 R.V. be over-cooked
zhūlèi* 珠泪[-淚] N. tear drop
zhúlèi 烛泪[燭淚] N. guttering of candles
zhūlèigǔngǔn 珠泪滚滚[-淚滾滾] F.E. Tears pour/run down.
zhūlèisùsù 珠泪簌簌[-淚--] F.E. Tears pour/run down.
zhūlèitōután 珠泪偷弹[-淚--] F.E. sad with hidden tears
zhūlèiyíngkuàng 珠泪盈眶[-淚--] F.E. Tears fill the eyes.
zhúlèiyíngrán 烛泪荧然[燭淚熒-] F.E. Bright is the guttering of candles.
zhúlí 竹篱[-籬] N. bamboo fence M: [2]dào
[1]zhúlì 逐利 V.O. pursue material gain
[2]zhúlì 竹笠 N. bamboo hat M: [1]dǐng
[3]zhúlì 竹沥[-瀝] N. <Ch. med.> liquid for reducing fever obtained percolating bamboo
zhǔlì* 主力 N. <mil.> main force
zhùlǐ 助理 N. assistant ♦V. assist
[1]zhùlì 伫立[佇-] V. <wr.> stand still for long while
[2]zhùlì 助力 N. help; assistance
[1]zhūlián* 株连 V. involve (sb.) in a criminal case; implicate
[2]zhūlián(r/zi) 珠帘(儿/子)[-簾-] N. bead door curtain M: [2]dào
zhúlián(zi) 竹帘(子)[-簾-] N. bamboo screen/curtain M: [2]dào
zhūliánbìhé 珠联璧合[-聯--] F.E. perfect pair; happy combination
Zhū Liáng 朱梁 N. Later Liang dynasty (907–923)
zhūliǎng 铢两 ATTR. very small; tiny; minute
[1]zhǔliáng* 主粮[-糧] N. staple food grain
[2]zhǔliáng 主梁 N. <archi.> girder M: [1]tiáo
zhūliángāojuǎn 珠帘高卷[-簾--] F.E. The jeweled curtains are drawn high.
zhūliǎngxīchèn 铢两悉称[-稱] F.E. ① be equal in weight ② match in every small detail
zhúliánhuà 竹帘画[-簾畫] N. painting on a bamboo curtain M: [10]fú
zhūlián jiǔzú 株连九族 V.O. implicate nine generations of a family
zhūlián quánjiā 株连全家 V.O. bring the whole family much trouble
zhùliàoduī 贮料堆[貯-] P.W. stockpile
zhǔlì duìyuán 主力队员[--隊-] N. top players of a team M: [1]míng
zhùliè 伫列[佇-] V. stand in line
zhùlǐ gōngchéngshī 助理工程师[-師] N. assistant engineer
zhǔlìjiàn 主力舰[-艦] N. <mil.> capital ship M: [1]sōu
zhùlǐ jiàoshòu 助理教授 N. assistant professor M: [2]wèi
zhǔlìjūn 主力军 N. <mil.> main/principal force
zhúlímáoshè 竹篱茅舍[-籬--] F.E. simple dwelling
zhúlín(zi) 竹林(子) P.W. bamboo forest/grove
zhǔlíndài 主林带[-帶] P.W. main forest-belt area
zhūlíng 猪苓[豬-] N. <Ch. med.> fungus grown on maple trees
zhǔlìng* 嘱令[囑-] N. instruction; order
Zhúlín Qīxián 竹林七贤[-賢] N. The Seven Sages of the Bamboo Grove (3rd-cent. group of non-conformist litterateurs)
zhúlínzhīyóu 竹林之游 N. association of learned scholars
zhùlì qìxiè 助力器械 N. device to increase power (e.g., a lever)
zhūliú 潴留[瀦-] N. <med.> retention
zhǔliú* 主流 N. ① main stream/current ② essential/main aspect/trend
[1]zhùliú 驻留 ATTR. lingering; resident; stationary
[2]zhùliú 住留 V. remain in a place
zhùliú biānyì chéngshì 驻留编译程式[---譯-] N. <comp.> resident compiler
zhùliú chéngshì 驻留程式 N. <comp.> resident program
zhùliú zǔhé chéngshì 驻留组合程式 N. <comp.> resident assemblers
zhùlǐ yánjiūyuán 助理研究员 N. assistant research fellow M: [2]wèi
zhùlǐyuán 助理员 N. administrative assistant; assistant; deputy M: [2]wèi
[1]zhúlóng* 竹笼 N. bamboo cage M: [2]zhī
[2]zhúlóng 烛笼[燭-] N. lantern
zhùlǒng 筑垄[築-] N. <agr.> ridging M: [1]tiáo
zhūlóngcǎo 猪笼草[豬-] N. <bot.> common nepenthes M: [2]kē
zhúlóu 竹楼[-樓] N. bamboo house M: [4]zuò
zhúlǒu* 竹篓[-簍] P.W. bamboo basket M: [2]zhī
zhūlóuhuàdòng 朱楼画栋[-樓畫-] F.E. red balconies and brightly colored pillars
zhūlóuqióngshì 朱楼琼室[-樓瓊-] F.E. vermilion pavilions and splendid mansions
[1]zhūlù 朱鹭 N. (crested) ibis M: [2]zhī
[2]zhūlù 诛戮 V. <wr.> ① kill; put to death ② be executed for a crime committed by one's relatives/friends
zhúlú 舳舻[-艫] N. ① convoy of ships ② rectangular boat
zhúlù* 逐鹿 V.O. <wr.> ① bid for state power ② seek an office
[1]zhùlù 筑路[築-] V.O. construct roads
[2]zhùlù 著录[-錄] V. record
zhūlǚ 珠履 N. shoes ornamented with pearls M: [1]shuāng
zhūluán 朱栾[-欒] N. <bot.> grapefruit M: [2]kē
zhūlùdàijìn 诛戮殆尽[-盡] F.E. have killed almost all
zhùlùjī 筑路机[築-] N. road-building machine; grader M: [1]tái
zhùlújiàng 铸炉匠[鑄爐-] N. metalworker
zhūlùjīngyíng 珠露晶莹[-瑩] F.E. Dewdrops are glistening.
zhūlùn 诛论 V. sentence to death
zhūlún-huágǔ 朱轮华毂[-華轂] N. <trad.> ornate carriage with wheels painted red (used by nobles)
zhūluó 猪猡[豬玀] N. <topo.> pig; swine
Zhūluójì 侏罗纪[-羅-] N. <geol.> Jurassic Period
zhūluòyùpán 珠落玉盘[-盤] ID. ① pearls falling on a plate of jade ② the sweet notes of the pipa lute
zhúlúqiānlǐ 舳舻千里[-艫--] F.E. very large flotilla
zhǔlùxiàn 主路线 N. main route M: [1]tiáo
zhúlùzhōngyuán 逐鹿中原 F.E. try to seize control of the empire
zhúmǎ 竹马 N. ① bamboo stick used as a toy horse ② a bamboo horse used in a folk dance ③ hobbyhorse
Zhǔmá 主麻 N. <loan> Djumah (Islamic Friday)
zhùmá* 苎麻[苧-] N. <bot.> ramie
zhǔmài 主脉[-脈] N. main/chief vein M: [2]gēn
zhǔmàilì 主脉力[-脈-] N. pulse intensity of the main arteries and veins
zhūmàn 株蔓 V. involve people/relatives/etc. in a crime
[1]zhùmǎn* 住满 R.V. be full (of a hotel/etc.)
[2]zhùmǎn 注满 R.V. fill to the full (of liquids)
zhùmáng 助忙 V.O. help (sb. because he is busy)
zhúmǎqīngméi 竹马青梅 ID. companion in youth
zhúmǎzhījiāo 竹马之交 N. friends from childhood days
zhūmén 朱门 N. vermilion gates or red-lacquered doors of wealthy homes
zhūméngbìwǎ 朱甍碧瓦 F.E. green tiles and crimson roofs
zhūménjiǔròuchòu 朱门酒肉臭 F.E. overweening wealth of the rich
zhúmǐ 竹米 N. bamboo seeds
zhùmiàn 柱面 N. <math.> cylinder; cylindrical surface
zhūmiáo 猪苗[豬-] N. piglet
zhúmiáor 烛苗儿[燭-] N. candle flame
zhūmiè 诛灭[-滅] V. kill; wipe out
zhúmiè* 竹蔑 N. thin bamboo strips
zhùmín 住民 N. inhabitant; resident
zhūmíng 朱明 N. ① summer ② the sun ③ Ming dynasty
[1]zhǔmíng 主名 N. principal criminal
[2]zhǔmíng 煮茗 V.O. boil/infuse tea
[1]zhùmíng* 著名 S.V. famous; celebrated
[2]zhùmíng 注明[註-] V. indicate/note clearly
zhǔmíngcāoqín 煮茗操琴 F.E. brew tea and play one's lute
zhùmíngcí 助名词 N. <lg.> ① auxiliary noun ② classifier ③ noun preceded by certain determiners
zhǔmíngqīngtán 煮茗清谈 F.E. gossip over teacups
zhū-mò* 朱墨 N. ① red and black ② ink made of cinnabar
zhúmó 竹膜 N. membrane of bamboo
zhúmò 逐末 V.O. pursue trivial things
zhū-mòběn 朱墨本 N. an edition of an old book printed in red and black
zhūmòtàoyìn 朱墨套印 F.E. printed in red and black
zhǔmóu 主谋 V. head a conspiracy ♦N. chief instigator
[1]zhūmǔ 珠母 N. pearl oyster; mother-of-pearl; nacre
[2]zhūmǔ 诸母 N. father's concubine
zhúmǔ 竹母 N. bamboo root (which produces shoots)
zhúmù 竹幕 N. bamboo curtain
zhǔmǔ 主母 N. mistress; lady of the house
[1]zhǔmù* 瞩目[矚-] V.O. <wr.> ① fix the eyes on ② be the focus of attention
[2]zhǔmù 属目[屬-] N. category; classification
[3]zhǔmù 褚幕 N. a piece of red cloth for covering the coffin
zhùmú 铸模[鑄-] N. ①mold for casting ②matrix
[1]zhùmù 注目 V.O. ① fix the eyes on ② <mil.> salute while looking sb. in the eyes
[2]zhùmù 注慕 V. admire; look up to
zhūmǔbèi 珠母贝 N. pearl shell
zhùmùchǎng 贮木场[貯-場] P.W. timber depot; timber/lumber yard M: [4]zuò
zhùmùchí 贮木池[貯-] P.W. log pond
zhùmùchóng 蛀木虫[-蟲] N. wood borer M: [1]tiáo
zhùmù'érshì 注目而视 F.E. look with fixed eyes
Zhūmùlǎngmǎ Fēng 珠穆朗玛峰 P.W. Qomolangma (Mount Everest)
zhùmù lǐ 注目礼[-禮] N. <mil.> parade salute ♦V.O. salute with the eyes
zhǔmùlù 主目录[-錄] N. <comp.> root/main directory
[1]zhūn 肫 B.F. ① gizzard ***jīzhūn, yāzhūn*** ② sincere ***zhūndǔ***
[2]zhūn 谆[諄] B.F. ① reiterate; (say) repeatedly ***zhūnzhǔ*** ② untiring; patient; earnest; sincere ***[1]zhūnzhūn, zhūnqiè***
[3]zhūn 窀 in ***zhūnxī***
[4]zhūn 迍 in ***zhūnzhān***
[1]zhǔn* 准 V. allow; grant; permit ***See also [2]zhǔn***
[2]zhǔn 准[準] S.V. accurate; exact ♦B.F. ① standard; norm; criterion ***biāozhǔn*** ② <law> quasi-; para- ***zhǔnfànzuì, zhǔnjūnshì zǔzhī*** ③ <coll.> refers to a status that is assured but not quite yet formally achieved ***zhǔnbóshì*** ④ <lg.> substitute ♦ADV. definitely; certainly ♦COV. <wr.> in accordance with ~ ***qiānlǐ chūlǐ*** settle according to precedent ***See also [1]zhǔn***
zhūnángchóngbìng 猪囊虫病[豬-蟲-] N. pork measles
zhūnǎo* 猪脑[豬腦] N. ① brain of a pig ② stupid person
zhǔnǎo 主脑[-腦] N. ①control center ②leader; chief ③ main idea

zhǔnǎorén 主脑人[-腦-] N. leader; head M: [2]*wèi*

zhǔnbǎo 准保[準-] ADV. certainly; for sure

zhǔnbèi 准备[準備] V. ① prepare; get ready *Nǐ ~ hǎole ma?* Are you ready? ② intend; plan

zhǔnbèi chéngběn 准备成本[準備-] N. <*acct.*> preparatory cost; setting-up cost

zhǔnbèi chǔlǐ 准备处理[準備處-] N./V.P. stand-by process

zhǔnbèidòng 准被动[準-動] N. <*lg.*> quasi-passive

zhǔnbèifǎ 准备法[準備-] N. preparation

zhǔnbèi huòbì 准备货币[準備-幣] N. reserve money

zhǔnbèi huódòng 准备活动[準備-動] N. <*sport*> warming-up exercise

zhǔnbèi jiēduàn 准备阶段[準備階-] N. preparatory stage

zhǔnbèijīn 准备金[準備-] N. ① preparatory funds ② (bank) reserve ③ reserve fund

zhǔnbèi shíjiān 准备时间[準備時-] N. set-up time

zhǔnbèi wànyī 准备万一[準備萬-] V.P. prepare for the worst

zhǔnbèi zīchǎn 准备资产[準備-產] N. reserve assets

zhǔnbóshì 准博士[準-] N. all but dissertation (ABD)

zhǔnbuzhǔn 准不准[準-準] V.P. Is it accurate?; Is it correct?

zhūnchéng 肫诚 V.P. <*wr.*> sincere; earnest

[1]**zhǔnchéng*** 准成[準-] V.P. reliable; dependable

[2]**zhǔnchéng** 准程[準-] N. norms; definite standard

zhǔnchéngyuán 准成员[準-] N. associate member

zhǔnchǐ 准尺[準-] N. alidade (surveying instrument)

zhǔnchōngfèn jiùyè 准充分就业[準-業] N. quasi-full employment

zhǔncǐ 准此 V.O. ① take this as standard ② <*wr.*> given the aforesaid (in documents)

zhǔncíjī 准词基[準-] N. <*lg.*> substitute stem

zhǔnděi 准得[準-] ADV. certainly; for sure

zhǔndì 准的[準-] N. standard; criterion

zhǔndiǎn 准点[準點] ADV. right on time/schedule

zhǔndìng 准定[準-] ADV. <*coll.*> certainly; definitely

zhǔndìzū 准地租[準-] N. quasi-rent

zhūndǔ 肫笃 V.P. <*wr.*> sincere; earnest

zhǔndù* 准度[準-] N. accuracy

zhǔnfànzuì 准犯罪[準-] N. <*law*> quasi-offense

zhǔnfēnlièjù 准分裂句[準-] N. <*lg.*> pseudo-cleft sentence/construction

Zhǔngá'ěr 准噶尔 N. the Zungars

Zhǔngá'ěr Péndì 准噶尔盆地 P.W. the Zungarian Basin

zhǔngǎizǔ 准改组[準-] N. <*acct.*> quasi-reorganization

zhūngān 肫肝 N. gizzard and liver (as food)

zhǔngǎozi 准稿子[準-] N. draft (of manuscript) ♦V. approve for publication

zhǔnguānxi zìjù 准关系字句[準關係-] N. <*lg.*> pseudo-relative clause

zhǔnhuà(r) 准话(儿)[準-] N. definite word/answer/message

zhǔnhuìyuán 准会员[準-] N. associate member M: [2]*wèi*

zhǔnhuòbì 准货币[準-幣] N. near-money; quasi-money

zhǔní 煮呢 N. <*txtl.*> potting

zhūnián* 猪年[豬-] N. year of the pig

zhúnián 逐年 ADV. year after year

zhùniàn 祝念 V. wish sb. well

zhúnián bǎofèi 逐年保费 N. annual premium

zhù niángjia 住娘家 V.O. <*coll.*> wife's visit to her mother

zhúniánzhúyuè 逐年逐月 ADV. month by month and year by year

zhūniǎo 朱鸟 N. *See zhūquè* M: [2]*zhī*

zhùniàoqì 贮尿器[貯-] N. urinal

zhǔnjiàng 准将[準將] N. <*mil.*> brigadier general M: [2]*wèi*

zhǔnjīn 准斤[準-] N. honest weight (of scales)

zhǔnjìnkǒudān 准进口单[準進-] N. import permit M: [1]*zhāng*

zhǔnjìnzhìchǎnzhě 准禁治产者[準--產-] N. <*law*> quasi-incompetent person

zhǔnjìsuànjī 准计算机[準-] N. <*comp.*> semicomputer M: [1]*tái*

zhǔnjíwù dòngcí 准及物动词[準--動-] N. <*lg.*> pseudo-transitive verb

zhǔnjù 准据[準據] N. basis

zhǔnjuésài 准决赛[準決-] N. semi-final contest/match M: [2]*chǎng*

zhǔnjūnshì zǔzhī 准军事组织[準-織] P.W. paramilitary organization

zhǔnlàor 准落儿[準-] N. <*topo.*> financial security

zhǔnlǒngduàn shìlì 准垄断势力[準-斷勢-] N. quasi-monopolistic power

zhǔnnǐ 准拟[準擬] V.P. fully intend to

zhǔnpíngyuán 准平原[準-] P.W. <*geol.*> quasi-plain

zhǔnpíqi(r) 准脾气(儿)[準-氣-] N. stable temperament

zhǔnpǔ(r) 准谱(儿)[準-] N. definite idea/conclusion *Tāmen lái bù lái méi ge ~* It's not sure whether they'll come or not.

zhǔnqī 准期[準-] ADV. punctually; on schedule; on time

zhūnqiè 谆切 ADV. sincerely and warmly

zhǔnqíng 准情[準-] V.O. agree to do sb. a favor

zhǔnqìyuē 准契约[準-] N. quasi-contract

zhǔnquè 准确[準確] S.V. accurate; exact; precise

zhǔnquèbùshuǎng 准确不爽[準確-] F.E. quite correct with no mistakes

zhǔnquèdù 准确度[準確-] N. degree of accuracy

zhǔnquè tiáncífǎ 准确填词法[準確-] N. <*lg.*> exact-word method

zhǔnquèwúwù 准确无误[準確-] F.E. accurate and precise

zhǔnquèxìng 准确性[準確-] N. accuracy

zhǔnr 准儿[準-] N. <*coll.*> certainty *See méizhǔn*

zhǔnrén 准人[準-] N. ① <*trad.*> one who carries out the law ② <*coll.*> assigned person M: [2]*wèi*

zhǔnrénguā 准人瓜[準-] N. <*bot.*> chayote

zhǔnrù 准入 V.P. access

zhǔnshéng 准绳[準繩] N. ① criterion; yardstick ② marking line (for carpenters)

zhǔnshēngzhèng 准生证[準-證] N. pregnancy permit M: [1]*zhāng*

zhǔnshétou 准舌头[準-] N. <*topo.*> true/honest words

zhǔnshí* 准时[準時] ADV./S.V. ① punctually ② on time; on schedule

[1]**zhǔnshì** 准是[準-] V.P. definitely is . . .

[2]**zhǔnshì** 准式[準-] N. rule; regulation; criterion

zhǔnshīdòngzhě 准施动者[準-動-] N. <*lg.*> quasi-agent

zhǔnshíhour 准时候儿[準時-] N. accurate time/date

zhǔntou* 准头[準-] N. <*coll.*> accuracy *See also zhǔntóu*

zhǔntóu 准头[準-] N. tip of the nose *See also zhǔntou*

zhúnú 烛奴[燭-] N. large wooden candlestand carved in the shape of a boy

zhǔ-nú* 主奴 N. master and servant

zhùnüè 助虐 V.P. help to do evil

zhǔnwèi 准尉[準-] N. <*mil.*> warrant officer

zhūnxī 窀穸 N. <*wr.*> grave; tomb

zhǔnxiàn 准线[準-] N. alignment line

zhǔnxìn(r) 准信(儿)[準-] N. confirmation; definite note

zhǔnxīng* 准星[準-] N. front sight (of a gun)

[1]**zhǔnxíng** 准行[準-] V.P. there won't be any problem

[2]**zhǔnxíng** 准型[準-] N. pseudotype

zhǔnxìngqíng 准性情[準-] N. stable temperament

zhǔnxīnláng 准新郎[準-] N. bridegroom-to-be

zhǔnxīnniáng 准新娘[準-] N. bride-to-be; fiancée; intended

zhūnxīwèi'ān 窀穸未安 F.E. The corpse is not yet interred.

zhūnxīzhījìng 窀穸之敬 N. money presented for funeral expenses

zhǔnxǔ 准许[準-] V. permit; allow

zhǔnyāyùn 准押韵[準-韻] N. <*lg.*> assonance

zhǔnyìshù 准艺术[準藝術] N. quasi-art

zhǔnyǔ 准予[準-] V. grant; approve; permit

zhǔnyuē 准矱[準-] N. <*wr.*> a standard of conduct

zhǔnzé 准则[準-] N. norm; standard; criterion

zhǔnzé cānzhào cèshì 准则参照测试[準-參---] N. <*lg.*> criterion-referenced test

zhǔnzé chǐdù 准则尺度[準-] N. <*lg.*> criterion measure

zhǔnzé guānlián xiàodù 准则关联效度[準-關聯--] N. <*lg.*> criterion-related validity

zhūnzhān 迍/屯邅 V. <*wr.*> be in a difficult position

zhǔnzhōnglì dìwèi 准中立地位[準-] N. quasi-neutral status

zhūnzhǔ 谆嘱[-囑] V. give repeated advice

zhǔnzhùmíngcí 准助名词[準-] N. quasi-auxiliary noun

[1]**zhūnzhūn** 谆谆 R.F. ① earnest; sincere; devoted ② tireless; assiduous

[2]**zhūnzhūn** 肫肫 R.F. <*wr.*> sincere; earnest

zhūnzhūngàojiè 谆谆告诫 F.E. repeatedly admonish

zhūnzhūnjiāmiǎn 谆谆嘉勉 F.E. urge someone to greater efforts with words of encouragement

zhūnzhūnjiàodǎo 谆谆教导[-導] F.E. teach and admonish with patience

zhūnzhūnjiàohuì 谆谆教诲 F.E. teach and admonish with patience

zhūnzhūnshànyòu 谆谆善诱 F.E. teach and guide untiringly

zhūnzhūnxùnhuì 谆谆训诲 F.E. repeatedly admonish

zhǔnzīběn huòwù 准资本货物[準-] N. quasi-capital goods

zhǔnzìdònghuà 准自动化[準-動-] N. quasi-automation

zhǔnzìyóuyǔ 准自由语[準-] N. <*lg.*> quasi-free word

zhǔnzōngjiào 准宗教[準-] N. quasi-religion

zhǔnzūjīn 准租金[準-] N. quasi-rent

[1]**zhuō*** 桌 B.F. table; desk *zhuōzi* ♦M. *for tablefuls*

[2]**zhuō** 捉 V. catch; capture ♦B.F. clutch; hold; grasp [1]*zhuōbì*

[3]**zhuō** 拙 B.F. ① clumsy; awkward; dull *zhuōbèn* ② <*humb.*> my *zhuōjiàn*

[4]**zhuō** 涿 in *zhuōshī*

[1]**zhuó** 着[著] ① <*wr.*> V. ① put on (clothes) ② send *~ rén qù bàn.* Send sb. to do it. ③ it is ordered that . . . ♦B.F. ① touch *zhuólù* ② apply *zhuósè See also* [2]*zhāo*, [3]*zhāo*, *zháo*, *zhe*, [11]*zhù*

[2]**zhuó** 啄 V. peck

[3]**zhuó** 灼 B.F. ① burn; scorch; singe *shāozhuó*, *zhuóshāng* ② bright; light [1]*zhuózhuó*

[4]**zhuó** 琢 V. carve; sculpture *See also* [3]*zuó*

[5]**zhuó** 浊[濁] S.V. turbid; muddy ♦B.F. ① deep (of one's voice) *zhuóshēngzhuóqì* ② chaotic; confused; corrupted *zhuóshì* ③ <*lg.*> voiced *zhuóyīn*

[6]**zhuó** 酌 V. <*wr.*> pour out or drink liquor; drink ♦B.F. ① consider; think/deliberate over *zhēnzhuó* ② meal/feast with liquor *fèizhuó*

[7]**zhuó** 斫/斲/斵 V. hack (with an axe/sword)

[8]**zhuó** 浞 V. soak ♦B.F. plentiful

[9]**zhuó** 卓 B.F. ① tall and erect [2]*zhuólì* ② eminent; outstanding *zhuóyuè* ♦N. Surname

[10]**zhuó** 缴[繳] B.F. silk string attached to an arrow for shooting birds [2]*zēngzhuó*, [1]*zēngzhuó See also* [4]*jiǎo*

[11]zhuó 擢 B.F. ① pull out/up *zhuófànánshǔ* ② promote; advance *[1]zhuóshēng, bázhuó, [2]zhuódì*

[12]zhuó 濯 B.F. ① wash *[1]zhuózú* ② bald *niúshānzhuózhuó*

[13]zhuó 茁 B.F. strong and healthy; thriving *zhuózhuàng, méngzhuó*

[14]zhuó 诼[諑] B.F. slander *yáozhuó*

[15]zhuó 镯[鐲] B.F. bracelet *zhuózi, yùzhuó*

Zhuó 禚 N. Surname

zhuō'ái 拙騃 V.P. stupid and clumsy

zhuó'àifēntòng 灼艾分痛 ID. brotherly love

zhuō'àn 桌案 N. table; desk M: *[1]zhāng*

zhuóbá 卓拔 V.P. outstanding

zhuóbàn 酌办[-辦] V. ① do as one thinks fit ② handle by taking circumstances into consideration

zhuōbèn 拙笨 V.P. clumsy; dull; unskillful

zhuōbí 捉鼻 V.O. treat with contempt

[1]zhuōbǐ 捉笔[-筆] V.O. hold a pen

[2]zhuōbǐ 拙笔[-筆] N. <humb.> my clumsy writing

zhuóbǐ* 着笔[著筆] V.O. begin to write/paint

zhuóbì 着痹[著-] N. <Ch. med.> localized pain disorder caused by moist heteropathy

zhuōbǔ 捉捕 V. arrest; catch

zhuōbù* 桌布 N. tablecloth M: *[2]kuài*

zhuōbùshèngzhuō 捉不胜捉[--勝-] V.P. be too many to catch/arrest

[1]zhuócái 酌裁 V. <wr.> consider and decide

[2]zhuócái 浊才[濁-] N. fool

[3]zhuócái 卓裁 N. <court.> your wise/sensible advice

zhuō cángmāo 捉藏猫[-貓] V.O. <coll.> play blind-man's bluff

zhuóchǔ 酌处[-處] V. use one's own discretion

zhuóchù* 着处[著處] P.W. <trad.> everywhere

zhuóchùquán 酌处权[-處權] N. discretion

zhuōdāo 捉刀 V.O. <wr.> ghostwrite

zhuōdào* 捉到 R.V. catch

zhuōdāorén 捉刀人 N. ghostwriter

zhuō dàtóu 捉大头 V.O. <coll.> ① capture an important person; land a big fish ② cheat; swindle

zhuōdēng 桌灯[-燈] N. table/desk lamp M: *[1]zhǎn*

[1]zhuódì 着地[著-] V.O. ① land ② touch the ground *See also zhāodì*

[2]zhuódì 擢第 V.O. get chosen by passing an examination

zhuódiāowéipǔ 斫/斲雕为朴[-樸] F.E. eschew ornamentation for simplicity's sake

zhuódìng 酌定 V. decide after intense deliberation

zhuódù 浊度[濁-] N. turbidity

zhuóduàn 斫断[-斷] R.V. cut off

[1]zhuóduó 酌夺[-奪] V. make a considered decision

[2]zhuóduó 卓夺[-奪] N. <court.> your discerning decision (in letters)

zhuó'ěr 卓尔 V.P. outstanding; eminent

zhuó'ěrbùqún 卓尔不群 F.E. tower above others

zhuófànánshǔ 擢发难数[-髮難數] F.E. too numerous to count (of crimes)

zhuōfū 拙夫 N. <humb.> my clumsy husband

zhuófǔyīn 浊辅音[濁-] N. <lg.> voiced consonant

zhuōgǎo 拙稿 N. <humb.> my poor manuscript

zhuōgōng 拙工 N. poor craftsman; incompetent worker

zhuógǔ 灼骨 V.O. apply heat to (an oracle) bone

zhuóguàn 濯盥 V. wash oneself

zhuógǔfántāi 浊骨凡胎[濁-] F.E. mortals; ordinary people

zhuóguǒlǜ 着果率[著-] N. fruition rate

zhuóhé 酌核 V. verify after consultation

zhuóhuā 着花[著-] V.O. <wr.> blossom; bear flowers; be in bloom *See also zháohuā*

zhuóhuà* 浊化[濁-] V. muddy ♦N. <lg.> voicing

zhuōhuàn 拙宦 N. <wr.> official who does not know how to exert his influence to make extra money

zhuóhuāniǎo 啄花鸟 N. flowerpecker M: *[2]zhī*

zhuóhuì 浊秽[濁穢] N. dirty/disgusting thing (morally)

zhuō hǔ róngyì fàng hǔ nán 捉虎容易放虎难[-難] ID. It is easier to start sth. than to conclude it satisfactorily.

zhuōjì 拙计 N. <humb.> my (foolish) scheme

[1]zhuójí* 着即[著-] ADV. immediately

[2]zhuójí 灼急 V.P. anxious; worried

zhuójiā 酌加 V. <wr.> make considered additions

zhuōjiān* 捉奸 V.O. catch adultery in flagrante delicto

zhuōjiàn 拙见 N. my humble opinion

zhuójiǎn 酌减[-減] V. make considered reductions ♦N. discretionary reduction

[1]zhuójiàn 卓见 N. brilliant idea; excellent opinion

[2]zhuójiàn 灼见 N. profound/penetrating/brilliant views

zhuōjiǎo 桌脚[-腳] N. table leg M: *[2]zhī*

zhuōjīn 桌巾 N. tablecloth M: *[2]kuài*

zhuójìn(r)* 着劲(儿)[著勁-] V.O. exert effort

zhuōjīng* 拙荆[-荊] N. <trad.> my wife

zhuójǐng 浊井[濁-] N. muddy well M: *kǒu/[1]yǎn*

zhuójìng 斫/斲胫[-脛] V.O. <trad.> amputate the legs as punishment

zhuójǐnhéjiān-chù 着紧合尖处[著緊-處] F.E. crucial and climactic episodes

zhuōjīnjiànzhǒu 捉襟见肘 ID. be overwhelmed with problems

zhuójǐnyǐyú 濯锦以鱼 ID. make the ugly beautiful

zhuōjīnzhǒuxiàn 捉襟肘见 ID. be poor; have difficulty in making ends meet

[1]zhuójiǔ 浊酒[濁-] N. unstrained wine/liquor

[2]zhuójiǔ 酌酒 V.O. pour wine /liquor

zhuójiǔyínshī 酌酒吟诗 F.E. sip wine and write poems

zhuójù 琢句 N. sentence formation ♦V.O. write and polish phrases and sentences

zhuójùdiāocí 琢句雕词 F.E. polish sentences and phrases

zhuójué 卓绝[-絕] V.P. ①unsurpassed ②extreme

zhuójuéqiāngǔ 卓绝千古[-絕--] F.E. unmatched in the past and the present

zhuókāi mén 擢开门[-開門] V.O. <topo.> push open a door with the tip of the hand

zhuókǎo 灼烤 V. scorch

zhuókǒu 浊口[濁-] N. foul-mouthed

zhuólàn 灼烂[-爛] R.V. burn severely

zhuólàng 浊浪[濁-] N. turbid waves

zhuóláo 浊醪[濁-] N. unstrained liquor

zhuō lǎoxiā 捉老瞎 V.O. blind-man's buff

[1]zhuólì 着力[著-] V.O. put forth effort

[2]zhuólì 卓立 V. stand firm; stand alone/upright

zhuóliáng* 酌量 V. ① consider; deliberate ② measure (liquor/rice/etc.)

zhuóliàng 灼亮 V.P. bright

zhuólìdiǎn 着力点[著-點] P.W. spot where one can direct one's efforts

zhuōliè 拙劣 V.P. clumsy; inferior

zhuólìng 着令[著-] V. order

zhuóliú 浊流[濁-] N. ①muddy stream ②rabble ③<lg.> voiced glide

zhuólìyīshì 卓立一世 F.E. stand out in one's time

zhuólù 着陆[著陸] V.O. land; touch down

zhuólùcāng 着陆舱[著陸艙] N. landing module

zhuólùchǎng 着陆场[著陸場] P.W. landing field/ground

zhuólùdài 着陆带[著陸帶] P.W. air strip; landing strip

zhuólún lǎoshǒu 斫/斲轮老手 N. ① expert wheelwright ② old hand; a man of rich experience

[1]zhuóluò 着落[著-] N. ①whereabouts ②result; outcome ③ assured source ***Nàbǐ jīngfèi hái méi ~.*** We still don't know where the money's coming from. ♦V. fall to sb.; rest with sb.

[2]zhuóluò 卓跞/荦[-躒/犖] V.P. <wr.> unique; superb; extraordinary; excellent; unsurpassed

zhuóluòtíngdàng 着落停当[著-當] F.E. all set; settled

zhuō mǎhu 捉马虎 V.O. <coll.> play blind-man's bluff

zhuōmài 捉脉[-脈] V.O. <Ch. med.> feel the patient's pulse

zhuómǎn 酌满 R.V. fill up (a wine glass)

zhuómáng 着忙[著-] V. be in a hurry *See also zháománg*

zhuōmiàn(r) 桌面(儿) P.W. ① tabletop ② on the table; aboveboard; in public

zhuōmiàn bàngōng xìtǒng 桌面办公系统[--辦---] N. <comp.> desktop system

zhuōmiàn shang 桌面上 P.W. ① on the table ② aboveboard; in public

zhuōmiàn shang de rénwù 桌面上的人物 N. authoritive person; person possessing wealth and power

zhuōmiàn shang huà 桌面上话 N. authoritative way of speaking

zhuōmiàn yánjiū 桌面研究 N. research done at one's desk

zhuōmiàn yìnshuā xìtǒng 桌面印刷系统 N. desktop publishing system

zhuómiànzhuān 琢面砖[-磚] N. ashlar brick M: *[2]kuài*

zhuō mícáng 捉迷藏 V.O. ①play hide-and-seek ②be tricky and evasive

zhuómiè yānjuǎnr 擢灭烟卷儿[-滅煙--] V.O. <topo.> stub out a cigarette

zhuómíng 灼明 V.P. lustrous

zhuōmo 捉摩 V. mull over; ponder

zhuōmō 捉摸 V. fathom; ascertain ***Wǒ ~ bù chū nǐ de yòngyì.*** I don't get what you're driving at.

zhuómó* 琢磨 V. ①carve and polish (jade) ②improve (literary works); polish; refine ③ study and improve; mold (oneself) *See also zuómo*

zhuómò 着墨[著-] V.O. ① describe ② write or paint

zhuōmō bùdìng 捉摸不定 R.V. unfathomable

zhuómòbùduō 着墨不多[著-] F.E. sketchily painted/described

zhuó-mócāyīn 浊摩擦音[濁-] N. <lg.> voiced fricative

zhuómù 斫木 V.O. chop/cut wood

zhuómùniǎo 啄木鸟 N. woodpecker M: *[2]zhī*

zhuōná 捉拿 V. arrest; catch

zhuōnè 拙讷 V.P. slow in thinking and talking; dumb

zhuōnòng 捉弄 V. tease; make fun of

zhuōnuò 捉搦 V. apprehend; arrest

zhuó-pòlièyīn 浊破裂音[濁-] N. <lg.> media

zhuōpǔ 拙朴[-樸] V.P. austere

zhuōqī 拙妻 N. <humb.> my (stupid) wife

zhuóqí 着棋[著-] V.O. <topo.> play chess

zhuóqì* 浊气[濁氣] N. ① foul smell/breath/air; bad breath ② <impure vital energy>

zhuōqilai 捉起来 R.V. catch; arrest; seize

zhuó-qīng 浊清[濁-] ATTR. <lg.> voiced and voiceless

zhuóqíng* 酌情 V.O. use one's discretion; take the circumstance into consideration

zhuóqíng bànlǐ 酌情办理[--辦-] V.P. act after full consideration of the actual situation

zhuóqíng chǔlǐ 酌情处理[--處-] V.P. deal with. . .on the merits of each case

zhuóqíng'érdìng 酌情而定 F.E. decide according to circumstances

zhuó qīngtóngsè 着青铜色[著-] V.O. bronze

zhuōqiú 桌球 N. <sport> table tennis; Ping-Pong

zhuōqiú xiéhuì 桌球协会[--協-] P.W. amateur table tennis association

zhuóqìyíngshì 浊气盈室[濁氣-] F.E. Foul smell fills the room.

zhuóqíyuán 浊其源[濁-] V.P. foul the source

zhuōr 桌儿 N. table; desk

1zhuórán 卓然 V.P. outstanding

2zhuórán 灼然 ADV. clearly; obviously ♦V.P. ① anxious; worried ② scorching hot

zhuóránkějiàn 灼然可见 F.E. perfectly obvious; abundantly clear

zhuóránwúyí 灼然无疑 F.E. indisputable; irrefutable; unquestionable

zhuórányǒuchéng 卓然有成 F.E. have distinguished achievements

zhuóránzìlì 卓然自立 F.E. stand on one's own feet

zhuórè 灼热[-熱] V.P. scorching hot

1zhuórén 浊人[濁-] N. muddle-headed person

2zhuórén 擢人 V.O. <*topo.*> prod/poke a person

zhuó rén qù bàn 着人去办[著-辦] V.P. send sb. to do sth.

zhuó rén xiānbiān 着人先鞭[著-] V.P. steal a march on

zhuósāiyīn 浊塞音[濁-] N. <*lg.*> media; voiced obstruent

zhuósàng 斫/斲丧[-喪] V. ① chop down completely ② waste one's vitality by dissipation

zhuósàng shēntǐ 斫/斲丧身体[-喪-體] V.O. waste one's vitality by dissipation

zhuōsè 拙涩[-澀] V.P. awkward and obscure (of writing)

zhuósè* 着色[著-] V.O. color; apply color *See also zháosè*

zhuósècāyīn 浊塞擦音[濁-] N. <*lg.*> voiced affricate

zhuósèjì 着色剂[著-劑] N. coloring agent/material

zhuóshā 斫杀[-殺] V. kill with a hatchet/ax/etc.

zhuōshàn 桌扇 N. desk fan M: 1*tái*

zhuóshāng 灼伤[-傷] N. burn

zhuōshàng jìsuànjī 桌上计算机 N. ① desk computer ② desk calculator M: 1*tái*

zhuōshàngxíng diànnǎo 桌上型电脑[-電腦] N. desktop computer M: 1*tái*

zhuóshāo 灼烧[-燒] V. burn

zhuóshēn 濯身 V.O. keep oneself clean (fig.)

1zhuóshēng 擢升/昇 V. <*wr.*> promote; advance (in position/rank)

2zhuóshēng 浊声[濁聲] N. <*lg.*> voiced sound

zhuóshēngmǔ 浊声母[濁聲-] N. <*lg.*> voiced initial consonant

zhuóshēngzhuóqì 浊声浊气[濁聲濁氣] F.E. in a deep, raucous voice

zhuō shétou 捉舌头 V.O. <*mil.*> capture an enemy soldier in order to get information

zhuōshī 涿湿[-濕] V.P. be soaked through

zhuōshí 拙实[-實] V.P. big and strong; solidly built

zhuóshi 茁实[-實] V.P. <*topo.*> sturdy

zhuóshī 泥湿[-濕] V.P. wet ♦V. drench

1zhuóshí* 着实[著實] ADV. ① really; indeed ② severely *See also zháoshí*

2zhuóshí 卓识[-識] N. judicious judgment; sagacity

3zhuóshí 啄食 V.O. peck at food

zhuóshì 浊世[濁-] N. ① <*wr.*> chaotic times ② <*Budd.*> the mortal world

zhuōshì diànhuàjī 桌式电话机[--電--] N. desk telephone M: 2*bù*

zhuōshì kòngzhìtái 桌式控制台[-臺] N. desktop control panel; desk-type work station

zhuóshíkuài 琢石块[-塊] N. stone ashlar

zhuóshíshìmiàn 琢石饰面 N. stone dressing

zhuóshōu 酌收 V. charge different prices according to the situation

zhuóshóu 灼熟 V. roast

zhuóshǒu* 着手[著-] V.O. put a hand to; set about *cóng diàochá yánjiū* ~ start with an investigation

zhuóshǒuchéngchūn 着手成春[著-] ID. <*med.*> cure every patient

zhuóshū 卓殊 V.P. distinguished; unusual

zhuóshuǐ 浊水[濁-] N. turbid water

Zhuóshuǐ Xī 浊水溪[濁-] N. a river in Taiwan M: 1*tiáo*

zhuóshuò 灼烁[-爍] V.P. ① bright and luminous ② splendorous

zhuótán 浊痰[濁-] N. phlegm

zhuótàng 灼烫[-燙] V. burn; scald

zhuótòng 灼痛 N. burning pain

zhuótóu 斫头 V.O. behead; decapitate

zhuōtóur 桌头儿 P.W. ends of a long table/desk

zhuōtuǐr 桌腿儿 P.W. table/desk leg M: 1*tiáo*

zhuówéi 擢为 V.P. promote

zhuōwéizi 桌围子[-圍-] N. tablecloth overhang

zhuówǔ 卓午 N. <*wr.*> midnoon

1zhuówù* 浊物[濁-] N. ① blockhead; jackass ② feculence

2zhuówù 浊雾[濁霧] N. thick fog

zhuóxī 卓锡 P.W. <*Budd.*> ① monk's staff ② abode of Buddhist monks; monk's residence

zhuōxiá 捉狭[-狹] V.P. mischievous

zhuōxiáguǐ 捉狭鬼[-狹-] N. one who likes to play jokes; mischievous fellow

1zhuóxiàn 着限[著-] V.O. set limits

2zhuóxiàn 酌献[-獻] V. <*wr.*> honor a deity with liquor

zhuó xiānbiān 着先鞭[著-] V.O. take precedence; take the lead *See also zháo xiānbiān*

zhuóxiǎng 着想[著-] V. consider; take into consideration

zhuō xiǎojī 捉小鸡[-雞] V.O. children's game in which a bigger child protects smaller ones from an attacking "eagle"

zhuōxíng* 拙行 N. unwise action

zhuōxìng 拙性 ATTR. slow-witted; clumsy

zhuóxiù 擢秀 V.P. ① luxuriant (of vegetation) ② talented; gifted (of people)

zhuóxù 啄序 N. pecking order

zhuōyǎn 拙眼 N. <*wr.*> uninformed man

zhuóyǎn* 着眼[著-] V.O. fix the eyes upon *See also zháoyǎn*

zhuóyǎnchù 着眼处[著-處] P.W. focal point

zhuóyǎndiǎn 着眼点[著-點] N. ① focus of attention ② focal point *See also zháoyǎndiǎn*

zhuōyāo 捉妖 V.O. <*Dao.*> seize evil spirits; exorcise

zhuō-yǐ 桌椅 N. table/desk and chair

zhuóyī 着衣[著-] V.O. put on clothing; dress

1zhuóyì* 着意[著-] V.O. ① concentrate hard on ② take pains

2zhuóyì 卓异[-異] V.P. unique; preeminent; outstanding

3zhuóyì 酌议[-議] V. <*wr.*> consider and discuss

4zhuóyì 浊意[濁-] N. muddy idea

zhuōyǐbǎndèng 桌椅板凳 F.E. ordinary household furniture

zhuō-yǐjiàngr 桌椅匠儿 N. carpenter who makes tables and chairs

zhuóyì jīngyíng 着意经营[著-經營] V.P. manage with diligent care

zhuóyīn* 浊音[濁-] N. <*lg.*> ① voiced sound ② sonant ③ muddy sound ④ media

zhuóyǐn 擢引 V. pick and promote (promising employees/subordinates)

zhuóyīngzhuózú 濯缨濯足 F.E. Whether one is received with respect or contempt depends on one's own conduct.

zhuóyīnhuà 浊音化[濁-] N. <*lg.*> sonorization; voicing; vocalization

zhuóyīn mócāyīn 浊音摩擦音[濁-] N. <*lg.*> voiced spirant

zhuóyīn pòlièyīn 浊音破裂音[濁-] N. <*lg.*> voiced stop

zhuóyīn qīnghuàyīn 浊音清化音[濁-] N. <*lg.*> devoicing

zhuóyīn shēngmǔ 浊音声母[濁-聲-] N. <*lg.*> voiced consonants

zhuō-yǐpù 桌椅铺 P.W. furniture shop M: 1*jiā*

zhuóyòng 擢用 V. <*wr.*> promote to a post

zhuóyǒuchéngxiào 卓有成效 F.E. highly effective

zhuōyú 拙于[-於] V.P. be not good at

zhuóyǔ 酌予 V. give sth. as one thinks fit

zhuóyù* 琢玉 V.O. polish jade

zhuóyuányīn 浊元音[濁-] N. <*lg.*> voiced vowel

zhuóyǔbǔzhù 酌予补助[--補-] F.E. give some financial assistance

zhuóyuè 卓越 V.P. outstanding; brilliant

zhuóyùgōng 琢玉工 N. lapidary craft

zhuóyùshā 琢玉砂 N. abrasive sand used to cut and grind jade

zhuōyúyáncí 拙于言词[-於--] F.E. be inarticulate; be clumsy in expressing oneself

zhuōzéi 捉贼 V.O. stop/catch a thief

zhuōzéizhuōzāng 捉贼捉赃[-賊-贓] F.E. To catch a thief you must find the stolen goods.

zhuózhǎn 斫斩 V. chop; cut; hew

zhuózhǎng 茁长 V. <*wr.*> luxuriate; thrive (of plants)

zhuōzhí* 拙直 V.P. straightforward and good-natured

zhuózhǐ 斫/斲趾 V.O. <*trad.*> cut off one's toes as punishment

zhuózhòng 着重[著-] V. stress; emphasize ♦ATTR. emphatic

zhuózhòngdiǎn 着重点[著-點] N. focal point

zhuózhònghào 着重号[著-號] N. mark of emphasis

1zhuōzhù* 捉住 R.V. catch

2zhuōzhù 拙著 N. <*humb.*> my writing

zhuózhù 卓著 V.P. distinguished; eminent

zhuózhuāng 着装[著裝] N. ① dress ② clothes

zhuózhuàng* 茁壮[-壯] V.P. sturdy

zhuózhuàng chéngzhǎng 茁壮成长[-壯--] V.P. grow up strong and sturdy

zhuōzhuàngshān 桌状山[-狀-] P.W. mesa

zhuōzhūlóng 捉珠龙 N. <*art*> pearl-capturing dragon design

1zhuózhuó 灼灼 R.F. <*wr.*> ① shining; brilliant ② blooming; luxuriant

2zhuózhuó 濯濯 R.F. <*wr.*> ① bare; bald (of mountains) ② bright and brilliant ③ fat and sleek

3zhuózhuó 茁茁 R.F. sprouting

4zhuózhuó 卓卓 R.F. outstanding; distinguished

5zhuózhuó 啄啄 ON. ① cackling of hens ② sound of tapping at a door

zhuózhuóshībài 着着失败[著著-] F.E. fail in every attempt

zhuōzi* 桌子 N. table; desk M: 1*zhāng*

zhuózi 镯子 N. bracelet M: 2*zhī*

zhuōzituǐr 桌子腿儿 P.W. desk/table legs M: 1*tiáo*

zhuózìzhēnjù 酌字斟句 F.E. weigh one's words

1zhuózú 濯足 V.O. wash one's feet

2zhuózú 斫/斲足 V.O. <*trad.*> cut off one's feet as punishment

zhuōzuǐbènsāi 拙嘴笨腮 F.E. clumsy-tongued; inarticulate

zhuōzuǐbènshé 拙嘴笨舌 F.E. clumsy-tongued; inarticulate

zhuōzuò 拙作 N. <*humb.*> my clumsy writing/work

zhūpái* 猪排[豬-] N. pork chop

zhúpái 竹排 N. bamboo raft M: 2*zhī*

zhùpáijī 铸排机[鑄-] N. typesetting/composing machine

zhùpǎo 助跑 N. <*sport*> run-up; approach

zhūpī 朱批 N. comments written in red (by the emperor)

zhūpí* 猪皮[豬-] N. pigskin; hogskin M: 1*zhāng*

zhúpī(r/zi) 竹劈(儿/子) N. split bamboo reeds (for making baskets/etc.)

zhúpiàn 竹片 N. bamboo strips/splinters/slivers M: 2*kuài*

zhǔpíngjù 主评句 N. <*lg.*> topic-command sentence

zhúpīr 竹批儿 N. bamboo strips (for making baskets/etc.)

zhūpī yùzhǐ 朱批谕旨 N. imperial decrees/mandates/instructions/etc. M: 2*dào*

zhūpó(r) 猪婆(儿)[豬-] N. <*wr.*> sow

zhǔpò* 煮破 R.V. be well boiled

zhūpólóng 猪婆龙[豬-] N. <zoo.> ① Chinese alligator ②giant sea turtle; giant tortoise M: 1tiáo/2zhī
zhǔ-pú 主仆[-僕] N. master and servant
zhūqī 朱漆 N. red paint/lacquer
zhúqì* 竹器 N. articles made of bamboo
zhǔqì 煮器 N. boiler (utensil)
zhùqǐ 筑起[築-] R.V. build; set up
1**zhúqiān(r)*** 竹签(儿) N. pointed slip of bamboo M: 2gēn
2**zhúqiān** 竹扦 N. bamboo spike M: 2gēn
zhùqián 铸钱[鑄錢] V.O. coin/mint money ♦N. coin M: 4méi
zhùqiáng 筑墙[築牆] V.O. build walls
zhūqiàochūxuè 诸窍出血[-竅--] F.E. bleed from the orifices of the head
zhūqìchuǎnbìng 猪气喘病[豬氣-] N. swine enzootic pneumonia
zhūqī dàmén 朱漆大门 N. vermilion gate
zhūqī mùxiāng 朱漆木箱 N. red-lacquered chest
zhúqīng 竹青 N. <Ch. med.> bamboo bark
zhūqīnhǎoyǒu 诸亲好友[-親--] F.E. friends and relatives
zhūqīnliùjuàn 诸亲六眷[-親--] F.E. relatives from the various branches of the family
zhūqiú 诛求 V. <wr.> extort; blackmail
zhūqiúcìxiù 珠球刺绣[-繡] N. bead work
zhūqiúwúyàn 诛求无厌[-厭] F.E. be insatiably avaricious; make endless exorbitant demands
zhūqiúwúyǐ 诛求无已 F.E. make endless exorbitant demands
zhūqīzhù 朱漆柱 N. vermilion column M: 2gēn
zhūquàn 株券 N. share certificate M: 1zhāng
zhǔquán* 主权[-權] N. sovereign rights; sovereignty
zhǔquán bǐlǜ 主权比率[-權--] N. <acct.> equity ratio
zhǔquánguó 主权国[-權國] P.W. sovereign state
zhǔquánzàiwǒ 主权在我[-權--] F.E. personally make the decisions
zhūquè 朱雀 N. ① <zoo.> rosefinch ② <art> Vermilion Bird (symbol of the South and of summer)
1**zhūr*** 猪儿[豬-] N. ① piglet ② pig M: 1tóu
2**zhūr** 珠儿 N. ① beads ② pearl-shaped object M: 1kē/3lì
zhǔr 主儿 N. <topo.> ① master; employer ② person of a specified type ③ husband ④ fiancé ⑤ owner
zhùrán 助燃 ATTR. <chem.> combustion-supporting
zhùránjì 助燃剂[-劑] N. flux
zhǔrén 主人 N. ① master ② host ③ owner M: 2wèi
zhǔrèn* 主任 N. director; head; chair M: 2wèi
1**zhùrén** 助人 V.O. help others
2**zhùrén** 住人 V.O. accommodate or put up people
3**zhùrén** 铸人[鑄-] V.O. educate and influence people
zhùrén dùguò nánguān 助人度过难关[-難關] V.P. help sb. over a difficulty
zhùrén fànzuì 助人犯罪 V.P. <law> abet
zhǔréngōng 主人公 N. ① leading character in a novel/etc.; protagonist ② <court.> address for one's master
zhǔrénjiā 主人家 N. host family
zhùrén wéi kuàilèzhīběn 助人为快乐之本[----樂--] F.E. Helping others is the source of happiness.
zhùrénwéilè 助人为乐[-樂] F.E. find pleasure in helping others
zhǔrèn wěiyuán 主任委员 N. head member of a committee M: 2wèi
zhǔrénwēng 主人翁 N. ① master ② leading character in a novel/etc.; protagonist ③ respectful term for a host
zhǔrènwu 主任务[-務] N. main/major task

zhù rénzhījí 助人之急 V.O. help a man in his want
zhúrì* 逐日 ADV. ① day by day; every day ② galloping very fast (of horses)
Zhǔrì 主日 N. <Catholicism> Lord's Day; Sunday
Zhǔrìxué 主日学 P.W. Sunday school
Zhǔrì xuéxiào 主日学校 P.W. Sunday school
zhúrìzhuīfēng 逐日追风 ID. move rapidly ahead
Zhùróng 祝融 N. God of Fire
zhùróngjì 助熔剂[-劑] N. flux
zhùróngwéinüè 祝融为虐 F.E. The God of Fire wrought great havoc.
zhùróngwéizāi 祝融为灾[-災] F.E. The house was burned down.
zhūròu* 猪肉[豬-] N. pork M: 2kuài
zhǔròu 煮肉 V.O. cook meat
zhūròubǐng 猪肉饼[豬-] N. pie with minced pork
zhūròupù 猪肉铺[豬-] P.W. small pork-butcher's shop M: 1jiā
1**zhūrú*** 诸如 V.P. such as; all are alike
2**zhūrú** 侏/朱儒 N. dwarf; midget; pygmy (lit./fig.)
3**zhūrú** 株檽 N. joist
zhúrú 竹茹 N. <Ch. med.> siliceous accretions formed under the skin of bamboo
zhùrù 注入 V. pour/empty into
zhūrúcǐlèi 诸如此类[-類] F.E. such like; and so on; and so forth
zhúruí 烛蕊[燭-] N. candle wick
zhǔrùkǒu 主入口 N. main entry door
zhùruòyìqiáng 助弱抑强[-強] F.E. fight for the weak against the strong
zhùrùshì 注入式 N. spoonfeeding/cramming method (of education)
zhùrùwù 注入物 N. infusion
zhūrúzhèng 侏儒症 N. <med.> dwarfism
zhùsài 柱塞 plunger
zhǔsǎn 煮散 N. decoction made from powder
zhǔsāng 主丧[-喪] V.O. officiate at a funeral
1**zhūsè** 朱色 N. red color
2**zhūsè** 诸色 ATTR. <wr.> various; all kinds
zhūsèrénděng 诸色人等 F.E. all kinds of people
1**zhūshā** 朱砂 N. cinnabar; mercury sulfide
2**zhūshā** 诛杀[-殺] V. kill
zhúshān 竹山 N. ① bamboo-forested mountain ② large piles of bamboo M: 4zuò
zhǔshàng 主上 N. Your Majesty; my lord
zhùshānzhǔhǎi 铸山煮海[鑄-] F.E. develop natural resources
zhūshāsè 朱砂色 N. vermilion
zhūshāzhì 朱砂痣 N. red mole
zhūshè 猪舍[豬-] P.W. pig/hog house M: 4zuò
zhùshè* 注射 V. <med.> inject
zhùshèjì 注射剂[-劑] N. injection fluid
zhǔshěn* 主审[-審] N. judge M: 2wèi
zhùshēn 柱身 N. <archi.> shaft
zhūshēng 诸生 N. <trad.> ① successful candidate in the lowest level of the civil-service examination ② all the students
zhúshēng 竹笙 N. bamboo fungus
zhúshèng 逐胜[-勝] V.O. pursue enemy troops in retreat
zhùshēng(r)* 住声(儿)[-聲-] V.O. stop talking/etc.
zhǔshěnguān 主审官[-審-] N. chief judge M: 2wèi
zhùshèqì 注射器 N. syringe
zhùshètǒng 注射筒 N. syringe
zhùshèzhēn 注射针 N. injection needle
zhūshí 猪食[豬-] N. pig feed; swill
1**zhūshì** 诸事 N. every matter/thing
2**zhūshì** 珠饰 N. decoration pearls or pearl-like accessories
3**zhūshì** 蛛螫 V.P. be bitten by a spider
zhúshī 逐湿[-濕] V. <Ch. med.> eliminate dampness
zhúshí 竹实[-實] N. bamboo seeds
zhúshì 逐势[-勢] V.O. seek power and influence
1**zhǔshí** 主食 N. staple/principal food

2**zhǔshí** 煮食 V. boil to eat
zhǔshǐ 主使 V. instigate; incite; abet ♦N. mastermind; ringleader
1**zhǔshì** 主事 V.O. take charge; manage
2**zhǔshì** 主试 N. chief examiner M: 2wèi
zhùshī 注失[註-] V.O. report the loss of documents/etc. to the authorities concerned
1**zhùshí** 柱石 N. pillar; mainstay
2**zhùshí** 蛀蚀 V. ① eat/bore through ② corrode
3**zhùshí** 蛀食 V. ① eat/bore through ② corrode
1**zhùshǐ** 驻使 N. ambassador
2**zhùshǐ** 柱史 <hist.> official rank similar to that of an imperial censor
1**zhùshì*** 注视 V. watch attentively; gaze at
2**zhùshì** 注释[註釋] V. annotate; explain with notes ♦N. explanatory note; annotation; gloss
3**zhùshì** 助势[-勢] V.O. encourage; cheer
4**zhùshì** 柱式 N. columnar type
5**zhùshì** 筑室[築-] V.O. build a house
zhùshìcí 注释词[註釋-] N. <lg.> gloss
zhùshì cíbiǎo 注释词表[註釋-] N. glossary M: 1zhāng
zhūshìdàjí 诸事大吉 F.E. everything is fine
zhùshìdàomóu 筑室道谋[築-] ID. ① lack knowhow and accomplish nothing ② Too much diversity in opinion is useless. ③ seek advice from know-nothings
zhùshì dúwù 注释读物[註釋讀-] N. annotated readings M: 1běn
zhùshìfǎngēng 筑室反耕[築-] ID. station troops permanently
zhūshígāng 猪食缸[豬-] N. (pig) trough
zhǔshìguān 主试官 N. <trad.> official in charge of a civil-service examination M: 2wèi
zhǔshí guǒpǐn 煮食果品 N. culinary fruit
zhūshìhuìshè 株式会社 P.W. <Jp.> enterprises; joint-stock corporation M: 1jiā
zhūshìpǐn 珠饰品 N. decoration pearls or pearl-like objects M: 2jiàn
zhǔshǐrén 主使人 N. leader (of a gang/etc.)
zhūshìrúyì 诸事如意 F.E. All goes as you wish.
zhǔshìtú 主视图[-圖] N. front view; elevation M: 1zhāng
zhūshìwèijí 诸事猬集[--蝟-] F.E. have too many things to attend to
zhùshìxìng yìwén 注释性译文[註釋-譯-] N. <lg.> gloss translation
zhǔshǐzhě 主使者 N. instigator; inciter
zhǔshìzhě* 主事者 N. <lg.> agent
zhùshízhòngchén 柱石重臣 F.E. a pillar of the state M: 2wèi
zhūshǒu 株守 V. ① take no action but hope sth. will turn up ② stick stubbornly to (a silly idea/etc.)
zhǔshóu 煮熟 R.V. boil/cook (meat/etc.) thoroughly *See also* zhǔshú
zhùshóu 住熟 V. get accustomed to where one lives
1**zhùshǒu*** 驻守 V. garrison; defend
2**zhùshǒu** 助手 N. assistant; aide M: 1míng
3**zhùshǒu** 住手 V.O. stay one's hand; stop
zhùshòu 祝寿[-壽] V.O. congratulate (an elderly person) on his/her birthday
zhúshū 竹书[-書] N. ① ancient bamboo books ② inscriptions on bamboo slips
zhúshǔ 竹鼠 N. bamboo rat M: 2zhī
zhǔshú 煮熟 R.V. cook thoroughly *See also* zhǔshóu
1**zhùshū*** 著书[-書] V.O. write a book
2**zhùshū** 注疏[註-] N. <wr.> ① commentaries and subcommentaries ② explanation; annotation
1**zhùshù** 著述 V. write; compile ♦N. written work; writings
2**zhùshù** 驻戍 V. <mil.> station
zhǔshuài 主帅[-帥] N. commander-in-chief M: 2wèi
zhùshùděngshēn 著述等身 F.E. be a prolific writer
zhǔ-shūdiànxiàn 主输电线[--電-] N. electric main; trunk transmission line M: 1tiáo

zhǔ-shǔ hécí* 主属合词[-屬--] N. <lg.> noun-noun compound
zhǔ-shù hécí 主述合词 N. <lg.> subject-predicate compound
zhúshuǐ 逐水 V.O. <Chi. med.> ① relieve edema ② eliminate the retention of fluid
zhǔshuǐ* 煮水 V.O. boil water
[1]**zhùshuǐ** 注水 N. water flooding
[2]**zhùshuǐ** 贮水[貯-] V.O. store water
zhú shuǐcǎo ér jū 逐水草而居 F.E. move from place to place in search of water and grass
zhùshuǐchí 贮水池[貯-] N. (water) reservoir; cistern
zhùshuǐ dòngtài 注水动态[-動態] N. flood dynamics
zhù shuǐní 注水泥 V.O. pour cement
zhùshuǐnígōng 注水泥工 N. mason
zhùshuǐqì 贮水器[貯-] N. water-storage container/etc.
zhùshuǐ zǔzhī 贮水组织[貯-織] N. <bot.> aqueous tissue
Zhúshū Jìnián 竹书纪年[-書--] N. Shang-Zhou chronicle found among bamboo books in the late 3rd cent. A.D.
zhǔshùjù 主数据[-數據] N. master record
zhùshūlìshuō 著书立说[-書--] F.E. ① become an author ② write scholarly works ③ establish one's theory ④ found a distinct school of thought
zhǔshūrù 主输入 N. primary input
zhǔ-shù yǔzǔ 主述语组 N. <lg.> subject-predicate phrase
zhūsī* 蛛丝[-絲] N. cobweb M: [2]gēn
zhūsǐ 诛死 V. kill
zhúsī 竹丝[-絲] N. bamboo splints
zhǔsī 主司 V. <Ch. med.> be responsible for
zhūsīmǎjì 蛛丝马迹[-絲-跡] ID. ① clues; traces ② subtle organization (of a composition/etc.)
zhùsòng 祝颂 V. express good wishes; congratulate and commend
zhǔsù 主诉 N. <law> ① chief complaint ② main suit
[1]**zhùsù*** 住宿 V. stay; put up; get accommodations
[2]**zhùsù** 注塑 V.O. mold plastics
zhūsuàn 珠算 N. reckoning by abacus
zhùsù dìfāng 住宿地方 P.W. overnight accommodation
zhúsuì 烛穗[燭-] N. snuff (of a candle)
zhǔsuíkèbiàn 主随客便[-隨--] F.E. A host respects his guest's wishes.
[1]**zhúsūn** 竹孙[-孫] N. bamboo growing out of a side root
[2]**zhúsūn** 竹荪[-蓀] N. a kind of edible fungus found in bamboo groves in Sichuan and Guizhou
zhúsǔn* 竹笋[-筍] N. bamboo shoots
zhúsǔnzuǒshàn 竹笋佐膳[-筍--] F.E. use bamboo shoots as appetizers
zhùsuǒ 住所 P.W. residence; domicile
zhùsùshēng 住宿生 N. boarder (at school); lodger
zhútà 竹榻 N. bamboo couch M: [1]zhāng
zhūtāi 珠胎 N. ① abnormal growth caused by a little grain of sand in an oyster ② human embryo in a woman's body
zhútāi 竹胎 N. bamboo shoot
zhútái* 烛台[燭臺] N. candlestick
zhǔtái 主台[-臺] P.W. master station
zhūtāi'ànjié 珠胎暗结 ID. be pregnant (as a result of a love affair)
zhǔtán 麈谈 V. <wr.> chat informally
zhùtán* 筑坛[築壇] V.O. build an altar
zhūtáng 猪塘[豬-] N. hog wallow
zhùtáng* 筑塘[築-] V.O. ponding
zhūtí 猪蹄[豬-] N. pig's feet/trotters M: [2]zhī
zhútī 竹梯 N. bamboo ladder M: [1]jià
zhǔtí* 主题 N. theme; subject; motif; leitmotif; gist; topic; proposition
zhǔtǐ 主体[-體] N. ① main body/part; principal part; center; head ② <phil.> subject; subjective (as against the objective)
zhù-tí 注提[註-] AB. zhùyīn shízì and tíqián dúxiě
[1]**zhútiáo** 逐条[-條] ADV. item-by-item; seriatim
[2]**zhútiáo** 竹条[-條] N. ① bamboo stem ② bamboo strip M: [2]gēn
zhùtiàobǎn 助跳板 N. springboard; diving board M: [2]kuài
zhútiáozhújù 逐条逐句[-條--] ADV. article by article and sentence by sentence
zhūtíbǎng 猪蹄膀[豬-] N. pig foot and lower leg
zhútíbāo 竹提包 N. bamboo handbag M: [2]zhī
zhǔtí biāozhì 主题标志[--標-] N. <lg.> topic marker
zhǔtí chéngfèn 主题成分 N. <lg.> topicalized constituent
zhǔtíchuàn 主题串 N. <lg.> topic chain
zhǔtí chǔlǐ 主题处理[--處-] N. treatment of the theme
zhǔtící 主题词 N. <lg.> theme-word
zhǔtící-biǎo 主题词表 N. thesaurus
zhǔtǐ cuòwù 主体错误[-體--] N. principle error
zhǔtǐ de shǔxìng 主体的属性[-體-屬-] N. <lg.> modifier of head
zhǔtǐ dìwèi 主体地位[-體--] N. dominant role
zhùtiě 铸铁[鑄鐵] N. ① iron casting ② cast iron
zhù tiělù 筑铁路[築鐵-] V.O. build a railway
zhǔtí fùcí 主题副词 N. <lg.> thematic adverb
zhǔtígē 主题歌 N. theme song M: [2]shǒu
zhǔtǐ gōngchéng 主体工程[-體--] N. main project
zhǔtíhuà 主题化 N. <lg.> topicalization
zhǔtí jìhao 主题记号[-號] N. <lg.> topic marker
zhǔtíjù 主题句 N. <lg.> proposition; topic sentence
Zhǔtí Lǐjiě Cèyàn 主题理解测验 N. Thematic Apperception Test (TAT)
zhǔtí míngxiǎnyǔ 主题明显语[---顯-] N. <lg.> topic-prominent languages
zhǔtí mùlù 主题目录[-錄] N. subject catalog
zhútíng 竹亭 N. bamboo pavilion M: [4]zuò
zhùtīngqì 助听器[-聽-] N. audiophone; hearing aid
zhùtīngqì yòng diànzǐguǎn 助听器用电子管[-聽--電--] N. transistor hearing aid
zhǔtíqián xiǎoyǐn 主题前小引 N. <lg.> presequences
zhǔtí qíyì 主题歧义[-義] N. <lg.> topical ambiguity
zhǔtí shǔxìng jiēcéng 主题属性阶层[--屬-階層] N. <lg.> hierarchy of topicality
zhǔtí shùyǔ 主题述语 N. <lg.> topic-comment
zhǔtí sīxiǎng 主题思想 N. theme; subject
zhǔtí suǒyǐn 主题索引 N. subject index
zhù tītián 筑梯田[築-] V.O. build terraces ♦N. terracing
zhǔtí tíshēng 主题提升 V.P. <lg.> topic raising; topic-raising topic
zhǔtí tíshēng dòngcí 主题提升动词[----動-] N. <lg.> raising predicate
zhǔtí tūchū yǔyán 主题突出语言 N. <lg.> topic-prominent language
zhǔtí xiānmíng 主题鲜明 V.P. <lg.> topic prominence
zhǔtíxìng 主题性 N. <lg.> topicality
zhǔtí yǎnjiǎng 主题演讲[-講] N. keynote speech
zhǔtí yìyì 主题意义[-義] N. <lg.> thematic meaning
zhǔtí yóulèyuán 主题游乐园[-樂園] P.W. theme park
zhǔtí zhǔdǎo yǔyán 主题主导语言[---導--] N. <lg.> topic-prominent language
zhǔtí zìjù 主题子句 N. <lg.> sentential topic
zhǔtízǔ bǐjiào 主题组比较 N. <lg.> topical comparison
zhútǒng(r/zi) 竹筒(儿/子) N. bamboo tube
zhútǒng dào dòuzi 竹筒倒豆子 ID. withhold nothing
zhǔtōnglù 主通路 N. main path/channel M: [1]tiáo
zhútǒngr 竹筒儿 N. ① bamboo tube ② an empty vessel ③ <topo.> unskilled/useless person
zhūtóu* 猪头[豬-] N. pig's head
zhǔtòu 煮透 R.V. boil/cook thoroughly
zhùtóu 柱头 N. ① <bot.> stigma ② <archi.> column cap/head ③ <topo.> post; pillar
zhútóumùxiè 竹头木屑 ID. things not of much value but of some use
zhùtóupūzuò 柱头铺作 V.P. <archi.> set on a column
zhūtóuròu 猪头肉[豬-] N. pig's-head meat
zhùtóuxiāng 炷头香 N. a kind of incense
zhùtǔ 筑土[築-] V.O. build an rammed earth structure
zhūtuǐ* 猪腿[豬-] N. leg of pork; ham
zhútuì 逐退 V. drive back; repulse
zhùtuī 助推 V. boost
zhùtuī huǒjiàn 助推火箭 N. booster rocket
zhùtuījí 助推级 N. (space) booster
zhùtún 驻屯 V.O. be stationed/quartered
zhùtúnjūn 驻屯军 P.W. stationed military force
zhǔtuō 嘱托[囑-] V. entrust
zhūtuōxié 珠拖鞋 N. pearl slippers M: [1]shuāng
zhútuōxié* 竹拖鞋 N. bamboo slippers M: [1]shuāng
zhútùxiāndé 逐兔先得 ID. The leader in the hunt gets the quarry.
zhùwài guānyuán 驻外官员 N. outposted officer
zhùwài jīgòu 驻外机构[-構] P.W. institutions quartered abroad
zhūwǎng* 蛛网[-網] N. spider web; cobweb
[1]**zhǔwàng** 瞩望[矚-] V. ① look forward to ② gaze fixedly at ③ center one's hope on
[2]**zhǔwàng** 属望[屬-] V. <wr.> ① center one's hopes on ② look forward to *See also* shǔwàng
zhùwàng 伫望[佇-] V. <wr.> look forward to
zhǔwàngyǐjiǔ 瞩望已久[矚-] F.E. have been eagerly looking forward to it for a long time
zhūwǎngzhuàng 蛛网状[-網狀] ATTR. spider-web-shaped; spidery
zhūwěi 猪尾[豬-] N. pig tail M: [1]tiáo
zhūwèi* 诸位 PR. Ladies and Gentlemen; Sirs; everyone ~ *nǚshì*, ~ *xiānsheng* Ladies and Gentlemen
zhúwéi 竹围[-圍] N. bamboo fence M: [2]dào
zhúwěi 竹苇[-葦] N. bamboo and reed
[1]**zhǔwěi** 主委 AB. *zhǔrèn wěiyuán*
[2]**zhǔwěi** 麈尾 N. duster M: [1]bǎ
zhǔwèi 主位 N. ① status of a sovereign ② seat of the host (at a table) ③ <lg.> subject; theme (topic); nominative case ♦ATTR. <lg.> nominative
zhùwēi 助威 V.O. boost the morale of; cheer (for)
zhùwéi 筑圩[築-] V.O. build dikes
zhūwěiba 猪尾巴[豬-] N. pig's tail M: [1]tiáo
zhǔwèi biāozhì 主位标志[--標-] N. <lg.> subject-marker
zhǔ-wèi-bīn yǔyán 主谓宾语言[--賓--] N. <lg.> SVO language
zhǔ-wèi cízǔ 主谓词组 N. <lg.> subject-predicate word group
zhūwéicuìrào 珠围翠绕[-圍-繞] ID. ① be gorgeously dressed and richly ornamented (of a woman) ② be surrounded by attending maids
zhǔ-wèi fùhécí 主谓复合词[--複--] N. <lg.> subject-predicate compound
zhǔ-wèi jiégòu 主谓结构[-構] N. <lg.> subject-predicate structure
zhúwèi jìsuàn 逐位计算 N. step-by-step computation
zhǔ-wèijù 主谓句 N. <lg.> subject-predicate sentence
zhǔ-wèishì héchéngcí 主谓式合成词 N. <lg.> subject-predicate compound word

Z

zhǔ-wèi wèiyǔ 主谓谓语 N. <lg.> predicate consisting of a subject-predicate construction

zhǔ-wèi wèiyǔjù 主谓谓语句 N. <lg.> sentence with a clause as predicate

zhūwēn 猪瘟[豬-] N. swine fever; hog cholera

[1]**zhūwén** 朱文 N. relief character seal

[2]**zhūwén** 珠纹 N. linear pattern on a pearl

[1]**zhǔwén** 属文[屬-] V.O. compose a piece of prose writing

[2]**zhǔwén** 主文 N. <law> main body of a court verdict

[1]**zhùwén*** 注文[註-] N. notes; annotation

[2]**zhùwén** 著文 N. written work

Zhùwén 祝文 N. congratulatory message

zhǔwénjiàn 主文件 N. master/main file

zhūwō* 猪窝[豬窩] P.W. pigsty

zhǔwǒ 主我 N. <phil.> the subjective "I"

zhùwǒzhāngmù 助我张目 F.E. Help cheer me on.

zhǔwù 主物 N. <law> main object of dispute

[1]**zhùwū*** 住屋 P.W. residential house/room

[2]**zhùwū** 祝巫 N. ① sb. who recites incantations ② shaman

[3]**zhùwū** 筑屋[築-] V.O. build a house

zhùwù 铸物[鑄-] V.O. cast sth. in a mold

zhùwū chǎnquán dàikuǎn 住屋产权贷款[--產權--] N. home-equity loan

zhùwúdìngsuǒ 住无定所 V.P. have no fixed residence

Zhū Xī 朱熹 (1130–1200) N. <hist.> chief expounder of Neo-Confucianism; also known as Zhū Zǐ or Master Zhu

zhúxí 竹席 N. bamboo mat M: [1]*zhāng*

zhǔxí* 主席 N. ① chair (of a meeting) ② chair/president (of an organization/state) M: [2]*wèi*

zhūXià 诸夏 N. various Chinese kingdoms

zhùxia* 住下 R.V. stop over; lodge

zhùxià 铸下[鑄-] R.V. cast in a mold

zhùxiàchìbái 注下赤白 N. dysentery

zhù xiàlai 住下来 R.V. reside or settle down in a place

zhǔxián 主嫌 N. chief suspect

zhǔxiàn* 主线 N. thread (of a novel/etc) M: [1]*tiáo*

zhùxián 住闲 V. ① be free; be at leisure ② stay at home idle; be unemployed

zhúxiāng(zi) 竹箱(子) N. bamboo suitcase

zhúxiàng* 逐项 ADV. item by item

zhǔxiàng 主项 N. ① major subject ② <math.> dominant term

zhùxiāng 炷香 V.O. burn incense ♦N. stick of incense

zhùxiàng 铸像[鑄-] V.O. erect a metal statue

zhǔxiàng xùnliàn 主项训练[-練] N. <sport> major-event training

zhùxiāo* 注销[註-] V. cancel; write off; nullify

zhùxiào 住校 V.O. board at school; live in a dormitory

zhù xiāohuà 助消化 V.O. aid digestion

zhùxiāo zhàiwù 注销债务[註-務] V.O. cancellation of indebtedness

zhùxiāo zhīpiào 注销支票[註-] V.O. canceled check M: [1]*zhāng*

zhù xiàqu 住下去 R.V. continue to live in a place

zhùxiàshǐ 柱下史 <hist.> official rank similar to that of an imperial censor

zhūxiě 猪血[豬-] *See zhūxuè*

zhúxīn(r)* 烛芯/心(儿)[燭-] N. candlewick

zhùxīn 注心 V.O. concentrate/focus the attention

zhùxīnchóng 蛀心虫[-蟲] N. borer M: [1]*tiáo*

zhǔxīng 主星 N. <astr.> primary (component)

[1]**zhǔxíng** 主刑 N. <law> principal penalty

[2]**zhǔxíng** 主型 N. <lg.> matrix

[3]**zhǔxíng** 主形 N. dominant shape

[1]**zhùxíng** 柱形 N. pillar/column shape

[2]**zhùxíng** 铸型[鑄-] N. casting mold

zhùxìng* 助兴[-興] V.O. liven things up

zhūxíng dòngwù 蛛形动物[--動-] N. arachnid

zhǔxīngǔ(r) 主心骨(儿) N. ① backbone; mainstay; pillar ② one's own definite view or judgment ③ rallying point; guiding spirit

zhūxíngwúcháng 诸行无常 F.E. <Budd.> All composite things are ephemeral.

zhǔxīngxù 主星序 N. <astr.> main sequence

zhūxíng zhàdàn 珠形炸弹 N. pellet bomb M: [1]*kē*

zhūxīnzhīlùn 诛心之论 N. ① penetrating criticism ② exposure of ulterior motives

zhǔxiōng 主凶 N. prime/chief culprit (in a murder case)

zhǔxítái 主席台[-臺] P.W. rostrum; platform

zhǔxìtǒng 主系统 N. main/controlling system

zhǔxítuán 主席团[-團] P.W. presidium

zhǔxiū 主修 V. ① major/specialize in a subject ② be responsible for repair of a device ♦N. <TW> major in a university

zhǔxiū kēmù 主修科目 N. major subjects

zhúxízi 竹席子 N. mat made of split bamboo M: [1]*zhāng*

zhùxù 贮蓄[貯-] V. save up; deposit; hoard ♦N. ① savings; deposit ② storage

zhūxuān* 朱轩 N. <trad.> carriage used by high officials

zhūxuǎn 株选[-選] N. selecting seed by plant characteristics

zhúxuán 逐旋 ADV. little-by-little; gradually

zhǔxuánlǜ 主旋律 N. <mus.> theme; subject

zhùxuǎnyuán 助选员[-選-] N. ① assistant in an election ② supporter of a candidate

zhūxuè* 猪血[豬-] N. ① pig blood ② coagulated pig blood used as food

Zhúxué 竺学 N. <Budd.> study of Buddhism

[1]**zhùxué** 助学 V.P. ① tutor ② give financial aid to students

[2]**zhùxué** 柱穴 N. post hole

zhùxuéjīn 助学金 N. stipend; grant-in-aid; financial aid (for study)

zhùxuèxīchóngbìng 住血吸虫病[---蟲-] N. <med.> schistosomiasis

zhūyá 珠芽 N. <bot.> bulbils

zhùyá* 蛀牙 N. decayed teeth; dental caries M: [1]*kē*

zhǔ yǎ, kè lái qín 主雅,客来勤 F.E. When the host is cultured, guests frequent his house.

[1]**zhūyán** 朱颜 N. ① beautiful face of a youth (of a woman) ② youthful color

[2]**zhūyán** 诸言 N. words/opinions from different people

zhǔyán 煮盐[-鹽] V.O. get salt by evaporation of seawater

zhǔyǎn* 主演 V. act the leading role (in a play/film) ♦N. lead actor (male/female)

[1]**zhùyán** 助研 N. assistant research-fellow

[2]**zhùyán** 驻颜 V.O. <wr.> preserve one's youthful looks/complexion

zhùyǎn 蛀眼 N. pinworm holes

zhūyánhèfà 朱颜鹤发[-髮] F.E. The hair is snow-white but the face is that of a young person.

zhùyánjīn 助研金 N. research assistantship

zhùyánwúshù 驻颜无术[-術] F.E. There is no recipe for eternal youth.

zhùyányǒushù 驻颜有术[-術] F.E. possess the secret of preserving youthful looks/complexion

[1]**zhǔyào*** 主要 ATTR. main; chief; principal; major; fundamental

[2]**zhǔyào** 主药[-藥] N. <Ch. med.> main drug

[3]**zhǔyào** 煮药[-藥] V.O. decoct medicinal herbs

zhùyào 助药[-藥] N. <Ch. med.> supporting drug

zhǔyàobù 主要簿 N. <acct.> main book M: [1]*běn*

zhǔyào chéngběn 主要成本 N. <acct.> first cost; prime cost

zhǔyào chéngfen 主要成分 N. <lg.> essential component

zhǔyào cílèi 主要词类[-類] N. <lg.> major word-class

zhǔyào de chàndòng 主要的颤动[-動] N. <lg.> fundamental frequency

zhǔyào dòngcí 主要动词[--動-] N. <lg.> main verb

zhǔyào gōngsī 主要公司 P.W. <acct.> dominant company M: [1]*jiā*

zhǔyào jiāodiǎn fāngshì 主要焦点方式[---點--] N. <lg.> major focus devices

zhǔyào jīběn yuányīn 主要基本元音 N. <lg.> primary cardinal vowel

zhǔyào lìlǜ 主要利率 N. prime rate

zhǔyào máodùn 主要矛盾 N. principal contradiction

zhǔyào máodùn fāngmiàn 主要矛盾方面 N. the principal aspect of a contradiction

zhǔyàoxìng 主要性 N. main/major character

zhǔyàoyīn 主要音 N. <lg.> fundamental

zhǔyàoyǔ 主要语 N. <lg.> headword

zhǔyào yuányīn 主要元音 N. <lg.> main/principal vowel

zhǔyàoyǔ cānshù 主要语参数[-參數] N. <lg.> head parameter

zhǔyào yǔyán 主要语言 N. <lg.> primary language

zhǔyàoyǔ zài qián 主要语在前 V.P. <lg.> head-first

zhǔyàoyǔ zài shǒu 主要语在首 V.P. <lg.> head-initial

zhǔyàoyǔ zài wěi 主要语在尾 V.P. <lg.> head-final

zhǔyàoyǔ zài zhōng 主要语在中 V.P. <lg.> head-medial

zhǔyào zhòngdú 主要重读[-讀] N. <lg.> primary/principal accent

zhǔyào zhòngyīn 主要重音 N. <lg.> main stress

zhǔyào zhǔtí 主要主题 N. <lg.> primary topic

zhūyāozi 猪腰子[豬-] N. pork kidney

zhǔyào zǐjù 主要子句 N. <lg.> matrix sentence; main clause/sentence

zhúyè 竹叶[-葉] N. bamboo leaf

[1]**zhǔyè*** 主页 N. <comp.> homepage; main page

[2]**zhǔyè** 主业[-業] N. main occupation

zhùyě 铸冶[鑄-] V. cast (of metal)

zhúyèmiáo 竹叶描[-葉-] N. <art> bamboo-leaf-shaped stroke (in painting)

zhúyèqīng 竹叶青[-葉-] N. ① <zoo.> green bamboo snake; a kind of venomous snake ② bamboo-leaf-green liqueur ③ pale green Shanxi wine and light yellow Shaoxing wine

[1]**zhūyī** 朱衣 N. <trad.> red robe worn by the emperor during summer M: [2]*jiàn*

[2]**zhūyī** 铢衣 N. extremely light-weight garment M: [2]*jiàn*

zhūyí 诛夷 V.O. launch a punitive campaign against barbarians

zhūyì 诛意 V.O. criticize sb.'s motive for doing sth.

zhúyī 逐一 ADV. one by one

zhúyǐ 竹椅 N. bamboo chair M: [1]*bǎ*

zhúyì 逐疫 V.O. ① exorcise evil spirits ② get rid of plague

zhǔyi 主意 N. ① idea; plan ② decision; definite view

zhǔyī 褚衣 N. padded clothes M: [2]*jiàn*

[1]**zhǔyì** 主义[-義] N. doctrine; -ism

[2]**zhǔyì** 属意[屬-] V.O. <wr.> fix on sb. (as one's choice)

[3]**zhǔyì** 主翼 N. main wing

[1]**zhùyì*** 注意 V./N. pay attention to; take note of *~ bié chūcuò.* Be careful not to make a mistake.

[2]**zhùyì** 助益 N./V. help; benefit

[3]**zhùyì** 注译[註譯] N. <lg.> footnote

zhùyì biāozhì 注意标志[--標-] N. cautionary mark

zhù yībìzhīlì 助一臂之力 F.E. lend sb. a helping hand

zhùyìdào 注意到 R.V. have noticed; have paid attention

zhūyīdiǎntóu 朱衣点头[--點-] ID. pass an examination

zhùyì guǎngdù 注意广度[--廣-] N. <psy.> attention span; range of attention

zhúyījiějué 逐一解决[-決] F.E. settle one by one; solve one after another

zhùyì jìhào 助忆记号[-憶-號] N. mnemonic symbols

zhùyìlì 注意力 N. attention

zhùyìlì chíjiǔxìng 注意力持久性 N. <lg.> attention span
zhùyìlì shíjù 注意力时距[---時-] N. <lg.> attention span
zhūyīn 朱殷 N. dark-red
¹zhǔyīn 主因 N. major cause; main reason
²zhǔyīn 主音 N. ① <mus.> keynote; tonic ② <lg.> vowel
zhùyīn* 注音[註-] <lg.> V.O. make a phonetic transcription ♦N. phonetic notation/symbol
zhùyìn 铸印[鑄-] V. strike (coins/etc.); coin money
zhùyīn fúhào 注音符号[註-號] N. phonetic symbols; notation
zhúyǐngcēncī 竹影参差[--參-] F.E. Bamboo branches cast dappled shadows.
zhǔyīnglì 主应力[-應-] N. primary/principal stress
zhùyīn Hànzì 注音汉字[註-漢-] N. Chinese phonetic symbols
zhùyīn shízì 注音识字[註-識-] V.P. transcribe phonetically for character recognition
zhùyīnzì 注音字[註-] N. <lg.> phonetic symbol
zhùyīn zìmǔ 注音字母[註-] N. ① phonetic alphabet/script ② National Phonetic Alphabet
zhùyì shìxiàng 注意事项 N. matters needing attention
zhūyīshǐzhě 朱衣使者 N. <trad.> examiner
zhùyǐyībì 助以一臂 F.E. give sb. a hand
zhǔyìyǐdìng 主意已定 F.E. One's mind is made up.
zhúyǐzi 竹椅子 N. bamboo chair M: ¹bǎ
zhūyóu* 猪油[豬-] N. lard
zhǔyǒu 主有 N. possessor
zhǔyòu 主祐 N. <rel.> blessed/protected by God
¹zhùyóu 注油 V. oiling; greasing ♦N. fuel-injection
²zhùyóu 贮油[貯-] V.O. store oil
³zhùyóu 祝由 A.T. witch-doctors treat diseases by prayer
zhùyǒu 著有 V.P. <wr.> author (of a book/etc.)
zhùyóucéng 贮油层[貯-層] N. oil-bearing layer
zhǔyōuchénrǔ 主忧臣辱[-憂--] F.E. When the ruler worries, the ministers feel insulted.
zhùyóukē 祝由科 N. treatment of illness with charms/talismans
zhùyóuqiāng 注油枪[-槍] N. grease gun; oil gun
zhúyōusuǒyǐn 烛幽索隐[燭-隱] ID. (be like) a candle lighting up the dark, leaving nothing hidden
¹zhūyú 茱萸 N. ① <Ch. med.> fruit of medicinal cornel ② dogwood
²zhūyú 朱愚 V.P. stupid; ignorant
¹zhūyù 珠玉 N. ① pearls and jades; jewelry; gems ② beautifully written verse/etc. ♦ID. elegant/stately in appearance
²zhūyù 朱谕 N. imperial decrees/mandates/instructions/etc. M: ²dào
zhúyū 逐淤 V.O. <Ch. med.> expel stagnation
zhúyú 竹舆 N. bamboo sedan chair M: ¹zhāng
zhúyù 竹芋 N. arrowroot
zhǔyǔ* 主语 N. <lg.> subject
zhūyuán 诸元 N. a set of data
zhúyuán 竹园[-園] P.W. bamboo plantation M: ⁴zuò
¹zhùyuàn* 住院 V.O. be hospitalized
²zhùyuàn 祝愿[-願] V. wish
zhūyuánbìméng 朱垣碧甍 F.E. red walls and green tiles
zhùyuàn bìngrén 住院病人 N. inpatient
zhùyuànbù 住院部 P.W. inpatient department
zhùyuànchù 住院处[-處] P.W. hospital admission office
zhùyuànfèi 住院费 N. hospitalization expenses
zhùyuàn shǒuxù 住院手续[-續] N. procedure for entering a hospital
zhùyuàn yīshēng 住院医生[--醫-] N. resident (physician) M: ²wèi
zhùyuàn yīshī 住院医师[-醫師] N. resident (in a hospital) M: ²wèi
zhǔyuányǒu'ěr 属垣有耳[屬-] F.E. ① walls have ears ② sb.is listening
zhūyuányùrùn 珠圆玉润 ID. excellent singing or polished writing
Zhū Yuánzhāng 朱元璋 (1328–1398) N. founder of the Ming dynasty
zhùyuàn zǒngyīshī 住院总医师[-總醫師] N. chief resident (in a hospital) M: ²wèi
zhǔyǔ bǔyǔ 主语补语[--補-] N. <lg.> subject complement
zhǔyǔ bǔzúyǔ 主语补足语[--補--] N. <lg.> subject complement
zhúyuè 逐月 ADV. month by month
zhǔyǔ hé wèiyǔ 主语和谓语 N. <lg.> subject and predicate
zhūyúhuì 茱萸会 P.W. <trad.> drinking party on the Double-Nine Festival
zhǔyǔ míngxiǎn 主语明显[--顯] V.P. <lg.> subject-prominent
zhǔyǔ míngxiǎnyǔ 主语明显语[---顯-] N. <lg.> subject-prominent languages
zhúyún 竹筠 N. bamboo
zhùyùn* 贮运[貯運] V. transport and store
zhūyúnáng 茱萸囊 N. <trad.> bag filled with dogwood in the Double-Nine Festival
zhǔyǔ qǔxiàng 主语取向 ATTR. <lg.> subject-oriented
zhǔyǔ qǔxiàng yǔyán 主语取向语言 N. <lg.> subject-oriented language
zhǔyǔ tūchū yǔyán 主语突出语言 N. <lg.> subject-prominent language
zhǔyǔyán shùjùkù 主语言数据库[---數據-] P.W. host-language database
zhǔyǔ zhǔdǎo yǔyán 主语主导语言[---導--] N. <lg.> subject-prominent language
zhǔyǔ zǐjù 主语子句 N. <lg.> sentential subject
zhūzǎi 猪崽[豬-] N. piglet
zhǔzǎi* 主宰 V. dominate; dictate; decide ♦N. ① man in charge; man with supreme powers ② sovereign ③ <rel.> god
zhùzàiguó 驻在国[-國] P.W. state to which an envoy is accredited
zhùzài qīxiàn 驻在期限 N. term of residence
zhùzào 铸造[鑄-] N. casting; founding ♦V. ① melt/cast (metal) ② mint (coins) ③ educate
zhùzàochū 铸造出[鑄-] R.V. make by casting in a mold
zhùzàogōng 铸造工[鑄-] N. foundry
zhùzhā 驻扎 V. be stationed/quartered
zhùzhái 住宅 P.W. residence; dwelling M: ⁴zuò
zhùzhái dàikuǎn 住宅贷款 N. housing loan
zhùzháilóu 住宅楼[-樓] P.W. residential building M: ⁴dòng
zhùzháiqū 住宅区[-區] P.W. residential district
zhùzhái shāngpǐnhuà 住宅商品化 N. housing commercialization ♦V. commercialize housing
zhùzhái wèntí 住宅问题 N. housing problem
zhǔzhàiwù 主债务[-務] N. <acct.> primary liabilities
zhùzhái xiǎoqū 住宅小区[-區] P.W. residential quarter
¹zhǔzhàn* 主战[-戰] V.O. advocate war ♦N. main battle
²zhǔzhàn 主站 P.W. <comp.> master station
zhùzhàn 助战[-戰] V.O. ① assist in a fight ② bolster sb.'s morale
zhǔzhànchǎng 主战场[-戰場] P.W. main battlefield
zhǔzhāng* 主张 V. advocate; stand for; maintain; hold ♦N. view; position; stand; proposition
zhǔzhàng 拄杖 V.O. lean on a cane
zhùzhǎng 助长 V. foment; encourage; abet
zhùzhǎng shēngshì 助长声势[-聲勢] V.O. help sb. appear influential
zhǔzhāngzhíyìzhě 主张直译者[---譯-] N. <lg.> literalist
zhǔzhànpài 主战派[-戰-] N. war advocates; hawks
zhūzhǎo* 猪爪[豬-] N. pig's trotter M: ²zhī
zhúzhào 烛照[燭-] V. <wr.> illuminate; light up
zhúzhào rénxīn 烛照人心[燭-] V.O. bring light to sb.'s life
zhūzhè 诸柘 N. sugarcane
zhǔzhe* 拄着[-著] V.P. rest on
zhǔzhě 主者 N. responsible person
¹zhùzhě 著者 N. author; writer
²zhùzhě 住者 N. resident
zhúzhēn 竹针 N. bamboo knitting needle
zhǔzhèn 主震 N. principal earthquake
zhùzhěn 住诊 V. stay to receive a diagnosis
¹zhùzhèn* 助阵 V.O. cheer; root for
²zhùzhèn 助赈 V.O. relieve by donation
zhǔzhèndì 主阵地 P.W. battle position
¹zhǔzhèng 主政 V.O. head the administration; lead a government ♦N. person in charge
²zhǔzhèng 主症 N. <Ch. med.> main pathological conditions
zhúzhēnglóng 竹蒸笼 N. bamboo steamer
zhúzhī 竹汁 N. bamboo juice
zhúzhǐ 竹纸 N. paper made from young bamboo M: ¹zhāng
zhǔzhǐ 主旨 N. purport; substance; gist
zhǔzhì 主治 V. treat an illness ♦N. ① specific remedy ② doctor in charge ③ indications
zhùzhǐ* 住址 P.W. address
zhúzhīcí 竹枝词 N. ① ancient folk love songs ② classical poems on local themes
zhǔzhì dàifu 主治大夫 N. doctor in charge
zhǔzhǐ fāyán 主旨发言[--發-] N. keynote speech
zhúzhì jiājù 竹制家具[-製--] N. bamboo furniture
zhúzhìpǐn 竹制品[-製-] N. bamboo articles
zhùzhǐxíng 铸纸型[鑄-] N. papier mâché
zhǔzhǐ yǎnshuō 主旨演说 N. keynote speech
zhǔzhì yīshēng 主治医生[--醫-] N. doctor in charge M: ²wèi
zhǔzhì yīshī 主治医师[-醫師] N. physician in charge of a case M: ²wèi
zhǔzhīzhǔyì 主知主义[-義] N. intellectualism
zhùzhōng 铸钟[鑄鐘] V.O. cast a bell
zhùzhòng* 注重 V. lay stress on; pay attention to
zhǔ-zhōngduānjī 主终端机 N. <comp.> master terminal M: ¹tái
zhǔzhòngyīn 主重音 N. <lg.> main/primary accent; main/primary/ principal stress
zhǔzhōu 煮粥 V.O. cook congee
zhǔzhóu* 主轴 N. <mach.> main shaft; spindle M: ²gēn
zhùzhóu 杼轴 N. <wr.> plot of a literary work
zhǔzhōufénxū 煮粥焚须[-鬚] ID. love for one's brother and sister
zhùzhóuqíkōng 杼轴其空 F.E. shallow without substance
zhùzhòuwéinüè 助纣为虐 F.E. be an accomplice in evil
zhūzhu* 蛛蛛 N. <coll.> spider M: ²zhī
zhūzhù 侏柱 N. short pillar in a roof truss
zhúzhú 烛烛[燭燭] ADV. brightly; brilliantly
zhǔzhù 主柱 N. principal post/ pillar M: ²gēn
zhùzhú 杼柚 N. looms
zhùzhuāng 助装[-裝] N. give money to a departing friend for traveling expenses
zhùzhuàng* 柱状[-狀] N. pillar-like shape
zhùzhuàng jiégòu 柱状结构[-狀-構] columnar section; geologic column
zhūzi 珠子 N. ① pearl ② bead M: ³lì/¹kē
¹zhūzǐ 诸子 N. <trad.> ① various schools of thinkers or their works in late Zhou ② official in charge of education and discipline
²zhūzǐ 朱紫 N. ① <trad.> high officers (in vermilion and purple costume) ② good and bad; right and wrong; etc.
Zhū Zǐ 朱子 N. the philosopher Zhū Xī
zhúzi* 竹子 N. bamboo M: ²gēn
zhúzì 逐字 ADV. word-for-word; verbatim
zhǔzi 主子 N. ① master; boss ② emperor
¹zhùzi 柱子 N. post; pillar M: ²gēn
²zhùzi 箸子 N. chopsticks M: ¹shuāng
¹zhùzì 铸字[鑄-] V.O. <print.> cast type

Z

[2]**zhùzì** 注字[註-] <lg.> V.O. cite ♦N. citation
zhūzībǎijiā 诸子百家 F.E. <hist.> various schools of thinkers or their works in late Zhou
zhúzì fānyì 逐字翻译[-譯] N./V.P. <lg.> metaphrase; word-by-word translation
zhùzì gōngchǎng 铸字工厂/场[鑄-廠/場] P.W. type foundry M: [4]*zuò*
zhùzì gōngrén 铸字工人[鑄-] N. type founder
zhùzìjī 铸字机[鑄-] N. typecasting machine M: [1]*tái*
zhúzì jìlù 逐字记录[-錄] V.P. verbatim record
zhǔzìliáojī 煮字疗饥[--療-] F.E. live on writing
zhúzìzhújù 逐字逐句 ADV. word for word and sentence for sentence
zhūzōng 猪鬃[豬-] N. hog bristles
zhūzōngcǎo 猪鬃草[豬-] N. <bot.> ① venus ② hair fern
zhúzǒu 逐走 R.V. drive/chase away; kick out
[1]**zhùzú** 驻足 V.O. halt; stop
[2]**zhùzú** 伫足[佇-] V.O. stop; pause (in walking)
zhùzú'érguān 驻足而观[-觀] F.E. stop to watch
zhùzuǐ 住嘴 V.O. <vulg.> stop talking; shut up
zhǔzuò 主座 N. ① seat of honor ② person occupying it
[1]**zhùzuò*** 著作 V. write ♦N. work; book; writings
[2]**zhùzuò** 柱座 N. <archi.> column base; plinth
zhùzuòděngshēn 著作等身 F.E. be a prolific writer
zhùzuòjiā 著作家 N. author; writer M: [2]*wèi*
zhùzuòláng 著作郎 N. <trad.> official in charge of compiling national history M: [2]*wèi*
zhùzuòquán 著作权[-權] N. copyright (of the author)
zhùzuòquán sùsòng 著作权诉讼[--權--] N. copyright lawsuit
zhùzuòrén 著作人 N. author; writer M: [2]*wèi*
zhùzuòwù 著作物 N. writings; literary works M: [1]*běn*
zhùzuòzhě 著作者 N. writer; author M: [2]*wèi*
zi 子 SUF. ① plain noun suffix *zhuō~* table ② nominalizing suffix *jiǎn~* scissors *See also* [1]*zǐ*
[1]**zī** 资[資] B.F. ① money; expenses *tóuzī, qiànzī* ② endowment; natural ability [1]*tiānzī* ③ qualifications; record of service [1]*zīlì* ④ capital *zīběn* ⑤ subsidize; support *zīzhù* ♦V. provide; supply
[2]**zī** 姿 B.F. ① looks; appearance *zīróng* ② gesture; carriage; posture [1]*zīshì*
[3]**zī** 吱 ON. ① squeal (of mice) ② chirp; peep (of birds) *See also* [8]*zhī*
[4]**zī** 滋 V. ① sprout ② <topo.> spurt; burst ♦B.F. ① grow; multiply [2]*zīshēng* ② add; increase [1]*zīyì* ③ taste; flavor *zīwèi* ④ <slang> ⓐ live comfortably ⓑ ejaculate (prematurely)
[5]**zī** 兹[茲] <wr.> PR. this ♦ADV. now; at present ♦B.F. year *jīnzī See also* [9]*cí*
[6]**zī** 龇/呲[齜/-] V. bare; show (the teeth) *See also* [1]*cī*
[7]**zī** 鲻[鯔] N. mullet
[8]**zī** 咨/谘[-/諮] B.F. consult *zīxún, jīzī*
[9]**zī** 孳 B.F. multiply; propagate [1]*zīshēng, zīrǔ, lìzī*
[10]**zī** 髭 B.F. moustache *zīxū, húzibāzī*
[11]**zī** 缁[緇] B.F. ① black *zīyī* ② a monk *zīsù*
[12]**zī** 菑 B.F. <trad.> ① newly plowed fields ② eradicate weeds [2]*zīyú*
[13]**zī** 赀[貲] B.F. ① calculate *bùzī* ② money; wealth (same as =[1]zī=) [2]*zīcái*
[14]**zī** 辎[輜] B.F. <trad.> a kind of carriage *zīzhòng, gōngzībīng*
[15]**zī** 锱[錙] B.F. <trad.> ① unit of weight, one-fourth *liǎng* ② sth. very small *zījiè, zīzhūjījiào*
[16]**zī** 粢/齐[-/齊] B.F. sacrificial grain *zīchéng See also* [3]*qí*, [3]*zhāi*, [17]*zī*
[17]**zī** 齐[齊] in *zīcuī See also* [3]*qí*, [3]*zhāi*, [16]*zī*
[18]**zī** 仔 in [1]*zījiān See also* [4]*zǎi*, [4]*zǐ*
[19]**zī** 孜 in *xìzīzī, zīzībùjuàn*
[20]**zī** 嵫 in *Yānzī*
[21]**zī** 越 in *zījū, zījūbùqián*
[22]**zī** 镃[鎡] in *zījī*
[23]**zī** 赍[齎] in *zīdàoliáng See also* [29]*jī*
Zī 淄 B.F. river in Shandong *Zībó*
[1]**zǐ** 子 N. ① <hist.> master (title of respect) ② viscount ③ first of the 12 Earthly Branches ♦B.F. ① son; child; offspring [1]*fùzǐ, zǐnǚ* ② person *nánzǐ, nǚzǐ* ③ seed *zǐr* ④ <topo.> egg *jīzǐr* ⑤ copper coin; copper ⑥ cartridge *zǐdàn* ⑦ female dragonfly ⑧ sth. small and hard *qízǐ* ⑨ pellet ⑩ constituent ⑪ young; tender; small ♦M. *for bundles/hanks/etc.* ♦PR. <wr.> you *See also zi*
[2]**zǐ** 紫 S.V. purple; violet
[3]**zǐ(r)** 籽(儿)[-(兒)] B.F. seed (of certain plants) *càizǐ*
[4]**zǐ** 仔 B.F. ① the young, esp. of domesticated animals *zǐjī*, [1]*zǐzhū* ② fine; detailed [1]*zǐxì See also* [4]*zǎi*, [18]*zī*
[5]**zǐ** 姊 B.F. elder sister *zǐ-mèi*, [1]*dàzǐ*
[6]**zǐ** 梓 B.F. ① Ch. catalpa [2]*zǐshù* ② carpenter *zǐjiàng* ③ one's home place *zǐlǐ, sāngzǐzhīqíng* ④ woodblocks prepared for printing [2]*fùzǐ*
[7]**zǐ** 滓 B.F. ① sediment; dregs; residue *zhāzǐ, bìzǐ* ② dirty *zǐhuì*
[8]**zǐ** 訾 B.F. speak ill of sb. *zǐyì, dǐzǐ*
[9]**zǐ** 笫 B.F. woven bamboo mat *chuángzǐ*
[1]**zì*** 字 N. ① character; script; writing; graph; style ② word ③ courtesy name ♦B.F. receipt; contract [2]*zìjù* ♦V. <trad.> be betrothed (of a girl)
[2]**zì** 自 PR. self; oneself; one's own ♦ADV. ① personally ② certainly; of course ♦COV. from; since
[3]**zì** 恣 B.F. ① <coll.> happy; satisfied; comfortable [1]*zìyì* ② throw off restraint; do as one pleases; indulge oneself *zìsì*
[4]**zì** 渍[漬] V. ① steep; soak ② be soiled (with grease/etc.) ♦B.F. ① floodwater on low-lying land ② <topo.> stain ③ sludge
[5]**zì** 眦[眥] B.F. corners of the eye; where the upper and lower eyelids come together; the eye [2]*zìmù, yázì, mùzìyùliè*
zì'ài 自爱[-愛] V. have regard for oneself ♦N. self-respect
zì'àizìzhòng 自爱自重[-愛--] F.E. self-esteem and self-discipline
zǐ'àn 紫黯 N. dark purple; purple black
zì'ào 自傲 S.V. ① be arrogant/self-conceited ② be proud of sth.
zìbá 自拔 V. free oneself (from obsession/evildoing)
zìbáguīlái 自拔归来[--歸-] F.E. break away from the enemy to join our ranks
zìbái 自白 N./V. ① confess ② explain oneself
zìbáishū 自白书[--書] N. ①affidavit ②confession M: [1]*piān*
zǐbān* 紫斑 N. bruise spot/mark
zìbǎn 字版 N. letter
zìbàn bǎoxiǎn 自办保险[-辦--] N. self-insurance
zìbǎo 自保 N. self-insurance
zìbàogōngyì 自报公议[-報-議] F.E. self-assessment and public discussion of one's record
zìbàozìqì 自暴自弃[---棄] F.E. give oneself up as hopeless; abandon oneself to a dissipated life; have no ambition at all
zìbēi* 自卑 S.V. feel oneself inferior; have low self-esteem
zìbèi 自备[-備] V. provide for oneself
zìbēigǎn 自卑感 N. inferiority complex; sense of inferiority
zìbèi wàihuì 自备外汇[-備-匯] N. self-provided foreign exchange
zìbēi xīnlǐ 自卑心理 N. inferiority complex
zìbēizìjiàn 自卑自贱[---賤] F.E. slight and despise oneself
zīběn* 资本 N. <econ.> ① capital ② sth. capitalized on
zǐběn 子本 N. principal and interest
zīběncái 资本财 N. capital wealth
zīběn chōngzú lǜ 资本充足率 N. <econ.> capital adequacy ratio
zīběn dìguózhǔyì 资本帝国主义[---國-義] N. capitalist imperialism
zīběn'é 资本额 N. amount of capital
zīběnhuà 资本化 V./N. capitalize
zīběn huòwù 资本货物 N. capital goods
zīběnjiā 资本家 N. capitalist
zīběn jiējí 资本阶级[--階-] N. capitalist class
zīběn jùjí 资本聚集 N./V.P. capital accumulation
Zīběnlùn 资本论 N. *Das Kapital*
zīběn mìjí 资本密集 N./V.P. capital-intensive
zīběn mìjí gōngyè 资本密集工业[-業] P.W. capital-intensive industry
zīběn shìchǎng 资本市场[-場] P.W. capital market
zīběn wàitáo 资本外逃 V.P. capital flight
zīběn xiàngmù 资本项目 N. capital account
zīběn xíngchéng zǒng'é 资本形成总额[----總-] N. total investment
zīběnzhàng 资本帐 N. capital account
zīběnzhǔyì 资本主义[-義] N. capitalism
zīběnzhǔyì suǒyǒuzhì 资本主义所有制[---義---] N. system of capitalist ownership
zīběnzhǔyì wěiba 资本主义尾巴[---義--] N. <pol.> tails/remnants of capitalism
zīběnzhǔyì zhìdù 资本主义制度[---義--] N. capitalist system
zīběnzhǔyì zìfā shìlì 资本主义自发势力[---義-發勢-] N. <PRC> tendency toward spontaneous capitalism
zīběnzhǔyì zǒngwēijī 资本主义总危机[---義總--] N. general crisis of capitalism
zìběnzìlì 自本自力 F.E. do sth. alone; depend on one's own resources and ability
[1]**zìbì** 自毙[-斃] V. destroy oneself ♦N. self-destruction
[2]**zìbì** 自必 ADV. naturally; unavoidably; surely
zìbiàn 自便 V. do at your convenience; do as you please
zìbiān chéngxù jìsuànjī 自编程序计算机 N. self-programming computer M: [1]*tái*
zìbiānjiè 字边界[-邊-] N. word boundary
zìbiànliàng 自变量[-變-] N. <math.> independent variable
zìbiànshù 自变数[-變數] N. <math.> independent variable
zìbiǎo 字表 N. character/word table
zǐbiǎoshì 子表示 N. subrepresentation
zǐbiāotí 子标题[-標-] N. subtitle
zībǐng* 资禀[-稟] N. inborn/innate/natural gift
zǐbǐng 籽饼 N. seedcake
zǐbìng 訾病 V.O. find fault with
zìbìng 渍病 V.O. get infected; catch a disease; fall ill
zìbìxìng 自闭性 N. withdrawn and unsociable in character/personality
zìbìzhèng 自闭症 N. autism
Zībó* 淄博 P.W. Zibo (city in Shandong)
zǐbō 子波 N. wavelet
zìbō 自播 N. natural seeding
zībǔ* 滋补[-補] ATTR./V. nourishing; nutritious
zǐbù 子部 N. *See zǐshū*
zìbùbìshuō 自不必说 F.E. It goes without saying.
zìbùdàiyán 自不待言 F.E. It goes without saying; be self-evident.
zībùdǐzhài 资不抵债 F.E. be unable to pay one's debt with all one's assets
zǐbùfen 子部分 N. subdivision
zìbùliànglì 自不量力 F.E. overrate oneself
zǐbùliū 紫不溜 V.P. <coll.> deep purple; scarlet purple
zībǔpǐn 滋补品[-補-] N. tonic
zībǔ qì-xuèyào 滋补气血药[-補氣-藥] N. <Ch. med.> tonics for increasing vital energy and nourishing the blood
zībǔ shípǐn 滋补食品[-補--] N. nourishing food; nourishment
zībǔ yàopǐn 滋补药品[-補藥-] N. tonic
[1]**zīcái*** 资材 N. materials and equipment
[2]**zīcái** 资/赀财 N. ① capital and materials ② assets
zǐcài 紫菜 N. <bot.> laver
zìcái 自裁 V. <wr.> commit suicide; take one's own life

zìcán 自惭 V.P. feel ashamed
zìcánjiǔzhuō 自惭鸠拙 F.E. feel ashamed of one's lack of creative talent
zìcánxínghuì 自惭形秽[-穢] F.E. feel inferior/inadequate
zìcánxíngjì 自惭形迹[-跡] F.E. feel shamed at what one has done
zǐcǎo 紫草 N. <bot.> Asian puccoon; Chinese gromwell
zǐcǎoróng 紫草茸 N. shellac; lac
[1]**zìcè** 自测 V. self-examine
[2]**zìcè** 字册[-冊] N. album of calligraphy
zǐcèyàn 子测验 N. subtest
zīchá 兹查[茲-] F.E. it has been found that. . .(documentary usage)
zìchā 自差 N. <elec.> autodyne
zìchá* 自察/查 V. make a self-examination
zīchǎn 资产[-產] N. ① property ② capital ③ <econ.> assets
zīchǎn fùzhàibiǎo 资产负债表[-產---] N. <econ.> statement of assets and liabilities; balance sheet M: [1]*zhāng*
zìcháng 字长 N. <comp.> word length/size
zīchǎn guǎnlǐ fúwù 资产管理服务[-產--務] N. asset-management services
zīchǎn guǎnlǐ gōngsī 资产管理公司[-產----] P.W. asset-management company
zīchǎn jiējí 资产阶级[-產階-] N. <pol.> capitalist class; bourgeoisie; propertied class
zīchǎn jiējí fǎndòng lùxiàn 资产阶级反动路线[-產階--動--] N. <PRC> bourgeois reactionary line
zīchǎn jiējí fǎquán 资产阶级法权[-產階--權] N. <PRC> bourgeois right/prerogative
zīchǎn jiējí fènzǐ 资产阶级分子[-產階---] N. bourgeoisie
zīchǎn jiējí gémìng 资产阶级革命[-產階---] N. bourgeois revolution
zīchǎn jiējíhuà 资产阶级化[-產階--] N. become bourgeoisified
zīchǎn jiējí quánlì 资产阶级权利[-產階-權-] N. <PRC> bourgeois right/prerogative
zīchǎn jiējí sīlìngbù 资产阶级司令部[-產階----] P.W. <Cult.Rev.> bourgeois headquarters
zīchǎn jiējí yòupài 资产阶级右派[-產階---] N. <PRC> bourgeois rightists
zīchǎn jiējí zhuānzhèng 资产阶级专政[-產階-專-] N. bourgeois dictatorship
zīchǎn jiējí zìyóuhuà 资产阶级自由化[-產階----] N. bourgeois liberalization/liberalism
zìchǎnzìxiāo 自产自销[-產--] F.E. produce and market all by oneself
zǐcháo 子潮 N. high tide at midnight
zìcháo* 自嘲 V. mock oneself; laugh at oneself
zìchǎo 自炒 <coll.> V. boast; blow one's own horn
zīchē 辎车 N. ① covered wagon ② baggage cart M: [3]*liàng*
zīchén 缁尘[-塵] N. <wr.> ① dust and dirt ② confusion of the world
[1]**zìchén*** 自陈 V. state personally
[2]**zìchén** 自沉 V. <wr.> drown oneself
zīchéng 粢/齐盛[齊-] N. millet placed in a sacrificial vessel
zǐchéng 子城 P.W. ① small city within a larger one ② extension of the old city ③ semicircular bastion guarding the gate of a walled town
zìchēng* 自称[-稱] V. ①call oneself ②profess *Tā ~ bù zhīqíng.* He professes ignorance. ③ extol oneself ♦N. term of self-address
[1]**zìchéng** 自乘 V. multiply a number by itself
[2]**zìchéng** 自承 N. self-acceptance
[3]**zìchéng** 自成 B.F. ① form/create by/for oneself ② autonomous ③ autogenetic
zǐchéngjī 子乘积[-積] N. subproduct
zìchēngnèiháng 自称内行[-稱--] F.E. declare oneself an expert; claim to be an old hand
zìchéngqǐqì 自成起讫 F.E. be independent
zìchéng shítǐ 自成实体[-實體] V.O./N. autonomous body
zìchéng shuǐxì 自成水系 N. autogenetic drainage
zìchéng tǐxì 自成体系[--體-] V.O. create a system of one's own ♦ATTR. systematic
zìchēngwéidì 自称为帝[-稱--] F.E. proclaim oneself emperor
zǐchéngxù 子程序 N. subprogram; subroutine
zìchéng yī jiā 自成一家 V.P. <art> found one's own school
zìchéng yī tǐ 自成一体[-體] V.P. have a style of one's own
zìchí 自持 V. ① exercise self-restraint ② be reserved; be self-possessed ③ keep oneself arrogantly aloof
zìchóu 自筹[-籌] V. raise (funds/etc.) independently
zǐchǒuyínmǎo 子丑寅卯 F.E. underlying reasons
zìchóu zījīn 自筹资金[-籌--] N. funds raised/collected by oneself
zīchǔ 资储 N. reserve; savings
zǐchù* 子/仔畜 N. young newborn animal
zìchǔ 自处[-處] V. ① find one's own position/situation/predicament; find where to place oneself ② handle oneself ③ live alone
zìchuàn 字串 N. string of characters
zìchuàng 自创[-創] V. invent by oneself
zìchuī 自吹 V. blow one's own horn
zìchuī fǎluó 自吹法螺 V.O. blow one's own trumpet
zìchuīzìkuā 自吹自夸[-誇] F.E. blow one's own horn
zìchuīzìléi 自吹自擂 F.E. blow one's own horn
zìchūjīzhù 自出机杼 F.E. produce original writing
zìchǔlǐ chéngxù 字处理程序[-處---] N. word processor
zǐchǔlǐjī 子处理机[-處--] N. subprocessor
zìchūxīncái 自出心裁 F.E. think up sth.new
zìcí* 字词 N. word
zìcǐ 自此 ADV. from then on; henceforth
zìcíshì fǎnyǔ 字词式反语 N. <lg.> verbal irony
zìcí yìyì 字词意义[-義] N. word meaning
zìcóng 自从[-從] CONJ. since
zīcuī 齐衰[齊-] N. <trad.> dress worn for the second degree of mourning M: [2]*jiàn*
zǐcuìyù 紫翠玉 N. alexandrite
zìcǔn 自忖 V. <wr.> speculate; ponder
zìdǎ 自打 CONJ. <coll.> (ever) since *See also zìdǎ ěrguāng*
zìdà* 自大 S.V. self-important; arrogant; conceited
zìdádárén 自达达人[-達達-] F.E. One must be enlightened oneself before one can enlighten others.
zìdǎ ěrguāng 自打耳光 V.O. contradict oneself
zīdài 缁带[-帶] N. <wr.> black belt
zǐdài* 子代 N. <phys.> filial generation
zìdàimǎ 字代码 N. word code
zìdàkuáng 自大狂 N. megalomania
zǐdàn 子弹 N. bullet; cartridge M: [1]*kē/fā*
zǐdàndài 子弹带[-帶] N. cartridge belt; bandoleer M: [1]*tiáo*
zìdāng 自当[-當] ADV. ① of course ② naturally should
zǐdànké(r) 子弹壳(儿)[--殼-] N. bullet shell
zǐdàntóu(r) 子弹头(儿) N. bullet
zǐdànxiāng 子弹箱 N. cartridge box
zǐdào 子道 N. filial duties
zìdǎo* 自导[-導] ATTR. auto-guided; homing
zìdǎo fǎwǎng 自蹈法网[-網] V.O. run afoul of the law; violate the law intentionally
zīdàoliáng 赍/资盗粮[齎盜糧] ID. become the unwitting tool of the enemy
zìdǎ zuǐba 自打嘴巴 V.O. contradict oneself
zìdé 自得 V.P. ① contented; self-satisfied ② conceited; complacent
zì de dānwèi 字的单位 N. <lg.> word-sized unit
zì de hěn 恣得很 V.P. very comfortable
zìdéqílè 自得其乐[-樂] F.E. ① be content with one's lot ② find enjoyment in sth.
zì de qǐshǒu 字的起首 N. <lg.> beginning of a word
zì de yǔyán 字的语言 N. <lg.> written language
zīdí 资敌[-敵] V.O. aid/support the enemy
zǐdī 子堤 N. a small dike added on top of the original dike in times of flood M: [1]*tiáo*
zǐdì* 子弟 N. ① sons and younger brothers ② juniors ③ children ④ young dependents; children ⑤ apprentices ⑥ brothel patrons
zǐdiàn 紫癜 N. <med.> purpura
zìdiǎn* 字典 N. character dictionary; thesaurus; lexicon M: [1]*běn*
zìdiǎnshì mùlù 字典式目录[-錄] N. dictionary catalogue
zìdiǎnzhǐ 字典纸 N. thin "Bible paper"; India paper M: [1]*zhāng*
zǐdiāo* 紫貂 N. <zoo.> sable M: [2]*zhī*
zìdiào 字调 N. <lg.> tones of Chinese characters
zǐdìbīng 子弟兵 P.W. army made up of sons of the people; our own army
zīdìng 兹定[茲-] F.E. it is hereby decided that. . .
zǐdīnghuā 紫丁花 N. lilac flower
zìdìngjièfú 字定界符 N. word delimiter
zǐdīngxiāng(huā) 紫丁香(花) N. (early) lilac
zìdǐngzhìzhǒng 自顶至踵 F.E. from head to foot
zǐdìshū 子弟书[-書] N. Qing songs sung by groups of singers to the accompaniment of a drum
zìdǐxiàngshàng 自底向上 F.E. bottom-up
zìdìzìjiàn 自地自建 F.E. ① build on one's own property ② rely on oneself
zīdízuì 资敌罪[-敵-] N. <PRC> crime of abetting the enemy
zìdòng 自动[-動] ADV. voluntarily; of one's own accord ♦ATTR. ① automatic ② spontaneous
zìdòng bāngmáng 自动帮忙[-動幫-] V.P. make a spontaneous offer of help
zìdòng biānmǎ 自动编码[-動--] N. <comp.> autocode
zìdòng biāoyǐn 自动标引[-動標-] N./V.P. automatic indexing
zìdòng bùqiāng 自动步枪[-動-槍] N. automatic rifle M: [4]*zhī*
zìdòngchē 自动车[-動-] N. automotive vehicles M: [3]*liàng*
zìdòngcí 自动词[-動-] N. <lg.> intransitive verb
zìdòng dàopiàn 自动倒片[-動--] N. automatic rewind
zìdòng diǎnchàngjī 自动点唱机[-動點--] N. jukebox
zìdòng diànhuà 自动电话[-動電-] N. dial/automatic telephone M: [2]*bù*
zìdòng diàntī 自动电梯[-動電-] N. escalator M: [2]*bù*
zìdòng dìngshíqì 自动定时器[-動-時-] N. automatic timer
zìdòng fāguāng 自动发光[-動發-] N. <photo.> autogenous glow
zìdòng fànmàijī 自动贩卖机[-動-賣-] N. vending machine
zìdòng fānyì 自动翻译[-動-譯] N. automatic translation
zìdòng fēncí 自动分词[-動--] N. <lg.> automatic word segmentation
zìdòng fútī 自动扶梯[-動--] N. escalator
zìdòng guìyuánjī 自动柜员机[-動櫃--] N. automated-teller machine (ATM) M: [1]*tái*
zìdònghuà 自动化[-動-] N. automation; robotization
zìdònghuà chéngshì yǔyán 自动化程式语言[-動-----] N. <comp.> automatic programming language
zìdònghuà zīliào chǔlǐ 自动化资料处理[-動---處-] N. <comp.> automatic data processing (ADP)
zìdòngjī 自动机[-動-] N. robot; automat; automaton

Z

zìdòng jiǎnxìnjī 自动拣信机[-動揀--] N. computerized mail sorter
zìdòng jiǎnyànmǎ 自动检验码[-動---] N. <comp.> self-checking code
zìdòng jiāodài 自动交待[-動--] V.P. confess of one's own accord
zìdòng jiā suǒyǐn 自动加索引[-動---] N. <lg.> automatic indexing
zìdòng jìhàojī 自动记号机[-動-號-] N. automatic marking machine
zìdòng jìlùqì 自动记录器[-動-錄-] N. automatic numbering machine
zìdòng kòngzhì 自动控制[-動--] N. automatic control
zìdòng miǎnyì 自动免疫[-動--] N. <med.> active immunity
zìdòng miǎnyìfǎ 自动免疫法[-動---] N. active immunization
zìdòng pínghéng fēnlèizhàng 自动平衡分类帐[-動---類-] N. self-balancing ledger
zìdòng qiānbǐ 自动铅笔[-動-筆] N. mechanical pencil M: [4]zhī
zìdòngqiāng 自动枪[-動槍] N. automatic gun M: [4]zhī
zìdòng qiēfēn 自动切分[-動--] N./V.P. <lg.> automatic segmentation
zìdòng shòuhuòjī 自动售货机[-動---] N. vending machine
zìdòng tuījìnpào 自动推进炮[-動-進-] N. self-propelled artillery
zìdòng wénjiàn fēnlèi 自动文件分类[-動---類] N. <lg.> automatic document classification
zìdòngxìng 自动性[-動-] N. ① automatism ② automaticity
zìdòng zàirùqì 自动载入器[-動---] N. <comp.> automatic loader
zìdòngzìfā 自动自发[-動-發] F.E. ① work automatically ② on one's own initiative
zīdù 淄蠹 ID. be worn out
zìdú* 自渎[-瀆] V. <wr.> masturbate
zìduàn 字段 N. <lg.> field
zìduàn hòulù 自断后路[-斷後-] V.O. cut off one's own route of retreat
zìduànlì 自断力[-斷-] N. self-assertion
zìduìzì fānyì 字对字翻译[-對--譯] N. word-for-word translation
zīduō* 滋多 V.P. increase; multiply
zìduō 自多 N. be self-satisfied/conceited
zìdùqǔ 自度曲 N. ① self-composed musical piece ② musical composition which does not follow the old rules/scores
zìfā* 自发[-發] V./ADV. ① be spontaneous ② take the initiative
zìfá 自伐 V. ① punish oneself ② be conceited
zìfā bàgōng 自发罢工[-發罷-] N./V.P. wildcat/outlaw strike
zìfāhù 自发户[-發-] N. self-made households
zìfǎn 自反 V. examine oneself; introspect
zìfànchóu 子范畴[-範疇] N. subcategory
zīfāng* 资方 N. (those representing) capital
zīfǎng 咨访 V. <wr.> seek the opinion of; consult; ask for advice
zǐfáng 子房 N. <bio.> ovary
zīfāng rényuán 资方人员 N. capitalists and their representatives
zìfāxìng 自发性[-發-] N. spontaneity
zìfǎxué 字法学 N. graphology
zīfèi 资费 N. expenses
zìféi 自肥 V. feather one's own nest
zìfèi* 自费 V. be at one's own expense; pay one's own expenses
zìfèi chūbǎn 自费出版 V.P. vanity publication ♦V. have one's works/books published at one's own expense
zìfèi liúxuéshēng 自费留学生 N. students going abroad at their own expenses
zìfèishēng 自费生 N. a self-supporting student
zìfén* 自焚 V. incinerate oneself (lit./fig.)
zìfěn 自分 V. <wr.> ① evaluate oneself ② anticipate; think/believe; figure
zīfèng 资俸 N. salary; pay
zìfēng* 自封 V. ① proclaim/style oneself ② confine/isolate oneself ③ be conservative ④ enrich oneself without regard for others
zìfèng 自奉 V. <wr.> ① treat or spend on oneself ② provide the necessities of life for oneself
zì-fēngéfú 字分隔符 N. word separator
zìfèngjiǎnyuē 自奉俭约 F.E. live frugally
zìfèngshènjiǎn 自奉甚俭 F.E. allow oneself few comforts or pleasures; practice self-denial
zìfèngshènyuē 自奉甚约 F.E. lead a frugal life
zìfèngyōuhòu 自奉优厚[--優-] F.E. do oneself proud
zīfǔ 资斧 N. <wr.> traveling expenses
zīfù 资赋 N. talent; endowments
zǐfù 子妇[-婦] N. ① <wr.> son and daughter-in-law ② daughter-in-law; son's wife
[1]zìfú 字符 N. ① word-symbol ② <comp.> character
[2]zìfú 字幅 N. horizontal or vertical scroll of calligraphy
[1]zìfù* 自负 V. ① be conceited ② assume responsibility
[2]zìfù 字父 N. <lg.> initial
zìfùbùqiǎn 自负不浅[-淺] F.E. terribly conceited; convinced of one's own profundity
zìfúchuàn(r) 字符串(儿) N. <lg.> alphabetic string; character string
zìfúchuàn yǔyán 字符串语言 N. <lg.> string language
zìfújí 字符集 N. character set
zìfùláiguī 自缚来归[-歸] F.E. turn oneself in; submit to
zìfùqǐngzuì 自缚请罪 F.E. present oneself bound up and confess wrongdoing
zìfúxué 字符学 N. graphology
zìfùyíngkuī 自负盈亏[-虧] F.E. assume sole responsibility for business profits/losses
zìgǎizhèng 自改正 ATTR. self-correcting
zǐgàn 紫绀 N. <med.> cyanosis
zìgǎn* 自感 V. (personally) feel ♦ATTR. <phy.> self-induced
zìgānbàoqì 自甘暴弃[-棄] F.E. allow oneself to become dissolute
zìgānduòluò 自甘堕落[--墮-] F.E. become dissolute
zìgānluòhòu 自甘落后[-後] F.E. be resigned to lagging behind
zìgǎnyìng 自感应[-應] N. <phy.> self-induction
zǐgāo 紫羔 N. Chinese blue sheep M: [2]zhī
[1]zìgāo* 自高 V.P. be too proud of oneself
[2]zìgāo 字高 N. <print.> character height
zìgàofènyǒng 自告奋勇[--奮-] F.E. volunteer (to do sth. difficult)
zìgāozìdà 自高自大 F.E. self-important; conceited; arrogant
zīgé* 资格 N. ① qualifications ② seniority
zìgē 自割 N. <zoo.> autotomy
zìgě(r) 自个/各(儿)[-個-] PR. <topo.> oneself; by oneself
zìgélí 自隔离[-離] N. self-isolation
zìgēn 字根 N. root/basic part of a character
zìgēngnóng 自耕农[-農] N. owner-peasant; land-owning peasant who works his own land
zīgéshēng 资格生 N. qualified applicant (according to examination)
zīgé zhèngshū 资格证书[-證書] N. credentials M: [1]zhāng
[1]zǐgōng* 子宫[-宮] N. <phys.> uterus; womb
[2]zǐgōng 梓宫[-宮] P.W. imperial coffin/mausoleum
zìgòng 自供 V. confess
zǐgōng'ái 子宫癌[-宮-] N. uterine cancer
zǐgōngjǐng 子宫颈[-宮頸] N. cervix (of the womb)
zǐgōngjǐng'ái 子宫颈癌[-宮頸-] N. cervical cancer
zǐgōngliú 子宫瘤[-宮-] N. uterine tumor
zǐgōngmào 子宫帽[-宮-] N. cervix cap
zǐgōngnèi bìyùnqì 子宫内避孕器[-宮----] N. intrauterine contraceptive device
zǐgōng qiēchúshù 子宫切除术[-宮--術] N. uterectomy
zǐgōng shōusuō 子宫收缩[-宮--] N. uterine contraction
zǐgōngsī 子公司 P.W. subsidiary corporation/company
zǐgōngwàiyùn 子宫外孕[-宮--] N. extrauterine pregnancy
zìgòngzhuàng 自供状[-狀] N. confession
zìgòuzìxiāo 自购自销[-購--] F.E. buy and market (on one's own)
zìgǔ 自古 V.P. since ancient times
zǐguān 梓官 N. coffin made of Chinese catalpa wood
zìguǎn* 自管 V. be free (to do sth.)
zìguāngtǐ 自光体[-體] N. luminous object
zìgùbùxiá 自顾不暇[-顧--] F.E. unable even to fend for oneself
zǐguī 子规 N. cuckoo
zǐguītíxuè 子规啼血 F.E. The cuckoo cries in mourning for its mate.
zìgǔjíjīn 自古及今 F.E. since time immemorial
zìgǔlái 自古来 V.P. since ancient times
zǐguǒ lěngshān 紫果冷杉 N. red fir
zìgǔrúcǐ 自古如此 F.E. It has been thus since the beginning of time.
zìgǔ yǐlái 自古以来 V.P. since ancient times; from ancient times to the present
zìgǔzhìjīn 自古至今 F.E. from of old until now
zìgùzì 自顾自[-顧-] V.P. each for himself; everyone looks to himself
zìhàn 自汗 N. <Ch. med.> spontaneous perspiration
zǐháo 紫毫 N. rabbit-hair writing brush
zìhao 字号[-號] N. ① name of a shop ② <print./comp.> font/point size ③ <topo.> reputation; fame ④ mark made with letters/characters
zìháo* 自豪 S.V. pride oneself on
zìhào 自好 V.P. have self-esteem
zìháogǎn 自豪感 N. sense of pride
zìhàopùr 字号铺儿[-號--] P.W. shop with a well-known name
zìhào rénwù 字号人物[-號--] N. personages and their reputations
zìhé 字盒 N. <print.> (type) mold
zǐhéchē 紫河车 N. <Ch. med.> dried human placenta
zǐhēisè 紫黑色 N. purple black
zìhén* 渍痕 N. stain; spot; smear
zìhèn 自恨 V. hate/blame oneself
zìhénbānbó 渍痕斑驳 F.E. stained and spotted
zìhéng 恣横 ADV. recklessly
zǐhèsè 紫褐色 N. puce
zǐhóng(sè) 紫红(色) N. purplish red
zìhòu 自后[-後] V.P. from now on; henceforth
zǐhuā 紫花 N. purple flower
zì-huà* 字画[-畫] N. ① calligraphy and painting ② strokes in a character M: [10]fú/[1]juàn
zǐhuābù 紫花布 N. nankeen M: [2]kuài
zìhuābùrěnxìng 自花不稔性 N. <bot.> self-sterility
zìhuāchuánfěn 自花传粉[--傳-] V.P. <bot.> self-pollination
zǐhuā dìdīng 紫花地丁 N. Chinese violet
zìhuàgòngzhuàng 自画供状[-畫-狀] F.E. condemn oneself out of one's own mouth
zìhuàgǔwán 字画古玩[-畫--] F.E. painting, calligraphy, and antiques
zì huài Chángchéng 自坏长城[-壞--] V.O. get rid of a capable lieutenant
zǐhuā mùxu 紫花苜蓿 N. alfalfa; *Medicago sativa*
zǐhuán 子环[-環] N. <math.> subring
zīhuáng 缁黄 N. Buddhist monks and Daoist priests
zǐhuār 紫花儿 N. purple flower
zìhuāshòufěn 自花受粉 V.P. <bot.> self-fertilization (of flowers)
zìhuāshòujīng 自花授精 V.P. <bot.> self-fertilization

zìhuàxiàng 自画像[-畫-] N. self-portrait; self-portrayal M: [10]fú/[1]zhāng
zìhuàzhāogòng 自画招供[-畫--] F.E. evidence he himself has provided
zǐhuī 紫灰 N. purple gray; zinc color
zǐhuǐ 訾毁[-毀] V. <wr.> defame; vilify; slander
zǐhuì 滓秽[-穢] N. dirt; filth ♦V. make dirty; defile
zìhuǐ 自毁[-毀] V. <mil.> self-destruct
zìhuì* 字汇[-匯] N. ① glossary; wordbook; lexicon; dictionary ② vocabulary
zìhuǐ Chángchéng 自毁长城[-毀--] V.O. get rid of a capable lieutenant
zìhuǐ qiánchéng 自毁前程[-毀--] V.O. be self-destructive
zìhuì yìyì 字汇意义[-匯-義] N. lexical meaning
zìhuóhuà 自活化 N. self-activation
zījī 镃基//兹其[--//茲-] N. <trad.> large hoe
zījǐ 资给 V. provide funds
zǐjī 子/仔鸡[-雞] N. chick M: [2]zhī
zǐjí 子集 N. subset; subaggregate
zìjí 字集 N. character set
[1]**zìjǐ*** 自己 PR. ① oneself ② closely related; own
[2]**zìjǐ** 自给 V. be self-sufficient (in grain/etc.)
[1]**zìjì** 字迹[-跡] N. handwriting; writing
[2]**zìjì** 自记 ATTR. self-recording
zìjiā 自家 PR. <topo.> oneself
[1]**zījiān** 仔肩 N. <wr.> burdens; responsibility
[2]**zījiān** 孜煎 ID. worry; fret; grieve
[1]**zìjiàn*** 自荐[-薦] V. recommend oneself (for a job); introduce oneself
[2]**zìjiàn** 自建 V. ① build by oneself ② build oneself
[3]**zìjiàn** 字键 N. key on a keyboard
zǐjiāng* 子姜 N. tender ginger
zǐjiàng 梓匠 N. carpenter
zǐjiànghóng(sè) 紫酱红(色)[-醬--] N. garnet red
zǐjiànglúnyú 梓匠轮舆 F.E. carpenters and wheelwrights
zǐjiàngsè 紫酱色[-醬-] N. garnet
zìjiān jiàngé 字间间隔 P.W. interword space
zìjiānjù 字间距 P.W. word space
zìjiānxì 字间隙 N. interword gap
zǐjiāo 紫胶[-膠] N. shellac; lac
zìjiǎo* 字脚[-腳] N. lower part of a character
zǐjiāochóng 紫胶虫[-膠蟲] N. lac insect
zìjiàozhèng 自校正 ATTR. self-correcting
zìjiārén 自家人 N. people on our side; one of us
zījiē 咨嗟 <wr.> N. sigh ♦V. ① heave a sigh ② gasp in admiration ③ highly praise
zījiè 锱介 ATTR. <wr.> tiny; minute; diminutive; very small
zìjié* 字节[-節] N. ① <comp.> byte ② syllable
zìjiě 自解 V. ① explain to oneself ② extricate oneself (from bondage/etc.)
[1]**zìjiè** 字界 N. character boundary
[2]**zìjiè** 自戒 V. self discipline
zìjiěshì 自解释[-釋] N. self-explanatory
zìjǐgèr 自己个儿[--個-] PR. <coll.> oneself
zìjìgōngzhěng 字迹工整[-跡--] F.E. neat writing
zìjǐ guōdǐ méiyǒu hēi 自己锅底没有黑[-鍋----] ID. <coll.> free of personal taint; no skeletons in one's closet
zìjǐ hài zìjǐ 自己害自己 V.P. cook one's own goose
zìjì hán-shǔbiǎo 自记寒暑表 N. self-registering thermometer M: [1]tái
zǐjíhé 子集合 N. subaggregate; subset
zìjǐ jīngjì 自给经济[-經濟] N. self-supporting/self-contained economy
zìjǐlǜ 自给率 N. degree of self-sufficiency
zìjì móhu 字迹模糊[-跡--] V.P. The handwriting is illegible.
zījīn* 资金 N. fund; capital
[1]**zǐjīn** 子金 N. interest from capital/principal
[2]**zǐjīn** 紫金 N. best-quality gold
zǐjǐn 紫堇 N. <bot.> corydalis; violet
[1]**zìjīn** 自矜 V. brag
[2]**zìjīn** 自今 ADV. from now on; henceforth
[1]**zìjìn** 自尽[-盡] V. commit suicide
[2]**zìjìn** 自禁 V. restrain oneself

Zǐjìnchéng 紫禁城 P.W. Forbidden City (in Peking)
[1]**zǐjīng*** 紫晶 N. amethyst; amethystine
[2]**zǐjīng** 紫荆[-荊] N. <bot.> Chinese redbud
zìjìng 自经[-經] V. <wr.> commit suicide by hanging
zìjìng 自刭[-剄] V. <wr.> cut one's own throat
zìjìng 自净[-淨] N. self-purification
zǐjīnghuā 紫荆花[-荊-] N. <bot.> bauhinia
zǐjǐngtiān 紫景天 N. <bot.> live-forever; orpine
zījīnhuì 资金会 P.W. foundation; fund
zǐjīnniú 紫金牛 N. <bot.> Japanese ardisia
zìjīnqínéng 自矜其能 F.E. brag of one's attainments
zǐjǐnsè 紫堇色 N. violet
Zǐjīn Shān 紫金山 P.W. Purple Mountain (in Nanking)
zījīn zhōuzhuǎnlǜ 资金周转率[---轉-] N. capital-funds turnover rate
zìjīnzìfá 自矜自伐 F.E. complacence will bring trouble on oneself
zìjǐrén 自己人 N. people on our side; one of us
zì jírì qǐ 自即日起 F.E. as from this date
zǐjíshù 子集数[-數] N. subseries
zìjìshù* 字计数[-數] N. character/word count
zìjìsuànjī 字计算机 N. word computer M: [1]tái
[1]**zìjiù** 自救 V. ① save oneself ② fend for oneself
[2]**zìjiù** 自咎 V. blame/rebuke oneself
[3]**zìjiù** 自疚 V. feel compunction
zìjiùjiùrén 自救救人 F.E. do sth. that will save both oneself and others
zìjǐxìng yúyè 自给性渔业[-業] P.W. subsistence fishery
zìjǐ yī ge rén 自己一个人[---個-] N. alone; by oneself
zìjǐyǒuyú 自给有余 F.E. be self-sufficient and achieve a surplus; be more than self-sufficient
zìjǐzìzú 自给自足 F.E. self-sufficiency; autarchy
zìjǐ zuòzhǔ 自己作主 V.P. be master in one's own house
zījū 趑趄 V. ① <wr.> advance with difficulty; plow one's way ② hesitate to advance
zǐjú 紫菊 N. <bot.> China aster
zǐjù 子句 N. <lg.> clause; constituent sentence; phrase
zìjū 自居 V. consider oneself to be; pose as
[1]**zìjù*** 字句 N. words and expressions; writing
[2]**zìjù** 字据[-據] N. ① written pledge ② written proof; receipt; certificate M: [1]zhāng
[3]**zìjù** 字距 N. distance between characters
zìjuàn 字卷 N. handscroll
zījūbùqián 趑趄不前 F.E. hesitate to advance
zǐjué 子爵 N. viscount
[1]**zìjué*** 自觉[-覺] V. be conscious/aware ♦S.V. on one's own initiative
[2]**zìjué** 自决[-決] N. self-determination ♦V.P. decide/solve (a problem, etc.) by oneself
[3]**zìjué** 自绝[-絕] V. ① alienate oneself ② seek self-destruction
zìjuécóngyán 自觉从严[-覺從嚴] F.E. be strict with oneself
zìjuéfénmù 自掘坟墓[--墳-] F.E. dig one's own grave
zǐjué fūrén 子爵夫人 N. viscountess
zìjuéquán 自决权[-決權] N. right to self-determination
zìjuéxìng 自觉性[-覺-] N. (level of) consciousness
zìjuéyúmín 自绝于民[-絕於-] F.E. become alienated from the people
zìjué yùndòng 自觉运动[-覺運動] N. ① self-renewal movement ② drive to promote dedication to the nation
zìjué yùnyòng guīlǜ 自觉运用规律[-覺運--] V.P. consciously apply laws
zìjuéyúrén 自绝于人[-絕於-] F.E. isolate oneself from others
zìjué zhèngzhuàng 自觉症状[-覺-狀] N. subjective symptoms
zìjuézìyuàn 自觉自愿[-覺-願] F.E. voluntarily
zìjùjiǎn 字句简 N. <lg.> epigram

zìjù jiǎnyuē de tǐcái 字句简约的体裁[-----體-] N. epigrammatic style
zìjùtōngshùn 字句通顺 F.E. coherent and smooth writing
zìkǎo 自考 AB. college examination for the self-taught
zìkòng 自控 ATTR. automatic control
zìkōngjiān 字空间 N. word space
zìkòngxìng shèhuì 自控性社会 P.W. active society
zīkǒu* 髭口 N. bearded mouth
zǐkou 子口 N. rim (of containers)
zǐkǒutiězú 紫口铁足[--鐵-] N. <art> porcelain ware with light glazed mouth-rim and foot-rim of purple or iron color
zìkǔ 自苦 V. ① ask for trouble; bring trouble upon oneself ② be hard on oneself; mortify oneself
zìkù* 字库 P.W. <comp.> character library/bank
zìkuā 自夸[-誇] V. extol one's self; brag; boast
zìkuài(r) 字块(儿)[-塊-] N. character flash-cards
zìkuàiyǐxià 自郐以下 F.E. ① and the rest is not worth mentioning ② except so-and-so
[1]**zìkuān** 字宽[-寬] N. <print.> character width
[2]**zìkuān** 自宽[-寬] V. comfort/console oneself
zìkuàng 自况[-況] V.P. compare oneself to; consider oneself to be
zìkuāzìshǎng 自夸自赏[-誇--] F.E. indulge in self-glorification
zìkuì 自愧 V.P. feel ashamed of oneself
zìkuìbùrú 自愧不如 F.E. feel ashamed of one's inferiority
zìkuìfúrú 自愧弗如 F.E. feel ashamed of one's inferiority
zìkuìwúzhī 自愧无知 F.E. be ashamed of one's ignorance
zīlā 吱啦 ON. sizzle
zǐlahāoqīng 紫喇毫青 N. <topo.> ① black-and-blue bruise ② murky colors
zìlái 自来 V.P. from the beginning; in the first place; originally
zìláibái 自来白 V.P. <coll.> naturally white (of the face)
zìláihóng 自来红 N. ① <pol.> a born revolutionary ② <PRC> automatically red; born revolutionary ③ a kind of moon cake
zìláihuǒ 自来火 N. <topo.> ① safety matches ② (cigarette) lighter; gas lighter
zìláishuǐ(r) 自来水(儿) N. running/tap water
zìláishuǐbǐ 自来水笔[-筆] N. fountain pen M: [4]zhī
zìláishuǐbiǎo 自来水表 N. water meter
zìláishuǐbǐ-mào 自来水笔帽[---筆-] N. cap of a fountain pen
zìláishuǐchǎng 自来水厂[-廠] P.W. waterworks M: [4]zuò
zìláishuǐ lóngtóu 自来水龙头 N. faucet
zīláng 赀郎 N. sb. who purchases a public post
zǐlángwěicǎo 紫狼尾草 N. napier-grass
zǐlánsè 紫蓝色[-藍-] N. hyacinthine
zìlào 渍涝[-澇] N. waterlogging
zìlāzìchàng 自拉自唱 F.E. ① accompany one's own singing ② hold forth all alone in defense of one's own views/proposals ③ second one's own motion ④ praise one's own effort/achievement ⑤ do sth. all by oneself
zǐlehāoqīng 紫了毫青 N. <topo.> ① black and blue ② murky colored
zǐlèi* 子类[-類] N. subclass
zìlèi 字类[-類] N. type family
zǐlèixíng 子类型[-類-] N. subtype
zìlěngshì 自冷式 ATTR. self-cooled
[1]**zīlì** 资历[-歷] N. qualifications and record of service
[2]**zīlì** 资力 N. financial strength/standing
zǐlǐ 梓里 P.W. <wr.> native place; hometown
[1]**zǐlì** 籽粒 N. grains of seeds
[2]**zǐlì** 子粒 N. seed; grain; bean
[3]**zǐlì** 訾厉[-厲] N. illness; disease
zìlǐ 自理 V. provide for oneself

Z

[1]zìlì* 自立 V. stand on one's own feet ♦ ATTR. independent; free; self-sufficient
[2]zìlì 自力 V.P. rely on oneself
[3]zìlì 自利 V.P. ① think of nothing but one's own gain ② <Budd.> *atmahitam*; be beneficial to oneself
[4]zìlì 自励[-勵] ATTR. <phy.> self-excited
zìlián* 自怜[-憐] V. be self-pitying
[1]zìliàn 自恋[-戀] N./V. narcissism
[2]zìliàn 字链 N. chain/sequence of characters
zìliàng 自量 V. estimate one's own ability/strength
zìliánzì'ài 自怜自艾[-憐--] F.E. feel self-appreciation
zīliào* 资料 N. ① means ② data; material
zìliǎo 自了 V. be able to conclude/complete sth. all by oneself
zìliào 自料 N. one's own materials ♦ V. anticipate
zīliào chǔlǐ 资料处理[--處-] N. <comp.> data processing
zīliàodài 资料袋 N. large envelope as a container for documents
zīliàodàng 资料档[-檔] N. file
zìliǎohàn 自了汉[-漢] N. a self-centered person
zìliào jiāgōng 自料加工 V.P. process materials supplied by customers
zīliào jiégòu 资料结构[-構] N. <lg.> data structure
zīliàojú 资料局 P.W. department of files/documents
zīliàokǎ 资料卡 N. index card for files M: [1]zhāng
zīliàokù 资料库 P.W. ① database; databank ② storage room for files/documents M: [4]zuò
zīliàolù 资料录[-錄] N. file index
zīliàopiàn 资料片 N. films for reference (i.e., restricted viewing) M: [2]bù
zīliào qūdòng 资料驱动[-驅動] ATTR. <lg.> data-driven
zīliào qūdòngxíng fēnxi 资料驱动型分析[--驅動---] N. <lg.> data-driven analysis
zīliàoshì 资料室 P.W. reference room M: [1]jiān
zīliàoxìng de 资料性的 ATTR. informative
zīliào yāsuō 资料压缩[--壓-] N. <lg.> data compression
zīliàoyuán 资料员 N. person in charge of data management M: [2]wèi
zīliào zhōngxīn 资料中心 P.W. data/file center
zīlì bùzú 资历不足[-歷--] V.P. qualifications and experience are insufficient.
zìliè 眦裂[眥-] V. open the eyes wide, as in anger
zìlìgēngshēng 自力更生 F.E. ① regenerate/reconstruct through one's own efforts ② self-reliance
zīlì guīdìng 资历规定[-歷--] N. seniority rule
zìlǐ-hángjiān 字里行间[-裡--] P.W. between the lines
zǐ-lǐhuīshí 紫锂辉石 N. <min.> kunzite
zìlì jiǎndìng 资力检定 N. means test
zìlì jiùjì 自力救济[-濟] V.P. redress a perceived wrong by taking the law into one's own hands
zìlì ménhù 自立门户 V.O. ① establish one's own school of thought ② maintain an independent residence
zìlìmóushēng 自力谋生 F.E. fend for oneself
zīlìng 兹令[玆-] F.E. is hereby sent to . . .
zǐlíngyáng 紫羚羊 N. <zoo.> bongo M: [2]zhī
zǐlínyù 子邻域[-鄰-] P.W. subneighborhood
zìlì shēngjì 自立生计 F.E. make one's own living
zīliú 缁流 N. <wr.> Buddhist monks
zìliú* 自流 V. ① flow freely (of water/etc.) ② take its natural course (of things) ③ do as one pleases (of people)
zìliúchù 自留畜 N. livestock for personal needs; privately owned livestock M: [1]tóu
zìliúdì 自留地 P.W. plot of land for personal needs M: [2]kuài
zìliú guàngài 自流灌溉 N. gravity irrigation
zìliújǐng 自流井 N. artesian/gravity well M: [1]yǎn
zìliúshān 自留山 P.W. hilly land allotted for private use M: [4]zuò
zìliúshuǐ 自流水 P.W. artesian water
zìliúzījīn 自留资金 N. funds an enterprise is entitled to retain
zìlìwéidì 自立为帝 F.E. assume the title of emperor
zìlìwéiwáng 自立为王 F.E. make oneself king
zìlìxíng chéngxù 子例行程序 N. subroutine
zīlìxiónghòu 资力雄厚 F.E. have a large amount of capital; be financially powerful
zìlìyīshuō 自立一说 F.E. set forward one's own views
zìlìyǔ 自立语 N. <lg.> free form
zīlì zhìdù 资历制度[-歷--] N. seniority system
zìlìzìqiáng 自立自强[-強] F.E. depend on oneself for development
zìlǜ 自律 N. ① self-discipline ② autonomy (ethics)
zǐlùcǎo 紫露草 N. spiderwort
zìlún 字轮 N. character/print wheel
zǐluóbo 紫萝卜[-蘿-] N. beet
zǐluólán 紫罗兰[-羅蘭] N. violet; johnnyjumpup
zǐluólánsè 紫罗兰色[-羅蘭-] N. violet (color)
zìlǜxìng 自律性 N. autonomy
zìmá 渍麻 V.O. ret flax/ jute/ etc.
zìmǎ(r)* 字码(儿) N. ① character code ② <coll.> numeral; number; letter ③ <trad.> anti-tampering numerals
zìmàizìkuā 自卖自夸[-賣-誇] ID. blow one's own trumpet
zīmàn 滋/孳蔓 V. <wr.> grow/spread vigorously/everywhere
zìmǎn* 自满 S.V. complacent; self-satisfied
zīmànnántú 滋蔓难图[-難圖] F.E. It will be too late to deal with an enemy if he is allowed to grow in strength.
zìmǎnzìqī 自满自欺 F.E. deceive oneself
zìmǎnzìzú 自满自足 F.E. become complacent
zīmáo 髭毛 N. moustache
[1]zīmào* 姿貌 N. a woman's looks/appearance
[2]zīmào 滋/孳茂 V. ① luxuriant; lush; teeming ② grow vigorously
zīmáor 滋/髭毛儿 V.O. <topo.> ① lose one's temper; get angry/furious ② create a disturbance; make trouble
zīmáor dàtóu 滋毛儿大头 N. <topo.> disheveled hair
zīmáor lìzi 滋毛儿栗子 N. <topo.> disheveled hair
zìmǎsuǒ 字码锁 N. combination lock
zīmèi 姿媚 V.P. <wr.> lovely; charming ♦ N. elegant and graceful manners
zǐ-mèi* 姊妹 N. elder and younger sisters M: [2]wèi
zìméi 自媒 V. seek a husband without a go-between
zǐ-mèichéng 姊妹城 P.W. sister cities M: [4]zuò
zǐ-mèichuán 姊妹船 N. sister ship M: [1]sōu
zǐ-mèihuā 姊妹花 N. the two sisters
zǐ-mèipiān 姊妹篇 N. companion volume/piece
zǐmèishì 姊妹市 P.W. sister cities M: [4]zuò
zīmén 缁门 N. <wr.> Buddhists
zǐmì 仔密 S.V. closely knitted/woven
zìmí* 字谜 N. riddle involving characters
zīmiàn 髭面 N. unshaven/hairy face
zǐmián 子/籽棉 N. unginned cotton
zìmiǎn* 自勉 V. exert oneself
zìmiàn 字面 ATTR. literal *zhào ~ fānyì* translate literally ♦ N. ① face ② typeface ③ phraseology
zìmiàn gǎixiě 字面改写[-寫] V.P. literal paraphrase
zìmiàn hányì 字面涵义[-義] N. <lg.> literal connotation
zìmiàn lǐjiě 字面理解 N. <lg.> literal understanding
zìmiàn tánlùn 字面谈论 N. <lg.> literal discourse
zìmiàn yìyì 字面意义[-義] N. literal meaning
zìmiàn yìyì de yǔyán 字面意义的语言[---義---] N. <lg.> denotative language
zìmiàn yòngfǎ 字面用法 N. literal use
zìmiàn yuèdú lǐjiě 字面阅读理解[---讀--] N. <lg.> literal comprehension
zìmiàn yǔyán 字面语言 N. <lg.> literal language
zǐmiáo 籽苗 N. seedling
zìmiáoshù 自描述 ATTR. self-described
zǐmín* 子民 N. the people
zìmín 字民 V.O. <wr.> treat people paternally
zìmíng 自明 V.P. be self-evident
zìmìng* 自命 V. consider oneself; regard oneself as
zìmìngbùfán 自命不凡 F.E. think exceptionally well of oneself
zìmíngdéyì 自鸣得意 F.E. preen oneself; sing one's own praises
zǐmìnglìng 子命令 N. subcommand; order
zìmíngqīnggāo 自鸣清高 F.E. claim moral superiority
zìmìng qīnggāo* 自命清高 V.P. think oneself to be aloof from worldly things
zìmìngwéi 自命为 V.P. nominate oneself as
zìmìngxiānzhī 自命先知 F.E. set oneself up as a prophet
zìmíngzhe 自鸣者 N. <lg.> vowel
zìmíngzhīlǐ 自明之理 N. truism
zìmíngzhōng 自鸣钟[-鐘] N. striking/chime clock M: [4]zuò
zǐmíngzi 子名字 N. subname
zǐmò 紫陌 N. roads leading to the imperial capital
zǐmòli 紫茉莉 N. <bot.> four-o'clock *Mirabilis jalapa*
zīmóu 咨谋 V. take counsel with
zìmóuchūlù 自谋出路 F.E. find one's own means of livelihood
zìmóushēngjì 自谋生计 F.E. make one's own living
zìmóuzhíyè 自谋职业[-職業] F.E. make one's own search for a job; find a job by oneself
zǐmǔ 子母 N. ① mother and son ② capital and interest ③ the small and the large (of the same kind of object)
zǐmù 子目 N. ① specific item ② subtitle
zìmú(r) 字模(儿) N. <print.> (type) matrix; font
zìmǔ* 字母 N. ① letter of an alphabet; letter; alphabet; grapheme ② <lg.> a character representing an initial consonant (e.g., *míng* 'bright' representing *m*)
[1]zìmù 字幕 N. caption; subtitle
[2]zìmù 眦目[眥-] V.O. open the eyes wide
zǐmùbiāo 子目标[-標] N. subgoal
zìmǔbiǎo* 字母表 N. alphabet
zìmǔ biāodiào 字母标调[--標-] N. tone indication by letters; tonal spelling
zǐmǔchuán 子母船 N. a large warship and a small warship that cooperate with each other
zìmǔcí 字母词 N. alphabetic word (e.g., OK, X-guāng)
zǐmǔdàn 子母弹 N. <mil.> shrapnel; canister shot M: [1]kē
zìmǔ fúhào 字母符号[-號] N. alphabetic notation
zǐmǔjī* 子母机 N. <mil.> composite aircraft
zìmújí 字模集 N. <comp.> font set
zǐmǔkòu(r) 子母扣(儿) N. snap fastener
zǐmùlù 子目录[-錄] N. <comp.> subdirectory
zǐmǔ pàodàn 子母炮弹 N. cartridge with ammunition M: [1]kē
zìmǔshì shēngdiào fúhào 字母式声调符号[---聲--號] N. <lg.> tone/tonal spelling
zìmǔ shùnxù 字母顺序 N. alphabetic order
zìmǔ shùzì 字母数字[--數-] N. alphanumerals
zìmǔ wénzì 字母文字 N. alphabetic script/writing ♦ ATTR. alphabetic
zǐmùxu 紫苜蓿 N. alfalfa
zìmǔzhì 字母制 N. <lg.> alphabetic system
zǐmǔzhōng 子母钟[-鐘] N. synchronized clock
zìmù zìdòng xiǎnshìqì 字幕自动显示器[---動顯--] N. autocue; Tele-Prompter
zīnán 髭男 N. heavily bearded man
zǐnáng 子囊 N. <bot.> ascus

Z

zǐnáng jūnlèi 子囊菌类[-類] N. ascus fungus

zīnào 滋闹[-鬧] V. ①provoke disorder ②invite trouble

zìněi 自馁 V. lose confidence; be discouraged

zīní 滋泥 N. stain of oil/etc.

zīni 滋腻 V.P. smooth and shiny (e.g., of thoroughly mixed dough)

zǐní 紫泥 N. purple ink for imprinting of seals

zìnǐ* 自拟[-擬] V. draft (sth.) by oneself

zǐniàn 子埝 N. an embankment added on top of a dike when a flood is imminent

zìniàngzhīhuò 自酿之祸[-釀-禍] N. calamities of one's own making

zìniǎnshā 自捻纱 N. <txtl.> self-twisted yarn

zīniu 滋扭 <coll.> V. be at odds; refuse to obey

zīniū* 吱扭 ON. squeak

zǐnǚ 子女 N. sons and daughters; children

zǐnǚ dǐngtì zhìdù 子女顶替制度 N. the system of children replacing parents when they retire

zìpāi 自拍 V. take a picture with time-delay shutter ♦N. time-delay photography

zìpāijī 自拍机 N. <photo.> self-timer

zìpáiliè 字排列 N. word arrangement

zìpán 字盘[-盤] N. <print.> (upper/lower) case

zìpáng(r) 字旁(儿) N. component of a Chinese character

zìpēn 自喷 V. erupt automatically

zì pèng dīngzi 自碰钉子 V.O. knock one's head against a brick wall

zìpēnjǐng 自喷井 N. <min.> flowing/gusher well M: *kǒu*

zìpìn 字牝 N. <wr.> female animal

zīpíng* 辎軿 N. ① covered wagon ② baggage cart M: [3]*liàng*

zǐpíng 紫萍 N. <bot.> duckweed

zìpínlǜ 字频率 N. character/word frequency

zìpǔ 字谱 N. <lg.> character table

zǐpútáo 紫葡萄 N. purple grapes

[1]**zǐqì** 紫气[-氣] N. auspicious atmosphere

[2]**zǐqì** 梓器 N. coffin

zìqī* 自欺 V. deceive oneself

zìqì 自弃[-棄] V. *See zìbàozìqì*

[1]**zīqiǎn** 资浅[-淺] ATTR. junior

[2]**zīqiǎn** 资遣 N. dismiss sb. with severance pay

zǐqián 子钱[-錢] N. ①money put out at interest ② interest from money lent

zìqiān* 自谦 S.V. modest; self-effacing

[1]**zìqiǎn** 自遣 V. cheer oneself up

[2]**zìqiǎn** 自谴 V. blame/reprove oneself

zìqiàn 自歉 V. blame oneself

zìqiāng 自戕 V. <wr.> ①commit suicide ②harm oneself

zìqiáng* 自强[-強] V.P. self-strengthening; striving for improvement; self-improvement

zìqiángbùxī 自强不息[-強--] F.E. constantly strive to improve; continuous self-renewal

Zìqiáng Yùndòng 自强运动[-強運動] N. <hist.> Self-Strengthening Movement (1860s-1890s)

zìqiángzìlì 自强自立[-強--] F.E. strive to stand on one's feet

zìqiànrù 自嵌入 ATTR. <lg.> self-embedding

zìqiànrù wénfǎ 自嵌入文法 N. <lg.> self-embedding grammar

zìqiàntào wénfǎ 自嵌套文法 N. <lg.> self-embedding grammar

zìqǐdòng 自启动[-啟動] ATTR. self-starting

zǐqìdōnglái 紫气东来[-氣--] ID. a propitious omen

zīqǐng* 咨请 V. <wr.> ①make an official request ② seek official opinions

zìqíng 恣情 V.O. give free rein to one's passions; wanton; arbitrary; wilful ♦ADV. to one's heart's content; as much as one likes

zìqíngfàngzòng 恣情放纵[-縱] F.E. abandon oneself to passions

zìqínghuānxiào 恣情欢笑[--歡-] F.E. laugh heartily

zìqǐngshì 自请式 ATTR. <lg.> hortative

zìqīngzìjiàn 自轻自贱[-輕-賤] F.E. ① sell oneself short ② lack self-esteem

zìqíngzòngyù 恣情纵欲[--縱-] F.E. indulge oneself in carnal pleasure without restraint

zìqīqīrén 自欺欺人 F.E. deceive oneself as well as others

zìqiúduōfú 自求多福 F.E. seek blessings/fortune for oneself

zīqǐzhě 兹启者[茲啟-] F.E. in the first place; to begin with

zìqǔ 自取 V. ①court/invite trouble ②appropriate for oneself

zìqǔdiànrǔ 自取玷辱 F.E. bring disgrace on oneself

zìqǔdiànxiū 自取玷羞 F.E. bring disgrace on oneself

zǐquè 紫阙 N. elaborate security precautions in an imperial palace ♦P.W. abode of immortals

zìqūmièwáng 自趋灭亡[-趨滅-] F.E. court/invite destruction

zìqǔmièwáng* 自取灭亡[--滅-] V. court/invite destruction

zǐqún 子群 N. subgroup

zìqún yùzhǒng 自群育种[-種] N. interbreeding

zìqǔqíhuò 自取其祸[-禍] F.E. bring misfortune upon oneself

zìqǔqíjiù 自取其咎 F.E. bring blame on oneself

zìqǔqírǔ 自取其辱 F.E. invite humiliation; bring disgrace on oneself

zǐr* 子儿 N. ① seed ② offspring

[1]**zìr** 字儿 N. ① character ② receipt

[2]**zìr** 自儿 <coll.> S.V. ① content ② free and unconstrained ③ joyful

zìran 自然 S.V. <coll.> natural; free from affectation *See also* [1]*zìrán*

[1]**zìrán*** 自然 N. ① natural world ② subject/course of study concerning natural sciences (in primary school) ③ natural sciences ♦S.V. natural; normal; ordinary; spontaneous; in the course of events ♦ADV. of course; naturally *See also zìran*

[2]**zìrán** 自燃 N. <chem.> spontaneous combustion/ignition

zìrǎn 渍染 V. dye

zìrán bǎohùqū 自然保护区[-護區] P.W. nature preserve; wilderness area

zìrán biànzhèngfǎ 自然辩证法[---證-] N. <pol.> dialectics of nature

zìrán bówùguǎn 自然博物馆 P.W. museum of natural history M: [4]*zuò*

zìrán chóngbài 自然崇拜 N. worship of nature

zìrán cíxù 自然词序 N. <lg.> natural word-order

zìráncūn 自然村 P.W. natural village M: [4]*zuò*

zìrán dìlǐ 自然地理 N. physical geography

zìrán dìlǐxué 自然地理学 N. natural geography

zìránduàn 自然段 N. (actually occurring) paragraphs

zìrán'érrán 自然而然 F.E. naturally; automatically; spontaneously

zìránfǎ 自然法 N. natural law/approach/method

zìránfǎ sīxiǎng 自然法思想 N. the concept of natural law

zìrán fǎzé 自然法则 N. law of nature

zìrán fēngōng 自然分工 N./V.P. natural division of labor

zìrán fēnlèifǎ 自然分类法[---類-] N. natural classification

zìrán guīlǜ 自然规律 N. natural law

zìrán hélǐ 自然合理 V.P. <lg.> be plausible

zìránhuà 自然化 N. naturalize

zìránjiè 自然界 P.W. natural world; nature

zìrán jìhào 自然记号[-號] N. natural sign

zìrán jīngjì 自然经济[-經濟] N. natural economy

zìrán jīnshǔ 自然金属[-屬] N. native metal

zìránkē 自然科 N. natural category

zìrán kēxué 自然科学 N. natural science

zìrán kēxuéjiā 自然科学家 N. natural/hard scientist M: [2]*wèi*

zìránkuàng 自然矿[-礦] N. natural mine M: [4]*zuò*

zìrán lèiqún 自然类群[--類-] P.W. <bio.> natural group

zìránlì 自然力 N. natural forces

zìránliáng 自然粮[-糧] N. unprocessed grain

zìrán liáofǎ 自然疗法[--療-] N. naturopathy; natural ways of healing (i.e., without drugs)

zìrán lìlǜ 自然利率 N. natural rate of interest

zìránlǜ 自然律 N. laws of nature; natural law

zìránměi 自然美 N. natural beauty; beauty of nature

zìrán miǎnyì 自然免疫 N. <med.> innate/natural immunity

zìránrén 自然人 N. <law> natural person

zìrán shēngyùlǜ 自然生育律 N. natural fertility rate

zìránshénlùn 自然神论 N. deism

zìránshénlùnzhě 自然神论者 N. deist

zìránshù 自然数[-數] N. <math.> natural number

zìránshuǐ 自然水 N. natural water

zìrán shùnxù jiǎshuō 自然顺序假说 N. <lg.> natural-order hypothesis

zìrán sǐwáng 自然死亡 N./V.P. natural death

zìrán táotài 自然淘汰 N./V.P. natural selection

zìrán tiānchéng 自然天成 V.P. be naturally formed

zìrántóng 自然铜 N. native copper

zìránwù 自然物 N. natural beings

zìrán xiànxiàng 自然现象 N. natural phenomena

zìránxìng 自然性 N. <lg.> naturalness

zìrán xíngshì 自然形式 N. free form

zìrán xuǎnzé 自然选择[-選擇] N. <bio.> natural selection

zìrán xùliè 自然序列 N. <lg.> natural serialization

zìrányín 自然银 N. <min.> virgin silver

zìrányǔ 自然语 N. <lg.> natural form

zìrán yǔshì 自然语式 N. <lg.> natural form

zìrán yǔyán 自然语言 N. <comp.> natural language

zìrán yǔyán chǔlǐ 自然语言处理[----處-] N. natural language processing

zìrán yǔyán lǐjiě 自然语言理解 N. natural language understanding

zìrán yǔyán shēngchéng 自然语言生成 N. <lg.> natural language generation

zìrán zāihài 自然灾害[--災-] N. natural calamity

zìrán zhéxué 自然哲学 N. natural philosophy

zìrán zhuǎndù 自然转度[--轉-] N. normal transition

zìránzhǔyì 自然主义[-義] N. naturalism ♦ATTR. naturalistic

zìránzhǔyì sīxiǎng 自然主义思想[---義--] N. the belief that it is natural for things to be as they are

zìránzhǔyì xuépài 自然主义学派[---義--] P.W. naturalistic school

zìránzhǔyì yǔyán xuépài 自然主义语言学派[---義----] P.W. <lg.> naturalistic linguistics

zīrǎo 滋扰[-擾] V. make trouble; harass

zǐrén 梓人 N. <wr.> carpenter; wood engraver; builder; architect

zìrén 字人 V.O. become engaged (of a girl)

[1]**zìrèn*** 自认[-認] V. ① resign oneself to; accept adversity with resignation ② believe; acknowledge

[2]**zìrèn** 自任 V. appoint oneself to the key post; take personal command

zìrènbùhuì 自认不讳[-認-諱] F.E. confess without concealment

zìrèn dǎoméi 自认倒霉[-認--] V.O. grin and bear it

zìrèn guòcuò 自认过错[-認--] V.O. recognize one's own error

zìrèn huìqì 自认晦气[-認-氣] V.O. ① grin and bear it ② admit defeat with good grace

zǐrènwu 子任务[-務] N. subtask

zīróng 姿容 N. looks; appearance

zīróngjuédài 姿容绝代[-絕-] F.E. incomparable for beauty, even among the celebrities of old

zìróngliàng 字容量 N. <*comp.*> word capacity
zīróngwǎnlì 姿容婉丽[-麗] F.E. have pretty and graceful features
zīróngxiùměi 姿容秀美 F.E. good-looking; pretty
zǐrshéng 子儿绳[-繩] N. a kind of fine string made of flax fiber
zīrǔ 孳乳 V. <*wr.*> ① grow; multiply ② derive
zìrú* 自如 ADV. <*wr.*> ① smoothly; with facility ② imperturbably ③ freely; unhindered
zīrùn 滋润 S.V. ① moist ② comfortably off ♦ V. ① moisten ② freshen ③ enrich
zīrùnfǎ 滋润法 N. <*Ch. med.*> moistening therapy
zìrùnhuá 自润滑 ATTR. self-lubricating
zìruò 自若 V.P. <*wr.*> self-possessed; composed
zìrùquāntào 自入圈套 F.E. put one's neck in a noose
zì sǎo mén qián xuě 自扫门前雪[-掃---] ID. take care only of one's own business
zīsè 姿色 N. good looks (of women)
zǐsè* 紫色 N. purple
zǐshā 紫砂 N. <*archeo.*> red ware; boccaro/buccaro ware
zìshā* 自杀[-殺] V. commit suicide
zǐshān 紫杉 N. <*bot.*> Japanese yew M: [2]*kē*
zīshāng* 咨/谘商 N. <*TW*> (psychological) counseling
zìshāng 自伤[-傷] V. ① be sick at heart; grieve ② pity oneself ♦ N. <*law*> self-inflicted injury; self-injury
zìshàng'érxià 自上而下 F.E. from above to below; from top to bottom; top-bottom
zìshàng'érxià guòchéng 自上而下过程 N. <*lg.*> top-down process
zǐshānmù 紫杉木 N. <*bot.*> Japanese yew
zìshāwèisuì 自杀未遂[-殺--] F.E. attempted suicide
zìshāzhě 自杀者[-殺-] N. felo-de-se; suicide
zìshè 自设 V. set up by oneself
zīshēn 资深 ATTR. senior
[1]**zīshèn** 滋肾[-腎] V.O. <*Ch. med.*> enrich the kidneys
[2]**zīshèn** 滋甚 V.P. be greater
zìshēn* 自身 PR. self; oneself
zìshén 字神 N. <*trad.*> patron saints of Chinese characters
zìshēn bǎoxiǎn zhǔnbèi 自身保险准备[-準備] N. self-insurance
zìshēn dàxiǎo 字身大小 N. type size
[1]**zīshēng** 孳生 V. multiply; breed; propagate
[2]**zīshēng** 滋生 V. ① multiply; breed; propagate ② cause; create; provoke
[3]**zīshēng** 吱声[-聲] V.O. <*topo.*> utter sth; make a sound *See also zhīshēng*
zīshēng biànhuàn yǔfǎ 孳生变换语法[--變換--] N. <*lg.*> generative transformational grammar

zīshēnglì 孳生力 N. <*lg.*> productivity
zīshēng shìduān 滋生事端 V.O. cause trouble/disturbance
zīshēngxìng 孳生性 N. productivity; generative power
zīshēng yǔfǎ 孳生语法 N. <*lg.*> generative grammar
zìshēngzhìsǐ 自生至死 F.E. from womb to tomb
zìshēng zhíwù 自生植物 N. <*bot.*> wild plant
zìshēngzìmiè 自生自灭[-滅] F.E. run its course
zìshēn nánbǎo 自身难保[--難-] V.P. be unable even to fend for oneself
zìshēn shíbié 自身识别[--識-] N. self recognition
zìshēn shòucí 自身受词 N. <*lg.*> self-object; false object
zīshēnwàngzhòng 资深望重 F.E. One's reputation is distinguished.
[1]**zīshì*** 姿势[-勢] N. ① posture ② carriage; bearing
[2]**zīshì** 滋事 V.O. stir up trouble
[1]**zǐshí** 子时[-時] N. 11 P.M. to 1 A.M.
[2]**zǐshí** 子实[-實] N. seed; grain; bean
[3]**zǐshí** 籽实[-實] N. seeds and fruits
zǐshì 子室 P.W. ① children's room ② <*bot.*> locule
zìshī 自失 V. be at a loss what to do
zìshǐ 自始 V.P. from the beginning
[1]**zìshì** 自是 V.P. ① naturally; of course ② <*wr.*> ⓐ from then on; since then ⓑ consider oneself as always right; be opinionated
[2]**zìshì** 自视 V. consider/imagine oneself
[3]**zìshì** 自恃 V.P. ① be self-assured ② count on ~ *yǒu kàoshān* count on sb's backing ③ overconfident and conceited ④ capitalize on
zìshíbié 字识别[-識-] N. word recognition
zì-shíbiéqì 字识别器[-識--] N. word recognizor
zìshí'èguǒ 自食恶果[--惡-] F.E. be hoist by one's own petard; suffer the result of one's own evil actions
zīshì fènzǐ 滋事分子 N. troublemaker
zìshìkǎnrán 自视欿然 F.E. be dissatisfied with oneself
zìshíqíguǒ 自食其果 F.E. reap what one has sown
zìshíqílì 自食其力 F.E. earn one's own living
zìshíqíyán 自食其言 F.E. break one's promise
zìshìshèngāo 自视甚高 F.E. think highly of oneself
zīshìtǐdà 兹事体大[茲-體-] F.E. This is a serious matter.
zǐshíyīng* 紫石英 N. ① amethyst ② <*Ch. med.*> fluoritum
zìshìyìng 自适应[-適應] ATTR. self-adaptation
zìshìyǒugōng 自恃有功 F.E. capitalize on one's achievements
zìshì yǒu kàoshān 自恃有靠山 ID. count on sb.' backing
zīshì yōuměi 姿势优美[-勢優-] V.P. have a graceful carriage
zīshì yǔyán 姿势语言[-勢--] N. gesture language
zìshǐzhìzhōng 自始至终 F.E. from start to finish; from beginning to end; from first to last
zīshǒu 姿首 N. <*wr.*> ① good looks ② pretty face and beautiful hair
[1]**zìshǒu*** 自首 V.O. ① give oneself up to the law ② make a political recantation ③ surrender to the enemy
[2]**zìshǒu** 字首 N. prefix; initial
zìshǒubiànjié 自首变节[-變節] F.E. recant and turn traitor
zìshǒu fǔyīn 字首辅音 N. <*lg.*> initial consonant
zìshǒushū 自首书[-書] N. confession M: [1]*zhāng*
zìshǒutóu'àn 自首投案 F.E. surrender oneself to the law
zìshǒuxìng 自守性 N. autarky
zìshǒu zǔhécí 字首组合词 N. acronym
zìshǒu zǔzì 字首组字 N. <*lg.*> acronym
zǐshū 子书[-書] N. <*trad.*> ① philosophical works; works of ancient philosophers other than those of Confucius ② one of the four traditional divisions of a Chinese library
[1]**zǐshù** 子数[-數] N. <*math.*> first term in a ratio
[2]**zǐshù** 梓树[-樹] N. <*bot.*> Chinese catalpa M: [2]*kē*
zìshū 字书[-書] N. ① wordbook; lexicon; dictionary ② book without illustrations
zìshú 自赎[-贖] V. redeem oneself
zìshǔ 自署 V. sign one's name
[1]**zìshù*** 自述 V. recount in one's own words ♦ N. autobiography
[2]**zìshù** 字数[-數] N. ① wordage ② number of characters
zīshuǐ 滋水 V.O. spurt water
zìshuǐ* 渍水 N. accumulated water; waterlogging
zīshuǐhánmù 滋水涵木 ID. <*Ch. med.*> nourish the liver and kidney systems
zǐshuǐjīng 紫水晶 N. amethyst; amethystine
zìshùn fēnlèi mùlù 字顺分类目录[---類-錄] N. alphabetically classed catalog
zìshùn mùlù 字顺目录[--錄] N. alphabetical/dictionary catalogue
zìshùn suǒyǐn 字顺索引 N. alphabetical/dictionary index
zìshuōzìhuà 自说自话 F.E. <*topo.*> ① act on one's own; decide for oneself ② talk to oneself; soliloquize
zǐsì 子嗣 N. <*wr.*> son; male offspring
zìsī* 自私 S.V. selfish; self-centered
zìsì 恣肆 V.P. ① <*wr.*> unrestrained ② forceful (of a writing style) ③ licentious
zìsīxīn 自私心 N. selfishness
zìsīzìlì 自私自利 F.E. selfish; self-centered
zīsòng 资送 V. ① help with money and materials ② send sb. away with money provided ③ provide a dowry for one's daughter
zìsòng* 自讼 V.O. <*wr.*> blame/reprove oneself
zīsònghuíjí 资送回籍 F.E. give sb. money and send him home
zīsù 缁素 N. <*wr.*> Buddhist monks and laymen
zǐsū 紫苏[-蘇] N. <*bot.*> purple perilla
[1]**zìsù*** 自诉 V. <*law*> initiate a private suit
[2]**zìsù** 字素 N. <*lg.*> grapheme
zǐsuànfǎ 子算法 N. subalgorithm
zìsù biàntǐ 字素变体[-變體] N. <*lg.*> allograph
zìsùdù 字速度 N. word rate
zìsuī 恣睢 V. <*wr.*> ① be reckless/unbridled ② be extremely conceited
zìsuībàolì 恣睢暴戾 F.E. extremely cruel and despotic
zǐsuìhuái 紫穗槐 N. false indigo
zǐsūn 子孙[-孫] N. children and grandchildren; descendants
zǐsūn bōbo 子孙饽饽[-孫--] N. <*topo.*> foods given to newlyweds in wishing them to have many children
zǐsūn hòudài 子孙后代[-孫後-] N. descendants; posterity
zǐsūn mǎntáng 子孙满堂[-孫--] F.E. ① be blessed with many children ② have many children and grandchildren
zǐsūn niángniang 子孙娘娘[-孫--] N. goddess of fertility
zǐsūntǒng 子孙桶[-孫-] N. chamber pot for newlyweds
zǐsūnwàndài 子孙万代[-孫萬-] F.E. our children and future generations
zìsuǒyǐn 字索引 N. word indexing
zìsuǒyùwéi 恣所欲为 F.E. do whatever one pleases
zìsùrén 自诉人 N. ① self-complainant ② party who initiates a private prosecution
zītài 姿态[-態] N. ① posture; carriage ② attitude; pose
zītài dòngcí 姿态动词[-態動-] N. <*lg.*> posture verb; verb of posture
zītài'ēnuó 姿态婀娜[-態--] F.E. have an elegant figure
zǐtán 紫檀 N. red sandalwood
zìtàn* 自叹[-嘆] V. regret; sigh to oneself
zìtànbùrú 自叹不如[-嘆--] F.E. admit with regret that one is not as good; feel one is not another's equal
zìtànfúrú 自叹弗如[-嘆--] F.E. admit that one is not as good as sb. else
zǐtánmù 紫檀木 N. red sandalwood
zìtànzìlè 自叹自乐[-嘆-樂] F.E. enjoy one's sorrow
zìtǎokǔchī 自讨苦吃 F.E. ask for trouble; bring trouble upon oneself
zìtǎoméiqù 自讨没趣 F.E. ① bring contempt upon oneself ② court a rebuff
zì tāo yāobāo 自掏腰包 V.O. pay out of one's own pocket
zǐténg 紫藤 N. Chinese wisteria M: [2]*kē*
[1]**zìtǐ** 字体[-體] N. ① typeface; font ② style of calligraphy ③ character; graph; script; word sign
[2]**zìtǐ** 自体[-體] ATTR. self-; auto-; idio-; aut-
zìtiān'érjiàng 自天而降 F.E. come from nowhere
zìtiáo(r) 字条(儿)[-條-] N. ① brief note ② <*lg.*> constituent string

zìtǐ bùyùxìng 自体不育性[-體---] N. <zoo.> self-sterility
zìtiě(r)* 字帖(儿) N. ① copy book (for calligraphy) ② short letter; note M: [1]zhāng *See also zìtiè*
zìtiè 字帖 N. specimen of writing; copybook; original calligraphy rubbings bound as an album M: [1]zhāng/[1]běn *See also zìtiě*
zìtǐ fēnqí 字体分歧[-體--] N. alternative forms of characters
zìtìjiǔsè 自殢酒色 F.E. pass one's time in wine and idle dalliance
zìtíng 自停 ATTR. automatic stop
zìtǐ shíbié 字体识别[-體識-] N. character recognition
zìtǐwèi 字体位[-體-] N. a character-based unit (e.g. in word processing)
zìtǐ zhòngdú 自体中毒[-體--] N. autointoxication
[1]**zìtóng** 紫铜 N. red copper
[2]**zìtóng** 梓童 N. empress (used in old novels and plays)
zìtóngsè 紫铜色 N. red copper color
zìtóu 字头 N. ① head character (in dictionary listings) ② <lg.> initial
zìtóu diéyīn 字头叠音[--疊-] N. <lg.> initial consonant cluster
zìtóuluówǎng 自投罗网[-羅網] F.E. bite the hook; fall into trap
zìtóu pīnfǎ 字头拼法 N. <lg.> spelling of initials
zìtóusǐlù 自投死路 V.O. take the road to ruin
zìtóuyùn 字头韵[-韻] N. alliteration
zìtóuzhù 字头注[-註] N. <trad.> note placed above a character
zìtuījìn 自推进[-進] ATTR. self-propelled
zīwā 吱哇 V. <coll.> bark
zǐwài* 紫外 ATTR. ultraviolet
zìwài 自外 A.T. ① keep out of ② stand by as an outsider
zǐwàiguāng 紫外光 N. ultraviolet light
zǐwài guāngxiàn 紫外光线 N. ultraviolet light
zìwàishēngchéng 自外生成 F.E. shut oneself away from civilized ways
zǐwàixiàn 紫外线 N. ultraviolet ray
zǐwǎn 紫菀 N. <bot.> aster
zīwàng 资望 N. seniority and prestige
zìwàngxínghái 自忘形骸 F.E. beyond oneself
zīwéi 缁帷 N. <wr.> dense forest
zīwěi 孳尾 V.O. copulate (of animals)
zīwèi(r)* 滋味(儿) N. ① taste; flavor ② the way one feels *gǎndào hěn bù shì* ~ feel distaste
zǐwēi 紫薇 N. <bot.> crape myrtle
zìwěi 字尾 N. <lg.> suffix; ending; final; word final
[1]**zìwèi** 自卫[-衛] V. defend oneself
[2]**zìwèi** 自慰 V. console oneself; masturbate ♦N. onanism; masturbation
[3]**zìwèi** 字位 N. grapheme
zìwěi diéyīn 字尾叠音[--疊-] N. <lg.> final consonant cluster
zìwéiduì 自为对[-對] V.P. parallel each other
zìwèiduì* 自卫队[-衛隊] P.W. militia corps; citizen-soldiers M: [4]zhī
zìwèi fǎnjī 自卫反击[-衛-擊] V.P. strike back in self-defense; counterattack in self-defense
zìwèi huánjī 自卫还击[-衛還擊] V.P. launch a counterattack in self-defense
zìwèijiējí 自为阶级[-階-] F.E. in a class by itself
zìwèijūn 自卫军[-衛-] P.W. self-defense force/corps M: [4]zhī
zǐwēilèi 紫葳类[-類] N. <bot.> *Bignoniaceae*
zìwèiquán 自卫权[-衛權] N. right of self-defense
zīwèiwúqióng 滋味无穷[-窮] F.E. The taste is endlessly fascinating.
zìwèi xíngdòng 自卫行动[-衛-動] N. an act of self-defense
zìwèixué 字位学 N. <lg.> graphemics
zìwèizhàn 自卫战[-衛戰] N. war of self-defense
zìwèi zhànzhēng 自卫战争[-衛戰爭] N. defensive war M: [2]chǎng
zìwéizhīwù 自为之物 N. <phil.> thing-in-itself
zīwén 咨文 N. <trad.> ①official communication between offices of equal rank ②report delivered by the head of a government on affairs of state; message
zìwěn 自刎 V. cut one's own throat
zìwèn* 自问 V. ① ask/examine oneself ② reach a conclusion after weighing a matter
zìwěn'érsǐ 自刎而死 F.E. die by one's own hand
zǐwénjiàn 子文件 N. subfile
zìwèn liángxīn 自问良心 V.O. examine one's conscience
zǐwèntí 子问题 N. subproblem
zìwěn tóujǐng 自刎头颈[-頸] V.O. cut one's own throat
zìwèn wúkuì 自问无愧 F.E. have nothing to be ashamed of
zìwènzìdá 自问自答 F.E. think to oneself
zìwǒ 自我 PR. self; oneself ♦N. ego
zìwǒ ànshì 自我暗示 N./V.P. <psy.> self-suggestion; autosuggestion
zìwǒ ānwèi 自我安慰 N./V.P. self-consolation
zìwǒ bàolù 自我暴露 N. self-betrayal; self-exposure
zìwǒ biànjiě 自我辩解 N. self-justification; self-defense
zìwǒ biāobǎng 自我标榜[--標-] V.P. sing one's own praises
zìwǒ biǎodá gōngnéng 自我表达功能[---達--] N. <lg.> personal function
zìwǒ biǎoxiàn 自我表现 N. self-expression
zìwǒ cháojiě 自我嘲解 V.P. find excuses to console oneself in a humorous manner; be self-mocking
zìwǒ chéngcái 自我成才 N. self-accomplishment
zìwǒ chuīxū 自我吹嘘[-噓] V.P. self-glorification; blowing one's own trumpet
zìwǒ dǎoxiàng 自我导向[--導-] V.P. inner-directedness
zìwǒ fǎnxǐng 自我反省 V.P. introspection; self-reflection
zìwǒ fèndòu 自我奋斗[-奮鬥] V.P. paddle one's own canoe
zìwǒ fúwù 自我服务[-務] N. self-service
zìwǒ gàiniàn 自我概念 N. self-conception
zìwǒ gùyòng 自我雇用 V.P. self-employment
zìwǒ jiǎnchá 自我检查 V.P./N. self-examination; introspection
zìwǒ jiǎntǎo 自我检讨 V.P./N. self-examination; self-criticism
zìwǒ jiěcháo 自我解嘲 V.P. find excuses to console oneself in a humorous manner; be self-mocking
zìwǒ jièshào 自我介绍 V.P./N. introduce oneself
zìwǒ kèzhì 自我克制 V.P. self-control; self-restraint
zìwǒ kòngzhì 自我控制 V.P. self-control
zìwǒ kuòzhāng 自我扩张[-擴-] V.P./N. ego extension
zìwǒ lǐxiǎng 自我理想 N. ego ideal
zìwǒ pínggū 自我评估 N./V.P. <lg.> self-rating
zìwǒ píngjià 自我评价[-價] N./V.P. self-assessment
zìwǒ pīpíng 自我批评 N. self-criticism ♦V.P. criticize oneself
zìwǒ qiánzài yìshí 自我潜在意识[--潛--識] N. <psy.> ego complex
zìwǒ qǐtú dòngcí 自我企图动词[---圖動-] N. <lg.> verb of self-intention
zìwǒ shíxiàn 自我实现[--實-] N. self-realization; self-fulfillment
zìwǒ táozuì 自我陶醉 N. narcissism ♦V.P. be intoxicated with self-satisfaction
zìwǒ wánshàn 自我完善 N. self-improvement
zìwǒ xīnshǎng 自我欣赏 N. self-appreciation
zìwǒ xīshēng 自我牺牲[--犧-] N. self-sacrifice
zìwǒ xiūzhèng 自我修正 N. <lg.> self repair
zìwǒ xuānyáng 自我宣扬[-揚] V.P. blow one's own trumpet
zìwǒ yìshi 自我意识[-識] N. self-consciousness; autopsyche; ego consciousness
zìwǒ yìshi zhàng'ài 自我意识障碍[---識-礙] N. alienation
zìwǒ zhōngxīn 自我中心 N. egocentricity
zìwǒ zhōngxīn yányǔ 自我中心言语 N. <lg.> egocentric speech
zìwǒ zhōngxīn yìxiàng 自我中心意向 N. egocentrism
zìwǒ zhōngxīn yǔyán 自我中心语言 N. <lg.> egocentric speech
zìwǒ zhuānzhù 自我专注[--專-] N. self-absorption
zìwǒzhǔyì 自我主义[-義] N. egoism
zìwǒzuògǔ 自我作古 F.E. be the first to initiate sth.
zǐwǔ* 子午 N. <geog.> meridian
zìwǔ 自侮 V. demean oneself (through scandalous acts, shady practices, etc.)
zìwù 自误 V. cause damage to one's own interest
zǐwǔlián 子午莲 N. <bot.> water lily M: [2]kē
zǐwǔmǎoyǒu 子午卯酉 F.E. ① from midnight to noon and from sunrise to sunset ② from beginning to end; from start to finish ③ reason; argument ④ result; achievement ⑤ <Dao.> four optimum times for meditation
zǐwǔquān 子午圈 N. meridian (line)
zìwùwùrén 自误误人 F.E. compromise the interest of oneself and of others
zǐwǔxiàn 子午线 N. <geog.> meridian (line)
zǐwǔyí 子午仪[-儀] N. <astr.> meridian instrument M: [1]tái
zīxī 滋/孳息 V.O. bear interest ♦N. interest (from money)
zǐxī 子息 N. ① son ② one's children ③ <wr.> profit from capital investment
[1]**zǐxì*** 仔/子细 S.V. ①careful; attentive ②<topo.> frugal; economical ♦V. be careful; look out
[2]**zǐxì** 子系 N. ① posterity; offspring ② subsystem
zìxī 自惜 V. take good care of oneself
zìxí 自习[-習] V. ① study by oneself ② review one's lessons
zìxǐ 自喜 V. be pleased with one's achievement/etc.
zìxì 字隙 N. word gap
zìxià'érshàng 自下而上 F.E. from bottom to top; from below
zìxià'érshàng guòchéng 自下而上过程 N. <lg.> bottom-up process
[1]**zǐxián** 子痫[-癇] N. <med.> eclampsia
[2]**zǐxián** 子弦 N. fine silk string for musical instruments
zì xiàn fǎwǎng 自陷法网[-網] V.O. incriminate oneself ♦N. self-incrimination
zǐxiāng 梓乡[-鄉] P.W. <wr.> one's native place/home
zìxiāng 自相 ADV. mutually; each other
zìxiāng cánhài 自相残害[--殘-] F.E. ①kill each other ② mutual annihilation
zìxiāng cánshā 自相残杀[-殘殺] F.E. fratricide; mutual annihilation
zìxiāng jiàntà 自相践踏[--踐-] F.E. trample each other down
zìxiāng jīngrǎo 自相惊扰[-驚擾] F.E. alarm one's own group
zìxiāngmáodùn 自相矛盾 F.E. contradict oneself; be self-contradictory
zìxiāngróng 自相容 N. self-compatibility
zìxiàngxué 字相学 N. graphology
zìxiāngyúròu 自相鱼肉 ID. kill/oppress each other
zǐxiāngzǐlǐ 梓乡梓里[-鄉--] F.E. one's native village
zìxiāo* 自销 N. sell goods through one's own channels (of a factory/etc.)
zìxiǎo(r) 自小(儿) V.P. from childhood; as a child
zìxiào 自效 V. go all-out
zìxiāo ménshìbù 自销门市部 P.W. enterprise-operated retail outlet
zǐxiāoqífù 子肖其父 F.E. a chip of the old block

Z

zìxiàxiàn 字下线 N. underlining
zìxībèng 自吸泵 N. self priming pump
zìxiè kǎchē 自卸卡车 N. dump truck M: [3]*liàng*
zìxíkè 自习课[-習-] N. self/independent-study course
zīxìn 资信 N. capital and credit
zìxīn 自新 V.P. make a fresh start ♦N. self-renewal
zìxìn* 自信 V. be self-confident
zìxìnbùyí 自信不疑 F.E. be self-confident
zīxìn diàochá 资信调查 N. credit information
zīxìng 资性 N. disposition; endowments
zǐxìng 子姓 N. descendants; offspring
[1]**zìxíng*** 自行 ADV. ① by oneself ② of oneself; of one's own accord; voluntarily ③ <*astr.*> proper motion ♦V. move by one's self
[2]**zìxíng** 字形/型 N. ① font; style of characters; form of a character; graph; script ② morpheme
zìxǐng 自省 V./N. self-examination
[1]**zìxìng** 自性 N. <*Budd.*> self-nature
[2]**zìxìng** 恣性 N. unrestrained behavior
zìxíng bànlǐ 自行办理[--辦-] V.P. manage sth. individually
zìxíngchē(r) 自行车(儿) N. bicycle; bike M: [3]*liàng*
zìxíngchējià 自行车架 N. ① bicycle frame ② bicycle stand/rack)
zìxíngchēpéng 自行车棚 P.W. bicycle shed M: [4]*zuò*
zìxíngchēsài 自行车赛 N. cycle racing; cycling
zìxíng chǔlǐ 自行处理[--處-] V.P. settle (the matter) by oneself
zìxíngdàolái 自行到来 V.P. come of itself
zìxíng de yánjiū 字形的研究 N. <*lg.*> morphology
zìxíng fēnpèi 字形分配 N. <*lg.*> allomorph
zìxíng huǒpào 自行火炮 N. self-propelled gun M: *mén*
zìxíng jiějué 自行解决[-決] V.P. settle a dispute by the parties concerned
zìxíngqíshì 自行其是 F.E. go one's own way
zìxíng shèfǎ 自行设法 V.P. shift for oneself
zìxíngwūcán 自形污惭 F.E. feel oneself to be without worth
zìxíngwújì 恣行无忌 F.E. act recklessly
zìxíng xiāoshī 自行消失 V.P. die away
zìxíngxué 字形学 N. <*lg.*> morphology; discipline dealing with the form of characters
zìxíng yǐnshēn 字形引伸 N. <*lg.*> morpheme derivation
zīxìn kěkào 资信可靠 V.P. credit-worthy
zìxìnmǎnhuái 自信满怀[-懷] F.E. be sure of oneself; have self-confidence
zǐxīnmù 紫心木 N. purpleheart; violet wood
zīxìn qíngkuàng 资信情况[-況] N. credit position
zìxìnxīn 自信心 N. self-confidence
zìxīnzhīlù 自新之路 N. a chance to turn over a new leaf
zīxìn zhuàngkuàng 资信状况[-狀況] N. credit position
zìxíshì 自习室[-習-] P.W. room for individual study M: [1]*jiān*
zìxí shíjiān 自习时间[-習時-] N. time for individual study
zìxìtǒng 子系统 N. <*lg.*> subsystem
zìxiū 自修 V. ① study on one's own ② educate/discipline oneself
zǐxiùqiú 紫绣球[-繡-] N. hydrangea
zìxiūshì 自修室 P.W. self-study room M: [1]*jiān*
zīxū 髭须[-鬚] N. moustache and beard
[1]**zǐxū** 子虚[-虛] V.P. <*wr.*> fictitious; unreal ♦N. emptiness; nothingness
[2]**zǐxū** 紫虚[-虛] N. sky; firmament
zǐxù 子婿 N. <*wr.*> son-in-law
[1]**zìxǔ*** 自诩 V. <*wr.*> praise oneself; brag
[2]**zìxǔ** 自许 V.P. ① regard oneself as ② have a high opinion of oneself ③ claim to be ④ be conceited
[1]**zìxù** 自序/叙[-敘] N. ① author's preface; preface ② autobiographical note; brief account of oneself
[2]**zìxù** 字序 N. <*lg.*> word order
zìxuán 自旋 ATTR. <*phy.*> spin; spinning
zìxuǎn* 自选[-選] ATTR. free; optional ♦V. self-select
zìxuàn 自炫/衒 V. show off
zìxuǎn cúnchǔ 字选存储[-選--] N. word-ordered store/storage
zìxuǎn dòngzuò 自选动作[-選動-] N. <*sport*> optional exercise
zìxuǎn shāngchǎng 自选商场[-選-場] P.W. supermarket M: [4]*zuò*/[1]*jiā*
zìxuǎn shāngdiàn 自选商店[-選--] P.W. self-service store M: [1]*jiā*
zìxuǎn shìchǎng 自选市场[-選-場] P.W. supermarket M: [4]*zuò*/[1]*jiā*
zìxuǎn tàolù 自选套路[-選--] N. optional/voluntary exercises in *wǔshù*/etc.
[1]**zìxué** 自学 V. ① study on one's own; study independently; teach oneself ② do homework ♦N. self-study; self-learning
[2]**zìxué** 字学 N. the study of Chinese characters
zìxuéchéngcái 自学成才 F.E. become trained through self-education
zìxué kèběn 自学课本 N. teach-yourself books; self-teaching books M: [1]*běn*
zìxù móshì 字序模式 N. <*lg.*> word-order pattern
zīxún* 咨/谘询 V. seek counsel/advice; inquire and consult ♦N. counsel; counseling
zīxùn 资讯 N. information
zìxún 自寻[-尋] V. find the solution/etc. by oneself
zīxùn chāojí gōnglù 资讯超级公路 N. information superhighway
zìxún chūlù 自寻出路[-尋--] V.O. work out one's own salvation/solution
zìxún duǎnjiàn 自寻短见[-尋--] V.O. seek one's own destruction
zìxún fánnǎo 自寻烦恼[-尋-惱] V.O. bring trouble on oneself
zīxún gōngsī 咨询公司 P.W. consulting firm
zīxún guǎnxiáquán 咨/谘询管辖权[-權] N. advisory jurisdiction
zīxúnhuì 咨询会 P.W. consultative conference
zīxún jīguān 咨询机关[-關] P.W. advisory body
zìxún juélù 自寻绝路[-尋絕-] V.O. wilfully take the road to one's doom
zìxún liǎoduàn 自寻了断[-尋-斷] V.O. commit suicide
zìxún mòlù 自寻末路[-尋--] V.O. cut one's own throat (fig.)
zìxún sǐlù 自寻死路[-尋--] V.O. bring about one's own destruction
zīxùnwǎng 资讯网[-網] P.W. information net
zīxùn xiéqǔ 资讯撷取 V.P. <*lg.*> information extraction
zīxúnyè 咨询业[-業] P.W. consulting
zīxún zhìdù 咨/谘询制度 N. counseling system
zìxùshì 自叙式[-敘-] N. autobiographical type
zǐxūwūyǒu 子虚乌有[-虛烏-] ID. it is sheer fiction
[1]**zīyá*** 龇/呲牙[龇-] V.O. ① part the lips as though about to speak ② bare the teeth
[2]**zīyá(r)** 滋芽(儿) V.O. <*topo.*> sprout; germinate
zǐyā 仔鸭 N. duckling
zīyádèngyǎn 龇牙瞪眼[龇-] F.E. bare the teeth and stare; gape
zīyáliězuǐ 龇/呲牙咧嘴[龇-] F.E. ① show one's teeth; look fierce ② grimace
zīyálòuzuǐ 龇/呲牙露嘴[龇-] F.E. grimace
zīyǎn 孳衍 V. grow in number; multiply
zìyǎn(r)* 字眼(儿) N. ① word; wording; diction *Tā yòng ~ hěn jǐnshèn.* She chooses her words very carefully. ② character
zīyǎng 滋养[-養] V. nourish
zìyǎng 自养[-養] V. nurture oneself
zìyàng* 字样[-樣] N. ① model of written characters ② expressions used in certain contexts *Xiāngzi shàng yǒu "Xiǎoxīn Qīngfàng!" ~.* On the box are the words "Handle with care!" ③ word
zīyǎngfèn 滋养分[-養-] N. nourishment; nutrition
zīyǎngliào 滋养料[-養-] N. nourishment; nutrition
zīyǎnglǜ 滋养率[-養-] N. average daily nutrition
zīyǎngpǐn 滋养品[-養-] N. ① nutriment ② nourishing food ③ nourishment
Zīyángrén 资阳人[-陽-] N. <*archeo.*> Ziyang/Tsuyang Man
zìyǎng shēngwù 自养生物[-養--] N. <*bio.*> autotrophs; autotrophic organism
zīyǎng shēntǐ 滋养身体[-養-體] V.O. be nourishing
Zǐyáng Shūyuàn 紫阳书院[-陽書-] P.W. <*hist.*> name of an academy associated with Zhū Xī
zìyánzìyǔ 自言自语 F.E. ① think aloud; soliloquize ② talk to one's self
zǐyào* 子药[-藥] N. bullets and gunpowder
zìyāo 字腰 N. <*lg.*> infix
zǐyàoshuǐ 紫药水[-藥-] N. <*med.*> gentian violet
[1]**zǐyè** 子夜 N. ① midnight ② name of a Six Dynasties woman poet who wrote about the life and feelings of a woman of the night
[2]**zǐyè** 子叶[-葉] N. <*bot.*> cotyledon
zǐyègē 子夜歌 N. mournful ballad describing sadness and happiness in love
zīyī 缁衣 N. <*wr.*> black garments worn by monks or by courtiers on formal occasions M: [2]*jiàn*
[1]**zīyì** 滋益 V.O. increase profit
[2]**zīyì** 咨/谘议[-議] V. consult
zǐyī 紫衣 N. ① <*bot.*> purple moss ② imperial purple ③ <*Budd.*> purple Buddhist gown presented by the emperor to an accomplished monk ④ <*trad.*> official dress of high officials
zǐyì 訾议[-議] V. <*wr.*> ① pick others to pieces ② criticize; impeach
[1]**zìyì*** 恣意 ADV. recklessly; willfully ♦V.P. unscrupulous; unbridled
[2]**zìyì** 自缢 V. <*wr.*> hang oneself
[3]**zìyì** 字义[-義] N. ① literal meaning ② definition ③ connotation ④ meaning of a character/word ⑤ letter
[4]**zìyì** 字译[-譯] N. <*lg.*> word translation
zìyì'érsǐ 自缢而死 F.E. hang oneself
zìyìgūxíng 恣意孤行 F.E. act wilfully
zìyìjiàntà 恣意践踏[-踐-] F.E. arrogantly trample on sb.
[1]**zīyīn** 滋阴[-陰] V.O. <*Ch. med.*> nourish *yīn*; treat *yīn* deficiency by reinforcing body fluid and nourishing the blood
[2]**zīyīn** 兹因[茲-] CONJ. now because. . .
zǐyīn 子音 N. <*lg.*> consonant
zǐyìn 子胤 N. sons and daughters
zìyīn* 字音 N. ① pronunciation of a character/word ② literary reading; phonetic; pronunciation; sound of a character
zìyīnbiǎo 字音表 N. table of character pronunciations M: [1]*zhāng*
zīyīnbǔyáng 滋阴补阳[-陰補陽] F.E. nourishment for vitality
zǐyīn chángdù 子音长度 N. <*lg.*> consonant length
zǐyīncóng 子音丛[-叢] N. <*lg.*> consonant cluster
zìyīn dàlèi 字音大类[-類] N. <*lg.*> phonetic category
zīyǐng 姿影 N. image/impression of sb.
zìyíng* 自营[-營] V. operate one's own business
zìyìng 自应[-應] V. respond on one's own
zìyíng jīngjì 自营经济[-營經濟] N. individual economic undertakings
zìyíngshāng 自营商[-營-] N. self-employed businessman M: [2]*wèi*
zìyíngxìng 自营性[-營-] N. <*bio.*> autotrophic
zìyíng yèwù 自营业务[-營業務] P.W. self-operated business
zìyìngyòng 自应用[-應-] N. self-application
zìyíng zhuānyèhù 自营专业户[-營專業-] N. <*pol.*> self-run specialized household

zìyīn quántóng 字音全同 V.P. <lg.> perfectly homophonous
zìyīn wánquán xiāngtóng 字音完全相同 V.P. <lg.> absolute identity in sound
zìyīn xiāngtóng 字音相同 V.P. identity in sound
zìyīn yàosù 字音要素 N. <lg.> phoneme
zìyīnzhìguǒ 自因至果 F.E. from cause to effect
zīyīnzhuàngyáng 滋阴壮阳[-陰壯陽] F.E. nourishment for vitality
zìyì shūzhèng 字义疏证[-義-證] N. textual study
zìyītuīwàn 自一推万[-萬] F.E. extrapolate from one to thousands
zìyìwāiqū 恣意歪曲 F.E. willfully distort
zìyìwàngwéi 恣意妄为 F.E. ① act willfully and wildly; behave unscrupulously ② act as one pleases ③ perpetrate whatever evils one pleases
zì yǐwéi 自以为 V.P. consider oneself (as)
zì yǐwéi bùkěyīshì 自以为不可一世 F.E. swagger like a conquering hero
zì yǐwéi déjì 自以为得计 F.E. think one's own plans are cleverly laid
zìyǐwéifēi 自以为非 F.E. consider oneself in the wrong; recognize one's own fallibility
zì yǐwéi liǎobuqǐ 自以为了不起 F.E. think oneself terrific
zìyǐwéishì 自以为是 F.E. be opinionated/ bumptious
zìyìxínglè 恣意行乐[-樂] F.E. give way to unrestrained fun
zìyíyīqī 自贻伊戚 F.E. bring trouble on oneself
zīyòng 资用 ATTR. <phys.> available
zìyòng* 自用 V.P. opinionated; self-willed ♦ ATTR. for private use; personal
zìyòngchē 自用车 N. personal-use vehicle M: [3]liàng
zīyòng jiǎshuō 资用假说 N. working hypothesis
zìyòng wùpǐn 自用物品 N. personal effects/ belongings
zīyòngyìráo 资用益饶[-饒] F.E. have more and more funds and supplies
zīyǒu 兹有[茲-] F.E. now here is...(conventional opener in business letters)
zìyóu* 自由 N. freedom; liberty ♦ S.V. free; unrestrained
zìyǒu 自有 V.P. have; possess; own
zìyòu(r) 自幼(儿) V.P. from/since childhood
zìyóu biànhuà 自由变化[--變-] N. free variation
zìyóu biànyì 自由变异[-變異] N. <lg.> free variation
zìyóu císù 自由词素 N. <lg.> free morpheme
zìyóu cízǔ 自由词组 N. <lg.> free word group
zìyóudǎng 自由党[-黨] P.W. liberal party
zìyòudàolǎo 自幼到老 F.E. from infancy to old age
zìyǒudàolǐ 自有道理 F.E. have its own reason/ rationale
zìyóu diànzǐ 自由电子[--電-] N. free electron
zìyóu dìqū 自由地区[-區] P.W. free zone
zìyóudù 自由度 N. ① degree of freedom ② variance
zìyóu duìhuàn 自由兑换[-換] N. <econ.> convertibility
zìyóufàngrèn 自由放任 F.E. laissez-faire
zìyóu fàngrènzhǔyì 自由放任主义[-義] N. laissez-faire
zìyóu fànlàn 自由泛滥[-濫] V.P. spread unchecked; run wild (of erroneous ideas/etc.)
zìyóugǎng 自由港 P.W. free port M: [4]zuò
zìyǒugōnglùn 自有公论 F.E. The public can judge (this matter) fairly.
zìyóu gōngzhài 自由公债 N. voluntary loan
zìyóu gòuxiāo 自由购销[--購-] N. free buying and selling
zìyóuhuà 自由化 N. liberalization
zìyóu hùhuàn 自由互换[-換] N. free variation
zìyóu huìlǜ 自由汇率[--匯-] N. free exchange rate
zìyóu jiàgé 自由价格[--價-] N. free price
zìyóu jiàoyù 自由教育 N. liberal education
zìyóu jiéhūn 自由结婚 N. free marriage
zìyóu jìngzhēng 自由竞争[-競爭] N. free competition
zìyóu liàn'ài 自由恋爱[-戀愛] N. free courtship; free love; freedom to choose one's spouse
zìyóu liànxí 自由练习[-練習] N. <lg.> free practice
zìyóu liánxiǎng 自由联想[--聯-] N. <psy.> free/uncontrolled association
zìyóu lùnyuán 自由论元 N. <lg.> free argument
zìyóu luòtǐ 自由落体[-體] N. free fall
zìyóu luòtǐ yùndòng 自由落体运动[-體運動] N. <phy.> free falling movement
zìyóu màoyìqū 自由贸易区[-區] P.W. free trading area
zìyóumín 自由民 N. freeman
Zìyóu Nǚshén 自由女神 N. Statue of Liberty
zìyóupài 自由派 N. libertarian
zìyòuqīngpín 自幼清贫 F.E. be poor from one's boyhood on
zìyóu qìyuē xuǎnshǒu 自由契约选手[----選-] N. <sport.> free agent
zìyóuquán 自由权[-權] N. freedoms guaranteed by the constitution
zìyóurén 自由人 N. freeman
zìyóurì 自由日 N. ① free day ② freedom day
zìyóusǎnmàn 自由散漫 F.E. slack; lax in discipline
zìyóusǎnmànxìng 自由散漫性 N. individualistic aversion to discipline
Zìyóushén 自由神 N. The Statue of Liberty
zìyóushī 自由诗 N. free verse
[1]zìyóushì 自由式 N. free form/style
[2]zìyóushì 自由市 P.W. free/open market
zìyóu shìchǎng 自由市场[-場] P.W. free/open market
zìyòushīhù 自幼失怙 F.E. lose one's father when young
zìyóushì jiēlì 自由式接力 N. <sport> freestyle relay
zìyóushì shuāijiāo 自由式摔交 N. freestyle wrestling
zìyóu sīxiǎng 自由思想 N. ① free thought ② freedom of thought
zìyóutài 自由态[-態] N. free state/condition
zìyóu tǐcāo 自由体操[--體-] N. <sport> free gymnastics
zìyóu wángguó 自由王国[-國] P.W. <phil.> realm of freedom
zìyóu wèn-dá xiàng 自由问答项 N. <lg.> free response item
zìyóuxíng 自由刑 N. <law> deprivation of liberty
zìyóuxìng* 自由性 N. character of being free
zìyóu xíngdòng 自由行动[-動] V.P. act on one's own
zìyóu xíngshì 自由形式 N. free form
zìyóu xīnzhèng 自由心证[-證] N. discretion
zìyóuyè 自由业[-業] N. flexible job
zìyóu yìfǎ 自由译法[--譯-] N. <lg.> free translation
zìyóu yìyì 自由意译[-譯] N. <lg.> free translation
zìyóu yìzhě 自由译者[--譯-] N. <lg.> freelance translator
zìyóu yìzhì 自由意志 N. free will
zìyóuyǒng 自由泳 N. <sport> freestyle swimming; crawl
zìyóuyǔ 自由语 N. <lg.> free morph
zìyóu yǔshì 自由语式 N. <lg.> free form
zìyóu yǔsù 自由语素 N. <lg.> free morpheme
Zìyóuzhì Dàxué 自由制大学 P.W. free university
zìyóu zhíyè 自由职业[-職業] N. ① self-employment ② profession
zìyóuzhíyèzhě 自由职业者[--職業-] N. a professional M: [2]wèi
zìyóu zhòngyīn 自由重音 N. <lg.> free stress
zìyóuzhǔyì 自由主义[-義] N. liberalism
zìyóuzhǔyìzhě 自由主义者[---義-] N. a liberal
zìyóuzhǔyì zhéxué 自由主义哲学[---義--] N. liberal philosophy
zìyóuzì 自由字 N. <lg.> free word
zìyǒu zīběn 自有资本 N. equity/owned capital
zìyóu zīběnzhǔyì 自由资本主义[-義] N. nonmonopoly capitalism; laissez-faire capitalism
zìyóu zīchǎn jiējí 自由资产阶级[--產階-] N. non-monopoly bourgeoisie; liberal bourgeoisie
zìyǒu zījīn 自有资金 N. funds in the hands of the localities
zìyóuzìzài 自由自在 F.E. carefree
zìyóu zǔguó 自由祖国[-國] N. free motherland
zìyóu zuòwén 自由作文 N. <lg.> free composition
[1]zīyú 滋腴 V. greasy food
[2]zīyú 菑畬 N. <wr.> farming; husbandry
zīyù 滋育 V. ① nourish ② reproduce in large numbers; multiply
[1]zìyú 仔鱼 N. (fish) fry
[2]zǐyú 紫榆 N. <bot.> elm M: [2]kē
zǐyǔ 子语 N. <lg.> daughter language
zǐyù 子玉 N. jade from river beds; jade pebbles
zìyú 自娱 V. ①amuse oneself ②have recreation in which the masses themselves take part
zìyǔ* 自语 V. talk to oneself
[1]zìyù 自育 ATTR. <zoo.> self-fertile
[2]zìyù 自愈 N. self-cure
[3]zìyù 自喻 V. claim oneself to be; regard oneself as
[4]zìyù 恣欲 V.O. give rein to lust
zīyuán* 资源 N. natural resources
[1]zìyuán 字源 <lg.> N. etymology of a word; etymology ♦ ATTR. etymological
[2]zìyuán 字元 N. <lg.> character
[1]zìyuàn 自愿[-願] ADV. act voluntarily or of one's own accord
[2]zìyuàn 自怨 V. blame oneself
zìyuánchuàn 字元串 N. <comp.> character string
zìyuǎn'érjìn 自远而近[-遠--] F.E. approach from a distance; from far to near
zìyuánmǎ 字元码 N. <lg.> character sign/ symbol
zìyuánqíshuō 自圆其说 F.E. ① make plausible/ tenable defense ② justify oneself
zìyuànshū 自愿书[-願書] N. written declaration volunteering to do sth. M: [1]fèn
zìyuànxiàoláo 自愿效劳[-願-勞] F.E. volunteer one's services
zìyuànxìng shīyè 自愿性失业[-願--業] N. voluntary unemployment
zìyuánxué 字源学 N. etymology
zìyuǎnyuǎnrén 自远远人[-遠遠-] F.E. Holding yourself aloof will only end in making others turn away from you.
zìyuànzhě 自愿者[-願-] N. volunteer
zìyuànzìyì 自怨自艾 F.E. ① repent and redress one's errors ② blame and censure oneself
zìyuánzǔ 字元组 P.W. <lg.> character group
zǐyuē 子曰 F.E. Confucius said
zǐyùn 子晕 N. <Ch. med.> nausea in pregnancy
zìyùn* 字韵[-韻] N. rhyme of a character
zǐyúnyīng 紫云英[-雲-] N. <bot.> Chinese milk vetch
zǐyǔyán 子语言 N. sublanguage
zìyúyúrén 自娱娱人 F.E. entertain oneself as well as others
zìzai* 自在 S.V. ① free; unrestrained ② comfortable; at ease *See also* *zìzài*
zìzài 自在 S.V. <Budd.> ① free from hindrance/ delusion ② independent *See also* *zìzai*
zìzàihuà 自在画[-畫] N. freehand drawing
zìzài jiējí 自在阶级[--階-] N. <phil.> class-in-itself
zìzàizhīwù 自在之物 N. <phil.> thing-in-itself
zìzàn 自赞 V. ① praise oneself ② recommend oneself
zǐzàng 紫藏 N. purple Tibetan incense
zìzào 自造 V. make by oneself
zìzé 自责 V. condemn/blame oneself ♦ N. self-reproach

Z

zìzéi 自贼 V. harm oneself
zīzhā 吱喳 ON. chatter (made by birds/animals) *See also zhīzhā*
zīzhǎng 滋长 V. ① grow; thrive ② yield
zìzhāo 自招 V. ① confess ② invite (misfortune); bring on oneself
zìzhǎo* 自找 V. suffer from one's own actions; ask for it
zìzhāo huòyāng 自招祸殃[--禍-] V.O. bring misery on oneself
zìzhǎokǔchī 自找苦吃 F.E. bring trouble on oneself
zìzhāo máfan 自招麻烦 V.O. bring trouble on oneself
zìzhǎo máfan* 自找麻烦 V.O. be looking for trouble; ask for trouble
zìzhǎo méiqù 自找没趣 F.E. invite a snub
zìzhāo mièwáng 自招灭亡[--滅-] V.O. court disaster
zìzhāo xiányí 自招嫌疑 V.O. lay oneself open to suspicion
zìzhāo yuānchóu 自招冤仇 V.O. bring bitter hatred upon oneself
zīzhě 兹者[茲-] N. now
zǐzhèn 子阵 N. ① submatrix ② subarray
[1]**zīzhèng** 咨政 N. political advisor (to the Chinese presidency)
[2]**zīzhèng** 资政 N. high counselor to a head of state
zìzhèngqiāngyuán 字正腔圆 F.E. sing/speak with clear and rich tones
zìzhèngzìyòng 自挣自用[-掙--] F.E. live on one's own income
zìzhēnjùzhuó 字斟句酌 F.E. weigh every word; choose one's words with care
zìzhēnzìzhuó 自斟自酌 F.E. ① drink alone ② have one's own opinion
zīzhe yá xiào 龇/呲着牙笑[齜著-] V.P. <coll.> laugh through open mouth
zīzhí 滋殖 V. ① grow; breed; propagate ② reproduce in large numbers
zīzhì 资/姿质[-質] N. natural endowments; intelligence; talent
zǐzhī 紫芝 N. a kind of gill fungus
[1]**zǐzhí** 子侄 N. generation younger than oneself in the family/clan; one's sons, daughters, nephews, and nieces
[2]**zǐzhí** 子职[-職] N. filial duties
zìzhī 自知 V. ① know oneself ② be oneself aware (that)
zìzhǐ 字纸 N. wastepaper with characters
[1]**zìzhì*** 自治 V./N. ① autonomy; self-government ② self-discipline
[2]**zìzhì** 自制[-製] V. ① make by oneself *lǎoshī ~ de jiàojù* teaching aids made by the teacher ② manufacture locally or by the plant concerned *See also* [3]*zìzhì*
[3]**zìzhì** 自制 V.P. maintain self-control ♦N. self-control; self-restraint *See also* [2]*zìzhì*
zìzhībùrú 自知不如 F.E. know one isn't another's equal
zīzhì dòngcí 姿置动词[--動-] N. <lg.> verb of location
zìzhìfǎ 自治法 N. self-governing law
zìzhì fǎguī 自治法规 N. local self-government regulations
zìzhìhuì 自治会 P.W. ① student government of a school ② public-welfare organization operated by the citizens of a community
zìzhījiésuō 字之节缩[--節-] N. <lg.> syncope
zìzhì jīguān 自治机关[-關] P.W. organ of self-government
zìzhīlì 自知力 N. self-insight
zìzhìlì* 自制力 N. self-control
zìzhīlǐkuī 自知理亏[-虧] F.E. know that one is in the wrong
zìzhìlǐng 自治领 N. self-governing dominion; dominion
zìzhīlǐqū 自知理屈 F.E. know that one is in the wrong
zìzhǐlǒu(r/zi) 字纸篓(儿/子)[--簍-] N. wastepaper basket
zīzhìpíngpíng 资质平平[-質--] F.E. One's natural endowments are ordinary.
zìzhìqū 自治区[-區] P.W. autonomous region
zìzhìquán 自治权[-權] N. autonomy
zìzhǐshì 自指示 N. self-indication
zìzhìshì* 自治市 P.W. autonomous city
zìzhìtǐ 自治体[-體] P.W. autonomous organization
zìzhìxiàn 自治县[-縣] P.W. autonomous county
zìzhì xíngzhèng 自治行政 P.W. self-governed administration
zìzhì zhèngfǔ 自治政府 P.W. self-government
zìzhìzhì 自治制 N. autonomous system
zìzhīzhīmíng 自知之明 N. ① self-knowledge ② know oneself; correct self-assessment
zìzhìzhōu 自治州 P.W. autonomous prefecture
zìzhìzìyòng cáiliào 自制自用材料[-製----] N. materials manufactured for one's own use
zīzhòng 辎重 N. <mil.> impediments; baggage
zǐzhǒng 子肿[-腫] N. edema during pregnancy
zìzhòng* 自重 V. conduct oneself with dignity ♦N. deadweight
zīzhòngbīng 辎重兵 P.W. <mil.> transportation corps
zīzhòngchē 辎重车 N. <mil.> transport vehicles M: [3]*liàng*
zīzhòngduì 辎重队[-隊] P.W. <mil.> ① transport corps ② convoys of military supplies M: [4]*zhī*
zì zhōng yī bùfen 字中一部分 N. part of a character
zīzhù 资助 N./V. aid financially; subsidize
[1]**zǐzhū** 仔/子猪[-豬] N. piglet
[2]**zǐzhū** 紫珠 N. purple beautyberry
zǐzhú 紫竹 N. black bamboo M: [2]*gēn*
zǐzhù 子注[-註] N. small-type explanatory notes in books
zìzhǔ* 自主 V. be one's own master; take the initiative *hūnyīn* ~ marry sb. of one's own choice
zìzhù 自助 N. self-help ♦V. help oneself
zìzhuān 自专[-專] V. <wr.> act on one's own
[1]**zìzhuàn*** 自传[-傳] N. autobiography
[2]**zìzhuàn** 自转[-轉] <astr.> V. revolve on its own axis ♦N. rotation
zìzhuàntǐ 自传体[-傳體] N. autobiographical style
zìzhuànzhóu 自转轴[-轉-] N. axis of rotation
zīzhūbìjiào 锱铢必较 ID. dispute/haggle over every detail
zīzhūbùshuǎng 锱铢不爽 ID. The accounts are exact to the penny.
zìzhùcān 自助餐 N. buffet; cafeteria
zìzhù cāntīng 自助餐厅[--廳] P.W. cafeteria M: [1]*jiā*
zìzhǔ dàodé 自主道德 N. autonomous morality
zìzhǔguó 自主国[-國] P.W. sovereign state
zìzhǔ jiātíng 自主家庭 P.W. autonomous family
zīzhūjìjiào 锱铢计较 ID. miserly; counting cents and nickels
zìzhù língshòu 自助零售 N./V.P. self-help retailing
zìzhuó 自酌 V. enjoy a cup of wine all by oneself
zìzhǔquán 自主权[-權] N. ① sovereignty ② power to make one's own decisions
zìzhùrénzhù 自助人助 F.E. People help those who help themselves.
zìzhù shítáng 自助食堂 P.W. automat; cafeteria
zìzhùtiānzhù 自助天助 F.E. Heaven helps those who help themselves.
zìzhǔxìng 自主性 N. autonomy
zìzhǔxìng zhuānyè zǔzhī 自主性专业组织[---專業-織] P.W. autonomous professional organization
zìzhù xǐyīdiàn 自助洗衣店 P.W. launderette M: [1]*jiā*
zìzhù xǐyījī 自助洗衣机 N. laundromat washing machine M: [1]*tái*
zīzhù zèngkuǎn 资助赠款 N. grant-in-aid
zìzhǔzhīquán 自主之权[-權] N. ① sovereignty; autonomy ② power to make one's own decisions
zìzhùzhùrén 自助助人 F.E. help others by helping oneself
[1]**zīzī*** 孜孜//孳孳 R.F. diligent; hardworking
[2]**zīzī** 吱吱 ON. chirp; squeak *See also zhīzhī*
zǐzǐ 訾訾 R.F. slander; defame
zìzī 自兹[-茲] V.P. ① from now on; henceforth ② from here
zìzì 字字 R.F. every character/word ♦ADV. word by word; character by character
zīzībùjuàn 孜孜不倦 F.E. diligently; indefatigably
zīzībùxī 孜孜不息 V.P. be diligent
zīzichāchā 吱吱喳喳 R.F. <coll.> chatter *See also zhīzhīzhāzhā*
zìzìránrán 自自然然 R.F. <coll.> unaffectedly
zǐzǐsūnsūn 子子孙孙[-孫孫] R.F. ① heirs; offspring ② generation after generation of descendants
zīzīwéilì 孳孳为利 F.E. work hard from morning till night for money
zīzīwéishàn 孳孳为善 F.E. persevere in doing good
zǐzixìxì 仔仔细细 R.F. <coll.> very careful
zīzīyǐqiú 孜孜以求 F.E. diligently seek
zìziyóuyóu 自自由由 R.F. <coll.> free
zìzìzàizài 自自在在 R.F. <coll.> free; unrestrained
zīzizhe 髭髭着[-著] V.P. tousled (of hair)
zìzìzhòngkěn 字字中肯 F.E. Every word is to the point.
zìzìzhūjī 字字珠玑 F.E. each word a gem (said in praise of sb.s writing)
zìzòng 恣纵[-縱] <wr.> V.P. ① self-indulgent; undisciplined ② licentious; dissolute ③ having no regard for rules
zīzōu 咨/谘诹 V. consult (esp. on affairs of state)
zìzǒu 自走 V.P. ① go one's own way ② be self-propelled
zìzǒu juélù 自走绝路[--絕-] V.O. take the road to ruin
zìzǒupào 自走炮 N. self-propelled gun M: *mén*
zìzǒushì 自走式 ATTR. self-propelled
zǐzú 子族 N. subfamily
zìzú* 自足 S.V. ① self-satisfied; self-sufficient ② complacent; smug ♦V. exercise self-restraint
[1]**zìzǔ** 字组 N. <lg.> word-group
[2]**zìzǔ** 自组 V. form groups at the will of the individuals themselves
zìzuì 自罪 V. blame oneself
zīzuǐr 滋嘴儿 V.O. smile; grin
zìzūn 自尊 V. ① have self-respect/self-esteem ② be egotistic/pretentious
zìzūngǎn 自尊感 N. self-respect
zìzūnxīn 自尊心 N. self-respect
zìzūnzìdà 自尊自大 F.E. be self-aggrandizing and arrogant
zìzūnzìguì 自尊自贵 F.E. feel oneself to be above ordinary tasks
zìzuò 自作/做 V.P. make by oneself
zìzuòcáiduó 自作裁夺[-奪] F.E. use one's discretion
zìzuòcōngmíng 自作聪明[--聰-] F.E. ① think oneself clever ② outsmart oneself ③ presumptuous/ pretentious
zìzuòduōqíng 自作多情 F.E. ① fancy oneself as attractive to the opposite sex ② be pleased with oneself ③ proffer a love which is not reciprocated
zìzuǒ'érqǐ 自左而起 F.E. from left to right
zì zuònìe 自作孽 V.P. ① bring disaster on oneself ② have only oneself to blame
zìzuò zhǔzhāng 自作主张 V.P. act on one's own
zìzuòzìshòu 自作自受 F.E. as one sows, so shall one reap; reap what one sows
zìzú yǒuyú 自足有余 V.P. be more than self-sufficient (in)
zìzú zìjǐ 自足自给 V.P. be self-sufficient

Z

[1]**zōng** 宗 B.F. ① forefathers; ancestors ***zǔzōng*** ② clan ***tóngzōng***, ***zōngxìong*** ③ sect; faction; school ***Chánzōng*** ④ principal aim ***zōngzhǐ*** ⑤ model; great master ***zōngshī*** ⑥ ancestral temple ***zōngmiào***⑦religion ***zōngjiào***⑧venerate ***zōngyǎng*** ⑨pay court to ⑩take as one's model (in academic or artistic work) ♦N. ① <*trad.*> Tibetan county-like unit ② Surname ♦M. *for items/batches*

[2]**zōng** 踪[蹤] B.F. footprint; track; trace [1]***zōngjì***

[3]**zōng** 棕 B.F. ① palm [2]***zōngshù*** ② palm fiber; coir [2]***zōngmáo*** ③ brown ***zōngsè***

[4]**zōng** 鬃 B.F. mane ***mǎzōng***

[5]**zōng** 综[綜] B.F. comprehensive; aggregate; composite [1]***zōnghé***

[6]**zōng** 腙 N. <*chem.*> hydrazone

[1]**zǒng*** 总[總] B.F. ① total; comprehensive; general; overall [1]***zǒngshù*** ② chief; head ***zǒngjīnglǐ***, ***zǒngtǒng*** ♦ADV. ①always; invariably ②anyway; after all; inevitably; sooner or later ③ surely; certainly ④at least ♦V. ①assemble; put together ② sum up

[2]**zǒng** 偬[傯] in [2]***zǒngzǒng***, ***kǒngzǒng***

[1]**zòng** 纵[縱/從] B.F. ① from north to south [1]***zòngguàn*** ② vertical; longitudinal; lengthwise ***zònghéng*** ③ release; set free ***zònghǔguīshān*** ④ indulge; give oneself up to ***fàngzòng*** ⑤ pamper; spoil (a child) ⑥ shoot (an arrow) ⑦ topo. creased; crumpled ♦CONJ. <*wr.*> even if; (even) though ♦V. jump up; leap ***See also*** [10]*cōng*, [1]*cóng*

[2]**zòng** 粽 B.F. glutinous rice cooked in bamboo-leaf wrappers ***zòngzi***, ***ròuzòng***

[3]**zòng** 疭[瘲] in ***chìzòng***

zǒng'àn 总按[總-] V. <*Ch. med.*> feel the pulse with three fingers simultaneously

zǒngbàgōng 总罢工[總罷-] N. strike of a whole union; general strike

zǒngbàn 总办[總辦] V. have overall charge of ♦N. managers; directors

zǒngbànshìchù 总办事处[總辦-處] P.W. the main office

zǒngbāo jìdì 总包寄递[總-遞] N. printed mailings at reduced postage

zōngbēng(r/zi) 棕绷(儿/子)[-繃-] N. coir bed

zǒngbēngkuì 总崩溃[總-] N. total collapse

zòngbì 纵壁[縱-] N. longitudinal wall

zōngbiān 棕编 N. coir-woven articles; palm fiber weaving

zǒngbiān* 总编[總-] N. editor-in-chief M: [2]*wèi*

zǒngbiānjí 总编辑[總-] N. editor-in-chief M: [2]*wèi*

zōngbiān wùpǐn 棕编物品 N. palm woven ware

zǒngbiǎo 总表[總-] N. <*acct.*> summary statement M: [1]*zhāng*

zǒngbǐjíshū 纵笔疾书[縱筆-書] F.E. write with a quick pen

zǒngbìjù 总臂距[總-] N. total span

zǒngbīng 总兵[總-] N. <*hist.*> ① command ② governor; garrison commander

zōngbìxī 棕碧硒 N. <*min.*> brown tourmaline

zòngbō 纵波[縱-] N. <*phy.*> longitudinal wave

zǒngbù* 总部[總-] P.W. ① (general) headquarters ② head office

zòngbù 纵步[縱-] N. jump; bound ♦V. stride

zǒngbùzhì 总布置[總-] P.W. general headquarters

zǒngcái 总裁[總-] N. ① head examiner ② director-general; president; governor; director of a business; C.E.O. M: [2]*wèi*

zǒngcáipàn 总裁判[總-] N. chief referee M: [2]*wèi*

zǒngcái zhíwèi 总裁职位[總-職-] N. presidency

Zǒngcān 总参[總參] AB. *Zǒngcānmóubù*

Zǒngcānmóubù 总参谋部[總參-] P.W. General Staff Headquarters

zǒngcānmóuzhǎng 总参谋长[總參-] N. chief of the General Staff M: [2]*wèi*

zǒngcè 总册[總冊] N. book of general record M: [1]*běn*/[4]*cè*

zǒngcèshì 总测试[總-] N. <*lg.*> summative test

zǒngchǎn 总产[總產] N. total output

zǒngcháng 总长 N. total length ***See also*** *zǒngzhǎng*

zǒngchǎng* 总厂[總廠] P.W. industrial complex

zǒngchǎnliàng 总产量[總產-] N. total output

zǒngchǎnzhí 总产值[總產-] N. total output value

zōngchén 宗臣 N. ① clan officer ② respected minister of state M: [2]*wèi*

zǒngchēng* 总称[總稱] N. generic/general term

zǒngchéng 总成[總-] V.P. ① complete; accomplish ② assemble ③ <*trad.*> help (sb. to achieve his aim)

zǒngchéngběn 总成本[總-] N. total/complete cost

zōngchéngsè 棕橙色 N. terra-cotta

zǒngchǐcùn 总尺寸[總-] N. general dimension

zōngchìsè 棕赤色 N. maroon (color)

zǒngchìzì 总赤字[總-] N. total deficit

zǒngchù 总处[總處] P.W. head office

zōngcí* 宗祠 P.W. ancestral hall/temple M: [4]*zuò*

zǒngcí 总辞[總辭] V. resign

zǒngcíshū 总辞书[總辭書] N. letter of resignation M: [2]*fēng*

zǒng cízhí 总辞职[總辭職] V.O. resign en bloc ♦N. general resignation

zōngcí-zǔmiào 宗祠祖庙[-廟] P.W. clan ancestral temple M: [4]*zuò*

zǒngdàilǐ 总代理[總-] N. general agent/agency M: [1]*jiā*/[2]*wèi*

zǒngdàilǐrén 总代理人[總-] N. general agent M: [2]*wèi*

zǒngdàilǐshāng 总代理商[總-] N. general agent M: [1]*jiā*/[2]*wèi*

zǒngdān 总单[總-] N. complete list/record/etc. M: [1]*zhāng*

zòngdào 纵盗[縱盜] V.O. overlook robbery

zǒngděi 总得[總-] ADV. must; have to; be bound to

zǒng de lái kàn 总地来看[總-] V.P. on the whole

zǒng de lái shuō 总地来说[總-] V.P. on the whole

zǒng de shuōlái 总地说来[總-] V.P. on the whole

zōngdì 宗弟 N. clansman of one's generation who is younger than oneself

zǒngdiàn 总店[總-] P.W. main store (of a business) M: [1]*jiā*

zǒngdòngyuán 总动员[總動-] N. general/total mobilization

zǒngdòngyuánlìng 总动员令[總動-] N. general mobilization order M: [2]*dào*

zǒngdū 总督[總-] N. governor-general; governor; viceroy M: [2]*wèi*

zòngduànmiàn 纵断面[縱斷-] N. vertical section; longitudinal profile

zǒngdūfǔ 总督府[總-] P.W. governor-general's residence

zǒngduì 总队[總隊] P.W. <*mil.*> unit in an army

zòngduì* 纵队[縱隊] N. column; file

zǒng'é 总额[總-] N. total amount; sum total

zōng'érchá 棕儿茶 N. <*bot.*> gambier

zǒng'éryánzhī 总而言之[總-] F.E. in short; in a word; to sum it up

zǒng'é shuìzhì 总额税制[總-] N. lump-sum tax system

zōngfǎ* 宗法 N. ① patriarchal clan system ② clan rules governing the order of succession, marriage, etc.

zǒngfà 总发[總髮] N. childhood

zōngfān 宗藩 N. members of the royal family holding feudal benefices

zòngfānchuán 纵帆船[縱-] N. schooner M: [1]*sōu*

zǒngfāngzhēn 总方针[總-] N. general policy/principle

zōngfǎ zhìdù 宗法制度 N. patriarchal clan system

zōngfēng 宗风 N. <*Budd.*> unique style of a sect

zòngfēngzhǐliáo 纵风止燎[縱-] ID. worsen the situation

zǒngfēnlèizhàng 总分类帐[總-類-] N. <*acct.*> general ledger M: [1]*běn*

zōngfù 宗妇[-婦] N. wife of the eldest son by direct line of descent

zǒngfùzérén 总负责人[總-] N. person with over-all responsibility M: [2]*wèi*

zǒng fùzhài 总负债[總-] N. <*acct.*> gross liabilities

zǒnggāi 总该[總-] AUX. should at least

zǒnggàisuàn 总概算[總-] N. general estimate

zōnggàitǔ 棕钙土 N. brown soil

zǒnggāng 总纲[總綱] N. general program/principles

zōnggǎng dìxíng 鬃岗地形[-崗--] N. hogback topography

zǒnggànshi 总干事[總幹-] N. secretary-general M: [2]*wèi*

zònggé 纵隔[縱-] N. <*phys.*> mediastinum

zǒnggēnyuán 总根源[總-] N. root cause

zōnggōng 宗工 N. <*trad.*> great master (in the academic/artistic area)

zǒnggōng 总攻[總-] N. <*mil.*> general offensive

zǒnggòng* 总共[總-] ADV. in all; altogether

zǒnggōngchéngshī 总工程师[總-師] N. chief engineer M: [2]*wèi*

zǒnggōnghuì 总工会[總-] P.W. federation of trade unions

zǒnggōngjī 总攻击[總-擊] N. <*mil.*> general offensive

zǒnggōngjǐ* 总供给[總-] N. aggregate/total/gross supply

zǒnggōngjīlìng 总攻击令[總-擊-] N. orders for a general offensive M: [2]*dào*

zǒnggōngshì 总攻势[總-勢] N. general offensive

zǒnggōngsī 总公司[總-] P.W. ① head office of a corporation ② controlling corporation M: [1]*jiā*

zǒng gōngzuò fèiyong 总工作费用[總-] N. total work cost

zònggǔ 纵谷[縱-] N. longitudinal valley

zōngguān* 综观[-觀] V. make a comprehensive survey

zōngguǎn 综管 V. be in overall charge

zǒngguǎn 总管[總-] N. ① main pipe ② <*trad.*> ⓐ manager ⓑ steward; butler ⓒ title of a ranking military officer ⓓ garrison commander ⓔ majordomo ♦V. ① take overall responsibility ② supervise

zòngguān 纵观[縱觀] V. look far and wide; scan

zòngguǎn 纵管[縱-] CONJ. even though; although

[1]**zòngguàn** 纵贯[縱-] V. pass through from north to south or from south to north

[2]**zòngguàn** 纵惯[縱-] V. spoil (a child)

zòngguàndào 纵贯道[縱-] N. cross-country north-south route M: [1]*tiáo*

zòngguàn gōnglù 纵贯公路[縱-] N. cross-country north-south highway

zōngguān quánjú 综观全局[-觀--] V.O. take a broad view of the situation; survey the general situation

zòngguàn tiělù 纵贯铁路[縱-鐵-] N. cross-country north-south railway

zòngguànxiàn 纵贯线[縱-] N. longitudinal/vertical line M: [1]*tiáo*

zòngguàn yánjiū 纵贯研究[縱-] N. longitudinal study

zǒngguī 总归[總歸] ADV. anyhow; eventually; after all

zǒngguīhuà 总规划[總-劃] N. overall planning

zǒngguīmó 总规模[總-] N. overall scope

zǒnggūjì 总估计[總-] N. overall estimate

zōngguó 宗国[-國] P.W. fatherland

zǒngháng 总行[總-] P.W. head/main office of a bank/etc.

zǒnghào(r) 总号(儿)[總號-] N. ① main store of a business ② colon (punctuation)

[1]**zōnghé*** 综合 V. synthesize; group together ♦ATTR. synthetic; synthetical; comprehensive; multiple; composite

[2]zōnghé 综核 V. examine/check comprehensively

zōnghè 棕褐 N. reddish brown

[1]zǒnghé 总和[總-] N. sum; total; sum total

[2]zǒnghé 总合[總-] V. ①put together ②sum up; add up ♦N. ① an assemblage ② combination

zōnghé bàodǎo 综合报导[-報導] N. composite dispatch; news roundup

zōnghé bàogào 综合报告[--報-] N. comprehensive report; summing-up report M: [1]piān

zōnghé bìngzhèng 综合病症 N. <med.> syndrome

zōnghé dàxué 综合大学 P.W. comprehensive university M: [1]suǒ

zōnghé dòngjī 综合动机[--動-] N. <lg.> integrative motivation

zōnghéfǎ 综合法 N. ① synthesis ② <lg.> synthetic/integrated approach

zōnghé fānyì 综合翻译[-譯] N. <lg.> composite translation

zōnghé guīhuà 综合规划[-劃] N. unified plan

zōnghéhuà 综合画[-畫] N. montage

zōnghēi 棕黑 N. dark brown

zōnghēicūní 棕黑粗呢 N. <bot.> burnet

zōnghēisè 棕黑色 N. brownish black

zōnghéjiǎng 综合奖[-獎] N. award/prize for overall performance

zōnghé jiàoxuéfǎ 综合教学法 N. <edu.> synthetic approach

zōnghé jìshù jiàoyù 综合技术教育[---術--] N. polytechnical education

zōnghé kèchéng 综合课程 N. integrated courses

zōnghé láodòng fúwù 综合劳动服务[--勞動-務] N. all sorts of domestic manual-labor services

zōnghé lìyòng 综合利用 N. comprehensive utilization; multipurpose use

zōnghèméi 棕褐煤 N. brown lignite

zōnghémíngshí 综核名实[-實] F.E. check and investigate the actual facts

zònghéng 纵横[縱/從衡] ADV. with great ease; freely ♦V. ① traverse ② sweep over ♦N. (comprehensive) review

zònghéngbǎihé 纵横捭阖[縱-] F.E. maneuver among various political groupings

zònghéngchíchěng 纵横驰骋[縱-] F.E. <mil.> sweep through the length and breadth of

zònghéngjiā 纵横家[縱-] N. <hist.> political strategists (in the Zhanguo period, 475-221 B.C.)

zònghéngjiāocuò 纵横交错[縱-] F.E. ① crisscross; a crisscross pattern ②a very complicated situation

zònghéng qiānlǐ 纵横千里[縱-] V.P. a thousand miles square

zònghéng quánguó 纵横全国[縱-國] V.O. overrun the whole country

zònghéng sìhǎi 纵横四海[縱-] V.O. ①overrun the world; overrun all of China ② move about the whole world freely

zònghéngtán 纵横谈[縱-] N. random talks

zònghéng tiānxià 纵横天下[縱-] V.O. overrun the whole world and go anywhere one pleases

zònghéng zìrú 纵横自如[縱-] F.E. capable of moving in any direction

zōnghé pínghéng 综合平衡 N. overall balance

zōnghèsè 棕褐色 N. sepia

zōnghé suǒdéshuì 综合所得税 N. total income tax

zōnghétǐ 综合体[-體] N. integrated organization/body

zōnghéxìng 综合性 N. synthesis; comprehensiveness; integrity

zōnghéxìng cuòwù 综合性错误 N. <lg.> global error

zōnghéxìng dòngjī 综合性动机[---動-] N. <lg.> integrative motivation

zōnghéxìng gōngchǎng 综合性工厂[-廠] P.W. multiple-producing factory M: [4]zuò

zōnghéxìng jiàoyù 综合性教育 N. comprehensive education

zōnghéxíng pínggū 综合型评估 N. <lg.> summative evaluation

zōnghéxíng yǔyán 综合型语言 N. <lg.> synthetic language

zōnghéxìng yǔyán* 综合性语言 N. <lg.> synthetic language

zōnghé yìshù 综合艺术[-藝術] N. multi-media arts

zōnghé yīyuàn 综合医院[--醫-] P.W. comprehensive hospital

zōnghéyǔ 综合语 N. <lg.> synthetic language

zōnghé zázhì 综合杂志[--雜-] N. magazine of general interest M: [1]běn/[1]fèn

zōnghézhēng* 综合征[-徵] N. syndrome

zōnghézhèng 综合症 N. syndrome; disease

zōnghé zhìlǐ 综合治理 N. ① comprehensive administration ② tackle a problem in a comprehensive way

zōnghóng 棕红 N. reddish brown

zōnghóngsè 棕红色 N. brownish red

zǒnghòufāng 总后方[總後-] P.W. rear area (in wartime)

zǒnghòuqínbù 总后勤部[總後-] P.W. general logistics department

zǒnghuābǐng 总花柄[總-] N. <bot.> peduncle

zònghuài 纵坏[縱壞] R.V. ① spoil (children/etc.) ② teach others to do bad things

zōnghuáng 棕黄 ATTR. pale brown

zònghuānzuòlè 纵欢作乐[縱歡-樂] F.E. go on a spree

zònghǔguīshān 纵虎归山[縱-歸-] ID. cause/breed calamity for the future

[1]zǒnghuì 总会[總-] P.W. ① conglomeration; assemblage; collection ② headquarters of an association ③ central administrative body ④ club ⑤ clubhouse ♦V.P. be bound to; be inevitable; be sure to happen

[2]zǒnghuì 总汇[總匯] V. come/flow together ♦N. confluence; concourse; aggregate

zònghuǒ* 纵火[縱-] V.O. set on fire; commit arson

zònghuò 纵或[縱-] CONJ. though; even if

zònghuǒfàn 纵火犯[縱-] N. arsonist

zònghuǒkuáng 纵火狂[縱-] N. pyromania

zònghuǒzhě 纵火者[縱-] N. arsonist

zònghuǒzuì 纵火罪[縱-] N. the crime of arson

zònghǔrùshì 纵虎入室[縱-] ID. invite calamity into one's home

zònghǔwéihuàn 纵虎为患[縱-] ID. connive at someone's crimes

zònghǔyúshì 纵虎于市[縱-於-] ID. tolerate evil until it gets out of hand

[1]zōngjì 踪迹[蹤跡] N. trace; track

[2]zōngjì 综计 V. sum/add up

zǒngjī 总机[總-] N. switchboard; operator; telephone exchange operator

zǒngjí 总集[總-] N. anthology M: [1]běn

zǒngjì* 总计[總-] V. amount to; add up ♦N. <math.> grand total

zōngjiā 宗家 N. family clan

zǒngjià* 总价[總價] N. total price

zǒngjiān* 总监[總監] N. chief inspector M: [2]wèi

zǒngjiàn 总键[總-] N. master key

zǒngjiāndū 总监督[總監-] N. superintendent general M: [2]wèi

zōngjiàng 宗匠 N. <trad.> great master (in the academic/artistic area) M: [2]wèi

zǒngjiǎnxiū 总检修[總-] V. do a major overhaul

zōngjiào* 宗教 N. religion

zǒngjiǎo 总角[總-] N. <wr.> ① child's hair twisted into a knot ② childhood

Zōngjiào Fǎtíng 宗教法庭 P.W. <hist.> the Inquisition

zōngjiào gǎigé 宗教改革 N. religious reform

zōngjiàoguān* 宗教观[-觀] N. religious view of life

zǒngjiàoguān 总教官[總-] N. chief instructor M: [2]wèi

zōngjiàohuà 宗教画[-畫] N. religious picture M: [10]fú

zōngjiàojiā 宗教家 N. prominent person of a religion or religious studies M: [2]wèi

zōngjiàojiè 宗教界 P.W. religious circles

zōngjiào jièlǜ 宗教戒律 N. religious precepts

zōngjiàojù 宗教剧[-劇] N. religious drama

zǒngjiàoliàn 总教练[總-練] N. chief coach (of a sports delegation) M: [2]wèi

zōngjiào míxìn 宗教迷信 N. religious superstition

zōngjiào pàibié 宗教派别 N. religious sect

zōngjiàotú 宗教徒 N. a person with religious faith

zōngjiào xìnyǎng 宗教信仰 N. religious belief

zōngjiàoxué 宗教学 N. study of religion

zōngjiào yòngyǔ 宗教用语 N. religious discourse/term

zǒngjiǎozhījiāo 总角之交[總-] N. childhood friend

zōngjiào zìyóu 宗教自由 N. religious freedom

zǒngjié 总结[總-] V. sum up; summarize ♦N. summary; summing up

zǒngjié bàogào 总结报告[總-報-] N. summary/final report M: [1]piān

zǒngjiéhuì 总结会[總-] P.W. summing-up meeting

zǒngjié jīngyàn 总结经验[總-經-] V.O. sum up the experience (of. . .)

zǒngjīgòu 总机构[總-構] P.W. head/home office

zǒngjīguān 总机关[總-關] P.W. ①headquarters ② chief mechanism (of a machine)

zǒngjìhuà 总计划[總-劃] N. master plan

zōngjīn 宗筋 N. <Ch. med.> ①penis ②urogenital region

zōngjīng 棕晶 N. hair crystal

zǒngjīngjìshī 总经济师[總經濟師] N. chief economic manager M: [2]wèi

zǒngjīnglǐ 总经理[總經-] N. president; general manager M: [2]wèi

zǒngjīngquèdù 总精确度[總-確-] N. overall accuracy

zǒngjīngxiāo 总经销[總經-] N. exclusive distribution

zōngjīnzhīhuì 宗筋之会 N. male genitals

zōngjīnzì 综金字 N. characters cut out from wrinkled golden paper

zòngjiǔ 纵酒[縱-] V.O. drink to excess

zòngjiǔqǔlè 纵酒取乐[縱-樂] F.E. make oneself a drunken nuisance

zǒngjú 总局[總-] P.W. head/general/central office; headquarters (of the police in a city/county)

zòngjùhé 纵聚合[縱-] ATTR. <lg.> paradigmatic

zòngjùhé guānxi 纵聚合关系[縱-關係] N. <lg.> paradigmatic relation

zòngjùhé guānxi yǔyánxiàng 纵聚合关系语言项[縱--關係---] N. <lg.> paradigm

zòngjùhétǐ 纵聚合体[縱-體] N. paradigm

zǒngkāiguān 总开关[總開關] N. master switch

zōngkédàn 棕壳蛋[-殼-] N. brown egg

zǒngkuàijìshī 总会计师[總-師] N. comptroller; treasurer; chief accountant M: [2]wèi

zǒngkuí 总揆[總-] V.P. <wr.> be charged with overall responsibility

zōngkuò 综括 V. sum up ~ *qǐlai* in a word

zǒngkuò* 总括[總-] V. sum up

zōngkuò qǐlai* 综括起来 R.V. state succinctly; sum up

zǒngkuò qǐlai 总括起来[總-] R.V. sum up; state succinctly

zōnglǎn 综览[-覽] N. general/comprehensive survey ♦V. view generally

zǒnglǎn* 总揽[總攬] V. assume all responsibility

zònglǎn 纵览[縱覽] V. look far and wide; scan

zǒnglǎn dàquán 总揽大权[總攬-權] V.O. have full control of the government; have overall authority; assume a dominant role

zònglàng 纵浪[縱-] V.P. ① dissolute ② unrestrained

zǒnglǎn qúnshū 纵览群书[縱覽-書] V.O. read extensively

zǒnglǎn sìzhōu 纵览四周[縱覽-] V.O. look all round

zōnglǎo 宗老 N. elders of a clan

zōnglèi* 宗类[-類] N. (paternal) clan

zǒnglèi 总类[總類] N. <lg.> category

zōnglǐ 综理 V. be in overall charge

zǒnglǐ* 总理[總-] N. ① premier; prime minister ② president (of a political party, etc.) ③ Sun Yat-sen

zǒngliàng 总量[總-] N. total sum/amount/etc.

zòngliè 纵列[縱-] ATTR. tandem

zǒnglǐfǔ 总理府[總-] P.W. office of the premier M: [4]*zuò*

zònglìng 纵令[縱-] CONJ. even if; (even) though ♦V. give free rein to; indulge; connive

zònglìngrúcǐ 纵令如此[縱-] F.E. assume that it is so

zǒnglǐngshì 总领事[總-] N. consul general M: [2]*wèi*

zǒnglǐngshìguǎn 总领事馆[總-] P.W. consulate general M: [4]*zuò*

zǒnglìrùn 总利润[總-] N. total profit/profit

zǒngliúchéngtú 总流程图[總-圖] N. general flow-chart M: [1]*zhāng*

Zǒnglǐ Yámen 总理衙门[總-] P.W. <hist.> (Qing) Ministry of Foreign Affairs

zōnglǘ 棕榈 N. <bot.> palm

zōnglǘkē 棕榈科 N. <bot.> palms

zǒnglùn* 总论[總-] N. ① general introduction ② preface M: [1]*piān*

zònglùn 纵论[縱-] V. ① talk freely ② have a wide-ranging discussion

zōnglǘshù 棕榈树[-樹] N. palm tree M: [2]*kē*

zǒnglùxiàn 总路线[總-] N. <pol.> general line

zōnglǘyóu 棕榈油 N. palm oil/butter

zōnglǘzhī 棕榈枝 N. toddy

zǒngmǎ(r) 总码(儿)[總-] N. total number/amount

[1]**zōngmáo** 鬃毛 N. mane; bristle

[2]**zōngmáo** 棕毛 N. palm fiber/coir

zōngmáo suōyī 棕毛蓑衣 N. palm rain cape; palm coir raincoat M: [2]*jiàn*

zòngmǎtǐngqiāng 纵马挺枪[縱-槍] F.E. urge one's horse forward and hold one's spear ready for action

zōngmén 宗门 N. ① relatives of the same clan ② <Budd.> sect

zǒngmiànjī 总面积[總-積] N. total area

zōngmiào 宗庙[-廟] P.W. royal ancestral shrine/temple M: [4]*zuò*

zǒngmù* 总目[總-] N. ① comprehensive table of contents ② general catalogue/index

zòngmù 纵目[縱-] V.O. look as far as the eyes can see

zòngmùsìwàng 纵目四望[縱-] F.E. look far into the distance in all directions

zǒng néng 总能[總-] V.P. be always able to; be somehow able to

zǒngniàn 总念[總-] N. ideas

zōngnǚ 宗女 N. a girl of the royal family

zōngpài 宗派 P.W. faction; sect

zōngpàizhǔyì 宗派主义[-義] N. sectarianism; factionalism

zǒngpīfā 总批发[總-發] N. general wholesale distribution (of commodities in a given area)

zǒngpíng 总评[總-] N. general comment; overall appraisal

zǒngpíngjūn 总平均[總-] N. overall average

zǒngpíngmiàntú 总平面图[總-圖] N. general layout M: [1]*zhāng*

zòngpōumiàn 纵剖面[縱-] N. longitudinal section

zōngpǔ 宗谱 N. genealogy (book)

zǒngpǔ* 总谱[總-] N. <mus.> score

[1]**zōngqì** 宗气[-氣] N. <Ch. med.> genetic *qì*

[2]**zōngqì** 宗器 N. sacrificial utensils in the royal ancestral shrine

zǒngqíchéng 总其成[總-] V.P. assume overall responsibility for sth. and bring it to completion

zòngqiēmiàn 纵切面[縱-] N. longitudinal section

zǒngqǐlai shuō 总起来说[總-] V.P. to sum up

zōngqīn 宗亲[-親] N. ①clan relatives ②brothers by the same mother

zòngqíng 纵情[縱-] ADV. to one's heart's content; as one pleases ♦V.P. indulge (oneself) in ~ *jiǔsè* indulge oneself in wine and sensuality

zǒngqīngbù 总清簿[總-] N. <acct.> ledger M: [1]*běn*

zǒngqīngdān 总清单[總-] N. master list M: [1]*zhāng*

zòngqíng gāogē 纵情高歌[縱-] F.E. sing loudly and without constraint

zòngqíng huānhū 纵情欢呼[縱-歡-] F.E. cheer heartily

zòngqíng huānlè 纵情欢乐[縱-歡樂] F.E. revel to one's heart's content

zòngqíng jiǔsè 纵情酒色[縱-] F.E. indulge oneself in wine and sensuality

zòngqíng kuánghuān 纵情狂欢[縱-歡] F.E. cheer to one's heart's content

zòngqíng qǔlè 纵情取乐[縱-樂] F.E. seek pleasure and give rein to the passions

zòngqíng tòngkū 纵情痛哭[縱-] F.E. cry one's heart out

zòngqíng yànlè 纵情宴乐[縱-樂] F.E. feast and be merry to one's heart's content

zòngqíngyìlè 纵情逸乐[縱-樂] F.E. give oneself up to pleasure and unbridled license

zòngqíngzhāohuǐ 纵情招毁[縱-毀] F.E. Overindulgence leads to ruin.

zòngqínzìrú 纵擒自如[縱-] F.E. in perfect control of a situation

zōngqiū 鬃丘 N. <geol.> hogback

zòngqiú* 纵囚[縱-] V.O. release prisoners

zǒngqíyú 总鳍鱼[總-] N. <bio.> crossopterygii M: [1]*tiáo*

zǒngqūshì 总趋势[總趨勢] N. general trend

zòngrán 纵然[縱-] CONJ. even if/though

zōngrǎng 棕壤 N. <agr.> brown earth

zōngrén 宗人 N. people of the same clan

zǒngrénkǒu 总人口[總-] N. total population

zǒngrènwu 总任务[總-務] N. main task

zōngróng 综融 V. merge

zòngróng* 纵容[縱-] V. connive; wink at

zòngróngbāobì 纵容包庇[縱-] F.E. protect and connive at

zōngsè 棕色 N. brown

zǒngshānghuì 总商会[總-] P.W. general chamber of commerce M: [4]*zuò*

zōngshàngsuǒshù 综上所述 F.E. to sum up

zōngshè 宗社 N. <wr.> ① ancestral temple of the ruling house ② the state; the country

zǒngshè* 总社[總-] P.W. main office M: [1]*jiā*

zòngshè 纵射[縱-] V./N. <mil.> enfilade

zǒngshèjì 总设计[總-] N. overall design

zǒngshèjìshī 总设计师[總-師] N. chief designer/architect

[1]**zòngshēn** 纵身[縱-] V.O. jump; leap

[2]**zòngshēn** 纵深[縱-] N. <mil.> depth (of defense works) ♦ADV. in depth and breadth; extensively

zòngshēn fāzhǎn 纵深发展[縱-發-] V.P. develop in depth and breadth

zōngshéng* 棕绳[-繩] N. coir rope M: [1]*tiáo*/[2]*gēn*

zōngshèng 宗圣[-聖] N. founding sage

zòngshēng 纵声[縱聲] ADV. in a loud voice; loudly

zòngshēng dàxiào 纵声大笑[縱聲-] V.P. have a hearty laugh

zòngshè pàohuǒ 纵射炮火[縱-] N./V.O. <mil.> enfilade

zōngshī 宗师[-師] N. <trad.> master respected for learning and integrity M: [2]*wèi*

zōngshì 宗室 N. royal clan/clansman ♦P.W. ancestral shrine of a large clan

zǒngshì* 总是[總-] ADV. always; invariably

zòngshǐ 纵使[縱-] CONJ. even if/though

zōngshìdìxiong 宗氏弟兄 N. elder and younger clansmen of the same generation

zǒngshíjiān 总时间[總時-] N. total time

zǒngshíròu kǒnglóng 总食肉恐龙[總-] N. saurischian dinosaur

zòngshìtú 纵视图[縱-圖] N. longitudinal view M: [1]*zhāng*

zǒngshōurù 总收入[總-] N. general income

zǒngshōuyì 总收益[總-] N. gross income; total revenue

[1]**zōngshù** 综述 V./N. summarize; sum up M: [1]*piān*

[2]**zōngshù** 棕树[-樹] N. palm tree M: [2]*kē*

zǒngshǔ 总署[總-] P.W. ① head office; main administration ② <trad.> Ministry of Foreign Affairs

[1]**zǒngshù(r)*** 总数(儿)[總數-] N. total; sum total

[2]**zǒngshù** 总述[總-] N. executive summary

zōngshuā 鬃刷 N. bristle brush M: [1]*bǎ*

zǒngshù guòzhàng 总数过帐[總數-] N. <acct.> summary posting

zǒngshūjì 总书记[總書-] N. secretary-general; general secretary M: [2]*wèi*

zǒngshūniǔ 总枢纽[總樞-] P.W. central control; control center

zōngsì 宗祀 N. offer sacrifices to ancestors

zōngsì jìchéng 宗祀继承[--繼-] N. succession

zǒngsīlìng 总司令[總-] P.W. commander-in-chief M: [2]*wèi*

zǒngsīlìngbù 总司令部[總-] P.W. general headquarters

zòngsòng 纵送[縱-] V. shoot and chase (of hunting)

zǒngsuàn 总算[總-] V.P. ① at long last; finally ② all things considered; on the whole

zōngsǔn 棕笋[-筍] N. clusters of palm flower buds

zōngsuō 棕蓑 N. coir rain-cape

zǒngsuǒdéshuì 总所得税[總-] N. gross income tax

zǒngsuǒyǐn 总索引[總-] N. master index

zōngtǎn 棕毯 N. coir-woven blanket; coir matting M: [1]*zhāng*/[2]*kuài*

zòngtán 纵谈[縱-] V. talk freely

zǒngtǐ 总体[總體] N. totality ♦ATTR. overall; total; general

zōngtiāo* 宗祧 N. <trad.> ① clan pedigree ② family line

zòngtiào 纵眺[縱-] V. ① look far and wide ② scan

zǒngtǐ bùshǔ 总体部署[總體-] N. overall scheme

zǒngtǐ bùzhì 总体布置[總體-] N. general arrangement/layout

zǒngtǐ fùdān 总体负担[總體-擔] N. overall burden

zǒngtǐ gōngchéng 总体工程[總體-] N. the overall project

zǒngtǐ gōngrén 总体工人[總體-] N. workers as a whole

zǒngtǐ guīhuà 总体规划[總體-劃] N. overall/master plan

zǒngtǐ jīngjì 总体经济[總體經濟] N. overall economy

zǒngtǐ jīngjìxué 总体经济学[總體經濟-] N. macroeconomics

zǒngtǐ móshì 总体模式[總體-] N. overall pattern

zǒngtǐ shèjì 总体设计[總體-] N. overall/system design

zǒngtǐ shìchǎng 总体市场[總體-場] P.W. aggregate market

zǒngtǐzhàn 总体战[總體戰] N. general/total warfare

zǒngtǐzhí 总体值[總體-] N. total value

zǒngtǒng 总统[總-] N. president (of a republic)

zǒngtǒng dāngxuǎnrén 总统当选人[總-當選-] N. president-elect M: [2]*wèi*

zǒngtǒng dàxuǎn 总统大选[總-選] N. presidential election

zǒngtǒngfǔ* 总统府[總-] P.W. residence and/or office of a president M: [4]*zuò* ***See also** Zǒngtǒngfǔ*

Zǒngtǒngfǔ 总统府[總-] P.W. Presidential Palace ***See also** zǒngtǒngfǔ*

Z

zǒngtǒng xuǎnjǔ 总统选举[總-選舉] N. presidential election
zǒngtǒngzhì 总统制[總-] N. presidential system
zǒngtóuzī 总投资[總-] N. total/gross investment
zōngtú 宗图[-圖] N. family tree
zǒngtú* 总图[總圖] N. master plan; key map; general view M: [1]*zhāng*
zǒngtuìquè 总退却[總-卻] N. general retreat
zòngtuō 纵脱[縱-] V.P. uninhibited; unrestrained
zòngtuōfàngdàng 纵脱放荡[縱-蕩] F.E. unrestrained and licentious
zǒngwēijī 总危机[總-] N. general crisis
zǒngwù 总务[總務] N. ① general affairs ② person in charge of general affairs M: [2]*wèi*
zǒngwùchā 总误差[總-] N. overall error
zǒngwùchù 总务处[總務處] P.W. general-affairs department
zǒngwùkē 总务科[總務-] P.W. general-affairs section
zǒngwùsī 总务司[總務-] P.W. general-service department
zǒngwùzǔ 总务组[總務-] N. general-service section/office
zǒngwù zǔzhǎng 总务组长[總務-] N. head of the general-service office/section
zōngxī 综析 V. synthesize and analyze
zòngxiàn 纵线[縱-] N. ① railway/freeway from north to south ② vertical line M: [1]*tiáo*
zōngxiāng 棕箱 N. a wooden box with a coir-woven case M: [2]*zhī*
zòngxiàng* 纵向[縱-] ATTR. longitudinal; vertical
zòngxiàng jiéhé 纵向结合[縱-] N. vertical integration (as of enterprises)
zòngxiàng sīwéi 纵向思维[縱-] N. vertical thinking
zòngxiàng yánjiū 纵向研究[縱-] N. <*lg.*> longitudinal study
zòngxiàng yánjiūfǎ 纵向研究法[縱-] N. <*lg.*> longitudinal method
zòngxiàng zǔhé guānxi 纵向组合关系[縱-關係] N. <*lg.*> paradigmatic relation
zǒngxiàolǜ 总效率[總-] N. gross/overall efficiency
zōngxìng 宗姓 N. family name
zòngxíng* 纵行[縱-] V. vertical lines/rows
zòngxìng 纵性[縱-] V. do as one pleases
zǒngxìngnéng 总性能[總-] N. overall performance
zǒngxíngshì 总形势[總-勢] N. general situation
zōngxiōng 宗兄 N. ①same-generation clansman older than oneself ② <*court.*> address for a friend with the same surname M: [2]*wèi*
zōngxióng* 棕熊 N. brown bear M: [2]*zhī*
zǒngxuǎn 总选[總選] N. general election
zōngxué 宗学 P.W. school established for members of the royal household
zǒngxūqiú 总需求[總-] N. aggregate demand
zǒngxūqiúliàng 总需求量[總-] N. aggregate demand
zōngyǎn 棕眼 N. <*art*> palm eye (of porcelain products)
zòngyán* 纵言[縱-] V. engage in an informal and free conversation
zōngyǎng* 宗仰 V. <*wr.*> esteem
zòngyǎng 纵养[縱養] V. spoil (a child)
zǒngyào 总要[總-] V. totally need ♦AUX. ① at least should ② should always; must always
zōngyè 棕叶[-葉] N. palm leaf
zōngyī 棕衣 N. palm-bark rain cape M: [2]*jiàn*
zōngyí 宗彝 N. sacrificial vessels of the royal ancestral shrine
zōngyì* 综艺[-藝] N. comprehensive arts and entertainment
zòngyì 纵逸[縱-] V.P. uninhibited; dissolute
zōngyìdàguān 综艺大观[-藝-觀] F.E. display of all arts
zòngyín* 纵淫[縱-] V.O. be dissolute/debauched
zòngyǐn 纵饮[縱-] V. drink uninhibitedly
zōngyǐng 踪影[蹤-] N. trace; sign
zōngyǐngquánwú 踪影全无[蹤-] F.E. disappear without a trace
zōngyīngtáo-sè 棕樱桃色 N. brown cherry-red
zǒngyìxiàng 总意象[總-] N. total concept
zōngyóu 踪由[蹤-] N. origin and development
zǒngyǒu* 总有[總-] V.P. ① there are at least ② there always is
zòngyǒu 纵有[縱-] CONJ. even if/though there is
zǒngyǒu yī tiān 总有一天[總-] V.P. there's bound to be a day when. . .
zòngyù 纵欲[縱-] V.O. indulge in sensual pleasures; be dissolute/debauched
zǒngyùsuàn 总预算[總-] N. general budget
zòngyùwúdù 纵欲无度[縱-] F.E. indulge in carnal pleasure without restraint
zǒngzé 总则[總-] N. general rules/principles
zǒngzhá 总闸[總-] N. master gate/valve/etc.
zǒngzhámén 总闸门[總-] N. master gate/valve/etc.
zǒngzhàn 总站[總-] P.W. main station M: [4]*zuò*
zǒngzhǎng 总长[總-] N. ① <*hist.*> cabinet minister ② chief of the general staff M: [2]*wèi* *See also zǒngcháng*
zǒngzhàng* 总帐[總-] N. general ledger M: [1]*běn*
zǒngzhàngběn 总帐本[總-] N. ledger M: [1]*běn*
zǒngzhāng-xìzé 总章细则[總-] N. general rules and bylaws
zǒngzhèn 总镇[總-] N. <*trad.*> one of the titles of a high-ranking military officer M: [2]*wèi*
zǒngzhèngzhìbù 总政治部[總-] P.W. <*pol.*> general political department
zōngzhī 宗支/枝 N. ① descendants/branch of the same clan ② the imperial family
zōngzhǐ* 宗旨 N. aim; purpose
[1]zǒngzhī 总之[總-] V.P. ① in a word; in short ② anyway; anyhow
[2]zǒngzhī 总支[總-] P.W. general branch
zǒngzhí 总值[總-] N. gross/ total value
zǒngzhībù 总支部[總-] P.W. general branch
zǒngzhīchū 总支出[總-] N. <*acct.*> total expenditures
zǒngzhǐhuī 总指挥[總-] P.W. ① commander-in-chief ② general director M: [2]*wèi*
zǒngzhǐhuībù 总指挥部[總-] N. general headquarters
zǒngzhǐshù 总指数[總-數] N. combined/general index
zǒngzhī shūji 总支书记[總-書-] N. secretary of a general branch M: [2]*wèi*
zǒngzhīxiāo 总支销[總-] N. overhead
zǒngzhíxíngzhǎng 总执行长[總執-] N. chief executive officer (CEO) M: [2]*wèi*
zōngzhǒng 棕种[-種] N. the Brown Race
zǒngzhòngliàng 总重量[總-] N. gross weight
zòngzhóu 纵轴[縱-] N. <*math.*> axis of ordinate
zōngzhú 棕竹 N. a variety of black bamboo; bamboo palm
zōngzhǔ* 宗主 N. ① memorial tablet in an ancestral shrine ② eldest son of the primary wife
zǒngzhuāng 总装[總裝] V. assemble ♦N. assembly process
zǒngzhuàng huāxù 总状花序[總狀-] N. <*bot.*> raceme
zǒngzhǔbǐ 总主笔[總-筆] N. chief editorial writer M: [2]*wèi*
zōngzhǔguó 宗主国[-國] P.W. suzerain (state); metropolitan state
zǒngzhǔjiào 总主教[總-] N. <*rel.*> archbishop M: [2]*wèi*
zōngzhǔquán 宗主权[-權] N. suzerainty; sovereignty
zǒngzhǔxí 总主席[總-] N. chairperson M: [2]*wèi*
zōngzǐ 宗子 N. eldest son of one's legal wife
zòngzi* 粽子 N. pyramid-shaped dumpling of glutinous rice wrapped in reed leaves
zòngzì 纵恣[縱-] <*wr.*> V. indulge; give free reign to
zǒngzīběn 总资本[總-] N. total capital
zǒngzīchǎn 总资产[總-產] N. total assets
zǒngzīchǎn fùzhàibiǎo 总资产负债表[總-產---] N. <*acct.*> general balance sheet M: [1]*zhāng*
zòngzimǐ 粽子米 N. <*topo.*> ① rice for making glutinous dumplings ② rice containing many broken kernels
zòngzì qíngyù 纵恣情欲[縱-] V.O. give rein to lust
zòng zǐ zuò'è 纵子作恶[縱-惡] V.P. allow one's son to do bad things
zōngzōng 综综 N. draw/knit together
[1]zǒngzǒng* 总总[總總] R.F. numerous; abundant; teeming
[2]zǒngzǒng 偬偬[傯傯] ADV. in a hurry
zōngzú 宗族 N. ①patriarchal clan ②clansman
zòngzuòbiāo 纵坐标[縱-標] N. <*math.*> ordinate
zōngzú shìpǔ 宗族世谱 N. clan book of genealogies
zōngzúyǔ de wéixì 宗族语的维系[-係] N. <*lg.*> language maintenance
[1]zōu 陬 B.F. ① corner ② foot of a mountain ③ remote place ***zōuluò, zōuyúzhīdì*** ④ first month of the lunar year ***mèngzōu***
[2]zōu 诹[諏] B.F. consult ***zōují, zīzōu***
[3]zōu 驺[騶] B.F. <*trad.*> groom ***zōuzú*** ♦in ***zōuyú***
[4]zōu 鲰[鯫] B.F. ①minnow ②sth. small ***zōushēng***
[1]Zōu 邹[鄒] N. ① a state in the Zhou period [1]***Zōu-Lǔ*** ② Surname
[2]Zōu 郰 N. birthplace of Confucius
zǒu* 走 V. ① walk; go ② run; move ③ leave; go away ④ visit; call on ⑤ go through ⑥ leak; escape; let out ⑦ lose flavor/shape/etc.
[1]zòu 揍 V. <*coll.*> ① beat; hit ② smash; break
[2]zòu 奏 V. ① <*mus.*> perform ② memorialize the emperor ♦B.F. achieve; produce; win ***zòuxiào, zòugōng***
zòu'àn 奏案 N. ① a table at which an emperor examined memorials ② <*trad.*> matter laid before and approved by the emperor
zǒubǎn(r) 走板(儿) V.O. ① be out-of-tune (in singing) ② wander from the subject ③ <*sport*> approach in diving ④ <*slang*> not right; problematic; off-key
zòubào 奏报[-報] V. memorialize the emperor ♦N. a memorial to the emperor/throne
zǒu bāzìr 走八字儿 V.O. <*coll.*> have good luck
zǒu bèiyùn 走背运[-運] V.O. be down on one's luck; have bad luck
zǒu bèizìr 走背字儿 V.O. <*coll.*> have bad luck
zòuběn 奏本 N. memorial to the throne M: [2]*dào*
zǒubǐ* 走笔[-筆] V.O. <*wr.*> write rapidly
zǒubì 走避 V. run away from; evade; shun
zǒubiān 走边[-邊] V.O. <*opera*> walk with a light, cautious tread to suggest travel by night (of actors playing military roles)
zǒubiàn* 走遍 R.V. travel throughout
zòubiǎn 揍扁 R.V. <*coll.*> knock flat
zǒubiàn tiānxià 走遍天下 V.O. travel all over the world/country
zǒubiāo 走镖 V.O. <*trad.*> act as an armed escort for a convoy
zòubiǎo* 奏表 N. report to the emperor or a superior official M: [2]*dào*
zǒubǐchéngzhāng 走笔成章[-筆--] F.E. write quickly and skillfully
zòubiě 揍瘪 R.V. <*coll.*> beat up
zǒubǐjíshū 走笔疾书[-筆-書] F.E. write rapidly/swiftly
zǒubǐlóngshé 走笔龙蛇[-筆--] F.E. write in a swift curling style
zǒubǐrúfēi 走笔如飞[-筆-飛] F.E. to be quick in writing
zǒubù 走步 V.O. ① <*coll.*> walk ② <*sport*> walk (in baseball)
zǒubudào 走不到 R.V. unable to go as far as
zǒubude* 走不得 R.V. ① unfit to travel (of a way/road/path/etc.) ② should not leave ③ be indispensable (of a person)
zòubude 揍不得 R.V. can't beat/hit sb.
zǒubudòng 走不动[-動] R.V. be unable to walk (due to fatigue/etc.)

Z

zǒubuguòqu 走不过去 R.V. not able to go over
zǒubukāi 走不开[-開] R.V. ① can't leave (due to being on duty, etc.) ② be too narrow to allow easy passage
zǒubuliǎo 走不了 R.V. can't leave
zǒubutōng 走不通 R.V. ① can't go through ② be unpractical
zǒubutuō 走不脱 R.V. can't leave (due to being on duty, etc.)
zǒubuyuǎn 走不远[-遠] R.V. can't go very far
zòucān 奏参[-參] V. impeach (an official) by means of a memorial to the emperor
zòucǎo 奏草 N. draft of a report to the emperor
zǒuchǎng 走场[-場] N. <topo.> stage property
zǒu chàpīr le 走岔/差劈儿了 V.P. <topo.> walk past one another; miss one another
zǒuchū* 走出 R.V. walk out
zòuchū 奏出 R.V. perform with a musical instrument
zǒuchuán 走船 V.O. run a boat
zǒuchū dīgǔ 走出低谷 V.O. bottom out
zōucóng 驺从[騶從] N. escort of a nobleman
zǒucūnchuànzhài 走村串寨 F.E. go from village to village
zǒucuò 走错 R.V. ① go the wrong way ② make a bad move
zǒucuò yī bù lù 走错一步路 V.P. make a wrong move
zǒudān 走单 V. travel alone
zǒu dānbāng 走单帮[-幫] V.P. travel to do business on one's own
[1]**zǒudào(r)*** 走道(儿) V.O. <coll.> walk; be on the road; travel ♦N. ① pavement; sidewalk; aisle ② path; walk; footpath M: [1]*tiáo*
[2]**zǒudào** 走到 R.V. walk to
zòudāo 奏刀 V.O. wield a butcher's knife with rhythmic skill
zǒudào de xífu 走道的媳妇[-婦] N. <topo.> a remarried wife
zǒudekuài 走得快 R.V. ① walk/go fast ② gain time; be fast (of timepieces)
zǒudemàn 走得慢 R.V. walk/go slowly
zǒu de tuǐruǎn 走得腿软 V.P. walk/run someone off his legs
zǒudiàn 走电[-電] V.O. <topo.> leak electricity
zǒudiàn qǐhuǒ 走电起火[-電--] V.P. A leak in an electric circuit causes a fire.
[1]**zǒudiào(r)** 走调(儿) V.O. be out-of-tune
[2]**zǒudiào** 走掉 R.V. depart; leave
zǒudiū 走丢 R.V. lose one's way
zǒudòng 走动[-動] R.V. ① walk about; stretch one's legs ② visit each other ③ be able to walk ④ go to the toilet
zǒudòng zǒudòng 走动走动[-動-動] R.F. ① take a walk; go for a stroll ② visit
zǒudú 走读[-讀] V.P. attend day school
zǒuduìjìnr 走对劲儿[-對勁-] V.P. when the chance comes
zǒuduì lùzi 走对路子[-對--] V.O. be in the right direction; on the right track
zǒuduì zìr 走对字儿[-對--] V.O. be in luck
zǒudúshēng 走读生[-讀-] N. day/nonresident student
zǒudú xuéxiào 走读学校[-讀--] P.W. day school M: [1]*suǒ*
zǒu dùzi 走肚子 V.O. <coll.> have diarrhea
zōufǎng 诹访 V. <wr.> consult; seek the advice of
zǒufǎng* 走访 V. ① interview ② pay visit to
zǒu fāngbù(r) 走方步(儿) V.O. <opera> walk in a special stage manner
zǒufāngyī 走方医[-醫] N. <Ch. med.> wandering practitioner M: [2]*wèi*
zǒufǎr 走法儿 N. ① a move (in chess) ② a measure to be taken
zǒufēng 走风 V.O. leak a secret
zǒu gāngsī 走钢丝[-鋼絲] V.O. walk a tightrope/wire
zǒugě 走舸 N. <trad.> fast warship M: [1]*sōu*
zòugōng 奏功 V.O. succeed; be effective
zòugōngjuéwěi 奏功厥伟[-偉] F.E. attain great merit
zǒugǒu 走狗 N. ① hunting dog ② running dog; flunky; stooge M: [1]*tiáo*
zǒuguàn 走惯 R.V. accustomed to a certain route
zǒuguāng 走光 V.P. <photo.> be exposed to light ♦R.V. ① be completely deserted ② entirely walk away (of a crowd)
zǒu guānjié 走关节[-關節] V.O. <trad.> join government officials in bribery
zǒuguò 走过 R.V. pass by
zǒu guòchǎng 走过场[-場] V.O. go through the motions of doing sth.
zǒu guòqu 走过去 R.V. walk over
zǒuhǎo 走好 INTJ. Good bye. Take care.
zǒu hǎoyùn 走好运[-運] V.O. enjoy a spell of good luck
zǒuhé 走和 <coll.> V. make money (as a middleman)
zǒu hēidào(r) 走黑道(儿) V.O. ① walk in the dark ② steal; rob ③ be involved with the underworld
zǒu hēiyùn 走黑运[-運] V.O. run into bad luck
zǒuhéng 走鸻 N. courser (bird)
zǒuhóng 走红 S.V. <coll.> ① be popular ② develop smoothly ③ be in luck; have good luck
zǒu hóngyùn 走红运[-運] V.O. ① have good luck ② be popular
zǒuhòu 走候 V. call at a person's house and inquire after him
zǒu hòumén(r) 走后门(儿)[-後--] V.O. ① enter by the back door ② secure sth. through pull/influence
zǒuhuà 走话 V.O. ① leak out; leak a secret ② <topo.> pass news by word of mouth; leak information
zǒuhuáng 走黄 N. <Ch. med.> septicemia; blood poisoning
zǒuhuí* 走回 R.V. walk back; return
zǒuhuì 走会 V.O. <topo.> ① attend social gatherings/etc. ②perform acrobatics at religious festivals
zǒu huítóulù 走回头路 V.O. backtrack
zǒuhuǒ(r)* 走火(儿) V.O. ① <elec.> ⓐ spark ⓑ have a short circuit ② <coll.> discharge (a firearm) accidentally ③ overstate ④ catch fire; be on fire
zǒuhuò 走货 V.O. transport goods
zǒuhuǒrùmó 走火入魔 F.E. ① be obsessed with sth. ② possessed by the Devil
zōují 诹吉 V.O. <wr.> pick an auspicious day (for a marriage/etc.)
zǒují 走集 N. ① point of convergence ② key passage
zòujì* 奏技 N. <wr.> performing skills (of singers/dancers/etc.)
zǒu jiānghú 走江湖 V.O. ① be an itinerant entertainer/craftsman/etc. ②become a vagrant
zǒu jiānghú màiyào 走江湖卖药[-賣藥] V.P. <topo.> make a living as an itinerant herbalist
zōujíchénghūn 诹吉成婚 F.E. choose a lucky day for a wedding
zǒu jíduān 走极端[-極-] V.O. be extreme; go to extremes
zòujié 奏捷 V.O. score success
zǒujiēchuànxiàng 走街串巷 F.E. make rounds of streets and alleyways
[1]**zǒujìn** 走进[-進] R.V. walk into
[2]**zǒujìn** 走近 V.P. step close to; approach
zǒujìng 走净[-淨] R.V. all walk away; everybody is gone
zǒujìnzǒuchū 走进走出[-進--] V.P. go in and out
zǒujú 走局 V.O. perform acrobatics at religious festivals
zǒukāi* 走开[-開] R.V. get away; clear off
zòukǎi 奏凯[-凱] V.O. ①score success ②triumph
zòukǎiyánxuán 奏凯言旋[-凱--] F.E. report a victory
zǒukǒu 走口 V.O. <topo.> make a slip of the tongue; let slip an inadvertent remark
zǒukuài 走快 V.P. walk fast
zǒulái 走来 R.V. come on/here
zǒuláizǒuqù 走来走去 V.P. ① walk back and forth ② pace in anxiety
zǒuláng 走廊 N. corridor; passage; passageway M: [1]*tiáo*
zǒu lǎolù 走老路 V.O. follow the old routine
zǒu lǎoyùn 走老运[-運] V.O. walk quite a long way
zǒulèi 走累 R.V. become tired from walking
zǒulekùn 走了困 V.P. <topo.> suffer from insomnia; be unable to sleep
zǒu lěngmén 走冷门 V.O. choose the less popular course
zǒulǐ 走礼[-禮] V.O. <coll.> pay respects on the occasion of a wedding/funeral/etc.
zǒuliù 走遛 V. take a walk
zǒuliǔr 走绺儿 V. walk to and fro
zǒulòu 走漏 V. ① leak out; divulge ② smuggle and evade taxes
zǒulòu fēngshēng 走漏风声[-聲] V.O. divulge secrets
zǒulòu xiāoxi 走漏消息 V.O. divulge secrets
[1]**Zōu-Lǔ** 邹鲁[鄒-] P.W. ① native places of Mencius and Confucius respectively ② cultural center *See also* [2]*Zōu Lǔ*
[2]**Zōu Lǔ** 邹鲁[鄒-] (1884–1954) N. conservative KMT leader; an authority on the 1911 Revolution *See also* [1]*Zōu-Lǔ*
zǒulù* 走路 V.O. ① walk; go on foot ② leave; go away
zōuluò 陬落 P.W. <wr.> frontier village where people live together
zǒumǎ 走马 V.O. dash by on horseback ♦ADV. fast; swiftly ♦N. ① horse for riding (not racing) ② ambler
zǒumǎdēng 走马灯[-燈] N. ① lantern with rotating shadow figures ② merry-go-round
zǒumǎgān 走马疳 N. <med.> noma; gangrenous stomatitis
zǒumǎguānbēi 走马观碑[--觀-] ID. possess extraordinary ability
zǒumǎguānhuā 走马观花[--觀-] *See zǒumǎkànhuā*
zǒumǎhuànjiàng 走马换将[-換將] ID. change command; reshuffle personnel
zǒumǎkànhuā 走马看花 F.E. ① know only from cursory observation ② pass by things too quickly to get a good sense of them
zǒumǎshàngrèn 走马上任 F.E. take office
zǒumǎyágān 走马牙疳 F.E. <med.> noma; gangrenous stomatitis
zǒumǎzhāngtái 走马章台[-臺] F.E. frequent houses of ill-fame
zǒu méiyùn 走霉运[-運] V.O. have bad luck
zǒu ménlu(r) 走门路(儿) V.O. ①seek favorable social connections ② gain one's end through pull
zǒu ménzi 走门子 V.O. gain one's ends through pull
zòumíng 奏明 V. report clearly/correctly
zòumíngqǔ 奏鸣曲 N. <mus.> sonata M: [4]*zhī*
zòumíngqǔshì 奏鸣曲式 N. <mus.> sonata form
zǒunánchuǎngběi 走南闯北 F.E. travel extensively
zǒu nǎojīn 走脑筋[-腦-] V.O. <coll.> think (before acting)
zǒu nèixiàn 走内线 V.O. seek sb.'s favor through his close relatives
zǒu niángjia 走娘家 V.O. <coll.> visit her parents' family (of a married woman)
zǒupiào 走票 V.O. <trad.> perform (by amateurs)
zǒupò 走破 R.V. wear down by walking (of feet/shoes)
zǒuqì 走气[-氣] V.O. ① release air from a balloon/soda/etc. ② lose flavor/fragrance/etc.
zǒuqiāng 走腔 V.O. sing off-key
zǒuqiào 走俏 V. sell well; enjoy brisk sales

Z

zòuqǐlai 奏起来 R.V. <mus.> start to perform with an instrument
zǒuqín* 走禽 N. cursorial/running birds
zòuqín 奏琴 V.O. play a stringed instrument
zǒuqīnfǎngyǒu 走亲访友[-親--] F.E. visit relatives and friends
zǒuqínlèi 走禽类[-類] N. <zoo.> running/cursorial birds
zǒu qīnqi 走亲戚[-親-] V.O. <coll.> visit relatives
zǒuqì píjiǔ 走气啤酒[-氣--] N. stale beer
zǒuqù 走去 R.V. walk over/to
zǒurén 走人 V.O. <coll.> leave; go/get away; clear out
zòurén* 揍人 V.O. <coll.> beat/slug sb.
zǒurù 走入 V.P. walk into
zǒu ruǎnshéng 走软绳[-繩] V.O. walk a tightrope/wire
zǒurù qítú 走入歧途 V.P. take the wrong turning
zǒusàn 走散 R.V. ① disperse (of crowds) ② lose contact with (walking/traveling) companion
zǒushǎi 走色 V.O. lose color; fade
zǒushàn 走扇 V. won't shut properly (due to warping of a door/etc)
zǒushāng 走墒 V.O. evaporate (of water in the soil)
zǒushàng* 走上 V. walk for a certain distance or length of time ♦R.V. head toward
zǒushàng juélù 走上绝路[--絕-] V.O. head toward disaster
zǒushàng zhèngguǐ 走上正轨 V.O. be on the right track
zòushé 揍折 R.V. break (sb.'s leg/etc.) by beating
zǒushén(r) 走神(儿) V.O. be absent-minded
zōushēng 鲰生 N. ① despicable fellow ② <humb.> my (humble) self
zǒushéng* 走绳[-繩] V.O. ropedance; ropewalk
zǒushī* 走失 R.V. ① wander away; be lost ② fail to keep; lose ③ lose the original shape/flavor/etc.
zǒushí 走时[-時] N. travel time ♦V.O. keep time *Shǒubiǎo ~ hěn zhǔn.* The watch keeps good time. ♦S.V. <topo.> lucky
zǒushì 走势[-勢] N. gait
zòushìguān 奏事官 N. official who reports to the emperor M: ²*wèi*
zǒu shíqì 走时气[-時氣] V.O. <topo.> ① be in luck ② have good luck
zǒushìr 走事儿 V.O. <topo.> use one's head; ponder a problem
zǒushóu 走熟 R.V. become familiar with a route from constant travel
zǒushòu* 走兽[-獸] N. beast; quadruped M: ²*zhī*
¹**zòushū** 奏疏 N. memorial to the throne
²**zòushū** 奏书[-書] N. report/memorial to the emperor M: ²*dào*
zǒushuǐ 走水 V.O. ① leak (water) ② flow ③ transport goods by water ④ be on fire; catch fire
zǒusī* 走私 V.O. smuggle
zòusǐ 揍死 R.V. beat to death
zǒusī'àn 走私案 N. smuggling case M: ²*jiàn*
zǒusīfàn 走私犯 N. apprehended smuggler
zǒusīfànsī 走私贩私 F.E. smuggle and traffic in smuggled goods
zǒusīhuò 走私货 N. smuggled/contraband goods; contraband M: ¹*pī*
zǒusī huòwù 走私货物 N. smuggled/contraband goods; contraband M: ¹*pī* ♦V.O. smuggle goods
zǒusījiādài 走私夹带[-夾帶] F.E. smuggle goods
zǒusī jítuán 走私集团[-團] P.W. smuggling ring
zǒusīzhě 走私者 N. smuggler
zǒu sǔnzi 走榫子 V.O. <topo.> become misshapen (of furniture)
zǒusuǒ 走索 V.O. ropedance; ropewalk
zǒutáng 走堂 N. waiter
zǒu tánghuì 走堂会 V.O. entertain at a private gathering

Zōu Tāofèn 邹韬奋[鄒韜奮] (1895-1944) N. journalist; leader in the National Salvation Movement
zǒu táohuāyùn 走桃花运[-運] V.O. be a ladies' man
zǒutí(r) 走题(儿) V.O. stray from the subject; miss the point *Tā de zuòwén ~ le.* His essay is off the subject.
zǒutóuwúlù 走投无路 F.E. be in an impasse
zǒuwǎng 走往 A.T. <coll.> be sociable
zǒu wānlù 走弯路[-彎-] V.O. take a circuitous road (lit./fig.)
zǒuwanr 走弯儿[-彎-] V.O. take a circuitous road (lit./fig.)
zǒuwèi(r) 走味(儿) V.O. ① not quite right in flavor ② lose flavor; turn stale
zǒu wúcháng 走无常 V.P. go into a trance (to communicate with spirits)
zǒuxiǎn* 走险 V.O. ① take/run risks ② <wr.> become an outlaw
zǒuxiàn 走献[-獻] N. <archi.> ornamental piece at the lower end of a hipridge of the hipped roof
¹**zǒuxiàng** 走向 V.P. move toward; head for ♦N. ① run; trend; alignment ② <geol.> strike ~ *duàncéng* strike fault
²**zǒuxiàng** 走相 V.O. become deformed
zǒuxiàng duàncéng 走向断层[-斷層] N. <geol.> strike fault
zǒuxiàng fǎnmiàn 走向反面 V.O. turn into one's opposite
zǒuxiàng shìjiè 走向世界 V.O. go globewide; go to the world arena
zǒuxiāngsuíxiāng 走乡随乡[-鄉隨鄉] F.E. *When in Rome do as the Romans do.*
zòuxiào 奏效 V.O. be effective/successful
zǒu xiàpō 走下坡 V.O. go downhill; be declining
zǒu xiàpōlù 走下坡路 V.O. go downhill; be on the decline; go from bad to worse
zǒu xiàqu 走下去 R.V. keep on going
zǒuxiè 走解 V.O. do stunts on horseback
zǒu xiédào 走邪道 V.O. do illegal/immoral things
zǒu xiédàor 走斜道儿 V.O. patronize
zǒuxīn 走心 V.O. be absent-minded
zǒuxíng(r) 走形(儿) V.O. get out of shape
zǒu xíngshì 走形式 V.O. do sth. as a mere formality; go through the motions
zǒu xīnjīng 走心经[-經] V.O. use one's brains
zǒuxué 走穴 V.O. ① make itinerant performances; take part in a short-term commercial performance ② moonlight ③ perform in a temporary troupe in one's spare time
zǒuyǎn 走眼 V.O. <coll.> err; misjudge
zǒuyáng 走阳[-陽] N. <med.> emission
zǒuyàng(r)* 走样(儿)[-樣] V.O. ① lose shape; deviate from the original ② be different from what is expected
zǒu yánsè 走颜色 V.O. lose color; fade
zōuyì 诹议[-議] N. discussion
zòuyì* 奏议[-議] N. ① a memorial/petition to the emperor ② general name for various memorials to the emperor
zǒu yī bù, kàn yī bù 走一步,看一步 F.E. take things one step at a time
zòu yī dùn 揍一顿 V.P. give a sound beating; beat
zǒuyīn 走音 N. wrong note
zōuyīngqízǐ 邹缨齐紫[鄒-齊-] ID. What those above do, those below will imitate.
zǒuyóu 走油 V.O. ① go rancid (of oily food) ② lose luster (of varnished furniture) ③ dry up (of oily substance) ④ fry (fish/meat/etc.)
zǒu yóuzi 走油子 V.O. oozing oil (of plaster)
zōuyú 驺虞[騶-] N. fabled animal like a black-spotted tiger
zǒuyuǎn 走远[-遠] V.P. walk far away
zǒu yuánchǎng 走圆场[-場] V.O. <opera> walk in a circle on stage
zōuyuè 陬月 N. first month of the lunar year
zòuyuè* 奏乐[-樂] V.O. play music

zǒuyùn 走运[-運] V.O. <coll.> have good luck
zōuyúzhīdì 陬隅之地 N. <wr.> a remote place
zǒuzài 走在 V.P. walk in/on
zǒuzài shìjiè qiánliè 走在世界前列 V.P. take its place in the front ranks of the world
zòuzhāng 奏章 N. memorial to the throne
zǒuzhé 走摺 N. cash journal; cashbook M: ¹*běn*
zòuzhé* 奏折/摺 N. memorial to the throne (on paper folded in accordion form)
zǒuzhe qiáo 走着瞧[-著-] V.P. <coll.> ① that remains to be seen ② play by ear ③ try a bit
zǒuzhǐ jīgòu 走纸机构[-構] N. paper-advance mechanism
zǒuzǐ(r)* 走子(儿) V.O. make a move (in chess/etc.)
zǒuzì 走字 V.O. <topo.> have good luck; be in luck
zǒuzīpài 走资派 N. <pol.> capitalist-roader
zǒuzǒu 走走 R.V. ① take a stroll/walk/airing ② come or go
zōuzú 驺卒[騶-] N. ① servant ② groom
zǒuzú* 走卒 N. ① errand boy ② pawn ③ foot soldier ④ stooge
zǒuzuǐ 走嘴 V.O. ① let slip ② <coll.> run off at the mouth
zǒuzuò 走作 V.P. become deformed; go awry
¹**zū** 租 V. rent; lease ♦B.F. ① land tax *zūshuì* ② rent *zūjīn, fángzū*
²**zū** 菹 B.F. ① marshland overgrown with water grasses *zūcǎo* ② chop finely (usually refers to food) *zūhǎi*
¹**zú** 足 N. <wr.> foot; base ♦S.V./ADV. sufficient; enough; fully; as much as ♦B.F. satisfy *mǎnzú*
²**zú** 族 N. ① clan; race; tribe; group ② <trad.> family death penalty ③ <lg.> family
³**zú** 卒 <wr.> N. ① foot soldier ② servant; underling ③ pawn (in Chinese chess) ♦ADV. at last; finally ♦V. ① finish ② die *See also* ⁵*cù*
⁴**zú** 镞[鏃] B.F. arrowhead *shǐzú,* ¹*jiànzú*
⁵**zú** 哫 in *zúzí*
¹**zǔ*** 组[組] N./M. section; group ♦B.F. consist; construct; form *zǔchéng*
²**zǔ** 阻 B.F. ① prevent; obstruct; stop; detain; proscribe *zǔzhǐ, zǔ'ài* ② resist; resistance *zǔlì*
³**zǔ** 祖 B.F. ①ancestor *zǔxiān* ② <wr.> progenitor *bízǔ* ③ grandfather *zǔfù* ♦N. Surname
⁴**zǔ** 俎 B.F. ① <trad.> receptacle for sacrificial meat *zǔdòu* ② cutting board; butcher block *dāozǔ* ♦N. Surname
⁵**zǔ** 诅[詛] B.F. ① curse *zǔzhòu, zhòuzǔ* ② swear an oath *zǔméng*
zǔ'ài 阻碍[-礙] V. hinder; block; impede; bar ♦N. obstruction; obstacle; hindrance; friction; resistance; stricture
zǔ'ài jiàzhí 阻碍价值[-礙價-] N. <acct.> nuisance value
¹**zuān*** 钻[鑽] V. ① drill; bore; get/dig into ~ *yèwù* dig into one's job professionally ② study intensively *See also* ²*zuàn*
²**zuān** 蹿[躥] V. ① jump up ② dash forward
¹**zuǎn** 纂 B.F. ① <wr.> compile; edit *biānzuǎn* ② <topo.> bun; knot of hair *zuǎnr*
²**zuǎn** 缵[纘] B.F. transmit; continue *zuǎnjī, zuǎnxù*
¹**zuan** 攥/揝 V. <coll.> hold; grip; grasp
²**zuàn** 钻[鑽] N. ① drill; auger ② diamond; watch jewel ♦V. bore; drill *See also* ¹*zuān*
³**zuàn** 赚[賺] V. cheat; trick into doing sth. *See also* ²*zhuàn*
zǔ'àn 组胺 N. <chem.> histamine
zuānbīngqiúsū 钻冰求酥[鑽-] ID. an impossibility
zuàn bízi 钻鼻子[鑽-] V.O. pick one's nose
zuànchéng 钻成[鑽-] R.V. drill into the shape of
zuānchū 钻出[鑽-] R.V. come out from a tunnel/hole/etc.
zuànchuáng 钻床[鑽-] N. <mach.> drilling machine M: ¹*tái*
zuāncì 钻刺[鑽-] V. <wr.> ① ridicule; satirize ② curry favor with sb. in authority for personal gain ③ secure personal gain

Z

zuàndāo 钻刀[鑽-] N. glass cutter M: [1]*bǎ*
zuǎndìng gōngzuò 纂订工作 N. work of collecting and revising
zuāndòng 钻洞[鑽-] V.O. bore/drill holes
zuānfèngr 钻缝儿[鑽-] V.O. try hard to attain one's end
zuān fèngzi 钻缝子[鑽-] V.O. take a chance
zuàngǎn 钻杆[鑽-] N. drilling pole M: [2]*gēn*
zuàngōng 钻工[鑽-] N. driller
zuān gǒudòng 钻狗洞[鑽-] V.O. ① maneuver for advantage ② chase after the opposite sex ③ do evil ④ toady to the influential
zuān guòqu 钻过去[鑽-] R.V. bore/squeeze through
zuān gùzhǐ 钻故纸[鑽-] V.O. ① rummage through old papers ② immerse oneself in old books
zuān gùzhǐduī 钻故纸堆[鑽-] V.O. pore over ancient books/documents, like a pedant
zuānhuǒ 钻火[鑽-] V.O. produce fire by friction
zuānhuǒdébīng 钻火得冰[鑽-] ID. an impossibility
zuǎnjí 纂辑 V. compile
zuǎnjì 缵继[-繼] V. <*wr.*> carry on; go on; continue
zuànjī* 钻机[鑽-] N. <*petroleum*> drilling rig; drilling/boring machine ♦V.O. ① take advantage of personal relationship to achieve one's goal ② work diligently on a subject
zuànjiānr 钻尖儿[鑽-] N. bit of a drill
zuànjiè 钻戒[鑽-] N. diamond ring M: [2]*zhī*
[1]**zuānjìn(r)** 钻劲(儿)[鑽勁-] N. enthusiasm/energy to dig into
[2]**zuānjìn** 钻进[鑽進] R.V. ① squeeze into ② dig into (studies/job/etc.)
zuànjǐng 钻井[鑽-] V.O. drill a well ♦N. well-drilling M: *kǒu*
zuànjǐngchuán 钻井船[鑽-] N. oil rig M: [1]*sōu*
zuànjǐngduì 钻井队[鑽-隊] P.W. drilling crew M: [4]*zhī*
zuànjǐnggēngdì 钻井耕地[鑽-] F.E. sink a well and plow a field
zuànjǐngqǔshuǐ 钻井取水[鑽-] F.E. bore a well to obtain water
zuǎnjí shǐliào 纂辑史料 V.O. collect and edit historical material
zuànjù 钻具[鑽-] N. <*petroleum*> drilling tool/rig
zuānkāi 钻开[鑽開] R.V. open by drilling
zuānkōng 钻空[鑽-] V.O. avail oneself of loopholes
zuānkǒng* 钻孔[鑽-] V.O. drill a hole; perforate ♦N. drilled hole
zuānkǒngjī 钻孔机[鑽-] N. drilling machine M: [1]*tái*
zuànkǒngqì 钻孔器[鑽-] N. ① drill ② piercer
zuān kòngzi 钻空子[鑽-] V.O. avail oneself of loopholes
zuǎnlín 纂临[-臨] V. <*trad.*> succeed to the throne and attend the imperial court session for the first time
zuān ménzi 钻门子[鑽-] V.O. <*coll.*> curry favor with people of influence
zuānmóu 钻谋[鑽-] V. use pull to get what one wants
zuānmú 钻模[鑽-] N. (drill) jig
zuānmùqǔhuǒ 钻木取火[鑽-] F.E. drill wood and get fire by friction
zuān niújiǎo(jiān) 钻牛角(尖)[鑽-] V.O. ① split hairs ② reach a dead end
zuān niújījiǎo 钻牛犄角[鑽-] V.O. ① split hairs ② reach a dead end
zuànnong 赚弄 V. <*topo.*> deceive; hoax; kid
zuānquānr 钻圈儿[鑽-] V.O. <*thea.*> jump through hoops
zuàn quántou 攥拳头 V.O. clench one's fist
zuǎnr 纂儿 N. <*topo.*> bun; knot of hair
zuànrén 赚人 V.O. <*coll.*> deceive; humbug
zuānrù 钻入[鑽-] V. enter; go into (a small hole/etc.)

zuànsācāiliǎ 攥仨猜俩 F.E. <*coll.*> undecided; hesitant
zuànshí 钻石[鑽-] N. ① diamond ② watch jewel M: [1]*kē*
zuànshí chàngzhēn 钻石唱针[鑽-] N. diamond-point needle
zuànshíhūn 钻石婚[鑽-] N. diamond wedding anniversary
zuànshíkuàng 钻石矿[鑽-礦] N. diamond mine M: [4]*zuò*
zuān shūběn 钻书本[鑽書-] V.O. dig into books
zuānsù 钻速[鑽-] N. drilling rate
zuānsuìqǔhuǒ 钻燧取火[鑽-] F.E. strike flint to produce sparks
zuàntǎ 钻塔[鑽-] P.W. <*min.*> boring tower; derrick
zuāntàn 钻探[鑽-] V. drill for exploration
zuāntànduì 钻探队[鑽-隊] P.W. drilling crew/team M: [4]*zhī*
zuāntàngōng 钻探工[鑽-] N. driller
zuāntànjī 钻探机[鑽-] N. drilling machine M: [1]*tái*
zuāntànjià 钻探架[鑽-] N. boring rig
zuāntànkǒng 钻探孔[鑽-] N. drill hole
zuāntiāndǎdòng 钻天打洞[鑽-] ID. seize every opportunity to secure personal gain
zuāntiānliǔ 钻天柳[鑽-] N. lombardy poplar M: [2]*kē*
zuāntiānmìfèngr 钻天觅缝儿[鑽-] ID. ① seek opportunities ② try every means
zuāntiānrùdì 钻天入地[鑽-] F.E. ① move heaven and earth; leave no stone unturned ② search for an opening for oneself by all possible means
zuāntiānyáng 钻天杨[鑽-楊] N. lombardy poplar M: [2]*kē*
zuàntóu 钻头[鑽-] N. bit (of a drill)
zuāntóumìfèng(r) 钻头觅缝(儿)[鑽-] ID. try every means
zuànwò 攥握 V. grip
zuānxīn 钻心[鑽-] V.O. ① be piercingly painful ② sneak in; infiltrate
zuānxīnchóng 钻心虫[鑽-蟲] N. borer (insect) M: [1]*tiáo*
zuānxīn zhànshù 钻心战术[鑽-戰術] N. the tactic of taking a fortress from within
zuǎnxiū* 纂修 V. compile; edit
zuǎnxiù 纂绣[-繡] N./V. knitting and embroidery
zuǎnxiù jǐnbèi 纂绣锦被[-繡--] V.O. weave and embroider a coverlet
zuǎnxù 缵绪 V. <*wr.*> continue (esp.great enterprises)
zuānxué 钻穴[鑽-] V.O. go into a tunnel/hole/etc.
zuānyán 钻研[鑽-] V. study/scrutinize intensively
zuànyǎng 钻仰[鑽-] V. seek the truth and stick to it
zuānyán jìshù 钻研技术[鑽-術] V.O. perfect one's skill; master a technique
zuānyán yèwù 钻研业务[鑽-業務] V.O. gain professional proficiency
zuān yèwù 钻业务[鑽業務] V.O. work hard to perfect oneself professionally
zuānyíng 钻营[鑽營] V. ① intrigue to gain one's ends ② study and scrutinize thoroughly
zuànzáo 钻凿[鑽鑿] N. boring
zuànzhuó 钻灼[鑽-] ID. make a deep study ♦N. ancient method of divination
zuànzi 钻子[鑽-] N. drill; awl
zǔbǎn 组版 V.O. lay out a printed page ♦N. layout editor
zǔbàn* 组办[-辦] V. organize and hold (activities/meetings/etc.)
zúbèi 足背 N. instep
zǔbèi(r)* 祖辈(儿) N. ancestors; forebears
zúběn 足本 N. unabridged edition
zǔběn* 祖本 N. original/first edition
zǔbǐ 祖妣 N. <*wr.*> one's deceased paternal grandmother
[1]**zǔbiān** 组编 V. ① compile ② form; assemble
[2]**zǔbiān** 祖鞭 V. <*wr.*> strive for achievements

zǔbié 组别 N. name/identification of a group
zúbó 族伯 N. fellow clansman of one's father's generation, but older than he
zúbù 足部 N. foot area
zúbùchūhù 足不出户 F.E. stay at home
zúbùjiàn 族部件 N. family component
zūbuqǐ 租不起 R.V. can't afford to rent
zūcǎo 菹草 N. water caltrop
zǔchā 组差 N. group deviation
zǔchǎn 祖产[-產] N. ancestral estate
zúcháng 足长 N. foot length
zúchèng 足秤 N. full measure (on a scale)
zǔchéng* 组成 R.V. form; make up/into; compose
zǔchéng bùfen 组成部分 N. component; part; constituent
zǔchéng dānwèi 组成单位 P.W. component
zǔchéng fènzi 组成份子 N. constituent
zǔchēqì 阻车器 N. car block/chock
zúchǐ 足尺 N. full measure (by a rule)
zúchì* 足赤 N. pure gold
zúchīzúhē 足吃足喝 F.E. eat and drink to one's heart's content
zūchū 租出 R.V. let; rent out
zūchuán 租船 N. <*com.*> boat chartering
zǔchuán* 祖传[-傳] V. handed down from one's ancestors
zūchuán dàilǐ 租船代理 N. chartering agent
zǔchuán mìfāng 祖传秘方[-傳--] N. secret prescription handed down from generation to generation
zūchuán qìyuē 租船契约 N. ship charter M: [1]*zhāng*
zǔChǔwén 诅楚文 N. <*archeo.*> ten Qin kingdom inscribed steles
zúcí 足词 N. <*lg.*> complement
zǔdài 祖代 N. ① generations; generation after generation ② ancestors; forebears ③ ancestry
zǔdǎng 阻挡[-擋] V. stop; resist; obstruct; stem ♦ATTR. <*lg.*> consonantal
zǔdǎngbuzhù 阻挡不住[-擋--] R.V. be unable to hinder
zǔdǎngcéng 阻挡层[-擋層] N. barrier/block layer
zǔdǎng fànguī 阻挡犯规[-擋--] N. blocking (in basketball)
zǔdào 祖道 V.O. entertain a parting friend with a feast
zǔdé 祖德 N. virtuous deeds of one's ancestors
zūdeguòr 租得过儿 R.V. can rent out
zūdì 租地 V.O. rent (in/out) land
zúdǐ 足底 N. sole of the foot
zúdì 族弟 N. distant cousins, of the same surname but younger
zūdiàn* 租佃 V.O. rent land to tenants
zǔdiàn 祖奠 N. sacrifice to the spirit of a deceased person on the eve of his funeral procession
zūdiàn guānxi 租佃关系[-關係] N. tenancy relationship
zūdiàn zhìdù 租佃制度 N. <*trad.*> tenancy system
zúdīng 足疔 N. pustule on the foot
zúdǐyúchéng 卒底于成[--於-] F.E. finally achieve success
zǔdòngjì 阻冻剂[-劑] N. antifreezing agent
zǔdòu 俎豆 N. ①sacrificial/ritual vessels ② <*wr.*> sacrifices ③ sacrificial rites
zúdú 卒读[-讀] V.P. finish reading ***Zhè piān wénzhāng zhēn chà, jiǎnzhí lìng rén bù rěn ~.*** This article is too awful. It's not worth reading.
zǔduàn 阻断[-斷] R.V. ① hold up ② block; obstruct
zǔduàn jiāotōng 阻断交通[-斷--] V.O. obstruct traffic
zǔduì 组队[-隊] V.O. organize a team (to participate in a competition)
zú'é* 足额 N. achieved quota
zǔ'è 阻遏 V. <*wr.*> stop; prevent; hinder
zūfèi 租费 N. ① rent (money) ② royalties
zǔfén* 祖坟[-墳] P.W. ancestral grave M: [4]*zuò*

Z

zǔfèn 组分 N. component; constituent
zǔfēng 阻风 N. <mach.> choke
[1]**zúfū** 足敷 V.P. enough for
[2]**zúfū** 足趺 N. back of the foot; heel
zǔfù* 祖父 N. (paternal) grandfather
zúfūgǔ 足趺骨 N. tarsal bone; tarsus
zǔfù-mǔ 祖父母 N. paternal grandparents
zúfūsuǒxū 足敷所需 F.E. be enough to cover one's needs
zǔgǎo 组稿 V.O. ① commission authors to write on given topics ② solicit contributions
zǔgē 组歌 N. <mus.> suite of songs
[1]**zǔgé*** 阻隔 V. separate; cut off (by); be isolated/separated
[2]**zǔgé** 组阁 V.O. form a (government) cabinet
zūgěi 租给 V.P. rent to
zǔgékāi 阻隔开[-開] R.V. separate
zúgēn 足跟 N. heel
zǔgěng 阻梗 V. <wr.> obstruct; hinder; impede
zūgòu 租购[-購] V. <acct.> hire and purchase
zúgòu* 足够[-夠] ADV./V.P. sufficiently; enough; fully; amply
zúgǔ 足骨 N. bones of the feet
zúguó 族国[-國] P.W. nation
zǔguó* 祖国[-國] P.W. ①motherland, homeland; native land ② China (used only by Chinese)
zǔguó tǒngyī dàyè 祖国统一大业[-國---業] F.E. the grand cause of achieving national reunification
zúguó zhèngquán 族国政权[-國-權] N. nation-state
zūhǎi 葅醢 ID. <trad.> kill a person and mince his flesh and bones (a form of capital punishment)
zǔhào 组号[-號] N. group indication/number
zǔhé 组合 V. make up; compose; unite; form a partnership ♦N. ① company; corporation; union ② <lg.> compound; group ③ <math./mach.> combinations ♦ATTR. syn-
zǔhé cèshì 组合测试 N. <lg.> test battery; battery of tests
zǔhéchéng 组合成 R.V. form; compose; merge
zǔhé chéngshì 组合程式 N. <comp.> assembler program
zǔhécí 组合词 N. compound word
zǔhé dānwèi 组合单位 N. syntagma
zǔhé fāngshì 组合方式 N. compounding
zǔhé guānxi 组合关系[-關係] N. combination
zǔhéguì 组合柜[-櫃] N. modular cabinet
zǔhé jiājù 组合家具 N. modular/ready-to-assemble furniture
zǔhé jīchuáng 组合机床 N. combined machine tool
zúhéngzhǒng 足胻肿[-腫] N. edema of the legs
zǔhéqì 组合器 N. <comp.> assembler
zǔhéshì 组合式 N. <comp.> ① assembler program ② combined type; combination
zǔhétǐ 组合体[-體] N. syntagma
zǔhé xíngshì 组合形式 N. <lg.> combining form
zǔhéxué 组合学 N. <lg.> syntagmatics
zǔhéyīnxiǎng 组合音响[-響] N. three-in-one stereo component system (automatic record changer, cassette deck, and stereo receiver) M: tào/[1]tái
zǔhé yǔyán 组合语言 N. <comp.> assembly language
zǔhé zhǐlìng 组合指令 N. <comp.> macro
zūhù(r) 租户(儿) N. ① tenant; lessee ② hirer/renter (of a thing)
zǔhuà 组画[-畫] N. set of drawings/paintings
zúhuán 足环[-環] N. toe ring
zúhuī 族徽 N. <trad.> clan insignia
zūhuò 租货 N. tenantry
zuī 堆 in *guīzuī* *See also duī*
zuǐ 嘴/觜 N. mouth; snout; bill ♦V. talk; speak *Bié duō ~.* Shut up!
[1]**zuì*** 最 ADV. most; superlatively
[2]**zuì** 醉 S.V. drunk; tipsy ♦B.F. ① addicted to [2]*zuìxīn* ② marinated in wine *zuìxiā*
[3]**zuì** 罪 N. crime; guilt; sin ♦B.F. ① fault; blame; misconduct *zuìguo* ② suffering; pain; hardship *shòuzuì* ♦V. put the blame on; blame
[4]**zuì** 晬 B.F. a baby's first year *bǎizuì, shìzuì*
[5]**zuì** 蕞 in *zuì'ěr, zuì'ěr xiǎoguó*
[6]**zuì** 槜 in *zuìlǐ*
zuì'ǎi 最矮 V.P. shortest; lowest
zuì'àn 罪案 N. criminal case
zuǐba 嘴巴 N. ① mouth; cheeks *dǎ ~* slap in the face ② <topo.> face
zuǐba bù ráorén 嘴巴不饶人[---饒-] V.P. fond of making sarcastic remarks; sharp-tongued
zuǐba lìhai 嘴巴厉害[--厲-] V.P. be sharp-tongued
zuǐba pízi 嘴巴皮子 N. <coll.> lips
zuǐbǎshi 嘴把式 N. <topo.> ①armchair general ② blowhard; impractical windbag
zuǐbàzi 嘴巴子 N. <coll.> ① mouth ② slap in the face ③ box on the ears
zuǐ bèn 嘴笨 V.P. be inarticulate *Tā zuǐ hěn bèn.* He is very clumsy of speech.
zuǐ-bí* 嘴鼻 N. ① mouth and nose ② face
zuìbǐ 醉笔[-筆] N. <trad.> brushwork done under the influence
zuǐbiānr 嘴边儿[-邊-] P.W. corner of the mouth
zuǐbìyǎnmíng 嘴闭眼明 F.E. keep the mouth shut and the eyes open
zuìbù 醉步 N. the reeling steps of a drunken man
zuìbùchóngkē 罪不重科 F.E. One should not be punished twice for the same crime.
zuì bù fādá guójiā 最不发达国家[--發達國-] P.W. least-developed countries
zuǐ bù gānjìng 嘴不干净[-乾淨] V.P. use dirty language
zuǐ bù ráorén 嘴不饶人[--饒-] V.P. be given to making sarcastic remarks
zuìbùróngshè 罪不容赦 F.E. One's crimes are too wicked to be pardoned.
zuìbùróngzhū 罪不容诛 F.E. Even death cannot atone for the offense.
zuǐbuwěn 嘴不稳[-穩] V.P. can't keep a secret
zuǐbuyán 嘴不严[-嚴] V.P. can't keep a secret; be a blabbermouth
zuì bù zhōngyòng 最不中用 V.P. be utterly useless
zuǐchà(r/zi) 嘴岔(儿/子) N. <topo.> ① mouth ② corners of the mouth
zuǐ chán 嘴馋[-饞] V.P. ① be gluttonous ② be fond of good food
zuǐchándùbǎo 嘴馋肚饱[-饞--] F.E. greedy while the stomach is already full
zuǐ chǎng 嘴敞 V.P. <topo.> ① have a loose tongue ② be talkative
zuìcháng* 最长 V.P. longest
zuǐchīshǐ 嘴吃屎 ID. <topo.> fall prostrate
zuǐ chòu 嘴臭 V.P. <coll.> be rude/impolite
zuìchū 最初 N. initially; at first ♦ATTR. initial; prime; first
zuǐchún(r) 嘴唇(儿) N. lips
zuǐchún biǎnxíng 嘴唇扁形 N. <lg.> unrounded lip
zuǐchúnpí 嘴唇皮 N. lip
zuǐchún tóngbù 嘴唇同步 V.P. lip-sync
zuǐchún yóuhuá 嘴唇油滑 V.P. be slick in speech
zuǐchún zhàndǒu 嘴唇颤抖 V.P. the lips are quivering
zuìchū zīběn 最初资本 N. initial capital
zuìdà 最大 V.P. biggest; largest; greatest/maximum; maximal
zuìdà'èjí 罪大恶极[-惡極] F.E. be guilty of the most heinous crimes
zuìdà gōngyuēshù 最大公约数[-數] N. <math.> greatest common divisor
zuìdà hángài 最大涵盖[-蓋] N. <lg.> maximal projection
zuìdǎo 醉倒 R.V. succumb to the effect of alcohol
zuìdǎojiētóu 醉倒街头 F.E. be dead drunk in the street(s)
zuǐdǎrén 嘴打人 V.P. abuse/slander/ridicule people
zuìdà róngxǔ jìliàng 最大容许剂量[----劑-] N. the maximum permissible dose
zuìdà tóuyǐng 最大投影 N. <lg.> maximal projection
zuìdàzhí 最大值 N. maximum value
zuìdī 最低 V.P. lowest; minimum
zuǐ diāo xiāngyān 嘴刁香烟[-煙] V.P. a cigarette dangles from the lips
zuìdǐbù 最底部 P.W. lowest level; bottom
zuìdǐcéng 最底层[-層] N. lowest level/layer/floor
zuìdī chéngdu yǔ 最低程度语 N. <lg.> minimizer
zuìdī cíhuì 最低词汇[-彙] N. <lg.> minimum vocabulary
zuìdīdiǎn 最低点[-點] P.W. lowest point
zuìdī gānglǐng 最低纲领[--綱-] N. minimum program
zuìdī gōngzī 最低工资 N. minimum wage
zuìdījià 最低价[-價] N. lowest possible price; minimum price
zuìdī shòujià 最低售价[--價] N. minimum selling price
zuìdīxiàn 最低限 N. minimum/lowest limit
zuìdī xiàndu 最低限度 N. at the very least; at the lowest limit
zuìdī xiàndù zhōngzhǐ dānwèi 最低限度终止单位 N. <lg.> minimal terminable unit
zuìdīyīn 最低音 N. lowest sound/voice
zuìduǎn 最短 V.P. shortest; minimum
zuǐduìzhexīn 嘴对着心[-對著-] F.E. sincere in deed as in word
zuìduō 最多 V.P. the most; at most; maximum
zuì'è 罪恶[-惡] N. crime; evil
zuì'èduōduān 罪恶多端[-惡--] F.E. be guilty of all kinds of evil
zuì'ègǎn 罪恶感[-惡-] N. feeling of guilt
zuì'èlěilěi 罪恶累累[-惡--] F.E. commit innumerable crimes
zuì'èmǎnyíng 罪恶满盈[-惡--] F.E. The measure of iniquity is full.
zuì'èmítiān 罪恶弥天[-惡彌-] F.E. commit great sins
zuì'èqū 罪恶区[-惡區] P.W. vice area
zuì'ěr 蕞尔 ATTR. very small *~ xiǎodǎo* little island
zuì'ěr xiǎoguó 蕞尔小国[-國] P.W. very small state
zuì'ètāotiān 罪恶滔天[-惡--] F.E. ① the list of crimes reaches the heavens ② have committed monstrous crimes
zuì'èyíngtiān 罪恶盈天[-惡--] F.E. One's crimes filled the heavens.
zuì'èyuānsǒu 罪恶渊薮[-惡淵藪] F.E. a sink of iniquity
zuì'èzhāozhāng 罪恶昭彰[-惡--] F.E. commit flagrant crimes/offenses
zuì'èzhāozhù 罪恶昭著[-惡--] F.E. commit flagrant crimes
zuìfákuǎn 罪罚款 N. punitive fine
zuìfàn 罪犯 N. criminal; culprit
zuì fú yú Jié-Zhòu 罪浮于桀纣[--於--] F.E. The crimes exceed those of the most heinous tyrants.
zuìgāiwànsǐ 罪该万死[--萬-] F.E. The crime deserves ten thousand deaths.
zuìgàizhí 最概值 N. most probable value
zuìgāo 最高 V.P. highest; supreme; tallest; maximum
zuìgāocéng guǎnlǐzhě 最高层管理者[--層--] N. chief executive M: [2]wèi
zuìgāocháo 最高潮 n. climax; culmination
zuìgāo dāngjú 最高当局[--當-] P.W. the highest authorities
zuìgāo de jùzi 最高的句子 N. <lg.> highest sentence
zuìgāodiǎn 最高点[-點] P.W. highest point; all-time high
zuìgāo fǎyuàn 最高法院 P.W. supreme court

Z

zuìgāofēng 最高峰 P.W. ①highest peak ②climax; summit
zuìgāo gānglǐng 最高纲领[--綱-] N. <pol.> optimal program
zuìgāo guówù huìyì 最高国务会议[--國務-議] P.W. supreme state conference
zuìgāojí 最高级 N. ①summit ②<lg.> superlative degree ③ highest rating
zuìgāojià 最高价[-價] N. maximum/top price
zuìgāojí huìtán 最高级会谈 P.W. top-level talks; summit talks
zuìgāojí huìyì 最高级会议[-議] P.W. summit meeting
zuìgāojí xíngróngcí 最高级形容词 N. <lg.> superlative adjective
zuìgāo quánlì 最高权力[--權-] N. the supreme power
zuìgāoshì 最高式 N. <lg.> superlative form
zuìgāo tǒngshuài 最高统帅[-帥] N. supreme commander
zuìgāo xiànjià 最高限价[-價] N. ceiling price
zuìgāo xuéfǔ 最高学府 N. the highest seat of learning M: ¹suǒ
zuìgāo zhǐshì 最高指示 N. <PRC> the highest directive
zuǐ guāi 嘴乖 V.P. <coll.> ① well-behaved in speech (of children) ② clever and pleasant when speaking to elders (of children) ③ soft-spoken
zuǐguāishéqiǎo 嘴乖舌巧 F.E. be full of gibes and ready with one's tongue
zuìguǐ 醉鬼 N. drunkard; inebriate; sot
zuìguo(r) 罪过(儿) N. ① fault; sin; offense ② <humb.> thanks, but this is really more than I deserve ③ <court.> Excuse me!
zuìhàn 醉汉[-漢] N. drunkard; drunken man
zuìhàn kǒuli shuō zhēnhuà 醉汉口里说真话[-漢-裡---] F.E. What soberness conceals, drunkenness reveals.
zuìhànwéifēi 醉汉为非[-漢--] F.E. A drunkard misbehaved himself.
zuìhǎo 最好 V.P. best; first-rate ♦ADV. had better; it would be best *Nǐ ~ bié qù.* You had better not go.
zuì hé yuánzuì 罪和原罪 N. sin and original sin
zuìhóng 醉红 N. deep red; crimson
zuìhòu 最后[-後] V.P. ① last; final; ultimate ② finally; ultimately
zuìhòu chéngběn 最后成本[-後--] N. <com.> the final cost
zuìhòu shènglì 最后胜利[-後勝-] N. the final victory
Zuìhòu Shěnpàn 最后审判[-後審-] N. the Last Judgment
zuìhòu tōngdié 最后通牒[-後--] N. ultimatum
zuìhòu wǔ fēnzhōng 最后五分钟[-後--鐘] N. the last five minutes; the crucial moment
zuìhòu xíngwèi 最后形位[-後--] N. <lg.> final state
zuìhòu yī dī 最后一滴[-後--] N. the last drop
zuìhòu yìdìngshū 最后议定书[-後議-書] N. final protocol
zuìhòu yī rén 最后一人[-後--] N. the last man
zuìhuài 最坏[-壞] V.P. worst; meanest; most vicious
zuìhuìguó 最惠国[-國] P.W. most favored nation
zuìhuìguó dàiyù 最惠国待遇[--國--] N. most-favored-nation (MFN) trading status
zuǐjí 嘴急 V.P. be dying/eager to eat
zuìjī* 醉鸡[-雞] N. wine-steeped chicken
zuìjǐ 罪己 V.O. assume the blame
zuìjì 罪迹[-跡] N. crime
zuìjiā 最佳 V.P. ① <wr.> optimum ② <wr.> best; first-rate; superlative
zuìjiāhuà 最佳化 N. optimization
zuìjiājiě 最佳解 N. best solution
zuǐ jiān 嘴尖 V.P. ① be sharp-tongued ② be picky about food
zuǐ jiàng 嘴强[-強] V.P. ① be inclined to argue (with superiors) ②talk tough *See also zuǐ qiáng*
zuìjiā niánlíng jiǎshuō 最佳年龄假说[---齡--] N. <lg.> optimum-age hypothesis
zuǐjiānpíhòu 嘴尖皮厚 F.E. be sharp-tongued and thick-skinned
zuǐjiānshékuài 嘴尖舌快 F.E. be fluent in speech
zuǐjiānshéqiǎo 嘴尖舌巧 F.E. be gifted with a quick and sharp tongue
zuǐjiānshésuān 嘴尖舌酸 F.E. be sharp-tongued
zuǐjiǎo 嘴角 P.W. corners of the mouth
zuǐjiǎo dàoguà 嘴角倒挂 V.P. pull down the corners of one's mouth
zuǐjiǎo guàxiào 嘴角挂笑 V.P. A smile plays on one's lips.
zuǐjiǎo liúxián 嘴角流涎 V.P. drooping from the corners of one's mouth
zuìjiāyīděng 罪加一等 F.E. doubly guilty
zuìjiāzhí 最佳值 N. optimum value; optimum
zuìjīběn 最基本 ATTR. basic; minimum
zuǐjījiǎor 嘴犄角儿 P.W. corners of the mouth
zuǐ jǐn 嘴紧[-緊] V.P. be close-mouthed/tight-lipped
zuìjìn* 最近 V.P. ① recently; lately ② soon; in the near future; nearest
zuìjìnglǐ 最敬礼[-禮] N. the most respectful salutation; the deepest homage
zuìjìn jǐ tiān 最近几天 N. in the last few days
zuìjìnr 醉劲儿[-勁-] N. drunkenness
zuìjìntóuyá 最尽头牙[-盡--] N. molar
zuìjíqīnú 罪及妻孥 F.E. His wife and children were punished for his crimes.
zuìjiǔ* 醉酒 V.O. drunk
zuìjiù 罪咎 N. fault; offense; error
zuìjiǔbǎodé 醉酒饱德 F.E. ① be quite well-entertained ② *conventional thanks to the host at the end of a banquet* I am drunk with your wine and filled with your virtues.
zuìjǐzhào 罪己诏 N. <trad.> imperial decree in which the emperor blamed himself for the suffering of the people
zuìjù 最具 V.P. possess the greatest/most. . .
zuìjù dàibiǎoxìng 最具代表性 V.P. be the leading example of
zuìkè 醉客 N. a drunkard
zuìkěndì 嘴啃地 ID. fall prostrate
zuìkěnní 嘴啃泥 ID. fall on one's face
zuǐ kuài 嘴快 V.P. have a loose tongue
zuǐkuàixīnzhí 嘴快心直 F.E. be outspoken/frank/straightforward/sincere
zuìkuǎn 罪款 N. list of crimes
zuìkuí 罪魁 N. chief culprit; ringleader
zuìkuíhuòshǒu 罪魁祸首[--禍-] F.E. ringleader; arch-criminal
zuǐ lǎn 嘴懒 V.P. <coll.> laconic; taciturn
zuìléigōng 醉雷公 N. meddlesome person fond of making superficial comments on men and events
zuǐ lěng 嘴冷 V.P. <topo.> ① blunt ② rough and plain in speech
zuǐli* 嘴里[-裡] P.W. in the mouth
zuìlǐ 檇李 N. a kind of plum
¹zuìlì 罪戾 N. <wr.> crime; sin
²zuìlì 罪隶[-隸] N. <trad.> dependents of a criminal who were forced to serve officials as their slaves
zuǐliǎn(r) 嘴脸(儿) N. look; features; countenance
zuǐlǐ fākǔ 嘴里发苦[-裡發-] V.P. have a bitter taste in the mouth
zuǐlǐhuāshao 嘴里花哨[-裡--] F.E. <topo.> slick-talking
zuì máng xiǎoshí 最忙小时[--時] N. busy hour
zuìmāor 醉猫儿[-貓-] N. addled drunkard
zuìmíng(r) 罪名(儿) N. charge; accusation
zuìmíngguāntiān 罪名关天[--關-] F.E. be a terrible crime
zuǐmǒ(r/zi)* 嘴抹(儿/子) 嘴抹/末(儿/子) N. <slang> ① spittle ② glibness
zuìmò 醉墨 N. painting or calligraphy done under the influence of liquor
zuìmòdàyān 罪莫大焉 F.E. ① There is no greater crime than this. ② The crime is too serious.
zuìmógūdōngr 醉魔咕咚儿 F.E. very drunk
zuìmòmòr 最末末儿 N. <coll.> the very last
zuìmù 最目 N. summary table of contents
zuì nádechūqu de rén 最拿得出去的人 N. ① the finest of men ② the most impressive man
zuì nán fēngyǔ gùrén lái 最难风雨故人来[-難-----] ID. A friend in need is a friend indeed.
zuìniè 罪孽 N. ①wrongdoing ②sin ③retribution
zuìnièshēnzhòng 罪孽深重 F.E. be grievously sinful
zuìpéng 醉朋 N. alcoholic; drunkard
zuǐpí 嘴皮 *See zuǐpízi*
zuǐpiànzi 嘴片子 N. lips
zuǐ pín 嘴贫/频 V.P. be garrulous/talkative
zuǐpízi 嘴皮子 N. <coll.> ① lips ② gift of gab *Tā jiù huì shuǎ ~.* He only knows how to talk glibly.
zuǐpízi yìng 嘴皮子硬 V.P. <coll.> tough talking
zuǐ qiàn 嘴欠 V.P. ① love to gossip ② be liable to displease others with one's talk
zuìqiān* 罪愆 N. <wr.> offense; sin
zuìqiánfāng 最前方 P.W. most advanced front
zuǐ qiáng 嘴强[-強] V.P. ① like to argue ② be eloquent *See also zuǐ jiàng*
zuìqiánmiàn 最前面 P.W. the foremost; front
zuìqiánxiàn 最前线 N. forefront
zuǐ qiǎo 嘴巧 V.P. smooth-spoken; suave
zuǐqiǎoshénéng 嘴巧舌能 F.E. be gifted with a quick and sharp tongue
zuǐ qín 嘴勤 V.P. ①eager to initiate a conversation ② <coll.> fond of talking
zuìqíng 罪情 N. details of a crime
zuìqīngliàngjí 最轻量级[-輕--] N. <sport> bantamweight
zuìquán 醉拳 N. boxing simulating drunkenness
zuǐr 嘴儿 N. <coll.> ① eloquence ② nozzle
zuìrén 罪人 N. offender; sinner ♦V.O. blame/impugn others
zuìrénbùnú 罪人不孥 F.E. The wives and children of the offenders are not involved in their crimes.
zuìrényìzú 罪人以族 F.E. A criminal is punished by having the entire family executed.
zuǐ ruǎn 嘴软 V.P. hesitate to criticize
zuìrúní 醉如泥 V.P. be dead drunk
zuìshàn 最善 V.P. the best
zuìshàngchéng 最上乘 ATTR. first-rate; top-notch; the best
zuǐshàngchūnfēng 嘴上春风 ID. ingratiating in speech
zuǐ shang guàxiào 嘴上挂笑 V.P. A smile is hovering on one's lips.
zuìshàngjiāzuì 罪上加罪 F.E. pile one offense on top of another; commit crime upon crime
zuìshàngpǐn 最上品 N. the prime quality
zuìshǎo 最少 V.P. the least; at (the) least; the minimum
zuìshǎo cíhuì 最少词汇[-彙] N. <lg.> minimum vocabulary
zuìshèng 醉圣[-聖] N. ① a prodigious drinker ② Sage with a Bottle (nickname of Li Bo)
zuìshēngmèngsǐ 醉生梦死[--夢-] F.E. lead a besotted/befuddled life
zuìshì 最适[-適] ATTR. optimum
zuǐ sōng 嘴松[-鬆] V.P. loose-tongued
zuǐ suì 嘴碎 V.P. <coll.> garrulous; loquacious
zuǐ sǔn 嘴损 V.P. <topo.> sarcastic; sharp-tongued
zuìtài 醉态[-態] N. drunkenness
zuǐ tián 嘴甜 V.P. ①be smooth-tongued ②honeymouthed
zuǐtiánxīnkǔ 嘴甜心苦 F.E. talk sweetly while harboring evil thoughts; be honey-mouthed and stone-hearted
zuǐtiánxīnlà 嘴甜心辣 F.E. be hypocritical
zuǐtóu(r/zi) 嘴头(儿/子) N. <coll.> ① ready tongue ② lips ③ speaking; talking

Z

zuǐtóu shang 嘴头上 P.W. <coll.> in speech; talking
zuǐtóuzi duǎn 嘴头子短 V.P. <coll.> taciturn
zuìwǎn 最晚 V.P. the latest
zuìwéi 最为 V.P. *used before v.p.* the most; extremely
zuìwēiliàng 最微量 ATTR. minimal
zuìwēiliàng zhòngyīn 最微量重音 N. <lg.> minimal stress
zuǐ wěn 嘴稳[-穩] V.P. be discreet in speech
zuìwēng 醉翁 N. old drunkard
zuìwēng zhī yì bù zài jiǔ 醉翁之意不在酒 ID. have an ulterior motive
zuìwò 醉卧[-臥] V. lie in a drunken stupor
zuìxiā 醉虾[-蝦] N. wine-steeped shrimp
zuìxiàcè 最下策 N. the least-desirable method/solution
zuìxiàmiàn 最下面 P.W. the lowest level; bottom
zuìxiān* 最先 ADV. very first; at first; in the beginning ♦ATTR. first; initial
zuìxián 罪嫌 N. suspicion of crime
zuìxiāng 醉乡[-鄉] N. a drunken stupor
zuìxiān xíngwèi 最先形位 N. <lg.> initial state
zuìxiǎo 最小 V.P. ① smallest ② youngest ③ least; minimum; minimal
zuìxiǎo chābié 最小差别 N. <lg.> minimal contrast
zuìxiǎo chāyì duì 最小差异对[-異對] N. <lg.> minimal pair
zuìxiǎo chāyì duì'ǒu cí 最小差异对偶词[---異對--] N. <lg.> minimal pair
zuìxiǎo chāyì duì'ǒu zì 最小差异对偶字[---異對--] N. <lg.> minimal pair
zuìxiǎo de chāyì 最小的差异[-異] N. <lg.> minimal difference
zuìxiǎo de duìbǐ 最小的对比[---對-] N. <lg.> minimal pair
zuìxiǎo de huàyǔ 最小的话语 N. <lg.> minimum utterance
zuìxiǎo de qūbié tèzhēng 最小的区别特征[---區--徵] N. <lg.> minimal distinctive feature
zuìxiǎo de yǔyīn dānwèi 最小的语音单位 N. <lg.> phoneme
zuìxiǎo de zìrányǔ 最小的自然语 N. <lg.> minimal unit in natural language
zuìxiǎo duìlì 最小对立[--對-] N. <lg.> minimal contrast
zuìxiǎo duìlìtǐ 最小对立体[--對-體] N. <lg.> minimal pair
zuìxiǎo duìlìtǐ cāoliàn 最小对立体操练[--對-體-練] N. <lg.> minimal pair drill
zuìxiǎo dúyòngzì 最小独用字[--獨--] N. <lg.> minimal free form
zuìxiǎo gōngbèishù 最小公倍数[-數] N. <math.> least/lowest common multiple
zuìxiǎo gōngfēnmǔ 最小公分母 N. <math.> the lowest common denominator
zuìxiǎo jùlí yuánzé 最小距离原则[---離--] N. <lg.> minimal-distance principle
zuìxiǎo yīnchā de yī duì cí 最小音差的一对词[------對-] N. <lg.> minimal pair
zuìxiǎozhí 最小值 N. <math.> minimum value
zuìxiǎo zìyóu xíngshì 最小自由形式 N. <lg.> minimum free form
zuìxiè 醉蟹 N. crab cooked/steeped with wine; liquor-saturated crab
[1]**zuìxīn** 最新 ATTR. the newest; the latest
[2]**zuìxīn** 醉心 V. be infatuated with
zuìxīn fāmíng 最新发明[--發-] N. the latest invention
[1]**zuìxíng*** 罪行 N. criminal acts
[2]**zuìxíng** 罪刑 N. crime and punishment; penalty
zuìxǐng 醉醒 V. sober up
zuìxínglěilěi 罪行累累 F.E. commit numerous crimes
zuìxīnrùmí 醉心入迷 F.E. go into ecstasies (over sth.)
zuìxīn yàngshì 最新样式[--樣-] N. the latest style
zuìxīn yú 醉心于[-於] V.P. be infatuated with
zuìxūnxūn 醉醺醺//薰薰 R.F. sottish; drunk; tipsy
zuìyān 嘴烟[-煙] N. filtered cigarette
zuǐ yán 嘴严[-嚴] V.P. ① be discreet in speech ② closemouthed
zuìyǎn* 醉眼 N./V.P. <wr.> ① pie-eyed ② bleary-eyed from drink
zuìyánbùjiào 醉言不较 F.E. do not find fault with drunken talk
zuìyǎnménglóng 醉眼朦/蒙胧 F.E. drunk and bleary-eyed
zuìyǎnxīngsōng 醉眼惺松[-鬆] F.E. be drowsy from drink
zuìyè 罪业[-業] N. <Budd.> sinful karma
zuìyì 醉意 N. tipsy feeling
zuìyīn 罪因 N. cause of a crime
zuǐ yìng 嘴硬 V.P. ① talk tough ② refuse to admit mistakes
zuǐyìngxīnruǎn 嘴硬心软 F.E. be firm in speech but soft in heart
zuìyōu* 最优[-優] ATTR. optimal ♦N. optimum
zuìyóu 罪尤 N. <wr.> fault; offense
zuìyōuhuà 最优化[-優-] N. optimization ♦V. optimize
zuìyǒuyīngdé 罪有应得[--應-] F.E. deserve punishment
zuìyǒuyōuguī 罪有攸归[-歸] F.E. The responsibility for a crime can be traced.
zuìyuǎn 最远[-遠] V.P. farthest
zuì yǔ fá 罪与罚[-與-] N. crime and punishment
[1]**zuìzǎo** 最早 V.P. earliest; oldest
[2]**zuìzǎo(r)** 醉枣(儿)[-棗-] N. Chinese wine-steeped dates
zuìzé 罪责 N. responsibility for an offense
zuìzénántáo 罪责难逃[--難-] F.E. cannot escape responsibility for an offense
zuìzhàng 罪障 N. <Budd.> sin
zuìzhèng 罪证[-證] N. proof of crime
zuìzhèngrúshān 罪证如山[-證--] F.E. There are irrefutable proofs of the crime.
zuǐzhí 嘴直 V.P. speak frankly
zuìzhōng 最终 ATTR. <wr.> final; ultimate; last
zuìzhōng xiāofèi 最终消费 N. total consumption
zuìzhōng yònghù 最终用户 N. <lg./comp.> end user
zuǐ zhuàng 嘴壮[-壯] V.P. <topo.> ① full mouth ② plenty to eat
zuìzhuàng* 罪状[-狀] N. ① nature of the offense ② charges in an indictment M: [1]*tiáo*/[1]*piān*
zuǐ zhuàngshi 嘴壮实[-壯實] V.P. <coll.> have a good appetite
zuǐzi 嘴子 N. <coll.> mouth; mouthpiece (of a wind instrument)
zuǐ zú 嘴足 V.P. <coll.> ① full mouth ② plenty to eat
zuìzui 最最 R.F. extremely; to the utmost
zūjí 租籍 N. <wr.> tax
[1]**zújì*** 足迹[-跡] N. ① footprint; track ② whereabouts
[2]**zújì** 族际[-際] ATTR. interethnic; interracial
zǔjī 阻击[-擊] V. <mil.> block; check
zǔjí 祖籍 P.W. ancestral home or native place
zūjià* 租价[-價] N. rent; rental
zújiā 足枷 N. stocks; shackles; hobbles
zǔjiā 祖家 P.W. ancestral home
zújiān 足尖 N. foot tip; toe
zújiǎn 足茧[-繭] N. callused skin on the feet
zújiàn 足见 V.P. serves to show
[1]**zǔjiàn*** 组建 V. organize; establish
[2]**zǔjiàn** 组件 N. <elec.> package; module; part
[3]**zǔjiàn** 祖饯[-餞] N. <wr.> give a farewell dinner
[1]**zūjiè*** 租借 V. rent; hire; lease
[2]**zūjiè** 租界 P.W. <hist.> foreign concession/settlement; leased territory
zǔjiē 组接 V. cut and splice/connect/etc.
zǔjié 阻截 V. hold up; intercept
zūjièdì 租借地 P.W. <hist.> concession; settlement; leased territory; leasehold
zūjièrén 租借人 N. leaseholder; lessee; tenant
zújìhuà 族际话[-際-] N. <lg.> interlanguage
zūjīn* 租金 N. rent; rental
zújīn 足金 N. pure/solid gold
zūjīn fèiyòng 租金费用 N. <acct.> rental expenses
zūjīn shōuyì 租金收益 N. <acct.> ① income from royalties ② rental income
zújìyǔ 族际语[-際-] N. <lg.> interlanguage
zǔjīzhàn 阻击战[-擊戰] N. blocking action in a battle M: [2]*chǎng*
zǔjī zhèndì 阻击阵地[-擊--] N. blocking position
zújū 族居 V. live together as a clan
zǔjū* 祖居 P.W. ancestral home ♦V. ① live for generations ② be a native of
zǔjù 组句 N. <lg.> sentence combining
zǔjué 阻绝[-絕] V. block
zǔkàng 阻抗 N. <elec.> impedance
zǔkǎo 祖考 N. <wr.> ① deceased (paternal) grandfather ② ancestry; forebears
zúkū 卒哭 N. end of the period of mourning
zúkuān 足宽[-寬] N. foot breadth
zǔlán 阻拦[-攔] V. stop; obstruct ♦N. ① <phy.> resistance ② <bio.> inhibition
zúlèi 族类[-類] N. those of the same clan
zúlèijiōngyì 族类迥异[-類-異] F.E. The races are different.
zúlèixiāngjù 族类相聚[-類--] F.E. gather together all that belongs to the same class
zúlì 足力 N. leg power
zǔlì* 阻力 N. obstruction; resistance
zūliáng 租粮[-糧] N. grain paid as farmland rent
zúliàng* 足量 N. full dose
zúliáo 足疗[-療] N. pedicure
zūlìn 租赁 V. rent; lease; hire
zūlìn cáichǎn 租赁财产[-產] N. <acct.> leased property
zúlíng 足龄[-齡] N. full age
zūlìn qǐyè 租赁企业[-業] V.O. lease an enterprise ♦N. leased enterprise
zūlìn yèwù 租赁业务[-業務] P.W. charter business; leasing
zūlìnzhì 租赁制 N. leasing system
zǔlóng 祖龙 N. ① <paleo.> archosaur ② Qínshǐhuáng ③ Double Surname
Zǔlǔ 祖鲁 N. Zulu
zǔlǜ 祖率 N. <math.> *pi* as calculated by Zǔ Chōngzhī (429–500)
zǔmà 诅骂[-罵] V. curse and berate; imprecate
zǔmà tóng'ái 诅骂童骙[-罵--] V.O. curse and reproach the foolishness of a youth
zǔméng 诅盟 N. <wr.> vow; oath
zūmǐ 租米 N. <trad.> rice rent
zǔmiào 祖庙[-廟] P.W. ancestral shrine/temple M: [4]*zuò*
zúmiè 族灭[-滅] V.P. <trad.> execute all family members (of a criminal)
zúmíng 族名 N. ethnonym
zúmóuguǎduàn 足谋寡断[-斷] F.E. resourceful but irresolute
zǔmǔ 祖母 N. (paternal) grandmother
zǔmǔlǜ 祖母绿 N. <min.> emerald
[1]**zūn*** 尊 V. respect; venerate ~ [2]***tā wéi shī*** respect her as a teacher. ♦B.F. ① respectability; dignity [1]***zūnyán*** ② <court.> your ③ senior; of a senior generation ***zūnzhǎng*** ♦M. *for cannons/statues* ***yī ~ dàpào*** one cannon ♦N. wine vessel used in antiquity
[2]**zūn** 遵 B.F. abide by; obey; observe ***zūnshǒu***
[3]**zūn** 樽 B.F. <trad.> a wine vessel [2]***zūnzǔ***
[4]**zūn** 鳟[鱒] B.F. trout ***zūnyú, hézūn***
[1]**zǔn** 撙 V. save; economize
[2]**zǔn** 噂 in ***zǔntà***
[3]**zǔn** 蕈 in ***zǔnzǔn***
zǔnǎinai 祖奶奶 N. grandma
zǔnàn 阻难[-難] V. obstruct; impede
zǔnáo 阻挠[-撓] V. obstruct; thwart; prevent
zǔnáo sīfǎchéng 阻挠司法程[-撓---] V.O. obstruct justice
zūnbàn 遵办[-辦] V. obey and deal with; act as directed

zūn-bēi 尊卑 N. seniors and juniors; superiors and inferiors

zūn-bēi bù fēn 尊卑不分 V.P. fail to discriminate between superior and inferior

zūn-bēi shīxù 尊卑失序 V.P. lack due regard for priority in place/rank

zūnchēng 尊称[-稱] N. respectful form of address; honorific title ♦V. respectfully address sb. as

zūnchóng 尊崇 V. revere; venerate

zūnchù 尊处[-處] P.W. <court.> your honorable abode

zūncóng 遵从[-從] V. defer to; comply with; follow

zūndàren 尊大人 N. <court.> your father

zūndélèdào 尊德乐道[--樂-] F.E. honor virtue and advocate moral principles

zūnfǎshīxíng 遵法施行 F.E. carry out according to law

zūnfèng 尊奉 V. <wr.> ① worship; revere; venerate ② respectfully attend upon or obey (orders/etc.)

[1]**zūnfǔ** 尊府 P.W. <wr.> your honorable residence ♦N. your father

[2]**zūnfǔ** 尊甫 N. <wr.> your father

zūnfūren 尊夫人 N. <court.> your wife

zūngàn'àibīng 尊干爱兵[-幹愛-] F.E. <PRC> respect cadres and cherish soldiers

zūngōng 尊公 N. <court.> ① your father ② sir

zūngǔbēijīn 尊古卑今 F.E. look up to the past and look down on the present

zūnguì 尊贵 ATTR. honorable; respected; respectable

zūnhào 尊号[-號] N. ① imperial honorific title ② <court.> your name

zūnhóu 尊侯 N. <court.> your esteemed father

zūní 阻尼 N. <phy.> damping

zūní zhèndàng 阻尼振荡[-蕩] N. <phy.> damping vibration

zūnjì 尊纪 N. <court.> your servant

zūnjiā 尊家 P.W. <court.> your home

[1]**zūnjià*** 尊驾 N. <court.> you, sir

[2]**zūnjià** 樽架 N. bottle rack

zūnjiàn 尊见 N. <court.> your esteemed opinion/view

zūnjiào 尊教 N. <court.> your esteemed teaching/instruction

zǔnjié 撙节[-節] V. ① retrench; economize ② follow rule and order; restrain; exercise restraint

zǔnjié kāizhī 撙节开支[-節開-] V.O. economize expenses; retrench

zūnjìng 尊敬 V. respect; honor; esteem

zūnjìng de 尊敬的 ATTR. Dear . . . (salutation in letters)

zūnjìshǒufǎ 遵纪守法 F.E. observe discipline and law

zūnjiǔlùnwén 樽酒论文 F.E. discuss literature over cups of liquor

zūnjūn 尊君 N. <court.> your esteemed father ♦V.O. respect the king

zūnkǒu 尊口 N. <court.> your talk/speech

zūnkǔn 尊阃 N. <court.> your honored wife

zūnlǎo 尊老 V.O. respect the aged ♦N. parents

zūnlǎo'àiyòu 尊老爱幼[--愛-] F.E. respect the old and cherish the young

zūnlǎojìngshī 尊老敬师[-師] F.E. respect the old and the teachers

zūnléi 樽罍 N. earthen liquor jar

zūnlìng 遵令 V.O. obey orders

zūnlù 遵陆[-陸] V.O. go/travel by land; take a land route

zūnmén 尊门 P.W. <court.> your home/residence

zūnmíng 尊名 N. <court.> Your name, Sir?

[1]**zūnmìng*** 遵命 V.O. obey your commands/wishes

[2]**zūnmìng** 尊命 N. <court.> your order

zūnmìng bànlǐ 遵命办理[--辦-] V.P. act in compliance with your instructions

zūnqián 尊前 SUF. conventional term placed after the salutation in letters addressed to one's senior

zūnqīn 尊亲[-親] N. <court.> your parents; elders; relatives of a senior generation

zūnqīnshǔ 尊亲属[-親屬] N. <court.> one's parents, grandparents, great-grandparents, and other senior relatives

[1]**zūnróng** 尊容 N. ① <court.> your appearance ② <coll.> your mug; that disgusting face of yours/his/hers ③ <Budd.> venerable face of the Buddha

[2]**zūn-róng** 尊荣[-榮] N. honor and glory

[1]**zūnshàng** 尊尚 V. uphold; advocate

[2]**zūnshàng** 尊上 N. <court.> ① your master (to a servant) ② your mother

zūnshēng* 尊生 V.O. respect life

zǔnshěng 撙省 V. economize *See also zǔnxǐng*

zūnshī 尊师[-師] ATTR. respecting a teacher

zūnshī'àishēng 尊师爱生[-師愛-] F.E. (students) respect the teachers and (teachers) love the students

zūnshī'àixiào 尊师爱校[-師愛-] F.E. respect the teacher and love the school

zūnshī'àiyǒu 尊师爱友[-師愛-] F.E. respect one's teachers and love one's friends

zūnshījìngzhǎng 尊师敬长[-師--] F.E. honor teachers and respect the elders

zūnshíyǎnghuì 遵时养晦[-時養-] F.E. ① live in retirement and wait for the right time for a comeback in public life ② bide one's time during a period of ill luck

zūnshīzhòngdào 尊师重道[-師--] F.E. respect teachers and their teachings

zūnshīzhòngjiào 尊师重教[-師--] F.E. respect teachers and value education

zūnshǒu 遵守 V. observe; abide by

zūnshǒu héyuē 遵守合约 V.O. observe the agreement

zūnshǒu jièlǜ 遵守戒律 V.O. <Budd.> observe the precepts of Buddhist discipline

zūnshǒu shíjiān 遵守时间[--時-] V.O. be on time; be punctual

zūnshǔ 尊属[-屬] N. ① one's senior relatives ② <court.> your relatives

zūnsù 尊宿 N. <Budd.> honorific term for an old person of virtue

zǔntà 噂沓 V.P. <wr.> diverse and confused

zūntáng 尊堂 N. <court.> your mother

zūnwángrǎngyí 尊王攘夷 F.E. honor the emperor and repel the barbarians

zūnwéi 尊为 V.P. respectfully acknowledge as

zūnwéishàngbīn 尊为上宾[-賓] F.E. treat as a respected guest

zūnwēng 尊翁 N. <court.> your father

zūnxiǎn 尊显[-顯] V.P. of high position; noble; venerable

zūnxiàng 尊像 N. statue

zūnxíng* 遵行 V. act on; follow

zūnxìng 尊姓 N. <court.> your surname

zǔnxǐng 撙省 V. save; be economical *See also zǔnshěng*

zūnxìngdàmíng 尊姓大名 F.E. <court.> What is your honorable name?

zūnxiōng 尊兄 N. <court.> ① your brother ② my dear elder brother (used in letters to a friend)

zūnxún 遵循 V. follow; abide by; adhere to

[1]**zūnyán** 尊严[-嚴] ATTR. dignity; honor

[2]**zūnyán** 尊颜 N. your honorable face

zūnyǎngshíhuì 遵养时晦[-養時-] F.E. live in retirement and wait for the right time for a comeback in public life

zūnyī 遵依 V. ① follow sb.'s order/etc. ② obey; conform to; comply with; act in accordance with

zūnyí 尊彝 N. ceremonial vessels

zūnyì 尊意 N. <court.> your esteemed opinion

Zūnyì* 遵义[-義] P.W. Zunyi (city in Guizhou) ♦V.O. guard or stand up for righteousness/justice

zūn yīzhǔ 遵医嘱[-醫囑] V.O. follow the doctor's advice

zūnyú 鳟鱼 N. trout M: [1]*tiáo*

zūnzhǎng 尊长 N. elders and betters

zūnzhào 遵照 V. obey; comply with

zūnzhào bànlǐ 遵照办理[--辦-] V.P. handle according to instructions

zūnzhě 尊者 N. ① one's seniors ② <Budd.> honorific term for a monk

[1]**zūnzhǐ** 遵旨 V.O. follow orders/decrees

[2]**zūnzhǐ** 尊址 P.W. <court.> your honorable abode

zūnzhòng 尊重 V. respect; value; esteem ♦ATTR. serious; proper

[1]**zūnzǔ** 尊祖 N. <court.> your grandfather

[2]**zūnzǔ** 尊/樽俎 N. utensils used for holding food and liquor

zūnzuàn 樽钻[-鑽] N. bottle screw

zǔnzǔn 蕈蕈 R.F. <wr.> lush; luxuriant

zūnzǔzhéchōng 尊/樽俎折冲[-衝] F.E. ① win a war at the conference table ② discharge the duties of a diplomat

[1]**zuō** 嘬 V. <coll.> suck

[2]**zuō** 作 B.F. workshop ***zuōfang, xiyizuō*** *See also* [4]*zuó*, [3]*zuò*

[1]**zuó** 昨 B.F. ① yesterday ***zuótiān***<coll.> ***zuór*** ② the past ***jīnshìzuófēi***

[2]**zuó** 捽 B.F. <topo.> seize; grasp tightly ***zuójīng, zuózhù tóufa***

[3]**zuó** 琢 in ***zuómo*** *See also* [4]*zhuó*

[4]**zuó** 作 in ***zuóliao*** *See also* [2]*zuō*, [3]*zuò*

[1]**zuǒ** 左 B.F. ① left side ***zuǒbian*** ② the Left; left-leaning; progressive; inclined toward the revolution ***zuǒpài, zuǒqīng*** ③ east ***Shānzuǒ*** ④ queer; odd; unorthodox; heretical ***zuǒpíqi*** ⑤ different; contrary; opposite ***xiāngzuǒ*** ♦S.V. ① <coll.> wrong; incorrect ***Bié ~ le.*** Don't be stupid. ***Bié xiǎng~ le.*** Don't get me wrong. ② false; counterfeit; bogus ♦V. <wr.> assist ♦CONS. *~ V yòu V* do sth. repeatedly ***~ xiǎng yòu xiǎng*** mull over sth. ♦N. Surname

[2]**zuǒ** 佐 B.F. assist ***zuǒlǐ, fǔzuǒ***

[3]**zuǒ** 撮 M. *for hair See also* [2]*cuō*

[1]**zuò*** 做 V. ① make; produce; manufacture ② cook; prepare ③ do; act; engage in ④ be; become ⑤ write; compose ⑥ celebrate ⑦ be used as ⑧ form/contract a relationship ⑨ pretend; feign ⑩ <slang> make love ⑪ play tricks to punish sb.

[2]**zuò** 坐 V. ① sit; take a seat ② travel by (plane/etc.) ***Wǒ ~ cuòle chē.*** I've taken the wrong bus. ③ sink; subside (from pressure) ④ recoil; kick back ⑤ be punished ⑥ have its back toward (of a building) ⑦ put (a pan, pot, kettle, etc.) on a fire ⑧ bear (fruit); form (seed) ♦N. seat; place ♦ADV. <wr.> ① because; owing to ② for no reason at all

[3]**zuò** 作 V. ① do; make ② rise; get up ③ write; compose ④ pretend; affect; feign ⑤ regard as; take sb. or sth. for ⑥ feel; have ⑦ act as; be; become ♦N. writings; literary/artistic work *See also* [2]*zuō*, [4]*zuó*

[4]**zuò** 座 N. ① seat; place ② stand; pedestal; base ③ fare (in a hired vehicle) ④ customer (in a restaurant) ♦M. *for mountains/bridges/etc.* ♦B.F. constellation [1]***xīngzuò***

[5]**zuò** 祚 B.F. ① blessing ***zuòyìn, bózuò*** ② throne ***tiānzuòdì***

[6]**zuò** 胙 B.F. <trad.> sacrificial meat ***zuòròu***

[7]**zuò** 怍 B.F. ashamed [1]***zuòsè, cánzuò***

[8]**zuò** 酢 B.F. toast to the host by a guest ***zuòbài***, [2]***chóuzuò*** *See also* [10]*cù*

[9]**zuò** 阼 B.F. steps at the eastern entryway where a host welcomes guests ***zuòjiē***, [2]***lìzuò***

[10]**zuò** 柞 B.F. oak [2]***zuòshù***, [2]***zuòlì***

[11]**zuò** 唑 B.F. <chem.> azole [2]***kǎzuò, sāizuò***

[12]**zuò** 凿[鑿] *See záo*

zuò'ài 作爱[-愛] V.O. make love

zuò'àn 作案 V.O. commit an offense

zuòbà 作罢[-罷] V. relinquish; give up

zuòbài 酢败 V.P. soured; turned to vinegar

Z

zuò báirìmèng 做白日梦[-夢] V.O. ① build castles in the air ② daydream
zuòbān* 坐班 V.O. keep office hours
zuòbàn(r) 做伴(儿) V.O. keep sb. company
zuòbǎnchuāng 坐板疮[-瘡] N. <med.> boils on the buttocks
zuò bānfáng 坐班房 V.O. <coll.> serve time in jail
zuǒbǎngyòubì 左膀右臂 F.E. capable assistant
zuǒbànqiú 左半球 P.W. <lg.> left hemisphere
zuòbǎo 作保 V.O. be sb.'s guarantor/sponsor
zuò bǎoren 作保人 V.O. give security
zuò bàwángchē 坐霸王车 V.O. ride a bus/car without a ticket
zuòběi 坐北 V.O. have one's back to the north
zuòběicháonán 坐北朝南 F.E. face south with the back to the north
zuǒbì 左臂 N. left arm
zuòbì* 作弊 V.O. ① practice fraud/corruption ② cheat on a test/exam
zuǒbian(r) 左边(儿)[-邊-] P.W. left side
zuǒbiānfēng 左边锋[-邊-] N. outside left; left wing (in soccer)
zuǒbian jiàshǐ qìchē 左边驾驶汽车[-邊----] N. car with left-side steering M: ³liàng
zuǒbiānyòudǎ 左鞭右打 F.E. feign an attack
zuòbiāo 坐/座标[-標] N. <math.> coordinate
zuò biǎomian wénzhāng 做表面文章 V.O. work for appearance's sake
zuòbiāozhóu 坐/座标轴[-標-] N. coordinate axis
zuòbié 作别 V. <wr.> take one's leave
zuō biězi* 嘬/作瘪子 V.O. <topo.> ① go haywire ② run into ③ have one's wings clipped; have one's ego deflated; get one's just deserts ④ feel embarrassed ⑤ be nonplussed ⑥ suffer unpleasant consequences
zuò biēzi 做憋子 <coll.> V.O. ① feel unhappy ② have no other option ③ fail
zuò biézi 作别子 V.O. <topo.> ① go haywire; go wrong; give trouble ② have one's wings clipped
zuò bǐjì 作笔记[-筆-] V.O. take notes
zuò bìshàngguān 作壁上观[-觀] F.E. sit by and watch
zuòbìtōuguāng 凿壁偷光[鑿-] See záobìtōuguāng
¹zuǒbù 左部 P.W. left part
²zuǒbù 左不 ADV. maybe; possibly
zuòbuchéng 作/做不成 R.V. can't do; can't achieve
zuòbuchū 做/作不出 R.V. can't make; can't do
zuòbùchuítáng 坐不垂堂 F.E. Stay out of harm's way.
zuòbudào 作/做不到 R.V. can't meet the requirements
zuòbude 做不得 R.V. should not do; be forbidden to do
zuòbuguàn 做/作不惯 R.V. not be used to doing sth.
zuǒbuguò 左不过 ADV. <topo.> ① at most ② anyway; anyhow; in any event ③ only; merely; just ④ certainly; must be; can't be otherwise
zuòbuhǎo 做不好 R.V. cannot do well
zuòbukāi 坐不开[-開] R.V. too small to seat (sb./people)
zuòbulái 作不来 R.V. be unable to do
zuòbuláo 坐不牢 R.V. can't sit firmly
zuòbuliǎo 作/做不了 R.V. be unable to do sth.
zuòbuliǎo zhǔ 作不了主 R.V. cannot decide oneself
zuòbuqǐ 坐不起 R.V. can't afford to take (certain transportation)
¹zuòbushàng 作/做不上 R.V. be unable to do
²zuòbushàng 坐不上 R.V. can't make a bus/etc. (due to tardiness/etc.)
zuǒbushi 左不是 ADV. <coll.> ①probably; most likely ② anyhow; after all
zuòbuwán 做不完 R.V. can't finish doing sth.
zuòbuwěn 坐不稳[-穩] R.V. ①can't sit securely/steady ② unsteady (of a defective chair)
¹zuòbuxià 做不下 R.V. can't continue doing things
²zuòbuxià 坐不下 R.V. ① cannot seat; can't sit down (not enough room) ② unable to seat oneself (not enough room)
zuòbuzháo 作/做不着[-著] R.V. can't gain an (official position/etc.)
zuōbuzhù 嘬不住 See zuōbuzhùjìn
zuòbuzhù* 坐不住 R.V. ①cannot remain seated; cannot stay long; cannot sit still ② fidget; be restless
zuōbuzhùjìn 嘬不住劲[-勁] F.E. <topo.> be beside oneself; be unable to contain oneself
zuòcài 做/作菜 V.O. cook dishes
zuǒcān* 佐餐 ATTR. go with rice/bread
zuòcán 柞蚕[-蠶] N. China oak silkworm; tussah
zuòcāng 座舱[-艙] P.W. ① cabin (in a conveyance) ② cockpit (of a fighter)
zuò cānkǎo 作参考[-參-] V.O. be for reference
zuǒcān pútáojiǔ 佐餐葡萄酒 N. table wine
zuòcánsī 柞蚕丝[-蠶絲] N. tussah silk
zuòcāo* 做操 V.O. do exercises/gymnastics
zuòcáo 坐曹 ID. <trad.> handle official business
zuòcǎo 坐草 N. <wr.> confinement in childbirth; lying-in
zuǒcè 左侧 P.W. left (side)
zuǒcè tiáozhěng 左侧调整 N. left justifying
zuòchán 坐禅 V.O. <Budd.> sit in meditation
zuōchǎng* 作场[-場] P.W. <topo.> workshop
zuòcháng 做长 R.V. do sth. for a long time
zuò chánggōng 做长工 V.O. be a farm hand
zuò chángjiǔ 做长久 R.V. do sth. for a long time
zuòchǎngshī 坐场诗[-場-] See dìngchǎngshī
zuòchánwùdào 坐禅悟道 F.E. sit in meditation and gain enlightenment
zuǒchē 佐车 N. <trad.> vice-commander's chariot
¹zuòchē* 坐车 V.O. sit in or take a vehicle ◆ADV. by bus/train
²zuòchē 座车 N. (railway) carriage M: ¹jié
¹zuòchéng 做成 R.V. successfully complete
²zuòchéng 作成 R.V. <topo.> help (sb.to achieve his/her aim)
zuòchéng pànjué 作成判决[-決] V.O. enter a judgment
zuǒchéngxiàng 左丞相 N. <trad.> official rank, roughly equivalent to vice premiership
zuòchéng zhòngcái cáijué 作成仲裁裁决[-決] V.O. render an award (in arbitration)
zuòchē shàngbān 坐车上班 V.P. take a bus to work
zuòchī 坐吃 V. live on one's resources
zuòchīshānkōng 坐吃山空 ID. fritter away a great fortune
zuǒchōngyòutū 左冲右突[-衝--] ID. plunge this way and that
zuòchóu 柞绸 N. tussah silk fabric
zuǒchú 左除 V. be demoted
zuǒchù 左黜 V. be demoted
zuòchū* 做出 R.V. make (a decision/etc.)
zuòchù 坐处[-處] P.W. seat; place
zuòchuán 坐船 V.O. take or go by a boat/ship
zuòchuáng 坐床 V.O. sit on the edge of the bridal bed after the wedding ceremony (of the bridegroom and bride) ◆N. ①bunk ②inaugural ceremony of the Dalai or Panchen Lama in Tibet
zuòchū cáidìng 作出裁定 V.O. give a ruling
zuòchū cáijué 作出裁决[-決] V.O. give a ruling
zuòchū chéngjì 做出成绩 V.O. make good
zuò chūnfēng 坐春风 V.O. take lessons from an excellent teacher
zuò-chuò 作辍 N. working and stopping
zuòchuòwúcháng 作辍无常 F.E. go by fits and starts
zuòchū pàndìng 作出判定 V.O. make decisions
zuòchū pànjué 作出判决[-決] V.O. enter a judgment
zuòchū ràngbù 作出让步[--讓-] V.O. make a concession
zuòchū zuìhòu cáidìng 作出最后裁定[---後-] V.O. give a final ruling
zuò chūzū qìchē 坐出租汽车 V.O. ride in a taxi
zuòcí 作词 V.O. write lyrics
zuòci* 座次 N. seating arrangements
zuò cǐ guān lái xíng cǐ lǐ 做此官来行此礼[-禮] F.E. When in Rome, do as the Romans do.
zuòcíjiā 作词家 N. song writer M: ²wèi
zuòcǐxièzhí 坐此解职[-職] F.E. be dismissed on this account
zuòcuò 做错 R.V. do in a wrong way
zuòdá* 作答 V. give a response
¹zuòdà 坐大 V.P. <trad.> wax strong without opposition
²zuòdà 作/做大 V.O. <coll.> put on airs
zuòdǎi* 作歹 V.O. act criminally
zuòdài 坐待 V. sit back and wait
zuǒdǎng 左党[-黨] P.W. party of the left
zuǒdào 左道 N. false/heterodox belief/doctrine
¹zuòdào* 做到 R.V. accomplish; achieve
²zuòdào 坐到 R.V. ① sit until ② take a vehicle to
zuǒdàohuòzhòng 左道惑众[-眾] F.E. delude the people by heretical doctrines
zuǒdàopángmén 左道旁门 F.E. ① heretical sect; heterodox school ② heresy; heterodoxy ③ evil ways
zuòdào shēnyè 坐到深夜 V.P. sit up late
zuǒdàoxiéshuō 左道邪说 F.E. heresy; heretical ideas
zuòdé 做得 R.V. ① finish; complete ② can be done
zuò de bǐ shuō de duō 做的比说的多 F.E. be better than one's word
zuòdedào 做得到 R.V. be able to do
zuò de guòfen 做得过分 V.P. overdo sth.
zuòdéle 做得了 V.P. <coll.> finished doing (sth.) See also zuòdeliǎo
zuòdeliǎo 做得了 R.V. be able to do; can be done See also zuòdéle
zuòdēng 坐灯[-燈] N. candle/light stand
zuòděng* 坐等 V. sit back and wait
zuòděng shíjī 坐等时机[--時-] V.O. bide one's time
zuòděng tiānmíng 坐等天明 V.O. sit and wait for daybreak
zuòdewán 做得完 R.V. can finish/complete
zuòdexià 坐得下 R.V. ① be spacious enough for. . . to sit ② have seats for (a certain number of people); seat
zuòdezhù 坐得住 R.V. can sit still; can sit for a long time
zuòdǐ 作抵 V.O. substitute
zuòdì(r)* 坐地(儿) ADV. on the spot ◆V.O. ① sit on the ground ② do sth. on the spot
zuòdiàn(r) 坐垫(儿)[-墊-] N. cushion M: ²kuài
zuòdìfēnzāng 坐地分赃[-贜] F.E. share loot; divide the booty on the spot
zuòdìhǔ* 坐地虎 N. local tyrant/despot
zuòdìhù 坐地户 N. <coll.> native inhabitants of a place
zuòdìng 坐定 R.V. ① be seated ② <topo.> be destined/doomed
zuò dìtiě 坐地铁[-鐵] V.O. ride in a subway train
zuòdōng 做/作东 V.O. ① be the host ② stand a treat
zuò dōngdàozhǔ 作东道主 V.O. act as a host
zuòdǒu 作抖 V. <topo.> shiver; shake; tremble
zuò dòuzhēng 作斗争[-鬥爭] V.O. wage a struggle
zuǒduān 左端 P.W. the left end
zuòduì 作对[-對] V.O. ① set oneself against; oppose ② pair off in marriage; match with another in marriage
zuǒduìqí zìjù 左对齐子句[-對齊--] N. left-justified clause
zuò duìtóu 做对头[-對-] V.O. set oneself against sb.

zuòdūn 坐墩 N. <topo.> porcelain stool
zuòdūnr 坐蹲儿 V.O. <topo.> squat on one's heels
zuǒduò 左舵 N. left rudder
zuò'ě 作恶[-惡] V.O. be nauseated *See also zuò'è*
zuò'è* 作恶[-惡] V.O. do evil ♦A.T. <wr.> gloomy; melancholy *See also zuò'ě*
zuò'èduōduān 作恶多端[-惡--] F.E. be steeped in iniquity; do all kinds of evil
zuǒ'èr 佐贰 N. <trad.> deputy
zuò èrděng 坐二等 <coll.> V.O. perch on the back of a bicycle
zuò èrén 做恶人[-惡-] V.O. act the part of a villain
zuò'érlùndào 坐而论道 F.E. sit and pontificate
zuǒ'ěr rù, yòu'ěr chū 左耳入,右耳出 ID. go in one ear and out the other
zuǒ'ěr yōushì 左耳优势[-優勢] N. <lg.> left-ear advantage
zuòfa 坐法 V.O. be punished for a crime *See also [3]zuòfǎ*
zuòfá 作伐 V.O. <wr.> act as a matchmaker
[1]**zuòfǎ(r)*** 作法(儿) V.O. ① resort to magic arts ② legislate; make laws ♦N. ① way of doing things; course of action; practice ② technique of writing
[2]**zuòfǎ(r)** 做法(儿) N. way of doing/making sth.
[3]**zuòfǎ** 坐法 N. be imprisoned for breaking the law *See also zuòfa*
zuòfǎn 作反 V. rebel; revolt; rise in revolt
zuòfàn* 做饭 V.O. prepare a meal
zuōfang* 作坊 P.W. workshop M: [1]*jiān*
zuǒfāng 左方 P.W. left side
zuǒfānlí 左翻犁 N. left-hand plow
zuòfǎzìbì 作法自毙[-斃] F.E. be the victim of one's own scheme
zuófēi 昨非 N. <wr.> past mistakes
zuòfèi* 作废[-廢] V.P. ① become invalid ② cancel; delete; nullify
zuòfèigǔ 作废股[-廢-] N. <acct.> forfeited stock
zuò fēijī 作/坐飞机[-飛-] V.O. make like an airplane; lean forward with one's hands held out in the air behind one (a form of physical punishment during the Cultural Revolution; the first syllable is sometimes interpreted as [2]**zuò** "sit", i.e., "take a plane")
zuǒfēng 左锋 N. <sport> left forward (in soccer)
zuòfēng* 作风 N. style of work; way
zuòfēng èliè 作风恶劣[--惡-] V.P. have an obnoxious way of doing things
zuòfēng mínzhǔ 作风民主 V.P. be democratic in one's style of work
zuòfēng tuōlā 作风拖拉 V.P. have a dilatory work style
zuòfēng zhèngpài 作风正派 V.P. have moral integrity
zuǒfēnzhī de 左分枝的 ATTR. <lg.> left-branching
zuòFó 坐佛 N. seated Buddha
zuò Fóshì 作佛事 V.O. <Budd.> carry out Buddhist ceremonies (e.g., for the deceased)
zuòfù 作复[-復] V.O. write in reply; write back
zuǒfǔyòubì 左辅右弼 F.E. ① emperor's top ministers ② help from all sides
zuǒfúyòuchí 左扶右持 F.E. support from all sides
zuǒfǔyòuyōng 左辅右拥[-擁] F.E. prop up on all sides
zuòfúzuòwēi 作福作威 F.E. throw one's weight around
zuǒgǎiyòugǎi 左改右改 V.P. make changes over and over again
zuògē 作歌 V.O. compose a song
zuògé dòngcí 做格动词[--動-] N. <lg.> ergative verb
zuògěng 作梗 V.O. obstruct; create difficulties
zuògēnr 做根儿 ADV. ①fundamentally ②entirely ③ at all; simply ④ in the beginning; at first
zuò ge rénqíng 做个人情[-個--] V.P. do sb. a good turn
zuògéxìng 做格性 N. <lg.> ergativity
zuògēzhùshāng 作歌助觞[-觴] F.E. write a song to help sb. on with his wine
[1]**zuògōng(r)** 做工(儿) V.O. do manual work ♦N. ① charge (for work done) ② workmanship
[2]**zuògōng(r)** 做功(儿) N./V.O. <thea.> acting; business; acting part in Chinese opera/etc.
[3]**zuògōng** 坐功 V.O. <Dao.> mastery of meditation
zuò gōngfu 做工夫 V.O. ① put in time and energy; concentrate one's efforts ② do manual labor; work
zuò gōnggòng qìchē 坐公共汽车 V.O. ride a bus
zuò gōngkè 作/做功课 V.O. do one's homework
zuògōnglǜ 作功率 N. rate of doing work
zuògōng nénglì 作功能力 N. capacity for work
zuò gōngzuò 做工作 V.O. work to persuade sb. to do sth.
zuǒgù 左顾[-顧] V. ① look to the left ② deign to call on sb.
[1]**zuògǔ*** 作古 V.O. <wr.> die; pass away
[2]**zuògǔ** 坐骨 N. <phys.> ischium
[3]**zuògǔ** 坐贾 N. <wr.> shopkeeper
zuǒguǎi 左拐 V. turn left
zuòguài* 作怪 V.O. do mischief; make trouble
zuò guàixiàng 做怪相 V.O. make faces; grimace
[1]**zuòguān(r)*** 作/做官(儿) V.O. be/become an official
[2]**zuòguān** 坐观[-觀] V. <wr.> be an onlooker
[3]**zuòguān** 坐关[-關] V.O. <Budd.> isolate oneself; go into retreat; meditate and recite sutras for a period of time
zuòguǎn 坐馆 V.O. <trad.> ① serve as tutor in a private school ② act as assistant to a ranking general/official
zuòguàn 坐惯 R.V. be used to sitting at/in. . .
zuòguānchéngbài 坐观成败[-觀--] F.E. look on coldly
zuòguān dāng lǎoye 做官当老爷[--當-爺] F.E. act as bureaucrats and overlords
zuò guǎnggào 做广告[-廣-] V.O. advertise
zuòguānshìbiàn 坐观世变[-觀-變] F.E. sit and watch how the wind blows
zuòguǐ(r) 做鬼(儿) V.O. play tricks
zuò guǐliǎn 做鬼脸 V.O. make faces; pull a face
zuòguō 坐锅[-鍋] V.O. put a wok on the stove
zuòguǒ 坐果 V.O. bear fruit
zuòguò* 坐过 R.V. miss one's (bus/etc.) stop
zuò guō li qù 坐锅里去[-鍋裡-] V.P. <coll.> put into a pot
zuòguǒlǜ 座果率 N. fruition rate
zuò guòtóushì 做过头事 V.O. outdo oneself in
zuò gǔpiào 做股票 V.O. <coll.> buy and sell stock for profit
zuò gǔrén 作古人 V.O. become a man of the past ♦N. death
zuògǔ shénjīng 坐骨神经[--經] N. <med.> sciatic nerve
zuògǔ shénjīngtòng 坐骨神经痛[---經-] N. <med.> sciatica
zuǒgùyòupàn 左顾右盼[-顧--] F.E. ① glance right and left ② look at disdainfully ③ be inattentive ④ be flirtatious ⑤ cheat in the examinations
zuòhài 作害 V.O. (of birds and beasts) damage (crops, etc.); make havoc of
[1]**zuòhǎo*** 做/作好 R.V. finish; complete
[2]**zuòhǎo** 坐好 R.V. sit properly/firmly
[1]**zuòhào(r)** 座号(儿)[-號] N. seat number
[2]**zuòhào** 作耗 V. <topo.> ①make trouble; create a disturbance ② take up arms in revolt
zuǒháo báocuìbǐng 佐蚝薄脆饼 N. oyster cracker
zuò hǎorén 做好人 V.O. play the good-guy role
zuò hǎoshì 做好事 V.O. ① do a good deed ② perform religious rites for the repose of the dead
zuòhǎozuòdǎi 做好做歹 F.E. do sth. by hook or by crook
zuòhé* 作合 V. ① marry; get married ② make a match
zuòhè 作贺 V.O. offer congratulations
zuò héshang 做和尚 V.O. become a Buddhist monk
zuò hóngyǐzi 坐红椅子 V.O. be the last of a number of successful candidates
zuǒhòufāng 左后方[-後-] P.W. left rear
zuǒhòuwèi 左后卫[-後衛] N. <sport> left back (in soccer)
zuòhú 做糊 R.V. be overcooked and burned
zuǒhuà 左话 N. <coll.> falsehoods
[1]**zuòhuà*** 作画[-畫] V.O. draw/paint a picture
[2]**zuòhuà** 坐化 V. <Budd.> pass away while sitting crosslegged
zuòhuài 做坏[-壞] R.V. spoil (a job); fail to do properly
zuòhuáibùluàn 坐怀不乱[-懷-亂] F.E. not give way to sexual temptation
zuòhuó(r) 做活(儿) V.O. ① work; do manual labor ② earn a living ③ do needlework/dressmaking (of women)
zuò huǒchē 坐火车 V.O. ride in or take a train
zuòhuó de 作活的 N. <topo.> worker; laborer
zuò huójúzi 做活局子 V.O. gang up to cheat
zuǒjì 左计 N. impractical plan
zuòjī* 座机 N. ①special plane (for VIP) ②studio camera
zuòjí 作急 V. make haste; be in a hurry
[1]**zuòjì** 作计 V.O. intend; have in mind; aim at
[2]**zuòjì** 做计 V.O. scheme; plot
zuòjiā* 作家 N. writer; author M: [2]*wèi*
zuòjiǎ 作假 V.O. ① counterfeit; falsify ② cheat; play tricks ③ behave affectedly
[1]**zuòjià** 作价[-價] V.O. fix the price for sth.; evaluate
[2]**zuòjià** 作嫁 V. <wr.> earn a living by working for others
zuòjiābān 作家班 N. class for writers
zuójian* 作践[-踐] V.O. <coll.> ① spoil; waste ② run sb. down; disparage ③ humiliate; insult
zuǒjiàn 左见 N. prejudice; bias
zuòjian 作贱[-賤] V. debase
zuòjiān 坐监[-監] V.O. be imprisoned
zuòjiǎn 作茧[-繭] V.O. spin cocoons (of silkworms)
zuòjiàn 作件 N. workpiece; work
zuòjiānfànkē 作奸犯科 F.E. violate the law and commit crimes
zuǒjiàng 左强[-強] S.V. <trad.> cantankerous; crotchety
zuò jiāngshān 坐江山 V.O. rule the country
zuò jiānláo 坐监牢[-監-] V.O. be in prison
zuò jiǎntǎo 作检讨 V.O. critique oneself
zuòjiānǚ 坐家女 N. an unmarried woman
zuòjiānǚ'ér 坐家女儿 N. ① daughter with a husband living in her parental home ② <topo.> virgin; young maiden
zuò jiānyù 坐监狱[-監-] V.O. be imprisoned
zuòjiǎnzìfù 作茧自缚[-繭--] ID. get enmeshed in one's own web
zuòjiàn zìjǐ 作贱自己[-賤--] V.O. torture/punish oneself
zuǒjiǎo* 左脚[-腳] N. left foot
[1]**zuòjiǎo** 做脚[-腳] V.O. serve to pass secret messages
[2]**zuòjiǎo** 座脚[-腳] N. chair/stool leg
zuòjiào 坐轿[-轎] V.O. travel by sedan chair
zuòjiā xiéhuì 作家协会[--協-] P.W. writers' association
zuòjiā yǔyán 作家语言 N. authorial language
zuò jiǎzhàng 作假帐 V.O. manipulate accounts
zuò jiǎzhèng 作假证[-證] V.O. give false testimony
zuò jìchéngchē 坐计程车 V.O. ride in or take a taxi
zuòjiē 阼阶[-階] P.W. <trad.> eastern steps where the host stood to welcome his guests
zuò jiélún 做结论 V.O. pass a verdict; reach a conclusion
zuò jìhào 作记号[-號] V.O. make a sign/mark

zuǒjìn 左近 P.W. in the vicinity; nearby

[1]zuòjìn* 做尽[-盡] R.V. do completely/exhaustively *Tā ~le huàishì.* He's done everything bad.

[2]zuòjìn(r) 坐/作劲(儿)[-勁-] V.O. ① give powerful support; offer assistance to sb. ② exert all one's strength ③ support; back up; bolster up ♦N. recoil (of guns)

zuò jìnbì 坐禁闭 V.O. <mil.> be confined/imprisoned

zuójǐng 捽颈[-頸] V.O. seize by the throat

zuòjìng* 坐静[-靜] V.P. sit quietly for meditation

zuòjǐngguāntiān 坐井观天[--觀-] ID. have tunnel vision

zuòjiǔ* 佐酒 V.O. <trad.> sth.to go with drinks

zuòjiù 作就 V. get sth. done successfully

zuǒjiǔjiāyáo 佐酒佳肴 F.E. delicacies that go with liquor

zuǒjìwùshì 左计误事 F.E. an unsuitable plan spoils an affair

zuòjù 坐具 N. sth. to sit on; seat

zuòjué 做绝[-絕] R.V. ① leave no room to maneuver ② do to the utmost

zuò kāishuǐ 坐开水[-開-] V.O. <coll.> boil water

zuǒkǎnyòupī 左砍右劈 F.E. cut and slash right and left

zuòkē 坐科 V.O. undergo professional training at an old-type opera school

[1]zuòkè* 做/作客 V.O. be a guest

[2]zuòkè 作客 V.O. sojourn; live away from home

[3]zuòkè 坐客 N. passenger on a boat/etc.

zuòkè sīxiāng 作客思想 N. feeling of not belonging; guest mentality

zuòkètāxiāng 作客他乡[-鄉] F.E. ① sojourn in a strange land ② be a visitor in another town

zuǒkòng 左空 N. <print.> left indent

zuòkōng* 凿空[鑿-] See záokōng

zuòkòu 坐扣 V. <topo.> deduct (from expenses/etc.)

zuǒkǒuyú 左口鱼 N. flounder

zuòkǔ 作苦 V.O. ① be engaged in a hard task ② become bitter

zuò kǔgōng 做苦工 V.O. do hard work

zuò kuīběn shēngyì 做亏本生意[-虧---] V.O. engage in a losing proposition

zuò kǔlì 做苦力 V.O. do hard manual work

zuòkùn 坐困 V. be confined; be shut in

zuòkùnchóuchéng 坐困愁城 F.E. be walled in by one's own worries

zuò kùnshòu dòu 作困兽斗[-獸鬥] V.P. ① fight like a cornered beast ② bring to bay

zuòkuò 作/做阔 V.O. show off one's riches

zuǒkuòhào 左括号[-號] N. left bracket/parenthesis

zuòlà 坐蜡[-蠟] V.O. <coll.> ① be cornered ② be embarrassed

zuòláo 坐牢 V.O. be imprisoned

zuǒle 左了 V.P. <coll.> mistaken; wrong

zuòlè* 作乐[-樂] V.O. make merry *See also zuòyuè*

zuòléi 作雷 V.O. <topo.> bring about one's own ruin

zuòlěng 作冷 V.P. feel a chill

zuò lěngbǎndèng 坐冷板凳 V.O. ① hold a title without the obligations of office ② be kept waiting for an assignment or audience with a VIP ③ be out in the cold

zuò lěng fángzi 坐冷房子 V.O. <coll.> be in jail

zuǒlǐ 佐理 V. help sb. with a task; assist

[1]zuòlì* 坐力 N. <phy.> recoil

[2]zuòlì 柞栎[-櫟] N. toothed oak M: [2]kē

Zuǒ-Lián* 左联[-聯] P.W. <hist.> The Left Coalition of Writers

zuòliǎn(r) 作/做脸(儿) V.O. <topo.> ① do credit to ② do sth. for the sake of appearance

zuóliao(r)* 作料(儿) N. condiments; seasoning

zuǒliào 佐料 N. condiments; seasoning

zuò lǐbài 做礼拜[-禮-] V.O. go to church; be at church

zuòlìbù'ān 坐立不安 F.E. be fidgety; be on tenterhooks

zuò línghuó 作零活 V.O. <coll.> do odd jobs

zuǒlínyòushè 左邻右舍[-鄰--] F.E. ①neighbors; next-door neighbors ② related work units ③ colleagues doing related work

zuǒliùr 左六儿 ADV. anyhow

zuǒlǐyuán 佐理员 N. assistant M: [2]wèi

zuòlòng 做弄 V. manipulate for selfish ends; take sb. as a sucker

zuòluàn 作乱[-亂] V.O. stage an armed rebellion

zuǒlún 左轮 N. revolver; six-shooter M: [1]bǎ

zuòlùn* 作论 V.O. write an article expounding on sth.

zuǒlúnqiāng 左轮枪[-槍] N. revolver; six-shooter M: [1]bǎ

zuǒlún shǒuqiāng 左轮手枪[-槍] N. revolver; pistol

zuòluò 坐/座落 V. be situated/located

zuò mǎimai 做买卖[-買賣] V.O. do business; carry on trade

zuò mǎimai de 做买卖的[-買賣-] N. trader; businessman

zuòmǎn 坐满 R.V. fill all the seats

zuǒmǎnduò 左满舵 V.P. hard aport

zuò mǎnyuè 做满月 V.O. ceremony for a one-month-old baby

zuòme 作么[-麼] PR. <coll.> ① What for?; Why? ② What are you doing?

zuòméi* 做媒 V.O. be a matchmaker/go-between

zuòměi 作美 V.O. cooperate; make things easy for sb.

zuò méiren 做媒人 V.O. be a matchmaker

zuòmèng 做梦[-夢] V.O. ① dream ② have a pipe dream

zuǒmiàn(r) 左面(儿) P.W. left side

zuò miànzi 做面子 V.O. put up a pleasant front

zuǒmìng 佐命 V.O. <wr.> aid the founder of a dynasty; help a prince to gain the throne and establish a new dynasty

zuòmìng* 祚命 N. heavenly blessing

zuómo 琢磨 V. ponder *See also zhuómó*

zuòmù 作幕 V.O. <trad.> act as an official's private secretary

zuòmùniǎo 凿木鸟[鑿-] *See zhuómùniǎo*

zuōnǎi 嘬奶 V.O. suck the breast

zuònán* 作难[-難] V. ① feel embarrassed; be put on the spot ② make things difficult for sb. ③ be in a difficult position *See also zuònàn*

zuònàn 作难[-難] V.O. <wr.> stage a rebellion *See also zuònán*

zuǒnányòunán 左难右难[-難-難] V.P. be on the horns of a dilemma

zuònào 作闹[-鬧] V.O. kick up a racket

zuǒnèifēng 左内锋 N. <sport> inside left (in soccer)

zuò niángjia 坐娘家 V.O. <coll.> return (by a married woman) to her mother's home

zuòniǎoshòusàn 作鸟兽散[--獸-] F.E. scatter like birds and beasts; flee helter-skelter; stampede

zuòniè 作孽 V.O. do evil

zuònièqián 作孽钱[-錢] N. filthy money

zuòniúzuòmǎ 做牛做马 ID. work like a horse

zuònòng 作弄 V. tease; make a fool of

zuònù 作怒 V.P. become angry

zuò nǚ'értài 作女儿态[-態] V.O. behave like a woman

zuò'ǒu 作呕[-嘔] V.O. ① become nauseous; nauseate ② sicken ③ feel resentment ④ be disgusting; loathsome

zuǒpài* 左派 N. <pol.> ① the left; the left wing ② leftist

zuòpài 做/作派 N. ① conduct; action ② <thea.> acting; business ③ affected manners ④ <coll.> ostentation; lavish display

zuǒpài fènzi 左派分子 N. leftists

zuǒpáng 左旁 P.W. left side

zuǒpányòusuàn 左盘右算[-盤--] F.E. calculate carefully

zuǒpányòuxuán 左盘右旋[-盤--] F.E. ① winding of (roads/etc.) ② hesitant; uncertain

[1]zuòpéi* 作陪 V. be invited along with the chief guest; help entertain the guest of honor

[2]zuòpéi 作赔 V. pay for damage caused to sb. else

zuòpèi 作配 V.O. pair

zuò péngyou 做朋友 V.O. make friends with

zuòpī 凿坯[鑿-] *See záopī*

zuǒpiězi 左撇子 N. <coll.> ① left-handed person ② a gauche person

zuòpǐn 作品 N. works (of literature/art) M: [2]jiàn

zuǒpíqi 左脾气[-氣] N. ① stubborn temperament/personality ② odd temperament

zuòpō 坐坡 V.O. <topo.> sit with the body leaning backward

[1]zuòqí* 坐骑 N. one's personal mount ♦V. saddle/mount a horse

[2]zuòqí 作畦 N. <agr.> bedding

[1]zuòqi 坐起 R.V. sit up

[2]zuòqi 做起 R.V. start doing

zuǒqiān* 左迁[-遷] V. <wr.> demote

zuòqián 座前 F.E. conventional phrase after the salutation in a letter addressed to one's senior

zuòqiándàng 座前档[-檔] N. knee-room

zuǒqiánfāng 左前方 P.W. left front

zuǒqiánwèi 左前卫[-衛] N. <sport> left half-back; left half (in soccer)

zuò qìchē 坐汽车 V.O. ride in a car; go by car

zuòqíjī 作畦机 N. <agr.> bedder

zuò qǐlai 坐起来 R.V. sit up

zuòqīn 做/作亲[-親] V.O. ① become relatives by marriage ② make marriage arrangements for one's child ③ get married

zuǒqīng* 左倾 N. <pol.> ①left-leaning; progressive; inclined toward the revolution ② "Left" deviation

zuòqing 作/做情 V.O. ① admire sb. ② send gifts; make a gift of sth. ③ mediate; arbitrate; intercede ④ feel grateful to sb; appreciate kindness ⑤ be affected/pretentious; strike a pose; act with affected manners

zuǒqīng cuòwù 左倾错误 N. "Left" errors

zuǒqīng jīhuìzhǔyì 左倾机会主义[-義] N. "Left" opportunism

zuǒqīng kōngtán 左倾空谈 N. "Left" phrase-mongering

zuǒqīng màoxiǎnzhǔyì 左倾冒险主义[-義] N. "Left" adventurism

Zuǒ Qiūmíng 左丘明 (5th cent. B.C.) N. <hist.> obscure author of the *Zuo Zhuan* commentary on the *Spring and Autumn Annals*

zuòqǔ 作曲 V.O. write music; compose

zuǒquàn 左券 N. ①sure thing; certainty ②bond; contract

zuò quāntào 做圈套 V.O. set a trap; play a trick

zuǒquànyòuquàn 左劝右劝[-勸-勸] V.P. try again and again to persuade sb.

zuòqǔjiā 作曲家 N. composer M: [2]wèi

zuór 昨儿 N. <topo.> yesterday

zuǒr 撮儿 M. tuft (of hair) *See also cuō*

zuòr* 座儿 N. ① seat ② customer

zuǒrèn 左衽 V. wear the clothes of a barbarian ♦N. barbarian clothes buttoning on the left side

zuòrén* 做/作人 V.O. ① conduct oneself; behave ② be an upright person ③ act as becomes a man ④ get along with other people ⑤ be pleasant in personality; be sociable ⑥ rear people; nurture talent

zuòrén chǔshì 做人处事[--處-] V.P. conduct oneself in society

zuò rénqíng 做人情 V.O. do sb. a favor; do sb. a good turn

zuórge 昨儿个[-個] N. <topo.> yesterday

zuórge wǎnshang 昨儿个晚上[--個--] N. <coll.> yesterday evening

zuórì 昨日 N. yesterday

zuòròu 胙肉 N. sacrificial meat

zuòrqian 坐儿钱[-錢] N. charge for a seat (in a bar/etc.)

[1]zuòrù 坐褥 N. seat cushion M: [2]kuài/[1]tiáo

[2]zuòrù 坐蓐 V.O. <wr.> be confined in childbirth

zuòruì 凿枘[鑿-] *See záoruì*

zuòrúshìguān 作如是观[-觀] F.E. view the matter in this light
zuǒsāi 左腮 N. left cheek
zuòsǎn 座伞[-傘] N. ceremonial umbrella
zuǒsǎngzi 左嗓子 N. ①strident voice ②off-key singer ③high-pitched and unpleasant voice
[1]**zuòsè** 作色 V.O. blush of shame ♦V. blush; color
[2]**zuòsè** 作色 V.O. show signs of anger
zuǒshàn* 佐膳 N. <wr.> side dishes (as distinct from the staple food)
zuòshàn 作善 V.O. do good deeds/turns (for religious reasons)
zuòshāndiāo 坐山雕 N. cinereous vulture
zuòshang 做上 R.V. start doing
zuòshāng 坐商 N. (non-itinerant) tradesman; shopkeeper
zuòshàng* 坐上 V. board (a vehicle)
zuǒshàngbiāo 左上标[-標] N. initial/preposed superscript
zuǒshàngfāng 左上方 P.W. left upper part
zuǒshàngjiǎo 左上角 P.W. left upper corner
zuòshàngkè 座上客 N. guest of honor
zuò shān guān hǔ dòu 坐山观虎斗[--觀-鬥] ID. sit out a fight, then reap the spoils when the contestants are exhausted
zuǒshānyòushuǐ 左山右水 F.E. with the river on one flank and hills on the other
zuò shǎshì 做傻事 V.O. make an ass of oneself
zuòshèdàopáng 作舍道旁 F.E. difficult to succeed
zuòshēn 座身 N. <archi.> dado
zuòshèn* 做甚 V.P. why?; what for?
zuòshēng 做/作声[-聲] V.O. ① make a sound (vocally) ② break silence; begin to speak ***Bié ~!*** Keep quiet!
zuò shēnghuó 做生活 V.O. <topo.> do manual labor; work
zuò shēngri 做生日 V.O. give a birthday party
zuò shēngyi 做生意 V.O. do business
zuòshénzuòguǐ 做神做鬼 ID. play tricks; engage in mischief
[1]**zuǒshǐ** 左史 N. <trad.> official historian
[2]**zuǒshǐ** 佐使 N. envoy; messenger
zuòshi 凿实[鑿實] <coll.> V.P. hard; solid; durable
[1]**zuòshī** 作诗 V.O. compose a poem; versify
[2]**zuòshī** 座师[-師] N. <trad.> chief examiner
[3]**zuòshī** 坐失 V. let sth. slip by
[1]**zuòshí** 坐实[-實] V. confirm; demonstrate ♦ATTR. <coll.> ① firm; solid; strong ② clear and definite
[2]**zuòshí** 坐食 V. <wr.> sit idle and eat; be a parasite; eat without toiling
[1]**zuòshì*** 做/作事 V.O. ①handle matters ②work; have a job
[2]**zuòshì** 坐视 V. sit by and watch
[3]**zuòshì** 作势[-勢] V.O. assume a posture; attitudinize
zuòshì bùgǒu 作事不苟 V.P. manage things properly
zuòshì bù guǎn 坐视不管 V.P. sit watching
zuòshì bù jiù 坐视不救 V.P. sit back and watch without going to the rescue
zuòshīfǎ 作诗法 N. versification
zuòshī liángjī 坐失良机 V.O. let slip a golden opportunity
zuò shíshì 做实事[-實-] V.O. perform real deeds
zuòshītíkuǎn 作诗题款 F.E. write poems and inscriptions on paintings
zuòshìwúdǔ 坐视无睹 F.E. sit with arms folded
[1]**zuǒshǒu*** 左手 N. ①left hand ②left-hand side
[2]**zuǒshǒu** 左首 N. left-hand side
zuòshōu 坐收 V. reap a profit (from others)
zuòshóu 做熟 R.V. cook
[1]**zuòshǒu** 坐守 V. defend/guard resolutely
[2]**zuòshǒu** 作手 N. <wr.> writer
zuòshòu 做寿[-壽] V.O. celebrate sb.'s birthday; give a birthday party in honor of an elder
zuò shǒujiǎo 做手脚[-腳] V.O. ① mess/tamper with ② put sth. over on sb.
zuò shǒushì 做手势[-勢] V.O. make a gesture
zuò shǒushù 作手术[-術] V.O. have/perform surgery
zuòshōuyúlì 坐收渔利 ID. profit from others' conflict
zuòshōu yúrénzhīlì 坐收渔人之利 ID. ①profit from others' conflict ② reap third-party profits
zuǒshǒuzhǎng 左手掌 N. left hand
[1]**zuǒshū** 左书[-書] N. ① clerical style (of calligraphy) ② characters written with one's left hand
[2]**zuǒshū** 佐书[-書] N. official script
[1]**zuòshù*** 作数[-數] V.O. count; be valid
[2]**zuòshù** 柞树[-樹] N. oak M: [2]kē
[3]**zuòshù** 作述 V.O. write original works and explain those of others
zuòshuǎ 作耍 V.O. joke; make fun/merry
zuòshuǐ 做水 V.O. boil water
zuò shūsǐzhàn 作殊死战[-戰] V.O. fight to the bitter end; wage a life-and-death struggle
zuōsǐ 作死 V.O. <topo.> ① seek death ② look for trouble
zuòsīchóu 柞丝绸[-絲-] N. tussah silk; pongee
zuósǐjīnshēng 昨死今生 F.E. reform one's ways and be reborn; lead a new life from now on
zuǒsīyòuxiǎng 左思右想 F.E. ① consider from different angles ② ponder; muse
zuòsù 作速 V.P. lose no time; hasten; hurry up
zuōsuān* 作酸 V.O. feel stomach acidity *See also zuòsuān*
zuòsuān 作酸 V.O. be jealous of *See also zuōsuān*
zuòsuàn 作算 <topo.> CONJ. even; even if; even though ♦V.P. count; hold; stand
zuòsuì 作祟 V.O. ① haunt ② make mischief
zuòsǔn 作损 V. do harm to sb.
zuòsuǒ 坐索 V. sit in sb.'s house and demand payment of a debt
zuòtà 作蹋 V. waste
zuòtài 作态[-態] V.O. ① pose; strike an attitude ② act pretentiously
zuǒtǎn 左袒 V. <wr.> take sides with; be partial to; be biased; favor one side
zuòtán* 座谈 V. have an informal discussion
zuòtàn 坐探 N. espionage mole
zuòtáng 坐堂 V.O. <wr.> sit on a case (of a magistrate)
zuòtánhuì 座谈会 P.W. forum; symposium
zuǒtānyòuhuàn 左瘫右痪[-癱-瘓] F.E. <Ch. med.> left- and right-side paralysis
zuòtǎo 坐讨 V. sit in sb.s house and demand payment of a debt
zuótiān* 昨天 N. yesterday
zuòtián 作田 V.O. <topo.> till land; go in for farming
zuǒtíyòuqiè 左提右挈 F.E. hold sth.in each hand
zuò tìzuìyáng 做替罪羊 V.O. be a scapegoat
zuòtǒng 坐桶 N. chamber pot; commode
zuòtòng* 作痛 V. ache; be painful
zuòtou(r)* 坐头(儿) N. <coll.> sth. of interest; reason for staying ***Zhèr méi ~.*** There's nothing of interest here.
zuòtóu 作/做头 N. expected results/advantages/activities [1]***yǒu*** ~ be worth doing
zuò tóufa 做头发[-髮] V.O. have one's hair done at a beauty parlor
zuòtóujīng 座头鲸 N. humpback whale M: [2]zhī
zuòtú 作图[-圖] V.O. make engineering designs
zuò túláowúyì de shì 做徒劳无益的事[--勞---] V.O. make futile efforts
zuòtúqì 作图器[-圖-] N. chart-making equipment
zuǒtúyòushǐ 左图右史[-圖--] F.E. a home library
zuòwài 作外 V.O. stand on ceremony
zuówǎn(r) 昨晚(儿) N. yesterday evening; last night
zuòwán* 作/做完 R.V. finish doing sth.
zuòwáng 作王 V.O. be a king
zuòwàng* 坐忘 V. ① be oblivious of oneself and one's surroundings ②be free from worldly concerns
zuówǎnshang 昨晚上 N. last night
zuòwéi* 作为 N. ① conduct; deed; action ② accomplishment; achievement ③ scope for one's abilities or talents ♦V.P. ① accomplish; do sth. worthwhile ② regard as; look on as; take for; (treat) as ③ as
zuòwěi 作伪 V.O. fake; forge
zuòwèi(r) 座/坐位(儿) P.W. seat; place
zuòwéibàlùn 作为罢论[--罷-] F.E. drop the subject
zuòwèi diànjīn 座位垫巾[--墊-] N. seat cover
zuòwéi dòngcí 作为动词[--動-] N. <lg.> factitive verb
zuòwèi kàobèi 坐位靠背 N. backrest
zuòwéi nèiyìng 作为内应[-應] V.P. be an ally inside the enemy's camp
Zuòwéi Wàiyǔ de Yīngyǔ 作为外语的英语 N. <lg.> English as a Foreign Language (EFL)
zuò wěizhèng 作伪证[-證] V.O. give false testimony
zuòwěizhèngzhě 作伪证者[--證-] N. perjurer
zuòwéi zhījǐ 作为知己 V.P. take sb. for a close friend
zuòwēizuòfú 作威作福 F.E. act tyrannically
zuòwén(r)* 作文(儿) V.O. write a composition ♦N. composition M: [1]piān
zuòwěn 坐稳[-穩] R.V. sit firmly
zuǒwènyòuwèn 左问右问 V.P. ask lots of questions; ask everybody
zuò wénzhāng 做/作文章 V.O. ①write an essay or article ② make an issue of
zuòwòbù'ān 坐卧不安[-臥--] F.E. ① be on tenterhooks ② cannot rest; fidget about
zuòwòbùníng 坐卧不宁[-臥-寧] F.E. be on tenterhooks
zuò-wò liǎngyòngchē 坐/座卧两用车[-臥---] N. sleeper coach; seating-sleeping coach
zuòwōr 坐窝儿[-窩-] ADV. entirely
[1]**zuòwù** 作物 N. ① crop ② literary/artistic compositions
[2]**zuòwù** 坐误 V. let slip (opportunity)
zuòwúxūxí 座/坐无虚席[--虛-] F.E. no empty seat; full house; standing room only.
zuòxī* 作息 V. ① work and rest ② playact; pretend
zuòxí 坐席 V.O. ① take one's seat at a banquet ② attend a banquet ♦N. seat
zuòxì 做戏[-戲] V.O. ① act in a play ② put on a show
zuòxia* 坐下 R.V. sit down
[1]**zuòxià** 做下 R.V. have done; finish
[2]**zuòxià** 坐夏 V.O. <Budd.> live in retreat during the summer months
zuǒxiàfāng 左下方 P.W. left lower part
zuǒxiàjiǎo 左下角 P.W. left lower corner
[1]**zuò xiàlai** 坐下来 R.V. sit down
[2]**zuò xiàlai** 做下来 R.V. ① keep on doing sth. ② finish doing sth.
zuǒxián* 左舷 P.W. port (side of a boat)
zuòxiàn 做线 V.O. serve to pass secret messages
[1]**zuòxiǎng*** 作响[-響] V.O. ① make a sound ② break a silence; begin to speak
[2]**zuòxiǎng** 作想 V. <topo.> think over; consider
zuòxiàng 座像 N. seated portrait/statue
zuòxiǎngqíchéng 坐享其成 F.E. enjoy the fruit of others' work
zuòxiǎngqílì 坐享其利 F.E. sit idle and enjoy the gains
zuòxiǎngqīngfú 坐享清福 F.E. live in comfort without working
zuòxiǎng tārén chéngguǒ 坐享他人成果 V.P. feed on the fruits of other's labor
zuòxiǎo 做小 V.O. become sb.'s concubine
zuòxiǎofúdī 做小伏低 F.E. stoop to compromise
zuò xiǎoshuō 作小说 V.O. write fiction
zuǒxiàpiě 左下撇 N. a stroke in a character that goes down and leftward
zuò xiàqu 坐下去 R.V. sit down
zuòxiáyěyóu 作狎冶游 F.E. frequent houses of ill-fame

zuòxíchē 座席车 N. train coach with facing seats M: [1]*jié*
zuò-xié 作协[-協] AB. *zuòjiā xiéhuì*
zuǒxiéxiàn 左斜线 N. back-slash (/)
zuǒxīn'ěr 左心耳 P.W. left auricle
zuǒxīnfáng 左心房 P.W. left auricle
zuóxìng 作兴[-興] V.P. ① be allowable ② be in good spirits ③ be in vogue ④ hold in high regard *See also zuòxīng*
zuǒxíng 左行 N. from left to right (of writing) ♦V. keep to the left
zuǒxìng(zi) 左性(子) N. ① stubbornness ② peevish temper; cantankerousness
zuòxīng* 作兴[-興] <*topo.*> ADV. ① there's reason to ② perhaps; possibly; maybe ③ it's justifiable/permissible to *See also zuóxìng*
zuòxìng 坐性 N. patience to sit quietly for a long time
zuǒxīnshì 左心室 P.W. left ventricle
zuòxī shíjiānbiǎo 作息时间表[--時--] N. daily schedule M: [1]*zhāng*
zuòxiù 作秀 V.O. <*TW/loan*> ① show off ② appear in a stage show ③ grandstand
zuò xuānchuán 作宣传[-傳] V.O. ① propagandize ② advertise
zuǒxuántáng 左旋糖 N. fructose
zuò xuéwen 做/作学问 V.O. engage in scholarly work
zuòyā* 作押 V.O. offer sth. as a pledge; mortgage
zuòyá 坐衙 V.O. <*trad.*> sit in court (of an official)
zuō yáhuāzi 嘬牙花子 V.O. <*topo.*> be at a loss what to do; feel quite helpless
zuǒyǎn* 左眼 N. left eye
zuǒyàn 左验 N. witness
zuòyǎn 作/做眼 V.O. <*topo.*> ① be an informer ② gather intelligence
zuòyǎng 作痒[-癢] V. itch
zuò yàngzi 做样子[-樣-] V.O. ① make a show; go through the motions ② pretend to do sth.
zuòyánqǐxíng 坐言起行 F.E. No sooner said than done.
zuò yǎnsè 做眼色 V.O. <*topo.*> wink at sb.
zuò yǎnyuán 做演员 V.O. become an actor; go on the stage
zuǒyào* 佐药[-藥] N. <*med.*> adjuvant
zuòyào 坐药[-藥] N. <*Ch. med.*> suppository
zuóyè 昨夜 N. last night
[1]**zuòyè*** 作业[-業] N. ① school assignment ② work; task; operation; production ③ profession
[2]**zuòyè** 坐夜 V.O. sit up all night; keep vigil in the night
zuòyèbān 作业班[-業-] P.W. work team
zuòyèběn 作业本[-業-] N. exercise book M: *ge*/[4]*dá*
zuòyèbù 作业簿[-業-] N. notebook for homework M: [1]*běn*
zuòyèmiàn 作业面[-業-] N. work location/scope
zuòyèqū 作业区[-業區] P.W. operation area
zuòyèxiàn 作业线[-業-] N. production line
zuòyè xìtǒng 作业系统[-業--] N. operating system
zuòyè xìtǒng jiāndūqì 作业系统监督器[-業--監--] N. <*comp.*> operating system monitor
zuòyè yánjiū 作业研究[-業--] N. operations research
zuòyèyuán 作业员[-業-] N. operator M: [2]*wèi*
zuòyèzǔ 作业组[-業-] P.W. work group (engaged in one kind of production activity)
zuǒyì 左翼 P.W. ① <*mil.*> left wing/flank ② the Left
zuòyī 作揖 V.O. bow with the hands folded in front
zuòyǐ* 座/坐椅 N. chair; seat M: [1]*zhāng*
[1]**zuòyì** 作/做艺[-藝] V.O. ① perform artistically (as a singer/dancer/etc.) ② <*topo.*> perform; put on a show; give a performance
[2]**zuòyì** 怍意 V. feel ashamed
[3]**zuòyì** 作义[-義] V.O. do sth. heroic
zuòyǐdàibì 坐以待毙[-斃] F.E. await death
zuòyǐdàidàn 坐以待旦 F.E. sit up till daybreak
zuǒyì fènzǐ 左翼分子 N. leftist; left-winger
zuò yīfu 做衣服 V.O. make clothes; have a dress made
zuòyìn 祚胤 V.O. <*wr.*> grant happiness and dignity to one's posterity
zuǒyíng 左营[-營] P.W. <*mil.*> left wing
zuò yíngshēng 作营生[-營-] V.O. work for a living
zuǒyíyòuyǒu 左宜右有 F.E. be able to put one's hand to anything
Zuǒyì Zuòjiā Liánméng 左翼作家联盟[----聯-] P.W. The Left Coalition of Writers
zuòyǒng 作俑 V.O. <*wr.*> ① originate a wicked practice ② create a bad precedent
zuòyòng* 作用 N. ① action; function ② effect ③ intention; motive ♦V. act on; affect ♦CONS. [1]*qǐ X* ~ play the role of X; produce an X effect ♦SUF. <*lg.*> -ation; -ing; -ization
zuòyōngbǎichéng 坐拥百城[-擁--] ID. be surrounded by books
zuòyòngcí 作用词 N. <*lg.*> operator
zuòyòngdiǎn 作用点[-點] N. <*phy.*> point of application
zuòyònglì 作用力 N. effort; applied force
zuǒyōngyòubào 左拥右抱[-擁--] ID. have several mistresses at the same time
zuòyòng yǔ fǎnzuòyòng 作用与反作用[--與---] N. action and reaction
[1]**zuǒyòu** 左右 V. master; control; influence ♦SUF. about; around; nearby ♦CONJ. anyway; anyhow; in any case ~ ***nǐ yào qù nàr.*** You have to go there anyway. ♦N. ① nearby place ② retinue ③ servants; aides ④ term of respect placed after the name when addressing another (usually in correspondence) *See also* [2]*zuǒ-yòu*
[2]**zuǒ-yòu** 左右 N. left and right ♦CONS. *zuǒ A yòu A* do A over and over again ***zuǒ shuō yòu shuō*** say sth. over and over again *See also* [1]*zuǒyòu*
zuǒyòufēngyuán 左右逢源 ID. ① have everything going one's way ② gain advantage from both sides
zuǒyòukāigōng 左右开弓[--開-] ID. ① box sb. on both ears ② <*sport*> hit with the hands, kick with the feet ③ be ambidextrous
zuǒyòuliǎngnán 左右两难[-難] F.E. between the devil and the deep sea
zuòyòumíng 座右铭 N. motto; maxim
zuǒyòu quánjú 左右全局 V.P. control the whole situation
zuǒ-yòushǒu 左右手 N. ① left and right hands ② right-hand assistant ③ able assistants; top aides
zuǒ-yòutǎn 左右袒 V. take sides with; be partial to; be biased
zuǒyòuwéinán 左右为难[-難] F.E. in a dilemma/predicament
zuǒ-yòu yáobǎi 左右摇摆[-擺] V.P. vacillate to the left and right
zuǒ-yòuyì 左右翼 P.W. left and right wings/flanks
zuòyuān 作冤 V.O. get trapped by oneself
zuòyuánruìfāng 凿圆枘方[鑿-] *See záoyuánruìfāng*
zuòyuè 作乐[-樂] V.O. <*wr.*> ① compose/write music ② play an instrument *See also zuòlè*
zuò yuèzi 坐月子 V.O. <*coll.*> convalesce for one month following childbirth
zuòyùpén 坐浴盆 N. bidet
zuǒzá* 佐杂[-雜] N. <*trad.*> minor clerks and assistants (Qing dynasty)
zuòzá 作砸 R.V. fail to do successfully
zuòzài 坐在 V.P. sit in/on
zuòzāng 坐赃[-贓] V.O. <*topo.*> ① frame sb. ② plant stolen/banned goods on sb.
zuòzéi 作贼 V.O. be a thief
zuòzéixīnxū 做贼心虚[-虛] F.E. have a guilty conscience
zuòzhàn 作战[-戰] V.O. ① fight; do battle ② carry out an operation
zuòzhànbù 作战部[-戰-] P.W. war department
zuǒzhǎng 左掌 N. left palm
zuòzhàn jìhuà 作战计划[-戰-劃] N. <*mil.*> plan of operations
zuózhāo 昨朝 N. yesterday morning
zuǒzhāoyòumù 左昭右穆 ID. arrange men on the east and women on the west
zuòzhě 作者 N. author; writer
zuòzhe chūshén 坐着出神[-著--] V.P. sit brooding
zuòzhe měimèng 做着美梦[-著-夢] V.O. be dreaming sweet dreams
zuòzhèn 坐镇 V.O. <*mil.*> ① assume personal command ② garrison (a city/area/ etc.)
zuǒzhèng 左/佐证[-證] N. supporting/supplementary evidence; proof
[1]**zuòzhèng*** 做/作证[-證] V.O. ① testify; give evidence ② be used as evidence
[2]**zuòzhèng** 坐正 R.V. sit upright
zuǒzhěngliè 左整列 V.P. <*print.*> left justify
zuò zhèngrén 作证人[-證-] V.O. testify as a witness
zuò zhēnxiàn 做针线 V.O. do needlework; sew
zuò zhēnzhān 坐针毡[-氈] V.O. be on pins and needles
zuòzhì 坐致 V. make a profit without working for it
zuò zhíshēng fēijī 坐直升飞机[---飛-] V.O. get a quick promotion
Zuǒzhìyà 佐治亚[-亞] P.W. Georgia
zuǒzhīyòuchù 左支右绌 ID. ① be unable to cope with a situation ② be in straitened circumstances
zuǒzhīyòuwú 左支右吾 ID. equivocate; prevaricate; quibble
[1]**zuòzhōng** 座/坐钟[-鐘] N. desk/table clock M: [1]*tái*
[2]**zuòzhōng** 作中 V.O. act as an intermediary; be a middleman
zuòzhǔ 做/作主 V.O. ① make the decision; decide ② take charge of ③ back up; support ④ be the host
zuǒzhuǎn 左转[-轉] V. ① turn left ② demote (a functionary)
zuòzhuāng 坐庄[-莊] V.O. ① be a resident buyer of a business firm ② act as banker/dealer (in gambling)
zuǒzhuǎnwān 左转弯[-轉彎] V.P. turn left
zuòzhǔn 作准[-準] R.V. ① count ② be valid/authentic
zuòzhǔn wénběn 作准文本[-準--] N. authentic text
zuózhù tóufa 捽住头发[-髮] V.O. grasp by the hair
zuǒzi 撮子 M. <*coll.*> tuft (of hair)
zuòzi* 座子 N. ① stand; rack ② pedestal; base ③ saddle (of a bicycle/etc.)
zuǒzōngtángjī 左宗棠鸡[-雞] N. Hunanese diced chicken, batter-fried, then stir-fried with chili peppers
zuōzuǐ* 嘬嘴 V.O. pucker/purse the lips
zuòzuì 坐罪 V.O. <*wr.*> ① pass sentence; condemn; punish ② be punished for crimes committed
zuòzuìbùdài 坐罪不贷 F.E. be liable for full punishment
zuòzuo* 做作 S.V. affected; artificial
zuòzuò 凿凿[鑿鑿] *See záozáo*
zuǒzuò jiàshǐ 左座驾驶 N. left-hand drive (car)
zuòzuòyǒujù 凿凿有据[鑿鑿-據] *See záozáoyǒujù*
zǔpèi 组配 N. <*lg.*> collocation
zǔpèi shùxiàn 组配数限[--數-] N. <*lg.*> valency
zúpǔ 族谱 N. clan genealogy M: [1]*běn*
zūqī* 租期 N. tenancy; lease term
zūqì 租契 N. lease/rental agreement M: [1]*zhāng*
zūqian 租钱[-錢] N. <*coll.*> rent; rental
zúqīn 族亲[-親] N. clan relatives
zú qíshì 卒其事 V.O. finish the job; wind up the business
zúqiú 足球 N. <*sport*> football; soccer

zúqiúchǎng 足球场[-場] P.W. <sport> soccer field
zúqiú dàsài 足球大赛 P.W. big football match
zúqiúduì 足球队[-隊] P.W. football/soccer team M: ⁴zhī
zúqiúmí 足球迷 N. soccer fan
zúqiúsài 足球赛 P.W. football/soccer game M: ²chǎng
zúqiú wěiyuánhuì 足球委员会 N. soccer committee
zúqiúxié 足球鞋 N. soccer shoes M: ¹shuāng
zúqiúyuán 足球员 N. football/soccer player
zǔqǔ 组曲 N. <mus.> suite
zúquán 族权[-權] N. clan authority/power
zúqún 族群 N. ethnic group
zúqúnhuà miáoshùxué 族群话描述学 N. ethnography of speaking
zūràng 租让[-讓] V. lease out ♦N. concession
zūràng hétóng 租让合同[-讓--] N. concession agreement
zǔránjì 阻燃剂[-劑] N. fire retardant
zǔrǎo 阻扰[-擾] V. obstruct; frustrate
zúrén 族人 N. clan members; relatives
zúsài 足赛 P.W. soccer match M: ²chǎng
zǔsāiyīn 阻塞音 N. <lg.> obstruent
zúsè 足色 N. ① purity (of gold/silver) ② sterling
zǔsè* 阻塞 V. block up; obstruct; clog ♦N. ① traffic jam/block ② <lg.> obstruction
zǔshàng 祖上 N. ancestors; forefathers; forebears
zǔshàng(zhī)ròu 俎上(之)肉 ID. ① <wr.> meat on a chopping board ② helpless victim
zǔshēn 阻深 V.P. <wr.> far away beyond many mountains and streams
zǔshén* 祖神 N. patron saint of travelers
zúshēng 足声[-聲] N. tread; sound of footsteps
zǔshēngyá 阻生牙 N. impacted tooth
zúshi 足实[-實] V.P. <topo.> ① sufficient; adequate; ample ② well-developed; full-grown
¹zǔshī* 祖师[-師] N. ① founder of a sect or school of learning/craft/etc. ② founder of a sect of Buddhism or Daoism M: ²wèi
²zǔshī 组诗 N. a set of poems (e.g., a trilogy)
zǔshīyé 祖师爷[-師爺] N. <coll.> address to a ¹zǔshī
zúshízúbīng 足食足兵 F.E. adequate supply of foodstuffs and means of defense
zūshòu 租售 F.E. for rent or sale
zúshǔ 族属[-屬] N. one's younger fellow clansmen of the father's generation
¹zúshù* 足数[-數] N. an adequate number
²zúshù 族树[-樹] N. family tree
zǔshù 祖述 V. follow one's forefathers' example; hand down
zūshūchù 租书处[-書處] P.W. lending library or book stand
zūshuì 租税 N. taxes and levies
zǔsòng 祖送 V. give a farewell luncheon or dinner party
¹zúsuì 足岁[-歲] N. real age (vs. counting a person as one year old at birth)
²zúsuì 卒岁[-歲] V.O. <wr.> tide over the year
zǔ-sūn 祖孙[-孫] N. ① grandfather and grandchild ② ancestors and descendants
zǔtài 组态[-態] N. <phy.> configuration
zútán 足坛[-壇] P.W. ① soccer circles ② football world
zǔtào chéngshì 组套程式 N. <comp.> packaged programs
zǔtóu 组头 N. group head
zúwàifān 足外翻 N. eversion of the feet
zúwàng 族望 N. a family's good name
zúwèichǎnr 足位产儿[--產-] N. newborn delivered feet-first
zúwěihuì 足委会 AB. zúqiú wěiyuánhuì
zǔwěihuì* 组委会 AB. zǔzhī wěiyuánhuì
zúwén 足纹 N. sterling silver
zǔwēng 祖翁 N. sb.'s father
zūwū* 租屋 V.O. rent room
zǔwǔ 祖武 N. <wr.> ancestors' achievements
zūwūrén 租屋人 N. one who rents a house; tenant

zúxì 族系 N. ① clan ② <lg.> family
zūxià 租下 R.V. rent (from)
zúxià* 足下 N. <court.> you ~ ***yǐwéi rúhé?*** I wonder what you think of this?
zū xiàlai 租下来 R.V. rent
zǔxiān 祖先 N. ancestors; forebears M: ²wèi
zǔxiān bàijì 祖先拜祭 N. ancestor worship
zúxīn 足心 N. sole of the foot
zúxìng 族姓 N. family/clan name
zúxīnyōng 足心痈[-癰] N. carbuncle on the sole
zúxiōng 族兄 N. paternal male third cousins older than oneself
zúxì xiāngsì 族系相似 V.P. <lg.> family resemblance
zúxuǎn 足癣 N. athlete's foot
zǔxùn 组训 N./V. organize and train (militia units)
zǔyán 阻延 V. frustrate; cause delay
zǔyànxìng 阻焰性 N. flame resistance
zūyáo 租徭 N. taxes and compulsory services
zúyè 卒业[-業] N. graduate study
zǔyè* 祖业[-業] P.W. ① property/trade/business inherited from ancestors ② ancestors' meritorious achievements
¹zúyī 足医[-醫] N. podiatrist; chiropodist
²zúyī 足衣 N. stockings; socks M: ¹shuāng
zúyǐ* 足以 V.P. sufficient/enough to
zúyì 族裔 N. ① one's ethnic background ② one's clan/lineage
zǔyí 祖遗 ATTR. inherited from one's ancestors
zúyǐhúkǒu 足以糊口 F.E. enough to keep body and soul together
zúyǐluànzhēn 足以乱真[--亂-] F.E. good enough to pass for genuine
zúyīn 足音 N. sound of footsteps
zúyín 足银 N. pure silver
zúyìn* 足印 N. footprint M: ²zhī
zǔyìn 祖荫[-蔭] N. <wr.> ancestors' protection/blessing
zǔyíng 祖茔[-塋] P.W. ancestral grave M: ⁴zuò
zúyīnqióngrán 足音跫然 F.E. ① excited to hear footsteps ② longing to have visitors
zúyǐshǒuchéng 足以守成 F.E. good enough to carry on
zúyǐzhèngmíng 足以证明[--證-] F.E. suffice to show that. . .
zúyǐzhìmìng 足以致命 F.E. (The wound) may be fatal.
zúyǐzìháo 足以自豪 F.E. enough for one to be proud of
zúyǐzìwèi 足以自慰 F.E. enough to console oneself
zúyīzúshí 足衣足食 F.E. have no shortage of food and clothing
zūyòng* 租用 V. rent (for use)
zúyòng 足用 V.P. sufficient
zūyòng jiājù 租用家具 V.O. rent furniture
zūyòng lǐtáng 租用礼堂[--禮-] V.O. rent a hall
zūyòngrén 租用人 N. leaseholder; lessee; tenant; hirer
zūyòng shíjiān 租用时间[--時-] N. rental/reimbursed time
zúyǒu 足有 V. (have/be) a full . . . ***Tā jiǎngle ~ liǎng ge zhōngtóu.*** He lectured for a full two hours.
zǔyǔ* 组与[-與] V. grant to
¹zǔyǔ 祖语 N. ancestral language
²zǔyǔ 阻雨 V.O. <wr.> be held back by rain
³zǔyǔ 诅语 N. <lg.> swearword
¹zǔyuán 组员 N. members of a group/section/department M: ²wèi
²zǔyuán 阻援 V. hold off or delay enemy reinforcements
³zǔyuán 组元 N. constituent element; component
zūyuē* 租约 N. lease M: ¹zhāng
zúyuè 足月 N. full-term fetus ♦ATTR. born after the normal period of gestation; mature; full-term

zúyue'érshēng 足月而生 F.E. In the fullness of time (the child) was born.
zúyuè rènshēn 足月妊娠 N. full-term pregnancy
zūzhài 租债 V. rent and debt
zúzhǎng 族长 N. clan head M: ²wèi
zǔzhǎng* 组长 N. chief/head of a group/section M: ²wèi
¹zǔzhàng 阻障 V. obstacle; frustration
²zǔzhàng 祖帐 V.O. give a farewell dinner/luncheon
zúzhēn 足针 N. foot acupuncture (therapy)
zúzhēn liáofǎ 足针疗法[--療-] N. foot acupuncture therapy
zúzhǐ 足趾 N. toes
zǔzhī* 组织[-織] V. organize; form ♦N. ① organization; organized system ② <phys.> tissue; nerve ③ <txtl.> weave
zǔzhí 阻值 N. <phy.> value of resistance
zǔzhǐ 阻止 V. prevent; stop; prohibit; obstruct
¹zǔzhì 组制[-製] N. production by assembling provided parts in one's own creative way
²zǔzhì 阻滞[-滯] V. obstruct; block ♦N. obstruction
zǔzhǐbuliǎo 阻止不了 R.V. can't stop from happening; can't frustrate
zúzhìduōmóu 足智多谋 ID. be resourceful
zǔzhīfǎ 组织法[-織-] N. organic law
zǔzhī guānxi 组织关系[-織關係] N. ① organizational relationship ② membership credentials
zǔzhīhuà 组织化[-織-] V. systematize; organize ♦N. systematization
zǔzhījiā 组织家[-織-] N. organizer M: ²wèi
zǔzhī jiànshè 组织建设[-織--] N. organizational construction
zǔzhī liáofǎ 组织疗法[-織療-] N. <med.> tissue therapy; histotherapy
zǔzhī lùxiàn 组织路线[-織--] N. principles for running an organization
zǔzhī nèigé 组织内阁[-織--] V.O. ① organize the cabinet ② build leadership ranks
zǔzhī qǐlai 组织起来[-織--] R.V. unite together; team up
zǔzhīshang 组织上[-織-] P.W. institutionally
zǔzhī shēnghuó 组织生活[-織--] N. regular activities of an organization
zǔzhī wěiyuánhuì 组织委员会[-織---] P.W. organizing committee
zǔzhīxué 组织学[-織-] N. <phys.> histology
zǔzhīyè 组织液[-織-] N. <phys.> tissue fluid
zǔzhī yuánzé 组织原则[-織--] N. principle of organization
zǔzhīzhě 组织者[-織-] N. organizer M: ²wèi
zūzhòng 租种[-種] V.P. rent land to farm
zǔzhòu 诅咒 V. curse; imprecate
zūzhǔ(r) 租主(儿) N. landlord
zūzhù* 租住 V.P. rent a place to live in
zúzhū 族诛 V. exterminate the father, wife, and children of a criminal
zǔzhù 诅祝 V. pray that the enemy be brought down by divine wrath
zúzhuàng 足壮[-壯] V.P. physically strong; vigorous; sturdy
zǔzhuāng* 组装[-裝] V. assemble and install
zūzi 租子 N. <coll.> land/ground rent
zúzi* 卒子 N. ① soldier; private ② pawn (in chess)
zūzǐ 呰訾 V. <wr.> fawn; flatter
zúzījièjìng 足资借镜 ID. be an object lesson
zǔzōng 祖宗 N. ancestors; forebears
zǔzōng chóngbài 祖宗崇拜 N. ancestor worship
zúzú 足足 R.F. ① fully; no less than; as much as ② extremely
zǔzǔbèibèi 祖祖辈辈 R.F. from generation to generation; for generations
zúzūn 族尊 N. clan seniors
zúzú yǒu 足足有 V. (have/be) a full . . . ***Tā jiǎngle ~ liǎng ge zhōngtóu.*** He lectured for a full two hours.
zúzúyǒuyú 足足有余 F.E. more than enough; abundant

Z

Appendix I

Basic Rules for Hanyu Pinyin Orthography

(GB/T 16159-1996)

National Standard of the People's Republic of China (ICS 01.140.10). Approved and issued by the State Technology Supervision Bureau on January 22, 1996; effective on July 1, 1996.

1. Main Topics and Applications

This Standard sets the regulations for alphabetic spelling of modern Chinese using the "Scheme for the Chinese Phonetic Alphabet." It contains rules for separating and joining words; rules for spelling fused phrase expressions (**chéngyǔ**), foreign loan words, and personal and place names; rules for representing tones; rules for hyphenation at the ends of lines; etc. It also provides some methods for making technical modifications for special purposes.

As the unified regulations for alphabetic spelling of modern Chinese using the "Scheme for the Chinese Phonetic Alphabet," this standard is applicable to the fields of education, publication, information processing, and other domains.

2. Terminology

Hanyu Pinyin Orthography. The standard for spelling Hanyu Pinyin and norms for its written forms.

"The Scheme for the Chinese Phonetic Alphabet" provides rules for alphabetic spelling of syllables. "Basic Rules for Hanyu Pinyin Orthography" comprise a firm foundation for further consolidation of the standard writing of words (**cí** 词).

3. Principles for Formulation of the Rules

3.1 To make the word (**cí**) the basic spelling unit of Hanyu Pinyin, while taking into consideration the phonological, semantic, and other such factors, as well as an appropriate degree of word length.

3.2 These rules are described according to the different grammatical parts of speech.

3.3 Each rule should be as simple and concise as possible, in order to facilitate mastery of application.

4. Basic Rules for Hanyu Pinyin Orthography

4.1 General Guidelines

4.1.1 The alphabetized transcription of Putonghua (modern standard Chinese) in principle takes the word (cí) as the unit of spelling.

rén 人 'person'
hǎo 好 'good'
hěn 很 'quite'
qiǎokèlì 巧克力 'chocolate'
yuèdú 阅读 'reading'
pǎo 跑 'run'
hé 和 'and'
fúróng 芙蓉 'cottonrose hibiscus'
péngyou 朋友 'friend'
dìzhèn 地震 'earthquake'

niánqīng 年轻 'young'
wǎnhuì 晚会 'evening meeting'
shìwēi 示威 'to demonstrate'
chuánzhī 船只 'ships'
fēicháng 非常 'extraordinarily'
túshūguǎn 图书馆 'library'
zhòngshì 重视 'to value'
qiānmíng 签名 'to sign'
niǔzhuǎn 扭转 'to turn round'
dànshì 但是 'but'
diànshìjī 电视机 'television set'

4.1.2 Structures of two or three syllables which express an integral concept are to be written together as one word.

gāngtiě 钢铁 'steel'
dàhuì 大会 'plenary session'
zhòngtián 种田 'to till land'
dǎpò 打破 'to break'
húshuō 胡说 'to talk nonsense'
qiūhǎitáng 秋海棠 'begonia'
duìbuqǐ 对不起 'ask pardon'
hǎifēng 海风 'sea breeze'
wèndá 问答 'questions and answers'
hóngqí 红旗 'red flag'
quánguó 全国 'the whole nation'
kāihuì 开会 'to hold a meeting'
zǒulái 走来 'to come on'
dǎnxiǎo 胆小 'timid'
àiniǎozhōu 爱鸟周 'bird preservation week'
chīdexiāo 吃得消 'able to stand'

4.1.3 Terms of four or more syllables which express an integral concept are to be divided on the basis of word boundaries or juncture. If this is not possible, then the term should be written as one word.

wúfèng gāngguǎn 无缝钢管 'seamless steel tube'
huánjìng bǎohù guīhuà 环境保护规划 'environmental protection'
jīngtǐguǎn gōnglǜ fàngdàqì 晶体管功率放大器 'transistor power amplifier'
Zhōnghuá Rénmín Gònghéguó 中华人民共和国 'People's Republic of China'
Zhōngguó Shèhuì Kēxuéyuàn 中国社会科学院 'Chinese Academy of Social Sciences'

yánjiūshēngyuàn 研究生院 'post-graduate school'
hóngshízìhuì 红十字会 'the Red Cross'
yúxīngcǎosù 鱼腥草素 'cordate houttuynia'
gǔshēngwùxuéjiā 古生物学家 'paleontologist'

4.1.4 Monosyllabic words when reduplicated are written together as one word; bisyllabic words when reduplicated are written separately as two words.

rénrén 人人 'everyone'
kànkan 看看 'have a look'
dàdà 大大 'very large'
gègè 个个 'every one'
niánnián 年年 'every year'
shuōshuo 说说 'say something'
hónghóng de 红红的 'reddish'
tiáotiáo 条条 'every stripe'

yánjiū yánjiū 研究研究 'to study and consider'
xuěbái xuěbái 雪白雪白 'snow white'
chángshì chángshì 尝试尝试 'to have a try'
tōnghóng tōnghóng 通红通红 'thoroughly red'

AABB type reduplicative constructions are to be written with a hyphen between, AA-BB.

láilái-wǎngwǎng 来来往往 'walk to and fro'
qīngqīng-chǔchǔ 清清楚楚 'very clear'
jiājiā-hùhù 家家户户 'each and every family'
shuōshuō-xiàoxiào 说说笑笑 'chatting and laughing'
wānwān-qūqū 弯弯曲曲 'twisting and turning'
qiānqiān-wànwàn 千千万万 'numerously'

4.1.5 Hyphens may be used to link words together in order to facilitate reading and understanding.

huán-bǎo (ab. for **huánjìng bǎohù**) 环保–环境保护 'environmental protection'
gōng-guān (ab. for **gōnggòng guānxi**) 公关–公共关系 'public relations'
bā-jiǔ tiān 八九天 'eight or nine days'
shíqī-bā suì 十七八岁 '17-18 years old'
rén-jī duìhuà 人机对话 'man-machine dialogue'
zhōng-xiǎoxué 中小学 'primary and middle schools'
lù-hǎi-kōngjūn 陆海空军 'army-navy-airforce'
biànzhèng-wéiwùzhǔyì 辩证唯物主义 'dialectical materialism'

4.2 Nouns

4.2.1 Nouns plus prefixed or suffixed monosyllables are to be written together as one unit. (Some common prefixes are **fù-** 副 'vice-', **zǒng-** 总 'general', **fēi-** 非 'non-', **fǎn-** 反 'anti-', **chāo-** 超 'sur-', **lǎo-** 老 'Old', **A-** 阿 'Ah', **kě-** 可 '-able', **wú-** 无 '-less', etc. Some common suffixes are the noun suffixes **-zi** 子, **-r** 儿, **-tou** 头, as well as **-xing** 性 '-ness', **-zhě** 者, **-yuán** 员 '-er', **-jiā** 家 '-ist', **-shǒu** 手 '-or', **-huà** 化 '-ize', the pluralizing suffix **-men** 们, etc.)

fùbùzhǎng 副部长 'vice-minister'
zǒnggōngchéngshī 总工程师 'chief engineer'
fēijīnshǔ 非金属 'non-metal'
chāoshēngbō 超声波 'ultra-sonic waves'
zhuōzi 桌子 'table'
mùtou 木头 'wood'
chéngwùyuán 乘务员 'train attendant'
yìshùjiā 艺术家 'artist'
kēxuéxìng 科学性 'scientific(ness)'
xiàndàihuà 现代化 'modernization'
háizimen 孩子们 'children'
tuōlājīshǒu 拖拉机手 'tractor driver'
fǎndàndào dǎodàn 反弹道导弹 'anti-ballistic missile'
fēiyèwù rényuán 非业务人员 'non-professional personnel'

4.2.2 Position words which occur after nouns are to be written separately.

shān shàng 山上 'on the mountain'
shù xià 树下 'under the tree'
mén wài 门外 'outside the door'
mén wàimian 门外面 'outside of the door'
hé li 河里 'in the river'
hé lǐmian 河里面 'in the river'
huǒchē shàngmian 火车上面 'on the train'
Yǒngdìng Hé shàng 永定河上 'on the Yongding River'
xuéxiào pángbiān 学校旁边 'beside the school'
Huánghé yǐnán 黄河以南 'south of the Yellow River'

Note, however, that fused expressions such as **hǎiwài** 海外 'overseas' are to be written as one word. (**Hǎiwài** 海外 is not equivalent to **hǎi de wàimian** 海的外面.)

tiānshang 天上 'in the sky'
dìxia 地下 'underground'
kōngzhōng 空中 'in the air'
hǎiwài 海外 'overseas'

4.2.3 Chinese people's names are to be written separately with the surname first, followed by the personal name written as one word, with the initial letters of both capitalized. Pen names and other aliases are to be treated in the same manner.

Lǐ Huá 李华
Wáng Jiànguó 王建国
Dōngfāng Shuò 东方朔
Zhūgě Kǒngmíng 诸葛孔明
Lǔ Xùn 鲁迅
Méi Lánfāng 梅兰芳
Zhāng Sān 张三
Wáng Mázi 王麻子

Professional titles or other forms of address are to be written separately after names and are to be written entirely in small letters.

Wáng bùzhǎng 王部长 'Minister Wang'
Tián zhǔrèn 田主任 'Director Tian'
Lǐ xiānsheng 李先生 'Mr. Li'
Zhào tóngzhì 赵同志 'Comrade Zhao'

The initial letters of the terms of address **Lǎo** 老, **Xiǎo** 小, **Dà** 大, and **A** 阿 are all to be capitalized.

Xiǎo Liú 小刘 'Young Liu'
Lǎo Qián 老钱 'Old Qián' (seniority)
Dà Lǐ 大李 'Big Li'
A Sān 阿三 'Ah San'
Wú Lǎo 吴老 'Elder Wu' (respectful)

Certain proper names and titles have already fused and are written as one word with the initial letter capitalized.

Kǒngzǐ 孔子 (Master Confucius)
Bāogōng 包公 (Duke Bao)
Xīshī 西施 (an historical figure)
Mèngchángjūn 孟尝君(an historical figure)

4.2.4 Chinese place names should be alphabetized according to the "Spelling Rules for Chinese Geographical Place Names," document no. 17 (1984) of the State Committee on Chinese Geographical Place Names.

Separate the geographical proper name from the geographical feature name and capitalize the first letter of both.

Běijīng Shì 北京市 (Beijing Municipality)
Héběi Shěng 河北省 (Hebei Province)
Yālù Jiāng 鸭绿江 (Yalu River)
Tài Shān 泰山 (Tai Shan Mountain)
Dòngtíng Hú 洞庭湖 (Dongting Lake)
Táiwān Hǎixiá 湾海峡 (Taiwan Straits)

If a geographical proper name or geographical feature name has a monosyllabic adjunct, write them together as one word.

Xiliáo Hé 西辽河 (West Liao River)
Jǐngshān Hòujiē 景山后街 (Jingshan Back Street)
Cháoyángménnèi Nánxiǎojiē 朝阳门内南小街 (South Street inside Chaoyangmen Gate)

The names of smaller villages and towns and other place names in which it is not necessary to distinguish between the proper place name and the geographical feature name are to be written together as one unit.

Wángcūn 王村 (Wang Village)
Zhōukǒudiàn 周口店 (an historical site)
Jiǔxiānqiáo 酒仙桥 (a place name)
Sāntányìnyuè 三潭印月 (a scenic spot)

4.2.5 In accordance with the principle of adhering to the original, non-Chinese people's and place names are to be written in their original roman (Latin) spelling. While people's and place names from non-romanized scripts are to be spelled according to the rules for romanization for that language. For reference, Chinese characters or their Hanyu Pinyin equivalent may be noted after the original name. Under certain conditions, the Hanyu Pinyin may precede or replace the original spelling.

Ulanhu 乌兰夫
Seypidin 赛福鼎
Darwin 达尔文
Einstein 爱因斯坦
Urumqi 乌鲁木齐
Lhasa 拉萨
Paris 巴黎
Tokyo 东京
Ngapoi Ngawang Jigme 阿沛-阿旺晋美
Marx 马克思
Newton 牛顿
Akutagawa Ryunosuke 芥川龙之介
Hohhot 呼和浩特
London 伦敦
Washington 华盛顿

Transliterated names which have already become Chinese words are to be spelled according to their Chinese pronunciation.

Fēizhōu 非洲 (Africa)
Déguó 德国 (Germany)
Nánměi 南美 (South America)
Dōngnányà 东南亚 (Southeast Asia)

4.3 Verbs

Verbs plus the aspectual suffixes **-zhe** 着, **-le** 了, and **-guo** 过 are to be written together as one unit.

kànzhe 看着 'keep watching'
kànle 看了 'have seen'
kànguo 看过 'have already seen'
jìnxíngzhe 进行着 'be carrying out'
jìnxíngle 进行了 'carried out'
jìnxíngguo 进行过 'carried out already'

The sentence-final particle **le** 了 is to be written as a separate unit.

Huǒchē dào le. 火车到了。'The train has arrived.'

4.3.2 Verbs and their objects are to be written separately.

kàn xìn 看信 'read a letter'
kāi wánxiào 开玩笑 'to make a joke'
chī yú 吃鱼 'eat fish'
jiāoliú jīngyàn 交流经验 'exchange experiences'

Verb-object compound verbs are to be written separately when other elements are inserted within them.

jūle yī gè gōng 鞠了一个躬 'bowed once'
lǐguo sān cì fà 理过三次发 'have had three haircuts'

When both a verb (or adjective) and its complement are monosyllabic, they are to be written together; otherwise the two are to be separated.

gǎohuài 搞坏 'to break'
shútòu 熟透 'completely ripe'
huàwéi 化为 'become'
dǎsǐ 打死 'to beat to death'
jiànchéng 建成 'to build to be'
dàngzuò 当做 'to treat as'
zǒu jìnlai 走进来 'to come into'
jiànshè chéng 建设成 'to construct to be'
zhěnglǐ hǎo 整理好 'to put in order'
gǎixiě wéi 改写为 'to rewrite as'

4.4 Adjectives

4.4.1 A monosyllabic adjective and a preceding or following reduplicated adjunct are to be written together as a unit.

mēngmēngliàng 蒙蒙亮 'first glimmer of dawn' **liàngtāngtāng** 亮堂堂 'very bright'

Complements of extent such as **xiē, yīxiē, diǎnr, yīdiǎnr** 'somewhat, a little' after adjectives are to be written separately.

dà xiē 大些 'somewhat bigger' **dà yīxiē** 大一些 'a little bigger'
kuài diǎnr 快点儿 'quicker' **kuài yīdiǎnr** 快一点儿 'a little quicker'

4.5 Pronouns

4.5.1 The pluralizing suffix **-men** is to be written together with the preceding pronoun as one word.

wǒmen 我们 'we' **tāmen** 他们 'they'

4.5.2 The demonstrative pronouns **zhè** 这 'this', **nà** 那 'that', and the interrogative pronoun **nǎ** 哪 'which' are to be written separately from most nouns or classifiers which follow them.

zhè rén 这人 'this person'
nà cì huìyì 那次会议 'that meeting'
zhè zhī chuán 这只船 'this ship'
nǎ zhāng bàozhǐ 哪张报纸 'which newspaper?'

When the morphemes **xiē** 些, **-me** 么, **yàng** 样, **bān** 般, **lǐ** 里, **biān** 边, **huìr** 会儿 and the general classifier **-ge** 个 occur immediately after the demonstrative pronouns **zhè** 这 'this', **nà** 那 'that', or the interrogative pronoun **nǎ** 哪 'which', they are to be written together with that pronoun as one unit.

zhèxiē 这些 'these' **zhème** 这么 'so'
nàyàng 那样 'like that' **zhèbān** 这般 'this way, so'
nàli 那里 'there' **nǎli** 哪里 'where'
zhèbiān 这边 'here' **zhèhuìr** 这会儿 'this time, now'
zhège 这个 'this' **zhèmeyàng** 这么样 'in this way'

4.5.3 Words such as **gè** 'each', **měi** 'every', **mǒu** 'some', **běn** 'this', **gāi** 'that', **wǒ** 'our', **nǐ** 'your', etc. are to be written separately from the nouns or classifiers which follow them.

gè guó 各国 'each country' **gè gè** 各个 'every'
gè rén 个人 'every person' **gè xuékē** 各学科 'each field of study'
měi nián 每年 'each year' **měi cì** 每次 'each time'
mǒu rén 某人 'a certain person' **mǒu gōngchǎng** 某工厂 'a certain factory'
běn shì 本市 'this municipality' **běn bùmén** 本部门 'our department'
gāi kān 该刊 'that journal' **gāi gōngsī** 该公司 'that company'
wǒ xiào 我校 'our school' **nǐ dānwèi** 你单位 'your organization'

4.6 Numbers and Classifiers

4.6.1 Numbers from 11 to 99 are to be written as one word.

shíyī 十一 'eleven' **shíwǔ** 十五 'fifteen'
sānshísān 三十三 'thirty-three' **jiǔshíjiǔ** 九十九 'ninety-nine'

4.6.2 The numbers **bǎi** 百 'hundred', **qiān** 千 'thousand', **wàn** 万 'ten thousand', and **yì** 亿 'one hundred million' when preceded by a single digit number are to be written as one unit. When the numbers **wàn** and **yì** are preceded by any number of ten or more, they should be written separately.

jiǔyì líng qīwàn èrqiān sānbǎi wǔshíliù 九亿零七万二千三百五十六 '900,072,356'
liùshísān yì qīqiān èrbǎi liùshíbā wàn sìqiān líng jiǔshíwǔ
六十三亿七千二百六十八万四千零九十五 '6,372,684,095'

4.6.3 A hyphen is to be inserted between the ordinal prefix **dì-** and the number following it.

dì-yī 第一 'first'
dì-shísān 第十三 'thirteenth'
dì-èrshíbā 第二十八 'twenty-eighth'
dì-sānbǎi wǔshíliù 第三百五十六 '356th'

4.6.4 Numbers and classifiers are to be written separately.

liǎng gè rén 两个人 'two people'
yī dà wǎn fàn 一大碗饭 'a big bowl of rice'
wǔshísān réncì 五十三人次 '53 man-times'
liǎng jiān bàn wūzi 两间半屋子 'two and a half rooms'

Numbers are to be written separately from words denoting approximation, such as **duō** 多, **lái** 来, and **jǐ** 几.

yībǎi duō gè 一百多个 'more than one hundred'
shí lái wàn rén 十来万人 'some hundred thousand persons'
jǐ jiā rén 几家人 'several families'
jǐ tiān gōngfu 几天工夫 'a few days' time'

Shíjǐ 十几 'ten and some' and **jǐshí** 几十 'several tens of' are to be written together as one unit.

shíjǐ gè rén 十几个人 'ten and some persons'
jǐshí gēn gāngguǎn 几十根钢管 'tens of steel tubes'

4.7 Function Words

Function words are to be written separately from other words.

4.7.1 Adverbs

hěn hǎo 很好 'quite good'
dōu lái 都来 'all come'
gèng měi 更美 'more beautiful'
zuì dà 最大 'biggest'
bù lái 不来 'not coming'
yīng bù yīnggāi 应不应该 'ought or not'
gānggāng zǒu 刚刚走 'have just gone'
fēicháng kuài 非常快 'extraordinarily fast'
shífēn gǎndòng 十分感动 'deeply touched'

4.7.2 Prepositions

zài qiánmiàn 在前面 'in front'
xiàng dōngbiān qù 向东边去 'go east'
wèi rénmín fúwù 为人民服务 'serve the people'
cóng zuótiān qǐ 从昨天起 'since yesterday'
shēng yú 1940 nián 生于1940年 'born in 1940'
guānyú zhège wèntí 关于这个问题 'on this question'

4.7.3 Conjunctions

gōngrén hé nóngmín 工人和农民 'workers and peasants'
guāngróng ér jiānjù 光荣而艰巨 'glorious but arduous'
bùdàn kuài érqiě hǎo 不但快而且好 'not only quick but also good'
Nǐ lái háishi bù lái? 你来还是不来? 'Are you coming or not?'

4.7.4 The subordinating particles **de** 的 (...'s, of ...), **de** 地 (-ly), **de** 得 (nominalizer), and **zhī** 之 (of ...).

dàdì de nǚ'ér 大地的女儿 'daughter of the earth'
Zhè shì wǒ de shū. 这是我的书。 'This is my book.'
Wǒmen guòzhe xìngfú de shēnghuó. 我们过着幸福的生活。 'We live a happy life.'

Shāngdiàn lǐ bǎimǎnle chī de, chuān de, yòng de.
商店里摆满了吃的、穿的、用的。'The store is full of things for eating, wearing, and daily use.'
mài qīngcài luóbo de 卖青菜萝卜的 'one who sells vegetables'
Tā zài dàjiē shàng mànmàn de zǒu. 他在大街上慢慢地走。'He is walking slowly on the street.'
Tǎnbái de gàosu nǐ ba. 坦白告诉你把。'Frankly speaking...'
Tā yī bù yī gè jiǎoyìnr de gōngzuòzhe. 他一步一个脚印儿地工作着。
'He works steadily with every step leaving its imprint.'
dǎsǎo de gānjìng 打扫得干净 'swept clean'
xiě de bù hǎo 写得不好 'not well written'
hóng de hěn 红得很 'bright red'
lěng de fādǒu 冷得发 'shivering with cold'
shàonián zhī jiā 少年之家 'home of the youths'
zuì fādá de guójiā zhī yī 最发达的国家之一 'one of the most well-developed countries'

Note: when necessary for technical purposes, the characters 的, 地, and 得 may be spelled as **d**, **di**, and **de** respectively.

4.7.5 Modal Particles

Nǐ zhīdao ma? 你知道吗? 'Do you know?'
Zěnme hái bù lái a? 怎么还不来啊? 'Why hasn't (she) come yet?'
Kuài qù ba! 快去吧! 'Go at once!'
Tā shi bù huì lái de. 他是不会来的。'Certainly he won't come.'

4.7.6 Interjections

A! Zhēn měi! 啊! 真美! 'Oh! Really beautiful!'
Ng, nǐ shuō shénme? 嗯, 你说什么? 'Huh? What did you say?'
Hm, zǒuzhe qiáo ba! 哼, 走着瞧吧! 'Hmm, let's wait and see!'

4.7.7 Onomatopoetic Words

Pa! 啪 'Bang!'
Huahua 哗哗 'whoosh'
jiji-zhazha 叽叽喳喳 (a twittering sound)
"honglong" yī shēng "轰隆"一声 'a loud booming sound'
Dà gōngjī wo-wo-tí. 大公鸡喔喔啼。'The big rooster crows, cockadoodle doo!'
"Dū—" qìdí xiǎng le. "嘟—" 汽笛响了。'Woo! blew the steam whistle.'

4.8 Fused Phrase Idioms (Chéngyǔ)

4.8.1 Four-syllable fused phrase idioms which can be divided into two two-syllable parts will have one hyphen inserted between the two parts.

céngchū-bùqióng 层出不穷 'to emerge in an endless stream'
fēngpíng-làngjìng 风平浪静 'calm and tranquil'
àizēng-fēnmíng 爱憎分明 'to be clear-cut in what ones loves and hates'
shuǐdào-qúchéng 水到渠成 'when conditions are ripe, success will come'
yángyáng-dàguān 洋洋大观 'a spectacular sight'
píngfēn-qiūsè 平分秋色 'to go fifty-fifty'
guāngmíng-lěiluò 光明磊落 'to be open and aboveboard'
diānsān-dǎosì 颠三倒四 'to turn things topsy-turvy'

4.8.2 Fused phrase idioms and other such proverbial phrases which cannot be divided should be written together as one unit.

bùyìlèhū 不亦乐乎 'extremely'
zǒng'éryánzhī 总而言之 'to sum it up'
àimònéngzhù 爱莫能助 'sympathetic but unable to help'

yīyīdàishuǐ 一衣带水 'a narrow strip of water in between'
húlihútu 糊里糊涂 'all in a muddle'
hēibuliūqiū 黑不溜秋 'swarthy'
diào'erlángdāng 吊儿郎当 'careless and casual'

4.9 Capitalization

4.9.1 Capitalize the first letter of each sentence in prose, and capitalize the first letter of each line of a poem. (No examples given.)

4.9.2 Capitalize the first letter of a proper noun.

Běijīng 北京 'Beijing'
Chángchéng 长城 'the Great Wall'
Qīngmíngjié 清明节 'Qingming Festival' (at the fifth solar term)

If a proper noun consists of two or more words, capitalize the first letter of each word.

Guójì Shūdiàn 国际书店 'International Bookstore'
Hépíng Bīnguǎn 和平宾馆 'Peace Hotel'
Guāngmíng Rìbào 光明日报 'Guangming Daily'

4.9.3 Capitalize the first letter of a combination of a proper noun and a common noun.

Zhōngguórén 中国人 'the Chinese'
Míngshǐ 明史 'Ming dynasty history'
Guǎngdōnghuà 广东话 'Guangdong dialect'

Terms which have already become common nouns are not capitalized.

guǎnggān 广柑 'Cantonese orange'
zhōngshānfú 中山服 'a Chinese tunic'
chuānxiōng 川芎 (a medicinal rhizome grown in Sichuan)
zàngqīngguǒ 藏青果 'chinko' (a species of olive grown on the Xizang plateau)

4.10 Hyphenation at the End of a Line

4.10.1 At the end of a line, words should be divided according to syllabification, and a hyphen placed after the syllable at the end of the line.

———————— **guāng-**
míng 'glorious' but not **"gu-**
āngmíng".

4.11 Tone Marking

4.11.1 Words are to be marked with their original tones; tone variations are not to be noted.

yī jià 一架 'one...'
yī tóu 一头 'one head of'
qīwàn 七万 'seventy thousand'
bā gè 八个 'eight...'
bù qù 不去 'not going'
bùzhìyú 不至于 'be unlikely to'
yī tiān 一天 'one day'
yī wǎn 一碗 'one bowl'
qī běn 七本 'seven volumes'
qīshàng-bāxià 七上八下 'to be agitated'
bù duì 不对 'not correct'

However, for the purpose of training in phonetics, tone variants may be marked as necessary.

Note: In addition to the normal tone symbols stipulated in the "Scheme for the Chinese Phonetic Alphabet," when necessary for certain technical purposes, the tones may be represented by numerals or Latin letters.

Additional Notes:

These basic rules were jointly promulgated and put into force in July 1988 by the State Education Commission and the State Language Commission.

The Committee for Hanyu Pinyin Orthography was responsible for drafting the basic rules.

The main authors of the basic rules were Yin Binyong 尹斌庸, Li Leyi 李乐毅, and Jin Huishu 金惠淑.

Editor's Note: The sections numbered 4.1.1–4.11.1 are virtually identical to those numbered 0.1–10 in Appendix I of the *ABC Chinese-English Dictionary* (1996). They were translated into English by John S. Rohsenow and edited by Wang Jun of the State Language Commission. The introduction and end notes are new. The most important change is that the rules have now been given the official stamp of approval as the standard procedures for writing pinyin text.

Appendix II

Chinese Historical Chronology

商 Shāng Dynasty c. 1700–1045 B.C.

周 Zhōu Dynasty 1045–221 B.C.
- 西周 Western Zhōu 1045–771 B.C.
- 东周 Eastern Zhōu 770–221 B.C.
  - 春秋 Spring and Autumn 770–476 B.C.
  - 战国 Warring States 475–221 B.C.

秦 Qín Dynasty 221–207 B.C.

汉 Hàn Dynasty 206 B.C.–220 A.D.
- 西汉 Western Hàn 206 B.C.–25 A.D.
- 东汉 Eastern Hàn 25–220

三国 Three Kingdoms 220–280
- 魏 Wèi 220–265
- 蜀汉 Shǔ Hàn 221–263
- 吴 Wú 222–280

晋 Jìn Dynasty 265–420
- 西晋 Western Jìn 265–316
- 东晋 Eastern Jìn 317–420

南北朝 Northern and Southern Dynasties 420–589
- 南朝 Southern Dynasties 420–589
  - 宋 Sòng 420–479
  - 齐 Qí 479–502
  - 梁 Liáng 502–557
  - 陈 Chén 557–589
- 北朝 Northern Dynasties 386–581
  - 北魏 Northern Wèi 386–534
  - 东魏 Eastern Wèi 534–550
  - 北齐 Northern Qí 550–577
  - 西魏 Western Wèi 535–556
  - 北周 Northern Zhōu 557–581

隋 Suí Dynasty 581–618

唐 Táng Dynasty 618–907

五代 Five Dynasties 907–960
- 后梁 Later Liáng 907–923
- 后唐 Later Táng 923–936
- 后晋 Later Jìn 936–946
- 后汉 Later Hàn 947–950
- 后周 Later Zhōu 951–960

宋 Sòng Dynasty 960–1229
- 北宋 Northern Sòng 960–1127
- 南宋 Southern Sòng 1127–1229

辽 Liáo 916–1125

金 Jīn 1115–1234

元 Yuán 1271–1368

明 Míng 1368–1644

清 Qīng 1644–1911

中华民国 Republic of China 1912–1949

中华人民共和国 People's Republic of China 1949–

Index of Dynasty Names

Chén 陈 557–589
Hàn 汉 206 B.C.–220 A.D.
——, Later 后汉 947–950
Jīn 金 1115–1234
Jìn 晋 265–420
——, Later 后晋 936–946
Liáng 梁 502–557
——, Later 后梁 907–923
Liáo 辽 916–1125
Míng 明 1368–1644
Qí 齐 479–502
——, Northern 北齐 550–577
Qín 秦 221–207 B.C.
Qīng 清 1644–1911
Shāng 商 c. 1700–1045 B.C.
Shǔ Hàn 蜀汉 221–263
Sòng 宋 420–479, also 960–1229
Suí 隋 581–618
Táng 唐 618–907
——, Later 后唐 923–936
Wèi 魏 220–265
——, Eastern 东魏 534–550
——, Northern 北魏 386–534
——, Western 西魏 535–556
Wú 吴 222–280
Yuán 元 1271–1368
Zhōu 周 1045–221 B.C.
——, Later 后周 951–960
——, Northern 北周 557–581

Appendix III

Analytic Summary of Transcription Systems

PY	Pinyin
WG	Wade-Giles
GR	Guoyeu Romatzyh
YR	Yale Romanization
ZF	Zhuyin Fuhao

1. Consonants

	Labials				Dentals				Velars		
PY	b	p	m	f	d	t	n	l	g	k	h
WG	p	p'	m	f	t	t'	n	l	k	k'	h
GR	b	p	m	f	d	t	n	l	g	k	h
YR	b	p	m	f	d	t	n	l	g	k	h
ZF	ㄅ	ㄆ	ㄇ	ㄈ	ㄉ	ㄊ	ㄋ	ㄌ	ㄍ	ㄎ	ㄏ

	Palatals			Retroflexes				Sibilants		
PY	j	q	x	zh	ch	sh	r	z	c	s
WG	ch	ch'	hs	ch	ch'	sh	j	ts	ts'	s
GR	j	ch	sh	j	ch	sh	r	tz	ts	s
YR	j	ch	s(y)	j	ch	sh	r	dz	ts	s
ZF	ㄐ	ㄑ	ㄒ	ㄓ	ㄔ	ㄕ	ㄖ	ㄗ	ㄘ	ㄙ

2. Basic Retroflex Syllables

PY	zhi	chi	shi	ri
WG	chih	ch'ih	shih	jih
GR	jy	chy	shy	ry
YR	jr	chr	shr	r
ZF	ㄓ	ㄔ	ㄕ	ㄖ

3. Basic Sibilant Syllables

PY	zi	ci	si
WG	tzu	tz'u	szu/ssu
GR	tzy	tsy	sy
YR	dz	tsz	sz
ZF	ㄗ	ㄘ	ㄙ

4. Semi-Vowel Initials

PY	y	w	yu
WG	y	w	yü
GR	y	w	yu
YR	y	w	yw
ZF	ㄧ	ㄨ	ㄩ

5. Basic Vowels

PY	a	e	i	o	u	ü/u
WG	a	e/o	i	o	u	ü
GR	a	e	i	o	u	iu
YR	a	e	i	o	u	yu
ZF	ㄚ	ㄜ	ㄧ	ㄛ	ㄨ	ㄩ

6. Basic Finals

PY	ai	ei	ao	ou	an	en	ang	eng	er
WG	ai	ei	ao	ou	an	en	ang	eng	erh
GR	ai	ei	ao	ou	an	en	ang	eng	el
YR	ai	ei	au	ou	an	en	ang	eng	er
ZF	ㄞ	ㄟ	ㄠ	ㄡ	ㄢ	ㄣ	ㄤ	ㄥ	ㄦ

Appendix IV

Wade-Giles/Pinyin Comparative Table

WG	PY
a	a
ai	ai
an	an
ang	ang
ao	ao
cha	zha
ch'a	cha
chai	zhai
ch'ai	chai
chan	zhan
ch'an	chan
chang	zhang
ch'ang	chang
chao	zhao
ch'ao	chao
che	zhe
ch'e	che
chen	zhen
ch'en	chen
cheng	zheng
ch'eng	cheng
chi	ji
ch'i	qi
chia	jia
ch'ia	qia
chiang	jiang
ch'iang	qiang
chiao	jiao
ch'iao	qiao
chieh	jie
ch'ieh	qie
chien	jian
ch'ien	qian
chih	zhi
ch'ih	chi
chin	jin
ch'in	qin
ching	jing
ch'ing	qing
chiu	jiu
ch'iu	qiu
chiung	jiong
ch'iung	qiong
cho	zhuo
ch'o	chuo
chou	zhou
ch'ou	chou
chu	zhu
ch'u	chu
chü	ju
ch'ü	qu
chua	zhua
ch'ua	chua
chuai	zhuai
ch'uai	chuai
chuan	zhuan
ch'uan	chuan
chüan	juan
ch'üan	quan
chuang	zhuang
ch'uang	chuang
chüeh	jue
ch'üeh	que
chui	zhui
ch'ui	chui
chun	zhun
ch'un	chun
chün	jun
ch'ün	qun
chung	zhong
ch'ung	chong
e	e
en	en
erh	er
fa	fa
fan	fan
fang	fang
fei	fei
fen	fen
feng	feng
fo	fo
fou	fou
fu	fu
ha	ha
hai	hai
han	han
hang	hang
hao	hao
hei	hei
hen	hen
heng	heng
ho	he
hou	hou
hsi	xi
hsia	xia
hsiang	xiang
hsiao	xiao
hsieh	xie
hsien	xian
hsin	xin
hsiung	xiong
hsiu	xiu
hsiung	xiong
hsü	xu
hsüan	xuan
hsüeh	xue
hsün	xun
hu	hu
hua	hua
huai	huai
huan	huan
huang	huang
hui	hui
hun	hun
hung	hong
huo	huo
i	yi
jan	ran
jang	rang
jao	rao
je	re
jen	ren
jeng	reng
jih	ri
jo	ruo
jou	rou
ju	ru
juan	ruan
jui	rui
jun	run
jung	rong
ka	ga
k'a	ka
kai	gai
k'ai	kai
kan	gan
k'an	kan
kang	gang
k'ang	kang
kao	gao
k'ao	kao
kei	gei
ken	gen
k'en	ken
ko	ge
k'eng	keng
ko	ge
k'o	ke
kou	gou
k'ou	kou
ku	gu
k'u	ku
kua	gua
k'ua	kua
kuai	guai
k'uai	kuai
kuan	guan
k'uan	kuan
kuang	guang
k'uang	kuang
kuei	gui
k'uei	kui
kun	gun
k'un	kun
kung	gong
k'ung	kong
kuo	guo
k'uo	kuo
la	la
lai	lai
lan	lan
lang	lang
lao	lao
le	le
lei	lei
leng	leng
li	li
lia	lia
liang	liang
liao	liao

WG	PY
lieh	lie
lien	lian
lin	lin
ling	ling
liu	liu
lo	luo
lu	lu
lü	lü
luan	luan
lüeh	lüe
lun	lun
lung	long
ma	ma
mai	mai
man	man
mang	mang
mao	mao
me	me
mei	mei
men	men
meng	meng
mi	mi
miao	miao
mieh	mie
mien	mian
min	min
ming	ming
miu	miu
mo	mo
mou	mou
mu	mu
na	na
nai	nai
nan	nan
nang	nang
nao	nao
nei	nei
nen	nen
neng	neng
	ng
ni	ni
niang	niang
niao	niao
nieh	nie
nien	nian
nin	nin
ning	ning
niu	niu
no	nuo
nou	nou
nu	nu
nü	nü
nuan	nuan
nüeh	nüe
nung	nong
o	e
ou	ou
pa	ba
p'a	pa
pai	bai
p'ai	pai
pan	ban
p'an	pan
pang	bang
p'ang	pang
pao	bao
p'ao	pao
pei	bei
p'ei	pei
pen	ben
p'en	pen
peng	beng
p'eng	peng
pi	bi
p'i	pi
piao	biao
p'iao	piao
pieh	bie
p'ieh	pie
pien	bian
p'ien	pian
pin	bin
p'in	pin
ping	bing
p'ing	ping
po	bo
p'o	po
p'ou	pou
pu	bu
p'u	pu
sa	sa
sai	sai
san	san
sang	sang
sao	sao
se	se
sen	sen
seng	seng
sha	sha
shai	shai
shan	shan
shang	shang
shao	shao
she	she
shen	shen
sheng	sheng
shih	shi
shou	shou
shu	shu
shua	shua
shuai	shuai
shuan	shuan
shuang	shuang
shui	shui
shun	shun
shuo	shuo
so	suo
sou	sou
szu/ssu	si
su	su
suan	suan
sui	sui
sun	sun
sung	song
ta	da
t'a	ta
tai	dai
t'ai	tai
tan	dan
t'an	tan
tang	dang
t'ang	tang
tao	dao
t'ao	tao
te	de
t'e	te
tei	dei
t'ei	tei
teng	deng
t'eng	teng
ti	di
t'i	ti
tiao	diao
t'iao	tiao
tieh	die
t'ieh	tie
tien	dian
t'ien	tian
ting	ding
t'ing	ting
tiu	diu
to	duo
t'o	tuo
tou	dou
t'ou	tou
tsa	za
ts'a	ca
tsai	zai
ts'ai	cai
tsan	zan
ts'an	can
tsang	zang
ts'ang	cang
tsao	zao
ts'ao	cao
tse	ze
ts'e	ce
tsei	zei
tsen	zen
ts'en	cen
tseng	zeng
ts'eng	ceng
tso	zuo
ts'o	cuo
tsou	zou
ts'ou	cou
tsu	zu
ts'u	cu
tsuan	zuan
ts'uan	cuan
tsui	zui
ts'ui	cui
tsun	zun
ts'un	cun
tsung	zong
ts'ung	cong
tu	du
t'u	tu
tui	dui
t'ui	tui
tun	dun
t'un	tun
tung	dong
t'ung	tong
tzu	zi
tz'u	ci
wa	wa
wai	wai
wan	wan
wang	wang
wei	wei
wen	wen
weng	weng
wo	wo
wu	wu
ya	ya
yang	yang
yao	yao
yeh	ye
yen	yan
yin	yin
ying	ying
yu	you
yü	yu
yüan	yuan
yüeh	yue
yün	yun
yung	yong

Appendix V

PY/WG/GR/YR/ZF Comparative Table

PY	WG	GR	YR	ZF
a	a	a	a	ㄚ
ai	ai	ai	ai	ㄞ
an	an	an	an	ㄢ
ang	ang	ang	ang	ㄤ
ao	ao	au	au	ㄠ
ba	pa	ba	ba	ㄅㄚ
bai	pai	bai	bai	ㄅㄞ
ban	pan	ban	ban	ㄅㄢ
bang	pang	bang	bang	ㄅㄤ
bao	pao	bau	bau	ㄅㄠ
bei	pei	bei	bei	ㄅㄟ
ben	pen	ben	ben	ㄅㄣ
beng	peng	beng	beng	ㄅㄥ
bi	pi	bi	bi	ㄅㄧ
bian	pien	bian	byan	ㄅㄧㄢ
biao	piao	biau	byau	ㄅㄧㄠ
bie	pieh	bie	bye	ㄅㄧㄝ
bin	pin	bin	bin	ㄅㄧㄣ
bing	ping	bing	bing	ㄅㄧㄥ
bo	po	bo	bwo	ㄅㄛ
bu	pu	bu	bu	ㄅㄨ
ca	ts’a	tsa	tsa	ㄘㄚ
cai	ts’ai	tsai	tsai	ㄘㄞ
can	ts’an	tsan	tsan	ㄘㄢ
cang	ts’ang	tsang	tsang	ㄘㄤ
cao	ts’ao	tsau	tsau	ㄘㄠ
ce	ts’e	tse	tse	ㄘㄜ
cen	ts’en	tsen	tsen	ㄘㄣ
ceng	ts’eng	tseng	tseng	ㄘㄥ
cha	ch’a	cha	cha	ㄔㄚ
chai	ch’ai	chai	chai	ㄔㄞ
chan	ch’an	chan	chan	ㄔㄢ
chang	ch’ang	chang	chang	ㄔㄤ
chao	ch’ao	chau	chau	ㄔㄠ
che	ch’e	che	che	ㄔㄜ
chen	ch’en	chen	chen	ㄔㄣ
cheng	ch’eng	cheng	cheng	ㄔㄥ
chi	ch’ih	chi	chr	ㄔ
chong	ch’ung	chung	chung	ㄔㄨㄥ
chou	ch’ou	chou	chou	ㄔㄡ
chu	ch’u	chu	chu	ㄔㄨ
chua	ch’ua	chua	chwa	ㄔㄨㄚ
chuai	ch’uai	chuai	chwai	ㄔㄨㄞ
chuan	ch’uan	chuan	chwan	ㄔㄨㄢ
chuang	ch’uang	chuang	chwang	ㄔㄨㄤ

PY	WG	GR	YR	ZF
chui	ch’ui	chuei	chwei	ㄔㄨㄟ
chun	ch’un	chuen	chwun	ㄔㄨㄣ
chuo	ch’o	cho	chwo	ㄔㄨㄛ
ci	tz’u	tsy	tsz	ㄘ
cong	ts’ung	tsong	tsung	ㄘㄨㄥ
cou	ts’ou	tsou	tsou	ㄘㄡ
cu	ts’u	tsu	tsu	ㄘㄨ
cuan	ts’uan	tsuan	tswan	ㄘㄨㄢ
cui	ts’ui	tsuei	tswei	ㄘㄨㄟ
cun	ts’un	tsuen	tswun	ㄘㄨㄣ
cuo	ts’o	tsuo	tswo	ㄘㄨㄛ
da	ta	da	da	ㄉㄚ
dai	tai	dai	dai	ㄉㄞ
dan	tan	dan	dan	ㄉㄢ
dang	tang	dang	dang	ㄉㄤ
dao	tao	dau	dau	ㄉㄠ
de	te	de	de	ㄉㄜ
dei	tei	dei	dei	ㄉㄟ
deng	teng	deng	deng	ㄉㄥ
di	ti	di	di	ㄉㄧ
dian	tien	dian	dyan	ㄉㄧㄢ
diao	tiao	diau	dyau	ㄉㄧㄠ
die	tieh	die	dye	ㄉㄧㄝ
ding	ting	ding	ding	ㄉㄧㄥ
diu	tiu	diou	dyou	ㄉㄧㄡ
dong	tung	dung	dung	ㄉㄨㄥ
dou	tou	dou	dou	ㄉㄡ
du	tu	du	du	ㄉㄨ
duan	tuan	duan	dwan	ㄉㄨㄢ
dui	tui	duei	dwei	ㄉㄨㄟ
dun	tun	duen	dwun	ㄉㄨㄣ
duo	to	duo	dwo	ㄉㄨㄛ
e	e,o	e	e	ㄜ
ê				ㄝ
ei	ei	ei	ei	ㄟ
en	en	en	en	ㄣ
eng	eng	eng	eng	ㄥ
er	erh	ei	er	ㄦ
fa	fa	fa	fa	ㄈㄚ
fan	fan	fan	fan	ㄈㄢ
fang	fang	fang	fang	ㄈㄤ
fei	fei	fei	fei	ㄈㄟ
fen	fen	fen	fen	ㄈㄣ
fo	fo	fo	fwo	ㄈㄛ

PY	WG	GR	YR	ZF
fou	fou	fou	fou	ㄈㄡ
fu	fu	fu	fu	ㄈㄨ
ga	ka	ga	ga	ㄍㄚ
gai	kai	gai	gai	ㄍㄞ
gan	kan	gan	gan	ㄍㄢ
gang	kang	gang	gang	ㄍㄤ
gao	kao	gau	gau	ㄍㄠ
ge	ko	ge	ge	ㄍㄜ
gei	kei	gei	gei	ㄍㄟ
gen	ken	gen	gen	ㄍㄣ
geng	keng	geng	geng	ㄍㄥ
gong	kung	gong	gung	ㄍㄨㄥ
gou	kou	gou	gou	ㄍㄡ
gu	ku	gu	gu	ㄍㄨ
gua	kua	gua	gwa	ㄍㄨㄚ
guai	kuai	guai	gwai	ㄍㄨㄞ
guan	kuan	guan	gwan	ㄍㄨㄢ
guang	kuang	guang	gwang	ㄍㄨㄤ
gui	kuei	guei	gwei	ㄍㄨㄟ
gun	kun	guen	gwun	ㄍㄨㄣ
guo	kuo	guo	gwo	ㄍㄨㄛ
ha	ha	ha	ha	ㄏㄚ
hai	hai	hai	hai	ㄏㄞ
han	han	han	han	ㄏㄢ
hang	hang	hang	hang	ㄏㄤ
hao	hao	hau	hau	ㄏㄠ
he	ho	he	he	ㄏㄜ
hei	hei	hei	hei	ㄏㄟ
hen	hen	hen	hen	ㄏㄣ
heng	heng	heng	heng	ㄏㄥ
hm				ㄏㄇ
hong	hong	hong	hong	ㄏㄨㄥ
hou	hou	hou	hou	ㄏㄡ
hu	hu	hu	hu	ㄏㄨ
hua	hua	hua	hwa	ㄏㄨㄚ
huai	huai	huai	hwai	ㄏㄨㄞ
huan	huan	huan	hwan	ㄏㄨㄢ
huang	huang	huang	hwang	ㄏㄨㄤ
hui	hui	huei	hwei	ㄏㄨㄟ
hun	hun	huen	hwun	ㄏㄨㄣ
huo	huo	huo	hwo	ㄏㄨㄛ
ji	chi	ji	ji	ㄐㄧ
jia	chia	jia	jya	ㄐㄧㄚ
jian	chien	jian	jyan	ㄐㄧㄢ
jiang	chiang	jiang	jyang	ㄐㄧㄤ
jiao	chiao	jiau	jyau	ㄐㄧㄠ
jie	chieh	jie	jye	ㄐㄧㄝ
jin	chin	jin	jin	ㄐㄧㄣ
jing	ching	jing	jing	ㄐㄧㄥ
jiong	chiung	jiong	jyung	ㄐㄩㄥ
jiu	chiu	jiou	jyou	ㄐㄧㄡ
ju	chü	jiu	jyu	ㄐㄩ
juan	chüan	jiuan	jywan	ㄐㄩㄢ
jue	chüeh	jiue	jywe	ㄐㄩㄝ
jun	chün	jiun	jyun	ㄐㄩㄣ

PY	WG	GR	YR	ZF
ka	k'a	ka	ka	ㄎㄚ
kai	k'ai	kai	kai	ㄎㄞ
kan	k'an	kan	kan	ㄎㄢ
kang	k'ang	kang	kang	ㄎㄤ
kao	k'ao	kau	kau	ㄎㄠ
ke	k'o	ke	ke	ㄎㄜ
kei				ㄎㄟ
ken	k'en	ken	ken	ㄎㄣ
keng	k'eng	keng	keng	ㄎㄥ
kong	k'ung	kong	kung	ㄎㄨㄥ
kou	k'ou	kou	kou	ㄎㄡ
ku	k'u	ku	ku	ㄎㄨ
kua	k'ua	kua	kua	ㄎㄨㄚ
kuai	k'uai	kuai	kwai	ㄎㄨㄞ
kuan	k'uan	kuan	kwan	ㄎㄨㄢ
kuang	k'uang	kuang	kwang	ㄎㄨㄤ
kui	k'uei	kuei	kwei	ㄎㄨㄟ
kun	k'un	kuen	kwun	ㄎㄨㄣ
kuo	k'uo	kuo	kwo	ㄎㄨㄛ
la	la	la	la	ㄌㄚ
lai	lai	lai	lai	ㄌㄞ
lan	lan	lan	lan	ㄌㄢ
lang	lang	lang	lang	ㄌㄤ
lao	lao	lau	lau	ㄌㄠ
le	le	le	le	ㄌㄜ
lei	lei	lei	lei	ㄌㄟ
leng	leng	leng	leng	ㄌㄥ
li	li	li	li	ㄌㄧ
lia	lia	lia	lya	ㄌㄧㄚ
lian	lien	lian	lyan	ㄌㄧㄢ
liang	liang	liang	lyang	ㄌㄧㄤ
liao	liao	liau	lyau	ㄌㄧㄠ
lie	lieh	lie	lye	ㄌㄧㄝ
lin	lin	lin	lin	ㄌㄧㄣ
ling	ling	ling	ling	ㄌㄧㄥ
liu	liu	liou	lyou	ㄌㄧㄡ
lo				ㄌㄛ
long	lung	long	long	ㄌㄨㄥ
lou	lou	lou	lou	ㄌㄡ
lu	lu	lu	lu	ㄌㄨ
lüe	lüeh	liue	lywe	ㄌㄩㄝ
luan	luan	luan	lwan	ㄌㄨㄢ
lü	lü	lü	lyu	ㄌㄩ
lun	lun	lun	lwun	ㄌㄨㄣ
luo	lo	luo	lwo	ㄌㄨㄛ
ma	ma	ma	ma	ㄇㄚ
mai	mai	mai	mai	ㄇㄞ
man	man	man	man	ㄇㄢ
mang	mang	mang	mang	ㄇㄤ
mao	mao	mau	mau	ㄇㄠ
me	me	me	me	ㄇㄜ
mei	mei	mei	mei	ㄇㄟ
men	men	men	men	ㄇㄣ
meng	meng	meng	meng	ㄇㄥ
mi	mi	mi	mi	ㄇㄧ
mian	mien	mian	myan	ㄇㄧㄢ

PY	WG	GR	YR	ZF
miao	miao	miau	myau	ㄇㄧㄠ
mie	mieh	mie	mye	ㄇㄧㄝ
min	min	min	min	ㄇㄧㄣ
ming	ming	ming	ming	ㄇㄧㄥ
miu	miu	miou	myou	ㄇㄧㄡ
mo	mo	mo	mwo	ㄇㄛ
mou	mou	mou	mou	ㄇㄡ
mu	mu	mu	mu	ㄇㄨ
na	na	na	na	ㄋㄚ
nai	nai	nai	nai	ㄋㄞ
nan	nan	nan	nan	ㄋㄢ
nang	nang	nang	nang	ㄋㄤ
nao	nao	nau	nau	ㄋㄠ
ne	ne	ne	ne	ㄋㄜ
nei	nei	nei	nei	ㄋㄟ
nen	nen	nen	nen	ㄋㄣ
neng	neng	neng	neng	ㄋㄥ
ng				
ni	ni	ni	ni	ㄋㄧ
nian	nien	nian	nyan	ㄋㄧㄢ
niang	niang	niang	nyang	ㄋㄧㄤ
niao	niao	niau	nyau	ㄋㄧㄠ
nie	nieh	nie	nye	ㄋㄧㄝ
nin	nin	nin	nin	ㄋㄧㄣ
ning	ning	ning	ning	ㄋㄧㄥ
niu	niu	niou	nyu	ㄋㄧㄡ
nong	nung	nong	nung	ㄋㄨㄥ
nou	nou	nou	nou	ㄋㄡ
nu	nu	nu	nu	ㄋㄨ
nü	nü	niu	nyu	ㄋㄩ
nuan	nuan	nuan	nwan	ㄋㄨㄢ
nüe	nüeh	niue	nywe	ㄋㄩㄝ
nuo	no	nuo	nwo	ㄋㄨㄛ
o	o	o	o	ㄛ
ou	ou	ou	ou	ㄡ
pa	p'a	pa	pa	ㄆㄚ
pai	p'ai	pai	pai	ㄆㄞ
pan	p'an	pan	pan	ㄆㄢ
pang	p'ang	pang	pang	ㄆㄤ
pao	p'ao	pau	pau	ㄆㄠ
pei	p'ei	pei	pei	ㄆㄟ
pen	p'en	pen	pen	ㄆㄣ
peng	p'eng	peng	peng	ㄆㄥ
pi	p'i	pi	pi	ㄆㄧ
pian	p'ien	pian	pyan	ㄆㄧㄢ
piao	p'iao	piau	pyao	ㄆㄧㄠ
pie	p'ieh	pie	pye	ㄆㄧㄝ
pin	p'in	pin	pin	ㄆㄧㄣ
ping	p'ing	ping	ping	ㄆㄧㄥ
po	p'o	po	pwo	ㄆㄛ
pou	p'ou	pou	pou	ㄆㄡ
pu	p'u	pu	pu	ㄆㄨ
qi	ch'i	chi	chi	ㄑㄧ

PY	WG	GR	YR	ZF
qia	ch'ia	chia	chya	ㄑㄧㄚ
qian	ch'ian	chian	chyan	ㄑㄧㄢ
qiang	ch'iang	chiang	chyang	ㄑㄧㄤ
qiao	ch'iao	chiau	chyau	ㄑㄧㄠ
qie	ch'ieh	chie	chye	ㄑㄧㄝ
qin	ch'in	chin	chin	ㄑㄧㄣ
qing	ch'ing	ching	ching	ㄑㄧㄥ
qiong	ch'iung	chiung	chyung	ㄑㄩㄥ
qiu	ch'iu	chiou	chyou	ㄑㄧㄡ
qu	ch'ü	chiu	chyu	ㄑㄩ
quan	chüan	chiuan	chywan	ㄑㄩㄢ
que	ch'üeh	chiueh	chywe	ㄑㄩㄝ
qun	ch'ün	chiun	chyun	ㄑㄩㄣ
ran	jan	ran	ran	ㄖㄢ
rang	jang	rang	rang	ㄖㄤ
rao	jao	rau	rau	ㄖㄠ
re	je	re	re	ㄖㄜ
ren	jen	ren	ren	ㄖㄣ
reng	jeng	reng	reng	ㄖㄥ
ri	jih	ry	r	ㄖ
rong	jung	rong	rung	ㄖㄨㄥ
rou	jou	rou	rou	ㄖㄡ
ru	ju	ru	ru	ㄖㄨ
ruan	juan	ruan	rwan	ㄖㄨㄢ
rui	jui	ruei	rwei	ㄖㄨㄟ
run	jun	ruen	rwun	ㄖㄨㄣ
ruo	jo	ruo	rwo	ㄖㄨㄛ
sa	sa	sa	sa	ㄙㄚ
sai	sai	sai	sai	ㄙㄞ
san	san	san	san	ㄙㄢ
sang	sang	sang	sang	ㄙㄤ
sao	sao	sau	sau	ㄙㄠ
se	se	se	se	ㄙㄜ
sen	sen	sen	sen	ㄙㄣ
seng	seng	seng	seng	ㄙㄥ
sha	sha	sha	sha	ㄕㄚ
shai	shai	shai	shai	ㄕㄞ
shan	shan	shan	shan	ㄕㄢ
shang	shang	shang	shang	ㄕㄤ
shao	shao	shau	shau	ㄕㄠ
she	she	she	she	ㄕㄜ
shei	shei	shei	shei	ㄕㄟ
shen	shen	shen	shen	ㄕㄣ
sheng	sheng	sheng	sheng	ㄕㄥ
shi	shih	shy	shr	ㄕ
shou	shou	shou	shou	ㄕㄡ
shu	shu	shu	shu	ㄕㄨ
shua	shua	shua	shwa	ㄕㄨㄚ
shuai	shuai	shuai	shwai	ㄕㄨㄞ
shuan	shuan	shuan	shwan	ㄕㄨㄢ
shuang	shuang	shuang	shwang	ㄕㄨㄤ
shui	shui	shuei	shwei	ㄕㄨㄟ
shun	shun	shuen	shwun	ㄕㄨㄣ
shuo	shuo	shuo	shwo	ㄕㄨㄛ
si	szu/ssu	sy	sz	ㄙ

PY	WG	GR	YR	ZF
song	sung	song	sung	ㄙㄨㄥ
sou	sou	sou	sou	ㄙㄡ
su	su	su	su	ㄙㄨ
suan	suan	suan	swan	ㄙㄨㄢ
sui	sui	suei	swei	ㄙㄨㄟ
sun	sun	suen	swun	ㄙㄨㄣ
suo	so	suo	swo	ㄙㄨㄛ
ta	t'a	ta	ta	ㄊㄚ
tai	t'ai	tai	tai	ㄊㄞ
tan	t'an	tan	tan	ㄊㄢ
tang	t'ang	tang	tang	ㄊㄤ
tao	t'ao	tau	tau	ㄊㄠ
te	t'e	te	te	ㄊㄜ
tei	t'ei	tei	tei	ㄊㄟ
teng	t'eng	teng	teng	ㄊㄥ
ti	t'i	ti	ti	ㄊㄧ
tian	t'ien	tian	tyan	ㄊㄧㄢ
tiao	t'iao	tiau	tyau	ㄊㄧㄠ
tie	t'ieh	tie	tye	ㄊㄧㄝ
ting	t'ing	ting	ting	ㄊㄧㄥ
tong	t'ung	tong	tung	ㄊㄨㄥ
tou	t'ou	tou	tou	ㄊㄡ
tu	t'u	tu	tu	ㄊㄨ
tuan	t'uan	tuan	twan	ㄊㄨㄢ
tui	t'ui	tuei	twei	ㄊㄨㄟ
tun	t'un	tuen	twun	ㄊㄨㄣ
tuo	t'o	tuo	two	ㄊㄨㄛ
wa	wa	ua	wa	ㄨㄚ
wai	wai	uai	wai	ㄨㄞ
wan	wan	uan	wan	ㄨㄢ
wang	wang	uang	wang	ㄨㄤ
wei	wei	uei	wei	ㄨㄟ
wen	wen	uen	wen	ㄨㄣ
weng	weng	ueng	weng	ㄨㄥ
wo	wo	uo	wo	ㄨㄛ
wu	wu	u/wu	wu	ㄨ
xi	hsi	shi	syi	ㄒㄧ
xia	hsia	shia	sya	ㄒㄧㄚ
xian	hsien	shian	syan	ㄒㄧㄢ
xiang	hsiang	shiang	syang	ㄒㄧㄤ
xiao	hsiao	shiau	syau	ㄒㄧㄠ
xie	hsieh	shieh	sye	ㄒㄧㄝ
xin	hsin	shin	syin	ㄒㄧㄣ
xing	hsing	shing	sying	ㄒㄧㄥ
xiong	hsiung	shiong	syung	ㄒㄩㄥ
xiu	hsiu	shiou	syou	ㄒㄧㄡ
xu	hsü	shiu	syu	ㄒㄩ
xuan	hsüan	shiuan	sywan	ㄒㄩㄢ
xue	hsüeh	shiue	sywe	ㄒㄩㄝ
xun	hsün	shiun	syun	ㄒㄩㄣ

PY	WG	GR	YR	ZF
ya	ya	ia	ya	ㄧㄚ
yan	yen	ian	yan	ㄧㄢ
yang	yang	iang	yang	ㄧㄤ
yao	yao	iau	yau	ㄧㄠ
ye	yeh	ie	ye	ㄧㄝ
yi	i	i/yi	yi	ㄧ
yin	yin	in	yin	ㄧㄣ
ying	ying	ing	ying	ㄧㄥ
yo				ㄧㄛ
yong	yung	iong	yung	ㄩㄥ
you	yu	iou	you	ㄧㄡ
yu	yü	iu	yu	ㄩ
yuan	yüan	iuan	ywan	ㄩㄢ
yue	yüeh	iue	ywe	ㄩㄝ
yun	yün	iun	yun	ㄩㄣ
za	tsa	tza	dza	ㄗㄚ
zai	tsai	tzai	dzai	ㄗㄞ
zan	tsan	tzan	dzan	ㄗㄢ
zang	tsang	tzang	dzang	ㄗㄤ
zao	tsao	tzau	dzau	ㄗㄠ
ze	tse	tze	dze	ㄗㄜ
zei	tsei	tzei	dzei	ㄗㄟ
zen	tsen	tzen	dzen	ㄗㄣ
zeng	tseng	tzeng	dzeng	ㄗㄥ
zha	cha	ja	ja	ㄓㄚ
zhai	chai	jai	jai	ㄓㄞ
zhan	chan	jan	jan	ㄓㄢ
zhang	chang	jang	jang	ㄓㄤ
zhao	chao	jau	jau	ㄓㄠ
zhe	che	je	je	ㄓㄜ
zhei	chei	jei	jei	ㄓㄟ
zhen	chen	jen	jen	ㄓㄣ
zheng	cheng	jeng	jeng	ㄓㄥ
zhi	chih	jy	jr	ㄓ
zhong	chung	jong	jung	ㄓㄨㄥ
zhou	chou	jou	jou	ㄓㄡ
zhu	chu	ju	ju	ㄓㄨ
zhua	chua	jua	jwa	ㄓㄨㄚ
zhuai	chuai	juai	jwai	ㄓㄨㄞ
zhuan	chuan	juan	jwan	ㄓㄨㄢ
zhuang	chuang	juang	jwang	ㄓㄨㄤ
zhui	chui	juei	jwei	ㄓㄨㄟ
zhun	chun	juen	jwun	ㄓㄨㄣ
zhuo	cho	juo	jwo	ㄓㄨㄛ
zi	tzu	tzy	dz	ㄗ
zong	tsung	tzong	dzung	ㄗㄨㄥ
zou	tsou	tzou	dzou	ㄗㄡ
zu	tsu	tzu	dzu	ㄗㄨ
zuan	tsuan	tzuan	dzwan	ㄗㄨㄢ
zui	tsui	tzuei	dzwei	ㄗㄨㄟ
zun	tsun	tzuen	dzwen	ㄗㄨㄣ
zuo	tso	tzuo	dzwo	ㄗㄨㄛ

Appendix VI

Measure Words

The following two lists include the most commonly used measure words or measures that are presented in the body of the dictionary, where additional information may sometimes be found. The first list contains nominal measure words (M.), and the second list contains verbal measure words (V.M.).

Nominal Measure Words

The following list of nominal or noun measure words, such as **ge** (in **yī ge rén** a/one person) and **zhāng** (in **liǎng zhāng zhuōzi** two tables), excludes ordinary nouns which may sometimes function as measures, such as **zhuōzi** (in **liǎng zhuōzi kèrén** two tables of guests). As these examples show, measure words appear in the pattern NUM. + M. + N., but in order to save space we generally omit both number and measure. "**Yī ~**" should be understood before each noun if not specifically indicated.

[5]**āi** 埃 M. <*loan*> angstrom
[2]**ǎn** 埯 M. *for dibbling crops*
[3]**ānbù** 安瓿 M. <*loan.*> ampoule
àngsī 盎司/斯 M. <*loan.*> ounce
ānpéi 安培 M. <*loan.*> ampere
[1]**bǎ** 把 M. ① *for objects that can be grasped singly* ***cháhú/dāo/yǐzi; jiǎnzi*** a teapot/knife/chair; a pair of scissors ② *for handfuls/bunches* ***huāshēng/mǐ/tǔ*** a handful of peanuts/rice/earth ③ *for certain abstract concepts* ***Tā yǒu yī ~ niánji le.*** She's getting on in years. ***Tā hái yǒu ~ lìqi.*** He's still quite strong.
bǎimǐ 百米 M. hectometer
[1]**bān** 班 M. *for groups/classes/troupes of people and scheduled transport* ***péngyou*** a group of friends ***xuésheng*** a class of students ***chuán*** a ferry/commuter/etc. boat
[3]**bàn(r)** 瓣(儿) M. *for petals, leaves, and sections of fruit* ***méihuār*** a plum blossom petal ***júzi*** a section of tangerine
[1]**bāng** 帮 M. *for gangs/cliques/groups* ***tǔfěi*** a gang of bandits ***yī dà ~ rén*** a big crowd of people
[2]**bàng** 磅 M. ① <*loan.*> pound (weight) ② <*print.*> point (type) ③ scales
[5]**bàng** 镑 M. <*loan.*> pound (currency)
bàngr 棒儿 M. *for ears of corn*
[1]**bāo** 包 M. *for objects in bundles/packages/etc.* ***yīfu*** a bundle of clothes ***tángguǒ*** a bag of candy
[1]**bào** 抱 M. *for armfuls*
[1]**bēi** 杯 M. *for measuring liquids* ***chá*** a cup of tea ***shuǐ*** a glass of water
[2]**bèi** 倍 M. times; -fold
[1]**běn** 本 M. *for books, periodicals, and other bound objects* ***shū/bǐjì/zázhì*** book/notebook/magazine
[2]**bǐ** 笔 M. *for money/paintings/etc.*
[2]**biān** 编 M. *for parts/volumes of books*
[2]**bō** 拨 M. *for groups of people* ***Wǒmen fēn jǐ ~ zǒu.*** Let's divide into several groups and go.
bōtè 波特 M. <*comp.*> baud
[2]**bù** 部 M. *for film, large books, machines, etc.*
[3]**bù** 步 M. *for steps/paces* ***Měi yǒu jǐ ~ lù.*** It's a short distance.
bùcháng 步长 M. step; step length
[1]**cān** 餐 M. *for meals*
[4]**cè** 册 M. ① *for books, periodicals, and other bound objects* ***shū/bǐjì/zázhì*** book/notebook/magazine ② *for copies of books/etc.* ***měi xiǎoshí mài bābǎi ~*** sell 800 copies an hour
[1]**céng** 层 M. layer; story; floor; stratum ***dì-yī ~*** in the first place ***Tāmen de huà háiyǒu yī ~ yìsi.*** What they said has further implications.
[3]**chá** 茬 M. *for crops/harvests*
[2]**chǎng** 场 M. *for games/performances/etc.* ***Xià yī ~ qī diǎn kāishǐ.*** The next performance starts at 7:00.
[1]**chéng** 成 M. one tenth
[1]**chǐ** 尺 M. *of length equal to 1/3 meter*
[2]**chóng** 重 M. *for layers* ***See*** *jiǔchóngtiān, jiǔchóngxiāo*
[1]**chū** 出 M. *for dramatic pieces*
[1]**chù** 处 M. *for homesteads*
[1]**chuàn** 串 M. *for bunches/clusters/strings*
[1]**chuáng** 床 M. *for bedding*
[2]**cù** 簇 M. *for clusters/bunches*
cùn 寸 M. Chinese inch equals 1/3 decimeter
cuōr 撮儿 M. <*coll.*> *for pinches of sth.*
[3]**dá** 打 M. *for dozens*
[4]**dá** 沓 M. *for pads/piles (of paper/etc.)*
[5]**dài** 袋 M. *for bags of sth.*
[5]**dàn** 担 M. *of weight equal to 50 kg*
[7]**dàn** 石 M. *for grain, equal to one hectoliter*
dàngzi 档子 M. <*topo.*> ① *for affairs/matters* ② *for groups (of people/etc.)*
[1]**dāo** 刀 M. *for 100 sheets (of paper)*
[2]**dào** 道 M. *for rivers/topics/etc.*
[2]**dī** 滴 M. *for drops*
[1]**diǎn(r)** 点(儿) M. ① *for small amounts* ***Gěi wǒ ~ qián.*** Give me a little money. ② *of time* ***sān ~zhōng*** three o'clock ③ *for items/matters* ***Wǒ yào shuō de yǒu liǎng ~.*** There are two points I want to talk about. ④ *for printer's point size* ***Sì hào zì děngyú shísì ~.*** No. 4 type is equivalent to 14 points.
diǎnzhōng 点钟 M. o'clock
[4]**diào** 吊 M. *for strings of 1000 cash*
[2]**dié** 碟 M. *for small plates/dishes*
[1]**dǐng** 顶 M. *for things that cover the head* ***zhè ~ màozi*** this hat ***nà ~*** [1]***jiàozi*** that sedan chair
[4]**dìng** 锭 M. *for ingot-shaped tablets (of metal/ink/etc.)*
[4]**dòng** 栋 M. *for houses*
[2]**dōu** 兜 M. *for bags/pockets of things* ***Tā názhe liǎng ~ shū.*** He's carrying two bags of books.
[4]**dōu** 蔸 M. *for trees/grass/vegetables/etc.*
[3]**dǒu** 斗 M. *for grain, equal to one decaliter*
[1]**dǔ** 堵 M. *for walls*
[1]**dù** 度 M. *for occasions/times*
[1]**duàn** 段 M. *for sections/parts/paragraphs/etc.*
duī 堆 M. *for heaps/piles*
[1]**duì** 对 M. *for pairs/couples*
dūlu 嘟噜 M. *for bunches/clusters*
[3]**dūn** 墩 M. *for clusters*
[1]**dùn** 顿 M. *for meals* ***měi tiān chī sān ~ fàn*** eat three meals a day
dūn-gōnglǐ 吨公里 M. ton kilometer
dūn-hǎilǐ 吨海里 M. ton nautical mile

dūn-shí 吨时 M. ton hour
dūnwèi 吨位 M. <*loan.*> ton
2**duǒ(r)** 朵(儿) M. *for flowers/clouds/etc.*
duòzi 驮子 M. *for loads*
ěrgé 尔格 M. <*loan.*> erg
fā 发 M. *for shells/cartridges/etc.*
fālā 法拉 M. <*elec./loan*> farad
1**fāng** 方 M. meter ***píng~*** square meter ***lì~*** cubic meter
1**fáng** 房 M. branch of a family
fāngchǐ 方尺 M. square Chinese foot
fāngcùn 方寸 M. square Chinese inch
fānggōnglǐ 方公里 M. square kilometer
1**fānglǐ** 方里 M. square Chinese mile
1**fēn** 分 M. *of length/area/weight/money/time/etc.*
1**fèn(r)** 份(儿) M. *for copies of newspapers/etc.*
fēnbèi 分贝 M. <*phy.*> decibel (db)
2**fēng** 封 M. *for letters*
fēnkè 分克 M. decigram
fēnmǐ 分米 M. decimeter
4**fú** 伏 M. volt
10**fú** 幅 M. *for cloth/paintings/etc.*
1**fù** 副 M. *for sets of things or facial expressions*
15**fù** 服 M. <*Ch. med.*> *for doses*
2**fú'ān** 伏安 M. <*elec.*> volt-ampere
fútè 伏特 M. <*elec.*> volt
4**gǎn** 杆 M. *for shafted implements*
ge 个 M. non-specific measure word ***dǎ ~ jié*** tie a knot ***máng ~ bù tíng*** be nonstop busy
gě 合 M. unit of dry measure for grain, equal to one deciliter
1**gè** 个 M. *reading/citation pronunciation for ge*
gèbǎ(zi) 个把(子) M. <*coll.*> one or two; a few ***Duō ~ rén yě gòu chī.*** There is enough food for one or two more people.
gēn(r) 根(儿) M. *for long slender objects*
2**gōngbǐng** 公秉 M. kiloliter
gōngchǐ 公尺 M. meter
gōngcùn 公寸 M. decimeter
gōngcuō 公撮 M. milliliter
gōngdǒu 公斗 M. decaliter
gōngdūn 公吨 M. metric ton
1**gōngfēn** 公分 M. ① centimeter ② gram
gōnggě 公合 M. deciliter
gōngháo 公毫 M. centigram
gōnghéng 公衡 M. ten kilograms
gōngjīn 公斤 M. kilogram
gōnglí 公厘 M. ① millimeter ② one-hundreth of an *are* ③ decigram
1**gōnglǐ** 公里 M. kilometer
gōngliǎng 公两 M. 100 grams
gōngmǔ 公亩 M. acre (100 square meters)
1**gōngqǐng** 公顷 M. hectare
gōngsháo 公勺 M. centiliter
gōngshēng 公升 M. liter
3**gōngsī** 公丝 M. milligram
gōngyǐn 公引 M. hectometer
3**gōngzhàng** 公丈 M. decameter
2**gǔ** 股 M. ① *for anything string-shaped (e.g., a skein of thread)* ***Zhèi shéngzī yǒu hǎojǐ ~.*** This rope has several skeins. ② *for air/fragrance/strength/etc.* ***yī ~ xiāngwèi*** ③ *for groups of people (usu. derog.)* ***sǎn ~ tǔfěi*** three bands of bandits
1**guà** 挂 M. *used for sth. string-shaped or for a string of things*
1**guǎn(r)** 管(儿) M. *for tube-shaped objects*
3**guàn(r)** 罐(儿) M. ① vessel; container ② jug; jar
5**guàn** 贯 M. *for strings of 1,000 cash*
2**guàng** 桄 M. reel
1**gūlu(r)** 轱辘(儿) M. for spools/spindles/etc.
guòr 过儿 M. <*topo.*> *for times*
2**gǔzi** 股子 M. *for strands/bundles/etc.*
hǎilǐ 海里/浬 M. nautical/sea mile
1**háo** 毫 M. milli-
1**hào** 号 M. *for number of people*
háo'ān 毫安 M. <*elec.*> milliampere
háo'ānpéi 毫安培 M. milliampere
háobā 毫巴 M. <*phy.*> millibar
háofú 毫伏 M. <*elec.*> millivolt
1**háokè** 毫克 M. milligram
háomǐ 毫米 M. millimeter
háomiǎo 毫秒 M. millisecond
1**háoshēng** 毫升 M. milliliter
háowēimiǎo 毫微秒 M. nanosecond; millimicrosecond
3**hé** 合 M. *for rounds/bouts/encounters (in sport matches or warfare)*
4**hé** 盒 M. *boxes/cases*
hèzī 赫兹 M. <*elec.*> hertz
4**hóng** 泓 M. *for clear water*
huálǐ 华里 M. Chinese mile (half a kilometer)
huí 回 <*coll.*> M. <*trad.*> *for chapter in books*
2**huǒ** 伙 M. *for groups/crowds/bands*
7**huò** 和 M. *for changes of water*
1**huòwèi** 货位 M. *for one railway carriage of goods*
1**jì** 记 M. <*topo.*> *for slaps*
1**jià** 架 M. *for planes/radios/etc.*
jiàcì 架次 M. *for sorties*
jiālún 加仑 M. <*loan*> gallon
1**jiān** 间 M. *for rooms*
2**jiàn** 件 M. *for articles/items/etc.*
2**jiǎo** 角 M. *for money* ***yī ~ qián*** one dime
5**jiǎo** 绞 M. *for skeins/hanks*
1**jiāo'ěr** 焦耳 M. <*loan*> joule
3**jié** 截 M. *for sections/chunks/lengths*
3**jiè** 届 M. year (of graduation); session (of conference/meeting) ***Tā shì Běi Dà dì-yī ~ de.*** He graduated in the first class from Peking University.
2**jiér** 截儿 M. section/portion/division
1**jīn** 斤 M. *of weight equal to 1/2 kilogram*
jīngpíng 京平 M. <*trad.*> unit of weight for measuring silver
1**jú** 局 M. *for games/sets/innings*
1**jù** 句 M. *for poems/songs/etc.*
7**jù** 具 M. *for tools/corpses*
11**jù** 犋 M. *for animal power, as in pulling plows/etc.*
juǎn(r) 卷(儿) M. *for rolls/spools/reels*
1**juàn** 卷 M. *for volumes of books*
5**jūn** 钧 M. <*hist.*> unit of weight equal to 30 1*jīn*
1**kǎ** 卡 M. *for calories*
kāiběn 开本 M. *for book size*
kǎlùlǐ 卡路里 M. <*loan.*> *for calories*
1**kē** 颗 M. *for things small and roundish*
2**kē(r)** 棵(儿) M. *for trees/cabbages/etc.*
1**kè** 课 M. *for lessons*
2**kè** 刻 M. quarter of an hour
4**kè** 克 M. gram
1**kǒng** 孔 M. *for holes/pits*
kǒu(r) 口(儿) M. ① *for humans viewed demographically, for pigs, and for objects having a mouth or opening* ***jǐng/zhōng/zhū*** well/bell/pig ***Tā jiā yǒu wǔ ~ rén.*** His family consists of five people. ② *for mouthfuls* ***qì*** a breath of air ***Tā shuō yī ~ hǎo Yīngwén.*** He speaks good English.
1**kòu** 扣 M. *for bundles/bunches/etc.*
kǒuzi 口子 M. *for persons*
2**kuài** 块 M. ① piece; lump; chunk ② Chinese "dollar"
kuātè 夸特 M. <*loan.*> quart
kuātuō 夸脱 M. <*loan.*> quart
kǔnr 捆(儿) M. *for bundles/ bunches*
1**lèi** 类 M. kind; type; class; category; genus
lèkèsī 勒克司 M. <*phy./loan*> lux; meter-candle
3**lí** 厘 M. ① *of length equal to 1/3 millimeter* ② *of weight equal to 0.05 gram* ③ *of money equal to 0.001 of a yuán* ④ *of monthly interest equal to 0.27 percent*
2**lǐ** 里 M. Chinese mile (1/2 kilometer or 1/3 mile)
lì 粒 M. *for sth. grain-like*
1**liǎng** 两 M. ① ounce ② tael
liǎngr bāqián 两儿八钱 <*coll.*> about/roughly one *liǎng*
1**liè** 列 M. *for rows/files/etc.*
lìfāng límǐ 立方厘米 M. cubic centimeter
líkè 厘克 M. centigram
1**lǐng** 领 M. <*wr.*> *for dresses/mats/etc.*
3**lìng** 令 M. ream (of paper)
límǐ 厘米 M. centimeter
lìmǐ 立米 M. <*m.*> cubic meter
líshēng 厘升 M. centiliter
lìtū 立突 M. <*loan*> liter
lìtuō(r) 立脱(儿) M. <*loan*> liter
2**liǔ** 绺 M. tuff; lock; skein
1**lóu** 楼 M. story; floor
1**lú** 炉 M. *for fires in stoves (for heating)* ***Tài lěng le, 1shēng liǎng ~ 1huǒ ba.*** It's too cold, let's have two fires.
2**luò** 摞 M. *for piles*
3**lǚ** 缕 M. *for threads/wisps/strands*
1**lún** 轮 M. *for rounds* ***Tāmen zhèngzài jìnxíng dì-èr ~ tánpàn.*** They're holding the second round of talks.
2**luó** 罗 M. twelve dozen; a gross
2**mǎ** 码 M. ① *for shoes (4–5 mǎ equals 1 US unit)* ***Wǒ chuān 40 ~ de xié.*** I wear size 8 shoes. ② *for yards of cloth* ***sān ~ bù*** three yards of cloth ③ *for happenings* ***Nà shì liǎng ~ shì.*** That's quite a different matter.
mǎlì 马力 M. horsepower
1**máo** 毛 M. dime; 1/10th *yuan*
4**méi** 枚 M. *for coins/etc.*
měidūn 美吨 M. short ton
mén 门 M. ① *for artillery* ***dàpào*** cannon ② *for courses of study or branches of science* ***1kèchéng*** course
mǐ 米 M. <*loan.*> meter
1**miàn** 面 M. *for mirrors/flags/etc.*
miǎo 秒 M. second (1/60th minute)
miǎogōngfāng 秒公方 M. cubic meters per second (of water flow)
miǎo lìfāngmǐ 秒立方米 M. cubic meters per second (of water flow)
miǎomǐ 秒米 M. meters per second

miǎozhōng 秒钟 M. second (of time)
[1]**míng** 名 M. *for members of a group* ***xuésheng/zhànshì*** students/soldiers/etc.
[2]**mǔ** 亩 M. *of area equal to 0.0667 hectare; 1/6 acre*
[2]**mù** 幕 M. *<thea.> for acts*
nàmiǎo 纳秒 M. nanosecond
ōumǔ 欧姆 M. *<elec.>* ohm
[1]**pái** 排 M. *for rows/lines*
pài 派 M. *for cliques/scenery/etc.*
[1]**pán** 盘 M. ① *for coils/dishes/etc.* ② *<sport> for games/sets*
[2]**pán** 爿 M. *for shops/fields/etc.*
[2]**pāo** 泡 M. *for urine/feces*
pén 盆 M. *for things held in a basin/tub/pot*
pèn(r) 喷(儿) M. *for seasonal crops/fish/etc.*
[3]**péng** 蓬 M. *for clumps of bamboo/grass/etc.*
pěng 捧 M. *for things that can be held/carried in both hands*
[1]**pī** 批 M. *for batches/lots*
[1]**pǐ** 匹 M. *for horses, mules, bolts of cloth, etc.*
[1]**piān(r)** 篇(儿) M. *for articles/chapters/etc.*
[1]**piàn(r)** 片(儿) M. *for tablets, stretches of land/scenery, etc.*
[2]**piānr** 篇儿 M. *for sheets/leaves/pages or piece of writing*
piànr 片儿 M. *for flat objects* ***liǎng ~ miànbāo*** two slices of bread
[1]**piáo** 瓢 M. *for ladlefuls*
piěr 撇儿 M. *for sth. that looks like a downward-curving stroke*
[2]**pǐn** 榀 M. *for roof trusses*
[3]**píng** 瓶 M. *for bottles/etc.*
píngfāngchǐ 平方尺 M. square foot/meter
píngfāngcùn 平方寸 M. square inch
píngfāng gōngchǐ 平方公尺 M. square meter
píngfāng gōngfēn 平方公分 M. square centimeter
píngfāng gōnglǐ 平方公里 M. square kilometer
píngfāngmǐ 平方米 M. square meter
píngfāng yīnglǐ 平方英里 M. square mile
píngmǐ 平米 M. square meter
[2]**pū** 铺 M. *for beds*
pǔshì'ěr 浦式耳 M. *<loan.>* bushel
[2]**qī** 期 M. *for issues (of a periodical) and terms (of a training class, etc.)* ***cānjiāle shàng yī ~ de péixùnbān*** participated in the latest training class
[7]**qí** 畦 M. *for parcels of land*
[1]**qǐ** 起 M. *for cases/batches/groups* ***fēn sān ~ chūfā*** set out in three groups
qiā 掐 M. *<topo> for handfuls/bunches/pinches/etc.*
[2]**qián** 钱 M. ① 1/10th of a tael ② five grams ***yī ~ jīnzi*** five grams of gold
[2]**qiāng** 腔 M. ① *for emotions* ***chóuhèn/rèxuè*** hatred/ardor/etc. ② *for slaughtered livestock* ***niú/yáng*** oxen/sheep/etc.
qiānkǎ 千卡 M. *<phy.>* kilocalorie
[1]**qiānkè** 千克 M. kilogram
qiānmǐ 千米 M. kilometer
qiānwǎ 千瓦 M. kilowatt
qiānwǎ xiǎoshí 千瓦小时 M. kilowatt-hour
qiānzhōu 千周 M. kilocycle
qiāzi 掐子 M. *<topo.> for handfuls/bunches/pinches/ etc.*
[2]**qǐng** 顷 M. *of area equal to 6.6667 hectares*
qǐzi 起子 M. *for batches/lots/groups*
[4]**què** 阕 M. *for music* ***tián yī ~*** [1]***cí*** add lyrics for music
[1]**qún** 群 M. *for groups/swarms/flocks/etc.*
[2]**rèn** 任 M. *for terms of office*
[6]**rèn** 仞 M. *of length equal to about eight Chinese feet*
réncì 人次 M. *for man-times (analogous to "man-hours")*
[1]**shàn** 扇 M. *for doors/etc.* ***sì ~ píngfēng*** four-leaf screen
[3]**shǎng** 垧 M. *of land equal to 3* [2]*mǔ in the Northeast and 15* [2]*mǔ in the Northwest*
sháo(r) 勺(儿) M. *of capacity equal to one centiliter*
[7]**shè** 舍 M. *<trad.> distances equal to 30 lǐ*
[1]**shēn** 身 M. *for suits of clothing*
[3]**shēng** 升 M. ① liter ② pint (dry measure)
shēngdīng 生丁 M. *<loan.>* centime
shìchǐ 市尺 M. *of length equal to 1/3 meter*
shìcùn 市寸 M. *of length equal to 1/3 decimeter*
shìcuō 市撮 M. *<trad.> of capacity equal to one milliliter*
[1]**shìdàn** 市担 M. *of weight equal to 50 kilograms*
[2]**shìdàn** 市石 M. *for volume equal to one hectoliter*
shìdǒu 市斗 M. *of dry measure equal to 1 deciliter*
shìfēn 市分 M. ① *of length equal to 1/3 centimeter* ② *of area equal to 66.666 square meters*
shìgě 市合 M. *of dry measure equal to 1 deciliter*
shìháo 市毫 M. ① *of length equal to 1/3 decimillimeter* ② *of weight equal to 0.005 gram*
[1]**shìjīn** 市斤 M. *of weight equal to 1/2 kilogram*
shìlí 市厘 M. ① *of length equal to 1/3 millimeter* ② *of weight equal to .05 gram*
[2]**shìlǐ** 市里 M. *of length equal to 500 meters*
shìliǎng 市两 M. *of weight equal to 50 grams*
[1]**shìmǔ** 市亩 M. *of area equal to 0.0667 hectares*
[2]**shìqián** 市钱 M. *of weight equal to 5 grams*
shìqǐng 市顷 M. *of area equal to 6.6667 hectares*
[1]**shìshēng** 市升 M. *of dry measure equal to 1 liter*
[1]**shìyǐn** 市引 M. *of length equal to 33 1/3 meters*
[1]**shìzhàng** 市丈 M. *of length equal to 3 1/3 meters*
[2]**shǒu** 首 M. *for poems/songs*
[4]**shù** 束 M. *for bundles/bunches/sheaves*
[1]**shuāng** 双 M. *for pairs*
shuǐ 水 M. *for washings (of a garment)*
[1]**sī** 丝 M. *of weight equal to 0.0005 grams*
sīmǐ 丝米 M. *of length equal to 0.0001 meter*
[1]**sōu** 艘 M. *for vessels*
[1]**suǒ** 所 M. *for houses*
[1]**suōzi** 梭子 M. *for bullet clips and bursts of gunfire*
tāi 胎 M. *for births*
[1]**tái** 台 M. *for performances/engines/etc.*
[2]**táijiàn** 台件 M. *for machines/devices of various sizes*
[1]**tān** 摊 M. *for liquids* ***yī ~ shuǐ*** a pool of water
[2]**táng** 堂 M. *for furniture/classes/etc.*
tào(r) 套(儿) M. *for sets/series/suites/etc.*
tiānr 天儿 M. *for days*
[1]**tiáo** 条 M. *for long, narrow objects*
tiē 贴 M. *for sth. adhesive, such as medicated plaster*
[2]**tiě** 帖 M. *for doses*
[1]**tīng** 听 M. *<topo.>* tin; can
[1]**tǐng** 挺 M. *for machine guns*
tíngr 停儿 M. *for shares/portions/parts* ***sì ~ yǒu sān ~ shì hǎo de*** Three of the four are good.
[1]**tōng** 通 M. *for telegrams and telephone calls*
tǒngr 筒儿 M. *for cylindrical containers*
[1]**tóu(r)** 头(儿) M. *for livestock/garlic* ***sì ~ niú*** four cows ***sān ~ suàn*** three bulbs of garlic
tuán 团 M. *for balls (of wool); lumps (of dough)*
tuánr 团儿 M. *for ball-shaped objects*
tǔfāng 土方 M. cubic meter of earth
[2]**tuǒ** 庹 M. *for arm spreads/spans*
tuór 坨儿 *<coll.>* M. *for lumps of sth. soft* ***yī ~ miàn*** a lump of flour dough
[3]**wán** 丸 M. *<Ch. med.> for pills/etc.*
wāng 汪 M. *for puddles/pools*
wǎtè 瓦特 M. *<loan.>* watt
[1]**wēi** 微 M. one millionth part of; micro-
[2]**wéi** 围 M. *for spans of outstretched arms*
[1]**wěi** 尾 M. *for fish/etc.*
[2]**wèi** 位 M. *<court.> for persons*
[5]**wèi(r)** 味(儿) M. *for prescriptions*
wēi'ān 微安 M. microampere
wēimǐ 微米 M. micron
[1]**wēimiǎo** 微秒 M. microsecond
[1]**wén** 文 M. *for copper coins*
[1]**wō(r)** 窝(儿) M. *for litters/broods*
[1]**xí** 席 M. *for banquets/talks/etc.*
[2]**xí** 袭 M. *for suits/sets of clothing*
[4]**xiá** 匣 M. *for candy/etc.*
[1]**xiàn** 线 M. *for abstractions such as hope/etc.*
[4]**xiāng** 箱 M. *for things sold or packed by the case*
[3]**xiàng** 项 M. *for items/clauses/etc.*
xiǎoliǎng 小两 M. *<trad.>* 1/16th of a [1]*jīn*
[1]**xiē** 些 M. *for indefinite small amount* ***tiān ~ shuǐ*** add a little water ***Qǐng zǎo ~ lái.*** Would you come a little earlier?
xiēge 些个 M. *<coll.>* a few; some
[1]**xiǔ** 宿 M. *for nights*
[2]**xīxī** 西西 M. *<loan.>* cubic centimeter; cc.
[1]**xún** 寻 M. *of length equal to about eight* [1]*chǐ*
[3]**xún** 巡 M. *for rounds of drinks*
[1]**yǎn** 眼 M. *for wells/caves/etc.*
[1]**yàng** 样 M. *for kinds/types/classes*
[4]**yè** 页 M. *for pages/leaves*
[1]**yǐn** 引 M. *<trad.>* ① *of length equal to 33 1/3 meters* ② *of units of salt certificate*
[5]**yíng** 楹 M. *for columns/pillars*
yīngchǐ 英尺 M. foot
yīngcùn 英寸 M. inch
yīngdàn 英担 M. hundredweight
yīngdūn 英吨 M. long/gross ton
yīngjīn 英斤 M. *<trad.>* pound (of weight)
yīnglǐ 英里 M. mile
yīngliǎng 英两 M. ounce
yīngmǔ 英亩 M. acre

yīngxún 英寻 M. fathom (6 feet)
[2]yuán 元/圆 M. ① Chinese monetary unit ② dollar
[1]zé 则 M. *for written items etc.* ***xīnwén/ tōnggào*** news/announcement/etc.
[3]zhǎ 拃 M. distance between outstretched thumb and middle finger ***Nàge chóngzi yǒu yī ~ cháng.*** That worm is one *zhǎ* long.
[1]zhǎn 盏 M. *for lamps*
[1]zhāng 张 M. *for flat objects*
[2]zhāng 章 M. *for chapters/etc.*
[3]zhàng 丈 M. *of length equal to 3 1/3 meters*
zhàohè 兆赫 M. <*elec.*> megahertz; megacycle per second
zhàowèi 兆位 M. <*comp.*> megabyte (MB)
zhàozhōu 兆周 M. <*elec.*> megacycle
zhàozìjié 兆字节 M. <*comp.*> megabyte (MB)
[4]zhēn 帧 M. *for paintings/etc.*
[2]zhī 只 M. *for animals, vessels, some utensils, one of a pair of things*
[4]zhī 支 M. *for slender objects, military contingents, songs, wattage, etc.*
[5]zhī 枝 M. *for slender items*
[3]zhǐ 纸 M. *for pieces/sheets of paper* ***yī ~ gōngwén*** a document
[4]zhōng(r) 盅(儿) M. *for handleless cups*
[1]zhǒng 种 M. *for kinds/sorts/types*
zhòngdūn 重吨 M. gross ton; long ton
zhóu 轴 M. *for thread/paintings/etc.*
[2]zhū 株 M. *for trees*
[3]zhú 烛 M. watt
[5]zhù 注 M. *for business deals*
[13]zhù 炷 M. *for joss sticks*
[3]zhuāng 桩 M. *for items/matters*
[4]zhuàng 幢 M. *for buildings*
[1]zhuō 桌 M. *for tablefuls*
[1]zǐ(r) 子(儿) M. *for bundles/hanks/etc.*
[1]zōng 宗 M. *for various major matters* ***xīnshi*** matter on one's mind ***kuǎnzi*** sum of money
[1]zǔ 组 M. *for sets/series/etc.* ***yóupiào/túpiàn*** stamps/photographs/etc.
[1]zūn 尊 M. *for cannons/statues* ***yī ~ dàpào*** one cannon
zuǒ(r/zi) 撮(儿/子) M. *for tufts of hair*
[4]zuò(r) 座(儿) M. *for mountains/bridges/ etc.*

Verbal Measure Words

The following list of verbal measure words (V.M.), which are used to show the number of times an action takes place (as in **dǎle tā liǎng xiàzi** hit him a couple of times), excludes ordinary nouns which sometimes function as verbal measure (as in **dǎle tā yī qiāng** took a shot at him). They appear chiefly in the patterns

V. + V.M. (+ object): **dǎle liǎng xià (mén)** knocked twice (on the door)

V. + object + V.M. : **dǎle tā liǎng xiàzi** hit him twice

We present these measures with illustrations of use for some of them.

[1]bǎ 把 V.M. *for movements of the hand* ***Lā wǒ yī ~.*** Give me a hand.
[3]biàn 遍 V.M. *for repetitive times/occurrences* ***Wǒ zuòle sān ~ yě méi zuò chūlai.*** I attempted it three times but didn't succeed in doing it.
[3]cháng 场 V.M. *for happenings* ***Xiàle liǎng ~ xuě.*** It snowed twice.
[1]cì 次 V.M. *for occurrences* ***Zhège diànyǐngr wǒ kànle sān ~.*** I've seen this movie three times.
dǎngzi 挡子 V.M. *for events*
[1]dùn 顿 V.M. *occurrences* ***dǎ tā yī ~*** give him a beating ***dà chī yī ~*** eat a big meal
[2]fān 番 <*wr.*> V.M. *for times/occurrences* ***kǎolùle yī ~*** thought it over once
huí 回 <*coll.*> V.M. *for times/occurrence* ***Wǒ qùle sān ~.*** I went three times.
[4]jí 级 V.M. *for steps/stages/degrees*
[3]quán 拳 V.M. *for punches* ***dǎle yī ~*** gave a punch
[1]shēng 声 V.M. *for sounds* ***Wǒ hǎnle tā liǎng ~.*** I called him twice.
[1]tàng(r) 趟(儿) V.M. *for times/trips/rows/etc.* ***huíle yī ~ jiā*** went back home once
tíngr 停儿 V.M. *for stops of buses/etc.* ***tíngle sān ~*** made three stops
[2]tòng(r) 通 V.M. <*coll.*> *for times/occurrences/instances* ***Tā kūle sān ~.*** He cried three times.
xià(zi) 下(子) V.M. *for times/occurrences* ***dǎ tā liǎng ~*** hit him a couple of times ***dǎle liǎng ~ mén*** knocked twice on the door ***See also*** *liǎngxiàzi; jǐxiàzi*
[1]zāo 遭 <*wr.*> V.M. *for times/turns* ***Ráole tā zhè yī ~ ba.*** Let him go this time.
[1]zhèn 阵 V.M. *for passing phases/spells*
[2]zhènzi 阵子 <*topo.*> V.M. *for passing phases/spells*
[1]zhuàn 转 V.M. *for turns/revolutions*

Appendix VII

Standard and Variant Character Forms

Standard	Variant	Examples
⺈②丿	刀②	负陷色免 a*
丷②丶	八②	兑益曾遂 b*
阝②乛	阝③	阴阳都那
廴②乛	廴③	延廷建
艹③一	艹④	花草愦垂異
廾③一	廾④	卉奔莽
及③丿	及④	吸级岌
丬③丶	爿④	将状装
辶③丶	辶④	近通道
刃③乛	刃③	忍仞韧
丰④一	丰④	艳蚌害
开④一	开⑥	形研型
巨④一	巨⑤	矩距渠
屯④一	屯④	纯顿囤
瓦④一	瓦⑤	瓶瓷甍
止④丨	止③	此卸跑
内④丨	内⑤	离禽离 c*
反④丿	反④	饭板返
爫④丿	爫④	受采爱 d*
户④丶	戶④	房护启 e*
礻④丶	示⑤	礼社福 f*
业⑤丨	业⑥	並普虚
印⑤丿	印⑥	茚
艮⑤乛	皀⑦	即既爵
耒⑥一	耒⑥	耕耘籍
吕⑥丨	呂⑦	侣闾营
攸⑥丿	攸⑦	修倏絛
争⑥丿	爭⑧	净挣静
产⑥丶	产⑥	彦铲萨
𦍌⑥丶	𦍌⑦	着差养
并⑥丶	幷⑧	拼屏瓶
良⑥丶	良⑦	朗郎鄉 g*
吴⑦丨	吳⑦	误娱虞
角⑦丿	角⑦	解确嘴
奂⑦丿	奐⑨	换唤痪
免⑦丿	免⑧	晚勉兔
者⑧一	者⑨	都著猪
直⑧一	直⑧	值植置
疌⑧一	疌⑨	捷睫婕
咼⑧丨	咼⑨	過鍋窩 h*
饣⑧丿	飠⑨	飯飽餓 i*
录⑧乛	彔⑧	绿剥箓
昷⑨丨	𥁕⑩	温瘟氲
骨⑨丨	骨⑩	滑猾骼
鬼⑨丿	鬼⑩	魂魅嵬
俞⑨丿	兪⑨	偷愈逾
蚤⑨乛	蚤⑩	搔骚瘙
敖⑩一	敖⑪	傲遨熬
晋⑩一	晉⑩	戬搢缙
真⑩一	眞⑩	慎填颠
䍃⑩丿	䍃⑩	摇遥谣
衮⑩丶	袞⑪	滚磙
黄⑪一	黃⑫	横璜廣
象⑪丿	象⑫	像橡豫
敢⑪乛	敢⑫	憨橄嚴
奥⑫丿	奧⑬	澳噢粤

Explanation

In the preceding list, column one comprises modern standard forms, column two the corresponding obsolete variant forms, and column three examples of the standard forms. A circled number, or stroke, indicates the number of strokes, or initial stroke type, of the preceding form. This information will facilitate use of the Stroke Order Index (Appendix VIII) and Radical Index (Appendix X).

Although some variants, such as 兊 and 爭 (which are treated as distinct from 兑 and 争 in some character sets such as the Unicode Standard), are included within brackets in the main body of this dictionary and may be found in the indexes, this dictionary normally follows the standard described here, even for the complex equivalents of simplified characters. For example, only 骨 ⑨, not 骨 ⑩, is used, even as a component in 體 ㉒ (whose simplified form is 体). However, the radical charts also include variants such as 骨 ⑩ that affected the traditional order of the 214 radicals. The usage of both 骨 ⑩ and 骨 ⑨ for radical 188 is analogous to the traditional usage of both 辵 ⑦ and 辶 ③ for radical 162: only the forms with fewer strokes actually occur as components.

*Notes

a. ⺈ is the top of certain characters and components. Not applicable to 刀 itself or 初解召剪 etc.

b. 丷 is the top of certain characters and components. Additional examples are 卷 and 敝. Not applicable to 八 itself or 分扒其真 etc.

c. Exceptions: 禺 ⑨ and 禹 ⑨ both have 禸, not 内.

d. 爫 is an upper component. Not applicable to 爪 itself, 抓, or 爬.

e. Exception: 所 is written with 戶, not with 户.

f. 礻 is a left-side component. Not applicable to 示 itself or 宗票款 etc.

g. 良 is a left-side component. Not applicable to 良 itself or 娘浪食 etc.

h. 過 has the simplified form 过. All other characters with 咼 have simplified forms with 呙 ⑦, e.g., 锅蜗窝.

i. All characters with 食 have simplified forms with 饣 ③, e.g., 饭饱饿. Consequently, this rule, like the preceding rule for 咼, only affects the complex equivalents of simplified characters.

Appendix VIII

Stroke Order Index of Characters

Characters with the same number of strokes are ordered by shape of initial stroke and subsequent strokes, according to five basic stroke types, exemplified by the character 札 **zhá**, in the following order:

(一) 一 **héng** horizontal or ㇀ **tí** rising
(丨) 丨 **shù** vertical or 亅 **shùgōu** with left hook
(丿) 丿 **piě** falling to left
(丶) 丶 ㇀ **diǎn** dot or ㇏ **nà** falling to right
(乛) 乙 乚 乛 **zhé** sharp turn

---

1 stroke

(一) 一 [1]yī
(乛) 乙 [3]yǐ
〇 [1]líng

2 strokes

(一) 二 [1]èr
十 [1]shí
丁 [3]dīng
[14]zhēng
厂 [1]chǎng
七 [1]qī
(丨) 卜 [3]bǔ
[2]bo
(丿) 人 [1]rén
入 [1]rù
八 [1]bā
几 [20]jī
[21]jǐ
[1]jī
九 [1]jiǔ
儿 [2]ér
r
匕 [6]bǐ
(乛) 刁 [4]diāo
了 [1]le
[1]liǎo
[3]liào
[3]liāo
[12]liáo
力 [1]lì
刀 [1]dāo
乃 [2]nǎi
又 [1]yòu
乜 [2]miē

3 strokes

(一) 三 [1]sān
于 [1]Yú
[1]yú
干 [1]gān
[2]gān
[1]gàn
亍 [10]chù
亏 [1]kuī
工 [1]gōng
士 [14]shì
土 [1]tǔ
才 [1]cái
[4]cái
下 [1]xià
寸 cùn
大 dà
[12]dài
丈 [4]zhàng
兀 [12]wù
与 [1]yǔ
[10]yù
[10]yú
万 [1]wàn
弋 [29]yì
(丨) 上 [1]shàng
[4]shǎng
[1]shang
小 [1]xiǎo
口 kǒu
山 [1]shān
巾 [6]jīn
(丿) 千 [1]qiān
乞 [5]qǐ
川 [2]chuān
亿 [1]yì
彳 [11]chì
个 [1]gè
ge
[4]gě
么 me
[1]má
[6]yāo
及 [2]jí
久 [3]jiǔ
凡 [1]fán
夕 [12]xī
丸 [3]wán
勺 [1]sháo
(丶) 广 [1]guǎng
亡 [2]wáng
门 [1]mén
丫 [6]yā
[7]yā
义 [12]yì
之 [1]zhī
(乛) 尸 [7]shī
已 [2]yǐ
己 [3]jǐ
弓 [5]gōng
巳 [5]sì
子 [1]zǐ
zi
卫 [8]wèi
孑 [9]jié
孓 [27]jué
也 [1]yě
女 [1]nǚ
飞 [1]fēi
刃 [3]rèn
习 [3]xí
叉 [2]chā
[1]chǎ
[7]chá
[6]chà
马 [1]mǎ
乡 [3]xiāng
幺 [6]yāo

4 strokes

(一) 丰 [9]fēng
王 [1]wáng
[5]wàng
开 [1]kāi
井 [1]jǐng
天 [1]tiān
夫 [1]fū
[45]fú
无 [1]wú
[11]mó
元 [2]yuán
[3]yuán
韦 [6]wéi
专 [1]zhuān
云 [1]yún
[2]yún
扎 [1]zhā
[7]zhá
[2]zā
丐 [4]gài
廿 [1]niàn
艺 [13]yì
木 [1]mù
朩 [3]dǔn
五 [1]wǔ
支 [4]zhī
厅 [2]tīng
卅 [1]sà
不 [1]bù
bu
仄 [1]zè
太 [1]tài
犬 [1]quǎn
区 [1]qū
[2]Ōu
历 [6]lì
[7]lì
友 [2]yǒu
尤 [5]yóu
歹 [2]dǎi
匹 [1]pǐ
厄 [8]è
车 [1]chē
[3]jū
巨 [1]jù
牙 [1]yá
屯 [1]tún
戈 [6]gē
比 [1]bǐ
[45]bì
[19]pí
互 [3]hù
切 qiē
[1]qiè
瓦 wǎ
[2]wà
[6]wā
(丨) 止 [4]zhǐ
少 shǎo
[2]shào
日 rì
曰 [2]yuē
中 [1]zhōng
[3]zhòng
水 shuǐ
内 [1]nèi
內 [1]nèi
贝 [7]bèi
冈 [4]gāng
见 [1]jiàn
[3]xiàn
(丿) 手 [1]shǒu
午 [6]wǔ
牛 niú
[3]niū
气 [1]qì
毛 [1]máo
壬 [3]rén
升 [3]shēng
[4]shēng
夭 [7]yāo
长 [1]cháng
[1]zhǎng
仁 [2]rén
什 [2]shén
[9]shí
仃 [8]dīng
片 [1]piàn
[3]piān
仆 [4]pū
[1]pú
化 [2]huà
仇 [2]chóu
[9]qiú
仉 Zhǎng
币 [1]bì
仍 réng
仂 [4]lè
仅 [3]jǐn
斤 [1]jīn
爪 [2]zhǎo
zhuǎ
户 [1]hù
反 [1]fǎn
[6]bǎn
兮 [20]xī
刈 [26]yì

5 strokes

6 strokes

芋 [17]yù
共 [1]gòng
芊 [19]qiān
芍 [4]sháo
芨 [37]jī
芒 [2]máng
亚 [2]yà
芝 [10]zhī
芎 [6]xiōng
芗 [9]xiāng
朽 [2]xiǔ
朴 [6]pǔ
[3]pò
机 [1]jī
权 [2]quán
过 guò
guo
亘 [2]gèn
臣 [4]chén
吏 [17]lì
再 [2]zài
协 [8]xié
西 [1]xī
压 [2]yā
[4]yà
厌 [2]yàn
[11]yān
厍 Shè
戌 [6]xū
[18]qū
在 [1]zài
有 [1]yǒu
[7]yòu
百 [1]bǎi
存 cún
而 [1]ér
页 [4]yè
匠 [3]jiàng
夸 [1]kuā
夺 [1]duó
夼 kuǎng
灰 [1]huī
达 [1]dá
[6]dā
[12]tà
戍 [9]shù
尥 [5]liào
列 [1]liè
死 sǐ
成 [1]chéng
夹 [3]jiā
[1]jiá
[4]gā
夷 [8]yí
轨 [2]guǐ
邪 [5]xié
[4]yé
尧 [1]Yáo
划 [1]huá
[2]huá
[4]huà
迈 [2]mài
毕 [8]bì
至 [3]zhì
(丨) 此 cǐ
乩 [18]jī
贞 [7]zhēn
师 [1]shī
尘 [3]chén
尖 [2]jiān
劣 [3]liè
光 [1]guāng
当 [1]dāng
[2]dāng
[1]dàng
[4]dǎng
早 [1]zǎo
吁 [25]yù
[7]xū
[2]yū
吐 [2]tǔ
[2]tù
吓 [2]xià
[2]hè
旯 [4]lá
曳 [8]yè
虫 [1]chóng
曲 [3]qū
[4]qū
[3]qǔ
团 [1]tuán
同 [1]tóng
[4]tòng
吕 Lǚ
吊 [4]diào
吃 [1]chī
[15]qī
吒 [6]zhā
[9]zhà
因 [1]yīn
吸 [2]xī
吗 [1]ma
[1]má
[6]mǎ
吆 [8]yāo
屿 [7]yǔ
屹 [27]yì
岁 [1]suì
帆 [3]fān
岌 [25]jí
回 [1]huí
岂 [2]qǐ
屺 [6]qǐ
则 [1]zé
刚 [1]gāng
肉 ròu
网 [2]wǎng
凼 [4]dàng
囝 nān
囡 nān
(丿) 钆 [1]gá
钇 [11]yǐ
年 [1]nián
朱 [5]zhū
缶 [2]fǒu
氘 [5]dāo
氖 [3]nǎi
先 [1]xiān
牝 [2]pìn
丢 [1]diū
廷 [4]tíng
舌 [2]shé
竹 [1]zhú
迁 [4]qiān
乔 [3]qiáo
迄 [9]qì
伕 [9]fū
伟 [5]wěi
传 [2]chuán
[3]zhuàn
乒 [1]pīng
乓 [2]pāng
休 [2]xiū
伍 [2]wǔ
伎 [25]jì
伏 [4]fú
伛 [10]yǔ
优 [1]yōu
臼 [5]jiù
伢 [8]yá
伐 [1]fá
仳 [9]pǐ
延 [9]yán
佤 Wǎ
仲 [5]zhòng
件 [2]jiàn
仵 [8]wǔ
任 [2]rèn
Rén
伤 [1]shāng
伥 [6]chāng
价 [2]jià
[2]jie
[12]jiè
伦 [3]lún
份 [1]fèn
伧 [4]cāng
chen
华 [4]huá
Huà
仰 [2]yǎng
伉 [5]kàng
仿 [3]fǎng
伙 [2]huǒ
伪 [2]wěi
伫 [16]zhù
伈 xǐn
自 [2]zì
伊 [5]yī
血 [1]xuè
[2]xiě
向 [1]xiàng
[8]xiàng
囟 [3]xìn
似 [2]sì
[34]shì
后 [1]hòu
[2]hòu
行 [1]xíng
[1]háng
[3]hàng
heng
舟 [5]zhōu
全 [1]quán
会 [1]huì
[4]kuài
[3]huǐ
杀 [1]shā
合 [3]hé
[1]gě
兆 [3]zhào
企 [4]qǐ
氽 tǔn
汆 [3]cuān
众 [4]zhòng
爷 [1]yé
伞 [2]sǎn
兇 [2]xiōng
邠 Bīn
[4]bīn
创 [1]chuàng
[3]chuāng
刖 [11]yuè
肌 [8]jī
肋 [5]lèi
[1]lē
杂 [1]zá
[5]zā
朵 [2]duǒ
夙 [10]sù
危 [4]wēi
旨 [5]zhǐ
旬 [4]xún
旭 [10]xù
旮 [7]gā
负 [2]fù
犴 [7]àn
刎 [3]wěn
犷 [2]guǎng
匈 [7]xiōng
犸 [5]mǎ
舛 [2]chuǎn
名 [1]míng
各 [2]gè
[5]gě
多 [1]duō
凫 [5]fú
争 [2]zhēng
邬 Wū
色 [1]sè
[1]shǎi
[2]shǎi
饧 [5]xíng
[1]táng
(丶) 壮 Zhuàng
[3]zhuàng
冲 [1]chōng
[2]chōng
[5]chōng
[6]chōng
[1]chòng
妆 [4]zhuāng
冰 [2]bīng
庄 [2]zhuāng
庆 [1]qìng
亦 [4]yì
刘 Liú
齐 [3]qí
[3]zhāi
[16]zī
[17]zī
交 [1]jiāo
次 [1]cì
衣 [2]yī
[15]yì
产 [1]chǎn
决 [1]jué
亥 [4]hài
充 [3]chōng
妄 [4]wàng
闫 [2]Yán
闭 [2]bì
问 [1]wèn
闯 chuǎng
羊 [1]yáng
并 [1]bìng
[2]bìng
Bīng
关 [1]guān
米 [1]mǐ
灯 [1]dēng
州 [4]zhōu
汗 [1]hàn
[7]hán
污 [2]wū
江 [2]jiāng
汕 [2]Shàn
汔 [3]qì
汍 [7]wán
汐 [27]xī
汲 [12]jí
汛 [9]xùn
池 [2]chí
汝 [3]rǔ
汤 [1]tāng
[7]shāng
汊 [4]chà
忖 cǔn
忕 [35]shì
忏 [1]chàn
忙 [1]máng
兴 [5]xìng
[2]xīng
宇 [6]yǔ
守 [3]shǒu
宅 [1]zhái
字 [1]zì
安 [1]ān
讲 [1]jiǎng
讳 [8]huì
讴 [5]ōu
军 [1]jūn
讵 [19]jù
讶 [3]yà
祁 [3]Qí
讷 nè
许 [1]xǔ
[4]hǔ
讹 [2]é
䜣 [7]xīn
论 lùn
[4]lún
讼 [4]sòng
农 [2]nóng
讽 [1]fěng
设 [3]shè
访 [2]fǎng
诀 [7]jué
(乛) 聿 [30]yù
寻 [1]xún
xín
那 [1]nà
[2]nèi
[4]nuó
[6]nuò
nǎ
艮 [1]gèn
gěn
厾 [4]dū
迅 [8]xùn
尽 [4]jìn
[2]jǐn
导 [4]dǎo
异 [8]yì
弛 [4]chí
阱 [7]jǐng
阮 [2]ruǎn
孙 [1]sūn
阨 [19]è
阵 [1]zhèn
阳 [5]yáng
收 shōu
阪 [3]bǎn
阶 [3]jiē
阴 [3]yīn
防 [2]fáng
丞 [12]chéng
迤 [9]yǐ
[20]yí
奸 [8]jiān
[9]jiān
如 [1]rú
奼 [8]chà
妁 [8]shuò
妇 [14]fù
妃 [3]fēi
好 hǎo
[2]hào
[3]hāo
她 [2]tā
妈 [1]mā
戏 [2]xì
羽 [5]yǔ
观 [2]guān
[7]guàn
牟 [2]móu

7 strokes

8 strokes

抛• [1]pāo
坪 [6]píng
抨 [4]pēng
拣 [1]jiǎn
拈 [1]niān
坫 [15]diàn
垆 [6]lú
担 [3]dān
[5]dàn
坦 [2]tǎn
押 [3]yā
坤 [1]kūn
抻 [1]chēn
抽 [1]chōu
拐 guǎi
坰 [1]jiōng
拃 [3]zhǎ
拖 [1]tuō
拊 [10]fǔ
者 [1]zhě
拍 pāi
顶 [1]dǐng
拆 [1]chāi
[3]cā
坼 [5]chè
拎 [1]līn
拥 [1]yōng
抵 [2]dǐ
拘 [4]jū
势 [7]shì
搊 [3]chōu
抱 [1]bào
拄 [3]zhǔ
拉 [1]lā
[2]lǎ
[1]lá
[8]là
垃 [4]lā
[6]lè
拦 [2]lán
幸 [4]xìng
拌 [4]bàn
拧 [1]níng
nǐng
[2]nìng
坨 [3]tuó
坭 [1]ní
抿 [1]mǐn
拂 [8]fú
[17]bì
拙 [3]zhuō
招 [1]zhāo
[2]zhāo
坡 [1]pō

披 [2]pī
拨 [2]bō
择 [2]zé
[2]zhái
拚 [1]pīn
[6]pàn
抬 [5]tái
亞• [2]yà
拇 [4]mǔ
坶 [6]mǔ
拗 [2]ǎo
[6]ào
niù
坳 [5]ào
耵 [10]dīng
其 [1]qí
[32]jī
耶 [1]yé
[2]yé
Yē
取 [1]qǔ
茉 [20]mò
苷 [13]gān
苦 [1]kǔ
苯 [3]běn
昔 [13]xī
苛 [5]kē
苤 [2]piě
若 [1]ruò
[2]rě
茂 [5]mào
茏 [13]lóng
茇 [3]bá
苹 [10]píng
苫 [11]shān
[5]shàn
苜 [13]mù
苴 [11]jū
苗 [1]miáo
英 [5]yīng
苒 [2]rǎn
苲 [5]zhǎ
苻 [16]fú
苶 nié
苓 [20]líng
茚 [6]yìn
苟 [2]gǒu
茑 [3]niǎo
苑 [4]yuàn
苞 [4]bāo
范 Fàn
[5]fàn
苧• [18]zhù
茓 [5]xué

茔 [11]yíng
苾 [35]bì
茕 [5]qióng
直 [1]zhí
苨 [4]nǐ
苠 [4]mín
茀 [29]fú
茁 [13]zhuó
茄 [1]qié
[9]jiā
苕 [8]tiáo
[3]sháo
茎 [5]jīng
苔 [6]tái
[2]tāi
茅 [4]máo
枉 [3]wǎng
林 [1]lín
枝 [5]zhī
[9]qí
杯 [1]bēi
枢 [10]shū
枥 [23]lì
柜 [3]guì
[5]jǔ
枇 [13]pí
杪 [7]miǎo
杳 [3]yǎo
枏 [5]nán
枘 [5]ruì
杵 [4]chǔ
枚 [4]méi
枨 [15]chéng
析 [15]xī
板 [1]bǎn
枞 [5]cōng
枌 [5]fén
松 [1]sōng
[2]sōng
枪 [1]qiāng
[8]chēng
枫 [7]fēng
杴• [4]xiān
构 [7]gòu
杭 Háng
枋 [4]fāng
杰 [5]jié
述 [6]shù
枕 [1]zhěn
杷 [6]pá
杼 [14]zhù
丧 sàng
[2]sāng

軋• [1]yà
[3]zhá
[2]gá
東• [1]dōng
或 [1]huò
画 [3]huà
卧 [2]wò
臥• [2]wò
事 [2]shì
刺 [2]cì
[2]cī
兩• [1]liǎng
枣 [2]zǎo
雨 [2]yǔ
協• [8]xié
卖 [1]mài
矸 [14]gān
郁 [19]yù
[20]yù
矻 [6]kū
矽 [14]xī
矾 [4]fán
矿 [1]kuàng
码 [2]mǎ
厕 [5]cè
si
奈 [3]nài
刳 [4]kū
奔 [1]bēn
[1]bèn
奇 [5]qí
[13]jī
匼 [17]kē
奄 [7]yǎn
[2]yān
[4]yān
奋 [4]fèn
來• [1]lái
态 [2]tài
瓯 [2]ōu
欧 [1]Ōu
殴 [3]ōu
垄 [2]lǒng
殁 [16]mò
歿• [16]mò
郏 Jiá
妻 [4]qī
轰 [1]hōng
顷 [2]qǐng
转 zhuǎn
[1]zhuàn
zhuǎi
轹 [41]lì
轭 [5]è

斩 [3]zhǎn
轮 [1]lún
软 [1]ruǎn
戔• [21]jiān
到 [1]dào
郅 [34]zhì
鸢 [4]yuān
(丨) 非 [2]fēi
叔 [3]shū
歧 [9]qí
肯 [1]kěn
齿 [2]chǐ
些 [1]xiē
卓 [9]zhuó
虎 [1]hǔ
[9]hū
[14]hù
虏 [4]lǔ
肾 [3]shèn
贤 [9]xián
尚 [2]shàng
盱 [11]xū
旺 [3]wàng
具 [3]jù
昊 [6]hào
昙 [7]tán
果 [1]guǒ
味 [5]wèi
杲 [5]gǎo
昃 [2]zè
昆 [3]kūn
国 [1]guó
哎 [1]āi
ēi
咕 [4]gū
門• [1]mén
昌 [1]chāng
呵 [2]hē
咂 [1]zā
畅 [2]chàng
昇 [3]shēng
呸 [1]pēi
昕 [8]xīn
明 [2]míng
易 [2]yì
咙 [11]lóng
昂 [1]áng
旻 [2]mín
炅 Guì
咔 [3]kā
[3]kǎ
畀 [27]bì
虮 [10]jǐ
虯• [7]qiú

迪 [5]dí
典 [4]diǎn
固 [4]gù
忠 [6]zhōng
咀 [2]jǔ
呻 [9]shēn
呷 [3]xiā
黾 [6]mǐn
咒 [4]zhòu
咋 zǎ
[6]zé
[5]zhā
[6]zhà
咐 [27]fù
呱 [4]guā
[14]gū
[3]guǎ
呼 [1]hū
呤 [3]lìng
咚 [3]dōng
鸣 [3]míng
咆 [7]páo
咛 [6]níng
咏 [5]yǒng
呢 ne
[2]ní
咄 [5]duō
呶 [3]náo
nu
咖 [2]kā
[2]gā
呦 [4]yōu
咝 [9]sī
岵 [10]hù
岸 [1]àn
岩 [6]yán
帖 [1]tiè
[2]tiě
[2]tiē
罗 [2]luó
[3]luō
岿 [4]kuī
岬 [5]jiǎ
岫 [9]xiù
帜 [17]zhì
帙 [25]zhì
帕 [2]pà
岭 [2]lǐng
刿 [6]guì
迥 [2]jiǒng
剀 [7]kǎi
凯 [4]kǎi
帔 [6]pèi
囷 [2]qūn

沓 [6]tà
[4]dá
败 [1]bài
账 [1]zhàng
贩 [4]fàn
贬 [3]biǎn
购 [2]gòu
贮 [12]zhù
囹 [22]líng
图 [1]tú
岡• [4]gāng
罔 [5]wǎng
咼• Guō
(丿) 钍 [3]tǔ
钎 [9]qiān
钏 [2]chuàn
钐 [4]shān
钓 [3]diào
钒 [7]fán
钔 [3]mén
钕 [2]nǚ
钗 [3]chāi
制 [1]zhì
[2]zhì
知 [3]zhī
[12]zhì
迭 [3]dié
氛 [5]fēn
垂 [1]chuí
牦 [9]máo
牧 [7]mù
物 [1]wù
乖 [1]guāi
刮 [1]guā
[2]guā
[5]kā
秆 [1]gǎn
和 [1]hé
[3]hè
[2]huó
[7]huò
[10]hú
[5]hē
[7]huō
秈 [9]xiān
季 [6]jì
委 [4]wěi
[11]wēi
竺 [4]zhú
秉 [4]bǐng
迤 [9]yǐ
[20]yí
佳 [4]jiā
侍 [22]shì

信 [23]jí
岳 [7]yuè
[8]yuè
佬 [2]lǎo
供 [3]gōng
[2]gòng
使 [1]shǐ
佰 [4]bǎi
侑 [9]yòu
侉 [2]kuǎ
例 [5]lì
侠 [5]xiá
臾 [28]yú
兒· [2]ér
r
侥 [16]jiǎo
版 [2]bǎn
侄 [6]zhí
岱 Dài
侦 [6]zhēn
侣 [7]lǚ
侗 Dòng
[7]tóng
侃 [2]kǎn
[3]kǎn
侧 [1]cè
[4]zhāi
侏 [7]zhū
凭 [2]píng
侨 [4]qiáo
侜 [7]zhōu
侩 [5]kuài
佻 [2]tiāo
佾 [25]yì
佩 [2]pèi
佹 [8]guǐ
货 [2]huò
侈 [4]chǐ
侪 [3]chái
佼 [12]jiǎo
依 [3]yī
佯 [6]yáng
併· [2]bìng
侘 [10]chà
侬 [4]nóng
帛 [13]bó
卑 [5]bēi
的 [1]de
[6]dì
[8]dí
[4]dī
d
di

迫 [2]pò
[2]pǎi
侔 [4]móu
质 [5]zhì
欣 [7]xīn
征 [4]zhēng
[5]zhēng
徂 [1]cú
往 [1]wǎng
爬 [1]pá
[5]pā
彿 [34]fú
彼 [3]bǐ
径 [7]jìng
所 [1]suǒ
舍 [7]shè
shě
金 [2]jīn
刽 [5]guì
郐 Kuài
刹 [5]shā
[9]chà
侖· [6]lún
命 mìng
肴 [7]yáo
郄 Qiè
肏 [2]cào
斧 [5]fǔ
怂 [2]sǒng
爸 [1]bà
采 [2]cǎi
[2]cài
籴 [4]dí
觅 [3]mì
受 [1]shòu
爭· [2]zhēng
乳 [1]rǔ
贪 [3]tān
念 [2]niàn
贫 [1]pín
忿 [7]fèn
瓮 [1]wèng
戗 [5]qiāng
[3]qiàng
肼 [8]jǐng
肤 [2]fū
肺 [3]fèi
肢 [11]zhī
肽 [5]tài
肱 [10]gōng
肫 [1]zhūn
肿 [2]zhǒng
肭 [7]nà
胀 [5]zhàng

朋 [7]péng
股 [2]gǔ
肮 āng
肪 [5]fáng
肥 [1]féi
服 [3]fú
[15]fù
胁 [7]xié
周 [2]zhōu
剁 [5]duò
阜 [19]fù
昏 [1]hūn
迩 [4]ěr
郇 [2]Xún
鱼 [2]yú
兔 [1]tù
狉 [11]pī
狙 [9]jū
狎 [8]xiá
狐 [7]hú
忽 [2]hū
狝 [7]xiǎn
狗 [1]gǒu
狍 [8]páo
狞 [4]níng
狒 [8]fèi
咎 [9]jiù
备 [4]bèi
炙 [22]zhì
枭 [7]xiāo
[8]xiāo
饯 [22]jiàn
饰 [15]shì
饱 [1]bǎo
饲 [8]sì
饴 [18]yí
㇔ 冽 [6]liè
[7]liè
变 [2]biàn
京 [7]jīng
享 [3]xiǎng
冼 [1]Xiǎn
庞 [2]páng
店 [2]diàn
夜 [1]yè
庙 [1]miào
府 [2]fǔ
底 [1]dǐ
庖 [6]páo
疟 [1]nüè
[6]yào
疠 [31]lì
疝 [9]shàn

疙 [10]gē
[6]gā
疚 [7]jiù
疡 [8]yáng
剂 [4]jì
卒 [3]zú
[5]cù
郊 [8]jiāo
庚 [3]gēng
废 [2]fèi
净 [3]jìng
妾 [4]qiè
盲 [3]máng
放 fàng
刻 [2]kè
於 [9]wū
[1]yú
劾 [11]hé
育 [8]yù
[3]yō
氓 [6]máng
[4]méng
闸 [1]zhá
闹 [1]nào
郑 Zhèng
券 [2]quàn
[4]xuàn
卷 juǎn
[1]juàn
[13]quán
並· [1]bìng
单 [1]dān
[14]chán
[1]Shàn
炬 [12]jù
炖 [2]dùn
炒 [2]chǎo
炘 [11]xīn
炝 [2]qiàng
炊 [2]chuī
炕 [2]kàng
炎 [5]yán
炉 [1]lú
炔 [2]quē
沫 [9]mò
沬 [8]mèi
浅 [1]qiǎn
法 [1]fǎ
泔 [12]gān
泄 [6]xiè
[50]yì
沽 [6]gū
河 [2]hé
沾 [1]zhān

泸 Lú
泪 [4]lèi
沮 [3]jǔ
[21]jù
油 [2]yóu
[8]yōu
泱 [4]yāng
況· [5]kuàng
泂 [4]jiǒng
泅 [3]qiú
泗 [12]sì
沲 [13]tuó
泊 [9]bó
[5]pō
沴 [25]lì
泠 [12]líng
泺 [5]pō
沿 [1]yán
泡 [2]pào
[2]pāo
注 [5]zhù
[6]zhù
泣 [6]qì
泫 [10]xuàn
泮 [7]pàn
泞 [4]nìng
沱 [13]tuó
泻 [5]xiè
泌 [6]mì
泳 [6]yǒng
泥 [1]ní
[4]nì
泯 [4]mǐn
沸 [5]fèi
泓 [4]hóng
沼 [3]zhǎo
波 [3]bō
泼 [3]pō
泽 [4]zé
泾 Jīng
治 [4]zhì
怔 [7]zhēng
[4]zhèng
怯 [2]qiè
怙 [11]hù
怵 [4]chù
怖 [8]bù
怦 [3]pēng
怗 [3]tiē
怛 [5]dá
怏 [4]yàng
怳 [5]huǎng
性 [1]xìng
怍 [7]zuò

怕 [1]pà
怜 [8]lián
怩 [9]ní
怫 [21]fú
[7]fèi
怓 [4]náo
怿 [42]yì
怪 guài
怡 [10]yí
学 [1]xué
宝 [3]bǎo
宗 [1]zōng
定 [1]dìng
宕 [5]dàng
宠 chǒng
宜 [6]yí
审 [2]shěn
宙 [5]zhòu
空 [1]kōng
[1]kòng
帘 [5]lián
[6]lián
穸 [43]xī
穹 [2]qióng
宛 [6]wǎn
[7]wǎn
[8]yuān
实 [5]shí
[14]shī
宓 [2]Mì
官 [3]guān
诓 [2]kuāng
诔 [7]lěi
试 [5]shì
郎 [3]láng
[2]làng
诖 [4]guà
诗 [3]shī
诘 [15]jié
[27]jí
戾 [18]lì
肩 [3]jiān
房 [1]fáng
诙 [10]huī
戽 [5]hù
诚 [8]chéng
诶 [5]náo
衬 [2]chèn
衫 [2]shān
衱 [19]jié
衩 [2]chǎ
[5]chà
祆 [1]Xiān
祉 [11]zhǐ

视 [9]shì
祈 [16]qí
祇 [15]qí
[1]zhǐ
诛 [8]zhū
话 [1]huà
诞 [9]dàn
诟 [3]gòu
诠 [8]quán
诡 [4]guǐ
询 [5]xún
诣 [37]yì
诤 [7]zhèng
该 [1]gāi
详 [1]xiáng
诧 [7]chà
诨 [2]hùn
诩 [2]xǔ
㇇ 建 [3]jiàn
肃 [6]sù
录 [4]lù
隶 [15]lì
帚 [2]zhǒu
屆· [3]jiè
屉 [3]tì
居 [1]jū
届 [3]jiè
刷 shuā
shuà
鸤 [13]shī
屄 [2]bī
屈 [2]qū
弧 [8]hú
弥 [4]mí
弦 [3]xián
弪 [15]jìng
承 [7]chéng
孟 [2]mèng
陋 [3]lòu
狀· [2]zhuàng
戕 [8]qiāng
陌 [8]mò
孤 [1]gū
孢 [8]bāo
陕 Shǎn
亟 [10]jí
[10]qì
降 [1]jiàng
[2]xiáng
函 [3]hán
陔 [5]gāi
限 [6]xiàn
卺 [9]jǐn
妹 [1]mèi

10 strokes

诺 [1]nuò
读 [1]dú
[5]dòu
扅 [23]yí
冢 [3]zhǒng
诼 [14]zhuó
扇 [1]shàn
[3]shān
诽 [5]fěi
袜 [1]wà
[19]mò
袪 [8]qū
袒 [3]tǎn
袖 [4]xiù
袍 [1]páo
袢 [5]pàn
被 [1]bèi
[8]pī
袎 [7]yào
祯 [14]zhēn
祧 [3]tiāo
祥 [3]xiáng
课 [1]kè
冥 [5]míng
诿 [15]wěi
谀 [26]yú
谁 shuí
shéi
谂 [5]shěn
调 [2]diào
[2]tiáo
冤 [1]yuān
谄 [5]chǎn
谅 [6]liàng
谆 [2]zhūn
谇 [9]suì
谈 [1]tán
谊 [17]yì
(フ) 書· [1]shū
剥 [2]bāo
[4]bō
恳 [4]kěn
展 [2]zhǎn
剧 [4]jù
屑 [3]xiè
屐 [16]jī
屙 [1]ē
[5]ā
弳· [15]jìng
弱 [2]ruò
陸· [5]lù
[4]liù
陵 [5]líng
陬 [1]zōu

陳· [5]chén
勐 [1]měng
牂 [4]zāng
孫· [1]sūn
蚩 [5]chī
祟 [6]suì
陲 [7]chuí
陴 [10]pí
陰· [3]yīn
陶 [4]táo
陷 [5]xiàn
陪 [1]péi
烝 [8]zhēng
姬 [15]jī
娠 [10]shēn
娱 [12]yú
娌 [12]lǐ
娉 [2]pīng
娟 [1]juān
娲 [5]wā
恕 [7]shù
娛· [12]yú
娥 [8]é
娩 [6]miǎn
[6]wǎn
娴 [10]xián
娣 [11]dì
娘 niáng
娓 [18]wěi
婀 [2]ē
皰· [3]pào
脅· [7]xié
畚 [2]běn
通 [1]tōng
[2]tòng
能 néng
难 [2]nán
nàn
逡 [1]qūn
预 [9]yù
[10]yù
務· [6]wù
桑 [1]sāng
绠 [7]gěng
骊 [13]lí
剝· [2]bāo
[4]bō
绡 [14]xiāo
骭 [14]hàn
骋 [2]chěng
绢 [5]juàn
绣 [2]xiù
𫄨 [10]chī
验 [4]yàn

绥 [2]suí
绦 [6]tāo
骍 [6]xīng
继 [9]jì
绨 [6]tí
骎 [6]qīn
𫘤 [3]ái
骏 [5]jùn
紜· [7]yún
紘· [12]hóng
純· [1]chún
紕· [5]pī
紗· [3]shā
納· [3]nà
紛· [3]fēn
紙· [3]zhǐ
紋· [3]wén
紡· [1]fǎng
紐· [2]niǔ
紓· [17]shū
邕 Yōng
鸶 [15]sī

11 strokes

(一) 彗 [14]huì
耜 [14]sì
焘 [9]dào
[8]tāo
舂 [4]chōng
球 [2]qiú
琏 [3]liǎn
琐 [4]suǒ
責· [3]zé
現· [3]xiàn
理 [3]lǐ
琀 [5]hán
麸 [5]fū
琉 [13]liú
琅 [4]láng
匭· [6]guǐ
規· [4]guī
捧 pěng
掭 tiàn
掛· [1]guà
[4]guà
堵 [1]dǔ
埡· [8]yā
揶 [3]yé
措 [2]cuò
描 [3]miáo
埴 [9]zhí

域 [15]yù
捱 [1]ái
捺 [2]nà
掎 [9]jǐ
掩 [3]yǎn
埯 [2]ǎn
捷 [10]jié
捯 [1]dáo
排 [1]pái
[3]pái
[1]pǎi
焉 [7]yān
掯 [1]kèn
掉 [1]diào
掳 [4]lǔ
掴 [2]guāi
[2]guó
捫· [2]mén
埸 [41]yì
捵 [1]chēn
堝· [5]guō
捶 [2]chuí
堄 [8]nì
赦 [6]shè
赧 [2]nǎn
推 [1]tuī
堆 duī
zuī
頂· [1]dǐng
埤 [7]pí
[8]pì
捭 [6]bǎi
掀 [2]xiān
捨· shě
掄· lūn
[7]lún
埰· [2]cài
採· [2]cǎi
授 [5]shòu
掙· [3]zhèng
[15]zhēng
捻 [2]niǎn
埝 [3]niàn
埠 [7]bù
教 [2]jiāo
[3]jiào
堍 [3]tù
掏 [1]tāo
掐 [1]qiā
掬 [6]jū
鸷 [38]zhì
掠 [2]lüè
lüě
掂 [1]diān

掖 [2]yē
[9]yè
捽 [2]zuó
培 [3]péi
掊 pǒu
接 [1]jiē
執· [4]zhí
掷 [9]zhì
捲· juǎn
掸 [2]dǎn
掞 [13]shàn
控 [2]kòng
壸 [4]kǔn
捩 [8]liè
掮 [8]qián
探 [2]tàn
埭 [14]dài
掃· [2]sǎo
[3]sào
埽 [2]sào
据 [6]jù
[15]jū
掘 [4]jué
堀 [3]kū
掺 [1]chān
掇 [2]duō
堊· [12]è
掼 [4]guàn
职 [5]zhí
聃 Dān
基 [7]jī
聆 [14]líng
勘 [5]kān
聊 [1]liáo
聍 [7]níng
娶 [2]qǔ
菁 [11]jīng
萇· [2]Cháng
菝 [4]bá
著 [11]zhù
zhe
zháo
[1]zhuó
[2]zhāo
[3]zhāo
菱 [9]líng
菢 [1]bào
萁 [28]qí
菘 [4]sōng
堇 [8]jǐn
靪 [11]dīng
勒 [1]lēi
[3]lè
黄 [1]huáng

萘 [2]nài
菴 [17]yǎn
[2]ān
萊· [2]lái
帶· [1]dài
萋 [16]qī
勩 [39]yì
菲 [3]fěi
[6]fēi
菽 [13]shū
菓 [1]guǒ
菖 [7]chāng
萌 [5]méng
萜 [4]tiē
萝 [7]luó
菌 [4]jūn
[2]jùn
萵· [6]wō
萎 [10]wěi
[3]wēi
萸 [30]yú
萆 [40]bì
菜 [1]cài
菔 [37]fú
菟 [4]tù
[8]tú
萄 [6]táo
萏 [17]dàn
菊 [3]jú
萃 [5]cuì
菩 [9]pú
菸 [5]yū
[1]yān
菏 [24]hé
萍 [7]píng
菹 [2]zū
菠 [7]bō
菪 [7]dàng
菀 [12]wǎn
菅 [17]jiān
萤 [8]yíng
营 [1]yíng
萦 [12]yíng
乾 [6]qián
[1]gān
萧 [9]xiāo
菉 [7]lù
菰 [7]gū
菡 [15]hàn
萨 Sà
菇 [8]gū
菑 [12]zī
梼 [8]táo
械 [10]xiè

彬 Bīn
[4]bīn
梦 [1]mèng
梵 [6]fàn
婪 [7]lán
桲 po
梗 [1]gěng
梧 [4]wú
梾 [5]lái
梿 [14]lián
梢 [3]shāo
桿· [4]gǎn
桯 [5]tīng
梏 [6]gù
[29]jué
梅 [7]méi
梔· [20]zhī
觋 [6]xí
检 [7]jiǎn
桴 [17]fú
桷 [18]jué
梓 [6]zǐ
梳 [4]shū
梯 [3]tī
桫 [12]suō
棂 [15]líng
桶 [1]tǒng
梭 [2]suō
救 [3]jiù
啬 [4]sè
軛· [5]è
斬· [3]zhǎn
軟· [1]ruǎn
專· [1]zhuān
匮 [5]kuì
[3]guì
曹 [1]cáo
敕 [7]chì
副 [1]fù
區· [1]qū
[2]Ōu
堅· [7]jiān
豉 [6]chǐ
票 [1]piào
鄄 Juàn
酝 [6]yùn
酞 [7]tài
酕 [10]máo
酗 [12]xù
酚 [2]fēn
酖 [10]dān
脣 [2]chún
厢 [6]xiāng
厣 [13]yǎn

戚 [9]qī
戛 [4]jiá
硅 [2]guī
硭 [7]máng
硒 [18]xī
硕 [2]shuò
硖 [1]xiá
硗 [9]qiāo
硐 [6]dòng
硙 [12]wéi
硇 [8]náo
硌 [4]gè
鸸 [5]ér
瓠 [9]hù
匏 [5]páo
奢 [2]shē
盔 [2]kuī
麥· [3]mài
爽 shuǎng
厩 [10]jiù
豝 [9]bā
聋 [3]lóng
龚 Gōng
袭 [2]xí
䴕 [11]liè
殒 [3]yǔn
殓 [6]liàn
殍 [4]piǎo
盛 [4]chéng
[2]shèng
赉 [6]lài
匾 [2]biǎn
雩 [21]yú
雪 [1]xuě
頃· [2]qǐng
辄 [8]zhé
辅 [6]fǔ
辆 [3]liàng
堑 [8]qiàn
(丨) 龁 [20]hé
砦 [2]zhài
眥· [5]zì
鹵· [2]lǔ
颅 [2]lú
虚 [4]xū
彪 [4]biāo
處· [1]chù
[1]chǔ
雀 [3]què
[6]qiāo
[3]qiǎo
堂 [2]táng
[5]tāng
常 [2]cháng

眶 [4]kuàng
眭 Suī
唪 [2]fěng
畢· [8]bì
眦 [5]zì
啧 [5]zé
匙 [1]shi
[6]chí
哺 [2]bū
唔 [10]wù
晨 [2]chén
眺 [2]tiào
敗· [1]bài
販· [4]fàn
貶· [3]biǎn
眵 [9]chī
睁 [1]zhēng
眯 [1]mī
[3]mí
眼 [1]yǎn
眸 [3]móu
悬 [1]xuán
野 [2]yě
圊 [8]qīng
啪 [2]pā
啦 la
[2]lā
[2]lá
啞· [1]yǎ
[1]yā
喏 [3]rě
喵 miāo
啉 [15]lín
閆· [2]Yán
閉· [2]bì
勗 [16]xù
勖 [16]xù
問· [1]wèn
婁· [4]lóu
曼 [5]màn
晦 [9]huì
喯 [4]bēn
晞 [24]xī
晗 [6]hán
晚 [2]wǎn
冕 [5]miǎn
啄 [2]zhuó
啭 [6]zhuàn
啡 [10]fēi
畦 [7]qí
異· [8]yì
趼 [20]jiǎn
趺 [7]fū
[8]fū

跂 [10]qí
[11]qǐ
[16]qì
距 [7]jù
趾 [6]zhǐ
啃 [2]kěn
跃 [3]yuè
啮 [5]niè
跄 [4]qiàng
[11]qiāng
略 [1]lüè
蚶 [5]hān
蛄 [15]gū
[22]gǔ
蛎 [40]lì
蛆 [16]jū
[7]qū
蚰 [12]yóu
蚺 [4]rán
蛊 [12]gǔ
圉 [8]yǔ
蚱 [8]zhà
蚯 [3]qiū
蛉 [21]líng
蛀 [10]zhù
蛇 [1]shé
[19]yí
蛏 [6]chēng
蚴 [13]yòu
唬 [2]hǔ
累 [2]lèi
[1]lěi
[3]lěi
[6]léi
鄂 È
唱 [1]chàng
國· [1]guó
患 [3]huàn
啰 [4]luō
喎· [2]wāi
唾 [2]tuò
唲 [6]ér
唯 [3]wéi
[8]wěi
啤 [12]pí
啥 shá
啁 [8]zhāo
[11]zhōu
啕 [5]táo
唿 [7]hū
啐 [2]cuì
唼 [5]shà
唷 [2]yō
啖 [11]dàn

啵 [1]bo
啶 [9]dìng
啷 lāng
唳 [34]lì
啸 [5]xiào
啜 [2]chuò
帻 [7]zé
帳· [1]zhàng
[2]zhàng
崚 [5]léng
崧 [3]sōng
崖 [3]yá
崎 [12]qí
崦 [2]Yān
崭 [5]zhǎn
罣· [1]guà
[4]guà
眾· [4]zhòng
逻 [6]luó
崑 [7]kūn
帼 [5]guó
崗· [2]gǎng
[7]gāng
[4]gàng
崔 [4]cuī
帷 [8]wéi
崟 [9]yín
崙 [9]lún
崢· [13]zhēng
崩 [2]bēng
崇 [3]chóng
崛 [20]jué
赇 [8]qiú
圇· [8]lún
赈 [5]zhèn
婴 [6]yīng
赊 [1]shē
圈 [1]quān
[2]juàn
[4]juān
過· guò
guo
(丿) 铐 [2]kào
铑 [3]lǎo
铒 [6]ěr
铕 [7]yǒu
铗 [13]jiā
[5]jiá
铘 [5]yé
铙 [2]náo
铛 [5]dāng
[3]chēng
铜 [2]tóng
铝 [1]lǚ

铞 [6]diào
铟 [7]yīn
铠 [6]kǎi
铡 [4]zhá
铢 [12]zhū
铣 [3]xǐ
[9]xiǎn
铤 [7]dìng
[5]tǐng
铥 [2]diū
铦 [8]xiān
铧 [7]huá
铨 [12]quán
铩 [9]shā
铪 [2]hā
铫 [5]diào
铭 [4]míng
铬 [3]gè
铮 [16]zhēng
[8]zhèng
铯 [5]sè
铰 [8]jiǎo
铱 [7]yī
铲 [2]chǎn
铳 [2]chòng
铴 [6]tāng
铵 [4]ǎn
银 [1]yín
铷 [6]rú
鉢· [5]bō
矫 [6]jiǎo
[2]jiáo
氪 [6]kè
氫· [4]qīng
牾 [15]wǔ
牿 [8]gù
甜 [3]tián
鸹 [6]guā
秸 [8]jiē
梨 [2]lí
犁 [4]lí
秽 [10]huì
䄻 [9]táo
移 [1]yí
秾 [6]nóng
逶 [9]wēi
動· [1]dòng
笺 [11]jiān
筇 [4]qióng
笨 [2]bèn
笸 [3]pǒ
笼 [2]lóng
[3]lǒng
笛 [2]dí

笙 [5]shēng
符 [11]fú
笭 [23]líng
笠 [10]lì
笥 [16]sì
第 [1]dì
笤 [4]tiáo
笳 [19]jiā
笾 [6]biān
笞 [7]chī
敏 [2]mǐn
偾 [6]fèn
做 [1]zuò
鸺 [8]xiū
偃 [6]yǎn
偭 [4]miǎn
偕 [6]xié
袋 [5]dài
偵· [6]zhēn
悠 [2]yōu
偿 [6]cháng
側· [1]cè
[4]zhāi
偶 [1]ǒu
偈 [35]jì
偎 [2]wēi
傀 [2]kuǐ
[10]guī
偷 tōu
您 nín
貨· [2]huò
偬 [2]zǒng
售 [4]shòu
進· [1]jìn
停 [1]tíng
偻 [9]lǚ
[5]lóu
偽· [2]wěi
偏 [2]piān
躯 [12]qū
梟· [7]xiāo
[8]xiāo
鳥· [1]niǎo
diǎo
皑 [4]ái
兜 [2]dōu
皎 [11]jiǎo
假 [1]jiǎ
[4]jià
偉· [5]wěi
衅 [2]xìn
鸻 [6]héng
術· [5]shù
[9]zhú

徕· [4]lái
徘 [5]pái
徙 [5]xǐ
徜 [8]cháng
得 [3]de
[1]dé
děi
衔 [4]xián
從· [1]cóng
[10]cōng
[1]zòng
衒 [5]xuàn
啟· [3]qǐ
舸 [2]gě
舻 [8]lú
舳 [8]zhú
盘 [1]pán
舴 [9]zé
舶 [12]bó
舲 [18]líng
船 [1]chuán
鸼 [10]zhōu
舷 [8]xián
舵 [3]duò
敘· [4]xù
斜 [2]xié
釭 [8]gāng
釷· [3]tǔ
釺· [9]qiān
釧· [2]chuàn
釤· [4]shān
釣· [3]diào
釩· [7]fán
釹· [2]nǚ
釵· [3]chāi
龛 [6]kān
盒 [4]hé
鸽 [5]gē
欷 [28]xī
敛 [2]liǎn
悉 [16]xī
欲 [2]yù
彩 [3]cǎi
覓· [3]mì
貪· [3]tān
领 [1]lǐng
翎 [8]líng
貧· [1]pín
脚 [1]jiǎo
[5]jué
脖 [1]bó
脯 [4]pú
[9]fǔ
脰 [6]dòu

豚 [4]tún
腻 [5]de
te
脛 [9]jìng
脸 [1]liǎn
脞 cuǒ
脬 [3]pāo
脝 [3]hēng
脱 [2]tuō
脘 [10]wǎn
脲 [2]niào
脧 [7]juān
彫 [2]diāo
週 [2]zhōu
匐 [39]fú
虹 [12]gōng
[9]hóng
䲝 [14]xù
魚· [2]yú
象 [2]xiàng
[4]xiàng
够 [1]gòu
逸 [21]yì
猜 cāi
猪 [1]zhū
猎 [5]liè
猫 māo
[7]máo
猗 [12]yī
[4]ē
凰 [13]huáng
猖 [2]chāng
猡 [9]luó
猊 [10]ní
猞 [3]shē
猙· [12]zhēng
猝 [8]cù
斛 [14]hú
觖 [17]jué
猕 [9]mí
猛 [1]měng
馗 [7]kuí
夠· [1]gòu
祭 [12]jì
馃 [4]guǒ
馄 [5]hún
馅 [7]xiàn
馆 [2]guǎn
凑 [1]còu
詎· [19]jù
訝· [3]yà
訥· nè
許· [1]xǔ
[4]hǔ

訛· [2]é
訢· [7]xīn
訟· [4]sòng
設· [3]shè
訪· [2]fǎng
訣· [7]jué
减 [2]jiǎn
鸾 [2]luán
毫 [1]háo
孰 [3]shú
烹 [2]pēng
庶 [11]shù
庹 [2]tuǒ
麻 [2]má
[3]mā
庵 [2]ān
庾 [9]yǔ
痔 [14]zhì
痖 [1]yǎ
痏 [13]wěi
痍 [12]yí
疵 [4]cī
產· [1]chǎn
痊 [9]quán
痒 [4]yǎng
痕 hén
衮 [5]gǔn
䴔 [18]jiāo
廊 [2]láng
康 [2]kāng
庸 [4]yōng
鹿 [3]lù
盗 [5]dào
章 [2]zhāng
竟 [1]jìng
産· [1]chǎn
翊 [47]yì
商 [2]shāng
旌 [12]jīng
族 [2]zú
旎 [3]nǐ
旋 [2]xuán
[1]xuàn
望 [1]wàng
袤 [8]mào
率 [2]lǜ
[1]shuài
牽· [2]qiān
阇 [4]shé
阈 [32]yù
阉 [4]yān
阊 [8]chāng
阋 [11]xì
阍 [4]hūn

阎 [1]Yán
阏 [17]è
[12]yān
阐 [3]chǎn
着 zhe
zháo
[1]zhuó
[2]zhāo
[3]zhāo
羚 [13]líng
羝 [6]dī
羟 [5]qiǎng
盖 [1]gài
眷 [4]juàn
粝 [27]lì
粘 [2]zhān
[2]nián
粗 cū
粕 [5]pò
粒 [3]lì
断 [2]duàn
剪 [3]jiǎn
兽 [3]shòu
敝 [11]bì
焐 [11]wù
烴· [4]tīng
焊 [3]hàn
烯 [41]xī
焓 [8]hán
焕 [5]huàn
烽 [8]fēng
焖 [2]mèn
烷 [5]wán
焗 [5]jú
焌 [10]qū
清 [2]qīng
渍 [4]zì
添 [2]tiān
渚 [5]zhǔ
鸿 [5]hóng
淇 [1]Qí
淋 [3]lín
[2]lìn
[2]lǐn
淅 [29]xī
淞 [5]sōng
渎 [7]dú
涯 [4]yá
淹 [2]yān
涿 [4]zhuō
渠 [1]qú
渐 [6]jiàn
[15]jiān
淺· [1]qiǎn

淑 [8]shū
淖 [2]nào
挲 [11]suō
[3]sā
sha
淌 [2]tǎng
混 [1]hùn
[4]hún
淟 [6]tiǎn
涸 [15]hé
渦· [3]wō
淮 Huái
淦 [2]Gàn
淪· [2]lún
淆 xiáo
渊 [2]yuān
淫 [4]yín
淨· [3]jìng
渔 [7]yú
淘 [3]táo
淴 [8]hū
涼· [1]liáng
[5]liàng
淳 [4]chún
液 [5]yè
淬 [7]cuì
涪 Fú
淤 [3]yū
淡 [3]dàn
淙 [4]cóng
淀 [3]diàn
[4]diàn
渖 [3]shěn
淚· [4]lèi
深 [2]shēn
渌 [13]lù
涮 shuàn
涵 [4]hán
婆 [1]pó
梁 Liáng
[4]liáng
渗 [2]shèn
淥· [13]lù
淄 Zī
情 [1]qíng
惬 [7]qiè
悵· [4]chàng
悻 [6]xìng
惜 [10]xī
惭 [3]cán
悱 [6]fěi
悼 [6]dào
惝 [5]chǎng
[6]tǎng

惧 [5]jù
惕 [7]tì
惘 [4]wǎng
悸 [26]jì
惟 [3]wéi
惆 [7]chóu
惛 [5]hūn
惚 [6]hū
惊 [2]jīng
惇 [5]dūn
惦 [6]diàn
悴 [6]cuì
惓 [14]quán
惮 [10]dàn
悾 [2]kōng
惋 [8]wǎn
惨 [1]cǎn
惙 [4]chuò
惯 [1]guàn
寇 [2]kòu
寅 [3]yín
寄 [3]jì
寂 [24]jì
宿 [5]sù
[1]xiǔ
[6]xiù
窒 [23]zhì
窑 [2]yáo
窕 [2]tiǎo
寀· [2]cài
密 [1]mì
逭 [11]huàn
谋 [1]móu
谍 [5]dié
谎 [2]huǎng
谏 [15]jiàn
扈 [7]hù
皲 [6]jūn
谐 [10]xié
谑 [2]xuè
裤 [1]kù
裆 [3]dāng
袱 [20]fú
袷 [3]qiā
[1]jiá
袼 [13]gē
裈 [5]kūn
裉 [2]kèn
祷 [6]dǎo
視· [9]shì
祸 [3]huò
谒 [11]yè
谓 [9]wèi
𫍰 [10]xǐ

谔 [13]è
𫍲 [4]xiǎo
谕 [24]yù
谖 [10]xuān
谗 [7]chán
谘 [8]zī
谙 [5]ān
谚 [15]yàn
谛 [14]dì
谜 [2]mí
[7]mèi
谝 piǎn
晝· [2]zhòu
逮 [10]dài
[1]dǎi
逯 Lù
焄 [7]xūn
敢 [2]gǎn
尉 [13]wèi
屠 [5]tú
屜· [3]tì
張· [1]zhāng
艴 [28]fú
弹 [4]dàn
[2]tán
強· [1]qiáng
[2]qiǎng
[9]jiàng
隋 Suí
堕 [4]duò
随 [1]suí
將· [1]jiāng
[4]jiàng
[6]qiāng
蛋 [2]dàn
階· [3]jiē
陽· [5]yáng
隅 [9]yú
粜 [3]tiào
隉· [12]niè
隍 [8]huáng
隗 [9]kuí
隆 [4]lóng
lōng
隐 [3]yǐn
隊· [2]duì
婊 [2]biǎo
婭· [6]yà
婳 [6]huà
婕 [17]jié
娼 [3]chāng
媧· [5]wā
婐 [2]wǒ
婢 [20]bì

婚 [3]hūn
婵 [10]chán
婶 [1]shěn
婉 [6]wǎn
婦· [14]fù
胬 [3]nǔ
袈 [17]jiā
颇 [2]pō
颈 [3]jǐng
[6]gěng
習· [3]xí
翌 [33]yì
恿 [10]yǒng
欸 [3]ǎi
叄· [2]sān
參· [2]cān
[5]shēn
cēn
绩 [11]jì
绪 [6]xù
绫 [17]líng
骐 [24]qí
续 [2]xù
骑 [2]qí
绮 [8]qǐ
绯 [8]fēi
绰 [1]chuò
绱 [3]shàng
骒 [9]kè
绲 [4]gǔn
绳 shéng
维 [5]wéi
骓 [4]zhuī
绵 [3]mián
绶 [8]shòu
绷 [1]bēng
běng
[4]bèng
绸 [3]chóu
绺 [2]liǔ
绻 [3]quǎn
综 [5]zōng
绽 [5]zhàn
绾 [4]wǎn
骕 [21]sù
绿 [1]lǜ
[7]lù
骖 [3]cān
缀 [2]zhuì
[3]chuò
缁 [11]zī
貫· [5]guàn
鄉· [3]xiāng
紺· [2]gàn

間· [1]jiān
[17]jiàn
[16]gān
晶 [6]jīng
閒· [1]xián
閔· [3]mǐn
閌· [4]kāng
悶· mēn
[1]mèn
喇 [1]lǎ
[5]lā
[3]lá
遇 [1]yù
喓 [9]yāo
戥 [2]děng
喊 [1]hǎn
喱 [18]lí
喹 [10]kuí
遏 [7]è
晷 [3]guǐ
景 [2]jǐng
晾 [4]liàng
晬 [4]zuì
喈 [10]jiē
𬀩 [8]chóu
践 [14]jiàn
跖 Zhí
[11]zhí
跋 [2]bá
跌 [2]diē
跗 [7]fū
跅 [4]tuò
跞 [8]luò
跚 [15]shān
跑 pǎo
[4]páo
跎 [14]tuó
跏 [20]jiā
跛 [2]bǒ
[30]bì
跆 [10]tái
貴· [2]guì
遗 [7]yí
[10]wèi
蛙 [3]wā
蛣 [19]qī
蛚 [14]liè
蛱 [7]jiá
蛲 [9]náo
蛭 [24]zhì
蛳 [14]sī
蛐 [16]qū
蛔 [5]huí
蛛 [6]zhū

蜓 [7]tíng
蛞 [5]kuò
蜒 [14]yán
蛤 [1]há
[10]gé
蛴 [29]qí
蛟 [11]jiāo
蛑 [6]móu
覥 [4]tiǎn
鄖· Yún
勛· [3]xūn
喁 [1]yóng
喝 [1]hē
[1]hè
鹃 [8]juān
喂 [4]wèi
喟 [3]kuì
單· [1]dān
[14]chán
[1]Shàn
喦 [6]yán
斝 [6]jiǎ
喘 [1]chuǎn
啾 [8]jiū
嗖 [3]sōu
喉 [1]hóu
喻 [23]yù
喚· [2]huàn
喑 [9]yīn
啼 [4]tí
嗟 [7]jiē
喽 lou
[6]lóu
喧 [5]xuān
喀 [4]kā
喔 ō
[2]wō
喙 [15]huì
喲· [1]yō
yo
嵌 [2]qiàn
嵘 [11]róng
幅 [10]fú
剴· [7]kǎi
凱· [4]kǎi
崴 wǎi
遄 [4]chuán
買· mǎi
幀· [4]zhēn
詈 [30]lì
帽 [2]mào
崽 [3]zǎi
嵒· [6]yán
嵬 [10]wéi

嵐· [11]lán
嵯 [4]cuó
嵫 [20]zī
幄 [6]wò
幃· [8]wéi
嵋 [16]méi
赋 [13]fù
䞍 [6]qíng
赌 [2]dǔ
赎 [2]shú
赐 [3]cì
淼 [6]miǎo
赔 [2]péi
黑 [1]hēi
圍· [2]wéi
骫 [16]wěi
(丿) 铸 [8]zhù
铹 [5]láo
铺 [2]pū
[1]pù
铼 [3]lái
铽 [5]tè
链 [3]liàn
铿 [3]kēng
销 [3]xiāo
锁 [2]suǒ
锃 [4]zèng
锄 [2]chú
锂 [6]lǐ
锅 [1]guō
锆 [4]gào
锇 [6]é
锈 [1]xiù
锉 [4]cuò
锋 [6]fēng
锌 [5]xīn
锍 [3]liǔ
锎 [3]kāi
锏 [10]jiǎn
锐 [1]ruì
锑 [4]tī
锒 [8]láng
锔 [4]jú
[7]jū
锕 [3]ā
甥 [7]shēng
無· [1]wú
[11]mó
掣 [3]chè
掰 bāi
短 duǎn
智 [12]zhì
矬 [1]cuó
氰 [4]qíng

氬· [9]yà
毳 [9]cuì
毰 [5]péi
毯 [1]tǎn
氮 [6]dàn
毽 [19]jiàn
氯 [4]lǜ
犊 [4]dú
犄 [31]jī
犋 [20]jù
鹄 [17]hú
[10]gǔ
犍 [18]jiān
鹅 [1]é
剩 [1]shèng
嵇 Jī
稍 [2]shāo
[7]shào
稈· [1]gǎn
程 [6]chéng
稀 [3]xī
黍 [8]shǔ
稅· [2]shuì
稃 [6]fū
税 [2]shuì
稊 [7]tí
稂 [5]láng
喬· [3]qiáo
筐 [1]kuāng
等 [1]děng
筘 [4]kòu
筑 [2]zhù
策 [2]cè
筚 [33]bì
筛 shāi
筒 [2]tǒng
筅 [11]xiǎn
筏 [5]fá
筵 [12]yán
筌 [6]quán
答 [2]dá
[5]dā
筋 [4]jīn
筍· [2]sǔn
筝 [10]zhēng
筆· [2]bǐ
傣 Dǎi
傲 [1]ào
備· [4]bèi
傅 [17]fù
傈 [1]Lì
舄 [7]xì
[8]xì
牍 [5]dú

牌 [2]pái
貸· [6]dài
蜑 [18]dàn
順· [1]shùn
翛 [15]xiāo
絛· [6]tāo
傥 [4]tǎng
堡 [4]bǎo
[5]bǔ
[4]pù
傖· [4]cāng
chen
傑· [5]jié
集 [6]jí
雋· [7]juàn
焦 [5]jiāo
傍 [3]bàng
傢 [14]jiā
傧 [5]bīn
储 [3]chǔ
遑 [15]huáng
皓 [5]hào
皖 Wǎn
鄔· Wū
粤 Yuè
奥 [3]ào
傩 [2]nuó
遁 [6]dùn
街 [2]jiē
惩 [9]chéng
衕· [4]tòng
御 [12]yù
[13]yù
[14]yù
復· [5]fù
徨 [14]huáng
循 [2]xún
須· [1]xū
舾 [49]xī
艇 [2]tǐng
舒 [5]shū
畲 [23]yú
[4]shē
畲 Shē
鈇· [11]fū
鈣· [2]gài
鈈· [10]bù
鈦· [6]tài
鉅· [14]jù
鈍· [4]dùn
鈔· [3]chāo
鈉· [4]nà
鈐· [9]qián
欽· [3]qīn

鈞· [5]jūn
鈧· [3]kàng
鈁· [5]fāng
鈥· [4]huǒ
鈕· [3]niǔ
鈀· [3]bǎ
弑 [30]shì
逾 [8]yú
颌 [18]hé
翕 [31]xī
殽 xiáo
番 [2]fān
[5]fān
[2]Pān
釉 [5]yòu
释 [20]shì
爺· [1]yé
鹆 [40]yù
傘· [2]sǎn
禽 [5]qín
爲· [1]wèi
[1]wéi
舜 Shùn
貂 [6]diāo
創· [1]chuàng
[3]chuāng
飩· tun
飪· [10]rèn
飫· [33]yù
飭· [9]chì
飯· [1]fàn
飲· [2]yǐn
[2]yìn
腈 [14]jīng
脹· [5]zhàng
腊 [4]là
腖· [8]dòng
腌 [3]yān
[4]ā
腓 [2]féi
腆 [2]tiǎn
䐃 [9]jùn
腴 [19]yú
脾 [2]pí
腋 [6]yè
腑 [12]fǔ
勝· [3]shèng
腙 [6]zōng
腚 [6]dìng
腔 [2]qiāng
腕 [2]wàn
腱 [20]jiàn
腡· [10]luó
鱿 [17]yóu

鲀 [5]tún
鲁 [1]lǔ
鲂 [4]fáng
颍 [2]Yǐng
猢 [22]hú
猹 [3]zhā
欿 [5]kǎn
猅 [12]tí
猩 [5]xīng
猥 [11]wěi
猬 [14]wèi
猾 [5]huá
猴 [2]hóu
飓 [26]jù
猶· [6]yóu
觞 [6]shāng
觚 [9]gū
觝 [2]dǐ
猸 [15]méi
猱 [7]náo
惫 [9]bèi
飧 [2]sūn
然 [2]rán
貿· [4]mào
馇 [6]chā
鄒· [1]Zōu
馈 [4]kuì
馊 [4]sōu
馆 [19]huáng
馋 [1]chán
(丶) 証· [6]zhèng
詁· [13]gǔ
訶· [4]hē
評· [4]píng
詛· [5]zǔ
詐· [4]zhà
訴· [4]sù
診· [3]zhěn
詆· [7]dǐ
註· [6]zhù
詑· [21]yí
詠· [5]yǒng
詞· [1]cí
詘· [14]qū
詔· [7]zhào
詖· [38]bì
馮· [11]píng
Féng
亵 [13]xiè
凓· [14]lì
装 [1]zhuāng
蛮 [2]mán
脔 [7]luán
就 [1]jiù

13 strokes

辔 [3]pèi
缝 [2]féng
[1]fèng
骝 [11]liú
缞 [5]cuī
缟 [4]gǎo
缠 [2]chán
缡 [9]lí
缢 [46]yì
缣 [19]jiān
缤 [7]bīn
骟 [6]shàn
彙• [3]huì
綆• [7]gěng
經• [1]jīng
綃• [14]xiāo
絹• [5]juàn
絺• [10]chī
綏• [2]suí
綈• [6]tí
剿 [7]jiǎo
[6]chāo

14 strokes

(一) 耥 [3]tāng
瑪• [4]mǎ
瑱 [7]zhèn
璉• [3]liǎn
瑣• [4]suǒ
静 [2]jìng
碧 [7]bì
瑶 [6]yáo
瑲• [9]qiāng
瑤• [6]yáo
璃 [16]lí
瑭 [11]táng
獒 [10]áo
赘 [3]zhuì
熬 [1]áo
[2]āo
觏 [6]gòu
慝 [4]tè
嫠 [8]lí
韬 [2]tāo
髦 [5]máo
墙 [2]qiáng
摶• [2]tuán
摳• [1]kōu
摽 [8]biāo
[1]biào
駁• [2]bó
駃• [30]jué
摴 [5]chū
趙• Zhào
趕• [5]gǎn
墟 [8]xū
[9]xū
摟• [1]lǒu
[1]lōu
墁 [3]màn
摎 [2]liào
摞 [2]luò
摑• [2]guāi
[2]guó
嘉 [8]jiā
臺• [1]tái
摧 [2]cuī
攖 [10]yīng
撾• [7]wō
[2]zhuā
赫 [8]hè
截 [3]jié
翥 [17]zhù
踅 [3]xué
誓 [12]shì
摭 [8]zhí
墉 [9]yōng
境 [5]jìng
摘 [1]zhāi
墒 [3]shāng
摔 [1]shuāi
墊• [5]diàn
撇 [1]piě
[2]piē
彀 [19]gǔ
壽• [6]shòu
撖 [2]Hàn
摺 [4]zhé
摻• [1]chān
摜• [4]guàn
聝 [4]guó
綦 [21]qí
聚 [8]jù
蔫 [2]niān
蔷 [5]qiáng
靺 Mò
蓴• [5]chún
靼 [8]dá
鞅 [6]yàng
[5]yāng
靿 [7]yào
蔌 [12]sù
勩• [39]yì
蓽• [33]bì
[34]bì
慕 [8]mù
暮 [9]mù
摹 [7]mó
蔞• [7]lóu
蔓 [3]wàn
[6]màn
[7]mán
蔑 [3]miè
甍 [7]méng
蔦• [3]niǎo
蔸 [4]dōu
蔥• [1]cōng
蓰 [8]xǐ
蓯• [8]cōng
蔹 [4]liǎn
蔔• [2]bo
蔡 Cài
蔗 [2]zhè
蔟 [6]cù
蔺 [5]lìn
戬 [13]jiǎn
蔽 [10]bì
蕖 [11]qú
蔻 [5]kòu
蓿 xu
蔼 [4]ǎi
斡 [5]wò
熙 [21]xī
蔚 [12]wèi
鹕 [25]hú
兢 [9]jīng
嘏 [16]gǔ
蔣• Jiǎng
蓼 [4]liǎo
[17]lù
榛 [9]zhēn
構• [7]gòu
榧 [7]fěi
樺• [5]huà
模 [2]mó
mú
槤• [14]lián
槅 [11]gé
槚 [7]jiǎ
槛 [4]kǎn
[21]jiàn
榻 [3]tà
榿• [13]qī
榲• [6]wēn
榫 [4]sǔn
榭 [11]xiè
槔 [9]gāo
覡• [6]xí
槄 [11]tāo
槍• [1]qiāng
[8]chēng
榴 [5]liú
榱 [3]cuī
槁 [6]gǎo
槨• [3]guǒ
榜 [2]bǎng
[8]bàng
槟 [3]bīng
[6]bīn
榨 [3]zhà
榕 [9]róng
槠 [9]zhū
榷 [5]què
輒• [8]zhé
輔• [6]fǔ
輕• [1]qīng
塹• [8]qiàn
輓• [5]wǎn
匱• [5]kuì
[3]guì
歌 [1]gē
遭 [1]zāo
𫛶 [13]chì
監• [10]jiān
[18]jiàn
緊• [1]jǐn
遷• [4]qiān
酵 [8]jiào
酽 [10]yàn
酺 [5]pú
酲 [17]chéng
酷 [3]kù
酶 [5]méi
酴 [7]tú
酹 [6]lèi
酿 niàng
酸 [1]suān
厮 [8]sī
厲• [8]lì
碡 [3]zhóu
碪 [8]zhēn
碟 [2]dié
碴 [6]chá
[8]chā
厭• [2]yàn
[11]yān
碱 [4]jiǎn
碩• [2]shuò
碣 [13]jié
碨 [15]wèi
碳 [3]tàn
碫 [7]duàn
碸• [12]fēng
碲 [10]dì
磋 [3]cuō
磁 [5]cí
碹 [3]xuàn
愿 [2]yuàn
奩• [10]lián
爾• [2]ěr
劂 [26]jué
奪• [1]duó
臧 [3]zāng
豨 [40]xī
殞• [3]yǔn
殡 [3]bìn
需 [3]xū
霆 [5]tíng
霁 [21]jì
辕 [11]yuán
辖 [7]xiá
辗 [6]zhǎn
鳶• [4]yuān
戩• [13]jiǎn
巯• [15]qiú
(丨) 蜚 [8]fěi
[4]fēi
裴 Péi
翡 [9]fěi
鬥• [2]dòu
雌 [4]cí
龇 [6]zī
龈 [7]yín
睿 [4]ruì
虡 [25]jù
對• [1]duì
嘗• [4]cháng
裳 [7]cháng
[2]shang
䴗 [8]jú
嘖• [5]zé
𫛸 [11]tí
曄• [10]yè
颗 [1]kē
夥 [2]huǒ
[3]huò
瞅 [1]chǒu
qiu
瞍 [3]sǒu
賕• [8]qiú
賑• [5]zhèn
賒• [1]shē
瞇 [1]mī
[3]mí
瞜 [2]lōu
睽 [6]kuí
墅 [10]shù
嘆• [1]tàn
嘞 lei
[2]lē
暢• [2]chàng
閨• [5]guī
聞• [2]wén
閩• Mǐn
閭• [2]lǘ
閥• [4]fá
閤 [17]hé
閣• [3]gé
閡• [13]hé
嘈 [3]cáo
[3]cāo
嗽 sòu
嘔• [2]ǒu
[3]òu
[6]ōu
嘌 [4]piào
嘁 [18]qī
嘎 [1]gā
[1]gǎ
[3]gá
暧 [7]ài
鹖 [19]hé
暝 [7]míng
踌 [12]chóu
踉 [9]liàng
[11]liáng
跼 [6]jú
踊 [9]yǒng
蜻 [9]qīng
蜞 [30]qí
蜡 [3]là
蜥 [32]xī
蝀 [6]dōng
蜮 [39]yù
蜾 [5]guǒ
蝈 [4]guō
蜴 [52]yì
蝇 [3]yíng
蝸• [4]wō
蜘 [15]zhī
蝂 [5]bǎn
蜱 [4]pí
蜩 [5]tiáo
蜷 [5]quán
蝉 [4]chán
蜿 [5]wān
螂 [7]láng
蜢 [7]měng
蝃 [15]dì
嘘 [5]xū
[8]shī
嘡 [7]tāng
嗶• [42]bì
鹗 [14]è
團• [1]tuán
嘍• lou
[6]lóu
鄲• [8]dān
嵒• [6]yán
嘣 [3]bēng
嘤 [9]yīng
鳴• [3]míng
嘚 dē
嘛 [2]ma
[1]má
嘀 [12]dí
[8]dī
嗾 [2]sǒu
嘧 [8]mì
幘• [7]zé
嵽 [16]dié
嶄• [5]zhǎn
嶇• [17]qū
獃• [3]ái
罴 [5]pí
罱 [7]lǎn
罳 [13]sī
罰• [2]fá
幔 [4]màn
幗• [5]guó
幛 [9]zhàng
嶂 [11]zhàng
圖• [1]tú
赙 [24]fù
罂 [12]yīng
赚 [2]zhuàn
[3]zuàn
骷 [5]kū
骶 [8]dǐ
鹘 [18]hú
[23]gǔ
(丿) 锲 [9]qiè
锶 [11]sī
锷 [16]è
锸 [7]chā
锹 [2]qiāo
锺 [4]zhōng
[5]zhōng
锻 [3]duàn
锼 [6]sōu
锾 [5]huán
锵 [4]qiāng
锿 [6]āi
镀 [4]dù
镁 [3]měi

15 strokes

镇 [2]zhèn
镉 [8]gé
镌 [5]juān
镍 [1]niè
镎 [2]ná
镏 [10]liú
[8]liù
镐 [3]gǎo
[7]hào
镑 [5]bàng
镓 [7]jiā
镔 [8]bīn
镕 [5]róng
靠 [1]kào
稹· [5]zhěn
稽 [11]jī
[9]qǐ
稷 [29]jì
稻 [4]dào
黎 [11]lí
稿 [2]gǎo
稼 [6]jià
篋· [8]qiè
箱 [4]xiāng
範· [5]fàn
箴 [11]zhēn
箵 [7]xīng
篑 [7]kuì
篁 [11]huáng
篌 [5]hóu
篓 [2]lǒu
箭 [4]jiàn
篇 [1]piān
篨 [9]chú
篆 [4]zhuàn
僵 [3]jiāng
價· [2]jià
[2]jie
牖 [4]yǒu
儂· [4]nóng
儇 [9]xuān
儉· [9]jiǎn
儈· [5]kuài
儋 [13]dàn
億· [1]yì
儀· [3]yí
躺 [1]tǎng
躶 [1]luǒ
觖· [21]jué
皚· [4]ái
樂· [1]lè
[5]yuè
僻 [4]pì
質· [5]zhì

衚· [13]hú
德 [2]dé
䴘 [6]tī
徵 [8]zhǐ
[4]zhēng
衝· [1]chòng
[1]chōng
[5]chōng
慫· [2]sǒng
徹· [2]chè
衛· [8]wèi
艘 [1]sōu
艎 [17]huáng
磐 [5]pán
盤· [1]pán
艏 [4]shǒu
鋪· [2]pū
[1]pù
鋏· [13]jiá
[5]jiá
鋱· [5]tè
銷· [3]xiāo
鋥· [4]zèng
鋇· [10]bèi
鋤· [2]chú
鋰· [6]lǐ
鋯· [4]gào
鋨· [6]é
鋭· [1]ruì
銼· [4]cuò
鋒· [6]fēng
鋅· [5]xīn
鋶· [3]liǔ
銻· [4]tī
鋃· [8]láng
鋦· [4]jú
[7]jū
錒· [3]ā
頜· [18]hé
劍· [7]jiàn
劊· [5]guì
鄶· Kuài
虢 Guó
鹞 [8]yào
貓· māo
[7]máo
餑· [8]bō
餔· [11]bù
[3]bū
餗· [14]sù
餖· [8]dòu
餓· [1]è
餘· [3]Yú
[3]yú

餒· [2]něi
鹟 [3]wēng
膝 [9]xī
膘 [2]biāo
膛 [4]táng
膕 [3]guó
膗 chuái
滕 Téng
膣 [30]zhì
膙 [5]jiǎng
膠· [6]jiāo
鴇· [6]bǎo
颳· [2]guā
鯆 [4]bū
鲠 [5]gěng
鲡 [15]lí
鲢 [11]lián
鲥 [10]shí
鲤 [10]lǐ
鲦 [9]tiáo
鲩 [8]huàn
鲫 [32]jì
魷· [17]yóu
魨· [5]tún
魯· [1]lǔ
魴· [4]fáng
潁· [2]Yǐng
敻 xiòng
橥 [10]zhū
獗 [28]jué
獠 [13]liáo
觭 [13]jī
[31]jī
[5]qí
鹠 [14]liú
劉· Liú
饊· [3]sǎn
皺· [1]zhòu
馔 [7]zhuàn
(丶) 請· [1]qǐng
諸· [4]zhū
諏· [2]zōu
諾· [1]nuò
諑· [14]zhuó
誹· [5]fěi
課· [1]kè
諉· [15]wěi
諛· [26]yú
誰· shuí
shéi
論· lùn
[4]lún
諍· [7]zhèng
諗· [5]shěn

調· [2]diào
[2]tiáo
諂· [5]chǎn
諒· [6]liàng
諄· [2]zhūn
誶· [9]suì
談· [1]tán
誼· [17]yì
鲞 [10]jiāng
熟 [1]shú
shóu
澤· [5]duó
廚· [4]chú
廝· [8]sī
廟· [1]miào
摩 [6]mó
[4]mā
麾 [7]huī
褎 [4]xiù
褒 [6]bāo
廠· [1]chǎng
廛 [11]chán
廡· [9]wǔ
[5]wú
瘛 [14]chì
瘼 [17]mò
瘝 [8]guān
瘪 biě
[3]biē
瘢 [8]bān
瘡· [2]chuāng
瘤 [4]liú
瘠 [21]jí
瘫 [4]tān
齑 [30]jī
鹡 [29]jí
賡· [5]gēng
廢· [2]fèi
凛 [1]lǐn
凜 [1]lǐn
颜 [10]yán
毅 [19]yì
敵· [1]dí
頦· [6]kē
[3]ké
羯 Jié
羰 [9]tāng
養· [1]yǎng
糊 [5]hú
[4]hū
[4]hù
楂 [10]chá
糇 [4]hóu
遴 [10]lín

糌 [2]zān
糍 [10]cí
糅 [5]róu
翦 [11]jiǎn
遵 [2]zūn
導· [4]dǎo
鹢 [49]yì
鹣 [23]jiān
憋 [1]biē
熿 [16]huáng
熳 [2]màn
熵 [4]shāng
瑩· [7]yíng
[14]yíng
熠 [45]yì
潔· [8]jié
潜 [4]qián
澆· [3]jiāo
澎 [4]péng
澌 [10]sī
潮 [2]cháo
潸 [9]shān
潭 [3]tán
潦 [10]liáo
[4]lǎo
潛· [4]qián
鲨 [12]shā
潤· [1]rùn
澗· [13]jiàn
潰· [2]kuì
[21]huì
潲 [3]shào
潷· [25]bì
潟 [14]xì
澙 [7]xì
澳 [2]ào
潘 [1]Pān
潼 [1]Tóng
澈 [4]chè
澜 [6]lán
澇 [3]lào
潺 [13]chán
澄 [10]chéng
[3]dèng
[6]dēng
潑· [3]pō
憤· [5]fèn
懂 [1]dǒng
憽 [7]sōng
憫· [3]mǐn
憬 [6]jǐng
憒· [6]kuì
憚· [10]dàn
憮· [10]wǔ

憔 [8]qiáo
懊 [4]ào
憧 [8]chōng
憐· [8]lián
憎 [2]zēng
寮 [9]liáo
寫· [1]xiě
[21]xiè
審· [2]shěn
窮· [1]qióng
窳 [11]yǔ
窯· [2]yáo
额 [4]é
冪· [5]mì
谳 [19]yàn
翩 [4]piān
褳· [13]lián
褥 [2]rù
襤 [13]lán
褟 [9]tā
褫 [5]chǐ
褯 [14]jiè
褲· [1]kù
褦 [5]nài
[1]lē
谴 [3]qiǎn
鹤 [7]hè
谵 [6]zhān
鴆· [8]zhèn
(乛) 憨 [1]hān
熨 [2]yùn
慰 [11]wèi
遲· [1]chí
[40]zhì
劈 [3]pī
[2]pǐ
履 [6]lǚ
屦 [23]jù
鴂 [21]jué
層· [1]céng
彈· [4]dàn
[2]tán
選· [1]xuǎn
槳· [3]jiǎng
獎· [2]jiǎng
漿· [5]jiāng
[10]jiàng
險· [2]xiǎn
嬈· [4]ráo
嬉 [23]xī
嫻· [10]xián
嬋· [10]chán
嫵· [14]wǔ
嬌· [4]jiāo

嫿· [6]huà
駑· [3]nú
駕· [5]jià
戮 [10]lù
翬 [9]huī
蝥 [11]máo
豫 Yù
[9]yù
[11]yù
毿· [3]sān
缭 [3]liáo
缮 [4]shàn
缯 [6]zēng
[3]zèng
緙· [11]kè
練· [2]liàn
緘· [12]jiān
緬· [3]miǎn
緹· [5]tí
緲· [3]miǎo
緝· [23]jī
[8]qī
緼· [11]yùn
[2]yūn
緦· [12]sī
緞· [4]duàn
緶· [12]biàn
線· [1]xiàn
緩· [1]huǎn
縋· [4]zhuì
締· [9]dì
編· [2]biān
緡· [5]mín
緯· [6]wěi
緣· [10]yuán
畿 [19]jī

16 strokes

(一) 耩 [4]jiǎng
耨 nòu
耪 [1]pǎng
璞 [3]pú
靜· [2]jìng
靛 [11]diàn
聱 [7]áo
螯 [2]áo
璣· [26]jī
髻 [31]jì
髭 [10]zī
擀 [6]gǎn
墻· [2]qiáng

駪• [11]shēn
駱• [4]luò
駭• [5]hài
駢• [1]pián
撼 [5]hàn
擓• [1]kuǎi
擂 [3]lèi
[2]lēi
[2]léi
據• [6]jù
[15]jū
擄• [4]lǔ
擋• [2]dǎng
[6]dàng
操 [1]cāo
[1]cào
[2]cào
熹 [26]xī
擇• [2]zé
[2]zhái
擐 [10]huàn
赬• [7]chēng
撿• [5]jiǎn
擔• [3]dān
[5]dàn
壈 [8]lǎn
壇• [5]tán
擅 [8]shàn
壜• [8]lǎn
擁• [1]yōng
擻 [5]sǒu
縠 [16]hú
擗 [5]pǐ
罄 [2]qìng
鄹 [2]Zōu
颞 [13]niè
蕻 [11]hóng
薔• [5]qiáng
鞘 [5]qiào
燕 [6]yàn
[7]yàn
[1]Yān
黈 tǒu
颟 mān
薤 [16]xiè
蕾 [4]lěi
薯 [5]shǔ
薨 [5]hōng
薐 [4]léng
薇 [8]wēi
薟• [10]xiān
薈• [11]huì
薛 Xuē
薊• [19]jì

擎 [3]qíng
薦• [11]jiàn
薪 [3]xīn
薏 [55]yì
蕹 [2]wèng
薮 [4]sǒu
薄 [1]báo
[3]bó
[3]bò
薀• [3]wēn
颠 [2]diān
翰 [9]hàn
蕭• [9]xiāo
噩 [11]è
頤• [13]yí
盬 [21]gǔ
鴣• [13]gū
薜 [41]bì
薩• Sà
薅 [1]hāo
蕷• [38]yù
橈• [2]ráo
[6]náo
樾 [13]yuè
樹• [1]shù
横 [1]héng
hèng
橱 [3]chú
橛 [15]jué
樸• [6]pǔ
橇 [3]qiāo
橋• [1]qiáo
槜 [6]zuì
樵 [6]qiáo
檎 [8]qín
橹 [3]lǔ
樽 [3]zūn
樨 xi
橙 [11]chéng
[7]dīng
橘 [2]jú
橼 [17]yuán
機• [1]jī
輳• [3]còu
輻• [12]fú
輯• [11]jí
輼• [5]wēn
輸• [2]shū
輶• [13]yóu
墼 [36]jī
輮• [6]róu
整 [1]zhěng
賴• [1]lài
橐 [6]tuó

融 [3]róng
翮 [12]hé
頭• [1]tóu
tou
瓢 [1]piáo
醛 [7]quán
醐 [24]hú
醍 [8]tí
醞• [6]yùn
醒 [1]xǐng
醜• [2]chǒu
醚 [7]mí
醑 [3]xǔ
勵• [12]lì
觱 [39]bì
磧• [13]qì
磺 [7]huáng
磚• [2]zhuān
磲 [9]qú
磣• chěn
靦• [9]miǎn
[4]tiǎn
歷• [6]lì
曆• [7]lì
贋• [16]yàn
奮• [4]fèn
憖• [7]yìn
頰• [2]jiá
飙 [5]biāo
殨• [21]huì
殫• [6]dān
霖 [8]lín
霏 [9]fēi
霓 [6]ní
霍 [10]huò
霎 [1]shà
錾 [4]zàn
辙 [2]zhé
辚 [14]lín
臻 [12]zhēn
頸• [3]jǐng
[6]gěng
(丨) 冀 [18]jì
頻• [2]pín
[3]pín
齮 [12]yǐ
鹾 [2]cuó
餐• [1]cān
遽 [15]jù
歔• [13]xū
盧• [3]lú
氅• [4]chǎng
瞞• [1]mán
瞘• [2]kōu

瞟 [1]piǎo
曉• [2]xiǎo
瞠 [4]chēng
瞜• [2]lōu
曇• [7]tán
瞰 [2]kàn
嚄 [2]huō
[9]huò
嚆 [4]hāo
鴨• [4]yā
噤 [8]jìn
闍• [4]shé
閾• [32]yù
閹• [4]yān
閶• [8]chāng
閽• [4]hūn
閻• [1]Yán
閼• [17]è
[12]yān
暾 [2]tūn
瞳 [9]tóng
噸• [1]dūn
鴞• [17]xiāo
踳 [3]chuǎn
蹀 [14]dié
噦• yuě
踹 [1]chuài
踵 [4]zhǒng
踽 [9]jǔ
踰 [27]yú
嘴 zuǐ
踱 [2]duó
蹄 [3]tí
蹉 [5]cuō
踴• [9]yǒng
蹂 [4]róu
螓 [7]qín
螞• [3]mǎ
[3]mà
[5]mā
螨 [2]mǎn
蟒 [1]mǎng
蟆 [3]má
螈 [20]yuán
螅 [50]xī
螄• [14]sī
螭 [11]chī
螗 [12]táng
螃 [6]páng
螟 [10]míng
噱 [10]jué
[4]xué
噹• [2]dāng
器 [2]qì

噥• [7]nóng
戰• [3]zhàn
噪 [4]zào
噬 [27]shì
噲• [6]kuài
鴦• [6]yāng
噯• [2]ǎi
噷 hm
噫 [8]yī
噻 [6]sāi
嘯• [5]xiào
噼 [10]pī
幪 [12]méng
還• [1]hái
[1]huán
罹 [6]lí
嶼• [7]yǔ
嶮• [2]xiǎn
[10]xiǎn
圜 [10]huán
鹦 [13]yīng
赠 [1]zèng
默 [6]mò
黔 [5]qián
(丿) 镖 [3]biāo
镗 [6]táng
[4]tāng
镘 [10]màn
镚 [5]bèng
镜 [4]jìng
镝 [7]dī
[11]dí
镞 [4]zú
氇 [2]lu
氆 [10]pǔ
赞 [2]zàn
[3]zàn
憩 [11]qì
積• [4]jī
穑 [8]sè
穆 [10]mù
穨• tuí
勳• [3]xūn
篝 [4]gōu
篚 [2]fěi
篤• [5]dǔ
築• [2]zhù
篥 [39]lì
篮 [4]lán
篡 [2]cuàn
簉 [7]zào
篠 [3]xiǎo
篦 [14]bì
篪 [8]chí

篩• shāi
篷 [2]péng
簑 [6]suō
篙 [2]gāo
篱 [5]lí
篛 [4]ruò
舉• [1]jǔ
興• [5]xìng
[2]xīng
盥 [9]guàn
學• [1]xué
儔• [10]chóu
憊• [9]bèi
儒 [2]rú
儕• [3]chái
儐• [5]bīn
臲 [11]niè
翱 [4]áo
鴕• [7]tuó
儘• [2]jǐn
魉 [3]liǎng
魈 [21]xiāo
邀 [2]yāo
囂• [7]ào
徼 [11]jiào
[13]jiǎo
衡 [3]héng
艙• [3]cāng
艕 [5]bèng
錆• [12]qiāng
鍺• [3]zhě
錯• [1]cuò
鍩• [5]nuò
錨• [3]máo
錛• [2]bēn
錸• [3]lái
錢• [2]qián
鍀• [3]dé
錁• [12]kè
鍆• [3]mén
錫• [6]xī
錮• [5]gù
鋼• [2]gāng
[1]gàng
鍋• [1]guō
錘• [3]chuí
錐• [2]zhuī
錦• [4]jǐn
鍁• [4]xiān
錚• [16]zhēng
[8]zhèng
鍃• [6]huō
錇• [4]péi
錟• [10]tán

錠• [4]dìng
鍵• [12]jiàn
録• [4]lù
鋸• [9]jù
[7]jū
錳• [3]měng
錄• [4]lù
錙• [15]zī
覦• [25]yú
墾• [3]kěn
餦• [9]zhāng
餞• [22]jiàn
餜• [4]guǒ
餛• [5]hún
餚• [7]yáo
餡• [7]xiàn
館• [2]guǎn
餟• [2]chuò
頷• [10]hàn
鴒• [25]líng
膩• [1]nì
膨 [8]péng
膧 [10]tóng
膪 [2]chuài
膳 [10]shàn
膦 [6]lìn
雕 [2]diāo
[3]diāo
鴟• [12]chī
龜• [3]guī
[7]jūn
[2]Qiū
鲭 [6]qīng
鲮 [7]líng
鲰 [4]zōu
鲱 [7]fēi
鲲 [2]kūn
鲳 [5]chāng
鲵 [4]ní
鲶 [3]nián
鲷 [7]diāo
鲸 [3]jīng
鲹 [13]shēn
鲻 [7]zī
鮁• [8]bà
鮃• [9]píng
鮋• [18]yóu
鮓• [4]zhǎ
穌• [4]sū
鮒• [20]fù
鮊• [21]bó
鮑• [7]bào
鮄• [44]fú
鮍• [18]pí

17 strokes

18 strokes

19 strokes

20 strokes

21 strokes

Appendix IX

Introduction to the Radical Index of Characters

Appendix X (pages 1406–1439) presents an integrated index of the 9,638 characters (including 2,491 complex equivalents of simplified characters) that occur in this dictionary. The index is based on the Kangxi Dictionary (1716) traditional arrangement of characters under 214 radicals. The characters are presented in a "three-sort" arrangement:

1st sort: by radical. If a character's radical is not obvious, the character may be listed separately under two or three components that might be considered as the radical.

2nd sort: by number of additional strokes. A prefixed number introduces the characters with the same number of strokes.

3rd sort: by shape of initial stroke (and subsequent strokes) exclusive of the radical. There are five basic types of strokes (exemplified by the character 札 **zhá**) which have been standardized by the PRC National Language Work Committee in the following order:

㊀ 一 **héng** horizontal or ㇀ **tí** rising
① 丨 **shù** vertical or 亅 **shùgōu** with left hook
㇓ 丿 **piě** falling to left
㇔ 丶 ㇀ **diǎn** dot or ㇏ **nà** falling to right
㇖ 乙 乚 ㇖ **zhé** sharp turn

For example, to find the character 倚, first look under 亻 radical 9, then under the characters with eight additional strokes, and finally under those whose additional strokes start with ㊀ in the first category. (The subsequent strokes determine the exact order, so that 倚 precedes 俺.) Shown next to 倚 in the index is its pronunciation ⁵**yǐ**, by which its entry in the main body of the dictionary can be found alphabetically.

The traditional system of 214 radicals treats modified and abbreviated forms of radicals as equivalent to primary forms. For example, radical 85 (**shuǐ** 'water') includes three-stroke 氵 as well as the primary four-stroke 水. The same convention applies to modern simplified radicals: radical 149 (**yán** 'words') includes 讠 as well as 言. Characters whose non-radical parts have been simplified are listed according to their actual stroke counts. Thus, 传 is listed under radical 9 with four additional strokes, and its traditional equivalent 傳 is listed under radical 9 with eleven additional strokes. In the index, traditional equivalents of simplified characters are distinguished by being followed by a raised dot. (In the corresponding entries in the main body of the dictionary, these traditional forms are enclosed in square brackets following the simplified forms.)

The end pages of the dictionary contain two charts which provide alternative approaches to finding one's way in the Radical Index of Characters. The Kangxi Radical Chart (page 1440) presents the 214 radicals in their traditional order. The Comprehensive Radical Chart (page 1441) presents the same radicals but in addition includes their various modified, abbreviated, and simplified forms, ordered first by stroke count and then sub-ordered by the five basic stroke types. In combination, the two charts provide conformity with the traditional system while making it easier for users who may not yet have memorized, for example, that 辶 is an abbreviation of 辵 (radical 162—note that this radical is always abbreviated, in both complex and simplified characters; its primary form does not occur in modern Chinese either as a component or as a whole character).

For those who are accustomed to different radical systems, such as the 189 radicals of the Chinese Academy of Social Sciences (CASS), adjusting to the Kangxi system should present no great difficulty. Of the 189 CASS radicals, 187 are equivalent to Kangxi radicals and can be found easily in the Comprehensive Radical Chart. Only two CASS radicals, 业 and 其, are not equivalent to Kangxi radicals. In this dictionary, 业 is listed under radical 1 一; 邺 under 163 阝(邑); 凿 under 17 凵; 黹 under 204 黹; 其 under 12 八; 甚 under 99 甘; and 斯 under 69 斤.

Immediately below we present notes indicating how the radicals are defined. Attention is also drawn to the formal and popular names and to major variants in form. The 25 most frequently occurring radicals are starred as worthy of memorization since they enter into two-thirds of commonly used characters. Some examples of their occurrences in characters are shown in these notes; for further examples see the Radical Index of Characters.

The pronunciations of some radicals are enclosed in parentheses below, to indicate that there are no entries for them in the main body of this dictionary. For example, radicals 2 丨 and 3 丶 have the historical names **gǔn** and **zhǔ**, found in old dictionaries but rarely spoken and perhaps not widely known. Radical 4 丿 is commonly called **piě**, but we also enclose **piě** in parentheses since the form 丿 is not used as a character by itself in ordinary writing (unlike 撇), and therefore has no entry in the main body of this dictionary.

1 Stroke

1 一 **yī** one. Also called 一横 **yī héng** 'one horizontal'. Examples: 丁, 七, 三, 丑, 不, 並.

2 丨 **(gǔn)** down stroke. Commonly called **shù** or 一竖 **yī shù** 'one vertical'. Examples: 个, 丫, 丰, 书, 临.

3 丶 **(zhǔ)** dot. Commonly called **diǎn**, or 一点 **yī diǎn** 'one dot'. The formal name **zhǔ** comes from association with the character 主 **zhǔ**. Examples: 义, 为, 主.

4 丿 **(piě)** left-falling stroke. Also called 一撇 **yī piě**. Examples: 乏, 乌, 乍, 乎.

5 乙 **yǐ** bent. Characters under this radical mostly begin with, or contain, a stroke that turns a sharp corner, such as 也 and 卫. In 乳, 乱, and 亂, the last stroke is the radical.

6 亅 **(jué)** left-hooked downstroke. Commonly called 一勾 **yī gōu** 'one hook'. Examples: 了, 予, 争, 事.

2 Strokes

7 二 **èr** two. Another name is 两横 **liǎng héng**. Various characters that include two horizontal strokes are listed under this radical, such as 于, 井, 互, and 些.

8 亠 **(tóu)** cover. Colloquial names are 文字头 **wén zìtóu** and 一点一横 **yī-diǎn-yī-héng** 'one dot one horizontal'. It is the top of 亦, 交, 亥, 京 etc. See also radicals 67 文, 145 衣, 189 高, and 210 齊 齐.

*9 人 亻 **rén** person. Most often written 亻, as a left-side component, when it is called 单人旁 **dān rén páng** 'single person side component' (or 单立人 **dān lì rén** 'single standing person') as contrasted with radical 60 彳. When written 人, it is usually at the top of a character. Examples: 仁 位 你 介 企 仄.

10 儿 **(rén)** person (going). As a character, 儿 is the simplified form of 兒 **ér**, but as a radical, it is considered to be a variant of 人 **rén**. It is usually at the bottom of a character. Examples: 元, 克, 兆.

11 入 **rù** enter. Besides the character 入 itself, only three characters in this dictionary are listed under radical 11: 內 (a variant of 内), 全, and 兩. (We also list 全 under radical 9 人, since in modern writing the top of 全 is like the tops of 介, 企, etc.)

12 八 丷 **bā** eight. It is at the bottom of 六, 共, 其, and at the top of 兮, 公, as well as 兰, 关, 兼, etc. where the two strokes point inward.

13 冂 **(jiōng)** borders. Only a few common characters have this radical, such as 册 and 冈.

14 冖 **(mì)** cover. It is at the top of 冗, 写, 军, 冠; it is also in 农. Sometimes called 秃宝盖 **tū bǎogài**, 'blunted treasure cover', since it is like radical 40 宀 **bǎogài** without the dot.

15 冫 **(bīng)** ice. It is the radical in 冰 **bīng** 'ice', 冷 **lěng** 'cold', 冬 **dōng** 'winter', etc. Called 两点水 **liǎng diǎn shuǐ** 'two-dot water' as contrasted with radical 85 氵.

16 几 **jī** table. The top of 凡 and 凤, the bottom of 凭 and 凫, the right side of 凯 and 凱.

17 凵 **(kǎn/qiǎn)** receptacle. Also called 山字底 **shān zì dǐ**. Examples: 凶, 击, 凸, 凹, 出, 函.

*18 刀 刂 **dāo** knife. Most often written 刂 (called 利刀 **lì dāo**) on the right side of a character, as in 到, 制, 利, 别. It is also the radical of 切, 分, 初, etc., as well as 刍.

19 力 **lì** strength. The right side of 劝, 动, 助, etc.; the bottom of 务, 劣, 劳, etc.

20 勹 **(bāo)** wrap. Called 包字头 **bāo zìtóu**. Examples: 勺, 勿, 匀, 包, 匐.

21 匕 **(bǐ)** spoon. In 匙 it originally depicted a spoon. In 化 and 北 it was originally 人 'person' upside-down or reversed. See also radical 81 比.

22 匚 **(fāng)** basket. Examples: 匝, 匜, 匠. See also the following radical (23 匸).

23 匸 **(xì)** box. Examples: 区, 匾, 匹, 医. Radicals 22 匚 and 23 匸 are not normally distinguished in modern writing. Both are called 区字框 **qū zì kuàng** (or 匠字框 **jiāng zì kuàng**).

24 十 **shí** ten. Examples: 千, 午, 升, 半, 华, 卑, 南. In 博, the left side is 十, two strokes, not to be confused with three-stroke form 忄 of radical 61.

25 卜 **bǔ** to divine. It is the top of 卡, 占, 贞, etc.; the right side of 卟, 卦, 卧, etc.; and the bottom of 下. See also radical 141 虍.

26 卩㔾 **(jié)** a seal, stamp. When it has the form 卩 at the right side of 印, 卯, 却, 即, etc., it is called 单耳朵 **dān ěrduo** 'single ear', contrasted with radicals 163 and 170 阝. It also has the form 㔾 in 卮, 危, 卷.

27 厂 **(hǎn)** cliff. Examples: 历, 厓, 原, 厦. In modern usage, 厂 by itself is the simplified form of 廠 **chǎng** 'factory'. A colloquial name is 偏厂儿 **piān chǎngr**.

28 厶 **(sī)** private. The bottom of 去, 厾, and 县; the top of 参 and 參. The word **sī** 'private' is now written 私.

29 又 **yòu** hand; also. Examples: 及, 叉, 友, 反, 取. We also list 欢 and 难 under 又, as well as under their traditional radicals (欠 and 隹).

❸ Strokes

* 30 口 **kǒu** mouth. Examples: on the left, 叶, 叫, 吵, 吻; on the top, 号, 只, 兄; elsewhere, 中, 古, 可, 问, 噩.

31 囗 **(wéi)** enclosure. Examples: 围 or 圍 **wéi** 'surround', and 国, 因, 回, 图, 团.

* 32 土 **tǔ** earth. Examples: on the left, 地, 坎, 坑, 墙; on the bottom, 在, 坚, 坠, 塑.

33 士 **shì** scholar, official. Examples: 壬, 壮, 声, 壶, 壽.

34 夂 **(zhǐ)** step forward. It usually originates from 止 **zhǐ** 'foot' (radical 77) upside-down. The top of 务, 备, and 夆.

See also the following (radical 35 夊).

35 夊 **(suī)** walk slowly. In modern writing, normally the same shape as radical 34 夂, but at the bottom, as in 复, 夏, and 夔.

36 夕 **xī** evening. Picture of the crescent moon, like 月. Examples: 外, 多, 夜, 将, 够, 夢.

37 大 **dà** big, great. Examples: 天, 夫, 太, 央, 夸, 夹, 奂, 奖, 套.

* 38 女 **nǚ** woman, female. Examples: on the left, 妇, 好, 她, 妹; on the bottom, 委, 姿, 姜, 婪.

39 子 孑 **zǐ** son, child. Examples: 孔, 孤, 季, 存.

* 40 宀 **(mián)** roof. A colloquial name is 宝盖 **bǎogài**. Examples: 守, 安, 定, 寒. See also radical 116 穴. Characters such as 空 and 穿 are listed under 穴, not under 宀.

41 寸 **cùn** inch. Examples: 对, 封, 寺, 导.

42 小 **xiǎo** small. Examples: 少, 尔, 尘, 当, 尚, 辉.

43 尢 **(wāng)** lame. Examples: 尤, 龙, 就, 尴. At the bottom of 尧 it has the form 兀. It is sometimes called 尤字旁 **yōu zìpáng**. See also radical 212 龙(龍).

44 尸 **shī** corpse. Examples: 尺, 尼, 尽, 屁, 属.

45 屮 **(chè)** sprout. The only common character with this radical is 屯 **tún**.

46 山 **shān** mountain. Examples: 峰, 岭, 峻, 岁, 岌, 岗, 岙, 岔, 岳.

47 川 巛 **chuān** river, stream. Examples: 州, 巡, 巢.

48 工 **gōng** work. Examples: 左, 巧, 巨, 巩, 巫, 差, 巯.

49 己 **jǐ** self. Examples: 已, 巳, 巴, 卮, 巷, 巽.

50 巾 **jīn** napkin; turban. Examples: 币, 布, 师, 帆, 带, 帽.

51 干 **gān** shield. Examples: 平, 年, 并, 幸, 幹. (干 is also the simplified form of 乾 **gān** 'dry' and 幹 **gàn** 'do'.)

52 幺 **yāo** little. Examples: 乡, 幻, 幼, 幽, 幾.

53 广 **(yǎn)** a shelter. Examples: 府, 度, 席, 廨. In modern usage, 广 by itself is the simplified form of 廣 **guǎng**. See also radicals 198 鹿 and 200 麻.

54 廴 廴 **(yǐn)** move on. It is grouped with the three-stroke radicals, as though written 廴, but is actually written 廴, two strokes. Examples: 廷, 延, 建. It is called 建之旁 **jiàn zhī páng**. Compare radical 162 辶(辵).

55 廾 **(gǒng)** folded hands. Examples: 开, 异, 弄, 弇.

56 弋 **(yì)** dart. Examples: 式, 甙, 贰, 弑.

57 弓 **gōng** a bow. Examples: 引, 弗, 弛, 弟, 张, 弱, 弯.

58 彐 彑 **(jì)** pig's head. Examples: 归, 彗, 录, 彖, 彙. Sometimes called 横山 **héng shān** 'horizontal mountain'.

59 彡 **(shān)** feathers. Examples: 形, 彬, 彩, 须. Sometimes called 三撇 **sān piě**.

60 彳 **chì** left step. Sometimes called 双人旁 **shuāng rén páng**, as contrasted with radical 9 亻. Originally abbreviated from radical 144 行. Characters like 街, with 亍 on the right side, are listed under radical 144 行.

❹ Strokes

* 61 心 忄 小 **xīn** heart. Examples: on the bottom, 志, 念, 急; on the left, with the three-stroke form 忄, 忙, 性, 情; with the altered form 小, 忝, 恭.

62 戈 **gē** halberd. Examples: 戏, 战, 戰. In some characters, the first stroke of 戈 is written, then the non-radical part, and finally the last three strokes of 戈, as in 成, 戒, 或. Even more intricately woven are 我, 裁, 戢.

63 户 戶 **hù** door; household. Examples: 戾, 所, 房, 扁.

* 64 手 扌 **shǒu** hand. Examples: 拿, 掌, 摩. The three-stroke form 扌 is most common, as in 打, 把, 指; it is known as 提手旁 **tí shǒu páng** 'rising-hand component' (the last stroke in 扌 is ㇀ a rising stroke).

65 支 **zhī** branch. The only common characters under this radical are 支 itself, and 翅 (whose traditional radical is 124 羽); a rare one is 攲. See also radical 207 鼓.

66 攴 攵 **(pū)** tap, rap. It nearly always appears as 攵, called 反文旁 **fǎnwénpáng**, as in 教, 救, 敏, 敢, but it has the form 攴 in 敲 and 寇.

67 文 **wén** written language. Examples: 斋, 斑, 斐, 斒, 斓.

68 斗 **dǒu** a peck. Examples: 料, 斜, 斛, 斝. (斗 is also the simplified form of 鬥/鬦/鬭/鬪 **dòu** 'fight', radical 191.)

69 斤 **jīn** catty, half kilogram. Examples: 斥, 斩, 斧, 新.

70 方 **fāng** square. Examples: 施, 旅, 旁.

71 无 旡 **wú** not, without. The only common character with this radical (besides 无 itself) is 既 **jì**, in which it is written 旡.

* 72 日 **rì** sun, day. Examples: 旦, 时, 是, 春. See also the following (radical 73 曰).

73 曰 **yuē** say. As a radical component, 曰 is normally written the same as radical 72 日. Relatively few characters are listed under radical 73. Examples: 曲, 更, 曷, 書, 替, 最.

74 月 **yuè** moon. See also radical 130 月(肉) 'meat'. Only a few characters are listed under 'moon', including 有, 朋, 朔, and 期. The majority of characters that appear to have radical 74 'moon' really have radical 130 'meat'.

* 75 木 **mù** tree, wood. Examples: 札, 杉, 杰, 朵, 未, 束. It is called 木字旁 **mù zìpáng**. It is written 朩 in 条, 杂, 亲, 茶, etc.

76 欠 **qiàn** owe, deficient. Examples: 欢, 欧, 歌.

77 止 **zhǐ** stop. It originally depicted a foot. Examples: 正, 此, 步, 武, 歧, 歪.

78 歹 歺 **dǎi** bad. Examples: 死, 歼, 殁, 殖. The variant form 歺 is a component in 餐 and 粲, but not in any of the common characters that are traditionally listed under radical 78. (歺 is also a non-standard simplified form of 餐 **cān** 'meal'.)

79 殳 **shū** pole-axe; kill. Examples: 殴, 段, 殺, 殼.

80 毋 母 **wú** do not. Examples: 毋, 母, 每, 毒, 毓.

81 比 **bǐ** compare. Examples: 毕, 毗, 毖, 毙, 毚.

82 毛 **máo** hair. Examples: 毡, 毫, 毳, 毵, 氇.

83 氏 **shì** clan. The only common characters listed under this radical (besides 氏 itself) are 氐, 民, and 氓.

84 气 **qì** breath, air. Examples: 氕, 氛, 氧, 氣.

* 85 水 氵 氺 **shuǐ** water. Examples: 永, 求, 汞, 泵, 泉. It most often has the form 氵, called 三点水 **sān diǎn shuǐ** 'three-dot water', as in 没, 法, 活, 海, 深. It also has a five-stroke form 氺 as in 泰.

* 86 火 灬 **huǒ** fire. Examples: 灯, 炮, 灭, 灰. At the bottom of a character it often has the form 灬, called 四点火 **sì diǎn huǒ** 'four-dot fire', as in 然, 点, 無, 照, 热. See also radicals 187 馬, 195 魚, 196 鳥, and 203 黑.

87 爪 爫 **zhǎo** claw. Examples: 采, 觅, 爭, 爰, 爱, 爵, 爬. Compare radical 97 瓜.

88 父 **fù** father. Examples: 爷, 爸, 爹, 爺.

89 爻 **yáo** intertwine. Examples: 爽 and 爾.

90 爿 丬 **(qiáng)** piece of wood. Examples: 将, 將, 牂, 牆. We also include 状, 狀, 壮, 壯, 妆, 妝 here as well as under their traditional radicals (犬, 士, 女).

91 片 **piàn** a strip, slice. Examples: 版, 牍, 牌, 牒.

92 牙 **yá** tooth. 掌 is the only common character traditionally listed under 牙, but we list 邪, 穿, 雅, and 鸦 under 牙 as well as under their traditional radicals.

93 牛 牜 **niú** ox, cow. Examples: 物, 牺, 牲, 牟, 牢.

94 犬 犭 **quǎn** dog. Examples: 友, 臭, 状, 獎. It most often has the three-stroke form 犭, called 反犬旁 **fǎnquǎnpáng**, as in 犯, 猪, 猫, and the modern word for 'dog', 狗 **gǒu**.

❺ Strokes

95 玄 **xuán** dark, obscure. The only characters we list under this radical are 玄 itself and 率. (For convenience, we also list both 玄 and 率 under radical 8 亠.)

96 玉 王 ⺩ **yù** jade. With a few exceptions, such as 玺 and 璧, this radical is nearly always written without the dot, like 王 (**wáng** 'king'). Examples: 环, 球, 现, 理, 琴.

97 瓜 **guā** melon. Examples: 瓞, 瓠, 瓢, 瓣, 瓤. Compare radical 87 爪.

98 瓦 瓦 **wǎ** tile. It is grouped with the five-stroke radicals, as though written 瓦, but is actually written 瓦, four strokes. Examples: 瓯, 瓿, 瓶, 瓮, 瓷.

99 甘 **gān** sweet. Examples: 甙, 甚, 甜, 甞.

100 生 **shēng** give birth. Examples: 産, 甦, 甥.

101 用 **yòng** use. Examples: 甩, 甫, 甬, 甭, 甯.

102 田 **tián** field, paddy. Examples: 由, 甲, 申, 电, 界, 町, 甸, 男, 画, 畏.

103 疋 **pǐ** bolt of cloth. Examples: 疏, 疑. As a character by itself, 疋 is used as a variant of 匹 **pǐ**.

* 104 疒 **(nì)** sick. Called 病字头 **bìng zìtóu**. Examples: 疔, 疾, 疼, 痛.

105 癶 **(bō)** back to back. Called 登字头 **dēng zìtóu**. Examples: 癸, 登, 發.

106 白 **bái** white. Examples: 的, 皎, 皂, 皇, 百.

107 皮 **pí** skin. Examples: 皱, 皰, 皲, 皴

108 皿 **mǐn** dish, receptacle. Examples: 益, 盐, 盖, 盛, 盘. Compare radical 143 血.

109 目 罒 **mù** eye. Examples: 盯, 盲, 着, 相, 見, 眼. The form 罒 is in 罘, 瞢, 睾. More often 罒 is a form of radical 122 网 **wǎng** 'net'.

110 矛 **máo** lance, pike. Examples: 矜, 矞.

111 矢 **shǐ** arrow. Examples: 矣, 知, 矩, 短, 矮.

* 112 石 **shí** stone. Examples: 研, 破, 硬, 磨, 碧, 磬, 磊.

113 示 礻 **shì** show. Examples: 票, 祭, 祟, 禁. It most often has the four-stroke form 礻, called 示字旁 **shì zìpáng**, as in 礼, 祝, 祸. Not to be confused with radical 145 衤 (衣).

114 内 禸 **(róu)** animal track. Examples: 禺, 禹, 离, 禽. In both 离 and 禽, it has the four-stroke form 禸, while in 禺 and 禹 it has the five-stroke form 内 (with the central vertical stroke elongated).

115 禾 **hé** grain. It is called 禾木旁 **hémùpáng**. Examples: 秒, 秋, 秩, 秃, 秀, 秉.

116 穴 **xué** cave, hole. Examples: 空, 突, 穿, 窖. Compare radical 40 宀.

117 立 **lì** stand. Examples: 站, 竭, 产, 亲, 竖. See also radicals 180 音 and 212 龍.

6 Strokes

* 118 竹 ⺮ **zhú** bamboo. Examples: 笑, 第, 等, 管.

119 米 **mǐ** rice. Examples: 粘, 粗, 精, 粟, 粱, 糜.

* 120 糸 纟 **(mì/sī)** silk. Examples: 系, 素, 累. As a side component it is simplified to 纟 three strokes, as in 纠, 红, 经. It is called 绞丝旁 **jiǎo sī páng** 'twisted silk component'.

121 缶 **fǒu** crock, jug. Examples: 缸, 缺, 罐, 罂, 罄.

122 网 罒 **wǎng** net. It nearly always has the form 罒, as in 罗, 罚, 罪, 置. The only exceptions in this dictionary are 罕 and 罔, and the character 网 itself. 罒 is sometimes informally called 四字部 **sì zì bù**. Compare radical 109 罒 (目).

123 羊 **yáng** sheep, goat. Examples: 羚, 羝, 羌, 美, 羔, 群.

124 羽 **yǔ** feathers, wings. Examples: 翁, 翅, 翊, 翌.

125 老 耂 **lǎo** old. Examples: 考, 者, 耄, 耋.

126 而 **ér** moreover. The only characters we list under this radical are 而 itself, 耐, and 耍.

127 耒 **lěi** a plow. Examples: 耘, 耗, 耕, 耙.

128 耳 **ěr** ear. Examples: 耻, 耿, 耷, 聋, 聚, 聽.

129 聿 肀 **yù** writing brush. Examples: 肆, 肄, 晝, 肃, 肅.

* 130 肉 月 **ròu** meat, flesh. Examples: 脔, 腐, 股, 脸, 育, 肴. Compare radical 74 月 'moon'.

131 臣 **chén** minister of state. Examples: 卧, 臧, 臨.

132 自 **zì** self; from. It depicted a nose. Examples: 臬, 臭, 鼽. See also radical 209 鼻.

133 至 **zhì** arrive, reach. Examples: 致, 臺, 臻.

134 臼 **jiù** a mortar. Examples: 臾, 舀, 舂, 與, 舄, 舅, 舊.

135 舌 **shé** tongue. Examples: 舍, 舐, 舒, 舔.

136 舛 **chuǎn** opposed. Examples: 舜, 舞.

137 舟 **zhōu** boat. Examples: 舰, 般, 航, 船.

138 艮 **gèn** a limit; perverse. Examples: 良, 艰, 艱.

139 色 **sè** color. Examples: 艳, 艴, 艷.

* 140 艸 艹 **(cǎo)** grass, herbs. As a radical it is always abbreviated to the three-stroke form 艹, called 草字头 **cǎo zìtóu**. Examples: 花, 苦, 英, 落. The word **cǎo** 'grass' is now written 草.

141 虍 虎 **hǔ** tiger. Called 虎字头 **hǔ zìtóu**. Examples: 虒, 虑, 虚.

* 142 虫 **chóng** insect, bug, worm. Examples: 虹, 蚊, 蛋, 蚕, 蛊.

143 血 **xiě** blood. Examples: 衄, 衅.

144 行 **xíng** walk, go; do. Examples: 衍, 街, 衝. Compare radical 60 彳.

* 145 衣 衤 **yī** clothing. In its primary form 衣, it occurs at the bottom, or occasionally the top, of a character, as in 裂, 装, 裴, 裔. It is sometimes split into 亠 on top, the rest on the bottom, as in 衰, 衮, 裹, 褒. It is distorted in 表, 袁. Most often it is on the left side, in the five-stroke form 衤 (called 衣字旁 **yī zìpáng**), as in 衫, 袜, 袍, 褐 (not to be confused with the four-stroke form 礻 of radical 113 示).

146 襾 覀 西 **(yà)** cover. Standing by itself, the radical is written 襾. 西 **xià** 'west' is listed under it. Otherwise, it is written 覀, as in 要, 覃, 覆.

❼ Strokes

147 見 见 **jiàn** see, perceive. The simplified form 见 is four strokes. Examples: 观, 觀, 规, 規, 览, 覽, 觉, 覺.

148 角 **jiǎo** horn; angle. Examples: 解, 觥, 触, 觜, 觿.

* 149 言 讠 **yán** speech. As a left-side component, it has the two-stroke simplified form 讠 (called 言字旁 **yán zìpáng**), as in 计, 话, 请 (whose complex forms are 計, 話, 請 respectively). It is not simplified when it is at the bottom, as in 誓, 警, 譬.

150 谷 **gǔ** ravine, valley. Examples: 欲, 谿, 豁.

151 豆 **dòu** bean. Examples: 豉, 豌, 豎, 豐.

152 豕 **shǐ** pig. Examples: 象, 豚, 豝, 豶, 豢, 豪.

153 豸 **zhì** beast. Examples: 豹, 豺, 貉. It has often been used in variation with radical 94 犭 (犬), as in 猫 or 貓 **māo** 'cat'. Some rare variants, such as 貍 for 狸 **lí** 'fox', are not included in this dictionary.

* 154 貝 贝 **bèi** cowry; valuable. The simplified form 贝 is four strokes. Examples: 财, 財, 贴, 貼, 贵, 貴.

155 赤 **chì** red; naked. Examples: 赦, 赧, 赪, 赫.

156 走 赱 **zǒu** run, walk. Examples: 起, 越, 超, 趣.

157 足 ⻊ **zú** foot; sufficient. Most often it has the form ⻊ as a left-side component, as in 跑, 跳, 路, 跟, but also occurs at the bottom with its primary form 足 as in 趸, 蹔, 蹔.

158 身 **shēn** body; oneself. Examples: 躬, 躯, 躲, 躺.

159 車 车 **chē** vehicle. The simplified form 车 is four strokes. Examples: 轧, 軋, 辆, 輛, 军, 軍.

160 辛 **xīn** bitter, suffering. Examples: 辜, 辟, 辣, 辨.

161 辰 **chén** morning; time. Examples: 辱, 農.

* 162 辵 辶 **(chuò)** move forward. In characters, it always has the three-stroke form 辶. Examples: 近, 逆, 通, 道.

163 邑 阝 (on right) **yì** town, district. In characters, it always has the two-stroke form 阝, on the right side, as in 邦, 那, 都, 部. See also radical 170 阝 (阜), which is always on the left side. Radicals 163 and 170 have colloquial names 右耳朵 **yòu ěrduo** 'right ear' and 左耳朵 **zǔo ěrduo** 'left ear', respectively. They also share the name 双耳朵 **shuāng ěrduo** 'double ear', contrasted with radical 26 卩 'single ear'.

164 酉 **yǒu** new wine. Examples: 配, 醉, 酒, 酋, 酱.

165 釆 **(biàn)** distinguish. Examples: 釉, 释, 釋, 采. It is an old form of 辨 **biàn**, but is not used by itself as a modern character. It is seven strokes, written 丿 over 米. Compare 采 **cǎi**, which is eight strokes, 爫 over 木; 釆 and 采 are unrelated in origin, but 采 is traditionally listed under 釆 due to the coincidental similarity.

166 里 **lǐ** village; half-kilometer. Examples: 野, 重, 量. (里 is also the simplified form of 裡/裏 **lǐ** 'inside'.)

❽ Strokes

* 167 金 钅 **jīn** metal, gold. As a left-side component, it has the five-stroke simplified form 钅 (called 金字旁 **jīn zìpáng**), as in 钱, 错, 银, 铁, while at the bottom of a character it has its full form 金, as in 鉴, 銮, 鍪. In 釜, the first two strokes of 金 are merged with bottom of 父.

168 長 镸 长 **cháng** long. The simplified form 长 is four strokes. The only character in this dictionary that has traditionally been listed under this radical is 長 itself. For convenience, we list 套 and 肆 under this radical, as well as under their traditional radicals (37 大 and 129 聿, respectively). See also radical 190 髟.

169 門 门 **mén** door. The simplified form 门 is three strokes. Examples: 闩, 閂, 间, 間, 闺, 閨.

* 170 阜 阝 (on left) **fù** hillock. In characters, it always has the two-stroke form 阝, on the left side. Examples: 阴, 限, 陡, 除. See also radical 162 阝(邑) which is always on the right side.

171 隶 **(dài)** reach to. The character 隶 was originally used for the word **dài** 'catch', which is now written 逮. 隶 is now used as the simplified form of 隸 **lì**. No other characters in this dictionary are listed under this radical.

172 隹 **(zhuī)** short-tailed bird. Examples: 难, 雕, 雀, 隼, 集.

173 雨 **yǔ** rain. Examples: 雪, 零, 雷, 震.

174 青 靑 **qīng** blue, green, black. The form 青 has become standard. Examples: 靓, 静, 靛, 靖.

175 非 **fēi** not. 靠 and 靡 (and 非 itself) are the only characters in this dictionary that are traditionally listed under 非. We also list 辈 and 輩 under 非 as well as under radical 159 車.

❾ Strokes

176 面 **miàn** face. Examples: 靥, 靨, 靦. (面 is also the simplified form of 麵 **miàn** 'noodles'.)

177 革 **gé** rawhide. Examples: 鞋, 鞍, 鞭, 鞏.

178 韋 韦 **wéi** leather. The simplified form 韦 is four strokes. Examples: 韧, 韌, 韩, 韓, 韬, 韜.

179 韭 **jiǔ** leeks. Except for 韭 itself, the only characters that we list under this radical are 齑 and 齏 (although they have traditionally been listed under radical 210 齊).

180 音 **yīn** sound. Examples: 韵, 韶, 響.

181 頁 页 **yè** head; page. The simplified form 页 is six strokes. Examples: 须, 須, 顺, 順, 领, 領. Compare radical 185 首.

182 風 风 **fēng** wind. The simplified form 风 is four strokes. Examples: 飑, 颮, 飕, 颼, 飒, 颯, 飘, 飄.

183 飛 飞 **fēi** to fly. The only characters we list under this radical are 飛 itself, and its three-stroke simplified form 飞.

184 食 饣 飠 **shí** eat. At the bottom of a character, it has its full form 食 as in 餍, 餐, 餋. As a left-side component, it has the three-stroke simplified form 饣 (called 食字旁 **shí zìpáng**), as in 饥, 饮, 饵 (whose complex forms are 飢 or 饑, 飲, and 餌, respectively, with the slightly-abbreviated eight-stroke form 飠).

185 首 **shǒu** head. The only characters listed under this radical in this dictionary are 首 itself, 馗, and 馘.

186 香 **xiāng** fragrant. The only characters listed under this radical in this dictionary are 香 itself, 馥, and 馨.

❿ Strokes

187 馬 马 **mǎ** horse. The simplified form 马 is three strokes. Examples: 驯, 馴, 驰, 馳, 驾, 駕, 冯, 馮.

188 骨 骨 **gǔ** bone. It is grouped with the ten-stroke radicals, for its old form 骨, but the modern standard form is 骨, nine strokes. Examples: 骰, 骸, 髓.

189 高 **gāo** high. The only character we list under this radical is 高 itself.

190 髟 **(biāo)** hair (on the head). Examples: 髦, 髮, 髭.

191 鬥 **dòu** fight, struggle. All the characters with this radical have simplified equivalents that do not contain 鬥. 鬥 itself (and its variants 鬦/鬭/鬪) is simplified to 斗. 鬧, 鬩, and 鬮 have simplified forms with 门 (闹, 阋, and 阄).

192 鬯 **chàng** sacrificial wine. The only characters in this dictionary with this radical are 鬯 itself, and 鬱.

193 鬲 **lì** cauldron. The only characters we list under this radical are 鬲 itself, and 鬻.

194 鬼 鬼 **guǐ** spirit, devil. It is grouped with the ten-stroke radicals, based on an old way of writing it, but the modern standard is to write it with nine strokes. Examples: 魁, 魅, 魂, 魔.

⓫ Strokes

195 魚 鱼 **yú** fish. The simplified form 鱼 is eight strokes. Examples: 鲸, 鯨, 鳃, 鰓, 鳖, 鱉, 鲎, 鱟.

196 鳥 鸟 **niǎo** bird. The simplified form 鸟 is five strokes. Examples: 鸣, 鳴, 鸥, 鷗, 鸳, 鴛.

197 鹵 卤 **lǔ** salt (unrefined). The simplified form 卤 is seven strokes. The only characters in this dictionary with the simplified radical 卤 are 卤 itself, and 鹾 (whose complex form is 鹺). Other characters with the complex radical 鹵 have simplified forms without 鹵 or 卤. (咸 for 鹹; 盐 for 鹽; and 碱/硷 for 鹼.)

198 鹿 **lù** deer. Examples: 麃, 麋, 麈, 麒, 麟, 麗.

199 麥 麦 **mài** wheat, barley. The simplified form 麦 is seven strokes. The only characters in this dictionary with the simplified radical 麦 are 麦 itself, and 麸 (whose complex form is 麩). Other characters with the complex radical 麥 have simplified forms without 麥 or 麦. (面 for 麵; and 曲 for 麴/麯.)

200 麻 **má** hemp. Examples: 麽, 麼, 麾. Most of the characters that contain 麻 as a component are traditionally listed under other radicals, such as 磨 under 石; 摩 under 手; 靡 under 非; and 魔 under 鬼. For convenience, we also list 磨, 摩, etc. under 麻, under radical 53 广, and under 石, 手, etc.

⓬ Strokes

201 黃 黄 **huáng** yellow. It is grouped with the twelve-stroke radicals, for the form 黃, but the eleven-stroke form 黄 is now standard. Examples: 黈, 黉, 黌.

202 黍 **shǔ** glutinous millet. Examples: 黎, 黏.

203 黑 **hēi** black. Examples: 默, 黔, 黧.

204 黹 **zhǐ** embroidery. Examples: 黻, 黼.

⓭ Strokes

205 黽 黾 **(měng)** frog, toad. The simplified form 黾 is eight strokes. Examples: 鼋, 黿, 鼍, 鼉.

206 鼎 鼎 **dǐng** tripod cauldron. It is grouped with the thirteen-stroke radicals, but the modern standard form is twelve strokes. The only characters we list under this radical are 鼎 itself, and 鼐.

207 鼓 **gǔ** drum. The only characters we list under this radical are 鼓 itself, and 鼙.

208 鼠 **shǔ** rat, mouse. Examples: 鼢, 鼬, 鼯, 鼱.

⓮ Strokes

209 鼻 **bí** nose. Examples: 鼾, 齁, 齉.

210 齊 齐 **qí** even, uniform. The simplified form 齐 is six strokes, as in 齑 (whose complex form is 齏). Other characters with the complex radical 齊 have simplified forms without 齊 or 齐 (斋 for 齋; and 赍 for 齎). For convenience, we also list 齐 and 齑 under radical 67 文.

⓯ Strokes

211 齒 齿 **chǐ** teeth; age. The simplified form 齿 is eight strokes. Examples: 龄, 齡, 龈, 齦, 龋, 齲.

⓰ Strokes

212 龍 龙 **lóng** dragon. The simplified form 龙 is five strokes. Examples: 庞, 龐, 龚, 龔, 龛, 龕.

213 龜 龟 **guī** turtle, tortoise. The simplified form 龟 is seven strokes. The only characters we list under this radical are 龟 and 龜 themselves.

⓱ Strokes

214 龠 **yuè** flute. The only characters we list under this radical are 龠 itself, and 龥.

Appendix X
Radical Index of Characters

❶
【
1 一
2 丨
3 丶
4 丿
5 乙
6 亅
】
❷
【
7 二
】

1 一

一 [1]yī
1 丁 [3]dīng
[14]zhēng
七 [1]qī
2 三 [1]sān
干 [1]gān
[2]gān
[1]gàn
上 [1]shàng
[4]shǎng
[1]shang
才 [1]cái
[4]cái
下 [1]xià
丈 [4]zhàng
与 [1]yǔ
[10]yù
[10]yú
万 [1]wàn
3 丰 [9]fēng
开 [1]kāi
天 [1]tiān
夫 [1]fū
[45]fú
专 [1]zhuān
丐 [4]gài
廿 [1]niàn
卅 [1]sà
不 [1]bù
bu
丑 [2]chǒu
[3]chǒu
牙 [1]yá
屯 [1]tún
互 [3]hù
4 击 [3]jī
丕 [6]pī
正 [1]zhèng
[6]zhēng
甘 [6]gān
世 [8]shì
业 [2]yè
且 qiě
丙 [1]bǐng
丘 [2]qiū
丛 [2]cóng
平 [1]píng
东 [1]dōng
丝 [1]sī
5 丢 [1]diū
丟 [1]diū
亚 [2]yà
亘 [2]gèn
吏 [17]lì
再 [2]zài
百 [1]bǎi
而 [1]ér
夹 [3]jiā
[1]jiá
[4]gā
丞 [12]chéng
6 严 [4]yán
更 gèng
[1]gēng
两 [1]liǎng
丽 [11]lì
[14]lí
来 [1]lái
7 表 [1]biǎo
其 [1]qí
[32]jī
丧 sàng
[2]sāng
事 [2]shì
並 [1]bìng
亟 [10]jí
[10]qì
8 奏 [2]zòu
韭 [6]jiǔ
歪 [1]wāi
面 [1]miàn
[2]miàn
昼 [2]zhòu
9 艳 [8]yàn
哥 [2]gē
孬 nāo
10 焉 [7]yān
晝 [2]zhòu
15 臻 [12]zhēn
21 囊 náng
[1]nāng

2 丨

2 个 [1]gè
ge
[4]gě
丫 [6]yā
[7]yā
3 丰 [9]fēng
中 [1]zhōng
[3]zhòng
书 [1]shū
4 北 běi
旧 [2]jiù
且 qiě
申 [8]shēn
甲 [2]jiǎ
由 [1]yóu
5 师 [1]shī
6 串 [1]chuàn
7 非 [2]fēi
畅 [2]chàng
8 临 [2]lín

3 丶

2 丫 [6]yā
[7]yā
义 [12]yì
凡 [1]fán
丸 [3]wán
之 [1]zhī
3 丹 [2]dān
为 [1]wèi
[1]wéi
书 [1]shū
4 主 [1]zhǔ
头 [1]tóu
tou
5 并 [1]bìng
[2]bìng
Bīng
州 [4]zhōu
6 求 [1]qiú
丽 [11]lì
[14]lí
良 [5]liáng
8 叛 [4]pàn
举 [1]jǔ

4 丿

1 九 [1]jiǔ
乃 [2]nǎi
匕 [6]bǐ
2 千 [1]qiān
川 [2]chuān
之 [1]zhī
义 [12]yì
么 me
[1]má
[6]yāo
及 [2]jí
久 [3]jiǔ
3 午 [6]wǔ
壬 [3]rén
升 [3]shēng
[4]shēng
夭 [7]yāo
长 [1]cháng
[1]zhǎng
币 [1]bì
乏 [3]fá
氏 [13]shì
[18]zhī
丹 [2]dān
乌 [5]wū
[20]wù
4 生 [2]shēng
失 [4]shī
矢 [5]shǐ
乍 [2]zhà
丘 [2]qiū
乎 [3]hū
乐 [1]lè
[5]yuè
尔 [2]ěr
5 年 [1]nián
朱 [5]zhū
丢 [1]diū
乔 [3]qiáo
乒 [1]pīng
乓 [2]pāng
囟 [3]xìn
后 [1]hòu
[2]hòu
兆 [3]zhào
危 [4]wēi
6 我 [1]wǒ
囱 [4]cōng
囪 [4]cōng
奂 [14]huàn
卵 luǎn
系 [3]xì
[4]xì
[5]xì
[7]jì
7 垂 [1]chuí
乖 [1]guāi
秉 [4]bǐng
质 [5]zhì
8 拜 [2]bài
[2]bái
重 [1]zhòng
[2]chóng
禹 Yǔ
胤 [4]yìn
9 乘 [3]chéng
[5]shèng
10 馗 [7]kuí
11 甥 [7]shēng
粤 Yuè
貂 [6]diāo
12 粵 Yuè
13 舞 [4]wǔ
毓 [29]yù
睾 [7]gāo
孵 [3]fū
14 靠 [1]kào

5 乙 乛

乙 [3]yǐ
1 刁 [4]diāo
了 [1]le
[1]liǎo
[3]liào
[3]liāo
[12]liáo
九 [1]jiǔ
乜 [2]miē
2 卫 [8]wèi
也 [1]yě
乞 [5]qǐ
飞 [1]fēi
习 [3]xí
乡 [3]xiāng
3 丑 [2]chǒu
[3]chǒu
孔 [1]kǒng
以 [1]yǐ
予 [4]yǔ
[5]yú
书 [1]shū
4 民 [1]mín
疋 [1]pǐ
电 [1]diàn
5 厾 [4]dū
乩 [18]jī
买 mǎi
6 乱 luàn
7 肃 [6]sù
承 [7]chéng
亟 [10]jí
[10]qì
乳 [1]rǔ
8 胤 [4]yìn
10 乾 [6]qián
[1]gān
12 亂 luàn
14 豫 Yù
[9]yù
[11]yù

6 亅

1 了 [1]le
[1]liǎo
[3]liào
[3]liāo
[12]liáo
3 予 [4]yǔ
[5]yú
5 争 [2]zhēng
7 事 [2]shì

7 二

二 [1]èr
1 于 [1]Yú
[1]yú
干 [1]gān
[2]gān
[1]gàn
亍 [10]chù
亏 [1]kuī
2 五 [1]wǔ
开 [1]kāi
井 [1]jǐng

2 二亠 【人儿入八冂冖冫几凵刀】 力勹匕匚匸十卜卩厂厶又
9 人 10 儿 11 入 12 八 13 冂冖 14 冫 15 冫 16 几 17 凵 18 刀

30 【口】

口土士夂夊夕大女子宀寸小九尸屮山川工己巾干幺广廴廾弋弓彐彡彳

向 [1]xiàng
[8]xiàng
后 [1]hòu
[2]hòu
合 [3]hé
[1]gě
名 [1]míng
各 [2]gè
[5]gě
吸 [2]xī
问 [1]wèn
吗 [1]ma
[1]má
[6]mǎ
吆 [8]yāo
4 呈 [5]chéng
吴 Wú
吞 [1]tūn
呋 [13]fū
呓 [40]yì
呆 [1]dāi
[3]ái
吾 [2]wú
吱 [8]zhī
[3]zī
否 [1]fǒu
[6]pǐ
吠 [4]fèi
呔 [3]dāi
呕 [2]ǒu
[3]òu
[6]ōu
呖 [37]lì
呃 [3]è
呀 ya
[1]yā
吨 [1]dūn
吡 [10]bǐ
吵 [1]chǎo
[5]chāo
员 [1]yuán
呐 [6]nà
na
呐• [6]nà
na
呗 [1]bei
[4]bài
呙 Guō
告 [1]gào
[9]gù
呂• Lǚ
听 [1]tīng
含 [1]hán
吟 [2]yín

吩 [7]fēn
呛 [3]qiāng
[1]qiàng
吻 [2]wěn
吹 [1]chuī
呜 [4]wū
吝 [3]lìn
吭 [4]háng
[2]kēng
启 [3]qǐ
吣 [2]qìn
君 [3]jūn
吳• Wú
吲 [9]yǐn
吧 ba
[4]bā
吼 hǒu
吮 [1]shǔn
5 味 [5]wèi
哎 [1]āi
ēi
咕 [4]gū
呵 [2]hē
咂 [1]zā
呸 [1]pēi
咙 [11]lóng
咔 [3]kā
[3]kǎ
咀 [2]jǔ
呻 [9]shēn
呷 [3]xiā
咒 [4]zhòu
咼• Guō
咋 zǎ
[6]zé
[5]zhā
[6]zhà
和 [1]hé
[3]hè
[2]huó
[7]huò
[10]hú
[5]hē
[7]huō
咐 [27]fù
呱 [4]guā
[14]gū
[3]guǎ
命 mìng
呼 [1]hū
呤 [3]lìng
周 [2]zhōu
咎 [9]jiù
咚 [3]dōng

鸣 [3]míng
咆 [7]páo
咛 [6]níng
咏 [5]yǒng
呢 ne
[2]ní
咄 [5]duō
呶 [3]náo
nu
咖 [2]kā
[2]gā
呦 [4]yōu
咝 [9]sī
6 哐 [3]kuāng
哇 wa
[2]wā
咭 [35]jī
哉 [4]zāi
哄 [3]hōng
hǒng
[1]hòng
哑 [1]yǎ
[1]yā
咺 [11]xuān
哂 [4]shěn
咸 [5]xián
[6]xián
咴 [13]huī
哒 [3]dā
咧 [1]liě
liē
lie
咦 [2]yí
哓 [18]xiāo
哔 [42]bì
呲 [1]cī
[6]zī
咣 [2]guāng
咢 [11]è
品 [1]pǐn
咽 [1]yàn
[5]yān
[7]yè
骂 [1]mà
哕 yuě
咻 [5]xiū
哗 [6]huá
[2]huā
咱 zán
咿 [9]yī
响 [2]xiǎng
哌 [4]pài
哙 [6]kuài

哈 [1]hā
hǎ
hà
哚 [4]duǒ
咯 lo
[9]gē
[9]luò
[2]kǎ
哆 [4]duō
哜 [23]jì
咬 [1]yǎo
哀 [4]āi
咨 [8]zī
咳 [1]hāi
[2]ké
咩 [1]miē
咪 [2]mī
总 [1]zǒng
咤 [9]zhà
哝 [7]nóng
哪 nǎ
[1]něi
na
Né
哏 gén
gěn
咫 [10]zhǐ
哞 mōu
哟 [1]yō
yo
7 哥 [2]gē
哧 [3]chī
哲 [3]zhé
哳 [7]zhā
哮 [7]xiào
唠 [7]láo
[4]lào
哺 [4]bǔ
哽 [3]gěng
唔 [8]wú
唇 [2]chún
唓 [17]lián
哨 [1]shào
唢 [5]suǒ
員• [1]yuán
唄• [1]bei
[4]bài
哩 li
[9]lǐ
哭 [1]kū
哫 [5]zú
唈 [43]yì

哦 ó
ò
[3]é
o
唣 [8]zào
唏 [28]xī
唑 [11]zuò
唤 [2]huàn
唁 [14]yàn
哼 [1]hēng
hng
唐 [13]táng
唚• [2]qìn
唧 [12]jī
啊 a
[1]ā
á
ǎ
à
唉 [2]ài
[3]āi
唆 [5]suō
8 唪 [2]fěng
啧 [5]zé
啪 [2]pā
啦 la
[2]lā
[2]lá
啞• [1]yǎ
[1]yā
喏 [3]rě
喵 miāo
啉 [15]lín
啬 [4]sè
喯 [4]bēn
啄 [2]zhuó
啭 [6]zhuàn
啡 [10]fēi
啃 [2]kěn
啮 [5]niè
唬 [2]hǔ
問• [1]wèn
唱 [1]chàng
啰 [4]luō
喎• [2]wāi
唾 [2]tuò
唲 [6]ér
唯 [3]wéi
[8]wěi
售 [4]shòu
啤 [12]pí
啟• [3]qǐ
啥 shá

啁 [8]zhāo
[11]zhōu
啕 [5]táo
唿 [7]hū
啐 [2]cuì
唼 [5]shà
商 [2]shāng
唷 [2]yō
啖 [11]dàn
啵 [1]bo
啶 [9]dìng
啷 lāng
唳 [34]lì
啸 [5]xiào
啜 [2]chuò
9 喷 pēn
pèn
喜 [2]xǐ
喋 [15]dié
[8]zhá
嗒 [2]dā
[10]tà
喪• sàng
[2]sāng
喃 [4]nán
喳 [10]chā
[4]zhā
喇 [1]lǎ
[5]lā
[3]lá
喓 [9]yāo
喊 [1]hǎn
喱 [18]lí
喹 [10]kuí
喈 [10]jiē
喁 [1]yóng
喝 [1]hē
[1]hè
喂 [4]wèi
喟 [3]kuì
單• [1]dān
[14]chán
[1]Shàn
喘 [1]chuǎn
啾 [8]jiū
喬• [3]qiáo
嗖 [3]sōu
喉 [1]hóu
喻 [23]yù
喚• [2]huàn
喑 [9]yīn
啻 [5]chì
啼 [4]tí
善 [2]shàn

嗟 [7]jiē
喽 lou
[6]lóu
喧 [5]xuān
喀 [4]kā
喔 ō
[2]wō
喙 [15]huì
喲• [1]yō
yo
10 嗪 [10]qín
嗷 [11]áo
嗉 [9]sù
嗎• [1]ma
[1]má
[6]mǎ
嘟 [3]dū
嗜 [26]shì
嗑 [9]kē
[5]kè
嗫 [9]niè
嘩• [6]huá
[2]huā
嗬 [3]hē
嗔 [2]chēn
[3]chēn
嗇• [4]sè
嗦 [8]suō
嗹• [17]lián
嗝 [5]gé
[3]gě
號• [1]hào
[4]háo
嗩• [5]suǒ
嗣 [10]sì
嗯 ńg
ňg
ǹg
嗅 [3]xiù
嗥 [7]háo
嗚• [4]wū
嗲 diǎ
嗳 [2]ǎi
嗆• [3]qiāng
[1]qiàng
嗡 [2]wēng
嗙 [2]pǎng
嗛 [18]qiān
嗍 [3]suō
嗨 [2]hāi
嗐 [2]hài
嗤 [4]chī
嗵 [2]tōng
嗓 [2]sǎng

31 囗

32 土

3 口囗土【士夂夊夕大女子宀】寸小九尸屮山川工己巾干幺广廴廾弋弓彐彡彳

33 士 34 夂 35 夊 36 夕 37 大 38 女 39 子 40 宀

33 士

士 [14]shì
1 壬· [3]rén
3 壮 Zhuàng
[3]zhuàng
4 壳 [1]ké
[3]qiào
声 [1]shēng
壯· Zhuàng
[3]zhuàng
7 壶 [2]hú
8 壸 [4]kǔn
9 壹 [6]yī
壺· [2]hú
10 壼· [4]kǔn
11 壽· [6]shòu

34 夂

See also 35 夊
2 处 [1]chù
[1]chǔ
冬 [2]dōng
务 [6]wù
5 备 [4]bèi
9 惫 [9]bèi

35 夊

See also 34 夂
6 复 [5]fù
[6]fù
7 夏 [3]xià
11 夐 xiòng
18 夔 [4]kuí

36 夕

夕 [12]xī
2 外 wài
3 夙 [10]sù
多 [1]duō
5 夜 [1]yè
6 将 [1]jiāng
[4]jiàng
[6]qiāng
8 梦 [1]mèng
够 [1]gòu
夠· [1]gòu
10 夢· [1]mèng
11 夥 [2]huǒ
[3]huǒ
夤 [6]yín

37 大

大 dà
[12]dài
1 天 [1]tiān
夫 [1]fū
[45]fú
夭 [7]yāo
太 [1]tài
2 央 [2]yāng
失 [4]shī
头 [1]tóu
tou
夯 hāng
[3]bèn
3 夸 [1]kuā
夺 [1]duó
夼 kuǎng
乔 [3]qiáo
夹 [3]jiā
[1]jiá
[4]gā
夷 [8]yí
买 mǎi
4 奁 [10]lián
夾· [3]jiā
[1]jiá
[4]gā
奂 [14]huàn
5 奉 [3]fèng
奈 [3]nài
奔 [1]bēn
[1]bèn
奇 [5]qí
[13]jī
奄 [7]yǎn
[2]yān
[4]yān
奋 [4]fèn
6 契 [7]qì
[10]qiè
奏 [2]zòu
奎 [1]kuí
奐· [14]huàn
奓 [7]zhà
奘 zhuǎng
[3]zàng
奖 [2]jiǎng
奕 [23]yì
类 [1]lèi
牵 [2]qiān
7 套 tào
奚 [42]xī
8 匏 [5]páo
奢 [2]shē
9 奡 [9]ào
奥 [3]ào
奠 [7]diàn
10 奧· [3]ào
11 奩 [10]lián
奪· [1]duó
13 奮· [4]fèn

38 女

女 [1]nǚ
2 奶 [1]nǎi
奴 [1]nú
3 奸 [8]jiān
[9]jiān
如 [1]rú
奼· [8]chà
妁 [8]shuò
妆 [4]zhuāng
妄 [4]wàng
妇 [14]fù
妃 [3]fēi
好 hǎo
[2]hào
[3]hāo
她 [2]tā
妈 [1]mā
4 妍 [11]yán
妩 [14]wǔ
妓 [16]jì
妪 [31]yù
妣 [8]bǐ
妙 [2]miào
妊 [7]rèn
妖 [4]yāo
妥 [1]tuǒ
妗 [13]jìn
姊 [5]zǐ
妨 [3]fáng
妒 [5]dù
妞 [1]niū
妝· [4]zhuāng
姒 [11]sì
妤 [29]yú
5 妹 [1]mèi
姑 [3]gū
妬 [5]dù
妻 [4]qī
姐 [2]jiě
妯 [2]zhóu
姍· [16]shān
姓 [2]xìng
委 [4]wěi
[11]wēi
姗 [16]shān
妾 [4]qiè
妮 nī
始 [6]shǐ
姆 [3]mǔ
6 娃 wá
姥 [5]lǎo
娅 [6]yà
姮 Héng
威 [6]wēi
耍 shuǎ
姱 [2]kuā
姨 [4]yí
娆 [4]ráo
姻 [6]yīn
姝 [14]shū
娇 [4]jiāo
姚 [2]Yáo
姽 [11]guǐ
娈 [6]luán
姣 [14]jiāo
姿 [2]zī
姜 [4]jiāng
姘 [2]pīn
娄 [4]lóu
姹 [8]chà
娜 [3]nuó
姦· [9]jiān
7 姬 [15]jī
娠 [10]shēn
娱 [12]yú
娌 [12]lǐ
娉 [2]pīng
娟 [1]juān
娲 [5]wā
娛· [12]yú
娥 [8]é
娩 [6]miǎn
[6]wǎn
娴 [10]xián
娣 [11]dì
娑 [10]suō
娘 niáng
娓 [18]wěi
婀 [2]ē
8 婊 [2]biǎo
婭· [6]yà
娶 [2]qǔ
婪 [7]lán
婳 [6]huà
婕 [17]jié
娼 [3]chāng
婁· [4]lóu
婴 [6]yīng
媧· [5]wā
婐 [2]wǒ
婢 [20]bì
婚 [3]hūn
婵 [10]chán
婆 [1]pó
婶 [1]shěn
婉 [6]wǎn
婦· [14]fù
9 媒 [8]méi
媠 [4]tuǒ
媪 [3]ǎo
嫂 [1]sǎo
媛 [5]yuàn
[15]yuán
婷 [8]tíng
媚 [3]mèi
婿 [8]xù
10 媾 [5]gòu
嫟 [9]nì
媽· [1]mā
媼· [3]ǎo
媳 [4]xí
媲 [6]pì
媻 [8]pán
嫒 [8]ài
媵 [4]yìng
嫉 [17]jí
嫌 [2]xián
嫁 [3]jià
嫔 [4]pín
媸 [6]chī
11 嫠 [8]lí
嫣 [8]yān
嫱 [3]qiáng
嫩 [1]nèn
嫗· [31]yù
嫖 [2]piáo
嫦 [1]Cháng
嫚 [8]màn
[7]yuān
嫘 Léi
嫜 [7]zhāng
嫡 [3]dí
12 嬈· [4]ráo
嬉 [23]xī
嫻· [10]xián
嬋· [10]chán
嫵· [14]wǔ
嬌· [4]jiāo
嫿· [6]huà
13 嬙· [3]qiáng
嬛 [12]xuān
[11]huán
嬡· [8]ài
嬗 [12]shàn
嬴 Yíng
嬖 [31]bì
14 嬰· [6]yīng
嬷 [12]mó
[6]mā
嬤· [12]mó
[6]mā
嬪· [4]pín
15 嬸· [1]shěn
17 孀 [3]shuāng
19 孌· [6]luán

39 子

子 [1]zǐ
zi
孑 [9]jié
孓 [27]jué
1 孔 [1]kǒng
2 孕 [4]yùn
3 存 cún
孙 [1]sūn
字 [1]zì
4 孝 [4]xiào
孛 [12]bèi
孜 [19]zī
孚 [15]fú
5 孟 [2]mèng
季 [6]jì
孤 [1]gū
孢 [8]bāo
学 [1]xué
孥 [2]nú
6 孪 [3]luán
孩 [2]hái
7 孬 nāo
孫· [1]sūn
8 孰 [3]shú
9 孳 [9]zī
孱 [5]chán
[2]càn
11 孵 [3]fū
13 學· [1]xué
14 孺 [3]rú
16 孽 [2]niè
19 孿· [3]luán

40 宀

See also 116 穴
2 宁 [1]nìng
[3]níng
它 [3]tā
宄 [12]guǐ
3 宇 [6]yǔ
守 [3]shǒu
宅 [1]zhái
安 [1]ān
4 完 [1]wán
宋 Sòng
宏 [6]hóng
牢 [1]láo
5 宝 [3]bǎo
宗 [1]zōng
定 [1]dìng
宕 [5]dàng
宠 chǒng
宜 [6]yí
审 [2]shěn
宙 [5]zhòu
宛 [6]wǎn
[7]wǎn
[8]yuān
实 [5]shí
[14]shī
宓 [2]Mì
官 [3]guān
6 宣 [1]xuān
宦 [7]huàn
宥 [11]yòu
室 [3]shì
宫 [7]gōng
宪 [10]xiàn
客 [3]kè
7 害 [1]hài

3 口囗土士夂夊夕大女子宀寸小尢尸屮山川工己
【50 巾 51 干 52 幺 53 广 54 廴 55 廾 56 弋 57 弓 58 彐 59 彡 60 彳 4 61 心】

席 [1]xí
8 帻 [7]zé
帳· [1]zhàng
[2]zhàng
帶· [1]dài
常 [2]cháng
帼 [5]guó
帷 [8]wéi
9 幅 [10]fú
幀· [4]zhēn
帽 [2]mào
幂 [5]mì
幄 [6]wò
幃· [8]wéi
10 幕 [2]mù
幌 [4]huǎng
11 幘· [7]zé
幔 [4]màn
幗· [5]guó
幛 [9]zhàng
幣· [1]bì
12 幞 [38]fú
幡 [4]fān
幢 [4]zhuàng
[2]chuáng
幟· [17]zhì
冪· [5]mì
13 幪 [12]méng
14 幫· [1]bāng
幬· [7]dào

51 干

干 [1]gān
[2]gān
[1]gàn
2 平 [1]píng
3 年 [1]nián
并 [1]bìng
[2]bìng
Bīng
5 幸 [4]xìng
6 顸 [4]hān
9 頇· [4]hān
10 幹· [1]gàn

52 幺

乡 [3]xiāng
幺 [6]yāo
1 幻 [4]huàn
2 幼 [3]yòu
6 幽 [5]yōu
9 幾· [1]jī
[20]jǐ
11 麼· me
[10]mó
[1]má

53 广

See also 198 鹿
200 麻

广 [1]guǎng
2 庀 [8]pǐ
3 庄 [2]zhuāng
庆 [1]qìng
4 庑 [9]wǔ
[5]wú
床 [1]chuáng
庋 [10]guǐ
库 [2]kù
庇 [15]bì
应 [1]yīng
[3]yìng
庐 [4]lú
序 [3]xù
5 庞 [2]páng
店 [2]diàn
庙 [1]miào
府 [2]fǔ
底 [1]dǐ
庖 [6]páo
庚 [3]gēng
废 [2]fèi
6 度 [1]dù
[4]duó
庭 [3]tíng
庥 [9]xiū
庠 [5]xiáng
7 庫· [2]kù
庯 [5]bū
座 [4]zuò
8 庶 [11]shù
庹 [2]tuǒ
庵 [2]ān
庾 [9]yǔ
廊 [2]láng
康 [2]kāng
庸 [4]yōng
9 廂· [6]xiāng
廁· [5]cè
si
廋 [7]sōu
赓 [5]gēng
廄· [10]jiù
10 廒 [9]áo
廈· [2]shà
Xià
廓 [4]kuò
廉 [7]lián
11 廑 [10]jǐn
廣· [1]guǎng
麽 [10]mó
麼· me
[10]mó
[1]má
慶· [1]qìng
廖 Liào
12 廚· [4]chú
廝· [8]sī
廟· [1]miào
摩 [6]mó
[4]mā
麾 [7]huī
廠· [1]chǎng
廛 [11]chán
廡· [9]wǔ
[5]wú
賡· [5]gēng
廢· [2]fèi
13 磨 [1]mó
[3]mò
廨 [14]xiè
廪 [3]lǐn
廩· [3]lǐn
14 縻 [14]méi
[6]mí
16 靡 [5]mí
[2]mǐ
廬· [4]lú
17 魔 [4]mó
22 廳· [2]tīng

54 廴 辶

4 廷 [4]tíng
延 [9]yán
6 建 [3]jiàn

55 廾

1 开 [1]kāi
廿 [1]niàn
2 弁 [9]biàn
3 异 [8]yì
4 弄 nòng
lòng
弃 [5]qì
6 弇 [9]yǎn
弈 [28]yì
11 弊 [9]bì

56 弋

弋 [29]yì
2 弍 [2]èr
3 式 [6]shì
5 貣 [17]dài
6 贰 [2]èr
9 貳· [2]èr
弑 [30]shì
10 弒· [30]shì

57 弓

弓 [5]gōng
1 引 [1]yǐn
2 弗 [13]fú
弘 [6]hóng
3 弛 [4]chí
4 张 [1]zhāng
弟 [5]dì
[5]tì
5 弧 [8]hú
弥 [4]mí
弦 [3]xián
弩 [2]nǔ
弪 [15]jìng
6 弭 [3]mǐ
弯 [1]wān
7 弳· [15]jìng
弱 [2]ruò
8 張· [1]zhāng
弹 [4]dàn
[2]tán
強· [1]qiáng
[2]qiǎng
[9]jiàng
9 弼 [17]bì
强 [1]qiáng
[2]qiǎng
[9]jiàng
粥 [3]zhōu
10 彀 [8]gòu
11 彆· biè
12 彈· [4]dàn
[2]tán
14 彌· [4]mí
19 彎· [1]wān

58 彐 彑

2 归 [1]guī
刍 [6]chú
3 寻 [1]xún
xín
当 [1]dāng
[2]dāng
[1]dàng
[4]dǎng
4 灵 [4]líng
5 录 [4]lù
6 彖 tuàn
8 彗 [14]huì
9 尋· [1]xún
xín
彘 [26]zhì
10 彙· [3]huì
15 彝 [11]yí
彞· [11]yí

59 彡

4 形 [2]xíng
彤 [6]tóng
[4]tōng
6 须 [1]xū
[2]xū
彦 [13]yàn
彥· [13]yàn
8 彬 Bīn
[4]bīn
彪 [4]biāo
彩 [3]cǎi
彫 [2]diāo
9 彭 Péng
須· [1]xū
11 彰 [3]zhāng
12 影 [1]yǐng

60 彳

See also 144 行

彳 [11]chì
4 彻 [2]chè
役 [18]yì
彷 [5]páng
[4]fǎng
5 征 [4]zhēng
[5]zhēng
徂 [1]cú
往 [1]wǎng
彿 [34]fú
彼 [3]bǐ
径 [7]jìng
6 待 [4]dài
[2]dāi
徊 [4]huái
[6]huí
徇 [11]xùn
徉 [9]yáng
律 [6]lǜ
很 [1]hěn
後· [1]hòu
7 徒 [4]tú
徕 [4]lái
徑· [7]jìng
徐 xú
8 徠· [4]lái
徘 [5]pái
徙 [5]xǐ
徜 [8]cháng
得 [3]de
[1]dé
děi
從· [1]cóng
[10]cōng
[1]zòng
9 御 [12]yù
[13]yù
[14]yù
復· [5]fù
徨 [14]huáng
循 [2]xún
10 微 [1]wēi
徭 [9]yáo
徯 [34]xī
12 德 [2]dé
徵 [8]zhǐ
[4]zhēng
徹· [2]chè
13 徼 [11]jiào
[13]jiǎo
14 徽 [6]huī

61 心 忄

心 [2]xīn
1 必 [3]bì
忆 [9]yì
2 忉 [3]dāo
3 志 [10]zhì
[11]zhì
忖 cǔn
忑 [3]tè
忕 [35]shì
忒 [2]tè
[2]tuī
tēi
忐 [4]tǎn
忏 [1]chàn
忘 [2]wàng
忙 [1]máng
忌 [15]jì
忍 [1]rěn
4 忝 [3]tiǎn
怃 [10]wǔ
忮 [27]zhì
怀 [1]huái
态 [2]tài
怄 [2]òu
忧 [3]yōu
忠 [6]zhōng
忡 [7]chōng
忤 [11]wǔ
忾 [2]kài
怅 [4]chàng
忻 [7]xīn
怂 [2]sǒng
念 [2]niàn
忷 [5]xiōng
忿 [7]fèn
忪 [6]sōng
[10]zhōng
怆 [2]chuàng
忽 [2]hū
忭 [10]biàn
忱 [7]chén
快 [1]kuài

62 戈

63 户 戶

64 手 扌

76 欠

77 止

78 歹 歺

79 殳

80 毋 母

81 比

82 毛

83 氏

84 气

85 水 氵

④ 心戈户手支攴文斗斤方无日曰月木欠止歹殳毋比毛氏气【水】85 火爪父爻爿片牙牛犬

沖· [1]chōng
[2]chōng
[6]chōng
汽 [3]qì
沃 [3]wò
沂 Yí
沦 [2]lún
汹 [4]xiōng
汾 Fén
泛 [3]fàn
沧 [5]cāng
没 [1]méi
[5]mò
沒· [1]méi
[5]mò
沟 [1]gōu
汴 [7]biàn
沆 [2]hàng
沩 Wéi
沪 Hù
沉 [1]chén
[4]chēn
沈 Shěn
[3]shěn
沁 [1]qìn
決· [1]jué
泐 [5]lè
5 泰 [3]tài
沫 [9]mò
沬 [8]mèi
浅 [1]qiǎn
法 [1]fǎ
泔 [12]gān
泄 [6]xiè
[50]yì
沽 [6]gū
河 [2]hé
泵 [3]bèng
沾 [1]zhān
泸 Lú
泪 [4]lèi
沮 [3]jǔ
[21]jù
油 [2]yóu
[8]yōu
泱 [4]yāng
況· [5]kuàng
泂 [4]jiǒng
泅 [3]qiú
泗 [12]sì
沲 [13]tuó
泉 [4]quán
泊 [9]bó
[5]pō
沴 [25]lì
泠 [12]líng
泺 [5]pō
沿 [1]yán
泡 [2]pào
[2]pāo
注 [5]zhù
[6]zhù
泣 [6]qì
泫 [10]xuàn
泮 [7]pàn
泞 [4]nìng
沱 [13]tuó
泻 [5]xiè
泌 [6]mì
泳 [6]yǒng
泥 [1]ní
[4]nì
泯 [4]mǐn
沸 [5]fèi
泓 [4]hóng
沼 [3]zhǎo
波 [3]bō
泼 [3]pō
泽 [4]zé
泾 Jīng
治 [4]zhì
6 洼 [4]wā
洁 [8]jié
洱 [7]ěr
洪 [3]hóng
洒 [1]sǎ
[12]xiǎn
[13]xiǎn
洏 [4]ér
洌 [6]liè
浃 [11]jiā
洟 [6]tì
浇 [3]jiāo
浊 [5]zhuó
洞 [2]dòng
洇 [5]yīn
[10]yān
洄 [3]huí
测 [3]cè
洗 [1]xǐ
[2]Xiǎn
活 [1]huó
洑 [24]fú
涎 [7]xián
洎 [28]jì
洫 [11]xù
派 [1]pài
[4]pā
浍 [7]kuài
洽 [2]qià
洵 [6]xún
洶· [4]xiōng
洚 [11]jiàng
洛 [1]Luò
浆 [5]jiāng
[10]jiàng
浏 [9]liú
济 [17]jì
[8]jǐ
洋 [2]yáng
[7]yāng
洴 [13]píng
洲 [1]zhōu
浑 [2]hún
浒 [6]xǔ
浓 [1]nóng
津 [8]jīn
洳 [6]rù
7 涛 [3]tāo
浙 Zhè
涝 [3]lào
浦 [2]pǔ
酒 [2]jiǔ
浹· [11]jiā
涟 [9]lián
涇· Jīng
涉 [5]shè
消 [1]xiāo
涅 [8]niè
浞 [8]zhuó
涓 [2]juān
涡 [3]wō
浥 [31]yì
涔 [1]cén
浩 [4]hào
浰 [8]liàn
海 [1]hǎi
浜 [4]bāng
涂 [2]tú
[3]tú
[4]tū
浴 [22]yù
浮 [1]fú
涣 [9]huàn
浼 [4]měi
涤 [7]dí
流 [1]liú
润 [1]rùn
涧 [13]jiàn
涕 [6]tì
浣 [6]huàn
浪 [1]làng
浸 [5]jìn
涨 [2]zhǎng
[6]zhàng
涩 [2]sè
涊 [4]niǎn
涌 [1]yǒng
涘 [15]sì
浚 [7]jùn
8 清 [2]qīng
渍 [4]zì
添 [2]tiān
渚 [5]zhǔ
淇 [1]Qí
淋 [3]lín
[2]lìn
[2]lǐn
淅 [29]xī
淞 [5]sōng
渎 [7]dú
涯 [4]yá
淹 [2]yān
涿 [4]zhuō
渠 [1]qú
渐 [6]jiàn
[15]jiān
淺· [1]qiǎn
淑 [8]shū
淖 [2]nào
淌 [2]tǎng
混 [1]hùn
[4]hún
淟 [6]tiǎn
涸 [15]hé
淼 [6]miǎo
渦· [3]wō
淮 Huái
淦 [2]Gàn
淪· [2]lún
淆 xiáo
渊 [2]yuān
淫 [4]yín
淨· [3]jìng
颍 [2]Yǐng
渔 [7]yú
淘 [3]táo
淴 [8]hū
涼· [1]liáng
[5]liàng
淳 [4]chún
液 [5]yè
淬 [7]cuì
涪 Fú
淤 [3]yū
淡 [3]dàn
淙 [4]cóng
淀 [3]diàn
[4]diàn
渖 [3]shěn
淚· [4]lèi
深 [2]shēn
渌 [13]lù
涮 shuàn
涵 [4]hán
渗 [2]shèn
淥· [13]lù
淄 Zī
9 湊· [1]còu
湛 [8]zhàn
港 [1]gǎng
滞 [19]zhì
溚 [4]tǎ
湖 [1]hú
渣 [2]zhā
湘 Xiāng
渤 [17]bó
湮 [10]yān
[5]yīn
減· [2]jiǎn
湎 [7]miǎn
湜 [11]shí
渺 [2]miǎo
[3]miǎo
[6]miǎo
測· [3]cè
湯· [1]tāng
[7]shāng
湿 [2]shī
温 [1]wēn
渴 [1]kě
渭 [2]Wèi
溃 [2]kuì
[21]huì
湍 tuān
溅 [8]jiàn
滑 [3]huá
湃 [2]pài
湫 [5]qiū
[15]jiǎo
溲 [8]sōu
淵· [2]yuān
渝 [16]yú
湲 [16]yuán
湓 [2]pén
渙· [9]huàn
湾 [2]wān
渡 [2]dù
游 [3]yóu
湔 [14]jiān
滋 [4]zī
溈· Wéi
湉 [7]tián
渲 [9]xuàn
渾· [2]hún
溉 [5]gài
渥 [4]wò
滁 Chú
10 滟 [18]yàn
溝· [1]gōu
溘 [8]kè
满 [1]mǎn
漭 [3]mǎng
漠 [7]mò
滇 Diān
[2]tián
漣· [9]lián
溥 [5]pǔ
溧 [36]lì
溽 [3]rù
滅· [1]miè
源 [8]yuán
滤 [3]lǜ
滥 [2]làn
溷 [3]hùn
溫· [1]wēn
滗 [25]bì
滌· [7]dí
準· [2]zhǔn
溴 [8]xiù
滏 Fǔ
滔 [4]tāo
溪 [5]xī
滄· [5]cāng
滃 [2]wěng
滕 Téng
溜 [1]liū
[2]liū
[3]liù
滦 Luán
漓 Lí
[19]lí
滚 [1]gǔn
溏 [8]táng
滂 [3]pāng
溢 [11]yì
溯 [8]sù
滨 [2]bīn
溶 [4]róng
滓 [7]zǐ
溟 [11]míng
溺 [3]nì
[1]niào
滩 [2]tān
滪 [37]yù
11 漬· [4]zì
漢· [1]Hàn
[4]hàn
潢 [12]huáng
滿· [1]mǎn
滯· [19]zhì
潆 [13]yíng
潇 [13]xiāo
漤 [6]lǎn
漆 [3]qī
漸· [6]jiàn
[15]jiān
漕 [4]cáo
漱 [8]shù
漚· [1]òu
[4]ōu
漂 [2]piāo
[2]piào
[2]piǎo
滭 [39]bì
漫 [2]màn
漶 [15]huàn
潋 [7]liàn
潁· [2]Yǐng
漁· [7]yú
潴 [11]zhū
漪 [11]yī
滸· [6]xǔ
滾· [1]gǔn
漉 [14]lù
[4]lū
漳 Zhāng
滴 [2]dī
漩 [4]xuán
漾 [2]yàng
演 [2]yǎn
滬· Hù
澉 [8]gǎn
漏 [1]lòu
漲· [2]zhǎng
[6]zhàng
漿· [5]jiāng
[10]jiàng
滲· [2]shèn
潍 [13]wéi
12 潔· [8]jié
潜 [4]qián
澆· [3]jiāo
澎 [4]péng
澌 [10]sī
潮 [2]cháo
潸 [9]shān
潭 [3]tán

潦 [10]liáo
[4]lǎo
潛· [4]qián
潤· [1]rùn
澗· [13]jiàn
潰· [2]kuì
[21]huì
潲 [3]shào
潷· [25]bì
潟 [14]xì
潟 [7]xì
澳 [2]ào
潘 [1]Pān
潼 [1]Tóng
澈 [4]chè
澜 [6]lán
澇· [3]lào
潺 [13]chán
澄 [10]chéng
[3]dèng
[6]dēng
潑· [3]pō
13 濛 [6]méng
濑 [3]lài
濊 [19]huì
濒 [3]bīn
潞 [22]lù
濃· [1]nóng
澡 [4]zǎo
澤· [4]zé
濁· [5]zhuó
激 [5]jī
澮· [7]kuài
澹 [12]dàn
澥 [9]xiè
澶 Chán
[19]dàn
澱· [3]diàn
澼 [10]pì
澦· [37]yù
14 濤· [3]tāo
濫· [2]làn
濡 [4]rú
濕· [2]shī
濮 [1]Pú
濠 [8]háo
濟· [17]jì
[8]jǐ
濱· [2]bīn
濘· [4]nìng
澀· [2]sè
濯 [12]zhuó
濰· [13]wéi
15 瀆· [7]dú
瀦· [11]zhū
濾· [3]lǜ
瀑 [2]pù
濺· [8]jiàn
濼· [5]pō
瀏· [9]liú
瀉· [5]xiè
瀋· [3]shěn
16 瀚 [11]hàn
瀟· [13]xiāo
瀨· [3]lài
瀝· [16]lì
瀕· [3]bīn
瀣 [18]xiè
瀘· Lú
瀛 [10]yíng
瀠· [13]yíng
17 灌 [2]guàn
瀾· [6]lán
瀲· [7]liàn
18 灃· [10]fēng
灝 [4]hào
灕· Lí
19 灘· [2]tān
灑· [1]sǎ
[12]xiǎn
21 灠· [6]lǎn
灞 Bà
灝· [4]hào
22 灣· [2]wān
23 灤· Luán
24 灩· [18]yàn

86 火 灬

火 [1]huǒ
1 灭 [1]miè
2 灯 [1]dēng
灰 [1]huī
3 灶 [2]zào
灿 [1]càn
灼 [3]zhuó
灸 [4]jiǔ
灾 [1]zāi
灵 [4]líng
炀 [7]yáng
災· [1]zāi
4 炬 [12]jù
炖 [2]dùn
炒 [2]chǎo
炅 Guì
炘 [11]xīn
炝 [2]qiàng
炊 [2]chuī
炙 [22]zhì
炕 [2]kàng
炎 [5]yán
炉 [1]lú
炔 [2]quē
5 炳 [7]bǐng
炻 [12]shí
炼 [1]liàn
点 [1]diǎn
炽 [6]chì
炭 [4]tàn
炯 [3]jiǒng
炸 [1]zhà
[2]zhá
烀 [5]hū
烁 [4]shuò
炮 [1]pào
[5]bāo
[3]páo
炷 [13]zhù
炫 [5]xuàn
[6]xuàn
烂 [1]làn
lān
為· [1]wèi
[1]wéi
烃 [4]tīng
炱 [11]tái
6 烤 [2]kǎo
热 rè
烘 [2]hōng
烜 [3]xuǎn
烦 [2]fán
烈 [4]liè
烧 [1]shāo
烛 [3]zhú
烟 [1]yān
烏· [5]wū
[20]wù
烩 [7]huì
烙 [1]lào
[6]luò
烊 [7]yáng
[5]yàng
羔 [5]gāo
烫 [2]tàng
烬 [7]jìn
烝 [8]zhēng
7 焘 [9]dào
[8]tāo
焉 [7]yān
焐 [11]wù
烴· [4]tīng
焊 [3]hàn
烯 [41]xī
焓 [8]hán
焕 [5]huàn
烽 [8]fēng
烹 [2]pēng
焖 [2]mèn
烷 [5]wán
焄 [7]xūn
焗 [5]jú
焌 [10]qū
8 煮 [2]zhǔ
焚 [2]fén
焯 [4]chāo
無· [1]wú
[11]mó
焦 [5]jiāo
焮 [4]xìn
焰 [12]yàn
然 [2]rán
焙 [8]bèi
焱 [12]yàn
9 煤 [2]méi
煠 [2]zhá
煳 [9]hú
煙· [1]yān
煉· [1]liàn
煩· [2]fán
煬· [7]yáng
煦 [13]xù
煜 [27]yù
照 [1]zhào
煨 [5]wēi
煅 [5]duàn
煲 [7]bāo
煌 [6]huáng
煥· [5]huàn
煞 [3]shà
[6]shā
煎 [5]jiān
煢· [5]qióng
煊 [3]xuān
煸 [4]biān
煺 [3]tuì
10 熬 [1]áo
[2]āo
熙 [21]xī
熏 [1]xūn
[6]xùn
熄 [8]xī
熗· [2]qiàng
熘 [2]liū
熒· [9]yíng
熔 [5]róng
煽 [6]shān
熥 [2]tēng
熊 [2]xióng
11 熱· rè
熿 [16]huáng
熳 [2]màn
熟 [1]shú
shóu
熵 [4]shāng
熨 [2]yùn
熠 [45]yì
12 燒· [1]shāo
熹 [26]xī
燕 [6]yàn
[7]yàn
[1]Yān
燎 [2]liáo
[2]liǎo
燜· [2]mèn
燠 [28]yù
燔 [8]fán
燄 [12]yàn
燃 [1]rán
燉 Dūn
熾· [6]chì
燧 [5]suì
營· [1]yíng
燙· [2]tàng
燈· [1]dēng
13 燦· [1]càn
燥 [5]zào
燭· [3]zhú
燴· [7]huì
燮 [12]xiè
14 燾· [9]dào
[8]tāo
爇 [5]ruò
燹 [6]xiǎn
燼· [7]jìn
15 爆 [4]bào
爍· [4]shuò
16 爐· [1]lú
17 爛· [1]làn
lān
爝 [19]jué
25 爨 [3]cuàn

87 爪 爫

爪 [2]zhǎo
zhuǎ
4 采 [2]cǎi
[2]cài
觅 [3]mì
爭· [2]zhēng
爬 [1]pá
[5]pā
5 爰 [13]yuán
6 爱 [1]ài
7 覓· [3]mì
8 爲· [1]wèi
[1]wéi
11 虢 Guó
13 爵 [9]jué

88 父

父 [8]fù
[13]fǔ
2 爷 [1]yé
4 爸 [1]bà
6 爹 [1]diē
8 爺· [1]yé

89 爻

爻 [5]yáo
7 爽 shuǎng
10 爾· [2]ěr

90 爿 丬

爿 [2]pán
3 壮 Zhuàng
[3]zhuàng
妆 [4]zhuāng
妝 [4]zhuāng
4 状 [2]zhuàng
狀· [2]zhuàng
6 将 [1]jiāng
[4]jiàng
[6]qiāng
牂 [4]zāng
7 將· [1]jiāng
[4]jiàng
[6]qiāng
13 牆· [2]qiáng

91 片

片 [1]piàn
[3]piān
4 版 [2]bǎn
8 牍 [5]dú
牌 [2]pái
9 牒 [6]dié
牐· [1]zhá
10 牓 [2]bǎng
11 牖 [4]yǒu
15 牘· [5]dú

92 牙

牙 [1]yá
2 邪 [5]xié
[4]yé
5 鸦 [5]yā
穿 [1]chuān
8 牚 [2]chèng
雅 [2]yǎ
[9]yā
11 鴉· [5]yā

93 牛 ⺧

牛 niú
[3]niū
2 牝 [2]pìn
牟 [2]móu
3 牡 [5]mǔ
牤 māng
牢 [1]láo
牠· [3]tā
4 牦 [9]máo
牧 [7]mù
物 [1]wù
5 牯 [14]gǔ
牵 [2]qiān
牲 [6]shēng
牴 [2]dǐ
6 特 [1]tè
牺 [17]xī
7 牾 [15]wǔ
牿 [8]gù
犁 [4]lí

5 玄玉瓜瓦甘生用田疋疒癶白皮皿目矛【矢石示禸禾穴立】
111 矢
112 石
113 示
114 禸
115 禾
116 穴
117 立

13 矱 3yuē

112 石

石 3shí
7dàn
2 矶 24jī
3 矸 14gān
矻 6kū
矽 14xī
矾 4fán
矿 1kuàng
码 2mǎ
4 砉 3huā
研 8yán
砆 12fū
砖 2zhuān
砗 2chē
砑 5yà
砘 7dùn
砒 7pī
砌 4qì
11qiè
砂 4shā
泵 3bèng
砚 9yàn
砍 1kǎn
砜 12fēng
5 砝 2fǎ
砹 6ài
砢 18kē
砸 2zá
砺 26lì
砻 5lóng
砰 1pēng
砧 8zhēn
砷 7shēn
砟 2zhǎ
砥 6dǐ
砾 20lì
砬 5lá
砣 4tuó
砩 6fú
础 6chǔ
破 1pò
硁 4kēng
6 硅 2guī
硭 7máng
硒 18xī
硕 2shuò
硖 1xiá
硗 9qiāo
砦 2zhài
硐 6dòng
硙 12wéi
硇 8náo
硌 4gè
7 硨• 2chē
硬 1yìng
硤• 1xiá
硜• 4kēng
硝 6xiāo
硯• 9yàn
硷 4jiǎn
确 2què
硫 3liú
8 碔 16wǔ
碛 13qì
碍 3ài
碘 3diǎn
碓 4duì
碑 3bēi
硼 6péng
5pēng
碉 8diāo
碎 2suì
碰 1pèng
碇 5dìng
碗 1wǎn
碌 8lù
7liù
2lū
碜 chěn
9 碧 7bì
碡 3zhóu
碪 8zhēn
碟 2dié
碴 6chá
8chā
碱 4jiǎn
碩• 2shuò
碣 13jié
碨 15wèi
碞• 6yán
碳 3tàn
碫 7duàn
碸• 12fēng
碲 10dì
磋 3cuō
磁 5cí
碹 3xuàn
10 碼• 2mǎ
磕 4kē
磊 5lěi
磑• 12wéi
磐 5pán
磔 6zhé
磙 3gǔn
磅 2bàng
4páng
5bāng
確• 2què
碾 1niǎn
11 磧• 13qì
磬 2qìng
磺 7huáng
磚• 2zhuān
磨 1mó
3mò
磲 9qú
磣• chěn
12 磽• 9qiāo
礁 7jiāo
磷 4lín
磴 5dèng
磯• 24jī
13 礎• 6chǔ
礓 9jiāng
礌 8léi
礆• 4jiǎn
14 礤 cǎ
礪• 26lì
礙• 3ài
礦• 1kuàng
礤 4cā
15 礬• 4fán
礫• 20lì
16 礴 16bó
礱• 5lóng
19 礹• 6yán

113 示 礻

示 11shì
1 礼 4lǐ
2 祁 3Qí
3 社 1shè
祀 13sì
祃 2mà
4 祆 1Xiān
祉 11zhǐ
视 9shì
祈 16qí
祇 15qí
1zhǐ
5 祛 9qū
祜 6hù
祐 8yòu
祓 25fú
祖 3zǔ
神 1shén
祝 7zhù
祚 5zuò
祔 23fù
祗 13zhī
祢 Mí
祠 7cí
祟 6suì
6 票 1piào
祯 14zhēn
祧 3tiāo
祭 12jì
祥 3xiáng
7 祷 6dǎo
視• 9shì
祸 3huò
8 祺 17qí
禁 6jìn
7jīn
禍• 3huò
禀 5bǐng
禅 3chán
7shàn
禄 9lù
祿• 9lù
9 禊 10xì
福 7fú
禎• 14zhēn
禘 13dì
10 禡• 2mà
禢 Tà
禚 Zhuó
12 禧 4xǐ
禪• 3chán
7shàn
禦• 14yù
13 禮• 4lǐ
14 禱• 6dǎo
禰• Mí
17 禳 2ráng

114 禸

4 禺 34yú
禹 Yǔ
6 离 1lí
8 禽 5qín

115 禾

禾 8hé
2 秃 1tū
禿• 1tū
秀 5xiù
私 3sī
3 秆 1gǎn
秈 9xiān
秉 4bǐng
季 6jì
4 秬 24jù
秕 7bǐ
秒 1miǎo
种 1zhǒng
2zhòng
秋 1qiū
科 3kē
5 秦 Qín
秣 14mò
秫 5shú
秤 1chèng
租 1zū
积 4jī
秧 1yāng
秩 16zhì
称 1chēng
3chèn
秘 4mì
Bì
6 秸 8jiē
秽 10huì
䄻 9táo
移 1yí
秾 6nóng
7 稍 2shāo
7shào
稈• 1gǎn
程 6chéng
稀 3xī
稅• 2shuì
稃 6fū
税 2shuì
稊 7tí
稂 5láng
8 稙 14zhī
稞 15kē
稚 18zhì
稗 3bài
稔 2rěn
稠 4chóu
稣 4sū
稟• 5bǐng
9 種• 1zhǒng
2zhòng
稱• 1chēng
3chèn
稳 1wěn
稨 6biǎn
10 穀• 5gǔ
稹• 5zhěn
稽 11jī
9qǐ
稷 29jì
稻 4dào
稿 2gǎo
稼 6jià
11 積• 4jī
穑 8sè
穆 10mù
穎• 2yǐng
穌• 4sū
12 穗 3suì
13 穫• 5huò
穡• 8sè
穢• 10huì
穠• 6nóng
14 穩• 1wěn
17 穰 3ráng

116 穴

穴 2xué
2 究 2jiū
穷 1qióng
3 空 1kōng
1kòng
穸 43xī
穹 2qióng
4 突 2tū
穿 1chuān
窀 3zhūn
窃 3qiè
窆 5biǎn
5 窍 2qiào
窅 3yǎo
窄 zhǎi
窈 3yǎo
4yǎo
6 窒 23zhì
窑 2yáo
窕 2tiǎo
7 窜 1cuàn
窝 1wō
窖 7jiào
窗 1chuāng
窘 1jiǒng
8 窥 3kuī
窦 7dòu
窠 7kē
窩• 1wō
窞 16dàn
窣 3sū
18sù
窟 3kū
9 窬 24yú
窨 5yìn
2xūn
窭 17jù
窪• 4wā
10 窮• 1qióng
窳 11yǔ
窯• 2yáo
11 窺• 3kuī
窶• 17jù
窸 48xī
窿 6lóng
12 窾 2kuǎn
13 竄• 1cuàn
竅• 2qiào
15 竇• 7dòu
18 竊• 3qiè

117 立

See also 180 音
212 龍

立 2lì
1 产 1chǎn
4 亲 1qīn
4qìng
竖 3shù
飒 2sà
5 站 1zhàn
竞 12jìng
6 章 2zhāng
竟 1jìng
翊 47yì
7 竦 4sǒng
童 3tóng
竣 4jùn
8 竫• 2jìng
9 竭 6jié
端 duān
颯• 2sà

6 竹米【糸缶网羊羽老而】耒耳聿肉臣自至臼舌舛舟艮色艸虍虫血行衣西
120 糸 121 缶 122 网 123 羊 124 羽 125 老 126 而

121 缶

122 网 罒

123 羊

124 羽

125 老 耂

126 而

6 竹米糸缶网羊羽老
【而 126 耒 127 耳 128 聿 129 肉 130 臣 131 自 132 至 133 臼 134 舌 135 舛 136】
舟艮色艸虍虫血行衣襾

6 竹米糸缶网羊羽老而耒耳聿肉臣自至臼舌
【136 舛 137 舟 138 艮 139 色 140 艸】
虍虫血行衣襾

6 舜 Shùn
8 舞 [4]wǔ

137 舟

舟 [5]zhōu
3 舡 [1]chuán
舢 [14]shān
4 舯 [8]zhōng
舰 [10]jiàn
舨 [4]bǎn
舱 [3]cāng
般 [3]bān
[9]pán
[9]bō
航 [2]háng
舫 [5]fǎng
5 舸 [2]gě
舻 [8]lú
舳 [8]zhú
舴 [9]zé
舶 [12]bó
舲 [18]líng
船 [1]chuán
舷 [8]xián
舵 [3]duò
6 舾 [49]xī
艇 [2]tǐng
7 艄 [6]shāo
艅 [33]yú
艉 [14]wěi
8 艋 [6]měng
9 艘 [1]sōu
艎 [17]huáng
艏 [4]shǒu
10 艙• [3]cāng
艕 [5]bèng
11 艚 [5]cáo
12 艟 [9]chōng
13 艨 [14]méng
14 艦• [10]jiàn
16 艫• [8]lú

138 艮

艮 [1]gèn
gěn
1 良 [5]liáng
2 艰 [16]jiān
11 艱• [16]jiān

139 色

色 [1]sè
[1]shǎi
[2]shǎi
4 艳 [8]yàn
5 艴 [28]fú
18 艷• [8]yàn

140 艸 艹

1 艺 [13]yì
2 艾 [4]ài
[16]yì
艽 [17]jiāo
节 [1]jié
[9]jiē
艿 [4]nǎi
3 芋 [17]yù
芊 [19]qiān
芍 [4]sháo
芨 [37]jī
芒 [2]máng
芝 [10]zhī
芎 [6]xiōng
芗 [9]xiāng
4 芙 [35]fú
芜 [5]wú
芫 [15]yán
[19]yuán
苇 [3]wěi
芸 [7]yún
[8]yún
[9]yún
芾 [22]fú
[10]fèi
芰 [30]jì
芣 [36]fú
苊 [18]è
苣 [27]jù
[5]qǔ
芽 [2]yá
芘 [16]pí
[46]bì
芷 [16]zhǐ
芮 Ruì
苋 [12]xiàn
苌 [2]Cháng
花 [1]huā
芹 [6]qín
芥 [10]jiè
[6]gài
苁 [8]cōng
芩 [9]qín
芬 [4]fēn
苍 [1]cāng
芪 [26]qí
芴 [21]wù
芡 [5]qiàn
芻• [6]chú
芟 [10]shān
苄 [13]biàn
芳 [3]fāng
苎 [18]zhù
芦 [5]lú
芯 [4]xīn
[5]xìn
芭 [10]bā
芤 [3]kōu
苏 Sū
苡 [14]yǐ
5 茉 [20]mò
苷 [13]gān
苦 [1]kǔ
苯 [3]běn
苛 [5]kē
苤 [2]piě
若 [1]ruò
[2]rě
茂 [5]mào
茏 [13]lóng
茇 [3]bá
苹 [10]píng
苫 [11]shān
[5]shàn
苜 [13]mù
苴 [11]jū
苗 [1]miáo
英 [5]yīng
苒 [2]rǎn
苲 [5]zhǎ
苻 [16]fú
苶 nié
苓 [20]líng
茚 [6]yìn
苟 [2]gǒu
茑 [3]niǎo
苑 [4]yuàn
苞 [4]bāo
范 Fàn
[5]fàn
苧• [18]zhù
茓 [5]xué
茔 [11]yíng
苾 [35]bì
茕 [5]qióng
苨 [4]nǐ
苠 [4]mín
茀 [29]fú
茁 [13]zhuó
茄 [1]qié
[9]jiā
苕 [8]tiáo
[3]sháo
茎 [5]jīng
苔 [6]tái
[2]tāi
茅 [4]máo
6 荆 [8]jīng
荊• [8]jīng
茸 [7]róng
rōng
茜 [10]qiàn
茬 [3]chá
荐 [11]jiàn
茢 [13]liè
荚 [3]jiá
荑 [16]yí
[7]tí
荛 [3]ráo
荜 [33]bì
[34]bì
草 [1]cǎo
茧 [6]jiǎn
莒 Jǔ
茼 [11]tóng
茵 [8]yīn
茴 [4]huí
茱 [13]zhū
莛 [6]tíng
荞 [9]qiáo
茯 [42]fú
莚 [13]yán
荏 [3]rěn
荇 [7]xìng
荃 [10]quán
荟 [11]huì
茶 [1]chá
荀 [1]Xún
茗 [9]míng
荠 [27]qí
[34]jì
茭 [16]jiāo
茨 [8]cí
荒 [2]huāng
荄 [4]gāi
茺 [10]chōng
茫 [4]máng
荡 [2]dàng
荣 [6]róng
荤 [2]hūn
Xūn
荦 [5]luò
荧 [9]yíng
荨 [10]qián
[10]xún
茛 [3]gèn
荩 [15]jìn
荪 [5]sūn
荫 [3]yìn
[10]yīn
茹 [5]rú
荔 [21]lì
荬 mai
荭 [10]hóng
药 [2]yào
茲• [5]zī
[9]cí
7 華• [4]huá
Huà
莰 [7]kǎn
茝 [1]chǎi
荸 [2]bí
莆 [2]Pú
莢• [3]jiá
莽 [2]mǎng
莱 [2]lái
莲 [3]lián
莖• [5]jīng
莳 [31]shì
莫 [4]mò
莧• [12]xiàn
莴 [6]wō
莪 [11]é
莉 [35]lì
莠 [5]yǒu
莓 [9]méi
荷 [7]hé
[9]hè
莜 [14]yóu
莅 [28]lì
荼 [6]tú
莶 [10]xiān
莩 [18]fú
[4]piǎo
荽 [3]suī
获 [4]huò
[5]huò
莸 [11]yóu
荻 [6]dí
莘 [11]shēn
莎 [10]shā
[9]suō
莞 [11]wǎn
莹 [7]yíng
[14]yīng
莨 [4]làng
[8]liáng
莺 [3]yīng
莊• [2]zhuāng
莼 [5]chún
8 菁 [11]jīng
萇• [2]Cháng
菝 [4]bá
著 [11]zhù
zhe
zháo
[1]zhuó
[2]zhāo
[3]zhāo
菱 [9]líng
菢 [1]bào
萁 [28]qí
菘 [4]sōng
萘 [2]nài
菴 [17]yǎn
[2]ān
萊• [2]lái
萋 [16]qī
菲 [3]fěi
[6]fēi
菽 [13]shū
菓 [1]guǒ
菖 [7]chāng
萌 [5]méng
萜 [4]tiē
萝 [7]luó
菌 [4]jūn
[2]jùn
萵• [6]wō
萎 [10]wěi
[3]wēi
萸 [30]yú
萆 [40]bì
菜 [1]cài
菔 [37]fú
菟 [4]tù
[8]tú
萄 [6]táo
萏 [17]dàn
菊 [3]jú
萃 [5]cuì
菩 [9]pú
菸 [5]yū
[1]yān
菏 [24]hé
萍 [7]píng
菹 [2]zū
菠 [7]bō
菪 [7]dàng
菀 [12]wǎn
菅 [17]jiān
萤 [8]yíng
营 [1]yíng
萦 [12]yíng
萧 [9]xiāo
菉 [7]lù
菰 [7]gū
菡 [15]hàn
萨 Sà
菇 [8]gū
菑 [12]zī
9 葜 [2]qiā
葑 [11]fēng
葚 [11]rèn
[6]shèn
葉• [3]yè
葫 [12]hú
葙 [11]xiāng
葳 [10]wēi
蒇 [4]chǎn
葬 [1]zàng
蒈 [8]kǎi
募 [5]mù
葺 [8]qì
萬• [1]wàn
葛 [7]gé
Gě
葸 [9]xǐ
萼 [15]è
董 [2]dǒng
葆 [7]bǎo
葩 [3]pā
葎 [8]lǜ
葡 [8]pú
葱 [1]cōng
蒋 Jiǎng
蒂 [8]dì
蒌 [7]lóu
蒎 [3]pài
落 [1]luò
[2]là
[2]lào
[2]luō
萱 [6]xuān
葷• [2]hūn
Xūn
萹 [8]biān
[6]biǎn

葭 [10]jiā
葦· [3]wěi
葸 [12]xǐ
葵 [2]kuí
葒· [10]hóng
10 蓁 [17]zhēn
蒜 [2]suàn
蒱 [7]pú
蓍 [10]shī
蓋· [1]gài
蓮· [3]lián
蓐 [5]rù
蓝 [1]lán
蒔· [31]shì
蓦 [13]mò
蒽 [2]ēn
蓓 [11]bèi
蓖 [40]bì
蒼· [1]cāng
蓊 [1]wěng
蒯 [2]kuǎi
蓟 [19]jì
蓬 [3]péng
蓑 [6]suō
蒿 [2]hāo
蒺 [26]jí
蓠 [21]lí
蒟 [8]jǔ
蒡 [9]bàng
蓄 [1]xù
蒴 [7]shuò
蒲 [2]pú
蒞· [28]lì
蓉 [10]róng
蒙 [1]méng
mēng
Měng
蓀· [5]sūn
蔭· [3]yìn
[10]yīn
蒸 [3]zhēng
蓣 [38]yù
蒓· [5]chún
11 蔫 [2]niān
蔷 [5]qiáng
蓴· [5]chún
蔌 [12]sù
蓽· [33]bì
[34]bì
蔞· [7]lóu
蔓 [3]wàn
[6]màn
[7]mán
蔑 [3]miè

蔦· [3]niǎo
蔸 [4]dōu
蔥· [1]cōng
蓰 [8]xǐ
蓯· [8]cōng
蔹 [4]liǎn
蔔· [2]bo
蔡 Cài
蔗 [2]zhè
蔟 [6]cù
蔺 [5]lìn
蔽 [10]bì
蕖 [11]qú
蔻 [5]kòu
蓿 xu
蔼 [4]ǎi
蔚 [12]wèi
蔣· Jiǎng
蓼 [4]liǎo
[17]lù
12 蕘· [3]ráo
蕙 [17]huì
蕈 [7]xùn
蕆· [4]chǎn
蕨 [14]jué
蕤 ruí
蕓· [9]yún
蕞 [5]zuì
蕒· mai
蕪· [5]wú
蕎· [9]qiáo
蕉 [13]jiāo
蕃 [5]fán
[5]fān
蕕· [11]yóu
䔿 [3]zǔn
蕲 [22]qí
蕩· [2]dàng
蕰 [3]wēn
蕊 ruǐ
蕁· [10]qián
[10]xún
蔬 [9]shū
蕴 [7]yùn
13 蕻 [11]hóng
薔· [5]qiáng
薤 [16]xiè
蕾 [4]lěi
薯 [5]shǔ
薨 [5]hōng
薐 [4]léng
薇 [8]wēi
薟· [10]xiān
薈· [11]huì

薛 Xuē
薊· [19]jì
薦· [11]jiàn
薪 [3]xīn
薏 [55]yì
蕹 [2]wèng
薮 [4]sǒu
薄 [1]báo
[3]bó
[3]bò
薀· [3]wēn
蕭· [9]xiāo
薜 [41]bì
薩· Sà
薅 [1]hāo
蕷· [38]yù
14 藉 [16]jí
[7]jiè
薹 [9]tái
藍· [1]lán
藏 cáng
Zàng
[4]zàng
薷 [11]rú
藊 [6]biǎn
薰 [4]xūn
藐 [2]miǎo
[4]miǎo
藓 [3]xiǎn
藁 [2]gǎo
薺· [27]qí
[34]jì
薸 [3]piáo
藎· [15]jìn
15 藕 [3]ǒu
藝· [13]yì
爇 [5]ruò
藪· [4]sǒu
繭· [6]jiǎn
藜 [22]lí
藠 [13]jiào
藥· [2]yào
藤 [3]téng
藩 [6]fān
藴· [7]yùn
16 藿 [11]huò
蘋· [10]píng
蘧 [12]qú
蘆· [5]lú
藺· [5]lìn
蘄· [22]qí
蘅 [8]héng
蘇· Sū
藹· [4]ǎi

蘑 [8]mó
蘢· [13]lóng
藻 [3]zǎo
蘊· [7]yùn
17 驀· [13]mò
蘭· [3]lán
蘞· [4]liǎn
蘖 [4]niè
蘚· [3]xiǎn
蘘 [5]ráng
18 蘺· [21]lí
19 蘸 [4]zhàn
蘿· [7]luó
蘼 [10]mí
21 虆 [10]léi

141 虍

虎 [1]hǔ
[9]hū
[14]hù
2 虓 [16]xiāo
虏 [4]lǔ
3 虐 [2]nüè
彪 [4]biāo
4 虔 [7]qián
虑 [5]lǜ
5 虚 [4]xū
號· [1]hào
[4]háo
處· [1]chù
[1]chǔ
6 虛· [4]xū
7 虞 [20]yú
虜· [4]lǔ
虢 Guó
8 虡 [25]jù
10 虩 [13]xì
11 虧· [1]kuī

142 虫

虫 [1]chóng
1 虬 [7]qiú
2 虮 [10]jǐ
虯· [7]qiú
虱 [9]shī
3 虹 [2]hóng
[7]jiàng

虾 [2]xiā
[2]há
虺 [4]huǐ
[12]huī
虿 chài
虽 [1]suī
虼 [5]gè
蚀 [7]shí
虻 [3]méng
蚁 [8]yǐ
蚤 [5]zǎo
蚂 [3]mǎ
[3]mà
[5]mā
4 蚌 [4]bàng
蚕 [1]cán
蚨 [43]fú
蚑 [11]qí
蚜 [6]yá
蚍 [17]pí
蚋 [2]ruì
蚬 [4]xiǎn
蚝 [5]háo
蚧 [13]jiè
蚣 [13]gōng
蚊 [4]wén
蚪 [4]dǒu
蚓 [6]yǐn
蚩 [5]chī
5 蚶 [5]hān
蛄 [15]gū
[22]gǔ
蛎 [40]lì
蛆 [16]jū
[7]qū
蚰 [12]yóu
蚺 [4]rán
蛊 [12]gǔ
蚱 [8]zhà
蚯 [3]qiū
蛉 [21]líng
蛀 [10]zhù
蛇 [1]shé
[19]yí
蛋 [2]dàn
蛏 [6]chēng
蚴 [13]yòu
6 蛙 [3]wā
蛣 [19]qī
蛰 [5]zhé
蛩 [6]qióng
蛚 [14]liè
蛱 [7]jiá
蛲 [9]náo

蛭 [24]zhì
蛳 [14]sī
蛐 [16]qū
蛔 [5]huí
蛛 [6]zhū
蜓 [7]tíng
蛞 [5]kuò
蜒 [14]yán
蜑 [18]dàn
蛤 [1]há
[10]gé
蛮 [2]mán
蛴 [29]qí
蛟 [11]jiāo
蛑 [6]móu
7 蜇 [3]zhē
[9]zhé
蜃 [5]shèn
蛺· [7]jiá
蛸 [19]xiāo
[7]shāo
蜈 [9]wú
蜆· [4]xiǎn
蜗 [4]wō
蜀 Shǔ
蛾 [5]é
蜊 [20]lí
蜍 [7]chú
蛻· [4]tuì
蜉 [41]fú
蜂 [5]fēng
蜣 [10]qiāng
蜕 [4]tuì
蜋 [7]láng
[9]liáng
蜐 [18]jié
蛹 [3]yǒng
8 蜻 [9]qīng
蜞 [30]qí
蜡 [3]là
蜥 [32]xī
蝀 [6]dōng
蜮 [39]yù
蜚 [8]fěi
[4]fēi
蜾 [5]guǒ
蝈 [4]guō
蜴 [52]yì
蝇 [3]yíng
蝸· [4]wō
蜘 [15]zhī
蝂 [5]bǎn
蜱 [4]pí
蝕· [7]shí

蜩 [5]tiáo
蜷 [5]quán
蝉 [4]chán
蜿 [5]wān
蜜 [2]mì
螂 [7]láng
蜢 [7]měng
蝃 [15]dì
9 蝽 [3]chūn
蝶 [4]dié
蝾 [12]róng
蝴 [19]hú
蝻 [3]nǎn
蝘 [15]yǎn
蝲 [9]là
蝠 [14]fú
蝰 [8]kuí
蝎 [5]xiē
蝟· [14]wèi
蝌 [16]kē
蝮 [26]fù
螋 [9]sōu
蝗 [2]huáng
蝓 [31]yú
蝜 [28]fù
螀 [10]jiāng
蝣 [15]yóu
蝼 [3]lóu
蝤 [16]yóu
[14]qiú
蝙 [7]biān
蝦· [2]xiā
[2]há
蝥 [11]máo
10 螓 [7]qín
螯 [2]áo
螞· [3]mǎ
[3]mà
[5]mā
螨 [2]mǎn
蟒 [1]mǎng
蟆 [3]má
融 [3]róng
螈 [20]yuán
螅 [50]xī
螄· [14]sī
螭 [11]chī
螗 [12]táng
螃 [6]páng
螢· [8]yíng
螟 [10]míng
11 螫 [24]shì
蟄· [5]zhé
蟥 [18]huáng

6 竹米糸缶网羊羽老而耒耳聿肉臣自至臼舌舛舟艮色艸虍【142 虫 143 血 144 行 145 衣 146 襾 7 147 見 148 角 149 言】

143 血

144 行

145 衣 衤

146 襾 西

147 見 见

148 角

149 言 讠

诂 [13]gǔ
詁• [13]gǔ
诃 [4]hē
訶• [4]hē
评 [4]píng
評• [4]píng
诅 [5]zǔ
詛• [5]zǔ
识 [6]shí
[39]zhì
詈 [30]lì
诈 [4]zhà
詐• [4]zhà
诒 [21]yí
诉 [4]sù
訴• [4]sù
诊 [3]zhěn
診• [3]zhěn
诋 [7]dǐ
詆• [7]dǐ
诌 [6]zhōu
註• [6]zhù
詑• [21]yí
詠• [5]yǒng
词 [1]cí
詞• [1]cí
诎 [14]qū
詘• [14]qū
诏 [7]zhào
詔• [7]zhào
诐 [38]bì
詖• [38]bì
译 [7]yì
6 诓 [2]kuāng
誆• [2]kuāng
诔 [7]lěi
誄• [7]lěi
试 [5]shì
試• [5]shì
诖 [4]guà
詿• [4]guà
诗 [3]shī
詩• [3]shī
诘 [15]jié
[27]jí
詰• [15]jié
[27]jí
誇• [1]kuā
诙 [10]huī
詼• [10]huī
诚 [8]chéng
誠• [8]chéng
𫍲 [5]náo
訾 [8]zǐ

诛 [8]zhū
誅• [8]zhū
话 [1]huà
話• [1]huà
诞 [9]dàn
誕• [9]dàn
诟 [3]gòu
詬• [3]gòu
诠 [8]quán
詮• [8]quán
詹 [7]zhān
诡 [4]guǐ
詭• [4]guǐ
询 [5]xún
詢• [5]xún
诣 [37]yì
詣• [37]yì
诤 [7]zhèng
该 [1]gāi
該• [1]gāi
详 [1]xiáng
詳• [1]xiáng
誊 [4]téng
誉 [7]yù
诧 [7]chà
詫• [7]chà
诨 [2]hùn
诩 [2]xǔ
詡• [2]xǔ
7 诫 [8]jiè
誡• [8]jiè
誓 [12]shì
誌• [11]zhì
诬 [7]wū
誣• [7]wū
语 [3]yǔ
[26]yù
語• [3]yǔ
[26]yù
𬤇 [18]lián
诮 [8]qiào
誚• [8]qiào
误 [3]wù
誤• [3]wù
诰 [3]gào
誥• [3]gào
诱 [4]yòu
誘• [4]yòu
诲 [13]huì
誨• [13]huì
說• shuō
[3]shuì
诳 [2]kuáng
誑• [2]kuáng

说 shuō
[3]shuì
説• shuō
[3]shuì
認• [1]rèn
诵 [3]sòng
誦• [3]sòng
诶 [3]āi
誒• [3]āi
8 请 [1]qǐng
請• [1]qǐng
诸 [4]zhū
諸• [4]zhū
诹 [2]zōu
諏• [2]zōu
诺 [1]nuò
諾• [1]nuò
读 [1]dú
[5]dòu
诼 [14]zhuó
諑• [14]zhuó
诽 [5]fěi
誹• [5]fěi
课 [1]kè
課• [1]kè
诿 [15]wěi
諉• [15]wěi
谀 [26]yú
諛• [26]yú
谁 shuí
shéi
誰• shuí
shéi
論• lùn
[4]lún
諍• [7]zhèng
谂 [5]shěn
諗• [5]shěn
调 [2]diào
[2]tiáo
調• [2]diào
[2]tiáo
谄 [5]chǎn
諂• [5]chǎn
谅 [6]liàng
諒• [6]liàng
谆 [2]zhūn
諄• [2]zhūn
谇 [9]suì
誶• [9]suì
谈 [1]tán
談• [1]tán
谊 [17]yì
誼• [17]yì

9 谋 [1]móu
謀• [1]móu
谍 [5]dié
諜• [5]dié
谎 [2]huǎng
謊• [2]huǎng
諵• [4]nán
谏 [15]jiàn
諫• [15]jiàn
谐 [10]xié
諧• [10]xié
谑 [2]xuè
謔• [2]xuè
谒 [11]yè
謁• [11]yè
谓 [9]wèi
謂• [9]wèi
𫍰 [10]xǐ
諰• [10]xǐ
谔 [13]è
諤• [13]è
謏• [4]xiǎo
谕 [24]yù
諭• [24]yù
諡• [18]shì
谖 [10]xuān
諼• [10]xuān
諷• [1]fěng
谗 [7]chán
谘 [8]zī
諮• [8]zī
谙 [5]ān
諳• [5]ān
谚 [15]yàn
諺• [15]yàn
谛 [14]dì
諦• [14]dì
谜 [2]mí
[7]mèi
謎• [2]mí
[7]mèi
諠• [5]xuān
諢• [2]hùn
谝 piǎn
諞• piǎn
諱• [8]huì
10 謷 [12]áo
講• [1]jiǎng
谟 [9]mó
謨• [9]mó
謰• [18]lián
谠 [3]dǎng
谡 [13]sù
謖• [13]sù

谢 [1]xiè
謝• [1]xiè
谣 [3]yáo
謠• [3]yáo
謄• [4]téng
謡• [3]yáo
謅• [6]zhōu
谤 [6]bàng
謗• [6]bàng
谥 [18]shì
謚• [18]shì
谦 [7]qiān
謙• [7]qiān
謇 [17]jiǎn
谧 [7]mì
謐• [7]mì
11 謦 [3]qǐng
谨 [5]jǐn
謹• [5]jǐn
謳• [5]ōu
谩 [3]mán
[7]màn
謾• [3]mán
[7]màn
谪 [7]zhé
謫• [7]zhé
谫 [18]jiǎn
谬 [1]miù
謬• [1]miù
12 譊 [5]náo
警 [4]jǐng
谭 [9]tán
譚• [9]tán
谮 zèn
譖• zèn
谯 [7]qiáo
譙• [7]qiáo
識• [6]shí
[39]zhì
谰 [8]lán
谱 [1]pǔ
譜• [1]pǔ
證• [5]zhèng
[6]zhèng
谲 [11]jué
譎• [11]jué
譏• [9]jī
13 護• [2]hù
谳 [19]yàn
谴 [3]qiǎn
譴• [3]qiǎn
譯• [7]yì
譽• [7]yù
谵 [6]zhān

譫• [6]zhān
議• [10]yì
譬 [5]pì
15 讀• [1]dú
[5]dòu
譾• [18]jiǎn
16 讌 [6]yàn
讎• [2]chóu
[11]chóu
變• [2]biàn
17 讕• [8]lán
谶 [5]chèn
讖• [5]chèn
讒• [7]chán
讓• ràng
19 讚• [3]zàn
20 讞• [19]yàn
讜• [3]dǎng

150 谷

谷 [5]gǔ
[6]gǔ
[41]yù
4 欲 [2]yù
10 谿 [5]xī
溪 [5]xī
豁 [1]huō
[8]huò
[9]huá

151 豆

豆 [1]dòu
3 豇 [11]jiāng
豈• [2]qǐ
4 豉 [6]chǐ
8 䜺 [2]chǎi
豎• [3]shù
豌 [4]wān
11 豐• [9]fēng

152 豕

豕 [7]shǐ
3 豗 [15]huī
4 豚 [4]tún
象 [2]xiàng
[4]xiàng
豝 [9]bā
6 豢 [13]huàn
7 豨 [40]xī
豪 [6]háo
8 豬• [1]zhū
豫 Yù
[9]yù
[11]yù
10 豳 Bīn

153 豸

豸 [31]zhì
3 豺 [2]chái
豹 [6]bào
5 貂 [6]diāo
6 貊 [15]mò
貅 [7]xiū
貉 [9]hé
[9]háo
7 貌 [3]mào
8 貓• māo
[7]máo
10 貘 [11]mò
貔 [11]pí

154 貝 贝

贝 [7]bèi
貝• [7]bèi
2 贞 [7]zhēn
貞• [7]zhēn
负 [2]fù
負• [2]fù
3 贡 [3]gòng
貢• [3]gòng
财 [3]cái
財• [3]cái
4 责 [3]zé
責• [3]zé
贤 [9]xián
败 [1]bài
敗• [1]bài
账 [1]zhàng
货 [2]huò
貨• [2]huò
质 [5]zhì
贩 [4]fàn

7 見角言谷豆豕豸 【154 貝 155 赤 156 走 157 足 158 身 159 車】 辛辰辵邑酉采里

155 赤

156 走

157 足 ⻊

158 身

159 車 车

轷 Hū
軤• Hū
轸 [6]zhěn
軫• [6]zhěn
𫐉 [26]líng
軨• [26]líng
轹 [29]lì
轻 [1]qīng
6 轼 [33]shì
軾• [33]shì
载 [3]zài
[1]zǎi
載• [3]zài
[1]zǎi
轾 [42]zhì
輊• [42]zhì
轿 [5]jiào
辀 [9]zhōu
輈• [9]zhōu
辂 [18]lù
輅• [18]lù
较 [2]jiào
較• [2]jiào
𫐌 [14]píng
軿• [14]píng
7 辄 [8]zhé
輒• [8]zhé
辅 [6]fǔ
輔• [6]fǔ
辆 [3]liàng
輕• [1]qīng
輓• [5]wǎn
8 辇 [5]niǎn
輦• [5]niǎn
輛• [3]liàng
辈 [5]bèi
輩• [5]bèi
辉 [3]huī
輝• [3]huī
辊 [2]gǔn
輥• [2]gǔn
辋 [6]wǎng
輞• [6]wǎng
𫐐 [7]ní
輗• [7]ní
輪• [1]lún
辌 [10]liáng
輬• [10]liáng
辍 [3]chuò
輟• [3]chuò
辎 [14]zī
輜• [14]zī
9 辏 [3]còu
輳• [3]còu

辐 [12]fú
輻• [12]fú
辑 [11]jí
輯• [11]jí
辒 [5]wēn
輼• [5]wēn
输 [2]shū
輸• [2]shū
𬨎 [13]yóu
輶• [13]yóu
𫐓 [6]róu
輮• [6]róu
辔 [3]pèi
10 辕 [11]yuán
轅• [11]yuán
轂• [8]gǔ
[12]gū
轀• [5]wēn
舆 [13]yú
輿• [13]yú
辖 [7]xiá
轄• [7]xiá
辗 [6]zhǎn
輾• [6]zhǎn
11 轉• zhuǎn
[1]zhuàn
zhuǎi
辘 [19]lù
轆• [19]lù
12 轎• [5]jiào
辙 [2]zhé
轍• [2]zhé
辚 [14]lín
轔• [14]lín
13 轗• [6]kǎn
轘 [12]huán
14 轟• [1]hōng
15 轢• [29]lì
轡• [3]pèi
16 轣• [41]lì
轤• [1]lu

160 辛

辛 [6]xīn
5 辜 [10]gū
6 辞 [3]cí
辟 [13]bì
[2]pì
[3]pì
7 辣 [1]là
[3]lā

9 辨 [5]biàn
辩 [6]biàn
辦• [2]bàn
10 辫 [4]biàn
12 辭• [3]cí
瓣 [3]bàn
13 辮• [4]biàn
14 辯• [6]biàn

161 辰

辰 [6]chén
3 辱 [2]rǔ
6 農• [2]nóng

162 辵 辶

2 辽 [5]liáo
边 [1]biān
3 迂 [1]yū
过 guò
guo
达 [1]dá
[6]dā
[12]tà
迈 [2]mài
迁 [4]qiān
迄 [9]qì
迅 [8]xùn
迆 [9]yǐ
[20]yí
巡 [3]xún
4 进 [1]jìn
远 yuǎn
违 [4]wéi
运 [1]yùn
还 [1]hái
[1]huán
迖 [11]tà
连 [1]lián
迓 [7]yà
迍 [4]zhūn
迕 [11]wǔ
[12]wǔ
近 [2]jìn
返 [2]fǎn
迎 [2]yíng
这 [1]zhè
zhèi

迟 [1]chí
[40]zhì
5 述 [6]shù
迪 [5]dí
迥 [2]jiǒng
迭 [3]dié
迤 [9]yǐ
[20]yí
迫 [2]pò
[2]pǎi
迩 [4]ěr
迢 [3]tiáo
迦 [18]jiā
迳 [7]jìng
迨 [9]dài
6 迴 [1]huí
选 [1]xuǎn
适 [19]shì
[13]dí
逅 [6]hòu
逃 [1]táo
追 [1]zhuī
逄 Páng
迻 [1]yí
迹 [13]jì
迸 [2]bèng
送 [1]sòng
迷 [1]mí
逆 [2]nì
退 [1]tuì
逊 [5]xùn
7 逝 [21]shì
逑 [10]qiú
連• [1]lián
逋 [1]bū
速 [2]sù
逗 [3]dòu
逦 [13]lǐ
逐 [2]zhú
逕• [7]jìng
逍 [20]xiāo
逞 [1]chěng
造 [1]zào
透 tòu
途 [3]tú
逛 [1]guàng
逖 [8]tì
逢 [1]féng
這• [1]zhè
zhèi
递 [4]dì
通 [1]tōng
[2]tòng
逡 [1]qūn

8 逻 [6]luó
過• guò
guo
逶 [9]wēi
進• [1]jìn
週 [2]zhōu
逸 [21]yì
逭 [11]huàn
逮 [10]dài
[1]dǎi
逯 Lù
9 達• [1]dá
[6]dā
[12]tà
逼 [1]bī
遇 [1]yù
遏 [7]è
遗 [7]yí
[10]wèi
遄 [4]chuán
遑 [15]huáng
遁 [6]dùn
逾 [8]yú
遊 [3]yóu
遒 [11]qiú
道 [2]dào
[4]dǎo
[4]dāo
遂 [4]suì
[3]suí
運• [1]yùn
遍 [3]biàn
遐 [10]xiá
違• [4]wéi
10 遨 [3]áo
遘 [10]gòu
遠• yuǎn
遢 [6]tā
遣 [2]qiǎn
遝 [8]tà
遞• [4]dì
遥 [4]yáo
遙• [4]yáo
遛 [2]liù
[6]liú
[1]liū
遜• [5]xùn
11 遭 [1]zāo
遷• [4]qiān
遮 [1]zhē
適• [19]shì
[13]dí
12 遶• rào
邁• [2]mài

遼• [5]liáo
遺• [7]yí
[10]wèi
遴 [10]lín
遵 [2]zūn
遲• [1]chí
[40]zhì
選• [1]xuǎn
13 遽 [15]jù
還• [1]hái
[1]huán
邀 [2]yāo
邂 [17]xiè
邅 [10]zhān
避 [4]bì
14 邇• [4]ěr
邈 [5]miǎo
邃 [7]suì
15 邊• [1]biān
邋 [7]lā
19 邐• [13]lǐ
邏• [6]luó

163 邑 阝

See also 170 阜

邑 [38]yì
2 邓 Dèng
3 邛 Qióng
邝 Kuàng
邕 Yōng
4 邦 [2]bāng
邢 Xíng
邪 [5]xié
[4]yé
邠 Bīn
[4]bīn
邬 Wū
那 [1]nà
[2]nèi
[4]nuó
[6]nuò
nǎ
5 邯 [2]Hán
邴 Bǐng
邺 Yè
邮 [7]yóu
邱 [1]Qiū
邻 [5]lín
邸 [3]dǐ
邹 [1]Zōu
邵 Shào

邰 Tái
6 郁 [19]yù
[20]yù
郏 Jiá
郅 [34]zhì
郐 Kuài
郄 Qiè
郇 [2]Xún
郊 [8]jiāo
郑 Zhèng
郎 [3]láng
[2]làng
7 郝 Hǎo
郦 [2]Lì
郟• Jiá
郢 [1]Yǐng
郧 Yún
郜 [5]gào
郗 [2]Xī
郤 [6]xì
郛 [30]fú
郡 [6]jùn
8 都 [1]dōu
[2]dū
郴 Chēn
郵• [7]yóu
郫 Pí
郭 [2]guō
部 [2]bù
郸 [8]dān
郯 [12]tán
9 鄄 Juàn
鄂 È
鄉• [3]xiāng
10 鄖• Yún
鄔• Wū
鄒• [1]Zōu
11 鄢 [3]Yān
鄞 Yín
鄙 [4]bǐ
12 鄲• [8]dān
鄱 Pó
鄰• [5]lín
鄭• Zhèng
鄧• Dèng
13 鄴• Yè
鄶• Kuài
14 鄹 [2]Zōu
鄺• Kuàng
18 酆 Fēng
19 酈• [2]Lì

⑦ 見角言谷豆豕豸貝赤走足身車辛辰辵邑
【164 酉 165 釆 166 里 ⑧ 167 金】

164 酉

165 釆

166 里

167 金 钅

168 長 长

See also 190 髟

169 門

170 阜 阝

See also 163 邑

8 金長門 【阜隶隹雨青非 9 面革韋韭音頁】

170 阜
171 隶
172 隹
173 雨
174 青
175 非
176 面
177 革
178 韋
179 韭
180 音
181 頁

10 馬骨 【189 高 190 髟 191 鬥 192 鬯 193 鬲 194 鬼 11 195 魚 196 鳥】

189 高

高 [1]gāo

190 髟

3 髠 [4]kūn
4 髦 [5]máo
5 髪· [1]fà
髯 [3]rán
髫 [6]tiáo
6 髻 [31]jì
髭 [10]zī
7 髿 [13]suō
8 鬆· [1]sōng
䰀 [2]wǒ
鬅 [9]péng
鬈 [13]quán
鬃 [4]zōng
9 鬍· [4]hú
鬌 [4]tuǒ
鬏 [5]jiū
10 鬑 [16]lián
鬓 [1]bìn
11 鬖 [4]sān
12 鬚· [2]xū
13 鬟 [7]huán
14 鬢· [1]bìn
15 鬣 [9]liè

191 鬥

鬥· [2]dòu
4 鬦· [2]dòu
5 鬧· [1]nào
8 鬩· [11]xì
10 鬪· [2]dòu
14 鬭· [2]dòu
16 鬮· [4]jiū

192 鬯

鬯 [5]chàng
19 鬱· [19]yù

193 鬲

鬲 [13]gé
[9]lì
12 鬻 [35]yù

194 鬼 鬼

鬼 [1]guǐ
4 魂 [1]hún
魁 [3]kuí
5 魅 [6]mèi
魃 [5]bá
魄 [4]pò
6 魇 [4]yǎn
7 魉 [3]liǎng
魈 [21]xiāo
8 魎· [3]liǎng
魍 [7]wǎng
魏 [1]Wèi
10 魑 [13]chī
11 魔 [4]mó
12 魖 [14]xū
14 魘· [4]yǎn

195 魚 鱼

鱼 [2]yú
魚· [2]yú
3 鱾 [12]gōng
[9]hóng
魟· [12]gōng
[9]hóng
鱮 [14]xù
4 鱿 [17]yóu
魷· [17]yóu
鲀 [5]tún
魨· [5]tún
鲁 [1]lǔ
魯· [1]lǔ
鲂 [4]fáng
魴· [4]fáng
5 鲅 [8]bà
鮁· [8]bà
鲆 [9]píng
鮃· [9]píng
鲇 [3]nián
鲈 [9]lú
鲉 [18]yóu
鮋· [18]yóu
鲊 [4]zhǎ
鮓· [4]zhǎ
稣 [4]sū
穌· [4]sū
鲋 [20]fù
鮒· [20]fù
鲌 [21]bó
鮊· [21]bó
鲍 [7]bào
鮑· [7]bào
鲎 [5]hòu
鮄 [44]fú
鮄· [44]fú
鲏 [18]pí
鮍· [18]pí
鲐 [8]tái
鮐· [8]tái
6 鲑 [7]guī
鮭· [7]guī
鲔 [7]wěi
鮪· [7]wěi
鲕 [3]ér
鮞· [3]ér
鲺 [12]shī
鮰 [2]huí
鮰· [2]huí
鲙 [10]kuài
鲚 [33]jì
鲛 [12]jiāo
鮫· [12]jiāo
鲜 [3]xiān
[5]xiǎn
鮮· [3]xiān
[5]xiǎn
鲞 [6]xiǎng
鲟 [8]xún
7 鯆· [4]bū
鲠 [5]gěng
鯁· [5]gěng
鲡 [15]lí
鲢 [11]lián
鲥 [10]shí
鲤 [10]lǐ
鯉· [10]lǐ
鯈· [9]tiáo
鮝· [6]xiǎng
鲨 [12]shā
鯊· [12]shā
鲩 [8]huàn
鯇· [8]huàn
鲫 [32]jì
鯽· [32]jì
8 鲭 [6]qīng
鯖· [6]qīng
鲮 [7]líng
鯪· [7]líng
鲰 [4]zōu
鯫· [4]zōu
鲱 [7]fēi
鯡· [7]fēi
鲲 [2]kūn
鯤· [2]kūn
鲳 [5]chāng
鯧· [5]chāng
鲵 [4]ní
鯢· [4]ní
鲶 [3]nián
鯰· [3]nián
鲷 [7]diāo
鯛· [7]diāo
鲸 [3]jīng
鯨· [3]jīng
鲹 [13]shēn
鲻 [7]zī
鯔· [7]zī
9 鲼 [8]fèn
鲽 [8]dié
鰈· [8]dié
鳁 [7]wēn
鰛· [7]wēn
鳃 [3]sāi
鰓· [3]sāi
鳄 [10]è
鳅 [4]qiū
鰍· [4]qiū
鳆 [21]fù
鰒· [21]fù
鳇 [10]huáng
鰉· [10]huáng
鳉 [8]jiāng
鳊 [5]biān
鯿· [5]biān
10 鳌 [5]áo
鰲· [5]áo
鳍 [8]qí
鰭· [8]qí
鰱· [11]lián
鰣· [10]shí
鳎 [3]tǎ
鰨· [3]tǎ
鳏 [7]guān
鰥· [7]guān
鰮· [7]wēn
鰷· [9]tiáo
鳐 [11]yáo
鰩· [11]yáo
鰤· [12]shī
鳑 [7]páng
鰟· [7]páng
11 鳓 [2]lè
鰳· [2]lè
鳔 [2]biào
鰾· [2]biào
鳕 [2]xuě
鱈· [2]xuě
鳗 [4]mán
鰻· [4]mán
鳙 [11]yōng
鱅· [11]yōng
鳖 [2]biē
鱉· [2]biē
鳚 [16]wèi
䲁· [16]wèi
鱂· [8]jiāng
鰺· [13]shēn
12 鱝· [8]fèn
鳜 [7]guì
鱖· [7]guì
鱓· [14]shàn
鳝 [14]shàn
鱔· [14]shàn
鳞 [6]lín
鱗· [6]lín
鳟 [4]zūn
鱒· [4]zūn
鱘· [8]xún
13 鳢 [8]lǐ
鱧· [8]lǐ
鱮· [14]xù
鱟· [5]hòu
鱠· [10]kuài
鳣 [16]shàn
鱣· [16]shàn
14 鱭· [33]jì
16 鱷· [10]è
鱸· [9]lú
19 鱺· [15]lí

196 鳥 鸟

鸟 [1]niǎo
diǎo
鳥· [1]niǎo
diǎo
2 鸠 [6]jiū
凫 [5]fú
鳩· [6]jiū
鸡 [2]jī
3 鸢 [4]yuān
鳶· [4]yuān
鸣 [3]míng
鳴· [3]míng
鳳· [2]fèng
鸤 [13]shī
鳲· [13]shī
4 𫛛 [21]zhī
鳷· [21]zhī
鸥 [1]ōu
鸦 [5]yā
鴉· [5]yā
鸨 [6]bǎo
鴇· [6]bǎo
鸩 [8]zhèn
鴆· [8]zhèn
𫛞 [21]jué
鴂· [21]jué
鴃· [21]jué
5 鸪 [13]gū
鴣· [13]gū
鸫 [5]dōng
鸬 [11]lú
鸭 [4]yā
鴨· [4]yā
鸮 [17]xiāo
鴞· [17]xiāo
鸯 [6]yāng
鴦· [6]yāng
鸰 [25]líng
鴒· [25]líng
鸱 [12]chī
鴟· [12]chī
鸲 [7]qú
鴝· [7]qú
鸳 [3]yuān
鴛· [3]yuān
𫛠 [44]lì
鴗· [44]lì
鸴 [6]xué
鸵 [7]tuó
鴕· [7]tuó
鸶 [15]sī
6 鸷 [38]zhì
鸸 [5]ér
鴯· [5]ér
䴕 [11]liè
鴷· [11]liè
鸹 [6]guā
鴰· [6]guā
鸺 [8]xiū
鵂· [8]xiū
鸻 [6]héng
鴴· [6]héng
鸼 [10]zhōu
鵃· [10]zhōu
鸽 [5]gē
鴿· [5]gē
鸾 [2]luán
䴔 [18]jiāo
鵁· [18]jiāo
鸿 [5]hóng
鴻· [5]hóng
鴳· [20]yàn
7 鹀 [7]wú
鵐· [7]wú
鹁 [20]bó
鵓· [20]bó
𫛸 [6]bǔ
鵏· [6]bǔ
鹂 [23]lí
鵙· [8]jú
鹃 [8]juān
鵑· [8]juān
鹄 [17]hú
[10]gǔ
鵠· [17]hú
[10]gǔ
鹅 [1]é
鵝· [1]é
鵚· [1]tū
鹆 [40]yù
鵒· [40]yù
鹇 [13]xián
鹈 [10]tí
鵜· [10]tí
8 鹉 [13]wǔ
鵡· [13]wǔ
䴖 [15]jīng
鶄· [15]jīng
鹊 [6]què
鵲· [6]què
鹋 [4]miáo
鶓· [4]miáo
鶇· [5]dōng
鹌 [7]ān
鵪· [7]ān
鹍 [6]kūn
鵾· [6]kūn
鹏 [5]péng
鵬· [5]péng
鵩 [31]fú
鵰· [3]diāo
鹑 [6]chún
鶉· [6]chún
鹓 [5]yuān
鵷· [5]yuān

鹔 [20]sù
9 鹕 [25]hú
鶘· [25]hú
𫛶 [13]chì
鶒· [13]chì
䴗 [8]jú
鶪· [8]jú
鶗· [11]tí
鹖 [19]hé
鶡· [19]hé
鹗 [14]è
鶚· [14]è
鹘 [18]hú
[23]gǔ
鶻· [18]hú
[23]gǔ
鹙 [8]qiū
鶖· [8]qiū
鹚 [11]cí
鶿· [11]cí
鹛 [12]méi
鶥· [12]méi
鹜 [16]wù
鶩· [16]wù
10 𪆷 [6]kòu
鷇· [6]kòu
𬸘 [20]yàn
鷃· [20]yàn
䴘 [6]tī
鷈· [6]tī
鷉· [6]tī
鹞 [8]yào
鷂· [8]yào
鹟 [3]wēng
鶲· [3]wēng
鹠 [14]liú
鶹· [14]liú
鹡 [29]jí
鶺· [29]jí
鹢 [49]yì
鷁· [49]yì
鹣 [23]jiān
鶼· [23]jiān
鶯· [3]yīng
鹤 [7]hè
鶴· [7]hè
11 鷙· [38]zhì
鷗· [1]ōu
鹥 [13]yīng
鹧 [5]zhè
鷓· [5]zhè
鹨 [6]liù
鷚· [6]liù
12 鹩 [14]liáo
鷯· [14]liáo
鹇 [13]xián
鷳· [13]xián
鹪 [19]jiāo
鷦· [19]jiāo
鹫 [6]jiù
鷲· [6]jiù
鹬 [18]yù
鷸· [18]yù
鷥· [15]sī
13 鹱 [13]hù
鸌· [13]hù
鹭 [6]lù
鷺· [6]lù
鹮 [9]huán
鷽· [6]xué
鹯 [11]zhān
鸇· [11]zhān
鹰 [2]yīng
鷹· [2]yīng
鸂· [52]xī
鷫· [20]sù
䴙 [11]pì
鸊· [11]pì
鷿· [11]pì
16 鸕· [11]lú
17 鹳 [8]guàn
鸛· [8]guàn
鹴 [5]shuāng
鸘· [5]shuāng
鸚· [13]yīng
19 鸝· [23]lí
鸞· [2]luán

197 鹵 卤

卤 [2]lǔ
鹵· [2]lǔ
9 鹹· [5]xián
鹾 [2]cuó
鹺· [2]cuó
13 鹽· [2]yán
鹼· [4]jiǎn

198 鹿

鹿 [3]lù
2 麂 [6]jǐ
麀 [7]yōu
5 麇 [3]qún
麅 [8]páo
麈 [8]zhǔ
6 麋 [8]mí
8 麒 [25]qí
麓 [12]lù
麗· [11]lì
[14]lí
麑 [5]ní
10 麝 [8]shè
12 麟 [9]lín

199 麥 麦

麦 [3]mài
麥· [3]mài
4 麸 [5]fū
麩· [5]fū
6 麹 [4]qū
8 麴 [4]qū
9 麵· [2]miàn

200 麻

麻 [2]má
[3]mā
3 麽 [10]mó
麼· me
[10]mó
[1]má
4 摩 [6]mó
[4]mā
麾 [7]huī
5 磨 [1]mó
[3]mò
6 縻 [14]méi
[6]mí
8 靡 [5]mí
[2]mǐ
9 魔 [4]mó

201 黃 黄

黄 [1]huáng
黃· [1]huáng
5 黈 tǒu
黉 [8]hóng
13 黌· [8]hóng

202 黍

黍 [8]shǔ
3 黎 [11]lí
5 黏 [2]nián

203 黑

黑 [1]hēi
4 默 [6]mò
黔 [5]qián
5 點· [1]diǎn
黛 [11]dài
黜 [8]chù
黝 [6]yǒu
[9]yōu
6 黠 [11]xiá
7 黢 [13]qū
8 黩 [6]dú
黡 [16]yǎn
黨· [1]dǎng
黧 [12]lí
黥 [5]qíng
黪 [2]cǎn
9 黮 [3]dǎn
黯 [5]àn
11 黲· [2]cǎn
13 黵 [6]dǎn
15 黷· [6]dú

204 黹

黹 [15]zhǐ
5 黻 [32]fú
7 黼 [19]fú

205 黽 黾

黾 [6]mǐn
黽· [6]mǐn
4 鼋 [12]yuán
黿· [12]yuán
12 鼍 [10]tuó
鼉· [10]tuó

206 鼎 鼎

鼎 [2]dǐng
2 鼐 [6]nài

207 鼓

鼓 [3]gǔ
[16]gū
8 鼙 [15]pí

208 鼠

鼠 [4]shǔ
4 鼢 [6]fén
5 鼥 [6]bá
鼬 [6]yòu
鼩 [14]qú
竄· [1]cuàn
鼧 [11]tuó
7 鼯 [6]wú
8 鼱 [16]jīng
9 鼴· [12]yǎn
10 鼸 [18]bó
鼹 [12]yǎn
鼷 [37]xī

209 鼻

鼻 [1]bí
3 鼾 [3]hān
5 齁 hōu
10 齆 [3]wèng
22 齉 nàng

210 齊 齐

齐 [3]qí
[3]zhāi
[16]zī
[17]zī
齊· [3]qí
[3]zhāi
[16]zī
[17]zī
3 齋· [2]zhāi
7 齎· [29]jī
[23]zī
9 齑 [30]jī
齏· [30]jī

211 齒 齿

齿 [2]chǐ
齒· [2]chǐ
2 龀 [6]chèn
齔· [6]chèn
3 龁 [20]hé
齕· [20]hé
4 龂 [11]yín
齗· [11]yín
5 龃 [10]jǔ
齟· [10]jǔ
龄 [10]líng
齡· [10]líng
齣· [2]chū
龅 [9]bāo
齙· [9]bāo
龆 [7]tiáo
齠· [7]tiáo
6 龇 [6]zī
齜· [6]zī
龈 [7]yín
齦· [7]yín
7 龉 [14]yǔ
齬· [14]yǔ
龊 [5]chuò
齪· [5]chuò
8 𬺈 [12]yǐ
齮· [12]yǐ
9 齶· [6]è
龋 [4]qǔ
齲· [4]qǔ
龌 [7]wò
齷· [7]wò

212 龍 龙

龙 [1]lóng
龍· [1]lóng
3 垄 [2]lǒng
壟· [2]lǒng
庞 [2]páng
龐· [2]páng
5 砻 [5]lóng
礱· [5]lóng
6 龚 Gōng
龔· Gōng
龛 [6]kān
龕· [6]kān
袭 [2]xí
襲· [2]xí

213 龜 龟

龟 [3]guī
[7]jūn
[2]Qiū
龜· [3]guī
[7]jūn
[2]Qiū

214 龠

龠 [9]yuè
9 龥· [25]yù

11 魚
鳥 196
鹵 197
鹿 198
麥 199
麻 200
12 黃 201
黍 202
黑 203
黹 204
13 黽 205
鼎 206
鼓 207
鼠 208
14 鼻 209
齊 210
15 齒 211
16 龍 212
龜 213
17 龠 214

图书在版编目(CIP)数据

ABC汉英大词典 = ABC Chinese - English Comprehensive Dictionary /
(美)德范克(DeFrancis,J.)主编. 上海:汉语大词典出版社,
2003.4
ISBN 7 - 5432 - 0843 - 1

Ⅰ. A... Ⅱ.... Ⅲ.①英语 - 词典②词典 - 英、汉
Ⅳ. H316

中国版本图书馆 CIP 数据核字(2003)第011450号

ABC(Alphabetically Based Computerized) Chinese - English
Comprehensive Dictionary/editor. John DeFrancis, Honolulu,
University of Hawai‘i Press, 2003.

责任编辑　徐文堪
装帧设计　钱自成
技术编辑　徐雅清

ABC汉英大词典
(美)德范克　主编
世纪出版集团
汉语大词典出版社　出版、发行
(200001　上海福建中路193号　www.ewen.cc)
各地新华书店经销　上海古籍印刷厂印刷
开本787×1092　1/16　印张92　字数5500千字
2003年4月第1版　2003年4月第1次印刷
印数:0 001—5 100
ISBN　7 - 5432 - 0843 - 1/H · 205
定价:120元